Prütting
Medizinrecht Kommentar

Prütting

# Medizinrecht Kommentar

Herausgegeben von

**Prof. Dr. Dorothea Prütting**
Ministerialdirigentin i.R., Honorarprofessorin an der juristischen Fakultät der
Ruhr-Universität Bochum

6. Auflage

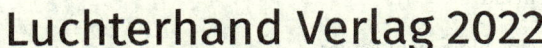

Luchterhand Verlag 2022

Zitiervorschlag: MedR-Komm/Bearbeiter § … Rn.…

Bibliografische Information der Deutschen Nationalbibliothek

Die Deutsche Nationalbibliothek verzeichnet diese Publikation in der Deutschen Nationalbibliografie; detaillierte bibliografische Daten sind im Internet über http://dnb.d-nb.de abrufbar.

ISBN 978-3-472-09725-9

www.wolterskluwer.de

Alle Rechte vorbehalten.
© 2022 Wolters Kluwer Deutschland GmbH, Wolters-Kluwer-Straße 1, 50354 Hürth.

Das Werk einschließlich aller seiner Teile ist urheberrechtlich geschützt. Jede Verwertung außerhalb der engen Grenzen des Urheberrechtsgesetzes ist ohne Zustimmung des Verlages unzulässig und strafbar. Das gilt insbesondere für Vervielfältigungen, Übersetzungen, Mikroverfilmungen und die Einspeicherung und Verarbeitung in elektronischen Systemen.

Verlag und Autorinnen und Autoren übernehmen keine Haftung für inhaltliche oder drucktechnische Fehler.

Umschlagkonzeption: Martina Busch, Grafikdesign, Homburg Kirrberg
Satz: NewGen Knowledge Works (P) Ltd., Chennai
*Druck und Weiterverarbeitung:* CPI, Deutschland

Gedruckt auf säurefreiem alterungsbeständigem chlorfreiem Papier.

# Vorwort

Neben der laufenden Aktualisierung der Gesetzestexte und ihrer Kommentierungen wurden in der 6. Auflage des Werkes neue Akzente gesetzt.

Das **Autorenteam** wurde erweitert. Es konnten zusätzlich Damen und Herren aus der Rechtsanwaltschaft, Bundesverbänden im Gesundheitswesen, der Bundesministerial- und -oberbehördenverwaltung sowie der Kostenträgerseite gewonnen werden, die ihr Know-how eingebracht haben.

Das deutsche **Medizinproduktegesetz** (MPG) ist durch die einschlägige, unmittelbar geltende EU-Verordnung bis auf Vorschriften zum Datenbankgestützten Informationssystem und zur Europäischen Datenbank entkernt worden. Die Kommentierung zum Medizinprodukterecht musste vollständig neu erarbeitet werden.

Durch die Aufnahme von kommentierten Vorschriften des **PsychThG** ist die berufsrechtliche Komponente des Kommentars, das ärztliche Heilberufsrecht, vervollständigt worden.

Neuaufnahme hat das **Infektionsschutzrecht** gefunden, das in seinen Grundstrukturen schwerpunktmäßig erläutert worden ist. Dabei wurde berücksichtigt, dass ein einbändiger Kommentar nicht den Anspruch erheben kann, alle Facetten zu beleuchten, die aus Gesetzgebung und Verordnungserlass resultieren, die sich teilweise im halbmonatlichen Turnus erregerbezogenen ändern, wie dies bei der SARS-CoV-19-Gesetzgebung der Fall war.

Die Behandlung von Problemen der **Insolvenzfähigkeit** im Gesundheitswesen sowie das Thema der Aufbewahrung von Krankenunterlagen in der Insolvenz gesundheitlicher Einrichtungen wurden ausgebaut.

Ebenfalls neu aufgenommen wurde eine Kommentierung der Vorschriften des SGB V, die sich mit der **elektronischen Patientenakte** befassen. Die Normen sind durch das Patienten-Datenschutz-Gesetz 2020 eingeführt worden.

Die widerstreitenden Diskussionen in Rechtsprechung und Literatur über das 30 Jahre alte **ESchG**, das Ärzteverbände, Wissenschaftler und vor allem betroffene Paare überarbeitet wissen wollen, wurden in die überarbeitete Kommentierung eingepflegt. Die Gesetzgebung müsse ein »zeitgemäßes« Fortpflanzungsmedizin-Gesetz auf den Weg bringen, so *Taupitz*, Universität Heidelberg, bereits im Jahr 2019.

Der Kommentar nimmt im Übrigen Stellung zu einer Vielzahl von medizin- und gesundheitsrechtlichen Problemen, gibt Hilfen zum Gesetzesverständnis und ist im Praxisalltag, der kurzfristige Entscheidungen erfordert, kaum mehr wegzudenken.

Dem Autorenteam und dem Verlag sei an dieser Stelle besonders für den hoch engagierten Einsatz, die wertvollen Beiträge und die Sorgfalt bei der stets herausfordernden Aktualisierung des Werkes gedankt. Anregungen aus der Nutzerschaft konnten aufgenommen werden. Sie sind auch weiterhin im Interesse eines immer weiter zu verbesserndes Angebots unter redaktion.medrkommentar@wolterskluwer.de oder in Rezensionen sehr willkommen.

Bochum im Oktober 2021                                                            Dorothea Prütting

# Bearbeiterverzeichnis

**Marie Anton**
Referentin Medizinprodukterecht beim Bundesverband der Arzneimittel Hersteller e.V. (BAH), Bonn

**Dr. Frank Becker**
Rechtsanwalt, Münster

**Walter Böttiger**
Ministerialrat, Ministerium für Soziales, Gesundheit und Integration Baden-Württemberg, Stuttgart

**Dr. Sebastian Braun**
Rechtsanwalt, Fachanwalt für Medizinrecht, Leipzig
Lehrbeauftragter für Medizinrecht und Medizinstrafrecht an der juristischen Fakultät der Universität Leipzig

**Dr. Enno Burk, LL.M. (Exeter)**
Rechtsanwalt, Berlin

**Prof. Dr. iur. Thomas Clemens**
Richter am Bundessozialgericht i. R., Kassel, Honorarprofessor der juristischen Fakultät der Universität Tübingen

**Gerhard Dalichau**
Vizepräsident des Hessischen Landessozialgerichts i.R., Darmstadt

**Dr. Christian Deckenbrock**
Akademischer Rat, Universität zu Köln

**Dr. Klaus Engelmann**
Vorsitzender Richter am Bundessozialgericht i.R., Kassel

**Dr. Kilian Friedrich**
Rechtsanwalt, Hamburg

**Dr. Markus Gierok**
Rechtsanwalt, Köln

**Jessica Hanneken**
Syndikusrechtsanwältin, Vice President, Mitglied der Geschäftsleitung BFS health finance GmbH, Dortmund/Berlin

**Dr. Markus Heitzig**
Rechtsanwalt, Münster

**Prof. Dr. Martin Henssler**
Geschäftsführender Direktor des Instituts für Arbeit und Wirtschaftsrecht der Universität zu Köln

**Dr. Rainer Hess**
Vorsitzender des Gemeinsamen Bundesausschusses i.R., Berlin

**Prof. Dr. Johannes Heyers, LL.M.**
apl. Professor der Juristischen Fakultät der Universität Münster, Rechtsanwalt, Essen

**Dr. Marlis Hübner**
Leiterin der Rechtsabteilung der Bundesärztekammer i.R., Rostock

**Prof. Dr. Christian Katzenmeier**
Direktor des Instituts für Medizinrecht der Universität zu Köln

# Bearbeiterverzeichnis

**Dr. Karolina Kessler**
Rechtsanwältin, Köln

**Dr. Regine Kiesecker**
Geschäftsführerin der Bezirksärztekammer Südwürttemberg, Reutlingen

**Prof. Dr. Matthias Kilian**
Juniorprofessor, Direktor des Soldan Instituts an der Universität zu Köln

**Dr. Jana Knauer**
Referentin Medizinproduktesicherheit beim Bundesministerium für Gesundheit, Berlin

**Anne Laurinat MLE**
Rechtsanwältin, Köln

**Wolfgang Leber**
Rechtsanwalt, Nümbrecht

**Prof. Dr. Dr. Alex Lechleuthner**
Leiter des Instituts für Rettungsingenieurwesen und Gefahrenabwehr, Technische Hochschule, Köln

**Birgit Lotz, LL.M. (Bristol)**
Rechtsanwältin, Fachanwältin für Vergaberecht, Düsseldorf

**Dr. Elmar Mand LL.M. (Yale)**
Lehrbeauftragter und Leiter der Forschergruppe für Zivil- und Gesundheitsrecht an der Phillips-Universität Marburg

**Dr. Kirsten Plaßmann**
Rechtsanwältin, Stuttgart

**Prof. Dr. Dorothea Prütting**
Ministerialdirigentin i.R., Honorarprofessorin der juristischen Fakultät der Ruhr-Universität, Bochum

**Prof. Dr. Dr. h.c. mult. Hanns Prütting**
Direktor des Instituts für Anwaltsrecht der Universität zu Köln

**Prof. Dr. Jens Prütting LL.M.oec.**
Inhaber des Lehrstuhls für Bürgerliches Recht, Medizin- und Gesundheitsrecht an der Bucerius Law School, Hamburg

**Prof. Dr. Michael Quaas M. C. L.**
Rechtsanwalt, Fachanwalt für Verwaltungsrecht und für Medizinrecht, Stuttgart; Richter im Anwaltssenat des Bundesgerichtshofs; Honorarprofessor der Fachhochschule für öffentliche Verwaltung, Ludwigsburg

**Prof. Dr. Martin Rehborn**
Rechtsanwalt, Fachanwalt für Medizinrecht, Dortmund, Honorarprofessor der juristischen Fakultät der Universität zu Köln

**Prof. Dr. Hermann Reichold**
Lehrstuhl für Bürgerliches Recht, Arbeits- und Wirtschaftsrecht, Leiter der Forschungsstelle für kirchliches Arbeitsrecht der Universität Tübingen

**Dr. Thomas Rompf**
Justiziar der Kassenärztlichen Bundesvereinigung, Berlin

# Bearbeiterverzeichnis

**Dr. Ulf Schriever**
Fachgebietsleiter Klinische Prüfungen von Medizinprodukten, Bundesinstitut für Arzneimittel und Medizinprodukte, Bonn

**Annabel Seebohm LL.M. (Auckland)**
Rechtsanwältin, Generalsekretärin Standing Committee of European Doctors (CPME), Brüssel

**Dr. Ulrich Stockter**
Regierungsdirektor, Bundesministerium für Familie, Senioren, Frauen und Jugend, Berlin

**Dr. Frank Stollmann**
Leitender Ministerialrat, Ministerium für Arbeit, Gesundheit und Soziales NRW, Düsseldorf

**Dr. Ekkehard Stößlein**
Fachgebietsleiter Aktive Medizinprodukte und In-Vitro-Diagnostika, Bundesinstitut für Arzneimittel und Medizinprodukte, Bonn

**Gerrit Tigges LL.M.**
Rechtsanwalt, Fachanwalt für Medizinrecht, Düsseldorf

**Prof. Dr. Michael Tsambikakis**
Rechtsanwalt, Fachanwalt für Strafrecht sowie Fachanwalt für Medizinrecht, Köln
Honorarprofessor der juristischen Fakultät der Universität Passau

**Prof. Dr. Ulrich Wenner**
Vorsitzender Richter am Bundessozialgericht, Kassel, Honorarprofessor der juristischen Fakultät der Universität Frankfurt/Main

**Wiebke Winter LL.B.**
Wissenschaftliche Mitarbeiterin und Doktorandin am Institut für Medizinrecht der Bucerius Law School, Hamburg

**Dr. Heike Wollersen**
Referentin Medizinprodukte beim Bundesverband der Arzneimittel Hersteller e.V. (BAH), Bonn

**Kathrin Wulf**
Referentin der AOK NordWest, Kiel

# Im Einzelnen haben bearbeitet

| | | |
|---|---|---|
| Apothekenrecht | D. Prütting | §§ 1–14, 18–20, 23, 25 ApoG |
| Arbeitsrecht | Reichold | §§ 611–620, 622–626, 628–630 BGB |
| Arzneimittelrecht | Plaßmann | §§ 1–4a, 13, 25, 31, 40, 84–92, 94a–97 AMG |
| Arzthaftungsrecht | J. Prütting | §§ 194, 195, 199, 203, 204, 249, 253, 823, 831, 842–845 BGB |
| | J. Prütting/Friedrich | §§ 630a–630h BGB |
| Berufsrecht | Seebohm/Rompf | §§ 1–3, 5, 6, 10–10b, 12, 14b BÄO |
| | D. Prütting | §§ 2, 4, 4a, 6–8, 11–12 BApO |
| | J. Hanneken | §§ 1 f., 4 f., 13 ZHG |
| | Rehborn | §§ 1–17, 21, 24–33 MBOÄ |
| | Kilian | §§ 18–20, 23–23d MBOÄ |
| | D. Prütting | §§ 1–6, 11–19, 22 PsychThG |
| Betäubungsmittelrecht | Laurinat | §§ 1–18, 29–30a, 32, 33 BtMG |
| Dienstvertragsrecht | Tigges | § 611 BGB |
| | Reichold | § 611a BGB |
| Embryonenschutzgesetz | Braun | §§ 1–3a, 5–8 ESchG |
| Familienrecht | Duttge/Gierok | § 1631d BGB |
| Gebührenrecht | Hübner | §§ 1–5b GOÄ |
| | Kiesecker | §§ 6–12 GOÄ |
| Gendiagnostikrecht | Stockter | §§ 1–4, 7–16, 18–22 GenDG |
| Gesellschaftsrecht | Deckenbrock | §§ 705–722 BGB |
| | Henssler | §§ 723–740 BGB |
| | Kilian | §§ 1–11 PartGG |
| Heilmittelwerberecht | Mand | §§ 1–4, 5–10, 13–17 HWG |
| | Burk | §§ 4a, 11, 12 HWG |
| Infektionsschutzrecht | D. Prütting | §§ 1–2, 5, 6–10, 15, 16–18, 20, 28, 29–31, 56, 65 IfSG |
| Insolvenzordnung | H. Prütting | §§ 1–7, 11–12, 35–36, 80, 103 InsO |
| Krankenhausrecht | Stollmann | §§ 1–8 KHG |
| | Becker/Heitzig | § 18 KHG |
| | Becker/Heitzig | §§ 3–6a, 7, 8 KHEntG |
| | Hess | §§ 16–19 KHEntG |
| | Quaas | §§ 39, 40, 107–112, 115a–115b, 116–116b, 117, 118, 119, 121 SGB V |
| Medizinprodukterecht | Anton/Knauer/Schriever/Stößlein/Wollersen | §§ 1, 2, 7, 24–31, 38–39, 42, 44–47, 53–54, 62–72, 74–76, 79, 81, 86, 97–98 MPDG |
| Patientenverfügungen | J. Prütting/Winter | §§ 1901a, 1901b, 1904, 1906, 1906a BGB |
| Pflegeversicherungsrecht | Böttiger/Clemens | §§ 1, 7c, 14 f, 28, 36, 38–45b, 72, 75–79, 82, 84–89, 91, 92a–92b, 105, 115, 119, 120 SGB XI |
| | D. Prütting | § 47a SGB XI |

## Im Einzelnen haben bearbeitet

| | | |
|---|---|---|
| Prozessrecht | H. Prütting | §§ 1, 12, 13, 17, 29, 32, 42, 50, 59, 66, 78, 114, 142, 144, 253 f., 256, 348, 383, 402, 406, 485, 511, 522, 531 ZPO |
| | Katzenmeier | §§ 284–287 ZPO |
| Sozialrecht | Wenner | §§ 1, 2, 12, 13, 15, 20, 20a, 20i, 22, 22a, 23, 24a, 24c–24f, 27, 28, 31–33 SGB V |
| | Engelmann | §§ 27b, 69, 73b SGB V |
| | Dalichau | §§ 126–140a SGB V |
| | D. Prütting | §§ 81a, 197a SGB V |
| | Wulf | §§ 341, 346, 360 SGB V |
| Strafgesetzbuch | Tsambikakis/Kessler | §§ 203, 205, 263, 266, 278, 299, 299a, 299b, 300, 331–336 StGB |
| | Duttge/Tsambikakis | §§ 211, 212, 216 StGB |
| | Duttge/Kessler | §§ 217, 218–219b, 222 StGB |
| | Duttge/Gierok | §§ 223, 224, 226–229, 323c StGB |
| Transfusionsrecht | Lechleuthner | §§ 1–19, 21, 21a, 24 TFG |
| Transplantationsrecht | J. Prütting/Winter | §§ 1, 3–4a, 8–9, 17 TPG |
| Wettbewerbsrecht | Heyers | §§ 1–3, 18, 19, 35–38 GWB |
| | Lotz | §§ 97–99, 103, 106, 119, 134, 135 GWB |
| | Leber | §§ 3, 3a UWG |

# Inhaltsübersicht

| | |
|---|---:|
| Gesetz über den Verkehr mit Arzneimitteln (Arzeimittelgesetz – AMG), §§ 1 – 97 . . . . . . . . . . . . . | 1 |
| Gesetz über das Apothekenwesen (Apothekengesetz – ApoG), §§ 1 – 25 . . . . . . . . . . . . . . . . . . . | 119 |
| Bundes-Apothekenordnung – BApO, §§ 2 – 12. . . . . . . . . . . . . . . . . . . . . . . . . . . . . . . . . . . . . . . | 177 |
| Bundesärzteordnung – BÄO, §§ 1 – 14b . . . . . . . . . . . . . . . . . . . . . . . . . . . . . . . . . . . . . . . . . . | 211 |
| Bürgerliches Gesetzbuch – BGB, §§ 194 – 1906a . . . . . . . . . . . . . . . . . . . . . . . . . . . . . . . . . . . | 279 |
| Gesetz über den Verkehr mit Betäubungsmitteln (Betäubungsmittelgesetz – BtMG), §§ 1 – 33. . . . | 853 |
| Gesetz zum Schutz von Embryonen (Embryonenschutzgesetz – EschG), §§ 1 – 8 . . . . . . . . . . . . . | 923 |
| Gesetz über genetische Untersuchungen bei Menschen (Gendiagnostikgesetz – GenDG), §§ 1 – 22 | 949 |
| Gebührenordnung für Ärzte – GOÄ, §§ 1 – 12. . . . . . . . . . . . . . . . . . . . . . . . . . . . . . . . . . . . . . | 1127 |
| Gesetz gegen Wettbewerbsbeschränkungen – GWB, §§ 1 – 135 . . . . . . . . . . . . . . . . . . . . . . . . . | 1215 |
| Gesetz über die Werbung auf dem Gebiet des Heilwesens (Heilmittelwerbegesetz – HWG), §§ 1 – 17 . . . . . . . . . . . . . . . . . . . . . . . . . . . . . . . . . . . . . . . . . . . . . . . . . . . . . . . . . . . . . | 1333 |
| Gesetz zur Verhütung und Bekämpfung von Infektionskrankheiten beim Menschen (Infektionsschutzgesetz – IfSG), §§ 1 – 65 . . . . . . . . . . . . . . . . . . . . . . . . . . . . . . . . . . . . . . . | 1537 |
| Insolvenzordnung – InsO, §§ 1 – 103 . . . . . . . . . . . . . . . . . . . . . . . . . . . . . . . . . . . . . . . . . . . . | 1589 |
| Gesetz über die Entgelte für voll- und teilstationäre Krankenhausleistungen (Krankenhausentgeltgesetz – KHEntgG), §§ 3 – 19. . . . . . . . . . . . . . . . . . . . . . . . . . . . . . . . | 1619 |
| Gesetz zur wirtschaftlichen Sicherung der Krankenhäuser und zur Regelung der Krankenhauspflegesätze (Krankenhausfinanzierungsgesetz – KHG), §§ 1 – 18 . . . . . . . . . . . . . . . | 1715 |
| Muster-Berufsordnung für Ärzte – MBOÄ, §§ 1 – 33 . . . . . . . . . . . . . . . . . . . . . . . . . . . . . . . . | 1789 |
| Gesetz zur Durchführung unionsrechtlicher Vorschriften betreffend Medizinprodukte (Medizinprodukterecht-Durchführungsgesetz – MPDG), § 1 – 98 . . . . . . . . . . . . . . . . . . . . . . . | 1937 |
| Gesetz über Partnerschaftsgesellschaften Angehöriger Freier Berufe (Partnerschaftsgesellschaftsgesetz – PartGG), §§ 1 – 11 . . . . . . . . . . . . . . . . . . . . . . . . . . . . . . . . . . . . . . . . . . . . . . . . . . . . . . . . | 1987 |
| Gesetz über den Beruf der Psychotherapeutin und des Psychotherapeuten (Psychotherapeutengesetz – PsychThG), §§ 1 – 22 . . . . . . . . . . . . . . . . . . . . . . . . . . . . . . . . . . . . . . . . . . . . . . . . . . . . . . . . . | 2045 |
| Fünftes Buch Sozialgesetzbuch – SGB V – Gesetzliche Krankenversicherung, §§ 1 – 197a . . . . . . . | 2069 |
| Elftes Buch Sozialgesetzbuch – SGB XI – Soziale Pflegeversicherung, §§ 1 – 120. . . . . . . . . . . . . | 2777 |
| Strafgesetzbuch – StGB, §§ 203 – 336 . . . . . . . . . . . . . . . . . . . . . . . . . . . . . . . . . . . . . . . . . . . | 2921 |
| Gesetz zur Regelung des Transfusionswesens (Transfusionsgesetz – TFG), §§ 1 – 32 . . . . . . . . . . | 3117 |
| Gesetz über die Spende, Entnahme und Übertragung von Organen und Geweben (Transplantationsgesetz – TPG), §§ 1 – 17 . . . . . . . . . . . . . . . . . . . . . . . . . | 3169 |
| Gesetz gegen den unlauteren Wettbewerb – UWG, §§ 3 – 3a . . . . . . . . . . . . . . . . . . . . . . . . . . . | 3219 |
| Gesetz über die Ausübung der Zahnheilkunde (Zahnheilkundegesetz – ZHG), §§ 1 – 13. . . . . . . | 3227 |
| Zivilprozessordnung – ZPO, §§ 1 – 531 . . . . . . . . . . . . . . . . . . . . . . . . . . . . . . . . . . . . . . . . . . | 3265 |

# Inhaltsverzeichnis

Vorwort .................................................................. V
Bearbeiterverzeichnis .................................................... VII
Bearbeiter im Einzelnen .................................................. XI
Inhaltsübersicht ......................................................... XIII
Abkürzungsverzeichnis .................................................... XXXI
Literaturverzeichnis ..................................................... XLIII

## Gesetz über den Verkehr mit Arzneimitteln (Arzneimittelgesetz – AMG) ........ 1

| | | |
|---|---|---|
| § 1 | Zweck des Gesetzes ................................................ | 1 |
| § 2 | Arzneimittelbegriff ............................................... | 2 |
| § 4 | Sonstige Begriffsbestimmungen ..................................... | 16 |
| § 13 | Herstellungserlaubnis ............................................. | 28 |
| § 21 | Zulassungspflicht ................................................. | 35 |
| § 25 | Entscheidung über die Zulassung ................................... | 47 |
| § 31 | Erlöschen, Verlängerung ........................................... | 68 |
| Vorbemerkung zu §§ 40 ff. ................................................... | | 74 |
| § 40 | Allgemeine Voraussetzungen der klinischen Prüfung .................. | 76 |
| § 84 | Gefährdungshaftung ................................................ | 84 |
| § 84a | Auskunftsanspruch ................................................. | 96 |
| § 85 | Mitverschulden .................................................... | 103 |
| § 86 | Umfang der Ersatzpflicht bei Tötung ............................... | 103 |
| § 87 | Umfang der Ersatzpflicht bei Körperverletzung ..................... | 106 |
| § 88 | Höchstbeträge ..................................................... | 107 |
| § 89 | Schadensersatz durch Geldrenten ................................... | 109 |
| § 91 | Weitergehende Haftung ............................................. | 109 |
| § 92 | Unabdingbarkeit ................................................... | 111 |
| § 93 | Mehrere Ersatzpflichtige .......................................... | 111 |
| § 94 | Deckungsvorsorge .................................................. | 112 |
| § 94a | Örtliche Zuständigkeit ............................................ | 112 |
| § 95 | Strafvorschriften ................................................. | 113 |
| § 96 | Strafvorschriften ................................................. | 114 |
| § 97 | Bußgeldvorschriften ............................................... | 115 |

## Gesetz über das Apothekenwesen (Apothekengesetz – ApoG) .................... 119

| | | |
|---|---|---|
| § 1 | Aufgabe, Mehrbesitz ............................................... | 119 |
| § 2 | Betriebserlaubnis ................................................. | 122 |
| § 3 | Erlöschen ......................................................... | 126 |
| § 4 | Rücknahme, Widerruf ............................................... | 126 |
| § 5 | Betriebsverbot .................................................... | 126 |
| § 6 | Abnahme ........................................................... | 126 |
| § 7 | Persönliche Leitung ............................................... | 130 |
| § 8 | Gemeinsamer Betrieb ............................................... | 132 |
| § 9 | Verpachtung ....................................................... | 134 |
| § 10 | Bindung an Dritte ................................................. | 139 |
| § 11 | Rechtsgeschäfte, Absprachen ....................................... | 141 |
| § 11a | Versandhandel ..................................................... | 146 |

## Inhaltsverzeichnis

| | | |
|---|---|---|
| § 11b | Rücknahme, Widerruf der Versandhandelserlaubnis. | 154 |
| § 12 | Nichtigkeit. | 154 |
| § 12a | Heimversorgung. | 154 |
| § 13 | Verwaltung. | 158 |
| § 14 | Krankenhausapotheke | 161 |
| § 18 | Notdienstfonds. | 169 |
| § 19 | Verwaltungsverfahren. | 171 |
| § 20 | Leistungskonditionen. | 174 |
| § 23 | Straftaten. | 175 |
| § 25 | Ordnungswidrigkeiten. | 175 |

### Bundes-Apothekenordnung – BApO . . . . . . . . . . . . . . . . . . . . . . . . . . . . 177

| | | |
|---|---|---|
| § 2 | Ausübung des Apothekerberufs | 177 |
| § 4 | Approbationserteilung. | 180 |
| § 4a | Vorwarnmechanismus. | 191 |
| § 6 | Obligatorische Rücknahme und Widerruf der Approbation. | 194 |
| § 7 | Fakultative Rücknahme und Widerruf der Approbation. | 195 |
| § 8 | Ruhen der Approbation. | 198 |
| § 11 | Berufserlaubnis. | 201 |
| § 11a | Dienstleistungserbringer. | 204 |
| § 12 | Zuständige Behörden. | 208 |

### Bundesärzteordnung – BÄO . . . . . . . . . . . . . . . . . . . . . . . . . . . . . . . . 211

| | | |
|---|---|---|
| § 1 | Der ärztliche Beruf. | 211 |
| § 2 | Berufsausübungsvoraussetzung. | 221 |
| § 2a | Berufsbezeichnung. | 228 |
| § 3 | Erteilung der Approbation. | 228 |
| § 5 | Rücknahme und Widerruf der Approbation. | 250 |
| § 6 | Ruhen der Approbation. | 255 |
| § 9a | Zuständigkeiten. | 260 |
| § 10 | Berufserlaubnis für Ärzte. | 262 |
| § 10a | Berufserlaubnis für Ärzte. | 267 |
| § 10b | Erbringen von Dienstleistungen. | 270 |
| § 12 | Zuständigkeiten. | 275 |
| § 14b | Approbationserstehung für EU-, EWR-Angehörige und sonstige Vertragsstaaten . . . | 276 |

### Bürgerliches Gesetzbuch – BGB . . . . . . . . . . . . . . . . . . . . . . . . . . . . . 279

| | | |
|---|---|---|
| § 194 | Gegenstand der Verjährung. | 280 |
| § 195 | Regelmäßige Verjährungsfrist. | 284 |
| § 199 | Beginn der regelmäßigen Verjährungsfrist und Verjährungshöchstfristen. | 286 |
| § 203 | Hemmung der Verjährung bei Verhandlungen. | 296 |
| § 204 | Hemmung der Verjährung durch Rechtsverfolgung. | 297 |
| § 249 | Art und Umfang des Schadensersatzes. | 301 |
| § 253 | Immaterieller Schaden. | 330 |
| § 611 | Vertragstypische Pflichten beim Dienstvertrag. | 348 |
| § 611a | Arbeitsvertrag. | 356 |
| § 612 | Vergütung. | 414 |
| § 612a | Maßregelungsverbot. | 418 |
| § 613 | Unübertragbarkeit. | 423 |
| § 613a | Rechte und Pflichten bei Betriebsübergang. | 425 |

| | | |
|---|---|---|
| § 614 | Fälligkeit der Vergütung | 454 |
| § 615 | Vergütung bei Annahmeverzug und bei Betriebsrisiko | 456 |
| § 616 | Vorübergehende Verhinderung | 465 |
| § 617 | Pflicht zur Krankenfürsorge | 468 |
| § 618 | Pflicht zu Schutzmaßnahmen | 468 |
| § 619 | Unabdingbarkeit der Fürsorgepflichten | 468 |
| § 619a | Beweislast bei Haftung des Arbeitnehmers | 473 |
| § 620 | Beendigung des Dienstverhältnisses | 481 |
| § 622 | Kündigungsfristen bei Arbeitsverhältnissen | 514 |
| § 623 | Schriftform der Kündigung | 523 |
| § 624 | Kündigungsfrist bei Verträgen über mehr als fünf Jahre | 536 |
| § 625 | Stillschweigende Verlängerung | 536 |
| § 626 | Fristlose Kündigung aus wichtigem Grund | 539 |
| § 628 | Teilvergütung und Schadensersatz bei fristloser Kündigung | 551 |
| § 629 | Freizeit zur Stellungssuche | 558 |
| § 630 | Pflicht zur Zeugniserteilung | 560 |
| Vorbemerkung zu §§ 630a–h | | 564 |
| § 630a | Vertragstypische Pflichten beim Behandlungsvertrag | 568 |
| § 630b | Anwendbare -Vorschriften | 593 |
| § 630c | Mitwirkung der Vertragsparteien, Informationspflichten | 606 |
| § 630d | Einwilligung | 619 |
| § 630e | Aufklärungspflichten | 629 |
| § 630f | Dokumentation der Behandlung | 641 |
| § 630g | Einsichtnahme in die Patientenakte | 647 |
| § 630h | Beweislast bei Haftung für Behandlungs- und Aufklärungsfehler | 656 |
| § 705 | Inhalt des Gesellschaftsvertrags | 667 |
| § 706 | Beiträge der Gesellschafter | 690 |
| § 707 | Erhöhung des vereinbarten Beitrags | 691 |
| § 708 | Haftung der Gesellschafter | 693 |
| § 709 | Gemeinschaftliche Geschäftsführung | 694 |
| § 710 | Übertragung der Geschäftsführung | 694 |
| § 711 | Widerspruchsrecht | 695 |
| § 712 | Entziehung und Kündigung der Geschäftsführung | 695 |
| § 713 | Rechte und Pflichten der geschäftsführenden Gesellschafter | 701 |
| § 714 | Vertretungsmacht | 703 |
| § 715 | Entziehung der Vertretungsmacht | 703 |
| § 716 | Kontrollrecht der Gesellschafter | 716 |
| § 717 | Nichtübertragbarkeit der Gesellschafterrechte | 717 |
| § 718 | Gesellschaftsvermögen | 719 |
| § 719 | Gesamthänderische Bindung | 719 |
| § 720 | Schutz des gutgläubigen Schuldners | 719 |
| § 721 | Gewinn- und Verlustverteilung | 725 |
| § 722 | Anteile am Gewinn und Verlust | 727 |
| § 723 | Kündigung durch Gesellschafter | 731 |
| § 724 | Kündigung bei Gesellschaft auf Lebenszeit oder fortgesetzter Gesellschaft | 731 |
| § 725 | Kündigung durch Pfändungspfandgläubiger | 731 |
| § 726 | Auflösung wegen Erreichens oder Unmöglichwerdens des Zweckes | 737 |
| § 727 | Auflösung durch Tod eines Gesellschafters | 739 |

# Inhaltsverzeichnis

| | | |
|---|---|---|
| § 728 | Auflösung durch Insolvenz der Gesellschaft oder eines Gesellschafters | 743 |
| § 729 | Fortdauer der Geschäftsführungsbefugnis | 745 |
| § 730 | Auseinandersetzung; Geschäftsführung | 747 |
| § 731 | Verfahren bei Auseinandersetzung | 753 |
| § 732 | Rückgabe von Gegenständen | 754 |
| § 733 | Berichtigung der Gesellschaftsschulden; Erstattung der Einlagen | 755 |
| § 734 | Verteilung des Überschusses | 758 |
| § 735 | Nachschusspflicht bei Verlust | 760 |
| § 736 | Ausscheiden eines Gesellschafters, Nachhaftung | 761 |
| § 737 | Ausschluss eines Gesellschafters | 764 |
| § 738 | Auseinandersetzung beim Ausscheiden | 768 |
| § 739 | Haftung für Fehlbetrag | 777 |
| § 740 | Beteiligung am Ergebnis schwebender Geschäfte | 777 |
| § 823 | Schadensersatzpflicht | 779 |
| § 831 | Haftung für den Verrichtungsgehilfen | 780 |
| § 842 | Umfang der Einstandspflicht bei Verletzung einer Person | 782 |
| § 843 | Geldrente oder Kapitalabfindung | 790 |
| § 844 | Ersatzansprüche Dritter bei Tötung | 801 |
| § 845 | Ersatzansprüche wegen entgangener Dienste | 812 |
| § 1631d | Beschneidung des männlichen Kindes | 813 |
| Vorbemerkung zu §§ 1901a ff. | | 819 |
| § 1901a | Patientenverfügung | 820 |
| § 1901b | Gespräch zur Feststellung des Patientenwillens | 832 |
| § 1904 | Genehmigung des Betreuungsgerichts bei ärztlichen Maßnahmen | 834 |
| § 1906 | Genehmigung des Betreuungsgerichts bei freiheitsentziehender Unterbringung und bei freiheitsentziehenden Maßnahmen | 837 |
| § 1906a | Genehmigung des Betreuungsgerichts bei ärztlichen Zwangsmaßnahmen | 846 |

### Gesetz über den Verkehr mit Betäubungsmitteln (Betäubungsmittelgesetz – BtMG)    853

| | | |
|---|---|---|
| Vorbemerkungen | | 853 |
| § 1 | Betäubungsmittel | 854 |
| § 2 | Sonstige Begriffe | 857 |
| § 3 | Erlaubnis zum Verkehr mit Betäubungsmitteln | 858 |
| § 4 | Ausnahmen von der Erlaubnispflicht | 863 |
| § 5 | Versagung der Erlaubnis | 867 |
| § 6 | Sachkenntnis | 871 |
| § 7 | Antrag | 872 |
| § 8 | Entscheidung | 872 |
| § 9 | Beschränkungen, Befristung, Bedingungen und Auflagen | 873 |
| § 10 | Rücknahme und Widerruf | 874 |
| § 10a | Erlaubnis für den Betrieb von Drogenkonsumräumen | 875 |
| § 11 | Einfuhr, Ausfuhr und Durchfuhr | 876 |
| § 12 | Abgabe und Erwerb | 878 |
| § 13 | Verschreibung und Abgabe auf Verschreibung | 879 |
| § 14 | Kennzeichnung und Werbung | 897 |
| § 15 | Sicherungsmaßnahmen | 898 |
| § 16 | Vernichtung | 899 |
| § 17 | Aufzeichnungen | 900 |
| § 18 | Meldungen | 901 |

| | | |
|---|---|---|
| | Vorbemerkung zu §§ 29 ff. | 902 |
| § 29 | Straftaten | 904 |
| § 29a | Straftaten | 915 |
| § 30 | Straftaten | 917 |
| § 30a | Straftaten | 920 |
| § 32 | Ordnungswidrigkeiten | 921 |
| § 33 | Einziehung | 922 |

## Gesetz zum Schutz von Embryonen (Embryonenschutzgesetz – ESchG) ... 923

| | | |
|---|---|---|
| | Vorbemerkungen | 923 |
| § 1 | Mißbräuchliche Anwendung von Fortpflanzungstechniken | 924 |
| § 2 | Mißbräuchliche Verwendung menschlicher Embryonen | 932 |
| § 3 | Verbotene Geschlechtswahl | 934 |
| § 3a | Präimplantationsdiagnostik; Verordnungsermächtigung | 935 |
| § 5 | Künstliche Veränderung menschlicher Keimbahnzellen | 941 |
| § 6 | Klonen | 943 |
| § 7 | Chimären- und Hybridbildung | 944 |
| § 8 | Begriffsbestimmung | 945 |

## Gesetz über genetische Untersuchungen bei Menschen (Gendiagnostikgesetz – GenDG) ... 949

| | | |
|---|---|---|
| | Einleitung | 949 |
| § 1 | Zweck des Gesetzes | 951 |
| § 2 | Anwendungsbereich | 954 |
| § 3 | Begriffsbestimmungen | 962 |
| § 4 | Benachteiligungsverbot | 986 |
| | Vorbemerkung zu §§ 7 ff. | 1006 |
| § 7 | Arztvorbehalt | 1010 |
| § 8 | Einwilligung | 1015 |
| § 9 | Aufklärung | 1022 |
| § 10 | Genetische Beratung | 1031 |
| § 11 | Mitteilung der Ergebnisse genetischer Untersuchungen und Analysen | 1036 |
| § 12 | Aufbewahrung und Vernichtung der Ergebnisse genetischer Untersuchungen und Analysen | 1045 |
| § 13 | Verwendung und Vernichtung genetischer Proben | 1050 |
| § 14 | Genetische Untersuchungen bei nicht einwilligungsfähigen Personen | 1052 |
| § 15 | Vorgeburtliche genetische Untersuchungen | 1071 |
| § 16 | Genetische Reihenuntersuchungen | 1089 |
| § 18 | Genetische Untersuchungen und Analysen im Zusammenhang mit dem Abschluss eines Versicherungsvertrages | 1100 |
| | Vorbemerkung zu §§ 19 ff. | 1110 |
| § 19 | Genetische Untersuchungen und Analysen vor und nach Begründung des Beschäftigungsverhältnisses | 1111 |
| § 20 | Genetische Untersuchungen und Analysen zum Arbeitsschutz | 1117 |
| § 21 | Arbeitsrechtliches Benachteiligungsverbot | 1121 |
| § 22 | Öffentlich-rechtliche Dienstverhältnisse | 1126 |

## Gebührenordnung für Ärzte – GOÄ ... 1127

| | | |
|---|---|---|
| § 1 | Anwendungsbereich | 1127 |
| § 2 | Abweichende Vereinbarung | 1134 |

| | | |
|---|---|---:|
| § 3 | Vergütungen | 1139 |
| § 4 | Gebühren | 1139 |
| § 5 | Bemessung der Gebühren für Leistungen des Gebührenverzeichnisses | 1155 |
| § 5a | Bemessung der Gebühren in besonderen Fällen | 1163 |
| § 5b | Bemessung der Gebühren bei Versicherten des Standardtarifes der privaten Krankenversicherung | 1165 |
| § 6 | Gebühren für andere Leistungen | 1166 |
| § 6a | Gebühren bei stationärer Behandlung | 1173 |
| § 7 | Entschädigungen | 1183 |
| § 8 | Wegegeld | 1186 |
| § 9 | Reiseentschädigung | 1189 |
| § 10 | Ersatz von Auslagen | 1191 |
| § 11 | Zahlung durch öffentliche Leistungsträger | 1199 |
| § 12 | Fälligkeit und Abrechnung der Vergütung; Rechnung | 1203 |

**Gesetz gegen Wettbewerbsbeschränkungen – GWB** .................................. 1215

| | | |
|---|---|---:|
| § 1 | Verbot wettbewerbsbeschränkender Vereinbarungen | 1215 |
| § 2 | Freigestellte Vereinbarungen | 1239 |
| § 3 | Mittelstandskartelle | 1239 |
| § 3 | Mittelstandskartelle | 1240 |
| § 18 | Marktbeherrschung | 1246 |
| § 19 | Verbotenes Verhalten von marktbeherrschenden Unternehmen | 1247 |
| § 35 | Geltungsbereich der Zusammenschlusskontrolle | 1256 |
| § 36 | Grundsätze für die Beurteilung von Zusammenschlüssen | 1261 |
| § 37 | Zusammenschluss | 1271 |
| § 38 | Berechnung der Umsatzerlöse, der Marktanteile und des Wertes der Gegenleistung | 1274 |
| Vorbemerkung zu §§ 97 ff. | | 1276 |
| § 97 | Allgemeine Grundsätze | 1282 |
| § 98 | Auftraggeber | 1293 |
| § 99 | Öffentlicher Auftraggeber | 1294 |
| § 103 | Öffentliche Aufträge | 1299 |
| § 106 | Schwellenwerte | 1316 |
| § 119 | Verfahrensarten | 1318 |
| § 134 | Informations- und Wartepflicht | 1320 |
| § 135 | Unwirksamkeit | 1323 |
| § 186 | Übergangsbestimmungen | 1328 |

**Gesetz über die Werbung auf dem Gebiet des Heilwesens (Heilmittelwerbegesetz – HWG)** .................................. 1333

Einführung und Grundlagen .................................. 1333

| | | |
|---|---|---:|
| § 1 | Anwendungsbereich | 1357 |
| § 2 | Fachkreise | 1377 |
| § 3 | Irreführende Werbung | 1381 |
| § 3a | Werbung für nicht zugelassene Arzneimittel | 1406 |
| § 4 | Pflichtangaben | 1412 |
| § 4a | Werbung in der Packungsbeilage | 1428 |
| § 5 | Homöopathische Arzneimittel | 1429 |
| § 6 | Unzulässigkeit von Werbung | 1433 |
| § 7 | Werbegaben | 1440 |

| | | |
|---|---|---|
| § 8 | Vertriebsformbezogene Werbung | 1483 |
| § 9 | Werbung für Fernbehandlung | 1487 |
| § 10 | Werbeverbote für bestimmte Arzneimittel | 1493 |
| § 11 | Unzulässige Formen der Publikumswerbung | 1505 |
| § 12 | Weitere Werbeverbote | 1526 |
| § 13 | Werbung ausländischer Unternehmen | 1530 |
| § 14 | Straftaten | 1532 |
| § 15 | Ordnungswidrigkeiten | 1532 |
| § 16 | Einziehung | 1532 |
| § 17 | Verhältnis zum UWG | 1533 |

## Gesetz zur Verhütung und Bekämpfung von Infektionskrankheiten beim Menschen (Infektionsschutzgesetz – IfSG) ... 1537

| | | |
|---|---|---|
| § 1 | Zweck des Gesetzes | 1538 |
| § 2 | Begriffsbestimmungen | 1538 |
| § 5 | Epidemische Lage von nationaler Tragweite | 1541 |
| § 6 | Meldepflichtige Krankheiten | 1545 |
| § 7 | Meldepflichtige Nachweise von Krankheitserregern | 1546 |
| § 8 | Zur Meldung verpflichtete Personen | 1547 |
| § 9 | Namentliche Meldung | 1547 |
| § 10 | Nichtnamentliche Meldung | 1549 |
| § 15a | Durchführung der infektionshygienischen und hygienischen Überwachung | 1551 |
| § 16 | Allgemeine Maßnahmen zur Verhütung übertragbarer Krankheiten | 1555 |
| § 17 | Besondere Maßnahmen zur Verhütung übertragbarer Krankheiten, Verordnungsermächtigung | 1559 |
| § 18 | Behördlich angeordnete Maßnahmen zur Desinfektion und zur Bekämpfung von Gesundheitsschädlingen, Krätzmilben und Kopfläusen, Verordnungsermächtigungen | 1562 |
| § 20 | Schutzimpfungen und andere Maßnahmen der spezifischen Prophylaxe | 1564 |
| § 28 | Schutzmaßnahmen | 1570 |
| § 29 | Beobachtung | 1573 |
| § 30 | Absonderung | 1573 |
| § 31 | Berufliches Tätigkeitsverbot | 1574 |
| § 56 | Entschädigung | 1579 |
| § 65 | Entschädigung bei behördlichen Maßnahmen | 1586 |

## Insolvenzordnung – InsO ... 1589

| | | |
|---|---|---|
| § 1 | Ziele des Insolvenzverfahrens | 1589 |
| § 2 | Amtsgericht als Insolvenzgericht | 1593 |
| § 3 | Örtliche Zuständigkeit | 1593 |
| § 4 | Anwendbarkeit der Zivilprozessordnung | 1594 |
| § 5 | Verfahrensgrundsätze | 1595 |
| § 6 | Sofortige Beschwerde | 1598 |
| § 7 | Rechtsbeschwerde | 1599 |
| § 11 | Zulässigkeit des Insolvenzverfahrens | 1600 |
| § 12 | Juristische Personen des öffentlichen Rechts | 1605 |
| § 35 | Begriff der Insolvenzmasse | 1608 |
| § 36 | Unpfändbare Gegenstände | 1613 |
| § 80 | Übergang des Verwaltungs- und Verfügungsrechts | 1614 |
| § 103 | Wahlrecht des Insolvenzverwalters | 1616 |

# Inhaltsverzeichnis

**Gesetz über die Entgelte für voll- und teilstationäre Krankenhausleistungen (Krankenhausentgeltgesetz – KHEntgG)** ................................. 1619

| | | |
|---|---|---|
| § 3 | Grundlagen ................................................ | 1619 |
| § 4 | Vereinbarung eines Erlösbudgets ........................... | 1620 |
| § 5 | Vereinbarung und Abrechnung von Zu- und Abschlägen ........ | 1642 |
| § 6 | Vereinbarung sonstiger Entgelte ........................... | 1657 |
| § 6a | Vereinbarung eines Pflegebudgets .......................... | 1667 |
| § 7 | Entgelte für allgemeine Krankenhausleistungen .............. | 1674 |
| § 8 | Berechnung der Entgelte ................................... | 1677 |
| § 17 | Wahlleistungen ............................................ | 1689 |
| § 18 | Belegärzte ................................................ | 1704 |
| § 19 | Kostenerstattung der Ärzte ................................ | 1709 |

**Gesetz zur wirtschaftlichen Sicherung der Krankenhäuser und zur Regelung der Krankenhauspflegesätze (Krankenhausfinanzierungsgesetz – KHG)** ........... 1715

| | | |
|---|---|---|
| § 1 | Grundsatz ................................................ | 1715 |
| § 2 | Begriffsbestimmungen ..................................... | 1725 |
| § 3 | Anwendungsbereich ........................................ | 1733 |
| § 4 | Wirtschaftliche Sicherung der Krankenhäuser ............... | 1734 |
| § 5 | Nicht förderungsfähige Einrichtungen ...................... | 1737 |
| § 6 | Krankenhausplanung und Investitionsprogramme .............. | 1740 |
| § 7 | Mitwirkung der Beteiligten ................................ | 1754 |
| § 8 | Voraussetzungen der Förderung ............................. | 1758 |
| § 18 | Pflegesatzverfahren ....................................... | 1780 |

**Muster-Berufsordnung für Ärzte – MBOÄ** ................................. 1789

| | | |
|---|---|---|
| A. | Präambel .................................................. | 1793 |
| B. | Regeln zur Berufsausübung .................................. | 1787 |
| § 1 | Aufgaben der Ärztinnen und Ärzte ........................... | 1793 |
| § 2 | Allgemeine ärztliche Berufspflichten ....................... | 1798 |
| § 3 | Unvereinbarkeiten ......................................... | 1805 |
| § 4 | Fortbildung ............................................... | 1808 |
| § 5 | Qualitätssicherung ........................................ | 1809 |
| § 6 | Mitteilung von unerwünschten Arzneimittelwirkungen ......... | 1810 |
| § 7 | Behandlungsgrundsätze und Verhaltensregeln ................ | 1811 |
| § 8 | Aufklärungspflicht ........................................ | 1819 |
| § 9 | Schweigepflicht ........................................... | 1823 |
| § 10 | Dokumentationspflicht ..................................... | 1828 |
| § 11 | Ärztliche Untersuchungs- und Behandlungsmethoden .......... | 1833 |
| § 12 | Honorar und Vergütungsabsprachen .......................... | 1835 |
| § 13 | Besondere medizinische Verfahren .......................... | 1840 |
| § 14 | Erhaltung des ungeborenen Lebens und Schwangerschaftsabbruch | 1841 |
| § 15 | Forschung ................................................ | 1843 |
| § 16 | Beistand für Sterbende .................................... | 1845 |
| § 17 | Niederlassung und Ausübung der Praxis ..................... | 1848 |
| § 18 | Berufliche Kooperationen .................................. | 1852 |
| § 18a | Ankündigung von Berufsausübungsgemeinschaften und sonstigen Kooperationen ... | 1874 |
| § 19 | Beschäftigung angestellter Praxisärztinnen und -ärzte ..... | 1876 |
| § 20 | Vertretung ................................................ | 1881 |

| | | |
|---|---|---|
| § 14 | Bescheinigungen, die zur Dienstleistungserbringung in einem anderen Mitgliedstaat, einem anderen Vertragsstaat oder einem gleichgestellten Staat erforderlich sind | 2061 |
| § 15 | Dienstleistungserbringung in Deutschland | 2062 |
| § 16 | Rechte und Pflichten | 2062 |
| § 17 | Meldung der dienstleistungserbringenden Person an die zuständige Behörde | 2062 |
| § 18 | Prüfen der Angaben durch die zuständige Behörde | 2063 |
| § 19 | Verwaltungszusammenarbeit bei Dienstleistungserbringung | 2063 |
| § 22 | Zuständigkeit von Behörden | 2067 |

## Fünftes Buch Sozialgesetzbuch – SGB V – Gesetzliche Krankenversicherung ..... 2069

| | | |
|---|---|---|
| § 1 | Solidarität und Eigenverantwortung | 2071 |
| § 2 | Leistungen | 2074 |
| § 12 | Wirtschaftlichkeitsgebot | 2079 |
| § 13 | Kostenerstattung | 2085 |
| § 15 | Ärztliche Behandlung, elektronische Gesundheitskarte | 2093 |
| § 20 | Primäre Prävention und Gesundheitsförderung | 2097 |
| § 20a | Leistungen zur Gesundheitsförderung und Prävention in Lebenswelten | 2100 |
| § 20i | Leistung zur Verhütung übertragbarer Krankheiten, Verordnungsermächtigung | 2102 |
| § 22 | Verhütung von Zahnerkrankungen (Individualprophylaxe) | 2106 |
| § 22a | Verhütung von Zahnerkrankungen bei Pflegebedürftigen und Menschen mit Behinderungen | 2107 |
| § 23 | Medizinische Vorsorgeleistungen | 2108 |
| § 24a | Empfängnisverhütung | 2112 |
| § 24c | Leistungen bei Schwangerschaft und Mutterschaft | 2113 |
| § 24d | Ärztliche Betreuung und Hebammenhilfe | 2113 |
| § 24e | Versorgung mit Arznei-, Verband-, Heil- und Hilfsmitteln | 2114 |
| § 24f | Entbindung | 2114 |
| § 25 | Gesundheitsuntersuchungen | 2116 |
| § 27 | Krankenbehandlung | 2120 |
| § 27b | Zweitmeinung | 2125 |
| § 28 | Ärztliche und zahnärztliche Behandlung | 2135 |
| § 31 | Arznei- und Verbandmittel, Verordnungsermächtigung | 2141 |
| § 32 | Heilmittel | 2150 |
| § 33 | Hilfsmittel | 2154 |
| § 39 | Krankenhausbehandlung | 2160 |
| § 40 | Leistungen zur medizinischen Rehabilitation | 2170 |
| § 69 | Anwendungsbereich | 2175 |
| § 73b | Hausarztzentrierte Versorgung | 2193 |
| § 81a | Stellen zur Bekämpfung von Fehlverhalten im Gesundheitswesen | 2213 |
| § 107 | Krankenhäuser, Vorsorge- oder Rehabilitationseinrichtungen | 2234 |
| § 108 | Zugelassene Krankenhäuser | 2240 |
| § 108a | Krankenhausgesellschaften | 2243 |
| § 109 | Abschluss von Versorgungsverträgen mit Krankenhäusern | 2244 |
| § 110 | Kündigung von Versorgungsverträgen mit Krankenhäusern | 2258 |
| § 111 | Versorgungsverträge mit Vorsorge- oder Rehabilitationseinrichtungen | 2264 |
| § 112 | Zweiseitige Verträge und Rahmenempfehlungen über Krankenhausbehandlung | 2269 |
| § 115a | Vor- und nachstationäre Behandlung im Krankenhaus | 2272 |
| § 115b | Ambulantes Operieren im Krankenhaus | 2274 |
| § 116 | Ambulante Behandlung durch Krankenhausärzte | 2277 |

# Inhaltsverzeichnis

| | | |
|---|---|---|
| § 116a | Ambulante Behandlung durch Krankenhäuser bei Unterversorgung............. | 2282 |
| § 116b | Ambulante spezialfachärztliche Versorgung .................................. | 2283 |
| § 117 | Hochschulambulanzen........................................................ | 2292 |
| § 118 | Psychiatrische Institutsambulanz ............................................ | 2294 |
| § 119 | Sozialpädiatrische Zentren .................................................. | 2295 |
| § 121 | Belegärztliche Leistungen ................................................... | 2296 |
| § 126 | Versorgung durch Vertragspartner .......................................... | 2299 |
| § 127 | Verträge ................................................................... | 2312 |
| § 128 | Unzulässige Zusammenarbeit zwischen Leistungserbringern und Vertragsärzten ..... | 2324 |
| § 129 | Rahmenvertrag über die Arzneimittelversorgung, Verordnungsermächtigung ...... | 2338 |
| § 129a | Krankenhausapotheken ..................................................... | 2347 |
| § 130 | Rabatt ..................................................................... | 2348 |
| § 130a | Rabatte der pharmazeutischen Unternehmer ................................. | 2350 |
| § 130b | Vereinbarungen zwischen dem Spitzenverband Bund der Krankenkassen und pharmazeutischen Unternehmern über Erstattungsbeträge für Arzneimittel, Verordnungsermächtigung ................................................... | 2377 |
| § 130c | Verträge von Krankenkassen mit pharmazeutischen Unternehmern ............ | 2401 |
| § 130d | Preise für Arzneimittel zur Therapie von Gerinnungsstörungen bei Hämophilie..... | 2404 |
| § 131 | Rahmenverträge mit pharmazeutischen Unternehmern ....................... | 2406 |
| § 131a | Ersatzansprüche der Krankenkassen ......................................... | 2411 |
| § 132 | Versorgung mit Haushaltshilfe .............................................. | 2415 |
| § 132a | Versorgung mit häuslicher Krankenpflege ................................... | 2419 |
| § 132b | Versorgung mit Soziotherapie ............................................... | 2440 |
| § 132c | Versorgung mit sozialmedizinischen Nachsorgemaßnahmen ................... | 2441 |
| § 132d | Spezialisierte ambulante Palliativversorgung ................................. | 2443 |
| § 132e | Versorgung mit Schutzimpfungen ........................................... | 2446 |
| § 132f | Versorgung durch Betriebsärzte ............................................. | 2454 |
| § 132g | Gesundheitliche Versorgungsplanung für die letzte Lebensphase .............. | 2458 |
| § 132h | Versorgungsverträge mit Kurzzeitpflegeeinrichtungen........................ | 2460 |
| § 132i | Versorgungsverträge mit Hämophiliezentren ................................. | 2460 |
| § 132j | Regionale Modellvorhaben zur Durchführung von Grippeschutzimpfungen in Apotheken ................................................................. | 2461 |
| § 132k | Vertrauliche Spurensicherung ............................................... | 2468 |
| § 132l | Versorgung mit außerklinischer Intensivpflege, Verordnungsermächtigung........ | 2471 |
| § 132m | Versorgung mit Leistungen der Übergangspflege im Krankenhaus ............. | 2476 |
| § 133 | Versorgung mit Krankentransportleistungen ................................. | 2476 |
| § 134 | Vereinbarung zwischen dem Spitzenverband Bund der Krankenkassen und den Herstellern digitaler Gesundheitsanwendungen über Vergütungsbeträge; Verordnungsermächtigung ................................................... | 2479 |
| § 134a | Versorgung mit Hebammenhilfe ............................................ | 2488 |
| § 135 | Bewertung von Untersuchungs- und Behandlungsmethoden .................. | 2504 |
| § 135a | Verpflichtung der Leistungserbringer zur Qualitätssicherung .................. | 2524 |
| § 135b | Förderung der Qualität durch die Kassenärztlichen Vereinigungen ............ | 2526 |
| § 135c | Förderung der Qualität durch die Deutsche Krankenhausgesellschaft........... | 2528 |
| § 136 | Richtlinien des Gemeinsamen Bundesausschusses zur Qualitätssicherung ....... | 2530 |
| § 136a | Richtlinien des Gemeinsamen Bundesausschusses zur Qualitätssicherung in ausgewählten Bereichen .................................................... | 2533 |
| § 136b | Beschlüsse des Gemeinsamen Bundesausschusses zur Qualitätssicherung im Krankenhaus ............................................................... | 2546 |

| | | |
|---|---|---|
| § 299a | Bestechlichkeit im Gesundheitswesen | 3088 |
| § 299b | Bestechung im Gesundheitswesen | 3088 |
| § 300 | Besonders schwere Fälle der Bestechlichkeit und Bestechung im geschäftlichen Verkehr und im Gesundheitswesen | 3100 |
| § 323c | Unterlassene Hilfeleistung | 3100 |
| § 331 | Vorteilsannahme | 3106 |
| § 332 | Bestechlichkeit | 3111 |
| § 333 | Vorteilsgewährung | 3112 |
| § 334 | Bestechung | 3113 |
| § 335 | Besonders schwere Fälle der Bestechlichkeit und Bestechung | 3114 |
| § 335a | Ausländische und internationale Bedienstete | 3115 |
| § 336 | Unterlassen der Diensthandlung | 3116 |

## Gesetz zur Regelung des Transfusionswesens (Transfusionsgesetz – TFG) ........ 3117

| | | |
|---|---|---|
| Vorbemerkung | | 3117 |
| § 1 | Zweck des Gesetzes | 3119 |
| § 2 | Begriffsbestimmungen | 3122 |
| § 3 | Versorgungsauftrag | 3125 |
| § 4 | Anforderungen an die Spendeeinrichtungen | 3130 |
| § 5 | Auswahl der spendenden Personen | 3133 |
| § 6 | Aufklärung, Einwilligung | 3134 |
| § 7 | Anforderungen zur Entnahme der Spende | 3136 |
| § 8 | Spenderimmunisierung | 3137 |
| § 9 | Hämatopoetische Stammzellen aus dem peripheren Blut und andere Blutbestandteile | 3141 |
| § 10 | Aufwandsentschädigung | 3142 |
| § 11 | Spenderdokumentation, Datenschutz | 3143 |
| § 11a | Blutdepots | 3145 |
| § 12a | Richtlinien zum Stand der Erkenntnisse der medizinischen und zahnmedizinischen Wissenschaft und Technik zur Gewinnung von Blut und Blutbestandteilen | 3146 |
| § 13 | Anforderungen an die Durchführung | 3148 |
| § 14 | Dokumentation, Datenschutz | 3150 |
| § 15 | Qualitätssicherung | 3154 |
| § 16 | Unterrichtungspflichten | 3156 |
| § 17 | Nicht angewendete Blutprodukte | 3158 |
| § 18 | Stand der medizinischen und zahnmedizinischen Wissenschaft und Technik zur Anwendung von Blutprodukten | 3159 |
| § 19 | Verfahren | 3159 |
| § 21 | Koordiniertes Meldewesen | 3161 |
| § 21a | Deutsches Hämophilieregister, Verordnungsermächtigung | 3163 |
| § 24 | Arbeitskreis Blut | 3166 |
| § 31 | Strafvorschriften | 3167 |
| § 32 | Bußgeldvorschriften | 3167 |

## Gesetz über die Spende, Entnahme und Übertragung von Organen und Geweben (Tranplantationsgesetz – TPG) ........ 3169

| | | |
|---|---|---|
| § 1 | Ziel und Anwendungsbereich des Gesetzes | 3169 |
| § 1a | Begriffsbestimmung | 3173 |
| § 3 | Entnahme mit Einwilligung des Spenders | 3176 |
| § 4 | Entnahme mit Zustimmung anderer Personen | 3180 |

## Inhaltsverzeichnis

| | | |
|---|---|---:|
| § 4a | Entnahme bei toten Embryonen und Föten | 3184 |
| § 8 | Entnahme von Organen oder Gewebe | 3186 |
| § 8a | Entnahme von Knochenmark bei minderjährigen Personen | 3193 |
| § 8b | Entnahme von Organen und Geweben in besonderen Fällen | 3196 |
| § 8c | Entnahme von Organen und Geweben zur Rückübertragung | 3197 |
| § 8d | Besondere Pflichten der Gewebeeinrichtungen | 3201 |
| § 9 | Zulässigkeit der Organentnahme und -übertragung, Vorrang der Organspende | 3207 |
| § 17 | Verbot des Organ- und Gewebehandels | 3213 |

### Gesetz gegen den unlauteren Wettbewerb – UWG ... 3219

| | | |
|---|---|---:|
| § 3 | Verbot unlauterer geschäftlicher Handlungen | 3219 |
| § 3a | Rechtsbruch | 3219 |

### Gesetz über die Ausübung der Zahnheilkunde (Zahnheilkundegesetz – ZHG) ... 3227

| | | |
|---|---|---:|
| § 1 | Ausübung der Zahnheilkunde | 3227 |
| § 2 | Erteilung der Approbation | 3235 |
| § 4 | Rücknahme und Widerruf der Approbation | 3252 |
| § 5 | Ruhen der Approbation | 3256 |
| § 13 | Erlaubnis zur vorübergehenden Ausübung der Zahnheilkunde | 3259 |

### Zivilprozessordnung – ZPO ... 3265

| | | |
|---|---|---:|
| § 1 | Sachliche Zuständigkeit | 3265 |
| § 12 | Allgemeiner Gerichtsstand; Begriff | 3268 |
| § 13 | Allgemeiner Gerichtsstand des Wohnsitzes | 3269 |
| § 17 | Allgemeiner Gerichtsstand juristischer Personen | 3269 |
| § 29 | Besonderer Gerichtsstand des Erfüllungsorts | 3270 |
| § 32 | Besonderer Gerichtsstand der unerlaubten Handlung | 3272 |
| § 42 | Ablehnung eines Richters | 3273 |
| § 50 | Parteifähigkeit | 3274 |
| § 59 | Streitgenossenschaft bei Rechtsgemeinschaft oder Identität des Grundes | 3276 |
| § 66 | Nebenintervention | 3277 |
| § 78 | Anwaltsprozess | 3279 |
| § 114 | Voraussetzungen | 3280 |
| § 142 | Anordnung der Urkundenvorlegung | 3281 |
| § 144 | Augenschein; Sachverständige | 3283 |
| § 253 | Klageschrift | 3284 |
| § 254 | Stufenklage | 3289 |
| § 256 | Feststellungsklage | 3289 |
| § 284 | Beweisaufnahme | 3291 |
| § 286 | Freie Beweiswürdigung | 3292 |
| § 287 | Schadensermittlung; Höhe der Forderung | 3323 |
| § 348 | Originärer Einzelrichter | 3324 |
| § 383 | Zeugnisverweigerung aus persönlichen Gründen | 3326 |
| § 402 | Beweis durch Sachverständige | 3327 |
| § 406 | Ablehnung eines Sachverständigen | 3331 |
| § 485 | Selbständiges Beweisverfahren – Zulässigkeit | 3334 |
| § 511 | Statthaftigkeit der Berufung | 3336 |
| § 522 | Zulässigkeitsprüfung; Zurückweisungsbeschluss | 3337 |
| § 531 | Zurückgewiesene und neue Angriffs- und Verteidigungsmittel | 3339 |

Stichwortverzeichnis ... 3341

# Abkürzungsverzeichnis

| | |
|---|---|
| a. | auch |
| a.A. | andere Auffassung/andere Ansicht |
| ABDA | Bundesvereinigung Deutscher Apothekerverbände |
| abgedr. | abgedruckt |
| ABl. | Amtsblatt |
| abl. | ablehnend |
| Abs. | Absatz |
| AcP | Archiv für die civilistische Praxis (Zeitschrift) |
| a.D. | außer Diensten |
| AE | Alternativ-Entwurf |
| a.E. | am Ende |
| AEUV | Vertrag über die Arbeitsweise der europäischen Union |
| a.F. | alte Fassung |
| AG | Amtsgericht/Arbeitsgemeinschaft/Aktiengesellschaft |
| AGB | Allgemeine Geschäftsbedingungen |
| AGG | Allgemeines Gleichbehandlungsgesetz |
| AGMP | Arbeitsgruppe Medizinprodukte der Arbeitsgruppe der Arbeitsgemeinschaft der Obersten Landesgesundheitsbehörden (AOLG) |
| AktG | Aktiengesetz |
| allg. | allgemein |
| AltPflG | Altenpflegegesetz |
| AMG | Gesetz über den Verkehr mit Arzneimitteln (Arzneimittelgesetz) |
| AMGVwV | Verwaltungsvorschrift zur Durchführung des Arzneimittelgesetzes |
| AMPreisV | Arzneimittelpreisverordnung |
| amtl. | amtlich |
| AMVV | Arzneimittelverschreibungsverordnung |
| AMWHV | Arzneimittel- und Wirkstoffherstellungsverordnung |
| Angekl. | Angeklagter |
| Anh. | Anhang |
| Anm. | Anmerkung |
| AnwBl. | Anwaltsblatt |
| AnwK | Leipold/Tsambikakis, AnwaltsKommentar |
| AO | Abgabenordnung |
| AöR | Archiv des öffentlichen Rechts |
| ApBetrO | Apothekenbetriebsordnung |
| apl. | außerplanmäßig/er |
| ApoG | Apothekengesetz |
| APR | Apotheke und Recht |
| AR | Dornbusch/Krumbiegel/Löwisch, Kommentar zum gesamten Arbeitsrecht |
| ArbGG | Arbeitsgerichtsgesetz |
| ArbuR | Arbeit und Recht |
| ÄRp | Ärzteblatt Rheinland-Pfalz |
| Art. | Artikel |
| Ärzte-ZV | Zulassungsverordnung für Vertragsärzte |

# Abkürzungsverzeichnis

| | |
|---|---|
| ArztR | Arztrecht (Zeitschrift) |
| AT | Allgemeiner Teil |
| Aufl. | Auflage |
| ausf. | ausführlich |
| A&R | Arzneimittel & Recht |
| AusR | Der Arzt/Zahnarzt und sein Recht, Zeitschrift für Arzt-, Kassenarzt und Arzneimittelrecht |
| AWB | Anwendungsbeobachtung |
| BAG | Bundesarbeitsgericht |
| BAMF | Bundesamt für Migration und Flüchtlinge |
| BayObLG | Bayerisches Oberstes Landesgericht |
| BayVerfGH | Bayerischer Verfassungsgerichtshof |
| BÄK | Bundesärztekammer |
| BÄO | Bundesärzteordnung |
| BApoO | Bundesapothekerordnung |
| BAuA | Bundesanstalt für Arbeitsschutz und Arbeitsmedizin |
| BB | Betriebsberater (Zeitschrift) |
| Bd. | Band |
| BDSG | Bundesdatenschutzgesetz |
| BeamtStG | Beamtenstatusgesetz |
| BeckOF-MedR | Clausen/Krafczyk, Beck'sche Online-Formulare Medizinrecht |
| BeckOK-IfSchR | Eckart/Winkelmüller, Beck'scher Online Kommentar Infektionsschutzrecht |
| BeckOK-StGB | Von Heintschel-Heinegg, Beck'scher Online-Kommentar StGB |
| Begr. | Begründung |
| Beschl. | Beschluss |
| BetrVG | Betriebsverfassungsgesetz |
| BewG | Bewertungsgesetz |
| BfArM | Bundesinstitut für Arzneimittel und Medizinprodukte |
| BFH | Bundesfinanzhof |
| BFHE | Entscheidungen des Bundesfinanzhofs |
| BfR | Bundesinstitut für Risikobewertung |
| BGB | Bürgerliches Gesetzbuch |
| BGBl. | Bundesgesetzblatt |
| BGG | Behindertengleichstellungsgesetz |
| BGH | Bundesgerichtshof |
| BGH-FG | 50 Jahre Bundesgerichtshof – Festgabe aus der Wissenschaft |
| BGHR | Bundesgerichtshof Rechtsprechung |
| BGHSt | Entscheidungen des Bundesgerichtshofs in Strafsachen |
| BGHZ | Entscheidungen des Bundesgerichtshofs in Zivilsachen |
| BioStoffV | Biostoffverordnung |
| BKartA | Bundeskartellamt |
| BKK | Die Betriebskrankenkasse (Zeitschrift) |
| BMV-Ä | Bundesmantelvertrag – Ärzte |
| BMV-ZÄ | Bundesmantelvertrag – Zahnärzte |
| BMWi | Bundesministerium für Wirtschaft und Energie |
| BORA | Berufsordnung für Rechtsanwälte |

# Abkürzungsverzeichnis

| | |
|---|---|
| BOPsychTh | Berufsordnung der Psychotherapeuten |
| BPatG | Bundespatentgericht |
| BPtK | Bundespsychotherapeutenkammer |
| BR-Drs. | Bundesrat Drucksache |
| BRAO | Bundesrechtsanwaltsordnung |
| BSeuchG | Bundesseuchengesetz |
| BSG | Bundessozialgericht |
| BStBl | Bundessteuerblatt |
| BT-Drs. | Bundestag Drucksache |
| BtM | Betäubungsmittel |
| BtMG | Gesetz über den Verkehr mit Betäubungsmitteln (Betäubungsmittelgesetz) |
| BVerfG | Bundesverfassungsgericht |
| BVerfGE | Entscheidungen des Bundesverfassungsgerichts |
| BVerfGG | Bundesverfassungsgerichtsgesetz |
| BVerwG | Bundesverwaltungsgericht |
| BVerwGE | Entscheidungen des Bundesverwaltungsgerichts |
| BVL | Bundesamt für Verbraucherschutz und Lebensmittelsicherheit |
| BWVG | Wohn- und Betreuungsvertragsgesetz |
| BzgA | Bundeszentrale für gesundheitliche Aufklärung |
| bzgl. | bezüglich |
| bzw. | beziehungsweise |
| DAB | Deutsches Arzneibuch |
| DÄBl. | Deutsches Ärzteblatt |
| DÄT | Deutscher Ärztetag |
| DAVorm | Der Amtsvormund |
| DAZ | Deutsche Apothekerzeitung |
| DB | Der Betrieb (Zeitschrift) |
| DBD | Däubler/Bonin/Deinert, AGB Kontrolle im Arbeitsrecht |
| de. | Deutschland |
| DeuFöV | Verordnung über die berufsbezogene Deutschsprachförderung |
| DGGG | Deutsche Gesellschaft für Gynäkologie und Geburtshilfe e. V. |
| DGMR | Deutsche Gesellschaft für Medizinrecht |
| d.h. | das heißt |
| Die Polizei | Die Polizei (Zeitschrift) |
| DIMDI | Deutsches Institut für Medizinische Dokumentation und Information |
| DIMDIV | Verordnung über das datenbankgestützte Informationssystem über Medizinprodukte des Deutschen Instituts für Medizinische Dokumentation und Information (DIMDI-Verordnung) |
| DIN EN ISO | Als nationale Norm umgesetzte internationale (ISO) und europäische (EN) Norm |
| DJT | Deutscher Juristentag |
| DL-InfoV | Verordnung über Informationspflichten für Dienstleistungserbringer |
| DMW | Deutsche Medizinische Wochenschrift |
| DÖV | Die öffentliche Verwaltung (Zeitschrift) |
| DPMA | Deutsches Patent- und Markenamt |
| DSGVO | EU-Datenschutz-Grundverordnung |

# Abkürzungsverzeichnis

| | |
|---|---|
| DStR | Deutsches Steuerrecht |
| DStRE | Deutsches Steuerrecht – Entscheidungsdienst |
| DuD | Datenschutz und Datensicherheit (Zeitschrift) |
| DVBl | Deutsche Verwaltungsblätter |
| | |
| EBA | Europäischer Berufsausweis |
| ebd. | ebenda |
| EBM | Einheitlicher Bewertungsmaßstab |
| EFTA | Europäische Freihandelsassoziation |
| EF-Z | Zeitschrift für Ehe- und Familienrecht |
| EG | Europäische Gemeinschaft |
| EGMR | Europäischer Gerichtshof für Menschenrechte |
| EhrG | Ehrengabe |
| EK | Erythrocytenkonzentrat |
| EK-Med | Erfahrungsaustauschkreis der nach dem Medizinproduktegesetz benannten Stellen der ZLG |
| EKV | Bundesmantelvertrag – Ärzte/Ersatzkassen |
| EMA | European Medicines Agency |
| EMRK | Europäische Menschenrechtskonvention |
| ErfK | Erfurter Kommentar zum Arbeitsrecht |
| ESchG | Gesetz zum Schutz von Embryonen (Embryonenschutzgesetz) |
| EStG | Einkommensteuergesetz |
| EU | Europäische Union |
| EuG | Gericht der Europäischen Union |
| EuGH | Europäischer Gerichtshof |
| EuZW | Europäische Zeitschrift für Wirtschaftsrecht |
| e.V. | eingetragener Verein |
| evtl. | eventuell |
| EWiR | Entscheidungen zum Wirtschaftsrecht |
| EWIV | Europäische wirtschaftliche Interessenvertretung |
| EWR | Europäischer Wirtschaftsraum |
| | |
| f. | folgend |
| FamFG | Gesetz über das Verfahren in Familiensachen und in den Angelegenheiten der freiwilligen Gerichtsbarkeit |
| FamRZ | Zeitschrift für das gesamte Familienrecht |
| ff. | fortfolgend/die Folgenden |
| FlUUG | Flugunfalluntersuchungsgesetz |
| FS | Festschrift |
| FSME | Frühsommer-Meningoenzephalitis |
| | |
| GA | Goltdammer's Archiv für Strafrecht (Zeitschrift) |
| G-BA | Gemeinsamer Bundesausschuss |
| GbR | Gesellschaft bürgerlichen Rechts |
| GCP-V | Verordnung über die Anwendung der Guten Klinischen Praxis |
| G-CSF | Gentechnisch hergestellter Wachstumsfaktor |

| | |
|---|---|
| gem. | gemäß |
| GenDG | Gesetz über genetische Untersuchungen bei Menschen (Gendiagnostikgesetz) |
| GenStA | Generalstaatsanwaltschaft |
| GesR | Zeitschrift Gesundheitsrecht |
| GewO | Gewerbeordnung |
| GG | Grundgesetz |
| ggf. | gegebenenfalls |
| ggü. | gegenüber |
| GID | Gen-Ethischer Informationsdienst |
| GKV-WSG | Gesetzliche Krankenversicherung-Wettbewerbsstärkungsgesetz |
| GmbH | Gesellschaft mit beschränkter Haftung |
| GMBl. | Gemeinsames Ministerialblatt |
| GMP | Good Manufactoring Practice (Gute Herstellungspraxis) |
| GmS-OGB | Gemeinsamer Senat der Obersten Gerichtshöfe des Bundes |
| GOA | Geschäftsführung ohne Auftrag |
| GOÄ | Gebührenordnung für Ärzte |
| GOZ | Gebührenordnung für Zahnärzte |
| grdl. | grundlegend |
| grds. | grundsätzlich |
| GRUR | Zeitschrift für Gewerblichen Rechtsschutz und Urheberrecht |
| GS | Gedenkschrift |
| GuP | Gesundheit und Pflege |
| GVG | Gerichtsverfassungsgesetz |
| GVP | Good Pharmacovigilance Practices |
| GWB | Gesetz gegen Wettbewerbsbeschränkungen |
| | |
| HeilBerG | Heilberufsgesetz |
| HeimG | Heimgesetz |
| HGB | Handelsgesetzbuch |
| HIV/Hi-Virus | Humanes Immundefizienz-Virus |
| HK-AKM | Rieger, Heidelberger Kommentar Arztrecht, Krankenhausrecht, Medizinrecht |
| HKG | Kammergesetz für Heilberufe |
| HK-GS | Dölling u.a., Handkommentar Gesamtes Strafrecht |
| h.L. | herrschende Lehre |
| h.M. | herrschende Meinung |
| HMA | Head of Medicines Agencies |
| HRi | Härtefall-Richtlinien |
| HRRS | Onlinezeitschrift für höchstrichterliche Rechtsprechung zum Strafrecht |
| Hs. | Halbsatz |
| HWG | Heilmittelwerbegesetz |
| HWK | Henssler/Willemsen/Kalb, Arbeitsrecht Kommentar |
| | |
| ICAO | International Civil Aviation Organization |
| i.d.F. | in der Fassung |
| i.d.R. | in der Regel |
| i.d.S. | in diesem Sinne |

# Abkürzungsverzeichnis

| | |
|---|---|
| i.E. | im Ergebnis |
| i.e.S. | im engeren Sinne |
| IfSBG NRW | Infektionsschutz- und Befugnisgesetz NRW |
| IfSG | Gesetz zur Verhütung und Bekämpfung von Infektionskrankheiten beim Menschen |
| IITs | Investigator Initiated Trials |
| incl. | inclusive |
| InEK | Institut für das Entgeltsystem im Krankenhaus GmbH |
| insb. | insbesondere |
| IQTIQ | Institut für Qualitätssicherung und Transparenz im Gesundheitswesen |
| i.R. | in Ruhe |
| i.R.d. | im Rahmen der/des |
| i.S.d. | im Sinne des/der |
| i.S.e. | im Sinne einer/eines |
| IVD | In-vitro-Diagnostikum |
| i.V.m. | in Verbindung mit |
| JA | Juristische Arbeitsblätter (Zeitschrift) |
| japStGB | japanisches Strafgesetzbuch |
| jew. | jeweils |
| JGG | Jugendgerichtsgesetz |
| JR | Juristische Rundschau (Zeitschrift) |
| Jura | Juristische Ausbildung (Zeitschrift) |
| JuS | Juristische Schulung (Zeitschrift) |
| JVL | Juristen-Vereinigung Lebensrecht e. V. |
| JZ | Juristische Zeitung (Zeitschrift) |
| Kap. | Kapitel |
| KastrG | Gesetz über die freiwillige Kastration und andere Behandlungsmethoden (Kastrationsgesetz) |
| KBV | Kassenärztliche Bundesvereinigung |
| Kennz. | Kennziffer |
| KFRG | Gesetz zur Weiterentwicklung der Krebsfrüherkennung und zur Qualitätssicherung durch klinische Krebsregister (Krebsfrüherkennungs- und -registergesetz) |
| kg | Kilogramm |
| KG | Kammergericht/Kommanditgesellschaft |
| KHEntgG | Krankenhausentgeltgesetz |
| KHG | Krankenhausfinanzierungsgesetz |
| KHuR | Krankenhaus und Recht (Zeitschrift) |
| KirchE | Entscheidungen in Kirchensachen seit 1946 |
| KiTa | Kindertagesstätte |
| KK | Krankenkasse |
| Komm. | Kommentierung |
| KostO | Kostenordnung |
| KRINKO | Kommission für Krankenhaushygiene und Infektionsprävention beim Robert Koch-Institut |
| krit. | kritisch |

# Abkürzungsverzeichnis

| | |
|---|---|
| KritJ | Kritische Justiz |
| KrPflG | Krankenpflegegesetz |
| KrV | Kranken- und Pflegeversicherung (Zeitschrift) |
| KSchG | Kündigungsschutzgesetz |
| KV | Krankenversicherung oder Kassenärztliche Vereinigung |
| KVLG 1989 | Zweites Gesetz über die Krankenversicherung der Landwirte |
| LFGB | Lebensmittel- und Futtermittelgesetzbuch |
| LG | Landgericht |
| LK | Cirener u.a., Leipziger Kommentar Strafgesetzbuch |
| LKP | Leiter der klinischen Prüfung |
| LL.M. | Magister Legum/Master of Laws |
| LL.M. oec. | Magistra/Magister Legis Oeconomicae |
| LPartG | Gesetz über die eingetragene Lebenspartnerschaft |
| LPK SGB V | Hänlein/Schuler, Lehr- und Praxiskommentar SGB V |
| LSG | Landessozialgericht |
| m. abl. Anm. | mit ablehnender Anmerkung |
| m. Anm. | mit Anmerkung |
| m. Bspr. | mit Besprechung |
| m. krit. Anm. | mit kritischer Anmerkung |
| MAH MedR | Clausen/Schroeder-Printzen, Münchner Anwaltshandbuch Medizinrecht |
| MB/KK | Musterbedingungen 2009 für die Krankheitskosten- und Krankenhaustagegeldversicherung |
| MBO(-Ä) | Musterberufsordnung für die deutschen Ärztinnen und Ärzte |
| MBO-ZÄ | Musterberufsordnung der Bundeszahnärztekammer |
| M.C.L. | Master of Comparative Law |
| MDEG | Medical Devices Experts Group der Europäischen Kommission |
| MDR | Monatsschrift des deutschen Rechts (Zeitschrift) |
| MEDDEV | Leitlinien der Europäischen Kommission im Medizinproduktebereich |
| MedR | Medizinrecht (Zeitschrift) |
| Medstra | Zeitschrift für Medizinstrafrecht |
| MHdB ArbR | Kiel/Lunk/Oetker, Münchener Handbuch des Arbeitsrechts |
| MHG | Gummert/Weipert, Münchner Handbuch des Gesellschaftsrechts |
| Mio. | Million |
| MIR | Medien Internet und Recht (Internetzeitschrift) |
| ml | Milliliter |
| MLE | Magister Legum Europae |
| MoPeG | Gesetz zur Modernisierung des Personengesellschaftsrechts |
| MPAV | Verordnung zur Regelung der Abgabe von Medizinprodukten (Medizinprodukte-Abgabeverordnung) |
| MPBetreibV | Verordnung über das Errichten, Betreiben und Anwenden von Medizinprodukten (Medizinprodukte-Betreiberverordnung) |
| MPG | Gesetz über Medizinprodukte (Medizinproduktegesetz) |
| MPGVwV | Allgemeine Verwaltungsvorschrift zur Durchführung des Medizinproduktegesetzes (Medizinprodukte-Durchführungsvorschrift) |
| MPJ | Medizinprodukte Journal (Zeitschrift) |

# Abkürzungsverzeichnis

| | |
|---|---|
| MPR | Medizin Produkte Recht (Zeitschrift) |
| MPSV | Verordnung über die Erfassung, Bewertung und Abwehr von Risiken bei Medizinprodukten (Medizinprodukte-Sicherheitsplanverordnung) |
| MPV | Verordnung über Medizinprodukte (Medizinprodukte-Verordnung) |
| MPVerschrV | Verordnung über die Verschreibungspflicht von Medizinprodukten |
| MPVertrV | Verordnung über Vertriebswege für Medizinprodukte |
| MüKo-BGB | Münchner Kommentar zum Bürgerlichen Gesetzbuch |
| MüKo-HGB | Münchner Kommentar zum Handelsgesetzbuch |
| MüKo-StGB | Münchener Kommentar zum Strafgesetzbuch |
| MVZ | Medizinisches Versorgungszentrum |
| m.w.N. | mit weiteren Nachweisen |
| m.W.v. | mit Wissen vom |
| | |
| NachwG | Nachweisgesetz |
| Nds. MVollzG | Niedersächsisches Maßregelvollzugsgesetz |
| Nds. PsychKG | Niedersächsisches Gesetz über Hilfen und Schutzmaßnahmen für psychisch Kranke |
| NemV | Verordnung über Nahrungsergänzungsmittel |
| n.F. | neue Fassung |
| NJOZ | Neue Juristische Online Zeitschrift (Zeitschrift) |
| NJW | Neue Juristische Wochenschrift (Zeitschrift) |
| NJW-RR | Neue Juristische Wochenschrift- Rechtsprechungs-Report (Zeitschrift) |
| NK | Neue Kriminalpolitik (Zeitschrift) |
| NK-BGB | Nomos Kommentar BGB |
| NK-StGB | Nomos Kommentar StGB |
| NNF | Nacht- und Notdienstfonds |
| Nr. | Nummer |
| NRettDG | Niedersächsisches Rettungsdienstgesetz |
| NRW | Nordrhein-Westfalen |
| NStE | Rebmann u.a., Neue Entscheidungssammlung für Strafrecht |
| NStZ | Neue Zeitschrift für Strafrecht |
| NStZ-RR | Neue Zeitschrift für Strafrecht-Rechtsprechungs-Report |
| NUB-Entgelt | Neue Untersuchungs- und Behandlungsmethoden-Entgelt |
| NVwZ | Neue Zeitschrift für Verwaltungsrecht |
| NZA | Neue Zeitschrift für Arbeitsrecht |
| NZFam | Neue Zeitschrift für Familienrecht |
| NZG | Neue Zeitschrift für Gesellschaftsrecht |
| NZS | Neue Zeitschrift für Sozialrecht |
| NZV | Neue Zeitschrift für Verkehrsrecht |
| NZWiSt | Neue Zeitschrift für Wirtschafts-, Steuer- und Unternehmensstrafrecht |
| | |
| o. | oben |
| OHG | Offene Handelsgesellschaft |
| OLG | Oberlandesgericht |
| OLG-NL | Rechtsprechung Neue Länder |
| OP | Operationssaal |
| öStGB | Österreichisches Strafgesetzbuch |

| | |
|---|---|
| OVG | Oberverwaltungsgericht |
| OWiG | Ordnungswidrigkeitengesetz |
| | |
| PartG | Partnerschaftsgesellschaft |
| PartGG | Partnerschaftsgesellschaftsgesetz |
| PatG | Patentgesetz |
| p.c. | post conceptionem |
| PEI | Paul-Ehrlich-Institut |
| PflegeR | Pflegerecht (Zeitschrift) |
| PflRiLi | Pflegerichtlinien |
| PharmBetrV | Betriebsverordnung für pharmazeutische Unternehmer |
| PharmInd | die pharmazeutische Industrie (Zeitschrift) |
| PharmR | Pharmarecht (Zeitschrift) |
| PiA | Psychotherapeuten in Ausbildung |
| PKV | Private Krankenversicherung |
| PPV | Private Pflegeversicherung |
| PStG | Personenstandsgesetz |
| PsychThApprO | Approbationsordnung für Psychotherapeutinnen und Psychotherapeuten |
| PsychThG | Gesetz über den Beruf der Psychotherapeutin und des Psychotherapeuten |
| PV | Pflegeversicherung |
| PZ | Pharmazeutische Zeitung |
| PZN | Pharmazentralnummer |
| | |
| RDG | Rechtsdepesche für das Gesundheitswesen (Zeitschrift) |
| Rdn. | Randnummer(n) |
| RGSt | Entscheidungen des Reichsgerichts in Strafsachen |
| RiStBV | Richtlinien für das Strafverfahren und das Bußgeldverfahren |
| RKI | Robert-Koch-Institut |
| RL | Richtlinie |
| Rn. | Randnummer |
| RW | Rechtswissenschaft (Zeitschrift für wissenschaftliche Forschung) |
| | |
| S. | Seite |
| s. | siehe |
| SchKG | Gesetz zur Vermeidung und Bewältigung von Schwangerschaftskonflikten (Schwangerschaftskonfliktgesetz) |
| schwStGB | Schweizerisches StGB |
| SFHÄndG | Schwangeren- und Familienhilfeänderungsgesetz |
| SG | Sozialgericht |
| SGB | Sozialgesetzbuch |
| SGG | Sozialgerichtsgesetz |
| SK-StGB | Wolter, Systematischer Kommentar zum Strafgesetzbuch |
| sog. | sogenannte/-er |
| SPV | Soziale Pflegeversicherung |
| st. Rspr. | Ständige Rechtsprechung |
| StA | Staatsanwaltschaft |

# Abkürzungsverzeichnis

| | |
|---|---|
| Stbg | Steuerberatung |
| StGB | Strafgesetzbuch |
| StKB | Arbeitsgemeinschaft der Ärzte staatlicher und kommunaler Bluttransfusionsdienste |
| StoffR | Zeitschrift für Stoffrecht |
| StPO | Strafprozessordnung |
| str. | strittig/streitig |
| StraFo | Strafverteidiger Forum (Zeitschrift) |
| StrRG | Gesetz zur Reform des Strafrechts |
| StV | Strafverteidiger (Zeitschrift) |
| StVO | Straßenverkehrsordnung |
| StVollzG | Gesetz über den Vollzug der Freiheitsstrafe und der freiheitsentziehenden Maßregeln der Besserung und Sicherung (Strafvollzugsgesetz) |
| StVZO | Straßenverkehrszulassungsordnung |
| StW | Zeitschrift für die gesamte Staatswissenschaft |
| | |
| TFG | Transfusionsgesetz |
| TPG | Gesetz über die Spende, Entnahme und Übertragung von Organen und Geweben (Transplantationsgesetz) |
| TRBA | Technischen Regeln für Biologische Arbeitsstoffe im Gesundheitswesen und in der Wohlfahrtspflege |
| TSG | Gesetz über die Änderung der Vornamen und die Feststellung der Geschlechtszugehörigkeit in besonderen Fällen (Transsexuellengesetz) |
| türkStGB | türkisches Strafgesetzbuch |
| | |
| u. | unten |
| u.a. | unter anderem |
| u.a.m. | und andere(s) mehr |
| UBA | Umweltbundesamt |
| UG | Unternehmergesellschaft |
| UmwG | Umwandlungsgesetz |
| unstr. | unstreitig |
| unzutr. | unzutreffend |
| Urt. | Urteil |
| UStG | Umsatzsteuergesetz |
| UWG | Gesetz gegen den unlauteren Wettbewerb |
| | |
| v. | von/vom |
| v.a. | vor allem |
| VergabeR | Zeitschrift Vergaberecht |
| VerschG | Verschollenheitsgesetz |
| VersR | Zeitschrift Versicherungsrecht |
| VerwArch | Verwaltungsarchiv (Zeitschrift) |
| VG | Verwaltungsgericht |
| VGH | Verfassungsgerichtshof |
| vgl. | vergleiche |
| Vorbem. | Vorbemerkung |

| | |
|---|---|
| VRS | Verkehrsrechtssammlung (Zeitschrift) |
| VVG | Versicherungsvertragsgesetz |
| VwGO | Verwaltungsgerichtsordnung |
| VwVfG | Verwaltungsverfahrensgesetz |
| | |
| WD | Wissenschaftliche Dienste |
| WHG | Wasserhaushaltsgesetz |
| WM | Wertpapiermitteilungen |
| WRP | Wettbewerb in Recht und Praxis |
| WTG | Wohn- und Teilhabegesetz |
| WuB | Entscheidungssammlung zum Wirtschafts- und Bankrecht |
| | |
| Zahnärzte-ZV | Zulassungsverordnung für Vertragszahnärzte |
| ZAP | Zeitschrift für die Anwaltspraxis |
| z.B. | zum Beispiel |
| ZBR | Zeitschrift für Beamtenrecht |
| ZfJ | Zentralblatt für Jugendrecht |
| ZfL | Zeitschrift für Lebensrecht |
| ZfPW | Zeitschrift für die gesamte Privatrechtswissenschaft |
| ZfRV | Zeitschrift für Europarecht, Internationales Privatrecht und Rechtsvergleichung |
| ZFSH/SGB | Zeitschrift für die sozialrechtliche Praxis |
| ZHG | Gesetz über die Ausübung der Zahnheilkunde |
| ZIP | Zeitschrift für Wirtschaftsrecht |
| ZIS | Zeitschrift für Internationale Strafrechtsdogmatik |
| ZJS | Zeitschrift für das Juristische Studium |
| ZLG | Zentralstelle der Länder für Gesundheitsschutz bei Arzneimitteln und Medizinprodukten |
| ZLR | Zeitschrift für das gesamte Lebensmittelrecht |
| ZMGR | Zeitschrift für das gesamte Medizin- und Gesundheitsrecht |
| ZMR | Zeitschrift für Miet- und Raumrecht |
| ZPallmed | Zeitschrift für Palliativmedizin |
| ZRhp | Zeitschrift für Rechtsphilosophie |
| ZRP | Zeitschrift für Rechtspolitik |
| ZStW | Zeitschrift für die gesamte Strafrechtswissenschaft |
| zust. | zustimmend |
| zutr. | zutreffend |
| ZWER | Zeitschrift für Wettbewerbsrecht |

# Literaturverzeichnis

| | |
|---|---|
| Abanador | Die Zulässigkeit der Substitution ärztlicher Leistungen durch Leistungen nichtärztlichen Pflegepersonals, 2011 |
| Achterfeld | Aufgabenverteilung im Gesundheitswesen – Rechtliche Rahmenbedingungen der Delegation ärztlicher Leistungen, 2014 |
| Adomeit/Mohr | Kommentar zum allgemeinen Gleichbehandlungsgesetz, 2. Aufl. 2011 |
| Albers | Patientenverfügungen, 2008 |
| Ambos | Internationales Strafrecht, 5. Aufl. 2018 |
| Ammann | Medizinethik und medizinethische Expertengremien im Licht des öffentlichen Rechts, 2012 |
| Andreas/Debong/Bruns | Handbuch Arztrecht in der Praxis, 2001 |
| Anhalt/Dieners | Medizinprodukterecht, Praxishandbuch, 2. Aufl. 2017 |
| Antoine | Aktive Sterbehilfe in der Grundrechtsordnung, 2004 |
| Arnade | Kostendruck und Standard, 2010 |
| Arnold | Die erbrechtliche Nachfolge in der Partnerschaftsgesellschaft, 2005 |
| Arzt/Weber/Heinrich/Hilgendorf | Lehrbuch Strafrecht Besonderer Teil, 3. Aufl. 2015 |
| Ascheid/Preis/Schmidt | Kündigungsrecht, 6. Aufl. 2021 (zitiert: APS/Bearbeiter) |
| Attermeyer | Die ambulante Arztpraxis in der Rechtsform der GmbH, 2005 |
| Auer-Reinsdorff/Conrad | Handbuch IT- und Datenschutzrecht, 3. Aufl. 2019 |
| Badtke | Die Anwendbarkeit der deutschen und europäischen Fusionskontrolle auf Zusammenschlüsse von Krankenhäusern, 2008 |
| Bamberger/Roth | Beck'scher Online Kommentar BGB, 59. Edition, Stand: 01.08.2021 (zitiert: BeckOK BGB/Bearbeiter) |
| Baranzke/Duttge | Autonomie und Würde. Leitprinzipien in Bioethik und Medizinrecht, 2013 |
| Bauer | Die strafrechtliche Beurteilung des ärztlichen Heileingriffs, 2008 |
| Bauer/Krieger/Günther | AGG Kommentar, 5. Aufl. 2018 |
| Baumann/Weber/Mitsch/Eisele | Strafrecht Allgemeiner Teil, 12. Aufl. 2016 |
| Baumbach/Hefermehl | Wettbewerbsrecht, 22. Aufl. 2001 |
| Baumgärtel/Laumen/Prütting | Handbuch der Beweislast, Grundlagen, 4. Aufl. 2019 |
| Bayer | Ärztliche Dokumentationspflicht und Einsichtsrecht in Patientenakten, 2018 |
| Bayerlein | Praxishandbuch Sachverständigenrecht, 5. Aufl. 2015 |
| Bazan/Dann/Errestink | Rechtshandbuch für Ärzte und Zahnärzte, 2013 |
| Bechtold/Brinker/Holzmüller | Gutachten rechtliche Grenzen zur Anwendung des Kartellverbots auf die Tätigkeit gesetzlicher Krankenkassen, 2010 |
| Bechtold/Bosch | GWB Kommentar, 9. Aufl. 2018 |
| Becker-Platen | Die Kammern der freien Heilberufe, 1998 |
| Becker/Kingreen | SGB V, Kommentar, 7. Aufl. 2020 |
| BeckOGK | Beck-online.Großkommentar, Stand: 01.08.2021 |
| BeckOK BVerfGG | Beck'scher Online-Kommentar Gesetz über das Bundesverfassungsgericht (Walter/Grünewald), 1. Edition, Stand 01.11.2016 |
| BeckOK InfSchR | Beck-Online-Kommentar Infektionsschutzrecht (Eckart/Winkelmüller), 6. Edition, Stand 2021 |

# Literaturverzeichnis

| | |
|---|---|
| BeckOK Vergaberecht | Beck'scher Online-Kommentar Vergaberecht (Gabriel/Mertens/Prieß/Stein), Stand: 30.04.2021 |
| Beppel | Ärztliche Aufklärung in der Rechtsprechung, 2007 |
| Berchtold/Huster/Rehborn | Gesundheitsrecht, Kommentar, 2. Aufl. 2018 |
| Bergmann/Pauge/Steinmeyer | Gesamtes Medizinrecht, 3. Aufl. 2018 |
| Bernat/Kröll | Recht und Ethik der Arzneimittelforschung, 2003 |
| Bierschenk | Die zweite Instanz im deutschen und französischen Zivilverfahren, 2015 |
| Bihr/Fuchs/Krauskopf/Ritz | SGB IX, 2006 |
| Binding | Die Normen und ihre Übertretung, 1991 |
| Binding | Lehrbuch des gemeinen deutschen Strafrechts BT, 2. Aufl. 1902 |
| Bockelmann | Strafrecht des Arztes, 1968 |
| Boecken/Düwell/Diller/Hanau | Kommentar Gesamtes Arbeitsrecht, 2016 |
| Böckmann/Frankenberger | Durchführungshilfen zum Medizinproduktegesetz – Schwerpunkt Medizintechnik und In-vitro-Diagnostika, Loseblatt Stand 2018 |
| Boemke/Schneider | Korruptionsprävention im Gesundheitswesen, 2011 |
| Bonner Kommentar GG | Bonner Kommentar zu Grundgesetz (Kahl/Waldhoff/Walter), Loseblatt |
| Borasio/Jox/Taupitz/Wiesing | Selbstbestimmung im Sterben – Fürsorge im Leben, 2014 |
| Bottke | Suizid und Strafrecht, 1982 |
| Brennecke | Ärztliche Geschäftsführung ohne Auftrag, 2010 |
| Breuninger/Rassner | Operationsplanung und Erfolgskontrolle, 1989 |
| Britz | Einzelfallgerechtigkeit versus Generalisierung, 2008 |
| Bruckenberger/Klaue/Schwintowski | Krankenhausmärkte zwischen Regulierung und Wettbewerb, 2006 |
| Brück | Kommentar zur Gebührenordnung für Ärzte, Loseblatt, Stand 2018 |
| Brückner | Die Kontrolle von Abfindungsklauseln in Personengesellschafts- und GmbH-Verträgen, 1995 |
| Brüggemeier | Deliktsrecht, 1986 |
| Bruns/Münch/Stadler | Die Zukunft des Zivilprozesses, 2014 |
| Budzinski/Stöhr | Die Ministerlaubnis als Element der deutschen Wettbewerbsordnung: eine theoretische und empirische Analyse, 2018 |
| Büchner/Kaminski | Lebensschutz oder kollektiver Selbstbetrug, 2006 |
| Bülow/Ring/Artz/Brixius | Heilmittelwerbegesetz, Kommentar, 5. Aufl. 2016 |
| Bunk | Vermögenszuordnung, Auseinandersetzung und Ausscheiden in Sozietät und Gemeinschaftspraxis, 2007 |
| Burgi/Dreher | Beck'scher Vergaberechtskommentar, Band 1 – GWB, 3. Aufl. 2017 |
| Burgstaller | Das Fahrlässigkeitsdelikt im Strafrecht, 1974 |
| Burk/Hellmann | Krankenhaus-Management für Ärztinnen und Ärzte, Loseblatt |
| Busch | Eigentum und Verfügungsbefugnisse am menschlichen Körper und seinen Teilen, 2012 |
| Buß | Irreführende Heilmittelwerbung, 2012 |
| Byok/Jaeger | Vergaberecht, Kommentar, 4. Aufl. 2018 |
| Calliess/Ruffert | EUV, AEUV Kommentar, 5. Aufl. 2016 |
| Canaris | Handelsrecht, 24. Aufl. 2006 |
| Cansun | Zivil und berufsrechtliche Kooperationsmöglichkeiten von Vertragsärzten – Liberalisierung des Vertragsarztrechts – Quod erat demonstrandum! –, 2009 |

| | |
|---|---|
| Chartbonnier/Dörner/Simon | Medizinische Indiktation und Patientenwille, 2008 |
| Chatzikostas | Die Disponibilität des Rechtsgutes Leben in ihrer Bedeutung für die Probleme von Suizid und Euthanasie, 2001 |
| Clausen/Kraftcyk | Beck'sche Online-Formulare Medizinrecht, 18. Edition 2019 |
| Clausen/Makoski | GOÄ/GOZ, 2019 |
| Clemens | Der Kampf des Arztes gegen Arzneikostenregresse – Arznei Zulassung, Off-Label-Use, Arzneimittel-Richtlinien, Wirtschaftlichkeitsprüfung, Richtgrößen, Personalrecht im Wandel, 2006 |
| Cyran/Rotta | Apothekenbetriebsordnung, Kommentar, 5. Aufl. Loseblatt, Stand 2018 |
| Dalichau | SGB V Kommentar, Loseblatt, Stand 2018 |
| Dalichau/Grüner/Müller-Alten | SGB XI Kommentar, Loseblatt, Stand 2018 |
| Däubler/Bertzbach | Allgemeines Gleichbehandlungsgesetz, 4. Aufl. 2018 |
| Däubler/Bonin/Deinert | AGB-Kontrolle im Arbeitsrecht, 4. Aufl. 2014 (zitiert: DBD/Bearbeiter) |
| Däubler/Klebe/Wedde/Weichert | Bundesdatenschutzgesetz, Kompaktkommentar zum BDSG, 5. Aufl. 2016 |
| Dauner-Lieb/Langen | Nomos Kommentar zum BGB, 4. Aufl. 2016 ff. (zitiert: NK/Bearbeiter) |
| Dauses | Handbuch des EU-Wirtschaftsrechts, Kommentar, Loseblatt, 52. EL, Februar 2021 |
| Degener | Die »Lehre vom Schutzzweck der Norm« und die strafrechtlichen Erfolgsdelikte, 2001 |
| Dettling/Gerlach | Krankenhausrecht, Kommentar, 2. Aufl. 2018 |
| Deutsch/Lippert | AMG, 3. Aufl. 2010 |
| Deutsch/Lippert/Ratzel/Tag/Gassner | Kommentar zum MPG, 3. Aufl. 2018 |
| Deutsch/Spickhoff | Medizinrecht, 7. Aufl. 2014 |
| Diekmann | Stellvertretung in Gesundheitsangelegenheiten, 2009 |
| Dieners/Reese | Handbuch des Pharmarechts, 2010 |
| Dierks/Graf-Baumann/Lenard | Therapieverweigerung bei Kindern und Jugendlichen, 1995 |
| Dittmann | Märkte für Krankenhausdienstleistungen, 2016 |
| Dölling/Duttge/Rössner | Gesamtes Strafrecht, Handkommentar, 4. Aufl. 2017 (zitiert: HK-GS/Bearbeiter) |
| Doepner | Heilmittelwerbegesetz, Kommentar, 3. Aufl. 2018 |
| Donabedian | An introduction to quality assurance in health care, 2003 |
| Donatsch | Sorgfaltsbemessung und Erfolg beim Fahrlässigkeitsdelikt, 1987 |
| Dornbusch/Krumbiegel/Löwisch | AR – Kommentar, 10. Aufl. 2021 (zitiert: AR/*Bearbeiter*) |
| Duttge | Ärztliche Behandlung am Lebensende, 2008 |
| Duttge | Das moderne Krankenhaus: Ort der »desorganisierten Kriminalität«?, 2018 |
| Duttge | Perspektiven des Medizinrechts im 21. Jahrhundert, 2007 |
| Duttge | Preis der Freiheit, 2. Aufl. 2006 |
| Duttge | Tatort Gesundheitsmarkt, 2011 |
| Duttge | Zur Bestimmtheit des Handlungsunwerts von Fahrlässigkeitsdelikten, 2001 |
| Duttge/Dochow/Waschkewitz/Weber | Recht am Krankenbett – Zur Kommerzialisierung des Gesundheitssystems, 2009 |

# Literaturverzeichnis

| | |
|---|---|
| Duttge/Engel/Zoll | Das Gendiagnostikgesetz im Spannungsfeld von Humangenetik und Recht, 2011 |
| Duttge/Viebahn | Würde und Selbstbestimmung über den Tod hinaus, 2017 |
| Eckart/Anderheiden | Handbuch Sterben und Menschenwürde, 2012 |
| Ehlers | Disziplinarrecht für Ärzte und Zahnärzte, 2. Aufl. 2013 |
| Eichenhofer/Wenner | SGB V, Kommentar, 3. Aufl. 2018 |
| Eigner | Die Beschränkung der persönlichen Gesellschafterhaftung bei Gesellschaft bürgerlichen Rechts und Partnerschaft, 2004 |
| Eisenberg | Ärztliche Kooperations- und Organisationsformen, 2002 |
| Eisenberg | Beweisrecht der StPO, Spezialkommentar, 10. Aufl. 2017 |
| Eisenberg/Kölbel | Kriminologie, 7. Aufl. 2017 |
| Emmerich | Kartellrecht, 14. Aufl. 2018 |
| Erbs/Kohlhaas | Strafrechtliche Nebengesetze, BtMG, 221. Aufl, Loseblatt, Stand 2018 |
| Erbsen | Praxisnetze und das Berufsrecht der Ärzte, 2003 |
| Erdle | Infektionsschutzgesetz, Kommentar, 7. Aufl. 2020 |
| Erman | BGB, Kommentar, 16. Aufl. 2020 |
| Eser/Koch | Schwangerschaftsabbruch und Recht, 2003 |
| Esser/Schmidt | Schuldrecht, 8. Aufl. 2000 |
| Esser/Tsambikakis | Pandemiestrafrecht, 2020 |
| Fateh-Moghadam | Suizidbeihilfe: Grenzen der Kriminalisierung, 2015 |
| Feddersen/Meyer-Landrut | Partnerschaftsgesellschaftsgesetz, Kommentar und Mustervertrag, 1995 |
| Fezer/Büscher/Obergfell | Lauterkeitsrecht UWG, Kommentar, 3. Aufl. 2016 |
| Finkelnburg/Ortloff/Otto | Öffentliches Baurecht Band II: Bauordnungsrecht, Nachbarschutz, Rechtsschutz, 7. Aufl. 2018 |
| Firnkorn | Hirntod als Todeskriterium, 2000 |
| Fischer | StGB Kommentar, 68. Aufl. 2021 |
| Frahm/Nixdorf/Walter | Arzthaftungsrecht, 7. Aufl. 2020 |
| Franke | Die Ärzte-Partnerschaft, 1998 |
| Franke/Wienroeder | Betäubungsmittelgesetz, 3. Aufl. 2008 |
| Franz | Die Beschneidung von Jungen – ein trauriges Vermächtnis?, 2014 |
| Franzen | Privatrechtsangleichung durch die Europäische Gemeinschaft, 1999 |
| Franzki | Die Beweisregeln im Arzthaftungsprozess, 1982 |
| Freund/Rostalski | Strafrecht Allgemeiner Teil, 3. Aufl. 2019 |
| Friauf/Höfling | Berliner Kommentar zum Grundgesetz, Loseblatt |
| Frister | Strafrecht Allgemeiner Teil, 9. Aufl. 2020 |
| Fritzweiler/Pfister/Summerer | Praxishandbuch Sportrecht, 4. Aufl. 2020 |
| Fuhrmann/Klein/Fleischfresser | Arzneimittelrecht, Handbuch für die pharmazeutische Rechtspraxis, 3. Aufl. 2020 |
| Fündling | Recht auf Wissen und Nichtwissen in der Gendiagnostik, 2017 |
| Gabriel/Krohn/Neun | Handbuch Vergaberecht, 3. Aufl. 2021 |
| Gaede | Limitiert akzessorisches Medizinstrafrecht oder hypothetische Einwilligung, 2014 |
| Gebauer | Hypothetische Kausalität und Haftungsgrund, 2007 |
| Gehl | Tatort Gesundheitsmarkt, 2007 |
| Gehrlein | Grundwissen Arzthaftungsrecht, 3. Aufl. 2018 |
| Geigel | Der Haftpflichtprozess, Handbuch, 28. Aufl. 2020 |
| Geilen | Euthanasie und Selbstbestimmung, 1975 |

| | |
|---|---|
| Geiß/Greiner | Arzthaftpflichtrecht, 7. Aufl. 2014 |
| Gellißen | Arzneimittelwerbung im Internet, 2008 |
| Genske | Gesundheit und Selbstbestimmung – Voraussetzungen und Folgen der Einwilligungs(un)fähigkeit von Patienten, 2020 |
| Geppert | Die ärztliche Schweigepflicht im Strafvollzug, 1983 |
| Gerardy/Vogel/Steinbrinker/Falke | Zukunftsmodell Ärztenetzwerke, 2010 |
| Giesen | Arzthaftungsrecht, 2009 |
| Giezek/Brzezińska | Modifizierte Straftatbestände in der Theorie und in der Praxis, 2017 |
| Gigerenzer | Das Einmaleins der Skepsis: Über den richtigen Umgang mit Zahlen und Risiken, 2002 |
| Gierschmann/Thoma/Saeugling | Systematischer Praxiskommentar Datenschutzrecht, 2014 |
| Gleixner-Eberle | Die Einwilligung in die medizinische Behandlung Minderjähriger, 2014 |
| Göeben | Das Mitverschulden des Patienten im Arzthaftungsrecht, 1998 |
| Godin/Hoth | Wettbewerbsrecht, 1957 |
| Göhler | Ordnungswidrigkeitengesetz, Kommentar, 18. Aufl. 2021 |
| Gola/Heckmann | BDSG, 13. Aufl. 2019 |
| Golbs | Das Vetorecht eines einwilligungsfähigen Patienten, 2006 |
| Gollasch | Die fachübergreifende Gemeinschaftspraxis, 2003 |
| Gössel/Dölling | Strafrecht Besonderer Teil 1, 2. Aufl. 2004 |
| Grabitz/Hilf/Nettesheim | Das Recht der Europäischen Union, EUV/AEUV, Kommentar, Loseblatt, Stand 2019 |
| Graf/Jäger/Wittig | Wirtschafts- und Steuerstrafrecht, Kommentar, 2. Aufl. 2017 (zitiert: GJW/Bearbeiter) |
| Graulich | Psychotherapeutengesetz, Kommentar, 2021 |
| Greger | Beweis und Wahrscheinlichkeit, 1978 |
| Greiner | Ideelle Unzumutbarkeit, 2004 |
| Gröning/Weihe-Gröning/Mand/Reinhart | Heilmittelwerberecht, Kommentar, Loseblatt, Stand 2015 |
| Gropp | Der straflose Schwangerschaftsabbruch, 1981 |
| Gropp | Strafrecht Allgemeiner Teil, 5. Aufl. 2020 |
| Gsell/Herresthal | Vollharmonisierung im Privatrecht, 2009 |
| Gummert/Weipert | Münchener Handbuch des Gesellschaftsrechts Bd. 1, 5. Aufl. 2019 (zitiert: MHG/Bearbeiter) |
| Günzel | Das Recht auf Selbsttötung, seine Schranken und die strafrechtlichen Konsequenzen, 2000 |
| Habicht | Sterbehilfe – Wandel in der Terminologie, 2009 |
| Haft/Schlieffen | Handbuch Mediation, 3. Aufl. 2016 |
| Halm/Engelbrecht/Krahe | Handbuch des Fachanwalts Versicherungsrecht, 6. Aufl. 2018 |
| Hanau | Die Kausalität der Pflichtwidrigkeit, 1971 |
| Hänlein/Schuler | Sozialgesetzbuch V: Lehr- und Praxiskommentar, 5. Aufl. 2016 |
| Harte-Bavendamm/Henning-Bodewig | Gesetz gegen den unlauteren Wettbewerb (UWG), 4. Aufl. 2016 |
| Hartung/Scharmer | Berufs- und Fachanwaltsordnung (BORA/FAO), 7. Aufl. 2020 |
| Hattig/Maibaum | Praxiskommentar Kartellvergaberecht, 2. Aufl. 2014 |
| Hauck/Noftz | Sozialgesetzbuch XI, Kommentar, Loseblatt, Stand 2018 |

## Literaturverzeichnis

| | |
|---|---|
| Hausch | Der grobe Behandlungsfehler in der gerichtlichen Praxis, 2007 |
| Heiermann/Zeiss | Juris Praxiskommentar Vergaberecht, 4. Aufl. 2013 |
| Heintschel-Heinegg, von | StGB, Kommentar, 3. Aufl. 2018 |
| Heinz/Ritter | Beck'sches Formularbuch für die Anwaltskanzlei, 2014 |
| Hellmann/Herffs | Der ärztliche Abrechnungsbetrug, 2006 |
| Hennings/Knüpper/Kurz/Maag/Schulte | Kommentar zur Muster-Berufsordnung der Bundeszahnärztekammer, 2. Aufl. 2018 |
| Henssler | PartGG, Kommentar, 3. Aufl. 2018 |
| Henssler/Prütting | BRAO, 5. Aufl. 2019 |
| Henssler/Streck | Handbuch Sozietätsrecht, 2. Aufl. 2011 |
| Henssler/Strohn | Gesellschaftsrecht, 5. Aufl. 2021 |
| Henssler/Willemsen/Kalb | Arbeitsrecht Kommentar, 9. Aufl. 2020 (zitiert: HWK/Bearbeiter) |
| Hieke | Die Informationsrechte geschädigter Arzneimittelverbraucher, 2003 |
| Hill/Schmitt | Medizinprodukterecht (WiKo), Kommentar, Loseblatt, Stand 2018 |
| HK-AMK | Heidelberger Kommentar Arztrecht Krankenhausrecht Medizinrecht |
| Hoffmann/Kleinken | Gebührenordnung für Ärzte (GOÄ) Kommentar, Loseblatt, Stand 06/2020 |
| Höfling | TPG, Kommentar, 2. Aufl. 2013 |
| Höfling/Schäfer | Leben und Sterben in Richterhand?, 2006 |
| Hoerster | Sterbehilfe im säkularen Staat, 1998 |
| Hofmann | Rechtsfragen der Genomanalyse, 1999 |
| Holzner | Datenschutz, Dokumentations- und Organisationspflichten in der ärztlichen Praxis, 2020 |
| Höver/Baranzke/Schaeffer | Sterbebegleitung: Vertrauenssache, 2011 |
| Hromadka/Maschmann | Arbeitsrecht Band 1, 7. Aufl. 2018 |
| Huber | Praxis der Gynäkologie im Kindes- und Jugendalter, 2. Aufl. 1987 |
| Hüffer | Aktiengesetz, 15. Aufl. 2021 |
| Huster/Kaltenborn | Krankenhausrecht, 2. Aufl. 2017 |
| Huster/Kingreen | Handbuch Infektionsschutzrecht, 2021 |
| Igl/Welti | Gesundheitsrecht, 3. Aufl. 2018 |
| Ingelfinger | Grundlagen und Grenzbereiche des Tötungsverbots, 2002 |
| Immenga/Mestmäcker | Wettbewerbsrecht, GWB, 6. Aufl. 2020 |
| Jaeger/Luckey | Schmerzensgeld, Kommentar, 10. Aufl. 2020 |
| Jaeger/Pohlmann/Rieger | Frankfurter Kommentar zum Kartellrecht, Loseblatt, Stand 2017 |
| Jäger | Zurechnung und Rechtfertigung als Kategorialprinzipien im Strafrecht, 2006 |
| Jahn/Sommer | SGB V, Kommentar, Loseblatt |
| Jakobs | Tötung auf Verlangen, Euthanasie und Strafrechtssystem, 1998 |
| Jansen | Der Medizinische Standard – Begriff und Bestimmung ärztlicher Behandlungsstandards an der Schnittstelle von Medizin, Haftungsrecht und Sozialrecht, 2019 |
| Jansen | Die Zusammenschlusskontrolle im Krankenhaussektor, 2012 |
| Jarass/Pieroth | GG, Kommentar, 16. Aufl. 2020 |
| Jauernig | BGB, Kommentar, 18. Aufl. 2021 |
| Jescheck/Weigend | Lehrbuch des Strafrechts, 5. Aufl. 2013 |
| Jestaedt/Kemper/Marx/Prieß | Das Recht der Auftragsvergabe, 1999 |
| Joachimski/Haumer | Betäubungsmittelgesetz (BtMG), 6. Aufl. 2010 |

| | |
|---|---|
| John | Rechtswidrigkeitszusammenhang und Schutzzweck der Norm, 2020 |
| Jox/Kuehlmeyer/Marckmann/Racine | Vegetative State: A Paradigmatic Problem of Modern Societies, 2012 |
| Junkert | Die Partnerschaftsgesellschaft zwischen Ärzten und Physiotherapeuten, 2006 |
| Jurgeleit | Betreuungsrecht, 4. Aufl. 2018 |
| Jürgens | Betreuungsrecht, 6. Aufl. 2019 |
| jurisPK-BGB | Juris-Praxiskommentar BGB, 8. Aufl. 2017 |
| jurisPK-SGB V | Juris-Praxiskommentar SGB V, 3. Aufl. 2016 |
| jurisPK SGB XI | Juris-Praxiskommentar SGB XI, 2. Aufl. 2017 |
| jurisPR-WettbR | Juris-Praxiskommentar Wettbewerbsrecht, 4. Aufl. 2016 |
| Kappert/Gerisch/Fiedler | Ein Denken, das zum Sterben führt, 2004 |
| Karsai | Strafrechtlicher Lebensschutz in Ungarn und in Deutschland, 2008 |
| Kasseler Kommentar | Sozialversicherungsrecht, Kommentar, Loseblatt, 115. Aufl. 2021 (zitiert: KassKomm/Bearbeiter) |
| Kästel | Grenzen des ärztlichen Berufs- und Standesrechts für den Einsatz des Franchising in der Praxis des niedergelassenen Arztes, 2013 |
| Katzenmeier | Arzthaftung, 2002 |
| Katzenmeier | Patientenrecht und Arzthaftung, 2014 |
| Katzenmeier | Rechtsfragen der Digitalisierung des Gesundheitswesens, 2019 |
| Katzenmeier/Bergdolt | Das Bild des Arztes im 21. Jahrhundert, 2009 |
| Katzenmeier/Jansen | GKV-Unterstützung bei Behandlungsfehlerverdacht, 2018 |
| Katzenmeier/Schrag-Slavu | Rechtsfragen des Einsatzes der Telemedizin im Rettungsdienst, 2010 |
| Katzenmeier/Schrag-Slavu | Telenotarzt – Berufsrecht, Haftungsrecht, Medizinprodukterecht, Datenschutzrecht, 2021 |
| Kayser | Abtreibung und die Grenzen des Strafrechts, 1997 |
| Kepplinger | Sinn und Wirkung der Pflichtangaben von Arzneimitteln, 1990 |
| Kern | Gendiagnostikgesetz, Kommentar, 2012 |
| Kettler/Simon/Anselm/Lipp/Duttge | Selbstbestimmung am Lebensende, 2006 |
| Kiel | Infektionsschutz und Infektionsepidemiologie – Fachwörter – Definitionen – Interpretationen, RKI, 2015 |
| Kiel/Lunk/Oetker | Münchener Handbuch zum Arbeitsrecht, 5. Aufl. 2021 (zitiert: MHdB ArbR/Bearbeiter) |
| Kies | Der Versorgungsauftrag des Plankrankenhauses, 1998 |
| Kießling | IfSG – Infektionsschutzgesetz, Kommentar, 2. Aufl. 2021 |
| Kindhäuser/Hilgendorf | Strafgesetzbuch, Lehr- und Praxiskommentar, 8. Aufl. 2019 |
| Kindhäuser/Neumann/Päffgen | Nomos Kommentar zum StGB, 5. Aufl. 2017 (zitiert: NK-StGB/Bearbeiter) |
| Kingreen/Kühling | Rechtsfragen der externen Nutzung von Datensätzen aus der Leistungserbringung durch Vertragsärzte und Krankenhäuser, 2017 |
| Kleinke | Der niedergelassene Arzt als Arbeitgeber, 2009 |
| Kling/Thomas | Kartellrecht, 2. Aufl. 2016 |
| Kloesel/Cyran | Arzneimittelrecht, Kommentar, Loseblatt, Stand 2019 |
| Kluge/Markewitz/Schwab/Putensen/Quintel/Sybrecht | DIVI Jahrbuch 2017/2018 |
| Knack/Henneke | VwVfG, 11. Aufl. 2020 |

# Literaturverzeichnis

| | |
|---|---|
| Knickrehm/Kreikebohm/Waltermann | Kommentar zum Sozialrecht, 6. Aufl. 2019 (zitiert: KKW/Bearbeiter) |
| Kniepert | Befunderhebung oder Diagnose?, 2020 |
| Koch | Entkriminalisierung im Bereich der fahrlässigen Körperverletzung und Tötung, 1998 |
| Köhler | Strafrecht Allgemeiner Teil, 1997 |
| Köhler/Bornkamm/Feddersen | Gesetz gegen den unlauteren Wettbewerb UWG, 39. Aufl. 2021 |
| Koller | Ärztliche Kooperationsformen unter haftungs- und berufsrechtlichen Gesichtspunkten, 2007 |
| Kollmer/Klindt | ArbSchG, 4. Aufl. 2021 |
| Körner/Patzak/Volkmer | Betäubungsmittelgesetz, Kommentar, 9. Aufl. 2019 |
| Kopp/Ramsauer | VwVfG, Kommentar, 21. Aufl. 2020 |
| Kopp/Schenke | VwGO, Kommentar, 26. Aufl. 2020 |
| Krahmer/Plantholz | Sozialgesetzbuch XI, Lehr- und Praxiskommentar, 5. Aufl. 2018 |
| Kratz | Nicht-konsentierte genetische Untersuchungen – Analyse des Straftatbestandes § 25 Absatz 1 Nummer 1 GenDG, 2017 |
| Krauskopf | Soziale Krankenversicherung, Pflegeversicherung, Loseblatt, Stand 2019 |
| Kreikebohm/Spellbrink/Waltermann | SGB V, 4. Aufl. 2015 |
| Kremer-Bax | Das personale Verhaltensunrecht der Fahrlässigkeitstat, 1999 |
| Krey/Heinrich/Hellmann | Strafrecht Besonderer Teil, 17. Aufl. 2021 |
| Kübler/Prütting | InsO, Kommentar zur Insolvenzordnung, Sonderband I, 1999 |
| Kübler/Prütting/Bork | InsO, Kommentar zur Insolvenzordnung, Loseblatt, Stand 2018 |
| Kügel/Hahn/Delewski | Nahrungsergänzungsmittelverordnung, Kommentar, 2007 |
| Kügel/Müller/Hofmann | Arzneimittelgesetz, Kommentar, 2. Aufl. 2016 |
| Kühl | Strafrecht Allgemeiner Teil, 8. Aufl. 2017 |
| Kühl | Wirschaftlichkeitsgebot und Vertragsarzt im Strafrecht, 2014 |
| Kühling/Buchner | DSGVO/BDSG, 3. Aufl. 2020 |
| Kuhn | Die ambulante Arzt-AG unter besonderer Berücksichtigung der gesellschaftsrechtlichen Binnenstruktur, 2008 |
| Kuhse/Singer | A companion to bioethics, 1998 |
| Kulartz/Kus/Portz/Prieß | GWB – Vergaberecht, Kommentar, 4. Aufl. 2016 |
| Kullmann/Pfister/Stoehr/Spindler | Produzentenhaftung, Kommentar, Loseblatt, Stand 2018 |
| Kumbier/Teipel/Herpertz | Ethik und Erinnerung, 2009 |
| Kunz/Zellner | Opferentschädigungsgesetz – OEG, 6. Aufl. 2015 |
| Küppersbusch/Höher | Ersatzansprüche bei Personenschaden, 13. Aufl. 2020 |
| Kutlu | AGB-Kontrolle bei stationärer Krankenhausaufnahme, 2006 |
| Laas | Die überörtliche Gemeinschaftspraxis: Abkehr von der Ortsgebundenheit ärztlicher Berufsausübungsgemeinschaften, 2006 |
| Lach | Formen freiberuflicher Zusammenarbeit, 1970 |
| Lackner/Kühl | StGB, Kommentar, 29. Aufl. 2018 |
| Lange | Prozessstoff und Prüfungsumfang in der Berufungsinstanz nach der ZPO Reform 2002, 2007 |
| Langen/Bunte | Kartellrecht, Kommentar, 13. Aufl. 2018 |
| Langenbucher | Europarechtliche Bezüge des Privatrechts, 2. Aufl. 2008 |

| | |
|---|---|
| Lanzerath | Krankheit und ärztliches Handeln – Zur Funktion des Krankheitsbegriffs in der medizinischen Ethik, 2000 |
| Larenz | Schuldrecht AT, 14. Aufl. 1987 |
| Laufs/Katzenmeier/Lipp | Arztrecht, 8. Aufl. 2021 |
| Laufs/Kern/Rehborn | Handbuch des Arztrechts, 5. Aufl. 2019 |
| Laufs/Uhlenbruck | Handbuch des Arztrechts, 3. Aufl. 2002 |
| Laux/Schlachter | Teilzeit- und Befristungsgesetz, 2. Aufl. 2011 |
| Leipold | Beweismaß und Beweislast im Zivilprozeß, 1985 |
| Leipold/Tsambikakis/Zöller | AnwaltKommentar, StGB, 3. Aufl. 2020 |
| Leipziger Kommentar | zum StGB, 12. Aufl. 2016 ff. (zitiert: LK/*Bearbeiter*) |
| Leitner/Rosenau | Wirtschafts- und Steuerstrafrecht, 2017 (zitiert: NK-WSS) |
| Lettl | Der lauterkeitsrechtliche Schutz vor irreführender Werbung in Europa, 2004 |
| Liebold/Zalewski | Kassenarztrecht, Loseblatt, Stand 2016 |
| Lilie/Bernat/Rosenau | Standardisierung in der Medizin als Rechtsproblem, 2009 |
| Linck | Arbeitsrechtshandbuch, 18. Aufl. 2019 |
| Lindemann/Ratzel | Brennpunkte des Wirtschaftsstrafrechts im Gesundheitswesen, 2010 |
| Lipp | Freiheit und Fürsorge, 2000 |
| Loewenheim/Meessen/Riesenkampff/Kersting/Meyer-Lindemann | Kartellrecht, 4. Aufl. 2020 |
| Löhnig/Schwab/Henrich/Gottwald/Kroppenberg | Vorsorgevollmacht und Erwachsenenschutz in Europa, 2011 |
| Löwe/Rosenberg | StPO, 27. Aufl. 2019 |
| Lorenz | Sterbehilfe – ein Gesetzesentwurf, 2008 |
| Luckey | Personenschaden, 2. Aufl. 2018 |
| Ludovisy/Eggert/Burhoff | Praxis des Sraßenverkehrsrechts 6. Aufl. 2014 |
| Lübbig/Klasse | Kartellrecht im Pharma- und Gesundheitssektor, 2. Aufl. 2015 |
| Lüke-Rosendahl | Der Beruf des Arztes unter besonderer Berücksichtigung der ärztlichen Kooperationen, 1999 |
| Lüdtke/Berchtold | Handkommentar Sozialgerichtsgesetz, 6. Aufl. 2021 |
| Lutter/Hommelhoff | GmbH-Gesetz, 20. Aufl. 2020 |
| Luxenburger | Das Liquidationsrecht der leitenden Krankenhausärzte, 1981 |
| Mareck | Fusionskontrolle im Krankenhausmarkt, 2020 |
| Markowetz | Doping. Haftungs- und strafrechtliche Verantwortlichkeit, 2003 |
| Marquardt | Genetische Analysen an Beschäftigten auf der Grundlage des Entwurfs des Arbeitsschutzrahmengesetzes, 1998 |
| Martis/Winkhart | Arzthaftungsrecht, 6. Aufl. 2021 |
| Mäsch | Chance und Schaden, 2004 |
| Matt/Renzikowski | Strafgesetzbuch, Kommentar, 2. Aufl. 2020 |
| Maurach/Schroeder/Maiwald | Strafrecht Besonderer Teil, Bd. 1, 10. Aufl. 2009 |
| Meier/von Czettritz/Gabriel/Kaufmann | Pharmarecht, 2. Aufl. 2018 |
| Meilicke/Graf von Westphalen/Hoffmann/Lenz/Wolff | Partnerschaftsgesellschaftsgesetz, 3. Aufl. 2015 |
| Mers | Infektionsschutz im liberalen Rechtsstaat, 2019 |

# Literaturverzeichnis

| | |
|---|---|
| Meyer | Genetische Untersuchungen zu medizinischen Zwecken und zu Forschungszwecken an nicht einwilligungsfähigen Personen, 2017 |
| Michels/Möller/Ketteler-Eising | Ärztliche Kooperationen, 4. Aufl. 2018 |
| Mikus | Die Verhaltensnorm des fahrlässigen Erfolgsdelikts, 2002 |
| Möwisch/Ruser/von Schwanenflügel | Pflegereform 2008, 2008 |
| Moore/Persaud/Torchia | Embryologie, 6. Aufl. 2013 |
| Müller-Glöge | Erfurter Kommentar zum Arbeitsrecht, 21. Aufl. 2021 (zitiert: ErfK/Bearbeiter) |
| Müller-Wrede | Vergabe- und Vertragsordnung für Leistungen, VOL/A, 4. Aufl. 2014 |
| Münchener Anwaltshandbuch | Medizinrecht, 3. Aufl. 2019 (zitiert: MAH MedR/Bearbeiter) |
| Münchener Handbuch | des Gesellschaftsrechts, 5. Aufl. 2018 |
| Münchener Kommentar | zum Bürgerlichen Gesetzbuch, 7. Aufl. 2016 ff.; 8. Aufl. 2018 |
| Münchener Kommentar | zum Europäischen und Deutschen Kartellrecht, Band 3 Vergaberecht I, 2. Aufl. 2018 (zitiert: MüKo VergabeR I/Bearbeiter) |
| Münchener Kommentar | zum Europäischen und Deutschen Wettbewerbsrecht, 3. Aufl. 2019 |
| Münchener Kommentar | zum HGB, 4. Aufl. 2014 ff. |
| Münchener Kommentar | zur Insolvenzordnung, 4. Aufl. 2019 ff. |
| Münchener Kommentar | zum Lauterkeitsrecht (UWG), 3. Aufl. 2020 |
| Münchener Kommentar | zum StGB, 3. Aufl. 2017/2019 |
| Münchener Kommentar | zur Zivilprozessordnung, 5. Aufl. 2016 |
| Murmann | Die Selbstverantwortung des Opfers im Strafrecht, 2005 |
| Musielak | Die Grundlagen der Beweislast im Zivilprozeß, 1975 |
| Narr | Ärztliches Berufsrecht, Handbuch, Loseblatt, Stand 2018 |
| Nentwig/Bonvie/Hennings | Das Partnerschaftsgesellschaftsgesetz, 1995 |
| Nöthlichs | Sicherheitsvorschriften für Medizinprodukte, Kommentar, Loseblatt, Stand 2018 |
| Odenwald | Einwilligungsfähigkeit im Strafrecht unter besonderer Hervorhebung ärztlichen Handelns, 2003 |
| Oetker | HGB, 7. Aufl. 2021 |
| Ohly | Volenti non fit iniuria, 2002 |
| Orlowski u.a. | SGB V – Kommentar, Gesetzliche Krankenversicherung – GKV, Loseblatt, Stand 2021 |
| Ossege/Rieger | Verträge zwischen Ärzten in freier Praxis, 9. Aufl. 2017 |
| Othly/Sosnitza | Gesetz gegen den unlauteren Wettbewerb mit Preisangabenverordnung, 7. Aufl. 2016 |
| Palandt | Bürgerliches Gesetzbuch, 80. Aufl. 2021 |
| Patzak/Volkmer | Betäubungsmittelgesetz, 9. Aufl. 2019 |
| Pauge/Offenloch | Arzthaftungsrecht, 14. Aufl. 2018 |
| Peres/Senft | Sozietätsrecht, 3. Aufl. 2015 |
| Peters | Handbuch Krankenversicherung, Loseblatt |
| Pfefferkorn | Grenzen strafbarer Fahrlässigkeit im französischen und deutschen Recht, 2006 |
| Philip | Die Entwicklung der Werbemöglichkeiten und gesellschaftsrechtlichen Gestaltungsmöglichkeiten der Ärzte, 2008 |
| Plaßmann | Großhandel mit Arzneimitteln, 2009 |

| | |
|---|---|
| Preis | Grundfragen der Vertragsgestaltung im Arbeitsrecht, 1993 |
| Prütting, D. | Apothekenvorschriften, Loseblatt, Stand 2019 |
| Prütting, D. | Formularbuch des Fachanwalts Medizinrecht, 2. Aufl. 2019 |
| Prütting, D./Prütting, J. | Medizin- und Gesundheitsrecht, 2. Aufl. 2020 |
| Prütting, H. | Gegenwartsprobleme der Beweislast, 1983 |
| Prütting, H./Gehrlein | ZPO, Kommentar, 12. Aufl. 2020 |
| Prütting, H./Wegen/Weinreich | Bürgerliches Gesetzbuch, Kommentar, 15. Aufl., 2020 (zitiert: PWW/Bearbeiter) |
| Prütting, J. | Rechtliche Aspekte der Tiefen Hirnstimulation, 2014 |
| Prütting, J. | Rechtsgebietsübergreifende Normenkollisionen, 2020 |
| Puppe | Strafrecht Allgemeiner Teil, 4. Aufl. 2019 |
| Pünder/Schellenberg | Vergaberecht, 3. Aufl. 2019 |
| Quaas | Der Versorgungsvertrag nach dem SGB V mit Krankenhäusern und Rehabilitationseinrichtungen, 2000 |
| Quaas/Zuck | Medizinrecht, 3. Aufl. 2014 |
| Quaas/Zuck/Clemens | Medizinrecht, 4. Aufl. 2018 |
| Raible | Die zweigliedrige BGB-Gesellschaft, 2006 |
| Ratzel/Lippert | Kommentar zur Musterberufsordnung der deutschen Ärzte (MBO), 6. Aufl. 2015 |
| Ratzel/Lippert/Prütting | Kommentar zur (Muster-)Berufsordnung für die in Deutschland tätigen Ärztinnen und Ärzte – MBO-Ä 1997, 7. Aufl. 2018 |
| Ratzel/Luxenburger | Handbuch Medizinrecht, 4. Aufl. 2021 |
| Regenbogen | Ärztliche Aufklärung und Beratung in der prädiktiven genetischen Diagnostik, 2003 |
| Rehborn | Arzt Patient Krankenhaus, 3. Aufl. 2000 |
| Rehmann | Arzneimittelgesetz, 5. Aufl. 2020 |
| Reichold | Arbeitsrecht, 6. Aufl. 2019 |
| Reidt/Stickler/Glahs | Vergaberecht, 4. Aufl. 2018 |
| Reisewitz | Rechtsfragen zum Medizintourismus, 2015 |
| Reizel | Der Mordtatbestand de lege ferenda, 2006 |
| Rengier | Strafrecht Besonderer Teil II, 22. Aufl. 2021 |
| Renzikowski | Notstand und Notwehr, 1994 |
| RGRK | Das Bürgerliche Gesetzbuch mit besonderer Berücksichtigung der Rechtsprechung des Reichsgerichts und des Bundesgerichtshofs, 12. Aufl. 1974 ff. |
| Rieck | Staatshaftung gem. Art. 34 GG für Ethikkommissionen i.S.d. Arzneimittel- und des Medizinproduktegesetzes |
| Riedel | Kind als Schaden – Die höchstrichterliche Rechtsprechung zur Arzthaftung für den Kindesunterhalt bei unerwünschter Geburt eines gesunden, kranken oder behinderten Kindes, 2003 |
| Rieger | Lexikon des Arztrechts, 2019 |
| Rieger/Dahm/Katzenmeier/Stellpflug/Ziegler | Heidelberger Kommentar Arztrecht, Krankenhausrecht, Medizinrecht, Loseblatt, 86 Ed. Juli 2021 |
| Riegger | Heilmittelwerberecht, 2009 |
| Ries/Schnieder/Althaus/Großbölting/Voß | Zahnarztrecht, Praxishandbuch für Zahnmediziner, 2. Aufl. 2008 |
| Riesenhuber | Europäische Methodenlehre: Grundfragen der Methoden des Europäischen Privatrechts, 4. Aufl. 2021 |

# Literaturverzeichnis

| | |
|---|---|
| Rieß | Publikumswerbung für verschreibungspflichtige Arzneimittel, 2006 |
| Riha | Ethische Probleme im ärztlichen Alltag, 2000 |
| Rixen | Lebensschutz am Lebensende, 1999 |
| Römermann | PartGG, 5. Aufl. 2017 |
| Rönnau | Willensmängel bei der Einwilligung im Strafrecht, 2001 |
| Rolfs | Gesundheit als Aufgabe des Sozialrechts, 2018 |
| Rolfs/Giesen/Kreikebohm/Meßling/Udsching | BeckOK Sozialrecht, 61. Edition, Stand 01.06.2021 |
| Rosenberg/Schwab/Gottwald | Zivilprozessrecht, 18. Aufl. 2018 |
| Rosenau/Hakeri | Der medizinische Behandlungsfehler, 2008 |
| Roth | Zur Strafbarkeit leicht fahrlässigen Verhaltens, 1995 |
| Rothärmel | Einwilligung, Veto, Mitbestimmung, 2004 |
| Röwekamp/Kus/Portz/Prieß | Kommentar zum GWB-Vergaberecht, 5. Aufl. 2020 |
| Roxin | Strafrecht Allgemeiner Teil Band II, 2003 |
| Roxin/Schroth | Handbuch des Medizinstrafrechts, 4. Aufl. 2010 |
| Rüffer/Halbach/Schimikowski | Versicherungsvertragsgesetz, Handkommentar, 4. Aufl. 2020 |
| Rüthers/Fischer/Birk | Rechtstheorie, 11. Aufl. 2020 |
| Saalfrank | Handbuch des Medizin- und Gesundheitsrechts, Loseblatt |
| Sachs | Grundgesetz, Kommentar, 9. Aufl. 2021 |
| Saliger | Selbstbestimmung bis zuletzt, 2015 |
| Sander | Arzneimittelrecht, Kommentar, Loseblatt, Stand 2018 |
| Saenger | ZPO, 8. Aufl. 2019 |
| Saenger/Aderhold/Lenkaitis/Speckmann | Handels- und Gesellschaftsrecht, 2. Aufl. 2011 |
| Satzger/Schluckebier/Widmaier | StGB, Kommentar, 4. Aufl. 2019 (zitiert: SSW/Bearbeiter) |
| Schaub | Arbeitsrechts-Handbuch, 18. Aufl. 2019 |
| Scherrer | Das Gendiagnostikgesetz, 2012 |
| Schicktanz/Schweda | Pro-Age oder Anti-Aging? Altern im Fokus der modernen Medizin, 2012 |
| Schiller | Bundesmantelvertrag-Ärzte, 2. Aufl. 2021 |
| Schiller/Tsambikakis | Kriminologie und Medizinrecht, 2013 |
| Schillhorn/Heidemann | Gendiagnostikgesetz, Kommentar für die Praxis, 2. Aufl. 2017 |
| Schlüchter | Grenzen strafbarer Fahrlässigkeit, 1996 |
| Schmehl/Wallrabenstein | Steuerungsinstrumente im Recht des Gesundheitswesens, Band 3, 2007 |
| Schmidt | Der Arzt im Strafrecht, 1939 |
| Schmidt | EStG, 40. Aufl. 2021 |
| Schmidt | Gesellschaftsrecht, 4. Aufl. 2002 |
| Schmidt | Grenzen finanzieller Einflussnahme auf ärztliche Entscheidungen bei der Kooperation von Ärzten mit anderen Leistungserbringern in der Gesundheitswirtschaft, 2014 |
| Schmidt | Handelsrecht, 6. Aufl. 2014 |
| Schmidt | Konkretisierung von Generalsklauseln im europäischen Privatrecht, 2009 |
| Schmidt-Bleibtreu/Hofmann/Henneke | GG, 14. Aufl. 2018 (zitiert: AR/Bearbeiter) |
| Schmidtke | Vererbung und Ererbtes, 1997 |
| Schmitt | Strafprozessordnung, Kommentar, 64. Aufl. 2021 |

| | |
|---|---|
| Schmitz-Luhn | Priorisierung in der Medizin, 2015 |
| Schnapp | Rechtsfragen der gemeinschaftlichen Berufsausübung von Vertragsärzten, 2002 |
| Schnapp/Düring | Handbuch des sozialrechtlichen Schiedsverfahrens, 2. Aufl. 2016 |
| Schnapp/Wigge | Handbuch des Vertragsarztrechts, 3. Aufl. 2017 |
| Schöffski | Gendiagnostik: Versicherung und Gesundheitswesen, 2000 |
| Schönke/Schröder | Strafgesetzbuch, Kommentar, 30. Aufl. 2019 |
| Schorn/Baumann | Medizinprodukterecht, Kommentar, Loseblatt, Stand 2017 |
| Schramm | Der Schutzbereich der Norm im Arzthaftungsrecht, 1992 |
| Schröter | Rechtliche Grundlagen und normzweckadäquate Unternehmensbewertung bei Kapitalgesellschaften, 2017 |
| Schulz-Borck/Hofmann | Schadensersatz bei Ausfall von Hausfrauen und Müttern im Haushalt, 6. Aufl. 2000 |
| Schulze | Elternrecht und Beschneidung, 2017 |
| Schumacher | Alternativmedizin, 2017 |
| Schumann | Verantwortungsbewusste Konfliktlösungen bei embroyopathischem Befund, 2008 |
| Schünemann/Pfeiffer | Rechtsprobleme von AIDS, 1988 |
| Schütze | SGB X, Kommentar, 9. Aufl. 2020 |
| Schwarze/Becker/Hatje/Schoo | EU-Kommentar, 4. Aufl. 2019 |
| Seibert | Die Partnerschaft – Eine neue Gesellschaftsform für die Freien Berufe, 1994 |
| Seibert | Rechtliche Würdigung der aktiven indirekten Sterbehilfe, 2003 |
| Seidl/Collier | Das heilmittelwerberechtliche Wertreklameverbot, 2008 |
| Sieg/Maschmann | Unternehmensumstrukturierung aus arbeitsrechtlicher Sicht, 2. Aufl. 2010 |
| Simitis | Bundesdatenschutzgesetz, 8. Aufl. 2014 |
| Sodan | Handbuch des Krankenversicherungsrechts, 3. Aufl. 2018 |
| Sodan/Zimmermann | Das Spannungsfeld zwischen Patienteninformierung und dem Werbeverbot für verschreibungspflichtige Arzneimittel, 2008 |
| Soergel | Bürgerliches Gesetzbuch mit Einführungsgesetz und Nebengesetzen, Kommentar, 13. Aufl. 2016 |
| Spickhoff | Gesetzesverstoß und Haftung, 1998 |
| Spickhoff | Medizinrecht Kommentar, 3. Aufl. 2018 |
| Spranger | Recht und Bioethik, 2010 |
| Stamer | Die medizinische Zwangsbehandlung Minderjähriger im Spannungsfeld nationaler Grund- und internationaler Menschenrechte, 2020 |
| Staub | Handelsgesetzbuch, 5. Aufl. 2018 |
| Staudinger, von | BGB, Kommentar, Neubearbeitung 2014 |
| Stein/Jonas | ZPO, 23. Aufl. 2014 ff. |
| Steinhilper | Arzt und Abrechnungsbetrug, 1988 |
| Stelkens/Bonk/Sachs | Verwaltungsverfahrensgesetz Kommentar, 9. Aufl. 2018 |
| Stellpflug/Meier/Tadayon | Handbuch Medizinrecht, Loseblatt, Stand 09/2020 |
| Sternberg-Lieben | Die objektiven Schranken der Einwilligung im Strafrecht, 1997 |
| Stich/Bauer | Fehler und Gefahren bei chirurgischen Operationen, 3. Aufl. 1954 |
| Strasser | Die Zurechnung von Retter-, Flucht- und Verfolgerverhalten im Strafrecht, 2008 |

## Literaturverzeichnis

| | |
|---|---|
| Stratenwerth/Kuhlen | Strafrecht Allgemeiner Teil – Die Straftat, 6. Aufl. 2011 |
| Stockter | Präventivmedizin und Informed Consent, 2008 |
| Stockter | Verbot genetischer Diskriminierung und das Recht auf Achtung der Individualität, 2008 |
| Sundmacher | Die unterlassene Befunderhebung des Arztes, 2008 |
| Tachezy | Mutmaßliche Einwilligung und Notkompetenz in der präklinischen Notfallmedizin, 2007 |
| Tag | Der Körperverletzungstatbestand im Spannungsfeld zwischen Patientenautonomie und Lex artis, 2000 |
| Tag | Lebensbeginn im Spiegel des Medizinrechts, 2011 |
| Töfflinger | Die Teilnahme von Kapitalgesellschaften an der ärztlichen Versorgung im ambulanten Sektor: Das sozial- und berufsrechtliche Fremdbeteiligungsverbot auf dem EG-rechtlichen Prüfstand, 2010 |
| Trautmann | Der Vertrag über die ärztliche Gemeinschaftspraxis, 2005 |
| Tsambikakis | Strafprozessuale Zeugnisverweigerungsrechte aus beruflichen Gründen, 2011 |
| Tschöpe | Arbeitsrechtshandbuch, 12. Aufl. 2021 |
| Tuschen | Bundespflegesatzverordnung, 5. Aufl. 2001 |
| Udsching | SGB XI – Soziale Pflegeversicherung, Kommentar, 4. Aufl. 2015 |
| Udsching/Schütze | SGB XI – Soziale Pflegeversicherung, Kommentar, 5. Aufl. 2018 |
| Uhlenbruck | InsO, 15. Aufl. 2019 |
| Uleer/Miebach/Patt | Abrechnung von Arzt- und Krankenhausleistungen, 3. Aufl. 2006 |
| Ulrich | Finanzierungslücken bei medizinischen Innovationen, 2013 |
| Ulsenheimer | Arztstrafrecht in der Praxis, 6. Aufl. 2021 |
| Urschbach | Die Gemeinschaftspraxis als Zusammenschluss von niedergelassenen Ärzten, 1989 |
| Vettermann | Inhalt und Wirkung der Haftungskonzentration gemäß § 8 Abs. 2 PartGG in der akzessorischen Neu- und Altverbindlichkeiten sowie allgemeinen Rechtsscheinhaftung von freiberuflich tätigen Ärzten, 2014 |
| von der Groeben/Schwarze/Hatje | Vertrag über die Europäische Union und Vertrag zur Gründung der Europäischen Gemeinschaft, Kommentar, 7. Aufl. 2015 |
| Voigt | Individuelle Gesundheitsleistungen (IGeL) im Rechtsverhältnis von Arzt und Patient, 2013 |
| Voit | Strukturveränderung und Gestaltungsspielräume im Arzneimittelvertrieb, 2009 |
| Voit | Der Patient im nationalen und europäischen Gesundheitswesen, 2010 |
| Voit | Die Neuordnung des Arzneimittelmarktes – Veränderungen und Perspektiven, 2012 |
| Voit | Marktzugang unter den Bedingungen des AMNOG – Werbung auf dem Markt, 2015 |
| Vollkommer/Greger/Heinemann | Anwaltshaftungsrecht, 5. Aufl. 2021 |
| Voppel/Osenbrück/Bubert | VgV, 4. Aufl. 2018 |
| Vossenkuhl | Der Schutz genetischer Daten, 2013 |
| Wachsmuth | Reden und Aufsätze, 1985 |
| Wahrendorf | Die Prinzipien der Beweislast im Haftungsrecht, 1976 |
| Wallrabenstein/Ebsen | Stand und Perspektiven der Gesundheitsversorgung, 2014 |
| Walter | Das neue Patientenrechtegesetz, 2013 |

| | |
|---|---|
| Weber | Betäubungsmittelgesetz, Kommentar, 5. Aufl. 2017 |
| Weber | Der Kausalitätsbeweis im Zivilprozess, 1997 |
| Welzel | Das Deutsche Strafrecht, 11. Aufl. 1969 |
| Wenzel | Handbuch des Fachanwalts Medizinrecht, 4. Aufl. 2019 |
| Wenzel | Patientenrechtegesetz, 2017 |
| Wessels/Beulke/Satzger | Strafrecht Allgemeiner Teil, 50. Aufl. 2020 |
| Wessels/Hettinger | Strafrecht Besonderer Teil 1, 44. Aufl. 2020 |
| Weth/Thomae/Reichold | Arbeitsrecht im Krankenhaus, 2. Aufl. 2011 |
| Wewetzer/Wernstedt | Spätabbruch der Schwangerschaft, 2008 |
| Wezel/Liebold | Der Kommentar zu EBM und GOÄ, Loseblatt, Stand 2018 |
| Widmann/Meyer | Umwandlungsrecht, Kommentar, Loseblatt, Stand 2018 |
| Wiedemann | Gesellschaftsrecht, 1980/2004 |
| Wiedemann | Handbuch des Kartellrechts, 4. Aufl. 2020 |
| Wieland | Strukturwandel der Medizin und ärztliche Ethik, 1986 |
| Wienke/Eberbach/Kramer/Janke | Die Verbesserung des Menschen, 2009 |
| Wiesemann/Simon | Patientenautonomie, 2013 |
| Wintermantel/Ha | Medizintechnik, 2009 |
| Wolfslast/Schmidt | Suizid und Suizidversuch, 2005 |
| Wolter | Systematischer Kommentar zum StGB, 9. Aufl. 2016/2017 (zitiert: SK/Bearbeiter) |
| Wolter/Freund | Straftat, Strafzumessung und Strafprozess im gesamten Strafrechtssystem, 1996 |
| Zeiß | Die ärztliche Praxis aus berufs- und vertragsarztrechtlicher Sicht, 2010 |
| Ziekow/Völlink | Vergaberecht, 4. Aufl. 2020 |
| Zimmermann | Heilmittelwerbegesetz, 2012 |
| Zipfel/Rathke | Lebensmittelrecht, Kommentar, Loseblatt, Stand 2018 |
| Zumdick | Healthcare Compliance, Ein Handbuch für die pharmazeutische Praxis, 2013 |

# Gesetz über den Verkehr mit Arzneimitteln (Arzneimittelgesetz – AMG)

In der Fassung der Bekanntmachung vom 12. Dezember 2005 (BGBl. I S. 3394),
zuletzt geändert durch Artikel 5 des Gesetzes vom 09. Dezember 2020 (BGBl. I S. 2870)

## Inhaltsverzeichnis

| | |
|---|---|
| § 1 | Zweck des Gesetzes |
| § 2 | Arzneimittelbegriff |
| § 4 | Sonstige Begriffsbestimmungen |
| § 13 | Herstellungserlaubnis |
| § 21 | Zulassungspflicht |
| § 25 | Entscheidung über die Zulassung |
| § 31 | Erlöschen, Verlängerung |

Vorbemerkung zu §§ 40 ff.

| | |
|---|---|
| § 40 | Allgemeine Voraussetzungen der klinischen Prüfung |
| § 84 | Gefährdungshaftung |
| § 84a | Auskunftsanspruch |
| § 85 | Mitverschulden |
| § 86 | Umfang der Ersatzpflicht bei Tötung |
| § 87 | Umfang der Ersatzpflicht bei Körperverletzung |
| § 88 | Höchstbeträge |
| § 89 | Schadensersatz durch Geldrenten (nicht kommentiert) |
| § 91 | Weitergehende Haftung |
| § 92 | Unabdingbarkeit |
| § 93 | Mehrere Ersatzpflichtige (nicht kommentiert) |
| § 94 | Deckungsvorsorge (nicht kommentiert) |
| § 94a | Örtliche Zuständigkeit |
| § 95 | Strafvorschriften (nicht kommentiert) |
| § 96 | Strafvorschriften (nicht kommentiert) |
| § 97 | Bußgeldvorschriften |

## § 1 Zweck des Gesetzes

**Es ist der Zweck dieses Gesetzes, im Interesse einer ordnungsgemäßen Arzneimittelversorgung von Mensch und Tier für die Sicherheit im Verkehr mit Arzneimitteln, insbesondere für die Qualität, Wirksamkeit und Unbedenklichkeit der Arzneimittel nach Maßgabe der folgenden Vorschriften zu sorgen.**

§ 1 normiert die Zweckbestimmung des AMG und beinhaltet weder eine eigenständige Regelung noch werden Rechte oder Pflichten begründet (vgl. BVerfGE 115, 25). Die Norm fungiert als **Leitgedanke** für die Auslegung des AMG sowie der auf dieses Gesetz gestützten Rechtsverordnungen und allgemeinen Verwaltungsvorschriften. Die wesentliche Zielsetzung des AMG liegt – im Interesse einer ordnungsgemäßen Arzneimittelversorgung der Bevölkerung – in der **Arzneimittelsicherheit**, die durch die Begriffe »Qualität, Wirksamkeit und Unbedenklichkeit« definiert wird. Das AMG zählt zu den Gefahrenabwehr- und Verbraucherschutzgesetzen

1

(Deutsch/Lippert/*Koyuncu* AMG § 1 Rn. 2, 4 und 6) und ist zudem ein Stoffgesetz (Terbille/Clausen/Schroeder-Printzen/*Kügel* § 14 Rn. 54). Mit Blick auf den Gesetzeszweck des AMG wurde die Möglichkeit der Ahndung eines Verstoßes gegen die Bestimmungen des AMG nach § 1 UWG bejaht (*Reese* PharmR 2003, 223 m.w.N.). Für die Anwendung der jetzt geltenden Generalklausel in § 3 UWG kommt es darauf an, ob der Verstoß gegen die Norm geeignet ist, die Interessen von Mitwettbewerbern und sonstigen Marktteilnehmern spürbar zu beeinträchtigen (*Köhler*/Bornkamm UWG § 3 Rn. 11 f.). Die Bestimmungen des AMG unterfallen i.d.R. dem Schutzzweck des § 1 UWG und haben als Marktverhaltensregeln Schutznormcharakter gem. § 4 Nr. 11 UWG (*Büscher* GRUR 2013, 669 f. (675)). Das AMG dient dem Schutz der Allgemeinheit, aber auch dem Schutz des einzelnen Verbrauchers. Seine Normen haben deshalb Schutzrechtscharakter i.S.d. §§ 823 f. BGB.

2 § 4 Abs. 15 enthält eine Legaldefinition des Begriffs »Qualität«. Die Wirksamkeit bezieht sich auf den mit dem Arzneimittel bezweckten therapeutischen Erfolg (zum unterschiedlichen Begriffsverständnis betreffend die (arzneimittel- und krankenversicherungsrechtliche) Wirksamkeit und den Nutzenbegriff des SGB V (LSG Berlin-Brandenburg, Urt. v. 27.01.2020 – L 9 KR 514/15 KL). Die Unbedenklichkeit eines Arzneimittels meint seine Verträglichkeit für den Anwender i.S.e. nicht negativen Beeinflussung der Gesundheit und der Körperfunktionen und bezieht sich auf die in § 4 Abs. 13 legal definierten Nebenwirkungen (s. § 4 Rdn. 6 ff.).

3 Zum Schutz von Mensch und Tier vor Risiken und Gefahren, die von Arzneimitteln ausgehen, stellt das AMG zahlreiche Ge- und Verbote auf. Von zentraler Bedeutung ist das in den §§ 21 ff. verankerte präventive Verbot mit Erlaubnisvorbehalt, das das Inverkehrbringen von Arzneimitteln im Grundsatz der Erlaubnispflicht unterwirft. Darüber hinaus gibt es zahlreiche steuernde Regelungen, die die Bereiche der Entwicklung, Herstellung und Abgabe von Arzneimitteln betreffen, sowie Informationspflichten. Auch die Überwachung von Arzneimitteln, sowohl durch den pharmazeutischen Unternehmer selbst als auch durch Behörden (z.B. im Rahmen der Pharmakovigilanz), dient als Schutzinstrumentarium. Die vom AMG bezweckte Arzneimittelsicherheit ist jedoch nicht absolut, sondern nur relativ zu verstehen. Das AMG soll der **Verwirklichung einer »optimalen« Arzneimittelsicherheit** dienen (BT-Drs. 7/3060, S. 43 f.), d.h. Risiken für den Patienten werden im Hinblick auf einen möglichen Erfolg des Arzneimittels und im Vergleich zu den Konsequenzen einer Nichtanwendung des Arzneimittels bewusst in Kauf genommen. Im Gesetz drückt sich dies insbesondere in den §§ 4 Abs. 28, 5 Abs. 2, 25 Abs. 2 Nr. 5 aus.

## § 2 Arzneimittelbegriff

(1) Arzneimittel sind Stoffe oder Zubereitungen aus Stoffen,
1. die zur Anwendung im oder am menschlichen oder tierischen Körper bestimmt sind und als Mittel mit Eigenschaften zur Heilung oder Linderung oder zur Verhütung menschlicher oder tierischer Krankheiten oder krankhafter Beschwerden bestimmt sind, oder
2. die im oder am menschlichen oder tierischen Körper angewendet oder einem Menschen oder einem Tier verabreicht werden können, um entweder
    a) die physiologischen Funktionen durch eine pharmakologische, immunologische oder metabolische Wirkung wiederherzustellen, zu korrigieren oder zu beeinflussen oder
    b) eine medizinische Diagnose zu erstellen.

(2) Als Arzneimittel gelten
1. Gegenstände, die ein Arzneimittel nach Absatz 1 enthalten oder auf die ein Arzneimittel nach Absatz 1 aufgebracht ist und die dazu bestimmt sind, dauernd oder vorübergehend mit dem menschlichen oder tierischen Körper in Berührung gebracht zu werden,
1a. tierärztliche Instrumente, soweit sie zur einmaligen Anwendung bestimmt sind und aus der Kennzeichnung hervorgeht, dass sie einem Verfahren zur Verminderung der Keimzahl unterzogen worden sind,

2. Gegenstände, die, ohne Gegenstände nach Nummer 1 oder 1a zu sein, dazu bestimmt sind, zu den in Absatz 1 bezeichneten Zwecken in den tierischen Körper dauernd oder vorübergehend eingebracht zu werden, ausgenommen tierärztliche Instrumente,
3. Verbandstoffe und chirurgische Nahtmaterialien, soweit sie zur Anwendung am oder im tierischen Körper bestimmt und nicht Gegenstände der Nummer 1, 1a oder 2 sind,
4. Stoffe und Zubereitungen aus Stoffen, die, auch im Zusammenwirken mit anderen Stoffen oder Zubereitungen aus Stoffen, dazu bestimmt sind, ohne am oder im tierischen Körper angewendet zu werden, die Beschaffenheit, den Zustand oder die Funktion des tierischen Körpers erkennen zu lassen oder der Erkennung von Krankheitserregern bei Tieren zu dienen.

(3) Arzneimittel sind nicht
1. Lebensmittel im Sinne des § 2 Abs. 2 des Lebensmittel- und Futtermittelgesetzbuches,
2. kosmetische Mittel im Sinne des § 2 Abs. 5 des Lebensmittel- und Futtermittelgesetzbuches,
3. Erzeugnisse im Sinne des § 2 Nummer 1 des Tabakerzeugnisgesetzes *(nicht kommentiert)*
4. Stoffe oder Zubereitungen aus Stoffen, die ausschließlich dazu bestimmt sind, äußerlich am Tier zur Reinigung oder Pflege oder zur Beeinflussung des Aussehens oder des Körpergeruchs angewendet zu werden, soweit ihnen keine Stoffe oder Zubereitungen aus Stoffen zugesetzt sind, die vom Verkehr außerhalb der Apotheke ausgeschlossen sind, *(nicht kommentiert)*
5. Biozid-Produkte nach Art. 3 Abs. 1 Buchst. a der Verordnung (EU) Nr. 528/2012 des Europäischen Parlaments und des Rates vom 22. Mai 2012 über die Bereitstellung auf dem Markt und die Verwendung von Biozid-Produkten (ABl. L 167 v. 27.6.2012, S. 1),
6. Futtermittel im Sinne des § 3 Nr. 12 bis 16 des Lebensmittel- und Futtermittelgesetzbuches, *(nicht kommentiert)*
7. Medizinprodukte und Zubehör für Medizinprodukte im Sinne des § 3 des Medizinproduktegesetzes, es sei denn, es handelt sich um Arzneimittel im Sinne des § 2 Abs. 1 Nr. 2 Buchstabe b,
8. Organe im Sinne des § 1a Nr. 1 des Transplantationsgesetzes, wenn sie zur Übertragung auf menschliche Empfänger bestimmt sind. *(nicht kommentiert)*

(3a) Arzneimittel sind auch Erzeugnisse, die Stoffe oder Zubereitungen aus Stoffen sind oder enthalten, die unter Berücksichtigung aller Eigenschaften des Erzeugnisses unter eine Begriffsbestimmung des Absatzes 1 fallen und zugleich unter die Begriffsbestimmung eines Erzeugnisses nach Absatz 3 fallen können.

(4) Solange ein Mittel nach diesem Gesetz als Arzneimittel zugelassen oder registriert oder durch Rechtsverordnung von der Zulassung oder Registrierung freigestellt ist, gilt es als Arzneimittel. Hat die zuständige Bundesoberbehörde die Zulassung oder Registrierung eines Mittels mit der Begründung abgelehnt, dass es sich um kein Arzneimittel handelt, so gilt es nicht als Arzneimittel.

| Übersicht | Rdn. | | Rdn. |
|---|---|---|---|
| A. **Arzneimitteldefinition (Abs. 1)** . . . . . . . | 1 | IV. Verbandstoffe (Nr. 3) . . . . . . . . . . | 18 |
| I. Präsentationsarzneimittel (Nr. 1) . . . . . | 2 | V. Veterinärmedizinische In-vitro- | |
| II. Funktionsarzneimittel (Nr. 2) . . . . . . . | 5 | Diagnostika (Nr. 4) . . . . . . . . . . | 19 |
| B. **Fiktive Arzneimittel (Abs. 2)** . . . . . . . | 11 | C. **Abgrenzung (Abs. 3)** . . . . . . . . . . | 19a |
| I. Körperberührende Gegenstände | | I. Lebensmittel (Nr. 1) . . . . . . . . . . | 20 |
| (Nr. 1) . . . . . . . . . . . . . . . . . . . . . | 12 | II. Kosmetische Mittel (Nr. 2) . . . . . . . | 25 |
| II. Tierärztliche Einweginstrumente | | III. Biozid-Produkte (Nr. 5) . . . . . . . . . | 27 |
| (Nr. 1a) . . . . . . . . . . . . . . . . . . . . . | 16 | IV. Medizinprodukte (Nr. 7) . . . . . . . . | 30 |
| III. Implantate für den tierischen | | D. **Zweifelsfallregelung (Abs. 3a)** . . . . . . . | 35 |
| Körper (Nr. 2) . . . . . . . . . . . . . . . . | 17 | E. **Bindungswirkung (Abs. 4)** . . . . . . . . | 39 |

## § 2 AMG  Arzneimittelbegriff

### A. Arzneimitteldefinition (Abs. 1)

1 Die Arzneimitteldefinition in § 2 Abs. 1 entspricht weitestgehend den jeweilgen Definitionen der RL 2001/83/EG (Gemeinschaftskodex für Humanarzneimittel) und der RL 2001/82/EG (Gemeinschaftskodex für Tierarzneimittel), die im Rahmen des Gesetzes zur Änderung arzneimittelrechtlicher und anderer Vorschriften (BGBl. I 2009, S. 1990 ff.; vgl. BT-Drs. 16/12 256, S. 41) in das AMG übernommen wurden (zur Definition Tierarzneimittel s.a. Art. 4 Nr. 1 VO (EU) 2019/6 des Europäischen Parlaments und des Rates vom 11.12.2018 über Tierarzneimittel und zur Aufhebung der Richtlinie 2001/82/EG – EU-Verordnung über Tierarzneimittel vom 07.01.2019, ABl. EU L 4/43 ff., die ab dem 28.01.2022 gilt). Die als gefestigt zu wertende Rechtsprechung der Bundes- und Instanzengerichte ist gem. § 2 Abs. 1 AMG a.F. **richtlinienkonform** i.S.d. europarechtlichen Arzneimittelbegriffs auszulegen (BGH Urt. v. 14.01.2010 – I ZR 67/07; BGH NVwZ 2008, 1266 ff.; BGH NJW 2006, 2630 ff.; BVerwG NVwZ 2007, 591, 592; OLG Frankfurt Urt. v. 29.04.2008 – 6 U 109/07; OLG Stuttgart Urt. v. 14.02.2008 – 2 U 81/07). Aufgrund der Übernahme der gemeinschaftsrechtlichen Arzneimitteldefinition kommt der Rechtsprechung des EuGH zur Definition des Arzneimittels im Gemeinschaftskodex nunmehr unmittelbare Bedeutung zu (vgl. die neuere Rechtsprechung EuGH Urt. v. 03.10.2013 – C-109/12, PharmR 2013, 485 ff. – »Laboratoires Lyocentre«; EuGH Urt. v. 06.09.2012 – C-308/11 – »Chemische Fabrik Kreussler«). § 2 Abs. 1 Nr. 1 erfasst die sog. »Präsentationsarzneimittel«, d.h. die »Arzneimittel nach der Bezeichnung« (BT-Drs. 16/12 256, S. 41); § 2 Abs. 1 Nr. 2 erfasst die sog. »Funktionsarzneimittel« (BT-Drs. 16/12 256, S. 41). Die Definitionen überschneiden sich jedoch in ihrem Anwendungsbereich (EuGH Urt. v. 10.07.2014 – C-358/13 und C-181/14). Bei der Frage nach der Einstufung eines Produkts und damit der Abgrenzung zu anderen Produktkategorien gibt es **keine rechtliche** »Doppelbesetzung« ambivalenter Produkte, da die Qualifizierung eines Produkts als Arzneimittel die Zuordnung zu einer anderen Produktgruppe, z.B. den Lebensmitteln, ausschließt (BVerwGE 106, 90, 93; BGH GRUR 1995, 491, 420; BGH NJW-RR 2000, 1284 f.).

### I. Präsentationsarzneimittel (Nr. 1)

2 Der Gesetzgeber hat im Rahmen des AMG-Änderungsgesetzes 2009 die gemeinschaftsrechtliche Arzneimitteldefinition weitestgehend übernommen. Soweit er die Definition der Richtlinien im Hinblick auf Präsentationsarzneimittel ergänzt hat, kommt dem Zusatz keine eigenständige Bedeutung zu. Die Beibehaltung der bislang in § 2 Abs. 1 AMG a.F. enthaltenen Begriffe »Linderung« und »krankhafte Beschwerden« soll lediglich der Klarstellung dienen (BT-Drs. 16/12 256, S. 41).

3 Stoffe sind in § 3 legal definiert, wobei zwischen vier verschiedenen Stoffgruppen unterschieden wird, namentlich zwischen chemischen, pflanzlichen, tierischen und menschlichen Stoffen sowie Mikroorganismen.

3a § 2 Abs. 1 bezieht sich auf den menschlichen und tierischen Körper. Aus der Zweckbestimmung des § 2 Abs. 1 Nr. 1 und 2, die einen lebenden Körper voraussetzt, wie auch aus dem Zweck des AMG, nämlich der Gefahrenabwehr und dem Gesundheitsschutz zu dienen (s. § 1 Rdn. 1), erschließt sich, dass der lebende Körper gemeint ist (Kügel/Müller/Hofmann/*Müller* AMG § 2 Rn. 66). Stoffe sind zur Anwendung im oder am menschlichen oder tierischen Körper bestimmt, wenn sie entweder auf dem Körper (Haut, Haare, Nägel etc.) oder im Körper (durch Einnehmen, Inhalieren, Spritzen etc.) angewendet werden. Das Erzeugnis dient der Heilung, Linderung oder Verhütung von Krankheiten, wenn von ihm eine **tatsächliche therapeutische oder medizinische Wirkung erwartet** wird. Erfasst werden somit nicht nur Arzneimittel, die nachweislich eine therapeutische oder medizinische Wirkung haben, sondern auch die Erzeugnisse, die nicht ausreichend wirksam sind oder die nicht die Wirkung haben, die der Verbraucher nach ihrer Bezeichnung von ihnen erwarten darf, wenn nur das Erzeugnis eine entsprechende Erwartung hervorruft (vgl. auch BT-Drs. 16/12 265, S. 41). Es ist unbeachtlich, ob die (vermeintliche) therapeutische oder medizinische Wirkung explizit dem Etikett, dem Beipackzettel oder Ähnlichem entnommen werden kann, das Erzeugnis also etwa als Arzneimittel bezeichnet wird oder ob das Erzeugnis allein aufgrund seiner Aufmachung einem Arzneimittel genügend ähnelt und bei einem durchschnittlich informierten Verbraucher schlüssig aber mit Gewissheit den Eindruck erweckt, das Erzeugnis sei als Mittel zur Heilung oder zur Verhütung von menschlichen Krankheiten bestimmt (st. Rspr., EuGH Urt. v. 15.11.2007 – C-319/05, Rn. 43 ff. – »Knoblauchpräparat«; BVerwG NVwZ 2009, 1038 ff. – »Red Rice«; BVerwG PharmR 2011, 168, 169 – »TCM-Granulate«; Bayerischer VGH Beschl. v. 10.07.2020 – 20 CS 20.435; OVG Nordrhein-Westfalen Urt. v. 26.09.2019 – 13 A 3209/17 zur Abgrenzung zwischen Präsentationsarzneimittel und stofflichem Medizinprodukt; das OVG bejaht dabei die Anwendbarkeit des Begriffs Präsentationsarzneimittel auch bei stofflichen Medizinprodukten; OVG Nordrhein-Westfalen Beschl. v. 17.01.2018 – 13 A 1365/15 und v. 27.04.2016 – 13 A 1519/15; OVG Niedersachsen PharmR 2011, 86, 88 – »Red Rice«; OVG Sachsen-Anhalt PharmR 2012, 298, 299 – »E-Zigarette«, wonach eine »preisende Nennung von [vermeintlich] wirksamen Bestandteilen« gefordert wird; zur Auslobung eines Mittels als Mykotherapie LG Gießen Beschl. v. 06.04.2020 – 8 O 16/20). Vorzunehmen ist stets eine Gesamtbetrachtung der konkreten Merkmale des jeweiligen Erzeugnisses. Zu berücksichtigen sind dabei die stoffliche Zusammensetzung des Erzeugnisses, seine Darreichungsform und Verpackung ebenso wie seine Bezeichnung, der Beipackzettel mit möglichen Hinweisen auf pharmazeutische Forschungen oder ärztliche Zeugnisse über bestimmte Eigenschaften, sowie weitere dem Hersteller zurechenbare Informationen, Veröffentlichungen und Produktwerbung, die für den Verbraucher verfügbar sind. Dazu gehören auch solche Informationen, die dem Verbraucher erst auf seine Anfrage vom Hersteller oder von Dritten, die in dessen Auftrag handeln oder mit diesem in Verbindung stehen, zugänglich gemacht werden (EuGH Urt. v. 15.11.2007 – C-319/05, Rn. 43 ff. – »Knoblauchpräparat« und v. 28.10.1992 – C-219/91 sowie v. 21.03.1991 – C-369/88; OVG Nordrhein-Westfalen Beschl. v. 06.02.2020 – 13 A 3137/17; OVG Nordrhein-Westfalen Urt. v. 26.09.2019 – 13 A 3290/17 s.o.; OVG Nordrhein-Westfalen Beschl. v. 17.01.2018 – 13 A 1365/15 und v. 27.04.2016 – 13 A 1519/15). Nach der Rechtsprechung der Bundesgerichte liegt kein Präsentationsarzneimittel vor, wenn ein verständiger Durchschnittsverbraucher nicht annimmt, dass ein Erzeugnis in der empfohlenen Dosierung eine pharmakologische Wirkung habe (BVerwG NVwZ 2008, 439, 442 m.w.N.; die Frage, ob ein Produkt, dessen Aufmachung jeden Krankheits- und Heilbezug meidet, allein aufgrund des Hinweises auf die Mitwirkung eines Therapeuten nach der Verkehrsauffassung zum Arzneimittel wird, hat offen gelassen VG Köln Urt. v. 22.05.2018 – 7 K 6802/16). Angesichts der strengen Regelungen des Arzneimittelrechts, die nur durch Belange des Gesundheitsschutzes zu rechtfertigen sind (EuGH Urt. v. 15.01.2009 – C-140/07, Rn. 27 – »Red Rice«), ist bei der Annahme eines Präsentationsarzneimittels restriktiv zu verfahren. Dementsprechend genügt die Zuschreibung einer der Gesundheit bloß förderlichen Wirkung nicht (VGH Baden-Württemberg PharmR 2010, 239, 242).

Die Arzneimitteleigenschaft ist nicht vom Erreichen einer bestimmten Produktionsstufe abhängig. Die Grenze zum Arzneimittel überschreitet ein Stoff, wenn seine Bestimmung zur Anwendung i.S.v. § 2 Abs. 1 Nr. 1 erkennbar vorliegt (*Kloesel/Cyran* § 2 Anm. 22); demgemäß können auch Vor- oder Zwischenprodukte Arzneimittel darstellen (BGH NStZ 2008, 530; s. hierzu auch BVerwG PharmR 2011, 168 ff. – »TCM-Granulate«). Bedarf es jedoch bis zum anwendungsfähigen Endprodukt noch einer wesentlichen weiteren Aufbereitung, steht dies einer Einstufung als Arzneimittel entgegen und es liegt lediglich eine Vorstufe zum Arzneimittel vor (vgl. BVerwG Urt. v. 17.08.2017 – 3 C 18.15 – »Blutegel«).

## II. Funktionsarzneimittel (Nr. 2)

Soweit § 2 Abs. 1 Nr. 2 nicht identisch ist mit der gemeinschaftsrechtlichen Definition des Funktionsarzneimittels, soll dem nach dem Willen des Gesetzgebers keine Bedeutung zukommen. Es sollte lediglich der gebräuchliche und präzisere Begriff »am ... Körper angewendet« gebraucht werden (BT-Drs. 16/12 256, S. 41).

Ob ein Erzeugnis unter die Definition des Funktionsarzneimittels fällt, hat nach der Rechtsprechung des EuGH die zuständige nationale Behörde im Einzelfall zu entscheiden. Sie hat dabei im Rahmen einer wertenden Gesamtbetrachtung (so etwa BGH GRUR 2004, 793, 796 f.; BGHZ 23, 184, 196; OLG Köln PharmR 2010, 73, 75) **alle Merkmale des Erzeugnisses** zu berücksichtigen, insbesondere seine Zusammensetzung, seine pharmakologischen, immunologischen oder metabolischen Eigenschaften (pharmakologische Wirkung i. w. S.) – wie sie sich beim jeweiligen Stand der Wissenschaft feststellen lassen –, die Modalitäten seines Gebrauchs, den Umfang seiner Verbreitung, seine Bekanntheit bei den Verbrauchern und die Risiken, die seine Verwendung mit sich bringen kann (EuGH Urt. v. 03.10.2013 Rs. C-109/12, Rn. 36 ff. – »Laboratoires Lyocentre«; EuGH Urt. v. 06.09.2012 Rs. C-308/11, Rn. 33 ff. – »Chemische Fabrik Kreussler«; EuGH Urt. v. 05.03.2009 – C-88/07 – »Arzneipflanze«; EuGH Urt. v. 30.04.2009 – C-27/08, Rn. 18 – »Weihrauch«; BVerwG Urt. v. 07.11.2019 – 3 C 19/18; ebenso BVerwG NVwZ 2009, 1038 ff. – »Red Rice«; VG Köln, Beschl. v. 27.10.2020 – 7 K 14623/17). Maßgeblicher Faktor für die Annahme eines Funktionsarzneimittels ist dabei die **pharmakologische Wirkung i. w. S.** des Erzeugnisses (*Doepner* ZLR 2009, 201, 220 ff.); erfasst werden nur diejenigen Erzeugnisse, deren pharmakologische Eigenschaften wissenschaftlich festgestellt wurden (EuGH Urt. v. 15.01.2009 – C-140/07, Rn. 25 – »Red Rice«; BSG NJW 2009, 874, 877; BVerwG NVwZ 2009, 1038 ff. – »Red Rice«; BVerwG NVwZ 2008, 439, 441; kritisch hierzu *Doepner* ZLR 2009, 201, 208 ff.) und die tatsächlich dazu bestimmt sind, eine ärztliche Diagnose zu erstellen oder physiologische Funktionen wiederherzustellen, zu bessern oder zu beeinflussen (EuGH Urt. v. 15.11.2007 – C-319/05, Rn. 61 – »Knoblauchpräparat«; BGH NVwZ 2008, 1266, 1268). Anders ausgedrückt sind nur solche Erzeugnisse, die die Eigenschaft haben, Krankheiten zu heilen, zu verhüten oder zu lindern umfasst (EuGH Urt. v. 15.09.2009 – C-140/07, Rn. 25 – »Hecht-Pharma«; EuGH –C-290/09, Rn. 14 – »Kommission/Deutschland I«; EuGH Urt. v. 16.04.1991 – Rs. C-112/89 – »Upjohn I«; und zu den sog. Designerdrogen EuGH Urt. v. 10.07.2014 – C-358/13 und C-181/14, GRUR 2014, 893 ff., Rn. 36 f., 50: »der Gesundheit zuträglich, auch ohne das Vorliegen einer Krankheit«; *Plaßmann*, »Legal Highs«: Keine Arzneimittel i.S.v. Art. 1 Nr. 2 Buchst. b) RL 2001/83/EG, StoffR 2014, 157). Hierdurch erfährt der Funktionsarzneimittelbegriff eine sinnvolle Einschränkung. Nach st. Rspr. genügt es nicht, dass Stoffe auf den menschlichen Körper einwirken, wenn sie sich nicht nennenswert auf den Stoffwechsel auswirken und somit die Funktionsbedingungen nicht wirklich beeinflussen (EuGH Urt. v. 05.03.2009 – C-88/07 – »Arzneipflanze«; EuGH Urt. v. 15.01.2009 – C-140/07, Rn. 41 – »Red Rice«; BGH NVwZ 2008, 1266, 1268; BVerwG NVwZ 2009, 1038 ff. – »Red Rice«; BSG NJW 2009, 874, 877). Einem Bescheid nach § 21 Abs. 4 des BfArM kommt für die Frage, ob es sich bei einem Präparat um ein zulassungspflichtiges Arzneimittel handelt, Tatbestandswirkung zu, d.h. die Gerichte sind an die Bewertung des Institutes grundsätzlich gebunden, soweit der Bescheid nicht nichtig ist (OLG Frankfurt Urt. v. 22.05.2020 – 6 U 23/20)

7 **Physiologische Funktionen** sind die normalen Lebensvorgänge, die im Körper ablaufen (BVerwG NVwZ 2008, 439, 440; OLG Stuttgart Urt. v. 14.02.2008 – 2 U 81/07). Ihre Wiederherstellung setzt voraus, dass diese nicht mehr ordnungsgemäß ablaufen (OLG Stuttgart Urt. v. 14.02.2008 – 2 U 81/07); Vergleichsmaßstab sind die ordnungsgemäß ablaufenden Lebensvorgänge der Bewohner Deutschlands (OLG Stuttgart Urt. v. 14.02.2008 – 2 U 81/07 zur Fähigkeit bundesdeutscher Erwachsener, Laktase bilden und Laktose spalten zu können, im Vergleich zur Bevölkerung Südostasiens). Eine Beeinflussung physiologischer Funktionen liegt vor bei einem »aktiven Bioeffekt«, d.h. ein von außen kommender Stoff spielt eine aktive, steuernde Rolle im Körperprogramm, in dem er – gezielt – auf die normalen Lebensvorgänge des Körpers aktiv verändernd einwirkt, also modifizierende Bioeffekte auslöst (OLG Hamm PharmR 2008, 162, 163; OLG Stuttgart Urt. v. 14.02.2008 – 2 U 81/07). Die Wirkungen müssen über dasjenige hinausgehen, was physiologisch eine Nahrungsaufnahme im menschlichen Körper auslösen würde, d.h., dass eine über die Zuführung von Nährstoffen hinausgehende Manipulation des Stoffwechsels erfolgt (EuGH Urt. v. 06.09.2012 – C-308/11, Rn. 35 – »Chemische Fabrik Kreussler«; EuGH Urt. v. 15.11.2007 – C-319/05, Rn. 60 – »Kommission/Deutschland III«; EuGH – C-112/89, Rn. 22 – »Upjohn I«; *Müller*, Anm. zu BVerwG NVwZ 2015, 749, 750; BVerwG NVwZ-RR 2015, 425, 427 – »E-Zigaretten«; OVG Nordrhein-Westfalen PharmR 2015, 142, 143 – »Liponsäure Plus Bios Kapseln«; BGH NVwZ 2008, 1266, 1269; BGHZ 151, 286, 297; OLG Hamm PharmR 2008, 162, 163). Ausgenommen sind gänzlich unerhebliche Auswirkungen auf den menschlichen Körper (BVerwG PharmR 2008, 78, 82; BVerwG NVwZ-RR 2007, 771, 773).

Eine **pharmakologische Wirkung** i.e.S. (*Dettling* PharmR 2006, 58, 64 ff.; OLG Stuttgart 8
Urt. v. 14.02.2008 – 2 U 81/07) setzt die gezielte Steuerung von Körperfunktionen durch eine
»arzneilich wirksame Substanz« von außen voraus (BVerwG NVwZ 2008, 439, 441; OLG Stuttgart Urt. v. 14.02.2008 – 2 U 81/07). Es bedarf einer »Wechselwirkung zwischen den Molekülen
der in Frage stehenden Substanz und einem zellulären Bestandteil, gewöhnlich als Rezeptor bezeichnet, die entweder in einer direkten Reaktion resultiert oder die Reaktion eines anderen Agens
blockiert« (BGH GRUR 2010, 1140 ff., Rn. 12 – »Mundspüllösung« unter Bezugnahme auf die
sog. Borderline-Leitlinie der Europäischen Kommission, Medical Devices: Guidance document,
MEDDEV 2.1/3 rev 3, December 2009; OVG Nordrhein-WestfalenW Beschl. v. 11.06.2007 –
13 A 3903/06; der Leitfaden ist allerdings rechtlich unverbindlich, wobei er aber aufgrund der
von ihm ausgehenden Auslegungsimpulse bei der Konkretisierung der »pharmakologischen Wirkung« berücksichtigt werden kann, vgl. EuGH Urt. v. 06.09.2012 – C-308/11 – »Chemische
Fabrik Kreussler«). Problematisch ist indes die Auffassung des BGH, wonach jegliche Wechselwirkung mit »einem zellulären Bestandteil«, d.h. auch mit Bestandteilen von Bakterienzellen, für
die geforderte Wechselwirkung genügen soll (BGH GRUR 2010, 1140 ff., Rn. 13 – »Mundspüllösung«). Aufgrund berechtigter Bedenken hatte das OLG Frankfurt diese Frage dem EuGH vorgelegt (OLG Frankfurt PharmR 2011, 378 ff. m. Anm. *Müller*). Die Antworten des EuGH auf die
Vorlagefragen sind dahingehend zu verstehen, dass es nicht darauf ankommt, dass zwischen den
Molekülen der betreffenden Substanz und einem zellulären Bestandteil des Körpers des Anwenders eine Wechselwirkung besteht. Nach der Auffassung des EuGH kommt eine pharmakologische
Wirkung auch dann in Betracht, wenn es um eine Wechselwirkung zwischen einem Stoff und
einem beliebigen *auf* oder *im* Körper befindlichen zellulären Bestandteil, z.B. Viren oder Bakterien,
geht (EuGH GRUR 2012, 1167 ff.). Damit bestätigt der EuGH die Grundgedanken des BGH.
Kommt einem Erzeugnis eine **therapeutische Wirkung** zu, entfaltet das Produkt eine pharmakologische Wirkung und ist ein Arzneimittel (st. Rspr., BVerwG NVwZ 2008, 439, 440; BVerwG
NVwZ 2007, 591, 593). Dagegen ist die Wirkung bei Kranken, also ein Nachweis der therapeutischen Wirksamkeit, keine Voraussetzung für die Einstufung als Funktionsarzneimittel. Die
nachgewiesene therapeutische Wirksamkeit (d.h. ein auf einen bestimmten, belegten Heilerfolg
abzielender Ausschnitt aus dem allgemeinen Wirkungsspektrum) berechtigt zwar im Wege eines
Erst-Recht-Schlusses zur Annahme einer pharmakologischen Wirkung; sie ist aber kein notwendiges Element pharmakologischer Wirkung (so zur Einstufung eines als Nahrungsergänzungsmittel
mit einer aktiven Form von Methionin vermarkteten Produkts VG Köln Urt. v. 22.05.2018 – 7 K
6802/16, unter Verweis auf BVerwG, Urt. v. 14.12.2006 – 3 C 40.05; OVG Nordrhein-Westfalen
Beschl. v. 10.12.2014 – 13 A 1202/14). Die Annahme einer pharmakologischen Wirkung setzt
nicht voraus, dass mit der Anwendung des Präparates Gesundheitsgefahren verbunden sind
(OLG Hamm PharmR 2008, 162, 163).

Eine **immunologische Wirkung** setzt eine Veränderung der körpereigenen Immunabwehr durch 9
die Stimulierung und/oder Mobilisierung ganzer Zellen, die spezifische Aufgaben im Rahmen der Immunabwehr erfüllen, voraus (OLG Frankfurt, PharmR 2008, 550, 551; *Dettling*
PharmR 2006, 58, 65; Borderline-Leitlinie, Medical Devices: Guidance document, MEDDEV
2.1/3 rev 3, December 2009, S. 6). Im Vergleich zu dem Begriff der pharmakologischen Wirkung
kommt der immunologischen Wirkung bei der Klassifizierung von Produkten geringe Bedeutung
zu (vgl. auch Kügel/Hahn/*Delewski* NemV § 1 Rn. 268).

Eine **metabolische Wirkung** verlangt eine Aktion, die eine Änderung der normalen chemischen 10
Prozesse im Rahmen der normalen Körperfunktionen beinhaltet. Durch Metabolismus ist eine
bestimmungsgemäße Hauptwirkung erreicht, wenn sie mittels der lebensnotwendigen biochemischen Vorgänge beim Auf-, Um- und Abbau des Organismus bzw. beim Austausch von Stoffen
zwischen Organismus und Umwelt erzielt wird (VG Köln Urt. v. 07.11.2017 – 7 K 1997/16). Die
Tatsache, dass das Produkt hierbei selbst verstoffwechselt wird, bedeutet noch nicht, dass es seine
grundlegende Wirkung auf metabolische Art und Weise erreicht (Borderline-Leitlinie, Medical Devices: Guidance document, MEDDEV 2.1/3 rev 3, December 2009, S. 6; *Dettling/Koppe-Zagouras*
PharmR 2010, 152, 157; a.A. OLG Frankfurt, PharmR 2008, 550, 551). Auch dieser Begriff hat

für die Einstufung wenig Bedeutung. Zur Ungeeignetheit der Abgrenzungskriterien »immunologische« und »metabolische Wirkung« vgl. OVG Nordrhein-Westfalen LMRR 2006, 13 – »Lactobact Omni FOS II«.

### B. Fiktive Arzneimittel (Abs. 2)

11 § 2 Abs. 2 benennt die Gegenstände, Stoffe und Zubereitungen aus Stoffen, die gem. der Definition in § 2 Abs. 1 kein Arzneimittel sind, jedoch gleichwohl als solche gelten sollen (**»fiktive Arzneimittel«**). In § 2 Abs. 6 Satz 2 LFGB wird klargestellt, dass fiktive Arzneimittel nach § 2 Abs. 2 keine Bedarfsgegenstände (s. § 2 Abs. 6 1 LFGB) sein können. Beide Produktkategorien schließen sich damit wechselseitig aus. Trotz der formalen Gleichstellung durch § 2 Abs. 2 finden die meisten Vorschriften des AMG nur auf Arzneimittel i.S.d. § 2 Abs. 1 und die Erzeugnisse nach § 2 Abs. 2 Nr. 1 Anwendung. Nur Letztere können aufgrund des Gehalts an oder der Beschichtung mit Arzneimitteln i.S.d. § 2 Abs. 1 die gleichen Wirkungen entfalten wie Arzneimittel nach § 2 Abs. 1 und sind dementsprechend den gleichen gesetzlichen Anforderungen zu unterwerfen.

### I. Körperberührende Gegenstände (Nr. 1)

12 »Körperberührende Gegenstände« i.S.d. § 2 Abs. 2 Nr. 1 sind zusammengesetzte Produkte, die aus einem neutralen Gegenstand und einem Arzneimittel nach § 2 Abs. 1 bestehen (Kügel/Müller/Hofmann/*Müller* AMG § 2 Rn. 129). Im Rahmen des § 2 Abs. 2 Nr. 1 stellt sich bei Produkten, die zur Anwendung beim Menschen bestimmt sind, die Problematik der **Abgrenzung zu den Medizinprodukten** (s. Rdn. 30 ff.). Da sich der Anwendungsbereich des MPG auf Gegenstände zur Anwendung für Menschen begrenzt, bedarf es einer solchen Abgrenzung nicht bei Gegenständen, die zur Anwendung bei Tieren bestimmt sind; als Arzneimittel gelten daher beispielsweise Hundehalsbänder mit Wirkstoffen gegen Parasiten.

13 Ausweislich § 2 Abs. 3 Nr. 7 sind Medizinprodukte i.S.d. § 3 MPG keine Arzneimittel. Da nach § 3 Nr. 2 MPG Medizinprodukte« auch Produkte sind, die einen Stoff oder eine Zubereitung aus Stoffen enthalten oder auf die solche aufgetragen sind, die bei gesonderter Verwendung als Arzneimittel i.S.d. § 2 Abs. 1 angesehen werden können und die in Ergänzung zu den Funktionen des Produktes eine Wirkung auf den menschlichen Körper entfalten können, kommt es zur Überschneidung mit § 2 Abs. 2 Nr. 1. Die Abgrenzung erfolgt ausweislich § 3 Nr. 1 MPG anhand der **bestimmungsgemäßen Hauptwirkung** im oder am menschlichen Körper. Auch die Definition in Art. 2 Nr. 1 VO (EU) 745/2017 (EU-Medizinprodukteverordnung) stellt auf die bestimmungsgemäße Hauptwirkung ab. Wird objektiv betrachtet die bestimmungsgemäße Hauptwirkung auf pharmakologischem oder immunologischem Wege oder durch Metabolismus erreicht, handelt es sich nicht um ein Medizinprodukt sondern um ein Arzneimittel (BGH Urt. v. 09.07.2009 – I ZR 193/06; s. Rdn. 30 ff., C. IV. Medizinprodukte). Hat umgekehrt das betreffende Arzneimittel im Vergleich zur Hauptwirkung lediglich eine ergänzende oder unterstützende Funktion, liegt ein Medizinprodukt i.S.d. § 3 Nr. 2 MPG (Art. 2 Nr. 1 Medizinprodukteverordnung) vor.

14 Arzneimittel i.S.d. § 2 Abs. 2 Nr. 1 sind danach z.B.: Pflaster, die Arzneimittel nach § 2 Abs. 1 enthalten oder mit ihnen beschichtet sind und die eine orale oder parenterale Applikation ersetzen; mit Arzneimitteln nach § 2 Abs. 1 präparierte Verbandstoffe, die primär eine pharmakologische oder immunologische Wirkung auf den Körper entfalten sollen. Keine Arzneimittel i.S.d. § 2 Abs. 2 Nr. 1 sind z.B.: Mit Heparin oder Antibiotika beschichtete Katheter; Stents mit Arzneimittelzusatz; mit Antibiotika kombinierte Knochenzemente; mit Spermiziden beschichtete Kondome oder mit antimikrobiellen Agentien versetzte Verbandstoffe (Borderline-Leitlinie, Medical Devices: Guidance document, MEDDEV 2.1/3 rev 3, December 2009, S. 13; *Kloesel/Cyran* § 2 Anm. 89).

15 Ungeachtet der Abgrenzungsproblematik gelten als Arzneimittel Medizinprodukte, die mit einem Arzneimittel i.S.d. § 2 Abs. 1 ein einheitliches, miteinander verbundenes Produkt bilden, das ausschließlich zur Anwendung in dieser Verbindung bestimmt und nicht wieder verwendbar ist, da § 2 Abs. 3 MPG für diese Produkte den Anwendungsbereich des MPG nur insoweit eröffnet, als

Arzneimittelbegriff **§ 2 AMG**

dass das Medizinprodukt die grundlegenden Anforderungen nach § 7 MPG erfüllen muss. Zu den Produkten nach § 2 Abs. 3 MPG zählen vor allem Einmalfertigspritzen (OLG Frankfurt MD 2001, 697 f.).

### II. Tierärztliche Einweginstrumente (Nr. 1a)

§ 2 Abs. 2 Nr. 1a betrifft tierärztliche sterile Instrumente zur einmaligen Anwendung. Tierärztliche Instrumente sind alle Gegenstände, die der Tierarzt bei der Ausübung seines Berufes verwendet. Beispielhaft können genannt werden: Einwegskalpelle, Einwegspritzen, Einwegkatheter sowie Infusions- und Transfusionsmittel, die einem Sterilisationsverfahren unterzogen worden und entsprechend gekennzeichnet sind (BT-Drs. 10/5112, S. 15). 16

### III. Implantate für den tierischen Körper (Nr. 2)

§ 2 Abs. 2 Nr. 2 widmet sich Implantaten für den tierischen Körper. Die Gegenstände müssen dauernd oder vorübergehend in den tierischen Körper eingebracht werden; eine bloß äußerliche Berührung des Körpers genügt nicht (*Kloesel/Cyran* § 2 Anm. 91i). Die eingebrachten Gegenstände müssen zudem einen der in § 2 Abs. 1 genannten Zwecke verfolgen. Beispiele sind Knochenersatzteile, Kunststoffgelenke oder Marknägel (BT-Drs. 3/654, S. 17). 17

### IV. Verbandstoffe (Nr. 3)

Verbandstoffe sind Gegenstände, die dazu bestimmt sind, oberflächengeschädigte Körperteile zu bedecken oder deren Körperflüssigkeiten aufzusaugen (*Kloesel/Cyran* § 2 Anm. 92), wie etwa Mull und Watte als Binden und Kompressen. 18

### V. Veterinärmedizinische In-vitro-Diagnostika (Nr. 4)

§ 2 Abs. 2 Nr. 4 widmet sich sog. veterinärmedizinischen In-vitro-Diagnostika, d.h. Diagnostika, die außerhalb eines lebenden Tierorganismus angewandt werden. Im Gegensatz zu In-vitro-Diagnostika, die beim Menschen zum Einsatz kommen und Medizinprodukte sind, handelt es sich um fiktive Arzneimittel. Zu diesen veterinärmedizinischen In-vitro-Diagnostika zählen aufgrund gesetzlicher Definition Testsera (§ 4 Abs. 6) und Testantigene (§ 4 Abs. 7). 19

## C. Abgrenzung (Abs. 3)

Die Abgrenzung eines Stoffes oder einer Zubereitung aus Stoffen von Stoffen oder Stoffzubereitungen, die anderen Produktgruppen unterfallen, ist in der Praxis von größter Bedeutung, was die zahlreichen, in der Mehrzahl in Wettbewerbsverfahren ergangenen und oftmals widersprüchlichen Entscheidungen zu Produkten und Produktgruppen belegen (vgl. die ausführliche Darstellung der Abgrenzung der Arzneimittel zu anderen Produktkategorien Kügel/Müller/Hofmann/*Müller* AMG § 2 Rn. 136 ff.). 19a

### I. Lebensmittel (Nr. 1)

Lebensmittel sind nach § 2 Abs. 2 LFGB i.V.m. Art. 2 Abs. 1 VO (EG) Nr. 178/2002 »alle Stoffe oder Erzeugnisse, die dazu bestimmt sind oder von denen nach vernünftigem Ermessen erwartet werden kann, dass sie in verarbeitetem, teilweise verarbeitetem oder unverarbeitetem Zustand von Menschen aufgenommen werden«. Weitere Kategorien von Lebensmitteln bilden die funktionellen Lebensmittel (Functional Food, wie etwa prä- oder probiotische Milchprodukte, vgl. BGH GRUR 2014, 500 ff. – Praebiotik), die angereicherten Lebensmittel, die neuartigen Lebensmittel (Novel Food) und die genetisch veränderten Lebensmittel (Gen Food). Um die überaus weite Begriffsbestimmung des Art. 2 Abs. 1 VO (EG) Nr. 178/2002 handhabbar zu machen, bedarf es der Festlegung einschränkender Kriterien. So gehören nach Art. 2 Abs. 3 Buchst. d) VO (EG) Nr. 178/2002 Arzneimittel i.S.d. RL 2001/83/EG nicht zu den Lebensmitteln (vgl. BVerwG NVwZ 2009, 1038, 1039 – »Red Rice«; BVerwG NVwZ 2007, 591, 592; OLG Stuttgart 20

Urt. v. 14.02.2008 – 2 U 81/07; *Rehmann* A&R 2009, 58, 60: »Vorrang des Arzneimittelrechts«). Beide Rechtsbereiche sind normativ getrennt (*Kügel/Hahn/Delewski* NemV § 1 Rn. 205). Für die Abgrenzung maßgeblich ist jedoch, ob das streitgegenständliche Erzeugnis unter den deutschen Arzneimittelbegriff i.S.d. § 2 fällt, mit dem die Vorgabe in Art. 1 Nr. 2 Buchst. a) und b) RL 2001/83/EG über Art. 2 Abs. 3 Buchst. d) VO (EG) Nr. 178/2002 dynamisch in den Rang einer Verordnung erhoben wird (Kügel/Müller/Hofmann/*Hofmann* AMG § 2 Rn. 150 m.w.N.; die Arzneimitteldefinition der RL 2001/83/EG verwendet etwa das OLG Stuttgart Urt. v. 14.02.2008 – 2 U 81/07). Für die Abgrenzung kommt es im Kern auf die überwiegende objektive Zweckbestimmung des Produktes an (so die überwiegende Rechtsprechung und Lit., vgl. aus der neueren Rechtsprechung etwa BGH Urt. v. 26.06.2008 – I ZR 112/05 GRUR 2008, 834–837 –»HMB-Kapseln«; BGH Urt. v. 11.07.2002 – I ZR 34/01 – »Muskelaufbaupräparate«, bestätigt durch BVerfG Nichtannahmebeschl. v. 12.07.2007 – 1 BvR 99/03; VGH München Beschl. v. 16.02.2012 – 9 CS 11.2908 – »Hautcreme«; aus der Lit.: Deutsch/Lippert/*Koyuncu* § 2 Rn. 69; *Rehmann* § 2 Rn. 2 ff., 27; Meier/von Czettritz/Gabriel/Kaufmann/*Meier* § 2 Rn. 20). Unter besonderer Berücksichtigung der stofflichen Zusammensetzung und der Wirkungsweise des Produktes (insb.: pharmakologisch oder ernährungsphysiologisch) ist zu entscheiden, ob es objektiv überwiegend für arzneispezifische Zwecke i.S.v. § 2 Abs. 1 (therapeutisch usw.) oder für lebensmittelspezifische Zwecke i.S.v. Art. 2 VO (EG) Nr. 178/2002 (allgemeine oder besondere Ernährung) bestimmt ist (VGH München PharmR 2008, 206, 208; OLG Hamm Urt. v. 07.08.2007 – 4 U 194/06 – zu einem Produkt mit Zimtextrakt zur Senkung des Blutzuckerspiegels; Dieners/Reese/*Dieners/Heil* § 1 Rn. 97 f.). Ist diese Entscheidung nach abschließender Würdigung aller Umstände nicht sicher zu treffen (insb. kein Überwiegen einer Zweckbestimmung), folgt aus der Sonderregelung des § 2 Abs. 3 die Einstufung des Grenzproduktes als Arzneimittel (Kügel/Müller/Hofmann/*Müller* AMG § 2 Rn. 155). Der Einordnung als Funktionsarzneimittel steht nicht entgegen, dass der Inverkehrbringer dem Produkt keine therapeutische Zweckbestimmung beimisst (VG Köln Urt. v. 22.05.2018 – 7 K 6802/16).

21 Die Abgrenzungsproblematik stellt sich insbesondere bei **Nahrungsergänzungsmitteln**, d.h. nach Art. 2 Buchst. a) RL 2002/46/EG bei Lebensmitteln, »die dazu bestimmt sind, die normale Ernährung zu ergänzen und die aus Einfach- oder Mehrfachkonzentraten von Nährstoffen oder sonstigen Stoffen mit ernährungsspezifischer oder physiologischer Wirkung bestehen und in dosierter Form in den Verkehr gebracht werden, d.h. in Form von z.B. Kapseln, Pastillen, Tabletten, Pillen und anderen ähnlichen Darreichungsformen, Pulverbeuteln, Flüssigampullen, Flaschen mit Tropfeinsätzen und ähnlichen Darreichungsformen von Flüssigkeiten und Pulvern zur Aufnahme in abgemessenen kleinen Mengen« (vgl. § 1 Abs. 1 NemV). Für diese gilt das Arzneimitteln unbekannte **Marktfreiheitsprinzip** (*Kügel/Hahn/Delewski* NemV § 1 Rn. 205). Für die Abgrenzung Arzneimittel/Nahrungsergänzungsmittel gelten im Wesentlichen die Grundsätze der Abgrenzung Arzneimittel/Lebensmittel (s. Rdn. 20). Die materiellen Parameter der Abgrenzungsprüfung ergeben sich aus § 2 und aus § 1 Abs. 1 NemV. Bei der Abgrenzung sind insbesondere die drei Hauptmerkmale der Nahrungsergänzungsmittel nach § 1 Abs. 1 NemV (Ergänzung der allgemeinen Ernährung, Konzentrat von [Nähr-]Stoffen, dosierte Form) zu berücksichtigen (Kügel/Müller/Hofmann/*Müller* AMG § 2 Rn. 164). Art. 1 Abs. 2 RL 2002/46/EG betont, dass Nahrungsergänzungsmittel keine Arzneimittel i.S.d. RL 2001/83/EG sind; es besteht ein »**Vorrang des Arzneimittelrechts**«.

22 Ausgangspunkt für die Abgrenzung der Nahrungsergänzungsmittel von den Arzneimitteln ist der Arzneimittelbegriff des § 2 einerseits und der Begriff des Nahrungsergänzungsmittels in § 1 Abs. 1 NemV andererseits. Da der Begriff des Nahrungsergänzungsmittels gegenüber dem des Lebensmittels spezieller ist, geht er diesem vor und ist für die Abgrenzung heranzuziehen (BGH NJW-RR 2008, 1266 ff.; BGH NVwZ 2008, 1266, 1268; OLG München PharmR 2007, 350; OLG Hamburg ZLR 2007, 104, 106; a.A. BVerwG NVwZ 2009, 1038 f.; BVerwG PharmR 2008, 254 f.). Erfüllt ein Produkt die Voraussetzungen des § 2 unterliegt es, selbst wenn es zugleich auch als Nahrungsergänzungsmittel (Lebensmittel) zu definieren wäre (»**Dual-Use-Produkt**«), dem Arzneimittelrecht (EuGH Urt. v. 15.11.2007 – C-319/05, Rn. 38 – »Knoblauchpräparat«; BVerwG NVwZ 2009, 1038, 1040 – »Red Rice«; *Kügel/Hahn/Delewski* NemV § 1 Rn. 230 f.). Insbesondere

bei Nahrungsergänzungsmitteln kommt es bei der Abgrenzung zu einem **Präsentationsarzneimittel** (§ 2 Abs. 1 Nr. 1) entscheidend auf die jeweilige Präsentation des Erzeugnisses und dabei darauf an, ob der Eindruck einer arzneilichen Wirkung vermittelt wird (vgl. VGH Baden-Württemberg PharmR 2010, 239, 242; *Kügel/Hahn/Delewski* NemV § 1 Rn. 249 ff.). Die Angaben auf der Verpackung sowie ein mit Hinweisen auf pharmazeutische Forschungen oder ärztliche Methoden oder Zeugnisse versehener Beipackzettel sind zwei nebeneinanderstehende Kriterien zur Bewertung des Erscheinungsbildes eines Produkts. Die Verpackung kann dabei neben anderen Aspekten im Rahmen der erforderlichen Gesamtbetrachtung auch dann Bedeutung für die Einordnung eines Produkts als Präsentationsarzneimittel haben, wenn sie (lediglich) durch die bildliche Darstellung der darin enthaltenen Pflanzenstoffe an eine bestimmte Verkehrsauffassung anknüpft. Neben der eigentlichen Produktinformation sind auch dem Hersteller oder Vertreiber zurechenbare Veröffentlichungen oder öffentliche Empfehlungen in die Betrachtung einzubeziehen (OVG Nordrhein-Westfalen Beschl. v. 06.02.2020 – 13 A 3137/17). Die Rechtsprechung geht davon aus, dass ein verständiger Durchschnittsverbraucher in der Regel nicht annehmen wird, ein als Nahrungsergänzungsmittel deklariertes Produkt sei ein Arzneimittel. Trotz der Bezeichnung seien aber die weiteren Umstände, beispielsweise die Bewerbung und die preisende Nennung arzneilich wirksamer Bestandteile, zu berücksichtigen (BVerwG NVwZ 2009, 1038, 1040 – »Red Rice«).

Bei der Abgrenzung zu einem **Funktionsarzneimittel** (§ 2 Abs. 1 Nr. 2) ist entscheidend, ob das Erzeugnis wissenschaftlich nachgewiesen die physiologischen Funktionen durch eine pharmakologische, immunologische oder metabolische Wirkung wiederherstellt, korrigiert oder beeinflusst (BVerwG Urt. v. 26.05.2009 – 3 C 5/09). Nach allgemeiner Ansicht müssen die Wirkungen dabei über dasjenige hinausgehen, was physiologisch eine Nahrungsaufnahme im menschlichen Körper auslösen würde (BGH NVwZ 2008, 1266, 1269; OLG Hamm PharmR 2008, 162, 163; *Dettling* PharmR 2006, 58, 62). Das OLG Stuttgart hat entschieden, dass es an einer Wiederherstellung physiologischer Funktionen fehlt, wenn diese durch das Präparat »ersetzt« werden (OLG Stuttgart Urt. v. 14.02.2008 – 2 U 81/07 zur Bildung von Laktase). An einer Beeinflussung der physiologischen Funktionen fehlt es, wenn das Präparat selbstständig Aufgaben übernimmt, die Körperfunktionen dabei aber unverändert bleiben (OLG Stuttgart Urt. v. 14.02.2008 – 2 U 81/07). Der Nachweis einer nennenswerten Wirkung auf die physiologischen Funktionen des Menschen führt allerdings nicht zwangsläufig zur Beurteilung eines Erzeugnisses als Arzneimittel, vielmehr kommt es im Rahmen der vorzunehmenden Gesamtbetrachtung der Produktmerkmale insbesondere auch auf die möglichen Gesundheitsrisiken der Verwendung an (BVerwG Urt. v. 07.11.2019 – 3 C 19/18, wonach ohne derartige Risiken der sachliche Rechtfertigungsgrund dafür fehlt, einem Erzeugnis, das geeignet ist, positive Wirkungen auf die menschliche Gesundheit zu entfalten, nur wegen des – möglicherweise dauerhaft – fehlenden Nachweises einer therapeutischen Wirksamkeit die Verkehrsfähigkeit auf dem deutschen Markt zu nehmen).

Im Hinblick darauf, dass die Abgrenzung von Arzneimitteln und Lebensmitteln jeweils eine **Einzelfallentscheidung** ist, hat sich eine äußerst umfangreiche kasuistische und teils widersprüchlich erscheinende Rechtsprechung zur Einstufung von Erzeugnissen herausgebildet. Für die rechtsanwaltliche Praxis bedeutet dies bei der Beratung im Bereich der Abgrenzungsproblematik eine vertiefte Kenntnis der Rechtsprechung sowie umfassende Recherchen, insbesondere zu den aktuellen gerichtlichen Entscheidungen. Hinsichtlich der umfangreichen Rechtsprechung wird verwiesen auf *Kügel/Hahn/Delewski* NemV § 1 Rn. 205 ff.; *Meyer/Streinz* BasisVO Art. 2 Rn. 105 ff. Aus der neueren Rechtsprechung sind zu nennen EuGH Urt. v. 05.03.2009 – C-88/07 – »Arzneipflanze«; EuGH Urt. v. 15.01.2009 – C-140/07 – »Red Rice«; EuGH Urt. v. 15.11.2007 – C-319/05 – »Knoblauchpräparat«; BGH Urt. v. 14.01.2010 – I ZR 67/07; BGH NVwZ 2012, 1343 – »Präparat mit Chondroitin- und Glucosaminsulfat als Lebensmittel«; BGH PharmR 2010, 522 zur Einstufung eines Präparates mit Ginkgo als Arzneimittel, a.A. OLG Hamburg LMuR 2012, 259; BGH Urt. v. 14.01.2010 – I ZR 138/07; BVerwG PharmR 2010, 117 – »Zimtkapseln«; BVerwG NVwZ 2008, 439 ff.; BFH PharmR 2009, 535 ff. Zur in der Rechtspraxis äußerst relevanten Abgrenzung eines »diätetischen Lebensmittels« von einem Präsentationsarzneimittel und der Frage, inwieweit Pflichtangaben (hier: Angabe der Produktkategorie Lebensmittel für besondere medizinische

Zwecke – bilanzierte Diät) auch dann grundsätzlich nicht geeignet sind, die Einstufung als Präsentationsarzneimittel zu begründen, wenn das Produkt die Voraussetzungen für die Annahme einer bilanzierten Diät voraussichtlich nicht erfüllt (s. OVG Nordrhein-Westfalen Urt. v. 04.03.2020 – 13 A 3139/17; die Revision wurde zugelassen durch BVerwG Beschl. v. 02.09.2020 – 3 B 14/20). Die Abgrenzung wird dadurch erschwert, dass der EuGH wiederholt betont hat, dass die Einstufung eines Erzeugnisses als Lebensmittel in einem anderen Mitgliedstaat nicht hindert, diesem Erzeugnis in einem anderen Mitgliedstaat die Eigenschaft eines Arzneimittels zuzuerkennen, wenn es die entsprechenden Merkmale aufweist (EuGH Urt. v. 05.03.2009 – C-88/07 – »Arzneipflanze«; VGH Mannheim PharmR 2010, 239, 242).

## II. Kosmetische Mittel (Nr. 2)

25  Kosmetische Mittel sind nach Art. 2 Abs. 1 Buchst. a) VO (EG) Nr. 1223/2009 »Stoffe oder Gemische, die dazu bestimmt sind, äußerlich mit den Teilen des menschlichen Körpers (Haut, Behaarungssystem, Nägel, Lippen und äußere intime Regionen) oder mit den Zähnen und den Schleimhäuten der Mundhöhle in Berührung zu kommen, und zwar zu dem ausschließlichen oder überwiegenden Zweck, diese zu reinigen, zu parfümieren, ihr Aussehen zu verändern, sie zu schützen, sie in gutem Zustand zu halten oder den Körpergeruch zu beeinflussen.« Zudem enthalten Art. 2 Abs. 2 VO (EG) Nr. 1223/2009 und § 2 Abs. 5 Satz 2 LFGB zwei Definitionen zur Negativabgrenzung: Nach Art. 2 Abs. 2 VO (EG) Nr. 1223/2009 gelten »Stoffe oder Gemische, die dazu bestimmt sind, eingenommen, eingeatmet, injiziert oder in den menschlichen Körper implantiert zu werden, nicht als kosmetische Mittel.« Nach § 2 Abs. 5 Satz 2 LFGB gelten »Stoffe oder Gemische aus Stoffen, die zur Beeinflussung der Körperformen bestimmt sind«, ebenfalls nicht als kosmetische Mittel. Die Abgrenzung zu Arzneimitteln erfolgt anhand des Arzneimittelbegriffs in § 2 und des Begriffs des kosmetischen Mittels in Art. 2 Abs. 1 Buchst. a) VO (EG) Nr. 1223/2009. Maßgebliche Merkmale eines Kosmetikums sind danach der Anwendungsort (äußerlich am Körper oder in der Mundhöhle; zu Mundspüllösungen s. EuGH Urt. v. 06.09.2012 – C-308/11, Rn. 35 – »Chemische Fabrik Kreussler«; Beispiele sind Cremes, Salben, Emulsionen, Puder, Schäume, Sprays) und der überwiegend kosmetische Anwendungszweck. Hierbei steht der (ausschließliche oder überwiegende) kosmetische Zweck im Vordergrund, also ob das Produkt auf die Reinigung, den Schutz, die Erhaltung etc. des Körpers gerichtet ist. Maßgeblich ist im Rahmen der Gesamtbetrachtung, die **überwiegende objektive Zweckbestimmung**. Für die Qualifizierung als Kosmetikprodukt ist unter besonderer Berücksichtigung der Wirkungsweise des Produkts (pharmakologisch oder kosmetisch) zu entscheiden, ob es objektiv überwiegend zu arzneimittelspezifischen Zwecken i.S.v. § 2 Abs. 1 (z.B. therapeutisch oder prophylaktisch) oder für spezifisch kosmetische Zwecke i.S.v. Art. 2 Abs. 1 Buchst. a) VO (EG) Nr. 1223/2009 bestimmt ist. Bei Stoffen oder Zubereitungen aus Stoffen, die zur Beeinflussung der Körperformen (z.B. zur Behandlung von Cellulite) bestimmt sind, bedarf es keiner weiteren Abgrenzung, da es sich nach § 2 Abs. 5 Satz 2 LFGB definitionsgemäß um Arzneimittel handelt. Produkte, die einen »inneren« Anwendungsbereich haben, d.h. verzehrt, inhaliert, injiziert usw. werden, sind gleichfalls keine Kosmetika (*Mestel* StoffR 2005, 230, 231). Zu den Vorlagefragen, ob ein kosmetisches Mittel, das die physiologischen Funktionen durch eine pharmakologische Wirkung nennenswert beeinflusst, nur dann als Funktionsarzneimittel anzusehen ist, wenn es eine konkrete positive, die Gesundheit fördernde Wirkung hat und ob es hierbei ausreichend ist, dass das Erzeugnis vorwiegend eine positive Auswirkung auf das Aussehen hat, die der Gesundheit durch eine Steigerung des Selbstwertgefühls oder des Wohlbefindens mittelbar zuträglich ist oder ob es auch dann ein Funktionsarzneimittel ist, wenn sich seine positive Wirkung auf eine Verbesserung des Aussehens beschränkt, ohne der Gesundheit unmittelbar oder mittelbar dienlich zu sein, vgl. VG Köln Beschl. v. 27.10.2020 – 7 K 14623/17.

26  Ein Kosmetikum liegt vor, wenn der Stoff überwiegend einem der in Art. 2 Abs. 1 Buchst. a) VO (EG) Nr. 1223/2009 genannten Zwecke dient und ein ggf. vorhandener arzneilicher Zweck lediglich eine untergeordnete Bedeutung hat. Da es nach dem Wortlaut von Art. 2 Abs. 1 Buchst. a) VO (EG) Nr. 1223/2009 einer überwiegenden kosmetischen Zweckbestimmung bedarf, ist bei einer Gleichgewichtigkeit von kosmetischen und arzneilichen Zwecken ein Arzneimittel gegeben. Bei

Produkten, die sowohl kosmetischen Zwecken als auch der Krankheitsvorsorge dienen (beispielsweise Zahnpasta) muss der Unternehmer durch die Darstellung seines Produktes (Darreichungsform, Dosierung, Primärverpackung, äußere Umhüllung und Vertriebsweg, vgl. OLG Frankfurt Urt. v. 29.04.2008 – 6 U 109/07) dafür Sorge tragen, dass der Krankheitsvorsorge nur eine untergeordnete Bedeutung beigemessen wird, wenn er den Regelungen des AMG entgehen will. Zu Abgrenzungsbeispielen s. *Kloesel/Cyran* § 2 Anm. 143. Das Vorliegen eines Präsentationsarzneimittels wird bejaht, wenn der Hersteller für das Produkt eine therapeutische Wirksamkeit in Bezug auf bestimmte Erkrankungen oder heilende, krankheitsvorbeugende oder Leiden lindernde Wirkungen in Anspruch nimmt (so z.B. bei der Auslobung einer therapeutischen Wirksamkeit bei Rheuma, Arthrose, Gelenkbeschwerden und Muskelverspannungen sowie Venenleiden für ein »Pflegegel«, LG Hannover Urt. v. 21.02.2018 – 23 O 34/17).

### III. Biozid-Produkte (Nr. 5)

Keine Arzneimittel sind ausweislich § 2 Abs. 3 Nr. 5 Biozid-Produkte nach Art. 3 Abs. 1 Buchst. a) VO (EU) Nr. 528/2012. Mit der Definition der Biozid-Produkte in Art. 3 Abs. 1 Buchst. a) VO (EU) Nr. 528/2012 wurden die bisherigen Vorgaben in Art. 2 Abs. 1 Buchst. a) RL 98/8/EG und § 3b Abs. 1 Nr. 1 ChemG mit Wirkung zum 01.09.2013 ersetzt (s. Art. 96 VO (EU) Nr. 528/2012 und die Verweise in § 3 Satz 1 Nr. 11, 12 ChemG). Biozid-Produkte sind Stoffe oder Gemische, die dazu bestimmt sind, Schadorganismen zu zerstören, abzuschrecken, unschädlich zu machen, ihre Wirkungen zu verhindern oder sie in anderer Weise zu bekämpfen (Art. 3 Abs. 1 Buchst. a) VO (EU) Nr. 528/2012). Die zwei Produktarten sind enumerativ in Anh. V VO (EU) Nr. 528/2012 aufgeführt. 27

Für die Abgrenzung ist die Arzneimitteldefinition in § 2 und die Definition des Biozid-Produkts in Art. 3 Abs. 1 Buchst. a) VO (EU) Nr. 528/2012 Ausgangspunkt. Neben der positiven Definition in § 2 Abs. 1 sind also auch die Ausschlussbestimmungen in § 2 Abs. 3, die notwendige Abgrenzungen zu anderen Produktkategorien enthalten, zu berücksichtigen (VG Köln, Urt. v. 28.07.2020 – 7 K 16047/17 zur Einordnung von alkoholischen Desinfektionsmitteln für die hygienische und chirurgische Händedesinfektion als Biozidprodukte). Bei der wertenden Gesamtbetrachtung aller speziellen [die Kriterien des § 2 (a.A. *Bruggmann/Meyer* PharmR 2006, 247, 249, 254) sowie die Merkmale »Biozid-Wirkstoffe« und »Zweckbestimmung«] und allgemeinen (Produktkonzeption, Wissenschaft, Präsentation) Kriterien ist entscheidend auf die überwiegende objektive Zweckbestimmung des Produkts abzustellen (OLG Hamm GRUR-RR 2010, 389 f.; LG Köln PharmR 2011, 108 f.; VG München PharmR 2009, 524 f.; ebenso Kügel/Müller/Hofmann/*Müller* AMG § 2 Rn. 206). Ein Biozid-Produkt kann im Wesentlichen drei Zweckbestimmungen (»dazu bestimmt«) haben, die alle auf die Bekämpfung von Schadorganismen gerichtet sind. Gem. Art. 3 Abs. 1 Buchst. a) VO (EU) Nr. 528/2012 sind Biozid-Produkte dadurch gekennzeichnet, dass sie ihre jeweilige Zweckbestimmung »auf andere Art, als durch bloße physikalische oder mechanische Einwirkung« erreichen (VG München PharmR 2009, 534, 535). Ein Biozid-Produkt wird überwiegend außerhalb des Körpers angewendet (vgl. BT-Drs. 14/7007, S. 27), sodass das Vorliegen eines Arzneimittels insbesondere dann in Betracht kommt, wenn das Produkt innerlich angewendet werden soll (Kügel/Müller/Hofmann/*Müller* AMG § 2 Rn. 206). Zum Fallbeispiel eines Händedesinfektionsmittels s. LG Köln PharmR 2011, 108 f.). 28

Bei Abgrenzungsfragen ist die **Leitlinie der Europäischen Kommission zu Borderlineprodukten** sehr hilfreich (»Guidance document agreed between the Commission services and the competent authorities of the Member States for the Biocidal Products Directive 98/8/EC and for the Medicinal Products for Human Use Directive 2001/83/EC and the Veterinary Medicinal Products Directive 2001/82/EC«, Doc-Biocides-2002/01, Version 08.01.2008). 29

### IV. Medizinprodukte (Nr. 7)

Medizinprodukte sind ausweislich der Definition in Art. 2 Nr. 1 VO (EU) 2017/745 alle einzeln oder miteinander verbunden verwendeten Instrumente, Apparate, Geräte, Software, Implantate, 30

## § 2 AMG  Arzneimittelbegriff

Reagenzen oder andere Gegenstände, die vom Hersteller zur Anwendung für Menschen mittels ihrer Funktionen zum Zwecke a) der Diagnose, Verhütung, Überwachung, Vorhersage, Prognose, Behandlung oder Linderung von Krankheiten, b) der Diagnose, Überwachung, Behandlung, Linderung oder Kompensierung von Verletzungen oder Behinderungen, c) der Untersuchung, der Ersetzung oder der Veränderung des anatomischen Aufbaus oder eines physiologischen Vorgangs, d) der Gewinnung von Informationen durch die In-vitro-Untersuchung von aus dem menschlichen Körper — auch aus Organ-, Blut- und Gewebespenden — stammenden Proben oder e) der Empfängnisregelung zu dienen bestimmt sind und deren bestimmungsgemäße Hauptwirkung im oder am menschlichen Körper weder durch pharmakologisch oder immunologisch wirkende Mittel noch durch Metabolismus erreicht wird, deren Wirkungsweise aber durch solche Mittel unterstützt werden kann.

31 Definitionsgemäß unterscheiden sich Arzneimittel und Medizinprodukte anhand der objektiv-wissenschaftlich zu beurteilenden (BGH GRUR 2012, 169, 170) **bestimmungsgemäßen Hauptwirkung**. Die hauptsächliche Wirkungsweise eines Produktes ist ausweislich des zweiten Halbsatzes der Legaldefinition in § 3 Nr. 1 MPG das entscheidende Kriterium bei der Frage, ob ein Arzneimittel oder Medizinprodukt gegeben ist (vgl. OVG Nordrhein-Westfalen PharmR 2012, 493 ff. zur Arzneimitteleigenschaft einer Campher-haltigen Salbe). Dies wird auch durch die mit dem Zweiten AMG-Änderungsgesetz v. 19.10.2012 (Zweites Gesetz zur Änderung arzneimittelrechtlicher und anderer Vorschriften v. 19.10.2012, BGBl. I S. 2192) vorgenommenen Änderung in § 2 Hs. 2 MPG deutlich, die eine Folge des Urt. des OVG Nordrhein-Westfalen v. 15.03.2010 ist (OVG Nordrhein-Westfalen MPR 2010, 152 – »Cystus«). Während Arzneimittel pharmakologisch, immunologisch oder metabolisch wirken, zeichnen sich Medizinprodukte durch eine **überwiegend mechanische, physikalische oder physiko-chemische Wirkungsweise** aus (BGH Urt. v. 10.12.2009 – I ZR 189/07, Rn. 16 – »Macrogol«, PharmR 2010, 338 ff., vgl. aber knapp ein Jahr später die Entscheidung BGH PharmR 2011, 299, 301 – »Darmreinigungspräparat«, mit der der BGH an das zwischenzeitlich ergangene Urteil des EuGH zu Chlorhexidin, EuGH NVwZ 2012, 1459, 1461, anknüpft. Ein Produkt mit dem Hauptwirkstoff D-Mannose wirkt nach OLG Köln (Urt. v. 23.12.2020 – 6 U 18/20) pharmakologisch. Die »metabolische« Wirkung bei einem Produkt zur Gewichtsreduktion bejahend VG Köln Urt. v. 07.11.2017 –/K 1997/16). Hinsichtlich der Definitionen der Begriffe »pharmakologisch«, »immunologisch« und »metabolisch« wird verwiesen auf Rdn. 8 ff.

32 Aufgrund der gesetzlichen Definition ist nicht ausgeschlossen, dass ein Produkt, welches auch eine pharmakologische, immunologische oder metabolische Wirkung entfaltet, als Medizinprodukt einzustufen ist, solange diese Wirkungsweise nicht die hauptsächliche ist (vgl. BGH Urt. v. 10.12.2009 – I ZR 189/07, Rn. 16 – »Macrogol«, PharmR 2010, 338 ff.). Dies bestätigt § 3 Nr. 2 MPG: Medizinprodukte sind auch Produkte nach § 3 Nr. 1 MPG, die einen Stoff oder eine Zubereitung aus Stoffen enthalten oder auf die solche aufgetragen sind, die bei gesonderter Verwendung als Arzneimittel i.S.d. § 2 Abs. 1 angesehen werden können und die in Ergänzung zu den Funktionen des Produktes eine Wirkung auf den menschlichen Körper entfalten können. Vgl. die Kommentierung unter Rdn. 13. Die nunmehr in § 2 Abs. 3a gesetzlich verankerte Zweifelsfallregelung findet bei der Abgrenzung Anwendung, und zwar dann, wenn sich ein Produkt trotz abschließender Gesamtbetrachtung aller relevanten Kriterien nicht mit Gewissheit zuordnen lässt, insbesondere hinsichtlich seiner Hauptwirkung (zur grundsätzlichen Anwendbarkeit der Zweifelsfallregelung vgl. OVG Nordrhein-Westfalen MPR 2010, 152 – »Cystus«; ebenso Kügel/Müller/Hofmann/*Müller* AMG § 2 Rn. 220). Zu der im Zusammenhang mit **stofflichen Medizinprodukten** geführten Diskussion zur Anwendung der Zweifelsfallregelung und der Ausklammerung der Kriterien eines Präsentationsarzneimittels s. *Wudy* PharmR 2011, 156, 157 f.; *v. Czettritz* PharmR 2010, 475, f; *v. Czettritz/Strelow* MPR 2010, 1 ff. Zur Anwendbarkeit des Begriffs Präsentationsarzneimittel auf stoffliche Medizinprodukte, vgl. OVG Nordrhein-Westfalen Urt. v. 26.09.2019 – 13 A 3290/17, das die Anwendbarkeit bejaht hat. Nach OVG Nordrhein-Westfalen Urt. v. 17.01.2018 – 13 A 1365/15 sind cistusextrakt-haltige Lutschtabletten als Präsentationsarzneimittel einzustufen, wenn nach der an objektive Merkmale anknüpfenden überwiegenden Zweckbestimmung, wie sie

sich für einen durchschnittlich informierten, aufmerksamen und verständigen Durchschnittsverbraucher darstellt, dem Produkt arzneimitteltypische Eigenschaften zugeschrieben werden. Maßgeblich sind hierbei die stoffliche Zusammensetzung, die Aufmachung und die Art des Vertriebs (z.B. Produktname »ImmunPro Infektblocker« in Anlehnung an »Betablocker oder Hustenblocker« und das Beifügen einer »Packungsbeilage« in Abgrenzung zur »Gebrauchsanweisung« für Medizinprodukte; zur Abgrenzung »Medizinprodukt« und »Präsentationsarzneimittel« vgl. auch VG Köln Urt. v. 14.11.2017 – 7 K 6236/14 bei der Einstufung von Nasentropfen mit boraxfreiem Silbereiweiß-Acetyltannat (SEAT) und 0,0 mg Chlorhexidin-Digluconat-Lösung (20 %)). Der EuGH hat bislang noch nicht zur Abgrenzung von Medizinprodukten und Präsentationsarzneimitteln entschieden.

Für die Abgrenzung im Hinblick auf eine andere Produktkategorie (als Arzneimittel) kommt es auf die subjektive **Zweckbestimmung** (§ 3 Nr. 10 MPG) des Herstellers (§ 3 Nr. 15 MPG) an, die aber objektivierbar, d.h. wissenschaftlich haltbar sein muss (BGH Urt. v. 09.07.2009 – I ZR 193/06; Terbille/*Kügel* MAH Medizinrecht § 9 Rn. 64). Nach Art. 2 Nr. 12 VO (EU) 2017/745 kommt diese subjektive Zweckbestimmung des Herstellers vor allem in der Kennzeichnung, der Gebrauchsanweisung und den Werbe- und Verkaufsmaterialien sowie in den Angaben bei der klinischen Prüfung zum Ausdruck (vgl. BGH Urt. v. 18.04.2013 – I ZR 53/09 – »Messgerät II«; *Anhalt/Dieners* § 2 Rn. 21). Der EuGH hat auf ein Vorlageersuchen des BGH hierzu klargestellt, dass ein Produkt, das der Hersteller zur Anwendung für Menschen zum Zweck der Untersuchung eines physiologischen Vorgangs entwickelt hat, nur dann als Medizinprodukt einzuordnen ist, wenn es für einen medizinischen Zweck bestimmt ist (EuGH Urt. v. 22.11.2012 – C 219/11 – »Brain Products«, GRUR 2013, 83, 84; der BGH hatte in seinem Vorlagebeschluss hingegen angenommen, dass eine medizinische Zweckbestimmung durch die Begriffsbestimmung in Art. 1 Abs. 2 Buchst. a) 3. Spiegelstrich RL 93/42/EWG (§ 3 Nr. 1 Buchst. c) MPG) nicht vorausgesetzt werde, BGH GRUR 2011, 544). Produkte mit einer vornehmlich anderen, nicht medizinischen Zweckbestimmung sind somit keine Medizinprodukte. Beispielhaft können Pulsmesser oder Schrittzähler, E-Zigaretten oder Pigmentiergeräte genannt werden (EuGH Urt. v. 22.11.2012 – C-219/11, Rn. 31 – »Brain Products«; *Keßler/Zindel* MPR 2012, 186, 188; OLG München Urt. v. 22.11.2001 – 6 U 1859/01; OLG Hamburg Urt. v. 10.04.2002 – 5 U 63/01 – »Pigmentiergeräte«). Im Einzelfall sehr schwierig ist die Abgrenzung im Bereich der »Mobile Apps«, also Anwendungen für Mobiltelefone etwa. Hier sind »Lifestyle-Apps« (z.B. um Fitness-Daten zu messen und zu dokumentieren) von »Medical-Apps« (z.B. zur Sammlung und Auswertung physiologischer Daten, etwa Blutzuckerspiegel, einschließlich der Nutzung zur Diagnose) abzugrenzen. Die Grenze zwischen Wellnessanwendung und Medizinprodukt ist allerdings nicht immer klar zu erkennen. Entscheidend ist auch hier die Zweckbestimmung des Herstellers. Zu der Abgrenzung Medizinprodukt-Arzneimittel s. auch EuGH Urt. v. 03.10.2013 – C-109/12 – »Laboratoires Lyocentre«, dessen Gegenstand ein Streit um die Einstufung vaginaler Kapseln mit lebenden Lactobazillen war und das zur Abgrenzung insgesamt wenig Klarheit bringt.

Hinweise und Interpretationshilfen zur Abgrenzung bietet die sog. **Borderline-Leitlinie** (Leitlinie zur Abgrenzung von Medizinprodukten und Arzneimitteln unter Federführung der Europäischen Kommission: Medical Devices: Guidance document, MEDDEV 2.1/3 rev 3, December 2009).

Durch den Verweis in § 2 Abs. 3 Nr. 7 auf § 2 Abs. 1 Nr. 2b, aufgenommen durch das Zweite AMG-Änderungsgesetz, wird klargestellt, dass In-vivo-Diagnostika ungeachtet ihrer Wirkungsweise Arzneimittel sind. Angesichts dieses Verweises wäre der entsprechende (ebenfalls neu aufgenommene) Verweis in § 2 Abs. 5 letzter Hs. MPG nicht erforderlich gewesen.

## D. Zweifelsfallregelung (Abs. 3a)

§ 2 Abs. 3a bestimmt in Umsetzung der Art. 2 Abs. 2 RL 2001/83/EG und Art. 2 Abs. 2 RL 2001/82/EG, dass Arzneimittel auch Erzeugnisse sind, die Stoffe oder Zubereitungen aus Stoffen sind oder enthalten, die sowohl unter die Arzneimitteldefinition gem. § 2 Abs. 1 fallen als auch definitionsgemäß ein Erzeugnis nach § 2 Abs. 3 darstellen können (sog. »Zweifelsfallregelung« oder auch

»Zwitterregelung«, *Rehmann* A&R 2009, 58, 59). Gesetzlich wird damit zum Schutz der Gesundheit (EuGH Urt. v. 15.01.2009 – C-140/07, Rn. 27 – »Red Rice«) ein **Vorrang des Arzneimittelrechts** angeordnet (VGH Baden-Württemberg PharmR 2010, 239, 241; *Riemer* EuZW 2009, 222, 223; *Rehmann* A&R 2009, 58, 64; Kügel/Müller/Hofmann/*Müller* AMG § 2 Rn. 220).

36 Die Anwendung der Zweifelsfallregelung setzt gem. dem Wortlaut (»fallen«) die positive (wissenschaftliche) **Feststellung der Arzneimitteleigenschaft** des betreffenden Produktes voraus (EuGH Urt. v. 03.10.2013 – C-109/12, Rn. 40, 59 – »Laboratoires Lyocentre«; Urt. v. 05.03.2009 – C-88/07 – »Arzneipflanze«; EuGH Urt. v. 15.01.2009 – C-140/07, Rn. 26 – »Red Rice«; BVerwG Urt. v. 26.05.2009 – 3 C 5/09; BT-Drs. 16/12 256, S. 41). Zweifelsfallregelung bedeutet daher nicht, dass ein Produkt »auf Verdacht« als Arzneimittel behandelt werden kann (BVerwG NVwZ 2009, 1038, 1039; VGH Baden-Württemberg PharmR 2011, 92, 93). § 2 Abs. 3a ist daher weder eine Vermutungs- oder Beweislastregelung noch eine Wahrscheinlichkeitsregelung, sondern findet nur in »**echten Grenzfällen**« Anwendung. Die strengen Regelungen des Arzneimittelrechts sind nur zu rechtfertigen, wenn das Produkt auch tatsächlich alle Voraussetzungen eines Arzneimittels erfüllt (VGH Baden-Württemberg PharmR 2010, 239, 241; BGH Urt. v. 24.11.2010 – I ZR 204/09, Rn. 9). Die zuständige Behörde kann sich daher entsprechende Feststellungen zur Eingruppierung des Produktes nicht ersparen (*Rehmann* A&R 2009, 58, 59; kritisch hierzu *Doepner* ZLR 2009, 201 ff.).

37–38 *(unbesetzt)*

### E. Bindungswirkung (Abs. 4)

39 § 2 Abs. 4 begründet eine Bindungswirkung für Entscheidungen der zuständigen Bundesoberbehörde (§ 77) über die Arzneimitteleigenschaft eines Produktes. Sowohl positive (Zulassung oder Registrierung, § 2 Abs. 4 Satz 1) als auch negative Entscheidungen (Versagung der Zulassung oder Registrierung, § 2 Abs. 4 Satz 2) üben eine Bindungswirkung im Umfang der von der Behörde getroffenen Entscheidung aus.

40 Zivilgerichte sind an diese Entscheidung (Arzneimittel oder nicht) der zuständigen Bundesoberbehörde gebunden, beispielsweise wenn sie im Rahmen eines Wettbewerbsprozesses über die Eigenschaft des streitgegenständlichen Produktes zu befinden haben (*Kloesel/Cyran* § 2 Anm. 167). Auch Verwaltungsbehörden können das Produkt nicht abweichend einordnen. Nicht ausgeschlossen ist aber die verwaltungsgerichtliche Überprüfung der Entscheidung der zuständigen Bundesoberbehörde.

41 Die Bindungswirkung einer Zulassung endet mit ihrem Erlöschen (§ 31) sowie mit ihrer Rücknahme und ihrem Widerruf (§ 30). Bei einem registrierten Arzneimittel kommt dem Umstand der Löschung im Register die maßgebliche Bedeutung zu (*Kloesel/Cyran* § 2 Anm. 168).

### § 4 Sonstige Begriffsbestimmungen

(1) Fertigarzneimittel sind Arzneimittel, die im Voraus hergestellt und in einer zur Abgabe an den Verbraucher bestimmten Packung in den Verkehr gebracht werden oder andere zur Abgabe an Verbraucher bestimmte Arzneimittel, bei deren Zubereitung in sonstiger Weise ein industrielles Verfahren zur Anwendung kommt oder die, ausgenommen in Apotheken, gewerblich hergestellt werden. Fertigarzneimittel sind nicht Zwischenprodukte, die für eine weitere Verarbeitung durch einen Hersteller bestimmt sind.

(2) Blutzubereitungen sind Arzneimittel, die aus Blut gewonnene Blut-, Plasma- oder Serumkonserven, Blutbestandteile oder Zubereitungen aus Blutbestandteilen sind oder als Wirkstoffe enthalten. *(nicht kommentiert)*

(3) Sera sind Arzneimittel im Sinne des § 2 Abs. 1, die Antikörper, Antikörperfragmente oder Fusionsproteine mit einem funktionellen Antikörperbestandteil als Wirkstoff enthalten und

wegen dieses Wirkstoffs angewendet werden. Sera gelten nicht als Blutzubereitungen im Sinne des Absatzes 2 oder als Gewebezubereitungen im Sinne des Absatzes 30. *(nicht kommentiert)*

(4) Impfstoffe sind Arzneimittel im Sinne des § 2 Abs. 1, die Antigene oder rekombinante Nukleinsäuren enthalten und die dazu bestimmt sind, bei Mensch oder Tier zur Erzeugung von spezifischen Abwehr- und Schutzstoffen angewendet zu werden und, soweit sie rekombinante Nukleinsäuren enthalten, ausschließlich zur Vorbeugung oder Behandlung von Infektionskrankheiten bestimmt sind. *(nicht kommentiert)*

(5) Allergene sind Arzneimittel im Sinne des § 2 Abs. 1, die Antigene oder Haptene enthalten und dazu bestimmt sind, bei Mensch oder Tier zur Erkennung von spezifischen Abwehr- oder Schutzstoffen angewendet zu werden (Testallergene) oder Stoffe enthalten, die zur antigenspezifischen Verminderung einer spezifischen immunologischen Überempfindlichkeit angewendet werden (Therapieallergene). *(nicht kommentiert)*

(6) Testsera sind Arzneimittel im Sinne des § 2 Abs. 2 Nr. 4, die aus Blut, Organen, Organteilen oder Organsekreten gesunder, kranker, krank gewesener oder immunisatorisch vorbehandelter Lebewesen gewonnen werden, spezifische Antikörper enthalten und die dazu bestimmt sind, wegen dieser Antikörper verwendet zu werden, sowie die dazu gehörenden Kontrollsera. *(nicht kommentiert)*

(7) Testantigene sind Arzneimittel im Sinne des § 2 Abs. 2 Nr. 4, die Antigene oder Haptene enthalten und die dazu bestimmt sind, als solche verwendet zu werden. *(nicht kommentiert)*

(8) Radioaktive Arzneimittel sind Arzneimittel, die radioaktive Stoffe sind oder enthalten und ionisierende Strahlen spontan aussenden und die dazu bestimmt sind, wegen dieser Eigenschaften angewendet zu werden; als radioaktive Arzneimittel gelten auch für die Radiomarkierung anderer Stoffe vor der Verabreichung hergestellte Radionuklide (Vorstufen) sowie die zur Herstellung von radioaktiven Arzneimitteln bestimmten Systeme mit einem fixierten Mutterradionuklid, das ein Tochterradionuklid bildet, (Generatoren). *(nicht kommentiert)*

(9) Arzneimittel für neuartige Therapien sind Gentherapeutika, somatische Zelltherapeutika oder biotechnologische bearbeitete Gewebeprodukte nach Artikel 2 Absatz 1 Buchstabe a der Verordnung (EG) Nummer 1394/2007 des Europäischen Parlaments und des Rates vom 13. November 2007 über Arzneimittel für neuartige Therapien und zur Änderung der Richtlinie 2001/83/EG und der Verordnung (EG) Nummer 726/2004 (ABl. L 324 vom 10.12.2007, S. 121). *(nicht kommentiert)*

(10) Fütterungsarzneimittel sind Arzneimittel in verfütterungsfertiger Form, die aus Arzneimittel-Vormischungen und Mischfuttermitteln hergestellt werden und die dazu bestimmt sind, zur Anwendung bei Tieren in den Verkehr gebracht zu werden. *(nicht kommentiert)*

(11) Arzneimittel-Vormischungen sind Arzneimittel, die ausschließlich dazu bestimmt sind, zur Herstellung von Fütterungsarzneimitteln verwendet zu werden. Sie gelten als Fertigarzneimittel. *(nicht kommentiert)*

(12) Die Wartezeit ist die Zeit, die bei bestimmungsgemäßer Anwendung des Arzneimittels nach der letzten Anwendung des Arzneimittels bei einem Tier bis zur Gewinnung von Lebensmitteln, die von diesem Tier stammen, zum Schutz der öffentlichen Gesundheit einzuhalten ist und die sicherstellt, dass Rückstände in diesen Lebensmitteln die im Anh. der Verordnung (EU) Nr. 37/2010 der Kommission vom 22. Dezember 2009 über pharmakologisch wirksame Stoffe und ihre Einstufung hinsichtlich der Rückstandshöchstmengen in Lebensmitteln tierischen Ursprungs (ABl. L 15 vom 20.1.2010, S. 1) in der jeweils geltenden Fassung festgelegten zulässigen Höchstmengen für pharmakologisch wirksame Stoffe nicht überschreiten. *(nicht kommentiert)*

(13) Nebenwirkungen sind bei Arzneimitteln, die zur Anwendung bei Menschen bestimmt sind, schädliche und unbeabsichtigte Reaktionen auf das Arzneimittel. Nebenwirkungen sind bei Arzneimitteln, die zur Anwendung bei Tieren bestimmt sind, schädliche und

unbeabsichtigte Reaktionen bei bestimmungsgemäßem Gebrauch. Schwerwiegende Nebenwirkungen sind Nebenwirkungen, die tödlich oder lebensbedrohend sind, eine stationäre Behandlung oder Verlängerung einer stationären Behandlung erforderlich machen, zu bleibender oder schwerwiegender Behinderung, Invalidität, kongenitalen Anomalien oder Geburtsfehlern führen. Für Arzneimittel, die zur Anwendung bei Tieren bestimmt sind, sind schwerwiegend auch Nebenwirkungen, die ständig auftretende oder lang anhaltende Symptome hervorrufen. Unerwartete Nebenwirkungen sind Nebenwirkungen, deren Art, Ausmaß oder Ergebnis von der Fachinformation des Arzneimittels abweichen.

(14) Herstellen ist das Gewinnen, das Anfertigen, das Zubereiten, das Be- oder Verarbeiten, das Umfüllen einschließlich Abfüllen, das Abpacken, das Kennzeichnen und die Freigabe; nicht als Herstellen gilt das Mischen von Fertigarzneimitteln mit Futtermitteln durch den Tierhalter zur unmittelbaren Verabreichung an die von ihm gehaltenen Tiere.

(15) Qualität ist die Beschaffenheit eines Arzneimittels, die nach Identität, Gehalt, Reinheit, sonstigen chemischen, physikalischen, biologischen Eigenschaften oder durch das Herstellungsverfahren bestimmt wird. *(nicht kommentiert)*

(16) Eine Charge ist die jeweils aus derselben Ausgangsmenge in einem einheitlichen Herstellungsvorgang oder bei einem kontinuierlichen Herstellungsverfahren in einem bestimmten Zeitraum erzeugte Menge eines Arzneimittels. *(nicht kommentiert)*

(17) Inverkehrbringen ist das Vorrätighalten zum Verkauf oder zu sonstiger Abgabe, das Feilhalten, das Feilbieten und die Abgabe an andere.

(18) Der pharmazeutische Unternehmer ist bei zulassungs- oder registrierungspflichtigen Arzneimitteln der Inhaber der Zulassung oder Registrierung. Pharmazeutischer Unternehmer ist auch, wer Arzneimittel im Parallelvertrieb oder sonst unter seinem Namen in den Verkehr bringt, außer in den Fällen des § 9 Abs. 1 S. 2.

(19) Wirkstoffe sind Stoffe, die dazu bestimmt sind, bei der Herstellung von Arzneimitteln als arzneilich wirksame Bestandteile verwendet zu werden oder bei ihrer Verwendung in der Arzneimittelherstellung zu arzneilich wirksamen Bestandteilen der Arzneimittel zu werden. *(nicht kommentiert)*

(20) *weggefallen (nicht kommentiert)*

(21) Xenogene Arzneimittel sind zur Anwendung im oder am Menschen bestimmte Arzneimittel, die lebende tierische Gewebe oder Zellen sind oder enthalten. *(nicht kommentiert)*

(22) Großhandel mit Arzneimitteln ist jede berufs- oder gewerbsmäßige zum Zwecke des Handeltreibens ausgeübte Tätigkeit, die in der Beschaffung, der Lagerung, der Abgabe oder Ausfuhr von Arzneimitteln besteht, mit Ausnahme der Abgabe von Arzneimitteln an andere Verbraucher als Ärzte, Zahnärzte, Tierärzte oder Krankenhäuser. *(nicht kommentiert)*

(22a) Arzneimittelvermittlung ist jede berufs- oder gewerbsmäßig ausgeübte Tätigkeit von Personen, die, ohne Großhandel zu betreiben, selbstständig und im fremden Namen mit Arzneimitteln im Sinne des § 2 Abs. 1 oder Abs. 2 Nr. 1, die zur Anwendung bei Menschen bestimmt sind, handeln, ohne tatsächliche Verfügungsgewalt über diese Arzneimittel zu erlangen.

(23) Klinische Prüfung bei Menschen ist jede am Menschen durchgeführte Untersuchung, die dazu bestimmt ist, klinische oder pharmakologische Wirkungen von Arzneimitteln zu erforschen oder nachzuweisen oder Nebenwirkungen festzustellen oder die Resorption, die Verteilung, den Stoffwechsel oder die Ausscheidung zu untersuchen, mit dem Ziel, sich von der Unbedenklichkeit oder Wirksamkeit der Arzneimittel zu überzeugen. Satz 1 gilt nicht für eine Untersuchung, die eine nichtinterventionelle Prüfung ist. Nichtinterventionelle Prüfung ist eine Untersuchung, in deren Rahmen Erkenntnisse aus der Behandlung von Personen mit Arzneimitteln anhand epidemiologischer Methoden analysiert werden; dabei folgt die Behandlung einschließlich der

Diagnose und Überwachung nicht einem vorab festgelegten Prüfplan, sondern ausschließlich der ärztlichen Praxis; soweit es sich um ein zulassungspflichtiges oder nach § 21a Absatz 1 genehmigungspflichtiges Arzneimittel handelt, erfolgt dies ferner gem. den in der Zulassung oder der Genehmigung festgelegten Angaben für seine Anwendung. *(nicht kommentiert)*

(24) Sponsor ist eine natürliche oder juristische Person, die die Verantwortung für die Veranlassung, Organisation und Finanzierung einer klinischen Prüfung bei Menschen übernimmt. *(nicht kommentiert)*

(25) Prüfer ist in der Regel ein für die Durchführung der klinischen Prüfung bei Menschen in einer Prüfstelle verantwortlicher Arzt oder in begründeten Ausnahmefällen eine andere Person, deren Beruf auf Grund seiner wissenschaftlichen Anforderungen und der seine Ausübung voraussetzenden Erfahrungen in der Patientenbetreuung für die Durchführung von Forschungen am Menschen qualifiziert. Wird eine klinische Prüfung in einer Prüfstelle von einer Gruppe von Personen durchgeführt, so ist der Prüfer, der für die Durchführung verantwortliche Leiter dieser Gruppe. Wird eine Prüfung in mehreren Prüfstellen durchgeführt, wird vom Sponsor ein Prüfer als Leiter der klinischen Prüfung benannt. *(nicht kommentiert)*

(26) Homöopathisches Arzneimittel ist ein Arzneimittel, das nach einem im Europäischen Arzneibuch oder, in Ermangelung dessen, nach einem in den offiziell gebräuchlichen Pharmakopöen der Mitgliedstaaten der Europäischen Union beschriebenen homöopathischen Zubereitungsverfahren hergestellt worden ist. Ein homöopathisches Arzneimittel kann auch mehrere Wirkstoffe enthalten. *(nicht kommentiert)*

(27) Ein mit der Anwendung des Arzneimittels verbundenes Risiko ist
a) jedes Risiko im Zusammenhang mit der Qualität, Sicherheit oder Wirksamkeit des Arzneimittels für die Gesundheit der Patienten oder die öffentliche Gesundheit, bei zur Anwendung bei Tieren bestimmten Arzneimitteln für die Gesundheit von Mensch oder Tier,
b) jedes Risiko unerwünschter Auswirkungen auf die Umwelt. *(nicht kommentiert)*

(28) Das Nutzen-Risiko-Verhältnis umfasst eine Bewertung der positiven therapeutischen Wirkungen des Arzneimittels im Verhältnis zu dem Risiko nach Absatz 27 Buchstabe a, bei zur Anwendung bei Tieren bestimmten Arzneimitteln auch nach Absatz 27 Buchstabe b. *(nicht kommentiert)*

(29) Pflanzliche Arzneimittel sind Arzneimittel, die als Wirkstoff ausschließlich einen oder mehrere pflanzliche Stoffe oder eine oder mehrere pflanzliche Zubereitungen oder eine oder mehrere solcher pflanzlichen Stoffe in Kombination mit einer oder mehreren solcher pflanzlichen Zubereitungen enthalten. *(nicht kommentiert)*

(30) Gewebezubereitungen sind Arzneimittel, die Gewebe im Sinne von § 1a Nr. 4 des Transplantationsgesetzes sind oder aus solchen Geweben hergestellt worden sind. Menschliche Samen- und Eizellen (Keimzellen), sowie imprägnierte Eizellen und Embryonen sind weder Arzneimittel noch Gewebezubereitungen. *(nicht kommentiert)*

(30a) Einheitlicher Europäischer Code oder »SEC« ist die eindeutige Kennnummer für in der Europäischen Union verteilte Gewebe oder Gewebezubereitungen gem. Anhang VII der Richtlinie 2006/86/EG der Kommission vom 24. Oktober 2006 zur Umsetzung der Richtlinie 2004/23/EG des Europäischen Parlaments und des Rates hinsichtlich der Anforderungen an die Rückverfolgbarkeit, der Meldung schwerwiegender Zwischenfälle und unerwünschter Reaktionen sowie bestimmter technischer Anforderungen an die Kodierung, Verarbeitung, Konservierung, Lagerung und Verteilung von menschlichen Geweben und Zellen (Abl. L 294 vom 25.10.2006, S. 32), die zuletzt durch die Richtlinie (EU) 2015/565 (Abl. L 93 vom 9.4.2015, S. 43) geändert worden ist. *(nicht kommentiert)*

(30b) EU-Gewebeeinrichtungs-Code ist die eindeutige Kennnummer für Gewebeeinrichtungen in der Europäischen Union. Für den Geltungsbereich dieses Gesetzes gilt für alle Einrichtungen,

§ 4 AMG  Sonstige Begriffsbestimmungen

die erlaubnispflichtige Tätigkeiten mit Geweben, Gewebezubereitungen oder mit hämatopoetischen Stammzellen oder Stammzellzubereitungen aus dem peripheren Blut oder aus dem Nabelschnurblut durchführen. Der EU-Gewebeeinrichtungs-Code besteht gem. Anhang VII der Richtlinie 2006/86/EG aus einem ISO-Ländercode und der Gewebeeinrichtungsnummer des EU-Kompendiums der Gewebeeinrichtungen. *(nicht kommentiert)*

(30c) EU-Kompendium der Gewebeeinrichtungen ist das Register, in dem alle von den zuständigen Behörden der Mitgliedstaaten der Europäischen Union genehmigten, lizenzierten, benannten oder zugelassenen Gewebeeinrichtungen enthalten sind und das die Informationen über diese Einrichtungen gem. Anhang VIII der Richtlinie 2006/86/EG in der jeweils geltenden Fassung enthält. Für den Geltungsbereich dieses Gesetzes enthält das Register alle Einrichtungen, die erlaubnispflichtige Tätigkeiten mit Geweben, Gewebezubereitungen oder mit hämatopoetischen Stammzellen oder Stammzellzubereitungen aus dem peripheren Blut oder aus dem Nabelschnurblut durchführen. *(nicht kommentiert)*

(30d) EU-Kompendium der Gewebe- und Zellprodukte ist das Register aller in der Europäischen Union in Verkehr befindlichen Arten von Geweben, Gewebezubereitungen oder von hämatopoetischen Stammzellen oder Stammzellzubereitungen aus dem peripheren Blut oder aus dem Nabelschnurblut mit den jeweiligen Produktcodes. *(nicht kommentiert)*

(31) Rekonstitution eines Fertigarzneimittels zur Anwendung beim Menschen ist die Überführung in seine anwendungsfähige Form unmittelbar vor seiner Anwendung gem. den Angaben der Packungsbeilage oder im Rahmen der klinischen Prüfung nach Maßgabe des Prüfplans. *(nicht kommentiert)*

(32) Verbringen ist jede Beförderung in den, durch den oder aus dem Geltungsbereich des Gesetzes. Einfuhr ist die Überführung von unter das Arzneimittelgesetz fallenden Produkten aus Drittstaaten, die nicht Vertragsstaaten des Abkommens über den Europäischen Wirtschaftsraum sind, in den zollrechtlich freien Verkehr. Produkte gem. Satz 2 gelten als eingeführt, wenn sie entgegen den Zollvorschriften in den Wirtschaftskreislauf überführt wurden. Ausfuhr ist jedes Verbringen in Drittstaaten, die nicht Vertragsstaaten des Abkommens über den Europäischen Wirtschaftsraum sind. *(nicht kommentiert)*

(33) Anthroposophisches Arzneimittel ist ein Arzneimittel, das nach der anthroposophischen Menschen- und Naturerkenntnis entwickelt wurde, nach einem im Europäischen Arzneibuch oder, in Ermangelung dessen, nach einem in den offiziell gebräuchlichen Pharmakopöen der Mitgliedstaaten der Europäischen Union beschriebenen homöopathischen Zubereitungsverfahren oder nach einem besonderen anthroposophischen Zubereitungsverfahren hergestellt worden ist und das bestimmt ist, entsprechend den Grundsätzen der anthroposophischen Menschen- und Naturerkenntnis angewendet zu werden. *(nicht kommentiert)*

(34) Eine Unbedenklichkeitsprüfung bei einem Arzneimittel, das zur Anwendung bei Menschen bestimmt ist, ist jede Prüfung zu einem zugelassenen Arzneimittel, die durchgeführt wird, um ein Sicherheitsrisiko zu ermitteln, zu beschreiben oder zu quantifizieren, das Sicherheitsprofil eines Arzneimittels zu bestätigen oder die Effizienz von Risikomanagement-Maßnahmen zu messen. *(nicht kommentiert)*

(35) Eine Unbedenklichkeitsprüfung bei einem Arzneimittel, das zur Anwendung bei Tieren bestimmt ist, ist eine pharmakoepidemiologische Studie oder klinische Prüfung entsprechend den Bedingungen der Zulassung mit dem Ziel, eine Gesundheitsgefahr im Zusammenhang mit einem zugelassenen Tierarzneimittel festzustellen und zu beschreiben. *(nicht kommentiert)*

(36) Das Risikomanagement-System umfasst Tätigkeiten im Bereich der Pharmakovigilanz und Maßnahmen, durch die Risiken im Zusammenhang mit einem Arzneimittel ermittelt, beschrieben, vermieden oder minimiert werden sollen; dazu gehört auch die Bewertung der Wirksamkeit derartiger Tätigkeiten und Maßnahmen. *(nicht kommentiert)*

(37) Der Risikomanagement-Plan ist eine detaillierte Beschreibung des Risikomanagement-Systems. *(nicht kommentiert)*

(38) Das Pharmakovigilanz-System ist ein System, das der Inhaber der Zulassung und die zuständige Bundesoberbehörde anwenden, um insbesondere den im Zehnten Abschnitt aufgeführten Aufgaben und Pflichten nachzukommen, und das der Überwachung der Sicherheit zugelassener Arzneimittel und der Entdeckung sämtlicher Änderungen des Nutzen-Risiko-Verhältnisses dient. *(nicht kommentiert)*

(39) Die Pharmakovigilanz-Stammdokumentation ist eine detaillierte Beschreibung des Pharmakovigilanz-Systems, das der Inhaber der Zulassung auf eines oder mehrere zugelassene Arzneimittel anwendet. *(nicht kommentiert)*

(40) Ein gefälschtes Arzneimittel ist ein Arzneimittel mit falschen Angaben über
1. die Identität, einschließlich seiner Verpackung, seiner Kennzeichnung, seiner Bezeichnung oder seiner Zusammensetzung in Bezug auf einen oder mehrere seiner Bestandteile, einschließlich der Hilfsstoffe und des Gehalts dieser Bestandteile,
2. die Herkunft, einschließlich des Herstellers, das Herstellungsland, das Herkunftsland und den Inhaber der Genehmigung für das Inverkehrbringen oder den Inhaber der Zulassung oder
3. den in Aufzeichnungen und Dokumenten beschriebenen Vertriebsweg.

(41) Ein gefälschter Wirkstoff ist ein Wirkstoff, dessen Kennzeichnung auf dem Behältnis nicht den tatsächlichen Inhalt angibt oder dessen Begleitdokumentation nicht alle beteiligten Hersteller oder nicht den tatsächlichen Vertriebsweg widerspiegelt.

## Übersicht

| | | Rdn. | | | Rdn. |
|---|---|---|---|---|---|
| A. | Fertigarzneimittel (Abs. 1) | 1 | IV. | Be- oder Verarbeiten | 15 |
| I. | Fertigarzneimittel (Satz 1) | 1 | V. | Umfüllen | 16 |
| | 1. Im Voraus hergestellt zur Abgabe an den Verbraucher (1. Alt.) | 2 | VI. | Abpacken | 17 |
| | | | VII. | Kennzeichnen | 18 |
| | 2. Industrielles Verfahren (2. Alt.) | 3 | VIII. | Freigabe | 19 |
| | 3. Gewerbliche Herstellung (3. Alt.) | 4 | D. | Inverkehrbringen (Abs. 17) | 20 |
| II. | Zwischenprodukte (Satz 2) | 5 | E. | Pharmazeutischer Unternehmer (Abs. 18) | 23 |
| B. | Nebenwirkungen (Abs. 13) | 6 | | | |
| C. | Herstellen (Abs. 14) | 11 | F. | Arzneimittelvermittlung (Abs. 22a) | 25 |
| I. | Gewinnen | 12 | G. | Gefälschtes Arzneimittel (Abs. 40) | 26 |
| II. | Anfertigen | 13 | H. | Gefälschter Wirkstoff (Abs. 41) | 27 |
| III. | Zubereiten | 14 | | | |

## A. Fertigarzneimittel (Abs. 1)

### I. Fertigarzneimittel (Satz 1)

Die Einstufung eines Arzneimittels als Fertigarzneimittel ist von zentraler Bedeutung, da mit diesem Produktstatus die Zulassungspflicht (§§ 21 ff.) sowie besondere Kennzeichnungspflichten (§§ 10, 11) einhergehen. § 4 Abs. 1 Satz 1 nennt drei Tatbestandsalternativen, bei deren Vorliegen ein Fertigarzneimittel gegeben ist: 1

#### 1. Im Voraus hergestellt zur Abgabe an den Verbraucher (1. Alt.)

Ein Fertigarzneimittel ist danach ein Arzneimittel, das im Voraus hergestellt (§ 4 Abs. 14) und in einer zur Abgabe an den Verbraucher bestimmten Packung in den Verkehr gebracht (§ 4 Abs. 17) wird. »Im Voraus« ist dahingehend zu verstehen, dass solche Arzneimittel erfasst werden, die nicht im Einzelfall und auf besondere Bestellung hergestellt werden (zum Verbringungsverbot für Fertigarzneimittel gem. § 73 Abs. 1 Satz 1 vgl. VG Köln Beschl. v. 19.02.2015 – 7 L 2088/14). Hierbei kommt es nicht auf etwaige zeitliche Zusammenhänge, die z.B. zwischen der 2

Bestellung durch den Großhandel und der Herstellung liegen, oder auf die Lagerhaltung an (LG Hamburg PharmR 2010, 543; nunmehr ebenso Fuhrmann/Klein/Fleischfresser/*Fleischfresser*, Arzneimittelrecht § 2 Rn. 171). Vielmehr erfolgt durch das Tatbestandsmerkmal eine Abgrenzung zum **Rezepturarzneimittel**, das im Einzelfall auf ärztliche Verschreibung für einen bestimmten namentlich benannten Patienten hergestellt wird (OLG München PharmR 2010, 476, 477; LG Hamburg Urt. v. 04.02.2021 – 312 O 112/20; ein Rezepturarzneimittel liegt nach LG Hamburg Urt. v. 10.08.2017 – 327 O 389/16 auch dann vor, wenn ein wirkstoffgleiches Arzneimittel existiert, das als Arzneimittel mit »Orphan-Drug-Status« gemäß der Verordnung (EG) Nr. 141/2000 ausgewiesen ist), und mithin kein Fertigarzneimittel i.S.d. ersten Alternative ist (*Prinz* PharmR 2008, 364, 366), es sei denn, es findet bei der Herstellung ein industrielles Verfahren Anwendung. Für Arzneimittel, die im zentralen Verfahren zuzulassen sind, ist zu beachten, dass mit der Verweisung in Art. 2 Abs. 1 VO (EG) Nr. 726/2004 auf Art. 1 RL 2001/83/EG auch Rezepturarzneimittel Arzneimittel i.S.d. VO (EG) Nr. 726/2004 sind. Die VO (EG) Nr. 726/2004 enthält somit keine der Regelung des § 21 Abs. 2 entsprechende Einschränkung der Zulassungspflicht (vgl. hierzu EuGH Urt. v. 11.04.2013 – C-535/11 zur Genehmigungspflicht nach Art. 3 Abs. 1 VO [EG] Nr. 726/2004 bei Befüllung von Fertigspritzen mit Teilmengen unveränderter Arzneimittel sowie LG Hamburg Urt. v. 14.01.2014 – 416 O HK 78/11). Nach der Rechtsprechung ist die Herstellung von patientenindividuellen Zytostatikazubereitungen aus einem Fertigarzneimittel nicht als Rezepturherstellung anzusehen: so in Strafverfahren BGH Urt. v. 04.09.2012 – 1 StR 534/11, offengelassen in BGH Urt. v. 10.12.2014 – 5 StR 405/13. Diese Auffassung verdient jedoch Kritik, da die Vorgaben für die Zubereitung von Zytostatika nach der Apothekenbetriebsordnung (vgl. § 35 Apothekenbetriebsordnung) äußerst streng sind und damit die Herstellung dieser Mittel im Einzelfall sehr aufwendig ist.

Auch Klinikpackungen fallen unter die Definition der ersten Alternative (*Rehmann* § 4 Rn. 1). Die Bestimmung zur Abgabe orientiert sich am subjektiven Willen des pharmazeutischen Unternehmers (§ 4 Abs. 18), der anhand objektiver Kriterien zu ermitteln ist (*Rehmann* § 4 Rn. 1). **Bulkware**, d.h. Arzneimittel in Behältnissen zum Abpacken oder Umfüllen, befindet sich nicht in einer zur Abgabe an den Verbraucher bestimmten Packung und fällt demnach ebenfalls nicht unter die erste Alternative (BGH MD 2005, 1033, 1036; BVerwG Urt. v. 09.03.1999 – 3 C 32/98). Die **Verblisterung** von Fertigarzneimitteln schafft kein neues Fertigarzneimittel (OVG Niedersachsen Urt. v. 16.05.2006 – 11 LC 265/05; *Wille* PharmR 2006, 501, 504).

### 2. Industrielles Verfahren (2. Alt.)

3   Fertigarzneimittel sind nach der zweiten Alternative zur Abgabe an den Verbraucher bestimmte Arzneimittel, bei deren Zubereitung ein industrielles Verfahren zur Anwendung kommt; erforderlich ist nach der Gesetzesbegründung quantitativ eine »breite Herstellung nach einheitlichen Vorschriften« im Gegensatz zum »üblichen Apothekenbetrieb« (BT-Drs. 15/5316, S. 33; so auch OLG München PharmR 2010, 476, 478; *Prinz* PharmR 2008, 364, 366). Allerdings kann das Herstellen allein nach »einheitlichen Vorschriften« nicht ausschlaggebend sein. Vielmehr ist darauf abzustellen, ob und inwieweit die Fertigarzneimittel standardisiert und automatisiert in einem gewissen Umfang produziert werden (Kügel/Müller/Hofmann/*Krüger* AMG § 4 Rn. 14 sowie *Kloesel/Cyran* § 4 Anm. 8). **Bulkware** wird zwar industriell gefertigt, der Einstufung als Fertigarzneimittel steht jedoch § 4 Abs. 1 Satz 2 entgegen (*Rehmann* § 4 Rn. 1; a.A. wohl *Dettling* A&R 2010, 99, 101 Fn. 11), da die Bulkware auf eine weitere Verarbeitung, nämlich das Abpacken oder Umfüllen durch einen Hersteller ausgerichtet ist. Das Umfüllen einschließlich des Abfüllens und das Abpacken fallen unter den Herstellungsbegriff des § 4 Abs. 14. Die industrielle **Verblisterung** von (Fertig-) Arzneimitteln führt zu einem Fertigarzneimittel.

### 3. Gewerbliche Herstellung (3. Alt.)

4   Mit der dritten Alternative werden alle zur Abgabe an den Verbraucher bestimmten Arzneimittel, die, ohne im Voraus hergestellt zu sein, gewerblich hergestellt werden, den Fertigarzneimitteln

zugeordnet, es sei denn, die Herstellung erfolgt in Apotheken. Eine gewerbliche Tätigkeit liegt vor, wenn die Tätigkeit auf unbestimmte Zeit eine fortlaufende Einnahmequelle schaffen soll (Kügel/Müller/Hofmann/*Krüger* AMG § 4 Rn. 16; *Prinz* PharmR 2008, 364, 367). **Rezepturarzneimittel**, die in Apotheken hergestellt werden und bei denen kein industrielles Verfahren angewandt wird (vgl. *Prinz* PharmR 2008, 364, 366) stellen ebenso wenig ein (neues) Fertigarzneimittel dar (OLG München PharmR 2010, 476, 477) wie das Ergebnis einer **Verblisterung** von Fertigarzneimitteln in Apotheken (OVG Niedersachsen Urt. v. 16.05.2006 – 11 LC 265/05). Ein Fertigarzneimittel liegt jedoch vor bei einer apothekenexternen gewerblichen Verblisterung (*Grau/Kutlu* A&R 2009, 153, 155).

## II. Zwischenprodukte (Satz 2)

§ 4 Abs. 1 Satz 2 stellt klar, dass Zwischenprodukte, die für eine weitere Verarbeitung durch einen Hersteller bestimmt sind, keine Fertigarzneimittel sind. Bedeutung erlangt § 4 Abs. 1 Satz 2 vor allem in Bezug auf Bulkware, s. Rdn. 3 zum industriellen Verfahren. Dies betrifft etwa Arzneimittel, für die weitere Kennzeichnungsvorgänge oder anderweitige Herstellungsschritte erforderlich sind.   5

## B. Nebenwirkungen (Abs. 13)

Gem. § 4 Abs. 13 Satz 1 ist eine »Nebenwirkung« eine Reaktion auf das Arzneimittel, die schädlich und unbeabsichtigt ist. Die frühere Beschränkung auf Reaktionen, die bei einem bestimmungsgemäßen Gebrauch auftreten, wurde durch das »Zweite AMG-Änderungsgesetz« v. 19.10.2012 (BGBl. I S. 2192) herausgenommen. Damit entspricht die Definition nunmehr der Vorgabe in Art. 1 Nr. 11 RL 2001/83/EG i.d.F. der RL 2010/84/EU (Änderung der Pharmakovigilanzvorschriften auf EU-Ebene, sog. »Pharmaceutical Package«). Daher sind auch Reaktionen, die infolge einer Überdosierung oder eines Fehlgebrauchs, Missbrauchs oder Medikationsfehlers auftreten, als »Nebenwirkung« anzusehen. Wie bisher auch sind Wechselwirkungen ebenfalls erfasst. Eine Reaktion verlangt einen **kausalen Zusammenhang** zwischen der Anwendung des Arzneimittels und der auftretenden Nebenwirkung. Es bedarf ernstzunehmender Erkenntnisse, d.h. tragfähiger Anhaltspunkte für die Annahme eines solchen kausalen Zusammenhangs (VG Köln Urt. v. 29.01.2008 – 7 K 4227/04).   6

Eine **schädliche Reaktion** liegt vor, wenn die Reaktion für den Gesundheitszustand der Person nachteilig ist. Sie ist unbeabsichtigt, wenn sie nicht Folge einer Wirkung ist, die den therapeutischen Erfolg herbeiführen soll. Nach Ansicht des BVerwG soll auch die bei homöopathischen Arzneimitteln auftretende **Erstverschlimmerung** eine Nebenwirkung i.S.d. AMG sein (BVerwG Urt. v. 19.11.2009 – 3 C 10.09, Rn. 32).   7

Nebenwirkungen sind in der Packungsbeilage (§ 11 Abs. 1 Satz 1 Nr. 5) und in der Fachinformation (§ 11a Abs. 1 Satz 2 Nr. 4) anzugeben. Ein Verstoß hiergegen kann eine Haftung des pharmazeutischen Unternehmers gem. § 84 Abs. 1 begründen (s. § 84 Rdn. 33 ff.) Ordnungsgemäße Arzneimittelinformation). Darüber hinaus ist der Begriff von Bedeutung für die Wahrnehmung der Aufgaben im Bereich der Pharmakovigilanz nach §§ 62 ff.   8

Die Begriffe »schwerwiegende Nebenwirkungen« und »unerwartete Nebenwirkungen« sind in § 4 Abs. 13 Satz 3 und 4 legaldefiniert. »Unerwartete Nebenwirkungen« sind Nebenwirkungen, deren Art, Ausmaß oder Ergebnis von der Fachinformation des Arzneimittels abweichen. Im Rahmen klinischer Prüfungen am Menschen (§ 4 Abs. 23) sind unerwartete Nebenwirkungen solche, die nach Art oder Schweregrad nicht mit der vorliegenden Information über das Prüfpräparat übereinstimmen (§ 3 Abs. 9 GCP-V; ICH-E2A, CPMP/ICH/377/95, Nr. II.C.). Die »Verordnung über die Anwendung der Guten Klinischen Praxis bei der Durchführung von klinischen Prüfungen mit Arzneimitteln zur Anwendung am Menschen« (GCP-V) hat durch die VO (EU) Nr. 536/2014 Veränderungen erfahren (s. Vor § 40 Rdn. 1 ff.). Treten unerwartete schwerwiegende Nebenwirkungen auf, muss der Prüfarzt den Sponsor unverzüglich unterrichten (§ 12 Abs. 4 GCP-V).   9

10 Legaldefiniert sind auch Nebenwirkungen bei Arzneimitteln, die zur Anwendung an Tieren bestimmt sind, womit auch bei der Definition der Nebenwirkungen differenziert werden soll zwischen Human- und Tierarzneimitteln (BR-Drs. 91/12, S. 75). Nebenwirkungen bei einem Tierarzneimittel sind Reaktionen, die schädlich und unbeabsichtigt sind und bei Dosierungen auftreten, wie sie normalerweise bei Tieren zur Prophylaxe, Diagnose oder Therapie von Krankheiten oder für die Wiederherstellung, Korrektur oder Beeinflussung einer physiologischen Funktion verwendet werden (Art. 1 Nr. 10 RL 2001/82/EG; vgl. auch EudraVigilance Volume 9B of The Rules Governing Medicinal Products in the European Union: Guidelines on Pharmacovigilance for Medicinal Products for Veterinary Use). Anders als bei Humanarzneimitteln werden nur Nebenwirkungen erfasst, die im Rahmen des bestimmungsgemäßen Gebrauchs aufgetreten sind. Schwerwiegend sind die Nebenwirkungen in den in Abs. 13 Satz 3 genannten Fällen. Bei Tierarzneimitteln werden Nebenwirkungen auch dann als schwerwiegend eingestuft, wenn sie ständig auftretende oder lang anhaltende Symptome hervorrufen (z.B. Nahrungsverweigerung des Tieres – Abs. 13 Satz 4).

### C. Herstellen (Abs. 14)

11 Die in § 4 Abs. 14 genannten Arbeitsschritte geben den zeitlichen Ablauf des Herstellungsprozesses in der Reihenfolge ihrer Benennung wieder. Es beginnt mit der Gewinnung der Ausgangsstoffe, dem Zubereiten und Bearbeiten dieser Stoffe bis zum Endprodukt Arzneimittel, dessen Umfüllen, Abpacken und Kennzeichnen und schließlich der Freigabe zum Inverkehrbringen. Herstellen umfasst mithin sämtliche Tätigkeiten des Produktions- und Verarbeitungsprozesses bis hin zum verkaufsfertig verpackten Arzneimittel (BGH NJW 1998, 836, 838). Der BGH geht – in einem strafrechtlichen Verfahren – dabei von einem weiten Herstellungsbegriff aus, da sicher zu stellen sei, dass die nach dem AMG vorgesehenen Sicherungsmaßnahmen, insbesondere die Überwachung der an der Arzneimittelherstellung beteiligten Personen (§ 13), lückenlos bleiben (BGH Urt. v. 04.09.2012 – 1 StR 534/11).

### I. Gewinnen

12 Das Gewinnen betrifft die Vorstufe der eigentlichen Herstellung und meint die Entnahme von Stoffen (§ 3) aus ihrer natürlichen oder künstlichen Umgebung zur Weiterverarbeitung oder -verwendung als Arzneimittel (*Kloesel/Cyran* § 4 Anm. 49). Die Herstellung bedarf einer zeitlichen Verknüpfung zu den sich anschließenden Herstellungsschritten und darf zeitlich nicht zu weit nach vorne verlagert werden. Beispielsweise ist das Anbauen von Pflanzen, die zu Arzneimitteln verarbeitet werden sollen, noch kein Gewinnen (*Kloesel/Cyran* § 4 Anm. 49).

### II. Anfertigen

13 Das Anfertigen setzt eine manuelle oder maschinelle Erstellung eines Arzneimittels oder einer Vor- oder Zwischenstufe (BGH NJW 1998, 836, 838), beispielsweise durch chemische Synthese (BGH NJW 1998, 836, 838) oder Vermischen verschiedener Stoffe oder Zubereitungen (*Kloesel/Cyran* § 4 Anm. 49), voraus.

### III. Zubereiten

14 Zubereiten ist eine Behandlung eines Stoffes (Mischen, Lösen, Ausziehen, Trocknen etc.) mit dem Ergebnis, dass dieser Stoff im Arzneimittel noch ganz, teilweise oder in einer auf dem Zubereitungsverfahren beruhenden geringfügigen Abwandlung vorhanden ist (*Kloesel/Cyran* § 4 Anm. 49; *Prinz* PharmR 2008, 364, 366).

### IV. Be- oder Verarbeiten

15 Unter dem Be- oder Verarbeiten sind alle Tätigkeiten zu verstehen, die zu dem Endprodukt Arzneimittel führen und mit denen auf Stoffe oder Zubereitungen eingewirkt wird (vgl. *Kloesel/Cyran* § 4 Anm. 49).

## V. Umfüllen

Umfüllen meint das Einbringen eines Arzneimittels in ein anderes Behältnis. Das Abfüllen stellt einen Unterfall des Umfüllens dar und bezieht sich auf das letztmalige Umfüllen eines Arzneimittels in das zur Abgabe an Verbraucher bestimmte Behältnis (*Kloesel/Cyran* § 4 Anm. 49). Im Auseinzeln von Fertigspritzen, im zentralen Verfahren gem. der VO (EG) Nr. 726/2004 zugelassen, sieht der EuGH kein Herstellen, wenn das Abfüllen nicht zu einer Veränderung des Arzneimittels führt und nur auf der Grundlage individueller Verschreibungen erfolgt (EuGH, Urt. v. 11.04.2013 – C-535/11; anders die Rechtsprechung deutscher Gerichte, so etwa OLG Hamburg Urt. v. 24.02.2011 – 3 U 12/09; OLG München Urt. v. 06.05.2010 – 29 U 4316/09).

16

## VI. Abpacken

Das Abpacken setzt die Existenz eines Arzneimittels voraus und meint den Vorgang des Einbringens in die äußere Umhüllung und das Einlegen der Packungsbeilage (OLG Hamburg GRUR 2002, 890, 892; *Kloesel/Cyran* § 4 Anm. 49). Soweit ein Arzneimittel in eine neue äußere Umverpackung umgepackt wird, liegt ein Abpacken vor, wobei es unbeachtlich ist, dass das Präparat ursprünglich im selben Konzern hergestellt worden ist (OLG Hamburg GRUR 2002, 890, 892). Das Neuverpacken oder Umverpacken eines importierten Originalarzneimittels erfüllt den Begriff des Herstellens (VGH Bayern NVwZ-RR 2007, 24, 25).

17

## VII. Kennzeichnen

Das Kennzeichnen knüpft an § 10 an und meint das Anbringen bestimmter Angaben auf den äußeren Umhüllungen von Arzneimitteln (OLG Hamburg GRUR 2002, 890, 892). Es ist für das Kennzeichnen jedoch nicht erforderlich, dass es sich bei den Angaben umfassend um diejenigen nach § 10 handelt, soweit nur einzelne der dort benannten Angaben angebracht werden. Wer ein Arzneimittel (beispielsweise beim Parallelimport) mit zusätzlichen Angaben versieht, kennzeichnet es und ist daher als Hersteller zu betrachten (VGH Bayern NVwZ-RR 2007, 24, 25; OLG Hamburg Urt. v. 19.10.2006 – 3 U 45/06; a.A. Fuhrmann/Klein/Fleischfresser/*Krüger* § 13 Rn. 10, der das Kennzeichnen nur auf das Aufbringen von Elementen der Pflichtkennzeichnung bezieht).

18

## VIII. Freigabe

Mittels der Freigabe erklärt die sachkundige Person nach § 14 (vgl. § 19 Satz 1), dass jede Charge des Arzneimittels entsprechend den Vorschriften über den Verkehr mit Arzneimitteln hergestellt und geprüft wurde. Die Freigabe ist detailliert in § 16 AMWHV bzw. Annex 16 zum EG-GMP-Leitfaden geregelt.

19

## D. Inverkehrbringen (Abs. 17)

Die Definition des Inverkehrbringens in § 4 Abs. 17 ist sehr weit gefasst und erstreckt sich ausweislich der Legaldefinition auch auf bloße Vorbereitungshandlungen. Unter dem wesentlichen Merkmal der Abgabe an andere ist die **Einräumung der tatsächlichen Verfügungsgewalt** an einen anderen durch die körperliche Überlassung des Arzneimittels zu verstehen (eingehend *Dettling* A&R 2010, 99 ff.). Nicht erforderlich ist eine Eigentumsverschaffung (*Rehmann* § 4 Rn. 19; *Kloesel/Cyran* § 4 Anm. 57). Eine Abgabe liegt unabhängig davon vor, wo das Arzneimittel vermarktet werden soll. So ist etwa auch die Lieferung an einen in Deutschland ansässigen Vertriebspartner, der das Arzneimittel ausschließlich im Ausland vermarktet und dorthin exportiert, ebenfalls eine Abgabe i.S.d. § 4 Abs. 17. Die ärztliche Anwendung ist keine Abgabe i.S.d. § 4 Abs. 17, da der Patient keine Verfügungsmöglichkeit über das angewendete Arzneimittel erhält (OVG Nordrhein-Westfalen NJW 1998, 847 unter ausdrücklicher Aufgabe der gegenteiligen Ansicht in NJW 1989, 729). Auch die Übergabe an einen Boten ist keine Abgabe, da dieser nicht verfügungsberechtigt ist (*Kloesel/Cyran* § 4 Anm. 57).

20

21 Auf die körperliche Überlassung des Arzneimittels kann in den Fällen verzichtet werden, in denen mit dem Empfänger des Arzneimittels, d.h. dem anderen i.S.d. § 4 Abs. 17, aufgrund einer entsprechenden Vereinbarung ein **Besitzkonstitut** vereinbart (OVG Niedersachsen Urt. v. 16.05.2006 – 11 LC 265/05) oder dem ein **Herausgabeanspruch** abgetreten wird (*Kloesel/Cyran* § 4 Anm. 57). Die kauf- und steuerrechtlichen Vorgänge, die dem Inverkehrbringen zu Grunde liegen, sind stets in die Betrachtung einzubeziehen. Ein ausschließliches formales Abstellen hierauf greift jedoch in der Regel zu kurz. Die Verfügungsgewalt ist ein Doppeltatbestand aus der Einräumung tatsächlicher und rechtlicher Verfügungsgewalt (vgl. auch *Cyran/Rotta*, ApoBetrO, 417 Rn. 61).

22 Das **Vorrätighalten** setzt einen (auch mittelbaren) Besitz zum Zwecke des Verkaufs oder der sonstigen Abgabe voraus (Kügel/Müller/Hofmann/*Kügel/Krüger* AMG § 4 Rn. 140). Der vorrätig Haltende muss Verfügungsgewalt über das Arzneimittel haben (*Kloesel/Cyran* § 4 Anm. 53).

22a **Feilhalten** ist das Vorrätighalten eines Arzneimittels mit nach Außen erkennbarer Verkaufsabsicht. Ein **Feilbieten** erfolgt, wenn ein Hinweis auf die feilgehaltene Ware beispielsweise durch verkaufsfördernde Maßnahmen erfolgt. Feilbieten ist auch das Anbieten eines Arzneimittels, wenn es vom Anbietenden vorrätig gehalten wird (BGH Urt. v. 18.09.2013 – 2 StR 365/12, mit dem Hinweis darauf, dass Feilhalten und Feilbieten eine Lagerhaltung voraussetzen; vgl. auch *Rehmann* § 4 Rn. 18). Ein Anbieten ohne Vorrätighaltung ist noch kein Inverkehrbringen (BGH Urt. v. 18.09.2013 – 2 StR 535/12; *Sander* § 4 Rn. 21).

22b Die **Rückgabe** eines Arzneimittels, z.B. durch den Apotheker an den pharmazeutischen Unternehmer bei einem Wegfall der Zulassung, ist eine Abgabe. Die Arzneimittel sind klar, etwa mit »Retoure« oder »Rückgabe«, zu kennzeichnen (vgl. § 30 Abs. 4 Satz 2). Für den Großhandel ist der Ablauf bei einer Rückgabe in § 7b AM-HandelsV vorgegeben.

### E. Pharmazeutischer Unternehmer (Abs. 18)

23 Das europäische Recht kennt den Begriff »pharmazeutischer Unternehmer« nicht. Die im AMG an den pharmazeutischen Unternehmer adressierten Pflichten werden im europäischen Recht grundsätzlich dem Inhaber der Genehmigung für das Inverkehrbringen auferlegt. Nach nationalem Recht muss der pharmazeutische Unternehmer jedoch nicht zwingend auch der Inhaber der Genehmigung für das Inverkehrbringen sein.

23a Die Eigenschaft als pharmazeutischer Unternehmer knüpft nach § 4 Abs. 18 Satz 1 zum einen an die Inhaberschaft der Zulassung oder Registrierung an. Dementsprechend ergibt sich die Eigenschaft aus dem Zulassungs- oder Registrierungsbescheid. Es ist nicht erforderlich, dass der pharmazeutische Unternehmer selbst Arzneimittel in den Verkehr bringt (vgl. die zusätzliche Voraussetzung in § 84 Abs. 1 Satz 1).

24 Pharmazeutischer Unternehmer ist zum anderen auch, wer Arzneimittel unter seinem Namen (§ 9 Abs. 1 Satz 1) in den Verkehr bringt, es sei denn, es handelt sich um Arzneimittel, die zur klinischen Prüfung bestimmt sind. Pharmazeutischer Unternehmer ist daher insbesondere der Vertriebsunternehmer und der **Mitvertreiber** (zum Mitvertrieb im Zusammenhang mit der Vereinbarung eines Arzneimittelrabatts unter § 130a Abs. 3a SGB V Bayer. LSG Beschl. v. 01.12.2020 – L 20 KR 251/20 B ER; *Kloesel/Cyran* § 4 Anm. 59b; Kügel/Müller/Hofmann/*Krüger* AMG § 4 Rn. 148). Mit dem Gesetz zur Fortschreibung der Vorschriften für Blut- und Gewebezubereitungen und zur Änderung anderer Vorschriften vom 18.07.2017 (BGBl. I 52 S. 2757–2770) wurde der Parallelvertreiber in die Definition des pharmazeutischen Unternehmers ausdrücklich aufgenommen. Diese Ergänzung dient lediglich der Klarstellung, dass der Parallelvertreiber, der Arzneimittel, die über eine europäische Zulassung gem. Art. 3 Abs. 1 oder Abs. 2 Verordnung (EG) 726/2004 verfügen, in den Verkehr bringt, die Verpflichtungen zu erfüllen hat, denen der pharmazeutische Unternehmer unterliegt (vgl. auch amtl. Begründung BT-Drs. 18/12587, S. 49). Kein pharmazeutischer Unternehmer ist der Lohnhersteller, der Arzneimittel lediglich für andere herstellt (*Rehmann* § 4 Rn. 20). Bei der Arzneimittelverblisterung, die kein zulassungspflichtiges Fertigarzneimittel schafft

(vgl. § 21 Rdn. 25 B. III. 2. Blister sowie § 4 Rdn. 1 ff. A. I. Fertigarzneimittel), ist derjenige pharmazeutischer Unternehmer, der den Blister unter seinem Namen in den Verkehr bringt.

### F. Arzneimittelvermittlung (Abs. 22a)

Durch das »Zweite AMG-Änderungsgesetz« v. 19.10.2012 (BGBl. I S. 2192) wurde in § 4 Abs. 22a neben dem Arzneimittelgroßhandel (§ 4 Abs. 22; s. hierzu ausführlich *Plaßmann*, Großhandel mit Arzneimitteln) eine weitere Personengruppe, die in die Vertriebskette eingebunden ist und an die Anforderungen i.S.e. Guten Vertriebspraxis für Arzneimittel zu stellen sind, dem AMG unterworfen (BT-Drs. 91/12 S. 95). Durch den Begriff Arzneimittelvermittlung sind alle Personen erfasst, die selbstständig im fremden Namen mit Arzneimitteln Handel treiben ohne die tatsächliche Verfügungsgewalt über die Produkte zu erlangen. Der Arzneimittelvermittler hat die Anforderungen des § 52c zu erfüllen, insbesondere darf er seine Tätigkeit erst nach der Anzeige gem. § 67 Abs. 1 Satz 1 bei der zuständigen Behörde und der Registrierung in einer öffentlichen Datenbank durch die zuständige Behörde aufnehmen. Darüber hinaus unterfällt der Arzneimittelvermittler den Regelungen der AMWHV, soweit dies in der AMWHV bestimmt ist (§§ 1 Abs. 1 Satz 2, 9 AMWHV). Wird die tatsächliche Verfügungsgewalt über die Arzneimittel erlangt, fällt die Tätigkeit unter den Großhandel mit Arzneimitteln, sodass die Anforderungen für Großhändler (§ 52a, die Vorschriften der AMHandelsV und der AMWHV, wenn der Großhändler zugleich einer Herstellungs- und Einfuhrerlaubnis bedarf) gelten (ausführlich zum Großhandel mit Arzneimitteln *Plaßmann*, Großhandel mit Arzneimitteln). Akteure, die bereits über eine Großhandelserlaubnis nach § 52a verfügen und auch Arzneimittelvermittlung betreiben, unterliegen nicht den Verpflichtungen des § 52c. Handelsmakler, die nicht mit Arzneimitteln Handel treiben, sondern gem. § 93 HGB die Gelegenheit eines entsprechenden Vertragsabschlusses zwischen Käufer und Verkäufer nachweisen, sind nicht erfasst.

### G. Gefälschtes Arzneimittel (Abs. 40)

In dem ebenfalls durch das »Zweite AMG-Änderungsgesetz« v. 19.10.2012 (BGBl. I S. 2192) neu eingefügten Abs. 40 wird die bisher in § 8 Abs. 1 Nr. 1a enthaltene Legaldefinition für gefälschte Arzneimittel aufgenommen und zugleich an Art. 1 Nr. 33 der geänderten RL 2001/83/EWG angepasst. Der objektive Tatbestand entspricht damit der europäischen Rechtsgrundlage, allerdings enthält diese die Formulierung, dass unter die Definition nicht unbeabsichtigte Qualitätsmängel fallen und Regelungen zum Schutz geistigen Eigentums unberührt bleiben. Der nationale Gesetzgeber hat auf diese Tatbestandseinschränkung in der Gesetzesbegründung zwar hingewiesen (vgl. BT-Drs. 92/12 S. 76), ohne jedoch dieses Tatbestandselement in den Gesetzeswortlaut aufzunehmen. Insbesondere angesichts der Tatsache, dass das Inverkehrbringen gefälschter Arzneimittel nach § 95 Abs. 1 Nr. 3a unter Strafe gestellt ist und Rechtsverstöße nach § 95 mit der Verhängung einer Freiheitsstrafe bis zu 3 Jahren geahndet werden können, wäre aus Gründen der Rechtsklarheit die Aufnahme eines subjektiven Tatbestandselements in die Definition angebracht gewesen. Die sogenannte Fälschungsschutzrichtlinie (Richtlinie 2011/62/EU i.V.m. der Delegierten Verordnung (EU) 2016/161) sieht vor, dass seit dem 09.02.2019 nahezu alle verschreibungspflichtigen Humanarzneimittel mit zusätzlichen Sicherheitsmerkmalen und einer Vorrichtung zum Erkennen einer möglichen Manipulation zu versehen sind. Ein Barcode ist vom Hersteller auf die Verpackung aufzudrucken. In Deutschland dürfen die betroffenen Arzneimittel nur noch in den Verkehr gebracht werden, wenn sie den Vorschriften des § 10 Abs. 1c entsprechen.

### H. Gefälschter Wirkstoff (Abs. 41)

In § 4 Abs. 41 wird die bisher in § 8 Abs. 1 Nr. 1a enthaltene Legaldefinition für gefälschte Wirkstoffe überführt und erweitert. Gefälschte Wirkstoffe sind nunmehr auch solche, deren Begleitdokumentation nicht den tatsächlichen Vertriebsweg widerspiegelt. Dies hat in der Praxis zur Folge, dass der pharmazeutische Unternehmer sich Gewissheit über die Richtigkeit der Begleitdokumentation verschaffen muss. In diesem Zusammenhang ist die Vorschrift des § 22 Abs. 2 Satz 1

Nr. 8 relevant, nach der der Arzneimittelhersteller oder eine von ihm beauftragte Person sich durch eine Audit bei dem Wirkstoffhersteller von der Einhaltung der Guten Herstellungspraxis bei der Wirkstoffherstellung zu überzeugen hat. Der Stufenplanbeauftragte hat gem. § 19 Abs. 2 Satz 2 AMWHV die zuständige Behörde über jeden Verdacht einer Arzneimittel- und Wirkstofffälschung unverzüglich zu unterrichten.

## § 13 Herstellungserlaubnis

(1) Wer
1. Arzneimittel im Sinne des § 2 Absatz 1 oder Absatz 2 Nummer 1,
2. Testsera oder Testantigene,
3. Wirkstoffe, die menschlicher, tierischer oder mikrobieller Herkunft sind oder die auf gentechnischem Wege hergestellt werden, oder
4. andere zur Arzneimittelherstellung bestimmte Stoffe menschlicher Herkunft

gewerbs- oder berufsmäßig herstellt, bedarf einer Erlaubnis der zuständigen Behörde. Das Gleiche gilt für juristische Personen, nicht rechtsfähige Vereine und Gesellschaften bürgerlichen Rechts, die Arzneimittel zum Zwecke der Abgabe an ihre Mitglieder herstellen. Satz 1 findet auf eine Prüfung, auf deren Grundlage die Freigabe des Arzneimittels für das Inverkehrbringen erklärt wird, entsprechende Anwendung. § 14 Absatz 4 bleibt unberührt.

(1a) Absatz 1 findet keine Anwendung auf
1. Gewebe im Sinne von § 1a Nummer 4 des Transplantationsgesetzes, für die es einer Erlaubnis nach § 20b oder § 20c bedarf,
2. die Gewinnung und die Laboruntersuchung von autologem Blut zur Herstellung von biotechnologisch bearbeiteten Gewebeprodukten, für die es einer Erlaubnis nach § 20b bedarf,
3. Gewebezubereitungen, für die es einer Erlaubnis nach § 20c bedarf,
4. die Rekonstitution, soweit es sich nicht um Arzneimittel handelt, die zur klinischen Prüfung bestimmt sind.

(2) Einer Erlaubnis nach Absatz 1 bedarf nicht
1. der Inhaber einer Apotheke für die Herstellung von Arzneimitteln im Rahmen des üblichen Apothekenbetriebs oder für die Rekonstitution oder das Abpacken einschließlich der Kennzeichnung von Arzneimitteln, die zur klinischen Prüfung bestimmt sind, sofern dies dem Prüfplan entspricht,
2. der Träger eines Krankenhauses, soweit er nach dem Gesetz über das Apothekenwesen Arzneimittel abgeben darf oder für die Rekonstitution oder das Abpacken einschließlich der Kennzeichnung von Arzneimitteln, die zur klinischen Prüfung bestimmt sind, sofern dies dem Prüfplan entspricht,
3. der Tierarzt im Rahmen des Betriebes einer tierärztlichen Hausapotheke für
    a) das Umfüllen, Abpacken oder Kennzeichnen von Arzneimitteln in unveränderter Form,
    b) die Herstellung von Arzneimitteln, die ausschließlich für den Verkehr außerhalb der Apotheken freigegebene Stoffe oder Zubereitungen aus solchen Stoffen enthalten,
    c) die Herstellung von homöopathischen Arzneimitteln, die, soweit sie zur Anwendung bei Tieren bestimmt sind, die der Gewinnung von Lebensmitteln dienen, ausschließlich Wirkstoffe enthalten, die im Anhang der Verordnung (EU) Nr. 37/2010 als Stoffe aufgeführt sind, für die eine Festlegung von Höchstmengen nicht erforderlich ist,
    d) das Zubereiten von Arzneimitteln aus einem Fertigarzneimittel und arzneilich nicht wirksamen Bestandteilen,
    e) das Mischen von Fertigarzneimitteln für die Immobilisation von Zoo-, Wild- und Gehegetieren,
    soweit diese Tätigkeiten für die von ihm behandelten Tiere erfolgen,
4. der Großhändler für

a) das Umfüllen von flüssigem Sauerstoff in mobile Kleinbehältnisse für einzelne Patienten in Krankenhäusern oder bei Ärzten einschließlich der erforderlichen Kennzeichnung
b) das Umfüllen, Abpacken oder Kennzeichnen von sonstigen Arzneimitteln in unveränderter Form, soweit es sich nicht um Packungen handelt, die zur Abgabe an den Verbraucher bestimmt sind,
5. der Einzelhändler, der die Sachkenntnis nach § 50 besitzt, für das Umfüllen, Abpacken oder Kennzeichnen von Arzneimitteln zur Abgabe in unveränderter Form unmittelbar an den Verbraucher,
6. der Hersteller von Wirkstoffen, die für die Herstellung von Arzneimitteln bestimmt sind, die nach einer im Homöopathischen Teil des Arzneibuches beschriebenen Verfahrenstechnik hergestellt werden.

(2a) Die Ausnahmen nach Absatz 2 gelten nicht für die Herstellung von Blutzubereitungen, Gewebezubereitungen, Sera, Impfstoffen, Allergenen, Testsera, Testantigenen, Arzneimitteln für neuartige Therapien, xenogenen und radioaktiven Arzneimitteln. Satz 1 findet keine Anwendung auf die in Absatz 2 Nummer 1 oder Nummer 2 genannten Einrichtungen, soweit es sich um
1. das patientenindividuelle Umfüllen in unveränderter Form, das Abpacken oder Kennzeichnen von im Geltungsbereich dieses Gesetzes zugelassenen Sera nicht menschlichen oder tierischen Ursprungs oder
2. die Rekonstitution oder das Umfüllen, das Abpacken oder Kennzeichnen von Arzneimitteln, die zur klinischen Prüfung bestimmt sind, sofern dies dem Prüfplan entspricht, oder
3. die Herstellung von Testallergenen

handelt. Tätigkeiten nach Satz 2 Nummer 1 und 3 sind der zuständigen Behörde anzuzeigen.

(2b) Einer Erlaubnis nach Absatz 1 bedarf ferner nicht eine Person, die Arzt oder sonst zur Ausübung der Heilkunde bei Menschen befugt ist, soweit die Arzneimittel unter ihrer unmittelbaren fachlichen Verantwortung zum Zwecke der persönlichen Anwendung bei einem bestimmten Patienten hergestellt werden. Satz 1 findet keine Anwendung auf
1. Arzneimittel für neuartige Therapien und xenogene Arzneimittel,
2. Arzneimittel, die zur klinischen Prüfung bestimmt sind, soweit es sich nicht nur um eine Rekonstitution handelt, sowie
3. Arzneimittel, die der Verschreibungspflicht nach § 48 unterliegen, sofern die Herstellung nach Satz 1 durch eine Person erfolgt, die nicht Arzt oder Zahnarzt ist.

(2c) Absatz 2b Satz 1 gilt für Tierärzte im Rahmen des Betriebes einer tierärztlichen Hausapotheke für die Anwendung bei von ihnen behandelten Tieren entsprechend.

(3) Eine nach Absatz 1 für das Umfüllen von verflüssigten medizinischen Gasen in das Lieferbehältnis eines Tankfahrzeuges erteilte Erlaubnis umfasst auch das Umfüllen der verflüssigten medizinischen Gase in unveränderter Form aus dem Lieferbehältnis eines Tankfahrzeuges in Behältnisse, die bei einem Krankenhaus oder anderen Verbrauchern aufgestellt sind. *(Absatz 3 nicht kommentiert)*

(4) Die Entscheidung über die Erteilung der Erlaubnis trifft die zuständige Behörde des Landes, in dem die Betriebsstätte liegt oder liegen soll. Bei Blutzubereitungen, Gewebezubereitungen, Sera, Impfstoffen, Allergenen, Arzneimitteln für neuartige Therapien, xenogenen Arzneimitteln, gentechnisch hergestellten Arzneimitteln sowie Wirkstoffen und anderen zur Arzneimittelherstellung bestimmten Stoffen, die menschlicher, tierischer oder mikrobieller Herkunft sind oder die auf gentechnischem Wege hergestellt werden, ergeht die Entscheidung über die Erlaubnis im Benehmen mit der zuständigen Bundesoberbehörde.

## § 13 AMG Herstellungserlaubnis

**Übersicht**

| | Rdn. | | Rdn. |
|---|---|---|---|
| A. Erlaubnispflichtigkeit der Herstellung (Abs. 1) | 1 | 4. Der Großhändler (Nr. 4) | 17 |
| | | 5. Der Einzelhändler (Nr. 5) | 18 |
| I. Herstellungserlaubnis (Satz 1) | 1 | 6. Der Wirkstoffhersteller (Nr. 6) | 19 |
| II. Juristische Personen (Satz 2) | 5 | II. Rückausnahmen (Abs. 2a) | 20 |
| III. Freigaberelevante Prüfung (Satz 3) | 6 | D. Von Heilberufsausübenden hergestellte Arzneimittel (Abs. 2b) | 21 |
| IV. Beauftragte Betriebe (Satz 4) | 8 | | |
| B. Stoff- und anwendungsspezifische Ausnahmen (Abs. 1a) | 9 | I. Freistellung von der Erlaubnispflicht (Satz 1) | 21 |
| C. Personenspezifische Ausnahmen (Abs. 2) | 12 | II. Rückausnahme (Satz 2) | 23 |
| | | E. Von Tierärzten hergestellte Arzneimittel (Abs. 2c) | 24 |
| I. Freistellung von der Erlaubnispflicht (Satz 1) | 12 | F. Zuständigkeiten (Abs. 4) | 25 |
| 1. Der Inhaber einer Apotheke (Nr. 1) | 13 | I. Behörde am Sitz des Herstellungsbetriebes (Satz 1) | 25 |
| 2. Der Träger eines Krankenhauses (Nr. 2) | 15 | II. Sonderregelung (Satz 2) | 26 |
| 3. Der Tierarzt (Nr. 3) | 16 | | |

### A. Erlaubnispflichtigkeit der Herstellung (Abs. 1)

#### I. Herstellungserlaubnis (Satz 1)

1 Die Herstellung (vgl. § 4 Abs. 14) der genannten Erzeugnisse ist vorbehaltlich der in § 13 Abs. 1a und Abs. 2 aufgeführten Ausnahmetatbestände der Erlaubnispflicht unterworfen, wenn die Herstellung gewerbs- oder berufsmäßig erfolgt (**Verbot mit Erlaubnisvorbehalt**). Anknüpfungspunkt für die Frage, ob eine Herstellungserlaubnis erforderlich ist, ist somit das herzustellende Produkt. Die Erteilung der Herstellungserlaubnis bestimmt sich nach § 14, der abschließend (*Rehmann* § 14 Rn. 3) die Versagungsgründe und dadurch indirekt die Erteilungsvoraussetzungen benennt. Voraussetzungen für die Erteilung der Herstellungserlaubnis sind die Zuverlässigkeit des Antragstellers, das Vorhandensein einer Sachkundigen Person, eines Leiters der Herstellung und eines Leiters der Qualitätskontrolle sowie geeignete Räume und Einrichtungen. Inhaltlich ergänzen die Vorschriften der AMWHV die Erteilungsvoraussetzungen des § 14. Für die Erlaubnispflicht ist der Zweck der Herstellung aus Sicherheitsgründen (BT-Drs. 16/12 256, S. 45) unbeachtlich, d.h. es kommt nicht darauf an, ob die hergestellten Arzneimittel an andere abgegeben werden sollen. Ebenfalls erlaubnispflichtig ist die Lohnherstellung, wobei zwischen dem Auftraggeber und dem Lohnhersteller ein schriftlicher Vertrag unter Berücksichtigung des Kap. 7 des EG-GMP-Leitfadens abgeschlossen werden muss (vgl. dazu auch § 9 AMWHV).

2 Von der Erlaubnispflicht umfasst sind Arzneimittel i.S.d. § 2 Abs. 1, Abs. 2 Nr. 1, Testsera (§ 4 Abs. 6), Testantigene (§ 4 Abs. 7), Wirkstoffe (§ 4 Abs. 19; zur Abgrenzung zwischen Wirkstoff und Ausgangsstoff vgl. VG Hamburg, Urt. v. 19.02.2013 – 11 K 1683/11), die menschlicher, tierischer oder mikrobieller Herkunft sind oder die auf gentechnischem Wege hergestellt werden sowie andere zur Arzneimittelherstellung bestimmte Stoffe menschlicher Herkunft (zum Nabelschnurblut VG Sigmaringen Beschl. v. 19.01.2005 – 8 K 2018/04; zur Einstufung von implantiertem Eigenfettgewebe als biotechnologisch bearbeitetes Gewebeprodukt und damit als Arzneimittel, dessen Herstellen einer Erlaubnis bedarf VG Oldenburg Beschl. v. 21.06.2018 – 7 B 2260/18). Zu den von der Erlaubnispflicht umfassten Arzneimitteln zählen aufgrund gesetzlicher Definition auch Blutzubereitungen (§ 4 Abs. 2), Sera (§ 4 Abs. 3), Impfstoffe (§ 4 Abs. 4) und Allergene (§ 4 Abs. 5). Die Herstellung von Roh- und Grundstoffen (*Kloesel/Cyran* § 13 Anm. 24) und die Herstellung pflanzlicher Wirkstoffe bedarf keiner Erlaubnis. Zur Abgrenzung Rohstoffe-Wirkstoffe s. *Heßhaus* StoffR 2006, 27 ff.

3 Die Herstellung erfolgt **gewerbsmäßig**, wenn sie auf unbestimmte Zeit eine fortlaufende Einnahmequelle schaffen soll (*Prinz* PharmR 2008, 364, 367; *Rehmann* § 13 Rn. 2). Sie erfolgt **berufsmäßig**, wenn sie durch Angehörige der freien Berufe, insbesondere Ärzte und Apotheker vorgenommen wird, auf Dauer ausgerichtet ist und dem Erwerb dient (*Kügel/Müller/Hofmann/Kügel* AMG § 13 Rn. 12).

Die Herstellungserlaubnis ist ein begünstigender Verwaltungsakt, auf den ein **Rechtsanspruch** besteht, wenn keiner der in § 14 genannten Versagungsgründe vorliegt (VG Köln Urt. v. 12.06.2018 – 7 K 6685/15). Über die Erteilung der Herstellungserlaubnis entscheidet die Behörde am Sitz des Herstellungsbetriebes; s. Rdn. 25 f. Auf die Entscheidung über die Erteilung einer Herstellungserlaubnis findet die Verfahrensanweisung 15 110 103 der Zentralstelle der Länder für Gesundheitsschutz bei Arzneimitteln und Medizinprodukten (ZLG) Anwendung. 4

## II. Juristische Personen (Satz 2)

Zur Vermeidung einer Umgehung der Erlaubnispflicht nach § 13 Abs. 1 Satz 1 werden auch juristische Personen, nicht rechtsfähige Vereine (§ 54 BGB) und Gesellschaften des bürgerlichen Rechts (§§ 705 ff. BGB), die Arzneimittel zur (kostenlosen oder entgeltlichen) Abgabe an ihre Mitglieder herstellen, ungeachtet dessen, ob die Mitglieder die Arzneimittel an sich selbst oder an anderen anwenden oder sie an andere abgeben wollen (*Kloesel/Cyran* § 13 Anm. 34), der Erlaubnispflicht unterworfen. Es ist unbeachtlich, ob die juristische Person, der nicht rechtsfähige Verein oder die Gesellschaft des bürgerlichen Rechts gewerbsmäßig handelt (*Kügel* PharmR 2005, 66, 68; *Rehmann* § 13 Rn. 2). 5

## III. Freigaberelevante Prüfung (Satz 3)

Mit dem Gesetz zur Änderung arzneimittelrechtlicher und anderer Vorschriften vom 17.07.2009 (BGBl. I S. 1990 ff.) wurde die Erlaubnispflicht gem. § 13 Abs. 1 Satz 1 für entsprechend anwendbar erklärt auf eine Prüfung, auf deren Grundlage die Freigabe des Arzneimittels für das Inverkehrbringen erklärt wird. Die freigaberelevante Chargenprüfung ist kein Herstellen i.S.d. § 4 Abs. 14 und unterliegt demnach grundsätzlich nicht der Erlaubnispflicht nach § 13 Abs. 1 Satz 1 (*Mayer/Porstner* PharmInd. 2008, 235, 236). Die Gesetzesänderung soll nach dem erklärten Willen des Gesetzgebers der Spezialisierung der pharmazeutischen Betriebe Rechnung tragen. Freigaberelevante Prüfungen der Arzneimittel erfolgten mittlerweile in vom Herstellungsbetrieb separaten Betrieben, sodass für solche Betriebe, wie in anderen Mitgliedstaaten, zur besseren EU-weiten Transparenz nunmehr als »**Option**« eine eigenständige Erlaubnis für die Durchführung von freigaberelevanten Prüfungen eingeführt werde (BT-Drs. 16/12 256, S. 45). 6

Die vom Gesetzgeber angesprochene »Option« lässt sich der Gesetzesfassung nicht entnehmen. Nach dem Gesetzeswortlaut bedürfen Prüflabore nunmehr zwingend einer eigenständigen Prüferlaubnis. Da dies nicht der gesetzgeberischen Intention entspricht, bedarf die Vorschrift einer **einschränkenden Auslegung** i.S.d. Gesetzesbegründung. Prüfbetriebe sollten sich jedoch aufgrund der Rechtsunsicherheit mit ihrer zuständigen Überwachungsbehörde abstimmen, wenngleich der Verstoß gegen § 13 Abs. 1 Satz 3 nicht dem Straftatbestand des § 96 Nr. 4 unterliegt. 7

## IV. Beauftragte Betriebe (Satz 4)

§ 13 Abs. 1 Satz 4 stellt klar, dass die Möglichkeit, freigaberelevante Prüfungen außerhalb der Betriebsstätte des Arzneimittelherstellers in beauftragten Betrieben durchzuführen (vgl. § 14 Abs. 3 Nr. 3; *Mayer/Porstner* PharmInd. 2008, 235 ff.), erhalten bleibt. Die in § 14 Abs. 3 genannte betriebsbezogene Einschränkung (»die keiner eigenen Erlaubnis bedürfen«) darf nach der Intention des Gesetzgebers (BT-Drs. 16/12 256, S. 45) nicht i.S.e. Tatbestandsvoraussetzung verstanden werden, da anderenfalls die Möglichkeit der Verlagerung der freigaberelevanten Prüfung auf Dritte mit der Auslegung des § 13 Abs. 1 Satz 3 (zwingende Prüferlaubnis; vgl. Rdn. 6) steht und fällt. Der beauftragte Prüfbetrieb muss in die Herstellungserlaubnis des Auftraggebers aufgenommen worden sein (§ 16 Satz 1). 8

## B. Stoff- und anwendungsspezifische Ausnahmen (Abs. 1a)

§ 13 Abs. 1a benennt die Stoffe, deren Herstellung nicht dem Erlaubnisvorbehalt des § 13 Abs. 1 unterliegt. Bis auf die Rekonstitution sind die genannten Stoffe von der Erlaubnispflicht 9 ausgenommen, soweit sie unter den Tatbestand der §§ 20b oder 20c fallen. Die Sonderregelung gewährleistet eine der Arzneimittelsicherheit genügende Herstellung unter Berücksichtigung der Besonderheiten, die es bei der Herstellung der genannten Erzeugnisse zu beachten gilt.

10 **Autologes Blut** zur Herstellung von biotechnologisch bearbeiteten Gewebeprodukten unterliegt nicht der Erlaubnispflicht des § 13 Abs. 1, soweit es dem Erlaubnistatbestand des § 20b unterliegt. Aus dem Tatbestand des § 20b Abs. 4, den § 13 Abs. 1a teilweise wiederholt, folgt, dass nicht die Herstellung an sich (§ 4 Abs. 14), sondern lediglich die Gewinnung und die Laboruntersuchung von der Erlaubnispflicht ausgenommen sind. Die Aufbereitung dieses Blutes fällt beispielsweise weiterhin unter § 13 Abs. 1 (BT-Drs. 16/12 256, S. 45). Der Begriff der Gewinnung ist in § 20b Abs. 1 Satz 2 legaldefiniert.

11 § 13 Abs. 1a Nr. 4 nimmt die **Rekonstitution**, d.h. die Überführung eines Fertigarzneimittels in seine anwendungsfähige Form durch einfache, auch vom Endverbraucher durchführbare Maßnahmen unmittelbar vor seiner Anwendung gem. den Angaben der Packungsbeilage (§ 4 Abs. 31), von der Erlaubnispflicht aus, soweit es sich nicht um Arzneimittel handelt, die zur klinischen Prüfung bestimmt sind. Letztere sind von dem Erfordernis einer Herstellungserlaubnis umfasst, wenn nicht im Einzelfall einer der Ausnahmetatbestände nach § 13 Abs. 2 Satz 1 Nr. 1 und 2 vorliegt. Bezugsgegenstand der Rekonstitution ist stets ein Fertigarzneimittel (§ 4 Abs. 1), das nach den Angaben der Packungsbeilage in seine anwendungsfähige Form überführt wird. Richtet sich die Herstellungstätigkeit nicht allein nach der Packungsbeilage, sondern maßgeblich nach den patientenindividuellen Vorgaben der jeweiligen ärztlichen Verordnung liegt keine Rekonstitution vor (OVG Berlin-Brandenburg Urt. v. 16.10.2014 – OVG 5 B 2.12 zur Zubereitung und Abfüllung steriler Arzneimittel).

### C. Personenspezifische Ausnahmen (Abs. 2)

#### I. Freistellung von der Erlaubnispflicht (Satz 1)

12 § 13 Abs. 2 Satz 1 benennt die personengebundenen Ausnahmen von der Herstellungserlaubnis. Im Einzelnen sind dies:

#### 1. Der Inhaber einer Apotheke (Nr. 1)

13 Im Rahmen des üblichen Apothekenbetriebs bedürfen der Inhaber einer Apotheke, die Eigentümer und Pächter, soweit sie Apotheker sind (*Kloesel/Cyran* § 13 Anm. 44, 45), keiner Herstellungserlaubnis, sofern und soweit die Herstellung im Rahmen des üblichen Apothekenbetriebs erfolgt. Der übliche Apothekenbetrieb umfasst etwa nicht die Auslagerung der Verblisterung in die Räumlichkeiten eines Seniorenheims (VG Darmstadt Urt. v. 02.03.2011 – 4 K 1759/09.DA; zum Kriterium des »üblichen Apothekenbetriebs« vgl. auch Kügel/Müller/Hofmann/*Kügel* AMG § 13 Rn. 37 ff.). Die Privilegierung betrifft nur den »Inhaber einer Apotheke«, nicht einen etwa von diesem beauftragten Hersteller (*Grau/Kutlu* A&R 2009, 153, 156). Die Herstellung von Arzneimitteln ist nur erlaubnisfrei, wenn das Arzneimittel in der bzw. durch die Apotheke an den Endverbraucher abgegeben werden sollen. Es ist zu beachten, dass nunmehr auch der Versandhandel mit Arzneimitteln, wenngleich § 11a ApoG sprachlich differenziert, zum üblichen Apothekenbetrieb zählt (OVG Niedersachsen Urt. v. 16.05.2006 – 11 LC 265/05).

14 Gleichfalls erlaubnisfrei sind die Rekonstitution (§ 4 Abs. 31) und das Abpacken einschließlich der Kennzeichnung von Arzneimitteln, die zur klinischen Prüfung bestimmt sind, sofern dies dem Prüfplan entspricht, d.h. die Apotheke kann beispielsweise Arztpraxen, die an multizentrischen Studien teilnehmen, mit Prüfpräparaten beliefern (vgl. BT-Drs. 16/12 256, S. 45).

#### 2. Der Träger eines Krankenhauses (Nr. 2)

15 Soweit der Träger eines Krankenhauses zur Abgabe von Arzneimitteln nach dem ApoG befugt ist, ist er von der Erlaubnispflicht zur Herstellung von Arzneimitteln befreit. Die Einzelheiten sind in

§ 14 ApoG geregelt. Für die Herstellung und Prüfung von Arzneimitteln gilt dann das ApoG, nicht die AMWHV. Auch für den Krankenhausträger gilt die Erlaubnisfreiheit der Rekonstitution sowie des Abpackens einschließlich der Kennzeichnung von Arzneimitteln, die zur klinischen Prüfung bestimmt sind, sofern dies dem Prüfplan entspricht.

### 3. Der Tierarzt (Nr. 3)

Tierärzte bedürfen im Rahmen des Betriebes einer tierärztlichen Hausapotheke für die Herstellung von Tierarzneimitteln keiner Erlaubnis, wenn die Arzneimittel für von ihnen behandelte Tiere bestimmt sind und die Herstellungstätigkeit in § 13 Abs. 2 Satz 1 Nr. 3 aufgeführt ist. Die Herstellung von Arzneimitteln unter Verwendung apothekenpflichtiger Stoffe ist dem Tierarzt nicht ohne Erlaubnis gestattet (vgl. hierzu *Kloesel/Cyran* § 13 Anm. 53). Eine weitere tierarztspezifische Ausnahme von der Erlaubnispflicht ist § 13 Abs. 2c i.V.m. Abs. 2b zu entnehmen. 16

### 4. Der Großhändler (Nr. 4)

Das Erfordernis einer Herstellungserlaubnis für Großhändler, flüssigen Sauerstoff in mobile Kleinbehältnisse für einzelne Patienten in Krankenhäusern oder bei Ärzten umzufüllen, einschließlich der erforderlichen Kennzeichnung, ist deshalb entfallen, weil es keinen Unterschied zur Ausübung der Tätigkeit des Abfüllvorgangs durch den Einzelhändler gab. Letzterer bedurfte, z.B. als Homecare-Provider, bei der Abgabe der befüllten Kleinbehältnisse an den Endverbraucher (Patienten) keiner Herstellungserlaubnis. Da es an einem sachgerechten Grund für die Differenzierung mangelte, wurde der Gesetzeswortlaut abgeändert. Die Erlaubnisfreiheit ist jedoch aus Gründen der Arzneimittelsicherheit auf das Befüllen von Kleinbehältnissen beschränkt (vgl. hierzu die Begründung in BT-Drs. 18/8034, S. 35). Großhändler, die über eine Großhandelserlaubnis nach § 52a Abs. 1 verfügen, benötigen für das Umfüllen, Abpacken oder Kennzeichnen von Arzneimitteln keine Herstellungserlaubnis, wenn das Arzneimittel unverändert bleibt und sich das Handeln nicht auf zur Abgabe an den Verbraucher bestimmte Packungen richtet. § 13 Abs. 2 Satz 1 Nr. 4 setzt voraus, dass der Großhändler Arzneimittel umfüllt, abpackt oder kennzeichnet, d.h. er die von ihm »hergestellte« Ware bereits als Arzneimittel bezogen hat (*Kloesel/Cyran* § 13 Anm. 60). Erlaubnisfrei ist damit vor allem die Herstellung apothekengerechter Gebinde aus Arzneimittelgroßmengen (*Rehmann* § 13 Rn. 9). Die »Herstellung« durch den Großhändler hat unter Beachtung der Grundsätze einer ordnungsgemäßen Herstellung von Arzneimitteln zu erfolgen (dazu § 4 AMHandelsV). 17

### 5. Der Einzelhändler (Nr. 5)

Der Einzelhändler mit Sachkenntnis, der außerhalb des Apothekenbetriebs gem. § 50 Handel mit freiverkäuflichen Arzneimitteln treibt, darf Arzneimittel ohne Herstellungserlaubnis Umfüllen, Abpacken und Kennzeichnen, sofern dadurch das Arzneimittel nicht verändert wird und das Handeln vor dem Hintergrund der Abgabe des umgefüllten, abgepackten oder gekennzeichneten Arzneimittels an den Endverbraucher erfolgt. 18

### 6. Der Wirkstoffhersteller (Nr. 6)

Der Hersteller von Wirkstoffen, die für die Herstellung von Arzneimitteln bestimmt sind, bedarf für deren Herstellung keiner Erlaubnis nach § 13 Abs. 1, wenn die Wirkstoffe nach einem offiziellen homöopathischen Herstellverfahren hergestellt werden. 19

### II. Rückausnahmen (Abs. 2a)

Die bislang in § 13 Abs. 2 Satz 2 aufgeführten Rückausnahmen sind nunmehr in einem eigenen Absatz geregelt. Sie gelten für die Herstellung von Blutzubereitungen, Gewebezubereitungen, Sera, Impfstoffen, Allergenen, Testsera und Testantigenen. Auch Arzneimittel für neuartige Therapien sowie xenogene und radioaktive Arzneimittel dürfen zukünftig nicht mehr ohne Herstellungserlaubnis hergestellt werden. Satz 2 enthält Rückausnahmen hierzu. 20

## D. Von Heilberufsausübenden hergestellte Arzneimittel (Abs. 2b)

### I. Freistellung von der Erlaubnispflicht (Satz 1)

21 Ein Arzt oder eine sonst zur Ausübung der Heilkunde bei Menschen befugte Person (vgl. § 1 Abs. 1 HeilprG; z.B. Heilpraktiker, Psychotherapeut) dürfen Arzneimittel ohne Herstellungserlaubnis herstellen, wenn die Herstellung unter ihrer unmittelbaren fachlichen Verantwortung erfolgt und das Arzneimittel durch diese Person bei einem bestimmten Patienten angewandt werden soll (sog. Ärzteprivileg). Dies bedeutet, dass die Anwendung des Arzneimittels durch die heilkundige Person erfolgen muss, die Herstellung jedoch auch durch Dritte erfolgen kann, sofern die heilkundige Person die **unmittelbare fachliche Verantwortung** ausübt (BT-Drs. 16/12 256, S. 45 f.). Letzteres setzt voraus, dass die heilkundige Person die Herstellung durch unterstelltes Personal (vgl. BVerwG NVwZ 2005, 87, 88) überwacht und jederzeit Einfluss auf den Herstellungsvorgang nehmen kann (Weisungsbefugnis). Die Freistellung von der Erlaubnispflicht umfasst nicht die Herstellung von Wirkstoffen tierischer Herkunft durch den Arzt, und zwar auch dann nicht, wenn diese nur Zwischenschritt im Rahmen der ärztlichen Herstellung des Arzneimittels ist. Hierfür ist eine gesonderte Erlaubnis gem. Abs. 1 Satz 1 Nr. 3 erforderlich (zustimmungswürdig VGH Baden-Württemberg Urt. v. 13.03.2018 – 9 S 1071/16, bestätigt durch BVerwG Urt. v. 03.09.2020 – 3 C 10.10).

22 Eine **persönliche Anwendung** durch die heilkundige Person ist auch anzunehmen, wenn die heilkundige Person das Arzneimittel in ihrem unmittelbaren Einwirkungsbereich durch weisungsgebundene Hilfskräfte oder durch den Patienten selbst anwenden lässt (BVerfG NJW 2000, 857, 857). Keine persönliche Anwendung liegt vor, wenn die heilkundige Person das Arzneimittel aus der Hand gibt, d.h. es Patienten oder anderen Ärzten überlässt (BVerfG NJW 2000, 857, 858). Ob es sich um Patienten-individuelle Präparate handelt oder um Fertigarzneimittel ist für die Qualifizierung, ob es sich um bedenkliche Arzneimittel i.S.d. § 5 handelt, unerheblich (LG München Urt. v. 27.11.2020 – 1 HK O 18008/19 zu Zellextrakten tierischer Herkunft).

### II. Rückausnahme (Satz 2)

23 § 13 Abs. 2b Satz 2 Nr. 1 benennt die Arzneimittel, bei denen der Gesetzgeber besondere Erfahrung in der Arzneimittelherstellung für unentbehrlich erachtet, sodass seiner Ansicht nach im Hinblick auf die Arzneimittelsicherheit nicht auf eine Herstellungserlaubnis verzichtet werden kann (BT-Drs. 16/12 256, S. 46). Hierunter fallen Arzneimittel für neuartige Therapien und xenogene Arzneimittel. Gleichfalls bedarf die Herstellung von Arzneimitteln, die zur klinischen Prüfung bestimmt sind, worunter auch Vergleichspräparate fallen (BT-Drs. 16/12 256, S. 46), der Erlaubnis nach § 13 Abs. 1, soweit es sich nicht um eine Rekonstitution (§ 4 Abs. 31) handelt. Durch Nr. 3 wird die erlaubnisfreie Herstellung von Arzneimitteln zur persönlichen Anwendung bei Patienten für Personen eingeschränkt, die nicht Arzt oder Zahnarzt sind. Arzneimittel, die der Verschreibungspflicht nach § 48 unterliegen, dürfen von diesen nach der Ausnahmeregelung in Abs. 2b nicht hergestellt werden.

## E. Von Tierärzten hergestellte Arzneimittel (Abs. 2c)

24 Tierärzte, die im Rahmen des Betriebes einer tierärztlichen Hausapotheke Arzneimittel für die Anwendung bei von ihnen behandelten Tieren unter ihrer unmittelbaren fachlichen Verantwortung herstellen, benötigen keine Herstellungserlaubnis. Zu den Tatbestandsmerkmalen s. Rdn. 21 f.

## F. Zuständigkeiten (Abs. 4)

### I. Behörde am Sitz des Herstellungsbetriebes (Satz 1)

25 Das Gesetz überträgt die örtliche Zuständigkeit für die Herstellungserlaubnis auf die zuständige Behörde des Bundeslandes, in dem die Betriebsstätte, in der die Herstellungstätigkeit erfolgt oder erfolgen soll, liegt oder liegen soll. Die konkrete Zuständigkeit ist dem jeweiligen Landesrecht zu entnehmen. Bei einer Herstellung im Auftrag ist die Behörde am Sitz des Herstellungsbetriebs des

Auftraggebers zuständig; diese entscheidet im Benehmen mit der zuständigen Behörde für die Betriebsstätte des Auftragnehmers (*Rehmann* § 13 Rn. 16; *Kloesel/Cyran* § 13 Anm. 80).

## II. Sonderregelung (Satz 2)

Bei den in § 13 Abs. 4 Satz 2 genannten Arzneimitteln bleibt es bei der Zuständigkeit der Behörde am Sitz des Herstellungsbetriebes, diese hat jedoch das PEI als zuständige Bundesoberbehörde (§ 77 Abs. 2) zu beteiligen. Sie muss das PEI über den Antrag informieren und das Institut hierzu anhören. Die Entscheidung obliegt der Landesbehörde. 26

## § 21 Zulassungspflicht

(1) Fertigarzneimittel, die Arzneimittel im Sinne des § 2 Abs. 1 oder Abs. 2 Nr. 1 sind, dürfen im Geltungsbereich dieses Gesetzes nur in den Verkehr gebracht werden, wenn sie durch die zuständige Bundesoberbehörde zugelassen sind oder wenn für sie die Europäische Gemeinschaft oder die Europäische Union eine Genehmigung für das Inverkehrbringen gem. Artikel 3 Abs. 1 oder 2 der Verordnung (EG) Nr. 726/2004 auch in Verbindung mit der Verordnung (EG) Nr. 1901/2006 des Europäischen Parlaments und des Rates vom 12. Dezember 2006 über Kinderarzneimittel und zur Änderung der Verordnung (EWG) Nummer 1768/92, der Richtlinien 2001/20/EG und 2001/83/EG sowie der Verordnung (EG) Nummer 726/2004 (ABl. L 378 vom 27.12.2006, Satz 1) oder der Verordnung (EG) Nr. 1394/2007 erteilt hat. Das gilt auch für Arzneimittel, die keine Fertigarzneimittel und zur Anwendung bei Tieren bestimmt sind, sofern sie nicht an pharmazeutische Unternehmer abgegeben werden sollen, die eine Erlaubnis zur Herstellung von Arzneimitteln besitzen.

(2) Einer Zulassung bedarf es nicht für Arzneimittel, die
1. zur Anwendung bei Menschen bestimmt sind und auf Grund nachweislich häufiger ärztlicher oder zahnärztlicher Verschreibung in den wesentlichen Herstellungsschritten in einer Apotheke in einer Menge bis zu hundert abgabefertigen Packungen an einem Tag im Rahmen des üblichen Apothekenbetriebs hergestellt werden und zur Abgabe im Rahmen der bestehenden Apothekenbetriebserlaubnis bestimmt sind,
1a. Arzneimittel sind, bei deren Herstellung Stoffe menschlicher Herkunft eingesetzt werden und die entweder zur autologen oder gerichteten, für eine bestimmte Person vorgesehene Anwendung bestimmt sind oder auf Grund einer Rezeptur für einzelne Personen hergestellt werden, es sei denn, es handelt sich um Arzneimittel im Sinne von § 4 Abs. 4.
1b. andere als die in Nummer 1a genannten Arzneimittel sind und für Apotheken, denen für einen Patienten eine Verschreibung vorliegt, aus im Geltungsbereich dieses Gesetzes zugelassenen Arzneimitteln
   a) als Zytostatikazubereitung oder für die parenterale Ernährung sowie in anderen medizinisch begründeten besonderen Bedarfsfällen, sofern es für die ausreichende Versorgung des Patienten erforderlich ist und kein zugelassenes Arzneimittel zur Verfügung steht, hergestellt werden oder
   b) als Blister aus unveränderten Arzneimitteln hergestellt werden oder
   c) in unveränderter Form abgefüllt werden,
1c. zur Anwendung bei Menschen bestimmt sind, antivirale oder antibakterielle Wirksamkeit haben und zur Behandlung einer bedrohlichen übertragbaren Krankheit, deren Ausbreitung eine sofortige und das übliche Maß erheblich überschreitende Bereitstellung von spezifischen Arzneimitteln erforderlich macht, aus Wirkstoffen hergestellt werden, die von den Gesundheitsbehörden des Bundes oder der Länder oder von diesen benannten Stellen für diese Zwecke bevorratet wurden, soweit ihre Herstellung in einer Apotheke zur Abgabe im Rahmen der bestehenden Apothekenbetriebserlaubnis oder zur Abgabe an andere Apotheken erfolgt,
1d. Gewebezubereitungen sind, die der Pflicht zur Genehmigung nach den Vorschriften des § 21a Abs. 1 unterliegen,

## § 21 AMG  Zulassungspflicht

1e. Heilwässer, Bademoore oder andere Peloide sind, die nicht im Voraus hergestellt und nicht in einer zur Abgabe an den Verbraucher bestimmten Packung in den Verkehr gebracht werden, oder die ausschließlich zur äußerlichen Anwendung oder zur Inhalation vor Ort bestimmt sind,
1f. medizinische Gase sind und die für einzelne Personen aus im Geltungsbereich dieses Gesetzes zugelassenen Arzneimitteln durch Abfüllen und Kennzeichnen in Unternehmen, die nach § 50 zum Einzelhandel mit Arzneimitteln außerhalb von Apotheken befugt sind, hergestellt werden,
1g. als Therapieallergene für einzelne Patienten auf Grund einer Rezeptur hergestellt werden,
2. zur klinischen Prüfung bei Menschen bestimmt sind,
3. Fütterungsarzneimittel sind, die bestimmungsgemäß aus Arzneimittel-Vormischungen hergestellt sind, für die eine Zulassung nach § 25 erteilt ist,
4. für Einzeltiere oder Tiere eines bestimmten Bestandes in Apotheken oder in tierärztlichen Hausapotheken unter den Voraussetzungen des Absatzes 2a hergestellt werden,
5. zur klinischen Prüfung bei Tieren oder zur Rückstandsprüfung bestimmt sind oder
6. unter den in Artikel 83 der Verordnung (EG) Nr. 726/2004 genannten Voraussetzungen kostenlos für eine Anwendung bei Patienten zur Verfügung gestellt werden, die an einer zu einer schweren Behinderung führenden Erkrankung leiden oder deren Krankheit lebensbedrohend ist, und die mit einem zugelassenen Arzneimittel nicht zufrieden stellend behandelt werden können; dies gilt auch für die nicht den Kategorien des Artikels 3 Absatz 1 oder 2 der Verordnung (EG) Nummer 726/2004 zugehörigen Arzneimitteln; Verfahrensregelungen werden in einer Rechtsverordnung nach § 80 bestimmt.

(2a) Arzneimittel, die für den Verkehr außerhalb von Apotheken nicht freigegebene Stoffe und Zubereitungen aus Stoffen enthalten, dürfen nach Absatz 2 Nr. 4 nur hergestellt werden, wenn für die Behandlung ein zugelassenes Arzneimittel für die betreffende Tierart oder das betreffende Anwendungsgebiet nicht zur Verfügung steht, die notwendige arzneiliche Versorgung der Tiere sonst ernstlich gefährdet wäre und eine unmittelbare oder mittelbare Gefährdung der Gesundheit von Mensch und Tier nicht zu befürchten ist. Die Herstellung von Arzneimitteln gem. Satz 1 ist nur in Apotheken zulässig. Satz 2 gilt nicht für das Zubereiten von Arzneimitteln aus einem Fertigarzneimittel und arzneilich nicht wirksamen Bestandteilen sowie für das Mischen von Fertigarzneimitteln zum Zwecke der Immobilisation von Zoo-, Wild- und Gehegetieren. Als Herstellen im Sinne des Satzes 1 gilt nicht das Umfüllen, Abpacken oder Kennzeichnen von Arzneimitteln in unveränderter Form, soweit
1. keine Fertigarzneimittel in für den Einzelfall geeigneten Packungsgrößen im Handel verfügbar sind oder
2. in sonstigen Fällen das Behältnis oder jede andere Form der Arzneimittelverpackung, die unmittelbar mit dem Arzneimittel in Berührung kommt, nicht beschädigt wird.

Die Sätze 1 bis 4 gelten nicht für registrierte oder von der Registrierung freigestellte homöopathische Arzneimittel, die, soweit sie zur Anwendung bei Tieren bestimmt sind, die der Gewinnung von Lebensmitteln dienen, ausschließlich Wirkstoffe enthalten, die im Anhang der Verordnung (EU) Nr. 37/2010 als Stoffe aufgeführt sind, für die eine Festlegung von Höchstmengen nicht erforderlich ist.

(3) Die Zulassung ist vom pharmazeutischen Unternehmer zu beantragen. Für ein Fertigarzneimittel, das in Apotheken oder sonstigen Einzelhandelsbetrieben auf Grund einheitlicher Vorschriften hergestellt und unter einer einheitlichen Bezeichnung an Verbraucher abgegeben wird, ist die Zulassung vom Herausgeber der Herstellungsvorschrift zu beantragen. Wird ein Fertigarzneimittel für mehrere Apotheken oder sonstige Einzelhandelsbetriebe hergestellt und soll es unter deren Namen und unter einer einheitlichen Bezeichnung an Verbraucher abgegeben werden, so hat der Hersteller die Zulassung zu beantragen.

(4) Die zuständige Bundesoberbehörde entscheidet ferner, unabhängig von einem Zulassungsantrag nach Absatz 3 oder von einem Genehmigungsantrag nach § 21a Absatz 1 oder § 42

Absatz 2, auf Antrag einer zuständigen Landesbehörde über die Zulassungspflicht eines Arzneimittels, die Genehmigungspflicht einer Gewebezubereitung oder über die Genehmigungspflicht einer klinischen Prüfung. Dem Antrag hat die zuständige Landesbehörde eine begründete Stellungnahme zur Einstufung des Arzneimittels oder der klinischen Prüfung beizufügen

## Übersicht

| | Rdn. | | | Rdn. |
|---|---|---|---|---|
| A. **Zulassungspflicht (Abs. 1)** | 1 | | 2. Blister | 24 |
| I. Allgemeines (Satz 1) | 1 | | 3. Abfüllung | 26 |
| 1. Zulassungspflicht | 1 | IV. | Pandemiearzneimittel (Nr. 1c) | 27 |
| 2. Zulassungsverfahren | 2 | V. | Gewebezubereitungen (Nr. 1d) | 28 |
| a) Zentrales Zulassungsverfahren | 3 | VI. | Ortsgebundene Heilmittel (Nr. 1e) | 29 |
| b) Dezentrales Zulassungsverfahren | 6 | VII. | Medizinische Gase (Nr. 1f) | 30 |
| II. Tierarzneimittel (Satz 2) | 7 | VIII. | Therapieallergene (Nr. 1g) | 31 |
| B. **Ausnahmen von der Zulassungspflicht (Abs. 2)** | 8 | IX. | Arzneimittel zur klinischen Prüfung (Nr. 2) | 32 |
| I. Apothekenherstellung (Nr. 1) | 9 | X. | Fütterungsarzneimittel (Nr. 3) | 33 |
| 1. Häufige Verschreibung | 11 | XI. | Einzelrezepturen für Tiere (Nr. 4) | 34 |
| 2. Wesentliche Herstellungsschritte in einer Apotheke | 12 | XII. | Klinische Prüfung bei Tieren und Rückstandprüfung (Nr. 5) | 35 |
| 3. Herstellung im Rahmen des üblichen Apothekenbetriebs | 13 | XIII. | Compassionate use (Nr. 6) | 36 |
| 4. Mengenbeschränkung | 18 | C. | **Zusatzregelung für Tierarzneimittel (Abs. 2a)** | 40 |
| 5. Abgabe im Rahmen der bestehenden Apothekenbetriebserlaubnis | 19 | D. | **Antragsteller (Abs. 3)** | 41 |
| II. Arzneimittel menschlicher Herkunft (Nr. 1a) | 20 | I. | Pharmazeutischer Unternehmer (Satz 1) | 41 |
| III. Einzelrezepturen (Nr. 1b) | 21 | II. | Andere Antragsteller (Satz 2 und 3) | 44 |
| 1. Zytostatikazubereitungen und parenterale Ernährungslösungen | 22 | E. | **Entscheidung über die Zulassungspflicht (Abs. 4)** | 45 |
| | | F. | **Verstoß** | 45a |

## A. Zulassungspflicht (Abs. 1)

### I. Allgemeines (Satz 1)

#### 1. Zulassungspflicht

Nach dem in § 21 Abs. 1 Satz 1 verankerten **Verbot mit Erlaubnisvorbehalt** dürfen Fertigarzneimittel (§ 4 Abs. 1, vgl. § 4 Rdn. 1 ff.), die Arzneimittel i.S.d. § 2 Abs. 1 oder Abs. 2 Nr. 1 sind, im Geltungsbereich des AMG nur in den Verkehr gebracht werden, wenn sie zugelassen sind (anderenfalls liegt ein unlauteres Marktverhalten vor, vgl. BGH Urt. v. 23.06.2005 – I ZR 194/02 –Atemtest I; OLG München PharmR 2010, 476, 477 m.w.N.; LG Hamburg Urt. v. 04.02.2021 – 312 O 112/20). Zum Export bestimmte Arzneimittel sind nur dann zulassungspflichtig, wenn im Rahmen des Exports ein Inverkehrbringen i.S.d. § 4 Abs. 17, beispielsweise die körperliche Überlassung an den Exporteur, in Deutschland erfolgt (s. § 4 Rdn. 20). Von der Zulassungspflicht ausgenommen sind die fiktiven Arzneimittel des § 2 Abs. 2, die bei der Behandlung von Tieren eingesetzt werden, sowie die Arzneimittel, die keine Fertigarzneimittel i.S.d. § 4 Abs. 1 sind.

#### 2. Zulassungsverfahren

Hinsichtlich der Zulassung ist zu unterscheiden zwischen der rein nationalen Zulassung, die in den §§ 21 ff. geregelt ist, dem zentralen Zulassungsverfahren und dem dezentralen Zulassungsverfahren. Zum »abgekürzten Verfahren« beim Parallelimport s. § 25 Rdn. 47.

#### a) Zentrales Zulassungsverfahren

Das zentrale Zulassungsverfahren ist in der VO (EG) Nr. 726/2004 geregelt. Eine **EU-weite Zulassung erlaubt** den gleichzeitigen Marktzutritt in allen EU-Mitgliedstaaten. Das zentrale

§ 21 AMG    Zulassungspflicht

Zulassungsverfahren ist teilweise fakultativ (Art. 3 Abs. 2 VO [EG] Nr. 726/2004) und teilweise verpflichtend (Art. 3 Abs. 1 VO [EG] Nr. 726/2004; Hilfestellung bietet das Papier der EMA, »Preauthorisation procedural advice for users of the centralised procedure« v. 25.03.2021 – EMA/821278/2015). Die nationalen Zulassungsbehörden können keine Zulassung erteilen für Arzneimittel, für die es zwingend einer zentralen Zulassung nach der VO (EG) Nr. 726/2004 durch die Europäische Kommission unter Mitwirkung der Europäischen Arzneimittel-Agentur (EMA) bedarf.

4   Die VO (EG) Nr. 726/2004 enthält keine der Regelung des § 21 Abs. 2 entsprechende Freistellung von der Zulassungspflicht. Eine Berufung auf die nationalen Freistellungstatbestände scheidet daher für Arzneimittel, die der Pflicht zur zentralen Zulassung unterfallen, aus, und zwar sowohl für Fertig- als auch für Rezepturarzneimittel, die in Apotheken oder im Auftrag von Apotheken durch Lohnhersteller nach der formula magistralis oder officinalis zubereitet werden (vgl. zum Anwendungsvorrang der VO [EG] 726/2004 LG Hamburg Urt. v. 14.01.2014 – 416 HKO 78/11 unter Verweis auf EuGH Urt. v. 11.04.2013 – C-535/11 – Novartis Pharma GmbH/Apozyt GmbH). Führt die zu beurteilende Tätigkeit jedoch nicht zu einer Veränderung des betreffenden Arzneimittels und erfolgt sie nur auf der Grundlage individueller Rezepte mit entsprechenden Verschreibungen, ist nicht von einem erneuten »Inverkehrbringen« auszugehen, sodass es keiner Genehmigung für das Inverkehrbringen nach Art. 3 Abs. 1 VO (EG) Nr. 726/2004 bedarf. Ob diese Voraussetzungen gegeben sind, hat das nationale Gericht zu entscheiden (EuGH, Urt. v. 11.04.2013 – C-535/11 – Novartis Pharma GmbH/Apozyt GmbH zum Befüllen von Fertigspritzen mit Teilmengen aus einer Durchstechflasche; zum Begriff »unverändert«, *v. Czettritz* PharmR 2013, 367, 378; noch a.A. OLG Hamburg PharmR 2011, 178 ff.).

5   Durch den Austritt aus der Europäischen Union ist das Vereinigte Königreich Großbritannien nunmehr Drittstaat. Hieran ändert auch der zwischen der EU und dem Vereinigten Königreich ausgehandelte Partnerschaftsvertrag (das »Brexit-Abkommen«) nichts. Das im Brexit-Abkommen enthaltene Nordirland-Protokoll, das seit dem 01.01.2021 in Kraft ist, führt jedoch dazu, dass spezifische europarechtliche Vorschriften für das Gebiet Nordirland weiterhin anwendbar bleiben und Nordirland somit im Hinblick auf diese europarechtlichen Vorschriften weiterhin als EU-Gebiet anzusehen ist. Zulassungen, die im zentralen Verfahren erwirkt wurden, haben im Vereinigten Königreich Großbritannien ihre Rechtsgrundlage verloren, wohingegen sie in den 27 EU-Mitgliedstaaten sowie in Nordirland weiterhin gültig sind. Sofern der Zulassungsinhaber dem nicht widersprochen hat, wurden zentrale Zulassungen in Großbritannien automatisch in nationale Zulassungen umgewandelt, so dass die Produkte weiterhin verkehrsfähig blieben.

b) Dezentrales Zulassungsverfahren

6   Das dezentrale Verfahren hat in § 25b Eingang in das AMG gefunden. Es ist zu differenzieren zwischen dem **Verfahren der gegenseitigen Anerkennung** (Mutual Recognition Procedure, MRP) und dem **dezentralisierten Verfahren** (Decentralized Procedure, DCP). Beide Verfahren verfolgen das Ziel, dem Antragsteller eine Zulassung für mehrere EU-Staaten zu verschaffen. Die Verfahren unterscheiden sich vor allem darin, dass im Verfahren der gegenseitigen Anerkennung für das anzuerkennende Arzneimittel bereits in einem EU-Mitgliedstaat eine nationale Zulassung vorliegt (§ 25b Abs. 2). Dieser Mitgliedstaat fungiert als sog. Reference Member State, der einen Bewertungsbericht auf der Basis der bereits erteilten Zulassung erstellt. Auf der Grundlage dieses Bewertungsberichtes stimmen die anderen beteiligten Staaten der Zulassung zu, es sei denn, ein Mitgliedstaat stellt eine »ernsthafte Gefahr für die öffentliche Gesundheit« fest. Im dezentralisierten Verfahren fehlt es an einer Zulassung in einem EU-Mitgliedstaat (§ 25b Abs. 3). Der pharmazeutische Unternehmer kann daher einen Mitgliedstaat als das das Verfahren führende Land (Reference Member State) bestimmen, dem es auf der Basis des vom pharmazeutischen Unternehmer vorgelegten Arzneimitteldossiers obliegt, einen Bewertungsbericht zu erstellen, der an die anderen beteiligten Staaten zur Entscheidung übermittelt wird. Bei Zulassungen aus dem dezentralen Verfahren oder dem gegenseitigen Anerkennungsverfahren (MRP/DCP) handelt es sich um national

erteilte Zulassungen, die weiterhin Bestand haben, sowohl in Großbritannien als auch in der EU. Aufgrund der speziellen Regelungen für Nordirland verbleibt dieses als Teil des europäischen (MR- oder DC-)Verfahrens und die bestehenden Zulassungen wurden entsprechend aufgesplittet (UK(GB) und UK(NI)). Sofern Großbritannien als verfahrensführendes Land (Rapporteur bzw. RMS) an der Zulassung beteiligt war, wurde diese Aufgabe auf ein anderes Land übertragen. Die Medicines and Healthcare Products Regulatory Agency (MHRA) hat in Bezug auf laufende bzw. sich noch in der nationalen Phase befindliche EU-Verfahren, an denen das Vereinigte Königreich als Concerned Member State (CMS) beteiligt war, auf ihrer Webseite spezifische Handlungsempfehlungen veröffentlicht (https://www.gov.uk/guidance/procedural-advice-for-northern-ireland-on-applications-for-european-commission-centralised-marketing-authorisations sowie https://www.gov.uk/guidance/guidance-on-handling-of-decentralised-and-mutual-recognition-procedures-which-are-approved-or-pending, abgerufen am 31.03.2021). Diese berücksichtigen auch die spezielle Situation von Nordirland.

### II. Tierarzneimittel (Satz 2)

§ 21 Abs. 1 Satz 2 erstreckt die Zulassungspflicht auch auf Tierarzneimittel, die keine Fertigarzneimittel i.S.d. § 4 Abs. 1 sind, beispielsweise Bulkware, es sei denn, es erfolgt eine Abgabe an einen pharmazeutischen Unternehmer, der eine Herstellungserlaubnis nach § 13 Abs. 1 besitzt. 7

### B. Ausnahmen von der Zulassungspflicht (Abs. 2)

§ 21 Abs. 2 AMG benennt die Erzeugnisse, die neben Standardzulassungen (§ 36), registrierten homöopathischen Fertigarzneimitteln (§§ 38 ff.) und registrierten traditionellen pflanzlichen Fertigarzneimitteln (§§ 39a ff.) keiner Zulassung bedürfen. Im Unterschied zu diesen Arzneimittelgruppen dürfen die Ausnahmen nach § 21 Abs. 2 ohne jegliche, einer Zulassung vergleichbaren Verkehrsgenehmigung in den Verkehr gebracht werden. Eine Haftung des pharmazeutischen Unternehmers gem. § 84 Abs. 1 entfällt (s. dazu § 84 Rdn. 4). Dementsprechend bedarf es grundsätzlich einer restriktiven Anwendung der Ausnahmetatbestände (OLG Hamburg Urt. v. 11.06.2009 – 3 U 195/08; VGH Baden-Württemberg Urt. v. 07.08.1997 – 10 S 16/96). In der Medizinischer Bedarf Versorgungssicherstellungsverordnung (MedBVSV) vom 25.05.2020 (BAnz AT 26.05.2020 V1; in Kraft getreten am 27.05.2020), die durch Art. 10 Abs. 2 des Gesetzes vom 29.01.2021 (BGBl. 2021 I S. 370) geändert worden ist, werden auch Ausnahmen zur Befreiung von der Zulassungspflicht geregelt (§ 4 Abs. 5 MedBVSV), jedoch nur für den Fall, dass die zuständige Bundesober- oder Landesbehörde diese Ausnahmen genehmigt. 8

### I. Apothekenherstellung (Nr. 1)

Die Ausnahmeregelung nach § 21 Abs. 2 Nr. 1 behandelt die sog. »**verlängerte Rezeptur**« (auch »**Defekturarzneimittel**«). Der Apotheker darf Arzneimittel, die häufig verschrieben werden, im Voraus und im Rahmen eines einzigen Herstellungsvorgangs fertigen und an den Verbraucher abgeben. Die Prüfung, ob das Inverkehrbringen eines Arzneimittels auf Grund des Rezeptur- oder Defekturprivilegs zulässig ist, erübrigt sich nicht etwa deshalb, weil es sich bei dem betreffenden Präparat um ein Arzneimittel mit Orphan-Drug-Status i.S.d. Verordnung (EG) Nr. 141/2000 handelt. Gem. Art. 8 Abs. 1 der Verordnung (EG) Nr. 141/2000 hat der Orphan-Drug-Status lediglich zur Folge, dass die Zulassungsbehörden während der nächsten zehn Jahre nach Erteilung der Zulassung für das Inverkehrbringen des Arzneimittels weder einen anderen Antrag auf Genehmigung für das Inverkehrbringen eines ähnlichen Arzneimittels für dasselbe therapeutische Anwendungsgebiet annehmen, noch eine entsprechende Genehmigung erteilen, noch einem Antrag auf Erweiterung einer bestehenden Genehmigung stattgeben dürfen. Die Verordnung (EG) Nr. 141/2000 sieht demgegenüber nicht vor, dass auch das zulassungsfreie Inverkehrbringen von Rezeptur- oder Defekturarzneimitteln beschränkt wird. Auch das Arzneimittelgesetz, die Richtlinie 2001/83/EG oder die Verordnung (EG) Nr. 726/2004 sehen keine Rückausnahme von der Zulassungsfreiheit für Rezeptur- oder Defekturarzneimittel vor, wenn es sich um ein Arzneimittel handelt, das einem 9

Arzneimittel mit Orphan-Drug-Status ähnlich ist (LG Hamburg Urt. v. 10.08.2017 – 327 O 389/16). Hierdurch wird jedoch das Marktexklusivitätsrecht, das Art. 8 VO (EG) 141/2000 gewährt, stark geschwächt.

10 § 21 Abs. 2 Nr. 1 setzt voraus, dass es sich um Humanarzneimittel handelt, die 1. nachweislich häufig verschrieben, 2. in den wesentlichen Herstellungsschritten in einer Apotheke, und zwar 3. im Rahmen des üblichen Apothekenbetriebs hergestellt werden, wobei 4. eine Menge von maximal 100 abgabefertigen Packungen an einem Tag nicht überschritten wird, und 5. die Arzneimittel zur Abgabe im Rahmen der bestehenden Apothekenbetriebserlaubnis bestimmt sind. Die fünf Voraussetzungen müssen kumulativ vorliegen. Derjenige, der die Ausnahmevorschrift in Anspruch nehmen möchte, hat in einem **Wettbewerbsprozess die Darlegungs- und Beweislast** dafür, dass sämtliche Voraussetzungen gegeben sind (BGH GRUR 2011, 453 ff.). Bislang höchstrichterlich nicht geklärt war, ob der Inhaber einer Arzneimittelzulassung gem. § 42 Abs. 2 VwGO befugt ist, die einem wettbewerbsrechtlichen Unterlassungsanspruch entgegenstehende Feststellung des BfArM, dass ein vergleichbares Arzneimittel, das von einem Apotheker hergestellt wird, nicht der Zulassungspflicht unterliegt, anzufechten (§ 21 Abs. 2 Nr. 1, Abs. 4). Konsequenterweise hatte das BVerwG die Revision zur Klärung dieser Frage zugelassen (BVerwG Beschl. v. 22.02.2018 – 3 B 69/16, 3 C 4/18). Das BVerwG hat die drittschützende Wirkung von § 21 Abs. 4 Satz 1 bejaht und betont, dass die Feststellungsentscheidung über die Zulassungsfreiheit der hergestellten Arzneimittel einen Dritten als Inhaber der Zulassung für ein vergleichbares Arzneimittel in seinen Rechten verletzen kann (BVerwG Beschl. v. 24.10.2019 – 3 C 4/18; Entscheidungsbesprechung *Hufen* JuS 2020, 583 ff). Die Tatbestandswirkung eines Feststellungsbescheids des BfArM führe dazu, dass die Ausnahmevorschrift des § 21 Abs. 2 Nr. 1 greife, bejahend BGH Urt. v. 24.09.2013 – I ZR 73/12 – MDR 2014, 794). Das Verwaltungsgericht und Oberverwaltungsgericht hatten vorinstanzlich die Anfechtungsklage gegen den Bescheid des BfArM mangels Klagebefugnis des drittanfechtenden pharmazeutischen Unternehmens abgewiesen bzw. die Berufung zurückgewiesen, da § 21 Dritten keine subjektiv-öffentlichen Rechte vermittle (VG Köln Urt. v. 14.10.2014 – 7 K 368/13; OVG Nordrhein-Westfalen Urt. v. 22.09.2016 – 13 A 2378/14).

### 1. Häufige Verschreibung

11 Es bedarf der Verschreibung eines Arztes oder Zahnarztes. Die Verschreibung durch einen Heilpraktiker oder eine tierärztliche Verschreibung genügen nicht. Eine Verschreibung erfolgt häufig, wenn sie sooft erfolgt, dass die Herstellung des Mittels »auf Vorrat« wirtschaftlich nachvollziehbar ist. Abstrakte Mindestgrenzen existieren nicht, vielmehr ist das Merkmal der »Häufigkeit« im Einzelfall, insbesondere unter Berücksichtigung des Produktionsaufwands und Schwierigkeitsgrads der Herstellung zu bestimmen (so auch *Rehmann* § 21 Rn. 4). Bei 20 Rezeptvorlagen im Monat ist dies anzunehmen (OLG München GRUR-RR 2006, 343, 343). Bei komplexen und sehr arbeitsintensiven Rezepturen, deren Herstellung auch mit erheblichen organisatorischen Vorkehrungen verbunden ist, reichen vier Verschreibungen pro Woche aus (SG Hamburg, Urt. v. 27.02.2015 – S 33 KR 590/09).

### 2. Wesentliche Herstellungsschritte in einer Apotheke

12 § 21 Abs. 2 Nr. 1 setzt voraus, dass alle wesentlichen Herstellungsschritte in der Apotheke und nicht bei einem industriellen Hersteller erfolgen (BGH NJW 2005, 2705, 2706). Im jeweiligen Einzelfall ist daher zu prüfen, wo der **Schwerpunkt der Herstellung** des Arzneimittels liegt. Dabei sind auch diejenigen Herstellungsschritte zu berücksichtigen, die nicht in der Apotheke, sondern industriell erfolgen (BGH NJW 2005, 2705, 2706; OLG Frankfurt WRP 2007, 216, 219). Die Dosierung und Abpackung eines als Bulkware angelieferten Wirkstoffes genügen nicht, die Ausnahmevorschrift nach § 21 Abs. 2 Nr. 1 zu begründen, sofern diese Herstellungsschritte kein pharmazeutisches Fachwissen und fachlich fundierte Kontrolle erfordern (BGH NJW 2005, 2705 ff.; i.d.S. auch OLG Frankfurt WRP 2007, 216, 219; das bloße Portionieren des Wirkstoffs stellt keinen materiellen Schritt der Arzneimittelherstellung dar, so LG Hamburg Urt. v. 10.08.2017 – 327

O 389/16). Dagegen erfolgen die wesentlichen Herstellungsschritte in der Apotheke, wenn mehrere Wirkstoffe oder Hilfsstoffe in einem bestimmten Verhältnis gemischt, anschließend portioniert und abgefüllt werden (OLG München GRUR-RR 2006, 343 ff.; offen gelassen von OLG Frankfurt WRP 2007, 216, 219). Die Wirkstoffherstellung hat bei der gebotenen Gesamtbetrachtung außen vor zu bleiben, da sie definitionsgemäß nicht Teil der »Arzneimittelherstellung« ist (vgl. § 4 Abs. 19, § 2 Nr. 1 AMWHV; so auch OLG München PharmR 2012, 476, 478).

### 3. Herstellung im Rahmen des üblichen Apothekenbetriebs

Die Herstellung der Defekturarzneimittel muss im Rahmen des üblichen Apothekenbetriebs erfolgen. Die Möglichkeit, zulassungsfreie Arzneimittel zur Abgabe an den Verbraucher herzustellen, soll nicht dazu führen, dass die Apotheke ihrer Aufgabe der ordnungsgemäßen Arzneimittelversorgung der Bevölkerung nicht mehr nachkommt und sich ausschließlich der Herstellung von Defekturarzneimitteln widmet. Eine Herstellung von Arzneimitteln im Auftrag außerhalb der Apotheke ist damit ausgeschlossen. 13

Die von Teilen der Rechtsprechung in diesem Tatbestandsmerkmal gesehene **räumliche Begrenzung** dergestalt, dass die Ausnahmeregelung nur für verlängerte Rezepturen gelte, die von regionalen Verordnungen stammen und in einem regional begrenzten Gebiet, nämlich dem üblichen Versorgungs- und Einzugsbereich der herstellenden Apotheke vertrieben werden (sollen) (vgl. noch OLG Hamburg Urt. v. 11.06.2009 – 3 U 195/08; OLG Hamburg PharmR 2008, 448, 452 f.), wurde vom BGH nicht bestätigt und ist damit überholt (BGH Urt. v. 14.04.2011 – I ZR 129/09, NJW 2011, 3363, 3364). 14

Dem ist zuzustimmen. Ungeachtet dessen, ob der Versandhandel zum üblichen Apothekenbetrieb zu zählen ist (vgl. hierzu BVerwG PharmR 2010, 462 ff. Rn. 14; OLG Hamburg Urt. v. 11.06.2009 – 3 U 195/08; OVG Lüneburg Urt. v. 16.05.2006 – 11 LC 265/05), wäre es verfehlt, den Versand von Defekturarzneimitteln auf das Gebiet des Einzugs- und Versorgungsbereiches der Apotheke zu begrenzen. Eine derartige Einschränkung des Versandhandels ist weder dem AMG noch dem ApoG zu entnehmen. Zudem stünden Patienten vor erheblichen Schwierigkeiten, wenn sie beispielsweise im Urlaub ihre gewohnten Arzneimittel nicht bestellen könnten, weil der Versand der Defekturarzneimittel der Apotheke verboten ist. 15

Eine regionale Einschränkung ergibt sich damit weder aus dem Wortlaut der Norm noch lässt sich diese nach dem Sinn und Zweck der Norm herleiten. Der Arzneimittelsicherheit ist durch die besonderen Anforderungen und Vorgaben an den Versandhandel ausreichend Rechnung getragen. Es ist auch nicht ersichtlich, weshalb der Versand eines Defekturarzneimittels risikobehafteter wäre als die Abgabe dieses Arzneimittels in der Apotheke oder dessen Auslieferung durch Boten. Im Übrigen wird evtl. Arzneimittelrisiken bereits durch die in § 21 Abs. 2 Nr. 1 verankerte Mengenbegrenzung begegnet (*Kieser* PharmR 2008, 413, 416). 16

Dem Tatbestandsmerkmal »Herstellung im Rahmen des üblichen Apothekenbetriebs« kommt eine eigenständige Bedeutung auch dadurch zu, dass es die industrielle Herstellung von Arzneimitteln verbietet. Der Bereich des üblichen Apothekenbetriebs wird verlassen, wenn die Apotheke mit einem Pharmakonzern so zusammenarbeitet, dass der Apotheker zum »Handlanger« des pharmazeutischen Unternehmers wird (BGH GRUR 2011, 453 ff., Rn. 21 – »Handlanger«; OLG Hamburg Urt. v. 11.06.2009 – 3 U 195/08). 17

### 4. Mengenbeschränkung

Die Ausnahmeregelung ist beschränkt auf die Herstellung einer Maximalmenge von 100 abgabefertigen Packungen an einem Tag. Der Apotheker darf, auch wenn die Herstellung für einen anderen Abgabezeitraum erfolgt, diese tagesbezogene Mengenbeschränkung nicht überschreiten. Dann ist es auch unschädlich, wenn die Fertigung der in Rede stehenden Arzneimittel nach einem einheitlichen Verfahren erfolgt (SG Hamburg Urt. v. 27.02.2015 – S 33 KR 590/09 zur Herstellung von Oxybutynin-Fertigspritzen nach den Vorschriften des Neuen Rezeptur-Formulariums NRF). Die 18

Mengenbegrenzung schränkt das Risiko des Inverkehrbringens zulassungsfreier Arzneimittel ein, bietet dem Apotheker aber zugleich die Möglichkeit, ökonomisch und effizient bei guter Dosierungsgenauigkeit Rezepturen herzustellen (BT-Drs. 7/3060, S. 73). Wird die durch die Rechtsprechung entwickelte Obergrenze von 100 abgabefähigen Packungen pro Tag jedoch überschritten, liegt aufgrund des größeren Produktionsvolumens eine industrielle, »breite Herstellung« vor, was die Inanspruchnahme des Ausnahmetatbestands ausschließt (SG Hamburg Urt. v. 27.02.2015 – S 33 KR 590/09).

### 5. Abgabe im Rahmen der bestehenden Apothekenbetriebserlaubnis

19 Die Formulierung »im Rahmen der bestehenden Apothekenbetriebserlaubnis« trägt dem Umstand Rechnung, dass eine Apothekenbetriebserlaubnis neben der Hauptapotheke bis zu drei weitere Filialapotheken umfassen kann. Die i.S.d. § 21 Abs. 2 Nr. 1 hergestellten Arzneimittel können, ohne dass es einer Zulassung bedarf, in diesen Apotheken an den Endverbraucher abgegeben werden. § 21 Abs. 2 Nr. 1 erlaubt es, dass die in der Hauptapotheke hergestellten Defekturarzneimittel auch an die Filialapotheken abgegeben werden, die von der Apothekenbetriebserlaubnis umfasst sind (BT-Drs. 15/5316, S. 36; *Grau/Kutlu* A&R 2009, 153, 154).

## II. Arzneimittel menschlicher Herkunft (Nr. 1a)

20 Von der Zulassungspflicht ausgenommen sind Arzneimittel, bei deren Herstellung Stoffe menschlicher Herkunft (z.B. Blut, Zellen, Gewebe) eingesetzt werden, die nicht notwendigerweise Wirkstoffe des Fertigarzneimittels sein müssen, es sei denn, es handelt sich um Impfstoffe i.S.d. § 4 Abs. 4. Kein Stoff menschlicher Herkunft ist aus menschlichen Stuhlproben isolierter Bakterien. Diese werden als Stoffe mikrobieller Herkunft angesehen (OVG Nordrhein-Westfalen Beschl. v. 13.04.2013 – 13 A 1433/12 mit restriktiver Auslegung des Ausnahmetatbestands zur Zulassungspflicht von Autovaccinen). Die Ausnahmevorschrift gilt über die autologe (vom Spender stammend) oder gerichtete Anwendung hinaus auch für Einzelrezepturen, die von Krankenhäusern nur für einen kleinen Kreis von Patienten bestellt werden, der aber bei der Herstellung der Präparate noch nicht exakt feststeht (BT-Drs. 15/5316, S. 36). Dass der Empfänger des Arzneimittels bei einer »gerichteten Anwendung« bereits zum Zeitpunkt der Entnahme des Materials beim Spender namentlich bekannt sein muss, lässt sich weder dem Wortlaut der Ausnahmevorschrift noch den Gesetzesmaterialien entnehmen.

## III. Einzelrezepturen (Nr. 1b)

21 Die Norm ergänzt § 21 Abs. 2 Nr. 1a, wendet sich aber an Hersteller, die keine Apotheke sind, sondern für die Apotheke herstellen. Von der Apotheke hergestellte Rezepturen für einen bestimmten Patienten sind keine Fertigarzneimittel und bedürfen daher auch keiner Zulassung. Grundvoraussetzung des § 21 Abs. 2 Nr. 1b ist, dass Apotheken eine Verschreibung für einen Patienten vorliegt und das Arzneimittel aus zugelassenen Arzneimitteln für diese Apotheke hergestellt wird. Im Einzelnen betrifft dies:

### 1. Zytostatikazubereitungen und parenterale Ernährungslösungen

22 Die Ausnahmevorschrift umfasst zum einen parenterale Ernährungslösungen (bedarfsdeckende Nährstoffversorgung zur künstlichen Ernährung) sowie Lösungen in der Onkologie. Der Begriff Zytostatika ist nach dem Willen des Gesetzgebers weit zu verstehen, d.h. andere als spezifisch zytostatisch wirksame Substanzen können beigemischt werden und es können andere Lösungen betroffen sein, die die zytostatische Therapie lediglich ergänzen (BT-Drs. 16/12 256, S. 47; vgl. aber auch *Dettling/Kieser/Ulshöfer* PharmR 2009, 546, 549). Zytostatika sind Substanzen, die das Zellwachstum, insbesondere die Zellteilung verhindern oder verzögern (Bay. LSG Urt. v. 14.11.2007 – L 12 KA 16/06).

23 Zum anderen wird in besonderen medizinisch begründeten Bedarfsfällen auf eine Zulassung verzichtet. Die Vorschrift ist als Ausnahmevorschrift restriktiv anzuwenden. Ein »begründeter

Bedarfsfall« ist nach der Rechtsprechung des EuGH (nur) dann gegeben, wenn ein Arzt nach einer konkreten Untersuchung seines Patienten aus rein therapeutischen Erwägungen ein Arzneimittel verordnet, das in der EU nicht über eine gültige Zulassung verfügt und für das es auf dem jeweiligen nationalen Markt kein oder nur ein nicht verfügbares Äquivalent gibt (EuGH Urt. v. 11.04.2013 – C-535/11 – Novartis Pharma GmbH/Apozyt GmbH; vgl. auch BT-Drs. 16/13 428, S. 129).

## 2. Blister

Die Ausnahmeregelung nach § 21 Abs. 2 Nr. 1b Buchst. b betrifft Blister. Hierzu werden Arznei- 24
mittel aus Fertigarzneimittelpackungen ausgeeinzelt, anhand individueller Bedürfnisse zusammengestellt und neu verpackt (sog. Multi-Dose-Blister; *Saalfrank* A&R 2007, 59, 63). Die Verblisterung ist neben den Fällen, in denen durch sie bereits kein (neues) Fertigarzneimittel entsteht (§ 4 Rdn. 1 ff.), zulassungsfrei, wenn sie im Interesse eines bestimmten Patienten erfolgt und der Blister über die Apotheke abgegeben wird. Zur Verblisterung dürfen nur in Deutschland zugelassene Arzneimittel verwendet werden. Nicht zulässig ist es, diese zu verändern, d.h. beispielsweise Tabletten zu teilen oder zu zermörsern, neu zu verkapseln oder sonst in eine andere Darreichungsform zu überführen (BT-Drs. 16/12 256, S. 47).

Die Verblisterung zieht haftungsrechtliche Probleme nach sich, da der für die Ausgangsarzneimittel 25
gem. § 84 Abs. 1 haftende pharmazeutische Unternehmer nicht pharmazeutischer Unternehmer im Hinblick auf die Verblisterung ist. Eine Haftung des Apothekers, der die Verblisterung vorgenommen hat, scheitert daran, dass es sich bei dem neuen Fertigarzneimittel im Fall des § 21 Abs. 2 Nr. 1b Buchst. b gerade nicht um ein zulassungspflichtiges Arzneimittel handelt (zur Haftung bei der Auseinzelung und Neuverblisterung *Voit* PharmR 2007, 1, 3 ff.); vgl. § 84 Rdn. 4 ff.

## 3. Abfüllung

Die dritte, in § 21 Abs. 2 Nr. 1b angeführte Alternative betrifft die Abfüllung eines Arzneimit- 26
tels aus zugelassenen Arzneimitteln. Der Gesetzgeber geht davon aus, dass bei ordnungsgemäßer Handhabung allein durch das Abfüllen in unveränderter Form die Arzneimittelsicherheit nicht gefährdet wird, da die Qualität des zugelassenen und geprüften Arzneimittels nicht beeinträchtigt werde (BT-Drs. 16/13 428, S. 129). Für eine unveränderte Form spricht der erste Anschein, wenn sich der Aggregatzustand des Mittels durch das Abfüllen nicht ändert (OLG München PharmR 2010, 476, 479). Ein »einfacher Abfüllvorgang« sei nicht gesetzliche Voraussetzung (OLG München PharmR 2010, 476, 479).

## IV. Pandemiearzneimittel (Nr. 1c)

Die Ausnahmevorschrift nach § 21 Abs. 2 Nr. 1c umfasst Arzneimittel in der Notversorgung, die 27
zur Bekämpfung von Pandemien eingesetzt werden. Die Herstellung muss aus Wirkstoffen erfolgen, die von den Gesundheitsbehörden des Bundes oder der Länder oder von diesen benannten Stellen für den Fall der Bekämpfung einer Pandemie bevorratet wurden. Die Freigabe dieser Wirkstoffe zur Weiterverarbeitung bewirkt daher mittelbar die »Zulassung« dieser Arzneimittelherstellungen.

## V. Gewebezubereitungen (Nr. 1d)

Da § 21a ein besonderes Genehmigungsverfahren für Gewebezubereitungen vorsieht, sind Gewe- 28
bezubereitungen, die diesem besonderen Genehmigungsverfahren unterliegen, von der Zulassungspflicht nach § 21 Abs. 1 auszunehmen. Bereits nicht dem AMG unterliegt Gewebe, welches innerhalb eines Behandlungsvorgangs einer Person entnommen wird, um auf diese rückübertragen zu werden (§ 4a Satz 1 Nr. 3).

## VI. Ortsgebundene Heilmittel (Nr. 1e)

Ortsgebundene Heilmittel sind Heilwässer, Bademoore und andere Peloide, beispielsweise Torf, 29
Tuff, Ton, Lehm und Schlick. Sie sind aufgrund ihres geringen Risikopotentials bei Vorliegen einer

der drei in § 21 Abs. 2 Nr. 1e genannten Alternativen von der Zulassungspflicht ausgenommen. Als Beispiele sind zu nennen: frei auslaufende Heilquellen im Kurort, aus denen ausgeschenkt wird und Fangopackungen, die vom Kurbetrieb an Einrichtungen vor Ort abgegeben werden (BT-Drs. 16/13 428, S. 129). Hinsichtlich der Definitionen der Begriffe »pharmakologisch«, »immunologisch« und »metabolisch« wird verwiesen auf § 2 Rdn. 8 ff. Eine Regelung dahingehend, dass bestimmte Stoffe – etwa Heilwässer als ortsgebundene Heilmittel – kraft Gesetzes als Arzneimittel gelten, enthält § 21 Abs. 2 nicht. Vielmehr ist die Frage, ob ein Arzneimittel vorliegt oder nicht, anhand des Arzneimittelbegriffs des § 2 zu bestimmen. D.h., erst mit Bejahung der Arzneimitteleigenschaft eines Produkts stellt sich die Frage nach der Zulassungspflicht nach § 21 (OVG Nordrhein-Westfalen Beschl. v. 27.06.2017 – 13 A 1253–16).

### VII. Medizinische Gase (Nr. 1f)

30   Das Abfüllen/Abpacken von in Deutschland zugelassenen Arzneimitteln in kleinere Gebilde für bestimmte Personen ist auf medizinische Gase beschränkt. Das Abfüllen und Kennzeichnen muss in Unternehmen, die nach § 50 zum Einzelhandel mit Arzneimitteln außerhalb von Apotheken befugt sind, erfolgen.

### VIII. Therapieallergene (Nr. 1g)

31   Die in § 21 Abs. 2 Nr. 1g genannten Therapieallergene sind in § 4 Abs. 5 legaldefiniert. Sie bedürfen keiner Zulassung, wenn sie für einzelne Patienten aufgrund einer Rezeptur hergestellt werden. Es ist gesetzlich nicht erforderlich, dass die Herstellung für eine Apotheke erfolgt.

### IX. Arzneimittel zur klinischen Prüfung (Nr. 2)

32   § 3 Abs. 3 GCP-V definiert Prüfpräparate als »Darreichungsformen von Wirkstoffen oder Placebos, die in einer klinischen Prüfung am Menschen getestet oder als Vergleichspräparate verwendet oder zum Erzeugen bestimmter Reaktionen am Menschen eingesetzt werden. Hierzu gehören Arzneimittel, die nicht zugelassen sind und zugelassene Arzneimittel, wenn diese im Rahmen einer klinischen Prüfung am Menschen in einer anderen als der zugelassenen Darreichungsform oder für ein nicht zugelassenes Anwendungsgebiet oder zum Erhalt zusätzlicher Informationen über das zugelassene Arzneimittel eingesetzt werden.« Die Definition entspricht mit Ausnahme der 3. Präparategruppe der Begriffsbestimmung in Art. 2f) der am 16.06.2014 in Kraft getretenen VO (EU) 536/2014 über klinische Prüfungen, deren Anwendungsbeginn nunmehr frühestens im Januar 2022 erwartet wird (https://www.ema.europa.eu/en/human-regulatory/research-development/clinical-trials/clinical-trial-regulation, abgerufen am 31.03.2021). Arzneimittel zur klinischen Prüfung sind gem. § 10 Abs. 10 entsprechend zu kennzeichnen.

### X. Fütterungsarzneimittel (Nr. 3)

33   Von der Zulassungspflicht ausgenommen sind die in § 4 Abs. 10 legaldefinierten Fütterungsarzneimittel, wenn diese aus Arzneimittel-Vormischungen (§ 4 Abs. 11) hergestellt sind, da diese bereits ihrerseits als Fertigarzneimittel (vgl. § 4 Abs. 11 Satz 2) zulassungspflichtig sind; dementsprechend bedarf das Endprodukt »Fütterungsarzneimittel« keiner Zulassung mehr.

### XI. Einzelrezepturen für Tiere (Nr. 4)

34   Die Ausnahmevorschrift orientiert sich an der für Humanarzneimittel geltenden Vorschrift des § 21 Abs. 2 Nr. 1b. Arzneimittel sind zulassungsfrei, wenn das Einzeltier oder der konkrete Tierbestand, an dem das Arzneimittel angewandt werden soll, bereits im Vorhinein feststeht. Sowohl das Einzeltier als auch der Tierbestand müssen benennbar und benannt sein und sich damit von anderen Tieren unterscheiden lassen (*Kloesel/Cyran* § 21 Anm. 48). Enthält das Arzneimittel für den Verkehr außerhalb Apotheken nicht freigegebene Stoffe oder Zubereitungen aus Stoffen, sind die einschränkenden Voraussetzungen des § 21 Abs. 2a zu berücksichtigen.

## XII. Klinische Prüfung bei Tieren und Rückstandsprüfung (Nr. 5)

In Entsprechung zur Ausnahmevorschrift nach § 21 Abs. 2 Nr. 2 sind sowohl Arzneimittel zur klinischen Prüfung bei Tieren als auch Tierarzneimittel zur Rückstandsprüfung von der Zulassungspflicht befreit, da die Prüfungen jeweils Voraussetzung der Zulassung eines Tierarzneimittels sind (§§ 22 Abs. 2 Satz 1 Nr. 2, 23 Abs. 1 Nr. 1). Die Rückstandsprüfung bezieht sich auf die in § 4 Abs. 12 legaldefinierte Wartezeit, durch die sichergestellt werden soll, dass etwaige Rückstände von Tierarzneimitteln in Lebensmitteln die festgelegten zulässigen Höchstmengen für pharmakologisch wirksame Stoffe nicht überschreiten.

## XIII. Compassionate use (Nr. 6)

Arzneimittel zur Anwendung im Rahmen eines sog. »compassionate use« (vgl. Art. 83 Abs. 2 VO [EG] Nr. 726/2004) bedürfen keiner Zulassung. Die Voraussetzungen des »compassionate use« sind Art. 83 VO (EG) Nr. 726/2004 zu entnehmen, der aufgrund des gesetzlichen Verweises unmittelbar Anwendung findet. Die Ausnahmevorschrift nach § 21 Abs. 2 Nr. 6 setzt nicht voraus, dass der Patient zuvor mit einem zugelassenen Arzneimittel behandelt wurde.

Die in Art. 83 Abs. 1 VO (EG) Nr. 726/2004 enthaltene Einschränkung hinsichtlich der für einen »compassionate use« zur Verfügung stehenden Humanarzneimittel (das Arzneimittel fällt unter den Anh. zur VO [EG] Nr. 726/2004, enthält einen neuen Wirkstoff, stellt eine bedeutende Innovation dar oder die Genehmigung liegt im Interesse der Patienten oder der Tiergesundheit) wird durch die in § 21 Abs. 2 Nr. 6 Satz 1 Hs. 2 enthaltene Regelung aufgehoben. Für einen »compassionate use« kommen daher – wie dies bereits vor dem AMG-Änderungsgesetz 2009 in § 80 Satz 4 vorausgesetzt wurde – auch Arzneimittel in Betracht, für die das zentrale Zulassungsverfahren nicht in Betracht kommt (BT-Drs. 16/12 256, S. 47). Das betreffende Arzneimittel muss entweder Gegenstand eines Antrags auf Genehmigung/Zulassung oder Gegenstand einer noch nicht abgeschlossenen klinischen Prüfung sein. Die Regelung zum »compassionate use« soll auf Arzneimittel beschränkt sein, für die die klinische Erprobung soweit fortgeschritten ist, dass seitens des Herstellers ausreichende Unterlagen zur Dokumentation von Wirksamkeit, Sicherheit und Qualität des Arzneimittels vorliegen (BT-Drs. 15/5316, S. 36 f.).

Die Ausnahmevorschrift sieht vor, dass die von der Zulassungspflicht befreiten Arzneimittel den Patienten kostenlos zur Verfügung gestellt werden müssen. Der Gesetzgeber begründet dies damit, dass eine Vermarktung erst nach der Zulassung statthaft sei und somit Umgehungen entgegen gewirkt werde (BT-Drs. 16/12 256, S. 47). Der Patient darf keinen finanziellen Aufwand haben, sodass von ihm auch keine »Aufwandsentschädigung« verlangt werden darf.

Mit Wirkung zum 22.07.2010 ist die Verordnung über das Inverkehrbringen von Arzneimitteln ohne Genehmigung oder ohne Zulassung in Härtefällen (**Arzneimittel-Härtefall-Verordnung**, BGBl. I, S. 935) in Kraft getreten. Sie legt gem. § 21 Abs. 2 Nr. 6 Satz 2 das Verfahren für die Durchführung eines Compassionate-Use-Programms zur Behandlung von Gruppen von Patienten fest. Die Verordnung gilt ausweislich ihres § 1 Abs. 2 nicht für Heilversuche des Arztes am individuellen Patienten und nicht für den sog. off-label-use. Das Härtefallprogramm bedarf der Anzeige bei der zuständigen Bundesoberbehörde und darf erst nach Zugang einer Bestätigung begonnen werden (sog. bestätigte Anzeige). Weitere Informationen (auch zu Compassionate Use Programmen für in der EU nicht zugelassene Arzneimittel im Zusammenhang mit der Behandlung von Covid-19-Patienten) sind auf der Homepage des BfArM verfügbar, auf der das BfArM u.a. auf die europäische »Guideline on compassionate use of medicinal products, pursuant to Article 83 of Regulation (EC) No. 726/2004« verweist.

## C. Zusatzregelung für Tierarzneimittel (Abs. 2a)

Einzelrezepturen gem. § 21 Abs. 2 Nr. 4 sind, wenn sie apothekenpflichtige Stoffe oder Zubereitungen aus Stoffen enthalten, nur bei Vorliegen der zusätzlichen Voraussetzungen des § 21 Abs. 2a Satz 1 von der Zulassungspflicht befreit. Eine Einschränkung des Herstellungsbegriffs (§ 4 Abs. 14) findet sich in § 21 Abs. 2a Satz 4, sodass die dort genannten Verfahren unter den angegebenen Voraussetzungen ohne weiteres der Ausnahmevorschrift des § 21 Abs. 2 Nr. 4 unterliegen. Gleiches gilt für die in § 21 Abs. 2a Satz 5 genannten homöopathischen Arzneimittel. Einzelrezepturen i.S.d. § 21 Abs. 2a Satz 1 dürfen grundsätzlich nur in Apotheken hergestellt werden; eine Ausnahme findet sich in § 21 Abs. 2a Satz 3.

## D. Antragsteller (Abs. 3)

### I. Pharmazeutischer Unternehmer (Satz 1)

41 Das AMG sieht in § 21 Abs. 3 Satz 1 einen Antrag des pharmazeutischen Unternehmers (§ 4 Abs. 18) bei der zuständigen Bundesoberbehörde vor. Die Zuständigkeit ergibt sich aus § 77. Da § 4 Abs. 18 die Eigenschaft als pharmazeutischer Unternehmer von Umständen abhängig macht, die erst nach der Zulassung eines Arzneimittels vorliegen, sollte bis zu einer Anpassung der gesetzlichen Formulierung der Zulassungsantrag die Erklärung des Antragstellers beinhalten, dass er bezweckt, die Zulassung als pharmazeutischer Unternehmer zu nutzen. Antragsteller können natürliche und juristische Personen sowie die Gesellschaften sein, die Träger eigener Rechte und Pflichten sein können (z.B. OHG, KG, BGB-Gesellschaft). Der Inhalt des Zulassungsantrags ergibt sich im Übrigen aus § 22.

42 Der Antragsteller muss seinen Sitz in der EU oder in einem Mitgliedstaat des EWR haben. Dies ergibt sich aus Abs. 3 i.V.m. § 9 Abs. 2. Die durch § 9 Abs. 2 eröffnete Möglichkeit, einen öffentlichen Vertreter mit Sitz innerhalb der EU zu benennen, steht nur pharmazeutischen Unternehmern mit Sitz in der EU zu (*Kloesel/Cyran* § 9 Anm. 14).

43 Es ist gesetzlich nicht ausgeschlossen, dass mehrere Unternehmen gemeinsam die Zulassung beantragen (*Rehmann* § 21 Rn. 15; a.A. *Kloesel/Cyran* § 21 Anm. 60), in der Praxis scheint hierfür jedoch kein großer Bedarf zu bestehen. Haben mehrere Unternehmen an der Entwicklung eines Arzneimittels mitgewirkt, existieren zahlreiche rechtliche Möglichkeiten, diese am Vertrieb zu beteiligen (z.B. als pharmazeutische Unternehmer). Hierbei ist in der Praxis stets an etwaige Einschränkungen bei den Vertriebsrechten zu denken, die detailliert vertraglich vereinbart werden sollten. Sofern keine gemeinsame Gesellschaft gegründet wird, die Zulassungsinhaber wird, bedarf es zwingend eines gemeinsamen Zulassungsantrags, wenn das Arzneimittel mit identischer Bezeichnung in den Verkehr gebracht werden soll. Dagegen bedarf es zwingend mehrerer Zulassungsanträge, wenn das Arzneimittel unter abweichenden Bezeichnungen in Verkehr gebracht werden soll.

### II. Andere Antragsteller (Satz 2 und 3)

44 § 21 Abs. 3 Satz 2 betrifft die sog. »Stada-Regelung«. Im Fall eines Fertigarzneimittels, das aufgrund einer einheitlichen Herstellungsvorschrift hergestellt und unter einer einheitlichen Bezeichnung an Verbraucher abgegeben wird, ist die Zulassung vom Herausgeber der Herstellungsvorschrift zu beantragen. § 21 Abs. 3 Satz 3 unterscheidet sich insoweit, als das Fertigarzneimittel zentral bei einem Hersteller hergestellt wird. Diese sog. »unechten Hausspezialitäten« werden zwar unter einer einheitlichen Bezeichnung an den Verbraucher abgegeben, tragen jedoch den jeweiligen Namen der Apotheke oder des sonstigen Einzelhandelbetriebs.

## E. Entscheidung über die Zulassungspflicht (Abs. 4)

45 Für die Überwachung der Einhaltung der arzneimittelrechtlichen Vorschriften einschließlich der dabei zu treffenden Beurteilung, ob ein Produkt ein zulassungspflichtiges Arzneimittel darstellt, sind nach § 64 die Landesbehörden zuständig (§ 11 AMGVwV). Kommt die zuständige Landesbehörde zu der Einschätzung, dass das zu beurteilende Präparat ein zulassungspflichtiges Arzneimittel darstellt, ist sie befugt, beim BfArM eine bundesweit verbindliche Entscheidung über den arzneimittelrechtlichen Status des betreffenden Produktes einzuholen (zur Reichweite der Einstufung durch das BfArM vgl. OVG Nordrhein-Westfalen Beschl. v. 27.01.2015 – 13 A 1872/14). Damit stellt dieses Verfahren eine bundeseinheitliche Handhabung der Arzneimittelüberwachung durch

die jeweilige regional zuständige Überwachungsbehörde sicher und dient letztlich auch der Rechtssicherheit (OVG Nordrhein-Westfalen Beschl. v. 29.04.2014 – 13 A 1378/13, m.w.N.). An die Beurteilung der Landesbehörde ist die Bundesoberbehörde nicht gebunden. Die Entscheidungskompetenz der zuständigen Bundesoberbehörde (§ 77) auf Antrag einer zuständigen Landesbehörde zu entscheiden, wurde durch das »Zweite AMG-Änderungsgesetz v. 19.10.2012« (BGBl. I S. 2192) erweitert und schließt eine Entscheidung über die Genehmigungspflicht einer Gewebezubereitung oder einer klinischen Prüfung ein. Die Entscheidung der zuständigen Bundesoberbehörde ist ein rechtsbehelfsfähiger Verwaltungsakt gem. § 35 VwVfG für den Hersteller des betreffenden Präparates (OVG Niedersachsen PharmR 2011, 297, 298; OVG Nordrhein-Westfalen PharmR 2010 S. 607 ff.; a.A. *Kloesel/Cyran* § 21 Anm. 74). Dementsprechend kann er gegen die Entscheidung der zuständigen Bundesoberbehörde mit **Widerspruch und Anfechtungsklage** vorgehen. Hat die Bundesoberbehörde auf Antrag einer Landesbehörde über die Arzneimitteleigenschaft eines Produkts zu entscheiden, ist der Landesbehörde die Entscheidungsbefugnis entzogen (OVG Berlin-Brandenburg Beschl. v. 09.01.2014 – OVG 5 S 14.13). Der Entscheidung der zuständigen Bundesoberbehörde kommt in einem Wettbewerbsverfahren im Rahmen des § 4 Abs. 11 UWG Tatbestandswirkung zu, die auch nicht durch die Anfechtung der Entscheidung entfällt (BGH Urt. v. 24.09.2013 – I ZR 73/12; zur Bindungswirkung – sowohl gegenüber dem Hersteller wie auch Landesbehörden – s. auch OVG Saarland Beschl. v. 24.03.2021 – 2 A 97/20). Die Verpflichtung der die Entscheidung der Bundesoberbehörde suchenden Landesbehörde zur Begründung des Antrags dient der Verfahrensbeschleunigung und der Entlastung der Bundesoberbehörde (BT-Drs. 91/12 S. 82).

## F. Verstoß

Das vorsätzliche Inverkehrbringen von zulassungspflichtigen Arzneimitteln ohne Zulassung ist strafbar gem. § 95 Nr. 5. Die fahrlässige Tatbegehung kann als Ordnungswidrigkeit nach § 97 Abs. 1 verfolgt werden. Die Einziehung nicht zugelassener Arzneimittel ist gem. § 98möglich. 45a

## § 25 Entscheidung über die Zulassung

(1) Die zuständige Bundesoberbehörde erteilt die Zulassung schriftlich unter Zuteilung einer Zulassungsnummer. Die Zulassung gilt nur für das im Zulassungsbescheid aufgeführte Arzneimittel und bei Arzneimitteln, die nach einer homöopathischen Verfahrenstechnik hergestellt sind, auch für die in einem nach § 25 Abs. 7 S. 1 in der vor dem 17. August 1994 geltenden Fassung bekannt gemachten Ergebnis genannten und im Zulassungsbescheid aufgeführten Verdünnungsgrade.

(2) Die zuständige Bundesoberbehörde darf die Zulassung nur versagen, wenn
1. die vorgelegten Unterlagen, einschließlich solcher Unterlagen, die auf Grund einer Verordnung der Europäischen Gemeinschaft oder der Europäischen Union vorzulegen sind, unvollständig sind,
2. das Arzneimittel nicht nach dem jeweils gesicherten Stand der wissenschaftlichen Erkenntnisse ausreichend geprüft worden ist oder das andere wissenschaftliche Erkenntnismaterial nach § 22 Abs. 3 nicht dem jeweils gesicherten Stand der wissenschaftlichen Erkenntnisse entspricht,
3. das Arzneimittel nicht nach den anerkannten pharmazeutischen Regeln hergestellt wird oder nicht die angemessene Qualität aufweist,
4. dem Arzneimittel die vom Antragsteller angegebene therapeutische Wirksamkeit fehlt oder diese nach dem jeweils gesicherten Stand der wissenschaftlichen Erkenntnisse vom Antragsteller unzureichend begründet ist,
5. das Nutzen-Risiko-Verhältnis ungünstig ist,
5a. bei einem Arzneimittel, das mehr als einen Wirkstoff enthält, eine ausreichende Begründung fehlt, dass jeder Wirkstoff einen Beitrag zur positiven Beurteilung des Arzneimittels leistet, wobei die Besonderheiten der jeweiligen Arzneimittel in einer risikogestuften Bewertung zu berücksichtigen sind,

6. die angegebene Wartezeit nicht ausreicht,
6a. bei Arzneimittel-Vormischungen die zum qualitativen und quantitativen Nachweis der Wirkstoffe in den Fütterungsarzneimitteln angewendeten Kontrollmethoden nicht routinemäßig durchführbar sind,
6b. das Arzneimittel zur Anwendung bei Tieren bestimmt ist, die der Gewinnung von Lebensmitteln dienen, und einen pharmakologisch wirksamen Bestandteil enthält, der nicht in Tabelle 1 des Anhangs der Verordnung (EU) Nr. 37/2010 enthalten ist,
7. das Inverkehrbringen des Arzneimittels oder seine Anwendung bei Tieren gegen gesetzliche Vorschriften oder gegen eine Verordnung oder eine Richtlinie oder eine Entscheidung oder einen Beschluss der Europäischen Gemeinschaft oder der Europäischen Union verstoßen würde.

Die Zulassung darf nach Satz 1 Nr. 4 nicht deshalb versagt werden, weil therapeutische Ergebnisse nur in einer beschränkten Zahl von Fällen erzielt worden sind. Die therapeutische Wirksamkeit fehlt, wenn der Antragsteller nicht entsprechend dem jeweils gesicherten Stand der wissenschaftlichen Ergebnisse nachweist, dass sich mit dem Arzneimittel therapeutische Ergebnisse erzielen lassen. Die medizinischen Erfahrungen der jeweiligen Therapierichtung sind zu berücksichtigen. Die Zulassung darf nach Satz 1 Nr. 6b nicht versagt werden, wenn das Arzneimittel zur Behandlung einzelner Einhufer bestimmt ist, bei denen die in Artikel 6 Abs. 3 der Richtlinie 2001/82/EG genannten Voraussetzungen vorliegen, und es die übrigen Voraussetzungen des Artikels 6 Abs. 3 der Richtlinie 2001/82/EG erfüllt.

(3) Die Zulassung ist für ein Arzneimittel zu versagen, das sich von einem zugelassenen oder bereits im Verkehr befindlichen Arzneimittel gleicher Bezeichnung in der Art oder der Menge der Wirkstoffe unterscheidet. Abweichend von Satz 1 ist ein Unterschied in der Menge der Wirkstoffe unschädlich, wenn sich die Arzneimittel in der Darreichungsform unterscheiden.

(4) Ist die zuständige Bundesoberbehörde der Auffassung, dass eine Zulassung auf Grund der vorgelegten Unterlagen nicht erteilt werden kann, teilt sie dies dem Antragsteller unter Angabe von Gründen mit. Dem Antragsteller ist dabei Gelegenheit zu geben, Mängeln innerhalb einer angemessenen Frist, jedoch höchstens innerhalb von sechs Monaten abzuhelfen. Wird den Mängeln nicht innerhalb dieser Frist abgeholfen, so ist die Zulassung zu versagen. Nach einer Entscheidung über die Versagung der Zulassung ist das Einreichen von Unterlagen zur Mängelbeseitigung ausgeschlossen.

(5) Die Zulassung ist auf Grund der Prüfung der eingereichten Unterlagen und auf der Grundlage der Sachverständigengutachten zu erteilen. Zur Beurteilung der Unterlagen kann die zuständige Bundesoberbehörde eigene wissenschaftliche Ergebnisse verwerten, Sachverständige beiziehen oder Gutachten anfordern. Die zuständige Bundesoberbehörde kann in Betrieben und Einrichtungen, die Arzneimittel entwickeln, herstellen, prüfen oder klinisch prüfen, zulassungsbezogene Angaben und Unterlagen, auch im Zusammenhang mit einer Genehmigung für das Inverkehrbringen gem. Artikel 3 Abs. 1 oder 2 der Verordnung (EG) Nr. 726/2004 überprüfen. Zu diesem Zweck können Beauftragte der zuständigen Bundesoberbehörde im Benehmen mit der zuständigen Behörde Betriebs- und Geschäftsräume zu den üblichen Geschäftszeiten betreten, Unterlagen einsehen sowie Auskünfte verlangen. Die zuständige Bundesoberbehörde kann ferner die Beurteilung der Unterlagen durch unabhängige Gegensachverständige durchführen lassen und legt deren Beurteilung der Zulassungsentscheidung und, soweit es sich um Arzneimittel handelt, die der Verschreibungspflicht nach § 48 Abs. 2 Nr. 1 unterliegen, dem der Zulassungskommission nach Abs. 6 S. 1 vorzulegenden Entwurf der Zulassungsentscheidung zugrunde. Als Gegensachverständiger nach Satz 5 kann von der zuständigen Bundesoberbehörde beauftragt werden, wer die erforderliche Sachkenntnis und die zur Ausübung der Tätigkeit als Gegensachverständiger erforderliche Zuverlässigkeit besitzt. Dem Antragsteller ist auf Antrag Einsicht in die Gutachten zu gewähren. Verlangt der Antragsteller, von ihm gestellte Sachverständige beizuziehen, so sind auch diese zu hören. Für die Berufung als Sachverständiger, Gegensachverständiger und Gutachter gilt Abs. 6 S. 5 und 6 entsprechend.

(5a) Die zuständige Bundesoberbehörde erstellt ferner einen Beurteilungsbericht über die eingereichten Unterlagen zur Qualität, Unbedenklichkeit und Wirksamkeit und gibt darin eine Stellungnahme hinsichtlich der Ergebnisse von pharmazeutischen und vorklinischen Versuchen sowie klinischen Prüfungen sowie bei Arzneimitteln, die zur Anwendung bei Menschen bestimmt sind, auch zum Risikomanagement- und Pharmakovigilanzsystem ab; bei Arzneimitteln, die zur Anwendung bei Tieren bestimmt sind, die der Gewinnung von Lebensmitteln dienen, bezieht sich der Beurteilungsbericht auch auf die Ergebnisse der Rückstandsprüfung. Der Beurteilungsbericht ist zu aktualisieren, wenn hierzu neue Informationen verfügbar werden.

(5b) Abs. 5a findet keine Anwendung auf Arzneimittel, die nach einer homöopathischen Verfahrenstechnik hergestellt werden, sofern diese Arzneimittel dem Artikel 16 Abs. 2 der Richtlinie 2001/83/EG oder dem Artikel 19 Abs. 2 der Richtlinie 2001/82/EG unterliegen. *(nicht kommentiert)*

(6) Vor der Entscheidung über die Zulassung eines Arzneimittels, das den Therapierichtungen Phytotherapie, Homöopathie oder Anthroposophie zuzurechnen ist und das der Verschreibungspflicht nach § 48 Abs. 2 Nr. 1 unterliegt, ist eine Zulassungskommission zu hören. Die Anhörung erstreckt sich auf den Inhalt der eingereichten Unterlagen, der Sachverständigengutachten, der angeforderten Gutachten, die Stellungnahmen der beigezogenen Sachverständigen, das Prüfungsergebnis und die Gründe, die für die Entscheidung über die Zulassung wesentlich sind, oder die Beurteilung durch die Gegensachverständigen. Weicht die Bundesoberbehörde bei der Entscheidung über den Antrag von dem Ergebnis der Anhörung ab, so hat sie die Gründe für die abweichende Entscheidung darzulegen. Das Bundesministerium beruft, soweit es sich um zur Anwendung bei Tieren bestimmte Arzneimittel handelt im Einvernehmen mit dem Bundesministerium für Ernährung und Landwirtschaft, die Mitglieder der Zulassungskommission unter Berücksichtigung von Vorschlägen der Kammern der Heilberufe, der Fachgesellschaften der Ärzte, Zahnärzte, Tierärzte, Apotheker, Heilpraktiker sowie der für die Wahrnehmung ihrer Interessen gebildeten maßgeblichen Spitzenverbände der pharmazeutischen Unternehmer, Patienten und Verbraucher. Bei der Berufung sind die jeweiligen Besonderheiten der Arzneimittel zu berücksichtigen. In die Zulassungskommissionen werden Sachverständige berufen, die auf den jeweiligen Anwendungsgebieten und in der jeweiligen Therapierichtung (Phytotherapie, Homöopathie, Anthroposophie) über wissenschaftliche Kenntnisse verfügen und praktische Erfahrungen gesammelt haben.

(7) Für Arzneimittel, die nicht der Verschreibungspflicht nach § 48 Abs. 2 Nr. 1 unterliegen, werden bei der zuständigen Bundesoberbehörde Kommissionen für bestimmte Anwendungsgebiete oder Therapierichtungen gebildet. Abs. 6 S. 4 bis 6 findet entsprechende Anwendung. Die zuständige Bundesoberbehörde kann zur Vorbereitung der Entscheidung über die Verlängerung von Zulassungen nach § 105 Abs. 3 S. 1 die zuständige Kommission beteiligen. Betrifft die Entscheidung nach Satz 3 Arzneimittel einer bestimmten Therapierichtung (Phytotherapie, Homöopathie, Anthroposophie), ist die zuständige Kommission zu beteiligen, sofern eine vollständige Versagung der Verlängerung nach § 105 Abs. 3 S. 1 beabsichtigt oder die Entscheidung von grundsätzlicher Bedeutung ist; sie hat innerhalb von zwei Monaten Gelegenheit zur Stellungnahme. Soweit die Bundesoberbehörde bei der Entscheidung nach Satz 4 die Stellungnahme der Kommission nicht berücksichtigt, legt sie die Gründe dar.

(7a) Zur Verbesserung der Arzneimittelsicherheit für Kinder und Jugendliche wird beim Bundesinstitut für Arzneimittel und Medizinprodukte eine Kommission für Arzneimittel für Kinder und Jugendliche gebildet. Abs. 6 S. 4 bis 6 findet entsprechende Anwendung. Zur Vorbereitung der Entscheidung über den Antrag auf Zulassung eines Arzneimittels, das auch zur Anwendung bei Kindern oder Jugendlichen bestimmt ist, beteiligt die zuständige Bundesoberbehörde die Kommission. Die zuständige Bundesoberbehörde kann ferner zur Vorbereitung der Entscheidung über den Antrag auf Zulassung eines anderen als in Satz 3 genannten Arzneimittels, bei dem eine Anwendung bei Kindern oder Jugendlichen in Betracht kommt, die Kommission beteiligen. Die Kommission hat Gelegenheit zur Stellungnahme. Soweit die Bundesoberbehörde bei der Entscheidung die Stellungnahme der Kommission nicht berücksichtigt, legt sie die Gründe dar. Die Kommission kann ferner zu Arzneimitteln, die nicht für die Anwendung bei Kindern oder Jugendlichen zugelassen sind, den anerkannten Stand der Wissenschaft dafür feststellen, unter welchen Voraussetzungen diese Arzneimittel bei Kindern oder Jugendlichen angewendet werden können. Für die Arzneimittel der Phytotherapie, Homöopathie und anthroposophischen Medizin werden die Aufgaben und Befugnisse nach den Sätzen 3 bis 7 von den Kommissionen nach Abs. 7 S. 4 wahrgenommen.

(8) Bei Sera, Impfstoffen, Blutzubereitungen, Gewebezubereitungen, Allergenen, xenogenen Arzneimitteln, die keine Arzneimittel nach § 4 Abs. 9 sind, erteilt die zuständige Bundesoberbehörde die Zulassung entweder auf Grund der Prüfung der eingereichten Unterlagen oder auf Grund eigener Untersuchungen oder auf Grund der Beobachtung der Prüfungen des Herstellers. Dabei können Beauftragte der zuständigen Bundesoberbehörde im Benehmen mit der zuständigen Behörde Betriebs- und Geschäftsräume zu den üblichen Geschäftszeiten betreten und in diesen sowie in den dem Betrieb dienenden Beförderungsmitteln Besichtigungen vornehmen. Auf Verlangen der zuständigen Bundesoberbehörde hat der Antragsteller das Herstellungsverfahren mitzuteilen. Bei diesen Arzneimitteln finden die Absätze 6, 7 und 7a keine Anwendung.

(8a) Abs. 8 S. 1 bis 3 findet entsprechende Anwendung auf Kontrollmethoden nach § 23 Abs. 2 S. 3. *(nicht kommentiert)*

(9) Werden verschiedene Stärken, Darreichungsformen, Verabreichungswege oder Ausbietungen eines Arzneimittels beantragt, so können diese auf Antrag des Antragstellers Gegenstand einer einheitlichen umfassenden Zulassung sein; dies gilt auch für nachträgliche Änderungen und Erweiterungen. Dabei ist eine einheitliche Zulassungsnummer zu verwenden, der weitere Kennzeichen zur Unterscheidung der Darreichungsformen oder Konzentrationen hinzugefügt werden müssen. Für Zulassungen nach § 24b Abs. 1 gelten Einzelzulassungen eines Referenzarzneimittels als einheitliche umfassende Zulassung. *(Satz 3 nicht kommentiert)*

(10) Die Zulassung lässt die zivil- und strafrechtliche Verantwortlichkeit des pharmazeutischen Unternehmers unberührt.

**Übersicht**

| | | Rdn. | | | | Rdn. |
|---|---|---|---|---|---|---|
| **A.** | **Die Zulassungserteilung (Abs. 1)** | 1 | | **X.** | Tiere zur Lebensmittelgewinnung (Nr. 6b) | 30 |
| **B.** | **Versagungsgründe (Abs. 2)** | 4 | | **XI.** | Verstoß gegen gesetzliche Vorschriften (Nr. 7) | 32 |
| I. | Allgemeines | 4 | **C.** | | **Verwechslungsgefahr (Abs. 3)** | 34 |
| II. | Unvollständigkeit der vorgelegten Unterlagen (Nr. 1) | 6 | | I. | Arzneimittel gleicher Bezeichnung (Satz 1) | 34 |
| III. | Keine ausreichende Prüfung (Nr. 2) | 9 | | II. | Unterschiedliche Darreichungsform (Satz 2) | 35 |
| IV. | Keine angemessene Qualität (Nr. 3) | 13 | **D.** | | **Mängelbeseitigung (Abs. 4)** | 36 |
| V. | Fehlende oder unzureichend begründete therapeutische Wirksamkeit (Nr. 4) | 14 | | I. | Mängelmitteilung (Satz 1) | 36 |
| | 1. Die therapeutische Wirksamkeit | 15 | | II. | Mängelbeseitigungsfrist (Satz 2) | 39 |
| | 2. Fehlen der therapeutischen Wirksamkeit (1. Alt.) | 16 | | III. | Versagung der Zulassung (Satz 3) | 41 |
| | 3. Unzureichende Begründung der therapeutischen Wirksamkeit (2. Alt.) | 18 | | IV. | Präklusion (Satz 4) | 43 |
| | | | **E.** | | **Die Entscheidung über die Zulassung (Abs. 5)** | 45 |
| | 4. Die Teilversagung | 20 | | I. | Die Zulassungserteilung (Satz 1) | 45 |
| VI. | Ungünstiges Nutzen-Risiko-Verhältnis (Nr. 5) | 21 | | II. | Beurteilung der Unterlagen (Satz 2) | 46 |
| | | | | | 1. Allgemeine Regelung | 46 |
| VII. | Unzureichende Begründung bei Kombinationspräparaten (Nr. 5a) | 24 | | | 2. Zweitanwenderproblematik | 47 |
| VIII. | Wartezeit (Nr. 6) | 28 | | III. | Überprüfung zulassungsbezogener Angaben und Unterlagen (Satz 3) | 52 |
| IX. | Arzneimittel-Vormischungen (Nr. 6a) | 29 | | IV. | Befugnisse des BfArM (Satz 4) | 54 |
| | | | | V. | Der Gegensachverständige (Satz 5) | 56 |

| | | | | | | |
|---|---|---|---|---|---|---|
| VI. | Anforderungen an den Gegensachverständigen (Satz 6) | 59 | | VII. | Anforderungen an die Kommissionsmitglieder (Satz 6) | 80 |
| | 1. Unabhängigkeit des Gegensachverständigen | 60 | | H. | Die (Aufbereitungs-) Kommissionen (Abs. 7) | 81 |
| | 2. Sachkenntnis | 63 | | I. | Pädiatrische Arzneimittel (Abs. 7a) | 83 |
| | 3. Zuverlässigkeit | 64 | | I. | Kommission für Arzneimittel für Kinder und Jugendliche (Satz 1) | 83 |
| | 4. Die Bestellung des Gegensachverständigen | 65 | | II. | Berufung der Kommissionsmitglieder (Satz 2) | 86 |
| VII. | Einsichtsrecht (Satz 7) | 66 | | III. | Zwingende Beteiligung (Satz 3) | 87 |
| VIII. | Anhörung von Sachverständigen (Satz 8) | 68 | | IV. | Freiwillige Beteiligung (Satz 4) | 88 |
| F. | **Der Beurteilungsbericht (Abs. 5a)** | 70 | | V. | Stellungnahme (Satz 5) | 90 |
| I. | Pflicht der Erstellung eines Beurteilungsberichts (Satz 1) | 70 | | VI. | Begründung einer abweichenden Entscheidung (Satz 6) | 91 |
| II. | Aktualisierung (Satz 2) | 72 | | VII. | Pädiatrischer Sachverstand (Satz 7) | 92 |
| G. | **Zulassungskommissionen (Abs. 6)** | 73 | | VIII. | Subsidiarität der KAKJ (Satz 8) | 93 |
| I. | Allgemeines | 73 | | J. | **Zulassung durch das PEI (Abs. 8)** | 94 |
| II. | Die Einbeziehung von Zulassungskommissionen (Satz 1) | 74 | | I. | Die Zulassungsentscheidung (Satz 1) | 94 |
| III. | Der Umfang der Anhörung (Satz 2) | 76 | | II. | Befugnisse des PEI (Satz 2) | 95 |
| IV. | Keine Bindungswirkung (Satz 3) | 77 | | III. | Mitteilung des Herstellungsverfahrens (Satz 3) | 96 |
| V. | Besetzung (Satz 4) | 78 | | IV. | Kommissionen (Satz 4) | 97 |
| VI. | Berücksichtigung von Besonderheiten der Arzneimittel (Satz 5) | 79 | | K. | **Einheitliche Zulassung (Abs. 9)** | 98 |
| | | | | L. | **Haftung (Abs. 10)** | 100 |

## A. Die Zulassungserteilung (Abs. 1)

Die nach § 77 zuständige Bundesoberbehörde erteilt die Zulassung in schriftlicher Form. Es handelt sich um einen **begünstigenden Verwaltungsakt**, durch den dem künftigen Zulassungsinhaber das Recht verliehen wird, das von der Zulassung umfasste Arzneimittel in Deutschland in den Verkehr zu bringen. Als Verwaltungsakt wird die Zulassung in dem Moment wirksam, in dem sie dem Antragsteller bekannt gegeben wird (§§ 43 Abs. 1 Satz 1; 41 VwVfG). Zu beachten ist § 41 Abs. 2 VwVfG. Der Zeitpunkt der Bekanntgabe begründet den Moment, ab dem das Arzneimittel in Deutschland in den Verkehr gebracht werden darf. Zudem berechnen sich ab dem Zeitpunkt der Bekanntgabe die Widerspruchsfrist sowie die in § 31 Abs. 1 genannten Fristen. Der nach § 25 erteilte Zulassungsbescheid ist maßgeblich für die Reichweite der Zulassung. Dies spielt in der Rechtspraxis regelmäßig eine Rolle bei der Frage, ob eine sog. »Off-Label-Werbung« (indikationsüberschreitende Werbung) i.S.v. § 3a Satz 2 HWG bzw. ein hinreichender wissenschaftlicher Nachweis für die Aussage vorliegt (zur diesbezüglichen Bedeutung der Angaben in der Fachinformation vgl. BGH Urt. v. 05.11.2020 – 1 ZR 204/19 – »Sinupret«); nach OLG Frankfurt Urt. v. 24.05.2018 – 6 U 46/17 – GRUR-RR 2018, 374–377; OLG Stuttgart Urt. v. 08.06.2017 – 2 U 127/16 – MD 2017, 780–785 ist die Fachinformation gem. § 11a, die dem Entwurf des Zulassungsantrags beizufügen ist, bei der Auslegung allenfalls ergänzend heranzuziehen. 1

Ausweislich § 25 Abs. 1 Satz 1 erfolgt die Zulassung unter Zuteilung einer Zulassungsnummer. Die Zulassung gilt aufgrund § 25 Abs. 1 Satz 2 nur für das im Zulassungsbescheid aufgeführte Arzneimittel (»**Einzelzulassung**«); vgl. aber § 25 Abs. 9. Ein nach Bestandteilen, Darreichungsform und Indikation gleiches Arzneimittel desselben Antragstellers bedarf daher einer eigenen Zulassung und einer eigenen Zulassungsnummer, wenn es unter einer anderen Bezeichnung in den Verkehr gebracht werden soll. 2

**Homöopathische Arzneimittel** (§ 4 Abs. 26) sind von dem Grundsatz der Einzelzulassung ausgenommen. Gem. § 25 Abs. 1 Satz 2 sind von der Zulassung auch die in der entsprechenden Aufbereitungsmonographie oder im Zulassungsbescheid aufgeführten Verdünnungsgrade umfasst. 3

## B. Versagungsgründe (Abs. 2)

### I. Allgemeines

4 § 25 Abs. 2 Satz 1 sind die Versagungsgründe zu entnehmen, auf die die zuständige Bundesoberbehörde die Versagung einer beantragten Zulassung stützen darf. Die Aufzählung ist abschließend. Liegt keiner der in § 25 Abs. 2 Satz 1 genannten Gründe vor, für die die Behörde die Beweislast trägt (BVerwG Urt. v. 15.12.2011 – 3 C 2.11; Urt. v. 19.11.2009 – 3 C 10.09, Rn. 29), hat die zuständige Bundesoberbehörde gem. § 25 Abs. 5 Satz 1 die Zulassung zu erteilen. Der Antragsteller hat einen **Rechtsanspruch auf Erteilung** der beantragten Zulassung (BVerwG NVwZ-RR 2004, 180 ff.; BT-Drs. 7/3060, S. 5; *Räpple* PharmR 1991, 263, 266). Es ist der zuständigen Bundesoberbehörde nicht verwehrt, trotz Vorliegens eines Versagungsgrundes die Zulassung – ggf. unter Auflagen (§ 28) – zu erteilen. Zu Versagungsgründen bei Antrag auf Verlängerung einer fiktiven Zulassung nach § 105 Abs. 1 vgl. VG Köln Urt. v. 14.05.2019 – 7 K 5355/16 und 7 K 5356/16, wobei die Besonderheiten einer bestimmten Therapierichtung, wie der Homöopathie, zu berücksichtigen sind.

5 Für die Erteilung der Zulassung sieht § 25 Abs. 1 Satz 1 die Schriftform vor. Es liegt daher ein Formfehler vor, wenn die Versagung nicht schriftlich erfolgt. Unterbleibt eine schriftliche und vollständige Widerspruchsbelehrung findet § 58 Abs. 2 VwGO im Hinblick auf die Widerspruchsfrist Anwendung.

### II. Unvollständigkeit der vorgelegten Unterlagen (Nr. 1)

6 Die Zulassung darf versagt werden, wenn die vorgelegten Unterlagen unvollständig sind. Die Norm verdeutlicht, dass im Rahmen der Arzneimittelzulassung der allgemein im Verwaltungsverfahren anzuwendende Untersuchungsgrundsatz (§ 24 VwVfG) eingeschränkt wird (*Räpple* PharmR 1991, 263, 266; *Kloesel/Cyran* § 25 Anm. 23). Unter den »vorgelegten Unterlagen« ist die Gesamtheit der nach den §§ 22 bis 24 gesetzlich geforderten Angaben und Unterlagen zu verstehen (*Kloesel/Cyran* § 25 Anm. 21). Zu den relevanten Unterlagen zählen auch die Unterlagen, die aufgrund einer europäischen Verordnung vorzulegen sind (BT-Drs. 16/12256 S. 48). Inwieweit die eingereichten Unterlagen vollständig sind, kann der Antragsteller anhand der rechtlich unverbindlichen »Hinweise zum Einreichen von Zulassungsanträgen beim Bundesinstitut für Arzneimittel und Medizinprodukte«, die im Internet abrufbar sind, kontrollieren. Bei einem Antrag auf Zulassung eines generischen Arzneimittels etwa (§ 24b) sind insbesondere Unterlagen zur Bioäquivalenz, also zur biopharmazeutischen Gleichwertigkeit mit dem Referenzarzneimittel, Maßstab für die Bewertung der Vollständigkeit eines nationalen Zulassungsantrages (VG Köln Urt. v. 27.02.2018 – 7 K 5753/15).

7 Nach einer Mitteilung des BfArM zur neuen EU-Verordnung über Kinderarzneimittel vom 11.06.2008 sind die Unterlagen unvollständig, wenn bei der Neuzulassung eines Arzneimittels ein erforderliches (Art. 11 Abs. 1 VO [EG] Nr. 1901/2006) **pädiatrisches Prüfkonzept** nicht eingereicht wird (vgl. Art. 7 VO [EG] Nr. 1901/2006).

8 Das Fehlen einer klinischen Prüfung, die die Wirksamkeit des Arzneimittels in den angegebenen Anwendungsgebieten bestätigt, begründet eine auf § 25 Abs. 2 Satz 1 Nr. 4 gestützte Versagung (a.A. OVG Berlin-Brandenburg Urt. v. 25.02.1999 – 5 E 11.98, welches § 25 Abs. 2 Satz 1 Nr. 1 bejaht).

### III. Keine ausreichende Prüfung (Nr. 2)

9 § 25 Abs. 2 Satz 1 Nr. 2 normiert zwei Versagungsgründe. Die Zulassung kann nach der **ersten Alternative** versagt werden, wenn das Arzneimittel nicht nach dem jeweils gesicherten Stand der wissenschaftlichen Erkenntnisse ausreichend geprüft worden ist. Insoweit wird Bezug genommen auf die in § 22 Abs. 2 Satz 1 Nr. 1 bis 3, Abs. 3c Satz 3, § 23 Abs. 1 Satz 1 Nr. 3 geforderten Prüfungen. Entscheidend ist allein, dass die Prüfungen dem jeweils gesicherten Stand der

wissenschaftlichen Erkenntnis entsprechend durchgeführt wurden (vgl. OVG Nordrhein-Westfalen PharmR 2011, 59, 60). Das Ergebnis der Prüfungen spielt für das Bestehen des Versagungsgrundes keine Rolle, da der Wortlaut nur auf die Durchführung der Prüfungen abstellt (*Rehmann* § 25 Rn. 5; *Kloesel/Cyran* § 25 Anm. 25). Erfüllt die Prüfung nicht diese Anforderung, werden regelmäßig weitere Versagungsgründe i.S.d. Abs. 2 Satz 1 Nr. 4 und 5 vorliegen (OVG Nordrhein-Westfalen PharmR 2011, 60). Nach der **zweiten Alternative** kann die Versagung darauf gestützt werden, dass anderes wissenschaftliches Erkenntnismaterial nach § 22 Abs. 3 nicht dem jeweils gesicherten Stand der wissenschaftlichen Erkenntnisse entspricht. »Anderes wissenschaftliches Erkenntnismaterial« kann entsprechend den Arzneimittelprüfrichtlinien PMS-Studien, epidemiologische Studien und Studien mit ähnlichen Produkten erfassen, wobei auch ungünstige Ergebnisse vorzulegen sind (Kügel/Müller/Hofmann/*Kügel* AMG § 25 Rn. 20; Fuhrmann/Klein/Fleischfresser/*Menges* Arzneimittelrecht § 10 Rn. 127).

Der **jeweils gesicherte Stand der wissenschaftlichen Erkenntnisse** ist nicht legaldefiniert. Ausweislich der Gesetzesbegründung soll die Zulassungsbehörde für ihre Entscheidung nur den gesicherten »Kernbereich« der wissenschaftlichen Erkenntnisse als Maßstab anlegen (BT-Drs. 15/5316, S. 38 unter Bezugnahme auf BT-Drs. 7/5091). Dieser Kernbereich ist von der Behörde objektiv festzustellen (OVG Berlin-Brandenburg Urt. v. 25.11.1999 – 5 B 11.98). Dementsprechend hat die Behörde keinen Beurteilungsspielraum. Der von der Behörde zugrunde gelegte wissenschaftliche Bestand ist vom Gericht vollumfänglich zu prüfen (OVG Nordrhein-Westfalen PharmR 2011, 59; OVG Berlin-Brandenburg Urt. v. 25.11.1999 – 5 B. 1198). Zur Konkretisierung kann auf die Arzneimittelprüfrichtlinien gem. § 26 zurückgegriffen werden, die ausweislich § 26 Abs. 1 Satz 2 dem jeweils gesicherten Stand der wissenschaftlichen Erkenntnisse entsprechen und laufend an diesen anzupassen sind (vgl. OVG Berlin-Brandenburg Urt. v. 25.11.1999 – 5 B 11.98; OVG Nordrhein-Westfalen Beschl. v. 24.02.2009 – 13 A 813/08; VG Köln Urt. v. 06.07.2009 – 7 K 1592/03). Insoweit spricht eine Vermutung dafür, dass die Arzneimittelprüfrichtlinien den jeweils gesicherten Stand der wissenschaftlichen Erkenntnisse wiedergeben (OVG Nordrhein-Westfalen Beschl. v. 09.02.2011 – 13 A 2790/09; OVG Berlin-Brandenburg Urt. v. 18.02.2005 – 5 B 7.03). Zur Widerlegung dieser Vermutung muss der Antragsteller vor Gericht substantiiert vortragen, dass die Arzneimittelprüfrichtlinien nicht bzw. nicht mehr dem gesicherten Stand der wissenschaftlichen Erkenntnisse entsprechen (so ausdrücklich OVG Nordrhein-Westfalen Beschl. v. 09.02.2011 – 13 A 2790/09 Rn. 21). Daraus folgt, dass in Bezug genommene Studien in der Regel auf der Basis einer guten klinischen Praxis placebo-kontrolliert, doppelt verblindet und randomisiert sein müssen (OVG Nordrhein-Westfalen Beschl. v. 09.02.2011 – 13 A 2790/09 Rn. 23 unter Hinweis auf den Vierten Abschnitt Buchst. B) und F) der Arzneimittelprüfrichtlinien).

Hinweise auf den jeweils gesicherten Stand der wissenschaftlichen Erkenntnisse können auch den Leitlinien des Ausschusses für Humanarzneimittel der EMA (»Scientific Guidelines for Human Medicinal Products«) bzw. allen anderen in Betracht kommenden Leitlinien der EMA (»Guidelines oder Notes for Guidance«) entnommen werden (OVG Nordrhein-Westfalen Beschl. v. 24.02.2009 – 13 A 813/08).

Da sich das Zulassungsverfahren eine längere Zeit hinziehen kann, müssen die eingereichten Unterlagen dem aktuellen Stand der wissenschaftlichen Erkenntnisse im Zeitpunkt der Einreichung des Zulassungsantrags entsprechen. Eine Versagung gem. § 25 Abs. 2 Satz 1 Nr. 2 ist bei neuen wissenschaftlichen Erkenntnissen jedoch nur möglich, wenn die Arzneimittelsicherheit die Durchführung weiterer Prüfungen erforderlich macht (VG Köln PharmR 2005, 186 ff.; EuG, Urt. v. 26.11.2002 – T-74/00 – »Anorektika«).

*(unbesetzt)*

### IV. Keine angemessene Qualität (Nr. 3)

Die zuständige Bundesoberbehörde darf die Zulassung versagen, wenn das Arzneimittel nicht die nach den anerkannten pharmazeutischen Regeln angemessene Qualität (§ 4 Abs. 15) aufweist.

Anerkannte pharmazeutische Regeln sind die wissenschaftlichen Leitlinien des CHMP und das Deutsche Arzneibuch (§ 55), das Europäische Arzneibuch und ggf. weitere einschlägige wissenschaftliche Empfehlungen, wobei das Europäische im Zweifel dem Deutschen Arzneibuch vorgeht (Kügel/Müller/Hofmann/*Kügel* AMG § 25 Rn. 33; *Kloesel/Cyran* § 25 Anm. 45).

### V. Fehlende oder unzureichend begründete therapeutische Wirksamkeit (Nr. 4)

14 § 25 Abs. 2 Satz 1 Nr. 4 enthält zwei Versagungsgründe, die jeweils an die therapeutische Wirksamkeit anknüpfen.

#### 1. Die therapeutische Wirksamkeit

15 Der Begriff der »therapeutischen Wirksamkeit« ist im AMG nicht positiv definiert. Dem AMG lässt sich jedoch entnehmen, dass die Wirksamkeit sowohl ergebnis- als auch indikationsbezogen (OVG Berlin-Brandenburg Urt. v. 18.02.2005 – OVG 5 B 7.03; *Kloesel/Cyran* § 25 Anm. 46) ist. Die Ergebnisbezogenheit folgt aus den §§ 25 Abs. 2 Satz 3, 30 Abs. 1 Satz 3, wonach die therapeutische Wirksamkeit fehlt, wenn sich mit dem Arzneimittel keine therapeutischen Ergebnisse erzielen lassen. Nach LSG Berlin-Brandenburg (Urt. v. 27.01.2020 – L 9 KR 514/15 KL) bezeichnet Wirksamkeit i.S.d. AMG »den vom pharmazeutischen Hersteller gewünschten Erfolg bei den von ihm definierten Anwendungsgebieten; maßgeblich ist daher der vom pharmazeutischen Hersteller seinem Arzneimittel beigemessene Wirksamkeitsanspruch«. Das Merkmal des therapeutischen Ergebnisses unterscheidet sich von den in § 22 Abs. 1 Nr. 5 genannten »Wirkungen«, die alle wesentlichen Effekte eines Arzneimittels am oder im menschlichen oder tierischen Körper umfassen (*Kloesel/Cyran* § 25 Anm. 46). Auch Nebenwirkungen (§ 4 Abs. 13) sind damit Wirkungen i.S.d. § 22 Abs. 1 Nr. 5; sie entsprechen aber nicht dem gewünschten Erfolg der indikationsbezogenen Anwendung des Arzneimittels. Da sie gleichwohl bei anderer Indikation das gewollte therapeutische Ergebnis darstellen können, ist die »therapeutische Wirksamkeit« notwendigerweise auch indikationsbezogen.

#### 2. Fehlen der therapeutischen Wirksamkeit (1. Alt.)

16 Die Versagung der Zulassung ist begründet, wenn die vom Antragsteller angegebene therapeutische Wirksamkeit fehlt. Diese fehlt nach § 25 Abs. 2 Satz 3, wenn der Antragsteller nicht entsprechend dem jeweils gesicherten Stand der wissenschaftlichen Erkenntnis nachweist, dass sich mit dem Arzneimittel **therapeutische Ergebnisse** erzielen lassen. Zum Begriff des »jeweils gesicherten Stands der wissenschaftlichen Erkenntnisse« wird verwiesen auf Rdn. 10. Der Nachweis therapeutischer Ergebnisse scheitert gem. § 25 Abs. 2 Satz 2 nicht daran, dass therapeutische Ergebnisse nur in einer beschränkten Zahl von Fällen erzielt worden sind (*Henning* NJW 1978, 1671, 1676). Die beschränkte Zahl therapeutischer Ergebnisse muss jedoch einen nachvollziehbaren medizinischen Grund haben.

17 Der Versagungsgrund der 1. Alternative setzt einen »**gesicherten Kenntnisstand**« im Hinblick auf die therapeutische Wirksamkeit des Arzneimittels voraus (BVerwG PharmR 1994, 77, 81). Aufgrund der gesetzlichen Regelung in § 25 Abs. 2 Satz 3 obliegt es dem Antragsteller nachzuweisen, dass sich mit dem Arzneimittel therapeutische Ergebnisse erzielen lassen (vgl. die Ausführungen des OVG Berlin-Brandenburg Urt. v. 12.07.2001 – B 6.99). Die Zulassungsbehörde muss zur Begründung der Versagung lediglich darlegen, weshalb der Antragsteller den ihm gesetzlich auferlegten Nachweis nicht erbracht hat (a.A. noch BVerwG PharmR 1994, 77, 80). Zu hohe Anforderungen an den Nachweis der therapeutischen Wirksamkeit dürfen jedoch nicht gestellt werden (OVG Berlin-Brandenburg Urt. v. 31.01.1991 – 5 B 23.86).

#### 3. Unzureichende Begründung der therapeutischen Wirksamkeit (2. Alt.)

18 Die therapeutische Wirksamkeit ist unzureichend begründet, wenn »die vom Antragsteller eingereichten Unterlagen nach dem jeweils gesicherten Stand der wissenschaftlichen Erkenntnisse den

geforderten Schluss nicht zulassen, wenn sie sachlich unvollständig sind – etwa zu bestimmten Forschungsergebnissen oder klinischen Erprobungen keine Stellung nehmen, die gegen die therapeutische Wirksamkeit sprechen – oder wenn sie schließlich inhaltlich unrichtig sind« (BVerwG NVwZ-RR 2004, 180, 180; BVerwG PharmR 1994, 77, 80 f.). Aus den vom Antragsteller vorgelegten Unterlagen muss sich ergeben, dass die indikationsbezogene Anwendung des Arzneimittels zu einer größeren Zahl an therapeutischen Erfolgen führt als seine Nichtanwendung (BVerwG PharmR 1994, 77, 81; OVG Nordrhein-Westfalen Beschl. v. 07.08.2009 – 13 A 2362/08, Rn. 14). Dies gilt auch, wenn der Nachweis durch anderes wissenschaftliches Erkenntnismaterial i.S.d. § 22 Abs. 3 Satz 1 Nr. 1 erbracht wird, da die Vorschrift nicht den Maßstab für die Begründung der therapeutischen Wirksamkeit herabsetzt, sondern nur die Art des dem Zulassungsantrag beizufügenden Erkenntnismaterials betrifft (VG Köln Urt. v. 03.09.2013 – 7 K 4611/11 Rn. 42 unter Verweis auf die Urt. des BVerwG v. 14.10.1993 – 3 C 21.91 und 3 C 46.91). Die Annahme einer ausreichenden Begründung der therapeutischen Wirksamkeit muss auch hinreichende Darlegungen zur Zweckmäßigkeit der angegebenen Dosierung enthalten (BVerwG Beschl. v. 17.12.2014 – 3 B 13/14 Rn. 5).

Es obliegt der Zulassungsbehörde darzulegen, dass die therapeutische Wirksamkeit vom Antragsteller unzureichend begründet wurde. Sie muss dazu die fehlende oder die fehlerhafte Schlussfolgerung in der Begründung des Antragstellers aufzeigen, das Forschungsergebnis benennen, zu dem sich der Antragsteller nicht geäußert hat oder die inhaltliche Unrichtigkeit einer wesentlichen Unterlage nachweisen (BVerwG Urt. v. 18.05.2010 – 3 C 25/09, Rn. 19; BVerwG NVwZ-RR 2004, 180, 180).                    19

## 4. Die Teilversagung

Liegen die in § 25 Abs. 2 Satz 1 Nr. 4 enthaltenen Versagungsgründe nur bei einzelnen Indikationen des Arzneimittels vor, kann die Zulassungsversagung nur für diese Teilindikationen mit § 25 Abs. 2 Satz 1 Nr. 4 begründet werden. Wird hinsichtlich der übrigen Indikationen die Zulassung erteilt, kann der Antragsteller den ihn belastenden Teil des Verwaltungsaktes, der die Versagung der Zulassung enthält, separat anfechten (s. zur Teilversagung VG Köln PharmR 2004, 225 ff.; *Rehmann* § 25 Rn. 7). In diesem Fall ist **Verpflichtungsklage** (§ 42 Abs. 1 VwGO) zu erheben, da es Ziel des Antragstellers ist, die beantragte Zulassung erteilt zu bekommen.   20

## VI. Ungünstiges Nutzen-Risiko-Verhältnis (Nr. 5)

Die zuständige Bundesoberbehörde kann auf § 25 Abs. 2 Satz 1 Nr. 5 gestützt die Zulassung versagen, wenn das Nutzen-Risiko-Verhältnis i.S.d. § 4 Abs. 28 ungünstig ist. Die Zulassungsbehörde hat eine Bewertung der positiven therapeutischen Wirkungen des Arzneimittels im Verhältnis zu dem mit seiner Anwendung verbundenen Risiko für die Gesundheit der Patienten oder die öffentliche Gesundheit, bei zur Anwendung bei Tieren bestimmten Arzneimitteln für die Gesundheit von Mensch oder Tier sowie das Risiko unerwünschter Auswirkungen auf die Umwelt, vorzunehmen. Aufgrund einer in der EU uneinheitlichen Nutzen-Risiko-Bewertung hat die EMA im Jahr 2009 das dreijährige »Benefit-Risk methodology project« zur Angleichung der nationalen Bewertungen gestartet. Näheres zu diesem Projekt sowie die bislang zu den einzelnen Abschnitten (»Work packages«) erstellten Berichte sind auf der EMA-Website unter den Stichworten »Special Topics«/»Supporting Research« zu finden. Zweifel an der Wirksamkeit oder eine unzureichende Wirksamkeitsbegründung begründen dabei nicht automatisch die Annahme eines ungünstigen Nutzen-Risiko-Verhältnisses und rechtfertigen daher für sich genommen nicht die Aufhebung der Zulassung, die nur auf die feststehende fehlende Wirksamkeit gestützt werden kann (OVG Nordrhein-Westfalen Urt. v. 25.02.2015 – 13 A 1377/14 Rn. 60 zum Widerruf der Zulassung eines Kava-Kava-haltigen Arzneimittels).   21

Für den Versagungsgrund bedarf es der **Feststellung des begründeten Verdachts schädlicher Wirkungen** sowie ein **Überwiegen der damit verbundenen Risiken** gegenüber dem therapeutischen Nutzen des Arzneimittels (BVerwG NVwZ-RR 2007, 774, 775; *Kloesel/Cyran* § 25 Anm. 76). Die   22

§ 25 AMG  Entscheidung über die Zulassung

Zulassungsbehörde muss nicht den Nachweis einer Kausalbeziehung zwischen der Arzneimittelanwendung und den schädlichen Wirkungen erbringen. Dies würde dem Gebot der Arzneimittelsicherheit zuwiderlaufen (OVG Nordrhein-Westfalen PharmR 2012, 84 f.). Es genügt die Möglichkeit eines Ursachenzusammenhangs, wobei umso geringere Anforderungen an die Wahrscheinlichkeit des Eintritts der unerwünschten Arzneimittelwirkungen zu stellen sind, je schwerer der zu befürchtende Nachteil wiegt (VG Köln Urt. v. 10.07.2008 – 7 K 5076/05; *Kloesel/Cyran* § 25 Anm. 76). Bei der Gefahr sehr schwerer Schäden sind an die Wahrscheinlichkeit keine allzu hohen Anforderungen zu stellen, zumal wenn neben dem zu bewertenden Arzneimittel noch andere Möglichkeiten der Behandlung des Patienten existieren (VG Köln Urt. v. 10.01.2008 – 13 K 3789/05).

23 Die spezifischen mit **Homöopathika** verbundenen Risiken der Erstverschlimmerung und der Arzneimittelprüfsymptomatik fallen nicht unter den Begriff des Risikos im vorliegenden Sinne und begründen kein ungünstiges Nutzen-Risiko-Verhältnis (VG Köln Urt. v. 20.01.2009 – 7 K 5813/07; a.A. BVerwG Urt. v. 19.11.2009 – 3 C 10.09, Rn. 32 f.).

### VII. Unzureichende Begründung bei Kombinationspräparaten (Nr. 5a)

24 Der Versagungsgrund des Nr. 5a entspricht den Vorgaben des Art. 26 Abs. 1 Buchst. a) und b) RL 2001/83/EG und ist somit unionsrechtskonform (OVG Nordrhein-Westfalen Beschl. v. 23.07.2013 – 13 A 3021/11). Gem. § 22 Abs. 3a ist bei einem Arzneimittel, das mehr als einen Wirkstoff (§ 4 Abs. 19) enthält, zu begründen, dass jeder Wirkstoff einen **Beitrag zur positiven Beurteilung des Arzneimittels** leistet. Jeder in ein Arzneimittel aufgenommene Wirkstoff erhöht tendenziell die Gefahr zusätzlicher unerwünschter Wirkungen, weshalb unter dem Gesichtspunkt der Arzneimittelsicherheit zu fordern ist, dass dieser potentiellen Gefahrerhöhung ein positiver Beitrag jedes arzneilich wirksamen Bestandteils gegenübersteht (BT-Drs. 10/5112, S. 17). An den Beleg eines positiven Beitrags jedes arzneilich wirksamen Bestandteils eines Kombinationsarzneimittels dürfen dabei keine geringeren Anforderungen gestellt werden als an die Begründung von Wirksamkeit und Unbedenklichkeit des Arzneimittels selbst (BVerwG Urt. v. 09.04.2014 – 3 C 10/13 Rn. 7).

25 Ein positiver Beitrag eines Wirkstoffes ist anzunehmen, wenn der Wirkungseintritt, soweit therapeutisch erwünscht, früher erreicht, verstärkt, verlängert oder der erstrebte Heilerfolg mit geringerer Menge der Wirksubstanz erreicht wird (BVerwG NVwZ-RR 2004, 180, 180; OVG Nordrhein-Westfalen Urt. v. 29.04.2008 – 13 A 4996/04; *Kloesel/Cyran* § 25 Anm. 85). Ein Wirkstoff liefert einen Beitrag zur positiven Beurteilung des Arzneimittels, wenn er zur Wirksamkeit des Präparates in der vorgegebenen Indikation beiträgt oder unerwünschten Effekten entgegenwirkt (BT-Drs. 10/5112, S. 17; OVG Nordrhein-Westfalen Urt. v. 29.04.2008 – 13 A 4996/04).

26 In Entsprechung zu § 25 Abs. 2 Satz 1 Nr. 4 fehlt es an einer ausreichenden Begründung, wenn die vom Antragsteller eingereichten Unterlagen nach dem jeweils gesicherten Stand der wissenschaftlichen Erkenntnisse (vgl. Rdn. 10) den geforderten Schluss nicht zulassen, wenn sie sachlich unvollständig sind – etwa zu bestimmten Forschungsergebnissen oder klinischen Erprobungen keine Stellung nehmen, die gegen die therapeutische Wirksamkeit sprechen – oder wenn sie schließlich inhaltlich unrichtig sind. Die der Behörde obliegende Darlegung der unzureichenden Begründung geschieht dadurch, dass das Bundesinstitut die fehlende oder fehlerhafte Schlussfolgerung in der Begründung des Antragstellers aufzeigt, das Forschungsergebnis benennt, zu dem sich der Antragsteller nicht geäußert hat, oder die inhaltliche Unrichtigkeit einer wesentlichen Unterlage nachweist (BVerwG NVwZ-RR 2004, 180, 180). Je riskanter der jeweils zu beurteilende Kombinationsbestandteil ist, umso eingehender und intensiver ist dessen Beitrag zur positiven Beurteilung des Arzneimittels zu begründen (*Kloesel/Cyran* § 25 Anm. 85).

27 Ist die Wirkstoffkombination eines Kombinationspräparates der Wissenschaft bekannt, ändert sich die Zusammensetzung der Wirkstoffe aber nach ihrer Menge oder Darreichungsform und ist die geänderte Darreichungsform nicht mit der zugelassenen Darreichungsform vergleichbar, bedarf es einer erneuten Begründung i.S.d. § 25 Abs. 2 Satz 1 Nr. 5a (OVG Berlin-Brandenburg Urt. v. 12.07.2001 – 5 B 6.99).

Die Zulassung eines Arzneimittels mit identischen Wirkstoffen im europäischen Ausland eröffnet 27a
dem Antragsteller das Verfahren der gegenseitigen Anerkennung nach § 25b Abs. 2, 4. Die dort
vorgesehenen unionsrechtlichen Erleichterungen für eine Zulassung kommen einem Antragsteller
aber nur dann zugute, wenn er den dafür vorgezeichneten Weg auch einschlägt, also die Zulassung
des in dem anderen Mitgliedstaat zugelassenen Arzneimittels für das Inland beantragt (BVerwG
Urt. v. 09.04.2014 – 3 C 10/13 Rn. 11).

## VIII. Wartezeit (Nr. 6)

Die zuständige Bundesoberbehörde darf die Zulassung versagen, wenn die angegebene Wartezeit (§ 4  28
Abs. 12) nicht ausreicht. Die Wartezeit soll sicherstellen, dass etwaige Rückstände von Arzneimitteln,
die bei einem Tier, das der Gewinnung von Lebensmitteln dient, angewandt wurden, in dem Lebensmittel die festgelegten zulässigen Höchstmengen für pharmakologisch wirksame Stoffe nicht überschreiten. Ob die Wartezeit ausreicht, ist anhand des gem. § 24 Abs. 1 Satz 2 Nr. 4 dem Antrag beizufügenden Gutachten eines Sachverständigen (**Gutachten über die Rückstandsprüfung**) zu bewerten.

## IX. Arzneimittel-Vormischungen (Nr. 6a)

§ 25 Abs. 2 Satz 1 Nr. 6a knüpft an § 23 Abs. 2 Satz 3 an. Danach ist bei Arzneimittel- 29
Vormischungen (§ 4 Abs. 11 i.V.m. Abs. 10) den Zulassungsunterlagen eine Beschreibung einer
routinemäßig durchführbaren Kontrollmethode, die zum qualitativen und quantitativen Nachweis der wirksamen Bestandteile in den Fütterungsarzneimitteln geeignet ist, beizulegen und durch
Unterlagen über Prüfungsergebnisse zu belegen. Die Zulassung darf versagt werden, wenn die beschriebene Kontrollmethode nicht routinemäßig durchführbar ist oder die Kontrollmethode an
sich nicht den Anforderungen des § 23 Abs. 2 Satz 3 genügt (*Kloesel/Cyran* § 25 Anm. 92).

## X. Tiere zur Lebensmittelgewinnung (Nr. 6b)

§ 25 Abs. 2 Satz 1 Nr. 6b hat durch die 15. AMG-Novelle (BGBl. I 2011, S. 946) eine Anpassung an 30
das Gemeinschaftsrecht erfahren. Die VO (EWG) Nr. 2377/90 wurde durch die VO (EG) Nr. 470/
2009 sowie die VO (EU) Nr. 37/2010 ersetzt. Die VO (EU) Nr. 37/2010 enthält in ihrem Anhang die
Liste pharmakologisch wirksamer Stoffe und ihre Einstufung hinsichtlich der Rückstandshöchstmengen. Tabelle 1 benennt insoweit die zulässigen Stoffe; nur diese dürfen in Arzneimitteln verwendet
werden, die zur Anwendung bei der Lebensmittelgewinnung dienenden Tieren bestimmt sind.

Die zuständige Bundesoberbehörde darf sich nicht auf den Versagungsgrund des § 25 Abs. 2 Satz 1  31
Nr. 6b berufen, wenn es sich um einzelne Einhufer der in § 25 Abs. 2 Satz 5 genannten Art handelt. Die Ausnahmevorschrift nach § 25 Abs. 2 Satz 5 betrifft insbesondere Pferde, die nicht zur
Schlachtung für den Verzehr vorgesehen sind.

## XI. Verstoß gegen gesetzliche Vorschriften (Nr. 7)

§ 25 Abs. 2 Satz 1 Nr. 7 beinhaltet eine **Generalklausel**, die es der Zulassungsbehörde erlaubt, die 32
Zulassung bei Verstößen gegen gesetzliche – nicht zwangsläufig arzneimittelrechtliche – Vorschriften zu versagen. Die in § 25 Abs. 2 Satz 1 Nr. 1 bis 6b genannten Versagungsgründe haben jedoch
Vorrang, sodass sich die Zulassungsbehörde bei Nichtvorliegen eines Tatbestandsmerkmals eines
besonderen Versagungsgrundes nicht auf die Generalklausel berufen kann.

Zu den gesetzlichen Vorschriften des § 25 Abs. 2 Satz 1 Nr. 7 zählen u. a. die §§ 6, 7, 8 (VG Köln 33
Urt. v. 02.09.2014 – 7 K 4739/12 zu einem Verstoß gegen § 8 Abs. 1 Nr. 2 durch die Änderung der
Bezeichnung eines Arzneimittels von »Creme« in »Salbe«; VG Köln PharmR 2004, 225 ff. zu einem
Verstoß gegen § 8 Abs. 1 Nr. 2 Satz 1; OVG Nordrhein-Westfalen Urt. v. 12.08.2009 – 13 A 2147/
06 – GesR 2010, 51 f. zu einem Verstoß gegen § 8 Abs. 1 Nr. 2 Satz 1 – »Vitamin E 800 i. E.«) sowie
§ 56 Abs. 2 bis 4 (*Kloesel/Cyran* § 25 Anm. 94). Einem Arzneimittel ist (gebundenes Ermessen aufgrund einer Verbotsnorm) die Zulassung zu versagen, wenn es zum Doping im Sport bestimmt ist. Die
Zulassungsbehörde darf die Zulassung versagen, wenn das Inverkehrbringen des Arzneimittels gegen

die Vorschriften des BtMG verstößt. Die »gesetzlichen Vorschriften« erfassen auch alle verwaltungsrechtlichen Bestimmungen, die an das Inverkehrbringen eines Arzneimittels anknüpfen sowie alle Vorschriften, die der Arzneimittelsicherheit dienen (Kügel/Müller/Hofmann/*Kügel* AMG § 25 Rn. 86).

## C. Verwechslungsgefahr (Abs. 3)

### I. Arzneimittel gleicher Bezeichnung (Satz 1)

34 Die Zulassungsbehörde ist verpflichtet, die Zulassung für ein Arzneimittel zu versagen, wenn ein Arzneimittel mit der gleichen Bezeichnung bereits zugelassen oder im Verkehr befindlich ist und das Arzneimittel, für das der Zulassungsantrag gestellt wurde, sich von diesem Arzneimittel in der Art oder der Menge der Wirkstoffe (§ 4 Abs. 19) unterscheidet. Damit sollen zum Schutze der Verbraucher Verwechslungen vermieden werden. Dies gilt auch für den Hersteller des bereits zugelassenen oder im Verkehr befindlichen Arzneimittels. Will dieser die Zusammensetzung seines Arzneimittels in der Art oder der Menge der Wirkstoffe verändern, ist gem. § 29 Abs. 3 Satz 1 Nr. 1 eine neue Zulassung zu beantragen. Es bedarf dann einer neuen Bezeichnung für das geänderte Arzneimittel. Dies ist selbst dann erforderlich, wenn das ursprüngliche Arzneimittel nicht weiter in den Verkehr gebracht werden soll, da zu erwarten ist, dass die Verkehrskreise aufgrund identischer Bezeichnung weiterhin von einer identischen Zusammensetzung ausgehen. Der Tatbestand ist insbesondere für die sog. **Dachmarkenkonzepte** von Bedeutung. Das BfArM und das PEI haben am 20.03.2013 gemeinsam eine Leitlinie zur Bezeichnung von Arzneimitteln herausgegeben, der jedoch kein normativer Charakter zukommt. Sie kann unter www.bfarm.de abgerufen werden. Für Zulassungen im zentralen Verfahren nach der VO (EG) Nr. 726/2004 ist die »Guideline on the acceptability of names for human use medicinal products processed through the centralised procedure« relevant, Stand 22.05.2014, EMA/CHMP/287710/2014 – Rev. 6. Sie ist abrufbar unter http://ema.europa.eu. (vgl. hierzu Fuhrmann/Klein/Fleischfresser/*Menges* § 10 Rn. 284).

34a Der Begriff »Bezeichnung« ist im AMG nicht definiert, sodass auf die Definition in der RL 2001/83/EG zurückgegriffen werden kann. Danach ist der Name eines Arzneimittels der Name, der entweder ein nicht zu Verwechslungen mit dem gebräuchlichen Namen führender Phantasiename oder ein gebräuchlicher oder wissenschaftlicher Name i.V.m. einem Warenzeichen oder dem Namen des Inhabers der Genehmigung für das Inverkehrbringen sein kann (vgl. VG Köln, PharmR 2011, 238, 240 sowie die Definition der »erweiterten Bezeichnung eines Arzneimittels« in Art. 54 Buchst. a) RL 2001/83/EG). Unter einer »gleichen Bezeichnung« ist die Gesamtbezeichnung eines Arzneimittels zu verstehen, also Hauptbezeichnung, und sofern vorhanden Bezeichnungszusätze (so die neuere Rspr., vgl. etwa BVerwG Beschl. v. 29.04.2015 – 3 B 29.14 – »Aktren«; OVG Nordrhein-Westfalen Beschl. v. 03.06.2015 – 13 A 2215/14 – »Grippostad«; OLG Saarbrücken Urt. v. 15.04.2014 – 1 U 24/14 – »proff Schmerz«).

### II. Unterschiedliche Darreichungsform (Satz 2)

35 Ausweislich § 25 Abs. 3 Satz 2 ist ein Unterschied in der Menge der Wirkstoffe unschädlich, wenn sich die Arzneimittel in der Darreichungsform unterscheiden.

## D. Mängelbeseitigung (Abs. 4)

### I. Mängelmitteilung (Satz 1)

36 Die zuständige Bundesoberbehörde ist verpflichtet (»teilt mit«), dem Antragsteller mitzuteilen, wenn nach ihrer Auffassung eine Zulassung aufgrund der vorgelegten Unterlagen nicht erteilt werden kann. Die Zulassungsbehörde hat dem Antragsteller auch mitzuteilen, wenn nach ihrer Auffassung Unterlagen fehlen, d.h. die vorgelegten Unterlagen nicht vollständig sind (*Räpple* PharmR 1991, 263, 266; OVG Nordrhein-Westfalen PharmR 2007, 200 f.). Auch im Fall einer beabsichtigten Teilversagung hat vorab eine Mängelmitteilung zu erfolgen.

37 Die zuständige Bundesoberbehörde hat in ihrer Mängelmitteilung dem Antragsteller den **konkreten Versagungsgrund** zu nennen, auf den sie bei derzeitigem Stand die Versagung der Zulassung stützen

würde (VG Köln Urt. v. 26.08.2008 – 7 K 283/06). Sie hat deshalb vor Erlass der Mängelmitteilung den Zulassungsantrag samt Unterlagen vollständig und umfassend zu prüfen. Bei dem Auftreten weiterer Mängel kann sie gleichwohl eine weitere Mängelmitteilung erlassen (OVG Nordrhein-Westfalen PharmR 2009, 178, 179 zu § 105 Abs. 5).

Die Versagung einer Zulassung ist **anfechtbar**, wenn der in der Versagung benannte Versagungsgrund nicht zuvor gegenüber dem Antragsteller im Wege einer Mängelmitteilung bekannt gegeben wurde (*Denninger* PharmR 2009, 327, 332). Der Antragsteller hat **Verpflichtungsklage** (§ 42 Abs. 1 VwGO) zu erheben mit dem Ziel der Erteilung der beantragten Zulassung. 38

## II. Mängelbeseitigungsfrist (Satz 2)

§ 25 Abs. 4 Satz 2 verpflichtet die Zulassungsbehörde, dem Antragsteller eine angemessene Frist zu gewähren, innerhalb derer er dem ihm bekannt gemachten Mangel abhelfen kann. Es muss sich um eine **angemessene Frist** handeln. Eine Versagung der Zulassung im Anschluss an eine unangemessene Frist ist ebenso anfechtbar wie eine Zulassungsversagung ohne Fristsetzung, beispielsweise weil die Zulassungsbehörde eine Mängelbeseitigung für unmöglich erachtet hat. 39

Die Zulassungsbehörde kann die dem Antragsteller gewährte **Frist verlängern**, solange sie sich im Rahmen der gesetzlichen Höchstfrist von 6 Monaten bewegt. Die Zulassungsbehörde darf keine Frist gewähren, die insgesamt, d.h. unter Berücksichtigung sämtlicher Verlängerungen, eine Gesamtfrist von 6 Monaten überschreitet. Gleichfalls kann die Zulassungsbehörde die gesetzliche Frist nicht dadurch umgehen, dass sie bezüglich desselben Mangels eine erneute Mängelmitteilung ausspricht (OVG Nordrhein-Westfalen PharmR 2009, 178, 179 zu § 105 Abs. 5). 40

## III. Versagung der Zulassung (Satz 3)

Die Zulassungsbehörde hat die Zulassung zu versagen, wenn den aufgezeigten Mängeln nicht innerhalb der dem Antragsteller gesetzten Frist abgeholfen wird. Der Zulassungsbehörde steht insoweit kein Ermessensspielraum zu. Sie kann alternativ zur Zulassungsversagung jedoch von der Möglichkeit des Erlasses einer Auflage (§ 28) als milderes Mittel Gebrauch machen, wenn die Auflage geeignet und ausreichend ist, den aufgezeigten Mangel zu beheben. 41

Hat die Zulassungsbehörde mehrere Mängelmitteilungen erlassen, deren Fristen zu unterschiedlichen Zeitpunkten ablaufen, hat die Zulassungsbehörde nach erfolglosem Ablauf der ersten Frist zu prüfen, ob bezüglich dieser im Mängelbescheid genannten Mängel der Erlass einer Auflage in Betracht kommt. Ist dies nicht der Fall, ist bereits vor dem Ablauf der weiteren Fristen die Zulassung aufgrund des nicht abgeholfenen Mangels zu versagen. 42

## IV. Präklusion (Satz 4)

Es ist dem Antragsteller verwehrt, nach einer Zulassungsversagung gem. § 25 Abs. 4 Satz 3 weitere Unterlagen zur Mängelbeseitigung einzureichen. Der Antragsteller hat im Rechtsmittelverfahren lediglich die Möglichkeit darzulegen, dass entweder die von ihm bei Antragstellung oder zur Mängelbeseitigung eingereichten Unterlagen ausreichen, seinen Zulassungsantrag zu begründen, oder die ihm gesetzte Frist zu kurz bemessen war. 43

Zur Verfassungsmäßigkeit des § 25 Abs. 4 Satz 4 s. die ausführliche Begründung des OVG Nordrhein-Westfalen PharmR 2007, 200 f. (so nunmehr auch das BVerwG in st. Rspr., vgl. BVerwG PharmR 2014, 437 Rn. 25; PharmR 2014, 161 Rn. 12, zu § 105 Abs. 5 Satz 3). 44

## E. Die Entscheidung über die Zulassung (Abs. 5)

### I. Die Zulassungserteilung (Satz 1)

§ 25 Abs. 5 Satz 1 schränkt den im Verwaltungsrecht vorherrschenden Amtsermittlungsgrundsatz (§ 24 Abs. 1 VwVfG) ein. Die Zulassungsbehörde hat über die Zulassung nur aufgrund der 45

Prüfung der eingereichten Unterlagen und auf der Grundlage der Sachverständigengutachten zu entscheiden. Sie ist nicht verpflichtet, eigene Untersuchungen anzustellen. Es ist dem Antragsteller auferlegt, ausreichende und schlüssige Unterlagen zur Begründung seines Zulassungsantrags vorzulegen.

## II. Beurteilung der Unterlagen (Satz 2)

### 1. Allgemeine Regelung

46 Die zuständige Bundesoberbehörde kann zur Beurteilung der eingereichten Unterlagen eigene wissenschaftliche Ergebnisse verwerten, Sachverständige beiziehen oder Gutachten anfordern. Welcher der in § 25 Abs. 5 Satz 2 genannten Mittel sich die Zulassungsbehörde bedient, steht in ihrem Ermessen, wobei die Behörde unter Berücksichtigung der Umstände des Einzelfalls zu entscheiden hat, wie eine effiziente Beurteilung der Unterlagen des Antragstellers erfolgen kann.

### 2. Zweitanwenderproblematik

47 Die sog. Zweitanwenderproblematik befasst sich mit der Frage, ob und inwieweit der Antragsteller Bezug nehmen kann auf Unterlagen anderer Antragsteller für identische oder vergleichbare Arzneimittel. Zulässig ist es, dass sich der Antragsteller auf frühere von ihm eingereichte Unterlagen bezieht. Dies kommt insbesondere dann in Betracht, wenn es aufgrund einer Änderung der Zusammensetzung der Wirkstoffe nach Art oder Menge einer neuen Zulassung bedarf (§ 29 Abs. 3 Satz 1 Nr. 1).

48 Im Übrigen ist eine Bezugnahme nur unter den Voraussetzungen des § 24a möglich, d.h. es bedarf der **schriftlichen Zustimmung** des anderen Antragstellers einschließlich dessen Bestätigung, dass die Unterlagen, auf die Bezug genommen wird, die Anforderungen der Arzneimittelprüfrichtlinien nach § 26 erfüllen.

49 Ohne die schriftliche Zustimmung des anderen Antragstellers ist eine Bezugnahme unzulässig. Auch die Zulassungsbehörde hat die Entscheidung des Vorantragstellers zu respektieren und darf nicht eigenmächtig auf Unterlagen anderer Antragsteller zurückgreifen. Ein etwaiger Verstoß kann allerdings nicht dem Antragsteller zugerechnet werden.

50 Anders stellt sich die Situation beim sog. **Parallelimport** dar. Hierunter ist der Import von in dem EWR oder der EU hergestellten und zugelassenen Arzneimitteln zu verstehen, die von einem Dritten, dem Parallelimporteur, außerhalb des von den Herstellern oder Erstlieferanten für ihre Erzeugnisse in einem Mitgliedstaat aufgebauten Vertriebsnetzes in einen anderen EWR-/EU-Staat eingeführt werden und die dort zugelassen oder registriert sind (Terbille/*Kügel* MAH Medizinrecht § 9 Rn. 27).

51 Beim Parallelimport besteht die Besonderheit, dass das parallel importierte Arzneimittel im »**abgekürzten Verfahren**« von der nationalen Zulassungsbehörde zugelassen wird, wenn für das Bezugsarzneimittel in einem Mitgliedstaat eine Zulassung besteht, das parallel importierte Arzneimittel von der Zulassungsbehörde im Ausfuhrmitgliedstaat zugelassen wurde und schließlich die beiden Arzneimittel »im Wesentlichen gleich« sind (EuGH Urt. v. 16.12.1999 – C-94/98 – »Zimovane«). Wenn der Parallelimporteur nicht über alle Unterlagen verfügt, die er zum Nachweis der wesentlichen Gleichheit bedarf, es zugleich aber plausibel erscheint, dass die beiden Arzneimittel sich in Bezug auf die Beurteilung ihrer Sicherheit und Wirksamkeit nicht erheblich unterscheiden, sind die Behörden verpflichtet, die für sie verfügbaren oder für sie im Rahmen einer Zusammenarbeit mit den Gesundheitsbehörden eines anderen Mitgliedstaates verfügbaren Informationen im Rahmen des Zulassungsverfahrens zu verwenden (EuGH Urt. v. 01.04.2004 – C-112/02, Rn. 20 – »Kohlpharma«; EuGH Urt. v. 10.09.2002 – C-172/00, Rn. 38 – »Ferring«). Die Parallelimport-Zulassung kann im Einzelfall auch fortbestehen (und die Unterlagen/Angaben für das betreffende Arzneimittel können geändert werden), wenn die Bezugszulassung erloschen ist (EuGH Urt. v. 08.10.2020 – C-602/19). Mit diesem Urteil stärkt der EuGH die Rechte der

Inhaber von Parallelimport-Zulassungen und führt seine Rechtsprechung in Sachen »Ferring« (EuGH Urt. v. 10.09.2002 – C-172/00) und »Delfarma« (EuGH Urt. v. 03.07.2019 – C-387/18) weiter.

### III. Überprüfung zulassungsbezogener Angaben und Unterlagen (Satz 3)

Der Gesetzgeber erlaubt der zuständigen Bundesoberbehörde die **Validitätsüberprüfung** der vom Antragsteller eingereichten Angaben und Unterlagen. Die Durchführung der Überprüfung liegt im pflichtgemäßen Ermessen der Behörde (Kügel/Müller/Hofmann/*Kügel* AMG § 25 Rn. 140; *Kloesel/Cyran* § 25 Anm. 127). Gründe, die für eine derartige Validitätsüberprüfung sprechen, sind insbesondere neue Stoffe gem. § 49, Bioverfügbarkeits-/Bioäquivalenzstudien, für den Export bestimmte Arzneimittel oder unglaubwürdige und Verdacht erregende Unterlagen (BT-Drs. 13/11 020, S. 25). 52

Die überprüften Unterlagen müssen zulassungsbezogen sein, d.h. von der Überprüfung ausgeschlossen sind beispielsweise Bilanzen und Kalkulationen des pharmazeutischen Unternehmers (Kügel/Müller/Hofmann/*Kügel* AMG § 25 Rn. 141; *Kloesel/Cyran* § 25 Anm. 130). 53

### IV. Befugnisse des BfArM (Satz 4)

Die Befugnisse (Betretungs-, Einsichts- und Auskunftsrechte) des BfArM im Rahmen der Validitätsüberprüfung sind abschließend in § 25 Abs. 5 Satz 4 benannt. Die Norm verlangt ein Benehmen mit der zuständigen Überwachungsbehörde (§ 64), d.h. diese ist zu informieren und zur Überprüfung anzuhören. Eine Zustimmung der Überwachungsbehörde zur Art und zum Zeitpunkt der Überprüfung ist jedoch nicht erforderlich (*Kloesel/Cyran* § 25 Anm. 132). 54

Die angeführten Maßnahmen sind nur in den »üblichen Geschäftszeiten« zulässig. Zu den »Betriebs- und Geschäftsräumen« zählen im Fall eines Subunternehmers (z.B. Lohnhersteller oder Lohnprüfer) auch dessen Betriebs- und Geschäftsräume, da anderenfalls der pharmazeutische Unternehmer die Überprüfung umgehen könnte. In dem nach § 9 AMWHV erforderlichen schriftlichen Vertrag zwischen dem Auftraggeber und dem Auftragnehmer sollte der Auftragnehmer auf die Befugnisse der Behörde hingewiesen werden. 55

### V. Der Gegensachverständige (Satz 5)

Ausweislich § 25 Abs. 5 Satz 5 kann die Zulassungsbehörde die Beurteilung der Antragsunterlagen auf unabhängige Gegensachverständige übertragen. Der Gegensachverständige **entscheidet eigenverantwortlich und abschließend** über das Vorliegen der Zulassungsvoraussetzungen (OVG Berlin-Brandenburg Urt. v. 24.09.1992 – 5 B 51.91; VG Köln Urt. v. 08.08.2006 – 7 K 285/05). Der Zulassungsbehörde verbleibt lediglich die formale Entscheidung über die Zulassung. 56

Die zuständige Bundesoberbehörde entscheidet nach freiem Ermessen (»kann«), in welchem Zulassungsverfahren sie sich unabhängiger Gegensachverständiger bedient und in welchen Verfahren sie die Prüfung der Antragsunterlagen selbst vornimmt (*Kloesel/Cyran* § 25 Anm. 134). 57

Die Zulassungsbehörde beschränkt sich bei Arzneimitteln, die nicht der Verschreibungspflicht nach § 48 Abs. 2 Nr. 1 unterliegen, darauf, die Plausibilität der Beurteilung des Gegensachverständigen und die Übereinstimmung mit der bisherigen Zulassungspraxis zu prüfen (*Kloesel/Cyran* § 25 Anm. 140). Ist diese gegeben, darf die Zulassungsbehörde nicht vom Votum des Gegensachverständigen abweichen. Bei Arzneimitteln mit in der medizinischen Wissenschaft nicht allgemein bekannten Wirkungen (vgl. § 48 Abs. 2 Nr. 1 i.V.m. Abs. 1 Satz 1 Nr. 3) legt die Zulassungsbehörde das Gutachten des Gegensachverständigen dem der Zulassungskommission vorzulegenden Entwurf der Zulassungsentscheidung zugrunde. Die Zulassungsbehörde ist zwar darin frei, vom Votum der Zulassungskommission abzuweichen, sie ist jedoch an das Gutachten des Gegensachverständigen gebunden, wenn dessen Beurteilung plausibel ist. 58

## VI. Anforderungen an den Gegensachverständigen (Satz 6)

59 Das Gesetz nennt in § 25 Abs. 5 Satz 5 und 6 die Voraussetzungen, die die Person des Gegensachverständigen erfüllen muss: Er muss zum einen unabhängig sein, zum anderen die erforderliche Sachkenntnis und schließlich die zur Ausübung der Tätigkeit als Gegensachverständiger erforderliche Zuverlässigkeit besitzen.

### 1. Unabhängigkeit des Gegensachverständigen

60 Der Gegensachverständige kann nur eigenverantwortlich und abschließend über das Vorliegen der Zulassungsvoraussetzungen urteilen, wenn er in seiner Entscheidung unbeeinflusst ist. Aufgrund der Entscheidungsgewalt des Gegensachverständigen und zum Schutz der Arzneimittelsicherheit muss bereits der **Anschein unzureichender Neutralität** vermieden werden (VG Köln Urt. v. 30.11.2007 – 18 K 936/07). Es liefe dem Zweck, die Zulassungsbehörde zu entlasten, zuwider, wenn bei einem ersten Anschein unzureichender Neutralität der Nachweis der Befangenheit erbracht werden müsste. Die gesellschaftsrechtliche und vertragliche Verflechtung zwischen pharmazeutischen Unternehmen und die unübersichtlichen Konkurrenzverhältnisse auf dem pharmazeutischen Markt würden umfangreiche und rechtliche Ermittlungen bedingen (VG Köln Urt. v. 08.08.2006 – 7 K 285/05).

61 Der Gegensachverständige darf nicht direkt oder indirekt vom pharmazeutischen Unternehmen abhängig sein, dessen Antrag er zu bewerten hat. Angestellte (OVG Berlin-Brandenburg Urt. v. 24.09.1992 – 5 B 51.91) sowie laufend für den pharmazeutischen Unternehmer tätige Selbstständige (VG Köln Urt. v. 08.08.2006 – 7 K 285/05) sind daher nicht unabhängig.

62 Die wirtschaftliche Abhängigkeit des Gegensachverständigen steht der Beauftragung entgegen, wenn sie noch zum Zeitpunkt der Beauftragung durch die Zulassungsbehörde besteht. Vor seiner Beauftragung hat der Gegensachverständige der Zulassungsbehörde die Umstände darzulegen, die seiner Unabhängigkeit entgegenstehen können (*Rehmann* § 25 Rn. 16). Änderungen der Verhältnisse, die Einfluss auf die Unabhängigkeit haben können, hat der Gegensachverständige der Zulassungsbehörde unverzüglich anzuzeigen.

### 2. Sachkenntnis

63 Der Gegensachverständige muss in der Lage sein, die ihm übertragene Aufgabe zu erfüllen. Er muss daher bereits eigenständige Leistungen in der Beurteilung von Prüfungsergebnissen nachweisen können und praktische Erfahrung auf diesem Gebiet gesammelt haben. Der Gegensachverständige muss zudem einen Studiengang abgeschlossen haben, der ihm das für seine Überprüfung erforderliche theoretische Fachwissen verschafft. Nach allgemeiner Ansicht weist der Gegensachverständige die erforderliche Sachkenntnis auf, wenn er den Anforderungen des § 15 genügt (*Kloesel/Cyran* § 25 Anm. 141).

### 3. Zuverlässigkeit

64 Die Anforderungen an die Zuverlässigkeit eines Gegensachverständigen sind dem Gesetz nicht zu entnehmen. Auf die Zuverlässigkeit kann nur aufgrund des persönlichen Werdegangs des Sachverständigen geschlossen werden. Ohne entgegenstehende Anhaltspunkte ist von einer Zuverlässigkeit des Gegensachverständigen auszugehen (vgl. dazu OVG Berlin-Brandenburg Urt. v. 24.09.1992 – 5 B 51.91).

### 4. Die Bestellung des Gegensachverständigen

65 Bei der Bestellung handelt es sich um einen begünstigenden Verwaltungsakt, auf den die Vorschriften des VwVfG Anwendung finden. Der Gegensachverständige hat bei Vorliegen der Voraussetzungen für seine Bestellung jedoch keinen Anspruch auf die konkrete Bestellung im Einzelfall. Ob die zuständige Bundesoberbehörde überhaupt einen Gegensachverständigen bestellt,

liegt in ihrem Ermessen. Der Gegensachverständige hat lediglich einen Anspruch auf chancengleiche Auswahl unter den infrage kommenden Gegensachverständigen (OVG Berlin-Brandenburg Urt. v. 24.09.1992 – 5 B 51.91).

### VII. Einsichtsrecht (Satz 7)

Der Antragsteller hat ein Recht auf Einsicht in die Gutachten. Das Akteneinsichtsrecht besteht neben dem allgemeinen Akteneinsichtsrecht als Beteiligter im Verwaltungsverfahren nach § 29 Abs. 1 VwVfG, ist jedoch leichter durchzusetzen, da es nicht der Darlegung bedarf, dass die Akteneinsicht zur Geltendmachung oder Verteidigung eines rechtlichen Interesses erforderlich ist. Dem Antragsteller steht ein Recht auf Einsicht in alle Gutachten zu, die im Rahmen der Prüfung der eingereichten Antragsunterlagen gefertigt wurden. 66

Das Akteneinsichtsrecht wird auf **Antrag** gewährt; besondere Anforderungen stellt das Gesetz nicht auf. Die Akteneinsicht kann von der zuständigen Bundesoberbehörde gem. § 29 Abs. 2 1. Alt VwVfG nur verweigert werden, wenn es die ordnungsgemäße Erfüllung der Aufgaben der Behörde beeinträchtigen würde. Die **Ablehnung** ist zu begründen und es ist auszuführen, wie und wann dem Antragsteller die Akteneinsicht ohne Beeinträchtigung der Aufgabenerfüllung der Behörde gewährt werden kann. 67

### VIII. Anhörung von Sachverständigen (Satz 8)

Die zuständige Bundesoberbehörde ist verpflichtet, die vom Antragsteller gestellten Sachverständigen anzuhören. Die Behörde kann die Anhörung nicht ablehnen, die Ausgestaltung liegt jedoch in ihrem Ermessen. Dem Anhörungsrecht des Antragstellers ist genüge getan, wenn die Zulassungsbehörde dem Sachverständigen die Möglichkeit einer schriftlichen Stellungnahme innerhalb angemessener Frist einräumt (*Kloesel/Cyran* § 25 Anm. 143). 68

Die dem Sachverständigen gesetzte Frist zur Stellungnahme hemmt die der Behörde gem. § 27 Abs. 1 Satz 1 vorgegebene Frist von 7 Monaten, innerhalb deren sie über den Antrag auf Zulassung zu entscheiden hat. 69

## F. Der Beurteilungsbericht (Abs. 5a)

### I. Pflicht der Erstellung eines Beurteilungsberichts (Satz 1)

§ 25 Abs. 5a Satz 1 verpflichtet die zuständige Bundesoberbehörde, über die im Gesetz genannten Unterlagen einen Beurteilungsbericht zu erstellen. Dem Beurteilungsbericht kommt vor allem in den Zulassungsverfahren Bedeutung zu, in denen andere Mitgliedstaaten beteiligt sind (Verfahren der gegenseitigen Anerkennung und dezentralisiertes Verfahren; s. § 21 Rdn. 2 ff.). Durch die Beurteilungsberichte soll unnötige Doppelarbeit bei der Prüfung von Anträgen vermieden werden (Erwägungsgrund Nr. 15 RL 2001/83/EG, Erwägungsgrund Nr. 20 RL 2001/82/EG). 70

Die zuständige Bundesoberbehörde ist zur Erstellung des Beurteilungsberichtes ungeachtet eines Antrags des pharmazeutischen Unternehmers verpflichtet (Art. 25 Abs. 4 RL 2001/82/EG; Art. 21 Abs. 4 RL 2001/83/EG). Auf die Erstellung eines Beurteilungsberichtes kann nur verzichtet werden, wenn bereits ein anderer Mitgliedstaat, der sich mit der Zulassung des Arzneimittels auseinandergesetzt hat, einen Beurteilungsbericht erstellt hat (*Kloesel/Cyran* § 25 Anm. 145). Durch das »Zweite AMG-Änderungsgesetz« v. 19.10.2012 (BGBl. I 2012 S. 2192) wurden die Vorgaben für die Erstellung des Beurteilungsberichts erweitert. In dem Beurteilungsbericht muss die Behörde nunmehr auch zu dem Risikomanagement- und Pharmakovigilanzsystem Stellung nehmen. Zudem ist der Differenzierung zwischen Human- und Tierarzneimitteln Rechnung getragen worden. 71

### II. Aktualisierung (Satz 2)

Der Beurteilungsbericht ist von der zuständigen Bundesoberbehörde, die den Bericht erstellt hat, zu aktualisieren, wenn neue Informationen verfügbar werden. Über die Aktualisierung entscheidet 72 die Zulassungsbehörde nach pflichtgemäßem Ermessen. Der Antragsteller kann eine Aktualisierung des Beurteilungsberichtes beantragen (§ 27 Abs. 1 Satz 3). Über den Antrag hat die Zulassungsbehörde zu entscheiden und ihre Entscheidung zu begründen.

### G. Zulassungskommissionen (Abs. 6)

#### I. Allgemeines

73 Bei den in § 25 Abs. 6 Satz 1 genannten Therapierichtungen der Phytotherapie, Homöopathie oder Anthroposophie ist vor der Entscheidung über die Zulassung von der Verschreibungspflicht unterliegenden Arzneimitteln externer Sachverstand in Form einer Zulassungskommission zu beteiligen. Auf die Arbeit der Kommissionen findet die Geschäftsordnung der nach § 25 Abs. 6, 7 und 7a Satz 8 zu hörenden Kommissionen für den humanmedizinischen Bereich, anthroposophische, homöopathische und physiotherapeutische Therapierichtungen (Kommission C, D und E) (abrufbar über die Homepage des BfArM) Anwendung. Die Mitglieder der Zulassungskommissionen sind ehrenamtlich tätig (*Rehmann* § 25 Rn. 20).

#### II. Die Einbeziehung von Zulassungskommissionen (Satz 1)

74 Der Gesetzgeber sieht die Beteiligung von Zulassungskommissionen bei der Entscheidung über die Zulassung eines Arzneimittels der in § 25 Abs. 6 Satz 1 genannten Therapierichtungen vor, wenn das zuzulassende Arzneimittel der Verschreibungspflicht nach § 48 Abs. 2 Nr. 1 i.V.m. Abs. 1 Satz 1 Nr. 3 unterliegt, d.h. seine Wirkungen in der medizinischen Wissenschaft nicht allgemein bekannt sind.

75 Durch die mehrköpfige Zulassungskommission, die sich aus Vertretern verschiedener Interessengruppen zusammensetzt, wird die **Pluralität der wissenschaftlichen Auffassungen** in das Zulassungsverfahren einbezogen (VG Köln Urt. v. 02.07.2008 – 24 K 1239/07). Das bloße Anhörungsrecht stellt zugleich sicher, dass die Entscheidung über die Zulassung bei der Zulassungsbehörde verbleibt. Wird eine der benannten Zulassungskommissionen nicht am Zulassungsverfahren beteiligt, begründet dies die Anfechtbarkeit der Zulassungsentscheidung (*Rehmann* § 25 Rn. 20).

#### III. Der Umfang der Anhörung (Satz 2)

76 Die Anhörungspflicht erstreckt sich ausweislich § 25 Abs. 6 Satz 2 auf alle für die Zulassung wesentlichen Inhalte der für die Zulassungsentscheidung maßgeblichen Dokumente.

#### IV. Keine Bindungswirkung (Satz 3)

77 Die zuständige Bundesoberbehörde ist nicht an das Votum der Zulassungskommission gebunden, sondern kann von diesem abweichen. Die Zulassungsbehörde ist jedoch verpflichtet, bei einem Abweichen von dem Votum der Zulassungskommission ihre abweichende Auffassung gegenüber der Zulassungskommission zu begründen. Der Antragsteller kann als Beteiligter des Verwaltungsverfahrens Einsicht in diese Begründung nehmen (*Kloesel/Cyran* § 25 Anm. 161).

#### V. Besetzung (Satz 4)

78 Die Besetzung der Zulassungskommissionen erfolgt unter Berücksichtigung der Vorschläge der in § 25 Abs. 6 Satz 4 genannten Gremien. Das Bundesministerium für Gesundheit hat die Vorschläge zu berücksichtigen, kann jedoch auch ohne entsprechende Vorschläge eine Berufung vornehmen (VG Köln Urt. v. 02.07.2008 – 24 K 1239/07; BT-Drs. 15/2109, S. 28). Das Bundesministerium hat einen Ermessensspielraum sowohl bei der Auswahl der Mitglieder als auch bei der Entscheidung, mit wie vielen Kommissionsmitgliedern die jeweilige Kommission ausgestattet wird (OVG Berlin-Brandenburg Beschl. v. 04.02.1988 – 5 S 68.87).

## VI. Berücksichtigung von Besonderheiten der Arzneimittel (Satz 5)

Durch § 25 Abs. 6 Satz 5 wird Einfluss auf das Vorschlagsrecht und auf die Ermessensauswahl des Bundesministeriums genommen. Das Vorschlagsrecht für die jeweilige Kommission haben danach nur die Fachgesellschaften, die sich mit der jeweiligen Therapierichtung befassen und dementsprechend fachspezifische Sachverständige benennen können. Das Bundesministerium darf gleichfalls nur die Sachverständigen in die jeweilige Kommission berufen, die über spezielle fachspezifische wissenschaftliche Kenntnisse verfügen und praktische Erfahrungen in der jeweiligen Therapierichtung vorweisen können. 79

## VII. Anforderungen an die Kommissionsmitglieder (Satz 6)

Ein Sachverständiger kann als Kommissionsmitglied benannt werden, wenn er auf dem jeweiligen Anwendungsgebiet und der jeweiligen Therapierichtung, für die die Kommission eingerichtet wurde, über wissenschaftliche Kenntnisse verfügt und praktische Erfahrungen gesammelt hat. Wissenschaftliche Kenntnisse werden durch ein fachlich einschlägiges Hochschulstudium erworben, die praktische Erfahrung wird im Rahmen der Berufsausübung gesammelt. 80

## H. Die (Aufbereitungs-) Kommissionen (Abs. 7)

Die sog. Aufbereitungskommissionen verdienen ihre Bezeichnung der ihnen bis zum 5. AMG-Änderungsgesetz (BGBl. I 1994 S. 2071) übertragenen Aufgabe der Aufbereitung des vorhandenen arzneilichen Erkenntnismaterials und dessen Dokumentation in Monografien, mit deren Hilfe die Wirksamkeit und Unbedenklichkeit der erfassten Stoffe beurteilt werden sollte. Die Aufbereitungskommissionen sind gem. § 25 Abs. 7 Satz 3 und 4 nunmehr lediglich im Verfahren der Entscheidung über die Verlängerung von Zulassungen nach § 105 Abs. 3 Satz 1 zu beteiligen, wobei die Beteiligung nur in dem in § 25 Abs. 7 Satz 4 benannten Fall zwingend ist. Erfolgt die Beteiligung nicht, ist eine (Teil-) Versagung rechtswidrig; sie kann jedoch mit heilender Wirkung (§ 45 Abs. 1 Nr. 4 VwVfG) nachgeholt werden (VG Köln Urt. v. 11.05.2009 – 7 K 444/06). 81

Die von den Aufbereitungskommissionen veröffentlichten **Aufbereitungsmonografien** können weiterhin als anderes wissenschaftliches Erkenntnismaterial i.S.d. § 22 Abs. 3 angeführt werden. Sie sind jedoch nicht bindend, einer Neubewertung zugänglich und repräsentieren nicht zwingend den aktuellen Stand der Wissenschaft (VG Köln Urt. v. 02.07.2008 – 24 K 1239/07). Erlässt eine Aufbereitungskommission eine nach ihrer Ansicht allgemeingültige Monografie in der jeweiligen Therapierichtung, handelt es sich um eine sachverständige Äußerung in der Qualität eines **antizipierten Sachverständigengutachtens** (BVerwG Urt. v. 19.11.2009 – 3 C 10.09, Rn. 25; OVG Nordrhein-Westfalen Beschl. v. 26.08.2009 – 13 A 4556/06). 82

Erfolgt ein Zulassungsverfahren nach den §§ 21, 25 für ein homöopathisches Arzneimittel auf homöopathischen Monographien, ist die Werbeaussage »wissenschaftlich geprüft« irreführend i.S.d. § 5 UWG, da nicht im Sinne einer wissenschaftlichen Evidenz geprüft wurde und es keine »wissenschaftliche« Prüfung der Wirksamkeit gibt (LG München I Urt. v. 21.11.2017 – 1 HK O 9179/17). 82a

## I. Pädiatrische Arzneimittel (Abs. 7a)

### I. Kommission für Arzneimittel für Kinder und Jugendliche (Satz 1)

Mit Erlass vom 01.11.2006 hat das Bundesministerium für Gesundheit unter Berufung auf § 25 Abs. 7a die Errichtung einer Kommission für Arzneimittel für Kinder und Jugendliche (KAKJ) beim BfArM angeordnet. Ausweislich der im Gesetz verankerten Zielrichtung soll die Kommission zur Verbesserung der Arzneimittelsicherheit für Kinder und Jugendliche beitragen (vgl. BT-Drs. 15/2109, S. 28). 83

Pädiatrische Arzneimittel, d.h. Arzneimittel für Personen bis 18 Jahre (Art. 2 Nr. 1 VO [EG] Nr. 1901/2006), werden regelmäßig nicht oder kaum an der für sie maßgeblichen Patientengruppe 84

**§ 25 AMG** Entscheidung über die Zulassung

geprüft. Ausweislich einer Mitteilung des BfArM zur neuen EU-Verordnung über Kinderarzneimittel vom 11.06.2008 wurde etwa die Hälfte aller derzeit bei Kindern eingesetzten Arzneimittel weder an Kindern geprüft noch für eine entsprechende Anwendung zugelassen. Zur Problematik von Kinderarzneimitteln s. auch die Beweggründe zur VO (EG) Nr. 1901/2006.

85 Zur Verbesserung der Arzneimittelsituation für Kinder und Jugendliche haben das Europäische Parlament und der Rat der Europäischen Kommission am 12.12.2006 die VO (EG) Nr. 1901/2006 erlassen, die u. a. bei jedem neu zuzulassenden Arzneimittel ungeachtet des angestrebten Zulassungsverfahrens ein pädiatrisches Prüfkonzept verlangt (s. aber Art. 9 und Art. 11 Abs. 1 VO [EG] Nr. 1901/2006), in dem das geplante Entwicklungsprogramm für die Anwendung dieses Arzneimittels bei Kindern und Jugendlichen beschrieben wird. Ohne ein derartiges Prüfkonzept wird der Zulassungsantrag von der Zulassungsbehörde gem. § 25 Abs. 2 Satz 1 Nr. 1 als unvollständig zurückgewiesen werden (Mitteilung des BfArM zur neuen EU-Verordnung über Kinderarzneimittel vom 11.06.2008). Zum pädiatrischen Prüfkonzept sowie zur Zulassung von Kinderarzneimitteln s. Fuhrmann/Klein/Fleischfresser/*Fleischfresser/Fuhrmann/Lehmann* Arzneimittelrecht § 7 Rn. 24 ff., 35 ff., 61 ff.

### II. Berufung der Kommissionsmitglieder (Satz 2)

86 Die Berufung der Kommissionsmitglieder erfolgt nach den Vorgaben des § 25 Abs. 6 Satz 4 bis 6, s. Rdn. 78 ff. Bei der Berufung ist zu berücksichtigen, dass das Kommissionsmitglied über besonderen Sachverstand im Bereich der Pädiatrie verfügt und entsprechende Erfahrung gesammelt hat.

### III. Zwingende Beteiligung (Satz 3)

87 Ausweislich § 25 Abs. 7a Satz 3 ist die KAKJ zur Vorbereitung der Entscheidung über den Antrag auf Zulassung eines Arzneimittels zwingend zu beteiligen, wenn dieses Arzneimittel auch zur Anwendung bei Kindern oder Jugendlichen bestimmt ist. Die Beteiligung ist damit abhängig von der Indikation des zuzulassenden Arzneimittels, die letztlich der pharmazeutische Unternehmer festlegt.

### IV. Freiwillige Beteiligung (Satz 4)

88 Die KAKJ kann nach dem Ermessen der zuständigen Bundesoberbehörde zur Vorbereitung der Entscheidung über den Antrag auf Zulassung eines Arzneimittels beteiligt werden, wenn bei diesem eine Anwendung bei Kindern oder Jugendlichen in Betracht kommt. Letzteres erfordert eine ärztliche Abschätzung, inwieweit es aus medizinischer Sicht vernünftigerweise denkbar ist, dass ein Arzt das zuzulassende Arzneimittel bei Kindern oder Jugendlichen anwenden wird. Da die Zulassungsentscheidung letztlich von der zuständigen Bundesoberbehörde getroffen wird, ist es dieser auch bei Nichtvorliegen der in § 25 Abs. 7a Satz 4 genannten Voraussetzungen gestattet, die KAKJ an der Zulassungsentscheidung zu beteiligen.

89 Unterliegt das Arzneimittel zwar nicht § 25 Abs. 7a Satz 3, ist es jedoch aufgrund bisheriger Erfahrung mit vergleichbaren Arzneimitteln sehr wahrscheinlich, dass das Arzneimittel bei Kindern und Jugendlichen eingesetzt werden wird, ist das Ermessen der Zulassungsbehörde dahingehend reduziert, dass sie die KAKJ beteiligen muss.

### V. Stellungnahme (Satz 5)

90 § 25 Abs. 7a Satz 5 beschränkt die Beteiligung der KAKJ auf die Möglichkeit der Abgabe einer Stellungnahme. Die KAKJ hat daher keine Mitentscheidungsbefugnis.

### VI. Begründung einer abweichenden Entscheidung (Satz 6)

91 Gewicht erlangt die Stellungnahme der KAKJ nur insoweit, als nach § 25 Abs. 7a Satz 6 die zuständige Bundesoberbehörde verpflichtet ist zu begründen, warum sie dem Ergebnis der Stellungnahme der KAKJ nicht gefolgt ist. Die Begründung erfolgt nicht im Zulassungs- oder Versagungsbescheid sondern intern gegenüber der KAKJ (*Kloesel/Cyran* § 25 Anm. 171).

### VII. Pädiatrischer Sachverstand (Satz 7)

§ 25 Abs. 7a Satz 7 trägt dem besonderen pädiatrischen Sachverstand der KAKJ Rechnung und erlaubt es dieser festzustellen, inwieweit Arzneimittel, die nicht für die Anwendung bei Kindern oder Jugendlichen zugelassen sind, bei diesen angewendet werden können.

### VIII. Subsidiarität der KAKJ (Satz 8)

Bei der Zulassung von Arzneimitteln, die auch zur Anwendung bei Kindern oder Jugendlichen bestimmt sind oder bei diesen zur Anwendung kommen können und die den besonderen Therapierichtungen Phytotherapie, Homöopathie oder anthroposophische Medizin zuzurechnen sind, übernehmen die »Kommissionen nach Abs. 7 S. 4«, d.h. die Zulassungskommissionen der besonderen Therapierichtungen (insoweit sollte nunmehr besser auf § 25 Abs. 6 Satz 1 verwiesen werden), die Aufgaben der KAKJ, da es bei diesen Therapierichtungen eines spezifischen Sachverstandes bedarf.

## J. Zulassung durch das PEI (Abs. 8)

### I. Die Zulassungsentscheidung (Satz 1)

§ 25 Abs. 8 Satz 1 enthält eine Sonderregelung für Sera, Impfstoffe, Blutzubereitungen, Gewebezubereitungen, Allergene und xenogene Arzneimittel, die keine Arzneimittel nach § 4 Abs. 9 sind. Für die Zulassung dieser Produkte ist das Paul-Ehrlich-Institut (PEI) gem. § 77 Abs. 2 zuständig. Die Zulassungsentscheidung ist entgegen § 25 Abs. 5 Satz 1 nicht nur auf der Grundlage der eingereichten Unterlagen zu erteilen; das PEI kann auch auf eigene Untersuchungen oder auf die Beobachtung der Prüfungen des Herstellers zurückgreifen.

### II. Befugnisse des PEI (Satz 2)

Das Gesetz gewährt dem PEI Sonderbefugnisse, die weiter gehen als die Befugnisse nach § 25 Abs. 5 Satz 3 und die es dessen Beauftragten gestatten, im Benehmen (s. Rdn. 54) mit der zuständigen Überwachungsbehörde (§ 64) Betriebs- und Geschäftsräume des Herstellers zu den üblichen Geschäftszeiten zu betreten. Sie dürfen in diesen sowie in den dem Betrieb dienenden Beförderungsmitteln Besichtigungen vornehmen. Die genannten Befugnisse schließen auch die Betriebs- und Geschäftsräume eines etwaigen Lohnherstellers ein.

### III. Mitteilung des Herstellungsverfahrens (Satz 3)

Die dem Antragsteller in § 25 Abs. 8 Satz 3 auferlegte Mitteilungspflicht soll dem PEI eine vollständige Überprüfung und Untersuchung ermöglichen. Die Verpflichtung, das Herstellungsverfahren mitzuteilen, ist nicht auf den Herstellungsprozess des Fertigarzneimittels beschränkt, sondern erstreckt sich auch auf den Herstellungsprozess etwaiger Ausgangs- und Wirkstoffe (*Kloesel/Cyran* § 25 Anm. 184).

### IV. Kommissionen (Satz 4)

Bei der Zulassung der in § 25 Abs. 8 Satz 1 benannten Produkte ist die Beteiligung einer der in § 25 Abs. 6 bis 7a genannten Kommissionen nicht vorgesehen. Ausweislich der Gesetzesbegründung ist der beim PEI vorhandene Sachverstand so weitgehend, dass für die zwingende Einbeziehung externer Expertisen kein Bedarf ist und das Zulassungsverfahren insoweit entlastet werden kann (BT-Drs. 15/5316, S. 39).

## K. Einheitliche Zulassung (Abs. 9)

Das Gesetz erlaubt es dem Antragsteller, eine einheitliche Zulassung für verschiedene Stärken, Darreichungsformen, Verabreichungswege und Ausbietungen eines Arzneimittels zu beantragen. § 25 Abs. 9 Satz 1 Hs. 2 ermöglicht dies auch für nachträgliche Änderungen und Erweiterungen einer bestehenden Zulassung. Ausweislich § 25 Abs. 9 Satz 2 vergibt die zuständige Bundesoberbehörde

§ 31 AMG   Erlöschen, Verlängerung

eine einheitliche Zulassungsnummer, wobei dieser jedoch zur Unterscheidung der Darreichungsformen oder Konzentrationen weitere Kennzeichen hinzugefügt werden müssen.

99  Unter der Ausbietung eines Arzneimittels ist dessen jeweilige Verkaufsform (z.B. Packungsgröße, Glasflasche, Beutel oder Infusionslösung) zu verstehen (*Rehmann* § 25 Rn. 25).

### L. Haftung (Abs. 10)

100 § 25 Abs. 10 dient lediglich der Klarstellung. Die zivilrechtliche Verantwortlichkeit des pharmazeutischen Unternehmers bestimmt sich nach den §§ 84 ff., §§ 823 ff. BGB sowie dem ProdHaftG und GenTG (vgl. § 91 Rdn. 2 ff. B. Alternative Anspruchsgrundlagen), die straf- und ordnungswidrigkeitenrechtliche Verantwortlichkeit richtet sich nach den §§ 95 ff. sowie den Vorschriften des StGB und des OWiG.

101 Eine **Staatshaftung** für Schäden, die durch Arzneimittel verursacht wurden, die nicht hätten zugelassen werden dürfen, ist denkbar und wird durch § 25 Abs. 10 nicht ausgeschlossen. Die verletzte Amtspflicht (die Zulassung eines nicht zulassungsfähigen Arzneimittels) hat drittschützenden Charakter, da die Zulassungspflicht primär dem Patientenschutz dient. Ob die Zulassungsbehörde auch im Einzelfall ein Verschulden trifft, ist sehr genau zu untersuchen, da der Gesetzgeber mit dem AMG keinen absoluten Schutz bezweckte (s. nur § 4 Abs. 28).

### § 31 Erlöschen, Verlängerung

(1) Die Zulassung erlischt
1. wenn das zugelassene Arzneimittel innerhalb von drei Jahren nach Erteilung der Zulassung nicht in den Verkehr gebracht wird oder wenn sich das zugelassene Arzneimittel, das nach der Zulassung in den Verkehr gebracht wurde, in drei aufeinander folgenden Jahren nicht mehr im Verkehr befindet,
2. durch schriftlichen Verzicht,
3. nach Ablauf von fünf Jahren seit ihrer Erteilung, es sei denn, dass
    a) bei Arzneimitteln, die zur Anwendung bei Menschen bestimmt sind, spätestens neun Monate,
    b) bei Arzneimitteln, die zur Anwendung bei Tieren bestimmt sind, spätestens sechs Monate
    vor Ablauf der Frist ein Antrag auf Verlängerung gestellt wird,
3a. bei einem Arzneimittel, das zur Anwendung bei Tieren bestimmt ist, die der Gewinnung von Lebensmitteln dienen und das einen pharmakologisch wirksamen Bestandteil enthält, der in die Tabelle 2 des Anhangs der Verordnung (EU) Nr. 37/2010 aufgenommen wurde, nach Ablauf einer Frist von 60 Tagen nach Veröffentlichung im Amtsblatt der Europäischen Union, sofern nicht innerhalb dieser Frist auf die Anwendungsgebiete bei Tieren, die der Gewinnung von Lebensmitteln dienen, nach § 29 Abs. 1 verzichtet worden ist; im Falle einer Änderungsanzeige nach § 29 Abs. 2a, die die Herausnahme des betreffenden pharmakologisch wirksamen Bestandteils bezweckt, ist die 60-Tage-Frist bis zur Entscheidung der zuständigen Bundesoberbehörde oder bis zum Ablauf der Frist nach § 29 Abs. 2a Satz 2 gehemmt und es ruht die Zulassung nach Ablauf der 60-Tage-Frist während dieses Zeitraums; die Halbsätze 1 und 2 gelten entsprechend, soweit für die Änderung des Arzneimittels die Verordnung (EG) Nr. 1234/2008 Anwendung findet.
4. wenn die Verlängerung der Zulassung versagt wird.

In den Fällen des Satzes 1 Nr. 1 kann die zuständige Bundesoberbehörde Ausnahmen gestatten, sofern dies aus Gründen des Gesundheitsschutzes für Mensch oder Tier erforderlich ist.

(1a) Eine Zulassung, die verlängert wird, gilt ohne zeitliche Begrenzung, es sei denn, dass die zuständige Bundesoberbehörde bei der Verlängerung nach Absatz 1 Satz 1 Nr. 3 eine weitere Verlängerung um fünf Jahre nach Maßgabe der Vorschriften in Absatz 1 Satz 1 Nr. 3 in Verbindung mit Absatz 2 auch unter Berücksichtigung einer zu geringen Anzahl an Patienten, bei denen das betreffende Arzneimittel, das zur Anwendung bei Menschen bestimmt ist, angewendet wurde, als erforderlich beurteilt und angeordnet hat, um das sichere Inverkehrbringen des Arzneimittels weiterhin zu gewährleisten.

(2) Der Antrag auf Verlängerung ist durch einen Bericht zu ergänzen, der Angaben darüber enthält, ob und in welchem Umfang sich die Beurteilungsmerkmale für das Arzneimittel innerhalb der letzten fünf Jahre geändert haben. Der Inhaber der Zulassung hat der zuständigen Bundesoberbehörde dazu eine überarbeitete Fassung der Unterlagen in Bezug auf die Qualität, Unbedenklichkeit und Wirksamkeit vorzulegen, in der alle seit der Erteilung der Zulassung vorgenommenen Änderungen berücksichtigt sind; bei Arzneimitteln, die zur Anwendung bei Tieren bestimmt sind, ist anstelle der überarbeiteten Fassung eine konsolidierte Liste der Änderungen vorzulegen. Bei Arzneimitteln, die zur Anwendung bei Tieren bestimmt sind, die der Gewinnung von Lebensmitteln dienen, kann die zuständige Bundesoberbehörde ferner verlangen, dass der Bericht Angaben über Erfahrungen mit dem Rückstandsnachweisverfahren enthält.

(3) Die Zulassung ist in den Fällen des Absatzes 1 Satz 1 Nr. 3 oder des Absatzes 1a auf Antrag nach Absatz 2 Satz 1 innerhalb von sechs Monaten vor ihrem Erlöschen um fünf Jahre zu verlängern, wenn kein Versagungsgrund nach § 25 Abs. 2 Nr. 3, 5, 5a, 6, 6a oder 6b, 7 vorliegt oder die Zulassung nicht nach § 30 Abs. 1 S. 2 zurückzunehmen oder zu widerrufen ist oder wenn von der Möglichkeit der Rücknahme nach § 30 Abs. 2 Nr. 1 oder des Widerrufs nach § 30 Abs. 2 Nr. 2 kein Gebrauch gemacht werden soll. § 25 Abs. 5 S. 5 und Abs. 5a gilt entsprechend. Bei der Entscheidung über die Verlängerung ist auch zu überprüfen, ob Erkenntnisse vorliegen, die Auswirkungen auf die Unterstellung unter die Verschreibungspflicht haben.

(4) Erlischt die Zulassung nach Absatz 1 Nr. 2 oder 3, so darf das Arzneimittel noch zwei Jahre, beginnend mit dem auf die Bekanntmachung des Erlöschens nach § 34 folgenden 1. Januar oder 1. Juli, in den Verkehr gebracht werden. Das gilt nicht, wenn die zuständige Bundesoberbehörde feststellt, dass eine Voraussetzung für die Rücknahme oder den Widerruf nach § 30 vorgelegen hat; § 30 Abs. 4 findet Anwendung.

| Übersicht | Rdn. | | Rdn. |
|---|---|---|---|
| A. Erlöschen der Zulassung (Abs. 1) | 1 | 3. Zeitablauf (Nr. 3) | 9 |
| I. Erlöschensgründe (Satz 1) | 1 | 4. Tierarzneimittel (Nr. 3a) | 12 |
| 1. »Sunset-Clause« (Nr. 1) | 2 | 5. Versagung (Nr. 4) | 14 |
| a) Kein fristgemäßes Inverkehrbringen | 3 | II. Ausnahmeregelung (Satz 2) | 15 |
| b) Kein dauerhaftes Inverkehrbefinden | 5 | B. Grundsatz der zeitlich unbegrenzten Zulassung (Abs. 1a) | 16 |
| c) Besonderheiten | 7 | C. Verlängerungsantrag (Abs. 2) | 19 |
| d) Fristberechnung | 7a | D. Anspruch auf Verlängerung der Zulassung (Abs. 3) | 21 |
| 2. Verzicht (Nr. 2) | 8 | E. Abverkaufsfrist (Abs. 4) | 25 |

## A. Erlöschen der Zulassung (Abs. 1)

### I. Erlöschensgründe (Satz 1)

§ 31 Abs. 1 Satz 1 nennt abschließend die Fälle, bei deren Vorliegen die Zulassung erlischt. Das 1 Erlöschen geschieht automatisch und bedarf keines Verwaltungsaktes. Die nach § 34 Abs. 1 Satz 1 Nr. 5 erforderliche Bekanntgabe des Erlöschens im Bundesanzeiger hat lediglich deklaratorischen Charakter.

### 1. »Sunset-Clause« (Nr. 1)

§ 31 Abs. 1 Satz 1 Nr. 1, die sog. »Sunset-Clause«, nennt zwei Alternativen, bei deren Vorliegen 2 eine bestehende Zulassung erlischt:

## § 31 AMG  Erlöschen, Verlängerung

### a) Kein fristgemäßes Inverkehrbringen

3  Die Zulassung erlischt, wenn das zugelassene Arzneimittel nicht innerhalb von 3 Jahren nach der Erteilung der Zulassung in den Verkehr gebracht wird. Unbeachtlich ist es, wenn die Zulassung (teilweise) in dieser Zeit ruht (*Linse/Postner* PharmR 2005, 420, 424). Das Inverkehrbringen ist in § 4 Abs. 17 legaldefiniert. Auch der Export eines Arzneimittels stellt ein Inverkehrbringen dar (*Rehmann* § 31 Rn. 4), wenn in Deutschland die Übergabe an den Exporteur stattfindet. Ein Inverkehrbringen ist auch bei der Abgabe von Prüfpräparaten (vgl. § 3 Abs. 3 GCP-V) anzunehmen (*Sickmüller u. a.* PharmR 2009, 60, 63). Nicht ausreichend ist es, wenn das zugelassene Arzneimittel lediglich in Verkaufslisten angeboten wird, ohne dass das Arzneimittel tatsächlich physisch existent ist.

4  Die gesetzliche Dreijahresfrist kann nicht verlängert werden. Eine Suspendierung ist möglich, wenn das Ruhen der Zulassung aus Gründen der Pharmakovigilanz angeordnet ist (*Sickmüller u.a.* PharmR 2009, 60, 61). Die Frist beginnt zu dem Zeitpunkt zu laufen, in dem die Zulassung als Verwaltungsakt nach § 43 Abs. 1 Satz 1 VwVfG wirksam, d.h. dem Antragsteller bekannt gegeben wird (§ 41 VwVfG).

### b) Kein dauerhaftes Inverkehrbefinden

5  Die Zulassung erlischt auch, wenn das zugelassene Arzneimittel, das nach der Zulassung in den Verkehr gebracht wurde, sich in drei aufeinander folgenden Jahren nicht mehr in Verkehr befindet. Beide Erlöschenstatbestände stehen nebeneinander und können alternativ greifen (Kügel/Müller/Hofmann/*Krüger* AMG § 31 Rn. 7). Das Inverkehrbefinden ist gesetzlich nicht definiert. Es setzt nach dem Inverkehrbringen des Arzneimittels keine weiteren Vertriebshandlungen voraus; es ist ausreichend, wenn das Arzneimittel physisch im Arzneimittelmarkt existent ist und damit an andere abgegeben oder angewandt werden kann. Es genügt nicht, wenn nur Endverbraucher noch im Besitz des Arzneimittels sind. Die Frist beginnt mit dem Ende der Haltbarkeit der letzten in den Verkehr gebrachten Charge (§ 4 Abs. 16) des Arzneimittels (*Rehmann* § 31 Rn. 4; *Sickmüller u.a.* PharmR 2009, 60, 61).

6  Nach dem Konzept der »**globalen Zulassung**« soll es für ein Inverkehrbefinden genügen, wenn von allen Stärken, Darreichungsformen, Verabreichungswegen und -formen oder Ausbietungen nur eine Form der Produktfamilie in Verkehr ist (*Sickmüller u.a.* PharmR 2009, 60, 63).

### c) Besonderheiten

7  Die »Sunset-Clause« findet ihr Pendant im zentralen Zulassungsverfahren in Art. 14 Abs. 4 und 5 VO (EG) Nr. 726/2004 (vgl. dazu *Rehmann* § 31 Rn. 3; *Linse/Postner* PharmR 2005, 420, 425 ff.). Im Rahmen des dezentralen Zulassungsverfahrens gilt die »Sunset-Clause« für die jeweilige nationale Zulassung. Zur Problematik des Erlöschens der nationalen Zulassung im sog. Reference Member State vgl. *Sickmüller u.a.* PharmR 2009, 60, 65 f.

### d) Fristberechnung

7a  Seit dem 01.10.2012 haben die pharmazeutischen Unternehmer die Möglichkeit, auf den Tag genau zu recherchieren, wann die Dreijahresfrist erreicht ist. Diese Option gilt für Zulassungen, die in den Zuständigkeitsbereich des BfArM und des BVL fallen und wurde mit der Freigabe der sog. 3. Ausbaustufe des Online-Portals zur Sunset-Clause eingeführt. Das Portal kann unter https://sunset-clause.dimdi.de/ssc/index.html genutzt werden. Die bis zum 30.09.2012 geübte Verwaltungspraxis des BfArM und des BVL, die Zulassungsinhaber über die zur Löschung anstehenden Zulassungen zu informieren, wurde zugleich abgeschafft (vgl. Gemeinsame Bekanntmachung des BfArM und des BVL v. 01.08.2012 über die Änderung der Verwaltungspraxis in Bezug auf das Erlöschen von Zulassungen nach § 31 Abs. 1 Satz 1 Nr. 1, abrufbar unter http://bfarm.de).

## 2. Verzicht (Nr. 2)

Der Verzicht des Zulassungsinhabers auf die Zulassung ist gegenüber der zuständigen Bundesoberbehörde (§ 77) schriftlich anzuzeigen. Die Zulassung erlischt in dem Moment des Zugangs der Verzichtserklärung bei der Behörde, wenn der Zulassungsinhaber nicht ein konkretes Datum bestimmt, an dem die Zulassung erlöschen soll. Von einem Verzicht der (»Bezugs«)-Zulassung unbeeinflusst ist ein etwaiger **Parallelimport** des Arzneimittels. Der Parallelimporteur besitzt eine eigenständige Zulassung, die von einem Erlöschen der Bezugszulassung nicht berührt wird (EuGH Urt. v. 10.09.2002 – C-172/00 – »Ferring«; *Rehmann* § 31 Rn. 5). 8

## 3. Zeitablauf (Nr. 3)

Zulassungen, auch bereits verlängerte Zulassungen (BVerwG NVwZ-RR 2006, 125 f.), erlöschen, wenn der Zulassungsinhaber nicht rechtzeitig einen Verlängerungsantrag bei der Behörde stellt. Die Zulassung erlischt nach Ablauf von 5 Jahren seit ihrer Erteilung, wenn bei Humanarzneimitteln nicht spätestens 9 Monate und bei Arzneimitteln, die zur Anwendung bei Tieren bestimmt sind, spätestens 6 Monate vor Ablauf der Frist ein Antrag auf Verlängerung der Zulassung gestellt wird. Die Frist beginnt mit der Bekanntgabe des Zulassungsbescheides bzw. des letzten Verlängerungsbescheides an den Zulassungsinhaber, d.h. mit dessen Zustellung (BVerwG NVwZ-RR 2006, 125 f.; BfArM 2. Bekanntmachung über die Verlängerung der Zulassung von Arzneimitteln gem. § 31 Abs. 3 vom 02.09.2008). Sie endet nach Ablauf von 5 Jahren am gleichen Tag um 24 Uhr (VG Köln Urt. v. 06.12.2007 – 13 K 1653/07); auf die Fristberechnung findet § 31 VwVfG Anwendung. 9

Wird die Verlängerungsfrist versäumt, kann der Zulassungsinhaber gem. § 32 VwVfG einen **Antrag auf Wiedereinsetzung in den vorherigen Stand** stellen. Der Verlängerungsantrag und der Antrag auf Wiedereinsetzung sind vor Ablauf der fünfjährigen Zulassungsfrist zu stellen (VG Köln Urt. v. 06.12.2007 – 13 K 1629/07). Wiedereinsetzung ist gem. § 32 Abs. 1 VwVfG dann zu gewähren, wenn der Betroffene ohne Verschulden, d.h. er hat diejenige Sorgfalt beachtet, die für einen gewissenhaften, seine Rechte und Pflichten sachgemäß wahrenden Verfahrensbeteiligten geboten ist und ihm nach den gesamten Umständen des konkreten Falles zuzumuten war (VG Köln Urt. v. 06.12.2007 – 13 K 1629/07), verhindert war, die gesetzliche Frist einzuhalten. Unter besonderen Umständen gebietet die Fairness eine Wiedereinsetzung auch im Fall einer **verschuldeten Fristversäumung** (OVG Nordrhein-Westfalen NVwZ-RR 2005, 449 f.). 10

Wurde der Verlängerungsantrag fristgerecht gestellt oder wurde dem Zulassungsinhaber Wiedereinsetzung in den vorherigen Stand gewährt, erlischt die Zulassung selbst dann nicht, wenn über den Antrag auf Verlängerung nicht innerhalb der Fünf-Jahres-Frist entschieden wurde. Eine Verlängerung der Zulassung muss auch beantragt werden, wenn zuvor das Ruhen der Zulassung angeordnet wurde (*Rehmann* § 31 Rn. 6). 11

## 4. Tierarzneimittel (Nr. 3a)

Der Erlöschenstatbestand in § 31 Abs. 1 Satz 1 Nr. 3a diente der Umsetzung von Art. 5 Abs. 2 VO (EWG) 2377/90, nach der die im dortigen Anhang IV aufgeführten Stoffe Tieren, die zur Nahrungsmittelerzeugung dienen, nicht verabreicht werden dürfen. Mit Aufhebung dieser VO durch Art. 29 VO (EG) Nr. 470/2009 folgt ein entsprechendes Verbot aus Art. 16 Abs. 1 VO (EG) Nr. 470/2009 i.V.m. Tabelle 2 aus dem Anh. zur VO (EG) Nr. 37/2010. Bei einem Arzneimittel, das zur Anwendung bei Tieren bestimmt ist, die der Gewinnung von Lebensmitteln dienen und das einen pharmakologisch wirksamen Bestandteil enthält, der in Anh. IV dieser Verordnung aufgenommen wurde, erlischt die Zulassung grundsätzlich 60 Tage nach der Veröffentlichung der Aufnahme des Stoffes in Anh. IV dieser Verordnung im Amtsblatt der Europäischen Union. 12

Der Zulassungsinhaber kann dem Erlöschen durch **Verzicht** auf die Anwendung des Arzneimittels bei Tieren, die der Lebensmittelgewinnung dienen, begegnen. Alternativ kann der Zulassungsinhaber den entsprechenden wirksamen Bestandteil mit einer **Änderungsanzeige** nach § 29 Abs. 2a aus dem Arzneimittel herausnehmen. In letzterem Fall ist die 60-Tage-Frist bis zur Entscheidung 13 der zuständigen Bundesoberbehörde über die Änderungsanzeige oder bis zum Ablauf der Frist nach § 29 Abs. 2a Satz 2 gehemmt. Legt der Zulassungsinhaber gegen die Behördenentscheidung Rechtsmittel ein, hat die Hemmung bis zur Bestandskraft des entsprechenden Bescheids Bestand (*Rehmann* § 31 Rn. 7). Die Zulassung ruht, solange die Frist gehemmt ist.

### 5. Versagung (Nr. 4)

14 § 31 Abs. 1 Satz 1 Nr. 4 knüpft an den Antrag auf Verlängerung gem. § 31 Abs. 1 Satz 1 Nr. 3 an. Die Zulassung erlischt, wenn die beantragte Verlängerung versagt wird, in dem Moment, in dem die Versagung dem Zulassungsinhaber bekannt gegeben und sie damit wirksam wird. Widerspruch und Anfechtungsklage gegen den Versagungsbescheid haben aufschiebende Wirkung, d.h. das Arzneimittel darf für diese Dauer weiter in den Verkehr gebracht werden. Die Zulassungsbehörde kann dem nur durch Anordnung des Sofortvollzugs begegnen.

## II. Ausnahmeregelung (Satz 2)

15 Die Ausnahmeregelung erlaubt es der zuständigen Bundesoberbehörde (§ 77) von der Rechtsfolge nach § 31 Abs. 1 Satz 1 Nr. 1 abzuweichen. Es bedarf eines feststellenden Verwaltungsaktes dergestalt, dass trotz Vorliegens des Tatbestandes nach § 31 Abs. 1 Satz 1 Nr. 1 kein Erlöschen eintritt. Der Verwaltungsakt muss wirksam sein, d.h. bekannt gegeben werden, bevor die Zulassung erlischt (*Sickmüller u.a.* PharmR 2009, 60, 62). Die Ausnahme ist nur aus Gründen des Gesundheitsschutzes gestattet, beispielsweise wenn die Zulassung einen Impfstoff betrifft, der nur im Bedarfsfall in den Verkehr gebracht werden soll (BT-Drs. 15/5316, S. 40).

## B. Grundsatz der zeitlich unbegrenzten Zulassung (Abs. 1a)

16 § 31 Abs. 1a normiert den Grundsatz der zeitlich unbegrenzten Zulassung, wenn eine Zulassung einmal verlängert wurde. Nur in Ausnahmefällen kann die zuständige Bundesoberbehörde eine weitere Verlängerungspflicht anordnen. Diese Anordnung ist ein belastender Verwaltungsakt, gegen den dem Zulassungsinhaber **Widerspruch** und **Anfechtungsklage** zustehen. Die Anordnung muss zusammen mit der Verlängerungsentscheidung nach § 31 Abs. 1 Nr. 3 ergehen.

17 Dem Wortlaut des § 31 Abs. 1a lässt sich nicht eindeutig entnehmen, ob die Anordnung einer weiteren Verlängerung nur einmalig möglich ist. Hiergegen spricht, dass es im Einzelfall aus Gründen der Arzneimittelsicherheit erforderlich sein kann, eine **weitere (zweite) Verlängerung** auszusprechen. Da eine Verlängerung nicht willkürlich angeordnet werden darf, ist eine derartige restriktive Auslegung des § 31 Abs. 1a auch nicht geboten (im Ergebnis ebenso BfArM 2. Bekanntmachung über die Verlängerung der Zulassung von Arzneimitteln gem. § 31 Abs. 3 vom 02.09.2008; BVerwG NVwZ-RR 2006, 125 f.).

18 Die Anordnung der Verlängerung muss erforderlich sein, um das sichere Inverkehrbringen des Arzneimittels weiterhin zu gewährleisten. Damit sind vor allem die Fälle gemeint, in denen das Nutzen-Risiko-Verhältnis (§ 4 Abs. 28) des betreffenden Arzneimittels noch nicht abschließend beurteilt werden kann.

## C. Verlängerungsantrag (Abs. 2)

19 § 31 Abs. 2 bestimmt den notwendigen Inhalt des Verlängerungsantrags. Erforderlich ist neben dem Antrag auf Verlängerung der Zulassung eine überarbeitete Fassung der Unterlagen zur Qualität, Unbedenklichkeit und Wirksamkeit, in alle seit der Erteilung der Zulassung vorgenommenen Änderungen berücksichtigt sind. Dieser **Bericht über die Beurteilungsmerkmale** ist nach Ansicht des BfArM nur »auf Aufforderung« vorzulegen (BfArM 2. Bekanntmachung über die Verlängerung der Zulassung von Arzneimitteln gem. § 31 Abs. 3 vom 02.09.2008). Bei Tierarzneimitteln bedarf es einer konsolidierten Liste der Änderungen. Handelt es sich um Arzneimittel, die zur Anwendung bei Tieren bestimmt sind, die der Gewinnung von Lebensmitteln dienen, kann die zuständige Bundesbehörde im Anschluss an den Verlängerungsantrag verlangen, dass der Bericht

um Angaben über Erfahrungen mit dem Rückstandsnachweisverfahren ergänzt wird. Eine Verpflichtung zur Vorlage aktualisierter, bereits bei der Zulassung eingereichter Unterlagen (§§ 22 und 24) besteht nicht (VG Köln Urt. v. 18.11.2008 – 7 K 8670/99; *Rehmann* § 31 Rn. 9).

Hinsichtlich des Verlängerungsantrages sollte die »2. Bekanntmachung über die Verlängerung der 20 Zulassung von Arzneimitteln gem. § 31 Abs. 3 AMG« vom 02.09.2008 des BfArM beachtet werden, die unter anderem auf einen Antragsformularsatz verweist, der auf der Behördenhomepage zum Download zur Verfügung steht.

### D. Anspruch auf Verlängerung der Zulassung (Abs. 3)

Der Zulassungsinhaber hat einen Anspruch auf Erteilung der Verlängerung, wenn kein in § 31 Abs. 3 21 Satz 1 genannter Versagungsgrund vorliegt (VG Köln Urt. v. 18.11.2008 – 7 K 8670/99, auch zur Nachweispflicht der Behörde im Hinblick auf das Vorliegen der Versagungsgründe im Verlängerungsverfahren). Die **Versagungsgründe** sind abschließend (VG Köln Urt. v. 11.02.2004 – 24 K 4227/00). Hinsichtlich der Versagungsgründe nach § 25 Abs. 2 wird auf die dortige Kommentierung § 25 Rdn. 4 ff. verwiesen. Gem. § 30 Abs. 1 Satz 2 ist die Zulassung zurückzunehmen oder zu widerrufen, wenn sich entweder herausstellt, dass dem Arzneimittel die **therapeutische Wirksamkeit** (§ 25 Rdn. 15) fehlt oder in den Fällen des § 28 Abs. 3 die therapeutische Wirksamkeit nach dem jeweiligen Stand der wissenschaftlichen Erkenntnisse unzureichend begründet ist. Ausweislich § 30 Abs. 1 Satz 3 fehlt die therapeutische Wirksamkeit, wenn feststeht, dass sich mit dem Arzneimittel keine therapeutischen Ergebnisse erzielen lassen. Die Beweislast trägt aufgrund des Wortlauts die Zulassungsbehörde (VG Köln Urt. v. 18.11.2008 – 7 K 8670/99). Hinsichtlich der unzureichenden Begründung der therapeutischen Wirksamkeit wird auf § 25 Rdn. 18 f. verwiesen. Die Verlängerung kann zudem versagt werden, wenn alternativ die Tatbestände nach § 30 Abs. 2 Nr. 1 oder Nr. 2 vorliegen, von der Möglichkeit der Rücknahme oder des Widerrufs jedoch kein Gebrauch gemacht werden soll, weil nur eine Entscheidung für die Zukunft bezweckt ist. Die Behörde hat die Befugnis, die Verlängerung unter Auflagen zu erteilen. Dies ergibt sich aus § 28 Abs. 1 Satz 1, wonach die zuständige Bundesoberbehörde die Zulassung mit Auflagen verbinden kann. Die Verlängerung stellt eine »besondere Form« der Zulassung dar, die unter den erleichterten Voraussetzungen des § 31 Abs. 3 ergeht. Dies wird durch § 28 Abs. 1 Satz 4 bestätigt, wonach Auflagen auch nachträglich, d.h. nach Erteilung der Zulassung, angeordnet werden dürfen (VG Köln Urt. v. 27.11.2018 – 7 K 324/16).

Der Verweis auf § 25 Abs. 5 erlaubt es der zuständigen Bundesoberbehörde, den Antrag auf Verlän- 22 gerung der Zulassung durch unabhängige **Gegensachverständige** überprüfen zu lassen. Aufgrund der Bezugnahme auf § 25 Abs. 5a ist der bei der Zulassung zu fertigende Beurteilungsbericht zu aktualisieren.

§ 31 Abs. 3 setzt der Zulassungsbehörde eine **Frist von 6 Monaten**, innerhalb derer die Zulassungs- 23 behörde über den Antrag auf Verlängerung zu entscheiden hat. Die Frist von 6 Monaten soll im Zusammenspiel mit der Antragsfrist gem. § 31 Abs. 1 Nr. 3 gewährleisten, dass die Entscheidung über den Antrag auf Verlängerung vor Ablauf der Fünf-Jahres-Frist fällt. Entscheidet die Behörde nicht fristgerecht, bleibt die Zulassung bis zu einer bestandskräftigen Entscheidung über den Verlängerungsantrag bestehen (VG Köln Urt. v. 03.09.2007 – 25 K 8570/04).

Zur Frage der zwischenzeitlichen Änderung der Gebühren für die Entscheidung über einen Antrag 24 auf Verlängerung s. VG Köln Urt. v. 03.09.2007 – 25 K 8570/04.

### E. Abverkaufsfrist (Abs. 4)

Die Regelung in § 31 Abs. 4 ermöglicht einen mindestens zweijährigen **Abverkauf des Arznei-** 25 **mittels**, dessen Zulassung nach § 31 Abs. 1 Nr. 2 oder 3 erloschen ist. Innerhalb dieser Abverkaufsfrist bleibt das Arzneimittel **verkehrsfähig**. Versäumt die zuständige Bundesoberbehörde die Bekanntmachung des Erlöschens im BAnz. (§ 34 Abs. 1 Nr. 5), bleibt die Verkehrsfähigkeit des Arzneimittels bis zur ordnungsgemäßen Nachholung bestehen. Die Verkehrsfähigkeit endet, wenn die zuständige Bundesoberbehörde feststellt (sog. Feststellungsbescheid), dass die Zulassung des

## Vor §§ 40 ff. AMG

Arzneimittels gem. § 30hätte zurückgenommen oder widerrufen werden können. In diesen Fällen greift das Verbot des Inverkehrbringens und Verbringens nach § 30 Abs. 4.

26 Das Vorliegen der Voraussetzungen für die Rücknahme oder den Widerruf nach § 30 ist von der zuständigen Bundesoberbehörde durch einen anfechtbaren Verwaltungsakt festzustellen. Ohne die Anordnung des Sofortvollzugs haben Widerspruch und Anfechtungsklage aufschiebende Wirkung, sodass für die Dauer des jeweiligen Verfahrens die Verkehrsfähigkeit des Arzneimittels erhalten bleibt. Bei der Anfechtung des Widerrufs einer arzneimittelrechtlichen Zulassung durch den Zulassungsinhaber ist für die Beurteilung der Rechtmäßigkeit des Widerrufs auf den Zeitpunkt der letzten mündlichen Verhandlung abzustellen (OVG Nordrhein-Westfalen Urt. v. 25.06.2018 – 13 A 537/16 sowie Urt. v. 25.02.2015 – 13 A 1371/14). Dies erscheint unter Verhältnismäßigkeitsgesichtspunkten sachgerecht und geboten, da die Wiedererlangung der Zulassung nach deren bestandskräftigem Widerruf erheblich erschwert ist.

### Vorbemerkung zu §§ 40 ff. AMG

**Übersicht**

|  | Rdn. |  | Rdn. |
|---|---|---|---|
| A. Die Verordnung (EU) Nr. 536/2014 . . . . | 1 | B. Das EU-Portal und die EU-Datenbank. . | 6 |

### A. Die Verordnung (EU) Nr. 536/2014

1 Die neue Verordnung (EU) Nr. 536/2014 des Europäischen Parlaments und des Rates vom 16.04.2014 über klinische Prüfungen mit Humanarzneimitteln und zur Aufhebung der Richtlinie 2001/20/EG wurde am 27.05.2014 im Amtsblatt der Europäischen Union veröffentlicht (ABl. L 158 v. 27.05.2014, S. 1). In Kraft getreten ist die Verordnung 20 Tage nach der Veröffentlichung, also am 16.06.2014 (Art. 99 Satz 1). Die Verordnung verfügt über insgesamt 99 Artikel und 7 Anhänge und soll der Schaffung hoher Standards für die Patientensicherheit und Datenqualität sowie der Förderung multinationaler klinischer Prüfungen dienen und für mehr Transparenz sorgen (vgl. Erw. 1, 2 und 25). Die Verordnung gilt erst, wenn die Kommission offiziell positiv mitteilt, dass das neue EU-Portal und die EU-Datenbank (Art. 80 und 81 – EU portal and EU database, EUPD) lauffähig zur Verfügung gestellt worden sind (vgl. Art. 99 Satz 2). War ursprünglich mit einer verbindlichen Geltung der Verordnung Ende 2017 zu rechnen (vgl. Kurzbericht über die Inhalte der Sitzung des EMA Management Boards, abgerufen unter http://www.ema.europa.eu am 09.10.2015), verschob sich der Startbeginn sodann auf Oktober 2017. Das Datum der »Live-Schaltung« des Portals verschiebt sich weiter, und zwar aufgrund von technischen Schwierigkeiten bei der Entwicklung der IT-Systeme. Auch der Austritt des Vereinigten Königreichs spielt eine Rolle. Die unabhängige Prüfung des EU-Portals und der EU-Datenbank (EUPD) wurde im September 2020 eingeleitet, die erste Feldarbeit begann am 18.11.2020 und endete am 08.12.2020. Die Betrachtung der Prüfungsergebnisse ist für 2021 und das Go-Live des »Clinical Trials Information System« (CTIS) für den 31.01.2022 vorgesehen (Update der EMA, abgerufen am 31.03.2021 unter https://www.ema.europa.eu/en/human-regulatory/research-development/clinical-trials/clinical-trial-regulation#progress-updates-section). Als Verordnung gilt der Rechtsakt in den Mitgliedstaaten der Europäischen Union unmittelbar und führt daher dazu, dass die derzeitigen nationalen Regelungen über die klinische Prüfung, insbesondere das AMG und die Good Clinical Practice-Verordnung (GCP-V) umfassend geändert werden müssen. Einige mit dem 4. AMG-ÄndG eingeführte Änderungen sind bereits am 24.12.2016 in Kraft getreten. Dies gilt insbesondere für die Bestimmungen der §§ 41a, 41b und 41c zur Arbeit und Registrierung von Ethikkommissionen. Die anderen Neuregelungen treten erst mit dem Geltungsbeginn der EU-VO in Kraft. Weiterhin sind Übergangsregelungen zu beachten (§ 148).

2 Kernstück für die Genehmigung einer klinischen Prüfung gemäß der neuen Verordnung ist ein zweiteiliges Bewertungsverfahren (Teil I und Teil II), das sich unmittelbar an die Validierung des

Antrags auf Genehmigung der Durchführung einer klinischen Prüfung anschließt (vgl. Art. 5 Abs. 3). Das Bewertungsverfahren verläuft unterschiedlich, je nachdem, ob es sich um eine nationale klinische Prüfung oder eine multinationale klinische Prüfung handelt. Wird die klinische Prüfung ausschließlich national durchgeführt, hat der betroffene und gleichzeitig berichterstattende Mitgliedstaat im Rahmen von Teil I des Bewertungsverfahrens den Antrag unter anderem auf die folgenden Aspekte zu überprüfen: Erfüllung der Anforderungen des Kap. V zum Schutz der Prüfungsteilnehmer sowie der Anforderungen an die Herstellung und Einfuhr von Prüfpräparaten und Hilfspräparaten (Kap. IX), Beachtung der Etikettierungsvorschriften (Kap. X) sowie Vollständigkeit und Angemessenheit der Prüferinformationen (vgl. Art. 6 Abs. 1). Der Mitgliedstaat hat die Ergebnisse seiner Bewertung in einem Bewertungsbericht zusammenzufassen und in einer Schlussfolgerung festzulegen, ob die Durchführung der beantragten klinischen Prüfung vertretbar ist, unter Auflagen vertretbar ist oder nicht vertretbar ist (vgl. Art. 6 Abs. 3). Dieser Bewertungsbericht ist dem Sponsor innerhalb von 45 Tagen nach der Validierung zu übermitteln.

Bei multinationalen klinischen Prüfungen, bei denen mehrere Mitgliedstaaten betroffen sind, übernimmt ein Mitgliedstaat die Aufgabe des berichterstattenden Mitgliedstaates. Inhaltlich erfolgt die Bewertung von Teil I identisch mit der Bewertung einer nationalen klinischen Prüfung, wobei das Bewertungsverfahren selbst in drei Phasen (Erstbewertung, koordinierte Überprüfung und Konsolidierung) aufgeteilt ist (Art. 6 Abs. 5). Auch hier wird ein Bewertungsbericht zu Teil I innerhalb von 45 Tagen an den Sponsor übermittelt. Der Sponsor kann zudem um die Übermittlung von zusätzlichen Informationen ersucht werden (Art. 6 Abs. 8 Unterabs. 1). Werden von dem Sponsor die zusätzlich angeforderten Informationen nicht innerhalb einer gesetzten Frist vorgelegt, ist der Antrag auf Genehmigung der klinischen Prüfung in allen betroffenen Mitgliedstaaten hinfällig (vgl. Art. 6 Abs. 8 Unterabs. 5).

In Teil II des Bewertungsverfahrens steht die Prüfung der ethischen Aspekte der beantragten klinischen Prüfung im Vordergrund. Hierbei bewertet der betroffene Mitgliedstaat den Antrag selbst. Zu prüfen sind unter anderem die Erfüllung der Voraussetzung für die Einwilligung nach Aufklärung (Kap. V), die Vorkehrungen für die Vergütung/Aufwandsentschädigung der Prüfungsteilnehmer und der Prüfer, die Vorkehrungen für die Rekrutierung von Prüfungsteilnehmern, die Einhaltung der Datenschutzbestimmungen und die Beachtung der Regelungen zur Eignung der an der Durchführung einer klinischen Prüfung mitwirkenden Personen sowie Prüfstellen (vgl. Art. 49 und 50) sowie die Berücksichtigung der Vorgaben für die Gewinnung, Lagerung und die zukünftige Nutzung der vom Prüfungsteilnehmer genommenen biologischen Proben (vgl. Art. 7 Abs. 1). Auch für die Bewertung von Teil II der beantragten klinischen Prüfung ist ein Bewertungsbericht mit einer Schlussfolgerung zu erstellen und an den Sponsor zu übermitteln (vgl. Art. 7 Abs. 2).

Am Ende der Bewertungsverfahren steht eine Genehmigungsentscheidung, die dem Sponsor direkt von dem jeweils betroffenen Mitgliedstaat über das EU-Portal mitgeteilt wird (vgl. Art. 8 Abs. 1). Die Genehmigung der klinischen Prüfung gilt für 2 Jahre ab dem Notifizierungstag und erlischt, wenn innerhalb von 2 Jahren nach diesem Tag kein Prüfungsteilnehmer in die klinische Prüfung in einem betroffenen Mitgliedstaat eingeschlossen wird. Es besteht die Möglichkeit, dass der Sponsor eine Verlängerung der Geltung der Genehmigung beantragt, wobei dann die Regelungen zu dem Verfahren zur Genehmigung einer wesentlichen Änderung einer klinischen Prüfung zu beachten sind (vgl. Kap. III, Art. 15 ff.).

## B. Das EU-Portal und die EU-Datenbank

Das Verfahren zur Genehmigung einer klinischen Prüfung soll vollständig über ein elektronisches Portal, das sogenannte EU-Portal, erfolgen. Es ist vorgesehen, sämtliche Daten und Informationen, die über das EU-Portal übermittelt werden, in der sogenannten EU-Datenbank zu speichern. Das EU-Portal dient als zentrale Anlaufstelle (»Single Entry Point«) für die Übermittlung sämtlicher Daten oder Informationen. Etwaige Doppelerfassungen der Daten in der neuen EU-Datenbank, EudraCT und EudraVigilance sollen durch die Agentur als verantwortliche Stelle vermieden werden. Es bleibt abzuwarten, wann das EU-Portal und die EU-Datenbank tatsächlich funktionieren, da der EU-Gesetzgeber die Geltung der Verordnung hieran geknüpft hat.

7 Zur Erhöhung der Transparenz soll die EU-Datenbank für klinische Prüfungen der Öffentlichkeit zugänglich gemacht werden (vgl. Art. 81 Abs. 4). Ausgenommen sind jedoch Daten und Informationen, die vertraulich behandelt werden müssen, etwa personenbezogene Daten, Betriebs- oder Geschäftsgeheimnisse, vertrauliche Mitteilungen zwischen den Mitgliedstaaten im Hinblick auf den Bewertungsbericht sowie dann, wenn der Schutz der Daten die wirksame Überwachung der Durchführung einer klinischen Prüfung durch die Mitgliedstaaten gewährleistet. Aus Sicht der Sponsoren und Zulassungsinhaber ist ein etwaiger Zugang zu Geschäfts- und Betriebsgeheimnissen von besonderer Bedeutung, da deren Veröffentlichung zur Schwächung des Patentschutzes und zu Wettbewerbsnachteilen führen kann. Die EMA arbeitet daher an einem Papier im Hinblick auf die Veröffentlichung von Daten und Informationen sowie auf Ausnahmen hiervon, vgl. EMA/641479/2014, »Draft proposal for an addendum, on transparency, to the Functional specifications for the EU portal and EU database to be audited – EMA/42176/2014« vom 20.01.2015, abzurufen unter www.ema.europa.eu/docs.

## § 40 Allgemeine Voraussetzungen der klinischen Prüfung

(1) Der Sponsor, der Prüfer und alle weiteren an der klinischen Prüfung beteiligten Personen haben bei der Durchführung der klinischen Prüfung eines Arzneimittels bei Menschen die Anforderungen der guten klinischen Praxis nach Maßgabe des Artikels 1 Abs. 3 der Richtlinie 2001/20/EG einzuhalten. Die klinische Prüfung eines Arzneimittels bei Menschen darf vom Sponsor nur begonnen werden, wenn die zuständige Ethik-Kommission diese nach Maßgabe des § 42 Abs. 1 zustimmend bewertet und die zuständige Bundesoberbehörde diese nach Maßgabe des § 42 Abs. 2 genehmigt hat. Die klinische Prüfung eines Arzneimittels darf bei Menschen nur durchgeführt werden, wenn und solange

1. ein Sponsor oder ein Vertreter des Sponsors vorhanden ist, der seinen Sitz in einem Mitgliedstaat der Europäischen Union oder in einem anderen Vertragsstaat des Abkommens über den Europäischen Wirtschaftsraum hat,
2. die vorhersehbaren Risiken und Nachteile gegenüber dem Nutzen für die Person, bei der sie durchgeführt werden soll (betroffene Person), und der voraussichtlichen Bedeutung des Arzneimittels für die Heilkunde ärztlich vertretbar sind,
2a. nach dem Stand der Wissenschaft im Verhältnis zum Zweck der klinischen Prüfung eines Arzneimittels, das aus einem gentechnisch veränderten Organismus oder einer Kombination von gentechnisch veränderten Organismen besteht oder solche enthält, unvertretbare schädliche Auswirkungen auf
   a) die Gesundheit Dritter und
   b) die Umwelt
   nicht zu erwarten sind,
3. die betroffene Person
   a) volljährig und in der Lage ist, Wesen, Bedeutung und Tragweite der klinischen Prüfung zu erkennen und ihren Willen hiernach auszurichten,
   b) nach Absatz 2 Satz 1 aufgeklärt worden ist und schriftlich eingewilligt hat, soweit in Absatz 4 oder in § 41 nichts Abweichendes bestimmt ist und
   c) nach Absatz 2a Satz 1 und 2 informiert worden ist und schriftlich oder elektronisch eingewilligt hat; die Einwilligung muss sich ausdrücklich auch auf die Verarbeitung von Angaben über die Gesundheit beziehen,
4. die betroffene Person nicht auf gerichtliche oder behördliche Anordnung in einer Anstalt untergebracht ist,
5. sie in einer geeigneten Einrichtung von einem angemessen qualifizierten Prüfer verantwortlich durchgeführt wird und die Prüfung von einem Prüfer mit mindestens zweijähriger Erfahrung in der klinischen Prüfung von Arzneimitteln geleitet wird,

Allgemeine Voraussetzungen der klinischen Prüfung  § 40 AMG

6. eine dem jeweiligen Stand der wissenschaftlichen Erkenntnisse entsprechende pharmakologisch-toxikologische Prüfung des Arzneimittels durchgeführt worden ist,
7. jeder Prüfer durch einen für die pharmakologisch-toxikologische Prüfung verantwortlichen Wissenschaftler über deren Ergebnisse und die voraussichtlich mit der klinischen Prüfung verbundenen Risiken informiert worden ist,
8. für den Fall, dass bei der Durchführung der klinischen Prüfung ein Mensch getötet oder der Körper oder die Gesundheit eines Menschen verletzt wird, eine Versicherung nach Maßgabe des Absatzes 3 besteht, die auch Leistungen gewährt, wenn kein anderer für den Schaden haftet, und
9. für die medizinische Versorgung der betroffenen Person ein Arzt oder bei zahnmedizinischer Behandlung ein Zahnarzt verantwortlich ist.

Kann die betroffene Person nicht schreiben, so kann in Ausnahmefällen statt der in Satz 3 Nummer 3 Buchstabe b und c geforderten schriftlichen Einwilligung eine mündliche Einwilligung in Anwesenheit von mindestens einem Zeugen, der auch bei der Information der betroffenen Person einbezogen war, erteilt werden. Der Zeuge darf keine bei der Prüfstelle beschäftigte Person und kein Mitglied der Prüfgruppe sein. Die mündlich erteilte Einwilligung ist schriftlich zu dokumentieren, zu datieren und von dem Zeugen zu unterschreiben.

(1a) Der Prüfer bestimmt angemessen qualifizierte Mitglieder der Prüfgruppe. Er hat sie anzuleiten und zu überwachen sowie ihnen die für ihre Tätigkeit im Rahmen der Durchführung der klinischen Prüfung erforderlichen Informationen, insbesondere den Prüfplan und die Prüferinformation, zur Verfügung zu stellen. Der Prüfer hat mindestens einen Stellvertreter mit vergleichbarer Qualifikation zu benennen.

(1b) Einer Versicherung nach Absatz 1 Satz 3 Nummer 8 bedarf es nicht bei klinischen Prüfungen mit zugelassenen Arzneimitteln, wenn die Anwendung gemäß den in der Zulassung festgelegten Angaben erfolgt und Risiken und Belastungen durch zusätzliche Untersuchungen oder durch den Therapievergleich gering sind und soweit eine anderweitige Versicherung für Prüfer und Sponsor besteht.

(2) Die betroffene Person ist durch einen Prüfer, der Arzt oder, bei zahnmedizinischer Prüfung, Zahnarzt ist, oder durch ein Mitglied der Prüfgruppe, das Arzt oder, bei zahnmedizinischer Prüfung, Zahnarzt ist, über Wesen, Bedeutung, Risiken und Tragweite der klinischen Prüfung sowie über ihr Recht aufzuklären, die Teilnahme an der klinischen Prüfung jederzeit zu beenden; ihr ist eine allgemein verständliche Aufklärungsunterlage auszuhändigen. Der betroffenen Person ist ferner Gelegenheit zu einem Beratungsgespräch mit einem Prüfer oder einem Mitglied der Prüfgruppe, das Arzt oder, bei zahnmedizinischer Prüfung, Zahnarzt ist, über die sonstigen Bedingungen der Durchführung der klinischen Prüfung zu geben. Eine nach Absatz 1 Satz 3 Nummer 3 Buchstabe b erklärte Einwilligung in die Teilnahme an einer klinischen Prüfung kann jederzeit gegenüber dem Prüfer oder einem Mitglied der Prüfgruppe schriftlich, elektronisch oder mündlich widerrufen werden, ohne dass der betroffenen Person dadurch Nachteile entstehen dürfen.

(2a) Die betroffene Person ist über Zweck und Umfang der Verarbeitung personenbezogener Daten, insbesondere von Gesundheitsdaten zu informieren. Sie ist insbesondere darüber zu informieren, dass
1. die erhobenen Daten soweit erforderlich
    a) zur Einsichtnahme durch die Überwachungsbehörde oder Beauftragte des Sponsors zur Überprüfung der ordnungsgemäßen Durchführung der klinischen Prüfung bereitgehalten werden,
    b) pseudonymisiert an den Sponsor oder eine von diesem beauftragte Stelle zum Zwecke der wissenschaftlichen Auswertung weitergegeben werden,

*Plaßmann*

### § 40 AMG — Allgemeine Voraussetzungen der klinischen Prüfung

    c) im Falle eines Antrags auf Zulassung pseudonymisiert an den Antragsteller und die für die Zulassung zuständige Behörde weitergegeben werden,

    d) im Falle unerwünschter Ereignisse des zu prüfenden Arzneimittels pseudonymisiert an den Sponsor und die zuständige Bundesoberbehörde sowie von dieser an die Europäische Datenbank weitergegeben werden,

2. sie die Einwilligung nach Absatz 1 Satz 3 Nummer 3 Buchstabe c jederzeit widerrufen kann,
3. im Falle eines Widerrufs der nach Absatz 1 Satz 3 Nummer 3 Buchstabe b oder Buchstabe c erklärten Einwilligung die gespeicherten Daten weiterhin verarbeitet werden dürfen, soweit dies erforderlich ist, um
   a) Wirkungen des zu prüfenden Arzneimittels festzustellen,
   b) sicherzustellen, dass schutzwürdige Interessen der betroffenen Person nicht beeinträchtigt werden,
   c) der Pflicht zur Vorlage vollständiger Zulassungsunterlagen zu genügen,
4. die Daten bei den genannten Stellen für die auf Grund des § 42 Abs. 3 bestimmten Fristen gespeichert werden.

Im Falle eines Widerrufs der nach Absatz 1 Satz 3 Nummer 3 Buchstabe b oder Buchstabe c erklärten Einwilligung haben die verantwortlichen Stellen unverzüglich zu prüfen, inwieweit die gespeicherten Daten für die in Satz 2 Nummer 3 genannten Zwecke noch erforderlich sein können. Nicht mehr benötigte Daten sind unverzüglich zu löschen. Im Übrigen sind die erhobenen personenbezogenen Daten nach Ablauf der auf Grund des § 42 Abs. 3 bestimmten Fristen zu löschen, soweit nicht gesetzliche, satzungsmäßige oder vertragliche Aufbewahrungsfristen entgegenstehen.

(3) Die Versicherung nach Absatz 1 Satz 3 Nummer 8 muss zugunsten der von der klinischen Prüfung betroffenen Personen bei einem in einem Mitgliedstaat der Europäischen Union oder einem anderen Vertragsstaat des Abkommens über den Europäischen Wirtschaftsraum zum Geschäftsbetrieb zugelassenen Versicherer genommen werden. Ihr Umfang muss in einem angemessenen Verhältnis zu den mit der klinischen Prüfung verbundenen Risiken stehen und auf der Grundlage der Risikoabschätzung so festgelegt werden, dass für jeden Fall des Todes oder der dauernden Erwerbsunfähigkeit einer von der klinischen Prüfung betroffenen Person mindestens 500 000 Euro zur Verfügung stehen. Soweit aus der Versicherung geleistet wird, erlischt ein Anspruch auf Schadensersatz.

(4) Auf eine klinische Prüfung bei Minderjährigen finden die Absätze 1 bis 3 mit folgender Maßgabe Anwendung:
1. Das Arzneimittel muss zum Erkennen oder zum Verhüten von Krankheiten bei Minderjährigen bestimmt und die Anwendung des Arzneimittels nach den Erkenntnissen der medizinischen Wissenschaft angezeigt sein, um bei dem Minderjährigen Krankheiten zu erkennen oder ihn vor Krankheiten zu schützen. Angezeigt ist das Arzneimittel, wenn seine Anwendung bei dem Minderjährigen medizinisch indiziert ist.
2. Die klinische Prüfung an Erwachsenen oder andere Forschungsmethoden dürfen nach den Erkenntnissen der medizinischen Wissenschaft keine ausreichenden Prüfergebnisse erwarten lassen.
3. Die Einwilligung wird durch den gesetzlichen Vertreter abgegeben, nachdem er entsprechend Absatz 2 aufgeklärt worden ist. Sie muss dem mutmaßlichen Willen des Minderjährigen entsprechen, soweit ein solcher feststellbar ist. Der Minderjährige ist vor Beginn der klinischen Prüfung von einem im Umgang mit Minderjährigen erfahrenen Prüfer, der Arzt oder, bei zahnmedizinischer Prüfung, Zahnarzt ist, oder einem entsprechend erfahrenen Mitglied der Prüfgruppe, das Arzt oder, bei zahnmedizinischer Prüfung, Zahnarzt ist, über die Prüfung, die Risiken und den Nutzen aufzuklären, soweit dies im Hinblick auf sein Alter und seine geistige Reife möglich ist; erklärt der Minderjährige, nicht an der klinischen Prüfung teilnehmen zu wollen, oder bringt er dies in sonstiger Weise zum Ausdruck, so ist dies zu beachten. Ist der Minderjährige in der Lage, Wesen, Bedeutung und Tragweite der klinischen Prüfung zu erkennen und seinen Willen hiernach auszurichten, so ist auch seine

Einwilligung erforderlich. Eine Gelegenheit zu einem Beratungsgespräch nach Absatz 2 Satz 2 ist neben dem gesetzlichen Vertreter auch dem Minderjährigen zu eröffnen.
4. Die klinische Prüfung darf nur durchgeführt werden, wenn sie für die betroffene Person mit möglichst wenig Belastungen und anderen vorhersehbaren Risiken verbunden ist; sowohl der Belastungsgrad als auch die Risikoschwelle müssen im Prüfplan eigens definiert und vom Prüfer ständig überprüft werden.
5. Vorteile mit Ausnahme einer angemessenen Entschädigung dürfen nicht gewährt werden.

(5) Der betroffenen Person, ihrem gesetzlichen Vertreter oder einem von ihr Bevollmächtigten steht eine zuständige Kontaktstelle zur Verfügung, bei der Informationen über alle Umstände, denen eine Bedeutung für die Durchführung einer klinischen Prüfung beizumessen ist, eingeholt werden können. Die Kontaktstelle ist bei der jeweils zuständigen Bundesoberbehörde einzurichten.

Übersicht

| | Rdn. | | | Rdn. |
|---|---|---|---|---|
| A. Begriffe | 1 | V. | Probandenversicherung (Nr. 8) | 17 |
| B. Grundlagen und zusätzliche Bestimmungen | 8 | D. | Aufklärung und Einwilligung (Abs. 2) | 18 |
| I. Genehmigung | 8 | I. | Aufklärung (Satz 1) | 18 |
| II. Durchführung der klinischen Prüfung | 10 | II. | Beratungsgespräch (Satz 2) | 19 |
| C. Weitere Zulässigkeitsvoraussetzungen (Abs. 1 Nr. 1 bis Nr. 9 – Auswahl) | 12 | III. | Widerruf der Einwilligung (Satz 3) | 20 |
| | | E. | Probandenversicherung (Abs. 3) | 21 |
| I. Sponsor (Nr. 1) | 13 | I. | Besonderheiten | 21 |
| II. Nutzen-Risiko-Verhältnis (Nr. 2) | 14 | II. | Deckungssummen | 22 |
| III. Einwilligung (Nr. 3) | 15 | III. | Ausnahme von der Probandenversicherungspflicht für risikoarme klinische Prüfungen, Abs. 1b | 23 |
| IV. Qualifizierter Prüfer (Nr. 5) | 16 | | | |

## A. Begriffe

Der Begriff der **klinischen Prüfung** ist in § 4 Abs. 23 Satz 1 definiert als »jede am Menschen durchgeführte Untersuchung, die dazu bestimmt ist, klinische oder pharmakologische Wirkungen von Arzneimitteln zu erforschen oder nachzuweisen oder Nebenwirkungen festzustellen oder die Resorption, die Verteilung, den Stoffwechsel oder die Ausscheidung zu untersuchen, mit dem Ziel, sich von der Unbedenklichkeit oder Wirksamkeit der Arzneimittel zu überzeugen«. Die Definition basiert auf Art. 2 Buchst. a) RL 2001/20/EG. Zu unterscheiden ist die klinische Prüfung insbesondere von der sogenannten nicht-interventionellen Prüfung, die in § 4 Abs. 23 Satz 3 definiert ist. Wesentliches Unterscheidungsmerkmal ist, dass bei einer nicht-interventionellen Prüfung Erkenntnisse aus der Behandlung von Personen mit Arzneimitteln gewonnen werden, wobei dies ohne vorab festgelegten Prüfplan ausschließlich aus der ärztlichen Praxis heraus erfolgt und das Arzneimittel, sofern es zulassungspflichtig bzw. zugelassen ist, gem. den Anwendungsbestimmungen eingesetzt wird (vgl. hierzu Dieners/Reese/*Heil/Lützeler*, § 4 Rn. 23 ff.). Die klinische Prüfung ist damit eine »interventionelle« Studie, die auf der Grundlage eines vorher exakt definierten und einzuhaltenden Prüfplans (sog. Studienprotokoll) durchgeführt wird. Die Anforderungen an das Studienprotokoll ergeben sich aus Ziff. 4.6 der Good Clinical Practice-Guidelines (EMA, Guidelines on Good Clinical Practice; ICH E6: Good Clinical Practice: Consolidated Guideline, CPMP/ICH/135/95). Unter den Begriff der **nicht-interventionellen Prüfung** fallen in Deutschland auch die sogenannten **Anwendungsbeobachtungen** (AWB), für die die gesetzlichen Vorgaben nicht so streng sind, wie sie es für klinische Prüfungen sind. Die Durchführung von AWBs setzt nach § 67 Abs. 6 die Information des Spitzenverbandes Bund der Krankenkassen, des Verbandes der Privaten Krankenversicherung e.V. und der Kassenärztlichen Bundesvereinigungen voraus. Eine Genehmigung für die Durchführung einer AWB einer Bundesoberbehörde oder einer Beurteilung durch eine Ethikkommission ist nicht erforderlich. Es existieren für die Planung, Durchführung und Auswertung von AWBs in Deutschland gemeinsame Empfehlungen des BfArM und des PEI (abrufbar unter www.bfarm.de, die letzte Fassung ist v. 07.07.2010).

**§ 40 AMG**  Allgemeine Voraussetzungen der klinischen Prüfung

2 Sogenannte »**Unbedenklichkeitsprüfungen**« sind in § 4 Abs. 34 definiert. Sie können vom Zulassungsinhaber durchgeführt werden oder aber auch von der Zulassungsbehörde durch eine Auflage mit der Zulassung (vgl. § 28 Abs. 3a) oder jederzeit danach (vgl. § 28 Abs. 3b) angeordnet werden.

3 **Präklinische Studien** sind ebenfalls keine klinischen Prüfungen. Zu den präklinischen Studien gehören Untersuchungen im Hinblick auf die chemisch-physikalischen Eigenschaften, die Erprobung an Zellkulturen etc. sowie z.B. für toxikologische Studien Tierexperimente. Einzelheiten zu den vorgeschriebenen Tests können dem Gemeinschaftskodex der EU für Humanarzneimittel in Annex 1 Teil 3 »Toxicological and Pharmacological Test« sowie der ICH-Guideline M3 »Guidance on Non-Clinical Safety Studies for the Conduct of Human Clinical Trials and Marketing Authorization for Pharmaceuticals« (CPMP/ICH/286/95) entnommen werden.

4 Ein neues Arzneimittel muss klinische Studien der Phasen I, II und III erfolgreich durchlaufen haben, um von der zuständigen Behörde zugelassen zu werden. Klinische Studien, die nach der Zulassungserteilung durchgeführt werden, werden mit **Phase-IV-Studien** bezeichnet und haben in der Regel den Erhalt weiterer Daten zur Sicherheit und zur Wirksamkeit zum Gegenstand (vgl. EMA/HMA, Guideline on Good Pharmacovigilance Practices (GVP): Module VIII – Post-authorisation safety studies (REV 1) vom 19.04.2013 – EMA/813938/2011REV1).

5 **Prüfpräparate** sind in § 3 Abs. 3 GCP-V definiert als Darreichungsformen eines Wirkstoffes oder Placebos, die in einer klinischen Prüfung am Menschen getestet oder als Kontrollsubstanz verwendet oder zum Erzeugen bestimmter Reaktionen am Menschen eingesetzt werden. Es kann sich hierbei um nicht zugelassene, aber auch um zugelassene Arzneimittel handeln, wenn sie z.B. im Rahmen einer klinischen Prüfung am Menschen in einer anderen als der zugelassenen Darreichungsform oder für ein nicht zugelassenes Anwendungsgebiet eingesetzt werden (vgl. hierzu Dieners/Reese/*Heil/Lützeler*, § 4 Rn. 150 ff.). Prüfpräparate sind von der Zulassungspflicht ausgenommen (§ 21 Abs. 2 Nr. 2) und unterliegen besonderen Kennzeichnungsvorschriften (§ 10 Abs. 10, § 5 GCP-V).

6 Der **Sponsor** einer klinischen Prüfung trägt die Gesamtverantwortung für diese (vgl. die Definition in § 4 Abs. 24). Die Verantwortung umfasst insbesondere die Veranlassung, Organisation und Finanzierung einer klinischen Prüfung beim Menschen. In der Praxis werden klinische Prüfungen meist mit pharmazeutischen Unternehmen als Sponsoren durchgeführt. Mehr und mehr setzen sich aber auch sogenannte **Investigator Initiated Trials (IITs)** durch, bei denen ein Arzt oder ein Klinikum die klinische Prüfung in alleiniger Verantwortung planen und durchführen. Um als pharmazeutisches Unternehmen bei IITs nicht die Rolle des Sponsors mit den damit verbundenen Verpflichtungen und Verantwortlichkeiten einzunehmen, ist bei der Vertragsgestaltung insbesondere auf die genaue Verteilung der Verantwortlichkeiten und der Unterstützung der klinischen Prüfung durch das pharmazeutische Unternehmen zu achten.

7 Der **Prüfer** ist gem. § 4 Abs. 25 die für die Durchführung der klinischen Prüfung *verantwortliche Person*, in der Regel ein verantwortlicher Arzt in der Prüfstelle. Bei sogenannten **multizentrischen Prüfungen**, also bei solchen, die in mehreren Prüfstellen durchgeführt werden, ist ein Prüfer als Leiter der klinischen Prüfung (LKP) zu benennen.

### B. Grundlagen und zusätzliche Bestimmungen

#### I. Genehmigung

8 Gemäß § 40 Abs. 1 Satz 2 darf die klinische Prüfung eines Arzneimittels vom Sponsor erst begonnen werden, nachdem die zuständige Ethik-Kommission die klinische Prüfung positiv bewertet und die zuständige Bundesoberbehörde diese genehmigt hat. Zum Ablauf des Bewertungs- und Genehmigungsverfahren vgl. im Überblick Meier/von Czettritz/Gabriel/Kaufmann/*Meier*, S. 40, 41.

9 Nach Vorliegen der Genehmigung der zuständigen Bundesoberbehörde und der zustimmenden Bewertung der Ethik-Kommission ist die klinische Prüfung bei der nach Landesrecht zuständigen Behörde anzuzeigen (vgl. § 67 Abs. 1 Satz 5) bevor mit der Studie begonnen werden kann.

## II. Durchführung der klinischen Prüfung

Bei der Durchführung der klinischen Prüfung eines Arzneimittels haben der Sponsor, der Prüfer und alle weiteren an der klinischen Prüfung beteiligten Personen den rechtlichen Rahmen zu beachten. Dieser wird zunächst durch das AMG (§§ 40 bis 42b) festgesetzt und durch die auf der Grundlage von § 42 Abs. 3 erlassene »Verordnung über die Anwendung der guten klinischen Praxis« (GCP-V) ergänzt. Ethische Standards zum Schutz der Rechte, der Sicherheit und des Wohlergehens der Studienteilnehmer, die ihren Ursprung in der Deklaration von Helsinki (Weltärztebund: Deklaration von Helsinki – Ethische Grundsätze für die medizinische Forschung am Menschen, Helsinki 1964/Fortaleza 2013) haben, sind damit ebenfalls festgesetzt. Darüber hinaus sind die Arzneimittelprüfrichtlinien, erlassen auf Grundlage von § 26, zu berücksichtigen. Sie geben inhaltliche Vorgaben für die Durchführung von klinischen Prüfungen für den pharmazeutischen Unternehmer und die Prüfärzte. Auf europarechtlicher Ebene beruhen die Bestimmungen des AMG weitestgehend auf der RL 2001/20/EG über die Anwendung der guten klinischen Praxis bei der Durchführung von klinischen Prüfungen mit Humanarzneimitteln, der RL 2003/94/EG über die Festlegung der Grundsätze und Leitlinien der guten Herstellungspraxis für Humanarzneimittel und für zur Anwendung beim Menschen bestimmten Prüfpräparate, der RL 2005/28/EG (Grundsätze und Leitlinien der guten klinischen Praxis für zur Anwendung beim Menschen bestimmten Prüfpräparate) sowie der »Guideline on Clinical Practice« mit denen internationale ethische und wissenschaftliche Qualitätsstandards für klinische Prüfungen festgelegt sind.

Gem. § 40 Abs. 1 Satz 3 darf die klinische Prüfung eines Arzneimittels nur durchgeführt werden, wenn und solange ein Sponsor in der EU oder im EWR vorhanden ist bzw. ein gesetzlicher Vertreter benannt wurde, der seinen Sitz in der EU oder im EWR hat, die mit der klinischen Prüfung verbundenen Risiken ärztlich vertretbar sind, eine hinreichende Aufklärung der Studienteilnehmer gemäß dem Studienprotokoll nach Maßgabe von § 40 Abs. 2 und 2a gewährleistet ist und die informierte wirksame Einwilligung des Studienteilnehmers (Informed Consent) vor Beginn der klinischen Prüfung eingeholt worden ist, die medizinische Versorgung des Studienteilnehmers durch einen geeigneten Arzt sichergestellt ist und die besonderen Voraussetzungen der klinischen Prüfung nach § 41 eingehalten sind.

## C. Weitere Zulässigkeitsvoraussetzungen (Abs. 1 Nr. 1 bis Nr. 9 – Auswahl)

Die allgemeinen Voraussetzungen nach Abs. 1 Satz 3 müssen während des gesamten Verlaufs der klinischen Prüfung vorliegen (»wenn und solange«). Sie werden, mit unterschiedlichen Schwerpunkten, sowohl von der Bundesoberbehörde als auch von der Ethik-Kommission geprüft (vgl. § 42 Abs. 1 Satz 7 und Abs. 2 Satz 3).

### I. Sponsor (Nr. 1)

(wird derzeit nicht kommentiert)

### II. Nutzen-Risiko-Verhältnis (Nr. 2)

Auch in der klinischen Prüfung kommt der Vertretbarkeit der Risiken angesichts des Nutzens entscheidende Bedeutung zu. Dabei ist zu berücksichtigen, dass das Risikoprofil von Arzneimitteln in klinischen Prüfungen häufig noch nicht vollständig bekannt ist. Besonders in frühen Phasen klinischer Prüfungen muss die Gefahr unbekannter Risiken daher angemessen berücksichtigt werden (vgl. dazu die Leitlinie des Ausschusses für Humanarzneimittel »Guideline on Strategies to Identify and Mitigate Risks for First-in-Human Clinical Trials with Investigational Medicinal Products«, EMEA/CHMP/SWP/28367/07, Rev. 01 v. 20.07.2017, die am 01.02.2018 in Kraft getreten ist). Auch die Wirksamkeit und der therapeutische Nutzen des Arzneimittels sind häufig noch nicht ausreichend beschrieben und belegt. Auf der Nutzen-Seite ist neben dem Nutzen für die betroffene Person ausdrücklich auch die voraussichtliche Bedeutung des Arzneimittels für die Heilkunde zu berücksichtigen. Schließlich liegt eine Besonderheit der klinischen Prüfung darin, dass es nicht nur spezifisch auf Nutzen und Risiko des Arzneimittels ankommt, sondern auf Nutzen, Risiken und Nachteile der klinischen Prüfung insgesamt; hier findet letztlich eine Wertungsentscheidung statt (Bergmann/Pauge/Steinmeyer/*Paus*, Gesamtes Medizinrecht AMG § 40 Rn. 3). Aus Gründen der wissenschaftlichen Aussagekraft sind klinische Prüfungen häufig Vergleichsstudien, bei denen ein Teil der betroffenen Personen nicht das zu prüfende Arzneimittel, sondern ein Vergleichspräparat und/oder Placebo erhält.

### III. Einwilligung (Nr. 3)

15   Nr. 3 betont die Bedeutung der freiwilligen Einwilligung nach umfassender Aufklärung. Im Einzelnen dazu unten bei D. Die datenschutzrechtliche Einwilligung nach § 40 Abs. 1 Satz 3 Buchst. c kann auch elektronisch erteilt werden. Die Einwilligung in die Teilnahme an der klinischen Prüfung muss hingegen weiterhin schriftlich erfolgen (vgl. die dahingehenden Vorgaben des EU-Rechts in Art. 29 Abs. 1 VO (EU) 536/2014). Die Änderung erfolgte durch das »Zweite Gesetz zur Anpassung des Datenschutzrechts an die Verordnung EU 2016/679 und zur Umsetzung der Richtlinie (EU) 2016/680« (Zweites Datenschutz-Anpassungs- und Umsetzungsgesetz EU – 2. DSAnpUG-EU; BGBl. I Nr. 41 v. 25.11.2019).

### IV. Qualifizierter Prüfer (Nr. 5)

16   Die klinische Prüfung darf nur in geeigneten Prüfstellen von angemessen qualifizierten Prüfern durchgeführt werden. Die Prüfung muss von einem Prüfer mit mindestens zweijähriger Erfahrung in der klinischen Prüfung von Arzneimitteln geleitet werden. Mindestens ein Prüfer in einer Prüfstelle hat also die geforderte zweijährige Erfahrung aufzuweisen, und zwar unabhängig davon, ob es sich um eine mono- oder multizentrische klinische Prüfung handelt. Regelmäßig kommt es auf den Leiter der klinischen Prüfung an. Der Prüferbegriff ergibt sich aus § 4 Abs. 25. Die Bewertung der Geeignetheit der Prüfstelle und der Qualifikation der Prüfer ist in der Verantwortung der Ethik-Kommission (§ 42 Abs. 1 Satz 7 Nr. 3; s.a. § 8 V 2 GCP-V). Sie bewertet die Prüfer und ihre Stellvertreter persönlich sowie das Auswahlkonzept für weitere Mitglieder der Prüfgruppe (BT-Drs. 17/9341, 56; vgl. dazu Bundesärztekammer, »Empfehlungen zur Bewertung der Qualifikation von Prüfern und Stellvertretern sowie zur Bewertung der Auswahlkriterien von ärztlichen Mitgliedern einer Prüfgruppe (gem. Arzneimittelgesetz, Verordnung (EU) Nr. 536/2014, Medizinproduktegesetz) durch Ethik-Kommissionen«, DÄBl. 2016; 113(40), Ausg. 1 v. 07.10.2016). § 42 Abs. 2 Satz 3 Nr. 4 sieht ergänzend auch für die Bundesoberbehörde einen Versagungstatbestand für den Fall vor, dass der Behörde – insbesondere aus durchgeführten Inspektionen – Erkenntnisse darüber vorliegen, dass die Prüfstelle ungeeignet ist.

### V. Probandenversicherung (Nr. 8)

17   Für die klinische Prüfung ist eine Probandenversicherung abzuschließen. Sie gilt für Todesfälle und Gesundheitsschäden bei der Durchführung der klinischen Prüfung. Die Probandenversicherung ist verschuldensunabhängig; sie hat auch dann Leistungen zu gewähren, wenn kein anderer für den Schaden haftet. Näher dazu unten E.

## D. Aufklärung und Einwilligung (Abs. 2)

### I. Aufklärung (Satz 1)

18   Nach Abs. 2 Satz 1 ist die betroffene Person (Prüfungsteilnehmer(in) gem. § Abs. 2a GCP-V) durch einen Prüfer, der Arzt oder bei zahnmedizinischer Prüfung Zahnarzt ist, oder durch ein Mitglied der Prüfgruppe, das Arzt oder, bei zahnmedizinischer Prüfung, Zahnarzt ist, über Wesen, Bedeutung, Risiken und Tragweite der klinischen Prüfung sowie über ihr Recht aufzuklären, die Teilnahme an der klinischen Prüfung jederzeit zu beenden (Abs. 2 Satz 1, 1. Hs.). Die Aufklärung kann auch von einem ärztlichen Mitglied der Prüfgruppe vorgenommen werden. Der betroffenen Person ist gem. Abs. 2 Satz 1, 2. Hs. eine allgemein verständliche Aufklärungsunterlage auszuhändigen. Sämtliche

Informationen und Unterlagen, die die betroffenen Personen erhalten, sind bei einer klinischen Arzneimittelprüfung in Deutschland in deutscher Sprache abzufassen. Gem. § 7 III Nr. 9 GCP-V sind die Unterlagen der zuständigen Ethik-Kommission im Rahmen des Genehmigungsverfahrens vorzulegen und das Verfahren der Einwilligung nach Aufklärung darzustellen. Die Prüfung der Unterlagen zur Aufklärung und Einwilligung ist eine der zentralen Aufgaben der Ethik-Kommission, die erforderlichenfalls auch Änderungsvorschläge unterbreitet. Bei multizentrischen Studien sollte darauf geachtet werden, die Inhalte einheitlich zu gestalten.

## II. Beratungsgespräch (Satz 2)

19 Abs. 2 Satz 2 sieht die Besonderheit vor, dass der betroffenen Person ferner Gelegenheit zu einem Beratungsgespräch mit einem Prüfer oder einem ärztlichen Mitglied der Prüfgruppe über die sonstigen Bedingungen der Durchführung der klinischen Prüfung zu geben ist. Das Beratungsgespräch soll eine über das ärztliche Aufklärungsgespräch hinausgehende Beratung sein (BT-Drs. 15/2109, S. 30). Der betroffenen Person steht es frei, eine solche in Anspruch zu nehmen. Beispiele für weitergehende Informationen sind etwa vorhersehbare mögliche Nutzungen und mögliche weitere Verwendungen, die Finanzierung des Forschungsprojektes, Aspekte der Stellungnahme der Ethik-Kommission, gesetzliche Schutzvorkehrungen, Vorkehrungen zum Zugang zu relevanten Informationen und Ergebnissen oder Versicherungsregelungen (BT-Drs. 15/2109, S. 30). Wesentliche Aspekte sind wohl regelmäßig bereits in den schriftlichen Unterlagen abgehandelt. Insgesamt wird mit der Regelung zur Aufklärung erreicht, dass das ärztliche Aufklärungsgespräch und die Beratung im Vordergrund stehen und schriftlichen Unterlagen eine nur unterstützende Funktion zukommt. Erledigt (Kügel/Müller/Hofmann/*Wachenhausen*, AMG, § 40 Rn. 88).

## III. Widerruf der Einwilligung (Satz 3)

20 Abs. 2 Satz 3 bestimmt, dass eine (schriftliche) Einwilligung nicht nur schriftlich, sondern auch mündlich oder elektronisch widerrufen werden kann. Die Option zum elektronischen Widerruf wurde durch Art. 1 Nr. 11 des Gesetzes für mehr Sicherheit in der Arzneimittelversorgung – GSAV – v. 09.08.2019, BGBl. I Nr. 30 v. 15.08.2019 S. 1202, eingefügt. Der Widerruf muss gegenüber dem Prüfer oder gegenüber einem Mitglied der Prüfgruppe erklärt werden und ist an keine besonderen Voraussetzungen geknüpft. Der Widerruf ist ausschließlich hinsichtlich der Einwilligung in die Teilnahme der klinischen Prüfung zulässig, d.h. ein Widerruf hat zur Folge, dass die Teilnahme des betreffenden Probanden an der klinischen Prüfung ausgeschlossen ist. Ein Widerruf der speziellen datenschutzrechtlichen Einwilligung ist gem. Abs. 2a Satz 2 Nr. 2 nicht zulässig, d.h. dass keine weiteren Daten des Probanden erhoben werden dürfen. Die bis zum Zeitpunkt des Widerrufs erhobenen Daten dürfen jedoch verwendet werden. Soweit die erhobenen Daten für die weitere Durchführung der Studie und ihre Auswertung nicht mehr benötigt werden, sind sie umgehend zu löschen (vgl. auch Kügel/Müller/Hofmann/*Wachenhausen*, § 40 Rn. 99). Abs. 2a Satz 2 Nr. 3 regelt gesondert die Folgen eines Widerrufs der Einwilligung in die Teilnahme an der klinischen Prüfung für die bereits gespeicherten Daten.

## E. Probandenversicherung (Abs. 3)

### I. Besonderheiten

21 Die Probandenversicherung gewährt dem geschädigten Studienteilnehmer einen Direktanspruch gegen den Versicherer (»zugunsten«). Der Anspruch ist verschuldensunabhängig, gilt aber nur für Schäden, die kausal auf die klinische Prüfung zurückzuführen sind (»bei der Durchführung«, Abs. 1 Satz 3 Nr. 8; zur Kausalität OLG München Urt. v. 26.11.2009 – 1 U 2283/09, MedR 2010, 179). Die gesetzliche Verpflichtung zum Abschluss einer Probandenversicherung gem. Abs. 1 Satz 3 Nr. 8 i.V.m. Abs. 3 bildet keinen eigenen Haftungstatbestand. Die Versicherung tritt nicht für immaterielle Schäden ein. Der Sponsor kann einen Geschädigten nicht darauf verweisen, dass er zunächst die Probandenversicherung in Anspruch zu nehmen habe (LG Göttingen Urt. v. 13.11.2008 – 2 O 1735/07 bestätigt durch OLG Braunschweig, Beschl. v. 27.08.2009 – 1 U 73/08, Zurückweisung

§ 84 AMG   Gefährdungshaftung

der Berufung). Die Probandenversicherung ist daher praktisch zweitrangig gegenüber anderen, verschuldensabhängigen Ansprüchen. Soweit die Versicherung leistet, erlischt ein Anspruch auf Schadensersatz (Abs. 3 Satz 3). Die Probandenversicherung, mit der der Geschädigte eine schnelle und direkte Entschädigung ohne Verschuldensnachweis erlangen soll, ist in ihren Einzelheiten Gegenstand eingehender Diskussionen (Einzelheiten hierzu Kügel/Müller/Hofmann/*Wachenhausen*, AMG, § 40 Rn. 61 ff).

### II. Deckungssummen

22  Abs. 3 bestimmt die Einzelheiten zur Probandenversicherung. Die Mindestdeckungssumme pro Versicherungsfall muss im Fall des Todes oder der dauernden Erwerbsunfähigkeit einer von der klinischen Prüfung betroffenen Person 500.000 € betragen; in der Praxis stellt dieser Betrag häufig die Höchstsumme dar. Die erforderliche Gesamtdeckungssumme für die klinische Prüfung ist abhängig von den mit der klinischen Prüfung verbundenen Risiken (Satz 2) und ist auf Grundlage einer individuellen Risikoabschätzung und nicht anhand von rechnerischen Modellen zu bestimmen (Kügel/Müller/Hofmann/*Wachenhausen*, AMG, § 40 Rn. 66). Nach dem Schutzzweck der Probandenversicherung muss die Gesamtdeckungssumme so bestimmt werden, dass für alle nach dem individuellen Risiko der klinischen Prüfung im ungünstigsten Fall zu befürchtenden Schadenfälle mit tödlichem Ausgang oder dauernder Erwerbsunfähigkeit jeweils 500.000 € zur Verfügung stehen (»worst case scenario«; Bergmann/Pauge/Steinmeyer/*Paus*, Gesamtes Medizinrecht AMG § 40 Rn. 13).

### III. Ausnahme von der Probandenversicherungspflicht für risikoarme klinische Prüfungen, Abs. 1b

23  Die Ausnahme in Abs. 1b wurde 2012 eingeführt (»Zweites Gesetz zur Änderung arzneimittelrechtlicher und anderer Vorschriften« vom 19.10.2012, BGBl. I 2012 S. 2192). Ziel war es, klinische Prüfungen mit kalkulierbarem Risiko zu erleichtern. Die Ausnahme ist aber auf zugelassene Arzneimittel beschränkt (anders künftig gem. Art. 76 Abs. 3 i.V.m. Art. 2 Abs. 2 Nr. 3 b) ii) Verordnung (EU) Nr. 536/2014 für den »evidenzbasierten« off-label-use). Von Arzneimitteln gehen, innerhalb der Zulassung angewendet, keine studienbedingten Risiken aus. Andere Risiken oder Belastungen durch zusätzliche Untersuchungen oder durch den Therapievergleich dürfen nicht mehr als gering sein (ausweislich der Gesetzesbegründung sind dies beispielsweise ergänzende diagnostische Maßnahmen wie Blutentnahmen, EEG- oder EKG-Messungen oder Abstriche, BT-Drs. 17/9341, 56).

24  Es muss eine anderweitige Versicherung für Prüfer und Sponsor bestehen. Für den Arzt dürfte in der Regel die Haftpflichtversicherung für eine ausreichende Deckung des Haftungsrisikos sorgen. Für den pharmazeutischen Unternehmer des zugelassenen Arzneimittels besteht die gesetzliche Pflicht zur Deckungsvorsorge gem. § 94 (vgl. hierzu auch die Begründung zum Regierungsentwurf in BR-Drs. 91/12, S. 91; kritisch hierzu Bergmann/Pauge/Steinmeyer/*Paus*, Gesamtes Medizinrecht AMG § 40 Rn. 14).

## § 84 Gefährdungshaftung

(1) Wird infolge der Anwendung eines zum Gebrauch bei Menschen bestimmten Arzneimittels, das im Geltungsbereich dieses Gesetzes an den Verbraucher abgegeben wurde und der Pflicht zur Zulassung unterliegt oder durch Rechtsverordnung von der Zulassung befreit worden ist, ein Mensch getötet oder der Körper oder die Gesundheit eines Menschen nicht unerheblich verletzt, so ist der pharmazeutische Unternehmer, der das Arzneimittel im Geltungsbereich dieses Gesetzes in den Verkehr gebracht hat, verpflichtet, dem Verletzten den daraus entstandenen Schaden zu ersetzen. Die Ersatzpflicht besteht nur, wenn
1. das Arzneimittel bei bestimmungsgemäßem Gebrauch schädliche Wirkungen hat, die über ein nach den Erkenntnissen der medizinischen Wissenschaft vertretbares Maß hinausgehen oder

2. der Schaden infolge einer nicht den Erkenntnissen der medizinischen Wissenschaft entsprechenden Kennzeichnung, Fachinformation oder Gebrauchsinformation eingetreten ist.

(2) Ist das angewendete Arzneimittel nach den Gegebenheiten des Einzelfalls geeignet, den Schaden zu verursachen, so wird vermutet, dass der Schaden durch dieses Arzneimittel verursacht ist. Die Eignung im Einzelfall beurteilt sich nach der Zusammensetzung und der Dosierung des angewendeten Arzneimittels, nach der Art und Dauer seiner bestimmungsgemäßen Anwendung, nach dem zeitlichen Zusammenhang mit dem Schadenseintritt, nach dem Schadensbild und dem gesundheitlichen Zustand des Geschädigten im Zeitpunkt der Anwendung sowie allen sonstigen Gegebenheiten, die im Einzelfall für oder gegen die Schadensverursachung sprechen. Die Vermutung gilt nicht, wenn ein anderer Umstand nach den Gegebenheiten des Einzelfalls geeignet ist, den Schaden zu verursachen. Ein anderer Umstand liegt nicht in der Anwendung weiterer Arzneimittel, die nach den Gegebenheiten des Einzelfalls geeignet sind, den Schaden zu verursachen, es sei denn, dass wegen der Anwendung dieser Arzneimittel Ansprüche nach dieser Vorschrift aus anderen Gründen als der fehlenden Ursächlichkeit für den Schaden nicht gegeben sind.

(3) Die Ersatzpflicht des pharmazeutischen Unternehmers nach Absatz 1 Satz 2 Nr. 1 ist ausgeschlossen, wenn nach den Umständen davon auszugehen ist, dass die schädlichen Wirkungen des Arzneimittels ihre Ursache nicht im Bereich der Entwicklung und Herstellung haben.

**Übersicht**

| | Rdn. | | | Rdn. |
|---|---|---|---|---|
| A. Haftung für Arzneimittelschäden (Abs. 1) | 1 | b) | Bestimmungsgemäßer Gebrauch | 23 |
| I. Die Grundvoraussetzungen der Haftung (Satz 1) | 1 | c) | Schädliche Wirkungen | 26 |
| | | d) | Unvertretbarkeit | 27 |
| | | e) | Darlegung und Beweis | 29 |
| 1. Humanarzneimittel | 2 | 2. | Instruktionsfehler (Nr. 2) | 33 |
| 2. Zulassungspflicht | 4 | a) | Ordnungsgemäße Arzneimittelinformation | 33 |
| 3. Abgabe an den Verbraucher im Geltungsbereich des AMG | 7 | b) | Kausalität | 38 |
| 4. Pharmazeutischer Unternehmer | 9 | B. | Gesetzliche Kausalitätsvermutung (Abs. 2) | 41 |
| 5. Rechtsgutverletzung | 14 | | | |
| 6. Kausalität | 18 | I. | Kausalitätsvermutung (Satz 1) | 42 |
| 7. Schadensersatz | 19 | II. | Kriterien für die Eignung (Satz 2) | 43 |
| 8. Verjährung | 20 | III. | Ausschluss der Vermutung (Satz 3) | 46 |
| II. Haftungstatbestände (Satz 2) | 21 | IV. | Verursachung durch andere Arzneimittel (Satz 4) | 47 |
| 1. Unvertretbare schädliche Wirkung (Nr. 1) | 22 | C. | Schadensursache im Bereich der Entwicklung oder Herstellung (Abs. 3) | 48 |
| a) Allgemeines | 22 | | | |

## A. Haftung für Arzneimittelschäden (Abs. 1)

### I. Die Grundvoraussetzungen der Haftung (Satz 1)

§ 84 Abs. 1 Satz 1 nennt die Grundvoraussetzungen, unter denen der pharmazeutische Unternehmer verschuldensunabhängig für Arzneimittelschäden haftet (vgl. hierzu auch *Guttmann* A&R 2010, 163 ff.). Im Einzelnen sind dies: 1

### 1. Humanarzneimittel

Die in den §§ 84 ff. geregelte Haftung für Arzneimittelschäden gilt nur für Schäden, die durch nach dem 01.01.1978 (vgl. § 118) abgegebene Humanarzneimittel verursacht werden. Ob ein Humanarzneimittel vorliegt, hängt von der **Zweckbestimmung** ab, die der pharmazeutische Unternehmer trifft. Ein Indiz ist insoweit die Kennzeichnung des Arzneimittels; gem. §§ 10 Abs. 5 Satz 1 Nr. 12; 11 Abs. 4 Satz 1 Nr. 5, 11a Abs. 1c Satz 1 Buchst. a (s.a. Art. 10 Abs. 1 Buchst. a), Art. 14 VO (EU) 2019/6 des Europäischen Parlaments und des Rates vom 11.12.2018 über 2

Tierarzneimittel und zur Aufhebung der Richtlinie 2001/82/EG – EU-Verordnung über Tierarzneimittel vom 07.01.2019, ABl. EU L 4/43 ff., die ab dem 28.01.2022 gilt) bedarf es bei Tierarzneimitteln des Hinweises »Für Tiere« auf der Umverpackung und in der Gebrauchs- und Fachinformation. Werden Tierarzneimittel am Menschen angewandt und kommt es dabei zu einem Schaden, finden die §§ 84 ff. keine Anwendung.

3 Da das fragliche Arzneimittel »zum Gebrauch beim Menschen« bestimmt sein muss, haftet der pharmazeutische Unternehmer nicht für **Diagnostika**, die mit dem menschlichen Körper nicht in Berührung kommen (*Rehmann* § 84 Rn. 3).

**2. Zulassungspflicht**

4 Das fragliche Arzneimittel muss der Pflicht zur Zulassung unterliegen oder durch Rechtsverordnung von der Zulassung befreit worden sein. Unerheblich ist, ob das Arzneimittel national oder europäisch zugelassen wurde (§ 37 Abs. 1 Satz 1). § 84 stellt auf die Zulassungspflicht ab, nicht auf das Bestehen der Zulassung.

Nicht dem Haftungsregime des AMG unterliegen daher registrierte »Homöopathische Arzneimittel« (vgl. §§ 10 Abs. 4 Satz 1, 38 Abs. 1 Satz 2) sowie Arzneimittel zur klinischen Prüfung. Da § 84 Abs. 1 Satz 1 lediglich von der Zulassungspflicht spricht, unterliegen auch Arzneimittel der Gefährdungshaftung, für die außerhalb des Anwendungsbereichs nach § 21 Abs. 1 die Zulassungspflicht durch Rechtsverordnung nach § 35 Abs. 1 Nr. 2 angeordnet wurde (ebenso *Sander* § 84 Erl. 9; a.A. *Kloesel/Cyran* § 84 Anm. 14). Die Zulassungsbefreiung durch Rechtsverordnung nimmt Bezug auf § 36.

5 Durch das Merkmal der Zulassungspflicht werden Arzneimittel aus dem Anwendungsbereich des § 84 herausgenommen, die gem. § 21 Abs. 2 keiner Zulassung bedürfen. Arzneimittel, die im Rahmen des üblichen Apothekenbetriebs hergestellt werden, unterliegen nicht der Zulassungspflicht, sodass der herstellende Apotheker nicht nach § 84 Abs. 1 haftet (*Goetting* ApoR 2009, 151, 155; *Saalfrank* A&R 2007, 59, 60). Der Apotheker haftet jedoch im Fall des § 21 Abs. 3 Satz 2 und 3 (*Kloesel/Cyran* § 84 Anm. 12).

6 Eine »**Haftungslücke**« ergibt sich für Arzneimittel, die ohne Anwendung eines industriellen Verfahrens in der Apotheke verblistert wurden. Derjenige, der die Verblisterung vorgenommen hat und das Arzneimittel nun in Verkehr bringt, unterliegt nicht der Gefährdungshaftung, da das **verblisterte Arzneimittel** kein Fertigarzneimittel i.S.d. § 4 Abs. 1 ist und demnach nicht der Zulassungspflicht unterliegt (s. § 21 Rdn. 24 f.; *Voit* PharmR 2007, 1, 3; *Wille* PharmR 2006, 501, 508 f.). Eine Haftung des Herstellers des Ausgangsarzneimittels scheidet aus, da dieser sein ursprüngliches Arzneimittel nicht in den Verkehr bringt (*Wille* PharmR 2006, 501, 508 f.). Die Abgabe des Ausgangsarzneimittels an die Apotheke genügt nicht, eine Haftung des Herstellers des Ausgangsarzneimittels zu begründen, da sie keine Abgabe dieses konkreten Arzneimittels »an den Verbraucher« darstellt (a.A. *Voit* PharmR 2007, 1, 5; *Grau/Kutlu* A&R 2009, 153, 160; s. Rdn. 7). Bei einer industriellen Verblisterung oder einer gewerblichen Verblisterung außerhalb der Apotheke ist nach hiesiger Auffassung zu unterscheiden: Zunächst hat der pharmazeutische Unternehmer, dessen Arzneimittel (unverändert) neu verblistert wird, das Arzneimittel vor der Neuverblisterung bereits erstmalig in den Verkehr gebracht, so dass dessen Haftung nach § 84 grundsätzlich unberührt bleibt (so *Rehmann* AMG § 84 Rn. 3). Das Verblisterunternehmen haftet nach allgemeinem Produkthaftungsrecht für Herstellungsfehler bei der Neuverblisterung, wenn hierdurch Personenschäden entstehen (*Meyer* A&R 2018, 9 ff.). Die Haftung des Verblisterungsunternehmens nach § 84 scheitert an § 21 Abs. 2 Nr. 1b Buchst. b.

**3. Abgabe an den Verbraucher im Geltungsbereich des AMG**

7 Das Arzneimittel muss an den Verbraucher abgegeben worden sein. Abgabe ist dabei jede Form des Inverkehrbringens i.S.d. § 4 Abs. 17 (BT-Drs. 12/8591, S. 169). **Verbraucher** ist derjenige, der das Arzneimittel zur Anwendung an sich oder anderen erhält (BT-Drs. 12/8591, S. 169). Dies können

auch sein der Arzt, die Einrichtung der Gesundheits- und Krankenfürsorge (BT-Drs. 12/8591, S. 169) sowie die Eltern für das kranke Kind. Die Abgabe an den Verbraucher muss im Anwendungsbereich des AMG erfolgen. Voraussetzung ist somit ein **inländischer Übergabeakt**. Der Ort der Anwendung des Arzneimittels ist demgegenüber ebenso unbeachtlich wie der Ort, an dem der Schaden eintritt (*Kloesel/Cyran* § 84 Anm. 3). Nicht dem § 84 Abs. 1 unterliegen daher eingeführte Arzneimittel nach § 73 Abs. 2 Nr. 6 und 6a (OLG Koblenz Beschl. v. 24.08.2018 – 5 U 926/18), unabhängig davon, ob ein identisches Arzneimittel in Deutschland in Verkehr ist (*Kloesel/Cyran* § 84 Anm. 7). § 84 findet zudem gem. § 73 Abs. 4 Satz 2 keine Anwendung in den Fällen des § 73 Abs. 2 Nr. 6, 6a und Abs. 3, also für durch den Verbraucher selbst eingeführte Arzneimittel und solche, die über inländische Apotheken bestellt und im Geltungsbereich dieses Gesetzes abgegeben werden.

Der pharmazeutische Unternehmer haftet für zentral zugelassene Arzneimittel, wenn diese auch in Deutschland in den Verkehr gebracht werden. Pharmazeutischer Unternehmer ist in diesem Fall die für das Inverkehrbringen verantwortliche Person, die regelmäßig der Zulassungsinhaber als berechtigte Person sein wird. 8

### 4. Pharmazeutischer Unternehmer

§ 84 regelt die Haftung des pharmazeutischen Unternehmers, vermittelt jedoch keinen Anspruch gegen die öffentliche Hand (VG Köln Urt. v. 20.01.2015 – 7 K 7276/12). Der pharmazeutische Unternehmer ist in § 4 Abs. 18 legaldefiniert; klargestellt wurde, dass der Parallelvertreiber auch den (haftungs-) rechtlichen Verpflichtungen des AMG unterliegt (s. § 4 Rdn. 23). Er haftet nach § 84 Abs. 1 jedoch nur, wenn er das Arzneimittel unter seinem Namen i.S.d. § 4 Abs. 17 in den Verkehr bringt. Das **Inverkehrbringen unter seinem Namen** orientiert sich primär an der Kennzeichnung des Arzneimittels (vgl. § 9). Pharmazeutischer Unternehmer ist demnach, wer auf der Verpackung bzw. in der Gebrauchs- oder Fachinformation als solcher bezeichnet wird. Damit ist auch der auf den Packmitteln angegebene **Mitvertreiber** pharmazeutischer Unternehmer und Haftungssubjekt (gesamtschuldnerische Haftung, vgl. § 93). Es ist nicht erforderlich, dass der pharmazeutische Unternehmer i.S.d. § 84 Abs. 1 Satz 1 das Arzneimittel selbst hergestellt hat. Auch ein Apotheker kann unter diesen Voraussetzungen pharmazeutischer Unternehmer i.S.d. § 84 Abs. 1 Satz 1 sein (*Kloesel/Cyran* § 84 Anm. 12). 9

Der Entwickler bzw. Hersteller des Arzneimittels, der das Arzneimittel nicht unter seinem eigenen Namen in den Verkehr bringt, haftet ggf. gem. den §§ 823 ff. BGB sowie nach dem ProdHaftG und GenTG (s. § 91 Rdn. 2 ff.) neben dem pharmazeutischen Unternehmer im Außenverhältnis. Im Innenverhältnis zwischen Hersteller und Entwickler bzw. Hersteller können dem Hersteller jedoch Freistellungsansprüche zustehen. 10

Sind auf dem Arzneimittel **mehrere pharmazeutische Unternehmer** angegeben, haften diese als Gesamtschuldner (§ 93 Satz 1). 11

Auch das **Vorrätighalten zum Verkauf** ist gem. § 4 Abs. 17 ein Inverkehrbringen. Der pharmazeutische Unternehmer haftet daher auch dann nach § 84 Abs. 1, wenn das vorrätig gehaltene Arzneimittel außerhalb Deutschlands verkauft werden soll (a.A. *Kloesel/Cyran* § 84 Anm. 9). Nur ein Vorrätighalten für den Verkauf in Deutschland als Inverkehrbringen i.S.d. § 84 Abs. 1 Satz 1 zu verstehen, würde eine Umgehung des Haftungstatbestands aus § 84 Abs. 1 erleichtern. Die Zielrichtung des Vorrätighaltens ist kaum bestimmbar und kann sich jederzeit ändern, sodass auf diesen Aspekt nicht abgestellt werden kann. Die vorgelagerte Vertriebsaktivität des Bewerbens ist ebenfalls als ein Inverkehrbringen anzusehen, mit der Folge, dass § 84 Abs. 1 zur Anwendung gelangt. 12

Bei Arzneimitteln, die nachweislich nicht von dem pharmazeutischen Unternehmer stammen, der aus der Kennzeichnung des Arzneimittels hervorgeht, bei denen aber für den Verbraucher der Eindruck entsteht, der benannte pharmazeutische Unternehmer habe sie in den Verkehr gebracht, ist eine Haftung dieses pharmazeutischen Unternehmers aus § 84 Abs. 1 nicht begründet (*Tillmanns* PharmR 2009, 66, 69). Die »Richtlinie des Europäischen Parlaments und des Rates zur Änderung 13 der Richtlinie 2001/83/EG zwecks Verhinderung des Eindringens von Arzneimitteln, die in Bezug auf ihre Eigenschaften, Herstellung oder Herkunft gefälscht sind, in die legale Lieferkette« (RL 2011/62/EU – sog. AM-Fälschungsrichtlinie; hierzu *Guttmann* PharmInd. 2011, 518 ff.), die im Juni 2011 verabschiedet wurde und durch das »Zweite Gesetz zur Änderung arzneimittelrechtlicher und anderer Vorschriften« v. 19.10.2012 (BGBl. I S. 2192) in nationales Recht umgesetzt worden ist, begründet ebenfalls keine Haftung des pharmazeutischen Unternehmers, dessen Arzneimittel gefälscht werden (*Hornung/Fuchs* PharmR 2012, 501, 504 ff.; *Haukel/Kremer* PharmR 2013, 213, 215 f.). Zum Begriff »gefälschtes Arzneimittel« s. § 91 Rdn. 2 ff.

### 5. Rechtsgutverletzung

14 Die Haftung nach § 84 Abs. 1 greift nur in den Fällen, in denen entweder ein Mensch getötet oder der Körper oder die Gesundheit eines Menschen nicht unerheblich verletzt werden. Das Leben endet mit dem Hirntod des Betroffenen, d.h. dem Zeitpunkt des irreversiblen Funktionsverlustes des Gehirns, sodass dauerhaft keine Gehirnkurven mehr mitgeschrieben werden können und eine Reanimation ausgeschlossen ist (OLG Köln NJW-RR 1992, 1480 f.).

15 Geschützt ist in allen Fällen auch das **ungeborene Leben** (*Rehmann* § 84 Rn. 4). Sogar das noch nicht gezeugte Kind wird durch § 84 Abs. 1 geschützt, sofern die Ursächlichkeit der Verletzung der Mutter oder des Vaters dieses Kindes für dessen spätere Schädigung feststeht (*Kloesel/Cyran* § 84 Anm. 16).

16 Gesundheitsverletzung ist jeder unbefugte Eingriff in die körperliche Integrität oder Befindlichkeit, der einen von den normalen körperlichen Funktionen nicht nur unerheblich abweichenden Zustand hervorruft (Palandt/*Sprau* § 823 Rn. 4; OLG Hamm NJW 2012, 1088 f.). Die Körper- oder Gesundheitsverletzung muss erheblich sein, d.h. der pharmazeutische Unternehmer haftet nicht für **Bagatellschäden** (KG Teilurt. v. 08.06.2009 – 10 U 262/09). Die Erheblichkeit ist als den Anspruch begründende Tatsache vom Geschädigten darzulegen und ggf. zu beweisen. Sie bestimmt sich nach Qualität (Schmerzen, organische Veränderungen) und Quantität (nach kurzer Zeit abklingend, längere Phase ärztlicher Behandlung, Dauerschaden) der Beeinträchtigung des Geschädigten anhand eines objektiven Maßstabs (*Kloesel/Cyran* § 84 Anm. 20). Beispiele für Bagatellschäden sind vorübergehende Hautirritationen, Schweißausbrüche oder eine Magenverstimmung (Beispiele nach *Kloesel/Cyran* § 84 Anm. 20). Ein Herzinfarkt ist demgegenüber eine erhebliche Verletzung (LG Berlin NJW 2007, 3584, 3585). Die Übertragung des HI-Virus stellt eine erhebliche Gesundheitsbeeinträchtigung dar, auch wenn es noch nicht zum Ausbruch der Immunschwächekrankheit gekommen ist (OLG Hamm NJW-RR 1997, 217, 218). Gleiches gilt für die Übertragung eines Hepatitis-C-Virus (OLG Koblenz StoffR 2008, 98).

17 Vom Anwendungsbereich des § 84 Abs. 1 umfasst sind auch sog. »**Sekundärgeschädigte**« (BT-Drs. 14/7752, S. 18 f. und 53; BT-Drs. 12/8591, S. 173; a.A. *Hieke* Die Informationsrechte geschädigter Arzneimittelverbraucher, S. 60 f.). In ihrem Fall tritt aufgrund einer Arzneimittelanwendung ein Umstand ein (z.B. Verkehrsunfall), der zu einer Verletzung dieser Person führt, obwohl diese nicht in Berührung mit dem Arzneimittel kam. Sekundärgeschädigte werden gleichfalls durch die §§ 823 ff. BGB geschützt (BGH NJW 2005, 2614, 2617 f.).

### 6. Kausalität

18 Die Haftung gem. § 84 Abs. 1 setzt voraus, dass die Anwendung des Arzneimittels kausal für die Rechtsgutverletzung war, wobei eine Mitursächlichkeit genügt (BGH Urt. v. 16.03.2010 – VI ZR 64/09). Die Beweislast für diese haftungsbegründende Kausalität hat der Geschädigte (BGH PharmR 2013, 269, 270 m.w.N.). Ihm kommt die in § 84 Abs. 2 Satz 1 normierte **Kausalitätsvermutung** zugute. Zu dieser vgl. unten Rdn. 41 ff. Daneben kann sich der Geschädigte auf die **Grundsätze des Anscheinsbeweises** berufen, wenn ein typischer Geschehensablauf vorliegt, bei dem nach der Lebenserfahrung auf das Hervorrufen einer bestimmten Folge oder die Ursache eines bestimmten Verhaltens geschlossen werden kann (BGH Urt. v. 16.03.2010 – VI ZR 64/09;

KG Urt. v. 05.11.2007 – 10 U 262/06). Der Geschädigte muss dabei die tatsächlichen Voraussetzungen darlegen und beweisen, aus denen auf den zu beweisenden Ablauf geschlossen werden kann (KG Urt. v. 05.11.2007 – 10 U 262/06). Der Anscheinsbeweis wird entkräftet, wenn feststehende Tatsachen die ernsthafte Möglichkeit eines anderen Geschehensablaufs aufzeigen (BGH Urt. v. 16.03.2010 – VI ZR 64/09). Die Kausalitätsvermutung nach § 84 Abs. 2 ist ausgeschlossen, wenn es eine konkret mögliche alternative Schadensursache gibt, die für sich allein oder im Zusammenwirken mit anderen, dem in Anspruch genommenen pharmazeutischen Unternehmer ebenfalls nicht zuzurechnenden Ursachen, den Schaden herbeigeführt haben kann (LG Waldshut-Tiengen, Urt. v. 20.12.2018 – 1 O 73/12). Auf die im Arzthaftungsprozess anerkannten **Beweiserleichterungen** für den Kausalitätsbeweis bei Vorliegen eines groben Behandlungsfehlers kann sich der Geschädigte nicht berufen (BGH Urt. v. 16.03.2010 – VI ZR 64/09).

### 7. Schadensersatz

Bei Vorliegen der Tatbestandsvoraussetzungen des § 84 Abs. 1 hat der pharmazeutische Unternehmer den Schaden im Rahmen und in den Grenzen der §§ 86 ff. zu ersetzen. Auf deren Kommentierung wird verwiesen. 19

### 8. Verjährung

Zur Verjährung des Anspruchs aus § 84 Abs. 1 Satz 2 Nr. 1 s. LG Köln PharmR 2009, 567 ff. und BGH NJW 1991, 2351 f. 20

## II. Haftungstatbestände (Satz 2)

§ 84 Abs. 1 Satz 2 beschränkt die Ersatzpflicht auf die Fälle der zwei genannten Alternativen. Die Ersatzpflicht besteht entweder, wenn das Arzneimittel bei bestimmungsgemäßem Gebrauch unvertretbare schädliche Wirkungen hat (Nr. 1) oder der Schaden auf einem Instruktionsfehler beruht (Nr. 2). Im Rahmen des § 84 Abs. 1 Satz 2 Nr. 1 ist § 84 Abs. 3 zu beachten; vgl. dazu die Kommentierung in Rdn. 48 ff. 21

### 1. Unvertretbare schädliche Wirkung (Nr. 1)

#### a) Allgemeines

Der Wortlaut des § 84 Abs. 1 Satz 2 Nr. 1 nimmt Bezug auf § 5 Abs. 2. Danach sind Arzneimittel, bei denen nach dem jeweiligen Stand der wissenschaftlichen Erkenntnisse der begründete Verdacht besteht, dass sie bei bestimmungsgemäßem Gebrauch schädliche Wirkungen haben, die über ein nach den Erkenntnissen der medizinischen Wissenschaft vertretbares Maß hinausgehen, bedenklich und dürfen gem. § 5 Abs. 1 nicht in den Verkehr gebracht oder bei einem anderen Menschen angewandt werden. Die zuständige Bundesoberbehörde darf die Zulassung für derartige Arzneimittel gem. § 25 Abs. 2 Satz 1 Nr. 5 versagen (vgl. OLG Karlsruhe PharmR 2009, 81 ff.). Gem. § 30 Abs. 1 kann bei unvertretbaren schädlichen Wirkungen die Zulassung zurückgenommen oder widerrufen werden. 22

#### b) Bestimmungsgemäßer Gebrauch

Die unvertretbaren schädlichen Wirkungen müssen bei bestimmungsgemäßem Gebrauch aufgetreten sein. Der bestimmungsgemäße Gebrauch wird primär durch die **Zweckbestimmung des pharmazeutischen Unternehmers** festgelegt (*Krüger* PharmR 2004, 52, 53 f.). Er wird ersichtlich durch die gesetzlich vorgeschriebenen Angaben des pharmazeutischen Unternehmers, mit denen dieser das Arzneimittel kennzeichnen (§ 10) muss und die in die Packungsbeilage (§ 11) und die Fachinformation (§ 11a) aufzunehmen sind (OLG Karlsruhe PharmR 2009, 81, 83; *Rehmann* § 84 Rn. 1). Der in Verbraucherkreisen »übliche Gebrauch« ist gleichfalls als bestimmungsgemäßer Gebrauch anzusehen (*Kloesel/Cyran* § 5 Anm. 17), wenn nicht der pharmazeutische Unternehmer vor ihm warnt. Gleiches gilt für den »**typischen Fehlgebrauch**« (*Kloesel/Cyran* § 5 Anm. 17), der 23 letztlich nur eine Sonderform des »üblichen Gebrauchs« ist. In beiden Fällen darf die Haftung des pharmazeutischen Unternehmers, der den bestimmungsgemäßen Gebrauch definiert, nicht überdehnt werden. Ein üblicher Gebrauch muss sich daher so verfestigt haben, dass es dem pharmazeutischen Unternehmer zumutbar und möglich ist, auf die fehlende Bestimmungsmäßigkeit hinzuweisen. Eine dem pharmazeutischen Unternehmer zurechenbare Werbung kann einen bestimmungsgemäßen Gebrauch begründen (*Kloesel/Cyran* § 84 Anm. 23). Ob das Arzneimittel bei bestimmungswidrigem Gebrauch schädliche Wirkungen hat, ist für die Haftung nach dieser Vorschrift gleichgültig (so auch Kügel/Müller/Hofmann/*Brock/Stoll* AMG § 84 Rn. 67, anders aber BGH Urt. v. 12.05.2015 – VI ZR 328/11).

24 Ein bestimmungsgemäßer Gebrauch setzt voraus, sieht man von den Fällen eines typischen Fehlgebrauchs ab, dass eine Indikation vorlag (OLG Karlsruhe PharmR 2009, 81, 84; LG Berlin NJW 2007, 3584, 3586). Ein **Off-Label-Use**, d.h. die Versorgung eines Patienten mit einem für dieses Krankheitsbild nicht oder nicht bei diesem Gebrauch zugelassenen Arzneimittel (BSG NJW 2003, 460, 460, *Krüger* PharmR 2004, 52, 52), stellt i.d.R. einen bestimmungswidrigen Gebrauch dar. Es handelt sich i.d.R. um eine bewusste ärztliche Entscheidung, weshalb den Arzt hierfür die Verantwortung trifft. Anders wäre dies nur zu beurteilen, wenn ein zurechenbarer Hinweis des pharmazeutischen Unternehmers auf die Neuindikation erfolgt ist (*Krüger* PharmR 2004, 52, 54; *Saalfrank* A&R 2007, 59, 61); dies begründet unter Umständen aber einen Verstoß gegen § 3a HWG. Werden Arzneimittel in den **Arzneimittelrichtlinien des G-BA** für den Off-Label-Use (G-BA Anlage VI zum Abschnitt K der Arzneimittel-Richtlinie: Verordnungsfähigkeit von zugelassenen Arzneimitteln in nicht zugelassenen Anwendungsgebieten) genannt, haftet der pharmazeutische Unternehmer grundsätzlich für einen den Richtlinien entsprechenden Einsatz des Arzneimittels, da die der Richtlinie zugrunde liegende Bewertung gem. § 35b Abs. 3 Satz 3 SGB V nur mit Zustimmung des pharmazeutischen Unternehmers erstellt werden »soll« (BT-Drs. 15/1525, S. 89). Wird die Bewertung ohne Zustimmung des pharmazeutischen Unternehmers erstellt, erfordert es der Patientenschutz, dass der pharmazeutische Unternehmer einen Hinweis auf den nach seiner Ansicht unzulässigen Off-Label-Use ausspricht (vgl. auch *Saalfrank* A&R 2007, 59, 61). Bei sonstiger Duldung eines Off-Label-Use kommt u.U. eine Haftung des pharmazeutischen Unternehmers gem. § 84 Abs. 1 Satz 2 Nr. 2 bzw. §§ 823 ff. BGB in Betracht (*Krüger* PharmR 2004, 52, 55).

25 Kein bestimmungsgemäßer Gebrauch liegt vor bei einem Verstoß gegen **Kontraindikationen** (LG Berlin NJW 2007, 3584, 3586; *Kloesel/Cyran* § 5 Anm. 18). Die Überschreitung der vom pharmazeutischen Unternehmer angegebenen Tageshöchstdosis um das Doppelte schließt einen bestimmungsgemäßen Gebrauch aus (OLG Karlsruhe PharmR 2009, 81, 83). Das OLG Karlsruhe hat es offen gelassen, ob der Geschädigte im Fall eines nicht bestimmungsgemäßen Gebrauchs den pharmazeutischen Unternehmer in Haftung nehmen kann, wenn er nachweist, dass die unvertretbaren schädlichen Wirkungen auch bei einem bestimmungsgemäßen Gebrauch eingetreten wären (OLG Karlsruhe PharmR 2009, 81, 84).

### c) Schädliche Wirkungen

26 Der Begriff »Wirkungen« erfasst alle Reaktionen des menschlichen Körpers, die durch ein Arzneimittel ausgelöst werden. Wirkungen sind schädlich, wenn sie nachteilig unmittelbar oder mittelbar die Gesundheit des Arzneimittelanwenders beeinflussen (*Hieke* Die Informationsrechte geschädigter Arzneimittelverbraucher, S. 63). Schädliche Wirkungen sind damit vor allem **Nebenwirkungen** (§ 4 Abs. 13) sowie **Wechselwirkungen**, d.h. unerwünschte Wirkungen, die aufgrund des Zusammentreffens des angewandten Arzneimittels mit anderen Arzneimitteln oder sonstigen Mitteln (z.B. Lebensmittel, Kosmetika etc.) auftreten (*Kloesel/Cyran* § 11 Anm. 35).

### d) Unvertretbarkeit

27 Die schädlichen Wirkungen gehen über ein vertretbares Maß hinaus, wenn ein **negatives Nutzen-Risiko-Verhältnis** vorliegt, d.h. eine Versagung der Zulassung gem. § 25 Abs. 2 Nr. 5 gerechtfertigt gewesen wäre (*Kloesel/Cyran* § 84 Anm. 25). Erforderlich ist mithin die Durchführung einer

Nutzen-Risiko-Abwägung (§ 4 Abs. 28) im Hinblick auf die konkrete Indikation. Dabei gilt, je besser die therapeutische Wirksamkeit und je gravierender die Indikation ist, desto gravierender und wahrscheinlicher dürfen die möglichen schädlichen Wirkungen sein. Im Rahmen dieser Abwägung sind jedoch etwaige andere Therapeutika, die alternativ eingesetzt werden können, und das mit diesen verbundene Risiko für den Arzneimittelanwender immer zu beachten (vgl. dazu OLG Frankfurt Urt. v. 26.09.2002 – 16 O 127/01). Weisen **alternativ anwendbare Therapeutika** ein geringeres Risiko auf, führt dies zwangsläufig zu einem negativen Nutzen-Risiko-Verhältnis des Arzneimittels, was zugleich die Unvertretbarkeit der schädlichen Wirkung begründet.

Im Rahmen des § 84 Abs. 1 Satz 2 Nr. 1 wird nicht gehaftet für Schäden, die bereits als mögliche Nebenwirkungen angegeben und dementsprechend im Rahmen des Zulassungsverfahrens als **sozialadäquat** bewertet wurden (OLG Karlsruhe PharmR 2009, 81, 82). Diese Nebenwirkungen wurden von der zuständigen Zulassungsbehörde bereits einer Nutzen-Risiko-Abwägung unterzogen. Das positive Ergebnis dieser Abwägung kann keine Gefährdungshaftung des pharmazeutischen Unternehmers begründen, da es sich aufgrund der erteilten Zulassung um einen »erlaubten Verletzungserfolg« handelt (*Ufer/Metzmacher* JR 2009, 95, 96; ebenso *v. Czettritz/Strelow* PharmR 2010, 163, 164, weshalb für Impfschäden nicht nach § 84 gehaftet wird). Unter Umständen kommt ein Amtshaftungsanspruch gegenüber der Zulassungsbehörde in Betracht (§ 25 Rdn. 101). 28

### e) Darlegung und Beweis

Die Darlegung und ggf. der Beweis einer unvertretbaren schädlichen Wirkung bei einem bestimmungsgemäßen Gebrauch des Arzneimittels obliegen dem Geschädigten. Der Geschädigte hat dazu neben dem bestimmungsgemäßen Gebrauch einerseits zu dem Nutzen des Arzneimittels, d.h. dem Grad seines Erfolges auf seinem Anwendungsgebiet und seiner therapeutischen Wirksamkeit und Breite, vorzutragen und andererseits darzulegen, was die schädlichen Wirkungen dieses Arzneimittels sind, die bei ihm eingetreten sind (KG Urt. v. 05.11.2007 – 10 O 262/06). Nach st. Rspr. dürfen an die **Substantiierungslast des Anspruchstellers** allerdings keine überhöhten Anforderungen gestellt werden (BGH NJW 1991, 2351, 2352; OLG München PharmR 2009, 352, 353). Bei einem auffälligen Missverhältnis zwischen dem Nutzen eines Arzneimittels und einem eingetretenen schweren Gesundheitsschaden ist dementsprechend die Darlegungslast des Geschädigten zu reduzieren. Der BGH hat es noch als ausreichend angesehen, wenn sich ein Geschädigter darauf beschränkt, die Einnahme eines Medikamentes gegen Wechseljahresbeschwerden und eine Gehirnschrumpfung als Schädigung darzulegen (BGH NJW 1991, 2351 f.). 29

Das OLG Köln hat bei einem Insektenschutzmittel Hautrötungen, Juckreiz, Hautbläschen und Pusteln als vertretbare schädliche Wirkungen angesehen (OLG Köln NJW-RR 1992, 91 ff.). Das LG Berlin hat bei einem Schmerz- und Rheumamittel (COX-2-Hemmer) das Auftreten von Herz-Rhythmus-Störungen, die rasch zu beheben sind, als vertretbare schädliche Wirkungen eingestuft (LG Berlin NJW 2007, 3582 ff.). 30

Zur Beurteilung der Unvertretbarkeit schädlicher Wirkungen wird das Gericht i.d.R. Sachverständige beizuziehen haben (BGH NJW 2008, 2994, 2995). Maßstab der Bewertung sind die Erkenntnisse der medizinischen Wissenschaft. 31

Die Feststellung unvertretbarer schädlicher Wirkungen erfordert eine **zeitlich differenzierte Betrachtung:** Da die schädlichen Wirkungen nur am Geschädigten selbst feststellbar sind, richtet sich ihre Beurteilung zwangsläufig nach dem Stand der letzten mündlichen Verhandlung (*Hart* MedR 2007, 631, 633). Auch Argumente zur Unvertretbarkeit der schädlichen Wirkungen können bis zum Schluss der letzten mündlichen Verhandlung vorgetragen werden. Hieraus kann jedoch nicht gefolgert werden, auch die Unvertretbarkeit sei auf diesen Zeitpunkt bezogen zu beurteilen (*Hart* MedR 2007, 631, 633; a.A. *Kloesel/Cyran* § 84 Anm. 26). Die Unvertretbarkeit beruht auf einer Nutzen-Risiko-Abwägung, die bereits im Zulassungsverfahren von der Zulassungsbehörde und wohl zuvor durch den pharmazeutischen Unternehmer vorgenommen wird. Der pharmazeutische 32

**§ 84 AMG**   Gefährdungshaftung

Unternehmer kann diese Abwägung, an die seine Haftung anknüpft, bis zum Inverkehrbringen der jeweiligen Charge des Arzneimittels unter Berücksichtigung der wissenschaftlichen Entwicklung erneut vornehmen und muss entscheiden, ob er die festgestellten Risiken des Inverkehrbringens übernehmen will. Die Haftung des pharmazeutischen Unternehmers würde überspannt, wollte man ihm auch die Verantwortung für die anschließende medizinische Entwicklung übertragen (*Hieke* Die Informationsrechte geschädigter Arzneimittelverbraucher, S. 67). Die Unvertretbarkeit der festgestellten schädlichen Wirkungen knüpft daher an den Zeitpunkt des Inverkehrbringens der jeweiligen Charge des Arzneimittels an. § 84 Abs. 1 Satz 2 Nr. 1 erfordert demnach eine Nutzen-Risiko-Abwägung, die sich auf die konkrete Marktsituation zum Zeitpunkt des Inverkehrbringens bezieht, bei der allerdings das Wissen um die schädlichen Wirkungen zurückprojiziert werden muss (BT-Drs. 12/8591, S. 170). Bezüglich der Erkenntnisse, die in die Nutzen-Risiko-Abwägung einfließen, ist also auf den Zeitpunkt der Bewertung, im Prozess mithin auf den Zeitpunkt der letzten mündlichen Verhandlung, abzustellen (OLG Schleswig-Holstein Urt. v. 20.12.2013 – 4 U 121/11).

Zu beurteilen ist mithin, ob die nunmehr festgestellten schädlichen Arzneimittelwirkungen unter Berücksichtigung des damaligen Arzneimittelangebots und des zu erwartenden Nutzens des Arzneimittels im Rahmen des Zulassungsverfahrens in Kauf genommen worden wären (*Hieke* Die Informationsrechte geschädigter Arzneimittelverbraucher, S. 68).

### 2. Instruktionsfehler (Nr. 2)

#### a) Ordnungsgemäße Arzneimittelinformation

33  § 84 Abs. 1 Satz 2 Nr. 2 trägt der Verantwortung des pharmazeutischen Unternehmers für die Kennzeichnung (§ 10), die Gebrauchsinformation (§ 11) und die Fachinformation (§ 11a) Rechnung. Dieser soll für falsche oder nicht ausreichende Angaben in diesen Dokumenten haften. Die Haftung umfasst auch einen nicht bestimmungsgemäßen Gebrauch des Arzneimittels (BGH NJW 1989, 1542, 1543).

34  An einer ordnungsgemäßen Arzneimittelinformation fehlt es, wenn auf die Risiken, die bei Fehlanwendungen und Überdosierungen von Arzneimitteln entstehen können, vom pharmazeutischen Unternehmer nicht hingewiesen wird, wenn und soweit nicht damit gerechnet werden kann, dass diese Risiken jedem Patienten bekannt sind (BGH NJW 1989, 1542, 1544). Hinzuweisen ist auf jeden Fehlgebrauch und jede Überdosierung des Arzneimittels, mit der der pharmazeutische Unternehmer rechnen muss (*Hieke* Die Informationsrechte geschädigter Arzneimittelverbraucher, S. 72; BGH NJW 1972, 2217, 2221 zu § 823 BGB). Es kommt nicht darauf an, dass der Fehlgebrauch nur versehentlich oder aus Unachtsamkeit erfolgt (BGH NJW 1989, 1542, 1544). Unter Umständen ist der pharmazeutische Unternehmer auch verpflichtet, Hinweise zur Bestimmungswidrigkeit eines Off-Label-Use in die Arzneimittelinformation mit aufzunehmen (*Krüger* PharmR 2004, 52, 55).

35  Die Verantwortung des pharmazeutischen Unternehmers für eine ausreichende Arzneimittelinformation bezieht sich auf den **Zeitpunkt des Inverkehrbringens** der jeweiligen Charge des Arzneimittels (BGH NJW 1989, 1542, 1544; OLG Schleswig-Holstein Urt. v. 20.12.2013 – 4 U 121/11). Es ist nicht erforderlich, dass bereits gesicherte Erkenntnisse hinsichtlich einzelner Risiken vorliegen. Der pharmazeutische Unternehmer muss auf Risiken hinweisen, sobald ein ernstzunehmender Verdacht besteht (BGH NJW 1989, 1542, 1544; BT-Drs. 12/8591, S. 170).

36  Sofern nach dem Inverkehrbringen der jeweiligen Charge **neue Erkenntnisse** vorliegen, ist der pharmazeutische Unternehmer verpflichtet, die Kennzeichnung und die Gebrauchsinformation sowie die Fachinformation zu aktualisieren und entsprechend der neuen Erkenntnisse die Warnungen, Informationen und Hinweise anzupassen oder neue aufzunehmen. Kommt der pharmazeutische Unternehmer dieser Verpflichtung nicht nach, haftet er jedoch nicht gem. § 84 Abs. 1 Satz 2 Nr. 2. In Betracht kommt eine Haftung aus den §§ 823 ff. BGB (OLG Köln NJW-RR 1994, 91, 92; OLG Frankfurt NJW-RR 1995, 406 ff.). So muss der pharmazeutische Unternehmer, um die

Arzneimittelinformation auf dem aktuellen Stand der wissenschaftlichen Erkenntnisse zu halten, ausführliche Unterlagen über alle Verdachtsfälle von Nebenwirkungen führen (§ 63c Abs. 1). Darüber hinaus hat er alle bekannt gewordenen Verdachtsfälle über schwerwiegende vermutete Nebenwirkungen innerhalb von 15 Tagen bei der zuständigen Behörde elektronisch anzuzeigen (§ 63c Abs. 2 bis 5; Art. 28 ff. VO [EG] Nr. 726/2004 i.V.m. Art. 107 Nr. 3 RL 2001/83/EG). Bei Arzneimitteln, die nach europäischem Recht zentral oder im Wege der gegenseitigen Anerkennung dezentral zugelassen sind, bedürfen die meisten sicherheitsrelevanten Änderungen der Genehmigung durch die zuständige Behörde. Die Einzelheiten ergeben sich aus der VO (EG) Nr. 1234/2008.

Der pharmazeutische Unternehmer haftet im Gegensatz zur Haftung aus § 84 Abs. 1 Satz 2 Nr. 1 (Rdn. 27 A. II. 1. d) Unvertretbarkeit) für fehlende Hinweise auf Gefahren, die im Rahmen der Nutzen-Risiko-Abwägung als **sozialadäquat** eingestuft wurden und vom Anwender des Arzneimittels hinzunehmen wären. Hierfür spricht bereits der Wortlaut des § 84 Abs. 1 Satz 2 Nr. 2, der keine Einschränkung der Haftung in dieser Hinsicht enthält. Im Übrigen kann nicht bestritten werden, dass auch sozialadäquate Risiken die Willensentscheidung des Anwenders beeinflussen. In der Regel wird eine Haftung des pharmazeutischen Unternehmers in diesen Fällen aber aufgrund der Sozialadäquanz der Risiken an der fehlenden Kausalität scheitern (*Hieke* Die Informationsrechte geschädigter Arzneimittelverbraucher, S. 73). 37

### b) Kausalität

Voraussetzung einer Haftung gem. § 84 Abs. 1 Satz 2 Nr. 2 ist, dass der Schaden »infolge« einer unzureichenden Arzneimittelinformation eingetreten ist. Es bedarf mithin eines Ursachenzusammenhangs zwischen der falschen oder nicht ausreichenden Arzneimittelinformation und dem Schadenseintritt. Dieser **Ursachenzusammenhang** ist zu bejahen, wenn der Schaden mit an Sicherheit grenzender Wahrscheinlichkeit bei ordnungsgemäßer Arzneimittelinformation vermieden worden wäre (OLG Stuttgart VersR 1990, 631 ff.). Der Anspruchsberechtigte hat darzutun und ggf. zu beweisen, dass der Schaden nicht eingetreten wäre, wenn die Gebrauchsinformation oder die Kennzeichnung erschöpfend und zutreffend gewesen wäre (BGH NJW 1989, 1542, 1545), d.h. es bedarf des Nachweises, dass der Geschädigte das Arzneimittel bei ordnungsgemäßer Arzneimittelinformation nicht angewandt hätte. Da sich dieser Nachweis auf den inneren Entscheidungsprozess des Geschädigten bezieht, der einer objektiven Feststellung unzugänglich und im Nachhinein allenfalls hypothetisch ist, genügt es, wenn der Geschädigte darstellt, dass er bei ordnungsgemäßer Arzneimittelinformation sich in einem echten Entscheidungskonflikt befunden hätte, was die Anwendung des betreffenden Arzneimittels angeht (*Kloesel/Cyran* § 84 Anm. 38). 38

Nicht gefolgt werden kann der in der Rechtsprechung vertretenen Ansicht, dass für den pharmazeutischen Unternehmer keine Notwendigkeit bestehe, auf Schäden hinzuweisen, die nicht über ein vertretbares Maß i.S.d. § 84 Abs. 1 Satz 2 Nr. 1 hinausgehen (so aber OLG Köln NJW-RR 1994, 91 ff.). 39

§ 84 Abs. 1 Satz 2 Nr. 2 ermöglicht auch eine Haftung des pharmazeutischen Unternehmers für **wirkungslose Arzneimittel**, wenn die Arzneimittelinformation eine Wirkung des Arzneimittels verspricht, die so nicht gegeben ist und den Arzneimittelanwender davon abhält, auf wirksame Arzneimittel zurückzugreifen und er deshalb Schäden erleidet (vgl. *Kloesel/Cyran* § 84 Anm. 19). 40

### B. Gesetzliche Kausalitätsvermutung (Abs. 2)

§ 84 Abs. 2 enthält eine gesetzliche Kausalitätsvermutung, die es dem Geschädigten erleichtern soll, die Ursächlichkeit der Arzneimittelanwendung zu beweisen und den pharmazeutischen Unternehmer in die Haftung zu nehmen (BT-Drs. 14/7752, S. 18). Gleichzeitig soll eine angemessene Verteilung der Beweislast zwischen dem Geschädigten und dem pharmazeutischen Unternehmer erreicht werden (BGH PharmR 2013, 269, 271 m.w.N.). § 84 Abs. 2 folgt dabei dem Konzept der §§ 6 ff. UmweltHG (BT-Drs. 14/7752, S. 19), sodass die dazu ergangene Rechtsprechung unter Berücksichtigung der Besonderheiten des Arzneimittelrechts im Einzelfall übertragen 41 werden kann. Die Kausalitätsvermutung greift nicht ein, wenn andere Umstände, etwa Risikofaktoren, vorliegen, die geeignet sind, das vorgebrachte schädigende Ereignis zu verursachen (BGH Beschl. v. 26.01.2010 – VI ZR 72/09). Allgemein zur Kritik an der Regelung des § 84 Abs. 2 s. *Deutsch* NJW 2008, 2995. Die Kausalitätsvermutung findet **Anwendung**, wenn das schädigende Ereignis nach dem 31.07.2002 eingetreten ist (Art. 229 § 8 Abs. 1 EGBGB). Maßgebend ist der Zeitpunkt des Eintritts der Rechtsgutverletzung (BGH Urt. v. 16.03.2010 – VI ZR 64/09; OLG Brandenburg Teilurt. v. 11.11.2009 – 13 U 73/07).

### I. Kausalitätsvermutung (Satz 1)

42 Aus § 84 Abs. 2 Satz 1 folgt eine gesetzliche Kausalitätsvermutung i.S.d. § 292 ZPO (BGH Beschl. v. 26.01.2010 – VI ZR 72/09), wenn das angewendete Arzneimittel nach den Gegebenheiten des Einzelfalls geeignet ist, den Schaden zu verursachen. Die Beweislast des Geschädigten wird insoweit verringert, als er lediglich die **Eignung zur Schadensverursachung** nachweisen muss. Seine Darlegungs- und Beweislast beschränkt sich auf die Anwendung des Arzneimittels und die generelle Eignung zur Schadensverursachung sowie die konkrete Eignung im Einzelfall (BGH PharmR 2013, 269, 271 m. Anm. *Brock/Rekitt*). An die **Darlegungslast des Geschädigten** dürfen dabei keine überhöhten Anforderungen gestellt werden, um ein weitgehendes Leerlaufen der Vorschriften über die Haftung für Arzneimittelschäden zu vermeiden (BGH NJW 2008, 2994, 2994; OLG München PharmR 2009, 557, 558). Eine bloße Vermutung genügt jedoch nicht zum Nachweis der Geeignetheit (OLG Frankfurt NJW-RR 2003, 1177 ff.).

### II. Kriterien für die Eignung (Satz 2)

43 § 84 Abs. 2 Satz 2 nennt – **nicht abschließend** (LG Berlin NJW 2007, 3582, 3584) – die Beurteilungskriterien, nach denen die Eignung des Arzneimittels zur Schadensverursachung im Einzelfall zu beurteilen ist. Im Einzelnen sind dies erstens die Zusammensetzung und die Dosierung des angewendeten Arzneimittels, zweitens die Art und Dauer der bestimmungsgemäßen Anwendung (konkreter Vortrag zu Dauer und Umfang der Medikamenteneinnahme: LG Berlin NJW 2007, 3584, 3585), drittens der zeitliche Zusammenhang zwischen der Anwendung des Arzneimittels und dem Schadenseintritt, viertens das Schadensbild und fünftens der gesundheitliche Zustand des Geschädigten im Zeitpunkt der Anwendung. Eine bloße Risikoerhöhung durch das Arzneimittel reicht für den Nachweis der Schadenseignung nicht aus (BGH Beschl. v. 26.01.2010 – VI ZR 72/09). Schließlich bedarf es der Darlegung aller sonstigen Gegebenheiten, die im Einzelfall für oder gegen die Schadensverursachung sprechen können. Die Darlegungs- und Beweislast des Geschädigten beschränkt sich somit nicht darauf, nur alle für die Schadensverursachung sprechenden Gegebenheiten darzustellen. Der Geschädigte muss vielmehr substantiiert alle Gegebenheiten darlegen, die relevant sind, d.h. für oder gegen die Schadensverursachung sprechen können (*Wagner* PharmR 2008, 370, 374).

44 Der Geschädigte muss sowohl Auskunft geben über seine Person und seine gesundheitliche Verfassung (Vorerkrankungen etc.; KG Urt. v. 05.11.2007 – 10 U 262/06; LG Berlin NJW 2007, 3582, 3583) als auch über andere, von ihm angewandte Arzneimittel (LG Berlin NJW 2007, 3582, 3584; BT-Drs. 14/7752, S. 19). Es muss gewährleistet sein, dass der pharmazeutische Unternehmer von allen möglicherweise relevanten Gegebenheiten Kenntnis erlangt, damit er sich im Hinblick auf die Kausalitätsvermutung hinreichend verteidigen kann. Bei nicht ausreichender Darlegung aller für und gegen die Schadensverursachung sprechenden Gegebenheiten ist der Anspruch aus § 84 Abs. 1 unbegründet (LG Berlin NJW 2007, 3582 ff.). Der Geschädigte kann sich aber im Rahmen seiner Darlegung auf Zeugnisse von Ärzten berufen und die Beiziehung von Behandlungsunterlagen beantragen (BGH NJW 2008, 2994, 2994; OLG München Urt. v. 24.04.2009 – 10 O 4645/08; *Hart* MedR 2009, 253, 256; a.A. noch LG Berlin NJW 2007, 3582 ff.). Ist der Vortrag des Geschädigten schlüssig und hat er Beweismittel angeboten, hat das Gericht hierüber Beweis zu erheben (OLG München PharmR 2009, 557, 558).

45 Zur Darlegung der Einnahme des schädigenden Arzneimittels bedarf es nach der Rechtsprechung neben der Anhörung des Geschädigten der Vorlage der Verordnungen, schlüssigen

unbestrittenen Vortrags oder des Zeugnisses des verschreibenden Arztes. Weitergehende Anforderungen an den Nachweis der täglichen Arzneimitteleinnahme sind nicht zu stellen (OLG München PharmR 2009, 557, 558).

### III. Ausschluss der Vermutung (Satz 3)

Zum Schutz des pharmazeutischen Unternehmers schließt § 84 Abs. 2 Satz 3 die Vermutung aus, wenn ein anderer Umstand nach den Gegebenheiten des Einzelfalls gleichfalls geeignet ist, den Schaden zu verursachen (Alternativursache). Die Voraussetzungen hat der pharmazeutische Unternehmer darzulegen und zu beweisen. Als anderer Umstand i.S.d. § 84 Abs. 2 Satz 3 kommen beispielsweise ein viraler oder bakterieller Infekt (OLG Hamm NJW-RR 2003, 1382) oder besondere Lebensgewohnheiten des Geschädigten, z.B. starker Alkohol- oder Zigarettenkonsum (*Ufer/Metzmacher* JR 2009, 95, 96), in Betracht. Die Darlegungs- und Beweislast des pharmazeutischen Unternehmers entspricht der des Geschädigten. Auch der pharmazeutische Unternehmer muss daher nur den Nachweis der (konkreten) **Möglichkeit der Schadensverursachung** erbringen (BGH Urt. v. 26.03.2013 – VI ZR 109/12). Gelingt es dem pharmazeutischen Unternehmer darzulegen, dass nach den Gegebenheiten des Einzelfalls (auch) ein anderer Umstand geeignet ist, den Schaden zu verursachen, braucht er die Kausalitätsvermutung nicht zu widerlegen. Die Kausalitätsvermutung ist dann von Anfang an nicht anwendbar (BGH Beschl. v. 26.01.2010 – VI ZR 72/09; BGH Urt. v. 16.03.2010 – VI ZR 64/09; vgl. auch *Brock/Rekitt*, Anm. zu BGH PharmR 2013, 269).

46

### IV. Verursachung durch andere Arzneimittel (Satz 4)

§ 84 Abs. 2 Satz 4 verbietet es dem pharmazeutischen Unternehmer grundsätzlich, als anderen schadensverursachenden Grund die Einnahme anderer Arzneimittel vorzutragen. Mehrere wechselseitig in Betracht kommende Schädiger sollen nicht durch wechselseitiges Zuschieben der Verantwortung ihrer Haftung aus § 84 Abs. 1 entgehen. Sie sollen vielmehr als Gesamtschuldner haften (§ 91). Ausweislich § 84 Abs. 2 Satz 4 kann die Anwendung anderer Arzneimittel nur als Schadensursache geltend gemacht werden, wenn der Hersteller oder der Inverkehrbringer des oder der anderen Arzneimittel selbst im Fall einer Kausalität seines Arzneimittels nicht haften würde. Dies gilt insbesondere in den Fällen, in denen das oder die anderen Arzneimittel nicht fehlerhaft sind, dessen oder deren schädliche Wirkungen vertretbar sind (LG Berlin NJW 2007, 3582, 3584; BT-Drs. 14/7752, S. 19) oder der Schaden seine Ursache nicht im Bereich der Entwicklung oder Herstellung des Arzneimittels (§ 84 Abs. 3) hat.

47

## C. Schadensursache im Bereich der Entwicklung oder Herstellung (Abs. 3)

Der Anspruch aus § 84 Abs. 1 Satz 2 Nr. 1 setzt ausweislich § 84 Abs. 3 zusätzlich voraus, dass die schädlichen Wirkungen des Arzneimittels ihre Ursache im Bereich der Entwicklung oder der Herstellung des Arzneimittels haben. Aufgrund der negativen Formulierung (»die Ersatzpflicht… ist ausgeschlossen«) handelt es sich um einen **Entlastungsbeweis** des pharmazeutischen Unternehmers, der die Voraussetzungen des § 84 Abs. 3 darzulegen und ggf. zu beweisen hat (Beweislastumkehr; BT-Drs. 14/7752, S. 19). Erforderlich ist eine **überwiegende Wahrscheinlichkeit** dafür, dass die schädlichen Wirkungen des Arzneimittels ihre Ursache nicht im Bereich der Entwicklung und Herstellung haben (*Rehmann* § 84 Rn. 5).

48

Bei einem **Entwicklungsfehler** haftet der Fehler dem Arzneimittel als solchem an. Das Arzneimittel hätte überhaupt nicht zugelassen werden dürfen (Zulassungsversagungsgrund gem. § 25 Abs. 2 Nr. 5). Dementsprechend ist die Konsequenz eines Entwicklungsfehlers in der Regel die Rücknahme der Zulassung des Arzneimittels gem. § 30 Abs. 1. Ein Entwicklungsfehler liegt beispielsweise vor bei einer ursächlichen, ungenügenden pharmakologisch-medizinischen Konstruktion des Arzneimittels (*Hieke* Die Informationsrechte geschädigter Arzneimittelverbraucher, S. 68 m.w.N.). Die schädlichen Wirkungen haben ihre Ursache auch im Bereich der Entwicklung, wenn sie nur aufgrund der besonderen Konstitution des Geschädigten oder im Zusammenwirken mit anderen Medikamenten auftreten (OLG Stuttgart VersR 1990, 631 ff.; *Hieke* Die Informationsrechte

49

geschädigter Arzneimittelverbraucher, S. 69 m.w.N.). Nebenwirkungen, die die Unbedenklichkeit des Arzneimittels unberührt lassen, führen nicht zu einer Haftung nach § 84.

50 Der **Herstellungsfehler** ist begrenzt auf die jeweilige Charge des Arzneimittels, kann sich aber auch auf mehrere Chargen erstrecken. Der Herstellungsfehler kann auf der Verwendung mangelhafter Rohstoffe oder eines fehlerhaften Herstellungsprozesses beruhen. Der pharmazeutische Unternehmer haftet auch für Ausreißer, die trotz Einhaltung aller zumutbaren Vorsichtsmaßnahmen auftreten (*Hieke* Die Informationsrechte geschädigter Arzneimittelverbraucher, S. 69 m.w.N.; a.A. OLG Koblenz StoffR 2008, 98: Hepatitis-C-Virus, der weder bekannt noch feststellbar war). Kein Herstellungsfehler liegt vor, wenn das Arzneimittel wirkungslos ist. Unbeschadet der nach § 84 bestehenden Haftung des Unternehmers für durch Herstellungsfehler verursachte Personenschäden, muss er die fehlerhafte Charge zurückrufen (s. BGH NJW 1990, 2560, auch zur strafrechtlichen Relevanz des unterlassenen Rückrufs).

51 Dem pharmazeutischen Unternehmer gelingt der Entlastungsbeweis, wenn er nachweisen kann, dass die schädliche Wirkung des Arzneimittels auf Umständen beruht, die erst nach dem Inverkehrbringen des Arzneimittels eingetreten sind. Als Beispiele sind zu nennen der fehlerhafte Transport oder die fehlerhafte Lagerung des Arzneimittels (AG München Urt. v. 07.10.1986 – 10 C 14763/84).

## § 84a Auskunftsanspruch

(1) Liegen Tatsachen vor, die die Annahme begründen, dass ein Arzneimittel den Schaden verursacht hat, so kann der Geschädigte von dem pharmazeutischen Unternehmer Auskunft verlangen, es sei denn, dies ist zur Feststellung, ob ein Anspruch auf Schadensersatz nach § 84 besteht, nicht erforderlich. Der Anspruch richtet sich auf dem pharmazeutischen Unternehmer bekannte Wirkungen, Nebenwirkungen und Wechselwirkungen sowie ihm bekannt gewordene Verdachtsfälle von Nebenwirkungen und Wechselwirkungen und sämtliche weiteren Erkenntnisse, die für die Bewertung der Vertretbarkeit schädlicher Wirkungen von Bedeutung sein können. Die §§ 259 bis 261 des Bürgerlichen Gesetzbuchs sind entsprechend anzuwenden. Ein Auskunftsanspruch besteht insoweit nicht, als die Angaben aufgrund gesetzlicher Vorschriften geheim zu halten sind oder die Geheimhaltung einem überwiegenden Interesse des pharmazeutischen Unternehmers oder eines Dritten entspricht.

(2) Ein Auskunftsanspruch besteht unter den Voraussetzungen des Absatzes 1 auch gegenüber den Behörden, die für die Zulassung und Überwachung von Arzneimitteln zuständig sind. Die Behörde ist zur Erteilung der Auskunft nicht verpflichtet, soweit Angaben aufgrund gesetzlicher Vorschriften geheim zu halten sind oder die Geheimhaltung einem überwiegenden Interesse des pharmazeutischen Unternehmers oder eines Dritten entspricht. Ansprüche nach dem Informationsfreiheitsgesetz bleiben unberührt.

| Übersicht | Rdn. | | Rdn. |
|---|---|---|---|
| A. Allgemeines | 1 | II. Auskunftsinhalt (Satz 2) | 15 |
| B. Auskunftsanspruch gegenüber dem pharmazeutischen Unternehmer (Abs. 1) | 2 | III. Eidesstattliche Versicherung (Satz 3) | 22 |
| | | IV. Einschränkung der Auskunftsverpflichtung (Satz 4) | 25 |
| I. Tatbestandsvoraussetzungen (Satz 1) | 2 | V. Prozessuales | 27 |
| 1. Tatsachen, die die Annahme begründen, dass ein Arzneimittel den Schaden verursacht hat | 3 | C. Auskunftsanspruch gegenüber den Behörden (Abs. 2) | 31 |
| | | I. Tatbestandsvoraussetzungen (Satz 1) | 31 |
| 2. Anspruchsinhaber | 8 | II. Einschränkung der Auskunftspflicht (Satz 2) | 33 |
| 3. Anspruchsgegner | 10 | | |
| 4. Erforderlichkeit zur Feststellung des Anspruchs aus § 84 Abs. 1 | 13 | III. Prozessuales | 35 |
| | | IV. Informationsfreiheitsgesetz (Satz 3) | 37 |

## A. Allgemeines

§ 84a Abs. 1 und 2 räumen dem Geschädigten einen **Auskunftsanspruch** gegenüber dem pharmazeutischen Unternehmer und der jeweiligen Zulassungs- und Überwachungsbehörde ein (zur Vereinbarkeit des Auskunftsanspruchs mit der Produkthaftungsrichtlinie 85/374/EG vgl. EuGH, Urt. v. 20.11.2014 – C-310/13, auf die Vorlagefrage des BGH v. 06.05.2013 – VI ZR 328/11). Die Regelung orientiert sich am Vorbild der §§ 8 ff. UmweltHG und § 35 GenTG (BT-Drs. 14/7752, S. 20), sodass unter Berücksichtigung der Besonderheiten des Arzneimittelrechts die zu diesen Vorschriften ergangene Rechtsprechung im Einzelfall übertragen werden kann. Der Geschädigte soll durch den Auskunftsanspruch in die Lage versetzt werden, alle Fakten zu erlangen, die er für die Darlegung und den Beweis der Anspruchsvoraussetzungen des Haftungstatbestandes aus § 84 Abs. 1 sowie für die Kausalitätsvermutung gem. § 84 Abs. 2 Satz 1 benötigt (BT-Drs. 14/7752, S. 20). Durch § 84a soll die prozessuale Chancengleichheit hergestellt werden (BGH VersR 2011, 1330; BGH Urt. v. 12.05.2015 – VI ZR 328/11). § 84a findet ausweislich Art. 229 § 8 Abs. 2 EGBGB auch Anwendung, wenn das schädigende Ereignis (Rechtsgutverletzung, BGH Urt. v. 16.03.2010 – VI ZR 64/09) vor dem 01.08.2002 lag.

## B. Auskunftsanspruch gegenüber dem pharmazeutischen Unternehmer (Abs. 1)

### I. Tatbestandsvoraussetzungen (Satz 1)

§ 84a Abs. 1 Satz 1 nennt die Voraussetzungen, unter denen der Geschädigte von dem pharmazeutischen Unternehmer Auskunft verlangen kann. Im Einzelnen sind dies:

#### 1. Tatsachen, die die Annahme begründen, dass ein Arzneimittel den Schaden verursacht hat

Der Geschädigte muss zur Begründung seines Auskunftsanspruchs darlegen und zur Überzeugung des Gerichts beweisen, dass erstens die Anwendung eines Arzneimittels i.S.d. § 84 Abs. 1 Satz 1 des pharmazeutischen Unternehmers an einem Menschen erfolgte, er zweitens eine nicht unerhebliche Rechtsgutverletzung i.S.d. § 84 Abs. 1 Satz 1 erlitten hat und drittens Tatsachen die Annahme begründen, dass die eingetretene Rechtsgutverletzung kausal auf dem Arzneimittel basiert (BGH Urt. v. 12.05.2015 – VI ZR 328/11). Eine analoge Anwendung des Auskunftsanspruchs auf Medizinprodukte, die einen Schaden bei einem Patienten verursacht haben sollen, scheidet aus. Medizinprodukte unterliegen den Regelungen der Richtlinie 93/42/EWG bzw. ab dem 26.05.2020 der Verordnung (EU) 2017/745 (vgl. dort Art. 10 Abs. 16 zur Haftung und Verpflichtung des Herstellers zur angemessenen Deckungsvorsorge), so dass es eines Rückgriffs auf die arzneimittelrechtlichen Bestimmungen nicht bedarf. Es fehlt an einer systemwidrigen Regelungslücke (VG Köln Urt. v. 04.04.2017 – 7 K 132/16).

Sofern nicht offensichtlich ein Anspruch aus § 84 Abs. 1 Satz 2 Nr. 2 ausgeschlossen ist, muss der Geschädigte nicht darlegen, dass er das Arzneimittel auch bestimmungsgemäß angewandt hat. Die Haftung aus § 84 Abs. 1 Satz 2 Nr. 2 ist nicht auf einen bestimmungsgemäßen Gebrauch eines Arzneimittels begrenzt (BGH NJW 1989, 1542, 1544). Zeigt der pharmazeutische Hersteller auf, dass er allen Instruktionspflichten nachgekommen ist, hat der Geschädigte seinerseits den bestimmungsgemäßen Gebrauch darzulegen.

An die Darlegung und den Beweis der Verursachung des Schadens durch das Arzneimittel sind bereits aufgrund des Wortlauts des § 84a Abs. 1 Satz 1 keine überspannten Anforderungen zu stellen. Ausweislich der Gesetzesbegründung reicht ein geäußerter unbestimmter Verdacht nicht aus, um einen Auskunftsanspruch zu begründen, andererseits ist aber auch nicht der Vollbeweis einer Kausalität zu führen (vgl. auch LG Waldshut-Tiengen Urt. v. 20.12.2018 – 1 O 73/12). Vielmehr wird das Gericht eine **Plausibilitätsprüfung** vornehmen, »ob die vorgetragenen Tatsachen den Schluss auf eine Ursache/Wirkung-Beziehung zwischen dem vom auf Auskunft in Anspruch genommenen Unternehmer hergestellten Arzneimittel und dem individuellen Schaden des Auskunft ersuchenden Anwenders ergeben. Umfang und Detaillierung der zu nennenden Tatsachen sind einzelfallbezogen zu beurteilen« (BT-Drs. 14/7752, S. 20; *Hieke* Die Informationsrechte geschädigter Arzneimittelanwender, S. 336; BGH Urt. v. 12.05.2015 – VI ZR 328/11 sowie Urt. v. 12.05.2015 – VI ZR 63/14; LG Berlin NJW 2007, 3584, 3585; LG Waldshut-Tiengen Urt. v. 20.12.2018 – 1 O 73/12).

6   Bei der Darlegung und dem Beweis im Einzelfall ist zu berücksichtigen, dass der Auskunftsanspruch die **Vorstufe zur Kausalitätsvermutung** nach § 84 Abs. 2 Satz 1 ist. Die Anforderungen an die Darlegung des Auskunftsanspruchs dürfen daher nicht strenger sein als die Anforderungen, die an ein Ingangsetzen der Kausalitätsvermutung gem. § 84 Abs. 2 Satz 1 gestellt werden (BT-Drs. 14/7752, S. 20). Da die gesetzliche Vermutung aus § 84 Abs. 2 Satz 1 bereits eingreift, wenn das angewandte Arzneimittel im Einzelfall geeignet ist, den Schaden zu verursachen, geht es zu weit, eine »Wahrscheinlichkeit der Schadensverursachung« zu verlangen. Es ist auch nicht erforderlich, dass der Geschädigte die Tatsachen darlegt, aus denen sich ergibt, dass das jeweilige Arzneimittel im konkreten Einzelfall die Rechtsgutverletzung bewirkt hat. Auf der anderen Seite genügt es nicht, wenn der Geschädigte lediglich einen unbestimmten Verdacht aufzeigt (LG Berlin NJW 2007, 3584, 3585). Eine Abwägung der Wahrscheinlichkeiten, mit denen entweder das Arzneimittel oder ein anderer Umstand die Rechtsgutverletzung verursacht hat, findet im Rahmen des § 84 Abs. 2 ebenfalls nicht statt (LG Waldshut-Tiengen Urt. v. 20.12.2018 – 1 O 73/12). Unzulässig ist es, wenn er nur ein Ausforschen des pharmazeutischen Unternehmers betreibt (BT-Drs. 14/7752, S. 21; *Hieke* PharmR 2005, 35, 35), wenngleich ein solches Risiko vom Gesetzgeber als gering eingestuft wird, da die pharmazeutischen Unternehmer über die juristischen Mittel verfügten, um sich gegen überzogene Auskunftsansprüche (gerichtlich) zu verteidigen (BT-Drs. 14/7752, S. 54).

7   Der Geschädigte muss zur Begründung des Auskunftsanspruchs weniger darlegen und beweisen, als die Geeignetheit des Arzneimittels (LG Köln Urt. v. 29.07.2009 – 25 O 305/08; LG Berlin NJW 2007, 3582, 3584; *Hart* MedR 2009, 253, 254). Es genügt die Darlegung der **Plausibilität** der grundsätzlichen Eignung des Arzneimittels im konkreten Einzelfall zur Schadensverursachung (LG Waldshut-Tiengen Urt. v. 20.12.2018 – 1 O 73/12; OLG Stuttgart Urt. v. 03.08.2010 – 1 U 12/10). Die Besonderheiten des konkreten Einzelfalls, die primär an die Person des Geschädigten und dessen Anwendung des Arzneimittels anknüpfen, sind vom Geschädigten bereits im Rahmen des Auskunftsanspruchs aus § 84a Abs. 1 darzulegen und zu beweisen. Die eingeschränkten Anforderungen an die Darlegungs- und Beweispflicht des Geschädigten entbinden diesen nicht von seiner Verpflichtung, entsprechend § 84 Abs. 2 Satz 2 alle für und gegen die Verursachung sprechenden Tatsachen darzulegen (*Hieke* PharmR 2005, 35, 36; *Wagner* PharmR 2008, 370, 376). Nicht von dem Geschädigten darzulegen sind lediglich die Umstände, die in den Verantwortungsbereich des pharmazeutischen Unternehmers fallen, sofern der Geschädigte hiervon keine Kenntnis haben kann und muss. Diese Umstände sind Ziel des Auskunftsanspruchs. Der Auskunftsanspruch ist ausreichend dargelegt, wenn der Vortrag des Geschädigten aufzeigt, dass das Arzneimittel generell einen Schaden verursachen kann, wie ihn der Geschädigte erlitten hat, und aufgrund der Besonderheiten des Einzelfalls eine **ernsthafte Möglichkeit der Schadensverursachung** durch das angewandte Arzneimittel besteht (vgl. OLG Brandenburg Teilurt. v. 11.11.2009 – 13 U 73/07; *Krüger* PharmR 2007, 232, 234; *Heinemann/Ruhwinkel* A&R 2010, 47; *Hieke* PharmR 2005, 35, 36). Der pharmazeutische Unternehmer kann dem entgegenhalten, dass ein anderer Umstand nach den Gegebenheiten des Einzelfalls geeignet ist, den Schaden zu verursachen, vgl. § 84 Abs. 2 Satz 3; bspw. Schneeschaufeln in hohem Alter bei einem Herzinfarkt (vgl. BGH Urt. v. 16.03.2010 – VI ZR 64/09).

### 2. Anspruchsinhaber

8   Den Auskunftsanspruch aus § 84a Abs. 1 kann ausweislich des Wortlauts nur der **Geschädigte** geltend machen. Hierunter ist die Person zu verstehen, die bei Vorliegen der Voraussetzungen des § 84 Abs. 1 vom pharmazeutischen Unternehmer unter Berücksichtigung der §§ 86 ff. Schadensersatz verlangen kann. Dies muss nicht derjenige sein, der durch das Arzneimittel eine Körper- oder Gesundheitsverletzung davongetragen hat (vgl. § 86 Abs. 1 Satz 2 bzw. Abs. 2; s. auch OLG München Urt. v. 03.08.2009 – 19 U 2171/09).

Geschädigte i.d.S. sind auch sog. »**Sekundärgeschädigte**«, vgl. die Kommentierung bei § 84  9
Rdn. 17. Der Gesetzgeber hat ausdrücklich davon abgesehen, dem pharmazeutischen Unternehmer einen Auskunftsanspruch gegenüber dem Geschädigten bzw. dem Verletzten zu gewähren (BT-Drs. 14/7752, S. 54). Dementsprechend kommt eine analoge Anwendung des § 84a Abs. 1 zugunsten des pharmazeutischen Unternehmers nicht in Betracht.

### 3. Anspruchsgegner

Anspruchsgegner ist der **pharmazeutische Unternehmer**, der das fragliche Arzneimittel in den Verkehr gebracht hat und von daher Adressat der Gefährdungshaftung aus § 84 Abs. 1 ist. Ein bloßer Zulassungsinhaber, der zwar per Gesetzesdefinition (§ 4 Abs. 18) auch pharmazeutischer Unternehmer ist, ist daher nicht Anspruchsgegner (BT-Drs. 14/7752, S. 21; *Krüger* PharmR 2007, 232, 238). Es bedarf eines konkreten pharmazeutischen Unternehmers, d.h. der Geschädigte kann den Auskunftsanspruch aus § 84a Abs. 1 nicht dazu nutzen, um festzustellen, wer sein Anspruchsgegner ist.  10

Soweit für die Verursachung der konkret eingetretenen Schädigung Arzneimittel mehrerer pharmazeutischer Unternehmer in Betracht kommen, reicht es zur Begründung des Auskunftsanspruchs gegenüber jedem einzelnen Unternehmer aus, dass der Geschädigte Anhaltspunkte für eine Schadensverursachung durch das jeweilige Arzneimittel vorbringt (BT-Drs. 14/7752, S. 21).  11

Bei einem **Wechsel des pharmazeutischen Unternehmers** ist derjenige Anspruchsgegner des Auskunftsanspruchs aus § 84a Abs. 1, der die ursächliche Charge des Arzneimittels in den Verkehr gebracht hat, da dieser auch Anspruchsgegner aus § 84 Abs. 1 ist. Im Hinblick auf den Sinn und Zweck des Auskunftsanspruchs ist der »neue« pharmazeutische Unternehmer Anspruchsgegner, wenn er über Informationen verfügt, die der ehemalige pharmazeutische Unternehmer nicht mehr besitzt, beispielsweise weil er diese an den neuen pharmazeutischen Unternehmer weitergegeben hat. Sind sowohl der alte als auch der neue pharmazeutische Unternehmer im Besitz derselben Informationen, kann sich der neue pharmazeutische Unternehmer auf die fehlende Erforderlichkeit seiner Inanspruchnahme berufen (ähnlich *Kloesel/Cyran* § 84a Anm. 21).  12

### 4. Erforderlichkeit zur Feststellung des Anspruchs aus § 84 Abs. 1

Der Auskunftsanspruch aus § 84a Abs. 1 Satz 1 besteht ausweislich seines Wortlauts nicht, wenn die Auskunft zur Feststellung, ob ein Anspruch auf Schadensersatz nach § 84 Abs. 1 existiert, nicht erforderlich ist. Anders ausgedrückt, die Erforderlichkeit der Auskunft besteht nur, wenn die Möglichkeit besteht, dass die mit der Auskunft begehrten Informationen überhaupt der Durchsetzung des Schadensersatzanspruchs nach § 84 dienen können (BGH Urt. v. 12.05.2015 – VI ZR 328/11 sowie Urt. v. 12.05.2015 – VI ZR 63/14). Ist dies nicht der Fall, lassen sich durch den Auskunftsanspruch die vom Gesetzgeber angestrebten Ziele der Herstellung prozessualer Chancengleichheit nicht erreichen und die Erforderlichkeit ist zu verneinen.  13

Es handelt sich um eine **Einwendung**, für die der pharmazeutische Unternehmer die Darlegungs- und Beweislast trägt (LG Berlin NJW 2007, 3584, 3586; *Krüger* PharmR 2007, 232, 236). Der pharmazeutische Unternehmer muss nicht den Vollbeweis der fehlenden Erforderlichkeit erbringen. Es ist ausreichend, wenn das Gericht aufgrund einer Plausibilitätsprüfung die fehlende Erforderlichkeit feststellen kann (LG Berlin NJW 2007, 3584, 3586; *Kloesel/Cyran* § 84a Anm. 4).

An der Erforderlichkeit fehlt es, wenn der pharmazeutische Unternehmer den Anspruch dem Grunde nach nicht bestreitet. Die Erforderlichkeit ist gleichfalls nicht gegeben, wenn offensichtlich ist, dass der Geschädigte keinen Anspruch aus § 84 Abs. 1 hat, beispielsweise der Geschädigte im Fall des § 84 Abs. 1 Satz 2 Nr. 1 das Arzneimittel nicht bestimmungsgemäß angewandt hat, die erlittene Rechtsgutverletzung unerheblich ist, der Geschädigte lediglich einen Vermögensschaden erlitten hat oder der Anspruch aus § 84 Abs. 1 bereits verjährt ist (LG Köln Urt. v. 29.07.2009 – 25 O 305/08; *Ufer/Metzmacher* JR 2009, 95, 97). Das Bestehen eines Auskunftsanspruchs ist auch dann zu verneinen, wenn nach dem Ergebnis der Beweisaufnahme der für eine Haftung erforderliche Ursachenzusammenhang zwischen der Einnahme des Arzneimittels und der Gesundheitsschädigung nicht  14

*Plaßmann*

nachweisbar und die begehrte Auskunft deshalb nicht erforderlich ist (BGH Urt. v. 26.03.2013 – VI ZR 109/12). An der Erforderlichkeit fehlt es ebenfalls, wenn die vom Geschädigten begehrten Informationen anderweitig und dem Geschädigten zumutbar verfügbar sind (zur Auskunfterlangung aus allgemein zugänglichen Quellen OLG München Beschl. v. 25.01.2019 – 8 W 1867/18; *Hieke* PharmR 2005, 35, 38; *Krüger* PharmR 2007, 232, 236). Der pharmazeutische Unternehmer kann den Geschädigten aber nicht darauf verweisen, dass er gem. § 84a Abs. 2 einen **Auskunftsanspruch gegenüber der Zulassungs- und Überwachungsbehörde** hat. Diese Ansprüche stehen ausweislich des Wortlauts (»auch«) nebeneinander. Die Erforderlichkeit scheitert auch nicht daran, dass der pharmazeutische Unternehmer bereits einem Dritten eine entsprechende Auskunft erteilt hat (*Kloesel/Cyran* § 84a Anm. 3).

## II. Auskunftsinhalt (Satz 2)

15 § 84a Abs. 1 Satz 2 zählt abschließend die Umstände auf, über die der pharmazeutische Unternehmer bei dem Vorliegen der Tatbestandsvoraussetzungen Auskunft geben muss. Dies sind dem pharmazeutischen Unternehmer bekannte Wirkungen, Nebenwirkungen (§ 4 Abs. 13; s. § 4 Rdn. 6 ff.) und Wechselwirkungen (§ 84 Rdn. 26) Schädliche Wirkungen, darüber hinaus dem pharmazeutischen Unternehmer bekannt gewordene Verdachtsfälle von Nebenwirkungen und Wechselwirkungen sowie sämtliche weiteren Erkenntnisse, die für die Bewertung der Vertretbarkeit schädlicher Wirkungen von Bedeutung sein können.

16 Der pharmazeutische Unternehmer hat keine Auswertungen oder Bewertungen vorzutragen. Er kann sich auf die Darlegung von Tatsachen beschränken. Es besteht keine Pflicht des pharmazeutischen Unternehmers zur Sachverhaltsaufklärung, da er lediglich »bekannte« Tatsachen preiszugeben hat (*Hieke* PharmR 2005, 35, 43). Der Auskunftsanspruch aus § 84a Abs. 1 Satz 1 beschränkt sich mithin auf eine »**Wissensabschöpfung**«. Gleichwohl obliegt es dem pharmazeutischen Unternehmer, das in seinem Unternehmen angehäufte Wissen zusammenzutragen und hierüber Auskunft zu geben.

17 Aufgrund der in § 84a Abs. 1 Satz 1 a.E. genannten Erforderlichkeit der Auskunft zur Feststellung, ob ein Anspruch auf Schadensersatz nach § 84 Abs. 1 besteht, hat der pharmazeutische Unternehmer nur die Tatsachen darzulegen, die einen Bezug zum Krankheitsbild bzw. der Rechtsgutverletzung des Geschädigten haben (*Moelle* in Dieners/Reese, Handbuch des Pharmarechts, § 13 Arzneimittelhaftung, Rn. 81; ähnlich *Ufer/Metzmacher* JR 2009, 95, 97; offen gelassen von *Saalfrank* A&R 2007, 59, 60).

18 Soweit § 84a Abs. 1 Satz 2 den Auskunftsanspruch auf sämtliche weiteren Erkenntnisse erstreckt, die »von Bedeutung sein können«, ist diese Formulierung grundsätzlich weit zu verstehen, da letztlich nicht der pharmazeutische Unternehmer entscheiden darf, was von ihm bekannt gegeben wird und was nicht. Allerdings bezieht sie sich nur auf die jeweils behaupteten Schäden und Arzneimittelwirkungen und allein auf jene Informationen, von denen tatsächlich abhängt, ob das Arzneimittel unvertretbar ist und es zur Verursachung des konkret behaupteten Schadens geeignet erscheint (OLG München Beschl. v. 25.01.2019 – 8 W 1867/18).

19 **Zeitlich** hat der pharmazeutische Unternehmer alle Tatsachen darzulegen, die ihm bis zu seiner Auskunft, d.h. der Erteilung der Auskunft, bekannt sind (ähnlich *Hieke* PharmR 2005, 35, 40).

20 Die Auskunft des pharmazeutischen Unternehmers hat **schriftlich** zu erfolgen (*Rehmann* § 84a Rn. 3), ist aber nicht durch Dokumente zu belegen (*Hieke* PharmR 2005, 35, 40; Kügel/Müller/Hofmann/*Brock/Stoll* AMG § 84a Rn. 44; a.A. *Rehmann* § 84a Rn. 3). Ebenso wenig gibt § 84a einen Anspruch auf Akteneinsicht (VG Köln Urt. v. 16.04.2013 – 7 K 268/12). Die in § 84a Abs. 1 Satz 3 genannten §§ 259 ff. BGB regeln allein die Abgabe einer eidesstattlichen Versicherung des pharmazeutischen Unternehmers (BT-Drs. 14/7752, S. 21). Die Auskunft muss für einen durchschnittlich informierten Fachmann verständlich sein, eine weitere, am Verständnishorizont eines durchschnittlichen Verbrauchers orientierte Auskunftspflicht hat der pharmazeutische Unternehmer aber nicht (OLG München Beschl. v. 25.01.2019 – 8 W 1867/18; *Hieke* Die Informationsrechte

geschädigter Arzneimittelanwender, S. 357 unter Verweis auf BT-Drs. 14/7752, S. 21; a.A. *Kloesel/Cyran* § 84a Anm. 8, wonach die Auskunft »laienverständlich« sein muss). Eine Übersetzung der von der Auskunft erfassten Informationen in die deutsche Sprache kann der Auskunftssuchende nicht verlangen (OLG München Beschl. v. 25.01.2019 – 8 W 1867/18).

§ 84a nimmt keine Stellung zur **Frist**, innerhalb derer der pharmazeutische Unternehmer die begehrte Auskunft geben muss. Abhängig von den konkreten Anforderungen im Einzelfall und dem Umfang der Auskunft hat der pharmazeutische Unternehmer die Auskunft innerhalb angemessener Frist zu erteilen (*Kloesel/Cyran* § 84a Anm. 9). Da der pharmazeutische Unternehmer lediglich bekanntes Wissen zusammen zu tragen hat, wird eine Frist von über 1 Monat als nicht mehr angemessen angesehen. Die **Kosten** der Erteilung der Auskunft trägt der pharmazeutische Unternehmer (*Ufer/Metzmacher* JR 2009, 95, 97). 21

### III. Eidesstattliche Versicherung (Satz 3)

Ausweislich der Gesetzesbegründung dient der Verweis in § 84a Abs. 1 Satz 3 auf die §§ 259 bis 261 BGB allein dem Zweck, die Voraussetzungen zu bestimmen, unter denen der Anspruchsteller vom pharmazeutischen Unternehmer die Abgabe einer eidesstattlichen Versicherung verlangen kann (BT-Drs. 14/7752, S. 21). Die Kostentragung bestimmt sich nach § 261 Abs. 3 BGB. 22

Der pharmazeutische Unternehmer ist danach zur Abgabe einer eidesstattlichen Versicherung verpflichtet, wenn Grund zu der Annahme besteht, dass die in der Auskunft enthaltenen Angaben nicht mit der erforderlichen Sorgfalt gemacht worden sind. Der pharmazeutische Unternehmer hat auf Verlangen an Eides statt zu versichern, dass er nach bestem Wissen die von ihm geforderte Auskunft so vollständig erteilt hat, als er dazu imstande ist. Die formellen Voraussetzungen an die Abgabe einer eidesstattlichen Versicherung sind § 261 BGB zu entnehmen. 23

Eine eidesstattliche Versicherung kommt insbesondere dann in Betracht, wenn der vom Geschädigten ebenfalls geltend gemachte Auskunftsanspruch nach § 84a Abs. 2 zu anderen Ergebnissen geführt hat (BT-Drs. 14/7752, S. 54). 24

### IV. Einschränkung der Auskunftsverpflichtung (Satz 4)

§ 84a Abs. 1 Satz 4 beschränkt die Auskunftspflicht des pharmazeutischen Unternehmers. Ein Auskunftsanspruch des Geschädigten besteht insoweit nicht, als die Angaben aufgrund gesetzlicher Vorschriften geheim zu halten sind oder die Geheimhaltung einem überwiegenden Interesse des pharmazeutischen Unternehmers oder eines Dritten entspricht. Die erste Alternative setzt gesetzliche Geheimhaltungsgebote voraus, die sich an den pharmazeutischen Unternehmer als solchen, d.h. nicht an einzelne Mitarbeiter richten, beispielsweise § 28 BDSG, §§ 17 Abs. 2, 18 UWG. 25

Die zweite Alternative stellt auf ein überwiegendes Interesse des pharmazeutischen Unternehmers oder eines Dritten ab und setzt damit eine Interessenabwägung voraus. Nicht zu berücksichtigen ist dabei das Interesse des pharmazeutischen Unternehmers, nicht zum Schadensersatz herangezogen zu werden sowie sein Interesse, dass der Ruf seines Unternehmens keinen Schaden nimmt (BT-Drs. 14/7752, S. 21). Ebenfalls unberücksichtigt bleibt der Aufwand der Informationszusammenstellung (*Krüger* PharmR 2007, 232, 238). Ein relevantes Interesse begründet dagegen der Schutz wichtiger Fabrikations- oder Betriebsgeheimnisse (BT-Drs. 14/7752, S. 21). Hierzu können etwa Informationen, die Rückschlüsse auf technische Innovationen, Umsatzzahlen des Arzneimittels oder Forschungsarbeiten zulassen, zählen. Von praktischer Relevanz ist auch die Frage, ob ein vertraglich vereinbartes und mit einer Vertragsstrafe belegtes Geheimhaltungsgebot des pharmazeutischen Unternehmers als schutzwürdiges Interesse anzuerkennen ist. Ein solches Gebot könnte sich z.B. aus Lizenzverträgen ergeben. Die Frage wird wohl zu verneinen sein, da ansonsten der Lizenzvertrag eine Wirkung zulasten Dritter, hier des Auskunftsuchenden, hätte. Letztlich kommt es jedoch immer auf den jeweiligen Einzelfall und die Schwere der Rechtsgutverletzung sowie die Darlegungs- und Beweisproblematik, vor der der Geschädigte steht, an. 26

## V. Prozessuales

27 Der Auskunftsanspruch aus § 84a Abs. 1 Satz 1 ist vor den **Zivilgerichten** geltend zu machen (BT-Drs. 14/7752, S. 21). Dem Geschädigten kommt der besondere Gerichtsstand aus § 94a Abs. 1 zugute.

28 Die Erhebung des Auskunftsanspruchs aus § 84a Abs. 1 Satz 1 bewirkt keine Unterbrechung oder Hemmung der **Verjährung** eines etwaigen Schadenersatzanspruches aus § 84 Abs. 1 (*Kloesel/Cyran* § 84a Anm. 26). Umgekehrt hemmt eine Schadensersatzklage nicht den Auskunftsanspruch (OLG Stuttgart Urt. v. 03.08.2010 – 1 U 12/10). Der Geschädigte kann seinen Auskunftsanspruch aus § 84a Abs. 1 zusammen mit seinem Schadensersatzanspruch aus § 84 Abs. 1 nur durch eine objektive Klagehäufung, nicht im Wege einer **Stufenklage** (§ 254 ZPO) geltend machen (BGH Urt. v. 29.03.2011 – VI ZR 117/10; nachfolgend BGH Urt. v. 26.03.2013 – VI ZR 109/12). Über den Auskunftsanspruch soll vorab durch Teilurteil entschieden werden können (BGH Urt. v. 29.03.2011 – VI ZR 117/10). Die Stufenklage ist aber in eine zulässige Klagehäufung i.S.d. § 260 ZPO umzudeuten (BGH Urt. v. 29.03.2011 – VI ZR 117/10).

29 Bei einer prozessualen Verbindung von Auskunftsanspruch aus § 84a Abs. 1 und Schadensersatzanspruch aus § 84 Abs. 1 ist zu beachten, dass der Auskunftsanspruch als Vorstufe zum Schadensersatzanspruch nicht hilfsweise für den Fall der Ablehnung des Schadensersatzanspruchs erhoben werden darf, da dessen Zweck nach Abweisung der Klage auf Schadensersatz durch eine erst anschließend erteilte Auskunft nicht erreicht werden kann (vgl. KG Urt. v. 05.11.2007 – 10 U 262/06).

30 Die Verjährung des Auskunftsanspruchs bestimmt sich nach §§ 195, 199 BGB. Von der Person des Schuldners und den anspruchsbegründenden Tatsachen hat der Geschädigte Kenntnis, wenn er Kenntnis der Umstände hat, die die Annahme begründen, dass seine Schädigung auf die Arzneimitteleinnahme zurückzuführen ist (OLG Stuttgart Urt. v. 03.08.2010 – 1 U 12/10; OLG München Urt. v. 25.11.2009 – 20 U 3065/09).

## C. Auskunftsanspruch gegenüber den Behörden (Abs. 2)

### I. Tatbestandsvoraussetzungen (Satz 1)

31 § 84a Abs. 2 Satz 1 gewährt dem Geschädigten ein subjektiv-öffentliches Recht auf Auskunft gegenüber der jeweiligen Zulassungs- und Überwachungsbehörde, die für den pharmazeutischen Unternehmer und das Arzneimittel verantwortlich sind. Die Zuständigkeiten bestimmen sich nach den §§ 77, 64. Hinsichtlich der Voraussetzungen dieses Auskunftsanspruchs wird auf Rdn. 2 ff. verwiesen. Inhaltlich ist der Auskunftsanspruch auf den von der Zuständigkeit der Behörde umfassten Bereich beschränkt (*Krüger* PharmR 2007, 232, 239).

32 Der Auskunftsanspruch gegenüber der Zulassungs- und Überwachungsbehörde kann unabhängig vom Auskunftsanspruch aus § 84a Abs. 1 gegenüber dem pharmazeutischen Unternehmer geltend gemacht werden. Der Wortlaut des § 84a Abs. 2 Satz 1 (»auch«) zeigt die **Parallelität der Auskunftsansprüche**, d.h. diese schließen sich nicht gegenseitig aus (BT-Drs. 14/7752, S. 54).

### II. Einschränkung der Auskunftspflicht (Satz 2)

33 § 84a Abs. 2 Satz 2 entspricht im Wesentlichen § 84a Abs. 1 Satz 4. Auch die Behörde ist zur Erteilung der Auskunft nicht verpflichtet, soweit gesetzliche Geheimhaltungsgebote existieren oder die Geheimhaltung einem überwiegenden Interesse des pharmazeutischen Unternehmers oder eines Dritten entspricht, s. Rdn. 25 f.

34 Allgemeine beamten- oder verwaltungsverfahrensrechtliche Pflichten zur Amtsverschwiegenheit stehen dem Auskunftsanspruch des Geschädigten jedoch nicht entgegen (BT-Drs. 14/7752, S. 21). Die in Anspruch genommene Behörde kann sich daher nicht auf § 30 VwVfG sowie § 39 BRRG und die Geheimhaltungsgebote aus den §§ 203 ff.; 353 StGB berufen.

### III. Prozessuales

Die Durchsetzung des Auskunftsanspruchs gegenüber der Behörde bestimmt sich nach den Vorschriften des öffentlichen Rechts (*Krüger* PharmR 2007, 232, 238). Der Geschädigte ist auf den **Verwaltungsrechtsweg** verwiesen (VG Berlin PharmR 2005, 229, 229). Die örtliche Zuständigkeit bestimmt sich – ausschließlich – nach § 52 Nr. 5 VwGO (VG Berlin PharmR 2005, 229, 230). § 94a kann nicht analog angewandt werden (VG Berlin PharmR 2005, 229, 230). 35

Es ist nicht erforderlich, den pharmazeutischen Unternehmer, der Adressat der Gefährdungshaftung ist, im Verfahren beizuziehen (vgl. § 13 Abs. 2 VwVfG). Die **Kosten** der Auskunftserteilung hat die Behörde zu tragen (*Kloesel/Cyran* § 84a Anm. 34). 36

### IV. Informationsfreiheitsgesetz (Satz 3)

§ 84 Abs. 2 Satz 3 stellt sicher, dass der zur Stärkung der Rechte geschädigter Parteien eingeführte Auskunftsanspruch aus § 84a im Einzelfall weitergehende Informationsrechte nach dem IFG nicht begrenzt (BT-Drs. 16/12 256, S. 55). Zur Kritik an der Regelung des § 84a Abs. 2 Satz 3 wird verwiesen auf *Brock/Morbach* PharmR 2009, 108 ff. 37

## § 85 Mitverschulden

**Hat bei der Entstehung des Schadens ein Verschulden des Geschädigten mitgewirkt, so gilt § 254 des Bürgerlichen Gesetzbuchs.**

§ 85 stellt klar, dass § 254 BGB auch im Rahmen des Anspruchs aus § 84 Abs. 1 Anwendung findet. Entgegen des Wortlauts des § 85 ist ein **Mitverschulden des Geschädigten** nicht nur bei der Entstehung des Schadens, sondern auch bei seiner Vertiefung relevant (Amtliche Begründung zu § 85, abgedruckt in *Sander* AMG § 85 Erl. A). Die das Mitverschulden begründende Handlung des Geschädigten kann zeitlich sowohl vor als auch nach der Arzneimittelanwendung liegen (*Kloesel/Cyran* § 85 Anm. 2). Bei einem nicht bestimmungsgemäßen Gebrauch des Arzneimittels durch den Geschädigten, wodurch es zu einem Schaden kommt, liegt kein Mitverschulden vor, da bereits die Anspruchsvoraussetzung des § 84 Satz 2 Nr. 1 nicht vorliegt. Ein »typischer« Fall von Mitverschulden ist z.B. anzunehmen, wenn der Geschädigte bestimmten Warnhinweisen, etwa zu Wechselwirkungen mit anderen Arzneimitteln oder Lebensmitteln, nicht hinreichend Aufmerksamkeit schenkt oder wenn der Geschädigte in der Packungsbeilage beschriebene Nebenwirkungssymptome nicht beachtet und den dafür vorgesehenen Verhaltenshinweisen (ärztlichen Rat suchen etc.) nicht folgt. Den Patienten trifft die Pflicht, sich durch verständliche Beipackzettel über die Risiken einer Medikation zu unterrichten (LG Dortmund MedR 2000, 331). § 278 BGB findet aufgrund der Verweisung in § 254 Abs. 2 Satz 2 BGB gleichfalls Anwendung auf den Schadensersatzanspruch aus § 84 Abs. 1. Die Beweislast für ein Mitverschulden des Geschädigten trägt der pharmazeutische Unternehmer, der sich auf dieses beruft (BGH NJW-RR 1986, 1083 f.). Ein Mitverschulden hat grundsätzlich die Kürzung des Schadensersatzanspruchs zur Folge. 1

## § 86 Umfang der Ersatzpflicht bei Tötung

(1) Im Falle der Tötung ist der Schadensersatz durch Ersatz der Kosten einer versuchten Heilung sowie des Vermögensnachteils zu leisten, den der Getötete dadurch erlitten hat, dass während der Krankheit seine Erwerbsfähigkeit aufgehoben oder gemindert oder eine Vermehrung seiner Bedürfnisse eingetreten war. Der Ersatzpflichtige hat außerdem die Kosten der Beerdigung demjenigen zu ersetzen, dem die Verpflichtung obliegt, diese Kosten zu tragen.

(2) Stand der Getötete zur Zeit der Verletzung zu einem Dritten in einem Verhältnis, vermöge dessen er diesem gegenüber kraft Gesetzes unterhaltspflichtig war oder unterhaltspflichtig werden konnte, und ist dem Dritten infolge der Tötung das Recht auf Unterhalt entzogen, so hat der Ersatzpflichtige dem Dritten insoweit Schadensersatz zu leisten, als der Getötete während der mutmaßlichen Dauer seines Lebens zur Gewährung des Unterhalts verpflichtet gewesen sein

## § 86 AMG  Umfang der Ersatzpflicht bei Tötung

würde. Die Ersatzpflicht tritt auch dann ein, wenn der Dritte zur Zeit der Verletzung erzeugt, aber noch nicht geboren war.

(3) Der Ersatzpflichtige hat dem Hinterbliebenen, der zur Zeit der Verletzung zu dem Getöteten in einem besonderen persönlichen Näheverhältnis stand, für das dem Hinterbliebenen zugefügte seelische Leid eine angemessene Entschädigung in Geld zu leisten. Ein besonderes persönliches Näheverhältnis wird vermutet, wenn der Hinterbliebene der Ehegatte, der Lebenspartner, ein Elternteil oder ein Kind des Getöteten war.

### Übersicht

| | Rdn. | | Rdn. |
|---|---|---|---|
| A. Schadensersatz im Fall der Tötung (Abs. 1) | 1 | B. Tötung Unterhaltsverpflichteter (Abs. 2) | 5 |
| I. Heilungskosten und Vermögensnachteil (Satz 1) | 1 | I. Unterhaltsersatz | 5 |
| II. Beerdigungskosten (Satz 2) | 4 | II. Geldrente | 7 |
| | | III. Vorteilsausgleichung | 8 |
| | | C. Hinterbliebenengeld | 9 |

### A. Schadensersatz im Fall der Tötung (Abs. 1)

#### I. Heilungskosten und Vermögensnachteil (Satz 1)

1 § 86 regelt den Umfang von Ersatzansprüchen, die Dritten im Fall der Tötung des durch das Arzneimittel Geschädigten gegenüber dem pharmazeutischen Unternehmer zustehen. Im Gegensatz zu den Regelungen in § 86 Abs. 1 Satz 2 und Abs. 2 kommt § 86 Abs. 1 Satz 1 nur klarstellende Bedeutung zu, da die dort erwähnten Ansprüche bereits in der Person des nunmehr Getöteten entstanden und mit seinem Tod gem. § 1922 BGB auf seine Erben übergegangen sind. Daraus folgt zugleich, dass der pharmazeutische Unternehmer dem Dritten i.S.d. § 86 alle Einwendungen und Einreden entgegenhalten kann, die ihm gegen etwaige Ansprüche des Getöteten zugestanden hätten (BT-Drs. 11/2447, S. 22). So können bei einem Mitverschulden des Geschädigten auch die Ansprüche der Dritten gemindert oder ganz ausgeschlossen sein; es gilt insoweit § 846 BGB.

2 § 86 Abs. 1 Satz 1 wiederholt im Wesentlichen die Regelung des § 87 Satz 1. Zu ersetzen sind demnach die Kosten einer versuchten Heilbehandlung nach Anwendung des schädigenden Arzneimittels. Diese sind abzugrenzen von den Kosten der Behandlung der Krankheit, die mit dem schädigenden Arzneimittel therapiert werden sollte (*Rehmann* § 86 Rn. 1). Die Maßnahmen im Rahmen der versuchten Heilbehandlung müssen aus medizinischer Sicht vertretbar (notwendig und zweckentsprechend) sein (vgl. *Kloesel/Cyran* § 86 Anm. 1), sie dürfen zur Verhinderung des Todeseintritts aber auch höhere Kosten mit sich bringen, wenn die Aussicht auf einen Erfolg der Maßnahme besteht.

3 Neben den Kosten der versuchten Heilbehandlung ist der Vermögensnachteil zu ersetzen, der durch einen Verdienstausfall des Getöteten hervorgerufen wurde (Nettoverdienst, *Kloesel/Cyran* § 86 Anm. 2). Entgegen des Wortlauts des § 86 Abs. 1 Satz 1 (»oder«) ist zusätzlich der – konkrete – Vermögensnachteil auszugleichen, der durch die Vermehrung der Bedürfnisse des Getöteten (beispielsweise Kosten für Pflegepersonal, erforderliche Hilfsmittel, besondere Pflegemaßnahmen, vgl. § 87 Rdn. 2 ff.) eingetreten ist.

#### II. Beerdigungskosten (Satz 2)

4 Die Ersatzpflicht erstreckt sich ausweislich § 86 Abs. 1 Satz 2 auf die tatsächlich angefallenen Kosten der angemessenen und würdigen Beerdigung des Getöteten (BGH NJW 1973, 2103). Die Regelung entspricht insoweit § 844 Abs. 1 BGB. Ersatzberechtigt ist derjenige, der für die Kosten der Beerdigung einzustehen hat (Palandt/*Sprau* BGB § 844 Rn. 4). Andere Personen müssen über die GoA vorgehen. Die Ersatzpflicht ist in der Höhe auf die Kosten einer »üblichen und angemessenen« (BT-Drs. 11/2447, S. 22), d.h. standesgemäßen Beerdigung begrenzt (*Rehmann* § 86 Rn. 1).

Die Beweislast für die geltend gemachten Ansprüche zum Anspruchsgrund und zur Anspruchshöhe trägt der Anspruchsteller.

## B. Tötung Unterhaltsverpflichteter (Abs. 2)

### I. Unterhaltsersatz

§ 86 Abs. 2 entspricht im Wesentlichen der Regelung des § 844 Abs. 2 BGB. Beide Regelungen schaffen einen Ausgleich für Dritte, die durch den Tod des Geschädigten einen Unterhaltsanspruch verlieren. Für den Anspruch aus § 86 Abs. 2 bedarf es einer **gesetzlichen Unterhaltspflicht** des Getöteten gegenüber dem Dritten, die im Zeitpunkt seiner Verletzung bereits vorgelegen haben muss. Eine gesetzliche Unterhaltspflicht kann sich allein aus dem Familienrecht ergeben (z.B. aus §§ 1601i.V.m. 1615a oder 1754, oder aus 1360f BGB). Um Manipulationen beispielsweise durch eine erst nach Eintritt der Verletzung vollzogene Eheschließung auszuschließen, darf nicht auf den Zeitpunkt des Todes, sondern muss hinsichtlich der Unterhaltspflicht auf den Zeitpunkt der Verletzung abgestellt werden (BT-Drs. 11/2447, S. 22).

Der Schadensersatzanspruch auf Ersatz des Unterhalts ist so lange aufgeschoben, bis ohne Tötung des Verletzten eine Unterhaltspflicht eingetreten wäre, d.h. es bedarf der Bedürftigkeit des Unterhaltsberechtigten ebenso wie der hypothetischen Leistungsfähigkeit des Verstorbenen (BT-Drs. 11/2447, S. 22). Bis zum Eintritt dieser Voraussetzungen kann nur Feststellungsklage erhoben werden. § 86 Abs. 2 Satz 2 stellt klar, dass auch dem Ungeborenen ein solcher Schadensersatzanspruch zusteht.

### II. Geldrente

Der Schadensersatz ist in Form einer Geldrente zu leisten, die sich am tatsächlichen bzw. prognostizierten Unterhaltsausfall zu orientieren hat. Die Geldrente ist – sofern die Voraussetzungen des Unterhalts vorliegen – für die mutmaßliche Lebensdauer des Verstorbenen zu leisten (Palandt/ *Sprau* BGB § 844 Rn. 8).

### III. Vorteilsausgleichung

Eine Vorteilsausgleichung, die den Anspruch des Unterhaltsberechtigten mindert, kommt vor allem in den Fällen in Betracht, in denen der Unterhaltsberechtigte Erbe des Getöteten ist und deshalb den Nachlass des Getöteten erlangt. In diesen Fällen ist aufgrund hypothetischer Betrachtung zu klären, ob und inwieweit der Nachlass dem Unterhaltsberechtigten nicht ohnehin zugefallen wäre. Zumindest etwaige Erträge hätte der Unterhaltsberechtigte zum jetzigen Zeitpunkt jedoch noch nicht erlangt, sodass er sich deren Wert anrechnen lassen muss. Allgemeine Voraussetzung für eine Vorteilsausgleichung ist jedenfalls, dass der Vorteil auf demselben Schadensereignis beruht, das den Nachteil verursacht hat (BGH NJW 1976, 747). Eine Anrechnung von Kompensationsleistungen privater und öffentlicher Versicherungen kommt auch dann nicht in Betracht, wenn ausnahmsweise ein Forderungsübergang an den leistenden Versicherungsträger nicht stattfindet (BGH NJW 2001, 754).

## C. Hinterbliebenengeld

Mit dem Gesetz zur Einführung eines Anspruchs auf Hinterbliebenengeld vom 17.07.2017 (BGBl. I S. 2424) wurde Abs. 3 mit Wirkung zum 22.07.2017 neu aufgenommen. Durch Abs. 3 wird die Gefährdungshaftung für Arzneimittel nach den §§ 84 ff. bei tödlichen Unfällen um einen Anspruch auf Hinterbliebenengeld ergänzt. Inhaltlich entspricht die Regelung dem § 844 Abs. 3 BGB.

Auf den Anspruch des Hinterbliebenen nach § 84i.V.m. § 86 Abs. 3 sind die für Schadensersatzansprüche bei Tötung nach dem Arzneimittelgesetz geltenden Vorschriften anwendbar. Dies betrifft insbesondere die Kausalitätsvermutung (s. § 84 Rdn. 41), die Auskunftsansprüche

(s. § 84a Rdn. 2 ff.), die Regelung zur Gesamtschuld und zum Mitverschulden (s. § 85 Rdn. 1) sowie die Haftungsbefreiung, Haftungsausschluss und Haftungsbegrenzung nach § 84 Abs. 3 und § 88 und die Deckungsvorsorgepflicht nach § 94. Es gelten zudem die Vorschriften anderer Gesetze, soweit sie Schadensersatzansprüche bei Tötung nach dem Arzneimittelgesetz betreffen. Liegt ein mitwirkendes Verschulden des Getöteten oder eine von diesem zu verantwortende Betriebsgefahr vor, muss sich dies der Hinterbliebene anrechnen lassen (vgl. § 846 BGB; BT-Drs. 18/11397, S. 15).

## § 87 Umfang der Ersatzpflicht bei Körperverletzung

Im Fall der Verletzung des Körpers oder der Gesundheit ist der Schadensersatz durch Ersatz der Kosten der Heilung sowie des Vermögensnachteils zu leisten, den der Verletzte dadurch erleidet, dass infolge der Verletzung zeitweise oder dauernd seine Erwerbsfähigkeit aufgehoben oder gemindert oder eine Vermehrung seiner Bedürfnisse eingetreten ist. In diesem Fall kann auch wegen des Schadens, der nicht Vermögensschaden ist, eine billige Entschädigung in Geld verlangt werden.

| Übersicht | Rdn. | | Rdn. |
|---|---|---|---|
| A. Allgemeines | 1 | C. Immaterieller Schaden im Fall der Verletzung des Körpers oder der Gesundheit (Satz 2) | 5 |
| B. Vermögensschaden im Fall der Verletzung des Körpers oder der Gesundheit (Satz 1) | 2 | | |

### A. Allgemeines

1  § 87 regelt den Umfang der Ersatzpflicht bei Körper- und Gesundheitsverletzungen, solange der Geschädigte lebt. Im Gegensatz zum zivilen Haftungsrecht der §§ 823 ff. BGB enthält § 87 Satz 1 eine **Haftungsbeschränkung**, sodass im Rahmen des Anspruchs aus § 84 Abs. 1 lediglich die in § 87 Satz 1 genannten Schadensposten ersatzfähig sind. Sachschäden und reine Vermögensschäden kann der Geschädigte nur über die §§ 823 ff. BGB geltend machen. In der versicherungsrechtlichen Praxis erfolgt häufig ein Forderungsübergang nach § 116 SGB X bzw. § 86 VVG für Schadensersatzansprüche aus §§ 84, 87. Dies geschieht, wenn ein Sozialversicherungsträger oder privater Versicherer die Heilbehandlungskosten oder eine Rente wegen verminderter Erwerbsfähigkeit bezahlt haben. Die Leistungen nach dem ContStifG stellen keinen Schadenersatz i.S.d. §§ 823, 842 bis 845 BGB oder der heutigen §§ 84, 87, sondern ein Entschädigungssystem eigener Art dar (VG Köln Urt. v. 19.06.2018 – 7 K 5340/16).

### B. Vermögensschaden im Fall der Verletzung des Körpers oder der Gesundheit (Satz 1)

2  Die in § 87 Satz 1 genannten Heilbehandlungskosten sind **Heilungskosten im weiteren Sinne**. Sie umfassen auch Kosten für Maßnahmen, die zwar erfolglos blieben, bei denen aber berechtigterweise ein positiver Erfolg für möglich gehalten werden durfte. Umfasst sind zudem die Nebenkosten der Heilung, beispielsweise Aufwendungen für häusliche Pflege oder besondere Kost (BT-Drs. 11/2447, S. 22 f.). Der diesbezügliche Unterschied im Wortlaut im Vergleich zu § 86 Abs. 1 Satz 1 ist unbeachtlich.

3  Entsteht ein Schaden, der sich in Form einer **Erwerbsminderung** zeigt, ist dem Geschädigten der konkrete Vermögensnachteil zu ersetzen. Bei seiner Bestimmung sind alle Nachteile zu berücksichtigen, die ihre Ursache in der zeitweisen oder dauernden Aufhebung oder Minderung der Erwerbsfähigkeit haben. Das Gericht hat daher beispielsweise mögliche Einkommensverbesserungen des Geschädigten zu prognostizieren. Auch ein möglicher Wegfall eines Dienstwagens ist ein Erwerbsschaden, der im Rahmen des § 87 Satz 1 ersatzfähig ist. (Teilweise) haushaltsführende Geschädigte können ihren *Haushaltsführungsschaden* (vgl. MüKo-BGB/*Wagner* §§ 843 Rn. 50 ff.) geltend machen.

Unter den Begriff der »Vermehrung der Bedürfnisse« fallen alle **unfallbedingten Mehraufwendungen**, die den Zweck haben, diejenigen Nachteile auszugleichen, die dem Verletzten infolge dauernder Beeinträchtigung seines körperlichen Wohlbefindens entstehen. Erfasst werden nur solche Mehraufwendungen, die dem Geschädigten im Vergleich zu einem gesunden Menschen erwachsen und sich daher von den allgemeinen Lebenshaltungskosten unterscheiden, welche in gleicher Weise vor und nach einem Unfall anfallen. Ersatzfähig sind z.B. erhöhte Ausgaben für Verpflegung und Ernährung, Aufwendungen für Kuren und orthopädische Hilfsmittel sowie Pflegekosten und Kosten für Haushaltshilfen (BGH NJW-RR 2004, 671, 671 f.). 4

## C. Immaterieller Schaden im Fall der Verletzung des Körpers oder der Gesundheit (Satz 2)

§ 87 Satz 2 stellt klar, dass in Entsprechung zu § 253 Abs. 2 BGB auch im Rahmen des Anspruchs aus § 84 Abs. 1 Ersatz des immateriellen Schadens (insbesondere Schmerzensgeld) verlangt werden kann. 5

## § 88 Höchstbeträge

Der Ersatzpflichtige haftet
1. im Fall der Tötung oder Verletzung eines Menschen nur bis zu einem Kapitalbetrag von 600.000 € oder bis zu einem Rentenbetrag von jährlich 36.000 €,
2. im Fall der Tötung oder Verletzung mehrerer Menschen durch das gleiche Arzneimittel unbeschadet der in Nummer 1 bestimmten Grenzen bis zu einem Kapitalbetrag von 120 Millionen € oder bis zu einem Rentenbetrag von jährlich 7,2 Millionen €.

Übersteigen im Fall des Satzes 1 Nr. 2 die den mehreren Geschädigten zu leistenden Entschädigungen die dort vorgesehenen Höchstbeträge, so verringern sich die einzelnen Entschädigungen in dem Verhältnis, in welchem ihr Gesamtbetrag zu dem Höchstbetrag steht.

| Übersicht | Rdn. | | Rdn. |
|---|---|---|---|
| A. Höchstbeträge (Satz 1) . . . . . . . . . . . . . . | 1 | III. Tötung oder Verletzung mehrerer Menschen (Nr. 2) . . . . . . . . . . . . . . . . . . . . . . . | 7 |
| I. Allgemeines . . . . . . . . . . . . . . . . . . . . . | 1 | B. Sonderregelung (Satz 2) . . . . . . . . . . . . . | 8 |
| II. Tötung oder Verletzung eines Menschen (Nr. 1) . . . . . . . . . . . . . . . . . . . . . . . | 4 | | |

## A. Höchstbeträge (Satz 1)

### I. Allgemeines

Durch § 88 wird die Haftung des pharmazeutischen Unternehmers nach § 84 der Höhe nach auf die genannten Beträge begrenzt. Solche Haftungsbegrenzungen sind typisch für den Bereich der Gefährdungshaftung (vgl. z.B. § 10 ProdHaftG; § 31 AtG; § 12 StVG). § 88 Satz 1 trägt dem Umstand Rechnung, dass der pharmazeutische Unternehmer auch ohne eigenes Verschulden für etwaige Arzneimittelschäden einzustehen hat und soll eine zu weitgehende Inanspruchnahme des pharmazeutischen Unternehmers verhindern und die Versicherbarkeit ermöglichen (*Sander* § 88 Erl. 1). Die festgelegten Haftungshöchstbeträge führen nicht zu einer Benachteiligung des Geschädigten, da dieser weitergehende Schäden über die Anspruchsgrundlagen des allgemeinen Deliktsrechts (§ 823 BGB) geltend machen kann (§ 91), die jedoch ein Verschulden des pharmazeutischen Unternehmers voraussetzen. In Höhe der in § 88 Satz 1 genannten Beträge hat der pharmazeutische Unternehmer die Deckungsvorsorge zu erbringen (§ 94 Abs. 1 Satz 2). 1

Die Höchstgrenzen bleiben auch bei einem etwaigen **Mitverschulden des Geschädigten** bestehen (BGH NJW 1964, 1898 f.). Der um den Mitverschuldensanteil des Geschädigten gekürzte Anspruch aus § 84 Abs. 1 ist bis zur Höhe der in § 88 Satz 1 genannten Haftungsbegrenzung zu erfüllen (*Rehmann* § 88 Rn. 1; *Kloesel/Cyran* § 88 Anm. 3). 2

**§ 88 AMG** Höchstbeträge

3   Von der Haftungsbegrenzung ausgenommen sind notwendige **Rechtsverfolgungskosten** und **Verzugsschäden**, die dem Geschädigten neben dem Anspruch aus § 84 Abs. 1 gegen den pharmazeutischen Unternehmer zustehen. Es darf nicht zulasten des Geschädigten gehen, wenn dieser seinen Anspruch aus § 84 nur gerichtlich durchsetzen kann bzw. sich der pharmazeutische Unternehmer mangels fristgemäßer Zahlung in Verzug befindet.

### II. Tötung oder Verletzung eines Menschen (Nr. 1)

4   Bei der Verletzung oder Tötung eines Menschen greift die in § 88 Satz 1 Nr. 1 normierte Haftungsbegrenzung. Der jährliche Rentenbetrag von 36.000 € entspricht 6 % des Kapitalbetrags von 600.000 €. Steht dem Geschädigten daher sowohl ein Anspruch auf Kapital- als auch auf Rentenzahlung zu, mindert eine Kapitalauszahlung den zeitlich unbegrenzten Rentenbetrag in der Höhe: Bei Auszahlung eines Kapitalbetrags von beispielsweise 200.000 € reduziert sich der Rentenbetrag auf jährlich 6 % von 400.000 €, d.h. der Geschädigte hat einen Anspruch auf einen maximalen Rentenbetrag von jährlich 24.000 €.

5   Die Haftungsbegrenzung in § 88 bezieht sich jeweils auf einen Schadensfall, für den ein bestimmtes Arzneimittel ursächlich war. Erwächst der Schaden aus einem Zusammenspiel mehrerer Arzneimittel, handelt es sich um ein einheitliches Schadensereignis, für das insgesamt die Haftungsbegrenzung nach § 88 Satz 1 greift. Sind in diesem Fall mehrere pharmazeutische Unternehmer beteiligt, findet § 93 Anwendung, d.h. mehrere Schädiger haften im Verhältnis zu dem Geschädigten nur auf den Gesamtbetrag. Führen dagegen mehrere Arzneimittel zeitgleich zu unterschiedlichen Schäden, handelt es sich jeweils um unabhängige Schadensereignisse, für die jeweils die Haftungsbegrenzung aus § 88 Satz 1 gilt.

6   Unbeachtlich ist es, ob das schadensverursachende Arzneimittel mehrere Fehler aufweist (Kennzeichnung, Qualität etc.) oder nur ein Fehler vorliegt, der aber unterschiedliche Schäden (z.B. Nieren- und Leberschaden) verursacht. Entscheidend ist der tatsächliche Umstand, dass der Geschädigte lediglich das gleiche Arzneimittel angewandt hat (a.A. *Kloesel/Cyran* § 88 Anm. 2).

### III. Tötung oder Verletzung mehrerer Menschen (Nr. 2)

7   Aus § 88 Satz 1 Nr. 2 folgt eine Haftungsbegrenzung für sog. **Serienschäden**, bei denen es zu einer Tötung und Verletzung mehrerer Menschen kommt. Zusätzlich zur individuellen Haftungsbegrenzung aus § 88 Satz 1 Nr. 1 existiert eine **summenmäßige Haftungshöchstgrenze**. Voraussetzung dieser Summenbegrenzung ist, dass es sich um das »gleiche Arzneimittel« handelt, d.h. alle haftungsbegründenden Arzneimittel unter einer Zulassungsnummer in Verkehr gebracht wurden. Arzneimittel mit dem gleichen Wirkstoff, aber verschiedenen Stärken oder Darreichungsformen, sind verschiedene Arzneimittel. Führt ihr Wirkstoff zu einem Serienschaden, ist umstritten, ob die Haftungshöchstgrenzen jeweils gesondert für die einzelnen Stärken und Darreichungsformen gelten (bejahend *Kloesel/Cyran* § 88 Anm. 2; a.A. *Sander* § 88 Anm. 4; *Kügel/Müller/Hofmann/Brock/Stoll* § 88 Rn. 16). Die Arzneimittel müssen zudem einer Charge des Arzneimittels entstammen, wenn die Haftung an einen chargentypischen Fehler anknüpft, beispielsweise ein Herstellungsfehler vorliegt, es sei denn, der Fehler hätte sich über mehrere Chargen erstreckt.

## B. Sonderregelung (Satz 2)

8   § 88 Satz 2 regelt den Fall, dass die in der Höhe begrenzten arzneimittelrechtlichen Ansprüche von Geschädigten in der Summe den in § 88 Satz 1 Nr. 2 genannten Höchstbetrag überschreiten. Das Gesetz sieht in diesem Fall eine Kürzung des individuellen Anspruchs zusätzlich zur Haftungsbegrenzung aus § 88 Satz 1 Nr. 1 vor. Der dem jeweiligen Geschädigten in diesem Fall zustehende Betrag bestimmt sich aus dem Produkt seines ggf. in der Höhe nach § 88 Satz 1 begrenzten Anspruchs und dem Quotienten aus dem Haftungshöchstbetrag nach § 88 Satz 1 Nr. 2 und der Summe aller Geschädigten zustehenden Forderungen.

Praktische Probleme der Umsetzung von § 88 Satz 2 ergeben sich in den Fällen, in denen sich bei **Serienschäden** die Schäden über viele Jahre hinweg entwickeln und der pharmazeutische Unternehmer bei der Inanspruchnahme durch einige Geschädigte noch nicht abschätzen kann, auf welche Gesamtsumme sich sämtliche Forderungen gegen ihn summieren werden. Für diesen Fall ist umstritten, ob der pharmazeutische Unternehmer jeweils zur Auszahlung verpflichtet und bei nachträglichen Änderungen zur Rückforderung des zu viel ausgezahlten Betrages berechtigt sein soll. Alternativ kommt ein Zurückbehaltungsrecht des pharmazeutischen Unternehmers (*Kloesel/ Cyran* § 88 Anm. 4: »Rückstellung von Auszahlungen«) in der Höhe in Betracht, hinsichtlich derer er unter Umständen aufgrund des Hinzutretens weiterer Geschädigter gegenüber dem Einzelnen nicht zur Zahlung verpflichtet ist. Die erste Auffassung verfolgt das Interesse des jeweiligen Geschädigten, der unabhängig von der weiteren Entwicklung des Serienschadens einen finanziellen Ausgleich erhält, während der pharmazeutische Unternehmer das Insolvenzrisiko des Zahlungsempfängers trägt. Ggf. beruft sich der Geschädigte auch auf Entreicherung. Vorzugswürdig ist daher die Einräumung eines Zurückbehaltungsrechts für den pharmazeutischen Unternehmer. Solange Unklarheit über die geschädigten Personen besteht, kommt eine Hinterlegung in Betracht. 9

Da der Geschädigte bei Satz 2 die ihm zustehende Forderung nicht genau beziffern kann, bietet sich folgende Vorgehensweise an, wenn er das Risiko einer Teilabweisung seiner Klage nicht eingehen will: Der bezifferbare Teilbetrag wird durch Leistungsklage geltend gemacht. Für den offenen Restbetrag ist Feststellungsklage zu erheben oder es wird beantragt, die Zahlungspflicht des pharmazeutischen Unternehmers festzustellen, jeweils vorbehaltlich der Reduzierung des Betrages nach Satz 2. Vgl. für § 10 Abs. 2 ProdHaftG *Kullmann/Pfister* Kz. 3608 S. 12. 9a

## § 89 Schadensersatz durch Geldrenten

(1) Der Schadensersatz wegen Aufhebung oder Minderung der Erwerbsfähigkeit und wegen Vermehrung der Bedürfnisse des Verletzten sowie der nach § 86 Abs. 2 einem Dritten zu gewährende Schadensersatz ist für die Zukunft durch Entrichtung einer Geldrente zu leisten.

(2) Die Vorschriften des § 843 Abs. 2 bis 4 des Bürgerlichen Gesetzbuchs und des § 708 Nr. 8 der Zivilprozessordnung finden entsprechende Anwendung.

(3) Ist bei der Verurteilung des Verpflichteten zur Entrichtung einer Geldrente nicht auf Sicherheitsleistung erkannt worden, so kann der Berechtigte gleichwohl Sicherheitsleistung verlangen, wenn die Vermögensverhältnisse des Verpflichteten sich erheblich verschlechtert haben; unter der gleichen Voraussetzung kann er eine Erhöhung der in dem Urteil bestimmten Sicherheit verlangen.

## § 91 Weitergehende Haftung

Unberührt bleiben gesetzliche Vorschriften, nach denen ein nach § 84 Ersatzpflichtiger im weiteren Umfang als nach den Vorschriften dieses Abschnitts haftet oder nach denen ein anderer für den Schaden verantwortlich ist.

| Übersicht | Rdn. | | Rdn. |
|---|---|---|---|
| A. Allgemeines | 1 | III. Produkthaftungsgesetz | 7 |
| B. Alternative Anspruchsgrundlagen | 2 | IV. Gentechnikgesetz | 8 |
| I. Vertragliche Haftung | 3 | V. Amtshaftung | 9 |
| II. Deliktische Haftung | 5 | | |

### A. Allgemeines

§ 91 stellt – i.S.d. Verbraucherschutzes – klar, dass die Haftungsvorschriften der §§ 84 ff. nicht abschließend sind. Sowohl eine weitergehende Haftung des pharmazeutischen Unternehmers als auch eine Haftung Dritter wird ausdrücklich zugelassen. Ansprüche können auf andere Anspruchsgrundlagen gestützt werden und sind in diesem Fall nicht den Haftungsbeschränkungen 1

# § 91 AMG  Weitergehende Haftung

der §§ 86 ff. unterworfen. Jeder dieser Ansprüche ist unabhängig von den anderen Ansprüchen zu beurteilen (BGH NJW 1976, 1505 f.).

## B. Alternative Anspruchsgrundlagen

2   Als alternative Anspruchsgrundlagen kommen insbesondere in Betracht:

### I. Vertragliche Haftung

3   Ein Vertragsverhältnis zwischen einem Verbraucher und einem pharmazeutischen Unternehmer, welches eine vertragliche Haftung begründen kann, wird bei Arzneimitteln nur selten vorliegen. Als Anspruchsgrundlage ist § 280 i.V.m. § 437 Nr. 3 BGB heranzuziehen. Geldersatz kann gem. § 249 Abs. 2 Satz 1 BGB und Schmerzensgeld gem. § 253 Abs. 2 BGB verlangt werden (vgl. § 249 BGB Rdn. 43 ff.; § 253 BGB Rn. 7 ff.). Die vertragliche Haftung weist den Vorteil auf, dass das Vertretenmüssen des pharmazeutischen Unternehmers gem. § 280 Abs. 1 Satz 2 BGB vermutet wird. Vgl. hierzu *Grau/Kutlu* A&R 2009, 153, 158.

4   Im Einzelfall können dem Geschädigten Ansprüche aus einer Beschaffenheitsgarantie des pharmazeutischen Unternehmens zustehen (*Hieke* Die Informationsrechte geschädigter Arzneimittelverbraucher, S. 76 ff.). Ein **Vertrag mit Schutzwirkung** zugunsten des Geschädigten besteht nur, wenn der Arzneimittelhersteller weiß, dass das Arzneimittel für eine konkrete andere Person bestimmt ist, z.B. für ein Kind des Vertragspartners (vgl. *Hieke* Die Informationsrechte geschädigter Arzneimittelverbraucher, S. 78 ff.).

### II. Deliktische Haftung

5   Ansprüche aus den §§ 823 ff. BGB sind insbesondere relevant, wenn die arzneimittelrechtliche Haftungsbegrenzung (§§ 86 ff.) eingreift, da die verschuldensabhängige Haftung der Höhe nach nicht begrenzt ist (Palandt/*Sprau* § 823 Rn. 124). Deliktsrechtliche Ansprüche sind nicht auf zulassungspflichtige Arzneimittel (vgl. § 84 Abs. 1 Satz 1) beschränkt. Sofern die Haftung gem. der §§ 823 ff. BGB nicht weitergeht, als die Haftung nach § 84, spielt die deliktische Haftung keine Rolle, da sie entgegen des § 84 vom Geschädigten einen Nachweis des Verschuldens des pharmazeutischen Unternehmers erfordert. Zur Beweiserleichterung vgl. § 84 Rdn. 41 ff. Die §§ 823 ff. BGB erlangen zudem Bedeutung, wenn Schäden geltend gemacht werden, die auf der Wirkungslosigkeit eines Arzneimittels beruhen oder Ansprüche gegen andere Personen, die nicht zum Kreis der Ersatzpflichtigen nach § 84 gehören, geltend gemacht werden. Zur Haftung des pharmazeutischen Unternehmers gem. § 823 Abs. 1 BGB s. *Gaßner/Reich-Malter* MedR 2006, 147, 148 ff.

6   Eines Verschuldensnachweises bedarf es auch im Fall einer **Haftung aus § 823 Abs. 2 BGB** i.V.m. einem Schutzgesetz. Schutzgesetz i.S.d. § 823 Abs. 2 BGB ist beispielsweise § 5 (BGH NJW 1991, 2351 f.; OLG Stuttgart VersR 1990, 631 ff.; *Rehmann* § 5 Rn. 4). Ebenfalls Schutzgesetz i.S.d. § 823 Abs. 2 BGB ist § 11, sodass eine Haftung des pharmazeutischen Unternehmers in Betracht kommt, wenn dieser beispielsweise die Nebenwirkungen nicht oder nicht vollständig angibt (vgl. OLG Stuttgart VersR 1990, 631 ff.). Darüber hinaus kommen als Schutzgesetze i.S.v. § 823 Abs. 2 BGB §§ 8, 10, 11a und 21 in Betracht (vgl. *Hieke* Die Informationsrechte geschädigter Arzneimittelverbraucher, S. 94 m.w.N.).

### III. Produkthaftungsgesetz

7   § 15 Abs. 1 ProdHaftG schließt in Ergänzung zu § 91 die Anwendung der Vorschriften des ProdHaftG in den Fällen aus, bei denen infolge der Anwendung eines Arzneimittels, das im Geltungsbereich des AMG an den Verbraucher abgegeben wurde und der Pflicht zur Zulassung unterliegt oder durch Rechtsverordnung von der Zulassung befreit worden ist, jemand getötet, sein Körper oder seine Gesundheit verletzt werden. Eine Haftung nach dem ProdHaftG beschränkt sich daher auf die Fälle, bei denen für den Schaden ein Tierarzneimittel verantwortlich ist, ein Humanarzneimittel lediglich einen Sachschaden verursacht, das schadensverursachende Humanarzneimittel bereits

aufgrund der Vorgaben des AMG keiner Zulassung bedarf (vgl. § 21 Abs. 2), es sich um ein noch nicht zugelassenes Prüfpräparat der Phasen I-III oder um ein zugelassenes Arzneimittel, das für eine neue bisher nicht zugelassene Indikation erprobt wird, handelt. Zur Haftung nach dem ProdHaftG bei verblisterten Arzneimitteln s. *Voit* PharmR 2007, 1, 3 ff.; *Grau/Kutlu* A&R 2009, 153, 159. Hinsichtlich der Bedenken gegen die Rechtmäßigkeit von § 15 Abs. 1 ProdHaftG s. *Rehmann* § 84 Rn. 1; *Hieke* Die Informationsrechte geschädigter Arzneimittelverbraucher, S. 95 ff.

### IV. Gentechnikgesetz

In wörtlicher Entsprechung zu § 15 Abs. 1 ProdHaftG schließt § 37 Abs. 1 GenTG die Haftung nach den §§ 32 bis 36 GenTG aus. Eine Haftung nach den §§ 32 ff. GenTG kommt daher gleichfalls nur in den oben genannten Fällen (Rdn. 7) in Betracht.   8

### V. Amtshaftung

§ 91 lässt die Haftung insbesondere der zuständigen Arzneimittelüberwachungsbehörden wegen einer Amtspflichtverletzung nach § 839 BGB unberührt. Die Amtshaftung kann sich aus der Pflicht des BfArM bzw. des PEI zur Prüfung und Zulassung von Arzneimitteln und aus ihrer Pflicht zur Arzneimittelüberwachung und Auskunftserteilung ergeben. Die Pflichten zur Gewährleistung der Arzneimittelsicherheit sind drittbezogen und dienen nicht nur dem öffentlichen Interesse (so *Rehmann* § 91 Rn. 1). Eine Amtshaftung wird jedoch nur in den wenigsten Fällen bejaht werden können, da § 839 Abs. 1 Satz 2 BGB die Haftung bei Fahrlässigkeit auf die Fälle begrenzt, in denen Schadensersatz nicht von einem anderen verlangt werden kann. Diese Subsidiaritätsklausel führt i.d.R. dazu, dass lediglich der pharmazeutische Unternehmer haften wird.   9

## § 92 Unabdingbarkeit

**Die Ersatzpflicht nach diesem Abschnitt darf im Voraus weder ausgeschlossen noch beschränkt werden. Entgegenstehende Vereinbarungen sind nichtig.**

§ 92 enthält eine zu § 14 ProdHaftG identische Regelung, nach der die Ersatzpflicht des pharmazeutischen Unternehmers nach § 84 Abs. 1 Satz 1 im Voraus weder ausgeschlossen noch beschränkt werden darf. Ausweislich § 92 Satz 2 ist eine entsprechende Vereinbarung nichtig (§ 134 BGB). »Im Voraus« wird eine Ersatzpflicht ausgeschlossen oder beschränkt, wenn eine Regelung Geltung beansprucht, bevor alle anspruchsbegründenden Tatsachen vorliegen. Eine Beschränkung bzw. ein Ausschluss der Ersatzpflicht, z.B. durch Verzicht, ist gem. § 92 daher erst nach Eintreten des Schadensereignisses bzw. nach dessen Bekanntwerden zulässig. Eine Kenntnis des Geschädigten von einem Anspruch aus § 84 Abs. 1 ist ausweislich des Wortlauts von § 92 aber nicht Voraussetzung eines Ausschlusses oder einer Beschränkung der Ersatzpflicht (a.A. wohl *Rehmann* § 92 Rn. 1).   1

§ 92 ist im Hinblick auf den Schutz des Verbrauchers weit auszulegen. Vor der Entstehung des Schadens ist jede Gestaltung, die im Ergebnis mindestens in eine Beschränkung des Anspruches aus § 84 Abs. 1 mündet, unzulässig. Dies betrifft ebenso Regelungen zur Verjährung eines etwaigen Anspruches als auch Regelungen hinsichtlich der Beweislastverteilung (Staudinger-BGB/*Oechsler* § 14 ProdHaftG Rn. 7 zu § 14 ProdHaftG). Ansprüche aus Delikt (§§ 823 ff. BGB) oder aus kaufrechtlicher Gewährleistung fallen nicht unter § 92, da der Wortlaut auf die »Ersatzpflicht nach diesem Abschnitt« abstellt. Anwendbar ist § 92 jedoch auf Ansprüche, die im Wege der cessio legis, etwa gem. § 116 SGB X oder § 86 VVG, auf Dritte übergehen.   2

## § 93 Mehrere Ersatzpflichtige

**Sind mehrere ersatzpflichtig, so haften sie als Gesamtschuldner. Im Verhältnis der Ersatzpflichtigen zueinander hängt die Verpflichtung zum Ersatz sowie der Umfang des zu leistenden Ersatzes von den Umständen, insbesondere davon ab, inwieweit der Schaden vorwiegend von dem einen oder dem anderen Teil verursacht worden ist.**

*Plaßmann*

## § 94 Deckungsvorsorge

(1) Der pharmazeutische Unternehmer hat dafür Vorsorge zu treffen, dass er seinen gesetzlichen Verpflichtungen zum Ersatz von Schäden nachkommen kann, die durch die Anwendung eines von ihm in den Verkehr gebrachten, zum Gebrauch bei Menschen bestimmten Arzneimittels entstehen, das der Pflicht zur Zulassung unterliegt oder durch Rechtsverordnung von der Zulassung befreit worden ist (Deckungsvorsorge). Die Deckungsvorsorge muss in Höhe der in § 88 Satz 1 genannten Beträge erbracht werden. Sie kann nur
1. durch eine Haftpflichtversicherung bei einem im Geltungsbereich dieses Gesetzes zum Geschäftsbetrieb befugten unabhängigen Versicherungsunternehmen, für das im Falle einer Rückversicherung ein Rückversicherungsvertrag nur mit einem Rückversicherungsunternehmen, das seinen Sitz im Geltungsbereich dieses Gesetzes, in einem anderen Mitgliedstaat der Europäischen Union, in einem anderen Vertragsstaat des Abkommens über den Europäischen Wirtschaftsraum oder in einem von der Europäischen Kommission auf Grund von Artikel 172 der Richtlinie 2009/138/EG des Europäischen Parlaments und des Rates vom 25. November 2009 betreffend die Aufnahme und Ausübung der Versicherungs- und Rückversicherungstätigkeit (Solvabilität II) (ABl. L 335 vom 17.12.2009, S. 1) als gleichwertig anerkannten Staat hat, besteht, oder
2. durch eine Freistellungs- oder Gewährleistungsverpflichtung eines inländischen Kreditinstituts oder eines Kreditinstituts eines anderen Mitgliedstaates der Europäischen Union oder eines anderen Vertragsstaates des Abkommens über den Europäischen Wirtschaftsraum

erbracht werden.

(2) Wird die Deckungsvorsorge durch eine Haftpflichtversicherung erbracht, so gelten die § 113 Abs. 3 und die §§ 114 bis 124 des Versicherungsvertragsgesetzes, sinngemäß.

(3) Durch eine Freistellungs- oder Gewährleistungsverpflichtung eines Kreditinstituts kann die Deckungsvorsorge nur erbracht werden, wenn gewährleistet ist, dass das Kreditinstitut, solange mit seiner Inanspruchnahme gerechnet werden muss, in der Lage sein wird, seine Verpflichtungen im Rahmen der Deckungsvorsorge zu erfüllen. Für die Freistellungs- oder Gewährleistungsverpflichtung gelten die § 113 Abs. 3 und die §§ 114 bis 124 des Versicherungsvertragsgesetzes sinngemäß.

(4) Zuständige Stelle im Sinne des § 117 Abs. 2 des Versicherungsvertragsgesetzes ist die für die Durchführung der Überwachung nach § 64 zuständige Behörde.

(5) Die Bundesrepublik Deutschland und die Länder sind zur Deckungsvorsorge gemäß Absatz 1 nicht verpflichtet.

## § 94a AMG Örtliche Zuständigkeit

(1) Für Klagen, die auf Grund des § 84 oder des § 84a Abs. 1 erhoben werden, ist auch das Gericht zuständig, in dessen Bezirk der Kläger zur Zeit der Klageerhebung seinen Wohnsitz, in Ermangelung eines solchen seinen gewöhnlichen Aufenthaltsort hat.

(2) Absatz 1 bleibt bei der Ermittlung der internationalen Zuständigkeit der Gerichte eines ausländischen Staates nach § 328 Abs. 1 Nr. 1 der Zivilprozessordnung außer Betracht.

1 § 94a Abs. 1 erlaubt es dem Geschädigten, seine Ansprüche aus § 84 und § 84a Abs. 1 (nicht auch aus § 84a Abs. 2; kritisch hierzu *Wagner* NJW 2002, 2053) an dem Gericht geltend zu machen, in dessen Bezirk er zur Zeit der Klageerhebung seinen Wohnsitz oder gewöhnlichen Aufenthalt hat. Ihm wird damit ein **weiterer Gerichtsstand** neben den Gerichtsständen aus §§ 12, 17 ZPO und § 32 ZPO zugestanden (vgl. BGH NJW 1990, 1533). Werden zusätzlich Ansprüche aus anderen Tatbeständen (etwa aus den §§ 823 BGB), geltend gemacht, so ist hinsichtlich des Gerichtsstands zu differenzieren: Aufgrund § 17 Abs. 2 Satz 1 GVG und vor dem Hintergrund des Beschl. des BGH vom 10.12.2002 (BGH NJW 2003, 828 ff.) hat das nach § 94a Abs. 1 örtlich zuständige

Gericht bei der Geltendmachung eines einheitlichen prozessualen Anspruchs über sämtliche materiellen Anspruchsgrundlagen zu entscheiden (*Rehmann* § 94a Rn. 1). Prozessuale Ansprüche, die nicht auf § 84 gestützt werden können, wie etwa verschuldensabhängige Ansprüche, können nicht vor dem Gericht des besonderen Gerichtsstands nach § 94a geltend gemacht werden. Für diese gelten die allgemeinen Zuständigkeitsregelungen der ZPO, insbes. der Gerichtsstand der unerlaubten Handlung nach § 32 ZPO.

## § 95 Strafvorschriften

(1) Mit Freiheitsstrafe bis zu drei Jahren oder mit Geldstrafe wird bestraft, wer
1. entgegen § 5 Abs. 1 ein Arzneimittel in den Verkehr bringt oder bei anderen anwendet,
2. entgegen § 6 Abs. 1 in Verbindung mit einer Rechtsverordnung nach § 6 Abs. 2, jeweils auch in Verbindung mit einer Rechtsverordnung nach § 6 Abs. 3, ein Arzneimittel in den Verkehr bringt oder bei einem anderen Menschen oder einem Tier anwendet,
3. entgegen § 7 Abs. 1 radioaktive Arzneimittel oder Arzneimittel, bei deren Herstellung ionisierende Strahlen verwendet worden sind, in den Verkehr bringt,
3a. entgegen § 8 Abs. 1 Nr. 1 oder Absatz 2, auch in Verbindung mit § 73 Abs. 4 oder § 73a, Arzneimittel oder Wirkstoffe herstellt, in den Verkehr bringt oder sonst mit ihnen Handel treibt,
4. entgegen § 43 Abs. 1 Satz 2, Abs. 2 oder 3 Satz 1 mit Arzneimitteln, die nur auf Verschreibung an Verbraucher abgegeben werden dürfen, Handel treibt oder diese Arzneimittel abgibt,
5. Arzneimittel, die nur auf Verschreibung an Verbraucher abgegeben werden dürfen, entgegen § 47 Abs. 1 an andere als dort bezeichnete Personen oder Stellen oder entgegen § 47 Abs. 1a abgibt oder entgegen § 47 Abs. 2 Satz 1 bezieht,
5a. entgegen § 47a Abs. 1 ein dort bezeichnetes Arzneimittel an andere als die dort bezeichneten Einrichtungen abgibt oder in den Verkehr bringt,
6. entgegen § 48 Abs. 1 Satz 1 in Verbindung mit einer Rechtsverordnung nach § 48 Abs. 2 Nr. 1 oder 2 Arzneimittel, die zur Anwendung bei Tieren bestimmt sind, die der Gewinnung von Lebensmitteln dienen, abgibt,
7. Fütterungsarzneimittel entgegen § 56 Abs. 1 ohne die erforderliche Verschreibung an Tierhalter abgibt,
8. entgegen § 56a Abs. 1 Satz 1, auch in Verbindung mit Satz 3, oder Satz 2 Arzneimittel verschreibt, abgibt oder anwendet, die zur Anwendung bei Tieren bestimmt sind, die der Gewinnung von Lebensmitteln dienen, und nur auf Verschreibung an Verbraucher abgegeben werden dürfen,
9. Arzneimittel, die nur auf Verschreibung an Verbraucher abgegeben werden dürfen, entgegen § 57 Abs. 1 erwirbt,
10. entgegen § 58 Abs. 1 Satz 1 Arzneimittel, die nur auf Verschreibung an Verbraucher abgegeben werden dürfen, bei Tieren anwendet, die der Gewinnung von Lebensmitteln dienen oder
11. entgegen § 59d Satz 1 Nummer 1 einen verbotenen Stoff einem dort genannten Tier verabreicht.

(2) Der Versuch ist strafbar.

(3) In besonders schweren Fällen ist die Strafe Freiheitsstrafe von einem Jahr bis zu zehn Jahren. Ein besonders schwerer Fall liegt in der Regel vor, wenn der Täter
1. durch eine der in Absatz 1 bezeichneten Handlungen
    a) die Gesundheit einer großen Zahl von Menschen gefährdet,
    b) einen anderen der Gefahr des Todes oder einer schweren Schädigung an Körper oder Gesundheit aussetzt oder
    c) aus grobem Eigennutz für sich oder einen anderen Vermögensvorteile großen Ausmaßes erlangt oder

*Plaßmann*

2. in den Fällen des Absatzes 1 Nr. 3a gefälschte Arzneimittel oder Wirkstoffe herstellt oder in den Verkehr bringt und dabei gewerbsmäßig oder als Mitglied einer Bande handelt, die sich zur fortgesetzten Begehung solcher Taten verbunden hat.

(4) Handelt der Täter in den Fällen des Absatzes 1 fahrlässig, so ist die Strafe Freiheitsstrafe bis zu einem Jahr oder Geldstrafe.

§ 96 Strafvorschriften

Mit Freiheitsstrafe bis zu einem Jahr oder mit Geldstrafe wird bestraft, wer
1. entgegen § 4b Abs. 3 Satz 1 ein Arzneimittel abgibt,
2. entgegen § 6 Abs. 1 in Verbindung mit einer Rechtsverordnung nach § 6 Abs. 2, jeweils auch in Verbindung mit einer Rechtsverordnung nach § 6 Abs. 3, ein Arzneimittel herstellt,
3. entgegen § 8 Abs. 1 Nr. 2, auch in Verbindung mit § 73a, Arzneimittel oder Wirkstoffe herstellt oder in den Verkehr bringt,
4. ohne Erlaubnis nach § 13 Abs. 1 Satz 1 oder § 72 Absatz 1 Satz 1 ein Arzneimittel, einen Wirkstoff oder einen dort genannten Stoff herstellt oder einführt,
4a. ohne Erlaubnis nach § 20b Abs. 1 Satz 1 oder Abs. 2 Satz 7 Gewebe gewinnt oder Laboruntersuchungen durchführt oder ohne Erlaubnis nach § 20c Abs. 1 Satz 1 Gewebe oder Gewebezubereitungen be- oder verarbeitet, konserviert, prüft, lagert oder in den Verkehr bringt,
5. entgegen § 21 Abs. 1 Fertigarzneimittel oder Arzneimittel, die zur Anwendung bei Tieren bestimmt sind, oder in einer Rechtsverordnung nach § 35 Abs. 1 Nr. 2 oder § 60 Abs. 3 bezeichnete Arzneimittel ohne Zulassung oder ohne Genehmigung der Europäischen Gemeinschaft oder der Europäischen Union in den Verkehr bringt,
5a. ohne Genehmigung nach § 21a Abs. 1 Satz 1 Gewebezubereitungen in den Verkehr bringt,
5b. ohne Bescheinigung nach § 21a Absatz 9 Satz 1 eine Gewebezubereitung erstmalig verbringt,
6. eine nach § 22 Abs. 1 Nr. 3, 5 bis 9, 11, 12, 14 oder 15, Abs. 3b oder 3c Satz 1 oder § 23 Abs. 2 Satz 2 oder 3 erforderliche Angabe nicht vollständig oder nicht richtig macht oder eine nach § 22 Abs. 2 oder 3, § 23 Abs. 1, Abs. 2 Satz 2 oder 3, Abs. 3, auch in Verbindung mit § 38 Abs. 2, erforderliche Unterlage oder durch vollziehbare Anordnung nach § 28 Absatz 3, 3a, 3b oder Absatz 3c Satz 1 Nummer 2 geforderte Unterlage nicht vollständig oder mit nicht richtigem Inhalt vorlegt,
7. entgegen § 30 Abs. 4 Satz 1 Nr. 1, auch in Verbindung mit einer Rechtsverordnung nach § 35 Abs. 1 Nr. 2, ein Arzneimittel in den Verkehr bringt,
8. entgegen § 32 Abs. 1 Satz 1, auch in Verbindung mit einer Rechtsverordnung nach § 35 Abs. 1 Nr. 3, eine Charge ohne Freigabe in den Verkehr bringt,
9. entgegen § 38 Abs. 1 Satz 1 oder § 39a Satz 1 Fertigarzneimittel als homöopathische oder als traditionelle pflanzliche Arzneimittel ohne Registrierung in den Verkehr bringt,
10. entgegen § 40 Abs. 1 Satz 3 Nr. 2, 2a Buchstabe a, Nr. 3, 4, 5, 6 oder 8, jeweils auch in Verbindung mit Abs. 4 oder § 41 die klinische Prüfung eines Arzneimittels durchführt,
11. entgegen § 40 Abs. 1 Satz 2 die klinische Prüfung eines Arzneimittels beginnt,
12. entgegen § 47a Abs. 1 Satz 1 ein dort bezeichnetes Arzneimittel ohne Verschreibung abgibt, wenn die Tat nicht nach § 95 Abs. 1 Nr. 5a mit Strafe bedroht ist,
13. entgegen § 48 Abs. 1 Satz 1 Nr. 1 in Verbindung mit einer Rechtsverordnung nach § 48 Abs. 2 Nr. 1, 2 oder Nummer 7 oder entgegen § 48 Absatz 1 Satz 1 Nummer 3, auch in Verbindung mit einer Rechtsverordnung nach § 48 Absatz 2 Satz 1 Nummer 1, Arzneimittel abgibt, wenn die Tat nicht in § 95 Abs. 1 Nr. 6 mit Strafe bedroht ist,
14. ohne Erlaubnis nach § 52a Abs. 1 Satz 1 Großhandel betreibt,
14a. entgegen § 52c Absatz 2 Satz 1 eine Tätigkeit als Arzneimittelvermittler aufnimmt,
15. entgegen § 56a Abs. 4 Arzneimittel verschreibt oder abgibt,
16. entgegen § 57 Abs. 1a Satz 1 in Verbindung mit einer Rechtsverordnung nach § 56a Abs. 3 Satz 1 Nr. 2 ein dort bezeichnetes Arzneimittel in Besitz hat,

17. entgegen § 59 Abs. 2 Satz 1 Lebensmittel gewinnt,
18. entgegen § 59a Abs. 1 oder 2 Stoffe oder Zubereitungen aus Stoffen erwirbt, anbietet, lagert, verpackt, mit sich führt oder in den Verkehr bringt,
18a. entgegen § 59d Satz 1 Nummer 2 einen Stoff einem dort genannten Tier verabreicht,
18b. ohne Erlaubnis nach § 72 Absatz 4 Satz 2, § 72b Absatz 1 Satz 3 oder § 72c Absatz 1 Satz 2, auch in Verbindung mit § 72c Absatz 4, Satz 1, dort genannte hämatopoetische Stammzellen, Stammzellzubereitungen, Gewebe oder Gewebezubereitungen einführt,
18c. entgegen § 72a Absatz 1 Satz 1, auch in Verbindung mit Absatz 1b oder Absatz 1d, oder entgegen § 72a Absatz 1c ein Arzneimittel, einen Wirkstoff oder einen in den genannten Absätzen anderen Stoff einführt,
18d. entgegen § 72b Abs. 2 Satz 1 Gewebe oder Gewebezubereitungen einführt,
18e. entgegen § 73 Absatz 1b Satz 1 ein gefälschtes Arzneimittel oder einen gefälschten Wirkstoff in den Geltungsbereich dieses Gesetzes verbringt,
19. ein zum Gebrauch bei Menschen bestimmtes Arzneimittel in den Verkehr bringt, obwohl die nach § 94 erforderliche Haftpflichtversicherung oder Freistellungs- oder Gewährleistungsverpflichtung nicht oder nicht mehr besteht oder
20. gegen die Verordnung (EG) Nr. 726/2004 des Europäischen Parlaments und des Rates vom 31. März 2004 zur Festlegung von Gemeinschaftsverfahren für die Genehmigung und Überwachung von Human- und Tierarzneimitteln und zur Errichtung einer Europäischen Arzneimittel-Agentur (ABl. L 136 vom 30.4.2004, S. 1), die zuletzt durch die Verordnung (EU) Nr. 1027/2012 (ABl. L 316 vom 14.11.2012, S. 38) geändert worden ist, verstößt, indem er
   a) entgegen Artikel 6 Absatz 1 Satz 1 der Verordnung in Verbindung mit Artikel 8 Absatz 3 Unterabsatz 1 Buchstabe c bis e, h bis iaa oder Buchstabe ib der Richtlinie 2001/83/EG des Europäischen Parlaments und des Rates vom 6. November 2001 zur Schaffung eines Gemeinschaftskodexes für Humanarzneimittel (ABl. L 311 vom 28.11.2001, S. 67), die zuletzt durch die Richtlinie 2012/26/EU (ABl. L 299 vom 27.10.2012, S. 1) geändert worden ist, eine Angabe oder eine Unterlage nicht richtig oder nicht vollständig beifügt oder
   b) entgegen Artikel 31 Abs. 1 Satz 1 der Verordnung in Verbindung mit Artikel 12 Abs. 3 Unterabsatz 1 Satz 2 Buchstabe c bis e, h bis j oder k der Richtlinie 2001/82/EG des Europäischen Parlaments und des Rates vom 6. November 2001 zur Schaffung eines Gemeinschaftskodexes für Tierarzneimittel (ABl. EG Nr. L 311 S. 1), geändert durch die Richtlinie 2004/28/EG des Europäischen Parlaments und des Rates vom 31. März 2004 (ABl. EU Nr. L 136 S. 58), eine Angabe nicht richtig oder nicht vollständig beifügt.

## § 97 Bußgeldvorschriften

(1) Ordnungswidrig handelt, wer eine in
1. § 96 Nummer 1 bis 5b, 7 bis 18e oder Nummer 19 oder
2. § 96 Nummer 6 oder Nummer 20

bezeichnete Handlung fahrlässig begeht.

(2)–(4) *(nicht abgedruckt)*

| Übersicht | Rdn. | | Rdn. |
|---|---|---|---|
| A. Allgemeines | 1 | III. Herstellung und Einfuhr ohne Erlaubnis (§ 96 Nr. 4) | 10 |
| B. Einzelne Straftatbestände | 4 | IV. Inverkehrbringen ohne Zulassung (§ 96 Nr. 5) | 12 |
| I. Inverkehrbringen bedenklicher Arzneimittel (§ 95 Abs. 1 Nr. 1) | 4 | V. Straftaten im Zusammenhang mit klinischen Prüfungen (§ 96 Nr. 10, Nr. 11) | 14 |
| II. Handeltreiben mit verschreibungspflichtigen Arzneimitteln (§ 95 Abs. 1 Nr. 4) | 9 | | |

## § 97 AMG  Bußgeldvorschriften

### A. Allgemeines

1  Die §§ 95 bis 98a enthalten die besonderen Straf- und Bußgeldvorschriften des AMG. Die Bußgeldnorm findet sich in § 97. § 96 enthält Straftatbestände, die mit Freiheitsstrafe bis zu einem Jahr oder mit Geldstrafe bedroht sind, wobei weder eine Versuchsstrafbarkeit besteht noch die fahrlässige Begehung unter Strafe gestellt wird. Die Verwirklichung der Straftatbestände des § 96 kann allerdings als Ordnungswidrigkeit nach § 97 Abs. 1 geahndet werden. § 97 Abs. 2 enthält zahlreiche Tatbestände als Ordnungswidrigkeiten, deren vorsätzliche als auch die fahrlässige Begehung bußgeldbewehrt ist. In § 95 Abs. 1 finden sich die Straftatbestände, die mit Freiheitsstrafe bis zu 3 Jahren oder mit Geldstrafe bestraft werden. Im Hinblick auf § 23 Abs. 1 StGB, wonach der Versuch eines Vergehens (§ 12 Abs. 2 StGB) nur strafbar ist, wenn das Gesetz es ausdrücklich bestimmt, erklärt § 95 Abs. 2 den Versuch für strafbar. § 95 Abs. 3 normiert die besonders schweren Fälle, bei denen eine Freiheitsstrafe von einem Jahr bis zu 10 Jahren vorgesehen ist. Mittels § 95 Abs. 4 wird die Strafbarkeit schließlich auch auf eine fahrlässige Begehung der Straftatbestände nach § 95 Abs. 1 erstreckt.

2  Neben den §§ 95 ff. sind die allgemeinen Regelungen des StGB und des OWiG anwendbar. Im Rahmen der Strafbarkeit durch Unterlassen ist daher insbesondere § 13 StGB zu berücksichtigen, der voraussetzt, dass der Täter zur Tatzeit eine Garantenstellung innehatte.

3  Die §§ 95 bis 97 erschließen sich nur unter Bezugnahme der in der jeweiligen Blankettnorm genannten Vorschrift, auf die im Hinblick auf das strafrechtliche Verhalten verwiesen wird. Dementsprechend wird im Folgenden davon abgesehen, die einzelnen Straftatbestände näher zu konkretisieren und darzustellen. Hingewiesen wird auf die Strafbarkeitstatbestände, die Bezug nehmen auf die oben kommentierten Normen, die zur Auslegung der Tatbestandsmerkmale heranzuziehen sind.

3a  Das Strafrecht und das Ordnungswidrigkeitenrecht richten sich gegen natürliche Personen, an deren persönliche Schuld angeknüpft wird. Das Verhalten des Einzelnen wird daher dem dahinterstehenden Unternehmen zunächst nicht zugerechnet. Die sog. **Verbandsgeldbuße** (§ 30 OWiG) bildet eine Ausnahme von diesem Grundsatz. Durch sie wird unter bestimmten Voraussetzungen die Verhängung eines Bußgeldes gegen die juristische Person, die hinter dem Handelnden steht, ermöglicht. Gegen das Unternehmen kann eine Geldbuße verhängt werden, die im Fall einer vorsätzlichen Straftat bis zu 1 Million € und bei einer fahrlässigen Straftat bis zu 500.000 € betragen kann (§ 30 Abs. 2 Satz 1 OWiG). Bei einer Ordnungswidrigkeit bestimmt sich das Höchstmaß der Geldbuße nach dem für die Ordnungswidrigkeit angedrohten Höchstmaß der Geldbuße.

### B. Einzelne Straftatbestände

#### I. Inverkehrbringen bedenklicher Arzneimittel (§ 95 Abs. 1 Nr. 1)

4  Die »Grund- und Auffangnorm« des Arzneimittelstrafrechts findet sich in § 95 Abs. 1 Nr. 1, wonach das Inverkehrbringen bedenklicher Arzneimittel oder deren Anwendung (vgl. § 5) strafbar ist. Strafbar ist nur die Anwendung bei anderen Menschen (§ 5 Abs. 1; BT-Drs. 16/12 256, S. 43), sodass die Selbstgefährdung straffrei bleibt. Zur Problematik, wann ein in der chemischen Industrie verwendeter Stoff, der sich auch als Droge eignet, als Arzneimittel anzusehen ist, vgl. BGH Urt. v. 08.12.2009 – 1 StR 277/09.

5–8  *(unbesetzt)*

#### II. Handeltreiben mit verschreibungspflichtigen Arzneimitteln (§ 95 Abs. 1 Nr. 4)

9  In der Rechtsprechung von Bedeutung ist insbesondere § 95 Abs. 1 Nr. 4 (vgl. BGH NStZ 2004, 457; LG Essen Beschl. v. 02.06.2015 – 52 Qs-28 Js 431/14–11/15; LG Wuppertal Urt. v. 24.01.2007 –23 KLs 10 Js 1052/05), der das Handeltreiben oder die Abgabe von verschreibungspflichtigen Arzneimitteln außerhalb von Apotheken unter Strafe stellt. Nur

die berufs- oder gewerbsmäßige Abgabe von Arzneimitteln, die apothekenpflichtig oder von einem Arzt verschrieben worden sind, an Endverbraucher außerhalb von Apotheken unterliegt der Strafbarkeit nach §§ 95 Abs. 1 Nr. 4; 43 Abs. 3 Satz 1. Verschreibungspflichtig sind die in der Rechtsverordnung nach § 48 Abs. 2 (Arzneimittelverschreibungsverordnung – AMVV) aufgeführten Arzneimittel und solche, die zur Anwendung bei Tieren, die der Gewinnung von Lebensmitteln dienen, bestimmt sind (vgl. § 48 Abs. 1 Satz 1). Zum Rechtsschutz für die begehrte Aufhebung der bestehenden Verschreibungspflicht für ein zugelassenes Arzneimittel, vgl. BVerwG Urt. v. 12.09.2019 – 3 C 3/18.

### III. Herstellung und Einfuhr ohne Erlaubnis (§ 96 Nr. 4)

Wer ein Arzneimittel, einen Wirkstoff oder einen in den §§ 13 Abs. 1 Satz 1; 72 Abs. 1 Satz 1 genannten Stoff ohne die erforderliche Erlaubnis herstellt oder einführt, macht sich strafbar. Wird ein Arzneimittel aus einem Drittland eingeführt, bedarf es jedoch keiner Einfuhrerlaubnis, wenn das Arzneimittel in einem Mitgliedstaat der Europäischen Union hergestellt wurde (so zutreffend LG Oldenburg Beschl. v. 07.08.2014 – 1 Qs 279/14, das auf den Ort der Herstellung abstellt). Die Strafnorm zwingt den Hersteller oder Importeur zu einer sorgfältigen Prüfung der Erlaubnispflichtigkeit seines Tuns. Gehen der Hersteller oder der Importeur irrtümlich von einer Freistellung von der Erlaubnispflicht aus, liegt i.d.R. ein vermeidbarer Verbotsirrtum (§ 17 Satz 2 StGB) vor, der lediglich zu einer Minderung der Strafe führt, die Strafbarkeit der Handlung aber nicht berührt.

Die Durchführung einer freigaberelevanten Prüfung ohne die nach dem Wortlaut des § 13 Abs. 1 Satz 3 hierzu erforderliche Prüferlaubnis unterliegt nicht dem Straftatbestand, da die Prüfung keine Herstellung i.S.d. § 4 Abs. 14 ist.

### IV. Inverkehrbringen ohne Zulassung (§ 96 Nr. 5)

§ 96 Nr. 5 stellt den Verstoß gegen § 21 Abs. 1 unter Strafe. Danach kann mit Freiheitsstrafe bis zu einem Jahr oder mit Geldstrafe bestraft werden, wer entgegen § 21 Abs. 1 Fertigarzneimittel oder Arzneimittel, die zur Anwendung bei Tieren bestimmt sind, ohne Zulassung oder ohne Genehmigung der Europäischen Gemeinschaft oder der Europäischen Union in den Verkehr bringt. Die Strafbarkeit ist unabhängig von der Frage, ob der Betreffende verpflichtet war, in seiner Person den Zulassungsantrag zu stellen; es genügt, wenn er wusste, dass das Arzneimittel noch nicht zugelassen worden ist. Ging der Inverkehrbringer irrtümlich davon aus, das Arzneimittel sei zugelassen, handelte er ohne Vorsatz (§ 16 Abs. 1 Satz 1 StGB). Kann ihm ein Fahrlässigkeitsvorwurf gemacht werden, greift § 97 Abs. 1 ein.

Zum Umgang mit § 96 Nr. 5 bei Produkten, bei denen es im Streit steht, ob es sich um ein Arzneimittel (dann u.U. Zulassungspflicht) oder um ein Lebensmittel (dann keine Zulassungspflicht) handelt, s. *Vergho* PharmR 2009, 221 ff.

### V. Straftaten im Zusammenhang mit klinischen Prüfungen (§ 96 Nr. 10, Nr. 11)

§ 96 Nr. 10 und Nr. 11 stellen Rechtsverstöße im Zusammenhang mit der Durchführung von klinischen Prüfungen (Definition in § 4 Abs. 13) unter Strafe. Dabei sind jedoch nur einzelne Vorschriften im Hinblick auf die arzneimittelrechtlichen Vorgaben zur Durchführung einer klinischen Prüfung strafbewehrt.

Der Straftatbestand des § 96 Nr. 10 umfasst die unerlaubte Durchführung von klinischen Prüfungen von Arzneimitteln am Menschen ohne die erforderliche Rücksichtnahme auf die Gesundheitsbelange der Probanden und ihre Einsichtsfähigkeit (*Rehmann*, § 96 Rn. 14). Folgende Verstöße werden als Straftat erfasst: Die Durchführung der klinischen Prüfung eines Arzneimittels entgegen § 40 Abs. 1 Satz 3 Nr. 2 (Durchführung einer klinischen Prüfung trotz unvertretbaren Risikos), Nr. 2a Buchst. a) (zu erwartende schädliche Auswirkungen durch gentechnisch veränderte Organismen), Nr. 3 (Fehlen der erforderlichen Einwilligung), Nr. 4 (die Durchführung klinischer

Prüfungen an Untergebrachten), Nr. 5 (Durchführung einer klinischen Prüfung in einer ungeeigneten Einrichtung oder durch einen nicht angemessen qualifizierten Leiter), Nr. 6 (fehlende pharmakologisch-toxikologische Prüfung) oder Nr. 8 (fehlende Probandenversicherung), jeweils auch i.V.m. Abs. 4 (Prüfung an Minderjährigen) oder § 41 (Prüfung an Kranken).

16 Da die »Einwilligung« im Zusammenhang mit der Durchführung klinischer Prüfungen von zentraler Bedeutung ist, ist für die Praxis relevant, dass die Verwendung einer irreführenden Formulierung zur Einholung einer Einwilligung nach ordnungsgemäßer Aufklärung bereits für sich genommen eine Strafbarkeit nach § 96 Nr. 10 i.V.m. § 40 Abs. 1 Satz 3 Nr. 3b begründet (MüKo/*Freund*, StGB, §§ 40 bis 42b Rn. 87).

17 Der Straftatbestand des § 96 Nr. 11 knüpft an das Beginnen mit einer klinischen Prüfung ohne Vorliegen der formellen Voraussetzungen des § 40 Abs. 1 Satz 2 an. Dies bedeutet, dass sich derjenige strafbar macht, der mit einer klinischen Prüfung beginnt, ohne dass die Zustimmung der Ethik-Kommission sowie die Genehmigung der Bundesoberbehörde vorliegen. Zu den Unstimmigkeiten im strafrechtlichen Erfassungsbereich vgl. ausführlich MüKo/*Freund*, §§ 40 bis 42b Rn. 90 ff.

# Gesetz über das Apothekenwesen (Apothekengesetz – ApoG)

In der Fassung der Bekanntmachung vom 15. Oktober 1980 (BGBl. I S. 1993), zuletzt geändert durch Art. 8 des Gesetzes vom 10. August 2021 (BGBl. I S. 3436)

## Inhaltsverzeichnis (nicht amtliche Überschriften)

| | |
|---|---|
| § 1 | Aufgabe, Mehrbesitz |
| § 2 | Betriebserlaubnis |
| §§ 3–6 | Erlöschen, Rücknahme, Widerruf, Schließung, Abnahme |
| § 7 | Persönliche Leitung |
| § 8 | Gemeinsamer Betrieb |
| § 9 | Verpachtung |
| § 10 | Bindung an Dritte |
| § 11 | Rechtsgeschäfte, Absprachen |
| § 11a | Versandhandel (nicht kommentiert) |
| § 11b | Rücknahme, Widerruf der Versandhandelserlaubnis |
| § 12 | Nichtigkeit (nicht kommentiert) |
| § 12a | Heimversorgung |
| § 13 | Verwaltung |
| § 14 | Krankenhausapotheke |
| § 18 | Notdienstfonds |
| § 19 | Verwaltungsverfahren |
| § 20 | pauschaler Zuschuss |
| § 23 | Straftaten (nicht kommentiert) |
| § 25 | Ordnungswidrigkeiten |

## § 1 Aufgabe, Mehrbesitz

(1) Den Apotheken obliegt die im öffentlichen Interesse gebotene Sicherstellung einer ordnungsgemäßen Arzneimittelversorgung der Bevölkerung.

(2) Wer eine Apotheke und bis zu drei Filialapotheken betreiben will, bedarf der Erlaubnis der zuständigen Behörde.

(3) Die Erlaubnis gilt nur für den Apotheker, dem sie erteilt ist, und für die in der Erlaubnisurkunde bezeichneten Räume.

### Übersicht

| | Rdn. | | Rdn. |
|---|---|---|---|
| A. Normzweck und Regelungsgegenstand | 1 | III. Betreiben einer Apotheke | 4 |
| B. Tatbestand | 2 | IV. Erlaubnisumfang | 5 |
| I. Ordnungsgemäße Arzneimittelversorgung | 2 | V. Erlaubnisarten | 7 |
| II. Bevölkerung | 3 | C. Bewehrung | 8 |

### A. Normzweck und Regelungsgegenstand

Die **Sicherstellung der Arzneimittelversorgung** der Bevölkerung ist gemäß § 1 BApO Aufgabe von Apotheken, deren Leitung durch Approbation nach § 2 BApO und Betriebserlaubnis nach § 2

1

ApoG legitimiert ist. Die Arzneimittelversorgung ist Bestandteil der Daseinsvorsorge. Soweit Apotheken zugelassen sind, steht ihnen kein Wahlrecht im Hinblick auf ihre Aufgabenerfüllung zu. Am Betrieb von Apotheken besteht ein öffentliches Interesse.

## B. Tatbestand

### I. Ordnungsgemäße Arzneimittelversorgung

2 Eine **ordnungsgemäße Arzneimittelversorgung** ist keine optimale, sondern eine angemessene, im Interesse der Bevölkerung möglichst gute und auf die Gesundheit des Einzelnen wie des gesamten Volkes ausgerichtete Versorgung. Der Erwerb von notwendigen Arzneimitteln muss den Patienten in angemessener Entfernung während des Tages, zur Nachtzeit und an Sonn- und Feiertagen ermöglicht werden. Außerhalb der üblichen Geschäftszeiten dürfen ihnen größere Entfernungen zwischen dienstbereiten Apotheken zugemutet werden. Abzuwägen sind insoweit Arbeitsschutzinteressen des Personals gegen das Interesse der Bevölkerung an der Arzneimittelversorgung, BVerwG Urt. v. 14.12.1989 – 3 C 30.87. Entscheidend sind die örtlichen Verhältnisse, die Zahl der Apotheken, die Entfernung zwischen ihnen und den zu versorgenden Kunden, die Verkehrsverhältnisse und öffentlichen Verkehrsbedingungen ohne die Inanspruchnahme von Taxis. Apothekennotdienste müssen auch nicht in unmittelbarer Nähe zu ärztlichen Notdiensten angeboten werden. Die Abgabe von Arzneimitteln an Patienten darf grundsätzlich nur aus öffentlichen Apotheken und nur im Rahmen des Entlassmanagements eingeschränkt aus Krankenhausapotheken erfolgen. Ausnahmen regelt § 14. § 1 begrenzt die Erlaubnis auf die Arzneimittelversorgung einschließlich der Versorgung mit nicht apothekenpflichtigen Arzneimitteln, VG Koblenz Urt. v. 14.06.1966 – 2 KI/66. Andere Geschäfte sind als Nebengeschäfte anzusehen, VG Minden Urt. v. 26.01.2011 – 7 K 1647/10. Sie sind nur zulässig, wenn sie in einem Zusammenhang mit der Arzneimittelversorgung der Bevölkerung stehen. Die Sicherstellungsverpflichtung beinhaltet die Übernahme einer Garantie für die Rund-um-die-Uhr-Versorgung mit notwendigen Arzneimitteln. Eine zeitnahe Belieferung ist erforderlich.

### II. Bevölkerung

3 Der Begriff **Bevölkerung** umfasst die Bürger der Bundesrepublik Deutschland sowie ihrer Gäste. Staatsangehörigkeit, Aufenthaltsstatus und Zugehörigkeit zu Sozialversicherungssystemen sind nicht ausschlaggebend.

### III. Betreiben einer Apotheke

4 Das **Betreiben** einer Apotheke bedeutet die Leitung im eigenen Namen, unter eigener Verantwortung und für eigene Rechnung. Die Tätigkeit ist unter Nachweis der personellen und sächlichen Ressourcen nach § 2 erlaubnispflichtig. Apothekenräume und Mobiliar können gemietet, gepachtet, geleast oder zu Eigentum erworben sein. Filialapotheken dürfen nur auf Grund einer Betriebserlaubnis für den Filialverbund betrieben werden. Für Apothekenleitungen besteht keine Residenzpflicht. Wohnsitz dürfen auch in anderen Staaten oder Bundesländern begründet werden. Dies entbindet jedoch nicht von der ständigen Dienstbereitschaft nach § 23 ApBetrO, von der nach den Ladenschlussgesetzen der Länder in der Regel nur teilweise befreit werden kann. Während der persönlichen Dienstbereitschaft ist die jederzeitige Erreichbarkeit nach § 23 Abs. 3 ApBetrO sicherzustellen. Eine Apotheke ist kein gefährlicher Ort, an dem Kinder besonderen Aufsichtsmaßnahmen ihrer Aufsichtspflichtigen unterliegen, LG Coburg APR 2003, 140.

### IV. Erlaubnisumfang

5 Die **Betriebserlaubnis** ist nach § 2 eine personen- und sachbezogene Konzession, die als begünstigender Verwaltungsakt erteilt wird. Sie wird einem Apotheker für eine bestimmte adressierte Hauptapotheke mit festgelegten Räumen und Ausstattung nach § 4 ApBetrO erteilt und ist

Grundlage für weitere Rechte des Erlaubnisinhabers. Dazu zählen insbesondere der zusätzliche Betrieb von bis zu drei zur Hauptapotheke in einem Abhängigkeitsverhältnis stehenden Filialapotheken nach §§ 1 Abs. 2, 2 Abs. 5 – BayVGH Urt. v. 26.05.2011 – 22 BV 09.2402 – der gemeinsame Betrieb mit anderen Apothekern in Form von Personengesellschaften mit den Einschränkungen nach § 8, das Verpachtungsrecht nach § 9, die Erweiterung der Betriebsführung durch Versandhandel nach § 11a sowie der Abschluss von Versorgungsverträgen mit Heimen und Krankenhäusern nach §§ 12a und 14. Für den Betrieb von Filialapotheken muss die vorhandene Erlaubnis für die Hauptapotheke erweitert werden. Filialapotheken müssen als Vollapotheken die gleichen sächlichen und personellen Voraussetzungen erfüllen wie die Hauptapotheke. Dies schließt die Anfertigung von Rezepturen bevorzugt in der Haupt- oder einer ausgewählten Filialapotheke nicht aus, Nds. OVG, Beschl. v. 21.02.2017 – 13 LA 187/16. Soweit vorhandene Nachweise zur Erweiterung der Erlaubnis beigezogen werden, gilt dies grundsätzlich nicht für den Beleg der gesundheitlichen Eignung und Zuverlässigkeit der Filialleitung, Gewerbezentralregisterauszüge und Bescheinigungen der zuständigen Apothekerkammer zur persönlichen Integrität des Personals einschließlich der Hauptapothekenleitung nach §§ 7, 10, 11b. Mit Urt. v. 26.05.2011 – 3 C 21.10 hat das BVerwG klargestellt, dass die Notdienstverpflichtung für Haupt- und Filialapotheken gleichermaßen gilt. Eine Bevorzugung zur Erleichterung der betrieblichen Abläufe kommt nicht in Betracht. Sachliche Gründe können eine bestimmte Apotheke vorrangig allerdings verpflichten. Rein betriebswirtschaftliche Argumente reichen weder für eine Befreiung vom Notdienst noch für eine vorrangige Notdienstleistung aus. Maßgebend sind die Versorgungsbedarfe vor Ort. Kein Apotheker hat Anspruch darauf, dass ausschließlich eine bestimmte Apotheke seiner Apothekengruppe für den Notdienst verpflichtet wird, BVerwG Urt. v. 26.05.2011 –3 C 21.10 und 3 C 22.10; VGH München Beschl. v. 17.07.2020 – 22 ZB 20.1035. Der Arbeitsvertrag der Filialleitung ist der zuständigen Behörde mit dem Erlaubniserweiterungsantrag vorzulegen. Die Leitungsfunktion erfordert grundsätzlich eine Vollzeittätigkeit.

Bei einem **Franchise-Vertrag** unterwirft sich eine Vielzahl von Apotheken mit jeweils eigener Betriebserlaubnis einer einheitlichen Geschäftsidee. Ein Franchisegeber muss selbst nicht Apotheker sein, wenn er seinen Franchisenehmern z.B. ein einheitliches Logo, einen gleichen Betriebsaufbau oder gleich gelagerte Nebensortimente angedient hat. Die erteilte Betriebserlaubnis befreit grundsätzlich von der Notwendigkeit, andere arzneimittelrechtlich relevante behördliche Erlaubnisse zu beantragen. Dazu zählen insbesondere der erlaubnispflichtige Umgang mit Betäubungsmitteln nach §§ 3, 4 BtMG, das Herstellen von Arzneimitteln im apothekenüblichen Umfang nach § 13 Abs. 2 AMG, der Umgang mit Gefahrstoffen und Chemikalien nach der Gefahrstoffverordnung und dem Chemikaliengesetz. 6

## V. Erlaubnisarten

Die Bevölkerung wird durch unterschiedliche **Apothekenstrukturen** versorgt. Krankenhausbehandlungsbedürftige Menschen werden über die Krankenhausapotheken, ambulante Patienten durch öffentliche und Angehörige öffentlicher Einrichtungen mit besonderen Aufgaben wie die Mitglieder der Bundeswehr über bundeswehreigene Apotheken und Sanitätseinrichtungen versorgt. Die Erlaubnisse unterscheiden sich sowohl hinsichtlich ihrer Adressaten als auch ihres Tätigkeitsfeldes. Während zum Betrieb öffentlicher Apotheken einschließlich Zweigapotheken nach § 16 stets natürliche Personen oder Personengesellschaften mit persönlich haftenden Gesellschaftern die Betriebserlaubnis erhalten, wird sie bei Krankenhaus- und Bundeswehrapotheken auch juristischen Personen erteilt. 7

## C. Bewehrung

Liegt keine Betriebserlaubnis vor, dürfen öffentliche, Krankenhaus-, Filial-, Zweig- und Notapotheken nach § 6 weder eröffnet noch nach § 5 betrieben oder nach § 13 verwaltet werden. Eine Zuwiderhandlung ist i.S.d. § 12 Abs. 2 StGB i.V.m. § 23 als Vergehen strafbar und mit Freiheitsstrafe unter einem Jahr bzw. mit Geldstrafe geahndet. 8

## § 2 Betriebserlaubnis

(1) Die Erlaubnis ist auf Antrag zu erteilen, wenn der Antragsteller
1. *(aufgehoben)*
2. voll geschäftsfähig ist;
3. die deutsche Approbation als Apotheker besitzt;
4. die für den Betrieb einer Apotheke erforderliche Zuverlässigkeit besitzt; dies ist nicht der Fall, wenn Tatsachen vorliegen, welche die Unzuverlässigkeit des Antragstellers in Bezug auf das Betreiben einer Apotheke dartun, insbesondere wenn strafrechtliche oder schwere sittliche Verfehlungen vorliegen, die ihn für die Leitung einer Apotheke ungeeignet erscheinen lassen, oder wenn er sich durch gröbliche oder beharrliche Zuwiderhandlung gegen dieses Gesetz, die auf Grund dieses Gesetzes erlassene Apothekenbetriebsordnung oder die für die Herstellung von Arzneimitteln und den Verkehr mit diesen erlassenen Rechtsvorschriften als unzuverlässig erwiesen hat;
5. die eidesstattliche Versicherung abgibt, dass er keine Vereinbarungen getroffen hat, die gegen § 8 Satz 2, § 9 Abs. 1, § 10 oder 11 verstoßen, und den Kauf- oder Pachtvertrag über die Apotheke sowie auf Verlangen der zuständigen Behörde auch andere Verträge, die mit der Einrichtung und dem Betrieb der Apotheke in Zusammenhang stehen, vorlegt;
6. nachweist, dass er im Falle der Erteilung der Erlaubnis über die nach der Apothekenbetriebsordnung (§ 21) vorgeschriebenen Räume verfügen wird;
7. nicht in gesundheitlicher Hinsicht ungeeignet ist, eine Apotheke ordnungsgemäß zu leiten;
8. mitteilt, ob und gegebenenfalls an welchem Ort er in einem Mitgliedstaat der Europäischen Union oder in einem anderen Vertragsstaat des Abkommens über den Europäischen Wirtschaftsraum oder in einem Vertragsstaat, dem Deutschland und die Europäische Union vertraglich einen entsprechenden Rechtsanspruch eingeräumt haben, eine oder mehrere Apotheken betreibt.

(2) Abweichend von Absatz 1 ist einem approbierten Antragsteller, der nicht gemäß § 4 Abs. 1 Nr. 4 der Bundes-Apothekerordnung die pharmazeutische Prüfung im Geltungsbereich dieses Gesetzes bestanden hat, die Erlaubnis nur zu erteilen, wenn sie für eine Apotheke beantragt wird, die seit mindestens drei Jahren betrieben wird.

(2a) Absatz 2 gilt nicht für approbierte Antragsteller, deren förmliche Qualifikationen bereits durch die zuständigen Behörden für andere Zwecke anerkannt wurden und die tatsächlich und rechtmäßig die beruflichen Tätigkeiten eines Apothekers mindestens drei Jahre lang ununterbrochen im Geltungsbereich dieses Gesetzes ausgeübt haben.

(3) Hat der Apotheker nach seiner Approbation oder nach Erteilung eines nach § 4 Abs. 1a bis 1d, 2 oder 3 der Bundes-Apothekerordnung der pharmazeutischen Prüfung gleichwertigen Diploms, Prüfungszeugnisses oder sonstigen Befähigungsnachweises mehr als zwei Jahre lang ununterbrochen keine pharmazeutische Tätigkeit ausgeübt, so ist ihm die Erlaubnis nur zu erteilen, wenn er im letzten Jahr vor der Antragstellung eine solche Tätigkeit mindestens sechs Monate lang wieder in einer in einem Mitgliedstaat der Europäischen Union oder in einem anderen Vertragsstaat des Abkommens über den Europäischen Wirtschaftsraum oder in einem Vertragsstaat, dem Deutschland und die Europäische Union vertraglich einen entsprechenden Rechtsanspruch eingeräumt haben, gelegenen Apotheke oder Krankenhausapotheke ausgeübt hat.

(4) Die Erlaubnis zum Betrieb mehrerer öffentlicher Apotheken ist auf Antrag zu erteilen, wenn
1. der Antragsteller die Voraussetzung nach den Absätzen 1 bis 3 für jede der beantragten Apotheken erfüllt und
2. die von ihm zu betreibende Apotheke und die von ihm zu betreibenden Filialapotheken innerhalb desselben Kreises oder derselben kreisfreien Stadt oder in einander benachbarten Kreisen oder kreisfreien Städten liegen.

(5) Für den Betrieb mehrerer öffentlicher Apotheken gelten die Vorschriften dieses Gesetzes mit folgenden Maßgaben entsprechend:
1. Der Betreiber hat eine der Apotheken (Hauptapotheke) persönlich zu führen.

2. Für jede weitere Apotheke (Filialapotheke) hat der Betreiber schriftlich einen Apotheker als Verantwortlichen zu benennen, der die Verpflichtungen zu erfüllen hat, wie sie in diesem Gesetz und in der Apothekenbetriebsordnung für Apothekenleiter festgelegt sind.

Soll die Person des Verantwortlichen im Sinne des Satzes 1 Nummer 2 geändert werden, so ist dies der Behörde von dem Betreiber zwei Wochen vor der Änderung schriftlich anzuzeigen. Bei einem unvorhergesehenen Wechsel der Person des Verantwortlichen muss die Änderungsanzeige nach Satz 2 unverzüglich erfolgen.

## Übersicht

| | | Rdn. | | | Rdn. |
|---|---|---|---|---|---|
| A. | Normzweck | 1 | 3. | Approbation, Berufstätigkeit | 5 |
| B. | Tatbestand | 2 | III. | Sächliche Voraussetzungen | 8 |
| I. | Staatsangehörigkeit | 2 | 1. | Räume | 8 |
| II. | Persönliche Voraussetzungen | 3 | 2. | Unabhängigkeit | 9 |
| 1. | Geschäftsfähigkeit, gesundheitliche Eignung | 3 | 3. | Mehrbesitz, Fremdbesitz | 11 |
| 2. | Zuverlässigkeit | 4 | IV. | Bewehrung | 13 |

## A. Normzweck

Die Vorschrift bestimmt die personellen und sächlichen Voraussetzungen für die Erlaubnis zum Betrieb von Apotheken. Sie unterscheiden sich bei den öffentlichen Apothekenarten, Haupt-, Filial-, Not- oder Zweigapotheken, grundsätzlich nicht. Krankenhausapotheken müssen zusätzliche Anforderungen nach § 14 erfüllen. 1

## B. Tatbestand

### I. Staatsangehörigkeit

Durch die Umsetzung der Richtlinie 2005/36/EG und der Verordnung (EU) 1024/2012 spielt die Staatsangehörigkeit bei der Erteilung einer Apothekenbetriebserlaubnis keine Rolle. Heimatlose Ausländer sind über das Gesetz zur Rechtsstellung heimatloser Ausländer im Bundesgebiet in der Fassung vom 30.07.2004 (BGBl. I S. 1950) zur Antragstellung legitimiert. 2

### II. Persönliche Voraussetzungen
#### 1. Geschäftsfähigkeit, gesundheitliche Eignung

Neben der vollen Geschäftsfähigkeit darf ein Antragsteller in **gesundheitlicher** Hinsicht nach § 2 Abs. 1 Nr. 2 und 7 **nicht ungeeignet** sein, eine Apotheke zu leiten. I.S.d. BGG dürfen Antragsteller alle ihnen zur Verfügung stehenden Hilfsmittel nutzen, um gesundheitliche Einschränkungen auszugleichen, die Hinderungsgründe für die Berufsausübung sein können. Der Gesundheitsnachweis wird nur durch ärztliche, nicht durch rein psychotherapeutische Stellungnahmen geführt. Die Forderung zur Vorlage eines amtsärztlichen Zeugnisses ist nur dann verhältnismäßig, wenn begründete Anhaltspunkte dafür bestehen, dass der Antragsteller für die Erlaubniserteilung gesundheitlich ungeeignet ist. 3

#### 2. Zuverlässigkeit

Der Begriff Zuverlässigkeit korrespondiert mit den Vorgaben des § 4 BApO Rdn. 6 ff. Die Zuverlässigkeit wird i.S.d. § 2 Abs. 1 Nr. 4 durch Vorlage eines behördlichen polizeilichen Führungszeugnisses (Belegart 0) nachgewiesen. Dieses enthält neben Strafen ggf. erfolgte berufsrelevante Sanktionen, Maßregeln und Verwaltungsentscheidungen nach §§ 10, 11 BZRG. Es darf bei Vorlage grundsätzlich nicht älter als vier Wochen sein. Eine strafrechtliche Verurteilung außerhalb der Führung von Apotheken ist insbesondere dann zu berücksichtigen, wenn sie bei weiter Auslegung die Sphäre des Apothekenbetriebs berührt. So können z.B. Verkehrsdelikte für den Apothekenbetrieb relevant werden, wenn Hol- und Bringedienste die Verkehrsteilnahme im Rahmen des § 11a erfordern. Die Mitwirkung an 4 betrügerischen Kassenabrechnungen, Hamburgisches OVG, APR 2000, 157, auch wenn es sich um Lockvögeltests handelt, OLG Oldenburg APR 1999, 86, oder die bewusst fehlerhafte Arzneimittelherstellung, BGH Urt. v. 10.12.2014 – 5 StR 136/14 (Zytostatikazubereitungen), die Abgabe verschreibungspflichtiger Arzneimittel ohne Verordnung, die Beteiligung an illegalem Anabolikahandel, beharrliche Verletzungen von Hygienevorschriften (Sofortvollzug des Widerrufs der Betriebserlaubnis VG Augsburg Beschl. v. 20.11.2019 – Au 1 S 19.1849) und ähnliche Vergehen belegen i.d.R. die Unzuverlässigkeit. Diese Einschätzungen wirken auch nach, wenn Apotheker vor Beantragung der Betriebserlaubnis im Angestelltenverhältnis tätig waren, VG Berlin Urt. v. 19.05.2010 – 14 K 45.09; vgl. VG Aachen Urt. v. 06.07.2018 – 7 K 5905/17 (n. rkr., OVG NRW – 13 A 3040/18), soweit Verurteilungen die Zuverlässigkeit im Einzelfall nicht tangieren. Mängel aus früheren Verfehlungen können durch späteres Wohlverhalten während eines längeren Zeitraums mit günstiger Zukunftsprognose positiv berücksichtigt werden, OVG Rheinland-Pfalz Urt. v. 08.12.1965 – 2 A 84/64; VG München Urt. v. 22.06.2010 – M 16 K 10. 839 und Urt. v. 23.11.2010 – M 16 K 10.2730. Das Wohlverhalten nur während eines Gerichtsverfahrens ist nicht aussagekräftig (insoweit Aufgabe der Rechtsprechung des BSG Urt. v. 17.10.2012 – B 6 KA 49/11 R), wenn die Wiedergutmachung im Strafverfahren wegen der befürchteten Konsequenzen und nicht aus Einsicht in die Notwendigkeit einer integeren Lebensführung handlungsleitend ist.

### 3. Approbation, Berufstätigkeit

5  Antragsteller müssen die deutsche Approbation besitzen. Sie wird nach den Kriterien der Bundesapothekerordnung erteilt, §§ 4 ff. BApO.

6  Soweit Antragsteller ihre **Gesamtausbildungszeit** i.S.d. § 4 Abs. 1 Nr. 4 BApO nicht in Deutschland absolviert haben, dürfen sie nur eine bereits drei Jahre nach § 2 Abs. 2 zulässigerweise betriebene Apotheke übernehmen. Als Betriebszeit gilt auch die Zeit der Eigenverwaltung im Rahmen eines Insolvenzverfahrens nach § 270 InsO. Erleichterte Voraussetzungen genießen nach § 2 Abs. 2a Antragsteller mit nicht deutschen Ausbildungszeiten, wenn ihre Qualifikation nach § 4 Abs. 1a ff. BApO anderweitig festgestellt worden ist, § 4 BApO Rdn. 16 ff., und sie eine dreijährige Berufserfahrung nachweisen.

7  Die Berufserfahrung ist nach § 2 Abs. 3 durch eine regelmäßige, nicht unterbrochene **Berufstätigkeit** bei Vornahme pharmazeutischer Tätigkeiten gemäß § 3 Abs. 2 Satz 2 BApO zu belegen. Übliche Unterbrechungen durch kurzfristige Erkrankungen, Urlaube oder Fortbildungsveranstaltungen schaden nicht. Soweit über 2 Jahre keine ununterbrochene pharmazeutische Tätigkeit nachweisbar ist, verlangt § 2 Abs. 3 eine sechsmonatige Auffrischung in einer öffentlichen oder Krankenhausapotheke in einem EU- oder EWR-Staat oder einem Vertragsstaat, mit dem bilaterale Konditionen i.S.d. § 2 Abs. 3 gelten. Die Berufspraxis darf dabei nicht in Verlagen oder Beratungsunternehmen erworben werden, da der Begriff der pharmazeutischen Tätigkeit insoweit nicht erfüllt wird. Die Tätigkeit ist auch nicht in einem Drittstaat möglich. Eine Teilzeitbeschäftigung ist dagegen zulässig. Das Gesetz lässt die Verteilung der Arbeitsstunden auf insgesamt 12 Monate unmittelbar vor Übernahme der Apotheke zu.

### III. Sächliche Voraussetzungen

#### 1. Räume

8  Die notwendigen **Apothekenbetriebsräume** schreibt § 4 ApBetrO vor, deren Vorhandensein bei der Abnahme nach § 6 durch maßstabsgerechte Pläne zu belegen ist. Bei einer Apothekenpacht genügt im Antragsverfahren die verbindliche Zusage des Eigentümers der Räumlichkeiten, dem Antragsteller die notwendigen Betriebsräume zu überlassen. Zum Zeitpunkt der Eröffnung der Apotheke müssen alle Voraussetzungen tatsächlich vorliegen. Ein Vermieter hat Anspruch auf Fortführung einer Apotheke in den eigens zu diesem Zweck überlassenen Räumen, wenn der Mieter nicht belegen kann, dass seine Betriebserlaubnis nicht zu bekommen oder weiter zu nutzen war, OLG Hamburg Urt. v. 21.08.2013 – 8 W 72/13. Die rein wirtschaftliche Unmöglichkeit, eine Apotheke fortführen zu können, reicht nicht aus, den Mietzins zu verweigern oder eine vorzeitige Kündigung auszusprechen, OLG Koblenz

Urt. v. 27.06.2019 – 1 U 1471/18. Für die Anordnung der Apothekenbetriebsräume gilt das Prinzip der Raumeinheit nach § 4 Abs. 1 Satz 2 Nr. 5 ApBetrO, BVerwG Urt. v. 25.05.2016 – 3 C 8.15; *Meyer*, Auslagerung von Räumen, DAZ 2013 Nr. 7, S. 62; a.A. *Prütting*, Festschrift für Dahm 2017, S. 345. Dieses ist restriktiv anzuwenden, sodass die Auslagerung nur solcher Räume in angemessener Nähe in Betracht kommt, die nicht dem Zweck der Abgabe von Arzneimitteln dienen. Eigene Dispensiereinrichtungen dürfen nicht begründet werden. Der Begriff der angemessenen Nähe ist mit dem Begriff der Nachbarschaft in §§ 14 und 12a nicht identisch. Ersterer muss den unmittelbaren Zugriff während der Betriebsabläufe in den Betriebsräumen gewährleisten. Letzterer bezieht sich auf regionale, örtliche Bedingungen. Werden apothekenübliche Dienstleistungen wie z.B. Kosmetikbehandlungen mit Gesundheitsbezug in Apothekenbetriebsräumen erbracht, dürfen sie zeitlich und räumlich die Arzneimittelversorgung nicht beeinträchtigen; vgl. VG Gießen Urt. v. 25.03.2019 – 4 K 3001/18.GI in Abgrenzung zu VG Minden Urt. v. 26.11.2011 – 7 K 1647/10.

## 2. Unabhängigkeit

Seine **Unabhängigkeit** wahrt der Apotheker, indem er nicht gegen die in § 2 Abs. 1 Nr. 5 zitierten Vorschriften verstößt. Knebelungsverträge insbesondere bei Pachtverhältnissen nach § 9 Abs. 2 Satz 2 oder Vereinbarungen mit pharmazeutischen Unternehmen oder Großhandlungen, die diesen Einfluss auf den Apothekenbetrieb einräumen, sind verboten. Gleiches gilt für Beteiligungen an den Erträgen der Apotheke oder die Gewährung von Zutrittsrechten Unbefugter. Apotheken in der Rechtsform stiller Gesellschaften gem. § 8 Satz 1 Hs. 2 oder einer KG zu führen, ist ebenfalls nicht erlaubt. Kommanditisten und stille Gesellschafter haften nicht persönlich, sodass sie keine eigenen Betriebserlaubnisse nach §§ 1, 8 Satz 2 erwerben können. Der Gesetzgeber verlangt die Abgabe der **eidesstattlichen Versicherung** nach § 2 Abs. 1 Nr. 5 für alle Fälle, in denen Nachweise über unlautere bzw. verbotene Absprachen schwer zu führen sind. Die Verlegung einer verpachteten Apotheke schränkt grundsätzlich weder das Verpachtungsrecht und seinen Umfang nach § 9 Abs. 1 noch die Betriebserlaubnis ein. Mit der Verlegung einer Apotheke gehen alle apothekenbezogenen Rechte und Pflichten vom ersten Standort auf den zweiten über. Für die Einhaltung des § 9 Abs. 2 Satz 2 muss daher keine eidesstattliche Versicherung nach § 2 Abs. 1 Nr. 5 abgegeben werden. Die Inhalte der Norm sind bereits von der Grundidee, unzulässigen Einfluss auf den Apothekenbetrieb zu verhindern, umfasst. Da der Pächter die Erlaubnis nach § 1 beantragt, muss er die Einhaltung regulärer Verhältnisse belegen bzw. versichern. Wenn der Pächter als Leiter der Apotheke einschränkende Vereinbarungen getroffen hat, liegt eine gröbliche Zuwiderhandlung i.S.d. § 2 Abs. 1 Nr. 4 vor, die die Zuverlässigkeit des Antragstellers infrage stellt.

**Verträge**, die mit dem Apothekenbetrieb in einem Sachzusammenhang stehen, sind der zuständigen Behörde im Rahmen ihrer Kontrollbefugnis auf Verlangen nach § 11 vorzulegen. Dazu zählen insbesondere Kauf- und Pachtverträge, ggf. Geschäftsbesorgungsvereinbarungen, Mitarbeiter-, Zulieferer-, Großhandelsverträge, Kooperationsvereinbarungen, Praxisbedarfsregelungen, Vereinbarungen zur Krankenhaus- und Heimversorgung sowie Mietverträge zwischen Antragsteller und Mieter von Arztpraxen, wenn Apotheke und Praxis in derselben dem Antragsteller gehörenden Immobilie liegen.

## 3. Mehrbesitz, Fremdbesitz

Der **Mehrbesitz** von Apotheken ist mit Ausnahme des § 1 Abs. 2, der Verpachtungsberechtigung nach § 9 Abs. 1 Nr. 2, und dem Betrieb einer Notapotheke nach § 16 nicht zulässig, EuGH Urt. v. 19.05.2009 – C-171/07; C-172/07; C-404/92 P. In den in § 2 Abs. 1 Nr. 8 genannten Staaten dürfen deutsche Apotheker weitere Apotheken betreiben, wenn dazu nach den dortigen Gesetzen keine persönliche Leitung erforderlich ist. § 8 stellt lediglich die Verantwortlichkeit einer Personenmehrheit für eine Betriebserlaubnis klar, regelt aber nicht den Mehrbesitz von Apotheken. Die Hauptapotheke nach § 2 Abs. 4 Nr. 1 darf auch eine Personenmehrheit führen. Von der persönlichen Leitung und einer Hauptapotheke, VG Leipzig Urt. v. 17.06.2021 – 5 K 1793/19, kann nicht abgesehen werden.

Das **Fremdbesitzverbot** beinhaltet das Verbot für natürliche und juristische Personen, Apotheken zu betreiben, ohne selbst die Approbation als Apotheker zu besitzen. Der EuGH (NJW 2009, 2112) hat den Mitgliedstaaten hinsichtlich des Fremdbesitzverbotes eine Wertungskompetenz zubilligt, mit der sie sich aus Gründen des überwiegenden Allgemeininteresses über das Verbot hinwegsetzen können. Mit seiner Entscheidung (EuGH Urt. v. 01.06.2010 –C-570/07) hat er zudem festgestellt, dass Art. 49 AEUV dahin auszulegen ist, dass nationale Regelungen die Zahl für neue Apotheken begrenzen können. Kriterien sind insbesondere ein zu geringer Einzugsbereich mit einer zu geringen Einwohnerzahl und die Unterschreitung von Mindestentfernungen zwischen den Apotheken. Regionale Besonderheiten können im Einzelfall eine abweichende Bewertung erfordern, vgl. dazu grundsätzlich *Singer*, Die Zukunft des Fremdbesitzverbots für Anwaltssozietäten, AnwBl. 2010, 79; *Mand/Burk*, Die EuGH-Urteile zum apothekenrechtlichen Fremdbesitzverbot, DAZ-Online Nr. 20 vom 20.05.2010. Apothekenketten sind nach deutschem Recht über § 1 Abs. 2 und § 16 hinaus unzulässig.

### IV. Bewehrung

13  Das Betreiben einer Apotheke ohne gültige Betriebserlaubnis stellt ein Vergehen i.S.d. § 12 StGB, § 23 dar. Dies ist auch der Fall, wenn ein Nichtapotheker oder ein Apotheker, der im Besitz der Betriebserlaubnis für eine andere Apotheke ist, einen Strohmann zum Erwerb einer weiteren Erlaubnis nach § 2 Abs. 1 einsetzt, BGH APR 2002, 166 = BGHSt 47, 285. Ausstellung und Gebrauch falscher Gesundheitszeugnisse, um eine Apothekenbetriebserlaubnis zu erlangen, sind nach §§ 278, 279, 12 Abs. 2 StGB und wahrheitswidrig abgegebene Erklärungen über die Beteiligung an stillen oder Kommanditgesellschaften nach §§ 156, 12 StGB, § 2 Abs. 1 Nr. 5 als Vergehen mit Geld- bzw. Freiheitsstrafe bedroht.

## § 3 Erlöschen

Die Erlaubnis erlischt
1. durch Tod;
2. durch Verzicht;
3. durch Rücknahme oder Widerruf der Approbation als Apotheker, durch Verzicht auf die Approbation oder durch Widerruf der Erlaubnis nach § 2 Abs. 2 der Bundes-Apothekerordnung;
4. wenn ein Jahr lang von der Erlaubnis kein Gebrauch gemacht worden ist; die zuständige Behörde kann die Frist verlängern, wenn ein wichtiger Grund vorliegt.

## § 4 Rücknahme, Widerruf

(1) Die Erlaubnis ist zurückzunehmen, wenn bei ihrer Erteilung eine der Voraussetzungen nach § 2 nicht vorgelegen hat.

(2) Die Erlaubnis ist zu widerrufen, wenn nachträglich eine der Voraussetzungen nach § 2 Abs. 1 Nr. 1, 2, 4, 6 oder 7 weggefallen ist. Die Erlaubnis kann widerrufen werden, wenn der Erlaubnisinhaber nachträglich Vereinbarungen getroffen hat, die gegen § 8 Satz 2 auch in Verbindung mit Satz 4, § 9 Abs. 1, § 10 oder § 11 verstoßen.

## § 5 Betriebsverbot

Wird eine Apotheke ohne Erlaubnis betrieben, so hat die zuständige Behörde die Apotheke zu schließen.

## § 6 Abnahme

Eine Apotheke darf erst eröffnet werden, nachdem die zuständige Behörde bescheinigt hat, dass die Apotheke den gesetzlichen Anforderungen entspricht (Abnahme).

| Übersicht | Rdn. | | Rdn. |
|---|---|---|---|
| A. Regelungsgegenstände | 1 | III. Betriebsverbot | 15 |
| B. Tatbestand | 2 | IV. Abnahme | 16 |
| I. Erlöschenstatbestände | 2 | V. Bewehrung | 21 |
| II. Rücknahme- und Widerrufspflicht | 9 | | |

## A. Regelungsgegenstände

§§ 3 bis 6 werden in der Kommentierung zusammengefasst. Sie regeln den **Umgang** mit der Apothekenbetriebserlaubnis, wenn besondere Ereignisse die Voraussetzungen für ihre Nutzung einschränken, verbieten oder unmöglich machen. Rücknahme- und Widerrufstatbestände im Sinne des § 4 ermöglichen als leges speciales zu §§ 48, 49 VwVfG nach Beseitigung des hindernden Ereignisses und seiner Auswirkungen entweder eine Neuerteilung der Betriebserlaubnis oder lassen bei rechtswidrigen behördlichen Entscheidungen die Erlaubnis wieder aufleben und fortgelten. Betriebsverbote für Apotheken bestehen nach § 5, wenn keine gültige Betriebserlaubnis erworben wurde oder vorliegt oder der Apotheker zwar eine Betriebserlaubnis besitzt, aber die Abnahme nach § 6 nicht erfolgt ist.

## B. Tatbestand

### I. Erlöschenstatbestände

§ 3 gilt für alle Apothekenarten, öffentliche, Krankenhaus-, Zweig- und Notapotheken. Sonderregelungen bestehen für Bundeswehrapotheken nach § 15. Das Gesetz kennt **Erlöschenstatbestände** kraft Gesetzes und kraft behördlicher Anordnung. Daher ist die gesetzliche Aufzählung nicht abschließend. Eine einmal erloschene Erlaubnis kann nicht wieder aufleben, OVG NRW Urt. v. 19.05.1995 – 13 A 4134/92. Die Behörde kann bei einem Neuantrag nach pflichtgemäßem Ermessen berücksichtigen, welche Erkenntnisse ihr auf der Grundlage der erloschenen Erlaubnis zugänglich sind. Wiederholt vorgelegte **Nachweise** müssen den zeitlichen und inhaltlichen Vorgaben des Gesetzes und der Verwaltungspraxis entsprechen und dürfen nicht ungültig geworden sein. Soweit der Inhaber einer Betriebserlaubnis mit einem anderen Träger nach § 20 UmwG verschmilzt, erlöschen die bestehenden Betriebserlaubnisse, VG Aachen Urt. v. 16.07.2012 – 7 K 1311/12. Dies gilt analog für Spaltungs- und Übernahmeverträge, die Teilübertragungen von Betrieben zum Ziel haben. Betriebserlaubnisse erlöschen auch dann, wenn ihre Übertragung auf eine Apothekenart begehrt wird, die das Apothekengesetz nicht kennt; denn diese Aufzählung ist enumerativ.

Das **Erlöschen durch Tod** oder **Todeserklärung** nach § 2 VerschG ist eine Konsequenz aus der Personengebundenheit der Erlaubnis. Bei fehlerhaften Todeserklärungen muss die Apothekenbetriebserlaubnis aus Rechtssicherheitsgründen neu beantragt werden, da von ihr länger als ein Jahr kein Gebrauch gemacht worden ist, § 3 Nr. 4.

Der **Verzicht** auf die Betriebserlaubnis erfolgt schriftlich oder zu Protokoll gegenüber der zuständigen Behörde. Sie vernichtet das Recht aus der Erlaubnisurkunde kraft Gesetzes. Daher erlischt die Erlaubnis auch bei irrtümlich abgegebener oder mit unlauteren Mitteln erzwungener Verzichtserklärung und kann nicht angefochten werden.

Die **Approbation** ist zwingende Voraussetzung für den Bestand der personen- und sachbezogenen Betriebserlaubnis. Ihr rechtskräftiger Wegfall führt zum Erlöschen kraft Gesetzes. Auch ein Verpachtungs- oder Verwaltungsrecht kann nicht mehr ausgeübt werden. Die Approbation kann durch eine **bedingte Verzichtserklärung** jedoch nicht erlöschen, § 10 Satz 2 BApO, da die Verzichtserklärung bedingungsfeindlich und damit unwirksam ist. Der Wegfall der Betriebserlaubnis ist im Vergleich zum Entzug der Approbation das mildere Mittel, da der Apotheker mit der Approbation noch im Angestelltenverhältnis tätig werden kann, BVerwG NJW 2003, 913.

Der länger als ein Jahr dauernde **Nichtgebrauch** der Betriebserlaubnis signalisiert die fehlende Notwendigkeit der Apotheke am genehmigten Standort, wenn die Behörde einer Fristverlängerung nicht zugestimmt hat, § 3 Nr. 4. Die Vereinbarkeit mit Art. 12 und 14 GG ist gegeben, BVerwG NJW 1972, 2240, da der Schutzzweck der Normen nicht berührt wird. Gründe für Fristverlängerungen sind insbesondere vom Erlaubnisinhaber nicht zu vertretende Verzögerungen beim Umbau von Betriebsräumen, längere Erkrankungen, die Übernahme öffentlicher Ämter oder ggf. lange andauernde Gerichtsverfahren. Unter öffentlichen Ämtern sind insbesondere Bundes- oder Landtagsmandate zu verstehen, nicht dagegen Tätigkeiten in Behörden, auch wenn es sich um

Leitungsfunktionen handelt. § 3 Nr. 4 ist nur anwendbar, wenn die Approbation des Inhabers der Betriebserlaubnis ruht, nicht aber, wenn sie weggefallen ist.

7 Eine **Apothekenverlegung** und **Fortführung** an anderer Stelle ist zwar kein Erlöschenstatbestand, verlangt aber dennoch grundsätzlich eine neue Erlaubnis, BVerwG NJW 1972, 2239, ohne Rücksicht darauf, ob aus handels- oder steuerrechtlicher Sicht die Identität des Apothekenbetriebs erhalten bleibt, weil jedenfalls die sächlichen Voraussetzungen des § 2 Abs. 1 Nr. 6 i.V.m. § 21 ApBetrO geändert worden sind. Die zuständige Behörde kann von einer Prüfung der subjektiven Voraussetzungen des § 2 Abs. 1 nach pflichtgemäßem Ermessen absehen, wenn in der Person des Antragstellers keine Änderungen eingetreten sind. Mit Erteilung der Erlaubnis für den Betrieb der neuen Räume erlischt die bisherige Erlaubnis. Zur Verlegung einer verpachteten Apotheke vgl. § 9 Abs. 1 Satz 2. Die Abspaltung einer öffentlichen Apotheke aus einer Krankenhausapotheke bedarf einer neuen Betriebserlaubnis, VG Aachen Urt. v. 16.07.2012 – 7 K 1311/12. Es werden sowohl eine neue Apothekenform als auch eine eigene Betriebsgründung vollzogen. Wird die Krankenhausapotheke nach der Abspaltung aufgegeben, kann auch ihre Betriebserlaubnis nicht auf die öffentliche Apotheke übertragen werden.

8 Die **Erlaubnisurkunde** ist ein Legitimationspapier. Sie ist nach Erlöschen der Erlaubnis zurückzugeben oder von der zuständigen Behörde unbrauchbar zu machen.

## II. Rücknahme- und Widerrufspflicht

9 Die **Rücknahme** der Betriebserlaubnis ist erforderlich, wenn die Voraussetzungen des § 2 zum Zeitpunkt der Erteilung nicht vorliegen. Ein Ermessensspielraum besteht nicht. Fehler sind nicht heilbar. Auch wenn bis zum Rücknahmezeitpunkt alle Voraussetzungen erfüllt sind, reicht dies nicht aus. Es kommt auch dann nur eine Neuerteilung der Erlaubnis in Betracht. Die **Widerrufspflicht** entsteht, wenn nachträglich Voraussetzungen nach § 2 entfallen sind.

10 **Widerrufs- und Rücknahmegründe** können sich auf alle Anforderungen des § 2 beziehen und alternativ oder kumulativ vorliegen. Die zuständige Behörde muss die Einschränkungen und Verfehlungen insoweit gewichten, als existenzbedrohende bzw. existenzvernichtende Maßnahmen getroffen werden. In der Rechtsprechung spielen Verfahren wegen fehlender Zuverlässigkeit die größte Rolle.

11 Die erforderliche **Zuverlässigkeit** ist insbesondere dann nicht mehr gegeben, wenn gewerbliche Verpflichtungen nicht erfüllt und Steuerschulden in erheblicher Höhe angehäuft worden sind, Nds. OVG Beschl. v. 13.08.1999 – 8 L 1078/99. Über Steuerhinterziehungen, die nicht zum Widerruf der Approbation wegen Unzuverlässigkeit führen vgl. VG Aachen Urt. v. 10.01.2019 – 5 K 4827/17. Zum sofortigen Widerruf der Betriebserlaubnis und der Approbation, die auch eine Tätigkeit als angestellter Apotheker ausschließt, führt der Nachweis des mehrfachen Abrechnungsbetruges gegenüber den gesetzlichen Krankenkassen, BVerwG NJW 2000, 2761; NJW 2003, 913; APR 2008, 74. Beihilfe zum Betrug ist gegeben, wenn Arzneimittelverordnungen als beliefert quittiert worden sind, obwohl die Arzneimittel nicht oder nur in geringerer Menge abgegeben worden sind, Hamburgisches OVG DAZ 2001, 3436. Der gewerbsmäßige Betrug zulasten der Krankenkassen durch Falschabrechnung teurer Medikamente, VG Bremen APR 2003, 77, und die Entgegennahme von nicht belieferten Rezepten als Zahlungsmittel für Sprechstundenbedarf belegen ebenfalls die Unzuverlässigkeit. Fehlende Zuverlässigkeit mit negativer Prognose wird erkennbar, wenn Erlaubnisinhaber, die eine Apotheke in Form einer OHG betreiben, über Jahre hinaus Manipulationen im Kassenwirtschaftssystem vornehmen, VG Ansbach Urt. v. 26.11.2013 – AN 4 K 13.01021. Weitere Verstöße gegen Vereinbarungsverbote nach §§ 8, 11, 12a sind Zeugnisse von Unzuverlässigkeit. Dies gilt auch, wenn Apotheker aktiv an illegalem Anabolikahandel teilnehmen (VG Berlin Urt. v. 19.05.2010 – 14 K 45.09) oder Verschreibungspflichtregeln verletzen, mit denen gesundheitliche Gefahren ausgeschaltet werden sollen (VG Regensburg Urt. v. 15.09.2011 – RN 5 K 10.1667). Geben Apotheker mit hohen Steuerschulden beim Finanzamt falsche Versicherungen über ihr Zahlungsverhalten ab, zeigen sie kein ernsthaftes Bemühen um

wirtschaftliche Leistungsfähigkeit, Nds. OVG Urt. v. 13.08.1999 – 8 L 1078/99, VG München Urt. v. 18.05.2010 – M 16 K 10.1539, was ihnen aber laufend abzuverlangen ist.

**Berufsunwürdiges Verhalten** beschädigt das Ansehen des Berufsstandes und erschüttert das Vertrauen, das die Bevölkerung in ihn setzt, BVerwG NJW 1991, 1557; 1993, 806. Art, Schwere und Zahl der Verstöße gegen Berufspflichten beschreiben die Charaktereigenschaften, die ihn für die Berufsausübung als ungeeignet erscheinen lassen, VGH Baden-Württemberg MedR 1995, 318; OVG NRW MedR 1994, 72; Bay. VGH GesR 2011, 213. 11a

Die Mindestvoraussetzungen nach den Vorgaben der **ApBetrO** dürfen während des Betreibens der Apotheke nicht unterschritten werden. Eine Umwidmung von Räumen zu anderen Zwecken kann in Betracht kommen, wenn diese Bedingung eingehalten, der ordnungsgemäße Betrieb nicht gestört, der Grundsatz der Raumeinheit gewahrt sowie Unbefugten keine Zutrittsmöglichkeit zu den Apothekenbetriebsräumen gewährt wird. Zulässig sind somit z.B. die Nutzung von Räumlichkeiten für den Versandhandel oder das Stellen und Blistern im Rahmen der Heimversorgung. 12

Vgl. dazu § 2 Rdn. 3 und *Prütting, D.*, Apothekenvorschriften, BR I, § 4 Rn. 60a ff. 13

Soweit **Dritten** über Miet-, Pacht- oder Gesellschaftsverträge sowie Abreden nach §§ 10, 11 vertraglich unberechtigter Einfluss auf den Apothekenbetrieb eingeräumt wird, hat die zuständige Behörde den Widerruf der Erlaubnis zu prüfen, § 4 Abs. 2 Satz 2. Bei der Verpachtung duldet der Gesetzgeber Einflüsse des Verpächters, soweit sie nicht die apotheken- und berufsrechtliche Freiheit des Pächters beeinträchtigen. Die Festlegung des Pachtzinses in Abhängigkeit vom Umsatz ist zulässig, § 8 Satz 3. 14

### III. Betriebsverbot

Unabhängig von der Art der Apotheke führt der Betrieb ohne Erlaubnis nach § 2 zur **Schließung**. Das Verhalten ist strafbewehrt, vgl. §§ 3 ff. Rdn. 21. Soweit durch individuelle Vertragsgestaltungen ein Apotheker Einfluss auf mehr als eine Betriebserlaubnis erhält und damit mehr als die in § 1 Abs. 5 zugelassene Zahl von vier Apotheken zu Apothekenketten verbindet, werden die unberechtigt erworbenen Betriebserlaubnisse als nicht rechtswirksam eingestuft, weil die jeweilige Betriebserlaubnis durch eine später erteilte, wegfällt. Insoweit werden die auf den älteren, aufgehobenen Erlaubnissen betriebenen Apotheken tatsächlich ohne gültige Erlaubnis geführt, BGH Urt. v. 25.04.2002 – 4 StR 152/01. 15

### IV. Abnahme

Der Nachweis der Räumlichkeiten ist nicht gleichbedeutend mit ihrer Funktionsfähigkeit zum Eröffnungszeitpunkt. Dies ist von der zuständigen Behörde gesondert festzustellen. Dabei knüpft sich die **Abnahme** an jede Neuerteilung und Wiedererteilung einer Betriebserlaubnis bei Neueinrichtung, Verschmelzung, Abspaltung, Veräußerung, Verpachtung und Verwaltung. Die Rechtsprechung verzichtet lediglich bei der Erweiterung von Räumen auf die Abnahme. Diese würden nicht eröffnet, also nicht der Öffentlichkeit zugänglich gemacht. Außerdem habe die zuständige Behörde im Rahmen des Erweiterungsverfahrens der Betriebserlaubnis genügend Eingriffsmöglichkeiten. Die Betriebserlaubnis sei aber in diesen Fällen anzupassen, um einen Verstoß gegen § 5 zu vermeiden, OVG NRW Urt. v. 29.04.2015 – 13 A 2551/13. Andernfalls dürften die Räume nicht genutzt werden und müssten geschlossen werden. Diese Rechtsprechung widerspricht m.E. Sinn und Zweck der Vorschrift, die, wie ausgeführt, der Überprüfung der Funktionsfähigkeit dient. 16

Die **Ausstattung** ergibt sich aus den §§ 2 bis 5 ApBetrO, vgl. *Cyran/Rotta*, Apothekenbetriebsordnung §§ 2 bis 5. 17

Den **Eröffnungszeitpunkt** einer öffentlichen Apotheke bildet die Aufnahme des Publikumsverkehrs. Vorbereitungsarbeiten dazu bedeuten keine Eröffnung. Die Besichtigung der Apotheke durch Publikum oder der alleinige Verkauf aus dem Nebensortiment ohne Zugriff auf Arzneimittel ist keine Eröffnung. Die Krankenhausapotheke wird in dem Zeitpunkt in Betrieb genommen, in dem ihr 18

Personal für therapeutische und wirtschaftliche Beratungs- und Versorgungszwecke zur Verfügung steht. Die Abnahme kann auch ein von der Behörde beauftragter Sachverständiger übernehmen. Dies sind z.B. ehrenamtliche Pharmazieräte, VGH Baden-Württemberg Urt. v. 12.12.2002 – 9 S 82/02.

19  Die **Abnahme** ist ein **Verwaltungsakt**. Ihr geht eine Abnahmerevision voraus. Die Niederschrift darüber hat im Hinblick auf die Beweiskraft die Gegenvorstellungen des Apothekers aufzunehmen, VG Stuttgart APR 1999, 140. Auflagen zur Abnahmeentscheidung sind selbstständig anfechtbar. Die Abnahme ist bedingungsfeindlich. Eine Befristung der Eröffnung ist sachlich nur vertretbar, wenn sie der Erfüllung der Auflagen dient. Eine Gebührenerhebung ist bei Regel- und anlassbezogenen Überwachungsmaßnahmen zulässig, VGH Baden-Württemberg APR 1999, 28 m.w.N. Eine Abnahme der Apotheke kann auch erfolgen, wenn sie das Niederlassungsrecht der EU-Vorgaben tangiert. Der EuGH Urt. v. 01.06.2010 – verbundene Rechtssachen C-570/07 und C-571/07, hat regionale Besonderheiten zu den Aspekten Fremd- und Mehrbesitzverbot sowie Bedarfszulassungen als grundsätzlich gerechtfertigt akzeptiert.

20  Eine Apotheke kann mit oder ohne die Immobilie **veräußert** werden, in der sie betrieben wird. Dies ist für die Betriebserlaubnis unerheblich und gilt auch, wenn die Apotheke verpachtet oder verwaltet worden war. Wird sie getrennt von der Immobilie veräußert, bemisst sich der Veräußerungserlös nach dem Geschäftswert der Apotheke. Es besteht Vertragsfreiheit, so dass auch andere Konditionen denkbar sind. Der Erwerber muss die Betriebserlaubnis neu beantragen, weil er für seine Person und den Standort keine eigene Erlaubnis besitzt. Eine Übertragung der Erlaubnis des Veräußerers ist wegen der persönlichen und sächlichen Voraussetzungen, die ein Apothekenbetreiber erfüllen muss, nicht möglich. Der Veräußerungserlös unterliegt grundsätzlich der Steuerpflicht. Der Veräußerungserlös von Apotheken der öffentlichen Hand ist nach § 816 Abs. 1 Satz 2 BGB herauszugeben, soweit keine zivilrechtliche Veräußerung stattfindet und sich die öffentliche Hand insoweit nicht auf Entreicherung berufen kann, § 818 Abs. 3 BGB. Die dazu entwickelte Rechtsprechung ist auf den zivilrechtlichen Anspruch aus §§ 812 ff. BGB nicht anwendbar, LG Leipzig APR 2000, 116.

## V. Bewehrung

21  Der Betrieb von Apotheken ohne Betriebserlaubnis ist nach § 12 StGB, § 23 als **Vergehen** mit Geldstrafe bedroht. Die Apothekeneröffnung ohne Abnahme nach § 5 ist in §§ 23 f. weder als Straftatbestand noch als Ordnungswidrigkeit bewehrt. Die zuständige Behörde kann sie in diesen Fällen allerdings sofort wieder schließen, *Kieser/Wesser/Saalfrank*, Apothekengesetz, Loseblatt, Stand 2015, § 23 Rn. 22.

## § 7 Persönliche Leitung

Die Erlaubnis verpflichtet zur persönlichen Leitung der Apotheke in eigener Verantwortung. Im Falle des § 2 Abs. 4 obliegen dem vom Betreiber nach § 2 Abs. 5 Nr. 2 benannten Apotheker die Pflichten entsprechend Satz 1; die Verpflichtungen des Betreibers bleiben unberührt. Die persönliche Leitung einer Krankenhausapotheke obliegt dem angestellten Apotheker.

Übersicht

| | Rdn. | | Rdn. |
|---|---|---|---|
| A. Normzweck | 1 | III. Betreiberverantwortung | 4 |
| B. Tatbestand | 2 | IV. Drittschützende Wirkung | 5 |
| I. Persönliche Leitung | 2 | V. Franchiseverträge | 6 |
| II. Angestellte Apotheker | 3 | | |

## A. Normzweck

1  Das Gesetz geht vom Grundsatz des **Fremdbesitzverbotes**, § 2 Rdn. 12, und der **persönlichen Verantwortung** des Apothekers für seine Apotheke aus. Gesundheitspolitische, arzneimittelrechtliche und wirtschaftliche Komponenten einer Apotheke bilden eine Einheit, für die natürliche Personen fachlich und rechtlich Verantwortung zu tragen haben.

## B. Tatbestand

### I. Persönliche Leitung

Mit dieser Vorschrift verbindet der Gesetzgeber die persönliche Verantwortung für die Apotheke mit der **persönlichen Leitung,** die für den freien Beruf des selbstständigen Apothekers typisch ist, BVerfGE 17, 232. Dazu gehört es, in der eigenen Person begründete Leistungen höherer Art nicht nur zu erbringen, sondern dafür auch in vollem Umfang zu haften, EuGH NJW 2009, 2112. Folgerichtig gestattet § 13 Abs. 1 die Leitung einer Apotheke durch einen angestellten Apotheker nur in Form der Verwaltung nach dem Tode des Erlaubnisinhabers für einen beschränkten Zeitraum, erlaubt § 9 Abs. 1 Nr. 1 die Verpachtung der Apotheke nur dann, wenn der Erlaubnisinhaber die Apotheke aus einem in seiner Person liegenden wichtigen Grund nicht selbst betreiben kann, bestimmt § 9 Abs. 2 Satz 2, dass der Pachtvertrag die berufliche Verantwortung und Entscheidungsfreiheit des pachtenden Apothekers nicht beeinträchtigen darf, und bestimmt § 2 Abs. 5, dass Filialapotheken auf einer Betriebserlaubnis zusammen mit der Hauptapotheke basieren. Folgerichtig ist auch der Übergang einer Apotheke durch Erbfolge nur dann möglich, wenn der Erbe die notwendigen apotheken- und approbationsrechtlichen Voraussetzungen in seiner Person erfüllt. Diese Anforderung steht im Einklang mit Art. 6 GG, BVerwG Beschl. v. 18.12.1995 – 3 B 54/95.

**Honorarkräfte** und **freie Mitarbeiter** arbeiten grundsätzlich weisungsfrei und nur vorübergehend auf Honorarbasis. Im laufenden Apothekenbetrieb müssen sie sich jedoch der Weisungsbefugnis der Apothekenleitung unterwerfen und sich in die Betriebsabläufe einbinden lassen. Insoweit wird ihr unabhängiger Status verändert, SG Mannheim Urt. v. 02.10.2013 – S 8 R 1769/12. In einer Vertretungszeit bleibe die Weisungsbefugnis der Apothekenleitung zwar nicht in fachlichen, aber in organisatorischen und dienstlichen Dingen erhalten. Das bedeute, dass auch die grundsätzliche Haftungsverantwortung für den gesamten Apothekenbetrieb bei der Apothekenleitung verbleibe. Ein weisungsfreier Einsatz von Honorarkräften kommt somit nicht in Betracht, LG Verden in seinem Urt. v. 25.11.2009 – 2 S 154/09. Das OLG München hatte diese Frage in seinem Urt. v. 12.12.2012 – LBG-Ap 002/12 nicht eindeutig beantwortet und eine vertretungsweise Übertragung der Verantwortung tendenziell bejaht. Das LG Kiel, APR 2008, 103, hatte dagegen ausgeführt, dass Haftungsfreistellungsvereinbarungen gegen § 7 verstoßen und deshalb gemäß § 12 nichtig sind. Die Haftungsrisiken der übertragenden Apothekenleitung sind vor dem Hintergrund des Urteiles des BVerwG v. 24.06.2010 – 3 C 30/09 nicht zu bagatellisieren. Klarstellend hat das LSG NRW Urt. v. 10.06.2020 – L 8 BA 6/18 nunmehr entschieden, dass eine Vereinbarung zwischen Honorarkraft und Betriebsleitung in der Tat dahingehend lauten kann, dass die betriebliche Leitungsverantwortung während einer Vertretungszeit in vollem Umfang befristet auf die Vertretung übergeht, so dass diese weisungsfrei, mit unternehmerischem Risiko und sozialversicherungsfrei die Apotheke führen kann.

Im **Insolvenzfall** übernimmt die Insolvenzverwaltung die Gesamtverantwortung für ein Unternehmen. Sie muss einen Apotheker anstellen, um die Apotheke apothekenrechtlich fortführen zu können. Sonst betriebe ein Nichtapotheker eine Apotheke entgegen § 7. Daher kann eine insolvente Apotheke nur in Eigenverwaltung fortgeführt werden. Dies ist insolvenzrechtlich allerdings dann nicht mehr zulässig, wenn der Gläubiger den Insolvenzantrag gestellt hat. Diese Situation kann durch Insolvenzantrag des Schuldners vermieden werden. Weder das Apotheken- noch das Insolvenzrecht treffen dazu ausdrückliche Regelungen. Zur Verpachtung im Insolvenzfall vgl. § 9 Rdn. 5a. Im Insolvenzfall haften die Erlaubnisinhaber persönlich und mit ihrem Privatvermögen.

### II. Angestellte Apotheker

An einem Krankenhaus **angestellte Apotheker** tragen das Betreiberrisiko für die Krankenhausapotheke nicht, leiten sie aber fachlich eigenverantwortlich. Entsprechendes gilt für angestellte Filialapotheker. Pächter und Verwalter sind keine »angestellten« Apotheker. Der Pächter besitzt eine eigene Betriebserlaubnis und trägt damit das fachliche und wirtschaftliche Risiko im Rahmen des Pachtvertrages. Der Verwalter darf die Betriebserlaubnis des Erlaubnisinhabers nutzen, benötigt zusätzlich eine eigene Verwaltungsgenehmigung und arbeitet in arzneimittelrechtlicher Eigenverantwortung, nicht aber in wirtschaftlicher.

### III. Betreiberverantwortung

4 Die **Betreiberverantwortung** für eine Apotheke folgt aus § 2 Abs. 4 und 5. Bei einer Apothekenmehrheit muss der Inhaber der Betriebserlaubnis die Hauptapotheke selbst führen. Die Leitung der Filialapotheke besitzt keine eigene Betriebserlaubnis. Soweit eine OHG Inhaberin der Betriebserlaubnis ist, wird jedem Gesellschafter eine eigene Betriebserlaubnis für den gesamten Apothekenverbund erteilt. Damit hat auch jeder Gesellschafter die Verantwortung für alle Apotheken neben den anderen OHG-Gesellschaftern zu tragen. Dies schließt nicht aus, dass einzelne Gesellschafter selbst Filialleitungen übernehmen, soweit die Hauptapotheke ebenfalls von einem Gesellschafter geleitet wird, BayVGH Urt. v. 27.05.2011 – 22 BV 09.2402; Kieser/Wesser/Saalfrank, ApoG § 14 Rn. 17 ff. Die Filialleitung entbindet Gesellschafter allerdings nicht von der durch die Betriebserlaubnis für den Apothekenverbund entstandenen Gesamtverantwortung. Die Betreiberverantwortung umfasst die sächliche und personelle Ausstattung der Apotheke gemäß § 7 Satz 2. Entsprechendes gilt nach § 7 Satz 3 für die Verantwortung des Krankenhausträgers.

4a **Personalverantwortung** bezieht das gesamte pharmazeutische und nicht pharmazeutische Personal der Haupt-, Filial- und Krankenhausapotheke ein. Sie beinhaltet die Personalauswahl, sodass ein Auswahlverschulden den Erlaubnisinhaber trifft.

### IV. Drittschützende Wirkung

5 § 7 kommt keine drittschützende Wirkung zu, OVG Saarland Urt. v. 22.01.2007 – 3 W 14/06. Die Regelung kann für Dritte zwar nachteilig sein, sie berührt jedoch keine rechtlich geschützten Interessen. Daher ist sie der verwaltungsgerichtlichen Kontrolle nach Art. 19 Abs. 4 GG insoweit entzogen, BVerwG NJW 1989, 1175.

### V. Franchiseverträge

6 **Franchiseverträge** unterliegen der Vertragsfreiheit. Sie dürfen § 7 nicht einschränken. Franchisenehmer dürfen keinen Einfluss auf die Verantwortungsbereiche der Apotheker zulassen. Durch die Übernahme von Namen und Logos werden keine rechtswidrigen Apothekenketten gebildet. Eine Einflussnahme des Franchisegebers auf die Betriebsführung, Arzneimittelversorgung oder Arzneimittelsicherheit sind zu untersagen, §§ 10, 13. Entsprechende Abreden sind nichtig und müssen vom Franchisenehmer nicht eingehalten werden. Sie sind nach §§ 10, 25 Abs. 1 Nr. 2 als Ordnungswidrigkeit bewehrt, vgl. § 2 Rdn. 6.

## § 8 Gemeinsamer Betrieb

**Mehrere Personen zusammen können eine Apotheke nur in der Rechtsform einer rechtsfähigen Gesellschaft bürgerlichen Rechts oder einer offenen Handelsgesellschaft betreiben; in diesen Fällen bedürfen alle Gesellschafter der Erlaubnis. Beteiligungen an einer Apotheke in Form einer Stillen Gesellschaft und Vereinbarungen, bei denen die Vergütung für dem Erlaubnisinhaber gewährte Darlehen oder sonst überlassene Vermögenswerte am Umsatz oder am Gewinn der Apotheke ausgerichtet ist, insbesondere auch am Umsatz oder Gewinn ausgerichtete Mietverträge sind unzulässig. Pachtverträge über Apotheken nach § 9, bei denen die Pacht vom Umsatz oder Gewinn abhängig ist, gelten nicht als Vereinbarungen im Sinne des Satzes 2. Die Sätze 1 bis 3 gelten für Apotheken nach § 2 Abs. 4 entsprechend.**

| Übersicht | Rdn. | | Rdn. |
|---|---|---|---|
| A. Normzweck | 1 | II. Apothekenleitung | 3 |
| B. Tatbestand | 2 | III. Einflussnahme Dritter | 4 |
| I. Gesellschaftsformen | 2 | IV. Bewehrung | 5 |

## A. Normzweck

Die persönliche Haftung der Betriebserlaubnisinhaber zu gewährleisten und bei Personenmehrheiten die Haftungsadressaten eindeutig zu identifizieren, ist Zweck der Vorschrift. Das Verbot der dauernden Vereinigung mehrerer Betriebsrechte in einer Hand soll verhindern, dass Apotheken lediglich als Wirtschaftsobjekte behandelt werden, zumal der Gesundheitsmarkt kein freier Markt ist, *Gassmann*, Der Betrieb 2004, S. 2066. Auch das Fremd- und Mehrbesitzverbot kann nur bei entsprechender Transparenz durchgesetzt werden.

## B. Tatbestand

### I. Gesellschaftsformen

Apotheken dürfen nur von Gesellschaften mit ausschließlich persönlich haftenden Gesellschaftern betrieben werden. Nach Sinn und Zweck der Norm sollen alle anderen Arten von Beteiligungen ausgeschlossen sein. Dies trifft auch auf die sog. **Einmann-GmbH** zu, bei der die Kapitalgesellschaft beschränkt haften würde und nicht der dahinterstehende gesellschaftsführende Apotheker. An Personengesellschaften beteiligten Apothekern ist der Erwerb einer weiteren Apothekenbetriebserlaubnis auch dann verwehrt, wenn der zusätzliche Gesellschaftsanteil minimal wäre. Die Beteiligung an mehr als einer Apotheke oder einem Apothekenverbund als Betriebserlaubnisinhaber verstößt gegen das Mehrbesitzverbot des § 2 Abs. 4 und 5. § 8 ist mit Art. 9 Abs. 1 und Art. 14 GG vereinbar, BVerfG Beschl. v. 24.11.1964 – 1 BvR 412/61, BGHSt 47, 285.

### II. Apothekenleitung

Die Gesellschafter sind grundsätzlich verpflichtet die Hauptapotheke **persönlich zu führen**, § 2 Abs. 5 Nr. 1. Die Rechtsprechung (vgl. z.B. BayVGH Urt. v. 07.05.2011 – 22 BV 09.2402, VG Gera Urt. v. 26.08.2008 – 3 K 247/08 Ge) lässt die Führung von Filialapotheken durch approbierte Gesellschafter zu. Es stehe ungenutzte Arbeitskraft zur Verfügung, die im Rahmen der Betriebserlaubnis nicht nur genutzt werden dürfe, sondern sogar dem Bild des Apothekers in seiner Apotheke entspreche. Das Gesetz verbiete dieses Vorgehen im Übrigen auch nicht. Dadurch entsteht allerdings ein gesetzlicher Wertungswiderspruch. Einerseits wird die Verantwortung für den Apothekenbetrieb in die Hand einer Personengesellschaft gelegt, andererseits lässt das Gesetz keine Teilung der Verantwortung für den Apothekenbetrieb zu und verlangt in § 2 Abs. 5 Nr. 1 die persönliche Leitung der Hauptapotheke durch die persönlich haftenden Gesellschafter. Da eine Apotheke auch in Teilzeit geleitet werden darf, muss es mehreren Gesellschaftern erlaubt sein, jeweils mit dem »freien Anteil« ihrer Arbeitskraft eine Filialapotheke zu führen, ohne dass insoweit die Verantwortung für die Hauptapotheke eingeschränkt wird.

### III. Einflussnahme Dritter

Mit § 8 Satz 2 sollen partiarische Rechtsverhältnisse ausgeschlossen werden, BGHSt 47, 285. Dies gilt insbesondere für die umsatzabhängige Miete von Apothekenräumen, BGH NJW 1997, 3091. Absprachen mit Inhabern von Apothekenbetriebserlaubnissen sind rechtswidrig, wenn sie sowohl eine Einflussnahme auf den Apothekenbetrieb ermöglichen als auch eine Steuerungsmöglichkeit auf den Umsatz zulassen, BGH APR 2006, 166 (170), indem Betriebskosten durch Mietzinsänderungen und Beraterkosten in vergleichbarer Art erhöht oder reduziert werden. Strohmannverhältnisse sind unzulässig, mit denen Personen vorgeschoben werden, die keine eigenen unternehmerischen Tätigkeiten vornehmen. Derartiges ist nicht bereits dann anzunehmen, wenn jemand in wirtschaftliche Abhängigkeit eines Dritten z.B. durch Darlehensaufnahmen gerät, BGHSt 47, 285. Gläubiger werden auch nicht an beruflichen und wirtschaftlichen Verhältnissen des Erlaubnisinhabers durch Fruchtziehung beteiligt. Ein Mietsockel darf nicht so angesetzt werden, dass der Aufstockungsbetrag sich am Umsatz der Apotheke orientiert. Selbst wenn die Parteien nur die Vorstellung hatten, Umsatz und Miete in irgendeiner Weise zu verknüpfen, verstoßen sie gegen § 8 Satz 2. Von diesem

Verbot sind Pachtverträge mit der sog. Umsatzpacht ausgenommen. Es darf insoweit auf den Nettoumsatz abgehoben werden. Dabei sind Knebelungsverträge unzulässig. Vgl. zur Beteiligung von Ärzten § 10 Rdn. 1.

### IV. Bewehrung

5 Die rechtswidrige Beteiligung Dritter stellt eine Ordnungswidrigkeit i.S.d. § 25 Abs. 1 Nr. 2 dar. Die Geldbuße kann nach § 25 Abs. 3 bis zur Höhe von 20.000 € festgesetzt werden.

## § 9 Verpachtung

(1) Die Verpachtung einer Apotheke oder von Apotheken nach § 2 Abs. 4 ist nur in folgenden Fällen zulässig:
1. wenn und solange der Verpächter im Besitz der Erlaubnis ist und die Apotheke aus einem in seiner Person liegenden wichtigen Grund nicht selbst betreiben kann oder die Erlaubnis wegen des Wegfalls einer der Voraussetzungen nach § 2 Abs. 1 Nr. 7 widerrufen oder durch Widerruf der Approbation wegen des Wegfalls einer der Voraussetzungen nach § 4 Abs. 1 Satz 1 Nr. 3 der Bundes-Apothekerordnung erloschen ist;
2. nach dem Tod eines Erlaubnisinhabers durch seine erbberechtigten Kinder bis zu dem Zeitpunkt, in dem das jüngste der Kinder das 23. Lebensjahr vollendet. Ergreift eines dieser Kinder vor Vollendung des 23. Lebensjahres den Apothekerberuf, so kann die Frist auf Antrag verlängert werden, bis es in seiner Person die Voraussetzungen für die Erteilung der Erlaubnis erfüllen kann;
3. durch den überlebenden, erbberechtigten Ehegatten oder Lebenspartner bis zu dem Zeitpunkt der Heirat oder der Begründung einer Lebenspartnerschaft, sofern er nicht eine Erlaubnis gemäß § 1 erhält.

Die Zulässigkeit der Verpachtung wird nicht dadurch berührt, dass nach Eintritt der in Satz 1 genannten Fälle eine Apotheke innerhalb desselben Ortes, in Städten innerhalb desselben oder in einen angrenzenden Stadtbezirk, verlegt wird oder dass ihre Betriebsräume geändert werden. Handelt es sich im Falle der Verlegung oder der Veränderung der Betriebsräume um eine Apotheke, die nach Satz 1 Nr. 1 verpachtet ist, so bedarf der Verpächter keiner neuen Erlaubnis. § 3 Nr. 5 bleibt unberührt.

(1a) Stirbt der Verpächter vor Ablauf der vereinbarten Pachtzeit, so kann die zuständige Behörde zur Vermeidung unbilliger Härten für den Pächter zulassen, dass das Pachtverhältnis zwischen dem Pächter und dem Erben für die Dauer von höchstens zwölf Monaten fortgesetzt wird.

(2) Der Pächter bedarf der Erlaubnis nach § 1. Der Pachtvertrag darf die berufliche Verantwortlichkeit und Entscheidungsfreiheit des pachtenden Apothekers nicht beeinträchtigen.

(3) Für die Dauer der Verpachtung finden auf die Erlaubnis des Verpächters § 3 Nr. 4, § 4 Abs. 2, soweit sich diese Vorschrift auf § 2 Abs. 1 Nr. 6 bezieht, sowie § 7 Satz 1 keine Anwendung.

(4) Die nach Absatz 2 erteilte Erlaubnis ist zurückzunehmen, wenn bei ihrer Erteilung eine der Voraussetzungen nach Absatz 1 nicht vorgelegen hat; sie ist zu widerrufen, wenn nachträglich eine dieser Voraussetzungen weggefallen ist. § 4 bleibt unberührt.

### Übersicht

| | Rdn. | | Rdn. |
|---|---|---|---|
| A. Normzweck | 1 | 3. Ehegatten, Lebenspartner | 7 |
| B. Tatbestand | 2 | 4. Tod des Verpächters | 7a |
| I. Verpachtung | 2 | IV. Verpachtungswirkung | 8 |
| II. Vermietung | 3 | V. Gesellschaftsanteile | 9 |
| III. Verpachtungsberechtigung | 4 | VI. Pächterrechte | 10 |
|    1. Wichtige Gründe | 5 | VII. Nachvertragliche Wettbewerbsverbote | 12 |
|    2. Erbberechtigte Kinder | 6 | VIII. Bewehrung | 13 |

## A. Normzweck

§ 9 erlaubt Apothekern und ihren Hinterbliebenen unter dem Aspekt der Versorgung die Verpachtung von Apotheken für einen Übergangszeitraum. Die Vorschrift weicht vom Grundsatz der persönlichen Leitung der Apotheke in eigener Verantwortung nach § 7 Satz 1 ab, wonach natürliche Personen oder Personengesellschaften ohne eigene Betriebserlaubnis Apotheken grundsätzlich nicht verpachten dürfen. Enumerative Ausnahmen regelt § 9 Abs. 1. Die Bestimmung dient auch der Sicherung des Mehrbesitzverbotes sowie der Existenzsicherung in Krisen- und Todesfällen und ist mit Art. 12 GG vereinbar, BVerfGE 17, 232.

## B. Tatbestand

### I. Verpachtung

Bei der **Verpachtung** der Apotheke als Unternehmen müssen die überlassenen Räume nach Beschaffenheit, Eigenart, Einrichtung und Ausstattung geeignet sein, als unmittelbare Ertragsquelle zu dienen. Dem Pächter steht die Nutzung der Früchte zu. Die Höhe des Pachtzinses hat sich daran zu orientieren. Die Fortführung des Geschäftsnamens ist ein Indiz für einen Pachtvertrag, BGH BB 1954, 148. Der Abschluss von sog. **Statthalterverträgen**, d.h. Kaufverträgen über eine Apotheke, die ein Rückkaufsrecht des Verkäufers enthalten, ist nicht als verdeckter Pachtvertrag anzusehen. Er ist apothekenrechtlich zulässig, da der Verkäufer während der Zeit des Verkaufs aller Einflussmöglichkeiten auf den laufenden Betrieb der Apotheke beraubt ist und keinen Nutzen daraus ziehen kann, LG Nürnberg-Fürth ZMR 1991, 344.

### II. Vermietung

Ein **Mietvertrag** liegt regelmäßig dann vor, wenn Apothekenräume mit oder ohne Ausstattung überlassen werden, vgl. zur Abgrenzung Miet-/Pachtvertrag bereits BGH Urt. v. 04.04.1979 – VIII ZR 118/78. Soweit der Vermieter für den Apothekenbetrieb nicht erforderliche bauliche Veränderungen vorgenommen hat, kann er die Kosten dafür vom Mieter nicht ersetzt verlangen, LG Potsdam APR 2001, 83. Verstößt ein Mietvertrag gegen das **Verbot des Fremdbesitzes** nach § 7, ist er gem. § 134 BGB nichtig. In diesem Zusammenhang ist auch ein Softwarenutzungsvertrag unwirksam, weil sich die Beteiligten damit rechtlicher Gestaltungsmöglichkeiten bedienen, die die Verbotsnorm scheinbar nicht erfasst. Bei einem anwaltlich verschuldeten Einigungsmangel über einen Baukostenzuschuss des Mieters entsteht ein Schadensersatzanspruch des Vermieters erst, wenn sich das Risiko des vertragslosen Zustandes verwirklicht, BGH APR 2004, 106; ders. APR 2004, 1523. Ein nomineller Mietvertrag mit einem am Umsatz der Apotheke orientierten Mietzins stellt einen Pachtvertrag dar, der nur unter den Voraussetzungen des § 9 ApoG zulässig oder ansonsten von Anfang an gem. § 12 nichtig ist, OLG Karlsruhe Urt. v. 10.06.1970 – 5 U 29/70. Beteiligte Apotheker an einem nur nominellen Mietvertrag machen sich eines Standesvergehens schuldig, Bezirksberufsgericht für Apotheker in Stuttgart Urt. v. 12.08.1975 – S. 73/75.

### III. Verpachtungsberechtigung

Die **Verpachtungsberechtigungen** sind in Abs. 1 enumerativ aufgezählt. Die Verpachtung ist nicht zwangsläufig mit einer Betriebsaufgabe gleich zu setzen und führt insoweit auch nicht zur Aufdeckung stiller Reserven. Wird keine ausdrückliche Betriebsaufgabeerklärung abgegeben, geht die Rechtsprechung davon aus, dass der Betrieb nach einiger Zeit wieder aufgenommen werden soll, soweit die zurückbehaltenen Wirtschaftsgüter dies zulassen, BFHE 183, 385; 203, 143; Urt. v. 03.04.2014 – X R 16/10. Maßgeblich ist, ob die wesentlichen, dem Betrieb das Gepräge gebenden Betriebsgegenstände verpachtet werden. Dabei kommt es auf die objektiven Verhältnisse des verpachtenden Unternehmens an, die eine Betriebsfortführung zulassen müssen. Wenn die Lage der Apothekenbetriebsräume, der Kundenkreis, Apothekenname und Firma nutzungsfähig vorhanden sind, kann davon ausgegangen werden, dass Apothekeneinrichtung und Warenbestand kurzfristig wieder beschafft werden können, BFH Urt. v. 06.11.2008 – IV R 51/07; BFHE 223, 386;

197, 535. Auch eine zwangsweise Veräußerung des Inventars führt zu keiner anderen Betrachtung. Eine tatsächlich gewollte Betriebsaufgabeerklärung ist zwar als Willenserklärung nach § 133 BGB auslegungsfähig, muss aber so klar gefasst sein, dass die Aufgabe des Betriebes eindeutig erkennbar ist, BFH Urt. v. 30.06.2005 – IV R 63/04. Als Gestaltungserklärung kann sie nicht rückwirkend abgegeben werden, BFH Urt. v. 03.04.2014 – X R 16/10 m.w.N. Der Tod des Erlaubnisinhabers führt nicht zur Aufgabe des Apothekenbetriebs i.S.d. § 16 EStG, BFH Beschl. v. 26.07.2006 – X R 10/06, wenn dessen Kinder als Erben in die Rechtsstellung des Apothekers eingerückt sind. Insoweit findet eine unentgeltliche Betriebsübertragung statt. Es kommt auch dann nicht zur Betriebsaufgabe, wenn die Erben des verstorbenen Apothekers oder die durch Vermächtnis zum Nießbrauch Berechtigten die Apotheke verpachten und keine Betriebsaufgabeerklärung abgegeben haben. Erhält der Verpächter ein Vorkaufsrecht für das Ende der Pachtzeit mit dem Erben und können sich die Parteien nicht über den Kaufpreis einigen, bleibt es dem Pächter nach Ablauf der Pachtzeit unbenommen, eine eigene Apotheke zu gründen. Ansprüche kann der Verpächter daraus nicht ableiten.

### 1. Wichtige Gründe

5   Zu den **wichtigen Gründen** nach § 9 Abs. 1 Nr. 1 zählt insbesondere das Auftreten einer schweren Krankheit. Auf ein Verschulden an der Erkrankung bzw. am Wegfall der gesundheitlichen Eignung kommt es nicht an, sodass selbst eine vorsätzlich herbeigeführte gesundheitliche Schädigung nicht zum Verlust des Verpachtungsrechts führt. Der schlechte Gesundheitszustand muss für die Ungeeignetheit, die Apotheke ordnungsgemäß zu leiten, ursächlich sein. Soweit die Betriebserlaubnis aus gesundheitlichen Gründen widerrufen worden ist, bleibt das Verpachtungsrecht bestehen, weil der Erwerb der Erlaubnis rechtmäßig war. Dies gilt nicht, wenn sie oder die zugrunde liegende Approbation zurückgenommen werden mussten. In diesen Fällen war ihre jeweilige Erteilung bereits rechtswidrig. Dann erlischt das Verpachtungsrecht, weil das Gesetz nur rechtmäßig erworbene Positionen schützt. Ein weiterer wichtiger Grund für die Verpachtung kann in der Übernahme politischer Mandate liegen, deren Wahrnehmung im öffentlichen Interesse liegt. Dem Mandatsträger wird nicht zugemutet, seine Existenz für ein auf die Legislaturperiode befristete Tätigkeit aufzugeben. Hohes Alter, die Berufung in ein Amt der Berufsvertretung, parlamentarische oder wissenschaftliche Tätigkeiten, die Verpflichtung als Soldat auf Zeit sowie Ehe- und Familienschutz gem. Art. 6 GG können weitere wichtige Verpachtungsgründe darstellen. Die Aufnahme einer Tätigkeit im Staatsdienst z.B. als Beamter im Hochschuldienst (Universitätsprofessor) oder die Fortsetzung einer sonstigen Tätigkeit im öffentlichen Dienst reicht nicht aus. Keine wichtigen Gründe im Sinne der Vorschrift sind wirtschaftliche Schwierigkeiten oder der Insolvenzfall. Bei einer **Insolvenz der Apotheke** – vgl. § 7 Rdn. 2b – darf der Betrieb nur bei angeordneter Eigenverwaltung fortgeführt werden. Der bestellte Sachwalter muss die Freigabe der Gerätschaften und des Warenlagers aus der Insolvenzmasse nach § 811 Nr. 9 ZPO, § 36 InsO erteilen sowie einen wirtschaftlichen Spielraum für die Betriebsfortführung zulassen.

### 2. Erbberechtigte Kinder

6   Verpachtungsberechtigt nach § 9 Abs. 1 Nr. 2 sind nur die **erbberechtigten Kinder**, also eheliche Kinder i.S.d. § 1591 BGB, ehelich gewordene Kinder nach § 1719 BGB, für ehelich erklärte Kinder gem. § 1736 BGB und von den Erlaubnisinhabern adoptierte Kinder nach § 1754 BGB sowie nichteheliche Kinder, die nach den Vorgaben des BGB und des Gesetzes über die rechtliche Stellung der nichtehelichen Kinder erbberechtigt sind. Da die Betriebserlaubnis mit dem Tod des Verpächters nach § 3 erlischt, kann sie auch nicht auf Rechtsnachfolger übergehen, selbst wenn diese approbiert sind. Den erbberechtigten Kindern steht nach § 9 Abs. 1 Nr. 2 bis zur Altersgrenze des jüngsten Kindes von 23 Jahren ein eigenes Verpachtungsrecht zu. Diese Verpachtungszeit kann auf Antrag verlängert werden, bis die Berufsausbildung des jüngsten Kindes zum Apotheker abgeschlossen, die Approbation erteilt und die Betriebserlaubnis gewährt worden ist. Die im Rahmen des Ermessens stattfindende Berücksichtigung länger dauernder Ausbildungszeiten muss den Grundsätzen einer gleichmäßigen Verwaltungspraxis genügen. Hinderungsgründe beim Erwerb der Betriebserlaubnis dürfen grundsätzlich nicht von den Kindern zu vertreten sein. Das gilt nicht für nicht bestandene Prüfungen, die wiederholt werden dürfen. Ist ein erbberechtigtes Kind bereits

Apotheker, so muss dieses die Apotheke nicht zwingend übernehmen, wenn noch ein weiteres Kind in der Ausbildung zum Apotheker steht. Ist dies nicht der Fall, muss sich der vorhandene Apotheker für die Übernahme entscheiden oder die Apotheke abgeben. Jedes Kind unter 23 Jahren, das seine beiden Elternteile verloren hat, die jeder für sich eine Apotheke betrieben haben, darf nach § 9 Abs. 1 Nr. 2 beide Apotheken verpachten. Das Mehrbesitzverbot von Apotheken ist nicht tangiert, da die Verpachtung gerade nicht bedeutet, dass der Inhaber einer Betriebserlaubnis mehrere Apotheken führt. Es wird vielmehr das Verpachtungsrecht ausgeweitet. Soweit erbberechtigte Kinder approbierte Apotheker sind und andere Berufe ausüben, die keinen wichtigen Grund für eine Verpachtung darstellen – vgl. § 9 Rdn. 5 –, steht ihnen bei Überschreiten der Altersgrenze von 23 Jahren kein Verpachtungsrecht zu. Die Übernahme der Apotheke durch erbberechtigte Kinder mit dem Ziel des Erwerbs einer eigenen Erlaubnis nach § 1 ist grundsätzlich möglich. Insoweit ist die Erlaubnis neu zu erteilen. §§ 3 Abs. 2 Satz 1, 2 Abs. 3 finden Anwendung.

### 3. Ehegatten, Lebenspartner

Ehegatten und Lebenspartner sind nur dann zur Verpachtung legitimiert, wenn sie erbberechtigt sind. Sie dürfen die Apotheke auch zusammen mit erbberechtigten Kindern verpachten. Die Verpachtung einer Apotheke durch den überlebenden **Ehegatten** oder **Lebenspartner**, der selbst eine Apotheke betreibt, ist nicht zulässig. Dieses Verbot verhindert den Mehrbesitz, steht im Einklang mit § 7 und verstößt nicht gegen Art. 3, 12 und 14 GG, BVerwGE 92, 172. Eine nach § 9 Abs. 1 Nr. 1 bereits verpachtete Apotheke darf nach dem Tode des Verpächters durch den überlebenden Ehegatten, Lebenspartner und die Kinder auch dann weiterhin verpachtet werden, wenn die Erlaubnis des Verpächters bereits widerrufen worden war. Der Widerruf darf aber nur gesundheitliche Gründe gehabt haben, die entweder die Apothekenbetriebserlaubnis oder die Approbation betrafen. Gegen diese Auffassung sprechen weder gesundheitspolitische noch verfassungsrechtliche Erwägungen. Die Eigentums- und Erbrechtsgarantien des Art. 14 GG erhalten rechtmäßig erworbene Besitzstände auch für die Rechtsnachfolger. Dies gilt auch bei unverschuldeten Situationen, durch die die Finanzkraft des Einzelnen besonders gefordert wird. Für Unternehmen und freie Berufe besteht damit ein der Lohnfortzahlung im Krankheitsfall entsprechendes Äquivalent. Die Verpachtungszeit ist für Ehegatten und Lebenspartner grundsätzlich nicht beschränkt. Soweit sie allerdings wieder heiraten oder eine neue Lebenspartnerschaft begründen, endet das Verpachtungsrecht, § 9 Abs. 1 Nr. 3. Sind die Verpachtungsberechtigten selbst Apotheker, können sie eine eigene Betriebserlaubnis erwerben, die ihnen die Fortführung der Apotheke gestattet oder ggf. ein auf ihre Person bezogenes Verpachtungsrecht nach § 9 Abs. 1 einräumt. Ein Verpachtungs- oder ein Verwaltungsrecht ist für den Fall des § 3 Nr. 4, wenn die Erlaubnis des Verpächters wegen mindestens einjährigen Nichtgebrauchs erloschen ist, nicht möglich, da eine erloschene Erlaubnis wegen Rechtsvernichtung nicht wieder aufleben kann.

### 4. Tod des Verpächters

Stirbt der Verpächter vor Ablauf der Pachtzeit, § 9 Abs. 1a, gilt das Versorgungsbemühen seinen Erben. Die Regelung nützt Pächter und Erben des Verpächters gleichermaßen, da das Gesetz die Fortsetzung des Pachtverhältnisses mit den Erben für ein Jahr ab dem Todeszeitpunkt erlaubt. Obwohl die Erben des Verpächters keine pharmazeutische Qualifikation nachweisen müssen, wird ihnen das Recht der Verpachtung zugestanden. Dieses gilt nur, wenn die Apotheke im Übrigen betriebsbereit ist, also alle Voraussetzungen des § 2 Abs. 1 erfüllt. Die zuständige Behörde darf in dieser Zeit grundsätzlich keine anderen, insbesondere höhere Anforderungen an die sächlichen und persönlichen Voraussetzungen des Erlaubnisinhabers stellen, als zum Zeitpunkt des Ablebens des Verpächters. Gesetzliche Regelungen sind umzusetzen.

## IV. Verpachtungswirkung

Sobald der Pachtvertrag seine Wirkung entfaltet, der **Pächter** eine eigene Betriebserlaubnis nach § 9 Abs. 2 erhalten hat, besitzt der Verpächter keine Eingriffsbefugnis in den Apothekenbetrieb mehr, muss trotz Fortgeltung seiner Betriebserlaubnis keine Räumlichkeiten und personellen Ressourcen mehr nachweisen und trägt auch nicht mehr die Verantwortung für den Apothekenbetrieb nach § 9 Abs. 3. Seine Erlaubnis ruht deshalb nicht, weil sie die Legitimation für die Verpachtung behält. Standeswidrig verhält sich ein Apotheker, der aus eigenem Pachtinteresse den Verpächter zu bestimmen sucht, ein bestehendes Pachtverhältnis aufzulösen bzw. nicht mehr mit dem bisherigen Pächter fortzusetzen. Dies gilt auch bei entsprechendem Verhalten gegenüber Verpachtungsberechtigten nach § 9 Abs. 1 Nr. 2 und 3, Berufsgericht Niedersachsen Urt. v. 08.05.1973 – BG 5/73.

### V. Gesellschaftsanteile

9   Bei Apotheken, die in einer Gesellschaftsform nach § 8 geführt werden, ist eine **Verpachtung des Gesellschaftsanteils** durch die Erben des Apotheken-Gesellschafters nicht erlaubt. Wollen die verbleibenden Gesellschafter die Apotheke nicht fortführen, können sie den gesellschaftlichen Anteil einem Apotheker mit Betriebserlaubnis aus der bestehenden Gesellschaft treuhänderisch übertragen. Die Verpachtung der vermögenswerten Rechte des Gesellschafters ist zulässig. Damit dürfen aber keine apothekenrechtlichen, auf die Betriebserlaubnis wirkenden Befugnisse übertragen werden.

### VI. Pächterrechte

10  Der Verpächter hat keinen **Anspruch auf Erteilung einer Betriebserlaubnis** an den **Pächter**, BVerwG NJW 1994, 2430. Die Erlaubnis des Verpächters erlischt mit seinem Tod nach § 3 Nr. 1, während die Erlaubnis des Pächters fort gilt. Letztere kann entweder nach § 9 Abs. 1a für längstens 12 Monate von der zuständigen Behörde unabhängig von der ursprünglich vereinbarten Laufzeit des Pachtvertrages verlängert werden. Dabei wird das Recht auf Verlängerung umso schwächer, je kürzer die Restlaufzeit des Pachtvertrages ist.

11  Übernimmt der **Pächter die Apotheke** von den Erben als eigene, ist umstritten, ob er dazu einer **neuen Betriebserlaubnis** bedarf. Seine Erlaubnis ist nach § 9 Abs. 4 zu widerrufen, wenn die Voraussetzungen des § 9 Abs. 1 nicht mehr vorliegen, also weder in der Person der Erben Verpachtungsrechte aus wichtigem Grund bestehen noch verpachtungsberechtigte Kinder, Ehegatten oder Lebenspartner existieren, BVerwG Pharm. Ztg. 1970, 1095. Die zuständige Behörde habe insoweit keinen Ermessensspielraum. Allerdings dürfe sie auch nicht zu widersprüchlichem Verhalten gezwungen werden, nämlich die Erlaubnis zu widerrufen, um sie in unveränderter Form sofort wieder zu erteilen. Die Erlaubnis für den Pächter wird nach § 2 unbefristet und unbeschränkt erteilt, sodass sie grundsätzlich mit der Erlaubnis des Inhabers einer Apotheke durchaus wesensgleich sein kann. Der abweichenden Auffassung des OVG Lüneburg NJW 1966, 419, ist entgegenzuhalten, dass sich aus dem Gesetz weder eine andere Bewertung entnehmen lässt noch zusätzliche Rücknahme- bzw. Widerrufsgründe eine derartige Einschätzung belegen, *Dettling*, APR 2002, 66. Zudem bewertet die Betriebserlaubnis des Pächters die zum Zeitpunkt der Erteilung bestehende personelle und sächliche Ausstattung der Apotheke, die sich an der Erlaubnis des Verpächters orientiert hat. Für eine neue Betriebserlaubnis spricht, dass sich im Laufe der Betriebszeit notwendige insbesondere bauliche Veränderungen ergeben können, die umgesetzt werden müssen und aufgrund von Bestandsschutzrechten dem Verpächter zugutekamen. Hinzu kommen mögliche Änderungen nach der möglicherweise novellierten Apothekenbetriebsordnung, die bei einer unbeschränkten Fortgeltung der Erlaubnis kaum zeitnah umgesetzt werden könnten. Den Erwägungen Dettlings zur Verhältnismäßigkeit der Maßnahme kann gefolgt werden, da auch der Aspekt des widersprüchlichen Verhaltens Ausfluss des Verhältnismäßigkeitsgrundsatzes ist, sodass auf den Einzelfall abzustellen ist. Von einem Widerruf nach § 9 Abs. 4 und Neuerteilung der Erlaubnis ist jedenfalls dann abzusehen, wenn keine Änderungen in Betracht kommen. Eine neue Betriebserlaubnis wird von den Aufsichtsbehörden zwischenzeitlich überwiegend mit der Begründung verlangt, eine Betriebserlaubnis als Pächter sei nicht wesensgleich mit der Betriebserlaubnis als Verpächter. Sie stelle nur ein abgeleitetes Recht mit geringeren Anforderungen dar. Soweit der Rechtsnachfolger des Verpächters selbst Apotheker ist, aber nicht die Rechte aus § 9 Abs. 1 Nr. 2 und 3 besitzt, kann er die Apotheke übernehmen und bei Vorliegen der Voraussetzungen nach § 9 Abs. 1 Nr. 1, 2 aus eigenem

Recht verpachten. In diesem Fall schützt § 9 Abs. 1a den Pächter nicht. Ggf. aus dem Pachtvertrag resultierende Schadensersatzansprüche des Pächters bleiben bestehen, die umso höher sein können, je länger die verbleibende Pachtzeit gewesen wäre. Die zuständige Behörde kann die Pachtzeit gegen den Willen des Berechtigten nicht verlängern. Soweit einem Verwalter die Fortführung der Apotheke nach § 13 Abs. 1 gestattet werden kann, ist dies erst recht einem Pächter zuzugestehen. Das Verfahren nach § 9 Abs. 1a unterliegt keinem Formerfordernis.

### VII. Nachvertragliche Wettbewerbsverbote

Pachtverträge dürfen keine **Konkurrenzklauseln** enthalten, die für die Zeit nach der Verpachtung über die schützenswerten Interessen des durch das Wettbewerbsverbot Berechtigten hinausgehen, BGH NJW 1964, 2203. Ein Wettbewerbsverbot, das sich auf mehr als 3 Jahre in einem Umkreis von 5 km bezieht, ist sittenwidrig i.S.d. § 138 BGB, OLG Stuttgart Urt. v. 12.08.1977 – 2 U 63/77. Auf gleichartige Konkurrentenschutzklauseln, die mit Dritten vereinbart wurden, muss nicht hingewiesen werden, BGH NJW 1982, 376. Konkurrenzklauseln sind bei Apothekenmietverträgen wegen Verstoßes gegen die guten Sitten nach § 138 Abs. 1 BGB nichtig, LG Hof APR 2005, 64, da sie über die schutzwürdigen Interessen des Begünstigten hinausgehen, OLG Stuttgart Urt. v. 24.01.1986 – 2 U 243/85. Dies gilt erst recht, wenn die Freiheit der Berufsausübung unzulässigerweise eingeschränkt wird, BGH NJW 1997, 3089 m.w.N., weil ein Mietvertrag über Mobiliar nicht mit einem Pachtvertrag über die Apothekenführung vergleichbar ist. 12

### VIII. Bewehrung

Nach § 25 Abs. 1 Nr. 2 handelt es sich um Ordnungswidrigkeiten, wenn auf der Grundlage eines gegen § 9 Abs. 1 verstoßenden Pachtvertrages Leistungen erbracht werden. Die Ordnungswidrigkeit resultiert in diesen Fällen nicht aus dem Abschluss des rechtswidrigen Pachtvertrages, bei dem die Verpachtungsberechtigung fehlt, sondern aus der Leistungserbringung auf dieser fehlerhaften Grundlage, vgl. *Kieser/Wesser/Saalfrank*, ApoG, Kommentar, Loseblatt Stand 2015, § 25 Rn. 13 f. Ein Verstoß gegen § 9 Abs. 2 ist nicht bußgeldbewehrt. Die Beteiligung an Ordnungswidrigkeiten wie Anstiftung, Beihilfe oder Mittäterschaft ziehen gemäß § 14 OWiG für alle Beteiligten eine Bewehrung als Ordnungswidrigkeit nach sich. Müssen allerdings besondere persönliche Merkmale erfüllt sein wie die Approbation des Pächters nach § 9 Abs. 2, kann nur dieser Täter oder Beteiligte ordnungswidrig handeln. Nach § 25 Abs. 3 kann das Bußgeld bis zu 20.000 € betragen. 13

## § 10 Bindung an Dritte

**Der Erlaubnisinhaber darf sich nicht verpflichten, bestimmte Arzneimittel ausschließlich oder bevorzugt anzubieten oder abzugeben oder anderweitig die Auswahl der von ihm abzugebenden Arzneimittel auf das Angebot bestimmter Hersteller oder Händler oder von Gruppen von solchen zu beschränken.**

### Übersicht

| | | Rdn. | | | Rdn. |
|---|---|---|---|---|---|
| A. | Normzweck | 1 | III. | Geschäftsmodelle | 4 |
| B. | Tatbestand | 2 | IV. | Arzneimittellieferung | 6 |
| I. | Rabattverträge | 2 | C. | Bewehrung | 7 |
| II. | Darlehensverträge | 3 | | | |

### A. Normzweck

Die Vorschrift dient der **Korruptionsbekämpfung**. Sie schützt die Unabhängigkeit von Arzneimittelfachleuten. Der Gesetzgeber geht von der Gefahr einer wirtschaftlichen Abhängigkeit nur bei Erlaubnisinhabern, nicht aber bei ihrem Personal aus. Nicht jede wirtschaftliche Abhängigkeit ist verboten, BGH NJW 2002, 2724, selbst wenn eine Einflussnahme in den Gewerbebetrieb erfolgt. Insbesondere der Einfluss von Darlehensgebern ist grundsätzlich zulässig. Dies gilt 1 allerdings dann nicht, wenn damit Eingriffe in die Arzneimittelversorgung verbunden sind. Für fehlerhaftes Handeln des Personals hat der Erlaubnisinhaber nach den allgemeinen Bestimmungen der §§ 278, 831 BGB einzustehen. § 10 verstößt nicht gegen Art. 12 GG, BVerfGE 17, 232, da es sich um eine sachgerechte Berufsausübungsregelung handelt, die die Eigenverantwortlichkeit des Apothekers und seine Entscheidungsfreiheit gegenüber anderen am Arzneimittelverkehr beteiligten Kreisen sicherstellt. Sie hilft eine Beschränkung der Arzneimittel zum Schaden einer geordneten Arzneimittelversorgung zu verhüten. Damit ist auch die gesellschaftsrechtliche Beteiligung eines Arztes an einer Zytostatika herstellenden Apotheke für Arzt und Apotheker unzulässig, OVG NRW Urt. v. 06.07.2011 – 6t A 1816/09.T; *Saalfrank*, Berufsübergreifende Kooperationen mit Apotheken, DAZ 2009 Nr. 45, S. 66.

## B. Tatbestand

### I. Rabattverträge

2   Mit **Rabattverträgen** wird die Apotheke zur Inanspruchnahme bestimmter Hersteller und ihrer Medikamente verpflichtet. Die Verträge werden auf der Grundlage der §§ 129, 130a Abs. 8 SGB V zwischen Krankenkassen, pharmazeutischen Herstellern und Apothekerverbänden geschlossen. Ein Verstoß gegen § 10 wird nicht gesehen, weil die Regelungsmaterien, Schutzkreise und Adressaten des SGB V und des ApoG nicht übereinstimmen. Außerdem sei bei der Vielzahl der eingebundenen Unternehmer eine Beschränkung auf nur wenige Arzneimittel mit der Norm vereinbar – vgl. auch *Kieser*, ApoR 2006, 45 ff. Eine Krankenkasse darf dem zufolge auch keine Vertragsstrafen gegenüber Apothekern verhängen, wenn zwar wirkstoffgleiche Präparate abgegeben worden sind, aber die Pharmazentralnummer (PZN) nicht richtig abgedruckt wurden, weil der Hersteller noch nicht lieferfähig war, SG Mannheim Urt. v. 20.01.2015 – S 9 KR 3065/13. Das LSG NRW Beschl. v. 03.09.2009 – L 21 KR 51/09 SFB hat die Vergaberechtswidrigkeit festgestellt, wenn die Vergabe von Einzelaufträgen, nämlich die Abgabe der von den Rabattverträgen erfassten Arzneimittel an die jeweiligen Versicherten durch den Apotheker nach Maßgabe der geltenden gesetzlichen und vertraglichen Regelungen erfolgt.

### II. Darlehensverträge

3   Der Einfluss von Darlehensgebern ist grundsätzlich zulässig. Dies gilt allerdings dann nicht, wenn damit Eingriffe in die Arzneimittelversorgung verbunden sind. Die Gewährung von **Herstellerkrediten** an Apotheken ist dementsprechend nicht zulässig, die von Geldinstituten ohne fachliche Einwirkungsmöglichkeiten schon.

### III. Geschäftsmodelle

4   Mit Beschl. v. 04.07.2013 – 1 ZR 195/12 hat der BGH eine Nichtzulassungsbeschwerde zurückgewiesen, mit der ein Geschäftsmodell entgegen § 10 akzeptiert werden sollte, bei dem Arzneimittel von zwei bestimmten pharmazeutischen Herstellern »**bevorzugt berücksichtigt**« werden sollten. Das war für die Fälle vorgesehen, in denen eine Substitution des verordneten Medikaments nicht ausgeschlossen und dem Apotheker Wahlfreiheit eingeräumt war. Als Gegenleistung sollten vergünstigte Einkaufskonditionen gewährt werden. Mit der Zurückweisung der Beschwerde bleibt das vorinstanzliche Urteil bestehen, mit dem der Verstoß des Geschäftsmodells gegen § 10 festgestellt wurde.

5   Das KG Urt. v. 11.09.2012 – 5 U 57/11, Tz. 46 ff., hat **Partnerprogramme** zwischen Arzneimittelherstellern und Apothekern, die den Apotheker durch finanzielle Vorteile dazu bewegen sollten, Arzneimittel des »Partners« bevorzugt abzugeben, ebenfalls als Verstoß gegen § 10 eingestuft. Die Einlösung von **gefälschten Rezepten** kann zum Verlust des gesamten Vergütungsanspruchs des Apothekers gegenüber der Krankenkasse führen, wenn die Fälschung hätte erkannt werden müssen. Dies wird unterstellt, wenn der Arzneimittelliefervertrag zwischen Krankenkassen und Apothekerverband *bestimmte* Vorgaben enthält, LSG Niedersachsen-Bremen Urt. v. 12.09.2007 – L 4 KR 242/05.

## IV. Arzneimittellieferung

Von der Vorschrift werden ausschließlich freiverkäufliche, apothekenpflichtige oder verschreibungspflichtige Arzneimittel erfasst und nicht das Nebensortiment der Apotheke. ist. Ausschließliches und bevorzugtes **Anbieten von Arzneimitteln** bestimmter Hersteller verbunden mit Rabatten genau für diese Produkte widerspricht der Verantwortung des Apothekers für eine ordnungsgemäße Arzneimittelversorgung. Durch Werbeverhalten Arzneimittelkonsum zu steigern, ist neben einem Verstoß gegen § 10 berufsrechtlich und insoweit ethisch verwerflich. Umgekehrt kann die gezielte Beschränkung auf die Ware bestimmter Hersteller, Händler oder Händlergruppen Patienten das notwendige Arzneimittelspektrum verwehren und ggf. besser geeignete Arzneimittel von der Therapie ausschließen. Selbst wenn der Apotheker durch Dritte zu diesem Verhalten veranlasst worden ist, trägt er die alleinige Verantwortung im Sinne des Gesetzes.

## C. Bewehrung

Verstöße gegen § 10 werden als Ordnungswidrigkeiten nach § 25 Abs. 1 Nr. 1 geahndet. Daneben können Ordnungsgelder durch Heilberufskammern und Heilberufsgerichte verhängt werden. Bei Beteiligungen an strafrechtlich relevanten Vergehen z.B. nach §§ 223 ff., 263, 266 StGB kommen Strafen der Strafgerichte in Betracht. Der Grundsatz »ne bis in idem« kommt in diesen Konstellationen nicht zum Tragen, da in allen Fällen unterschiedliche Rechtsgüter geschützt werden. Die berufsrechtliche Verurteilung schützt den Berufsstand des Apothekers als Heilberuf, das Strafrecht die allgemeine Rechtsordnung und die Verwaltung ahndet Verstöße gegen die ordnungsgemäße Arzneimittelversorgung, BVerfG NJW 1970; OVG Münster Urt. v. 22.01.1982 – 13 A 2543/80; OVG Münster Urt. v. 26.02.1986 – ZA 20/83.

## § 11 Rechtsgeschäfte, Absprachen

(1) Erlaubnisinhaber und Personal von Apotheken dürfen, soweit gesetzlich nichts anderes bestimmt ist, mit Ärzten oder anderen Personen, die sich mit der Behandlung von Krankheiten befassen, oder mit Dritten keine Rechtsgeschäfte vornehmen oder Absprachen treffen, die eine bevorzugte Lieferung bestimmter Arzneimittel, die Zuführung von Patienten, die Zuweisung von Verschreibungen oder die Fertigung von Arzneimitteln ohne volle Angabe der Zusammensetzung zum Gegenstand haben. Dies gilt auch für Rechtsgeschäfte oder Absprachen, die die Einlösung elektronischer Verordnungen zum Gegenstand haben. Die Sätze 1 und 2 gelten auch für Apotheken, die in einem anderen Mitgliedstaat der Europäischen Union oder in einem anderen Vertragsstaat des Abkommens über den Europäischen Wirtschaftsraum liegen, sowie deren Inhaber, Leiter oder Personal, soweit diese Apotheken Patienten in Deutschland mit Arzneimitteln versorgen.

(1a) Es ist für die in Absatz 1 Satz 1 genannten Dritten unzulässig, Verschreibungen, auch in elektronischer Form, zu sammeln, an Apotheken zu vermitteln oder weiterzuleiten und dafür für sich oder andere einen Vorteil zu fordern, sich einen Vorteil versprechen zu lassen, anzunehmen oder zu gewähren.

(2) Abweichend von Absatz 1 darf der Inhaber einer Erlaubnis zum Betrieb einer öffentlichen Apotheke auf Grund einer Absprache anwendungsfertige Zytostatikazubereitungen, die im Rahmen des üblichen Apothekenbetriebes. hergestellt worden sind, unmittelbar an den anwendenden Arzt abgeben.

(2a) Abweichend von Absatz 1 sind Absprachen und Vereinbarungen mit einer ärztlichen Einrichtung, die auf die Behandlung von Gerinnungsstörungen bei Hämophilie spezialisiert ist, zur Organisation des Notfallvorrats nach § 43 Absatz 3a des Arzneimittelgesetzes sowie zur unmittelbaren Abgabe der Arzneimittel zur spezifischen Therapie von Gerinnungsstörungen bei Hämophilie an den anwendenden Arzt zulässig. Die Organisation des Notfallvorrats kann auch durch eine Krankenhausapotheke sichergestellt werden; in diesem Fall darf die Krankenhausapotheke im Rahmen der Notfallversorgung Arzneimittel zur spezifischen Therapie von Gerinnungsstörungen bei Hämophilie auch an Patienten oder Einrichtungen der Krankenversorgung abgeben.

(3) Der Inhaber einer Erlaubnis zum Betrieb einer Krankenhausapotheke darf auf Anforderung des Inhabers einer Erlaubnis zum Betrieb einer öffentlichen Apotheke die im Rahmen seiner Apotheke hergestellten anwendungsfertigen Zytostatikazubereitungen an diese öffentliche Apotheke oder auf Anforderung des Inhabers einer Erlaubnis zum Betrieb einer anderen Krankenhausapotheke an diese Krankenhausapotheke abgeben. Dies gilt entsprechend für den Inhaber einer Erlaubnis zum Betrieb einer öffentlichen Apotheke für die Abgabe der in Satz 1 genannten Arzneimittel an eine Krankenhausapotheke oder an eine andere öffentliche Apotheke. Eines Vertrages nach § 14 Abs. 3 oder 4 bedarf es nicht.

(4) Im Falle einer bedrohlichen übertragbaren Krankheit, deren Ausbreitung eine sofortige und das übliche Maß erheblich überschreitende Bereitstellung von spezifischen Arzneimitteln erforderlich macht, a) findet Absatz 1 keine Anwendung auf Arzneimittel, die von den Gesundheitsbehörden des Bundes oder der Länder oder von diesen benannten Stellen nach § 47 Abs. 1 Satz 1 Nr. 3c des Arzneimittelgesetzes bevorratet oder nach § 21 Absatz 2 Nummer 1c des Arzneimittelgesetzes hergestellt wurden, b) gilt Absatz 3 Satz 1 und 2 entsprechend für Zubereitungen aus von den Gesundheitsbehörden des Bundes oder der Länder oder von diesen benannten Stellen bevorrateten Wirkstoffen.

| Übersicht | Rdn. | | Rdn. |
|---|---|---|---|
| A. Normzweck | 1 | 3. Patientenzuführung, Zuweisung von Verschreibungen | 5 |
| B. Tatbestand | 2 | | |
| I. Kooperationen | 2 | II. Zytostatika | 6 |
| 1. Therapeuten | 3 | III. Abgabe an Apotheken | 7 |
| 2. Rechtsgeschäfte, Absprachen | 4 | C. Bewehrung, Wettbewerb | 8 |

## A. Normzweck

1 Die Vorschrift ergänzt § 10 und verbietet (gesetzliches Verbot) insbesondere Absprachen mit Therapeuten, die Patienten an sich und eine bestimmte Apotheke binden wollen. Sie wurde um ein generelles Makelverbot von Verschreibungen erweitert. Zur Sicherung der Qualität und sachgerechten Versorgung mit besonders schwierig und aufwändig herzustellenden Arzneimitteln wie Zytostatikazubereitungen sind allerdings gesetzlich definierte Absprachen zulässig. Für die Palliativversorgung hat das Gesetz keine Ausnahmen vorgesehen, VG Chemnitz Urt. v. 16.04.2019 – 4 K 772/15. **Schutzgüter** der Norm sind die Wahlfreiheit der Patienten, die Unabhängigkeit des Erlaubnisinhabers einschließlich seines Personals, der Wettbewerb zu den Nachbarapotheken und die berufliche Integrität des Apothekerstandes, Landesberufsgericht für Heilberufe beim OVG NRW Urt. v. 12.11.1981 – ZA 3/79.

## B. Tatbestand

### I. Kooperationen

2 **Kooperationen** zwischen Apothekern und Dritten sind in der Regel nicht nur erlaubt, sondern erwünscht, soweit sie nicht gegen § 11 Abs. 1 verstoßen. Das Apothekenpersonal nach § 3 ApoBetrO ist in die Verbotsnorm einbezogen. Selbst wenn es keinen eigenen Nutzen aus der Kooperation zieht, hat es dafür einzustehen, wenn es den Verstoß gegen § 11 zu verantworten, ihn eingeleitet und begangen hat.

### 1. Therapeuten

3 Die Vorschrift spricht **Therapeuten** wie Ärzte, Zahnärzte, Psychotherapeuten, Heilpraktiker und Angehörige medizinischer Assistenzberufe an, soweit sie Verordnungen ausstellen oder Medikamente, Heil- und Hilfsmittel aus Apotheken beziehen lassen können. Dabei kommt es auf ihre

Möglichkeit der Zuführung von Patienten an bestimmte Apotheken an, OVG NRW APR 2001, 21. Der Kreis der »anderen Personen« ist weit zu fassen. Er kann nach der kritisch zu bewertenden Rechtsprechung des BGH Urt. v. 13.03.2014 – I ZR 120/13 sogar eine GmbH berechtigen, als Dienstleister Rezepte von Patienten in Krankenhäusern aufzunehmen und sie Apotheken zur Belieferung zukommen zu lassen. Der Apotheker hatte im konkreten Fall eine Kooperationsabrede mit einer GmbH darüber getroffen, dass zu entlassende Patienten aus der Klinik mit dort verordneten Arzneimitteln von der Kooperationsapotheke beliefert werden sollten. Dies verstoße nicht gegen das Abspracheverbot des § 11, auch wenn die Klinik eine Beteiligung an der GmbH halte – im konkreten Fall 40 % der Anteile. Geschäftszweck der GmbH war es, das zweifellos notwendige und zu unterstützende Entlassmanagement zu fördern. Mit dem Einverständnis der Patienten erhielt der Apotheker von der GmbH Vorabinformationen über die verordneten Medikamente per Fax. Er lieferte die Medikamente in die Klinik und erhielt im Gegenzug das entsprechende Originalrezept. Diese Rechtsprechung verkennt, dass die Tätigkeit der GmbH zum einen wie eine nicht genehmigte Rezeptsammelstelle agiert und wirkt. Zum anderen werden zwischen Klinik und GmbH bei einem Gesellschaftsanteil von 40 % sehr wohl unerlaubte Zuführungen von Patienten vorgenommen. Zudem wird das Entlassmanagement zum Eingriff in den Wettbewerb der Apotheken untereinander instrumentalisiert, so auch OLG Karlsruhe Urt. v. 14.06.2013 – 4 U 254/12. Die GmbH gehöre sehr wohl zu dem in § 11 angesprochenen Personenkreis, mit dem der Apotheker keine Absprachen treffen dürfe.

## 2. Rechtsgeschäfte, Absprachen

Der Begriff der **Rechtsgeschäfte** umfasst insbesondere Verträge mit Behandlern über eine bevorzugte Lieferung bestimmter Arzneimittel. Der Begriff **Absprache** ist nach Auffassung des OVG NRW Urt. v. 22.01.1982 – 13 A 2543/80, insoweit hinreichend bestimmt, als er zwei- oder mehrseitige Vereinbarungen umfasst, die im Gegensatz zu Rechtsgeschäften keinen klagbaren Anspruch auf Erfüllung begründen. Eine Absprache hat z.B. die Zuweisung von Verschreibungen zum Gegenstand, die nur in der Partnerapotheke unter Ausschluss anderer Apotheken eingelöst werden soll. Dem Begriff ist die Mitwirkung mehrerer Personen immanent, sodass ein mitwirkender Arzt zumindest Gehilfe des Apothekers ist, OVG NRW APR 2001, 20. Dies gilt auch, wenn die Patienten von Verschreibungszuweisungen keine Kenntnis haben oder dahingehend beeinflusst werden sollen, nur bestimmte Apotheken in Anspruch zu nehmen, LG Kassel APR 2003, 71. Eine Absprache kann auch darin liegen, dass Rezepte mit Duldung der Patienten regelmäßig von der Sprechstundenhilfe gesammelt und zur Apotheke gebracht werden, Pharmakanten der Apotheke gesammelte Rezepte aus der Arztpraxis abholen oder eine Rohrpostanlage zwischen Arztpraxis und Apotheke eingebaut wird, Bezirksberufsgericht für Apotheker Stuttgart Beschl. v. 16.04.1974 – 64/73. § 11 greift auch, wenn sich die Absprachen auf Arzneimittel beziehen, die der Apotheker und der beteiligte Arzt gemeinsam entwickelt haben, BVerwG NJW 1995, 1627. Die öffentlichen gesundheitlichen Interessen an der Offenbarung der Zusammensetzung des Arzneimittels überwiegen den Schutz des geistigen Eigentums des privaten Erfinders. Eine Ausnahme von § 11, die weder rechts- noch wettbewerbswidrig ist, besteht in der Zuführung von Drogenpatienten an bestimmte Apotheken, um den Therapieerfolg zu gewährleisten, OLG Schleswig Urt. v. 27.09.1994 – 6 U 27/94. Auch aus den allgemeinen Grundsätzen des rechtfertigenden Notstandes nach § 34 StGB oder der unterlassenen Hilfeleistung nach § 323c StGB darf der Apotheker auf Anforderung eines Arztes Arzneimittel ausliefern. Praxisteams dürfen Apotheken empfehlen, OVG NRW APR 2001, 54. Ärzte sind jedoch berufsrechtlich ausnahmslos verpflichtet, ihren Patienten in der Praxis die ausgestellten Rezepte auszuhändigen, Berufsgericht für Heilberufe beim VG Köln Urt. v. 29.03.1979 – 1T17(1)/78. Soweit von der Apotheke **Arzneimittel in Arztpraxen gelagert** werden, damit sie von dort unmittelbar an die Patienten mit Zahlungsverpflichtung gegenüber der Apotheke abgegeben werden können, liegt ein Verstoß gegen § 11 Abs. 1 vor. Handelt es sich allerdings um Zytostatika, kann dies nach § 11 Abs. 2 erlaubt sein, wenn die Zytostatikazubereitungen anwendungsfertig im Rahmen des üblichen Apothekenbetriebs hergestellt worden sind, Berufsgericht für die Heilberufe am LG Nürnberg-Fürth Urt. v. 29.02.2012 – BG-Ap 32/11. Dies ist in der Regel nicht der Fall, wenn größere Mengen auf Vorrat produziert und bei dem Arzt eingelagert worden sind. Soweit Apotheken am Versandhandel teilnehmen, erweitert sich der Begriff des apothekenüblichen Betriebs, so dass sich auch der Herstellungsumfang ändert. Selbst die Einschaltung von Lohnherstellern kann insoweit zulässig sein, als die Apotheke die volle Verantwortung für die patientenindividuellen Zytostatikapräparate behält und sie nicht als Fertigarzneimittel zu qualifizieren sind. Nicht erlaubt sind Geschäftsmodelle zwischen Apotheken und pharmazeutischen Herstellern, die eine **besondere Vergünstigung** wie die Abgabe zum Herstellerpreis gewähren, wenn damit die Verpflichtung verbunden ist, die Produkte dieses Herstellers bevorzugt abzugeben. Insoweit ist auch § 10 zu beachten. Ist die Vorgehensweise auf Aut-idem-Regelungen beschränkt, gilt nichts Abweichendes. Die Beteiligung von Apotheken an der besonderen Versorgung nach § 140a SGB V ist grundsätzlich möglich, wenn mit der eingegangenen vertraglichen Bindung keine Einnahmebeteiligung verbunden ist, vgl. grundsätzlich *Wigge/Kleinke*, Kooperative Berufsausübung zwischen Apothekern und anderen Gesundheitsberufen, MedR 2002, 391; Apotheker, die im Rahmen einer Rechtsanwaltsgesellschaft gutachterlich und beratend tätig sind, können geeignete Partner nach § 1 Abs. 1 und 2 PartGG sein, BGH Vorlagebeschl. v. 16.05.2013 – II ZB 7/11, NJW 2013, 2674. Nach Auffassung des BGH Urt. v. 26.04.2018 – ZR 121/17 verstößt eine niederländische Versandapotheke, die bei deutschen Gynäkologen für einen günstigen Bezug von Intrauterinpessaren und andere rezeptpflichtige Verhütungsmittel wirbt, die vom Arzt zu applizieren sind, nicht gegen deutsches Recht, da dieses nicht ist, § 73 Abs. 1 Nr. 1a AMG. Es sei auch ein Verstoß gegen § 11 auszuschließen, weil es sich um Applikationsarzneimittel handele, die ohnehin vom Arzt in der Praxis angewendet werden müssten.

**4a** Wenn in Heimen zugunsten einer bestimmten Apotheke Rezepte gesammelt werden, bedeutet dies die Einrichtung einer ungenehmigten gegen § 11 verstoßenden **Rezeptsammelstelle**, BGH NJW 1982, 1330, wenn den Patienten keine Wahlfreiheit eingeräumt und nicht darüber aufgeklärt wird. Bei Einverständnis zur Teilnahme am Heimversorgungsvertrag nach § 12a gelten differenzierte Regelungen, vgl. § 12a Rdn. 5. Ausnahmen vom Verbot einer über die Betriebsräume der Apotheke hinausgreifenden Betätigung des Apothekers sind in §§ 17 Abs. 2, 24 ApBetrO abgesehen von Notfällen abschließend geregelt. Weitergehende Absprachen über Hol- und Bringedienste zwischen Arzt und Apotheke sind wettbewerbswidrig. Wird ein derartiger Dienst speziell für hochpreisige Arzneimittel vereinbart, so verstößt dieses gegen das sog. **Ärztebevorzugungsverbot,** OLG Hamm GesR 2006, 572; Apotheker-Berufsgericht Niedersachsen Urt. v. 08.11.2000–BG 3/00. Die Exklusivwerbung in Arztpraxen für bestimmte Apotheken ist ebenfalls verboten, OLG Frankfurt Urt. v. 28.03.2014 – 6 U 2/13. Die Lieferung von Blutprodukten an Ärzte ist zulässig und stellt auch keine Umgehung des Vertriebsweges dar, LG Köln APR 1998, 16. Im Rahmen zulässiger Impfstofflieferungen ist die Übersendung von entsprechenden Preislisten an Ärzte erlaubt, OVG NRW APR 1998, 3. Soweit Absprachen über Hol- und Bringedienste Inhalt eines Kaufvertrages über eine Apotheke werden und die Gefahr besteht, dass diese durch den Erwerber fortgesetzt werden, kann der Kaufvertrag bei Vorliegen entsprechender Indizien sittenwidrig sein und zudem gegen Berufsrecht verstoßen. Liefert ein Apotheker einem Arzt Arzneimittel, die dieser als Sprechstundenbedarf deklariert, aber an Patienten abgibt und dafür der Apotheke kassenärztliche Verschreibungen aushändigt, die auf einzelne Patienten ausgestellt sind, liegt eine unzulässige Absprache über die Zuführung von Rezepten vor, Apotheker-Berufsgericht Niedersachsen Urt. v. 10.05.1974 – BG 3/74; Berufsgericht für Heilberufe beim VG Wiesbaden Urt. v. 21.05.1979–BG 3/78.

**4b** **Großhandelskooperationen** mit dem Apothekenversandhandel umfassen nicht die Auslagerung pharmazeutischer Tätigkeiten, VG Münster Beschl. v. 11.10.2019 – 5 L 724/19. Dies gilt auch für die Abwicklung von Retouren insbesondere bedenklicher Arzneimittel nach § 5 Abs. 1 AMG.

### 3. Patientenzuführung, Zuweisung von Verschreibungen

**5** Werbemaßnahmen zur **Patientensteuerung** sind nur dann verboten, wenn Rechtsgeschäfte und Absprachen vorausgehen. Dies gilt auch, wenn sie nicht detailliert ausgeführt sind, aber ihren Zweck erfüllen können. Dazu zählt die laufende Gefälligkeit, Verschreibungen in die Apotheke zu bringen oder die Arzneimittelbesorgung zu vermitteln. Mit der Entscheidung vom 14.02.2013 –13 A 2521/11 stellt das OVG NRW klar, dass ein Verstoß gegen § 11 Abs. 1 vorliegt, wenn eine Apotheke in erheblichem Umfang Verordnungen unmittelbar vom ausstellenden Arzt erhält und anschließend den Patienten die Arzneimittel aushändigt. Die Richter schlossen aus diesem Vorgehen »bei lebensnaher Betrachtung« auf eine »konkludente« Absprache zwischen Arzt und Apotheke über die Zuführung von Patienten. Eine Zustimmung der Patienten sei in diesem Fall zudem nicht ausschlaggebend, weil der Schutzzweck des § 11 Abs. 1 unterlaufen werde. Patienten könnten weder auf ihre Rezepte zugreifen noch ein Wahlrecht ausüben, sodass die medizinische unabhängige Arzneimittelwahl des Arztes und die Kontrollfunktion des Apothekers bei der Arzneimittellieferung nicht zwingend gewährleistet seien, so auch BGH Urt. v. 18.06.2015 – I ZR 26/14, der zusätzlich einen Wettbewerbsverstoß nach §§ 8, 3, 4 Nr. 11 UWG i.V.m. § 11 Abs. 1 bejaht. Eine Verwaltungsbehörde kann Ärzten die Zuführung von Patienten und die Zuweisung von Verschreibungen untersagen, wenn die verordneten Arzneimittel grundsätzlich in jeder Apotheke erhältlich sind, OVG NRW Urt. v. 02.09.1999 – 13 A 3323/97. Die einfache Bitte eines Arztes bzw. seines Personals an einen Patienten, das Rezept in einer bestimmten Apotheke einzulösen, erfüllt den Tatbestand des § 11 noch nicht zwingend. Das LG Freiburg/Breisgau hat im Urt. v. 31.10.2012 –1 O 139/12 erkannt, dass dann, wenn Krankenhaus und Apotheke über ein **unabhängiges Patientenmanagement** zueinander vermittelt werden, im Einzelfall keine unzulässige Absprache gegeben sein muss. Dies gelte insbesondere, wenn die rechtliche und wirtschaftliche Unabhängigkeit ohne jeglichen Einfluss auf die Geschäftsbeziehungen dargelegt werden könnten. Die Werbung für eine bestimmte Apotheke im Wartezimmer einer Arztpraxis ist dagegen unzulässig, LG Limburg Urt. v. 17.12.2012 – 5 O 29/11. Die Abgabe von Arzneimitteln ohne Angabe der Zusammensetzung, »**sine confectione**«, kann im Einzelfall therapeutisch bedingt sein. Eine regelmäßige Absprache dazu ist nicht erlaubt.

Mit der Einführung eines grundsätzlichen **Makelverbots** für Verschreibungen in den Abs. 1 Sätze 1 und 2 sowie Abs. 1a wollte der Gesetzgeber insbesondere vor dem Hintergrund der durch die Digitalisierung zunehmend vereinfachten Weiterleitung von Verordnungen mehrere Ziele erreichen (BT-Drs. 19/18793 S. 137). Durch kommerzielles Makeln sah er die Notwendigkeit, den Apothekenmarkt vor Verwerfungen zu schützen, die die Apothekenwahlfreiheit und die flächendeckende, wohnortnahe Versorgung gefährden könnten. Die gegen die Regelungen im einstweiligen Rechtsschutz erhobene Verfassungsbeschwerde wegen Verletzung des Art. 12 Abs. 1 GG wurde mit Beschl. des BVerfG v. 12.11.2020 – 1 BvR 2424/20 im einstweiligen Rechtsschutz ohne Auseinandersetzung mit den inhaltlichen Fragen nicht zur Entscheidung angenommen. Das Subsidiaritätsprinzip sei verletzt worden. Dem Beschwerdeführer könne gegen die gesetzliche Regelung eine negative Feststellungsklage zugemutet werden. *Braun*, PharmR 2020, 315 (319) rügt die zu weite Fassung der Regelung und fordert eine einschränkende Auslegung. 5a

## II. Zytostatika

**Zytostatikazubereitungen** sind in der Regel besonders aufwändig, bedürfen einer speziellen Zusatz- und Schutzausstattung der Apotheke, *Cyran/Rotta*, Apothekenbetriebsordnung, § 4 Rn. 24 ff., 86 ff. Die Auftragsherstellung zur Abgabe unmittelbar an den verordnenden und anwendenden Arzt ist ausdrücklich zugelassen. Es bedarf dazu einer formfreien, ggf. auch nur mündlichen Absprache zwischen Hersteller und Empfänger. Eine räumliche Lieferbegrenzung gibt es nicht, sodass die Absprachen auch landes- und bundesweit getroffen werden können. Entscheidende Inhalte sind die Festlegung der Herstellung bestimmter Zytostatika und ihre regelmäßige Belieferung an den anwendenden Arzt. Die Restriktionen des § 14 gelten nicht. Es ist unerheblich, ob die herstellende Apotheke eine öffentliche, eine krankenhausversorgende oder eine Krankenhausapotheke ist. Letztere kann Auftragsherstellern freie Kapazitäten zur Zytostatikaherstellung anbieten. Einer Herstellungserlaubnis nach § 13 Abs. 1 AMG bedarf es nicht, soweit der übliche Apothekenbetrieb nicht überschritten wird, § 13 Abs. 2 AMG. Dies gilt für öffentliche und Krankenhausapotheken gleichermaßen. Eine Vorratsproduktion für Ärzte zur auch nur kurzfristigen Lagerung in der Praxis ist nicht zulässig. Die Belieferung des Arztes muss zur unmittelbaren Anwendung an bestimmten 6

## § 11a ApoG  Versandhandel

Patienten führen. Die Auslagerung von Laboren zur Zytostatikaherstellung ist zulässig, aber genehmigungspflichtig, *Plassmeier/Höld*, APR 2008, 89.

### III. Abgabe an Apotheken

7   Zytostatika dürfen von Herstellerapotheken auch an andere öffentliche und Krankenhausapotheken abgegeben werden. Das **Herstellerkontingent** darf den Bedarf des üblichen Apothekenbetriebs der Empfängerapotheken nicht übersteigen. Eine Vorratsbelieferung ist nicht zulässig. Die Zubereitungen werden zwar anwendungsfertig hergestellt, behalten aber den Charakter einer Rezeptur und sind keine Fertigarzneimittel. Soweit Lösungsmittel und Wirkstoff in einer Zubereitungsform getrennt aufbewahrt und erst unmittelbar vor der Applikation vom Anwender miteinander vermischt werden dürfen, gilt die Aufbewahrungsform als anwendungsfertig. Die Herstellung für andere Apotheken erfolgt ausschließlich auf formfreie Anforderung hin. Dauerhafte Liefervereinbarungen müssen nicht geschlossen werden. Verträge nach § 14 Abs. 3 und 4 sind nicht erforderlich. Die Belieferung der anfordernden Apotheke verlangt nach dem Gesetz keine Vorlage einer Verordnung. Die Abgabe der Zubereitung an den Anwender oder Endverbraucher erfolgt durch die anfordernde Apotheke. In dem nach § 11a auch für Zytostatika zulässigen Versandhandel erweitern sich der Adressatenkreis für die patientenindividuellen Zubereitungen und ihre Lieferberechtigungen grundsätzlich. Derartige Rezepturen werden durch einen erweiterten Empfängerkreis nicht automatisch zum Fertigarzneimittel. Zur Rechtsprechung bei Betrug mit Zytostatika vgl. BGH Urt. v. 05.12.2014 – BGH 5 StR 136/14.

### C. Bewehrung, Wettbewerb

8   Ein Verstoß gegen § 11 rechtfertigt den Widerruf der Erlaubnis, wenn daraus die Unzuverlässigkeit des Erlaubnisinhabers hervorgeht (OVG NRW Urt. v. 22.01.1982 – 13 A 2543/80) und kann zugleich einen Verstoß gegen § 1 UWG bedeuten, BGH GRUR 1981, 280. Einem konkurrierenden Apotheker, der hierdurch Umsatzeinbußen erlitten hatte, wurde ein Anspruch auf Schadensersatz gegen den Arzt zugesprochen. Allerdings hat ein Apotheker, der ein behördliches Einschreiten wegen vermeintlicher Absprachen gegen seinen Konkurrenten fordert, keinen Anspruch darauf, wenn nicht konkrete Anhaltspunkte für entsprechende Verstöße benannt werden, VG Augsburg Urt. v. 15.10.2013 – Au 1 K 13.1211. Die Bewehrung als Ordnungswidrigkeit ergibt sich aus § 25 Abs. 1 Nr. 2 und Abs. 3. Die Geldbuße kann bis zu 20.000 € betragen.

## § 11a Versandhandel

Die Erlaubnis zum Versand von apothekenpflichtigen Arzneimitteln gemäß § 43 Abs. 1 Satz 1 des Arzneimittelgesetzes ist dem Inhaber einer Erlaubnis nach § 2 auf Antrag zu erteilen, wenn er schriftlich oder elektronisch versichert, dass er im Falle der Erteilung der Erlaubnis folgende Anforderungen erfüllen wird:
1. Der Versand wird aus einer öffentlichen Apotheke zusätzlich zu dem üblichen Apothekenbetrieb und nach den dafür geltenden Vorschriften erfolgen, soweit für den Versandhandel keine gesonderten Vorschriften bestehen.
2. Mit einem Qualitätssicherungssystem wird sichergestellt, dass
    a) das zu versendende Arzneimittel so verpackt, transportiert und ausgeliefert wird, dass seine Qualität und Wirksamkeit erhalten bleibt,
    b) das versandte Arzneimittel der Person ausgeliefert wird, die von dem Auftraggeber der Bestellung der Apotheke mitgeteilt wird. Diese Festlegung kann insbesondere die Aushändigung an eine namentlich benannte natürliche Person oder einen benannten Personenkreis beinhalten,
    c) die Patientin oder der Patient auf das Erfordernis hingewiesen wird, mit dem behandelnden Arzt Kontakt aufzunehmen, sofern Probleme bei der Medikation auftreten und
    d) die Beratung durch pharmazeutisches Personal in deutscher Sprache erfolgen wird.
3. Es wird sichergestellt, dass

a) innerhalb von zwei Arbeitstagen nach Eingang der Bestellung das bestellte Arzneimittel versandt wird, soweit das Arzneimittel in dieser Zeit zur Verfügung steht, es sei denn, es würde eine andere Absprache mit der Person getroffen, die das Arzneimittel bestellt hat, soweit erkennbar ist, dass das bestellte Arzneimittel nicht innerhalb der in Satz 1 genannten Frist versendet werden kann, ist der Bestellter in geeigneter Weise davon zu unterrichten,
b) alle bestellten Arzneimittel geliefert werden, soweit sie im Geltungsbereich des Arzneimittelgesetzes in den Verkehr gebracht werden dürfen und verfügbar sind,
c) für den Fall von bekannt gewordenen Risiken bei Arzneimitteln ein geeignetes System zur Meldung solcher Risiken durch Kunden, zur Information der Kunden über solche Risiken und zu innerbetrieblichen Abwehrmaßnahmen zur Verfügung steht,
d) eine kostenfreie Zweitzustellung veranlasst wird,
e) ein System zur Sendungsverfolgung unterhalten wird und
f) eine Transportversicherung abgeschlossen wird.

Im Falle des elektronischen Handels mit apothekenpflichtigen Arzneimitteln gilt Satz 1 mit der Maßgabe, dass die Apotheke auch über die dafür geeigneten Einrichtungen und Geräte verfügen wird.

### Übersicht

| | Rdn. | | Rdn. |
|---|---|---|---|
| A. Normzweck | 1 | b) Zustellung, Zweitzustellung, Versendungszeitpunkt | 11 |
| B. Anwendungsbereich | 2 | c) Fachliche Betreuung | 16 |
| C. Tatbestand | 3 | 3. Werbung, Lieferumfang, Preisbindung, Selbstbedienung | 17 |
| I. Versand | 3 | a) Werbung | 17 |
| II. Versandhandelserlaubnis | 4 | b) Lieferumfang | 18 |
| 1. Antrag | 5 | c) Preisbindung | 19 |
| 2. Antragsteller | 6 | d) Selbstbedienung | 19a |
| III. Versandhandelsvoraussetzungen | 7 | IV. Widerruf der Bestellung | 20 |
| 1. Üblicher Apothekenbetrieb | 8 | D. Berufsrechtliche Relevanz | 21 |
| 2. Qualitätssicherungssystem | 9 | E. Bewehrung | 22 |
| a) Adäquater Arzneimitteltransport | 10 | | |

### A. Normzweck

**Versandhandel** ergänzt die Aufgaben der Präsenzapotheke. Er darf in Deutschland nur von dort aus mit entsprechender Zusatzerlaubnis, OVG NRW Beschl. v. 02.05.2016 – 13 B 284/16, betrieben werden. § 11a stellt eine Marktverhaltensregel dar, OLG Naumburg Urt. v. 09.11.2019 – 9 U 6/19, Zielrichtung der Norm sind Arzneimittelsicherheit und Patientenschutz.

### B. Anwendungsbereich

**Versandhandel** ist mit freiverkäuflichen, apothekenpflichtigen und verschreibungspflichtigen Arzneimitteln zulässig, BGH, MIR 03/2008. Er ist nicht von der Vorgabe befreit, Rx-Arzneimittel erst bei Vorliegen der Originalrezeptur liefern zu dürfen. Auch **Defekturarzneimittel** und verlängerte Rezepturen, also Rezepturen, die keine Einzelanfertigung darstellen, sondern die »Hunderterregel« des § 21 Abs. 2 AMG nutzen, dürfen im Versandhandel abgegeben werden, LG München APR 2008, 155; OLG Hamburg APR 2008, 92; BGH Urt. v. 14.04.2013 – I ZR 129/09. Die Abgabe von Defekturarzneimitteln muss aber auf den üblichen Apothekenbetrieb bezogen sein. Eine räumliche Beschränkung gibt es nicht, obwohl Defekturen nicht der Zulassung unterliegen, BGH Urt. v. 14.04.2011 – I ZR 129/09. § 11a ist auf Haupt-, Filial- und Zweig- und Notapotheken anwendbar, nicht dagegen auf Krankenhaus- und Bundeswehrapotheken, §§ 11a Nr. 1, 15. Durch die Zulassung des Versandhandels ist auch die Abgabe von Arzneimitteln über einen Außenschalter der Apotheke zulässig geworden; denn § 11a verlangt nicht mehr die körperliche Anwesenheit von Apotheker und Kunde in einem Raum bei der Arzneimittelabgabe, BVerwG Urt. v. 14.04.2005 – 3 C

# § 11a ApoG  Versandhandel

9.04. Versandhandel kann auch von ausländischen Apotheken nach Deutschland erlaubt sein, selbst wenn im Ausland das Vorhandensein einer Präsenzapotheke nicht Voraussetzung ist, vgl. BGH GesR 2008, 215. Dazu bedarf es bilateraler zwischenstaatlicher Vereinbarungen. Das BMG informiert auf seiner Homepage über das beim DIMDI geführte Versandhandelsregister regelmäßig über berechtigte ausländische Apotheken und ausländische Händler, die ein entsprechendes Sicherheitslogo führen müssen, vgl. zur rechtlichen Problematik WD Deutscher Bundestag 9–3000 –067/20 v. 03.09.2020. Zugelassen ist mit Stand 01.01.2021 der Versand aus Island, den Niederlanden, Schweden, Tschechien und dem Vereinigten Königreich. Eingeschränkter Versand ist möglich aus Tschechien mit nicht verschreibungspflichtigen und aus Schweden mit verschreibungspflichtigen Arzneimitteln. Für den Versand aus den Niederlanden besteht wie in Deutschland die Bindung an eine Präsenzapotheke. Nicht zulässig ist der Versandhandel apothekenpflichtiger Arzneimittel nach § 11a, § 43 Abs. 1 Satz 1 AMG von einer Versandhandelsplattform aus, die keine Apotheke i.S.d. § 1 darstellt, OLG Naumburg Urt. v. 09.11.2019 – 9 U 6/19. Da § 11a eine Marktverhaltensregel darstellt, ist das Vorgehen auch wettbewerbswidrig i.S.d. § 8 UWG.

## C. Tatbestand
### I. Versand

3  **Versand** von Arzneimitteln bedeutet »die Übermittlung von Waren auf Veranlassung des Versenders an den Besteller durch ein vom Versender beauftragtes (Logistik-) Unternehmen mittels dazu geeigneter Transportsysteme«, OVG NRW GesR 2005, 474. Der Begriff Versand setzt die individuelle Zustellung an die Empfängeradresse nicht voraus, BVerwG MedR 2008, 572. Er umfasst die Auslieferung über einen Bestell- und Abholservice an definierten Orten mit langen Öffnungszeiten, sog. **Pick-up-Stellen**. Die Arzneimittelabgabe gilt dabei als in der Versandapotheke erfolgt. Pick-up-Stellen seien mit Versandorganisationen wie Post, Bahn oder Frachtunternehmen vergleichbar. Der Zugriff auf Arzneimittel durch Dritte in der Abholstelle werde durch geeignete verschlossene Lagerräume und ausgewähltes Zugriffspersonal verhindert. Ein Pick-up-Modell, bei dem eine inländische Apotheke auf Bestellung ihrer Kunden Arzneimittel aus einer Apotheke des EU-Auslands bezieht und die bestellten Medikamente mit Rechnung dieser ausländischen Apotheke an den Kunden weitergibt, hat das BVerwG Urt. v. 26.02.2015 – 3 C 30.13 – ebenfalls als zulässig angesehen und darin auch keinen Verstoß gegen § 7 gesehen, weil die abgebende inländische Apotheke die volle Verantwortung einschließlich der Beratung für das Inverkehrbringen des Arzneimittels übernehme. Es handele sich um eine der Apotheke gestattete Verkaufsmodalität. Die Sammlung von Verschreibungen oder sonstigen Arzneimittelbestellungen ist im Rahmen des Versandhandels erlaubt. Für die Nutzung von Pick-up-Stellen darf nicht mit Zugaben geworben werden. Die Auffassung des BSG Urt. v. 24.01.2013 – B 3 KR 11/11 R, GmS-OGB Beschl. v. 22.08.2012 – GmS-OGB 1/10, dass die Arzneimittelpreisverordnung auch für ausländische Versandapotheken gelte, wurde mit der Entscheidung EuGH Urt. v. 19.10.2016 – C-148/15 – als EU-Rechtsverstoß zugunsten des freien Warenverkehrs gekippt. Rx-Boni sind ausländischen Versandapotheken erlaubt, während sie deutschen Apotheken verboten sind. Wird in einem Ärztehaus eine Sammlung von Rezepten vorgenommen, indem ein Briefkasten mit Hinweis auf die schnelle Belieferung durch eine bestimmte Apotheke ausgehängt ist, handelt es sich nicht um eine Pick-up-Stelle, sondern eine ungenehmigte **Rezeptsammelstelle**, AG Frankfurt am Main Urt. v. 28.10.2010 – 943 OWi – 8940 Js OWi 229403/10. Pick-up-Stellen ausländischer Versandapotheken sind auch in inländischen Apotheken zulässig, BGH, MedR 2012, 800. Ihr Vorgehen verstößt nicht gegen das Verbringungsverbot des § 73 Abs. 1 Satz 1 AMG. Mit der Entscheidung BVerwG Urt. v. 23.04.2020 – 3 C 16/18 ist eine Wende in der verwaltungsgerichtlichen Rechtsprechung eingetreten. Das BVerwG sieht die Einrichtung von Rezeptsammelstellen ausdrücklich als von einer Versandhandelserlaubnis umfasst an. Die Sammlung von Bestellungen und Rezepten in Briefkästen in Eingangsbereichen von Supermärkten subsumiert das Gericht unter den Begriff des zulässigen Versandhandels. Nicht erlaubt sind Barrabatte, wenn inländische Apotheken ausländische Arzneimittel außerhalb des deutschen Preisrechts abgeben, OLG München Urt. v. 28.10.2010 – 6 U 2657/09. Erlaubter Versandhandel liegt auch vor, wenn eine **Co-Box** (Bildschirmberatung) mit einer Pick-up-Stelle in einem Drogeriemarkt vorhanden

ist, VGH Kassel Beschl. v. 15.03.2012 –7 B 371/12. Das BVerwG NJW 2005, 3736, hat zudem unter Bezugnahme auf § 11a seine Haltung zur Abgabe von Arzneimitteln an Außenschaltern von Apotheken gelockert. Der vom Apotheker weisungsberechtigt abhängige **Botendienst** nach § 17 Abs. 2 ApoBetrO hat Ausnahmecharakter, keine eigene Handlungs- und Beratungskompetenz und ausschließliche Überbringungsfunktion im Auftrag der Apotheke – vgl. WD 9 -3000–075/ 16, 2016. Dagegen wird der Versandhandel zu einer regelmäßigen Lieferberechtigung nach § 11a konzessioniert.

## II. Versandhandelserlaubnis

Versandhandel steht als Form der Arzneimittelabgabe unter einem präventiven Verbot mit Erlaubnisvorbehalt. Obwohl ausschließlicher Versandhandel in Deutschland nicht ausdrücklich verboten sei und die Gefahr der schlechteren Versorgung der Bevölkerung in sich berge, sei aus dem Wortlaut des § 11a Nr. 1 nicht sicher abzuleiten, dass der Versandhandel nur zusätzlich zum üblichen Apothekenpräsenzbetrieb aufgenommen werden dürfe, BGH Urt. v. 19.07.2012 – I ZR 40/11. Diese Auffassung ist angesichts des Wortlauts von § 11a Satz 1 Nr. 1 erstaunlich, denn dort ist festgelegt, dass der »Versand aus einer öffentlichen Apotheke *zusätzlich* zum üblichen Apothekenbetrieb« erfolgen wird. Dies impliziert, dass eine Präsenzapotheke zulässigerweise betrieben werden muss, damit der Versand »zusätzlich« erfolgen kann – so auch das Verständnis von *Rixen/Krämer*, ApoG § 11a Rn. 18 f.. Die Vorgaben des § 11a ergänzen die Anforderungen an die Arzneimittelabgabe im Hinblick auf die besonderen Belange des Versands.

### 1. Antrag

Der **Antrag** auf Erlaubniserteilung ist grundsätzlich form- und fristfrei. Für die Versicherung der Anforderungen nach § 11a Nr. 1 bis 3 ist Schriftform erforderlich, § 126 BGB, wobei die elektronische Form zwischenzeitlich ebenfalls ausreicht. Eine eidesstattliche Versicherung i.S.d. § 27 VwVfG wird nicht gefordert. Ein Verstoß gegen die Vorgaben des § 11a ist nicht bewehrt, kann allerdings zu Rücknahme oder Widerruf der Erlaubnis führen, § 49 VwVfG. Ein Antrag darf nach OVG Sachsen-Anhalt Urt. v. 14.10.2010 – 2 L 245/08 dann nicht positiv beschieden werden, wenn nahezu alle pharmazeutischen Tätigkeiten bis auf die Endkontrolle vor Abgabe auf einen **externen Dienstleister** ausgelagert worden sind. Die Eigenverantwortung des Apothekers ist dann nicht mehr gegeben.

### 2. Antragsteller

**Antragsteller** können alle Träger öffentlicher Apothekenarten mit gültiger Betriebserlaubnis nach § 2 sein, nicht dagegen Träger von Krankenhausapotheken, § 11a Abs. 1 Nr. 1, Bundeswehrapotheken nach § 15 oder Drogeriemarktketten, LG Düsseldorf APR 2005, 106. Bei Filialapotheken knüpft die Versandhandelserlaubnis an die Erlaubnis der Hauptapotheke an und gilt für alle betriebenen Filialapotheken. Bei **Zweigapotheken** wird die Versandhandelserlaubnis dem Inhaber der Hauptapotheke und nicht dem Verwalter der Zweigapotheke nach § 16 Abs. 2 erteilt. Bei einer **Verwaltung** nach § 13 erhält der Verwalter die Versandhandelserlaubnis. Bei einer Notapotheke nach § 17 erhält die Gemeinde oder der Gemeindeverband die Versandhandelserlaubnis.

## III. Versandhandelsvoraussetzungen

Die zum Versandhandelsbetrieb erforderlichen **Voraussetzungen** sind abschließend in § 11a Nr. 1 bis 3 aufgeführt. Sie müssen weder zum Zeitpunkt der Antragstellung noch der Erlaubniserteilung vorliegen, sondern erst mit der tatsächlichen Aufnahme des Versandhandels. Dazu rechnet jede notwendige Vorbereitungshandlung mit Außenwirkung wie z.B. die Bekanntmachung des Versandangebotes. Die Raumausstattung ist eine interne Vorbereitungshandlung und hat keine Außenwirkung. Die Erlaubnis wird in der Regel unter einer aufschiebenden Bedingung der Realisierung der Vorgaben des § 11a erteilt.

## § 11a ApoG   Versandhandel

### 1. Üblicher Apothekenbetrieb

8   Zum Versand sind grundsätzlich alle **Produkte** zugelassen, die zum Versand geeignet sind. Zu beachten ist insoweit die veränderte Regelung zum Widerrufsrecht nach § 316g BGB – vgl. Rdn. 20. Nicht geeignet bzw. infolge beschränkter Haltbarkeit abhängig von der Transportart und -dauer sind insbesondere folgende Arzneimittelgruppen: Flüssige Zubereitungen von Zytostatika, Insuline und Impfstoffe, radioaktive Arzneimittel sowie verkehrs- und verschreibungsfähige Betäubungsmittel im Sinn der Anlage III BtMG. Thalidomid-haltige Medikamente und die »Pille danach« sind vom Versand wegen ihres hohen Beratungsbedarfs ausgeschlossen. Dazu informiert das BMG auf seiner Homepage vgl. § 11a Rdn. 3. Die Versendung von Arzneimitteln nach Deutschland aus nach hiesigem Recht nicht qualitätsgesicherten ausländischen Apotheken ist nicht ausgeschlossen und bedeutet für die Besteller ein erhöhtes Arzneimittelsicherheitsrisiko.

### 2. Qualitätssicherungssystem

9   Das **Qualitätssicherungssystem** muss insbesondere drei Bereiche umfassen: Den adäquaten Arzneimitteltransport, die Zustellung an den richtigen Besteller und die fachliche Betreuung der Patienten. Das Verfahren muss festlegt, standardisiert und reproduzierbar sein. Es ist regelmäßig zu evaluieren. Besonderheiten müssen im Bedarfsfall mit geeigneten Maßnahmen bedient und dokumentiert werden. Mitarbeiter sind zu schulen.

#### a) Adäquater Arzneimitteltransport

10   Für apothekenpflichtige und nicht apothekenpflichtige Arzneimittel gelten die §§ 73 Abs. 1 Satz 1 Nr. 1a Fall 1, 43, 46 AMG sowie die Verordnung über apothekenpflichtige und frei verkäufliche Arzneimittel. Die Arzneimittelqualität und -wirksamkeit, die Darreichungsform, Ansehnlichkeit, äußere Verpackung, Beschriftung, Beigabe geeigneter Gebrauchsanweisungen und der Schutz vor unbefugtem Zugriff sind sicherzustellen. Notwendige Kühlketten sind einzuhalten. Versandlogistik, Transportverpackung und -sicherung, die sachgerechte Auslieferung und bei Nutzung von Pick-up-Stellen, die fachliche Überprüfung deren Eignung in fachlicher und personeller Hinsicht sind verpflichtend. Reine **Versendungsmaßnahmen** wie Verpacken, Beschriften und Transport können von der Versandapotheke und ihrem Personal (eigenen Boten) selbst oder von Dritten vorgenommen werden. Bedient sich die Versandapotheke z.B. der Bahn, der Post, eines Spediteurs oder Frachtführers, geht die Transportverantwortung auf diese über, da insoweit keine pharmazeutische Tätigkeit vorliegt. Beim **Outsourcing** von pharmazeutischen Schritten trägt die Versandapotheke die Verantwortung für die Versendung. Sie kann sie nicht auf Personal anderer Apotheken oder des Verpackungsunternehmens delegieren. Der Zugriff auf versandte Arzneimittel beim Empfänger ist keine Form der **Selbstbedienung**, VG Aachen APR 2008, 75, da die Arzneimittelauswahl vor Zugang an den Berechtigten von der Apotheke getroffen worden ist.

#### b) Zustellung, Zweitzustellung, Versendungszeitpunkt

11   Die Zustellung an den **richtigen Adressaten** ist durch besondere Vorkehrungen zu gewährleisten. Der Adressat kann Empfangsbevollmächtigte bestellen, § 130 BGB, oder eine Abholung durch Dienstleistungs- oder Versorgungsunternehmen beauftragen, OLG Köln APR 2002, S. 92; APR 2002, 119. Die Vorschrift ist auf geschäftsähnliche Dienstleistungen entsprechend anwendbar, BGH NJW 1987, 2236. Eine Zustellung durch Niederlegen oder eine Abgabe an juristische Personen ist nicht zulässig. Der Versandhandel nach **Österreich** ist trotz des dortigen Versandhandelsverbots erlaubt, Oberster Gerichtshof Österreichs Beschl. v. 27.03.2012 – 4 Ob 13/12h, da das absolute Verbot in Österreich gegen Gemeinschaftsrecht verstößt.

12   Eine kostenfreie **Zweitzustellung** muss vorgenommen werden, wenn eine persönliche individuelle Zustellung vereinbart worden ist und der erste Versuch fehlgeschlagen ist, § 11a Nr. 3d. Die Zweitzustellung ist in angemessenem zeitlichem Zusammenhang zu veranlassen, auch wenn der Besteller eine erneute Zustellung nicht erbeten hat. Je nach Dringlichkeit der Versorgung und ggf.

entsprechender Vereinbarung dürften Zeiträume zwischen einer und 5 Stunden angemessen sein. Die Versandapotheke darf Besteller nicht aus Bequemlichkeits- oder Kostengründen veranlassen, auf eine angemessene Zustellungsfrist zu verzichten. Die Vorgehensweise ist zu dokumentieren. Der Empfänger kann auf seine individuelle Zustellung verzichten und einen Abholservice in Anspruch nehmen, BGH MedR 2008, 572.

Der **Versendungsvorgang** ist innerhalb von 2 Arbeitstagen einzuleiten. Der Zugangszeitpunkt kann später liegen. Die Apotheke muss in geeigneter Weise mitteilen, wenn sie die gesetzliche Frist des § 11a Nr. 3a nicht einhalten kann. Dies ist schriftlich, fernmündlich, durch Telefax, durch Boten, auf elektronischem Wege oder durch sonstige Medien zulässig. Der Besteller muss einschätzen können, ob er das Eintreffen des Arzneimittels abwarten kann oder will. Abweichende Versandtermine können vereinbart werden. Arbeitstage im Sinne der Vorschrift sind alle Wochentage mit Ausnahme von Sonn- und Feiertagen. Innerbetriebliche freie Tage gelten als Arbeitstage. 13

Die **Sendungsverfolgung** ist mit einem geeigneten System zu dokumentieren. Die Gefahr des Untergangs geht mit Absendung auf den Besteller über, § 447 BGB. Aus dem Bestellvorgang muss nach außen deutlich erkennbar sein, dass der beteiligte Apotheker allein dafür verantwortlich ist, LG Wiesbaden Urt. v. 07.12.2011 – 11 O 29/11. 14

Unterlassene Hilfeleistung nach § 323c StGB kann der Apothekenleitung vorgeworfen werden, wenn von der Versandapotheke zu vertretende zeitliche **Verzögerungen** zu einer Gefährdung oder Schädigung des Patienten führen. Dies gilt auch für verspätete Arzneimittelabgaben aus der Präsenzapotheke. Mit der Rezeptübernahme erhält der Apotheker eine Garantenstellung, die ihn zu unverzüglichem Handeln zwingt. 15

c) **Fachliche Betreuung**

Die **fachliche Betreuung** der Patienten ist unverzichtbar, zumal diese i.d.R. nicht erkennen und bewerten können, ob Zustellungsverzögerungen für die Therapie vertretbar sind. Dazu gehört insbesondere die Beratung nach § 3 Abs. 4 und 5 ApBetrO als pharmazeutische Tätigkeit, die ggf. telefonisch oder durch andere Kommunikationsmedien grundsätzlich in deutscher Sprache sicherzustellen ist. Maßgebend ist der Beratungswunsch der Besteller. Die ApBetrO unterscheidet insoweit nicht zwischen dem Vorgehen in der Präsenz- und Versandapotheke, so der AATB, DAZ Online v. 06.03.2013. Bei Versandapotheken ist dem Apotheker zuzumuten, den Beratungsbedarf von Patienten und Kunden abzufragen und Erleichterungen wie bestimmte Zeiten telefonischer Beratungen anzubieten. Eine Beratung darf für die Patienten und Kunden von in- und ausländischen Versandapotheken nicht gebührenpflichtig sein, BGH Urt. v. 19.07.2012 – I ZR 40/11. Es ist andererseits wettbewerbsrechtlich unzulässig und verstößt gegen § 7 HWG, für die Beratung eine Beratungsprämie anzubieten, OLG Celle Beschl. v. 18.05.2010 – 13 U 151/09. 16

3. **Werbung, Lieferumfang, Preisbindung, Selbstbedienung**

a) **Werbung**

Krankenkassen dürfen gegenüber ihren Versicherten nicht für Versandapotheken insbesondere mit der Nennung ihrer Adressen, der Ermäßigung bei Zuzahlungen und der Weitergabe von Versichertenadressen **werben**, LSG Hessen APR 2007, 104. Der Arzneilieferungsvertrag zwischen Krankenkassen und Apothekerverband ist einzuhalten und darf nicht zugunsten einzelner Apotheken, Ärzte und Ärztenetze aufgeweicht werden, OLG Düsseldorf APR 2009, 9. Eine Werbung Dritter für eine Internetapotheke, die einen Verzicht auf die Zuzahlung bei der Erstbestellung verschreibungspflichtiger Medikamente verspricht, ist rechtswidrig, LG Hamburg APR 2006, 146. Eine Werbung der Krankenkassen für Internetapotheken ist mit dem Hinweis, dass Patienten kein Nachteil bei der freien Wahl ihrer Apotheke entstehe, zugelassen, LSG Hamburg Beschl. v. 01.08.2007 – L 1 KR 16/06. Der EuGH akzeptiert eine **Internetwerbung** für apothekenpflichtige Arzneimittel in angemessenen Umfang, EuGH EuZW 04, 131, da er sie mit Art. 88 Abs. 1 Gemeinschaftskodex als vereinbar ansieht. Für verschreibungspflichtige Arzneimittel findet § 8 HWG Anwendung. In 17 der Rechtssache EuGH – C-514/19 gesteht der EuGH den Mitgliedstaaten zu, Werbebeschränkungen auch für den grenzüberschreitenden Arzneimittelversand erlassen zu dürfen. Der Gesundheitsschutz rechtfertigt Verbote insbesondere dann, wenn sie Mehr- und Fehlgebrauch von Arzneimitteln fördern können. Gegen ein Versandhandelsunternehmen in Form einer juristischen Gesellschaft, das Ärzte auffordert, Patientenbroschüren zu bestellen und weiterzugeben, die mit wettbewerbswidrigen Inhalten wie der Werbung mit Boni und Rabatten versehen sind, besteht ein Unterlassungsanspruch nach § 4 Abs. 11 UWG, OVG des Saarlandes Urt. v. 13.06.2007 – 1 U 81/07–25. Einkaufsgutscheine als Werbemaßnahmen im Internet für die erste Bestellung sind zulässig, LG Halle APR 2005, 78. Einen »Sofortbonus«, der erst beim nächsten Kauf einzulösen ist, sieht das OLG Stuttgart Urt. v. 20.12.2018 – 2 U 26/18 als zulässig an. Dagegen ist ein Gewinnspiel mit Auslobung höherwertiger Preise, OLG Frankfurt Urt. v. 26.07.2018 – 6 U 112/17 nicht erlaubt. Die abschließende Entscheidung nach Vorlagebeschluss, BGH Beschl. v. 20.02.2020 – I ZR 214/18 sowie die Entscheidung des EuGH stehen noch aus. Als Werbemaßnahme kann auch das Offenhalten von **Zugangstüren** zu Apotheken in Einkaufszentren verstanden werden. Nach *Schemmer*, DVBl 2012, 1008, 1015, können weder der Versandhandel noch die Zustellung von Arzneimitteln durch Boten nach § 17 Abs. 2 Satz 1 Hs.1 ApoBetrO den Besuch einer Apotheke erzwingen, so dass man dem Apotheker auch nicht zumuten könne, Zugangstüren geschlossen zu halten, um ihm damit die Abgabe des zugelassenen Nebensortiments zu erschweren, vertretbar nach BVerwG NJW 1995, 800. Soweit eine Werbung mit einem Testergebnis Dritter erfolgen soll, muss dieses vollständig wiedergegeben werden, auch wenn nur ein Teil positiv ausgefallen ist, OLG Naumburg Urt. v. 27.10.2011 – 9 U 96 11. Weder Krankenkassen, LSG Rheinland-Pfalz Urt. v. 04.06.2009 – L 5 AS 57/09 B ER noch Selbsthilfeorganisationen dürfen für ausländische Versandapotheken werben, BGH Urt. v. 09.09.2010 – I ZR 193/07. Der regelmäßige und organisierte Impfstoffversand von Apotheken unmittelbar an Ärzte umgeht den **Vertriebsweg**, ist wettbewerbswidrig und mit § 17 Nr. 1 und 2 ApBetrO nicht vereinbar, BGH APR 2000, 132.

### b) Lieferumfang

18 Der **Lieferumfang** wird durch die Bestellung vorgegeben. Eine Teillieferung ist nicht erlaubt, es sei denn sie wurde ausdrücklich vereinbart. Ein Leistungsbestimmungsrecht der Apotheken gegenüber den Versicherten der Gesetzlichen Krankenversicherung nach § 317 BGB besteht nur nach den Konditionen des Rahmenvertrags nach § 129 SGB V, wenn die Lieferapotheke eingebunden ist. Soweit eine ärztliche Verordnung eine sog. **aut-idem-Regelung** zulässt, also den Ersatz durch ein hinsichtlich Inhaltsstoffen, Wirkung und Indikation gleiches Arzneimittel, ohne dass vertragliche Beziehungen zwischen den Krankenkassen und der Lieferapotheke bestehen, darf ein entsprechendes Arzneimittel im mittleren Preissegment abgegeben werden. Der Versand von apothekenpflichtigen **Tierarzneimitteln** an Tierhalter bleibt grundsätzlich untersagt, OVG Rheinland-Pfalz m. Anm. *Bruggmann*/Holstein APR 2006, 79. Das Versandhandelsverbot des § 43 Abs. 5 AMG betrifft nicht die rezeptfreie Versorgung mit Tierarzneimitteln, die der Behandlung von Katzen, Hunden und anderen tierischen Hausgenossen dienen. Es bezieht sich ausschließlich auf Tierarzneimittel, die an Tieren angewendet werden, die der Lebensmittelgewinnung dienen, BGH Urt. v. 12.11.2009 – I ZR 210/0.

### c) Preisbindung

19 Die Rechtsprechung zur Bindungswirkung der AMPreisV bei Lieferungen aus ausländischen Versandapotheken ist uneinheitlich. Zum einen wird die **Preisbindung** für den grenzüberschreitenden Handel bejaht, LG Hamburg APR 2006, 148; LG Berlin Urt. v. 28.08.2007 – 16 O 153/07; LG München Urt. v. 18.06.2008 –1 HK 20 716/07. Sie ergebe sich sowohl aus der teleologischen Interpretation der Vorschrift als auch der Tatsache, dass es sich um zwingendes Eingriffsrecht nach Art. 34 EGBGB handele. Zum anderen orientieren sich die Gerichte, OLG Hamm Urt. v. 21.09.2004 – 4 U 74/04; OLG Hamburg Urt. v. 19.02.2009 – 3 U 225/06; LG Köln Urt. v. 23.10.2008 – 31 O 353/08, an der internationalen Geltung der Wettbewerbsregelungen, die nicht durch die Bestimmungen des Sitzlandes der Versandapotheke dominiert werden können.

Die Vorschriften der AMPreisV werden nicht verletzt, wenn beim Verkauf der volle Apothekenpreis verlangt wird, aber die Apotheke im Anschluss daran Rabatte und Boni vergibt, da es sich um zwei rechtlich getrennte Vorgänge handelt, OLG Rostock Urt. v. 04.05.2005 – 2 U 54/05; OLG Naumburg Urt. v. 26.08.2005 – 10 U 16/05. Insbesondere kann der Kunde den Rabatt oder Gutschein nicht für das rezeptpflichtige preisgebundene Arzneimittel einsetzen. Das OLG Rostock misst der AMPreisV keine wettbewerbsrechtliche Schutzfunktion zu. Der Beschl. v. 22.08.2012 – GmS-OGB 1/10 des Gemeinsamen Senats der obersten Gerichtshöfe, der noch die Anwendung des deutschen Arzneimittelpreisrechts unterstellte, auch wenn EU-Versandapotheken Arzneimittel nach Deutschland liefern, ist durch die Rechtsprechung des EuGH Urt. v. 19.10.2016 – C-148/15, s.o. § 11a Rdn. 3 obsolet geworden. Damit dürfte auch die Rechtsprechung zum grenzüberschreitenden Arzneimittelversand, OLG Frankfurt Urt. v. 29.11.2007 – 6 U 26/07 an Bedeutung verloren haben, wonach die Preisvorgaben des Ziellandes eingehalten werden sollen. Der BGH Urt. v. 06.06.2019 – I ZR 206/178 und I ZR 60/18 legt dagegen die Preisbindung in Deutschland noch enger aus und verbietet für Rx-Arzneimittel jegliche Zugabe. Eine billigere Abgabe verbot z.B. das Hanseatische OLG mit Urt. v. 19.02.2008 – 3 U 225/06. Rezepturarzneimittel unterliegen ohnehin nicht der Preisbindung der AMPreisV, OLG Frankfurt APR 2008, 98. Der sog. Herstellerrabatt nach § 130 Abs. 1 SGB V erstreckt sich nur auf Fertigarzneimittel, die nach deutschem Preisrecht bewertet werden, nicht dagegen auf Importarzneimittel, die eine Versandhandelsapotheke aus dem Ausland einführt, BSG Urt. v. 28.07.2008 – B 1 KR 4/08 R. Versandapotheken dürfen darauf vertrauen, dass die Angaben in der sog. aktualisierten Lauer-Taxe wettbewerbskonform sind, LG Hamburg Urt. v. 11.04.2013 – 312 O 284/11.

### d) Selbstbedienung

Das Verbot, apothekenpflichtige Arzneimittel im Wege der **Selbstbedienung** in den Verkehr zu bringen, ergibt sich aus §§ 17 Abs. 3 ApBetrO, 10 Abs. 1 Satz 1 Nr. 10 AMG und aus § 52 Abs. 1 Nr. 2 i.V.m. Abs. 3 AMG. Ausgenommen sind bestimmte Fertigarzneimittel nach §§ 52 Abs. 2, 52 Abs. 3 AMG, wenn sie für den Verkehr außerhalb von Apotheken frei gegeben sind. Durch diese Regelungen sind Apotheker nicht in ihrer Berufsausübungsfreiheit verletzt, BVerwG GesR 2013, 168 ff.

19a

### IV. Widerruf der Bestellung

Der Versandhandelskauf ist ein »**Fernabsatzgeschäft** i.S.d. §§ 312b ff. BGB, wenn das Arzneimittel auf ein Kassenrezept hin abgegeben wird« *Mand*, NJW 2008, 190. Grundsätzlich ist der Ausschluss des Widerrufs wegen § 312d Abs. 1 BGB unwirksam, AG Köln NJW 2008, 236. Die Versandapotheke kann den Widerruf nach § 312g Abs. 2 BGB allerdings dann ausschließen, wenn sie im Vorfeld darauf hinweist, weil insbesondere die Verkehrsfähigkeit nicht mehr gegeben ist, wenn der Verbraucher das Arzneimittel bereits in Händen hatte, individuelle Arzneimittelzubereitungen wie Rezepturen oder Medizinprodukteanfertigungen wie Prothesen erfolgten, LG Halle Urt. v. 08.01.2013 – 8 O 105/12. Gleiches gilt für schnell verderbende oder verfallene Produkte. Aus Gründen des Gesundheitsschutzes können Arzneimittel auch generell von der Rücksendung ausgeschlossen werden. Dies gilt insbesondere dann, wenn es sich um besonders versiegelte Produkte handelt, die auch versiegelt bleiben müssen. Der Adressat muss bei Zusendung allerdings erkennen können, dass die Entfernung des Siegels die Rückgabe ausschließt. Unschädlich ist es, ob das Geschäft online geschlossen wurde, §§ 312d Abs. 1, 355 BGB. Der BGH Urt. v. 25.01.2012 – VII ZR 95/11 lässt für eine ordnungsgemäße Widerrufsbelehrung bei einem Fernabsatzgeschäft die Angabe einer Postfachadresse des Widerrufsadressaten ausreichen. Das Widerrufsrecht beträgt grundsätzlich EU-weit 14 Tage, sofern der Apotheker ordnungsgemäß über das Widerrufsrecht belehrt hat. Hat er das nicht getan, erlischt es spätestens nach 12 Monaten und 14 Tagen. Der Verbraucher muss den Widerruf ausdrücklich erklären. Eine Rücksendung ohne Erklärung reicht nicht aus, sofern dies nicht ausdrücklich vereinbart ist. Der Verbraucher hat in der Regel unabhängig vom Preis der Ware die Rücksendekosten zu tragen. Auch insoweit besteht eine Informationspflicht des Unternehmers.

20

### D. Berufsrechtliche Relevanz

21 Das Versenden von Arzneimitteln ohne die erforderliche Erlaubnis, um sich Wettbewerbsvorteile zu verschaffen, ist berufsrechtlich insbesondere dann relevant, wenn wiederholte Verstöße beobachtet werden. Nach BVerwG Urt. v. 15.12.2011 – 3 C 41.10 ist ein Mitbewerber zur Konkurrentenklage nach § 42 Abs. 2 VwGO klagebefugt, wenn eine Erlaubnis zum Versand apothekenpflichtiger Arzneimittel zu unzumutbaren tatsächlichen Wettbewerbsnachteilen führt. Das BVerwG Urt. v. 25.09.2008 – 3 C 35.07 hat § 11a eine drittschützende Wirkung nur dann zugesprochen, wenn eindeutige Hinweise gegeben sind, dass der Wettbewerbsaspekt nicht allein der Wahrnehmung öffentlicher Interessen gilt, sondern die Reglementierung der Erlaubniserteilung zugleich darauf abzielt, das berufliche (Erwerbs-) Interesse der anderen Apotheker zu schützen. In seiner späteren Rechtsprechung haben das BVerwG Urt. v. 15.11.2011 – 3 C 41/10 und der BGH Urt. v. 19.07.2012 – I ZR 40/11 die drittschützende Wirkung verneint.

### E. Bewehrung

22 Die Erbringung von Leistungen im Versandhandel ohne Erlaubnis nach § 11a Abs. 1 ist weder als Ordnungswidrigkeit noch als Straftatbestand bewehrt. Allerdings hat die zuständige Behörde den Versandhandel in diesen Fällen zu beenden und die insoweit betriebene Erweiterung der Apotheke zu schließen. Ausnahmen sind nicht vorgesehen.

### § 11b Rücknahme, Widerruf der Versandhandelserlaubnis

(1) Die Erlaubnis nach § 11a ist zurückzunehmen, wenn bei ihrer Erteilung eine der Voraussetzungen nach § 11a nicht vorgelegen hat.

(2) Die Erlaubnis ist zu widerrufen, wenn nachträglich eine der Voraussetzungen nach § 11a weggefallen ist. Die Erlaubnis kann widerrufen werden, wenn Tatsachen die Annahme rechtfertigen, dass der Erlaubnisinhaber entgegen einer vollziehbaren Anordnung der zuständigen Behörde die Apotheke nicht den Anforderungen des § 11a S. 1 Nr. 1 bis 3, S. 2 oder einer Rechtsverordnung nach § 21 entsprechend betreibt.

(3) Wird der Versandhandel ohne Erlaubnis betrieben, gilt § 5 entsprechend.

*(nicht kommentiert)*

### § 12 Nichtigkeit

Rechtsgeschäfte, die ganz oder teilweise gegen § 8 S. 2, § 9 Abs. 1, § 10 oder § 11 verstoßen, sind nichtig.

*(nicht kommentiert)*

### § 12a Heimversorgung

(1) Der Inhaber einer Erlaubnis zum Betrieb einer öffentlichen Apotheke ist verpflichtet, zur Versorgung von Bewohnern von Heimen im Sinne des § 1 des Heimgesetzes mit Arzneimitteln und apothekenpflichtigen Medizinprodukten mit dem Träger der Heime einen schriftlichen Vertrag zu schließen. Der Vertrag bedarf zu seiner Rechtswirksamkeit der Genehmigung der zuständigen Behörde. Die Genehmigung ist zu erteilen, wenn
1. die öffentliche Apotheke und die zu versorgenden Heime innerhalb desselben Kreises oder derselben kreisfreien Stadt oder in einander benachbarten Kreisen oder kreisfreien Städten liegen,
2. die ordnungsgemäße Arzneimittelversorgung gewährleistet ist, insbesondere Art und Umfang der Versorgung, das Zutrittsrecht zum Heim sowie die Pflichten zur Überprüfung der

ordnungsgemäßen, bewohnerbezogenen Aufbewahrung der von ihm gelieferten Produkte durch pharmazeutisches Personal der Apotheke sowie die Dokumentation dieser Versorgung vertraglich festgelegt sind,
3. die Pflichten des Apothekers zur Information und Beratung von Heimbewohnern und des für die Verabreichung oder Anwendung der gelieferten Produkte Verantwortlichen festgelegt sind, soweit einer Information und Beratung zur Sicherheit der Heimbewohner oder der Beschäftigten des Heimes erforderlich sind,
4. der Vertrag die freie Apothekerwahl von Heimbewohnern nicht einschränkt und
5. der Vertrag keine Ausschließlichkeitsbindung zugunsten einer Apotheke enthält und die Zuständigkeitsbereiche mehrerer an der Versorgung beteiligter Apotheken klar abgrenzt.

Nachträgliche Änderungen oder Ergänzungen des Vertrages sind der zuständigen Behörde unverzüglich anzuzeigen.

(2) Die Versorgung ist von Aufnahme der Tätigkeit der zuständigen Behörde anzuzeigen.

(3) Soweit Bewohner von Heimen sich selbst mit Arzneimitteln und apothekenpflichtigen Medizinprodukten aus öffentlichen Apotheken versorgen, bedarf es keines Vertrages nach Absatz 1.

**Übersicht**

| | | Rdn. | | | Rdn. |
|---|---|---|---|---|---|
| A. | Normzweck | 1 | 2. | Genehmigung | 6 |
| B. | Tatbestand | 2 | a) | Benachbarte Kreise | 7 |
| I. | Heime | 2 | b) | Dokumentation, Überwachung | 8 |
| II. | Versorgungsberechtigte | 3 | c) | Beratung | 9 |
| III. | Versorgungsadressaten | 4 | 3. | Apothekenwahl | 10 |
| IV. | Versorgungsvertrag | 5 | C. | Selbstversorgung | 11 |
| | 1. Inhalt | 5 | D. | Bewehrung | 12 |

## A. Normzweck

Die Vorschrift dient der erleichterten Heimversorgung durch spezielle Versorgungsverträge. Sie bilden die Grundlage für eine sicherere Arzneimitteleinnahme durch Überprüfung von heimischen Arzneimittelvorräten, Beratung und Information der Bewohner. Zusätzlich befreit der Abschluss zugunsten des Apothekers von einigen Vorgaben des Apothekenrechts wie z.B. dem Verbot, Rezeptsammelstellen ohne Genehmigung zu betreiben. Die Regelung stellt sicher, dass den Heimbewohnern das Apothekenwahlrecht bleibt. 1

## B. Tatbestand

### I. Heime

Der **Begriff Heim** i.S.d. § 1 HeimG umfasst Einrichtungen für ältere sowie für volljährige pflegebedürftige und behinderte Menschen. Er wird durch die Gesetze der Länder zwar genauer definiert, aber in seinem Wesensgehalt nicht verändert. Den Betroffenen wird gegen Entgelt Wohnraum überlassen sowie Betreuung und Verpflegung gewährt. Die Heime sind vom Wechsel ihrer Bewohner unabhängig. § 12a gilt ausschließlich für Einrichtungen i.S.d. Heimrechts. 2

### II. Versorgungsberechtigte

**Versorgungsberechtigt** sind öffentliche Apotheken, die allein, neben anderen oder zusammen mit anderen Apotheken mit vertraglich festgelegten Zuständigkeiten nach § 12a Abs. 1 Satz 3 Nr. 5 Heimversorgungsverträge abschließen können. Der Ausübungsvielfalt durch Rotationszyklen, Schwerpunktaufgaben etc. sind grundsätzlich keine Grenzen gesetzt. Krankenhausapotheken sind von der Heimversorgung ausgeschlossen. Dies gilt auch, wenn ein Krankenhausträger zusätzlich Heimträger ist. Im Rahmen des üblichen Apothekenbetriebs dürfen Wochenblister hergestellt werden. Einer Herstellungserlaubnis bedarf es gemäß § 13 Abs. 1 und 2 AMG dazu 3 nicht, OVG Lüneburg Urt. v. 16.05.2006 – 11 LC 265/05. Eine Parallelversorgung von Heimen durch Apotheken ohne Heimversorgungsvertrag ist unzulässig, OVG Rheinland-Pfalz Urt. v. 11.09.2009 – LBGH A 10322/09.

### III. Versorgungsadressaten

4 **Versorgungsadressaten** sind die Heimbewohner, OVG Bremen NJW 2002, 3120, die selbst oder mittels ihrer Betreuer Art und Weise sowie den Ort der Beschaffung von Arzneimitteln frei bestimmen. Das im Heim tätige Personal darf die Heimversorgung ebenfalls in Anspruch nehmen. Soweit kein Versorgungsvertrag zwischen Apotheke und Heimträger besteht, kann vom Heimträger die Entgegennahme von Arzneimitteln für Heimbewohner nicht verlangt werden. Die Lieferung muss unmittelbar an die Besteller erfolgen, LG Memmingen Urt. v. 08. 03.2004 – 2 O 2297/03.

### IV. Versorgungsvertrag

#### 1. Inhalt

5 Apotheken dürfen den Wunsch eines Heimes auf Abschluss eines **Versorgungsvertrages nicht ablehnen**. Umgekehrt hat ein Apotheker keinen Anspruch gegen einen Heimbetreiber auf Abschluss eines Versorgungsvertrages, LG Memmingen, APR 2005, 70. Soweit die Zahl der zu versorgenden Heimbewohner sich vervielfacht, kann im Einzelfall ein neu zu genehmigender Versorgungsvertrag notwendig werden, OVG NRW, Beschl. v. 27.08.2018 – 13 A 1563/17. Versorgungsverträge bieten als Rahmenverträge die Grundlage für individuelle Kaufverträge, Beratung und Information über die Arzneimittel und ihre Anwendung eingeschlossen. Die Apotheken unterstützen ferner die Heimträger bei der ordnungsgemäßen, bewohnerbezogenen Aufbewahrung von erworbenen Arzneimitteln. Als Ausnahme zu § 24 ApoBetrO erlaubt § 12a eine auf das Heim und die in den Vertrag eingebundenen Bewohner begrenzte Rezeptsammlung. Abweichend von § 1 Abs. 3 darf der Apotheker in dem zu versorgenden Heim in bestimmtem Umfang tätig werden, *Dettling*, APR 2004, 70. Dabei ist es ihm nicht gestattet, Arzneimittel im Heim abzugeben oder dort Arzneimitteldepots vorzuhalten. § 11 Abs. 1 bleibt unberührt. In den Heimversorgungsverträgen sind weiterhin Zutritts- und Kontrollrechte, Lagerungsbedingungen für die Arzneimittel der Bewohner, der Zugriff des Heimpersonals darauf, Dokumentationspflichten sowie Hygienevorgaben verbindlich zu regeln. Apotheken dürfen zwar die **Arzneimittellagerräume** des Heims betreuen, diese gehören nach § 4 Abs. 4 ApBetrO aber nicht zu den Apothekenbetriebsräumen. Zur Vorbereitung der Heimversorgung dürfen jedoch in Apotheken gesonderte Räumlichkeiten bereitgehalten werden, in denen die Abgabe von Arzneimitteln an das Heim vorbereitet wird. Es ist zu differenzieren zwischen der Abgabe von Arzneimitteln von der Apotheke und der Betreuung von bereits abgegebenen Arzneimitteln an Heimbewohner. Letzteres erfolgt nicht mehr von der Apotheke, weil die Arzneimittelabgabe von dort bereits vollzogen ist. Würde eine andere Handhabung erfolgen, würde eine neue Arzneimittelabgabestelle neben der Apotheke geschaffen, *Prütting*, Festschrift für Dahm, 2016, 345 ff. Dies widerspräche § 1, der die Abgabeberechtigung ausschließlich aus Apotheken vorsieht. Damit ist die Nutzung von Lagerräumen für die Vorbereitung der Abgabe von Arzneimitteln für die Heimversorgung nicht ausgeschlossen, BVerwG Urt. v. 25.05.2016 – 3 C 8.15. Die Rechtsprechung gesteht den Apotheken für Vorbereitungstätigkeiten einen breiten Spielraum zu und betont, dass Lagerräume nicht auf reine Lagertätigkeiten beschränkt sein müssen. Die Abgabe von Arzneimitteln von Räumen außerhalb der Offizin ist nach § 11a dem Versandhandel vorbehalten, für den es einer besonderen Erlaubnis nach § 11a bedarf. Für die Heimversorgung wollte der Gesetzgeber keinen Versandhandel. Das BVerwG nimmt diese Differenzierung nicht vor. Da das Verblistern von Tabletten Arzneimittelherstellung ist, darf dies nicht in einem im Heim angemieteten Raum erfolgen, sondern muss in den Apothekenräumen geleistet werden. Ein Versorgungsvertrag – vgl. dazu ausführlich *Prütting*, Formularbuch Medizinrecht, Kapitel 1 – kann den Herstellungsauftrag für Arzneimittel in Form des Verblisterns ausdrücklich enthalten. Im Rahmen dieses Auftrags kann im Einzelfall auch die Teilung von Tabletten vorgenommen werden.

## 2. Genehmigung

Die **Genehmigung des Versorgungsvertrages** ist ein Verwaltungsakt und Wirksamkeitsvoraussetzung, sodass der Vertrag bei ihrem Fehlen schwebend unwirksam ist. Die in § 12a Abs. 1 Satz 3 genannten Voraussetzungen müssen zur Erteilung der Genehmigung kumulativ vorliegen. Die Genehmigung eines Heimversorgungsvertrages nach § 12a ApoG besitzt einen wirtschaftlichen Wert, OVG NRW Beschl. v. 19.03.2009 – 9 A 424/06. Die Genehmigung kann auf dem Verwaltungsrechtsweg eingeklagt werden.  6

### a) Benachbarte Kreise

Ein Heimversorgungsvertrag wird grundsätzlich nur von Apotheken in unmittelbarer Nachbarschaft des Heims geschlossen, um den schnellen Zugriff auf die pharmazeutische Kompetenz der Apotheke zu gewährleisten. Die Forderung nach der im selben oder benachbarten Kreis gelegenen Apotheke ist letztlich nach den tatsächlichen örtlichen Gegebenheiten zu bestimmen. Sie kann nicht eingehalten werden, wenn die Region insgesamt mit Apotheken unterversorgt ist und keine Auswahl unter den Anbietern besteht. Die Rechtsprechung zu § 14a.F. ist auf § 12a übertragbar. Der EuGH hat das Regional- bzw. Kreisprinzip im Interesse des Gesundheitsschutzes, den jeder Mitgliedstaat in eigener Zuständigkeit verantworten muss, nicht als zu beanstandenden Eingriff in die Warenverkehrsfreiheit bewertet, EuGH Urt. v. 11.09.2008 – C-141/07. Kriterium für die benachbarten Kreise und kreisfreien Städte ist die räumliche Nähe, ohne dass es einer gemeinsamen Grenze bedarf. Dies gilt insbesondere bei Apotheken und Heimen, die in derselben kreisfreien Stadt oder im selben Landkreis liegen. Auch der räumlich angrenzende Kreis oder die angrenzende kreisfreie Stadt bzw. der umschließende Kreis, VG Regensburg Urt. v. 03.07.1995 – RN 5 K-95.219 werden als ausreichend benachbart angesehen. Das VG Bremen Urt. v. 03.04.2012 – 5 K 1588/11 hatte eine Entfernung von 57 km und eine Reisezeit von 35 Minuten trotz Überschreitens zweier Kreisgrenzen noch akzeptiert, während das VG Minden Urt. v. 19.10.20111 – 7 K 365/11 100 km und mehr als eine Stunde Fahrzeit nicht mehr toleriert hatte. Heim und Apotheke müssen »innerhalb eines einheitlichen, eng verflochtenen nahen Wirtschafts- und Verkehrsraumes liegen«, VG Oldenburg APR 2006, 96. Mit Beschl. v. 24.01.2013 –13 A 2740/11 hat das OVG NRW entschieden, dass wie bei Krankenhausversorgungsverträgen die **Entfernung** zwischen Apotheke und Heim so bemessen sein muss, dass sie in einer Stunde zurückgelegt werden kann. Typische Staustrecken und widrige Witterungsverhältnisse insbesondere im Winter können eine Rolle spielen. Das Regionalprinzip des § 12a Abs. 1 Satz 3 Nr. 1 stellt nach Auffassung des BayVGH Urt. v. 30.03.2012 – 9 B 11. 1465 nur ein »grobes Genehmigungskriterium« dar, weil sich daraus kein Gebietsschutz für den örtlichen Apotheker ableiten lasse. Auch der lokale Bezug zwischen Heim und Apotheke könne damit nicht begründet werden. Ebenso wenig spielten Gesichtspunkte der Regionalplanung oder einer Behördenzuständigkeit eine Rolle. Die räumliche und zeitliche Distanz sei ein Faktor, der eher zu berücksichtigen sei. Entsprechend der obergerichtlichen Rechtsprechung wird auch hier nicht die kilometermäßige Entfernung, sondern die zeitliche Komponente zur Überwindung von Distanzen als maßgebliches Kriterium herangezogen. Eine andere Auslegung war bislang herrschende Rechtsprechung. Die abweichende Auslegung wird den Lebenssachverhalten besser gerecht.  7

### b) Dokumentation, Überwachung

Vertragsapotheker haben die **Heime aufzusuchen**. Zutrittsrechte zur Nachtzeit oder Überprüfungsmaßnahmen, die die Privatsphäre der Patienten unverhältnismäßig tangieren, sind grundsätzlich nicht zulässig. Die Arzneimittelprüfung umfasst auch Arzneimittel, die die Vertragsapotheke nicht selbst geliefert hat, es sei denn dies ist ausdrücklich vertraglich oder durch die Heimbewohner nach § 12a Abs. 3 ausgeschlossen worden. Begehungen und Prüfungsergebnisse sind zu protokollieren. Zur Qualitätssicherung wird auf die Empfehlungen der Bundesapothekerkammer zur Qualität der Versorgung der Bewohner von Heimen, Stand der Revision 26.11.2020, verwiesen.  8

#### c) Beratung

9  Insbesondere Beratung und Information über Arzneimittel, ihre Wirkungen, Neben- und Wechselwirkungen und das Einnahmeverhalten müssen regelmäßig in angemessener verständlicher Form erfolgen, BGH Urt. v. 14.07.2016 – III ZR 446/15. Die Aussonderung von nicht mehr verwendbaren Arzneimitteln gehört zu den notwendigen Empfehlungen des Vertragsapothekers.

### 3. Apothekenwahl

10  Heimbewohner entscheiden unabhängig von bestehenden Versorgungsverträgen über ihre Lieferapotheke. Der Vertrag darf keine **Ausschließlichkeitsbindung** zugunsten einer Apotheke enthalten. Die Bindung des Heims an eine bestimmte Apotheke ist nur mit ausdrücklicher Erlaubnis des Bewohners oder ggf. seiner gesetzlichen Vertretung zulässig. Die heimversorgende Apotheke darf weder durch Prämien noch durch schriftliche Äußerungen suggerieren, dass Heimbewohner, die sich nicht für die Kooperation mit der Vertragsapotheke des Heims entscheiden, bei der Arzneimittelversorgung allein gelassen werden, LG Bonn Urt. v. 04.12.2020 – 14 O 82/19.

## C. Selbstversorgung

11  Werden **Selbstversorger** im Heim von einer nicht heimversorgenden Apotheke durch Zustellung oder Boten beliefert, so darf die Heimleitung die Arzneimittel nur in Empfang nehmen, soweit sie dazu bevollmächtigt ist. Soweit diese Arzneimittel gelagert werden, überprüft sie die heimversorgende Apotheke grundsätzlich mit, es sei denn der damit verbundene Aufwand übersteigt die vertraglichen Heimversorgungsaufgaben deutlich.

## D. Bewehrung

12  Die Aufnahme der Heimversorgung ohne Versorgungsvertrag ist weder straf- noch bußgeldbewehrt. Dies gilt auch für die Verletzung der Anzeige- und Genehmigungspflicht des Versorgungsvertrages nach § 12a Abs. 1 Satz 2 und Abs. 3. Insoweit entwickeln sich in der Regel Wettbewerbsstreitigkeiten, die gerichtlich geklärt werden können. Für einen besonderen Schutz der Rechtsordnung durch strafrechtliche Sanktionen besteht kein Handlungsbedarf.

# § 13 Verwaltung

(1) Nach dem Tode des Erlaubnisinhabers dürfen die Erben die Apotheke für längstens zwölf Monate durch einen Apotheker verwalten lassen.

(1a) Stirbt der Pächter einer Apotheke vor Ablauf der vereinbarten Pachtzeit, so kann die zuständige Behörde zur Vermeidung unbilliger Härten für den Verpächter zulassen, dass dieser die Apotheke für die Dauer von höchstens zwölf Monaten durch einen Apotheker verwalten lässt.

(1b) Der Verwalter bedarf für die Zeit der Verwaltung einer Genehmigung. Die Genehmigung ist zu erteilen, wenn er die Voraussetzungen des § 2 Abs. 1 Nr. 1 bis 4, 7 und 8 erfüllt.

(2) Die Genehmigung erlischt, wenn der Verwalter nicht mehr die Approbation als Apotheker besitzt. § 4 ist entsprechend anzuwenden.

(3) Der Verwalter ist für die Beachtung der Apothekenbetriebsordnung und der Vorschriften über die Herstellung von Arzneimitteln und den Verkehr mit diesen verantwortlich.

| Übersicht | Rdn. | | Rdn. |
|---|---|---|---|
| A. Normzweck | 1 | III. Genehmigung | 4 |
| B. Tatbestand | 2 | IV. Tod des Pächters | 6 |
| I. Erben | 2 | C. Bewehrung | 7 |
| II. Verwaltung | 3 | | |

## A. Normzweck

Die Vorschrift zielt sowohl auf eine kontinuierliche Arzneimittelversorgung durch öffentliche Apotheken als auch auf Versorgungsaspekte von Erben einer Apotheke.

## B. Tatbestand

### I. Erben

Erben sind alle Personen, die nach den Vorgaben des bürgerlichen Rechts eine Erbenstellung erworben haben. Diese kann gesetzlich nach §§ 2066 ff. BGB oder gewillkürt durch Testament erfolgt sein, vgl. § 9 Rdn. 6.

### II. Verwaltung

**Verwaltung** bedeutet die Fortführung der Apotheke durch einen approbierten Apotheker, der die Arzneimittelversorgung wie ein Apothekenleiter, § 13 Abs. 3, auf Rechnung der Erben oder des Inhabers einer Erlaubnis nach § 16 für eine Zweigapotheke sicherzustellen hat. Für die Zeit der Verwaltung erhält der Verwalter keine Betriebserlaubnis nach § 2. Ihm muss vielmehr die Führung der Apotheke behördlich genehmigt werden. Personalhoheit besitzt der Verwalter nicht, so dass ggf. notwendige Personalmaßnahmen nur mit Zustimmung der Erben umgesetzt werden können. Die Erben müssen die personellen und sächlichen Ressourcen zur Verfügung stellen. Dies gilt z.B. auch für die Besonderheiten einer Zytostatikaherstellung, wenn sie zuvor vom Erlaubnisinhaber praktiziert worden ist. Auf neue Angebote wie bisher nicht vorhandenen Versandhandel oder Heimversorgung müssen sich die Erben grundsätzlich während der Verwaltungszeit nicht einstellen. Dies gilt allerdings im Interesse der regionalen Versorgung dann nicht, wenn z.B. eine Heimversorgung sonst nicht möglich wäre. Der Verwalter befindet sich den Erben gegenüber in einem wirtschaftlichen Weisungsverhältnis, nicht aber in einem fachlichen – § 13 Abs. 4 –, fungiert also angestelltenähnlich wie die Leitung einer Filialapotheke. Kraft seiner Genehmigung hat er die Apotheke wie ein ordentlicher Kaufmann und zuverlässiger Apotheker zu führen. Es steht ihm kein Verfügungsrecht wie einem Eigentümer oder Pächter zu, der die Früchte ziehen darf. Der Verwalter muss approbiert sein, § 2 Abs. 1 Nr. 4. Eine Berufserlaubnis reicht nicht aus, § 13 Abs. 2, § 3 BApO. Üblicherweise orientieren sich Verwaltungsverträge an den Konditionen von Pachtverträgen, wenn die Apotheke zuvor verpachtet war.

Die **Verwaltungsdauer** ist auf längstens 12 Monate begrenzt. Ausnahmen sieht das Gesetz nicht vor. Wird in dieser Zeit keine Entscheidung über das weitere Schicksal der Apotheke getroffen, muss sie geschlossen werden, § 5. Tritt durch die Schließung ein **Notstand** in der Arzneimittelversorgung ein, kommt eine weitere Verwaltungszeit bis zu 5 Jahren nach § 16 Abs. 1 und 4 als Zweigapotheke in Betracht, wenn der Betreiber einer nahe gelegenen Haupt- bzw. Filialapotheke dies beantragt. Führt der approbierte Erbe selbst eine Apotheke im Umfeld, so kann er die zweite grundsätzlich als Filialapotheke betreiben. Er ist auch selbst zur Verwaltung berechtigt. Dies gilt auch, wenn ein Fall des § 16 vorliegt. An einer Verwaltung nach § 13 ist er bei zu großer räumlicher Entfernung allerdings gehindert. Auch der Betrieb von zwei Apotheken über eine große Distanz ggf. nach § 8 als Mitgesellschafter einer Personengesellschaft, ist wegen des Mehrbesitzverbotes des § 7 ausgeschlossen. Für den Fall der zulässigen Verwaltung neben der Führung eigener bereits bestehender Apotheken muss der Verwalter eine approbierte Kraft anstellen. Mehr als insgesamt vier Apotheken, vgl. § 1 Abs. 2, dürfen durch die Verwaltung nicht übernommen werden. Eine Verwaltung nach § 16 kann sich unmittelbar an die Verwaltungszeit nach § 13 anschließen. Findet sich bei Notstand kein Apotheker, der eine Zweigapotheke nach § 16 betreiben will, greift spätestens nach 6 Monaten die Übergangsregelung des § 17. Für eine Interimszeit von 6 Monaten, in der die Verwaltungszeit nach § 13 bereits ausgeschöpft ist, nimmt der Gesetzgeber eine Unterversorgung für ein halbes Jahr in Kauf und lässt auch eine Verlängerung der Verwaltungszeit nach § 13 nicht zu. Das Recht zur Verpachtung für Kinder, Ehe- oder Lebenspartner nach § 9 bleibt vom Recht auf Verwaltung nach § 13 unberührt. Für die Anwendung des § 13 ist ohne Bedeutung, ob die Apotheke vom Erblasser verpachtet war oder nicht. Eine Pflicht zur Verwaltung haben die Erben nicht. Durch den Antrag auf Erlaubniserteilung nach § 2 wird die 12-Monatsfrist nach § 13 Abs. 1 nicht verlängert. Soweit weder eine Erlaubnis nach § 2 erteilt, eine Verpachtung nach § 9 vereinbart noch eine Verwaltung nach § 13 bestellt werden kann, müssen die Erben die Apotheke schließen.

3b  Soweit ein **Pächter** nach Beendigung der Verwaltung die Apotheke **übernehmen** möchte, bedarf er einer eigenen Betriebserlaubnis nach § 1. Die zur Verwaltung Berechtigten dürfen den Geschäftswert der Apotheke veräußern. Das Rechtsgeschäft unterliegt in der Regel der Steuerpflicht, wenn die Verpachtung der Apotheke so geführt worden war, dass der Verpächter die Apotheke jederzeit beenden und die Apotheke selbst wieder übernehmen konnte.

3c  Eine **Verwaltung** kommt **nicht** in Betracht, wenn eine Verpachtung nach § 9 Abs. 1 Nr. 2 und 3 deshalb beendet werden muss, weil die insoweit Berechtigten verstorben sind. Enkeln steht das Recht nach § 9 Abs. 1 Nr. 2 ebenso wenig zu wie nicht erbberechtigten Kindern des Ehegatten oder Lebenspartners. In diesen Fällen ist die Apotheke zu schließen, wenn sich kein übernehmender Dritter findet.

3d  Nach dem Tod des Erlaubnisinhabers ist eine **Stellvertretung** durch apothekeneigenes Personal aus Rechtsgründen nicht mehr möglich. Durch den Tod des Erlaubnisinhabers erlischt nach § 3 Nr. 1 dessen Betriebserlaubnis. Sind weder Verwaltung noch Verpachtung zulässig, muss die Apotheke veräußert oder geschlossen werden.

### III. Genehmigung

4  Die zuständigen Behörden haben die Verwaltung zu genehmigen, wenn die Person des Verwalters die Voraussetzungen nach § 2 Abs. 1 mit Ausnahme des Nachweises der Räume, die die Erben zu stellen haben, erfüllt.

5  Gründe für das **Erlöschen der Verwaltererlaubnis** können die fehlende Nutzungsmöglichkeit der Approbation während der Verwaltungszeit sein. Insbesondere durch Rücknahme, Widerruf, Verzicht oder Ruhensanordnung kann die Approbation entfallen sein. Die massive Einschränkung der Gesundheit des Verwalters, die zwar nicht zwingend zur Rückgabe der Approbation führt, kann aber die Ausübung der Verwaltertätigkeit unmöglich machen. In entsprechender Anwendung des § 4 kann es zur Rücknahme oder zum Widerruf der Verwaltergenehmigung kommen.

### IV. Tod des Pächters

6  Soweit ein **Pächter** vor Ablauf der vereinbarten Zeit **verstirbt**, der Verpächter die Apotheke nicht selbst führen kann oder darf, unterstellt das Gesetz eine besondere Schutzbedürftigkeit des Verpächters. Es billigt ihm das Recht zur Verwaltung nach § 13 Abs. 1 für längstens 12 Monate zu. Der Pachtvertrag muss zum Zeitpunkt des Todes des Pächters allerdings noch gültig sein. Auf die im Übrigen vertraglich vereinbarte Pachtzeit kommt es nicht an. Allerdings ist der Verpächter dann, wenn die Pachtzeit innerhalb der potenziellen Verwaltungszeit von einem Jahr abläuft, nicht mehr schutzwürdig, weil er sich die Kenntnis der Laufzeit des Pachtvertrags zurechnen lassen muss.

## C. Bewehrung

7  Der Verwalter einer Apotheke macht sich gemäß § 12 Abs. 2 StGB, §§ 23, 13 Abs. 1b strafbar, wenn er ohne Genehmigung der zuständigen Behörde eine Apotheke verwaltet. Dies gilt unabhängig von der Apothekenform der §§ 1, 14–17. Erben handeln dagegen lediglich ordnungswidrig, wenn sie die Apotheke ohne Genehmigung des Verwalters verwalten lassen, § 25 Abs. 1 Nr. 3. Die Genehmigung ist auch bei einer Verwaltung durch einen approbierten Erben erforderlich. Sie muss vor Aufnahme der Verwaltung vorliegen. Es handelt sich rechtlich um eine Erlaubnis. Vorsatz und Fahrlässigkeit führen sowohl beim Verwalter als auch den Erben zur gleichen *Rechtsfolge*. Von einer bedingten Erlaubnis darf erst mit Eintritt der Bedingung Gebrauch gemacht werden.

## § 14 Krankenhausapotheke

(1) Dem Träger eines Krankenhauses ist auf Antrag die Erlaubnis zum Betrieb einer Krankenhausapotheke zu erteilen, wenn er
1. die Anstellung eines Apothekers, der die Voraussetzungen nach § 2 Abs. 1 Nr. 1 bis 4, 7 und 8 sowie Abs. 3 erfüllt, auch in Verbindung mit Abs. 2 oder 2a erfüllt, und
2. die für Krankenhausapotheken nach der Apothekenbetriebsordnung vorgeschriebenen Räume nachweist.

Der Leiter der Krankenhausapotheke oder ein von ihm beauftragter Apotheker hat die Ärzte des Krankenhauses über Arzneimittel zu informieren und zu beraten, insbesondere im Hinblick auf eine zweckmäßige und wirtschaftliche Arzneimitteltherapie. Dies gilt auch insoweit, als die ambulante Versorgung berührt ist.

(2) Die Erlaubnis ist zurückzunehmen, wenn nachträglich bekannt wird, dass bei der Erteilung eine der nach Absatz 1 Satz 1 erforderlichen Voraussetzungen nicht vorgelegen hat. Sie ist zu widerrufen, wenn eine der Voraussetzungen nach Absatz 1 weggefallen ist oder wenn der Erlaubnisinhaber oder eine von ihm beauftragte Person den Bestimmungen dieses Gesetzes, der auf Grund des § 21 erlassenen Rechtsverordnung oder den für die Herstellung von Arzneimitteln oder den Verkehr mit diesen erlassenen Rechtsvorschriften gröblich oder beharrlich zuwiderhandelt. Entsprechend ist hinsichtlich der Genehmigung nach Absatz 5 Satz 1 und 3 zu verfahren, wenn die Voraussetzungen nach Absatz 5 Satz 2 nicht vorgelegen haben oder weggefallen sind.

(3) Wer als Inhaber einer Erlaubnis zum Betrieb einer Krankenhausapotheke nach Absatz 1 beabsichtigt, ein weiteres, nicht von ihm selbst getragenes Krankenhaus mit Arzneimitteln zu versorgen, hat dazu mit dem Träger dieses Krankenhauses einen schriftlichen Vertrag zu schließen.

(4) Wer als Träger eines Krankenhauses beabsichtigt, das Krankenhaus von dem Inhaber einer Erlaubnis zum Betrieb einer Apotheke nach § 1 Abs. 2 oder nach den Gesetzen eines anderen Mitgliedstaates der Europäischen Union oder eines anderen Vertragsstaates des Abkommens über den Europäischen Wirtschaftsraum versorgen zu lassen, hat mit dem Inhaber dieser Erlaubnis einen schriftlichen Vertrag zu schließen. Erfüllungsort für die vertraglichen Versorgungsleistungen ist der Sitz des Krankenhauses. Anzuwendendes Recht ist deutsches Recht.

(5) Der nach Absatz 3 oder 4 geschlossene Vertrag bedarf zu seiner Rechtswirksamkeit der Genehmigung der zuständigen Behörde. Diese Genehmigung ist zu erteilen, wenn sichergestellt ist, dass das Krankenhaus mit einer Apotheke nach Absatz 3 oder 4 einen Vertrag über die Arzneimittelversorgung des Krankenhauses durch diese Apotheke geschlossen hat, der folgende Voraussetzungen erfüllt:
1. die ordnungsgemäße Arzneimittelversorgung ist gewährleistet, insbesondere sind die nach der Apothekenbetriebsordnung oder bei Apotheken, die ihren Sitz in einem anderen Mitgliedstaat der Europäischen Union oder einem anderen Vertragsstaat des Abkommens über den Europäischen Wirtschaftsraum haben, nach den in diesem Staat geltenden Vorschriften erforderlichen Räume und Einrichtungen sowie das erforderliche Personal vorhanden;
2. die Apotheke liefert dem Krankenhaus die von diesem bestellten Arzneimittel direkt oder im Falle des Versandes im Einklang mit den Anforderungen nach § 11a;
3. die Apotheke stellt Arzneimittel, die das Krankenhaus zur akuten medizinischen Versorgung besonders dringlich benötigt, unverzüglich und bedarfsgerecht zu Verfügung;
4. eine persönliche Beratung des Personals des Krankenhauses durch den Leiter der Apotheke nach Absatz 3 oder 4 oder den von ihm beauftragten Apotheker der versorgenden Apotheke erfolgt bedarfsgerecht und im Notfall unverzüglich;
5. die versorgende Apotheke gewährleistet, dass das Personal des Krankenhauses im Hinblick auf eine zweckmäßige und wirtschaftliche Arzneimitteltherapie von ihr kontinuierlich beraten wird;

# § 14 ApoG  Krankenhausapotheke

6. der Leiter der versorgenden Apotheke nach Absatz 3 oder 4 oder der von ihm beauftragte Apotheker ist Mitglied der Arzneimittelkommission des Krankenhauses.

Eine Genehmigung der zuständigen Behörde ist auch für die Versorgung eines anderen Krankenhauses durch eine unter derselben Trägerschaft stehende Krankenhausapotheke erforderlich. Für die Erteilung der Genehmigung gilt Satz 2 entsprechend.

(6) Der Leiter der Krankenhausapotheke nach Absatz 1 oder einer Apotheke nach Absatz 4 oder ein von ihm beauftragter Apotheker hat die Arzneimittelvorräte des zu versorgenden Krankenhauses nach Maßgabe der Apothekenbetriebsordnung zu überprüfen und dabei insbesondere auf die einwandfreie Beschaffenheit und ordnungsgemäße Aufbewahrung der Arzneimittel zu achten. Zur Beseitigung festgestellter Mängel hat er eine angemessene Frist zu setzen und deren Nichteinhaltung der für die Apothekenaufsicht zuständigen Behörde anzuzeigen.

(7) Der Leiter der Krankenhausapotheke nach Absatz 1 oder ein vom ihm beauftragter Apotheker oder der Leiter einer Apotheke nach Absatz 4 dürfen nur solche Krankenhäuser mit Arzneimitteln versorgen, mit denen rechtswirksame Verträge bestehen oder für deren Versorgung eine Genehmigung nach Absatz 5 Satz 3 erteilt worden ist. Die in Satz 1 genannten Personen dürfen Arzneimittel nur an die einzelnen Stationen und andere Teileinheiten des Krankenhauses zur Versorgung von Patienten abgeben, die in dem Krankenhaus vollstationär, teilstationär, vor- oder nachstationär (§ 115a des Fünften Buches Sozialgesetzbuch) behandelt, ambulant operiert oder im Rahmen sonstiger stationsersetzender Eingriffe (§ 115b des Fünften Buches Sozialgesetzbuch) versorgt werden, ferner zur unmittelbaren Anwendung bei Patienten an ermächtigte Ambulanzen des Krankenhauses, insbesondere an Hochschulambulanzen (§ 117 des Fünften Buches Sozialgesetzbuch), psychiatrische Institutsambulanzen (§ 118 des Fünftes Buches Sozialgesetzbuch), sozialpädiatrische Zentren (§ 119 des Fünften Buches Sozialgesetzbuch), medizinische Behandlungszentren (§ 119c des Fünften Buches Sozialgesetzbuch) und ermächtigte Krankenhausärzte (§ 116 des Fünften Buches Sozialgesetzbuch) sowie an Patienten im Rahmen des ambulanten Behandlung im Krankenhaus, wenn das Krankenhaus hierzu ermächtigt (§ 116a des Fünften Buches Sozialgesetzbuch) oder berechtigt (§§ 116b und 140a Absatz 3 Satz 2 des Fünften Buches Sozialgesetzbuch) ist. Bei der Entlassung von Patienten nach stationärer oder ambulanter Behandlung im Krankenhaus darf an diese die zur Überbrückung benötigte Menge an Arzneimitteln nur abgegeben werden, wenn im unmittelbaren Anschluss an die Behandlung ein Wochenende oder ein Feiertag folgt. Unbeschadet des Satzes 3 können an Patienten, für die die Verordnung häuslicher Krankenpflege nach § 92 Abs. 7 S. 1 Nr. 3 des Fünften Buches Sozialgesetzbuch vorliegt, die zur Überbrückung benötigten Arzneimittel für längstens drei Tage abgegeben werden. An Beschäftigte des Krankenhauses dürfen Arzneimittel nur für deren unmittelbaren eigenen Bedarf abgegeben werden. Die Versorgung mit Arzneimitteln nach den Sätzen 3 bis 5 umfasst auch Arzneimittel, die verschreibungsfähige Betäubungsmittel sind.

(8) Krankenhäuser im Sinne dieses Gesetzes sind Einrichtungen nach § 2 Nr. 1 des Krankenhausfinanzierungsgesetzes. Diesen stehen hinsichtlich der Arzneimittelversorgung gleich:
1. die nach Landesrecht bestimmten Träger und Durchführenden des Rettungsdienstes,
2. Kur- und Spezialeinrichtungen, die der Gesundheitsvorsorge oder der medizinischen oder beruflichen Rehabilitation dienen, sofern sie
   a) Behandlung oder Pflege sowie Unterkunft und Verpflegung gewähren,
   b) unter ständiger hauptberuflicher ärztlicher Leitung stehen und
   c) insgesamt mindestens 40 vom Hundert der jährlichen Leistungen für Patienten öffentlich-rechtlicher Leistungsträger oder für Selbstzahler abrechnen, die keine höheren als die den öffentlich-rechtlichen Leistungsträgern berechneten Entgelte zahlen. Die nach Landesrecht bestimmten Träger und Durchführenden des Rettungsdienstes sowie Kur- und Spezialeinrichtungen sind als eine Station im Sinne von Absatz 7 Satz 2 anzusehen, es sei denn, dass sie in Stationen oder andere Teileinheiten mit unterschiedlichem Versorgungszweck unterteilt sind. Dem Träger einer in Satz 2 genannten Einrichtung darf für diese eine Erlaubnis nach Absatz 1 nicht erteilt werden.

(9) Die Absätze 3, 4 und 5 Satz 3 und Absatz 7 Satz 1 bis 3 finden keine Anwendung, soweit es sich um Arzneimittel zur Behandlung einer bedrohlichen übertragbaren Krankheit handelt, deren Ausbreitung eine sofortige und das übliche Maß erheblich überschreitende Bereitstellung von spezifischen Arzneimitteln erforderlich macht, und die von den Gesundheitsbehörden des Bundes oder der Länder oder von diesen benannten Stellen nach § 47 Abs. 1 S. 1 Nr. 3c bevorratet oder nach § 21 Absatz Nummer 1c des Arzneimittelgesetzes hergestellt wurden.

| Übersicht | Rdn. | | Rdn. |
|---|---|---|---|
| A. Normzweck | 1 | 2. Öffentliche Apotheken | 12 |
| B. Tatbestand | 2 | 3. Versorgungsvertrag | 13 |
| I. Krankenhausapotheke | 2 | 4. Genehmigungsvorbehalt | 14 |
| 1. Erlaubniserteilung | 2 | 5. Arzneimittelversorgung | 15 |
| 2. Krankenhausabteilung | 5 | IV. Versorgungsberechtigte | 16 |
| 3. Versorgung | 6 | 1. Krankenhausbegriff | 16 |
| 4. Information und Beratung | 7 | 2. Gleichgestellte Einrichtungen | 17 |
| 5. Arzneimittelkommission | 8 | a) Rettungsdienst | 18 |
| 6. Ambulante Versorgung | 9 | b) Kureinrichtungen | 19 |
| II. Wegfall der Erlaubnis | 10 | c) Praxiskliniken | 20 |
| III. Versorgende Apotheken | 11 | C. Bewehrung | 21 |
| 1. Krankenhausapotheken | 11 | | |

## A. Normzweck

Die **Krankenhausversorgung** mit Arzneimitteln beansprucht personell, sächlich und im Hinblick 1 auf die Lagerhaltung sehr große Kapazitäten. Sie unterliegt den Vorgaben der unmittelbaren, persönlichen, qualitätsgesicherten und unverzüglichen Information, Belieferung und Beratung. Zur Sicherstellung sind Verträge und Genehmigungen erforderlich. Die Vorschrift soll eine Wettbewerbsverzerrung zwischen Krankenhausapotheken und öffentlichen Apotheken verhindern, Krankenhäusern aber wegen ihres hohen Bedarfs Sonderkonditionen sichern. Die Abgabe von Arzneimitteln an Krankenhausapotheken durch Generikahersteller darf somit mit deutlich günstigeren Rabatten erfolgen als dies gegenüber dem Großhandel geschieht, ohne dass damit das Verbot von Naturalrabatten umgangen wird, OLG München APR 2008, 101.

## B. Tatbestand

### I. Krankenhausapotheke

#### 1. Erlaubniserteilung

Die Betriebserlaubnis für die Krankenhausapotheke wird dem **Träger des Krankenhauses** erteilt. 2 Krankenhausträger können natürliche oder juristische Personen des öffentlichen oder privaten Rechts sein. Dazu zählen Privatpersonen, Körperschaften des öffentlichen und privaten Rechts wie Kirchengemeinden, Kommunen, kommunale Zweckverbände, Kapitalgesellschaften wie GmbHs, Vereine, Stiftungen, das Land oder der Bund. Aktiengesellschaften sind selten. Der Gesetzgeber lässt für die Krankenhausapotheke eine Ausnahme von § 7, der persönlichen Leitung, zu. Der Krankenhausträger hat einen angestellten approbierten Apotheker zur Leitung der Krankenhausapotheke zu verpflichten. Eine Berufserlaubnis reicht für die Leitung nicht aus, § 14 Abs. 1 Satz 1 Nr. 1, für nichtleitende Apotheker genügt sie. Sind mehrere Apotheker angestellt, so werden einer oder bei kollegialer Leitung mehreren Personen die Leitung der Krankenhausapotheke übertragen. Ähnlich dem Belegarztsystem kann auch der Apotheker einer öffentlichen Apotheke teilweise mit dieser Aufgabe betraut werden.

Die Betriebserlaubnis wird auf Grund eines formlosen **Antrags** erteilt. Antragsbefugt ist der Kran- 3 kenhausträger nicht dagegen die Krankenhausapotheke oder der Träger einer öffentlichen Apotheke – vgl. § 14 Rdn. 11. Die Leitung einer Krankenhausapotheke kann vom Krankenhausträger zur Antragstellung bevollmächtigt werden. Die Betriebserlaubnis muss vor Aufnahme der Tätigkeit erteilt sein.

4   Es besteht ein Rechtsanspruch auf **Erlaubniserteilung**, wenn der Krankenhausträger die personellen und sächlichen Voraussetzungen nach § 14 Abs. 1 Nr. 1 und 2 erfüllt. Dazu gehört auch, dass die Krankenhausapotheke einem bestimmten Krankenhaus zugeordnet ist, OVG NRW Beschl. v. 25.09.2013 – 13 A 2039/12. Verbundapotheken, also Krankenhausapotheken, die den Krankenhausverbund eines Trägers über Ländergrenzen hinaus betreuen sollen, aber nicht an ein Krankenhaus angebunden sind, erhalten keine Erlaubnis. Ein Apotheker ist angestellt, wenn er in einem Dienst- oder Arbeitsverhältnis zum Krankenhausträger steht. Eine Vollzeitbeschäftigung wird nicht vorausgesetzt. Die Arbeit als **Honorarkraft** reicht dann aus, wenn die vertraglichen Beziehungen das Durchgriffsrecht des Krankenhausträgers und die Einbindung in den Betriebsablauf sichern. Allerdings ist es bei dieser Fallkonstellation fraglich, ob insoweit nicht tatbestandlich ein Dienst- oder Arbeitsverhältnis vorliegt. Bei Teilzeitkräften muss die Leitungsverantwortung so geregelt sein, dass die Funktionsfähigkeit der Apotheke zu jeder Zeit gewährleistet ist. Die räumliche Ausstattung bestimmt sich nach den Vorgaben der Apothekenbetriebsordnung.

## 2. Krankenhausabteilung

5   **Krankenhausapotheken** sind unselbstständige Einheiten von Krankenhäusern. Nach den Krankenhausbedarfsplänen der Länder handelt es sich um nicht bettenführende Abteilungen eines Krankenhauses. Ihre Betriebskosten werden durch die Krankenkassen finanziert, § 108 Nr. 2 SGB V. Sie sind für den Publikumsverkehr nicht zugänglich. Sie statten die Abteilungen und weiteren Stationen des Krankenhauses und ggf. mitzuversorgender weiterer Krankenhäuser, die Ambulatorien und Laboratorien mit Arzneimitteln aus, beraten die Ärzteschaft zu Haupt-, Neben- und Wechselwirkungen von Arzneimitteln sowie zur zweckmäßigen und wirtschaftlichen Arzneimitteltherapie. Ihre Leitung ist Mitglied der Arzneimittelkommission. Krankenhausapotheken dürfen öffentliche Apotheken selbst bei Versorgungsengpässen aus Gründen des Wettbewerbs nicht beliefern, OLG Koblenz APR 2005, 175. Ausnahmen gelten nach § 11 Abs. 2a Satz 2 für den Notfallvorrat bei der Versorgung von Hämophiliepatienten und nach § 11 Abs. 3 für Zytostatikazubereitungen. Im Rahmen des Entlassungsmanagements darf eine ambulante Arzneimittelversorgung aus der Krankenhausapotheke nach § 14 Abs. 5 Satz 3 für einen eintägigen bzw. Wochenendbedarf abgedeckt werden. Die Interpretationsversuche von Gerichten, z.B. BGH Urt. v. 13.03.2014 – I ZR 120/13 das Entlassungsmanagement entgegen den Absprachverboten zwischen Zuweisern von Verschreibungen und Apotheken vorgehen zu lassen, tragen nicht, vgl. § 11.

## 3. Versorgung

6   **Versorgung** bedeutet nicht nur die Belieferung von Krankenhäusern mit Arzneimitteln, sondern auch die Überprüfung der Arzneimittelvorräte im Krankenhaus, seiner Apotheke und aller Lager- und Zwischenlagerstätten wie den Stationen, den Ambulanzen, den Laboratorien und ärztlichen Behandlungszimmern. Der öffentlichen Apotheke ist es nicht gestattet, Apothekenräume in ein zu versorgendes Krankenhaus auszulagern. Die Art der Räume, ob Lager- oder Herstellungsräume, ist unmaßgeblich. Arzneimittel dürfen ausschließlich aus der Apotheke und dort nicht aus Herstellungs- oder Lagerräumen, sondern nur aus der Offizin abgegeben werden. Insoweit ist es entgegen *Meyer*, DAZ.online v. 14.02.2013, auch äußerst kritisch zu sehen, in aus der Apotheke ausgelagerten Räumen Bestellungen von Krankenhäusern entgegenzunehmen. Die interne warenwirtschaftliche Abwicklung einer Apotheke kann, soweit die Produkte dies zulassen, teilweise in Lagerräumen erfolgen. Jeder Vorgang aber, der zur Arzneimittelabgabe aus der Apotheke gehört, darf in ausgelagerten Räumen nicht erfolgen. Die Auslagerung von Offizin und Laboratorium ist unzulässig. Die Versorgung der Beschäftigten des Krankenhauses darf nach § 14 Abs. 7 Satz 5 vorgenommen werden, *Dettling/Kieser*, APR 2003, 59.

## 4. Information und Beratung

**Beratungspflichtig** ist die Leitung der Krankenhausapotheke. Ihr steht ein Delegationsrecht zu, sodass sie einen oder mehrere Apotheker damit beauftragen darf, § 14 Abs. 1 Satz 2. Pharmazeutisches Personal, das weder die Approbation noch eine Berufserlaubnis besitzt, ist nicht zur Beratung zugelassen. Davon nicht erfasst ist die Auskunftserteilung im Sinne einer Übermittlung feststehender Sachverhalte. Da die Vorschrift auf die persönliche Beratung abstellt, muss ein Apotheker jederzeit abrufbar vor Ort sein, VG Münster APR 2009, 24. Die Informations- und Beratungspflicht besteht gegenüber der Ärzteschaft, dem erkrankten Krankenhauspersonal sowie den Patienten im Rahmen des Entlassungsmanagements. Beratungsinhalte sind insbesondere Arzneimittelwirkungen, ihre Neben- und Wechselwirkungen, Dosierungs-, Hygiene-, Lagerungs- und Haltbarkeitsfragen sowie der zweckmäßige und wirtschaftliche Einsatz von Arzneimitteln. 7

## 5. Arzneimittelkommission

Krankenhausträger sind grundsätzlich frei in der Organisation der Aufgaben einer **Arzneimittelkommission**, die neben pharmakologischen und therapeutischen Aspekten eine wirtschaftliche Verordnungs- und Behandlungsweise zu erarbeiten hat. Die Leitung der Krankenhausapotheke bzw. der von ihr beauftragte approbierte oder durch Berufserlaubnis legitimierte Apotheker sind Pflichtmitglieder der Arzneimittelkommission. Die Leitungen bzw. Beauftragten krankenhausversorgender öffentlicher Apotheken sind ebenfalls Mitglieder der Arzneimittelkommission. 8

## 6. Ambulante Versorgung

Das Krankenhaus ist zur **ambulanten Versorgung** nur in den gesetzlich bestimmten Bereichen befugt. Dazu zählen insbesondere die vor- und nachstationäre Behandlung nach § 115a SGB V, das ambulante Operieren einschließlich stationsersetzender Eingriffe nach § 115b SGB V sowie die Erbringung hochspezialisierter Leistungen nach § 116b SGB V. Zur ambulanten Versorgung zählen auch die Übergangsmedikation nach der Entlassung und die nötige Versorgung mit Betäubungsmitteln. Teilstationäre Behandlungen in Tages- oder Nachtkliniken sind Teil der Krankenhausbehandlung und stellen keine ambulante Versorgung dar, *Koller*, APR 2006, 20. Patienten sind nicht an Exklusivverträge zwischen Krankenkassen und bestimmte Apotheken gebunden, SG Darmstadt Urt. v. 29.08.2014 – S 13 KR 344/14 und SG Marburg Urt. v. 10.09.2014 – S 6 KR 24/14. Eine Retaxierung ist folglich auch nicht zu rechtfertigen, wenn ein Patient eine andere Apotheke als die Krankenkassenvertragsapotheke in Anspruch genommen hat. Der Patient hat das Wahlrecht, seine Lieferapotheke zu bestimmen. 9

An der **Zytostatikaversorgung** des ambulanten Sektors darf eine Krankenhausapotheke nach den Vorgaben des § 11 Abs. 3a mitwirken. Die Abgabe von Zytostatika durch Krankenhausapotheken zur ambulanten Behandlung im Krankenhaus ist umsatzsteuerfrei, BFH Urt. v. 24.09.2014 – V R 19/11. Die Entscheidung war heftig umstritten, da die Finanzverwaltung nach ihren Umsatzsteuerrichtlinien davon ausging, dass die Abgabe von Medikamenten durch Krankenhausapotheken an Patienten im Rahmen der ambulanten Behandlung im Krankenhaus nicht zu diesen eng mit dem Krankenhausbetrieb verbundenen Umsätzen gehöre. Dem widersprach das Finanzgericht unter Berücksichtigung der EU-Richtlinie zur Harmonisierung der Rechtsvorschriften der Mitgliedstaaten (Richtlinie 77/388/EWG). Es liege ein eng verbundener Umsatz als Nebenleistung zu einer Krankenhausbehandlung vor – EFG 2011 S. 1470. Der EuGH befand in einem Vorabentscheidungsersuchen, dass die Lieferung der fraglichen zytostatischen Medikamente nur dann nach EU-Recht von der Mehrwertsteuer befreit sei, wenn diese Lieferung »in tatsächlicher und in wirtschaftlicher Hinsicht von der Hauptleistung der ärztlichen Heilbehandlung untrennbar« sei, was das vorlegende Gericht zu prüfen habe, EuGH Urt. v. 13.03.2014 – C-366/12, Klinikum Dortmund gGmbH, UR 2014 S. 271. Der BFH hat auch darauf hingewiesen, dass es der Steuerfreiheit nicht entgegensteht, wenn Medikamente nicht nur zur ambulanten Behandlung durch das Krankenhaus selbst verwendet werden, sondern auch, wenn sie im Rahmen 9a einer ambulanten Krankenhausbehandlung nach § 116 SGB V im Rahmen der vertragsärztlichen Versorgung durch ermächtigte Krankenhausärzte verabreicht werden. Das sei ein anderer Fall als die Belieferung von anderen Krankenhäusern durch eine Krankenhausapotheke, BFH Urt. v. 18.10.1990 – V R 76/89, BStBl. II 1991 S. 268.

## II. Wegfall der Erlaubnis

10 **Rücknahme- und Widerrufsgründe** nach § 14 Abs. 2 können personelle und sächliche Gründe haben. Ein Widerrufsgrund ist die Arzneimittellieferung vor der Genehmigung des Versorgungsvertrages, § 14 Abs. 2 Satz 3. Gröbliche Verletzungen, die zum Widerruf einer Erlaubnis führen, sind immer dann anzunehmen, wenn mit dem Verstoß der Wesensgehalt der Vorschrift betroffen ist. Dies ist insbesondere der Fall, wenn entgegen betäubungsmittelrechtlicher Bestimmungen Arzneimittel abgegeben werden. Das Verschulden eines beauftragten Apothekers wird dem Krankenhausträger zugerechnet, der das Risiko der Auswahl und die Verantwortung für die Organisation trägt. Schwerwiegendes Fehlverhalten handelnder Apotheker spricht für ihre fehlende Zuverlässigkeit und kann zum Entzug ihrer Approbation führen, *Prütting*, Apothekenvorschriften, BR I 1 §§ 6 ff. Daneben unterliegen Apotheker der Berufsgerichtsbarkeit unabhängig von der Rechtsform des Krankenhausträgers.

## III. Versorgende Apotheken

### 1. Krankenhausapotheken

11 Krankenhausapotheken dürfen **mehrere Krankenhäuser** versorgen, wenn sie mit jedem Krankenhaus einen gesonderten Versorgungsvertrag schließen, § 14 Abs. 3. Dabei ist die Auslagerung einer Krankenhausapotheken-GmbH nicht zulässig. Die neue juristische Person ist kein Krankenhaus nach § 2 KHG mehr. Mehrere Krankenhäuser können allerdings eine Krankenhausapotheke als gemeinschaftliche unselbstständige Einrichtung betreiben. Damit bleibt die Krankenhausapotheke Bestandteil eines oder wird Bestandteil beider Krankenhäuser.

### 2. Öffentliche Apotheken

12 Öffentliche Apotheken übernehmen die **Arzneimittelversorgung** von Krankenhäusern nach § 14 Abs. 4. Erlaubt ist dies Haupt- und Filialapotheken nach § 1 Abs. 2 sowie Zweigapotheken nach § 16. Notapotheken und Bundeswehrapotheken fallen nicht unter § 14 Abs. 4. Ob die Apotheken verpachtet oder verwaltet sind oder vom Eigentümer betrieben werden, ist für die Krankenhausversorgung unbeachtlich. Der Versorgungsvertrag wird mit dem Erlaubnisinhaber der Hauptapotheke geschlossen. Die krankenhausversorgenden Apotheken können in Deutschland oder im europäischen Ausland liegen. Bedingung ist jedoch, dass sie Mitglied der Europäischen Union, eines anderen Vertragsstaates des EWR oder eines Vertragsstaates auf Grund bilateraler Vereinbarungen sind. Mit dieser Bezugnahme legt der Gesetzgeber einen EU-Qualitätsstandard fest. Eine ungeschriebene Regelung ist das Regionalprinzip, EuGH, NJW 2008, 3639. Danach muss sich eine krankenhausversorgende Apotheke aus Gründen des Gesundheitsschutzes in einer gewissen räumlichen Nähe zum Krankenhaus befinden. Eine konkrete Entfernung schreibt das Gesetz nicht vor. Maßgebend sind die kurzfristige Erreichbarkeit nach § 14 Abs. 5 Satz 2 Nr. 3 für die Arzneimittel- und Notfallversorgung und die unmittelbar abrufbare persönliche Beratungsmöglichkeit der Ärzteschaft nach § 14 Abs. 5 Satz 2 Nr. 4. Notfallversorgung und Beratungsbedarf zeigen sich oft spontan und in wechselnder Intensität, sodass kurze Entfernungen zwingend eingehalten werden müssen, BVerwG Urt. v. 30.08.2012 – 3 C 24.11. Unverzüglich erfolgt eine Arzneimittellieferung dann, wenn sie auf kurzen Transportwegen ohne umständliche Wegeführung oder Hindernisse wie die Nutzung stauanfälliger Straßen möglich ist. Wege von ca. 1 Stunde werden fachlich für vertretbar gehalten. Umfassende verbrauchsstellenunabhängige Notdepots in den zu versorgenden Krankenhäusern reichen nicht aus, zumal mit der Lagerung ohne pharmazeutische Betreuung und Aufsicht auch gegen § 4 Abs. 4 Satz 3 ApoBetrO verstoßen wird. Stationsvorräte nach § 14

Abs. 6 ApoG i.V.m. § 32 ApoBetrO sind davon nicht berührt. Die Arzneimittelversorgung muss aus »einer Hand« erfolgen, um die Arzneimittelsicherheit zu gewährleisten, so VG Magdeburg Urt. v. 11.10.2012 – 3 A 193/11. Das bedeutet, dass zwar eine Apotheke mehrere Krankenhäuser versorgen darf, aber ein Krankenhaus nur eine Apotheke in Anspruch nehmen kann. § 14 Abs. 5 lasse eine Aufspaltung in Teilleistungen nicht zu. In der Tat spricht der Wortlaut des Gesetzes für diese Auslegung. Andererseits dürfte eine klare Abgrenzung von Verantwortlichkeiten und die Notwendigkeit einer sachgerechten Arzneimittelversorgung auch eine abweichende Regelung zulassen, wenn die nächstgelegene Apotheke nicht leistungsfähig genug ist. Eine Ausnahme stellt insbesondere die Zytostatikaversorgung dar, die nicht von jeder Apotheke geleistet werden kann, § 11 Abs. 3.

### 3. Versorgungsvertrag

Zur Mitversorgung von Krankenhäusern müssen **Versorgungsverträge** nach § 14 Abs. 4 abgeschlossen werden. Sie bedürfen der Schriftform nach § 126 BGB, vgl. § 14 Abs. 4 Satz 1. Eine notarielle Beurkundung ist nicht erforderlich. Der Vertrag regelt mindestens die Kriterien des § 14 Abs. 5 in Verbindung mit den Vorgaben der Apothekenbetriebsordnung. Er muss die Modalitäten der Versorgungsabsprache beinhalten, den Umfang und das Ausmaß der Versorgung sowie die Beratungsverpflichtungen festlegen und eventuelle Versorgungsengpässe berücksichtigen. Der Nachweis ausreichender räumlicher, sächlicher und personeller Kapazitäten muss geführt und in Schriftform hinterlegt werden. Deutsches Recht muss angewendet werden, § 14 Abs. 4 Satz 3, auch wenn die versorgende Apotheke im Ausland liegt. Versorgt eine deutsche Apotheke ein ausländisches Krankenhaus, findet das Recht des Staates Anwendung, in dem das Krankenhaus liegt. Dieser Fall ist von § 14 nicht erfasst. Erfüllungsort ist der Sitz des Krankenhauses, § 14 Abs. 4 Satz 2. Abweichende Vereinbarungen zum Gefahrenübergang beim Versand von Arzneimitteln können nicht getroffen werden. Der Bestimmung entgegenstehende Vereinbarungen sind nichtig, weil sie gegen ein gesetzliches Verbot verstoßen, §§ 12, 14 Abs. 4. Arzneimittelhinweise und Patienteninformationen sind in deutscher Sprache zu geben.

13

### 4. Genehmigungsvorbehalt

Der Vertrag ist vor der **Genehmigung** durch die zuständige Behörde nach § 14 Abs. 5 Satz 1 schwebend unwirksam. Dies gilt auch bei Verträgen über die Versorgung trägereigener Krankenhäuser. Arzneimittellieferungen und Beratungen sind vor der Genehmigung nicht erlaubt. Hat eine Apotheke bereits in rechtswidriger Weise geliefert und verbraucht das Krankenhaus die Arzneimittel, kann der Anspruch der Lieferapotheke auf Bezahlung nach § 817 Satz 2 BGB grundsätzlich nicht mehr durchgesetzt werden.

14

### 5. Arzneimittelversorgung

Die **Liefer-, Beratungs-, Informations- und Kontrollaufgaben** und -befugnisse sind bei krankenhausversorgenden und Krankenhausapotheken gleich. Eine Unit-dose-Kommissionierung, ein Inverkehrbringen von Arzneimitteln durch Automaten, ist auf Stationen eines Krankenhauses zugelassen, wenn die krankenhausversorgende Apotheke die Arzneimittellieferung in jedem Einzelfall genehmigt hat, VG Karlsruhe Urt. v. 02.09.2007 – 11 K 4331/07. § 14 Abs. 5 Satz 2 Nr. 2 erlaubt die Einschaltung zugriffsberechtigter Dritter bei der Arzneimittellieferung nicht. Weniger eilige apotheken-, nicht aber rezeptpflichtige Arzneimittel dürfen übersandt werden, § 43 AMG, § 11a. Arzneimittel zur akuten medizinischen Versorgung mit besonderer Dringlichkeit sind nach § 14 Abs. 5 Nr. 3 besonders schnell z.B. durch Boten zu liefern. Das Kriterium der bedarfsgerechten Arzneimittelversorgung lässt neben verordneten angeforderten Fertigprodukten auch Arzneimittelsubstitutionen in Absprache mit den behandelnden Ärzten zu. Die Bedarfe werden in der Regel im Vorfeld qualitativ wie quantitativ ermittelt und in die Vorsorgeplanung der versorgenden Apotheke einbezogen. Prüfungsmaßstab ist die Apothekenbetriebsordnung, die eine einwandfreie Beschaffenheit und ordnungsgemäße Aufbewahrung

15

vorschreibt. Die Maßgaben gelten für inländische wie ausländische Versorgerapotheken, auch wenn ausländische Apotheken hinsichtlich ihrer räumlichen und personellen Voraussetzungen von der Apothekenbetriebsordnung abweichen dürfen. Für die Lagerung von Arzneimitteln sind insbesondere §§ 12, 15, 17, 22, 30 bis 32 ApBetrO maßgebend. Die Überprüfung der Arzneimittelvorräte nach § 14 Abs. 4 Satz 3 bezieht sich auf alle Arzneimittel, d.h. Arzneimittel i.S.d. § 47 Abs. 1 Nr. 2 und 3 AMG sowie nichtapothekenpflichtige. Die Aufforderung zur Mängelbeseitigung ist mit einer möglichst kurzen Fristsetzung zu verbinden und nachzuhalten. Mängel sind formell zu dokumentieren, § 32 Abs. 3 ApBetrO, und grundsätzlich sofort abzustellen. Bei Nichtbefolgen ist die zuständige Behörde zwingend einzuschalten. Die Abgabe von Klinikpackungen in öffentlichen Apotheken ist nicht von vornherein unzulässig, da das ApoG ein entsprechendes Verbot nicht vorsieht, BVerfG APR 2002, 161. Eine öffentliche krankenhausversorgende Apotheke darf Justizvollzugsanstalten mit Klinikpackungen beliefern, ohne sich wettbewerbswidrig zu verhalten BGH APR 2005, 55. Sie erfüllt den Tatbestand des Betruges nach § 263 StGB, wenn sie Klinikpackungen an Großhändler weiterverkauft, AG Neunkirchen APR 2003, 9. Klinikpackungen dürfen in einer öffentlichen Apotheke weder ausgeeinzelt noch als ganze Packung in den üblichen Apothekenbetrieb eingespeist werden, BGH DAZ 1990, 322. Insoweit ist auch die Bezeichnung »Klinikpackung, Einzelverkauf unzulässig«, sachgerecht, BGH GRUR 1990, 1010. Soweit ein Apotheker weiß, dass Klinikpackungen von Großhandlungen zum Weiterverkauf an Krankenhäuser bezogen worden sind, dann aber ohne sein Zutun in den üblichen Betrieb niedergelassener Apotheken eingespeist werden, handelt er nicht schon aufgrund dieses Wissens unlauter, OLG Hamburg APR 2003, 23. Aus berufsrechtlichen Gründen kann er jedoch zur Verantwortung gezogen werden, Bayer. Landesgericht für Heilberufe APR 2001, 71, da die sachgerechte Arzneimittelversorgung der Bevölkerung im öffentlichen Interesse liegt und eine Beeinträchtigung durch Wettbewerbsverzerrungen nicht zulässig ist. Dem dient auch die AMPreisV, die ein einheitliches Preisgefüge in öffentlichen Apotheken sicherstellt und Krankenhäusern eine zulässige Privilegierung gewährt, BGH NJW RR 1990, 360.

### IV. Versorgungsberechtigte

#### 1. Krankenhausbegriff

16 Der **Krankenhausbegriff** in den für die Arzneimittelversorgung relevanten Definitionen des § 2 Nr. 1 KHG ist auf §§ 107 ff. SGB V sowie § 30 GewO fokussiert. Neben den akutversorgenden Krankenhäusern mit allen ihren stationären und ambulanten Aufgaben sind auch die rehabilitativen und Vorsorgeeinrichtungen i.S.d. § 111 SGB V zur selbstständigen Arzneimittelversorgung berechtigt. Kur- und Spezialkliniken der Vorsorge und Rehabilitation fallen unter § 14 Abs. 8 Nr. 2.

#### 2. Gleichgestellte Einrichtungen

17 Den Krankenhäusern gleich gestellte Einrichtungen nach § 14 Abs. 8 Satz 1 sind keine Krankenhäuser, sondern werden wie **Stationen** von Krankenhäusern behandelt, § 14 Abs. 7 Satz 2. Sie sind weder zum Betrieb eigener Apotheken berechtigt, § 14 Abs. 8 Satz 4, noch dürfen sie selbst Versorgungsverträge mit öffentlichen Apotheken oder Krankenhausträgern schließen. Sie bieten jedoch stationäre Leistungen an, zu denen alternativ Behandlung oder Pflege jeweils zusammen mit Hotelleistungen wie Unterkunft und Verpflegung gehören. Die ständige hauptberufliche ärztliche Leitung ist analog zu den Voraussetzungen der Akutbehandlung festgelegt und fordert damit einen höheren Standard, als dies bei Rehabilitationseinrichtungen gemäß § 111 SGB V der Fall ist. Insoweit reicht auch eine psychotherapeutische Leitung nicht aus. Die hauptberufliche Tätigkeit zeichnet sich dadurch aus, dass sie den Mittelpunkt der Erwerbstätigkeit bildet und in ihrer wirtschaftlichen Bedeutung und dem zeitlichen Aufwand alle übrigen Erwerbstätigkeiten zusammen deutlich übersteigt. Sie muss zwar nicht in Vollzeit ausgeübt werden, darf aber auch keine Gelegenheitstätigkeit darstellen. Sie ist kontinuierlich wahrzunehmen, sodass ein Jobsharing zwar möglich ist, aber so gestaltet werden muss, dass die Leitungsfunktion ständig und ohne Unterbrechung wahrgenommen

werden kann. Regelungen während der Urlaubszeiten sind davon unberührt. Die Einrichtungen müssen ferner pro Jahr die Versorgung von mindestens 40 % ihrer Patienten aus dem Bereich der gesetzlichen Kranken- und Rentenversicherung oder der Selbstzahler mit den insoweit üblichen Entgelten nachweisen. Sie gehören nicht zu den Berechtigten nach § 14, wenn sie als Privatkliniken ausschließlich Wahlleistungspatienten mit frei vereinbarten höheren Entgelten betreuen. Die gleich gestellten Einrichtungen zählt § 14 Abs. 8 Satz 2 enumerativ auf.

### a) Rettungsdienst

Den Trägern und Durchführenden des **Rettungsdienstes** steht ein eigenes Recht zum Abschluss eines Versorgungsvertrages nach § 14 Abs. 8 zu, soweit sie Notfallrettung betreiben. Dann gilt ihr Rettungsdienst als Station eines Krankenhauses i.S.d. § 14 Abs. 7 Satz 2. Der Krankentransport ist von diesem Recht ausgenommen. Träger des Rettungsdienstes sind in der überwiegenden Zahl der Länder die Kreise und kreisfreien Städte, die im Übrigen keine Versorgungsverträge mit Krankenhausapotheken und öffentlichen Apotheken abschließen dürfen, § 14 Abs. 8 Satz 4, es sei denn sie sind Krankenhäuserträger. Entsprechendes gilt für freiwillige Hilfsorganisationen, die den Rettungsdienst durchführen.

18

### b) Kureinrichtungen

Soweit **Kureinrichtungen** Abteilungen besitzen, die in mehrere Stationen oder Teileinheiten mit unterschiedlichem Versorgungszweck eingeteilt sind, sind sie nicht mehr als eine Station i.S.d. § 14 Abs. 7 Satz 2 anzusehen. Die vergünstigte Arzneimittelversorgung für die Teileinheiten, die den Anforderungen des § 14 Abs. 8 Nr. 2 genügen, steht ihnen nicht zu. Sie haben den üblichen Vertriebsweg nach § 47 AMG einzuhalten. Die alle Bedingungen erfüllende Station einer Kurklinik ist wie eine Station eines Krankenhauses zu bedienen, § 14 Abs. 8 Satz 3, Abs. 7 Satz 2. Weigert sich ein Krankenhaus mit Krankenhausapotheke oder gültigem Versorgungsvertrag nach § 14 Abs. 3 die Versorgung der Kurklinik mitzuübernehmen, kann die zuständige Behörde die Genehmigung des Versorgers widerrufen.

19

### c) Praxiskliniken

**Praxiskliniken** nach § 115 Abs. 2 SGB V sind keine Krankenhäuser i.S.d. § 14 Abs. 8 und werden ihnen auch nicht gleichgestellt, da sie Angebote ambulant tätiger Ärzte darstellen und auf dem üblichen Vertriebsweg nach § 47 AMG durch öffentliche Apotheken versorgt werden.

20

## C. Bewehrung

Der Betrieb einer Krankenhausapotheke ohne Betriebserlaubnis ist nach § 23 i.V.m. § 12 Abs. 2 StGB als Vergehen strafbewehrt und mit Freiheitsstrafe bzw. Geldstrafe bedroht. Ordnungswidrig nach § 25 Abs. 1 Nr. 4 und 5, Abs. 3 handelt, wer ein Krankenhaus schuldhaft ohne genehmigten Vertrag mit Arzneimitteln versorgt oder Arzneimittellieferungen und Beratungen tätigt, die nicht der Krankenhausversorgung, dem Entlassungsmanagement und der Versorgung der Krankenhausbeschäftigten dienen.

21

## § 18 Notdienstfonds

(1) Der im Vereinsregister des Amtsgerichts Frankfurt am Main unter der Registernummer 4485 eingetragene Deutsche Apothekerverband e. V. errichtet und verwaltet einen Fonds zur Förderung der Sicherstellung des Notdienstes von Apotheken. Er nimmt die Aufgaben im Zusammenhang mit der Errichtung des Fonds sowie der Vereinnahmung und Verteilung der Mittel, einschließlich des Erlasses und der Vollstreckung der hierzu notwendigen Verwaltungsakte, als Beliehener nach Maßgabe der §§ 19 und 20 wahr. Der Deutsche Apothekerverband e. V. ist Anordnungsbehörde im Sinne des § 3 des Verwaltungsvollstreckungsgesetzes und Vollzugsbehörde im Sinne des § 7 des Verwaltungsvollstreckungsgesetzes.

(2) Der Deutsche Apothekerverband e. V. hat den Fonds nach Absatz 1 Satz 1 getrennt vom sonstigen Vermögen des Vereins zu errichten und zu verwalten. Die ihm bei der Errichtung und Verwaltung des Fonds entstehenden Ausgaben werden aus den Einnahmen des Fonds gedeckt. Die Finanzmittel sind bei der Bundesrepublik Deutschland Finanzagentur GmbH anzulegen. Der Fonds hat zur Sicherstellung seiner Zahlungsfähigkeit im jeweils laufenden Quartal Betriebsmittel in angemessener Höhe vorzuhalten, die aus Einnahmen des Fonds zu bilden sind. Zur anfänglichen Aufbringung der Betriebsmittel können Darlehen in angemessener Höhe aufgenommen werden, die bis spätestens zum 31. Dezember 2013 aus den Einnahmen des Fonds zurückzuzahlen sind.

(3) Die Rechts- und Fachaufsicht über den Deutschen Apothekerverband e. V. bei der Wahrnehmung der Aufgaben nach Absatz 1 führt das Bundesministerium für Gesundheit. Der Deutsche Apothekerverband e. V. hat der Aufsichtsbehörde auf Verlangen die Rechnungslegung des Fonds offenzulegen.

| Übersicht | Rdn. | | Rdn. |
|---|---|---|---|
| A. Normzweck, Regelungsgegenstand | 1 | I. Behördenstatus | 2 |
| B. Tatbestand | 2 | II. Finanzierung | 3 |

## A. Normzweck, Regelungsgegenstand

1 Der **Notdienstsicherstellungsfonds** dient der Aufrechterhaltung der flächendeckenden Arzneimittelversorgung im ländlichen Raum, in dem insbesondere im Notdienst entstehende hohe Vorhaltekosten, die in einem deutlichen Missverhältnis zum Ertrag stehen, ausgeglichen werden.

## B. Tatbestand

### I. Behördenstatus

2 Der Deutsche Apothekerverband e.V. hat durch die **Beleihung** kraft Gesetzes Behördenstatus erlangt. Er ist sowohl Anordnungs-, Festsetzungs-, Widerspruchs- und Vollzugsbehörde i.S.d. §§ 7, 18 VerwVollstrG, 73 Abs. 1 Satz 2 Nr. 2 VwGO, 18 Abs. 1 Satz 3, 19 Abs. 2 Satz 3 dieses Gesetzes. Die Verwaltung des Fonds durch Erlass von Verwaltungsakten, die Durchführung von Streitverfahren gerichtlich und außergerichtlich sowie die Vertretung in allen Belangen des Fonds gehören zu seinen Aufgaben. Die **Durchgriffsbefugnisse** reichen – vgl. § 19 Abs. 6 – sehr weit. Mit Begehungs- und Einsichtsrechten vor Ort ist die Prüfung von Geschäftsunterlagen im Detail erlaubt. Im Hinblick auf die Aufgabe nach §§ 18 ff. unterliegt der Verband der Fachaufsicht des Bundesministeriums für Gesundheit. Die Aufsichtsbehörde hat das Recht und die Pflicht, nicht nur die Rechtmäßigkeit des Handelns zu überprüfen, sondern auch die Zweckmäßigkeit einschließlich aller fondsbezogenen wirtschaftlichen Betätigungen des Verbandes. Zwischen den Aufgaben des Apothekerverbandes als gesundheitspolitischer Partner und der Verwaltungsaufgabe besteht eine klare Trennung.

### II. Finanzierung

3 Die **Betriebsmittelkosten** und notwendigen **Auslagen** werden aus den Fondseinnahmen gemäß § 18 Abs. 2 gedeckt. Dazu zählen auch Beiträge für die Haftpflichtversicherung des Fonds gegen Schadensersatzansprüche des Bundes nach § 20a. Die eingezahlten Festbetragsanteile müssen nach § 18 Abs. 2 Satz 3 beim Dienstleister der Bundesrepublik Deutschland Finanzagentur GmbH mit alleinigem Gesellschafter Bundesrepublik angelegt werden.

4 Die **Notdienstpauschalen** werden quartalsweise vom Deutschen Apothekerverband e.V. festgesetzt und variieren nach dem Absatz verschreibungspflichtiger Arzneimittel. Es handelt sich um einen pauschalen Zuschuss aus einem Fonds für einen vollständigen Nacht- und Notdienst, der nach Abschnitt 10.2 Abs. 1 S. 1 Nr. 3 UStAE nicht der Umsatzsteuer (Abschnitt 10.2 Abs. 7 UStAE) unterliegt. Dies gilt nach § 10 Abs. 1 Satz 1 und 2 UStG jedoch nicht für die Erhöhung des Festzuschlags

bei der Berechnung des Apothekenabgabepreises, der mit 16 Cent als Nettozuschlag erhoben wird. Insoweit handelt es sich um ein Entgelt für die Lieferung von Humanfertigarzneimitteln.

## § 19 Verwaltungsverfahren

(1) Die Apotheken sind verpflichtet, nach jedem Quartalsende innerhalb von zehn Tagen nach Bekanntgabe des Bescheids nach Absatz 2 Satz 1 für alle im Quartal abgegebenen Packungen verschreibungspflichtiger Fertigarzneimittel zur Anwendung bei Menschen den Anteil des Festzuschlags nach § 3 Absatz 1 Satz 1 der Arzneimittelpreisverordnung, der der Förderung der Sicherstellung des Notdienstes von Apotheken dient, an den nach § 18 Absatz 1 Satz 1 errichteten Fonds abzuführen. Soweit die Apotheken für die Abrechnung mit den Krankenkassen Rechenzentren in Anspruch nehmen, haben sie die auf die abgerechneten sowie die auf die sonstigen abgegebenen Arzneimittel entfallenden Anteile nach Satz 1 über die Rechenzentren abzuführen.

(2) Der Deutsche Apothekerverband e. V. setzt gegenüber der Apotheke für jedes Quartal die abzuführenden Beträge fest. Widerspruch und Klage gegen die Festsetzung haben keine aufschiebende Wirkung. Der Beliehene ist Widerspruchsbehörde im Sinne des § 73 Absatz 1 Satz 2 Nummer 2 der Verwaltungsgerichtsordnung. Für ein Vorverfahren werden Gebühren und Auslagen erhoben. Für die vollständige oder teilweise Zurückweisung eines Widerspruchs wird eine Gebühr bis zu 500 Euro erhoben. Bei Rücknahme eines Widerspruchs nach Beginn seiner sachlichen Bearbeitung, jedoch vor deren Beendigung, ist die Gebühr nach Satz 5 anteilig zu erheben. Hat der Widerspruch nur deshalb keinen Erfolg, weil die Verletzung einer Verfahrens- oder Formvorschrift nach § 45 des Verwaltungsverfahrensgesetzes unbeachtlich ist, wird keine Gebühr erhoben. Über die Gebühren nach den Sätzen 5 und 6 entscheidet die Widerspruchsbehörde nach billigem Ermessen. Für Klagen gegen den Beliehenen ist das Verwaltungsgericht örtlich zuständig, in dessen Bezirk er seinen Sitz hat.

(3) Die Rechenzentren nach Absatz 1 Satz 2 übermitteln dem Deutschen Apothekerverband e. V. im Wege elektronischer Datenübertragung oder maschinell lesbar auf Datenträgern vollständige Angaben zur Anzahl der im jeweiligen Quartal von den einzelnen Apotheken zu Lasten der gesetzlichen Krankenversicherung abgegebenen Packungen verschreibungspflichtiger Fertigarzneimittel zur Anwendung bei Menschen. Die Apotheken haben dem Deutschen Apothekerverband e. V. die Gesamtzahl der von ihnen im jeweiligen Quartal abgegebenen Packungen verschreibungspflichtiger Fertigarzneimittel zur Anwendung bei Menschen, die nicht zu Lasten der gesetzlichen Krankenversicherung verordnet oder nicht als Sachleistung abgegeben wurden, im Wege einer Selbsterklärung mitzuteilen. Form und Inhalt der Erklärung nach Satz 2 werden vom Deutschen Apothekerverband e. V. festgelegt und auf seiner Webseite bekanntgemacht. Die Übermittlung der Daten hat jeweils innerhalb von vier Wochen nach Quartalsende zu erfolgen. Die Daten dürfen nur für die Zwecke nach Absatz 2 Satz 1 verarbeitet werden. Abweichend von Satz 5 hat der Deutsche Apothekerverband e. V. dem Bundesministerium für Gesundheit auf Anforderung zum Zwecke der Entwicklung und Prüfung von Maßnahmen zur Sicherstellung einer flächendeckenden Versorgung der Bevölkerung mit Arzneimitteln durch öffentliche Apotheken geeignete Auswertungen dieser ihm zur Anzahl abgegebener Packungen verschreibungspflichtiger Fertigarzneimittel übermittelten Daten in einer Form zur Verfügung zu stellen, die keine Rückschlüsse auf einzelne Apotheken zulässt.

(4) Der Deutsche Apothekerverband e. V. erstattet aus den Einnahmen des Fonds den Rechenzentren die notwendigen Kosten für die Übermittlung der Angaben nach Absatz 3 Satz 1 in nachgewiesener Höhe. Abweichend von Satz 1 kann der Deutsche Apothekerverband e. V. mit den Rechenzentren eine pauschale Kostenerstattung vereinbaren.

(5) Soweit Apotheken keine Rechenzentren in Anspruch nehmen, erfolgt die Abführung sämtlicher Anteile nach Absatz 1 Satz 1 unmittelbar durch die Apotheke aufgrund einer Selbsterklärung. Absatz 2 und Absatz 3 Satz 3 bis 5 gelten entsprechend.

(6) Der Deutsche Apothekerverband e. V. stellt sicher, dass die Apotheken ihren Verpflichtungen nach den Absätzen 1, 3 und 5 nachkommen. Bei unterlassener oder bei Anhaltspunkten für eine unvollständige Abführung der Anteile nach Absatz 1 kann er die zur Ermittlung der abzuführenden Beträge notwendigen Überprüfungen der Apotheken sowie der in Anspruch genommenen Rechenzentren vornehmen. Die mit der Überprüfung beauftragten Personen können insbesondere die Betriebs- und Geschäftsräume zu den üblichen Geschäftszeiten betreten, die erforderlichen Auskünfte verlangen sowie in begründeten Fällen Geschäftsunterlagen, einschließlich elektronischer Dateien, einsehen und hiervon Abschriften oder Kopien fertigen. Der zur Auskunft Verpflichtete kann die Auskunft auf solche Fragen verweigern, deren Beantwortung ihn selbst oder einen seiner in § 383 Absatz 1 Nummer 1 bis 3 der Zivilprozessordnung bezeichneten Angehörigen der Gefahr strafrechtlicher Verfolgung oder eines Verfahrens nach dem Gesetz über Ordnungswidrigkeiten aussetzen würde. Die Apotheken und die Rechenzentren haben die Beauftragten des Deutschen Apothekerverbandes e. V. bei der Überprüfung zu unterstützen.

(7) Kommt eine Apotheke ihrer Verpflichtung zur Selbsterklärung nach Absatz 3 Satz 2 nicht nach oder liegen tatsächliche Anhaltspunkte für die Unrichtigkeit der Angaben der abgegebenen Selbsterklärung vor, kann der Deutsche Apothekerverband e. V. die Anzahl der in der betreffenden Apotheke abgegebenen Packungen verschreibungspflichtiger Arzneimittel, die nicht zu Lasten der gesetzlichen Krankenversicherung oder nicht als Sachleistung abgegeben wurden, schätzen. Dabei sind alle Umstände zu berücksichtigen, die für die Schätzung von Bedeutung sind. Für die Schätzung wird eine Gebühr bis zu 500 Euro erhoben. Absatz 2 Satz 3 bis 9 gilt entsprechend.

## Übersicht

| | Rdn. | | Rdn. |
|---|---|---|---|
| A. Normzweck, Regelungsgegenstand | 1 | C. Bewehrung | 12 |
| B. Tatbestand | 2 | | |

### A. Normzweck, Regelungsgegenstand

1 Das **Verwaltungsverfahren** zur Umsetzung des Nacht- und Notdienstfonds (NNF) soll möglichst praktikabel und wenig verwaltungsaufwändig gestaltet sein und vorhandene Strukturen nutzen. Dies gilt auch für die Zusatzaufgabe im Kontext Versorgungssicherheit nach § 19 Abs. 3 Satz 6.

### B. Tatbestand

2 Der **Einzugs- und Zahlungsauftrag** des Deutschen Apothekerverbandes im NNF basiert zum einen auf der Datenübermittlung der Rechenzentren und zum anderen auf Selbsteinschätzungen der Apotheken. Zum Ausschluss von Versorgungsengpässen hat der Fonds aufgrund seiner vernetzten Strukturen und der Ermittlung der verwendeten Fertigarzneimittel nach Art und Zahl nach § 18 Abs. 3 Satz 5 die Zusatzaufgabe erhalten, den Gesamtbedarf der Bevölkerung in aggregierten Daten auf Anforderung der Bundesregierung dieser zur Verfügung zu stellen. Der Deutsche Apothekerverband ist Festsetzungs- und Widerspruchsbehörde. Die aufschiebende Wirkung seiner Bescheide kann gerichtlich gemäß § 80 Abs. 2 Nr. 3, Abs. 5 VwGO wiederhergestellt werden.

3 Der Fonds wird ausschließlich aus **Festbetragsanteilen** von ärztlich verordneten Humanfertigarzneimitteln und nicht von tierärztlichen Arzneimitteln aller deutschen Apotheken gespeist, die zur Nachtzeit aus Apotheken abgegeben werden, vgl. § 20 Abs. 1.

4 Die Fondsabgabe ist gemäß § 73 Abs. 2 SGB V an eine **ärztliche Verordnung** geknüpft. Daher dürfen Psychiater, nicht aber psychologische Psychotherapeuten und Kinder- und Jugendlichenpsychotherapeuten ärztliche Verordnungen ausstellen. Dies gilt sowohl im vertragsärztlichen und Krankenhausbereich als auch bei privatärztlichen Verordnungen. Allerdings ist die Verordnungskompetenz der Psychotherapeuten durch Entscheidung des G-BA zur Krankenhauseinweisungs-Richtlinie 2017 entscheidend erweitert worden, betrifft aber nach wie vor keine ärztlichen, sondern ausschließlich psychotherapeutische Versorgungs- und Behandlungskomponenten. Bei der Berechnung nach § 19 Abs. 1 werden verschreibungspflichtige Rezepturen ebenso wenig berücksichtigt

wie freiverkäufliche und apothekenpflichtige Arzneimittel. Der Festbetragsanteil bestimmt sich bei allen Fertigarzneimitteln nach § 3 Abs. 1 Satz 1 der AMPreisV.

Zur **Notdienstzeit** vgl. § 20 Rdn. 4 f. 5

Das **Mitteleinzugsverfahren** berücksichtigt den Apotheker als freien Beruf und kaufmännisches Unternehmen. Daher bietet es **Alternativen** zur Abführungspflicht von Festbetragsanteilen an. 6

Verordnungen sind **zu Lasten der GKV** im Notdienstfonds – bis auf wenige nicht einbezogene Ausnahmen – zwingend nach § 19 Abs. 1 Satz 2 über Rechenzentren abzurechnen. Die Rechenzentren müssen die Daten innerhalb von 4 Wochen nach Quartalsende an den Deutschen Apothekerverband übermitteln, § 19 Abs. 3 Satz 4. Die Zahlungspflicht für Apotheken besteht innerhalb von 10 Tagen nach Zugang des Bescheids. In dieser Zeit muss die Zahlung angewiesen, aber nicht eingegangen sein. Das Rechenzentrum führt den Festbetragsanteil an den Fonds ab. 7

Verordnungen auf **Rezepten privat Versicherter**, Beihilfeberechtigter und zu Sozialleistungen Berechtigter über verschreibungspflichtige und preisgebundene Humanarzneimittel unterliegen dem Selbsterklärungsverfahren nach § 19 Abs. 3 Satz 2. Das bedeutet, dass die Apotheke Zahl und Art der Fertigarzneimittel selbst ermittelt. Rechnet die Apotheke insoweit bereits auch diese Produkte über Rechenzentren ab, muss sie das Verfahren im Notdienstfondsgeschehen fortsetzen, Umkehrschluss aus § 19 Abs. 5. Die Fristen gelten wie im GKV-Abrechnungsverfahren. Die Apotheke führt den Festbetragsanteil unmittelbar an die Fondsverwaltung ab. 8

Sind Verordnungen auf Privatrezepten für GKV-Versicherte vorgenommen und insoweit Fertigarzneimittel abgegeben worden, die nicht den Rabattverträgen zwischen Kostenträgern und Apotheken entsprechen, handelt es sich um Verordnungen, die **nicht** vom **Sachleistungsprinzip** der GKV erfasst werden. In diesen Fällen leisten Patienten den vollen Zahlungsbetrag und beantragen Kostenerstattung nach § 13 SGB V. Sie können den Anteil in Höhe der erstattungsfähigen Rabattverträge zurückerhalten. Auch diese Fertigarzneimittel sind im Wege der Selbsterklärung nach § 19 Abs. 3 Satz 2 an den Fondsverwalter zu melden und abzuführen. Die Fristen bleiben identisch zum GKV-Abrechnungsverfahren. Die Apotheke zahlt den Festbetragsanteil unmittelbar an den Fonds. 9

Ausstehende Zahlungen aus dem Nacht- und Notdienstfonds (NNF) sind bei **Insolvenz** des genutzten **Abrechnungszentrums** als eigene Ansprüche einzelner Apotheken zur Insolvenzmasse anzumelden, *Müller-Bohn*, DAZ online v. 17.11.2020. Dies gilt, soweit das Rechenzentren keine gesonderten Treuhandkonten geführt hat. 10

Die Fondsverwaltung, der Deutsche Apothekerverband e.V., hat zur Einhaltung ihrer **Sicherstellungsverpflichtung** und Durchsetzung der Einzahlungen an den Fonds die Mittel der VwGO und des VerwVollstrG. Diese werden in § 19 Abs. 6 und 7 sowohl konkretisiert als auch sachbezogen erweitert. Begehungs- und Auskunftsrechte gegenüber der Apotheke sowie das Recht zur kostenpflichtigen Schätzung nach § 19 Abs. 7 bei fehlender Mitwirkung der Apotheken geben dem Fondsverwalter zusätzliche Eingriffs- und Durchsetzungsmöglichkeiten. Die sehr weit reichenden Befugnisse sind aber nur anzuwenden, wenn begründete Verdachtsmomente bestehen, dass Apotheken ihrer Verpflichtung zur Abführung von Festbetragsanteilen nicht nachkommen. Die Inanspruchnahme der Rechte ist zudem nur möglich zu den üblichen Geschäftszeiten, also z.B. nicht im Notdienst. Unabhängig davon kann jedoch die eingeschaltete Staatsanwaltschaft in Ausführung ihrer Aufgaben auch außerhalb der Geschäftszeiten Untersuchungen bei Gefahr im Verzug vornehmen. 11

## C. Bewehrung

Verstöße gegen die Bestimmungen der §§ 18 bis 20a sind weder strafrechtlich noch als Ordnungswidrigkeiten bewehrt. Verwaltungszwang nach den Verwaltungsvollstreckungsgesetzen der Länder ist grundsätzlich möglich. Die gebührenpflichtige Schätzung nach § 19 Abs. 7 hat keinen sanktionierenden, sondern Verwaltungserzwingungscharakter. 12

## § 20 Leistungskonditionen

(1) Apotheken, die von der zuständigen Behörde zur Dienstbereitschaft im Notdienst durchgehend in der Zeit von spätestens 20 Uhr bis mindestens 6 Uhr des Folgetages bestimmt wurden und den Notdienst vollständig erbracht haben, erhalten hierfür einen pauschalen Zuschuss.

(2) Die für die Einteilung zur Dienstbereitschaft im Notdienst zuständige Behörde teilt dem Deutschen Apothekerverband e. V. für ihren Zuständigkeitsbereich nach jedem Quartalsende spätestens bis zum Ende des folgenden Monats die Apotheken mit, die im jeweiligen Quartal Notdienste nach Absatz 1 erbracht haben, sowie die Anzahl der jeweils erbrachten Notdienste.

(3) Der Deutsche Apothekerverband e. V. setzt gegenüber den Apotheken für jedes Quartal den pauschalen Zuschuss nach Absatz 1 fest und zahlt ihn für jeden nach Absatz 2 mitgeteilten Notdienst an die Apotheken aus dem Fonds nach § 18 Absatz 1 Satz 1 nach jedem Quartalsende spätestens bis zum Ablauf des folgenden Quartals aus. § 19 Absatz 2 Satz 3 bis 9 gilt entsprechend. Der Zuschuss errechnet sich als Quotient aus der um die Ausgaben nach § 18 Absatz 2 Satz 2, einschließlich der nach § 19 Absatz 4 zu erstattenden Kosten, und die Beträge zur Bildung von Betriebsmitteln nach § 18 Absatz 2 Satz 4 und zur Erfüllung der Verpflichtungen aus Darlehen nach § 18 Absatz 2 Satz 5 bereinigten Summe der beim Fonds vorhandenen Anteile nach § 19 Absatz 1 und der Anzahl der nach Absatz 2 mitgeteilten Notdienste.

| Übersicht | Rdn. | | Rdn. |
|---|---|---|---|
| A. Normzweck, Zielsetzung | 1 | II. Abrechnungsmodus | 3 |
| B. Tatbestand | 2 | III. Notdienstzeit | 4 |
| I. Zuschuss | 2 | | |

### A. Normzweck, Zielsetzung

1 Die Vorschrift regelt die Ansprüche gegen den Fonds nach geleistetem Nacht- oder Notdienst. Es handelt sich um einen **Solidarausgleich** unter den Apotheken. Apotheken mit größerem Umsatz im Nacht- und Notdienst gleichen die Vorhaltekosten der Apotheken mit geringerer Inanspruchnahme aus. Die Regelung ist für alle Apotheken sinnvoll, da die Mittel des Zuschusses zusätzlich durch Preiserhöhungen bei Medikamenten erwirtschaftet werden und damit die Gesamteinnahmen der Apotheken erhöhen.

### B. Tatbestand

#### I. Zuschuss

2 Der Zuschuss wird als **Pauschale** gezahlt. Eine Detailabrechnung erfolgt nicht. Für ein Ansteigen der Pauschale spielen erhöhte Packungsabgabemengen und weniger Nacht- und Notdiensttage eine Rolle.

#### II. Abrechnungsmodus

3 Der **Abrechnungsmodus** der Pauschale pro Quartal stellt sich wie folgt dar: Alle vollständig erbrachten Notdienste nach § 20 Abs. 1, vgl. dazu § 19 Nr. 2, fallen in das Berechnungssystem. Deren Zahl teilen die zuständigen Landesbehörden, die den Notdienst organisieren, dem Deutschen Apothekerverband e.V. am Ende des Quartals mit. Das sind in der Regel die Apothekerkammern. Aus den eingezahlten Festbetragsanteilen i.S.d. § 19 Abs. 1 abzüglich ggf. noch laufender Kredite und Zinsen nach § 18 Abs. 2 Sätze 2 und 5 für die Fondserrichtung, der Betriebsmittel nach § 18 Abs. 2 Satz 4 und der Kosten für die Rechenzentren nach § 19 Abs. 4 errechnet sich das Verteilungsvolumen. Dieses wird dividiert durch die Anzahl der vollständig geleisteten Nacht und Notdienste.

### III. Notdienstzeit

Die **Notdienstzeit** wird von 20.00 h bis 6.00 h morgens des Folgetages bestimmt. Dabei kommt es nicht darauf an, ob der Nacht- oder Notdienst an Sonn- und Feiertagen oder an Werktagen geleistet wird. Zahlungen aus dem Fonds erhalten Apotheken dann nicht, wenn sie außerhalb der Zeiten des § 20 Abs. 1 an Sonn- und Feiertagen für den Notdienst bereit standen. 4

Maßgebend ist die **vollständige und ununterbrochene** Ableistung der Nacht und Notdienstzeit nach Abs. 1. Gekürzte Zeiten sind nicht vergütungsfähig. Wenn der Dienst durch Schließungen aufgrund unvorhergesehener Ereignisse wie Erkrankungen oder sonstiger Problematiken unterbrochen wird, gilt er als nicht vollständig erbracht. Auf ein Verschulden kommt es nicht an. Dem Apotheker ist eine vorsorgende Vertretungsregelung im Versorgungsinteresse der Bevölkerung zuzumuten. Der Gesetzgeber hat insoweit keine Ausnahmen vorgesehen. 5

## § 23 Straftaten

**Wer vorsätzlich oder fahrlässig ohne die erforderliche Erlaubnis oder Genehmigung eine Apotheke, Krankenhausapotheke oder Zweigapotheke betreibt oder verwaltet, wird mit Freiheitsstrafe bis zu sechs Monaten oder mit Geldstrafe bis zu einhundertachtzig Tagessätzen bestraft.**

(nicht kommentiert)

## § 25 Ordnungswidrigkeiten

(1) Ordnungswidrig handelt, wer vorsätzlich oder fahrlässig
1. entgegen § 2 Abs. 5 Nr. 2 einen Verantwortlichen nicht, nicht richtig oder nicht rechtzeitig benennt,
2. auf Grund einer nach § 8 Satz 2, § 9 Abs. 1, § 10 oder § 11 Abs. 1 unzulässigen Vereinbarung Leistungen erbringt oder annimmt oder eine solche Vereinbarung in sonstiger Weise ausführt,
3. eine Apotheke durch eine Person verwalten lässt, der eine Genehmigung nach § 13 Abs. 1b Satz 1 nicht erteilt worden ist,
4. entgegen § 14 Abs. 7 Satz 1 ein Krankenhaus mit Arzneimitteln versorgt oder 5. entgegen § 14 Abs. 7 Satz 2, 3 oder 4 Arzneimittel abgibt.

(2) Ordnungswidrig handelt auch, wer vorsätzlich oder fahrlässig einer nach § 21 erlassenen Rechtsverordnung zuwiderhandelt, soweit sie für einen bestimmten Tatbestand auf diese Bußgeldvorschrift verweist.

(3) Die Ordnungswidrigkeit kann in den Fällen des Absatzes 1 Nr. 2 mit einer Geldbuße bis zu zwanzigtausend Euro, in den Fällen des Absatzes 1 Nr. 1, 3 und 4 und des Absatzes 2 mit einer Geldbuße bis zu fünftausend Euro geahndet werden.

Das Betreiben einer Apotheke ohne Erlaubnis kann durch einen »Strohmann« realisiert sein. Die wirtschaftlichen und unternehmerischen Durchgriffsmöglichkeiten hat die dahinterstehende Person. Das Maß der deutlich werdenden kriminellen Energie hat strafrechtliche Relevanz. Dagegen kann eine in diesem Zusammenhang abgegebene falsche Versicherung an Eides Statt im Einzelfall den Tatbestand einer Ordnungswidrigkeit erfüllen, §§ 25 Abs. 1 i.V.m. 8 Satz 2, BGH APR 2002, 166 = BGHSt 47, 285. 1

**Ordnungswidrig** i.S.d. § 25 Abs. 1 Nr. 1 handelt z.B. ein Apotheker, der das Verbot der partiarischen Beteiligung als stiller Gesellschafter nach § 8 Satz 2 dadurch umgeht, dass er mit Apothekenbetreibern Absprachen trifft, die ihm sowohl eine Einflussnahme auf den Apothekenbetrieb ermöglichen als auch eine Steuerungsmöglichkeit auf den Umsatz zulassen. Dies ist im Fall der Entscheidung des BGH APR 2006, 166 (170) dadurch erfolgt, dass Betriebskosten durch Mietzinsänderungen und Beraterkosten sowie andere Einflussnahmen vergleichbarer Art erhöht oder reduziert wurden. 2

# Bundes-Apothekenordnung – BApO

In der Fassung der Bekanntmachung vom 19. Juli 1989 (BGBl. I S. 1478, 1842), zuletzt geändert durch Artikel 8 des Gesetzes vom 15. August 2019 (BGBl. I S. 1307)

Inhaltsverzeichnis (nicht amtliche Überschriften)

| | |
|---|---|
| § 2 | Ausübung des Apothekerberufs |
| § 4 | Approbationserteilung |
| § 4a | Vorwarnmechanismus |
| § 6 | Obligatorische Rücknahme und Widerruf der Approbation (mit § 7 kommentiert) |
| § 7 | Fakultative Rücknahme und Widerruf der Approbation |
| § 8 | Ruhen der Approbation |
| § 11 | Berufserlaubnis |
| § 11a | Dienstleistungserbringer |
| § 12 | Zuständige Behörden |

## § 2 Ausübung des Apothekerberufs

(1) Wer im Geltungsbereich dieses Gesetzes den Apothekerberuf ausüben will, bedarf der Approbation als Apotheker.

(2) Die Ausübung des Apothekerberufs im Geltungsbereich dieses Gesetzes ist auch auf Grund einer Erlaubnis zulässig.

(2a) Apotheker, die Staatsangehörige eines Mitgliedstaats der Europäischen Union oder eines anderen Vertragsstaates des Abkommens über den Europäischen Wirtschaftsraum oder eines Vertragsstaates sind, dem Deutschland und die Europäische Gemeinschaft oder Deutschland und die Europäische Union vertraglich einen entsprechenden Rechtsanspruch eingeräumt haben, dürfen den Apothekerberuf im Geltungsbereich dieses Gesetzes ohne Approbation als Apotheker oder ohne Erlaubnis zur Ausübung des Apothekerberufs ausüben, sofern sie vorübergehend und gelegentlich als Erbringer von Dienstleistungen im Sinne des Artikels 50 des EG-Vertrages im Geltungsbereich dieses Gesetzes tätig werden. Sie unterliegen jedoch der Meldepflicht nach diesem Gesetz.

(3) Ausübung des Apothekerberufs ist die Ausübung einer pharmazeutischen Tätigkeit unter der Berufsbezeichnung »Apotheker« oder »Apothekerin«. Pharmazeutische Tätigkeiten umfassen insbesondere:
1. Herstellung der Darreichungsform von Arzneimitteln,
2. Herstellung und Prüfung von Arzneimitteln,
3. Arzneimittelprüfung in einem Laboratorium für die Prüfung von Arzneimitteln,
4. Lagerung, Qualitätserhaltung und Abgabe von Arzneimitteln auf der Großhandelsstufe,
5. Bevorratung, Herstellung, Prüfung, Lagerung, Verteilung und Verkauf von unbedenklichen und wirksamen Arzneimitteln der erforderlichen Qualität in der Öffentlichkeit zugänglichen Apotheken,
6. Herstellung, Prüfung, Lagerung und Verkauf von unbedenklichen und wirksamen Arzneimitteln der erforderlichen Qualität in Krankenhäusern,
7. Information und Beratung über Arzneimittel als solche, einschließlich ihrer angemessenen Verwendung,

§ 2 BApO   Ausübung des Apothekerberufs

8. Meldung von unerwünschten Arzneimittelwirkungen an die zuständigen Behörden,
9. personalisierte Unterstützung von Patienten bei Selbstmedikation,
10. Beiträge zu örtlichen oder landesweiten gesundheitsbezogenen Kampagnen.

| Übersicht | Rdn. | | Rdn. |
|---|---|---|---|
| A. Normzweck und Regelungsgegenstand | 1 | III. Berufserlaubnis | 6 |
| B. Tatbestand | 2 | IV. Vertragsstaaten | 7 |
| I. Berufsausübung | 2 | C. Bewehrung | 9 |
| II. Approbation | 5 | | |

## A. Normzweck und Regelungsgegenstand

1   Der Beruf des Apothekers zählt zu den **akademischen Heilberufen** i.S.d. Art. 74 Nr. 19 GG, da er auf Heilung und Hilfe bei Krankheiten ausgerichtet ist. Der Apotheker übt aber auch als freiberuflicher Kaufmann ein **Gewerbe** i.S.d. Art. 74 Nr. 11 GG aus, BVerfG 5, 29; 7, 387; *Maunz-Dürig-Herzog* Art. 74 Rn. 214 f. Zur Berufsausübung unter der Bezeichnung Apotheker ist eine Erlaubnis erforderlich. Diese kann umfassend als Approbation oder eingeschränkt als Berufserlaubnis erteilt werden. Die Normen beinhalten sowohl Berufsausübungs- als auch Berufsbezeichnungsregelungen. Pharmazeuten mit abgeschlossener Berufsausbildung, die nicht unter der Berufsbezeichnung Apotheker tätig sein wollen, benötigen weder eine Approbation noch eine Berufserlaubnis. Nach der Rechtsprechung des BSG, Urt. v. 03.04.2014 – B 5 RE 13/14 R wird für die Frage der Versorgung in dem eigenen berufsständischen Versorgungswerk oder in der Rentenversicherung darauf abgestellt, ob ein Pharmazeut eine typische berufliche Tätigkeit im Sinne des Kammerrechts ausübt. Ist dies nicht der Fall, kann keine Befreiung von der Rentenversicherungspflicht nach § 6 Abs. 1 Nr. 1 SGB VI erfolgen; vgl. dazu *Wesch*, DAZ 2014, S. 4676, der für angestellte Apotheker darauf hinweist, dass es bei der Zugehörigkeit zum Versorgungswerk oder der Rentenversicherung auf die konkrete heilberufliche Tätigkeit ankomme. Diese ist bei angestellten Apothekern in einer Präsenzapotheke zweifellos gegeben. Der Gesetzgeber kommt mit der hohen Berufszulassungshürde für Apotheker seinem Auftrag nach, die Bevölkerung vor unsachgemäßer Arzneimittelversorgung zu schützen. Arzneimittel sind **Waren besonderer Art**, BVerwG, Urt. v. 14.05.2005 – 3 C 9.04, zu denen der Zugang aus Gründen der Gefahrenabwehr und Daseinsvorsorge geregelt werden muss.

## B. Tatbestand

### I. Berufsausübung

2   **Pharmazeutische Tätigkeiten** dürfen unter der **Bezeichnung Apotheker** nach §§ 3, 4, 2 Abs. 2 nur approbierte Kräfte oder nach §§ 3, 11, 2 Abs. 2 Personen mit einer Berufserlaubnis und nach §§ 3, 2 Abs. 2a Dienstleistungserbringer i.S.d. Art. 50 des EG-Vertrages ausführen. Pharmazeutische Tätigkeiten dürfen auch von anderen Berufsgruppen ausgeführt werden. Dazu zählen nach § 15 Abs. 1 AMG Human- und Tiermediziner, Chemiker und Biologen. Ihnen ist allerdings das Führen der Berufsbezeichnung Apotheker verwehrt. Apotheker können auch Tätigkeiten verrichten, die nicht zum Katalog des § 2 Abs. 3 zählen, aber dennoch pharmazeutische sind. Dazu gehören z.B. behördliche Tätigkeiten in der Arzneimittelüberwachung. Der Katalog des § 2 Abs. 3 ist nicht abschließend. Die Weiterbildungsordnungen zum Apotheker für öffentliches Gesundheitswesen verlangen bundesweit die Approbation als Apotheker. Eine Qualifikation als Pharmazeut reicht nicht aus, da die praktische Ausbildung nach dem Studium fehlt. Im Vergleich zum pharmazeutisch-technischen Angestellten unterscheidet sie sich in erster Linie durch die Eigenverantwortlichkeit. Die auslaufenden Berufe der Apotheker*assistenten* und Pharmazieingenieure arbeiten unter Verantwortung des Apothekers, der Pharmazeutisch-technische Assistent (PTA) und der Apothek*en*assistent unter seiner Aufsicht.

2a   Die pharmazeutischen Tätigkeiten sind mit der EU-Richtlinie 2005/36/EG (Anerkennung von **Berufsqualifikationen**) und der Verordnung (EU) Nr. 1024/2012 (**Verwaltungszusammenarbeit**) präzisiert worden. Die Aufzählung ist nicht abschließend. Neu aufgenommen wurden die personalisierte Unterstützung bei der Selbstmedikation und die Beteiligung an landesweiten gesundheitsbezogenen Kampagnen, § 2 Abs. 3 Nr. 9 und 10. Des weiteren ist die wissenschaftliche und fachliche Öffentlichkeitsarbeit mit höherem Stellenwert versehen worden. Endemischen und pandemischen Geschehen kann durch landesweite Kampagnen grundsätzlich besser entgegengewirkt werden. Die in § 2 Abs. 3 genannten Aufgabenfelder müssen bei der Ausübung des Apothekerberufs nicht kumulativ vorliegen. Sie können aber kombiniert werden.

Der Beruf kann mit und ohne **Weiterbildung** zum Fachapotheker ausgeübt werden. Eine Verpflichtung zur Weiterbildung besteht nicht. Allerdings setzt die Weiterbildung Standards für den Stand von Wissenschaft und Technik. Auch der nicht weitergebildete Apotheker wird daran gemessen. Die Haftungsgefahr erhöht sich damit. Die Weiterbildungsvoraussetzungen regeln die Apothekerkammern durch Satzung in eigener Zuständigkeit auf der Grundlage ihrer landesrechtlichen Kammer- bzw. Heilberufsgesetze. Weiterbildungen können Einstellungsvoraussetzungen sein oder als Anforderungen von Arbeitgebern für ausgewiesene Stellenangebote formuliert werden. In der Weiterbildungszeit ist die Berufstätigkeit als Apotheker notwendig. Es können mehrere Weiterbildungsbezeichnungen nebeneinander erworben werden. Die meisten Kammer- und Heilberufsgesetze verlangen nach Abschluss der Weiterbildung eine Schwerpunkttätigkeit im ausgewählten Weiterbildungsgebiet oder -teilgebiet. Jede Weiterbildung schließt mit einer Prüfung ab. 3

Die Verpflichtung zur regelmäßigen **Fortbildung** ergibt sich aus den Berufsordnungen der Kammern. Der Verstoß kann als Berufspflichtverletzung berufsrechtlich geahndet werden. Fortbildungen schließen nicht mit Prüfungen ab und sind regelmäßig zu besuchen. 4

## II. Approbation

Die **Approbation** ist eine personenbezogene, nicht übertragbare, unbedingte und unbefristete Berufsausübungsberechtigung, BVerwG NJW 1999, 1798. Sie wird durch einen bedingungsfeindlichen, gebundenen Verwaltungsakt erteilt. Der Antragsteller erwirbt ein subjektives öffentliches Recht, eine Personalkonzession. Mit der Approbation wird bescheinigt, dass gegen die Ausübung des Apothekerberufs fachlich, gesundheitlich und charakterlich keine Bedenken bestehen. Die Approbation entspricht einer Unbedenklichkeitsbescheinigung. Eine wiederholte Erteilung einer Approbation ist aus Gründen der unbefristeten Erteilung und Bedingungsfeindlichkeit per definitionem nicht möglich. Nach Rückgabe, Widerruf, Rücknahme, Entzug und Verzicht kann nur eine Neuerteilung in Betracht kommen. Die Voraussetzungen nach § 4 sind erneut zu prüfen. Die Approbation ist als Erlaubnis vor Tätigkeitsaufnahme zu erteilen. 5

## III. Berufserlaubnis

Die **Berufserlaubnis** nach § 11 berechtigt wie die Approbation zur Ausführung pharmazeutischer Tätigkeiten unter der Berufsbezeichnung Apotheker, kann aber bedingt, befristet, eingeschränkt oder mit Auflagen versehen werden. Eine unbefristete Berufserlaubnis gibt es nicht mehr. Liegen die Voraussetzungen dafür vor, ist die Approbation nach § 4 zu erteilen. Zu den Voraussetzungen einer Berufserlaubniserteilung vgl. § 11 Rdn. 2 ff. 6

## IV. Vertragsstaaten

Grundsätzlich erhalten die Angehörigen der Europäischen Union, des Europäischen Wirtschaftsraums (EWR) und der Vertragsstaaten, denen Deutschland und die Europäische Gemeinschaft oder Deutschland und die Europäische Union einen entsprechenden Rechtsanspruch eingeräumt haben (**Vertragsstaaten**[1]), eine Approbation, wenn sie als Apotheker pharmazeutische Tätigkeiten ausführen wollen. Zu den Vertragsstaaten zählten zum 01.07.2018 Belgien, Bulgarien, Dänemark, Deutschland, Estland, Finnland, Frankreich, Griechenland, Irland, Italien, Kroatien, Lettland, 7

---

1 Diese Definition wird durchgehend in der Kommentierung verwendet.

## § 4 BApO  Approbationserteilung

Litauen, Luxemburg, Malta, Niederlande, Österreich, Polen, Portugal, Rumänien, Schweden, Slowakei, Slowenien, Spanien, Tschechien, Ungarn, Vereinigtes Königreich, Zypern. Zum EWR gehören neben den EU-Staaten Island, Liechtenstein und Norwegen. Zu den weiteren Staaten, mit denen hinsichtlich der Approbationsregelung Verträge bestehen, zählt die Schweiz, mit der zum 01.06.2002 ein Freizügigkeitsabkommen geschlossen worden ist. Dieses beinhaltet auch die Anerkennung des Apothekerdiploms. Damit entfallen Gleichwertigkeitsprüfungen nach § 4. Das Berufsqualifikationsfeststellungsgesetz vom 26.12.2011 (BGBl. I. S. 2515), zuletzt geändert durch Art. 150 des Gesetzes v. 29.03.2017 (BGBl. I S. 626), gilt nach § 4 Abs. 7 mit Ausnahme des § 17 für die BApO nicht.

8  *(unbesetzt)*

### C. Bewehrung

9  Nach § 13 BApO i.V.m. § 12 Abs. 2 StGB handelt es sich um ein **Vergehen**, wenn von einer Approbation Gebrauch gemacht wird, die durch bestandskräftige, vollziehbare Verfügung ruht. Die Tat wird mit Freiheitsstrafe bis zu einem Jahr oder Geldstrafe geahndet. Der Apotheker besitzt die Approbation noch, darf sie aber nicht für die Berufsausübung nutzen. Er ist nicht gehindert, sich weiter als Apotheker zu bezeichnen.

10  § 132a Abs. 1 Nr. 2 StGB stuft das unbefugte **Führen der Bezeichnung Apotheker** als Vergehen nach § 12 Abs. 2 StGB ein. Dabei ist es unerheblich, ob jemand das Vorliegen einer Approbation oder einer Berufserlaubnis behauptet. Konkludentes Verhalten reicht aus. Der Versuch ist nicht strafbewehrt, §§ 132a Abs. 1 Nr. 2, 23 Abs. 1 StGB. Schutzgut ist die Gesundheit der Bevölkerung vor Personen, die weder die Kenntnisse noch die Fertigkeiten und Fähigkeiten haben, sachgerecht mit Arzneimitteln umzugehen. Aus dieser Regelung folgt ein Berufsausübungsverbot, weil bestimmte Tätigkeiten einem Apotheker nach § 2 Abs. 1 und 3 i.V.m. § 1a Abs. 3 ApBetrO vorbehalten sind.

11  Durch die Zugehörigkeit des Apothekerberufs zu den akademischen Heilberufen besteht für den Apotheker **Verschwiegenheitspflicht** über fremde Geheimnisse, die ihm in Ausübung seiner Tätigkeit anvertraut werden. Zu Daten des persönlichen Lebensbereichs gehören insbesondere Personalia, Krankheits- und sonstige Patientendaten. Bei Verletzung droht eine Bestrafung als Vergehen nach §§ 203 Abs. 1, 12 Abs. 2 StGB. Die Verschwiegenheitspflicht gilt über den Tod des Betroffenen hinaus. Der Versuch ist nicht strafbewehrt nach §§ 203 Abs. 1, 23 Abs. 1 StGB. Nach § 9 DSGVO zählen Gesundheitsdaten zu den besonders sensiblen und zu schützenden personenbezogenen Daten.

### § 4 Approbationserteilung

(1) Die Approbation als Apotheker ist auf Antrag zu erteilen, wenn der Antragsteller
1. (weggefallen)
2. sich nicht eines Verhaltens schuldig gemacht hat, aus dem sich seine Unwürdigkeit oder Unzuverlässigkeit zur Ausübung des Apothekerberufs ergibt,
3. nicht in gesundheitlicher Hinsicht zur Ausübung des Berufs ungeeignet ist,
4. nach einer Gesamtausbildungszeit von fünf Jahren, von denen zwölf Monate auf die praktische Ausbildung entfallen müssen, die pharmazeutische Prüfung im Geltungsbereich dieses Gesetzes bestanden hat,
5. über die für die Ausübung der Berufstätigkeit erforderlichen Kenntnisse der deutschen Sprache verfügt.

Eine in den Ausbildungsstätten des in Artikel 3 des Einigungsvertrages genannten Gebietes erworbene abgeschlossene Ausbildung für die Ausübung des Apothekerberufs gilt als Ausbildung im Sinne der Nummer 4. Wird die Voraussetzung nach Satz 1 Nummer 4 auf eine Ausbildung gestützt, die außerhalb des Geltungsbereichs dieses Gesetzes abgeschlossen worden ist, sollen die Voraussetzungen der Gleichwertigkeit der Berufsqualifikation nach den Absätzen 2 oder 3 vor den Voraussetzungen nach Satz 1 Nummer 2, 3 und 5 geprüft werden. Auf Antrag ist dem Antragsteller ein gesonderter Bescheid über die Feststellung der Gleichwertigkeit seiner Berufsqualifikation zu erteilen.

(1a) Eine in einem der übrigen Mitgliedstaaten der Europäischen Union oder in einem anderen Vertragsstaat des Abkommens über den Europäischen Wirtschaftsraum oder in einem Vertragsstaat, dem Deutschland und die Europäische Union vertraglich einen entsprechenden Rechtsanspruch eingeräumt haben, abgeschlossene pharmazeutische Ausbildung gilt als Ausbildung im Sinne des Absatzes 1 Satz 1 Nr. 4, wenn sie durch Vorlage eines europäischen Berufsausweises oder eines in der Anlage aufgeführten Ausbildungsnachweises des jeweiligen Mitgliedstaats, der sich auf eine nach dem in der Anlage aufgeführten jeweiligen Stichtag begonnene Ausbildung bezieht, nachgewiesen worden ist. Ausbildungsnachweise, die sich auf eine vor dem in der Anlage zu diesem Gesetz aufgeführten jeweiligen Stichtag begonnene Ausbildung beziehen, sind dem Ausbildungsnachweis des jeweiligen Mitgliedstaats nach Satz 1 gleichgestellt, wenn ihnen eine Bescheinigung der zuständigen Behörde des jeweiligen Mitgliedstaats darüber beigefügt wird, dass die Ausbildung den Anforderungen des Artikels 44 der Richtlinie 2005/36/EG des Europäischen Parlaments und des Rates vom 7. September 2005 über die Anerkennung von Berufsqualifikationen (ABl. EU Nr. L 255 S. 22, 2007 Nr. L 271 S. 18) in der jeweils geltenden Fassung entspricht.

(1b) Die von einem der übrigen Mitgliedstaaten der Europäischen Union oder von einem anderen Vertragsstaat des Abkommens über den Europäischen Wirtschaftsraum oder von einem Vertragsstaat, dem Deutschland und die Europäische Union vertraglich einen entsprechenden Rechtsanspruch eingeräumt haben, ausgestellten Ausbildungsnachweise eines Apothekers, die nicht allen in Artikel 44 der Richtlinie 2005/36/EG festgelegten Mindestanforderungen der Ausbildung genügen, sind den diesen Anforderungen genügenden Ausbildungsnachweisen gleichgestellt, sofern diese Nachweise den Abschluss einer Ausbildung belegen, die vor den in der Anlage zu Absatz 1a Satz 1 aufgeführten Stichtagen begonnen wurde und eine Bescheinigung der zuständigen Behörde des jeweiligen Staates darüber beigefügt wird, dass der Inhaber in einem Mitgliedstaat oder in einem anderen Vertragsstaat des Abkommens über den Europäischen Wirtschaftsraum oder in einem Vertragsstaat, dem Deutschland und die Europäische Union vertraglich einen entsprechenden Rechtsanspruch eingeräumt haben, während der letzten fünf Jahre vor Ausstellung der Bescheinigung mindestens drei Jahre lang ununterbrochen eine pharmazeutische Tätigkeit ausgeübt hat. In den Fällen, in denen die pharmazeutische Ausbildung des Antragstellers nicht den Mindestanforderungen des Artikels 44 der Richtlinie 2005/36/EG genügt und die geforderte Dauer der Berufserfahrung nicht erfüllt wird, gilt Absatz 2 entsprechend.

(1c) Gleichwertig den in Absatz 1a Satz 1 genannten Ausbildungsnachweisen sind von einem der übrigen Mitgliedstaaten der Europäischen Union oder einem anderen Vertragsstaat des Abkommens über den Europäischen Wirtschaftsraum oder einem Vertragsstaat, dem Deutschland und die Europäische Gemeinschaft oder Deutschland und die Europäische Union vertraglich einen entsprechenden Rechtsanspruch eingeräumt haben, ausgestellte Ausbildungsnachweise des Apothekers, die den in der Anlage zu Absatz 1a Satz 1 für den jeweiligen Staat aufgeführten Bezeichnungen nicht entsprechen, aber mit einer Bescheinigung dieses Staates darüber vorgelegt werden, dass sie den Abschluss einer Ausbildung belegen, die den Mindestanforderungen des Artikels 44 der Richtlinie 2005/36/EG entspricht, und dass sie den für diesen Staat in der Anlage zu Absatz 1a Satz 1 aufgeführten Nachweisen gleichstehen.

(1d) Bei den Staatsangehörigen der Mitgliedstaaten, deren Ausbildungsnachweise
1. von der früheren Tschechoslowakei verliehen wurden und die Aufnahme des Berufs des Apothekers gestatten oder aus denen hervorgeht, dass die Ausbildung im Falle der Tschechischen Republik und der Slowakei vor dem 1. Januar 1993 aufgenommen wurde, oder

2. von der früheren Sowjetunion verliehen wurden und die Aufnahme des Berufs des Apothekers gestatten oder aus denen hervorgeht, dass die Ausbildung im Falle Estlands vor dem 20. August 1991, im Falle Lettlands vor dem 21. August 1991, im Falle Litauens vor dem 11. März 1990 aufgenommen wurde, oder
3. vom früheren Jugoslawien verliehen wurden und die Aufnahme des Berufs des Apothekers gestatten oder aus denen hervorgeht, dass die Ausbildung im Falle Sloweniens vor dem 25. Juni 1991 aufgenommen wurde,

ist die Approbation als Apotheker zu erteilen, wenn die zuständigen Behörden dieser Mitgliedstaaten bescheinigen, dass diese Ausbildungsnachweise hinsichtlich der Aufnahme und Ausübung des Berufs des Apothekers in ihrem Hoheitsgebiet die gleiche Rechtsgültigkeit haben wie die von ihnen verliehenen Ausbildungsnachweise und eine von den gleichen Behörden ausgestellte Bescheinigung darüber vorgelegt wird, dass der Antragsteller in den fünf Jahren vor Ausstellung der Bescheinigung mindestens drei Jahre ununterbrochen tatsächlich und rechtmäßig den Apothekerberuf in ihrem Hoheitsgebiet ausgeübt hat. In den Fällen, in denen die pharmazeutische Ausbildung des Antragstellers nicht den Mindestanforderungen des Artikels 44 der Richtlinie 2005/36/EG genügt und die geforderte Dauer der Berufserfahrung nicht erfüllt wird, gilt Absatz 2 entsprechend.

(1e) Die zuständigen Behörden des Landes, in dem der Apothekerberuf ausgeübt wird oder zuletzt ausgeübt worden ist, unterrichten die zuständigen Behörden des Herkunftsmitgliedstaats über das Vorliegen strafrechtlicher Sanktionen, über die Rücknahme, den Widerruf und die Anordnung des Ruhens der Approbation oder Erlaubnis, über die Untersagung der Tätigkeit und über Tatsachen, die eine dieser Sanktionen oder Maßnahmen rechtfertigen würden; dabei sind die Vorschriften zum Schutz personenbezogener Daten einzuhalten. Erhalten die zuständigen Behörden Auskünfte der zuständigen Behörden von Aufnahmemitgliedstaaten, die sich auf die Ausübung des Apothekerberufs auswirken könnten, so prüfen sie die Richtigkeit der Sachverhalte, befinden über Art und Umfang der durchzuführenden Prüfungen und unterrichten den Aufnahmemitgliedstaat über die Konsequenzen, die sie aus den übermittelten Auskünften ziehen. Die Länder benennen die Behörden und Stellen, die für die Ausstellung oder Entgegennahme der in der Richtlinie 2005/36/EG genannten Ausbildungsnachweise oder sonstigen Unterlagen und Informationen zuständig sind, sowie die Behörden und Stellen, die die Anträge annehmen und die Entscheidungen treffen können, die im Zusammenhang mit dieser Richtlinie stehen. Sie sorgen dafür, dass das Bundesministerium für Gesundheit unverzüglich unterrichtet wird. Das Bundesministerium für Gesundheit übermittelt die Informationen unverzüglich den anderen Mitgliedstaaten und der Europäischen Kommission. Die Länder können zur Wahrnehmung der Aufgaben nach den Sätzen 1 bis 3 gemeinsame Stellen bestimmen. Das Bundesministerium für Gesundheit übermittelt nach entsprechender Mitteilung der Länder statistische Aufstellungen über die getroffenen Entscheidungen, die die Europäische Kommission für den nach Artikel 60 Abs. 1 der Richtlinie 2005/36/EG erforderlichen Bericht benötigt.

(2) Ist die Voraussetzung des Absatzes 1 Satz 1 Nummer 4 nicht erfüllt, so ist Antragstellern, die ihre pharmazeutische Ausbildung in einem der übrigen Mitgliedstaaten der Europäischen Union oder einem anderen Vertragsstaat des Abkommens über den Europäischen Wirtschaftsraum abgeschlossen haben und nicht unter Absatz 1 bis Absatz 1d fallen, die Approbation zu erteilen, wenn die Gleichwertigkeit des Ausbildungsstandes gegeben ist. Der Ausbildungsstand ist als gleichwertig anzusehen, wenn die Ausbildung des Antragstellers keine wesentlichen Unterschiede gegenüber der Ausbildung aufweist, die in diesem Gesetz und in der Rechtsverordnung nach § 5 Absatz 1 geregelt ist. Wesentliche Unterschiede nach Satz 2 liegen vor, wenn
1. die Ausbildung der Antragsteller sich hinsichtlich der beruflichen Tätigkeit auf Fächer einschließlich der praktischen Ausbildungsteile bezieht, die sich wesentlich von der deutschen Ausbildung unterscheiden, oder

2. der Apothekerberuf eine oder mehrere reglementierte Tätigkeiten umfasst, die in dem Staat, der den Ausbildungsnachweis ausgestellt hat, nicht Bestandteil dieses Berufs sind, und sich die deutsche Ausbildung auf Fächer bezieht, die sich wesentlich von denen unterscheiden, die von der Ausbildung des Antragstellers abgedeckt werden.

Fächer unterscheiden sich wesentlich, wenn bedeutende Unterschiede hinsichtlich der Kenntnisse und Fähigkeiten bestehen, die eine wesentliche Voraussetzung für die Ausübung des Berufs sind. Wesentliche Unterschiede können ganz oder teilweise durch Kenntnisse und Fähigkeiten ausgeglichen werden, die die Antragsteller im Rahmen ihrer pharmazeutischen Berufspraxis in Voll- oder Teilzeit oder durch lebenslanges Lernen erworben haben, sofern die durch lebenslanges Lernen erworbenen Kenntnisse und Fähigkeiten von einer dafür in dem jeweiligen Staat zuständigen Stelle formell als gültig anerkannt wurden; dabei ist nicht entscheidend, in welchem Staat diese Kenntnisse und Fähigkeiten erworben worden sind. Liegen wesentliche Unterschiede nach den Sätzen 3 bis 5 vor, müssen die Antragsteller nachweisen, dass sie über Kenntnisse und Fähigkeiten verfügen, die zur Ausübung des Berufs des Apothekers erforderlich sind. Dieser Nachweis ist durch eine Eignungsprüfung zu erbringen, die sich auf die festgestellten wesentlichen Unterschiede bezieht. Über die Feststellung der wesentlichen Unterschiede, die zur Auferlegung einer Prüfung führt, ist den Antragstellern spätestens vier Monate, nachdem der zuständigen Behörde alle erforderlichen Unterlagen vorliegen, ein rechtsmittelfähiger Bescheid zu erteilen. Im Falle des § 81a des Aufenthaltsgesetzes soll der Bescheid innerhalb von zwei Monaten erteilt werden. Die Sätze 2 bis 9 gelten auch für Antragsteller, die über einen Ausbildungsnachweis als Apotheker verfügen, der in einem anderen als den in Satz 1 genannten Staaten (Drittland) ausgestellt ist und ein anderer der in Satz 1 genannten Staaten diesen Ausbildungsnachweis anerkannt hat.

(3) Ist die Voraussetzung des Absatzes 1 Satz 1 Nummer 4 nicht erfüllt, so ist Antragstellern, die über einen Ausbildungsnachweis als Apotheker verfügen, der in einem anderen als den in Absatz 2 Satz 1 genannten Staaten (Drittland) ausgestellt ist, die Approbation zu erteilen, wenn die Gleichwertigkeit des Ausbildungsstandes gegeben ist. Für die Prüfung der Gleichwertigkeit gilt Absatz 2 Satz 2 bis 6 sowie 8 und 9 entsprechend. Der Nachweis der erforderlichen Kenntnisse und Fähigkeiten wird durch das Ablegen einer Prüfung erbracht, die sich auf den Inhalt der staatlichen Abschlussprüfung bezieht. Die erforderlichen Kenntnisse und Fähigkeiten nach Satz 3 sind auch nachzuweisen, wenn die Prüfung des Antrags nur mit unangemessenem zeitlichen oder sachlichen Aufwand möglich ist, weil die erforderlichen Unterlagen und Nachweise aus Gründen, die nicht in der Person des Antragstellers liegen, von diesem nicht vorgelegt werden können.

(4) Soll die Erteilung der Approbation wegen Fehlens einer der Voraussetzungen nach Absatz 1 Nr. 2 und 3 abgelehnt werden, so ist der Antragsteller oder sein gesetzlicher Vertreter vorher zu hören.

(5) Ist gegen den Antragsteller wegen des Verdachtes einer Straftat, aus der sich seine Unwürdigkeit oder Unzuverlässigkeit zur Ausübung des Apothekerberufs ergeben kann, ein Strafverfahren eingeleitet, so kann die Entscheidung über den Antrag auf Erteilung der Approbation bis zur Beendigung des Verfahrens ausgesetzt werden.

(6) Wenn ein Antragsteller die Approbation auf Grund einer außerhalb des Geltungsbereichs dieses Gesetzes abgeschlossenen Ausbildung für die Ausübung des Apothekerberufs beantragt, sind folgende Unterlagen und Bescheinigungen vorzulegen:
1. ein Identitätsnachweis,
1a. eine tabellarische Aufstellung der absolvierten Ausbildungsgänge und der ausgeübten Erwerbstätigkeiten,
2. eine amtlich beglaubigte Kopie der Befähigungsnachweise oder des Ausbildungsnachweises, der zur Aufnahme des entsprechenden Berufs berechtigt, sowie gegebenenfalls eine Bescheinigung über die von der betreffenden Person erworbene Berufserfahrung,

2a. im Fall von Absatz 3 eine Bescheinigung über die Berechtigung zur Berufsausübung im Herkunftsstaats und Unterlagen, die geeignet sind darzulegen, im Inland den Apothekerberuf ausüben zu wollen,
3. die Unterlagen, die von den zuständigen Behörden des Herkunftsmitgliedstaats ausgestellt wurden und belegen, dass die Erfordernisse nach Absatz 1 Satz 1 Nr. 2 erfüllt werden oder, wenn im Herkunftsmitgliedstaat die vorgenannten Unterlagen nicht ausgestellt werden, eine eidesstattliche Erklärung oder – in den Staaten, in denen es keine eidesstattliche Erklärung gibt – eine feierliche Erklärung, die die betreffende Person vor einer zuständigen Justiz- oder Verwaltungsbehörde oder gegebenenfalls vor einem Notar oder einer entsprechend bevollmächtigten Berufsorganisation des Herkunftsmitgliedstaats, der eine diese eidesstattliche oder feierliche Erklärung bestätigende Bescheinigung ausstellt, abgegeben hat,
4. der Nachweis nach Absatz 1 Satz 1 Nr. 3, wobei ein entsprechender Nachweis, der im Herkunftsmitgliedstaat gefordert wird, anerkannt wird oder, wenn im Herkunftsmitgliedstaat kein derartiger Nachweis verlangt wird, eine von einer zuständigen Behörde des Herkunftsmitgliedstaats ausgestellte Bescheinigung,
5. eine Bescheinigung der zuständigen Behörden des Herkunftsmitgliedstaats, aus der hervorgeht, dass die Nachweise über die geforderten Ausbildungsvoraussetzungen den in der Richtlinie verlangten Nachweisen entsprechen,
6. in Fällen der Absätze 2 und 3 zusätzliche Nachweise, um feststellen zu können, ob die Ausbildung wesentliche Unterschiede gegenüber der Ausbildung aufweist, die in diesem Gesetz und in der Rechtsverordnung nach § 5 Absatz 1 geregelt ist,
7. für den Fall, dass sich Ausbildungsnachweise nach Artikel 3 Abs. 1 Buchstabe c der Richtlinie 2005/36/EG, die von der zuständigen Behörde eines Mitgliedstaats oder eines Vertragsstaates des Abkommens über den Europäischen Wirtschaftsraum oder eines Vertragsstaates, dem Deutschland und die Europäische Gemeinschaft oder Deutschland und die Europäische Union vertraglich einen entsprechenden Rechtsanspruch eingeräumt haben, ausgestellt wurden, auf eine Ausbildung beziehen, die ganz oder teilweise in einer rechtmäßig im Hoheitsgebiet eines anderen der oben genannten Staaten niedergelassenen Einrichtung absolviert wurde, Unterlagen darüber,
   a) ob der Ausbildungsgang in der betreffenden Einrichtung von der Ausbildungseinrichtung des Ausstellungsmitgliedstaats offiziell bescheinigt worden ist,
   b) ob der ausgestellte Ausbildungsnachweis dem entspricht, der verliehen worden wäre, wenn der Ausbildungsgang vollständig im Ausstellungsmitgliedstaat absolviert worden wäre, und
   c) ob mit dem Ausbildungsnachweis im Hoheitsgebiet des Ausstellungsmitgliedstaats dieselben beruflichen Rechte verliehen werden.

Die Nachweise nach Satz 1 Nr. 3 und 4 dürfen bei ihrer Vorlage nicht älter als drei Monate sein. Haben die zuständigen Behörden berechtigte Zweifel an der Authentizität der in dem jeweiligen Herkunftsmitgliedstaat ausgestellten Bescheinigungen und Ausbildungsnachweise, können sie von den zuständigen Behörden des Herkunftsmitgliedstaats eine Bestätigung der Authentizität dieser Bescheinigungen und Nachweise sowie eine Bestätigung darüber verlangen, dass der Antragsteller die Mindestanforderungen der Ausbildung erfüllt, die in Artikel 44 der Richtlinie 2005/36/EG verlangt werden. Haben die zuständigen Behörden berechtigte Zweifel an der Berechtigung zur Ausübung des Apothekerberufs, können sie von den zuständigen Behörden eines Mitgliedstaates eine Bestätigung verlangen, aus der sich ergibt, dass dem Antragsteller die Ausübung des Apothekerberufs nicht auf Grund eines schwerwiegenden standeswidrigen Verhaltens oder einer Verurteilung wegen strafbarer Handlungen dauerhaft oder vorübergehend untersagt worden ist.

(7) Das Berufsqualifikationsfeststellungsgesetz findet mit Ausnahme des § 17 keine Anwendung.

(8) Die Bundesregierung überprüft die Regelungen zu den Anerkennungsverfahren nach diesem Gesetz und berichtet nach Ablauf von drei Jahren dem Deutschen Bundestag.

**Übersicht**

| | Rdn. | | | Rdn. |
|---|---|---|---|---|
| A. Normzweck und Regelungsgegenstand | 1 | | 4. Sprachkenntnisse | 15 |
| B. Tatbestand | 2 | | 5. Ausbildung | 16 |
| I. Voraussetzungen | 2 | III. | Unterrichtungsverpflichtungen | 32 |
| II. Merkmale | 5 | IV. | Nachweise | 33 |
| 1. Unwürdigkeit | 5 | V. | Berufsqualifikationsfeststellung | 37 |
| 2. Unzuverlässigkeit | 6 | | | |

## A. Normzweck und Regelungsgegenstand

Die Richtlinien 2005/36/EG und 2013/55/EU zur Berufsanerkennung sind in deutsches Recht transformiert worden. Dadurch ist die Erteilung der Approbation an Bürger der EU, der EWR-Staaten und ausgewählter Vertragsstaaten Deutschlands unter erleichterten Bedingungen möglich. Auf die Prüfung individueller Ausbildungsinhalte in den genannten Staaten ist verzichtet worden. Für neu in die EU eingetretene Staaten enthält die Vorschrift Sonderregelungen, falls der Abschluss der pharmazeutischen Ausbildung vor dem Jahr 2005 liegt. 1

## B. Tatbestand

### I. Voraussetzungen

Die grundlegenden **Voraussetzungen** für eine **Approbationserteilung** sind in § 4 Abs. 1 geregelt. Die Gesamtausbildungszeit beträgt 5 Jahre, von denen 12 Monate auf die praktische Ausbildung entfallen müssen, § 4 Abs. 1 Nr. 4, §§ 1 bis 4 AAppO. Qualifizierte Deutschkenntnisse zur sachgerechten Berufsausübung werden nach § 4 Abs. 1 Nr. 5 gefordert. Es darf kein Verhalten vorliegen oder vorgelegen haben, das den Rückschluss auf eine Unwürdigkeit und Unzuverlässigkeit zur Berufsausübung zulässt, § 4 Abs. 1 Nr. 2. Die gesundheitliche Eignung darf der Berufsausübung nicht entgegenstehen, § 4 Abs. 1 Nr. 3. Die Approbationserteilung erfolgt auf Antrag, § 4 Abs. 1 Satz 1. Für die Wiedererteilung der Approbation müssen die gleichen Kriterien erfüllt sein wie für die Ersterteilung. Dabei kommt der Prognose eine entscheidende Bedeutung zu, VG Würzburg, Urt. v. 26.10.2009 – W 7 K 09.90. Maßgebend ist der Zeitpunkt der letzten Behördenentscheidung, BVerwG, Urt. v. 16.09.1997 – 3 C 12.95. 2

Soweit **Zweifel an der Gleichwertigkeit der Ausbildung** einer Approbationserteilung entgegenstehen, kann § 4 Abs. 1a bis 1d, 2 und 3 Abhilfe schaffen. Soweit die persönlichen Voraussetzungen der **Zuverlässigkeit und Würdigkeit** nach § 4 Abs. 1 Nr. 2 infrage stehen, ist § 4 Abs. 1e, 4 und 5 zu beachten. 3

Die Erteilung der Approbation ist ihrem Wesen nach **bedingungsfeindlich**, VG Minden, Beschl. v. 31.12.2005 – 7 L 717/05. 4

### II. Merkmale

#### 1. Unwürdigkeit

Schutzgüter sind das Ansehen des Berufsstandes und das Vertrauen in den ärztlichen Heilberuf, VerwG NJW 1991, 1557; NJW 1993, 806; VGH München MedR 1991, 94; OVG NRW MedR 1992, 51; VGH Kassel MedR 1986, 156. Sie werden verletzt, wenn berufsunwürdige Personen den Apothekerberuf ausüben. Dies ist insbesondere dann der Fall, wenn die Bevölkerung Apotheken nicht mehr in Anspruch nimmt, weil das Fehlverhalten des Apothekers sie abschreckt. Der Begriff **Unwürdigkeit** stellt sowohl auf den Unrechtsgehalt einer Tat ab, BVerwG, Urt. v. 26.09.2002 – 3 C 37.01 als auch darauf, ob durch das konkrete Verhalten das Vertrauen in den Berufsstand erschüttert wird. Durch kriminelle Neigungen oder die Verwirklichung schwerer Straftatbestände 5 können bestehende Vertrauensverhältnisse nachhaltig gestört oder ihre Entwicklung unmöglich gemacht werden, VGH Baden-Württemberg MedR 1995, 318; ders., Urt. v. 19.04.2006 – 9 S 2317; OVG NRW MedR 1994, 72. Der BayVGH GesR 2011, 213 hat ausgeführt, dass »die konkreten Umstände und der vor allem durch die Art, Schwere und Zahl der Verstöße gegen die Berufspflichten manifest gewordene Charakter« für die Feststellung der Berufsunwürdigkeit maßgeblich sind. Erst eine erhebliche Steuerhinterziehung – BGH Urt. v. 27.10.2015 – 1 StR 373/15 mit einer Wertgrenze von mehr als 50.000 € – kann unter Würdigung der Umstände des Einzelfalls nach VG Augsburg Urt. v. 25.02.2016 – Au 2 K 15.1028 für die Annahme der Unwürdigkeit sprechen; analog OVG NRW Beschl. v. 03.02.2020 – 13 A 296/19. Bei Verdacht auf eine Straftat, aus der sich die Unwürdigkeit zur Berufsausübung ergeben kann s.u. Rdn. 9 ff.; VG Regensburg Urt. v. 28.04.2016 – 5 K 15.1137.

### 2. Unzuverlässigkeit

6 Auch der Begriff der **Unzuverlässigkeit** spricht Charaktereigenschaften an. Ihm sind sowohl die Einschätzung zum Zeitpunkt der Tat als auch eine Prognose immanent. Der Unrechtsgehalt der Tat wird relevant, wenn es um die Prognose geht, BVerfG NJW 1993, 806. Wer leichte Fehler begeht, kann sie in der Regel schneller beheben und wird sie möglicherweise in Zukunft nicht mehr machen. Schwere Fehler aufgrund charakterlicher Mängel bedeuten eine Gefahr für die Gesundheit der Bevölkerung. Der Behörde steht ein Beurteilungsspielraum zu. Eine Insolvenzverschleppung kann approbationsrechtlich relevant sein, weil sich damit zeigt, dass der Approbationsinhaber nicht nur seinen gesetzlichen Verpflichtungen nicht nachkommt, sondern auch keinen Schaden von seinen Gläubigern abwenden will. Die Unabhängigkeit des Apothekers und seine sorgfältige Berufsausübung sind gefährdet.

7 Das Merkmal der **Gewissenhaftigkeit** als Bestandteil der Zuverlässigkeit kann z.B. bei einer Spielleidenschaft fehlen. Sie wird nach den Kriterien der Suchtforschung als Abhängigkeitserkrankung eingestuft und verläuft in der Regel mit ungünstiger Prognose, VGH Kassel NJW 1986, 2390. Bei einem Hang zur Missachtung gesetzlicher Vorschriften, der sich in häufigen Ordnungswidrigkeiten oder wiederholten Straftaten auch in minder schweren Fällen äußert, kann auf fehlende Gewissenhaftigkeit geschlossen werden.

8 Bei der Bestimmung der **Prognose** ist bei länger zurückliegenden Straftaten das Verhalten in der Zeit bis zur Antragstellung auf Approbationserteilung mit zu würdigen. Eine rechtskräftige straf- und berufsrechtliche Verurteilung rechtfertigt nicht von vornherein die Verweigerung der Approbation. Schwere und Ausmaß der Verfehlung müssen im Hinblick auf den Schutz des öffentlichen Interesses gegen das Privatinteresse abgewogen werden. Das Gericht ist zu einer eigenständigen Prüfung der Umstände des Einzelfalls verpflichtet, VG Halle, Urt. v. 14.04.2016 – 5 A 2/15 HAL.

9 Soweit der **begründete Verdacht** einer Straftat besteht, aus der sich Unwürdigkeit und Unzuverlässigkeit ergeben können, oder bereits ein Strafverfahren eingeleitet worden ist, darf die Approbation grundsätzlich nicht erteilt werden. Strafanzeige oder Strafantrag reichen dagegen zur Verweigerung der Erlaubnis nicht aus. Die Approbationsbehörde darf die zur Erteilung der Approbation nötigen Daten und Fakten ermitteln. Soweit jedoch bereits ein staatsanwaltschaftliches Ermittlungsverfahren eingeleitet worden ist, hat sie ihre Ermittlungen zunächst zurückzustellen. Die Aufgaben der Approbationsbehörden sind in erster Linie präventiver Art im Vergleich zu den sanktionierenden Aufgaben der Justizbehörden.

10 Die Taten müssen nicht zwingend einen **Sachzusammenhang** zur Pharmazie haben. Wenn Abrechnungsbetrug – BayVGH Beschl. v. 11.05.2016 – 21 ZB 15.2776 – und die Nichtzahlung von Sozialversicherungsbeiträgen wiederholt vorkommen, Rezepte »nachgebessert« werden, verschreibungspflichtige Medikamente ohne Verordnung und verfallene Arzneimittel wiederholt abgegeben werden, ist dies genauso in die Bewertung von Zuverlässigkeit und Würdigkeit einzubeziehen wie Trunkenheitsdelikte im Straßenverkehr, Fahrerflucht, schwere Körperverletzung oder Delikte gegen das Vermögen – vgl. OVG Niedersachsen Urt. v. 23.04.2012 – 8 LA 45/11; VGH Hessen

Urt. v. 24.11.2011 – 7 A 37/11 Z; VGH Bayern Urt. v. 18.10.2011 – 21 BV 11.55 –, die im privaten Bereich begangen worden sind. Alle Straftaten, die darauf schließen lassen können, dass charakterliche Mängel und eine ungünstige Prognose Berufsstand und Arzneimittelversorgung gefährden können, sind zu berücksichtigen und zu bewerten.

**Maßgebender Zeitpunkt** für die Bewertung von Zuverlässigkeit und Würdigkeit ist der Zeitpunkt der Erteilung der Approbation, BSG MedR 1994, 206. Wohlverhalten während des Antragsverfahrens, eine verurteilungsfreie Führung nach der Straftat oder ein Wohlverhalten während eines Approbationsrücknahmeverfahrens für sich rechtfertigen noch nicht die Annahme einer positiven Prognose, da ein gesetzeskonformes Verhalten selbstverständlich und von jedem Staatsbürger zu erwarten ist, BVerwG Dtsch. Apoth. Ztg. 1966, 49. 11

Vor Ablehnung der Approbationserteilung wegen Unzuverlässigkeit ist der Antragsteller nach § 4 Abs. 4 zu hören. Wurde wegen des Verdachts einer Straftat, aus der sich die Unzuverlässigkeit ergeben kann, ein Strafverfahren eingeleitet, kann die Entscheidung über den Antrag auf Approbationserteilung bis zur Beendigung des Verfahrens nach § 4 Abs. 5 ausgesetzt werden. Die zuständige Behörde hat insoweit ein Ermessen, das sich je nach Verdachtsschwere reduziert. 12

Der Gesetzgeber verlangt nicht die Feststellung der gesundheitlichen Eignung, sondern den Nachweis, dass der Antragsteller zur Berufsausübung **nicht ungeeignet** ist, wenn gesundheitliche Einschränkungen vorliegen. Damit können insbesondere durch technische Hilfsmittel Behinderungen bei der Berufsausübung ausgeglichen werden. Das BGG v. 27.04.2002 (BGBl. I S. 1467), zuletzt geändert durch Gesetz v. 10.07.2018 (BGBl. I S. 1117), hat wesentlich zu dieser Klarstellung beigetragen. Sind gesundheitliche Einschränkungen nach der Ausbildung eingetreten, sind sie gesondert im Hinblick auf die Anforderungen zur Berufsausübung zu bewerten. Begehrt ein Antragsteller die Approbation, obwohl er trotz Unterstützung nur teilweise pharmazeutische Tätigkeiten ausführen kann, ist eine Approbationserteilung grundsätzlich nicht möglich. Denn die Approbation berechtigt und verpflichtet zu allen pharmazeutischen Tätigkeiten. Eine psychische Erkrankung schließt die Approbationserteilung nicht automatisch aus. Es muss auf das Krankheitsbild im Einzelnen abgestellt und eine Abwägung mit der verantwortlichen Aufgabe vorgenommen werden. Suchtverhalten ist problematisch, da insoweit der Rückschluss auf Unzuverlässigkeit nahe liegt – vgl. oben Rdn. 7. Zweifel an der gesundheitlichen Eignung sind vor Approbationserteilung auszuräumen. Zum Begriff und Maßnahmen vgl. § 8 Rdn. 8. 13

*(unbesetzt)* 14

### 4. Sprachkenntnisse

**Qualifizierte deutsche Sprachkenntnisse** auf dem Niveau C 1 (fachkundige Sprachkenntnisse), Hörverstehen sowie mündliche und schriftliche Ausdrucksfähigkeit, belegt durch ein Prüfzertifikat der zuständigen Apothekerkammer, sind zur Berufsausübung zwingend erforderlich. Das dadurch bescheinigte fortgeschrittene Kompetenzniveau wird insbesondere für die Beratung in der Apotheke und den fachlichen Diskurs mit anderen Heilberuflern benötigt. 15

### 5. Ausbildung

Die fachlichen **Ausbildungsinhalte** werden durch die §§ 1 bis 4 AAppO konkretisiert. Zum Ausbildungsniveau in Deutschland gibt es keine Alternativen. Das Gesetz lässt Ergänzungen zur Gleichwertigkeitsfeststellung ausländischer Ausbildungen in § 4 Abs. 1a bis 1e in unterschiedlichen Abstufungen zu. 16

Die **Gesamtausbildungszeit** nach den §§ 2 – 4 AAppO gliedert sich in drei Teile, das Universitätsstudium von 4 Jahren, eine Famulatur von 8 Wochen und eine praktische Ausbildung von 12 Monaten. Die Zeitangaben sind Mindestzeiten, § 1 Abs. 2 AAppO. Die praktische Ausbildung darf grundsätzlich nur durch tariflich festgelegte Urlaubszeiten unterbrochen werden, § 4 Abs. 5 AAppO. Obwohl Schwangerschaft und Geburt eines Kindes für eine Studierende grundsätzlich 17 keinen Nachteil mit sich bringen dürfen, wirken diese Unterbrechungen in der Regel verlängernd auf die Ausbildung, wenn das Ausbildungsziel gefährdet ist. Dies wird im Interesse der Auszubildenden nicht als Nachteil gesehen. Nicht absolvierte Ausbildungszeiten sind nachzuholen. Soweit in dieser Zeit Unterhalt gezahlt wird, bleiben Ausbildungs- und Unterhaltsanspruch für das Studium bestehen, BGH, Urt. v. 27.09.1989 – IVb ZR 83/88, FamRZ 1990, 149; OLG Hamm FamRZ 2000, 904; BGH, Urt. v. 29.06.2011 – XII ZR 127/09.

18   Der Ausbildungsabschluss in **Vertragsstaaten** muss durch einen in der Anlage zu § 4[1] vorgegebenen Ausbildungsnachweis belegt werden, den der Vertragsstaat ausstellt. Der Nachweis gilt nur dann als erbracht, wenn die Ausbildung nach dem jeweiligen Stichtag des § 4 Abs. 1a ff. begonnen worden ist. Früher aufgenommene Ausbildungen verpflichten die Vertragsstaaten zu ausdrücklichen Gleichwertigkeitsbescheinigungen nach den in § 2 Abs. 1a Satz 2 zitierten Richtlinienvorgaben.

19   **Nicht vollständig** den **Mindestvorgaben** der Richtlinien 2005/36/EG und 2013/55/EU in einem Vertragsstaat **genügende** Ausbildungen können durch praktische Tätigkeiten nach § 4 Abs. 1b Satz 1 im Vertragsstaat ausgeglichen werden. In den letzten 5 Jahren vor Ausstellung der Tätigkeitsbescheinigung durch den Vertragsstaat muss die Berufstätigkeit mindestens 3 Jahre lang ununterbrochen, aber nicht zwingend in Vollzeit ausgeübt worden sein.

20   Können weder die Mindestvorgaben der Richtlinie noch die Dauer der Berufstätigkeit nach § 4 Abs. 1b Satz 1 nachgewiesen werden, findet § 4 Abs. 2 Anwendung. Die **Gleichwertigkeit** des Ausbildungsstandes ist gesondert **nachzuweisen**. Nach § 4 Abs. 2 Satz 2 ist sie gegeben, wenn sie keine wesentlichen Unterschiede zu den Vorgaben des § 4 Abs. 2 Satz 2 Nr. 1–3 und der AAppO aufweist. Durch die Ergänzung des § 4 Abs. 1 wird eine Prüfungsreihenfolge vorgegeben. Der Gesetzgeber sieht keinen Sinn darin, die weiteren Merkmale der Vorschrift wie gesundheitliche und charakterliche Eignung sowie die Sprachkenntnisse zu prüfen, wenn bereits die Ausbildung in den Vertragsstaaten nicht gleichwertig ist. Dies hindert Antragsteller nicht am parallelen Erwerb von Sprachkenntnissen.

21   § 4 Abs. 2 Sätze 3 bis 5 definieren den **Begriff** der **wesentlichen Unterschiede** richtlinienkonform. Es wird auf die Inhalte der Ausbildung im Vertragsstaat abgestellt und nach Ausbildungsfächern differenziert. Dies ermöglicht eine kleinteiligere Befassung mit den Ausbildungsinhalten und erhöht die Chancen der Anerkennung, macht allerdings auch die Ausbildungsunterschiede deutlicher. Weichen die Fächer im theoretischen oder praktischen Segment von den deutschen Ausbildungsinhalten ab oder sind diese gar nicht vergleichbar, gilt die Ausbildung als wesentlich anders. Des Weiteren kann die Ausbildung in Deutschland reglementierte Tätigkeiten erfassen, die in anderen Staaten weder zur Apothekerausbildung gehören noch dort reglementiert sind. Beispiele dafür sind das Gefahrstoff- und Chemikalienrecht. Auch andere fachliche Inhalte in Einzelfächern können wesentliche Unterschiede in den Ausbildungen begründen. Maßstab für die Gleichwertigkeit der in- und ausländischen Ausbildungen ist der Ausbildungsstand nach der deutschen Dritten staatlichen Prüfung.

22   Das Gesetz ermöglicht den **Ausgleich** wesentlicher Unterschiede für Vertragsstaatenangehörige auch durch Berufspraxis i.S.d. § 4 Abs. 2 Satz 5, die die Inhalte einer Apothekertätigkeit umfasst haben muss. Eine Variationsbreite in den unterschiedlichen Staaten wird grundsätzlich akzeptiert. Die Anerkennung basiert auf dem Grundsatz »lebenslangen Lernens« und darf die Apothekertätigkeit beliebiger, auch Drittstaaten erfassen. In Voll- und Teilzeit erbrachte Berufstätigkeiten werden angerechnet. Bei der Ermittlung des Gleichwertigkeitsstandes sind auch die auf nationaler und europäischer Ebene entwickelten Leitlinien zu berücksichtigen. Die notwendigen Feststellungen zur Qualität der Berufsausübung treffen staatlich zuständige Behörden des Staates, in dem die Berufstätigkeit ausgeübt wurde. Mit diesen Nachweisen ist nach § 4 Abs. 2 Satz 7 eine Eignungsprüfung zum Erwerb der Gleichwertigkeit zulässig. Die Europäische Kommission hat im Jahr 2013 – aktualisiert 2018/0008 (NLE) – ein Memorandum über lebenslanges Lernen vorgelegt,

---

1   Nicht abgedruckt; vgl. BGBl. I 2007 S. 2945 ff.

das die Förderung der aktiven Staatsbürgerschaft und der Beschäftigungsfähigkeit hervorhebt. Für die Gleichwertigkeit der Anerkennung von Kenntnissen und Fertigkeiten für den Apothekerberuf reichen Selbsteinschätzungen und Selbstqualifizierungen nicht aus. Nachweise aus anderen Staaten dürfen nicht allein deshalb abgelehnt werden, weil das Herkunftsland bisher keine gültigen Anerkennungen ausgesprochen hat. Die Prüfungen haben den Einzelfall zu berücksichtigen.

Soweit die Kenntnisse und Fähigkeiten zur Berufsausübung durch eine **Eignungsprüfung** nach § 4 Abs. 2 Sätze 6 und 7 nachgewiesen werden müssen, hat sich die Prüfung auf die Bereiche zu erstrecken, in denen die wesentlichen Unterschiede festgestellt worden sind. Eine umfassende staatliche Prüfung wird nicht verlangt. 23

Die **Feststellung** der wesentlichen Unterschiede erfolgt durch Verwaltungsakt nach § 4 Abs. 2 Satz 8, der mit einem Rechtsbehelf angegriffen werden kann und daher auch mit einer ordnungsgemäßen Rechtsbehelfsbelehrung zu versehen ist. Letztere muss den Bestimmungen der sicheren Übermittlungswege nach § 130a Abs. 4 ZPO genügen und auch hinsichtlich elektronischer Rechtsbehelfseinlegung umfassende Hinweise geben. Geschieht dies nicht, hat der Antragsteller gem. § 58 Abs. 2 VwGO das Recht, den Bescheid innerhalb einer Jahresfrist anzufechten. Das Gesetz regelt im Übrigen eine Bescheidungsfrist für die Behörde von 4 Monaten. Die Frist wurde in § 4 Abs. 2 Satz 8 für die beschleunigte Gewinnung von Fachkräften um die Hälfte verkürzt. Danach kann der Antragsteller Untätigkeitsklage nach § 75 VwGO erheben. Die Frist beginnt mit dem Zeitpunkt zu laufen, in dem die Unterlagen nach § 4 Abs. 2 vollständig vorliegen. Der Bescheid muss nachvollziehbar die Gründe offenlegen, die zur Auferlegung einer Prüfung geführt haben. Die Amtssprache ist Deutsch. Unabhängig davon ist das Beibringen der Unterlagen nach § 4 Abs. 6 für den Approbationsantrag erforderlich. 24

Die **Fiktion der Gleichwertigkeit** von Ausbildungsnachweisen nach § 4 Abs. 1c gilt, wenn der in den Vertragsstaaten ausgestellte Ausbildungsnachweis zwar den Bezeichnungen der Anlage zu § 4 Abs. 1a Satz 1 nicht entspricht, aber der ausstellende Staat bescheinigt, dass die abgeschlossene Ausbildung die Mindestvorgaben nach Art. 44 der Richtlinie 2005/36/EG erfüllt und dass der ausgestellte Ausbildungsnachweis dem in der Anlage zu § 4 Abs. 1a gleichsteht. 25

Wesentliche Unterschiede zwischen der deutschen und der Ausbildung in **Drittstaaten**, also Staaten, die keine Vertragsstaaten nach § 4 Abs. 1a sind, werden durch Vergleiche fachlicher Inhalte festgestellt. Die Staatsangehörigkeit spielt keine Rolle. Eine Gleichwertigkeitsprüfung ist vorzunehmen, auch wenn ein Vertragsstaat die Ausbildung bereits anerkannt hat, § 4 Abs. 2 Satz 9. Die wesentlichen Unterschiede werden nach den Kriterien des § 4 Abs. 2 Sätze 3 und 4 bestimmt. Ein Ausgleich von Defiziten ist durch Berufspraxis nach § 4 Abs. 2 Satz 5 möglich. Die dadurch erworbenen Kenntnisse und Fähigkeiten müssen jedoch durch eine Eignungsprüfung nach § 4 Abs. 2 Sätze 6 und 7 nachgewiesen werden. Die Feststellung der wesentlichen Unterschiede wird durch Verwaltungsakt getroffen, § 4 Abs. 2 Satz 8. Vgl. zu den analogen Kriterien der ärztlichen Gleichwertigkeitsprüfung auch *Haage*, Anerkennung von ärztlichen Auslandsdiplomen, MedR 2013, 779. 26

Ist die Ausbildung in einem Drittstaat absolviert worden und liegt ein **Ausbildungsnachweis** vor, der **nicht** durch einen Vertragsstaat **anerkannt** worden ist, muss die Gleichwertigkeit nach § 4 Abs. 3 geprüft und festgestellt werden. Zur Prüfung der Gleichwertigkeit verweist das Gesetz auf § 4 Abs. 2 Sätze 2 bis 6, 8 zur entsprechenden Anwendung. Die wesentlichen Unterschiede können danach durch Berufspraxis ausgeglichen werden. Dabei ist maßgebend, ob die beruflichen Fertigkeiten in einem Vertragsstaat oder einem Drittstaat erworben wurden. Eine Eignungsprüfung reicht nicht aus, da § 4 Abs. 2 Satz 7 keine analoge Anwendung findet. Der Gesetzgeber verlangt nach § 4 Abs. 3 Satz 3 vielmehr das Ablegen einer umfassenden Prüfung. Sie muss sich auf den Inhalt der deutschen staatlichen Abschlussprüfung nach §§ 8 Abs. 1, 11, 19 AAppO – Dritter Prüfungsabschnitt – beziehen. Die Durchführung der Prüfung ist gesondert möglich oder im Kontext mit den turnusmäßig abzuhaltenden Dritten Prüfungsabschnitten im Regelbetrieb. Das VG Augsburg hat mit Urt. v. 23.02.2012 – Au.2 K 10.1879 in einem Verfahren zur Erteilung einer ärztlichen Approbation die Gleichwertigkeit der Ausbildung in einem Drittstaat auch dann anerkannt, obwohl 27 das dortige Diplom eine andere Bezeichnung als in Deutschland trug, aber die Ausbildungsinhalte gleichwertig waren.

28 Eine **Prüfung** nach § 4 Abs. 3 Satz 3 kommt auch dann in Betracht, wenn der Antragsteller die erforderlichen Ausbildungsnachweise seines Herkunftslandes nicht beibringen kann. Die Gründe dafür sind unmaßgeblich. Selbst wenn das Unvermögen nicht in der Verantwortungssphäre des Antragstellers liegt, bleibt das Prüfungserfordernis bestehen.

29 § 4 Abs. 1d trifft Regelungen für Personen, die ihren Ausbildungsnachweis in bestimmten heute **nicht mehr existierenden Staaten** erworben haben. Dazu zählen die Tschechoslowakei, die Sowjetunion und Jugoslawien. Nachfolgestaaten sind insbesondere die Tschechische Republik, die Slowakei, Estland, Lettland, Litauen und Slowenien. Haben die Vorgängerstaaten Ausbildungsnachweise ausgestellt, die die Ausübung des Apothekerberufs gestatten, kann eine Approbation erteilt werden, wenn die Nachfolgestaaten die Inhalte des § 4 Abs. 1d Satz 1 Hs. 2 bescheinigen. Es sind folgende Aussagen zu treffen, die kumulativ vorliegen müssen:

29a a) Der Ausbildungsnachweis des Vorgängerstaates hat hinsichtlich Aufnahme und Berufsausübung im eigenen Hoheitsgebiet die **gleiche Qualität** wie neu ausgestellte Ausbildungsnachweise des Nachfolgestaates. Insoweit muss der Nachfolgestaat intern eine Gleichwertigkeitsfeststellung treffen und das Ergebnis bescheinigen. Der Weg dorthin ist den einzelnen Staaten ins Belieben gestellt und muss auch nicht dokumentiert werden.

29b b) Der Antragsteller war in den letzten 5 Jahren vor Antragstellung mindestens 3 Jahre ununterbrochen tatsächlich und rechtmäßig im Hoheitsgebiet **pharmazeutisch tätig**. Unterbrechungen z.B. durch ein Studium oder andere berufliche Tätigkeiten sind unzulässig, während dies nicht für Krankheiten oder Schwangerschaften gilt. Bei einer gesetzlichen Mutterschutzregelung dürfen die Zeiten des Beschäftigungs- bzw. Tätigkeitsverbots die Berufstätigkeit unterbrechen, nicht aber Elternzeiten. Eine Nachholungspflicht der zulässigen Unterbrechungen ist im Einzelfall zu prüfen, wenn z.B. eine aussagekräftige Berufspraxis nicht erreicht werden kann. Eine Unterbrechung durch eine Ruhensanordnung oder ein sonstiges Berufsverbot ist beachtlich und damit nicht akzeptabel. Die Berufstätigkeit ist nur dann rechtmäßig, wenn sie ausdrücklich erlaubt ist, auf der Basis der geforderten Bescheinigungen erbracht wird, diese Gültigkeit hatten und während der Berufstätigkeit nicht gegen gesetzliche Vorschriften verstoßen wurde. Nicht anrechenbar sind pharmazeutische Tätigkeiten, die jemand als Angehöriger eines anderen Berufes zulässigerweise erbracht hat.

30 Die Approbation kann auch erhalten, wer seine Ausbildung vor den in § 4 Abs. 1d Nr. 1 bis 3 genannten **Stichtagen**, jeweils bezogen auf die einzelnen Staaten, begonnen hat und die in Rdn. 29 ff. genannten Bescheinigungen beibringt.

31 Fehlende Mindestanforderungen, gemessen an Art. 44 der Richtlinie 2005/36/EG, und fehlende Berufserfahrung können nach § 4 Abs. 1d Satz 2, Abs. 2 **ausgeglichen** werden, Rdn. 19 f.

### III. Unterrichtungsverpflichtungen

32 Freizügigkeit kann zu dem Problem führen, dass Apotheker in verschiedenen Vertragsstaaten tätig sind, obwohl in einem oder mehreren Berufsausübungshindernisse festgestellt worden sind. Insofern müssen sich die Staaten **wechselseitig informieren**. In der Pflicht sind die Staaten, in denen die Berufsausübung erfolgt oder zuletzt erfolgt ist. Sie haben Kenntnisse über das Verhalten der Apotheker und eventuell getroffene Maßnahmen. Durch das Berufsqualifikationsgesetz, das die EU-Anerkennungsrichtlinie 2005/36/EG umsetzt, werden die Informationspflichten konkretisiert und verstärkt.

### IV. Nachweise

33 Unabhängig von der Staatsangehörigkeit bzw. Zugehörigkeit zu einem Vertrags- oder Drittstaat sind zur Approbationserteilung nach einer ausländischen Ausbildung die in § 4 Abs. 6 enumerativ bezeichneten **Unterlagen** vorzulegen.

Antragsteller müssen ihre **Identität**, nicht aber ihre Staatsangehörigkeit nachweisen. Der Identitätsnachweis kann durch anerkannte Legitimationspapiere wie Personalausweis oder Reisepass erbracht werden. Die Dokumente können von Staat zu Staat verschieden sein, müssen aber im ausstellenden Staat als Identitätspapiere eingeführt und anerkannt sein. Sie sind grundsätzlich im Original vorzulegen oder als amtlich beglaubigte Fotokopien, wenn dies der Approbationsbehörde genügt. 34

**Befähigungs- und Ausbildungsnachweise** sowie Berufsausübungsbescheinigungen können in amtlich beglaubigter Form vorgelegt werden, da sie vielfach von den Approbationsbehörden archiviert werden. Dabei ist zu bedenken, dass mit der Beglaubigung lediglich die Übereinstimmung von Vorlage und Kopie bestätigt wird, nicht dagegen die Richtigkeit des Inhalts der Urkunde oder die Authentizität des Ausstellers. 35

Die geforderten Nachweise beziehen sich auf das Verfahren nach § 4 Abs. 1 bis 5. Soweit Unterlagen nur lückenhaft vorgelegt werden, hat die Approbationsbehörde dem **Untersuchungsgrundsatz** folgend darauf hinzuweisen und zur Schließung der Lücken aufzufordern. Sie ist nicht verpflichtet, die Unterlagen selbst zu besorgen oder Auskünfte selbst einzuholen. Die Antragsteller haben die notwendigen Belege beizubringen. Dies gilt auch für den Nachweis des untadeligen Verhaltens und der ausreichenden gesundheitlichen Eignung. Das Gesetz berücksichtigt die unterschiedlichen staatlichen Gepflogenheiten zur Bescheinigung und Bekräftigung von Aussagen und lässt analoge Verfahrensweisen anderer Länder zu. 36

## V. Berufsqualifikationsfeststellung

Speziell auf die Belange des Apothekerberufs als ärztlichem Heilberuf und vor dem Hintergrund des Gemeinwohlschutzes sowie der Gefahrenabwehr sind die Inhalte des **Berufsqualifikationsfeststellungsgesetzes** vom 06.12.2011 (BGBl. I S. 2515) geprüft und als leges speciales in die BApoO übernommen worden. Vor diesem Hintergrund ist eine analoge Anwendung des Gesetzes nicht erforderlich. Eine Ausnahme bildet die Vorgabe zu den statistischen Erhebungen, § 4 Abs. 7. 37

Das Gesetz zur Umsetzung der Richtlinien 2013/55/EU und 2005/36/EG sowie der IMI-Verordnung (EU) Nr. 1024/2012 hat den **europäischen Berufsanerkennungsausweis** eingeführt. Damit sollen Freizügigkeit und Dienstleistungsverkehr in Europa erleichtert und gefördert werden. 38

## § 4a Vorwarnmechanismus

(1) Die jeweils zuständige Stelle unterrichtet die zuständigen Behörden der anderen Mitgliedstaaten der Europäischen Union, der anderen Vertragsstaaten des Abkommens über den Europäischen Wirtschaftsraum und der Schweiz über
1. den Widerruf, die Rücknahme oder das Ruhen der Approbation oder der Erlaubnis, die sofort vollziehbar oder unanfechtbar sind,
2. die sofort vollziehbare oder unanfechtbare Einschränkung der Ausübung des Apothekerberufs,
3. den Verzicht auf die Approbation oder die Erlaubnis,
4. das Verbot der Ausübung des Apothekerberufs durch unanfechtbare gerichtliche Entscheidung oder
5. das vorläufige Berufsverbot durch gerichtliche Entscheidung.
(2) Die Mitteilung nach Absatz 1 (Warnmitteilung) enthält folgende Angaben:
1. die zur Identifizierung der betroffenen Person erforderlichen Angaben, insbesondere Name, Vorname, Geburtsdatum und Geburtsort,
2. Beruf der betroffenen Person,
3. Angaben über die Behörde oder das Gericht, die oder das die Entscheidung getroffen hat,
4. Umfang der Entscheidung oder des Verzichts und
5. Zeitraum, in dem die Entscheidung oder der Verzicht gilt.

## § 4a BApO Vorwarnmechanismus

Die Warnmitteilung erfolgt unverzüglich, spätestens jedoch drei Tage nach Eintritt der Unanfechtbarkeit einer Entscheidung nach Absatz 1 Nummer 1, 2 oder Nummer 4, nach Bekanntgabe einer Entscheidung nach Absatz 1 Nummer 5 oder nach einem Verzicht nach Absatz 1 Nummer 3. Sie ist über das durch die Verordnung (EU) Nr. 1024/2012 des Europäischen Parlaments und des Rates vom 25. Oktober 2012 über die Verwaltungszusammenarbeit mit Hilfe des Binnenmarkt-Informationssystems und zur Aufhebung der Entscheidung 2008/49/EG der Kommission (ABl. L 316 vom 14.11.2012, S. 1) eingerichtete Binnenmarkt-Informationssystem (IMI) zu übermitteln. Zeitgleich mit der Warnmitteilung unterrichtet die Stelle, die die Warnmitteilung getätigt hat, die betroffene Person über die Warnmitteilung und deren Inhalt schriftlich unter Beifügung einer Rechtsbehelfsbelehrung. Wird ein Rechtsbehelf gegen die Warnmitteilung eingelegt, ergänzt die Stelle, die die Warnmitteilung getätigt hat, die Warnmitteilung um einen entsprechenden Hinweis.

(3) Im Fall der Aufhebung einer in Absatz 1 genannten Entscheidung oder eines Widerrufs des Verzichts unterrichtet jeweils die zuständige Stelle die zuständigen Behörden der anderen Mitgliedstaaten der Europäischen Union, der anderen Vertragsstaaten des Abkommens über den Europäischen Wirtschaftsraum und der Schweiz unverzüglich unter Angabe des Datums über die Aufhebung der Entscheidung oder den Widerruf des Verzichts. Die zuständige Stelle unterrichtet die zuständigen Behörden der anderen Mitgliedstaaten der Europäischen Union, der anderen Vertragsstaaten des Abkommens über den Europäischen Wirtschaftsraum und der Schweiz ebenfalls unverzüglich über jede Änderung des nach Absatz 2 Satz 1 Nummer 5 angegebenen Zeitraums. Die zuständige Stelle löscht Warnmitteilungen nach Absatz 1 im IMI unverzüglich, spätestens jedoch drei Tage nach Aufhebung der Entscheidung oder Widerruf des Verzichts.

(4) Wird gerichtlich festgestellt, dass eine Person, die die Erteilung der Approbation oder die Feststellung der Gleichwertigkeit ihrer Berufsqualifikation nach diesem Gesetz beantragt hat, dabei gefälschte Berufsqualifikationsnachweise verwendet hat, unterrichtet die zuständige Stelle die zuständigen Behörden der anderen Mitgliedstaaten der Europäischen Union, der anderen Vertragsstaaten des Abkommens über den Europäischen Wirtschaftsraum und der Schweiz über die Identität dieser Person, insbesondere über Name, Vorname, Geburtsdatum und Geburtsort, und den Umstand, dass diese Person gefälschte Berufsqualifikationsnachweise verwendet hat. Die Unterrichtung erfolgt unverzüglich, spätestens jedoch drei Tage nach Unanfechtbarkeit der Feststellung über das IMI. Absatz 2 Satz 4 und 5 gilt für die Unterrichtung nach Satz 1 entsprechend.

(5) Ergänzend zu den Absätzen 1 bis 4 ist die Durchführungsverordnung (EU) 2015/983 der Kommission vom 24. Juni 2015 betreffend das Verfahren zur Ausstellung des Europäischen Berufsausweises und die Anwendung des Vorwarnmechanismus gemäß der Richtlinie 2005/36/EG des Europäischen Parlaments und des Rates (ABl. L 159 vom 25.6.2015, S. 27) in der jeweils geltenden Fassung zu beachten.

| Übersicht | Rdn. | | Rdn. |
|---|---|---|---|
| A. Normzweck und Regelungsgegenstand | 1 | 2. Mindestdaten | 5 |
| B. Tatbestand | 2 | 3. Entwarnungen | 8 |
| I. Voraussetzungen | 2 | 4. Gefälschte Dokumente | 9 |
| II. Merkmale | 3 | 5. Verwaltungsverfahren | 10 |
| 1. Meldetatbestände | 3 | 6. Bewehrung | 11 |

### A. Normzweck und Regelungsgegenstand

1 Patientenschutz wird gewährleistet, wenn der Staat für fachlich und charakterlich geeignete Heilberufler in Deutschland sorgt. Durch Freizügigkeit kann die Gefahr des Missbrauchs von Ausbildungsnachweisen und die Tätigkeit von nicht qualifizierten Personen erhöht werden. Vor diesem Hintergrund hat der Gesetzgeber in Absprache mit den Vertragsstaaten Warnvorrichtungen zum

verbesserten Austausch über approbationsrechtlich relevante Maßnahmen entwickelt. Informiert wird über alle Arten von Unregelmäßigkeiten, die sich bei der Berufsausübung in einem Vertragsstaat gezeigt haben. Des Weiteren werden behördlichen Konsequenzen wie Widerrufe, Rücknahmen, Verzichte, Berufsverbote etc. mitgeteilt.

## B. Tatbestand

### I. Voraussetzungen

An dem Informationsaustauschverfahren nehmen die EU- und ihre Vertragsstaaten teil. Die zuständigen Behörden sind zu einem universellen Austausch verpflichtet. Das **umfassende Unterrichtungsrecht** bietet einerseits Sicherheit, bedeutet aber andererseits einen sehr hohen Verwaltungsaufwand sowohl für das Land, in dem die zuständige Behörde ihren Sitz hat, als auch für die Empfängerländer. An die Kenntnisnahme der Informationen knüpft sich die Verpflichtung, vorhandene Unterlagen zur Vervollständigung der Akten des Meldelandes weiterzugeben und die anderen Mitgliedstaaten ebenfalls zu informieren.

### II. Merkmale

#### 1. Meldetatbestände

Die **Meldetatbestände** sind in § 4a Abs. 1 abschließend aufgelistet. Es sind nicht nur bestands- und rechtskräftige Tatbestände, sondern auch vorläufige zu melden, die die Berufsausübung vollständig oder auf Zeit verbieten. Dazu zählen Berufsverbote, Rücknahme, Widerruf und Ruhen von Approbationen und Berufserlaubnissen. Berufseinschränkende Akte sind nach § 4a Abs. 1 Nr. 2 dann zu melden, wenn sie sofort vollziehbar oder unanfechtbar geworden sind. Dazu zählen Erlaubnisse zur Berufsausübung unter Aufsicht, Verantwortung, nur in bestimmten Aufgabenfeldern oder Regionen. Die Meldetatbestände umfassen somit nahezu alle Entscheidungen von Approbationsbehörden und Gerichten, soweit sie die Berufszulassung und den Berufszugang betreffen. Nicht erfasst sind Entscheidungen der Heilberufskammern im Weiterbildungsrecht.

Der Begriff der zuständigen Behörde ist weit zu fassen; denn er bezieht Verwaltungsbehörden und Gerichte ein. Das europäische **Binnenmarkt-Informationssystem (IMI)** muss ab 01.01.2020 genutzt werden.

#### 2. Mindestdaten

Um eine gleichmäßige Handhabung zu gewährleisten und das Informationssystem nicht mit überflüssigen Details zu belasten, beschreibt § 4a Abs. 2 die **Mindestdaten**, die eine Warnmitteilung enthalten muss. Neben den Personaldaten ist der Beruf anzugeben, der dem Apothekerberuf entsprechen oder auch niedriger qualifiziert sein kann. Bei fehlender adäquater Berufsqualifikation kann das Verfahren nach der Bundesapothekerordnung eingestellt werden. Dabei ist zu beachten, ob die Betroffenheit anderer therapeutischer Berufe greifen kann. Warnmitteilungen sind nach § 4a Abs. 2 Satz 2 ff. unverzüglich abzusetzen. Selbst wenn dies ohne schuldhaftes Zögern geschieht, können Stunden bis Tage vergehen. Der Gesetzgeber hat im Interesse des Patientenschutzes eine Höchstfrist von 3 Tagen festgesetzt. Soweit den Entscheidungen, Auflagen, Bedingungen und Befristungen beigefügt worden sind, müssen diese benannt werden.

**Betroffene** werden über das Verfahren, die übermittelten Inhalte und ihre Rechte, die sie geltend machen können, von der zuständigen Behörde in Kenntnis gesetzt. Die Unterrichtungspflicht hat die Institution, die die Warnmeldung abgesetzt hat. Es kann sich dabei um eine Verwaltungsbehörde oder ein Gericht handeln. Zwischen den Behörden sind Vereinbarungen über die Wahrnehmung der Unterrichtungspflicht zulässig. Das Gesetz schließt dies nicht aus. Soweit von Rechtsbehelfen oder Rechtsmitteln Gebrauch gemacht worden ist, muss dies unter allen Beteiligten nachgemeldet werden.

### 3. Entwarnungen

8   Aus rechtsstaatlichen Erwägungen sind auch **Entwarnungen** allen Vertragsstaaten zur Kenntnis zu geben. Dies gilt für die Aufhebung von Berufsverboten, Ruhensanordnungen und die Wiedererteilung von Approbationen. Auch wenn die Warnmeldung bereits eine Befristung von restriktiven Maßnahmen gegen Betroffene enthalten hat, ist das Ende der Frist erneut mitzuteilen. Die Entscheidungen haben im Interesse der Betroffenen unverzüglich zu erfolgen. Die die Warnmitteilung ausgebende Stelle muss die Eintragung im IMI löschen. Die Frist beträgt längstens 3 Tage. Soweit keine Löschung vorgenommen wird, handelt die Behörde rechtswidrig. Es können Schadensersatzansprüche nach Amtshaftungsgrundsätzen in Betracht kommen, wenn durch die fehlerhafte Weiterführung belastender Daten z.B. Stellenangebote nicht wahrgenommen werden können.

### 4. Gefälschte Dokumente

9   § 4a Abs. 4 befasst sich mit dem Verfahren bei Vorlage **gefälschter Dokumente**. Das Warnsystem greift analog zu den Vorgaben nach § 4a Abs. 2 ff. Mit diesem Vorgehen schaden die Betroffenen sowohl sich selbst als auch dem offenen System der Berufsanerkennung. Bei fehlender und vorgetäuschter Qualifikation sind die Patienteninteressen in besonderem Maße aufgrund der hohen kriminellen Energie der Handelnden besonders gefährdet.

### 5. Verwaltungsverfahren

10  Insoweit nimmt das Gesetz mit **gleitender Verweisung** unmittelbar Bezug auf die Richtlinien der EU. Damit sind die Bestimmungen flexibler und übernehmen Verfahrensänderungen sofort.

### 6. Bewehrung

11  Nach § 13 ist die Berufsausübung während der Geltung einer Ruhensanordnung als **Vergehen** i.S.d. § 12 Abs. 2 StGB mit Freiheitsstrafe bis zu einem Jahr oder Geldstrafe bedroht. Auch die Berufsausübung unter der Berufsbezeichnung Apotheker stellt ohne Legitimation durch eine Approbation oder Berufserlaubnis nach §§ 132a, 12 Abs. 2 StGB ein Vergehen dar. Analoges gilt, wenn sich eine Person die Berufsqualifikation mit gefälschten Dokumenten erschlichen hat.

### § 6 Obligatorische Rücknahme und Widerruf der Approbation

(1) Die Approbation ist zurückzunehmen, wenn bei ihrer Erteilung
a) eine der Voraussetzungen nach § 4 Abs. 1 Satz 1 Nr. 2 und 3 nicht vorgelegen hat oder
b) die pharmazeutische Prüfung nach § 4 Abs. 1 Satz 1 Nr. 4 nicht bestanden oder
c) die nachzuweisende pharmazeutische Ausbildung nach § 4 Abs. 1 Satz 2, Abs. 1a, Absatz 2 oder 3 nicht abgeschlossen war.

Eine nach § 4 Absatz 1b Satz 2, Absatz 1d Satz 2, Absatz 2 oder 3 erteilte Approbation kann zurückgenommen werden, wenn die nachzuweisende Ausbildung tatsächlich doch wesentliche Unterschiede gegenüber der Ausbildung aufweist, die in diesem Gesetz und in der Rechtsverordnung nach § 5 Absatz 1 geregelt ist oder die zur Ausübung des Berufs als Apotheker im Geltungsbereich dieses Gesetzes erforderlichen Kenntnisse und Fähigkeiten in der Eignungsprüfung tatsächlich nicht nachgewiesen worden sind.

(2) Die Approbation ist zu widerrufen, wenn nachträglich eine der Voraussetzungen nach § 4 Abs. 1 Satz 1 Nr. 2 weggefallen ist.

*(nicht kommentiert)*

## § 7 Fakultative Rücknahme und Widerruf der Approbation

(1) (weggefallen)

(2) Die Approbation kann widerrufen werden, wenn nachträglich eine der Voraussetzungen nach § 4 Abs. 1 Satz 1 Nr. 3 weggefallen ist.

(3) Eine nach § 4 Abs. 2 oder 3 erteilte Approbation kann auch zurückgenommen werden, wenn eine der nicht auf § 4 Abs. 1 Satz 1 bezogenen Voraussetzungen nicht vorgelegen hat.

| Übersicht | Rdn. | | | Rdn. |
|---|---|---|---|---|
| A. Normzweck und Regelungsgegenstand | 1 | IV. | Fakultativer Widerruf | 6 |
| B. Tatbestand | 2 | C. | Sofortvollzug | 7 |
| I. Obligatorische Rücknahme | 2 | D. | Alternative Tätigkeiten | 8 |
| II. Obligatorischer Widerruf | 3 | E. | Bewehrung | 9 |
| III. Fakultative Rücknahme | 4 | | | |

### A. Normzweck und Regelungsgegenstand

Die Vorschriften der §§ 6 und 7 befassen sich mit der obligatorischen und der fakultativen Rück- 1 nahme bzw. dem obligatorischen und fakultativen Widerruf von Approbationen. Zum Begriff des Verwaltungsaktes wird auf § 5 Rdn. 1 BÄO verwiesen. Die §§ 6 und 7 setzen voraus, dass die Approbation bereits erteilt worden ist. Bei einer Rücknahme haben die Voraussetzungen, die zur Approbationserteilung führen, von vornherein nicht vorgelegen. Beim Widerruf sind die Voraussetzungen im Nachhinein entfallen. Die Vorschriften dienen dem Schutz der Bevölkerung vor fachlich nicht kompetenter Arzneimittelversorgung, der Gefahrenabwehr, schützen das Gemeinwohl, vervollständigen den Regelungszweck des § 4 und haben präventiven wie sanktionierenden Charakter, ohne eine strafrechtliche Ahndung vorwegzunehmen.

### B. Tatbestand

#### I. Obligatorische Rücknahme

Die Tatbestände, bei denen der Gesetzgeber zwingend eine Rücknahme vorsieht – **gebundene Ent-** 2 **scheidungen** –, sind in § 6 Abs. 1 Satz 1 abschließend aufgezählt: Bei zu Unrecht erteilter Approbation, bei Nichtbestehen der pharmazeutischen Prüfung, bei fehlender abgeschlossener Berufsausbildung, bei Fehlen der charakterlichen Eignung oder fehlender positiver Prognose nach einem Fehlverhalten. Der Maßstab des § 4 gilt insoweit uneingeschränkt.

**Zuverlässigkeit und Würdigkeit** müssen bei der Approbationserteilung definitiv und kumulativ 2a vorgelegen haben. Eine diesbezügliche Vermutung reicht nicht aus. Beim Fehlen eines der Merkmale ist unbeachtlich, welches Merkmal nicht vorlag. Die Approbation durfte nicht erteilt werden und muss zurückgenommen werden. Dies gilt selbst dann, wenn sich der Approbationsinhaber zwischenzeitlich bewährt hat, vgl. unten Rdn. 3 m.w.N. In diesen Fällen kann die Approbation lediglich erneut beantragt werden, sodass sämtliche Anforderungen für die Erteilung neu geprüft werden müssen. Das Verbot des »venire contra factum proprium«, also des widersprüchlichen Verhaltens zu vorangegangenem Tun, kommt nicht zum Tragen (*De Wall*, Die Anwendbarkeit privatrechtlicher Vorschriften im Verwaltungsrecht, S. 245 ff.).

Soweit die **pharmazeutische Prüfung** nicht bestanden worden ist, gilt § 6 Abs. 1 Satz 1b. Die Be- 2b hörde hat keinen Ermessensspielraum. Sie muss die Approbation zurücknehmen, auch wenn der Betroffene die pharmazeutische Prüfung zwischenzeitlich bestanden hat. Er kann die Approbation erneut beantragen. Inwieweit in einem solchen Verfahren die Kriterien der Zuverlässigkeit und Würdigkeit eine Rolle spielen, wenn er in Kenntnis des Fehlens maßgeblicher Voraussetzungen den Apothekerberuf ausgeübt hat, bleibt der Wertung des Antragsverfahrens vorbehalten. Das Verhalten spricht grundsätzlich gegen seine Zuverlässigkeit.

2c Wenn die **pharmazeutische Ausbildung** in der ehemaligen DDR, in einem Vertragsstaat – vgl. § 4 Rdn. 7 – oder einem Drittstaat nicht abgeschlossen worden war, ist die Approbation zurückzunehmen. Ermessensspielraum besteht nicht.

## II. Obligatorischer Widerruf

3 Nachträglich können Approbierte unzuverlässig oder unwürdig werden, wenn sie ein Fehlverhalten zeigen, das die Arzneimittelversorgung der Bevölkerung gefährdet und das Vertrauen der Öffentlichkeit in den Berufsstand nachhaltig erschüttert. Letzteres wäre auch dann der Fall, wenn schädigendes Verhalten für die Approbation folgenlos bliebe, BVerwG Beschl. v. 27.01.2011 – 3 B 63.10. Zu den Begriffen Würdigkeit und Zuverlässigkeit vgl. § 4 Rdn. 5 ff. Bei schwerwiegendem Fehlverhalten ist die **Approbation** nach § 6 Abs. 2 zwingend zu **widerrufen**. Dazu zählt z.B. ein systematischer Abrechnungsbetrug gegenüber den Krankenkassen. Dies gilt auch gegenüber Beihilfe- oder Sozialhilfeträgern, OVG Niedersachsen Beschl. v. 02.05.2012 – 8 LA 78/11. Die kriminelle Energie des Handelnden zeuge von Unwürdigkeit zur Berufsausübung, BVerwG Pharm. Ztg. 2003, 616 ff.; BVerwG Beschl. v. 23.10.2007 – 3 B 23.07. Für angestellte Apotheker gelten die gleichen Kriterien wie für selbstständig Tätige. Bevor eine Approbation entzogen wird, ist als milderes Mittel der Widerruf der Apothekenbetriebserlaubnis zu prüfen. Soweit allerdings die gesetzlichen Voraussetzungen für den Approbationswiderruf erfüllt sind, also das Verhalten des Approbierten als unwürdig zur Berufsausübung einzustufen ist, reicht der Widerruf der Betriebserlaubnis nicht mehr aus. Hinterzieht ein approbierter Apotheker fortlaufend seine Einkommenssteuern, so lässt dies analog zum entsprechenden Fehlverhalten eines Arztes nach dem Beschluss des OVG Niedersachsen MedR 2010, 578, den Rückschluss auf die Unwürdigkeit zur Berufsausübung zu. Inwieweit ein Betroffener während eines lange dauernden Strafverfahrens bewähren kann – vgl. *Krafczyk*, GesR 2009, 350 ff. – richtet sich insbesondere nach der Schadenswiedergutmachung, der persönlichen Führung oder Rechtsänderungen, die das relevante Verhalten nicht mehr oder als weniger gravierendes Fehlverhalten einstufen. Auch untadelig ausgeübte berufliche Tätigkeiten außerhalb des Apothekerberufs können relevant sein. Im Widerruf der Approbation bei Unzuverlässigkeit und/oder Unwürdigkeit liegt kein verfassungswidriger, insbesondere kein unverhältnismäßiger Eingriff in die Berufsfreiheit, BVerfG NJW 2003, 913, VG Bayreuth Urt. v. 03.04.2012 – B 1 K 10.242.

## III. Fakultative Rücknahme

4 § 6 Abs. 1 Satz 2 und § 7 Abs. 3 regeln die **fakultative Rücknahme** der Approbation. Im ersten Fall ist die Approbationsbehörde bei Erteilung der Approbation von einer anderen Einschätzung der Unterschiede der in- und ausländischen **Ausbildungsinhalte** ausgegangen, als sie sich in der nachfolgenden Praxis erwiesen hat. Bei der Berufsausübung stellen sich im Nachhinein wesentliche Unterschiede in der Ausbildung heraus. Vor dem Hintergrund der Gefahrenabwehr wird der zuständigen Behörde daher das Recht eingeräumt, beim Erkennen von Defiziten die **Rücknahme** der Approbation zu erwägen. Sie hat Ermessensspielraum. Dies gilt, obwohl nach den Kriterien des § 4 Abs. 1a, Abs. 2 und 3 weitere Nachweise, Anerkennungen und Zusatzzeiten belegt worden waren. Somit kann es sich nur um eine fehlerhafte Einschätzung der Behörde bei der Approbationserteilung gehandelt haben. Da aber die Fakten das Qualitätsdefizit belegen und das Gemeinwohl gefährdet ist, hat die Behörde nach den Grundsätzen der Verhältnismäßigkeit sorgfältig öffentliches und privates Interesse abzuwägen. Ggf. reicht auch das vorübergehende Ruhen der Approbation zur Nachqualifizierung aus. Bei einer grob fehlerhaften oder gar vorsätzlich falschen Entscheidung der zuständigen Behörde kann ein Regressanspruch des Approbationsinhabers gegen diese begründet sein. Umgekehrt ist bei falschen Zeugnissen und Belegen ggf. der Approbationsinhaber zur Verantwortung zu ziehen.

5 Alternativ kann die fakultative Rücknahme der Approbation auf § 7 Abs. 3 i.V.m. § 4 Abs. 2 oder Abs. 3 beruhen. In diesen Fällen ist die Gleichwertigkeit des Ausbildungsstandes zwar gesondert geprüft und *festgestellt* worden, die **Gleichwertigkeitsprüfung** und -feststellung war aber **fehlerhaft**. Obwohl die übrigen Voraussetzungen des § 4 Abs. 1 Satz 1 nicht berührt sind, steht es im Ermessen

der zuständigen Behörde, die fehlerhafte Gleichwertigkeitsprüfung als so schwerwiegend einzustufen, dass die Approbation nach Abwägung aller Kriterien widerrufen werden muss.

### IV. Fakultativer Widerruf

Der **fakultative Widerruf** in § 7 Abs. 2 betrifft ausschließlich den Tatbestand des nachträglichen Wegfallens der gesundheitlichen Eignung. Es handelt sich um eine Ermessensentscheidung. Durch Nebenbestimmungen zur Approbation kann die gesundheitliche Eignung nicht gesichert werden. Die Approbationserteilung ist bedingungsfeindlich. Die Approbation müsste in diesem Fall widerrufen werden. Allerdings muss nicht jede körperliche Beeinträchtigung zum Widerruf der Approbation führen. Daher dürfen insbesondere technische Mittel zur Unterstützung eingesetzt werden. Auch die Regelaltersgrenze des öffentlichen Dienstes und der Rentenversicherung sind keine zwingenden Vorgaben für den Widerruf der Approbation. Der Approbationsinhaber entscheidet nach Erreichen der Regelaltersgrenze grundsätzlich selbst, ob er von seiner Approbation weiterhin Gebrauch machen möchte oder nicht. Sofern Altersschwäche, gesundheitliche Gründe, Behinderungen, fehlende Einsicht in bestehende gesundheitliche Probleme oder vergleichbare Gründe nicht nur subjektiv sondern objektiv die Ausübung des Berufs gefährden, führen diese zum Widerruf der Approbation, wenn die Berufsausübung die Arzneimittelsicherheit tangiert, OVG Lüneburg MedR 2007, 369.

6

## C. Sofortvollzug

Besteht eine unmittelbare oder konkrete Gefahr für das Gemeinwohl, muss die Behörde in Abwägung der öffentlichen gegen die privaten Interessen des Apothekers die **sofortige Vollziehung** der Widerrufs- oder Rücknahmeanordnung prüfen. Da mit dem Sofortvollzug ein präventives Berufsverbot verbunden ist, ist die Maßnahme nur unter strengen Voraussetzungen zur Abwehr konkreter Gefahren für wichtige Gemeinschaftsgüter und unter strikter Beachtung des Grundsatzes der Verhältnismäßigkeit statthaft, BVerfGE 44, 105. Diesen Kriterien muss eine entsprechende Entscheidung in jeder Hinsicht genügen. Darüber hinaus muss dem Betroffenen nach Art. 19 Abs. 4 GG nicht nur »das formelle Recht und die theoretische Möglichkeit, die Gerichte anzurufen, sondern auch die Effektivität des Rechtsschutzes« gewährt werden, BVerfGE 44, 105 m.w.N.

7

## D. Alternative Tätigkeiten

Soweit ein Apotheker seine Approbation verloren hat, keine Berufserlaubnis vorliegt oder eine bestandskräftige Ruhensanordnung besteht, darf er keine pharmazeutischen Tätigkeiten unter der Berufsbezeichnung Apotheker ausüben. Pharmazeutische Tätigkeiten bei Vorliegen einer abgeschlossenen Ausbildung als pharmazeutisch-technischer Assistent (PTA) können in Betracht kommen, wenn sich keine Anhaltspunkte dafür ergeben, dass die nach § 2 PTA-Gesetz erforderliche Zuverlässigkeit ebenfalls entfallen ist. Die Frage der Zuverlässigkeit kann für Apotheker und PTA unterschiedlich zu bewerten sein, wenn insbesondere verantwortliche pharmazeutische Tätigkeiten eines Apothekers zur Verneinung der Zuverlässigkeit geführt haben. So kann die Nichtabführung von Sozialversicherungsbeiträgen oder eine verbotene Absprache mit Ärzten zur Patientenzuführung durch PTA nicht berücksichtigt werden, weil diese entsprechendes Verhalten nicht rechtswirksam umsetzen können. PTA arbeiten unter Aufsicht und nicht in eigener Verantwortung wie Apotheker. An die Zuverlässigkeit des Apothekers sind deutlich höhere Anforderungen zu stellen. Die Bewertung der Tätigkeit des Apothekerassistenten, der den PTA gleichgestellt ist, führt zum analogen Ergebnis. Soweit Apothekerassistenten später die Approbation erworben haben, können sie sich nicht mehr auf das Gesetz über die Rechtsstellung vorgeprüfter Apothekeranwärter vom 04.12.1973 (BGBl. I S. 1813), zuletzt geändert durch Gesetz vom 27.04.2002 (BGBl. I. S. 1467, 1474) berufen, da ihr Vorexamen Bestandteil der Apothekerausbildung geworden ist und nicht mehr als eigener Beruf aufleben kann. Als Pharmazieingenieur, der dem Apothekerassistenten hinsichtlich seiner Befugnisse nach § 2 Abs. 6 ApoBetrO gleichgestellt ist, dürfte ein Apotheker arbeiten, da diese Ausbildung kein Bestandteil des Pharmaziestudiums geworden ist.

8

### E. Bewehrung

9 Das BVerfG GesR 2006, 142, hat festgestellt, dass ein strafrechtlich verhängtes vorläufiges **Berufsverbot** nach §§ 132a, 70 StGB beim bloßen Verdacht zweier berufsbezogener Taten im Hinblick auf Art. 12 GG nicht sachgerecht ist. Der Verdacht reiche für eine so weit gehende Maßnahme nicht aus. Hinzukommen müsse der notwendige Schutz wichtiger Gemeinschaftsgüter.

## § 8 Ruhen der Approbation

(1) Das Ruhen der Approbation kann angeordnet werden, wenn
1. gegen den Apotheker wegen des Verdachts einer Straftat, aus der sich seine Unwürdigkeit oder Unzuverlässigkeit zur Ausübung des Apothekerberufs ergeben kann, ein Strafverfahren eingeleitet ist,
2. eine der Voraussetzungen nach § 4 Abs. 1 Satz 1 Nr. 3 nicht mehr gegeben ist,
3. Zweifel bestehen, ob die Voraussetzungen nach § 4 Abs. 1 Satz 1 Nr. 3 noch erfüllt sind und der Apotheker sich weigert, sich einer von der zuständigen Behörde angeordneten amts- oder fachärztlichen Untersuchung zu unterziehen oder
4. wenn bekannt wird, dass der Apotheker nicht über die Kenntnisse der deutschen Sprache verfügt, die für die Ausübung des Apothekerberufs in Deutschland erforderlich sind.

(2) Die Anordnung ist aufzuheben, wenn ihre Voraussetzungen nicht mehr vorliegen. Liegen die Voraussetzungen für den Widerruf der Approbation nach § 6 Abs. 2 vor, so gilt die Anordnung solange fort, bis sie durch den Widerruf der Approbation ersetzt wird.

(3) Der Apotheker, dessen Approbation ruht, darf den Apothekerberuf nicht ausüben.

| Übersicht | Rdn. | | Rdn. |
|---|---|---|---|
| A. Normzweck und Regelungsgegenstand | 1 | II. Sofortige Vollziehung | 14 |
| B. Tatbestand | 2 | C. Bewehrung | 15 |
| I. Tatbestandsmerkmale | 2 | | |

### A. Normzweck und Regelungsgegenstand

1 Die **Ruhensanordnung** setzt voraus, dass eine Approbation vorliegt. Die Maßnahme dient der sofortigen Gefahrenbeseitigung und stellt im Vergleich zu Rücknahme und Widerruf der Approbation das mildere Mittel dar. Die Approbation bleibt erhalten. Von ihr darf für eine bestimmte Zeit kein Gebrauch gemacht werden. Die Aufhebung der Ruhensanordnung ermöglicht den Betroffenen die sofortige Wiederaufnahme der Tätigkeit.

### B. Tatbestand

#### I. Tatbestandsmerkmale

2 Die Ruhensanordnung ist ein **Verwaltungsakt**, vgl. dazu § 5 BÄO Rdn. 1. Ein Widerspruch dagegen hat aufschiebende Wirkung. Die Ruhensanordnung kommt nur in Betracht, wenn eine weitere Berufstätigkeit konkrete Gefahren für besonders wichtige Gemeinschaftsgüter befürchten lässt und die öffentlichen Interessen über dem Individualinteresse stehen, BVerfG, Urt. v. 02.07.2007 – BvR 2403/06.

3 Die Entscheidung über das Ruhen der Approbation ist eine **Ermessensentscheidung**. Sie ist gerechtfertigt vor dem Hintergrund der sehr großen Palette von Erkrankungen. Dies gilt sowohl für somatische als auch psychiatrische Erkrankungen, *Gaebel/Miesen*, Psychische Erkrankungen im Lichte der approbationsrechtlichen Ruhensanordnung aus gesundheitlichen Gründen, MedR 2011, 142. Es ist im Einzelfall zu prüfen, ob eine Erkrankung ohne Nebenbestimmungen zur Approbation eine Berufsausübung zulässt, vgl. auch Rdn. 7.

Können sich aus einem **Fehlverhalten** des Approbationsinhabers i.S.d. § 8 Abs. 1 Nr. 1 Zweifel an  4
seiner Zuverlässigkeit und Würdigkeit zur Ausübung des Apothekerberufs ergeben, vgl. zu den Begriffen § 4 Rdn. 5 ff., hat die zuständige Behörde nach den Grundsätzen der Verhältnismäßigkeit abzuwägen, auf welchem Weg der Schutz des Gemeinwohls am besten zu erreichen ist. Da jede Maßnahme, die eine Berufsausübung unmöglich macht, den Betreffenden die Existenzgrundlage entzieht oder zumindest einschränkt, sind andere geeignete Mittel vorab zu prüfen. Bei einem Apothekenleiter kommt z.B. in Betracht, zunächst die Apothekenbetriebserlaubnis einzuschränken oder zu entziehen, sodass der approbierte Apotheker seinen Unterhalt immer noch durch eine Anstellung verdienen kann. Eine Ruhensanordnung ist z.B. dann gerechtfertigt, wenn gegen einen approbierten Apotheker wegen des Verdachts des gemeinschaftlichen Abrechnungsbetrugs in mehr als 100 Fällen und einem Schaden für die Krankenkassen von mehr als 3 Mio. € Anklage erhoben worden ist, VG Lüneburg, Urt. v. 29.05.2002 – 5 A 58/01. Insoweit sind wesentliche Pflichten einer Apothekenleitung verletzt worden. Schwere und Intensität des Fehlverhaltens sind maßgebende Kriterien. Analog zum Verfahren gegenüber einem Arzt ist eine Ruhensanordnung zulässig, wenn ein Strafverfahren wegen Verstoßes gegen das BtMG in Form der Mitgabe nicht verordneter Betäubungsmittel eingeleitet worden ist, VG Köln, Urt. v. 24.04.2012 – 7 K 7253/10.

Eine Ruhensanordnung kommt zwar faktisch einem **Berufsverbot** gleich, ist aber mit § 132a StPO  5
nicht identisch. In beiden Fällen werden unterschiedliche Rechtsgüter geschützt. Die Ruhensanordnung schützt den sicheren Arzneimittelverkehr. Das Berufsverbot nach § 132a StPO ist eine Maßregel. Das allgemeine strafprozessuale Mittel ist im Katalog der Sanktionen zusätzlich zu einer Verurteilung möglich. Es schützt die öffentliche Sicherheit und Ordnung und hat im Gegensatz zur Ruhensanordnung mit ihrem präventiven Charakter in erster Linie sanktionierende und erzieherische Aufgaben.

Die Anordnung der **sofortigen Vollziehung** einer Ruhensanordnung während eines laufenden Ermittlungsverfahrens führt, wenn ein Widerspruch zwecklos bleibt und damit keine aufschiebende  6
Wirkung eintritt, zu einem Berufsausübungsverbot. Dies kann bereits während eines Ermittlungsverfahrens notwendig sein, VG Arnsberg, Beschl. v. 06.12.2012 – 7 L 790/12, wenn das Fehlverhalten bei Würdigung der Gesamtumstände des Falles eine weitere Berufsausübung bereits zu diesem Zeitpunkt nicht mehr gerechtfertigt erscheinen lässt.

Ist die **gesundheitliche Eignung** zur Berufsausübung gem. § 8 Abs. 1 Nr. 2 nicht mehr gegeben, ist  7
das Ruhen der Approbation anzuordnen. Eine schwere psychische Erkrankung, die nur unter der Bedingung, dass die verordneten Medikamente zuverlässig und regelmäßig eingenommen werden, zum Erhalt der Arbeitsfähigkeit führt, rechtfertigt eine Ruhensanordnung schon deshalb, weil eine Approbation bedingungsfeindlich ist, VG Minden, Beschl. v. 31.10.2005 – 7 L 717/05.

**Zweifel an der gesundheitlichen Eignung** können nach § 8 Abs. 1 Nr. 3 zum Ruhen der Approba-  8
tion bis zur Beseitigung der Zweifel führen. Zweifel ergeben sich insbesondere dann, wenn Approbationsinhaber aufgrund ärztlicher Begutachtung oder ihres Umgangs mit Alkohol zu der Besorgnis Anlass geben, die Alkoholeinnahme nicht zu beherrschen, OVG NRW, Urt. v. 27.12.2004 – 13 B 2314/04, vgl. § 4 Rdn. 13. Die zuständige Behörde muss aus Gründen der Gefahrenabwehr auf das Ausräumen der Zweifel dringen. Sie kann dazu entweder eine **amts- oder eine fachärztliche Untersuchung** verlangen. Eine Rangfolge zwischen den Untersuchungsformen sieht das Gesetz nicht vor. Insoweit bleibt es der zuständigen Behörde unbenommen, eine geeignete Auswahl zu treffen. Dies gilt, obwohl die amtsärztliche Untersuchung von Betroffenen oftmals als gravierenderer Eingriff verstanden wird. Die Anmeldung zur Untersuchung reicht nicht aus. Die Untersuchung muss tatsächlich vorgenommen worden sein. Je nach Schwere der Erkrankungen sind die **Fristen für die Untersuchung** angemessen zu setzen. Je schwerwiegender der Verdacht ist, umso schneller muss die Untersuchung erfolgen. Bei schweren Infektionen oder bei gravierenden psychischen Erkrankungen, bei denen der Erkrankte die Kontrolle über sein Tun verloren hat, müssen die Untersuchungen unverzüglich erfolgen. Der Grundsatz der Verhältnismäßigkeit muss in doppelter Hinsicht beachtet werden. Zum einen ist er im Hinblick auf die Schwere der Erkrankung, zum anderen im Hinblick auf die Verweigerung der Untersuchung zu bewerten. Je stärker die Zweifel an der gesundheitlichen

Eignung sind, umso geringer ist das Recht des Betroffenen, die Untersuchung zu verschieben. Eine Ruhensanordnung kann nur dann auf § 8 Abs. 1 Nr. 3 gestützt werden, wenn die dortigen Voraussetzungen kumulativ vorliegen. Es müssen Zweifel an der gesundheitlichen Eignung bestehen und der Betroffene sich der angeordneten Untersuchung entziehen.

9 Hat ein Vertragsstaat eine **Berufserlaubnis** erteilt, kann eine zeitgleich zum Ruhen gebrachte deutsche Approbation die Berufsausübung nicht verhindern. Nur wenn der Vertragsstaat, vgl. § 4 Rdn. 7, von Deutschland über das Fehlverhalten unterrichtet worden ist, das zur Ruhensanordnung geführt hat, prüft er die Erlaubniserteilung erneut, BGH MedR 2006, 170.

10 Ein Ruhenstatbestand kann auch gegeben sein, wenn die erforderlichen **sprachlichen Kenntnisse** nach §§ 8 Abs. 1 Nr. 4, 4 Abs. 1 Nr. 5 zur Berufsausübung nicht vorliegen. § 4 Abs. 1 stellt die sprachlichen Anforderungen an alle Personen, die die deutsche Approbation erhalten wollen, vgl. § 4 Rdn. 15. Das nachträgliche Bekanntwerden der fehlenden Sprachkenntnisse ist kein Rücknahmegrund nach §§ 6 Abs. 1 und 7 Abs. 2. Soweit sich ein Antragsteller weigert, die entsprechenden Sprachkenntnisse nachzuholen, kann eine Ruhensanordnung sogar unbefristet erteilt werden. Eine weitere Berufsausübung ist bis zum Nachweis der Sprachkompetenz nicht möglich. Das Gesetz macht keine Vorgaben hinsichtlich der Dauer einer Ruhensanordnung. Soweit ein Apotheker nicht in der Lage sein sollte, sich die Kenntnisse anzuzeigen und dies auf gesundheitlichen Gründen beruht, kann die Approbation nach §§ 6, 7 zurückgenommen oder widerrufen werden. Bis zur dieser Entscheidung bleibt die Ruhensanordnung nach § 8 Abs. 2 Satz 2 bestehen. Sobald die Sprachkenntnisse aber nachgewiesen sind, ist die Ruhensanordnung nach § 8 Abs. 2 Satz 1 aufzuheben.

11 Eine Ruhensanordnung wird durch den Widerruf der Approbation ersetzt, wenn entsprechende Gründe vorliegen, § 8 Abs. 2 Satz 2. Dies gilt für die Fälle, in denen die Ruhensanordnung wegen eines Verhaltens eingeleitet worden ist, das wegen Unwürdigkeit oder Unzuverlässigkeit eine Berufsausübung unmöglich macht. Insoweit verhindert der Gesetzgeber die Wiederaufnahme der Berufstätigkeit im Interesse des Gemeinwohls. Eine **Umdeutung** einer Ruhensanordnung in einen Widerruf ist nicht zulässig. Beide Verwaltungsakte haben unterschiedliche Konsequenzen. Die Ruhensanordnung vernichtet im Gegensatz zum Widerruf die Approbation nicht.

12 Während der Geltung der Ruhensanordnung kann keine **Berufserlaubnis** erteilt werden. Dies widerspräche dem Sinn und Zweck der Ruhensanordnung, vgl. zur Kollision mit ausländischem Recht Rdn. 9. Sie verbietet, dass der Betroffene sowohl von der Berufsbezeichnung Apotheker als auch von seinem Recht, den Beruf auszuüben, Gebrauch macht. Dies gilt auch, wenn die Tätigkeit als Apothekenleiter, die mit einer Berufserlaubnis apothekenrechtlich nicht ausgeführt werden kann und die zu einem leitungsspezifischen Fehlverhalten geführt hat, die Ruhensanordnung ausgelöst hat. Ein Beispiel dafür ist die fortwährende Nichtabführung von Sozialversicherungsbeiträgen, die die Apothekenleitung zu zahlen hat. In diesen Fällen ist ein Bild der charakterlichen Eignung einer Person entstanden, das eine negative Zukunftsprognose erzeugt.

13 Die Tätigkeit als **Apotheker***assistent* kann während der Ruhensanordnung nicht wieder aufleben, weil sie in dem Studium der Pharmazie »aufgegangen« ist, vgl. § 7 Rdn. 8. Ist der Betroffene PTA mit abgeschlossener Ausbildung, kann diese Tätigkeit unter Aufsicht ausgeführt werden. Mit Urteil des BGH NJW 2005, 3732, ist eine vorübergehende Tätigkeit eines Arztes in Deutschland aufgrund ausländischer Zulassung zugelassen worden, obwohl das Ruhen der Approbation im Inland angeordnet war. Begründet wird dies mit dem ausländischen Recht, das Heilkunde erlaube, ohne Arzt zu sein. Analog dürfte bei Vorliegen entsprechender ausländischer Vorschriften auch eine pharmazeutische Tätigkeit erlaubt sein, die keine Approbation oder Berufserlaubnis verlangt.

## II. Sofortige Vollziehung

14 Die Anordnung der sofortigen Vollziehbarkeit einer Ruhensanordnung und die Einziehung der Approbationsurkunde stellen einen Eingriff in Art. 2 GG dar. Sie sind zum Schutz »wichtiger Gemeinschaftsgüter und unter strikter Beachtung der Verhältnismäßigkeit statthaft«, BVerfG NZS 2007, 476. Soweit gegen einen Antragsteller eine **sofort vollziehbare Ruhensanordnung**

ergangen ist, weil er zu einer angeordneten amtsärztlichen Untersuchung nicht erschienen ist, setzt der Bestand der Anordnung zudem voraus, dass die Behörde gemessen an Art. 12 Abs. 1 GG geprüft hat, dass die Maßnahme »zur Abwehr konkreter Gefahren für wichtige Gemeinschaftsgüter erforderlich ist.«, BVerfGE 44, 105; NZS 2008, 476 in ständiger Rechtsprechung, OVG NRW NWVBl. 2004, 474. Der Sofortvollzug hat eine gesteigerte Eingriffsintensität. Nach den Grundsätzen der Verhältnismäßigkeit ist daher im Einzelfall abzuwägen, ob die Eingriffsgründe in einem angemessenen Verhältnis zur Schwere des Eingriffs stehen. Vor diesem Hintergrund ist somit auch zu prüfen, ob ein Zuwarten bis zur Rechtskraft des Hauptsachverfahrens dem Präventionsgedanken und dem Sicherungszweck, Schutz des Gemeinwohls der Bevölkerung, noch entspricht. Hat ein Antragsteller zunächst die amtsärztliche Untersuchung aus Gründen, die in seiner Person liegen, verweigert, hat sich aber im Ergebnis der Untersuchung unterzogen und sind die Zweifel an der gesundheitlichen Eignung nicht ausgeräumt worden, bleibt die Anordnung des Sofortvollzugs berechtigterweise bestehen, OVG NRW, Urt. v. 27.12.2004 – 13 B 2314/04. Auch wenn sich die Anordnung zunächst auf § 8 Abs. 1 Nr. 3 gestützt hat, verfolgt sie den Zweck, die gesundheitliche Eignung nach § 8 Abs. 1 Nr. 2 festzustellen. Wenn dies nicht gelingt, bleibt die Gefahr für das Gemeinwohl der Bevölkerung bestehen. Der Sofortvollzug kann ohne weitere Anordnung aufrechterhalten werden.

## C. Bewehrung

Das Ruhen der Approbation ist nach § 8 Abs. 3 ein **präventives Berufsausübungsverbot**, vgl. § 2 Rdn. 9. Die Berufstätigkeit unter der Berufsbezeichnung Apotheker ist bei Vorliegen einer vollziehbaren Ruhensanordnung als Vergehen nach § 12 StGB, § 13 mit Geldstrafe oder Freiheitsstrafe bis zu einem Jahr bedroht.

15

## § 11 Berufserlaubnis

(1) Die Erlaubnis zur vorübergehenden Ausübung des Apothekerberufs nach § 2 Absatz 2 kann auf Antrag Personen erteilt werden, die eine abgeschlossene Ausbildung für den Apothekerberuf nachweisen. Eine Erlaubnis nach Satz 1 wird Antragstellern, die über einen Ausbildungsnachweis als Apotheker verfügen, der in einem Mitgliedstaat der Europäischen Union, einem anderen Vertragsstaat des Abkommens über den Europäischen Wirtschaftsraum oder in der Schweiz ausgestellt wurde, nicht erteilt. Eine Erlaubnis wird auch nicht in den Fällen des § 4 Absatz 2 Satz 10 erteilt.

(1a) Abweichend von Absatz 1 Satz 2 und 3 kann auf Antrag eine Erlaubnis zur vorübergehenden Ausübung des Apothekerberufs erteilt werden, wenn mit dem Antrag dargelegt wird, dass im Hinblick auf die beabsichtigte Ausübung des Apothekerberufs ein besonderes Interesse an der Erteilung der Erlaubnis besteht. Die Erlaubnis steht der Erteilung einer Approbation nicht entgegen.

(2) Die Erlaubnis kann auf bestimmte Tätigkeiten und Beschäftigungsstellen beschränkt werden. Sie darf nur widerruflich und befristet bis zu einer Gesamtdauer von höchstens zwei Jahren erteilt oder verlängert werden. Eine Erlaubnis darf ausnahmsweise über diesen Zeitraum hinaus im besonderen Einzelfall oder aus Gründen der Arzneimittelversorgung erteilt oder verlängert werden, wenn eine Approbation wegen Fehlens der Voraussetzungen nach § 4 Absatz 1 Nummer 4 nicht erteilt werden kann. Die §§ 5, 6, 8 und 13 finden entsprechende Anwendung.

(3) Personen, denen eine Erlaubnis erteilt worden ist, haben im Übrigen die in den Vorschriften des Bundesrechts begründeten Rechte und Pflichten eines Apothekers.

(4) Erlaubnisse nach Absatz 1 Satz 1, die vor dem 1. April 2012 erteilt wurden, bleiben wirksam. Für sie ist Absatz 2 in seiner bis dahin geltenden Fassung bis zum 1. April 2014 für solche Inhaber der Erlaubnis weiter anzuwenden, die bis zum 1. Juli 2012 einen Antrag auf Erteilung der Approbation nach § 4 Absatz 1 Satz 1 gestellt haben. Satz 2 findet auf Staatsangehörige

## § 11 BApO  Berufserlaubnis

eines Mitgliedstaats der Europäischen Union, eines anderen Vertragsstaats des Abkommens über den Europäischen Wirtschaftsraum und der Schweiz, die über einen Ausbildungsnachweis nach Absatz 1 verfügen, sowie auf Drittstaatsangehörige, soweit sich nach dem Recht der Europäischen Gemeinschaft eine Gleichstellung ergibt, keine Anwendung.

| Übersicht | Rdn. | | Rdn. |
|---|---|---|---|
| A. Normzweck und Regelungsgegenstand | 1 | III. Rechte und Pflichten | 11 |
| B. Tatbestand | 2 | IV. Übergangsregelungen | 12 |
| I. Tatbestandsmerkmale | 2 | C. Bewehrung | 13 |
| II. Beschränkte Berufsausübung | 7 | | |

### A. Normzweck und Regelungsgegenstand

1   Die Berufserlaubnis ist im Vergleich zur Approbation eine eingeschränkte Erlaubnis, um pharmazeutische Tätigkeiten als Apotheker auszuüben, §§ 11, 2 Abs. 2. Mit ihr wird der Zweck verfolgt, bei besonderem öffentlichem oder privatem Interesse eine zeitlich befristete oder auf bestimmte Tätigkeiten begrenzte Berufstätigkeit zu ermöglichen.

### B. Tatbestand

#### I. Tatbestandsmerkmale

2   Mit einem Ausbildungsnachweis aus Deutschland, einem EU- oder EWR-Mitgliedstaat oder der Schweiz kommt grundsätzlich nur die Erteilung einer Approbation in Betracht. Auch wenn in einer dieser Staaten der in einem Drittstaat erworbene Ausbildungsnachweis anerkannt worden ist, § 4 Abs. 2 Satz 10, ist unmittelbar eine Approbation zu erteilen. § 11 berücksichtigt die Freizügigkeit zwischen den genannten Staaten und die dortige Gleichwertigkeit der Ausbildungen, die ggf. nach den Kriterien des § 4 Abs. 1a bis 3 nachjustiert worden sind. Die Erteilung der Berufserlaubnis erfordert ein besonderes Interesse nach § 11 Abs. 1a, das sowohl öffentlicher als auch privater Natur sein kann und nachvollziehbar begründet werden muss. Die bloße Behauptung reicht nicht. Insoweit können z.B. Einrichtungen in Deutschland oder dem Entsendestaat Interesse an einer vorübergehenden Tätigkeit, einer Weiterbildung, wissenschaftlichen Projekten und Hospitationen haben. Auch wenn Angehörige diplomatischer Dienste aus Drittstaaten den Apothekerberuf während der Entsendezeit der Diplomaten ausüben wollen, kommen Berufserlaubnisse in Betracht. Eine weitere Ausnahmeregelung sieht § 11 Abs. 4 vor, vgl. Rdn. 12. Vorübergehende Beschäftigungszeiten können auch in Urlaubs- und Schwangerschaftsvertretungen bestehen. Zur Apothekenleitung berechtigt die Berufserlaubnis grundsätzlich nicht, vgl. aber § 11 Rdn. 11.

3   Eine Berufserlaubnis wird nur auf **Antrag** erteilt, §§ 11 Abs. 1 Satz 1, 2 Abs. 2. Eine **Form** nach § 126 BGB für die Antragstellung ist nicht vorgegeben. Der Antrag kann mündlich, schriftlich oder zur Niederschrift bei der zuständigen Behörde gestellt werden. Es dürfen moderne Kommunikationsmittel wie E-Mail, Fax u. a. genutzt werden. Es muss keine eigenhändige Unterschrift geleistet werden. Nach BGH NJW 1997, 3170, reichen Druck, Schreibmaschine, Fernschreiben, Telegramme oder Namensstempel aus. Der Antrag wird bei der Approbationsbehörde gestellt. Deren Zuständigkeit richtet sich nach Landesrecht, soweit § 12 nichts Abweichendes regelt. Von Amts wegen wird eine Berufserlaubnis nicht erteilt. Ein Antrag auf Approbation kann in einen Antrag auf Berufserlaubnis **umgedeutet** werden, wenn der Antragsteller die Voraussetzungen zur Approbationserteilung nicht erfüllen kann.

4   Antragsteller haben eine **abgeschlossene Ausbildung** für den Apothekerberuf nachzuweisen. Für den Abschluss der Ausbildung sind die Kriterien des § 4 jedoch nicht maßgebend. Daher ist auch der Nachweis der Gleichwertigkeit der Ausbildung nicht gefordert. Es gelten grundsätzlich alle abgeschlossenen Ausbildungsgänge von Staaten als ausreichend, die eine Ausbildung für die öffentliche Versorgung der Bevölkerung mit Arzneimitteln als Apotheker anbieten. Sie können daher

weltweit sehr unterschiedlich ausgeprägt sein und vom Standard der EU- und EWR-Staaten abweichen und andere Ausbildungsschwerpunkte bieten.

Die Erteilung der Berufserlaubnis hat der Gesetzgeber auf die **Fallkonstellationen** des § 11 Abs. 1a und 2 beschränkt. Daher kommen Berufserlaubnisse bei besonderem Interesse in Betracht, wenn die Approbation wegen nicht abgelegter oder nicht bestandener Prüfung nach § 4 Abs. 1 Nr. 4 noch nicht erteilt werden kann. 5

Grundsätzlich dürfen **Berufserlaubnisse nicht** erteilt werden, wenn Approbationen möglich sind. Dabei spielen die Herkunft und das Ausbildungsland keine Rolle. Auch eine bestehende Berufserlaubnis schadet einem Approbationsantrag nicht, § 11 Abs. 1a, Satz 2. 6

## II. Beschränkte Berufsausübung

Mit einer Berufserlaubnis kann die Ausübung des Apothekerberufs **inhaltlich beschränkt** werden. Die Beschränkungen können alternativ und kumulativ festgesetzt werden. Gemäß § 11 Abs. 2 kann die Berufstätigkeit auf bestimmte Tätigkeiten oder auf bestimmte Beschäftigungsstellen begrenzt werden. Die Tätigkeitsbeschränkung kann z.B. in einer Verkaufs- und Beratungstätigkeit bestehen, aber auch auf eine reine Labor- oder Herstellungstätigkeit in Apotheke oder Industrie ausgerichtet sein. Die Beratung in einer öffentlichen Apotheke verlangt eine umfassendere pharmazeutische Kompetenz als die Herstellungstätigkeit bestimmter Rezepturen und Defekturen in einer Krankenhausapotheke. Sprachkenntnisse sind für die Tätigkeit im Kunden- und Patientenkontakt erforderlich. 7

Die Erlaubniserteilung ist **befristet**. Sie kommt für längstens 2 Jahre in Betracht, wenn kein Ausnahmetatbestand vorliegt. Sie kann innerhalb dieser Zeit wiederholt erteilt werden, § 11 Abs. 2 Satz 2. Selbst wenn die Berufserlaubnis verlängert werden soll, darf aber die Höchstgrenze grundsätzlich nicht überschritten werden. 8

**Ausnahmen** zur Fristverlängerung sieht § 11 Abs. 2 Satz 3 vor, wenn zum einen das Fehlen des Prüfungsergebnisses nach § 4 Abs. 1 Nr. 4 die Approbationserteilung hindert. Die Zeit bis zur Approbationserteilung muss überbrückt werden oder die Ausbildungsvoraussetzungen i.S.d. der Vorschrift sind in der knappen Zeit von 2 Jahren nicht nachholbar. Da dies durchaus häufiger vorkommende Konstellationen sein können, müssen die besonderen Umstände dargelegt werden, die im Einzelfall eine Berufserlaubnis über 2 Jahre hinaus rechtfertigen. Zum anderen können auch Defizite in der Arzneimittelversorgung maßgebliche Gründe im öffentlichen Interesse sein. 9

Eine Berufserlaubnis ist stets **widerruflich** zu erteilen. Ausnahmen davon gibt es nicht. 10

## III. Rechte und Pflichten

Grundsätzlich haben Erlaubnisinhaber die gleichen **Rechte und Pflichten** wie Apotheker in den zugewiesenen Aufgabenfeldern und innerhalb der angegebenen zeitlichen Beschränkungen. Während eine Apothekenleitung auf Dauer nicht in Betracht kommt – § 2 ApoG setzt eine Approbation voraus – können Personen mit inhaltlich unbeschränkten Berufserlaubnissen aber in Urlaubs- und Schwangerschaftszeiten vertreten. Dies ergibt sich aus § 2 Abs. 7 ApoBetrO, obwohl Berufserlaubnisinhaber nicht ausdrücklich genannt sind. Zu den Rechten und Pflichten von Vertretungen vgl. *Cyran/Rotta*, Apothekenbetriebsordnung, § 2 Rn. 77 ff. Die Vertretungsbefugnis allerdings Pharmazieingenieuren und Apothekerassistenten zu gestatten, aber höher qualifizierten Apothekern mit abgeschlossener pharmazeutischer Ausbildung nicht, würde diese eklatant und nicht vertretbar benachteiligen. Soweit gesundheitliche Einschränkungen auftreten, Zweifel an der Fähigkeit bestehen, den Beruf auszuüben und Fehlverhalten offensichtlich wird, gelten die Vorschriften über Widerruf, Rücknahme und Ruhen der Approbation entsprechend, § 11 Abs. 2 Satz 4. Die Berufsordnung des Kammerbezirks, in dem Erlaubnisinhaber tätig sind, gilt uneingeschränkt. 11

§ 11a BApO   Dienstleistungserbringer

### IV. Übergangsregelungen

12  Die bis zum **Stichtag** 01.04.2012 erteilten Berufserlaubnisse behalten ihre Bestandskraft, auch wenn Antragsteller aus Vertragsstaaten nach § 4 Rdn. 7 stammen. Sie sollen nicht benachteiligt werden, indem sie ihren Beruf nicht mehr ausüben können, während ihre Approbationsunterlagen geprüft werden. Insoweit ist das Verbot, Vertragsstaatenangehörigen keine Berufserlaubnis zu erteilen, aufgehoben.

### C. Bewehrung

13  Auf § 4 Rdn. 9 ff. wird verwiesen. Die für Personen ohne Approbation geltenden Vorschriften sind auch anzuwenden, wenn jemand den Apothekerberuf ohne Berufserlaubnis ausübt. Dieses Verhalten ist nach § 11 Abs. 2 Satz 4, § 13 BApoO, § 12 Abs. 2 StGB als **Vergehen** strafbewehrt.

### § 11a Dienstleistungserbringer

(1) Staatsangehörige eines Mitgliedstaats der Europäischen Union oder eines anderen Vertragsstaates des Abkommens über den Europäischen Wirtschaftsraum oder eines Vertragsstaates, dem Deutschland und die Europäische Gemeinschaft oder Deutschland und die Europäische Union vertraglich einen entsprechenden Rechtsanspruch eingeräumt haben, die zur Ausübung des Apothekerberufs in einem der übrigen Mitgliedstaaten der Europäischen Union oder in einem anderen Vertragsstaat des Abkommens über den Europäischen Wirtschaftsraum oder einem Vertragsstaat, dem Deutschland und die Europäische Gemeinschaft oder Deutschland und die Europäische Union vertraglich einen entsprechenden Rechtsanspruch eingeräumt haben, auf Grund einer nach deutschen Rechtsvorschriften abgeschlossenen pharmazeutischen Ausbildung oder auf Grund eines in der Anlage zu § 4 Abs. 1a Satz 1, 2 oder Absatz 2 genannten pharmazeutischen Ausbildungsnachweises oder auf Grund einer im Einzelfall als gleichwertig anerkannten Ausbildung nach § 4 Abs. 2 berechtigt sind, dürfen als Dienstleistungserbringer im Sinne des Artikels 50 des EG-Vertrages vorübergehend und gelegentlich den Apothekerberuf im Geltungsbereich dieses Gesetzes ausüben, wenn sie zur Ausübung des Apothekerberufs rechtmäßig in einem der übrigen Mitgliedstaaten niedergelassen sind. Der vorübergehende und gelegentliche Charakter der Erbringung von Dienstleistungen wird im Einzelfall beurteilt, insbesondere anhand der Dauer, der Häufigkeit, der regelmäßigen Wiederkehr und der Kontinuität der Dienstleistungserbringung. Eine Berechtigung nach Satz 1 besteht nicht, wenn die Voraussetzungen einer Rücknahme, eines Widerrufs oder einer Ruhensanordnung, die sich auf die Tatbestände nach § 4 Abs. 1 Satz 1 Nr. 2 oder 3 beziehen, vorliegen, eine entsprechende Maßnahme mangels deutscher Berufszulassung jedoch nicht erlassen werden kann.

(2) Ein Dienstleistungserbringer im Sinne des Absatzes 1 hat, wenn er zur Erbringung von Dienstleistungen erstmals von einem anderen Mitgliedstaat nach Deutschland wechselt, den zuständigen Behörden in Deutschland vorher schriftlich Meldung zu erstatten. Diese Meldung ist einmal jährlich zu erneuern, wenn der Dienstleistungserbringer beabsichtigt, während des betreffenden Jahres vorübergehend oder gelegentlich Dienstleistungen in Deutschland zu erbringen. Wird die Meldung nach Satz 1 mittels eines Europäischen Berufsausweises vorgenommen, ist abweichend von Satz 2 die Meldung 18 Monate nach Ausstellung des Europäischen Berufsausweises zu erneuern. Sofern eine vorherige Meldung wegen der Dringlichkeit des Tätigwerdens nicht möglich ist, hat die Meldung unverzüglich nach Erbringung der Dienstleistung zu erfolgen. Wenn Dienstleistungen erstmals erbracht werden oder sich eine wesentliche Änderung gegenüber der in den Dokumenten bescheinigten Situation ergibt, hat der Dienstleistungserbringer der zuständigen Behörde folgende Dokumente vorzulegen:
1. den Nachweis über seine Staatsangehörigkeit,
2. eine Bescheinigung darüber, dass er in einem Mitgliedstaat rechtmäßig als Apotheker niedergelassen ist und ihm die Ausübung dieses Berufs zum Zeitpunkt der Vorlage der Bescheinigung nicht, auch nicht vorübergehend, untersagt ist, und keine Vorstrafen vorliegen,

3. seinen Berufsqualifikationsnachweis und
4. eine Erklärung des Dienstleistungserbringers, dass er über die zur Erbringung der Dienstleistung erforderlichen Kenntnisse der deutschen Sprache verfügt;

die Bescheinigungen dürfen bei ihrer Vorlage nicht älter als zwölf Monate sein. Vom Dienstleistungserbringer im Sinne des Absatzes 1 können dabei Informationen über Einzelheiten zu einem Versicherungsschutz oder einer anderen Art des individuellen oder kollektiven Schutzes in Bezug auf die Berufshaftpflicht verlangt werden. Die für die Ausübung der Dienstleistung erforderlichen Kenntnisse der deutschen Sprache müssen vorliegen.

(3) Der Dienstleistungserbringer hat beim Erbringen der Dienstleistung im Geltungsbereich dieses Gesetzes die Rechte und Pflichten eines Apothekers. Er kann den berufsständischen, gesetzlichen oder verwaltungsrechtlichen Berufsregeln und den geltenden Disziplinarbestimmungen unterworfen werden; zu diesen Bestimmungen gehören etwa Regelungen über die Definition des Berufs, das Führen von Titeln und schwerwiegende berufliche Fehler in unmittelbarem und speziellem Zusammenhang mit dem Schutz und der Sicherheit der Verbraucher. Die zuständigen Behörden können bei berechtigten Zweifeln von den zuständigen Behörden des Niederlassungsmitgliedstaats für jede Erbringung einer Dienstleistung alle Informationen über die Rechtmäßigkeit der Niederlassung und die gute Führung des Dienstleisters anfordern sowie Informationen über das Nichtvorliegen strafrechtlicher Sanktionen, einer Rücknahme, eines Widerrufs und einer Anordnung des Ruhens der Approbation oder Erlaubnis, über die nicht vorliegende Untersagung der Ausübung der Tätigkeit und über das Fehlen von Tatsachen, die eine dieser Sanktionen oder Maßnahmen rechtfertigen würden. Die Informationen sind nach Artikel 56 der Richtlinie 2005/36/EG zu übermitteln. Die zuständige Behörde unterrichtet unverzüglich die zuständige Behörde des Herkunftsmitgliedstaats über das Vorliegen der in Satz 3 genannten Sanktionen oder Maßnahmen, die sich auf die Ausübung der von der Richtlinie 2005/36/EG erfassten Tätigkeiten auswirken könnten. Dabei sind die Vorschriften zum Schutz personenbezogener Daten einzuhalten. Auf Anforderung der zuständigen Behörden eines anderen Mitgliedstaats der Europäischen Union oder eines anderen Vertragsstaates des Abkommens über den Europäischen Wirtschaftsraum oder eines Vertragsstaates, dem Deutschland und die Europäische Gemeinschaft oder Deutschland und die Europäische Union vertraglich einen entsprechenden Rechtsanspruch eingeräumt haben, haben die zuständigen Behörden in Deutschland nach Artikel 56 der Richtlinie 2005/36/EG der anfordernden Behörde alle Informationen über die Rechtmäßigkeit der Niederlassung und die gute Führung des Dienstleisters sowie Informationen darüber, dass keine berufsbezogenen disziplinarischen oder strafrechtlichen Sanktionen vorliegen, zu übermitteln.

(4) Einem Staatsangehörigen eines Mitgliedstaats der Europäischen Union oder eines anderen Vertragsstaates des Abkommens über den Europäischen Wirtschaftsraum oder eines Vertragsstaates, dem Deutschland und die Europäische Gemeinschaft oder Deutschland und die Europäische Union vertraglich einen entsprechenden Rechtsanspruch eingeräumt haben, der im Geltungsbereich dieses Gesetzes den Apothekerberuf auf Grund einer Approbation als Apotheker ausübt, sind auf Antrag für Zwecke der Dienstleistungserbringung in einem der übrigen Mitgliedstaaten der Europäischen Union oder eines anderen Vertragsstaates des Abkommens über den Europäischen Wirtschaftsraum Bescheinigungen darüber auszustellen, dass
1. er in Deutschland rechtmäßig zur Ausübung des Apothekerberufs niedergelassen ist,
2. ihm die Ausübung dieser Tätigkeit zum Zeitpunkt der Vorlage der Bescheinigung nicht, auch nicht vorübergehend, untersagt ist und
3. er über einen erforderlichen Berufsqualifikationsnachweis verfügt.

| Übersicht | Rdn. | | Rdn. |
|---|---|---|---|
| A. Normzweck und Regelungsgegenstand | 1 | II. Dienstleistung | 4 |
| B. Tatbestand | 2 | III. Meldepflichten | 6 |
| I. Ausbildungsvoraussetzungen | 2 | IV. Rechte und Pflichten | 7 |

# § 11a BApO Dienstleistungserbringer

## A. Normzweck und Regelungsgegenstand

1 Dienstleistungserbringer unterfallen den Regelungen des § 11a nur dann, wenn sie aus der EU, dem EWR und Vertragsstaaten kommen, mit denen Deutschland eine Dienstleistungserbringung im Apothekerberuf geregelt hat. Die insoweit ausgeübten Berufstätigkeiten sind vorübergehender und gelegentlicher Natur.

Der vorübergehende und gelegentliche Charakter der Erbringung von Dienstleistungen wird im Einzelfall beurteilt, insbesondere anhand der Dauer, der Häufigkeit, der regelmäßigen Wiederkehr und der Kontinuität der Dienstleistungserbringung. Eine Berechtigung nach Satz 1 besteht nicht, wenn die Voraussetzungen einer Rücknahme, eines Widerrufs oder einer Ruhensanordnung, die sich auf die Tatbestände nach § 4 Abs. 1 Satz 1 Nr. 2 oder 3 beziehen, vorliegen, eine entsprechende Maßnahme mangels deutscher Berufszulassung jedoch nicht erlassen werden kann.

## B. Tatbestand

### I. Ausbildungsvoraussetzungen

2 § 11a Abs. 1 bis 3 regelt die **Dienstleistungserbringung** von Vertragsstaatenangehörigen in Deutschland, § 11a Abs. 4 die entsprechende Leistungen von deutschen Apothekern in Vertragsstaaten. Nach § 11a Abs. 1 Satz 1 müssen Dienstleister eine abgeschlossene pharmazeutische Ausbildung vorweisen und in einem Vertragsstaat rechtmäßig niedergelassen sein. Die Niederlassung muss die zuständige Vertragsstaatenbehörde nach § 11a Abs. 2 Satz 4 Nr. 2 bescheinigen. Die Ausbildungsvoraussetzungen von Vertragsstaatenangehörigen sind kraft gesetzlicher Fiktion erfüllt
   a) durch eine deutsche abgeschlossene pharmazeutische Ausbildung,
   b) bei Ausbildungsbeginn vor dem Stichtag nach Anlage zu § 4 Abs. 1a Satz 1 im Vertragsstaat, inzwischen abgeschlossener Ausbildung und einer Konformitätsbescheinigung zu Art. 44 der Richtlinie 205/36/EG,
   c) bei Ausbildungsbeginn vor dem Stichtag im Vertragsstaat, einer Bescheinigung der Gleichwertigkeit der Ausbildung nach einer Kenntnis- und Eignungsprüfung in einzelnen Fächern oder nach einer staatlichen Gesamtgleichwertigkeitsprüfung und insoweit abgeschlossener Ausbildung in den privilegierten Fällen des § 4 Abs. 1b bis 1d, vgl. insoweit § 4 Rdn. 19 ff.,
   d) bei Ausbildungsbeginn vor dem Stichtag im Vertragsstaat, abgeschlossener Ausbildung und im Einzelfall ohne Prüfung anerkannter Gleichwertigkeit der Ausbildung nach § 4 Abs. 2 Satz 2, da die Kompensationsmöglichkeiten des § 4 Abs. 1b bis 1d nicht vorlagen. Mit der **Privilegierung** der Dienstleistungserbringer unterstützt der Gesetzgeber die Freizügigkeit innerhalb der Vertragsstaaten. Obwohl § 2 Abs. 2a auch die Inhaber von Berufserlaubnissen nach § 11 als Dienstleistungserbringer anführt, ist diese Gruppe in § 11a nicht erwähnt. Auch § 11 sagt nichts über die Dienstleistung mit Berufserlaubnis aus. Dennoch kann diese Gruppe von Apothekern nach § 2 Abs. 2a Satz 1 dann eine Dienstleistung erbringen, wenn die Berufserlaubnis im Vertragsstaat zur Niederlassung in eigener Apotheke berechtigt. In Deutschland ist der Erwerb einer Apothekenbetriebserlaubnis nur mit Approbation nach § 2 Abs. 1 Nr. 3 oder Abs. 3 zulässig. Daher muss das Recht eines Vertragsstaates eine abweichende Möglichkeit zur Niederlassung explizit regeln.

3 Die **Niederlassungsberechtigung** in eigener Apotheke in einem Vertragsstaat ist als Qualitätskriterium für Dienstleistungen in Deutschland zu verstehen. Leitungsverantwortung soll bereits im Vertragsstaat erprobt worden sein. Sie ist z.B. bei Krankheits- oder Urlaubsvertretungen einer Apothekenleitung notwendig. Ist dagegen nicht nur eine Dienstleistungserbringung, sondern eine Niederlassung eines Vertragsstaatenangehörigen in Deutschland in eigener Apotheke angestrebt, gelten die Kriterien des § 2 ApoG.

### II. Dienstleistung

4 Den Begriffen **vorübergehend und gelegentlich** sind eine kurze Dauer und eine auf nur wenige Wiederholungen angelegte Tätigkeit immanent. Der Einzelfall ist zu beurteilen. Vertretbar sind

in der Regel wenige Wochen im Jahr, z.B. eine vierwöchige Urlaubsvertretung oder auf das Jahr verteilte einzelne Vertretungstage, die grundsätzlich 4 Wochen nicht überschreiten sollten. Eine vierwöchige Frist ist weder in der Berufsanerkennungs-Richtlinie 2005/36/EG noch im Gesetz festgelegt, sondern entspricht Erfahrungswerten und kann im Einzelfall größer oder kleiner sein. Der Aushilfscharakter und der Charakter des Temporären, Episodenhaften soll allerdings nicht unterlaufen werden. Die Tätigkeit als Honorarkraft und Apothekenleitung ist grundsätzlich möglich. Die Voraussetzungen sind im Einzelfall zu prüfen. Insoweit besteht keine Sozialversicherungspflicht, LSG NRW Urt. v. 10.06.2020 – L 8 BA 6/18.

Nach Art. 57 AEUV, der Art. 50 EG-Vertrag entspricht, fallen unter die zugelassenen Tätigkeiten ausschließlich **Dienstleistungen** wie gewerbliche, kaufmännische und freiberufliche Tätigkeiten. Es dürfen Urlaubsvertretungen, Anstellungen in öffentlichen Apotheken ebenso übernommen werden wie z.B. Tätigkeiten in Krankenhausapotheken in Anstellungsfunktion und auf Honorarbasis. Soweit pharmazeutische Tätigkeiten ohne Approbation zulässig sind, fallen sie nicht unter § 2 Abs. 2a, da die Vorschrift nur die Aufgabenbereiche umfasst, die in Deutschland auf dem pharmazeutischen Sektor eine Approbation oder Berufserlaubnis voraussetzen. Wollen Apotheker in der pharmazeutischen Industrie, in Verlagen oder Behörden tätig sein, ohne dass eine Approbation nach deutschem Recht erforderlich ist, unterliegt die Berufsausübung nicht der BApO. 5

Das Erfordernis ausreichender **Sprachkenntnisse** ist für Dienstleister durch die Richtlinie 2005/36/EG ebenfalls geregelt worden. Für approbierte Kräfte in Apotheken besteht das Erfordernis nach § 4 Abs. 1 Nr. 5 bereits für die Approbationserteilung. Es gilt in beiden Fällen das Sprachniveau C1 (fachkundige Sprachkenntnisse). Sprachprüfungen führen die Landesapothekerkammer durch. 5a

### III. Meldepflichten

Dienstleistungserbringer unterliegen vor Aufnahme ihrer Berufstätigkeit in Deutschland einer **Meldepflicht** nach § 11a Abs. 2. Die Meldung hat nach § 11a Abs. 2 Sätze 2 und 5 inhaltlichen und formalen Vorgaben zu genügen. Sie ist schriftlich abzufassen und mit Dokumenten zu unterlegen. Die Staatsangehörigkeit kann durch Personalausweis, Pass oder Staatsangehörigkeitsurkunde belegt werden. Der Vertragsstaat muss ferner eine Bescheinigung darüber ausstellen, dass die Niederlassung rechtmäßig und zum Zeitpunkt der Vorlage der Bescheinigung in keiner Weise eingeschränkt ist. Zudem muss die dortige Berufsausübung zulässig sein, darf also nicht z.B. durch eine Ruhensanordnung oder Rücknahme bzw. Widerruf der Berufsausübungs- bzw. Niederlassungsberechtigung eingeschränkt oder verboten sein. Eine Einschränkung auf Dauer oder auch nur vorübergehend ist anzugeben und hindert die Dienstleistungserbringung. Der Vertragsstaat hat darüber eine Erklärung abzugeben. Ebenfalls vorzulegen ist ein Berufsqualifikationsnachweis, der den Anforderungen des § 4 genügen muss, wenn eine Apotheke von einem Dienstleistungserbringer vorübergehend geleitet werden soll. In anderen Fällen kann auch eine der Berufserlaubnis nach § 11 entsprechende und bescheinigte Qualifikation ausreichen. Alle Nachweise dürfen nicht älter als 12 Monate sein. Eine Kalenderjahresfrist gilt nicht. Von der Meldung vor Tätigkeitsaufnahme darf ausnahmsweise abgewichen werden, wenn die Berufstätigkeit wegen besonderer Dringlichkeit sofort aufgenommen werden muss. In diesen Fällen kann die Meldung nach § 11a Abs. 2 Satz 3 sogar nach der Dienstleistungserbringung erfolgen. Sie ist unverzüglich, in der Regel am Tag nach Beendigung der Tätigkeit nachzuholen. Eine Meldung ist darüber hinaus routinemäßig kalenderjährlich erforderlich. Bei wesentlichen Änderungen der Meldedaten ist die Meldung unmittelbar zu erneuern. Wesentlich ist eine Änderung, wenn sie die Staatsangehörigkeit, die Rechtmäßigkeit der Niederlassung, die Berufsausübungsberechtigung und -qualifikation sowie die Änderung der Dienstleistungsinhalte und -zeit betrifft. 6

### IV. Rechte und Pflichten

Es können nach § 11a Abs. 2 Satz 6 **versicherungsrechtliche und berufshaftungsrechtliche Angaben** verlangt werden. Soweit der Dienstleistungserbringer sie nicht preisgibt, kann er insoweit den deutschen Bestimmungen unterworfen und zum Abschluss entsprechenden 7

Versicherungsschutzes aufgefordert werden. Sind diese Verträge zwingend erforderlich, um einen sachgerechten Schutz Dritter zu erhalten, darf die Tätigkeit nicht vor Vertragsschluss aufgenommen werden. Im Übrigen haben Dienstleistungserbringer die Rechte und Pflichten von Apothekern nach § 11a Abs. 3 Satz 1. Sie können Apothekenleitungen zeitlich beschränkt vertreten. Ein Antrag eines Dienstleisters auf isolierte Erteilung einer Versandhandelserlaubnis nach § 11a ApoG kommt nicht in Betracht, da sie an die Erteilung einer Betriebserlaubnis für eine Präsenzapotheke gebunden ist. Da nach § 11a die Zugehörigkeit zu einem berufsständischen Werk mit Pflichtmitgliedschaft verlangt werden kann, untersteht der Dienstleister auch der berufsrechtlichen Gerichtsbarkeit. Er unterliegt der Disziplinargewalt öffentlich-rechtlicher Einrichtungen wie Krankenkassen oder des öffentlichen Dienstes, wenn er dort Leistungen erbringt. Das Recht der zuständigen Behörde auf Auskunftserteilung des Herkunftslandes nach § 11a Abs. 3 Satz 3 und den Informationsaustausch unter den Ländern über Zuverlässigkeits- und Würdigkeitsfragen nach § 11a Abs. 3 Sätze 4 ff. ist ausdrücklich geregelt. § 11a Abs. 3 Satz 3 gesteht einen umfassenden Auskunftsanspruch zur Zuverlässigkeit aber aus Gründen des Verwaltungsaufwands nur noch dann zu, wenn berechtigte Zweifel bestehen. Die Regelung korrespondiert mit dem Vorwarnmechanismus des § 4a.

## § 12 Zuständige Behörden

(1) Die Approbation erteilt in den Fällen des § 4 Abs. 1 Satz 1 die zuständige Behörde des Landes, in dem der Antragsteller die pharmazeutische Prüfung abgelegt hat. In Fällen des § 4 Abs. 1 Satz 2 wie die Approbation von der zuständigen Behörde des Landes erteilt, in dessen Gebiet der Antragsteller sein Pharmaziestudium erfolgreich abgeschlossen hat.

(2) Die Approbation nach § 4 Abs. 2 erteilt die zuständige Behörde des Landes, in dem der Apothekerberuf ausgeübt werden soll. Für das Verfahren zur Ausstellung eines Europäischen Berufsausweises ist die zuständige Behörde des Landes zuständig, in dem der Apothekerberuf ausgeübt wird oder ausgeübt werden soll.

(3) Die Entscheidungen nach § 4 Abs. 3 und § 11 trifft die zuständige Behörde des Landes, in dem der Apothekerberuf ausgeübt werden soll.

(3a) Die Länder können vereinbaren, dass die ihnen durch Absatz 2 und 3 übertragenen Aufgaben von einem anderen Land oder von einer gemeinsamen Einrichtung wahrgenommen werden.

(4) Die Entscheidungen nach den §§ 6 bis 8 trifft die zuständige Behörde des Landes, in dem der Apothekerberuf ausgeübt wird oder zuletzt ausgeübt worden ist. Sie übermittelt die Informationen nach § 11a Abs. 3 Satz 7. Satz 1 gilt entsprechend für die Entgegennahme der Verzichtserklärung nach § 10.

(5) Die Meldung nach § 3 Abs. 2 Satz 2 und § 11a Abs. 2 nimmt die zuständige Behörde des Landes entgegen, in dem die Dienstleistung erbracht werden soll. Die Bearbeitung der Informationsanforderungen nach § 11a Abs. 3 Satz 3 und die Unterrichtung des Herkunftsmitgliedstaats nach § 11a Abs. 3 Satz 5 erfolgt durch die zuständige Behörde des Landes, in dem die Dienstleistung erbracht wird oder erbracht worden ist. Sind von den Ländern hierfür gemeinsame Stellen eingerichtet worden, so legen die Länder die zuständigen Stellen fest. Die Bescheinigungen nach § 11a Abs. 4 stellt die zuständige Behörde des Landes aus, in dem der Antragsteller den Beruf des Apothekers ausübt.

(6) Wenn ein Mitgliedstaat der Europäischen Union oder ein anderer Vertragsstaat des Abkommens über den Europäischen Wirtschaftsraum oder ein Vertragsstaat, dem Deutschland und die Europäische Gemeinschaft oder Deutschland und die Europäische Union vertraglich einen entsprechenden Rechtsanspruch eingeräumt haben, zur Erleichterung der Anwendung von Titel III Kapitel III der Richtlinie 2005/36/EG eine Bescheinigung des Herkunftsmitgliedstaats verlangt, dass die in Deutschland ausgestellten Nachweise über die geforderten

Ausbildungsvoraussetzungen den in der Richtlinie 2005/36/EG verlangten Nachweisen entsprechen, erteilt diese Bescheinigung das Bundesministerium für Gesundheit. Soweit die in Deutschland zuständigen Stellen Informationen nach Anhang VII Buchstabe d der Richtlinie 2005/36/EG an die zuständigen Behörden des Aufnahmemitgliedstaats zu übermitteln haben, hat dies binnen zwei Monaten zu erfolgen.

**Normzweck und Regelungsgegenstand**
Die Zuständigkeitsregelung ist nach der Entscheidung des VG Oldenburg v. 17.03.2004 – 7 A 3005/03 als vorrangig bundesrechtlich zu verstehen. Ein Rückgriff auf **allgemeines Verfahrensrecht** kommt nur in Betracht, soweit die Regelung nicht erschöpfend ist. § 12 Abs. 1 bezieht sich ausschließlich auf Absolventen der pharmazeutischen Prüfung in Deutschland. Der Staat, in dem die letzte pharmazeutische Prüfung abgelegt worden ist, erteilt die **Approbation.** § 12 Abs. 2 ff. knüpfen an den **Berufsausübungsort** an.

# Bundesärzteordnung – BÄO

In der Fassung der Bekanntmachung vom 16. April 1987 (BGBl. I S. 1218),
zuletzt geändert durch Artikel 4 des Gesetzes vom 15. August 2019 (BGBl. I S. 1307)

**Inhaltsverzeichnis (nicht amtliche Überschriften)**

| | |
|---|---|
| § 1 | Der ärztliche Beruf |
| § 2 | Berufsausübungsvoraussetzung |
| § 2a | Berufsbezeichnung |
| § 3 | Erteilung der Approbation |
| § 5 | Rücknahme und Widerruf der Approbation |
| § 6 | Ruhen der Approbation |
| § 9a | Zuständigkeiten (unkommentiert) |
| § 10 | Berufserlaubnis für Ärzte |
| § 10a | Berufserlaubnis für Ärzte |
| § 10b | Erbringen von Dienstleistungen |
| § 12 | Zuständigkeiten (unkommentiert) |
| § 14b | Approbationsertsehung für EU-, EWR-Angehörige und sonstige Vertragsstaaten (unkommentiert) |

## § 1 Der ärztliche Beruf

(1) Der Arzt dient der Gesundheit des einzelnen Menschen und des gesamten Volkes.

(2) Der ärztliche Beruf ist kein Gewerbe; er ist seiner Natur nach ein freier Beruf.

| Übersicht | Rdn. | | | Rdn. |
|---|---|---|---|---|
| A. Arzt und ärztlicher Beruf | 1 | C. | Gesundheit des einzelnen und des gesamten Volkes | 25 |
| I. Formeller Arztbegriff | 1 | D. | Ärztlicher Beruf als freier Beruf | 27 |
| II. Ausbildung | 2 | I. | Abgrenzung zwischen freiem Beruf und Gewerbe | 27 |
| III. Facharzt und Weiterbildung | 9 | II. | Therapiefreiheit und persönliche Leistungserbringung | 28 |
| 1. Der Facharztbegriff | 9 | | | |
| 2. Die Weiterbildung zum Facharzt | 11 | | | |
| IV. Arten des Arztberufs | 17 | | | |
| B. Dienen | 23 | | | |

### A. Arzt und ärztlicher Beruf

#### I. Formeller Arztbegriff

Der Begriff des »Arztes« wird im Gesetz nicht definiert. § 2a macht die Führung der Berufsbezeichnung »Arzt« oder »Ärztin« von der Approbation bzw. der Befugnis zur Ausübung des ärztlichen Berufs nach § 2 Abs. 2, 3 oder 4 abhängig. Im Umkehrschluss ist daher derjenige Arzt, der entweder über eine Approbation verfügt oder nach den genannten Vorschriften dazu befugt ist, den ärztlichen Beruf auszuüben. Der Arztbegriff wird daher formell bestimmt. Die Aufgaben des Arztes fasst § 1 Abs. 2 Musterberufsordnung-Ärzte (MBO-Ärzte) folgendermaßen zusammen: Aufgabe des Arztes ist es, das Leben zu erhalten, die Gesundheit zu schützen und wiederherzustellen, Leiden zu lindern, Sterbenden Beistand zu leisten und an der Erhaltung der natürlichen Lebensgrundlagen im Hinblick auf ihre Bedeutung für die Gesundheit der Menschen mitzuwirken. 1

## II. Ausbildung

2 Voraussetzung für die Ausübung des Arztberufs ist eine entsprechende Ausbildung, in der die erforderlichen medizinischen Kenntnisse und Fähigkeiten vermittelt werden. Die Ausbildung wird in der Approbationsordnung für Ärzte vom 27.06.2002, zuletzt geändert durch Art. 5 des Gesetzes zur Reform der Pflegeberufe vom 17.07.2017, BGBl. I S. 2581 (2612), geregelt, die auf Basis von § 4 Abs. 1 vom Bundesministerium für Gesundheit als Rechtsverordnung erlassen wurde. Die ärztliche Ausbildung soll entsprechend des vielfältigen Anforderungsprofils an die ärztliche Tätigkeit einen wissenschaftlich und praktisch ausgebildeten Arzt hervor bringen, der zur eigenverantwortlichen und selbstständigen ärztlichen Berufsausübung, zur Weiterbildung und zu ständiger Fortbildung befähigt ist, § 1 Abs. 1 ÄApprO.

3 Kernstück der Ausbildung ist das **Medizinstudium**, das ausschließlich an einer Universität oder einer gleichwertigen Hochschule absolviert werden kann; die Studiendauer beträgt 6 Jahre und 3 Monate. Damit wird der europarechtlich vorgegebene (sektorale Richtlinien der anderen akademischen Heilberufe, Ri 93/16/EWG) Umfang der Ausbildung überschritten. Die Studiendauer steht aufgrund dieser Richtlinie nicht zur Disposition des nationalen Gesetzgebers (vgl. *Haage* in: Rieger/Dahm/Katzenmeier/Steinhilper/Stellpflug, Heidelberger Kommentar, Kap. 520 Rn. 5). Eine praktische Ausbildung von 48 Wochen (= praktisches Jahr) ist in dieser Ausbildungsdauer eingeschlossen, § 1 Abs. 2 ÄApprO. Die Lehrveranstaltungen im Studium (Vorlesungen, Seminar, praktische Übungen; fakultativ gegenstandsbezogene Studiengruppen) stehen unter dem Primat einer optimalen Verknüpfung aus praktischem und theoretischem Wissen. Hierzu dienen insbesondere praktische Übungen in Kleingruppen und praktische Unterweisungen am Patienten. Zur Stärkung der Allgemeinmedizin in der ärztlichen Ausbildung (BR-Drs. 862/11 S. 22) ist ab dem 01.10.2013 nach § 2 Abs. 3 Satz 12 ÄApprO ein mindestens 2-wöchiges Blockpraktikum in Allgemeinmedizin sowie eine mindestens 1-monatige Formulatur im hausärztlichen Bereich vorgeschrieben, § 7 Abs. 2 Nr. 3 ÄApprO. Diese Maßnahme ist im Hinblick auf einen perspektivischen Mangel an Hausärzten sinnvoll, da aufgrund dieser Ausbildungselemente Studierende bereits in einem frühen Stadium ihrer Ausbildung an den hausärztlichen Ausbildungsbereich herangeführt werden können.

4 Das praktische Jahr, dem ab dem 01.01.2014 nach § 3 Abs. 1 Satz 1 ÄApprO i.d.F. von Art. 4 Nr. 3a aa der ersten Verordnung zur Änderung der Approbationsordnung für Ärzte der Zweite Abschnitt der ärztlichen Prüfung vorangeht, besteht aus drei Abschnitten von gleichlanger Dauer (»Tertiale«). Pflichttertiale sind Ausbildungsabschnitte in Innerer Medizin und Chirurgie. Das dritte Tertial kann in der Allgemeinmedizin oder in einem klinisch-praktischen Fachgebiet außerhalb der Inneren Medizin und Chirurgie absolviert werden, § 3 Abs. 1 Satz 3 ÄApprO. Der Deutsche Ärztetag hat im Jahr 2012 einen Antrag auf Einführung eines allgemeinmedizinischen Pflichttertials abgelehnt, im Jahr 2014 hat der Deutsche Ärztetag die Prüfung einer Quartalslösung angeregt. Bis zum Beginn des praktischen Jahres im Oktober 2019 soll nach § 3 Abs. 2 Satz 3 ÄApprO allen Studierenden möglich sein. Zur besseren Vereinbarkeit von Familie und Beruf bzw. Studium (BR-Drs. 862/11 S. 22) kann das praktische Jahr nach § 3 Abs. 1 Satz 6 ÄApprO in Teilzeit mit 50 % oder 75 % der wöchentlichen Ausbildungszeit absolviert werden, wobei sich die Gesamtdauer der Ausbildung entsprechend verlängert. Der Sinn und Zweck des praktischen Jahres besteht in der Vertiefung und Erweiterung der im Studium erworbenen Kenntnisse und Fertigkeiten, wobei die Studierenden unter Aufsicht und Anleitung eines ausgebildeten Arztes entsprechend ihres jeweiligen Ausbildungsstandes selbst ärztliche Verrichtungen durchführen dürfen, § 3 Abs. 4 ÄApprO.

5 Darüber hinaus umfasst die ärztliche Ausbildung die Ausbildung in erster Hilfe, die sowohl aus theoretischem Unterricht als auch aus praktischen Unterweisungen besteht; eine vorherige Ausbildung in einem bundesgesetzlich geregelten Beruf des Gesundheitswesens, deren Prüfungsordnung die Ausbildung in erster Hilfe verbindlich vorschreibt, wird als Ausbildung in erster Hilfe anerkannt, sodass sie nicht erneut nachzuweisen ist. Darüber hinaus kann der Nachweis über die Ausbildung in Erster Hilfe insbesondere durch eine Bescheinigung des Arbeiter-Samariter-Bundes Deutschland e.V., des Deutschen Roten Kreuzes, der Johanniter-Unfall-Hilfe oder des Malteser Hilfsdienstes e.V. erfolgen. Ebenso genügt die Bescheinigung über eine Sanitätsausbildung im Rahmen einer

Ausbildung als Schwesternhelferin oder Pflegediensthelfer, eine Bescheinigung über die Ausbildung in Erster Hilfe eines Trägers der öffentlichen Verwaltung, insbesondere der Bundeswehr, der Polizei oder der Bundespolizei, sowie eine Bescheinigung über die Ausbildung in Erster Hilfe, wenn die Eignung dieser Stelle für eine solche Ausbildung von der nach Landesrecht zuständigen Stelle anerkannt worden ist.

Weiter ist Gegenstand der Ausbildung ein Krankenpflegedienst von 3 Monaten, der den angehenden Arzt mit dem Betrieb eines Krankenhauses, einer Rehabilitationseinrichtung oder einem vergleichbaren Pflegeaufwand vertraut machen soll, § 6 ÄApprO. 6

Außerdem gehört zur ärztlichen Ausbildung eine **Famulatur** von 4 Monaten, die nach § 7 Abs. 4 Satz 1 ÄApprO während der unterrichtsfreien Zeit zwischen dem Bestehen des Ersten Abschnittes der ärztlichen Prüfung und deren Zweiten Abschnittes abzuleisten ist. 7

Die ärztliche Ausbildung wird durch die ärztliche Prüfung abgeschlossen. Aufgrund der Ersten Verordnung zur Änderung der ÄApprO vom 17.07.2012 wurde die ärztliche Prüfung ab dem 01.01.2014 dahingehend reformiert, dass der bisherige Zweite Abschnitt in einen Zweiten und Dritten Abschnitt geteilt wird, § 1 Abs. 3 Satz 1 Nr. 2, 3 ÄApprO in der ab dem 01.01.2014 geltenden Fassung. Der Zweite Abschnitt der ärztlichen Prüfung erfolgt ausschließlich schriftlich und findet vor dem praktischen Jahr statt, wohingegen der Dritte Abschnitt der ärztlichen Prüfung in einer mündlich-praktischen Prüfung besteht und im Anschluss an das praktische Jahr durchgeführt wird. Damit soll das frühere Hammerexamen (sämtliche Prüfungen nach dem Praktischen Jahr) entzerrt und das praktische Jahr von den Examensvorbereitungen insoweit entlastet werden, als sich die Studierenden währenddessen nicht mehr auf die schriftlichen Prüfungen vorbereiten müssen (BT-Drs. 862/11 S. 21). Der Erste Abschnitt der ärztlichen Prüfung besteht weiterhin aus einer schriftlichen Aufsichtsarbeit sowie einem mündlich-praktischen Teil. Im Rahmen der schriftlichen Aufsichtsarbeit werden an zwei aufeinanderfolgenden Tagen jeweils vierstündige Arbeiten geschrieben. Die Aufgaben werden nach § 14 Abs. 1 Satz 2 ÄApprO im Multiple-Choice-Verfahren gestellt. Die Prüfung ist bestanden, wenn mindestens 60 von 100 Fragen zutreffend beantwortet worden sind. Die mündlich-praktische Prüfung im Rahmen der ersten ärztlichen Prüfung ist auf praktische Aufgaben und fächerübergreifende Fragen beschränkt. Der nunmehr ausschließlich schriftlich stattfindende Zweite Abschnitt der ärztlichen Prüfung bezieht sich auf praktische Aufgaben aus den klinisch-praktischen Fächern und besteht aus drei jeweils vierstündigen Klausuren an aufeinanderfolgenden Tagen. Der Dritte Abschnitt der ärztlichen Prüfung, der ausschließlich als mündlich-praktische Prüfung erfolgt, findet nach § 3 ÄApprO in der seit dem 01.01.2014 geltenden Fassung an zwei Tagen in Gruppen von maximal 4 Prüflingen statt, wobei auf jeden Prüfling mindestens 45, höchstens 60 Minuten entfallen. Dabei werden praktische Aufgaben aus den klinisch-praktischen Fächern gestellt, wobei der Prüfling fallbezogen zu zeigen hat, dass er die während des Studiums erworbenen Kenntnisse in der Praxis anzuwenden weiß. Die Prüfungen stehen in der Hoheit der Länder und werden von den jeweiligen Landesprüfungsämtern – jedoch an bundeseinheitlichen Terminen – abgenommen (zu den Einzelheiten der Termine, vgl. § 16 ÄApprO). Die einzelnen Teile des Ersten Abschnitts der ärztlichen Prüfung (Aufsichtsarbeit und mündlich-praktischer Teil), der Zweite und Dritte Abschnitt der ärztlichen Prüfung können jeweils zwei Mal wiederholt werden, § 20 Abs. 1 Satz 1 ÄApprO. 8

### III. Facharzt und Weiterbildung

#### 1. Der Facharztbegriff

Der Begriff des »Arztes« ist nicht identisch mit dem des »Facharztes«; umgekehrt ist jedoch jeder Facharzt ein Arzt. Nach dem »Facharzt-Beschluss« des BVerfG vom 09.05.1972 (1 BvR 518/62; BVerfG 33, 125) stellt der Facharzt keinen eigenständigen Beruf, sondern eine qualifikationsbezogene Erweiterung der Berufsbezeichnung »Arzt« dar. Das BVerfG legt daher grundsätzlich die »Einheit des Arztberufs« zugrunde. Die Erlangung des Facharztstatus setzt daher eine abgeschlossene Ausbildung und Approbation als Arzt voraus. Aufgrund einer im Anschluss daran erfolgenden 9

Weiterbildung in einem bestimmten Fachgebiet kann die Anerkennung als Facharzt erworben werden. Diese bescheinigt dem Arzt nach § 1 Abs. 3 der Muster-Weiterbildungsordnung (M-WBO) den Erwerb eingehender Kenntnisse, Erfahrungen und Fertigkeiten im jeweiligen Fachgebiet, sodass der Arzt berechtigt ist, die Facharztbezeichnung zu führen.

10 Diese Bezeichnung ist ankündigungsfähig, d.h. der Arzt darf sie in der Außendarstellung und im Rechtsverkehr verwenden. Die Liberalisierung des Berufsrechts unter dem Blickwinkel des Informationsbedarfs der Öffentlichkeit hinsichtlich einschlägiger Qualifikationen der Ärzte hat diesbezüglich jedoch zu umfassenden Ankündigungsmöglichkeiten geführt (vgl. *Narr*, Ärztliches Berufsrecht, W 82).

10a Im Schrifttum (z.B. *Hespeler*, in: Rieger/Dahm/Katzenmeier/Steinhilper/Stellpflug, Heidelberger Kommentar, Kap. 1710 Rn. 7) wird darauf hingewiesen, dass der Facharzttitel strafrechtlichen Schutz genießt, indem § 132a StGB dessen unbefugtes Führen unter Strafe stellt. Allerdings ist nach diesem Straftatbestand bereits das unbefugte Führen der Arztbezeichnung mit Strafe bewährt. Hierbei wird auf den Arztbegriff nach § 2 abgestellt (*Kühl*, in: Lackner/Kühl, Strafgesetzbuch, § 132a, Rn. 2), sodass es für den strafrechtlichen Schutz gerade nicht auf den Facharztstatus, sondern ausschließlich auf die Approbation ankommt. Da ein Facharzt ebenfalls über eine Approbation verfügt, macht sich eine Person, die kein Arzt ist, daher durch das Führen der Facharztbezeichnung insoweit strafbar, als er damit suggeriert, Arzt zu sein. Führt hingegen ein Arzt, der keine Facharztbezeichnung inne hat, eine solche, kann wegen des strafrechtlichen Analogieverbotes auf keine Strafbarkeit nach § 132a Abs. 1 Nr. 2 StGB geschlossen werden, da diese Norm ausschließlich das unbefugte Führen des Titels »Arzt« unter Strafe stellt.

### 2. Die Weiterbildung zum Facharzt

11 Die Erlangung der für den Facharztstatus erforderlichen Qualifikation war ursprünglich in Facharztordnungen der Ärztekammern geregelt, denen als Satzungsregelung nur der Rang materiellrechtlicher Rechtsgrundlagen zukam. Das BVerfG hat jedoch im Facharztbeschluss vom 09.05.1972 (1 BvR 518/62; BVerfGE 33, 125) gefordert, dass die »statusbildenden Normen«, d.h. die Regelungen, die die Voraussetzungen der Facharztanerkennung, die zugelassenen Facharztrichtungen, die Mindestdauer der Ausbildung, das Verfahren der Anerkennung, die Gründe für eine Zurücknahme der Anerkennung sowie die allgemeine Stellung der Fachärzte innerhalb des gesamten Gesundheitswesens in den Grundzügen durch ein förmliches Gesetz festgelegt werden müssen (BVerfGE 33, 163). Da das BVerfG jedoch in derselben Entscheidung ausgeführt hat, dass der Facharztstatus keinen eigenen Beruf darstellt, fehlt es dem Bund an einer diesbezüglichen Gesetzgebungskompetenz, da Art. 74 Abs. 1 Nr. 19 GG ausschließlich die Zulassung zum Arztberuf zum Gegenstand der konkurrierenden Gesetzgebungskompetenz macht, im Übrigen jedoch nach den Art. 30, 70 GG die Länder für den Erlass der förmlichen Gesetze zuständig sind. Dementsprechend werden die »statusbildenden Normen« des Facharztwesens in den Heilberufe-Kammergesetzen der Länder geregelt. Hierzu gehören allgemeine Bestimmungen zum Inhalt und zur Durchführung der Weiterbildung als Voraussetzung für die Anerkennung als Facharzt, zu den Weiterbildungsstätten und -ermächtigungen, zum Anerkennungsverfahren und zu den Pflichten zum Führen der Bezeichnungen. Die spezifischen Regelungen zur Weiterbildung werden jedoch der autonomen Rechtssetzung der Ärztekammern überlassen. So ermächtigen die Heilberufe-Kammergesetze die Ärztekammern zum Erlass von Weiterbildungsordnungen (z.B. § 38 Abs. 1 Heilberufe-Kammergesetz Baden-Württemberg; § 35 Abs. 1 Heilberufe-Kammergesetz Bayern).

12 Um in den einzelnen Ländern vergleichbare Regelungen zur **Weiterbildung** zu gewährleisten, hat die Bundesärztekammer die Muster-Weiterbildungsordnung (M-WBO) erlassen. Diese regelt Gebiete, Schwerpunkte und Zusatzbezeichnungen und soll unter grundsätzlicher Beibehaltung dieser Struktur aufgrund eines Beschlusses des Deutschen Ärztetages zu einem kompetenzbasierten Modell weiter entwickelt werden. Ein Gebiet ist hiernach ein definierter Teil in einer Fachrichtung der Medizin, § 2 Abs. 2 Satz 1 M-WBO, wobei die Gebietsdefinition die Grenzen für die Ausübung der ärztlichen Tätigkeit bestimmt. In bestimmten Gebieten können aufgrund des breiten Spektrums

verschiedene Facharztbezeichnungen erworben werden, so z.B. im Gebiet der Inneren Medizin die Fachärzte für Innere Medizin und Angiologie, Innere Medizin und Endokrinologie und Diabetologie, Innere Medizin und Gastroenterologie, Innere Medizin und Hämatologie und Onkologie, Innere Medizin und Kardiologie, Innere Medizin und Nephrologie, Innere Medizin und Pneumologie sowie Innere Medizin und Rheumatologie. Sozialrechtlich gesehen stellt die Erlangung einer Facharztbezeichnung eine Voraussetzung für die Niederlassung als Vertragsarzt dar, da für die Zulassung die Arztregistereintragung erforderlich ist, die nach § 95a Abs. 1 Nr. 2 SGB V wiederum den erfolgreichen Abschluss entweder einer allgemeinmedizinischen Weiterbildung oder einer Weiterbildung in einem anderen Fachgebiet mit der Befugnis zum Führen einer entsprechenden Gebietsbezeichnung voraussetzt. Die Muster-Weiterbildungsordnung, deren Struktur die Weiterbildungsordnungen der Länder entsprechen, definieren die einzelnen Fachgebiete und beschreiben in Bezug auf jeden Gebiet das Ziel der Weiterbildung, die Weiterbildungszeit, die teilweise in mehrere Abschnitte an unterschiedlichen Weiterbildungsstätten aufgespalten wird (z.B. 24 Monate im ambulanten und 36 Monate im stationären Bereich) sowie den Inhalt der Weiterbildung. Diesbezüglich werden einzelne Leistungen, Krankheiten, Untersuchungs- und Behandlungsmethoden aufgezählt, hinsichtlich derer der Weiterbildungsassistent Kenntnisse, Erfahrungen und Fertigkeiten erwerben muss. Demgegenüber beschreibt ein Schwerpunkt die auf eine Facharztweiterbildung aufbauende Spezialisierung, § 2 Abs. 3 Satz 1 M-WBO (z.B. Gynäkologische Onkologie als Schwerpunkt des Gebiets »Frauenheilkunde und Geburtshilfe«; Neonatologie als Schwerpunkt des Gebiets »Kinder- und Jugendmedizin«); eine Zusatz-Weiterbildung, die zur Berechtigung zum Führen einer **Zusatzbezeichnung** führt, stellt indes eine Spezialisierung in Weiterbildungsinhalten dar, die zusätzlich zu den Facharzt- und Schwerpunkt-Weiterbildungsinhalten abzuleisten ist, § 2 Abs. 4 Satz 1 M-WBO. Die Zusatz-Weiterbildungen können sich auf verschiedene Gebiete beziehen. So kann die Zusatzbezeichnung »Andrologie« z.B. von Fachärzten der Haut- und Geschlechtskrankheiten, Inneren Medizin und Endokrinologie und Diabetologie sowie Urologie erworben werden, die Zusatzbezeichnung »Geriatrie« setzt hingegen lediglich eine Facharztanerkennung voraus, d.h. sie kann auf jedes Gebiet aufsetzen (zur Abgrenzung der Ziele der Weiterbildung, vgl. Wenzel/*Hoppe*/*Schirmer*, Handbuch des Fachanwalts Medizinrecht, Kap. 9 Rn. 173 f.).

Die Weiterbildung zum Facharzt und in den Schwerpunkten kann ausschließlich bei einem Arzt oder einer Weiterbildungsstätte geleistet werden, dem/der eine Weiterbildungsbefugnis verliehen wurde. Hierzu ist nach § 5 Abs. 2 M-WBO die persönliche und fachliche Eignung des weiterbildenden Arztes erforderlich, der eine mehrjährige Tätigkeit nach Abschluss der entsprechenden Weiterbildung nachweisen kann. Im Behandlungsspektrum des weiterbildenden Arztes bzw. der weiterbildenden Klinik müssen die für die Weiterbildung in dem jeweiligen Gebiet typischen Krankheiten nach Zahl und Art der Patienten regelmäßig und häufig genug vorkommen; darüber hinaus muss das Personal und die Ausstattung den Erfordernissen der medizinischen Entwicklung Rechnung tragen. 13

Die Anerkennung als Facharzt erfolgt durch die zuständige Ärztekammer aufgrund des Nachweises der Weiterbildungsvoraussetzungen. Das Anerkennungsverfahren ist als »statusbildende Norm« wiederum durch die Heilberufe-Kammergesetze der Länder näher ausgeführt. Hierin wird z.B. das Gremium innerhalb der Ärztekammer, das über die Anerkennung entscheidet, näher bestimmt; darüber hinaus sehen die einschlägigen Regelungen weitere Voraussetzungen über den Nachweis der erfolgreich abgeschlossenen Weiterbildung hinaus wie etwa ein Fachgespräch vor. Schließlich existieren Vorschriften zur Berücksichtigung gleichwertiger oder im Ausland erworbener Weiterbildungen. 14

Hat ein Arzt mehrere Weiterbildungen abgeschlossen, so hängt es von den Regelungen der jeweiligen Heilberufe-Kammergesetze und Weiterbildungsordnungen der Ärztekammern ab, ob die erworbenen **Facharztbezeichnungen** nebeneinander geführt werden dürfen. Nach der Muster-Weiterbildungsordnung dürfen mehrere Bezeichnungen nebeneinander geführt werden, § 3 Abs. 4. Demgegenüber macht § 29 Abs. 2 bayerisches Heilberufe-Kammergesetz eine dahingehende Einschränkung, dass ausschließlich miteinander verwandte Bezeichnungen nebeneinander geführt 15 werden dürfen. Wegen der berufsregelnden Tendenz sind solche Bestimmungen am Verhältnismäßigkeitsgrundsatz zu messen (Quaas/Zuck/*Quaas*, Medizinrecht, § 12, Rn. 44). Ein grundsätzliches Verbot des Führens mehrere Facharztbezeichnungen dürfte daher verfassungswidrig sein; so hat das BVerfG das in einigen Heilberufe-Kammergesetzen vorgesehene Verbot, neben dem Facharzt für Allgemeinmedizin eine weitere Facharztbezeichnung zu führen, für grundrechtswidrig gehalten (BVerfG, Urt. v. 29.10.2002 – 1 BvR 525/99, BVerfGE 106, 181). Soweit die Heilberufe-Kammergesetze oder Weitebildungsordnungen daher Regelungen zu Kombinationsverboten von Facharztbezeichnungen vorsehen, sind diese Rechtsgüter stets im Sinne einer Verhältnismäßigkeitsprüfung gegeneinander abzuwägen.

16 Gleichermaßen grundrechtrelevant ist die in den meisten Heilberufe-Kammergesetzen geregelte Beschränkung des Arztes auf sein Fachgebiet. Ungeachtet der »Einheit des Arztberufs« wird dieser Eingriff in die Berufsausübungsfreiheit des Arztes für verfassungsrechtlich gerechtfertigt erachtet, da mit dieser Spezialisierung die zweckmäßige ärztliche Versorgung verbessert wird (BSG, Urt. v. 27.10.1987 – 2 RU 34/86, BSGE 62, 224 [228]). Somit dürfen Ärzte nach abgeschlossener Facharzt-Weiterbildung – mit Ausnahme von Notfällen – nur noch innerhalb ihres Fachgebiets tätig sein, während sie zuvor aufgrund ihrer Approbation umfassend ärztlich tätig sein können.

## IV. Arten des Arztberufs

17 Der Arztberuf stellt sich nicht einheitlich dar; die medizinische Spezialisierung einerseits und das differenziert ausgestaltete Gesundheitswesen in Deutschland spiegelt sich in einer Vielfalt von Formen der ärztlichen Berufsausübung wider.

17a Ein Großteil der Ärzte ist in eigener Praxis niedergelassen. Im Hinblick darauf, dass über 90 % der deutschen Bevölkerung in der gesetzlichen Krankenversicherung versichert sind, verfügen die meisten niedergelassen Ärzte über eine Kassenzulassung und sind damit Kassen- bzw. Vertragsärzte. Neben der Behandlung gesetzlich Versicherter kann der Kassenarzt auch privatärztlich tätig sein. Reine Privatärzte bilden hingegen die Ausnahme, da ihnen die Versorgung von GKV-Versicherten grundsätzlich verwehrt ist. Die Niederlassung als Kassenarzt ist allerdings nicht uneingeschränkt möglich; vielmehr unterliegt die Zulassung zur Vertragsärzteschaft der Bedarfsplanung, d.h. jedes Bundesland ist in einzelne Planungsbereiche aufgeteilt, für die der Bedarf an Ärzten der einzelnen Fachgruppen errechnet wird.

18 **Niedergelassene Ärzte** sind als Haus- oder Fachärzte tätig. Während die Hausärzte eine Lotsenfunktion im Gesundheitswesen übernehmen sollen, zeigt sich in der Vielfalt der fachärztlichen Arztgruppen die fortschreitende medizinische Spezialisierung. Im Hinblick auf den starken Kostendruck im Gesundheitswesen werden niedergelassene Praxen häufig in Kooperation mehrerer Ärzte (Berufsausübungsgemeinschaft) geführt, wobei auch überörtliche Kooperationsformen möglich sind. Eine besondere Kooperationsform stellt das Medizinische Versorgungszentrum dar, bei dem es sich über eine ärztlich geleitete fachgruppenübergreifende Einrichtung handelt, in der Ärzte entweder als Vertragsärzte oder als angestellte Ärzte tätig sind. Auch in einer Arztpraxis können Ärzte angestellt werden. Niedergelassene Ärzte können auch stationär tätig sein, indem sie als Belegärzte in Fachrichtungen, für die in einem Krankenhaus keine Hauptabteilung unterhalten wird, unter Nutzung der Infrastruktur des Krankenhauses in dieser Fachrichtung stationäre Leistungen erbringen.

19 Neben den niedergelassenen Ärzten stellten die **Krankenhausärzte** die stärkste Gruppe innerhalb der Ärzteschaft dar. Krankenhausärzte sind beim Krankenhausträger angestellt, bei staatlichen oder kommunalen Trägern teilweise verbeamtet. Die Hierarchie der Krankenhausärzte reicht vom Assistenz- über den Oberarzt bis hin zum Chefarzt, der die medizinische Abteilung leitet. Sämtlichen medizinischen Abteilungen steht der ärztliche Direktor vor. Krankenhausärzte können ausnahmsweise neben dem stationären Sektor auch ambulante Leistungen erbringen, indem sie entweder hierzu ermächtigt werden, weil die entsprechenden Leistungen im niedergelassenen Bereich quantitativ nicht in ausreichendem Umfang erbracht werden, oder im Bereich hoch spezialisierter

Leistungen, seltener Erkrankungen oder Erkrankungen mit besonderen Krankheitsverläufen nach § 116b Abs. 2 SGB V.

Auch im öffentlichen Gesundheitsdienst ist eine Vielzahl von Ärzten beschäftigt, z.B. als Amtsarzt bei staatlichen Behörden, bei ärztlichen Organisationen wie Ärztekammern oder Kassenärztlichen Vereinigungen, ebenso bei Krankenkassen und weiteren Einrichtungen des Gesundheitswesens. 20

Die Bundeswehr gewährt ihren Angehörigen freie Heilfürsorge und unterhält daher als eigene Laufbahn den Sanitätsoffizier, im Rahmen derer Ärzte als Angehörige der Bundeswehr die Heilfürsorgeberechtigten behandeln. 21

Neben diesen Hauptformen der ärztlichen Berufsausübung existieren zahlreiche weitere Arten ärztlicher Betätigung wie z.B. Gastärzte, Honorarärzte, Schulärzte, Schiffsärzte, Gewerbeärzte, Betriebsärzte (eine umfassende Zusammenstellung findet sich bei *Laufs*, in: Laufs/Uhlenbruck, Handbuch des Arztrechts, § 12, Rn. 14 ff.). 22

## B. Dienen

Der Arzt dient der Gesundheit des einzelnen Menschen und des gesamten Volkes. Damit wird dem Arzt auferlegt zu dienen. Der Begriff »dienen« findet heute im allgemeinen Sprachgebrauch kaum noch Anwendung, da hierin eine für die Dienstleistungsgesellschaft untypische demütige Haltung zum Ausdruck kommt, die eine Subordination einer dienenden Person unter höherrangige Interessen formuliert. Mit dieser Formulierung soll aufgezeigt werden, dass der Arzt nicht einfach seinen »Job« verrichtet, der sich auf einen Austausch von ärztlichen Leistungen gegen Honorierung beschränkt, sondern sein Handeln primär an den Bedürfnissen und Interessen der Patienten ausrichtet. Hiermit soll ein umfassendes Vertrauen des Patienten in die ärztliche Behandlung begründet werden (vgl. Deutsch/Spickhoff/*Deutsch*, Medizinrecht, Rn. 9). Dies bedeutet auch, dass der Arzt seine Leistungen nicht nach für ihn wirtschaftlichen Rentabilitätserwägungen erbringt, sondern diese an der medizinischen Indikation mit dem Ziel einer umfassenden Hilfe für den Patienten ausrichtet. 23

Besondere Brisanz erlangt die Verpflichtung des Arztes, der Gesundheit des einzelnen Menschen und des gesamten Volkes zu dienen, insbesondere vor dem Hintergrund, dass dem Arzt im Bereich der Gesetzlichen Krankenversicherung nach § 70 Abs. 1 Satz 2 SGB V gleichermaßen die Pflicht zu einer wirtschaftlichen Behandlungs- und Verordnungsweise auferlegt wird. Diese Vorgabe erzeugt im Hinblick auf das dienen ein besonderes Spannungsfeld, wenn der Arzt aus medizinischer Sicht bestimmte Leistungen für indiziert hält, diese jedoch dem Wirtschaftlichkeitsgebot zuwider laufen, z.B. weil seine entsprechenden Budgets bereits ausgeschöpft sind. Im Rahmen von Wirtschaftlichkeitsprüfungen können Ärzte für die insoweit entstandenen Mehrkosten in Anspruch genommen werden, obwohl sie damit gerade ihrer Verpflichtung, der Gesundheit zu dienen, gerecht geworden sind. Die hiermit einhergehenden Grundrechtsverletzungen des Arztes sind nach Auffassung des BVerfG verfassungsrechtlich gerechtfertigt, da die mit dem Wirtschaftlichkeitsprinzip verfolgte Sicherung der Stabilität und Funktionsfähigkeit der Gesetzlichen Krankenversicherung gegenüber den Interessen des Arztes überwiegen und ihm diese Einschränkungen insoweit zumutbar seien (so seit: BVerfGE 70, 1; zu den einzelnen verfassungsrechtlichen Implikationen, *Hufen* MedR 1996, 394, 399 ff.). 24

## C. Gesundheit des einzelnen und des gesamten Volkes

Der Arzt dient der Gesundheit. Der Begriff »Gesundheit« ist gesetzlich nicht definiert, erstreckt sich jedoch nach übereinstimmenden Meinungen nicht nur auf den Zustand körperlicher Unversehrtheit, sondern auch auf seelisches und soziales Wohlbefinden (*Bender*, in: Rieger/Dahm/Katzenmeier/Steinhilper/Stellpflug, Heidelberger Kommentar, Kap. 760, Rn. 5 f.). Die Ausrichtung der ärztlichen Tätigkeit auf die Gesundheit umfasst damit die Ausübung von Heilkunde, unter der nach § 1 Abs. 2 des Heilpraktikergesetzes jede berufs- oder gewerbsmäßig vorgenommene Tätigkeit zur Feststellung, Heilung oder Linderung von Krankheiten, Leiden oder Körperschäden 25 bei Menschen verstanden wird. Dazu gehören auch solche Leistungen gegenüber grundsätzlich gesunden Menschen, die in ihrer Methode der ärztlichen Krankenbehandlung gleich kommen und ärztliche Fachkenntnisse voraussetzen sowie gesundheitliche Schäden verursachen können, wie z.B. Piercing, Tätowierungen etc. (vgl. *Haage*, in: Rieger/Dahm/Katzenmeier/Steinhilper/Stellpflug, Heidelberger Kommentar, Kap. 1172, Rn. 4). Der Arzt dient hier deshalb der Gesundheit, weil sich der Patient selbst zu einer Maßnahme entschlossen hat, bei der gesundheitliche Gefahren nicht ausgeschlossen sind, sodass der Arzt für den möglichen Fall der Verwirklichung dieser gesundheitlichen Risiken sofort die erforderlichen ärztlichen – auf die Gesundheit gerichteten – Maßnahmen ergreifen kann. Über die Ausübung der Heilkunde hinaus bedeutet das dienen für die Gesundheit des einzelnen Menschen und des gesamten Volkes auch, dass der Arzt Leistungen der Vorbeugung von Krankheiten und der Gesunderhaltung erbringen darf, da hiermit der Eintritt von Krankheiten verhindert werden soll, was dem effektiven Schutz der Gesundheit dient.

26 Gleichermaßen folgen aus dem Primat der »Gesundheit« auch die Grenzen des ärztlichen Tuns. Der Arzt unterliegt grundsätzlich der **Lebenserhaltungspflicht** (*Ratzel*, in: Ratzel/Lippert, Kommentar zur Muster-Berufs-Ordnung der Deutschen Ärzte, § 14 Rn. 1) Dies findet Ausdruck sowohl in straf- als auch berufsrechtlichen Normen. So darf das Leben eines Sterbenden nicht aktiv verkürzen (aktive Sterbehilfe), § 16 MBO, § 216 StGB. Ebenso ist der Arzt grundsätzlich verpflichtet, das ungeborene Leben zu erhalten, § 14 Abs. 1 Satz 1 MBOÄ und darf Schwangerschaftsabbrüche nur im Rahmen der gesetzlichen Vorgaben, § 218 StGB vornehmen. Der medizinisch-technische Fortschritt hat jedoch dazu geführt, dass Stadien eintreten, in denen der Patient entweder ausschließlich durch technische Maßnahmen am Leben erhalten wird oder sich ein langwieriger Sterbeprozess vollzieht. Auch in solchen Fällen ist keine aktive Sterbehilfe zulässig. Die medizinische Versorgung wurde im Hinblick auf solche Problemfälle jedoch gezielt im Bereich der Palliativversorgung und der Hospizleistungen weiter entwickelt, die der Arzt veranlassen kann. Liegt eine Patientenverfügung vor, so hat der Patientenwille insoweit seit Inkrafttreten des Patientenverfügungsverbindlichkeitsgesetzes zum 01.09.2009 (BGBl. I 2009 S. 2245, 2286) Vorrang, wobei dem Arzt auch insoweit Maßnahmen der aktiven Sterbehilfe verboten sind und lediglich von weiteren Behandlungsmaßnahmen abgesehen werden darf (s. hierzu auch unter § 1901 BGB und die Empfehlungen der Bundesärztekammer und der Zentralen Ethikkommission bei der Bundesärztekammer zum Umgang mit Vorsorgevollmacht und Patientenverfügung in der ärztlichen Praxis, abgedruckt im Deutschen Ärzteblatt vom 30.03.2007, S. 891 ff.).

## D. Ärztlicher Beruf als freier Beruf

### I. Abgrenzung zwischen freiem Beruf und Gewerbe

27 Der ärztliche Beruf ist nach § 1 Abs. 2 kein Gewerbe, sondern seiner Natur nach ein freier Beruf. Während der Gewerbebegriff in der Rechtsordnung (z.B. Zivil-, Handels-, Steuer- und Gewerberecht) eine unterschiedliche Bedeutung hat, wird der »freie Beruf« in § 1 Abs. 2 Partnerschaftsgesetz folgendermaßen definiert: »Die freien Berufe haben im allgemeinen auf der Grundlage besonderer beruflicher Qualifikation oder schöpferischer Begabung die persönliche, eigenverantwortliche und fachlich unabhängige Erbringung von Dienstleistungen höherer Art im Interesse der Auftraggeber und der Allgemeinheit zum Inhalt.« Diese Merkmale prägen die freien Berufe in unterschiedlicher Art und Intensität. Die berufliche Qualifikation, auf deren Grundlage die Ausübung eines freien Berufs erfolgt, erlangt der Arzt durch seine Aus- und ggf. Weiterbildung (s. Rdn. 2 ff. bzw. Rdn. 8 ff.). Insbesondere unterscheidet sich der freie Beruf von einer gewerblichen Tätigkeit durch die Dienstleistung höherer Art, deren Leitmotiv im Gegensatz zur Gewerblichkeit nicht primär im kommerziellen Interesse, sondern im Interesse des Auftraggebers oder der Allgemeinheit liegt (*Narr*, Ärztliches Berufsrecht, A 25). Dass dies bei Ärzten der Fall ist, wird schon durch die ebenfalls in dieser Regelung enthaltene Zielbestimmung, wonach der Arzt der Gesundheit des einzelnen und gesamten Volkes dient, untermauert. Charakteristisch für einen freien Beruf ist weiter die persönliche und eigenverantwortliche Leistung (Quaas/Zuck/*Quaas*, Medizinrecht, § 12 Rn. 10) bei eigenem wirtschaftlichem Risiko (BVerfG, Urt. v. 16.06.1959 – 1 BvR 71/57, BVerfGE 9, 338, [351]).

## II. Therapiefreiheit und persönliche Leistungserbringung

Ausfluss dieser Eigenverantwortlichkeit ist die ärztliche Therapiefreiheit. Diese bezeichnet den dem Arzt innerhalb der medizinischen Wissenschaft zustehende Spielraum, über die ärztliche Behandlung zu entscheiden (vgl. *Dahm*, in: Rieger/Dahm/Katzenmeier/Steinhilper/Stellpflug, Heidelberger Kommentar, Kap. 1710 Rn. 1). Entsprechend dem Leitmotiv, der Gesundheit zu dienen, stellt sich dieses Recht sowohl als positive als auch als negative Therapiefreiheit dar, indem der Arzt auch entscheiden kann, dass keine Behandlung erfolgen soll und er nicht zu einer bestimmten Therapieform gezwungen werden darf. Die **Therapiefreiheit** verkörpert daher gleichzeitig ein Freiheits- und ein Abwehrrecht. Sie erstreckt sich auf das gesamte ärztliche Handeln, d.h. nicht nur auf die durch den Arzt selbst erbrachten, sondern auch auf die veranlassten Leistungen, indem der Arzt entscheiden kann, ob er z.B. an einen Arzt einer anderen Fachgruppe überweist, ein bestimmtes Arznei-, Heil- bzw. Hilfsmittel oder eine sonstige Leistungsart verordnet. Der angestellte oder beamtete Arzt genießt die Therapiefreiheit im selben Umfang wie der niedergelassene Arzt. Die arbeits- bzw. dienstrechtliche Weisungsgebundenheit erstreckt sich ausschließlich auf die organisatorische Eingliederung, nicht hingegen auf die Heilbehandlung (*Schaub*, Arbeitsrechts-Handbuch, § 4 Rn. 23). 28

Begrenzt wird die Therapiefreiheit durch die Autonomie des Patienten, ohne dessen Einwilligung der operative Eingriff nach wie vor den Straftatbestand einer vorsätzlichen Körperverletzung (so seit RGSt 38, 64) erfüllt und im Rahmen der zivilrechtlichen Haftung die Pflichtverletzung indiziert wird (BGH, Urt. v. 07.02.1984 – VI ZR 188/82, BGHZ 90, 96). Erheblichen Beschränkungen begegnet die Therapiefreiheit im Rahmen der Behandlung gesetzlich krankenversicherter Personen durch gesetzliche und vertragliche Leistungsbeschränkungen, aufgrund deren der Arzt nicht jede indizierte Therapieform erbringen darf, da diese nicht ausreichend, notwendig, zweckmäßig bzw. wirtschaftlich ist oder nicht dem Stand der medizinischen Erkenntnisse entspricht. Diese Eingriffe in die Therapiefreiheit und mithin in die Berufsausübungsfreiheit des Arztes sind verfassungsrechtlich gerechtfertigt, da es sich bei der Finanzierbarkeit und Funktionsfähigkeit des Systems der GKV um einen anerkannten Belang des Gemeinwohls handelt (so z.B. BSG, Urt. v. 08.03.2000 – B 6 KA 7/99, BSGE 86, 16). 29

Schließlich bedingt die Therapiefreiheit weit reichende Sorgfaltspflichten des Arztes, die sich am jeweils aktuellen Stand der medizinischen Erkenntnisse, die zur Erreichung des Therapieziels erforderlich sind und sich in der Erprobung bewährt haben, bemessen (*Ulsenheimer*, Arztstrafrecht in der Praxis, § 1 Rn. 18). Damit ist die **Methodenwahl** grundsätzlich auf Leistungen bestimmt, die diese Maßstäbe erfüllen; ein Abweichen hiervon ist nur im Einzelfall nach eingehender Prüfung und einer Abwägung, dass eine diesen Anforderungen nicht genügende Leistung dennoch gegenüber einer den objektiven Sorgfaltsmaßstäben entsprechenden Leistung vorzuziehen ist, zulässig. Dieselben Sorgfaltspflichten gelten für die Art und Weise der Ausübung der Behandlung. 30

Die für einen freien Beruf typische **persönliche Leistungserbringung** ist in § 19 MBO-Ärzte verankert, wonach ein Arzt seine Praxis persönlich auszuüben hat. Für die Behandlung gesetzlich krankenversicherter Personen wird dieser Grundsatz in § 15 BMV-Ä konkretisiert. Grundsätzlich hat die ärztliche Behandlung daher durch den Arzt höchstpersönlich zu erfolgen. Hierbei ist allerdings die Einbeziehung von Hilfspersonen möglich, soweit der Arzt dies anordnet und die Leistungen dergestalt verantwortet, dass sie entweder unter seiner Aufsicht oder nach seiner fachlichen Weisung erbracht werden (*Narr*, Ärztliches Berufsrecht, A 28). 31

Problematisch ist die persönliche Leistungserbringung zum einen im Zusammenhang mit solchen Leistungen, bei denen die technische Komponente oder die Tätigkeit nicht-ärztlichen Hilfspersonals im Vordergrund steht, sowie in bestimmten Kooperationsformen, in denen aufgrund arbeitsteiliger Vorgänge die Zurechenbarkeit der Leistung zum Praxisinhaber zweifelhaft sein kann. So hat der Bundesfinanzhof wiederholt die Leistungen von **Laborärzten** als gewerblich eingestuft, da im Hinblick auf die Anzahl der erhobenen Befunde, die anteilige Zeit, die der Arzt jedem Fall widme und die hohe Anzahl fachlich vorgebildeter Arbeitskräfte die Leistung nicht mehr als eigenverantwortliche Leistung des Arztes erscheinen lassen (BFH, Urt. v. 26.01.2000 – IV B 12/99, DStRE 2000, 571). 32

Demgegenüber hat das Finanzgericht Münster pathologische Leistungen noch als freiberuflich anerkannt, obwohl jedem Partner einer Praxis zehn Fachangestellte zugearbeitet haben und dem einzelnen Arzt pro Befundung im Durchschnitt mehr als 74 Sekunden zur Verfügung stehen, da den Ärzten letztlich jede Probe zur Prüfung vorgelegt wurde (FG Münster, Urt. v. 31.05.2006 – 1 K 2819/04, StE 2006, 630). Das Bundesfinanzministerium hat in einem Rundschreiben zur Besteuerung vom ärztlichen Laborleistungen vom 12.02.2009 (IV C 6 2246/08/10 001) darauf abgestellt, dass für die Freiberuflichkeit von Laborärzten im Einzelfall die Praxisstruktur, die individuelle Leistungskapazität des Arztes, das in der Praxis anfallende Leistungsspektrum und die Qualifikation der Mitarbeiter zu berücksichtigen seien. Bei Laborgemeinschaften nach § 25 Abs. 3 BMV-Ä kommt es nach der in diesem Schreiben geäußerten Auffassung des Bundesfinanzministeriums zunächst darauf an, ob die Laborgemeinschaft Gewinne erzielt. Soweit dies nicht der Fall ist, liegt eine Kosten- und Hilfsgemeinschaft vor, die keine Mitunternehmerschaft begründet mit der Folge, dass sich die im Rahmen der Laborgemeinschaft erbrachten Leistungen als freiberuflich darstellen. Werden hingegen Gewinne erzielt, gelten die für die Laborpraxen dargelegten Kriterien entsprechend.

33 Die infolge der Liberalisierung des ärztlichen Berufsrechts in den meisten Ländern entfallene Begrenzung der **Anzahl angestellter Ärzte** kann dazu führen, dass ein Arzt so viele Ärzte beschäftigt, dass die Eigenverantwortlichkeit des niedergelassenen Arztes in Bezug auf die von den angestellten Ärzten erbrachten Leistungen fraglich ist. Das Finanzgericht Sachsen-Anhalt hat in einer grundlegenden Entscheidung (FG Sachsen-Anhalt, Urt. v. 24.08.2006 – 1 K 30 035/02, StE 2007, 70) Kriterien für die Beurteilung der Eigenverantwortlichkeit, die die ärztliche Tätigkeit als freiberuflich erscheinen lässt, entwickelt: Hiernach kommt es entscheidend auf das Berufsbild an, das durch die Größe und die Organisation der Praxis bestimmt ist. Soweit der Praxisinhaber durch den Patienten als Bezugsperson und Ansprechpartner unabhängig davon, wer tatsächlich die Behandlung durchführt, wahr genommen wird, besitzt der Praxisinhaber die Vertrauensstellung, aufgrund deren ihm sämtliche in der Praxis erbrachten Leistungen als von ihm eigenverantwortlich erbracht zugerechnet werden; stellt sich die Organisation der Praxis und der Behandlung hingegen dergestalt dar, dass nach der Vorstellung des Patienten der angestellte Arzt der allein behandelnde Arzt ist, so fehlt es an der Eigenverantwortlichkeit des Praxisinhabers mit der Folge, dass es sich um gewerbliche Leistungen handelt. Damit hängt es sowohl von der Zahl der Angestellten als auch von der Organisation der Behandlungsabläufe ab, inwieweit durch die Anstellung von Ärzten die freiberuflichen Leistungen zu gewerblichen mutieren können.

34 Ähnliche Abgrenzungsprobleme ergeben sich bei der nach § 19 Abs. 2 MBOÄ grundsätzlich zulässigen fachgruppenübergreifenden Anstellung. Inwieweit dem Praxisinhaber die Behandlung durch den Arzt einer anderen Fachgruppe noch als eigenverantwortlich zugerechnet werden kann, hängt von der jeweiligen Fachgruppenkombination und den durch die sich überschneidenden bzw. benachbarten Weiterbildungsinhalten ab.

34a Überörtliche Berufsausübungsgemeinschaften sowie die Tätigkeit an einem weiteren Praxisort können sich hinsichtlich der freiberuflichen Tätigkeit insbesondere dann problematisch darstellen, wenn ein Arzt selten am jeweils anderen Ort tätig oder die Leistungen am anderen Praxisort überwiegend durch Angestellte erbracht werden; in diesen Fällen kann je nach Organisation an der Zweck einer Berufsausübungsgemeinschaft, das gemeinsame Ausüben der ärztlichen Tätigkeit, nicht in der Form erreicht werden, dass die ärztlichen Leistungen jedem Arzt einer Berufsausübungsgemeinschaft zugerechnet werden.

35 Werden ärztliche Leistungen infolge von Defiziten in Bezug auf die persönliche Leistungserbringung als gewerblich eingestuft, so bedeutet dies jedoch nicht zwingend einen Verstoß gegen § 1 Abs. 2. Der Gewerbebegriff reicht in verschiedene Rechtsgebiete hinein, z.B. das Gewerberecht, Steuerrecht, Handelsrecht etc., wobei sich die Voraussetzungen an eine gewerbliche Tätigkeit in Abgrenzung zur Ausübung eines freien Berufs in den einzelnen Rechtsgebieten unterschiedlich darstellen. Während für den steuerrechtlichen Gewerbebegriff, welcher der zitierten Rechtsprechung zugrunde liegt, ausschließlich die Eigenverantwortlichkeit und das Berufsbild entscheidend ist, kommt es für den freien Beruf i.S.v. § 1 Abs. 2 primär auf das nicht-kommerzielle Leitmotiv, der

Gesundheit des einzelnen und des gesamten Volkes zu dienen an. Soweit dieses Postulat gewahrt wird, führt auch eine steuerliche Qualifikation der Einkünfte als gewerblich nicht zu einem Verstoß gegen Berufs- und Standesrecht.

## § 2 Berufsausübungsvoraussetzung

(1) Wer im Geltungsbereich dieses Gesetzes den ärztlichen Beruf ausüben will, bedarf der Approbation als Arzt.

(2) Eine vorübergehende oder eine auf bestimmte Tätigkeiten beschränkte Ausübung des ärztlichen Berufs im Geltungsbereich dieses Gesetzes ist auch aufgrund einer Erlaubnis zulässig.

(3) Ärzte, die Staatsangehörige eines Mitgliedstaates der Europäischen Union oder eines anderen Vertragsstaates des Abkommens über den Europäischen Wirtschaftsraum oder eines Vertragsstaates sind, dem Deutschland und die Europäische Gemeinschaft oder Deutschland und die Europäische Union vertraglich einen entsprechenden Rechtsanspruch eingeräumt haben, dürfen den ärztlichen Beruf im Geltungsbereich dieses Gesetzes ohne Approbation als Arzt oder ohne Erlaubnis zur vorübergehenden Ausübung des ärztlichen Berufs ausüben, sofern sie vorübergehend und gelegentlich als Erbringer von Dienstleistungen im Sinne des Artikels 50 des EG-Vertrages im Geltungsbereich dieses Gesetzes tätig werden. Sie unterliegen jedoch der Meldepflicht nach diesem Gesetz.

(4) Für die Ausübung des ärztlichen Berufs in Grenzgebieten durch im Inland nicht niedergelassene Ärzte gelten die hierfür abgeschlossenen zwischenstaatlichen Verträge.

(5) Ausübung des ärztlichen Berufs ist die Ausübung der Heilkunde unter der Berufsbezeichnung »Arzt« oder »Ärztin«.

### Übersicht

| | Rdn. |
|---|---|
| A. Regelungsinhalt | 1 |
| B. Die Approbation (Abs. 1) | 2 |
| C. Die Erlaubnis (Abs. 2) | 3 |
| D. Die Dienstleistungserbringung i.S.d. Art. 57 des Vertrages über die Arbeitsweise der Europäischen Union (»AEUV«) (Abs. 3) | 4 |
| I. Formen der Dienstleistungserbringung | 5 |
| II. Ausübung der Dienstleistungsfreiheit im Sinne der Richtlinie 2005/36/EG (»Berufsanerkennungsrichtlinie«) | 6 |
| 1. Grundsatz der Inländergleichbehandlung und Ziellandprinzip bei der Berufsausübung | 7 |
| 2. Gegenseitige Anerkennung der Berufsqualifikationen beim Zugang zur Berufsausübung | 8 |
| a) Zugang im Bereich der Dienstleistungsfreiheit | 9 |
| b) Zugang im Bereich der Niederlassungsfreiheit | 10 |
| c) Regelungen über das Verwaltungsverfahren | 11 |
| d) Umsetzung der Berufsanerkennungsrichtlinie in der Bundesärzteordnung | 12 |
| 3. Dienstleistungserbringung als vorübergehende und gelegentliche Tätigkeit | 13 |
| III. Meldepflicht der Dienstleistungserbringer | 18 |
| E. Grenzabkommen (Abs. 4) | 19 |
| F. **Ausübung des ärztlichen Berufes (Abs. 5)** | 20 |
| I. Ausübung der Heilkunde | 21 |
| II. Berufsbezeichnung | 22 |

## A. Regelungsinhalt

§ 2 regelt abschließend die vier Arten staatlicher **Zulassung** zur Ausübung des ärztlichen Berufes in der Bundesrepublik Deutschland. **1**

## B. Die Approbation (Abs. 1)

§ 2 Abs. 1 regelt den Regelfall zur Zulassung, wonach die **Approbation** als Arzt benötigt wird. Die **2** Approbation (*approbatio*, »Billigung«, »Genehmigung«) ist die staatliche Erlaubnis zur Ausübung der akademischen Heilberufe, u.a. des ärztlichen Heilberufes. Die Approbation berechtigt den Arzt, eigenverantwortlich Patienten zu behandeln und sich in freier Praxis niederzulassen. Die Approbation ist nicht einschränkbar (vgl. BVerwGE 108, 100–108; BVerwGE 105, 214–223). Die Approbation reicht nicht für eine Tätigkeit als Vertragsarzt im Rahmen der gesetzlichen Krankenversicherung. Dafür ist gem. § 95a Abs. 1 Nr. 2 SGB V die fachärztliche Weiterbildung (s. § 1 Rdn. 11) erforderlich. Die für die Erteilung der Approbation zuständige Behörde, die Approbationsbehörde, ist in der Regel eine staatliche Behörde. Die Voraussetzungen zur Erteilung der Approbation sind in § 3 geregelt.

### C. Die Erlaubnis (Abs. 2)

3 Nach § 2 Abs. 2 ist die Berufsausübung auch aufgrund einer **Erlaubnis** zulässig. Die Erlaubnis kann erteilt werden, wenn die ärztliche Berufsausübung auf eine vorübergehende oder auf bestimmte Tätigkeiten beschränkt ist. Die Voraussetzungen zur Erteilung der Erlaubnis sind in § 10 geregelt (s. § 10 Rdn. 1–26).

### D. Die Dienstleistungserbringung i.S.d. Art. 57 des Vertrages über die Arbeitsweise der Europäischen Union (»AEUV«) (Abs. 3)

4 Nach § 2 Abs. 3 dürfen in Umsetzung der europarechtlich in Art. 57 Satz 3 AEUV normierten **Dienstleistungsfreiheit** Staatsangehörige eines Mitgliedstaates der Europäischen Union oder eines anderen Vertragsstaates des Abkommens über den Europäischen Wirtschaftsraum oder eines Vertragsstaates, dem Deutschland und die Europäische Gemeinschaft oder Deutschland und die Europäische Union vertraglich einen entsprechenden Rechtsanspruch eingeräumt haben (»EU-, EWR- und Vertragsstaatangehörige«), die zur Ausübung des ärztlichen Berufes in einem der übrigen Mitgliedstaaten der Europäischen Union berechtigt sind, den ärztlichen Beruf »vorübergehend« in Deutschland »unter den Voraussetzungen, welche dieser Staat für seine eigenen Angehörigen vorschreibt« ausüben. Danach behält der Dienstleistungserbringer seinen Tätigkeitsmittelpunkt in einem Mitgliedstaat bei und wird von diesem aus in einem anderen Mitgliedstaat vorübergehend tätig, ohne dort eine Niederlassung zu gründen. § 2 Abs. 3 stellt klar, dass EU-, EWR- und Vertragsstaatangehörige den ärztlichen Beruf als Dienstleistungserbringer ohne Approbation oder ohne Erlaubnis ausüben dürfen. Die Voraussetzung zur Dienstleistungserbringung sind in § 10b geregelt.

#### I. Formen der Dienstleistungserbringung

5 Gem. Art. 57 Satz 1 AEUV sind **Dienstleistungen** i.S.d. Vertrages in der geltenden Fassung des Vertrages von Lissabon vom 13.12.2007 »Leistungen, die in der Regel gegen Entgelt erbracht werden, soweit sie nicht den Vorschriften über den freien Waren- und Kapitalverkehr und über die Freizügigkeit der Personen unterliegen«. Als Dienstleistungen i.S.d. Bestimmung gelten gem. Art. 57 Satz 2d AEUV auch »freiberufliche Tätigkeiten«. Bei der ärztlichen Berufsausübung sind drei Formen der Dienstleistungserbringung zu unterscheiden (vgl. Schwarze/*Holoubek*, EU-Kommentar, Art. 49/50 EGV, Rn. 34–43):

- Aktive Dienstleistungserbringung: Grenzüberschreitende Berufsausübung durch den Arzt (ohne Niederlassung), d.h. der Arzt wird von seinem Herkunftsmitgliedstaat aus, in dem er niedergelassen ist oder den Mittelpunkt seines Berufes hat, vorübergehend in dem Aufnahmemitgliedstaat tätig (z.B. bei Sportveranstaltungen oder bei der OP-Assistenz).
- Passive Dienstleistungserbringung: Ausübung der Heilkunde bei grenzüberschreitender Nachfrage durch den Patienten (Dienstleistungsempfänger), d.h. ein Patient aus einem anderen Mitgliedstaat sucht den Arzt in seinem Herkunftsmitgliedstaat am Niederlassungsort oder Ort seiner Berufsausübung auf (sogenannte Patientenmobilität)
- Kommunikative Dienstleistungserbringung (Korrespondenzdienstleistung): Grenzüberschreitender Austausch von ärztlichen Leistungen ohne personale Bewegung, d.h. der Arzt bringt eine ärztliche Leistung in seinem Niederlassungsmitgliedstaat und übermittelt das Ergebnis an einen anderen Arzt in dessen Niederlassungsmitgliedstaat zur weiteren Verwendung (z.B. Laborbefund).

## II. Ausübung der Dienstleistungsfreiheit im Sinne der Richtlinie 2005/36/EG (»Berufsanerkennungsrichtlinie«)

Entsprechend der Vorgaben des Art. 57 AEUV ist es Ärzten aus Mitgliedstaaten der Europäischen Union gem. Art. 5 Abs. 2 der Richtlinie 2005/36/EG des Europäischen Parlaments und des Rates vom 07.09.2005 über die Anerkennung von Berufsqualifikationen (»**Berufsanerkennungsrichtlinie**«, ABl. EG Nr. L 255, 22) grundsätzlich gestattet, vorübergehend und gelegentlich Dienstleistungen in einem anderen EU-Mitgliedstaat zu erbringen. Die Berufsanerkennungsrichtlinie ist am 20.10.2005 mit einer zweijährigen Umsetzungsfrist in Kraft getreten und wurde mit der **Richtlinie 2013/55/EU** des Europäischen Parlamentes und des Rates vom 20.11.2013 zur Änderung der Richtlinie 2005/36/EG über die Anerkennung von Berufsqualifikationen und der Verordnung (EU) Nr. 1024/2012 über die Verwaltungszusammenarbeit mithilfe des Binnenmarktinformationssystems (»**IMI-Verordnung**«) geändert (ABl. L 354 vom 28.12.2013, S. 132). Die Berufsanerkennungsrichtlinie regelt die berufliche Anerkennung, d.h. die Anerkennung einer ausländischen beruflichen Qualifikation. Sie regelt keine akademische Anerkennung. Die berufliche Anerkennung soll die Ausübung des Berufes im Aufnahmemitgliedstaat ermöglichen. Die Richtlinie bestimmt in Titel III, Kapitel III, ein Anerkennungssystem der ärztlichen Grundausbildung, der fachärztlichen Weiterbildung, der besonderen Ausbildung in der Allgemeinmedizin und der Ausübung der Tätigkeit des praktischen Arztes. Die Richtlinie weist einen sektorübergreifenden Ansatz auf, d.h. wesentliche reglementierte Berufe werden erfasst. Die Berufsanerkennungsrichtlinie ersetzte und implementierte ab dem 20.10.2007 die bestehenden sektoralen Richtlinien. Für Ärzte galt daher für den Übergangszeitraum weiterhin die Richtlinie 93/16/EWG vom 05.04.1993 zur Erleichterung der Freizügigkeit für Ärzte und zur gegenseitigen Anerkennung ihrer Diplome. Die Berufsanerkennungsrichtlinie erfasst sektorübergreifend sowohl mitgliedstaatliche Regulierungen der Berufsausübung als auch des Zugangs zur Berufsausübung.

Für einen Überblick über Anwendungsfragen der Berufsanerkennungsrichtlinie wird auf den Benutzerleitfaden der Europäischen Kommission unter https://ec.europa.eu/docsroom/documents/15032/attachments/1/translations verwiesen.

### 1. Grundsatz der Inländergleichbehandlung und Ziellandprinzip bei der Berufsausübung

Die Berufsausübung wird von dem in Art. 4 Abs. 1 genannten Grundsatz der **Inländergleichbehandlung** bestimmt, wonach Dienstleistungserbringer mit Inländern des Aufnahmemitgliedstaates gleich zu behandeln sind. Übereinstimmend mit der Richtlinie 93/16/EWG gilt das **Zielland- oder Bestimmungslandprinzip** nach Art. 5 Abs. 3. Demnach ist das Verhalten der Berufsträger insbesondere auf Grundlage des Berufsrechts und des Berufsaufsichtsrechts des Landes zu beurteilen, in dem der Beruf ausgeübt wird. Die Auslegung dieses Ziellandprinzips war Gegenstand des Vorabentscheidungsverfahrens ***Konstantinides*** (C-475/11) beim EuGH. Das Vorabentscheidungsersuchen des Hessischen Berufsgerichts für Heilberufe bei dem VG Gießen betraf die Auslegung der Art. 5 Abs. 3 und 6 Abs. 1 Buchst. a) der Richtlinie 2005/36/EG im Kontext des freien Verkehrs medizinischer Dienstleistungen. Damit verbunden war die Beantwortung der Frage, ob Dienstleister, die sich zur Erbringung der Dienstleistung in einen anderen Mitgliedstaat begeben, den berufsständischen Regelungen des Aufnahmemitgliedstaats und insbesondere den Regelungen über die Honorare und die Werbung unterworfen sind. Der EuGH urteilte, dass §§ 12 Abs. 1 (Honorar) und 27 Abs. 3 (Verbot berufswidriger Werbung) der Hessischen Berufsordnung (BO) nicht in den Anwendungsbereich der Berufsanerkennungsrichtlinie fallen (Urt. v. 12.09.2013 – C-475/11 – Konstantinides). Die in Rede stehenden Regelungen seien vielmehr an dem Grundsatz des freien Dienstleistungsverkehrs nach Art. 56 des Vertrages über die Arbeitsweise der Europäischen Union (AEUV) zu prüfen. Dabei gab das Gericht Hinweise für die Prüfung einer möglichen Beschränkung des freien Dienstleistungsverkehrs, wonach u.a. der Schutz der Gesundheit und des Lebens von Menschen sowie der Verbraucherschutz Ziele sind, die als zwingende Gründe des Allgemeininteresses angesehen werden können und mit denen sich eine Beschränkung des freien Dienstleistungsverkehrs rechtfertigen lässt. Die Entscheidung bedeutet, dass die Frage »Wieviel hiesiges Berufsrecht gilt für Dienstleistungserbringer, die nach Deutschland wandern« mit »es kommt darauf an« zu beantworten ist. Sofern die hiesigen Regelungen im Berufsrecht nicht gegen die Dienstleistungsfreiheit nach Art. 56 AEUV verstoßen, gelten sie auch für Dienstleistungserbringer. Dies im konkreten Fall anhand der §§ 12 und 27 BO zu prüfen, war infolge Aufgabe des VG Gießen. Das VG Gießen verurteilte am 11.03.2015 den Beschuldigten mit einem Verweis wegen Verstoßes gegen seine Berufspflichten (21 K 1976/13.GI.B.) Sowohl §§ 12 und 27 BO können vom Grundsatz her auf den Beschuldigten Anwendung finden. Allerdings konnte das Gericht im konkreten Fall bei europarechtskonformer Anwendung nur in Bezug auf § 27 Abs. 3 BO einen sanktionswürdigen Verstoß feststellen. »Bei einer europarechtskonformen Anwendung von § 12 BO auf den Dienstleister führt das Fehlen einer einschlägigen Gebührenziffer in der geltenden Gebührenordnung für Ärzte dazu, dass eine berufsgerichtliche Sanktion wegen unangemessener Honorarrechnung für die von ihm durchgeführte Operation nicht verhängt werden darf. (…) Wenn ein gewisser Spielraum für die Bestimmung des Preises der Dienstleistung besteht (…) und es sich um eine hochspezialisierte Leistung handelt, die von einem Berufsangehörigen aus einem anderen Mitgliedstaat erbracht wird, muss gewährleistet sein, dass solche Dienstleistungserbringer, die sich im Rahmen des ihnen von den Vorschriften der Kammer eingeräumten Ermessens bewegen, keinen Verfahren ausgesetzt werden, die für sie nachteilig sind und ihre Rechte beschränken und sie letztendlich davon abhalten, sich in den Aufnahmestaat zu begeben.«

### 2. Gegenseitige Anerkennung der Berufsqualifikationen beim Zugang zur Berufsausübung

8   Der Zugang zur Berufsausübung setzt die Anerkennung der Berufsqualifikation im Zielland voraus. Es gilt das **Prinzip der gegenseitigen Anerkennung der Berufsqualifikationen**. Die Richtlinie unterscheidet zwischen drei Anerkennungsverfahren: Art. 21 regelt den Grundsatz der **automatischen gegenseitigen Anerkennung** von Berufsqualifikationen in den Berufen, in denen die Anforderungen an die Ausbildung auf Gemeinschaftsebene bereits durch bestehende sektorale Richtlinien harmonisiert wurden. Dies betrifft u. a. den Beruf des Arztes, der Krankenschwester und des Krankenpflegers für allgemeine Pflege, des Zahnarztes, des Tierarztes, der Hebamme, des Apothekers und des Architekten/Bauingenieurs. Die zweite Gruppe betrifft die Berufe in Handwerk, Industrie und Handel, in der die gegenseitige Anerkennung aufgrund der Berufserfahrung erfolgt, Art. 16–20. Wird eine Berufsqualifikation nicht den vorangestellten Gruppen gerecht, greifen die Auffangregelungen der Art. 11–15 (»**allgemeines Anerkennungssystem**«). Art. 10 Buchst. b und d und Art. 3 Abs. 3 i.V.m. 2 Abs. 2 Satz 2 i.V.m. 10 Buchst. g erklären die Auffangregelungen der Art. 11–15 auf Ärzte dann für anwendbar, wenn der Migrant bestimmte Anforderungen der tatsächlichen und rechtmäßigen Berufspraxis nach den Regelungen über die automatische Anerkennung nicht erfüllt oder wenn dieser unter bestimmten Voraussetzungen über einen Ausbildungsnachweis für eine noch nicht koordinierte Spezialisierung verfügt oder wenn er i.S.d. Art. 3 Abs. 3 einen bereits in einem anderen Mitgliedstaat anerkannten Drittstaatenausbildungsnachweis vorlegt. Abzuwarten bleiben mögliche Auswirkungen des Urteils des EuGH vom 25.02.2021 in der Rechtssache zum sog. **partiellen Zugang**. Danach kann ein Mitgliedstaat einen partiellen Zugang u.a. bei Ärzten zulassen, die nach den Vorgaben der Berufsanerkennungsrichtlinie von einer automatischen Anerkennung profitieren. Gleichzeitig stellt der EuGH klar, dass die Mitgliedstaaten »insbesondere bei Gesundheitsberufen« das Recht haben, einen partiellen Zugang aus zwingenden Gründen des Allgemeininteresses zu verweigern (Urt. v. 25.02.2021 – C-940/19 – Les Chirurgiens-Dentistes de France u.a.).

Der Zugang zur Berufsausübung berührt die Dienstleistungs- und Niederlassungsfreiheit des Berufsträgers. Die Richtlinie unterscheidet daher in Titel II und Titel III zwischen diesen beiden Grundfreiheiten.

### a) Zugang im Bereich der Dienstleistungsfreiheit

9   Titel II der Richtlinie (Art. 5–9) regelt den **Zugang im Bereich der Dienstleistungsfreiheit**, d.h. den Fall, dass der Berufsträger seine Niederlassung im Herkunftsmitgliedstaat beibehält, jedoch

vorübergehend in einem anderen Mitgliedstaat tätig wird. Gem. Art. 5 darf die Dienstleistungsfreiheit aufgrund der Berufsqualifikation nicht eingeschränkt werden, wenn der Berufsträger (Dienstleistungserbringer) rechtmäßig eine Niederlassung in einem anderen Mitgliedstaat hat, von der aus er seinen Beruf ausübt, soweit dieser entweder auch im Niederlassungs- bzw. Herkunftsmitgliedstaat reglementiert ist oder er den Beruf während der vergangenen 10 Jahre 2 Jahre lang ausgeübt hat. Die automatische gegenseitige Anerkennung der ärztlichen Berufsqualifikation erfolgt aufgrund Art. 6 Buchst. a, Art. 7 Abs. 2 Buchst. c i.V.m. Art. 3 Abs. 1 Buchst. b i.V.m. Art. 21 ff.

b) Zugang im Bereich der Niederlassungsfreiheit

Titel III der Richtlinie (Art. 10–52) regelt den **Zugang im Bereich der Niederlassungsfreiheit**, d.h. den Fall, dass der Berufsträger eine Niederlassung im Aufnahmemitgliedstaat errichtet. Die automatische gegenseitige Anerkennung der ärztlichen Berufsqualifikation erfolgt aufgrund Art. 21 ff.

c) Regelungen über das Verwaltungsverfahren

Die Richtlinie beinhaltet in Titel III (Kapitel IV Art. 50–52), Titel IV (Art. 53–55) und V (Art. 56–59) Regelungen über das jeweilige **Verwaltungsverfahren** für den Bereich der Dienstleistungs- und Niederlassungsfreiheit.

d) Umsetzung der Berufsanerkennungsrichtlinie in der Bundesärzteordnung

Die Richtlinie wurde mit Art. 4 des **Gesetzes zur Umsetzung der Richtlinie 2005/36/EG** des Europäischen Parlamentes und des Rates über die Anerkennung von Berufsqualifikationen der Heilberufe vom 02.12.2007 (BGBl. I S. 2686) und mit Art. 5 des **Gesetzes zur Änderung krankenversicherungsrechtlicher und anderer Vorschriften (GkV-ÄG)** vom 24.07.2010 (BGBl. I S. 983) in der Bundesärzteordnung umgesetzt (§ 3 Rdn. 3, 4). Auch die Heilberufe- und Kammergesetze der Länder sowie die Weiterbildungsordnungen der Landesärztekammern wurden angepasst. Art. 4 des **Gesetzes zur Umsetzung der Richtlinie 2013/55/EU** des Europäischen Parlaments und des Rates vom 20.11.2013 zur Änderung der Richtlinie 2005/36/EG über die Anerkennung von Berufsqualifikationen und der Verordnung (EU) Nr. 1024/2012 über die Verwaltungszusammenarbeit mithilfe des Binnenmarkt-Informationssystems (»**IMI-Verordnung**«) für bundesrechtlich geregelte Heilberufe hat die **Änderungsrichtlinie 2013/55/EU** umgesetzt (BGBl. I 2016 S. 886).

3. Dienstleistungserbringung als vorübergehende und gelegentliche Tätigkeit

Nach Art. 5 Abs. 2 Unterabs. 2 der Berufsanerkennungsrichtlinie, wird »(d)er vorübergehende und gelegentliche Charakter der Erbringung von Dienstleistungen (...) im Einzelfall beurteilt, insbesondere anhand der Dauer, der Häufigkeit, der regelmäßigen Wiederkehr und der Kontinuität der Dienstleistung«. Art. 5 Abs. 2 Unterabs. 2 wurde wörtlich in § 10b Abs. 1 Satz 1 umgesetzt. Wann eine Tätigkeit »**vorübergehend und gelegentlich**« ausgeübt wird, ist abstrakt schwer zu bestimmen und hängt von der Art ab, in der der Erwerbstätige in dem Herkunftsstaat verwurzelt bleibt und sich im Aufnahmemitgliedstaat einrichtet. In diesem Zusammenhang ist die Frage nach der Abgrenzung von Niederlassungs- und Dienstleistungsfreiheit aufgeworfen, in denen der Dienstleistungserbringer in dem Mitgliedstaat, in dem er tätig wird, eine »ständige Präsenz« unterhält, also einen Mittelpunkt für seine Tätigkeit. Für die Abgrenzung von Dienstleistungs- und Niederlassungsfreiheit kommt es auf den europarechtlichen Niederlassungsbegriff an.

Die »**Niederlassung**« ist nach ständiger Rechtsprechung des Europäischen Gerichtshofes »die
– tatsächliche Ausübung einer wirtschaftlichen Tätigkeit
– mittels einer festen Einrichtung in einem anderen Mitgliedstaat
– auf unbestimmte Zeit«

(EuGH, Urt. v. 25.07.1991 – C-221/89 –Factortame, Slg. 1991, I-3905, Rn. 20, vgl. auch Erwägungsgrund 37 der Dienstleistungsrichtlinie 2006/123/EG). Diese drei Kriterien müssen kumulativ erfüllt sein.

15 Der europarechtliche Begriff der »**Dienstleistung**« umfasst u. a.
 – die vorübergehende Tätigkeit ohne feste Einrichtung
 – die vorübergehende Tätigkeit mit fester Einrichtung
 – die Tätigkeit auf unbestimmte Zeit ohne feste Einrichtung.

15a Der vorübergehende Charakter der Tätigkeit schließt nicht aus, dass der Dienstleistungserbringer sich im Aufnahmemitgliedstaat mit einer bestimmten Infrastruktur (z.B. Labor) ausstattet, soweit diese für die Erbringung der Leistung erforderlich ist. Allein vom Bestehen einer bestimmten Infrastruktur kann nicht auf die Dauerhaftigkeit einer Tätigkeit geschlossen werden (EuGH, Urt. v. 30.11.1995 – C-55/94 – Gebhard, Slg. 1995, I-4165, Rn. 27; C-215/01 – Schnitzer, Slg. 2003, O-14847, Rn. 28).

16 Zur **Auslegung von** »**vorübergehend und gelegentlich**« verweist der Entwurf eines Gesetzes zur Umsetzung der Richtlinie 2005/36/EG des Europäischen Parlaments und des Rates über die Anerkennung von Berufsqualifikationen der Heilberufe vom 21.05.2007 auf die Erläuterungen der Europäischen Kommission MARKT D/3415/2006/DE vom 10.03.2006 (vgl. BT-Drs. 16/5385 S. 78). Diese Erläuterungen wiederholen jedoch lediglich den Richtlinientext des Art. 5 Abs. 2. Ursprünglich habe die Richtlinie eine 90-Tage-Regelung vorgesehen, die aber auf Einwände der Mitgliedstaaten fallengelassen worden sei. Ob ein Fall der Dienstleistung oder Niederlassung vorliegt, könne daher nur im konkreten Einzelfall geprüft werden, wobei die 90-Tage-Regelung als Indiz herangezogen werden könne. Die Länder hätten im Vollzug zu entscheiden, ob die beabsichtigte Tätigkeit noch als Dienstleistungserbringung angesehen werden kann (so *Haage* MedR 2008, 70, 72). Es scheint sinnvoll, die in Art. 5 Abs. 2 der Berufsanerkennungsrichtlinie genannten Kriterien (Dauer, Häufigkeit, regelmäßige Wiederkehr und Kontinuität der Dienstleistung) i.S.e. in den Mitgliedstaaten einheitlich verwendeten Auslegungshilfe weiterzuentwickeln.

17 Zum **Begriff der Niederlassung** führt die Europäische Kommission aus, dass die Berufsanerkennungsrichtlinie einschließlich des Titels II (Rdn. 9) auch für abhängig Beschäftigte zur Anwendung kommt. Der Begriff »niedergelassen« ist mit Blick auf die Rechtssachen Ramrath (EuGH, 19.03.1992 – C-106/91, Slg. 1992, 1–3351) und Stanton (EuGH, 15.06.1988 – C-143/87, Slg. 1988, 3877) in Titel II der Berufsanerkennungsrichtlinie als dauerhafte und effektive Tätigkeit im Herkunftsmitgliedstaat zu definieren, die mit einer Verwurzelung in diesem Mitgliedstaat einhergeht. Damit sind auch abhängig beschäftigte Ärzte, die sich zur vorübergehenden und gelegentlichen Erbringung von Dienstleistungen in einen anderen Mitgliedstaat begeben wollen, in den Begriff »niedergelassen« in Titel II der Berufsanerkennungsrichtlinie einzubeziehen (vgl. *Haage* MedR 2008, 70, 71).

### III. Meldepflicht der Dienstleistungserbringer

18 Dienstleistungserbringer unterliegen der **Meldepflicht** nach § 10b Abs. 2.

### E. Grenzabkommen (Abs. 4)

19 Die vierte Art der Zulassung zum ärztlichen Beruf ist in § 2 Abs. 4 geregelt. Ärzte, die im Rahmen von Grenzabkommen in Grenzgebieten tätig sind, bedürfen weder einer Approbation gem. § 2 Abs. 1 noch einer Erlaubnis gem. § 2 Abs. 2. Auch werden diese Ärzte nach übereinstimmender Auffassung der Mitgliedstaaten und der Europäischen Kommission nicht gem. § 2 Abs. 3 als Dienstleistungserbringer nach dem System der Berufsanerkennungsrichtlinie behandelt. Der Dienstleistungserbringung vergleichbare Meldepflichten existieren nicht. Die Grenzabkommen regeln den grenzüberschreitenden Einsatz von Ärzten. Bilaterale Abkommen existieren mit
 – Frankreich (Rahmenabkommen zwischen der Regierung der Bundesrepublik Deutschland und der Regierung der Französischen Republik über die grenzüberschreitende Zusammenarbeit im Gesundheitsbereich vom 22.07.2005, BGBl. 2006 II S. 1332 nebst Verwaltungsvereinbarung vom 09.03.2006 zwischen dem Bundesministerium für Gesundheit der Bundesrepublik Deutschland und dem Minister für Gesundheit und Solidarität der Französischen Republik über

die Durchführungsmodalitäten des Rahmenabkommens vom 22.07.2005 über die grenzüberschreitende Zusammenarbeit im Gesundheitsbereich vom 17.12.2006, BGBl. 2006 II S. 1330), s.a. Gesetz zu dem Rahmenabkommen vom 22.07.2005 (GesundZAAbkFRAG),
- Belgien (Bekanntmachung über die Wiederanwendung des deutsch-belgischen Abkommens betreffend die Ausübung der Heilkunst in den Grenzgemeinden vom 28.07.1959, BGBl. 1959 II S. 924),
- Luxemburg (Bekanntmachung über die Wiederanwendung deutsch-luxemburgischer Vorkriegsverträge vom 30.06.1954, BGBl. 1954 II S. 718),
- Österreich (Bekanntmachung über die Wiederanwendung des deutsch-österreichischen Übereinkommens über die gegenseitige Zulassung der an der Grenze wohnhaften Medizinalpersonen zur Ausübung der Praxis vom 23.01.1953, BGBl. 1953 II S. 25),
- der Schweiz (Übereinkunft betreffend die gegenseitige Zulassung der in der Nähe der Grenze wohnhaften Medizinalpersonen zur Ausübung der Praxis vom 29.02.1884, RGBl. 1884, 14) und
- den Niederlanden (Übereinkunft betreffend die gegenseitige Zulassung der in den Grenzgemeinden wohnhaften Ärzte, Mundärzte und Hebammen zur Ausübung der Praxis vom 11.12.1873, RGBl. 1874, 99).

### F. Ausübung des ärztlichen Berufes (Abs. 5)

§ 2 Abs. 5 definiert die Ausübung des ärztlichen Berufes als »Ausübung der Heilkunde unter der Berufsbezeichnung Arzt oder Ärztin«. § 2 Abs. 5 hatte den Zweck, den ärztlichen Beruf näher zu kennzeichnen und die Berufsbezeichnung Arzt zu schützen. Letzteres wird durch den im Jahr 1992 eingefügten § 2a gewährleistet. Daher reduziert sich der Zweck des § 2 Abs. 5 auf die nähere inhaltliche Bestimmung der in § 2 Abs. 1 bis Abs. 4 genannten Zulassungen. Dieser besteht im Recht zur Ausübung der Heilkunde unter der Berufsbezeichnung Arzt.

20

### I. Ausübung der Heilkunde

Die Bundesärzteordnung enthält keine Definition des Begriffes Heilkunde. Auch wird in der (Muster-) Berufsordnung und in den Berufsordnungen der Landesärztekammern der Begriff »Heilkunde« nicht verwendet. § 1 Abs. 2 HPG enthält eine Legaldefinition des Begriffes »**Heilkunde**«. Heilkunde ist danach jede berufs- oder gewerbsmäßig vorgenommene Tätigkeit zur Feststellung, Heilung oder Linderung von Krankheiten, Leiden oder Körperschäden bei Menschen, auch wenn sie im Dienst von anderen ausgeübt wird. Das Gesetz macht dabei keinen Unterschied, ob es sich bei den Krankheiten und Leiden um rein körperliche oder aber um solche auch oder ausschließlich seelischer Natur handelt. Ebenso wenig stellt es auf die Behandlungsweise und -methode ab. Im Hinblick auf den Sinn und Zweck der Regelung, nämlich den Schutz der menschlichen Gesundheit, drückt diese Legaldefinition das Ziel des Gesetzes, die Gesundheit der Bevölkerung zu schützen, nur unzureichend aus und bedarf deshalb einerseits der einschränkenden Auslegung, andererseits der erweiternden Anwendung (OVG Lüneburg, Urt. v. 18.06.2009 – 8 LC 6/07 m.w.N.; zuletzt zur Ausübung der Heilkunde, BVerwG, Urt. v. 26.08.2010 – 3 C 28.09).

21

Eine unmittelbare Anwendung der Definition des HPG auf die ärztliche Tätigkeit dürfte sich schon deshalb verbieten, weil sie auf das HPG beschränkt ist und das Merkmal »gewerbsmäßig« für die Begriffsfindung im ärztlichen Bereich nicht brauchbar ist, da ärztliche Tätigkeit schon per Gesetz kein Gewerbe ist. Dennoch besteht derzeit in Literatur und Rechtsprechung ein Heilkundebegriff, der davon ausgeht, dass der eigentliche Definitionsgehalt des § 1 HPG auch auf die ärztliche Tätigkeit angewandt werden kann. Dieser besteht im Kern in der Diagnostik und Therapie menschlicher Leiden und Krankheiten, wobei die Vorsorgemedizin und die Früherkennungsmaßnahmen mit aufgenommen werden. Daraus resultiert derzeit nach hergebrachter Auffassung folgender Begriff für die ärztliche Heilkunde: »Die ärztliche Heilkunde umfasst alle Eingriffe und therapeutische Maßnahmen, die am Körper eines Menschen vorgenommen werden, um Krankheiten (physische oder psychische Störungen pathologischer Art), Leiden (länger andauernde Beeinträchtigungen des körperlichen oder seelischen Wohlbefindens), Körperschäden (nicht krankhafte Entstellungen,

21a

Schielen etc.), körperliche Beschwerden (nicht unbedingt krankhafte oder vorübergehende Beeinträchtigungen des Wohlbefindens wie z. B. Menstruations- oder Schwangerschaftsbeschwerden) oder seelische Störungen nicht krankhafter Natur (Affekte, Neurosen etc.) zu verhüten, zu erkennen und zu lindern« (*Uhlenbruck* in: Laufs, Handbuch des Arztrechts, S. 314). Diese – nicht geregelte – Begriffsdefinition ist geprägt von der objektiven Heiltendenz (objektiver Heilzweck) sowie der subjektiven Heiltendenz (d.h. die Heilbehandlung muss immer in Heilabsicht erfolgen). In zunehmendem Maße entwickeln sich jedoch ärztliche Betätigungsfelder, bei denen es sowohl an der medizinischen Indikation als auch an einer Heiltendenz im herkömmlichen Sinn fehlt. Beispielhaft stehen hierfür die kosmetischen Operationen ohne medizinische Indikation. Die Rechtsprechung und Literatur haben hierauf reagiert und die Ausübung der Heilkunde auf Tätigkeiten erweitert, die nach dem Wortlaut der obigen Umschreibung nicht Ausübung der Heilkunde wären. Ohne Rücksicht auf das Ziel der Behandlung – Feststellung, Heilung oder Linderung von Krankheiten, Leiden oder Körperschäden – liegt heute »Ausübung der Heilkunde« auch dann vor, wenn die Art der Tätigkeit oder die angewandte Methode der ärztlichen Krankenbehandlung gleichkommt und ärztliche Fachkenntnisse vorausgesetzt und diese eingesetzt werden sowie gesundheitliche Schäden verursacht werden können (BVerwG NJW 1966, 418, OVG Münster DVBl 1956, 207).

## II. Berufsbezeichnung

22  Die **Berufsbezeichnung** Arzt oder Ärztin ist in § 2a geregelt.

### § 2a Berufsbezeichnung

Die Berufsbezeichnung »Arzt« oder »Ärztin« darf nur führen, wer als Arzt approbiert oder nach § 2 Abs. 2, 3 oder 4 zur Ausübung des ärztlichen Berufs befugt ist.

1  Die **Berufsbezeichnung** »Arzt« oder »Ärztin« darf nur führen, wer als Arzt approbiert oder nach § 2 Abs. 2, 3 oder 4 zur Ausübung des ärztlichen Berufs befugt ist. Die Berechtigung zum Führen weiterer Bezeichnungen ergibt sich aus dem Landesrecht (OVG Schleswig-Holstein MedR 1994, 373–375). Das Gesetz begründet keine Verpflichtung zum Führen der Berufsbezeichnung. § 2a wird ergänzt durch die Vorschrift des § 132a Abs. 1 Nr. 2 StGB, die den Missbrauch der Berufsbezeichnung Arzt unter Strafe stellt. § 132a Abs. 1 Nr. 2 StGB zählt abschließend alle Berufsbezeichnungen auf, wonach zu den Ärztinnen und Ärzten alle als Humanmediziner approbierten Medizinalpersonen einschließlich der Spezialisten für bestimmte Gebiete gehören (Schönke/Schröder, § 132a StGB Rn. 10).

Der Verzicht, der Widerruf und die Rücknahme der Approbation bzw. der Erlaubnis bewirken, dass die betreffende Person den ärztlichen Beruf nicht ausüben darf und die Berechtigung zum Führen der Bezeichnung »Arzt/Ärztin« verliert (s. § 5). Bei der Anordnung des Ruhens der Approbation bleibt der Adressat Arzt, darf aber den ärztlichen Beruf gem. § 6 Abs. 3 nicht ausüben (s. § 6 Rdn. 1).

### § 3 Erteilung der Approbation

(1) Die Approbation als Arzt ist auf Antrag zu erteilen, wenn der Antragsteller
1. (weggefallen)
2. sich nicht eines Verhaltens schuldig gemacht hat, aus dem sich seine Unwürdigkeit oder Unzuverlässigkeit zur Ausübung des ärztlichen Berufs ergibt,
3. nicht in gesundheitlicher Hinsicht zur Ausübung des Berufs ungeeignet ist,
4. nach einem Studium der Medizin an einer wissenschaftlichen Hochschule von mindestens 5.500 Stunden und einer Dauer von mindestens sechs Jahren, von denen mindestens acht, höchstens zwölf Monate auf eine praktische Ausbildung in Krankenhäusern oder geeigneten Einrichtungen der ärztlichen Krankenversorgung entfallen müssen, die ärztliche Prüfung im Geltungsbereich dieses Gesetzes bestanden hat,
5. über die für die Ausübung der Berufstätigkeit erforderlichen Kenntnisse der deutschen Sprache verfügt.

Eine in einem der übrigen Mitgliedstaaten der Europäischen Union oder in einem anderen Vertragsstaat des Abkommens über den Europäischen Wirtschaftsraum abgeschlossene ärztliche Ausbildung gilt als Ausbildung im Sinne der Nummer 4, wenn sie durch Vorlage eines Europäischen Berufsausweises, eines nach dem 20. Dezember 1976 ausgestellten, in der Anlage zu diesem Gesetz aufgeführten ärztlichen Ausbildungsnachweises eines der übrigen Mitgliedstaaten der Europäischen Union oder eines in der Anlage zu diesem Gesetz aufgeführten, nach dem 31. Dezember 1992 ausgestellten ärztlichen Ausbildungsnachweises eines anderen Vertragsstaates des Abkommens über den Europäischen Wirtschaftsraum nachgewiesen wird. Bei ärztlichen Ausbildungsnachweisen von nach dem 20. Dezember 1976 der Europäischen Union beigetretenen Mitgliedstaaten wird auf eine Ausbildung abgestellt, die nach dem entsprechendem Datum begonnen wurde; hierfür gilt das Datum des Beitritts oder, bei abweichender Vereinbarung, das hiernach maßgebende Datum, bei ärztlichen Ausbildungsnachweisen eines anderen Vertragsstaates des Abkommens über den Europäischen Wirtschaftsraum, mit dem eine besondere Vereinbarung zum Zeitpunkt der Geltung der Verpflichtungen aus den Richtlinien 75/362/EWG und 75/363/EWG des Rates vom 16. Juni 1975 (ABl. EG Nr. L 167 S. 1 und S. 14) getroffen worden ist, das hiernach maßgebende Datum. Sätze 2 und 3 gelten entsprechend für Ausbildungsnachweise von Vertragsstaaten, denen Deutschland und die Europäische Gemeinschaft oder Deutschland und die Europäische Union vertraglich einen entsprechenden Rechtsanspruch eingeräumt haben, ab dem hierfür maßgebenden Zeitpunkt. Das Bundesministerium für Gesundheit wird ermächtigt, durch Rechtsverordnung, die nicht der Zustimmung des Bundesrates bedarf, die Anlage zu diesem Gesetz späteren Änderungen von Anhang V Nummer 5.1.1 der Richtlinie 2005/36/EG des Europäischen Parlaments und des Rates vom 7. September 2005 über die Anerkennung von Berufsqualifikationen (ABl. EU Nr. L 255 S. 22, 2007 Nr. L 271 S. 18) anzupassen. Gleichwertig den in Satz 2 genannten ärztlichen Ausbildungsnachweisen sind nach dem in Satz 2, 3 oder 4 genannten Zeitpunkt von einem der übrigen Mitgliedstaaten der Europäischen Union oder einem anderen Vertragsstaat des Abkommens über den Europäischen Wirtschaftsraum oder einem Vertragsstaat, dem Deutschland und die Europäische Gemeinschaft oder Deutschland und die Europäische Union vertraglich einen entsprechenden Rechtsanspruch eingeräumt haben, ausgestellte ärztliche Ausbildungsnachweise, die den in der Anlage zu Satz 2 für den betreffenden Staat aufgeführten Bezeichnungen nicht entsprechen, aber mit einer Bescheinigung der zuständigen Behörde oder Stelle dieses Staates darüber vorgelegt werden, dass sie eine Ausbildung abschließen, die den Mindestanforderungen des Artikels 24 der Richtlinie 2005/36/EG entspricht, und dass sie den für diesen Staat in der Anlage zu Satz 2 aufgeführten Nachweisen gleichstehen. Eine Approbation wird nicht erteilt, wenn eine ärztliche Prüfung oder ein Abschnitt der ärztlichen Prüfung nach der Rechtsverordnung gemäß § 4 Abs. 1 endgültig nicht bestanden wurde. Satz 7 findet keine Anwendung, wenn der Antragsteller einen nach der Richtlinie 2005/36/EG anzuerkennenden Ausbildungsnachweis besitzt.

(1a) Die zuständigen Behörden des Landes, in dem der ärztliche Beruf ausgeübt wird oder zuletzt ausgeübt worden ist, unterrichten die zuständigen Behörden des Herkunftsmitgliedstaats über das Vorliegen strafrechtlicher Sanktionen, über die Rücknahme, den Widerruf und die Anordnung des Ruhens der Approbation oder Erlaubnis, über die Untersagung der Ausübung der Tätigkeit und über Tatsachen, die eine dieser Sanktionen oder Maßnahmen rechtfertigen würden; dabei sind die Vorschriften zum Schutz personenbezogener Daten einzuhalten. Erhalten die zuständigen Behörden Auskünfte der zuständigen Behörden von Aufnahmemitgliedstaaten, die sich auf die Ausübung des ärztlichen Berufs auswirken könnten, so prüfen sie die Richtigkeit der Sachverhalte, befinden über Art und Umfang der durchzuführenden Prüfungen und unterrichten den Aufnahmemitgliedstaat über die Konsequenzen, die sie aus den übermittelten Auskünften ziehen. Die Länder benennen die Behörden und Stellen, die für die Ausstellung oder Entgegennahme der in der Richtlinie 2005/36/EG genannten Ausbildungsnachweise und sonstigen Unterlagen oder Informationen zuständig sind, sowie die Behörden und Stellen, die die Anträge annehmen und die Entscheidungen treffen können, die im Zusammenhang mit dieser

Richtlinie stehen. Sie sorgen dafür, dass das Bundesministerium für Gesundheit unverzüglich unterrichtet wird. Das Bundesministerium für Gesundheit übermittelt die Informationen unverzüglich den anderen Mitgliedstaaten und der Europäischen Kommission. Die Länder können zur Wahrnehmung der Aufgaben nach den Sätzen 1 bis 3 gemeinsame Stellen bestimmen. Das Bundesministerium für Gesundheit übermittelt nach entsprechender Mitteilung der Länder statistische Aufstellungen über die getroffenen Entscheidungen, die die Europäische Kommission für den nach Artikel 60 Abs. 1 der Richtlinie 2005/36/EG erforderlichen Bericht benötigt.

(2) Ist die Voraussetzung des Absatzes 1 Satz 1 Nummer 4 nicht erfüllt, so ist Antragstellern, die ihre ärztliche Ausbildung in einem anderen Mitgliedstaat der Europäischen Union oder einem anderen Vertragsstaat des Abkommens über den Europäischen Wirtschaftsraum oder der Schweiz abgeschlossen haben und nicht unter Absatz 1 oder § 14b fallen, die Approbation zu erteilen, wenn die Gleichwertigkeit des Ausbildungsstandes gegeben ist. Der Ausbildungsstand ist als gleichwertig anzusehen, wenn die Ausbildung des Antragstellers keine wesentlichen Unterschiede gegenüber der Ausbildung aufweist, die in diesem Gesetz und in der Rechtsverordnung nach § 4 Absatz 1 geregelt ist. Wesentliche Unterschiede nach Satz 2 liegen vor, wenn

1. die Ausbildung der Antragsteller sich hinsichtlich der beruflichen Tätigkeit auf Fächer bezieht, die sich wesentlich von der deutschen Ausbildung unterscheiden, oder
2. der Beruf des Arztes eine oder mehrere reglementierte Tätigkeiten umfasst, die in dem Staat, der den Ausbildungsnachweis ausgestellt hat, nicht Bestandteil des Berufs des Arztes sind, und sich die deutsche Ausbildung auf Fächer bezieht, die sich wesentlich von denen unterscheiden, die von dem Ausbildungsnachweis der Antragsteller abgedeckt werden.

Fächer unterscheiden sich wesentlich, bei denen Kenntnis und Fähigkeiten eine wesentliche Voraussetzung für die Ausübung des Berufs sind und bei denen die Ausbildung der Antragsteller gegenüber der deutschen Ausbildung wesentliche Abweichungen hinsichtlich des Inhalts aufweist. Wesentliche Unterschiede können ganz oder teilweise durch Kenntnisse und Fähigkeiten ausgeglichen werden, die die Antragsteller im Rahmen ihrer ärztlichen Berufspraxis in Voll- oder Teilzeit oder durch lebenslanges Lernen erworben haben, sofern die durch lebenslanges Lernen erworbenen Kenntnisse und Fähigkeiten von einer dafür in dem jeweiligen Staat zuständigen Stelle formell als gültig anerkannt wurden; dabei ist nicht entscheidend, in welchem Staat diese Kenntnisse und Fähigkeiten erworben worden sind. Liegen wesentliche Unterschiede nach den Sätzen 3 bis 5 vor, müssen die Antragsteller nachweisen, dass sie über die Kenntnisse und Fähigkeiten verfügen, die zur Ausübung des Berufs des Arztes erforderlich sind. Dieser Nachweis ist durch eine Eignungsprüfung zu erbringen, die sich auf die festgestellten wesentlichen Unterschiede bezieht. Über die Feststellung der wesentlichen Unterschiede, die zur Auferlegung einer Eignungsprüfung führt, ist den Antragstellern spätestens vier Monate, nachdem der zuständigen Behörde alle erforderlichen Unterlagen vorliegen, ein rechtsmittelfähiger Bescheid zu erteilen. Im Fall des § 81a des Aufenthaltsgesetzes soll der Bescheid innerhalb von zwei Monaten erteilt werden. Die Sätze 2 bis 9 gelten auch für Antragsteller, die über einen Ausbildungsnachweis als Arzt verfügen, der in einem anderen als den in Satz 1 genannten Staaten (Drittstaat) ausgestellt ist und den ein anderer der in Satz 1 genannten Staaten anerkannt hat.

(3) Ist die Voraussetzung des Absatzes 1 Satz 1 Nummer 4 nicht erfüllt, so ist Antragstellern, die über einen Ausbildungsnachweis als Arzt verfügen, der in einem anderen als den in Absatz 2 Satz 1 genannten Staaten (Drittstaat) ausgestellt ist, die Approbation zu erteilen, wenn die Gleichwertigkeit des Ausbildungsstandes gegeben ist. Für die Prüfung der Gleichwertigkeit gilt Absatz 2 Satz 2 bis 6 sowie 8 und 9 entsprechend. Der Nachweis der erforderlichen Kenntnisse und Fähigkeiten wird durch das Ablegen einer Prüfung erbracht, die sich auf den Inhalt der staatlichen Abschlussprüfung bezieht. Die erforderlichen Kenntnisse und Fähigkeiten sind nach Satz 3 auch nachzuweisen, wenn die Prüfung des Antrags nur mit unangemessenem zeitlichen oder sachlichen Aufwand möglich ist, weil die erforderlichen Unterlagen und Nachweise aus Gründen, die nicht in der Person der Antragsteller liegen, von diesen nicht vorgelegt werden können.

(3a) Wird die Voraussetzung des Absatzes 1 Satz 1 Nummer 4 auf eine Ausbildung gestützt, die außerhalb des Geltungsbereichs dieses Gesetzes abgeschlossen worden ist, sollen die Voraussetzungen der Gleichwertigkeit der Berufsqualifikation nach den Absätzen 2 oder 3 vor den Voraussetzungen nach Absatz 1 Satz 1 Nummer 2, 3 und 5 geprüft werden. Auf Antrag ist dem Antragsteller ein gesonderter Bescheid über die Feststellung der Gleichwertigkeit seiner Berufsqualifikation zu erteilen.

(4) Soll die Erteilung der Approbation wegen Fehlens einer der Voraussetzungen nach Absatz 1 Satz 1 Nr. 2 und 3 abgelehnt werden, so ist der Antragsteller oder sein gesetzlicher Vertreter vorher zu hören.

(5) Ist gegen den Antragsteller wegen des Verdachts einer Straftat, aus der sich seine Unwürdigkeit oder Unzuverlässigkeit zur Ausübung des ärztlichen Berufs ergeben kann, ein Strafverfahren eingeleitet, so kann die Entscheidung über den Antrag auf Erteilung der Approbation bis zur Beendigung des Verfahrens ausgesetzt werden.

(6) Wenn ein Antragsteller die Approbation auf Grund einer außerhalb des Geltungsbereichs dieses Gesetzes abgeschlossenen Ausbildung für die Ausübung des ärztlichen Berufs beantragt, sind folgende Unterlagen und Bescheinigungen vorzulegen:
1. ein Identitätsnachweis,
1a. eine tabellarische Aufstellung der absolvierten Ausbildungsgänge und der ausgeübten Erwerbstätigkeiten,
2. eine amtlich beglaubigte Kopie der Befähigungsnachweise oder des Ausbildungsnachweises, der zur Aufnahme des entsprechenden Berufs berechtigt sowie gegebenenfalls eine Bescheinigung über die von der betreffenden Person erworbene Berufserfahrung,
2a. im Fall von Absatz 3 eine Bescheinigung über die Berechtigung zur Berufsausübung im Herkunftsstaat und Unterlagen, die geeignet sind darzulegen, im Inland den ärztlichen Beruf ausüben zu wollen,
3. die Unterlagen, die von den zuständigen Behörden des Herkunftsstaats ausgestellt wurden und belegen, dass die Erfordernisse nach Absatz 1 Satz 1 Nr. 2 erfüllt werden oder, wenn im Herkunftsstaat die vorgenannten Unterlagen nicht ausgestellt werden, eine eidesstattliche Erklärung oder – in den Staaten, in denen es keine eidesstattliche Erklärung gibt – eine feierliche Erklärung, die die betreffende Person vor einer zuständigen Justiz- oder Verwaltungsbehörde oder gegebenenfalls vor einem Notar oder einer entsprechend bevollmächtigten Berufsorganisation des Herkunftsstaats, der eine diese eidesstattliche oder feierliche Erklärung bestätigende Bescheinigung ausstellt, abgegeben hat,
4. der Nachweis nach Absatz 1 Satz 1 Nr. 3, wobei ein entsprechender Nachweis, der im Herkunftsmitgliedstaat gefordert wird, anerkannt wird oder, wenn im Herkunftsmitgliedstaat kein derartiger Nachweis verlangt wird, eine von einer zuständigen Behörde des Herkunftsmitgliedstaats ausgestellte Bescheinigung,
5. eine Bescheinigung der zuständigen Behörden des Herkunftsmitgliedstaats, aus der hervorgeht, dass die Nachweise über die geforderten Ausbildungsvoraussetzungen den in der Richtlinie verlangten Nachweisen entsprechen,
6. in Fällen des Absatzes 2 oder 3 zusätzliche Nachweise, um feststellen zu können, ob die Ausbildung wesentliche Unterschiede gegenüber der Ausbildung aufweist, die in diesem Gesetz und in der Rechtsverordnung nach § 4 Absatz 1 geregelt ist,
7. für den Fall, dass sich Ausbildungsnachweise nach Artikel 3 Abs. 1 Buchstabe c der Richtlinie 2005/36/EG, die von der zuständigen Behörde eines Mitgliedstaats oder eines anderen Vertragsstaates des Abkommens über den Europäischen Wirtschaftsraum oder eines Vertragsstaates, dem Deutschland und die Europäische Gemeinschaft oder Deutschland und die Europäische Union vertraglich einen entsprechenden Rechtsanspruch eingeräumt haben, ausgestellt wurden, auf eine Ausbildung beziehen, die ganz oder teilweise in einer rechtmäßig im Hoheitsgebiet eines anderen der oben genannten Staaten niedergelassenen Einrichtung absolviert wurde, Unterlagen darüber,

a) ob der Ausbildungsgang in der betreffenden Einrichtung von der Ausbildungseinrichtung des Ausstellungsmitgliedstaats offiziell bescheinigt worden ist,
b) ob der ausgestellte Ausbildungsnachweis dem entspricht, der verliehen worden wäre, wenn der Ausbildungsgang vollständig im Ausstellungsmitgliedstaat absolviert worden wäre, und
c) ob mit dem Ausbildungsnachweis im Hoheitsgebiet des Ausstellungsmitgliedstaats dieselben beruflichen Rechte verliehen werden.

Die Nachweise nach Satz 1 Nr. 3 und 4 dürfen bei ihrer Vorlage nicht älter als drei Monate sein. Haben die zuständigen Behörden berechtigte Zweifel an der Authentizität der in dem jeweiligen Herkunftsmitgliedstaat ausgestellten Bescheinigungen und Ausbildungsnachweise, können sie von den zuständigen Behörden des Herkunftsmitgliedstaats eine Bestätigung der Authentizität dieser Bescheinigungen und Nachweise sowie eine Bestätigung darüber verlangen, dass der Antragsteller die Mindestanforderungen der Ausbildung erfüllt, die in Artikel 24 der Richtlinie 2005/36/EG verlangt werden. Haben die zuständigen Behörden berechtigte Zweifel an der Berechtigung des Antragstellers zur Ausübung des ärztlichen Berufs, können sie von den zuständigen Behörden eines Mitgliedstaates eine Bestätigung verlangen, aus der sich ergibt, dass dem Antragsteller die Ausübung des ärztlichen Berufs nicht aufgrund eines schwerwiegenden standeswidrigen Verhaltens oder einer Verurteilung wegen strafbarer Handlungen dauerhaft oder vorübergehend untersagt worden ist.

(7) Das Berufsqualifikationsfeststellungsgesetz findet mit Ausnahme des § 17 keine Anwendung.

(8) Die Bundesregierung überprüft die Regelungen zu den Anerkennungsverfahren nach diesem Gesetz und berichtet nach Ablauf von drei Jahren dem Deutschen Bundestag.

### Übersicht

| | Rdn. |
|---|---|
| A. Regelungsinhalt | 1 |
| B. Zuständigkeit | 5 |
| C. § 3 Abs. 1: Voraussetzungen für die Erteilung der Approbation | 6 |
| I. Staatsangehörigkeit (weggefallen) | 7 |
| II. Zuverlässigkeit und Würdigkeit | 8 |
| III. Gesundheitliche Eignung | 9 |
| IV. Medizinstudium und ärztliche Prüfung | 10 |
| V. Sprachkenntnisse und ihre Überprüfung | 12 |
| VI. Antragsteller im System der automatischen Anerkennung | 17 |
|    1. Automatische Anerkennung der ärztlichen Grundausbildung | 18 |
|    2. Automatische Anerkennung der fachärztlichen Weiterbildung | 20 |
|    3. Automatische Anerkennung aufgrund erworbener Rechte | 24 |
| VII. Endgültiges Nichtbestehen der ärztlichen Prüfung | 26 |
| VIII. Endgültiges Nichtbestehen der ärztlichen Prüfung bei Abschluss der Ausbildung in anderen Mitgliedstaaten | 27 |
| D. § 3 Abs. 1a: Verwaltungszusammenarbeit zwischen den Behörden der Mitgliedstaaten | 28 |
| I. Informationsaustausch zwischen den Behörden der Mitgliedstaaten | 31 |
| II. Informationsaustausch zwischen den Behörden der Mitgliedstaaten in der Landesgesetzgebung | 33 |
| III. Zuständige Behörden und Stellen für die Entgegennahme von Unterlagen und Informationen | 34 |
|    1. Internal Market Information System – Binnenmarktinformationssystem (»IMI«) | 35 |
|    2. Datenübermittlung an die Europäische Kommission | 36 |
| E. § 3 Abs. 2: Voraussetzungen für die Erteilung der Approbation an Antragsteller mit EU-, EWR- und Vertragsstaatenausbildungsnachweisen im allgemeinen System der Berufsanerkennungsrichtlinie | 37 |
| I. Gleichwertigkeit der Ausbildung | 39 |
|    1. Wesentliche Unterschiede | 41 |
|    2. Ausgleich durch Berufspraxis | 43 |
|    3. Gutachtenstelle | 44 |
| II. Eignungs- oder sog. Defizitprüfung | 45 |
| F. § 3 Abs. 3: Voraussetzungen für die Erteilung der Approbation an Antragsteller mit Drittstaatenausbildungsnachweisen | 46 |
| I. Gleichwertigkeitsprüfung | 48 |
| II. Kenntnisprüfung | 50 |

G. § 3 Abs. 3a: Bescheid über Anerkennung der Gleichwertigkeit ........... 51
H. § 3 Abs. 4: Anhörung des Antragstellers 52
I. § 3 Abs. 5: Aussetzung der Entscheidung über den Antrag auf Erteilung der Approbation ............. 53
J. § 3 Abs. 6: Nachweise für die Erteilung der Approbation an Antragsteller mit Ausbildungsnachweisen aus EU-, EWR-, Vertrags- und Drittstaaten ..... 54
I. Beglaubigte Kopien und Übersetzungen. 56
II. Unterlagen zur Zuverlässigkeit, Würdigkeit und gesundheitlichen Eignung .... 57
III. Authentizität der Unterlagen ......... 58
IV. Bearbeitungsfristen für die Approbationsanträge ..................... 60
K. § 3 Abs. 7: Anwendbarkeit des BQFG. . 63
L. § 3 Abs. 8: Evaluation und Berichtspflicht ........................... 64

## A. Regelungsinhalt

§ 3 regelt die Voraussetzungen für die Rechtsansprüche auf Erteilung einer Approbation. 1

§ 3 berücksichtigt neben Staatsangehörigen der Mitgliedstaaten der Europäischen Union, eines 2
Vertragsstaates des Abkommens über den Europäischen Wirtschaftsraum oder eines Vertragsstaates, dem Deutschland und die Europäischen Gemeinschaft oder Deutschland und die Europäische Union vertraglich einen entsprechenden Rechtsanspruch eingeräumt haben (»EU-, EWR- und Vertragsstaatangehörige«), die Personengruppe der heimatlosen Ausländer, Drittstaatsangehörige sowie im Inland, in den Mitgliedstaaten und in Drittstaaten durchlaufene Ausbildungen. DDR-Approbationen mit eingeschränkter Gültigkeit bzw. ihre Gleichstellung sind in § 14 geregelt (*Haage* in Rieger/Dahm/Katzenmeier/Steinhilper/Stellpflug, Heidelberger Kommentar Arztrecht, Krankenhausrecht, Medizinrecht, Beitrag 160 Rn. 23–27 m.w.N.).

Die Gesetzgebung über die Approbationserteilung hat in den Jahren 2007 bis 2016 aufgrund euro- 3
parechtlicher Vorgaben, nationaler Umsetzungsgesetze und zusätzlicher Gesetzesvorhaben eine Reihe von Änderungen erfahren (s. ausführlich 4. Aufl., § 3 Rdn. 13–45b).

Von großer Bedeutung ist die Richtlinie 2005/36/EG des Europäischen Parlaments und des Rates vom 07.09.2005 über die Anerkennung von Berufsqualifikationen (»**Berufsanerkennungsrichtlinie**«, ABl. EG Nr. L 255, 22, § 2 Rdn. 6–12). Die Berufsanerkennungsrichtlinie wurde mit Art. 4 des Gesetzes zur Umsetzung der Richtlinie 2005/36/EG des Europäischen Parlamentes und des Rates über die Anerkennung von Berufsqualifikationen der **Heilberufe (HeilbAnerkRUG)** vom 02.12.2007 (BGBl. I S. 2686, s. Rdn. 28 ff.) und mit Art. 5 des **Gesetzes zur Änderung krankenversicherungsrechtlicher und anderer Vorschriften (GKV-ÄG)** vom 24.07.2010 (BGBl. I S. 983, s. Rdn. 60 ff.) in der Bundesärzteordnung umgesetzt. Auch die Heilberufe- und Kammergesetze der Länder sowie die Weiterbildungsordnungen der Landesärztekammern wurden angepasst. Des Weiteren wurde die Bundesärzteordnung mit dem Gesetz zur Verbesserung der Feststellung und Anerkennung im Ausland erworbener Berufsqualifikationen (»**Anerkennungsgesetz**«) vom 06.12.2011 geändert (BGBl. 2011, Teil I Nr. 63 S. 2515 ff. s. Rdn. 40, 46). Das Anerkennungsgesetz ist seit dem 01.04.2012 in Kraft. Eine konkretisierende Verordnung zur Durchführung und zum Inhalt von Anpassungsmaßnahmen sowie zur Erteilung und Verlängerung von Berufserlaubnissen in den Heilberufen des Bundes ist seit dem 01.01.2014 in Kraft (BGBl. 2013, Teil I Nr. 46 S. 3005 ff.).

Die Berufsanerkennungsrichtlinie wurde mit der **Änderungsrichtlinie 2013/55/EU** in 2013 no- 4
velliert (Richtlinie 2013/55/EU des Europäischen Parlaments und des Rates vom 20.11.2013 zur Änderung der Richtlinie 2005/36/EG über die Anerkennung von Berufsqualifikationen und der Verordnung (EU) Nr. 1024/2012 über die Verwaltungszusammenarbeit mit Hilfe des Binnenmarkt-Informationssystems (»IMI-Verordnung«), ABl. EG Nr. 354/132). In Folge wurde die Bundesärzteordnung mit Art. 4 des **Gesetzes zur Umsetzung der Richtlinie 2013/55/EU** des Europäischen Parlaments und des Rates vom 20.11.2013 zur Änderung der Richtlinie 2005/36/EG über die Anerkennung von Berufsqualifikationen und der Verordnung (EU) Nr. 1024/2012 über die Verwaltungszusammenarbeit mithilfe des Binnenmarkt-Informationssystems (»**IMI-Verordnung**«) für bundesrechtlich geregelte Heilberufe und andere Berufe angepasst (BGBl. I 2016

S. 886). In Nachvollziehung des Berufszugangsrecht wurden für das Berufsausübungsrecht die Heilberufe- und Kammergesetze der Länder sowie die Weiterbildungsordnungen der Landesärztekammern geändert. So hat am 28.06.2013 und am 23.10.2015 der Vorstand der Bundesärztekammer die Novellierung der §§ 18, 19 Musterweiterbildungsordnung ((M)WBO) beschlossen.

### B. Zuständigkeit

5   Die **Approbationsbehörden** sind gem. § 12 die zuständigen Landesbehörden für die Erteilung der Approbation. Einen Überblick über die zuständigen Landesbehörden halten die Bundesärztekammer (www.bundesaerztekammer.de), die Zentrale für Ausländisches Bildungswesen (www.anabin.kmk.org) sowie das Informationsportal für ausländische Berufsqualifikationen (www.bq-portal.de) bereit.

### C. § 3 Abs. 1: Voraussetzungen für die Erteilung der Approbation

6   § 3 Abs. 1 regelt die Erteilung der **Approbation an Antragsteller mit Ausbildungsnachweisen aus EU-, EWR- und Vertragsstaaten**. Für die vom Antragsteller beizubringenden **Unterlagen und Nachweise** wird auf § 39 ÄApprO verwiesen. Einen Überblick gibt das Land Nordrhein-Westfalen in den Verwaltungsvorschriften zur »Durchführungder Bundesärzteordnung, der Bundes-Apothekerordnung, des Gesetzes über die Ausübung der Zahnheilkunde, des Gesetzes über die Berufe des Psychologischen Psychotherapeuten und der Kinder –und Jugendlichenpsychotherapeuten sowie des Gesetzes über den Beruf der Psychotherapeutin und des Psychotherapeuten - Runderlass des Ministeriums für Arbeit, Gesundheit und Soziales des Landes Nordrhein-Westfalen vom 27. Juli 2020 in der Fassung vom 23. September 2020« (https://www.mags.nrw/sites/default/files/asset/document/runderlass_zur_durchfuehrung_baeo_bapo_zhg_psychthg.pdf; (noch) nicht im Ministerialblatt NRW veröffentlicht).

### I. Staatsangehörigkeit (weggefallen)

7   Für die Erteilung der Approbation nach § 3 Abs. 1 ist die Staatsangehörigkeit nicht mehr ausschlaggebend. Sie ist mit Inkrafttreten des Anerkennungsgesetzes vom 01.04.2012 (Rdn. 3) als Zugangsvoraussetzung weggefallen. Antragsteller müssen nach Satz 1 Nr. 1 nicht länger **EU-, EWR-, Vertragsstaatantragsteller** oder heimatlose Ausländer im Sinne des Gesetzes über die Rechtsstellung **heimatloser Ausländer** (HAuslG) sein. Auch Antragsteller mit der Staatsangehörigkeit eines Drittstaates (»Drittstaat-Antragsteller«) haben bei Vorliegen der Voraussetzungen des § 3 einen Anspruch auf Erteilung der Approbation. Der Staatsangehörigkeitsvorbehalt für die Erteilung der Approbation wurde durch Verordnung vom 05.04.1934 in die Prüfungsordnung für Ärzte eingeführt. Vor 1934 galt, dass jeder, der die ärztliche Prüfung bestanden hatte, einen Anspruch auf die Erteilung der Bestallung hatte. Ausländer konnten von der Prüfung nur ausgeschlossen werden, wenn sie nicht in Deutschland die Reifeprüfung bestanden, Medizin studiert und die Vorprüfung bestanden hatten (BR-Drs. 351/06 B S. 3). Mit der Entschließung vom 07.07.2006 bat der Bundesrat die Bundesregierung um Prüfung, wie die Berufsgesetze der akademischen Heilberufe angepasst werden können, dass auch Drittstaat-Antragsteller, die im Besitz einer Niederlassungserlaubnis nach § 9 des Aufenthaltsgesetzes sind und ihre Ausbildung in einem akademischen Heilberuf im Inland absolviert haben, künftig einen Anspruch auf Erteilung der Approbation erhalten (BR-Drs. 351/06 B). Der Bundesrat argumentierte, dass das Fehlen eines Approbationsanspruches nicht mehr zeitgemäß und eine Änderung aus integrationspolitischen Gründen geboten sei (BR-Drs. 351/06 BS. 2). Die Bundesregierung ist dem Anliegen mit Inkrafttreten des **Anerkennungsgesetzes** am 01.04.2012 nachgekommen (Rdn. 3). Bis zu diesem Zeitpunkt wurden die Möglichkeiten der Erteilung der Erlaubnis nach § 10 sowie der Erteilung der Approbation aufgrund eines öffentlichen Gesundheitsinteresses gem. § 3 Abs. 3 für ausreichend erachtet (zum Staatsangehörigkeitsvorbehalt der kontinentaleuropäischen Notariatsverfassungen, s. die Vertragsverletzungsklage der Europäischen Kommission gegen die Niederlande, C-157/09).

## II. Zuverlässigkeit und Würdigkeit

Nach § 3 Abs. 1 Satz 1 Nr. 2 darf sich der Antragsteller nicht eines Verhaltens schuldig gemacht haben, aus dem sich seine Unwürdigkeit oder Unzuverlässigkeit zur Ausübung des Berufes ergibt (zusammenfassend *Haage* in Rieger/Dahm/Katzenmeier/Steinhilper/Stellpflug, Heidelberger Kommentar Arztrecht, Krankenhausrecht, Medizinrecht, Beitrag 160 Rn. 8, m.w.N.; *Ufer* ZMGR 2021, 3). Zwischen der Unwürdigkeit und der Unzuverlässigkeit ist zeitlich abzugrenzen: »Die Unwürdigkeit betrifft einen abgeschlossenen Lebenssachverhalt, die Unzuverlässigkeit ein begonnenes, aber prognostisch noch nicht abgeschlossenes Handeln oder Unterlassen. Die Prognose bezieht sich bei der Unzuverlässigkeit demnach auf das zukünftige Verhalten des Arztes« (*Rehborn* in Laufs/Kern/Rehborn, Handbuch des Arztrechts, § 8 Rn. 38 m.w.N.).

**Unzuverlässig** ist, wer aufgrund seines bisherigen Verhaltens keine ausreichende Gewähr für eine ordnungsgemäße Berufsausübung bietet. Es müssen Tatsachen vorliegen, die die Annahme rechtfertigen, der Arzt werde die berufsspezifischen Vorschriften und Pflichten nicht beachten (st. Rspr., vgl. BVerwG, Beschl. v. 09.01.1991 – 3 B 75/90, NJW 1991, 1557; Beschl. v. 09.11.2006 – 3 B 7/0; BayVGH, Urt. v. 28.04.2010 – 21 BV 09.1993). Es kommt darauf an, ob der Betreffende nach den gesamten Umständen des Falls willens und in der Lage sein wird, künftig seine beruflichen Pflichten zuverlässig zu erfüllen (BVerwG, Beschl. v. 27.10.2010 – 3 B 61/10). Ausschlaggebend für die Prognose der Zuverlässigkeit ist die Würdigung der gesamten Persönlichkeit des Arztes und seiner Lebensumstände auf der Grundlage der Sachlage im Zeitpunkt des Abschlusses des Verwaltungsverfahrens (BVerwG, Urt. v. 16.09.1997 – 3 C 12/95), s. ausführlich, § 5 Rdn. 7 ff.

**Unwürdig** ist, wer durch sein Verhalten das zur Ausübung des ärztlichen Berufes erforderliche Ansehen und Vertrauen bei der Bevölkerung, bei den Patienten und bei den Kollegen nicht besitzt. Es muss sich um ein schwerwiegendes Fehlverhalten im Sinne der Rechtsprechung handeln (vgl. BVerwG, Beschl. v. 18.08.2011 – 3 B 6.11). Ob ein solches gravierendes Fehlverhalten vorliegt, hängt entscheidend von den Umständen des Einzelfalls ab (vgl. VGH München, Beschl. v. 28.11.2016 – 21 ZB 16.436; VG Berlin, Urt. v. 13.07.2017 – 14 K 146.15), s. ausführlich § 5 Rdn. 7 ff.

Soll die Erteilung der Approbation aus Gründen der Unzuverlässigkeit oder Unwürdigkeit abgelehnt werden, ist der Antragsteller gem. § 3 Abs. 4 **anzuhören** (Rdn. 52). Die Unzuverlässigkeit und Unwürdigkeit zur Ausübung des Berufes können nach erteilter Approbation zum Widerruf, zur Rücknahme und zur Anordnung des Ruhens der Approbation führen (s. §§ 5, 6).

## III. Gesundheitliche Eignung

Gem. § 3 Abs. 1 Satz 1 Nr. 3 muss der Antragsteller zur Ausübung des Berufes **gesundheitlich geeignet** sein (ausführlich, s. § 5 Rdn. 14, m.w.N.). Ein Arzt muss, um eine ordnungsgemäße und sachgerechte Behandlung seines Patienten zu gewährleisten, ständig im Vollbesitz seiner geistigen und körperlichen Kräfte und in jeder Hinsicht »präsent« sein (vgl. OVG NRW, Beschl. v. 11.02.2004 – 13 B 2435/03).

Eine Nichteignung wird überwiegend daran beurteilt, ob ein körperliches Gebrechen als nicht nur vorübergehende schwere Störung vorliegt, die die Ausübung ärztlicher Tätigkeit unmöglich macht oder schwer behindert. Maßstab für die Ausübung der ärztlichen Tätigkeit ist die zwar fachgebietsbezogene, insoweit aber unbegrenzte ärztliche Tätigkeit insgesamt. Denn die ärztliche Approbation im Sinne von § 2 Abs. 1 ist im Gegensatz zur Berufserlaubnis nach § 2 Abs. 2 nicht einschränkbar (s. § 2 Rdn. 2). Eine Krankheit, die noch die absehbare Möglichkeit zur Berufsausübung zulässt, ist kein Gebrechen, (*Narr u.a.*, Ärztliches Berufsrecht, Ausbildung, Weiterbildung, Berufsausübung, Bd. I Rn. 46). »Die gesundheitliche Ungeeignetheit eines Arztes oder einer Ärztin i.S.d. § 3 Abs. 1 S. 1 Nr. 3 BÄO wird sich in der Regel nur anhand eines amts- oder fachärztlichen Gutachtens zweifelsfrei feststellen lassen« (OVG Bremen, Beschl. v. 08.01.2021 – 2 PA 270/20, GesR 2021, 109–111). Soll die Erteilung der Approbation aus Gründen der gesundheitlichen Ungeeignetheit abgelehnt werden, ist der Antragsteller gem. § 3 Abs. 4 anzuhören (Rdn. 52). Die gesundheitliche

Ungeeignetheit kann nach erteilter Approbation zum Widerruf und zur Anordnung des Ruhens der Approbation führen (s. § 5 Rdn. 14 und § 6 Rdn. 6).

### IV. Medizinstudium und ärztliche Prüfung

10 Nach § 3 Abs. 1 Satz 1 Nr. 4 muss der Antragsteller ein mindestens sechsjähriges **Medizinstudium** durchlaufen haben, das mindestens acht- bis höchstens zwölfmonatige praktische Ausbildungsinhalte (»Praktisches Jahr«) aufweist (zum Wegfall der achtzehnmonatigen Tätigkeit als Arzt im Praktikum [AIP], s. *Haage*, Nomos-Erläuterungen zum Deutschen Bundesrecht, § 3 Rn. 6). Darüber hinaus muss der Antragsteller die **ärztliche Prüfung** bestanden haben. Die Prüfungsordnung für das Medizinstudium ist in der **Approbationsordnung für Ärzte (ÄApprO)** niedergelegt, die ihre Rechtsgrundlage in § 4 Abs. 1 hat. Sie ist eine Rechtsverordnung, die vom Bundesministerium der Gesundheit mit Zustimmung des Bundesrates erlassen wird. Die ÄApprO ist Rahmenregelung für die Durchführung der Ausbildung und Prüfung an den Hochschulen sowie für die Approbationserteilung durch die Landesbehörden (ausführlich *Haage* in Rieger/Dahm/Katzenmeier/Steinhilper/Stellpflug, Heidelberger Kommentar Arztrecht, Krankenhausrecht, Medizinrecht, Beitrag 170 Rn. 1 ff.). Eine Approbation wird gem. § 3 Abs. 1 Satz 7 nicht erteilt, wenn eine ärztliche Prüfung oder Abschnitte einer Prüfung i.S.d. ÄApprO endgültig nicht bestanden wurden. Dies gilt nicht für Antragsteller, die ihre Ausbildung nach dem Nicht-Bestehen in einem anderen Mitgliedstaat erfolgreich abgeschlossen haben (Rdn. 26).

11 § 3 Abs. 1 Nr. 4 wurde durch Art. 4 des **Gesetzes zur Umsetzung der Richtlinie 2013/55/EU** (Rdn. 4) geändert und setzt den durch die Änderungsrichtlinie 2013/55/EU neu gefassten Art. 24 Abs. 2 um. Mit der Neufassung wurde ergänzt, dass neben mindestens 6 Jahren Ausbildungsdauer auch mindestens 5.500 Stunden erfüllt sein müssen. Eine Absenkung auf 5 Jahre Ausbildungsdauer war europarechtlich nicht zwingend. Die sechsjährige Mindestausbildungsdauer wird für die **ärztliche Grundausbildung** daher beibehalten (Rdn. 18).

### V. Sprachkenntnisse und ihre Überprüfung

12 Abschließend fordert § 3 Abs. 1 Satz 1 Nr. 5, dass Antragsteller über die erforderlichen Kenntnisse der deutschen Sprache verfügen.

Das Erfordernis der vorhandenen **Sprachkenntnisse** wurde mit Art. 4 des Gesetzes zur Umsetzung der Richtlinie 2005/36/EG des Europäischen Parlamentes und des Rates über die Anerkennung von Berufsqualifikationen der Heilberufe vom 02.12.2007 (BGBl. I S. 2686) eingefügt. § 3 Abs. 1 Satz 1 Nr. 5 setzt Art. 53 der Berufsanerkennungsrichtlinie um (s. § 2 Rdn. 6–18). Berufsangehörige müssen über die Sprachkenntnisse verfügen, die für die Ausübung ihrer Berufstätigkeit im Aufnahmemitgliedstaat erforderlich sind (Art. 53 Abs. 1). Nach Art. 53 stellt die Beherrschung der deutschen Sprache eine Anforderung an den Zugang zur Berufsausübung dar und ist nicht Bestandteil des Anerkennungsverfahrens der Berufsqualifikationen (Art. 53 Abs. 3 Satz 3). Der Europäischen Kommission zufolge kann die durch die Berufsanerkennungsrichtlinie geregelte Anerkennung von Berufsqualifikationen nicht an Sprachkenntnisse gebunden werden, es sei denn, diese sind Bestandteil der Qualifikation (z.B. bei Logopäden). Die sprachlichen Anforderungen dürfen nicht das für die Ausübung des Berufs im Aufnahmemitgliedstaat erforderliche und notwendige Maß übersteigen. Sie sind jeweils auf Einzelfallbasis zu prüfen (s. von der Koordinatorengruppe gebilligter Verhaltenskodex für die Richtlinie 2005/36/EG über die Anerkennung von Berufsqualifikationen – Nationale Verwaltungspraktiken, die unter die Richtlinie 2005/36/EG fallen, abrufbar unter http://ec.europa.eu/DocsRoom/documents/14981/attachments/1/translations). In der Praxis kann diese Differenzierung dazu führen, dass dem Antragsteller zwar die Anerkennung der Berufsqualifikation zu bescheinigen ist, er aber mangels Sprachkenntnisse dennoch keinen Anspruch auf Erteilung der Approbation hat.

13 Die Forderung, die für den Zugang zur Berufsausübung erforderlichen Sprachkenntnisse verlangen zu können, hat der EuGH bestätigt (Urt. v. 04.07.2000 – C-424/97 – Haim). Ausreichende

Sprachkenntnisse sind nicht nur im Umgang mit Patienten, sondern auch im Umgang mit Kollegen und Behörden notwendig (OVG Münster NJW 2002, 914). »Die Antragstellenden müssen über die Kenntnisse der deutschen Sprache verfügen, die für eine umfassende ärztliche (...) Tätigkeit notwendig sind. Ärztinnen, Ärzte (...) müssen ihre Patientinnen und Patienten inhaltlich ohne wesentliche Rückfragen verstehen und sich insbesondere so spontan und fließend verständigen können, dass sie in der Lage sind, sorgfältig die Anamnese zu erheben, Patientinnen und Patienten sowie deren Angehörige über erhobene Befunde sowie eine festgestellte Erkrankung zu informieren, die verschiedenen Aspekte des weiteren Verlaufs darzustellen und Vor- und Nachteile einer geplanten Maßnahme sowie alternativer Behandlungsmöglichkeiten erklären zu können, ohne öfter deutlich erkennbar nach Worten suchen zu müssen. In der Zusammenarbeit mit Kolleginnen und Kollegen sowie Angehörigen anderer Berufe müssen sie sich so klar und detailliert ausdrücken können, dass bei Patientenvorstellungen sowie ärztlichen oder zahnärztlichen Anordnungen und Weisungen Missverständnisse sowie hierauf beruhende Fehldiagnosen, falsche Therapieentscheidungen und Therapiefehler ausgeschlossen sind. Darüber hinaus müssen sie die deutsche Sprache auch schriftlich angemessen beherrschen, um Krankenunterlagen ordnungsgemäß führen und ärztliche oder zahnärztliche Bescheinigungen ausstellen zu können« (so in NRW Durchführung der Bundesärzteordnung, 3.3.2).

Antragsteller aus anderen Mitgliedstaaten dürfen jedoch nicht im Sinne des **Allgemeinen Gleichbehandlungsgesetzes (AGG)** diskriminiert werden. Die Nichtberücksichtigung eines ausländischen Bewerbers wegen mangelnder Sprachkenntnisse verstößt dann nicht gegen das AGG, wenn der Antragsteller nicht wegen seiner Staatsangehörigkeit, seiner Muttersprache oder eines Akzents im Betrieb zurückgewiesen wird (AG Berlin, Urt. v. 26.09.2007 – 14 Ca 10356/07). Das AGG sanktioniert nicht jede Benachteiligung, sondern nur eine solche aus den in § 1 AGG genannten Gründen (Zur Frage der Chancengleichheit im Prüfungsrecht, die keine Differenzierung der Prüfungsbedingungen nach den jeweiligen Sprachkenntnissen verlangt, s. OVG Lüneburg, Beschl. v. 17.09.2007 – 2 PA 593/07).

§ 3 Abs. 1 Nr. 5 lässt offen, was die »erforderlichen deutschen Sprachkenntnisse« sind, welche Mindestanforderungen zu stellen sind und warum gegebenenfalls eine **Überprüfung** erfolgt. Nach Art. 53 der **novellierten Berufsanerkennungsrichtlinie 2013/55/EU** (Rdn. 4) kann die Überprüfung der Sprachkenntnisse vorgeschrieben werden, wenn der auszuübende Beruf Auswirkungen auf die Patientensicherheit hat (Art. 53 Abs. 3). Die Überprüfung muss in angemessenem Verhältnis zur auszuübenden Tätigkeit stehen (Art. 53 Abs. 4), darf erst nach der Anerkennung einer Berufsqualifikation bzw. nach der Ausstellung eines Europäischen Berufsausweises vorgenommen werden (Art. 53 Abs. 3) und ist von der zuständigen Behörde oder unter ihrer Aufsicht vorzunehmen (Art. 53 Abs. 2). Berufsangehörige müssen gegen die Überprüfung Rechtsbehelfe nach nationalem Recht einlegen können (Art. 53 Abs. 4). Es bleibt dem Verwaltungsvollzug der Länder überlassen, in welcher Art und Weise die erforderlichen Sprachkenntnisse überprüft werden. Die Frage der Überprüfbarkeit von Sprachkenntnissen hatte im Rahmen der Novellierung der Berufsanerkennungsrichtlinie (Rdn. 4), mit dem Anerkennungsgesetz (s. Rdn. 4) und den Beschlüssen der Gesundheitsministerkonferenz (GMK) vom 26./27.06.2013 und 26./27.06.2014 (TOP 7.3 Eckpunkte zur Überprüfung der für die Berufsausübung erforderlichen Deutschkenntnisse in den akademischen Heilberufen unter https://www.gmkonline.de/documents/TOP73BerichtP_Oeffentl_Bereich.pdf) eine neue Dynamik entwickelt. In den meisten Bundesländern wurde die Durchführung einer sogenannten **Fachsprachenprüfung** auf die Landesärztekammern übertragen. So geht etwa die Übernahme der Fachsprachenprüfung durch die Ärztekammer Nordrhein auf einen Beschluss der NRW-Landesregierung zurück. In NRW müssen die Antragsteller spätestens bei Erteilung der Approbation auf der durch Vorlage eines entsprechenden Zertifikats nachgewiesenen Grundlage des Niveaus GER B2 über Fachsprachenkenntnisse orieniert am Sprachniveau C1 verfügen. Die Fachsprachenprüfung findet als Einzelüberprüfung statt und umfasst bspw. in NRW »ein simuliertes Berufsangehöriger-Patienten-Gespräch (20 Minuten), das Anfertigen einer schriftlichen Information, z.B. eines Arztbriefes oder einer Herstellungsanweisung für ein Arzneimittel (20 Minuten) und ein interkollegiales Gespräch (20 Minuten)« (NRW Durchführung der

Bundesärzteordnung, 10.2.4). Laut GMK Beschl. v. 26./27.06.2014 gelten »(d)ie erforderlichen deutschen Sprachkenntnisse (…) als nachgewiesen bei Antragstellern, bei denen die Genehmigungsbehörde ohne Zweifel feststellt, dass Deutsch in Wort und Schrift fließend (z.B. als Muttersprache) beherrscht wird oder der Abschluss der ärztlichen, zahnärztlichen, pharmazeutischen oder psychotherapeutischen Ausbildung (Ausbildungsnachweis) in deutscher Sprache erworben wurde. Der Nachweis der erforderlichen deutschen Sprachkenntnisse gilt in der Regel als erbracht, wenn die oder der Antragstellende
– den Abschluss einer mindestens zehnjährigen allgemeinbildenden Schulbildung an einer deutschsprachigen Schule oder
– den Abschluss einer mindestens dreijährigen Berufsausbildung in deutscher Sprache erworben hat« (TOP 7.3 Eckpunkte zur Überprüfung der für die Berufsausübung erforderlichen Deutschkenntnisse in den akademischen Heilberufen unter https://www.gmkonline.de/documents/TOP73BerichtP_Oeffentl_Bereich.pdf).

16 Die Bedingungen für die Durchführung der **Fachsprachenprüfungen** sind bei den jeweiligen Approbationsbehörden oder Landesärztekammern in Erfahrung zu bringen. Zum Erfordernis der Fachsprachenkenntnisse, s. OVG NRW, Urt. v. 05.02.2020 – 13 A 1115/17; OVG NRW, Beschl. v. 08.10.2018 – 13 B 1234/18; *Hampe* jurisPR-MedizinR 11/2018 Anm. 2.

### VI. Antragsteller im System der automatischen Anerkennung

17 Antragsteller mit einer in einem anderen Mitgliedstaat abgeschlossenen Ausbildung haben keine Ausbildung nach § 3 Abs. 1 Satz 1 Nr. 4 durchlaufen. Um aber die durch den Vertrag über die Arbeitsweise der Europäischen Union (AEUV) garantierten Grundfreiheiten umfänglich wahrnehmen zu können, wurde bereits 1993 mit der Vorgängerrichtlinie der **Berufsanerkennungsrichtlinie** (s. § 2 Rdn. 6–18) ein System geschaffen, das u. a. Ärzten unter Anerkennung ihrer Ausbildungsnachweise die Möglichkeit einräumt, grenzüberschreitend in der EU tätig werden zu können (zur Bedeutung von Richtlinien für die gegenseitige Anerkennung: EuGH, Urt. v. 14.09.2000 – C-238/98, Rn. 33 – Hocsman). Entsprechend setzen § 3 Abs. 1 Satz 2 und Satz 3 die ärztliche Ausbildung in anderen Mitgliedstaaten der Europäischen Union oder die ärztliche Ausbildung in einem anderen Vertragsstaat des Abkommens über den Europäischen Wirtschaftsraum abgeschlossene ärztliche Ausbildung mit der Ausbildung nach § 3 Abs. 1 Nr. 4 gleich. Diese Gleichsetzung unterliegt jedoch einem in Anhang V der Berufsanerkennungsrichtlinie geschaffenen System der **automatischen Anerkennung auf der Grundlage koordinierter Mindestanforderungen an die Ausbildung** (s. § 2 Rdn. 8).

#### 1. Automatische Anerkennung der ärztlichen Grundausbildung

18 **Anhang V Nummer 5.1.1** weist jedem Mitgliedstaat eine **ärztliche Grundausbildung**, einen Ausbildungsnachweis, eine ausstellende Stelle und einen Stichtag zu, ab wann der Ausbildungsnachweis Gültigkeit hat. Die in Anhang V genannten Nachweise bieten die Garantie dafür, dass die in der Berufsanerkennungsrichtlinie näher konkretisierten Kenntnisse erworben worden sind. Danach darf in den Mitgliedstaaten ein Zeugnis über die ärztliche Prüfung nur erteilt werden, wenn die Mindestanforderungen der Richtlinie an die ärztliche Ausbildung gem. Art. 24 Abs. 3 gewährleistet sind. Auf diese Weise kommt es zu einer automatischen Anerkennungspflicht (vgl. *Haage* MedR 2008, 70, 73). Art. 24 Abs. 2 der Berufsanerkennungsrichtlinie fordert, dass die ärztliche Grundausbildung mindestens 5 Jahre (kann zusätzlich in der entsprechenden Anzahl von ECTS Punkten ausgedrückt werden) und 5.500 Stunden theoretischen und praktischen Unterricht an einer Universität umfassen soll. Mit dieser Regelung wird keine generelle Mindestweiterbildungsdauer von 5 Jahren eingeführt, sodass die in Deutschland geltende Mindestdauer von 6 Jahren in § 3 Abs. 1 Nr. 4 beibehalten werden kann, s. Art. 4 des Gesetzes zur Umsetzung der Richtlinie 2013/55/EU zu § 3 Abs. 1 Nr. 4 (Rdn. 11 und 46 ff.). Die Punkte des **Europäischen Systems zur Übertragung und Akkumulierung von Studienleistungen (ECTS)** werden bereits in einer großen Mehrheit der Hochschuleinrichtungen in der Union verwendet. Daher sollte die Möglichkeit eingeführt werden, die Dauer der Grundausbildung auch in ECTS auszudrücken (Erwägungsgrund

17 der Änderungsrichtlinie 2013/55/EU). Die in Anhang V genannten Stichtage variieren aufgrund der verschiedenen Beitrittsdaten der Mitgliedstaaten bzw. Vertragsstaaten des Abkommens über den Europäischen Wirtschaftsraum. Für Ausbildungsnachweise, die von Vertragsstaaten, denen Deutschland und die Europäische Gemeinschaft oder Deutschland und die Europäische Union vertraglich einen entsprechenden Anspruch eingeräumt haben, ausgestellt worden sind, gelten die Stichtage jeweils entsprechend. Anhang V Nummer 5.1.1 wurde in der Anlage zu § 3 Abs. 1 Satz 2 umgesetzt. Zuletzt wurde die Anlage mit Verordnung zur Änderung der Anlage zur Bundes-Apothekerordnung, der Anlage zur Bundesärzteordnung, der Anlage zum Gesetz über die Ausübung der Zahnheilkunde, der Anlage zum Hebammengesetz und der Anlage zum Krankenpflegegesetz vom 17.12.2007 (BGBl. I S. 2945, 2947) geändert. Die diesbezügliche Verordnungsermächtigung findet sich in § 3 Abs. 1 Satz 5. Die für die Anerkennung der ärztlichen Grundausbildung erforderlichen Unterlagen und Bescheinigungen sind in § 3 Abs. 6 geregelt (Rdn. 54 ff.).

§ 3 Abs. 1 Satz 2 wurde durch Art. 4 des Gesetzes zur Umsetzung der Richtlinie 2013/55/EU (Rdn. 4) geändert und setzt die durch Art. 4a– 4e der Änderungsrichtlinie 2013/55/EU neu eingeführte Möglichkeit eines **Europäischen Berufsausweises** um, der alternativ zum Nachweis der Berufsqualifikation genutzt werden kann. Nach § 3 Abs. 1 Satz 2 soll die abgeschlossene ärztliche Ausbildung aus einem Mitgliedstaat der EU oder einem anderen Vertragsstaat des Abkommens über den Europäischen Wirtschaftsraum auch durch Vorlage eines Europäischen Berufsausweises nachgewiesen werden können. Damit wird es eine ergänzende Möglichkeit eines Nachweises der Berufsqualifikation durch den Europäischen Berufsausweis geben. Einzelheiten sollen laut Begründung in der Approbationsordnung für Ärzte geregelt werden. Seit dem 24.06.2015 liegt die konkretisierende **Durchführungsverordnung (EU) 2015/983** der Kommission vom 24.06.2015 betreffend das Verfahren zur Ausstellung des Europäischen Berufsausweises und die Anwendung des Vorwarnmechanismus gemäß der Richtlinie 2005/36/EG des Europäischen Parlaments und des Rates (ABl. 159/27) vor. Art. 4 der Durchführungsverordnung listet auf, welche Angaben der Antragsteller in seinem Antrag auf Ausstellung eines Europäischen Berufsausweis zu machen hat. Insbesondere die unter Buchst. f gegebene Möglichkeit, zwischen der automatischen Anerkennung und der Anerkennung nach dem »allgemeinen System« zu wählen, könnte in der Praxis problematisch werden. Ein Antragsteller könnte bspw. die automatische Anerkennung beantragen, obwohl dieses System für seinen Fall nicht einschlägig ist. In Erwägungsgrund 2 der Durchführungsverordnung heißt es, dass es zur Einführung des Europäischen Berufsausweises u.a. für Ärzte noch weiterer Prüfungen in Bezug auf die Vereinbarung mit den in Art. 4a Abs. 7 der Richtlinie 2005/36/EG festgelegten Bedingungen bedarf. Bislang gibt es für die Einführung eines Europäischen Berufsausweises für den Arztberuf bislang keinen Zeitplan. 19

## 2. Automatische Anerkennung der fachärztlichen Weiterbildung

Von der automatischen Anerkennung der ärztlichen Grundausbildung ist die **automatische Anerkennung der fachärztlichen Weiterbildung** zu unterscheiden. Die diesbezüglichen Ausbildungsnachweise, zuständigen Behörden, Stichtage und Bezeichnungen sind in **Anhang V Nummern 5.1.2, 5.1.3 und 5.1.4** geregelt. Die automatische Anerkennung bezieht sich auf den Ausbildungsnachweis, aus dem sich bestimmte Weiterbildungskenntnisse ergeben. Im Inland werden die Ausbildungsnachweise durch die Landesärztekammern ausgestellt. Die Umsetzung der europarechtlichen Vorgaben hinsichtlich der Anerkennung der fachärztlichen Weiterbildung erfolgte auf Landesebene in den Heilberufe- und Kammergesetzen sowie in den Weiterbildungsordnungen der Kammern. 20

Ob damit automatisch die Erlaubnis zum Führen der mit diesen Kenntnissen verbundenen Bezeichnung verbunden ist, wird in den Kammergebieten aufgrund der unterschiedlichen Ausgestaltung der Heilberufe- und Kammergesetze und Weiterbildungsordnungen nicht einheitlich gehandhabt. Für Dienstleistungserbringer gilt, dass diese die Bezeichnung ihres Aufnahmemitgliedstaates führen. 21

In einigen Kammergebieten erfolgt die **Erlaubnis zum Führen der fachärztlichen Bezeichnung** über eine »zusätzliche Anerkennung«. Der automatischen Anerkennung des Ausbildungsnachweises werde dadurch Geltung verschafft, dass bei Vorlage des Ausbildungsnachweises ein Rechtsanspruch auf 22 die Erlaubnis zum Führen der Bezeichnung besteht. Diese »zusätzliche Anerkennung« des Rechts zum Führen der Bezeichnung wird auf Antrag bei den zuständigen Landesärztekammern erhalten, s. bspw. § 35 Abs. 2 Nr. 3 HKG Nds. und entsprechend § 20 Abs. 1 WBO Nds. sowie § 18 Abs. 1 (Muster-) Weiterbildungsordnung (MWBO).

23 In anderen Kammergebieten wird die Auffassung vertreten, dass Antragsteller aus anderen Mitgliedstaaten die geltende Facharztbezeichnung mit Anerkennung des Ausbildungsnachweises führen müssen. Ausweislich des Art. 52 der Berufsanerkennungsrichtlinie, der das Führen von Berufsbezeichnungen regelt, führen Antragsteller, die sich in einem anderen Mitgliedstaat niederlassen möchten, die Berufsbezeichnung des Aufnahmemitgliedstaates. Dies sollte angesichts der vorangegangenen automatischen Anerkennung der fachärztlichen Weiterbildung und angesichts des Unterschieds zum Dienstleistungserbringer als Automatismus verstanden werden. Auf ein Antragserfordernis zum Führen der fachärztlichen Bezeichnung könnte in den Heilberufe- und Kammergesetzen sowie Weiterbildungsordnungen verzichtet werden. Sofern argumentiert wird, der Antragsteller werde ohne das Antragserfordernis zum Führen der Berufsbezeichnung nicht bei der zuständigen Ärztekammer registriert, ist entgegenzuhalten, dass erfolgreiche Antragsteller im Fall der Niederlassung Mitglied der zuständigen Ärztekammer werden müssen und damit ohnehin registriert werden.

### 3. Automatische Anerkennung aufgrund erworbener Rechte

24 § 3 Abs. 1 Satz 6 stellt Ausbildungsnachweise, die **nach den Beitrittszeitpunkten** von einem Mitgliedstaat ausgestellt wurden, den in den Sätzen 2 bis 4 genannten Ausbildungsnachweisen mithilfe der Vorlage einer Bescheinigung der zuständigen Behörde dieses Mitgliedstaates (auch eines Vertragsstaates des EWR oder eines Vertragsstaates, dem vertraglich ein Rechtsanspruch eingeräumt wurde), gleich. In diesen **Konformitätsbescheinigungen** ist darzulegen, dass die Bezeichnungen zwar nicht den in der Anlage zu § 3 Abs. 1 Satz 2 genannten entsprechen, aber dennoch die Ausbildung den Mindestanforderungen des Art. 24 der Berufsanerkennungsrichtlinie entspricht, und der Nachweis den in Anlage zu § 3 Abs. 1 Satz 2 genannten Nachweisen gleichstehen. Ist ein vorgelegter Ausbildungsnachweis vor den für die Anerkennung der in der Anlage zu § 3 Abs. 1 Satz 2 genannten Daten ausgestellt worden, gilt § 14b. § 14b trägt den Vorschriften über erworbene Rechte nach Art. 23 der Richtlinie 2005/36/EG Rechnung. § 14b regelt die Voraussetzungen für die Erteilung der Approbation bei Ausbildungsnachweisen, die im Gegensatz zu § 3 Abs. 1 Satz 6 **vor Beitritt** zur Europäischen Union ausgestellt wurden (§ 14b Abs. 1 Satz 1). Entsprechen diese Ausbildungen nicht den Mindestanforderungen von Art. 24 der Richtlinie 2005/36/EG, sind sie dennoch anzuerkennen, wenn ihnen eine Bescheinigung beigefügt ist, aus der sich ergibt, dass der Antragsteller während der letzten 5 Jahre vor der Antragstellung mindestens 3 Jahre ununterbrochen tatsächlich und rechtmäßig den ärztlichen Beruf ausgeübt hat (»**drei aus fünf Jahres-Regelung**«, (§ 14b Abs. 1 Satz 2). Die »drei aus fünf-Jahres-Regelung« ist nicht länderbezogen. Die Berufspraxis kann in sämtlichen Staaten erlangt worden sein (einschließlich Drittstaaten) und muss lediglich bescheinigt werden, wobei auch eine Arbeitgeberbescheinigung ausreicht, s. Art. 23 Abs. 1 der Berufsanerkennungsrichtlinie.

25 Für Antragsteller, deren Ausbildungsnachweise von der **früheren Tschechoslowakei, der früheren Sowjetunion oder des früheren Jugoslawiens** ausgestellt wurden, gilt ebenfalls die automatische Anerkennung aufgrund erworbener Rechte mit Sonderregelungen in § 14b Abs. 1 Satz 3. § 14b Abs. 2 stellt klar, dass die Antragsteller, die sich nicht auf erworbene Rechte berufen können, weil sie die notwendige Berufstätigkeit nicht nachweisen, dem **allgemeinen System** (s. Rdn. 37 ff.) unterliegen (vgl. BT-Drs. 17/1297 S. 20).

### VII. Endgültiges Nichtbestehen der ärztlichen Prüfung

26 § 3 Abs. 1 Satz 7 regelt, dass eine Approbation im Fall des **endgültigen Nichtbestehens der ärztlichen Prüfung** nicht erteilt werden kann. Diese Regelung trägt höchstrichterlicher Rechtsprechung Rechnung (BVerfGE 80, 1) und ist nach Ansicht der Bundesregierung keine unzulässige Diskriminierung ausländischer Bewerber (ausführlich BT-Drs. 15/2350 S. 26). Bis zum 02.12.2007 galt

diese Regelung auch für Antragsteller, die zwar die ärztliche Prüfung in Deutschland endgültig nicht bestanden haben, aber erfolgreich ihre Ausbildung in einem anderen EU-Mitgliedstaat abgeschlossen haben. Art. 4 des **Gesetzes zur Umsetzung der Richtlinie 2005/36/EG des Europäischen Parlamentes und des Rates über die Anerkennung von Berufsqualifikationen der Heilberufe vom 02.12.2007** (Rdn. 3) hat diese Rechtslage in der ÄApprO und mit Einfügen des § 3 Abs. 1 Satz 8 geändert.

### VIII. Endgültiges Nichtbestehen der ärztlichen Prüfung bei Abschluss der Ausbildung in anderen Mitgliedstaaten

§ 3 Abs. 1 Satz 8 regelt, dass Antragsteller, die ihre ärztliche Ausbildung im EU-Ausland erfolgreich abgeschlossen haben, Anspruch auf die Anerkennung der Ausbildungsnachweise nach der Berufsanerkennungsrichtlinie haben. Diesen Ansprüchen kann ein **früheres endgültiges Nichtbestehen der ärztlichen Prüfung** in Deutschland nicht mehr entgegengehalten werden. Satz 8 wurde auf Druck der Europäischen Kommission eingeführt, die der Bundesrepublik ein Vertragsverletzungsverfahren androhte (vgl. *Haage*, Nomos-Erläuterungen zum Deutschen Bundesrecht, § 3 Rn. 9). Satz 8 wurde mit Inkrafttreten des Anerkennungsgesetzes (s. Rdn. 3) im Anwendungsbereich auf sämtliche Antragsteller erweitert und gilt daher nicht mehr nur für EU-Antragsteller. In seiner Entscheidung vom 29.01.2009 setzt sich der EuGH (C-311/06 – Consiglio Nazionale degli Ingegneri) mit der Anerkennung von Diplomen bei reglementierten Berufen im Rahmen der Richtlinie 89/48/EWG und der Umgehung von Mindestvoraussetzungen auseinander. Die Entscheidung dürfte bei einer Prüfung nach § 3 Abs. 1 Satz 8 im Einzelfall zu berücksichtigen sein.   27

### D. § 3 Abs. 1a: Verwaltungszusammenarbeit zwischen den Behörden der Mitgliedstaaten

§ 3 Abs. 1a wurde mit Art. 4 des Gesetzes zur Umsetzung der Richtlinie 2005/36/EG des Europäischen Parlamentes und des Rates über die Anerkennung von Berufsqualifikationen der Heilberufe vom 02.12.2007 (BGBl. I, 2686) eingeführt und setzt Art. 56 der Berufsanerkennungsrichtlinie um. Art. 56 stellt die **Verwaltungszusammenarbeit** zwischen den beteiligten Behörden der Mitgliedstaaten in den Fällen der Niederlassung und Dienstleistungserbringung sicher (s. § 2 Rdn. 13 ff.). § 3 Abs. 1a setzt Art. 56 für den Fall der Niederlassung in Deutschland um, d.h. für Fälle, in denen Antragstellern mit einem europäischen Ausbildungsnachweis eine Approbation nach § 3 Abs. 1 erteilt wurde. Für den Fall der Dienstleistungserbringung gilt § 10b Abs. 3 Satz 3 bis 7. Das in § 3 Abs. 1a umgesetzte Verfahren soll sicherstellen, dass der Herkunftsmitgliedstaat, d.h. der Staat in dem das ärztliche Grunddiplom erworben wurde, stets alle Informationen über den Arzt erhält und entscheiden kann, ob diesem die unbeschränkte Berufsausübung weiter gewährt werden kann. Verliert ein Arzt seine Berufszulassung kann er in anderen Mitgliedstaaten bspw. nicht mehr als Dienstleistungserbringer tätig sein (*Haage*, Nomos-Erläuterungen zum Deutschen Bundesrecht, § 3 Rn. 10).   28

Der durch Art. 4 des Gesetzes zur Umsetzung der Richtlinie 2013/55/EU (Rdn. 4) neu eingefügte § 9a BÄO soll die Vorgaben des Art. 56a der Richtlinie 2005/36/EG, d.h. die Einführung eines europaweiten **Vorwarnmechanismus**, umsetzen. Seit dem 24.06.2015 liegt darüber hinaus die konkretisierende **Durchführungsverordnung (EU) 2015/983** vor. Der § 9a Abs. 1 setzt die Bestimmungen des Art. 56a Abs. 1, 2, 4 und 6 der Richtlinie 2005/36/EG um. Art. 56a Abs. 1 der Richtlinie 2005/36/EG schreibt vor, dass die zuständigen Behörden eines Mitgliedstaates die zuständigen Behörden aller anderen Mitgliedstaaten über die dort benannten Berufsangehörigen informieren, deren berufliche Tätigkeit durch Behörden oder Gerichte im Hoheitsgebiet ganz oder teilweise, auch vorübergehend, untersagt worden ist oder denen diesbezügliche Einschränkungen auferlegt worden sind. Nach § 9a Abs. 1 Satz 1 ist u.a.   29
– über den Widerruf, die Rücknahme oder das Ruhen der Approbation,
– über einen Verzicht auf die Approbation sowie
– über ein Verbot der Ausübung des ärztlichen Berufs durch gerichtliche Entscheidung

über das IMI (s. Rdn. 35) zu informieren.

30 Mit der Umsetzung des Vorwarnmechanismus in § 9a ist zu beachten, dass die Behörden der anderen EU-Mitgliedsstaaten über das IMI innerhalb kurzer Fristen über Beschränkungen oder Untersagungen der Ausübung des ärztlichen Berufs informiert werden. Fraglich ist, ob das IMI auch eine gegenseitige Information der deutschen Approbationsbehörden gewährleistet. Die Bundesärzteordnung sieht keine gegenseitige Information der Approbationsbehörden vor. Dies könnte dazu führen, dass ausländische Behörden besser als deutsche Behörden informiert sind. Dies wäre anders zu beurteilen, wenn alle Approbationsbehörden über das IMI auch die Warnmeldungen der nationalen Behörden zugeleitet bekämen. Die kurzen Fristen setzen allerdings voraus, dass die zuständigen Behörden bzw. Gerichte direkten Zugang zum Binnenmarkt-Informationssystem (IMI) haben. Es ist daher zu klären, welche Entscheidungen von den zuständigen Behörden bzw. Gerichten als Meldungen über den Vorwarnmechanismus gesendet und empfangen werden müssen und welche Zugriffsrechte hiermit verbunden sind. Insbesondere der Umgang mit eingehenden Meldungen bedarf einer weiteren Klärung. Bislang gibt es keine Regelung darüber, wer die eingehenden Meldungen aus anderen Mitgliedstaaten koordiniert. Nicht alle aus den EU-Mitgliedstaaten eingehenden Warnmeldungen werden eine rechtliche Relevanz in Deutschland haben. Es ist daher zu klären, ob diese über eine zentrale Stelle gefiltert werden können.

### I. Informationsaustausch zwischen den Behörden der Mitgliedstaaten

31 § 3 Abs. 1a Satz 1 setzt Art. 56 Abs. 2 Satz 1 um und regelt den Fall, wonach EU-, EWR- und Vertragsstaatangehörigen eine Approbation nach § 3 Abs. 1 in Deutschland als Aufnahmemitgliedstaat erteilt wurde. Die Vorschrift verpflichtet die zuständige Landesbehörde, in dem der ärztliche Beruf ausgeübt wird oder zuletzt ausgeübt worden ist, die Behörde des Herkunftsmitgliedstaates über bestimmte **Tatsachen, die Einfluss auf die Berufsausübung haben** zu unterrichten. Diese Tatsachen umfassen das Vorliegen **strafrechtlicher Sanktionen**, die Rücknahme, den Widerruf und die Anordnung des Ruhens der Approbation oder Erlaubnis, die Untersagung der Ausübung der Tätigkeit sowie Tatsachen, die eine dieser Sanktionen oder Maßnahmen rechtfertigen würden.

32 § 3 Abs. 1a Satz 2 setzt Art. 56 Abs. 2 Satz 2 um und regelt den umgekehrten Fall, wonach Deutschland als Herkunftsmitgliedstaat die durch einen Aufnahmemitgliedstaat übermittelten Informationen über in Deutschland approbierte EU-, EWR- und Vertragsstaatsangehörige erhält. Die zuständige Landesbehörde prüft die Richtigkeit der übermittelten Sachverhalte und welche Auswirkungen die Entscheidungen des Aufnahmemitgliedstaates auf die Ausübung der Tätigkeit als Arzt in Deutschland haben. Dabei lässt die Formulierung offen, wie eine Landesbehörde »die Richtigkeit der Sachverhalte« prüfen soll. Ggf. kann IMI diesbezüglich zur Anwendung gelangen (s. Rdn. 35). Nach Satz 2 ist die zuständige Landesbehörde verpflichtet, den Aufnahmemitgliedstaat über das Ergebnis der Prüfung und über Konsequenzen, die sie aus den vom Aufnahmemitgliedstaat übermittelten Auskünften zieht, zu unterrichten. Die zuständige Landesbehörde, die diese Informationen von einem Aufnahmemitgliedstaat erhält, kann bei Vorliegen der Voraussetzungen die Rücknahme, den Widerruf oder die Anordnung des Ruhens der Approbation veranlassen. Darüber hinaus sind ggf. die Eintragung einer getroffenen Entscheidung im Bundeszentralregister zu veranlassen (vgl. BT-Drs. 16/5385 S. 82).

### II. Informationsaustausch zwischen den Behörden der Mitgliedstaaten in der Landesgesetzgebung

33 Da der Informationsaustausch für die **Berufsaufsicht** u.a. durch die Ärztekammern relevant ist, wurde Art. 56 der Berufsanerkennungsrichtlinie auch in den Heilberufe- und Kammergesetzen umgesetzt. In diese wurden zumeist eine Amtshilfeverpflichtung gegenüber anderen Mitgliedstaaten und der Informationsaustausch hinsichtlich berufsrechtlicher Maßnahmen implementiert (s. bspw. § 9 Abs. 2 HKG Nds., § 3 Abs. 4 HBKG BW).

## III. Zuständige Behörden und Stellen für die Entgegennahme von Unterlagen und Informationen

§ 3 Abs. 1a Satz 3 zufolge benennen die Länder **Behörden und Stellen**, die für die Ausstellung und Entgegennahme der Ausbildungsnachweise, sonstigen Unterlagen und Informationen zuständig sind. Warum die Systematik der Zuständigkeitsregelung in § 12 an dieser Stelle durchbrochen wurde, ist unklar. Im deutschen Kontext ist der Begriff »zuständige Stelle« nicht gängig. Damit können jedoch die National-IMI-Coordinators (NIMICs), Delegated-IMI-Coordinators (DIMICs) und registrierte Behörden erfasst werden, die über die IMI Verordnung verbindlich einzusetzen sind (Rdn. 35). 34

### 1. Internal Market Information System – Binnenmarktinformationssystem (»IMI«)

Der Informationsaustausch zwischen zuständigen Behörden wird europaweit elektronisch über das sog. »**Internal Market Information System (IMI)**« (»Binnenmarktinformationssystem«) durchgeführt. IMI gelangt nicht nur über Art. 8 der Richtlinie 2006/123/EG (»Dienstleistungsrichtlinie«), sondern auch i.R.d. Art. 4a-e, 8, 50, 56 und 56a der Berufsanerkennungsrichtlinie zur Anwendung. Das EDV-System implementiert einen Fragenkatalog zu berufsrelevanten Informationen in allen Amtssprachen der EU. Der konkrete Aufbau und die Überprüfung der Einsatzfähigkeit des Systems begannen mit einer Pilotphase im Februar 2008 für die Berufe der Steuerberater, Physiotherapeuten, Apotheker und Ärzte. Die Koordinierungsfunktion für das IMI in Deutschland hat das Bundesverwaltungsamt als National-IMI-Coordinator (NIMIC) übernommen (https://www.bva.bund.de/SharedDocs/Aufgaben/DE/N/nimic.html). NIMICs sind für die Registrierung der zuständigen Behörden auf Bundes- und Landesebene zuständig. Die Registrierung bedeutet als zuständige Behörde im Rahmen der Art. 4a-e, 8, 50, 56 und 56a der Richtlinie 2005/36/EG über das fachlich koordinierende Delegated-IMI-Coordinator (DIMIC) gegenüber der Europäischen Kommission benannt zu werden. Die Struktur der DIMICs variiert in den einzelnen Bundesländern (zentral oder dezentral). Gem. § 3 Abs. 1a Satz 6 können die Länder auch gemeinsame Stellen für die Wahrnehmung der Aufgaben nach § 3 Abs. 1a Satz 1 bis 3 bestimmen. In Bayern wurden in der Vergangenheit Anfragen auf der Grundlage der Berufsanerkennungsrichtlinie unter Nutzung von IMI zentral von der Regierung der Oberpfalz beantwortet. Die Anfragen wurden je nach Zuständigkeit den Kammern mit der Bitte um Erledigung zugeleitet. Die bearbeiteten Anfragen wurden an die Regierung der Oberpfalz zurückgesendet, die sie an die anfragende Stelle weiterleitete. Da sich die Anfragen insbesondere im ärztlichen Bereich häuften, erfolgte am 12.08.2009 die Übergabe der IMI-Zuständigkeit an die Kammern. Die Bayerische Landesärztekammer ist nunmehr zuständige Behörde zu Fragen der Berufsqualifikation außerhalb des Berufszulassungsrechts. Eine entsprechende Registrierung ist erfolgt. Sämtliche Ärztekammern sind inzwischen ebenfalls für die Nutzung des Systems registriert. Zu weiteren Informationen wird auf http://ec.europa.eu/internal_market/imi-net/index_de.html verwiesen. 35

### 2. Datenübermittlung an die Europäische Kommission

§ 3 Abs. 1a Satz 4, 5 und 7 regeln, dass das Bundesministerium für Gesundheit die statistischen Daten, die sie nach Satz 4 von den Ländern in Fällen des Informationsaustausches erhalten, an die Europäische Kommission weiterleiten. Ggf. gelangt IMI diesbezüglich zur Anwendung (Rdn. 35). 36

## E. § 3 Abs. 2: Voraussetzungen für die Erteilung der Approbation an Antragsteller mit EU-, EWR- und Vertragsstaatenausbildungsnachweisen im allgemeinen System der Berufsanerkennungsrichtlinie

Mit § 3 Abs. 2 wird Antragstellern mit EU-, EWR- und Vertragsstaatenausbildungsnachweisen ein Anspruch auf Erteilung der Approbation eingeräumt, deren Ausbildungsnachweise nicht automatisch nach § 3 Abs. 1 oder § 14b anerkennt werden können. Aus Gründen des Gesundheitsschutzes und der Qualitätssicherung wird die Approbation nur bei einem **gleichwertigen Ausbildungsstand** 37 erteilt. In diesen Fällen ist eine Anerkennung nach den Regelungen des **allgemeinen Systems** der Berufsanerkennungsrichtlinie durchzuführen.

38 Ein wichtiger Anwendungsbereich von Abs. 2 entsteht durch dessen Inbezugnahme in § 14b Abs. 2. Danach unterliegen Antragsteller, die über einen Ausbildungsnachweis aus einem der in § 14b Abs. 1 genannten Staaten verfügen, der mangels erworbener Rechte aber nicht der automatischen Anerkennung unterliegt, den Vorschriften des **allgemeinen Systems** der Berufsanerkennungsrichtlinie (BT-Drs. 17/1297 S. 20). § 3 Abs. 2 Satz 3 bis 8 dient also auch der Umsetzung von Art. 10 Buchst. b i.V.m. 14 Abs. 1 Buchst. b, Abs. 4 und Abs. 5 der Berufsanerkennungsrichtlinie bezüglich der Ausbildungsnachweise, die nicht automatisch anerkannt werden können. § 3 Abs. 2 Satz 9 dient bezüglich anerkannter Drittstaatenausbildungsnachweise der Umsetzung von Art. 3 Abs. 3 i.V.m. 10 Abs. 1 Buchst. g i.V.m. 14 Abs. 3 (Abs. 4) und Abs. 5 der Berufsanerkennungsrichtlinie.

### I. Gleichwertigkeit der Ausbildung

39 Ob die Gleichwertigkeit vorliegt, ist zunächst innerbehördlich durch die zuständigen Approbationsbehörden zu prüfen. Das Ergebnis der Prüfung ist dem Antragsteller schriftlich, begründet und durch rechtsmittelfähigen Bescheid mitzuteilen (Rdn. 51). Der Maßstab der Gleichwertigkeitsprüfung war in der Vergangenheit Gegenstand von Veränderungen in der Gesetzgebung und Rechtsprechung (s. dazu Voraufl. 1 bis 4).

40 Aus Art. 14 Abs. 5 der Berufsanerkennungsrichtlinie ergibt sich der Rechtsanspruch für EU-, EWR- und Vertragsstaatantragsteller auf Erteilung der Approbation im allgemeinen System, wenn die festgestellten **wesentlichen Unterschiede** zwischen der Ausbildung des Antragstellers und der deutschen Ausbildung durch eine rechtmäßige **Ausübung des betreffenden Berufs in einem Drittstaat oder in einem Mitgliedstaat** ausgeglichen worden sind. Art. 14 Abs. 5 (sowie Erwägungsgrund 13 der Änderungsrichtlinie 2013/55/EU) stellen klar, dass hierbei der Verhältnismäßigkeitsgrundsatz gewahrt werden muss. Auch »Kenntnisse, Fähigkeiten und Kompetenzen«, die durch »Lebenslanges Lernen« erworben wurden, sind zu berücksichtigen. Dieser Anspruch ist in Abs. 2 Satz 2 bis Satz 5 umgesetzt. Das Anerkennungsgesetz (Rdn. 3) erweiterte dabei in Abs. 2 Satz 1 den Kreis der Anspruchsberechtigten auf Drittstaatantragsteller, sofern ihr Ausbildungsnachweis aus EU-, EWR- und Vertragsstaaten stammt.

#### 1. Wesentliche Unterschiede

41 Die zuständigen Approbationsbehörden nehmen eine **Gleichwertigkeitsprüfung** vor, um zu ermitteln, ob **wesentliche Unterschiede** zwischen der ausländischen und der deutschen Ausbildung bestehen. Abs. 2 Satz 3 Nr. 1 bis 3 regelt den Begriff der wesentlichen Unterschiede näher. Die Gleichwertigkeitsprüfung auf wesentliche Unterschiede erfordert u.a., dass die Landesbehörden die inhaltliche Vermittlung einzelner Fächer im Herkunftsland überprüfen müssen, wonach diese sich nicht wesentlich von der deutschen Ausbildung unterscheiden dürfen. Bei der Bewertung der Fächer sei daher entscheidend, »ob die Ausbildungsgegenstände der ausländischen Ausbildung denen einer beispielhaft ausgewählten deutschen Universität entsprechen. Die Rechtsprechung stellt in Ermangelung eines Musterstudienplans für die Humanmedizin und angesichts des geringen Verbindlichkeitsgrades der Festlegungen in der Approbationsordnung für Ärzte den Approbationsbehörden frei, welche Studienordnung sie als Vergleichsmaßstab heranziehen« (*Godry* GesR 2014, 590, 591 m.w.N.). Unter **Fächern, die sich wesentlich unterscheiden**, sind nach Abs. 2 Satz 4 jene Fächer zu verstehen, deren Kenntnis eine wesentliche Voraussetzung für die Ausübung des Berufs ist und wenn das Fehlen von Kenntnissen in diesen Fächern ernsthafte Gefahren für die Gesundheit der Patienten befürchten lässt. Die Behörde sollte bei der Prüfung wesentlicher Unterschiede darauf abstellen, welche Bedeutung das möglicherweise defizitäre Fach im Vergleich zu anderen Fächern in der Ausbildung für die Berufsausübung hat. Maßstab sollte daher sein, welche Kenntnisse für die Ausübung des Berufes wesentlich sind. Die Behörde sollte keinen akademischen Fächervergleich vornehmen. Die Berufsanerkennungsrichtlinie regelt nämlich die berufliche Anerkennung, d.h. die Anerkennung einer ausländischen beruflichen Qualifikation. Sie regelt keine akademische

Anerkennung (s. § 2 Rdn. 6). Wird auf die Inhalte der Ausbildung einschließlich der Prüfungen abgestellt, entspricht dies einer akademischen Anerkennung, was von der Berufsanerkennungsrichtlinie nicht intendiert ist.

Das Ergebnis der Prüfung muss dem Antragsteller nach Abs. 2 Satz 8 schriftlich, begründet und durch rechtsmittelfähigen Bescheid spätestens 4 Monate nachdem der zuständigen Behörde alle erforderlichen Unterlagen vorliegen, mitgeteilt werden (Rdn. 51). Näheres zum Bescheid nach § 3 Abs. 2 Satz 8 regelt § 38 ÄApprO.

§ 3 Abs. 2 Satz 3 bis 5 wurde durch Art. 4 des **Gesetzes zur Umsetzung der Richtlinie 2013/55/ EU** (Rdn. 4) geändert. § 3 Abs. 2 Satz 3 bis 5 setzen den durch die Änderungsrichtlinie 2013/ 55/EU neu gefassten Art. 14 Abs. 1, 4 und 5 um und berücksichtigen die neu gefasste Begriffsbestimmung in Art. 3 Abs. 1 Buchst. f der Richtlinie 2005/36/EG. Mit der Neufassung entfiel die **Ausbildungsdauer** als Kriterium für die Prüfung der wesentlichen Unterschiede in der Ausbildung. Bei Fächern, die sich wesentlich unterscheiden, darf nach Art. 14 Abs. 4 der novellierten Berufsanerkennungsrichtlinie nicht mehr auf einen wesentlichen Unterschied der Dauer dieser Fächer abgestellt werden. Es ist nur noch zu prüfen, ob sich die Ausbildung auf Fächer bezieht, die sich wesentlich von der deutschen Ausbildung unterscheiden oder der Beruf des Arztes in Deutschland reglementierte Tätigkeiten umfasst, die im Herkunftsstaat nicht zum Beruf gehören, und hierfür in Deutschland eine spezifische Ausbildung gefordert wird, die sich auf solche Fächer bezieht, die sich wesentlich von denen unterschieden, die Antragsteller im Herkunftsstaat abgedeckt hat (§ 3 Abs. 2 Satz 2 Nr. 1 und 2). Es dürfte daher v.a. »darauf ankommen, ob Ausbildungsinhalte wesentlich für die spätere ärztliche Berufstätigkeit sind und ob es bedeutende Abweichungen im Hinblick auf die konkrete Ausbildung des Antragstellers diesbezüglich gibt«. Eine »Eins-zu-Eins Überprüfung« der jeweiligen Fächer scheide aus. »Für die Approbationsbehörden wird es damit künftig erschwert, überhaupt noch solche wesentlichen Defizite festzustellen, wenn nicht einmal eine Abweichung der Ausbildungsdauer einzelner Fächer ein Kriterium darstellt« (*Haage* MedR 2015, 655, 656). Das OVG NRW stellt in seiner Einscheidung aus 2016 klar, dass »(sich) (d)er Verzicht auf die Ausbildungsdauer als Kriterium (...) sowohl auf die Ausbildung als solche als auch auf das einzelne Fach (bezieht). (...) Die Gleichwertigkeit des Ausbildungsstandes ist (...) deshalb (...) anhand des Inhalts der Ausbildung, mithin der Ausbildungsgegenstände, zu bemessen. Hierbei kommt auch der Wirksamkeit ihrer Vermittlung Bedeutung zu. Für letztere kann die Ausbildungsdauer weiterhin ein bedeutendes, wenn auch nicht das einzige Indiz sein« (OVG NRW, Urt. v. 11.07.2016 – 13 A 897/ 15; so auch OVG NRW, Urt. v. 17.02.2017 – 13 A 235/15; VG Düsseldorf, Urt. v. 10.03.2017 – 7 K 3660/15). Gerichtliche Entscheidungen über die Gleichwertigkeitsprüfung bei Antragstellern mit EU-, EWR- oder Vertragsstaatenausbildungsnachweisen gibt es bislang keine.

### 2. Ausgleich durch Berufspraxis

Nach § 3 Abs. 2 Satz 5 können »wesentliche Unterschiede (...) ganz oder teilweise durch Kenntnisse und Fähigkeiten ausgeglichen werden, die die Antragsteller im Rahmen einer ärztlichen Berufspraxis in Voll- oder Teilzeit oder durch lebenslanges Lernen erworben haben, sofern die durch lebenslanges Lernen erworbenen Kenntnisse und Fähigkeiten von einer dafür in dem jeweiligen Staat zuständigen Stelle formell als gültig anerkannt wurden; dabei ist nicht entscheidend, in welchem Staat diese Kenntnisse und Fähigkeiten erworben worden sind« (s. dazu OVG NRW, Urt. v. 11.07.2016 – 13 A 897/15). § 3 Abs. 2 Satz 5 wurde durch das Gesetz zur Umsetzung der Richtlinie 2013/55/EG (BGBl. I 2016 S. 886) dahingehend konkretisiert, dass neben Berufserfahrung in Vollzeit auch Berufserfahrung, die in Teilzeit erfahren worden ist, angerechnet wird. Diese Änderungen sind auf die gesellschaftlichen Entwicklungen zurückzuführen, die in den letzten Jahren zu einer Flexibilisierung der Berufsausübungsmöglichkeiten geführt haben. Darüber hinaus wird als ein weiteres Kriterium des Ausgleichs möglicher wesentlicher Unterschiede Kenntnisse und Fähigkeiten angesehen, die durch lebenslanges Lernen erworben wurden. Voraussetzung hierfür ist, dass die durch lebenslanges Lernen erworbenen Kenntnisse und Fähigkeiten von einer dafür in dem jeweiligen Staat zuständige Stelle formell als gültig anerkannt wurden.

Wann eine Berufserfahrung ausreicht, um wesentliche Unterschiede in der Ausbildung auszugleichen, ist im **Einzelfall** zu entscheiden.

### 3. Gutachtenstelle

44 Am 24./25.06.2015 hat die 88. Gesundheitsministerkonferenz (GMK) in der Gemeinsamen Arbeitsgruppe der GMK und Kultusministerkonferenz (KMK) die Errichtung einer **länderübergreifenden Gutachtenstelle für Gesundheitsberufe (GfG) bei der Zentralstelle für ausländisches Bildungswesen (ZAB)** beschlossen, s. GMK-Beschlüsse https://www.gmkonline.de/Beschluesse.html. Die GfG erstellt u.a. detaillierte Gutachten zur Gleichwertigkeit (https://www.anerkennung-in-deutschland.de/html/de/gutachtenstelle-gesundheitsberufe.php).

## II. Eignungs- oder sog. Defizitprüfung

45 Ergeben sich bei der Gleichwertigkeitsprüfung wesentliche Unterschiede zwischen den Ausbildungen, die nach Abs. 2 Satz 5 nicht durch Kenntnisse, die von den Antragstellern im Rahmen ihrer ärztlichen Berufspraxis unabhängig davon, in welchem Staat diese erworben wurde, ganz oder teilweise ausgeglichen werden können, können vom Antragsteller nach Abs. 2 Satz 7 Ausgleichsmaßnahmen in Form einer **Eignungsprüfung** (sog. »**Defizitprüfung**«) gefordert werden. Kenntnisse, die im Rahmen der **Berufspraxis** aufgrund einer inhaltlich beschränkten Erlaubnis erworben wurden, können bei der Prüfung der wesentlichen Unterschiede nicht zugunsten des Antragstellers berücksichtigt werden, da dieser damit nicht vollumfänglich als Arzt bzw. Ärztin tätig geworden ist (BT-Drs. 12/1297 S. 19). Die festgestellten wesentlichen Unterschiede sowie die Feststellung dass die Überprüfung ergeben hat, dass weiterhin wesentliche Defizite bestehen obwohl man ggf. **Berufserfahrung** berücksichtigt hat (Art. 14 Abs. 6 Buchst. b der Berufsanerkennungsrichtlinie) verbunden mit dem Angebot der Defizitprüfung müssen nach Abs. 2 Satz 8 spätestens 4 Monate, nachdem alle erforderlichen Unterlagen vorliegen (dazu VG Augsburg, Urt. v. 23.02.2012 – Au 2 K 10.1879), mit einem rechtsmittelfähigen Bescheid dem Antragsteller mitgeteilt werden. Im Fall des § 81a des Aufenthaltsgesetzes (»Beschleunigtes Fachkräfteverfahren«) soll der Bescheid innerhalb von zwei Monaten erteilt werden. Die Defizitprüfung hat sich auf die festgestellten wesentlichen Unterschiede zu beschränken. Zuständig für die Prüfungen sind die Approbationsbehörden, die die einzelnen Kriterien für die Defizitprüfungen anhand der jeweils geltenden Verwaltungsvorschriften festlegen. Die Durchführung der Eignungs- bzw. Defizitprüfung nach § 3 Abs. 2 Satz 7 regelt § 36 ÄApprO.

## F. § 3 Abs. 3: Voraussetzungen für die Erteilung der Approbation an Antragsteller mit Drittstaatenausbildungsnachweisen

46 § 3 Abs. 3 regelt die Erteilung der **Approbation für Antragsteller mit Drittstaatenausbildungsnachweisen**, die über einen Aufenthaltstitel verfügen, der zur Beschäftigungsausübung berechtigt. Dabei wurde § 3 Abs. 3 mit dem Anerkennungsgesetz neu konzipiert und ersetzt den bis dahin geltenden Abs. 3 (zur vorigen Rechtslage, s. 2. Auflage). Mit Abs. 3 wird Antragstellern mit Drittstaatenausbildungsnachweisen ein Anspruch auf Erteilung der Approbation eingeräumt. Aus Gründen des Gesundheitsschutzes und der Qualitätssicherung wird die Approbation nur bei einem **gleichwertigen Ausbildungsstand** erteilt. Auf diese Fälle werden die Regelungen des **allgemeinen Systems** der Berufsanerkennungsrichtlinie übertragen (§ 2 Rdn. 8).

47 Auch für die Fälle des § 3 Abs. 3 gilt, dass keine Approbation erteilt wird, wenn einem ausländischen Bildungsabschluss eine zuvor in Deutschland endgültig nicht bestandene Prüfung vorausgegangen ist. § 3 Abs. 1 Satz 8 findet Anwendung.

## I. Gleichwertigkeitsprüfung

48 Sollte der Antragsteller keine Ausbildung nach § 3 Abs. 1 Satz 1 Nr. 4 nachweisen können, stellt § 3 Abs. 3 Satz 2 klar, dass das in den Rdn. 39 ff. beschriebene Verfahren Anwendung findet. Nach § 3 Abs. 3 Satz 2 gilt Abs. 2 bis 6 sowie 8 entsprechend. Die Behörde hat die innerbehördliche

Gleichwertigkeitsprüfung durchzuführen. Näheres zum entsprechenden Bescheid nach § 3 Abs. 3 Satz 2 regelt § 38 ÄApprO.

Für die Prüfung der Gleichwertigkeit verweist § 3 Abs. 3 Satz 2 auf Abs. 2 Satz 2 bis 6 sowie 8 (Rdn. 37 ff.). § 3 Abs. 2 Satz 3 bis 5 wurde durch das **Gesetz zur Umsetzung der Richtlinie 2013/55/EU** (Rdn. 4) geändert und setzt den durch die Änderungsrichtlinie 2013/55/EU neu gefassten Art. 14 Abs. 1, 4 und 5 der Richtlinie 2005/36/EG um. Mit der Neufassung entfällt die **Ausbildungsdauer** als Kriterium für die Prüfung der wesentlichen Unterschiede in der Ausbildung. Bei Fächern, die sich wesentlich unterscheiden, darf nach Art. 14 Abs. 4 der novellierten Berufsanerkennungsrichtlinie nicht mehr auf einen wesentlichen Unterschied der Dauer dieser Fächer abgestellt werden (Rdn. 42). Diese Regelung erfasst mit dem Verweis in Abs. 3 Satz 2 nicht nur EU-, sondern auch Drittstaatenausbildungen. Kritisch zur Gleichwertigkeit der Ärzteausbildung in Drittstaaten nach § 3 Abs. 3, s. *Haage* MedR 2020, 276–280: »Die Regelungssystematik in § 3 BÄO ist neu zu konzipieren«. Auch die Auswirkungen der Streichung der Ausbildungsdauer als Kriterium zur Prüfung der Gleichwertigkeit bei Drittstaatenausbildungen bleiben abzuwarten (s. Rdn. 42). Das OVG NRW stellt in seiner Entscheidung aus 2016 klar, dass »(sich) (d)er Verzicht auf die Ausbildungsdauer als Kriterium (…) sowohl auf die Ausbildung als solche als auch auf das einzelne Fach (bezieht). (…) Die Gleichwertigkeit des Ausbildungsstandes ist (…) deshalb (…) anhand des Inhalts der Ausbildung, mithin der Ausbildungsgegenstände, zu bemessen. Hierbei kommt auch der Wirksamkeit ihrer Vermittlung Bedeutung zu. Für letztere kann die Ausbildungsdauer weiterhin ein bedeutendes, wenn auch nicht das einzige Indiz sein« (OVG NRW, Urt. v. 11.07.2016 – 13 A 897/15; so auch OVG NRW, Urt. v. 17.02.2017 – 13 A 235/15; VG Düsseldorf, Urt. v. 10.03.2017 – 7 K 3660/15). Weitere Entscheidungen befassen sich mit der Gleichwertigsprüfung und der Möglichkeit des Ausgleichs durch Berufspraxis bei Antragstellern mit Drittstaatenausbildungsnachweisen (OVG NRW, Urt. v. 05.02.2020 – 13 A 1115/17; VG Stuttgart, Urt. v. 30.04.2020 – 4 K 10993/18; VG Würzburg, Beschl. v. 29.04.2019 – W 10 E 19.84; VG Gelsenkirchen, Urt. v. 07.02.2018 – 7 K 6774/16; VG Düsseldorf, Urt. v. 23.05.2018 – 7 K 4049/15; VG Berlin, Urt. v. 08.11.2018 – 14 K 161.15; VG Köln, Urt. v. 22.08.2017 – 7 K 2719/15).

49

## II. Kenntnisprüfung

Im Gegensatz zu Antragstellern mit EU-, EWR- und Vertragsstaatenausbildungsnachweisen, muss der Antragsteller bei Feststellen der Nicht-Gleichwertigkeit als Ausgleichsmaßnahme nach Abs. 3 Satz 3 eine vollumfängliche **Kenntnisprüfung** ablegen und genießt nicht den Vorteil der sog. »Defizitprüfung«. Die Durchführung der Kenntnisprüfung nach Abs. 3 Satz 3 regelt § 37 ÄApprO. Nach Abs. 3 Satz 4 ist eine Kenntnisprüfung auch dann durchzuführen, »wenn die Prüfung des Antrags nur mit unangemessenem zeitlichen oder sachlichen Aufwand möglich ist, weil die erforderlichen Unterlagen und Nachweise aus Gründen, die nicht in der Person der Antragsteller liegen, von diesen nicht vorgelegt werden können.« Anders als § 14 BQFG (Rdn. 63) privilegiert diese Regelung die Approbationsbehörden dahingehend, nicht weitere Verfahren zur Feststellung der Gleichwertigkeit bei fehlenden Nachweisen bemühen zu müssen. Mit Fragestellungen bei der Kenntnisprüfung setzt sich vor allem das OVG NRW auseinander (OVG NRW, Urt. v. 05.02.2020 – 13 A 1115/17; OVG NRW, Beschl. v. 18.07.2018 – 13 A 2280/17; OVG NRW, Urt. v. 17.02.2017 – 13 A 235/15; VG Schleswig-Holstein, Beschl. v. 19.11.2020 – 11 B 95/20; VG Stuttgart, Urt. v. 30.04.2020 – 4 K 10993/18; VG Würzburg, Beschl. v. 29.04.2019 – W 10 E 19.84; VG Gelsenkirchen, Urt. v. 07.02.2018 – 7 K 6774/16; VG Berlin, Urt. v. 08.11.2018 – 14 K 161.15).

50

## G. § 3 Abs. 3a: Bescheid über Anerkennung der Gleichwertigkeit

Das Gesetz zur Umsetzung der Richtlinie 2013/55/EU vom 10.06.2015 fügte Abs. 3a ein. Die Regelung setzt den durch die Richtlinie 2013/55/EU neu eingefügten Art. 53 Abs. 3 Unterabs. 2 der Richtlinie 2005/36/EG um. Dadurch wird klargestellt, dass die Anerkennung der Gleichwertigkeit vor Überprüfung der übrigen Approbationsvoraussetzungen, insbesondere der Sprachkenntnisse, erfolgt. Der Antragsteller erhält über die Anerkennung der Gleichwertigkeit seiner

51

Berufsqualifikation einen isolierten Feststellungsbescheid, sofern er diesen beantragt. Darüber hinaus empfahl die 93. Gesundheitsministerkonferenz in 2020 die Optimierung von Kenntnisprüfungen für Ärztinnen und Ärzte mit ausländischem Hochschulabschluss und eine Änderung von § 3 Abs. 3a Satz 1: »Die Ministerinnen und Minister, Senatorinnen und Senatoren für Gesundheit der Länder bitten das Bundesministerium für Gesundheit, § 3 Abs. 3a Satz 1 Bundesärzteordnung dahingehend zu ändern, dass die Sprachprüfung vor Teilnahme an der Kenntnisprüfung durchgeführt und bestanden sein soll« (https://www.gmkonline.de/Beschluesse.html?id=1029&jahr=2020&search=kenntnispr%C3%BCfung). Diese Änderung ist bislang nicht erfolgt.

### H. § 3 Abs. 4: Anhörung des Antragstellers

52 § 3 Abs. 4 regelt die **Anhörung des Antragstellers** durch die zuständige Behörde, wenn ein Fall der § 3 Abs. 1 Satz 1 Nr. 2 und 3 vorliegt.

### I. § 3 Abs. 5: Aussetzung der Entscheidung über den Antrag auf Erteilung der Approbation

53 Nach § 3 Abs. 5 kann die Entscheidung über den Antrag auf Erteilung der Approbation **ausgesetzt** werden, wenn gegen den Antragsteller ein Strafverfahren eingeleitet ist, aus der sich die Unwürdigkeit oder Unzuverlässigkeit i.S.d. § 3 Abs. 1 Satz 1 Nr. 2 ergeben kann. Die Entscheidung liegt im Ermessen der Behörde und muss nicht zwingend zur Versagung führen (NRW Durchführung der Bundesärzteordnung, 7).

### J. § 3 Abs. 6: Nachweise für die Erteilung der Approbation an Antragsteller mit Ausbildungsnachweisen aus EU-, EWR-, Vertrags- und Drittstaaten

54 § 3 Abs. 6 wurde durch Art. 4 des Gesetzes zur Umsetzung der Richtlinie 2005/36/EG des Europäischen Parlamentes und des Rates über die Anerkennung von Berufsqualifikationen der Heilberufe vom 02.12.2007 (BGBl. I S. 2686) eingefügt und mit Art. 29 des Anerkennungsgesetzes (Rdn. 3) geändert. Die Regelung dient zum einen der Umsetzung von Art. 50 und Anhang VII der Berufsanerkennungsrichtlinie. Zum anderen wurde sie im Anwendungsbereich auf Antragsteller mit Drittstaatenausbildungsnachweisen erweitert. Abs. 6 regelt, welche **Nachweise zur Approbationserteilung** gefordert werden dürfen (Zur Frage was für den nach § 3 Abs. 6 Satz 1 Nr. 2 geforderten Ausbildungsnachweis, der zur Aufnahme des Berufs berechtigen soll, im Drittstaatenkontext ausreicht, s. *Haage* MedR 2015, 655, 657). Abs. 6 wird ergänzt durch § 39 ÄApprO, der mit Art. 30 des Anerkennungsgesetzes (Rdn. 3) geändert wurde. Die Unterlagen sollten im EU-Kontext über IMI vorgelegt werden (Rdn. 35), s. von der Koordinatorengruppe gebilligter Verhaltenskodex für die Richtlinie 2005/36/EG über die Anerkennung von Berufsqualifikationen vom 29.06.2009 unter: http://ec.europa.eu/DocsRoom/documents/14981/attachments/1/translations. Die individuell vom Antragsteller durchlaufene Ausbildung kann von den Behörden im Einzelfall schwierig zu überprüfen sein. Dies gilt insbesondere für Berufserfahrungen und Zusatzqualifikationen des Antragstellers, die ggf. im Rahmen einer Defizitprüfung heranzuziehen sind (Rdn. 45). Im Verhaltenskodex, wie ihn die Koordinatorengruppe gebilligt hat, sind unter II.3.B a–k die Unterlagen aufgeführt, die vom Antragsteller verlangt werden können. Danach kann insbesondere ein Nachweis von Zusatzqualifikationen sowie über die Berufserfahrung verlangt werden, aus dem sich eindeutig die vom Antragsteller ausgeübte Berufstätigkeit ergibt. Kann der Antragsteller bestimmte Unterlagen nicht beibringen, ist die Behörde verpflichtet, von Amts wegen im Herkunftsmitgliedstaat zu ermitteln. Ist die Amtsermittlung der zuständigen Behörde im Herkunftsstaat nicht erfolgreich, kann die Behörde aufgrund der verfügbaren Informationen entscheiden.

55 § 3 Abs. 6 sowie § 39 ÄApprO wurden durch **das Gesetz zur Umsetzung der Richtlinie 2013/55/ EU** (Rdn. 4) ergänzt und setzt den durch die Änderungsrichtlinie 2013/55/EU neu eingefügten Art. 50 Abs. 3a um. Danach kann der Aufnahmemitgliedstaat im Fall berechtigter Zweifel von den zuständigen Behörden eines Mitgliedstaates eine Bestätigung der Tatsache verlangen, dass die Ausübung des Berufes durch den Antragsteller nicht aufgrund eines schwerwiegenden standeswidrigen Verhaltens oder einer Verurteilung wegen strafbarer Handlungen ausgesetzt oder untersagt wurde.

## I. Beglaubigte Kopien und Übersetzungen

Von den Antragstellern nach § 3 Abs. 6 Satz 1 dürfen nur diejenigen Unterlagen verlangt werden, die nach der Berufsanerkennungsrichtlinie vorgesehen sind. Die zuständigen Behörden können weiterhin eine **beglaubigte Kopie** und soweit für die Bearbeitung zwingend notwendig eine (beglaubigte, s. § 39 Abs. 2 Satz 1 ÄApprO) **Übersetzung** verlangen (NRW Durchführung der Bundesärzteordnung, 2.2.5). »Die Dokumente müssen der prüfenden Stelle die Sicherheit geben, dass der Antragsteller auch den vorgelegten Nachweis rechtmäßig erworben hat. Andernfalls müsste im Einzelfall überprüft werden, ob der Antragsteller dann den als Kopie vorgelegten Berufsqualifikationsnachweis tatsächlich erworben hat und die Kopie mit dem Original übereinstimmt, was zu erheblichen Verzögerungen im Anerkennungsverfahren führen würde. Alternativ kann der Antragsteller somit auch eine amtlich beglaubigte Abschrift oder das Original vorlegen« (BT-Drs. 16/5385 S. 83). Die Übersetzung ist zwar nicht im Richtlinientext und in § 3 Abs. 6 genannt, allerdings müssen die Vollzugsbehörden in der Lage sein, innerhalb der vorgesehenen Fristen zu entscheiden. Andernfalls würde dies zu Verzögerungen zulasten des Antragstellers führen. Gleiches gilt für die Beglaubigung einer Kopie. Inwieweit IMI (Rdn. 35) das Übersetzungs- und Beglaubigungserfordernis überflüssig machen, bleibt noch abzuwarten (*Haage* MedR 2008, 70, 74). Im Verhaltenskodex, wie ihn die Koordinatorengruppe gebilligt hat, werden Übersetzungen für entbehrlich gehalten, s. unter II. 6. A a.

56

## II. Unterlagen zur Zuverlässigkeit, Würdigkeit und gesundheitlichen Eignung

§ 3 Abs. 6 Satz 1 Nr. 3 sieht vor, dass **Unterlagen zur Würdigkeit und Zuverlässigkeit**, die im Herkunftsstaat nicht ausgestellt werden, durch eine eidesstattliche Erklärung oder feierliche Erklärung im Herkunftsstaat ersetzt werden kann. Beim **Nachweis der gesundheitlichen Eignung** werden nach § 3 Abs. 6 Satz 1 Nr. 4 entsprechende Nachweise des Herkunftsstaates anerkannt. § 3 Abs. 6 Satz 1 Nr. 7 regelt, dass die Nachweise für Würdigkeit, Zuverlässigkeit und gesundheitliche Eignung bei ihrer Vorlage nicht älter als 3 Monate sein dürfen.

57

## III. Authentizität der Unterlagen

Bei berechtigten Zweifeln kann nach § 3 Abs. 6 Satz 3 von den Behörden des Herkunftsstaates eine Bestätigung der **Authentizität dieser Bescheinigungen** und die Bestätigung verlangt werden, dass die Mindestanforderungen, die die Berufsanerkennungsrichtlinie aufstellt, erfüllt werden. Bei Zweifeln an der Echtheit von Urkunden können neben Anfragen an die Ausstellerbehörden auch über das IMI (»primary source verification«) bspw. auch die Auslandsvertretungen um Amtshilfe oder um Legalisierung gebeten werden (vgl. NRW, Durchführung der Bundesärzteordnung, 4.1.4). Die **GfG** bietet Unterstützung bei der Echtheitsprüfung an, s. Rdn. 44.

58

§ 9a wurde durch **das Gesetz zur Umsetzung der Richtlinie 2013/55/EU** (Rdn. 4) eingefügt und setzt den durch die Änderungsrichtlinie 2013/55/EU neu eingefügten Art. 56a um. § 9a Abs. 4 regelt die Einbindung des **Vorwarnmechanismus** im Fall gefälschter Berufsqualifikationsnachweise. Es stellt sich die Frage, ob keine Mitteilung erfolgen soll, wenn eine Approbationsurkunde außerhalb eines Anerkennungsverfahrens gefälscht wurde und der Arzt wegen Urkundenfälschung verurteilt wird. Der Formulierung nach dürfte § 9a Abs. 3 keine Fälle ohne Auslandsbezug erfassen.

59

## IV. Bearbeitungsfristen für die Approbationsanträge

**Fristen für die Bearbeitung der Approbationsanträge** sind in § 39 Abs. 5 ÄApprO geregelt (3 bzw. 4 Monate). § 39 Abs. 5 wurde durch Art. 5 des GKV-ÄG (Rdn. 3) geändert und setzt Art. 51 Abs. 2 der Berufsanerkennungsrichtlinie um. Dadurch wird das Verhältnis von § 3 Abs. 6 zu § 39 ÄApprO klargestellt, soweit die Fristen nach Art. 51 Abs. 2 der Berufsanerkennungsrichtlinie und EU-Antragsteller mit Drittstaatenausbildungsnachweisen betroffen sind (BT-Drs. 16/6458 S. 170). Darüber hinaus wurde § 39 Abs. 5 ÄApprO zuletzt durch Art. 30 des Anerkennungsgesetzes (Rdn. 3) geändert und um die Einbeziehung der Anträge von Antragstellern mit

60

Drittstaatenausbildungsnachweisen außerhalb des Systems der Berufsanerkennungsrichtlinie erweitert.

61 Es dürfte im Hinblick auf allgemeine Verfahrensgrundsätze davon auszugehen sein, dass die Frist für die Erteilung der Approbation erst ab Abschluss einer evtl. durchgeführten Defizitprüfung (Rdn. 45) gilt. Um gegen die Mitteilung von Defiziten den nach Art. 51 Abs. 3 der Berufsanerkennungsrichtlinie gebotenen Rechtsschutz zu gewährleisten, muss diese als rechtsmittelfähiger Bescheid ausgestaltet sein und schriftlich, begründet, sowie mit Rechtsmittelbelehrung versehen sein (kritisch zur Bedeutung der Bescheidungsfrist, *Haage* MedR 2015, 655, 569).

62 Auch dürfte im Hinblick auf allgemeine Verfahrensgrundsätze davon auszugehen sein, dass Fristen erst laufen, wenn der Behörde die vollständigen Unterlagen vorliegen, unabhängig davon, wie diese beschafft wurden. Die Behörde muss die nötige Amtsermittlung zur Vervollständigung der Unterlagen abgeschlossen haben, da vorher eine inhaltliche Prüfung noch nicht möglich ist. Für die Prüfung der Anträge von Antragstellern mit Drittstaatenausbildungsnachweisen nach § 3 Abs. 3 ist Abs. 3 Satz 4 zu beachten. Soweit die zuständige Behörde berechtige Zweifel an der Authentizität der Unterlagen anmeldet, dürfte dies nicht zu einer Hemmung oder zum Neubeginn der Frist führen (kritisch zur Bedeutung der Bescheidungsfrist, *Haage* MedR 2015, 655, 569).

### K. § 3 Abs. 7: Anwendbarkeit des BQFG

63 Das Berufsqualifikationsfeststellungsgesetz (BQFG) vom 06.12.2011 gilt u.a. für den Beruf der Medizinischen Fachangestellten; es gilt jedoch nicht für den Arztberuf. Das BQFG ist ausweislich des § 2 Abs. 1 BQFG, ausweislich der allgemeinen und der besonderen Begründungen zu § 2 BQFG im Referenten- und Regierungsentwurf sowie ausweislich des Art. 29 Nr. 1e des Anerkennungsgesetzes (Rdn. 3) sowie nunmehr § 3 Abs. 7 BÄO gegenüber der BÄO und ÄApprO subsidiär.

### L. § 3 Abs. 8: Evaluation und Berichtspflicht

64 »Die Bundesregierung überprüft die Regelungen zu den Anerkennungsverfahren nach diesem Gesetz und berichtet nach Ablauf von drei Jahren dem Deutschen Bundestag.«

## § 5 Rücknahme und Widerruf der Approbation

(1) Die Approbation ist zurückzunehmen, wenn bei ihrer Erteilung eine der Voraussetzungen des § 3 Abs. 1 Satz 1 Nr. 4 nicht vorgelegen hat oder bei einer vor Wirksamwerden des Beitritts erteilten Approbation das an einer Ausbildungsstätte in dem in Artikel 3 des Einigungsvertrages genannten Gebiet oder das in einem Fall des § 14 Abs. 1 Satz 2 oder in einem Fall des § 14a Absatz 4 Satz 1 erworbene Medizinstudium nicht abgeschlossen war oder die Ausbildung nach § 3 Abs. 1 Satz 2 oder 6 oder § 3 Absatz 2 oder 3 oder die nach § 14b nachzuweisende Ausbildung nicht abgeschlossen war. Sie kann zurückgenommen werden, wenn bei ihrer Erteilung eine der Voraussetzungen nach § 3 Abs. 1 Satz 1 Nr. 2 und 3 nicht vorgelegen hat. Eine nach § 3 Abs. 2 oder 3 erteilte Approbation kann zurückgenommen werden, wenn die festgestellte Gleichwertigkeit des Ausbildungstandes tatsächlich nicht gegeben war oder der alternativ festgestellte gleichwertige Kenntnisstand tatsächlich nicht nachgewiesen worden ist. Eine nach § 3 Absatz 2 oder 3 oder nach § 14b Absatz 2 erteilte Approbation kann zurückgenommen werden, wenn die nachzuweisende Ausbildung tatsächlich doch wesentliche Unterschiede gegenüber der in diesem Gesetz und in der Rechtsverordnung nach § 4 Absatz 1 geregelten Ausbildung ausgewiesen hat oder die zur Ausübung des ärztlichen Berufs im Geltungsbereich dieses Gesetzes erforderlichen Kenntnisse und Fähigkeiten in der Eignungsprüfung tatsächlich nicht nachgewiesen worden sind.

(2) Die Approbation ist zu widerrufen, wenn nachträglich die Voraussetzung nach § 3 Abs. 1 Satz 1 Nr. 2 weggefallen ist. Sie kann widerrufen werden, wenn nachträglich die Vorraussetzung nach § 3 Abs. 1 Satz 1 Nr. 3 weggefallen ist.

Übersicht

| | Rdn. | | Rdn. |
|---|---|---|---|
| A. Rücknahme und Widerruf | 1 | C. Widerruf der Approbation | 7 |
| B. Rücknahme der Approbation | 2 | I. Obligatorischer Widerruf | 7 |
| I. Obligatorische Rücknahme | 2 | II. Fakultativer Widerruf | 14 |
| II. Fakultative Rücknahme | 4 | | |

## A. Rücknahme und Widerruf

Unter einer Rücknahme versteht man die Aufhebung eines Verwaltungsaktes, der gar nicht hätte ergehen dürfen, da bei seinem Erlass die Voraussetzungen hierfür nicht vorgelegen haben. Insoweit unterscheidet sich die Rücknahme vom Widerruf, aufgrund dessen der Verwaltungsakt aus Gründen, die nach seinem Erlass eingetreten sind, aufgehoben wird. Da ein Berufen auf Vertrauensschutz in den Fällen ausscheidet, in denen der Adressat des Verwaltungsaktes von vornherein nicht über die Voraussetzungen zu dessen Erteilung verfügte, kommt es bei der Rücknahme nicht darauf an, ob es sich um einen begünstigenden oder nicht-begünstigenden Verwaltungsakt handelt. Ebenso wenig ist aus diesem Grund entscheidend, ob der Verwaltungsakt Dauerwirkung entfaltete. Demgegenüber kann der Adressat eines Verwaltungsaktes, dem dieser zunächst zu Recht erteilt wurde, grundsätzlich auf dessen Bestand vertrauen und entsprechende Dispositionen treffen. In Bezug auf die Approbation kann dies bedeuten, dass ein Arzt im Vertrauen auf den Fortbestand der Approbation eine Praxis aufbaut und dementsprechende Investitionen tätigt. Dementsprechend hängt der Widerruf einer Approbation von anderen Voraussetzungen ab als die Rücknahme. 1

## B. Rücknahme der Approbation

### I. Obligatorische Rücknahme

Die Approbation ist zwingend zurück zu nehmen, wenn die bei Erteilung der Approbation fehlende Voraussetzung in einem Defizit im Bereich der ärztlichen Ausbildung besteht. Dies ist der Fall, wenn 2
- das Medizinstudium nicht abgeschlossen oder die ärztliche Prüfung nicht erfolgreich abgelegt wurde, § 5 Abs. 1 Satz 1 i.V.m. § 3 Abs. 1 Nr. 4;
- das Medizinstudium in der ehemaligen DDR nicht abgeschlossen wurde, soweit die Approbation vor der Wiedervereinigung in der DDR erteilt wurde, § 5 Abs. 1 Satz 1 i.V.m. § 14 Abs. 1 Satz 2;
- ein vor der Wiedervereinigung in der DDR begonnenen und nach der Wiedervereinigung in der Bundesrepublik Deutschland fortgesetztes Medizinstudium nicht abgeschlossen wurde, § 5 Abs. 1 Satz 1 i.V.m. § 14a Abs. 4 Satz 1, 14b;
- eine in einem anderen Mitgliedsstaat der EU oder einem Vertragsstaat des Abkommens über den Europäischen Wirtschaftsraum begonnene gleichwertige Ausbildung, die als Approbationsvoraussetzung in der Bundesrepublik Deutschland anerkannt ist, nicht abgeschlossen wurde, § 5 Abs. 1 Satz 1 i.V.m. § 3 Abs. 1 Satz 2 u. 6;
- eine Qualifikation, die nicht der ärztlichen Ausbildung in der Bundesrepublik Deutschland entspricht, dieser jedoch gleichgestellt ist und somit zur Erteilung der Approbation führen kann, nicht erfüllt ist, § 5 Abs. 1 Satz 1 i.V.m. § 3 Abs. 2, und 3.

In diesen Fällen ist die Approbationsbehörde nach Bekanntwerden der entsprechenden Ausbildungsmängel dazu verpflichtet, die Approbation zurückzunehmen (vertiefend hierzu: *Kangrani/Hampe* MedR 2014, 797, 801). Es handelt sich um eine gebundene Entscheidung, bei der der Approbationsbehörde kein Ermessensspielraum zusteht. Hierin kommt zum Ausdruck, dass die ärztliche Ausbildung und deren erfolgreicher Abschluss aus Gründen der Strukturqualität für die Ausübung des ärztlichen Berufs eine besondere Bedeutung zukommt. 3

## II. Fakultative Rücknahme

4 Eine fakultative Rücknahme der Approbation kommt in Betracht, wenn es zum Zeitpunkt ihrer Erteilung an Voraussetzungen fehlte, die zwar grundsätzlich vorliegen müssen, deren Fehlen sich jedoch nicht so gravierend darstellt wie eine nicht abgeschlossene ärztliche Ausbildung bzw. das Fehlen einer gleichwertigen Qualifikation. Daher steht es im Ermessen, die Approbation zu entziehen, wenn
 – sich der Arzt bereits vor Erteilung der Approbation eines Verhaltens schuldig gemacht hat, das ihn in Bezug auf die Ausübung des Arztberufs unzuverlässig oder unwürdig erscheinen lässt (s. hierzu Rdn. 7 ff.);
 – bereits bei Erteilung der Approbation gesundheitliche Mängel in der Person des Arztes vorlagen, die seiner Eignung zur Ausübung des Arztberufs entgegenstehen (s. hierzu Rdn. 14 ff.).

5 Im Rahmen der Ermessensausübung, ob die Approbation zurück genommen wird, hat die Approbationsbehörde sämtliche in Bezug auf die fehlende Approbationsvoraussetzung vorliegenden Gründe einzubeziehen und das Interesse des Arztes an der Fortsetzung seiner ärztlichen Tätigkeit gegenüber dem Gemeininteresse der Bevölkerung, deren Gesundheit der Arzt dienen soll, an einer dem Stand der medizinischen Erkenntnisse entsprechenden Versorgung gegenüberzustellen. Je größer die diesbezüglichen Bedenken sind, desto mehr spricht für die Entziehung der Approbation.

6 Darüber hinaus steht die Rücknahme der Approbation im Ermessen der Approbationsbehörde, wenn hinsichtlich einer nach § 3 Abs. 2, 3 erteilten Approbation entweder die festgelegte Gleichwertigkeit der Ausbildung nicht gegeben war oder die festgestellte Gleichwertigkeit der Kenntnis nicht nachgewiesen wurde. Dieser Rücknahmetatbestand bezieht sich daher auf die Fälle einer Substitution der ärztlichen Prüfung nach sechsjährigem Hochschulstudium als Approbationsvoraussetzung gem. § 3 Abs. 1 Satz 1 Nr. 4 bei staatenlosen Ausländern durch eine abgeschlossene Ausbildung außerhalb des Geltungsbereichs dieses Gesetzes bzw. eine bis zum Abschluss des Hochschulstudiums außerhalb des Geltungsbereichs dieses Gesetzes durchgeführte und in der Bundesrepublik Deutschland abgeschlossene ärztliche Ausbildung nach § 3 Abs. 2 Satz 1 Nr. 1 und 2 aufgrund einer Gleichwertigkeit der Ausbildung oder einer nachgewiesenen Gleichwertigkeit des Kenntnisstandes. Entsprechendes gilt für eine an einen Staatenlosen ohne ärztliche Prüfung und abgeschlossenes sechsjähriges Hochschulstudium nach § 3 Abs. 3 Satz 2, aufgrund eines gleichen Ausbildungsstandes erteilten Approbation.

## C. Widerruf der Approbation

### I. Obligatorischer Widerruf

7 § 5 Abs. 2 Satz 1 sieht den zwingenden Widerruf der Approbation vor, wenn nach deren Erteilung die Voraussetzung nach § 3 Abs. 1 Satz 1 Nr. 2 weggefallen ist, d.h. wenn sich aufgrund eines Verhalten des Arztes nach Erteilung der Approbation dessen Unzuverlässigkeit oder Unwürdigkeit zur Ausübung des ärztlichen Berufs ergibt. Jedes dieser beiden Merkmale kann bereits für sich zum Widerruf der Approbation führen (OVG Saarland, Urt. v. 29.10.2004 – 1 Q 9/04, ArztR 2005, 162); wird der Widerruf jedoch auf eine Gesamtwürdigung aus der Unzuverlässigkeit und Unwürdigkeit des Arztes gestützt, so ist eine Aufhebung der Maßnahme nur möglich, wenn sich der Rechtsbehelf auf beide Merkmale bezieht (OVG Nordrhein-Westfalen, Urt. v. 02.04.2009 – 13 A 9/08). Eine umfassende Übersicht zur Judikatur zum Widerruf der Approbation findet sich bei *Stollmann* MedR 2010, 682–689.

8 Unzuverlässigkeit liegt vor, wenn der Arzt aufgrund seines bisherigen Verhaltens nicht die Gewähr dafür bietet, dass er in Zukunft seinen Beruf als Arzt ordnungsgemäß ausüben wird. Es kommt daher darauf an, ob Tatsachen die Annahme rechtfertigen, dass der Arzt künftig seine berufsspezifischen Pflichten nicht beachten wird (BVerwG, Urt. v. 16.09.1997 – 3 C 12/97, MedR 1998, 142). Entscheidend für diese Prognose ist mithin die Gesamtheit des Verhaltens des Arztes zum Zeitpunkt des Abschlusses des Widerspruchsverfahrens (BVerfG, Urt. v. 09.11.2006 – 3 B 7/06). Dies bedeutet, dass der Arzt seine Chancen nicht durch ein Wohlverhalten nach Abschluss des Widerspruchsverfahrens

verbessern kann; dies ist lediglich im Rahmen eines Antrages auf eine erneute Erteilung der Approbation zu berücksichtigen. Allerdings geht die Rechtsprechung (BVerfG, Urt. v. 31.07.2019 – 3 B 7/18) inzwischen nur unter der Voraussetzung von einer Unwürdigkeit aus, wenn der Widerruf im maßgeblichen Beurteilungszeitpunkt des Abschlusses des Verwaltungsverfahrens zur Abwehr einer Gefahr für das Vertrauensverhältnis zwischen Arzt und Patient weiterhin erforderlich ist.

Ein Arzt ist hingegen unwürdig zur Ausübung des Arztberufs im Sinne dieser Vorschrift, wenn er durch sein Verhalten nicht mehr das Ansehen und das Vertrauen besitzt, das für die Ausübung seines Berufs unabdingbar ist (BVerwG, Urt. v. 28.01.2003 – 3 B 149.02, Buchholz 418.00 Ärzte Nr. 107). Dies ist bei einem schweren Fehlverhalten, das bei Würdigung aller Umstände seine weitere Berufsausübung als untragbar erscheinen lässt, der Fall. 9

Eine Straftat stellt nicht nur unter der Prämisse, dass sie sich auf das Arzt-Patientenverhältnis bezieht (z.B. im Fall der Körperverletzung des Patienten, VGH Baden-Württemberg, Urt. v. 29.09.2009 – 9 S 1783709, MedR 2010, 431; OVG Nordrhein-Westfalen, Urt. v. 17.02.2009 – 13 A 2907/08; s. auch *Stollmann*, MedR 2010, 682, 683 oder im Fall des sexuellen Missbrauchs eines betäubten Patienten OVG Lüneburg, Urt. v. 19.02.2015 – 8 LA 102/14; Unerlaubtes Verschreiben von Betäubungsmitteln, Bayerischer VGH, Beschl. v. 16.10.2012 – 21 ZB 12.352, 21 AS 12.618), ein Verhalten dar, aus dem sich die Unzuverlässigkeit oder Unwürdigkeit zur Ausübung des Arztberufs ergeben kann. So kann z.B. auch ein Urkundsdelikt Zweifel an der Zuverlässigkeit des Arztes begründen (VGH Baden-Württemberg, Urt. v. 28.07.2003 – S 9 1138/03, MedR 2004, 66). Ebenso kann ein Verstoß gegen das BtMG den Tatbestand der Unwürdigkeit begründen (OVG Lüneburg, Beschl. v. 10.02.2015 – 8 LA 22/14, GesR 2015, 335). Auch der Abrechnungsbetrug gegenüber der Kassenärztlichen Vereinigung kann die Unwürdigkeit i.S.d. Vorschrift begründen (so BVerwG, Beschl. v. 20.09.2012 – 3 B 7/12, GesR 2013, 44–45). Auch eine Steuerhinterziehung kann zur Unwürdigkeit zur Ausübung des Arztberufes führen, da sich hierin zeigt, dass sich er Arzt aus finanziellem Interesse über strafbewährte, im Interesse der Allgemeinheit bestehende Bestimmungen hinwegsetzt (OVG Niedersachsen, Urt. v. 04.12.2009 – 8 LA 197/09, GesR 2010, 101). Schließlich kann auch die Abrechnung nicht erbrachter Leistungen zum Widerruf der Approbation führen (OVG Lüneburg, Urt. v. 17.02.2015 – 8 LA 26/14, NZS 2015, 318). Die Unzuverlässigkeit kann sich weiter durch die Verletzung grundsätzlicher Berufspflichten wie die Verweigerung der Behandlung von Notfallpatienten (OVG Rheinland-Pfalz, Urt. v. 20.09.2005 – 6 A 10 556/05, MedR 2006, 301) oder aus unkollegialem Verhalten ergeben. Allerdings kann ausschließlich die vollendete, nicht jedoch die versuchte Straftat zu einem Widerruf der Approbation führen (BVerwG, Beschl. v. 20.09.2012 – 3 B 7/12, GesR 2013, 44–45). 9a

Findet in Bezug auf das Verhalten, aus dem sich die Unwürdigkeit bzw. Unzuverlässigkeit des Arztes ergibt, parallel ein Strafverfahren statt, so ist die Approbationsbehörde berechtigt, die im Strafverfahren gewonnenen Erkenntnisse einer eigenen dahingehenden Würdigung zu unterziehen, ob sie ebenfalls einen Widerruf der Approbation rechtfertigen (BVerwG, Urt. v. 28.04.1998 – B 3 174/97, Buchholz 418.00 Ärzte, Nr. 101); eine Bindung besteht insoweit nicht (OVG Lüneburg, Urt. v. 28.07.2014 – 8 LA 145/13) Dies gilt auch für Feststellungen, die in einem strafrechtlichen Verfahren eines Gerichts in einen Mitgliedsstaat der EU getroffen wurden (OVG Lüneburg, Urt. v. 03.02.2015 – 8 LA 2/14, GesR 2015, 168). Dies bedeutet allerdings nicht, dass die Approbationsbehörde die Feststellungen aus dem Strafverfahren nicht zugrunde legen dürfte, wenn sich keine Anhaltspunkte für deren Unrichtigkeit ergeben (BVerwG, Urt. v. 06.03.2003 – 3 B 10/03; OVG Lüneburg, Beschl. v. 18.04.2012 – 8 LA 6/11; Näheres zur Bindungswirkung in: *Stollmann* MedR 2010, 682, 686). Wurde in einem Strafverfahren eine Verständigung nach § 257c StPO erzielt, so dürfen im Rahmen des Widerrufs der Approbation die der Verständigung zugrunde gelegten Feststellungen allerdings nur insoweit berücksichtigt werden, als nicht ernstlich zweifelhaft ist, dass das Gericht untersucht hat, ob das abgelegte Geständnis mit den Ermittlungsergebnissen vereinbar ist. Denkbar sind auch Konstellationen eines berufsrechtlichen Überhangs, indem ein Verhalten zwar zu keiner Strafbarkeit, dennoch zu einem Approbationsentzug führen kann. Diese unterschiedlichen Wertungsergebnisse beruhen darauf, dass die Schutzrichtung der 10

Normen der BÄO eine spezifischere ist als die des StGB. Während das StGB bestimmte Rechtsgüter wie z.B. Leib, Leben und Gesundheit schützt, erstreckt sich die ratio legis von § 5 auch auf das Ansehen des Arztberufs und das damit verbundene Vertrauen der Bevölkerung in eine ordnungsgemäße ärztliche Versorgung. Entscheidungen von Gremien der ärztlichen Selbstverwaltung (z.B. Disziplinar- oder Berufungsausschuss) entfalten indes wegen der unterschiedlichen Schutzrichtung von Sozial- und Berufsrecht keine Bindung in Bezug auf den Widerruf der Approbation (BayVGH, Urt. v. 29.10.2014 – 217 B 14.1953, NJW 2014, 892).

10a Durch ein rechtskräftig abgeschlossenes Straf- oder berufsgerichtliches Verfahren wird ein Widerruf der Approbation nicht konsumiert, da der Widerruf einen anderen Schutzzweck verfolgt, der in der Beseitigung einer Gefahr einer nicht ordnungsgemäßen ärztlichen Berufsausübung besteht. Zwar könnte dieser Zweck im Rahmen strafrechtlicher Sanktionen durch ein dauerhaftes Berufsverbot nach § 70 Abs. 1 Satz 2 SGB V erreicht werden; eine fortbestehende Approbation wäre jedoch unter diesen Gegebenheiten sinnentleert. Umgekehrt bedeutet das bewusste Absehen der Strafgerichte von der Verhängung eines Berufsverbotes als Maßregel der Besserung und Sicherung nicht, dass die Approbationsbehörden keine Maßnahmen nach § 5 f. einleiten könnten.

11 In Abgrenzung zur Rücknahme bezieht sich der Widerruf auf Tatsachen, die nach der Erteilung der Approbation eingetreten sind. Gleichwohl dürfen im Rahmen der Gesamtwürdigung, die für eine Prognose hinsichtlich des zukünftigen Verhaltens des Arztes gestellt wird, auch vor der Erteilung der Approbation liegende Verhaltensweisen heran gezogen werden, wenn diese für die Beurteilung der Würdigkeit bzw. Zuverlässigkeit relevant sind. Andernfalls würde hinsichtlich dieser Umstände eine Lücke im Schutz der Allgemeinheit bestehen, soweit diese Gründe zum Zeitpunkt der Erteilung der Approbation noch nicht zu deren Ablehnung geführt haben, durch das Hinzutreten weiterer einschlägiger Umstände jedoch insgesamt das Merkmal der Unzuverlässigkeit oder Unwürdigkeit erfüllen (BVerwG, Urt. v. 18.01.2001 – 3 B 196/00).

12 Da ein Widerruf der Approbation – ebenso wie die Rücknahme – dem Betroffenen die Möglichkeit der Ausübung des Arztberufs nimmt, ist diese Maßnahme an den Verhältnismäßigkeitskriterien des Art. 12 Abs. 1 GG zu messen. Da eine Approbation nur insgesamt – und nicht z.B. bei beschränkter Fortsetzung der Berufsausübung unter Auflagen – widerrufen werden kann, stellt der Widerruf eine Berufszugangsregelung dar, die an das konkrete persönliche Verhalten des betroffenen Arztes anknüpft und mithin an den Maßstäben an eine subjektive Berufwahlbeschränkung im Sinne der Drei-Stufen-Theorie des BVerfG (BVerfG, Urt. v. 11.06.1958 – 1 BvR 596/56, BVerfGE 7, 377, 405 f.) beurteilt werden muss. Demnach muss ein Widerruf geeignet, erforderlich und verhältnismäßig im engeren Sinne (=angemessen) sein, um die ärztliche Versorgung als wichtiges Gemeinschaftsgut zu schützen. Daher kann ein Widerruf der Approbation z.B. unangemessen sein, wenn es sich um eine punktuelle Verfehlung des Arztes handelt, die im Hinblick auf ein ansonsten tadelloses Verhalten keine negative Prognose auf seine künftige Berufsausübung zulässt.

13 Ein Verfahren auf Widerruf der Approbation kann unbefristet eingeleitet werden. Die Vier-Jahres-Frist nach § 48 Abs. 4 VwVfG greift diesbezüglich nicht, da die BÄO insoweit eine abschließende Regelung darstellt (OVG NRW, Urt. v. 02.04.2009 – 13 A 9/08). Die Wiedererteilung der Approbation setzt im Fall der Unwürdigkeit regelmäßig einen längeren inneren Reifeprozess zur Kompensation der zu Tage getretenen charakterlichen Merkmale voraus (Sächs. OVG, Urt. v. 13.03.2012 – 4 A 18/11). Der Antrag auf Wiedererteilung der Approbation kann im Hinblick auf Art. 12 GG und Verhältnismäßigkeitsgebot nicht länger verwehrt werden, als es die den Widerruf tragenden Gründe erfordern (BverwG, Beschl. v. 15.11.2012 – 3 B 36/12).

## II. Fakultativer Widerruf

14 Die Approbationsbehörde kann die Approbation nach § 5 Abs. 2 Satz 2 widerrufen, wenn nach deren Erteilung die Voraussetzung nach § 3 Abs. 1 Satz 2 Nr. 3 weggefallen ist, d.h. wenn der Arzt in gesundheitlicher Hinsicht nicht mehr zur Ausübung des Berufs geeignet ist. Hierbei ist nicht entscheidend, dass es sich um eine Krankheit im sozialversicherungsrechtlichen Sinn handelt; es

kommt vielmehr darauf an, ob der Arzt noch objektiv den Anforderungen an den Arztberuf genügt (*Narr*, Ärztliches Berufsrecht, S. 104.6).

Da das Spektrum gesundheitlicher Beeinträchtigungen weitreichend ist, wurde der Widerruf der Approbation wegen gesundheitlicher Mängel als Ermessensentscheidung ausgestaltet. Dies bedeutet, dass die Approbationsbehörde alle in Betracht kommenden Umstände sowohl aufseiten des betroffenen Arztes, für den der Widerruf der Approbation einen gravierenden Eingriff in seine Berufsfreiheit darstellt (vgl. hierzu unter Rdn. 12), als auch im Hinblick auf den Patientenschutz zu prüfen hat. Hierbei ist zu berücksichtigen, dass es keinen teilweisen Widerruf der Approbation gibt, sondern ausschließlich die umfassende Berechtigung zur Ausübung des Arztberufs dem Verbot, diesem nachzugehen, gegenüber steht. Daher kann sich das Ermessen der Approbationsbehörde in den Fällen auf Null reduzieren, in denen bestimmte Segmente der ärztlichen Tätigkeit überhaupt nicht mehr ausgeübt werden dürfen, z.B. Operationen bei HIV- oder Hepatitits-infizierten Ärzten, selbst wenn diese noch konservativ tätig sein könnten, da der Fortbestand der Approbation ihn umfassend zu sämtlichen ärztlichen Tätigkeiten und damit auch zum operieren berechtigt. Das OVG Berlin (Urt. v. 21.03.1991 – 1 S. 98.90) hat auf dieser Basis die Approbation eines Arztes wegen eines fortschreitenden labilisierenden Altersprozesses widerrufen. 15

## § 6 Ruhen der Approbation

(1) Das Ruhen der Approbation kann angeordnet werden, wenn
1. gegen den Arzt wegen des Verdachts einer Straftat, aus der sich seine Unwürdigkeit oder Unzuverlässigkeit zur Ausübung des ärztlichen Berufs ergeben kann, ein Strafverfahren eingeleitet ist,
2. nachträglich die Voraussetzung nach § 3 Abs. 1 Satz 1 Nr. 3 weggefallen ist,
3. Zweifel bestehen, ob die Voraussetzung des § 3 Abs. 1 Satz 1 Nr. 3 noch erfüllt ist und der Arzt sich weigert, sich einer von der zuständigen Behörde angeordneten amts- oder fachärztlichen Untersuchung zu unterziehen,
4. sich ergibt, dass der Arzt nicht über die Kenntnisse der deutschen Sprache verfügt, die für die Ausübung der Berufstätigkeit in Deutschland erforderlich sind oder
5. es sich ergibt, dass der Arzt nicht ausreichend gegen die sich aus seiner Berufsausübung ergebenden Haftpflichtgefahren versichert ist, sofern kraft Landesrechts oder kraft Standesrechts eine Pflicht zur Versicherung besteht.

(2) Die Anordnung ist aufzuheben, wenn ihre Voraussetzungen nicht mehr vorliegen.

(3) Der Arzt, dessen Approbation ruht, darf den ärztlichen Beruf nicht ausüben.

(4) Die zuständige Behörde kann zulassen, dass die Praxis eines Arztes, dessen Approbation ruht, für einen von ihr zu bestimmenden Zeitraum durch einen anderen Arzt weitergeführt wird.

| Übersicht | Rdn. | | Rdn. |
|---|---|---|---|
| A. Ruhen | 1 | b) Zweifel an den gesundheitlichen Erfordernissen | 8 |
| B. Ruhensgründe | 3 | | |
| I. Fakultative Anordnung des Ruhens der Approbation | 3 | 3. Sprachliche Mängel | 10 |
| | | II. Aufhebung der Ruhensanordnung | 12 |
| 1. Verdacht einer Straftat | 3 | C. Folgen des Ruhens | 15 |
| 2. Gesundheitliche Mängel | 6 | D. Sofortvollzug | 18 |
| a) Nachträgliche gesundheitliche Mängel | 6 | | |

## A. Ruhen

Das Ruhen der Approbation lässt im Gegensatz zu deren Rücknahme oder Widerruf den ärztlichen Status unberührt (vgl. *Narr*, Ärztliches Berufsrecht, S. 104.8); es handelt sich dabei um eine vorübergehende ordnungsrechtliche Maßnahme der Gefahrenabwehr zum Schutz wichtiger 1

Gemeinschaftsgüter (BVerfG, Beschl. v. 29.12.2004 – 1 BvR 2820/04), indem die Ausübung der ärztlichen Tätigkeit entweder bis zu einem festgesetzten Zeitpunkt oder auf unbestimmte Zeit untersagt wird und danach wieder erlaubt werden kann, ohne dass es der erneuten Erlangung der Approbation bedarf. Es handelt sich hierbei um eine vorübergehende Maßnahme, die dazu bestimmt ist, in unklaren oder in Eilfällen einem Arzt die Ausübung der ärztlichen Tätigkeit zu untersagen, wenn dies im Interesse der Allgemeinheit an einer ordnungsgemäßen Gesundheitsversorgung zum Schutz der Patienten vor einem Tätigwerden von Personen, deren Zuverlässigkeit und Würdigkeit zweifelhaft geworden ist, geboten ist (VG Köln, Beschl. v. 16.01.2014 – 7 L 2009/13) Die wichtigen Gemeinschaftsgüter, um deren Schutz es bei einer Ruhensanordnung geht, bestehen nicht nur im Patientenschutz, sondern gleichermaßen im Ansehen des Arztberufs und im Vertrauen der Bevölkerung in die Ärzteschaft. Das Ruhen erstreckt sich ausschließlich auf die ärztliche Tätigkeit, d.h. das Ausüben der Heilkunde (Näheres s. Rdn. 15). Vorbeugender Rechtsschutz gegen die Anordnung des Ruhens der Approbation ist nicht zulässig (VGH Baden-Württemberg, Urt. v. 25.11.2003 – 9 S 2526/03, NVwZ-RR 2004, 709); der Arzt muss stattdessen die Maßnahme der Approbationsbehörde abwarten, um anschließend dagegen vorzugehen.

2 Genau wie die Rücknahme und der Widerruf der Approbation beeinträchtigt die Anordnung des Ruhens der Approbation den Arzt in seiner grundrechtlich geschützten Berufsfreiheit, sodass die Anordnung des Ruhens stets unter Verhältnismäßigkeitsgesichtspunkten zu erfolgen hat (s. hierzu § 5 Rdn. 12); im Hinblick darauf, dass das Ruhen jedoch im Gegensatz zur Rücknahme und zum Widerruf lediglich eine vorübergehende Maßnahme darstellt, die den ärztlichen Status als solchen nicht antastet, wiegt das Ruhen gegenüber den Maßnahmen nach § 5 weniger gravierend, sodass im Rahmen der Abwägung gegenüber den Interessen der Patienten und dem Ansehen des Arztberufs in der Öffentlichkeit geringere Maßstäbe anzulegen sind.

## B. Ruhensgründe
### I. Fakultative Anordnung des Ruhens der Approbation
#### 1. Verdacht einer Straftat

3 Steht ein Arzt unter dem Verdacht einer Straftat, aus der sich seine Unwürdigkeit oder Unzuverlässigkeit zur Ausübung des ärztlichen Berufs ergeben kann, ist die Approbationsbehörde nach Einleitung eines Strafverfahrens gegen den Arzt zur Anordnung des Ruhens der Approbation befugt.

3a Dieser Ruhenstatbestand knüpft an den Verdacht einer Straftat und damit nicht an eine rechtskräftige Verurteilung an. Dies entspricht dem präventiven Charakter der Ruhensanordnung (vgl. Rdn. 1), die im Gegensatz zu einer nachträglichen Sanktionierung eines Verhaltens auf die Vermeidung des Eintritts von Schäden in Bezug auf bestimmte Rechtsgüter gerichtet ist. Die Einleitung des Strafverfahrens, von der an das Ruhen der Approbation angeordnet werden kann, ist spätestens mit der Erhebung der Anklage eingeleitet (*Narr*, Ärztliches Berufsrecht, S. 104.8); in diesem Zusammenhang stellt sich die Frage, ob bereits mit der Einleitung eines staatsanwaltschaftlichen Ermittlungsverfahrens ein Strafverfahren i.S.d. § 6 Abs. 1 Nr. 1 vorliegt. Das OVG Nordrhein-Westfalen hat dies mit Urt. v. 31.07.2007 – 13 B 929/07 mit der Begründung abgelehnt, dass sich die eine Anordnung des Ruhens der Approbation rechtfertigenden Umstände regelmäßig erst durch die Erhebung der Anklage ergeben. Allerdings darf das Ruhen der Approbation eines Arztes nur angeordnet werden, wenn dies zur Abwehr einer konkreten, bereits vor dem rechtskräftigen Abschluss des Strafverfahrens drohenden Gefahr für ein wichtiges Gemeinschaftsgut erforderlich und verhältnismäßig ist (BVerwG, Urt v. 10.09.2020 – 3 C 13/19).

4 Da der Begriff des »Verdachts« ohnehin relativ und nicht quantifizierbar ist, haben sich in der Rechtsprechung unterschiedliche Maßstäbe heraus gebildet, die an den Verdacht einer Straftat anzulegen sind. Das Oberverwaltungsgericht des Saarlandes hat diese in seiner Entscheidung vom 29.11.2005 (1 R 12/05, MedR 2006, 661) übersichtlich zusammengefasst. Hiernach ist nach Auffassung des OVG Münster (Beschl. v. 24.09.1993 – 5 B 1412/93, ArztR 1994, 149) eine »erhebliche Wahrscheinlichkeit der strafrechtlichen Verurteilung« erforderlich, während es

das OVG Lüneburg (Beschl. v. 29.08.2002 – 8 LA 92/02, NVwZ-RR 2003, 349) genügen lässt, dass eine Verurteilung wegen der zu Last gelegten Straftaten hinreichend wahrscheinlich ist. Der VGH Baden-Württemberg (Beschl. v. 19.07.1991 – 9 S 1227/91, MedR 1992, 120) setzt eine hohe Wahrscheinlichkeit, dass der betroffene Arzt die ihm vorgeworfene Straftat begangen hat, voraus. Schließlich legt der Bayerische VGH (Beschl. v. 14.12.1998 – 21 B 92.985) einen »ernsthaften Verdacht« zugrunde. Sämtliche dieser Auslegungen erfordern letztlich eine Einzelfallentscheidung anhand der konkreten Umstände der verfolgten Straftat, insbesondere im Hinblick auf die Schwere des Falles.

Aus dem Verdacht der Straftat muss sich die **Unwürdigkeit** oder **Unzuverlässigkeit** zur ärztlichen Berufsausübung ergeben können. Zu den Begriffen »Unzuverlässigkeit« und »Unwürdigkeit« vgl. § 5 Rdn. 8. Nicht jede Straftat, die einem Arzt zur Last gelegt wird, hat Bedeutung in Bezug auf seine ärztliche Berufsausübung. Entscheidend ist daher, ob und inwieweit das Verhalten, das den Verdacht einer Straftat begründet, eine Gefährdung der von der Approbation geschützten Rechtsgüter wie die Gesundheit der Bevölkerung, die körperliche Integrität der einzelnen Patienten, das Ansehen des Arztberufs etc. hervorzurufen imstande ist. Hierbei ist eine Prognose aufzustellen, ob und in welcher Weise der Verdacht der Straftat Auswirkungen auf die Zuverlässigkeit bzw. Würde zur Ausübung des Arztberufs entfaltet. Dies ist regelmäßig beim Verdacht eines Körperverletzungsdelikts im Zusammenhang mit der Ausübung der ärztlichen Tätigkeit anzunehmen. So hat das OVG Nordrhein-Westfalen mit Beschl. v. 31.07.2007 (13 B 929/27, NJW 2007, 3300) eine Ruhensanordnung wegen der Durchführung medizinisch nicht indizierter Dialysebehandlungen über einen längeren Zeitraum für rechtmäßig erachtet, da hiermit eine körperlich und/oder seelische Beeinträchtigung der betroffenen Patienten einherging, die der Arzt hingenommen hat, woraus auf seine Unzuverlässigkeit zur Ausübung des ärztlichen Berufs zu schließen ist. Eine vergleichbare Wertung liegt der Entscheidung des OVG des Saarlandes vom 29.11.2005 (1 R 12/05, MedR 2006, 661) zugrunde. Hierbei ging es um das Ruhen der Approbation eines Arztes, der Patienten mit bösartigen Tumoren einer Hämoperfusionsbehandlung unterzogen hat, obwohl dies seines Wissens nach bei einer solchen Indikation weder eine zugelassene noch eine geeignete Behandlungsmethode darstellt. Ähnliches gilt für Straftaten im Zusammenhang mit dem Betäubungsmittelgesetz (BtMG). In dem vom Bayerischen VGH mit Beschl. v. 20.01.2009 – 21 CS 08.2921 entschiedenen Fall hat ein Arzt im Rahmen von Substitutionsbehandlungen den Patienten das Methadon, anstelle es in der Praxis zu verabreichen, zur Selbstmedikation mit nach Hause gegeben, ohne dass die Voraussetzungen der sog. »Take-Home-Vergabe« nach § 5 Abs. 6 und 7 BtMG vorlagen. Die Unzuverlässigkeit bestand insoweit darin, dass der Arzt die Kontrolle und Sicherheit einer im höchsten Maße sensiblen Behandlungsart vernachlässigt hat. Auch ein Abrechnungsbetrug gegenüber der Kassenärztlichen Vereinigung kann die Unzuverlässigkeit zur Ausübung des ärztlichen Berufs begründen. Zwar wird ein Abrechnungsbetrug neben der Sanktionierung durch die staatliche Justiz durch die Disziplinargewalt der Kassenärztlichen Vereinigungen geahndet und kann daneben auch zur Entziehung oder zum Ruhen der Zulassung als Vertragsarzt führen; diese Maßnahmen sind jedoch weitgehend auf spezifische vertragsarztrechtliche Rechtsgüter wie die Funktionsfähigkeit des Systems der Gesetzlichen Krankenversicherung ausgerichtet; darüber hinaus kann ein berufsrechtlicher Überhang bestehen, dass die von der Befugnis zur Anordnung des Ruhens der Approbation geschützten Rechtsgüter durch die Berufsausübung des Arztes, der den Abrechnungsbetrug begangen hat, weiterhin einer Gefahr ausgesetzt sind.

## 2. Gesundheitliche Mängel

### a) Nachträgliche gesundheitliche Mängel

Nach § 6 Abs. 1 Nr. 2 kann das Ruhen der Approbation angeordnet werden, wenn nachträglich die Voraussetzung nach § 3 Abs. 1 Satz 1 Nr. 3 entfallen ist. In dieser Norm wird die gesundheitliche Eignung des Arztes zur Ausübung des Arztberufs geregelt (vgl. § 5 Rdn. 14). Da das Ruhen der Approbation im Gegensatz zu deren Rücknahme bzw. Widerruf nur eine vorübergehende Maßnahme darstellt, kommt die Ruhensanordnung nur im Hinblick auf solche gesundheitliche Mängel in Betracht, die nicht dauerhaft bestehen, sondern bei denen davon auszugehen ist, dass sie grundsätzlich behoben werden können.

7   Es führt jedoch bei Weitem nicht jede Erkrankung dazu, dass der Arzt nicht mehr zur Ausübung des Arztberufs geeignet ist. Bei der Beurteilung der Eignung ist jedoch die umfassende Wirkung der Approbation zu berücksichtigen, die den Arzt zu jedweder ärztlichen Tätigkeit berechtigt. Daher kommt der Fachrichtung des Arztes oder tatsächlicher Schwerpunkte in der Berufsausübung im Hinblick auf die Eignung zur Berufsausübung keine Bedeutung zu. Genau so wie im Fall des Widerrufs ist zur Beurteilung der Eignung zur Ausübung des Arztberufs aufgrund gesundheitlicher Einschränkungen eine Einzelfallprüfung durchzuführen (s. § 5 Rdn. 14). So hat der Bayerische Verwaltungsgerichtshof eine Opiatabhängigkeit als vorübergehende gesundheitliche Beeinträchtigung betrachtet (Beschl. v. 05.02.2009 – 21 CS. 08.3133).

### b) Zweifel an den gesundheitlichen Erfordernissen

8   Das Vorliegen gesundheitlicher Mängel wird der Approbationsbehörde i.d.R. nur durch Mitteilungen entweder durch Patienten oder andere ärztliche Organisationen bekannt. Ob aufgrund dieser gesundheitlichen Einschränkungen ein Ruhen der Approbation erforderlich ist, kann die Approbationsbehörde i.d.R. aufgrund der ihr vorliegenden Informationen nicht abschließend entscheiden, sodass diesbezüglich Zweifel bestehen. Um diese Zweifel entweder auszuräumen oder aber approbationsrechtliche Maßnahmen einzuleiten, kann die Approbationsbehörde eine amts- oder fachärztliche Untersuchung des betroffenen Arztes anordnen. Weigert sich der Arzt, sich dieser Untersuchung zu unterziehen, kann nach § 6 Abs. 1 Nr. 3 das Ruhen der Approbation angeordnet werden. Hintergrund dieses Ruhensgrundes ist, dass die Approbationsbehörde in diesem Fall keine Gewähr für das Bestehen der gesundheitlichen Eignung des Arztes zur Ausübung des Arztberufs mehr übernehmen kann. Dem Arzt wird damit eine Mitwirkungspflicht an einer Beseitigung der bestehenden Zweifel hinsichtlich seiner gesundheitlichen Eignung auferlegt. Einzelheiten zu den konkreten in diesem Zusammenhang durchzuführenden Untersuchungen brauchen nach der Rechtssprechung (OVG Nordrhein-Westfalen, Beschl. v. 04.05.2006 – 13 B 516/06, MedR 2008, 525) von der Approbationsbehörde nicht benannt zu werden, da diese vom Untersuchungszweck abhängig sind und somit ausschließlich zur Disposition der hiermit beauftragten Stelle stehen, sodass seitens der Approbationsbehörde keine diesbezüglichen verlässlichen Informationen vorliegen. Dem Arzt kommt bei dieser Untersuchung keine freie Arztwahl zu. Dies folgt zum einen aus dem Wortlaut der Norm, die von einer »angeordneten... Untersuchung« spricht; zum anderen wäre dies mit den Bestimmtheitserfordernissen an die Verfügung, mit der die Untersuchung angeordnet wird, nicht vereinbar (OVG Sachsen-Anhalt, Beschl. v. 05.11.1998 – A 1 376/98, MedR 2000. 239).

9   Zweifel an der gesundheitlichen Eignung zur Ausübung des ärztlichen Berufs, die eine Anordnung einer diesbezüglichen amts- oder fachärztlichen Untersuchung rechtfertigen, sind nach der Rechtssprechung anzunehmen, wenn glaubhafte, schlüssige Hinweise vorliegen, die Anlass zur Annahme geben, der Arzt sei in gesundheitlicher Hinsicht nicht (mehr) zur Ausübung des Berufs geeignet, wobei die Anforderungen an die diesbezüglichen Verdachtsmomente nicht überspannt werden dürfen, da das Gesetz die Zweifel von keiner besonderen Intensität abhängig macht (OVG Nordrhein-Westfalen, Beschl. v. 01.07.2004 – 13 B 2436/03, MedR 2005, 102).

### 3. Sprachliche Mängel

10  Die ärztliche Berufsausübung im Geltungsbereich des BÄO setzt die Beherrschung der deutschen Sprache voraus. Der Arzt muss dazu in der Lage sein, die vom Patienten geschilderten Symptome vollständig zu verstehen und ihm umgekehrt auch klare, für den Patienten als medizinischen Laien verständliche Befunde und Therapiehinweise zu geben. Darüber hinaus erfordert der interkollegiale und interdisziplinäre Dialog mit anderen Ärzten oder Gesundheitsberufen eine unmissverständliche Abstimmung. Stellt sich daher heraus, dass ein Arzt nicht über die Kenntnisse der deutschen Sprache verfügt, die für die Ausübung der Berufstätigkeit in Deutschland erforderlich sind, so kann nach § 6 Abs. 1 Nr. 4 das Ruhen der Approbation angeordnet werden.

Im Rahmen des auszuübenden Ermessens sind die sprachlichen Mängel den konkreten Erfordernissen gegenüberzustellen. Ein gewisses Mindestmaß an sprachlicher Beherrschung ist aus den in Rdn. 10 geschilderten Gründen für jeden Arzt unerlässlich. Bei Ärzten der sog. »sprechenden Medizin« (Psychiater, Psychotherapeuten etc.), deren ärztliche Tätigkeit im Wesentlichen durch Zuhören und Sprechen geprägt wird, sind entsprechend höhere Maßstäbe anzulegen.

### II. Aufhebung der Ruhensanordnung

Gemäß § 6 Abs. 2 ist die Ruhensanordnung aufzuheben, wenn ihre Voraussetzungen nicht mehr vorliegen. Dies bedeutet, dass bei Wegfall der in Abs. 1 genannten Gründe die Anordnung aufgehoben wird und die Approbation des Arztes wieder auflebt, ohne dass er sie neu erwerben muss.

Dies kann der Fall sein, wenn sich der Verdacht der Straftat nach Abs. 1 Nr. 1 nicht erhärtet und der Arzt freigesprochen oder das Verfahren eingestellt wird. Die Aufhebung der Ruhensanordnung kommt weiter in Betracht, wenn gesundheitliche Mängel, die zum Ruhen der Approbation geführt haben, nicht mehr vorliegen, etwa weil sich ein an einer Suchterkrankung leidender Arzt einer entsprechenden Therapie unterzogen hat oder eine Infektionskrankheit, aufgrund deren eine operative Tätigkeit zum Patientenschutz unmöglich war, auskuriert wurde. Hat ein Arzt, dessen Kenntnisse der deutschen Sprache nicht für die Berufsausübung als Arzt ausreichen, die erforderlichen Kenntnisse erworben, so ist die Ruhensanordnung aufzuheben.

Bei der Aufhebung der Ruhensanordnung handelt es sich um eine gebundene Entscheidung. Sie ist für den Fall, dass die Voraussetzung des Ruhens nicht mehr vorliegen, zwingend, und steht nicht im Ermessen der Approbationsbehörde.

### C. Folgen des Ruhens

Wird das Ruhen der Approbation angeordnet, so ist es dem Arzt nach § 6 Abs. 3 verwehrt, den ärztlichen Beruf, d.h. die Heilkunde, weiterhin auszuüben. Unter der Ausübung der Heilkunde versteht man nach § 1 Abs. 2 HeilprG jede berufs- und gewerbsmäßig vorgenommene Tätigkeit zur Feststellung, Heilung und/oder Linderung von Krankheiten, Leiden oder Körperschäden bei Menschen, auch wenn sie im Dienste von anderen ausgeübt wird. Sonstige Tätigkeiten, die zwar eine medizinische Vorbildung erfordern, sich jedoch nicht als Ausübung von Heilkunde darstellen, z.B. Medizinjournalismus, sind von einer Ruhensanordnung nicht erfasst, sodass der Arzt auch während des Ruhens der Approbation solchen Tätigkeiten nachgehen darf (VG Berlin, Urt. v. 04.04.2006 – 14 A 104/04). Die Ausübung des Arztberufs trotz Ruhensanordnung ist nach § 13 mit einer Freiheitsstrafe von bis zu einem Jahr oder einer Geldstrafe bewährt. Der Status als Arzt und die Mitgliedschaft in der Ärztekammer bleiben jedoch unberührt (*Narr*, Ärztliches Berufsrecht, S. 108). Soweit die Ruhensanordnung nicht befristet ist, dauert das Ruhen der Approbation ohne zeitliche Beschränkung an. Die Approbationsbehörde ist jedoch von Amts wegen dazu verpflichtet, in regelmäßigen Abständen zu überprüfen, ob die Voraussetzungen für das Ruhen noch bestehen (*Rieger* [2001], in: Rieger/Dahm/Katzenmeier/Steinhilper/Stellpflug, Heidelberger-Kommentar, Kap. 160 Rn. 37). Bei krankheitsbedingten Ruhensgründen kann dies die Gesundung des Arztes sein (vgl. Rdn. 13), bei dem Verdacht einer Straftat die Verbüßung der Strafe und anschließende Straffreiheit über einen angemessenen Zeitraum.

Der Arzt hat nach der Anordnung des Ruhens die Approbationsurkunde an die Ärztekammer zur Verwahrung zu geben. Falls das Ruhen der Approbation aufgehoben wird, so erhält der Arzt seine bisherige Approbationsurkunde zurück, während er im Fall eines Widerrufs oder einer Rücknahme der Approbation die Approbation erneut erlangen muss und eine komplett neue Approbationsurkunde erhält.

Da der Arzt während des Ruhens seiner Approbation gesetzlich daran gehindert ist, den Arztberuf auszuüben und mithin seine Praxis zu führen, sieht § 6 Abs. 4 vor, dass es die Approbationsbehörde zulassen kann, dass die Praxis eines Arztes, dessen Approbation ruht, für einen zu bestimmenden Zeitraum durch einen anderen Arzt weitergeführt werden kann. Diese Regelung hat existentielle

Gründe, da die Praxis ansonsten geschlossen und die Mitarbeiter gekündigt werden müssten, und sich die Patienten auf andere Praxen verteilten. Verbindlichkeiten für darlehensfinanzierte Geräte könnten nicht getilgt werden und der Arzt müsste nach Aufhebung des Ruhens von vorn beginnen. Allerdings werden im Schrifttum (*Narr*, Ärztliches Berufsrecht, S. 109; *Rieger* [2001], in: Rieger/Dahm/Katzenmeier/Steinhilper/Stellpflug, Heidelberger-Kommentar, Kap. 160 Rn. 37) gegen diese Bestimmung verfassungsrechtliche Bedenken erhoben. Die Kompetenz des Bundesgesetzgebers ist nach Art. 74 Abs. 1 Nr. 19 GG auf die Zulassung zu ärztlichen und anderen Heilberufen beschränkt; die in § 6 Abs. 4 eingeräumte Vertretungsmöglichkeit betrifft jedoch nicht die Zulassung, sondern die Berufsausübung infolge der Zulassung, die nicht von diesem Kompetenztitel gedeckt ist und mithin in die Zuständigkeit der Landesgesetzgeber fällt. Damit ist § 6 Abs. 4 formell verfassungswidrig und damit unwirksam. Selbst wenn die Bestimmung wirksam wäre, hätte sie ohnehin ausschließlich Auswirkung auf die privatärztliche Tätigkeit des Arztes. Hinsichtlich der Behandlung von Versicherten der Gesetzlichen Krankenversicherung wäre eine Vertretung ohnehin nicht möglich, da das Ruhen der Approbation nach § 95 Abs. 6, 1. Alt. zum Entzug bzw. zum Ruhen der kassenärztlichen Zulassung führt, da deren Voraussetzungen nicht mehr vorliegen.

### D. Sofortvollzug

18 Der Grund für das Ruhen der Approbation besteht in der Abwendung von Gefahren für bestimmte Rechtsgüter. Je nachdem, welches Rechtsgut bedroht ist, z.B. die Patientensicherheit, kann es erforderlich sein, dass die Ruhensanordnung unverzüglich umgesetzt wird. Diesem Bedürfnis steht entgegen, dass Widerruf und Klage des Arztes gegen die Ruhensanordnung aufschiebende Wirkung entfalten, § 80 Abs. 1 Satz 1 VwGO. Bis zum rechtskräftigen Abschluss einer gerichtlichen Überprüfung können mehrere Jahre vergehen. Daher ordnet die Approbationsbehörde in diesen Fällen den Sofortvollzug der Ruhensanordnung an mit der Folge, dass die genannten Rechtsbehelfe bzw. -mittel keinen Suspensiveffekt entfalten. Dies setzt nach § 80 Abs. 2 Nr. 4 VwGO voraus, dass die sofortige Vollziehung im öffentlichen Interesse oder im überwiegenden Interesse eines Beteiligten von der den Ruhensbescheid erlassenden Behörde angeordnet wird. Im Hinblick auf den erheblichen Eingriffs der Anordnung des Sofortvollzuges auf die Berufsfreiheit des Arztes sind an das öffentliche Interesse besonders hohe Maßstäbe anzulegen. Die Gründe, die für die Ruhensanordnung als solche entscheidend sind, reichen hierfür noch nicht aus. Es hat vielmehr eine Gesamtwürdigung der Umstände des Einzelfalls zu erfolgen, die daran zu orientieren ist, ob eine weitere Berufstätigkeit des Arztes bis zum rechtskräftigen Abschluss des Hauptsacheverfahrens konkrete Gefahren für wichtige Gemeinschaftsgüter oder für Dritte befürchten lässt (Bayerischer VGH, Beschl. v. 20.01.2009 – 21 CS. 08.2921). Das OVG NRW hat mit Beschl. v. 21.03.2012 (13 B 228/12) den Sofortvollzug in einem Fall für gerechtfertigt gehalten, in dem die Ärztin es unterlassen hat, während einer Risikogeburt die werdende Mutter in eine Klinik zwecks Durchführung eines Kaiserschnitts einzuweisen, da sie sich als Expertin für natürliche Geburten bezeichnete und aufgrund dieser Einstellung einen Kaiserschnitt generell ablehnte.

19 Der betroffene Arzt kann gegen die Anordnung des Sofortvollzuges nach § 80 Abs. 5 VwGO einen Antrag auf Wiederherstellung der aufschiebenden Wirkung stellen, der schon vor Klageerhebung in der Hauptsache zulässig ist.

### § 9a Zuständigkeiten

(1) Die jeweils zuständige Stelle unterrichtet die zuständigen Behörden der anderen Mitgliedstaaten der Europäischen Union, der anderen Vertragsstaaten des Abkommens über den Europäischen Wirtschaftsraum und der Schweiz über

1. den Widerruf, die Rücknahme oder das Ruhen der Approbation oder der Erlaubnis, die sofort vollziehbar oder unanfechtbar sind,
2. die sofort vollziehbare oder unanfechtbare Einschränkung der Ausübung des ärztlichen Berufs,
3. den Verzicht auf die Approbation oder die Erlaubnis,

4. das Verbot der Ausübung des ärztlichen Berufs durch unanfechtbare gerichtliche Entscheidung oder
5. das vorläufige Berufsverbot durch gerichtliche Entscheidung.

(2) Die Mitteilung nach Absatz 1 (Warnmitteilung) enthält folgende Angaben:
1. die zur Identifizierung der betroffenen Person erforderlichen Angaben, insbesondere Name, Vorname, Geburtsdatum und Geburtsort,
2. Beruf der betroffen Person,
3. Angaben über die Behörde oder das Gericht, die oder das die Entscheidung getroffen hat,
4. Umfang der Entscheidung oder des Verzichts und
5. Zeitraum, in dem die Entscheidung oder der Verzicht gilt.

Die Warnmitteilung erfolgt unverzüglich, spätestens jedoch drei Tage nach Eintritt der Unanfechtbarkeit einer Entscheidung nach Absatz 1 Nummer 1, 2 oder Nummer 4, nach Bekanntgabe einer Entscheidung nach Absatz 1 Nummer 5 oder nach einem Verzicht nach Absatz 1 Nummer 3. Sie ist über das durch die Verordnung (EU) Nr. 1024/2012 des Europäischen Parlaments und des Rates vom 25. Oktober 2012 über die Verwaltungszusammenarbeit mit Hilfe des Binnenmarkt-Informationssystems und zur Aufhebung der Entscheidung 2008/49/EG der Kommission (ABl. L 316 vom 14.11.2012, S. 1) eingerichtete Binnenmarkt-Informationssystem (IMI) zu übermitteln. Zeitgleich mit der Warnmitteilung unterrichtet die Stelle, die die Warnmitteilung getätigt hat, die betroffene Person über die Warnmitteilung und deren Inhalt schriftlich unter Beifügung einer Rechtsbehelfsbelehrung. Wird ein Rechtsbehelf gegen die Warnmitteilung eingelegt, ergänzt die Stelle, die die Warnmitteilung getätigt hat, die Warnmitteilung um einen entsprechenden Hinweis.

(3) Im Fall der Aufhebung einer in Absatz 1 genannten Entscheidung oder eines Widerrufs des Verzichts unterrichtet jeweils die zuständige Stelle die zuständigen Behörden der anderen Mitgliedstaaten der Europäischen Union, der anderen Vertragsstaaten des Abkommens über den Europäischen Wirtschaftsraum und der Schweiz unverzüglich unter Angabe des Datums über die Aufhebung der Entscheidung oder den Widerruf des Verzichts. Die zuständige Stelle unterrichtet die zuständigen Behörden der anderen Mitgliedstaaten der Europäischen Union, der anderen Vertragsstaaten des Abkommens über den Europäischen Wirtschaftsraum und der Schweiz ebenfalls unverzüglich über jede Änderung des nach Absatz 2 Satz 1 Nummer 5 angegebenen Zeitraums. Die zuständige Stelle löscht Warnmitteilungen nach Absatz 1 im IMI unverzüglich, spätestens jedoch drei Tage nach Aufhebung der Entscheidung oder Widerruf des Verzichts.

(4) Wird gerichtlich festgestellt, dass eine Person, die die Erteilung der Approbation oder die Feststellung der Gleichwertigkeit ihrer Berufsqualifikation nach diesem Gesetz beantragt hat, dabei gefälschte Berufsqualifikationsnachweise verwendet hat, unterrichtet die zuständige Stelle die zuständigen Behörden der anderen Mitgliedstaaten der Europäischen Union, der anderen Vertragsstaaten des Abkommens über den Europäischen Wirtschaftsraum und der Schweiz über die Identität dieser Person, insbesondere über Name, Vorname, Geburtsdatum und Geburtsort, und den Umstand, dass diese Person gefälschte Berufsqualifikationsnachweise verwendet hat. Die Unterrichtung erfolgt unverzüglich, spätestens jedoch drei Tage nach Unanfechtbarkeit der Feststellung über das IMI. Absatz 2 Satz 4 und 5 gilt für die Unterrichtung nach Satz 1 entsprechend.

(5) Ergänzend zu den Absätzen 1 bis 4 ist die Durchführungsverordnung (EU) 2015/983 der Kommission vom 24. Juni 2015 betreffend das Verfahren zur Ausstellung des Europäischen Berufsausweises und die Anwendung des Vorwarnmechanismus gemäß der Richtlinie 2005/36/EG des Europäischen Parlaments und des Rates (ABl. L 159 vom 25.6.2015, S. 27) in der jeweils geltenden Fassung zu beachten.

## § 10 Berufserlaubnis für Ärzte

(1) Die Erlaubnis zur vorübergehenden Ausübung des ärztlichen Berufs kann auf Antrag Personen erteilt werden, die eine abgeschlossene Ausbildung für den ärztlichen Beruf nachweisen. Eine Erlaubnis nach Satz 1 wird Antragstellern, die über einen Ausbildungsnachweis als Arzt verfügen, der in einem Mitgliedstaat der Europäischen Union, einem anderen Vertragsstaat des Abkommens über den Europäischen Wirtschaftsraum oder in der Schweiz ausgestellt wurde, nicht erteilt. Eine Erlaubnis wird auch nicht in Fällen des § 3 Absatz 2 Satz 10 erteilt. § 8 bleibt unberührt.

(1a) Abweichend von Absatz 1 Satz 2 und 3 kann auf Antrag eine Erlaubnis zur vorübergehenden Ausübung des ärztlichen Berufs erteilt werden, wenn mit dem Antrag dargelegt wird, dass im Hinblick auf die beabsichtigte ärztliche Tätigkeit ein besonderes Interesse an der Erteilung der Erlaubnis besteht. Die Erlaubnis steht der Erteilung einer Approbation nicht entgegen.

(2) Die Erlaubnis kann auf bestimmte Tätigkeiten und Beschäftigungsstellen beschränkt werden. Sie darf nur widerruflich und nur bis zu einer Gesamtdauer der ärztlichen Tätigkeit von höchstens zwei Jahren im Geltungsbereich dieses Gesetzes erteilt oder verlängert werden.

(3) Eine Erlaubnis darf ausnahmsweise über den in Absatz 2 genannten Zeitraum hinaus im besonderen Einzelfall oder aus Gründen der ärztlichen Versorgung erteilt oder verlängert werden, wenn eine Approbation wegen Fehlens der Voraussetzungen nach § 3 Absatz 1 Nummer 4 nicht erteilt werden kann. Die Erteilung oder Verlängerung aus Gründen der ärztlichen Versorgung ist nur zulässig, wenn in dem Gebiet, in dem die ärztliche Tätigkeit ausgeübt werden soll, ein gleichwertiger Ausbildungsstand nachgewiesen ist. Die Erlaubnis ist in diesem Fall auf das Gebiet zu beschränken. Die §§ 5, 6, 8, 9 und 13 finden entsprechende Anwendung.

(4) Erlaubnisse nach Absatz 1 Satz 1, die vor dem 1. April 2012 erteilt wurden, bleiben wirksam. Für sie ist Absatz 3 in seiner bis dahin geltenden Fassung bis zum 1. April 2014 für solche Inhaber der Erlaubnis weiter anzuwenden, die bis zum 1. Juli 2012 einen Antrag auf Erteilung der Approbation nach § 3 Absatz 1 Satz 1 gestellt haben. Satz 2 findet auf Staatsangehörige eines Mitgliedstaats der Europäischen Union, eines anderen Vertragsstaates des Abkommens über den Europäischen Wirtschaftsraum und der Schweiz, die über einen Ausbildungsnachweis nach Absatz 1 Satz 2 oder Satz 3 verfügen, sowie auf Drittstaatsangehörige, soweit sich nach dem Recht der Europäischen Gemeinschaft eine Gleichstellung ergibt, keine Anwendung.

(5) In Ausnahmefällen kann eine Erlaubnis zur vorübergehenden Ausübung des ärztlichen Berufs, auf Antrag auch Personen erteilt werden, die außerhalb des Geltungsbereichs dieses Gesetzes eine ärztliche Ausbildung erworben, diese Ausbildung aber noch nicht abgeschlossen haben, wenn
1. der Antragsteller auf Grund einer das Hochschulstudium abschließenden Prüfung außerhalb des Geltungsbereichs dieses Gesetzes die Berechtigung zur beschränkten Ausübung des ärztlichen Berufs erworben hat und
2. die auf Grund der Erlaubnis auszuübende Tätigkeit zum Abschluss einer ärztlichen Ausbildung erforderlich ist.

(6) Personen, denen eine Erlaubnis zur Ausübung des ärztlichen Berufs nach den vorstehenden Vorschriften erteilt worden ist, haben im übrigen die Rechte und Pflichten eines Arztes.

| Übersicht | Rdn. | | Rdn. |
|---|---|---|---|
| A. Regelungsinhalt | 1 | 2. Forschung und Promotion, Entwicklungshilfe | 9 |
| B. § 10 Abs. 1 und 2: Die Erlaubnis bei Drittstaatenausbildungsnachweisen | 2 | C. § 10 Abs. 1 und 1a: Erlaubnis bei EU-, EWR- und Vertragsstaatenausbildungsnachweisen | 10 |
| I. Abgeschlossene ärztliche Ausbildung | 5 | | |
| II. Umfang der Erlaubnis | 6 | | |
| 1. Nicht zu Zwecken der Weiterbildung | 8 | D. § 10 Abs. 3: Die erweiterte Erlaubnis | 15 |

| | | | |
|---|---|---|---|
| I. Besonderer Einzelfall | 16 | F. § 10 Abs. 5: Die Ausbildungserlaubnis | 22 |
| II. Gründe der ärztlichen Versorgung | 17 | G. § 10 Abs. 6: Rechte und Pflichten von | |
| E. § 10 Abs. 4: Übergangsregelungen | 21 | Personen mit einer Erlaubnis | 26 |

## A. Regelungsinhalt

Wer den ärztlichen Beruf ausüben will benötigt die Zulassung. Im Regelfall wird die Ausübung durch die Approbation als Arzt zugelassen (s. § 2 Rdn. 1, 2). Die Approbation ist mit Inkrafttreten des Anerkennungsgesetzes nicht länger an Staatsangehörigkeiten (EU-, EWR- und Vertragsstaatantragsteller) geknüpft (s. § 3 Rdn. 3). Auch Drittstaatenantragsteller haben einen Anspruch auf Erteilung der Approbation, sofern sie über einen Ausbildungsnachweis aus EU-, EWR- und Vertragsstaaten bzw. über einen Drittstaatenausbildungsnachweis verfügen, der von einem EU-, EWR- und Vertragsstaat anerkannt wurde. Das Anerkennungsgesetz beschränkt den Anwendungsbereich der Erlaubnis daher im Regelfall auf Antragsteller, die ihre Ausbildung in einem Drittstaat abgeschlossen haben (zur Rechtslage vor Inkrafttreten des Anerkennungsgesetzes, s. 1. und 2. Auflage). In diesen Fällen ist eine vorübergehende oder eine auf bestimmte Tätigkeiten beschränkte Ausübung des ärztlichen Berufs auch aufgrund dieser jederzeit widerruflichen **Erlaubnis** zulässig. Auch kann die Erlaubnis für Fälle des § 8 Abs. 1 (Antrag auf Wiedererteilung der Approbation nach Rücknahme, Widerruf oder Verzicht), oder unter den Voraussetzungen des § 10 Abs. 5 ausnahmsweise beantragt werden, um eine im Ausland erworbene Ausbildung abzuschließen. Für vor dem 01.04.2012 erteilte Erlaubnisse zur vorübergehenden Ausübung der Heilkunde gilt die Übergangsvorschrift in § 10 Abs. 4. Für Übergangsfälle aus der ehemaligen DDR kann § 14 Abs. 3 angewendet werden.

## B. § 10 Abs. 1 und 2: Die Erlaubnis bei Drittstaatenausbildungsnachweisen

§ 10 Abs. 1 Satz 1 regelt die Erteilung der Erlaubnis an Ärzte mit Drittstaatenausbildungsnachweisen (zur Rechtslage vor Inkrafttreten des Anerkennungsgesetzes, s. 1. und 2. Auflage). Antragsteller mit **EU-, EWR- und Vertragsstaatenausbildungsnachweisen** können gem. Abs. 1 Satz 2 keine **Erteilung einer Erlaubnis** beantragen. Verfügt ein Antragsteller über einen EU-, EWR- oder Vertragsstaatenausbildungsnachweis, hat er grundsätzlich einen Anspruch auf einen unbeschränkbaren und unbefristeten Berufszugang. Gleiches gilt gem. Abs. 1 Satz 3 für Antragsteller mit Drittstaatenausbildungsnachweisen, die von einem EU-, EWR- oder Vertragsstaat anerkannt wurden sowie für »Personengruppen, die durch den fortlaufend erweiterten Anwendungsbereich von Richtlinien der Europäischen Gemeinschaft den Staatsangehörigen von Mitgliedstaaten der Europäischen Union oder inländischen Staatsbürgern gleichgestellt werden, wie z.B. die Richtlinien 2009/50/EG, 2004/83/EG2003/109/EG und 2004/38/EG« (BT-Drs. 17/6260 S. 64). Im deutschen Recht gewährt nur die Approbation einen solchen Berufszugang (§ 2 Rdn. 2). Für die Erteilung einer Berufserlaubnis gibt es in diesen Fällen keinen Raum (so bereits BT-Drs. 17/1297 S. 20). Die Möglichkeit eine Erlaubnis nach § 8 zu beantragen, wird durch die Klarstellung in § 10 Abs. 1 Satz 4 beibehalten.

Auf die Erteilung der Erlaubnis besteht **kein Rechtsanspruch** (s. auch VG Bremen, Beschl. v. 22.10.2018 – 5 V 2130/18). Sie verleiht kein subjektiv-öffentliches Recht und damit keinen auf Dauer angelegten Rechtsstatus. Die Erlaubnis verleiht auch dann nur ein vorübergehendes Recht, wenn sie mehrmals hintereinander erteilt wird (BVerwG DVBl 1980, 748). Antragsteller haben jedoch einen Anspruch auf **ermessensfehlerfreie Entscheidung**. Im Rahmen der Ermessensausübung sind bei der in jedem Einzelfall vorzunehmenden Güter- und Interessenabwägung das private Interesse des Antragstellers und die öffentlichen Belange, die für oder gegen die Erteilung der Erlaubnis sprechen, zu würdigen. Im Rahmen der Ermessensausübung werden u. a. Bedürfnisse von Forschung und Lehre (Rdn. 9), Aspekte der Entwicklungshilfepolitik (Rdn. 9) und Bedarfsgesichtspunkte (Rdn. 17) berücksichtigt. Eine ablehnende Entscheidung ist zu begründen. Die Länder haben für die Anwendung des § 10 Verwaltungsvorschriften erlassen, die in den Anforderungen an die Erlaubniserteilung voneinander abweichen (bspw. hinsichtlich des Erfordernisses der Gleichwertigkeit der Ausbildung, vgl. OVG Münster, Beschl. v. 06.04.2005 – 13 B 221/05). Mit Verwaltungsvorschriften wirken vorgesetzte Behörden auf ein einheitliches Verfahren oder eine einheitliche Gesetzesanwendung der untergeordneten Behörden hin. Sie sind kein Gesetz i.S.d. Art. 20 Abs. 3 sowie des Art. 97 Abs. 1 GG und können nur Gegenstand, nicht Maßstab der richterlichen Kontrolle sein (BVerfG, Beschl. v. 11.08.2009 – 2 BvR 941/08). Diese Verwaltungsvorschriften dürften den hier einschlägigen § 34 ÄApprO berücksichtigen (s. etwa in NRW Durchführung der Bundesärzteordnung, 12). § 34 ÄApprO regelt Näheres zur Erlaubnis nach § 10 Abs. 1.

4   Ergänzt wird § 34 ÄApprO um einen Musterbescheid nach Anlage 16 der ÄApprO.

### I. Abgeschlossene ärztliche Ausbildung

5   § 10 Abs. 1 fordert vom Antragsteller vorbehaltlich Abs. 5 für alle Fälle der Erlaubnis nach § 10 eine **abgeschlossene Ausbildung** für den ärztlichen Beruf. Die abgeschlossene ärztliche Ausbildung ist nach dem Recht des Staates, in dem die Ausbildung erworben wurde, nachzuweisen. Auf die **Gleichwertigkeit des Ausbildungsstandes** im Hinblick auf Inländer entsprechend § 3 Abs. 2 Satz 1 kommt es dem Wortlaut des Abs. 1 zufolge nicht an. Eine Ausbildung, die in ihrer »Art und den wesentlichen Inhalten der in der Bundesrepublik Deutschland vorgeschriebenen Ausbildung« nicht entspricht, reicht jedoch nicht aus (Beschluss des BT zu BR-Drs. 4/83 betr. Zahnheilkundegesetz). Mangelnde Gleichwertigkeit muss jedoch durch strenge Auflagen im Verwaltungsakt berücksichtigt werden. Das setzt voraus, dass sich die Behörde von der Gleichwertigkeit der Ausbildung vor Erteilung der Erlaubnis ein konkretes Bild macht. Denn die Entscheidung über den Antrag ist unter Patientensicherheitsgesichtspunkten zu treffen.

### II. Umfang der Erlaubnis

6   § 10 Abs. 2 regelt den **inhaltlichen und zeitlichen Umfang der Erlaubnis**. Die Erlaubnis wird in der Regel auf eine nicht selbstständige und nichtleitende Tätigkeit in einem bestimmten Krankenhaus oder einer ärztlichen Praxis beschränkt. Die Erlaubnis darf auch derart eingeschränkt werden, dass die Tätigkeit nur unter Aufsicht, Anleitung und Verantwortung eines approbierten Arztes erfolgen darf. Dies kann dazu führen, dass bestimmte Berufspflichten, z.B. die Vertretung oder die Teilnahme am Notfalldienst, für den Antragsteller nicht erfüllbar sind.

7   Die Erlaubnis wird für höchstens 2 Jahre erteilt. Da es sich hierbei um eine **Höchstgrenze** handelt, kann die Behörde im Rahmen ihres Ermessens auch **kürzere Fristen** bestimmen. Die Begrenzung auf 2 Jahre wurde bewusst gewählt. Da gerade in Fällen der Erlaubnis die Ausbildungsnachweise häufig nicht gleichwertig sind, wird die Berufserlaubnis künftig vor allem für Antragsteller attraktiv bleiben, die ohne Nachweis eines gleichwertigen Ausbildungsstandes die ärztliche Tätigkeit mit einer fachlich eingeschränkten Berufserlaubnis nach § 10 BÄO ausüben wollen. Um einen diesbezüglich anhaltenden Zustand aus integrationspolitischen Gründen zu vermeiden, sollte für Antragsteller nicht mehr die Möglichkeit bestehen, sich einer Kenntnisprüfung dadurch zu entziehen, dass sie die Erteilung oder Verlängerung einer Berufserlaubnis beantragen. Ein Zeitraum von 2 Jahren muss grundsätzlich auch für die Herstellung der Voraussetzungen für die Erteilung einer Approbation genügen (BT-Drs. 17/7218 S. 42, so auch VG Bremen, Beschl. v. 22.10.2018 – 5 V 2130/18: »Ausgangspunkt der Beurteilung ist (...), dass der Gesetzgeber in § 10 Abs. 2 BÄO grundsätzlich davon ausgeht, dass die Dauer der Berufserlaubnis von vornherein höchstens zwei Jahre beträgt und innerhalb dieses Zeitraums die Voraussetzungen für die Erteilung der Approbation hergestellt werden müssen. Das heißt insbesondere, dass innerhalb dieses Zeitraums eine Vorbereitung auf die Kenntnisprüfung erfolgen und diese auch erfolgreich absolviert werden soll. (...) Aus dem Normzusammenhang ergibt sich, dass eine Verlängerung grundsätzlich nur dann infrage kommen kann, wenn das zugrundeliegende Approbationsverfahren aus Gründen andauert, die nicht oder nicht überwiegend aus der Sphäre der Antragstellerin herrühren (vgl. BayVGH, B. v. 18.09.2018 – 21 CE 18.1100, Rn. 23)«.

#### 1. Nicht zu Zwecken der Weiterbildung

8   Die Erteilung der Erlaubnis zu Zwecken des Abschlusses einer Weiterbildung ist nicht möglich (zur alten Rechtslage vor Inkrafttreten des Anerkennungsgesetzes, s. 1. und 2. Auflage). Nachdem die

Staatsangehörigkeit für die Approbationserteilung kein Kriterium mehr ist, können auch Drittstaatsangehörige die Approbation erhalten und anschließend eine Weiterbildung zum Facharzt absolvieren. Mit dieser Änderung hat der Gesetzgeber zudem die europarechtliche Vorgabe erfüllt, dass die Zulassung zur fachärztlichen Ausbildung eine abgeschlossene Grundausbildung voraussetzt. »Die Charakteristik der ärztlichen Weiterbildung besteht gerade darin, dass sie nach abgeschlossener Berufsausbildung berufsbegleitend erfolgt. Insoweit sollte es auch ausgeschlossen sein, dass Drittstaatsangehörige mit Drittstaatsdiplomen, ohne dass ein gleichwertiger Ausbildungsstand nachgewiesen wird, eine ärztliche Weiterbildung im Geltungsbereich der BÄO absolvieren. Für die Verlängerungsmöglichkeit nach § 10 Abs. 2 Satz 3 und 4 (Anm. alter Fassung) besteht insoweit kein Bedarf mehr« (BT-Drs. 17/6260 S. 89).

### 2. Forschung und Promotion, Entwicklungshilfe

Antragsteller können ggf. auch weiterhin zur Fortbildung, zur Gewinnung von Auslandserfahrungen, zum wissenschaftlichen Erfahrungsaustausch auf ihrem Gebiet oder aus entwicklungshilfepolitischen Gesichtspunkten zur Ausübung einer unselbstständigen Beschäftigung eine befristete Berufserlaubnis nach § 10 Abs. 1 und Abs. 2 erhalten (vgl. 1. und 2. Auflage). 9

### C. § 10 Abs. 1 und 1a: Erlaubnis bei EU-, EWR- und Vertragsstaatenausbildungsnachweisen

§ 10 Abs. 1a schafft eine Ausnahme von § 10 Abs. 1 Satz 1 bis 3. Bei Vorliegen eines **besonderen Interesses** im Hinblick auf die beabsichtigte ärztliche Tätigkeit, können auch Antragsteller mit EU-, EWR und Vertragsstaatenausbildungsnachweisen bzw. mit einem Drittstaatenausbildungsnachweis, der von einem EU-, EWR und Vertragsstaat anerkannt wurde, die Erteilung einer Erlaubnis beantragen. Dies soll auch für deutsche Staatsangehörige gelten (vgl. BT-Drs. 17/6260 S. 88). Mit dieser Regelung wird ein europarechtlich noch zulässiger Spielraum ausgeschöpft (BT-Drs. 17/7218 S. 42). Einen Anhaltspunkt für die Auslegung des »besonderen Interesses« gibt die Stellungnahme des Bundesrates, die dem Gesetzesbeschluss an dieser Stelle zugrunde gelegt wurde: 10

»Beispielhaft sind folgende Fallkonstellationen denkbar: 11
– Im Operationsbereich eines Herzzentrums, in dem generell englisch gesprochen wird, soll ein spezialisierter Facharzt eingestellt werden, der seine medizinische Ausbildung in Italien abgeschlossen hat. Er kann die notwendigen englischen, aber aktuell keine deutschen Sprachkenntnisse nachweisen. Die Erteilung einer Approbation ist nach § 3 Abs. 1 Nr. 5 nicht möglich. Mit einer vorübergehenden Berufserlaubnis wäre die im Interesse der medizinischen Versorgung notwendige ärztliche Tätigkeit sichergestellt. Der Arzt könnte in der Zeit deutsche Sprachkenntnisse erwerben und dann die Approbation beantragen.
– Einem Antragsteller mit einer EU-Staatsangehörigkeit mit abgeschlossener medizinischer Ausbildung innerhalb der EU kann wegen einer körperlichen Behinderung nach § 3 Abs. 1 Nr. 3 die Approbation nicht erteilt werden. Der Antragsteller könnte jedoch in beschränkbarem Umfang, zum Beispiel in der Forschung, ärztliche Tätigkeit ausüben, für die die Berufszulassung erforderlich ist. Eine auf bestimmte Tätigkeiten und/oder Beschäftigungsstellen beschränkte Berufserlaubnis würde im Interesse des Antragstellers und des deutschen Arbeitsmarktes verhindern, dass eine abgeschlossene qualifizierte Ausbildung, die der Steuerzahler finanziert hat, ungenutzt bleibt« (BT-Drs. 17/6260 S. 88).

Näheres zur Erlaubnis nach § 10 Abs. 1a regelt hier § 35 ÄApprO. 12

Ergänzt wird § 35 ÄApprO um einen Musterbescheid nach Anlage 16 der ÄApprO. 13

Für die übrigen Voraussetzungen zur Erteilung einer Erlaubnis nach Abs. 1 wird auf Rdn. 2–9 verwiesen. 14

### D. § 10 Abs. 3: Die erweiterte Erlaubnis

Ausnahmsweise darf eine **Erlaubnis über den Zeitraum des § 10 Abs. 2** unter den Voraussetzungen des § 10 Abs. 3 Satz 1 bis 3 erteilt werden. Danach ist eine Verlängerung im besonderen Einzelfall 15 oder aus Gründen der ärztlichen Versorgung möglich. »Eine Erlaubnis darf zur vorübergehenden Ausübung des ärztlichen Berufs ausnahmsweise über den Zeitraum von zwei Jahren hinaus verlängert werden, wenn eine Approbation mangels einer in Deutschland erfolgreich abgelegten ärztlichen Prüfung nicht erteilt werden kann und ein besonderer Einzelfall vorliegt oder Gründe der ärztlichen Versorgung bestehen und in dem Gebiet, in dem die ärztliche Tätigkeit ausgeübt werden soll, ein gleichwertiger Ausbildungsstand nachgewiesen ist« (BayVGH, Beschl. v. 18.09.2018 – 21 CE 18.1100).

### I. Besonderer Einzelfall

16   Die Bestimmung des § 10 Abs. 3 Satz 1, 1. Alt. trägt dem besonderen Einzelfall Rechnung. Ein besonderer Einzelfall ist denkbar, wenn »Patientenschutzinteressen einer Ausübung der Heilkunde nicht entgegenstehen. Dies kann zum Beispiel der Fall sein bei TCM-Ärzten oder Ärzten mit abgeschlossener Facharztausbildung, deren Grundausbildung nicht gleichwertig ist« (BT-Drs. 17/7218 S. 52). In Abwägung der betroffenen Rechtsgüter kann ein besonderer Einzelfall ausnahmsweise auch dann vorliegen, wenn die Gleichwertigkeitsprüfung im Zwei-Jahres-Zeitraum nach Abs. 2 Satz 2 nicht abgeschlossen werden konnte (vgl. BT-Drs. 17/7218 S. 52, so auch VG Bremen, Beschl. v. 22.10.2018 – 5 V 2130/18). »Bei der Beurteilung der Frage, ob ein besonderer Einzelfall vorliegt, kann auf die Fälle zurückgegriffen werden, bei denen früher über die Approbationserteilung zu entscheiden war. Die Annahme eines besonderen Einzelfalls im Sinne des § 10 Abs. 3 Satz 1 BÄO setzt danach voraus, daß sich die persönlichen Verhältnisse des die Erlaubnis zur vorübergehenden Ausübung des ärztlichen Berufs Begehrenden wesentlich von denjenigen anderer, eine solche Erlaubnis Begehrende unterscheiden« (BayVGH, Beschl. v. 12.04.2018 – 21 CE 18.136).

### II. Gründe der ärztlichen Versorgung

17   Die Bestimmung des § 10 Abs. 3 Satz 1, 2. Alt., Satz 2 und 3 trägt den **Gründen der ärztlichen Versorgung** und demnach Gründen der **Bedarfslenkung** Rechnung. Sofern bspw. die Versorgung durch approbierte Ärzte nicht sichergestellt werden kann, liegt es im Interesse der ärztlichen Versorgung, an Ärzte über den im § 10 Abs. 2 abgesteckten Rahmen hinaus eine Erlaubnis zu erteilen. Dabei kommt es auf die konkreten Versorgungsverhältnisse in dem Bereich an, für den die Erlaubnis begehrt wird (BVerwGE 65, 19–25; BVerwGE 58, 290–299). Ab wann eine **Mangelsituation** vorliegt, ist eine Frage der einzelfallbezogenen Bewertung der für die jeweilige Region zur Verfügung stehenden Informationen (»Bedarfsprüfung«).

18   Für den **ambulanten Bereich** ist eine Unterversorgung anzunehmen, wenn die in einem Einzugsgebiet vorhandenen Praxisstellen in größerem Umfang längerfristig nicht besetzt werden können. Nach § 100 Abs. 1 SGB V obliegt den Landesausschüssen der Ärzte und Krankenkassen die Feststellung einer Unterversorgung. Zu Fragen des Versorgungsgrades und der Aufrechterhaltung der ärztlichen Versorgung sollten die Landesärztekammer und die Kassenärztliche Vereinigung beteiligt werden (vgl. VG Bremen, Beschl. v. 22.10.2018 – 5 V 2130/18).

19   Im **stationären Bereich** kann die Feststellung, inwieweit die Besetzung einer Stelle in einem Krankenhaus »im Interesse der ärztlichen Versorgung«, liegt, nur anhand der konkreten Stellensituation getroffen werden. Der Bedarf ist durch den Arbeitgeber nachzuweisen. Zu Fragen des Versorgungsgrades und der Aufrechterhaltung der ärztlichen Versorgung sollten die Landesärztekammer und die Kassenärztliche Vereinigung beteiligt werden.

20   Nach Abs. 3 Satz 2 und 3 kommt allerdings »eine Verlängerung zur Sicherstellung der ärztlichen Versorgung aus Gründen des Patientenschutzes und der Qualitätssicherung in der medizinischen Versorgung nur in Betracht, wenn die Qualifikation des Arztes eine Versorgung auf Facharztniveau gewährleistet, also nur bei Ärzten, die zwar eine Facharztqualifikation erworben haben, jedoch die Kenntnisprüfung zum Nachweis eines gleichwertigen Kenntnisstandes endgültig nicht bestanden haben« (BT-Drs. 17/6260 S. 89).

### E. § 10 Abs. 4: Übergangsregelungen

Die Vorschrift enthält eine Übergangsregelung für bereits erteilte Erlaubnisse (nähere Erläuterungen in BT-Drs. 17/6260 S. 64). 21

### F. § 10 Abs. 5: Die Ausbildungserlaubnis

Gem. § 10 Abs. 5 Satz 1 kann in Ausnahmefällen eine Erlaubnis zur vorübergehenden Ausübung des ärztlichen Berufs Antragstellenden erteilt werden, die außerhalb der Bundesrepublik Deutschland eine **ärztliche Ausbildung erworben, diese Ausbildung aber noch nicht abgeschlossen** haben, wenn 22

— die Antragstellenden aufgrund einer das Hochschulstudium abschließenden Prüfung außerhalb der Bundesrepublik Deutschland die Berechtigung zur beschränkten Ausübung des ärztlichen oder zahnärztlichen Berufs erworben haben (§ 10 Abs. 5 Satz 1 Nr. 1) **und**
— die aufgrund der Erlaubnis auszuübende Tätigkeit zum Abschluss der ärztlichen Ausbildung erforderlich ist (§ 10 Abs. 5 Satz 1 Nr. 2).

Zur Beurteilung der Frage, ob Nr. 1 und Nr. 2 erfüllt sind, ist auf das jeweils geltende ausländische Recht abzustellen (vgl. VG Stuttgart, Urt. v. 18.01.2018 – 4 K 2206/17). »Ist nach dem Recht des Herkunftsstaates (hier Drittstatt) eine dem Studium nachgelagerte praktische Ausbildung vorgesehen, ist auch erst mit Nachweis der Ableistung des praktischen Ausbildungsanteils die Ausbildung zum Arzt abgeschlossen« (hierzu ausführlich *Haage* MedR 2015, 655, 658). 22a

Die Erlaubnis ist auf die Tätigkeiten und Beschäftigungsstellen zu beschränken, die dafür nach der jeweiligen ausländischen Ausbildungsordnung in Betracht kommen. Sie darf nur bis zu einer Gesamtdauer der Tätigkeit erteilt werden, die für den Abschluss der ausländischen Ausbildung notwendig ist. Die Erlaubnis ist in der Regel mit der Auflage zu versehen, dass die Tätigkeit unter Aufsicht, Anleitung und Verantwortung eines Berufsangehörigen erfolgt, der die Approbation oder die Berufserlaubnis besitzt, vgl. § 13 Abs. 4 Satz 2 bis 4 ZHG. 23

Näheres zur Erlaubnis nach § 10 Abs. 5 regelt § 35a ÄApprO. 24

Ergänzt wird § 35a ÄApprO um einen Musterbescheid nach Anlage 17 der ÄApprO. 25

### G. § 10 Abs. 6: Rechte und Pflichten von Personen mit einer Erlaubnis

§ 10 Abs. 6 stellt klar, dass sämtliche Rechte und Pflichten eines approbierten Arztes auch für Personen mit einer Erlaubnis gelten. Dazu zählen u.a. die in den Berufsordnungen, Weiterbildungsordnungen und Meldeordnungen der Landesärztekammern enthaltenen Rechte und Pflichten. 26

## § 10a Berufserlaubnis für Ärzte

(1) Approbierte Zahnärzte, die eine gültige staatliche Anerkennung als Fachzahnarzt für Kieferchirurgie nach der Anordnung Nr. 1 über die Weiterbildung der Ärzte und Zahnärzte (Facharzt-/Fachzahnarztordnung) vom 11. August 1978 (GBl. I Nr. 25 S. 286) in der Fassung der Anordnung Nr. 2 vom 15. April 1986 (GBl. I Nr. 16 S. 262) besitzen und bis zum 2. Oktober 1990 aufgrund der Anweisung zu den Approbationsordnungen für Ärzte und Zahnärzte vom 12. Januar 1982 (Verfügung und Mitteilung des Ministeriums für Gesundheitswesen Nr. 2 S. 28) berechtigt waren, ärztliche Tätigkeiten auf dem Gebiet der Mund-, Kiefer- und Gesichtschirurgie auszuüben, erhalten auf Antrag eine unbefristete Erlaubnis zur Ausübung des ärztlichen Berufs auf dem Gebiet der Mund-, Kiefer- und Gesichtschirurgie. Das gleiche gilt für Zahnärzte, die sich am 3. Oktober 1990 in dem in Artikel 3 des Einigungsvertrages genannten Gebiet in einer Weiterbildung zum Fachzahnarzt für Kieferchirurgie nach den in Satz 1 genannten Weiterbildungsvorschriften befanden, nachdem sie die Weiterbildung nach diesen Vorschriften erfolgreich abgeschlossen haben.

§ 10a BÄO  Berufserlaubnis für Ärzte

(2) Approbierte Zahnärzte, die eine gültige staatliche Anerkennung als Fachzahnarzt für eine theoretisch-experimenteller Fachrichtung der Medizin nach der in Absatz 1 Satz 1 genannten Facharzt-/Fachzahnarztordnungen Verbindung mit der Verfügung über die Weiterbildung von Zahnärzten in theoretisch-experimentellen Fachrichtungen der Medizin vom 9. Februar 1983 (Verfügung und Mitteilung des Ministeriums für Gesundheitswesen Nr. 3 S. 17) besitzen und bis zum 2. Oktober 1990 aufgrund der Anweisung zur Approbationsordnung für Zahnärzte vom 9. Februar 1983 (Verfügung und Mitteilung des Ministeriums für Gesundheitswesen, S. 17) berechtigt waren, ärztliche Tätigkeiten auf dem Gebiet auszuüben, auf das sich ihre Anerkennung als Fachzahnarzt bezieht, erhalten auf Antrag eine unbefristete Erlaubnis zur Ausübung des ärztlichen Berufs auf dem betreffenden Fachgebiet, soweit die im Zeitpunkt der Antragstellung ausgeübte oder beabsichtigte Tätigkeit eine Berechtigung zur Ausübung ärztlicher Tätigkeit erfordert. Das gleiche gilt für approbierte Zahnärzte, die sich am 3. Oktober in dem in Artikel 3 des Einigungsvertrages genannten Gebiet in einer Weiterbildung zum Fachzahnarzt für eine theoretisch-experimentelle Fachrichtung nach den in Satz 1 genannten Weiterbildungsvorschriften befanden, nachdem sie die Weiterbildung nach diesen Vorschriften erfolgreich abgeschlossen haben.

(3) Die Absätze 1 und 2 finden keine Anwendung, solange die Approbation als Zahnarzt ruht.

(4) Für Inhaber einer Erlaubnis nach Absatz 1 oder 2 gilt § 10 Abs. 6 entsprechend.

| Übersicht | Rdn. | | Rdn. |
|---|---|---|---|
| A. Übergangs- und Ausnahmevorschriften | 1 | II. Fachzahnärzte für technisch-experimentelle Richtungen | 5 |
| B. Voraussetzungen für die Erteilung der unbefristeten Erlaubnis | 4 | III. Weiterbildungsassistenten | 6 |
| I. Fachzahnärzte für Kieferchirurgie | 4 | C. Wirkungen der unbefristeten Erlaubnis | 7 |

### A. Übergangs- und Ausnahmevorschriften

1 Die Ausbildung der Kieferchirurgen in der DDR, die von ihrem Leistungsspektrum her den Mund-Kiefer- und Gesichtschirurgen in der Bundesrepublik Deutschland entsprechen (BT-Drs. 12/1524 S. 17), war anders strukturiert als die der Mund-Kiefer- und Gesichtschirurgen. Während in der Bundesrepublik Deutschland diese Fachgruppe über eine Doppelapprobation als Arzt und Zahnarzt verfügen muss, wurde in der damaligen DDR die Doppelapprobation mit der Anordnung Nr. 1 über die Weiterbildung der Ärzte und Zahnärzte (Facharzt-/Fachzahnarztordnung) vom 11.08.1978 abgeschafft. Stattdessen berechtigte die Approbation als Arzt zur Weiterbildung zum Facharzt für Kieferchirurgie; aufgrund der Approbation als Zahnarzt konnte eine Weiterbildung als Fachzahnarzt für Kieferchirurgie absolviert werden. Die Weiterbildung im Fach »Kieferchirurgie« umfasste bei approbierten Ärzten die Vermittlung der wesentlichen Kenntnisse und Fähigkeiten der Zahnheilkunde, während bei den approbierten Zahnärzten die für die Kieferchirurgie relevanten ärztlichen Kenntnisse und Fähigkeiten Gegenstand der Weiterbildung waren. Sowohl die Fachärzte als auch die Fachzahnärzte für Kieferchirurgie waren aufgrund der Approbationsordnungen vom 12.01.1982 dazu berechtigt, sämtliche Tätigkeiten auf dem Gebiet der Kieferchirurgie auszuüben. Zwar sollte mit der Anweisung Nr. 4 zur Facharzt-/Fachzahnarztordnung vom 26.07.1990 unter Wiedereinführung des Gebiets »Mund-Kiefer- und Gesichtschirurgie« die Doppelapprobation wieder zur Voraussetzung zur Weiterbildung auf diesem Gebiet gemacht werden. Da diese Anweisung jedoch erst nach der Unterzeichnung des Einigungsvertrages verkündet wurde und keine Vereinbarung nach Art. 9 Abs. 3 des Einigungsvertrages, wonach nach der Unterzeichnung des Einigungsvertrages erlassenes DDR-Recht weiter gelten soll, wenn es zwischen den Parteien geregelt wird, geschlossen wurde, ist die Ankündigung einschließlich der darin enthaltenen Übergangsregelungen für Fachärzte bzw. Fachzahnärzte für Kieferchirurgie gegenstandslos geworden (vgl. BT-Drs. 12/1524 S. 15 f.).

2 Vergleichbares galt in Bezug auf die Weiterbildung von Zahnärzten in theoretisch-experimentellen Fachrichtungen. Aufgrund der Verfügung über die Weiterbildung von Zahnärzten in theoretisch-

experimentellen Fachrichtungen vom 09.02.1983 konnten Zahnärzte in der DDR eine Weiterbildung zu einer fachzahnärztlichen Anerkennung in einer theoretisch-experimentellen Fachrichtung absolvieren. Nach Erlangung der Anerkennung als Fachzahnarzt für ein theoretisch-experimentelles Fach waren sie berechtigt, alle medizinischen Tätigkeiten durchzuführen, die sich aus den Anforderungen des Tätigkeitsgebiets der betreffenden Fachrichtungen (z.B. Anatomie, Mikrobiologie, Labordiagnostik, Gerichtliche Medizin, Radiologie, Physiologie, Immunologie, etc.) ergaben.

Somit waren diejenigen Zahnärzte in der DDR, welche die entsprechenden Weiterbildungen in Kieferchirurgie bzw. einer theoretisch-experimentellen Fachrichtung abgeschlossen hatten, insoweit zur Ausübung ärztlicher Tätigkeiten berechtigt. Diese Berechtigung ist mit In-Kraft-Tretens des Einigungsvertrages und der Erstreckung der Heilpraktikergesetzes, wonach die Ausübung der Heilkunde durch eine Person, die kein Arzt ist, nur aufgrund einer Erlaubnis möglich ist, auf das Beitrittsgebiet, entfallen. Daher bedurfte es zwecks Bestandsschutzes für diesen Personenkreis einer Übergangsregelung, aufgrund deren Fachzahnärzten für die genannten Fächer, die über keine Approbation als Arzt verfügen, dennoch eine Erlaubnis zur Ausübung des ärztlichen Berufs auf dem jeweiligen Gebiet erteilt wird. 3

## B. Voraussetzungen für die Erteilung der unbefristeten Erlaubnis

### I. Fachzahnärzte für Kieferchirurgie

Die unbefristete Erlaubnis zur Ausübung des ärztlichen Berufs auf dem Gebiet der Mund-, Kiefer- und Gesichtschirurgie setzt zunächst eine Approbation als Zahnarzt sowie eine Anerkennung als Fachzahnarzt für Kieferchirurgie nach den damals gültigen Bestimmungen der DDR (Anordnung Nr. 1 über die Weiterbildung der Ärzte und Zahnärzte vom 11.08.1978 in der Fassung der Anordnung Nr. 2 vom 15.04.1986) voraus. Über dieses qualifikationsgebundene Erfordernis hinaus müssen die entsprechenden Zahnärzte am Stichtag des 02.10.1990, d.h. dem letzten Tag des Bestehens der DDR, aufgrund der Anweisung zu den Approbationsordnungen für Ärzte und Zahnärzte vom 12.01.1982 dazu berechtigt gewesen sein, ärztliche Tätigkeiten auf dem Gebiet der Mund-, Kiefer- und Gesichtschirurgie auszuüben. Schließlich muss der betroffene Zahnarzt einen Antrag auf Erteilung der Erlaubnis bei der zuständigen Approbationsbehörde stellen. 4

### II. Fachzahnärzte für technisch-experimentelle Richtungen

Die unbefristete Erlaubnis zur Ausübung des ärztlichen Berufs auf einem technisch-experimentellen Gebiet erfordert zunächst eine Approbation als Zahnarzt sowie die Anerkennung als Fachzahnarzt für eine theoretisch-experimentelle Fachrichtung. Weiter müssen sie am 02. Oktober dazu berechtigt gewesen sein, ärztliche Tätigkeiten auf dem entsprechenden technisch-experimentellen Fachgebiet auszuüben, auf das sich ihre Anerkennung als Fachzahnarzt erstreckt; die unbefristete Erlaubnis wird nur auf Antrag, nicht von Amts wegen erteilt. Weiter steht die Erteilung der Erlaubnis unter dem Vorbehalt, dass diejenigen Tätigkeiten in technisch-experimentellen Fachrichtungen die Berechtigung zur Ausübung ärztlicher Tätigkeit erfordert, d.h. dass es sich dabei um die Ausübung von Heilkunde (s. Rdn. 3) handelt. 5

### III. Weiterbildungsassistenten

Entsprechende Bestandsschutzregelungen gibt es in den Abs. 1 Satz 2 sowie Abs. 2 Satz 2 auch für Weiterbildungsassistenten, die bereits vor dem Beitritt der DDR zur Bundesrepublik die Approbation als Zahnarzt in der DDR erlangt hatten und sich zum Zeitpunkt des Beitritts am 03.10.1990 in einer Weiterbildung zum Fachzahnarzt für Kieferchirurgie bzw. für eine technisch-experimentelle Fachrichtung befanden. 6

## C. Wirkungen der unbefristeten Erlaubnis

Abs. 4 ordnet die Geltung von § 10 Abs. 6 für die nach den Abs. 1 und 2 erteilten unbefristeten Erlaubnisse an, d.h. sie haben die Rechte und Pflichten eines Arztes. Dies bedeutet, dass das ärztliche 7

## § 10b BÄO  Erbringen von Dienstleistungen

Berufsrecht auf sie Anwendung findet und der Stellung als Arzt im Zusammenhang mit bestimmten anderen Rechtsvorschriften eine besondere Bedeutung zukommt, wie z.B. im Rahmen einer Straftat durch Unterlassen nach § 13 StGB aufgrund einer besonderen Verpflichtung als Arzt oder bei der Beurteilung zivilrechtlicher Sorgfaltsmaßstäbe im Rahmen ärztlicher Eingriffe. Der Inhaber der Erlaubnis ist weiter zum Führen der Bezeichnung »Arzt« bzw. »Ärztin« berechtigt.

### § 10b Erbringen von Dienstleistungen

(1) Staatsangehörige eines Mitgliedstaates der Europäischen Union oder eines anderen Vertragsstaates des Abkommens über den Europäischen Wirtschaftsraum oder eines Vertragsstaates, dem Deutschland und die Europäische Gemeinschaft oder Deutschland und die Europäische Union vertraglich einen entsprechenden Rechtsanspruch eingeräumt haben, die zur Ausübung des ärztlichen Berufs in einem der übrigen Mitgliedstaaten der Europäischen Wirtschaftsgemeinschaft oder in einem anderen Vertragsstaat des Abkommens über den Europäischen Wirtschaftsraum auf Grund einer nach deutschen Rechtsvorschriften abgeschlossenen ärztlichen Ausbildung oder auf Grund eines in der Anlage zu § 3 Abs. 1 Satz 2, in § 3 Abs. 1 Satz 6 oder in § 14b Absatz 1 genannten ärztlichen Ausbildungsnachweises berechtigt sind, dürfen als Dienstleistungserbringer im Sinne des Artikels 50 des EWG-Vertrages vorübergehend und gelegentlich den ärztlichen Beruf im Geltungsbereich dieses Gesetzes ausüben. Der vorübergehende und gelegentliche Charakter der Erbringung von Dienstleistungen wird im Einzelfall beurteilt, insbesondere anhand der Dauer, der Häufigkeit, der regelmäßigen Wiederkehr und der Kontinuität der Dienstleistung. Eine Berechtigung nach Satz 1 besteht nicht, wenn die Voraussetzungen einer Rücknahme, eines Widerrufs oder einer Ruhensanordnung, die sich auf die Tatbestände nach § 3 Abs. 1 Satz 1 Nr. 2 oder 3 beziehen, vorliegen, eine entsprechende Maßnahme mangels deutscher Berufszulassung jedoch nicht erlassen werden kann.

(2) Ein Dienstleistungserbringer im Sinne des Absatzes 1 hat, wenn er zur Erbringung von Dienstleistungen erstmals von einem anderen Mitgliedstaat nach Deutschland wechselt, den zuständigen Behörden in Deutschland vorher schriftlich Meldung zu erstatten. Diese Meldung ist einmal jährlich zu erneuern, wenn der Dienstleistungserbringer beabsichtigt, während des betreffenden Jahres vorübergehend oder gelegentlich Dienstleistungen in Deutschland zu erbringen. Wenn Dienstleistungen erstmals erbracht werden oder sich eine wesentliche Änderung gegenüber der in den Dokumenten bescheinigten Situation ergibt, hat der Dienstleistungserbringer der zuständigen Behörde folgende Dokumente vorzulegen:
1. den Nachweis über seine Staatsangehörigkeit,
2. eine Bescheinigung darüber, dass er in einem Mitgliedstaat rechtmäßig als Arzt niedergelassen ist, ihm die Ausübung dieses Berufs zum Zeitpunkt der Vorlage der Bescheinigung nicht, auch nicht vorübergehend, untersagt ist, und keine Vorstrafen vorliegen,
3. seinen Berufsqualifikationsnachweis und
4. eine Erklärung des Dienstleistungserbringers, dass er über die zur Erbringung der Dienstleistung erforderlichen Kenntnisse der deutschen Sprache verfügt.

Vom Dienstleistungserbringer im Sinne des Absatzes 1 können dabei Informationen über Einzelheiten zu einem Versicherungsschutz oder einer anderen Art des individuellen oder kollektiven Schutzes in Bezug auf die Berufshaftpflicht verlangt werden. Die für die Ausübung der Dienstleistung erforderlichen Kenntnisse der deutschen Sprache müssen vorliegen.

(3) Der Dienstleistungserbringer hat beim Erbringen der Dienstleistung im Geltungsbereich dieses Gesetzes die Rechte und Pflichten eines Arztes. Er kann den berufsständischen, gesetzlichen oder verwaltungsrechtlichen Berufsregeln und den geltenden Disziplinarbestimmungen unterworfen werden; zu diesen Bestimmungen gehören etwa Regelungen für die Definition des Berufs, das Führen von Titeln und schwerwiegende berufliche Fehler in unmittelbarem und speziellem Zusammenhang mit dem Schutz und der Sicherheit der Verbraucher. Die zuständigen Behörden können bei berechtigten Zweifeln von den zuständigen Behörden des

Niederlassungsmitgliedstaats für jede Erbringung einer Dienstleistung alle Informationen über die Rechtmäßigkeit der Niederlassung und die gute Führung des Dienstleisters anfordern sowie Informationen über das Nichtvorliegen strafrechtlicher Sanktionen, einer Rücknahme, eines Widerrufs und einer Anordnung des Ruhens der Approbation oder Erlaubnis, über die nicht vorliegende Untersagung der Ausübung der Tätigkeit und über das Fehlen von Tatsachen, die eine dieser Sanktionen oder Maßnahmen rechtfertigen würden. Die Informationen sind nach Artikel 56 der Richtlinie 2005/36/EG zu übermitteln. Die zuständige Behörde unterrichtet unverzüglich die zuständige Behörde des Herkunftsmitgliedstaats über das Vorliegen der in Satz 3 genannten Sanktionen oder Maßnahmen, die sich auf die Ausübung der von der Richtlinie 2005/36/EG erfassten Tätigkeiten auswirken könnten. Dabei sind die Vorschriften zum Schutz personenbezogener Daten einzuhalten. Auf Anforderung der zuständigen Behörden eines anderen Mitgliedstaats der Europäischen Union oder eines anderen Vertragsstaates des Abkommens über den Europäischen Wirtschaftsraum oder eines Vertragsstaates, dem Deutschland und die Europäische Gemeinschaft oder Deutschland und die Europäische Union vertraglich einen entsprechenden Rechtsanspruch eingeräumt haben, haben die zuständigen Behörden in Deutschland nach Artikel 56 der Richtlinie 2005/36/EG der anfordernden Behörde alle Informationen über die Rechtmäßigkeit der Niederlassung und die gute Führung des Dienstleisters sowie Informationen darüber, dass keine berufsbezogenen disziplinarischen oder strafrechtlichen Sanktionen vorliegen, zu übermitteln.

(4) Einem Staatsangehörigen eines Mitgliedstaates der Europäischen Union oder eines anderen Vertragsstaates des Abkommens über den Europäischen Wirtschaftsraum oder eines Vertragsstaates, dem Deutschland und die Europäische Gemeinschaft oder Deutschland und die Europäische Union vertraglich einen entsprechenden Rechtsanspruch eingeräumt haben, der im Geltungsbereich dieses Gesetzes den ärztlichen Beruf auf Grund einer Approbation als Arzt oder einer Erlaubnis zur vorübergehenden Ausübung des ärztlichen Berufs ausübt, sind auf Antrag für Zwecke der Dienstleistungserbringung in einem der übrigen Mitgliedstaaten der Europäischen Union oder einem anderen Vertragsstaat des Abkommens über den Europäischen Wirtschaftsraum Bescheinigungen darüber auszustellen, dass
1. er in Deutschland rechtmäßig als Arzt niedergelassen ist,
2. ihm die Ausübung dieser Tätigkeit zum Zeitpunkt der Vorlage der Bescheinigung nicht, auch nicht vorübergehend, untersagt ist und
3. er über einen erforderlichen Berufsqualifikationsnachweis verfügt.

| Übersicht | Rdn. | | Rdn. |
|---|---|---|---|
| A. Regelungsinhalt | 1 | II. Nachweise und Sprachkenntnisse | 8 |
| B. § 10b Abs. 1: Anspruch der EU-, EWR- und Vertragsstaat-Angehörigen auf Dienstleistungserbringung | 2 | D. § 10b Abs. 3: Bedingungen der Dienstleistungserbringung im Inland und Informationsaustausch zwischen den Behörden der Mitgliedstaaten | 10 |
| I. Dienstleistungserbringung als vorübergehende und gelegentliche Tätigkeit | 3 | I. Bedingungen der Dienstleistungserbringung | 11 |
| II. Dienstleistungserbringung und Patientenschutz | 4 | II. Informationsaustausch zwischen den Behörden der Mitgliedstaaten | 12 |
| C. § 10b Abs. 2: Meldepflicht vor Dienstleistungserbringung und vorzulegende Nachweise zur Dienstleistungserbringung | 6 | E. § 10b Abs. 4: Bescheinigungen für die Dienstleistungserbringung in einem anderen Mitgliedstaat | 16 |
| I. Meldepflicht | 7 | | |

## A. Regelungsinhalt

§ 10b bestimmt die Voraussetzungen der bereits in § 2 Abs. 3 (s. § 2 Rdn. 4–17) im Grundsatz zugelassenen ärztlichen Tätigkeit als **Dienstleistungserbringung** im Rahmen des Art. 57 des Vertrags über die Arbeitsweise der Europäischen Union (AEUV) (zu den Formen der Dienstleistungserbringung, 1

s. § 2 Rdn. 5). Dabei trägt § 10b den mit Gesetz zur Umsetzung der Richtlinie 2005/36/EG des Europäischen Parlamentes und des Rates über die Anerkennung von Berufsqualifikationen der Heilberufe vom 02.12.2007 (BGBl. I S. 2686) eingeführten Regelungen zu Meldepflichten, zu den erforderlichen Sprachkenntnissen auch bei der Dienstleistungserbringung, zu den vorzulegenden Unterlagen für die Anerkennung der Ausbildungsnachweise, Regelungen für weitere Nachweise, z.B. über die Zuverlässigkeit und gesundheitliche Eignung des Antragstellers Rechnung. § 10b regelt den Fall der Dienstleistungserbringung eines Arztes im Inland (Abs. 3) und den Fall der Dienstleistungserbringung eines Arztes in einem anderen Mitgliedstaat (Abs. 4).

### B. § 10b Abs. 1: Anspruch der EU-, EWR- und Vertragsstaat-Angehörigen auf Dienstleistungserbringung

2 § 10b Abs. 1 Satz 1 regelt den **Anspruch von EU-, EWR- und Vertragsstaatangehörigen, im Wege der Dienstleistungserbringung** aufgrund einer nach deutschen Rechtsvorschriften abgeschlossenen ärztlichen Ausbildung oder aufgrund der automatischen Anerkennung ihrer Ausbildungsnachweise (gem. eines in der Anlage zu § 3 Abs. 1 Satz 2, in § 3 Abs. 1 Satz 6 oder in § 14b genannten Ausbildungsnachweises) den ärztlichen Beruf im Inland ausüben zu dürfen (zur Definition der Dienstleistungserbringung als vorübergehende und gelegentliche Tätigkeit, (s. § 2 Rdn. 13–16). Eine Berechtigung zur Dienstleistungserbringung außerhalb des Systems der automatischen Anerkennung (s. § 2 Rdn. 8) wie sie Art. 7 Abs. 4 der Berufsanerkennungsrichtlinie (s. § 2 Rdn. 6–18; zur Änderung der Richtlinie durch die Richtlinie 2013/55/EU s. § 3 Rdn. 4) im Wege einer Nachprüfung in das Ermessen der Mitgliedstaaten stellt, sieht § 10b nicht vor.

#### I. Dienstleistungserbringung als vorübergehende und gelegentliche Tätigkeit

3 § 10b Abs. 1 Satz 2 wurde mit Art. 4 des Gesetzes zur Umsetzung der Richtlinie 2005/36/EG des Europäischen Parlamentes und des Rates über die Anerkennung von Berufsqualifikationen der Heilberufe vom 02.12.2007 (BGBl. I S. 2686) eingeführt und dient der Klarstellung und Anpassung an Art. 5 Abs. 2 Unterabs. 2 der Berufsanerkennungsrichtlinie (s. § 2 Rdn. 13).

#### II. Dienstleistungserbringung und Patientenschutz

4 § 10b Abs. 1 Satz 3 wurde mit Art. 4 des Gesetzes zur Umsetzung der Richtlinie 2005/36/EG des Europäischen Parlamentes und des Rates über die Anerkennung von Berufsqualifikationen der Heilberufe vom 02.12.2007 (BGBl. I S. 2686) eingeführt und trägt dem Anliegen des Bundesrates »– soweit europarechtlich zulässig – Rechnung, auch bei der Dienstleistungserbringung den **Patientenschutz** in den Fällen zu gewährleisten, in denen die Approbation des Dienstleistungserbringers (im Herkunftsmitgliedstaat) zurückgenommen, widerrufen oder ruhend gestellt war, eine entsprechende Maßnahme aber mangels deutscher Berufszulassung nicht erlassen werden kann. Die Formulierung berücksichtigt dabei durch die Bezugnahme auf die Voraussetzungen von Rücknahme, Widerruf oder Ruhensanordnung, dass die die Berufsausübung untersagenden Maßnahmen im Einzelfall zum Schutz der Gesundheit gerechtfertigt und verhältnismäßig sein müssen und nur dann ergriffen werden dürfen, wenn sie der Einhaltung von Regeln dienen, die einen unmittelbaren Bezug zu der Berufsqualifikation haben. Wurde eine dem Dienstleistungserbringer früher erteilte deutsche Approbation bereits zurückgenommen, widerrufen oder ruhend gestellt, weil die Voraussetzungen des § 3 Abs. 1 Satz 1 Nr. 2 oder 3 vorlagen, ist zu prüfen, ob die Gründe hierfür noch fortbestehen« (BT-Drs. 16/6458 S. 169, 170). § 10b Abs. 1 Satz 3 stützt sich auf Art. 5 Abs. 3 der Berufsanerkennungsrichtlinie und unterstellt Dienstleistungserbringer, von denen eine Gefahr für die Gesundheit der Patienten ausgeht, den gleichen gesetzlichen Regelungen, die für Inhaber der deutschen Approbation gelten. Liegen die Voraussetzungen für eine Unwürdigkeit (s. § 5 Rdn. 8, 9) oder Unzuverlässigkeit (s. § 5 Rdn. 8, 9) zur Ausübung des Berufs vor oder fehlt die gesundheitliche Eignung hierfür, kann die zuständige Behörde die Dienstleistungserbringung unter den gleichen Bedingungen untersagen, wie sie für die Rücknahme, den Widerruf oder das Ruhen einer Approbation gelten (BT-Drs. 16/6458 S. 170).

Maßgebend für das Anliegen des Bundesrates war die Entscheidung des BGH vom 13.10.2005, 5
wonach ein Arzt bzw. Zahnarzt, dessen deutsche Approbation ruht, aufgrund einer ihm vor Anordnung des Ruhens erteilten belgischen Berufszulassung vorübergehend weiterhin in Deutschland ärztlich tätig sein darf. Der BGH führt aus, dass im deutschen Recht eine gesetzliche Regelung fehle, die es deutschen Behörden ermöglichen würde, einem Arzt, der aufgrund der europarechtlichen Dienstleistungsfreiheit vorübergehend in Deutschland praktiziere, die ärztliche Tätigkeit zu untersagen, eine solche Regelung mit der europarechtlichen Dienstleistungsfreiheit jedoch nicht in Konflikt stünde (BGHSt 50, 245–252; NJW 2005, 3732–3734). Mit Einfügen des Satz 3 galt es diese Lücke zu schließen, dass einem Staatsangehörigen, dem rechtskräftig oder in einem Eilverfahren die deutsche Berufserlaubnis/Approbation endgültig oder vorläufig entzogen ist, den Beruf auch nicht in einem anderen Mitgliedstaat ausüben darf. Gleiches gilt für das Ruhen oder den Verzicht der Approbation und für die Berufsausübung einschränkende oder untersagende Entscheidungen.

## C. § 10b Abs. 2: Meldepflicht vor Dienstleistungserbringung und vorzulegende Nachweise zur Dienstleistungserbringung

§ 10b Abs. 2 wurde mit Art. 4 des Gesetzes zur Umsetzung der Richtlinie 2005/36/EG des Euro- 6
päischen Parlamentes und des Rates über die Anerkennung von Berufsqualifikationen der Heilberufe vom 02.12.2007 geändert.

### I. Meldepflicht

§ 10b Abs. 2 Satz 1 und Satz 2 setzen Art. 7 Abs. 1 der Berufsanerkennungsrichtlinie (s. § 2 7
Rdn. 6–18) um. Der Dienstleistungserbringer muss sich danach vor der erstmaligen Dienstleistungserbringung und danach jährlich bei den Behörden des Ziellandes **melden**, um die in § 10b Abs. 3 Satz 1 geregelte Berufsaufsicht auch faktisch zu ermöglichen (vgl. Rdn. 11). Entsprechende Regelungen zur Berufsaufsicht hinsichtlich der Dienstleistungserbringer finden sich in den Heilberufe- und Kammergesetzen der Länder. In der Praxis zeigt sich, dass Dienstleistungserbringer möglicherweise mangels Kenntnis ihrer Meldeverpflichtung nicht ausreichend nachkommen. Zur Frage der Berechtigung zur vorübergehenden Ausübung des ärztlichen Berufs in Abhängigkeit von der Erfüllung der Meldepflicht, s. OLG Karlsruhe, Urt. v. 06.07.2016 – 7 U 50/15.

### II. Nachweise und Sprachkenntnisse

§ 10b Abs. 2 Satz 3 bis Satz 5 dienen der Umsetzung von Art. 7 Abs. 1 und 2 der Berufsanerken- 8
nungsrichtlinie (s. § 2 Rdn. 6–18) in Bezug auf die **erforderlichen Nachweise zur Dienstleistungserbringung**. »Bei der erstmaligen Meldung oder wesentlichen Änderungen gegenüber der letzten Meldung hat er neben dem Nachweis seiner Staatsangehörigkeit und seinem Berufsqualifikationsnachweis auch eine Bescheinigung darüber vorzulegen, dass er in einem Mitgliedstaat rechtmäßig als Arzt niedergelassen ist und dass ihm die Ausübung dieses Berufes zum Zeitpunkt der Vorlage der Bescheinigung nicht, auch nicht vorübergehend untersagt ist. Nachweise zu seinem Versicherungsschutz und zu seiner Berufshaftpflicht können verlangt werden. Dies sind aber Regelungen zur Berufsausübung, so dass hier die Länder entscheiden können, ob und welche Nachweise sie im Einzelnen verlangen« (*Haage* MedR 2008, 70, 74). »Soweit es sich um Informationen zum Versicherungsschutz oder um Regelungen der Berufshaftpflicht handelt, verpflichtet das Gesetz nur dann zu den erforderlichen Nachweisen, wenn diese Nachweise auch von Inländern verlangt werden. Nur wenn entsprechende Regelungen auch auf Inländer anwendbar sind, können diese auch von den unter die Berufsanerkennungsrichtlinie fallenden Personen verlangt werden. Solche Regelungen können zum Beispiel im Landesrecht oder im Kammerrecht enthalten sein« (BT-Drs. 16/5385 S. 83). Zu den Unterlagen, die der Dienstleistungserbringer der zuständigen Behörde im Aufnahmemitgliedstaat zu übermitteln hat, s. II.4. in dem von der Koordinatorengruppe gebilligten Verhaltenskodex für die Berufsanerkennungsrichtlinie vom 29.06.2009 unter: http://ec.europa.eu/DocsRoom/documents/14981/attachments/1/translations.

9  Mit dem **Gesetz zur Umsetzung der Richtlinie 2013/55/EU** (§ 3 Rdn. 4) wurde § 10b Abs. 2 Satz 3 Nr. 2 um eine Bescheinigung darüber ergänzt, dass keine **Vorstrafen** vorliegen. Laut Gesetzesbegründung soll die Änderung »dem durch die Richtlinie 2013/55/EU neu gefassten Art. 7 Abs. 2 Buchst. e der Richtlinie 2005/36/EG Rechnung (tragen), der Vorstrafen nun auch bei Berufen im Gesundheitswesen erfasst, soweit der Mitgliedstaat diesen Nachweis ebenfalls von den eigenen Staatsangehörigen verlangt. Nach § 3 Abs. 1 Satz 1 Nr. 2 der Bundesärzteordnung und § 36 Abs. 1 Satz 1 Nr. 4 der Approbationsordnung für Ärzte haben deutsche Antragsteller nachzuweisen, dass keine Vorstrafen vorliegen«. Auch wurde § 10b Abs. 2 Satz 3 um eine Nr. 4 ergänzt. § 10b Abs. 2 Satz 3 Nr. 4 fordert neben Satz 5 »eine **Erklärung des Dienstleistungserbringers**, dass er über die zur Erbringung der Dienstleistung erforderlichen **Kenntnisse der deutschen Sprache** verfügt.« Laut Begründung dient »(d)ie Änderung (…) der Umsetzung des durch die Richtlinie 2013/55/EU neu eingefügten Art. 7 Abs. 2 Buchst. f) der Richtlinie 2005/36/EG« (zur Europarechtskonformität der Erklärung über Sprachkenntnisse, s. VGH Kassel, Beschl. v. 29.08.2016 – 7 A 1307/15.Z).

### D. § 10b Abs. 3: Bedingungen der Dienstleistungserbringung im Inland und Informationsaustausch zwischen den Behörden der Mitgliedstaaten

10  § 10b Abs. 3 wurde mit Art. 4 des Gesetzes zur Umsetzung der Richtlinie 2005/36/EG des Europäischen Parlaments und des Rates über die Anerkennung von Berufsqualifikationen der Heilberufe vom 02.12.2007 (BGBl. I S. 2686) geändert. § 10 Abs. 3 regelt die Bedingungen der Dienstleistungserbringung in Deutschland.

#### I. Bedingungen der Dienstleistungserbringung

11  § 10b Abs. 3 Satz 1 und Satz 2 dienen der Umsetzung von Art. 5 Abs. 3 der Berufsanerkennungsrichtlinie und stellen klar, dass der Dienstleistungserbringer den hiesigen Vorschriften, u.a. dem **jeweils geltenden Berufsrecht unterworfen** ist (s. § 2 Rdn. 7; zur Frage der Geltung des Berufsrechtes für Dienstleistungserbringer, s. Rechtssache **Konstantinides** – C-475/11 unter § 2 Rdn. 7). Dazu zählen auch Bestimmungen über das »Führen von Titeln«. Ärzte haben im Fall der Niederlassung die **Berufsbezeichnung des Aufnahmestaates** zu führen. Dies folgt aus dem Prinzip der automatischen gegenseitigen Anerkennung (s. § 2 Rdn. 8). Welche Ausbildungsnachweise und Bezeichnungen im Einzelnen anerkannt werden, ergibt sich aus dem Anhang V der Berufsanerkennungsrichtlinie (s. § 3 Rdn. 17 ff.). Gem. Art. 7 Abs. 3 Satz 4 der Berufsanerkennungsrichtlinie i.V.m. § 2 Abs. 5 erbringen Ärzte als Dienstleistungserbringer ihre ärztlichen Leistungen ebenso unter der deutschen Berufsbezeichnung. Entsprechende Regelungen zum Führen von Bezeichnungen durch Dienstleistungserbringer finden sich in den Heilberufe- und Kammergesetzen der Länder.

#### II. Informationsaustausch zwischen den Behörden der Mitgliedstaaten

12  § 10b Abs. 3 Satz 3 bis Satz 7 setzen Art. 8 und Art. 56 der Berufsanerkennungsrichtlinie für den Fall der Dienstleistungserbringung um, d.h. für Fälle, in denen EU-, EWR- und Vertragsstaatsangehörige zwecks Dienstleistungserbringung nach Deutschland als Aufnahmemitgliedstaat oder zwecks Dienstleistung in einen anderen Mitgliedstaat migrieren. Art. 56 stellt die Verwaltungszusammenarbeit zwischen den beteiligten Behörden der Mitgliedstaaten in den Fällen der Niederlassung und Dienstleistungserbringung sicher (s. § 2 Rdn. 13). Für den Fall der Niederlassung gilt § 3 Abs. 1a. § 10 Abs. 3 Satz 3 bis 7 sollen sicherstellen, dass die Mitgliedstaaten, in denen der Dienstleister tätig ist, **Kenntnis über den Status seines jeweiligen Berufsausübungsrechts** haben und z.B. auch davon Kenntnis erlangen, dass eine Berufszulassung entzogen oder ruhend gestellt wurde, was das Ausübungsrecht zur Dienstleistungserbringung unmittelbar entzieht (*Haage* MedR 2008, 70, 75), vgl. Rdn. 4.

13  § 10b Abs. 3 Satz 3 regelt den Fall, dass die zuständigen Landesbehörden im Aufnahmefall eines Dienstleistungserbringers die erforderlichen Informationen über die Rechtmäßigkeit der

Niederlassung und die gute Führung des Dienstleisters sowie Informationen über das Nichtvorliegen strafrechtlicher Sanktionen, einer Rücknahme, eines Widerrufs und einer Anordnung des Ruhens der Approbation oder Erlaubnis vom Herkunftsmitgliedstaat anfordern können. Mit dem **Gesetz zur Umsetzung der Richtlinie 2013/55/EU** (§ 3 Rdn. 4) wurde § 10b Abs. 3 Satz 3 um das Erfordernis ergänzt, dass die zuständigen Behörden die genannten Informationen nur bei »berechtigten Zweifeln« anfordern dürfen. Die Änderung dient der Umsetzung des durch die Richtlinie 2013/55/EU neu gefassten Art. 8 Abs. 1 Satz 1 der Richtlinie 2005/36/EG. § 10 Abs. 3 Satz 7 regelt den umgekehrten Fall, dass Deutschland als Herkunftsmitgliedstaat eines Dienstleistungserbringers auf Anforderung eines Aufnahmemitgliedstaates alle Informationen über die Rechtmäßigkeit der Niederlassung, die gute Führung über das Nichtvorliegen berufsbezogener disziplinarischer oder strafrechtlicher Sanktionen, übermitteln dürfen. Aussagen über die gute Führung können entweder über die Ärztekammern oder über die Approbationsbehörden erfolgen zzgl. einer Abfrage beim Bundeszentralregister, weil dieses aktuelle Informationen, auch über solche Straftatbestände und Berufsausübungsverbote bereit hält, die ggf. von anderen zuständigen Stellen in Deutschland erlassen worden sind. Ggf. kann IMI diesbezüglich zur Anwendung gelangen (s. § 3 Rdn. 35).

§ 10b Abs. 3 Satz 5 regelt den Fall, dass die zuständigen Landesbehörden den Herkunftsmitgliedstaat oder – soweit bekannt – den Aufnahmemitgliedstaat über entsprechende berufsausübungsrelevante Sachverhalte proaktiv unterrichten darf (vgl. BT-Drs. 16/5385 S. 83, 84). Ggf. kann **IMI** und der **Vorwarnmechanismus** diesbezüglich zur Anwendung gelangen (s. § 3 Rdn. 35).

Da der Informationsaustausch nach § 9a für die Berufsaufsicht u.a. durch die Ärztekammern relevant ist, wurden Art. 8 und 56 der Berufsanerkennungsrichtlinie auch in den Heilberufe- und Kammergesetzen umgesetzt. In diese wurden zumeist eine Amtshilfeverpflichtung gegenüber anderen Mitgliedstaaten und der Informationsaustausch hinsichtlich berufsrechtlicher Maßnahmen implementiert (s. bspw. § 9 Abs. 2 HKG Nds., § 3 Abs. 4 HBKG BW).

### E. § 10b Abs. 4: Bescheinigungen für die Dienstleistungserbringung in einem anderen Mitgliedstaat

§ 10b Abs. 4 regelt die dem im Inland zugelassenen Arzt auf Antrag zu erteilenden Bescheinigungen für die Dienstleistungserbringung in einem anderen Mitgliedstaat. § 10b Abs. 4 setzt Art. 7 Abs. 2 der Berufsanerkennungsrichtlinie um.

### § 12 Zuständigkeiten

(1) Die Approbation erteilt in den Fällen des § 3 Abs. 1 Satz 1 die zuständige Behörde des Landes, in dem der Antragsteller die ärztliche Prüfung abgelegt hat. In den Fällen des § 14 Abs. 3 Satz 2 wird sie von der zuständigen Behörde des Landes erteilt, in dessen Gebiet die Behörde ihren Sitz hatte, von der der Antragsteller seine nach den Vorschriften der Deutschen Demokratischen Republik erteilte Approbation erhalten hat. In den Fällen des § 14a Abs. 4 Satz 1 bis 3 wird die Approbation von der zuständigen Behörde des Landes erteilt, in dem der Antragsteller sein Medizinstudium erfolgreich abgeschlossen hat.

(2) Die Entscheidungen nach § 14a Abs. 4 Satz 3 trifft die zuständige Behörde des Landes, in dem der Antragsteller das Medizinstudium nach § 14a Abs. 4 Satz 1 abgeschlossen hat. Die Entscheidungen nach § 14 Abs. 4 Satz 4 trifft die zuständige Behörde des Landes, in dem der Antragsteller seine Ausbildung abgeschlossen hat.

(3) Die Entscheidungen nach § 3 Absatz 1 bis 3, Absatz 6 Satz 3, § 10 Absatz 1 bis 3 und 5, § 10a Absatz 1 und 2, § 14 Absatz 2 Satz 2 und Absatz 4 Satz 6 sowie nach § 14b trifft die zuständige Behörde des Landes, in dem der ärztliche Beruf ausgeübt werden soll. Für das Verfahren zur Ausstellung eines Europäischen Berufsausweises ist die zuständige Behörde des Landes zuständig, in dem der ärztliche Beruf ausgeübt wird oder ausgeübt werden soll. Die Länder

§ 14b BÄO   Approbationserstehung für EU-, EWR-Angehörige und sonstige Vertragsstaaten

können vereinbaren, dass die ihnen durch Satz 1 übertragenen Aufgaben von einem anderen Land oder von einer gemeinsamen Einrichtung wahrgenommen werden. § 10 Absatz 3 Satz 2 bleibt unberührt.

(4) Die Entscheidungen nach § 3 Abs. 1a Satz 2, §§ 5 und 6 trifft die zuständige Behörde des Landes, in dem der ärztliche Beruf ausgeübt wird oder zuletzt ausgeübt worden ist. Bei Ärzten, die den ärztlichen Beruf häufig wechselnd in ärztlich geleiteten Einrichtungen auüben, trifft die Entscheidung nach Satz 1 die Behörde des Landes, in dem dem Arzt die Approbation erteilt worden ist. Sie übermittelt die Informationen nach § 10b Abs. 3 Satz 7. Satz 1 gilt entsprechend für die Entgegennahme der Verzichtserklärung nach § 9.

(5) Die Entscheidung nach § 8 trifft die Behörde des Landes, die die Appobation zurückgenommen oder widerrufen hat.

(6) Die Meldung nach § 10b Abs. 2 nimmt die zuständige Behörde des Landes entgegen, in dem die Dienstleistung erbracht werden soll oder erbracht worden ist. Die Bearbeitung der Informationsanforderungen nach § 10b Abs. 3 Satz 3 und die Unterrichtung des Herkunftsmitgliedstaats nach § 10b Abs. 3 Satz 5 erfolgt durch die zuständige Behörde des Landes, in dem die Dienstleistung erbracht wird oder erbracht worden ist. Sind von den Ländern hierfür gemeinsame Stellen eingerichtet worden, so legen die Länder die zuständigen Stellen fest. Die Bescheinigungen nach § 10b Abs. 4 stellt die zuständige Behörde des Landes aus, in dem der Antragsteller den ärztlichen Beruf ausübt.

(7) Wenn ein Mitgliedstaat der Europäischen Union oder ein anderer Vertragsstaat des Abkommens über den Europäischen Wirtschaftsraum oder ein Vertragsstaat, dem Deutschland und die Europäische Gemeinschaft oder Deutschland und die Europäische Union vertraglich einen entsprechenden Rechtsanspruch eingeräumt haben, zur Erleichterung der Anwendung von Titel III Kapitel III der Richtlinie 2005/36/EG eine Bescheinigung des Herkunftsmitgliedstaats verlangt, dass die in Deutschland ausgestellten Nachweise über die geforderten Ausbildungsvoraussetzungen den in der Richtlinie 2005/36/EG verlangten Nachweisen entsprechen, erteilt diese Bescheinigung das Bundesministerium für Gesundheit.

(8) Soweit die in Deutschland zuständigen Stellen Informationen nach Anhang VII Nummer 1 Buchstabe d der Richtlinie 2005/36/EG an die zuständigen Behörden des Aufnahmemitgliedstaats zu übermitteln haben, hat dies binnen zwei Monaten zu erfolgen.

### § 14b Approbationserstehung für EU-, EWR-Angehörige und sonstige Vertragsstaaten

(1) Antragstellern, die die Voraussetzungen des § 3 Absatz 1 Satz 1 Nummer 2, 3 und 5 erfüllen und eine Approbation als Arzt auf Grund der Vorlage eines vor dem nach § 3 Abs. 1 Satz 2, 3 oder 4 für die Anerkennung jeweils maßgebenden Datum ausgestellten ärztlichen Ausbildungsnachweises eines der übrigen Mitgliedstaaten oder eines anderen Vertragsstaates des Abkommens über den Europäischen Wirtschaftsraum oder eines Vertragsstaates, dem Deutschland und die Europäische Gemeinschaft oder Deutschland und die Europäische Union vertraglich einen entsprechenden Rechtsanspruch eingeräumt haben, beantragen, ist die Approbation als Arzt ebenfalls zu erteilen. In den Fällen, in denen die ärztliche Ausbildung des Antragstellers den Mindestanforderungen des Artikels 24 der Richtlinie 2005/36/EG vom 7. September 2005 (ABl. EU Nr. L 255 S. 22, 2007 Nr. L 271 S. 18) nicht genügt, kann die zuständige Behörde die Vorlage einer Bescheinigung des Herkunftsmitgliedstaats des Antragstellers verlangen, aus der sich ergibt, daß der Antragsteller während der letzten fünf Jahre vor der Antragstellung mindestens drei Jahre ununterbrochen tatsächlich und rechtmäßig den ärztlichen Beruf ausgeübt hat. Bei den Antragstellern, deren Ausbildungsnachweise
1. von der früheren Tschechoslowakei verliehen wurden und die Aufnahme des Berufs des Arztes gestatten oder aus denen hervorgeht, dass die Ausbildung im Falle der Tschechischen Republik und der Slowakei vor dem 1. Januar 1993 aufgenommen wurde, oder

2. von der früheren Sowjetunion verliehen wurden und die Aufnahme des Berufs des Arztes gestatten oder aus denen hervorgeht, dass die Ausbildung im Falle Estlands vor dem 20. August 1991, im Falle Lettlands vor dem 21. August 1991, im Falle Litauens vor dem 11. März 1990 aufgenommen wurde, oder
3. vom früheren Jugoslawien verliehen wurden und die Aufnahme des Berufs des Arztes gestatten oder aus denen hervorgeht, dass die Ausbildung im Falle Sloweniens vor dem 25. Juni 1991 aufgenommen wurde,

ist die Approbation als Arzt zu erteilen, wenn die Behörden dieser Mitgliedstaaten bescheinigen, dass diese Ausbildungsnachweise hinsichtlich der Aufnahme und Ausübung des Berufs des Arztes in ihrem Hoheitsgebiet die gleiche Rechtsgültigkeit haben wie die von ihnen verliehenen Ausbildungsnachweise und eine von den gleichen Behörden ausgestellte Bescheinigung darüber vorgelegt wird, dass die betreffende Person in den fünf Jahren vor Ausstellung der Bescheinigung mindestens drei Jahre ununterbrochen tatsächlich und rechtmäßig den ärztlichen Beruf in ihrem Hoheitsgebiet ausgeübt hat.

(2) Antragstellern, für die Absatz 1 gilt und die die dort genannten Voraussetzungen mit Ausnahme der geforderten Berufserfahrung erfüllten, ist die Approbation zu erteilen, wenn die Ausbildung des Antragstellers keine wesentlichen Unterschiede gegenüber der Ausbildung aufweist, die in diesem Gesetz und in der Rechtsverordnung nach § 4 Absatz 1 geregelt ist. § 3 Absatz 2 Satz 3 bis 9 gilt entsprechend.

# Bürgerliches Gesetzbuch – BGB

In der Fassung der Bekanntmachung vom 02. Januar 2002 (BGBl. I S. 42, 2909; 2003 I S. 738), zuletzt geändert durch Artikel 10 des Gesetzes vom 30. März 2021 (BGBl. I S. 607)

## Inhaltsübersicht

| | |
|---|---|
| § 194 | Gegenstand der Verjährung |
| § 195 | Regelmäßige Verjährungsfrist |
| § 199 | Beginn der regelmäßigen Verjährungsfrist und Verjährungshöchstfristen |
| § 203 | Hemmung der Verjährung bei Verhandlungen |
| § 204 | Hemmung der Verjährung durch Rechtsverfolgung |
| § 249 | Art und Umfang des Schadensersatzes |
| § 253 | Immaterieller Schaden |
| § 611 | Vertragstypische Pflichten beim Dienstvertrag |
| § 611a | Arbeitsvertrag |
| § 612 | Vergütung |
| § 612a | Maßregelungsverbot |
| § 613 | Unübertragbarkeit |
| § 613a | Rechte und Pflichten bei Betriebsübergang |
| § 614 | Fälligkeit der Vergütung |
| § 615 | Vergütung bei Annahmeverzug und bei Betriebsrisiko |
| § 616 | Vorübergehende Verhinderung |
| § 617 | Pflicht zur Krankenfürsorge |
| § 618 | Pflicht zu Schutzmaßnahmen |
| § 619 | Unabdingbarkeit der Fürsorgepflichten |
| § 619a | Beweislast bei Haftung des Arbeitnehmers |
| § 620 | Beendigung des Dienstverhältnisses |
| § 622 | Kündigungsfristen bei Arbeitsverhältnissen |
| § 623 | Schriftform der Kündigung |
| § 624 | Kündigungsfrist bei Verträgen über mehr als fünf Jahre |
| § 625 | Stillschweigende Verlängerung |
| § 626 | Fristlose Kündigung aus wichtigem Grund |
| § 628 | Teilvergütung und Schadensersatz bei fristloser Kündigung |
| § 629 | Freizeit zur Stellungssuche |
| § 630 | Pflicht zur Zeugniserteilung |

Vorbemerkung §§ 630a–h Behandlungsvertrag

| | |
|---|---|
| § 630a | Vertragstypische Pflichten beim Behandlungsvertrag |
| § 630b | Anwendbare -Vorschriften |
| § 630c | Mitwirkung der Vertragsparteien, Informationspflichten |
| § 630d | Einwilligung |
| § 630e | Aufklärungspflichten |
| § 630f | Dokumentation der Behandlung |
| § 630g | Einsichtnahme in die Patientenakte |
| § 630h | Beweislast bei Haftung für Behandlungs- und Aufklärungsfehler |
| § 705 | Inhalt des Gesellschaftsvertrags |
| § 706 | Beiträge der Gesellschafter |
| § 707 | Erhöhung des vereinbarten Beitrags |
| § 708 | Haftung der Gesellschafter |

§ 709 Gemeinschaftliche Geschäftsführung
§ 710 Übertragung der Geschäftsführung
§ 711 Widerspruchsrecht
§ 712 Entziehung und Kündigung der Geschäftsführung
§ 713 Rechte und Pflichten der geschäftsführenden Gesellschafter
§ 714 Vertretungsmacht
§ 715 Entziehung der Vertretungsmacht
§ 716 Kontrollrecht der Gesellschafter
§ 717 Nichtübertragbarkeit der Gesellschafterrechte
§ 718 Gesellschaftsvermögen
§ 719 Gesamthänderische Bindung
§ 720 Schutz des gutgläubigen Schuldners
§ 721 Gewinn- und Verlustverteilung
§ 722 Anteile am Gewinn und Verlust
§ 723 Kündigung durch Gesellschafter (nicht kommentiert)
§ 724 Kündigung bei Gesellschaft auf Lebenszeit oder fortgesetzter Gesellschaft (nicht kommentiert)
§ 725 Kündigung durch Pfändungspfandgläubiger
§ 726 Auflösung wegen Erreichens oder Unmöglichwerdens des Zweckes
§ 727 Auflösung durch Tod eines Gesellschafters
§ 728 Auflösung durch Insolvenz der Gesellschaft oder eines Gesellschafters
§ 729 Fortdauer der Geschäftsführungsbefugnis
§ 730 Auseinandersetzung; Geschäftsführung
§ 731 Verfahren bei Auseinandersetzung
§ 732 Rückgabe von Gegenständen
§ 733 Berichtigung der Gesellschaftsschulden; Erstattung der Einlagen
§ 734 Verteilung des Überschusses
§ 735 Nachschusspflicht bei Verlust
§ 736 Ausscheiden eines Gesellschafters, Nachhaftung
§ 737 Ausschluss eines Gesellschafters
§ 738 Auseinandersetzung beim Ausscheiden
§ 739 Haftung für Fehlbetrag
§ 740 Beteiligung am Ergebnis schwebender Geschäfte
§ 823 Schadensersatzpflicht
§ 831 Haftung für den Verrichtungsgehilfen
§ 842 Umfang der Einstandspflicht bei Verletzung einer Person
§ 843 Geldrente oder Kapitalabfindung
§ 844 Ersatzansprüche Dritter bei Tötung
§ 845 Ersatzansprüche wegen entgangener Dienste
§ 1631d Beschneidung des männlichen Kindes
Vorbemerkung zu § 1901a
§ 1901a Patientenverfügung
§ 1901b Gespräch zur Feststellung des Patientenwillens
§ 1904 Genehmigung des Betreuungsgerichts bei ärztlichen Maßnahmen
§ 1906 Genehmigung des Betreuungsgerichts bei der Unterbringung

## § 194 Gegenstand der Verjährung

(1) Das Recht, von einem anderen ein Tun oder Unterlassen zu verlangen (Anspruch), unterliegt der Verjährung.

(2) *nicht abgedruckt*

## Übersicht

| | Rdn. | | Rdn. |
|---|---|---|---|
| A. Grundsätze des Verjährungsrechts | 1 | II. Sonderfall: Einsichtnahme in Patientenunterlagen | 6 |
| B. Der Begriff des Anspruchs | 3 | C. Neuordnung durch die Schuldrechtsmodernisierung | 11 |
| I. Regel | 3 | | |

## A. Grundsätze des Verjährungsrechts

Ansprüche unterliegen gem. den §§ 194 ff. der Verjährung, was bei Eintritt aller Tatbestandsvoraussetzungen dem Schuldner gem. § 214 Abs. 1 die Möglichkeit eröffnet, die konkret geschuldete Leistung einredeweise dauerhaft (peremptorisch) zu verweigern. Prozessual ist daher zu beachten, dass die Verjährung als Einrede in den Prozess eingebracht werden muss, da der bloße Tatsachenvortrag der Tatbestandselemente nicht genügt, wenn aus demselben nicht hinreichend deutlich wird, dass die Einrede erhoben wird. Als rechtsgeschäftsähnliche Handlung sind allerdings die §§ 133, 157, 242 entsprechend anzuwenden (vgl. Staudinger/*Peters/Jacoby*, BGB, § 214 Rn. 6, 8), sodass nicht zwingend von Verjährung gesprochen werden muss, sondern jeder klare Ansatz genügt, der seitens des Schuldners erkennen lässt, dass er wegen erheblichen Zeitablaufs nicht mehr leistungsbereit ist (vgl. MüKo/*Grothe*, BGB, § 214 Rn. 4). Die Erhebung der Einrede muss innerhalb der Tatsacheninstanz erfolgen, da die Einrede selbst einen prozessual erklärungspflichtigen Umstand darstellt und andernfalls Präklusion droht (vgl. BGH, VersR 2008, 1708; BeckOK/*Henrich*, BGB, § 214 Rn. 2). Die Vorschriften der §§ 215 und 216 spielen im Medizinrecht regelmäßig keine Rolle. 1

Der Verjährung unterliegt immer nur ein spezifischer Anspruch (MüKo/*Grothe*, BGB, § 194 Rn. 2), ohne dass sich der Fristablauf auf andere Rechte erstrecken würde, solange dies nicht im Gesetz angeordnet ist, vgl. etwa §§ 217, 218. 2

## B. Der Begriff des Anspruchs

### I. Regel

Anspruch ist das Recht, von einem anderen ein Tun oder Unterlassen verlangen zu können (näher zum Begriff *Okuda* AcP 1964, 536). Dies erfasst unstreitig die klassischen Aspekte des Arzthaftungsrechts: Materieller und immaterieller Schadensersatz des Patienten gegen den Arzt, die Ansprüche der Unterhaltsberechtigten nach den §§ 844 ff. wie auch der im Prozess üblicherweise nicht geltend gemachte Anspruch auf Durchführung der Behandlung. Auch für den Fall der Amtshaftung gem. § 839 gelten keine Unterschiede. Der Anspruch kann ebenfalls auf ein Unterlassen gerichtet sein. Im Arzt-Patient-Verhältnis kommt insofern die Unterbindung der drohenden Herausgabe von Patientendaten an Dritte bei Vorliegen von Begehungs- oder Wiederholungsgefahr in Betracht. Da das Persönlichkeitsrecht des Patienten jedoch unverjährbar und für sich genommen dauerhaft verteidigungsfähig ist, entsteht mit jedem Eintritt einer Begehungs- oder Wiederholungsgefahr ein eigenständiger Anspruch i.S.d. §§ 194 ff.. Auch öffentlich-rechtliche Ansprüche unterliegen dem Verjährungsrecht der §§ 194 ff. im Rahmen gewohnheitsrechtlicher Anerkennung (vgl. Staudinger/*Peters/Jacoby*, BGB, Vorb. §§ 194–225 Rn. 41 f. auch mit Hinweis auf Gegenstimmen), sofern sich keine spezifischen Regelungen in den entsprechenden Spezialgesetzen finden. Im Medizinrecht finden sich insofern relevante Anwendungsgebiete bei den Entschädigungsvorschriften für hoheitliche Eingriffe, vgl. §§ 56 ff. IfSG. Der Antrag auf Entschädigung wegen beruflichen Tätigkeitsverbots gem. § 56 Abs. 5 IfSG ist jedoch in § 56 Abs. 11 IfSG mit einer zwölfmonatigen Ausschlussfrist versehen, sodass das allgemeine Verjährungsrecht für diesen Fall keine Relevanz besitzt. 3

Nicht der Verjährung unterliegen Dauerschuldverhältnisse, sodass ein auf viele Jahre oder Jahrzehnte angelegter Pflege- und Betreuungsvertrag insofern keine Begrenzung erfährt. Anderes gilt für einzelne Ansprüche, die sich aus einem solchen Verhältnis ergeben (vgl. MüKo/*Grothe*, BGB, § 194 Rn. 3). Eine vollständige Verjährung des gesamten Dauerschuldverhältnisses soll jedoch bei Stammrechten möglich sein, bei welchen aus der klar verifizierbaren Grundforderung wiederkehrende Einzelleistungen hervorgehen, so im Fall der Leibrente (RGZ 136, 427, 432; BGH, 4

NJW 1973, 1684 f.). Es ist zu bezweifeln, ob es sich hierbei tatsächlich um eine Ausnahme handelt, da das Stammrecht für sich genommen eine dem üblichen Verjährungsrecht zu unterstellende Einzelforderung ist, die lediglich in Abschnitte für eine regelmäßige Wiederkehr in der Zukunft verteilt wird (so wohl auch Staudinger/*Peters/Jacoby*, BGB, § 194 Rn. 16 mit Hinweis auf eine genauere Auslegung des § 199 Abs. 1). Aus den zuvor genannten unverjährbaren Dauerschuldverhältnissen gehen aber gerade laufend an die jeweilige Situation anzupassende Rechte und Pflichten der Parteien hervor, bei welchen die Verjährung des Rechtsverhältnisses schon deshalb ausscheiden muss, weil die konkreten Verhaltenspflichten durch das Rechtsverhältnis nur einen Rahmen erhalten, nicht jedoch die exakten Einzelansprüche i.S.v. § 241 ausgeben.

5 Nicht von der Verjährung erfasst sind Gestaltungsrechte. Diese können nur gleichsam der Regelung des § 218 ausgeschlossen sein, unterfallen jedoch nicht dem Anspruchsbegriff, da die Rechtslage hier durch einseitige Erklärung umgestaltet werden kann. Begrenzungen ergeben sich im Übrigen regelmäßig aus Ausschlussfristen. Für den Arztvertrag finden sich relevante Gestaltungsrechte in Form der Kündigungsrechte gem. §§ 620, 627 sowie in Form der Aufrechnung gem. §§ 387 ff. insbesondere in Bezug auf das ärztliche Honorar.

## II. Sonderfall: Einsichtnahme in Patientenunterlagen

6 Umstritten ist, ob der Anspruch auf Einsicht in die Patientenunterlagen der Verjährung unterliegt. Der Anspruch auf Einsichtnahme ergibt sich für die Rechtslage vor dem PatRG 2013 aus einer vertraglichen Nebenpflicht gem. § 242 und daneben aus § 810. Mit dem PatRG 2013 ist speziell für diesen Fall die Regelung des § 630g hinzugetreten. Zudem sieht seit dem 25.05.2018 (Art. 99 Abs. 2) die DSGVO in Art. 15 Abs. 1, 3 entsprechende und noch weitergehende Informationsrechte vor, neben denen die nationalen Vorschriften auf Einsichtnahme künftig keine Bedeutung mehr haben dürften.

7 Teilweise wird argumentiert, dass der Einsichtnahmeanspruch der Verjährung unterliegen müsse und sich dessen Begrenzung aus den allgemeinen Regelungen der §§ 195, 199 Abs. 1 ergebe (vgl. MüKo/*Habersack*, BGB, § 809 Rn. 15). Das dogmatische Argument dahinter lautet, dass der Anspruchsbegriff des § 194 Abs. 1 wohl unbestreitbar erfüllt sein dürfte und eine sinnvolle Begrenzung sich aus der Kenntnis oder grob fahrlässigen Unkenntnis des jeweiligen Einsichtsinteresses des Patienten ergebe.

8 Die Gegenauffassung will eine Verjährung des Anspruchs ausschließen (so Staudinger/*Marburger*, BGB, Vorb. zu §§ 809–811 Rn. 4). Dogmatisch kann dies entweder als ständige Erneuerung des Anspruchs selbst mit fortwährendem Neubeginn der Verjährung oder als vom Gesetz gewollter kategorischer Ausschluss der Anwendbarkeit der §§ 194 ff. verstanden werden.

9 Stellungnahme: Der Streit dürfte in der Rechtspraxis in vielen Fällen als Verteidigungsmittel des Arztes von untergeordneter Bedeutung sein, da mit der Kenntnisnahme des Patienten von eventuellen Schadensersatzansprüchen sich auch immer zugleich ein besonderes Interesse auf Einsichtnahme ergibt. Relevant wird die Auseinandersetzung jedoch für den Fall, dass der Patient beispielsweise sechs Jahre nach der Behandlung ohne besonderen Haftungsansatz, also gleichsam aus reinem Eigeninteresse Einsichtnahme wünscht und der Arzt dieselbe mit Hinweis auf deren Verjährung verweigert. In diesem Fall müsste die erstgenannte Ansicht zu dem Ergebnis kommen, dass die Verjährungseinrede durchgreift. Dem stehen jedoch erhebliche materiell-rechtliche Argumente entgegen. Die Patientenunterlagen dienen nicht primär der Anspruchsdurchsetzung (vgl. BGHZ 129, 6, 9), sondern sind im Interesse der Gesundheit des Patienten in jedem Fall für nachbehandelnde Ärzte und zur Information über die gesundheitliche Befindlichkeit zu führen, wie diese sich in Gegenwart und Vergangenheit dargestellt hat. Der Patient hat aus dem Gesichtspunkt seiner körperlichen Integrität/Gesunderhaltung wie auch seines Persönlichkeitsrechts (BGHZ 72, 132, 138; BGH NJW 1983, 2627; 1994, 799 – Rechenschaftspflicht gegenüber dem Patienten, vgl. *Katzenmeier*, in: Laufs/Katzenmeier/Lipp, Arztrecht, IX. Rn. 46, 55 ff. m.w.N.) ein berechtigtes Interesse an der Einsicht (vgl. BGHZ 85, 327, 329). Dieses Interesse ist jedoch

ein Dauerinteresse, welches nicht nach den Sinngehalten des Verjährungsrechts – Rechtsfrieden nach erheblichem Zeitablauf, Berücksichtigung von über die Zeit entstehenden Beweisschwierigkeiten – in den Hintergrund treten kann. Daher sind die rechtlichen Regelungen zur Einsicht in die Patientenunterlagen ihrer Teleologie entsprechend zwar als Anspruch zu qualifizieren, jedoch gleichwohl nicht unter die §§ 194 ff. einzuordnen (lex specialis-Vorbehalt). Auch eine Verjährung in Zusammenhang mit denkbaren Hauptansprüchen in Form von Schadensersatzansprüchen gem. § 217 kommt nicht in Betracht, da die Dokumentation und das entsprechende Einsichtnahmerecht eigenständige Zwecke verfolgen und keine rein dienenden Rechte/Pflichten darstellen (anders nur bei rein dienenden Hilfsansprüchen, vgl. BGH ZIP 2009, 559 Rn. 33; Staudinger/*Peters/Jacoby*, BGB, § 195 Rn. 26). Der Arzt wird durch andere Begrenzungen hinreichend geschützt, da er nur zehn Jahre lang einer Rechtspflicht zur Aufbewahrung unterliegt (vgl. § 10 Abs. 3 MBO-Ä, stellvertretend für die entsprechende Berufsregelung der Ärztekammer des jeweiligen Bundeslandes). Dieselbe Zeitspanne findet sich in § 57 Abs. 2 BMV-Ä (vergleichbare Hinweise auf das Dokumentationsgebot sind auch in den §§ 42, 85 StrlSchV niedergelegt, wobei § 85 Abs. 3 Nr. 1 StrlSchV 30 Jahre Aufbewahrung verlangt). An diesen Regelungen hat sich mit der Einführung der §§ 630a ff. nichts geändert, vgl. § 630f Abs. 3. Bedenkt man jedoch die Höchstverjährungsfrist von 30 Jahren in § 199 Abs. 2 im Zusammenspiel mit der im Arzthaftungsprozess bestehenden sekundären Behauptungslast der Behandlungsseite, so sollte jeder Arzt juristisch dahingehend beraten werden, die Dokumentation über 30 Jahre aufzubewahren (vgl. hierzu *Taupitz* ZZP 1987, 287 ff.).

Würde das Einsichtsrecht entgegen der hier vertretenen Auffassung doch unter die Verjährungsregeln gefasst, so ergäbe sich mit der DSGVO eine zusätzliche Schwierigkeit, da diese autonom europäisch auszulegen ist und keine Verjährungsregelungen oder Öffnungsklauseln für nationale Verjährungsnormen enthält. Art. 23 DSGVO sieht unter bestimmten Voraussetzungen Beschränkungsmöglichkeiten vor, die zeitliche Limitierungen von Ansprüchen nicht tragen. Das Ergebnis hinge dementsprechend davon ab, ob Art. 23 DSGVO als abschließend zu erachten oder zeitliche Grenzen als weiche Schranken durch den nationalen Gesetzgeber eingezogen werden dürfen. Da die DSGVO an zahlreichen anderen Stellen Öffnungsklauseln vorsieht und auch Art. 23 DSGVO sich nur mit immensen Auslegungskünsten in einen erfassten und einen nicht erfassten Beschränkungsbereich zerlegen lassen dürfte, erscheint diese Entscheidung de lege lata dem europäischen Gesetzgeber vorbehalten, sodass gegen die Art. 12 ff. DSGVO ohnehin keine Verjährungsregeln greifen können.

## C. Neuordnung durch die Schuldrechtsmodernisierung

Das Verjährungsrecht wurde im Rahmen der Schuldrechtsmodernisierung zum 01.01.2002 neugefasst und erheblich verändert. Vertragliche Ansprüche aus pVV verjährten vor 2002 innerhalb von 30 Jahren (§ 195 BGB a.F.) und für deliktische Ansprüche galt eine dreijährige Verjährungsfrist, § 852 BGB a.F. Altfälle mit Anspruchsentstehung vor dem Jahre 2002 müssen daher vor dem Hintergrund der Übergangsregelung in Art. 229 § 6 Abs. 1–4 EGBGB behandelt werden. Die Grundregel ergibt sich dabei aus Art. 229 § 6 Abs. 1 Satz 1 EGBGB, wonach das neue Verjährungsrecht der §§ 194 ff. auf alle Ansprüche anzuwenden sein soll, die zum 01.01.2002 rechtlich entstanden und noch nicht verjährt waren. Für den entscheidenden Fall, dass ein patientenseitiger Haftungsanspruch gegen einen Arzt vor dem Jahr 2002 entstanden und etwa der langen 30-Jahresfrist der pVV unterworfen war, gilt nunmehr gem. Art. 229 § 6 Abs. 4 Satz 1 EGBGB die Regelung der §§ 195, 199 Abs. 1 (und ohne das subjektive Element Abs. 2). Dabei ist zu beachten, dass die subjektiven Elemente, die § 199 Abs. 1 fordert, selbstverständlich auch dann erfüllt sind, wenn den Patienten die Kenntnis oder vorwerfbare Unkenntnis schon vor dem 01.01.2002 traf. Lagen die subjektiven Elemente nicht vor, so ist die 30-Jahresfrist der alten pVV mit der Neuregelung des § 199 Abs. 2 zu vergleichen, die mit einer eigenständigen 30-Jahresfrist freilich länger wäre, sodass die alte pVV-Verjährung eingriffe und gemäß den §§ 187 ff. zu berechnen wäre.

## § 195 Regelmäßige Verjährungsfrist

Die regelmäßige Verjährungsfrist beträgt drei Jahre.

**Übersicht**

| | Rdn. | | Rdn. |
|---|---|---|---|
| A. Auffangregelung | 1 | B. Relevante Spezialvorschriften | 5 |
| I. Grundsatz | 1 | C. Verzicht und Vereinbarung | 8 |
| II. Individueller Fristablauf – Gesamtschuldnerregress | 2 | | |

## A. Auffangregelung

### I. Grundsatz

1 Die 3-Jahresfrist gilt zunächst für alle Ansprüche innerhalb des bürgerlichen Rechts, soweit keine Spezialregelungen bestehen (vgl. OLG Köln, Beschl. v. 04.12.2015 – 5 U 75/15). Im Arztrecht nach den §§ 630a ff. wie auch im Deliktsrecht der §§ 823 ff. finden sich solche verdrängenden Vorschriften nicht (vgl. zu Ansprüchen nach der DSGVO § 194 Rdn. 10 und zu Übergangsregelungen aufgrund der Änderungen durch die Schuldrechtsmodernisierung § 194 Rdn. 11). Außerhalb des BGB erfasst § 195 als Auffangregelung jedenfalls alle Ansprüche, die bürgerlich-rechtlicher Natur sind (vgl. zur Anwendung im Bereich des öffentlichen Rechts die Ausführungen unter § 194 Rdn. 3). Wenngleich der Gesetzgeber keine Vorgabe aufgenommen hat, wonach das allgemeine Verjährungsrecht generell in nicht speziell geregelten Bereichen greifen soll, so ist dies doch heute wegen der in den meisten Rechtsbereichen zu beachtenden anspruchsbegrenzenden Teleologie und der damit einhergehenden Befriedungsfunktion des Verjährungsrechts der Fall (zu im Medizinrecht relevanten Spezialvorschriften s.u. Rn. 5 ff.; s.a. MüKo/*Grothe*, BGB, § 195 Rn. 15 ff. m.w.N.; anders wohl de lege lata im Recht der DSGVO, vgl. § 194 Rdn. 10). Bedeutsam ist dies etwa für die zentrale arzneimittelrechtliche Haftungsvorschrift des § 84 AMG, der seit dem Jahre 2004 keiner speziellen Verjährungsvorschrift mehr unterliegt und daher nach den §§ 195, 199 einzustufen ist (zutreffend MüKo/*Grothe*, BGB, § 195 Rn. 14). Die Haftung aus reinen Verbotsvorschriften, die auch drittschützenden Charakter haben (vgl. insbesondere die Vorgaben des ESchG), führen zur Haftung über § 823 Abs. 2 und greifen daher ebenfalls auf das allgemeine Verjährungsrecht zurück.

### II. Individueller Fristablauf – Gesamtschuldnerregress

2 Stehen dem geschädigten Patienten mehrere denkbare Schädiger gegenüber – Krankenhaus, behandelnde Ärzte, Pflegepersonal, Apotheker, Arzneimittel- oder Medizinproduktehersteller etc. –, so muss die Verjährung für jeden potenziellen Schuldner individuell geprüft werden, vgl. § 425 Abs. 1, 2.

3 Der Anspruch auf Gesamtschuldnerregress entsteht mit Erwachsen der Gesamtschuld und folgt verjährungsrechtlich den §§ 195, 199, sodass es für den Beginn der Verjährung auf Kenntnis oder grob fahrlässige Unkenntnis aller relevanten Tatbestandsmerkmale sowie der Person des Schuldners ankommt. Der Regressberechtigte muss also erfahren, dass patientenseitig Ansprüche gegen ihn bestehen, dass als Gesamtschuldner eine weitere Person dem Patienten verpflichtet ist und dass eine Ausgleichspflicht bei vom Patienten bereits vorgenommener oder avisierter Höhe der Inanspruchnahme gegen den anderen Gesamtschuldner besteht (BGH VersR 2001, 1255 f.; vgl. a. *Martis/Winkhart*, Arzthaftungsrecht, S. 1487). Der übergeleitete Anspruch aus § 426 Abs. 2 richtet sich demgegenüber streng nach der übergeleiteten Forderung selbst, sodass sich der Gläubiger einen bereits eingesetzten Verjährungsverlauf vor Anspruchserwerb entgegenhalten lassen muss. Die Ansprüche der §§ 426 Abs. 1 und 2 sind daher rechtlich in jeder Form unabhängig voneinander zu betrachten (vgl. BGH VersR 2010, 394 f.).

4 Zu beachten ist, dass der Ausgleichsschuldner sich gegenüber dem Gläubiger aus § 426 Abs. 1 nicht darauf berufen können soll, dass innerhalb des Hauptsacheverfahrens mit dem Geschädigten die Einrede der Verjährung nicht erhoben wurde (so BGH MedR 2010, 310).

## B. Relevante Spezialvorschriften

Im allgemeinen Verjährungsteil ist die 30-jährige Frist bei rechtskräftig festgestellten Ansprüchen gem. § 197 Abs. 1 Nr. 3 zu beachten. Folgen jedoch aus der Stammforderung einzelne wiederkehrende Leistungen wie Pflegegeldzahlungsansprüche, so unterliegen diese der regelmäßigen Verjährungsfrist, §§ 197 Abs. 2, 195. Da § 197 eine ausschließliche Spezialvorschrift ist, bei der es nicht auf § 199 Abs. 1 ankommt, beginnen die 3 Jahre Regelverjährung dort mit Anspruchsentstehung (vgl. BGH VersR 2012, 372, 374).

In § 32 Abs. 8 GenTG ist für den Haftungsfall nach § 32 Abs. 1 GenTG eine dynamische Verweisungsregelung auf das Verjährungssystem des bürgerlich-rechtlichen Deliktsrechts vorgesehen, sodass die §§ 195, 199 gelten. Die Einstufung als statische Verweisung auf das alte Recht bei Schaffung des § 32 Abs. 8 GenTG missachtete den Umstand, dass auch im bürgerlichen Vertragsrecht vorab eine Frist von 30 Jahren anerkannt war, die durch die subjektiv-objektive Lösungsmischung der §§ 195, 199 Abs. 1 abgelöst werden sollte. Dass die Haftung bei gentechnischen Vorfällen aufgrund besonderer Schutzbedürftigkeit des Betroffenen diesem neuen, vom Gesetzgeber bewusst eingeführten Grundlagensystem der §§ 195, 199 Abs. 1 gleichwohl der 30-Jahresfrist folgen soll, ist im Vergleich zu anderen Körper- oder Gesundheitsschädigungen des Betroffenen ohne belastbare argumentative Grundlage. Insbesondere wird durch das subjektive Element der Kenntnis oder grob fahrlässigen Unkenntnis des § 199 Abs. 1 verhindert, dass der Geschädigte seine Rechte nicht rechtzeitig geltend machen kann, weil er sich mangels Verständnis für die gentechnische Sachlage nicht imstande sieht, das Schädigerverhalten oder die haftungsbegründende Kausalität nachzuverfolgen.

Im Bereich der Medizinprodukte sind spezielle Haftungs- und Verjährungsregelungen, insbesondere innerhalb des MPG nicht vorgesehen, sodass hier ergänzend die allgemeinen Bestimmungen sowie das ProdhaftG in den §§ 1, 12 ProdhaftG greifen. § 12 ProdhaftG statuiert eine zu § 199 Abs. 1 im wesentlichen vergleichbare Regelung, jedoch soll im Rahmen der Produkthaftung bereits das Kennenmüssen und somit jede fahrlässige Unkenntnis ausreichen (angelehnt an den Begriff des § 122 Abs. 2, vgl. BeckOK/*Förster*, ProdhaftG, § 12 Rn. 5), während § 199 Abs. 1 auf grob fahrlässige Unkenntnis abstellt.

## C. Verzicht und Vereinbarung

Die Verjährungsregelungen stehen zur Disposition der Parteien, wie sich aus § 202 ergibt. Soweit der Anspruchsinhaber auf seine Forderung verzichten kann, kann er argumentum a maiore ad minus auch Verschlechterungen seiner Rechtsposition wirksam akzeptieren (vgl. BReg., BT-Drs. 14/6857 S. 43). Die Grenze bilden §§ 202 Abs. 1, 276 Abs. 3, wonach ein Haftungserlass respektive eine Verjährungserleichterung im Fall vorsätzlicher Tatbegehung im Vorhinein ausgeschlossen ist. Im Umkehrschluss kann selbst im Vorsatzfall im Nachhinein ein Erlass erfolgen. Durch AGB ist dies jedoch im Arzthaftungsbereich weder für Vorsatz- noch für Fahrlässigkeitshaftung denkbar, da auch im Verjährungsrecht § 309 Nr. 7a Anwendung findet (vgl. BGH NJW 2009, 1486).

Eine Verlängerung der Verjährungsfrist auf mehr als 30 Jahre ist gem. § 202 Abs. 2 ausgeschlossen.

Allerdings kann der Schuldner im Gegensatz zur früheren Rechtslage jederzeit auf die Einrede der Verjährung verzichten (vgl. BGH WM 2007, 2230), was im Arzthaftungsrecht seitens der Versicherungen der Regelfall für eine ordnungsgemäße Prüfung ist, sofern die Verjährung bei Anspruchsgeltendmachung durch den Patienten noch nicht eingetreten ist. Übersteigt der erklärte Verzicht die Obergrenze des § 202 Abs. 2, so gilt der Verzicht 30 Jahre lang (BGH WM 2007, 2230). Wird jedoch nach Eintritt der Verjährung ein Verzicht ausgesprochen, so gilt mangels Schutzwürdigkeit des Schuldners keine Begrenzung (vgl. MüKo/*Grothe*, BGB, § 202 Rn. 13; *Lakkis* ZGS 2003, 423, 425).

## § 199 Beginn der regelmäßigen Verjährungsfrist und Verjährungshöchstfristen

(1) Die regelmäßige Verjährungsfrist beginnt, soweit nicht ein anderer Verjährungsbeginn bestimmt ist, mit dem Schluss des Jahres, in dem
1. der Anspruch entstanden ist und
2. der Gläubiger von den Anspruch begründenden Umständen und der Person des Schuldners Kenntnis erlangt oder ohne grobe Fahrlässigkeit erlangen müsste.

(2) Schadensersatzansprüche, die auf der Verletzung des Lebens, des Körpers, der Gesundheit oder der Freiheit beruhen, verjähren ohne Rücksicht auf ihre Entstehung und die Kenntnis oder grob fahrlässige Unkenntnis in 30 Jahren von der Begehung der Handlung, der Pflichtverletzung oder dem sonstigen, den Schaden auslösenden Ereignis an.

*(3) und (3a) nicht abgedruckt*

(4) Andere Ansprüche als die nach den Absätzen 2 bis 3a verjähren ohne Rücksicht auf die Kenntnis oder grob fahrlässige Unkenntnis in zehn Jahren von ihrer Entstehung an.

*(5) nicht abgedruckt*

### Übersicht

| | Rdn. |
|---|---|
| A. Vorüberlegungen und Übersicht | 1 |
| B. Tatbestandsmerkmale des § 199 Abs. 1 BGB | 2 |
| I. Person des Schuldners | 3 |
| II. Anspruchsbegründende Umstände | 5 |
| 1. Der Behandlungsfehler | 8 |
| a) Positive Kenntnis | 9 |
| b) Grob fahrlässige Unkenntnis vs. Evidenz-Rspr. zu § 852 BGB a.F. | 15 |
| c) Zurechnung von Kenntnis oder vorwerfbarer Unkenntnis | 21 |
| 2. Die Aufklärungsrüge | 28 |
| a) Unterbliebene Aufklärung | 29 |
| b) Unzureichende Aufklärung | 30 |
| c) Das Organisationsverschulden | 32 |
| d) Sonderfall: Verstoß gegen § 630c Abs. 2 Satz 2 BGB als eigenständig verjährender Haftungsgrund? | 35 |
| C. Höchstfrist des § 199 Abs. 2 BGB | 36 |
| D. Verjährung von Honorar- und Rückforderungsansprüchen – zugleich § 199 Abs. 4 BGB | 38 |
| I. Verjährung ärztlicher Honoraransprüche | 38 |
| II. Verjährung patientenseitiger Rückforderungsansprüche ärztlicher Honorare | 42 |

### A. Vorüberlegungen und Übersicht

**1** § 199 regelt den Fristbeginn. Dabei unterscheidet die Vorschrift zwischen dem Beginn in Abhängigkeit vom Vorliegen subjektiver Tatbestandsmerkmale beim Gläubiger – § 199 Abs. 1 – und dem Fristbeginn ab ausschließlich objektiver Anspruchsentstehung mit Höchstfrist – § 199 Abs. 2–4. Im Bereich der Haftung für Körper- und Gesundheitsschäden durch medizinische Intervention spielt das Verständnis des § 199 Abs. 1 eine zentrale Rolle, da Folgen medizinischer Eingriffe häufig erst viele Jahre und teilweise Jahrzehnte nach der Behandlung zur Anspruchsgeltendmachung führen, die objektive Höchstfrist jedoch gem. § 199 Abs. 2 30 Jahre läuft. In der Rechtsprechung ist insofern eine Tendenz dahingehend zu beobachten, dass die Tatsacheninstanzen – möglicherweise auch in Bekämpfung der Fallzahlenbelastung – eher dazu neigen, Kenntnis oder grob fahrlässige Unkenntnis des Patienten zu einem frühen Zeitpunkt bei gewisser Indizlage anzunehmen, während ober- und höchstrichterliche Rechtsprechung patientenfreundlicher orientiert auftreten und verstärkt auf die regelmäßig mangelhafte Verständnis- und Informationslage des Patienten verweisen (näher hierzu s.u. Rdn. 5 ff.). In Verjährungsfragen indiziert somit ein Unterliegen in erster Instanz keineswegs den Bestand des Judikats in Berufung oder Revision, was in der anwaltlichen Beratung berücksichtigt werden sollte.

### B. Tatbestandsmerkmale des § 199 Abs. 1 BGB

**2** § 199 Abs. 1 ordnet als Verjährungsbeginn den Schluss des Jahres, das heißt den 31.12. um 23.59 Uhr und 59 Sekunden an – also ist gemeint 00.00 Uhr des 01.01. des Folgejahres –, sofern der

Gläubiger zu diesem Zeitpunkt entweder Kenntnis oder grob fahrlässige Unkenntnis von der Person des Schuldners sowie von den anspruchsbegründenden Umständen haben oder erlangen müsste. Die Rechtsprechung verlangt als leitenden Anhaltspunkt eine Situation des Gläubigers, in der die Erhebung einer Klage – ob auf Leistung oder vorerst nur auf Feststellung ist irrelevant – nach verständiger Würdigung hinreichend Aussicht auf Erfolg bietet, sodass dieselbe zumutbar erscheint (BGH NJW 2011, 1799; MedR 2010, 258). Nicht zu verlangen ist jedoch, dass bereits sichere Beweismittel vorliegen (vgl. BGH NJW 2008, 2576 – hier allerdings aus dem Bereich der Bankenhaftung; BGH NJW 1984, 661; *Martis/Winkhart*, Arzthaftung, S. 1481 ff.). *Greiner* unterteilt für die zumeist entscheidende subjektive Komponente trefflich in die Ebenen (i) Maß bekanntgewordener tatsächlicher Umstände, (ii) Maß an wertenden subjektiven Schlussfolgerungen und (iii) das Maß zumutbarer vom Gläubiger einzugehender Prozessrisiken (vgl. *Geiß/Greiner*, Arzthaftpflichtrecht, D Rn. 1).

## I. Person des Schuldners

Die Person des Schuldners ist bekannt, wenn dem Gläubiger – oder bei dessen Ableben seinen Erben – jedenfalls der vollständige Name, der eine Verifikation der Person erlaubt, in Verbindung mit einer ladungsfähigen Anschrift vorliegt (vgl. BGH VersR 2003, 75 f.; NJW 2001, 885). Grob fahrlässige Unkenntnis wird dem Gläubiger dann vorzuwerfen sein, wenn seine Informationslage es ihm erlaubt, ohne Weiteres eine ladungsfähige Anschrift zu ermitteln, so etwa wenn der Name, nicht jedoch die persönliche Anschrift eines Praxis- oder Krankenhausarztes bekannt sind, da in diesem Fall für eine Klagezustellung bereits das Nachschlagen der Praxis- respektive Krankenhausadresse genügt (s.a. BGH GesR 2017, 94).

Ist ein Praxis- oder Krankenhausarzt namentlich nicht bekannt, soll dieser jedoch wegen Mitwirkung an einer Behandlung neben der Einrichtung in Anspruch genommen werden, so beginnt die Verjährung gegen diesen Arzt erst ab Kenntniserlangung des vollständigen Namens, der eine Verwechselung bei der Zustellung ausschließt (zutreffend *Martis/Winkhart*, Arzthaftung, S. 1487). Dementsprechend konsequent kann die Verjährung in diesen Konstellationen hinsichtlich handelnder Ärzte und medizinischer Einrichtung zu unterschiedlichen Zeitpunkten beginnen (vgl. BGH VersR 2001, 1255 f.). Missverständlich ist in diesem Zusammenhang der Hinweis bei *Martis/Winkhart*, Arzthaftung, S. 1487 auf BGH NJW-RR 1990, 222, wo höchstrichterlich im Leitsatz festgestellt wurde, dass dem Gläubiger eine fehlerhafte Bewertung bezüglich des zutreffend Verantwortlichen einer Schädigung bei § 199 Abs. 1 (hier noch zu § 852 BGB a.F.) nicht helfen könne. In dieser Konstellation – ein Verkehrsunfall mit mehreren Beteiligten – hatten die Prozessbevollmächtigten des Klägers die tatsächlichen und rechtlichen Umstände zunächst fehlerhaft bewertet und erst nach Ablauf von drei Jahren Verjährungsfrist die Drittbeteiligte verklagt. Es waren also Namen und Anschrift des korrekten Schuldners bekannt. Auch standen dem Kläger – ob selbst oder über seinen Prozessbevollmächtigten zurechenbar kann letztlich dahinstehen, vgl. Rdn. 22 – alle relevanten Informationen zur Erhebung einer Schadensersatzklage zur Verfügung. Übertragen auf arzthaftungsrechtliche Konstellationen bedeutet dies, dass lediglich eine tatsächliche oder rechtliche Fehlbewertung hinsichtlich der anspruchsbegründenden Umstände, etwa die bloß unzutreffende Einschätzung verschiedener Therapiemöglichkeiten, wenngleich ein Fehler auch für den Laien erkennbar war etc., dem Gläubiger verjährungsrechtlich schaden kann. Demgegenüber setzt jedoch ein Irrtum, der tatsächlich die zutreffende Person selbst verdeckt, etwa Unkenntnis über Namen oder korrekte Anschrift des potenziellen Klagegegners, den Verjährungsverlauf nicht in Gang.

## II. Anspruchsbegründende Umstände

Anspruchsbegründende Umstände gem. § 199 Abs. 1 Nr. 2 sind das vorwerfbare, rechtswidrige anspruchsrelevante Verhalten, die Primärschädigung (deliktisch gesprochen die Verletzung des jeweiligen Rechtsgutes, was auch im Rahmen von § 280 Abs. 1 zu berücksichtigen ist, vgl. die Strukturgleichheit von Vertrag und Delikt in der Arzthaftung, vgl. BGH NJW 2012, 850) und Kausalität sowie Zurechnungszusammenhang zwischen Primärschädigung und Verhalten. Das haftungsausfüllende Geschehen muss für den Verjährungsbeginn nicht bekannt sein, Prinzip der Schadenseinheit (vgl. BGH MDR 2006, 987). Spätfolgen, die aus der Primärschädigung hervorgehen, sind ebenfalls unter die laufende Verjährung zu fassen, solange aus Sicht medizinischer Fachkreise die Vorhersehbarkeit solcher Folgen zu bejahen ist (vgl. BGH MDR 2006, 987; s.a. NJW 2000, 861). Der Aspekt der Vorhersehbarkeit ist in Bezug auf jede Spätfolge einzeln mit der Primärschädigung zu verbinden. Gelingt dies nicht, handelt es sich um eine unvorhersehbare Folge (vgl. BGH NJW 2000, 861; 1988, 2300 f.).

6 Im Medizinschadensrecht existieren klassische Fehlverhaltensstränge, die in Bezug auf Kenntnis oder grob fahrlässige Unkenntnis des Geschädigten unterschiedlich beurteilt werden. Es ist im Wesentlichen zwischen dem Vorwurf des Behandlungsfehlers, der Aufklärungsrüge und des Organisationsverschuldens zu unterscheiden. Mit diesen Rahmenkonzepten lassen sich auch haftungsrechtliche Sondertatbestände weitreichend erfassen, so die Gabe von Arzneimitteln mit einer potenziellen Haftung nach § 84 AMG (vgl. außerdem zum Auskunftsanspruch nach § 84a AMG OLG Köln MedR 2012, 46) und gleichermaßen eines behandlungsfehlerhaften Vorgehens mit einer denkbaren Haftung gem. §§ 630a, 280 Abs. 1, 823 Abs. 1.

7 Als Vorbemerkung ist in Bezug auf die Folgeausführungen zur grob fahrlässigen Unkenntnis einzubeziehen, dass es auch nach Ansicht der Rechtsprechung erklärte Absicht des Reformgesetzgebers zur Reform im Jahr 2002 gewesen ist, im Medizinhaftungsrecht keine Änderungen herbeizuführen (vgl. BGH, Urt. v. 28.02.2012 – VI ZR 9/11 Rn. 12 m. Anm. *Püster* MedR 2013, 34, 36 f.). Dies wird in der einschlägigen Literatur mit Hinweis auf den veränderten Wortlaut teilweise außen vorgelassen (vgl. etwa *Pauge/Offenloch*, Arzthaftungsrecht, S. 226 f.) und auch die übrige Rspr. rekurriert nunmehr zumeist auf die Grundsätze zur groben Fahrlässigkeit (vgl. insb. OLG Brandenburg MedR 2012, 673 m. Anm. *Jaeger* MedR 2012, 676).

### 1. Der Behandlungsfehler

8 Der tragende Ausgangspunkt für jegliche Bewertung der Kenntnis oder grob fahrlässigen Unkenntnis ist das Bild des verständigen Patienten, dem selbstständige Rechtswahrnehmung zuzumuten, der jedoch medizinischer Laie ist (vgl. BGH VersR 2010, 214). Keinesfalls dürfen die Fragen von Kenntnis oder grob fahrlässiger Unkenntnis vor dem Hintergrund des Verständnishorizonts eines Mediziners bewertet werden (BGH NJW 2007, 217, 220), woraus sich im Umkehrschluss freilich auch ergibt, dass es nicht darauf ankommen kann, ob die subjektiven Rückschlüsse des Patienten im Einzelfall gleich einer Experteneinschätzung zutreffen konnten (vgl. BGH NJW 2008, 2576, 2578; VersR 2006, 273 f.). Dieses Leitbild ist überall dort einzubeziehen, wo jedenfalls auch medizinische Erkenntnisse für die Bewertung der Sachlage und die damit einhergehende Erwägung, ob eine Klagerhebung zumutbar sein kann, bedeutsam sind.

#### a) Positive Kenntnis

9 Positive Kenntnis bedeutet, dass der Patient um die anspruchsbegründenden Tatumstände (s.o. Rdn. 5) wissen muss. Die gesamte Diskussion um Fragen des treuwidrigen Verschließens vor der Erkenntnis zu § 852 BGB a.F. ist nunmehr dem Punkt der grob fahrlässigen Unkenntnis zuzuordnen (hierzu sogleich Rdn. 15 ff.). Der Kategorisierung von *Greiner* folgend, welche die Rspr. trefflich zu spiegeln geeignet ist, müssen dementsprechend das Maß an bekannt gewordenen Umständen und das Maß an zu fordernden subjektiven Schlussfolgerungen spezifiziert werden (vgl. *Geiß/Greiner*, Arzthaftpflichtrecht, D, Rn. 1).

10 Im Rahmen des Maßes an bekanntgewordenen Umständen ist vorab zu betonen, dass das Ausbleiben eines Heilbehandlungserfolgs, in welcher Form dieser auch zu erwarten war, keinen Behandlungsfehler indiziert (vgl. BGH VersR 2010, 214), da grundsätzlich gerade für den medizinischen Laien bei dem überwiegenden Teil aller ärztlichen Interventionen als alternatives Erklärungsmuster für das Ausbleiben einer Besserung auch der schicksalhafte Verlauf in Betracht kommt (vgl. BGH MedR 2013, 31). Es muss also vielmehr das haftungsbegründende Fehlverhalten in das Bewusstsein

des Patienten treten. Dies wird teilweise mit dem Wissen um die erfolgte Abweichung vom ärztlichen Standard umschrieben (so OLG Naumburg VersR 2002, 627). Dieser Ansatz ist in mehrerer Hinsicht ungenau und führt zu Anwendungsproblemen, da eine Standardabweichung keineswegs zwingend einen Behandlungsfehler darstellt, sondern je nach Einzelfall medizinisch geboten sein kann. Daher muss der Patient von einer unbegründeten Standardabweichung als Parallelwertung in der Laiensphäre erfahren, die sich kausal in der erkannten Primärrechtsverletzung niedergeschlagen hat (BGH NJW 2017, 949). Demgegenüber ist es im Rahmen subjektiver Wertung aus Laiensicht nicht erforderlich, dass eine Standardabweichung medizinisch korrekt erkannt oder auch nur der geltende medizinische Standard zutreffend eingeschätzt wird (vgl. BGH VersR 2010, 214 f.; s.a. OLG Jena, Urt. v. 05.06.2012 – 4 U 159/11 = KHE 2012, 170). Vielmehr ist ausschließlich danach zu fragen, ob als Parallelwertung in der Laiensphäre deutlich wird, dass ein ärztliches Fehlverhalten vorliegt. Dieser scheinbar marginale Unterschied führt in der Sache vielfach zu diametral entgegengesetzten Ergebnissen und wird in der unter- und obergerichtlichen Rspr. häufig nicht hinreichend beachtet. Besondere Vorsicht und detailgenaue anwaltliche Argumentation sind daher insbesondere in den folgenden Konstellationen erforderlich:

**Ärztlicher Hinweis:** Erklärt der nachbehandelnde Arzt dem Patienten, der Vorbehandler habe einen Fehler gemacht und wird dieser Fehler erörtert, so stellt dies für den Patienten, sofern der Fehler im Einzelfall mit der Erklärung nicht unbestreitbar zu Tage liegt, ein erhebliches Indiz für einen Behandlungsfehler, jedoch keine positive Kenntnis dar. Wird die Sichtweise des Nachbehandlers in der Folge bestritten oder gar gutachterlich anders bewertet, so ist positive Kenntnis zu verneinen (vgl. OLG Koblenz MedR 2012, 400; s.a. OLG München VersR 2015, 199 f.), wenn der Fehler nicht sogar für den Laien evident ist, was als im Einzelfall zu treffende Wertung zwingend dem erkennenden Tatsachengericht überlassen bleibt. Problematisch erscheint in diesem Zusammenhang BGH NJW 1984, 661, wo höchstrichterlich der Hinweis des nachbehandelnden Arztes auf die Umstände einer Nervdurchtrennung mit schweren Folgen mit der Mitteilung einherging, dass dieser Verlauf schicksalhaft gewesen sei. Hier hätte allenfalls über eine weitergehende Nachforschungsobliegenheit nachgedacht werden dürfen. Die Annahme der Kenntnis der Tatumstände mit Hinweis darauf, dass der Patient nicht die korrekte medizinische Bewertung vornehmen müsse, um Kenntnis zu erlangen, missachtet den Umstand, dass ein Bereichsexperte dem Patienten gerade eine Alternativerklärung angeboten hatte, die aus Laiensicht nicht zwingend zu widerlegen war. Der BGH forderte entgegen seiner späteren Rspr., vgl. BGH VersR 2010, 214; NJW 2007, 217, 220, dass der Patient im Rahmen subjektiver Schlussfolgerungen letztlich hätte klüger sein müssen als der Fachexperte. Daher darf BGH NJW 1984, 661 in diesem Punkt als verfehlt und überholt betrachtet werden. Sind dem Patienten jedoch die wesentlichen Umstände des Behandlungsverlaufs bekannt und kommt eine klare, im weiteren Verlauf durch Dritte unbestrittene Negativeinschätzung des Folgebehandlers hinzu, so kann dies für positive Kenntnis genügen (so OLG Saarbrücken MDR 2016, 1449).

**Untersuchung durch Gutachten:** Lässt der Patient das ärztliche Vorgehen durch einen privaten Gutachter oder eine Begutachtungsstelle (MDK/Gutachterkommission einer Ärztekammer) analysieren und ergibt sich dabei ein Behandlungsfehler, so ist von positiver Kenntnis auszugehen, sofern das Gutachtenergebnis einer einfachen Plausibilitätskontrolle standhält, die selbst der Laie vornehmen kann. Demgegenüber kann und darf in keinem Fall dem Patienten zugemutet werden, dass dieser sich aus eigenen Erwägungen über ein Gutachten hinwegsetzt, welches Behandlungsfehler verneint (zutreffend OLG Jena, Urt. v. 05.06.2012 – 4 U 159/11 = KHE 2012, 170; OLG München, Urt. v. 23.12.2011 – 1 U 3410/09; unvertretbar demgegenüber LG Hannover, Urt. v. 01.08.2014 – 14 O 356/13). Wenn vom Patienten gefordert wird, dass er einer fachmedizinischen Meinung eine eigene Logikkontrolle in solch weitreichendem Maße entgegenhalten soll, dass das Vorliegen einer medizinisch unzulässigen Standardabweichung trotz ablehnenden Votums einer Expertenkommission der Ärztekammer als positiv bekannt unterstellt wird, so ist das bereits mehrfach hervorgehobene Grundprinzip der Laiensicht des Patienten verkannt (so aber LG Hannover, Urt. v. 01.08.2014 – 14 O 356/13).

13 **Patientenseitig erhobene Vorwürfe:** Einen Sonderfall soll es nach LG Duisburg MedR 2006, 433, 435 darstellen, wenn der Patient gegenüber Arzt oder Ärztekammer konkrete Vorwürfe anbringt und es im späteren Verfahren um eben jene Tatumstände geht (hier die angeblich unterbliebene Erkennung und Intervention bei vorzeitigem Blasensprung mit folgender Frühgeburt, LG Duisburg MedR 2006, 433, 435). Das Gericht ging trotz behandlungsfehlerverneinendem Gutachten der Gutachterkommission davon aus, dass das patientenseitige Wissen für eine Klagerhebung hingereicht hätte. Diese Conclusio übersieht zwei Aspekte und führt zu ungewollten Konsequenzen, die das LG Duisburg verkannt hat. Zum einen sehen sich Patienten und Patientenanwälte vor der Begutachtung in der Not, auch ohne medizinische Sachkunde auf Dinge hinzuweisen, die ihnen negativ aufgefallen sind. Die Variante läge darin, generell die Begutachtung der Behandlung als eine Art Ausforschung zu verlangen, um die unliebsame Folge der Unterstellung hinreichender Kenntnis zu vermeiden. Dies erschwerte die Arbeit der Kommission und würde, übersähe die Kommission Aspekte, die dem Patienten aufgefallen sind, auch keine Befriedungsfunktion beim Betroffenen erfüllen können. In der Konsequenz wäre der Patient zu einer aus seiner Sicht im Zweifel hoch risikobehafteten Klagerhebung gezwungen, um seine Rechte zu wahren, falls sich später doch noch überzeugende Aspekte in Bezug auf einen Behandlungsfehler ergeben. Das überzeugt im Hinblick auf das Maß zumutbarer Prozessrisiken nicht (BGH GesR 2017, 94).

14 **Fehlende juristische Kenntnisse:** Zum Maß der Zumutbarkeitserwägungen der Einleitung einer verjährungshemmenden Rechtsverfolgung ist nebst den oben bereits genannten Aspekten noch hervorzuheben, dass der Patient – wie jeder Rechtsunterworfene – sich grundsätzlich nicht darauf zurückziehen kann, er habe die juristischen Kenntnisse zur Verfolgung seiner Rechte nicht gehabt (vgl. BGH NJW-RR 2009, 544, 546). Vielmehr ist auch vom Laien zu fordern, dass dieser bei Kenntnis aller anspruchsbegründenden Umstände im Fall eines Verfolgungswunsches Rechtsrat einholt (vgl. BGH NJW 2008, 2576, 2578; NJW 2007, 217, 220; OLG Saarbrücken RDG 2016, 244). Dem ist vor dem Hintergrund von sozial ausgleichenden und teilhabefähigen Mechanismen wie Beratungs- und Prozesskostenhilfe mit entsprechendem Zugang zu Rechtsrat auch im Fall fehlender Wirtschaftskraft des Betroffenen zuzustimmen.

b) **Grob fahrlässige Unkenntnis vs. Evidenz-Rspr. zu § 852 BGB a.F.**

15 Die Erweiterung des § 199 Abs. 1 gegenüber § 852 BGB a.F. hat im Bereich des Arzthaftungsrechts nicht zur Veränderung der Rechtslage geführt (vgl. BGH, Urt. v. 28.02.2012 – VI ZR 9/11 Rn. 12 m. Anm. *Püster* MedR 2013, 34, 36 f.). Mithin ist die alte Rspr. zu § 852 BGB a.F. aufzunehmen und als Gegenstand des Begriffs der grob fahrlässigen Unkenntnis im Arzthaftungsrecht zu werten. Die generelle Definition der groben Fahrlässigkeit rekurriert auf ein Außerachtlassen der im Verkehr erforderlichen Sorgfalt in besonders hohem Maße, sodass tatsächliche Gesichtspunkte und Erkenntnismöglichkeiten durch den Gläubiger unbeachtet bleiben, die jedermann in derselben Situation eingeleuchtet respektive nahegelegen hätten (vgl. BGH NJW 2012, 2644). Demgegenüber wurden in den Kenntnisbegriff des § 852 BGB a.F. nur jene Umstände einbezogen, welchen sich der Gläubiger treuwidrig verschlossen hatte, sodass ihm in entsprechender Anwendung der §§ 162, 242 die Kenntnis zuzurechnen war (vgl. BGH NJW 2003, 288 f.). Das Konstrukt der groben Fahrlässigkeit ist also bei Arzthaftungssachen in dieser letzteren Lesart treuwidrigen Verschließens zu verstehen. Nur hierdurch wird in der Sache das entscheidende Leitmotiv des Patienten als medizinischem Laien gewahrt, welches zum Schutz der Patientenrechte unerlässlich ist. Als praxisrelevante Fallgruppen sind zu beachten:

16 **Nachforschungsobliegenheiten:** Der Grundsatz muss nach dem Vorgenannten lauten, dass den Patienten keine generelle Nachforschungsobliegenheit treffen kann (vgl. BGH VersR 2000, 503; NJW 1996, 2933 f.). Ihn trifft weder eine Obliegenheit, Behandlungsdokumente einzusehen und auszuwerten (vgl. BGH NJW 2020, 2534; 1994, 3092) noch langwierige Nachfragen bei medizinischen oder sonstigen Institutionen zu stellen (vgl. BGH VersR 2000, 503). Die Grenze ist dort erreicht, wo der Patient erkennbar mit marginalem Aufwand offen zu Tage liegende Unwägbarkeiten

klären kann (vgl. BGH VersR 2002, 869 f.). Es darf nicht mehr verständlich erscheinen, dass die Nachforschung unterblieben ist (vgl. BGH VersR 2011, 1575; vgl. zur Beschreibung einiger Beispiele *Martis/Winkhart*, Arzthaftungsrecht, S. 1488 ff.).

**Einholung fachmedizinischer Kenntnisse:** Den Patienten trifft auch keine Obliegenheit, sich fachmedizinische Kenntnisse anzueignen (vgl. BGH NJW 2007, 217, 220). Genügt sein Laienverständnis gerade nicht, um ein ärztliches Verhalten als fehlerhaft einzustufen, so verlangte die Gegenauffassung gleichsam bei jeglicher Form marginaler Bedenken die Einholung eines Gutachtens, was ökonomisch einen verfehlten Anreiz bedeutete und somit ineffizient wäre, da es eine die Ärztekammern und medizinischen Dienste der Krankenkassen erschlagende Welle von Überprüfungsanträgen über die bereits jetzt bestehende hohe Auslastung hinaus bedeuten würde. Die Grenze ist dort erreicht, wo der Patient erhebliche Bedenken gegen das ärztliche Vorgehen hat, bei welchen lediglich »Verständnisreste« medizinischer Zusammenhänge fehlen, um den Vorwurf schärfen zu können. Diese Situation muss aber so weit reichen, dass dem Patienten tatsächlich der Vorwurf des treuwidrigen Verschließens der Augen vor der Wahrheit gemacht werden kann. Daneben ist eine Grenze dort einzuziehen, wo es um banale Erkundigungen geht, die ohne jegliche Mühe eingeholt werden können (vgl. *Mansel* NJW 2002, 89, 92). 17

**Rückschlüsse aus Parallelverfahren:** Die Annahme des hinreichenden Tatverdachts sowie die strafrechtliche Verurteilung des Behandlers wegen der tatbestandlichen ärztlichen Intervention soll grundsätzlich hinreichen, um vom Patienten zu fordern, sich mit den Strafakten zu befassen und hierauf eine Zivilklage zu stützen (vgl. BGH NJW 2004, 510). Dem ist unter Einziehung der Grenze zuzustimmen, dass es sich um einfach zu überblickende Sachverhalte handeln muss, deren Würdigung dem Patienten durch die strafrechtliche Verfolgung faktisch abgenommen wird und die Schlussfolgerungen für den Patienten als medizinischem Laien offen zu Tage liegen (in diese Richtung wohl auch BGH MDR 2005, 211; *Martis/Winkhart*, Arzthaftungsrecht, 4. Aufl. 2014, S. 1580, wenn auch nur im Fall außergewöhnlicher Schwierigkeiten der Sachverhaltsfeststellung zugunsten des Patienten zu entscheiden sein soll, was sich mit der Grenze des treuwidrigen Verschließens nach hier vertretener Auffassung nicht mehr vollständig vereinbaren lässt). Freilich steigt das Maß der dem Patienten zumutbaren Risikoakzeptanz in Bezug auf die Klageerhebung mit dem Voranschreiten des Strafverfahrens an. Staatsanwaltschaftliche Ermittlungen wiegen aus Sicht des verständigen Bürgers nicht so schwer wie die konkret begründete Annahme des hinreichenden Tatverdachts und diese wiederum nicht so schwer, wie es bei der strafrechtlichen Verurteilung der Fall ist. 18

**Patientenvortrag zur Anspruchs- bzw. Klagesubstantiierung:** Auch im Bereich grob fahrlässiger Unkenntnis wird teilweise der Hinweis bemüht, der Patient habe selbst oder über seinen Anwalt konkrete Vorwürfe anbringen lassen, die zeigen würden, dass entweder hinreichende Kenntnis oder jedenfalls grob fahrlässige Unkenntnis anzunehmen wäre (so OLG Brandenburg, Urt. v. 28.10.2010 – 12 U 30/10 und hierzu BGH, NZB v. 13.12.2011 – VI ZR 300/10 m. Anm. *Jaeger* MedR 2012, 676). Zutreffend wird darauf hingewiesen, dass die Konkretisierung von Vorwürfen – insbesondere aus der ex post-Perspektive durch den Rechtsanwalt – keinesfalls mit der Parteikenntnis oder -unkenntnis in einem früheren Stadium gleichgestellt werden kann (zutreffend *Jaeger* MedR 2012, 676). Vielmehr hat die klagende Partei regelmäßig keine andere sinnvolle Wahl, als gewisse Vorwürfe nach ihrem Überlegungsverständnis unfachmännisch »zusammenzubauen«. Dies geschieht regelmäßig im Rahmen der Klagevorbereitung durch den angerufenen Rechtsanwalt. Daraus kann nicht abgeleitet werden, dass vorab seitens des Patienten unbekannte medizinische Zusammenhänge, die der Prozessvertreter oder zwischenzeitlich die Partei selbst in schwieriger und langwieriger Feinarbeit eruiert haben, bereits von Anfang an bestanden hätten. Dadurch wäre gleichsam durch die Hintertür eine in ihrer Reichweite kaum überschaubare Informationsobliegenheit konstruiert, die den Patienten gerade nicht treffen soll. Die andere Variante besteht darin, dass der angerufene Rechtsanwalt aufgrund genannter Rspr. zum Schutz seiner Partei keine medizinischen Details in Erfahrung bringen dürfte und so pauschal und oberflächlich wie möglich vorzutragen hätte. Diese Konsequenz hat das OLG Brandenburg nicht bedacht. 19

20 **Beunruhigende Äußerungen des behandelnden oder mitversorgenden Arztes:** Wird durch den behandelnden oder jedenfalls mitversorgenden Arzt Veranlassung zur Besorgnis in Bezug auf die Ordnungsgemäßheit der Behandlung gegeben, so ist dem Patienten in jedem Fall eine Nachfrage oder notfalls die weitere Nachforschung zumutbar (vgl. OLG Jena, Urt. v. 05.06.2012 – 4 U 159/11 = KHE 2012, 170). Diese Situation unterscheidet sich von den im Übrigen genannten weitreichenden Schutzmomenten zugunsten des Patienten, da eine unmittelbar an der Behandlung beteiligte Person Bedenken geäußert hat. Ist aber schon das ausführende Organ selbst der Ansicht, dass die Intervention behandlungsfehlerhaft war, so liegt es aus Sicht des verständigen Patienten unübersehbar auf der Hand, zumutbare Aufklärungsmaßnahmen im eigenen Interesse zu ergreifen.

### c) Zurechnung von Kenntnis oder vorwerfbarer Unkenntnis

21 Dem Anspruchsinhaber sind unter bestimmen Voraussetzungen die Kenntnisse und Erkenntnismöglichkeiten Dritter zurechenbar. Dabei zeigen sich im Recht der Arzthaftung im Wesentlichen drei Problemfelder: Die Zurechnung von Kenntnissen des beauftragten Rechtsanwalts, die Zurechnung in Fürsorgeverhältnissen (Eltern zu Kind, Betreuer zu Betreutem, Vormund zu Mündel) und die institutionelle Wissenszurechnung in strukturierten Organisationseinheiten (Leistungs- und Regressabteilungen von Krankenversicherern).

22 **Rechtlicher Berater:** Die Zurechnung von Wissen eines beauftragten Vertreters, insbesondere eines Rechtsanwalts ist anerkannt (vgl. BGH NJW 1989, 2323 f.). Gleichermaßen wird man dem Anspruchsinhaber auch alle Erkenntnismöglichkeiten des Beauftragten zurechnen müssen, die dieser unterlässt, sofern hierdurch die vorab genannten Grenzen (Rdn. 15 ff.) nicht übertreten werden. Nur in dem Rahmen, in welchem sich der Anspruchsinhaber mit dem rechtlichen Vertreter bereits Expertenwissen hinzuholt, ist auch eine erweiterte Zurechnung über die vorgenannten Grenzen hinaus als grob fahrlässige Unkenntnis einzustufen, da der eingesetzte Vertreter einen tiefergehenden Analyseauftrag hat, der vom Patienten gewillkürt in Gang gesetzt wird. Dessen Möglichkeiten sodann aber im Rahmen des Zumutbaren nicht auszuschöpfen, kann den Patienten nicht schützen. Allerdings droht in diesen Fällen Anwaltshaftung. Wie jedoch schon betont wurde (s.o. Rdn. 19), darf durch diese Prüfungsmöglichkeit und aus den daraus erlangten Erkenntnissen nicht gefolgert werden, dass der Patient von vorneherein Kenntnis von nunmehr auffallenden Unwägbarkeiten in der ärztlichen Behandlung gehabt hätte.

23 **Fürsorgeverhältnisse:** Da das ärztliche Behandlungsverhältnis immer ein rechtsgeschäftliches oder rechtsgeschäftsnahes Verhältnis bildet, ist für Minderjährige, Mündel und Betreute auf den oder die gesetzlichen Vertreter abzustellen, wobei bei mehreren die Kenntnisnahme eines Sorgeberechtigten genügt (vgl. BGH NJW 2007, 1584, 1587; NJW 1989, 2323).

24 **Institutionelle Wissenszurechnung:** Wenn es um die Wissenszurechnung von Mitarbeitern einer Organisation zur dahinterstehenden Körperschaft geht (so insb. bei Kranken- und Pflegekassen sowie bei Berufsgenossenschaften), besteht nach wie vor erhebliche rechtliche Unsicherheit.

25 **Grundsätze der Wissenszurechnung:** Ungeachtet des dogmatischen Konstrukts (ob über § 166 Abs. 1 BGB analog, über die §§ 278 oder 31 BGB analog oder über allgemeine Grundsätze organisatorischer Wissenszurechnung) haben sich in Lit. und Rspr. wesentliche Grundsätze herausgebildet, welche Informationen in welchem Moment zugerechnet werden können und was eine Organisation gewährleisten muss, um sich nicht dem Vorwurf auszusetzen, wenigstens grob fahrlässig relevante Informationen nicht zur Kenntnis genommen zu haben. Als bedeutsam soll eine Information danach jedenfalls gelten, wenn diese nach der Verkehrsauffassung typischerweise aktenkundig zu machen ist (vgl. *Wilhelm* AcP 1983, 18 f.). Sodann soll die Organisation des betroffenen Unternehmens gewährleisten müssen, dass solche Informationen an die zuständigen Sachbearbeiter weitergeleitet werden und zugleich alle Informationsempfängerbereiche einer Verpflichtung zur Informationsabfrage unterliegen (vgl. MüKo/*Schubert*, BGB, § 166 Rn. 52 m.w.N.). Für den Verjährungsbeginn gem. § 199 Abs. 1 bedeutet dies eine Gesamtbetrachtung der Umstände

unter Heranziehung eines Vergleichs von Organisation und natürlicher Person dahingehend, dass das arbeitsteilige Unternehmen durch erfolgende Wissensaufspaltung verjährungsrechtlich weder bevorzugt noch benachteiligt werden darf (vgl. BGHZ 109, 327).

**BGH MedR 2013, 31:** In dieser Entscheidung hatte der VI. Senat über die Frage des Verjährungsbeginns bei Geltendmachung von Regressansprüchen durch einen Versicherungsträger zu befinden. Der Senat stellte sich auf den Standpunkt, dass die Kenntnis der Leistungsabteilung bzgl. regressbegründender Umstände nicht der Kenntnis des Versicherungsträgers gleichzustellen sei, da die hierfür zuständige Regressabteilung, auf deren Wissen es in analoger Anwendung von § 166 Abs. 1 ankomme, noch nicht unterrichtet worden war. Zudem wurde der eigenständige Vorwurf des Organisationsverschuldens wegen fehlender Weiterleitung durch die Leistungsabteilung zurückgewiesen. 26

**Stellungnahme:** Die Entscheidung des BGH ist mit den bisherigen Grundsätzen der Wissenszurechnung kaum zu vereinbaren und privilegiert die arbeitsteilige Welt der Organisationseinheiten letztlich ohne durchgreifende Begründung. Zwar ist der Rspr. zunächst zuzugeben, dass allein zur organisatorischen und sachlichen Beherrschung des Leistungs- und Regresswesens von Sozialversicherungsträgern im Sinne des Gleichstellungsarguments (BGH NJW 2001, 2535 f.; BGHZ 140, 54, 61 f.) keine übermäßig schnellen Reaktionen gefordert werden können. Allerdings erscheint es zwingend geboten, zwischen den unterschiedlichen Ansätzen denkbarer verjährungseinleitender Umstände zu differenzieren. Selbst wenn akzeptiert wird, dass es zwingend nur auf Kenntnis oder grob fahrlässige Unkenntnis der Regressabteilungen ankommen soll, so ist doch der gesamten Organisation ein verjährungsbegründender Vorwurf zu machen, wenn eine Informationsweiterleitung und -abfrage in zumutbaren Zeiträumen nicht gewährleistet ist. So bieten insbesondere die modernen Möglichkeiten der EDV einfach gelagerte Meldesysteme, bei denen die Leistungsabteilungen ohne erheblichen Aufwand »red flags« setzen, die sodann einen ersten Hinweis für die Regressabteilungen enthalten könnten, um eine Übernahme des Einzelfalls an den zuständigen Sachbearbeiter zu gewährleisten. Zu Recht weist daher *Püster* MedR 2013, 34 ff. (s.a. *Fischer* GesR 2017, 358, 361) darauf hin, dass jedenfalls bei Erkennen und fehlender Weiterleitung relevanter Informationen für den Ansatz der grob fahrlässigen Unkenntnis der Boden bereitet ist. Noch weiter gehen *Martis/ Winkhart*, Arzthaftungsrecht, S. 1492 f. mit dem Hinweis, dass die analoge Anwendung von § 166 Abs. 1 sicherlich auch die Leistungsabteilung betreffen müsse und die Differenzierung der Rspr. nach Bearbeitungsgebieten nicht überzeuge. 27

### 2. Die Aufklärungsrüge

Im Bereich der Aufklärungsrüge ist verjährungsrechtlich zwischen zwei Konstellationen zu unterscheiden: Die Aufklärung ist vollständig unterblieben oder dieselbe erweist sich als nach geltenden Aufklärungsstandards unzureichend. Es sei vor der Einzeldarstellung noch darauf hingewiesen, dass Aufklärungsrüge und Behandlungsfehlervorwurf unterschiedliche Haftungsansätze mit unterschiedlichem Verjährungsbeginn und -verlauf darstellen (BGH VersR 2017, 165). 28

### a) Unterbliebene Aufklärung

Ist die Aufklärung unterblieben und zeigt sich eine Primärschädigung beim Patienten, so ist immer von positiver Kenntnis auszugehen. Auch einem Patienten ohne jedes Verständnis für ärztliches Vorgehen ist es zuzumuten, sich insoweit selbst zu informieren, dass einer ärztlichen Intervention eine Aufklärung vorauszugehen hat. Sofern es nicht zu erheblichen Sekundärfolgen kommt, die aus der erkannten Körperverletzung/Gesundheitsschädigung hervorgehen, wird bei unterlassener Aufklärung teilweise gleichwohl die Zuerkennung eines gewissen Schmerzensgeldes zum Ausgleich der erlittenen Persönlichkeitsrechtsverletzung angenommen (vgl. *Hart*, FS Heinrichs, S. 291, 298 f.; *Katzenmeier*, Arzthaftung, S. 118 ff.). Unabhängig davon, ob dieser Haftungsansatz für sich genommen erforderlich ist, liegen in solchen Fällen mit unterbliebener Aufklärung bereits alle Umstände für den Patienten offen zu Tage. 29

### b) Unzureichende Aufklärung

30 Anders liegt es bei der unzureichenden Aufklärung, sodass die Haftung wegen Aufklärungsrügen vielfach zu einem anderen Zeitpunkt verjährt als möglicherweise im selben Behandlungsverhältnis begangene Behandlungsfehler (vgl. OLG Köln VersR 1999, 1371; OLG Oldenburg VersR 1999, 367). Hier müssen Umstände hinzutreten, aus denen der medizinische Laie schlussfolgern kann, dass nach medizinischem Standard eine weitergehende Information hätte erfolgen müssen. Anders als im Fall des Behandlungsfehlers ist dem Patienten hier allerdings eine weitreichende Logikkontrolle möglich und zumutbar. Realisiert sich ein Eingriffsrisiko, über das dem Patienten vorab nicht berichtet wurde, so liegt die Nachfrage, ob dies aufklärungsbedürftig gewesen wäre, auch für den Laien nahe. Allerdings soll der schlicht negative Ausgang einer Behandlung für ein solches Nachforschungsgebot nicht ausreichen (vgl. BGH MedR 2010, 258; a.A. wohl OLG Hamm MedR 2010, 563). Der höchstrichterlichen Linie ist zuzustimmen, käme das gegenteilige Ergebnis doch der Forderung nach einer Generalfrage in jedem Behandlungsverhältnis gleich, in welchem der Patient schlussendlich nicht das maximal günstige Resultat sieht, das er sich hätte vorstellen können. Insofern würde das Verjährungsrecht den rechtspolitisch und psychologisch verfehlten Anreiz schaffen, das vertrauensvolle Arzt-Patient-Verhältnis ohne Not zu belasten, was im Rahmen von Nachfragen bzgl. ärztlicher Versäumnisse immer droht, wenn auch bei souveränen Behandlern nicht zwingend eintritt.

31 Zurückhaltender wird die Beurteilung bei unterbliebener Alternativaufklärung ausfallen müssen, solange der Patient aus seiner Laiensicht keinen tragfähigen Ansatz für die Existenz einer alternativen Behandlung mit anderen Risiken hat. An dieser Stelle trägt wieder der Schutz des medizinisch Unkundigen, da Alternativen nur hinterfragen kann, wer ein fachlich akzeptables Verständnis für die konkrete Behandlung aufweist. Dies darf vom Durchschnittspatienten nicht verlangt oder erwartet werden.

### c) Das Organisationsverschulden

32 In allen Fällen, in denen das Organisationsverschulden in einen Behandlungsfehler oder in eine mangelhafte Aufklärung mündet, gelten die obigen Ausführungen, da sich der Patient haftungsrechtlich nur auf eben jene, den Primärschaden kausal und objektiv zurechenbare Pflichtverletzung stützen kann.

33 Sofern ein Organisationsverschulden zu für jedermann sichtbaren Unwägbarkeiten führt (fehlende Wartung technischer Einrichtungen mit Verletzungsfolge; nass gewischter Krankenhausfußboden), sind die anspruchsbegründenden Umstände unmittelbar für den Betroffenen deutlich. Nebst der medizinischen Einrichtung gilt es hier allenfalls zu eruieren, welche Person konkret für den Mangel verantwortlich gewesen ist.

34 Problematisch in Bezug auf Kenntnis oder grob fahrlässige Unkenntnis sind allein jene Fälle, in denen eine Schädigung von Patienten auf einer organisatorischen Fehlleistung beruht, die ihrerseits nur schwer erkennbar ist. So besteht etwa erheblicher Streit darüber, welche Selbstschädigungsanzeichen ein Patient zeigen muss, damit der medizinischen Einrichtung ein haftungsrechtlicher Vorwurf wegen fehlender Sicherung gegen Bettflucht, Springen aus dem Fenster oder anderen Stürzen gemacht werden kann (vgl. OLG Bremen MDR 2010, 212 f.; OLG Koblenz GesR 2009, 85; OLG Düsseldorf OLGR 2008, 585 f.). Haftungs- und damit verjährungsrechtlich lassen sich entsprechende Konstellationen immer auch vor dem Hintergrund mangelhafter Dienstpläne, die zu viel Druck auf das Personal ausüben, nicht eingehaltener Überwachungsintervalle mangels ordnungsgemäßer Personalzuteilung etc. betrachten. Kommt es hierauf an, so kann die Verjährung frühestens dann zulasten des Betroffenen beginnen, wenn das zurechenbare Organisationsversagen, welches die Primärschädigung wesentlich mitverursacht hat, in irgendeiner greifbaren Form erkennbar wird. Hier kommen insbesondere zeitliche Unwägbarkeiten in Betracht, die sich aus der Dokumentation oder Schichtplänen ergeben können. Wird Einsichtnahme in die Behandlungsdokumentation beantragt und fallen dem rechtlichen Vertreter derartige Verfehlungen der

medizinischen Einrichtung nicht auf, wird man von zurechenbarer grob fahrlässiger Unkenntnis ausgehen müssen.

### d) Sonderfall: Verstoß gegen § 630c Abs. 2 Satz 2 BGB als eigenständig verjährender Haftungsgrund?

Die mit dem PatRG geschaffene Vorschrift, die eine Offenbarungspflicht des Arztes gegenüber dem Patienten begründen soll und lediglich in beweisrechtlicher Hinsicht Schutzaspekte zugunsten des Arztes enthält (wenn diese freilich zur Rettung des Ziels der Regelung ungeeignet erscheinen), ist haftungs- und verjährungsrechtlich ohne erhebliche Bedeutung (vgl. *Katzenmeier* NJW 2013, 817, 819; *Rehborn* MDR 2013, 497, 499). Verjährungsrechtlich ist zu bedenken, dass eine signifikante Besserstellung des Patienten nur so zu gewährleisten wäre, als § 630c Abs. 2 Satz 2 als Dauertatbestand verstanden würde, der ebenfalls zur Liquidation des aus dem Behandlungsfehler entstandenen Primärschadens führte. Dies trifft jedoch nicht zu. Einzig kausaler Schaden in zivilrechtlicher Hinsicht kann bei Verletzung der Offenbarungspflicht die patientenseitige Nichtgeltendmachung oder allenfalls die verzögerte Inanspruchnahme sein. Daraus folgt, dass der Patient mit dem Tatbestand des § 199 Abs. 1 in entsprechend zurückhaltender Auslegung und unter Berücksichtigung der Laiensicht hinreichend Schutz erfährt. Eine Offenbarung, die der Arzt wegen § 630c Abs. 2 Satz 2 vornimmt, wirkt somit allenfalls auf den Verjährungsbeginn wegen offenbarter Behandlungsfehler (so auch Palandt/*Weidenkaff*, BGB, § 630c Rn. 7; *Wagner* VersR 2012, 789 ff.; *Katzenmeier* NJW 2013, 817, 819; *Rehborn* MDR 2013, 497, 499). Wenn *Deutsch* NJW 2012, 2009 den Fall des § 630c Abs. 2 Satz 2 als Schutzgesetz i.S.d. § 823 Abs. 2 auffassen will, so ergibt sich selbst bei Annahme dieses Gedankens kein anderes Ergebnis, da es bei dem vorgenannten kausalen Schaden verbleibt und mithin die Verjährung für einen erkannten oder grob fahrlässig nicht erkannten Fehler des Arztes keiner Verlängerung unterliegt. Kommt es später zur Unterlassung gebotener Folgenbekämpfung der behandlungsfehlerbedingten Schäden, die der Arzt nicht offenbarte, besteht ebenfalls keine Notwendigkeit, auf § 630c Abs. 2 Satz 2 zurückzugreifen. Der haftungsrechtliche Vorwurf wird insofern hinreichend mit der ohnehin erforderlichen Sicherungsaufklärung abgedeckt. *Rehborn/Gescher* weisen noch darauf hin, dass die fehlende Information einmal dazu führen könnte, dass Anträge an dritter Stelle (etwa §§ 56 ff. IfSG) nicht rechtzeitig gestellt werden könnten (Erman/*Rehborn/Gescher*, BGB, § 630c Rn. 21). Zwar ist besagter Ansatz zustimmungswürdig, jedoch ist kein tragender Grund ersichtlich, weshalb diese Fälle nicht auch als zurechenbare Folge des sonstigen haftungsbegründenden Verhaltens der Behandlungsseite zu werten sein sollten.

## C. Höchstfrist des § 199 Abs. 2 BGB

Die im medizinhaftungsrechtlichen Bereich relevante Höchstverjährungsfrist ist in § 199 Abs. 2 mit 30 Jahren festgehalten. Auf subjektive Elemente kommt es nicht an. Die Frist beginnt mit der anspruchsbegründenden Pflichtverletzung des Schädigers. Wann es zur erkennbaren oder spürbaren Schädigung des Rechtsguts kommt, ist nicht von Bedeutung. Daraus folgt, dass Spätfolgen, deren Entstehungszeit ausnahmsweise länger als 30 Jahre währt, noch vor dem Eintritt von Körper- und Gesundheitsschaden verjährt sein können. Bei *Martis/Winkhart*, Arzthaftungsrecht, S. 1503 f. findet sich hierzu das anschauliche Beispiel der Krebserkrankung, die erst 30 Jahre nach einer Röntgenreihenuntersuchung ausbricht.

Zu beachten ist schließlich, dass § 199 Abs. 2 eine absolute Höchstfrist ist, sodass die subjektive Kenntniserlangung 29 Jahre nach der ärztlichen Pflichtverletzung zwar auch zum Beginn der Frist nach den §§ 195, 199 Abs. 1 führt, dass jedoch § 199 Abs. 2 nach insgesamt 30 Jahren Fristablauf gleichwohl durchgreift, sodass die regelmäßige Verjährungsfrist daneben keine Relevanz mehr aufweist.

## D. Verjährung von Honorar- und Rückforderungsansprüchen – zugleich § 199 Abs. 4 BGB

### I. Verjährung ärztlicher Honoraransprüche

38 Im vertragsärztlichen Bereich entsteht bereits kein Entgeltanspruch seitens des Arztes gegen den Patienten gem. §§ 630a, b, 611, 612, da der Patient innerhalb des GKV-Vierecks nach dem Sachleistungsprinzip den Behandlungsanspruch schon durch Leistung seines Krankenkassenbeitrags erworben hat, § 630a Abs. 1 lz. HS. Der Arzt ist auf Abrechnungen gegenüber der Kassenärztlichen Vereinigung nach § 45 BMV-Ä verwiesen. Bei Krankenhausbehandlungen gilt für den Patienten bzgl. des Entgeltanspruchs im Bereich von Leistungen, die von der GKV erfasst sind, im Ergebnis dasselbe.

39 Bei Leistungen nach GOÄ und GOZ sind jedoch die §§ 12 Abs. 2 GOÄ und 10 Abs. 2 GOZ zu berücksichtigen, wonach der ärztliche Honoraranspruch, der sich hier gegen den Patienten richtet, erst mit Rechnungserteilung fällig wird. Daraus folgt für den Verjährungsbeginn, dass die Anspruchsentstehung, die Fälligkeit verlangt (vgl. BGHZ 55, 341; ZIP 2001, 613), erst im Zeitpunkt der Rechnungserteilung an den Patienten beginnt (vgl. BGH VersR 2007, 499). Allerdings ist darauf hinzuweisen, dass die Begriffe der Anspruchsentstehung und der Fälligkeit nicht rechtlich identisch sind, da eine verjährungshemmende Rechtsverfolgung vor Fälligkeit möglich ist, die ihrerseits, nach Ende der Unterbrechung, den Verjährungslauf auszulösen geeignet ist (vgl. BGHZ 73, 365). Diese Rechtsprechung dürfte jedoch auf die Fälle, in denen eine prüfbare Rechnungserstellung voranzugehen hat, nicht anwendbar sein, da andernfalls der ausdrücklichen gesetzgeberischen Entscheidung in den §§ 12 Abs. 2 GOÄ und 10 Abs. 2 GOZ widersprochen würde (so wohl auch PWW/*Deppenkemper*, BGB, § 199 Rn. 4).

40 Allerdings droht Verwirkung des ärztlichen Honoraranspruchs, wenn derselbe viele Jahre nach der letzten Behandlung immer noch nicht abgerechnet wurde und Indizien dafür bestehen, dass der Patient keine Abrechnung mehr erwartet hatte, so bei Behandlungsabbruch wegen behaupteter Fehlbehandlung (vgl. OLG Nürnberg MDR 2008, 377 f.).

41 Für den Honoraranspruch gilt neben den §§ 195, 199 Abs. 1 die Höchstverjährungsfrist des § 199 Abs. 4 und somit der Ablauf von zehn Jahren. Auch hier ist Beginn die Entstehung des Anspruchs, wofür nichts anderes gelten kann, als oben bereits erörtert. Daraus folgt jedoch, dass es zum Ablauf der 10-Jahresfrist nicht kommen wird, da Kenntnis oder grob fahrlässige Unkenntnis bei ordnungsgemäßem Zugang der Honorarrechnung beim Patienten immer vorliegen werden.

### II. Verjährung patientenseitiger Rückforderungsansprüche ärztlicher Honorare

42 Rückforderungsansprüche gezahlter Arzthonorare können sich sowohl aus Schadensersatzgesichtspunkten als auch aus den §§ 630a, b, 627, 628 sowie aus Bereicherungsrecht ergeben (vgl. hierzu *Martis/Winkhart*, Arzthaftungsrecht, S. 1160 ff. m.w.N. Die Einzelheiten sind in diesem Bereich str. und nach wie vor nicht befriedigend geklärt). Zu beachten ist insbesondere auch der Konditionsanspruch des Patienten im Fall der Überzahlung wegen unterlassener wirtschaftlicher Aufklärung gem. § 630c Abs. 3 Satz 1 (Vgl. BT-Drs. 17/10488 S. 22; BGH VersR 2000, 999). Für alle genannten Bereiche bestehen keine Sondervorschriften bezüglich der Verjährung, sodass die §§ 195, 199 Abs. 1 als Regelverjährung und § 199 Abs. 4 als Verjährungshöchstfrist greifen.

## § 203 Hemmung der Verjährung bei Verhandlungen

**Schweben zwischen dem Schuldner und dem Gläubiger Verhandlungen über den Anspruch oder die den Anspruch begründenden Umstände, so ist die Verjährung gehemmt, bis der eine oder der andere Teil die Fortsetzung der Verhandlungen verweigert. Die Verjährung tritt frühestens drei Monate nach dem Ende der Hemmung ein.**

## § 204 Hemmung der Verjährung durch Rechtsverfolgung

(1) Die Verjährung wird gehemmt durch
1. die Erhebung der Klage auf Leistung oder auf Feststellung des Anspruchs, auf Erteilung der Vollstreckungsklausel oder auf Erlass des Vollstreckungsurteils,

*Nr. 1a – 3 hier nicht abgedruckt*

4. die Veranlassung der Bekanntgabe eines Antrags, mit dem der Anspruch geltend gemacht wird, bei einer
   a) staatlichen oder staatlich anerkannten Streitbeilegungsstelle oder
   b) anderen Streitbeilegungsstelle, wenn das Verfahren im Einvernehmen mit dem Antragsgegner betrieben wird;
   c) die Verjährung wird schon durch den Eingang des Antrags bei der Streitbeilegungsstelle gehemmt, wenn der Antrag demnächst bekannt gegeben wird,

*Nr. 5 hier nicht abgedruckt*

6. die Zustellung der Streitverkündung,

*Nr. 6a nicht abgedruckt*

7. die Zustellung des Antrags auf Durchführung eines selbständigen Beweisverfahrens,
8. den Beginn eines vereinbarten Begutachtungsverfahrens,

*Nr. 9 – 13 nicht abgedruckt*

14. die Veranlassung der Bekanntgabe des erstmaligen Antrags auf Gewährung von Prozesskostenhilfe oder Verfahrenskostenhilfe; wird die Bekanntgabe demnächst nach der Einreichung des Antrags veranlasst, so tritt die Hemmung der Verjährung bereits mit der Einreichung ein.

(2) Die Hemmung nach Absatz 1 endet sechs Monate nach der rechtskräftigen Entscheidung oder anderweitigen Beendigung des eingeleiteten Verfahrens. Die Hemmung nach Absatz 1 Nummer 1a endet auch sechs Monate nach der Rücknahme der Anmeldung zum Klageregister. Gerät das Verfahren dadurch in Stillstand, dass die Parteien es nicht betreiben, so tritt an die Stelle der Beendigung des Verfahrens die letzte Verfahrenshandlung der Parteien, des Gerichts oder der sonst mit dem Verfahren befassten Stelle. Die Hemmung beginnt erneut, wenn eine der Parteien das Verfahren weiter betreibt.

*(3) nicht abgedruckt*

| Übersicht | Rdn. | | Rdn. |
|---|---|---|---|
| A. Verjährungshemmung durch Verhandlungen | 1 | II. Hemmung durch Schlichtungsverfahren – Abs. 1 Nr. 4 | 11 |
| I. Wirkung von Verhandlungen | 1 | III. Hemmung durch Streitverkündung – Abs. 1 Nr. 6 | 12 |
| II. Begriff, Beginn und Beendigung der Verhandlung | 2 | IV. Hemmung durch selbstständiges Beweisverfahren – Abs. 1 Nr. 7 | 13 |
| III. Reichweite der Hemmung – Erfasster Personenkreis | 5 | V. Hemmung durch vereinbartes Begutachtungsverfahren – Abs. 1 Nr. 8 | 14 |
| B. Verjährungshemmung durch Rechtsverfolgung | 6 | VI. Hemmung durch Bekanntgabeveranlassung eines PKH-Antrags – Abs. 1 Nr. 14 | 16 |
| I. Hemmung durch Klageerhebung – Abs. 1 Nr. 1 | 6 | | |

## A. Verjährungshemmung durch Verhandlungen

### I. Wirkung von Verhandlungen

Soweit der Streitgegenstand von den Verhandlungen der Parteien erfasst wird, kommt es zu einer Verlängerung der Verjährungsfrist um den vollständigen Zeitraum von der Verhandlungseröffnung bis zum vollständigen Abbruch. Diese Verlängerung tritt rechnerisch gem. § 209 dadurch ein, dass der Verhandlungszeitraum bei der Zeitspanne der Verjährungsfrist nicht mitgerechnet wird (zu 1 den Details der Berechnung Heidel/Hüßtege/Mansel/Noack/*Budzikiewicz*, BGB, § 209 Rn. 7 ff. m.w.N.). Sollte es zur Hemmung kurz vor Ende der Verjährungsfrist gekommen sein, so ist zudem die dreimonatige Karenzzeit des § 203 Satz 2 zu beachten. In Bezug auf die inhaltliche Reichweite der Hemmungswirkung muss der Gläubiger beachten, dass alle relevanten Anspruchsinhalte einbezogen werden, um von der Hemmung erfasst zu sein (vgl. BGH NJW-RR 1987, 916; OLG Frankfurt VersR 2000, 853).

## II. Begriff, Beginn und Beendigung der Verhandlung

2 Der Verhandlungsbegriff ist nach st. Rspr. weit zu verstehen und soll bereits bei Diskussionen über den Anspruchsinhalt vorliegen, wenn der Schuldner eine Einstandspflicht nicht eindeutig zurückweist (vgl. BGH NJW 2004, 1654; VersR 2001, 1255 f., s.a. BeckOK/*Spindler*, BGB, § 203 Rn. 4, allerdings ist ein Verhandeln nicht bereits in bloß informatorischer Benachrichtigung zu erkennen, wonach eine Abgabe an die Rechtsabteilung und eine Aktenübersendung an das Sozialgericht erfolgt seien, vgl. OLG Frankfurt a.M., Urt. v. 12.03.2015 – 15 U 73/13). Eine erkennbare Vergleichsbereitschaft soll nicht erforderlich sein (vgl. BGH NJW 2004, 1654; NJW 1983, 2075 f.), was kritisch betrachtet werden kann, ist doch nicht jede Erörterung von Tatsachen oder Rechtsansichten mit einem auch nur entfernt erkennbaren Verhandlungswillen verbunden. Gleichwohl ist dem Rechtsprechungsansatz zu folgen, da dem Gläubiger nicht zugemutet werden kann, zwischen Verhandlungsbereitschaft und schlichter »Rechthaberei« zu unterscheiden. Demgegenüber kann sich der Schuldner klar und deutlich für oder gegen den Abbruch von inhaltlichen Gesprächen über eventuell bestehende Ansprüche entscheiden und dies für jedermann erkennbar bekunden. Es muss jedoch zwischen der Situation unterschieden werden, in der die Schuldnerpartei – oder je nach Verhandlungsführung die Haftpflichtversicherung, die sich regelmäßig im Haftpflichtvertrag mit dem versicherten Arzt oder Krankenhaus das Letztentscheidungs- und Verhandlungsrecht vorbehält – Diskussionen zulässt, bei denen unklar bleibt, ob ein Nachgeben überhaupt in Betracht kommen könnte – hierbei liegen Verhandlungen im Rechtssinne vor, vgl. BGH NJW 2004, 1654 – oder ob Regulierungsaussichten kategorisch abgelehnt werden.

3 Dieser Regel steht auch nicht BGH NJW 1998, 2819 entgegen, da jeglicher Hinweis des Schuldners oder der Haftpflichtversicherung, die Sache prüfen zu wollen und dies noch nicht abgeschlossen zu haben, zwangsläufig beim Gläubiger eine Resthoffnung erwecken muss, dass andere Prüfergebnisse ohne Weiteres auch andere Regulierungsergebnisse hervorbringen können (eine weitergehende Einzelfallsammlung bieten *Martis/Winkhart*, Arzthaftungsrecht, S. 1510 ff.; zu vergleichbaren Fällen aus anderen Bereichen MüKo/*Grothe*, BGB, § 203 Rn. 5 f.).

4 In Bezug auf eine Beendigung der Verhandlungen ist neben dem klaren Abbruch das sog. »Einschlafen« der Verhandlungen zu beachten (BGH NJW 2017, 949). Es gilt der Grundsatz, dass die Hemmung endet, wenn nach den Geboten von Treu und Glauben der nächste Verhandlungsschritt spätestens zu erwarten wäre (vgl. BGH NJW 2009, 1806 f.; s.a. OLG Koblenz, Urt. v. 23.09.2015 – 5 U 403/15). In der obergerichtlichen Rspr. sind sodann unterschiedliche Zeiträume je nach konkreter Fallsituation von einigen Tagen bis hin zu mehreren Monaten angenommen worden, wonach ein Einschlafen jedenfalls vorliegen soll (vgl. die Übersicht bei *Martis/Winkhart*, Arzthaftungsrecht, S. 1514 ff.).

## III. Reichweite der Hemmung – Erfasster Personenkreis

5 Grundsätzlich tritt die Hemmung nur gegenüber demjenigen ein, mit dem Verhandlungen geführt werden (hierzu MüKo/*Grothe*, BGB, § 203 Rn. 7 m.w.N.). Führt der im Arzthaftungsfall betroffene Patient Verhandlungen mit dem Arzt, so tritt diesem gegenüber die Hemmung gem. § 203 ein. Gleiches gilt, wenn der Patient mit der Haftpflichtversicherung des behandelnden Arztes korrespondiert. Vorsicht ist jedoch geboten, wenn mehrere Schuldner in Betracht kommen und aus den Verhandlungen mit der Haftpflichtversicherung nicht eindeutig geschlossen werden kann, wen die Versicherung haftungsrechtlich vertritt (vgl. OLG Düsseldorf VersR 2000, 457). Sofern es sich bei den Schuldnern um verschiedene, dahinterstehende Haftpflichtversicherungen

handelt, kann eine Hemmung ohnehin nicht wirksam zulasten des bei einer anderen Versicherung versicherten Arztes eintreten (beachte den Fall von Belegarzt und Belegkrankenhaus, s. OLG Koblenz VersR 2011, 759 f. – keine Hemmung zulasten Dritter ohne Zurechenbarkeit). Falls die Haftpflichtversicherung jedoch für beide Schuldner zuständig ist, wird in der obergerichtlichen Rechtsprechung teilweise angenommen, dass ein fehlender klarer Bezug auf alle Versicherten innerhalb der Korrespondenz von Patient und Versicherung zulasten des Patienten gehe (vgl. OLG Jena, Urt. v. 05.06.2012 – 4 U 159/11; OLG Düsseldorf VersR 2000, 457; OLG Oldenburg, Urt. v. 23.08.2006 – 5 U 31/06, MDR 2008, 311). Hier müssen jedoch alle Umstände des Einzelfalls Berücksichtigung finden. Der Patientenanwalt hat dieses Risiko durch eindeutige Einbindung aller potenziellen Schuldner zu vermeiden. Die Nichtbeachtung ist ein vorwerfbarer Fehler aus dem Mandatsverhältnis.

## B. Verjährungshemmung durch Rechtsverfolgung

### I. Hemmung durch Klageerhebung – Abs. 1 Nr. 1

Verjährungshemmung mit der oben bereits erörterten Wirkung (vgl. Rdn. 1) tritt auch durch Rechtsverfolgung ein. Die klassische Form ist die Erhebung einer Klage auf Leistung oder Feststellung von Ansprüchen. Die Hemmung geht mit dem prozessualen Begriff der Erhebung der Klage einher, was auf die §§ 253, 261 ZPO und somit auf die Klagezustellung an den Anspruchsgegner Bezug nimmt (vgl. Heidel/Hüßtege/Mansel/Noack/*Mansel*, BGB, § 204 Rn. 29 ff.). Dieser Zeitpunkt wird gem. § 167 ZPO auf den Moment der Anhängigkeit – Eingang bei Gericht – vorverlegt, sofern die Klage »demnächst« zugestellt wird. Die alsbaldige Zustellung ist als unbestimmter Rechtsbegriff dahingehend zu verstehen, dass es nicht um rein zeitliche, sondern insbesondere auch um Vorwerfbarkeitsaspekte geht (vgl. Musielak/Voit/*Wittschier*, ZPO, § 167 Rn. 6 ff.). Es ist somit entscheidend darauf zu achten, ob der Kläger alle ihm zumutbaren und erforderlichen Handlungen vorgenommen hat, damit die Klage zugestellt werden kann. Dazu gehört die ordnungsgemäße Angabe der ladungsfähigen Anschrift des Beklagten ebenso wie die Einzahlung des Gerichtskostenvorschusses (vgl. Musielak/Voit/*Wittschier*, ZPO, § 167 Rn. 9 f.). Ob den Kläger bei längerer gerichtlicher Untätigkeit eine Nachfrageobliegenheit treffen soll, ist str. (wohl ablehnend BGHZ 168, 306, 313; anders für nicht nachvollziehbares Ausbleiben der Zustellung BGH NJW-RR 2004, 1574, 1576; ebenfalls auf dieser Linie BGH, NJW 2009, 984; bereits nach einem Zeitraum ohne Gerichtskostenvorschussanforderung von 3–4 Wochen bejahend OLG Hamm NJW-RR 1998, 1104; scheinbar zustimmend Musielak/Voit/*Wittschier*, ZPO, § 167 Rn. 10, jedoch ohne sachliche Auseinandersetzung). Richtigerweise ist eine solche Obliegenheit jedoch frühestens nach derart erheblichem Zeitablauf zu verlangen, dass im Hinblick auf die Verkehrssitte jedermann auffallen muss, dass das Gericht zumutbare Wartezeiträume überschreitet (noch weitergehend BGHZ 168, 306, 313; wohl für eine Mittellösung plädierend MüKo/*Häublein/Müller*, ZPO, § 167 Rn. 13 ff. mit diskussionswürdigen Anregungen zu einem je nach Gesetzessituation angepassten Fristenmodell). Dies kann in aller Regel und eingedenk erheblicher Belastung der ordentlichen Gerichtsbarkeit mit hohen Fallzahlenaufkommen zulasten des Klägers nach Ablauf von mehreren Monaten vorgeschlagen werden. An dieser Stelle wird in Anlehnung an die Erwägungen des § 204 Abs. 2 der Maßstab vorgeschlagen, einen Obliegenheitsverstoß erst mit Ablauf von sechs Monaten gegen den Kläger richten zu können. Der Gesetzgeber hat in § 204 Abs. 2 ausdrücklich für die Beendigung von Hemmungshandlungen, die nicht durch den ordnungsgemäßen Abschluss, sondern – über § 204 Abs. 2 Satz 2 – durch das Nichtbetreiben des Verfahrens verlasst war, einen Startpunkt der Berechnung festlegt. Der Rechtsgedanke lässt sich auf das frühe Stadium der Klageerhebung übertragen, da § 167 ZPO die Anhängigkeit der Rechtshängigkeit bzgl. einzuhaltender Fristen gleichstellen will. Eine Anlehnung an § 203 Satz 2 mit einem kürzeren Ansatz von drei Monaten passt demgegenüber nicht, da der Gesetzgeber erkennbar einen qualitativen Unterschied zwischen Hemmungshandlungen nach § 204 und § 203 normiert hat und die Einreichung einer Klage über § 204 Abs. 1 Nr. 1 BGB i.V.m. § 167 ZPO der qualitativ stärkeren Hemmung zuzurechnen ist. Dementsprechend ist insbesondere auch die 3–4-Wochenfrist des OLG Hamm NJW-RR 1998, 1104 abzulehnen.

7 Die Verjährungshemmung durch Klagerhebung tritt nur insoweit ein, als nach dem zweigliedrig prozessualen Streitgegenstandsbegriff verfolgte Ansprüche einbezogen sind (vgl. MüKo/*Grothe*, BGB, § 204 Rn. 4 f.). Daher ist die Reichweite der gerichtlich geltend gemachten Ansprüche sorgfältig zu prüfen und ggf. insbesondere um Feststellungsbegehren zu ergänzen, sofern mit der Erhebung einer Leistungsklage keine umfassende Anspruchsverfolgung möglich erscheint. In diesem Zusammenhang muss der Gläubiger die Rspr. zur Schadenseinheit und zur Einbeziehung von Spätfolgen berücksichtigen (vgl. BGH NJW 2004, 1243; s.a. *Diederichsen* VersR 2005, 433, 440).

8 Kommt es im Prozess zu einem gerichtlichen Vergleich, bei welchem über den gesamten Streitgegenstand verhandelt und befunden werden soll, so endet mit Vergleichsschluss die Hemmung gem. § 204 Abs. 1 Nr. 1 (vgl. BGH NJW 2002, 1878). Sofern also ein materieller oder immaterieller Vorbehalt im Vergleich formuliert ist oder der Vergleich keine Sicherung gegen unbekannte Zukunftsschäden enthält, muss der Gläubiger seine Ansprüche gegen Verjährung sichern, wenn eine spätere Geltendmachung in Betracht kommen soll.

9 Der Klageerhebung steht der Antrag auf Adhäsionsverfahren im Strafprozess gegen den Arzt gleich (vgl. OLG Rostock OLGR 2000, 47).

10 Wird ein ärztlicher Honoraranspruch verfolgt, so tritt die Hemmung nur dann ein, wenn der Berechtigte oder dessen Vertreter respektive Einzugsermächtigter denselben geltend macht. Wird demgegenüber Klage durch eine Einzugsstelle erhoben, die aufgrund fehlender wirksamer Patienteneinwilligung zur Offenbarung und zur Abtretung gem. § 203 StGB i.V.m. § 134 BGB nicht Inhaberin des Anspruchs werden konnte, so wird durch die Rechtsverfolgung die Verjährung nicht gehemmt (so auch Spickhoff/*Spickhoff*, Medizinrecht, §§ 195, 199 Rn. 5).

### II. Hemmung durch Schlichtungsverfahren – Abs. 1 Nr. 4

11 Einen erheblichen Bedeutungszuwachs hat die Hemmungsmöglichkeit durch Anrufung der bei den Ärztekammern eingerichteten Schlichtungsstellen erlangt, da die unwiderlegliche Vermutung des § 15a Abs. 3 Satz 2 EGZPO vom BGH auch auf dieses Verfahren angewendet worden ist (BGH NJW 2017, 1879). Somit tritt Hemmung nach § 204 Abs. 1 Nr. 4 auch dann ein, wenn die betroffene Behandlungsseite nicht am Verfahren teilnimmt oder dieses explizit ablehnt. Dem soll auch eine Klausel in der Verfahrensordnung der Schlichtungsstelle nicht entgegenstehen, wonach die beiderseitige Zustimmung Verfahrensvoraussetzung sein soll (BGH NJW 2017, 1879).

### III. Hemmung durch Streitverkündung – Abs. 1 Nr. 6

12 Die Streitverkündung ist in Medizinhaftungsprozessen anwaltlich immer zu erwägen, wenn nicht alle potenziellen Schuldner unmittelbar zusammen verklagt werden sollen. Von Bedeutung kann dies insbesondere in vor- und nachgelagerten Behandlungsverhältnissen sein. Der Patientenvertreter hat zum Schutz seines Mandanten entweder die Möglichkeit, eine Verjährungsverzichtserklärung bei allen noch in Betracht kommenden Schuldnern einzuholen oder es erfolgt eine prozessuale Streitverkündung gem. §§ 72–74 ZPO. Dabei ist allerdings zu berücksichtigen, dass die Zulässigkeit der Streitverkündung nicht im Haftungsprozess erfolgt, wo wie Streitverkündung stattfindet, sondern erst Gegenstand des Regressprozesses ist (vgl. BGHZ 65, 127, 130). Liegen daher im Einzelfall die Voraussetzungen der §§ 72, 73 ZPO nicht vor, fällt dies möglicherweise erst im Regressprozess auf. Daher muss der Patientenvertreter vor Ergreifen dieser Variante die Zulässigkeit der Streitverkündung besonders sorgfältig prüfen.

### IV. Hemmung durch selbstständiges Beweisverfahren – Abs. 1 Nr. 7

13 Die Zulässigkeit der Durchführung selbstständiger Beweisverfahren ist im Arzthaftungsprozess lange bezweifelt worden, mittlerweile aber anerkannt (vgl. BGHZ 153, 302). Entgegen teilweise vertretener Ansicht ist auch eine sachverständige Beurteilung möglich, ob es sich um einen

groben Behandlungsfehler handelt (vgl. OLG Karlsruhe MedR 2012, 261, 263; OLG Brandenburg, Beschl. v. 12.11.2009 – 12 W 33/09; a.A. OLG Oldenburg MDR 2008, 1059; *Gehrlein* ZMGR 2004, 187, 189). Die ablehnende Ansicht übersieht, dass das Ergebnis des Sachverständigen im selbstständigen Beweisverfahren insofern für den Prozess nicht abschließend ist, wohl aber erheblichen Streitvermeidungscharakter beinhaltet. Zwingende Gründe, die rechtlich den Ausschluss der Frage nach einem groben Behandlungsfehler gebieten würden, sind nicht ersichtlich. In Bezug auf die Verjährungshemmung muss der Patientenvertreter allerdings exakt darauf achten, welche Ansprüche auf den denkbaren Ausgang des Beweisverfahrens gem. §§ 485 ff. ZPO gestützt werden könnten. Was nicht Gegenstand des Beweisverfahrens ist, unterliegt auch nicht der Verjährungshemmung.

### V. Hemmung durch vereinbartes Begutachtungsverfahren – Abs. 1 Nr. 8

Der Gesetzgeber bindet hiermit eine besondere Form der Verhandlung zwischen Schuldner und Gläubiger in die qualitativ höher angesetzte Rechtsverfolgung der Verjährungshemmung mit dem zeitlichen Vorteil gem. § 204 Abs. 2 Satz 1 ein. Einigen sich Schuldner und Gläubiger auf eine Begutachtung der Situation, so zeigt sich darin beiderseits der Wille, für den Zeitraum der Begutachtung eine Verjährungshemmung hinnehmen zu wollen. Dementsprechend ist am Begriff der Vereinbarung auch festzumachen, dass eine kategorische Zurückweisung der Schuldnerpartei den Hemmungstatbestand hindern muss. Das bloß einseitige Betreiben eines Begutachtungsverfahrens durch den Gläubiger in Kenntnis des Umstands, dass der Schuldner ohne jede Diskussionsmöglichkeit den geltend gemachten Anspruch ablehnt, zerstört die Schutzwürdigkeit in Bezug auf den Glauben an eine Verjährungshemmung. 14

Die Art des Begutachtungsverfahrens ist weitestgehend den Parteien überlassen, solange noch von sachlicher Begutachtung der Situation gesprochen werden kann. In jedem Fall sind hier die Überprüfungen durch die Gutachterkommissionen der Ärztekammern zu subsumieren. Aber auch die Anrufung eines privaten Gutachters kann die Anforderungen erfüllen, wenn die Parteien sich darauf einigen. 15

### VI. Hemmung durch Bekanntgabeveranlassung eines PKH-Antrags – Abs. 1 Nr. 14

Zum effizienten Schutz des wirtschaftlich schwachen Gläubigers und in Erweiterung von § 204 Abs. 1 Nr. 1, 3, 6 genügt es, einen PKH-Antrag einzureichen. Wenn auch das Gesetz von Bekanntgabeveranlassung spricht, so gilt über den Halbs. 2 auch hier gleichermaßen, was zu § 167 ZPO mit der dahinterstehenden Rechtsprechung ausgeführt worden ist (s.o. Rdn. 6; vgl. zum Fall der Nr. 14 auch BGH NJW 2007, 441; näher zur Verantwortlichkeit des Antragstellers Staudinger/*Peters/Jacoby*, BGB, § 204 Rn. 117). Um der ohnehin aufgrund wirtschaftlich schwacher Situation als durch den Gesetzgeber schutzbedürftig eingestuften Partei entgegenzukommen, sollen selbst unvollständige PKH-Anträge die Hemmung herbeiführen, wenn nur die Parteien individualisiert und der Streitgegenstand zur Überprüfung der Ansprüche benannt ist, für die eine Verjährungshemmung eintreten soll (vgl. MüKo/*Grothe*, BGB, § 204 Rn. 67 m.w.N.). 16

## § 249 Art und Umfang des Schadensersatzes

(1) Wer zum Schadensersatz verpflichtet ist, hat den Zustand herzustellen, der bestehen würde, wenn der zum Ersatz verpflichtende Umstand nicht eingetreten wäre.

(2) Ist wegen Verletzung einer Person oder wegen Beschädigung einer Sache Schadensersatz zu leisten, so kann der Gläubiger statt der Herstellung den dazu erforderlichen Geldbetrag verlangen. Bei der Beschädigung einer Sache schließt der nach Satz 1 erforderliche Geldbetrag die Umsatzsteuer nur mit ein, wenn und soweit sie tatsächlich angefallen ist.

# § 249 BGB Art und Umfang des Schadensersatzes

**Übersicht**

| | Rdn. |
|---|---|
| A. Übersicht | 1 |
| B. Personenschaden und sein Nachweis | 3 |
| C. Beseitigung des Personenschadens | 5 |
|    I. Naturalrestitution – Wiederherstellung ist möglich | 5 |
|       1. Zumutbarkeit ärztlicher Behandlung – Operation | 9 |
|       2. Restitution (Behandlung) durch den schädigenden Arzt | 10 |
|    II. Wiederherstellung ist nicht möglich | 12 |
| D. Entschädigung in Geld – Kostenersatz | 13 |
|    I. Begriff des Schadens – Differenzhypothese | 14 |
|    II. Anspruchsumfang | 15 |
|       1. Ärztliche Behandlung | 15 |
|          a) Behandlung durch einen Arzt | 15 |
|          b) Behandlung durch einen Heilpraktiker | 18 |
|          c) Außenseitermethoden | 20 |
|          d) Neulandmethoden | 23 |
|          e) Kosmetische Operation | 25 |
|          f) Organtransplantation | 28 |
|            aa) Hautspende: | 29 |
|            bb) Nierenspende: | 30 |
|       2. Ansprüche des Privatpatienten | 31 |
|       3. Ansprüche des Kassenpatienten | 32 |
|          a) Ärztliche Behandlung | 32 |
|          b) Wahlleistungen im Krankenhaus | 38 |
|          c) Arzneimittel | 41 |
|          d) Zahnersatz – Implantate | 42 |
|    III. Abrechnung der Schadenspositionen | 44 |
|       1. Keine fiktive Abrechnung | 44 |
|          a) Bei nicht durchgeführter Heilbehandlung | 45 |
|          b) Bei nicht durchgeführter Operation | 51 |
|          c) Bei Eigenbehandlung | 54 |
|       2. Fiktive Abrechnung im Einzelfall möglich? | 58 |
|          a) Stärkungsmittel | 59 |
|          b) Missbrauch | 60 |
|          c) Sonderfall: Vermehrte Bedürfnisse | 61 |
|          d) Pflege und Behandlung durch Angehörige | 63 |
|       3. Abrechnung tatsächlich angefallener Kosten | 67 |
|          a) Besuchskosten | 67 |
|          b) Pflegekosten | 74 |
|          c) Nebenkosten | 75 |
|            aa) Gegen die Langeweile | 75 |
|            bb) Fahrtkosten | 78 |
|            cc) Verlust des Schadensfreiheitsrabatts in der Krankenversicherung | 80 |
|       4. Vermehrte Bedürfnisse | 81 |
|       5. Entgangene Dienste | 82 |
|       6. Haushaltsführungsschaden | 83 |
|    IV. Kind als Schaden | 84 |
|       1. Materieller Schadensersatz | 85 |
|          a) Sterilisation und Empfängnisverhütung | 85 |
|          b) Schwangerschaftsuntersuchung und genetische Beratung | 88 |
|          c) Schadensumfang | 93 |
|       2. Immaterieller Schaden | 96 |
|          a) Schmerzensgeldanspruch der Frau | 96 |
|          b) Schmerzensgeldanspruch des Kindes | 97 |
|    V. Leben als Schaden | 98a |
| E. Einschränkungen des Schadensersatzanspruchs | 109 |
|    I. Kausalität | 99 |
|       1. Ausprägungen des Kausalverlaufs | 99 |
|          a) Kumulative Kausalität | 99 |
|          b) Konkurrierende Kausalität | 101 |
|          c) Alternative Kausalität | 102 |
|          d) Hypothetische Kausalität – Reserveursache | 103 |
|          e) Teilweise Kausalität | 108 |
|       2. Rechtmäßiges Alternativverhalten | 109 |
|          a) Mutmaßliche Einwilligung | 111 |
|          b) Hypothetische Einwilligung | 115 |
|    II. Sonstige Gründe zur Einschränkung der Schadensersatzansprüche | 118 |
|       1. Forderungsübergang | 118 |
|       2. Schadensanlage – Reserveursache | 119 |
|       3. Seelische Reaktionen | 122 |
|          a) Schadensdisposition | 125 |
|          b) Keine automatische Anspruchsminderung | 127 |
|       4. Neurosen | 133 |
|          a) Renten- und Begehrensneurose | 134 |
|          b) Konversionsneurose | 139 |
|          c) Borderline-Störung | 142 |
|          d) Schockschaden | 143 |
|       5. Herausforderung | 146 |
|       6. Dazwischentreten Dritter | 147 |
|       7. Dazwischentreten des Verletzten | 154 |
| F. Vorteilsausgleichung | 156 |
|    I. Ausgangspunkt | 156 |
|    II. Leistungen eines Privatversicherers | 160 |
|    III. Lohnfortzahlung | 161 |
|    IV. Eigenes Einkommen | 162 |
|    V. Leistungen Angehöriger – Leistungen Dritter | 164 |
|    VI. Ersparte Aufwendungen | 165 |
|       1. Behandlungskosten | 165 |
|       2. Verpflegung | 167 |
|       3. Sonstige Kosten | 170 |

## A. Übersicht

Abs. 1 befasst sich mit der Naturalrestitution, Abs. 2 mit dem Schadensausgleich in Geld als Ersetzungsbefugnis, sofern grundsätzlich Naturalrestitution beansprucht werden könnte. Im Übrigen greift § 251 Abs. 1 mit dem Prinzip der Schadenskompensation. Der Schaden, der aus fehlerhafter ärztlicher Behandlung **unmittelbar** entsteht, ist **Personenschaden**. Er realisiert sich in der Verletzung des Lebens, des Körpers, der Gesundheit oder der Freiheit. Während allerdings im Bereich von Körper- und Gesundheitsverletzungen Naturalrestitution je nach Situation möglich sein kann, kommt für Lebens- und Freiheitsverletzungen grundsätzlich nur die Schadenskompensation in Betracht.

Der materielle Schaden kann auch als **mittelbarer** Vermögensschaden (Folgeschaden) geltend gemacht werden. Grundsätzlich ist der gesamte materielle Schaden zu ersetzen, Prinzip der Totalreparation. Dementsprechend sind nicht nur die Heil- und Pflegekosten und Mehraufwendungen wegen vermehrter Bedürfnisse, sondern auch **Verdienstausfall** oder sonstiger **entgangener Gewinn** (vgl. dazu die Ausführungen zum Erwerbsschaden bei § 842) zu ersetzen. Begrenzungen zum Schutz des Schädigers gegen ausufernde Haftung ergeben sich aus den Erfordernissen der haftungsausfüllenden Kausalität, des Zurechnungszusammenhangs, den Anforderungen an Darlegungs- und Beweislast seitens des Anspruchstellers und eventueller Mitverschuldenseinwände.

## B. Personenschaden und sein Nachweis

Der Patient hat grundsätzlich den Ursachenzusammenhang zwischen der rechtswidrigen Behandlung oder dem Behandlungsfehler und dem geltend gemachten Gesundheitsschaden nachzuweisen. Dabei ist zwischen der haftungsbegründenden und der haftungsausfüllenden Kausalität zu unterscheiden. Erstere betrifft die Ursächlichkeit des Behandlungsfehlers für die Rechtsgutverletzung als solcher, also für den Primärschaden des Patienten im Sinne einer Belastung seiner gesundheitlichen Befindlichkeit. Insoweit gilt das strenge Beweismaß des § 286 ZPO, das einen für das praktische Leben brauchbaren Grad von Gewissheit verlangt, der Zweifeln Schweigen gebietet, ohne sie gänzlich auszuschließen (st. Rspr. BGH VersR 2008, 1265; VersR 2008, 1415; BGHZ 53, 245, 255 f.). Trotz Schädigung während eines ärztlichen Eingriffs ist ein Behandlungsfehler zu verneinen, wenn sich nur das allgemeine Operationsrisiko verwirklicht hat (vgl. OLG Nürnberg, Urt. v. 30.04.2015 – 5 U 2282/13 Rn. 12).

Die Feststellung der haftungsausfüllenden Kausalität und damit der Ursächlichkeit des Behandlungsfehlers für alle weiteren (Folge-)Schäden einschließlich der Frage einer fehlerbedingten Verschlimmerung von Vorschäden richtet sich hingegen nach § 287 ZPO; hier genügt zur Überzeugungsbildung eine überwiegende Wahrscheinlichkeit (BGH VersR 1986, 1121, 1122 f.; VersR 1987, 310; VersR 1993, 55 f.; VersR 1998, 1153, 1154). Allerdings ist die Trennung der Anwendungsbereiche der §§ 286 und 287 ZPO wegen häufig auftretender Schwierigkeiten bei der Bestimmung des Haftungstatbestandes in Abgrenzung zur Haftungsausfüllung nach wie vor nicht hinreichend geklärt (vgl. *Katzenmeier*, in: Laufs/Katzenmeier/Lipp, Arztrecht, XI. Rn. 57 ff. m.w.N.).

## C. Beseitigung des Personenschadens

### I. Naturalrestitution – Wiederherstellung ist möglich

Der Ersatz der Herstellungskosten hat eine wesentlich größere praktische Bedeutung als der Anspruch des Verletzten auf Herstellung des früheren Zustandes. Das gilt insbesondere nach einer Verletzung des menschlichen Körpers, weil die Naturalrestitution durch den Schädiger – auch wenn dieser Arzt ist – nicht zwingend sein kann (vgl. BGH VersR 1995, 184; näher hierzu Rdn. 10).

Bei Personenschäden besteht die Naturalrestitution in der Heilbehandlung und/oder in der Linderung des Leidens. Die vollständige Wiederherstellung kommt bei der Arzthaftung ohnehin längst nicht in allen Fällen in Betracht. Sie scheidet z.B. in Fällen der Behandlungsverzögerung aus, weil der Zeitverlust nicht wiedergutgemacht werden kann und sich etwa die Prognose bei einer Tumorerkrankung verschlechtert hat. Eine Naturalrestitution ist auch nicht möglich, wenn vollendete Tatsachen geschaffen worden sind, etwa der falsche Körperteil infolge einer Seitenvertauschung amputiert worden ist.

7 Dagegen ist eine Naturalrestitution z.B. (jedenfalls partiell) möglich, wenn bei einer Operation ein Tupfer zurückgeblieben oder wenn bei der Entfernung einer Metallplatte eine Schraube oder eine Unterlegscheibe nicht entfernt worden sind. Nicht selten führt die Exstirpation eines Knotens in der weiblichen Brust deshalb nicht zum Erfolg, weil Gewebe an einer falschen Stelle entnommen wurde. Auch dann ist eine Naturalrestitution teilweise möglich, indem der Arzt den Knoten bei einer zweiten Operation entfernt.

8 Eine vollständige Naturalrestitution gelingt in diesen Fällen dennoch nicht, weil der Patient sich zur Beseitigung des Behandlungsfehlers einer weiteren Operation unterziehen muss. Dieser zweite Eingriff stellt eine Verletzung des Körpers dar, für die materielle und immaterielle Kompensation zu leisten ist.

### 1. Zumutbarkeit ärztlicher Behandlung – Operation

9 Ist es erforderlich, den Gesundheitszustand des Patienten durch eine Operation wiederherzustellen, ist der Patient dennoch nicht immer verpflichtet, die Operation durchführen zu lassen. Zwar muss er sich im Hinblick auf seine Schadenminderungsobliegenheit grundsätzlich einer zur Besserung seiner körperlichen Beeinträchtigungen notwendigen Behandlung unterziehen (BGH NVZ 2015, 281 f. Rn. 15), die auch eine Operation sein kann (BGH NJW 1994, 1592). Dies gilt aber nicht uneingeschränkt, selbst dann nicht, wenn die Operation medizinisch indiziert und dem Patienten unter Abwägung von Chancen und Risiken ärztlich empfohlen worden ist (BGH MDR 1994, 667). Eine Obliegenheit i.S.d. § 254 Abs. 2 Satz 1, eine solche Operation durchführen zu lassen, besteht nur dann, wenn sie einfach und gefahrlos und nicht mit besonderen Schmerzen verbunden ist sowie weithin sichere Aussicht auf Erfolg bietet (BGH NJW 1994, 1592).

### 2. Restitution (Behandlung) durch den schädigenden Arzt

10 Der durch einen Behandlungsfehler geschädigte Patient ist nicht verpflichtet, sich zur Schadensbeseitigung dem Arzt anzuvertrauen, der den Behandlungsfehler begangen hat (BGH VersR 1995, 184). Insbesondere eine Folgeoperation kann er von einem anderen Arzt vornehmen lassen.

11 Davon hat die Rechtsprechung eine Ausnahme für den Patienten eines Zahnarztes gemacht, der eine Zahnprothese fehlerhaft eingegliedert hatte (OLG Dresden NJW-RR 2009, 30). Es sei dem Patienten grundsätzlich zumutbar, die Neufertigung einer Prothese und deren Einpassung durch den Zahnarzt hinzunehmen, sofern keine zusätzlichen Gründe außer der fehlerhaften Einpassung bestehen. Lehnt der Patient dies ab, entfällt sein Anspruch auf (weitergehende) Schadensersatz- und Schmerzensgeldansprüche, soweit diese Ansprüche sich nicht nur auf den Planungsfehler des Zahnarztes beziehen (OLG Koblenz MedR 2010, 263).

## II. Wiederherstellung ist nicht möglich

12 Kommt eine Behandlung des Patienten durch den schädigenden Arzt nicht in Betracht oder ist eine Wiederherstellung des früheren Zustandes nicht möglich, scheidet für den Patienten eine Naturalrestitution aus. Er ist dann auf einen Schadensersatzanspruch in Geld verwiesen. Aus dieser Ersetzungsbefugnis des Patienten ergibt sich seine Dispositionsfreiheit in Bezug darauf, wie er den Schadensfall abwickeln will (*Müller* zfs 2009, 62).

## D. Entschädigung in Geld – Kostenersatz

13 Der Patient hat aufgrund der oben genannten Umstände (vgl. Rdn. 5 ff.) in der Regel einen Anspruch auf den zur Schadensbeseitigung erforderlichen Geldbetrag.

## I. Begriff des Schadens – Differenzhypothese

Soll die Kompensation durch eine Geldleistung erfolgen, ist die Differenzhypothese anzuwenden, um den materiellen Schaden zu ermitteln. Diese bildet den Ausgangspunkt jeder Schadensberechnung (BGH ZIP 2009, 1427). Demnach ist auf den Vergleich der infolge des haftungsbegründenden Ereignisses eingetretenen Vermögenslage mit derjenigen, die ohne jenes Ereignis eingetreten wäre, abzustellen (BGHZ 86, 128, 130; *Müller* zfs 2009, 62). Als Schaden ist der Betrag anzusehen, um den das Vermögen durch das schädigende Ereignis gemindert worden ist.

## II. Anspruchsumfang

### 1. Ärztliche Behandlung

#### a) Behandlung durch einen Arzt

Das Maß des Heilungsumfangs bestimmt sich nach dem medizinisch Gebotenen, wobei eine privatärztliche Therapie nur beansprucht werden kann, wenn das vertragsärztliche Angebot deutlich dahinter zurückgeblieben wäre und kaum eine vergleichbare Wirkung erzielt hätte (BGHZ 160, 26, 30 = NJW 2004, 3324; BGH NZV 2005, 629; *Küppersbusch/Höher* Rn. 226). Ersatzpflicht besteht aber freilich dann, wenn der Geschädigte schon vorab eine entsprechende Privatversicherung innehatte (BGH NZV 2005, 629; OLG Hamm r+s 2004, 343). Keine Probleme ergeben sich bezüglich ärztlicher Maßnahmen und ärztlich verordneter üblicher Heilbehandlungen sowie Heilmittel. Das gilt uneingeschränkt für den Privatpatienten, dem alle Kosten einer privatärztlichen Behandlung zu erstatten sind.

**Arznei- und Verbandsmittel** sind ebenso zu ersetzen wie ärztlich verordnete Massagen und Krankengymnastik. Der dabei für den gesetzlich krankenversicherten Verletzten anfallende Eigenanteil (Selbstbehalt) ist zu ersetzen, ebenso beim Privatversicherten ein durch die Inanspruchnahme der Krankenversicherung eingetretener Verlust einer **Beitragsrückerstattung**.

Es sind alle Kosten zu ersetzen, die für die Behandlung erfolgversprechend sind und die zur Wiederherstellung der Gesundheit verwendet werden (Vgl. MüKo/*Oetker*, BGB, § 249 Rn. 336 ff.). Solange bei objektiver Betrachtung eine realistische Chance auf Heilung oder Linderung besteht, hat der Schädiger die Kosten der Heilbehandlung zu ersetzen, auch wenn die Behandlung letztlich erfolglos bleibt/geblieben ist (OLG Karlsruhe NZV 1999, 210; s.a. OLG München, Urt. v. 14.12.2012 – 10 U 1161/12).

#### b) Behandlung durch einen Heilpraktiker

Heilpraktikerkosten werden von den gesetzlichen Krankenkassen oft nicht voll ersetzt. Im Schadensrecht gilt das in dieser Allgemeinheit nicht. Heilpraktikerkosten werden jedoch auch nach einem Körperschaden nur dann erstattet, wenn sie medizinisch erforderlich sind (OLG Braunschweig r+s 1991, 199; KG VersR 2001, 178 sowie NVZ 2004, 42; OLG München VersR 1997, 439; *Küppersbusch/Höher* Rn. 228). Dem Schädiger ist es nicht zuzumuten, haftungsrechtlich für nicht indizierte Maßnahmen aufkommen zu müssen, was allerdings nicht erst Frage des Mitverschuldens im Rahmen des § 254 Abs. 2 Satz 1 sein kann, da andernfalls jeder paramedizinische Ansatz schadensrechtlich dem Grunde nach unter den Haftungsumfang subsumiert und mit Darlegungs- und Beweislast beim Schädiger nur im Einzelfall wieder partiell negiert werden könnte. Dem Geschädigten ist insofern jedoch die Inanspruchnahme fachmedizinischer Hilfe zumutbar.

Berufsrechtlich bestehen für einen Heilpraktiker besondere Pflichten. Er hat die Gefahren im Auge zu behalten, die sich daraus ergeben können, dass seine Patienten medizinisch gebotene Hilfe nicht oder nicht rechtzeitig in Anspruch nehmen. Er darf daher das Unterlassen der Inanspruchnahme notwendiger ärztlicher Hilfe nicht veranlassen oder stärken (VGH Mannheim NJW 2009, 458). Ein Verstoß, der zu einem Haftungsanspruch des Geschädigten gegen den Heilpraktiker führt, unterbricht jedoch allenfalls bei vorsätzlicher Tatbegehung den Zurechnungszusammenhang, sodass die Haftung des ursprünglichen Schädigers nicht entfällt. Auch findet keine Zurechnung über §§ 254 Abs. 2 Satz 2, 278 oder 831 Abs. 1 oder über das Institut der Haftungseinheit statt. Sofern allerdings individualvertragliche Haftungsbegrenzungen oder Haftungsausschlüsse zwischen Heilpraktiker und Patient wirksam vereinbart würden, griffe zu Gunsten des Schädigers eine Kürzung nach den Grundsätzen der gestörten Gesamtschuld.

#### c) Außenseitermethoden

20 Im Einzelfall können auch auf Heilung oder Linderung abzielende Mittel vom Schädiger zu ersetzen sein, deren generelle Wirksamkeit nicht nachgewiesen ist, jedoch mangels wirksamer anderer Behandlungsmöglichkeiten im Bereich des jeweiligen Standards nach medizinisch-wissenschaftlicher Erkenntnis nicht ohne jede Erfolgsaussicht sind (BGH VersR 1996, 1224; OLG Köln VersR 1997, 729; 2000, 42; KG NZV 2004, 42; OLG Düsseldorf r+s 1995, 113). Teilweise wird aber verlangt, dass schulmedizinische Maßnahmen nicht mehr ernsthaft zur Verfügung stehen (KG NZV 2004, 42).

21 Andererseits sind dem Verletzten besonders teure Heilmittel für Außenseitermethoden nicht zu ersetzen, wenn – wissenschaftlich betrachtet – keine realistische Chance eines Heilungserfolges, einer Linderung oder auch nur der Verhinderung weiterer Verschlechterung besteht oder wenn sie gegenüber bestehenden erstattungsfähigen Behandlungsmöglichkeiten keinen höheren medizinischen Nutzen bieten. Mit Blick auf § 2 Abs. 1a SGB V sollte insofern jedoch bei regelmäßig tödlich verlaufenden Erkrankungen oder Leiden mit äquivalenter Schwere schadensrechtlich ein Gleichlauf herbeigeführt werden, da letztlich selbst für den Kassenpatienten eine Pflichtigkeit der Kassen anerkannt ist.

22 Auf dieser Abwägungslinie hat das OLG Hamm (MedR 2007, 42) die Kosten einer **Delphin-Therapie in Florida** als nicht erstattungsfähig angesehen. Diese stelle zudem eine zur Therapie von psychischen Beeinträchtigungen nicht indizierte Maßnahme dar und ginge nicht über den medizinischen Nutzwert einer intensiven Zuwendung im häuslichen Milieu hinaus.

#### d) Neulandmethoden

23 Einen anderen Beurteilungsansatz bilden solche Verfahren, die zum Einsatzzeitpunkt zwar nicht anerkannter medizinischer Standard sind, als solcher in der Zukunft aber noch geführt werden könnten und jedenfalls zum Überprüfungszeitpunkt nicht als Außenseitermethoden bezeichnet werden können. Letzteres ist dadurch abzugrenzen, dass fehlende medizinische Wirksamkeit, jedenfalls als weder hinreichend ausermittelt noch nach gegenwärtigem Stand von Wissenschaft und Technik, besonders naheliegend erscheint.

24 So ist die Anwendung des computergestützten Fräsverfahrens **Robodoc** bei der Implantation einer Hüftendoprothese seitens des BGH (VersR 2006, 1073 = NJW 2006, 2477) für das Jahr 2000 als Neulandmethode bezeichnet worden. Dagegen hat das LG Nürnberg (VersR 2009, 113) bezweifelt, dass es sich beim Einsatz eines Operationsroboters CASPAR im Jahr 1999 um eine Neulandmethode gehandelt hat. Es zeigt sich, dass die Grenzziehung im Einzelfall mit tatsächlichen Erkenntnisschwierigkeiten besetzt ist.

#### e) Kosmetische Operation

25 Grundsätzlich sind auch die **Kosten einer erforderlichen kosmetischen Operation** zu ersetzen (BGHZ 63, 295 = NJW 1975, 640; KG VersR 1980, 873). Kosmetische Operationen kommen insbesondere zur Korrektur von Narben nach Verbrennungen und nach Verletzungen von Kopf und Gesicht in Betracht. Ferner beim Aufbau der weiblichen Brust oder bei Hodenverlust durch eine Hodenprothese. Der BGH hat jedoch Begrenzungen mit Blick auf Aufwand und Ertrag anerkannt und bei unscheinbaren Narben auf einen billigen Ausgleich nach Schmerzensgeldgrundsätzen verwiesen (BGHZ 63, 295 = NJW 1975, 640; s.a. KG VersR 1981, 64).

Allerdings kann der Geschädigte die Kosten einer solchen Operation nur dann verlangen, wenn 26
er diese tatsächlich durchführen lässt. Eine fiktive Abrechnung soll nicht zulässig sein (*Tamm*
JURA 2009, 81, 83 m.w.N.). Dagegen wenden sich neuerdings mit beachtlichen Argumenten
*Ziegler/Hartwig* VersR 2012, 1364.

In der Regel muss der Geschädigte für die Kosten einer Schönheitsoperation oder einer kosmeti- 27
schen Operation in Vorlage treten. Streitig ist, ob der Patient in einem solchen Fall die Möglichkeit
hat, den für die Operation erforderlichen Betrag im Wege der Vorschussklage geltend zu machen.
Da jede ärztliche Behandlung nach den Regeln des Dienstvertragsrechts erfolgt, die werkvertragsrechtliche Bestimmung des § 637 Abs. 3 dem Dienstvertragsrecht aber fremd ist, wird ein Anspruch des Patienten auf einen Kostenvorschuss von der Rechtsprechung verneint (OLG Koblenz
VersR 2009, 1542).

### f) Organtransplantation

Bei einer Organtransplantation sind der Aufwand für den Organspender und dessen etwaiger Ver- 28
dienstausfall den Kosten der Heilbehandlung des Verletzten zuzuordnen. Dementsprechend hat
das BAG entschieden, dass der Organspender bei komplikationslosem Verlauf der Transplantation
keinen Anspruch gegen seinen Arbeitgeber auf Lohnfortzahlung im Krankheitsfalle habe. Der Verdienstausfall des Spenders gehöre vielmehr zu den Kosten der Krankenhilfe oder der Heilbehandlung des Empfängers der Organspende und sei daher von der Krankenkasse oder der Berufsgenossenschaft des Empfängers zu tragen (BAG NJW 1987, 1508).

#### aa) Hautspende:

Der Organspender selbst kann einen eigenen Schmerzensgeldanspruch geltend machen, wenn 29
z.B. eine eineiige Zwillingsschwester in einer psychischen Zwangslage veranlasst wird, zur Lebensrettung ihrer bei einem Verkehrsunfall durch Brandverletzungen schwerst geschädigten Schwester
großflächige Hautpartien ihrer Beine für eine Transplantation zu Verfügung zu stellen und wenn
dies bei der Hautspenderin neben schwerwiegenden körperlichen Beeinträchtigungen zu einer depressiven Symptomatik und erheblichen Einschränkungen in ihrer Berufstätigkeit und sonstigen
Lebensführung führt (LG Dortmund, Urt. v. 17.05.2000 – 21 O 22/00).

#### bb) Nierenspende:

Der BGH sah die Spende einer Niere durch eine Mutter an ihr Kind als einen Fall der Heraus- 30
forderung an, ließ aber ausdrücklich die Frage offen, ob in diesen Rettungsfällen nicht auch
ein Anspruch des Organspenders nach §§ 683, 670 in Betracht kommt (BGHZ 101, 215 ff. =
VersR 1987, 1040 ff. = NJW-RR 1987, 1507 ff.).

### 2. Ansprüche des Privatpatienten

Der Privatpatient hat Anspruch auf Ersatz aller Behandlungskosten, die zur Wiederherstellung sei- 31
ner Gesundheit erforderlich sind.

### 3. Ansprüche des Kassenpatienten

#### a) Ärztliche Behandlung

Auch der Kassenpatient hat Anspruch darauf, dass die Kasse alle Kosten der ärztlichen Behandlung, 32
die nach dem Leistungskatalog der gesetzlichen Krankenversicherung zu erbringen sind, übernimmt.
Diese werden im Grundsatz vom gesetzlichen Krankenversicherer erbracht und die Ersatzansprüche
des Patienten gehen kraft Gesetzes auf den Versicherungsträger über, § 116 Abs. 1 SGB X.

Streit besteht darüber, ob auch die Mehrkosten zu erstatten sind, die aus der Inanspruchnahme einer 33
**privatärztlichen Behandlung** entstehen, die vom Versicherungsträger nicht getragen werden. Überwiegend wird angenommen, dass die dadurch bedingten Mehrkosten vom Schädiger **nur unter der**

**besonderen Voraussetzung** erstattet werden, dass sie aus der Sicht eines verständigen Menschen bei der gegebenen Sachlage mit Rücksicht auf die Schwere der Verletzungen sachgerecht und geboten erscheinen, etwa weil befürchtete Risiken ausgeschlossen oder durch größeren Komfort der Heilungsverlauf gefördert werden soll (Geigel/*Pardey* 4. Kap. Rn. 49; BGH VersR 1970, 129; LG Koblenz NJW-RR 1986 = zfs 1986, 38; 702).

34 **Chefarzt- und Privatpatientenkosten** sind im Rahmen des § 843 Abs. 1 grundsätzlich zu ersetzen, wenn der Verletzte sie auch ohne Regressmöglichkeit aufgewendet hätte oder wenn sie den Umständen nach medizinisch indiziert waren (LG Augsburg zfs 1990, 45). In diesen Fällen ist anerkannt, dass ein Ersatzanspruch besteht, wenn der Verletzte vor dem Schadensfall bereits eine eigene ausreichende Privatversicherung hat oder wenn er sich in der Vergangenheit auf eigene Kosten privat hat behandeln lassen (LG Limburg r+s 1976, 235; *Küppersbusch/Höher* Rn. 230 ff. m.w.N.). Solche Umstände bilden ausreichende Indizien dafür, dass der Verletzte die zusätzlichen Kosten auch ohne einen entschädigungspflichtigen Schädiger aufgewandt hätte.

35 Streitig ist auch, ob der Geschädigte, der eine ärztliche **Kapazität im Ausland** aufsucht, die Kosten von Reise und Behandlung ersetzt verlangen kann (bejahend OLG Hamburg VersR 1988, 858), oder wenn ein Spezialist (z.B. für Hautübertragungen) im Heimatland des Verletzten (USA) eingeschaltet wird oder werden soll (BGH VersR 1969, 1040). Eine Ersatzpflicht soll nur dann bestehen, wenn tüchtige und erfahrene Ärzte in der Nähe des Wohnortes des Geschädigten nicht vorhanden sind (*Küppersbusch/Höher* Rn. 233; BGH VersR 1969, 1040).

36 Im sogenannten Schlossherrnfall (BGHZ 163, 351 = VersR 2005, 1559) hat der BGH die Kosten einer **privatärztlichen Behandlung** bei einem gesetzlich krankenversicherten Verletzten von den Umständen des Einzelfalles abhängig gemacht (s.a. BGH VersR 1970, 129, 130; VersR 1989, 54, 56; NJW 1991, 2340). Danach sei entscheidend, ob die privatärztliche Behandlung aus der Sicht eines verständigen Menschen in der Lage des Geschädigten erforderlich erscheine. Maßstab für die Beurteilung sei dabei insbesondere die Art der Verletzung und der Lebensstandard des Verletzten. Zu dieser Entscheidung des BGH kam es wohl auch deshalb, weil die Zusatzkosten für die privatärztliche Behandlung mit rund 3.700 € im Verhältnis zum Gesamtschaden gering waren.

37 Betrachtet man, der Entscheidung folgend, die Relevanz des Lebensstandards, so ist zu fragen, ob der Patient nach seinem Lebenszuschnitt bei der Schwere der Erkrankung eine privatärztliche Behandlung auch dann gewählt hätte, wenn der Schaden nicht durch einen Behandlungsfehler verursacht worden wäre, für den ein Arzt einzustehen hat. Der Lebensstil des Verletzten hat in der Rechtsprechung dabei bisher für die Höhe des Schadensersatzanspruchs eine Rolle bei den Beerdigungskosten gespielt (Palandt/*Sprau*, BGB, § 844 Rn. 4). Diese sind nicht nur in der Höhe zu erstatten, die der Verstorbene und seine Angehörigen sich leisten können, sondern darüber hinaus in der Höhe, die dem Lebensstil der Familie standesgemäß entspricht (vgl. u. § 844).

### b) Wahlleistungen im Krankenhaus

38 Streit besteht auch darüber, ob dem Kassenpatienten die Mehrkosten zu erstatten sind, die aus der Wahl eines Doppel- oder Einbettzimmers oder der Wahl eines bestimmten Krankenhauses entstehen (BGH VersR 1989, 54; OLG Düsseldorf VersR 1991, 884; LG Bonn VersR 1996, 381) und bei Kosten für besonders teure Heilmittel, die von der gesetzlichen Krankenversicherung nicht zu bezahlen sind, wenn sie keinen höheren medizinischen Nutzen versprechen.

39 Ob ein Anspruch auf Unterbringung in einem Einzelzimmer besteht, entscheidet sich wieder danach, ob die durch den Behandlungsfehler ausgelöste Erkrankung so schwerwiegend ist, dass nunmehr die Unterbringung in einem Einzelzimmer aus der Sicht eines verständigen Menschen in der Lage des Patienten erforderlich ist. Die höhere Pflegeklasse kann auch medizinisch geboten sein, wenn z.B. mit einem nicht sonderlich schwierigen operativen Eingriff zusätzliche Risiken verbunden sind. Maßstab für die Erforderlichkeit der Aufwendungen ist nicht die Rücksichtnahme auf den Schädiger, sondern das Erfordernis einer wirksamen Krankheitsbehandlung (OLG Oldenburg VersR 1984, 765).

In jedem Fall hat der Patient einen solchen Anspruch, wenn er bereits für die vorangegangene Behandlung ein Einzelzimmer und Chefarztbehandlung gewählt hatte, weil er diese Unterbringung entweder auf eigene Kosten oder über eine Krankenhauszusatzversicherung in Anspruch genommen hat.

### c) Arzneimittel

Kosten für Arzneimittel, die für die Behandlung erfolgversprechend sind und die zur Wiederherstellung der Gesundheit verwendet werden, sind zu ersetzen (Vgl. MüKo/*Oetker*, BGB, § 249 Rn. 336 ff.). Entscheidend bleibt die medizinische Indikation, die ggfls. sachverständig festzustellen ist.

### d) Zahnersatz – Implantate

Im Einzelfall ist der durch einen zahnärztlichen Fehler geschädigte Kassenpatient nicht schon deshalb auf die Leistungen der gesetzlichen Krankenversicherung beschränkt, weil ihm grundsätzlich der Anspruch auf Heilbehandlung gegen seine Krankenkasse auch nach einem Behandlungsfehler verbleibt. Die Haftpflicht des Schädigers kann die Übernahme der Kosten einer privatärztlichen Behandlung für den geschädigten Kassenpatienten umfassen (im entschiedenen Fall immerhin rd. 24.000 €), wenn nach den Umständen des Einzelfalles feststeht, dass das Leistungssystem der gesetzlichen Krankenversicherung nur unzureichende Möglichkeiten zur Schadensbeseitigung bietet oder die Inanspruchnahme der vertragsärztlichen Leistungen aufgrund besonderer Umstände ausnahmsweise dem Geschädigten nicht zumutbar ist (BGH VersR 2004, 1180).

Geht durch einen Behandlungsfehler ein gesunder, erhaltungsfähiger oder erhaltungswürdiger Zahn verloren, kann der Patient die Kosten für ein Implantat verlangen, denn der ersatzpflichtige Zahnarzt hat keinen Anspruch darauf, dass der Patient sich mit einer Brücke zufriedengibt, für die zwei gesunde Zähne abgeschliffen werden müssen.

## III. Abrechnung der Schadenspositionen

### 1. Keine fiktive Abrechnung

Gegen die Verneinung eines fiktiven Schadensersatzes für Körperschäden wenden sich in einem längeren Beitrag *Ziegler/Hartwig* (VersR 2012, 1364). Sie kommen zu dem Ergebnis, dass es keine Rechtfertigung gebe, die fiktive Abrechnung von Sach- und Körperschäden unterschiedlich zu behandeln. Das Ergebnis sei auch unter Berücksichtigung der Interessen der Parteien nicht unbillig. Dem Schädiger werde keine zusätzliche Belastung auferlegt; der Geschädigte erhalte eine nach objektiven Maßstäben zu bestimmende Leistung für seinen Verzicht auf den ihm zustehenden Wiederherstellungsanspruch. Die Leistung sei kein »verdecktes« Schmerzensgeld, weil das zusätzlich zu zahlende Schmerzensgeld mit dem Wiederherstellungsanspruch nichts zu tun habe. Für die Versicherer werde durch die Zulassung der fiktiven Abrechnung keine »Horrorvision« hervorgerufen. Der Geschädigte müsse sich, wenn er sich für die fiktive Abrechnung entscheide, auch beim Wort nehmen lassen und könne für weitere Schmerzen, die sich etwa durch eine Operation hätten vermeiden lassen, kein zusätzliches Schmerzensgeld beanspruchen. Auch für den Schädiger könne die fiktive Abrechnung von Vorteil sein; ihm blieben mögliche zusätzliche Kosten bei Verwirklichung etwaiger Fehlschlags- oder Komplikationsrisiken erspart. Die fiktive Abrechnung von Körperschäden sei eine interessengerechte Lösung, stehe mit dem Wortlaut des Gesetzes in Einklang und füge sich in die Begründungserwägungen der Rechtsprechung zur fiktiven Abrechnungsmöglichkeit von Sachschäden ein. Allerdings hat sich die Judikatur dieser Argumentationslinie bislang (noch) nicht angeschlossen. Daher gilt Folgendes:

### a) Bei nicht durchgeführter Heilbehandlung

Grundsätzlich kann der Geschädigte bei Verletzung der Person oder Beschädigung einer Sache den Geldbetrag verlangen, der für die Wiederherstellung des früheren Zustandes erforderlich ist.

Obwohl sich der geschuldete Geldbetrag danach bemisst, was zur Wiederherstellung erforderlich ist, ist der Geschädigte in der Verwendung der Ersatzleistung bei der Beschädigung einer Sache frei; er braucht diese nicht zur Wiederherstellung zu verwenden (BGH NJW 2003, 2085). Bei einem Personenschaden gilt hingegen, dass kein Ersatzanspruch wegen der fiktiven Kosten einer an sich erforderlichen, aber nicht durchgeführten Heilbehandlungsmaßnahme besteht (BGH NJW 1986, 1538; OLG Köln MedR 2015, 419; VersR 2000, 1021). Die Kosten für die Wiederherstellung der Gesundheit sind zweckgebunden.

46 Die Wiederherstellung der körperlichen Integrität beseitigt im Grunde einen **Nichtvermögensschaden**. Bei einem Verzicht auf Heilbehandlungsmaßnahmen handelt es sich um die immaterielle Ebene, bei welcher der Ausgleich allein nach § 253 Abs. 1, 2 geregelt wird (Geigel/*Pardey* 4. Kap. Rn. 50; BGH NJW 1986, 1538). Unterbleibt eine Heilbehandlungsmaßnahme, kann ein Ausgleich nur über das Schmerzensgeld erfolgen (*Küppersbusch/Höher* Rn. 229).

47 Die Idee des § 249 Abs. 2 Satz 1 dürfte auch für Nichtvermögensschäden Geltung beanspruchen. Dem steht nicht § 253 entgegen. Der Geschädigte soll zwar das immaterielle Gut (Körper und Gesundheit) nicht kommerzialisieren können (OLG Köln VersR 2000, 1021). Das kann er aber auch dann nicht, wenn man den Geldbetrag als zweckgebunden ansieht. Wird der Betrag endgültig nicht zur Heilbehandlung verwendet, so ist der Geschädigte nach den Regeln über die ungerechtfertigte Bereicherung zur Rückzahlung verpflichtet. Das rechtspraktische Problem ist insofern, wann dies auf welche Weise nachgehalten werden kann. Um Rechtsmissbrauch zu verhindern, wäre eine Fristenregelung mit Nutzungsnachweis erforderlich, die entweder vertraglich zu vereinbaren oder gerichtlich anzuordnen ist. Dem Schädiger ist auf dieses beschränkende Merkmal gemäß § 242 ein Anspruch zuzuerkennen. Eine fiktive Abrechnung hat das OLG Düsseldorf (VersR 2005, 1737) für den Fall ausgeschlossen, dass ein Patient eine fehlerhafte zahnprothetische Versorgung zwar zu Recht gerügt hatte, die erforderliche Nachbehandlung jedoch nicht hatte durchführen lassen. Der Patient habe auch nicht die ernsthafte Absicht dargelegt, die notwendige Behandlung tatsächlich durchführen zu lassen, weil die Nachbehandlung 1,5 Jahre nach der fehlerhaften Behandlung noch nicht begonnen habe. Der Geschädigte habe sich lediglich um einen Kostenvoranschlag bemüht, was allein nicht auf den Willen zur Durchführung der Nachbehandlung schließen lasse.

48 Der Grund für die Verneinung der Abrechnung einer unterbliebenen Heilbehandlung (BGH NJW 1986, 1538) liegt darin, dass mit der Gesundheit kein Geschäft gemacht werden dürfe. Wenn man dem Verletzten die fiktiven Kosten einer nicht durchgeführten Heilbehandlung zuerkannte, würde dies zu einer Umgehung des § 253 führen. In den Fällen, in denen die Voraussetzungen für die Gewährung eines Schmerzensgeldes nicht vorlägen, würde der Verletzte ein ihm nach dem Gesetz nicht zustehendes Schmerzensgeld erhalten, in anderen Fällen ein ihm zustehendes Schmerzensgeld in einer nach dem Gesetz nicht zulässigen Weise aufbessern können. Deshalb soll es grundsätzlich keine Dispositionsfreiheit geben (OLG Köln OLGR 2005, 159, 160).

49 Andererseits erscheint der Hinweis angebracht, dass Körper und Gesundheit typischerweise schutzwürdigere Lebensgüter sind als materielle Güter. Dann erscheint jedoch die Rechtfertigung schwierig, den Schaden an Leben und Gesundheit unter engeren Voraussetzungen zu gewähren als einen Vermögensschaden (Staudinger/*Schiemann*, BGB, § 249 Rn. 226).

50 Nimmt der Verletzte die Heilbehandlung nicht in Anspruch, kann dies allerdings zu einer Erhöhung des Schmerzensgeldes führen. Allerdings ist je nach Einzelfallkonstellation das Verhalten des Geschädigten dann vor dem Hintergrund des § 254 Abs. 2 Satz 1 zu würdigen.

### b) Bei nicht durchgeführter Operation

51 In allen Fällen, in denen der BGH die Dispositionsfreiheit des Geschädigten bejaht hat, ging es um Schadenersatzansprüche wegen Sachbeschädigungen (BGHZ 61, 56, 58 = VersR 1973, 964, 965; BGH VersR 1974, 90; BGHZ 66, 239, 241 = VersR 1976, 874 f.; BGH VersR 1980, 675, 676; BGH VersR 1982, 72, 73; BGH NJW 1977, 1819; BGH VersR 1982, 757, 758 = NJW 1982, 1864, 1865). In derartigen Fällen gehen die Entscheidung des Geschädigten darüber, wie er den Geldbetrag

verwendet, und sein damit verbundener vollständiger oder teilweiser Verzicht auf die Herstellung, an der sich der Geldbetrag orientiert, wesensmäßig nicht über eine auf Umschichtung des Schadens in seinem Vermögen gerichtete Vermögensdisposition hinaus.

Ebenso wenig, wie der Verletzte vom Schädiger nach § 249 Abs. 2 Satz 1 die Kosten einer (teureren) Operation verlangen kann, wenn er sich für die (billigere) konservative Behandlung entscheidet, kann er deshalb bei einem Verzicht auf jede Behandlung vom Schädiger Behandlungskosten für eine Restitution beanspruchen, die er gerade nicht will. So würde er in Wahrheit eine Entschädigung für die fortdauernde Beeinträchtigung seiner Gesundheit verlangen. Der BGH hat bei Personenschäden grundsätzlich keine Dispositionsfreiheit des Geschädigten bezüglich der Verwendung der Heilungskosten zugelassen. Deshalb stehen dem Verletzten für eine nicht durchgeführte und nicht gewollte Operation gem. § 249 Abs. 2 Satz 1 keine Behandlungskosten zu. 52

Solange der Verletzte nicht die feste Absicht hat, eine Operation durchführen zu lassen, und er diese Absicht nicht dadurch beweist, dass er die dazu nötigen Vorbereitungshandlungen vorgenommen hat, ist eine auf Zahlung der Operationskosten gerichtete Klage als derzeit unbegründet abzuweisen. 53

### c) Bei Eigenbehandlung

Es ist aber nicht einzusehen, aus welchem Grund der Verletzte nicht wenigstens kleinere Verletzungen selbst behandeln darf. Schürf- und Schnittwunden sowie Prellungen und ggf. einfache Frakturen von Fingern und Zehen kann auch ein Laie durchaus selbst behandeln. Die dafür notwendigen Behandlungskosten erhält er jedoch nicht, auch dann nicht, wenn er sachgerecht vorgegangen ist. Schadensersatzrechtlich hat der Geschädigte den Schaden ohne marktwertberechenbare Versorgung negiert und, soweit man die Voraussetzungen der §§ 677, 683 Satz 1, 670 bejahte, wäre jedenfalls auf den geschädigten Nichtarzt der Rechtsgedanke des § 1835 Abs. 3 nicht anzuwenden. 54

Wird der Verletzte durch einen Angehörigen behandelt, der Arzt ist, ist der Schädiger verpflichtet, das angemessene Honorar für Arzt- oder Therapieleistungen jedenfalls dann auszugleichen, wenn der Angehörige sonst als Arzt tätig ist. Insofern dürfte der Rechtsgedanke des § 1835 Abs. 3 tragen. 55

Behandelt sich der Arzt als Verletzter selbst, soll er dagegen dem Schädiger ein Honorar für ärztliche Leistungen nicht in Rechnung stellen können (Geigel/*Pardey* 4. Kap. Rn. 44). Ersatzfähig bleiben nach dieser Ansicht nur die Kosten des Verletzten für Heilmittel und/oder den Einsatz von Apparaten. Begründet wird dies nicht näher. Die Begründung, die den fiktiven Ersatz ausschließt, es handele sich nicht um einen Sachschaden, sondern um einen immateriellen Schaden, greift ersichtlich nicht. Dem ist mit Blick auf die analoge Heranziehung des § 1835 Abs. 3 entgegenzutreten. Tragfähige Gründe, weshalb der verletzte Arzt sein professionelles Expertenwissen vollständig unentgeltlich zu Gunsten des Schädigers einsetzen sollte, sind nicht ersichtlich. Auch besteht insofern kein relevanter Unterschied zur ärztlichen Geschäftsführung ohne Auftrag durch einen dritten Arzt. 56

Die jetzige Rechtslage überzeugt nicht. Es müsste vielmehr gelten: Wer sein Auto selbst repariert, bekommt den objektiv erforderlichen Aufwand ersetzt. Bei Personenschäden müssen bei sachgerechter Behandlung und Pflege durch den Verletzten selbst oder einen Angehörigen – erst recht, wenn er Arzt ist – die üblichen Kosten der Behandlung ersetzt werden, wobei dem Nichtarzt freilich kein ärztliches Honorar, sondern nur eine sachgerechte Aufwandentschädigung zuzubilligen wäre. 57

### 2. Fiktive Abrechnung im Einzelfall möglich?

Den vorgenannten Erwägungen zum Trotz kann bei Personenschäden in Einzelfällen auch Ersatz von **Kosten** verlangt werden, die zwar notwendig, aber tatsächlich nicht angefallen sind. 58

### a) Stärkungsmittel

Unter bestimmten Voraussetzungen kann **fiktiv** abgerechnet werden (BGH NJW 1958, 627). Nach dieser Entscheidung sind einem Geschädigten, der ein an sich benötigtes Stärkungsmittel aus Geldmangel nicht beschaffen konnte, die Kosten des Stärkungsmittels zu ersetzen. Der BGH folgert dies 59 im Anschluss an das RG (RGZ 148, 68, 70; 151, 298, 303 f.) aus dem Gesetzestext (§ 843 Abs. 1), wonach der Verletzte den zur Herstellung seiner Gesundheit erforderlichen Geldbetrag verlangen kann. Es handele sich nicht um einen bloßen Erstattungsanspruch, dessen Bestand und Umfang von der Höhe des zur Befriedigung der vermehrten Bedürfnisse ausgegebenen Geldbetrages abhänge, sondern um einen unmittelbaren Schadensersatzanspruch. Der Schädiger soll nicht dadurch von der Verpflichtung zum Ersatz notwendiger Kosten befreit werden, dass er durch Hinausschieben der Erfüllung eines nach dem Gesetz begründeten Anspruchs den Verletzten nicht in die Lage versetzt hat, sich notwendige Heil- oder Stärkungsmittel zu kaufen. Damit ist dieses Judikat aber genau genommen kein Generalansatz für fiktive Abrechnungsmöglichkeiten, sondern vielmehr eine Billigkeitsentscheidung, mit der das Regulierungsverhalten des Schädigers partiell zivilrechtlich sanktioniert und das Opfer aus Treuegesichtspunkten weitergehend geschützt werden soll.

### b) Missbrauch

60 Wird eine fiktive Abrechnung gestattet, besteht die Gefahr, dass die vom Schädiger geleisteten Zahlungen zweckentfremdet werden. Außerdem können Ansprüche auf Kostenersatz missbräuchlich geltend gemacht werden. All das hat der BGH gesehen, aber in der obigen Entscheidung für nicht durchschlagend erachtet (BGH NJW 1958, 627).

### c) Sonderfall: Vermehrte Bedürfnisse

61 Im Schlossherrnfall (BGHZ 163, 351 = NZV 2005, 629 ff. mit Anm. *Huber* NZV 2005, 620) ist der BGH hinsichtlich der fiktiven Abrechnung noch wesentlich weitergegangen. Die Klägerin hatte neben anderen Schadenspositionen aufgrund von Kostenvoranschlägen Ersatz der Umbaukosten für einen Zweitwohnsitz (Schloss – Umbaukosten rd. 320.000 €) und das von der Familie bewohnte Einfamilienhaus (Umbaukosten rd. 380.000 €) im Wege der **Leistungsklage** (Haus) und der **Feststellungsklage** (Schloss) begehrt. Der BGH hat beide Ansprüche dem Grunde nach für gerechtfertigt erklärt, obwohl bis zu seiner Entscheidung keinerlei Umbaumaßnahmen durchgeführt worden waren (ablehnend in einem solchen Fall *Pardey*, Berechnung von Personenschäden, Rn. 1967 ff.). Zwar hat die Klägerin den »ernsthaften Willen«, die Umbaumaßnahmen durchführen zu lassen, durch Vorlage von Sachverständigengutachten belegt. Ob aber nicht doch der Zeitablauf gegen die Ernsthaftigkeit der Umbaupläne gesprochen hat, wird vom BGH nicht erörtert. Hätte der BGH eine fiktive Abrechnung unterbinden wollen, hätte er die von der Klägerin erhobene Leistungsklage beanstanden und auf eine Vorschussklage hinwirken, jedenfalls die für den Zweitwohnsitz erhobene Feststellungsklage aber als unzulässig bezeichnen müssen.

62 Gegen eine fiktive Abrechnung der Umbaukosten könnte die Rechtsprechung des BGH zur 130 %- Regulierung bei beschädigten Kraftfahrzeugen (vgl. etwa BGHZ 178, 338 = VersR 2009, 128) sprechen. Dabei geht es darum, dass der Geschädigte nicht auf Totalschadensbasis abrechnen muss, er kann vielmehr wegen seines Affektionsinteresses einen um bis zu 30 % höheren Betrag verlangen, vorausgesetzt, die Reparatur wird tatsächlich vollständig und fachgerecht innerhalb dieses Kostenrahmens ausgeführt. Der Geschädigte solle sich nicht bereichern (*Müller* VersR 2006, 1289, 1295). Beim behindertengerechten Umbau eines Hauses müssen die gleichen Grundsätze gelten. Es kommt darauf an, dass der Verletzte das Restitutionsinteresse tatsächlich betätigt. Der Schadensersatz gebührt ihm erst, wenn er einen entsprechenden Zustand nachweisen kann (*Huber* NZV 2005, 620, 621).

### d) Pflege und Behandlung durch Angehörige

63 Sowohl während einer stationären als auch ambulanten Behandlung des Verletzten können von Familienangehörigen unentgeltlich Pflegeleistungen erbracht werden, die andernfalls von entgeltlich tätigen Pflegern (Pflegediensten) zu erbringen wären, wenn die Krankenpflege medizinisch notwendig und auf Heilung oder Linderung der Gesundheitsschädigung gerichtet ist und wenn sie den Heilerfolg herbeiführen oder sichern soll. Solche Maßnahmen sind nicht auf die Tätigkeit des Fachpersonals beschränkt (MAH MedR/*Müller* § 2 Rn. 36).

Angehörige können etwa nach entsprechender Einweisung die übliche Krankenpflege, Kranken- 64
gymnastik oder Massage vornehmen. Der Umstand, dass diese Leistungen von Angehörigen unentgeltlich erbracht werden, kommt nicht dem Schädiger zugute (Rechtsgedanke aus § 843 Abs. 4). Dieser hat die Kosten zu erstatten, die bei der Pflege durch einen Dritten entstanden wären. Hierdurch entsteht eine eklatante Diskrepanz mit Blick auf schwerer zu surrogierende Berufe wie die ärztliche Tätigkeit selbst (s.o. Rdn. 54 ff.).

Jedoch ist die vermehrte **elterliche Zuwendung**, auch wenn sie mit erheblichem Zeitaufwand ver- 65
bunden ist, als solche nicht ersatzfähig, auch dann nicht, wenn die Eltern sich ihren anderen gesunden Kindern nun weniger widmen können. Der Ausgleich kann dann nur über den immateriellen Schadensersatzanspruch des verletzten Kindes erfolgen (BGH VersR 1989, 188). Das ist konsequent, da andernfalls der elterlichen Zuwendung ein eigenständiger berechnungsfähiger Marktwert zufallen müsste.

Wegen der Höhe des dem Verletzten zu leistenden Schadensersatzes ist auf den Nettolohn einer 66
Fachkraft abzustellen, der angemessen gemindert werden soll (MAH MedR/*Müller* § 2 Rn. 36). In BGH VersR 1986, 173 wird zwar noch der umgekehrte Ansatz verfolgt, jedoch dürfte sich dies kaum halten lassen, da kostentechnisch ein Ansatz erforderlich ist, sodass nur eine Berechnung am Marktwert mit Minderung verbleibt (so denn nunmehr BGH NZV 1999, 76; vgl. a. OLG Hamm VersR 1992, 506). Es wird argumentiert, dass die Pflegeleistungen durch Angehörige oder Freunde nicht zu einem vollen Wertausgleich der Leistung führen sollen (LG Hamburg NJW-Spezial 2012, 11; Geigel/*Pardey* 4. Kap., Rn. 53).

### 3. Abrechnung tatsächlich angefallener Kosten

#### a) Besuchskosten

Neben den eigentlichen Kosten der Heilbehandlung können Kosten für **Besuche im Krankenhaus** 67
anfallen. Sie werden als Aufwand zur Heilung angesehen. In der Literatur (*Küppersbusch/Höher* Rn. 236; Geigel/*Pardey* 4. Kap., Rn. 54 ff.) wird die Auffassung vertreten, dass Besuchskosten nur zu den Heilungskosten gehören, soweit sie unvermeidbar sind. Sie müssen sich in einem angemessenen Rahmen halten und nach ärztlicher Auffassung zweckmäßig und geeignet sein, den Heilungsprozess zu unterstützen (Ludovisy/Eggert/Burhoff/*Doukoff* § 2 Rn. 1124). Die Ersatzfähigkeit hängt unter anderem auch vom Alter des Patienten und von der Art und Schwere der Erkrankung ab (Staudinger/*Schiemann*, BGB, § 249 Rn. 239).

Es soll ein strenger Maßstab anzulegen sein. Denn im Grunde handelt es sich um Vermögensein- 68
bußen eines Dritten und nicht des schadensersatzberechtigten Verletzten, die deshalb grundsätzlich nicht zu ersetzen sind. In Anlehnung an § 843 Abs. 4 wird der Besuchsaufwand dem Verletzten zugeordnet. Dieser ist Anspruchsinhaber (BGH VersR 1989, 1308). Erstattet werden Kosten für Besuche nach der Rechtsprechung nur nahen Angehörigen, also Eltern, Kindern oder Ehegatten (*Küppersbusch/Höher* Rn. 236; Geigel/*Pardey* 4. Kap., Rn. 55). Die Frage, ob Kosten der Besuche einer nahestehenden Bezugsperson zu erstatten sind, ist bisher nicht geklärt (vgl. aber KG, Urt. v. 12.03.2009 – 22 U 39/06; LG Münster r+s 1997, 460; dagegen LG Oldenburg ZfS 1989, 45). Diese Besuchskosten sollten ebenfalls ersatzfähig sein (wie hier MüKo/*Oetker*,BGB, § 249 Rn. 414). Natürlich darf dies nicht zum allgemeinen Einfallstor für materiellen Schadensersatz Dritter werden (BGH VersR 1991, 559), jedoch ist gerade mit Blick auf den geänderten sozialen Rollenwandel nicht mehr sinnvoll zwischen Ehegatten und Lebens(abschnitts)partnern zu unterscheiden.

Die erforderliche Zahl der Besuche hängt von der Schwere der Verletzung ab. Die Rechtsprechung 69
ist zurückhaltend, beliebig viele Besuche sollen nicht erstattungspflichtig sein, tägliche Besuche sind es nur ausnahmsweise.

Zu ersetzen sind die Kosten für Fahrten der Angehörigen zum Krankenhaus und Mehrauf- 70
wendungen für Übernachtung und Verpflegung während des Besuchs am Behandlungsort,

die bei wirtschaftlicher Betrachtungsweise unvermeidbar sind (verneint z.B. von OLG Köln VersR 2002, 209, 210). Bei Fahrten mit dem Pkw werden bis zu 0,25 €/km ersetzt. Das KG (VRR 2009, 300) hält einen Betrag von 0,21 €/km für angemessen. Vernünftiger dürfte es sein, sich an § 5 JVEG zu orientieren (Ludovisy/Eggert/Burhoff/*Doukoff* § 2 Rn. 1125), wonach 0,25 €/km zu zahlen sind. Daneben ist auch ein unvermeidlicher Verdienstausfall zu erstatten (BGH VersR 1985, 784; 1991, 559; OLG Hamm DAR 1998, 317). Da eine Tätigkeit im Haushalt in aller Regel zeitlich verschoben werden kann, scheidet dazu ein Ausgleich typischerweise aus.

71 Kosten für Besuche im Krankenhaus werden allerdings nur dann ersetzt, wenn die Besuche die Heilung fördern (KG SP 2000, 378; OLG Hamm r+s 1993, 20). Dies werden Mediziner problemlos bejahen, wenn Eltern ihre noch minderjährigen Kinder besuchen oder wenn der Ehepartner auf der Intensivstation liegt. Der Geschädigte braucht allerdings nicht nachzuweisen, dass der Besuch diese Auswirkungen tatsächlich hat; es genügt, dass insoweit die ernsthafte Möglichkeit besteht, woraus sich die medizinische Notwendigkeit ableiten lässt (MAH MedR/*Müller* § 2 Rn. 17 f.).

72 Müssen Kinder während des Besuchs des Ehegatten im Krankenhaus in die Obhut Dritter gegeben werden, weil sie nicht mit ins Krankenhaus gebracht werden dürfen, so sind dafür aufzuwendende Babysitterkosten in gleicher Weise den zu ersetzenden Heilungskosten zuzurechnen wie der durch den Krankenhausbesuch eines nahen Angehörigen bedingte Verdienstausfall oder die Fahrtkosten (kein Ersatz für fiktive Kosten in diesem Bereich, vgl. *Küppersbusch/Höher* Rn. 238). Die **Darlegungs- und Beweislast** für die Möglichkeit unentgeltlicher Betreuung trägt der Ersatzpflichtige (BGH VersR 1989, 1308).

73 Ob dem Geschädigten generell Besuchskosten naher Angehöriger zu ersetzen sind, auch wenn er nicht stationär untergebracht ist, ist bisher nicht entschieden. Denkbar ist, dass ein Sterbender seine Angehörigen noch einmal sehen möchte. Ein Besuch kann in einem solchen Fall nicht der Heilung dienen, wohl aber dem Sterbenden Erleichterung verschaffen (MüKo/*Oetker*. BGB, § 249 Rn. 415).

### b) Pflegekosten

74 Tatsächlich angefallene Pflegekosten sind nach Aufwand zu erstatten (BGH VersR 1978, 149). Problematisch kann die Höhe dieser Kosten sein, wenn die Pflege in einem Heim billiger als die häusliche Pflege (rund um die Uhr) wäre. Ein Geschädigter, der zu einem Vollzeitpflegefall wird, hat grundsätzlich einen Anspruch auf Ersatz der Kosten einer angemessenen Pflege in ihm vertrauten Lebensumständen (zu bezahlen sind die Bruttokosten einer professionellen Pflegekraft, *Küppersbusch/Höher* Rn. 688). Es ist ihm nicht zuzumuten, sich in einer stationären Einrichtung versorgen zu lassen. Dies gilt auch, wenn es kostengünstiger wäre. Eine Begrenzung ergibt sich dadurch, dass nur die Aufwendungen zu ersetzen sind, die durch eine von dem Geschädigten gewählte und ihm in seiner besonderen Lage zumutbare Lebensgestaltung notwendig werden. Nicht ersatzfähig sind dagegen solche Kosten, die in keinem vertretbaren Verhältnis mehr zur Qualität der Versorgung des Geschädigten stehen (OLG Koblenz VersR 2002, 244). Würde in einem solchen Fall die Angemessenheit der häuslichen Pflegekosten verneint (hierzu OLG Bremen VersR 1999, 1030) und müsste der Geschädigte eine Heimunterbringung akzeptieren, wäre im Gegenzug das Schmerzensgeld deutlich zu erhöhen.

### c) Nebenkosten

#### aa) Gegen die Langeweile

75 Bei stationärer Behandlung können dem Verletzten Nebenkosten entstehen. Der Krankenhauspatient wendet Miete für ein Fernsehgerät und/oder ein Telefon auf (AG Offenbach zfs 95, 212) und hat oft das Bedürfnis, Zeitungen, Zeitschriften oder Bücher zu lesen. Ein Anspruch des Verletzten auf Ersatz der Kosten für Lesestoff wird jedoch nur dann bejaht, wenn dieser zur Förderung des Heilungsprozesses geboten ist. Alles, was (nur) der Vertreibung der Langeweile dient, wie Lektüre, Radio, Fernsehen und Spiele, wird – nach kleinteiliger Betrachtung – nicht ersetzt, weil der (langweilige) Krankenhausaufenthalt vorgeblich bei der Bemessung des Schmerzensgeldes berücksichtigt wird.

Das OLG Köln (NZV 1989, 113) hat sogar dahingehend differenziert, dass die Mehrkosten für das 76
Fernsehen (nur) am Abend und an Feiertagen zu ersetzen seien. Die Auffassung, der Schädiger müsse dem Geschädigten ein Fernsehgerät zur Verfügung stellen (MüKo/*Oetker*, BGB, § 249 Rn. 421), erscheint allerdings ebenfalls nicht lebensnah. Das OLG Düsseldorf (VersR 1995, 548) meint, dass die Kosten für die Anmietung eines Fernsehgeräts während des Krankenhausaufenthalts nur dann erstattungsfähig sind, wenn die Benutzung des Fernsehgeräts dem Heilungsprozess förderlich ist. Nach dieser Entscheidung sind neben dem Ersatz der Kosten für tägliche Besuche der Mutter Telefonkosten einer 14-jährigen Schülerin nicht erstattungsfähig.

Für das **Telefon** werden nur etwaige **Mehr**kosten ersetzt, ebenso bescheidene Trinkgelder und Geschenke für das Pflegepersonal. Ein Anspruch auf Nahrungsergänzungsmittel wird dagegen verneint, weil die Verpflegung im Krankenhaus den Bedürfnissen eines Kranken voll Rechnung tragen soll (*Küppersbusch/Höher* Rn. 239). Mit Blick auf Qualität und Umgebung dürfte das Gegenteil zutreffen (vgl. *Jaeger/Luckey*, Schmerzensgeld, Rn. 1287 ff.). 77

### bb) Fahrtkosten

Zu den Heilungskosten gehören Kosten der notwendigen Fahrten zum Arzt (OLG Köln DAR 2002, 350), 78
zur Apotheke und ggfls. zur Arbeitsstelle. Erstattungsfähig sind i.d.R. vom Fahrzeugtyp abhängige variable Betriebskosten zuzüglich eines Zuschlags für die laufleistungsabhängige erhöhte Abnutzung (OLG Nürnberg VersR 2002, 245; OLG Braunschweig r+s 91, 199; OLG Hamm NJW-RR 95, 599). Die Berechnungsmethoden sind sehr unterschiedlich. In aller Regel sind die Fahrtkosten für den Schadensfall von untergeordneter Bedeutung und sollten nach § 287 ZPO geschätzt werden (*Küppersbusch/Höher* Rn. 228). Hierzu OLG Karlsruhe: 0,30 €/km (VersR 2006, 515 = GesR 2005, 263), das KG (VRR 2009, 300) spricht 0,21 €/km zu. Vernünftig dürfte es sein, sich an § 5 JVEG zu orientieren (Ludovisy/Eggert/Burhoff/*Doukoff* § 2 Rn. 1125), wonach 0,25 €/km zu zahlen sind.

Werden Fahrten von Angehörigen durchgeführt, weil der Verletzte nicht selbst fahren kann, so kann 79
er neben den Fahrtkosten den Nettostundenlohn einer fiktiven Ersatzkraft ansetzen (OLG Nürnberg VersR 2002, 245: 15,- DM/Std.).

### cc) Verlust des Schadensfreiheitsrabatts in der Krankenversicherung

Verliert ein Patient infolge des Behandlungsfehlers den Schadensfreiheitsrabatt in der Kranken- 80
versicherung ganz oder teilweise, so ist auch dies ein vom Schädiger zu ersetzender Posten. Ebenso haftet der Arzt, wenn der Patient infolge des Behandlungsfehlers nicht in eine private Krankenversicherung für die Mehrkosten einer privatärztlichen Behandlung aufgenommen wird (OLG Hamm VersR 2007, 1129).

### 4. Vermehrte Bedürfnisse

Zunächst können bei einem bleibenden Gesundheitsschaden **vermehrte Bedürfnisse** vorliegen, für 81
die der Arzt in Form einer Rente eine Entschädigung zu leisten hat. Vgl. hierzu § 843.

### 5. Entgangene Dienste

Kinder, die die Mithilfe im Haushalt nicht mehr erbringen können, haben keinen eigenen Scha- 82
densersatzanspruch, weil sie gem. § 845 zur Dienstleistung im Haushalt verpflichtet sind. Anspruchsberechtigt ist nach dieser Bestimmung der Berechtigte, dem die Dienste entgehen. Vgl. hierzu § 845.

### 6. Haushaltsführungsschaden

Der Haushaltsführungsschaden ist der Nachteil, im Privathaushalt wegen geminderter oder aus- 83
geschlossener Arbeitsfähigkeit Versorgungsleistungen nicht so wie ohne den Gesundheitsschaden erbringen zu können. Vgl. hierzu § 842.

## IV. Kind als Schaden

84 Eine besondere Rolle spielen Behandlungsfehler im Zusammenhang mit Schwangerschaft und Geburt, wenn es zur Geburt eines nicht erwünschten behinderten oder auch nicht behinderten Kindes kommt. Werden Behandlungsfehler bei fehlgeschlagener Sterilisation, bei Untersuchung der Schwangeren oder bei einem Schwangerschaftsabbruch begangen, kommen sowohl Schadensersatzansprüche der Eltern als auch des behindert geborenen Kindes in Betracht. Es geht um die Frage des Unterhalts für ein nicht gewolltes oder ein behindertes Kind und um Schmerzensgeldansprüche der Mutter und des Kindes (*Gehrlein*, Grundwissen Arzthaftungsrecht, S. 57 ff. m.w.N.; *Tamm* JURA 2009, 81, 85).

### 1. Materieller Schadensersatz

#### a) Sterilisation und Empfängnisverhütung

85 Kommt es infolge fehlgeschlagener Sterilisation zur Geburt eines nicht gewollten Kindes, wurde die Familienplanung durchkreuzt. Den Eltern steht ein Schadensersatzanspruch in Höhe des Unterhalts für das gesunde, aber nicht gewollte Kind zu, da nach der Differenztheorie der Unterhalt einen Vermögensschaden darstellt. Der BGH bejaht dies grundsätzlich (NJW 1994, 788; NJW 1995, 2407 = VersR 1995, 1099; NJW 2002, 2636 = VersR 2002, 1148). Zu beachten ist, dass nicht das Kind als Schaden angesehen wird, sondern die Belastung der Eltern mit den Unterhaltspflichten (BGH NJW 1994, 778, 779).

86 Hat der Arzt bei der Sterilisation eines Mannes nicht ausreichend über die Notwendigkeit eines Spermiogramms aufgeklärt, so kann – wenn es trotz des Eingriffs zur Geburt eines Kindes kommt – dessen Unterhaltsbedarf im Wege des Schadensersatzes und daneben auch ein Schmerzensgeld für die Mutter verlangt werden (BGHZ 124, 128 ff.). Dabei spielt es keine Rolle, ob die Sterilisation des Mannes oder die der Frau fehlschlägt, denn der mit dem Arzt geschlossene Behandlungsvertrag entfaltet jeweils Schutzwirkung zugunsten des Ehepartners des Patienten.

87 Lässt sich eine Patientin das langwirkende Kontrazeptivum »Implanon« legen und begeht der Arzt dabei insoweit einen Behandlungsfehler, als er das Präparat nicht ordnungsgemäß implantiert, sodass es keine Wirkung entfalten kann, so haftet der Arzt für den mit dem Unterhalt des Kindes verbundenen Schaden. Eine fehlgeschlagene Familienplanung liegt nicht nur vor, wenn diese bereits – im Sinne gewünschter endgültiger Kinderlosigkeit – abgeschlossen ist, sondern ist auch dann denkbar, wenn die gegenwärtige Planung durchkreuzt wird und die zukünftige Planung endgültig noch nicht absehbar ist (BGH VersR 2006, 936). Die hypothetische Möglichkeit eines späteren Kinderwunsches muss nicht völlig ausgeschlossen sein. In den Schutzbereich eines auf Schwangerschaftsverhütung gerichteten Vertrages zwischen Arzt und Patientin ist dabei (zumindest) auch der gegenwärtige Partner einer ungefestigten Partnerschaft einbezogen, der vom Fehlschlagen der Verhütung betroffen ist (BGH VersR 2007, 109).

#### b) Schwangerschaftsuntersuchung und genetische Beratung

88 Vergleichbar mit der fehlgeschlagenen Sterilisation sind die Folgen bei unzureichender pränataler Schwangerschaftsuntersuchung. Diese kann zur Folge haben, dass ein möglicher Schwangerschaftsabbruch unterbleibt. So, wenn die Patientin infolge unzureichender Schwangerschaftsuntersuchung nicht auf eine schwere Schädigung des Kindes hingewiesen wird, und es zur Geburt eines schwer behinderten Kindes kommt, das gem. § 218a StGB legal hätte abgetrieben werden können. In diesem Fall ist der Arzt zum Schadensersatz in Höhe der Belastung der Eltern mit dem Unterhalt für das Kind verpflichtet (BGH NJW 2002, 2636; *Tamm* JURA 2009, 81, 86; BGHZ 129, 178, 185; 151, 133, 138; dazu auch *Müller* NJW 2003, 697 ff.). Ein Ersatzanspruch des Kindes gegen den Arzt besteht nicht (Grundsatzentscheidung des BGH VersR 1983, 396; vgl. auch BGH VersR 1994, 425; grds. zu dieser Problematik: *Wagner*, NJW 2002, 3379).

In derartigen Fällen ist als Voraussetzung zu prüfen, ob aus damaliger Sicht (zur Zeit des ärztlichen 89
Fehlers) von einer Gefährdung der Mutter i. S. d. § 218a Abs. 2 StGB auszugehen war (BGH
VersR 2006, 702). Beweispflichtig ist die Klägerseite (OLG Stuttgart VersR 2010, 909). Nachdrücklich weist der BGH darauf hin, dass für die Prüfung der Voraussetzungen einer medizinischen Indikation i.S.d. § 218a Abs. 2 StGB für einen rechtmäßigen Schwangerschaftsabbruch die nach ärztlicher Erkenntnis gebotene Prognose regelmäßig von der Einholung eines Sachverständigengutachtens abhängig zu machen ist (BGH NJW 2003, 3411).

Aufgrund des § 218a Abs. 2 StGB in der Fassung des Schwangeren- und Familienhilfeänderungs- 90
gesetzes vom 21.08.1995 (BGBl. I S. 1050) ist der mit Einwilligung der Schwangeren von einem Arzt vorgenommene Schwangerschaftsabbruch dann nicht rechtswidrig, wenn er unter Berücksichtigung der gegenwärtigen und zukünftigen Lebensverhältnisse der Schwangeren nach ärztlicher Erkenntnis angezeigt ist, um eine Gefahr für das Leben oder das Risiko einer schwerwiegenden Beeinträchtigung des körperlichen oder seelischen Gesundheitszustandes der Schwangeren abzuwenden, und die Gefahr nicht auf andere, für sie zumutbare Weise abgewendet werden kann. Das Gesetz stellt klar, dass eine Behinderung des Kindes als solche niemals zu einer Minderung des Lebensschutzes führen kann.

Dennoch verweigert das OLG Nürnberg (VersR 2009, 547) den Eltern einen Anspruch gegen 91
den Arzt, wenn es nach einem misslungenen Schwangerschaftsabbruch zur Geburt eines **gesunden Kindes** gekommen ist. Das OLG Nürnberg beruft sich dabei auf die Rechtsprechung des BGH (VersR 2006, 792) und des BVerfG (NJW 1993, 1751) und meint, dass ein Schadensersatzanspruch dann nicht in Betracht komme, wenn das Kind wider Erwarten gesund geboren wurde.

Die Eltern können bei fehlerhafter genetischer Beratung, die zur Geburt eines genetisch behin- 92
derten Kindes geführt hat, von dem beratenden Arzt im Wege des Schadensersatzes den vollen Unterhaltsbedarf des Kindes verlangen, wenn sie bei richtiger und vollständiger Beratung von der Zeugung des Kindes abgesehen hätten (BGH VersR 1994, 425).

### c) Schadensumfang

Die Höhe des Schadensersatzanspruchs in Gestalt des Unterhalts für ein gesundes Kind orientiert 93
sich am Regelunterhalt, der bis zum 18. Lebensjahr zu leisten ist. Der Anspruch beschränkt sich auf den durchschnittlichen Kindesunterhalt und erhöht sich nicht, wenn die Familie in gehobenen wirtschaftlichen Verhältnissen lebt. Hat der Arzt jedoch die Geburt eines behinderten Kindes zu verantworten, haftet er auf Ersatz des gesamten Unterhaltsschadens.

Zum Regelunterhalt hinzu kommt der Betreuungsunterhalt, bei dessen Bemessung ein Zuschlag 94
in Höhe des Barunterhalts (135 % des Regelsatzes der Regelbetrag-Verordnung) als angemessener Schadensausgleich ansehen werden kann, sofern nicht die Umstände des Falles eine abweichende Bewertung nahelegen.

Der Schadensersatzanspruch gegen einen Arzt, der die Geburt eines schwerstbehindert zur Welt ge- 95
kommenen Kindes zu verantworten hat, ist der Höhe nach durch den Unterhaltsbedarf des Kindes begrenzt und umfasst nicht den Verdienstausfall, der den Eltern durch die Betreuung des Kindes entsteht (BGH NJW 1997, 1638). Der BGH sieht, dass die Haftungsbegrenzung des Arztes in solchen Fällen aus dogmatischer Sicht Schwierigkeiten bereitet (BGHZ 76, 259, 270), hält sie aber unter dem Blickpunkt sowohl des erforderlichen Zurechnungszusammenhangs wie auch des Schutzzwecks des Behandlungsvertrages für geboten. Andernfalls würde dem Arzt eine unabsehbare Haftung für alle aus der Geburt eines Kindes herrührenden Konsequenzen auferlegt, die mit dem Zweck seiner Beauftragung nicht mehr in Einklang stünde. Das muss auch und gerade bei Beratungs- oder Behandlungsverträgen der vorliegenden Art gelten, bei denen anders als etwa in Fällen fehlerhafter Familienplanung (BGHZ 124, 128, 135/136) nicht einmal die wirtschaftliche Belastung durch den Unterhalt eines Kindes im Vordergrund steht, sondern die Vermeidung der Geburt eines Kindes mit schwerer anlagebedingter Schädigung. Auch elterliche Betreuungsleistungen

können in einem solchen Fall nur unter dem Blickpunkt des durch die Schädigung des Kindes bedingten Mehraufwandes Berücksichtigung finden (BGHZ 86, 240, 247; 89, 95, 104/105; 124, 128, 145 f.).

### 2. Immaterieller Schaden

#### a) Schmerzensgeldanspruch der Frau

96 Neben dem materiellen Schaden in Form des Unterhalts für das Kind entsteht der Patientin (bzw. der Ehefrau des Patienten) ein immaterieller Schaden, weil sie entweder nach Feststellung der fehlgeschlagenen Sterilisation des Mannes eine Abtreibung vornehmen lässt (OLG Braunschweig NJW 1980, 643; *Jaeger* MDR 2004, 1280) oder weil sie das nicht gewollte Kind austrägt (BGH NJW 1995, 2412). Diesem Anspruch kann nicht entgegengehalten werden, dass der Frau ein Schwangerschaftsabbruch erspart geblieben sei (keine Vorteilsausgleichung).

#### b) Schmerzensgeldanspruch des Kindes

97 Ist das behindert geborene Kind durch eine ärztliche Fehlbehandlung geschädigt worden, kann es im Rahmen des zu seinen Gunsten abgeschlossenen Behandlungsvertrages einen Schmerzensgeldanspruch geltend machen (OLG Karlsruhe OLGR 2003, 439). In einem solchen Fall hat das Kind einen Anspruch auf Ersatz des behinderungsbedingten Mehraufwands. Die Eltern sind insoweit lediglich mittelbar Geschädigte, ohne eigenen Anspruch, denn der Schutz des Vermögens der Eltern fällt i.d.R. nicht in den Schutzbereich des Behandlungsvertrages.

98 Die Situation ist anders, wenn das Kind bereits geschädigt war, dies aber vom behandelnden Arzt nicht erkannt wurde, sodass es nur deshalb zur Geburt des Kindes gekommen ist (wrongful life). Das Kind muss die damit verbundenen Beeinträchtigungen erdulden und kann keinen Schadensersatzanspruch geltend machen, weil es bei fehlerfreiem Verhalten des Arztes nicht geboren worden wäre. Ist ein Schwangerschaftsabbruch, der gerechtfertigt gewesen wäre, aufgrund eines ärztlichen Fehlers unterblieben, besteht kein Ersatzanspruch des Kindes gegen den Arzt (BGHZ 86, 240, 250 ff. = NJW 1983, 1371, 1373). Soweit die Kosten für die Pflege und die ärztliche Betreuung des Kindes von der gesetzlichen Krankenversicherung gedeckt sind, haben auch die Eltern keinen Ersatzanspruch gegen den Arzt (BGH VersR 2002, 192).

### V. Leben als Schaden

98a Umstritten ist die Frage, ob haftungsrechtlich materiell und immateriell ersatzfähige Schäden auch aus einer rechtswidrigen Verlängerung des Lebens hervorgehen können. Der BGH hat dies verneint (BGH, Urt. v. 02.04.2019 – VI ZR 13/18, krit. *J. Prütting* GesR 2020, 681 ff.). Der Senat hat grundlegende Bedenken gegen die Einstufung von fortdauerndem Leben – so schmerzbehaftet dieses im Einzelfall sein mag – geäußert und auf die Gefahr verwiesen, mit einer Anerkennung behandlungsseitiger Ausgleichspflicht ein Unwerturteil über das Leben zu riskieren. Zudem wurde darauf abgehoben, die ärztlichen Pflichten zur Behandlungsbeendigung und damit zum Sterbenlassen eines Menschen wären ihrem Schutzzweck nach nicht darauf gerichtet, Ersatzpflichten für rechtswidrige Lebensverlängerung zu begründen (BGH, Urt. v. 02.04.2019 – VI ZR 13/18; vgl. zur Haftungsbegründung auch *J. Prütting*, BtPrax 2019, 185 ff.). Diese Entscheidung erscheint im Hinblick auf die güterordnende Teleologie des Haftungsrechts nicht sachgerecht. Auch dürfte der Vergleich mit den »wrongful life«-Fällen, den der BGH angedacht hat, nicht tragfähig sein. Im Bereich immaterieller Schäden ist dem BGH im Ergebnis gleichwohl beizupflichten, da nach Anwendung der Differenzhypothese ein Vergleichsmoment von leidensbehaftetem Leben und Inexistenz der Person entsteht, welches keine Bestimmung eines wie auch immer gearteten Haftungsumfangs zulässt (eingehend *J. Prütting* GesR 2020, 681 ff.; *ders.* ZfL 2018, 94, 97 ff.). Der Standpunkt der Rspr. sollte kritisch überdacht werden.

## E. Einschränkungen des Schadensersatzanspruchs

### I. Kausalität

#### 1. Ausprägungen des Kausalverlaufs

##### a) Kumulative Kausalität

Konnte die Handlung des Schädigers den Schaden nicht allein, sondern nur im Zusammenwirken mit dem Handeln eines anderen herbeiführen, handelt es sich um eine **Gesamtkausalität**. Ein Zurechnungszusammenhang zu beiden Schädigern liegt vor. Entsteht z.B. nach zwei zeitlich einander folgenden selbstständigen Ursachen ein Dauerschaden des Verletzten, haftet der Erstschädiger mangels abgrenzbarer Schadensteile grundsätzlich auch dann für den Dauerschaden, wenn die Folgen der ersten Ursache erst durch die zweite Ursache zum Dauerschaden verstärkt worden sind. Das gilt mangels abgrenzbarer Schadensteile schon dann, wenn die zweite Ursache lediglich mitursächlich für den Dauerschaden ist (BGH NJW 1990, 2882, 2883; DAR 2002, 115 = NJW 2002, 504, 505; MDR 2002, 1367). Jeder Verursacher haftet auf den vollen Schaden. 99

Möglich ist jedoch auch, dass ein Körperschaden nicht durch einen ärztlichen Behandlungsfehler eintritt, sondern durch eine neue, andere Ursache, die unabhängig vom Behandlungsfehler wirkt. Führt ein Arzt eine fehlerhafte exzessive zirkuläre Ringknorpelstenose durch, was einen Kehlkopfverschluss mit anschließendem dauerhaften Stimmverlust zur Folge hat, so scheidet eine Haftung mangels Kausalität dennoch aus, wenn es bei dem Patienten wenige Tage nach dem Eingriff und nach einer Tracheotomie nach einer Nahrungsaufnahme zu einem Herzstillstand und zu einem apallischen Syndrom kommt. Bevor der Behandlungsfehler zu einem Stimmverlust führen konnte, wurde eine neue Ursachenreihe in Gang gesetzt, die unabhängig von der ersten Ursache den Erfolg herbeiführte, denn der Patient war allein infolge des apallischen Syndroms nicht mehr in der Lage, zu sprechen. Der Behandlungsfehler konnte für den Stimmverlust nicht mehr kausal werden (KG, Beschl. v. 26.11.2008 – 1 AR 1362/07, 4 Ws 84/08). 100

##### b) Konkurrierende Kausalität

Haben zwei Ereignisse den Schaden herbeigeführt, von denen jedes auch allein den Schaden hätte verursachen können, liegt **Doppelkausalität** vor. Beide Ursachen sind im Rechtssinne kausal (BGH VersR 1971, 818, 819; VersR 1983, 729, 731; NJW 1992, 2691, 2692; NJW 1993, 1723; NJW 2004, 2526, 2528). Denn wenn **mehrere Verursacher** für ein Schadensereignis verantwortlich sind, genügt zur Haftungsbegründung die Mitursächlichkeit (BGH NJW 2000, 3423). Bei Mittätern oder Gehilfen ist nach § 830 jeder als Gesamtschuldner für den Schaden verantwortlich. Die conditio-sine-qua-non-Formel bedarf insoweit einer Korrektur (Palandt/*Grüneberg*, BGB, Vorb. zu § 249 Rn. 34), denn bei ihrer strengen Anwendung könnte jedes Ereignis hinweggedacht werden, ohne dass – da das jeweils andere Ereignis genügt hätte, um den Erfolg herbeizuführen – der Erfolg entfallen würde. 101

##### c) Alternative Kausalität

Eine solche liegt vor, wenn sich nicht ermitteln lässt, welcher von mehreren Beteiligten den Schaden durch seine Handlung verursacht hat. Hier erleichtert § 830 Abs. 1 Satz 2 die Beweisführung, da er es ausreichen lässt, dass jedenfalls einer der beiden Beteiligten haften würde; über die keinem der beiden nachweisbare, aber gleichwohl jedenfalls einem der beiden vorwerfbare Kausalitätsungewissheit hilft § 830 Abs. 1 Satz 2 somit hinweg. 102

##### d) Hypothetische Kausalität – Reserveursache

Eine hypothetische Kausalität liegt vor, wenn der Schädiger sich darauf berufen kann, dass der tatsächlich von ihm verursachte Schaden aufgrund eines anderen Ereignisses ohnehin eingetreten wäre. Systematisch handelt es sich daher nicht um eine Frage der Kausalität, weil der Schaden real eindeutig auf das schädigende Ereignis zurückführbar ist, die Reserveursache sich tatsächlich nicht 103 ausgewirkt hat, sondern um eine Frage der wertenden Schadenszurechnung. Das Problem liegt darin, ob und wann der Schädiger sich durch Hinweis auf eine Reserveursache entlasten kann. Rechtsprechung und Lehre behandeln diese Frage kontrovers. Das RG hat die Berücksichtigung von Reserveursachen zwar grundsätzlich abgelehnt, aber wichtige Ausnahmen zugelassen (RGZ 141, 365; RGZ 169, 117). Die Literatur tritt demgegenüber z.T. für eine grds. Beachtlichkeit hypothetischer Ursachen ein (Nachweise bei Palandt/*Grüneberg*, BGB, Vorb. zu § 249 Rn. 55 ff.), in folgenden Punkten besteht aber weitgehende Einigkeit (Palandt/*Grüneberg*, BGB, Vorb. zu § 249 Rn. 57 ff.):

104 Bestand bei Eintritt des schädigenden Ereignisses eine der geschädigten Person oder der geschädigten Sache innewohnende Schadensanlage, die zu dem gleichen Schaden geführt hätte, beschränkt sich die Ersatzpflicht auf die durch den **früheren Schadenseintritt** bedingten Nachteile (»**Anlagefälle**«) (BGH VersR 1985, 60). Beispiele sind etwa die Schädigung eines Patienten durch einen Behandlungsfehler, der infolge von Krankheit ohnehin in Kürze erwerbsunfähig geworden wäre. Ein solcher Patient muss sich entgegenhalten lassen, dass seine Erwerbsunfähigkeit ohne den Behandlungsfehler (bspw. Versteifung eines Knies) infolge einer bereits vorhandenen Erkrankung (bspw. Arthrotische Vorbeschwerden) oder Disposition zu einem bestimmten Zeitpunkt ganz oder teilweise ohnehin eingetreten wäre (BGH VersR 1965, 491, 493; OLG Frankfurt VersR 1984, 972).

105 Der Gedanke der hypothetischen Kausalität wirkt sich insbesondere bei der Ermittlung des Verdienstausfallschadens und den Ansprüchen Hinterbliebener auf Zahlung von Unterhalt aus (vgl. MüKo/*Oetker*, BGB, § 249 Rn. 207 ff.). Hierbei sind neben der Schadensanlage des Verletzten unter anderem der Gesundheitszustand und die Lebenserwartung im Zeitpunkt der Behandlung von Bedeutung.

106 Hätte die Reserveursache die Haftung eines **Dritten** begründet, kann sich der Schädiger **nicht** auf sie berufen. Sie kann nicht zugunsten des Schädigers berücksichtigt werden, auch wenn der Geschädigte bei Wirksamwerden dieser Ursache von dem Dritten Schadensersatz beanspruchen könnte. Der Dritte kann mangels realer Kausalität nicht haftbar gemacht werden (Staudinger/*Schiemann*, BGB, § 249 Rn. 95). Der Geschädigte soll zudem nicht mit doppeltem Insolvenzrisiko belastet werden (BGH VersR 1958, 266; Palandt/*Grüneberg*, BGB, Vorb. zu § 249 Rn. 58).

107 Der Schädiger trägt die volle **Beweislast** für die Behauptung, dass der Schaden auch aufgrund der Reserveursache eingetreten wäre (BGH VersR 1981, 131; VersR 1983, 177). Im Bereich haftungsausfüllender Kausalität kann aber § 287 ZPO hilfreich sein. Abzugrenzen ist die Situation von der, dass bereits unklar ist, welches von zwei realen Ereignissen den Schaden verursacht hat (Beispiel: Hirnschädigung aufgrund Unfalls oder Schlaganfalls); hier ist nach allgemeinen Grundsätzen der Geschädigte beweispflichtig (BGH VersR 1987, 179), weil es um den Nachweis des Primärschadens geht (haftungsbegründende Kausalität).

Kein Fall der hypothetischen Kausalität, sondern Aspekt der allgemeinen Grundsätze der Darlegungs- und Beweislast für den Kausalverlauf ist die Situation, dass ein Patient sich darauf beruft, dass der behandelnde Arzt die Aufklärung über eine Behandlungsalternative unterlassen habe (OLG Karlsruhe, Urt. v. 17.02.2016 – 7 U 32/13; KG Berlin GesR 2016, 294).

e) Teilweise Kausalität

108 Ist der Schaden teilweise durch das eine und teilweise durch das andere Ereignis verursacht worden, besteht lediglich eine (nach § 287 ZPO) voneinander abzugrenzende **Teilverantwortlichkeit** (BGH VersR 1964, 49, 51). Diese Fälle sind jedoch höchst selten, da es – im Sinne der obigen Ausführungen zu kumulativer und konkurrierender Kausalität – zumeist nicht möglich ist, eine tragfähige Teilung darzulegen und zu beweisen.

2. Rechtmäßiges Alternativverhalten

109 Das rechtmäßige Alternativverhalten bedeutet den Einwand des Schädigers, auch ein rechtmäßiges Verhalten hätte in gleicher Weise zu dem (tatsächlich entstandenen) Schaden geführt. Dieser

Einwand, für den der Schädiger die volle Beweislast trägt, ist grds. **beachtlich** (BGH VersR 1984, 468; Palandt/*Grüneberg*, BGB, Vorb. zu § 249 Rn. 64).

Schäden, die auch bei einem rechtmäßigen Verhalten des Schädigers entstanden wären, werden vom Schutzzweck der Haftungsnormen regelmäßig nicht erfasst (BGH NJW 2000, 661, 663). Deshalb entfällt die Haftung des Arztes, wenn festgestellt werden kann, dass der Gesundheitsschaden auch bei Wahl einer anderen, dem Standard entsprechenden Behandlung eingetreten wäre (BGH VersR 2009, 401; VersR 2005, 942, VersR 2005, 1718). Nur ausnahmsweise kann sich aus dem Schutzzweck der verletzten Norm ergeben, dass die Berufung auf ein rechtmäßiges Alternativverhalten ausgeschlossen ist (BGH VersR 1986, 444; Palandt/*Grüneberg*, BGB, Vorb. zu § 249 Rn. 65 m. w.N). 110

Ein Arzt muss beweisen, dass sein Patient ohne den durch ihn rechtswidrig (im Fall mangels Einwilligung) ausgeführten Eingriff dieselben Beschwerden aufgrund seines sich ähnlich auswirkenden Grundleidens haben würde (BGH GesR 2016, 362, 363).

### a) Mutmaßliche Einwilligung

Die Berufung auf rechtmäßiges Alternativverhalten spielt im Arzthaftungsrecht im Rahmen der unzureichenden Aufklärung durch den Arzt eine besondere Rolle. Wird der Patient vor einem Eingriff, der an sich fehlerfrei durchgeführt wurde, aber dennoch zu einem Gesundheitsschaden geführt hat, nicht ordnungsgemäß aufgeklärt, haftet der Arzt wegen Verletzung des Selbstbestimmungsrechts grundsätzlich auf Schadensersatz. 111

Der Arzt kann sich möglicherweise auf eine **mutmaßliche Einwilligung** berufen und behaupten, der Patient hätte bei ordnungsgemäßer Aufklärung in den Eingriff eingewilligt. Wenn dies festgestellt werden kann, entfällt eine Haftung des Arztes, denn es ist nicht Aufgabe des Schadensersatzrechts, das immaterielle Persönlichkeitsrecht des Patienten durch die Zubilligung von Schadensersatzansprüchen zu schützen. Es kommt darauf an, wie der betroffene Patient sich verhalten hätte. Nicht jedoch kann allein auf die Entscheidung eines vernünftigen Patienten abgestellt werden, da der Patient im Umgang mit dem eigenen Körper auch in seiner freiverantwortlichen Unvernunft geschützt ist (Prütting/Prütting, Medizin- und Gesundheitsrecht, § 22 Rn. 11; a.A. wohl: MüKo/*Oetker*, BGB, § 249 Rn. 222). 112

Eine mutmaßliche Einwilligung ist **nicht von Amts wegen zu prüfen**, sondern nur, wenn der Arzt sich darauf beruft. Die Annahme einer mutmaßlichen Einwilligung setzt nicht voraus, dass es von vornherein unmöglich gewesen wäre, die tatsächliche Zustimmung des Patienten einzuholen. Maßgeblich ist allein, ob die Entscheidung des Patienten im Zeitpunkt der Vornahme des Eingriffs nicht herbeigeführt worden ist (OLG Koblenz MedR 2009, 93, 94). 113

Zur Legitimation bedarf es einer Situation, in der der Eingriff objektiv angezeigt ist, um gesundheitliche Gefahren abzuwenden, die in ihrer Schwere deutlich über das hinausgehen, was der Eingriff an Beeinträchtigungen mit sich bringt (OLG Koblenz MedR 2009, 93, 94; BGH VersR 2000, 603). Dabei müssen die Dinge so gestaltet sein, dass der Patient, würde er selbst die gegebenen Chancen und Risiken abwägen, seine Zustimmung ernstlich nicht würde verweigern können (OLG Frankfurt NJW 1981, 1322, 1323). Von einer mutmaßlichen Einwilligung bei einem nicht mehr ausreichend ansprechbaren Patienten kann ausgegangen werden, wenn der Eingriff die einzige Möglichkeit zur Verhinderung des Todeseintritts ist (KG Berlin GesR 2016, 294). Freilich zeigt diese Herangehensweise den regelmäßigen Ansatz vom objektiven Interesse als Rückschlussmoment auf den mutmaßlichen Willen, was sich rechtspraktisch wohl kaum anders bewerkstelligen lassen dürfte und somit zur Vermeidung rechtsmissbräuchlicher Einwendungen von Patienten geboten erscheint. 114

### b) Hypothetische Einwilligung

Fehlt eine Aufklärung, obwohl sie hätte vorgenommen werden können, oder ist sie unzureichend, kann der in Anspruch genommene Arzt sich darauf berufen, dass der Patient dem Eingriff auch 115 dann zugestimmt hätte, wenn die Aufklärung ordnungsgemäß erfolgt wäre, **hypothetische Einwilligung gem. § 630h Abs. 2 Satz 2**. Insoweit muss der Arzt zunächst behaupten, dass der Patient bei ordnungsgemäßer Aufklärung in den Eingriff eingewilligt hätte. Nur dann, wenn er diese Behauptung aufstellt, ist eine hypothetische Einwilligung zu erwägen. Die hypothetische Einwilligung muss sich auf den Gesamteingriff beziehen und nicht bloß auf Teilaspekte wie die Erweiterung einer Operation (OLG Köln VersR 2017, 621). Die gerichtliche Anhörung des Patienten zur Beantwortung der Frage nach einer hypothetischen Einwilligung ist ausnahmsweise entbehrlich, wenn sich die Frage aus sonstigen Umständen des Einzelfalls zweifelsfrei ergibt (OLG Koblenz VersR 2016, 1502). Mit diesem Ansatz sollte zurückhaltend verfahren werden.

116 Es genügt nicht, wenn der Arzt geltend macht, dass jeder **vernünftige Patient** dem Eingriff zugestimmt hätte, denn ein Patient hat ein Recht darauf, einen Eingriff gegen den ärztlichen Rat abzulehnen. Der Arzt muss darlegen, dass und warum gerade dieser Patient der Behandlung zugestimmt hätte. Der Patient kann dies bestreiten, es genügt, wenn er plausibel vorträgt, er habe sich bei entsprechender Aufklärung in einem **Entscheidungskonflikt** befunden oder wenn er plausibel und unwiderlegt vorträgt, dass er dem Eingriff widersprochen hätte (BGH VersR 2009, 257; 2007, 66, 68; OLG Koblenz MedR 2009, 93, 95; eingehend dazu auch Staudinger/*Schiemann*, BGB, § 249 Rn. 107 f.).

117 Der Arzt muss den Einwand der **hypothetischen Einwilligung** ausdrücklich und grundsätzlich in der **ersten Instanz** erheben (OLG Oldenburg MedR 2010, 570 m. Anm. *Jaeger* = VersR 2010, 1221). Das gilt auch dann, wenn ein Sachverständiger die Aufklärung aus medizinischer Sicht für ausreichend erachtet hat. Wird der Einwand erst im zweiten Rechtszug erhoben, handelt es sich grundsätzlich um ein neues Verteidigungsmittel i.S.d. § 531 Abs. 2 ZPO (BGH VersR 2009, 257; OLG Oldenburg VersR 2008, 124; BGH VersR 1992, 960; 1994, 682; 1996, 1240; RuS 2008, 33). Hierfür genügt es keinesfalls, wenn der Arzt in erster Instanz nur eine vollständige und ordnungsgemäße Aufklärung behauptet hat.

## II. Sonstige Gründe zur Einschränkung der Schadensersatzansprüche

### 1. Forderungsübergang

118 Wird ein Patient durch einen Behandlungsfehler verletzt, werden weitere ärztliche Behandlungen erforderlich. Soweit seine Krankenversicherung für die Heilbehandlungskosten eintritt, gehen die Ansprüche des Patienten gegen den fehlerhaft handelnden Arzt auf diese über. Ein gesetzlicher Forderungsübergang findet auch bei einem etwaigen Schaden wegen vermehrter Bedürfnisse und für den Verdienstausfall statt, etwa bei Lohnfortzahlung durch den Arbeitgeber nach dem EFZG, bei Leistungen eines Versicherers gem. § 86 VVG, bei Leistungen des Rentenversicherungsträgers oder der Berufsgenossenschaft, §§ 116, 119 SGB X.

### 2. Schadensanlage – Reserveursache

119 Eine Konstitution des Geschädigten, die den Schaden ermöglicht oder wesentlich erhöht hat, schließt den Zurechnungszusammenhang **nicht** aus. Wer einen Kranken verletzt, kann nicht verlangen, so gestellt zu werden, als habe er einen Gesunden verletzt (BGH NJW 1956, 1108; VersR 1996, 990). Etwaige Vorschäden des Patienten entlasten den Arzt regelmäßig nicht, auch wenn der Schaden auf einem Zusammenwirken der vorhandenen Schadensanlage und dem Behandlungsfehler beruht. Insbesondere ist zu beachten, dass es nicht darauf ankommt, ob eine fehlerhafte Behandlung die vorhandene Schadensanlage »richtungsweisend verstärkt« hat (Theorie der wesentlichen Bedingung), worauf im Sozialrecht abgestellt wird. Dies gilt im Zivilrecht deshalb nicht, weil die **Mitursächlichkeit** einer Bedingung für die volle Haftung **genügt**.

120 Eine besonders hohe Schadensanfälligkeit kann aber dann zur Haftungsfreistellung führen, wenn sich ein extremes Risiko verwirklicht, etwa weil der Geschädigte sich über ein eher harmloses Ereignis so erregt, dass er Gehirnblutungen erleidet. Auch eine psychisch vermittelte organische Verletzung ist grundsätzlich ein ersatzfähiger eigener Gesundheitsschaden, dessen Zurechnung regelmäßig

nicht daran scheitert, dass der Verletzte infolge einer körperlichen Disposition besonders anfällig für den eingetretenen Schaden ist.

Hat die nicht schwer verletzte Tochter ihren Vater angerufen und ihn gebeten, zur Unfallstelle zu kommen, und bietet auch die Unfallstelle kein Bild außergewöhnlicher Dramatik, steht der Schlaganfall, den der Vater dort erleidet, in keinem adäquaten Zusammenhang zum Unfall (OLG Nürnberg DAR 2006, 635 ff.). Ein solcher Gesundheitsschaden ist dann dem **allgemeinen Lebensrisiko** zuzurechnen. Hier muss jedoch sorgfältig zwischen dem allgemeinen Lebensrisiko und dem Verantwortungsbereich des Verursachers abgewogen werden (vgl. Staudinger/*Schiemann*, BGB, § 249 Rn. 36). 121

### 3. Seelische Reaktionen

Der Zurechnungszusammenhang erstreckt sich ferner regelmäßig auch auf die seelischen Reaktionen des Verletzten selbst, auch wenn diese durch eine psychische Labilität wesentlich mitbestimmt sind. Die Haftung findet jedoch ihre Grenze, wenn die seelische Störung erst durch die – wenn auch unbewusste – Begehrensvorstellung nach einer Lebenssicherung oder die Ausnutzung einer vermeintlichen Rechtsposition ihr Gepräge erhält und der Gesundheitsschaden zum Anlass genommen wird, den Schwierigkeiten des Arbeitslebens auszuweichen (BGH NJW 1956, 1108; 2000, 372). 122

Der Schaden, den eine Patientin dadurch erleidet, dass sie sich nach einer verzögerten Diagnose eines Mammakarzinoms zur Vorbeugung einer etwaigen schädlichen Krankheitsentwicklung vorsorglich einer medizinisch nicht indizierten Amputation (auch) der nicht befallenen Brust unterzieht, ist der Verletzungshandlung haftungsrechtlich nicht zuzurechnen (OLG Köln VersR 2009, 1543). 123

Eine Zurechnung kommt auch dann nicht in Betracht, wenn das Schadensereignis ganz geringfügig ist (Bagatelle) und nicht gerade speziell auf die Schadensanlage des Verletzten trifft (BGH VersR 1996, 990). 124

#### a) Schadensdisposition

Die Frage der Zurechnung einer Schadensanlage stellt sich auch bei psychischer Labilität des Verletzten, macht es doch keinen Unterschied, ob eine körperliche Vorschädigung oder eine psychische Schadensanlage verstärkt wird. Nur selten wird angenommen, dass die neurotische Fehlhaltung des Geschädigten in einem groben Missverhältnis zum schädigenden Ereignis steht, also Ausdruck einer offensichtlich unangemessenen Erlebnisverarbeitung ist, mit der Folge, dass keine Haftung besteht. Selbst ein geringfügiges Schadensereignis kann ausnahmsweise zur Haftung führen, wenn es gerade auf eine spezielle Schadensanlage des Geschädigten trifft (BGH VersR 1998, 201). Die Beweislast dafür, dass sich hier nur das allgemeine Lebensrisiko des Geschädigten verwirklicht hat, der sich in eine Neurose flüchtet, trägt der Schädiger. Dies gilt z.B., wenn an dem Krankheitsausbruch, welcher zu einer Frühpensionierung geführt hat, eine vorbestehende latente Disposition wesentlich mitgewirkt hat (KG NZV 2002, 172, 174). 125

Hat schon vor dem Eintritt des Gesundheitsschadens eine fortschreitende psychische Erkrankung vorgelegen, die sich kontinuierlich verstärkt hat, kann als »Anteil« des Zwischenfalls allenfalls vorübergehend eine Überlagerung der Grunderkrankung angenommen, ansonsten aber unterstellt werden, dass die später festgestellte Beeinträchtigung einige Zeit später auch ohne den Zwischenfall eingetreten wäre (OLG Hamm r+s 2002, 16; OLG Hamm r+s 2002, 113; s. aber OLG Hamm NZV 2002, 37, wonach konkrete Anhaltspunkte für Fehlentwicklungen vergleichbaren Ausmaßes vorliegen müssen). 126

#### b) Keine automatische Anspruchsminderung

Teilweise wird der Schmerzensgeldanspruch des Verletzten mit der Begründung auf 50 % gekürzt, der Gesundheitsschaden beruhe u. a. darauf, dass beim Verletzten eine gewisse Prädisposition für den psychischen Schaden vorgelegen habe (für die Möglichkeit der Anspruchsminderung allgemein 127 aussprechend BGH NJW 1996, 2425, 2427). So sehr eine prozentuale Kürzung auch gerechtfertigt erscheinen mag, sie lässt sich i. d. R. nicht begründen (vgl. Geigel/*Pardey*, 6. Kap. Rn. 42).

128 Das OLG Köln kürzte einen Schmerzensgeldanspruch wegen somatoformer Verarbeitung um eine nicht näher angegebene Quote. Ein anderer Senat des OLG Köln (DAR 2006, 325) ist ebenfalls der Auffassung, dass eine besondere Schadensanfälligkeit des Verletzten bei der Bemessung des Schmerzensgeldes Berücksichtigung finden könne. Es gehe darum, den Schaden zu ermitteln, wie er sich voraussichtlich in Zukunft dargestellt hätte. Eine nähere Begründung zur Ermittlung des Schmerzensgeldes enthält die Entscheidung nicht.

129 Der BGH billigt es (VersR 1997, 122; so auch OLG Saarbrücken OLGR 2006, 761; OLG Hamm NJW-RR 2001, 1676 m.w.N.), bei der Bemessung des Schmerzensgeldes zu berücksichtigen, wenn die zum Schaden führende Handlung des Schädigers auf eine bereits vorhandene Schadensbereitschaft in der Konstitution des Verletzten trifft und so die Gesundheitsbeeinträchtigungen Auswirkungen dieser Schadensanfälligkeit sind. Sei der Verletzte zuvor für einen längeren Zeitraum beschwerdefrei gewesen, dann habe das schädigende Ereignis zwar nicht einen gesunden, aber doch einen beschwerdefreien Menschen getroffen und eine Kürzung des Schmerzensgeldes müsse ausscheiden.

130 Im Rahmen der haftungsausfüllenden Kausalität ist nach § 287 ZPO die **wahrscheinliche Entwicklung** maßgebend. Gelingt es dem Schädiger, konkrete Anhaltspunkte dafür aufzuzeigen, dass Fehlentwicklungen gleichen Ausmaßes ohnehin eingetreten wären, können Abschläge aufgrund der besonderen Schadensanfälligkeit gemacht werden.

131 Ergeben sich keine konkreten Anhaltspunkte für einen negativen Verlauf, muss der Richter bei einer Wahrscheinlichkeitsprognose einen gleichbleibenden Zustand zugrunde legen. Die verbleibende Unsicherheit, die jeder gesundheitlichen Prognose innewohnt, darf sich nicht anspruchsmindernd auswirken.

132 Ein Sachverständiger wird auf die Frage nach einer sicheren Prognose für den hypothetischen Krankheitsverlauf antworten müssen, dass dieser sich nicht sicher vorhersagen lasse. Ein Ausweg aus dieser unerfreulichen Beweissituation ergibt sich für den Schädiger aber dadurch, dass ein Sachverständiger möglicherweise doch angeben kann, wann – auch ohne das schädigende Ereignis – spätestens eine Verschlimmerung der Beschwerden eingetreten wäre. Ähnlich wie sich bei schweren Erkrankungen die Lebenserwartung in etwa eingrenzen lässt.

### 4. Neurosen

133 Bei der Frage, ob Neurosen kausal zurechenbar sind, unterscheidet die Rechtsprechung mehrere Fälle:

#### a) Renten- und Begehrensneurose

134 Unter einer Renten- oder Begehrensneurose wird ein neurotisches Fehlverhalten verstanden, mit dem der Verletzte der inneren Verarbeitung und Überwindung seiner Verletzung ausweicht und sich in die Vorstellung hineinsteigert, künftig nicht mehr selbst für den Lebensunterhalt aufkommen zu können, um so den Schädiger und/oder seinen Haftpflichtversicherer in Anspruch nehmen zu können (BGH NJW 1956, 1108). Der Verletzte flüchtet in die Vorstellung, der Schädiger müsse eine Rente zahlen, sodass es sich nicht lohne, die Schadensfolgen zu überwinden.

135 Die Haftung findet ihre Grenze, wenn die seelische Störung erst durch die Begehrensvorstellung ihr Gepräge erhält und der Schadensfall zum Anlass genommen wird, den Schwierigkeiten und Belastungen des Arbeitslebens auszuweichen (BGHZ 20, 137; 132, 341; BGH VersR 2012, 1133, 1135). Tritt die Begehrensvorstellung des Verletzten derart in den Vordergrund, kann der Zurechnungszusammenhang verneint werden.

136 *Für eine Renten- oder Begehrensneurose haftet dennoch grundsätzlich der Schädiger. Ausnahmen gelten nur in extrem gelagerten Fällen, in denen die psychische Reaktion in einem groben*

Missverhältnis zum Anlass stand und daher schlechterdings nicht mehr verständlich war. Eine Zurechnung kommt nicht in Betracht, wenn das Schadensereignis ganz geringfügig ist (Bagatelle) und nicht gerade speziell auf die Schadensanlage des Verletzten trifft (BGHZ 132, 341; *Müller* zfs 2009, 62, 65).

Der BGH ist sehr zurückhaltend in der Annahme einer Rentenneurose (BGH VersR 1979, 718, 719; Palandt/*Grüneberg*, BGB, Vorb. zu § 249 Rn. 39). Andererseits kann es dem Zweck des Schadensersatzes widersprechen, wenn gerade durch die Tatsache, dass ein anderer Schadensersatz zu leisten hat, die Wiedereingliederung des Verletzten in den sozialen Lebens- oder Pflichtenkreis erschwert oder unmöglich gemacht wird (BGH NJW 1956, 1108; VersR 1996, 990; VersR 1998, 201). 137

Nach den heutigen Erkenntnissen der Medizin dürfte es wohl keine **reinen** Renten- und Begehrensneurosen geben; sie stellen lediglich einen Bestandteil der Neurosenbildung des Geschädigten nach einem schädigenden Ereignis dar (*Brandt* VersR 2005, 616 ff.). 138

### b) Konversionsneurose

Bei der Konversionsneurose kann der Verletzte die Folgen seiner Verletzung ebenfalls nicht verarbeiten. Er steigert sich allerdings nicht in die Vorstellung hinein, künftig müssten der Schädiger oder die Allgemeinheit für seinen Lebensunterhalt aufkommen, sondern verliert vielmehr sein Selbstwertgefühl und wird mit seinen Konflikten nicht fertig. Zu beachten ist dabei, dass – ebenso wie bei der Borderline-Störung – oft ein geringfügiger anderer Anlass die Neurose ebenfalls ausgelöst haben könnte. 139

In der Regel löst die Konversionsneurose eine Entschädigungspflicht aus. Der Schädiger muss den Geschädigten hinnehmen, wenn sich die körperliche Schädigung aufgrund seiner Veranlagung in eine seelische Störung umwandelt und der Geschädigte infolge dieser psychischen Fehlverarbeitung nicht mehr arbeiten kann. Eine Grenze wird auch hier nur bei reinen **Bagatellverletzungen** gezogen (BGH VersR 1998, 201; 1998, 200; vgl. OLG Düsseldorf, Urt. v. 17.11.2015 – 1 U 159/14 Rn. 31). 140

Nimmt der Geschädigte aufgrund seiner besonderen Persönlichkeitsstruktur einen Zwischenfall lediglich zum Anlass, latente innere Konflikte zu kompensieren, und flüchtet er sich so in eine Neurose, die keinen inneren Bezug zu dem Geschehen mehr aufweist, sondern bei der sich dieses Geschehen nur als ein durch beliebige andere Ereignisse auswechselbarer Kristallisationspunkt für die neurotische Fehlverarbeitung darstellt, ist es nach dem Normzweck der §§ 280 Abs. 1, 823 Abs. 1 nicht gerechtfertigt, auch die psychischen Beeinträchtigungen des Geschädigten dem Schädiger zuzurechnen. Sie gehören nach der ständigen Rechtsprechung des BGH zum allgemeinen Lebensrisiko des Verletzten, das dieser entschädigungslos zu tragen hat (BGH VersR 1982, 1141; 1991, 432; 1991, 777; 1991, 704; NJW 1993, 1523). 141

### c) Borderline-Störung

Auch eine der Konversionsneurose vergleichbare Borderline-Störung kann im Einzelfall dazu führen, die Kausalität z.B. einer HWS-Verletzung für psychisch bedingte Folgeschäden zu verneinen (KG KGR 2004, 323). Bei einer Borderline-Persönlichkeit ist ein von der Norm abweichendes Erlebens- und Verhaltensmuster vorhanden, das im Laufe des Lebens zwangsläufig weitere Beeinträchtigungen/Erkrankungen nach sich zieht. Ein Behandlungsfehler oder ein Verkehrsunfall kann als Auslöser für eine psychische Erkrankung zufälligen Charakter haben. Ein beliebiges anderes Ereignis, welches mit einer zeitweisen Beeinträchtigung der körperlichen Funktionen verbunden ist und welches zum normalen **Lebensrisiko** gehört, hätte eben diese Folgen auch auslösen können. 142

### d) Schockschaden

Schockschäden sind den Fällen einer Neurose ähnlich. Sie beruhen auf einer seelischen Erschütterung, die einen Dritten, nicht unmittelbar Verletzten, durch das Miterleben eines schweren 143

Schadens eines Angehörigen oder die Mitteilung eines schweren Gesundheitsschadens oder gar Todes eines Angehörigen treffen kann (vgl. BGH NJW 1971, 1883; 2015, 1451). Dieser Schockschaden ist ein eigener Gesundheitsschaden und kein nicht ersatzpflichtiger Drittschaden, der dem Schädiger in der Regel zuzurechnen ist.

144  Im Grundsatz gilt, dass kein Schmerzensgeld für Angehörige von Geschädigten gewährt wird (vgl. BGH NJW 1971, 1883; 2015, 1451). Einen solchen indirekten Schmerzensgeldanspruch kennt das Gesetz nur in § 844 Abs. 3 unter den dortigen Voraussetzungen. Ist ein Kind von einem Behandlungsfehler betroffen, steht der Mutter des Kindes, die gleichsam als Reflex mit dem Kind gelitten hat, kein Schmerzensgeld zu. Ein Dritter, der mit dem fehlerhaft behandelten Patienten mitleidet, auch wenn er große eigene Ängste ausstehen muss, kann daraus keinen Schmerzensgeldanspruch herleiten (OLG Naumburg MDR 2009, 867; s.a. BGH NJW 2015, 1451).

145  Einen Schadensersatzanspruch wegen eines angeblich erlittenen Schockschadens kann eine Mutter nicht geltend machen, die vom Arzt ihres geschiedenen Ehemannes auf dessen Bitte darüber informiert worden war, dass er unter einer schweren Nervenkrankheit mit hohem Vererbungsrisiko litt. Der Ehemann hatte den Arzt um diese Mitteilung an die Mutter seiner Kinder gebeten, um diese über die im Erwachsenenalter ausbrechende Krankheit zu informieren. Das OLG Koblenz (MedR 2012, 742) hat der Mutter zwar für eine entsprechende Schadensersatzklage PKH bewilligt. In mehreren Anmerkungen zu dieser Entscheidung (vgl. u.a. *Jaeger* VersR 2012, 862 und *Kern* GesR 2012, 352) wird die Entscheidung des OLG aus unterschiedlichen Gründen als unhaltbar falsch bewertet. Das OLG Koblenz (Urt. v. 31.07.2013 – 5 U 1427/12) hat seine in der PKH-Beschwerde-Entscheidung vertretene Ansicht aufrechterhalten, die nun, gestützt auf *Damm* MedR 2012, 705, eingehend begründet wurde. Der BGH (NJW 2014, 2190) hat das Urteil des OLG Koblenz allerdings aufgrund mangelnden Zurechnungszusammenhangs aufgehoben.

### 5. Herausforderung

146  Im Arzthaftungsrecht kann eine Haftung wegen Herausforderung in Betracht kommen, wenn ein Behandlungsfehler einen Dritten veranlasst, zugunsten des Patienten eigene Gesundheitsrisiken verbunden mit einem eigenen Gesundheitsschaden einzugehen. Das kann z.B. der Fall sein bei einer **Organ- oder Hautspende** eines nahen Angehörigen. Der BGH sah die **Spende einer Niere** durch eine Mutter an ihr Kind als einen Fall der Herausforderung an, ließ aber ausdrücklich die Frage offen, ob in diesen Rettungsfällen nicht auch ein Anspruch des Organspenders nach §§ 683, 670 in Betracht kommt (BGHZ 101, 215 ff. = NJW-RR 1987, 1507 ff.; s.a. LG Dortmund zfs 2000, 437).

### 6. Dazwischentreten Dritter

147  Die Zurechnung wird nicht dadurch ausgeschlossen, dass außer dem zum Schadensersatz verpflichtenden Ereignis noch andere Ursachen zur Entstehung des Schadens beigetragen haben. Ebenso wenig muss das zum Schadensersatz verpflichtende Ereignis die überwiegende oder wesentliche Ursache sein (Palandt/*Grüneberg*, BGB, Vorb. zu § 249 Rn. 33; vgl. auch BGH VersR 1988, 640). Die im Sozialrecht geltende »wesentliche Bedingung«, die den Schaden auf eine Ursache zurückführt und entferntere Bedingungen ausschließt, gilt im Zivilrecht nicht.

148  Ein Fehlverhalten Dritter unterbricht den Kausalzusammenhang deshalb i.d.R. nicht. Wer eine **gesteigerte Gefahrenlage** schafft, in der ein Fehlverhalten anderer erfahrungsgemäß vorkommen kann, hat auch für den dadurch entstehenden Schaden zu haften. Die Einstandspflicht des Arztes für einen Behandlungsfehler umfasst regelmäßig auch die Schadensfolgen, die dadurch entstehen, dass durch seine fehlerhafte Behandlung die Zuziehung eines anderen Arztes veranlasst wird und dieser sich bei der Nachbehandlung des Patienten seinerseits fehlerhaft verhält (BGH VersR 1988, 1273; OLG Hamm RDG 2017, 142).

149  Der **Zurechnungszusammenhang** entfällt nur ausnahmsweise bei ungewöhnlich grobem Fehlverhalten des Dritten, da in diesem Fall von einem ungewöhnlichen und bei wertender Betrachtung

nicht mehr dem Verhalten des Schädigers zurechenbaren Umstand ausgegangen wird (BGH VersR 2008, 399; Geigel/*Schmidt*, 1. Kap. Rn. 30). Das OLG Köln nimmt in diesem Zusammenhang an, dass eine fehlerhafte Bezeichnung im Arztbrief als Behandlungsfehler anzusehen ist, wenn aufgrund dessen ein Nachbehandler eine medizinisch gebotene Behandlung nicht vorgenommen hat, wodurch eine gesundheitliche Beeinträchtigung beim Patienten eingetreten ist (OLG Köln MedR 2017, 318). Eine Haftung des Erstbehandlers wurde trotz des Umstandes, dass der Nachbehandler aus den grds. korrekten Umschreibungen des Erstbehandlers die richtigen Schlüsse hätte ziehen können, angenommen (OLG Köln MedR 2017, 318).

Kommt es nach einem ärztlichen Behandlungsfehler bei der weiteren auf Beseitigung des Gesundheitsschadens gerichteten Behandlung des Patienten zu einem (weiteren) Behandlungsfehler des nachbehandelnden Arztes, so ist ein gesundheitlicher Schaden, der durch diese Operation eintritt, dem früheren Chirurgen ebenso zuzurechnen, wie ein bei der zweiten Operation von einem anderen Arzt begangener weiterer Behandlungsfehler. 150

Lediglich wenn der zweite Behandlungsfehler als besonders grober Behandlungsfehler zu qualifizieren ist, kann eine (Mit-)Haftung des Erstschädigers entfallen. Das bedeutet, dass der Zurechnungszusammenhang nur zu verneinen ist, wenn dieses ärztliche Handeln nicht mehr verständlich erscheint (so schon RGZ 102, 230; vgl. für neuere Rspr. OLG Hamm RDG 2017, 142). Es muss ein Versagen des nachbehandelnden Arztes in außergewöhnlich hohem Maße festgestellt werden, ein völlig ungewöhnliches und unsachgemäßes Verhalten dieses Arztes, mit dem unter normalen Umständen nicht zu rechnen war. Bei der Fehldeutung einer Röntgenaufnahme kann es sich zwar um einen Diagnosefehler handeln (BGH VersR 2008, 644). Dabei handelt es sich jedoch nicht ohne weiteres um ein schwerwiegendes Versagen, sodass der erst- und der zweitbehandelnde Arzt nebeneinander haften (OLG Koblenz NJW 2008, 3006). 151

Hat sich im Zweiteingriff nicht mehr das Schadensrisiko des Ersteingriffs verwirklicht, war dieses Risiko vielmehr schon gänzlich abgeklungen und besteht deshalb zwischen beiden Eingriffen bei wertender Betrachtung nur ein äußerlicher, gleichsam zufälliger Zusammenhang, dann kann von dem Erstschädiger nicht verlangt werden, dem Geschädigten auch für die Folgen des Zweiteingriffs einstehen zu müssen (BGH VersR 1988, 1273). Dies gilt ebenso, wenn nach einer Schädigung durch den erstbehandelnden Arzt der Folgeschaden aus einem Behandlungsfehler durch den nachbehandelnden Arzt zu beurteilen ist. Auch in solchen Fällen hat der erstbehandelnde Arzt grundsätzlich jedoch für alle Schadensfolgen aufzukommen, die mit dem von ihm zu verantwortenden schlechten Zustand des Patienten in adäquatem Kausalzusammenhang stehen, also insbesondere mit der von ihm veranlassten Belastung des Patienten mit einer Nachbehandlung und der mit dieser verbundenen Gefahr von Fehlern des nachbehandelnden Arztes (BGH VersR 1988, 1273). 152

Liegt nur ein (einfacher) Diagnosefehler des nachbehandelnden Arztes vor, wird der Zurechnungszusammenhang nicht unterbrochen. Das gilt auch zugunsten eines Arztes, der nach einem Verkehrsunfall des Patienten eine Röntgenaufnahme falsch beurteilt. Der dadurch entstehende Schaden ist dem Erstschädiger zuzurechnen, denn eine Fehlbeurteilung einer Röntgenaufnahme kann selbst einem erfahrenen Radiologen unterlaufen (BGH VersR 1988, 1273; OLG Koblenz VersR 2008, 1071). Ist die fehlerhafte Beurteilung einer eindeutigen Röntgenaufnahme dem Arzt jedoch als Behandlungsfehler vorzuwerfen, sind Unfallverursacher und Arzt Gesamtschuldner. 153

### 7. Dazwischentreten des Verletzten

Eine Schadenszurechnung kann zudem in Betracht kommen, wenn der Schaden durch eine Handlung verursacht wird, die auf einem Willensentschluss des Verletzten selbst beruht. Voraussetzung hierfür ist, dass der dadurch entstehende Schaden nach Art und Entstehung nicht außerhalb der Wahrscheinlichkeit liegt und unter den Schutzzweck der Norm fällt. Dies wird angenommen, wenn die Handlung des Verletzten durch das haftungsbegründende Ereignis **herausgefordert** worden ist und eine nicht ungewöhnliche Reaktion auf dieses darstellt. 154

155 Der Schädiger haftet auch dann, wenn er eine gesteigerte Gefahrenlage geschaffen hat, bei der Fehlleistungen erfahrungsgemäß vorkommen (BGH VersR 2008, 399; 2002, 773; 2002, 200; Palandt/*Grüneberg*, BGB, Vorb. zu § 249 Rn. 41). Nur in Ausnahmefällen kann das Verhalten des Geschädigten dazu führen, den Kausalzusammenhang zu unterbrechen, sodass der Schaden nicht mehr dem Erstschädiger zuzurechnen ist.

## F. Vorteilsausgleichung

### I. Ausgangspunkt

156 Nach dem Sinn des Schadensersatzrechts soll der Geschädigte den erlittenen Schaden ersetzt bekommen. Er soll aber nicht bessergestellt werden, als er ohne das schädigende Ereignis stehen würde. Vorteile, die kausal auf dem Schaden beruhen, müssen berücksichtigt und unter bestimmten Umständen auf den Schadensersatzanspruch angerechnet werden (BGH NJW-RR 2001, 1450, 1451; BGHZ 109, 380, 392).

157 Der Grundsatz der Vorteilsausgleichung beruht auf dem Gedanken, dass dem Geschädigten in gewissem Umfang diejenigen Vorteile zuzurechnen sind, die ihm im **adäquaten Zusammenhang** mit dem Schadensereignis zufließen. Es soll ein gerechter Ausgleich zwischen den bei einem Schadensfall widerstreitenden Interessen herbeigeführt werden. Die Anrechnung von Vorteilen muss dem Zweck des Schadensersatzes entsprechen und darf weder den Geschädigten unzumutbar belasten noch den Schädiger unbillig entlasten (st. Rspr. BGH VersR 2009, 976; 2007, 1419 jeweils m.w.N.). Vor- und Nachteile müssen bei wertender Betrachtung gleichsam zu einer Rechnungseinheit verbunden sein (BGH NJW 2007, 3130, 3132).

158 Zu der Adäquanz des Vorteils muss hinzutreten, dass die Anrechnung dem Zweck der Ersatzpflicht entspricht. Insbesondere ist eine unbillige Entlastung des Schädigers zu vermeiden (st. Rspr. BGHZ 136, 52, 54 f.; 91, 206, 209 f.; MüKo/*Oetker*, BGB, § 249 Rn. 234 m.w.N.). Das bedeutet, dass zwischen dem Schaden und dem Vorteil ein innerer Zusammenhang bestehen muss (BGH VersR 2009, 931).

159 Die Vorteilsausgleichung wird durchgeführt, indem der Vorteil vom Ersatzanspruch abgezogen wird. Es handelt sich um eine von Amts wegen zu berücksichtigende Anrechnung, nicht um eine Aufrechnung, sodass es auch einer Gestaltungserklärung des Schädigers nicht bedarf. Der Schädiger trägt allerdings die Beweislast für das Vorliegen eines Vorteils (BGH VersR 1992, 1484). Der Vorteil wird bei der Schadensposition abgesetzt, der er sachlich entspricht; es kommt also, vergleichbar den Fällen gesetzlichen Forderungsübergangs beim Regress, auf die Kongruenz von Schaden und Vorteil an.

### II. Leistungen eines Privatversicherers

160 Hat der Geschädigte eine private Schadensversicherung abgeschlossen, entlasten deren Leistungen den Schädiger nicht (vgl. BGHZ 19, 94, 99; MüKo/*Oetker*, BGB, § 249 Rn. 258). Für den Versicherer greift die Legalzession ein (§ 86 VVG). Leistungen aus einer Lebensversicherung sind grundsätzlich nicht anzurechnen.

### III. Lohnfortzahlung

161 Für die Dauer der Lohnfortzahlung im Krankheitsfall erleidet der Patient keinen Verdienstausfallschaden. Sein Schadensersatzanspruch geht insoweit auf den Arbeitgeber über (vgl. MüKo/*Oetker*, BGB, § 249 Rn. 261). Erst, wenn nach einem Zeitraum von sechs Wochen das Krankengeld an die Stelle der Lohnfortzahlung tritt (§ 3 Abs. 1 Satz 1 EFZG), erleidet der Patient einen Differenzschaden, für den der Schädiger aufzukommen hat.

### IV. Eigenes Einkommen

162 Einkünfte sind dem Geschädigten nur insoweit anzurechnen, als ihm die Tätigkeit im Rahmen der Schadenminderung oblag (BGHZ 55, 329, 332; BGH NJW 1974, 602, 603). Die Erwerbstätigkeit

kann aber unzumutbar oder überobligationsmäßig gewesen sein. Der Schädiger kann dann nicht verlangen, dass der Erwerb auf den Schaden des Verletzten angerechnet wird. Der Verletzte muss die Möglichkeit haben, überobligationsmäßig für sich selbst und nicht zur Entlastung des Schädigers zu arbeiten (Staudinger/*Schiemann*, BGB, § 249 Rn. 145 ff.).

Ebenso wenig kann ein Schaden mit der Begründung verneint werden, dass ein Schadensersatzanspruch gegen einen Dritten besteht, durch dessen Realisierung der vom Schädiger verursachte Vermögensverlust ausgeglichen werden könnte (vgl. MüKo/*Oetker*, BGB, § 249 Rn. 233 f.). Dem Gläubiger steht es frei, sich von mehreren Schädigern denjenigen auszuwählen, von dem er Ersatz fordert. Unter Gesamtschuldnern erfolgt der Schadensausgleich gem. § 426. 163

### V. Leistungen Angehöriger – Leistungen Dritter

Die Leistung von Angehörigen würde meist eine unbillige Entlastung bedeuten, die dem fehlerhaft handelnden Arzt nicht zugutekommen soll (vgl. Staudinger/*Schiemann*, BGB, § 249 Rn. 151 f.; MüKo/*Oetker*, BGB, § 249 Rn. 251 f.). Auch die dem Patienten kraft Gesetzes zustehenden Unterhaltsleistungen von Angehörigen sind auf den Schaden nicht anzurechnen. Der Regelung des § 843 Abs. 4 wird der allgemeine Rechtsgrundsatz entnommen, dass auf den Schaden keine Leistungen Dritter anzurechnen sind, die ihrer Natur nach dem Schädiger nicht zugutekommen sollen. Dies gilt nicht nur für gesetzlich begründete, sondern auch für freiwillige Leistungen Dritter, wie z.B. eine Sammlung für den Patienten. Der Grundsatz, dass die Weiterzahlung von Lohn oder Gehalt an den körperlich verletzten und arbeitsunfähig gewordenen Arbeitnehmer die Schadenersatzpflicht des verantwortlichen Schädigers nicht berührt, gilt auch für den Fall, dass der Komplementär einer Kommanditgesellschaft, dem für seine Geschäftsführertätigkeit nach dem Gesellschaftsvertrag ein von Gewinn und Verlust unabhängiges Gehalt zusteht, durch eine Verletzung außerstande gesetzt wird, seine Tätigkeit auszuüben (BGH NJW 1963, 1051; BGH VersR 2001, 196). 164

### VI. Ersparte Aufwendungen

#### 1. Behandlungskosten

Werden aufgrund des Todes des fehlerhaft behandelten Krebspatienten die Kosten der an sich gebotenen Chemotherapie erspart, sind diese Kosten nicht als Vorteil anrechenbar (OLG Schleswig NJW 2005, 439 = OLGR 2005, 86). 165

Auch gegen den Anspruch auf Ersatz der Beerdigungskosten kann nicht eingewandt werden, dass diese irgendwann – möglicherweise sogar alsbald – ohnehin angefallen wären (OLG Düsseldorf zfs 1994, 405 m.w.N.). 166

#### 2. Verpflegung

Während des stationären Aufenthaltes hat der Verletzte i.d.R. keine Aufwendungen für Grundnahrungsmittel. Was er insoweit erspart, mindert seinen Schaden (*Küppersbusch/Höher* Rn. 240 ff.). 167

In Hinblick auf die korrekte Ansetzung der Einsparungen werden verschiedene Summen von Rspr. (LG Schwerin NZV 2004, 581 f., 582) und Literatur (Ludovisy/Eggert/Burhoff/*Doukoff* § 2 Rn. 1131; *Jahnke* NZV 1996, 178) genannt. Aufgrund der inzwischen verstrichenen Zeit und der Erhöhung des Lebensstandards sollen bei einem Volljährigen heute grundsätzlich mindestens 10 €/Tag als Einsparung zu berücksichtigen sein. 168

Verpflegungskosten i.H.v. bis zu 10 € täglich sind allerdings unrealistisch. Die im Krankenhaus oder in einer Kuranstalt täglich gereichten Nahrungsmittel sind diesen Betrag in der Regel bei Weitem nicht wert, zumal die Kosten der Zubereitung nicht mitgezählt werden dürfen, denn insoweit erspart der Patient nichts, weil die Nahrung im Haushalt, in der Familie zubereitet wird. Realistisch scheint ein Pauschalbetrag von 4 € täglich. Dieser Auffassung ist auch das KG (VRR 2009, 300), das für die Ersparnis eines Geschädigten mit geringem Nettoeinkommen als Vorteil bei stationärer Unterbringung lediglich einen Betrag von 4 €/Tag abzieht. 169

### 3. Sonstige Kosten

170 Auch sonstige ersparte Aufwendungen, die zu Hause angefallen wären, sind bei schadensbedingtem stationärem Aufenthalt anzurechnen, wie z.B. Heizung, Strom, Fahrtkosten zur Arbeit oder Mehraufwendungen an der Arbeitsstelle.

171 Beim materiellen Schadensersatz sind i.d.R. ersparte Aufwendungen wie z.B. Steuern (vgl. MüKo/*Oetker*, BGB, § 249 Rn. 247 f.), Unterhaltszahlungen, Werbungskosten (Fahrtkosten, Berufsbekleidung bei Berufsaufgabe), Eigenaufwendungen bei der Miete eines Ersatzfahrzeugs (vgl. BGH NJW 2010, 1445 Rn. 20), z.T. sogar normale Kleidung, bei der Verwendung von Trauerkleidung 50 % anzurechnen.

172 Leistungen des Arbeitgebers, des Dienstherrn oder der privaten Versicherungen werden zumeist schon deshalb nicht als ersparte Aufwendungen angesehen, weil ein Übergang des Schadensersatzanspruchs gesetzlich angeordnet ist, z.B. § 6 EFZG.

## § 253 Immaterieller Schaden

(1) Wegen eines Schadens, der nicht Vermögensschaden ist, kann Entschädigung nur in den vom Gesetz bestimmten Fällen gefordert werden.

(2) Ist wegen einer Verletzung des Körpers, der Gesundheit, der Freiheit oder der sexuellen Selbstbestimmung Schadensersatz zu leisten, kann auch wegen des Schadens, der nicht Vermögensschaden ist, eine billige Entschädigung in Geld gefordert werden.

| Übersicht | Rdn. | | Rdn. |
|---|---|---|---|
| **A. Allgemeines** . . . . . . . . . . . . . . . . . . . . . . 1 | | d) Ausblick . . . . . . . . . . . . . . . . . . . . 53 | |
| I. Billige Entschädigung in Geld . . . . . . . 1 | | 5. Todesangst . . . . . . . . . . . . . . . . . . . . 56 | |
| II. Kein Schmerzensgeld ohne Rechtsgutverletzung . . . . . . . . . . . . . . . . . . . . . . . . 3 | | **C. Verschulden des Arztes** . . . . . . . . . . . . . . 57 | |
| | | I. Verschulden als Bemessungskriterium . . 57 | |
| III. Kein Schmerzensgeld für Bagatellverletzungen . . . . . . . . . . . . . . . . . . . . . . . . . 4 | | II. Arzthaftungsrecht . . . . . . . . . . . . . . . . . . 60 | |
| | | III. Vorteilsausgleichung . . . . . . . . . . . . . . . . 62 | |
| IV. Kein Schmerzensgeld für den Tod . . . . . 7 | | **D. Kapital und Rente** . . . . . . . . . . . . . . . . . . 67 | |
| V. Übertragbarkeit und Vererblichkeit . . . . 13 | | I. Rente nur auf Antrag des Klägers . . . . . 67 | |
| VI. Klageantrag . . . . . . . . . . . . . . . . . . . . . . . 14 | | II. Keine Bagatellrenten . . . . . . . . . . . . . . . . 70 | |
| **B. Bemessung des Schmerzensgeldes** . . . . 20 | | III. Rente nur bei schweren Verletzungen . . 71 | |
| I. Ausgleichsfunktion . . . . . . . . . . . . . . . . 24 | | IV. Keine dynamische Schmerzensgeldrente 73 | |
| II. Genugtuungsfunktion . . . . . . . . . . . . . . 28 | | V. Berechnung des Kapitalwertes der Schmerzensgeldrente . . . . . . . . . . . . . . . 79 | |
| III. Bemessungskriterien . . . . . . . . . . . . . . . 35 | | | |
| 1. Schmerzen . . . . . . . . . . . . . . . . . . . . 35 | | VI. Abänderungsklage bei einer Schmerzensgeldrente . . . . . . . . . . . . . . . . . . . . . 82 | |
| 2. Alter des Verletzten . . . . . . . . . . . . . 38 | | | |
| 3. Wirtschaftliche Verhältnisse . . . . . . 44 | | **E. Besonderheiten im Arzthaftungsrecht** . 88 | |
| a) des Schädigers . . . . . . . . . . . . . . . 44 | | I. Zerstörung der Persönlichkeit . . . . . . . . 88 | |
| b) des Verletzten . . . . . . . . . . . . . . . 45 | | II. Störungen des Sexuallebens . . . . . . . . . . 94 | |
| 4. Schwerste Verletzungen . . . . . . . . . 47 | | III. Verlust von Gliedern, Organen und Funktionen . . . . . . . . . . . . . . . . . . . . . . . 101 | |
| a) Begriff . . . . . . . . . . . . . . . . . . . . . 47 | | | |
| b) Entwicklung der Höhe des Schmerzensgeldes in der Rechtsprechung . . . . . . . . . . . . . . . 49 | | IV. Entstellungen . . . . . . . . . . . . . . . . . . . . . 102 | |
| | | V. Unerwünschte Schwangerschaft . . . . . . 104 | |
| | | VI. Dekubitus . . . . . . . . . . . . . . . . . . . . . . . . 105 | |
| c) Neue Höchstgrenzen . . . . . . . . . 50 | | VII. Zahnextraktionen . . . . . . . . . . . . . . . . . . 108 | |

## A. Allgemeines

### I. Billige Entschädigung in Geld

1 Für den Nichtvermögensschaden ist eine billige Entschädigung in Geld zu leisten (vgl. MüKo/*Oetker*, BGB, § 249 Rn. 24 f.). Diese Formulierung umfasst alle ideellen Nachteile, die ein Verletzter erleidet. Was den Grund des Schmerzensgeldanspruchs angeht, kommt es nicht auf die Schwere

des Eingriffs und das Ausmaß des Körperschadens an; diese beiden Faktoren sind vielmehr nur für die Bemessung des Schmerzensgeldes von Bedeutung (anders nur bei den in § 253 nicht erfassten Persönlichkeitsrechtsverletzungen, vgl. BGHZ 128, 1 = NJW 1995, 861; BGHZ 143, 214 = NJW 2000, 2195; BGHZ 160, 298 = NJW 2005, 215). Daraus wurde zunächst mit Recht gefolgert, dass ein Schmerzensgeld auch bei einem geringfügigen Eingriff gefordert werden könne. Der Schmerzensgeldanspruch ist eben ein »gewöhnlicher Schadensersatzanspruch«. Nachteile i.S.d. § 253 sind nicht nur Schmerzen, sondern z.B. auch Unlustgefühle und der Verlust an Lebensfreude (vgl. im Einzelnen dazu: *Jaeger/Luckey*, Schmerzensgeld, Rn. 1220 ff.).

Eine ursprünglich geplante Bagatellklausel wurde im Jahr 2002 nicht in den § 253 aufgenommen. 2 Es wäre auch nicht überzeugend gewesen, eine Bagatellgrenze nur für den immateriellen, nicht aber für den materiellen Schaden einzuführen. So wäre das Schmerzensgeld kein gewöhnlicher Schadensersatzanspruch mehr gewesen, sondern wieder ein Anspruch eigener Art, der nicht dem Grundprinzip der Totalreparation folgte. Es bleibt daher dabei, dass die Rechtsprechung für eine Abgrenzung sorgen muss (vgl. Rdn. 4 ff.).

## II. Kein Schmerzensgeld ohne Rechtsgutverletzung

Allerdings gibt es Fälle, in denen bereits eine Verletzung der in § 253 genannten Rechtsgüter verneint werden muss. So hat das OLG Hamm, Urt. v. 26.11.2008 – 3 U 165/07 eine Haftung des Krankenhauses für eine ohne Einwilligung durchgeführte Obduktion gegenüber Angehörigen verneint, weil die Angehörigen nicht in eigenen Rechten verletzt worden seien. 3

## III. Kein Schmerzensgeld für Bagatellverletzungen

Getreu dem Grundsatz »minima non curat praetor« (der Richter kümmert sich nicht um Kleinigkeiten) hat die Rechtsprechung bei der Zubilligung des Schmerzensgeldes eine Einschränkung für sog. Bagatellschäden gemacht und aus dem Anwendungsbereich der Körper- und Gesundheitsverletzungen diejenigen ausgenommen, die als völlig unerheblich zu werten sind, d.h. wenn das körperliche Wohlbefinden nur ganz vorübergehend und in ganz unbedeutendem Umfang beeinträchtigt ist (BGH NJW 1992, 1043; OLG Hamm VersR 2002, 491; OLG München, Urt. v. 08.05.2008 – 1 U 5003/07). Genau genommen muss in diesen Fällen schon in der Haftungsbegründung das Körperverletzungsmoment kritisch gewürdigt werden. 4

Der BGH (NJW 1992, 1043) hat für § 847a.F. die Auffassung vertreten, dass der Mensch, v.a. im Zusammenleben mit anderen, vielfältigen Beeinträchtigungen seiner Befindlichkeit ausgesetzt sei und daran gewöhnt werde, sich von ihnen möglichst nicht nachhaltig beeindrucken zu lassen. Werde diese Schwelle im konkreten Fall von der erlittenen Beeinträchtigung vornehmlich wegen ihres geringen, nur vorübergehenden Einflusses auf das Allgemeinbefinden nicht überschritten, dann könne es schon an einer Grundlage für die geldliche Bewertung eines Ausgleichsbedürfnisses fehlen. 5

Nicht zu Unrecht weist *Müller* (VersR 1993, 909, 910 und VersR 2003, 1, 3 f.) aber darauf hin, dass de lege lata auch leichte Verletzungen nicht von der Entschädigungspflicht ausgenommen werden können. Im Arzthaftungsrecht sind allerdings keine Fälle bekannt geworden, in denen ein Schmerzensgeldanspruch nach einem Behandlungsfehler an der Bagatellgrenze gescheitert wäre. 6

## IV. Kein Schmerzensgeld für den Tod

Für den Tod und für die Verkürzung des Lebens sieht § 253 kein Schmerzensgeld und keine Entschädigung vor (BGH MDR 1998, 1029 m. Anm. *Jaeger* = VersR 1998, 1034). § 253 Abs. 2 nennt das Leben als Rechtsgut nicht, sodass der Eintritt des Todes keinen Schmerzensgeldanspruch begründet (OLG Karlsruhe VersR 2001, 1123; OLG München OLGR 2000, 352 zu § 847a.F.; vgl. OLG Hamm MedR 2017, 48). 7

Aus diesem Grund wurde auch den Angehörigen für den Verlust des Getöteten kein Schmerzensgeld gewährt. Die Rechtsprechung lehnte die Anerkennung eines Schmerzensgeldanspruchs des 8

# § 253 BGB  Immaterieller Schaden

Hinterbliebenen aus eigenem Recht grundsätzlich ab (OLG Naumburg NJW-RR 2009, 1402). Ein solcher Anspruch wurde nur gewährt, wenn es zu gewichtigen psycho-pathologischen Ausfällen von einiger Dauer kommt, die die Beeinträchtigungen durch das normale Trauererlebnis erheblich übersteigen (Schockschaden, BGHZ 93, 351, 354 f. = NJW 1985, 1390 f.; BGHZ 132, 341 = VersR 1996, 990; BGH VersR 2006, 1653 = NJW 2006, 3268; BGHZ 172, 263 = VersR 2007, 1093). Nunmehr ist als eigenständige Ergänzung § 844 Abs. 3 (das Hinterbliebenengeld) geschaffen worden (BT-Drs. 18/11615 S. 1). Hierdurch gibt es abweichend vom Grundsatz des § 253 ein eigenständiges Angehörigenschmerzensgeld.

9  Eigenständig mit Blick auf vererbliche Schmerzensgeldansprüche ist die Rechtslage zu bewerten, wenn der Verletzte noch eine gewisse – wenn auch nur kurze – Zeit gelebt hat. Die Todesangst und/oder die Erkenntnis einer deutlich verkürzten Lebenserwartung können einen Schmerzensgeldanspruch begründen oder deutlich erhöhen (*Huber* NZV 1998, 345, 353; vgl. dazu auch *Jaeger*VersR 2015, 1345). Insofern ist mit den Rechtsgütern Körper und Gesundheit auch das durch beide repräsentierte Leben mittelbar geschützt. Zu fragen ist mithin, wann ein Behandlungsfehler unmittelbar zum Tod führt und wann ein Patient noch eine gewisse Zeit gelebt hat mit der Folge, dass ein Schmerzensgeldanspruch ausgelöst wird. Der BGH (BGHZ 120, 1 = NJW 1993, 781) hat – wenn auch nicht abschließend – zu erkennen gegeben, dass er eine Überlebenszeit bei Bewusstlosigkeit von einer Stunde nach einem Unfall eher dem Sterbevorgang zurechnen möchte, sodass kein Schmerzensgeld zu zahlen wäre.

9a  Das LG Potsdam (RDG 2012, 78 ff.) sprach den Erben einer Patientin einen Betrag von 15.000 € zu. Die Patientin litt infolge eines ärztlichen Behandlungsfehlers ganz kurze Zeit unter Luftnot, erlitt ein hochgradiges Hirnödem und verstarb nach 2 Tagen an der Hirnschädigung. Das OLG Koblenz (NJW-RR 2005, 1111) erkannte ein Schmerzensgeld von 20.000 € zu, für den Tod einer Patientin nach 5–6 Wochen bei vollem Bewusstsein.

9b  Auf ein Schmerzensgeld von 15.000 € erkannte auch das LG Dortmund (Urt. v. 09.02.2011 – 4 O 124/08) zugunsten der Erben des Patienten eines Zahnarztes, der einen deutlichen Hinweis auf den Verdacht einer Tumorerkrankung übersah, sodass eine umfangreiche Anamnese und nachfolgende Behandlung unterblieben. Wäre der Patient ordnungsgemäß behandelt worden, wären ihm erhebliche Beeinträchtigungen und Schmerzen und sogar der Tod erspart geblieben. Infolge der Behandlungsverzögerung von vier Monaten verstarb der Patient ein Jahr und vier Monate nach dem schwerwiegenden Behandlungsfehler.

9c  Das Schmerzensgeld für den Tod eines grob fehlerhaft behandelten Patienten nach fünf Monate dauernder Leidenszeit bemaß das OLG Köln (VersR 2012, 1044 m. Anm. *Jaeger*; Vorentscheidung LG Köln Urt. v. 14.12.2010 – 3 O 257/08) abweichend vom LG Köln, das auf 100.000 € erkannt hatte, in einem Berufungsverfahren mit 40.000 €, nachdem die Beklagten in der Berufungsbegründung auf eine Entscheidung des OLG Hamm hingewiesen hatten, das diesen Betrag bei Tod nach einem Jahr zuerkannt hatte. Der Patient hatte einen septischen Schock erlitten und befand sich fünf Wochen lang im Koma. Während der Zeit bis zu seinem Tod erlebte er seine Krankheit und die ständige Verschlechterung seines Gesundheitszustandes dabei bewusst. Er wurde ununterbrochen stationär behandelt und litt unter erheblichen Schmerzen, unter anderem, weil er sich schmerzhafte Dekubiti zugezogen hatte (s. zur Schmerzensgeldentwicklung *Jaeger* VersR 2013, 134).

10  Unberührt gilt weiterhin die Kernaussage, dass Schmerzensgeld nicht für Tod zu leisten ist, weil der Verletzte die durch den Tod bewirkte Zerstörung der Persönlichkeit entschädigungslos hinzunehmen hat. Verletzungsfolge bei Tod des Verletzten ist nicht die Zerstörung der Persönlichkeit als Durchgangsstadium bis zum Tod, sondern der Tod selbst.

11  Die **Zahl der veröffentlichten Entscheidungen**, die sich mit der Zuerkennung von Schmerzensgeld bei tödlichen Verletzungen befassen, ist überschaubar (s. aber BGH MDR 1998, 1029 m. Anm. *Jaeger* = VersR 1998, 1034; OLG Düsseldorf OLGR 1998, 31).

Maßgebende unveränderte Bemessungskriterien für ein Schmerzensgeld bei baldigem Tod sind die Schwere der Verletzungen, das Leiden und die dadurch bedingten Schmerzen sowie deren Dauer, das Ausmaß der Wahrnehmung der Beeinträchtigungen durch den Verletzten und das Verschulden des Schädigers (BGH VersR 1998, 1034). 12

## V. Übertragbarkeit und Vererblichkeit

Von der Rechtsprechung ist inzwischen einhellig anerkannt, dass der Schmerzensgeldanspruch – auch bei alsbaldigem Tod des Verletzten – auf die Erben übergeht und von diesen gerichtlich geltend gemacht werden kann. Diese Rechtsfolge setzt keine Willensbekundung des Verletzten zu Lebzeiten voraus, ein Schmerzensgeld fordern zu wollen (BGH NJW 1995, 783; MüKo/*Oetker*, BGB, § 253 Rn. 65 – grds. nicht vererbbar sind allerdings Schmerzensgeldansprüche wegen Persönlichkeitsverletzung, vgl. BGH NJW 2014, 2871 m.w.N. zu Gegenstimmen aus der Lit.). 13

## VI. Klageantrag

Der Klageantrag bei der Geltendmachung von Schmerzensgeldansprüchen hat Rechtsprechung und Literatur jahrzehntelang beschäftigt. Die offenen Fragen wurden vom BGH jedoch geklärt (BGH NJW 1996, 2425 ff.; vgl. dazu die Besprechung *Jaeger* MDR 1996, 888 f.; BGH NJW 2002, 3769, 3770). Dem Kläger steht es zu, einen **unbezifferten Klageantrag** (so ist die Formulierung »angemessene Entschädigung« ausreichend) zu stellen, soweit eine Größenordnung sowie die tatsächlichen Grundlagen für die Bemessung des Anspruches genannt werden. Dem Bestimmtheitserfordernis des § 253 Abs. 2 Nr. 2 ZPO ist auf diesem Wege ausreichend Genüge getan. Die Bestimmung des **Streitwerts sowie der Zuständigkeit sind möglich**. Bei Nennung eines bestimmten Schmerzensgeldbetrags kann auch ein **darüberhinausgehender Betrag** zuerkannt werden, die Bindung des Gerichts an den Antrag gem. § 308 ZPO steht dem nicht entgegen. Eine Verpflichtung einer Begrenzung des Anspruches nach oben ist nicht notwendig. 14

Hält der Kläger den Antrag nicht nach oben offen, indem er die Höhe des Schmerzensgeldes in das Ermessen des Gerichts stellt, wird ihm auch nur der im Antrag genannte Betrag zugesprochen. Ausdrücklich hat das LG Stuttgart (NZV 2004, 409) ausgeführt, es könne dem Kläger nicht mehr als die beantragten 20.000 € zuerkennen, weil es daran durch den bestimmten Klageantrag (§ 308 ZPO) gehindert sei. 15

Erhebt der Kläger eine bezifferte Schmerzensgeldklage, ist für die Bestimmung des Zuständigkeitsstreitwertes die Höhe des vom Kläger genannten Betrages maßgeblich, nicht das Ergebnis der – möglicherweise hiervon nach unten abweichenden – Schlüssigkeitsprüfung des Gerichts bei Klageeinreichung (BGH NJW 1996, 2425). 16

Verkennt das Gericht bei Erlass eines Verweisungsbeschlusses, dass ein bezifferter Klageantrag gestellt wurde, und stellt es in der Folge fälschlich auf das Ergebnis seiner Schlüssigkeitsprüfung bei der Bestimmung der Streitwerthöhe ab, entfaltet der Verweisungsbeschluss – wegen objektiver Willkür – ausnahmsweise keine Bindungswirkung gem. § 281 Abs. 2 Satz 4 ZPO (KG VersR 2008, 1234 m. Anm. *Jaeger*). 17

Das gilt auch, wenn ein PKH-Antrag für eine bezifferte Schmerzensgeldklage gestellt wird. PKH ist dann in voller Höhe zu bewilligen, wenn sich der geltend gemachte Betrag des Schmerzensgeldes noch in einer vertretbaren Größenordnung bewegt (OLG Karlsruhe NZV 2011, 258). 18

Umgekehrt gilt: Der Gebührenstreitwert eines unbezifferten Antrags mit Angabe eines Mindestbetrages ist der Betrag, der aufgrund des klagebegründenden Sachvortrags zuzusprechen wäre, wenn sich dieser als richtig erweist; maßgeblicher Zeitpunkt der Beurteilung ist der Eingang der Klagebegründung (vgl. § 40 GKG), nicht das Ergebnis der Beweisaufnahme. Regelmäßig ist bei dieser »Schlüssigkeitsprüfung« der festzusetzende Wert nicht geringer als der vom Kläger angegebene Mindestbetrag, den der Kläger jedenfalls erstrebt (KG NZV 2011, 88). 19

## B. Bemessung des Schmerzensgeldes

20 Maßgebend für die Höhe des Schmerzensgeldes ist im Wesentlichen die Schwere der Verletzungen, das dadurch bedingte Leiden, dessen Dauer, das Ausmaß der Wahrnehmung der Beeinträchtigung durch den Verletzten und der Grad des Verschuldens des Schädigers (vgl. MüKo/*Oetker*, BGB, § 253 Rn. 36). Vom Richter wird verlangt, den Schmerzensgeldbetrag durch Bezug auf vergleichbare Fälle transparent zu machen. Der BGH wendet sich mitunter gegen die Verwertung von Präjudizien und betont, dass das Gesetz den Richter bei der Bemessung des Schmerzensgeldes in keiner Richtung einenge (BGH VersR 1961, 460, 461; 1964, 842, 843; 1967, 256, 257).

21 Nicht richtig ist die häufig vertretene Auffassung, dass die Vorentscheidungen für die Bemessung des Schmerzensgeldes eine obere und untere Grenze bilden und dass die Schmerzensgeldtabellen mit den zitierten Judikaten einen Rahmen festlegten, der das richterliche Ermessen begrenze (vgl. MüKo/*Oetker*, BGB, § 253 Rn. 37; KG Berlin VersR 2004, 1569; OLG München SVR 2006, 181). Schmerzensgeldtabellen sind Mittel der Information und der Rechtsfindung; sie haben im Wesentlichen informativen Charakter und erlauben es dem Richter, die Präjudizien zu verwerfen und den aus der Tabelle ersichtlichen Rahmen zu verlassen. Zentral dürften insofern die veranlassenden Bezugspunkte und damit die richterliche Begründung sein, die Willkürfreiheit beweisen muss.

22 Nach OLG Köln (VersR 1992, 1013) ist bei der Ermittlung des angemessenen Schmerzensgeldes unter Heranziehung der durch die Rechtsprechung entschiedenen Vergleichsfälle der Zeitablauf seit diesen Entscheidungen zu berücksichtigen; zugunsten des Geschädigten ist die seit früheren Entscheidungen eingetretene Geldentwertung ebenso in Rechnung zu stellen wie die in der **Rechtsprechung zu beobachtende Tendenz**, bei der Bemessung des Schmerzensgeldes nach gravierenden Verletzungen **großzügiger** zu verfahren als früher (KG KGR 2004, 356, 357; 2003, 140, 142).

23 Umstritten ist, ob die Bemessung des Schmerzensgeldes durch die erste Instanz im Berufungsverfahren in vollem Umfang überprüft werden kann. Das OLG Koblenz (VersR 2010, 1323 m. abl. Anm. *Jaeger*) meint, das Berufungsgericht prüfe nur, ob ein Ermessensfehler vorliege oder ob der Tatrichter erhebliches Vorbringen der Parteien unberücksichtigt gelassen, Rechtsgrundsätze der Schadensbemessung verkannt, wesentliche Bemessungsfaktoren außer Betracht gelassen oder seiner Schätzung unrichtige Maßstäbe zu Grunde gelegt habe (vgl. NK-BGB/*Huber*, § 253 Rn. 158). Die h.M. sieht demgegenüber volle Überprüfbarkeit, da es sich um die Ermessensreichweite einer Rechtsnorm und damit um eine reine Rechtsfrage handele (BGH NJW-RR 2017, 75, 77; BGH NJW 2006, 1589, 1592; *Althammer*, in: Bruns/Münch/Stadler, Die Zukunft des Zivilprozesses, S. 94; Musielak/Voit/*Ball*, ZPO, § 529 Rn. 3b; *Roth* JZ 2005, 174, 177); Saenger/*Saenger*, § 287 ZPO Rn. 21). Dem wird entgegengehalten, dass diese Ermessensausfüllung für sich genommen einen rechtlich nicht zu überprüfenden Beurteilungsspielraum beinhalte, der gezielt der Einzelfallwürdigung aller Umstände vorbehalten bleiben solle (OLG München NJW 2004, 959; OLG Hamm MDR 2003, 1249, 1250; *Arnold* ZZP 126 (2013), 63, 68 ff.; *Bierschenk*, Die zweite Instanz im deutschen und französischen Zivilverfahren, S. 133; *Lange*, Prozessstoff und Prüfungsumfang in der Berufungsinstanz nach der ZPO-Reform 2002, S. 73 ff.; *Rimmelspacher* NJW 2002, 1897, 1900; Stein/Jonas/*Thole*, § 287 ZPO Rn. 54; *Unberath* ZZP 120 (2007), 323, 341.

### I. Ausgleichsfunktion

24 Der Umfang des Schadens und damit das Ausmaß der konkreten Beeinträchtigung ist für die Bemessung des Schmerzensgeldes in erster Linie ausschlaggebend (grundlegend BGHZ 7, 223, 225). Beeinträchtigungen sind nicht nur Körperschäden im eigentlichen Sinne – etwa der Verlust des Augenlichts oder die Unfähigkeit zum Springen und Laufen nach einer Amputation. Es sind bei Verletzung von Körper und/oder Gesundheit auch subjektive Empfindungen – auch in Bezug auf die soziale und berufliche Stellung – zu berücksichtigen, die nicht selbstständigen Krankheitswert erreichen müssen.

In der Erkenntnis, dass es sich bei dem Schmerzensgeldanspruch um einen echten Schadensersatz- 25
anspruch handelt, macht die Rechtsprechung deutlich, dass wie bei dem Vermögensschaden auch
bei der Bemessung des Schmerzensgeldes nur derjenige Betrag ausreichen kann, der zur Beseitigung der verursachten Nachteile nötig ist (Bereicherungsverbot, BGHZ 118, 312, 338 = NJW
1992, 3096; BGHZ 173, 83 Rn. 18 = NJW 2007, 2695). Die Entschädigung könne wegen der
Unmöglichkeit der tatsächlichen Wiedergutmachung nur in einem **Ausgleich** der erlittenen Beeinträchtigung bestehen. Auch der Beschluss des großen Zivilsenats des BGH (BGHZ 18, 149 =
VersR 1955, 615) sieht im Ausgleich eine wesentliche, wenn auch nicht die einzige Funktion des
Schmerzensgeldes. Das Ausmaß der Lebensbeeinträchtigung stehe bei der **Bemessung des Ausgleichs** an erster Stelle; die Größe, Heftigkeit und Dauer der Schmerzen blieben **vor der Genugtuung** die wesentlichen Grundlagen für die Bemessung der Entschädigung.

Eine Geldsumme, die als Ausgleich gezahlt wird, soll es nach dem historischen Verständnis der **Aus-** 26
**gleichsfunktion** dem Verletzten ermöglichen, sich Annehmlichkeiten und Erleichterungen zu verschaffen (RG Urt. v. 14.06.1934 – VI 126/34, zitiert nach *Bloemertz* S. 86; vgl. NK-BGB/*Huber*,
§ 253 Rn. 24), oder einer Liebhaberei nachzugehen, die ihm bisher nicht zugänglich war (**Kompensation**). Es soll nicht einmal ausgeschlossen sein, dass der Verletzte Befriedigung einfach durch
den Besitz der Geldsumme empfindet und dadurch von seinen Schmerzen abgelenkt wird (vgl.
NK-BGB/*Huber*, § 253 Rn. 24). Die Entschädigung soll ihm die Möglichkeit geben, sein seelisches
Gleichgewicht wiederzufinden, soweit die Schwere seiner Verletzung und seines Leidens dies überhaupt gestatten.

In späteren Entscheidungen des BGH wird die **Ausgleichsfunktion wesentlich weiter verstanden** 27
(BGHZ 120, 1 = NJW 1993, 781). Er lässt das Erfordernis fallen, dass von einem Ausgleich nur die
Rede sein könne, wenn der Verletzte die Beeinträchtigung und den Ausgleich auch empfinde. Die
Beeinträchtigung bestehe in diesen Fällen nämlich gerade in der mehr oder weniger vollständigen
Zerstörung der Persönlichkeit, was bei der Bemessung des Ausgleichs zu berücksichtigen sei.

## II. Genugtuungsfunktion

Bei schwersten Hirnschäden, die auf einem ärztlichen Behandlungsfehler oder auf einem Verkehrs- 28
unfall beruhen, infolgedessen der Verletzte nichts mehr empfinden kann, kann ihm auch keine
Genugtuung gewährt werden. Das in diesen Fällen zuerkannte Schmerzensgeld – inzwischen im
Bereich von bis zu 700.000 € – kann deshalb nicht zur Befriedigung eines Genugtuungsbedürf-
nisses gezahlt werden, sondern **nur dem Ausgleich** des Schadens **dienen**.

Erstaunlicherweise wird den infolge eines ärztlichen Behandlungsfehlers schwerst hirngeschädigt 29
geborenen Kindern, die keine oder so gut wie keine Empfindungen haben, ein höheres Schmerzensgeld zugebilligt als Kindern, die noch Empfindungen haben und Reaktionen zeigen. Bei Letzteren wird dann ein deutlich niedrigeres Schmerzensgeld zuerkannt, z.B. 250.000 € (OLG Bremen
NJW-RR 2003, 1255), weil das Kind Kontakte zu seiner Umwelt aufnehmen und durch Lachen
und Weinen Affekte äußern konnte. Würde es unter den Beeinträchtigungen leiden, wäre das
Schmerzensgeld höher ausgefallen (Verweis des OLG Bremen auf BGHZ 120, 1, 7).

In Arzthaftungsfällen hat das Schmerzensgeld i.d.R. nicht die Funktion, dem Patienten Genugtu- 30
ung zu verschaffen (vgl. OLG Düsseldorf NJW-RR 2003, 87). Ärztliche Behandlungsfehler werden
i.d.R. nicht vorsätzlich, sondern fahrlässig begangen. Sterilisiert ein Arzt allerdings eigenmächtig
eine Frau oder entfernt er ohne deren Zustimmung die Gebärmutter, weil er der Meinung ist, die
Frau habe genug Kinder geboren, kann ein Genugtuungsbedürfnis der Frau nicht ohne Weiteres
verneint werden (vgl. OLG Düsseldorf VersR 1995, 1316; OLG Oldenburg Urt. v. 02.08.2006 – 5
U 16/06).

So entschied aber das OLG Koblenz (NJW 2006, 2928) und nahm zugunsten des Arztes an, dieser 31
habe der Patientin helfen wollen, indem er sie ungefragt sterilisierte. Der Gynäkologe, dem die 22
Jahre alte Klägerin zuvor nicht bekannt gewesen war, stellte bei der Eröffnung des Bauchraums Verwachsungen am Peritoneum fest, die den Wiederverschluss schwierig gestalteten, sodass zukünftige

ähnliche Eingriffe und dabei insbes. ein weiterer Kaiserschnitt »deshalb nicht zu empfehlen« (Operationsbericht) seien. Im Hinblick darauf durchtrennte er ohne Rücksprache (auch nicht mit dem Ehemann) die Eileiter. Das Schmerzensgeld betrug 15.000 €.

32 Die Genugtuungsfunktion könnte Pate gestanden haben bei der von der Rechtsprechung praktizierten Erhöhung des Schmerzensgeldes wegen verzögerten Regulierungsverhaltens. In diesen Fällen wird die Ausnutzung der wirtschaftlichen Machtstellung durch den Ersatzpflichtigen (i.d.R. dessen Haftpflichtversicherer), die Herabwürdigung des Verletzten, die Nichtberücksichtigung seiner durch die Verletzung herbeigeführten existenzbedrohenden Situation usw. durch einen Zuschlag zu dem an sich geschuldeten Schmerzensgeld »bestraft«, um dem Geschädigten einen Ausgleich dafür zu verschaffen, dass der Ersatzpflichtige den Ausgleich insgesamt verzögert (vgl. OLG München, Urt. v. 24.07.2015 – 10 U 3313/13; OLG Naumburg NJW-RR 2008, 693). *Honsell* (VersR 1974, 205) spricht sogar von einer »Tripelfunktion« des Schmerzensgeldes, weil er den Zuschlag zum Schmerzensgeld – zu Unrecht – als weitere Funktion des Schmerzensgeldes neben der Ausgleichs- und der Genugtuungsfunktion sieht. In Wirklichkeit wird ein solcher Zuschlag gewährt, weil die Rechtsprechung anerkennt, dass durch ein verzögertes Regulierungsverhalten das Leid des Verletzten erhöht wird, sodass diese zusätzlich entstandene Beeinträchtigung auch zu entschädigen ist (OLG Hamm VersR 2003, 780; s.a. LG Berlin VersR 2006, 499).

33 Zu beachten ist aber, dass ein verzögertes Regulierungsverhalten nicht schon dann bejaht werden kann, wenn der Haftpflichtversicherer sich auf Umstände beruft, die er letztlich nicht beweisen kann. Das ist zulässiges Prozessverhalten, das dem Beklagten nicht vorgeworfen werden darf (OLG Brandenburg NZV 2010, 154), weil es sich nicht per se als »Zermürbungstaktik« gegen den wirtschaftlich schwächeren Geschädigten darstellt.

34 Der BGH (BGHZ 163, 351 = VersR 2005, 1559) hat zwar die Frage offengelassen, ob ein zögerliches Regulierungsverhalten bei der Bemessung des Schmerzensgeldes Berücksichtigung finden kann, er hat die Frage aber ausdrücklich nicht verneint (*Müller* zfs 2009, 124, 127).

### III. Bemessungskriterien

#### 1. Schmerzen

35 Zum immateriellen Schaden gehören auch Missempfindungen und Unlustgefühle als Reaktion auf den Gesundheitsschaden. Die Darstellung der körperlichen Schmerzen erfolgt regelmäßig durch Wiedergabe medizinischer Gutachten, Vorlage von Lichtbildern und ggf. durch Augenschein, wenn es z.B. um die Bewertung von Narben oder Entstellungen geht.

36 Infolge eines Behandlungsfehlers können während der sich anschließenden ärztlichen Behandlung erhebliche Beeinträchtigungen für den Patienten eintreten. Für ihn sind u.a. Narkosen, operative Behandlung, Injektionen, Wundversorgung und Anschluss an medizinische Apparate beeinträchtigend. Er leidet z.B. unter einer Verlängerung des Krankenhausaufenthalts mit allen damit verbundenen Nachteilen wie Depressionen aus Sorge um den Heilungsverlauf, Angst vor weiteren medizinischen Eingriffen, möglicher Suchtgefahr durch schmerzstillende Mittel, Todesangst bei Zwischenfällen wie Embolie oder Herzbeschwerden und Sorgen um die berufliche Zukunft.

37 Nach der ärztlichen Behandlung können körperliches und/oder seelisches Leid, Angst und Sorgen bei Verlust oder Beeinträchtigung der Sinnesorgane, der Fortbewegungsmöglichkeit, Körperbehinderung mit Verlust früher vorhandener Fähigkeiten, Berufs- und Arbeitsunfähigkeit, dauernde Entstellungen und ihre Folgen, Störung zwischenmenschlicher Beziehungen, verminderte Heiratschancen für Frauen und Männer, Schamgefühle, Depressionen, Beeinträchtigung der Lebensfreude und Suizidgedanken verbleiben. Unter all diesen Ängsten und Vorstellungen kann ein Patient leiden, *was bei der Bemessung des Schmerzensgeldes berücksichtigt werden muss* (vgl. BeckOK/*Spindler*, BGB, § 253 Rn. 27 ff.).

## 2. Alter des Verletzten

Das Alter des Verletzten kann sowohl auf die Höhe des Schmerzensgeldes als auch auf die Höhe der Schmerzensgeldrente und den sich daraus zu errechnenden Kapitalwert Einfluss haben. Je jünger der Patient ist, umso höher muss bei einem Dauerschaden das Schmerzensgeld ausfallen, weil er mit dem Schaden oft noch jahrzehntelang leben muss. Andererseits kann ein schwerwiegender Gesundheitsschaden einem älteren Patienten die letzten Lebensjahre vergällen und deshalb trotz des Alters und der relativ niedrigen Lebenserwartung ein hohes Schmerzensgeld rechtfertigen (vgl. kritisch NK-BGB/*Huber*, § 253 Rn. 93 ff.) Die Schmerzempfindlichkeit eines Verletzten ist von dessen Alter durchweg unabhängig. 38

Bedeutsam ist, dass auch Säuglinge und Kleinstkinder schmerzensgeldfähig sind (anders AG Bochum in einer vereinzelt gebliebenen Entscheidung, VersR 1994, 1483). Auch kleinen Kindern ist wegen eines schadensbedingt notwendig gewordenen Krankenhausaufenthalts ein Schmerzensgeld zu zahlen, selbst dann, wenn sie keinen Zusammenhang zwischen der Haftung des Schädigers, dem Krankenhausaufenthalt und der Schmerzensgeldzahlung herstellen können (OLG Celle VersR 2004, 526 m. Anm. *Jaeger* = NJW-RR 2004, 827). 39

Bei einem Kleinkind, bei dem das Schmerzerlebnis (angeblich) nicht so in der Erinnerung haften bleiben soll wie bei einem Erwachsenen, ist das Schmerzensgeld nach h.M. nicht geringer zu bemessen als bei einem Erwachsenen. Bei Kindern können scheinbar harmlose Belastungen gravierende Auswirkungen haben, z.B. wenn ein Kleinkind von drei Jahren ein Jahr lang eine Art Sturzhelm tragen muss und dadurch auf Fremde abstoßend wirkt. 40

Es kann nicht gesagt werden, dass jugendliche Personen Schmerzen weniger empfinden als ältere und umgekehrt kann nicht gesagt werden, dass Erwachsene und ältere Personen weniger schmerzempfindlich sind. Dagegen werden Krankenhausbehandlungen zumindest bei Kindern, Jugendlichen und betagten Personen häufig als besonders belastend empfunden. Bei Älteren liegt eine zusätzliche Belastung in der Gewöhnung an die Benutzung von Hilfsmitteln, Gehhilfen, Rollstuhl u.a. Demgegenüber treten manche seelischen Belastungen – z.B. Heiratschancen, Familienplanung, berufliche Aufstiegschancen – bei älteren Menschen in den Hintergrund. 41

Zusätzlich wird die Forderung erhoben, dass bei Kindern für die im Unterschied zu Erwachsenen vorhandenen Entwicklungsstörungen und bei Dauerschäden für die größere Zeitspanne der Dauerfolge ein Zuschlag zum Schmerzensgeld zugestanden werden müsse. Bis zum zehnten Lebensjahr, mindestens aber bis zum sechsten Lebensjahr müsse dem besonderen Schmerzerlebnis der Kinder Rechnung getragen und ein Zuschlag zuerkannt werden. 42

Einer solchen Zuschlagsautomatik bedarf es jedoch nicht, wenn das Alter des Verletzten als besonderes Bemessungskriterium anerkannt und berücksichtigt wird. Dabei ist darauf zu achten, dass Früh- und Neugeborene sowie Säuglinge keineswegs weniger schmerzempfindlich sind. Heute weiß man, dass die früher vertretene Ansicht, die Unreife des kindlichen Nervensystems sei als Ursache für die Unfähigkeit einer adäquaten Schmerzempfindung anzusehen, unrichtig ist. 43

## 3. Wirtschaftliche Verhältnisse

### a) des Schädigers

Die wirtschaftliche Leistungsfähigkeit des Schädigers kann zu berücksichtigen sein (BGH VersR 1993, 585 f.; BGHZ 7, 223, 225 = NJW 1953, 99 m. Anm. *Geigel*), wenn für die Behandlungsseite kein Haftpflichtversicherungsschutz besteht. Schlechte wirtschaftliche Verhältnisse des Schädigers dürfen i.d.R. allerdings nicht zu einer Kürzung des Schmerzensgeldanspruchs führen. Demgegenüber hat das LG Dresden (VersR 2011, 641 m. Anm. *Teumer/Stamm*) den an sich begründeten Schmerzensgeldanspruch wegen geringer finanzieller Leistungsfähigkeit und fehlender Haftpflichtversicherung dem Schädiger um rund 75 % gekürzt. Das Bestehen einer Haftpflichtversicherung kann nicht bedeuten, dass der Schmerzensgeldanspruch überhaupt erst entsteht oder dass das Schmerzensgeld höher ausfällt. 44

### b) des Verletzten

**45** Es ist auch die Frage zu stellen, ob für die Bemessung des Schmerzensgeldes auf die wirtschaftlichen Verhältnisse des Verletzten abzustellen ist, ob die Höhe des Schmerzensgeldes sich am bisherigen Lebensstandard des Verletzten zu orientieren hat. Eine solche Auffassung hätte in zwei Richtungen Konsequenzen: Das Schmerzensgeld fällt umso höher aus, je höher der Lebensstandard des Verletzten ist oder andererseits, das Schmerzensgeld fällt niedrig aus, wenn der Verletzte bisher keinen hohen Lebensstandard hatte. Die erste Konsequenz »höheres Schmerzensgeld bei höherem Einkommen« ist nicht vertretbar (OLG Schleswig NJW-RR 1990, 470; vgl. NK-BGB/*Huber*, § 253 Rn. 96).

**46** Lebt der Verletzte jedoch in schlechten finanziellen Verhältnissen, soll dies berücksichtigt werden können. Ist er z.B. Ausländer und beabsichtigt er, in sein Heimatland (Polen) mit geringem Standard zurückzukehren, soll auch bei schwerem Gesundheitsschaden ein verhältnismäßig geringes Schmerzensgeld genügen, um ihm dort den Aufbau einer Existenz zu ermöglichen und den erlittenen Schaden auszugleichen (OLG Köln zfs 1994, 47). Billigkeit soll insoweit Verhältnismäßigkeit sein. Ob dieser Ansatz mit der Wertungsgrundlage des Art. 3 Abs. 1 GG vereinbar ist, darf bezweifelt werden.

### 4. Schwerste Verletzungen

#### a) Begriff

**47** Bei schwersten Gesundheitsschäden ist stets ein hohes Schmerzensgeld zu zahlen. Das sind etwa Fälle der Zerstörung der Persönlichkeit, Querschnittslähmung oder schwere innere Verletzungen.

**48** Siehe zur Thematik des wrongful life § 249 Rdn. 98, zur Schädigung eines behindert geborenen Kindes durch ärztliche Fehlbehandlung § 249 Rdn. 97 und zur Thematik der fehlerhaften Schwangerschaftsuntersuchung § 249 Rdn. 88 ff.

#### b) Entwicklung der Höhe des Schmerzensgeldes in der Rechtsprechung

**49** Bis zum Jahre 1979 lag die Grenze der Schmerzensgelder bei **50.000 €** (Staudinger/*Schiemann*, BGB, § 253 Rn. 47). Sodann stiegen die Schmerzensgeldbeträge recht schnell im Jahr 1981 auf **100.000 €**. Seit 1985 wurden **150.000 €** und mehr zuerkannt (*Scheffen* ZRP 1999, 189, 190). Später lag eine unsichtbare Grenze bei **250.000 €** und im Jahr 2001 hat das **LG München I** (VersR 2001, 1124) die »Schallmauer« von 1 Mio. DM = (damals) **500.000 €** durchbrochen. Es hat in einem Fall von Querschnittslähmung einem 48 Jahre alten Mann ein Schmerzensgeld i.H.v. etwa 500.000 € (375.000 € Kapital und 750 € monatliche Rente) zugesprochen.

#### c) Neue Höchstgrenzen

**50** In der Folgezeit lag der höchste bekannt gewordene Schmerzensgeldbetrag im Jahr 2005 bei **520.000 €** (LG Kleve zfs 2005, 235). Im Jahr 2006 wurde eine Entscheidung des LG Kiel (VersR 2006, 279 i. Anm. *Jaeger* = DAR 2006, 396 = *Jaeger/Luckey*, Schmerzensgeld, Rn. 181 = 7. Aufl. Rn. E 2181) aus dem Jahre 2003 veröffentlicht, in der ein Schmerzensgeld i.H.v. 500.000 € zuzüglich einer monatlichen Rente von 500 € zuerkannt worden war, sodass sich ein Kapitalbetrag von rund **614.000 €** ergab. Ein dreieinhalb Jahre alter Junge hatte infolge eines Verkehrsunfalls eine Querschnittslähmung ab dem ersten Halswirbel erlitten. Er konnte nicht sprechen, kaum schlucken und musste immer wieder beatmet werden. Er weinte häufig, insbesondere, wenn er seine Spielkameraden draußen spielen hörte. Auch dieser Betrag wurde, wenn auch nur geringfügig, durch das OLG Zweibrücken (OLGR 2008, 721 = MedR 2009, 88 m. Anm. *Jaeger*.) überboten, das einem schwerst hirngeschädigt geborenen Kind 500.000 € Schmerzensgeldkapital zuzüglich einer Schmerzensgeldrente von monatlich 500 € mit einem Kapitalwert von rd. 119.000 €, also insgesamt **619.000 €** zubilligte (*Jaeger/Luckey*, Schmerzensgeld, 7. Aufl. Rn. E 2140).

Bis 1992 vertrat der BGH (VersR 1993, 327) die Auffassung, dass bei Zerstörung der Persönlichkeit des Verletzten, bei weitgehendem Verlust der Wahrnehmungs- und Empfindungsfähigkeit, nur ein symbolisches Schmerzensgeld geschuldet werde (BGH VersR 1976, 660; VersR 1982, 880; vgl. auch die bald danach ergangenen Entscheidungen des BGH VersR 1993, 585 und die Entscheidung OLG Nürnberg VersR 1994, 735; vgl. auch *Müller*, VersR 1993, 909, 911; kritisch zu der neuen Rspr.: NK-BGB/*Huber*, § 253 Rn. 107 ff.). 51

Diese Auffassung hat der BGH mit der Entscheidung aus dem Jahre 1992 aufgegeben. In Fällen, in denen die Zerstörung der Persönlichkeit durch den Fortfall der Empfindungsfähigkeit geradezu im Mittelpunkt steht, soll ein Schmerzensgeld nicht nur als symbolischer Akt der Wiedergutmachung gerechtfertigt sein; die Einbuße der Persönlichkeit, der Verlust an personaler Qualität infolge der Verletzung stellt schon für sich einen auszugleichenden immateriellen Schaden dar, unabhängig davon, ob der Betroffene die Beeinträchtigung empfindet, und muss deshalb bei der Bemessung der Entschädigung einer eigenständigen Bewertung zugeführt werden, die der zentralen Bedeutung dieser Einbuße für die Person gerecht wird. Auch wenn der BGH davon spricht, der immaterielle Schaden sei durch eine **Entschädigung in Geld auszugleichen**, ist damit nicht (nur) die Ausgleichsfunktion i. S. e. Kompensation angesprochen. Da der Verletzte die Schmerzensgeldzahlung nicht als Ausgleich empfinden kann, stellt der Ausgleich des Schadens in den Fällen der Zerstörung der Persönlichkeit eine zusätzliche Komponente innerhalb der Ausgleichsfunktion des Schmerzensgeldes dar. Das Schmerzensgeld ist in den Fällen des Verlustes der Persönlichkeit besonders hoch. 52

### d) Ausblick

Tatsache ist, dass Richter und Anwälte noch immer in alten Vorstellungen verharren und nur zögernd höhere Schmerzensgeldbeträge zusprechen oder fordern. In Fällen schwerster Schädigung durch ärztliche Behandlungsfehler bei der Geburt wird von vielen Gerichten nun jedoch durchweg ein Schmerzensgeld von 500.000 € zugesprochen (vgl. Entwicklung der Rechtsprechung zu hohen Schmerzensgeldern, *Jaeger*, VersR 2013, 134). Der 3. Senat des OLG Hamm bemisst seit mehreren Jahren in diesen Fällen das Schmerzensgeld mit 500.000 € (VersR 2002, 1163 und VersR 2004, 386; LG Berlin VersR 2005, 1247). Das LG Kleve (zfs 2005, 235) erkannte auf ein Schmerzensgeld von 400.000 € zzgl. 500 € monatliche Rente, was einem Gesamtschmerzensgeld von rund 520.000 € entspricht. Dieser Größenordnung haben sich das OLG Köln (VersR 2007, 219), das OLG Stuttgart (VersR 2009, 80) und das OLG Jena – 600.000 € – (VersR 2009, 1676) angeschlossen. Immer wieder heißt es in diesen Entscheidungen, dass es sich bei den schwerst hirngeschädigt geborenen Kindern um die »denkbar schwerste Schädigung« eines Menschen handele. In dieser Größenordnung bewegt sich auch eine Entscheidung des OLG Nürnberg (MedR 2008, 674 m. krit. Anm. *Jaeger* zur Höhe des Schmerzensgeldes und zur Berechnung des Kapitalwertes der Rente), die einem Kind, das bei der Geburt eine Halsmarkläsion mit hoher Querschnittslähmung erlitt, ein Schmerzensgeld von 300.000 € zuzüglich einer Schmerzensgeldrente von monatlich 600 € (Kapitalwert: 160.000 €) zuerkannte. 53

Es gibt jedoch auch Entscheidungen, die ein völlig unzureichendes Schmerzensgeld ausurteilen. So das OLG Jena, (MedR 2008, 520 m. Anm. *Jaeger* MedR 2008, 524), welches eine unterlassene Befunderhebung zwar als groben Behandlungsfehler wertete, jedoch den vom LG Mühlhausen festgesetzten Schmerzensgeldbetrag von 200.000 € auf 100.000 € änderte, ohne dies auch nur ansatzweise zu begründen. Die Patientin, die viele Jahre in dem Bewusstsein gelebt hatte, sterben zu müssen, verstarb nach rund fünf Jahren im Alter von 31 Jahren an den Folgen der Krebserkrankung. Sie hinterließ einen dann neun Jahre alten Jungen. 54

Ebenso ist eine Entscheidung des OLG Nürnberg (VersR 2009, 1079 m. Anm. *Jaeger*) zu nennen. Dieses sprach einem Patienten, der infolge eines ärztlichen Behandlungsfehlers u.a. eine cerebrale Hirnschädigung (Hirnsubstanzverlust) und eine Hirnleistungsminderung aufwies, bei dem monatlich zwei bis drei epileptische Anfälle auftraten (schwerste Art der Epilepsie), der an anhaltenden Funktionsstörungen der Augen (Visusminderung auf 0,2 bzw. 0,4) und darüber hinaus an chronischen Nervenschmerzen, an Koordinationsstörungen der rechten Hand und des rechten Armes und 55 an Wortfindungsstörungen (Dysarthrophonie) litt, impotent war und keine Beziehung zu einer Frau aufbauen konnte, ein Schmerzensgeld i.H.v. 100.000 € zzgl. einer monatlichen Rente von 375 € (Kapitalwert rd. 85.653 €), gesamt also 185.653 € zu. Das angemessene Schmerzensgeld hätte nicht weniger als 500.000 € betragen dürfen.

### 5. Todesangst

56 Ein bisher kaum beachtetes Kriterium bei der Bemessung des Schmerzensgeldes ist die Todesangst, die in Situationen erlebt wird, die einer Tötung vorausgeht oder empfunden wird, wenn es doch nicht zum Exitus kommt. Diese grundlegende Problematik wird erörtert bei *Jaeger* VersR 2015, 1345. Dort wird unter anderem die Entscheidung des OLG Düsseldorf (Urt. v. 12.10.2011, 18 U 216/10), in der der Witwe eines Flugschülers für zehn Sekunden Todesangst vor dem Absturz eines Flugzeugs ein Schmerzensgeld i.H.v. 10.000 € zuerkannt wurde, besprochen.

## C. Verschulden des Arztes

### I. Verschulden als Bemessungskriterium

57 Ob der Grad des Verschuldens des Schädigers bei der Bemessung der Höhe des Schmerzensgeldes zu berücksichtigen ist, hat der BGH in der Grundsatzentscheidung aus dem Jahre 1952 noch offengelassen (BGHZ 7, 223, 225 = VersR 1952, 397, 398). In einer Entscheidung des großen Zivilsenats hebt der BGH (BGHZ 18, 149 ff. = VersR 1955, 615 ff.) hervor, dass es im Einzelfall der Billigkeit entsprechen könne, bei der Festsetzung der Entschädigung Vorsatz und grobe Fahrlässigkeit zuungunsten des Schädigers, besonders leichte Fahrlässigkeit zu seinen Gunsten zu berücksichtigen. In der Rechtsprechung ist jedenfalls unumstritten, dass sich der Grad des Verschuldens auf die Bemessung des Schmerzensgeldes auswirken kann (*Müller* VersR 1993, 909, 914 m.w.N.).

58 Zu beachten ist, dass aufgrund des zweiten Gesetzes zur Änderung schadensersatzrechtlicher Vorschriften ein Schmerzensgeldanspruch sich auch aus Gefährdungshaftung ergeben kann. Im Rahmen des Arzthaftungsrechts kommen insoweit Ansprüche aus § 1 ProdHaftG in Betracht, wenn ein Mangel des Produktes zu einer Verletzung der Gesundheit oder des Körpers geführt hat. Auf ein Verschulden kommt es dort nicht an.

59 Exkurs: Wird ein Hüftgelenk implantiert, das wegen Bruchanfälligkeit vom Hersteller vom Markt genommen wird, kommt ein Schmerzensgeldanspruch auch dann in Betracht, wenn es bei einem Patienten (noch) nicht zu einem Bruch des Implantats gekommen ist, dieser jedoch permanent einen Bruch befürchtet, was ihn körperlich und psychisch belastet. Darin kann tatbestandlich eine Verletzung von Körper und/oder Gesundheit liegen (so LG Berlin, Urt. v. 09.12.2008 – 5 O 467/07, zitiert nach *Nebe* VuR 2009, 459).

### II. Arzthaftungsrecht

60 Im Arzthaftungsrecht ist anerkannt, dass das Verschulden des Arztes bei der vertraglichen Haftung nur selten eine Rolle spielt. In aller Regel fehlt dem Arzt der Vorsatz, einem Patienten durch seine Behandlung einen Gesundheitsschaden zuzufügen.

61 Vielmehr kann einem Arzt i.d.R. nur Fahrlässigkeit vorgeworfen werden. Auch leichte Fahrlässigkeit führt dazu, dass der Arzt den gesamten Schaden zu ersetzen hat. Dieser Grundsatz der Totalreparation, des »Alles-oder-nichts-Prinzips« entspricht dem Haftungskonzept des BGB (*Müller*, zfs 2009, 62, 63). Aus diesem Grund spielt das Verschulden eines Arztes bei der Bemessung des Schmerzensgeldes – von Ausnahmen abgesehen – keine Rolle.

### III. Vorteilsausgleichung

62 Speziell für den Bereich des Schmerzensgeldes gelten ähnliche Überlegungen wie bei der Heilbehandlung oder beim materiellen Schadensersatz. Aber: Fälle der **Vorteilsausgleichung sind hier eher selten**. Sie mögen z.B. vorkommen bei Operationen, durch die ein vor einem Unfall oder

einem Behandlungsfehler bestehendes Leiden mit beseitigt wird. Die durch die ersparte Operation ebenfalls »ersparten Schmerzen« könnten dann bei der Schmerzensgeldbemessung zwar nicht saldiert, aber doch schmerzensgeldmindernd berücksichtigt werden (vgl. MüKo/*Oetker*, BGB, § 253 Rn. 55).

Eine Vorteilsausgleichung könnte etwa in Betracht kommen, wenn infolge des Behandlungsfehlers bei der dadurch notwendigen Folgeoperation ein Gesundheitsschaden des Patienten entdeckt wird, der unbehandelt zum Tode geführt hätte. Für einen solchen Patienten könnte der vorangegangene Behandlungsfehler in einem milderen Licht erscheinen. 63

Eine Saldierung des Schmerzensgeldanspruchs mit gesundheitlichen Vorteilen wurde durch das OLG Köln (VersR 2009, 982) vorgenommen. Der Arzt hatte im Zuge einer vereinbarten Operation (Antirefluxolastik) im Wege einer von der Einwilligung nicht gedeckten und damit rechtswidrigen Eingriffserweiterung einen krankhaften potenziell schadensträchtigen Zustand (Entfernung einer doppelten Nierenanlage) beseitigt. Nach einem rechtswidrigen Eingriff kommt es danach nur zum Schadensersatz, soweit das »Tauschrisiko« der Behandlung das »Krankheitsrisiko« übersteigt. Hier standen sich gegenüber die verlängerte Operationsdauer einerseits und beachtliche gesundheitliche Risiken andererseits. 64

Auch bei einer unerwünschten Schwangerschaft infolge eines ärztlichen Behandlungsfehlers kann von einer »Saldierung« gesprochen werden. Bei einer solchen wird das Schmerzensgeld für die Belastung mit dem Austragen und der Geburt des Kindes und für eine besondere Schmerzbelastung, die die mit einer natürlichen, komplikationslosen Geburt verbundenen Beschwerden übersteigt, gewährt (BGH VersR 1995, 1060; BGH NJW 1983, 1371, 1373; vgl. auch *Jaeger* MDR 2004, 1280). 65

*Pauge* (VersR 2007, 569, 576) nennt ein seltsames Beispiel für eine Vorteilsausgleichung beim Schmerzensgeld. Er meint, es sei denkbar, dass ein Patient im Krankenhaus (z.B. während des durch einen Behandlungsfehler verlängerten Aufenthalts) eine Krankenschwester als Frau seines Lebens findet, die ihm die Klinikzeit versüßt. Er werde deshalb nicht dasselbe Schmerzensgeld beanspruchen können wie derjenige, der bei gleichem Leiden im Krankenhaus nur Schmerzen und Unlustgefühle empfindet. Ein solches Zufallsmoment als letztlich dem Schädiger zugute kommendes Linderungsmoment zu erachten, erscheint nicht tragfähig. 66

## D. Kapital und Rente
### I. Rente nur auf Antrag des Klägers

Nach der Rechtsprechung ist als Schmerzensgeld regelmäßig ein Kapitalbetrag geschuldet (vgl. NK-BGB/*Huber*, § 253 Rn. 124). Daneben kann auf **Antrag des Klägers** ein Teil des Schmerzensgeldes als Rente gewährt werden. Eine Schmerzensgeldrente kommt neben einem Kapitalbetrag i.d.R. nur bei schweren (BGH VersR 1976, 967, 769 = MDR 1976, 1012; OLG Frankfurt VersR 1992, 621) oder schwersten Dauerschäden in Betracht (BGH NJW 1994, 1592; OLG Hamm VersR 1990, 865), wenn die Beeinträchtigungen des Verletzten sich immer wieder erneuern und immer wieder als schmerzlich empfunden werden (BGHZ 18, 149, 167; BGH MDR 1959, 568; OLG Frankfurt VersR 1983, 545; 1992, 621; OLG Stuttgart VersR 2001, 1560). 67

Eine Rente entspricht dem **»Zeitmoment des Leidens«** am ehesten. Solange der Verletzte unter den Verletzungen leidet, soll er eine immer wiederkehrende Entschädigung für immer wiederkehrende Lebensbeeinträchtigungen erhalten (KG VersR 1979, 624). Der BGH hat den Verlust des Geruchs- und Geschmackssinns als Voraussetzung für die Zubilligung einer Rente genügen lassen (BGH VersR 1976, 967, 968). 68

Eine Schmerzensgeldrente kann nicht mit der Begründung verweigert werden, der Verletzte sei zu alt und eine Schmerzensgeldrente werde von der Rechtsprechung in erster Linie bei jüngeren Menschen bejaht (so OLG Hamm VersR 2002, 499). Beide Argumente sind angreifbar. Gerade bei alten Menschen, bei denen die Lebenserwartung vom Gericht nur statistisch, nicht aber individuell 69 festgestellt wird, bietet sich eine Schmerzensgeldrente neben einem Schmerzensgeldkapital an, weil der Verletzte im Fall eines (noch) langen Lebens für diese Dauer eine angemessene Entschädigung erhält.

## II. Keine Bagatellrenten

70 Die Gewährung von Schmerzensgeldrenten i.H.v. **25 bis 50 €** monatlich wird von der Rechtsprechung mehrheitlich abgelehnt und dürfte auch dem Zweck des Schmerzensgeldes, einen spürbaren Ausgleich für entgangene Lebensfreude zu ermöglichen, nicht gerecht werden (OLG Thüringen SP 2002, 415). Eine gewisse Richtgröße, von der an eine Rente anzusetzen sein kann, kann der kapitalisierte Betrag von 100.000 € sein. Es kann an eine Grenze bei einer dauerhaften MdE von mindestens 40 % gedacht werden (vgl. NK-BGB/*Huber*, § 253 Rn. 128).

## III. Rente nur bei schweren Verletzungen

71 Wiederholt wurde eine Schmerzensgeldrente verneint, weil als Voraussetzung **schwerste** und nicht nur schwere **Schäden** gefordert würden (OLG Hamm SP 2001, 267) oder weil der Verletzte sich an die Verletzung gewöhnt habe (OLG Düsseldorf SP 2001, 200). Diese Einschränkung ist nicht gerechtfertigt. Auch weniger extreme Verletzungen können immer wieder als schmerzlich empfunden werden.

72 Exkurs: Für junge Menschen kann eine Rente günstiger sein, wenn die Möglichkeit der **Abänderungsklage** nach § 323 ZPO bejaht wird (s.u. Abänderungsklage Rdn. 82 ff.).

## IV. Keine dynamische Schmerzensgeldrente

73 Die Gewährung einer dynamischen Schmerzensgeldrente, z.B. durch Koppelung mit dem amtlichen Lebenshaltungskostenindex, hat der BGH (NJW 1973, 1653; *Nothoff* VersR 2003, 966, 969 – »darf keinesfalls dynamisiert werden«) verneint. Eine solche dynamische Rente würde die Funktion der Rente als einen billigen Ausgleich in Geld nicht gewährleisten. Auf eine »dynamische« Schmerzensgeldrente habe der Verletzte schon deshalb keinen Anspruch, weil es im pflichtgemäßen Ermessen des Tatrichters stehe, ob er die Zubilligung einer Rente für angemessen halte. Gegen eine »dynamische« Schmerzensgeldrente spreche auch, dass das Urteil das Schmerzensgeld im Grundsatz endgültig feststellen solle.

74 Diese Argumentation, wenn sie denn je zutreffend war, überzeugt heute nicht (mehr) (vgl. NK-BGB/*Huber*, § 253 Rn. 134 ff.). Oft ist abzusehen, dass Schmerzensgeldrenten über Jahrzehnte hinweg gezahlt werden müssen. Mit einer Abänderungsklage (s.u. Rdn. 82 ff.) mag der Geschädigte zwar eine gewisse Steigerung erreichen, dies aber nur in großen zeitlichen Abständen und mit Sicherheit nicht i.H.d. Steigerung der Lebenshaltungskosten. Das weitere Argument des BGH (NJW 1973, 1653), eine dynamische Schmerzensgeldrente könne dem Schädiger wirtschaftlich unter Berücksichtigung allgemeiner volkswirtschaftlicher Gesichtspunkte nicht zugemutet werden, ist heute ebenfalls nicht mehr gültig.

75 Allerdings achtet der BGH darauf, dass Kapital und Kapitalbetrag der Rente in einem ausgewogenen Verhältnis stehen und insgesamt die bisher in der Rechtsprechung zuerkannten Kapitalbeträge nicht übersteigen (BGH VersR 1976, 967, 969; VersR 1986, 59; s.a. OLG Thüringen zfs 1999, 419; OLG Brandenburg RuS 2006, 260, 262).

76 Die in der Entscheidung aus 1976 vom BGH angestellten **Berechnungen** dürften jedoch einen **Denkfehler** enthalten, soweit der BGH beanstandet, dass das einer 16-Jährigen zuerkannte Schmerzensgeld (Rente von 150 € monatlich = rund 33.500 € plus Kapital 12.500 € insgesamt rund 46.000 €) »zu reichlich« und deshalb durch das Revisionsgericht korrekturfähig sei.

77 Es wird angenommen, dass das Schmerzensgeld für einen jungen Menschen, der schwere Dauerschäden erlitten hat (u.a. Verlust des Geruchs- und des Geschmackssinns) notwendigerweise um ein Mehrfaches höher als für einen alten Menschen ist, bei dem sich die Kapitalisierung der Rente

weitaus weniger auswirkt und der die Beeinträchtigungen (nur noch) wenige Jahre zu (er-)tragen hat (BGH VersR 1991, 350).

*Hoffmann* (Versicherungswirtschaft 2008, 1298 ff.) legt eingehend dar, wie sich die von der Versicherungswirtschaft zu tragenden Kosten in den letzten 20 Jahren entwickelt haben. Bei einer Querschnittslähmung stieg der Gesamtaufwand um rund 310 %, das Schmerzensgeld stieg dagegen nur um < 150 %. Die höchste Rückstellung für einen Personenschaden betrug zuletzt 11 Mio. €. Das darf aber nicht zu der Annahme führen, die Versichertengemeinschaft werde durch Schmerzensgelder von 500.000 € zu sehr belastet (so aber ohne Begründung *Strücker-Pitz* VersR 2007, 1466 ff.), bei höheren Versicherungsleistungen würden sich die Versicherungen verteuern. Es ist zwar richtig, dass sich die Prämien für Arztversicherungen erhöhen werden, aber nicht, weil sich die zuerkannten Schmerzensgeldbeträge erhöhen, sondern weil sich die Aufwendungen für Personenschäden insgesamt erheblich erhöht haben. Es ist auch nicht haltbar, wenn *Strücker-Pitz* (VersR 2007, 1466, 1469) zu wissen glaubt, dass der BGH Erhöhungen des Schmerzensgeldes missbilligen und weiteren Erhöhungen einen Riegel vorschieben könnte. Der BGH weiß und hat immer wieder betont, dass dem Tatrichter bei der Bemessung des Schmerzensgeldes ein weiter Ermessensspielraum eingeräumt ist. 78

## V. Berechnung des Kapitalwertes der Schmerzensgeldrente

Um eine angemessene Rente zusprechen zu können, ist es vielfach geboten, die zuerkannte Rente zu kapitalisieren. Hierfür ist die Zeit maßgeblich, für die der Geschädigte die Rente erhalten wird, vereinfacht gesagt also die restliche Dauer seines Lebens. Um den Kapitalbetrag einer Rente errechnen zu können, wird daher auf die vom statistischen Bundesamt herausgegebenen Sterbetabellen (https://www.destatis.de/DE/ZahlenFakten/GesellschaftStaat/Bevoelkerung/Sterbefaelle/Sterbefaelle.html) zurückgegriffen. Die derzeit maßgebliche Sterbetabelle, mit deren Hilfe die statistische Lebenserwartung eines Berechtigten prognostiziert werden kann, datiert vom 29.09.2020. 79

Der Kapitalisierung einer Rente lag grds. der regelmäßig angesetzte Langzeitzins von 5 % zugrunde (der BGH hat Zinsen von 5 % bis 5,5 % als Langzeitzins für akzeptabel gehalten). Mit diesem Zinsfuß von 5 % oder 5,5 % wurde grds. der Kapitalwert der Rente ermittelt, was für den Berechtigten bei der heute am Kapitalmarkt erzielbaren Rendite äußerst günstig ist; denn je höher der Zinsfuß, umso geringer der Kapitalwert. Das hat zur Folge, dass das Schmerzensgeldkapital verhältnismäßig geringfügig gekürzt wird. Die Ermittlung des Kapitalwertes der Schmerzensgeldrente nach einem Zinssatz von 5 % erfolgte bei den Obergerichten fast ausnahmslos, lediglich das OLG Nürnberg (MedR 2008, 674) und ein Senat des OLG Hamm (VersR 2003, 780) berechneten den Kapitalwert nach einem Zinssatz von 4 %, ohne dies zu begründen. Den Änderungen am Kapitalmarkt haben die Gerichte inzwischen Rechnung getragen und gehen durchweg nicht mehr von 5 % aus, sondern reduzieren bei der Ermittlung des Kapitalwertes einer Rente den Zinssatz auf 2–3 %. Es ist zu erwarten, dass weitere Schritte gegen 1 % folgen werden. 80

Weitergehende ausführliche Zinstabellen zur Kapitalisierung von Renten finden sich etwa bei *Xanke* VersR 2004, 1528 und *Küppersbusch/Höher* Rn. 877 ff. Zur Berechnung ist zunächst der Monatsbetrag der angemessenen Rente mit zwölf (Jahressumme) und dann mit dem sich aus der Tabelle ergebenden Multiplikator zu multiplizieren. 81

## VI. Abänderungsklage bei einer Schmerzensgeldrente

Eine Schmerzensgeldrente kann im Hinblick auf den gestiegenen Lebenshaltungskostenindex abgeändert werden, wenn eine Abwägung aller Umstände des Einzelfalles ergibt, dass die bisher gezahlte Rente ihre Funktion eines billigen Schadensausgleichs nicht mehr erfüllt (BGH VersR 2007, 961; *Müller* zfs 2009, 62, 68). In diesem Leitsatz des BGH (VersR 2007, 961) verbergen sich in mehrfacher Hinsicht Ausweichmöglichkeiten, von dieser Rechtsprechung später wieder abzuweichen, die der BGH im nächsten Leitsatz auch andeutet: Falls nicht besondere zusätzliche Umstände vorliegen, ist die Abänderung einer Schmerzensgeldrente bei einer unter 25 % liegenden Steigerung des Lebenshaltungskostenindexes i.d.R. nicht gerechtfertigt. 82

83 Daraus folgt aber noch nicht, dass damit die Grenze aufgezeigt ist, oberhalb derer eine Abänderungsklage immer Erfolg haben wird. Zusätzlich müssen alle Umstände abgewogen werden und die Funktion des Schmerzensgeldes als Schadensausgleich darf nicht mehr gegeben sein. Zu diesen Umständen sollen beispielsweise die Rentenhöhe, der zugrundeliegende Kapitalbetrag und die bereits gezahlten (LG Hannover NJW-RR 2002, 1253) und voraussichtlich noch zu zahlenden Beträge gehören. Was damit genau gemeint ist, wird nicht deutlich, zumal der BGH (zu Recht) in dieser Entscheidung auch herausgestellt hat, dass die Summe der gezahlten Rentenbeträge völlig unerheblich ist (VersR 2007, 961). Maßgebend für die Belastung des Schädigers ist nämlich allein der Kapitalwert der Rente, denn die Rentenzahlungen fließen zunächst aus den mit 5 % pauschal angenommenen Zinsen des Kapitalwertes und nur teilweise aus diesem Kapital.

84 Nur wenn der Schädiger vortragen könnte, dass die Rentenzahlungen aus den Erträgen nicht mehr aufgebracht werden können, weil die Gewinne aus der Kapitalanlage hinter den Erwartungen zurückgeblieben sind, könnte die Summe der Rentenzahlungen eine Rolle spielen. Einen solchen Fall kann die Versicherungswirtschaft aber nicht vortragen, weil sie auch in der Vergangenheit und auch in Zeiten niedriger Zinsen einen Zinsertrag i.H.v. mindestens 5 % erwirtschaftet hat. Natürlich spielt es für die Zukunft eine Rolle, wie lange die Schmerzensgeldrente noch gezahlt werden muss, denn für den mit der Abänderungsklage angestrebten Erhöhungsbetrag muss ein neuer Kapitalwert – wieder nach einem Zinssatz von 5 % – ermittelt werden.

85 Hier zeigt sich der Widerspruch zum angeblich einheitlichen Schmerzensgeld. Wurde der Verletzte mit einem Kapitalbetrag abgefunden, kommt eine Erhöhung aus Gründen der Rechtskraft nicht in Betracht. Wurde dagegen zum Kapitalbetrag eine Schmerzensgeldrente zuerkannt, kann das insgesamt zu zahlende Schmerzensgeld über den Weg der Abänderungsklage nachträglich erhöht werden. Diese Gefahr hat der BGH gesehen und will ihr insoweit Rechnung tragen, als zu prüfen ist, ob dem Schädiger billigerweise nicht zugemutet werden kann, eine erhöhte Rente zu zahlen, etwa weil die Haftungshöchstsumme erschöpft sei (BGH VersR 2007, 961). Eine solche Erschöpfung der Haftungshöchstsumme kann aber nicht mit der Summe der bisher gezahlten Rentenbeträge begründet werden.

86 Der Argumentation, dass das Schmerzensgeld nicht dynamisiert werden könne, sondern nach ständiger Rechtsprechung einheitlich festgesetzt werden müsse, entzieht sich der BGH dadurch, dass er die mit der Steigerung des Lebenshaltungskostenindexes begründete Erhöhung der Schmerzensgeldrente nicht mit der von vornherein dynamisierten Schmerzensgeldrente gleichsetzt (BGH VersR 2007, 961). Zu Recht stellt er darauf ab, dass die Funktion des Schmerzensgeldes durch eine erhebliche Steigerung des Lebenshaltungskostenindexes gemindert oder aufgehoben werden kann, wenn der Geldwert in erheblichem Maße gesunken ist. Genau damit ließe sich aber auch die Zulässigkeit einer dynamischen Schmerzensgeldrente begründen.

87 Schaut man auf die seit vielen Jahren niedrige Inflationsrate von rd. 2 %, bedeutet dies, dass eine Abänderungsklage erst nach mehr als zwölf Jahren mit Aussicht auf Erfolg erhoben werden kann. Bevor das Gericht dann rechtskräftig entschieden hat, gehen mehrere Jahre ins Land, sodass die Geldentwertung bis zur Entscheidung schließlich mehr als 30 % betragen wird. Die Anpassung wird aber nicht so hoch ausfallen, weil diese nicht mathematisch vorgenommen wird. Der Verletzte wird dann allenfalls mit einer Erhöhung der Schmerzensgeldrente um rd. 15–20 % rechnen können.

## E. Besonderheiten im Arzthaftungsrecht

### I. Zerstörung der Persönlichkeit

88 Der BGH hat das Schmerzensgeld für schwerst hirngeschädigt geborene Kinder unter dem Gesichtspunkt der Zerstörung der Persönlichkeit gegenüber seiner früheren Rechtsprechung entscheidend höher bewertet (NJW 1993, 781). Dem folgt die Rechtsprechung. Ganz überwiegend wird bei schwerst hirngeschädigt geborenen Kindern ein Schmerzensgeld i.H.v. 500.000 € bewilligt

(OLG Celle VersR 2009, 500; OLG Köln VersR 2007, 219; OLG Hamm VersR 2002, 1163; OLG Hamm VersR 2004, 386).

Das OLG Zweibrücken (MedR 2009, 88 m. Anm. *Jaeger*) geht noch über diesen Betrag hinaus und bemisst das Schmerzensgeld auf 500.000 € zzgl. einer monatlichen Rente von 511,00 € mit einem Kapitalwert von rd. 119.000 €, insgesamt also 619.000 €. 89

Kommt es bei der Geburt eines Kindes infolge eines Behandlungsfehlers zu einer ausgeprägten hypoxischen Hirnschädigung, ist ein Schmerzensgeldbetrag von 500.000 € angemessen, der in der neueren Rechtsprechung allgemein zuerkannt wird (vgl. OLG Celle VersR 2009, 501). 90

Wird durch eine Mikroblutanalyse ein zu geringer PH-Wert beim Kind festgestellt, ist die Geburt sofort durch Kaiserschnitt zu beenden. Kommt es zu einem schweren Hirnschaden, soll ein Schmerzensgeld i.H.v. 300.000 € gerechtfertigt sei (OLG Celle VersR 2007, 543). 91

Ähnlich urteilte das LG München I (VersR 2007, 1139), weil ein Kind einen Hirnschaden wegen einer unterbliebenen Mikroblutanalyse erlitt. Das Schmerzensgeld betrug 350.000 € zzgl. einer monatlichen Rente von 500 €, deren Kapitalwert rd. 120.000 € beträgt. 92

Eine Erhöhung des Schmerzensgeldbetrages wegen eines zögerlichen Regulierungsverhaltens des Versicherers des Arztes ist allerdings nicht gerechtfertigt, weil der geschädigte Patient durch frühzeitige Zahlungsaufforderung den Schuldner in Verzug setzen kann und weil bei einem schwerst hirngeschädigt geborenen Kind durch die Zahlungsverzögerung kein (weiterer) psychischer Schaden entsteht (siehe zum Regulierungsverhalten generell Rdn. 34). 93

## II. Störungen des Sexuallebens

Durch ärztliche Behandlungsfehler kann das Sexualleben auf Zeit oder auf Dauer gestört sein (OLG Oldenburg VersR 1992, 1005). Relativ gering und damit »normal« ist ein Schmerzensgeld i.H.v. 4.500 €, das das LG Limburg (VersR 1995, 472) für Prellungen und Schürfungen zuerkannte, die eine Phimose-Operation erforderlich gemacht hatten. Die Folgen waren Narben und Beeinträchtigungen des Sexuallebens. 94

Ein deutlich höheres Schmerzensgeld von 20.000 € erhielt ein Patient, der vor einer operativen Penisverlängerung nicht darüber aufgeklärt worden war, dass er über einen Zeitraum von 4 Monaten einen Extender tragen müsse, der die Narbenextraktionskräfte ausgleichen sollte (KG KGR 2001, 142, 143). 95

Ein Schmerzensgeld i.H.v. 50.000 € sprach das OLG Celle (OLGR 2001, 250) einem Patienten zu, der sich aufgrund einer Fehldiagnose einer Prostatektomie unterzogen hatte und seither unter Inkontinenz, Ejakulations- und Erektionsunfähigkeit litt. Das OLG Celle hat dazu ausgeführt, dass sich der Kläger nicht nur unnötig einem schweren operativen Eingriff unterziehen musste, sondern auch der psychischen Ausnahmesituation, die mit der Eröffnung einer Krebsdiagnose verbunden ist, ausgesetzt gewesen sei. Gravierender aber seien die durch die unnötige Operation bedingten Folgen für den Kläger, der am völligen Verlust der sexuellen Aktivität leide. Dies sei unter Berücksichtigung des Lebensalters des Klägers eine essenzielle Einbuße an Lebensqualität, die auch nicht dadurch relativiert werden könne, dass die Familienplanung abgeschlossen sei. 96

Gegenüber Männern werden Frauen in vergleichbaren Fällen mit deutlich geringerem Schmerzensgeld abgefunden. Eine junge Frau, die durch unfallbedingte Anorgasmie und Algopareunie an nachhaltigen Störungen der sexuellen Erlebnisfähigkeit litt, musste sich mit einem Schmerzensgeld i.H.v. 10.000 € zufriedengeben (OLG Köln VersR 1992, 888). 97

Wenig Einfluss hatte offenbar der Verlust von Libido und Potenz in einem Fall, in dem dieser Verlust mit anderen sehr schwerwiegenden Verletzungen zusammentraf. So billigte das OLG Oldenburg (SP 2002, 56) einem 33 Jahre alten Mann trotz Verlust von Libido und Potenz ein Schmerzensgeld 98 zu, das in der Summe nur 120.000 € betrug, wobei schon die anderen schwerwiegenden Verletzungen das zuerkannte Schmerzensgeld allein rechtfertigten.

99 Eine wesentlich gravierendere Fehlentscheidung verfasste das OLG Nürnberg (VersR 2009, 1079). Der Patient erlitt infolge eines Behandlungsfehlers u. a. einen Hirnsubstanzverlust verbunden mit einer Hirnleistungsminderung, ein schweres Anfallsleiden, Funktionsstörungen der Augen, eine erhebliche Visusminderung und zusätzlich eine erektile Dysfunktion (Impotenz) sowie die Unfähigkeit, eine Beziehung zu einer Frau aufzubauen. Das Gericht hielt ein Schmerzensgeld i.H.v. 100.000 € zzgl. einer monatlichen Rente von 375 € (Kapitalwert rd. 85.653 €), gesamt also 185.653 € für ausreichend (dazu schon Rdn. 55). Das Schmerzensgeld hätte allerdings nicht geringer als 500.000 € ausfallen dürfen. In dieser Höhe wird ein Schmerzensgeld i.d.R. einem schwerst hirngeschädigt geborenen Kind zugesprochen, d.h. aber nicht, dass für schwerste Körperschäden, verbunden mit einer schweren Gehirnschädigung, nicht doch ein höheres Schmerzensgeld gewährt werden muss (vgl. hierzu auch *Jaeger*, VersR 2009, 1084).

100 Kommt es durch einen Behandlungsfehler bei einem Mann zur Impotenz, stellen *Ziegler/Rektorschek* (VersR 2009, 181) die Frage, ob der Partner des Patienten leer ausgeht. Völlig zu Recht sehen sie, dass die Ehefrau/Partnerin ihrerseits unter dem Verlust der Sexualität mit dem Mann zu leiden hat. Sie meinen, es sei nicht ersichtlich, warum der Frau kein eigener Schmerzensgeldanspruch zustehen solle. Allein die Leistungsnähe der Frau gibt dieser jedoch keinen eigenen Anspruch. Sowohl aus Vertrag als auch nach Delikt besteht in Arzthaftungskonstellationen ein Anspruch nur, wenn ein Rechtsgut verletzt ist, was auch bei Annahme eines Vertrags mit Schutzwirkung zu Gunsten Dritter anzunehmen sein dürfte. Dies könnte bei einem verheirateten Paar das Recht auf sexuelle Selbstbestimmung der Frau sein, wofür die Beischlaferwartung des § 1353 spricht. Die Diskussion erscheint offen und wird noch deutlich eingehender zu beleuchten sein. Das OLG Oldenburg (Beschl. v. 22.10.1993 – 5 W 173/93) hatte in einem solchen Fall für einen Anspruch auf Zahlung eines Schmerzensgeldes die beantragte Prozesskostenhilfe verneint.

### III. Verlust von Gliedern, Organen und Funktionen

101 Der Verlust von Gliedern, Organen und Funktionen wie auch Entstellungen sind bei der Bemessung des Schmerzensgeldes stets deutlich zu berücksichtigen. Während das Schmerzensgeld bei Verletzungen, die mehr oder weniger folgenlos ausheilen, ohne Weiteres moderat sein kann, müssen Dauerschäden zu wesentlich höheren Schmerzensgeldern führen. Besonders Amputationen an der Hand, an Armen und an Beinen müssen hohe Schmerzensgelder auslösen. Hinzu kommt, dass nach Amputationen immer entstellende Narben zurückbleiben, die Dauerschäden darstellen und deshalb auch dann zu entschädigen sind, wenn sie keine zusätzlichen Schmerzen verursachen.

### IV. Entstellungen

102 **Narben sind Dauerschäden**, die bei der Schmerzensgeldbemessung zu berücksichtigen sind (vgl. NK-BGB/*Huber*, § 253 Rn. 92). Die Rechtsprechung billigt zwar gerade jungen Frauen, bei denen infolge einer Verletzung entstellende Narben zurückbleiben, besonders hohe Schmerzensgelder zu. Eine solche Sonderbehandlung ist aber nicht gerechtfertigt, da auch junge und alte Männer und ebenso alte Frauen ein Recht darauf haben, dass sie für Narben, die ihnen zugefügt worden sind, angemessen entschädigt werden (vgl. NK-BGB/*Huber*, § 253 Rn. 92). Hinsichtlich psychischer Faktoren können geschlechtsspezifische Unterschiede dennoch eine Rolle spielen. Dies aber nur derart, dass das Schmerzensgeld höher ausfällt als der allgemein angemessene Ansatz.

103 Narben, die i.d.R. durch die Kleidung verdeckt sind, werden als Bemessungskriterien beim Schmerzensgeld oft erwähnt, aber nicht in die Schmerzensgeldbemessung einbezogen; sie sind dennoch Dauerschäden, insbesondere wenn der Verletzte sie selbst als Störung empfindet. Sie beeinflussen die Höhe des Schmerzensgeldes auch dann, wenn sie im Alltag keine kosmetische Beeinträchtigung

darstellen, und zwar nicht nur dann, wenn sie angeblich »nur« in Intimsituationen – in diesen kann eine Beeinträchtigung besonders gravierend sein – einen Einfluss haben sollen. Gerade der Verletzte selbst hat ein Recht auf Empfindsamkeit in Bezug auf körperliche Unversehrtheit. Eine reduzierende Berücksichtigung beim Umfang ist einzelfallbezogen aber zu erwägen.

### V. Unerwünschte Schwangerschaft

Bei unerwünschter Schwangerschaft infolge eines ärztlichen Behandlungsfehlers wird das Schmerzensgeld gewährt für die Belastung mit dem Austragen und der Geburt des Kindes und für eine besondere Schmerzbelastung, die die mit einer natürlichen, komplikationslosen Geburt verbundenen Beschwerden übersteigt (BGH VersR 1995, 1060; 1983, 396, 398). Kein Schmerzensgeld wird gewährt für ein schweres psychisches Überlastungssyndrom nach der Geburt des Kindes, weil die ausgleichspflichtige Beeinträchtigung mit der Geburt des Kindes abgeschlossen ist und weil diese Belastungen außerhalb des Zurechnungszusammenhangs stehen. Beeinträchtigungen der Lebensführung und Lebensplanung durch das Großziehen des Kindes sind ebenfalls nicht schmerzensgeldpflichtig, weil es sich dabei nicht um körperliche oder gesundheitliche Beeinträchtigungen handelt. 104

### VI. Dekubitus

Ein **schwerer Dekubitus** (Druckgeschwür) soll **meistens vermeidbar sein** (OLG Köln NJW-RR 2000, 1267), wenn häufige Lageänderungen durchgeführt und Spezialmatratzen eingesetzt werden. Das soll auch für Schwerstkranke im Krankenhaus oder bei Alzheimerpatienten im Altersheim gelten. Ein solcher Dekubitus beruhe erfahrungsgemäß auf groben Pflege- und Lagerungsmängeln. 105

Diese Auffassung wird vom OLG Braunschweig (NJW-RR 2009, 1109) nicht geteilt, das das Risiko des Auftretens eines Druckgeschwürs als nicht voll beherrschbar bezeichnet. Der Patient müsse in jedem Fall den Nachweis der Kausalität eines Behandlungsfehlers für das Auftreten eines Druckgeschwürs führen. Letztlich wird es auf die exakten Umstände des Einzelfalls ankommen, die der medizinische und/oder Pflegesachverständige aufzuklären hat, wobei beachtet werden muss, dass die Frage der Dekubitusbildung keineswegs stets nur als Pflegefrage betrachtet werden kann, da es vielfach auf die konkrete Behandlungssituation ankommt, ob ordnungsgemäße Pflege und Lagerung möglich sind. 106

Ein Dekubitus vierten Grades rechtfertigt grds. ein Schmerzensgeld i.H.v. 12.500 € bis 17.500 €. Ein Schmerzensgeld von 17.500 € hat das OLG Oldenburg (NJW-RR 2000, 762) für einen vergleichbaren Fall zuerkannt. Eine an Morbus Alzheimer erkrankte Patientin eines Pflegeheims litt infolge grober Pflegefehler an einem Dekubitus in einer Größe von 10 × 5 cm. Um eine Ausheilung des Geschwürs zu erreichen, musste ein Anus praeter gelegt werden, der aus medizinischen Gründen nicht zurückverlegt werden konnte. Trotz der Alzheimererkrankung der 65 Jahre alten Klägerin hielt das OLG Oldenburg ein Schmerzensgeld i.H.v. 17.500 € für angemessen, weil die Klägerin die Schmerzen und Bewegungsbeeinträchtigungen wahrzunehmen imstande war, diese allerdings infolge des Morbus Alzheimer »sofort vergessen« hatte. 107

### VII. Zahnextraktionen

Gerade eine Serienextraktion von Zähnen bei jugendlichen Patienten kann einen vorwerfbaren Behandlungsfehler darstellen (OLG Hamm OLGR 2001, 142; OLG Oldenburg VersR 1999, 1499). Das OLG Hamm verlangt vor der Extraktion einer Vielzahl von Zähnen bei Jugendlichen eine sorgfältige Prüfung und Unterscheidung von Erhaltungsfähigkeit und -würdigkeit der Zähne. Erhaltungsfähige Zähne sind bei Jugendlichen nach Möglichkeit zu bewahren, um die Patienten davor zu beschützen, schon in jungen Jahren zu Prothesenträgern zu werden. Einer Serienextraktion von Zähnen muss in jedem Fall eine umfassende Aufklärung vorausgehen. 108

## § 611 Vertragstypische Pflichten beim Dienstvertrag

(1) Durch den Dienstvertrag wird derjenige, welcher Dienste zusagt, zur Leistung der versprochenen Dienste, der andere Teil zur Gewährung der vereinbarten Vergütung verpflichtet.

(2) Gegenstand des Dienstvertrags können Dienste jeder Art sein.

**Übersicht**

| | Rdn. | | | Rdn. |
|---|---|---|---|---|
| A. Dienstvertragsrechtlicher Schwerpunkt (Behandlungsvertrag) | 1 | a) | Totaler (einheitlicher) Krankenhausaufnahmevertrag | 17 |
| I. (Zahn-) Arztvertrag | 2 | b) | Totaler Krankenhausaufnahmevertrag mit Arztzusatzvertrag | 23 |
| 1. Rechtsnatur des (Zahn-) Arztvertrages | 3 | c) | Gespaltener Krankenhausvertrag | 29 |
| 2. Arztvertrag mit GKV-Patienten | 7 | aa) | Belegarztmodell | 31 |
| 3. Honoraranspruch | 10 | bb) | Belegarzt im Honorarvertragsmodell | 34 |
| II. Krankenhausvertrag | 12 | cc) | Gespaltener Krankenhausaufnahmevertrag mit Wahlarztvertrag | 38 |
| 1. Rechtsnatur des Krankenhausvertrages | 13 | | | |
| 2. Grundtypen des Krankenhausvertrages | 16 | | | |

### A. Dienstvertragsrechtlicher Schwerpunkt (Behandlungsvertrag)

1 Neben dem (unveränderten) allgemeinen Dienstvertragsrecht gem. §§ 611 ff. ist durch das Gesetz zur Verbesserung der Rechte von Patientinnen und Patienten (Patientenrechtegesetz vom 20.02.2013, BGBl. I S. 277) ein neuer Untertitel eingefügt worden, der mit den §§ 630a ff. den Behandlungsvertrag als speziellen Dienstvertragstyp regelt. In § 630a sind etwa die den Behandlungsvertrag charakterisierenden Hauptleistungspflichten der Parteien eines Behandlungsvertrages definiert. Die §§ 630c bis h regeln die weiteren Pflichten der Vertragsparteien eines Behandlungsvertrages im Hinblick auf Aufklärungs- und Informationspflichten, Patientenaufklärung und -einwilligung, Behandlungsdokumentation und Einsichtsgewährung bis hin zur Beweislast bei Haftung für Behandlungs- und Aufklärungsfehler (vgl. dazu Komm. zu §§ 630a bis h). Gemäß § 630b sind die Vorschriften über das Dienstverhältnis, das kein Arbeitsverhältnis i.S.d. § 622 ist, anzuwenden, soweit nicht in den §§ 630a ff. etwas anderes bestimmt ist. Dadurch ist klargestellt, dass es sich bei dem Behandlungsvertrag um einen speziellen Dienstvertrag handelt, für den grundsätzlich auch die allgemeinen Vorschriften der §§ 611 ff. Anwendung finden, es sei denn, in den §§ 630a ff. ist etwas anderes geregelt oder die Parteien des Behandlungsvertrages haben im Rahmen der gesetzlichen Dispositionsmöglichkeiten etwas anderes vereinbart. Nachstehend werden daher die unterschiedlichen Typen eines Behandlungsvertrages und deren Besonderheiten behandelt. Je nach dem, wer Schuldner der ärztlichen Leistung gegenüber dem Patienten aus dem Behandlungsvertrag ist, wird unterschieden zwischen dem Arztvertrag bzw. Zahnarztvertrag sowie dem Krankenhausvertrag.

### I. (Zahn-) Arztvertrag

2 Das Vertragsverhältnis zwischen dem in eigener Praxis niedergelassenen (Zahn-) Arzt und dem Patienten über die ambulante Behandlung stellt die klassische Form des Behandlungsvertrages dar.

#### 1. Rechtsnatur des (Zahn-) Arztvertrages

3 Die weit überwiegende Rechtsprechung sowie die herrschende Literaturmeinung ordnen den Arztvertrag als Dienstvertrag zur Leistung von Diensten höherer Art gem. §§ 611 ff., 627 ein (BGH NJW 1975, 305; BGH NJW 1986, 2364). Die Einordnung des Behandlungsvertrages zwischen Arzt und Patient als Dienstvertrag erfolgt in Abgrenzung zum Werkvertrag i.S.d. §§ 631 ff. vor dem Hintergrund, dass der Arzt dem Patienten im Rahmen seiner Tätigkeit bei Diagnose, Therapie, Beratung sowie Verordnung von Arznei-, Heil- und Hilfsmitteln allein eine den Regeln der ärztlichen

Kunst entsprechende Behandlung und keinen Heilerfolg schuldet (BGH NJW 1975, 305). Der Arztvertrag ist danach regelmäßig ein persönlicher Dienstvertrag des Arztes mit dem Patienten ohne »Gesundheitsgarantie« (*Deutsch/Spickhoff* Rn. 138 f.).

Bei der grundsätzlichen Einordnung als Dienstvertrag bleibt es auch im Hinblick auf den Behandlungsvertrag zwischen Zahnarzt und Patienten, auch wenn dieser werkvertragliche Elemente enthalten kann (Wenzel/*Wenzel* Kap. 4 Rn. 9). Auch der auf eine zahnprothetische Behandlung gerichtete Vertrag ist grundsätzlich als Dienstvertrag einzuordnen, wobei jedoch für die technische Herstellung von Zahnersatz das Gewährleistungsrecht des Werkvertragsrechts Anwendung findet, soweit nicht eine spezifisch zahnärztliche Heilbehandlung vorliegt, sondern es sich nur um die technische Anfertigung der Prothese handelt (BGH NJW 1975, 305; NJW 2018, 3513). Die Einordnung des Vertrages über die Erstellung einer Zahnprothese als Werkvertrag gilt nach überwiegender Auffassung auch unter der Geltung des Schuldvertragsrechts nach Maßgabe des Schuldrechtsmodernisierungsgesetzes (OLG Frankfurt, Urt. v. 23.11.2010 – 8 U 111/10; OLG Düsseldorf, Urt. v. 14.05.2009 – I-5 U 135/08; OLG Karlsruhe ZGS 2007, 319; OLG Köln MedR 2019, 104). 4

Der Umstand, dass eine vom Zahntechniker gefertigte und vom Zahnarzt dem Patienten ein- und anzupassende Brückenkonstruktion eine bewegliche Sache darstellt, führt auch nicht gem. § 651 Satz 1 zur Anwendung der Vorschriften über den Kauf. Vor dem Hintergrund der Besonderheiten der zahnprothetischen Arbeiten, des nach dem Vertragszweck zu erbringenden Erfolges und des hierbei festzustellenden Schwerpunktes der Leistungserbringung ist eine kaufvertragliche Behandlung nicht sachgerecht. Maßgeblich ist, inwieweit der geschuldete Erfolg wesentlich über die Herstellung einer beweglichen Sache und deren Eigentumsübertragung hinausgeht und dieser Erfolg den Vertrag prägt. Gerade bei zahnprothetischen Arbeiten wird das Wesen der Leistungserbringung durch die individuelle Anpassung einer herzustellenden gegenständlichen Sache an die körperlichen Gegebenheiten und medizinischen Bedürfnisse und Notwendigkeiten des Patienten, der mit dieser Prothese versorgt werden soll, geprägt (OLG Düsseldorf, Urt. v. 14.05.2009 – I-5 U 135/08). Diesen Eigenheiten und der Betonung des in der individuellen optimalen Anpassung der Prothese liegenden Leistungserfolges wird man nur durch die Anwendung des Werkvertragsrechts gerecht (OLG Frankfurt, Urt. v. 23.11.2010 – 8 U 111/10 m.w.N.). 5

Auch in den Fällen, in denen der Patient, wie etwa im Rahmen von Schönheitsoperationen, statt eines Heilungswunsches einen konkreten Behandlungserfolg erwartet, schuldet der Arzt kein Werk i.S.v. § 631, sondern die sachgerechte Ausführung des Eingriffs, sodass auch derartige ärztliche Behandlungsmaßnahmen dienstvertraglichen Charakter besitzen (OLG Köln VersR 1988, 1049). Weil der Zahnarzt als Dienstverpflichteter keinen Erfolg, sondern nur die Erbringung der von ihm versprochenen Dienste schuldet und das Dienstvertragsrecht keine Gewährleistungsregeln kennt, kann der Vergütungsanspruch bei einer unzureichenden oder pflichtwidrigen Leistung grundsätzlich nicht gekürzt werden oder in Fortfall geraten (BGH NJW 2018, 3513). Ist jedoch im Falle eines Behandlungsfehlers die fehlerhafte Leistung des Arztes für den Patienten ohne Interesse und völlig unbrauchbar, kann ein Schadensersatzanspruch des Patienten unmittelbar auf Befreiung von der Vergütungspflicht gerichtet sein (BGH NJW 2018, 3513). Es gilt auch bei Ansprüchen wegen mangelhafter Zahnprothetik die Regelverjährung, nicht die verkürzte Frist des § 634a (OLG Köln MedR 2019, 104). 6

## 2. Arztvertrag mit GKV-Patienten

Die Annahme der privatrechtlichen Beziehung zwischen Arzt und Patient bezieht sich nach zutreffender Auffassung gleichfalls auch auf das Rechtsverhältnis zwischen dem gesetzlich krankenversicherten Patienten und dem zur Versorgung von GKV-Patienten gem. § 95 SGB V zugelassenen Vertragsarzt (BGH NJW 2005, 2069; BVerfG MedR 2005, 1103; Quaas/Zuck/*Clemens* § 14 Rn. 4 m.w.N.). Die ärztliche Heilbehandlung durch einen Vertragsarzt (Kassenarzt) erfolgt grundsätzlich nicht in Ausübung eines öffentlichen Amtes. Das Verhältnis des Vertragsarztes zu seinen Patienten wird allgemein nicht als öffentlich-rechtlich, sondern als privatrechtlich angesehen (so bereits BGH NJW 1975, 589). § 76 Abs. 4 SGB V regelt auf Ebene des Krankenversicherungsrechts 7 in diesem Sinne, dass die Übernahme der Behandlung eines Kassenpatienten zur Sorgfalt nach den Vorschriften des Bürgerlichen Vertragsrechts verpflichtet. Für das Zustandekommen des Behandlungsvertrages gem. § 611 ist es danach grundsätzlich ohne Belang, ob es sich bei dem Patienten um einen Privat- oder Kassenpatienten handelt, denn auch der Kassenpatient schließt mit dem Vertragsarzt einen privatrechtlichen Behandlungsvertrag ab (BVerfG MedR 2005, 91).

8   Der privatrechtliche Arztvertrag mit dem Kassenpatienten ist in die öffentlich-rechtlichen Regelungen des Krankenversicherungsrechts gemäß dem SGB V eingebettet (vgl. dazu auch die Darstellung von *Deutsch/Spickhoff* Rn. 106 f.). Dadurch erfährt der Arztvertrag eine wesentliche sozialrechtliche Modifikation, in dem der Vertragsarzt seine Leistung gegenüber dem Patienten als Sachleistung erbringt und einen Honoraranspruch daher nicht gegenüber dem Kassenpatienten selbst, sondern gegenüber der Kassenärztlichen Vereinigung hat, deren Mitglied er ist (vgl. etwa Quaas/Zuck/*Clemens* § 14 Rn. 5).

9   Auch die ärztliche Behandlung von Zivildienstleistenden durch Vertragsärzte und Krankenhäuser mit Kassenzulassung im Rahmen der gesetzlichen Heilfürsorge erfolgt nicht in Ausübung eines öffentlichen Amtes sondern auf der Grundlage eines privatrechtlichen Behandlungsvertrages (BGH BGHZ 187, 94 = MedR 2011, 85). Dem hingegen ist anerkannt, dass die ärztliche Behandlung von Soldaten durch Truppenärzte im Rahmen der gesetzlichen Heilfürsorge die Wahrnehmung einer hoheitlichen Aufgabe ist und damit in Ausübung eines öffentlichen Amtes erfolgt (BGH BGHZ 187, 94 = MedR 2011, 85; BGH MedR 1990, 37). So stellt auch die Behandlung eines Soldaten, die im Auftrag der Bundeswehr durch Ärzte eines zivilen Krankenhauses aufgrund eines privatrechtlichen Vertrages auf Weisung des Bundeswehrarztes durchgeführt wird, die Ausübung eines öffentlichen Amtes dar, sodass weder der behandelnde Arzt unmittelbar noch der Krankenhausträger auf Schadensersatz in Anspruch genommen werden kann (BGH VersR 1996, 976).

### 3. Honoraranspruch

10  Aufgrund der besonderen öffentlich-rechtlichen Modifikationen ist der Honoraranspruch des Arztes im Rahmen der Behandlung von Kassenpatienten dem privatrechtlichen Arztvertrag grundsätzlich entzogen. Ein unmittelbarer Honoraranspruch des Vertragsarztes gegen den Kassenpatienten für die gesetzlich geschuldeten Leistungen nach dem SGB V besteht grundsätzlich nicht. Der Vertragsarzt hat aufgrund seiner Mitgliedschaft in der Kassenärztlichen Vereinigung gegen diese einen Vergütungsanspruch als Teilhaberrecht an der zwischen den Verbänden der Krankenkassen und der Kassenärztlichen Vereinigung vereinbarten Gesamtvergütung (vgl. §§ 82 ff. SGB V).

11  Der Vergütungsanspruch für die rein privatärztliche Behandlung des Patienten leitet sich gem. § 612 Abs. 2 nach der Gebührenordnung für Ärzte (GOÄ) bzw. der Gebührenordnung für Zahnärzte (GOZ) ab. Die GOÄ und GOZ werden als Taxen i.S.v. § 612 Abs. 2 angesehen (vgl. etwa MüKo-BGB/*Müller-Glöge* § 612 Rn. 27). Soweit der Vertragsarzt gegenüber dem Kassenpatienten Leistungen erbringt, die nicht Bestandteil der vertragsärztlichen Versorgung sind bzw. hinsichtlich derer der Patient vor Beginn der Behandlung ausdrücklich eine Behandlung auf eigene Kosten verlangt hat (vgl. § 18 Abs. 8 Nr. 2 und 3 Bundesmantelvertrag-Ärzte), handelt es sich bei entsprechender Vereinbarung zwischen Arzt und Patient um eine reine Privatbehandlung, deren Vergütung sich nach Maßgabe der GOÄ richtet.

## II. Krankenhausvertrag

12  Die rechtlichen Beziehungen zwischen Krankenhaus und Patient sind Gegenstand des Krankenhausvertrages (auch »Krankenhausaufnahmevertrag« oder »Krankenhausbehandlungsvertrag«). Vertragspartner aufseiten des Krankenhauses ist grundsätzlich der jeweilige Krankenhausträger und nicht etwa der Chefarzt einer Abteilung oder einer der weiteren behandelnden Ärzte. Krankenhausträger sind regelmäßig als juristische Personen des öffentlichen Rechts, etwa bei kommunaler Trägerschaft, oder des privaten Rechts, z.B. einer Krankenhaus-GmbH, verfasst.

## 1. Rechtsnatur des Krankenhausvertrages

Das Behandlungsverhältnis zwischen Krankenhausträger und Patienten ist unabhängig von der privatrechtlichen bzw. öffentlich-rechtlichen Trägerschaft des Krankenhauses privatrechtlicher Natur (Quaas/Zuck/*Clemens* § 14 Rn. 7). Die Einordnung als privatrechtliche Leistungsbeziehung gilt gleichfalls unabhängig davon, ob das Behandlungsverhältnis zu einem Privatpatienten (Selbstzahler) oder einem Kassenpatienten besteht (BGH, NJW 1984, 1820; Quaas/Zuck/*Clemens* § 14 Rn. 6). In speziellen Fällen der zwangsweisen Einweisung und Behandlung können darüber hinaus rein öffentlich-rechtliche Sonderrechtsverhältnisse, etwa auf Grundlage strafprozessualer bzw. sicherheitsrechtlicher Regelungen, begründet werden (*Deutsch/Spickhoff* Rn. 1209 f.). 13

Ausgehend von der krankenversicherungsrechtlichen Definition der Krankenhausbehandlung in § 39 Abs. 1 Satz 3 SGB V, wonach die Krankenhausbehandlung insbesondere die ärztliche Behandlung, Krankenpflege, Versorgung mit Arznei-, Heil- und Hilfsmitteln, Unterkunft und Verpflegung umfasst, beinhaltet der Krankenhausvertrag im Sinne eines typengemischten Vertrages Elemente des Dienst-, Miet-, Kauf- und Werkvertrages. Durch die Einführung der §§ 630a ff. ist auch der Krankhausbehandlungsvertrag systematisch als dienstvertragsähnlicher Vertragstyp anzusehen und damit im Einzelfall vom Werkvertrag abzugrenzen und zu unterscheiden (Spickhoff/*Spickhoff* § 630a Rn. 6 ff.). 14

Wiederum in Anknüpfung an die krankenhausversicherungsrechtliche Definition des Krankenhauses in § 107 Abs. 1 Nr. 3 SGB V, wonach Krankenhäuser Einrichtungen sind, die vorwiegend durch ärztliche und pflegerische Hilfeleistungen Krankheiten der Patienten erkennen, heilen, ihre Verschlimmerung verhüten, Krankheitsbeschwerden lindern oder Geburtshilfe leisten sollen, wird deutlich, dass auch im Rahmen des Krankenhausvertrages die ärztliche und pflegerische Behandlung im Vordergrund steht. Die Elemente des gemischttypischen Vertrages treten daher grundsätzlich hinter dem dienstvertraglichen Charakter des Krankenhausvertrages zurück. Nach der Rechtsprechung des BGH ist der Krankenhausvertrag ein einheitlicher Vertrag, der die Unterbringung und Verpflegung mit umfasst, wobei diese Leistungsbestandteile aber neben der Behandlung nur eine untergeordnete Rolle spielen (BGH NJW 1951, 596). Dies gilt jedenfalls insoweit, als die ärztliche und pflegerische Leistung nicht explizit aus dem Krankenhausvertrag ausgenommen sind (s. dazu unten Rn. 29 ff.). 15

## 2. Grundtypen des Krankenhausvertrages

Vor diesem Hintergrund haben sich drei typische Grundformen des Krankenhausvertrages in Gestalt des totalen (einheitlichen) Krankenhausvertrages, des totalen Krankenhausvertrages mit Arztzusatzvertrag und des gespaltenen Krankenhausaufnahmevertrages herausgebildet. 16

### a) Totaler (einheitlicher) Krankenhausaufnahmevertrag

Beim totalen Krankenhausaufnahmevertrag verpflichtet sich der Krankenhausträger, alle für die stationäre Behandlung erforderlichen Leistungen einschließlich der gesamten ärztlichen Versorgung zu erbringen (BGH NJW 2016, 3027). Im Rahmen des totalen Krankenhausvertrages wird der Krankenhausträger insoweit alleiniger Vertragspartner des Patienten und schuldet diesem – einheitlich – sämtliche für die stationäre Behandlung erforderlichen Leistungen in Gestalt der allgemeinen Krankenhausleistungen. Diese sind entsprechend des Krankenhausentgeltgesetzes (KHEntgG) bzw. der Bundespflegesatzverordnung (BPflV) insbesondere die ärztliche Behandlung, Krankenpflege, Versorgung mit Arznei-, Heil- und Hilfsmitteln sowie Unterkunft und Verpflegung, soweit diese Leistungen unter Berücksichtigung der Leistungsfähigkeit des Krankenhauses im Einzelfall nach Art und Schwere der Krankheit die medizinisch-zweckmäßige und ausreichende Versorgung des Patienten notwendig sind (§ 2 KHEntgG/§ 2 BPflV). 17

Der totale Krankenhausaufnahmevertrag stellt in diesem Sinne die Regelform der stationären Versorgung des Patienten dar (Quaas/Zuck/*Clemens* § 14 Rn. 10). Auf Grundlage des totalen Krankenhausaufnahmevertrages kommt – ohne entsprechende Zusatzvereinbarung – eine vertragliche 18

Beziehung allein zwischen dem Krankenhausträger und dem Patienten zustande. Die Ärzte des Krankenhauses werden, soweit sie nicht Organe des Krankenhausträgers sind, als Erfüllungsgehilfen des Krankenhausträgers i.S.v. § 278 tätig (*Deutsch/Spickhoff* Rn. 113). Die behandelnden Ärzte können in der Konstellation des totalen Krankenhausaufnahmevertrages ohne Zusatzvereinbarung daher auch keine gesonderte Vergütung beanspruchen. Der Patient kann die im Rahmen der Behandlung erforderliche Einwilligung auf einen speziellen Arzt beschränken, wobei allein dadurch ein Liquidationsrecht der an der Behandlung beteiligten Krankenhausärzte nicht entsteht (*Ratzel/Luxenburger/Clausen* § 18 Rn. 12). Will ein Patient in diesem Sinne ausschließlich in die Operation durch einen bestimmten Arzt einwilligen, obgleich er keinen entsprechenden Arztzusatzvertrag abgeschlossen hat, muss er dies eindeutig zum Ausdruck bringen. Der von einem Patienten geäußerte Wunsch oder seine subjektive Erwartung, von einem bestimmten Arzt operiert zu werden, reichen für die Annahme einer auf eine bestimmte Person beschränkten Einwilligung nicht aus (BGH NJW 2010, 2580).

19–22 *(unbesetzt)*

### b) Totaler Krankenhausaufnahmevertrag mit Arztzusatzvertrag

23 Der Patient kann auf Grundlage des totalen Krankenhausaufnahmevertrages ohne entsprechende Zusatzvereinbarung grundsätzlich nicht beanspruchen, von einem bestimmten Arzt – insbesondere dem leitenden Abteilungsarzt/Chefarzt persönlich – behandelt zu werden. Ein entsprechender Anspruch kann sich in besonders gelagerten Fällen ergeben, wenn Art und Schwere der Erkrankung den Einsatz eines bestimmten – auf die Behandlung spezialisierten – Krankenhausarztes erfordern (OLG Stuttgart MedR 1986, 201).

24 Wünscht der Patient die Behandlung durch den Leiter einer Krankenhausabteilung im Sinne einer »Chefarztbehandlung«, kann er mit dem Krankenhausträger eine über den Rahmen der allgemeinen Krankenhausleistungen gemäß dem totalen Krankenhausaufnahmevertrag hinausgehende Vereinbarung als sogenannte »Wahlleistungsvereinbarung« treffen. Die Vereinbarung über wahlärztliche Leistungen beinhaltet die Verpflichtung des Krankenhausträgers, die entsprechenden Wahlleistungen durch in der Wahlleistungsvereinbarung ausdrücklich benannte Krankenhausärzte bzw. deren benannte Vertreter (»Wahlärzte« gem. § 17 Abs. 3 Satz 1 KHEntgG) zu erbringen. Als Vertragspartner der Wahlleistungsvereinbarung ist der Krankenhausträger daher mangels abweichender Vereinbarung originär zur Erbringung der ärztlichen Wahlleistungen verpflichtet. Daneben schließt der Patient einen weiteren Vertrag über die wahlärztlichen Leistungen mit dem jeweils liquidationsberechtigten Krankenhausarzt – regelmäßig mit dem Chefarzt einer Abteilung –, der als Arztzusatzvertrag bezeichnet wird (BGH NJW 1998, 1778).

25 Beim totalen Krankenhausvertrag mit Arztzusatzvertrag verpflichtet sich das Krankenhaus somit zur umfassenden Leistungserbringung, d.h. die Verpflichtung bezieht sich dann sowohl auf die allgemeinen Krankenhausleistungen gemäß § 2 Abs. 2 KHEntgG als auch auf die Wahlleistungen i.S.v. § 17 Abs. 1 KHEntgG (BGH NJW 2016, 3027). Zusätzlich zu dem Krankenhausaufnahmevertrag und der Wahlleistungsvereinbarung mit dem Krankenhaus schließt der Patient – ausdrücklich oder stillschweigend – einen weiteren Vertrag über die wahlärztlichen Leistungen mit dem behandelnden Arzt. Der hierfür gebräuchliche Begriff »Arztzusatzvertrag« bringt zum Ausdruck, dass der Patient diesen zusätzlich zum umfassenden Krankenhausbehandlungsvertrag mit dem Krankenhausträger abgeschlossen hat.

Neben dem Krankenhausaufnahmevertrag mit dem Krankenhausträger kommt mit dem Arztzusatzvertrag – ausdrücklich oder stillschweigend – eine weitere Vertragsbeziehung des Patienten mit dem liquidationsberechtigten Krankenhausarzt zustande. Mit dem Arztzusatzvertrag verpflichtet sich der liquidationsberechtigte Krankenhausarzt eigenständig zur persönlichen Behandlung des Patienten; gleichfalls resultiert daraus der Liquidationsanspruch gegenüber dem Patienten. Durch den Arztzusatzvertrag kommt es daher im Ergebnis zu einer doppelten Vertragsbeziehung hinsichtlich derselben ärztlichen Leistung, für die der Krankenhausträger und der liquidationsberechtigte

Krankenhausarzt als Gesamtschuldner haften (BGH NJW 2016, 3027). Dabei ist zu berücksichtigen, dass der Patient, der die ärztliche Wahlleistung in Anspruch nimmt, sich damit die persönliche Zuwendung und besondere fachliche Qualifikation und Erfahrung des von ihm gewählten liquidationsberechtigten Arztes »hinzukaufen« will, ohne dass er deswegen den Krankenhausträger aus der Verpflichtung entlassen will, ihm die ärztlichen Leistungen gleichfalls zu schulden (BGH NJW 1998, 1778). Folglich bleibt es auch bei Beauftragung einer derartigen Wahlleistung dabei, dass die ärztlichen Leistungen von den Ärzten nur zusätzlich geschuldet werden.

Der Arztzusatzvertrag kann – ebenso wie der Arztvertrag über die ambulante Behandlung des Patienten – grundsätzlich mündlich oder auch durch schlüssiges Verhalten, etwa durch Aufnahme der Behandlung in Kenntnis der mit dem Krankenhausträger getroffenen Wahlleistungsvereinbarung, abgeschlossen werden (BGH NJW 1998, 1778). Demgegenüber unterliegt die Vereinbarung über ärztliche Wahlleistungen dem Schriftformerfordernis, welches nur gewahrt ist, wenn alle die Wahlleistungen betreffenden Erklärungen in derselben Urkunde niedergelegt und von beiden Parteien unterzeichnet sind (§ 17 Abs. 2 Satz 1 KHEntgG). 26

Es ist eine Frage der konkreten Umstände und der Vertragsauslegung, ob mit dem Abschluss der Wahlleistungsvereinbarung zugleich ein Vertrag zwischen den Patienten und den liquidationsberechtigten Ärzten zustande kommt oder ob hierzu noch ein gesonderter Vertragsschluss erforderlich ist (OLG München, Urt. v. 07.08.2008 – 1 U 4979/07). In jedem Fall bilden Wahlleistungsvereinbarung und Arztzusatzvertrag eine rechtliche Einheit i.S.d. § 139. Wahlleistungsvereinbarung und Arztzusatzvertrag stehen und fallen miteinander mit der Folge, dass aus dem Arztzusatzvertrag für den Fall der Unwirksamkeit der Wahlleistungsvereinbarung – etwa aufgrund eines Formmangels – keine Rechte, insbesondere keine Honoraransprüche, abgeleitet werden können (BGH NJW 1998, 1778). 27

Eine Vereinbarung über wahlärztliche Leistungen erstreckt sich gem. § 17 Abs. 3 Satz 1 KHEntgG auch auf Leistungen von Ärzten und ärztlich geleiteten Einrichtungen außerhalb des Krankenhauses, soweit diese von den liquidationsberechtigten Krankenhausärzten veranlasst werden. Entsprechend veranlasste externe Leistungen Dritter stellen gleichfalls Krankenhausleistungen i.S.d. KHEntgG dar (vgl. § 2 Abs. 1 Satz 1 KHEntgG). Mit der Einbeziehung eines externen Arztes über die sog. Wahlarztkette kommt – vermittelt durch den veranlassenden liquidationsberechtigten Krankenhausarzt – zwischen dem Patienten und dem externen Arzt ein Arztzusatzvertrag zustande, aus dem auch der eigenständige Honoraranspruch des einbezogenen Arztes resultiert (*Clausen* ZMGR 2018, 141 ff.; Clausen/Makoski/*Clausen* § 17 KHEntgG Rn. 54). Für die Berechnung der wahlärztlichen Leistungen nach § 17 Abs. 3 Satz 7 KHEntgG findet die Gebührenordnung für Ärzte (GOÄ) entsprechende Anwendung. 28

Der Honoraranspruch für ärztliche Leistungen, die auf Veranlassung eines Krankenhausarztes durch einen niedergelassenen anderen Arzt für einen im Krankenhaus behandelten Patienten, der wahlärztliche Leistungen mit dem Krankenhaus vereinbart hat, erbracht werden, unterliegt nach § 6a GOÄ auch dann der Gebührenminderung, wenn diese Leistungen in der eigenen Praxis des einbezogenen Arztes und ohne Inanspruchnahme von Einrichtungen, Mitteln und Diensten des Krankenhauses erbracht werden (BGH MedR 2002, 582). Allerdings kann auch der hinzugezogene externe Arzt gegenüber einem Wahlleistungspatienten neben den für die einzelnen ärztlichen Leistungen vorgesehenen Gebühren den Ersatz seiner Auslagen für aufgewendete Sachkosten nach Maßgabe des § 10 GOÄ verlangen (BGH BGHZ 187, 279 = MedR 2011, 510). 28a

#### c) Gespaltener Krankenhausvertrag

Der sogenannte gespaltene Krankenhausaufnahmevertrag stellt neben dem totalen Krankenhausaufnahmevertrag mit und ohne Arztzusatzvertrag den weiteren Grundtypus des Krankenhausvertrages dar. Der gespaltene Krankenhausaufnahmevertrag charakterisiert sich dadurch, dass die ärztlichen Leistungen auf der einen Seite und die sonstigen allgemeinen Krankenhausleistungen 29

(Pflege, Unterbringung und Verpflegung) auf der anderen Seite durch unterschiedliche Leistungserbringer geschuldet und erbracht werden.

30 Die ärztliche Leistung wird auf der Grundlage eines eigenständigen Behandlungsvertrages zwischen dem behandelnden Arzt, der insoweit selbstständig und allein verantwortlich tätig wird, und dem Patienten (»Arztvertrag«) erbracht. Der Krankenhausträger schuldet auf Grundlage des gespaltenen Krankenhausaufnahmevertrages ausschließlich die Unterbringungs-, Pflege- und Verpflegungsleistungen, ohne auch für die ärztliche Behandlungsleistung einzustehen. Regelmäßig verpflichtet sich der Krankenhausträger gegenüber dem behandelnden Arzt auf Grundlage einer gesonderten vertraglichen Vereinbarung zur Bereitstellung von apparativen und organisatorischen Strukturen für die Krankenhausbehandlung.

### aa) Belegarztmodell

31 Den wohl relevantesten Fall des gespaltenen Krankenhausaufnahmevertrages stellt die belegärztliche Behandlung im Krankenhaus dar. Belegärzte sind nicht am Krankenhaus angestellte Ärzte, die berechtigt sind, ihre Patienten (Belegpatienten) im Krankenhaus unter Inanspruchnahme der hierfür bereitgestellten Dienste, Einrichtungen und Mittel zu behandeln, ohne hierfür vom Krankenhaus eine Vergütung zu erhalten (§ 21 Abs. 2 SGB V; § 18 Abs. 1 Satz 1 KHEntgG). Der Belegarzt ist selbstständig niedergelassener (Vertrags-) Arzt und steht in seiner Eigenschaft als Belegarzt nicht in einem Anstellungsverhältnis mit dem Krankenhausträger.

32 Die Leistungen der Belegärzte gehören nicht zu den allgemeinen Krankenleistungen (§ 2 Abs. 2 KHEntgG). Dementsprechend treten dem Patienten im Rahmen der belegärztlichen Behandlung der Krankenhausträger auf der einen Seite und die Belegärzte auf der anderen Seite jeweils eigenständig gegenüber. Der Patient erhält im Gegensatz zum totalen Krankenhausaufnahmevertrag (ohne Zusatzvereinbarung) zwei selbstständige Schuldner, wobei der Krankenhausträger lediglich die Leistungen der Unterbringung, Verpflegung und der pflegerischen Versorgung schuldet, während hinsichtlich der belegärztlichen Behandlungsleistung allein der Belegarzt verpflichtet ist. Der Träger des Belegkrankenhauses schuldet grundsätzlich nicht die ärztlichen Leistungen des Belegarztes, sondern nur die nichtärztliche pflegerische Betreuung. Der Belegarzt ist bei seiner Tätigkeit im Rahmen der von ihm selbst dem Patienten geschuldeten Leistungen daher auch nicht Gehilfe des Belegkrankenhauses (BGH NJW 1995, 1611). Über die Behandlung des Patienten kommen damit zwei Verträge, zum einen der Krankenhausaufnahmevertrag mit dem Krankenhausträger und zum anderen ein Behandlungsvertrag mit dem Belegarzt, zustande. Die rechtliche Beziehung zwischen dem Krankenhausträger und dem Belegarzt betreffend die Bereitstellung der räumlichen, apparativen und personellen Ressourcen wird in einem weiteren Vertrag, der als Belegarztvertrag bezeichnet wird, abgebildet (Ratzel/Luxenburger/*Rehborn*, § 29 Rn. 282). Ebenso wie auf Vereinbarungen zwischen Krankenhausträgern und niedergelassenen Ärzten über deren Zuziehung im Rahmen allgemeiner Krankenhausleistungen (§ 2 Abs. 2 KHEntgG) sind die Bestimmungen der Gebührenordnung für Ärzte (GOÄ) auf das Vertragsverhältnis zwischen dem Krankenhausträger und dem Belegarzt nicht anwendbar (vgl. BGH MedR 2010, 555). Die Vereinbarung ärztlicher Wahlleistungen findet im Rahmen des gespaltenen Krankenhausaufnahmevertrages keine Grundlage, da der Belegarzt bereits der – ausschließlich – für die Behandlung gewählte Arzt ist (Quaas/Zuck/*Clemens* § 14 Rn. 13).

33 Angesichts des Umstandes, dass auf der Grundlage des gespaltenen Krankenhausaufnahmevertrages im Rahmen der belegärztlichen Behandlung der Krankenhausträger und der Belegarzt jeweils nur (verschiedene) Teile der Behandlungsleistung schulden, kann eine Differenzierung der Pflichtenkreise unter Rückgriff auf die in Definition der belegärztlichen Leistungen im KHEntgG vorgenommen werden. Gem. § 18 Abs. 1 KHEntgG sind Leistungen des Belegarztes dessen persönliche Leistungen, die ärztlichen Leistungen des Bereitschaftsdienstes für Belegpatienten, die vom *Belegarzt veranlassten Leistungen* nachgeordnete Ärzte des Krankenhauses, die bei der Behandlung seiner Belegpatienten in demselben Fachgebiet wie der Belegarzt tätig werden sowie die vom Belegarzt veranlassten Leistungen von Ärzten und ärztlich geleiteten Einrichtungen außerhalb des

Krankenhauses. Alle anderen Leistungen, d.h. insbesondere auch die nicht vom Belegarzt veranlassten ärztlichen Leistungen außerhalb seines Fachgebiets, sind Leistungen des Krankenhauses, für die der Belegarzt regelmäßig nicht haftet (MAH MedR/*Halbe/Rothfuß* § 8 Rn. 184). Gleichwohl ist eine gesamtschuldnerische Haftung von Belegarzt und Krankenhausträger in den Fällen nicht ausgeschlossen, in denen Organisationsverstöße des Klinikträgers mit denen des Belegarztes zusammentreffen (BGH NJW 1996, 2429; Quaas/Zuck/*Clemens* § 14 Rn. 13).

### bb) Belegarzt im Honorarvertragsmodell

Für den Bereich der vertragsärztlichen Versorgung besteht ein Honorarvertragsmodell zwischen Krankenhaus und Belegarzt. Danach ist es Krankenhäusern mit Belegbetten möglich, abweichend von den Vergütungsregelungen in § 121 Abs. 2 bis 4 SGB V, zur Vergütung der belegärztlichen Leistungen mit Belegärzten Honorarverträge zu schließen (§ 121 Abs. 5 SGB V). Diejenigen Krankenhäuser, die entsprechende Honorarverträge mit Belegärzten schließen, rechnen die Krankenhausleistungen einschließlich der belegärztlichen Leistungen mit Fallpauschalen ab (§ 18 Abs. 3 KHEntgG). Der Belegarzt erhält in diesem Modell sein Honorar seitens des Krankenhauses auf Grundlage des »Honorarvertrages«. 34

Das Honorarvertragsmodell bringt als öffentlich-rechtliche Gestaltungsform im Belegarztwesen einige Fragen im Hinblick auf die rechtliche Einordnung mit sich (*Makoski* GesR 2009, 225). Im Zusammenhang mit dem gespaltenen Krankenhausaufnahmevertrag stellt sich die Frage, ob die belegärztliche Tätigkeit auf Grundlage des Honorarvertragsmodells eine zum klassischen Belegarztmodell abweichende Beurteilung der Vertrags- und Leistungsbeziehungen zwischen Belegarzt, Krankenhaus und Patient notwendig macht. 35

§ 121 Abs. 5 SGB V sieht eine Abweichung von § 121 Abs. 2 SGB V allein im Hinblick auf die »Vergütungsregelungen« vor. Der Belegarzt im Honorarvertragsmodell charakterisiert sich demnach gerade nicht dadurch, dass er Belegpatienten behandelt, ohne hierfür vom Krankenhaus eine Vergütung zu erhalten. Vielmehr erhält der Belegarzt im Honorarvertragsmodell als gleichfalls nicht am Krankenhaus angestellter Vertragsarzt für die Behandlung seiner Belegpatienten im Krankenhaus die Vergütung vom Krankenhausträger. Dementsprechend schließt auch der auf Grundlage des Honorarvertragsmodells tätig werdende Belegarzt mit »seinen« Belegpatienten einen Arztvertrag über die belegärztlichen Behandlungsleistungen. Allein die Honorierung seiner Leistungen erfolgt auf Grundlage von § 18 Abs. 3 KHEntgG durch das Krankenhaus. Es ist zu berücksichtigen, dass der Gesetzgeber in § 121 Abs. 5 SGB V und § 18 Abs. 3 KHEntgG allein Vergütungsregelungen für die Belegärzte ändern wollte. Darüber hinaus gehören Leistungen der Belegärzte gem. § 2 Abs. 1 KHEntgG nicht zu den Krankenhausleistungen und sind dementsprechend auch im Honorarvertragsmodell grundsätzlich nicht vom Krankenhaus geschuldet. Auch im Honorarvertragsmodell schuldet im Sinne des gespaltenen Krankenhausaufnahmevertrages der Krankenhausträger die Unterbringungs-Pflege und Verpflegungsleistung, während der Belegarzt für die ärztliche Behandlungsleistung gegenüber den Belegpatienten einzustehen hat. 36

### cc) Gespaltener Krankenhausaufnahmevertrag mit Wahlarztvertrag

Neben dem Grundtypus des gespaltenen Krankenhausaufnahmevertrages im Belegarztmodell kann ein gespaltener Krankenhausaufnahmevertrag etwa auch zwischen dem Patienten und dem Krankenhausträger einerseits sowie dem – beim Krankenhausträger beschäftigten und liquidationsberechtigten – Wahlarzt andererseits geschlossen werden. Aufgrund eines solchen gespaltenen Krankenhausaufnahmevertrages mit getrenntem Wahlarztvertrag schuldet auf der einen Seite der Krankenhausträger dem Patienten die Krankenhausversorgung und auf der anderen Seite der liquidationsberechtigte Krankenhausarzt die Erbringung der ärztlichen Leistung. 38

Soweit durch die Konstruktion des Krankenhausaufnahmevertrages mit getrenntem Wahlarztvertrag sich das Krankenhaus allein für die Leistungen der Unterbringung, Verpflegung und der pflegerischen Versorgung verantwortlich zeichnen will, stellt sich dies aus Sicht des Patienten regelmäßig 39 nachteilig dar. Es bedarf daher bei Vertragsschluss in jedem Fall eines eindeutigen Hinweises auf den Umstand, dass der Krankenhausträger nicht Schuldner der ärztlichen Leistung ist (BGH NJW 1993, 779). Der Patient erwartet regelmäßig eine vollständige Erbringung der allgemeinen Krankenhausleistungen durch den Krankenhausträger, sodass er diesen jedenfalls neben dem liquidationsberechtigten Wahlarzt als seinen Vertragspartner für die gesamten Krankenhausleistungen ansieht. Soll von dem Regelfall im Sinne des totalen Krankenhausaufnahmevertrages abgewichen werden, indem ärztliche Leistungen vollständig aus der Leistungspflicht des Krankenhausträgers herausfallen, so ist dies dem Patienten durch klare Regelungen bei Vertragsschluss vor Augen zu führen (BGH NJW 1993, 779). Dem Patienten muss bei Vertragsschluss hinreichend verdeutlicht werden, dass abweichend von der Regel Schuldner dieser Leistungen auch im Fall einer Haftung für ärztliche Fehler nicht der Krankenhausträger ist, sondern der Patient sich insoweit lediglich an die Wahlärzte halten kann. Wird eine derartige Abrede in vorformulierten Vertragsklauseln oder in Allgemeinen Geschäftsbedingungen getroffen, muss sie dem Patienten in einer Weise zur Kenntnis gebracht werden, die es ihm ermöglicht, seine Aufmerksamkeit gezielt auf diesen Punkt zu richten. Es ist regelmäßig erforderlich, dass – wenn nicht eine mündliche Erläuterung erfolgt – die Klarstellung innerhalb des noch durch die Unterschrift des Patienten gedeckten Vertragstextes vorgenommen wird (BGH NJW 1993, 779; BGH NJW 1998, 1778).

## § 611a Arbeitsvertrag

(1) Durch den Arbeitsvertrag wird der Arbeitnehmer im Dienste eines anderen zur Leistung weisungsgebundener, fremdbestimmter Arbeit in persönlicher Abhängigkeit verpflichtet. Das Weisungsrecht kann Inhalt, Durchführung, Zeit und Ort der Tätigkeit betreffen. Weisungsgebunden ist, wer nicht im Wesentlichen frei seine Tätigkeit gestalten und seine Arbeitszeit bestimmen kann. Der Grad der persönlichen Abhängigkeit hängt dabei auch von der Eigenart der jeweiligen Tätigkeit ab. Für die Feststellung, ob ein Arbeitsvertrag vorliegt, ist eine Gesamtbetrachtung aller Umstände vorzunehmen. Zeigt die tatsächliche Durchführung des Vertragsverhältnisses, dass es sich um ein Arbeitsverhältnis handelt, kommt es auf die Bezeichnung im Vertrag nicht an.

(2) Der Arbeitgeber ist zur Zahlung der vereinbarten Vergütung verpflichtet.

| Übersicht | Rdn. | | | Rdn. |
|---|---|---|---|---|
| A. Grundlagen des Arbeitsrechts | 1 | | aa) Zeitliche und örtliche Weisungsgebundenheit | 30 |
| I. Wesen des Arbeitsvertrags | 1 | | bb) Fachliche Weisungsgebundenheit | 32 |
| II. Abgrenzung zu anderen Dienstleistungsverträgen | 2 | | c) Sachlich-organisatorische Weisungsgebundenheit (»Eingliederung«) | 34 |
| 1. Freier Dienstvertrag | 2 | | | |
| 2. Werkvertrag | 9 | | | |
| 3. Gesellschafts-/Geschäftsführervertrag | 12 | II. | Sonderfälle | 35 |
| 4. Geschäftsbesorgung | 14 | | 1. Leitende Angestellte | 35 |
| 5. Auftrag | 16 | | 2. Chefärzte | 36 |
| 6. Dienstverschaffung/Gestellung | 18 | III. | Arbeitnehmerähnliche Personen | 38 |
| 7. Franchising | 20 | C. | Grundbegriffe des Arbeitsrechts | 41 |
| 8. »Ein-Euro-Jobber«/Wiedereingliederung | 21 | I. | Parteien des Arbeitsvertrags | 41 |
| | | | 1. Arbeitnehmer | 41 |
| III. Eigenständige Arbeitsgerichtsbarkeit | 24 | | 2. Arbeitgeber/Arbeitgeberwechsel | 42 |
| B. Geltungsbereich des Arbeitsrechts | 26 | II. | Betrieb, Unternehmen, Konzern | 45 |
| I. Definition des Arbeitsvertrags (Arbeitnehmerbegriff) | 26 | | 1. Betrieb | 45 |
| 1. Normzweck und Inhalt des § 611a | 26 | | 2. Unternehmen | 47 |
| 2. Merkmale des Arbeitsvertrags im Einzelnen | 28 | | 3. Konzern | 48 |
| | | D. | Arten von Arbeitsverhältnissen | 49 |
| a) Persönliche Abhängigkeit | 28 | I. | Normalarbeitsverhältnis | 49 |
| b) Weisungsgebundenheit | 29 | II. | Befristetes Arbeitsverhältnis | 50 |
| | | III. | Leiharbeit/Zeitarbeit | 51 |

| IV. | Geringfügige Beschäftigung (»Mini-Jobs«)............ | 52 |
| --- | --- | --- |
| V. | Ausbildung/Praktikum............ | 53 |
| E. | **Kirchliches Arbeitsrecht**.......... | 57 |
| I. | Verfassungsrechtliche Besonderheiten und aktuelle Streitfragen.......... | 57 |
| II. | Kirchliche Einrichtungen privaten Rechts...................... | 62 |
| | 1. Rechtsstatus und Rechtstatsachen . | 62 |
| | 2. Zuordnungsfragen............ | 64 |
| III. | Besonderheiten im Individualarbeitsrecht....................... | 66 |
| | 1. Vertrags- und Verhaltenspflichten . | 66 |
| | 2. Einstellungsverhalten........... | 68 |
| | 3. Kündigungs-/Befristungsschutz ... | 71 |
| F. | **Rechtsquellen des Arbeitsrechts**..... | 74 |
| I. | Internationaler Einfluss............ | 75 |
| II. | Europäischer Einfluss............. | 77 |
| III. | Nationales Gesetzesrecht.......... | 82 |
| IV. | Rechtsverordnungen/Satzungen...... | 85 |
| V. | Tarifnormen.................. | 88 |
| VI. | Betriebsnormen................ | 91 |
| VII. | Arbeitsvertrag................. | 94 |
| | 1. Ausdrückliche Vereinbarungen.... | 94 |
| | 2. Konkludente Vereinbarungen/ Betriebliche Übung........... | 97 |
| VIII. | Weisungsrecht des Arbeitgebers...... | 101 |
| IX. | Rangverhältnis der Rechtsquellen .... | 102 |
| G. | **Begründung des Arbeitsverhältnisses** . | 104 |
| I. | Vertragsanbahnung (insb. AGG) ..... | 104 |
| | 1. Arbeitnehmerauswahl.......... | 105 |
| | 2. Vertragsverhandlungen.......... | 109 |
| | a) Verschulden bei Vertragsabschluss................ | 112 |
| | b) Allgemeines Gleichbehandlungsgesetz (AGG).......... | 119 |
| II. | Vertragsschluss und Mängel des Arbeitsvertrags................. | 133 |
| | 1. Abschlussfreiheit.............. | 134 |
| | 2. Formfreiheit................ | 135 |
| | 3. Mängel des Arbeitsvertrags........ | 137 |
| III. | Vertragsgestaltung/Inhaltskontrolle..... | 139 |
| | 1. Sittenwidrigkeitskontrolle......... | 141 |
| | 2. Grundzüge der AGB-Kontrolle.... | 142 |
| | a) Allgemeine Geschäftsbedingungen................. | 142 |
| | b) Vorrangig: Auslegung der Klausel................ | 145 |
| | c) Inhaltskontrolle............. | 147 |
| | d) Rechtsfolgen bei Unwirksamkeit | 152 |
| H. | **Pflichten des Arbeitgebers**.......... | 153 |
| I. | Hauptpflicht: Entgeltzahlung........ | 153 |
| | 1. Nachweispflicht............. | 155 |
| | 2. Tarifliche Eingruppierung......... | 156 |
| | 3. Eingruppierung von Ärztinnen/ Ärzten................... | 158 |
| | 4. Chefarztvergütung............ | 160 |
| | 5. Ausschlussfristen/Verfallklauseln..... | 165 |
| II. | Gleichbehandlungspflicht........... | 166 |
| III. | Arbeitsentgelt ohne Arbeitsleistung .... | 167 |
| IV. | Nebenpflichten................ | 169 |
| | 1. Beschäftigungspflicht........... | 170 |
| | 2. Arbeitsschutzkonforme Beschäftigung...................... | 171 |
| | 3. Diskriminierungsfreie Beschäftigung (AGG)..................... | 172 |
| | 4. Vermögensfürsorge............ | 173 |
| | 5. Informationspflichten........... | 174 |
| | 6. Besondere Fürsorgepflichten des Krankenhausträgers............ | 175 |
| I. | **Pflichten des Arbeitnehmers**......... | 176 |
| I. | Hauptpflicht: Arbeitsleistung........ | 176 |
| | 1. Inhaltsbestimmung der Arbeitsleistung/Weisungsrecht.......... | 179 |
| | 2. Berufsrechtliche Leistungspflichten für Ärzte.................. | 184 |
| | 3. Veränderungen der Arbeitsleistung ... | 193 |
| | 4. Dauer und Lage der Arbeitsleistung . | 198 |
| | 5. Arbeitszeitformen............. | 202 |
| II. | Nebenpflichten................ | 208 |
| | 1. Dogmatische Grundlagen......... | 208 |
| | 2. Außerdienstliches Verhalten....... | 210 |
| | 3. Anzeige- und Auskunftspflichten .... | 211 |
| | 4. Achtung der betrieblichen Ordnung. | 212 |
| | 5. Besondere Nebenpflichten in medizinischen Berufen............ | 213 |
| | a) Verschwiegenheitspflichten/ »Compliance«-Regeln......... | 213 |
| | b) Berufsrechtliche Schweigepflicht. | 214 |
| | c) Korruptionsverbot .......... | 216 |
| | d) Nebentätigkeit............. | 217 |

## A. Grundlagen des Arbeitsrechts

### I. Wesen des Arbeitsvertrags

Die Norm des § 611a, die am 01.04.2017 aus Anlass der Reform des AÜG in Kraft getreten ist, **1** regelt erstmals im BGB die vertragstypischen Pflichten der Parteien des Arbeitsvertrags. Sie knüpft an den Vertragstypus an, definiert damit aber auch implizit den **Arbeitnehmerbegriff** (ErfK/*Preis* § 611a Rn. 3). Mit § 611a hat der Gesetzgeber einem zentralen Defizit der schwierigen Geschichte eines kodifizierten Arbeitsrechts abgeholfen, an dessen Behebung man nach 117-jähriger Verzögerung kaum noch glauben wollte (*Preis* NZA 2018, 817; vgl. auch MHdB ArbR/*Schneider* § 18

Rn. 12). Dass der Arbeitnehmer zur Leistung von weisungsgebundener Arbeit und der Arbeitgeber zur Leistung der versprochenen Vergütung verpflichtet ist, kann man jetzt dem Gesetz entnehmen, das allerdings in § 611a Abs. 1 redundant und wenig konzise geraten ist (grdl. krit. *Richardi* NZA 2017, 36; *Wank* AuR 2017, 140; in Details krit. *Preis* NZA 2018, 817, 820). Die Norm des § 611a reiht sich in die allgemeinen Vorschriften zum **Dienstvertrag** ein (vgl. Komm. zu § 611). Auffällig ist, dass sich der Gesetzgeber dagegen entschieden hat, die bereits im BGB vorhandenen Vorschriften zum Arbeitsvertrag in einem eigenen Unterabschnitt zusammenhängend zu regeln. Rechtssystematisch ist der Arbeitsvertrag jetzt **positiv** als Unterfall des Dienstvertrags ausgewiesen, für den die Vorschriften des Allgemeinen Teils des BGB (§§ 1 bis 240) genauso Anwendung finden wie die Normen des allgemeinen Schuldrechts, soweit diese nicht verdrängt werden durch Spezialregelungen in den §§ 611 ff. (näher Rdn. 26 ff.).

## II. Abgrenzung zu anderen Dienstleistungsverträgen

### 1. Freier Dienstvertrag

2 Ob ein freier Dienstvertrag oder ein Arbeitsvertrag vorliegt, lässt sich nunmehr aufgrund § 611a Abs. 1 i.V.m. § 106 GewO entscheiden. Dienstverträge, die **keine Arbeitsverträge** sind, werden als »freie Dienstverträge« oder »freie Mitarbeiterverträge« bezeichnet (ErfK/*Preis* § 611 Rn. 2; HWK/*Thüsing* § 611a Rn. 18). Freie Dienstverträge liegen vor, wenn der Dienstverpflichtete selbst **unternehmerisch** auf dem Markt seine Dienstleistungen anbietet, typischerweise als sog. **Freiberufler** (BAG NZA 1998, 1165). Von der selbstständigen Dienstleistung eines Freiberuflers gehen auch die Normen des § 14 Abs. 1 (»selbständige berufliche Tätigkeit«) und des § 1 Abs. 2 Satz 1 PartGG aus.

3 Als Angehörige freier Berufe i.S.v. § 1 Abs. 2 Satz 2 PartGG werden im Bereich des **Gesundheitssektors** ausdrücklich »*Ärzte, Zahnärzte, Tierärzte, Heilpraktiker, Krankengymnasten, Hebammen, Heilmasseure, Diplom-Psychologen*« aufgezählt. Ob diese ihren Beruf durch den Abschluss freier Dienstverträge oder im Arbeitsverhältnis ausüben, ist nicht eine Frage ihrer Ausbildung oder der Qualität ihrer Tätigkeit, sondern eine Frage der **Art der Berufsausübung:** nur **Selbstständige** schließen mit ihren Auftraggebern (Patienten) **Dienstverträge** ab. Zur Erbringung ärztlicher Leistungen kann aber genauso auch ein Arbeitsverhältnis begründet werden. Das geltende Berufs- und Standesrecht garantiert z.B. dem Arzt die Freiheit des ärztlichen Berufs auch dann, wenn er als Arbeitnehmer im Krankenhaus seinen Beruf ausübt (MHdB ArbR/*Nebendahl* § 169 Rn. 6). Dabei nimmt der **Belegarzt** im Krankenhaus eine Sonderstellung ein: obwohl nicht angestellt beim Krankenhausträger, kann er dennoch nachgeordneten medizinischem Hilfspersonal Anweisungen zur Krankenversorgung erteilen, soweit sich dies mit dem Krankenhausaufnahmevertrag verträgt (ArbRiK/*Zimmerling* Teil 5 E Rn. 3; MHdB ArbR/*Nebendahl* § 170 Rn. 11). Sein Rechtsverhältnis zum Krankenhausträger wird durch den Belegarztvertrag als privatrechtlichem Vertrag **sui generis** bestimmt (BGH NJW 1972, 1128; OLG Stuttgart, Urt. v. 31.01.2001 – 9 U 156/00), in dem der Krankenhausträger niedergelassenen Ärzten das Recht einräumt, ihre eigenen Patienten in Räumen des Krankenhauses unter Inanspruchnahme der hierfür bereitgestellten Dienste, Einrichtungen und Mittel stationär oder teilstationär zu behandeln, ohne vom Krankenhaus dafür eine Vergütung zu erhalten (vgl. § 23 BPflV). Ähnliches gilt für **Beleghebammen** (LAG Düsseldorf, Urt. v. 03.09.2009 – 11 Sa 607/09, ZTR 2010, 158); auch diese sind nicht Arbeitnehmer des Klinikums, sondern freie Mitarbeiterinnen, soweit sie die Einrichtungen eines Krankenhauses zur Geburtshilfe aufgrund eines sog. »Beleghebammenvertrags« in eigener Verantwortung nutzen sowie ihre Arbeitszeit in Absprache mit ihren Kolleginnen ohne Einflussnahme des Krankenhausträgers frei regeln können (BAG, Urt. v. 26.06.1991 – 5 AZR 453/90).

4 Der Arbeitgeber ist laut § 2 Abs. 3 ASiG **nicht** verpflichtet, Betriebsärzte immer nur als **Arbeitnehmer** einzustellen (für Regelanstellung MHdB ArbR/*Kohte* § 176 Rn. 47). Er kann vielmehr frei entscheiden, ob er den Betriebsarzt auf arbeitsrechtlicher Grundlage haupt- oder nebenberuflich einstellen oder auf der Grundlage eines freien Dienstvertrages beschäftigen möchte. Möglich ist auch die Beauftragung eines überbetrieblichen Dienstes von Betriebsärzten. Aus dem Umstand, dass eine Person zum Betriebsarzt bestellt ist, kann demnach nicht der Schluss gezogen werden, dass

die Tätigkeit in einem Anstellungsverhältnis erbracht wird (BAG NJW 2018, 1835, 1837). Besteht zwischen dem Betriebsarzt und dem Arbeitgeber ein freier **Dienstvertrag**, schuldet der Betriebsarzt Dienste höherer Art gem. § 627. Seine Funktion besteht hier in erster Linie darin, den Arbeitgeber beim Arbeitsschutz und bei der Unfallverhütung zu unterstützen (§ 1 Abs. 1 Satz 2 ASiG). Hierfür werden i.d.R. Stundenhonorare für die vereinbarten Einsatzstunden gezahlt. Der BGH hat hierzu bestätigt, dass die **weisungsfreie** Tätigkeit des Betriebsarztes auch durch außerordentliche Kündigung nach § 627 Abs. 1 ohne Vorliegen eines wichtigen Grundes seitens des Unternehmens beendet werden kann (BGH NZA 2015, 490).

Der **Behandlungsvertrag** des selbstständig praktizierenden Arztes mit seinen Patienten, der in § 630a ff. spezialgesetzlich geregelt wurde, ist ein **Dienstvertrag** i.S.v. §§ 611, 627 (so auch § 630b), weil ein Arzt die Heilung als »Erfolg« nicht garantieren kann, sondern lediglich verspricht, seine Patienten nach den anerkannten Grundsätzen des aktuellen Stands der medizinischen Wissenschaft zu untersuchen, zu behandeln und zu informieren (vgl. Komm. zu § 630a). Auch bei kosmetischen Operationen liegt i.d.R. ein Dienstvertrag vor (OLG Köln VersR 1998, 1510, vgl. Rdn. 11). Ebenso wie der selbstständige Arzt schließt auch das **Krankenhaus** mit dem Patienten einen zivilrechtlichen Behandlungsvertrag ab, wie sich schon aus § 76 Abs. 4 SGB V ergibt, wonach die Vertragsärzte und Krankenhäuser »*dem Versicherten gegenüber zur Sorgfalt nach den Vorschriften des bürgerlichen Vertragsrechts*« verpflichtet sind. Bei stationärer Behandlung enthält der Krankenhausbehandlungsvertrag auch Miet- und Werkvertragselemente wegen der Unterbringung und Verpflegung im Krankenhaus. 5

Beim **Freiberufler-Dienstvertrag** besteht typischerweise ein **Informationsgefälle** wegen der überlegenen Sachkunde des Dienstverpflichteten (Arzt) gegenüber seinem Auftraggeber (Patient). Die Rechtsordnung muss dem entsprechend die Schutz- und Rücksichtnahmepflichten des Dienstverpflichteten zugunsten des Auftraggebers erhöhen, wie es jetzt auch gesetzlich durch §§ 630c ff. vorgesehen worden ist (vgl. ebenda; zu den Standesregeln der MBOÄ vgl. Komm. *Rehborn*). Wer »Dienstleistungen höherer Art« erbringt, muss insb. im **Gesundheitsbereich** sein gesamtes Handeln am Stand der »lege artis« geschuldeten Regeln der ärztlichen bzw. therapeutischen Kunst orientieren (BGH NJW 2000, 2737, 2740; *Spickhoff* NJW 2006, 1630, 1633) und die dementsprechende Versorgung des Patienten mit dem Ziel der Wiederherstellung seiner körperlichen und gesundheitlichen Integrität gewährleisten (BGH NJW 1989, 767). 6

Beim sog. »**freien Mitarbeiter-Vertrag**« wird zwar die Auslegung nach dem Vertragswortlaut (§§ 133, 157) ebenfalls eine dienstvertragliche und nicht eine arbeitsvertragliche Rechtsbeziehung nahelegen. Doch kann hier die Betrachtung der **tatsächlichen Umstände** der Tätigkeit, z.B. im Medien- oder im Vertriebsbereich, auch eine weisungsabhängige Beschäftigung ergeben, dazu jetzt auch § 611a Abs. 1 Satz 6 (Rdn. 27): eine **fehlerhafte Vertragsbezeichnung** (Rechtsformverfehlung) kann nicht dazu führen, dass der nach zutreffender Rechtslage dem Mitarbeiter zustehende **arbeitsrechtliche Schutz** entzogen werden darf. Der Begriff des Arbeitsvertrags ist weder vertrags- noch tarifdispositiv (ErfK/*Preis* § 611a Rn. 26). Der jeweilige Vertragstyp ergibt sich aus dem wirklichen Geschäftsinhalt. Widersprechen sich Vereinbarung und tatsächliche Durchführung, so ist letztere maßgebend (BAG DB 2013, 404; BAG NZA 2012, 731). Vor jeder Vertragsgestaltung muss gewissenhaft der »**wirkliche**« rechtliche Status des Mitarbeiters geprüft werden. Für die **Sozialgerichte** maßgeblich ist die Norm des § 7 Abs. 1 Satz 1 SGB IV, wonach eine die Sozialabgabenpflicht auslösende Beschäftigung die »*nichtselbständige Arbeit, insbesondere in einem Arbeitsverhältnis*« darstellt. Anhaltspunkt hierfür sind »*eine Tätigkeit nach Weisungen und eine Eingliederung in die Arbeitsorganisation des Weisungsgebers*«, vgl. § 7 Abs. 1 Satz 2 SGB IV. Der sozialrechtliche Beschäftigungs-Begriff deckt sich weitgehend mit dem arbeitsrechtlichen Begriff des Arbeitsverhältnisses (dazu Rdn. 28 ff.), ist mit diesem von Sinn und Zweck her aber nicht identisch (AR/*Kolbe* § 6 GewO Rn. 8 ff.). 7

In einer rechtlichen Grauzone befinden sich auch sog. **Honorarärzte**, die als freie Mitarbeiter auf Honorarbasis zur Vertretung in Kliniken eingesetzt werden (dazu ausf. *Uffmann* ZfA 2012, 1, 7 ff.). Auch hier kann sozialversicherungspflichtige »Scheinselbständigkeit« vorliegen, soweit die Honorarärzte 8 regelmäßig ihre Arbeit im Krankenhaus ableisten und daher als **eingegliedert** in die Organisation des Krankenhauses gelten können. Trotz der im Klinikum unvermeidlichen »Eingliederung« (dazu Rdn. 34) kann aber bei vertraglich zugesicherter **Arbeitszeitsouveränität** ein freier Dienstvertrag dennoch bejaht werden (so auch LAG Hamm, Beschl. v. 07.02.2011 – 2 Ta 505/10; LAG Thüringen, Beschl. v. 29.04.2010 – 1 Ta 29/10; ferner *Uffmann* ZfA 2012, 1, 18 ff.). Das BSG hat dennoch eine »abhängige Beschäftigung« bejaht (BSG, Urt. v. 04.06.2019 – B 12 R 11/18 R, NZA 2019, 1583; krit. *Reichold* FS M. Fuchs, 2020, S. 661 ff.; *Wank* RdA 2020, 110, 117 ff.). Das überzeugt nicht, weil der freie Entschluss des Honorararztes zum jeweiligen Einsatz ausgeblendet wurde. Demgegenüber ist die BAG-Rechtsprechung wesentlich, wonach dann, wenn die vertraglich vereinbarte Tätigkeit typologisch sowohl in einem Arbeitsverhältnis als auch selbstständig erbracht werden kann und die **tatsächliche Handhabung** der Vertragsbeziehung nicht zwingend für ein Arbeitsverhältnis spricht, sich die Vertragsparteien grundsätzlich an dem von ihnen gewählten Vertragstypus festhalten lassen müssen (BAG NJW 2010, 2455).

### 2. Werkvertrag

9 Die Regelungen des Werkvertragsrechts (§§ 631 ff.) zielen ähnlich wie die des Kaufrechts darauf, dass der Besteller ein **bestimmtes Arbeitsergebnis** erwarten darf, das bei Sachmängeln zu Gewährleistungsansprüchen (z.B. Nachbesserung) führt. Doch auch die dienstvertragliche Tätigkeit zielt auf einen bestimmten »Erfolg«. Die Abgrenzung kann im Einzelfall schwierig sein. Dabei kommt es auf die vertragliche Erwartung an, dass der Unternehmer alleine für die Werkerstellung verantwortlich zeichnet und damit den Besteller von Weisungen bezüglich Einzelheiten der Werkerstellung entlastet (Bamberger/Roth/*Voit* § 631 Rn. 4; zur Zahnprothese als Gegenstand eines Werkvertrags vgl. Kommentierung zu § 611). So können z.B. Forschungs- und Entwicklungsleistungen Gegenstand sowohl eines Dienst- als auch eines Werkvertrags sein. Maßgeblich ist auch hier die vertragliche **Risikoverteilung**, ob die Dienstleistung als solche oder ob als Arbeitsergebnis deren **Erfolg** geschuldet wird (was z.B. beim wissenschaftlichen Gutachten i.d.R. zu bejahen ist); die vertragliche Beschreibung eines Ziels alleine ist noch kein hinreichendes Indiz für die Annahme eines Werkvertrags (BGH NJW 2002, 3323).

10 Einem **abhängig beschäftigten** Arbeitnehmer kann nicht durch Auferlegung einer »Erfolgsgarantie« der zwingende arbeitsrechtliche Schutz entzogen werden (vgl. Rdn. 7). Eine bloß »wirtschaftliche« Abhängigkeit z.B. des freien Mitarbeiters oder Handwerkers vom Auftraggeber schließt die Vereinbarung eines Werkvertrags aber nicht aus (ErfK/*Preis* § 611a Rn. 97); der Unternehmer kann bei sozialer Schutzbedürftigkeit als **arbeitnehmerähnliche** Person einzustufen sein, vgl. § 12a Abs. 1 Nr. 1 TVG (dazu Rdn. 38).

11 Auch bei **kosmetischen Operationen**, bei denen ein medizinisch begründeter Heilbedarf nicht besteht, kann nicht von einer leichteren Erreichbarkeit des Erfolgs ausgegangen werden. Nur dann, wenn der Arzt den Erfolg als sicher erreichbar dargestellt hat, kann hier ausnahmsweise der Werkvertrag bejaht werden; im Regelfall bleibt es aber auch hier beim Dienstvertrag (Rdn. 5 sowie OLG Hamburg MDR 2006, 873; Bamberger/Roth/*Voit* § 631 Rn. 11 – Arztverträge).

### 3. Gesellschafts-/Geschäftsführervertrag

12 Dienstleistungen können auch aufgrund gesellschaftsrechtlicher Mitarbeit geschuldet sein, vgl. § 706 Abs. 3, was aber grundsätzlich nur bei **Personengesellschaften**, also GbR, oHG oder KG in Betracht kommt. Die gesellschaftsrechtlich veranlasste Tätigkeit ist aber **keine persönlich abhängige** Dienstleistung und unterfällt nicht § 611a, weil sie als tätiger Gesellschaftsbeitrag zu betrachten ist (AR/*Kolbe* § 6 GewO Rn. 38; HWK/*Thüsing* § 611a Rn. 14). Auch wenn z.B. der nicht geschäftsführungsberechtigte Kommanditist ohne gesonderte Vereinbarung für die KG tätig wird, kann nicht von einem besonderen Dienst- oder Arbeitsverhältnis ausgegangen werden (ErfK/*Preis* § 611a Rn. 94). Der Kommanditist kann auf gesellschaftsrechtlicher Basis für die KG ebenso arbeiten wie die typischen Unternehmer-Gesellschafter in GbR, oHG und KG dies aufgrund ihrer Organstellung tun, ohne deshalb »abhängige« Dienste zu leisten. Das gilt auch für den

tätigen **GmbH-Gesellschafter** (BAG NJW 1998, 3796 = NZA 1998, 939: Der Gesellschafter einer GmbH, dem mehr als 50 % der Stimmen zustehen, kann auch dann kein Arbeitnehmer dieser Gesellschaft sein, wenn er nicht Geschäftsführer ist).

**Anders** zu bewerten ist die Rechtslage bei ausdrücklichem Abschluss eines gesonderten Beschäftigungsvertrags, wie dies bei Kommanditisten, aber auch beim **GmbH-Geschäftsführer** häufig vorkommt, der einerseits als Organ und andererseits als Dienstvertragnehmer gem. § 611 für die GmbH tätig wird (BGH DB 2001, 2438; AR/*Kolbe* § 6 GewO Rn. 110 f.; *Lutter/Hommelhoff*, GmbHG, Anh. § 6 Rn. 3). Beim Fremdgeschäftsführer einer GmbH, dem ohne Geschäftsanteile *keine* Gesellschafterstellung zukommt, kann es sich nach aktueller EuGH-Rechtsprechung auch um einen **Arbeitnehmer** handeln (EuGH, Urt. v. 09.07.2015 – C-229/14 – Balkaya, NJW 2015, 2481 m. Anm. *Chr. Arnold*). In der Praxis werden im »Geschäftsführervertrag« sehr häufig Fragen wie Krankheits- oder Urlaubsbezüge ähnlich wie bei Leitenden Angestellten geregelt (vgl. Rdn. 35). 13

### 4. Geschäftsbesorgung

Die h.M. sieht im Geschäftsbesorgungsvertrag des § 675 einen **eigenständigen** Vertragstyp, der jede **selbstständige Tätigkeit** wirtschaftlicher Art mit Vermögensbetreuungsfunktion umfasst (BGH NJW 1998, 449; Bamberger/Roth/*Czub* § 675 Rn. 5). In der Praxis sind damit typische Beratungsverträge über rechtliche, steuerliche oder wirtschaftliche Angelegenheiten des Auftraggebers erfasst, d.h. Verträge mit Rechtsanwälten, Steuerberatern, Wirtschaftsprüfern und Kreditinstituten sowie sonstige Treuhandverträge (z.B. bei Kapitalanlagen und Immobilien). Der Vertragstypus des § 675 ist daher wegen seiner die **Selbstständigkeit** voraussetzenden wirtschaftlichen Tätigkeit ein **aliud** zum Arbeitsverhältnis (*Reichold* NZA 1984, 488, 489). 14

Doch kann eine Geschäftsbesorgung als Dienstleistung auch Gegenstand der Arbeitspflicht im **Arbeitsverhältnis** sein, was durch die Verweisung in § 675 Abs. 1 auf den Dienstvertrag und die Normen des **Auftragsrechts** (Rdn. 16) unmittelbare Bedeutung für das Arbeitsverhältnis erlangen kann. Der Arbeitnehmer kann als Arbeitsaufgabe genauso zur »Geschäftsbesorgung« angehalten sein wie der Selbstständige. So gelten z.B. auch für ihn die **analog § 666** zu erstattenden Berichtspflichten über seine persönlichen Aktivitäten am Arbeitsplatz und die daraus resultierenden Arbeitsergebnisse, bei Kassen- oder Bereichsverantwortung insb. auch Rechenschaftspflichten über anvertraute Gelder bzw. Materialien (MHdB ArbR/*Reichold* § 55 Rn. 5). Erleidet der Arbeitnehmer einen **Eigenschaden** bei dienstlicher Tätigkeit (z.B. Schaden am dienstlich genutzten Privat-Kfz), so wird in st.Rspr. vom BAG der Wertersatzanspruch des Arbeitnehmers auf die analoge Anwendung der Norm des § 670 gestützt (BAG NZA 2011, 406; NJW 2007, 1486; MHdB ArbR/*Reichold* § 93 Rn. 24 ff.; näher § 619a Rdn. 38 f.). Voraussetzung der Ersatzfähigkeit des Eigenschadens ist, dass dieser nicht dem Lebensbereich des Arbeitnehmers, sondern dem Betätigungsbereich des Arbeitgebers zuzurechnen ist und der Arbeitnehmer auch nicht wegen des Risikos eine besondere Vergütung erhält (st. Rspr., zuletzt BAG NZA 2011, 406). 15

### 5. Auftrag

Den Typus »Auftrag« unterscheidet von der Geschäftsbesorgung das Merkmal der **Unentgeltlichkeit**, vgl. § 662. Auch die unentgeltliche Dienstleistung entspringt i.d.R. einem Auftragsverhältnis, wobei § 612 die Trennungslinie zu einem **entgeltlichen** Dienst- oder Arbeitsverhältnis markiert (vgl. § 612 Rdn. 1). So begründet z.B. ehrenamtliche Telefonseelsorge in geringem Umfang gegen Aufwandsentschädigung **kein** Arbeitsverhältnis (BAG DB 2013, 404). Ist nach den objektiven Umständen, insb. nach der Verkehrssitte eine (insb. dauerhafte) Dienstleistung nur gegen Vergütung zu erwarten, bewirkt § 612 Abs. 1 eine zwingende Vertragsbegründungsfiktion (ErfK/*Preis* § 611a Rn. 101). Das kann sich auch bei missbräuchlicher Beschäftigung als sog. »**Gastarzt**« zum Zwecke der Weiterbildung auswirken, soweit solche Dienste nur gegen Vergütung erwartet werden können (*Hammerschlag* ZTR 1988, 243). Ausnahmsweise kann, wie z.B. bei der unentgeltlichen Behandlung unter ärztlichen Kollegen, wo im Zweifel keine unverbindliche Gefälligkeit, sondern wegen der möglichen Haftungsfolgen auch dann ein **Behandlungsvertrag** üblichen Inhalts zustande 16

## § 611a BGB  Arbeitsvertrag

kommt, wenn sich beide darüber im Klaren sind, dass der Behandelnde kein Honorar fordern werde (BGH NJW 1977, 2120), oder dann, wenn es um Volontär- und Praktikantenverhältnisse geht (vgl. Rdn. 54 ff.), auch ein **unentgeltlicher** Dienst- oder Ausbildungsvertrag zustande kommen, der aber besonderer Rechtfertigung bedarf (ErfK/*Preis* § 611a Rn. 102).

17 Das Auftragsrecht enthält in den Normen der §§ 665 bis 667, 669, 670 für das Arbeitsverhältnis analogiefähige Regeln in Bezug auf eine **Tätigkeit im fremden Interesse**, die auch für abhängige Geschäftsbesorgung passen, soweit im Arbeitsverhältnis nicht eigenständige Vereinbarungen zu entsprechenden Nebenpflichten (dazu Rdn. 173) getroffen werden. Besonders der Anspruch auf Aufwendungsersatz nach **§ 670** wird vom BAG – zutr. ohne den Umweg über § 675 (*Reichold* NZA 1984, 488, 489) – in st. Rspr. auch analog im Arbeitsvertragsrecht zugunsten des Arbeitnehmers in Anwendung gebracht, so z.B. bei Nutzung privater Räumlichkeiten allein zur Erfüllung der Arbeitspflicht (»Home-Office«, vgl. BAG NJW 2004, 2036; krit. aber BAG NZA 2012, 97; vgl. auch MHdB ArbR/*Reichold* § 93 Rn. 35 ff.).

### 6. Dienstverschaffung/Gestellung

18 Der Dienstverschaffungsvertrag ist im BGB nicht geregelt. Es handelt sich nicht um einen Dienstvertrag i.S.v. § 611, weil der Schuldner sich nicht zur eigenen Erbringung persönlicher Dienstleistungen verpflichtet (vgl. § 613), sondern dazu, seinem Vertragspartner **Dienste anderer Personen** zu verschaffen (HWK/*Thüsing* § 611a Rn. 15). Infrage steht hier nicht die Abgrenzung zum Arbeitsvertrag, sondern die Unterscheidung von der Arbeitsvermittlung nach AÜG einerseits (gewerbsmäßige Arbeitnehmerüberlassung, vgl. § 1 AÜG), die sich nur als Verschaffung abhängig Beschäftigter versteht, und der Dienstleistung unter Einsatz eines oder mehrerer Vertreter andererseits. Für die **nicht gewerbsmäßige** Arbeitnehmerüberlassung galt das AÜG bislang nicht (ErfK/*Wank* Einl. AÜG Rn. 15), doch hat sich dies zum 01.12.2011 durch Umsetzung der Leiharbeits-RL 2008/104/EG im novellierten AÜG geändert (vgl. Rdn. 19).

19 Als Unterfall der Dienstverschaffung gilt der sog. **Gestellungsvertrag**, der gerade im **Krankenhausbereich** typischerweise einen karitativ-religiösen Verband als Gestellungsträger verpflichtet, dem Krankenhausträger die für die Krankenhauspflege erforderlichen Personen zur Verfügung zu stellen, **ohne** dass zwischen den Beteiligten ein Arbeitsvertrag geschlossen wird (ArbRiK/*Wern* Teil 3 H Rn. 2). Anders als bei Gestellungsverträgen in Form von tarifvertragsähnlichen Rahmenverträgen, in denen ein Arbeitsverhältnis unmittelbar zum Krankenhaus begründet wird, werden nach der bisherigen Rechtsprechung des BAG bei der **typischen Gestellung** Ordensschwestern, Diakonissen oder Rot-Kreuz-Schwestern in einer Einrichtung des Verbandes tätig, dem sie angehören, z.B. in einem kirchlichen Krankenhaus, **ohne** dass dabei eine arbeitsrechtliche Beziehung zum Krankenhaus entsteht. Die Tätigkeit der gestellten Pflegekräfte werde nämlich vorrangig durch die **mitgliedschaftliche Beziehung** zu ihrem Verband geprägt (BAG NZA 1997, 1297; BAG NZA 1996, 33; ArbRiK/*Wern* Teil 3 H Rn. 4; a.A. bereits *Mestwerdt* NZA 2014, 281). Das BAG hat jedoch nach Vorlage an den EuGH (EuGH NZA 2017, 41) am 21.02.2017 die Gestellung von **Rotkreuzschwestern** im Wege richtlinienkonformer Auslegung als dem AÜG unterfallende Arbeitnehmerüberlassung anerkannt (BAG NZA 2017, 662 – »Ruhrlandklinik«). Der EuGH verlangt keine Arbeitnehmereigenschaft nach nationalem Recht, ein vergleichbarer Schutzstandard müsse allerdings gewährleistet sein. Es kommt hierdurch zu einer zweiten Kategorie der »Beschäftigtenüberlassung«, die dem AÜG unterliegt, sich jedoch nicht im nationalen Arbeitnehmerbegriff erschöpft (ErfK/*Preis* § 611a Rn. 142; krit. zur EuGH-Methodik *Wank* EuZW 2018, 21). Der Gesetzgeber hat aber durch eine Änderung des DRKG die Nichtanwendung des AÜG bei dauerhafter Überlassung von Rotkreuzschwestern ausdrücklich bestätigt (Art. 9a Rentenüberleitungs-AbschlussG v. 17.07.2017, BGBl. I S. 2580). Fraglich bleibt, ob durch diesen Beschluss auch die Gestellung im **kirchlichen** Bereich, insb. in Caritas und Diakonie, dem AÜG unterfällt, was wohl zu bejahen ist, soweit nicht Ordensschwestern/Diakonissen aus rein religiösen Gründen ihren Dienst tun (*Reichold* ZTR 2013, 600, 605; a.A. *Thüsing/Stiebert* ZAT 2016, 178, 181 ff.).

### 7. Franchising

Das »Franchising« bezeichnet eine im BGB nicht geregelte **Vertriebsmethode**, die ein Dauerschuld- 20
verhältnis zwischen dem Franchisegeber, der die seiner Geschäftsidee zugrunde liegenden gewerblichen bzw. geistigen Schutzrechte hält, und dem Franchisenehmer, der die genannten Rechte für einen bestimmten Vertriebsbereich gegen eine Gebühr **vermarkten** darf, begründet. **Franchisenehmer** sind danach Absatzmittler; sie können entweder als selbstständige Vertragshändler (analog eines Handelsvertreters nach §§ 84 ff. HGB) rechtlich eingestuft werden oder auch als »freie Mitarbeiter« an der Grenze zur unselbstständigen Dienstleistung stehen (vgl. Rdn. 7). Je nach Franchisekonzept (z.B. Baumarkt, Tiefkühlkost, Schnellimbiss, Getränkehandel, Exklusivvertrieb etc.) kann der Absatzmittler als Filialleiter oder Außendienstler wie ein selbstständiger Unternehmer auftreten. Seine Einbindung in das **Vertriebs- und Absatzsystem** ist insb. beim Subordinations-Franchising aber sehr weitgehend und erlaubt dem Franchisenehmer i.d.R. wenig Eigenständigkeit beim Marktauftritt (HWK/*Thüsing* § 611a Rn. 17). Soweit er sich nur als Vertriebsmitarbeiter ohne eigene Organisation darstellt, kommt daher seine Einstufung als **Arbeitnehmer** in Betracht (BAG NJW 1997, 2973; BAG NZA 1998, 364; ErfK/*Preis* § 611a Rn. 110 ff.). Doch bleibt zu beachten, dass allein die vertragliche Einbindung in das Franchise-System und entsprechende detaillierte Vorgaben als solche noch nicht eine Arbeitnehmerstellung begründen (*Franzen* FS 50 Jahre BAG, 2004, S. 31, 45 ff.). Die Weisungsrechte aufgrund Franchisevertrags beziehen sich auf die Funktionsfähigkeit des Franchise-Systems und ermöglichen im Grundsatz keine Verfügungsgewalt über die Arbeitskraft des Franchisenehmers (BGH NJW-RR 2003, 277, 280).

### 8. »Ein-Euro-Jobber«/Wiedereingliederung

Beschäftigungsverhältnisse aufgrund von **Arbeitsförderungsmaßnahmen** gem. SGB II stellen we- 21
gen ihrer sozialrechtlichen Grundlage kein Arbeitsverhältnis dar. Die sog. »Ein-Euro-Jobber« gem.
§ 16d SGB II stehen daher nicht in einem Arbeitsverhältnis, sondern nehmen eine »**Arbeitsgelegenheit mit Mehraufwandsentschädigung**« wahr, vgl. § 16d Abs. 7 Satz 1 SGB II. Ein vertraglicher Verhandlungsspielraum besteht seitens der Hilfebedürftigen nicht (BAG NZA 2007, 53; BAG NZA 2007, 1422; ErfK/*Preis* § 611a Rn. 113; AR/*Kolbe* § 6 GewO Rn. 31).

Auch die »stufenweise **Wiedereingliederung**« i.S.v. § 74 SGB V, die es arbeitsunfähigen Arbeit- 22
nehmern ermöglichen soll, nach ärztlicher Feststellung ihre bisherige Tätigkeit teilweise verrichten und sich stufenweise wieder in das Erwerbsleben eingliedern zu können, stellt nach Auffassung des BAG **kein Arbeitsverhältnis**, sondern ein Rechtsverhältnis »eigener Art.« i.S.v. § 311 Abs. 1 dar: es soll nicht auf eine Arbeitsleistung gerichtet sein, sondern als Maßnahme der Rehabilitation dem Arbeitnehmer die Herstellung der Arbeitsfähigkeit ermöglichen. Ohne ausdrückliche Zusage steht dem Arbeitnehmer weder aus dem Wiedereingliederungsvertrag noch aus Gesetz ein Vergütungsanspruch zu (BAG NZA 1992, 643). Diese BAG-Rspr. kann angesichts der nur die Ausstellung einer ärztlichen Bescheinigung regelnden SGB-Norm des § 74 SGB V nicht überzeugen (ErfK/*Preis* § 611a Rn. 114). Den Parteien ist es nicht verwehrt, bei entsprechender Vereinbarung arbeitsrechtliche Ansprüche zu begründen.

**Ähnlich** wird vom BAG zur Norm des § 164 Abs. 4 Satz 1 Nr. 1 SGB IX in Bezug auf **schwer-** 23
**behinderte** Personen vertreten, dass das Wiedereingliederungsverhältnis nicht auf die für Arbeitsverhältnisse typische Leistungsbeziehung »Arbeit gegen Lohn« gerichtet sei, der Arbeitnehmer also nicht seiner ursprünglichen Arbeitspflicht unterliege; er könne daher die Arbeit abbrechen, wenn nachteilige gesundheitliche Folgen zu erkennen oder zu befürchten seien (BAG NZA 2007, 91; vgl. auch BAG NZA 1999, 1295).

### III. Eigenständige Arbeitsgerichtsbarkeit

Das Arbeitsrecht ist überwiegend Teil des Privatrechts. Dennoch gibt es (schon seit 1926) eine 24
besondere Arbeitsgerichtsbarkeit. Zunächst noch in die ordentliche Gerichtsbarkeit integriert, ist seit dem ArbGG 1953 eine eigenständige Gerichtsbarkeit mit **drei Instanzen** etabliert worden. Die

Arbeitsgerichtsbarkeit ist **selbstständige** Gerichtsbarkeit, vgl. Art. 95 Abs. 1 GG, § 48 ArbGG; die z.B. bei freien Mitarbeitern (»Honorarärzten«, vgl. Rdn. 8) oder Belegärzten möglicherweise streitige Abgrenzung zur Zivilgerichtsbarkeit ist daher eine Frage des **richtigen Rechtswegs** (nicht: der sachlichen Zuständigkeit).

25 Mit der Bejahung der **Arbeitnehmereigenschaft** ist nicht nur die Frage des Rechtswegs entschieden, sondern auch die ausschließliche Zuständigkeit der Arbeitsgerichte nach §§ 2, 2a ArbGG. Im ersten Rechtszug sind nur **Arbeitsgerichte** als Eingangsinstanz zuständig, § 8 ArbGG (anders als bei der streitwertabhängigen Erstzuständigkeit von Amts- bzw. Landgericht im Zivilprozess). Vor den Arbeitsgerichten können die Parteien selbst den Rechtsstreit führen, nicht dagegen vor dem LAG und BAG, vgl. § 11 Abs. 4 ArbGG, wobei auf die besonders kostengünstige Prozessvertretung von Arbeitgeberverbands- oder Gewerkschaftsvertretern für deren Mitglieder hinzuweisen ist, vgl. § 11 Abs. 2 Nr. 4, 5 ArbGG. Im erstinstanzlichen Urteilsverfahren tragen beide Parteien **unabhängig** vom Ausgang des Verfahrens die Kosten für ihren jeweiligen Prozessvertreter selbst, sodass Arbeitnehmer diesbezüglich keine abschreckend hohen Prozesskosten zu befürchten haben, vgl. § 12a Abs. 1 ArbGG.

## B. Geltungsbereich des Arbeitsrechts

### I. Definition des Arbeitsvertrags (Arbeitnehmerbegriff)

#### 1. Normzweck und Inhalt des § 611a

26 Der Vertragstyp des Arbeitsvertrags wird in **§ 611a Abs. 1 Satz 1** als Verpflichtung zur Dienstleistung für einen Vertragspartner in Form »*weisungsgebundener, fremdbestimmter Arbeit in persönlicher Abhängigkeit*« definiert. Dabei dient die »**persönliche Abhängigkeit**« lediglich als rechtstechnischer Oberbegriff, der selbst keinen materiellen Gehalt aufweist (*Preis* NZA 2018, 817, 819; MHdB ArbR/*Schneider* § 18 Rn. 18). Im Kern geht es um die Fremdbestimmung kraft **Weisungsrechts** des Arbeitgebers, welches in **Satz 2** einerseits auf »*Inhalt, Durchführung, Zeit und Ort der Tätigkeit*« bezogen wird und damit die Norm des § 106 Satz 1 GewO paraphrasiert, wo es nur um »Inhalt, Ort und Zeit der Arbeitsleistung« geht. Andererseits tritt in **Satz 3** die Paraphrasierung des § 84 Abs. 1 Satz 2 HGB hinzu, wo die Abgrenzung der unselbstständigen von der selbstständigen beruflichen Tätigkeit betont wird (was *Wank* AuR 2017, 140 ff. dazu veranlasst, seine These der »wirtschaftlichen« Abhängigkeit des ArbN als alleiniges Abgrenzungsmerkmal – auch im Hinblick auf das EU-Recht – zu reaktivieren). Jedenfalls wird in § 611a Abs. 1 durch den Zusammenhang der folgenden Sätze klar, dass die Fremdbestimmung regelmäßig aus dem Weisungsrecht folgt. Die persönliche Abhängigkeit folgt nach aktueller Definition aus **Fremdbestimmung kraft Weisungsgebundenheit**, was jeweils eine Untersuchung der »Qualität der Weisungsbindung« voraussetzt, welche die Fremdbestimmung begründet. Dass diese beim Chefarzt (Rdn. 36) anders aussieht als bei der Pflegekraft, ändert nichts am Kriterium. Darauf weist auch **Satz 4** hin: es kommt auf die »Eigenart der jeweiligen Tätigkeit« an. Damit wird eine flexible Handhabung bei Bestimmung der persönlichen Abhängigkeit möglich, so dass auch bei schwach ausgeprägter Weisungsbindung die Bejahung eines Arbeitsverhältnisses möglich bleibt (*Preis* NZA 2018, 817, 821).

27 **§ 611a Abs. 1 Satz 2** stellt nicht den Inhalt der spezielleren Norm des § 106 GewO in Frage. Das Weisungsrecht wird in § 611a Abs. 1 Satz 2 nur aufgegriffen, aber nicht umfassend definiert. Hierzu muss auf **§ 106 GewO** zurückgegriffen werden (näher Rdn. 101). Eine schlüssige Kodifikation des Arbeitsvertragsrechts ist mit § 611a also noch nicht erreicht (ErfK/*Preis* § 611a Rn. 11). Des Weiteren weist **Satz 5** der neuen Norm auf die Notwendigkeit einer Gesamtbetrachtung aller rechtlich relevanten Umstände im Einzelfall hin, was aber nicht dazu führen darf, dass mit Hilfe einer sog. »typologischen Begriffsbildung« anstelle der Weisungsgebundenheit das »Berufsbild« z.B. des Künstlers, Lehrers oder Dozenten als solches über die Arbeitnehmerstellung entscheiden darf (zutr. *Preis* NZA 2018, 817, 821 ff.). Zu begrüßen ist die Klarstellung in **Satz 6**, wonach es für das Vorliegen eines Arbeitsverhältnisses nicht auf die Vertragsbezeichnung, sondern nur auf die *tatsächliche Durchführung* des Vertragsverhältnisses ankommen kann (HWK/*Thüsing* § 611a Rn. 29).

## 2. Merkmale des Arbeitsvertrags im Einzelnen

### a) Persönliche Abhängigkeit

Nach der Rspr. ist von persönlicher Abhängigkeit auszugehen, wenn eine Einbindung in eine fremde Arbeitsorganisation erfolgt, die sich i.d.R. im Weisungsrecht des Arbeitgebers bezüglich des Inhalts, der Durchführung, zeitlichen Lage und des Ortes der Tätigkeit zeigt (BAG 30.11.1994 NZA 1995, 622). Alternativ kann sich die persönliche Abhängigkeit aus anderweitiger Fremdbestimmung ergeben (*Wank* AuR 2017, 140, 143). Die persönliche Abhängigkeit ist als rechtstechnischer Oberbegriff anzusehen, der gegenüber der Weisungsbindung und Fremdbestimmung keinen eigenen materiellen Inhalt aufweist (vgl. Rdn. 26). 28

### b) Weisungsgebundenheit

Die Weisungsgebundenheit hat für den Vertragstyp Arbeitsvertrag **ausschlaggebende** Bedeutung. Nachdem dieses Kriterium in § 611a Abs. 1 Satz 1 genannt wird, erfolgt in Abs. 1 Satz 2 eine (nicht hinreichende) Beschreibung des Weisungsrechts, wobei ein Hinweis auf § 106 GewO ausreichend gewesen wäre. Während Abs. 1 Satz 3 die Weisungsgebundenheit zusätzlich analog § 84 Abs. 1 Satz 2 HGB definiert, erfolgt in Satz 4 eine Relativierung dieser Definition (ErfK/*Preis* § 611a Rn. 33, näher Rdn. 26). 29

#### aa) Zeitliche und örtliche Weisungsgebundenheit

Die Weisungsgebundenheit nach **Ort und Zeit der Arbeitsleistung** wird in § 611a Abs. 1 Satz 2 ausdrücklich erwähnt. Diese lässt sich jedoch lediglich als Indiz für die Arbeitnehmereigenschaft bewerten. Auch dann, wenn sich eine Tätigkeit nicht genau nach Ort oder Zeit festlegen lässt, kann dennoch die Annahme einer persönlichen Abhängigkeit gerechtfertigt sein, wenn die Tätigkeit eines Mitarbeiters aus anderen Gründen fremdbestimmt ist (HWK/*Thüsing* § 611a Rn. 50). Für den Arbeitnehmerstatus eines zur Aushilfe engagierten Orchestermusikers ist es z.B. entscheidend, ob er auch im Rahmen des übernommenen Engagements seine Arbeitszeit noch im Wesentlichen frei gestalten kann oder insoweit einem umfassenden Weisungsrecht der Orchesterleitung unterliegt (BAG NZA 2003, 662). Die Einbindung in ein festes Programmschema alleine führt für einen Sportmoderator nicht schon zum Verlust seiner Arbeitssouveränität (BAG NZA-RR 2007, 424). Doch sind Angestellte, die bei **Vertrauensarbeitszeit** oder anderen flexiblen Rahmenregelungen sich keiner näher definierten täglichen Arbeitszeit unterwerfen müssen und einer Arbeitszeitkontrolle nicht mehr unterliegen (»**Zeitsouveränität**«, vgl. MHdB ArbR/*Schüren* § 44 Rn. 1 ff.; *Reichold* NZA 1998, 393), zwar in der Einteilung ihrer täglichen Arbeitszeit frei, nicht aber darin, ihre vertraglich geschuldete Arbeitsaufgabe am betrieblichen bzw. unternehmerischen Interesse auszurichten. In einer immer flexibler werdenden Arbeitswelt kommt daher der Einbindung in die **Arbeitsorganisation** des Arbeitgebers (z.B. Arbeitsplatz oder on-line-Homeoffice mit Einbindung in unternehmerische Teilfunktion) häufig ausschlaggebende Bedeutung für die Arbeitnehmereigenschaft zu, dazu näher Rdn. 34 (»Eingliederung«). 30

Ein Arbeitsverhältnis kann auch zu bejahen sein, wenn die Tätigkeit **nicht im Betrieb** erbracht wird. Örtliche Weisungsabhängigkeit liegt auch dann vor, wenn z.B. typische Büroarbeiten auf häusliche Arbeitsplätze im sog. **Home-Office** gerade zu **Corona-Pandemie-Zeiten 2020/21** ausgelagert werden (näher *Krieger/Rudnik/Povedano Peramato* NZA 2020, 473; ferner AR/*Kolbe* § 6 GewO Rn. 54; BAG NJW 2004, 2036 – Aufwendungsersatzanspruch bei häuslichem Arbeitszimmer). Jedenfalls dann, wenn eine sog. Tele-Arbeitskraft für ihre Tätigkeit auf Arbeitsmittel und Einrichtungen des Arbeitgebers zurückgreift und von diesem durch enge Erledigungsfristen und ständige Online-Kommunikation mit dem Unternehmen unter »Kontrolle gehalten« wird, liegt Arbeitnehmereigenschaft trotz eines »Home Office« vor (*Boemke* BB 2000, 149; *Wank* NZA 1999, 230). Für das medizinische Personal kommt dies aber natürlich nicht in Betracht. Wie beim Home-Office verzichtet der Arbeitgeber auch bei »**Außendienstmitarbeitern**« nicht auf sein Weisungsrecht, sondern gestattet den reisenden Beschäftigten lediglich, ihre Arbeit an einem anderen außerbetrieblichen Ort zu erbringen. 31

### bb) Fachliche Weisungsgebundenheit

32 Die fachliche Weisungsgebundenheit konkretisiert das Merkmal der persönlichen Abhängigkeit in § 611a Abs. 1 Satz 2: normiert ist ein Weisungsrecht hinsichtlich des **Inhalts und der Durchführung** der Tätigkeit. Hier handelt es sich ebenfalls lediglich um ein Indiz für die Anerkennung der Arbeitnehmereigenschaft. Um allerdings von einem Indiz ausgehen zu können, müssen die Weisungen **umfassend** sein und dürfen nicht nur untergeordnete Teile der Tätigkeit betreffen (HWK/*Thüsing* § 611a Rn. 49). Ein Fehlen der fachlichen Weisungsgebundenheit führt noch nicht per se zur Aberkennung der Arbeitnehmereigenschaft.

33 Der fachlich weisungsfreie **Chefarzt** (näher Rdn. 36), bei dem der Krankenhausträger vielfach gar nicht in der Lage ist, über Art und Weise der Leistungserbringung Weisungen zu erteilen, kann ebenso wie der **Justitiar** oder **Steuerberater** dennoch »abhängig« beschäftigt sein, wenn er dauerhaft in der Klinik oder im Unternehmen seine Kenntnisse für eine »fremde« Organisation verwertet. **Freiberufler** im eigentlichen Sinn ist er nur dann, wenn er seine Fähigkeiten **selbstständig** vermarktet. In diesem Fall leistet er seinen Patienten die Behandlung auf der Basis eines freien Dienstvertrags (näher Rdn. 2 ff.). Neben die fachliche Weisungsfreiheit tritt dann auch die organisatorische Dispositionsfreiheit (**Arbeitssouveränität**, vgl. BAG NJW 1993, 2458; BAG NJW 1998, 3661 – Rechtsanwalt). Für den **angestellten** »Freiberufler« ist dagegen die sachlich-organisatorische Weisungsabhängigkeit ausreichend, um seine Arbeitnehmerstellung zu bejahen. Die fehlende fachliche Weisungsbindung spricht auch bei anderen hoch qualifizierten Fachkräften wie z.B. Wissenschaftlern, Künstlern, Lehrern oder Medien-Mitarbeitern nicht ohne weiteres gegen die Annahme eines Arbeitsverhältnisses. Denn selbstverständlich reicht auch die **arbeitsorganisatorische Einbindung** in puncto Arbeitsplatz, Arbeitszeit, Projekt- bzw. Arbeitsziel für die Bejahung der Arbeitnehmereigenschaft aus (AR/*Kolbe* § 6 GewO Rn. 59), vgl. auch Rdn. 34.

### c) Sachlich-organisatorische Weisungsgebundenheit (»Eingliederung«)

34 Die betriebliche »**Eingliederung**« wurde zwar nicht als Wesensmerkmal eines Arbeitsvertrags in § 611a Abs. 1 aufgenommen. Doch ändert dies nichts daran, dass sich Weisungsgebundenheit und Eingliederung regelmäßig gegenseitig bedingen und miteinander verknüpft sind. Die Eingliederung kann jedoch auch eigenständige Bedeutung haben. Selbst wer ohne fachliche und/oder zeitlich-örtliche Kontrolle seine Tätigkeit verrichtet, kann bei ständiger Tätigkeit für eine fremde Organisation und bei dauerhafter Verpflichtung auf fremde Unternehmensziele **sachlich-organisatorisch abhängig** und damit Arbeitnehmer sein. Nicht auf die tatsächliche Ausübung des Weisungsrechts ist hier zu achten, sondern auf die *rechtliche* Möglichkeit hierzu (vgl. BAG NZA 1997, 600 – Lehrer am Abendgymnasium). Die vielfältigen fachlichen Weisungs- und Steuerungsrechte z.B. kraft Geschäftsbesorgung im Franchise-Vertrieb (Rdn. 20) sind dabei streng zu unterscheiden vom die **persönliche** Abhängigkeit begründenden Weisungsrecht des Arbeitgebers, die die Arbeitssouveränität *als solche* verhindern. Der Arbeitnehmer ist typischerweise **personell** (betriebliche Zusammenarbeit) und **sachlich** (materielle Ressourcen des Unternehmens) von einer fremdbestimmten Arbeitsorganisation abhängig (ErfK/*Preis* § 611a Rn. 34 f.; HWK/*Thüsing* § 611a Rn. 49). Doch lässt z.B. im Medienbereich allein die Abhängigkeit von »**Apparat und Team**« noch nicht den hinreichenden Schluss auf die Arbeitnehmerstellung zu (AR/*Kolbe* § 6 GewO Rn. 61). Auch eine Musiklehrerin kann neben ihrer Teilzeitbeschäftigung an der gleichen Schule darüber hinaus als **freie Mitarbeiterin** weitere Musikstunden erteilen, soweit hierzu keine Weisungsrechte der Schulleitung vorbehalten sind (BAG NZA 2017, 1463).

## II. Sonderfälle

### 1. Leitende Angestellte

35 Der leitende Angestellte ist **Arbeitnehmer**, steht aber trotz seiner Arbeitnehmerrolle dem Arbeitgeber funktionell so nahe, dass er vom Geltungsbereich des **Betriebsverfassungsgesetzes** ausgenommen ist (§ 5 Abs. 3, 4 BetrVG) und statt des Betriebsrats eigene Sprecherausschüsse

als Repräsentationsorgane wählen kann (vgl. Regelungen im SprAuG). Die umfassende Legaldefinition des Leitenden Angestellten in der Norm des § 5 Abs. 3 BetrVG gilt nur für den Bereich der Betriebsverfassung bzw. Unternehmensmitbestimmung, wird aber auch für das **Arbeitszeitrecht** in § 18 Abs. 1 Nr. 1 ArbZG ausdrücklich übernommen. Dagegen definiert die **Kündigungsschutznorm** des § 14 Abs. 2 KSchG den Leitenden Angestellten enger als die Norm des § 5 Abs. 3 BetrVG, was zu Friktionen führt (ErfK/*Kiel* § 14 KSchG Rn. 9). Missverständlich ist insb. der Begriff »Geschäftsführer« in § 14 Abs. 2 KSchG, weil der GmbH-Geschäftsführer als Organ der GmbH gerade **kein Arbeitnehmer** (Rdn. 13) und damit auch kein leitender Angestellter ist. Maßgebend ist grundsätzlich der weite Begriff des leitenden Angestellten gem. § 5 Abs. 3 BetrVG, wonach dieser unternehmerische Teilaufgaben von erheblichem Gewicht für den Bestand und die Entwicklung des Unternehmens mit eigenem Entscheidungsspielraum wahrzunehmen hat (st. Rspr., vgl. BAG NJW 2010, 2746 – Chefarzt, vgl. Rdn. 36).

### 2. Chefärzte

Chefärzte sind i.d.R. die **ärztlichen Leiter** von Krankenhausabteilungen; sie tragen innerhalb ihrer 36
jeweiligen Abteilung als »leitende Krankenhausärzte« die medizinische Gesamtverantwortung für die Patientenversorgung und sind dort die Vorgesetzten des ärztlichen und nichtärztlichen Personals (ArbRiK/*Wern* Teil 5 A Rn. 1; MHdB ArbR/*Nebendahl* § 170 Rn. 31). Sie sind zwar dem Ärztlichen Direktor in der Krankenhausleitung organisatorisch nachgeordnet, fachlich jedoch weisungsfrei. Ihnen steht aber gegenüber dem ärztlichen und nichtärztlichen Personal der Abteilung in Fragen der ärztlichen Behandlung ihrerseits ein **Weisungsrecht** zu. Nach ganz überwiegender Auffassung sind Chefärzte trotz ihrer hohen beruflichen Verantwortung **Arbeitnehmer**, weil sie von Organisation und Ressourcen des Klinikums abhängig sind und aufgrund eines Chefarztvertrags mit dem Krankenhausträger beschäftigt werden (vgl. nur BGH NJW 1998, 2745; BSGE 32, 38; ArbRiK/*Wern* Teil 5 A Rn. 3; *Laufs/Kern* § 12 Rn. 8; MHdB ArbR/*Nebendahl* § 170 Rn. 32). Das BAG hat dazu ausgeführt, dass allein die Eigenverantwortlichkeit und Weisungsfreiheit bei der Behandlung der Patienten ein Arbeitsverhältnis nicht ausschließe, sofern »der Chefarzt im Übrigen im Wesentlichen weisungsgebunden und damit vom Krankenhausträger persönlich abhängig ist« (BAG NJW 1961, 2085).

Als **leitende Angestellte** (Rdn. 35) wurden Chefärzte ursprünglich überwiegend betrach- 37
tet und in den Verträgen auch bezeichnet, doch lässt sich dies schon wegen ihrer unterschiedlichen Aufgaben für das Krankenhaus heute keineswegs pauschal bejahen (*Diringer* NZA 2003, 890, 891: »Nein, aber«-Variante). Die aktuelle BAG-Rspr. legt das Gegenteil nah, soweit es um die nur **leitende ärztliche** Funktion geht (BAG NJW 2010, 2746; BAG NZA 2000, 427; BAG DB 2008, 590; LAG Baden-Württemberg ArztR 1993, 115). Dies folge bereits aus § 18 Abs. 1 Nr. 1 ArbZG. Danach ist das ArbZG nicht anzuwenden auf leitende Angestellte i.S.v. § 5 Abs. 3 BetrVG sowie auf Chefärzte. Die Erwähnung der Chefärzte in dieser Vorschrift wäre überflüssig, wenn sie ohne weiteres dem Begriff des leitenden Angestellten unterfallen würden (BAG NJW 2010, 2746, 2747 Rn. 15). Ein Chefarzt kann auch nicht deshalb bereits leitender Angestellter sein, weil er regelmäßig frei und eigenverantwortlich Entscheidungen etwa über die Einführung spezieller Untersuchungs-, Behandlungs- und Therapiemethoden fällen und mit seiner Kompetenz das medizinische Ansehen einer Klinik maßgeblich prägen kann (so aber ArbRiK/*Wern* Teil 5 A Rn. 77; *Diringer* NZA 2003, 890, 894); denn damit würde nicht auf unternehmerische, sondern nur auf fachlich-medizinische Entscheidungen abgestellt. Maßgeblich ist laut BAG vielmehr i.S.v. § 5 Abs. 3 Satz 2 Nr. 3 BetrVG, ob er nach der konkreten Ausgestaltung und Durchführung des Vertragsverhältnisses **maßgeblichen Einfluss auf die Unternehmensführung** ausüben kann (BAG NJW 2010, 2746, 2747 Rn. 17). Erforderlich ist, dass er nach dem Arbeitsvertrag und der tatsächlichen Stellung in der Klinik der Leitungs- und Führungsebene zuzurechnen ist und unternehmens- oder betriebsleitende Entscheidungen entweder selbst trifft oder maßgeblich vorbereitet (BAGE 148, 227 = NZA 2015, 40). Das BAG betont somit den in jedem Einzelfall zu prüfenden **unternehmerischen Einfluss** des Chefarztes, der

über seine ärztliche Funktion hinaus bestehen muss, um ihn als leitenden Angestellten anerkennen zu können (so auch *Dahm/Lück* MedR 1992, 1, 4; ArbRiK/*Weth* Teil 11 Rn. 86). Der **ärztliche Direktor** in der Krankenhausleitung (erste Führungsebene unterhalb der Geschäftsleitung) ist zweifelsfrei leitender Angestellter (BAG NZA 2015, 40). Das kann auch auf solche Chefärzte zutreffen, denen z.B. die selbstständige Verwaltung eines nicht ganz unerheblichen Budgets oder die zwingende Mitsprache bei Investitionsentscheidungen zugesichert ist und denen damit ein erheblicher Einfluss auf die Krankenhausentwicklung zukommt. Doch reicht es nicht aus, wenn im Arbeitsvertrag nur eine »**Abstimmung**« über das Leistungsspektrum der Abteilung und über das Budget vorgesehen ist (BAG NJW 2010, 2746, 2748 Rn. 23 ff.), es sei denn, es kann nachgewiesen werden, dass der betreffende Chefarzt **tatsächlich** einen maßgebenden, schlechterdings nicht zu übergehenden Einfluss auf unternehmerische Entscheidungen erfolgreich ausgeübt hat, oder dass er bereits die Tatbestandsmerkmale der Nummern 1 und 2 des § 5 Abs. 3 BetrVG erfüllt (dazu BAG DB 2008, 590: »Die Ausübung der in § 5 Abs. 3 Satz 2 Nr. 1 BetrVG genannten Befugnisse – Einstellungs- und Entlassungsbefugnis – gegenüber nicht einmal einem Prozent der Gesamtbelegschaft lässt einen Chefarzt der geriatrischen Abteilung eines Krankenhauses schwerlich als Repräsentanten der Arbeitgeberin gegenüber dem Betriebsrat erscheinen«).

### III. Arbeitnehmerähnliche Personen

38 Arbeitnehmerähnliche Personen sind mangels persönlicher Abhängigkeit **keine Arbeitnehmer**, können jedoch als freie Mitarbeiter dennoch wegen ihrer **wirtschaftlichen** Abhängigkeit vom Auftraggeber einigen wenigen arbeitsrechtlichen Schutzvorschriften unterliegen; insb. können (wie z.B. im Presse-, Rundfunk- und Bildungsbereich) für sie spezielle Tarifverträge abgeschlossen werden (§ 12a TVG), sie haben Anspruch auf bezahlten Urlaub (§ 2 Satz 2 BUrlG) und sie genießen Arbeitsschutz und Diskriminierungsschutz (§§ 2 Abs. 2 Nr. 3 ArbSchG, 6 Abs. 1 Nr. 3 AGG). Für Klagen gegen ihre Auftraggeber sind zwar die Arbeitsgerichte zuständig (§ 5 Abs. 1 Satz 2 ArbGG), welche dann aber überwiegend allgemeines Zivil- oder Handelsrecht anwenden. Denn insb. **Kündigungsschutz** und **Entgeltfortzahlung bei Krankheit** sind auf arbeitnehmerähnliche Personen **nicht** anwendbar (h.M., AR/*Kolbe* § 6 GewO Rn. 76 f.).

39 Eine **allgemeine** gesetzliche Regelung **fehlt** ebenso wie eine allgemeingültige Definition (vgl. näher *Hromadka* NZA 2007, 838; *Preis* AuR 2009, 109; *Willemsen/Müntefering* NZA 2008, 193). Die BAG-Rspr. lehnt sich an die **Legaldefinition des § 12a Abs. 1 Nr. 1 TVG** an und bejaht die wirtschaftliche Abhängigkeit, wenn diese nach der Verkehrsanschauung einen solchen Grad erreicht, wie er im Allgemeinen nur in einem Arbeitsverhältnis vorkommt und die geleisteten Dienste nach ihrer soziologischen Typik mit denen eines Arbeitnehmers vergleichbar sind (BAG ZTR 2006, 390). So erscheint z.B. die Leistung von **Nachtdiensten** in einem Krankenhaus schon aufgrund der von der Klinik gegenüber den Patienten sicherzustellenden Betreuung ohne Eingliederung in den betrieblichen Ablauf und der bei Dienstbeginn und -ende notwendigen Übergabe der Pflegeeinheit kaum vorstellbar (BAG, Urt. v. 13.02.1985 – 7 AZR 345/82 – studentischer Krankenpflegehelfer). Arbeitnehmerähnliche Personen sind – i.d.R. wegen ihrer fehlenden oder geringeren Weisungsgebundenheit, oft auch wegen fehlender oder geringerer Eingliederung in eine betriebliche Organisation – in der Ausübung ihrer Tätigkeit **freier** als Arbeitnehmer.

40 Als Sondergruppen von Arbeitnehmerähnlichen gelten **Heimarbeiter** nach dem HAG und **Einfirmen-Handelsvertreter**. Das BAG hat einen Softwareentwickler und bislang »freien Mitarbeiter« z.B. unter die Heimarbeitsregeln mit der Folge einer »sozialen Absicherung« gestellt (BAG, Urt. v. 14.06.2016 – 9 AZR 305/15, NZA 2016, 1453; vgl. auch *Preis* RdA 2019, 75, 87). Für das Vertragsverhältnis von Einfirmen-Handelsvertretern bzw. -Versicherungsvertretern, die nur für ein Unternehmen tätig sind, können nach § 92a HGB Mindestarbeitsbedingungen durch Rechtsverordnung festgesetzt werden. Die Vorschrift hat erhebliche Bedeutung für den Rechtsweg zu den Arbeitsgerichten, doch ist bislang eine entsprechende Rechtsverordnung nicht erlassen worden (ErfK/*Oetker* § 92a HGB Rn. 1).

## C. Grundbegriffe des Arbeitsrechts

### I. Parteien des Arbeitsvertrags

#### 1. Arbeitnehmer

Arbeitnehmer ist der durch ein Arbeitsverhältnis i.S.v. § 611a zur Leistung von Arbeit Verpflichtete (vgl. Rdn. 28 ff.). Das Arbeitsverhältnis ist durch eine *persönlich* abhängige Dienstleistung gekennzeichnet. Eine juristische Person kann somit niemals Arbeitnehmer sein. Nach der Rspr. des BAG ist der Arbeitnehmer stets Verbraucher i.S.v. § 13. 41

#### 2. Arbeitgeber/Arbeitgeberwechsel

Der Gesetzgeber setzt den Arbeitgeberbegriff ebenso wie den Arbeitnehmerbegriff stillschweigend voraus (ErfK/*Preis* § 611a Rn. 183 ff.). Der Arbeitgeberbegriff kann aber mittelbar über den Arbeitnehmerbegriff definiert werden. Demnach ist der Arbeitgeber der Vertragspartner des Arbeitnehmers, mithin derjenige, der (mindestens) einen Arbeitnehmer beschäftigt (BAG NZA 1999, 539 – Konzernarbeitsverhältnis). Vertragspartner des Arbeitnehmers ist heute seltener eine natürliche Person (z.B. ein Arzt oder Rechtsanwalt als Freiberufler) als eine juristische Person (z.B. AG, GmbH, Körperschaft des öffentlichen Rechts) oder eine Gesamthand (z.B. GmbH & Co. KG), also meistens ein **Unternehmensträger**. Bei der **Gesellschaft bürgerlichen Rechts** (GbR) ist nach Anerkennung der Rechtsfähigkeit einer Außen-GbR die Gesellschaft »als solche« als Arbeitgeber anzusehen (BAG NJW 2005, 1004). 42

Bei der **Arbeitnehmerüberlassung** bzw. Dienstverschaffung/Gestellung von Arbeitnehmern (Rdn. 18 ff.) stellt sich die Frage der Aufspaltung der Arbeitgeber-Funktionen, d.h. *wem gegenüber* der Arbeitnehmer *welche* Ansprüche geltend machen kann. I.d.R. bleibt der Verleiher bzw. Gestellungsträger im Stammbetrieb Entgeltschuldner, während der Entleiher im Einsatzbetrieb (nur) das Weisungsrecht i.S.v. § 106 GewO ausübt (sog. Beschäftigungsverhältnis). Die Arbeitgeberstellung ist hier also nicht auf einen einzigen Rechtsträger konzentriert, sondern auf verschiedene Rechtsträger verteilt. Es handelt sich um einen »Arbeitsvertrag zugunsten Dritter« (§§ 611a, 328), weil der Vertragsarbeitgeber auf bestimmte Zeit den Arbeitnehmer mit dessen Zustimmung dem Weisungsrecht eines Dritten (Entleiher) unterstellt (ErfK/*Wank* Einl. AÜG Rn. 33); zur rechtspolitischen Problematik der Leiharbeit vgl. Rdn. 51. 43

Von der Aufspaltung der Arbeitgeberfunktionen zu unterscheiden ist die **Rechtsnachfolge** in die Stellung des Arbeitgebers insb. beim Betriebsübergang (§ 613a, vgl. Komm. dort) oder beim Tod des Arbeitgebers (vgl. § 613 Rdn. 7). Ein Arbeitgeberwechsel i.S.v. § 613a liegt aber nur beim **Wechsel der rechtlichen Identität** des Unternehmens vor, vgl. näher § 613a Rdn. 8. Bei einem bloßen Wechsel der Gesellschafter bleibt die rechtliche Identität der Gesellschaft als Rechtsträgerin erhalten (BAG NZA 1991, 63; NZA 2007, 1428), auch dann, wenn z.B. bei einer GbR alle Gesellschafter ausscheiden und die Erwerber an deren Stelle treten (BAG NJW 1983, 2283; MüKo/*Müller-Glöge* § 613a Rn. 54 ff.). 44

### II. Betrieb, Unternehmen, Konzern

#### 1. Betrieb

Spricht das Gesetz wie in § 613a Abs. 1 Satz 1 von »**Betrieb**« oder »**Betriebsteil**«, so meint es die »arbeitstechnisch-gegenständliche Einheit«, innerhalb derer Arbeitnehmer einen unternehmerischen Zweck einheitlich umsetzen (z.B. in einem Werk oder in einer Produktionsstätte, aber auch in einer Freiberufler-Praxis oder einer Filiale). Eine gesetzliche Definition oder auch nur einen allgemeingültigen Betriebs-Begriff gibt es nicht. Der Betrieb leitet sich aus dem früheren Begriff der **Fabrik** in der GewO 1891 ab (MHdB ArbR/*Richter* § 24 Rn. 3). Vor allem die im **Betriebsverfassungsgesetz** geregelte betriebliche Mitbestimmung setzt die arbeitsrechtliche Einheit »Betrieb« voraus. Weil im BetrVG nicht definiert, wird der Betrieb durch das **BAG** als die Organisationseinheit bezeichnet, innerhalb derer ein Arbeitgeber **mit seinen Arbeitnehmern unter Einsatz von** 45 sächlichen und immateriellen Mitteln bestimmte arbeitstechnische Zwecke verfolgt, z.B. eine Bankfiliale oder eine Handelsniederlassung oder eine Produktionsstätte betreibt (MHdB ArbR/ *Richter* § 24 Rn. 5 ff.). Eine einheitliche Verwendung des Betriebs-Begriffs im gesamten Arbeitsrecht ist nicht möglich (vgl. nur *Preis* RdA 2000, 257): das Kündigungsschutzrecht (zu § 23 KSchG vgl. BAG DB 2011, 118) oder das SGB VII (Unfallversicherung) meinen mit »Betrieb« etwas anderes als das BetrVG. Doch ändert das nichts an der durch den Betriebs-Begriff im BetrVG geprägten zentralen Funktion als **Ordnungsbegriff** (näher *Preis* RdA 2000, 257, 268 ff.). Die BetrVG-Novelle 2001 hat das mit dem Oberbegriff der »betriebsratsfähigen Organisationseinheit« bestätigt (§ 18 Abs. 2 BetrVG). Die im engeren Sinne »arbeitsrechtliche« Mitbestimmung spielt sich im **Betrieb** ab: der Betriebsrat soll die Organisations- und Weisungsabhängigkeit der Arbeitnehmer durch seine Mitbestimmungsrechte in sozialen, personellen und wirtschaftlichen Angelegenheiten kompensieren. Mit dem Arbeitgeber handelt er im »Gegenüber« betriebliche Arbeitsbedingungen aus, soweit ihm entsprechende Kompetenzen laut BetrVG zustehen. Hat ein Unternehmen mehrere Betriebe, so können die einzelnen Betriebsräte einen **Gesamtbetriebsrat** auf der Unternehmensebene bilden (vgl. §§ 47 ff. BetrVG).

46 Ein Betrieb kann auch von **mehreren Arbeitgebern** als **gemeinsamer Betrieb** geführt werden. Danach müssen die in einer Betriebsstätte vorhandenen materiellen und immateriellen Betriebsmittel für einen einheitlichen arbeitstechnischen Zweck zusammengefasst, geordnet und gezielt eingesetzt werden und der Einsatz der menschlichen Arbeitskraft von einem **einheitlichen Leitungsapparat** gesteuert werden. Die beteiligten Unternehmen müssen sich zumindest stillschweigend zu einer gemeinsamen Führung rechtlich verbunden haben. Die einheitliche Leitung muss sich auf die wesentlichen Funktionen des Arbeitgebers in personellen und sozialen Angelegenheiten erstrecken. Eine lediglich unternehmerische Zusammenarbeit genügt nicht. Vielmehr müssen die Funktionen des Arbeitgebers institutionell einheitlich für die beteiligten Unternehmen wahrgenommen werden (BAG NZA 2005, 1248 – Multiplex-Kino). Die Norm des § 1 Abs. 2 BetrVG definiert Tatbestände, die eine gesetzliche **Vermutung** für den gemeinsamen Betrieb begründen sollen. Doch soll ihre Prüfung entbehrlich sein, wenn feststeht, dass die organisatorischen Voraussetzungen für einen Gemeinschaftsbetrieb als **Tatbestand** feststehen (krit. *Kreutz* FS Richardi, 2007, S. 637, 649 ff.). Die BAG-Rspr. geht also unabhängig von § 1 Abs. 2 BetrVG vom maßgeblichen Merkmal des **arbeitgeberübergreifenden Personaleinsatzes** aus, der charakteristisch für den normalen Betriebsablauf sein muss, um einen gemeinsamen Betrieb zu konstituieren (BAG NZA 2005, 1248 – Multiplex-Kino).

### 2. Unternehmen

47 Das »Unternehmen« stellt demgegenüber die »rechtlich-wirtschaftliche Einheit« dar. Das Unternehmen definiert sich juristisch – ganz anders als der Betrieb – anhand seines **Rechtsträgers**, z.B. der Rechtsform GmbH oder KG oder GbR (MHdB ArbR/*Richter* § 23 Rn. 20 ff.), was für den Tatbestand des Betriebsübergangs nach § 613a Abs. 1 eine wichtige Rolle spielt (vgl. Rdn. 44). Mehrere Unternehmen können sich zur Führung eines **gemeinsamen Betriebs** verpflichten (Rdn. 46), was i.d.R. aber nichts daran ändert, dass Arbeitgeber der dort beschäftigten Arbeitnehmer die Einzelunternehmen bleiben (ErfK/*Preis* § 611a Rn. 196).

### 3. Konzern

48 Ein eigener arbeitsrechtlicher Konzernbegriff existiert nicht, vielmehr ist die gesellschaftsrechtliche Definition des § 18 AktG auch im Arbeitsrecht maßgeblich. So bleibt es auch im Arbeitsrecht beachtlich, dass der Konzern als **Unternehmensgruppe** niemals Rechtssubjekt, daher auch nicht Arbeitgeber sein kann (MHdB ArbR/*Richter* § 25 Rn. 1). Die Einbindung in einen Konzern kann aber dennoch zu einem – fakultativen, d.h. nicht zwingend zu bestellenden – **Konzernbetriebsrat** führen, vgl. § 54 BetrVG, der verhindern soll, dass Mitbestimmungsrechte des Betriebs- bzw. Gesamtbetriebsrats nicht durch Verlagerung der Entscheidungsmacht auf die Konzernebene unterlaufen und damit gegenstandslos werden (BAG NZA 1996, 706). Doch setzt auch § 54 Abs. 1

Satz 1 BetrVG kraft Verweisung auf § 18 Abs. 1 AktG voraus, dass es eine »**einheitliche Leitung** des herrschenden Unternehmens« gibt und damit die Wahrnehmung entsprechender personeller und sozialer Leitungsfunktionen im Konzern (vgl. § 58 Abs. 1 BetrVG) die Bildung eines »Gegenübers« in Gestalt des Konzernbetriebsrats rechtfertigt. Diese scheidet aber im Fall einer sog. »**Mehrmütterherrschaft**« aus, weil es dort an der einheitlichen Leitung durch ein einziges Holding-Unternehmen fehlt (BAG NZA 2005, 647). Auswirkungen der Konzernbindung ergeben sich auch im Kündigungsschutz (BAG NZA 1999, 539) oder im Arbeitsvertragsrecht (Konzernversetzungsklauseln), schließlich auch beim Betriebsübergang, wenn eine konzernabhängige Betriebsgesellschaft mit konzernintern entliehenen Arbeitskräften veräußert wird und diese dadurch den Konzern verlassen (EuGH NJW 2011, 439 – Albron Catering BV).

## D. Arten von Arbeitsverhältnissen

### I. Normalarbeitsverhältnis

Das auf unbestimmte Zeit vereinbarte, damit dem **Kündigungsschutz** unterliegende Arbeitsverhältnis mit geregelter Arbeitszeit auf »Vollzeitbasis« oder mindestens der Hälfte der üblichen Wochenarbeitszeit ist der traditionelle Regelfall des Arbeitsvertrags (ErfK/*Preis* § 611a Rn. 144). Der Begriff »**Normalarbeitsverhältnis**« drückt insb. die **sozialpolitische Erwartung** in Deutschland und der Europäischen Union aus, dass die große Mehrzahl der abhängigen Arbeitsverhältnisse durch stabile Beschäftigung und eine entsprechende **sozialversicherungsrechtliche** Absicherung der Lebensrisiken Unfall, Krankheit, Invalidität, Arbeitslosigkeit, Pflegebedürftigkeit und Alter den sozialstaatlichen Erwartungen nach einer stabilen sozialen Sicherung im Arbeits- und Berufsleben entsprechen könnten. Demgegenüber stehen sog. »**atypische**« **Arbeitsformen** wie Leiharbeit, Befristung, geringfügige Teilzeit, Niedriglohnverhältnisse und Neue Selbstständigkeit im Verdacht, zu viel an Flexibilität und zu wenig an Sicherheit dem Arbeitnehmer des 21. Jh. abzuverlangen und dadurch seine soziale Sicherung nachhaltig zu gefährden (vgl. *Waltermann* DJT-Gutachten 2010: »Abschied vom Normalarbeitsverhältnis? Welche arbeits- und sozialrechtlichen Regelungen empfehlen sich im Hinblick auf die Zunahme neuer Beschäftigungsformen und die wachsende Diskontinuität von Erwerbsbiographien?«, insb. B 70 ff.; dazu *Kocher* NZA 2010, 841; *J. Schubert* NJW 2010, 2613). In Deutschland arbeiten derzeit (2020) gut **drei Viertel** der Arbeitnehmer in einem **Normalarbeitsverhältnis**, weniger als ein Viertel dagegen steht in einem atypischen Beschäftigungsverhältnis. Auch als Folge des **Mindestlohns** nehmen ertragsschwache Arbeitsverhältnisse gegenüber 2010 wieder ab (www.destatis.de).

49

### II. Befristetes Arbeitsverhältnis

Befristete Arbeitsverträge sind grundsätzlich ordentlich nicht kündbar, es sei denn, eine Kündigungsmöglichkeit ist ausdrücklich vereinbart worden. Seit 2001 hat der Gesetzgeber durch strikte Regulierung in §§ 14 ff. TzBfG die Befristung an enge Sachgründe gebunden und sachgrundlose Befristungen nur in Ausnahmefällen zugelassen (vgl. § 620 Rdn. 16 ff. sowie Rdn. 126).

50

### III. Leiharbeit/Zeitarbeit

Seit 2003 ist das **Arbeitnehmerüberlassungsgesetz** (AÜG) im Zuge der Arbeitsmarktreformen durch die sog. »Hartz«-Gesetze liberalisiert worden und hat insb. durch die Freigabe der Überlassungsdauer und die Möglichkeit der **tarifvertraglichen Abweichung** vom »*equal pay – equal treatment*«-Grundsatz durch § 3 Abs. 1 Nr. 3 i.V.m. § 9 Abs. 1 Nr. 2 AÜG es für Unternehmen attraktiver gemacht, sich in Zeiten der Hochkonjunktur sog. **Randbelegschaften** aus Leiharbeitern aufzubauen, die in schlechteren Zeiten wieder »geräuschlos« abgebaut werden konnten. In 2017 erfolgte eine **strengere** Regulierung durch Neufassung des AÜG (BGBl. I S. 258) mit dem Ziel, eine Überlassungshöchstdauer von **18 Monaten** zur Regel zu erklären (vgl. nur *Henssler* RdA 2017, 83; *Lembke* NZA 2017, 1: »reformatio in peius«). Leih- oder Zeitarbeit wird überwiegend von größeren Unternehmen nachgefragt. Der Schwerpunkt liegt im verarbeitenden Gewerbe, doch gibt es Leiharbeit auch im **Krankenhaus**. Der mit der Zeitarbeit ermöglichten Flexibilisierung

51

des Arbeitskräfteeinsatzes für die Unternehmen korrespondiert das Schutzgebot des **Equal Pay-Grundsatzes** (Art. 5 Abs. 1 RL 2008/104/EG): der Leiharbeiter soll im Einsatzbetrieb für die gleiche Arbeit auch den gleichen Lohn wie die dortigen Stammkräfte erhalten, soweit nicht Branchen-Tarifverträge **eigenständige Löhne** für Zeitarbeit festsetzen. Die rechtskräftige **Aberkennung** der Tariffähigkeit der Tarifgemeinschaft Christlicher Gewerkschaften für Zeitarbeit und Personalserviceagenturen (**CGZP**) durch das BAG mit Beschluss v. 14.12.2010 (1 ABR 19/10, DB 2011, 593) hatte die schlimmsten Missbräuche tariflicher Dumping-Löhne in der Zeitarbeit für die Zukunft faktisch abgestellt.

### IV. Geringfügige Beschäftigung (»Mini-Jobs«)

52 Der Begriff der »geringfügigen Beschäftigung« kommt aus dem **Sozialrecht**. Arbeitsrechtlich handelt es sich um eine Form der Teilzeitbeschäftigung, die eigens in § 2 Abs. 2 TzBfG aus Gründen der **Klarstellung** erwähnt wird und auf § 8 Abs. 1 Nr. 1 SGB IV verweist. Danach liegt eine geringfügige Beschäftigung vor, wenn (1) das Arbeitsentgelt aus dieser Beschäftigung regelmäßig im Monat 450 € nicht übersteigt, (2) die Beschäftigung innerhalb eines Kalenderjahres auf längstens drei Monate oder 70 Arbeitstage nach ihrer Eigenart begrenzt zu sein pflegt oder im Voraus vertraglich begrenzt ist, es sei denn, dass die Beschäftigung berufsmäßig ausgeübt wird und ihr Entgelt 450 € im Monat übersteigt. In der Praxis bedeutet die **Abgabenprivilegierung**, die das Sozialrecht dem Arbeitgeber bei Beschäftigung von »**Mini-Jobbern**« (450-Euro-Jobs) seit 2003 erlaubt, zusammen mit den ebenfalls 2003 eingeführten »Midi-Jobs« in der beitragsrechtlichen Gleitzone zwischen 450,01 und 1.300 € (vgl. § 20 Abs. 2 SGB IV) einen rasch ansteigenden Anteil von ca. 8 Mio. Arbeitnehmern in geringfügiger Beschäftigung.

### V. Ausbildung/Praktikum

53 Auszubildende sind grundsätzlich **Arbeitnehmer**: die Norm des § 10 Abs. 2 BBiG lässt auf den Berufsausbildungsvertrag grundsätzlich allgemeines Arbeitsrecht zur Anwendung kommen, soweit nicht spezielle Regelungen im BBiG zum sog. Berufsausbildungsverhältnis vorgesehen sind. Soweit kein Berufsausbildungsverhältnis i.S.d. im BBiG geregelten »ordentlichen« Berufsausbildung zwischen Ausbildungsunternehmen und Auszubildenden vorliegt, sondern ein sog. **Anlernverhältnis (Praktikum)**, das dazu dient, »Kenntnisse, Fähigkeiten oder berufliche Erfahrungen zu erwerben«, ohne Berufsausbildung i.S.d. BBiG zu sein, gelten laut **§ 26 BBiG** dennoch wesentliche Normen des BBiG. Praktikanten fallen auch grds. unter das **Mindestlohngesetz** (§ 22 Abs. 1 Satz 2 MiLoG, vgl. Rdn. 55). Davon zu unterscheiden sind solche frei vereinbarten »Lehrlingsverhältnisse«, die nicht neben der Ausbildung auch noch dem arbeitstechnischen Zweck des Ausbildungsbetriebs dienen und darum keine »Einstellung« i.S.v. § 26 BBiG erfordern: diese setzt voraus, dass der Vertragspartner durch ein **Mindestmaß an Pflichtenbindung** am arbeitstechnischen Zweck des Betriebs des anderen Teils mitwirkt (BAG NZA 2008, 416 – Ausbildung als Tätowiererin und Piercerin). Wird in Einrichtungen der Diakonie für **Altenpflegeschüler** keine Vergütung i.S.v. § 17 Abs. 1 AltPflG a.F. bezahlt, ist die angemessene Ausbildungsvergütung anhand der sog. Arbeitsvertragsrichtlinien (**AVR**) der Diakonie als Kontrollmaßstab zu ermitteln. Bleibt der Träger der praktischen Ausbildung um mehr als 20 % hinter den dort festgelegten Sätzen zurück, ist die Ausbildungsvergütung unangemessen. Rechtsfolge dessen ist, dass die volle Vergütung nach den AVR zu zahlen ist (BAG NZA 2012, 211).

54 Der Rechtsstatus der **Volontäre und Praktikanten** war wegen dessen Vielgestaltigkeit in der Praxis weitgehend ungeklärt und nicht leicht zu typisieren (*Burkard-Pötter/Sura* NJW 2015, 517, 518). Zu unterscheiden sind weiterhin **Einfühlungsverhältnisse (Volontariate)**, in denen sich künftige Arbeitnehmer in einem Unternehmen betätigen, ohne eine Gegenleistung dafür zu erhalten, von **Praktikantenverträgen** auf der Grundlage von § 26 BBiG (Rdn. 53, dazu ausf. *Maties* RdA 2007, 135, 138 ff.). Durch das Mindestlohngesetz ist diese Unterscheidung nicht aufgegeben worden (ErfK/*Franzen*, § 22 MiLoG Rn. 7); auch die Definitionsnorm des § 22 Abs. 1 Satz 3 MiLoG für **Praktikanten** will vor allem »Scheinpraktika« verhindern helfen, weil sie auf die

»tatsächliche Ausgestaltung und Durchführung des Vertragsverhältnisses« abstellt. Der Zulässigkeit eines unbezahlten Einführungsverhältnisses im Sinne einer Kennenlernphase zwischen Arbeitgeber und Arbeitnehmer sind dadurch klare Grenzen gesetzt, die ergänzt werden durch die Ausnahmetatbestände nicht mindestlohnpflichtiger Praktika in § 22 Abs. 1 Nr. 2 MiLoG (z.B. Pflichtpraktika laut Studienordnung, Berufspraktika bis 3 Monate). Entscheidend für die Abgrenzung von Arbeitsverhältnis und Volontariat (Einführungsverhältnis) ist die Frage, ob der Betreffende dem **Weisungsrecht** des Arbeitgebers untersteht oder nicht. Wer nur den Betrieb kennen lernen soll, muss den Weisungen des Arbeitgebers nicht folgen und keine festen Arbeitszeiten einhalten. Er unterliegt lediglich dem »Hausrecht« des Arbeitgebers (*Burkard-Pötter/Sura* NJW 2015, 517, 519).

**Praktikantenverträge** auf der Grundlage von § 26 BBiG werden teils als Vertragsverhältnisse eigener Art (BAG AP BAT § 3 Nr. 3) angesehen, auf die – wegen ihrer Nähe zum Ausbildungsverhältnis – die Vorschriften des BBiG entsprechend angewandt werden, insb. die Vergütungsnorm des § 17 Abs. 1. Nach anderer Ansicht liegt ein reguläres Arbeitsverhältnis mit besonderen Rechten und Pflichten auf Seiten des Arbeitnehmers vor (ErfK/*Preis* § 611a Rn. 179). I.d.R. wird eine Vergütung vereinbart, die allerdings eher als Aufwandsentschädigung oder als Beihilfe zum Lebensunterhalt ausgestaltet ist (BAG, Urt. v. 13.03.2003 – 6 AZR 585/01, EzA BBiG § 19 Nr. 33; LAG Köln, Urt. v. 31.05.2006 – 3 Sa 225/06, NZA-RR 2006, 525). Nach § 22 Abs. 1 Satz 2 MiLoG gelten Praktikanten i.S.v. § 26 BBiG als Arbeitnehmer i.S.d. MiLoG, weshalb sie mindestens 9,50 € (Stand 2021) pro Stunde verdienen müssen. Das gilt vor allem für Berufsanfänger nach dem Ende ihrer Ausbildung; zu den Ausnahmen und die Auswirkungen in der Praxis vgl. *Burkard-Pötter/Sura* NJW 2015, 517, 519 ff. Im Unterschied zu (echten) Ausbildungsverträgen, bei denen sich eine Weiterbeschäftigung im Rahmen eines unbefristeten Arbeitsvertrags gem. § 24 BBiG ergeben kann, ist ein solcher Weiterbeschäftigungsanspruch für Praktikanten nicht vorgesehen. 55

Als **Ferienarbeiter** werden – abgesehen von ausländischen Saisonarbeitskräften wie Erntehelfern – i.d.R. Schüler und Studenten eingesetzt. Rechtsgrundlage für die Beschäftigung von Personen unter 18 Jahren ist das Jugendarbeitsschutzgesetz (**JArbSchG**) vom 12.04.1976. Schüler, die in den Ferien arbeiten, sind grundsätzlich **sozialversicherungspflichtig**. Wie bei allen Arbeitnehmern gelten aber auch für sie die Sonderregelungen für geringfügig Beschäftigte (Rdn. 52). 56

### E. Kirchliches Arbeitsrecht

#### I. Verfassungsrechtliche Besonderheiten und aktuelle Streitfragen

Die Verfassungsgarantie des Art. 140 GG i.V.m. Art. 137 Abs. 3 WRV gewährt den Kirchen und ihren Einrichtungen mit dem **Selbstverwaltungsrecht** die rechtliche Möglichkeit, ihren Arbeitsverträgen das besondere Leitbild einer kirchlichen »Dienstgemeinschaft« zu Grunde zu legen und damit besondere Loyalitätsobliegenheiten zu begründen (vgl. Rdn. 66 ff.). Im **kollektiven Arbeitsrecht** können sie anstelle des Tarif- und Arbeitskampfrechts ein kircheneigenes Arbeitsrechts-Regelungsverfahren durch Kirchengesetz einführen (sog. **Dritter Weg**) und anstelle des Personal- und Betriebsverfassungsrechts das kircheneigene **Mitarbeitervertretungsrecht** praktizieren (ArbRiK/*Reichold* Teil 4 Rn. 42, 109 ff.; HWK/*Thüsing* § 611a Rn. 141 ff.; MHdB ArbR/*Reichold* § 158 Rn. 1, insb. 49 ff.). Diese durch § 118 Abs. 2 BetrVG im Bereich der Betriebsverfassung einfachgesetzlich abgesicherte, ansonsten auf Verfassungsjudikatur beruhende Ausnahmestellung der Kirchen und ihrer Einrichtungen, die sich vor allem in der **Ablehnung des Arbeitskampfes** als Konfliktlösungsmittel und der Bevorzugung von Schlichtungsmechanismen ausdrückt, wird besonders von den Gewerkschaften kritisch hinterfragt (*Däubler* RdA 2003, 204; *Deinert* ZTR 2005, 461; *Kühling* AuR 2001, 241). Diese halten den kirchlichen Sonderweg jedenfalls im kollektiven Arbeitsrecht insoweit für unberechtigt und verfassungsrechtlich nicht veranlasst, als auch große **karitative und diakonische Sozialkonzerne** in privat-rechtlicher Rechtsform davon profitieren und sich damit einen »Wettbewerbsvorteil« verschaffen könnten. 57

Dieser **Kritik** ist zuzugeben, dass dann, wenn die Kirchen und ihre Einrichtungen abhängige Dienstleistungen **aufgrund Arbeitsvertrags** (und nicht kraft kirchlicher Ämter oder 58

Ordensmitgliedschaften) regeln wollen, sie diese nicht unabhängig vom staatlichen Recht ordnen können: die Normen des Zivil- und Arbeitsrechts sind nämlich »für alle geltende Gesetze« (Art. 137 Abs. 3 Satz 1 WRV), an die auch die Kirchen gebunden sind (MHdB ArbR/*Reichold* § 158 Rn. 26 ff.). Das ist, wie das BVerfG in dem grundlegenden Beschl. v. 04.06.1985 festgestellt hat, für die Kirchen »die schlichte Folge einer Rechtswahl« (BVerfGE 70, 138, 165). Doch erlaubt es ihnen die Privatautonomie, ihr Selbstverständnis von Wesen und Auftrag des kirchlichen Dienstes arbeitsvertraglich zu regeln und durchzusetzen. So können ihre Arbeitnehmer z.B. auf **besondere Loyalitätsobliegenheiten und Verhaltensregeln** auch im außerdienstlichen Bereich verpflichtet werden (so auch BVerfGE 137, 273 = NZA 2014, 1387). Denn für die kirchlichen Einrichtungen kann ihre Glaubwürdigkeit davon abhängen, dass ihre Arbeitnehmer die religiöse »Unternehmensphilosophie« auch in ihrer Lebensführung respektieren. Damit wird, wie das BVerfG betont, die Rechtsstellung des kirchlichen Arbeitnehmers keineswegs »klerikalisiert« (BVerfGE 70, 138, 166), sondern nur im Bereich der Verhaltens- und Nebenpflichten besonders ausgestaltet (vgl. § 241 Abs. 2, vgl. aber Rdn. 67 zur einschränkenden Rspr. des EuGH und BAG seit 2018).

59 Mit der **Ablehnung des Tarifvertragssystems** und den entsprechenden Arbeitskampfformen wird den kirchlichen Mitarbeitern nicht das **Grundrecht der Koalitionsfreiheit** abgeschnitten. Allerdings muss die **kollektive** Koalitionsfreiheit nach Art. 9 Abs. 3 GG mit dem kirchlichen Selbstbestimmungsrecht nach Art. 140 GG in das Verhältnis praktischer Konkordanz gebracht werden (BAG, Urt. v. 20.11.2012 – 1 AZR 179/11, NZA 2013, 448). So bestätigt jetzt Art. 6 kathGrO für den **katholischen** Bereich den Mitarbeiterinnen und Mitarbeitern des kirchlichen Dienstes ausdrücklich nicht nur deren individuelle Koalitionsfreiheit, sondern betont seit 2015 auch, dass die Koalitionen innerhalb der kirchlichen Einrichtung für den Beitritt werben und über ihre Aufgabe informieren dürfen (Art. 6 Abs. 2 kathGrO). Die Mitwirkung von Gewerkschaften in den Kommissionen des Dritten Weges (Rdn. 61) wird gewährleistet (Art. 6 Abs. 3 kathGrO). Im **evangelischen** Bereich ermöglicht das ARGG-EKD 2013 sowohl Tarifverträge (»Zweiter Weg«) als auch herkömmliche AVR (Arbeitsvertragsregelungen), die in Kommissionen auf dem sog. »Dritten Weg« zustande kommen (MHdB ArbR/*Reichold* § 161 Rdn. 3 ff.). Doch wird in § 13 Abs. 2 ARGG-EKD betont, dass kirchengemäße Tarifverträge eine »*uneingeschränkte Friedenspflicht*« voraussetzen.

60 Die Anerkennung gewerkschaftlicher Beteiligung ist Folge des Urteils des **BAG** v. 20.11.2012 (NZA 2013, 448), wonach der **umfassende Ausschluss** von Arbeitskämpfen in kirchlichen Einrichtungen nur dann mit dem Koalitionsgrundrecht aus Art. 9 Abs. 3 GG vereinbar sei, soweit Gewerkschaften in dieses Verfahren organisatorisch **eingebunden** würden und das Verhandlungsergebnis für die Dienstgeberseite als Mindestarbeitsbedingung **verbindlich** sei. Auch ein am Leitbild der Dienstgemeinschaft ausgerichtetes kollektives Regelungsverfahren stehe einer **gewerkschaftlichen Unterstützung** der Dienstnehmerseite nicht entgegen. Eine organisatorische Einbindung von Gewerkschaften in das Verfahren des Dritten Weges zu regeln sei Aufgabe der Kirche; ihr stehe dabei ein **Gestaltungsspielraum** zu. Eine entsprechende Regelung enthält nun auch das Arbeitsrechtsregelungsgrundsätzegesetz (ARGG-EKD) der Evangelischen Kirche v. 13.11.2013, wonach die koalitionsgemäße Beteiligung der Gewerkschaften in den arbeitsrechtlichen Kommissionen gewährleistet ist (Rdn. 59).

61 Die neue BAG-Rechtsprechung (Rdn. 60) hat das wirtschaftsfriedliche Kommissionenmodell der Kirchen (sog. **Dritter Weg**) im Kern nicht angetastet, allenfalls modifiziert (BAG NZA 2013, 448). Das ist Folge der schonenden Abwägung zwischen Religionsfreiheit einerseits und Koalitionsfreiheit andererseits. Wie das BVerfG schon früher (sog. Mitbestimmungsurteil) ausgeführt hat, lässt sich das Koalitionsgrundrecht »nicht dahin auslegen, dass es ein Tarifsystem als ausschließliche Form der Förderung der Arbeits- und Wirtschaftsbedingungen gewährleiste« (BVerfGE 50, 290, 371). Eine sinnvolle Ordnung und Befriedung des Arbeitslebens könne »auf verschiedenen Wegen angestrebt werden: nicht nur durch Gestaltungen, die, wie das Tarifsystem, durch die Grundelemente der Gegensätzlichkeit der Interessen, des Konflikts und des Kampfes bestimmt sind, sondern auch durch solche, die Einigung und Zusammenwirken in den Vordergrund rücken, wenngleich sie Konflikte und deren Austragung nicht ausschließen«. Die **Dienstgemeinschaft** der in der kirchlichen

Einrichtung Tätigen ist so sehr durch das Miteinander im Dienste Gottes und seines Auftrags an die diakonische Einrichtung geprägt, dass die Gemeinsamkeit des Ziels und der Aufgabe es **ausschließen, durch offenen Druck**, ggf. auch durch Arbeitskampf, die Änderung der Arbeitsbedingungen erzwingen zu wollen (*Thüsing* RdA 1997, 163, 164; *ders.* ZevKR 41 [1996], 52, 57). Sie gäbe ihren Sendungsauftrag preis, wollte sie ihre Glaubensverkündigung und die Werke der Nächstenliebe unter den Vorbehalt wechselseitiger Druckausübung zur Wahrung der eigenen Vermögensinteressen stellen.

## II. Kirchliche Einrichtungen privaten Rechts

### 1. Rechtsstatus und Rechtstatsachen

Im Krankenhausbereich sind im Regelfall **privatrechtlich organisierte Einrichtungen** der Kirchen als Arbeitgeber tätig, was aber nichts an ihrem kirchlichen Auftrag ändern muss. Kirchlich getragene Krankenpflege gehört seit alters her zu einer wesentlichen kirchlichen Grundfunktion: es handelt sich um Caritas in Gestalt tätiger Nächstenliebe (BVerfGE 53, 366, 393). Die verselbstständigte Organisationsform (z.B. e.V., GmbH) ändert grundsätzlich nichts an der **Zugehörigkeit zur Kirche** und deren verfassungsrechtlichen Sonderstellung. Originär steht das Selbstbestimmungsrecht des Art. 137 Abs. 3 Satz 1 WRV allerdings nur den Religionsgemeinschaften selbst zu, nicht ihren Werken und Einrichtungen (BVerfGE 70, 138, 164). Deshalb haben die Religionsgemeinschaften darüber zu entscheiden, ob durch ihre Anerkennung die privatrechtliche Einrichtung in die Lage versetzt wird, die besonderen Rechte der verfassten Kirche ihrerseits auszuüben (MHdB ArbR/ *Reichold* § 158 Rdn. 33 ff.). 62

Die staatskirchenrechtlich notwendige **Verbindung** privatrechtlich organisierter Krankenhausträger **zur verfassten Kirche** kommt i.d.R. in Satzungsbestimmungen zum Ausdruck, die die Zugehörigkeit zur Kirche festlegen. In der Praxis maßgeblich ist der organisatorische Bezug zu den zwei **Spitzenverbänden der großen Kirchen**: zum katholischen deutschen Caritasverband (DCV) und zum evangelischen Bundesverband Diakonie Deutschland (EWDE). Beide Spitzenverbände, die unter sich rechtlich selbstständige regionale Untergliederungen für die Diözesen bzw. Landeskirchen sammeln, erkennen die kirchliche Zugehörigkeit ihrer Mitglieder über den unmittelbaren oder mittelbaren Anschluss an. 63

### 2. Zuordnungsfragen

Maßgeblich für die **Frage** nach der **kirchlichen Zugehörigkeit** einer privatrechtlichen Einrichtung ist ausschließlich ihre staatskirchenrechtliche Zuordnung zu einer **Religionsgemeinschaft** nach Art. 140 GG, 137 Abs. 3 WRV. Ausschlaggebend ist nicht etwa der Wortlaut eines einfachen Gesetzes wie die Norm des § 118 Abs. 2 BetrVG (hier werden kirchliche »karitative und erzieherische Einrichtungen unbeschadet deren Rechtsform« vom weltlichen BetrVG ausgenommen). Unerheblich, wenn auch als Indiz maßgeblich sind verbandliche Zuordnungen wie die zu den Spitzenverbänden DCV bzw. EWDE (Rdn. 63), weil diese ihrerseits nur von den großen Religionsgemeinschaften abgeleitete Einrichtungen sind, nicht aber autoritative Vertreter der verfassten Kirche. 64

Die staatlichen Gerichte prüfen die kirchliche Zugehörigkeit in **zwei Stufen**, nämlich (1) ob überhaupt eine **materiell-inhaltliche** Verflechtung zwischen der Kirche und der Einrichtung besteht (religiöse Zwecksetzung), und (2) ob die Kirche aufgrund dieser Verflechtung über ein Mindestmaß an Einflussmöglichkeiten verfügt (BAG NZA 2013, 448, 456). Strittig ist meist die hinreichende **formelle** Zuordnung. Soweit nicht gesellschafts-, vereins- oder stiftungsrechtliche Voraussetzungen des weltlichen Rechts der Amtskirche oder ihren Vertretern den notwendigen Einfluss in der Geschäftsführung sichern, muss ein **Mindestmaß an amtskirchlichem Einfluss** zumindest durch korporative Mitgliedschaft bei Caritas bzw. Diakonie mitsamt einer entsprechenden Satzungsanpassung und der Akzeptanz gewisser Aufsichtsbefugnisse gewährleistet sein. Die Kirche muss »in der Lage sein, einen etwaigen Dissens in religiösen Angelegenheiten zwischen ihr und der Einrichtung zu unterbinden« (BAG NZA 2008, 653, 656). Im »Krupp-Krankenhaus«-Beschluss betonte 65 das BAG, dass es zwar keineswegs einer »christlich motivierten Dienstgemeinschaft« zwischen dem kirchlichen Arbeitgeber und seinen Mitarbeitern bedürfe; doch vermittele hier der Gesellschaftsvertrag der Alfried-Krupp-Stiftung der Evangelischen Kirche keinen hinreichenden inhaltlichen und personellen Einfluss auf die religiöse Tätigkeit im Krankenhaus. Der Gesellschaftsvertrag erfülle auch nicht die Mindestanforderungen an eine Satzung für die Mitgliedschaft im Diakonischen Werk (BAG NZA 2008, 653, dazu *Reichold* NZA 2009, 1377).

### III. Besonderheiten im Individualarbeitsrecht

#### 1. Vertrags- und Verhaltenspflichten

66 Kirchlichen Mitarbeitern obliegt kraft § 611a ebenso eine »**Dienstpflicht**« wie dem Arbeitnehmer eine »**Arbeitspflicht**«. Von dieser allgemeinen Leistungspflicht zu unterscheiden sind die **Loyalitätsobliegenheiten**, die sich nicht auf die Erbringung der zugesagten Dienstleistung beziehen, sondern auf das allgemeine inner- und **außerdienstliche Verhalten** der kirchlichen Arbeitnehmer (MHdB ArbR/*Reichold* § 159 Rn. 19 ff.). Rechtsdogmatisch lassen sich die Loyalitätsobliegenheiten als die vertragliche Dienstpflicht begleitende Nebenpflichten nach § 241 Abs. 2 begreifen, die je nach Arbeitsaufgabe und Religionszugehörigkeit auf einer gleitenden Skala von einer aktiven Förderungspflicht der kirchlichen Zielsetzung bis hin zur nur passiven Unterlassungspflicht schädigenden Verhaltens reichen. Als **Grund(neben)pflicht jeden Mitarbeiters** lässt sich die Unterlassung kirchenfeindlichen Verhaltens bezeichnen (so Art. 4 Abs. 4 kathGrO). Als wertendes Kriterium wird von beiden großen Kirchen die Sicherung der kirchlichen Glaubwürdigkeit auch in der persönlichen Lebensführung betont. Inwieweit die Verfehlung der so präzisierten Verhaltensanforderungen durch Kündigung zu sanktionieren ist, lässt sich nicht pauschal beantworten – das belegt schon die differenzierte Regelung des 2015 neu gefassten Art. 5 kathGrO (vgl. Rdn. 73). Im **evangelischen** Bereich besteht seit 2005 eine EKD-Regelung, die aber den Gliedkirchen nur einen Rahmen vorgibt. Die aktualisierte **Loyalitäts-Richtlinie** v. 09.12.2016 (ABl.EKD 2017 S. 11) verlangt nur noch im Bereich »Verkündigung, Seelsorge und evangelische Bildung« **uneingeschränkt** die evangelische Konfession von Bewerber/innen, ansonsten wird in § 3 Abs. 1 nur die »grundsätzliche« Zugehörigkeit zu einer christlichen Konfession für die Einstellung gefordert (näher *Joussen* ZMV 2017, 12).

67 Ob diesen besonderen Loyalitätspflichten das **Gleichbehandlungsgesetz (AGG)** und damit letztlich die EU-RL 2000/78/EG (näher Rdn. 119 ff., insb. 124) entgegensteht, war lange streitig und ist durch den EuGH anno 2018 in der Sache »Egenberger« (EuGH NZA 2018, 569) und im »Chefarzt-Fall« (EuGH NZA 2018, 1187) thematisiert und ansatzweise bejaht worden. Die Norm des **§ 9 Abs. 1 AGG** hält besondere Verhaltenspflichten für kirchliche Arbeitnehmer nur dann für zulässig, wenn es sich um »**gerechtfertigte** berufliche Anforderungen« angesichts des Ethos der Organisation handelt. Der EuGH hat aus der zugrunde liegenden EU-Norm des Art. 4 Abs. 2 RL 2000/78/EG gefolgert, dass eine **wirksame** Rechtskontrolle im Hinblick auf **Wesentlichkeit, Rechtmäßigkeit und Rechtfertigung** der beruflichen Anforderungen im Hinblick auf die zu besetzende Stelle in der kirchlichen Organisation stattzufinden habe (EuGH NZA 2018, 569 Rn. 63 ff.; dazu näher *Reichold/Beer* NZA 2018, 681, 682 f.). Zudem könne die Kündigung eines Chefarztes in einem katholischen Krankenhaus nicht auf sein Privatverhalten gestützt werden, soweit es mit seiner beruflichen Tätigkeit in keinem Zusammenhang stehe (EuGH NZA 2018, 1187).

#### 2. Einstellungsverhalten

68 Kennzeichnend für die Besonderheit des kirchlichen Arbeitsverhältnisses ist, dass hier die **Frage nach der Religionszugehörigkeit** anders als im säkularen Arbeitsrecht gestellt werden darf. Während es sich bei der religiösen Betätigung eines Arbeitnehmers sonst um eine die Arbeitsaufgabe nicht berührende Privatangelegenheit handelt (Drittwirkung des Art. 4 GG), berührt sie im kirchlichen Arbeitsverhältnis eine wesentliche Dimension vertraglicher Verhaltenspflichten. Nach Art. 3 Abs. 2 kathGrO kann z.B. der katholische Dienstgeber **pastorale, katechetische und i. d. R. erzieherische und leitende Aufgaben** nur einer Person übertragen, die der katholischen Kirche angehört. Er muss

bei jeder Einstellung darauf achten, dass die Mitarbeiter die Eigenart des kirchlichen Dienstes bejahen und geeignet und befähigt sind, die vorgesehene Aufgabe so zu erfüllen, dass sie der Stellung der Einrichtung in der Kirche und der übertragenen Funktion auch gerecht werden (Art. 3 Abs. 1 kathGrO). In diesem Zusammenhang sind auch Fragen nach Beziehungen zu Sekten oder anderen religiösen Vereinigungen (z.B. Hare Krishna, Zeugen Jehovas, Universelles Leben etc.) oder auch sog. »Psychosekten« wie der Scientology-Organisation zulässig, weil die Glaubwürdigkeit der jeweiligen kirchlichen Einrichtung durch eine personelle Verflechtung mit konkurrierenden Sekten höchst gefährdet erschiene.

Inwieweit der kirchliche Dienstgeber sein Fragerecht auch auf den **Intimbereich der persönlichen Lebensführung** erstrecken darf, ist angesichts der in Art. 5 Abs. 2 kathGrO aufgezählten, zur Kündigung berechtigenden Loyalitätsverstöße eine schwierige Abwägungsfrage. Grds. hat das – durch Art. 3 Abs. 5 kathGrO ausdrücklich konkretisierte – kirchliche Selbstbestimmungsrecht Vorrang gegenüber dem Recht auf informationelle Selbstbestimmung des Bewerbers (BAG NZA 1998, 145, 148). Die EuGH-Rspr. (Rdn. 67) lässt es aber nicht mehr zu, dass die Frage z.B. nach einer »ungültigen Ehe« oder Lebenspartnerschaft wahrheitsgemäß beantwortet werden muss, auch soweit es um die Stellung eines »Tendenzträgers« geht (vgl. Art. 3 Abs. 1 i.V.m. Art. 4 Abs. 1 kathGrO). Auch die Frage nach der sexuellen Orientierung ist nicht mehr statthaft, nachdem eine Diskriminierung diesbezüglich **ausdrücklich** nicht erlaubt ist. Der (katholische) kirchliche Arbeitgeber hat inzwischen die Homosexualität nicht mehr als »absoluten« Kündigungsgrund festgeschrieben und damit eine Annäherung an das weltliche Recht vollzogen (vgl. *Joussen* ZMV 2015, 123). 69

(*unbesetzt*) 70

### 3. Kündigungs-/Befristungsschutz

Die Verfassungsgarantie des kirchlichen Selbstbestimmungsrechts erlaubt **keine Freistellung** vom staatlichen Kündigungs- und Befristungsrecht. Als sozialstaatliche Gewährleistung des Bestands- und Vertragsinhaltsschutzes im Arbeitsverhältnis ist insb. das **Kündigungsschutzgesetz (KSchG)** ein »für alle geltendes Gesetz« (Art. 140 GG i.V.m. Art. 137 Abs. 3 Satz 1 WRV; zu KSchG u. TzBfG vgl. ausf. § 620 Rdn. 1 ff.). Auch das Arbeitsverhältnis eines angestellten evangelischen Pfarrers unterfällt dem staatlichen Kündigungsschutzrecht (BAG NZA 2014, 362). Das gilt auch für die Regelungen des **TzBfG**. Die Einrichtung eines Sozialdienstes an einem Krankenhaus ist keine spezifisch (nur) von kirchlichen Trägern wahrgenommene Aufgabe, so dass die Ablehnung eines **Teilzeitanspruchs** aus Gründen des kirchlichen Selbstverständnisses insoweit ausscheidet (BAG NZA 2005, 108). Auch können Arbeitsrechtsregelungen der Kirchen nicht von der **Tarifdispositivität** des § 14 Abs. 2 Satz 1 TzBfG (sachgrundlose Befristung nur bis zu 2 Jahren) Gebrauch machen, so dass hiervon nicht zu Ungunsten der Arbeitnehmer abgewichen werden kann (BAG NZA 2009, 1417, dazu krit. *Joussen* RdA 2010, 182; *Reichold* NZA 2009, 1377, 1379 f.); vgl. auch Rdn. 133, 139 (fehlende Normwirkung der AVR). 71

Für die Kirchen und ihre Einrichtungen gilt daher **kein Sonderkündigungsrecht** (MHdB ArbR/ *Reichold* § 159 Rn. 23 ff.). Absolute Kündigungsgründe kirchenspezifischer Natur sind abzulehnen. Staatliche Gerichte haben aber kircheneigene Verfahrensregeln zu beachten, insb. Art. 5 Abs. 1 kathGrO (klärendes Gespräch als Vorstufe einer Kündigung, vgl. BAG NZA 2000, 208) und die kirchlichen Mitbestimmungsregeln vor Ausspruch einer Kündigung (vgl. §§ 30, 31 MAVO bzw. §§ 41, 42 lit. b MVG.EKD). Bei den **kirchenspezifischen Kündigungsgründen** haben die Arbeitsgerichte nach der BVerfG-Rspr. die Maßstäbe der verfassten Kirchen für die Bewertung kirchenspezifischer Loyalitätsobliegenheiten zugrunde zu legen, soweit diese nicht gegen Europarecht verstoßen (Rdn. 67). Im **katholischen Bereich** hat Art. 5 kathGrO hierzu besondere, nach Konfession differierende Regelungen geschaffen, die freilich seit 2015 besonders auf die vom BVerfG angemahnte Abwägung zwischen kirchlichen und Mitarbeiterinteressen Wert legen (vgl. Art. 5 Abs. 3 kathGrO n.F. sowie BVerfG NZA 2014, 1387). 72

73 Nach Art. 5 Abs. 2 Ziff. 2 kathGrO sprechen die dort ausdrücklich benannten Loyalitätsverstöße insb. gegen die Weiterbeschäftigung von **pastoral, katechetisch oder aufgrund besonderer bischöflicher Beauftragung tätigen** Mitarbeitern. Allerdings kann von einer Kündigung »ausnahmsweise abgesehen werden, wenn schwerwiegende Gründe des Einzelfalles diese als unangemessen erscheinen lassen« (Art. 5 Abs. 3 Satz 5 kathGrO). Dies gilt sogar im Fall eines Kirchenaustritts. Die vom BAG für einen aus der Kirche ausgetretenen Sozialarbeiter bei der Caritas bestätigte außerordentliche Kündigung (BAG NJW 2014, 104) dürfte auch nach neuer Rechtslage unverändert wirksam sein. Anderes würde jetzt laut EuGH und BAG dagegen für den **Chefarzt** eines katholischen Krankenhauses gelten, der eine nach katholischem Recht ungültige Ehe vollzieht, weil dies eine Ungleichbehandlung gegenüber seinen evangelischen Kollegen darstellt (BAG NZA 2019, 901; EuGH NZA 2018, 1187; a.A. noch BVerfG NZA 2014, 1387). Für den Bereich der evangelischen Kirche hat das BAG deutlich gemacht, dass einer Erzieherin in einer Kindertagesstätte außerordentlich gekündigt werden kann, wenn sie in der Öffentlichkeit werbend für eine konkurrierende »Universale Kirche« aufgetreten ist (BAG NZA 2001, 1136; bestätigt durch BVerfG NJW 2002, 2771 und EGMR, Urt. v. 03.02.2011 – 18136/02 – »Siebenhaar«). Allerdings hat der Europäische Gerichtshof für Menschenrechte (**EGMR**) Deutschland verurteilt, den wegen eheähnlichen Zusammenlebens nach Scheidung rechtskräftig gekündigten Kantor *Schüth* zu entschädigen, weil bei der arbeitsgerichtlichen Kündigungsentscheidung durch die deutschen Gerichte der notwendige positive Schutz seines Privatlebens nach Art. 8 EMRK nicht hinreichend berücksichtigt worden sei (EGMR NZA 2011, 279). Diese Einzelfallentscheidung ändert nichts daran, dass auch der EGMR die besonderen Loyalitätspflichten kirchlicher Arbeitnehmer akzeptiert, solange die nationalen Instanzen die Kündigungsgründe nur gewissenhaft und ausgewogen genug überprüfen (EGMR NZA 2011, 277 »Obst«; NZA 2015, 533 »Fernández Martinez«).

### F. Rechtsquellen des Arbeitsrechts

74 *(unbesetzt)*

#### I. Internationaler Einfluss

75 Vom **supranational** gesetzten Recht beeinflussen einerseits das **Arbeitsvölkerrecht** und andererseits stärker und verbindlicher das **Recht der Europäischen Union** das deutsche Arbeitsrecht (Rdn. 77 ff.). Völkerrechtliche Verträge entfalten grundsätzlich keine Bindung zwischen den Arbeitsvertragsparteien und binden nur den Gesetzgeber. Durch Ratifikationsgesetze sind die **Europäische Menschenrechtskonvention (EMRK)** von 1950 (näher *Weiß* EuZA 2010, 457) und der Internationale Pakt über wirtschaftliche, soziale und kulturelle Rechte von 1966 Bestandteil des deutschen Bundesrechts geworden. Die **Europäische Sozialcharta (ESC)** von 1961 hat der Gesetzgeber trotz der völkerrechtlichen Verpflichtung der Bundesrepublik zu ihrer Durchführung nicht umgesetzt. Im Hinblick auf die quasi nicht existente Regelung des Streikrechts in Deutschland spielt aber das in Art. 6 ESC niedergelegte Streikrecht eine gewisse Rolle bei der Ausfüllung von Lücken in der nationalen Rechtsordnung (BAG NZA 2003, 734, 739, dazu näher *Junker* EuZA 2014, 1 ff.).

76 Die **Internationale Arbeitsorganisation** (IAO, engl. ILO) beeinflusst mit ihren **Übereinkommen** und **Empfehlungen** ebenfalls die arbeitsrechtliche Entwicklung. Ziel ist es, gerechte und menschenwürdige Arbeitsbedingungen zu schaffen. Insoweit stellen die Übereinkommen regelmäßig Mindeststandards auf. Nicht nur die Empfehlungen, sondern auch die Übereinkommen richten sich nur an die Regierungen der Mitgliedstaaten. Subjektive Rechte des Einzelnen lassen sich hieraus aber nicht herleiten (BAG NZA 1998, 1072, 1075).

#### II. Europäischer Einfluss

77 Immer stärker wird der Einfluss des europäischen Rechts auf das deutsche Arbeitsrecht. Nach Art. 151 AEUV will die **Europäische Union (EU)** die Beschäftigung fördern, die Lebens- und Arbeitsbedingungen verbessern, angemessenen sozialen Schutz und sozialen Dialog erreichen, das

Arbeitskräftepotenzial im Hinblick auf ein dauerhaft hohes Beschäftigungsniveau entwickeln und Ausgrenzung bekämpfen. Nach § 153 Abs. 1 AEUV stehen der Union zur Erreichung dieser Ziele umfassende Kompetenzen zu. Ausgenommen sind nach § 153 Abs. 5 AEUV jedoch Regelungen über das Arbeitsentgelt, das Koalitionsrecht, das Streikrecht sowie das Aussperrungsrecht. Diese **Bereichsausnahmen** bedeuten aber nicht, dass die europarechtlich garantierten Grundfreiheiten nicht auch Vorrang vor (national zulässigen) Arbeitskampfmaßnahmen verlangen können (EuGH NZA 2008, 159 »Laval«).

Das **EU-Primärrecht** enthält in Art. 54 AEUV das Recht der **Arbeitnehmerfreizügigkeit** und ver- 78 langt in Art. 157 AEUV die **Gleichstellung von Männern und Frauen** beim Entgelt. Hinzu kommen von der Rechtsprechung des EuGH entwickelte **allgemeine Grundsätze** des Gemeinschaftsrechts wie das Verbot der Diskriminierung wegen des Alters (EuGH NZA 2007, 1219 »Palacios«). Primärrecht gilt unmittelbar und zwingend und damit auch zwischen privaten Arbeitgebern und Arbeitnehmern.

Die **EU-Richtlinien** hingegen binden nur den Mitgliedstaat, der nach Art. 288 Abs. 3 AEUV 79 in der Wahl der Mittel zur Erreichung des Ziels der Richtlinie frei ist. Ist die gesetzte Umsetzungsfrist abgelaufen und die Richtlinie inhaltlich ausreichend bestimmt, sodass Rechte für den Einzelnen aus ihr abgeleitet werden können, so entfaltet auch die Richtlinie unmittelbare Wirkung gegenüber dem jeweiligen Mitgliedstaat. Insoweit kann sich der Arbeitnehmer gegenüber seinem **öffentlich-rechtlich organisierten Arbeitgeber** auf die Richtlinie berufen (EuGH NJW 1991, 3086 »Foster«; EuGH NZA 2008, 581 »Impact«). Auch die als Körperschaft des öffentlichen Rechts organisierten **Großkirchen** sind in Deutschland als quasi-staatlicher Arbeitgeber anzusehen (*Reichold* ZTR 2000, 57, 61; a.A. *Thüsing*, Kirchliches Arbeitsrecht, 2006, S. 234 ff.).

Vorschriften des europäischen Rechts genießen vor dem nationalen Recht **Anwendungsvorrang**. 80 Dieser Grundsatz des »*effet utile*« zwingt zu einer möglichst europarechtskonformen Auslegung nationaler Vorschriften, auch wenn diese nicht auf europäischem Recht basieren (st. Rspr., z.B. EuGH NZA 2004, 1145). Dies gilt bereits vor Ablauf der Umsetzungsfrist (EuGH Slg. 1987, 3969; BAG NZA 1996, 998). Die Richtlinien entfalten auf diesem Wege mittelbare Drittwirkung auch zwischen Privaten. Dies kann so weit gehen, dass der mitgliedstaatliche Richter gehalten ist, europarechtswidrige Normen nicht anzuwenden (EuGH NJW 2010, 427 »Kücükdeveci«, näher § 622 Rdn. 11).

Von besonderer Bedeutung für das deutsche Arbeitsrecht sind die **Richtlinien** zu befristeten Arbeits- 81 verträgen, Teilzeitarbeit, Betriebsübergang, Massenentlassungen, Erholungsurlaub, Leiharbeit (vgl. Rdn. 51), technischem und sozialem Arbeitsschutz und Antidiskriminierung (näher HWK/*Thüsing* Vor § 611a Rn. 129 ff.). Im Bereich des kollektiven Arbeitsrechts ist der europäische Gesetzgeber sehr viel zurückhaltender. Bedeutung haben hier vor allem die Richtlinie 2002/14/EG über die Unterrichtung und Anhörung der Arbeitnehmer, die Richtlinie 2009/38/EG zum Europäischen Betriebsrat und die Richtlinien über die Mitbestimmung der Arbeitnehmer in europäischen Gesellschaftsformen (ArbRiK/*Reichold* Teil 1 E Rn. 41 ff.).

### III. Nationales Gesetzesrecht

Auf nationaler Ebene stehen an oberster Stelle der Normenpyramide das **Grundgesetz** und damit 82 insbesondere die **Grundrechte**. Unmittelbare Wirkung zwischen den Arbeitsvertragsparteien entfalten diese außerhalb von Art. 9 Abs. 3 Satz 2 GG zwar nicht, binden aber einerseits die Tarifvertragsparteien (st.Rspr., z.B. BAG NZA 2004, 1399) und beeinflussen andererseits das einfache Arbeitsrecht als Auslegungsmaßstab bei der Anwendung von Generalklauseln (ErfK/*Preis* § 611a Rn. 203). Von besonderer Bedeutung ist hierbei die Berufsfreiheit (Art. 12 GG) von Arbeitnehmer und Arbeitgeber. Aber auch die Meinungsfreiheit (Art. 5 GG, dazu BAG NJW 1978, 1872) oder Gewissens- und Religionsfreiheit (Art. 4 GG, dazu BAG NJW 2011, 3319: Kündigung wegen Arbeitsverweigerung aus Glaubensgründen) spielen eine Rolle.

83 Von der in Art. 74 Abs. 1 Nr. 12 GG zugewiesenen konkurrierenden Gesetzgebungskompetenz für das Arbeitsrecht hat der Bundesgesetzgeber umfassend Gebrauch gemacht, so dass es für arbeitsrechtliche Regelungen der **Länder** kaum Raum gibt (HWK/*Thüsing* § 611a Rn. 20). Die Vielzahl der arbeitsrechtlichen Normen kann danach unterschieden werden, ob es sich um **zwingendes oder dispositives Gesetzesrecht** handelt. Da Arbeitsrecht überwiegend Arbeitnehmerschutzrecht ist, sind dispositive Normen eher selten (ErfK/*Preis* § 611a Rn. 205). Regelmäßig sind arbeitsrechtliche Normen nur **einseitig zwingend**. Abweichungen sind daher zum Nachteil des Arbeitnehmers untersagt, zu seinen Gunsten aber möglich. Eine Besonderheit des Arbeitsrechts ist das **tarifdispositive Recht**. Ausgehend vom Gedanken, dass Tarifverträge zwischen gleichberechtigten Partnern ausgehandelt werden und daher eine gewisse Richtigkeitsgewähr in sich tragen, wird den Tarifvertragsparteien die **Abweichung** von zwingendem Gesetzesrecht gestattet.

84 Schwieriger zu beantworten ist die Frage, ob von tarifdispositiven Normen auch durch **kirchliche Arbeitsvertragsregelungen** (AVR) abgewichen werden kann. Wo dies nicht ausdrücklich angeordnet ist (z.B. § 7 Abs. 4 ArbZG), muss überlegt werden, ob eine verfassungskonforme gesetzeskorrigierende Rechtsfortbildung in Betracht kommt (*Reichold* NZA 2009, 1377, 1380). Weil Kirchen-AVR aber keine Tarifqualität haben (Rdn. 90) und damit auch **keine Normwirkung** äußern (MHdB ArbR/*Reichold* § 161 Rn. 18), kann diese Frage grds. nicht bejaht werden.

### IV. Rechtsverordnungen/Satzungen

85 Keine große Bedeutung im Arbeitsrecht haben die unterhalb des formellen Gesetzesrechts stehenden **Rechtsverordnungen** (RVO) erlangt (vgl. nur das Beispiel der Ermächtigung in § 92a HGB für Einfirmenvertreter, Rdn. 40, das bislang nicht zu einer RVO geführt hat). Bedeutung haben solche aber z.B. bei der Regelung von **Wahlordnungen** im BetrVG und MitbestG erlangt. Auch im Arbeitsschutzrecht gibt es häufiger spezielle Rechtsverordnungen (vgl. §§ 617 bis 619 Rdn. 48 f.).

86 Eine weitaus größere Rolle als die Arbeitsschutzverordnungen spielen die **Unfallverhütungsvorschriften** (UVV), die von den Berufsgenossenschaften, also den Trägern der gesetzlichen Unfallversicherung, als autonomes Satzungsrecht erlassen werden. Diese Vorschriften haben Bindungswirkung für alle in der gesetzlichen Unfallversicherung Versicherten, also sowohl für Arbeitnehmer als auch für Arbeitgeber. Insoweit üben die UVV durch die Normierung des Verhaltens zur Unfallverhütung einen starken Einfluss auf die arbeitsvertraglich geregelten Pflichten der Arbeitsvertragsparteien aus (ErfK/*Preis* § 611a Rn. 210).

87 Gerade im medizinischen Bereich beeinflussen auch die **Berufsordnungen** der heilbehandelnden Berufe das Arbeitsverhältnis, insb. die Muster-Berufsordnung für die deutschen Ärztinnen und Ärzte (**MBOÄ**, Komm. ebda). Diese enthalten einerseits Regelungen über die Beschäftigung angestellter Ärzte (z.B. §§ 19, 23 MBOÄ bzw. BOÄ BW) und zum Umgang mit nicht-ärztlichen Mitarbeitern (z.B. Verhaltensregeln Teil C Nr. 3 MBOÄ bzw. BOÄ BW), die das Verhalten des Arbeitgebers beeinflussen. Andererseits normiert die Berufsordnung professionelle Standards, die die Leistungspflicht des angestellten Arztes konkretisieren (vgl. insb. §§ 7 bis 12 MBOÄ, dazu Komm. *Rehborn*). Das Standesrecht der Heilberufe äußert Rechtsfolgen nur im Berufsrecht und wird daher z.B. von der Ärztekammer als einer Körperschaft des öffentlichen Rechts überwacht, kann aber auch im Haftungsrecht als Konkretisierung ärztlicher Sorgfaltspflichten eine wichtige Rolle spielen; eine Übertretung solcher Berufsregeln kann auch Schadensersatzansprüche gem. § 823 Abs. 2 gegenüber Dritten auslösen (*Bamberger/Roth/Spindler* § 823 Rn. 152).

### V. Tarifnormen

88 **Tarifverträge** sind die zwischen tariffähigen Koalitionen (Gewerkschaften und Arbeitgeberverbände) bzw. einzelnen Arbeitgebern und Gewerkschaften geschlossenen Kollektivverträge. Sie gelten hinsichtlich ihres normativen Teils nach § 4 Abs. 1 Satz 1 TVG unmittelbar und zwingend für *alle Tarifgebundenen*. Tarifgebunden sind nach § 3 Abs. 1 TVG die Mitglieder der Tarifvertragsparteien bzw. der einzelne Arbeitgeber, der selbst einen (Firmen-) Tarifvertrag abgeschlossen hat.

Abweichungen von diesen zwingenden Tarifnormen sind nach § 4 Abs. 3 TVG nur zugunsten des Arbeitnehmers statthaft (sog. **Günstigkeitsprinzip**). Eine Ausdehnung des Anwendungsbereichs eines Tarifvertrages auf Nichtorganisierte kann einerseits durch arbeitsvertragliche Vereinbarung (**Bezugnahmeklausel**), andererseits durch **staatliche Intervention** erfolgen. Das Bundesministerium für Arbeit und Soziales (BMAS) kann nach § 5 TVG Tarifverträge für allgemeinverbindlich erklären, was zur Folge hat, dass sich der Tarifvertrag wie eine staatliche Verordnung auf **alle Arbeitsverhältnisse** in seinem Geltungsbereich erstreckt. Daneben besteht die Möglichkeit, dass über das **Arbeitnehmerentsendegesetz** tarifliche Standards auf alle Arbeitsverhältnisse Anwendung finden.

Neben der Vergütung regeln Tarifverträge hauptsächlich Fragen der Arbeitszeit, des Erholungsurlaubs und der Beendigung des Arbeitsverhältnisses. Im Bereich der Krankenhäuser sind insb. die zwischen dem Marburger Bund einerseits und ver.di andererseits mit der Vereinigung kommunaler Arbeitgeberverbände und der Tarifgemeinschaft deutscher Länder abgeschlossenen Tarifverträge TVöD-K, TV-L, TV-Ärzte/VKA und TV-Ärzte von Bedeutung. Diese Tarifverträge beinhalten insb. spezielle Regelungen für den **ärztlichen und pflegerischen Bereitschaftsdienst** (vgl. ArbRiK/ *Reichold* Teil 10 C sowie Rdn. 254 ff.). 89

Nicht als »Tarifverträge« gelten die **kirchlichen Arbeitsvertragsregelungen** (AVR), weil sie nicht im Tarifsystem des »Zweiten Weges«, sondern im Kommissionensystem des »Dritten Weges« ausgehandelt werden. Sie entfalten daher auch keine unmittelbare und zwingende Wirkung auf das Arbeitsverhältnis, weil die Norm des § 4 Abs. 1 TVG weder direkt noch analog auf kirchliche AVR Anwendung finden kann (BAG NZA 2006, 611; NZA 2002, 1402). Vielmehr müssen diese Regelungen wie andere externe Vertragswerke **einzelvertraglich** in das Arbeitsverhältnis einbezogen werden (sog. Bezugnahmeklausel, vgl. ArbRiK/*Reichold* Teil 4 Rn. 106; *Hanau/Thüsing* KuR 1999, 143, 155). Bei der AGB-Kontrolle von dynamisch in Bezug genommenen kirchlichen Arbeitsvertragsregelungen ist als im Arbeitsrecht geltende **Besonderheit** zu berücksichtigen (vgl. § 310 Abs. 4 Satz 2), dass das Verfahren des **Dritten Weges** mit paritätischer Besetzung der Arbeitsrechtlichen Kommission und Weisungsungebundenheit ihrer Mitglieder gewährleistet, dass die Arbeitgeberseite nicht einseitig ihre Interessen durchsetzen kann (BAG NZA 2011, 634). 90

## VI. Betriebsnormen

Auf betrieblicher Ebene können die Arbeitsbedingungen durch **Betriebsvereinbarung** zwischen Arbeitgeber und Betriebsrat geregelt werden. Betriebsvereinbarungen wirken nach § 77 Abs. 4 Satz 1 BetrVG unmittelbar und zwingend auf die Arbeitsverhältnisse aller im Betrieb Beschäftigten ein. Den Betriebsparteien kommt dabei eine umfassende Kompetenz zur Regelung formeller und materieller Arbeitsbedingungen zu, doch können sie nicht in die einzelvertragliche Regelung der »*essentialia*« des Arbeitsvertrags eingreifen (str., vgl. *Reichold* FS Kreutz, 2010, S. 349). Betriebliche Regelungen können auch zulasten der Arbeitnehmer gehen (BAG NZA 2007, 453). Eine Grenze findet die Betriebsautonomie in § 77 Abs. 3 BetrVG: Üblicherweise von Tarifverträgen geregelte Bereiche sind der Kompetenz der Betriebsparteien – außerhalb des Bereichs der zwingenden Mitbestimmung – entzogen (vgl. HWK/*Gaul* § 77 BetrVG Rn. 48 ff.). 91

Im **öffentlichen Dienst** tritt an die Stelle des Betriebsrats der Personalrat nach dem BPersVG oder den Landespersonalvertretungsgesetzen, der mit der Dienststelle Dienstvereinbarungen abschließt. Auch wenn dies nicht ausdrücklich geregelt ist, sind die Rechtswirkungen von Dienstvereinbarungen die gleichen wie von Betriebsvereinbarungen. Auch sie gelten unmittelbar und zwingend (HWK/*Thüsing* Vor § 611a Rn. 24). Allerdings ist die Regelungsbefugnis der Parteien in der Personalvertretung auf die in den Gesetzen ausdrücklich vorgesehenen Bereiche beschränkt (z.B. § 63 Abs. 1 Satz 1 BPersVG). 92

Die im **kirchlichen Bereich** zwischen Mitarbeitervertretung und Dienstgeber geschlossenen Dienstvereinbarungen gelten nach h. M. ebenfalls unmittelbar und zwingend (vgl. § 38 Abs. 3a Satz 1 MAVO bzw. § 36 Abs. 3 MVG, dazu näher *Reichold* ZTR 2016, 295, 300 ff.), freilich beschränkt 93 sich ihre normative Wirkung nur auf den **innerkirchlichen** Bereich. Wird z.B. ein Sozialplan durch Dienstvereinbarung abgeschlossen, kann dessen normative Wirkung vor **weltlichen Arbeitsgerichten** nur auf eine die Dienstvereinbarungen einbeziehende vertragliche Bezugnahmeklausel gestützt werden. Eine normative Wirkung auf die säkularen Arbeitsverhältnisse kommt einer Dienstvereinbarung für sich genommen ebenso wenig zu wie den AVR-Regelungen als Tarifsurrogat – sie bedürfen als Brücke zum staatlichen Recht stets einer **Bezugnahmeklausel** im Arbeitsvertrag (st. Rspr., vgl. BAG, Urt. v. 22.03.2018 – 6 AZR 835/16, NZA 2018, 1350: »mittelbare« Bezugnahme allein aufgrund Bezugnahme auf AVR reicht aus; dazu *Spelge* ZAT 2020, 49; ferner *Klumpp* ZAT 2017, 172, 176; *Schliemann* NZA 2005, 976; a.A. *Groeger* KuR 2014, 196, 203 ff.; *Joussen* RdA 2016, 320). Kirchengesetzliche Normen können staatliches Recht ebenso wenig beeinflussen wie die auf staatlichem Recht beruhenden Arbeitsverträge und die darin enthaltenen Bezugnahmen.

## VII. Arbeitsvertrag

### 1. Ausdrückliche Vereinbarungen

94 Ohne den Abschluss eines **Arbeitsvertrags** gibt es kein Arbeitsverhältnis. Der Arbeitgeber ist auch bei Tarifbindung nicht gehindert, ein **besseres Entgelt** als tariflich geschuldet zu vereinbaren (vgl. § 4 Abs. 3 TVG). Insoweit beschreibt der Arbeitsvertrag das konkret gewollte (privat »gesetzte«) Pflichtenprogramm im Arbeitsverhältnis und hat von daher Vorrang vor allen abstrakten Regelungen höheren Rangs – zumindest in Bezug auf die Bestimmung von Leistung und Gegenleistung (*Reichold* ArbR § 3 Rn. 5, 10).

95 Wo eine tarifliche Bindung nicht besteht, gestalten die Regelungen des Arbeitsvertrags erst recht das Arbeitsverhältnis (HWK/*Thüsing* Vor § 611a Rn. 25). Arbeitsverträge sind sowohl als **individuell ausgehandelte** Einzelarbeitsverträge als auch als **vorformulierte Vertragswerke** denkbar. Für die Mehrzahl der Arbeitsverhältnisse ist der Individualvertrag als Steuerungsinstrument funktionell überfordert. Meist legt der Arbeitgeber dem Arbeitnehmer einen vorformulierten Vertrag nur noch zur Unterschrift vor. Die Standardisierung der Vertragsbedingungen (**AGB**) dient einerseits der Vereinfachung, andererseits der Angleichung der Arbeitsbedingungen in einem Unternehmen. Solche vorformulierten Arbeitsverträge unterliegen der AGB-Kontrolle nach §§ 305 ff.. Bei der AGB-Kontrolle von Arbeitsverträgen sind nach § 310 Abs. 4 Satz 2 die »*im Arbeitsrecht geltenden Besonderheiten angemessen zu berücksichtigen*«. Tarifverträge, Betriebs- und Dienstvereinbarungen stehen nach § 310 Abs. 4 Satz 3 Rechtsvorschriften gleich, so dass nur die von kollektiven Regelungen abweichenden Vereinbarungen in den AGB kontrollfähig sind (ausf. ErfK/*Preis* §§ 305 bis 310 BGB Rn. 1, 12 ff.).

96 Der im Arbeitsverhältnis grds. geltende **Grundsatz der Privatautonomie** erlaubt es den Arbeitsvertragsparteien jederzeit, den Arbeitsvertrag zu ändern oder ganz aufzuheben (zum Auflösungsvertrag vgl. § 623 Rdn. 17 ff.).

### 2. Konkludente Vereinbarungen/Betriebliche Übung

97 Eine arbeitsrechtliche Besonderheit stellen die speziellen Formen der konkludenten Vertragsänderung dar: Gesamtzusage und betriebliche Übung (Rdn. 98). Bei der **Gesamtzusage** handelt es sich um eine ausdrückliche Erklärung des Arbeitgebers, mit der dieser den Arbeitnehmern zusätzliche Leistungen verspricht (BAG NZA 2004, 1099). Gesamtzusagen werden dann wirksam, wenn sie gegenüber den Arbeitnehmern in einer Form verlautbart werden, die den einzelnen Arbeitnehmer typischerweise in die Lage versetzt, von der Erklärung Kenntnis zu nehmen; **die tatsächliche Kenntnis** jedes einzelnen Arbeitnehmers ist nicht erforderlich (BAG DB 2006, 1621). Diese Zusage wird damit bindender Bestandteil aller Arbeitsverträge der angesprochenen Arbeitnehmer. Dogmatisch wird dies damit begründet, dass der Arbeitgeber ein Angebot unterbreitet, bei dem nach § 151 auf den Zugang der Annahmeerklärung verzichtet wird, sodass der Vertragsschluss mit dem Arbeitnehmer »konkludent« erfolgt (BAG DB 1966, 1277). Ein Anspruch auf einen **Jahresbonus** kann sich auch aufgrund einer **individuellen** arbeitsvertraglichen konkludenten Abrede aus den jährlichen

Zahlungen eines Bonus in Verbindung mit dem tatsächlichen Verhalten des Arbeitgebers ergeben (BAG NZA 2010, 808). Von einer konkludenten Annahme ist allerdings dann nicht auszugehen, wenn das Angebot des Arbeitgebers eine **Verschlechterung** beinhaltet (LAG Berlin NZA-RR 2001, 491). Deshalb ist es nur durch ausdrückliche einvernehmliche Vertragsänderung oder durch Änderungskündigung möglich, sich als Arbeitgeber von einer Gesamtzusage wieder zu lösen (HWK/*Thüsing* § 611a Rn. 600). Soweit ein Betriebsrat besteht, sind Gesamtzusagen i.d.R. nach § 87 Abs. 1 Nr. 8, 10 BetrVG mitbestimmungspflichtig und Gegenstand von Betriebsvereinbarungen (vgl. Rdn. 91).

Auch die **betriebliche Übung** stellt nach richtiger Auffassung eine konkludente Vertragsänderung dar (so auch ErfK/*Preis* § 611a Rn. 220 ff.; *Walker* JuS 2007, 1; *Waltermann* RdA 2006, 257). Sie unterscheidet sich von der Gesamtzusage dadurch, dass es keiner ausdrücklichen Erklärung des Arbeitgebers bedarf. Notwendig ist vielmehr die **regelmäßige Wiederholung bestimmter Verhaltensweisen** durch den Arbeitgeber, z.B. die regelmäßige Überweisung einer Sondervergütung zum Jahresende, aus der die Arbeitnehmer schließen können, eine bestimmte Vergünstigung solle ihnen **auf Dauer** eingeräumt werden. Dem tatsächlichen Verhalten des Arbeitgebers muss aus Sicht des Empfängers der Wille zugrunde liegen, z.B. eine bestimmte **übertarifliche** Leistung zu erbringen (BAG DB 2013, 292; NJW 2008, 2875). Durch die vom BAG vertretene »Vertragstheorie« werden durch eine betriebliche Übung vertragliche Ansprüche der Arbeitnehmer auf die üblich gewordenen Leistungen begründet (BAG NJW 2009, 2475). Dieser Rechtsanspruch kann nicht durch eine »gegenläufige« betriebliche Übung i. S. einer dauernden Nichtzahlung einfach wieder abgeschafft werden (so noch BAG NJW 1998, 475), vgl. Rdn. 99. Für die Anspruchsentstehung entscheidend ist laut BAG nicht der Verpflichtungswille des Arbeitgebers, sondern die **Auslegung seines Verhaltens** nach dem Empfängerhorizont des Arbeitnehmers (§§ 133, 157). Die neuere Rechtsprechung tendiert häufig zur Verneinung betrieblicher Übungen, wenn der Arbeitgeber mangels gleichförmigen Verhaltens diese ausgeschlossen hat, so z.B. bei betragsmäßig wechselnden Sonderleistungen oder nur vereinzelt gezahlten Jubiläumsprämien (BAG NJW 2004, 3652). Als Vorbehalt genügt die Erklärung, die Vergünstigung gelte nur für das jeweilige Jahr. Auch Zusätze wie »auch in diesem Jahr« oder »wie in den Vorjahren« können als übungshindernde Vorbehalte anerkannt werden (BAG NZA 1994, 694 »Wäldchestag«). Dem entgegen hat jetzt aber das BAG entschieden, dass bei dreimaliger vorbehaltloser Auszahlung mit der Bezeichnung als »Sonderzahlung« jeweils zum Jahresende trotz unterschiedlicher Höhe ein verbindliches Angebot des Arbeitgebers i.S.v. § 145 vorliegen kann, in jedem Kalenderjahr (irgend) eine Sonderzahlung leisten zu wollen (BAG NJW 2015, 3326).

Eine einfache **Schriftformklausel** im Arbeitsvertrag verhindert das Entstehen einer betrieblichen Übung nicht. Anderes gilt für die sog. **doppelte** Schriftformklausel: Zwar setzt sich ihr gegenüber der Vorrang (mündlicher) individueller Vertragsabreden durch, doch handelt es sich bei der betrieblichen Übung nicht um eine individualvertragliche Zusage (BAG NZA 2008, 1233). Als Vertragsbestandteil kann eine einmal entstandene betriebliche Übung nur durch Änderungsvertrag oder Änderungskündigung beseitigt werden. Mittels einer gegenläufigen oder negativen betrieblichen Übung ist dies wegen des Verbots fingierter Erklärungen nach § 308 Nr. 5 nicht mehr möglich (BAG NJW 2009, 2475).

Im Bereich des **öffentlichen Dienstes** hat die betriebliche Übung nur einen sehr eingeschränkten Anwendungsbereich. Die Rechtsprechung geht davon aus, dass Arbeitnehmer wissen müssten, dass ihr Arbeitgeber wegen des Grundsatzes des Normvollzugs nur solche Leistungen gewährt, zu denen er rechtlich verpflichtet ist (BAG NZA 2005, 600; BAG NZA-RR 2005, 501). Auch die mehrjährige Zahlung einer nicht geschuldeten Leistung begründet keinen Rechtsanspruch für die Zukunft (BAG NZA 2003, 120; einschränkend BAG NZA 1997, 664). Im **kirchlichen Bereich** gelten hingegen keine Besonderheiten (BAG NZA 1994, 88).

## VIII. Weisungsrecht des Arbeitgebers

Wo Gesetz, Kollektivvereinbarungen und Arbeitsvertrag schweigen, kommt das Weisungsrecht des Arbeitgebers zum Einsatz. Dieses ist wesentlicher Bestandteil eines jeden Arbeitsvertrags, vgl.

§ 611a Abs. 1 Satz 2, die gesetzliche Normierung in § 106 GewO ist deklaratorischer Natur (AR/ *Kolbe* § 106 GewO Rn. 3 f.). Dass der Arbeitgeber das Weisungsrecht hinsichtlich »**Inhalt, Ort und Zeit der Arbeitsleistung**« ausüben kann, kennzeichnet die Beschäftigung als **abhängige** Dienstleistung (näher BAG NZA 1990, 561: 24stündige Arbeitszeitanordnung für Krankenpflegepersonal). Es bezieht sich auch auf das Verhalten des Arbeitnehmers im Betrieb (MHdB ArbR/*Reichold* § 55 Rn. 14 f.: »Ordnungsverhalten«); in den Bereich der privaten Lebensführung darf dadurch nicht eingegriffen werden (BAG DB 2013, 700). Seine **Grenzen** findet das Weisungsrecht in zwingenden Gesetzen bzw. Kollektivverträgen und im Inhalt des Arbeitsvertrags. Ausgeübt werden kann das Weisungsrecht nur nach **billigem Ermessen**, vgl. § 315: es müssen also die wesentlichen Umstände des Falles abgewogen und die beiderseitigen Interessen angemessen berücksichtigt werden (BAG NJW 1997, 78, näher MHdB ArbR/*Reichold* § 40 Rn. 26 ff.), dazu näher Rdn. 180 ff.

### IX. Rangverhältnis der Rechtsquellen

102 Eine Kollision verschiedener arbeitsrechtlicher Rechtsquellen zur gleichen Regelungsfrage kann nicht allein nach dem sog. **Rangprinzip** »von oben nach unten« aufgelöst werden. Kollidiert eine vertragliche Regelung der Arbeitsvertragsparteien mit einer **übergeordneten Rechtsquelle**, so ist es jeweils eine Frage der **Gesetzesauslegung**, ob die gesetzliche, tarifliche oder betriebliche Norm die vertragliche Regel außer Kraft setzen, d.h. verdrängen soll. Das Rangprinzip führt dazu, dass gegen höherrangiges Recht verstoßende Regelungen unwirksam sind, soweit das höherrangige Recht nach Auslegung dieses Ergebnis erfordert und keine Öffnungsklauseln enthält. Die Auslegung muss immer auch das **Günstigkeitsprinzip** (vgl. § 4 Abs. 3 TVG) beachten, wonach gegenüber dem höherrangigen Recht günstigere Abweichungen zuzulassen sind. Einer solchen »Günstigkeitsbewertung« sind aber nur Vertragsinhalte zugänglich, die sich auf typische Inhalte der vertraglichen Leistungsbeziehung (z.B. Entgelt, Zusatzleistungen) und nicht z.B. auf betriebliche Ordnungsmaßnahmen beziehen.

103 Weiter zu beachten sind das Spezialitäts- und das Ordnungsprinzip, wenn **gleichrangige Rechtsquellen** kollidieren. Nach dem Ordnungsprinzip geht die jüngere Regelung der älteren vor, auch wenn sie ungünstiger ist (BAG NZA 1995, 1166). Speziellere Regelungen verdrängen die allgemeineren, so dass z.B. ein Firmentarifvertrag Vorrang vor einem Flächentarifvertrag hat. Im Verhältnis zwischen tariflichen und betrieblichen kollektiven Regelungen setzt § **77 Abs. 3 BetrVG** den Vorrang tarifvertraglicher Regelungen auch dann durch, wenn Betriebsvereinbarungen für den Arbeitnehmer »günstiger« wären. Es handelt sich hier um einen rechtspolitisch gewollten **Kompetenzvorrang zugunsten der Tarifpartner.**

## G. Begründung des Arbeitsverhältnisses

### I. Vertragsanbahnung (insb. AGG)

104 Die Anbahnung eines Arbeitsverhältnisses folgt grundsätzlich den **Grundsätzen des allgemeinen Schuldrechts.** Besonderheiten ergeben sich aber insb. aus dem allgemeinen Gleichbehandlungsgesetz (AGG) und aus der Beteiligung des Betriebsrats.

#### 1. Arbeitnehmerauswahl

105 Die Suche nach geeigneten Arbeitnehmern erfolgt meist durch **Stellenanzeigen** (»Print und Online«). Der Betriebsrat kann verlangen, dass der Arbeitgeber zu besetzende Stellen auch betriebsintern ausschreibt. Nach § 93 BetrVG kann sich dieses Ausschreibungsverlangen allerdings nur allgemein auf alle Arbeitsplätze bzw. Tätigkeitsbereiche beziehen. Die Ausschreibung eines konkreten einzelnen Arbeitsplatzes kann der Betriebsrat nicht verlangen (LAG Köln LAGE § 93 BetrVG 1972 Nr. 2). Hinsichtlich Form und Inhalt von Stellenausschreibungen besteht kein zwingendes Mitbestimmungsrecht (BAG NZA 1993, 607). Das Ausschreibungsverlangen hindert den Arbeitgeber nicht, die zu besetzende Stelle auch außerhalb des Betriebes mit gleichen Anforderungen auszuschreiben (BAG NZA 1988, 551). Ebenso wenig ist der Arbeitgeber gehalten, betriebsinterne

Bewerber vorrangig zu berücksichtigen (BAG AP § 93 BetrVG 1972 Nr. 1). Nach § 7 Abs. 1 TzBfG sind Arbeitsplätze, die sich als **Teilzeitarbeitsplätze** eignen, auch als solche auszuschreiben. Mangels Sanktionen ist diese Vorschrift aber letztlich wirkungslos geblieben (ErfK/*Kania* § 93 BetrVG Rn. 6).

Die Norm des **§ 11 AGG** verbietet eine nach den Diskriminierungsmerkmalen des § 1 AGG differenzierende Ausschreibung. Stellenanzeigen **neutral** gehalten sein und dürfen die in § 1 AGG genannten Merkmale nicht als Anforderungen an die zu besetzende Stelle ausweisen. Dies gilt nicht nur für die Formulierung der konkreten Stellenanzeige, sondern auch für im Zusammenhang mit der Stellenbesetzung getätigte **öffentliche Äußerungen** (EuGH NZA 2008, 929; NZA 2013, 891). Ausnahmsweise kann eine merkmalsbezogene Ausschreibung erfolgen, wenn eine Differenzierung anhand dieses Merkmals nach den §§ 8 ff. AGG zulässig ist (BAG NZA 2010, 872). Eine nicht merkmalsneutral erfolgte Stellenausschreibung begründet eine **Vermutung** i.S.v. § 22 AGG, dass eine später nicht erfolgte Einstellung aufgrund einer Benachteiligung wegen des in der Ausschreibung genannten Merkmals erfolgt sein könnte (BAG NZA 2010, 1412, 1416). 106

Lädt der Arbeitgeber einen Bewerber zum **Vorstellungsgespräch** ein, so hat er diesem nach Maßgabe des Auftragsrechts (§§ 670, 662, vgl. Rdn. 17) die hierfür **notwendigen Aufwendungen** zu erstatten (BAG NZA 1989, 468). Dies kann durch eine rechtzeitige und unmissverständliche Erklärung, die Kosten nicht übernehmen zu wollen, vermieden werden (ArbG Kempten DB 1994, 1504). Kein Aufwendungsersatzanspruch besteht, wenn der Bewerber aus eigener Initiative ohne Aufforderung zum Vorstellungsgespräch erscheint. Zu den **zu erstattenden Kosten** gehören insb. Fahrtkosten, Unterbringungskosten und Verpflegungsmehraufwendungen. Erstattet werden müssen die objektiv erforderlichen Aufwendungen oder diejenigen, die der Arbeitnehmer nach den Umständen des Falles für erforderlich halten durfte (BAG AP BGB § 196 Nr. 8). Die Höhe der Erstattung richtet sich im Zweifelsfall nach den steuerlichen Grundsätzen (HWK/*Sandmann* § 629 BGB Rn. 7). Es empfiehlt sich in jedem Fall, in einer Kostenübernahmezusage die genauen Modalitäten festzulegen, vgl. im Übrigen § 629 Rdn. 7. 107

Bei der Auswahl bzw. bei der Einstellung verwendete **Personalfragebögen** unterfallen dem Mitbestimmungsrecht des Betriebsrats nach § 94 Abs. 1 BetrVG. Das Mitbestimmungsrecht bezieht sich sowohl auf den generellen Einsatz solcher Fragebögen als auch auf deren inhaltliche Ausgestaltung. Allein die Verwendung eines mitbestimmungswidrig erstellten Personalfragebogens erlaubt es dem Bewerber aber nicht, die dort gestellten Fragen wahrheitswidrig zu beantworten (BAG NJW 2000, 2444). 108

## 2. Vertragsverhandlungen

Dem Vertragsschluss vorausgehende **Vorverhandlungen** binden die Parteien gem. § 154 nicht. Die Ergebnisse dieser Verhandlungen können aber zur Auslegung des später geschlossenen Vertrages herangezogen werden (BAG NZA 1988, 392). 109

Den Parteien steht es frei, einen bindenden **Vorvertrag** zu schließen. Notwendig ist aber, dass der Inhalt des Hauptvertrags, insb. die Hauptleistungspflichten, hinreichend bestimmt oder bestimmbar sind (LAG Sachsen NZA-RR 2000, 410). Weil im Arbeitsverhältnis eine Vielzahl von Vertragsbedingungen wegen ihrer kollektivvertraglichen Fixierung gar nicht ausgehandelt werden, können **Einstellungszusagen** bereits eine »hauptvertragliche« Bindung herbeiführen. Eine vorvertragliche Bindung ist nur dann anzunehmen, wenn eine frühzeitige Bindung wegen der Marktsituation (z.B. Bühnenengagement) gewollt ist, vor Vertragsschluss aber noch rechtliche oder tatsächliche Hindernisse beseitigt werden müssen (LAG Hamm NZA 2004, 210). Auch wenn im Laufe von Vertragsverhandlungen Ergebnisse niedergelegt werden, kann ein Vorvertrag nur dann angenommen werden, wenn ausnahmsweise eine Bindung bereits **vor** der abschließenden Regelung aller Vertragspunkte gewollt war (BGH NJW 1980, 1577). 110

Aus einem wirksamen Vorvertrag kann auf **Abgabe** bzw. **Annahme eines Angebots zum Abschluss eines Arbeitsvertrages** geklagt werden. Dies beseitigt aber nicht die Problematik, dass nach § 888 111

# § 611a BGB   Arbeitsvertrag

Abs. 2 ZPO der Anspruch auf Arbeitsleistung nicht vollstreckbar ist. Weiterhin können sich aus dem Vorvertrag einklagbare Ansprüche auf Beseitigung von dem Abschluss des Arbeitsvertrages entgegenstehenden Hindernissen ergeben (BAG AP § 611 BGB Bühnenengagementvertrag Nr. 14). Bei Nichterfüllung des Vorvertrags sind auch Schadensersatzansprüche denkbar.

### a) Verschulden bei Vertragsabschluss

112  Bereits mit Aufnahme von Vertragsverhandlungen oder der Anbahnung eines Vertrags entsteht nach § 311 Abs. 2 ein vorvertragliches Schuldverhältnis. Aus diesem folgen zwar keine Leistungspflichten, aber **Schutz- und Rücksichtnahmepflichten** i.S.d. § 241 Abs. 2. Diese richten sich bereits in diesem Stadium nach den arbeitsrechtlichen Besonderheiten (vgl. zur Haftung des Arbeitnehmers § 619a Rdn. 10 ff.).

113  Das vorvertragliche Schuldverhältnis verpflichtet insbesondere zur **Rücksichtnahme auf die Rechtsgüter des Verhandlungspartners.** Neben diesen Obhut- und Rücksichtnahmepflichten sind im Arbeitsrecht insbesondere Aufklärungs- und Mitwirkungspflichten von Relevanz. Hieraus folgt die Verpflichtung, die andere Vertragspartei auf solche Umstände hinzuweisen, die für sie erkennbar von Bedeutung sind (ErfK/*Preis* § 611a Rn. 260).

114  Den Arbeitgeber treffen insbesondere **Aufklärungs- und Informationspflichten**. Nach § 81 Abs. 1 Satz 1 BetrVG ist der Arbeitnehmer über seine Aufgabe und Verantwortung sowie über die Art seiner Tätigkeit und ihre Einordnung in den Arbeitsablauf des Betriebs zu unterrichten.

115  Die **vorvertragliche Verpflichtung** geht über diese gesetzlich normierte Verpflichtung allerdings noch hinaus. Grundsätzlich hat der Arbeitgeber über alle Umstände zu unterrichten, die der Arbeitnehmer für ihn erkennbar seiner Entscheidung zu Grunde legt. Dazu gehört z.B. auch die Höhe des zu erzielenden Einkommens (ErfK/*Preis* § 611a Rn. 261). Auf Umstände, die zu einer vorzeitigen Beendigung des Vertrages führen könnten (BAG DB 1977, 451), ist ebenso hinzuweisen wie auf eine voraussehbare Nichterfüllbarkeit der Hauptleistungspflichten, z.B. aufgrund Zahlungsunfähigkeit des Arbeitgebers (BAG NJW 1975, 708). Hingegen muss über die allgemein schlechte wirtschaftliche Lage des Unternehmens nicht informiert werden, wenn die hieraus zu ziehenden Konsequenzen noch nicht so konkret geworden sind, dass eine Streichung von Arbeitsplätzen bevorsteht (BAG NZA 2005, 1298).

116  Allein der **Abbruch der Vertragsverhandlungen** stellt grundsätzlich kein Verschulden bei Vertragsabschluss dar und verpflichtet demnach auch nicht zum Schadensersatz. Dies gilt auch dann, wenn die andere Seite bereits in Erwartung des Vertragsabschlusses Dispositionen getroffen hat (BGH NJW 1967, 2199). Erweckt der Arbeitgeber aber beim Bewerber das berechtigte Vertrauen, es werde bestimmt zu einem Vertragsschluss kommen, und veranlasst er dadurch die Aufgabe des bisherigen Arbeitsplatzes durch den Bewerber, so hat er ihm den durch den Verlust des alten Arbeitsverhältnisses entstandenen Schaden zu ersetzen (BAG DB 1974, 2060).

117  Auch den Bewerber treffen Auskunfts- und Hinweispflichten. So muss er die vom Arbeitgeber **zulässigerweise gestellten Fragen** wahrheitsgemäß beantworten, unzulässige Fragen dagegen darf er falsch beantworten (»Recht auf Lüge«, vgl. § 620 Rdn. 30). Ungefragt muss er solche Tatsachen offenbaren, von denen er wissen muss, dass sie ihn an der Erbringung der geschuldeten Leistung hindern (BAG NJW 1987, 398), so z.B. bei einem Gesundheitszustand, der dazu führt, dass die Arbeitspflicht bereits im Zeitpunkt des Beginns des Arbeitsverhältnisses nicht erfüllt werden könnte (BAG NJW 1964, 1197).

118  Aus der **Verletzung vorvertraglicher Pflichten** folgt grds. ein Schadensersatzanspruch nach § 280 Abs. 1. Hinsichtlich des Verschuldens gelten die gleichen Grundsätze wie für die Haftung im bestehenden Arbeitsverhältnis (dazu § 619a Rdn. 15 ff.). Der Inhalt des Schadensersatzanspruchs richtet sich nach §§ 249 ff., d.h. der Geschädigte ist so zu stellen, wie er ohne das schädigende Verhalten stünde. Eine generelle Begrenzung des Ersatzanspruchs auf das negative Interesse folgt hieraus nicht, doch dürfte eher selten ein Anspruch auf Ersatz des Erfüllungsschadens in Betracht

kommen, weil ja bei Erfüllung der Pflicht zu redlichem Verhalten ein Arbeitsverhältnis nicht zustande gekommen wäre (BAG NJW 1956, 398; vgl. ausf. ErfK/*Preis* § 611a Rn. 267). Selbst bei einem pflichtwidrigen Abbruch von Vertragsverhandlungen verbietet es der Grundsatz der Vertragsfreiheit, einen **Einstellungsanspruch** quasi als »Naturalrestitution« zu bejahen, weil Ansprüche aus Vertrauenshaftung nicht die erfolglos angestrebte Vertragsbindung als »Erfüllung« im Wege des Schadensersatzes ermöglichen können. In besonders gelagerten Fällen kann sich ein solcher Zwang aber aus einer Zusage des Arbeitgebers selbst ergeben (BAG NJW 1989, 3173).

### b) Allgemeines Gleichbehandlungsgesetz (AGG)

Neben den für alle Schuldverhältnisse geltenden Vorschriften der §§ 311 Abs. 2, 241 Abs. 2, 280 Abs. 1 können sich im Arbeitsrecht Ansprüche wegen vorvertraglichen Fehlverhaltens auch aus der Norm des **§ 15 AGG** ergeben. Die in § 1 AGG aufgezählten Merkmale sind **abschließend**, eine analoge Anwendung des AGG auf andere Merkmale scheidet aus (HWK/*Rupp* § 1 AGG Rn. 1; zu den Merkmalen *ders.* § 1 AGG Rn. 2 ff.). 119

Regelungen für das Arbeitsverhältnis enthält das AGG in Abschnitt 2 (»Schutz der Beschäftigten vor Benachteiligung«). § 6 Abs. 1 AGG definiert den persönlichen Anwendungsbereich und schließt **Arbeitnehmer, Auszubildende und arbeitnehmerähnliche Personen** ein. § 6 Abs. 1 Satz 2 AGG dehnt den Schutz auf **Bewerber** für ein Beschäftigungsverhältnis aus. In den EU-Antidiskriminierungsrichtlinien wird der Begriff des Bewerbers nicht genannt, allerdings werden Personen auch im Stadium der Vertragsanbahnung gegen Benachteiligungen geschützt. Der Anwendungsbereich der Richtlinien ist eröffnet, wenn einer Person ein Schaden entstanden ist oder sie sonst Opfer einer Benachteiligung geworden ist. Ein Zugang zur Beschäftigung liegt aber nicht vor, sofern es bei der Bewerbung ausschließlich darum geht, Entschädigungsansprüche zu erwerben (EuGH NZA 2016, 1014). Die Benachteiligung eines Arbeitnehmers oder eines Bewerbers auf eine Stelle wegen eines der in § 1 AGG genannten Gründe ist nach § 7 Abs. 1 AGG **verboten**. 120

Eine Benachteiligung ist sowohl **unmittelbar** (§ 3 Abs. 1 AGG) als auch **mittelbar** (§ 3 Abs. 2 AGG) denkbar. Eine unmittelbare Benachteiligung liegt vor, wenn eine Person aufgrund eines der in § 1 AGG genannten Merkmale weniger günstig behandelt wird, als eine andere Person behandelt wird, behandelt wurde oder behandelt würde. Notwendig zur Feststellung einer Benachteiligung ist daher eine **Vergleichsbetrachtung** zwischen dem konkreten Anspruchsteller und einer (hypothetischen) Vergleichsperson. Bei positiven Auswahlentscheidungen wie der Einstellung liegt eine Benachteiligung schon dann vor, wenn der Bewerber nicht in die engere Auswahl einbezogen wird, sondern vorher ausscheidet, völlig unabhängig davon, ob er später tatsächlich eingestellt worden wäre (BAG NZA 2004, 540). Es genügt somit schon eine vorausgehende Verfahrenshandlung, die an ein Diskriminierungsmerkmal anknüpft (BVerfG NZA 1994, 745; ausf. *Bauer/Krieger/Günther* § 3 AGG Rn. 13 ff.). Notwendig ist, dass die ungünstigere Behandlung wegen eines der verbotenen Differenzierungsmerkmale erfolgt. Es genügt, wenn der Benachteiligende an dieses Merkmal anknüpft. Eine darüber hinaus gehende **subjektive Komponente** (Benachteiligungsabsicht) ist hingegen nicht erforderlich (BAG NZA 2010, 280). 121

Eine mittelbare Benachteiligung ist gegeben, wenn die Anknüpfung auf den ersten Blick **merkmalsneutral** erfolgt, dabei aber eine ungleiche Betroffenheit der von § 1 AGG geschützten Gruppen hervorruft (HWK/*Rupp* § 3 AGG Rn. 6). Es ist durch einen statistischen Vergleich festzustellen, ob eine der in § 1 AGG genannten Gruppen besonders betroffen ist (BAG DB 1995, 226). Nach § 3 Abs. 2 AGG scheidet eine mittelbare Benachteiligung aber aus, wenn die betreffenden Vorschriften durch ein rechtmäßiges Ziel sachlich gerechtfertigt und die Mittel zur Erreichung dieses Ziels angemessen und erforderlich sind. Anders als bei den folgenden allgemeinen und besonderen Rechtfertigungsgründen der §§ 8 bis 10 AGG liegt diese Schwelle relativ niedrig (so auch BAG NZA 2011, 1226; ferner *Bauer/Krieger/Günther* § 3 AGG Rn. 32 ff.). 122

Eine unterschiedliche Behandlung ist nach § 8 AGG dann **allgemein gerechtfertigt**, wenn das eigentlich »verbotene« Merkmal oder sein Fehlen wesentliche und entscheidende berufliche Anforderung 123 ist, d.h., dass die Tätigkeit ohne dieses Merkmal bzw. ohne Fehlen dieses Merkmals entweder gar nicht oder nicht ordnungsgemäß durchgeführt werden kann (BAG NZA 2009, 1016, 1019). Dabei spielt auch die Festlegung des Arbeitsplatzprofils eine Rolle, das als Ausfluss der unternehmerischen Entscheidung des Arbeitgebers nur einer Willkürkontrolle unterliegt (*Bauer/Krieger/Günther* § 8 AGG Rn. 16, 19). Doch kann der Arbeitgeber nicht durch »objektiv« nicht erforderliche Anforderungen den Schutz des AGG de facto beseitigen (BAG NZA 2011, 203). Entscheidend muss die eigentlich vom Arbeitnehmer geforderte **Arbeitsaufgabe** sein, ggf. zusätzlich erwünschte Nebeneffekte seiner Tätigkeit genügen nicht. »*Customer preferences*« (Kundenwünsche) können grundsätzlich eine Rechtfertigung darstellen, allerdings nur dann, wenn diese nicht selbst auf diskriminierenden Vorstellungen beruhen (*Bauer/Krieger/Günther* § 8 AGG Rn. 29).

124 Die Norm des § 9 Abs. 1 AGG sieht eine Privilegierung von **Religionsgemeinschaften** und den ihr zugeordneten Einrichtungen vor (näher Rdn. 62 ff.). Die privilegierten Einrichtungen dürfen ihre Mitarbeiter wegen der Religion oder Weltanschauung unterschiedlich behandeln, soweit dies unter Beachtung des jeweiligen Selbstverständnisses »**eine gerechtfertigte berufliche Anforderung**« darstellt. Je weiter der Beschäftigte vom verkündigungsnahen Bereich entfernt ist, desto höhere Anforderungen sind an eine Rechtfertigung der Ungleichbehandlung zu stellen (HWK/*Rupp* § 9 AGG Rn. 4; vgl. Rdn. 66 f.).

125 Die Norm des § 10 AGG erklärt über § 8 AGG hinausgehend **die unterschiedliche Behandlung wegen des Alters** für zulässig, wenn sie objektiv, angemessen und durch ein legitimes Ziel gerechtfertigt ist. Solche Ziele können sowohl unternehmensinterner Art als auch Gründe des allgemeinen Interesses sein. Beispielhaft seien die Sicherung oder die Schaffung einer ausgewogenen Personalstruktur (BAG NZA 2009, 945) oder Gründe der Beschäftigungspolitik genannt. In § 10 Satz 3 AGG werden in sechs Ziffern Beispielsfälle für eine solche Rechtfertigung aufgeführt (vgl. im Einzelnen ErfK/*Schlachter* § 10 AGG Rn. 3 ff.). Darunter sollen aber nicht Belange der Flugsicherheit fallen (so BAG NZA 2012, 575 zur Altersgrenze 60 bei Lufthansapiloten).

126 Die Norm des § 12 AGG legt dem Arbeitgeber **Organisationspflichten** zum Schutz der Beschäftigten vor Benachteiligung auf. Nach § 12 Abs. 1 Satz 2 AGG gehören hierzu auch vorbeugende Maßnahmen, insb. innerbetriebliche Schulungsmaßnahmen (vgl. § 12 Abs. 2 AGG). Diese bewirken, dass der Arbeitgeber für einen darauf folgenden ersten Verstoß nicht wegen Eigenverschuldens nach § 15 AGG haftet (HWK/*Rupp* § 12 AGG Rn. 2). Darüber hinaus wird der Arbeitgeber nach § 12 Abs. 3 AGG **verpflichtet**, durch geeignete, erforderliche und angemessene Maßnahmen gegen **bereits erfolgte** Diskriminierungen seiner Beschäftigten durch Kollegen vorzugehen, was bis hin zu **Abmahnung, Umsetzung, Versetzung oder Kündigung** gehen kann (HWK/*Rupp* § 12 AGG Rn. 3). § 12 Abs. 4 AGG dehnt diese Verpflichtung auch auf das Verhältnis zu Dritten wie z.B. Kunden oder Lieferanten aus. Benachteiligen diese »externen« Kräfte seine Beschäftigten, so muss der Arbeitgeber diese durch die im Einzelfall geeigneten, erforderlichen und angemessenen (= verhältnismäßigen) Maßnahmen schützen (vgl. ausf. *Bauer/Krieger/Günther* § 12 AGG Rn. 39 ff.).

127 Die wichtige **Sanktionsnorm** des § 15 AGG ermöglicht dem Opfer einer Benachteiligung einen **Schadensersatzanspruch** gegen den Arbeitgeber. Zu beachten ist dabei, dass nach Abs. 1 der materielle Schaden i.S.v. §§ 249 ff. zu ersetzen und nach Abs. 2 für den Nichtvermögensschaden eine angemessene **Entschädigung** in Geld zu entrichten ist, vgl. § 253 Abs. 1. Beide Absätze stehen als Anspruchsgrundlagen **nebeneinander** und schließen sich nicht aus. Die Norm des § 15 Abs. 6 AGG stellt klar, dass aufgrund der Diskriminierung **kein Anspruch auf Begründung eines Arbeitsvertrags** besteht (vgl. HWK/*Rupp* § 15 AGG Rn. 15).

128 Das für den Schadensersatzanspruch nach § 15 Abs. 1 AGG erforderliche **Verschulden des Arbeitgebers** (zur Vereinbarkeit mit der EG-RL vgl. ErfK/*Schlachter* § 15 AGG Rn. 1) wird wie bei § 280 Abs. 1 vermutet. Neben seinem eigenen Verschulden muss sich der Arbeitgeber das Verschulden seiner Organe und Erfüllungsgehilfen zurechnen lassen (*Bauer/Krieger/Günther* § 15 AGG Rn. 18 ff.). Es gelten die allgemeinen Maßstäbe der §§ 276 ff.. Die Norm des § 15 Abs. 3 AGG sieht einen besonderen Verschuldensmaßstab vor, wenn der Arbeitgeber **kollektivrechtliche Vereinbarungen**,

d.h. Tarifverträge und Betriebsvereinbarungen anwendet. Er haftet hier nur für Vorsatz oder grobe Fahrlässigkeit, sodass nachgewiesen werden muss, dass er von der Unwirksamkeit der Kollektivvereinbarung (§ 7 Abs. 2 AGG) gewusst hat oder diese leichtfertig ignoriert hat. Wo Rechtsprechung oder herrschende Literaturauffassungen fehlen, dürfte grob fahrlässiges Handeln i.d.R. verneint werden können (*v. Steinau-Steinrück/Schneider/Wagner* NZA 2005, 28, 31). Wegen ihrer kirchenrechtlich zwingenden Wirkung gehören auch die kirchlichen Arbeitsrechtsregelungen des Dritten Weges zu den Kollektivvereinbarungen (MüKo/*Thüsing* § 15 AGG Rn. 35). Die Haftungsprivilegierung kommt auch bei **einzelvertraglicher Bezugnahme** in Betracht, aber nur dann, wenn der Tarifvertrag örtlich, zeitlich, fachlich und persönlich einschlägig ist und vollumfänglich in Bezug genommen wird (HWK/*Rupp* § 15 AGG Rn. 10).

Der **Inhalt des Schadensersatzanspruchs** richtet sich nach §§ 249 ff.. Ersatzfähig ist damit grundsätzlich der Erfüllungsschaden, insb. entgangener Gewinn. Anders als bei § 15 Abs. 2 AGG ist eine Obergrenze nicht vorgesehen (LAG Berlin-Brandenburg NZA 2009, 43). Um gesetzgeberisch nicht gewollte Ansprüche auf Lohnleistung bis zum Erreichen der Regelaltersgrenze zu vermeiden, muss auf die zu § 628 Abs. 2 entwickelten Grundsätze der Schadensberechnung zurückgegriffen werden (vgl. ErfK/*Schlachter* § 15 AGG Rn. 3 sowie Komm. zu § 628 Rdn. 28). 129

Der Anspruch auf eine **angemessene Entschädigung** nach § 15 Abs. 2 AGG besteht **verschuldensunabhängig** (BAG NZA 2009, 945). Der Höhe nach muss die Entschädigung angemessen sein. Zu berücksichtigen sind dabei alle Umstände des Einzelfalls, insb. Art, Schwere und Dauer der Benachteiligung sowie die hierdurch eingetretenen Folgen. Auch der Beweggrund und der Grad des Verschuldens können berücksichtigt werden (BAG NJW 2010, 2970). Da die europarechtlichen Vorgaben wirksame, verhältnismäßige und abschreckende Sanktionen verlangen, kann auch der Sanktionszweck zu einer Erhöhung der Entschädigung führen (ausf. *Bauer/Krieger/Günther* § 15 AGG Rn. 36). Wäre der Arbeitnehmer auch bei benachteiligungsfreier Entscheidungsfindung nicht eingestellt worden, so begrenzt § 15 Abs. 2 Satz 2 AGG die Entschädigung auf **drei Monatsgehälter**. Im Umkehrschluss bedeutet dies, dass dann, wenn der Arbeitnehmer ohne die Benachteiligung eingestellt worden wäre, eine Obergrenze nicht besteht (HWK/*Rupp* § 15 AGG Rn. 9). 130

Für die Geltendmachung von Ansprüchen nach § 15 AGG besteht eine gesetzliche **zweistufige Ausschlussfrist**. Nach § 15 Abs. 4 AGG ist der Anspruch **schriftlich** innerhalb von **2 Monaten** nach Kenntnis von der Benachteiligung gegenüber dem Arbeitgeber zu erheben. Nicht erforderlich ist, dass der Arbeitnehmer weiß, dass er wegen eines der in § 1 AGG genannten Merkmale benachteiligt wurde (HWK/*Rupp* § 15 AGG Rn. 12). Auf der **zweiten Stufe** ist die Klagefrist des § 61b ArbGG zu beachten. Innerhalb von 3 Monaten nach der erfolgten schriftlichen Geltendmachung muss die **Klage** auf Zahlung der Entschädigung beim Arbeitsgericht erhoben werden. 131

Durch **Tarifvertrag** kann die Ausschlussfrist verlängert, aber auch verkürzt werden, wobei aufgrund der europarechtlichen Vorgaben die Geltendmachung des Anspruchs nicht übermäßig erschwert werden darf. Eine Drei-Wochen-Frist dürfte wohl noch zulässig sein (MüKo/*Thüsing* § 15 AGG Rn. 43). Aufgrund des Fehlens einer § 622 Abs. 4 Satz 2 (dazu § 622 Rdn. 19) vergleichbaren Regelung genügt die Anwendung des Tarifvertrags durch individualvertragliche Bezugnahme nicht (HWK/*Rupp* § 15 AGG Rn. 13; a.A. *Bauer/Krieger/Günther* § 15 AGG Rn. 61). 132

## II. Vertragsschluss und Mängel des Arbeitsvertrags

Der Arbeitsvertrag kommt als schuldrechtlicher Vertrag (§ 611a) durch Angebot und Annahme (§§ 145 ff.) zustande. Mit der Einigung nach den Regeln des BGB-AT entsteht ein sog. **Dauerschuldverhältnis** zwischen Arbeitgeber und Arbeitnehmer, das durch den nicht nur punktuellen, sondern ständigen Austausch von Leistung und Gegenleistung gekennzeichnet ist (»Arbeitsverhältnis«). Ebenso gelten für Arbeitsverträge die gleichen Unwirksamkeitsgründe wie für andere Rechtsgeschäfte, die jedoch aus Gründen des Arbeitnehmerschutzes modifizierte Anwendung finden (Rdn. 137 f.). 133

## § 611a BGB  Arbeitsvertrag

### 1. Abschlussfreiheit

134 Der Arbeitgeber entscheidet aufgrund seiner **Privatautonomie** grds. frei, mit wem er einen Arbeitsvertrag abschließt (*Boemke* NZA 1993, 535). Das wird bestätigt durch § 15 Abs. 6 AGG, wonach selbst bei verbotener Benachteiligung kein Einstellungsanspruch als Schadensersatz möglich ist (Rdn. 127). Auch sog. **Quotenregelungen** zur Gleichstellung der Frau, wie sie im Öffentlichen Dienst häufig begegnen (sog. »Gleichstellungsgesetze«), dürfen bei gleichwertiger Eignung von Frau und Mann nicht zu einem schematischen Einstellungsautomatismus zulasten des Mannes führen, sondern erfordern eine gewissenhafte Prüfung des Einzelfalls (EuGH NJW 1997, 3429 »Marschall«). Der Dienstherr im **Öffentlichen Dienst**, dem Privatautonomie nicht zusteht, muss nach Art. 33 Abs. 2 GG die Kriterien »Eignung, Befähigung und fachliche Leistung« maßgeblich beachten, doch ergibt sich ein Einstellungsanspruch des Bewerbers nur dann, wenn jede andere Entscheidung rechtswidrig oder ermessensfehlerhaft wäre (BAG NZA 2003, 1271). Ein effektiver Rechtsschutz ist bei der Konkurrentenklage i.d.R. nur so lange möglich, wie die ausgeschriebene Stelle noch unbesetzt ist (BAG NZA 1998, 882).

### 2. Formfreiheit

135 Der Abschluss eines Arbeitsvertrags bedarf grds. **keiner bestimmten Form**. Er kann also auch mündlich, per Handschlag oder auf andere Weise (konkludent) geschlossen werden. Allerdings ordnen i.d.R. **Schriftformklauseln** in Tarifverträgen (z.B. § 2 Abs. 1 TVöD) die Schriftform des Arbeitsvertrags an. Solche Formvorschriften bezwecken kein »konstitutives« Schriftformerfordernis (andernfalls wären mündliche Arbeitsverträge nichtig, was dem Arbeitnehmerschutz zuwiderläuft). Vielmehr soll durch die Schriftform zu **Beweiszwecken** eine schriftliche Dokumentation der Arbeitsbedingungen erreicht werden, die später die Durchsetzung von Ansprüchen erleichtert (»deklaratorische« Schriftform).

136 Auch das **Nachweisgesetz** begründet kein Schriftformgebot. Es soll dem Arbeitnehmer die wichtigsten Arbeitsbedingungen, z.B. Name und Anschrift der Vertragsparteien, Zeitpunkt des Beginns des Arbeitsverhältnisses, die Dauer des Arbeitsverhältnisses bei Befristung, der regelmäßige Arbeitsort usw. (vgl. § 2 Abs. 1 NachwG) **schriftlich** aufzeigen. Die Pflichten des NachwG erfüllt der Arbeitgeber zweckmäßigerweise durch einen schriftlichen Arbeitsvertrag, der die geforderten Angaben enthält (vgl. § 2 Abs. 4 NachwG). Unterlässt er dies, so muss er zumindest seiner **Informationsverantwortlichkeit** durch Aushändigung des Nachweises an den Arbeitnehmer genügen, andernfalls muss er damit rechnen, auf Nachweis verklagt oder wegen unterlassener Information schadensersatzpflichtig zu werden (*Schwarze* ZfA 1997, 62).

### 3. Mängel des Arbeitsvertrags

137 Mängel des Arbeitsvertrags können zur Nichtigkeit oder zur Anfechtung führen. Zu den Voraussetzungen der BGB-AT-Normen der §§ 119 ff. bzw. 134, 138 vgl. Komm. zu § 620 Rdn. 27 ff. (Anfechtung) bzw. Rdn. 32 ff. (Nichtigkeit). Bei der Bejahung der Nichtigkeit ist im Arbeitsrecht immer Zurückhaltung geboten, weil Sinn und Zweck z.B. der Arbeitsschutznormen nur die konkret gesetzwidrige Tätigkeit, nicht aber das Arbeitsverhältnis insgesamt verhindern wollen (§ 620 Rdn. 34). (Total-) Nichtigkeit des Arbeitsvertrags nach § 134 wird nur in Ausnahmefällen bejaht, soweit z.B. die Beschäftigung von vorneherein ohne Einholung der erforderlichen Genehmigungen als »illegal« geplant war und dadurch öffentliche Interessen beeinträchtigt werden (z.B. BAG BB 2005, 782: Arzt ohne Approbation). Für das Arbeitsverhältnis ist die **Teilnichtigkeit** nach § 139 der Regelfall: wird z.B. gegen eine Arbeitszeitvorschrift verstoßen, ist nicht das gesamte Arbeitsverhältnis unwirksam, sondern nur die übermäßig lange Arbeitsverrichtung: der Arbeitnehmer darf seine Arbeit deshalb verweigern, soweit sie gegen zwingendes Schutzrecht (z.B. § 3 ArbZG) verstößt.

138 Hat der Arbeitnehmer verbotene, d.h. nichtige Tätigkeiten bereits ausgeführt, werden die Rechtsfolgen bei Nichtigkeit oder Anfechtbarkeit durch die Grundsätze des sog. **fehlerhaften** Arbeitsverhältnisses mit der Folge modifiziert, dass die Nichtigkeitsfolge i.d.R. **keine Rückwirkungen** zulasten des Arbeitnehmers äußert. Wenn sich allerdings ein Arbeitnehmer die Tätigkeit durch

arglistige Täuschung des Arbeitgebers krass rechtswidrig **erschlichen** hat, z.B. bei strafbarer ärztlicher Tätigkeit ohne Approbation (BAG BB 2005, 782), kann auch für die Vergangenheit das Arbeitsverhältnis **nicht mehr** als wirksam betrachtet werden. Der Arbeitgeber schuldet dann allenfalls »Wertersatz« für die erbrachten Leistungen (§ 818 Abs. 2), sodass zwar die übliche tarifliche Vergütung beim Täuschenden verbleiben kann, nicht aber z.B. das, was als Entgeltersatzleistung bspw wegen krankheitsbedingter Fehlzeiten gezahlt wurde (näher § 620 Rdn. 32 f.).

### III. Vertragsgestaltung/Inhaltskontrolle

Die Vertragsfreiheit hinsichtlich der **inhaltlichen** Gestaltung des Arbeitsvertrags ist eingeschränkt, insoweit nicht gegen zwingende arbeitsrechtliche Schutzvorschriften (Rdn. 74 ff.) verstoßen werden darf. Doch ist der Arbeitsvertrag mehr als nur die »Eintrittskarte« in den Betrieb. Als Rechtsgrund für die weisungsabhängige Arbeitsleistung (vgl. § 106 GewO) ist er insoweit unentbehrlich, als er **mindestens** (1) die Arbeitsvertragsparteien benennt, (2) den Tätigkeitsbereich (Arbeitsaufgabe) festlegt und damit die **Arbeitspflicht** benennt (vgl. Rdn. 176 f.), und (3) den Zeitpunkt des Arbeitsbeginns (bei Befristung: des vorgesehenen Arbeitszeitraums) bestimmt. 139

Arbeitsvertragsbedingungen werden **faktisch** i.d.R. von der Arbeitgeberseite diktiert, sodass die Verträge von der Rechtsordnung einer **Inhaltskontrolle** unterzogen werden. Das in den §§ 305 ff. geregelte Recht der Allgemeinen Geschäftsbedingungen (**AGB**) ist seit 2002 auf Arbeitsverträge anwendbar, vgl. § 310 Abs. 4 Satz 2. Dabei sind die im Arbeitsrecht geltenden Besonderheiten angemessen zu berücksichtigen. Von der AGB-Kontrolle zu unterscheiden ist die **Sittenwidrigkeitskontrolle** (§ 138). Allein damit lässt sich das objektive Missverhältnis von Leistung und Gegenleistung überprüfen, weil nach § 307 Abs. 3 Satz 1 eine AGB-Kontrolle der Hauptkonditionen nicht stattfinden darf. In Fällen des **Lohnwuchers** hilft also nur § 138 Abs. 2. So hat der BGH einen Bauunternehmer wegen Wuchers sogar strafrechtlich (§ 291 Abs. 1 StGB) verurteilt, weil er zwei tschechischen Grenzgängern, die mangels Sprachkenntnissen ihre Tariflöhne nicht in Erfahrung bringen konnten, als Maurern nur 12,70 DM pro Stunde zahlte, obwohl die deutschen Arbeiter für die gleiche Arbeit 21,– DM erhielten (BGH NZA 1997, 1167). 140

#### 1. Sittenwidrigkeitskontrolle

Nach der Norm des **§ 138 Abs. 2** kann ausnahmsweise auch das krasse Missverhältnis von Leistung und Gegenleistung (»Lohndumping«) richterlich korrigiert werden (Rechtsfolge: § 612 Abs. 2, dazu § 612 Rdn. 49 ff.). Ein »auffälliges Missverhältnis« zwischen Leistung und Gegenleistung soll laut BAG vorliegen, wenn die Arbeitsvergütung **nicht einmal zwei Drittel** eines in der betreffenden Branche und Wirtschaftsregion üblicherweise gezahlten Tariflohns erreicht (BAG NZA 2009, 837; NZA 2012, 978). Der Abstand zur Sozialhilfe ist grundsätzlich unbeachtlich. Angesichts der Vielgestaltigkeit der Fälle und des Zwecks von § 138, Einzelfallgerechtigkeit herzustellen, ist die Berücksichtigung der konkreten Umstände unverzichtbar. 141

#### 2. Grundzüge der AGB-Kontrolle

##### a) Allgemeine Geschäftsbedingungen

Voraussetzung ist zunächst immer das Vorliegen von »**AGB**« i.S.v. § 305 Abs. 1. Vorformulierte Vertragsbedingungen müssen vom Verwender **gestellt** werden, wobei nach § 310 Abs. 3 Nr. 1 bei Verbraucherverträgen die AGB grundsätzlich als vom Verwender gestellt gelten. Der Arbeitnehmer ist für das BAG »**Verbraucher**« i.S.v. § 13 (BAG NJW 2005, 3305), obwohl sich dies mit Sinn und Zweck des Begriffs (in ihrer »Arbeitnehmer«-Rolle handeln sie höchst professionell und nicht als »Endverbraucher«) nicht deckt. Eine Inhaltskontrolle findet daher auch dann statt, wenn die Vertragsbedingungen nur zur einmaligen Verwendung bestimmt sind und der »Verbraucher-Arbeitnehmer« auf deren Inhalt keinen Einfluss nehmen konnte (§ 310 Abs. 3 Nr. 2). Das Merkmal des Stellens ist deshalb nur dann zu verneinen, wenn der **Arbeitnehmer** die AGB in den Vertrag eingeführt hat, was im Zweifel vom Arbeitgeber zu beweisen ist, vgl. § 310 Abs. 3 Nr. 1. 142

143 **Vorrangig** gelten aber echte Individualabreden, vgl. § 305b, was nur dann der Fall ist, wenn der Arbeitnehmer seine Arbeitsbedingungen insoweit wirklich »ausgehandelt« hat. Die Parteien sind dann bis zur Grenze der Sittenwidrigkeit (Rdn. 141) frei, ihre Regelungen selbst zu treffen. Das Merkmal des Aushandelns nach § 305 Abs. 1 Satz 2 entspricht dem Merkmal des Einflussnehmens i.S.v. § 310 Abs. 3 Nr. 2. »Aushandeln« bedeutet mehr als verhandeln. Es genügt nicht, dass der Arbeitgeber den Vertragsinhalt lediglich erläutert oder erörtert, ohne ihn mit dem Arbeitnehmer auch inhaltlich zu verändern. Wird aber z.B. ausdrücklich bei Beendigung des Arbeitsverhältnisses vereinbart, dass für die Abwicklung 6 Monate zur Verfügung stehen sollen, ist die laut AGB dreimonatige Ausschlussfrist unbeachtlich. Selbst dann, wenn die AGB eine sog. Schriftformklausel enthalten, bleiben auch **mündliche** Nebenabreden wirksam. Eine Schriftformklausel, die nicht nur für Vertragsänderungen die Schriftform vorschreibt, sondern auch Änderungen der Schriftformklausel ihrerseits der Schriftform unterstellt (**doppelte** Schriftformklausel), kann allerdings eine betriebliche Übung (Rdn. 98) verhindern, weil es sich hierbei ja nicht um eine individualvertragliche Zusage handelt (BAG NZA 2008, 1233, vgl. Rdn. 99).

144 Klauseln, die objektiv ungewöhnlich sind und mit denen der andere Teil nicht rechnen muss (**überraschende Klauseln**), werden nicht Bestandteil des Vertrages, vgl. § 305c Abs. 1. Rechtsdogmatisch sind Überraschungsschutz und Inhaltskontrolle sauber zu trennen. Überraschenden Charakter hat eine Regelung dann, wenn ihr ein »Überrumpelungs- oder Übertölpelungseffekt« innewohnt. Das BAG hat darüber hinaus eine versteckte, drucktechnisch am Vertragsende in den »Schlussbestimmungen« nicht besonders hervorgehobene **Verfallsklausel** als Überraschungsklausel gewertet (BAG NZA 2006, 324; NZA 1996, 702). Fraglich ist, ob bei einzelvertraglicher **Bezugnahme** auf einen branchen- oder ortsfremden Tarifvertrag diese Verweisungsklausel als überraschend angesehen werden kann. Hier wird man auf die betriebliche Üblichkeit solcher Bezugnahmen abstellen müssen (vgl. ErfK/*Preis* §§ 305 bis 310 Rn. 30).

### b) Vorrangig: Auslegung der Klausel

145 Vor der Inhaltskontrolle ist der Kontrollgegenstand zu präzisieren. Hierzu sind die Vertragsklauseln nach allgemeinen Regeln **auszulegen**, vgl. §§ 133, 157. Maßstab ist das Verständnis eines redlichen Vertragspartners unter Abwägung der Interessen der beteiligten Verkehrskreise (ErfK/*Preis* §§ 305 bis 310 Rn. 31). Nach der Rechtsprechung des BAG (NZA 2006, 607) wirkt sich dies auch auf die Auslegung einer **dynamischen Bezugnahme auf einen Tarifvertrag** aus. Diese Bezugnahme kann nach dem insoweit maßgeblichen Empfängerhorizont des Arbeitnehmers nicht lediglich »objektiv« als »Gleichstellungsklausel« verstanden werden, die nur Gleichstellung von nicht tarifgebundenen mit tarifgebundenen Arbeitnehmern bezweckt und daher nicht weiter reicht als die jeweilige Tarifbindung des Arbeitgebers (so noch BAG NZA 2003, 1207; NZA 2005, 478). Sie bewirkt vielmehr nach ihrem Wortlaut die **konstitutive Inbezugnahme** der jeweils benannten Tarifnormen, soweit die Tarifgebundenheit des Arbeitgebers an den im Arbeitsvertrag genannten Tarifvertrag nicht in einer für den Arbeitnehmer erkennbaren Weise zur auflösenden Bedingung der Vereinbarung gemacht worden ist (sog. »unbedingte zeitdynamische Verweisung«, vgl. BAG NZA 2007, 965). Wurde eine solche Klausel jedoch vor der Schuldrechtsreform (01.01.2002) vereinbart, ist sie aus Gründen des Vertrauensschutzes wie eine sog. »Gleichstellungsabrede« i.S.d. früheren Rechtsprechung auszulegen.

146 Nur dann, wenn die Auslegung zu keinem klaren Ergebnis führt, greift die **Unklarheitenregel** des § 305c Abs. 2. Sinn der Norm ist es, die Vertragsgestaltungshoheit des Arbeitgebers mit der Last zu verbinden, sich klar und unmissverständlich auszudrücken, sodass Unklarheiten zu seinen Lasten gehen. Auch hier stellt sich die Frage nach der Reichweite von **Bezugnahmeklauseln auf Tarifverträge**. Doch ist eine dynamische Verweisung auf das jeweils gültige Tarifrecht nicht unklar, weil die im Zeitpunkt der jeweiligen Anwendung geltenden, in Bezug genommenen Regelungen eindeutig **bestimmbar** sind (BAG NZA 2009, 154). Bei uneingeschränkter Bezugnahme auf ein Tarifwerk werden auch lediglich nachwirkende Tarifnormen in Bezug genommen (BAG NZA 2007, 1369).

## c) Inhaltskontrolle

In einem letzten Schritt ist die **Inhaltskontrolle nach §§ 307 ff.** durchzuführen. Dabei sind die im Arbeitsrecht geltenden Besonderheiten (sowohl rechtlicher als auch tatsächlicher Art) zu berücksichtigen, vgl. § 310 Abs. 4 Satz 2. Diese führen z.B. entgegen § 309 Nr. 6 zu einer grundsätzlichen Zulässigkeit von **Vertragsstrafen** (BAG NZA 2004, 727), weil dieses Klauselverbot die kaufrechtlich geprägte Rollenverteilung im Blick hat, nicht aber die arbeitsvertragliche Rollenverteilung, wo der Arbeitnehmer als »Verkäufer« der Ware Arbeit oft – mangels Vollstreckbarkeit der Arbeitspflicht – nicht anders zu seiner Arbeitspflicht angehalten werden kann (Rdn. 149). Der **Anwendungsbereich** der Inhaltskontrolle ist zweifach beschränkt: Ausgenommen sind laut § 310 Abs. 4 Satz 1 **kollektive** Inhaltsnormen in Tarifverträgen und Betriebs- oder Dienstvereinbarungen. Damit soll eine mittelbare gerichtliche Inhaltskontrolle kollektiver Regelungen verhindert werden. Außerdem kann sich die Inhaltskontrolle (mit Ausnahme des Transparenzgebots) **nicht auf Hauptkonditionen** des Arbeitsvertrags (Arbeitsaufgabe und -entgelt, Aufhebungsvertrag) erstrecken (§ 307 Abs. 3), wohl aber auf Hauptabreden wie z.B. beim formularmäßigen Verzicht auf Erhebung einer Kündigungsschutzklage (BAG NZA 2015, 350). Bezüglich der Hauptkonditionen ist es nicht Aufgabe des Richters, über § 307 einen »gerechten Preis« zu finden, sondern nur zu prüfen, ob die betreffende Klausel den Vertragspartner einseitig unangemessen benachteiligt (BAG NZA 2006, 324, 328).

147

Das **Transparenzgebot** (§ 307 Abs. 1 Satz 2) soll Markttransparenz gewährleisten und damit gerade die Bedingungen für ungestörte Ausübung der Vertragsfreiheit im Kernbereich schaffen (ErfK/*Preis* §§ 305 bis 310 Rn. 37). Zwar sollen Hauptkonditionen, über die sich die Vertragsparteien stets Gedanken machen müssen, der Kontrolle entzogen bleiben (Rdn. 147), aber nur dann, wenn diese transparent gestaltet sind. Leistung und Gegenleistung sollen also transparent ausgewiesen werden. Klauseln sollen so klar und verständlich formuliert werden, dass die Rechtsfolgen vor allem **belastender** Regelungen für den Arbeitnehmer hinreichend deutlich werden (zur intransparenten Überstundenabgeltung vgl. BAG NJW 2012, 552). Eine Klausel genügt dem **Bestimmtheitsgebot**, wenn sie im Rahmen des rechtlich und tatsächlich Zumutbaren die Rechte und Pflichten des Arbeitnehmers so klar und präzise wie möglich umschreibt (BAG NZA 2006, 324, 328). Sie verletzt das Bestimmtheitsgebot, wenn sie vermeidbare Unklarheiten und Spielräume enthält.

148

Bei der eigentlichen **Inhalts- oder Angemessenheitskontrolle** sind zuerst **§§ 309, 308**, danach die Auffangregel des § 307 zu prüfen. Sind – wie meistens – keine speziellen Klauselverbote einschlägig, so ist auf die Generalklausel des § 307 zurückzugreifen. Eine AGB-Klausel ist **unwirksam**, wenn sie einen Vertragspartner entgegen den Geboten von Treu und Glauben **unangemessen benachteiligt** (§ 307 Abs. 1). Bei dieser grundsätzlich abstrakt-generellen Bewertung sind nach § 310 Abs. 3 Nr. 3 auch die den Vertragsschluss begleitenden **Umstände** zu berücksichtigen. So hat das BAG z.B. formularvertragliche **Vertragsstrafen** als den »Besonderheiten des Arbeitsrechts« entsprechende berechtigte Sicherung der Arbeitsleistung anerkannt (entgegen § 309 Nr. 6 kommt ein generelles Verbot der Vertragsstrafe wegen der nicht erzwingbaren Vollstreckung der Arbeitsleistung nicht in Betracht), jedoch aufgrund § 307 Abs. 1 Satz 1 die Höhe der konkreten Vertragsstrafe auf ihre Angemessenheit überprüft (BAG NZA 2004, 727); auch darf keine unzulässige »Übersicherung« des Arbeitgebers eintreten (BAG NJW 2011, 408). Eine Vertragsstrafe, die für den Fall der rechtlichen Beendigung des Vertrages durch den Arbeitnehmer versprochen wird, greift nicht im Fall einer Kündigung durch den *Arbeitgeber*, selbst dann nicht, wenn eine solche durch ein grob vertragswidriges Verhalten des Arbeitnehmers veranlasst wurde (BAG NZA 2014, 777). Allgemein gilt, dass bei Auslegung und Angemessenheitskontrolle von Vertragsstrafen ein **strenger Maßstab** anzulegen ist.

149

Zahlt der Arbeitgeber übertarifliches **Entgelt**, sind sog. **Änderungsvorbehalte** weit verbreitet, wonach z.B. Kürzungsmöglichkeiten bei »wirtschaftlichen Schwierigkeiten« klauselförmig vereinbart werden. Solche einseitigen Widerrufs- oder Anrechnungsvorbehalte bedürfen einer Inhaltskontrolle nach Sinn und Zweck der Sondervergütung (§ 308 Nr. 4) und nach Maßgabe transparent formulierter Kürzungsgründe (§ 307 Abs. 1, 2). Ein »*jederzeit unbeschränkt*« möglicher Widerruf ist für den Arbeitnehmer mangels jeglicher Begründung **unzumutbar** (vgl. § 308 Nr. 4). Die

150

Vereinbarung eines Widerrufsvorbehalts ist aber zulässig, soweit der im Gegenseitigkeitsverhältnis stehende widerrufliche Teil des Gesamtverdienstes **unter 25 %** liegt und der Tariflohn nicht unterschritten wird; zusätzlich muss der Arbeitgeber die Widerrufsgründe im Arbeitsvertrag formelhaft benennen (BAG NJW 2007, 536).

151 Soweit der Arbeitgeber eine »freiwillige« Leistung z.B. als »Weihnachtsgratifikation« gewährt, versieht er diese i.d.R. mit einem **Freiwilligkeitsvorbehalt** (z.B. »*alle Sonderzahlungen, auf die kein gesetzlicher Anspruch besteht, erfolgen freiwillig*«). Soweit dieser Vorbehalt pauschal **alle zukünftigen Leistungen** unabhängig von ihrer Art und ihrem Entstehungsgrund erfasst, benachteiligt er den Arbeitnehmer schon deshalb unangemessen i.S.v. § 307 Abs. 1, 2, weil kein unmittelbarer Zusammenhang mit einer konkreten Leistung hergestellt wird (BAG NZA 2012, 81). Nur ein transparent formulierter Vorbehalt verstößt nicht gegen den Grundsatz *pacta sunt servanda*, soweit klar ist, um welche konkrete Leistungszusage es geht (BAG NZA 2008, 1173; NZA 2009, 535). Ein Freiwilligkeitsvorbehalt **scheidet** auch bei solchen Zahlungen **aus**, die wie z.B. monatlich gezahlte Leistungszulagen im Synallagma stehen und »verdient« worden sind – auch insoweit werden die Arbeitnehmer unangemessen benachteiligt, vgl. § 307 Abs. 2 Nr. 1 (BAG NZA 2007, 853). Zudem müssen **widersprüchliche** Formulierungen unterbleiben, wenn z.B. im Formulararbeitsvertrag eine bestimmte Sonderzahlung ausdrücklich zugesagt und präzise bestimmt wird, eine andere Vertragsklausel im Widerspruch dazu aber den Rechtsanspruch auf die Sonderzahlung ausschließt – diese Regelung ist dann insoweit wegen **Intransparenz** unwirksam, als ein Rechtsanspruch auf die Sonderzahlung ausgeschlossen wird. Widersprüchlich ist auch die Kombination eines Freiwilligkeits- mit einem Widerrufsvorbehalt, z.B. »*freiwillig und unter dem Vorbehalt jederzeitigen Widerrufs*« (BAG NZA 2008, 1173; näher ErfK/*Preis* §§ 305 bis 310 Rn. 68 ff.; *Stoffels* ZfA 2009, 861, 868 ff.). Räumt der Arbeitsvertrag klar einen Anspruch auf Teilnahme an einem Bonussystem ein, bestimmt eine andere Vertragsklausel aber, dass die Bonuszahlung jeweils freiwillig erfolge und keinen Rechtsanspruch für die Zukunft begründe, ist diese Klausel ebenfalls intransparent und damit unwirksam (BAG NZA 2008, 40); unzulässig ist der Freiwilligkeitsvorbehalt bzw. eine Stichtagsklausel auch bei einer Zahlung mit »Mischcharakter« (Vergütung mit Treueprämie, vgl. BAG NZA 2012, 561), zum Ganzen näher *Lakies* DB 2014, 659.

### d) Rechtsfolgen bei Unwirksamkeit

152 Die **Unwirksamkeit** einer Klausel führt nach § 306 Abs. 1 nicht zur Unwirksamkeit des gesamten Vertrags (entgegen § 139, vgl. Rdn. 137). Anstelle der unwirksamen Klausel tritt die entsprechende gesetzliche Regelung (§ 306 Abs. 2), was im Arbeitsrecht allerdings selten weiter hilft. Eine **geltungserhaltende Reduktion**, d.h. eine auf angemessene Inhalte zurückgestutzte Regelung, ist somit **ausgeschlossen**. Sonst würden die Richter ständig zur Formulierungshilfe bemüht – ohne jedes Gestaltungsrisiko bei überzogenen Klauseln. Allenfalls »teilbare« Klauseln können teilweise aufrecht erhalten bleiben; das ist mittels einer Streichung des unwirksamen Teils mit einem »blauen Stift« zu ermitteln (*blue pencil*-Test, vgl. BAG NZA 2005, 1053; NZA 2008, 699). Zudem wird auch in **Altfällen** eine **ergänzende** Vertragsauslegung vom BAG zugelassen (BAG NJW 2011, 2153 = NZA 2011, 796: Keine Obliegenheit zur Vertragsänderung nach dem 31.12.2002), die eine geltungserhaltende Reduktion der Altklausel auf ihren zulässigen Inhalt ermöglicht.

## H. Pflichten des Arbeitgebers

### I. Hauptpflicht: Entgeltzahlung

153 Die Zahlung des Arbeitsentgelts ist **Hauptleistungspflicht** des Arbeitgebers. Sie ergibt sich aus dem Arbeitsvertrag und ist Gegenleistung für die Arbeitsleistung des Arbeitnehmers. Arbeitsleistung und Arbeitsentgelt stehen sich »synallagmatisch« gegenüber, vgl. §§ 611a, 320. Als **Arbeitsentgelt** gilt »jeder als Gegenleistung für die geschuldeten Dienste bestimmte geldwerte Vorteil« (BAG ArztR 2002, 122). Es wird i.d.R. in **Geld**, und zwar in **Euro** gewährt, und ist damit »Geldschuld«, vgl. § 107 Abs. 1 GewO. Ausnahmsweise können aber auch andere geldwerte Vorteile

als **Naturalvergütung** in den Grenzen des § 107 Abs. 2 GewO geschuldet sein, insb. als Sachleistungen (z.B. Dienstwagen, Werkswohnung), Rabatte oder Zuwendung von Rechten, wie es insb. »Erwerbsobliegenheiten« wie das **Liquidationsrecht** der leitenden Krankenhausärzte darstellt (BAG NZA 2012, 377; ferner ArbRiK/*Wern* Teil 5 B).

**Rechtsgrundlage** des Entgeltanspruchs ist der Arbeitsvertrag, der i.d.R. aber nur das »Ob« der Entgeltzahlung regelt. Das »Wie« der Entgeltzahlung (insb. Höhe, Komponenten, Fälligkeit etc.) ergibt sich dagegen i.d.R. aus Tarifverträgen und anderen kollektiven Zusagen (sog. »Entgeltbestimmungsfaktoren«). Krankenhäuser in öffentlich-rechtlicher und privater Trägerschaft sind meist tarifgebunden und verweisen in ihren Arbeitsverträgen auf die tariflichen Vergütungsbedingungen. Die Vergütungshöhe unterliegt seit Inkrafttreten des **Mindestlohngesetzes** (MiLoG) zum 01.01.2015 nicht mehr grundsätzlich **freier Vereinbarung**, da die Mindesthöhe von 9,19 € brutto (Stand 2019) je Arbeitszeitstunde nicht unterschritten werden darf. 154

## 1. Nachweispflicht

Das Arbeitsentgelt unterliegt der **Nachweispflicht**, vgl. § 2 Nr. 6 NachwG. Danach sind »die Zusammensetzung und Höhe des Arbeitsentgelts einschließlich der Zuschläge, der Zulagen, Prämien und Sonderzahlungen sowie anderer Bestandteile des Arbeitsentgelts und deren Fälligkeit« spätestens einen Monat nach dem Beginn des Arbeitsverhältnisses vom Arbeitgeber schriftlich niederzulegen und dem Arbeitnehmer auszuhändigen. Soweit die Pflichtangaben des § 2 NachwG im **Arbeitsvertrag** niedergelegt sind, entfällt die Nachweisverpflichtung. Durch diese Norm wird zwar ein Schriftformerfordernis begründet. Doch führt dessen Nichtbeachtung nicht zur Unwirksamkeit des Vertrags (vgl. Rdn. 136). Verletzt der Arbeitgeber seine Dokumentationspflicht nach dem Nachweisgesetz, so ändert das nichts an der Wirksamkeit des Arbeitsverhältnisses. Doch muss er sich im Streitfall die Verletzung der Nachweispflicht als »Beweisvereitelung« zurechnen lassen. Der Arbeitnehmer kann sich etwa auf eine ihm günstigere Entgeltvereinbarung berufen; Zweifel gehen wegen der Nichtdokumentation dann zulasten des beweispflichtigen Arbeitgebers. Überdies muss der Arbeitgeber auch eine **Abrechnung** des Arbeitsentgelts und seiner Zusammensetzung bei der Zahlung in Textform dem Arbeitnehmer erteilen, vgl. § 108 GewO. 155

## 2. Tarifliche Eingruppierung

Die **Entgeltbemessung** ist von zwei Faktoren abhängig: zum einen vom »Wert« der Arbeitsleistung (Schwierigkeitsgrad), zum anderen von einem Zeit-, Leistungs- oder Erfolgsfaktor. Während in der Privatwirtschaft frei vereinbarte Vergütungsabreden häufiger vorkommen, erfolgt die Entgeltbemessung im **öffentlichen Dienst** regelmäßig durch Tarifvertrag (»Eingruppierung«, vgl. Rdn. 157). Wegen der Bindung an das dem öffentlichen Dienst zugrunde liegende Haushaltsrecht sollen im öffentlichen Dienst möglichst einheitliche Bedingungen gelten (MHdB ArbR/*Germelmann* § 155 Rn. 19). Im **Krankenhaus** gilt zudem das Gebot der »sparsamen Wirtschaftsführung« (§ 3 Abs. 1 Satz 3 BPflV), so dass auch bei leitenden Krankenhausärzten wenig Spielraum für freie Vereinbarungen bleibt. Unabhängig von der Rechtsform des Trägers werden die Personalkosten im Krankenhaus maßgeblich durch die Pflegesätze beeinflusst. 156

Die **tarifliche** Entgeltbemessung erfolgt durch »**Eingruppierung**«. Hierfür enthält der Tarifvertrag einen Katalog, aus dem sich ersehen lässt, welcher **abstrakten Tätigkeit** (z.B. »Stationsschwester«) welche Entgeltgruppe zugeordnet ist. Der Eingruppierungsvorgang besteht dann darin, die konkrete Tätigkeit des Arbeitnehmers unter eine der abstrakt beschriebenen Tätigkeiten der Vergütungsordnung zu subsumieren. Bei der Eingruppierung hat der Arbeitgeber kein Wahlrecht, sondern muss diese so wie im Tarifvertrag vorgesehen vollziehen (sog. »Eingruppierungsautomatik«, vgl. MHdB ArbR/*Germelmann* § 155 Rn. 23). Bei einer irrtümlichen Eingruppierung in eine zu niedrige Vergütungsgruppe hat der Arbeitnehmer einen Anspruch auf rückwirkende Höhergruppierung. Umgekehrt muss der Arbeitnehmer den zu viel gezahlten Lohn erstatten, wenn er irrtümlich zu hoch eingruppiert worden war. 157

### 3. Eingruppierung von Ärztinnen/Ärzten

158 Der BAT enthielt eine dezidierte Regelung für die Eingruppierung der **Ärztinnen und Ärzte**, kannte dabei aber nur die Kategorien »Ärzte« und »Fachärzte«. Trotz seiner Ablösung durch den TVöD bzw. TV-L bzw. TV-Ärzte sind sich die Tarifparteien weiter einig, dass die Grundsätze zur Eingruppierung aus § 22 BAT im TVöD/TV-L weiter gelten (*Müller-Uri* ZTR 2010, 391). Doch sind durch die Kategorie **Oberärztin/Oberarzt** in den neuen Tarifverträgen des Marburger Bundes (MB) weitere Rechtsanwendungsprobleme entstanden (dazu näher *Zimmerling* ZTR 2012, 371). So gelten z.B. in § 16 TV-Ärzte/VKA, § 12 TV-Ärzte für die Eingruppierung der Oberärzte in die Entgeltgruppe Ä 3 unterschiedliche Regelungen, die zu einer Vielzahl von Gerichtsverfahren geführt haben. Ungeachtet unterschiedlicher Formulierungen hat das BAG in den meisten Fällen die Eingruppierungsbegehren der klagenden Oberärzte an der fehlenden **Reichweite der ihnen übertragenen Verantwortung** scheitern lassen (ArbRiK/*Thomae* Teil 5 C Rn. 1 ff.; ArbRiK/*Zimmerling* Teil 9 B Rn. 6 ff.). Allein der Titel oder der Status eines Oberarztes, soweit er vor dem Inkrafttreten des TV-Ärzte verliehen worden ist, hat für sich genommen **keine** tarifrechtliche Bedeutung. Nicht ausreichend soll auch die lediglich organisatorische und verwaltungstechnische Verantwortung für einen Teil- bzw. Funktionsbereich sein (BAG NZA 2010, 895). Vielmehr muss sich die medizinische Verantwortung in personeller Hinsicht auch auf Fachärzte beziehen, im Übrigen muss eine **organisatorische Alleinverantwortung** für den gesamten Bereich der Klinik bzw. Abteilung festgestellt werden (BAG ZTR 2011, 27 bzw. 420; BAG NZA 2010, 895). Dem widerspricht schon die Unterordnung unter einen Leitenden Arzt oder dessen ständigem Vertreter. Der TV-Ärzte/VKA sieht – im Unterschied zum TVÜ für Ärztinnen u. Ärzte an Uni-Kliniken – auch keine Anrechnung der Zeiten vor, die in qualifizierter Beschäftigung als Oberarzt **vor dem Inkrafttreten** des TV-Ärzte am 01.08.2006 zurückgelegt worden sind. Die anrechenbare Zeit konnte erst am 01.08.2006 beginnen, so dass die Stufe 2 frühestens am 01.08.2009 erreicht werden konnte, soweit nicht eine Verkürzung der Stufenlaufzeit erfolgt war (BAG ZTR 2015, 320).

159 Für die normative, d.h. gesetzesgleiche Wirkung eines Tarifvertrags ist die **beiderseitige Tarifgebundenheit** von Arbeitgeber und Arbeitnehmer erforderlich (§§ 3 Abs. 1, 4 Abs. 1 TVG), d.h. die Mitgliedschaft in den jeweiligen Verbänden. Arbeitgeber der **öffentlichen Hand** sind als Mitglied der abschließenden Tarifparteien TdL bzw. VKA *stets* tarifgebunden, Arbeitnehmer nur dann, wenn sie auch Mitglied der jeweiligen Gewerkschaft sind. Das ist auch im Krankenhaus nur eine Minderheit der Beschäftigten. Für die Mehrheit der **nichtorganisierten** Arbeitnehmer wird jedoch i.d.R. durch **Bezugnahmeklausel** im Arbeitsvertrag die einheitliche Geltung der Tarifverträge (TVöD bzw. TV-L bzw. TV-Ärzte) sichergestellt (MHdB ArbR/*Germelmann* § 154 Rn. 17). Solche Klauseln bestimmen z.B., dass »die Bestimmungen des BAT in der *jeweils gültigen Fassung* gelten«. Soweit keine Tarifbindung auf Seiten des Arbeitnehmers vorliegt, bedarf es hier wegen der Ablösung des BAT durch TVöD bzw. TV-L bzw. TV-Ärzte einer **(ergänzenden) Auslegung** (§§ 133, 157). Das BAG hat in der lediglich »zeitdynamischen« Verweisung auf den BAT wie im Bsp. keine Bezugnahme auf den Nachfolgetarif (hier: TV-L) erkennen können. Dennoch hat es die entstandene **Regelungslücke** im Wege ergänzender Auslegung dahingehend geschlossen, dass von den verschiedenen Nachfolgeregelungen diejenige zum Zuge kommt, »die typischerweise gelten würde, wenn die ausgeübten Tätigkeiten innerhalb des öffentlichen Dienstes erbracht würden« (BAG NZA 2010, 1183). Danach hätten nach Ansicht des 4. BAG-Senats die Parteien den **TV-L** bzw. **TVöD/VKA** und die zugehörigen Zusatztarifverträge als die einschlägigen »ablösenden« Tarifverträge in Bezug genommen, um eine einheitliche, an einem Tarifwerk orientierte Regelung der Arbeitsbedingungen herbeizuführen (BAG NZA 2012, 1171).

### 4. Chefarztvergütung

160 Viele **Chefarztverträge** enthalten ebenfalls eine Verweisung auf die Vergütung gemäß BAT Ib oder eine höhere Vergütungsstufe. Das BAG hat diesbezüglich in ergänzender Auslegung dieser Verweisung entgegen der dem Günstigkeitsprinzip folgenden Auslegung der Vorinstanzen festgestellt, dass die Arbeitsvertragsparteien bei Fehlen besonderer Anhaltspunkte i.d.R. an einer **kontinuierlichen**

Ersetzung der Vergütungsabrede interessiert sind, die **ohne** eine Umstellung auf ein neues System erreicht werden kann, so dass die weitere Vergütung grds. gemäß der Entgeltgruppe 15 Ü TVöD erfolgen soll (BAG AP TVG § 1 Bezugnahme auf TV Nr. 82; BAG ArztR 2010, 284); einer Anwendung von § 305c Abs. 2 (Rdn. 146) und der für den Chefarzt günstigsten Auslegung hin zum TV-Ärzte VKA wurde eine Absage erteilt (so aber z.B. LAG Hessen 22.05.2009 – 3 Sa 812/08; vgl. auch ArbRiK/*Zimmerling* Teil 9 B Rn. 24). Solange nur die BAT-Vergütung in Bezug genommen wurde, hätten redliche Vertragsparteien einer diskontinuierlichen und strukturverändernden Ersetzung ihrer Vergütungsabrede hin zum TV-Ärzte des MB nicht den Vorzug gegenüber der mit einer Vergütung entsprechend Entgeltgruppe 15 Ü TVöD kontinuierlichen Entwicklung geben können (ähnlich *Anton* ZTR 2009, 2, 5; a.A. *Bayreuther* NZA 2009, 935). Es wäre keine angemessene Lösung, im Wege der ergänzenden Vertragsauslegung die Vergütungsvereinbarung und die Vergütung der Parteien auf ein »neues System« umzustellen, wenn ein die Kontinuität der bisherigen Vergütungsabrede wahrendes Vergütungssystem zur Verfügung steht (BAG 09.06.2010 AP TVG § 1 Bezugnahme auf Tarifvertrag Nr. 82; vgl. auch *Günther* ZTR 2011, 203, 206).

Zur Auslegung einer kleinen dynamischen Bezugnahmeklausel (sog. »unbedingte zeitdynamische Verweisung«) vgl. bereits Rdn. 145 f. **161**

Es bestehen verschiedene Vergütungsformen des **Chefarztes**. Neben einem Festgehalt (in Anlehnung an BAT/TVöD, vgl. Rdn. 160) wird häufig zusätzlich ein sog. »**Liquidationsrecht**« für bestimmte ärztliche Leistungen eingeräumt, manchmal auch nur die ambulante Nebentätigkeit als solche zugelassen (BAG ArztR 2002, 122). Das Liquidationsrecht im wahlärztlichen Bereich verschafft dem Chefarzt die Möglichkeit, besondere Einnahmen zu erzielen. Eine solches »Erwerbsrecht« kann der Krankenhausträger einräumen, muss es aber nicht (näher ArbRiK/*Wern* Teil 5 B Rn. 1). Es gibt kein dem Chefarzt zustehendes »originäres« Recht auf Privatliquidation (*Laufs/Kern* ArztR § 87 Rn. 1). Arbeitsrechtliche Vereinbarungsfreiheit und pflegesatzrechtliche Ausgestaltung sind beim chefärztlichen Liquidationsrecht streng voneinander zu trennen. Ist eine solche Vereinbarung getroffen, handelt es sich um einen Vergütungsbestandteil, den der Krankenhausträger nicht in Geld, sondern in der Verschaffung weiterer Erwerbsmöglichkeiten schuldet (»Naturalvergütung«, vgl. Rdn. 153). Durch die **Covid-19-Pandemie** kam es zu einer Umverteilung der Behandlungskapazität, welche sich auch auf das Liquidationsrecht auswirkte. Mangels Verschuldens des Krankenhausträgers kann sich der Chefarzt jedoch nicht auf einen Schadensersatzanspruch nach §§ 280 Abs. 1, 3, 283 berufen (*Bender* NZA 2020, 1517, 1521). Doch kann dessen Schmälerung im Hinblick z.B. auf neue Mitarbeiter-Pool-Regelungen im LKHG als Wegfall der Geschäftsgrundlage eine Änderungskündigung rechtfertigen (so BAG NZA 2015, 40). Wird einem Chefarzt dagegen **unwirksam** gekündigt, so ergibt sich diesbezüglich ein **Erstattungsanspruch** in Form eines Schadensersatzanspruchs nach §§ 280 Abs. 1, 283, 251 wegen des unmöglich gewordenen »naturalen« Erfüllungsanspruchs (Fixschuld, vgl. BAG NZA 2012, 377 – Rn. 38 ff.). **162**

Die in **Chefarztverträgen** regelmäßig enthaltenen sog. **Entwicklungsklauseln** sollen Anpassungsmaßnahmen des Arbeitgebers (Krankenhausträgers) ermöglichen. Ihr Zweck besteht in der Erweiterung des arbeitgeberseitigen **Weisungsrechts** (Rdn. 101) bei organisatorischen Veränderungen, insb. Vergrößerungen bzw. Verkleinerungen von Abteilungen oder der Übertragung der Krankenhausambulanz, die sich häufig erheblich auf die (Zusatz-) Einkünfte des Chefarztes auswirken (ArbRiK/*Wern* Teil 5 A Rn. 58 ff.). So besagt z.B. § 17 Abs. 1 des Musters für einen Chefarztdienstvertrag der Arbeitsgemeinschaft für Arztrecht, dass der **Krankenhausträger** das Recht habe, »*sachlich gebotene organisatorische Änderungen im Einvernehmen mit dem Chefarzt/der Chefärztin und dem Leitenden Arzt des Krankenhauses vorzunehmen*«. Solche und ähnliche Klauseln unterliegen der **Inhaltskontrolle** gem. §§ 307 ff. (näher Rdn. 140 ff.). Bei der zitierten Musterklausel handelt es sich um eine Entwicklungsklausel mit **Neuverhandlungspflicht** (ArbRiK/*Wern* Teil 5 A Rn. 72 ff.). Zwar steht über die Größe einer Abteilung dem Chefarzt grds. kein vertragliches Bestimmungsrecht zu. Doch sind **Änderungsvorbehalte** wie hier dennoch am Maßstab des AGB-Rechts auf ihre Angemessenheit zu überprüfen. Eine Klausel mit Neuverhandlungspflicht ist insoweit mit AGB-Recht vereinbar, als damit bei »wesentlichen« Beeinträchtigungen der Einkünfte z.B. durch gravierende **163**

Verkleinerungen von Abteilungen die **Änderungsmaßnahme** zu einklagbaren zweiseitigen Neuverhandlungspflichten führt. Ob die Tatbestandsvoraussetzungen der Entwicklungsklausel vorliegen, kann aber dennoch gerichtlich überprüft werden (näher ArbRiK/*Wern* Teil 5 A Rn. 74 f.).

164 Im Übrigen ist für die **Inhaltskontrolle** jedweder Entwicklungsklausel davon auszugehen, dass nach den Regeln der §§ 307, 308 Nr. 4 (Änderungsvorbehalte müssen »zumutbar« sein) und § 307 Abs. 1 Satz 2 (Transparenzgebot) (1) die Klausel eine zumindest stichwortartige **Zwecksetzung** enthalten muss, die über das »sachlich Gebotene« hinausgehen und die Handhabung einer Entwicklungsklausel bestimmbar und begründbar machen muss (z.B. bei »gesetzlich oder wissenschaftlich gebotenen« Strukturveränderungen etc., vgl. ArbG Heilbronn ArztR 2009, 205), dass dabei (2) auch die Berücksichtigung der »berechtigten Interessen« des Chefarztes in der Klausel ausdrücklich ihren Platz finden muss, und dass (3) unverhältnismäßige Eingriffe in das vertraglich ausgehandelte Gleichgewicht von Leistung und Gegenleistung ausgeschlossen sein müssen. *Reinecke* (NJW 2005, 3383, 3388) schlägt dabei die vertragliche Festlegung eines mindestens verbleibenden Anteils von z.B. 70 % des Gesamtverdienstes des Chefarztes vor, um die Entwicklungsklausel vor der Gesamtnichtigkeit (nach § 306 Abs. 2) zu bewahren.

### 5. Ausschlussfristen/Verfallklauseln

165 Bei der Beendigung eines Arbeitsverhältnisses greifen i.d.R. tarifliche oder vertragliche Ausschlussfristen, die die Geltendmachung aller aus dem Arbeitsverhältnis stammenden Ansprüche auf z.B. **6 Monate** begrenzen, so § 37 Abs. 1 TVöD/TV-L. Die auch »Verfallfristen« genannten Klauseln gewähren im Unterschied zur Verjährung nicht nur eine Einrede gegen das fortbestehende Recht, sondern lassen dieses mit Fristablauf **untergehen**. Sie sind von Amts wegen zu beachten, so dass sich der Arbeitgeber – anders als bei der Verjährung – darauf nicht einmal berufen muss: sie gelten daher als **Einwendung**. Auch bei nicht tarifgebundenen Arbeitnehmern kann per Bezugnahmeklausel auf den einschlägigen Tarifvertrag (Rdn. 159) die Ausschlussfrist wirksam vereinbart werden. Bei **formularvertraglichen** Verfallklauseln greift die Inhaltskontrolle nach §§ 307 ff. (vgl. Rdn. 142 ff.) mit der Folge, dass jetzt auch zweistufige **vertragliche Klauseln** für unwirksam erklärt werden, wenn nicht auf **beiden Stufen** mindestens eine angemessene Drei-Monats-Frist eingehalten wird (BAG NJW 2006, 795; NJW 2005, 3305). Dies wird aus dem Leitbildcharakter der dreijährigen Regelverjährung (§§ 195, 199, 202) und der Erwägung gefolgert, dass die vereinbarte Ausschlussfrist dem Kläger eine faire Chance lassen muss, seine Ansprüche nach Einholung fachkundigen Rats und angemessener Abwägung von Pro und Contra geltend machen zu können.

## II. Gleichbehandlungspflicht

166 Bei der Vergütung ist auch der gewohnheitsrechtlich (Rdn. 102) anerkannte **Gleichbehandlungsgrundsatz** zu beachten (näher ErfK/*Preis* § 611a Rn. 572 ff.; HWK/*Thüsing* § 611a Rn. 331 ff.), der den Arbeitgeber dazu verpflichtet, bei der Aufstellung und Durchführung von kollektiven Regelungen bzw. Leistungen nachvollziehbare **sachliche Gründe** zugrunde zu legen. Verboten ist nicht nur die willkürliche Schlechterstellung einzelner Arbeitnehmer innerhalb einer Gruppe, sondern auch eine sachfremde Gruppenbildung. Als Differenzierungsgrund hat die Rspr. aber z.B. die Bevorzugung von Außendienstangestellten gegenüber Innendienstlern, von neu eintretenden Mitarbeiter gegenüber ausscheidenden Mitarbeitern oder von Mitarbeitern mit leitenden Aufgaben gegenüber sonstigen Mitarbeitern zugelassen. Verboten ist eine Differenzierung **immer dann**, wenn der Gesetzgeber durch **Gleichstellungsgebote** die Vertragsfreiheit des Arbeitgebers ausdrücklich beschränkt hat. Dies ist in der aktuellen AGG-Norm des § 7 Abs. 2 niedergelegt, die zwar i.V.m. §§ 1, 3 Abs. 2 AGG anders als § 612 Abs. 3 BGB a.F. keine Anspruchsgrundlage mehr darstellt, aber entsprechende Vereinbarungen für **unwirksam** erklärt. Für die Anwendbarkeit des Gleichbehandlungsgrundsatzes ist erforderlich, dass eine Gruppenbildung vergleichbarer Arbeitnehmer z.B. aufgrund ihrer Arbeitsaufgabe möglich ist, und dass der Arbeitgeber Leistungen nach einem **bestimmten erkennbaren und generalisierbaren** Prinzip verteilt. Bedeutsam ist der Grundsatz besonders bei arbeitsvertraglichen Einheitsregelungen wie z.B. sog. Gesamtzusagen (Rdn. 97).

## III. Arbeitsentgelt ohne Arbeitsleistung

Entgeltansprüche des Arbeitnehmers knüpfen i.d.R. an die Erbringung seiner Arbeitsleistung an. Dem Schuldrecht des BGB liegt die synallagmatische Regel »Ohne Arbeit kein Lohn« zugrunde. Wer z.B. an einem Montag nicht zur Arbeit kommt und dafür auch keine Entschuldigung (z.B. Erkrankung) ins Feld führen kann, hat die **betriebsübliche Arbeitszeit versäumt**. Die geschuldete Arbeitsleistung ist dann nach allgemeinen BGB-Regeln unmöglich geworden (für den versäumten Zeitabschnitt). Man begründet das mit dem Fixschuldcharakter der Arbeitsleistung: die versäumte Arbeit ist wegen ihrer zeitlichen Fixierung auf den Tag, die Stunde etc. nicht mehr einfach nachholbar. Der Arbeitgeber braucht dann für die versäumten Arbeitszeiten kein Entgelt zu entrichten, vgl. § 326 Abs. 1 Satz 1.

167

Vom schuldrechtlichen Prinzip der gegenseitigen (»synallagmatischen«) Verknüpfung von Leistung und Gegenleistung ergeben sich im Arbeitsrecht zahlreiche **Ausnahmen**, die dem Charakter des Arbeitsrechts als **Sozialprivatrecht** Rechnung tragen. Zu unterscheiden sind dabei spezialgesetzlich vorgesehene, ausdrücklich geregelte Unterbrechungen der Arbeitspflicht wie z.B. bei **Krankheit (EFZG)** und **Erholungsurlaub (BUrlG)** von den nicht vorhersehbaren Unterbrechungen, den klassischen »Leistungsstörungen« (vgl. §§ 615, 616). Der Arbeitgeber schuldet in solchen gesetzlich oder tarifvertraglich vorgesehenen Fällen Zahlung des Arbeitsentgelts, obwohl der Beschäftigte seine Leistung nicht erbracht hat. Man spricht hier auch von »**Soziallohn**«, dessen Zahlung dem Arbeitgeber kraft seiner Sozialverantwortung aus Arbeitsvertrag obliegt. Die Tarifverträge im **öffentlichen Dienst** regeln diese Tatbestände ausführlich in §§ 21, 22 (Entgelt im Krankheitsfall) bzw. 26 ff. (Urlaub und Arbeitsbefreiung) TVöD bzw. TV-L (näher ArbRiK/*Reichold* Teil 3 D Rn. 30 ff.).

168

## IV. Nebenpflichten

Der Arbeitnehmer bringt seine **Persönlichkeit** in das Arbeitsverhältnis ein. Deshalb werden dem Arbeitgeber sog. »Schutz- und Förderungspflichten« über die Entgeltzahlungspflicht hinaus als **Nebenpflichten** abverlangt. Früher sprach man von der »Fürsorgepflicht« des Arbeitgebers, die ihm als Sozialverantwortung aufgrund Arbeitsvertrags zukomme. Heute folgert man aus der mittelbaren Drittwirkung der Grundrechte eine Fülle von ausdrücklich **gesetzlich** festgelegten (z.B. nach ArbSchG, ArbZG, AGG, BDSG oder BUrlG) oder sonst sich aus der Norm des § 241 Abs. 2 ergebende **Leistungs- und Verhaltenspflichten** des Arbeitgebers, die einklagbare Rechte begründen können (näher MHdB ArbR/*Reichold* § 91 Rn. 1 ff.). Rücksichtnahme-, Schutz- und Förderungspflichten sind auch ohne gesetzliche Konkretion **zwingender Bestandteil** des Arbeitsverhältnisses. Die wichtigsten Nebenpflichten sollen im Folgenden kurz erwähnt werden.

169

### 1. Beschäftigungspflicht

Das BGB anerkennt in § 615 zwar einen Entgeltanspruch trotz fehlender Beschäftigung, nicht aber einen Anspruch **auf tatsächliche Beschäftigung**. Anders als im Kauf- und im Werkvertragsrecht gibt es keine gesetzliche Abnahmeverpflichtung des »Käufers« von Arbeit. Das hat die BAG-Rspr. wegen des Persönlichkeitsrechts des Arbeitnehmers schon 1955 geändert. Seitdem wird nicht nur im ungekündigten, sondern auch im gekündigten Arbeitsverhältnis eine tatsächliche Beschäftigungspflicht des Arbeitgebers aus §§ 611a, 613, 242 (Drittwirkung von Art. 2 Abs. 1, Art. 1 Abs. 1 GG) richterrechtlich ständig vertreten (BAG–GS NJW 1985, 2968). Neben der Entgeltzahlungspflicht stellt die Beschäftigungspflicht die **wichtigste Schuldnerpflicht** des Arbeitgebers dar: sie ist eine elementare **Neben(leistungs)pflicht** (näher MHdB ArbR/*Reichold* § 92 Rn. 1, 8). Wichtige Konsequenzen des Beschäftigungsanspruchs sind sein Bestehen auch nach der Kündigung bis zum Beendigungstermin (Ausnahmen gelten aber bei berechtigter Suspendierung) bzw. auch noch **nach Beendigung** während des Kündigungsschutzprozesses, wenn die Klage erstinstanzlich erfolgreich war (näher § 620 Rdn. 132 ff.).

170

## 2. Arbeitsschutzkonforme Beschäftigung

171 Der Arbeitnehmer hat Anspruch nicht nur auf vertragsgemäße, sondern erst recht auf »**gesetzeskonforme**« Beschäftigung. Deshalb regeln eine Vielzahl von Gesetzen **explizit** arbeitsvertragliche Nebenpflichten, z.B. die Pflicht zur Urlaubserteilung nach §§ 1, 7 BUrlG, die Nachweispflicht und die Abrechnungspflicht des Arbeitsentgelts nach § 108 GewO (Rdn. 155). Fraglich ist bei öffentlich-rechtlichen Schutzvorschriften, die den sozialen oder technischen **Arbeitsschutz** verwirklichen, ob der Arbeitnehmer sich darauf auch *kraft Arbeitsvertrags* berufen und im Streitfall deswegen auch seine Leistung verweigern kann. Wenn z.B. **§ 618 Abs.** 1 von der Beschaffenheit der **Räume** spricht, die der Arbeitgeber einzurichten und zu unterhalten hat, dann heißt das, dass sich der Arbeitgeber an die Standards der Arbeitsstättenverordnung (ArbStättVO) halten muss, und zwar als **Vertragspflicht** seinen Beschäftigten gegenüber (ErfK/*Wank* § 618 Rn. 4 f., 23; MHdB ArbR/*Reichold* § 93 Rn. 5). Der Gesetzgeber hat über § 5 Abs. 1 Satz 1 ArbStättVO seit 2002 auch den **rauchfreien Arbeitsplatz** ermöglicht, so dass die erforderlichen Maßnahmen zu treffen sind, »*damit die nicht rauchenden Beschäftigten in Arbeitsstätten wirksam vor den Gesundheitsgefahren durch Tabakrauch geschützt sind*«. Der 2007 eingefügte Satz 2 ermächtigt den Arbeitgeber, »soweit erforderlich« ein allgemeines oder auf einzelne Arbeitsbereiche beschränktes **Rauchverbot** zu erlassen (MHdB ArbR/*Reichold* § 93 Rn. 10 ff.). Privatrechtliche Wirkung entfalten aber nur solche Normen, die überhaupt geeigneter Gegenstand einer vertraglichen Vereinbarung sein können. Im Zuge der **Covid-19-Pandemie** wird auch diskutiert, ob der Arbeitgeber eine Impfpflicht verordnen oder zumindest einen Nachweis über das Vorliegen einer Impfung fordern kann (*Naber/Schulte* NZA 2021, 81; *Benkert* NJW-Spezial 2021, 50).

## 3. Diskriminierungsfreie Beschäftigung (AGG)

172 Die oder der Beschäftigte hat auch Anspruch darauf, nicht »diskriminiert« zu werden. Das 2006 in Kraft getretene **AGG** (Rdn. 119 ff.) möchte »*Benachteiligungen aus Gründen der Rasse oder wegen der ethnischen Herkunft, des Geschlechts, der Religion oder Weltanschauung, einer Behinderung, des Alters oder der sexuellen Identität*« (§ 1 AGG) gerade auch im Bereich der **Beschäftigung** verhindern (§§ 6 ff. AGG). Daraus erwachsen besondere Pflichten für den Arbeitgeber. Er muss nicht nur die Diskriminierungsverbote im Betrieb durch Aushang o. ä. bekannt machen (§ 12 Abs. 5 AGG), sondern vor allem auch **Organisationspflichten** beachten, die nicht nur Verstöße unterbinden (§ 12 Abs. 3 AGG), sondern diese auch präventiv verhindern sollen. Dazu gehören insb. **Schulungsmaßnahmen**, in der die Beschäftigten »in geeigneter Weise« auf die Unzulässigkeit und Verhinderung von Benachteiligungen i.S.v. §§ 1, 7 AGG hingewiesen werden sollen und mittels derer der Arbeitgeber seine Pflichten aus § 12 Abs. 1 AGG grundsätzlich erfüllt. Bereits bei der **Personalauswahl** muss der Arbeitgeber eine diskriminierungsfreie Bewerberauswahl sicherstellen (näher Rdn. 119 ff.).

## 4. Vermögensfürsorge

173 Der Arbeitgeber hat durch § 618 eine gesetzliche Pflicht **nur** zum Schutz von Leib, Leben und Gesundheit des Arbeitnehmers. Doch gelten auch ohne Gesetz ähnliche Grundsätze zur **Vermögenssorge** des Arbeitgebers kraft Arbeitsvertrags (§ 241 Abs. 2, vgl. ErfK/*Preis* § 611a Rn. 626 ff.; MHdB ArbR/*Reichold* § 93 Rn. 15 ff.), insb. im Zusammenhang mit der Einbringung von Arbeitnehmereigentum in den Betrieb (sichere Spinde, Pkw-Stellplätze etc.), mit der Entgeltzahlung (Einbehaltung und Abführung von Lohnsteuern und SV-Abgaben), dem Aufwendungsersatz auch bei Eigenschäden des Arbeitnehmers (§ 670 BGB analog, vgl. Rdn. 15, 17) und der Freistellung des Arbeitnehmers von Haftungsansprüchen Dritter im Zusammenhang mit dem innerbetrieblichen Schadensausgleich (vgl. § 619a Rdn. 26).

## 5. Informationspflichten

174 Der Arbeitgeber ist dem Beschäftigten, angefangen beim Bewerbungsgespräch über die Vertragsverhandlungen bis zum Ende des Arbeitsverhältnisses (z.T. sogar darüber hinaus: Nachwirkungen des Arbeitsverhältnisses), zur **Aufklärung bzw. Auskunft** immer dann verpflichtet, wenn der

Arbeitnehmer ein **berechtigtes** Interesse an einer Aufklärung geltend machen kann, z.B. weil dies zur Geltendmachung eines Leistungsanspruchs erforderlich ist (BAG NZA 2005, 189: Hat eine Anzahl von außertariflichen Angestellten eine Gehaltserhöhung erhalten, kann der hiervon ausgenommene außertarifliche Angestellte vom Arbeitgeber Auskunft über die hierfür verwendeten Regeln verlangen). Diese Verpflichtung zur Auskunft darf aber keine übermäßige Belastung des Vertragspartners darstellen. Der Inhalt dieser Nebenpflicht im Arbeitsverhältnis wird durch die besonders intensive persönliche Bindung der Vertragspartner geprägt. Soweit die Aufklärungs- und Informationspflichten nicht gesetzlich wie z.B. im ArbSchG, BetrVG (§§ 81 ff.), GewO, NachwG, TzBfG etc. geregelt sind, folgen sie aus § 241 Abs. 2, soweit z.B. betriebliche Leistungen (insb. Altersversorgung) gewährt werden oder sozialrechtliche Folgen der Altersteilzeit oder eines Auflösungsvertrags im Raum stehen (vgl. MHdB ArbR/*Reichold* § 93 Rn. 46 ff.). Freilich muss der Arbeitgeber sich nicht an ein Gesetz halten, das für den konkreten Arbeitnehmer überhaupt keine Anwendung findet (BAG NJW 2010, 1098). Der Arbeitgeber schuldet **keineswegs** eine allgemeine Rechts- oder Vermögensberatung. Auch für das Arbeitsverhältnis gilt, dass jeder Vertragspartner grundsätzlich seine Interessen selbst zu wahren hat. Doch bringt es das überlegene Wissen des Arbeitgebers mit sich, dass er erkennbare Informationsbedürfnisse des Arbeitnehmers mit den ihm zumutbaren Beratungsmöglichkeiten zu befriedigen hat. Zu Recht hat das BAG es aber abgelehnt, wegen eines vom Arbeitgeber unterlassenen Hinweises nach § 2 Abs. 2 Satz 2 Nr. 3 SGB III (Pflicht des Arbeitnehmers, sich vor der Beendigung des Arbeitsverhältnisses unverzüglich bei der Agentur für Arbeit arbeitsuchend zu melden) dem Arbeitnehmer einen Schadensersatzanspruch zuzusprechen (BAG NZA 2005, 1406).

### 6. Besondere Fürsorgepflichten des Krankenhausträgers

Die umfassende Versorgung der Patienten im Krankenhaus wird durch ein Zusammenwirken von ärztlichem, pflegerischem und medizinisch-technischem Personal gewährleistet. Der reibungslose Ablauf dieser Kooperation stellt hohe Anforderungen an **Organisation** und **Arbeitsteilung** innerhalb des Krankenhauses. Eine gut geführte Klinik verlangt eine die verschiedenen Arbeitsgänge begleitende angemessene Organisation, für deren Planung, Durchführung und Kontrolle der **Krankenhausträger** bzw. dessen **Vertreter** (»**Organe**«) in Gestalt der ärztlichen Leitung, der Pflegedienstleitung und der Verwaltungsleitung verantwortlich zeichnen (vgl. *Laufs/Kern* ArztR § 85 Rn. 11 ff. zu landesgesetzl. Vorgaben für Leitungsstruktur; *Hart* FS Laufs, 2005, S. 843; *Kern* MedR 2000, 347; *Schliemann* ZTR 2003, 61 f.). Im Zusammenhang mit arbeitsvertraglichen Nebenpflichten stellt sich die Frage, ob diese **Organisationspflichten** (als klinische »Verkehrssicherungspflichten«), die als Bestandteil des Behandlungsvertrags die Patienten vor vermeidbarer Schädigung bewahren sollen, auch in der Arbeitsbeziehung zwischen Krankenhaus und angestelltem Arzt bzw. Pfleger etc. zu Rechten des organisationsabhängigen Beschäftigten führen können. Zu fragen ist also, inwieweit mangelhafte Organisationsvorkehrungen nicht nur vom geschädigten Patienten, sondern auch z.B. vom übermüdeten Arzt rechtlich beanstandet werden können. Die Antwort ergibt sich aus den oben Rdn. 171 zum **Arbeitsschutz** dargelegten Grundsätzen. Organisationsmängeln kann der Arbeitnehmer nur bei Übertretung von **gesetzlichen oder kollektivvertraglichen Normen**, die konkret arbeitnehmerschützenden Charakter haben, wirksam entgegentreten. Wenn z.B. Arbeitszeitregeln missachtet werden, kann der Beschäftigte die gesetzeswidrige Arbeitsleistung verweigern. Andernfalls kann die Verletzung von Organisationspflichten, die als solche normativ nicht festgeschrieben sind, sich nur als **Reflex** zugunsten des Arbeitnehmers auswirken (bei Schädigungen von Patienten haftet er im Zweifel nicht mit *eigenem* Vermögen), nicht aber eigene »Gegenrechte« wie z.B. ein Leistungsverweigerungsrecht auslösen.

## I. Pflichten des Arbeitnehmers

### I. Hauptpflicht: Arbeitsleistung

Die Arbeitspflicht des Arbeitnehmers wurzelt im Arbeitsvertrag und steht im synallagmatischen Verhältnis zur Entgeltzahlungspflicht des Arbeitgebers (Rdn. 153). Geschuldet wird das »Zur-Verfügung-Stellen« der Arbeitskraft, nicht das Herbeiführen eines bestimmten Erfolgs (HWK/

*Thüsing* § 611a Rn. 45). Konstitutiv für die Abgrenzung zwischen dem freien Dienstvertrag und dem abhängigen Arbeitsverhältnis ist das **Zeitmoment** bei Erbringung der Arbeitsleistung. Wer als niedergelassener Arzt selbstständig arbeitet, leistet nicht »abhängige« Arbeit, sondern erbringt seine ärztlichen Dienstleistungen **nach eigener Planung**. Wer dagegen als Arzt im Krankenhaus arbeitet, ist Arbeitnehmer, weil er seine fachlich weisungsfreie (Rdn. 180) ärztliche Tätigkeit nach Maßgabe des Versorgungsauftrags und auf Weisung der ärztlichen Leitung dem Klinikum während einer bestimmten Arbeitszeit (Vollzeit, Teilzeit) **dauerhaft** zur Verfügung stellt. Diese sachlich-organisatorische Abhängigkeit im Dauerschuldverhältnis reicht zur Bejahung der Arbeitnehmereigenschaft – selbst bei Chefärzten – aus (vgl. Rdn. 36).

177 Die Arbeitsleistung ist »im Zweifel« **persönlich** zu erbringen (vgl. Komm. zu § 613). Es handelt sich um eine materielle Auslegungsregel. Die Stellung eines »Ersatzmanns« ist dem Arbeitnehmer daher nicht erlaubt (MHdB ArbR/*Reichold* § 40 Rn. 7 f.). So ist insb. ein »Schichttausch« nicht erlaubt, soweit nicht eine ausdrückliche (oder konkludente) Zustimmung des Arbeitgebers vorliegt, was gerade im Schichtbetrieb eines Krankenhauses besondere Bedeutung gewinnt. Die persönliche **ärztliche Leistungspflicht** ist strenger als die anderer Arbeitnehmer. So dürfen Ärzte grundsätzlich keine ärztlichen Leistungen auf Nichtärzte delegieren (MHdB ArbR/*Nebendahl* § 169 Rn. 25). Sie sind nicht nur zur persönlichen, sondern darüber hinaus zur *eigenhändigen* Leistung verpflichtet. Lediglich für untergeordnete Tätigkeiten dürfen Hilfspersonen eingesetzt werden (*Laufs/Kern* ArztR § 45 Rn. 2, 5 ff.). Der »Kernbereich« des ärztlichen Handelns muss unangetastet bleiben.

178 Der liquidationsberechtigte **Chefarzt** ist gegenüber Wahlleistungspatienten grundsätzlich zu deren persönlicher Betreuung verpflichtet. Ihre berechtigte Erwartung geht dahin, dass der Chefarzt bei ihnen auch solche Leistungen **höchstpersönlich** erbringt, die angesichts der Erkrankung auch von anderen, nachgeordneten Ärzten qualitativ ordnungsgemäß erbracht werden könnten (BGH NJW 1998, 1778). Der Chefarzt muss durch seinen persönlichen Einsatz der wahlärztlichen Behandlung sein »Gepräge« geben und die Kernleistungen (z.B. Kopfoperation beim Neurochirurgen, Durchführung und Überwachung der Anästhesie beim Anästhesisten) persönlich erbringen. Das heißt aber nicht, dass er deshalb auch die gesamte Operation zwingend eigenhändig durchführen müsste. Er genügt seiner persönlichen Leistungspflicht, wenn er die Entscheidung über das »Ob« und das »Wie« der Operation selbst getroffen hat und deren Vollzug überwacht bzw. während der Operation jederzeit erreichbar bleibt und eingreifen kann (AG Hamburg MedR 2001, 47; *Laufs/Kern* ArztR § 87 Rn. 17).

### 1. Inhaltsbestimmung der Arbeitsleistung/Weisungsrecht

179 Welche Arbeit der Arbeitnehmer zu leisten hat, richtet sich in erster Linie nach dem Inhalt des Arbeitsvertrags. Dieser enthält i. d. R. nur Rahmenbestimmungen zur Arbeitspflicht, insb. Ort, Art und Zeit der zu leistenden Arbeit (MHdB ArbR/*Reichold* § 40 Rn. 4, 16 ff.). Konkretisiert wird die Arbeitspflicht durch das sog. »Weisungsrecht« (§ 106 GewO, vgl. schon Rdn. 101). Der Arbeitgeber kann dadurch organisatorische **Detailregelungen** für den Einzelfall treffen. Ein solches Instrument ist notwendig, da bei Abschluss eines Arbeitsvertrags die Einzelheiten des Arbeitsvollzugs im Einzelnen noch gar nicht feststehen können. Im Krankenhaus wird die Arbeitspflicht maßgeblich durch den **Behandlungsvertrag** zwischen Krankenhaus und Patient geprägt (vgl. §§ 630a ff., vgl. Komm. ebd. sowie *Katzenmeier* NJW 2013, 817). Die ärztliche und pflegerische Versorgung des Patienten ist aufgrund des (i.d.R. »totalen«) Krankenhausaufnahmevertrags (§ 611 Rdn. 17 ff.; ferner *Laufs/Kern* ArztR § 89 Rn. 9) ordnungsgemäß (*lege artis*) zu gewährleisten. Das Krankenhaus muss als (alleiniger) Schuldner alle erforderlichen Leistungen für die stationäre Behandlung erbringen. Seine Beschäftigten werden als »Erfüllungsgehilfen« (§ 278) in die Vertragsbeziehung Krankenhaus-Patient eingeschaltet. Ihnen obliegen (je nach Tätigkeit) inhaltlich übereinstimmende Pflichten **aus Arbeitsvertrag** gegenüber dem **Krankenhaus**. Maßgeblichen Einfluss auf den Inhalt der Arbeitspflicht haben neben dem Behandlungsvertrag die Organisationsstrukturen des Krankenhauses, seine öffentlich-rechtlichen Rahmenbedingungen (z.B. Haushaltsrecht), der ärztliche Heilauftrag sowie das ärztliche Berufs- und Standesrecht (Rdn. 180, 184 ff.).

**Weisungen** i. S. v. § 106 GewO dienen heute i.d.R. nur der »Grobsteuerung«, weil gut qualifiziertes Personal keine *enge* fachliche Anleitung benötigt. Bei gehobenen Tätigkeiten verbleibt ein erheblicher fachlicher Ausführungsspielraum (MHdB ArbR/*Reichold* § 40 Rn. 22). Unverzichtbar ist aber die **sachlich-organisatorische** Steuerung durch »Generalweisung« in Fragen wie Arbeitsplatz- und Personalausstattung, Arbeitszeitregelung etc. (zum Arbeitszeitmanagement im Krankenhaus vgl. *Schliemann* ZTR 2003, 61; zu daraus folgenden Haftungsrisiken vgl. *Buchner/ Stöhr* NJW 2012, 487). Im Krankenhaus besonders relevant ist die Begrenzung des Weisungsrechts durch das **ärztliche Berufs- und Standesrecht**. So darf ein Arzt in seiner ärztlichen Tätigkeit keine Weisungen von Nichtärzten entgegennehmen (§ 2 Abs. 4 MBOÄ). Die Weisungen eines übergeordneten Arztes hat er entgegenzunehmen, wird dadurch aber nicht von seiner ärztlichen Letztverantwortung entbunden (§ 2 Abs. 1 Satz 2 MBOÄ). Der ärztliche Beruf ist »seiner Natur nach ein **freier Beruf**« (§ 1 Abs. 2 BÄO). Das ist auch im Rahmen eines Abhängigkeitsverhältnisses (z.B. als Krankenhausarzt) zu beachten (§ 23 MBOÄ). Im Rahmen seiner medizinisch-fachlichen Aufgaben bleibt der Chefarzt ganz weisungsfrei; doch gilt das nicht im Bereich der arbeitstechnischen Organisation des Klinikums, vgl. näher Rdn. 36 f. 180

Das Weisungsrecht ist laut § 106 Satz 1 GewO »**nach billigem Ermessen**« auszuüben, womit auf § 315 Abs. 1 verwiesen wird. Die Grenzen billigen Ermessens sind gewahrt, wenn der Arbeitgeber bei seiner Leistungsbestimmung nicht nur eigene, sondern auch berechtigte Interessen des Arbeitnehmers »angemessen« berücksichtigt hat (BAG NZA 2005, 359; NZA 2004, 735). Auf besonders geschützte Arbeitnehmergruppen (z.B. Schwangere, Schwerbehinderte, Betriebsratsmitglieder) muss er Rücksicht nehmen. Die Norm des § 106 Satz 3 GewO erwähnt ausdrücklich die Rücksichtnahmepflicht in Bezug auf »Behinderungen des Arbeitnehmers«, was aber nur beispielhaft gemeint ist. Kann z.B. eine Krankenschwester aus gesundheitlichen Gründen **keine Nachtschichten** im Krankenhaus mehr leisten, ist sie deshalb noch nicht komplett arbeitsunfähig krank. Sie hat weiterhin Anspruch auf Beschäftigung, ohne dabei für Nachtschichten eingeteilt zu werden; das ergibt sich aus ihrem Anspruch auf Zuweisung »leidensgerechter« Arbeit (BAG NJW 2014, 2302). Auch die mittelbare Drittwirkung der **Grundrechte** ist bei Ausübung des Weisungsrechts zu beachten, z.B. das Gewissens- und Meinungsgrundrecht des Arbeitnehmers aus Art. 4 und 5 GG. 181

Die Drittwirkung der Grundrechte spielt besonders bei der Vornahme von **Schwangerschaftsabbrüchen** eine wichtige Rolle (BVerwG NJW 1992, 773). Laut BVerfG darf weder der Arzt noch das Hilfspersonal dazu verpflichtet werden, an einem Schwangerschaftsabbruch mitzuwirken (BVerfGE 88, 203, 294). Eine Ausnahme gilt nur dann, wenn sich die Schwangere in der Gefahr des Todes oder einer schweren Gesundheitsschädigung befindet (vgl. § 12 des »Gesetzes zur Vermeidung und Bewältigung von Schwangerschaftskonflikten – SchKG«). Dennoch kann sich jeder Arzt zur Mitwirkung an Schwangerschaftsabbrüchen vertraglich wirksam verpflichten; § 134 steht dem nicht entgegen. Die Regel des § 12 Abs. 1 SchKG soll grundsätzlich ein jederzeitiges Leistungsverweigerungsrecht ohne Angabe von Gründen ermöglichen – selbst dann, wenn bei der Einstellung noch die Bereitschaft zur Durchführung von Schwangerschaftsabbrüchen versichert worden war. Umgekehrt kann es im **katholischen Krankenhaus** einen wichtigen Grund zur fristlosen Kündigung eines Chefarztes darstellen, wenn dieser – vom dort nicht erlaubten Schwangerschaftsabbruch ganz abgesehen – mit seinen Behandlungsmethoden (z.B. »homologe Insemination«) gegen tragende Grundsätze des geltenden Kirchenrechts verstößt (BAG NJW 1994, 3032). Das gilt selbst dann, wenn es sich um Verstöße im Bereich der privat betriebenen Ambulanz in den Räumen und mit den Ressourcen des Krankenhauses handelt. 182

Zum **Notfalldienst** darf ein Arzt dann nicht herangezogen werden, wenn ein Gewissenskonflikt wegen fehlender fachlicher Eignung oder Überlastung entgegen steht (Art. 2 GG verbürgt die Freiheit der ärztlichen Gewissensentscheidung). Der **TVöD** sieht dazu in § 42 Abs. 2 TVöD BT-K konkret vor, dass Ärztinnen und Ärzte am **Rettungsdienst** in Notarztwagen und Hubschraubern teilnehmen sollen, soweit mindestens ein klinisches Jahr absolviert ist und die Teilnahme am Rettungsdienst auch »zumutbar« ist. Obwohl die Teilnahme am Rettungsdienst demnach zur Arbeitspflicht zählt, erhalten sie dennoch einen zusätzlichen »Einsatzzuschlag« i.H.v. 15,41 € pro Einsatz, 183 der nicht zusatzversorgungspflichtig ist. Beschäftigte dürfen auch nicht zur »Streikarbeit«, d.h. zur Arbeit am Arbeitsplatz eines Streikenden gezwungen werden. Die Solidarität mit den Streikenden ist verfassungsrechtlich zwar geschützt (Art. 9 Abs. 3 GG, vgl. MHdB ArbR/*Reichold* § 40 Rn. 30), doch müssen auch kollidierende Grundrechte Dritter beachtet werden. Bei einem **Streik im Krankenhaus** kann der Arbeitgeber die Streikenden zur Versorgung von Notfallpatienten verpflichten bzw. den Streik sogar gänzlich verbieten, soweit Lebensgefahr für die Patienten besteht (Art. 2 Abs. 2 GG).

### 2. Berufsrechtliche Leistungspflichten für Ärzte

184 Für die Konkretisierung der ärztlichen Arbeitspflicht maßgeblich sind primär die Maßstäbe der medizinischen »*lege artis*-Behandlung«, die auch die **Qualität** der Behandlung als ordentliche Erfüllung des Vertrags i.S.v. §§ 276, 280 (i.V.m. mit den Standards der Berufsordnung – MBOÄ) sichern sollen (vgl. Rdn. 180). Vorrangige Pflicht des Arztes ist die fachgerechte Untersuchung und Behandlung des Patienten. Davon umfasst sind folgende **Einzelpflichten:**

185 **Anamnese:** Dadurch wird die Vorgeschichte des Erkrankten meist im Rahmen eines Gesprächs zwischen Arzt und Patient (sog. Eigenanamnese) bzw. Arzt und Angehörigen (sog. Familienanamnese) ermittelt. Die Anamnese ist unverzichtbare Voraussetzung einer Therapie und lässt häufig einen direkten Schluss auf die Art der Erkrankung zu. Eine nicht bzw. unvollständig oder falsch durchgeführte Anamnese stellt einen wesentlichen Behandlungsfehler dar.

186 **Untersuchung:** Die ärztliche Untersuchung ist Teil der Diagnostik und dient der Befundermittlung. Dem Arzt stehen hierfür unterschiedliche Methoden zur Verfügung. Man unterscheidet zwischen unmittelbarer Untersuchung (einfache Funktionsprüfungen) und mittelbarer Untersuchung (naturwissenschaftliche Untersuchungsmethoden). Daneben gibt es Vorsorge- und Früherkennungsuntersuchungen (z.B. Krebsvorsorge), den sog. »*check-up*« (d.h. eine umfassende ganzheitliche Untersuchung des Patienten) sowie den HIV-Test.

187 **Diagnose:** Der Arzt ist nach dem Behandlungsvertrag verpflichtet, eine Diagnose zu stellen, d.h. die Krankheit festzustellen und zu benennen, und diese dem Patienten mitzuteilen. Ist eine Diagnose nicht gesichert, müssen weitere Untersuchungen vorgenommen werden. Sie muss außerdem ständig aktualisiert werden je nach Krankheitsverlauf (Pflicht zur Revision). Es gibt unterschiedliche Arten der Diagnose: Die Differentialdiagnose, kausale Diagnose, endgültige/vorläufige Diagnose und Einweisungsdiagnose/Entlassungsdiagnose. Von einer **Fehldiagnose** spricht man, wenn der Eingriff vorgenommen wird und sich die Diagnose dann als falsch oder unvollständig herausstellt.

188 **Indikationsstellung:** Eine Behandlung muss »indiziert«, d.h. angezeigt sein, was eine sorgfältige Abwägung der Chancen und Risiken voraussetzt. In die Abwägung einzustellen sind beispielsweise die Gefährlichkeit der Behandlung, das Risiko und die Schwere des Eingriffs, die Erfolgsaussichten der Behandlung, die Beeinträchtigung der Lebensqualität durch die Erkrankung, der erstrebte Zweck der Heilbehandlung. Diese Kriterien müssen in einem angemessenen Verhältnis zueinander stehen.

189 Die **Therapie** ist die ärztliche Behandlung im eigentlichen Sinne. Sie umfasst alle Maßnahmen, die dem Heilauftrag entsprechend Krankheiten des Patienten zu verhüten, zu heilen oder zu lindern geeignet sind. Dabei wird von der Rechtsprechung das **weite ärztliche Ermessen** bei der Wahl der Therapie hervorgehoben, die freilich dem Stand der medizinischen Wissenschaft entsprechen und zur Erreichung des Behandlungsziels geeignet und erforderlich sein muss (*Spickhoff* NJW 2006, 1630, 1633). Zu beachten ist auch der Grundsatz der Behandlungsfreiheit. Der Arzt kann, von Notfällen abgesehen, die Behandlungsübernahme überhaupt **ablehnen** (§ 7 Abs. 2 MBOÄ); wenn sie aber übernommen wird, hat sie rechtzeitig zu erfolgen. Begrenzt werden die ärztlichen Pflichten aber durch den Patientenwillen und sein Selbstbestimmungsrecht.

190 **Kontrolle und Nachsorge** sind zur Sicherstellung eines fach- und sachgerechten Heilungsprozesses *unumgänglich*. Die ärztliche Nachsorge umfasst die Kontrolle und Überwachung des Patienten, die Nachbehandlung und vor allem die Rehabilitation. Dazu gehören i.d.R. auch

Nachsorgeuntersuchungen und entsprechende Belehrungen des Patienten, insb. die auch haftungsrechtlich relevante sog. »Sicherungsaufklärung« (BGH NJW 1978, 2337).

**Ärztliche Dokumentationspflichten** sichern die Feststellungen und getroffenen Maßnahmen in Bezug auf Anamnese, Diagnose und Therapie und stellen nach h.M. einen unerlässlichen Bestandteil des Behandlungsvertrags und damit der ärztlichen Arbeitspflicht im abhängigen Arbeitsverhältnis dar. Sie werden auch **berufsrechtlich** in § 10 MBOÄ ausführlich geregelt. Der Zweck dieser Vertragspflicht besteht darin, einerseits die einzelnen Therapieschritte nachprüfbar festzuhalten und andererseits für Arzt bzw. Patienten (insb. auch im Streitfall bei Haftungsprozessen) Rechenschaftslegung und Beweisführung zu ermöglichen. Wechselt der Patient den Arzt, so ist dieser zur Herausgabe der Unterlagen an den nachbehandelnden Arzt verpflichtet (BGH NJW 1983, 2627). Umgekehrt besteht ein **Einsichtsrecht** des Patienten in seine Krankenunterlagen als Nebenleistungsanspruch aus dem Behandlungsvertrag (§ 10 Abs. 2 MBOÄ); ausgenommen sind allerdings diejenigen Teile der Krankenakte, welche subjektive Eindrücke oder Wahrnehmungen des Arztes enthalten. 191

**Ärztliche Aufklärungspflichten** sichern das Selbstbestimmungsrecht des Patienten in Bezug auf ärztliche Maßnahmen an seiner Person. Dazu bestimmt § 8 MBOÄ, dass Ärztinnen und Ärzte grundsätzlich zur Behandlung »der Einwilligung der Patientin oder des Patienten« bedürfen. Und: »Der Einwilligung hat grundsätzlich die erforderliche Aufklärung im persönlichen Gespräch vorauszugehen«. Die Aufklärung hat so rechtzeitig zu erfolgen, dass der Patient das Für und Wider einer Maßnahme ohne Zeitdruck abwägen kann. Der Patient muss physisch und psychisch in der Lage sein, dem Gespräch zu folgen. Auch über die Dringlichkeit des ärztlichen Eingriffs ist aufzuklären. Je größer die **Risiken** für den Patienten sind, desto umfassendere Aufklärungspflichten obliegen dem Arzt insb. in Bezug auf alternative Behandlungsmethoden (vgl. BGH NJW 2005, 1718). Während die sog. therapeutische Aufklärung vornehmlich der Information des Patienten dient, können Fehler bei der **Selbstbestimmungsaufklärung** (»informed consent«, d.h. der Patient muss wissen, worauf er sich einlässt und demgemäß den Eingriff auch ablehnen dürfen) und bei der damit zusammenhängenden **Risikoaufklärung** weitergehende Haftungsfolgen auslösen. Gleichwohl kann vom Vorliegen eines Aufklärungsfehlers genauso wenig wie beim Behandlungsfehler schon ohne weiteres auf den Erfolg einer Arzthaftungsklage geschlossen werden (*Spickhoff* NJW 2006, 1630, 1634 f.). Besonders zu beachten sind die aus einer **Patientenverfügung** folgenden Erörterungspflichten des Arztes mit dem Betreuer des Patienten, vgl. § 1901b (dazu *Höfling* NJW 2009, 2849). 192

### 3. Veränderungen der Arbeitsleistung

Eine Veränderung der geschuldeten Leistung kann entweder durch einseitige Leistungsbestimmung (Weisungsrecht, vgl. Rdn. 180 f.) erfolgen, soweit damit der arbeitsvertragliche Rahmen nicht überschritten wird, oder durch **Vertragsänderung** (§ 241 Abs. 1) bzw. **Änderungskündigung** (§ 2 KSchG), wenn die vertraglich konkret beschriebene Aufgabe verändert werden soll. Der Arbeitsvertrag ist diesbezüglich auszulegen (§§ 133, 157). Voraussetzung einer Änderung durch **Weisungsrecht** ist, dass die neu zugewiesene Tätigkeit im Verhältnis zur alten »gleichwertig« ist (MHdB ArbR/*Reichold* § 40 Rn. 36 ff.). Einem Arbeitnehmer im öffentlichen Dienst kann grundsätzlich jede Tätigkeit übertragen werden, die den Merkmalen seiner Entgeltgruppe und seinen Kräften und Fähigkeiten entspricht (BAG NZA 2005, 986). Selbst die Bestellung zum »stellvertretenden Pflegedienstleiter« in einem Krankenhaus kann im Wege des Direktionsrechts wirksam widerrufen werden, wenn die Einsatzmöglichkeiten des betreffenden Mitarbeiters nicht auf die Funktion eines stellvertretenden Pflegedienstleiters beschränkt sind (BAG PflR 2005, 448). Wer arbeitsvertraglich berechtigt ist, eine Krankenschwester bei Bedarf auf allen Krankenpflegestationen des Hauses einzusetzen, darf ihr dennoch keine Tätigkeiten einer **niedrigeren Vergütungsgruppe** übertragen, auch dann nicht, wenn er die entsprechende höhere Vergütung weiter zahlt (BAG PflR 2004, 443; ZTR 1998, 187). Eine Intensivkrankenschwester muss es sich daher nicht gefallen lassen, auf eine niedriger bewertete Stelle als »einfache Krankenschwester« ohne Zusatzqualifikationen oder werterhöhende Tätigkeiten »strafversetzt« zu werden (BAG PflR 2004, 443). 193

§ 611a BGB   Arbeitsvertrag

194 Die Zuweisung einer anderen als der **vertraglich** geschuldeten Tätigkeit ist selbst dann nicht möglich, wenn der Arbeitnehmer arbeitsunfähig **erkrankt** ist. Bei einem **Beschäftigungsverbot** wegen Schwangerschaft muss die zugewiesene Ersatztätigkeit zumutbar sein. Nicht zumutbar ist beispielsweise die Versetzung einer medizinisch-technischen Radiologieassistentin vom Nacht- in den Tagdienst, wenn dieser mit dem gleichzeitig stattfindenden Studium kollidiert (BAG NJW 2001, 1517). Nicht zumutbar ist auch die Zuweisung einer Ersatztätigkeit an einem auswärtigen Arbeitsort nach Beginn des sechsten Schwangerschaftsmonats, wenn der auswärtige Arbeitsort erst nach mehrstündiger Bahn- oder Flugreise erreicht werden kann (BAG NZA 1999, 1044: Entfernung München-Berlin/Tegel für schwangere Flugbegleiterin).

195 Eine Erweiterung des Weisungsrechts durch **vertragliche Änderungsklausel** ist rechtlich grundsätzlich möglich, darf aber nicht das vertragliche Gleichgewicht von Leistung und Gegenleistung (»**Äquivalenz**«) grundlegend verändern. Änderungsvorbehalte z.B. in Form von **Versetzungsklauseln** unterliegen daher einer Angemessenheitskontrolle (**Inhaltskontrolle**) nach §§ 310 Abs. 4, 307 ff. (vgl. Rdn. 147 ff.), weil sie i.d.R. formularmäßig vereinbart, d.h. einseitig vom Arbeitgeber gestellt werden. Soweit allerdings nur Art und Ort der Arbeitsleistung geregelt sind, findet insoweit keine Inhaltskontrolle statt, weil es sich um die Bestimmung von **Hauptkonditionen** handelt (BAG NJW 2008, 780). Enthält der Arbeitsvertrag neben einer Festlegung von Art und/oder Ort der Tätigkeit einen sog. **Versetzungsvorbehalt**, so bleibt dieser kontrollfrei, soweit er nicht die Grenzen des Weisungsrechts überschreitet (keine Abweichung vom Gesetz, vgl. § 307 Abs. 3 Satz 1). Dagegen soll eine unangemessene Benachteiligung gem. § 307 Abs. 2 Nr. 1 vorliegen, wenn sich der Arbeitgeber vorbehält, ohne den Ausspruch einer Änderungskündigung dem Arbeitnehmer **geringerwertige Tätigkeiten** zuzuweisen (BAG NZA 2010, 1355, 1358 Tz. 28; BAG NZA 2007, 145). Dieser enge Maßstab überzeugt nicht. Eingriffe in die Modalitäten der Arbeitsleistung sind umso eher hinzunehmen, als dabei die Entgeltsituation des Arbeitnehmers im Wesentlichen unangetastet bleibt. Die notwendige Flexibilität im Arbeitsvertrag muss vorrangig über das (erweiterte) Weisungsrecht und damit über die **Leistungsseite** (Arbeitspflicht) hergestellt werden. Dies stellt eine »arbeitsrechtliche Besonderheit« i.S.v. § 310 Abs. 4 Satz 2 dar. Deshalb kann nicht jede »geringerwertige« Tätigkeit für sich schon als unangemessen bewertet werden. Vielmehr bedarf es einer konkreten **Ausübungskontrolle** nach billigem Ermessen im Einzelfall (näher MHdB ArbR/ *Reichold* § 40 Rn. 39). Versetzungsklauseln sind so lange unproblematisch zulässig, als sie die Zuweisung einer anderen **gleichwertigen** Tätigkeit ermöglichen (BAG NZA 2006, 3303; ferner ErfK/ *Preis* §§ 305 bis 310 Rn. 55; *Reichold* RdA 2002, 321, 330 f.).

196 Die Tarifnorm des § 4 TVöD/TV-L enthält besondere Bestimmungen zu (1) »**Versetzung**«, d.h. »Zuweisung einer **auf Dauer** bestimmten Beschäftigung bei einer anderen Dienststelle oder einem anderen Betrieb desselben Arbeitgebers unter Fortsetzung des bestehenden Arbeitsverhältnisses«, (2) »**Abordnung**«, d.h. »Zuweisung einer **vorübergehenden** Beschäftigung bei einer anderen Dienststelle oder einem anderen Betrieb desselben oder eines anderen Arbeitgebers unter Fortsetzung des bestehenden Arbeitsverhältnisses«, (3) »**Zuweisung**«, d.h. »**vorübergehende** Beschäftigung – unter Fortsetzung des bestehenden Arbeitsverhältnisses – bei einem **Dritten** im In- und Ausland, bei dem der TVöD/TV-L nicht zur Anwendung kommt«, (4) »**Personalgestellung**«, d.h. »**auf Dauer** angelegte Beschäftigung – unter Fortsetzung des bestehenden Arbeitsverhältnisses – bei einem Dritten«.

197 Für die Versetzung bzw. Abordnung bedarf es eines **dienstlichen** oder **betrieblichen** Grundes, womit i.d.R. organisatorische Notwendigkeiten gemeint sind; jedoch können auch persönliche Gründe die Weiterbeschäftigung an einem anderen Ort bedingen, z.B. gesundheitsbedingte Leistungseinschränkungen. Außerdem müssen die Beschäftigten vorher **gehört** werden, wenn eine Versetzung bzw. Abordnung für eine längere Zeit als 3 Monate erfolgen soll. Die **Zuweisung** einer Tätigkeit bei einem »Dritten« außerhalb des öffentlichen Dienstes ist nur möglich, wenn der Arbeitnehmer zustimmt. Die Zustimmung kann aber nur aus »wichtigem Grund« verweigert werden, vgl. § 4 Abs. 2 Satz 2 TVöD/TV-L. Vergleichbar ist dieses Widerspruchsrecht wohl mit dem aus § 613a Abs. 6 vor Betriebsübergang insofern, als bei einer *objektiv* drohenden

Verschlechterung der Arbeitsbedingungen keine Rechtsnachteile beim bisherigen Arbeitgeber erwachsen dürfen. Das Instrument der **Personalgestellung** nach § 4 Abs. 3 TVöD/TV-L soll die vielfach praktizierte »Privatisierung« durch Rechtsformänderung öffentlicher Unternehmen hin zur GmbH oder AG auf tarifliche Grundlagen stellen. Es **erweitert** das Weisungsrecht des öffentlichen Arbeitgebers, wenn geregelt ist, dass »auf Verlangen« des Arbeitgebers bei weiter bestehendem Arbeitsverhältnis die geschuldete Arbeitsleistung beim Dritten zu erbringen ist, sobald »Aufgaben der Beschäftigten zu einem Dritten verlagert« werden. Es handelt sich dabei also nicht um einen Betriebsübergang, so dass auch das Widerspruchsrecht nach § 613a Abs. 6 nicht greift (vgl. § 613a Rdn. 91 ff.).

### 4. Dauer und Lage der Arbeitsleistung

Die Bestimmung der »richtigen« Arbeitszeit ist besonders wichtig, weil es ohne eine zeitbestimmte Arbeitsleistung keinen Arbeitsvertrag als **Dauerschuldverhältnis** gibt. Dabei ist zu unterscheiden zwischen der individuellen **Dauer** (»*wieviel Arbeit*« pro Woche/Monat/Jahr ist geschuldet?) der Arbeitsleistung (sog. Arbeitsdeputat) und der konkreten **Lage** der geschuldeten Arbeitsleistung (»*wann genau*« ist die Arbeit in Woche/Monat/Jahr zu leisten?). 198

Die **Arbeitszeitdauer** meint den Umfang des sog. »Arbeitszeitdeputats« jeden Arbeitnehmers, dessen Festlegung zu den »essentialia negotii« des Arbeitsvertrags (vgl. § 2 Abs. 1 Nr. 7 NachwG) gehört, weil die Höhe des Arbeitsentgelts vom Umfang der Beschäftigung, also der Voll- oder Teilzeit oder geringfügigen Beschäftigung (§ 8 SGB IV) in der Woche bzw. im Monat abhängt. Das **Arbeitszeitgesetz** (ArbZG) begrenzt die Vertragsfreiheit im öffentlichen Interesse des Arbeitnehmerschutzes nur **nach oben** (vgl. auch MuSchG, JArbSchG), ersetzt aber nicht die vertragliche Festlegung des jeweiligen Arbeitszeitdeputats und regelt auch nicht die Teilzeit (näher ArbRiK/ *Reichold* Teil 10 B). 199

**Tarifverträge** regeln i.d.R. nicht die Lage, sondern nur die **Dauer** der regelmäßigen wöchentlichen Arbeitszeit. Für die **nicht-ärztlichen** Beschäftigten im Krankenhaus galt laut TVöD zunächst (2005) im Gleichklang mit dem sonstigen öffentlichen Dienst eine Regelarbeitszeit von 38,5 (West) bzw. 40 (Ost) Stunden pro Woche, vgl. § 6 Abs. 1 Satz 1 Buchst. b TVöD a.F. In der zweiten Tarifrunde 2008 wurde diese Norm zum 01.07.2008 dahingehend geändert, dass im Tarifgebiet West die Arbeitszeit allgemein auf 39 Stunden angehoben wurde, es jedoch im Krankenhausbereich nach § 44 Abs. 1 Satz 1 Buchst. b TVöD-BT-K bei der alten 38,5-Stunden-Woche blieb; nur die Beschäftigten in Baden-Württemberg müssen sich seitdem an die 39-Stunden-Woche halten (*Burger* HaKo-TVöD/TV-L, S. 611). In Angleichung an die Ärzte-Tarife des MB mit der VKA bemühte sich auch die Gewerkschaft ver.di, die **ärztliche** durchschnittliche Wochenarbeitszeit auf einheitlich **40 Stunden** festzulegen, vgl. § 44 Abs. 2 TVöD-BT-K. Daran zeigt sich die Konvergenz der Arbeitsbedingungen trotz Tarifpluralität bei Ärztinnen und Ärzten – der MB und ver.di unterzeichneten am 01.12.2017 eine Vereinbarung zum Umgang mit den Auswirkungen des Tarifeinheitsgesetzes (BVerfG, NZA 2017, 915), wonach die bisherige Möglichkeit tarifpluraler Regelungen auch unter den Rahmenbedingungen des Tarifeinheitsgesetzes für die Zukunft erhalten bleiben soll. Ähnliches gilt auch für Ärztinnen und Ärzte, die an **Universitätskliniken** überwiegend Aufgaben in der Patientenversorgung übernehmen. Hier hatte der MB-Tarif »TV-Ärzte (TdL)« eine regelmäßige wöchentliche Arbeitszeit von einheitlich **42 Stunden** festgelegt, die ebenfalls vom TV-L übernommen wurde, vgl. § 6 Abs. 1 Satz 1 Buchst. d TV-L. Die nichtärztlichen Beschäftigten in Universitätskliniken und Landeskrankenhäusern müssen dagegen nur 38,5 Wochenstunden arbeiten, vgl. § 6 Abs. 1 Satz 1 Buchst. b bb TV-L. 200

Erst die genaue Festlegung (**Lage**) der konkreten Arbeitszeiten am Tag bzw. in der Woche macht die Arbeitspflicht zur sog. »Fixschuld« (MHdB ArbR/*Reichold* § 40 Rn. 65). Dabei geht es um den **Beginn** und das **Ende** der täglichen Arbeitszeit, um die Lage der **Pausen** und die Verteilung auf die Woche. In der Regel wird im Arbeitsvertrag Bezug genommen auf die »betriebsübliche Arbeitszeit«. Diese unterliegt der betrieblichen Mitbestimmung nach § 87 Abs. 1 Nr. 3 BetrVG, weil die Verteilung der Arbeitszeit auf die Tage und die Woche typischerweise kollektiv geregelt 201 wird. Ohne betriebliche oder vertragliche Regelung unterliegt die Lage der Arbeitszeit allein dem **Weisungsrecht** des Arbeitgebers nach § 106 GewO. Auch dabei sind selbstredend die Vorgaben der Schutzgesetze ArbZG, MuSchG und JArbSchG zu beachten. Das BAG geht davon aus, dass selbst dann, wenn jahrelang keine Sonntagsarbeit zu leisten war und vertraglich dazu auch nichts vereinbart war, der Arbeitgeber bei der Arbeitszeitverteilung (soweit kein Betriebsrat existiert) **kraft Weisung** auch den **Sonntag** einbeziehen darf. Einer Vertragsänderung bedarf es hierzu nicht. Doch muss die Zuweisung von Sonn- und Feiertagsarbeit im Einzelfall **billigem Ermessen** (Rdn. 181) entsprechen (BAG NZA 2009, 1333; krit. *Preis/Ulber* NZA 2010, 729, 731 ff.). Die Ableistung von **Bereitschaftsdiensten** gehört zum ärztlichen Berufsbild, so dass auch ein leitender Oberarzt selbst dann, wenn kein (Assistenz-) Arzt die ärztliche Grundversorgung übernimmt, einer entsprechenden Weisung gem. § 106 Satz 1 GewO Folge zu leisten hat (BAG NZA 2014, 264 Rn. 35). Wird eine Altenpflegerin zunächst ausschließlich im Nachtdienst im Siebentage-Rhythmus beschäftigt und hat sie nach Rückkehr aus der Elternzeit nur noch die Möglichkeit, den Nachtdienst im Zweitage-Rhythmus abzuleisten, entspricht auch diese Ausübung des Weisungsrechts billigem Ermessen, selbst dann, wenn schutzwürdige familiäre Belange der Betroffenen entgegen stehen (BAG NZA 2005, 359).

### 5. Arbeitszeitformen

202 Im Krankenhaus spielen Arbeitszeitfragen wegen des Schichtdienstes »rund um die Uhr« eine bedeutende Rolle (näher ArbRiK/*Reichold* Teil 10 A Rn. 3 ff.). Zwischen der »**Vollarbeit**«, d.h. der vollen Erbringung der geschuldeten Arbeitsleistung (je nach Deputat) einerseits, und der »**Ruhezeit**«, d.h. Freizeit zwischen den Diensten (vgl. § 5 ArbZG) andererseits, existieren in der Praxis verschiedene Formen **minderer Arbeitsintensität**. Dabei ist arbeitszeitrechtlich nur von Bedeutung, inwieweit die Zeiten minderer Arbeitsintensität vom **Grad der Inanspruchnahme** her der Vollarbeit soweit angenähert sind, dass die Beanspruchungsgrenze von maximal 10 Stunden täglich (§ 3 ArbZG) auch da notwendig und angemessen erscheint (vgl. *Baeck/Deutsch* § 2 ArbZG Rn. 35; ErfK/*Wank* § 2 ArbZG Rn. 21). Durch die EuGH-Rechtsprechung und die deshalb seit 2004 veränderte deutsche Gesetzeslage ist klar gestellt worden, dass die weniger intensiven Arbeitszeitformen »Arbeitsbereitschaft« und »Bereitschaftsdienst« arbeitsschutzrechtlich gleichwohl **Arbeitszeit** sind, dass aber für den Fall, dass sie *regelmäßig* und *in erheblichem Umfang* vorkommen, eine tarifliche bzw. betriebliche **Verlängerung** der Höchstarbeitszeit erfolgen kann, vgl. nur § 7 Abs. 1 Nr. 1 Buchst. a bzw. Nr. 4 Buchst. a, § 7 Abs. 2a ArbZG.

203 **Arbeitsbereitschaft** wird von der h.M. als »Zeit der wachen Achtsamkeit im Zustand der Entspannung« (BAG NZA 2005, 1016) definiert, doch besteht Einigkeit, dass diese Leerformel eine Abgrenzung in den schwierigen Fällen kaum erleichtert. Zur Abgrenzung zwischen »Vollarbeit« und »Arbeitsbereitschaft« muss daher zusätzlich auf die **Intensität der Belastung** des Arbeitnehmers abgestellt werden. So leistet der Pförtner während des Tagdienstes im Publikumsverkehr auch dann Vollarbeit, wenn er nicht ständig beansprucht wird. Arbeitsbereitschaft liegt dagegen vor, wenn mangels Öffnung ein Publikumsverkehr ausbleibt und nur noch Überwachungs- und Kontrolltätigkeiten gefordert sind (Beispiele bei *Baeck/Deutsch* § 2 ArbZG Rn. 38). Für die Abgrenzung entscheidend ist also vor allem die Häufigkeit der Inanspruchnahme während der Arbeitsbereitschaft und ihre Dauer, der Einfluss auf den Lebensrhythmus, die Regelmäßigkeit von Unterbrechungen und der danach mögliche Entspannungsgrad (BVerwG NZA 1988, 881).

204 **Bereitschaftsdienst** lag nach alter BAG-Rechtsprechung vor, wenn sich der Arbeitnehmer, ohne dass von ihm wache Aufmerksamkeit gefordert wurde, für Zwecke des Betriebs an einer bestimmten Stelle innerhalb oder außerhalb des Betriebs aufzuhalten hatte, damit er erforderlichenfalls seine volle Arbeitstätigkeit unverzüglich aufnehmen konnte (BAG NZA 2003, 742; ferner ErfK/*Wank* § 2 ArbZG Rn. 28). Außer in der **räumlichen Beschränkung** wurde der Arbeitnehmer durch den Bereitschaftsdienst also i.d.R. nicht beansprucht, sodass im Krankenhaus auch Ruhezeiten in zur Verfügung stehenden Betten verbracht werden konnten. Aus diesem Grund wurde in der

Vergangenheit auch nur die tatsächliche Inanspruchnahme während des Bereitschaftsdienstes (»aktive Zeiten«) zur Arbeitszeit gezählt (*Schliemann* NZA 2006, 1009, 1010) – so wie bei der Rufbereitschaft (Rdn. 258). Seit der Novellierung des ArbZG zum 01.01.2004 zählt der Bereitschaftsdienst jedoch **in vollem Umfang** zur Arbeitszeit. Zwar kommt dies im Gesetzestext nicht explizit zum Ausdruck, doch stellt die Neufassung jetzt den Bereitschaftsdienst der *Arbeitsbereitschaft* und nicht mehr der *Rufbereitschaft* gleich, vgl. § 7 Abs. 1 Nr. 1 Buchst. a bzw. Nr. 4 Buchst. a bzw. § 7 Abs. 2a ArbZG. Bereitschaftsdienst zählt allerdings nach den europarechtlichen Vorgaben nur dann zur Arbeitszeit, wenn die **Anwesenheit am Arbeitsort** angeordnet ist, der Arzt also z.B. **im Klinikum** den Bereitschaftsdienst abzuleisten hat und nirgends sonst (*Baeck/Lösler* NZA 2005, 247, 248). Umgekehrt scheidet ein Bereitschaftsdienst dann aus, wenn sich der Arzt an einem selbst gewählten Ort aufhalten darf (*Morawietz* ArztR 2009, 316, 317).

Die **Tarifpraxis** in Bezug auf den Bereitschaftsdienst hat sich auf das vom Ärzte-TV (VKA) des Marburger Bunds (MB) eingeführte **Drei-Stufen-Modell** eingependelt. Vorher hatte es im TVöD ein recht niedrig bewertetes Vier-Stufen-Modell gegeben. Jetzt gilt ein günstigeres Modell von drei Belastungsstufen, von denen die niedrigste (bis zu 25 %) immerhin schon zu 60 % als Arbeitszeit bewertet wird (zuvor wurde Belastungsstufe B – 10 bis 25 % – nur zu 25 % als Arbeitszeit gewertet). Damit wurde die Ableistung von Bereitschaftsdienst im Ergebnis erheblich aufgewertet (*Reichold* öAT 2010, 29, 30 f.). Der »TV-Ärzte (TdL)« des MB sieht sogar nur **zwei** verschiedene Stufen vor, womit schon bei jeder Arbeitsleistung innerhalb des Bereitschaftsdienstes von mehr als 25 % (bis zur Höchstgrenze von 49 %) sogleich eine Bewertung als 95 %ige Arbeitszeit einsetzt. Das ist eine erhebliche Verbesserung für die Ärztinnen und Ärzte in den hier erfassten Universitätskliniken, soweit überwiegend Aufgaben der Patientenversorgung wahrgenommen werden.

**Rufbereitschaft** zählt dagegen nicht zur »Arbeitszeit«, sondern zur »Ruhezeit« (vgl. § 5 Abs. 3 ArbZG). Beim sog. »Hintergrunddienst« ist der Arzt nur verpflichtet, sich auf Anordnung des Arbeitgebers außerhalb seiner regelmäßigen Arbeitszeit an einem (dem Arbeitgeber anzuzeigenden) **Ort seiner Wahl** aufzuhalten, um auf Abruf (über »Piepser« oder »Handy«) **alsbald** die Arbeit aufzunehmen (BAG ZTR 2002, 432). Maßgeblich für die Abgrenzung ist weder das Ausmaß der während des Dienstes anfallenden Arbeitsleistung noch die vom Arbeitnehmer selbst gewählte Beschränkung seines Aufenthalts, sondern die sich aus der **Anordnung des Arbeitgebers** ergebende Aufenthaltsbeschränkung. Die Rufbereitschaft unterscheidet sich vom Bereitschaftsdienst dadurch, dass sich der Mitarbeiter in der Zeit, für die sie angeordnet ist, nicht in der Einrichtung aufhalten muss, sondern seinen Aufenthaltsort selbst bestimmen kann. Das BAG hat hierzu entschieden, dass eine knappe Zeitvorgabe von **20 Minuten**, innerhalb derer die Arbeitsaufnahme erfolgen müsse, mit Sinn und Zweck der Rufbereitschaft nicht mehr vereinbar sei (BAG ZTR 2002, 432; LAG Köln ZTR 2009, 76: derartige Dienste sind als Bereitschaftsdienste zu qualifizieren und zu vergüten). Die Rufbereitschaft erfordert **jederzeitige Erreichbarkeit** und ggf. »alsbaldige« Arbeitsaufnahme; eine Anfahrtszeit von mehr als einer Stunde nach Abruf muss der Arbeitgeber nicht mehr akzeptieren (ArbG Marburg DB 2004, 1563). Wird der Arbeitnehmer während der Rufbereitschaft tatsächlich zur Arbeitsleistung herangezogen, wird die **Freizeit unterbrochen**. Seine tatsächliche Arbeitsleistung ist als Arbeitszeit mit den normalen vergütungsrechtlichen Folgen zu werten, doch kann auch hier pauschaliert werden. Das BAG hat zur Vergütungspflicht bei Inanspruchnahme der Rufbereitschaft nach § 11 Abs. 3 Satz 5 TV-Ärzte/VKA entschieden, dass diese nicht nur im Krankenhaus, sondern auch beim Akutpatienten in dessen häuslicher Umgebung fällig wird (BAG DB 2011, 2730: TV-Parteien dürfen Arbeitnehmern keine erheblichen Arbeitsleistungen ohne Vergütung abverlangen). Zudem zählt bereits die erforderliche **Wegezeit** zur »tatsächlichen Arbeitsleistung« i.S.d. § 11 Abs. 1 Satz 4 TV-Ärzte/VKA mit der Folge, dass vergütungsrechtlich entsprechende Zeitzuschläge zu zahlen sind (BAG, Urt. v. 20.08.2014 – 10 AZR 937/13, ZTR 2015, 20).

Von der arbeitszeitrechtlichen Bewertung der Arbeitsbereitschaft, des Bereitschaftsdienstes und der Rufbereitschaft ist die Frage ihrer **Vergütungspflicht unabhängig**. Weder aus der RL 2003/

88/EG noch aus der Rechtsprechung des EuGH hierzu folgt, dass z.B. Bereitschaftsdienste wie sonstige Arbeitszeit vergütet werden müssten (EuGH NZA 2006, 89 – Dellas). Vielmehr steht es den Arbeitsvertrags- und Tarifparteien frei, für Arbeitszeitformen minderer Intensität andere und geringere Vergütungssätze vorzusehen (ErfK/*Wank* § 2 ArbZG Rn. 14). Konkret hat das BAG eine Vereinbarung, in der für Bereitschaftsdienste nur **68 %** der regulären Vergütung versprochen wurde, als angemessen und daher wirksam bezeichnet (BAG NZA 2004, 656). Bereitschaftsdienste können je nach Belastungsstufe **unterschiedlich vergütet** werden (vgl. § 8.1 TVöD-K). Doch muss die Vergütungsvereinbarung nicht nur die Heranziehung zur Vollarbeit, sondern auch den Verlust an Freizeit im Übrigen angemessen berücksichtigen. Der Arbeitnehmer erwirbt keinen höheren Entgeltanspruch, wenn er unter **Verstoß** gegen die Arbeitszeit-RL 2003/88/EG oder das Arbeitszeitgesetz eingesetzt worden ist (BAG ZTR 2005, 144). Nach § 12 Abs. 6 TV-Ärzte/VKA kann statt der Vergütung (einschließlich eventueller Zuschläge für Feiertagsarbeit nach Abs. 3 innerhalb eines bestimmten Zeitraums auch **Freizeitausgleich** gewährt werden. Einer Zustimmung des Arztes bedarf es dazu nicht (BAG NZA 2014, 264; 2010, 1194). Einem **Chefarzt** mit Liquidationsrecht muss nicht die Bereitschaftsdienst-Pauschale bezahlt werden, die nachgeordnete Ärzte verlangen können (BAG ZTR 2002, 173).

## II. Nebenpflichten

### 1. Dogmatische Grundlagen

208 Neben der Arbeitspflicht schuldet der Arbeitnehmer eine Vielzahl von Nebenpflichten, die man früher als »Treuepflichten« (als Gegenüber zur »Fürsorgepflicht«, vgl. Rdn. 169) bezeichnete. Doch geht es nicht um persönliche Treue, sondern um **Vertragstreue** i.S.v. § 242. Wie in jedem Schuldverhältnis sind Arbeitnehmer vertraglich zur Förderung des Vertragszwecks verpflichtet und müssen daher neben der Hauptpflicht aus dem Arbeitsvertrag (Arbeitspflicht, Rdn. 176 f.) auch unselbstständige **Nebenleistungspflichten** aus § 242 beachten. Darüber hinaus sind sie nach § 241 Abs. 2 zur »Rücksichtnahme auf die Rechte, Rechtsgüter und Interessen des anderen Teils« angehalten, woraus weitergehende selbstständige **Neben- bzw. Schutzpflichten** des Arbeitnehmers abgeleitet werden (MHdB ArbR/*Reichold* § 53 Rn. 14 ff.). Die Unterscheidung zwischen Nebenleistungs- und Schutzpflichten lässt sich nicht immer trennscharf durchführen. So können z.B. Informationspflichten sowohl der Hauptleistung wie auch dem sonstigen Vermögensschutz zugeordnet werden.

209 Die vom Arbeitnehmer zu beachtenden Interessen des Arbeitgebers müssen auch **schutzwürdig** sein, d.h. berechtigten Geheimhaltungs- oder Loyalitätsinteressen entsprechen. Ihre Beachtung muss nach dem Verhältnismäßigkeitsprinzip **erforderlich** sein. Bei der Abwägung sind die schutzwürdigen Interessen der Arbeitnehmer gleichermaßen zu berücksichtigen, sodass etwa im Hinblick auf Art. 5 GG keineswegs von jedem Arzt im Klinikum gefordert werden kann, er müsse z.B. kritische Äußerungen zur eigenen Arbeitsüberlast in der Öffentlichkeit unterlassen (BAG NJW 2004, 1547 – »Whistleblowing« als Kündigungsgrund). Anders dürfte dagegen die rechtliche Beurteilung ausfallen, wenn sich ein leitender Arzt entsprechend kritisch in der Öffentlichkeit äußert. Je weiter sich Nebenpflichten von der Hauptpflicht zur »richtigen Arbeit« entfernen, desto zurückhaltender sind ungeschriebene (außerdienstliche) Rücksichtspflichten des Arbeitnehmers anzuerkennen. Doch gelten besondere Regeln für leitende Mitarbeiter und für die Loyalitätsobliegenheiten im **kirchlichen Krankenhaus** (näher Rdn. 115 f.). Ein kirchlicher Arbeitgeber kann – anders als ein säkularer Arbeitgeber – von den Arbeitnehmern, die wesentliche Funktionen in kirchlichen Einrichtungen ausfüllen, die Rücksichtnahme auf kirchliche Glaubenssätze verlangen.

### 2. Außerdienstliches Verhalten

210 In der Gestaltung seines außerdienstlichen Verhaltens ist der Arbeitnehmer grundsätzlich frei, so dass er nicht verpflichtet ist, sein Privatleben bzw. seine Freizeit nach den Wünschen des Arbeitgebers auszurichten (MHdB ArbR/*Reichold* § 55 Rn. 45 f.). Es besteht keine Nebenpflicht aus dem

Arbeitsvertrag, die Arbeitsfähigkeit und Leistungskraft zu erhalten oder ein gesundheits- und genesungsförderndes Verhalten an den Tag zu legen; auch Ärzte dürfen in ihrer Freizeit rauchen. Für **nicht hoheitlich** tätige Beschäftigte im öffentlichen Dienst gelten nach Ablösung des BAT (§ 8 Abs. 1 Satz 1 BAT) durch den TVöD bzw. TV-L keine weitergehenden vertraglichen Nebenpflichten mehr als für die Beschäftigten der Privatwirtschaft (BAG ZTR 2010, 143). Die Freiheit der privaten Lebensführung ist grundrechtlich geschützt, sodass darin eingreifende **vertragliche Vereinbarungen** nur unter strengen Voraussetzungen zulässig sind; insbesondere muss ein unmittelbarer Zusammenhang mit der zu erbringenden Arbeitsleistung die Freizeitbeschränkung (z.B. Skifahrverbot für Profi-Fußballer) rechtfertigen. Ausnahmsweise trifft den Arbeitnehmer jedoch die Nebenpflicht, ein bestimmtes Verhalten **vor Arbeitsantritt** zu unterlassen (z.B. Alkoholgenuss bei besonders verantwortlicher Tätigkeit). Die allgemeine Pflicht, eine berufliche Tätigkeit nüchtern auszuüben, strahlt insofern auf den zeitlichen Vorbereich aus (sog. »leistungsnahe Vorauswirkung der Arbeitspflicht«).

### 3. Anzeige- und Auskunftspflichten

Arbeitnehmer sind auch verpflichtet, voraussehbare Störungen des Betriebsablaufs (z.B. Arbeitsverhinderung durch Krankheit, vgl. § 5 EFZG) oder erkennbar drohende Schäden (z.B. an medizinischen Geräten, körperliche Unversehrtheit von Patienten) unverzüglich **anzuzeigen**, sofern sie mit der Arbeitsleistung in Zusammenhang stehen, vom Arbeitnehmer alleine nicht behoben werden können und eine Anzeige erforderlich und zumutbar ist. Durch **Verfehlungen von Kollegen** ausgelöste Störungen oder Schäden sind jedenfalls anzeigepflichtig, wenn eine Aufsichtspflicht besteht, ohne Aufsichtspflicht nur dann, wenn erhebliche Schäden drohen (z.B. Gesundheitsschaden eines Patienten oder schwerer Sachschaden). Maßgeblich für die Pflicht zur unaufgeforderten Aufklärung ist jeweils der Zusammenhang mit der Arbeitsaufgabe des Arbeitnehmers (Neben*leistungs*pflicht, § 242). Problematischer ist seine **Auskunftspflicht** über persönliche Verhältnisse; eine solche besteht nur, wenn ein Fragerecht des Arbeitgebers besteht, was wie bei der Anbahnung des Arbeitsverhältnisses nur nach Abwägung zwischen dem berechtigten Interesse des Arbeitgebers und dem Persönlichkeitsschutz des Arbeitnehmers bejaht werden kann (näher *Reichold* FS Bauer, 2010, S. 843 ff.).

### 4. Achtung der betrieblichen Ordnung

Als nebenvertragliche Pflicht schuldet jeder Arbeitnehmer die Beachtung allgemeiner gesetzlicher wie auch besonderer betrieblicher Ordnungsregeln (z.B. Arbeitssicherheit, Hygiene, korrektes Verhalten nach AGG etc.). Dieses sog. »**Ordnungsverhalten**« betrifft sowohl das Eigentum des Arbeitgebers wie auch das Verhalten am Arbeitsplatz und das Zusammenwirken und -leben der Arbeitnehmer im Betrieb. Grundsätzlich ist der Arbeitnehmer verpflichtet, Arbeits- und Betriebsmittel des Arbeitgebers **sorgfältig zu behandeln**. Genauso ist er zu einem »**sozialverträglichen**« Verhalten gegenüber seinen Arbeitskollegen verpflichtet. Insbesondere die **sexuelle Belästigung** (vgl. §§ 3 Abs. 4, 7 Abs. 1, 12 Abs. 3 AGG) ist nicht nur vom Arbeitgeber zu unterbinden (vgl. Rdn. 119 ff.), sondern stellt gleichzeitig die Verletzung einer Vertragspflicht des aktiv belästigenden Arbeitnehmers selbst dar, vgl. § 7 Abs. 3 AGG (MHdB ArbR/*Reichold* § 55 Rn. 14 f.). Zu beachten ist auch, dass Beschäftigte zwar keinem absoluten, wohl aber einem relativen **Alkoholverbot** unterliegen, d.h. dass die Arbeitsfähigkeit durch den Alkoholgenuss nicht beeinträchtigt sein darf. Wann dies der Fall ist, hängt in erster Linie von der Art der Tätigkeit und dem Maß der Verantwortung ab, das der Arbeitnehmer trägt. Gerade Krankenhausbeschäftigte tragen ein hohes Maß an Verantwortung für die Gesundheit der Patienten. Schon kleinste Unachtsamkeiten können schwerwiegende Folgen haben, sodass die Arbeitsfähigkeit schon bei kleinen Mengen Alkohol beeinträchtigt ist (MHdB ArbR/*Reichold* § 55 Rn. 21 f.).

## 5. Besondere Nebenpflichten in medizinischen Berufen

### a) Verschwiegenheitspflichten/»Compliance«-Regeln

213 Arbeitnehmer sind zur Verschwiegenheit verpflichtet, wenn der Wille des Arbeitgebers zur Geheimhaltung erkennbar ist. Betroffen sind insbesondere betriebliche Interna, die nicht für Dritte bestimmt sind, d.h. Betriebs- und Geschäftsgeheimnisse. Der Arbeitgeber muss aber ein **berechtigtes** Interesse an der Geheimhaltung haben. »Illegale« Geheimnisse, z.B. rechtswidrige medizinische Experimente, sind nicht schutzwürdig (ErfK/*Preis* § 611a Rn. 710 ff.). Aktuell verpflichten unternehmensinterne **Ethikrichtlinien** (»codes of conduct«) Mitarbeiter typischerweise darauf, dem Arbeitgeber Verstöße gegen Bestimmungen der Verhaltensrichtlinie zu melden (sog. interne »whistleblowing«-Klausel, vgl. Klauselbeispiele bei *Schuster/Darsow* NZA 2005, 276; *Kock* MDR 2006, 674; vgl. auch LAG Düsseldorf NZA-RR 2006, 81). Solange der Arbeitgeber damit lediglich sein Weisungsrecht ausübt, besteht eine Anzeigepflicht nur im Rahmen billigen Ermessens (§ 106 Satz 1 GewO), d.h. nach Maßgabe einer Verhältnismäßigkeitsprüfung, in der die Interessen des Arbeitnehmers mit denen des Arbeitgebers abzuwägen sind. So kann eine Anzeige schon deshalb **unzumutbar** sein, weil sie den Anzeigenden als »Denunziant« für seine Kollegen im Betrieb unmöglich machen würde. Die Tatsache, dass es sich um eine Klausel aus einer Ethikrichtlinie handelt, verändert die maßgeblichen Abwägungskriterien nicht. Weitergehende Anzeigepflichten können jedoch einzelvertraglich oder per Betriebsvereinbarung statuiert werden, doch ist auch hier laut § 307 Abs. 1 bzw. § 75 BetrVG die Angemessenheit der Regelung zu beachten. Problematisch ist vor allem die Zulassung **anonymer Meldungen** im Rahmen »ethischer« whistleblowing-Systeme. Damit kann Denunziantentum im Betrieb Vorschub geleistet werden. Der Angezeigte ist grundsätzlich vor wahrheitswidrigen und ehrverletzenden Anzeigen zu schützen (*Mahnhold* NZA 2008, 739; *Breinlinger/Krader* RDV 2006, 60, 65).

### b) Berufsrechtliche Schweigepflicht

214 Neben den allgemeinen Verschwiegenheitspflichten gilt für Ärzte die besondere **ärztliche Schweigepflicht** (§ 9 MBOÄ). Diese ist nicht nur Standespflicht, sondern gleichzeitig auch arbeitsvertragliche Nebenpflicht (§§ 611a i.V.m. 630a, 242). Das ärztliche Berufs- und Standesrecht wirkt auf den Arbeitsvertrag zwischen Arzt und Krankenhaus ein und prägt diesen (Rdn. 180, 184 ff.). Geschützt wird das Vertrauensverhältnis zwischen Arzt und Patient (*Laufs/Kern* ArztR §§ 65 bis 73). Von der Schweigepflicht erfasst sind alle Tatsachen, die dem Arzt in dieser Eigenschaft anvertraut und bekannt geworden sind. Dazu gehören auch schriftliche Mitteilungen der Patienten, Aufzeichnungen, Röntgenaufnahmen und sonstige Untersuchungsbefunde. Die ärztliche Schweigepflicht gilt gegenüber jedem Dritten, der außerhalb des Arzt-Patienten-Verhältnisses steht (auch gegenüber ärztlichen Kollegen). Verpflichtet sind auch die Mitarbeiter des Arztes. Die ärztliche Verschwiegenheitspflicht gilt **über den Tod hinaus**; sie darf lediglich im vermuteten Einverständnis des verstorbenen Zeugen gebrochen werden. Nur der behandelnde Arzt kann entscheiden, ob seine Schweigepflicht zu wahren ist oder nicht (BAG NJW 2010, 1222).

215 **Offenbarungspflichten** existieren in den Regelungen der §§ 6 ff. Infektionsschutzgesetz, § 7 Transplantationsgesetz, §§ 294 ff. SGB V, §§ 100 ff. SGB X sowie des Fallpauschalengesetzes. In allen anderen Fällen benötigt der Arzt eine ausdrückliche oder zumindest konkludente **Entbindung** von der Schweigepflicht durch den Patienten. Kann der Patient seinen Willen nicht mehr äußern, so müssen die Voraussetzungen einer mutmaßlichen Einwilligung vorliegen. Bei Gefährdung eines höherwertigen Rechtsguts darf der Arzt seine Schweigepflicht brechen. Behandeln mehrere Ärzte denselben Patienten gleichzeitig oder nacheinander, so sind die behandelnden Ärzte untereinander von der Schweigepflicht befreit. Das **Strafprozessrecht** schützt die ärztliche Schweigepflicht, indem es dem Arzt ein Zeugnisverweigerungsrecht zur Verfügung stellt (§ 53 Abs. 1 Nr. 3 StPO) und ein Beschlagnahmeverbot vorsieht (§ 97 StPO). Eine entsprechende Norm existiert auch im Zivilprozessrecht (§ 383 ZPO). Eine Schweigepflichtverletzung führt zur **Strafbarkeit** gem. § 203 StGB.

#### c) Korruptionsverbot

Arbeitnehmer dürfen keine geldwerten Vorteile entgegennehmen, die ihre künftige Tätigkeit  216
beeinflussen oder eine Tätigkeit in der Vergangenheit belohnen sollen. Der Arbeitnehmer soll seine Tätigkeit ausschließlich an den Interessen des Arbeitgebers ausrichten, nicht an denen eines Dritten (**Loyalitäts- und Rücksichtnahmepflicht**, vgl. § 241 Abs. 2). Die konkrete Tarifnorm des **§ 3 Abs. 2 TVöD** bzw. **§ 3 Abs. 3 TV-L** ist weiter gefasst als die allgemeinen strafrechtlichen Normen. Etwaige Angebote sind dem Arbeitgeber unverzüglich anzuzeigen. Die im Geschäftsverkehr üblichen Aufmerksamkeiten wie z.B. kleine Weihnachtsgeschenke oder Jahreskalender dürfen aber angenommen werden (MHdB ArbR/*Reichold* § 54 Rn. 52; BAG ZTR 2004, 25). Die ungenehmigte Annahme einer **Erbschaft** durch eine ambulante Pflegekraft kann hingegen ohne weiteres die Kündigung rechtfertigen (BAG ZTR 2004, 25). Dabei spielt keine Rolle, ob die Zuwendung auch subjektiv aus der Sicht des Zuwendenden und des Begünstigten in Bezug auf die dienstliche Tätigkeit erfolgte. Ausreichend ist, dass **objektiv** ein enger Zusammenhang zwischen dem Geschenk und der dienstlichen Tätigkeit besteht (LAG Hamm PflR 2008, 166). Problematisch sind außerdem Zuwendungen im Bereich der **Drittmittelforschung** oder Zuwendungen der **Medizin- und Pharmaindustrie** an Ärzte öffentlicher Krankenhäuser (z.B. als Gegenleistung für die Absatzsteigerung eines bestimmten Medikaments, vgl. *Bruns* ArztR 1998, 237; *Pfeiffer* NJW 1997, 782). Für Aufsehen gesorgt hat in diesem Zusammenhang der sog. »Herzklappenskandal« (*Dieners/Lembeck* PharmR 1999, 156).

#### d) Nebentätigkeit

Zur Aufnahme einer Nebentätigkeit sind Arbeitnehmer regelmäßig **berechtigt**, egal ob die Tätigkeit  217
außerhalb des Arbeitsverhältnisses bei dem gleichen oder bei einem anderen Arbeitgeber ausgeübt wird, unabhängig auch von Status (abhängig oder selbstständig) und Bezahlung (entgeltlich oder unentgeltlich, dazu näher MHdB ArbR/*Reichold* § 55 Rn. 50 ff.). Ein **vertragliches** Nebentätigkeitsverbot ist nur dann wirksam, wenn der Arbeitgeber hieran ein berechtigtes Interesse hat, d.h. wenn die Nebentätigkeit die geschuldete Arbeitsleistung beeinträchtigt (BAG ZTR 2002, 490). Ein **Genehmigungsvorbehalt** im Arbeitsvertrag ist dahingehend auszulegen, dass die Genehmigung erteilt werden muss, wenn die Nebentätigkeit Arbeitgeberinteressen nicht beeinträchtigt. Die Tarifnorm des **§ 3 Abs. 3 TVöD** bzw. **§ 3 Abs. 4 TV-L** ermöglicht eine Untersagung einer (entgeltlichen) Nebentätigkeit nur dann, »*wenn diese geeignet ist, die Erfüllung der arbeitsvertraglichen Pflichten der Beschäftigten oder berechtigte Interessen des Arbeitgebers zu beeinträchtigen*«. **Anzuzeigen** sind alle entgeltlichen Nebentätigkeiten, wobei die Anzeige rechtzeitig und schriftlich erfolgen muss. Nach Beamtenrecht liegt eine Beeinträchtigung der Haupttätigkeit i. d. R. nicht vor, wenn der zeitliche Umfang der Nebentätigkeit **25 % der wöchentlichen Arbeitszeit** nicht überschreitet. Das wird auch für TVöD/TV-L als Richtschnur gelten können. Zur etwa gleichlautenden Norm des § 5 Abs. 2 AVR-Caritas hat das BAG entschieden, dass es dem in einem Krankenhaus beschäftigten Krankenpfleger nicht gestattet sei, eine Nebentätigkeit als **Leichenbestatter** auszuüben, weil dadurch berechtigte Interessen des Arbeitgebers erheblich beeinträchtigt würden (BAG ZTR 2002, 490). Die Interessen des Krankenhauses seien auch beeinträchtigt, wenn sich Nebentätigkeiten seiner Mitarbeiter negativ auf die Wahrnehmung des Dienstgebers in der Öffentlichkeit auswirkten. Deshalb sei der Umstand, von einem Krankenpfleger versorgt zu werden, der sich nebenberuflich als Leichenbestatter betätigt, dazu geeignet, bei Patienten Irritationen hervorzurufen.

Die bloße Einräumung des **Liquidationsrechts** bei **Ärztinnen/Ärzten** muss nicht zugleich schon  218
die Erteilung einer Nebentätigkeitserlaubnis bedeuten. Es bedarf hierzu einer ausdrücklichen vertraglichen Vereinbarung, unabhängig davon, ob das Liquidationsrecht im Arbeitsvertrag als Teil der Vergütung oder eigenständig im Rahmen der Nebentätigkeitsgenehmigung eingeräumt wird. Bei **beamteten** Krankenhausärzten sind die gesondert abrechenbaren ärztlichen Leistungen, für die liquidiert wird, fast ausschließlich dem Nebentätigkeitsbereich zugeordnet, der einer beamtenrechtlichen Genehmigung bedarf (*Laufs/Kern* ArztR § 87 Rn. 1 ff.). Bei **privatrechtlich** angestellten Krankenhausärzten liegt eine Nebentätigkeit vor, wenn für **nichtstationär** erbrachte

Leistungen, z.B. bei der ambulanten Versorgung durch den Chefarzt (sog. **Chefarztambulanz**), eigenständig abgerechnet wird. Dadurch werden eigene vertragliche Beziehungen zum Patienten begründet (ArbRiK/*Wern* Teil 5 A Rn. 49 ff.). Das BAG geht in st.Rspr. davon aus, dass sowohl private als auch öffentliche Träger eines Krankenhauses ihren angestellten Krankenhausärzten im Rahmen einer Nebentätigkeit wirksam ein eigenes Liquidationsrecht als Teil ihrer Vergütung zugestehen können, aber nicht müssen (BAG AP BGB § 611 Arzt-Krankenhaus-Vertrag Nr. 12). Die Nebentätigkeit kann auch aus Gründen des **Konkurrenzschutzes** wegen § 116 SGB V untersagt werden, wenn das Krankenhaus dieselben Leistungen erbringt, um die sich der Chefarzt bewirbt.

219 Als Annex zu der zugelassenen Nebentätigkeit von Chefärzten bestimmt § 3.1 Abs. 1 Satz 2 TVöD-K, dass nachgeordnete Ärztinnen und Ärzte vom Arbeitgeber auch verpflichtet werden können, »*im Rahmen einer zugelassenen Nebentätigkeit*« von leitenden Ärzten oder für Belegärzte innerhalb der Einrichtung ärztlich tätig zu werden. Diese Regel ist im Krankenhausbereich allgemein üblich. Sie meint nicht eine »Nebentätigkeit« der verpflichteten Ärztinnen und Ärzte selbst, sondern deren (punktuelle) Haupttätigkeit für – juristisch gesehen – Dritte, die auf eigene Rechnung und nicht für den Krankenhausträger ihre ärztlichen Leistungen erbringen (Rdn. 218). Ohne eine solche Regelung stünde nach der Vermutungsregel des § 613 Satz 2 die Dienstleistung der nachgeordneten Ärztinnen und Ärzte alleine dem Krankenhaus zu.

220 Besondere ärztliche Pflichten zur **Nebentätigkeit** ergeben sich aus der **tarifvertraglichen** Regelung des § 3.1 Abs. 4 Satz 1 TVöD-K. Aufgrund dieser Norm können Ärztinnen und Ärzte vom Arbeitgeber verpflichtet werden, »als Nebentätigkeit **Unterricht** zu erteilen sowie Gutachten, gutachtliche Äußerungen und wissenschaftliche Ausarbeitungen, die von einem Dritten angefordert und vergütet werden, zu erstellen, und zwar auch im Rahmen einer zugelassenen Nebentätigkeit der leitenden Ärztin/des leitenden Arztes«.

### § 612 Vergütung

(1) Eine Vergütung gilt als stillschweigend vereinbart, wenn die Dienstleistung den Umständen nach nur gegen eine Vergütung zu erwarten ist.

(2) Ist die Höhe der Vergütung nicht bestimmt, so ist bei dem Bestehen einer Taxe die taxmäßige Vergütung, in Ermangelung einer Taxe die übliche Vergütung als vereinbart anzusehen.

| Übersicht | Rdn. | | Rdn. |
|---|---|---|---|
| A. Normzweck | 1 | II. Rechtsfolge | 9 |
| B. Fiktion einer Vergütungsregelung, Abs. 1 | 2 | C. Höhe der Vergütung, Abs. 2 | 10 |
| I. Anwendbarkeit und Voraussetzungen | 2 | I. Anwendbarkeit und Voraussetzungen | 10 |
| 1. Wirksamer Vertrag über Dienste gegen Entgelt | 2 | II. Taxmäßige Vergütung | 12 |
| | | III. Übliche Vergütung | 14 |
| 2. Fehlen einer Vergütungsvereinbarung | 6 | IV. Leistungsbestimmungsrecht | 16 |

#### A. Normzweck

1 Die Norm **fingiert** in Abs. 1 das **Bestehen einer Vergütungsregelung** und verhindert damit, dass bei fehlender vertraglicher Einigung der Parteien über die Vergütung der Vertragsschluss als solcher mangels vereinbarter *essentialia* scheitert (vgl. ErfK/*Preis* § 612 Rn. 1; MüKo/*Müller-Glöge* § 612 Rn. 1; a.A. *Canaris* BB 1967, 165: Auslegungsregel). Doch steht sie einer Vereinbarung über unentgeltliche Dienstleistungen (Auftrag, § 662, vgl. BAG NZA 2012, 1433) nicht entgegen. Steht der Abschluss eines Arbeitsverhältnisses nach Auslegung fest (»Ob«-Frage), folgt daraus das Bestehen einer Vergütungspflicht. Abs. 2 konkretisiert die Rechtsfolgen des Abs. 1 in Bezug auf die »Wie«-Frage der **Vergütungshöhe**. Besondere Bedeutung erhält die Norm bei sittenwidriger

Entgeltvereinbarung (**Lohnwucher**, § 138 Abs. 2, vgl. Rdn. 4), weil die Unwirksamkeitsfolge zur Anwendung von § 612 Abs. 2 und damit zur Zahlung der »üblichen Vergütung« führt (BAG NZA 2009, 837; MHdB ArbR/*Krause* § 60 Rn. 102).

## B. Fiktion einer Vergütungsregelung, Abs. 1

### I. Anwendbarkeit und Voraussetzungen

#### 1. Wirksamer Vertrag über Dienste gegen Entgelt

Die Anwendbarkeit des § 612 Abs. 1 setzt zunächst voraus, dass eine **wirksame** rechtsgeschäftliche Vereinbarung über die Erbringung von entgeltlichen Diensten vorliegt, die Parteien jedoch keine Abrede hinsichtlich der Vergütung getroffen haben. Entgeltliche Dienste können auch durch **konkludentes**, aber feststellbares Verhalten geschuldet sein, z.B. bei Zuweisung eines »typischen« Arbeitsplatzes (*Hennige* NZA 1999, 281). Der Wortlaut der Norm beschränkt ihre Wirkung nicht auf die von Anfang an fehlende Vereinbarung der Vergütungspflicht. Ihre Anwendbarkeit wird auch für Konstellationen diskutiert, bei denen jeweils entweder die Vereinbarung über Dienste oder die Vereinbarung über die Vergütung **unwirksam** ist sowie bei Erbringung von Arbeitsleistungen in Erwartung künftiger Vermögenszuwendung (sog. fehlgeschlagene Vergütungserwartung). Durch die Ausübung einer unentgeltlichen **ehrenamtlichen Tätigkeit** wird hingegen kein Arbeitsverhältnis begründet (BAG NZA 2012, 1433).

Im Fall der **Unwirksamkeit der Vereinbarung über Dienste** fingiert § 612 Abs. 1 nicht das Vorliegen eines Arbeitsvertrages, vielmehr setzt die Norm dessen (konkludenten) Abschluss gerade voraus (HWK/*Thüsing* § 612 Rn. 9). Anknüpfend an den Normzweck, der die Nichtigkeit nur bei Dissens über die Entgeltlichkeit ausschließen will (Rdn. 1), kann die Norm kein »Allheilmittel« für sämtliche rechtsgeschäftlichen Mängel sein. Bei **Gesamtnichtigkeit** des Vertrags erfolgt eine Rückabwicklung daher entsprechend den Grundsätzen des fehlerhaften Arbeitsverhältnisses bzw. über Bereicherungsrecht (ErfK/*Preis* § 612 Rn. 5); hinsichtlich des »Wie« einer Vergütung kann jedoch § 612 Abs. 2 auch insoweit Geltung erlangen.

Soweit im Fall einer **unwirksamen Vergütungsvereinbarung** die Norm des § 612 Abs. 1 Anwendung finden soll (MüKo/*Müller-Glöge* § 612 Rn. 7; ErfK/*Preis* § 612 Rn. 2), kann dem nicht gefolgt werden, weil sich die Nichtigkeit z.B. wegen Lohnwuchers gem. § 138 Abs. 2 nicht auf das gesamte Arbeitsverhältnis erstreckt (so auch AR/*Kamanabrou* § 612 Rn. 6). Zutreffend geht die aktuelle Rechtsprechung davon aus, dass lediglich die Vergütungsvereinbarung unwirksam ist und daher allein § 612 Abs. 2 zur Geltung kommt (BAG NZA 2011, 1173; NZA 2009, 837; NZA 2006, 1354, 1357). Wann im Einzelfall von einem **sittenwidrigen Lohnwucher** ausgegangen werden kann, ist generell schwer zu sagen (dazu *Böggemann* NZA 2011, 493). Ist der Wert einer Arbeitsleistung (mindestens) doppelt so hoch wie der Wert der Gegenleistung, gestattet dieses besonders grobe Missverhältnis den tatsächlichen Schluss auf eine verwerfliche Gesinnung des Begünstigten i.S.v. § 138 Abs. 1 (BAG NZA 2012, 974).

Die Anwendung der Norm auf **fehlgeschlagene Vergütungserwartungen** knüpft die Rechtsprechung an das kumulative Vorliegen dreier Voraussetzungen: Zunächst sollen die Dienste für den Empfänger erkennbar in der Erwartung der Übergabe eines Vermögens oder eines Vermögensbestandteils erbracht worden sein; sodann darf für die geleisteten Dienste keine bzw. muss eine deutlich unterwertige Bezahlung erfolgt sein, und es muss zwischen der ausgebliebenen oder ganz unterbliebenen Bezahlung und der Erwartung des Dienstleistenden ein unmittelbarer Zusammenhang bestehen (BAG NJW 1966, 1426; MüKo/*Müller-Glöge* § 612 Rn. 13). Auch hier ist sehr fraglich, ob die Norm des § 612 Abs. 1 demjenigen, der zunächst unentgeltlich Leistungen erbringt, die i.d.R. vergütenswert sind, und der auch in Erwartung einer besonderen Vergütung handelt, zu einem »vertraglichen« Entgeltanspruch verhelfen kann (so h.M., vgl. ErfK/*Preis* § 612 Rn. 21, 23 ff.). Bei Fehlen einer Vereinbarung über die Leistung von Diensten gegen Entgelt – allein darauf kommt es für die Anwendung von § 612 Abs. 1 an – wird man dieser (heute selten relevanten) Problemlage mit der Abwicklung nach Bereicherungsrecht bzw.

# § 612 BGB   Vergütung

nach den Regeln des fehlerhaften Arbeitsverhältnisses besser gerecht (vgl. HWK/*Thüsing* § 612 Rn. 11 ff., 14).

### 2. Fehlen einer Vergütungsvereinbarung

6   Weitere Voraussetzung ist, dass die Parteien **keine Abrede über die Vergütung** getroffen haben. Die Anwendbarkeit des § 612 Abs. 1 scheitert also, wenn die Vergütungsabrede lediglich **unangemessen** oder gar **sittenwidrig** ist (Rdn. 4). Eine einschlägige Vergütungsregelung darf auch weder einem Gesetz noch einem Tarifvertrag durch Auslegung der einzelvertraglichen Abrede zu entnehmen sein. Leistet der Arbeitnehmer über die vertraglich geschuldete Tätigkeit hinaus eine **Sonderleistung**, die durch die vereinbarte Vergütung weder abgegolten ist noch sich aus Tarif- oder Einzelvertrag ergibt, so findet § 612 Abs. 1 ebenfalls Anwendung (vgl. BAG DB 2003, 1333; ferner BAG ZTR 2002, 537 zur Pflicht des Trompeters, auch die amerikanische »Jazztrompete« ohne Sondervergütung zu spielen). Bei der Auslegung ist auf die Unterscheidung zwischen dem Fehlen einer Vergütungsvereinbarung einerseits und der Vereinbarung einer unentgeltlichen (Auftrag) bzw. rein gesellschaftlichen Verpflichtung (Gefälligkeitsverhältnis) andererseits zu achten (§§ 133, 157).

7   Bei Erbringung von Diensten, die über die vertragliche Vereinbarung hinausgehen, ist zwischen qualitativer sowie quantitativer **Mehrleistung** zu differenzieren. Werden **qualitativ** höherwertige Dienste erbracht, findet § 612 Abs. 1 nicht nur entsprechende, sondern direkte Anwendung (HWK/*Thüsing* § 612 Rn. 20; MHdB ArbR/*Krause* § 60 Rn. 22), weil die Parteien sich über die veränderte Äquivalenz nicht geeinigt haben. Einschränkungen hierzu ergeben sich jedoch zum einen, wenn der Arbeitnehmer zur Überprüfung seiner Eignung **probeweise** eingesetzt wird, zum anderen, wenn die Vertretung **vorübergehender Natur** ist, z.B. Vakanz-, Urlaubs- oder Krankheitsvertretung. Im ersten Fall ist die zulässige Höchstdauer der Erprobung nach dem Einzelfall zu beurteilen, wobei Erprobungszeiten, die sich über 6 Monate hinaus erstrecken, einer besonderen Begründung bedürfen (BAG ZTR 2003, 82). Die vorübergehende Vertretung kann den Arbeitnehmer entsprechend den Grundsätzen von Treu und Glauben nur für wenige Monate zur Leistung höherwertiger Tätigkeiten verpflichten, ohne dass daraus eine Erhöhung der Vergütung abgeleitet werden kann (ErfK/*Preis* § 612 Rn. 16).

8   Bei der Leistung **quantitativer** Mehrarbeit in Form von **Überstunden** findet § 612 Abs. 1 nur entsprechende Anwendung, weil es sich um eine Frage der Arbeitsmenge handelt. Ein allgemeiner Rechtsgrundsatz, wonach jede über die vertragliche Vereinbarung hinausgehende zeitliche Mehrarbeit zu vergüten ist, kann daraus **nicht** abgeleitet werden (ErfK/*Preis* § 612 Rn. 18; BAG NZA 2011, 1335; NZA 2012, 145). Deshalb kann sich auch ein Arbeitnehmer, der gehalten ist, Überstunden durch Freizeitausgleich selbst abzugelten, nicht auf § 612 Abs. 1 berufen. Dies gilt auch für **Chefärzte**, da bei ihnen Mehrarbeit, die sich im Rahmen ihres Aufgabenkreises hält, grundsätzlich durch die vereinbarte Vergütung und unabhängig von der üblichen Arbeitszeit abgedeckt ist (vgl. § 18 Abs. 1 Nr. 1 ArbZG; ferner BAG NJW 1982, 2139). Die Vergütungserwartung ist stets anhand eines **objektiven Maßstabs** unter Berücksichtigung der Verkehrssitte, der Art, des Umfangs und der Dauer der Dienstleistung sowie der Stellung der Beteiligten zueinander festzustellen (BAG NZA 2012, 145, 148 = NJW 2012, 1387, 1389). Dabei muss der Arbeitnehmer darlegen und – im Bestreitensfall – **beweisen**, dass er Arbeit über die Normalarbeitszeit hinaus geleistet hat. Hierzu muss er vortragen, an welchen Tagen er von wann bis wann Arbeit geleistet oder sich auf Weisung des Arbeitgebers zur Arbeit bereitgehalten hat (BAG NJW 2012, 2680, 2682).

### II. Rechtsfolge

9   Rechtsfolge des § 612 Abs. 1 ist die Fiktion einer stillschweigend vereinbarten Vergütung, die freilich nur das ansonsten fehlerfrei zustande gekommene Vertragsverhältnis **ergänzt**. Deshalb handelt es sich auch um eine **widerlegbare** Vermutung (HWK/*Thüsing* § 612 Rn. 30), weil nicht etwa wie

in § 17 BBiG für den Bereich der Berufsausbildung pauschal eine Pflicht zur angemessenen Vergütung angeordnet wird.

## C. Höhe der Vergütung, Abs. 2

### I. Anwendbarkeit und Voraussetzungen

§ 612 Abs. 2 dient dazu, Lücken zu schließen, die sich daraus ergeben, dass die Parteien eine Vergütungsabrede zwar grundsätzlich getroffen haben, deren Höhe jedoch nicht feststeht. Darüber hinaus findet die Norm Anwendung, wenn die Vereinbarung über die Höhe der Vergütung **nichtig** ist (Rdn. 1, 4) bzw. ein Teil der Vergütungsregelung – hier: Ausschluss der Vergütung für geleistete Überstunden – den Arbeitnehmer unangemessen benachteiligt (BAG NZA 1994, 759). Die Rechtsprechung wendet die Norm auch bei Unwirksamkeit der Vergütungsvereinbarung wegen verbotener Diskriminierung von Teilzeitbeschäftigten an (BAG NZA 2002, 1211; a.A. Laux/Schlachter/*Laux* § 4 TzBfG Rn. 151). 10

Voraussetzung für die Anwendbarkeit der Norm ist, dass die Parteien **keine Vereinbarung über die Höhe der Vergütung** getroffen haben. Vorrang hat auch hier die Auslegung hinsichtlich der Unentgeltlichkeit der Parteienvereinbarung (Rdn. 6) bzw. einer – möglicherweise auch konkludent – beabsichtigten besonderen Höhe. Aus § 612 Abs. 2 lässt sich aber nicht etwa ein gesetzlicher Mindestlohn ableiten, weil es nur um das Füllen einer Vertragslücke geht und nicht um eine gesetzliche Vertragskorrektur (Soergel/*Raab* § 612 Rn. 33). Der **Vergütungsbegriff** ist hierbei weit gefasst und bezieht sich neben dem Arbeitsentgelt auch auf Sonderleistungen wie Gratifikationen, Tantiemen, Provisionen und Leistungen der betrieblichen Altersversorgung (MüKo/*Müller-Glöge* § 612 Rn. 26) sowie erbrachte Mehrleistungen, die durch die vereinbarte Vergütung nicht abgegolten sind (Rdn. 6 f.). 11

### II. Taxmäßige Vergütung

Taxen sind nach Bundes- oder Landesrecht festgesetzte Vergütungssätze, die insbesondere für **freie Dienstverträge** z.B. von Architekten (HOAI) oder Ärzten (GOÄ) maßgeblich sind. Die **GOÄ** enthält neben der Regelung, dass die Ordnung auf sämtliche ärztliche Leistungen Anwendung findet, Bestimmungen darüber, wann der Arzt eine Vergütung berechnen darf, § 1 Abs. 2 GOÄ, und definiert in § 3 GOÄ den Vergütungsbegriff in Form einer abschließenden Aufzählung, die lediglich eine Erstattung von Aufwendungen für andere als ärztliche Leistungen gem. § 670 davon ausnimmt (Uleer/Miebach/Patt/*Miebach* § 3 Rn. 1). 12

Für **Arbeitsverhältnisse** bestehen derartige Ordnungen nicht, so dass zur Lückenfüllung die übliche Vergütung heranzuziehen ist (MHdB ArbR/*Krause* § 54 Rn. 92). 13

### III. Übliche Vergütung

Die übliche Vergütung bemisst sich danach, was für **gleiche o.ä. Dienstleistungen in gleichen o.ä. Branchen** unter Berücksichtigung der **persönlichen Verhältnisse** des Berechtigten als Entgelt gezahlt wird (BGH NJW-RR 1990, 349). Der Zweck des § 612 Abs. 2 besteht nicht darin, eine ausgewogene und angemessene Vergütung zu gewährleisten, sondern lediglich eine »übliche« (HWK/*Thüsing* § 612 Rn. 38). Für die Arbeitsvergütung sind aber regelmäßig anfallende **Sondervergütungen** über diese Definition hinaus zu berücksichtigen (BAG ZTR 1992, 390). Erfasst wird alles, was einem vergleichbar eingesetzten Arbeitnehmer an Vorteilen zufließt, die sich aus seiner Tätigkeit ergeben (ArbR-BGB/*Schliemann* § 612 Rn. 35). 14

Hinsichtlich der Frage, ob auch die **tarifliche Vergütung** als Maßstab für »übliche« Vergütung fungieren kann, ist zu differenzieren: Während dies für den **öffentlichen Dienst** aufgrund der durchgängig am TVöD/TV-L orientierten Vergütungspraxis anerkannt ist (BAG NZA 1992, 1037, 1041), kann dies **in der Privatwirtschaft** nur dann gelten, wenn die tarifliche Vergütung am Arbeitsort für die Branche und die Tätigkeit als **marktüblich** gelten kann (BAG NZA 1995, 178, 180; *Henssler/* 15

*Sittard* RdA 2007, 159, 163, die *de lege ferenda* eine Vermutungsregel für die Marktüblichkeit des Tarifentgelts vorschlagen). Das BAG hat jetzt konkretisiert, dass eine Üblichkeit der Tarifvergütung angenommen werden kann, »wenn mehr als 50 % der Arbeitgeber eines Wirtschaftsgebiets tarifgebunden sind oder wenn die organisierten Arbeitgeber mehr als 50 % der Arbeitnehmer eines Wirtschaftsgebiets beschäftigen« (BAG NZA 2009, 837, 840). Demgegenüber ist der Organisationsgrad der Arbeitnehmer weniger aussagekräftig, denn dieser führt ohne Tarifbindung der Arbeitgeber nicht zur Üblichkeit entsprechender Tarifentgelte.

### IV. Leistungsbestimmungsrecht

16 Lässt sich eine übliche Vergütung nicht bestimmen, bestimmt sich die Anspruchshöhe grundsätzlich nach §§ 315, 316 (BAG NZA 2002, 624). Der **Arbeitnehmer** hätte dann als Gläubiger gem. § 316 das **billige Ermessen** zu bestimmen (MüKo/*Müller-Glöge* § 612 Rn. 31). Doch kann im Rahmen von § 612 Abs. 2 wegen der Äquivalenz von Leistung und Gegenleistung nicht davon ausgegangen werden, dass die Parteien eine einseitige Leistungsbestimmung wollen, so dass auf die ergänzende Vertragsauslegung gem. § 157 zurückzugreifen ist (zutr. ErfK/ *Preis* § 612 Rn. 42; MHdB ArbR/*Krause* § 60 Rn. 103), die dem Gericht die angemessene Lohnfestsetzung auferlegt.

## § 612a Maßregelungsverbot

Der Arbeitgeber darf einen Arbeitnehmer bei einer Vereinbarung oder einer Maßnahme nicht benachteiligen, weil der Arbeitnehmer in zulässiger Weise seine Rechte ausübt.

| Übersicht | Rdn. | | Rdn. |
|---|---|---|---|
| A. Normzweck | 1 | III. Einzelfälle | 12 |
| B. Anwendungsbereich | 3 | 1. Kündigung | 12 |
| I. Persönlicher Anwendungsbereich | 3 | 2. Arbeitskampf | 13 |
| II. Sachlicher Anwendungsbereich | 5 | 3. Anwesenheitsprämien | 15 |
| 1. Vereinbarung oder Maßnahme | 5 | C. Rechtsfolgen | 16 |
| 2. Benachteiligung | 7 | D. Beweislast | 17 |
| 3. Zulässige Rechtsausübung | 10 | | |

### A. Normzweck

1 § 612a verbietet es dem Arbeitgeber, denjenigen Arbeitnehmer zu benachteiligen, der in zulässiger Weise seine Rechte ausübt. Die Norm enthält ein **allgemeines Benachteiligungsverbot** (Diskriminierungsverbot, vgl. *Preis* Vertragsgestaltung S. 172; Staudinger/*Richardi*/*Fischinger* § 612a Rn. 4) und schützt die **Willensfreiheit des Arbeitnehmers**. Dieser soll frei darüber entscheiden können, ob er die ihm zustehenden Rechte ausübt oder nicht, ohne dabei benachteiligende Maßnahmen des Arbeitgebers befürchten zu müssen (BAG NZA 2007, 803, 805; HWK/*Thüsing* § 612a Rn. 2: »Flankenschutz«). Dieses allgemeine Maßregelungsverbot gilt als Schutzvorschrift **zwingend** und ist nicht abdingbar.

2 Die Vorschrift regelt einen **Sonderfall der Sittenwidrigkeit** und markiert als lex specialis zu § 138 eine Schranke der Vertragsgestaltung (vgl. BAG NZA 1988, 18; ErfK/*Preis* § 612a Rn. 2; HWK/ *Thüsing* § 612a Rn. 3; a.A. *Kort* RdA 2003, 119, 123; Soergel/*Raab* § 612a Rn. 3, die § 612a als Ergänzung zu § 134 sehen). Im Gegensatz zum Gleichbehandlungsgrundsatz hängt die Prüfung der »Benachteiligung« nicht von einem Vergleich mit anderen Arbeitnehmern ab (BAG NZA 1988, 18, 19). Spezielle Maßregelungsverbote finden sich u. a. in § 84 Abs. 3 BetrVG, §§ 5, 11 TzBfG, § 16 Abs. 1 AGG; die dort genannten Fälle werden jedoch auch von § 612a erfasst (Schaub/*Linck* § 108 Rn. 1). Ob die Norm nach Inkrafttreten des AGG mehr gibt, als die Rechtsordnung ohnehin gewährleistet, darf deutlich bezweifelt werden (*Isenhardt* FS Richardi, 2007, S. 269, 285: »Der Schein des § 612a ist noch größer geworden als das Sein«; ferner ErfK/ *Preis* § 612a Rn. 3 sowie Rdn. 12 am Ende).

## B. Anwendungsbereich

### I. Persönlicher Anwendungsbereich

Das Maßregelungsverbot erfasst nicht nur den Arbeitgeber als Vertragspartner, sondern auch **Dritte**, die Inhaber der betrieblichen Organisationsgewalt sind und **Arbeitgeberfunktionen** ausüben, so z.B. den Entleiher bei der Arbeitnehmerüberlassung (ErfK/*Preis* § 612a Rn. 4). Beim Abschluss von Betriebsvereinbarungen haben auch die **Betriebsparteien** das Maßregelungsverbot zu beachten (BAG NZA 2008, 56, 58; vgl. Rdn. 5). 3

Als Arbeitnehmer sind alle **abhängig Beschäftigten** anzusehen, also neben Arbeitern und Angestellten auch **leitende Angestellte**, Auszubildende, Umschüler, Volontäre und Praktikanten, nicht jedoch solche Personen, die aufgrund eines freien Dienstvertrags beschäftigt sind (ErfK/*Preis* § 612a Rn. 4; HWK/*Thüsing* § 612a Rn. 4). Das BAG wendet unter Verweis auf den Wortlaut § 612a nicht auf **arbeitnehmerähnliche Personen** (z.B. »feste« freie Mitarbeiter der Rundfunkanstalten) an; diese werden jedoch über § 138 geschützt (BAG NZA 2005, 637, 638; ähnlich BAG BB 2007, 2298; a.A. ErfK/*Preis* § 612a Rn. 4; MüKo/*Müller-Glöge* § 612a Rn. 4; Schaub/*Linck* § 108 Rn. 3). Auch **Stellenbewerber** sind vom Anwendungsbereich der Vorschrift ausgeschlossen (BAG NZA 2013, 429, 431; MüKo/*Müller-Glöge* § 612a Rn. 4). 4

### II. Sachlicher Anwendungsbereich

#### 1. Vereinbarung oder Maßnahme

§ 612a will Benachteiligungen »bei einer Vereinbarung oder Maßnahme« des Arbeitgebers entgegenwirken. Vereinbarungen in diesem Sinne können sowohl individualrechtlicher als auch kollektivrechtlicher Art sein, d.h. nicht nur vertragliche Vereinbarungen zwischen Arbeitgeber und Arbeitnehmer, sondern auch **Betriebsvereinbarungen** oder Sozialpläne (BAG NZA 2008, 56, 58; BAG NZA 2005, 997, 999; Schaub/*Linck* § 108 Rn. 9). 5

Eine Maßnahme liegt bei jedem **tatsächlichen und rechtlichen Verhalten** des Arbeitgebers vor; der Begriff ist **extensiv** auszulegen und erfasst u.a. Kündigungen (BAG NZA 2006, 429, 430) und Diskriminierungen tatsächlicher Art wie das Beschäftigen mit sinnlosen Arbeiten und das Verlangen persönlicher An- und Abmeldung trotz vorhandener Stempeluhr (LAG Schl.-Holst. LAGE § 612a BGB Nr. 4; HWK/*Thüsing* § 612a Rn. 6; ErfK/*Preis* § 612a Rn. 8). Auch ein **Unterlassen** kann eine Maßnahme i.S.d. § 612a sein (z.B. Nichtzahlung einer nachträglich gewährten Streikbruch-Prämie an Streikende, vgl. Rdn. 13, sowie HWK/*Thüsing* § 612a Rn. 6). 6

#### 2. Benachteiligung

Eine Benachteiligung kann nicht nur in einer **Schlechterstellung** gegenüber der bisherigen Rechtsposition des Arbeitnehmers vorliegen, sondern auch in der **Vorenthaltung von Vorteilen**, die anderen Arbeitnehmern gewährt werden, weil sie ihre Rechte gerade nicht ausgeübt haben; so z.B., wenn der Arbeitnehmer allein deshalb von der Zuweisung von Überstunden ausgenommen wird, weil er nicht bereit ist, auf tarifliche Vergütungsansprüche zu verzichten (BAG NZA 2003, 1139, 1141; ErfK/*Preis* § 612a Rn. 10). Sieht eine Betriebsvereinbarung für Arbeitnehmer, die in der Vergangenheit auf Entgeltbestandteile verzichtet haben, eine höhere Sonderzahlung vor als für Arbeitnehmer, die keinen Verzicht geleistet haben, kann die ungleiche Behandlung der beiden Arbeitnehmergruppen sachlich gerechtfertigt sein, wenn die Sonderzahlung dem Ausgleich der unterschiedlichen Entgeltbedingungen dient und keine Überkompensation eintritt (BAG NZA 2018, 670). Ein Nachteil, der sich unmittelbar aus dem Gesetz ergibt (z.B. Entfallen des Lohnanspruchs bei Streikteilnahme), ist jedoch keine Benachteiligung i.S.d. § 612a (HWK/*Thüsing* § 612a Rn. 9; Schaub/*Linck* § 108 Rn. 11). Auch dann, wenn Arbeitnehmer von einer Lohnerhöhung ausgenommen werden, um sachlich berechtigte Lohnangleichungen im Betrieb vorzunehmen, liegt keine unzulässige Maßregelung vor (BAG NZA 2009, 1202, 1204). 7

8   Umstritten ist, ob die Benachteiligung als **Reaktion auf das zulässige Arbeitnehmerverhalten** in Erscheinung treten muss oder ob diese der Rechtsausübung auch vorausgehen kann. Diese Frage wird insbesondere dann relevant, wenn vor der Rechtsausübung benachteiligende Vereinbarungen getroffen werden, die ihre Wirkung erst später entfalten (HWK/ *Thüsing* § 612a Rn. 7). Sinn und Zweck des § 612a ist der Schutz der Willensfreiheit des Arbeitnehmers (vgl. Rdn. 1), nicht jedoch, den Arbeitsvertragsparteien die anerkannt zulässigen Möglichkeiten zur Gestaltung der Arbeits- und Ausscheidensbedingungen zu nehmen (BAG NZA 2007, 803, 806). Allein bei seiner Rechtsausübung **nachfolgenden** Maßnahmen bzw. Vereinbarungen besteht die Gefahr, dass sich der Arbeitnehmer durch die damit verbundenen Nachteile in seiner Willensbildung beeinflussen lässt. Der Arbeitnehmer wird bei vorausgehenden nachteiligen Vereinbarungen schon durch die AGB-Kontrolle (§§ 305 ff.) hinreichend geschützt. Die Ausübung der Arbeitnehmerrechte kann daher der Benachteiligung nur vorausgehen, nicht umgekehrt (so HWK/ *Thüsing* § 612a Rn. 8; Schaub/*Linck* § 108 Rn. 16; a.A. AR/*Kamanabrou* § 612a Rn. 8; ErfK/*Preis* § 612a Rn. 10; offen gelassen von BAG NZA 2005, 997, 1000).

9   Zwischen Benachteiligung und Rechtsausübung muss ein unmittelbarer Zusammenhang bestehen, die Rechtsausübung muss **wesentliches Motiv** für die Benachteiligung durch den Arbeitgeber gewesen sein. Wenn die Maßnahme des Arbeitgebers auch auf einen **anderen Sachverhalt** hätte gestützt werden können, ist dies unerheblich, da dieser gerade nicht bestimmendes Motiv war (BAG AP BetrVG 1972 § 102 Nr. 142; BAG NZA 1988, 18, 19).

### 3. Zulässige Rechtsausübung

10  Das vom Arbeitnehmer geltend gemachte Recht muss **objektiv rechtmäßig** sein (ErfK/*Preis* § 612a Rn. 5). Die Zulässigkeit der Rechtsausübung wird von § 612a vorausgesetzt und richtet sich nach der Gesamtrechtsordnung. § 612a bezieht sich dabei nicht nur auf Rechte aus dem Arbeitsvertrag, sondern auf **jegliche Form der Rechtsausübung** (HWK/*Thüsing* § 612a Rn. 12); so kann auch die Ausübung von Grundrechten (z.B. Art. 5 GG) zu einer Verletzung des Maßregelungsverbots führen, soweit sie im Verhältnis zum Arbeitgeber rechtserheblich sind (BAG NZA 2012, 317, 320). § 612a greift weiter auch dann, wenn Arbeitnehmer deshalb benachteiligt werden, weil der Betriebsrat sein Mitbestimmungsrecht in zulässiger Weise ausübt (BAG NZA 2008, 56, 58). Unzulässiges Verhalten des Arbeitnehmers wie die Verletzung von arbeitsvertraglichen Haupt- oder Nebenpflichten kann vom Arbeitgeber selbstverständlich geahndet werden (ErfK/*Preis* § 612a Rn. 6). Auch die Anordnung von **Bereitschaftsdiensten** gegenüber einem leitenden Oberarzt, ohne dass zugleich ein anderer Arzt zur Gewährleistung der ärztlichen Grundversorgung zur Verfügung steht, ist keine Maßregelung i.S.v. § 612a (BAG NZA 2014, 264).

11  Geht der Arbeitnehmer fälschlicherweise davon aus, sein Verhalten sei rechtmäßig, greift der Schutz des Maßregelungsverbots nicht. Das geltend gemachte Recht muss also **tatsächlich bestehen** (LAG Rh.-Pfalz, Urt. v. 01.10.2012 – 5 Sa 268/12; ErfK/*Preis* § 612a Rn. 5; Schaub/*Linck* § 108 Rn. 6). Auch die Kenntnis des Arbeitgebers von der Zulässigkeit der Rechtsausübung setzt § 612a nicht voraus, sodass dieser auch bei vermeintlich unrechtmäßigem Verhalten des Arbeitnehmers sich vergewissern muss, ob § 612a für ihn beachtlich ist oder nicht (LAG Köln NZA 1995, 128).

### III. Einzelfälle

#### 1. Kündigung

12  Die Kündigung ist die praktisch häufigste Maßnahme, für die § 612a von wesentlicher Bedeutung ist. So liegt z.B. in einer **krankheitsbedingten Kündigung während der Probezeit** dann ein Verstoß gegen § 612a, wenn der Arbeitgeber trotz Kenntnis von der Krankheit des Arbeitnehmers diesen zur Arbeitsleistung auffordert und ihm deshalb kündigt, weil er sich weigert, seine Arbeit zu verrichten (LAG Sachsen-Anhalt LAGE § 613a BGB Nr. 6).

Bleibt ein Arbeitnehmer der Arbeit wegen Erkrankung seines Kindes nach § 45 Abs. 3 Satz 1 SGB V fern, ist die arbeitgeberseitige Kündigung wegen Ausübung dieses Rechts ebenfalls nach § 612a unwirksam (LAG Köln NZA 1995, 128). Eine Kündigung wegen **Ablehnung eines Änderungsangebots** kann gegen das Maßregelungsverbot verstoßen, wenn die Ausgestaltung des Änderungsangebots selbst gegen § 612a verstößt, das Änderungsangebot also Folge (»Racheakt«) einer zulässigen Rechtsausübung des Arbeitnehmers ist (BAG AP KSchG 1969 § 1 Wartezeit Nr. 18). Spricht der Arbeitgeber statt einer in Betracht kommenden Änderungs- eine **Beendigungskündigung** nur deshalb aus, weil der Arbeitnehmer einem angebotenen Altersteilzeitvertrag seine Zustimmung versagte, liegt auch hierin ein Verstoß gegen das Maßregelungsverbot (LAG Berlin-Brand., Urt. v. 17.10.2012 – 15 Sa 1109/12). Nach § 612a unwirksam sein kann auch die Kündigung, die auf dem Verlangen des Arbeitnehmers auf **Entfernung einer Abmahnung** beruht (ArbG Augsburg NZA-RR 1998, 542, 543), die nach **vorausgegangener Kündigung des Arbeitnehmers** erfolgt (LAG Nürnberg LAGE § 612a BGB Nr. 2), sowie diejenige, die nur deshalb ausgesprochen wird, weil der Arbeitnehmer einen **Antrag auf Vorruhestandsgeld** gestellt hat (BAG NZA 1988, 18, 19). Erhebt der Arbeitnehmer eine **Entfristungsklage** und kündigt der Arbeitgeber daraufhin »vorsorglich« ordentlich, liegt hierin keine verbotene Benachteiligung i.S.d. § 612a (BAG AP KSchG 1969 § 1 Wartezeit Nr. 20). Ebenso wenig liegt ein Verstoß gegen § 612a vor, wenn der Arbeitgeber eine freiwillige Abfindungszahlung – auch in Form einer freiwilligen Betriebsvereinbarung – nur solchen Arbeitnehmern gewährt, die von der **Erhebung einer Kündigungsschutzklage** absehen (BAG NZA 2005, 1117, 1121 mit Hinweis auf § 1a KSchG). Anders ist dies jedoch, wenn **erzwingbare** Leistungen aus einem **Sozialplan** von der Nichterhebung einer Kündigungsschutzklage abhängig gemacht werden (kein Abkauf des Kündigungsschutzes, vgl. BAG NZA 2005, 997, 1001; AR/*Kamanabrou* § 612a Rn. 14). Eine Kündigung, die deshalb erfolgt, weil der Arbeitnehmer **Strafanzeige gegen den Arbeitgeber** gestellt hat, ist nicht von vornherein nach § 612a unwirksam, weil sich der Arbeitnehmer aufgrund seiner Rücksichtnahmepflicht zunächst innerbetrieblich um Abhilfe zu bemühen hat (LAG Stuttgart NZA 1987, 756: Verstoß gegen § 612a, da Arbeitgeber die Mängel kannte und billigte; Schaub/*Linck* § 108 Rn. 22; HWK/*Thüsing* § 612a Rn. 13). Auch hieran zeigt sich, dass § 612a bei der Beantwortung komplexer Rechtsfragen nicht mehr zu leisten vermag, als die materiell-rechtliche Vorfrage nach der Pflichtverletzung selbst hergibt.

## 2. Arbeitskampf

Arbeitgeber, die **während des Arbeitskampfs** an diejenigen Arbeitnehmer Zulagen zahlen, die sich nicht am Streik beteiligen, sondern ihre Arbeit weiter verrichten, verstoßen grundsätzlich nicht gegen § 612a. Diese sog. **Streikbruchprämien** stellen keine unzulässige Maßregelung der streikenden Arbeitnehmer dar, weil sie als zulässiges Arbeitskampfmittel i.S.d. Art. 9 Abs. 3 Satz 2 GG gelten. Gerechtfertigt ist die Zahlung einer solchen Prämie schon dann, wenn sie mit Rücksicht auf die Nichtteilnahme und unterschiedslos allen nicht am Streik beteiligten Arbeitnehmern gezahlt wird (BAG AP GG Art. 9 Arbeitskampf Nr. 127; ErfK/*Preis* § 612a Rn. 16; a.A. *Gaul* NJW 1994, 1025, 1026, der eine sachliche Rechtfertigung nur dann bejaht, wenn nichtstreikende Arbeitnehmer besondere Erschwernisse hinzunehmen haben). Wird die Prämie jedoch erst **nach Beendigung des Arbeitskampfs** ohne vorherige Zusage gezahlt, ist hierin wegen des fehlenden Bezugs zum Arbeitskampf keine Arbeitskampfmaßnahme mehr zu sehen, es sei denn, dass die während des Streiks arbeitenden Arbeitnehmer **Belastungen** ausgesetzt waren, die **erheblich über das normale Maß** hinaus gingen, das mit jeder Streikarbeit verbunden ist (BAG NZA 1993, 267, 269; HWK/*Thüsing* § 612a Rn. 15 f. mit Beispielen). 13

Die Tarifvertragsparteien vereinbaren in aller Regel nach Abschluss des Arbeitskampfs ein **tarifliches Maßregelungsverbot**, das über § 612a hinausgeht und die Differenzierung zwischen streikenden und nichtstreikenden Arbeitnehmern nach Beendigung des Arbeitskampfes wieder aufhebt, indem z.B. das Ruhen der Arbeitspflicht während des Arbeitskampfs Jahresleistungen nicht mindern 14 soll bzw. jegliche **nachträgliche** Maßregelung wegen der Streikteilnahme untersagt wird (BAG NZA 1993, 1135; NZA 2007, 573, 575, vgl. Rdn. 15).

### 3. Anwesenheitsprämien

15 Wird die Zahlung einer Sondervergütung von der Anwesenheit des Arbeitnehmers abhängig gemacht und wirken sich Zeiten ohne tatsächliche Arbeitsleistung entgeltmindernd aus, handelt es sich um eine sog. **Anwesenheitsprämie.** Solche Prämien mit Entgeltcharakter sollen die im Betrieb während des Bezugszeitraums geleistete Arbeit zusätzlich vergüten und sind grundsätzlich zulässig (BAG NZA 1995, 266). Wegen **krankheitsbedingter Fehlzeiten** ist dies in Bezug auf den Umfang der zulässigen Kürzung in § 4a Satz 2 EFZG geregelt worden. Eine Kürzung wegen **arbeitskampfbedingter Fehlzeiten** ist dann sachlich gerechtfertigt und verstößt nicht gegen § 612a, wenn die Differenzierung zwischen am Streik beteiligten und nicht beteiligten Arbeitnehmern deshalb vorgenommen wird, weil die Arbeitsleistung fehlt. In diesem Fall ist die Kürzung der Prämie lediglich eine »von der Rechtsordnung angelegte Folge« (BAG NZA 1995, 266; NZA 1993, 1135; ErfK/*Preis* § 612a Rn. 19). Bei der Frage, in welchem Umfang die Kürzung noch zulässig ist, unterscheidet das BAG zwischen **jährlichen Sonderleistungen,** die auch die Betriebstreue honorieren und **monatlichen,** ausschließlich arbeitsplatzbezogenen **Anwesenheitsprämien.** Letztere verstoßen selbst dann nicht gegen das Maßregelungsverbot, wenn jede noch so geringfügige Fehlzeit zum Wegfall der Prämie für den entsprechenden Monat führt (BAG NZA 1996, 389).

### C. Rechtsfolgen

16 Bei **Rechtsgeschäften** führt der Verstoß gegen das Maßregelungsverbot zur **Nichtigkeit** nach § 134 (BAG NZA 1988, 18). Bei Kündigungen ist zu beachten, dass die Nichtigkeit nach §§ 134, 612a eine »Unwirksamkeit aus anderen Gründen« darstellt und somit die Frist des § 4 Satz 1 i.V.m. § 13 Abs. 3 KSchG beachtet werden muss. Darüber hinaus kann der Arbeitgeber keinen Auflösungsantrag nach § 9 Abs. 1 Satz 2 KSchG stellen (HWK/*Thüsing* § 612a Rn. 32). **Tatsächliche Maßnahmen** sind rechtswidrig und vom Arbeitnehmer nicht zu beachten. Er kann **Beseitigung** und bei Wiederholungsgefahr **Unterlassung** fordern (ErfK/*Preis* § 612a Rn. 23). Leistet der Arbeitgeber unter Verstoß gegen § 612a Prämien, so ist dem benachteiligten Arbeitnehmer die **vorenthaltene Leistung in gleicher Höhe zu gewähren**; der Anspruch ergibt sich entweder aus dem arbeitsrechtlichen Gleichbehandlungsgrundsatz i.V.m. § 612a (BAG NZA 2008, 1412, 1414) oder als Schadensersatz gem. § 280 oder § 823 Abs. 2 i.V.m. § 612a (HWK/*Thüsing* § 612a Rn. 34; Schaub/*Linck* § 108 Rn. 31). Der Schadensersatzanspruch begründet jedoch **keinen Anspruch auf Wiedereinstellung,** wenn einem befristet beschäftigten Arbeitnehmer unter Verstoß gegen § 612a kein unbefristeter Folgevertrag angeboten wurde (BAG NZA 2012, 317, 322 unter entspr. Anwendung von § 15 Abs. 6 AGG).

### D. Beweislast

17 Der Arbeitnehmer trägt die volle Beweislast dafür, dass eine Maßregelung i.S.d. § 612a vorliegt (BAG NZA 1994, 837, 838; kritisch Schaub/*Linck* § 108 Rn. 28). Ihm kommt aber ein **Anscheinsbeweis** zugute, wenn ein enger zeitlicher Zusammenhang zwischen zulässiger Rechtsausübung und Benachteiligung besteht (LAG Schl.-Holst. BB 2006, 112; HWK/*Thüsing* § 612a Rn. 35). Zu beachten ist bei der Gewährung von Prämien, dass der Arbeitgeber den Grund für die Differenzierung der Arbeitnehmer **offen zu legen** hat (BAG NZA 1993, 267, 269).

## § 613 Unübertragbarkeit

Der zur Dienstleistung Verpflichtete hat die Dienste im Zweifel in Person zu leisten. Der Anspruch auf die Dienste ist im Zweifel nicht übertragbar.

### Übersicht

| | Rdn. | | Rdn. |
|---|---|---|---|
| A. Normzweck | 1 | II. Rechtsfolgen bei Tod des Arbeitnehmers | 4 |
| B. Arbeitsleistungspflicht | 2 | C. Arbeitsleistungsanspruch | 7 |
| I. Grundsatz | 2 | | |

### A. Normzweck

§ 613 statuiert als Grundregel des Dienst- und Arbeitsvertragsrechts die Arbeitsleistung zur **höchstpersönlichen Pflicht** des Arbeitnehmers. Der Gesetzgeber macht aber durch die Formulierung »im Zweifel« deutlich, dass er für die Arbeitsleistungspflicht nach Satz 1 wie auch für den Anspruch auf Arbeitsleistung nach Satz 2 nur eine **materiale Auslegungsregel** schaffen wollte (MHdB ArbR/ *Reichold* § 40 Rn. 7). Die Norm stellt also kein Verbotsgesetz i.S.v. § 134 dar (HWK/*Thüsing* § 613 Rn. 1). Die Höchstpersönlichkeit der Leistungspflicht kann ausdrücklich oder stillschweigend durch Parteivereinbarung abbedungen werden (ErfK/*Preis* § 613 Rn. 3).

### B. Arbeitsleistungspflicht

#### I. Grundsatz

Da der dienstpflichtige Arbeitnehmer gem. § 613 Satz 1 seine Arbeitsleistung im Zweifel persönlich erbringen muss, kann grundsätzlich **keine Delegation** auf andere Personen erfolgen, wobei meist schon die äußeren Umstände eine Substituierung durch »Ersatzleute« ausschließen (MHdB ArbR/*Reichold* § 40 Rn. 11 f.). So ist z.B. ein »Schichttausch« im Krankenhaus nur mit Zustimmung des Arbeitgebers möglich. Ärzte sind nicht nur zur persönlichen, sondern auch zur »eigenhändigen« Leistung verpflichtet (*Laufs/Kern* ArztR § 45 Rn. 5 ff.). Der »Kernbereich« ihrer ärztlichen Tätigkeit kann nicht delegiert werden (*Hausch/Fandel* Juris-PK BGB § 613 Rn. 5). Der zur höchstpersönlichen Behandlung verpflichtete **Chefarzt** kann z.B. die Operation nur dann an seinen Stellvertreter delegieren, wenn er durch ein plötzliches, unvorhersehbares Ereignis verhindert ist und die Operation nicht verschoben werden kann (OLG Karlsruhe NJW 1987, 1489; großzügiger AG Hamburg MedR 2001, 47; zur Erstattungsfähigkeit ärztlicher Leistungen bei Delegation an nichtärztliches Personal vgl. *Spickhoff/Seibl* NZS 2008, 57; zur Vertretung des Chefarztes bei wahlärztlicher Behandlung vgl. *Bender* MedR 2008, 336). Eine **gesetzliche Ausnahme** vom Grundsatz der höchstpersönlichen Arbeitsleistungspflicht enthält § 13 TzBfG, das sog. »Job-Sharing« (ErfK/ *Preis* § 613 Rn. 4).

Die **Nichterfüllung** der höchstpersönlichen Leistungspflicht führt wegen ihrer Zeitgebundenheit (Fixschuld) zur Unmöglichkeit der Arbeitsleistung (§§ 275 Abs. 1, 4, 326 Abs. 1). Insoweit entfällt der Anspruch auf Zahlung des Arbeitsentgelts; wegen Pflichtverletzung kann abgemahnt und ggf. gekündigt werden (MHdB ArbR/*Reichold* § 40 Rn. 8). Im Fall seiner **Verhinderung** ist der Arbeitnehmer aber nicht verpflichtet, selber für Ersatz zu sorgen (ErfK/*Preis* § 613 Rn. 2, vgl. Komm. zu § 616).

#### II. Rechtsfolgen bei Tod des Arbeitnehmers

Aufgrund der Höchstpersönlichkeit der Leistungspflicht endet das Arbeitsverhältnis mit dem **Tod des Arbeitnehmers** automatisch. Dessen Erben haben keinen Anspruch auf Eintritt in das Arbeitsverhältnis, umgekehrt kann von ihnen auch keine Arbeitsleistung verlangt werden (MHdB ArbR/ *Reichold* § 40 Rn. 9).

5 Während Forderungen des Arbeitnehmers gegen den Arbeitgeber, die nicht höchstpersönlicher Natur sind, stets von den **Erben** geltend gemacht werden können (z.B. Gratifikationsansprüche), ist die Vererblichkeit von mit der Arbeitspflicht unmittelbar verknüpften Geldansprüchen umstritten. Da mit dem Tod des Arbeitnehmers der gesetzliche Urlaubsanspruch erlischt, konnte nach der bisherigen Rspr. des BAG **kein Urlaubsabgeltungsanspruch** entstehen (§ 7 Abs. 4 BUrlG), der auf die Erben übergehen könnte (BAG NZA 2012, 326; NZA 2013, 678). Nachdem sich mehrere Landesarbeitsgerichte jedoch infolge der Entscheidung des EuGH in der Rechtssache Bollacke (EuGH, Urt. v. 12.06.2014 – C-118/13, NZA 2014, 651) gegen die Rspr. des BAG stellten, legte das BAG dem EuGH am 18.10.2016 die Frage zur Vorabentscheidung vor, ob Art. 7 der RL 2003/88/EG oder Art. 31 Abs. 2 GRC dem Erben eines während des Arbeitsverhältnisses verstorbenen Arbeitnehmers einen Anspruch auf finanziellen Ausgleich für den dem Arbeitnehmer vor seinem Tod zustehenden Mindestjahresurlaub einräumen. Mit Urt. v. 06.11.2018 (C-569/16, C-570/16, NZA 2018, 1467) bestätigte der EuGH seine bereits in der Rechtssache Bollacke geäußerte Rechtsauffassung. Eine Regelung, wonach der Urlaubsanspruch des Arbeitnehmers mit dessen Tod ohne Begründung eines Abgeltungsanspruchs für nicht genommenen Urlaub untergeht, der auf die Erben übergehen könnte, sei mit dem Unionsrecht nicht vereinbar. Art. 7 der RL 2003/88/EG setze für einen Abgeltungsanspruch lediglich voraus, dass das Arbeitsverhältnis beendet wurde und der Arbeitnehmer den Urlaubsanspruch nicht vollständig genommen habe. Der Grund der Beendigung spiele dabei keine Rolle. Das BAG reagierte hierauf mit Urt. v. 22.01.2019 (9 AZR 45/16), wonach die Erben des Arbeitnehmers, dessen Arbeitsverhältnis durch seinen Tod ende, nach § 1922 Abs. 1 i.V.m. § 7 Abs. 4 BUrlG Anspruch auf Abgeltung des von dem Erblasser nicht genommenen Urlaubs haben.

6 Uneingeschränkt vererblich ist der **Abfindungsanspruch**, der durch **rechtskräftiges Urteil** zugesprochen wurde. Resultiert er aus einem **Aufhebungsvertrag** oder einem **gerichtlichen Vergleich**, so ist er ebenfalls grundsätzlich vererblich (BAG NZA 1988, 466). Doch ist beim Versterben des Arbeitnehmers **vor** dem vereinbarten Vertragsende die Vererblichkeit dieses Anspruchs durch **Vertragsauslegung** zu ermitteln (so BAG NZA 2006, 1238 zur Vererblichkeit eines Sozialplananspruchs). Die Erben können die Abfindung jedenfalls dann nicht geltend machen, wenn diese als Ausgleich für den Verlust des Arbeitsplatzes vorgesehen war und dadurch die wirtschaftlichen Nachteile einer Frühpensionierung abgemildert werden sollten. Ein solcher Vertrag setzt voraus, dass der Arbeitnehmer den vertraglich vereinbarten Beendigungstermin noch erlebt (BAG NZA 2007, 1043; NJW 2001, 389; ErfK/*Preis* § 613 Rn. 7; MHdB ArbR/*Reichold* § 40 Rn. 9).

## C. Arbeitsleistungsanspruch

7 Die abdingbare Auslegungsregel des Satz 2 untersagt es dem Arbeitgeber grundsätzlich, dem Arbeitnehmer einen anderen Arbeitgeber aufzudrängen (AR/*Kamanabrou* § 613 Rn. 7). Möglich bleibt jedoch die Verpflichtung des Arbeitnehmers, seine Arbeitsleistung für den Arbeitgeber in einem **fremden Betrieb** zu erbringen. Die Fälle der sog. Zeit- oder Leiharbeit (Arbeitnehmerüberlassung nach **AÜG**) zeigen solche gesetzlich zugelassenen Ausnahmen (Arbeitsvertrag zugunsten Dritter). Beim **Betriebsübergang** nach § 613a wechselt nicht der Betrieb, sondern der Betriebsinhaber, d.h. der Gläubiger, aufgrund gesetzlich angeordneter Vertragsüberleitung (MHdB ArbR/*Reichold* § 40 Rn. 13 f.); doch sichert das Widerspruchsrecht nach § 613a Abs. 6 die Möglichkeit des Erhalts des Gläubigers i.S.v. § 613 Satz 2. Der Anspruch auf die Arbeitsleistung kann prinzipiell **vererbt** werden, wenn ein Arbeitgeber als Einzelkaufmann oder natürliche Person agiert und verstirbt (§ 1922). Ist die Dienstleistung freilich an die Person des Arbeitgebers geknüpft (vgl. § 617), handelt es sich im Zweifel um eine auflösende Bedingung (z.B. bei Alten- oder Krankenpflege), sodass das Arbeitsverhältnis frühestens 2 Wochen nach schriftlicher Unterrichtung des Arbeitnehmers über den Eintritt der Bedingung endet, vgl. §§ 21, 15 Abs. 2 TzBfG (AR/*Kamanabrou* § 613 Rn. 7).

## § 613a Rechte und Pflichten bei Betriebsübergang

(1) Geht ein Betrieb oder Betriebsteil durch Rechtsgeschäft auf einen anderen Inhaber über, so tritt dieser in die Rechte und Pflichten aus den im Zeitpunkt des Übergangs bestehenden Arbeitsverhältnissen ein. Sind diese Rechte und Pflichten durch Rechtsnormen eines Tarifvertrags oder durch eine Betriebsvereinbarung geregelt, so werden sie Inhalt des Arbeitsverhältnisses zwischen dem neuen Inhaber und dem Arbeitnehmer und dürfen nicht vor Ablauf eines Jahres nach dem Zeitpunkt des Übergangs zum Nachteil des Arbeitnehmers geändert werden. Satz 2 gilt nicht, wenn die Rechte und Pflichten bei dem neuen Inhaber durch Rechtsnormen eines anderen Tarifvertrags oder durch eine andere Betriebsvereinbarung geregelt werden. Vor Ablauf der Frist nach Satz 2 können die Rechte und Pflichten geändert werden, wenn der Tarifvertrag oder die Betriebsvereinbarung nicht mehr gilt oder bei fehlender beiderseitiger Tarifgebundenheit im Geltungsbereich eines anderen Tarifvertrags dessen Anwendung zwischen dem neuen Inhaber und dem Arbeitnehmer vereinbart wird.

(2) Der bisherige Arbeitgeber haftet neben dem neuen Inhaber für Verpflichtungen nach Abs. 1, soweit sie vor dem Zeitpunkt des Übergangs entstanden sind und vor Ablauf von einem Jahr nach diesem Zeitpunkt fällig werden, als Gesamtschuldner. Werden solche Verpflichtungen nach dem Zeitpunkt des Übergangs fällig, so haftet der bisherige Arbeitgeber für sie jedoch nur in dem Umfang, der dem im Zeitpunkt des Übergangs abgelaufenen Teil ihres Bemessungszeitraums entspricht.

(3) Abs. 2 gilt nicht, wenn eine juristische Person oder eine Personenhandelsgesellschaft durch Umwandlung erlischt.

(4) Die Kündigung eines Arbeitsverhältnisses des Arbeitnehmers durch den bisherigen Arbeitgeber oder durch den neuen Inhaber wegen des Übergangs eines Betriebs oder eines Betriebsteils ist unwirksam. Das Recht zur Kündigung des Arbeitsverhältnisses aus anderen Gründen bleibt unberührt.

(5) Der bisherige Arbeitgeber oder der neue Inhaber hat die von einem Übergang betroffenen Arbeitnehmer vor dem Übergang in Textform zu unterrichten über:
1. den Zeitpunkt oder den geplanten Zeitpunkt des Übergangs,
2. den Grund für den Übergang,
3. die rechtlichen, wirtschaftlichen und sozialen Folgen des Übergangs für die Arbeitnehmer und
4. die hinsichtlich der Arbeitnehmer in Aussicht genommenen Maßnahmen.

(6) Der Arbeitnehmer kann dem Übergang des Arbeitsverhältnisses innerhalb eines Monats nach Zugang der Unterrichtung nach Abs. 5 schriftlich widersprechen. Der Widerspruch kann gegenüber dem bisherigen Arbeitgeber oder dem neuen Inhaber erklärt werden.

| Übersicht | Rdn. | | | Rdn. |
|---|---|---|---|---|
| A. Normzweck | 1 | b) | Einzelne Kriterien | 16 |
| B. Tatbestandsvoraussetzungen eines Betriebsübergangs | 2 | aa) | Art des Unternehmens | 16 |
| I. Übergang eines Betriebs oder Betriebsteils | 2 | bb) | Übergang der materiellen Aktiva | 19 |
| 1. Betrieb (wirtschaftliche Einheit) | 2 | cc) | Wert der immateriellen Aktiva | 21 |
| 2. Betriebsteil | 5 | dd) | Übernahme der Arbeitnehmer | 23 |
| II. Übergang auf anderen Inhaber | 6 | ee) | Übernahme der Kundschaft | 25 |
| 1. Begriff des Betriebsinhabers | 7 | ff) | Ähnlichkeit der Tätigkeiten vor und nach der Übernahme | 26 |
| 2. Inhaberwechsel | 8 | | | |
| 3. Tatsächliche Fortführung durch den neuen Inhaber | 10 | | | |
| 4. Identitätswahrender Übergang | 13 | gg) | Dauer einer eventuellen Unterbrechung der Tätigkeit | 28 |
| a) Allgemeines | 13 | | | |

## § 613a BGB   Rechte und Pflichten bei Betriebsübergang

| | | | | | |
|---|---|---|---|---|---|
| III. | Übergang durch Rechtsgeschäft | 29 | III. | Betriebsverfassungsrechtliche Fragen | 62 |
| | 1. Bedeutung des Rechtsgeschäfts | 29 | | 1. Kontinuität des Betriebsrats | 62 |
| | 2. Inhalt des Rechtsgeschäfts | 31 | | 2. Betriebsänderung | 63 |
| | 3. Insolvenz und Zwangsversteigerung/-verwaltung | 33 | | 3. Unterrichtungspflichten | 64 |
| | | | IV. | Haftung | 65 |
| C. | Rechtsfolgen eines Betriebsübergangs | 35 | | 1. Haftung des Betriebsveräußerers | 65 |
| I. | Übergang der Arbeitsverhältnisse | 35 | | 2. Haftungsausschluss | 68 |
| | 1. Arbeitgeberwechsel | 35 | | 3. Verhältnis zu anderen Haftungsgrundlagen | 69 |
| | 2. Arbeitsverhältnisse | 37 | | | |
| | 3. Zuordnung der Arbeitnehmer | 39 | V. | Verbot der Kündigung wegen Betriebsübergangs | 70 |
| | 4. Eintritt in die Rechte und Pflichten aus dem Arbeitsverhältnis | 40 | | 1. Kündigung »wegen« Betriebsübergangs | 71 |
| | a) Rechtsstellung des Arbeitnehmers | 40 | | 2. Umgehen des Kündigungsverbots | 73 |
| | b) Rechtsstellung des Betriebserwerbers | 45 | | 3. Sanierende Betriebsübernahmen | 76 |
| | c) Unabdingbarkeit | 47 | VI. | Betriebsübergang in der Insolvenz | 77 |
| II. | Fortgeltung von Tarifvertrag und Betriebsvereinbarung | 49 | VII. | Unterrichtung und Widerspruchsrecht der Arbeitnehmer | 78 |
| | 1. Weitergeltung kollektivrechtlicher Normen | 50 | | 1. Unterrichtung | 78 |
| | a) Kollektivrechtliche Weitergeltung | 50 | | a) Allgemeines | 78 |
| | b) Umfang der Weitergeltung | 52 | | b) Inhalt der Unterrichtung | 84 |
| | c) Veränderungssperre | 54 | | c) Folgen unterbliebener und fehlerhafter Unterrichtung | 90 |
| | aa) Grundsatz (Abs. 1 Satz 2) | 54 | | 2. Widerspruch | 91 |
| | bb) Ausnahmen (Abs. 1 Satz 4) | 55 | | a) Allgemeines | 91 |
| | | | | b) Ausübung des Widerspruchs | 94 |
| | 2. Ausschluss der Weitergeltung (Abs. 1 Satz 3) | 57 | | aa) Erklärung | 94 |
| | | | | bb) Form/Inhalt | 96 |
| | | | | cc) Widerspruchsfrist | 99 |
| | 3. Bezugnahmeklauseln | 61 | | c) Rechtsfolgen des Widerspruchs | 101 |
| | | | VIII. | Prozessuales | 103 |

## A. Normzweck

**1** Die Vorschrift des § 613a beruht in seiner heutigen Fassung auf der Richtlinie RL 2001/23/EG v. 12.03.2001 (ABl. 2001 L 82/16; konsolidierte Fassung der RL 77/187/EWG ABl. 1977 L 61/26) und schützt primär den Bestand und Inhalt des Arbeitsverhältnisses im Fall eines Inhaberwechsels aufgrund eines Betriebsübergangs (BAG NZA 2009, 1091, 1093). Nach § 613a Abs. 1 Satz 1 tritt der neue Betriebsinhaber in die bestehenden Rechtsverhältnisse der Arbeitnehmer mit dem bisherigen Inhaber ein und wird damit zur Übernahme der Arbeitnehmer verpflichtet. Dieser **Vertragsübergang kraft Gesetzes** ergänzt den allgemeinen Kündigungsschutz und verhindert so eine betriebsbedingte Kündigung, die allein wegen des Inhaberwechsels erfolgt. § 613a Abs. 4 kommt insoweit eine Komplementärfunktion zu (BAG NZA 2009, 1091, 1093; vgl. Rdn. 70 sowie HWK/*Willemsen* § 613a Rn. 4). Darüber hinaus erfüllt die Vorschrift **zwei weitere Schutzzwecke**: Zum einen die Kontinuität des Betriebsrats trotz Inhaberwechsels (näher Rdn. 62), zum anderen die Regelung der Haftung von altem und neuem Inhaber (vgl. Rdn. 65 ff. sowie BT-Drs. 6/1786 S. 59). Seit der Einführung des Abs. 1 Satz 2–4 durch das EG-Anpassungsgesetz v. 13.08.1980 ist Schutzzweck auch die Aufrechterhaltung der **kollektivrechtlich** geregelten Arbeitsbedingungen (vgl. Rdn. 49 ff.).

## B. Tatbestandsvoraussetzungen eines Betriebsübergangs

### I. Übergang eines Betriebs oder Betriebsteils

#### 1. Betrieb (wirtschaftliche Einheit)

Tatbestandsvoraussetzung des § 613a Abs. 1 Satz 1 ist der Übergang eines Betriebs oder Betriebsteils. Eine Definition dieser Begriffe enthält die Norm jedoch nicht. Zunächst lag es wegen des Zusammenhangs der Einführung des § 613a mit der BetrVG-Reform 1972 nahe, den Betriebsbegriff des § 613a mit dem betriebsverfassungsrechtlichen Betriebsbegriff gleichzusetzen. So ging das BAG zunächst von einem **betriebsmittelbezogenen Betriebsbegriff** aus, wonach es entscheidend auf den Übergang der sächlichen und immateriellen Betriebsmittel ankam. Die Arbeitnehmer als personelle »Betriebsmittel« sollten allerdings im Gegensatz zum betriebsverfassungsrechtlichen Betriebsbegriff nicht zum Betrieb i.S.v. § 613a gehören, da der Übergang der Arbeitsverhältnisse von der Norm angeordnet und somit Rechtsfolge sei – also nicht gleichzeitig Tatbestandsvoraussetzung sein könne (st. Rspr., so BAG NJW 1981, 2212; BAG NZA 1988, 170, 171). Das BAG verkannte dabei jedoch, dass § 613a seit 1977 auf die RL 2001/23/EG zurückzuführen (Rdn. 1) und somit **richtlinienkonform auszulegen** war (so schon EuGH NZA 2000, 1279, 1281 – Collino u.a.). Nach der maßgeblichen Rechtsprechung des EuGH, dem in Bezug auf die Richtlinie eine Vorabentscheidungskompetenz zukommt, ist entscheidendes Kriterium für den Betriebsübergang die **Wahrung der Identität der wirtschaftlichen Einheit** des Betriebs (vgl. auch Rdn. 13). Ein Betrieb i.S.d. Richtlinie und des § 613a ist demnach die »organisatorische Gesamtheit von Personen und Sachen zur auf Dauer angelegten Ausübung einer wirtschaftlichen Tätigkeit mit eigener Zielsetzung« (EuGH NZA 2000, 587, 588 – Allen u.a.; NZA 1995, 1031 – Rygaard; bestätigt u.a. in BAG NZA 2015, 97). Dabei kommt den Betriebsmitteln je nach Art des betreffenden Betriebs unterschiedliches Gewicht zu (EuGH NZA 1997, 433, 434 – Ayse Süzen). Mit Urt. v. 22.05.1997 gab das **BAG** seine bisherige Rechtsprechung daher ausdrücklich auf und geht seitdem davon aus, dass in Branchen, in denen es im Wesentlichen auf die menschliche Arbeitskraft ankommt (»**betriebsmittelarme Tätigkeiten**«), eine Gesamtheit von Arbeitnehmern, die durch ihre gemeinsame Tätigkeit dauerhaft verbunden sind, eine wirtschaftliche Einheit darstellen kann (BAG NZA 1997, 1050, 1052, st. Rspr.; so auch EuGH NZA 1997, 433, 434 – Ayse Süzen). Damit gehören neben den sächlichen und immateriellen Betriebsmitteln (vgl. Beispiele bei HWK/*Willemsen* § 613a Rn. 15) auch die Gesamtheit der Arbeitnehmer zur wirtschaftlichen Einheit und sind »Betriebsmittel« i.S.d. Betriebsbegriffs von EuGH und BAG. Auch ein **Zeitarbeitsunternehmen** (EuGH NZA 2007, 1151, 1152 – Jouini u.a.) oder ein **reiner Dienstleistungsbetrieb** (BAG NZA 2008, 1130) kann demzufolge § 613a unterfallen.

Dabei darf die wirtschaftliche Einheit **nicht bloß als »Tätigkeit«** verstanden werden. Ihre Identität ergibt sich auch aus anderen Merkmalen, z.B. ihrem Personal, ihren Führungskräften, ihrer Arbeitsorganisation, ihren Betriebsmethoden und ggf. den ihr zur Verfügung stehenden Betriebsmitteln (EuGH NZA 1997, 433). Dieses Kriterium grenzt den Betriebsübergang von der bloßen Funktionsnachfolge oder vom sog. »Outsourcing« ab (hierzu Rdn. 27). Der bloße Verlust eines Auftrags an einen Mitbewerber stellt jedenfalls keinen Betriebsübergang i.S.d. Richtlinie und des § 613a dar (EuGH NZA 1997, 433, 434; so auch BAG NZA 2008, 1130, 1132). Weitere Voraussetzung für das Vorliegen eines Betriebs ist nach der Rechtsprechung des EuGH eine **auf Dauer angelegte** Tätigkeit, die nicht auf die Ausführung eines bestimmten Vorhabens beschränkt sein darf (EuGH NZA 1995, 1031, 1032 – Rygaard; BAG NZA 1998, 534; krit. *Annuß* BB 1998, 1582, 1583).

§ 613a gilt für alle privaten und öffentlichen Betriebe, die eine **wirtschaftliche Tätigkeit** ausüben. Dies gilt unabhängig davon, ob sie Erwerbszwecke verfolgen oder nicht (vgl. Art. 1 Abs. 1 Buchst. c RL 2001/23; ferner EuGH NZA 2000, 1327, 1328 – Mayeur; EuGH NZA 1994, 207, 208 – Redmond Stichting, wo die Anwendbarkeit der RL bei einem Unternehmen bejaht wurde, das auf der Basis von Subventionen gemeinnützig unentgeltliche Dienstleistungen zur Verfügung stellte). Hierunter fallen neben Gewerbebetrieben, Praxen von Rechtsanwälten oder Steuerberatern auch Arztpraxen sowie Kliniken, auch wenn es sich hierbei um **öffentlich-rechtlich organisierte** Einheiten handelt (BAG NZA 2004, 316, 318; NZA 1994, 260, 263; weitere Beispiele bei ErfK/*Preis* § 613a Rn. 16). Bei dem Wechsel zwischen weltlichem Betrieb und kirchlicher Einrichtung müssen jedoch die prägnanten Unterschiede zwischen beiden Modellen beachtet werden. Durch den Betriebsübergang muss hier ein »Systemwechsel« bewältigt werden (ausführlich *Reichold* ZAT 2019, 170 f.). Eine wirtschaftliche Betätigung liegt allerdings nicht vor, wenn es sich dabei um eine **hoheitliche Aufgabe** handelt, z.B. bei der Übertragung der Verwaltungsaufgaben von einer öffentlichen Stelle auf eine andere oder im Zuge einer Umstrukturierung von Verwaltungsbehörden (vgl. Art. 1 Abs. 1 Buchst. c Satz 2 RL 2001/23; so schon EuGH NZA 1996, 1279 – Henke). Das BAG hat offen gelassen, ob § 613a auch bei der Verwaltungstätigkeit öffentlicher Stellen Anwendung findet, hat jedoch festgestellt, dass die Norm die Wahrung der betrieblichen Organisation voraussetze und nicht Fälle der gesetzliche Funktionsnachfolge erfasse (BAG NZA 1997, 1228; NZA 2000, 371, 373; nach BAG, Urt. v. 27.04.2000 – 8 AZR 260/99 steht die Wahrnehmung hoheitlicher Aufgaben dem Begriff des Betriebs i.S.v. § 613a nicht von vornherein entgegen).

## 2. Betriebsteil

5  Auch ein Betriebs**teil** kann nach § 613a Abs. 1 Satz 1 auf einen anderen Inhaber übergehen. Es handelt sich dabei um eine Teileinheit des Betriebs, die als **selbstständig abtrennbare organisatorische Einheit** innerhalb des betrieblichen Gesamtzwecks einen Teilzweck erfüllt, wobei dabei nicht andersartige Zwecke als im übrigen Betrieb verfolgt werden müssen (BAG NZA 2003, 315, 317; NZA 2006, 592, 595). Erforderlich sind demnach eigene **abgrenzbare Organisationsstrukturen** (so HWK/*Willemsen* § 613a Rn. 33 f.). Dem steht nicht entgegen, dass es sich lediglich um die Erfüllung einer untergeordneten Hilfsfunktion handelt (EuGH AP EWG-Richtlinie Nr. 77/187 Nr. 5; BAG NZA 1994, 686, 688). Die Qualität als abgrenzbarer Teil des Betriebs muss schon beim früheren Inhaber vorhanden gewesen sein. Die Gründung eines Betriebsteils mit einzelnen, bislang nicht teilbetrieblich organisierten Betriebsmitteln ist nicht von § 613a Abs. 1 Satz 1 erfasst (BAG NZA 2006, 794; NZA 2008, 825, 826); insoweit ist der Betriebs(teil)übergang von der **Übertragung einzelner Betriebsmittel** abzugrenzen. Letztlich kommt es auch beim Übergang eines Betriebsteils entscheidend darauf an, dass die wirtschaftliche Einheit ihre Identität wahrt (BAG NZA 2000, 144, 145; NZA 2006, 592, 595; vgl. Rdn. 13), wobei unerheblich ist, ob der verbleibende Restbetrieb noch fortgesetzt werden kann (BAG NZA 1998, 249, 251; NZA 2002, 1207, 1208). So liegt ein Betriebs(teil)übergang i.S.v. § 613a Abs. 1 Satz 1 vor, wenn für Reinigungsarbeiten in einem Krankenhaus stets bestimmte Arbeitnehmer zuständig sind (so BAG NZA 2009, 144, 146).

## II. Übergang auf anderen Inhaber

6  § 613a Abs. 1 Satz 1 fordert den Übergang des Betriebs(teils) vom bisherigen Betriebsinhaber auf den Erwerber, wobei entscheidend ist, dass dieser den Betrieb tatsächlich übernimmt und im eigenen Namen fortführt (BAG NZA 1985, 735).

### 1. Begriff des Betriebsinhabers

7  Inhaber des Betriebs kann eine Personengesellschaft (OHG, KG) sowie jede natürliche und juristische Person des privaten und öffentlichen Rechts sein (ErfK/*Preis* § 613a Rn. 43). Es muss sich dabei um eine Person handeln, die für den Betrieb »**verantwortlich**« ist (EuGH NZA 1999, 189, 190 – Sánchez Hidalgo u.a.; BAG NZA 1999, 704, 705), d.h. die den Betrieb **im eigenen Namen** leitet und **nach außen** als Betriebsinhaber auftritt (BAG NZA 2003, 1338, 1340). Hiervon abzugrenzen ist der bloße Auftritt im Innenverhältnis gegenüber der Belegschaft bei einem Betriebsführungsvertrag (BAG NZA 2018, 933). Nicht erforderlich ist hingegen, dass der Inhaber Eigentümer der sächlichen Betriebsmittel (z.B. betriebliches Grundstück, Maschinen) ist (EuGH NZA 2003, 1385, 1387 – Abler u.a.). So kann auch ein **Pächter** (BAG NZA 1999, 704) oder ein **Treugeber** (BAG NZA 2003, 1338, 1340 – Sicherungsübereignung) Inhaber i.S.v. § 613a sein, *wenn er den Betrieb im eigenen Namen führt*. Ebenso wenig ist eine **eigenwirtschaftliche Nutzung** für die Feststellung eines Betriebsübergangs erforderlich (EuGH NZA 2006, 29 – Güney Görres;

BAG NZA 2006, 1105, 1108; ausf. hierzu HWK/*Willemsen* § 613a Rn. 40 ff.). Entscheidend ist allein, dass der Inhaber die **betriebliche Leitungsmacht** innehat (BAG NZA 2000, 1115, 1117). Das **Direktionsrecht** hingegen kann auch auf Dritte übertragen werden und muss nicht vom Inhaber selbst ausgeübt werden (BAG NZA 2003, 1338, 1340; NZA 2006, 597, 603; a.A. HWK/ *Willemsen* § 613a Rn. 42). Nach neuer EuGH-Rspr. ist auch unerheblich, ob die Arbeitnehmer des Betriebs mit dem Inhaber **Arbeitsverträge abgeschlossen** haben. So kann Inhaber auch das Unternehmen eines Konzerns sein, zu dem die Arbeitnehmer ständig abgestellt waren (sog. Personaldienstleistungsgesellschaft), wohingegen ein Arbeitsvertrag nicht mit diesem, sondern mit einem anderen Unternehmen innerhalb dieses Konzerns bestand (EuGH NJW 2011, 43 – Albron Catering BV; krit. *Gaul/Ludwig* DB 2011, 298). Testamentsvollstrecker, Nachlass-, Insolvenz- und Zwangsverwalter sind keine Betriebsinhaber i.S.v. § 613a, da sie den Betrieb nur im Namen des Inhabers leiten (ErfK/*Preis* § 613a Rn. 48).

### 2. Inhaberwechsel

§ 613a Abs. 1 Satz 1 setzt voraus, dass der bisherige Betriebsinhaber durch den neuen »abgelöst« wird; die bisherige Inhaberschaft muss erlöschen und der neue Inhaber muss eine qualitativ gleichartige Rechtsstellung einnehmen (HWK/*Willemsen* § 613a Rn. 52 ff.). Erforderlich ist ein **Wechsel der rechtlichen Identität** des Betriebsinhabers (BAG NJW 1983, 2283). Ein derartiger Wechsel kann auch dann vorliegen, wenn ein Betrieb zwischen zwei Konzernunternehmen übertragen wird (EuGH NZA 2000, 587). Bei einem bloßen Wechsel der Gesellschafter hingegen bleibt die rechtliche **Identität der Gesellschaft** als der Rechtsträgerin erhalten (BAG NZA 1991, 63; NZA 2007, 1428; NZA 2017, 981), auch dann, wenn z.B. bei einer GbR alle Gesellschafter ausscheiden und die Erwerber an deren Stelle treten (BAG NJW 1983, 2283; MüKo/*Müller-Glöge* § 613a Rn. 55). Eine analoge Anwendung des § 613a in diesen Fällen scheidet aus, insb. eine Analogie zu § 613a Abs. 4, wenn »wegen des Gesellschafterwechsels« gekündigt wird, der nicht die Identität der Gesellschaft als solcher berührt (BAG NJW 1983, 2283; ErfK/*Preis* § 613a Rn. 43).

8

Die Inhaberschaft des bisherigen Rechtsträgers **erlischt**, wenn er seine wirtschaftliche Betätigung einstellt; einer gesonderten Übertragung der Leitungsmacht bedarf es dabei allerdings nicht (BAG NZA 1999, 310; NZA 2006, 597, 600). Ein Erlöschen in diesem Sinne liegt nicht vor, wenn zwar ein großer Teil der Betriebsmittel veräußert wird, der bisherige Betriebsinhaber den Betrieb(szweck) jedoch weiterführt (ausf. HWK/*Willemsen* § 613a Rn. 54 ff.).

9

### 3. Tatsächliche Fortführung durch den neuen Inhaber

Ein Betriebsübergang i.S.v. § 613a liegt nur dann vor, wenn der Erwerber den Betrieb **tatsächlich fortführt**. Die bloße Fortführungsmöglichkeit genügt hingegen nicht (BAG NZA 2008, 825; NZA 2006, 1096, 1100). Es bedarf einer **tatsächlichen Weiterführung oder Wiederaufnahme der Geschäftstätigkeit** beim Wechsel der natürlichen oder juristischen Person, die für den Betrieb verantwortlich ist (BAG NZA 1999, 704, 705; EuGH NZA 1997, 433 – Ayse Süzen). Auf den Willen des Erwerbers zur Fortführung des Betriebs kommt es dabei ebenso wenig an (ErfK/*Preis* § 613a Rn. 50; a.A. HWK/*Willemsen* § 613a Rn. 59 f.) wie auf die Vereinbarung eines **Rücktrittsrechts** oder einer aufschiebenden Bedingung (BAG AP BGB § 613a Nr. 339). Die Voraussetzung der tatsächlichen Fortführung ist auch nicht deshalb entbehrlich, weil die öffentliche Hand verpflichtet gewesen wäre, die vom bisherigen Inhaber des Betriebes erbrachte Tätigkeit selbst durchzuführen (BAG NZA 2012, 1161, 1167). Führt der Erwerber den Betrieb nicht im Wesentlichen fort, gliedert er z.B. die übernommenen Betriebsmittel in eine bereits bestehende Organisationsstruktur ein, ohne dass er diese Betriebsmittel/Ressourcen in ihrer **funktionellen Verknüpfung** weiter nutzt, ist § 613a nicht einschlägig (EuGH NZA 2009, 251, 253 – Klarenberg; BAG NZA 2004, 316, 319; NZA 2006, 1039; ausf. *Sieg/Maschmann* Rn. 92 ff., vgl. Rdn. 13). Ein Betriebsübergang liegt auch dann nicht vor, wenn bei einem **Rückfall der Pachtsache** an den Verpächter dieser zwar wieder Inhaber der materiellen und immateriellen Betriebsmittel wird, er aber nicht – auch nicht vorübergehend – die wirtschaftliche Leitungsmacht übernimmt (BAG NZA 1999, 704, 705; ErfK/*Preis*

10

§ 613a Rn. 54). Unerheblich ist die **Dauer der Fortführung** durch den Erwerber. So handelt es sich auch dann um einen Betriebsübergang, wenn der Betrieb mit dem Ziel erworben wird, ihn kurze Zeit später stillzulegen (BAG NZA 1995, 165, 167; ErfK/*Preis* § 613a Rn. 52).

11 Erfolgt die **Stilllegung** des Betriebs oder Betriebsteils hingegen vor dem Erwerb, so scheidet ein Betriebsübergang aus: Betriebsübergang und Stilllegung schließen sich wegen der unterschiedlichen Rechtsfolgen – im Rahmen einer Stilllegung besteht für die Arbeitnehmer lediglich kollektivrechtlicher Schutz nach §§ 111, 112 BetrVG – gegenseitig aus (BAG NZA 1988, 170, 171; NZA 2003, 93; NZA 2007, 1287, 1290). Allerdings kann auch in der Übernahme von Betriebsmitteln und/oder Arbeitnehmern nach Betriebsstilllegung eine Betriebsübernahme i.S.v. § 613a liegen, sodass die Arbeitnehmer dann einen **Wiedereinstellungsanspruch** gegen den Erwerber haben (BAG NZA 2003, 93; vgl. ferner APS/*Steffan* § 613a Rn. 61; *Matthes* NZA 2000, 1073, 1074 – hier sollen sich Betriebsübergang und Stilllegung nicht ausschließen; a.A. *Moll* RdA 2003, 129, 132). Eine Stilllegung liegt laut BAG vor, wenn der Arbeitgeber den **ernstlichen und endgültigen Entschluss** fasst, die Betriebs- und Produktionsgemeinschaft zwischen ihm und den Arbeitnehmern für einen **Zeitraum von unbestimmter bzw. wirtschaftlich nicht unerheblicher Dauer** aufzuheben (BAG NZA 1997, 251, 252). Entscheidend ist dabei, ob die dem Betriebszweck dienende Organisation aufgelöst wird (BAG NZA 1988, 170, 171). Das Merkmal des wirtschaftlich nicht unerheblichen Zeitraums stellt auf den Unterschied zwischen Betriebsstilllegung und **Betriebsunterbrechung** ab, welche die Rechtsfolgen des § 613a nicht ausschließt. Ein Indiz für das Vorliegen eines erheblichen Zeitraums kann es sein, wenn die Unterbrechung der Betriebstätigkeit länger dauert als jede gesetzliche Kündigungsfrist nach § 622 Abs. 2 (BAG NZA 1997, 1050, 1052). Bei **alsbaldiger Wiedereröffnung** des Betriebs oder bei alsbaldiger Wiederaufnahme der Produktion durch den Betriebserwerber spricht eine tatsächliche Vermutung gegen eine ernsthafte Stilllegungsabsicht (BAG NZA 1988, 170, 171). Bei einer **längeren tatsächlichen Unterbrechung** kann es zu einem Verlust der Identität des Betriebs kommen, sodass der Erwerber ihn nicht mehr tatsächlich fortführen kann (so BAG NZA 1997, 1050, 1052; NZA 1998, 31, 32; vgl. auch HWK/*Willemsen* § 613a Rn. 72).

12 **Maßgeblicher Zeitpunkt** für den Inhaberwechsel ist grundsätzlich die **tatsächliche** Übernahme der Leitungs- und Organisationsmacht. Die vertragliche Verpflichtung, einen Betrieb zu einem bestimmten Zeitpunkt zu übernehmen, kann einen Betriebsübergang hingegen alleine nicht begründen (BAG NZA 2008, 825, 826; a.A. ErfK/*Preis* § 613a Rn. 51; HWK/*Willemsen* § 613a Rn. 76 f.).

### 4. Identitätswahrender Übergang

#### a) Allgemeines

13 Eine tatsächliche Betriebsfortführung kann nur stattfinden, wenn die **Identität der wirtschaftlichen Einheit** des Betriebs nach dem Übergang auf den Erwerber erhalten bleibt (st. Rspr., so EuGH, Urt. v. 18.03.1986 – C-24/85 – Spijkers; EuGH NZA 1997, 433 – Ayse Süzen; BAG NZA 1998, 251, vgl. Rdn. 2). Dazu muss die **Verknüpfung von Betriebsmitteln und -zweck** auch nach dem Betriebsübergang noch vorhanden, die wesentlichen Betriebsmittel müssen auch beim neuen Inhaber demselben oder zumindest einem gleichartigen Betriebszweck gewidmet sein. Das kann nicht schon beim Aufbau einer neuen Tankstelle in unmittelbarer Nähe zur alten Tankstelle mit einem kleinen Teil der alten Belegschaft und unter Nichtübernahme besonderer erforderlicher Anlagen bejaht werden (BAG NZA 2015, 97). Die bisherigen **betrieblichen Organisationsstrukturen** müssen grundsätzlich erhalten bleiben, was vom EuGH im Fall »Klarenberg« etwas aufgeweicht wurde. Die **Beibehaltung** einer funktionellen Verknüpfung zwischen Betriebsmitteln und -zweck könne auch dann, wenn sie nach der Übertragung in eine **neue, andere Organisationsstruktur** überführt werde, den Tatbestand des § 613a Abs. 1 Satz 1 erfüllen (EuGH NZA 2009, 251, 253 – Klarenberg). Zulässig ist jedoch ein Wechsel zwischen weltlichem Betrieb und kirchlicher Einrichtung, wenn auch die hierdurch resultierenden Mitbestimmungsfragen noch nicht vollends geklärt sind (*Trebeck* ArbRAktuell 2020, 345). Doch geht auch der EuGH vom notwendigen Fortbestand des »**Organisationsvorteils**« aus (HWK/*Willemsen* § 613a Rn. 120). Das BAG lehnte

in der Endentscheidung zu »Klarenberg« einen identitätswahrenden Übergang schon wegen der logisch vorrangigen Feststellung ab, dass beim Veräußerer die streitige F+E-Einheit keinen Betriebsteil im Sinne einer »abgrenzbaren organisatorischen wirtschaftlichen Einheit« dargestellt habe (BAG NZA 2012, 504). Darüber hinaus wird vom BAG auch weiterhin die Möglichkeit einer »identitätszerstörenden Eingliederung« beim Erwerber bejaht, soweit (1) überhaupt ein Betriebsteil vorliegt, der (2) durch erhebliche Veränderungen der zuvor existierenden Betriebsorganisation den vormaligen Funktions- und Zweckzusammenhang nicht mehr weiter verfolgt (zutr. HWK/*Willemsen* § 613a Rn. 123 unter Verweis auf BAG NZA 2009, 905; NZA 2010, 499; vgl. auch BAG NZA 2011, 1162).

Um die Frage zu beantworten, ob die betreffende wirtschaftliche Einheit beim Übergang auf den neuen Inhaber ihre Identität bewahrt, ist eine **Einzelfallbetrachtung** erforderlich. Der zuständige 8. Senat des BAG nimmt die Prüfung anhand eines **7-Punkte-Katalogs** vor, der vom EuGH wortlautgetreu übernommen wurde und den die Instanzgerichte zu berücksichtigen haben. Dazu gehören namentlich 14

1. die Art des betreffenden Unternehmens oder Betriebs,
2. der etwaige Übergang der materiellen Betriebsmittel wie Gebäude und bewegliche Güter,
3. der Wert der immateriellen Aktiva im Zeitpunkt des Übergangs,
4. die etwaige Übernahme der Hauptbelegschaft durch den neuen Inhaber,
5. der etwaige Übergang der Kundschaft sowie
6. der Grad der Ähnlichkeit zwischen den vor und nach dem Übergang verrichteten Tätigkeiten und
7. die Dauer einer eventuellen Unterbrechung dieser Tätigkeiten.

Diese Umstände sind Teilaspekte der vorzunehmenden **Gesamtbewertung** und dürfen nicht isoliert betrachtet werden (st. Rspr. seit EuGH, Urt. v. 18.03.1986 – C-24/85; zust. BAG NZA 2015, 97). Für das Vorliegen eines Betriebsübergangs müssen nicht zeitgleich alle Kriterien vorliegen; ebenso wenig muss allen vorliegenden Kriterien stets der gleiche Wert zukommen. Vielmehr kommt ihnen je nach ausgeübter Tätigkeit und nach den Produktions- und Betriebsmethoden des jeweiligen Betriebs **unterschiedliches Gewicht** zu (BAG NZA 1997, 1228, 1229). Entscheidend ist, ob diejenigen Betriebsmittel/Ressourcen übergegangen sind, die für den betreffenden Betriebszweck kennzeichnend sind (BAG NZA 2000, 369, 370). So ist bei betriebsmittelarmen Tätigkeiten die Übernahme der Hauptbelegschaft (Rdn. 23) maßgebliches Kriterium für die Wahrung der Identität der wirtschaftlichen Einheit (BAG DB 2011, 2553 – Veräußerung einer Arztpraxis). 15

b) **Einzelne Kriterien**

aa) **Art des Unternehmens**

Die Art des betreffenden Unternehmens ist nicht als eigenständiges Kriterium anzusehen, sondern vielmehr als **Vorfrage**, um bei der abschließenden Gesamtbewertung beurteilen zu können, welches Gewicht den übrigen Kriterien zukommt (ErfK/*Preis* § 613a Rn. 12). Zu prüfen ist das **wesentliche Substrat des Betriebs**, d.h. die Frage, welche Betriebsmittel/Ressourcen die Identität des Betriebs ausmachen und auf den Erwerber übergehen müssen, um einen Betriebsübergang bejahen zu können. Dabei hilft entscheidend die Frage, wo der »Kern des zur Wertschöpfung erforderlichen Funktionszusammenhangs« liegt (BAG NZA 2007, 793; NZA 2008, 1021, 1022). So kann ein und dasselbe Betriebsmittel für die Beurteilung der Identität des einen Betriebs wesentlich, für die eines anderen aber bedeutungslos sein. 16

Bei **Produktionsbetrieben** kommt es danach im Wesentlichen auf den Übergang der sächlichen Betriebsmittel wie Maschinen, Anlagen, Werkzeuge etc. an, wohingegen bei **Dienstleistungsbetrieben** eher die immateriellen Betriebsmittel (»Know-how«, Dienstleistungsverträge, Kundenstamm etc.) oder das Personal maßgeblich sind. Bei Dienstleistern differenziert die Rspr. weiter danach, ob die Verwendung von Betriebsmitteln für das Erbringen der Dienstleistung wesentlich ist oder nicht. So beruht die Dienstleistung »**an Betriebsmitteln**« überwiegend auf der Arbeitsleistung des 17

Personals, die Betriebsmittel haben also nur untergeordnete Bedeutung und ihre Übernahme ist nicht Voraussetzung für das Vorliegen von § 613a (BAG NZA 2009, 144, 146 – Reinigungsdienste). Bei Diensten, die »**mit Betriebsmitteln**« verrichtet werden, die Betriebsmittel also wesentlich für die Erbringung der Dienstleistung sind, kann bereits bei Fortführung der Tätigkeit mithilfe der bisherigen Betriebsmittel ein Betriebsübergang vorliegen (EuGH NZA 2003, 1385 – Abler u.a.; BAG NZA 2010, 499, 502, das jedoch den Betriebsübergang wegen Änderung des Organisationskonzepts ablehnt). Auch bei **Handelsbetrieben** sind die immateriellen Betriebsmittel wie das »Know-how« und der Kundenstamm von wesentlicher Bedeutung; insb. im **Einzelhandel** kann die Lage der Geschäftsräume identitätsstiftend sein, wenn nur durch Übernahme dieser Räume der Kundenstamm erhalten bleibt (BAG NZA 2000, 369; ausf. HWK/*Willemsen* § 613a Rn. 93 f.).

18 Selbst wenn diejenigen Betriebsmittel/Ressourcen auf den neuen Inhaber übergegangen sind, die für die Erhaltung der Identität des betreffenden Betriebs wesentlich sind, kann ein Identitätsverlust mit der Veränderung der Betriebsorganisation oder des Betriebszwecks einhergehen (BAG NZA 2010, 499, 501 f.; zum Merkmal der »funktionellen Verknüpfung« vgl. EuGH NZA 2009, 251, 253; HWK/*Willemsen* § 613a Rn. 98 f.).

### bb) Übergang der materiellen Aktiva

19 Ging das BAG früher davon aus, der Übergang von materiellen Betriebsmitteln sei unerlässliche Voraussetzung für einen Betriebsübergang (BAG NZA 1985, 775), kann dies heute nur noch **wesentliches Indiz** für einen Betriebsübergang sein (EuGH NZA 1994, 545, 546 – Christel Schmidt). Es handelt sich insoweit nur um eines von mehreren Kriterien, das abhängig von der Art des betreffenden Betriebs für dessen Identität von Bedeutung sein kann (vgl. Rdn. 16). So ist der Übergang der sächlichen Betriebsmittel gerade im **Produktionsgewerbe** wesentlich, da die Betriebstätigkeit ohne Produktionsanlagen, Maschinen, Werkzeuge etc. nicht aufrechterhalten werden kann und ein Betriebsübergang schon wegen deren Nichtübernahme ausscheidet (BAG, Urt. v. 25.05.2000 – 8 AZR 335/99, zu B II 2a d. Gr.). Die materiellen Betriebsmittel bilden hier den Kern des zur Wertschöpfung erforderlichen Funktionszusammenhangs (Rdn. 16). Aber auch im **Handels- und Dienstleistungssektor** kann die Übernahme der sächlichen Betriebsmittel Indiz für eine Betriebsübernahme sein, insb. dann, wenn es sich hierbei um kapitalintensive und/oder für den Betriebszweck unverzichtbare Einrichtungen handelt (EuGH NZA 2001, 249, 252 – Oy Liikenne AB; BAG NZA 2007, 1296). Entscheidend ist, dass die **wesentlichen Betriebsmittel** übernommen werden (BAG NZA 2004, 1383, 1387; NZA 2006, 794), die eine sinnvolle Fortführung der Betriebstätigkeit ermöglichen (BAG, Urt. v. 25.05.2000 – 8 AZR 335/99, zu B II 2a d. Gr.). Leicht austauschbare Betriebsmittel wie z.B. die Ladeneinrichtung oder die vorhandenen Warenbestände eines Einzelhandelsgeschäfts sind grundsätzlich nicht identitätsstiftend (BAG NZA 2000, 369, 371); anders ist dies allerdings, wenn die Betriebsmittel das für die Betriebsfortführung erforderliche »Know-how« enthalten (HWK/*Willemsen* § 613a Rn. 113). Für den Betriebsübergang im Rahmen eines **Catering-Auftrags für ein Krankenhaus** reicht es aus, dass das neu beauftragte Unternehmen die vom Krankenhaus zur Verfügung gestellten Räumlichkeiten sowie das unbewegliche Groß- und Kleininventar übernimmt; auf die Übernahme des beweglichen Inventars, des Warenlagers und der Arbeitnehmer kommt es hier nicht an (EuGH NZA 2003, 1385, 1386 – Abler u.a.). Erhält der Erwerber allerdings nicht die funktionelle Verknüpfung zwischen den sächlichen und immateriellen Betriebsmitteln (Rdn. 13) und werden lediglich einzelne oder eine Summe von materiellen Betriebsmitteln übertragen, reicht dies nicht für die Annahme eines Betriebsübergangs; es liegt lediglich eine Betriebsmittelveräußerung vor (BAG NZA 2003, 93, 98).

20 Auf der anderen Seite ist bei der Nichtübertragung von materiellen Betriebsmitteln ein Betriebsübergang nicht ausgeschlossen. So kann ein Betriebsübergang auch dann vorliegen, wenn **keine sächlichen** Betriebsmittel übertragen werden (EuGH NZA 1997, 433, 434 – Ayse Süzen). Dies ist bei sog. betriebsmittelarmen Tätigkeiten i.d.R. der Fall (vgl. Rdn. 23 und Beispiele bei HWK/*Willemsen* § 613a Rn. 114 ff.).

cc) **Wert der immateriellen Aktiva**

Vor allem im **Handels- und Dienstleistungsgewerbe** ist für die Identität des betreffenden Betriebs der Übergang immaterieller Betriebsmittel auf den Erwerber prägend. Hierzu gehören u.a. Dienstleistungsverträge, »Know-how«, »Goodwill«, Konzessionen, Kundenlisten und Geschäftspapiere (BAG NZA 2006, 668, 670). Auch die **Übertragung gewerblicher Schutzrechte** (Patent- und Gebrauchsmusterrechte, Lizenzen) ist ein Indiz für das Vorliegen eines Betriebsübergangs (BAG NZA 1985, 736), die Nichtübernahme hat negative Indizfunktion (BAG NZA 1998, 249, 251). Im Handelsgewerbe kann die Übernahme von Markenware unter einem **Güte- oder Warenzeichen** die Identität des Betriebs mitbestimmen, wenn dadurch der den Betrieb prägende Kundenstamm erhalten bleibt (BAG NZA 1989, 265, 266; NZA 1993, 643, 644 – Produktionsbetrieb für Verkehrsschilder mit Gütezeichen). Übernimmt der Erwerber den **Firmennamen**, kann dies ein Anhaltspunkt dafür sein, dass die Marktstellung des bisherigen Betriebsinhabers genutzt werden soll; allein die Änderung des Namens beseitigt jedoch nicht die Identität der wirtschaftlichen Einheit (BAG NZA 2009, 29, 33). Macht sich der Erwerber den »guten Namen« eines Betriebs zunutze, kann hieraus auf den Übergang des »Goodwills« geschlossen werden (BAG NZA 1998, 31, 32). Für einen Betriebsübergang spricht auch, wenn besonders qualifizierte Arbeitnehmer oder Schlüsselkräfte, sog. »Know-how«-Träger, übernommen werden (BAG NZA 1994, 612; vgl. Rdn. 23). Zusammenfassend lässt sich sagen, dass je größer die rechtliche oder wirtschaftliche Bedeutung des jeweiligen immateriellen Betriebsmittels, also dessen Wert für die Fortführung des Betriebs ist, desto mehr Gewicht fällt diesem bei der abschließenden Gesamtbewertung zu.

21

Auch im **produzierenden Gewerbe** nimmt die Bedeutung immaterieller Betriebsmittel zu (z.B. Lizenzen, Computerprogramme). So kann z.B. die fehlende Übertragung wesentlicher Lizenzen den Betriebsübergang ausschließen, wenn der Betriebszweck ohne diese Lizenzen nicht aufrechterhalten werden kann (BAG NZA 1995, 27, 28).

22

dd) **Übernahme der Arbeitnehmer**

In **betriebsmittelarmen und dienstleistungsorientierten Branchen**, bei denen es im Wesentlichen auf die menschliche Arbeitskraft ankommt, kann schon die Nichtübernahme von Personal den Betriebsübergang ausschließen (BAG NZA 2004, 1383; DB 2011, 2553, 2555: Arztpraxis). Der betreffende Betrieb darf dabei nicht durch materielle oder immaterielle Betriebsmittel geprägt sein, vielmehr muss das Personal den Kern der Wertschöpfung des Betriebs darstellen. Entscheidend für die Wahrung der Identität des Betriebs ist, dass der neue Inhaber nicht nur die betreffende Tätigkeit weiterführt, sondern auch einen **nach Zahl und Sachkunde wesentlichen Teil des Personals** übernimmt, den der bisherige Inhaber gezielt bei dieser Tätigkeit eingesetzt hat (BAG NZA 2009, 144, 146). Auf die besondere **Sachkunde** des Personals kommt es bei weniger qualifizierten Dienstleistungen (z.B. Reinigung, Servicekräfte in Hotels und Gaststätten), bei denen das Personal **leicht austauschbar** ist, nicht an; vielmehr ist entscheidend, ob der neue Inhaber die vorhandene **Arbeitsorganisation und die Betriebsmethoden** (»eingespieltes Team«, so *Siegl/Maschmann* Rn. 75) übernimmt (BAG NZA 1998, 534, 535). Ist der Betrieb hingegen durch den hohen Qualifikationsgrad einiger Arbeitnehmer geprägt, kann schon die Weiterbeschäftigung dieser für einen Betriebsübergang sprechen (BAG NZA 2009, 29, 33). Demnach entscheidet die Sachkunde der Arbeitnehmer darüber, wie viele Arbeitnehmer übernommen werden müssen. So genügt es bei einfachen Tätigkeiten in einem Krankenhaus nach Ansicht des BAG nicht, wenn 75 % des früheren Personals übernommen werden, zumal dann, wenn die ursprüngliche Betriebsorganisation nicht mit übernommen worden sei (BAG NZA 1999, 420). Dagegen soll eine Weiterbeschäftigungsquote von **85 %** ausreichen, wenn auch die Vorarbeiterin übernommen wird (BAG NZA 1998, 434, 435 – Reinigungstätigkeiten). Bei einer »verhältnismäßig qualifizierten und spezialisierten Tätigkeit« wie dem Überwachungsgewerbe kann allerdings schon die Übernahme von **weniger als zwei Dritteln** der Belegschaft eine Betriebsübernahme darstellen (BAG NZA 1999, 483, 485). Entscheidend ist letztlich auch bei den qualifizierten Tätigkeiten, ob die übernommenen Arbeitnehmer den Kern der bisherigen Betriebsorganisation ausmachen (ausf. HWK/*Willemsen* § 613a Rn. 133 ff.).

23

Demnach kann der Erwerber im **Krankenhausbereich**, in dem es im Wesentlichen auf die menschliche Arbeitskraft ankommt, dadurch einen Betriebsübergang herbeiführen oder vermeiden, indem er entweder den Hauptanteil der Belegschaft übernimmt oder neues Personal einstellt (ArbRiK/ *Thomae* Teil 13 Rn. 14).

24 Bei betriebsmittelgeprägten Tätigkeiten kann neben der Übernahme von materiellen und immateriellen Betriebsmitteln die Weiterbeschäftigung der Schlüsselkräfte ein zusätzliches Indiz für einen Betriebsübergang sein (BAG NZA 1999, 706, 707).

#### ee) Übernahme der Kundschaft

25 Die Kundschaft eines Betriebs kann grundsätzlich nicht übernommen werden, vielmehr muss der Erhalt der Kundschaft Ziel des Erwerbers sein. Erforderlich ist, dass bestimmte Ressourcen übergehen, die dem Erwerber den **Zugang** zu dem bisherigen Kundenkreis erst ermöglichen (HWK/ *Willemsen* § 613a Rn. 156). Dies ist wie immer abhängig von der Art des Betriebs und dessen Zwecksetzung. So verfügt z.B. ein **Caterer**, der eine Krankenhauskantine im Namen und für Rechnung des Krankenhauses bewirtschaftet, über keine eigene Kundschaft; einer etwaigen Übernahme derselben kann somit keine Indizwirkung für einen Betriebsübergang zukommen (BAG NZA 1998, 532, 533; anders, wenn der Pächter einer Kantine selbst Vertragspartner der Kantinenbesucher wird, so EuGH NZA 2003, 1385, 1386 – Abler u.a.). Demgegenüber sind Tätigkeiten im **Handels- und Dienstleistungsgewerbe** oft vom vorhandenen Kundenstamm geprägt. So kann insbesondere bei Handelsunternehmen die **Übernahme der Kundenkartei** nebst der Übertragung der Vertriebsberechtigung für ein bestimmtes Gebiet für den Erhalt des Kundenstammes sprechen (EuGH NZA 1996, 413, 414 – Merckx/Neuhuys). Im **Einzelhandel** ist die Fortführung der Tätigkeit am selben Ort oder in unmittelbarer Nähe (BAG NZA 2000, 369, 371), die Beibehaltung des Warensortiments (BAG NZA 1987, 589; NZA 2006, 1357) bzw. die Unterbrechung der Betriebstätigkeit (BAG NZA 1997, 1050, 1052) von ausschlaggebender Bedeutung. Im Reinigungs- und Bewachungsgewerbe ist die Tätigkeit meist dadurch geprägt, dass sie gerade für einen konkreten Auftraggeber ausgeübt wird (**Objektbezug** der Tätigkeit). Die Weiterführung der Tätigkeit bei diesem Kunden ist dann identitätsstiftend (BAG NZA 2009, 144, 147; HWK/ *Willemsen* § 613a Rn. 159). Bei Produktionsbetrieben ist der Eintritt in Kundenbeziehungen nur von untergeordneter Bedeutung, da hier die sächlichen Betriebsmittel die Identität des Betriebs ausmachen (Rdn. 19; HWK/ *Willemsen* § 613a Rn. 151).

#### ff) Ähnlichkeit der Tätigkeiten vor und nach der Übernahme

26 Weiteres Indiz für das Vorliegen eines Betriebsübergangs ist die Ähnlichkeit der Geschäftstätigkeit von altem und neuem Inhaber. Dieser muss die bisherige Tätigkeit tatsächlich fortführen oder wiederaufnehmen, wobei es sich um **dieselbe oder zumindest eine gleichartige Tätigkeit** handeln muss (EuGH, Urt. v. 18.03.1986 – C-24/85 – Spijkers). Um dies beurteilen zu können, ist entscheidend, ob die Tätigkeit noch denselben **organisatorischen Zweck** verfolgt (*Sieg/Maschmann* Rn. 77). Liegt hingegen eine **wesentliche Änderung der Tätigkeit** durch den neuen Betriebsinhaber vor, so kann nicht mehr von einer Fortführung der Betriebstätigkeit gesprochen werden (BAG NZA 2006, 1357, 1359; EuGH NZA 2009, 251, 253 – Klarenberg; vgl. schon Rdn. 10). Zur näheren Bestimmung der Wesentlichkeit können **Betriebsmethoden und Arbeitsorganisation** unter dem bisherigen Inhaber herangezogen werden.

27 Führt der neue Betriebsinhaber eine ähnliche Tätigkeit fort, rechtfertigt dies allein dann keinen Betriebsübergang, wenn es sich dabei um den Fall einer **reinen Funktionsnachfolge** handelt, wenn also weder materielle oder immaterielle Betriebsmittel noch die Hauptbelegschaft übernommen werden (grundlegend EuGH NZA 1997, 433, 434). In einem solchen Fall handelt es sich zwar um dieselbe oder eine ähnliche Tätigkeit, es gehen aber nicht Betriebsmethoden und Arbeitsorganisation des bisherigen Inhabers mit über. Vielmehr wird die Tätigkeit im Rahmen einer neu geschaffenen oder beim Erwerber bereits vorhandenen Betriebsorganisation ausgeführt (HWK/ *Willemsen* § 613a Rn. 165). So ist weder die bloße Auftragsnachfolge (BAG NZA 2008, 1130, 1132) noch

die erstmalige Fremdvergabe (BAG NZA 1998, 536) als Betriebsübergang zu qualifizieren. Auch in den Fällen des sog. »Outsourcing«, der Auslagerung einer bisher innerhalb des Unternehmens vorgenommenen Tätigkeit, darf die wirtschaftliche Einheit nicht mit einer bloßen Tätigkeit und deren Fremdvergabe gleichgesetzt werden (HWK/*Willemsen* § 613a Rn. 166 f.). Wer aber »*Sale and Lease Back*« im Personalbereich mit einer abgrenzbaren Abteilung betreibt, muss mit der Anwendung des § 613a rechnen (so BAG NZA 2009, 144: Kommunalunternehmen, das ein Krankenhaus betreibt und eine Service-GmbH für alle **Reinigungskräfte** des Krankenhauses gründet, erfüllt Tatbestand des § 613a, wenn die Service-GmbH im Wege der Arbeitnehmerüberlassung alle übernommenen Reinigungskräfte an das Kommunalunternehmen »zurück verleiht« und diese dort die gleichen Tätigkeiten wie bisher verrichten; zust. *Gaul/Ludwig* DB 2011, 298, 301; krit. *Lembke* BB 2010, 1533; anders dagegen BAG DB 2011, 246: Ein Betriebsübergang liegt nicht vor, wenn das Personal eines *betriebsmittelgeprägten* Betriebs getrennt von den Betriebsmitteln übernommen und sodann im Wege der nicht gewerbsmäßigen Arbeitnehmerüberlassung ausschließlich an den Übernehmer der Betriebsmittel verliehen wird). Letztlich ist in all diesen Fällen entscheidend, dass neben der Fortführung zumindest einer ähnlichen Tätigkeit auch die wesentlichen Ressourcen und der **betriebsorganisatorische Zweck** übertragen werden.

### gg) Dauer einer eventuellen Unterbrechung der Tätigkeit

Die Dauer einer Unterbrechung der Betriebstätigkeit kann den Betriebsübergang dann ausschließen, wenn sie zum Verlust der Identität der wirtschaftlichen Einheit führt. Dabei kommt es darauf an, ob der **wirtschaftliche Wert der übernommenen Ressourcen** noch besteht oder ob dieser durch die Unterbrechung verloren ging (HWK/*Willemsen* § 613a Rn. 168). Das lässt sich nicht an einem bestimmten Zeitraum festmachen, stattdessen ist auf die **wirtschaftliche Erheblichkeit** des Unterbrechungszeitraums abzustellen. Bei Handels- und Dienstleistungsbetrieben, die durch einen bestimmten Kundenkreis geprägt sind, kann erst eine längere Unterbrechung zum Verlust des Kundenkreises und damit zum Identitätsverlust führen. So schließt in einem **Einzelhandelsbetrieb** eine tatsächliche Einstellung der Verkaufstätigkeit für 9 Monate die Wahrung der Identität aus (BAG NZA 1997, 1050 – Modefachgeschäft), auch wenn der neue Inhaber den gleichen Kundenkreis erreichen will. Bei einer **Gaststätte** können dagegen schon 6 Monate wirtschaftlich erheblich sein, wenn der Stadtteil von zahlreichen weiteren Gaststätten geprägt ist und die Kunden ohne weiteres auf diese ausweichen können (BAG NZA 1998, 31, 32). Wird eine **Kindertagesstätte** für 3 Monate geschlossen, kann dies schon den Verlust der Identität bedeuten, wenn die bislang betreuten Kinder inzwischen anderweitig betreut werden (LAG Köln NZA-RR 1998, 290, 292). Dem BAG zufolge ist Indiz für die Erheblichkeit eines Zeitraums, wenn die Unterbrechung länger dauert als jede gesetzliche Kündigungsfrist nach § 622 Abs. 2 (BAG NZA 1997, 1050, 1052; vgl. schon Rdn. 11).

28

### III. Übergang durch Rechtsgeschäft

#### 1. Bedeutung des Rechtsgeschäfts

Das Tatbestandmerkmal »durch Rechtsgeschäft« grenzt den Betriebsübergang i.S.v. § 613a vom **Übergang kraft Gesetzes oder durch Hoheitsakt** ab. Ein gesetzlicher Betriebsübergang erfolgt in Fällen der **Gesamtrechtsnachfolge** (z.B. Erbfolge gem. §§ 1922 ff.). Hier geht nicht nur der Betrieb als Bestandteil des Vermögens kraft Gesetzes über, sondern auch der Eintritt in die Arbeitsverhältnisse erfolgt »automatisch«, womit die Rechtsfolgen letztlich dieselben sind wie bei Anwendung des § 613a (ErfK/*Preis* § 613a Rn. 58); eine analoge Anwendung des § 613a ist nicht erforderlich. Anders ist dies bei der Gesamtrechtsnachfolge im Rahmen einer gesellschaftsrechtlichen Umwandlung, da gem. § 324 UmwG die Abs. 1, 4 bis 6 des § 613a ergänzende Anwendung finden (vgl. AR/*Bayreuther* § 613a Rn. 36; HWK/*Willemsen* § 613a Rn. 183 ff.; ErfK/*Preis* § 613a Rn. 181 ff.).

29

Ein Betriebsübergang kann auch durch **Rechtsgeschäfte öffentlich-rechtlicher Art** herbeigeführt werden, so z.B. bei Abschluss eines öffentlich-rechtlichen Vertrages gem. §§ 54 ff. VwVfG (BAG NZA 1996, 424) oder bei einer Auftragsvergabe nach einem öffentlich-rechtlichen

30

Ausschreibungs- und Vergabeverfahren (BAG NZA 2006, 1101, 1105). Dass die öffentliche Hand einen privaten Betrieb übernimmt und es sich bei der zu erbringenden Dienstleistung um eine Aufgabe der **Daseinsvorsorge** (Durchführung eines Rettungsdienstes) handelt, steht der Anwendung des § 613a nicht entgegen (BAG NZA 2012, 1161, 1166). Dies gilt jedenfalls dann, wenn die öffentliche Hand dabei keine hoheitliche Tätigkeit ausübt (EuGH NZA 2000, 1327, 1329). Wenn bei einer **Privatisierung öffentlicher Einrichtungen** Grundlage ein privatrechtlicher Vertrag ist, greift § 613a direkt ein (BAG NZA 2001, 840, 841); dies gilt allerdings nicht bei einer Umstrukturierung kraft Gesetzes (BAG NZA 2001, 1200). Auch hier ist eine Analogie grundsätzlich ausgeschlossen, es sei denn, das entsprechende Gesetz enthält eine Verweisung (BAG NZA 2000, 1170; NZA 2006, 848, 850 für den Fall des Widerspruchsrechts; a.A. BAG NZA 2001, 840, 842; zur Verfassungswidrigkeit der Nichteinräumung eines Widerspruchsrechts bei gesetzlich angeordnetem Übergang von Arbeitsverhältnissen im Zuge der Privatisierung der Universitätskliniken von Gießen und Marburg vgl. BVerfG, Beschl. v. 25.01.2011 – 1 BvR 1741/09).

### 2. Inhalt des Rechtsgeschäfts

31 Das Rechtsgeschäft muss die **Voraussetzungen dafür schaffen**, dass die betriebliche Leitungs- und Organisationsmacht durch den neuen Inhaber übernommen und ausgeübt werden kann (Rdn. 7). Dies erfolgt i.d.R. durch einen Vertrag zwischen Veräußerer und Erwerber über die Übernahme der den Betrieb prägenden Betriebsmittel und Ressourcen, doch ist nicht erforderlich, dass dem Erwerber das Eigentum an den Betriebsmitteln verschafft wird (EuGH NZA 2003, 1385, 1387 – Abler u.a.). Grundlage für den Betriebsübergang kann **jede Art vertraglicher Beziehung** sein (EuGH NZA 2003, 1385, 1387; BAG NZA-RR 2008, 367, 369).

32 Ein Betriebsübergang ist nicht dadurch ausgeschlossen, dass das zugrunde liegende Rechtsgeschäft, z.B. wegen Formmangels, **nichtig** ist (BAG NZA-RR 2008, 367, 369); es genügt, dass der Betrieb tatsächlich fortgeführt wird. In Fällen der Übernahme durch einen Geschäftsunfähigen geht der Schutzzweck der Nichtigkeitsnorm (§ 105) jedoch vor (ErfK/*Preis* § 613a Rn. 61).

### 3. Insolvenz und Zwangsversteigerung/-verwaltung

33 Die Fortführung des Betriebs durch den **Insolvenzverwalter** gehört zu seiner Verwaltungspflicht nach §§ 80, 148, 159 InsO und beruht nicht auf Rechtsgeschäft, sondern ist Verwaltungstätigkeit. Der Insolvenzschuldner bleibt Betriebsinhaber, während der Insolvenzverwalter als dessen **gesetzlicher Vertreter** fungiert und insoweit diejenigen Rechte und Pflichten hat, die sich aus der Arbeitgeberstellung des Schuldners ergeben (BAG NZA 1991, 599). Die Veräußerung des Betriebs durch den Insolvenzverwalter im Rahmen der **Masseverwertung** ist jedoch Rechtsgeschäft i.S.v. § 613a (vgl. schon Rdn. 7).

34 Bei der Zwangsversteigerung wird das Eigentum durch den **Zuschlag** übertragen. Hierbei handelt es sich um einen **hoheitlichen Akt** und damit nicht um ein Rechtsgeschäft, das Grundlage für einen Betriebsübergang sein kann. Darüber hinaus kann weder die Zwangsversteigerung noch die Zwangsverwaltung allein zu einem Betriebsübergang führen, da sich die Vollstreckung stets nur auf einzelne Teile des Vermögens beziehen kann, nicht jedoch auf den Betrieb als Wirtschaftseinheit. Erwirbt der Ersteigerer vom Schuldner (Zwangsverwalter) allerdings zusätzlich nicht der Zwangsversteigerung (Zwangsverwaltung) unterliegende Gegenstände, z.B. durch Kaufvertrag, mithilfe derer dann die Fortführung des Betriebs möglich ist, kann er hierdurch einen Betriebsübergang herbeiführen (BAG AP BGB § 613a Nr. 36). Ein Betriebsübergang auf den Zwangsverwalter liegt vor, wenn er den Betrieb während der Zwangsverwaltung fortführt (BAG NJW 1980, 2148).

## C. Rechtsfolgen eines Betriebsübergangs
### I. Übergang der Arbeitsverhältnisse
#### 1. Arbeitgeberwechsel

Sind die tatbestandlichen Voraussetzungen des § 613a Abs. 1 Satz 1 erfüllt, tritt der neue Inhaber 35
in die Rechte und Pflichten aus den im Zeitpunkt des Übergangs bestehenden Arbeitsverhältnissen
ein. Das Arbeitsverhältnis zum bisherigen Inhaber erlischt, dieser kann aber nach Abs. 2 weiterhin
**haftbar** gemacht werden (hierzu Rdn. 65 ff.). Es handelt sich damit um eine gesetzlich angeordnete
**Vertragsüberleitung auf Arbeitgeberseite** (BAG NJW 1977, 1168), die auch dann gilt, wenn sich
der neue Inhaber weigert, die ihm zugewachsenen Pflichten zu erfüllen (EuGH NZA 1997, 433 –
Süzen). Ebenso wenig bedarf es einer Zustimmung der Arbeitnehmer (BAG NZA 1987, 524),
denen jedoch das Widerspruchsrecht nach Abs. 6 bleibt (Rdn. 91 ff.).

Der Eintritt in die Rechte und Pflichten erfasst lediglich **individualrechtliche Vereinbarungen**. Er- 36
fasst sind aber auch tarifvertragliche Regelungen, wenn sie durch arbeitsvertragliche **Bezugnahmeklauseln** in den Vertrag einbezogen wurden, selbst dann, wenn der Erwerber nicht tarifgebunden ist
(BAG NZA 2010, 513, dazu Rdn. 61). Sofern die Rechte nicht schon beim Veräußerer bestanden
haben, vielmehr erst beim Erwerber begründet wurden, werden sie nicht vom Schutz des § 613a
erfasst (BAG NZA 2008, 713, 719). Maßgeblicher Zeitpunkt für den Eintritt ist die tatsächliche
Fortführung des Betriebs (BAG NZA 1985, 735).

#### 2. Arbeitsverhältnisse

Bei der Frage, welche Beschäftigungsverhältnisse vom Betriebsübergang erfasst werden, ist vom 37
**nationalen Arbeitnehmerbegriff** auszugehen (EuGH NZA 2000, 1279, 1281 – Collino u.a.).
Demnach sind alle dem übergehenden Betrieb zuzuordnenden (Rdn. 40) Arbeitsverhältnisse betroffen, wozu auch leitende Angestellte (BAG NZA 1988, 501) und Auszubildende (BAG
NZA 2006, 1406, 1407) zählen, ganz unabhängig davon, ob es sich um Teilzeitverhältnisse oder
befristete Verträge handelt (Art. 2 Abs. 2 Buchst. a, b RL 2001/23/EG). **Nicht** erfasst werden dagegen selbstständige Dienstverhältnisse von freien Mitarbeitern oder arbeitnehmerähnliche Personen nach § 12a TVG (BAG NZA 2003, 854), Beamtenverhältnisse (ErfK/*Preis* § 613a Rn. 67)
sowie in Heimarbeit Beschäftigte (BAG NJW 1981, 1399). Dienstverhältnisse von **Organmitgliedern juristischer Personen** gehen nicht auf den neuen Inhaber über, es sei denn, es wird darüber hinaus ein Arbeitsverhältnis begründet (BAG NZA 2003, 552, 554 f.). Auch Gesellschafter
einer Personengesellschaft können z.B. als Kommanditisten gleichzeitig Arbeitnehmer sein (BAG,
Beschl. v. 31.05.1990 – 2 AZR 13/90 – II.2b.cc. d. Gr.). **Leiharbeitnehmer** gehen i.d.R. nur dann
auf einen Erwerber über, wenn der Verleiherbetrieb (Zeitarbeitsgesellschaft) von einem neuen Inhaber übernommen wird. Laut EuGH sollen aber auch die beim **Entleiher** beschäftigten Leiharbeitnehmer bei Betriebsübergang des Beschäftigungsbetriebs von der RL 2001/23/EG erfasst sein
(EuGH NJW 2011, 439 – Albron Catering BV). Das überzeugt zwar für den entschiedenen Fall
einer konzernabhängigen Betriebsgesellschaft, nicht aber als allgemeine Regel: Der Verleiher muss
den Übergang seiner Leiharbeitnehmer auf einen Dritten **nicht dulden**, mit dem er deren Einsatz
vertraglich gar nicht geregelt hatte. Bei unbefristetem Vertrag mit dem Verleiher braucht der Leiharbeitnehmer nicht den Schutz aus § 613a im übergehenden Beschäftigungsbetrieb (*Gaul/Ludwig*
DB 2011, 298, 299 f.). Ein »echtes« Arbeitsverhältnis zum Entleiher besteht nur dann, wenn es
wegen unzulässiger Arbeitnehmerüberlassung nach § 10 AÜG **fingiert** wurde – dann kann es auch
§ 613a unterfallen (ErfK/*Preis* § 613a Rn. 67).

Das Arbeitsverhältnis muss zum Zeitpunkt des Betriebsübergangs als **aktives noch bestehen**, sodass 38
sog. **Ruhestandsverhältnisse** auch dann nicht auf den Erwerber übergehen, wenn der Ruheständler
trotz des Bezugs von Leistungen aus der gesetzlichen Rentenversicherung ein neues Beschäftigungsverhältnis eingeht (BAG NZA 2004, 848). **Versorgungsansprüche** von Arbeitnehmern, die bereits
vor dem Betriebsübergang in den Ruhestand getreten sind, gehen demnach **nicht mehr** auf den
neuen Inhaber über (BAG NZA 1987, 559). Eine abweichende Vereinbarung kann eine Umgehung

von § 4 BetrAVG bedeuten (ErfK/*Preis* § 613a Rn. 69). Dagegen gehen **ruhende Arbeitsverhältnisse** (Elternzeit) ebenso über (BAG NZA 2005, 1411) wie solche, die sich in der **Freistellungsphase der Altersteilzeit** befinden (BAG NZA 2008, 705). Erfasst sind auch **gekündigte Arbeitsverhältnisse**, wenn die Kündigungsfrist zum Zeitpunkt des Übergangs noch nicht abgelaufen ist (BAG AP BGB § 613a Nr. 11). **Provisionsansprüche** aus beendeten Arbeitsverhältnissen sind vom Erwerber auch dann nicht zu erfüllen, wenn das provisionspflichtige Geschäft erst vom Erwerber ausgeführt wird (BAG NZA 1987, 597).

### 3. Zuordnung der Arbeitnehmer

39 Im Fall des Übergangs eines von mehreren Betrieben eines Unternehmens oder nur eines Betriebsteils bei gleichzeitiger Stilllegung anderer Betriebsteile kann die Zuordnung der übergehenden Arbeitsverhältnisse schwierig sein. Dies gilt insb. dann, wenn Arbeitnehmer in verschiedenen Betrieben oder Betriebsteilen tätig waren. Grundsätzlich ist dabei ein **objektiver Maßstab** anzulegen; ausschlaggebend ist, in welchem Betrieb oder Betriebsteil der betreffende Arbeitnehmer vor der Veräußerung des Betriebs beschäftigt war (BAG NZA 2002, 1027, 1028). Vorrangig ist seine **vertraglich vereinbarte** Zuordnung; es reicht nicht aus, dass der Arbeitnehmer im Betrieb/Betriebsteil lediglich tatsächlich tätig war, ohne dort auch »eingegliedert« gewesen zu sein (BAG AP BGB § 613a Nr. 315). Sofern eine eindeutige Zuordnung nach diesen Kriterien nicht möglich ist, muss die **überwiegende Tätigkeit** für einen Betrieb oder Betriebsteil den Ausschlag geben (BAG AP BGB § 613a Nr. 31). Kann auch hiernach nicht klar zugeordnet werden, so soll den Arbeitnehmern ein Wahlrecht bezüglich ihrer zukünftigen Betriebszugehörigkeit zustehen (so ErfK/*Preis* § 613a Rn. 72; a.A. *Kreitner* FS Küttner, 2007, S. 399; vgl. auch HWK/*Willemsen/Müller-Bonanni* § 613a Rn. 227). Arbeitsverhältnisse von Arbeitnehmern, die in **zentralen Bereichen eines Unternehmens** (sog. Querschnittsbereichen) eingesetzt waren, gehen nicht auf den Erwerber über. Dies gilt selbst dann, wenn diese ausschließlich oder hauptsächlich für den übergehenden Betrieb tätig waren (EuGH, Urt. v. 07.02.1985 – C-186/83 – Botzen u.a.; HWK/*Willemsen/Müller-Bonanni* § 613a Rn. 228; a.A. ErfK/*Preis* § 613a Rn. 72).

### 4. Eintritt in die Rechte und Pflichten aus dem Arbeitsverhältnis

#### a) Rechtsstellung des Arbeitnehmers

40 Infolge der gesetzlichen Vertragsüberleitung (Rdn. 35) wird der Erwerber **Schuldner aller Haupt- und Nebenpflichten**, die sich aus den Arbeitsverhältnissen der übergehenden Arbeitnehmer ergeben. Er muss daher insb. diejenigen Löhne, Gehälter und Nebenleistungen (z.B. Gratifikationen) zahlen, die mit dem bisherigen Betriebsinhaber vereinbart wurden. Ein Anspruch auf Angleichung an die Gehälter der beim Erwerber bereits beschäftigten Arbeitnehmer aus dem allgemeinen Gleichbehandlungsgrundsatz besteht jedoch nicht (BAG NZA 2006, 265). Auch **rückständige Lohn- und Gehaltsansprüche** sind vom Erwerber zu begleichen (BAG NJW 1977, 1168). Sonstige Leistungen müssen grundsätzlich nur dann gewährt werden, wenn diese Bestandteil des mit dem Alt-Arbeitgeber vereinbarten Arbeitsvertrages waren, so z.B. auch bei **Personalrabatten**, wenn diese als Entgeltbestandteile gewährt wurden. Doch kann dies beim neuen Arbeitgeber auch so ausgelegt werden, dass die Arbeitnehmer bei ihm Waren nur dann zu einem vergünstigten Preis erhalten, wenn er diese selbst herstellt oder zu entsprechend günstigen Preisen im Konzern beziehen kann (BAG NZA 2005, 941; NZA 2007, 325). Auch wird der Erwerber nur dann Gläubiger eines **Arbeitgeberdarlehens**, wenn dieses als Lohn- oder Gehaltsvorschuss ausbezahlt wurde (vgl. § 614 Rdn. 5), nicht jedoch dann, wenn der Darlehensvertrag ohne Bezug zum Arbeitsvertrag geschlossen wurde (BAG, Urt. v. 21.01.1999 – 8 AZR 373/97). Ähnlich hat das BAG zu Ansprüchen aus Aktienoptionsplänen entschieden, die nicht Teil der Vergütung waren; auch diese muss sich der Erwerber aus § 613a nicht zurechnen lassen (BAG NZA 2003, 487).

41 Die **Betriebszugehörigkeit**, die der Arbeitnehmer beim bisherigen Betriebsinhaber erworben hat, bleibt ihm auch beim Erwerber erhalten, sodass der neue Inhaber diese z.B. bei der Berechnung der Wartezeit nach § 1 KSchG (BAG NZA 2004, 845) oder § 4 BUrlG bzw. der Kündigungsfristen

(BAG NZA 2004, 319) gegen sich gelten lassen muss. Dies gilt auch für andere Ansprüche wie vor allem **Abfindungen** und **Sondervergütungen** (Jubiläumsprämie), bei deren Berechnung die Betriebszugehörigkeit des Arbeitnehmers eine wichtige Rolle spielt (EuGH NZA 2000, 1297 – Collino u.a.). Eine kurzfristige Unterbrechung des Arbeitsverhältnisses zum Zeitpunkt des Betriebsübergangs schadet insoweit nicht (BAG NZA 2004, 319).

In beim bisherigen Inhaber bestehende **Versorgungsanwartschaften aktiver** Arbeitnehmer tritt der Erwerber grundsätzlich ein, unabhängig davon, um welche **Versorgungsform** es sich handelt (z.B. Direktzusagen des Veräußerers, Zusagen von Unterstützungskassen oder Pensionskassen, Zusagen von externen Versicherern, vgl. BAG NZA 1989, 679) bzw. ob es sich um verfallbare oder unverfallbare Anwartschaften handelt (BAG NZA 1992, 1080). Der Veräußerer wird insoweit von seiner Versorgungsverpflichtung frei. Auch kann der Erwerber die auf ihn übergeleiteten versorgungsberechtigten Arbeitnehmer nicht an eine beim bisherigen Inhaber zwischengeschaltete Unterstützungskasse verweisen (BAG NJW 1979, 2533). Der Erwerber kann den Übergang der Anwartschaften nicht durch eine Vereinbarung mit dem bisherigen Inhaber ausschließen (BAG NJW 1982, 1607). Ein Verzicht der Arbeitnehmer ist nur unter engen Voraussetzungen möglich (BAG NZA 1992, 1080, 1081). Versorgungsanwartschaften und -ansprüche bereits **ausgeschiedener** Arbeitnehmer gehören nicht zu den übergehenden Pflichten (Rdn. 38, vgl. BAG NJW 1977, 1791 sowie *Sieg/Maschmann* Rn. 230). 42

Zu den **Nebenpflichten** des neuen Inhabers gehört es u. a., dem Arbeitnehmer ein **Endzeugnis** zu erteilen; hierbei ist er regelmäßig an das vom bisherigen Inhaber erstellte Zwischenzeugnis gebunden (BAG NZA 2008, 298; *Sieg/Maschmann* Rn. 224, vgl. § 630 Rdn. 3). Auch der Annahmeverzug des bisherigen Inhabers (BAG NZA 2010, 781) sowie dessen Kenntnis von der Schwerbehinderung eines Arbeitnehmers (BAG NZA 2009, 556) gehen auf den Erwerber über. Von § 613a nicht erfasst sind dem Arbeitnehmer erteilte **Vollmachten** (Prokura, Handlungsvollmacht), da diese auf einem Rechtsakt des bisherigen Inhabers beruhen und mit dem Übergang automatisch erlöschen (HWK/*Willemsen/Müller-Bonanni* § 613a Rn. 237; ErfK/*Preis* § 613a Rn. 78; a.A. MüKo/*Müller-Glöge* § 613a Rn. 92, der einen Widerruf voraussetzt). Verbindliche Zusagen über eine Versetzung oder Beförderung sind vom neuen Inhaber einzuhalten (ArbRiK/*Thomae* Teil 13 Rn. 45). 43

Ansprüche aus **betrieblicher Übung** kann der übergehende Arbeitnehmer auch beim neuen Inhaber geltend machen, wenn die Übung schon im bisherigen Betrieb bestand und wirksam geworden war (BAG, Urt. v. 03.11.2004 – 5 AZR 73/04). Beim Alt-Arbeitgeber bereits geschaffene Vertrauenstatbestände muss auch der neue Inhaber gegen sich gelten lassen, wenn er die begonnene Übung fortsetzt (HWK/*Willemsen/Müller-Bonanni* § 613a Rn. 232; ausf. *Sieg/Maschmann* Rn. 225 f.). 44

**b) Rechtsstellung des Betriebserwerbers**

Neben dem Eintritt in die Schuldnerstellung (Rdn. 40) wird der Erwerber auf der anderen Seite **Gläubiger aller Ansprüche** aus den Arbeitsverhältnissen mit den übernommenen Arbeitnehmern. Hierzu zählen insb. der **Anspruch auf Arbeitsleistung** sowie alle dem bisherigen Inhaber zustehenden **Nebenansprüche**. So kann der Erwerber Bereicherungsansprüche wegen überzahlter Vergütung oder Schadensersatzansprüche wegen der Verletzung arbeitsvertraglicher Pflichten geltend machen (ErfK/*Preis* § 613a Rn. 79; HWK/*Willemsen/Müller-Bonanni* § 613a Rn. 241). **Gestaltungsrechte** wie Kündigung oder Anfechtung kann der neue Inhaber auch insoweit ausüben, als der bisherige Inhaber hierzu berechtigt war und die Gründe auch im Verhältnis zum neuen Arbeitgeber noch fortwirken. Hatte der bisherige Inhaber Kenntnis von den maßgebenden Tatsachen, die zur außerordentlichen Kündigung berechtigen, muss sich der Erwerber diese Kenntnis und die verstrichene Frist i.S.v. § 626 Abs. 2 zurechnen lassen (MüKo/*Müller-Glöge* § 613a Rn. 100). 45

An ein **gesetzliches Wettbewerbsverbot** (§ 60 HGB) ist der Arbeitnehmer auch gegenüber dem neuen Inhaber gebunden. Der Umfang des Verbots ist jedoch von der Art des Unternehmens und der Reichweite des Unternehmenszwecks abhängig, sodass sich dieser zweckentsprechend nach dem Übergang ändern kann (HWK/*Willemsen/Müller-Bonanni* § 613a Rn. 242). Scheidet der 46

Arbeitnehmer nach dem Betriebsübergang aus, geht auch ein **nachvertragliches Wettbewerbsverbot** (§§ 74 ff. HGB, 110 GewO) auf den Erwerber über (BAG NZA 1992, 800). Eine analoge Anwendung kommt nicht in Betracht, wenn das Arbeitsverhältnis im Zeitpunkt des Betriebsübergangs bereits beendet war (LAG Hessen NZA 1994, 1033; HWK/*Willemsen/Müller-Bonanni* § 613a Rn. 244; a.A. ErfK/*Preis* § 613a Rn. 80).

### c) Unabdingbarkeit

47 § 613a stellt **zwingendes Recht** dar (st.Rspr. seit BAG NJW 1976, 535), sodass hiervon zulasten des Arbeitnehmers nicht abgewichen werden darf. Unzulässig ist daher eine Vereinbarung, die die Übernahme bestimmter Arbeitnehmer ausschließt (BAG NJW 1976, 535). Eine **unzulässige Umgehung** des § 613a liegt auch vor, wenn der Arbeitnehmer dazu bestimmt wird, zu kündigen oder einen Aufhebungsvertrag zu unterschreiben, um dann mit dem Erwerber ein neues Arbeitsverhältnis zu schlechteren Bedingungen einzugehen (BAG NZA-RR 2008, 376; NZA 2009, 144); etwas anderes gilt allerdings, wenn ein sachlicher Grund die Änderung der Arbeitsbedingungen rechtfertigt (BAG NZA 2007, 866; NZA 2009, 144, 148; vgl. *Sieg/Maschmann* Rn. 248 ff.). Der Aufhebungsvertrag muss auf das **endgültige** Ausscheiden des Arbeitnehmers aus dem Betrieb gerichtet sein. Das ist nicht der Fall, wenn ein neues Arbeitsverhältnis mit dem Betriebserwerber gleichzeitig verbindlich in Aussicht gestellt worden ist (BAG NZA 2012, 152; NZA 2013, 203). Ein **Erlassvertrag**, in dem der Arbeitnehmer im Fall eines Betriebsübergangs auf rückständige Vergütung oder Vergütungsbestandteile verzichtet, ist unwirksam (BAG NZA 2009, 1091, 1093; krit. *Sieg/Maschmann* Rn. 245). Dasselbe gilt für eine Vereinbarung zwischen Veräußerer und Erwerber, die den Übergang von Versorgungsanwartschaften ausschließt (BAG NJW 1982, 1607; vgl. schon Rdn. 42). **Einvernehmliche Vertragsänderungen** aus anderen Gründen vor dem Übergang (BAG NZA 2009, 1091, 1094) oder nach dem Übergang (BAG NZA 2008, 530) sind jedoch weiterhin möglich; § 613a soll nicht zu einer unangemessenen Einschränkung der Vertragsfreiheit führen. Eine Umgehung des § 613a mit der Rechtsfolge der Unwirksamkeit der jeweiligen Vereinbarung liegt nur dann vor, wenn es **einziges Ziel** der Vereinbarung ist zu verhindern, dass der Erwerber in die Rechte und Pflichten des Arbeitsverhältnisses eintritt (BAG NZA 2009, 1091, 1094).

48 Zur Möglichkeit der **Anpassung der Arbeitsbedingungen** der übernommenen Arbeitnehmer an die beim Erwerber geltenden Bedingungen vgl. *Sieg/Maschmann* Rn. 254 ff.

## II. Fortgeltung von Tarifvertrag und Betriebsvereinbarung

49 Der Eintritt in die Rechte und Pflichten aus den im Zeitpunkt des Übergangs bestehenden Arbeitsverhältnissen nach Abs. 1 Satz 1 umfasst nicht die Rechte und Pflichten, die sich aus Tarifvertrag und Betriebsvereinbarung ergeben. Die Fortgeltung dieser **kollektivrechtlichen** Normen ist daher in Abs. 1 Satz 2 bis 4 geregelt.

### 1. Weitergeltung kollektivrechtlicher Normen

#### a) Kollektivrechtliche Weitergeltung

50 Nach Abs. 1 Satz 2 werden Tarifverträge und Betriebsvereinbarungen, die beim bisherigen Inhaber Anwendung fanden, mit dem Betriebsübergang **Inhalt des übergehenden Arbeitsverhältnisses**. Nach aktueller BAG-Rspr. werden dadurch die Kollektivnormen nicht etwa, wie der Gesetzeswortlaut suggeriert, in den Arbeitsvertrag »transformiert« (so noch BAG NZA 2002, 513, 515). Vielmehr entspricht die Wirkung der **Nachbindung** nach § 3 Abs. 3 TVG, sodass die Normen ihren **kollektivrechtlichen Charakter** beibehalten (so zutr. BAG NZA 2010, 41; NZA 2010, 173, 174), jedoch nur mit dem zum Zeitpunkt des Betriebsübergangs geltenden Inhalt **statisch** fortgelten (dazu Rdn. 52). Diese **Transformation sui generis** (zutr. HWK/*Willemsen/Müller-Bonanni* § 613a Rn. 250) ist allerdings nur dann veranlasst, wenn der Erwerber nicht seinerseits einer originären kollektivrechtlichen Bindung unterliegt (BAG NZA 2008, 241). So greift Abs. 1 Satz 2 nicht, wenn auch der neue Betriebsinhaber durch Mitgliedschaft im gleichen tarifschließenden Arbeitgeberverband wie

der Veräußerer nach § 3 TVG tarifgebunden ist oder wenn eine ihn ebenso ergreifende **Allgemeinverbindlichkeit** des Tarifvertrags nach § 5 TVG vorliegt (BAG NZA 1994, 848). In diesen Fällen gilt der jeweilige Tarifvertrag kollektivrechtlich weiter, eines Rückgriffs auf die »**Auffangnorm**« des Abs. 1 Satz 2 bedarf es insoweit nicht (BAG NZA 2002, 517; ErfK/*Preis* § 613a Rn. 113; *Siegl/Maschmann* Rn. 264 ff.). Ein Firmentarifvertrag wirkt dann kollektivrechtlich fort, wenn der Erwerber eine entsprechende **Vereinbarung** mit der zuständigen Gewerkschaft trifft (BAG NZA 2002, 517, 518; HWK/*Willemsen/Müller-Bonanni* § 613a Rn. 262).

Wurden beim bisherigen Arbeitgeber Rechte und Pflichten in einer **Betriebsvereinbarung** geregelt, wirken diese auch beim Erwerber kollektivrechtlich fort, soweit nicht die Betriebsidentität im Zuge organisatorischer Umstrukturierungen beim Erwerber verloren geht und der bisherige Betriebsrat beim Erwerber **nicht mehr fortbestehen kann**. Auch dann greift Abs. 1 Satz 2 als Auffangnorm zur Erhaltung der kollektiven Arbeitsbedingungen (BAG NZA 1995, 222). Nach Ansicht des 1. BAG-Senats entfaltet eine Einzelbetriebsvereinbarung auch beim Übergang eines **Betriebsteils** weiterhin kollektivrechtliche Wirkung, wenn dieser beim Erwerber als selbstständiger Betrieb weitergeführt wird (BAG NZA 2003, 670; krit. HWK/*Willemsen/Müller-Bonanni* § 613a Rn. 256). Dasselbe gilt für Gesamt- und Konzernbetriebsvereinbarungen, wenn einer oder mehrere Betriebe übertragen werden und deren betriebsverfassungsrechtliche Identität beim neuen Inhaber erhalten bleibt (BAG NZA 2003, 670; krit. *Braun/Rütz* ArbRB 2013, 27; vgl. auch ErfK/*Preis* § 613a Rn. 115). 51

### b) Umfang der Weitergeltung

Die »Auffangregelung« des Abs. 1 Satz 2 erfordert eine **kollektivrechtliche Geltung** von Tarifvertrag und Betriebsvereinbarung zum Zeitpunkt des Betriebsübergangs und damit das Vorliegen des Geltungsbereichs und bei Tarifverträgen darüber hinaus die **beiderseitige** Tarifgebundenheit. Auf individualvertragliche Bezugnahmeklauseln ist daher nicht Abs. 1 Satz 2, sondern Abs. 1 Satz 1 anwendbar (vgl. Rdn. 36). Da durch die Nachwirkung nach § 4 Abs. 5 TVG lediglich die zwingende, nicht jedoch die unmittelbare (normative) Wirkung beseitigt wird, werden auch **nachwirkende Tarifverträge** von Abs. 1 Satz 2 erfasst. Wegen der fehlenden zwingenden Wirkung können sie jedoch vor Ablauf eines Jahres abgeändert werden (vgl. Rdn. 54). Die individualvertragliche Weitergeltung gilt nur für die zum Zeitpunkt des Betriebsübergangs geltenden Normen, sodass dem übergegangenen Arbeitnehmer zwar die bisherigen Rechte erhalten bleiben, das zugrundeliegende Arbeitsverhältnis an einer Weiterentwicklung der kollektivrechtlichen Normen aber nicht mehr teilnimmt (BAG NZA 1986, 422, 423). Dies gilt jedoch nicht für eine in der Norm selbst angelegte **Dynamik**, wenn diese bereits beim Veräußerer vereinbart wurde und die Veränderung der materiellen Rechtslage nach Betriebsübergang allein vom Zeitablauf abhängt (BAG NZA 2008, 241, 243; BAG NZA 2010, 41, 49). Regelungen eines Tarifvertrages, die nach Betriebsübergang rückwirkend auf einen Zeitpunkt vor Betriebsübergang in Kraft treten sollen, werden nicht von der Weitergeltung nach Abs. 1 Satz 2 erfasst (BAG NZA 1995, 740, 741). Dasselbe gilt für Normen eines Tarifvertrages, der zwar bereits vor Betriebsübergang abgeschlossen wurde, aber erst **danach** in Kraft tritt (BAG NZA 2012, 923, 924; teilw. krit. *Rieble* AP BGB § 613a Nr. 431). 52

Allein der **normative Teil** eines Tarifvertrages oder einer Betriebsvereinbarung, der die Rechte und Pflichten der im Zeitpunkt des Übergangs bestehenden Arbeitsverhältnisse regelt, gilt nach Abs. 1 Satz 2 weiter. Betroffen sind demnach nur die sog. **Inhaltsnormen**, nicht hingegen Abschlussnormen und Tarifnormen zu gemeinsamen Einrichtungen. Betriebsnormen sind nur dann von der Weitergeltung erfasst, wenn sie wie Inhaltsnormen wirken (ErfK/*Preis* § 613a Rn. 118; diff. HWK/*Willemsen/Müller-Bonanni* § 613a Rn. 264). Der schuldrechtliche Teil, der lediglich das Verhältnis der Tarif- oder Betriebspartner zueinander regelt, ist von der Weitergeltung ausgenommen (BAG AP BGB § 613a Nr. 376; AP TVG § 1 Auslegung Nr. 225). Dasselbe gilt wegen ihrer fehlenden normativen Wirkung für Regelungsabreden zwischen Arbeitgeber und Betriebsrat (HWK/*Willemsen/Müller-Bonanni* § 613a Rn. 263). 53

## c) Veränderungssperre

### aa) Grundsatz (Abs. 1 Satz 2)

54 Die nach Abs. 1 Satz 2 weiter geltenden Normen dürfen **nicht vor Ablauf eines Jahres** nach dem Zeitpunkt des Betriebsübergangs zum Nachteil des Arbeitnehmers geändert werden. Diese Veränderungssperre gilt nur für zwingende Kollektivnormen, nicht jedoch für abdingbare Normen im Stadium der Nachwirkung (Rdn. 55). Letztere können auch vor Ablauf der Jahresfrist geändert werden. Dasselbe gilt für mit dem bisherigen Inhaber getroffene einzelvertragliche Vereinbarungen wie z.B. Bezugnahmeklauseln (BAG NZA 2009, 323, 328; dazu Rdn. 61). Vor Ablauf der Jahresfrist ist auch dann eine für den Arbeitnehmer nachteilige Änderung der statisch weiter geltenden Normen möglich, wenn es sich um abändernde Kollektivvereinbarungen beim Erwerber handelt (vgl. Abs. 1 Satz 3, Rdn. 57). Deshalb sind nur individualrechtliche Änderungen nach Abs. 1 Satz 2 a.E. unzulässig (HWK/*Willemsen/Müller-Bonanni* § 613a Rn. 266). Sofern die Veränderungssperre greift, ist eine Änderung vor Fristende nach § 134 unwirksam (ErfK/*Preis* § 613a Rn. 119). Zu Änderungsvereinbarungen nach Ablauf der Sperrfrist vgl. ErfK/*Preis* § 613a Rn. 120.

### bb) Ausnahmen (Abs. 1 Satz 4)

55 Vom Änderungsverbot kann jedoch vor Ablauf der Jahresfrist abgesehen werden, wenn die Normen aus Tarifvertrag oder Betriebsvereinbarung ihre **zwingende Wirkung verlieren**, die Kollektivverträge also gekündigt werden oder durch Fristablauf enden (MüKo/*Müller-Glöge* § 613a Rn. 137). In diesen Fällen gelten sie nur noch infolge **Nachwirkung** gem. §§ 4 Abs. 5 TVG, 77 Abs. 6 BetrVG. Da Sinn und Zweck der Weitergeltungsanordnung nicht die Besserstellung, sondern lediglich die Erhaltung des status quo der übergehenden Arbeitnehmer ist, soll nach Ansicht des BAG jede Änderung der Tarifnormen im Veräußererbetrieb zu einem Wegfall der Sperrfrist führen (BAG NZA 2010, 41, 47).

56 Als weitere Ausnahme von der Veränderungssperre sieht Abs. 1 Satz 4, 2. Alt. die **individualvertragliche Vereinbarung eines anderen Tarifvertrages** vor, was nur dann nötig ist, wenn dieser zwischen den Parteien nicht schon kraft beiderseitiger Tarifgebundenheit gilt. Ist dies der Fall, greift schon Abs. 1 Satz 3 (vgl. Rdn. 57 ff.). Die Formulierung »fehlende beiderseitige Tarifgebundenheit« hat damit nur klarstellenden Charakter (HWK/*Willemsen/Müller-Bonanni* § 613a Rn. 283), sodass auch dann beiderseitige Tarifgebundenheit fehlt, wenn nur eine der beiden Parteien nicht nach § 3 Abs. 1 TVG tarifgebunden ist (ErfK/*Preis* § 613a Rn. 122). Die Vereinbarung kann nur hinsichtlich des **gesamten Tarifvertrags** getroffen werden; eine Fortgeltung »im Übrigen« ist insoweit nicht möglich (HWK/*Willemsen/Müller-Bonanni* § 613a Rn. 283). Eine Verpflichtung des Arbeitnehmers zum Abschluss einer derartigen Vereinbarung besteht grundsätzlich nicht (zur Möglichkeit des Ausspruchs einer **Änderungskündigung** durch den Erwerber vgl. ErfK/*Preis* § 613a Rn. 122). Die Vereinbarung kann auch schon vor dem Betriebsübergang durch eine im Arbeitsvertrag enthaltene sog. »Tarifwechselklausel« getroffen werden (BAG NZA 2003, 390; vgl. Rdn. 61).

## 2. Ausschluss der Weitergeltung (Abs. 1 Satz 3)

57 Die statische Weitergeltung ist nach Abs. 1 Satz 3 ausgeschlossen, wenn die Rechte und Pflichten aus dem Arbeitsverhältnis beim neuen Betriebsinhaber durch einen **anderen Tarifvertrag** oder eine andere Betriebsvereinbarung geregelt werden. Sind die Arbeitsverhältnisse im übergegangenen Betrieb dem Geltungsbereich desselben Tarifvertrages wie im Erwerberbetrieb zuzuordnen, gilt der entsprechende Tarifvertrag **originär** kollektivrechtlich fort (Rdn. 50). Der Tarifwechsel nach Abs. 1 Satz 3 setzt somit die Zugehörigkeit zu einem **anderen tariflichen Geltungsbereich** voraus (BAG NJOZ 2008, 5178, 5181). Voraussetzung für die Ablösung durch Tarifverträge ist, dass sowohl der neue Inhaber als auch die übergehenden Arbeitnehmer nach § 3 Abs. 1 TVG der **Tarifbindung an die beim Erwerber geltenden Tarifverträge** unterliegen; die alleinige Tarifgebundenheit des Erwerbers reicht insoweit nicht aus (BAG NZA 2001, 510; BAG NJOZ 2008, 5178, 5181). Eine derartige beiderseitige Bindung kann dann eintreten, wenn der beim Erwerber geltende Tarifvertrag

für allgemeinverbindlich (§ 5 TVG) erklärt wurde, wenn eine Verschmelzung der betroffenen Gewerkschaften stattfindet (BAG NZA 2005, 1362 – ver.di) oder wenn der übergehende Arbeitnehmer die Gewerkschaft wechselt (ErfK/*Preis* § 613a Rn. 124). Darüber hinaus kann der beim Erwerber geltende Tarifvertrag auch kraft Vereinbarung nach Abs. 1 Satz 4, 2. Alt. Geltung erlangen (Rdn. 56). Kommt es danach **nicht zu einer Ablösung** durch den »neuen« Tarifvertrag, besteht im Erwerberbetrieb faktisch **Tarifpluralität**, die nach aktueller Rspr. nicht nach dem Grundsatz der Tarifeinheit aufgelöst werden kann (BAG NZA 2010, 778).

Die Ablösung durch eine neue Betriebsvereinbarung findet nur dann statt, sofern diese auch den 58
übergehenden Betrieb ergreifen kann, was nur dann der Fall ist, wenn dessen betriebsverfassungsrechtliche Identität untergegangen ist (BAG NZA 2002, 41; vgl. Rdn. 62). Gesamt- und Konzernvereinbarungen können ablösende Normen i.S.v. Abs. 1 Satz 3 sein, wenn diese auch übergehende Betriebe erfassen wollen (hierzu HWK/*Willemsen/Müller-Bonanni* § 613a Rn. 269).

Die Rechtsfolge des Abs. 1 Satz 3 tritt auch ein, wenn die andere Kollektivnorm erst zum Zeitpunkt 59
des Betriebsübergangs oder **danach abgeschlossen** wird oder der Erwerber erst dann dem tarifschließenden Verband beitritt (BAG NZA 2005, 1362). Der »neue« Kollektivvertrag gilt jedoch nur insoweit, als dessen Inhalte auch in dem bisher geltenden Kollektivvertrag geregelt waren. Ist dies der Fall, findet die ablösende Kollektivvereinbarung auch Anwendung, wenn sie **schlechtere** Arbeitsbedingungen zum Inhalt hat; das Günstigkeitsprinzip gilt hier nicht (BAG NZA 1994, 1140, 1142; NZA 2010, 41, 47). Ob das BAG diese Rechtsprechung nach der »Scattolon«-Entscheidung des EuGH aufrecht erhalten wird, bleibt abzuwarten (EuGH NZA 2011, 1077, 1083; krit. ErfK/*Preis* § 613a Rn. 125 f.; *Sagan* EuZA 2012, 247 ff.; *Steffan* NZA 2012, 473 ff.).

Handelt es sich nicht um **denselben Regelungsgegenstand**, bleibt es im Übrigen bei der Aufrecht- 59a
erhaltung der ursprünglichen Regelung nach Abs. 1 Satz 2 (BAG NZA 1994, 1140, 1142; ErfK/
*Preis* § 613a Rn. 125).

Eine **Betriebsvereinbarung** kann nicht bestimmen, dass ein beim Erwerber einschlägiger Ta- 60
rifvertrag für die übergehenden Arbeitsverhältnisse nicht oder nur beschränkt gelten soll (BAG NZA 1987, 593, 595). Auch kann nach Ansicht des BAG ein neuer Tarifvertrag grundsätzlich **nicht** durch eine Betriebsvereinbarung nach Abs. 1 Satz 3 abgelöst werden (sog. **»Über-Kreuz-Ablösung«**, BAG NZA 2008, 600; a.A. wohl h.L., vgl. MüKo/*Müller-Glöge* § 613a Rn. 143 m.w.N.). Zur Rechtslage bei mehrfachen Betriebsübergängen vgl. HWK/*Willemsen/Müller-Bonanni* § 613a Rn. 276.

## 3. Bezugnahmeklauseln

Auf **vertraglich** in Bezug genommene **kollektivvertragliche Inhalte** (»Bezugnahmeklauseln«) finden 61
o.g. Grundsätze keine Anwendung. Wird in einem (Formular-) Arbeitsvertrag auf Tarifverträge Bezug genommen, wirken diese nicht normativ kraft beiderseitiger Tarifbindung, sondern entfalten als Inhalt des Arbeitsvertrags lediglich **schuldrechtliche Wirkung** (BAG NZA 2010, 513; *Sieg/Maschmann* Rn. 340). Dies führt dazu, dass die Bezugnahmeklausel als **Vertragsinhalt** schon nach Abs. 1 Satz 1 auf den Erwerber übergeht, was nach der neuen arbeitnehmerfreundlichen Auslegung von Bezugnahmeklauseln, die nicht ohne weiteren Anhaltspunkt mehr als »Gleichstellungsklausel« zu interpretieren sind (BAG NZA 2007, 965; NZA 2006, 607), zur Folge hat, dass eine **dynamische Bezugnahmeklausel** (ohne etwaigen Betriebsübergangs-Vorbehalt, vgl. *Sieg/Maschmann* Rn. 345 ff.) auch die tarifliche Weiterentwicklung des Veräußerertarifvertrags **nach** Betriebsübergang an die nicht tarifgebundenen Arbeitnehmer **zulasten des Erwerbers** weiter gewährt (BAG NZA 2010, 513). Bei tarifgebundenen Arbeitnehmern gilt zwar kraft Gesetzes der bisher geltende Tarifvertrag nach Abs. 1 Satz 2 nur **statisch** weiter und wird ggf. durch einen neuen ungünstigeren Erwerbertarifvertrag abgelöst (Abs. 1 Satz 3), doch sorgt auch für diese eine (in der Praxis meist vorhandene) **dynamische** Bezugnahmeklausel dafür, dass das Günstigkeitsprinzip nach § 4 Abs. 3 TVG die tarifliche Weiterentwicklung des alten Tarifs ermöglicht (*Jacobs* BB 2011, 2037, 2039). Diese für den Erwerber ungünstige Vertragsbindung tritt dann ein, wenn die Bezugnahmeklausel eine

konstitutive und dynamische Zusage auf Anwendung bestimmter Tarifverträge enthält. Handelt es sich lediglich um eine deklaratorische Wiedergabe der tariflichen Rechtslage, so gilt dagegen der bisherige Tarifvertrag statisch weiter (HWK/*Willemsen/Müller-Bonanni* § 613a Rn. 277 f.). Wird in **Neuverträgen** (nach 01.01.2002) schlicht auf »den jeweils gültigen Tarifvertrag« verwiesen (**große dynamische** Verweisung), handelt es sich um eine sog. **Tarifwechselklausel**, die im Fall der Bindung des Erwerbers an einen anderen Tarifvertrag zur **vertraglichen** Anwendbarkeit des neuen Erwerbertarifs führt (näher *Jacobs* BB 2011, 2037, 2041). Eine Bezugnahme kraft betrieblicher Übung ist nur in Ausnahmefällen zu bejahen, wobei Voraussetzung ist, dass keine ausdrückliche Regelung existiert (BAG NZA 2010, 173, 175). Seit der EuGH-Rspr. »Alemo-Herron« (NZA 2013, 835) war streitig, ob die zwingende Dynamik auch dann greift, wenn der Erwerber an den Verhandlungen über die nach dem Übergang abgeschlossenen Tarifverträge nicht teilnehmen kann. Das BAG hat in einem Beschl. v. 17.06.2015 (4 AZR 61/14 [A]) daher dem EuGH die Frage zur Entscheidung vorgelegt, ob der private Übernehmer eines vormals kommunalen Krankenhauses an die dynamische Entwicklung des TVöD-VKA und des TVÜ-VKA gebunden bleibt (dazu *Haußmann* DB 2015, 1605). Der EuGH beantwortete die Frage mit Hinweis auf Art. 16 GRC und unter Bezugnahme auf seine Entscheidung in der Rechtssache »Alemo-Herron« (EuGH NZA 2013, 835) dahingehend, dass es mit Art. 3 der RL 2001/23/EG grundsätzlich vereinbar ist, wenn der Betriebserwerber an eine dynamische Bezugnahme im Arbeitsvertrag der übernommenen Arbeitnehmer auf den beim Veräußerer anzuwendenden Tarifvertrag ebenfalls dynamisch gebunden ist. Das gilt jedenfalls dann, wenn für ihn eine einvernehmliche oder einseitige Anpassungsmöglichkeit besteht (EuGH NZA 2017, 571). Auch die mit einem kirchlichen Arbeitgeber vereinbarte dynamische Inbezugnahme kirchlicher Arbeitsrechtsregelungen behält im Fall eines Betriebsübergangs als vertragliche Regelung gemäß § 613a Abs. 1 Satz 1 gegenüber dem Betriebserwerber ihre Wirkung. Dies gilt auch dann, wenn der Betriebserwerber nicht mehr der Kirche zuzuordnen ist. Der nichtkirchliche Betriebserwerber wird durch die Bindung an die dynamische Bezugnahmeklausel nicht unter Verstoß gegen unionsrechtliche Vorgaben in seiner unternehmerischen Freiheit beeinträchtigt (BAG NZA 2018, 301).

### III. Betriebsverfassungsrechtliche Fragen

#### 1. Kontinuität des Betriebsrats

62 Zweck des § 613a ist u.a. der Fortbestand des beim bisherigen Inhaber gebildeten Betriebsrats (vgl. Rdn. 1). Voraussetzung für die Fortführung der Betriebsratstätigkeit des bisherigen Betriebsrats auch beim neuen Inhaber ist, dass die **betriebsverfassungsrechtliche Identität** des Betriebs oder Betriebsteils erhalten bleibt (BAG NZA 1991, 639, 641). Scheiden Betriebsratsmitglieder wegen des Betriebs(teil)übergangs aus, kann im Veräußererbetrieb eine Neuwahl des Betriebsrats nach § 13 Abs. 2 Nr. 2 BetrVG erforderlich werden. Dasselbe gilt im Erwerberbetrieb nach § 13 Abs. 2 Nr. 1 BetrVG wegen eines möglichen Anstiegs der Zahl der regelmäßig beschäftigen Arbeitnehmer (ErfK/*Preis* § 613a Rn. 128; vgl. auch HWK/*Reichold* § 13 BetrVG Rn. 7 ff.). Sofern der Betrieb des Erwerbers über keinen eigenen Betriebsrat verfügt, kommt es zu einem **Übergangsmandat** (§ 21a BetrVG) des im Veräußererbetrieb bestehenden Betriebsrats. Im Fall der organisatorischen **Eingliederung** in den Erwerberbetrieb und dem damit einhergehenden Verlust der Betriebsidentität übernimmt der Betriebsrat des Erwerberbetriebes das Übergangsmandat. Verliert der zurückbleibende Rumpfbetrieb seine betriebsverfassungsrechtliche Identität, führt dessen Betriebsrat seine Tätigkeit als Restmandat nach § 21b BetrVG weiter (HWK/*Willemsen/Müller-Bonanni* § 613a Rn. 285; vgl. näher HWK/*Reichold* §§ 21a, 21b BetrVG). Geht das Arbeitsverhältnis eines Betriebsratsmitglieds auf den Erwerber über, erlischt dessen Mitgliedschaft im bisherigen Betriebsrat nach § 24 Nr. 3 BetrVG, nicht jedoch im Fall eines Übergangs- oder Restmandats. Der Sonderkündigungsschutz nach § 15 Abs. 1 Satz 2 KSchG wirkt auch beim Betriebserwerber nach (ErfK/*Preis* § 613a Rn. 130). Zum Fortbestand des Gesamtbetriebsrats vgl. HWK/*Willemsen/Müller-Bonanni* § 613a Rn. 287.

## 2. Betriebsänderung

Der Betriebsübergang löst für sich genommen **nicht** die Rechtsfolgen der §§ 111, 112 BetrVG aus, sondern nur dann, wenn mit dem Inhaberwechsel Maßnahmen i.S.v. § 111 Satz 3 BetrVG verbunden sind (BAG NZA 2000, 1069; Beispiele bei ErfK/*Preis* § 613a Rn. 131 sowie HWK/*Willemsen/Müller-Bonanni* § 613a Rn. 291). 63

## 3. Unterrichtungspflichten

Ist die rechtsgeschäftliche Veräußerung eines Betriebes geplant, so ist hiervon ein bestehender **Wirtschaftsausschuss** nach § 106 Abs. 2 BetrVG rechtzeitig und umfassend zu unterrichten. Solche Unterrichtungsansprüche stehen nicht dem Betriebsrat zu (BAG NZA 1991, 644), können sich aber aus §§ 74 oder 92 BetrVG bzw. aus § 80 Abs. 2 BetrVG (BAG NZA 1991, 644, 645 f.) ergeben. Auch der Sprecherausschuss ist gem. § 32 Abs. 1 SprAuG zu informieren. 64

## IV. Haftung

### 1. Haftung des Betriebsveräußerers

Wie bereits unter Rdn. 40 ff. ausgeführt, wird der neue Betriebsinhaber nach Abs. 1 Satz 1 Schuldner aller sich aus den übergehenden Arbeitsverhältnissen ergebenden Pflichten. Hiervon sind auch solche Ansprüche betroffen, die bereits **vor dem Betriebsübergang entstanden oder fällig geworden** sind (BAG NJW 1977, 1168). Sofern die übernommenen Arbeitnehmer derartige Ansprüche geltend machen, kann der Erwerber sie grundsätzlich nicht auf den bisherigen Inhaber verweisen (HWK/*Willemsen/Müller-Bonanni* § 613a Rn. 295). Da die erbrachte Arbeitsleistung den Wert des Betriebs erhöht und somit zu dem erzielten Erlös geführt hat, ist dem bisherigen Arbeitgeber allerdings eine **Weiterhaftung** unter bestimmten Voraussetzungen zuzumuten. Nach Abs. 2 Satz 1 haftet der bisherige Arbeitgeber deshalb für solche Ansprüche, die vor dem Betriebsübergang entstanden sind und innerhalb eines Jahres fällig werden, neben dem Erwerber als **Gesamtschuldner** (§§ 421 ff.). Über den Wortlaut hinaus gilt dies erst recht für **vor** dem Betriebsübergang fällig gewordene Ansprüche. Insofern hat der Veräußerer die volle gesamtschuldnerische Haftung zu übernehmen (ErfK/*Preis* § 613a Rn. 136). Sind die Ansprüche erst **nach** dem Betriebsübergang innerhalb der Jahresfrist fällig geworden, trifft ihn die Haftung nur anteilig entsprechend dem im Zeitpunkt des Übergangs abgelaufenen Bemessungszeitraum (Abs. 2 Satz 2). Diese **zeitanteilige Haftung** führt dazu, dass der bisherige Inhaber für solche Ansprüche nur insoweit herangezogen werden kann, als sie Gegenleistung für die bei ihm erbrachte Arbeitsleistung waren. Der Erwerber kann demgegenüber voll in Anspruch genommen werden (MüKo/*Müller-Glöge* § 613a Rn. 165). Da sich der Anspruch auf **Jahresurlaub** grundsätzlich auf die Freistellung von der Arbeitspflicht unter Fortzahlung des Arbeitsentgelts richtet, kann dieser nur seitens des neuen Inhabers erfüllt werden. Eine Urlaubsabgeltung nach § 7 Abs. 4 BUrlG durch den bisherigen Inhaber scheidet aus, auch dann, wenn er betriebsbedingt gekündigt hat (BAG NZA 2000, 480). In Betracht kommt aber im Innenverhältnis ein Anspruch des Erwerbers auf Geldausgleich wegen zum Zeitpunkt des Betriebsübergangs noch nicht erfüllter Urlaubsansprüche (BAG NZA 1999, 817) oder auf zeitanteilige Urlaubsabgeltung (ErfK/*Preis* § 613a Rn. 136). 65

Für die Frage der **Haftung im Innenverhältnis** ist zunächst der dem Betriebsübergang zugrunde liegende **Übernahmevertrag** heranzuziehen und ggf. ergänzend auszulegen. Sofern sich hieraus nichts ergibt und auch sonst nichts anderes bestimmt ist, ist § 426 Abs. 1 Satz 1 einschlägig, wonach der bisherige und der neue Inhaber zu gleichen Anteilen verpflichtet sind. In der Regel ist davon auszugehen, dass bereits vor dem Betriebsübergang entstandene und fällig gewordene Ansprüche intern allein vom bisherigen Inhaber zu tragen sind (HWK/*Willemsen/Müller-Bonanni* § 613a Rn. 299). Die Arbeitnehmer haben nach § 421 Satz 1 ein Wahlrecht dahingehend, dass sie sowohl den bisherigen Arbeitgeber als auch den Erwerber in Anspruch nehmen können. 66

Der **Veräußerer** haftet nicht für solche Ansprüche, die nach dem Betriebsübergang entstanden und fällig geworden sind. Dasselbe gilt für erst nach Ablauf der Jahresfrist fällig gewordene Ansprüche 67

(ErfK/*Preis* § 613a Rn. 138). Anders als ein Verzicht des Arbeitnehmers ist eine abweichende Vereinbarung zwischen bisherigem und neuem Inhaber zulasten der Arbeitnehmer nicht möglich (MüKo/*Müller-Glöge* § 613a Rn. 169). Zur Möglichkeit der Haftungsbegrenzung durch Ausschlussfristen vgl. HWK/*Willemsen/Müller-Bonanni* § 613a Rn. 298.

### 2. Haftungsausschluss

68 Eine Haftung des bisherigen Inhabers entfällt nach Abs. 3, wenn es sich bei diesem um eine juristische Person handelt und diese durch Umwandlung erlischt. Abgesehen davon ist Abs. 2 auch in Fällen der nicht zum Erlöschen des übertragenden Rechtsträgers führenden Umwandlung (Abspaltung und Ausgliederung nach § 123 Abs. 2 und 3 UmwG) wegen der spezielleren Haftungsregelungen der §§ 133, 134 UmwG nicht anwendbar (vgl. ausf. HWK/*Willemsen/Müller-Bonanni* § 613a Rn. 301 ff.).

### 3. Verhältnis zu anderen Haftungsgrundlagen

69 Als weitere Haftungsgründe, unabhängig von einem Anspruch aus Abs. 1 Satz 1, Abs. 2, kommen die Fälle des gesetzlichen Schuldbeitritts nach §§ 25, 28 HGB in Betracht. So kann einem zum Zeitpunkt des Betriebsübergangs bereits ausgeschiedenen Arbeitnehmer gem. § 25 HGB ein Versorgungsanspruch gegen den Erwerber zustehen (BAG NJW 1977, 1791), obwohl solche Arbeitsverhältnisse nach Abs. 1 Satz 1 nicht auf den Erwerber übergehen und insoweit eine Haftung nach Abs. 2 ausscheidet (vgl. Rdn. 38). § 28 HGB geht Abs. 2 vor, sodass der bisherige Arbeitgeber für in seinem Betrieb begründete Verbindlichkeiten auch dann haftet, wenn das Unternehmen in eine KG eingebracht wird. Des Weiteren besteht die Möglichkeit der vertraglichen Schuldübernahme oder des Schuldbeitritts.

## V. Verbot der Kündigung wegen Betriebsübergangs

70 Abs. 4 ergänzt Abs. 1 Satz 1 insoweit, als das Verbot der Kündigung wegen des Betriebsübergangs die Kontinuität der Arbeitsverhältnisse sichert. Die Regelung beinhaltet ein **eigenständiges Kündigungsverbot** und ist damit auch dann anwendbar, wenn der Arbeitnehmer wegen §§ 1 Abs. 1, 23 KSchG keinen Kündigungsschutz genießt. Abs. 4 Satz 1 erfasst alle Arten der Kündigung, also sowohl ordentliche und außerordentliche Beendigungskündigungen als auch Änderungskündigungen (ErfK/*Preis* § 613a Rn. 153). Verstößt eine Kündigung gegen das Kündigungsverbot, muss dies innerhalb der Drei-Wochen-Frist des § 4 Satz 1 KSchG gerügt werden (BT-Drs. 15/1204 S. 13, vgl. dazu § 620 BGB Rdn. 101 ff.).

### 1. Kündigung »wegen« Betriebsübergangs

71 Die Tatbestandsvoraussetzung »wegen« Betriebsübergang ist stets im Zusammenhang mit Abs. 4 Satz 2 zu prüfen. Hiernach bleibt eine Kündigung »aus anderen Gründen« weiterhin möglich. Das Kündigungsverbot greift demnach nicht, wenn es neben dem Betriebsübergang einen sachlichen Grund gibt, der »aus sich heraus« die Kündigung rechtfertigen kann. Der Betriebsübergang muss **tragender Grund** und nicht nur äußerer Anlass der Kündigung sein (BAG NZA 2003, 1027, 1028; NZA 2007, 387, 388). Ursächlichkeit reicht für sich allein also nicht aus, vielmehr muss der Betriebsinhaberwechsel das wesentliche Motiv der Kündigung darstellen (BAG NZA 1985, 493, 494). Abzustellen ist insoweit auf den Zeitpunkt des **Wirksamwerdens der Kündigung** (Zugang, vgl. dazu § 623 BGB Rdn. 45 ff.). War bei Ausspruch der Kündigung von einer Betriebsstilllegung auszugehen und war der bisherige Inhaber zur Stilllegung ernsthaft und endgültig entschlossen, so kann ein späterer Betriebsübergang nicht mehr zum tragenden Grund für die Kündigung werden (BAG NZA 1989, 265, 268; zu einem möglichen Wiedereinstellungsanspruch des betroffenen Arbeitnehmers vgl. ErfK/*Preis* § 613a Rn. 163 ff. sowie *Sieg/Maschmann* Rn. 575 ff.). Ist der Betriebsübergang hingegen schon zu diesem Zeitpunkt absehbar, so kann ein bevorstehender Betriebsübergang zur Unwirksamkeit der Kündigung nach Abs. 4 Satz 1 führen. Die Anwendbarkeit des

Abs. 4 scheidet aus, wenn das Arbeitsverhältnis vom Betriebsübergang schon gar nicht erfasst ist (BAG AP BGB § 613a Nr. 260).

Für eine Kündigung »aus anderen Gründen« nach Abs. 4 Satz 2 kommen personen-, verhaltens-, vor allem aber **betriebsbedingte Gründe** nach § 1 Abs. 2 KSchG in Betracht. Zulässig ist z.B. eine Kündigung nach Widerspruch des Arbeitnehmers, wenn beim bisherigen Arbeitgeber keine Beschäftigungsmöglichkeit mehr besteht (Rdn. 102; ausf. auch *Sieg/Maschmann* Rn. 194 ff.; weitere Beispiele dort Rn. 567 ff.). Findet das KSchG beim Betriebserwerber keine Anwendung (insoweit besteht kein Bestandsschutz, vgl. Rdn. 44), genügt jeder sachliche Grund, wenn keine Umgehung des Abs. 4 Satz 1 bezweckt ist (ErfK/*Preis* § 613a Rn. 156). 72

### 2. Umgehen des Kündigungsverbots

Neben der Kündigung gibt es rechtliche Gestaltungsmöglichkeiten, deren Absicht es ist, das Ziel des § 613a, die Kontinuität der Arbeitsverhältnisse zu gewährleisten, zu unterlaufen und somit das Kündigungsverbot zu umgehen. So sind z.B. **Befristungen und auflösende Bedingungen** mit dem Ziel der Umgehung des Abs. 4 Satz 1 nach § 134 nichtig (BAG NZA 1995, 987; ErfK/*Preis* § 613a Rn. 157). Wird eine Kündigung durch den bisherigen Arbeitgeber nur deshalb ausgesprochen, damit der Erwerber den Arbeitnehmer zu geänderten Arbeitsbedingungen erneut einstellen kann, ist die Kündigung wegen Umgehung des Abs. 4 Satz 1 unwirksam (BAG AP BGB § 613a Nr. 31, vgl. Rdn. 47). Dasselbe gilt, wenn der Arbeitnehmer durch ein Einstellungsversprechen des Erwerbers zu schlechteren Bedingungen zu einer Eigenkündigung veranlasst wurde. Zu diesem sog. Lemgoer Modell gehört auch der Abschluss von Aufhebungsverträgen (BAG NZA 1988, 198; NZA-RR 2008, 367). 73

Der **Abschluss von Aufhebungsverträgen** ist aber dann zulässig, wenn die Vereinbarung auf das endgültige Ausscheiden des Arbeitnehmers aus dem Betrieb gerichtet war (BAG NZA 2006, 145; NZA-RR 2008, 367; NZA 2012, 152, 154 f.). Die Aufhebung eines Arbeitsverhältnisses wird häufig im Rahmen eines **dreiseitigen** Vertrages unter Beteiligung einer Beschäftigungs- und Qualifizierungsgesellschaft (BQG) geschlossen. Eine solche Vereinbarung bezweckt die Aufhebung des bisherigen und die Eingehung eines neuen Arbeitsverhältnisses bei der beteiligten Gesellschaft, wenn der Erwerber nicht gewillt ist, alle Arbeitnehmer zu übernehmen. Dies soll dem BAG zufolge auch dann möglich sein, wenn hiermit eine Verschlechterung der Arbeitsbedingungen verbunden ist (BAG NZA 1999, 422, 424; NZA 2006, 145, 148). Von einer Umgehung ist auch in diesen Fällen nur dann auszugehen, wenn der Aufhebungsvertrag den Zweck verfolgt, die Kontinuität des Arbeitsverhältnisses zu beseitigen und gleichzeitig den Arbeitsplatz zu erhalten, weil zugleich ein neues Arbeitsverhältnis vereinbart oder verbindlich in Aussicht gestellt wird (BAG NZA 2006, 145, 148; NZA 2012, 152, 154 f.; insoweit krit. *Willemsen* NZA 2013, 242, 243). Dies kann angenommen werden, wenn die Beschäftigungsgesellschaft nur zum Schein vorgeschoben wurde, um die Sozialauswahl zu umgehen (BAG NZA 2007, 866; krit. ErfK/*Preis* § 613a Rn. 159). 74

Ist ein Aufhebungsvertrag wegen Umgehung des Abs. 4 Satz 1 nach § 134 nichtig, so entfällt auch ein hierin vereinbarter Abfindungsanspruch. Die Norm des § 242 steht der Berufung auf die Unwirksamkeit durch den Arbeitgeber nicht entgegen (BAG NZA 1996, 207). 75

### 3. Sanierende Betriebsübernahmen

Befindet sich ein Unternehmen in finanzieller Not, kommt es in der Praxis oft zu Kündigungen, die einer Betriebsübernahme unmittelbar vorausgehen und mit dieser in unmittelbarem zeitlichen Zusammenhang stehen. In derartigen Fällen greift das Kündigungsverbot nicht, wenn der Veräußerer unabhängig vom bevorstehenden Betriebsübergang sein **Sanierungskonzept** aus betriebsbedingten Gründen hätte durchführen können und müssen. Erforderlich ist demnach ein **eigenes betriebliches Erfordernis** des Veräußerers (BAG NZA 1997, 148, 149 f.; NZA 2007, 387, 389). Dies gilt auch dann, wenn die Durchführung des Sanierungskonzeptes vom Erwerber zur Voraussetzung für den Betriebsübergang gemacht wurde und selbst dann, wenn es sich hierbei um 76 ein Sanierungskonzept des Erwerbers handelt (BAG NZA 2007, 387, 389). Besteht in letzterem Fall kein eigenes betriebliches Erfordernis des Veräußerers, sind Sanierungskündigungen trotzdem zulässig, wenn dem Sanierungskonzept wie dem Betriebsübergang eine rechtsverbindliche Vereinbarung zugrunde liegt und dessen Durchführung im Zeitpunkt des Zugangs der Kündigungserklärung bereits greifbare Formen angenommen hat (BAG NZA 2007, 387, 389 für den Fall der Insolvenz). Vgl. zum Ganzen ausf. ErfK/*Preis* § 613a Rn. 167 ff.

### VI. Betriebsübergang in der Insolvenz

77 § 613a ist nach der Rechtsprechung des BAG grundsätzlich auch auf Veräußerungen des Insolvenzverwalters im Rahmen der Masseverwertung anwendbar (vgl. schon Rdn. 33). Hiervon geht auch die InsO in § 128 Abs. 2 aus. Abs. 2, der die Haftung des Erwerbers für bereits entstandene Ansprüche regelt, ist jedoch teleologisch zu reduzieren, da insoweit die Verteilungsgrundsätze des Insolvenzverfahrens vorgehen (st. Rspr. seit BAG NJW 1980, 1124, 1125). Darüber hinaus enthält die InsO Sondervorschriften zur Kündigung von Arbeitsverhältnissen im Rahmen eines Insolvenzverfahrens, vgl. §§ 113, 120 bis 122 sowie 125 bis 128 InsO. Zu Besonderheiten bei der betrieblichen Altersversorgung vgl. ErfK/*Preis* § 613a Rn. 148 f.

### VII. Unterrichtung und Widerspruchsrecht der Arbeitnehmer

#### 1. Unterrichtung

##### a) Allgemeines

78 § 613a Abs. 5 dient der Umsetzung des Art. 7 Abs. 6 der Richtlinie RL 2001/23/EG. Die Unterrichtung soll dem Arbeitnehmer eine **ausreichende Wissensgrundlage** verschaffen, um hierauf basierend über Ausübung oder Nichtausübung seines Widerspruchsrechts entscheiden zu können (BT-Drs. 14/7760 S. 19; BAG NZA 2006, 1268; NZA-RR 2009, 62, 64). Die Unterrichtungspflicht gilt dabei unabhängig von der Betriebsgröße und ist auch dann einzuhalten, wenn in dem betreffenden Betrieb ein Betriebsrat besteht. Insoweit geht Abs. 5 über Art. 7 Abs. 6 der Richtlinie hinaus, da dieser eine Information der einzelnen Arbeitnehmer lediglich bei betriebsratslosen Betrieben verlangt (ausf. hierzu *Sieg/Maschmann* Rn. 144).

79 **Adressaten** der Unterrichtungspflicht sind alle vom Übergang betroffenen Arbeitnehmer. Gemeint sind damit diejenigen Arbeitnehmer, deren Arbeitsverhältnisse auf den neuen Inhaber übergehen (*Sieg/Maschmann* Rn. 152; zur Zuordnung der Arbeitnehmer vgl. oben Rdn. 39). Zur Unterrichtung verpflichtet sind der bisherige Arbeitgeber und der neue Betriebsinhaber als **Gesamtschuldner** gem. §§ 421 ff. (*Willemsen/Lembke* NJW 2002, 1159, 1161; dies bestätigt BT-Drs. 14/7760 S. 19, wonach sich beide untereinander, also im Innenverhältnis, verständigen sollen, in welcher Weise sie ihre Informationspflicht erfüllen). Kommt demnach der bisherige Arbeitgeber seiner Informationspflicht vollumfänglich nach, so wirkt dies auch zugunsten des neuen Inhabers (*Rupp* NZA 2007, 301). Die Informationspflicht kann ebenso dadurch vollständig erfüllt werden, dass sich die Angaben von bisherigem Arbeitgeber und neuem Inhaber ergänzen, d.h. jeder einen Teil der erforderlichen Informationen an die Arbeitnehmer weiterleitet (*Bauer/von Steinau-Steinrück* ZIP 2002, 457, 463; ErfK/*Preis* § 613a Rn. 90; zum Problem widersprüchlicher Unterrichtungen *Rupp* NZA 2007, 301, 302 ff.). Im Innenverhältnis können beide wechselseitig einen Anspruch auf Auskunft über die für die Unterrichtung maßgeblichen Tatsachen haben (HWK/*Willemsen/Müller-Bonanni* § 613a Rn. 318 m.w.N.; zu den Folgen mangelnder Kooperationsbereitschaft von bisherigem und neuem Inhaber vgl. *Mückl* RdA 2008, 343 ff.).

80 Die Unterrichtung muss in **Textform** (§ 126b) erfolgen. Da eine eigenhändige Unterschrift nicht erforderlich ist, reicht eine E-Mail oder ein Fax aus. Ein Aushang am schwarzen Brett genügt diesen Anforderungen jedoch nicht, da der Zugang einer zur dauerhaften Wiedergabe geeigneten schriftlichen Erklärung i.S.d. § 126b nötig ist (*Sieg/Maschmann* Rn. 169).

Die sich aus dem Betriebsübergang ergebenden Folgen müssen nicht für jeden Arbeitnehmer individuell dargestellt werden; eine **standardisierte Information** hat jedoch den Besonderheiten des jeweiligen Arbeitsverhältnisses Rechnung zu tragen (BAG NZA 2006, 1268). Demnach muss der Arbeitnehmer der **für einen Laien verständlichen Erklärung** entnehmen können, welche Folgen der Betriebsübergang für ihn persönlich mit sich bringt (*Hohenstatt/Grau* NZA 2007, 13, 14; zur Frage, ob die Information ggf. übersetzt werden muss, *Langner* DB 2008, 2082). 81

Da der Zugang des Informationsschreibens die Widerspruchsfrist des Abs. 6 (Rdn. 99 f.) in Gang setzt und der Arbeitgeber für den Zugang der Information beweispflichtig ist, ist es für ihn ratsam, sich den Empfang bestätigen zu lassen (ErfK/*Preis* § 613a Rn. 91). 82

Folgt man dem Wortlaut des Abs. 5, so hat die Unterrichtung grundsätzlich vor dem Betriebsübergang zu erfolgen. Allerdings erlischt die Pflicht zur Information auch nach Betriebsübergang nicht; Rechtsfolge ist nur, dass die Widerspruchsfrist erst mit Unterrichtung beginnt und ein dann innerhalb der Frist erfolgter Widerspruch auf den Zeitpunkt des Betriebsübergangs zurückwirkt (BAG NZA 2006, 1268, 1269; NZA 2007, 682; krit. *Rieble* NZA 2004, 1 ff.). 83

### b) Inhalt der Unterrichtung

Der Inhalt der Unterrichtung richtet sich nach dem **Kenntnisstand des Veräußerers und Erwerbers zum Zeitpunkt der Unterrichtung** (BAG NZA 2006, 1268, 1270; NZA 2010, 89). Dabei müssen sich beide die Kenntnis des jeweils anderen zurechnen lassen (*Schiefer/Worzalla* NJW 2009, 558, 561). Die Information muss vollständig und präzise sein und darf keine juristischen Fehler enthalten, eine lediglich »ausreichende« Unterrichtung genügt nicht (BAG NZA 2008, 1354, 1357; NZA 2010, 89, 93). Bei juristisch umstrittenen und komplexen Rechtsbereichen reicht es allerdings aus, wenn die zur Unterrichtung Verpflichteten über eine **rechtlich vertretbare Rechtsposition** Auskunft geben (BAG NZA 2006, 1273 zur Frage der Fortgeltung von Tarifverträgen und Betriebsvereinbarungen; vgl. hierzu auch oben Rdn. 50 ff.). Für die ordnungsgemäße Erfüllung der Unterrichtungspflicht sind Veräußerer und Erwerber darlegungs- und beweispflichtig. Ist die Unterrichtung nicht offensichtlich fehlerhaft und genügt sie zunächst den Anforderungen des § 613a Abs. 5, obliegt es dem Arbeitnehmer, die Mängel näher darzulegen; ihn trifft insoweit eine abgestufte Darlegungslast i.S.d. § 138 Abs. 3 ZPO (BAG NZA 2006, 1268). 84

Nr. 1 verpflichtet den Veräußerer und den Erwerber, über den (geplanten) **Zeitpunkt des Übergangs**, also den Zeitpunkt, zu dem der neue Betriebsinhaber die betriebliche Leitungs- und Organisationsmacht übernimmt (Rdn. 10 ff., 12), zu informieren. Steht der Zeitpunkt noch nicht fest, reicht die Angabe des geplanten Zeitpunkts aus. 85

Mit **Grund für den Übergang** nach Nr. 2 ist primär die rechtsgeschäftliche Grundlage des Betriebsübergangs gemeint. Zu informieren ist daher darüber, ob der Übergang aufgrund Verkaufs, eines Pachtvertrags oder durch Umwandlung erfolgt. Wirtschaftliche und unternehmerische Motive sind nur dann anzugeben, wenn sie sich im Fall eines Widerspruchs des Arbeitnehmers auf dessen Arbeitsplatz auswirken können; eine schlagwortartige Mitteilung genügt insoweit (so bei einer vollständigen Stilllegung der nicht übergehenden Betriebsteile: BAG NZA 2006, 1268, 1271). 86

Bei der Information über die **rechtlichen, wirtschaftlichen und sozialen Folgen des Betriebsübergangs** (Nr. 3) können sich Veräußerer und Erwerber an den Abs. 1 bis 4 orientieren (BT-Drs. 14/7760 S. 19). Eine schlichte Wiedergabe des Gesetzestextes reicht allerdings nicht aus (HWK/*Willemsen/Müller-Bonanni* § 613a Rn. 325; *Sieg/Maschmann* Rn. 160). Vielmehr ist der Umfang der Unterrichtung am Zweck des Abs. 5 zu messen, der die notwendige Wissensgrundlage für die Entscheidung des Arbeitnehmers zur Ausübung des Widerspruchsrechts schaffen will (BAG NZA 2006, 1268; dazu Rdn. 78). 87

Zunächst sind die betroffenen Arbeitnehmer über die **Person des Erwerbers** in Kenntnis zu setzen; insoweit sind dessen Firmenbezeichnung und Anschrift zu nennen, um seine Identifizierbarkeit zu gewährleisten (BAG NZA 2006, 1268, 1271). Der Verweis auf eine noch zu gründende GmbH 88

§ 613a BGB   Rechte und Pflichten bei Betriebsübergang

reicht hingegen nicht aus (BAG NZA-RR 2009, 62, 65). Auch der **Gegenstand des Betriebsübergangs**, namentlich der übergehende Betrieb oder Betriebsteil, muss bezeichnet werden (BAG NZA 2006, 1268, 1271). So muss darüber informiert werden, dass nicht das Betriebsgrundstück, sondern lediglich die beweglichen Anlagen übernommen werden (BAG NZA 2008, 642). Zu den **unmittelbaren Rechtsfolgen**, über die zu unterrichten ist, gehört der Eintritt des Erwerbers in die Rechte und Pflichten aus den bestehenden Arbeitsverhältnissen (Abs. 1 Satz 1; dazu Rdn. 40 ff.), wozu auch der Hinweis gehört, dass der Eintritt kraft Gesetzes erfolgt (BAG NZA-RR 2009, 62, 65), die gesamtschuldnerische Haftung nach Abs. 2 (Rdn. 65) sowie eine Erläuterung der kündigungsrechtlichen Situation nach Abs. 4 (Rdn. 71 f.; BAG NZA 2009, 552). Darüber hinaus ist über die **Fortgeltung von Tarifverträgen und Betriebsvereinbarungen** zu informieren, insbesondere über die Ablösung beim Veräußerer geltender tariflicher und betrieblicher Normen durch solche, die beim Erwerber gelten (BAG NZA 2006, 1268) bzw. über die originär oder statisch kollektivrechtliche Fortgeltung nach Abs. 1 Satz 2 (BAG NZA 2010, 89, 93). Allein der Hinweis »Tarifverträge und Betriebsvereinbarungen gelten gem. § 613a weiter« genügt insoweit nicht. Eine detaillierte Bezeichnung aller Tarifverträge und Betriebsvereinbarungen ist allerdings auch nicht erforderlich (BAG NZA 2010, 89, 93). Demgegenüber ist das **Haftungssystem nach Abs. 2** vollständig darzustellen, da nur in diesem Fall der Arbeitnehmer imstande ist, gegebenenfalls näheren Rat einzuholen, wer in welchem Umfang für welche Ansprüche haftet (BAG NZA 2010, 89, 93). Unmittelbare rechtliche Folge i.S.d. Nr. 3 ist auch das **Widerspruchsrecht** des Arbeitnehmers nach Abs. 6, wobei zu erläutern ist, wie dieses ausgeübt werden muss (BAG NZA 2008, 1354, 1357). Als mittelbare Rechtsfolge der Ausübung des Widerspruchsrechts sind die Arbeitnehmer über das Risiko einer betriebsbedingten Kündigung und über mögliche Abfindungsansprüche in Kenntnis zu setzen (BAG NZA 2006, 1273, 1276; vgl. auch BAG NZA 2008, 1354, 1358). Auch auf einen Sozialplan ist gegebenenfalls hinzuweisen (BAG NZA 2007, 682; *Sieg/Maschmann* Rn. 166 m.w.N.; gegen die Darstellung der mittelbaren Folgen eines Widerspruchs HWK/*Willemsen/Müller-Bonanni* § 613a Rn. 332). Mit Blick auf den Zweck des Abs. 5 (Rdn. 78) haben Veräußerer und Erwerber jedenfalls dann über **mittelbare Folgen** des Übergangs aufzuklären, wenn sich hieraus Konsequenzen für das Arbeitsverhältnis ergeben und diese somit sachliche Gründe für einen Widerspruch darstellen können (HWK/*Willemsen/Müller-Bonanni* § 613a Rn. 330). Dies betrifft geplante Änderungen der Arbeitsbedingungen (Rdn. 47 f.), eine beim Erwerber veränderte kündigungsschutzrechtliche Situation wegen Unterschreitens der Mindestbetriebsgröße nach § 23 Abs. 1 KSchG (vgl. auch Rdn. 41) sowie das Nichtbestehen eines Betriebsrats beim Erwerber (ErfK/*Preis* § 613a Rn. 88; a.A. HWK/*Willemsen/Müller-Bonanni* § 613a Rn. 331). Ein Hinweis muss auch erfolgen, wenn beim Erwerber eine konkrete Insolvenzgefährdung vorliegt oder ein Insolvenzverfahren bereits eingeleitet worden ist (BAG NZA 2008, 642, 643; HWK/*Willemsen/Müller-Bonanni* § 613a Rn. 328). Auch über die **wirtschaftliche Lage des Erwerbers** ist dann aufzuklären, wenn die Arbeitsplätze durch fehlende wirtschaftliche Absicherung beim Erwerber konkret gefährdet sind. Über das wirtschaftliche Potenzial des Erwerbers im Allgemeinen muss jedoch keine Unterrichtung erfolgen (BAG NZA 2008, 642, 643; vgl. hierzu ausf. *Sieg/Maschmann* Rn. 167).

89 Bei den hinsichtlich der Arbeitnehmer **in Aussicht genommenen Maßnahmen** (Nr. 4) handelt es sich nach der Gesetzesbegründung um Weiterbildungsmaßnahmen im Zusammenhang mit geplanten Produktionsumstellungen oder Umstrukturierungen und andere Maßnahmen, die die berufliche Entwicklung der Arbeitnehmer betreffen (Versetzungen, Entlassungen, Betriebsänderungen i.S.d. § 111 BetrVG, so HWK/*Willemsen/Müller-Bonanni* § 613a Rn. 333; BT-Drs. 14/7760 S. 19). Hierüber und über den Abschluss eines Interessenausgleichs oder eines Sozialplans (BAG NZA 2006, 1273, 1276; a.A. HWK/*Willemsen/Müller-Bonanni* § 613a Rn. 334, der die Informationspflicht lediglich auf Maßnahmen des neuen Inhabers bezieht) ist der Arbeitnehmer zu unterrichten. Die Maßnahmen müssen sich im Zeitpunkt der Unterrichtung bereits in einem konkreten Planungsstadium befinden (BAG NZA 2006, 1273).

## c) Folgen unterbliebener und fehlerhafter Unterrichtung

Erfolgt keine Unterrichtung, ist diese unvollständig oder falsch, so **beginnt die Widerspruchsfrist nach Abs. 6 nicht zu laufen** (BT-Drs. 14/7760 S. 19; BAG NZA 2006, 1268). Der Arbeitnehmer kann in diesem Fall sein Widerspruchsrecht so lange ausüben bis eine Nachholung oder Berichtigung der Information unter den Voraussetzungen des Abs. 5 erfolgt (*Sieg/Maschmann* Rn. 172). Bei der Unterrichtung handelt es sich um eine **echte Rechtspflicht** und nicht um eine bloße Obliegenheit, sodass aus einer Verletzung **Schadensersatzansprüche** resultieren können (aus § 280 Abs. 1 gegen den bisherigen Arbeitgeber oder aus §§ 280 Abs. 1, 311 Abs. 2, 241 Abs. 2 gegen den Erwerber). Der Arbeitnehmer kann dann verlangen, so gestellt zu werden, wie er gestanden hätte, wenn er (richtig) informiert worden wäre (BAG NZA 2006, 1406; NZA 2008, 1297; AP BGB § 613a Nr. 393). Die fehlerhafte Information muss dabei kausal für den eingetretenen Schaden sein, was abzulehnen ist, wenn der Arbeitnehmer den Schaden durch Ausübung seines Widerspruchsrechts hätte vermeiden können. Die Darlegungs- und Beweislast obliegt insoweit dem Arbeitnehmer (BAG NZA 2008, 1297, 1301). Bei bewusst unrichtiger Unterrichtung besteht auch die Möglichkeit der Anfechtung des erklärten Widerspruchs nach § 123 Abs. 1 (*Willemsen/Lembke* NJW 2002, 1159, 1164).

## 2. Widerspruch

### a) Allgemeines

War das Widerspruchsrecht des Arbeitnehmers bereits früher von der Rechtsprechung des BAG (BAG NJW 1975, 1378; NZA 1994, 360) und EuGH (EuGH AP BGB § 613a Nr. 97; AP EWG-Richtlinie Nr. 77/187 Nr. 32) anerkannt, so ist es heute in Abs. 6 gesetzlich verankert (BT-Drs. 14/7760 S. 20). Es hat die **Rechtsnatur eines Gestaltungsrechts** und ist damit **bedingungsfeindlich**. So kann die Ausübung des Widerspruchsrechts nicht von einer möglichen betriebsbedingten Kündigung des bisherigen Arbeitgebers abhängig gemacht werden (HWK/*Willemsen/Müller-Bonanni* § 613a Rn. 342; ErfK/*Preis* § 613a Rn. 97). Eine bloße Rechtsbedingung ist jedoch zulässig, womit der Arbeitnehmer den Widerspruch für den Fall des Vorliegens eines Betriebsübergangs erklären kann.

Ein **Verzicht** auf das Recht zum Widerspruch ist grundsätzlich möglich (BAG NZA 2007, 793, 798). Um der Warn- und Beweisfunktion des Schriftformgebots (vgl. Rdn. 96) zu genügen, ist jedoch die schriftliche Erklärung des Verzichts erforderlich (*Sieg/Maschmann* Rn. 188).

Das Widerspruchsrecht gilt neben den Fällen eines rechtsgeschäftlichen Betriebsübergangs nach Abs. 1 Satz 1 auch für Betriebsübergänge im Rahmen von Unternehmensumwandlungen nach § 324 UmwG. Anders ist dies, wenn der bisherige Betriebsinhaber erlischt und der neue Inhaber durch gesellschaftsrechtliche Gesamtrechtsnachfolge in die Arbeitsverhältnisse eintritt (BAG NZA 2008, 815).

### b) Ausübung des Widerspruchs

#### aa) Erklärung

Der Widerspruch erfolgt durch **einseitige, empfangsbedürftige Willenserklärung** des Arbeitnehmers und kann nach Abs. 6 Satz 2 gegenüber dem bisherigen Arbeitgeber oder dem neuen Betriebsinhaber erklärt werden (BAG NZA 2005, 43, 45). Der Widerspruch gegenüber einem »ehemaligen« Arbeitgeber, der vor dem »bisherigen« Arbeitgeber den Betrieb veräußert hatte, ist dagegen vom Gesetz nicht vorgesehen (BAG NZA 2014, 1074). Abs. 6 Satz 2 bezieht sich auf den letzten Übergang des Arbeitsverhältnisses infolge des letzten Betriebsübergangs. Zwischen diesen letzten beiden Arbeitgebern soll eine gegenseitige Inkenntnissetzung erfolgen (BT-Drs. 14/7760 S. 20; *Willemsen/Lembke* NJW 2002, 1159, 1160). Demnach wird der Widerspruch mit **Zugang** beim Erklärungsempfänger wirksam (*Sieg/Maschmann* Rn. 178; zum Zugang nach §§ 130 bis 132 vgl. jurisPK-BGB/*Reichold* §§ 130 bis 132); für den Zeitpunkt des Zugangs trägt der Arbeitnehmer die Darlegungs- und Beweislast (*Worzalla* NZA 2002, 353, 357). Ein bereits zugegangener Widerspruch kann seitens des Arbeitnehmers nicht einseitig zurückgenommen werden. Da der Widerspruch auch Rechtswirkungen gegenüber dem Erwerber nach sich zieht, hat eine wirksame Einigung über die Rücknahme zwischen allen drei Beteiligten zu erfolgen (BAG NZA 2004, 481). Der Widerspruch kann auch durch Anfechtung nach §§ 119 ff. rückwirkend beseitigt werden (BAG AP BGB § 613a Widerspruch Nr. 2). Zur Anfechtung nach § 123 Abs. 1 vgl. schon Rdn. 90.

95 Der Arbeitnehmer muss das Widerspruchsrecht **persönlich** ausüben. Dies steht einer **gemeinschaftlichen Ausübung** des Widerspruchsrechts allerdings nicht entgegen. Eine solche ist nur dann nicht zulässig, wenn sie rechtsmissbräuchlich (§ 242) ist, so z.B., wenn es einziges Bestreben ist, den Betriebsübergang als solchen zu verhindern, die Beibehaltung des bisherigen Arbeitgebers und die Sicherung der bestehenden arbeitsvertraglichen Rechte also nicht primäres Ziel ist (BAG NZA 2005, 43; NZA 2010, 89, 94; vgl. auch *Sieg/Maschmann* Rn. 179).

### bb) Form/Inhalt

96 Abs. 6 Satz 1 setzt die **schriftliche Erklärung** (§ 126) des Widerspruchs voraus. Dies soll zum einen dem Arbeitnehmer die Bedeutung des Widerspruchs bewusst machen, zum anderen den Beteiligten die Beweisführung darüber erleichtern, ob der Arbeitnehmer dem Übergang tatsächlich widersprochen hat (BT-Drs. 14/7760 S. 20). Eine Ersetzung durch die elektronische Form (§ 126a) ist möglich (ErfK/*Preis* § 613a Rn. 98; a.A. *Sieg/Maschmann* Rn. 180). Bei Nichteinhaltung der vorgeschriebenen Form (mündliche Erklärung, Übersendung per Telefax) ist der Widerspruch unwirksam; eine formgerechte Nachholung kann nur innerhalb der Frist des Abs. 6 Satz 1 erfolgen (vgl. Rdn. 99). Sonst besteht das Arbeitsverhältnis zum neuen Inhaber fort (ErfK/*Preis* § 613a Rn. 98).

97 Das Wort »Widerspruch« muss nicht ausdrücklich verwendet werden; nach der sog. **Andeutungstheorie** genügt es, wenn der Widerspruchswille andeutungsweise zum Ausdruck kommt (BAG NZA 2006, 1406; HWK/*Willemsen/Müller-Bonanni* § 613a Rn. 349; *Sieg/Maschmann* Rn. 180 f.). Ausreichend ist, wenn aus objektiver Empfängersicht erkennbar ist, dass der Arbeitnehmer mit dem Übergang des Arbeitsverhältnisses nicht einverstanden ist. Insoweit sind die Auslegungsgrundsätze der §§ 133, 157 heranzuziehen

98 Das Vorliegen **sachlicher Gründe** ist für die Ausübung des Widerspruchs nicht von Bedeutung (BAG NZA 2005, 43; NJW 2009, 3386, 3387). Anders als früher (BAG NZA 1993, 795) wirkt sich der Widerspruch (ohne sachlichen Grund) heute auch nicht mehr negativ auf die Sozialauswahl im Fall einer betriebsbedingten Kündigung durch den bisherigen Arbeitgeber aus (BAG NZA 2008, 33). Zum möglichen Verlust von Abfindungs- und Sozialplanansprüchen bei sachgrundlosem Widerspruch vgl. HWK/*Willemsen/Müller-Bonanni* § 613a Rn. 361 m.w.N.

### cc) Widerspruchsfrist

99 Der Widerspruch kann nur innerhalb einer Frist von **einem Monat** erklärt werden. Die Frist beginnt mit Zugang (§§ 130 ff., vgl. jurisPK-BGB/*Reichold* §§ 130 bis 132) der Unterrichtung nach Abs. 5 und berechnet sich nach den allgemeinen Vorschriften der §§ 187 ff. (ErfK/*Preis* § 613a Rn. 100). Unerheblich ist, ob das Ende der Frist in den Zeitraum vor oder nach Betriebsübergang fällt, sodass die Unterrichtung für den Fristbeginn auch dann maßgeblich ist, wenn entgegen Abs. 5 erst nach dem Inhaberwechsel unterrichtet wurde (vgl. auch schon Rdn. 83 sowie BT-Drs. 14/7760 S. 20; BAG NZA 2007, 682). Die Frist wird nur durch eine **ordnungsgemäße Unterrichtung** (vgl. Rdn. 90) in Gang gesetzt (BAG NZA 2009, 1149, st.Rspr.). Fehlt eine solche, ist von einem zeitlich unbefristeten Widerspruchsrecht auszugehen; eine absolute Höchstfrist für die Erklärung des Widerspruchs gibt es nicht (BAG NZA 2007, 793, 797 f.; NZA 2010, 761, 763; ErfK/*Preis* § 613a Rn. 101; a.A. *Worzalla* NZA 2002, 353, 357).

100 Nicht ausgeschlossen ist jedoch die **Verwirkung** des Widerspruchsrechts, was nach der Rechtsprechung des BAG aber nur unter strengen Voraussetzungen angenommen wird (BAG NZA 2007, 793; krit. hierzu *Reinecke* DB 2012, 50 ff.). Regelmäßig hat die widerspruchslose Weiterarbeit bei

dem neuen Inhaber über einen Zeitraum von sieben Jahren die Verwirkung des Widerspruchsrechts zur Folge (BAG NZA 2018, 854). Der Verwirkungstatbestand ist auch dann zu bejahen, wenn der Arbeitnehmer einen Aufhebungsvertrag mit dem Betriebserwerber geschlossen hat oder eine von diesem nach dem Betriebsübergang erklärte Kündigung hingenommen hat (BAG NZA 2008, 1354, 1358 f.). Die Ausübung des Widerspruchsrechts kann auch dann verwirkt sein, wenn sich der Arbeitnehmer im Kündigungsschutzprozess über das Nichtbestehen eines Arbeitsverhältnisses vergleicht (Hess. LAG, Urt. v. 04.07.2012 – 6 Sa 83/12). Vgl. ausf. auch *Sieg/Maschmann* Rn. 185 ff.; ErfK/*Preis* § 613a Rn. 101.

### c) Rechtsfolgen des Widerspruchs

Die Ausübung des Widerspruchsrechts verhindert zum einen den Übergang des Arbeitsverhältnisses auf den neuen Betriebsinhaber und bewirkt zum anderen, dass das Arbeitsverhältnis zum bisherigen Arbeitgeber fortbesteht (BAG NZA 1994, 360, 361; HWK/*Willemsen/Müller-Bonanni* § 613a Rn. 355). Übt der Arbeitnehmer sein Recht zum Widerspruch erst nach dem Betriebsübergang aus, wirkt dieser **ex tunc** auf den Zeitpunkt des Übergangs zurück (vgl. Rdn. 83 m.w.N.) mit der Folge, dass das Arbeitsverhältnis nie auf den Erwerber übergegangen ist. Die Arbeitsleistung, die zwischen Betriebsübergang und Widerspruch beim Erwerber erbracht wurde, beruht auf einem **faktischen Arbeitsverhältnis**, aus dem sich auch der Lohnanspruch ergibt (ErfK/*Preis* § 613a Rn. 105). Zu Ansprüchen aus § 615 Satz 1 oder § 280 Abs. 1, die in diesem Zeitraum gegen den bisherigen Arbeitgeber entstehen können, vgl. HWK/*Willemsen/Müller-Bonanni* § 613a Rn. 355 m.w.N. Der bisherige Arbeitgeber gerät in **Annahmeverzug** nach § 615 Satz 1 (vgl. hierzu § 615 Rdn. 5 ff.), wenn er den widersprechenden Arbeitnehmer trotz angebotener Arbeitsleistung nicht beschäftigt. Das Angebot kann dann entbehrlich sein, wenn der bisherige Arbeitgeber nicht ordnungsgemäß nach Abs. 5 unterrichtet und dies zum verspäteten Widerspruch und zum Ausbleiben des Angebots geführt hat (BAG NZA 2006, 1406, 1411). Nimmt der Arbeitnehmer ein Angebot des Erwerbers auf Beschäftigung auf seinem bisherigen Arbeitsplatz nicht an, muss er sich nach § 615 Satz 2 den Wert des nicht erlangten Arbeitsentgelts anrechnen lassen (BAG NZA 1998, 750, 752).

Ist es dem bisherigen Arbeitgeber aufgrund des Betriebsübergangs und des damit verbundenen Wegfalls des bisherigen Arbeitsplatzes des widersprechenden Arbeitnehmers nicht möglich, diesen weiter zu beschäftigen, kann insoweit eine **betriebsbedingte Kündigung** gerechtfertigt sein. Abs. 4 Satz 1 ändert hieran nichts (ErfK/*Preis* § 613a Rn. 106; dazu Rdn. 72). Allerdings hat auch der bisherige Arbeitgeber die allgemeinen Voraussetzungen des § 1 Abs. 2 KSchG zu beachten, sodass er verpflichtet ist, dem Arbeitnehmer einen geeigneten und zumutbaren freien Arbeitsplatz im Betrieb oder Unternehmen anzubieten bzw. während der Widerspruchsfrist freizuhalten (BAG NZA 2003, 430; krit. *Franzen* Anm. zu BAG AP BGB § 613a Nr. 241). Seit BAG, Urt. v. 31.05.2007 – 2 AZR 218/06 (n.v.) ist auch der widersprechende Arbeitnehmer in die **Sozialauswahl** mit einzubeziehen; auf das Vorhandensein sachlicher Gründe für den Widerspruch kommt es dabei nicht mehr an (vgl. schon Rdn. 98. m.w.N.; ausf. auch ErfK/*Preis* § 613a Rn. 107 f.). Dies gilt jedoch nur für den Fall eines Teilbetriebsübergangs, wenn beim bisherigen Betriebsinhaber noch ein Restbetrieb verbleibt. Insoweit ist eine auf den gesamten Betrieb, einschließlich des später übergehenden Betriebsteils, bezogene Sozialauswahl durchzuführen (BAG NZA 2005, 285). Denn bei einer Übertragung des gesamten Betriebs kann schon wegen der Betriebsbezogenheit der Sozialauswahl (anders als die anderweitige Beschäftigungsmöglichkeit, die sich nach den Gegebenheiten im Unternehmen beurteilt) keine Sozialauswahl mehr durchgeführt werden. Dies gilt selbst dann, wenn zum Unternehmen des bisherigen Inhabers noch andere Betriebe gehören (BAG NZA 1987, 125; ErfK/*Preis* § 613a Rn. 107).

### VIII. Prozessuales

Wurde das Arbeitsverhältnis durch den **bisherigen Inhaber** vor dem Betriebsübergang gekündigt, ist eine Kündigungsschutzklage nach § 4 KSchG gegen diesen zu richten; er ist in einem solchen Prozess **passiv legitimiert** (BAG NZA 2005, 1178). Dabei kommt es nicht darauf an, ob das Arbeitsverhältnis vor oder nach dem Inhaberwechsel endet oder ob die Klage vor oder nach diesem Zeitpunkt erhoben wurde (BAG NZA 1999, 706; ErfK/*Preis* § 613a Rn. 174). Die Klage gegen den bisherigen Inhaber kann aber wegen fehlender Passivlegitimation als unbegründet abgewiesen werden, wenn der Betriebsübergang bereits vor Ausspruch der Kündigung erfolgte (BAG NZA 2006, 597).

104 Der gekündigte Arbeitnehmer hat die Möglichkeit, in demselben Rechtsstreit auch gegen den Erwerber Klage auf Feststellung nach § 256 ZPO zu erheben, dass das mit dem bisherigen Inhaber begründete Arbeitsverhältnis auf den Erwerber übergegangen ist und zu unveränderten Bedingungen fortbesteht. Eine notwendige Streitgenossenschaft gem. § 62 ZPO liegt insoweit nicht vor (BAG NZA 1994, 260), jedoch können bisheriger Arbeitgeber und Erwerber eine einfache Streitgenossenschaft begründen (BAG NZA 1996, 1062). Eine eventuelle subjektive Klagehäufung ist nicht zulässig (BAG NZA 1998, 534). Wird gegen den Erwerber selbst kein Rechtsstreit geführt, erstreckt sich die **Rechtskraft** eines im Kündigungsschutzprozess ergangenen Urteils auch auf ihn (BAG NZA 1991, 639; zur Rechtskraft vgl. auch ErfK/*Preis* § 613a Rn. 180). Zur Möglichkeit der Stellung von Auflösungsanträgen gem. §§ 9, 10 KSchG ErfK/*Preis* § 613a Rn. 176.

105 Macht ein Arbeitnehmer Ansprüche gegen den **Betriebserwerber** geltend, hat er darzulegen und zu beweisen, dass der Betriebsübergang stattgefunden hat. Kann er dabei darlegen, dass der Erwerber nach der Einstellung des Geschäftsbetriebes des bisherigen Inhabers die wesentlichen Betriebsmittel verwendet, um einen gleichartigen Geschäftsbetrieb zu führen, spricht der **Beweis des ersten Anscheins** für das Vorliegen eines Betriebsübergangs i.S.d. § 613a (BAG NZA 1985, 736). Macht der Arbeitnehmer im Rahmen einer Kündigungsschutzklage lediglich den Unwirksamkeitsgrund des Abs. 4 geltend, obliegt ihm die Darlegungs- und Beweislast, dass der Betriebsübergang der tragende Grund der Kündigung war. Stützt er seine Klage aber darüber hinaus auch auf die Sozialwidrigkeit der Kündigung nach § 1 KSchG, muss der Arbeitgeber darlegen und beweisen, welche Tatsachen zur Kündigung geführt haben und ob diese sozial gerechtfertigt ist. Vermag er dies nicht, ist der Kündigungsschutzklage stattzugeben, ohne dass es der Feststellung bedarf, der tragende Beweggrund für die Kündigung sei ein Betriebsübergang (BAG NZA 1994, 686, 687). Bei alsbaldiger Wiederaufnahme der Produktion durch den Betriebserwerber noch innerhalb der Kündigungsfrist spricht eine tatsächliche Vermutung gegen eine ernsthafte Stilllegungsabsicht (BAG NZA 1988, 170, 171; vgl. schon Rdn. 11). Der in Anspruch genommene Betriebserwerber hat dann diejenigen Tatsachen darzulegen und zu beweisen, die für eine Betriebsstilllegung sprechen (BAG NZA 1987, 123, 124). Zur abgestuften Darlegungslast bei Mängeln eines Unterrichtungsschreibens vgl. Rdn. 90.

## § 614 Fälligkeit der Vergütung

**Die Vergütung ist nach der Leistung der Dienste zu entrichten. Ist die Vergütung nach Zeitabschnitten bemessen, so ist sie nach dem Ablauf der einzelnen Zeitabschnitte zu entrichten.**

| Übersicht | Rdn. | | Rdn. |
|---|---|---|---|
| A. Normzweck und Rechtspraxis | 1 | I. Vorschüsse | 4 |
| B. Ausnahmen | 4 | II. Abschlagszahlungen | 6 |

### A. Normzweck und Rechtspraxis

1 § 614 normiert die **Vorleistungspflicht** des Arbeitnehmers. Bei einem Dienst- oder Arbeitsverhältnis soll die **Fälligkeit** des Vergütungsanspruchs erst nach erbrachter Leistung der Dienste eintreten. Anspruchsgrundlage für die Vergütung bleibt jedoch § 611a Abs. 2; bei § 614 handelt es sich lediglich um eine Regelung der Leistungszeit (HWK/*Krause* § 614 Rn. 1). Da die Bemessung des Arbeitsentgelts i.d.R. nach Zeitabschnitten erfolgt, üblicherweise nach **Monaten**, ist für Arbeitsverträge insb. § 614 Satz 2 einschlägig (ErfK/*Preis* § 614 Rn. 5). Ist die Vergütung ausnahmsweise nach Stunden oder Tagen bemessen, so erfolgt die Auszahlung unter Berücksichtigung der Verkehrssitte – trotz

entgegenstehenden Wortlauts – erst am Ende der **Woche** (Staudinger/*Richardi/Fischinger* § 614 Rn. 12 f.), weil die Norm auch durch konkludentes Handeln **abbedungen** werden kann.

Der dispositive Charakter der Norm bedingt auch die praxisübliche Verlagerung des Auszahlungstermins in **Tarifverträge** und/oder Betriebsvereinbarungen (HWK/*Krause* § 614 Rn. 4). **Gesetzliche Sonderregelungen** sind z.B. in § 12 GOÄ, § 64 Satz 1 HGB und § 18 Abs. 2 BBiG sowie in § 11 Abs. 2 BUrlG enthalten, der eine abweichende Fälligkeitsbestimmung für das Urlaubsentgelt enthält (näher ErfK/*Preis* § 614 Rn. 8 ff.; HWK/*Krause* § 614 Rn. 6 ff.). Der modernen Arbeitszeitflexibilisierung steht § 614 Satz 2 nicht im Weg, sodass trotz wechselnder Arbeitszeiten eine gleichbleibende Entgeltzahlung mit der Führung von **Arbeitszeitkonten** verbunden werden kann, vgl. §§ 6, 10 TVöD bzw. TV-L, deren Abbau oder Aufbau im Ausgleichszeitraum von einem Jahr die wöchentliche Regelarbeitszeit von z.B. 38,5 Stunden erreichen muss (näher *Reichold* NZA 1998, 393). 2

Bei der Bemessung der Vergütung nach Zeitabschnitten gerät der Arbeitgeber gem. § 286 Abs. 1 Nr. 2 in **Verzug**, wenn er am Ende des Zeitabschnitts nicht leistet. Einer Mahnung bedarf es hierfür nicht (BAG NZA 2005, 580, 582). Ist der Arbeitgeber hinsichtlich mehrerer Gehaltszahlungen säumig oder umfasst die Nichtzahlung einen erheblichen Betrag, so liegt darin für den Arbeitnehmer – nach erfolgter Abmahnung – ein **wichtiger Grund zur Kündigung** nach § 626 (LAG Hamm NZA-RR 2000, 242). Doch ist die Kündigung nur »ultima ratio«. Vom Arbeitnehmer kann nicht erwartet werden, dass er über eine Vergütungsperiode hinaus dem Arbeitgeber Kredit gewährt. Daher steht ihm die **Einrede des nichterfüllten Vertrages** zu, wenn er Lohnrückstände aus einem früheren Zeitabschnitt geltend macht – der synallagmatische Austausch ist nicht etwa wegen § 614 hinfällig (str., wie hier HWK/*Krause* § 614 Rn. 15; a.A. BAG NZA 1985, 355; ErfK/*Preis* § 614 Rn. 17; AR/*Kamanabrou* § 614 BGB Rn. 9 f.). Dabei ist jedoch der Grundsatz von Treu und Glauben zu berücksichtigen, sodass ein verhältnismäßig geringer Lohnrückstand nicht zur Leistungsverweigerung berechtigt. 3

## B. Ausnahmen

### I. Vorschüsse

Vorschüsse sind als **vorweg genommene Lohntilgungen** Geldleistungen des Arbeitgebers auf noch nicht verdienten Lohn, wobei sich beide Seiten bei der Auszahlung darüber einig sein müssen, dass es sich um eine Vorwegleistung handelt, die bei Fälligkeit der Forderung verrechnet wird (BAG NZA 2003, 617, 619). Um einen **Lohn- oder Gehaltsvorschuss** des Arbeitgebers handelt es sich auch bei einem negativen Guthaben auf einem Arbeitszeitkonto (BAG NZA 2002, 390, 392), nicht hingegen bei einem unter Rückzahlungsvorbehalt stehenden Gratifikationsanspruch. Dieser darf weder als Vorschuss angesehen noch als solcher vereinbart werden (BAG NZA 2003, 1032, 1034; AR/*Kamanabrou* § 614 Rn. 12). Ein **Anspruch** auf eine Zahlung der Arbeitsvergütung vor Fälligkeit besteht grds. nicht, kann sich jedoch in engen Ausnahmefällen aus der Fürsorgepflicht des Arbeitgebers als Nebenpflicht i.S.v. § 241 Abs. 2 ergeben (Staudinger/*Richardi/Fischinger* § 614 Rn. 26). Der Vorschuss kann bei der nächsten Lohnabrechnung ohne Aufrechnungserklärung abgezogen werden, doch ist hierbei der notwendige Lebensbedarf gem. § 850d ZPO zu beachten (ErfK/*Preis* § 614 Rn. 21). 4

Zwischen Vorschuss und **Darlehen** erfolgt die Abgrenzung nach objektiven Merkmalen. Dabei ist die gewählte Bezeichnung durch die Parteien nicht maßgeblich; entscheidend ist, ob eine vom Arbeitsentgelt **unabhängige** Verbindlichkeit begründet werden soll, die das monatliche Entgelt übersteigt (HWK/*Krause* § 614 Rn. 18). Bei einer **Lohnpfändung** nach geleistetem Vorschuss wird dieser bei der Berechnung des pfändbaren Einkommens nicht abgezogen (BAG NZA 1987, 485). Geht die Lohnpfändung der Vorschussleistung voraus und übersteigen die Zahlungen den unpfändbaren Teil des Einkommens, muss der Gläubiger die Vorschusszahlung nicht gegen sich gelten lassen (ErfK/*Preis* § 614 Rn. 25). 5

## § 615 BGB Vergütung bei Annahmeverzug und bei Betriebsrisiko

### II. Abschlagszahlungen

6 Unter Abschlagszahlungen versteht man Zahlungen auf bereits verdientes, aber noch nicht abgerechnetes Entgelt (BAG NZA 1987, 485, 486). Vom Vorschuss unterscheiden sie sich dadurch, dass sie erst nach Fälligkeit der Vergütung, i.d.R. nach Ablauf des Kalendermonats, verlangt werden können (ErfK/*Preis* § 614 Rn. 22). Für ihren Abzug von der Lohnzahlung bedarf es, wie beim Vorschuss, keiner Aufrechnung (Rdn. 4). Auch hinsichtlich der **Lohnpfändung** besteht kein Unterschied (Rdn. 5).

## § 615 Vergütung bei Annahmeverzug und bei Betriebsrisiko

Kommt der Dienstberechtigte mit der Annahme der Dienste in Verzug, so kann der Verpflichtete für die infolge des Verzugs nicht geleisteten Dienste die vereinbarte Vergütung verlangen, ohne zur Nachleistung verpflichtet zu sein. Er muss sich jedoch den Wert desjenigen anrechnen lassen, was er infolge des Unterbleibens der Dienstleistung erspart oder durch anderweitige Verwendung seiner Dienste erwirbt oder zu erwerben böswillig unterlässt. Die Sätze 1 und 2 gelten entsprechend in den Fällen, in denen der Arbeitgeber das Risiko des Arbeitsausfalls trägt.

| Übersicht | Rdn. | | Rdn. |
|---|---|---|---|
| A. Normzweck und Bedeutung | 1 | II. Beendigung des Annahmeverzugs | 20 |
| I. Ausweitung der Vergütungsgefahr des Arbeitgebers | 1 | 1. Regelfall | 20 |
| | | 2. Vorläufige Weiterbeschäftigung wegen Kündigungsprozess | 22 |
| II. Praktische Bedeutung | 3 | III. Rechtsfolgen | 23 |
| III. Verhältnis zur Unmöglichkeit | 4 | 1. Ansprüche des Arbeitnehmers | 23 |
| B. Annahmeverzug | 5 | 2. Anrechnung nach Satz 2 | 25 |
| I. Voraussetzungen | 5 | a) Normzweck | 25 |
| 1. Erfüllbares Arbeitsverhältnis | 5 | b) Anrechnungsumfang | 26 |
| 2. Angebot der Arbeitsleistung | 6 | 3. Prozessuales | 30 |
| a) Tatsächliches Angebot | 7 | C. Betriebsrisiko (Satz 3) | 31 |
| b) Wörtliches Angebot | 10 | I. Normzweck | 31 |
| c) Entbehrlichkeit des Angebots | 12 | II. Anwendungsbereich | 32 |
| 3. Unvermögen des Arbeitnehmers | 14 | III. Keine besondere Kündigungsbefugnis | 36 |
| 4. Nichtannahme der Arbeitsleistung | 18 | | |

### A. Normzweck und Bedeutung

#### I. Ausweitung der Vergütungsgefahr des Arbeitgebers

1 Die Norm regelt mit dem »Annahmeverzug« (Satz 1) bzw. dem »Betriebsrisiko« (Satz 3) eine Ausnahme vom Grundsatz »Ohne Arbeit kein Lohn« zugunsten des Arbeitnehmers, wenn dessen mögliche Leistung vom Arbeitgeber nicht angenommen wird. Im System des Rechts der Leistungsstörungen stellt sich § 615 Satz 1 als **lex specialis** zu § 326 Abs. 2 dar (vom Gläubiger zu vertretende Unmöglichkeit, dazu *Reichold* ZfA 2006, 223, 228). Die Rechtsfolgen des Annahmeverzugs i.S.v. §§ 293 ff. werden durch § 615 Satz 1 zugunsten des Arbeitnehmers erweitert: Statt nur nach § 304 Mehraufwendungen ersetzt zu bekommen, behält der Schuldner hier seinen Entgeltanspruch, obwohl er seine Leistung nicht erbracht hat. Die Norm regelt also im Kern die **Vergütungsgefahr** des Arbeitgebers, wenn sich die betriebliche »Substratsgefahr« verwirklicht (*Picker* JZ 1979, 285, 290 ff.). Der Gesetzgeber reagierte damit auf die besondere Schutzbedürftigkeit des Einsatzes der menschlichen Arbeitskraft, deren anderweitige Verwertung kurzfristig nicht möglich ist.

2 § 615 Satz 1 u. 3 gewähren **keinen eigenständigen Anspruch**, sondern halten den Vergütungsanspruch aus § 611a trotz Nichtleistung aufrecht (BAG BB 2003, 740; NZA 2001, 598). Es handelt sich um einen Erfüllungsanspruch, nicht um einen Schadensersatzanspruch (BAG NZA 2003, 973, 975). Satz 3 gilt nur für **Arbeitsverhältnisse**, Satz 1 und 2 dagegen auch für freie Dienstverträge. Die Norm ist allerdings **dispositiv** und kann sowohl durch kollektive

Normenverträge als auch durch einzelvertragliche Regelung abbedungen werden (LAG Düsseldorf LAGE BGB § 615 2002 Nr. 1). Klauseln wie »Entgelt nur für geleistete Arbeit« oder »Honorar nur für wahrgenommenen Einsatz« schließen nur den Vergütungsanspruch nach § 616, nicht den nach § 615 aus (BAG ZTR 2007, 391; DB 1983, 1496). Das Wirtschaftsrisiko darf durch Formularklauseln nicht unangemessen auf den Arbeitnehmer abgewälzt werden (BAG NZA 2007, 384; NZA 2003, 973, 975).

## II. Praktische Bedeutung

Für die arbeitsrechtliche Praxis entfaltet der Annahmeverzug seine Bedeutung vor allem für das **gekündigte Arbeitsverhältnis**. Erklärt das Arbeitsgericht auf Klage des Arbeitnehmers nämlich die Kündigung für **unwirksam**, muss der Arbeitgeber das Entgelt für den Zeitraum zwischen Kündigung und dem (endgültigen) Urteil nachzahlen, soweit nicht trotz Kündigung dem gekündigten Arbeitnehmer die Arbeit erneut zugewiesen wurde (BAG NZA 1999, 925; NZA 1994, 840). Das gilt selbst dann, wenn der arbeitsunfähig erkrankte Arbeitnehmer während des Kündigungsschutzprozesses seine wieder gewonnene Arbeitsfähigkeit dem Arbeitgeber nicht anzeigt (BAG NJW 1995, 2653, vgl. Rdn. 17). 3

## III. Verhältnis zur Unmöglichkeit

Die strikte Abgrenzung von »Annahmeverzug« (§ 615) und »Unmöglichkeit« (§ 326) im Sinne eines »Entweder-Oder« (Dogma der Alternativität) verhinderte sehr lange die dogmatisch zutreffende Anwendung des § 615 Satz 1 auch auf Fälle der »Annahmeunmöglichkeit« und begünstigte die vom Gesetz losgelöste BAG-Rspr. zum sog. Betriebsrisiko (näher *Reichold* ZfA 2006, 223, 227 ff.; HWK/*Krause* § 615 Rn. 5). Verkannt wurde dabei, dass die Arbeitsleistung i.d.R. **Fixschuld** ist (BAG NZA 2002, 683: »absolute« Fixschuld), sodass »Verzug« im Wortsinn nicht eintreten kann (das setzte ja die Nachholbarkeit der Dienstleistung voraus), sondern bei Versäumung der Teilleistung i.d.R. (Teil-) Unmöglichkeit der Leistung vorliegt (§§ 275, 326). Der Arbeitgeber müsste dann nur zahlen, wenn er selber »annahmeunwillig« wäre und damit die Unmöglichkeit selber verursacht hätte. Für die Fälle nicht zu vertretender »Annahmeunfähigkeit« des Arbeitgebers entwickelte die Rspr. die Lehre vom Betriebsrisiko, die inzwischen in § 615 Satz 3 kodifiziert ist (Rdn. 31 ff.). Doch konnte *Picker* unter Berücksichtigung der Motive des historischen Gesetzgebers überzeugend herausarbeiten, dass die Funktion des § 615 gerade in der Zuweisung der **Substratsgefahr** an den Arbeitgeber auch bei zufallsbedingter »**Annahmeunmöglichkeit**« besteht, weil er dem Ausfallrisiko als Betriebsinhaber näher steht als der Arbeitnehmer (h.L., vgl. ErfK/*Preis* § 615 Rn. 7; AR/ *Kamanabrou* § 615 Rn. 6). Diese Ansicht sieht sich durch die Einfügung des Satz 3 in § 615 bestätigt (MüKo/*Henssler* § 615 Rn. 8; *Reichold* ZfA 2006, 223, 229 f.; krit. *Picker* FS Huber, 2006, S. 497, 533). 4

## B. Annahmeverzug

### I. Voraussetzungen

#### 1. Erfüllbares Arbeitsverhältnis

Das Arbeitsverhältnis muss zunächst überhaupt erfüllbar sein (BAG NZA 1986, 424). Dies ist neben dem Fall des unstreitig bestehenden Arbeitsverhältnisses auch dann anzunehmen, wenn das Arbeitsverhältnis durch Kündigung oder Befristung nicht wirksam beendet wurde (HWK/*Krause* § 615 Rn. 12). Ebenso kann bei einem in Vollzug gesetzten, aber fehlerhaft begründeten Arbeitsverhältnis der Arbeitgeber in Annahmeverzug geraten, nicht dagegen im ruhenden Arbeitsverhältnis (MHdB ArbR/*Tillmanns* § 76 Rn. 15). 5

#### 2. Angebot der Arbeitsleistung

Nach § 293 kommt der Gläubiger in Verzug, wenn er die ihm angebotene Leistung nicht annimmt. Das »Ob« und das »Wie« dieses Angebots bestimmt sich nach den allgemeinen Normen der §§ 294 6

# § 615 BGB  Vergütung bei Annahmeverzug und bei Betriebsrisiko

bis 297. Bei Kündigung oder unwiderruflicher einseitiger Freistellung folgt i.d.R. aus § 296 die Entbehrlichkeit des Angebots (Rdn. 11 ff.).

### a) Tatsächliches Angebot

7 Im ungekündigten Dienstverhältnis ist gem. § 294 grundsätzlich ein **tatsächliches** Angebot des Arbeitnehmers erforderlich (BAG NZA 2007, 801, 803). Dabei handelt es sich um einen **Realakt**, auf den die Vorschriften über die Willenserklärung (insb. § 130: Zugang) keine Anwendung finden. Ein ordnungsgemäßes Angebot liegt danach vor, wenn der Arbeitnehmer die Leistung so, wie sie zu bewirken ist, tatsächlich anbietet, d.h. in eigener Person, zur rechten Zeit, am rechten Ort und in der rechten Weise (BAG MDR 1994, 77). Das Angebot hat **zeitlich** zu Dienstbeginn am **konkreten Arbeitsplatz** stattzufinden. Soweit sich der Arbeitnehmer z.B. wegen Wegeunfalls verspätet zur Arbeit einfindet, sich also sein Wegerisiko realisiert, scheidet insoweit Annahmeverzug aus (ErfK/*Preis* § 615 Rn. 19 f.).

8 **Inhaltlich** muss der Arbeitnehmer die von ihm vertraglich geschuldeten Dienste anbieten, welche im vertraglichen Rahmen vom Arbeitgeber gem. § 106 Satz 1 GewO durch Weisung zu konkretisieren sind (BAG NZA 2008, 1410).

Das Angebot einer Tätigkeit in einem Wiedereingliederungsverhältnis i.S.v. § 74 SGB V genügt nicht. Dieses ist nicht Teil des Arbeitsverhältnisses, sondern stellt neben diesem ein Vertragsverhältnis eigener Art dar. Anders als das Arbeitsverhältnis ist das Wiedereingliederungsverhältnis nicht durch den Austausch von Leistung und Gegenleistung gekennzeichnet, sondern durch den Rehabilitationszweck (BAG NZA 2018, 439).

9 Bei **Betriebsübergang** muss der neue Inhaber den gegenüber dem früheren Inhaber eingetretenen Annahmeverzug gegen sich gelten lassen (BAG NZA 1991, 726). Der beim Veräußerer eingetretene Annahmeverzug setzt sich beim Erwerber fort, was insb. bei unwiderruflicher Freistellung eine Rolle spielt. Hat der Arbeitnehmer gem. § 613a Abs. 6 dem Betriebsübergang widersprochen, nachdem er für den Erwerber tätig wurde, scheidet Annahmeverzug des Veräußerers aus, weil diesem gegenüber die Arbeitsleistung nicht angeboten wurde (MüKo/*Henssler* § 615 Rn. 19).

### b) Wörtliches Angebot

10 Das wörtliche Angebot nach § 295 ist dann wichtig, wenn der Arbeitgeber entweder erklärt, er werde die Leistung nicht annehmen (**Ablehnungserklärung**), oder eine erforderliche Mitwirkungshandlung unterlässt. Es muss daher zeitlich der Ablehnungserklärung des Arbeitgebers **nachfolgen** (so die h.M., vgl. HWK/*Krause* § 615 Rn. 36, womit die frühere Rspr., wonach schon in der ununterbrochenen Arbeitsleistung das wörtliche Angebot zu sehen sei, vgl. BAG NJW 1961, 1694, überholt ist) und muss **nicht wiederholt** werden (BAG BB 1961, 1128). Als geschäftsähnliche Handlung muss das Angebot dem Arbeitgeber zugehen (BAG NZA 1985, 778).

11 Wichtigster Fall der Ablehnungserklärung ist die **Kündigung durch den Arbeitgeber**, doch kann auch in der unwiderruflichen Freistellung oder bei Einführung von Kurzarbeit eine Ablehnungserklärung zu sehen sein (AR/*Kamanabrou* § 615 Rn. 29). Seit 1984 **verlangt** das BAG in dieser wichtigen Fallgruppe **nicht mehr ein wörtliches Angebot**, weil es reine Förmelei sei, dem kündigenden bzw. suspendierenden Arbeitgeber ein Angebot zukommen zu lassen, welches ohnehin von vornherein der Ablehnung verfällt (BAG NJW 1985, 935 = NZA 1985, 119). Stattdessen wendet das BAG hier der Sache nach die **Norm des § 296** an (unwiderrufliche Freistellung: BAG NZA 2007, 36; Anordnung von Kurzarbeit: BAG NZA 1995, 134; Abberufung des Geschäftsführers: BGH NJW 2001, 287). Weil der Arbeitgeber dem Arbeitnehmer einen funktionsfähigen Arbeitsplatz bereitstellen müsse, sei darin eine **kalendermäßig bestimmte** Mitwirkungshandlung i.S.v. § 296 zu sehen, deren Unterlassen ein Angebot seitens des Arbeitnehmers entbehrlich mache (BAG NZA 1985, 119, 120). Die überwiegende Literatur stimmt dem BAG im Ergebnis mit teils differenzierender Begründung zu (AR/*Kamanabrou* § 615 Rn. 31; ErfK/*Preis* § 615 Rn. 30; MHdB ArbR/*Tillmanns* § 76 Rn. 29; kritisch HWK/*Krause* § 615 Rn. 39 f.). Im **ungekündigten**

**Arbeitsverhältnis** ist aber nach wie vor regelmäßig ein tatsächliches Angebot i.S.v. § 294 erforderlich (BAG NZA 2008, 1410), ebenso bei der unwirksamen Festlegung von flexiblen Arbeitszeiten (BAG NZA 2007, 801, 803).

#### c) Entbehrlichkeit des Angebots

Entbehrlich ist ein Angebot nach der BAG-Rspr. (Rdn. 11) – neben dem Fall der fristlosen Kündigung (BAG NJW 1985, 935) – auch für die Zeit **nach** Fristablauf bei der ordentlichen Kündigung (BAG NJW 1985, 2663), was grundsätzlich dazu führt, dass während des Laufs der Kündigungsfrist der Arbeitnehmer seine Arbeit anbieten muss. Stellt der Arbeitgeber aber den Arbeitnehmer nach Ausspruch einer ordentlichen Kündigung **für die Dauer der Kündigungsfrist** (ggf. unter Anrechnung bestehender Urlaubsansprüche) **von der Arbeit unwiderruflich frei** und bittet er ihn zugleich, ihm die Höhe des während der Freistellung erzielten Verdienstes mitzuteilen, überlässt der Arbeitgeber dem Arbeitnehmer die zeitliche Festlegung der Urlaubszeit und gerät während der verbleibenden Zeit in Annahmeverzug (BAG NZA 2007, 36; AP BUrlG § 7 Nr. 32). 12

Beim **freien Dienstvertrag** stellt sich die Frage, ob bei der **Vereinbarung eines Behandlungstermins** in der Arztpraxis der Patient, der diesen Termin unentschuldigt nicht wahrnimmt, in Annahmeverzug gerät (näher *Schrader* JuS 2010, 326, 328 ff.; *Poelzig* VersR 2007, 1608; *Wertenbruch* MedR 1991, 167). Der Patient ist hier »Dienstgeber«, der Arzt ist »Dienstnehmer«. Es kommt hier maßgeblich auf Art und Umfang der konkreten medizinischen Behandlung und den Inhalt bzw. die Umstände der Parteivereinbarung an. Grundsätzlich ist hier vom Vorliegen einer kalendermäßigen Bestimmung gem. § 296 auszugehen, bei deren Nichteinhaltung der Patient ohne weiteres Angebot des Arztes in Annahmeverzug gerät und damit ggf. ohne Arztleistung dennoch zahlungspflichtig wird. Die Rechtsprechung zu derartigen Fällen ist notwendigerweise nicht einheitlich (einen Anspruch bejahend AG München ArbN 2010, Nr 1, 36; LG Itzehoe KHuR 2004, 18; verneinend AG Diepholz NJW-RR 2011, 1501). 13

### 3. Unvermögen des Arbeitnehmers

Der Eintritt des Annahmeverzugs setzt **Leistungsfähigkeit** sowie **Leistungsbereitschaft** seitens des Arbeitnehmers voraus (BAG NZA-RR 2012, 342; AP BGB § 615 Nr. 108; NZA 1999, 377, 379), sodass Arbeitsunfähigkeit wegen Krankheit den Annahmeverzug a priori verhindert. Geht der Arbeitnehmer ein neues Arbeitsverhältnis ein, führt dies nicht bereits zum Fehlen der Leistungsbereitschaft, da dieses unter Einhaltung einer Kündigungsfrist beendet werden kann (BAG NZA 2012, 971). Zwar passt die Norm des § 297 für diesen Grundsatz nur auf den ersten Blick, weil das Gesetz die Nachholbarkeit der Leistung voraussetzt und daher auf die fix geschuldete Arbeitsleistung nicht recht passt (HWK/*Krause* § 615 Rn. 45). Doch ergibt sich schon aus § 294 (Rdn. 7 f.), dass ein ordnungsgemäßes Angebot Leistungswillen und -fähigkeit voraussetzt. In der Sache geht es um die Abgrenzung der Risikosphären, weil der Arbeitgeber nicht für die persönliche Leistungsfähigkeit des Arbeitnehmers einstehen soll. Weist er ihm freilich eine Tätigkeit zu, die außerhalb der vertraglichen Einsatzmöglichkeiten liegt, gerät er in Annahmeverzug; doch muss er ihm andererseits nicht etwa eine **nicht geschuldete** Arbeitsleistung zuweisen (MHdB ArbR/*Tillmanns* § 76 Rn. 30 ff.). Laut BAG kommt er auch dann nicht in Annahmeverzug, wenn der Arbeitnehmer die ihm angewiesene Arbeit aus Gründen geminderter Leistungsfähigkeit **ablehnt** und stattdessen eine andere, ebenfalls vertragsgemäße Arbeit anbietet; denn das Weisungsrecht steht allein dem Arbeitgeber zu (BAG NZA 2015, 483; 2010, 1119; ZTR 2008, 498). Solange kein Leistungsverweigerungsrecht wegen eines **subjektiven Leistungshindernisses** des Arbeitnehmers geltend gemacht werden kann (z.B. aus § 275 Abs. 3), kommt der Arbeitgeber ebenfalls nicht in Annahmeverzug (BAG NZA 2008, 1063; vgl. Rdn. 8). 14

Für die Beurteilung der Leistungsfähigkeit sind lediglich die **objektiven Umstände** maßgeblich, die subjektive Einschätzung des Arbeitnehmers ersetzt nicht dessen objektiv fehlende Leistungsfähigkeit z.B. bei attestierter Arbeitsunfähigkeit aus gesundheitlichen Gründen (BAG NZA 1999, 377, 379). Ist der Arbeitnehmer an der Erfüllung nur **einzelner bestimmter** vertraglich vereinbarter Tätigkeiten 15 gehindert, ist von seiner Leistungsfähigkeit dennoch auszugehen. Der Arbeitgeber gerät auch nicht in Annahmeverzug, sofern er die ihm mögliche und zumutbare Zuweisung einer leidensgerechten und vertragsgemäßen Arbeit unterlässt (BAG NZA 2010, 1119; NZA 2008, 1410). Auch wenn eine zeitliche Verringerung der geminderten Leistungsfähigkeit des Arbeitnehmers entspräche, kommt der Arbeitgeber erst dann in Annahmeverzug, wenn ein Verringerungsanspruch aus § 8 TzBfG verlangt werden könnte (HWK/*Krause* § 615 Rn. 52).

16 Annahmeverzug setzt weiter voraus, dass der Arbeitnehmer während der gesamten Verzugsdauer den **ernsthaften Willen** hat, die geschuldete Leistung zu erbringen (BAG NJW 1975, 1336). Der Leistungswille kann auch nicht durch Erhebung einer Kündigungsschutzklage ersetzt werden, so z.B., wenn sich eine Dezernentin am Landesgesundheitsamt trotz rechtskräftiger Feststellung der Wirksamkeit ihrer Versetzung wegen Sitzverlegung der Behörde der Aufnahme der Arbeit am neuen Sitz widersetzt (BAG ZTR 2004, 604). Die Klage ist aber für den Nachweis der Leistungsbereitschaft auch nicht erforderlich (AR/*Kamanabrou* § 615 Rn. 35). Im ungekündigten Arbeitsverhältnis muss der wieder genesene Arbeitnehmer das Ende seiner Arbeitsunfähigkeit anzeigen und seine Dienste erneut tatsächlich anbieten (Rdn. 7). Das in einer schriftlichen Anzeige liegende wörtliche Angebot reicht hierfür nicht aus (BAG MDR 1994, 77).

17 Im **gekündigten Arbeitsverhältnis** wird von der BAG-Rspr. am Erfordernis der Anzeige nicht mehr festgehalten, auch nicht bei unbefristeter Arbeitsunfähigkeit im Zeitpunkt der Kündigung (BAG NJW 1995, 2653), sofern der Arbeitnehmer jeweils durch Erhebung einer **Kündigungsschutzklage** oder sonstigen Widerspruch seine Leistungsbereitschaft zu erkennen gibt. Um den Annahmeverzug nach einer (unwirksamen) Kündigung zu vermeiden, ist es deshalb erforderlich, den Arbeitnehmer zur Wiederaufnahme der Tätigkeit aufzufordern und ihm einen funktionsfähigen Arbeitsplatz bereit zu stellen (ErfK/*Preis* § 615 Rn. 54; AR/*Kamanabrou* § 615 Rn. 36; teils a.A. HWK/*Krause* § 615 Rn. 59). Der Arbeitnehmer kann daher regelmäßig eine **Arbeitsaufforderung** des Arbeitgebers abwarten (BAG NZA 2012, 971, 972).

### 4. Nichtannahme der Arbeitsleistung

18 Die **Nichtannahme** der Leistung des Arbeitnehmers tritt durch jedes Verhalten des Arbeitgebers ein, das die Erfüllung des Arbeitsvertrags verhindert, und zwar ganz unabhängig vom Verschulden oder Irrtum des Arbeitgebers (MHdB ArbR/*Tillmanns* § 76 Rn. 39). Umgekehrt liegt **Annahme** der Leistung nur vor, wenn der Arbeitgeber die Leistung als Erfüllung aus dem bestehenden Arbeitsverhältnis annimmt, sodass die Wiederbeschäftigung nach einer Kündigung, deren Wirksamkeit streitig ist, nur bei gleichzeitiger Rücknahme der Kündigung zur wirksamen Annahme führt (str., vgl. BAG NZA 1986, 637 u. Rdn. 22). Nichtannahme liegt auch vor bei einseitiger unwiderruflicher Freistellung (BAG NZA 2007, 36) und bei sämtlichen Fällen der rechtswidrigen Ablehnungserklärung, z.B. rechtswidriger Aussperrung (BAG NZA 1993, 39) oder rechtswidriger Anordnung von Kurzarbeit (BAG NZA 1995, 134).

19 Ist dem Arbeitgeber die Annahme der Leistung **unzumutbar**, kann er sie ablehnen, ohne dadurch in Verzug zu geraten. Dies spielt vor allem dann eine Rolle, wenn eine gerechtfertigte außerordentliche Kündigung aus **formalen** Gründen scheitert oder sich wegen Nachforschungen verzögert (z.B. bei Verdachtskündigung oder Nichtanhörung des Betriebsrats, vgl. AR/*Kamanabrou* § 615 Rn. 46 f.; ErfK/*Preis* § 615 Rn. 62 f.). Hierzu wird neben einem besonders groben Vertragsverstoß auch die anhaltende Gefährdung von Rechtsgütern des Arbeitgebers gefordert, was z.B. bei der Aneignung von Rohmaterialien vor Insolvenzeröffnung noch nicht bejaht werden kann (BAG NZA 1988, 465). Die Pflichtverletzung gegenüber dem Arbeitgeber muss demnach schwerer wiegen als der die fristlose Kündigung rechtfertigende wichtige Grund (bejaht bei sexuellem Missbrauch von Kindern, LAG Berlin NZA-RR 1996, 283; verneint bei falscher Bestrahlung von Patienten durch einen Chefarzt, LAG Hamm ZTR 1992, 80).

## II. Beendigung des Annahmeverzugs

### 1. Regelfall

Der Annahmeverzug des Arbeitgebers endet, wenn die Voraussetzungen des Gläubigerverzugs entfallen (BAG NZA 2012, 971). Dies ist einerseits regelmäßig mit der **Annahme** der vertraglich geschuldeten Leistung durch den Arbeitgeber (Rdn. 18) der Fall, andererseits mit der wirksamen **Beendigung** des Arbeitsverhältnisses. Bereits eingetretene Rechtsfolgen, insb. Zahlungsansprüche aus §§ 611a, 615, bleiben aber bestehen, die Beendigung des Annahmeverzugs erfolgt also **ex nunc**. Auf den Grund der Vertragsaufhebung (Aufhebungsvertrag, gerichtlicher Vergleich) kommt es nicht an (ErfK/*Preis* § 615 Rn. 69). Bei verspäteter Einlegung der Kündigungsschutzklage greift die Fiktion des § 7 KSchG zulasten des Arbeitnehmers.

20

Obsiegt der Arbeitnehmer im Kündigungsschutzprozess, endet dadurch der Annahmeverzug nicht automatisch. Vielmehr muss der Arbeitgeber seine **Annahmebereitschaft** erklären und den Arbeitnehmer zur **Fortsetzung** des Dienstverhältnisses auffordern (BAG NZA 1999, 925). Dies gilt für die gerichtliche Feststellung der Unwirksamkeit sowohl einer fristlosen als auch einer ordentlichen Kündigung (BAG NJW 1985, 2662). Liegt der Fortsetzung ein **Vergleich** zugrunde, endet der Verzug mit Ablauf der Widerrufsfrist, wobei es einer Arbeitsaufforderung nicht bedarf (AR/*Kamanabrou* § 615 Rn. 54). Erfolgt eine »**Rücknahme** der Kündigung« durch den Arbeitgeber, endet der Annahmeverzug nicht bereits durch das darin enthaltene Angebot auf Fortsetzung des bisherigen Arbeitsverhältnisses. Vielmehr bedarf es erst der Annahme dieses Angebots durch den Arbeitnehmer, weil die Erhebung einer Kündigungsschutzklage nicht dessen Zustimmung zur Rücknahme der Kündigung vorwegnimmt (BAG NJW 1983, 1629).

21

### 2. Vorläufige Weiterbeschäftigung wegen Kündigungsprozess

Umstritten ist die BAG-Rspr., wonach der Annahmeverzug nicht beendet wird, soweit dem Arbeitnehmer mit Rücksicht auf den schwebenden **Kündigungsschutzprozess** ein befristeter neuer Arbeitsvertrag oder ein durch die rechtskräftige Feststellung der Wirksamkeit der Kündigung auflösend bedingter Arbeitsvertrag angeboten wird; damit bestünde nämlich der **ursprüngliche** Arbeitsvertrag als Rechtsgrund gerade nicht mehr fort (st. Rspr. seit BAG NJW 1986, 2846; dazu ErfK/*Preis* § 615 Rn. 67 f.; MHdB ArbR/*Tillmanns* § 76 Rn. 47; teils krit. HWK/*Krause* § 615 Rn. 70; MüKo/*Henssler* § 615 Rn. 42). Auch die Weiterbeschäftigung gem. § 102 Abs. 5 BetrVG sowie jene, die aus dem allgemeinen Weiterbeschäftigungsanspruch resultiert, dienen nicht der Erfüllung des ursprünglichen Vertrags und beenden den Annahmeverzug daher nicht (BAG NZA 2004, 90), sog. vorsorgliche **Prozessbeschäftigung**. Rechtsdogmatisch ist dem BAG beizutreten, weil die Beschäftigung nur »zur Vermeidung von Verzugslohn« eine Zweckbefristung darstellt (BAG NZA 2004, 1275). Rechtspraktisch ändert sich für den Arbeitgeber aber wenig, weil er durch die angebotene Prozessbeschäftigung sein finanzielles Risiko minimiert: die Annahme seines Angebots zur Prozessbeschäftigung ist dem Arbeitnehmer mangels besonderer, von ihm darzulegender Umstände in der Regel **nicht unzumutbar**, vgl. § 11 Satz 1 Nr. 2 KSchG, sodass ihm das ausgeschlagene Entgelt als »böswilliges Unterlassen« i.S.v. § 615 Satz 2 anzurechnen ist (BAG NZA 2004, 90), vgl. auch Rdn. 28.

22

## III. Rechtsfolgen

### 1. Ansprüche des Arbeitnehmers

Dem Arbeitnehmer steht der **Vergütungsanspruch** in Form des ursprünglichen Erfüllungsanspruchs zu, ohne dass ihm eine Pflicht zur Nachleistung obliegt (BAG NZA 2003, 973, 975). Hinsichtlich der **Höhe** des Anspruchs gilt das Lohnausfallprinzip, d.h. der Arbeitnehmer ist so zu stellen, als hätte er vertragsgemäß gearbeitet (BAG NZA 2008, 757). Dabei sind neben dem Bruttogehalt auch Provisionen, Tantiemen, Gratifikationen und Umsatzprämien zu berücksichtigen (HWK/*Krause* § 615 Rn. 81).

23

## § 615 BGB  Vergütung bei Annahmeverzug und bei Betriebsrisiko

Im Fall einer **Naturalvergütung**, die darin besteht, dem Arbeitnehmer Erwerbschancen zur Verfügung zu stellen (hier: chefärztliches Liquidationsrecht, vgl. § 611a Rdn. 162), kann diese Verpflichtung nicht mehr erfüllt werden, wenn der Arbeitgeber aufgrund Unmöglichkeit (nach Kündigung des Chefarztes) von dieser Leistungspflicht nach § 275 Abs. 1 frei geworden ist. Der Arbeitgeber (Krankenhausträger) muss dem Arzt die personellen und sächlichen Mittel zur Verfügung stellen, die dieser zur Behandlung der Wahlleistungspatienten benötigt. Diese Dauerverpflichtung des Arbeitgebers besteht arbeitstäglich und weist eine derartige zeitliche Bindung auf, dass ein **Fixgeschäft** vorliegt. Ist die Zeit verstrichen, kann die Nutzung nicht nachgeholt werden. Die Anwendung des § 615 scheitert hier daran, dass keine Regelungen zum **Wertersatz** getroffen werden. Die Unmöglichkeit führt jedoch zu Schadensersatzansprüchen des angestellten Arztes nach §§ 280 Abs. 1, 283 (BAG NZA 2012, 377, 380 f. unter Aufgabe seiner bish. Rspr.). Die im Rahmen der Covid-19-Pandemie verbundene Umverteilung von Behandlungskapazitäten wirkte sich auch auf das Liquidationsrecht aus. Ein Schadensersatzanspruch nach §§ 280 Abs. 1, 3 283 gegen den Krankenhausträger scheitert jedoch am mangelnden Verschulden (*Bender* NZA 2020, 1517, 1521).

24 **Fälligkeit** des Annahmeverzugslohns tritt zu dem Zeitpunkt ein, in dem er bei tatsächlicher Leistung fällig geworden wären (BAG ZTR 2003, 462). Es muss Leistungs- oder Feststellungsklage erhoben werden, um den Anspruch auf Verzugslohn zu **hemmen** (§ 204 Abs. 1 Nr. 1) – die Erhebung einer Kündigungsschutzklage reicht hierfür nicht (BAG NZA 2003, 963; MHdB ArbR/*Tillmanns* § 76 Rn. 56). Der Zeitpunkt der Fälligkeit setzt sowohl Verjährungs- als auch tarifliche oder vertragliche **Ausschlussfristen** in Gang (ErfK/*Preis* § 615 Rn. 81). Bei sog. **einstufigen** tariflichen Ausschlussfristen, die nur eine formlose oder schriftliche Geltendmachung erfordern, genügt die Erhebung einer Kündigungsschutzklage zur Wahrung der Frist (BAG NZA 2004, 102). Anders wurde das früher für die **zweistufig** ausgestaltete Ausschlussfrist gesehen, die besagt, dass von der Gegenseite abgelehnte Ansprüche binnen einer Frist von z.B. 3 Monaten einzuklagen sind, um deren Verfall zu verhindern. Laut BAG genügt jetzt auch hier die Erhebung der Kündigungsschutzklage zur Fristwahrung (BAG NZA 2010, 939; NZA 2008, 757).

### 2. Anrechnung nach Satz 2

#### a) Normzweck

25 Da der Arbeitnehmer aus dem Annahmeverzug keinen **finanziellen Vorteil** ziehen soll, ordnet § 615 Satz 2 eine Pflicht zur Anrechnung desjenigen an, was er infolge des Unterbleibens der Arbeit erspart oder durch anderweitige Verwendung seiner Arbeitskraft erworben bzw. zu erwerben böswillig unterlassen hat. Letztlich soll der Arbeitnehmer nicht mehr erhalten, als er bei normaler Abwicklung des Arbeitsverhältnisses erhalten hätte (BAG NZA 1991, 221). Die Anrechnung erfolgt im Wege einer **automatischen Kürzung** des Annahmeverzugslohns (ErfK/*Preis* § 615 Rn. 83). Erfährt der Arbeitgeber erst nachträglich von einem anzurechnenden Zwischenverdienst, kommt ihm ein **Rückzahlungsanspruch** gem. § 812 Abs. 1 Satz 1 zu. Bei Arbeitsentgelt für die Zeit nach der Entlassung findet die Norm des § 11 KSchG Anwendung, wobei sich Grund und Höhe des Annahmeverzugslohns weiterhin nach § 615 Satz 1 richten (MHdB ArbR/*Tillmanns* § 76 Rn. 63). § 11 KSchG ist eine **Sonderregelung** zu § 615 Satz 2; obgleich die beiden Normen im Wortlaut nicht identisch sind, decken sie sich inhaltlich (BAG NJW 2007, 2060). Während § 615 Satz 2 grundsätzlich **abdingbar** ist (BAG NJW 1981, 781), darf von § 11 KSchG nicht zum Nachteil des Arbeitnehmers abgewichen werden (ErfK/*Preis* § 615 Rn. 86).

#### b) Anrechnungsumfang

26 Anrechenbar sind grds. alle Aufwendungen, die der Arbeitnehmer infolge der Nichtleistung **erspart** hat, z.B. Fahrtkosten oder solche, die wegen nicht erforderlicher Anschaffung von Berufskleidung entfallen (AR/*Kamanabrou* § 615 Rn. 66). Ein **Zwischenverdienst** ist nur dann anrechnungspflichtig, wenn er **kausal** durch das Freiwerden der Arbeitskraft ermöglicht worden ist (BAG NZA 1991, 221). Anzurechnen ist auch höherwertiger Verdienst (LAG Düsseldorf DB 2005, 2825).

Insgesamt ist der Arbeitnehmer so zu stellen, wie er bei normaler Fortführung des Dienstverhältnisses gestanden hätte. Er soll keinen Nachteil erleiden (ErfK/*Preis* § 615 Rn. 90).

Die Ausübung eines **Nebenverdienstes** während der Dauer des Annahmeverzuges bleibt dann unberücksichtigt, wenn die Nebentätigkeit auch bei Erfüllung der vertraglichen Pflichten möglich gewesen wäre. Das gilt insb. für Teilzeitbeschäftigte. In gleicher Weise unterliegt der Verdienst, der durch Arbeitsleistungen in der eigentlich **freien Zeit** erzielt wird, nicht der Anrechnung (BAG NZA 1991, 221). 27

Angerechnet wird auch, was der Arbeitnehmer **böswillig** nicht erwirbt. Böswillig handelt, wer grundlos zumutbare Arbeit ablehnt oder vorsätzlich verhindert, dass ihm zumutbare Arbeit angeboten wird. Es genügt das **vorsätzliche Außerachtlassen** einer dem Arbeitnehmer bekannten Gelegenheit zur Erwerbsarbeit. Fahrlässiges, auch grob fahrlässiges Verhalten genügt hingegen nicht (BAG NZA 2001, 26). Zu prüfen ist, ob dem Arbeitnehmer nach Treu und Glauben sowie unter Beachtung der Berufsfreiheit die Aufnahme einer anderweitigen Arbeit **zumutbar** ist (BAG NZA 2006, 315; NZA 2004, 90). Die Unzumutbarkeit der Arbeit kann sich aus der Person des Arbeitnehmers, der Art der zu leistenden Dienste oder den sonstigen Arbeitsbedingungen ergeben (BAG NZA 1998, 752; vgl. MHdB ArbR/*Tillmanns* § 76 Rn. 73). Unzumutbarkeit folgt nicht allein daraus, dass die Weiterbeschäftigung nur zu **geänderten Bedingungen** angeboten wird (BAG NZA-RR 2012, 342; NZA 2004, 1155). Die Zumutbarkeitskriterien des § 121 SGB III können wegen des völlig unterschiedlichen Regelungsgegenstands für die Anrechnung nach § 615 Satz 2 nicht maßgeblich sein. 28

Zumutbar kann auch die **Weiterbeschäftigung beim bisherigen Arbeitgeber** sein (BAG NJW 2007, 2060), jedenfalls sofern sie unter den bisherigen Bedingungen erfolgt (BAG NZA 1986, 637); aber auch das Angebot einer vertraglich nicht geschuldeten Weiterbeschäftigung kann genügen (BAG NZA 2007, 561). Hingegen besteht keine Pflicht, eine deutliche Verschlechterung der Arbeitsbedingungen zu akzeptieren, sofern berechtigte Aussichten bestehen, rechtzeitig eine günstigere Arbeit zu finden (BAG NJW 2007, 2060). Bietet der Arbeitgeber im Rahmen einer **Änderungskündigung** eine zumutbare Beschäftigung an, und nimmt diese der Arbeitnehmer nicht einmal unter dem Vorbehalt der Überprüfung nach § 2 KSchG an, liegt böswilliges Unterlassen vor (BAG NZA 2008, 1063). Bei einer personen- oder betriebsbedingten Kündigung ist die vorläufige Weiterbeschäftigung i.d.R. zumutbar, nicht ohne weiteres hingegen bei der verhaltensbedingten, insb. außerordentlichen Kündigung (BAG NZA 2004, 90), wobei Art und Schwere der erhobenen Vorwürfe zu berücksichtigen sind. Auch eine anderweitige Beschäftigung ist zumutbar, wenn der Arbeitnehmer subjektiv befürchtet, durch einen Abschluss des Arbeitsvertrages Rechte aus einem Betriebsübergang zu dem anderen Arbeitgeber zu verlieren; der Arbeitnehmer hat dann die Obliegenheit, ein eigenes Angebot zu formulieren, welches seinen Bedenken hinsichtlich des Betriebsüberganges Rechnung trägt (BAG NZA 2017, 988). Ob eine **Meldung bei der Arbeitsagentur als arbeitslos** zu erfolgen hat, um ein böswilliges Unterlassen auszuschließen, ist umstritten, wird von der Rechtsprechung jedoch verneint: § 615 Satz 2 begründet keine Obliegenheit, die Vermittlung der Arbeitsagentur in Anspruch zu nehmen (BAG NZA 2001, 26; a.A. MüKo/*Henssler* § 615 Rn. 75). 29

### 3. Prozessuales

Erhebt der Arbeitnehmer eine **Zahlungsklage**, muss er den Antrag genau beziffern und die anzurechnenden Beträge bereits abziehen. Enthält der Klageantrag lediglich die Verpflichtung zur Zahlung einer bestimmten Bruttolohnsumme »abzüglich erhaltenen Arbeitslosengeldes«, ist er nicht bestimmt genug (BAG NJW 1979, 2634). Für die Voraussetzungen des Annahmeverzugs sowie für ein bestehendes Leistungsverweigerungsrecht gem. § 298 und die Höhe des Vergütungsanspruchs ist grds. der Arbeitnehmer **darlegungs- und beweispflichtig** (MüKo/*Henssler* § 615 Rn. 123). Die Leistungsunfähigkeit oder Leistungsunwilligkeit muss hingegen der Arbeitgeber beweisen. Hinsichtlich der Höhe der Einkünfte während des Annahmeverzugs hat der Arbeitgeber analog § 74c Abs. 2 HGB einen **selbstständig einklagbaren Auskunftsanspruch** gegen den Arbeitnehmer, dessen 30

Inhalt und Umfang sich im Einzelfall nach den Grundsätzen von Treu und Glauben richten (BAG NZA 1994, 116).

## C. Betriebsrisiko (Satz 3)
### I. Normzweck

31 Der Gesetzgeber des SMG wollte 2001 mit Einfügung von Satz 3 die »entsprechende« Anwendung der Sätze 1 und 2 für die Fälle, »in denen der Arbeitgeber das Risiko des Arbeitsausfalls trägt«, sicherstellen. Er meinte, damit an die bisherige Rechtsprechung zum sog. **Betriebsrisiko** anknüpfen zu können (BT-Drs. 14/6857 S. 48), obwohl sich diese BAG-Rspr. nicht auf § 615 berufen hatte. Die h.L. kann solche Fälle der sog. »Annahmeunmöglichkeit«, die von keiner Seite zu vertreten ist, schon nach der *Picker*schen Lehre der Substratsgefahrtragung auch ohne diese Klarstellung lösen (Rdn. 4). Demnach hätte § 615 Satz 3 lediglich deklaratorische Bedeutung, doch ist jetzt immerhin die früher behauptete Gesetzeslücke geschlossen (*Reichold* ZfA 2006, 223, 229 f.). Aufgrund des **offenen Tatbestands** der Norm stellt sich die weitere Frage, welche Fallgruppen der alten Betriebsrisiko-Lehre nunmehr über Satz 3 der Norm des § 615 zu unterstellen sind (MüKo/ *Henssler* § 615 Rn. 89). Jedenfalls ist auch hier die **Dispositivität** der Norm zu beachten (BAG NZA 1991, 519).

### II. Anwendungsbereich

32 Grundsätzlich trägt der Arbeitgeber das Betriebs- und das Wirtschaftsrisiko (BAG NZA 1994, 1097). Allerdings versteht es sich beim **Wirtschaftsrisiko** von selbst, dass der Arbeitgeber seinen Arbeitnehmern wie den anderen Gläubigern zur Entgeltzahlung auch dann verpflichtet ist, wenn die Fortsetzung des Betriebs etwa wegen Auftrags- oder Absatzmangel wirtschaftlich sinnlos wäre (HWK/*Krause* § 615 Rn. 112). Der Arbeitgeber trägt nämlich das schuldrechtliche »Verwendungsrisiko« für die erarbeitete Wertschöpfung – eine Leistungsstörung scheidet aus. Bei rechtmäßiger Anordnung von **Kurzarbeit** kann der Arbeitgeber den Umfang des von ihm zu tragenden Wirtschaftsrisikos aber mildern, da es zur vorübergehenden teilweisen Suspendierung der Leistungs- und Vergütungspflichten kommt (BAG NZA 1991, 67). Hierzu ist jedoch eine kollektivrechtliche Grundlage oder eine einzelvertragliche Vereinbarung erforderlich (BAG NZA 1995, 1065), zudem ist das Mitbestimmungsrecht des Betriebsrats gem. § 87 Abs. 1 Nr. 3 BetrVG zu beachten (MüKo/ *Henssler* § 615 Rn. 84).

33 Um Fälle des **Betriebsrisikos** handelt es sich dagegen, wenn der Arbeitgeber die Erbringung der Dienstleistung ohne sein Verschulden aus **betriebstechnischen Gründen** nicht entgegennehmen kann. Dem Arbeitgeber-Risiko wurden in der früheren BAG-Rspr. Umstände zugerechnet, die sich von innen z.B. in Gestalt betriebstechnischer Störungen (**interne** Ursachen), aber auch von außen in Gestalt witterungsbedingter Einflüsse oder behördlicher Anordnungen (**externe** Ursachen) niederschlugen und die Arbeitsleistung verhinderten (Beispiele bei AR/*Kamanabrou* § 615 Rn. 86 f.; HWK/*Krause* § 615 Rn. 116). So zählt der Stromausfall, der eine Fabrik lahmlegt, genauso zum Betriebsrisiko des Arbeitgebers wie der Arbeitsausfall aufgrund Smogalarm (str., bejahend *Richardi* NJW 1987, 1231, 1235; verneinend *Ehmann* NJW 1987, 401, 410).

34 Kann der Arbeitnehmer hingegen den Erfüllungsort nicht erreichen, realisiert sich das **Wegerisiko**, welches er selber zu tragen hat. Zu unterscheiden ist z.B. bei extremer Witterung (Überschwemmungsgefahr etc.), ob der im Betrieb anwesende Mitarbeiter nicht arbeiten kann – dann liegt Betriebsrisiko vor –, oder ob er deshalb bereits nicht zur Arbeitsstätte kommen kann – dann ist das Wegerisiko vom Arbeitnehmer selbst zu tragen (AR/*Kamanabrou* § 615 Rn. 88).

35 Beim **Arbeitskampfrisiko** gelten ebenfalls **eigene Regeln**, die von der Norm des § 615 Satz 3 nicht erfasst werden. Beruhen die Störungen, die in einem nicht bestreikten Betrieb auftreten, auf den **Fernwirkungen** eines Arbeitskampfes in einem anderen Betrieb, besteht die Lohnzahlungspflicht nur insoweit, als dem Arbeitgeber die Fortsetzung des Betriebs möglich und wirtschaftlich zumutbar ist und seine Arbeitnehmer nicht am Streikergebnis partizipieren (vgl. *Reichold*

JuS 1996, 1049, 1054 f.). Ist der Betrieb hingegen **unmittelbar kampfbetroffen**, kann der Arbeitgeber diesen insgesamt stilllegen und damit seine Lohnzahlungspflicht auch gegenüber den leistungswilligen Arbeitnehmer suspendieren (BAG NZA 1994, 1097; NZA 1998, 896).

### III. Keine besondere Kündigungsbefugnis

Führt die Betriebsstörung zum Wegfall von Beschäftigungsmöglichkeiten, hat dies nicht die automatische Beendigung des Dienstverhältnisses zur Folge (MHdB ArbR/*Tillmanns* § 76 Rn. 88). Auch rechtfertigt die Betriebsstörung keine **außerordentliche Kündigung** (BAG NJW 1977, 2182). Möglich ist eine **ordentliche Kündigung** nur unter Beachtung der Regelungen des KSchG (ErfK/*Preis* § 615 BGB Rn. 135). 36

## § 616 Vorübergehende Verhinderung

Der zur Dienstleistung Verpflichtete wird des Anspruchs auf die Vergütung nicht dadurch verlustig, dass er für eine verhältnismäßig nicht erhebliche Zeit durch einen in seiner Person liegenden Grund ohne sein Verschulden an der Dienstleistung verhindert wird. Er muss sich jedoch den Betrag anrechnen lassen, welcher ihm für die Zeit der Verhinderung aus einer auf Grund gesetzlicher Verpflichtung bestehenden Kranken- oder Unfallversicherung zukommt.

| Übersicht | Rdn. | | Rdn. |
|---|---|---|---|
| A. Normzweck | 1 | 2. Einzelfälle | 6 |
| B. Voraussetzungen | 4 | III. Nicht erheblicher Zeitraum | 9 |
| I. Berechtigter Personenkreis | 4 | IV. Verschulden | 11 |
| II. Persönlicher Verhinderungsgrund | 5 | C. Anrechnung gem. Satz 2 | 12 |
| 1. Subjektiv persönliche Unzumutbarkeit | 5 | | |

### A. Normzweck

Die Norm durchbricht den synallagmatischen Grundsatz »Ohne Arbeit kein Lohn« (§ 326 Abs. 1 Satz 1) zugunsten des Arbeitnehmers, der vorübergehend aus persönlichen Gründen die vereinbarte Leistung nicht erbringen kann (BAG NZA 2009, 735, 737). Unter den **offenen** Tatbestand fallen sowohl vorhersehbare Befreiungstatbestände (z.B. Erfüllung staatsbürgerlicher Pflichten) als auch unvorhersehbare Leistungsstörungen (z.B. Unfall auf dem Weg zur Arbeit). § 616 Satz 1 ist lex specialis zu § 326 Abs. 1 Satz 1 und **keine eigene Anspruchsgrundlage**, weil der vertragliche Vergütungsanspruch des § 611a **trotz Nichtleistung** aufrechterhalten wird (HWK/*Krause* § 616 Rn. 2). 1

Die Norm ist als **dispositives Recht** abdingbar (BAG NJW 1960, 738). Ursprünglich mit der Fürsorgepflicht des Arbeitgebers begründet, kann man den Zweck des § 616 heute plausibler mit dem Gedanken erklären, dass vorübergehende (und individuelle) Fehlzeiten grundsätzlich vom Arbeitgeber einzukalkulieren und deshalb auch zu überbrücken sind (AR/*Kamanabrou* § 616 Rn. 2). 2

Die **krankheitsbedingte** Verhinderung von Arbeitnehmern ist ebenso wie Nichtleistung aufgrund von Kuren, Sterilisationen oder Schwangerschaftsabbrüchen inzwischen in das **Entgeltfortzahlungsgesetz (EFZG)** als lex specialis zu § 616 abgewandert; doch gilt für freie Dienstverträge auch diesbezüglich die Norm weiter (vgl. insb. § 616 Satz 2). Zu beachten ist auch der neue Spezialtatbestand des **§ 3a EFZG** zugunsten der Spender von Organen oder Geweben (hierzu *Greiner* NZS 2013, 241). 3

### B. Voraussetzungen

#### I. Berechtigter Personenkreis

Anspruchsberechtigt sind nicht nur **Arbeitnehmer**, sondern auch freie Mitarbeiter und arbeitnehmerähnliche Personen (Staudinger/*Oetker* § 616 Rn. 31 ff.). **Sonderregeln** finden sich neben dem 4

§ 616 BGB  Vorübergehende Verhinderung

EFZG (Rdn. 3) auch z.B. für Auszubildende in § 19 Abs. 1 Nr. 2 BBiG sowie für den Mutterschutz (§§ 3, 11, 16 MuSchG) und die Wahrnehmung betriebsverfassungsrechtlicher Aufgaben (§§ 20 Abs. 3, 37 Abs. 2, 6 u. 7 BetrVG).

## II. Persönlicher Verhinderungsgrund

### 1. Subjektiv persönliche Unzumutbarkeit

5   Eine Verhinderung des Arbeitnehmers liegt allgemein vor, wenn die Arbeitsleistung ihm **unmöglich** oder **unzumutbar** ist (BAG BB 1983, 314; MHdB ArbR/*Tillmanns* § 77 Rn. 18), was z.B. bei der Erkrankung naher Angehöriger bisher für einen Zeitraum von ca. 5 Arbeitstagen (wegen entsprechender sozialversicherungsrechtlicher Absicherung) bejaht wurde (BAG NJW 1978, 2316, 2317: erkranktes Kind). Inzwischen ermöglichen u.a. § 2 Abs. 1 PflegeZG ein Leistungsverweigerungsrecht für einen Zeitraum von bis zu 10 Arbeitstagen für »akut aufgetretene Pflegesituationen« bei nahen Angehörigen und etwa § 2 FPfZG eine maximal 24-monatige Freistellung für eine Familienpflegezeit. Diese Normen gewähren **keinen** Entgeltfortzahlungsanspruch (§ 2 Abs. 3 PflegeZG). Die Regelungen des FPfZG setzen eine nicht erzwingbare Vereinbarung voraus und werden durch komplizierte Darlehens- und Versicherungslösungen finanziert. § 616 spielt daher hier keine Rolle. Die Freistellungen nach PflegeZG können allenfalls für 5 Tage eine Fortzahlung nach § 616 Satz 1 beanspruchen (so auch ErfK/*Preis* § 616 Rn. 10a; ErfK/*Gallner* § 2 PflegeZG Rn. 4). Grundsätzlich muss das Hindernis als »**subjektiv persönlicher«** Grund aus der Sphäre des Arbeitnehmers stammen, jedoch nicht zwingend auch unmittelbar in seiner Person wurzeln (BAG BB 1983, 314: Wegerisiko bei Eisglätte). Es liegt regelmäßig vor bei familiären Ereignissen (ErfK/*Preis* § 616 Rn. 4). Besteht ein **objektives** Leistungshindernis, welches die Arbeit mehrerer Arbeitnehmer verhindert (z.B. Verkehrsausfall, Naturkatastrophe), findet § 616 Satz 1 nur dann Anwendung, wenn der Einzelne davon in besonderer Weise betroffen ist (MüKo/*Henssler* § 616 Rn. 52 ff.; abgelehnt für Wegerisiko bei Schneeverwehungen durch BAG BB 1982, 1547, bei Glatteis durch BAG BB 1983, 315).

### 2. Einzelfälle

6   Die Norm ist auch dann einschlägig, wenn ein **Arztbesuch** zwar erforderlich ist, der Dienstnehmer aber nicht arbeitsunfähig i.S.d. EFZG ist (ErfK/*Preis* § 616 Rn. 7). Der Arztbesuch ist nicht bereits dann notwendig, wenn der behandelnde Arzt einen Arbeitnehmer während der Arbeitszeit zur Behandlung oder Untersuchung in seine Praxis bestellt. Der Arbeitnehmer muss versuchen, die Arbeitsversäumnis möglichst zu vermeiden. Hält der Arzt außerhalb der Arbeitszeit Sprechstunden ab und sprechen keine medizinischen Gründe für einen sofortigen Arztbesuch, muss der Arbeitnehmer die Möglichkeit der Sprechstunde außerhalb der Arbeitszeit wahrnehmen (LAG Niedersachsen, NZA-RR 2018, 295). Ein persönlicher Verhinderungsgrund liegt vor, wenn akute Beschwerden eine ärztliche Behandlung während der Arbeitszeit erfordern, ohne dass Arbeitsunfähigkeit i.S.v. § 3 EFZG besteht (BAG BB 1984, 1164). Schwere Erkrankung und die daraus resultierende **Pflegenotwendigkeit eines nahen Angehörigen** ist ein klassischer persönlicher Verhinderungsgrund (BAG NJW 1978, 2316). Bei Kindern kann die Altersgrenze von § 45 Abs. 1 SGB V (bis 12) dafür als Richtwert gelten; zur Gesamtbelastungsobergrenze von 5 Arbeitstagen gem. § 29 Abs. 1 Satz 3 TVöD bei gesetzlich nicht versicherten Beschäftigten zur Pflege schwer erkrankter Kinder vgl. BAG ZTR 2014, 715. Zu beachten ist, dass Entgeltfortzahlung nur aufgrund tariflicher Regelung bzw. kraft § 616 Satz 1 zu erlangen ist, nicht dagegen kraft FPfZG bzw. PflegeZG (Rdn. 5) oder aufgrund § 45 SGB V, woraus nur Ansprüche auf Krankengeld bzw. auf Freistellung erwachsen (näher ErfK/*Gallner* § 2 PflegeZG Rn. 4; *Joussen* NZA 2009, 69, 71; *Preis/Nehring* NZA 2008, 729, 732).

7   Bei Kollision der Arbeitszeit mit anderen ehrenamtlichen, insb. **staatsbürgerlichen Pflichten** kommt eine Berufung auf § 616 in Betracht, wenn die Erledigung der Pflicht außerhalb der Arbeitszeit nicht möglich ist und ihre Ursache nicht allein in der privaten Lebensführung des Arbeitnehmers liegt. So stellt eine Tätigkeit als ehrenamtlicher Richter oder Wahlhelfer grundsätzlich einen persönlichen Verhinderungsgrund i.S.v. § 616 dar (MüKo/*Henssler* § 616 Rn. 41). Wenn § 29 Abs. 2

Satz 1 TVöD Arbeitnehmer des öffentlichen Dienstes, die als ehrenamtliche Richter tätig sind, verpflichtet, zur Ausübung des Ehrenamts soweit möglich **Gleitzeit** (und nicht Kernzeit) in Anspruch zu nehmen, für die keine Zeitgutschrift erlangt werden kann, steht das mit § 616 Satz 1 im Einklang (BAG NZA 2009, 735).

Die Erfüllung einer **religiösen Pflicht** fällt in der Regel mit familiären Pflichten zusammen (Rdn. 5). Eigenständige Bedeutung erlangt die Fallgruppe z.B. bei **Gebetspausen** für gläubige Muslime während der Arbeitszeit. Ob das kurzzeitige Verlassen des Arbeitsplatzes zum Zwecke des Gebets allein nach § 275 Abs. 3 (unbezahlte Arbeitspause) oder nach § 616 Satz 1 (bezahlte Arbeitspause, so LAG Hamm NZA 2002, 1090, 1091) zu beurteilen ist, wird streitig diskutiert. Vorzugswürdig erscheint es, auch bei Fällen der **Glaubens- und Gewissensnot**, in zeitlich unerheblichen Fällen den Schutzzweck des § 616 zur Geltung zu bringen (so AR/*Kamanabrou* § 616 Rn. 16; *Greiner*, Ideelle Unzumutbarkeit, S. 142 ff.; MüKo/*Henssler* § 616 Rn. 72). Der Tatbestand der »subjektiv persönlichen« Verhinderung lässt sich nach Sinn und Zweck der Norm (zumal seit dem SMG und der Existenz von § 275 Abs. 3) ohne weiteres auch auf solche Fälle beziehen. 8

### III. Nicht erheblicher Zeitraum

Der Anspruch auf Entgeltfortzahlung bleibt nur erhalten, soweit die Verhinderung nur eine »**verhältnismäßig nicht erhebliche Zeit**« dauert. Fraglich ist die Methode der Konkretisierung dieses unbestimmten Rechtsbegriffs. Die frühere »belastungsbezogene« Betrachtungsweise, die auf das Verhältnis von Verhinderungsdauer und Beschäftigungszeit abstellt (so BAG NJW 1960, 738; nach BAG BB 1977, 1651 können mehr als 6 Wochen Verhinderung i.d.R. nicht mehr »nicht erheblich« sein), wird zunehmend ersetzt durch eine »**ereignisbezogene**« Sicht, bei der sich im Hinblick auf den Verhinderungsgrund für den Arbeitgeber die Frage stellt, ob und wie lange er mit einem Arbeitsausfall rechnen musste (hierzu ErfK/*Preis* § 616 Rn. 10a; HWK/*Krause* § 616 Rn. 41; MHdB ArbR/*Tillmanns* § 77 Rn. 27). Diese Ansicht wird für Krankheit (bei freien Mitarbeitern) andere Maßstäbe als für Pflege (analog zum PflegeZG, Rdn. 5) entwickeln, doch wird sich der für § 616 erhebliche Zeitraum gegenüber der alten Rspr. tendenziell verkürzen. Für die schwere Erkrankung eines **Kindes**, das das 12. Lebensjahr noch nicht vollendet hat, umfasst dieser Zeitraum bis zu 4 Arbeitstage im Kalenderjahr (LAG Hamm NZA-RR 2012, 384, 385; kritisch dazu *Brose* NZA 2011, 719, 724). 9

Überschreitet eine Arbeitsverhinderung die so definierte »verhältnismäßig nicht erhebliche Zeit« (so BAG BB 1977, 1651 für 8 Wochen Ausbildung am Dialysegerät), **entfällt** der Anspruch auf Vergütung auch für den verhältnismäßig nicht erheblichen Teil **komplett** (BAG NJW 1960, 741). 10

### IV. Verschulden

Dieses (negative) Tatbestandsmerkmal ist ebenso wie im Bereich des § 3 Abs. 1 EFZG im Sinne eines **Verschuldens** des Arbeitnehmers »**gegen sich selbst**« auszulegen, d.h., dass keinesfalls § 276 als ausfüllende Norm heranzuziehen ist, sondern § 254 (BAG) bzw. § 277: sanktioniert werden sollen nur gravierende Fälle der Selbstgefährdung (HWK/*Krause* § 616 Rn. 44), wie z.B. die Unfallverletzung wegen Nicht-Anlegens des Sicherheitsgurts im Pkw (BAG NJW 1982, 1013). Es muss sich wie sonst auch bei **grober Fahrlässigkeit** um einen gröblichen Verstoß gegen das von einem verständigen Menschen im eigenen Interesse zu erwartende Verhalten handeln, dessen Folgen auf den Arbeitgeber abzuwälzen unbillig wäre (BAG NJW 1989, 316; ferner MHdB ArbR/*Tillmanns* § 77 Rn. 25; MüKo/*Henssler* § 616 Rn. 57). 11

## C. Anrechnung gem. Satz 2

Die Anrechnungsregel des § 616 Satz 2 hat für Fälle, bei denen die persönliche Leistungsverhinderung nicht auf einer Krankheit beruht, keine praktische Bedeutung, weil dafür keine Versicherungsleistungen anfallen (ErfK/*Preis* § 616 Rn. 12). 12

## § 617 Pflicht zur Krankenfürsorge

(1) Ist bei einem dauernden Dienstverhältnis, welches die Erwerbstätigkeit des Verpflichteten vollständig oder hauptsächlich in Anspruch nimmt, der Verpflichtete in die häusliche Gemeinschaft aufgenommen, so hat der Dienstberechtigte ihm im Falle der Erkrankung die erforderliche Verpflegung und ärztliche Behandlung bis zur Dauer von sechs Wochen, jedoch nicht über die Beendigung des Dienstverhältnisses hinaus, zu gewähren, sofern nicht die Erkrankung von dem Verpflichteten vorsätzlich oder durch grobe Fahrlässigkeit herbeigeführt worden ist. Die Verpflegung und ärztliche Behandlung kann durch Aufnahme des Verpflichteten in eine Krankenanstalt gewährt werden. Die Kosten können auf die für die Zeit der Erkrankung geschuldete Vergütung angerechnet werden. Wird das Dienstverhältnis wegen der Erkrankung von dem Dienstberechtigten nach § 626 gekündigt, so bleibt die dadurch herbeigeführte Beendigung des Dienstverhältnisses außer Betracht.

(2) Die Verpflichtung des Dienstberechtigten tritt nicht ein, wenn für die Verpflegung und ärztliche Behandlung durch eine Versicherung oder durch eine Einrichtung der öffentlichen Krankenpflege Vorsorge getroffen ist.

## § 618 Pflicht zu Schutzmaßnahmen

(1) Der Dienstberechtigte hat Räume, Vorrichtungen oder Gerätschaften, die er zur Errichtung der Dienste zu beschaffen hat, so einzurichten und zu unterhalten und Dienstleistungen, die unter seiner Anordnung oder seiner Leitung vorzunehmen sind, so zu regeln, dass der Verpflichtete gegen Gefahr für Leben und Gesundheit soweit geschützt ist, als die Natur der Dienstleistung es gestattet.

(2) Ist der Verpflichtete in die häusliche Gemeinschaft aufgenommen, so hat der Dienstberechtigte in Ansehung des Wohn- und Schlafraums, der Verpflegung sowie der Arbeits- und Erholungszeit diejenigen Einrichtungen und Anordnungen zu treffen, welche mit Rücksicht auf die Gesundheit, die Sittlichkeit und die Religion des Verpflichteten erforderlich sind.

(3) Erfüllt der Dienstberechtigte die ihm in Ansehung des Lebens und der Gesundheit des Verpflichteten obliegenden Verpflichtungen nicht, so finden auf seine Verpflichtung zum Schadensersatz die für unerlaubte Handlungen geltenden Vorschriften der §§ 842 bis 846 entsprechende Anwendung.

## § 619 Unabdingbarkeit der Fürsorgepflichten

Die dem Dienstberechtigten nach den §§ 617, 618 obliegenden Verpflichtungen können nicht im Voraus durch Vertrag aufgehoben oder beschränkt werden

| Übersicht | Rdn. | | Rdn. |
|---|---|---|---|
| A. Grundlagen | 1 | V. Erweiterter Pflichtenkreis | 15 |
| I. Normzwecke und Anwendungsbereich | 1 | C. Rechtsfolgen bei Schutzpflichtverletzung | 16 |
| II. Systematische Stellung | 6 | | |
| B. Inhalt der Schutzpflicht | 8 | I. Erfüllungsanspruch | 16 |
| I. Gesundheits- und Gefahrbegriff | 8 | II. Leistungsverweigerungsrecht | 17 |
| II. Räume, Vorrichtungen und Gerätschaften | 9 | III. Schadensersatzansprüche | 19 |
| III. Regelung der Dienstleistungen | 11 | IV. Beschwerde- und Kündigungsrecht | 23 |
| IV. Grenzen der Schutzpflicht | 14 | D. Unabdingbarkeit | 25 |

## A. Grundlagen

### I. Normzwecke und Anwendungsbereich

1 Sinn und Zweck des § 617 ist der Schutz der nicht bei einem Krankenversicherungsträger versicherten Arbeitnehmer. Diese Versorgungslücke muss heute wegen der überwiegend bestehenden

Versicherungspflicht auch außerhalb des Arbeitsrechts praktisch nicht mehr geschlossen werden, weshalb der Anwendungsbereich sehr gering ist. Aus diesem Grund soll hier auf eine Kommentierung verzichtet werden (vgl. näher HWK/*Krause* § 617 Rn. 1 ff.).

Die Regelung des § 618 soll den Arbeitnehmer vor den bei Ausübung der Diensttätigkeit **drohenden Gefahren für Leben und Gesundheit** schützen (MüKo/*Henssler* § 618 Rn. 1). Das Eigentum des Arbeitnehmers, das er zum Zwecke oder gelegentlich seiner Dienstleistung in den Betrieb mitbringt, ist **nicht** vom Schutzzweck erfasst; Rechtsgrundlage für den Schutz des Eigentums vor Beschädigung und Verlust ist die Obhuts- und Verwahrungspflicht des Arbeitgebers nach § 241 Abs. 2 (vgl. hierzu MHdB ArbR/*Reichold* § 93 Rn. 1 ff., 15). Auch die Pflicht zur Aufrechterhaltung der guten Sitten und des Anstandes im Betrieb (Pflicht zu »sozialverträglichem« Verhalten) ergibt sich nicht aus § 618, sondern aus §§ 611a, 241 Abs. 2.

Nach der Norm des § 619können die Verpflichtungen aus §§ 617, 618 nicht im Voraus durch Vertrag aufgehoben oder beschränkt werden. Die Schutzpflichten sind demnach **zwingendes Recht** (BAG NZA 2004, 927, 931).

§ 618 ist auf alle **Dienst- und Arbeitsverhältnisse**, auch solche des öffentlichen Dienstes anwendbar, nicht jedoch auf Beamtenverhältnisse (MüKo/*Henssler* § 618 Rn. 26; BVerwG NJW 1985, 876, 877). Auch **Leiharbeitsverhältnisse** fallen in den Anwendungsbereich der Vorschrift. Dabei ist der Verleiher Verpflichteter aus § 618, der Entleiher gilt als dessen Erfüllungsgehilfe. Eine unmittelbare Verpflichtung zur Einhaltung der öffentlich-rechtlichen Arbeitsschutzvorschriften ergibt sich für den Entleiher aber aus § 11 Abs. 6 AÜG. Da im Verhältnis zwischen Leiharbeitnehmer und Entleiher kein Arbeitsvertrag vorliegt, scheidet eine (auch analoge) Anwendbarkeit des § 618 insoweit aus; allerdings entfaltet der Überlassungsvertrag zwischen Verleiher und Entleiher **Schutzwirkung** zugunsten des Leiharbeitnehmers (MüKo/*Henssler* § 618 Rn. 25). Auf Werkverträge wird die Vorschrift analog angewandt, wenn die Tätigkeit in den Räumen des Bestellers ausgeübt wird (BGH NJW 1952, 458 f.). Allerdings ist § 618 hier nicht zwingend (BGH NJW 1971, 1931; HWK/*Krause* § 618 Rn. 8). Die Anwendbarkeit der Vorschrift erstreckt sich auch auf kurzzeitige und nur vorübergehende Tätigkeiten, wie der Umkehrschluss aus § 617 ergibt (vgl. ErfK/*Wank* § 618 Rn. 1).

Speziellere Vorschriften finden sich in §§ 62 HGB, 80 SeemG, 28 ff. JArbSchG, 2 MuSchG, 81 Abs. 4 SGB IX, 12 HAG. § 618 wird insoweit verdrängt (HWK/*Krause* § 618 Rn. 4).

## II. Systematische Stellung

§ 618 normiert eine **privatrechtliche Pflicht** des Arbeitgebers zum Schutz vor betriebsspezifischen Gefahren für Leben und Gesundheit und gehört als Teil der **allgemeinen Fürsorge- bzw. Rücksichtnahmepflicht** (vgl. MHdB ArbR/*Reichold* § 91 Rn. 1 ff.) zu den dem Arbeitgeber obliegenden Nebenpflichten (MHdB ArbR/*Reichold* § 93 Rn. 1). Diese Schutzpflichten des Arbeitgebers werden hinsichtlich der Ordnungs- und Organisationsvorschriften durch das ArbSchG und die Regelungen zum **technischen Arbeitsschutz** konkretisiert (BAG NZA 2007, 262, 263). Die modernen Regelungen zum technischen Arbeitsschutz (neben gesetzlichen Regelungen und Verordnungen wie die ArbStättV wird der staatliche Arbeitsschutz durch autonomes Verbandsrecht ergänzt, vgl. MHdB ArbR/*Reichold* § 93 Rn. 3 f.; zur Anwendung der Regelungen des sozialen Arbeitsschutzes vgl. Rdn. 10) sind weit differenzierter ausgestaltet mit der Folge, dass § 618 heute inhaltlich weitgehend überholt ist (weitere Gründe, die zum Bedeutungsverlust geführt haben, nennt HWK/*Krause* § 618 Rn. 7). Die Norm ist aber insoweit von erheblicher Bedeutung, als sie den öffentlich-rechtlichen **Arbeitsschutz in das Privatrecht transformiert**. So begründen die öffentlich-rechtlichen Arbeitsschutzvorschriften auch Vertragspflichten gegenüber dem Arbeitnehmer, die ihm über § 618 hinaus einen einklagbaren Anspruch gegen den Arbeitgeber auf Beachtung der ihn betreffenden Arbeitsschutz- und Unfallverhütungsvorschriften bescheren (sog. **Doppelwirkung** des öffentlich-rechtlichen Arbeitsschutzrechts, vgl. BAG AP BGB § 618 Nr. 17).

7 Die öffentlich-rechtlichen Arbeitsschutzvorschriften konkretisieren die Vorschrift des § 618 und begrenzen zugleich den Anspruch des Arbeitnehmers. Dieser besteht grundsätzlich nur in dem Umfang, in dem der Arbeitgeber aufgrund der öffentlich-rechtlichen Norm verpflichtet ist. Eine über diesen **Mindeststandard** hinaus gehende Verpflichtung kann sich aber bei erhöht schutzbedürftigen Arbeitnehmern aus dem jeweiligen Arbeitsverhältnis ergeben (BAG NZA 1998, 1231, 1232). Die in diesen Fällen zu treffenden Schutzmaßnahmen finden wiederum ihre Grenze in der Zumutbarkeit für den Arbeitgeber (MHdB ArbR/*Reichold* § 93 Rn. 7).

## B. Inhalt der Schutzpflicht

### I. Gesundheits- und Gefahrbegriff

8 Unter dem Begriff der Gesundheit i.S.d. § 618 versteht man die physische und psychische Integrität des Arbeitnehmers. Eine Gefahr für diese besteht dann, wenn die auf objektiven Tatsachen begründete Wahrscheinlichkeit besteht, dass bei ungehindertem Geschehensablauf ein Schaden eintritt. Dabei sind umso geringere Anforderungen an den Grad der Wahrscheinlichkeit zu stellen, je schwerer der drohende Schaden wiegt (HWK/*Krause* § 618 Rn. 10 f.). Insoweit besteht nach § 5 Abs. 1 ArbSchG ein Anspruch auf eine Gefährdungsbeurteilung (BAG NZA 2009, 102).

### II. Räume, Vorrichtungen und Gerätschaften

9 Nach Abs. 1 hat der Arbeitgeber »Räume, Vorrichtungen oder Gerätschaften (...) so einzurichten und zu unterhalten (...), dass der Verpflichtete gegen Gefahren für Leben und Gesundheit soweit geschützt ist, als die Natur der Dienstleistung es gestattet«. Der Begriff des Raumes ist nach dem Zweck der Vorschrift weit auszulegen. Erfasst sind alle Örtlichkeiten, die der Arbeitnehmer zum Zweck der Erbringung seiner Arbeitsleistung aufsuchen muss oder kann. Hierzu gehören auch Nebenräume wie Toilettenräume oder Flure (BAG NZA 1997, 821, 823), ebenso Arbeitsplätze im Freien (BGH NJW 1958, 710). Konkretisiert wird der Begriff durch den Begriff der Arbeitsstätte in § 2 **ArbStättV** (MüKo/*Henssler* § 618 Rn. 32 f.). Auch die Begriffe Vorrichtungen und Gerätschaften sind **weit auszulegen**.

10 Für die Begriffsbestimmung des Einrichtens und Unterhaltens sind bei Räumen wiederum die ArbStättV (§ 3) sowie die Unfallverhütungsvorschriften der Berufsgenossenschaften (MüKo/*Henssler* § 618 Rn. 34 ff.), bei Vorrichtungen und Gerätschaften die Vorschriften des GPSG, des ArbSchG, der BetrSichV und der GefStoffV maßgeblich (vgl. ausführlich MüKo/*Henssler* § 618 Rn. 41 ff.).

### III. Regelung der Dienstleistungen

11 § 618 Abs. 1 beinhaltet darüber hinaus die Schutzpflicht des Arbeitgebers, die unter seiner Anordnung oder seiner Leitung vorzunehmenden Dienstleistungen so zu regeln, dass der Verpflichtete gegen Gefahren für Leben und Gesundheit geschützt ist, die von den technischen Einrichtungen des Betriebs her drohen. Bei den öffentlich-rechtlichen Arbeitsschutzvorschriften, die die Regelungspflichten des Arbeitgebers näher bestimmen, handelt es sich überwiegend um solche mit **Ordnungs- und Organisationscharakter**, die dem Arbeitnehmer keinen Anspruch einräumen (vgl. Rdn. 6 sowie §§ 3 ff. ArbSchG, 2 ff. ASiG). Allerdings trifft den Arbeitgeber nach § 12 Abs. 1 ArbSchG, § 9 BetrSichV eine **allgemeine Informationspflicht** hinsichtlich des Unfall- und Gesundheitsschutzes. Der Arbeitnehmer hat nach §§ 9 Abs. 5, 13 Abs. 3 GefStoffV i.V.m. den Unfallverhütungsvorschriften einen Anspruch auf das Zur-Verfügung-Stellen von Schutzkleidung. Hygienekleidung unterfällt dem Anwendungsbereich des § 618 hingegen nur dann, wenn sie dem Schutz des Arbeitnehmers dienen soll (BAG NZA-RR 2016, 565). Die für die Anschaffung und Reinigung entstehenden Kosten fallen als allgemeine Betriebskosten dem Betriebsinhaber zur Last (BAG AP BGB § 618 Nr. 18, Nr. 33).

12 Wegen der umfassenden arbeitszeitrechtlichen Regelungen ist für eine Transformation der sozialen Arbeitsschutznormen kaum Bedarf (MüKo/*Henssler* § 618 Rn. 24; zum Arbeitszeitrecht vgl. ArbRiK/*Reichold* Teil 10). § 618 fordert vom Arbeitgeber allerdings, den Arbeitnehmer vor einer

gesundheitsschädigenden **Überanstrengung** zu bewahren. Dies gilt insbesondere für leitende Angestellte, die vom Anwendungsbereich des ArbZG nicht erfasst sind, § 18 Abs. 1 Nr. 1 ArbZG, sodass diese nicht zu einem Übermaß an Arbeit herangezogen werden dürfen (BAG NJW 1967, 1631; weitere Beispiele bei MüKo/*Henssler* § 618 Rn. 47). Daneben ist der Arbeitnehmer vor einer **Ansteckung durch erkrankte Kollegen oder Dritte** zu schützen (HWK/*Krause* § 618 Rn. 22).

Zur Schutzpflicht des Arbeitgebers vor den Gesundheitsschäden des **Passivrauchens** nach § 5 ArbStättV vgl. näher MHdB ArbR/*Reichold* § 85 Rn. 10 ff.; ErfK/*Wank* § 618 Rn. 15 ff. 13

### IV. Grenzen der Schutzpflicht

Der Schutz gilt nach Abs. 1 nur insoweit, als die Natur der Dienstleistung es gestattet. Damit sind diejenigen Gefahren hinzunehmen, die nach dem aktuellen Stand der Technik nicht vermieden werden können. Sofern nicht spezielle Regelungen des technischen Arbeitsschutzes die »Natur der Dienstleistung« konkretisieren, die Beschränkung nach Abs. 1 demnach nicht zur Anwendung kommt, ist auf § 4 ArbSchG zurückzugreifen, der dem Arbeitgeber gestattet, ein **vertretbares Risiko** hinzunehmen (BT-Drs. 13/3540 S. 16; ErfK/*Wank* § 618 Rn. 14). 14

### V. Erweiterter Pflichtenkreis

Die Fürsorgepflicht des Arbeitgebers wird im Fall der Aufnahme des Arbeitnehmers in die **häusliche Gemeinschaft** erweitert. Der Begriff der häuslichen Gemeinschaft ist dabei weiter auszulegen als derjenige in § 617. 15

## C. Rechtsfolgen bei Schutzpflichtverletzung

### I. Erfüllungsanspruch

Bei nicht ordnungsgemäßer Erfüllung der Schutzpflicht durch den Arbeitgeber steht dem Arbeitnehmer ein Anspruch auf Erfüllung zu (BAG NZA 1998, 1231). Dies ist auch dann der Fall, wenn kein Beschäftigungsanspruch besteht, der Arbeitnehmer aber durch die **tatsächliche Beschäftigung** betrieblichen Gefahren ausgesetzt ist (HWK/*Krause* § 618 Rn. 28). Eine Beschränkung kann sich aus der **zwingenden Mitbestimmung** des Betriebsrats nach § 87 Abs. 1 Nr. 7 BetrVG insoweit ergeben, als der Arbeitgeber hier zwar sein Initiativrecht gegenüber dem Betriebsrat auszuüben hat, im Ergebnis aber von dessen Zustimmung abhängig ist. Dies gilt jedoch dann nicht, wenn eine **konkrete Gefahr** für Leben und Gesundheit des Arbeitnehmers besteht – hier hat der Arbeitgeber entsprechende Maßnahmen sofort einzuleiten (ErfK/*Wank* § 618 Rn. 23). Ist der Anspruch des Arbeitnehmers nicht beschränkt, kann er entweder verlangen, dass die entsprechenden Maßnahmen getroffen werden, oder, dass der Arbeitgeber das ihm zustehende Ermessen fehlerfrei ausübt (MüKo/*Henssler* § 618 Rn. 87). 16

### II. Leistungsverweigerungsrecht

Neben dem Erfüllungsanspruch hat der Arbeitnehmer bei objektiver Verletzung der Schutzpflicht aus § 618 ein **Leistungsverweigerungsrecht nach § 273 Abs. 1** (BAG NZA 1997, 821; MüKo/*Henssler* § 618 Rn. 91). Es besteht jedoch bei Anwendung des § 242 und des Prinzips der Verhältnismäßigkeit nur, wenn es sich um einen Verstoß des Arbeitgebers handelt, der geeignet ist, das Leben und die Gesundheit des Arbeitnehmers **objektiv zu gefährden**; das Vorliegen einer unmittelbaren Gefahr ist nicht erforderlich (HWK/*Krause* § 618 Rn. 31). Damit ist die Ausübung des Zurückbehaltungsrechts bei Verstößen, die aus objektiver ex ante-Sicht nicht zu einem Schaden führen können, ausgeschlossen. § 273 Abs. 3 findet nach Sinn und Zweck des § 618 keine Anwendung (ErfK/*Wank* § 618 Rn. 26). 17

Unabhängig von einem Verstoß gegen § 618 hat der Arbeitnehmer nach § 9 Abs. 3 ArbSchG bei unmittelbarer erheblicher Gefahr ein **Recht auf Entfernung vom Arbeitsplatz**. Die Vorschrift ist geprägt von dem Gedanken der persönlichen Unzumutbarkeit aus § 275 Abs. 3. Der 18

Vergütungsanspruch des Arbeitnehmers besteht gem. § 9 Abs. 3 Satz 2 ArbSchG fort (HWK/*Krause* § 618 Rn. 32 f.).

### III. Schadensersatzansprüche

19  Der Arbeitgeber ist zum Ersatz desjenigen Schadens verpflichtet, den der Arbeitnehmer durch die Verletzung seiner Pflichten aus § 618 erleidet. Anspruchsgrundlage ist **§ 280 Abs. 1** (zu den Anspruchsvoraussetzungen ausführlich MüKo/*Ernst* § 280 Rn. 89 ff.). Von einem Vertretenmüssen nach § 276 ist im Allgemeinen auszugehen, wenn der Arbeitgeber eine transformierte öffentlich-rechtliche Arbeitsschutznorm verletzt hat. Grundsätzlich ist allein der Arbeitgeber für die Einhaltung der Schutzvorschriften verantwortlich (HWK/*Krause* § 618 Rn. 36; MüKo/*Henssler* § 618 Rn. 100 f.). Der Umfang des Schadensersatzes richtet sich nach den §§ 249 ff., wobei **§ 618 Abs. 3** darüber hinaus auf die Rechtsfolgen der §§ 842 bis 846 verweist. Demnach hat der Arbeitnehmer gem. § 843 Anspruch auf eine Geldrente oder eine Kapitalabfindung, wenn sich seine Erwerbsfähigkeit verschlechtert. Ein eigener **Anspruch Dritter** ergibt sich aus §§ 844, 845 (HWK/*Krause* § 618 Rn. 37). Nach § 253 Abs. 2 i.V.m. § 618 wird auch der immaterielle Schaden ersetzt (BAG NZA 2007, 262, 264 f.).

20  Bei **Personenschäden** ist die Haftung des Arbeitgebers nach § 280 Abs. 1 meist nach **§ 104 SGB VII** ausgeschlossen, wenn ein Versicherungsfall (Arbeitsunfall oder Berufskrankheit nach §§ 7 ff. SGB VII) Ursache für den erlittenen Schaden war (zur Rechtslage vor Inkrafttreten der Vorschrift vgl. BAG AP SGB VII § 104 Nr. 6). Anders ist dies in Fällen, in denen der Versicherungsfall durch den Arbeitgeber vorsätzlich oder auf einem nach § 8 Abs. 2 Nr. 1–4 versicherten Wege herbeigeführt wurde.

21  Der Arbeitnehmer muss dem Schutzzweck des § 618 entsprechend nur darlegen und beweisen, dass ein objektiv ordnungswidriger Zustand vorgelegen hat, der generell geeignet war, den eingetretenen Schaden herbeizuführen. Bezüglich der Kausalität zwischen ordnungswidrigem Zustand und eingetretenem Schaden sowie bezüglich des Verschuldens (§ 280 Abs. 1 Satz 2) tritt eine **Beweislastumkehr** zulasten des Arbeitgebers ein (BAG NZA 1997, 86, 91).

22  Zu deliktischen Ansprüchen vgl. MüKo/*Henssler* § 618 Rn. 103 ff.

### IV. Beschwerde- und Kündigungsrecht

23  Neben der Erhebung einer privatrechtlichen Klage nach § 618 kann sich der Arbeitnehmer nach §§ 84, 85 BetrVG auch zunächst an den Betriebsrat wenden. Weiter steht ihm die Möglichkeit offen, vom Arbeitgeber **Abhilfe** zu verlangen. Reagiert dieser hierauf nicht, kann der Arbeitnehmer gem. **§ 17 Abs. 2 Satz 1 ArbSchG** eine Beschwerde an das zuständige Gewerbeaufsichtsamt richten mit der Folge, dass öffentlich-rechtliche Zwangsmaßnahmen ergriffen werden (HWK/*Krause* § 618 Rn. 42).

24  Bei Unzumutbarkeit der Fortsetzung des Arbeitsverhältnisses wegen einer schwerwiegenden Verletzung der Pflichten aus § 618 kann dem Arbeitnehmer nach erfolgloser Abmahnung (§ 314 Abs. 2 Satz 1) ein **außerordentliches Kündigungsrecht** zustehen (MüKo/*Henssler* § 618 Rn. 117).

### D. Unabdingbarkeit

25  Die Schutzpflichten aus §§ 617, 618 sind laut § 619 **zwingendes Recht** (Rdn. 3). Von der Unwirksamkeitsfolge erfasst sind neben einzel- und kollektivvertraglichen Regelungen auch einseitige Anordnungen und Verzichtserklärungen (HWK/*Krause* § 619 Rn. 1). Ein Verstoß gegen § 619 zieht die Nichtigkeit der entsprechenden Regelung nach § 134 nach sich. Unzulässig sind alle im Voraus getroffenen Vereinbarungen; ausgeschlossen sind solche aber nicht, wenn **bereits ein Schaden entstanden** ist (h.M., vgl. nur ErfK/*Wank* § 619 Rn. 2). Zum Ganzen ausführlich MüKo/*Henssler* § 619 Rn. 1 ff.

## § 619a Beweislast bei Haftung des Arbeitnehmers

Abweichend von § 280 Abs. 1 hat der Arbeitnehmer dem Arbeitgeber Ersatz für den aus der Verletzung einer Pflicht aus dem Arbeitsverhältnis entstehenden Schaden nur zu leisten, wenn er die Pflichtverletzung zu vertreten hat.

| Übersicht | Rdn. | | Rdn. |
|---|---|---|---|
| A. Normzweck | 1 | d) Abdingbarkeit | 22 |
| B. Haftung im Arbeitsverhältnis | 5 | 4. Mitverschulden des Arbeitgebers | 23 |
| I. Die Haftung des Arbeitnehmers | 6 | 5. Haftung gegenüber Dritten | 24 |
| 1. Anspruchsgrundlagen | 6 | a) Außenstehende Dritte als Geschädigte | 25 |
| 2. Mankohaftung | 8 | b) Kollegen als Geschädigte | 27 |
| 3. Haftungsprivilegierung des Arbeitnehmers | 10 | II. Haftung des Arbeitgebers | 30 |
| a) Betrieblich veranlasste Tätigkeit | 12 | 1. Vertragliche Haftung | 31 |
| b) Verschuldensgrad | 15 | 2. Deliktische Haftung | 34 |
| c) Auswirkungen bestehenden Versicherungsschutzes | 21 | 3. Verschuldensunabhängige Haftung | 38 |

### A. Normzweck

Besondere Regelungen über die **Haftung im Arbeitsverhältnis** sucht man im BGB vergeblich. 1 Einzig § 619a, der auch nur die **Beweislast** bei der Haftung des Arbeitnehmers regelt, weist auf Besonderheiten hin. Seine Einführung war veranlasst durch die Schuldrechtsreform 2002. Weil die Haftung im Arbeitsverhältnis nicht den allgemeinen Beweislastregeln bei Pflichtverletzungen (§ 280 Abs. 1 Satz 2 enthält widerlegliche Vermutung **für** Vertretenmüssen des Schuldners) folgen sollte, wurden die durch die BAG-Rechtsprechung entwickelten Beweislastgrundsätze im Arbeitsverhältnis gesetzlich festgeschrieben. Eine Änderung der **besonderen Grundsätze über die Haftung des Arbeitnehmers** war vom Gesetzgeber nicht gewollt (vgl. Bericht des Rechtsausschusses BT-Drs. 14/7052 S. 2004).

Auch im Arbeitsverhältnis richtet sich die Haftung grundsätzlich nach den §§ 280 ff. **Grundnorm** 2 für vertragliche Schadensersatzansprüche ist daher **§ 280 Abs. 1**. Auch der Maßstab des Vertreten-Müssens (Verschuldensmaßstab) richtet sich zunächst nach allgemeinen Vorschriften (§ 276). Weder zur Frage der Pflichtverletzung noch zum Haftungsmaßstab enthält § 619a eine vom allgemeinen Schuldrecht abweichende Aussage.

Die Norm stellt eine **Abweichung von der allgemeinen Beweislastregelung** des § 280 Abs. 1 3 Satz 2 dar. Nach allgemeinen Grundsätzen müsste sich der Arbeitnehmer, dem eine Pflichtverletzung nachgewiesen wird, exkulpieren, d.h. sein Nicht-Verschulden beweisen. § 619a ordnet das exakte Gegenteil an: nur »wenn er die Pflichtverletzung zu vertreten hat«, besteht eine Schadensersatzpflicht des Arbeitnehmers. Die Formulierung bürdet dem den Schadensersatz einfordernden Arbeitgeber die **Nachweispflicht** für das Vertretenmüssen des Arbeitnehmers auf. Begründen lässt sich dies mit seiner Organisations- und Weisungsgewalt im Betrieb.

Nach ihrem klaren Wortlaut findet die Norm **keine Anwendung** auf die Haftung des **Arbeitge-** 4 **bers**. Hier findet die Beweislastumkehr des § 280 Abs. 1 Satz 2 Anwendung, sodass der Arbeitgeber nachweisen muss, dass er eine ihm vorgeworfene Pflichtverletzung (z.B. versäumte Entgeltzahlung) nicht zu vertreten hat. Auch auf **deliktische Ansprüche** gegen den Arbeitnehmer ist die Norm nicht analog anwendbar – hier trägt der Arbeitgeber ohnehin nach allgemeinen Grundsätzen die Beweislast für das Verschulden des Arbeitnehmers. Da es allein Aufgabe der Norm ist, für die Umsetzung der materiell-rechtlichen Grundsätze der Arbeitnehmerhaftung auch im Prozess zu sorgen, ist in gewissen Fällen eine **teleologische Reduktion** veranlasst (MHdB ArbR/*Reichold* § 57 Rn. 60; MüKo/*Henssler* § 619a Rn. 43 f.). Eine Anwendung scheidet aus, wenn wegen **fehlender betrieblicher Veranlassung** des Schadens die Grundsätze über die Haftungsprivilegierung schon materiell-rechtlich nicht eingreifen (ErfK/*Preis* § 619a Rn. 4; MüKo/*Henssler* § 619a Rn. 49; MHdB ArbR/*Reichold*

§ 57 Rn. 60; a.A. Palandt/*Weidenkaff* § 619a Rn. 3; BAG NJW 2007, 1302 Tz. 14, aber ohne dezidierte Stellungnahme). Die Nichtanwendung der Norm auf das Verhältnis des Arbeitnehmers zu **Dritten** folgt bereits aus dem Wortlaut, eine von *Preis* (ErfK § 619a Rn. 4) geforderte »teleologische Restriktion« ist daher entbehrlich. Eine **analoge Anwendung** der Norm kommt in Betracht, wenn die Grundsätze der Arbeitnehmerhaftung über das Verhältnis zwischen Arbeitnehmer und Arbeitgeber hinaus ausgedehnt werden (Rdn. 26).

## B. Haftung im Arbeitsverhältnis

5 Die Haftung im Arbeitsverhältnis hat durch die BAG-Rechtsprechung deutliche **Modifikationen** gegenüber den allgemeinen Haftungsregeln des BGB erfahren, die es rechtfertigen, diesen Themenkomplex eigenständig zu behandeln. Es handelt sich um **Richterrecht**, das seine Ausgestaltung der arbeitsteiligen betrieblichen Arbeitsorganisation schuldet. Bei der Arbeitnehmerhaftung greift eine **Privilegierung** insoweit, als das individuelle Verschulden des Arbeitnehmers abgeglichen werden muss mit dem Organisationsrisiko des Arbeitgebers, um zu einem auf soziale Belange besonders achtenden, differenzierten **innerbetrieblichen Schadensausgleich** zu gelangen (BAG GS NJW 1995, 210; ErfK/*Preis* § 619a Rn. 6; MHdB ArbR/*Reichold* § 57 Rn. 19, 28).

### I. Die Haftung des Arbeitnehmers

#### 1. Anspruchsgrundlagen

6 Voraussetzung für die vertragliche Schadensersatzhaftung des Arbeitnehmers ist zunächst eine **Pflichtverletzung** i.S.v § 280. Neben seiner Hauptpflicht, der Pflicht zur Arbeitsleistung, treffen den Arbeitnehmer eine Vielzahl von Nebenpflichten. Sowohl die **Verletzung der Hauptleistungspflicht** durch Nicht- oder Schlechtleistung als auch die Verletzung einer Nebenpflicht sind Pflichtverletzungen gem. § 280 Abs. 1. Während die Verletzung von Nebenpflichten i.d.R. zur Schadensersatzpflicht i.S.v. §§ 280, 241 Abs. 2 (Schadensersatz neben der Leistung) führen kann, hat die Verletzung der Hauptleistungspflicht u.U. auch Auswirkungen auf die Entgeltzahlung. Bei schuldhafter Verletzung der Arbeitspflicht durch **Nichtleistung** ist die Vergütungspflicht des Arbeitgebers gem. §§ 275, 326 Abs. 1 Satz 1 ausgeschlossen (»ohne Arbeit kein Lohn«). Zu den Ausnahmen von diesem Grundsatz vgl. § 615 Rdn. 5 ff. Anders verhält es sich bei der nicht gehörigen Erfüllung der Arbeitspflicht (**Schlechtleistung**). Im Gegensatz zu Miet- und Kaufrecht sieht das Arbeitsrecht eine Minderungsmöglichkeit des Vergütungspflichtigen nicht vor. Auch bei einer Schlechtleistung des Arbeitnehmers bleibt daher sein Vergütungsanspruch in voller Höhe bestehen (BAG NJOZ 2007, 3900; MHdB ArbR/*Reichold* § 43 Rn. 60). Bei verschuldeter Schlechtleistung kann der Arbeitgeber den ihm hierdurch entstandenen Schaden aber ersetzt verlangen und ggf. gegen den Entgeltanspruch des Arbeitnehmers aufrechnen (BAG NJW 1971, 111).

7 Neben die Schadensersatzansprüche aus § 280 Abs. 1 wegen Nicht- und Schlechtleistung oder Verletzung einer Nebenpflicht können Schadensersatzansprüche aus **unerlaubter Handlung** (§§ 823 ff.) oder aus **Gefährdungshaftung** (insb. im Straßenverkehr, §§ 7, 18 StVG) treten.

#### 2. Mankohaftung

8 Einen Sonderfall der Haftung des Arbeitnehmers fasst man unter dem Begriff der **Mankohaftung**, d.h. der Haftung bei einem Fehlbestand von Waren oder Geld, zusammen. Um Beweisschwierigkeiten des Arbeitgebers in dieser Situation zu reduzieren, werden in der Praxis regelmäßig sog. **Mankoabreden** getroffen. Diese müssen zunächst einmal klar und eindeutig sein (BAG AP BGB § 611 Haftung des Arbeitnehmers Nr. 77). Da es sich bei den Grundsätzen der Haftungsprivilegierung des Arbeitnehmers um zwingendes Arbeitnehmer-Schutzrecht handelt (BAG NZA 2000, 715), darf eine Mankoabrede nicht gegen diese richterrechtlich entwickelten Regeln (Rdn. 10 ff.) verstoßen. Eine vertragliche Beweislastumkehr auf den Arbeitnehmer ist nur zulässig, wenn es sich um ein für diesen grundsätzlich beherrschbares Geschehen handelt und die Haftung in der Summe auf ein vom Arbeitgeber zusätzlich gezahltes **Mankogeld** beschränkt wird (BAG NZA 2000, 715). Eine

Mankoabrede stellt somit nur eine »Prämie« dar, die im Fall eines Fehlbestandes reduziert wird. Unter diesen Voraussetzungen hält sie auch der Inhaltskontrolle nach §§ 310 Abs. 4, 309 Nr. 12 stand (HWK/*Krause* § 619a Rn. 53).

Auch ohne Bestehen einer Mankovereinbarung kommt bei Fehlbeständen ein **gesetzlicher** Schadensersatzanspruch in Betracht. Nach BAG soll die Anspruchsgrundlage davon abhängen, ob dem Arbeitnehmer die Geld- oder Warenbestände zum unmittelbaren Alleinbesitz überlassen wurden (BAG NZA 1999, 141); dann soll sich die Haftung wegen Unmöglichkeit der Rückgewähr aus §§ 283, 280 Abs. 1 u. 3 ergeben, andernfalls aus qualifizierter Schlechtleistung bzw. Verletzung von Nebenpflichten (§ 280 Abs. 1). Dieses zweiteilige Haftungskonzept des BAG wird überwiegend abgelehnt (ErfK/*Preis* § 619a Rn. 30; MHdB ArbR/*Reichold* § 57 Rn. 71). Jedenfalls seit Geltung des § 619a muss das Verschulden des Arbeitnehmers in beiden Konstellationen vom Arbeitgeber nachgewiesen werden. Auch die Grundsätze der beschränkten Arbeitnehmerhaftung gelten in beiden Konstellationen (BAG NZA 1999, 141). Neben der vertraglichen Haftung können sich Schadensersatzansprüche wegen Fehlbeständen auch aus Delikt ergeben; auch hier trägt der Arbeitgeber die volle Beweislast (BAG AP BGB § 611 Haftung des Arbeitnehmers Nr. 49). Das Bestehen einer vertraglichen Mankoabrede hindert den Arbeitgeber nicht daran, über deren Umfang hinausgehende Fehlbestände nach den Grundsätzen der gesetzlichen Mankohaftung geltend zu machen (HWK/*Krause* § 619a Rn. 55).

### 3. Haftungsprivilegierung des Arbeitnehmers

Nach dem allgemeinen schadensrechtlichen **Prinzip der Totalreparation** (§ 249) müsste der Arbeitnehmer schon bei leichtester Fahrlässigkeit den vollen Schaden ersetzen. Dass es zwischen dem Risiko des Arbeitnehmers, der häufig Arbeitsmittel von hohem Wert gebraucht, und seiner Entlohnung ein krasses Missverhältnis gibt, wurde schon früh erkannt (ArbG Plauen, Urt. v. 04.11.1936 – 1 TA 189/36, ARS 29, 62). Eine Beschränkung seiner Haftung ist auch deshalb geboten, weil der Arbeitgeber durch seine **Organisationshoheit** den Arbeitsprozess und damit die Berufsausübung des Arbeitnehmers steuert und ihn daher mit einem **besonderen Haftungsrisiko** belasten kann (BAG GS NJW 1995, 210). Dass dem Arbeitnehmer eine Haftungserleichterung gewohnheitsrechtlich zusteht, war schon länger Konsens (vgl. MHdB ArbR/*Reichold* § 57 Rn. 19 m.w.N.). Die vom BAG zunächst auf sog. **gefahrgeneigte** Tätigkeiten beschränkte Privilegierung (BAG GS NJW 1959, 2194) erwies sich jedoch als schwer handhabbar und führte zu einer nahezu willkürlichen Kasuistik (MHdB ArbR/*Reichold* § 57 Rn. 26). Der Große Senat des BAG hob diese Eingrenzung daher 1994 auf (BAG GS NJW 1995, 210). Notwendig ist jetzt nur noch eine **betrieblich veranlasste Tätigkeit** des Arbeitnehmers, die zu Schäden führt. Der Gesetzgeber hat ausweislich der Materialien zum SMG 2001 (BT-Drs. 14/6857 S. 48) diese Rechtsprechung bei Schaffung des § 276 Abs. 1 Satz 1 bzw. des § 619a in seinen Willen aufgenommen.

Während über die Notwendigkeit einer Haftungserleichterung Einigkeit besteht, ist die **dogmatische Verortung** umstritten (vgl. MHdB ArbR/*Reichold* § 57 Rn. 25 ff.). Nach h.M. erfolgt der innerbetriebliche Schadensausgleich im Rahmen der Prüfung des »**Mitverschuldens**« des Arbeitgebers gem. § 254 analog, womit dessen Organisationsrisiko dem Verschulden des Arbeitnehmers gegenübergestellt wird (BAG NJW 2004, 2469; NJW 2003, 377; MüKo/*Henssler* § 619a Rn. 12). So ist es rechtsdogmatisch indes anfechtbar. Den Arbeitgeber trifft i.d.R. kein »echtes« Mitverschulden. Die zutreffende **Risikoabwägung** überzeugt nur in Kombination mit §§ 241 Abs. 2, 276 Abs. 1 Satz 1, weil sich daraus die Schutzpflicht des Arbeitgebers als tragender Gedanke des Schadensausgleichs zusammen mit der vertragsimmanenten Haftungsbeschränkung nach neuer Formulierung des BGB durch das SMG 2001 ergibt (MHdB ArbR/*Reichold* § 57 Rn. 30). Die analoge Anwendung von § 254 i.V.m. § 241 Abs. 2 führt grundsätzlich zum innerbetrieblichen Schadensausgleich zwischen Arbeitgeber und Arbeitnehmer.

### a) Betrieblich veranlasste Tätigkeit

12 Betrieblich veranlasst sind grundsätzlich alle Tätigkeiten des Arbeitnehmers, die nicht seinem allgemeinen Lebensrisiko zuzuordnen sind (MHdB ArbR/*Reichold* § 57 Rn. 31). Unmittelbar erfasst ist damit jedenfalls das dem Arbeitnehmer zugewiesene Aufgabengebiet, seine **arbeitsvertraglich geschuldete Tätigkeit**. Unerheblich ist, ob diese Tätigkeit dem Arbeitnehmer gem. § 106 GewO direkt angewiesen wurde oder ob sich aus der eigenverantwortlichen Aufgabenerfüllung die Notwendigkeit dieser Tätigkeit ergibt (*Waltermann* RdA 2005, 103). Auch eine unter Verstoß gegen eine Weisung übernommene Tätigkeit kann betrieblich veranlasst sein, nicht jedoch die allein zur privaten Zerstreuung erfolgende Nutzung von Betriebsmitteln (BAG NJW 2003, 377).

13 Auch eine nicht in den Aufgabenbereich des Arbeitnehmers fallende Tätigkeit kann der Haftungsprivilegierung unterfallen, wenn sie im **Interesse des Betriebs** liegt (BAG NJW 1993, 1732). Maßgeblich ist, ob aus der Sicht eines verständigen Arbeitnehmers die Übernahme der Aufgabe zweckmäßig und im »wohlverstandenen Interesse des Dienstherrn« erschien (BGH AP RVO § 637 Nr. 6; BAG NJW 1967, 220).

14 Zum **allgemeinen Lebensrisiko** hingegen gehören alle Tätigkeiten, die der Arbeitnehmer ausschließlich im eigenen Interesse verfolgt, wobei ein räumlicher und zeitlicher Zusammenhang zur Arbeitsleistung dieses nicht ausschließen muss. Dazu zählt auch das Wegerisiko: Fahrten zur und von der Arbeitsstelle sind daher nicht betrieblich veranlasst (LAG Berlin LAGE BGB § 611 Arbeitnehmerhaftung Nr. 5). Anderes gilt für den Arzt, der im Rahmen der Rufbereitschaft bei der Fahrt in die Klinik verunglückt (BAG NZA 2012, 91, vgl. Rdn. 38). Nicht betrieblich »veranlasst« ist grundsätzlich auch **Mobbing** unter Kollegen (BAG NZA 2008, 223): Ein solches Verhalten im Betrieb verstößt a priori gegen die (ungeschriebene) Nebenpflicht zu »sozialverträglichem« Kooperationsverhalten (MHdB ArbR/*Reichold* § 55 Rn. 15, 41 ff.); anders ist zu entscheiden, wenn AGG-Verstöße z.B. Vorgesetzten bei ihrer dienstlichen Tätigkeit (z.B. fehlerhafte Stellenausschreibung, § 11 AGG) unterlaufen (nur insoweit zutr. *Stoffels* RdA 2009, 204, 209).

### b) Verschuldensgrad

15 Die Teilung des Schadens zwischen Arbeitgeber und Arbeitnehmer erfolgt anhand einer **umfassenden Abwägung**. Maßgeblich ist der **Grad des Verschuldens** des Arbeitnehmers. Bei leichtester Fahrlässigkeit ist eine Haftung des Arbeitnehmers regelmäßig ausgeschlossen, bei mittlerer (normaler) Fahrlässigkeit erfolgt i.d.R. eine Schadensteilung, während bei grober Fahrlässigkeit und Vorsatz der Arbeitnehmer grundsätzlich voll haftet (BAG GS NJW 1995, 210). Im Einzelnen:

16 Handelt der Arbeitnehmer **vorsätzlich**, so hat er den gesamten Schaden zu tragen. Sein Vorsatz muss sich allerdings auch auf den Eintritt des **Schadens** beziehen, eine vorsätzliche Pflichtverletzung alleine genügt nicht. Der Arbeitnehmer muss den konkreten Schaden – auch in seiner Höhe – zumindest als möglich voraussehen können und dies billigend in Kauf nehmen. Das folgt laut BAG aus der ergebnisbezogenen Risikozurechnung bei der Haftungsprivilegierung des Arbeitnehmers (BAG NJW 2003, 377; ErfK/*Preis* § 619a Rn. 14; a.A. *Krause* NZA 2003, 577, 583; MHdB ArbR/*Reichold* § 57 Rn. 36: Arbeitgeber muss schon Pflichtverletzung als solche durch Weisung verhindern können, so dass vorsätzliche Pflichtverletzung ausreicht).

17 **Grobe Fahrlässigkeit** ist dem Arbeitnehmer vorzuwerfen, wenn er die im Verkehr erforderliche Sorgfalt nach den gesamten Umständen in ungewöhnlich hohem Maß verletzt und unbeachtet lässt, was im gegebenen Fall jedem hätte einleuchten müssen (BAG NJW 2003, 377; NJW 2002, 1900; NJW 1997, 1012). Dabei sind aber auch die durch den Arbeitgeber geschaffenen arbeitsorganisatorischen Bedingungen zu berücksichtigen, sodass in der Regel die Weisungen des Vorgesetzten befolgt werden dürfen, wenn nicht ohne weiteres erkennbar ist, dass diese grob falsch sind (BAG NZA 2006, 1428, 1430). Auch bei grober Fahrlässigkeit des Arbeitnehmers ist eine **Haftungserleichterung** nicht ausgeschlossen, wenn der eingetretene Schaden in einem offensichtlichen Missverhältnis zum Verdienst des Arbeitnehmers steht (sozialstaatlich veranlasste Ergebniskontrolle, vgl. BAG NZA 2002, 1900; NZA 1998, 140; MHdB ArbR/*Reichold* § 57 Rn. 58). **Umgekehrt** wird

eine starre **Haftungsobergrenze** von drei Bruttomonatsgehältern vom BAG nach wie vor abgelehnt: Eine solche Lösung zu treffen, sei dem Gesetzgeber vorbehalten (BAG DB 2013, 705: Schadensverursachung bei Trunkenheitsfahrt). Als **Abwägungskriterien** spielen beim Arbeitnehmer neben der Höhe des Arbeitsentgelts und weiteren mit seiner Leistungsfähigkeit zusammenhängenden Umständen insb. der Grad des Verschuldens eine Rolle; beim Arbeitgeber wird ein durch das schädigende Ereignis eingetretener hoher Vermögensverlust umso mehr dem Betriebsrisiko zuzurechnen sein, als dieser einkalkuliert oder durch Versicherung, ohne Rückgriffsmöglichkeit gegen den Arbeitnehmer, deckbar ist (BAG NZA 2007, 1230: Volle Haftung eines Wertpapierberaters, wenn grob fahrlässig verursachter Schaden 3,5 Monatsgehälter beträgt).

Zwischen den Verschuldensgraden Vorsatz und grober Fahrlässigkeit wurde vom BAG der Begriff der »**gröbsten Fahrlässigkeit**« eingeführt (BAG NJW 1998, 1810). Diese soll vorliegen, wenn der Arbeitnehmer mehrfach und unentschuldbar gegen Sicherheitsvorschriften verstößt, die tödliche Gefahren verhindern sollen, so z.B. bei einer Ärztin, die, ohne besonderem Stress zu unterliegen, mehrere Sicherheitsmaßnahmen zum Ausschluss der Verwechslung von Blutgruppen missachtet (BAG NJW 1998, 1810, 1812). Inzwischen wurden auch für den Fall einer »gröbst« fahrlässigen Notabschaltung eines MRT-Diagnosegeräts durch eine geringfügig verdienende Reinigungskraft bei immensen Schadensfolgen vom BAG Haftungserleichterungen gewährt (BAG NJW 2011, 1096). Daher wird man diesem Merkmal keine besondere Bedeutung im Hinblick auf eine umfänglich volle Haftung mehr zuerkennen können. 18

Bei **mittlerer (normaler) Fahrlässigkeit** findet regelmäßig eine Teilung des Schadens zwischen Arbeitgeber und Arbeitnehmer statt (»Quotenhaftung«). Anhand der Umstände des Einzelfalls ist analog § 254 (Rdn. 23) jeweils abzuwägen, welchen Anteil das betriebliche Schadensrisiko des Arbeitgebers im Verhältnis zum Verschulden des Arbeitnehmers hat. Das Vorliegen normaler Fahrlässigkeit ist nach dem Ausschlussprinzip zu bestimmen, d.h. immer dann zu bejahen, wenn weder ein Fall der groben noch ein Fall der leichtesten Fahrlässigkeit vorliegt. Wegen der schwierigen Abgrenzung empfiehlt sich eine vorsichtige Bemessung der Arbeitnehmerquote, die im Ergebnis wohl allenfalls bis zur Höhe von zwei Bruttomonatsgehältern gehen darf (MHdB ArbR/*Reichold* § 57 Rn. 40, 44 ff.). 19

**Leichteste Fahrlässigkeit** (*culpa levissima*) liegt vor, wenn es sich um eine Pflichtverletzung handelt, die »jedem einmal passieren kann«. Es sind Fälle des »typischen Abirrens«, des »Sich- Vertuns«, die jedem arbeitenden Menschen einmal unterlaufen (ErfK/*Preis* § 619a Rn. 17). Da solche Gefahren typischerweise dem Organisationsrisiko des Arbeitgebers zuzurechnen sind, trägt er in diesen Fällen den Schaden allein. Durch den Wortlaut des § 276 Abs. 1 Satz 1 hat der Gesetzgeber diese Rechtsprechung in seinen Willen aufgenommen (BT-Drs. 14/6857 S. 48). 20

### c) Auswirkungen bestehenden Versicherungsschutzes

Ist der Schaden durch eine **gesetzlich vorgeschriebene Haftpflichtversicherung** gedeckt, so finden die Grundsätze der Haftungsbeschränkung keine Anwendung, da ihre Anwendung allein den Versicherungen zugutekäme (BAG DB 1966, 707). Dies kann aber nicht bei **freiwilligen Versicherungen** des Arbeitnehmers gelten (z.B. Berufshaftpflichtversicherung). Hier gilt der Grundsatz, dass die Versicherung der Haftung folgt, da die Prämienzahlung des Arbeitnehmers nicht den Arbeitgeber vom Organisationsrisiko entlasten kann (BAG NJW 1998, 1810). Etwas anderes kann gelten, wenn der **Arbeitgeber** vor Einstellung des Arbeitnehmers wegen der Risiken der gefahrgeneigten Tätigkeit den Abschluss einer solchen privaten Haftpflichtversicherung **verlangt** und zur Einstellungsbedingung gemacht hatte, erst recht, wenn dafür zusätzliche Vergütungsbestandteile vereinbart wurden (BAG NJW 2011, 1096). Selbst in den Fällen grober Fahrlässigkeit, in denen die Haftungserleichterung nur erfolgt, um den Arbeitnehmer vor Existenzvernichtung zu bewahren, richtet sich der Versicherungsschutz nach der Haftung. Zwar besteht insoweit keine Gefahr der wirtschaftlichen Überforderung (a.A. daher HWK/*Krause* § 619a Rn. 39), doch führt eine (oft zweifelhafte) Berücksichtigung des Versicherungsschutzes bei der richterlichen Billigkeitsentscheidung zu 21 unnötigen Komplikationen, zumal der Maßstab der Fahrlässigkeit stets ein »gleitender« ist (MHdB ArbR/*Reichold* § 57 Rn. 39, 42; ErfK/*Preis* § 619a Rn. 20).

d) **Abdingbarkeit**

22 Bei den Grundsätzen der beschränkten Arbeitnehmerhaftung handelt es sich um einseitig zwingendes Arbeitnehmerschutzrecht, von dem weder einzel- noch kollektivvertraglich zulasten der Arbeitnehmer abgewichen werden kann (BAG NJW 2004, 2469). Nur soweit **keine Steigerung der Haftungsrisiken** des Arbeitnehmers wie bei zulässigen Mankovereinbarungen (Rdn. 8) erfolgt, sind (kollektiv-)vertragliche Modifikationen möglich (*Krause* NZA 2003, 577, 585). Zumindest in Formularverträgen müssen sich solche Modifikationen aber am Maßstab der Inhaltskontrolle nach §§ 307 ff. messen lassen (MHdB ArbR/*Reichold* § 57 Rn. 68). Wegen § 309 Nr. 12 Buchst. a ist die Beweislastregel des § 619a selber durch AGB-Klausel nicht abdingbar.

4. **Mitverschulden des Arbeitgebers**

23 Die Norm des § 254 kann (1) beim innerbetrieblichen Schadensausgleich hinsichtlich des vom Arbeitgeber zu tragenden **Organisationsrisikos** i.V.m. § 241 Abs. 2 in entsprechender Anwendung berücksichtigt werden (Rdn. 11), (2) auch im Fall **konkreten Mitverschuldens** des Arbeitgebers in direkter Anwendung die Schadensersatzpflicht des Arbeitnehmers mindern. Doch gilt hier ein »Doppelverwertungsverbot«: Mitverschulden im eigentlichen Sinn darf nicht mit dem Organisationsrisiko des Arbeitgebers bei der generellen Abwägung der Schadensursachen in einen Topf geworfen werden (BAG DB 1971, 342). Deshalb sind bei **direkter** Anwendung des § 254 nur noch »echte« Obliegenheitsverletzungen relevant, z.B. mangelhafte Anweisungen, unzureichende Überwachung; auch das Fehlverhalten von anderen Arbeitnehmern kann dem Arbeitgeber nach § 278 zuzurechnen sein (BAG NJW 1976, 1129).

5. **Haftung gegenüber Dritten**

24 Dem Grundsatz nach richtet sich die Haftung des Arbeitnehmers gegenüber Dritten nach **allgemeinen zivilrechtlichen Grundsätzen**, also insb. nach § 823 Abs. 1 (BGH NJW 1989, 3273). Eine Haftung des Arbeitnehmers wegen der Verletzung von Verkehrssicherungspflichten kommt aber nur in Betracht, wenn diese ihm selbst und nicht dem Arbeitgeber als Unternehmer obliegen (BGH NJW 1987, 2510; a.A. BGH NJW 1988, 48).

a) **Außenstehende Dritte als Geschädigte**

25 Wegen des Fehlens einer arbeitsvertraglichen Verbundenheit lehnt der BGH die Anwendung der Grundsätze über die privilegierte Arbeitnehmerhaftung auch dann ab, wenn der Arbeitnehmer Betriebsmittel schädigt, die dem Arbeitgeber von einem Dritten zur Verfügung gestellt wurden (z.B. bei Leasing-Fahrzeugen, vgl. BGH NJW 1989, 3273; a.A. LAG Baden-Württemberg LAGE BGB § 611 Arbeitnehmerhaftung Nr. 8).

26 Besteht ein Anspruch eines außenstehenden Dritten gegen den Arbeitnehmer, so hat dieser gegen den Arbeitgeber Anspruch auf interne **Freistellung** in dem Umfang, in dem bei Schädigung des Arbeitgebers dieser den Schaden selbst hätte tragen müssen (BAG NZA 1989, 181; NJW 1959, 2194). Der Ausgleich erfolgt entweder nach § 426, wenn Arbeitgeber und Arbeitnehmer dem Dritten als Gesamtschuldner haften, oder nach § 670 analog i.V.m. § 257 (HWK/*Krause* § 619a Rn. 62). Erfüllt der Arbeitnehmer den Schadensersatzanspruch des Dritten, hat er Anspruch gegen den Arbeitgeber auf Erstattung des zu viel Geleisteten (BAG DB 1983, 2781).

b) **Kollegen als Geschädigte**

27 Geschädigte Kollegen sind dem Grundsatz nach wie sonstige Dritte zu behandeln. Bei Personenschäden wird dieser Grundsatz aber durch die **abweichenden Regeln der gesetzlichen Unfallversicherung im SGB VII** verdrängt. Nach § 104 Abs. 1 SGB VII ist die Haftung des Arbeitgebers für

Personenschäden bei nicht vorsätzlicher Herbeiführung eines Versicherungsfalls ausgeschlossen. Da somit der Freistellungsanspruch des Arbeitnehmers gegen den Arbeitgeber leerlaufen würde, dehnt § 105 Abs. 1 SGB VII den Haftungsausschluss auf den schädigenden Arbeitnehmer aus (MHdB ArbR/*Reichold* § 59 Rn. 1). Voraussetzung für den Haftungsausschluss ist es, dass durch einen Versicherungsfall ein Personenschaden verursacht wurde, der kausal auf eine Handlung einer betrieblich tätigen Person zurückzuführen ist, der Geschädigte Versicherter desselben Betriebes ist und die Haftungsfreistellung nicht ausgeschlossen ist, weil es sich um einen Wegeunfall handelt oder der Arbeitnehmer den Versicherungsfall vorsätzlich herbeigeführt hat.

Ein **Versicherungsfall** ist nach § 7 Abs. 1 SGB VII gegeben, wenn ein Arbeitsunfall passiert oder eine Berufskrankheit auftritt. Hauptfall der Haftungsbefreiung nach § 105 Abs. 1 SGB VII dürfte der **Arbeitsunfall** sein. Dieser muss sich während einer Handlung ereignet haben, die in einem **inneren Zusammenhang mit der betrieblichen Tätigkeit** steht (BSGE 93, 279). Erfasst sind damit neben der beruflichen Tätigkeit im engeren Sinne auch vor- und nachbereitende Tätigkeiten und der Besuch betrieblicher Gemeinschaftsveranstaltungen (BSG NZS 2006, 100). Ausgenommen sind damit Tätigkeiten, die allein dem eigenwirtschaftlichen bzw. persönlich-privaten Interesse des Arbeitnehmers dienen wie Besorgungen, Privatfahrten, Spielereien oder handgreifliche Streitigkeiten mit Kollegen (MHdB ArbR/*Reichold* § 59 Rn. 8 mit Bsp. u. m.w.N.). Ausdrücklich vom Anwendungsbereich ausgenommen ist der **Wegeunfall**. 28

Die **Beschränkung auf Personenschäden** führt dazu, dass bei Sachschäden die allgemeinen Grundsätze gelten. Diese gelten auch bei immateriellen Schäden, die nicht beim Kollegen, sondern einem anderen Dritten eintreten, sog. Schockschäden (BGH NJW-RR 2007, 1395). Ansonsten umfasst der Haftungsausschluss des § 105 Abs. 1 SGB VII **alle denkbaren Schadensersatzansprüche**, die auf einen Personenschaden zurückzuführen sind, unabhängig davon, ob überhaupt Leistungen des Unfallversicherungsträgers gewährt werden. Deshalb sind auch Schmerzensgeldansprüche ausgeschlossen, obwohl ja Ersatz für immaterielle Schäden durch die Unfallversicherung gar nicht vorgesehen ist (BAG AP SGB VII § 104 Nr. 4; NJW 1967, 1925). 29

## II. Haftung des Arbeitgebers

Die Haftung des Arbeitgebers richtet sich nach allgemeinen zivilrechtlichen Grundsätzen. Nur für die aus Arbeitsunfällen resultierenden **Personenschäden** der Beschäftigten greift die Unfallversicherung nach § 104 Abs. 1 SGB VII (Haftungsersetzung durch Versicherungsschutz). Ansonsten kommen für seine Haftung sowohl vertragliche als auch deliktische Anspruchsgrundlagen in Betracht, soweit er nicht verschuldensunabhängig für Schäden des Arbeitnehmers haftet. 30

### 1. Vertragliche Haftung

Anspruchsgrundlage ist wie auch bei der Haftung des Arbeitnehmers i.d.R. § 280 Abs. 1. Die Abs. 2 und 3 der Norm finden Anwendung, sobald der Arbeitnehmer Verzögerungsschäden wegen Verzugs (§ 286) oder Schadensersatz statt der Leistung unter den besonderen Voraussetzungen der §§ 281, 282, 283 verlangen kann. Doch beziehen sich diese Normen lediglich auf die Störung der Entgeltzahlungspflicht des Arbeitgebers (Hauptleistungspflicht). Wesentlich häufiger wird der Schadensersatzanspruch nach § 280 Abs. 1 i.V.m. § 241 Abs. 2 bei Verletzung von **Schutz- und Informationspflichten** des Arbeitgebers praktisch (Rdn. 33). Zu beachten ist dann, dass das Verschulden des Arbeitgebers nach § 280 Abs. 1 Satz 2 **vermutet** wird: soweit er sich nicht entlasten kann (Exkulpation), muss er für den Schaden haften. 31

§ 278 Satz 1 führt zu einer **Zurechnung des Verhaltens von Erfüllungsgehilfen**, also insb. von (leitenden) Angestellten, die der Arbeitgeber als Vorgesetzte einsetzt (BAG NZA 2008, 223; NJW 1969, 766). Kollegen oder sonstige Dritte sind nur dann Erfüllungsgehilfen, wenn sie eine auf andere Arbeitnehmer bezogene vertragliche Tätigkeit ausüben (z.B. Personalabteilung). Schädigen sie den Arbeitnehmer nur bei Gelegenheit ihrer Tätigkeit, z.B. als externer Werkunternehmer für den Arbeitgeber, so erfolgt keine Zurechnung (BAG NJW 2000, 3369). 32

33 Von größter praktischer Bedeutung für Schadensersatzansprüche gegen den Arbeitgeber sind ihm zuzurechnende **Verletzungen vertraglicher Nebenpflichten**, z.B. bei diskriminierender Behandlung im Arbeitsverhältnis, vgl. §§ 7 Abs. 3, 15 AGG (zur Beweislast gilt Sonderregel des § 22 AGG) oder bei »Mobbing« (Rdn. 35). Versäumt es der Arbeitgeber, den Arbeitnehmer über Ansteckungsgefahren am Arbeitsplatz (hier: Hepatitis C) zu unterrichten, kann er für kausal entstandene Gesundheitsschäden nach §§ 280 Abs. 1, 241 Abs. 2 haften (BAG NZA 2007, 262). Auch die Nichtbeachtung anderer Aufklärungs- und Auskunftspflichten etwa zur betrieblichen Altersversorgung oder vor Abschluss eines Aufhebungsvertrags kann zu Schadensersatzforderungen führen. Aufklärungs- und Schutzpflichten i. S. v. § 241 Abs. 2 sind schon im vorvertraglichen Anbahnungsverhältnis und auch noch nach Vertragsbeendigung zu beachten. Schafft der Arbeitgeber im Arbeitsverhältnis eine Gefahrenlage – gleich welcher Art – muss er nach § 241 Abs. 2 grundsätzlich die notwendigen und zumutbaren Vorkehrungen treffen, um eine Schädigung der Beschäftigten so weit wie möglich zu verhindern. Hierzu muss er die Maßnahmen ergreifen, die ein umsichtiger und verständiger, in vernünftigen Grenzen vorsichtiger Arbeitgeber für notwendig und ausreichend halten darf, um die Beschäftigten vor Schäden zu bewahren. Zwar schafft ein Arbeitgeber, der im Betrieb eine freiwillige Grippeschutzimpfung anbietet, ohne dabei mit den Beschäftigten einen Behandlungsvertrag abzuschließen, eine Gefahrenquelle. Seine Pflichten beschränken sich in diesem Fall jedoch auf die ordnungsgemäße Auswahl der die Impfung durchführenden Person. Ein etwaiges Fehlverhalten des behandelnden Arztes ist dem Arbeitgeber nicht nach § 278 zuzurechnen (BAG NZA 2018, 708).

**2. Deliktische Haftung**

34 Deliktische Ansprüche aus § 823 Abs. 1 gegen den Arbeitgeber wegen Verletzung des Lebens, des Körpers oder der Gesundheit des Arbeitnehmers spielen wegen des Haftungsausschlusses in § 104 Abs. 1 SGB VII so gut wie keine Rolle. Bei **Eigentumsverletzungen** seitens des Arbeitgebers können aber Ansprüche aus § 823 Abs. 1 bestehen; dies gilt insbesondere auch bei der Verletzung deliktischer Verkehrssicherungspflichten (BAG DB 1975, 1992).

35 Besondere Bedeutung hat der **Schutz des allgemeinen Persönlichkeitsrechts (APR)** als »sonstiges Recht« i.S.v. § 823 Abs. 1. Dies gilt insb. auch beim »Mobbing« durch Kollegen und Vorgesetzte. Dabei handelt es sich aber nicht um einen Rechtsbegriff. Vielmehr muss im Einzelfall geprüft werden, ob das als »**Mobbing**« bezeichnete Verhalten als »systematisches Anfeinden, Schikanieren oder Diskriminieren« (BAG NZA 2008, 223) gewertet werden kann; entsprechend § 3 Abs. 3 AGG (»Belästigung«) gilt nur dann das APR des Arbeitnehmers als verletzt. Stützt z.B. die Ehefrau eines Arbeitnehmers Schadensersatzansprüche gegen den Arbeitgeber darauf, dass dieser den Selbstmord ihres Ehemanns durch eine ausgesprochene und später zurückgenommene Kündigung verschuldet habe, so muss sie darlegen und beweisen, dass der Arbeitgeber seine Nebenpflichten aus § 241 Abs. 2 verletzt hat; als adäquat kausale Folge einer sozial ungerechtfertigten Kündigung kann der Selbstmord eines Arbeitnehmers i.d.R. nicht gelten (BAG NJW 2009, 251). Der Arbeitgeber ist immer verpflichtet, Maßnahmen zu ergreifen und seinen Betrieb so zu organisieren, dass es nicht zu einer Verletzung des Persönlichkeitsrechts der Arbeitnehmer kommt (vgl. § 12 Abs. 1, 2 AGG). Andernfalls kann z.B. vom Krankenhausträger wegen einer vom Chefarzt (als Erfüllungsgehilfe, § 278) schuldhaft verursachten Gesundheitsschädigung seines ärztlichen Vertreters (hier: psychische Erkrankung) nach § 253 Abs. 2 billige Entschädigung in Geld wegen »Mobbings« verlangt werden (BAG NZA 2008, 223).

36 Kein sonstiges Recht i.S.v. § 823 Abs. 1 ist das **Recht am eigenen Arbeitsplatz** (OLG Koblenz NZA 2003, 438). Rechtsschutz bei unberechtigter Kündigung kann der Arbeitnehmer nur aus dem Vertragsrecht und insb. dem Kündigungsschutzrecht herleiten; deliktische Ansprüche stehen ihm insoweit nicht zu.

37 Ein Anspruch gegen den Arbeitgeber aus § 823 Abs. 2 setzt die **Verletzung eines Schutzgesetzes** voraus. Neben allgemein anerkannten Schutzgesetzen (insb. StGB-Normen wie § 266a) sind hier die arbeitsrechtlichen Schutznormen zu beachten, soweit sie ein bestimmtes Verhalten anordnen und

hierdurch einzelne Personen(gruppen) schützen wollen, z.B. §§ 20, 78 BetrVG bzw. § 8 BPersVG (Schutz der BetrR-/PersR-Mitglieder, vgl. ErfK/*Preis* § 619a Rn. 57).

### 3. Verschuldensunabhängige Haftung

Den Arbeitgeber kann eine Haftung ohne Verschulden treffen, wenn »betrieblich veranlasste« **Eigenschäden** des Arbeitnehmers analog zu § 670 in seinen Risikobereich fallen. Wertungsmäßig ist diese Einstandspflicht eng verwandt mit den Grundsätzen des innerbetrieblichen Schadensausgleichs (Rdn. 10 ff.). Die Anspruchsgrundlage des § 670 ermöglicht grds. nur Aufwendungsersatz, lässt aber nach st.Rspr. »erst recht« auch die Erstattung von Eigenschäden des Arbeitnehmers zu (BAG NJW 1962, 411). Ersetzt werden nur Schäden und Vermögensnachteile, die dem Arbeitnehmer in Ausübung seiner **betrieblichen Tätigkeit** (vgl. Rdn. 12 ff.) widerfahren. Ausgeschlossen sind deshalb Schäden, die dem allgemeinen Lebensrisiko des Arbeitnehmers zuzuordnen sind, wie z.B. der Verschleiß von Kleidung und anderer persönlicher Gegenstände (BAG NJW 1981, 702). Erleidet der Arbeitnehmer einen Verkehrsunfall mit seinem Privat-Kfz, den er mit Wissen und Willen des Arbeitgebers dienstlich nutzt, ist dieser Eigenschaden **betrieblich** veranlasst (BAG NJW 2007, 1486); evtl. Eigenverschulden des Arbeitnehmers ist hier analog § 254 zugunsten des **Arbeitgebers** zu berücksichtigen (BAG NJW 2007, 1486; NJW 1981, 702). Ein Arzt, der im Rahmen der vom Klinikum angeordneten **Rufbereitschaft** zur Arbeitsleistung abgerufen wird und bei der Fahrt von seinem Wohnort zur Klinik mit seinem Privat-Kfz verunglückt, hat grundsätzlich Anspruch auf Ersatz des Unfallschadens, wenn er es für erforderlich halten durfte, seinen privaten Wagen für die Fahrt zur Arbeitsstätte zu benutzen, um rechtzeitig dort zu erscheinen (BAG NZA 2012, 91). Freilich darf der Arbeitnehmer durch die Einbringung eigener Sachmittel nicht bessergestellt sein, als er bei der Beschädigung betriebseigener Sachmittel stünde. Die Erstattungspflicht analog § 670 **entfällt** daher, wenn der Arbeitnehmer den Unfall grob fahrlässig verursacht hat; dieser hat darzulegen und ggf. zu beweisen, dass er den Unfall nicht grob fahrlässig verursacht hat (BAG NZA 2011, 406). Insoweit steht er schlechter als nach §§ 280 Abs. 1, 619a, weil ihm hier der Arbeitgeber das Verschulden nachweisen muss. 38

Den Ersatzanspruch kann der Arbeitgeber ausschließen, indem er dem Arbeitnehmer hierfür eine angemessene **Abgeltung** gewährt. Durch das Arbeitsentgelt sind bereits kleinere Schäden, die üblicherweise eintreten und mit denen zu rechnen ist, abgegolten (ErfK/*Preis* § 619a Rn. 89 f.). Ob der geltend gemachte Schaden von einer Zulage abgedeckt werden sollte, ist durch Auslegung nach §§ 133, 157 zu ermitteln. Ein klauselförmiger Ausschluss der Ersatzpflicht des Arbeitgebers ohne Kompensation dürfte i.d.R. **unangemessen** gem. § 307 Abs. 1 sein. Wegen des zwingenden Charakters des arbeitsrechtlichen Haftungskonzepts ist auch eine individualvertragliche Haftungsmodifikation zulasten des Arbeitnehmers kritisch zu sehen (HWK/*Krause* § 619a Rn. 46; offen gelassen von BAG NZA 2000, 727; zu eng aber BAG NJW 2004, 2469). 39

## § 620 Beendigung des Dienstverhältnisses

(1) Das Dienstverhältnis endigt mit dem Ablauf der Zeit, für die es eingegangen ist.

(2) Ist die Dauer des Dienstverhältnisses weder bestimmt noch aus der Beschaffenheit oder dem Zwecke der Dienste zu entnehmen, so kann jeder Teil das Dienstverhältnis nach Maßgabe der §§ 621 bis 623 kündigen.

(3) Für Arbeitsverträge, die auf bestimmte Zeit abgeschlossen werden, gilt das Teilzeit- und Befristungsgesetz.

| Übersicht | Rdn. | | Rdn. |
|---|---|---|---|
| A. Normzweck | 1 | 2. Außerordentliche Kündigung | 10 |
| B. Überblick über die Beendigungsgründe | 4 | 3. Änderungskündigung | 15 |
| I. Kündigung | 4 | II. Befristung | 16 |
| 1. Ordentliche Kündigung | 6 | 1. Zeitbefristung | 21 |

| | | | | |
|---|---|---|---|---|
| | 2. Zweckbefristung | 22 | c) Verhaltensbedingte Kündigung | 63 |
| | 3. Auflösende Bedingung | 23 | d) Betriebsbedingte Kündigung | 76 |
| III. | Aufhebungsvertrag | 24 | 3. Änderungskündigung | 91 |
| IV. | Weitere Beendigungsgründe | 27 | 4. Wirksamkeitsfiktion bei Versäumen der Klagefrist (§§ 4, 7 KSchG) | 101 |
| | 1. Anfechtung | 27 | II. Befristungsrecht | 107 |
| | 2. Lossagung bei Nichtigkeit | 34 | 1. Grundlagen | 107 |
| | 3. Tod des Arbeitnehmers | 37 | 2. Sachgrundbefristung | 116 |
| C. | **Kündigungsschutz und Befristungsrecht im Arbeitsverhältnis** | 38 | 3. Befristungen in Wissenschaft und Medizin | 128 |
| I. | Ordentliche Kündigung | 38 | III. Weiterbeschäftigung nach Kündigung | 132 |
| | 1. Anwendbarkeit des KSchG | 39 | 1. Betriebsverfassungsrechtlicher Weiterbeschäftigungsanspruch | 133 |
| | a) Betrieblicher Geltungsbereich | 40 | | |
| | b) Persönlicher Geltungsbereich | 45 | 2. Allgemeiner Weiterbeschäftigungsanspruch | 136 |
| | 2. Soziale Rechtfertigung | 48 | | |
| | a) Allgemeine Grundsätze | 48 | | |
| | b) Personenbedingte Kündigung | 55 | | |

## A. Normzweck

1 Die Norm des § 620 ist die **Grundnorm für die Beendigung von Dienst- und Arbeitsverhältnissen**. Sie bringt in Abs. 1 zum Ausdruck, dass für den historischen Gesetzgeber befristete Dienstverhältnisse der Normalfall waren. Während deren Laufzeit war eine Kündigung ausgeschlossen. So boten Befristungen dem Dienstnehmer mehr Schutz als unbefristete, aber jederzeit kündbare Beschäftigungsverträge. Mit der Einführung des **Kündigungsschutzes** (KSchG 1951) änderte sich die Funktion des § 620 Abs. 1. Jetzt war eine Umgehung des Kündigungsschutzes durch Kettenbefristung zu befürchten. Deshalb entschied der Große Senat des BAG 1959 (NJW 1961, 798), dass eine Befristung von **Arbeitsverträgen** nur dann rechtswirksam sei, wenn für diese **sachliche Gründe** vorlagen. Seit Inkrafttreten des Teilzeit- und Befristungsgesetzes (TzBfG) zum 01.01.2001 werden in **§ 14 TzBfG** die Voraussetzungen einer rechtswirksamen Befristung von Arbeitsverhältnissen geregelt (näher Rdn. 116 ff.). Die Norm des § 620 Abs. 3 stellt daher klar, dass für befristete Arbeitsverträge ausschließlich das TzBfG Anwendung findet, sodass § 620 Abs. 1 nur mehr für Dienstverträge gilt.

2 Abs. 2 findet hingegen auf Dienst- und Arbeitsverhältnisse gleichermaßen Anwendung. Darin wird auf die Vorschriften über die einzuhaltenden Kündigungsfristen in § 621 (Dienstverträge) und § 622 (Arbeitsverträge) und auf die für die Kündigung von Arbeitsverhältnissen geltende Formvorschrift des § 623 verwiesen. Kernaussage ist die bestehende **Möglichkeit zur ordentlichen Kündigung** von auf unbestimmte Zeit geschlossenen Dienst- und Arbeitsverhältnissen. Damit wird zusammen mit §§ 621 bis 625 ein rein »formaler« Kündigungsschutz begründet, der bei Arbeitsverhältnissen durch das »materielle« Kündigungsschutzgesetz (KSchG) und weitere spezialgesetzliche Schutznormen (z.B. § 168 SGB IX) ergänzt wird. Eine Verweisungsnorm wie in § 620 Abs. 3 würde auch bezüglich des **materiellen** Kündigungsschutzes die Transparenz im Beendigungsrecht deutlich verbessern (z.B. durch eine Verweisung auf das KSchG in einem neuen § 620 Abs. 4).

3 Das (formelle und materielle) Recht zur **außerordentlichen** Kündigung ergibt sich aus **§ 626**. Diesbezüglich enthält das KSchG ergänzende Normen nur zur Klagefrist und zur Auflösung des Arbeitsverhältnisses, vgl. § 13 Abs. 1 KSchG.

## B. Überblick über die Beendigungsgründe

### I. Kündigung

4 Bei einer Kündigung handelt es sich um eine **einseitige, empfangsbedürftige Willenserklärung**, durch die das Arbeits- oder Dienstverhältnis für die Zukunft sofort (§ 626) oder nach Ablauf einer Frist (§§ 621, 622) unmittelbar beendet wird (zu den **formalen** Anforderungen vgl. § 623 Rdn. 41 ff.). Als Gestaltungserklärung ist die Kündigung grundsätzlich **bedingungsfeindlich** (BAG

NJW 2001, 3355). Möglich sind allein »Potestativbedingungen«, deren Eintritt allein vom Willen des Kündigungsempfängers wie z.B. bei einer Änderungskündigung nach § 2 KSchG abhängt (BAG NJW 1968, 2078, vgl. Rdn. 15), und **Rechtsbedingungen**.

Man unterscheidet dem Grundsatz nach zwischen der **ordentlichen** und der **außerordentlichen** 5 **Kündigung**. Die ordentliche Kündigung ist an eine Frist (z.B. 4 Wochen) gebunden und setzt einen Kündigungstermin voraus (z.B. zum Monatsende, vgl. § 622 Abs. 1), die außerordentliche Kündigung wirkt dagegen **sofort** (mit Zugang beim Empfänger, § 130). Einen Sonderfall stellt die **Änderungskündigung** dar, die nicht auf Beendigung des Vertrags gerichtet ist, soweit dessen einseitig veränderte Bedingungen vom Empfänger akzeptiert werden (vgl. § 2 Satz 1 KSchG).

### 1. Ordentliche Kündigung

Die ordentliche Kündigung ist der Normalfall der Beendigung des Arbeitsverhältnisses. Nach dem 6 Wortlaut des § 620 Abs. 2 bedarf es für den Ausspruch einer Kündigung keines rechtfertigenden Grundes. Doch trifft das nur im freien Dienstverhältnis und bei der Kündigung durch den **Arbeitnehmer** zu. Bei Arbeitsverhältnissen im Anwendungsbereich des **KSchG** ist eine Kündigung des **Arbeitgebers** dagegen unwirksam, wenn sie nicht sozial gerechtfertigt ist, vgl. § 1 Abs. 1 KSchG. Die **soziale Rechtfertigung einer Kündigung** kann sich nur aus Gründen ergeben, die in der Person oder dem Verhalten des Arbeitnehmers oder in dringenden betrieblichen Erfordernissen begründet sind und einer Weiterbeschäftigung entgegenstehen. Aufgrund des Wortlauts des § 1 Abs. 2 KSchG unterscheidet man zwischen verhaltens-, personen- und betriebsbedingten Kündigungen (näher Rdn. 48 ff.).

**Keine Anwendung** findet das KSchG auf Dienstverhältnisse, die keine Arbeitsverhältnisse sind, auf 7 Organmitglieder (§ 14 Abs. 1 KSchG), auf Arbeitnehmer, deren Arbeitsverhältnis noch keine 6 Monate besteht (§ 1 Abs. 1 KSchG), sowie auf Arbeitnehmer, die in kleinen Betrieben beschäftigt sind (§ 23 Abs. 1 KSchG), dazu näher Rdn. 39 ff.

Dieser Personenkreis bleibt aber nicht völlig schutzlos, weil die Kündigung außerhalb des KSchG 8 **allgemeinen privatrechtlichen Kündigungsschranken** unter Berücksichtigung der Drittwirkung von Art. 12 GG unterliegt (BVerfGE 97, 169, 178). Unwirksam ist hiernach eine Kündigung, die gegen ein gesetzliches Verbot verstößt (§ 134), sittenwidrig ist (§ 138) oder gegen Treu und Glauben (§ 242) verstößt. Treuwidrig sind insbesondere **willkürliche, diskriminierende und ungehörige Kündigungen** (BAG NJW 2002, 532). Dem steht auch § 2 Abs. 4 AGG nicht entgegen. Ein Willkürvorwurf scheidet allerdings bereits bei Bestehen eines einleuchtenden Grundes für die Kündigung (z.B. Vertrauensverlust) aus (BAG NJW 2002, 532). Zu beachten ist, dass die dreiwöchige Klagefrist des § 4 KSchG auch im Kleinbetrieb gilt, vgl. § 23 Abs. 1 Satz 2 KSchG.

Die ordentliche Kündigung von Arbeitnehmern kann durch vertragliche Vereinbarung (BAG 9 BB 2004, 2303), Tarifvertrag (z.B. § 34 TVöD) oder Gesetz **ausgeschlossen** sein. Gesetzlich geschützt werden insb. Funktionsträger (auch Ersatzmitglieder, vgl. BAG BB 2013, 692) in der Betriebs- oder Personalverfassung (§ 15 KSchG) und besonders schutzbedürftige Personengruppen wie Mütter, Arbeitnehmer in der Elternzeit, Auszubildende und schwerbehinderte Menschen. Bei einem für einen längeren Zeitraum als 5 Jahre oder auf Lebenszeit eingegangenen Arbeitsverhältnis steht dem **Arbeitnehmer** nach § 15 Abs. 4 TzBfG ein Sonderkündigungsrecht nach Ablauf von 5 Jahren zu. Gleiches gilt für den freien Dienstnehmer nach § 624. An einem einzelvertraglichen Kündigungsausschluss muss sich der Arbeitgeber stärker festhalten lassen als an einer pauschalen Tarifregelung (BAG BB 2004, 2303).

### 2. Außerordentliche Kündigung

Für die außerordentliche Kündigung bedarf es nach § 626 Abs. 1 eines **wichtigen Grundes**. Ein 10 solcher liegt vor, wenn dem Kündigenden nicht zugemutet werden kann, das Vertragsverhältnis bis zum Ablauf der ordentlichen Kündigungsfrist aufrechtzuerhalten (BAG NJW 2006, 2939). Da hierbei alle Umstände des Einzelfalls zu berücksichtigen sind, ist regelmäßig eine **zweistufige**

**§ 620 BGB** Beendigung des Dienstverhältnisses

Prüfung vorzunehmen: Zunächst ist der Sachverhalt darauf zu untersuchen, ob ein **wichtiger Grund an sich** vorliegt, z.B. der Diebstahl geringwertiger Sachen (BAG NZA 2004, 486), um dann in einem zweiten Schritt die besonderen **Umstände des Einzelfalls** und die **Interessen der Beteiligten** abzuwägen (BAG NZA 2006, 1033; BAG NJW 2000, 1969). Zur Systematisierung der umfangreichen Kasuistik der wichtigen Gründe werden diese bei der Arbeitgeberkündigung danach unterschieden, ob sie verhaltens-, personen- oder betriebsbedingt sind (näher Rdn. 55 ff.).

11 Die vom **Arbeitnehmer** erklärte außerordentliche Kündigung hat dieselben Voraussetzungen wie die des Arbeitgebers, auch hier muss ein wichtiger Grund vorliegen. Eine schriftlich ohne jedes Drängen des Arbeitgebers abgegebene Kündigungserklärung des Arbeitnehmers spricht i.d.R. für eine ernsthafte und endgültige Lösungsabsicht. Die Geltendmachung der Unwirksamkeit einer schriftlich erklärten Eigenkündigung ist daher regelmäßig **treuwidrig** (BAG NZA 2009, 840). Gleiches gilt bei mehrfacher und ernsthafter, aber lediglich mündlicher Eigenkündigung für die Berufung auf die Formunwirksamkeit der Erklärung (näher § 623 Rdn. 16).

12 Die außerordentliche Kündigung kann nach § 626 Abs. 2 nur innerhalb einer **Frist von 2 Wochen** nach Kenntniserlangung von den für die Kündigung maßgeblichen Tatsachen erklärt werden. Da es sich hierbei um eine gesetzliche **Ausschlussfrist** handelt, kann bei Versäumung der Frist Wiedereinsetzung nicht gewährt werden (BAG NZA 2007, 744). Die außerordentliche Kündigung des § 626 wird i.d.R. als **fristlose** Kündigung ausgesprochen, wirkt also mit Zugang der Erklärung beim Gekündigten. Sie kann und muss aber mit einer »sozialen Auslauffrist« erklärt werden, wenn der wichtige Grund für die Kündigung darin begründet ist, dass wegen ordentlicher Unkündbarkeit andernfalls der Arbeitnehmer bis zu seinem Eintritt in den Ruhestand beschäftigt werden müsste (BAG NZA 2008, 48; BAG NJW 2000, 1969).

13 Eine unwirksame außerordentliche Kündigung kann meist in eine ordentliche Kündigung zum nächstmöglichen Termin **umgedeutet** werden, vgl. § 140, da es i.d.R. dem Willen des Kündigenden entsprechen dürfte, das Arbeitsverhältnis beim Scheitern der fristlosen Kündigung zumindest zu diesem Termin zu beenden (BAG NJW 2002, 2972). Vgl. zu weiteren möglichen Umdeutungen § 626 Rdn. 48 ff.

14 Das Recht zur außerordentlichen Kündigung kann **nicht ausgeschlossen** werden. Die Regel des § 626 ist also **zwingendes Recht**. Das folgt daraus, dass **Unzumutbarkeit** die Grenze jeder Vertragsbindung markiert. Ausdruck dieses auch aus § 314 folgenden allgemeinen Rechtsgrundsatzes, dass ein Dauerschuldverhältnis aus wichtigem Grund kündbar sein muss, ist weiterhin, dass die außerordentliche Kündigung auch nicht anderweitig eingeschränkt oder durch die Vereinbarung von Vertragsstrafen oder ähnlichem erschwert werden darf (BAGE 3, 168; BGH DB 2008, 1314); vgl. im Übrigen Komm. zu § 626.

### 3. Änderungskündigung

15 Die Änderungskündigung will eigentlich keine Vertragsbeendigung herbeiführen, sondern den Vertragsinhalt ändern, setzt hierzu aber die Auflösung des Arbeitsverhältnisses als Mittel ein. Es handelt sich daher um eine normale Beendigungskündigung, die aber nur unter der Bedingung erklärt wird, dass der Kündigungsempfänger das mit der Änderungskündigung verbundene **Änderungsangebot** ablehnt (BAG NZA 2005, 1189). Der Gesetzeswortlaut des § 2 KSchG weist klar auf das Zusammenspiel von Kündigung und Änderungsangebot hin. Da es sich hierbei um eine Potestativbedingung handelt, ist diese Vorgehensweise zulässig (Rdn. 4). Der Arbeitnehmer kann das Änderungsangebot nur dann auf seine »soziale Rechtfertigung« überprüfen lassen, wenn er es innerhalb von 3 Wochen nach Zugang der Kündigung **unter Vorbehalt** annimmt, vgl. § 2 Satz 1 u. 2 KSchG. Nach Ablauf der Klagefrist bestehen nur noch zwei Möglichkeiten: der Arbeitnehmer arbeitet zu den neuen Bedingungen weiter oder das Arbeitsverhältnis findet mit Ablauf der Kündigungsfrist sein Ende, vgl. näher Rdn. 91 ff.

## II. Befristung

Die Befristung von Dienstverhältnissen ist als **kalendermäßige Befristung** und als **Zweckbefristung** 16 denkbar, vgl. § 3 Abs. 1 Satz 2 TzBfG. Während nach § 620 Abs. 3 für Arbeitsverträge das TzBfG gilt, bestehen für die Befristung von Dienstverträgen keine Vorschriften. Es bedarf hier also weder einer Begründung für die Befristung noch gibt es für die Dauer der Befristung eine Mindest- oder Höchstgrenze. Allein § 624 Abs. 1 zieht eine zeitliche **Obergrenze** für die vertragliche Bindung, indem er dem Dienstnehmer nach 5 Jahren ein Sonderkündigungsrecht zugesteht. Außerhalb dieser Spezialregel sind befristete Dienstverträge grundsätzlich **ordentlich nicht kündbar**, es sei denn, eine Kündigungsmöglichkeit ist ausdrücklich vereinbart worden.

Befristete Arbeitsverträge müssen der **Befristungskontrolle** gem. §§ 14 ff. TzBfG standhalten. 17 I.d.R. ist ein **sachlicher Grund** nach dem Katalog des § 14 Abs. 1 Satz 2 TzBfG erforderlich, doch handelt es sich hier nicht um eine abschließende Aufzählung möglicher Befristungsgründe. Einzelne Bestimmungen des Arbeitsvertrages unterliegen nicht der Befristungskontrolle, sondern der Inhaltskontrolle nach § 307. Als Faustformel gilt, dass solche Arbeitsbedingungen der Inhaltskontrolle standhalten, für die ein Sachgrund nach § 14 Abs. 1 TzBfG gegeben ist (BAG NZA 2008, 229).

**Ohne Sachgrund** sind befristete Arbeitsverträge beim gleichen Arbeitgeber nur bis zur Dauer von 18 **2 Jahren** zulässig, § 14 Abs. 2 Satz 1 TzBfG, es sei denn, der Arbeitnehmer ist bereits 52 Jahre alt und war zuvor arbeitslos: dann darf bis zu bis zu einer Dauer von 5 Jahren sachgrundlos befristet werden, vgl. § 14 Abs. 3 TzBfG. Außerdem dürfen Existenzgründer bis zu 4 Jahre lang sachgrundlos befristete Arbeitsverträge abschließen, vgl. § 14 Abs. 2a TzBfG. Zulässig ist nach § 14 Abs. 2 Satz 3 TzBfG auch eine hiervon abweichende tarifvertragliche Regelung, die – entgegen dem Wortlaut – auch kumulativ die Höchstdauer der Befristungen und die Anzahl der Verlängerung betreffen kann (BAG NZA 2015, 82). Eine sachgrundlose Befristung ist nach **§ 14 Abs. 2 Satz 2 TzBfG unzulässig**, wenn mit demselben Arbeitgeber bereits zuvor ein befristetes oder unbefristetes Arbeitsverhältnis bestanden hat. Während nach früherer Rechtsprechung (BAGE 108, 269) hiernach eine sachgrundlose Befristung nur bei »echter« **Neueinstellung** in Betracht kam und jedes jemals zuvor bestandene Arbeitsverhältnis mit demselben Arbeitgeber einer solchen entgegenstand, legt das BAG neuerdings den Begriff »zuvor« in § 14 Abs. 2 Satz 2 TzBfG enger aus: Eine Vor-Beschäftigung des Arbeitnehmers hindert eine sachgrundlose Befristung nur noch, wenn diese nicht mehr als 3 Jahre zurückliegt (BAG NZA 2011, 905; DB 2012, 462). Unerheblich sind darüber hinaus Vor-Beschäftigungen außerhalb eines Arbeitsverhältnisses, z.B. als Auszubildender (LAG Baden-Württemberg LAGE § 14 TzBfG Nr. 44) oder als Praktikant (BAG NZA 2006, 154). In den Fällen des § 10 Abs. 1 Satz 1 AÜG ist eine Vorbeschäftigung im Rahmen einer Arbeitnehmerüberlassung zu berücksichtigen (BAG NZA 2012, 1369). Das Anschlussverbot ist nicht arbeitsplatz- oder betriebsbezogen, sondern **arbeitgeberbezogen** (BAG NZA 2008, 1347). Der Arbeitsvertrag muss also zuvor mit derselben natürlichen oder juristischen Person bestanden haben. Unerheblich ist daher, wenn der Arbeitnehmer früher in einem Betrieb gearbeitet hat, den nach seinem Ausscheiden der neue, potentielle Arbeitgeber im Wege des Betriebsübergangs übernimmt (BAG NZA 2006, 145). **Zulässig** ist es auch, dass an eine sachgrundlose Befristung eine weitere Befristung angeschlossen wird, wenn für diese nur ein Sachgrund vorliegt, vgl. näher Rdn. 116 ff.

Während die Befristung eines Dienstvertrages formfrei erfolgen kann, muss bei der Befristung von 19 Arbeitsverhältnissen die **Schriftform** gewahrt werden (§ 14 Abs. 4 TzBfG). Diese bezieht sich nur auf die kalendermäßige Dauer der Frist bei der Zeitbefristung (Rdn. 21) bzw. auf den Zweck der Befristung, soweit es sich um eine sog. Zweckbefristung handelt (Rdn. 22). Der schriftliche Vertrag muss unbedingt **vor Aufnahme** der befristeten Tätigkeit vom Arbeitnehmer unterschrieben worden sein (BAG NZA 2005, 575), vgl. näher Rdn. 110.

Ist eine Befristung unwirksam, so gilt das Arbeitsverhältnis als **auf unbestimmte Zeit geschlossen**. 20 Nach § 16 TzBfG kann der Arbeitgeber frühestens zum ursprünglich vereinbarten Ende ordentlich kündigen. Für das Dienstverhältnis gilt diese Beschränkung auch für den Dienstverpflichteten (BGH NJW 1981, 246).

## § 620 BGB  Beendigung des Dienstverhältnisses

### 1. Zeitbefristung

21 Eine Zeitbefristung liegt vor, wenn die Dauer des Arbeitsverhältnisses **kalendermäßig** befristet ist, vgl. § 3 Abs. 1 Satz 2 TzBfG. Dies ist der Fall, wenn ein Anfangs- und Enddatum genannt wird, aber auch dann, wenn bloß der Beendigungstermin vereinbart wird oder kalendermäßig bestimmbar ist. Eine kalendermäßige Befristung ist im Arbeitsverhältnis nur dann **ohne Sachgrund** zulässig, wenn sie die Dauer von 2 Jahren nicht übersteigt und vorher kein anderes Arbeitsverhältnis mit demselben Arbeitgeber bestand (§ 14 Abs. 2 TzBfG, vgl. Rdn. 18).

### 2. Zweckbefristung

22 Eine Zweckbefristung ist auch bei Dienstverhältnissen nur möglich, wenn ein Sachgrund vorliegt, da von Zweckbefristung nur gesprochen werden kann, wenn sich die Dauer des Arbeitsverhältnisses aus **Art, Zweck oder Beschaffenheit** der Dienstleistung ergibt, vgl. § 3 Abs. 1 Satz 2 TzBfG. Doch muss es sich anders als bei der Zeitbefristung eines Arbeitsverhältnisses nicht um einen der in § 14 Abs. 1 TzBfG genannten Sachgründe handeln. Ob der vereinbarte Zweck erreicht ist, muss objektiv bestimmbar sein: der Zeitpunkt muss in überschaubarer Zukunft liegen und ungefähr voraussehbar sein. Beim zweckbefristeten Arbeitsverhältnis hat der Arbeitgeber den Arbeitnehmer 2 Wochen vor Erreichen des Zweckes über diese Tatsache und die daraus folgende Beendigung des Dienstverhältnisses zu unterrichten, vgl. § 15 Abs. 2 TzBfG. Ist die Zweckerreichung nur für den Dienstgeber erkennbar, so findet diese Vorschrift auch beim zweckbefristeten Dienstverhältnis entsprechende Anwendung.

### 3. Auflösende Bedingung

23 Nach § 21 TzBfG steht das unter einer auflösenden Bedingung i.S.d. § 158 Abs. 2 geschlossene Arbeitsverhältnis einem zweckbefristeten Arbeitsverhältnis gleich. Auch wenn in § 620 die auflösende Bedingung nicht genannt ist, kann auch ein Dienstverhältnis unter einer solchen Bedingung geschlossen werden (BGH NJW-RR 2006, 182). Da bei einer auflösenden Bedingung nicht sicher ist, ob das bestimmte Ereignis eintritt, ist hier nicht nur der Zeitpunkt des Endes des Vertragsverhältnisses unbestimmt, sondern es ist auch unklar, ob dieses überhaupt endet (*Hromadka* NJW 1994, 911). Tritt das Ereignis ein, so endet mit diesem Zeitpunkt auch das Vertragsverhältnis. Zumindest im Arbeitsverhältnis ist jedoch § 15 Abs. 2 TzBfG zu beachten, sodass das Arbeitsverhältnis frühestens 2 Wochen nach Zugang einer schriftlichen Mitteilung des Arbeitgebers über den Zeitpunkt des Ereigniseintritts endet. Bestreitet der Arbeitnehmer den Bedingungseintritt, muss er gem. §§ 21, 17 Satz 1 TzBfG binnen 3 Wochen nach Zugang der Unterrichtung des Arbeitgebers über den behaupteten Bedingungseintritt (§§ 21, 15 Abs. 2 TzBfG) Klage zum Arbeitsgericht erheben (BAG ZTR 2013, 131).

### III. Aufhebungsvertrag

24 Aufgrund der Vertragsfreiheit sind die Beteiligten eines Dienst- oder Arbeitsverhältnisses jederzeit in der Lage, dieses durch einvernehmliche Vereinbarung wieder zu beenden. Man spricht dann von einem **Aufhebungs- oder Auflösungsvertrag** (vgl. § 623 Rdn. 17 ff.). Während dieser im Dienstverhältnis formfrei geschlossen werden kann, ist im Arbeitsverhältnis das **Schriftformgebot** des § 623 zu beachten. Ist ein Aufhebungsvertrag nicht auf die alsbaldige Beendigung, sondern auf eine befristete Fortsetzung des Arbeitsverhältnisses gerichtet, so könnte darin eine Umgehung des Befristungsrechts liegen. Solche Aufhebungsverträge unterliegen daher der Befristungskontrolle (BAG NJW 2000, 2042).

25 Vom Aufhebungsvertrag ist der sog. **Abwicklungsvertrag** zu unterscheiden (*Hümmerich* NZA 2001, 1280). Bei diesem erklärt der Arbeitgeber die Kündigung und schließt **erst danach** mit dem Arbeitnehmer einen Vertrag, in dem dieser die Kündigung akzeptiert und Abwicklungsfragen wie z.B. eine Abfindung als Entlassungsentschädigung, die Freistellung oder die Rückgabe von Arbeitsmitteln vereinbart werden (HWK/*Kliemt* Anh. § 9 KSchG Rn. 50). Dem damit

verfolgten Zweck der Vermeidung von Sperrzeiten bei der Gewährung von Arbeitslosengeld hat das BSG einen Riegel vorgeschoben, indem es den Abwicklungsvertrag sozialversicherungsrechtlich einem Aufhebungsvertrag in Bezug auf das darin liegende versicherungswidrige Verhalten i.S.d. § 159 Abs. 1 Satz 2 Nr. 1 SGB III (= § 144 Abs. 1 Satz 1 Nr. 1 SGB III a.F.) gleichgestellt hat (BSG NZA 2004, 661). Anders wird man den Fall behandeln müssen, in dem Arbeitnehmer ohne vorherige Absprache nach betriebsbedingter Kündigung das Abfindungsangebot nach § 1a KSchG lediglich hinnehmen.

Ein **Widerrufsrecht** nach §§ 355, 312g, 312b steht dem Arbeitnehmer nicht zu, weil kein »außerhalb von Geschäftsräumen geschlossener Vertrag« vorliegt, selbst wenn der Aufhebungsvertrag am Arbeitsplatz abgeschlossen wurde; es fehlt sowohl am »Vertriebsgeschäft« als auch am erforderlichen Überraschungsmoment (BAG NJW 2004, 2401 zu § 312a.F.; dazu auch § 623 Rdn. 29). 26

### IV. Weitere Beendigungsgründe

#### 1. Anfechtung

Die auf Abschluss eines Arbeitsvertrags gerichtete Willenserklärung kann nach allgemeinen Regeln des BGB AT angefochten werden, vgl. §§ 119, 120, 123, 142, 143. Anfechtungs- und Kündigungsrecht bestehen nebeneinander (BAG NZA 2012, 34). Die Anfechtung unterscheidet sich von der Kündigung dadurch, dass ihr nicht eine Störung bei Vollzug des Arbeitsverhältnisses voraus geht (»Vertragsdurchführungsproblem«), sondern ein Willensmangel bei **Vertragsanbahnung** (Irrtum, Drohung oder Täuschung). Die Anfechtung entspricht nur in ihrer Wirkung der fristlosen Kündigung, aber nicht in ihren Voraussetzungen: es gilt weder der Schriftformzwang des § 623, noch muss der Betriebsrat angehört oder müssen Kündigungsverbote (z.B. § 9 MuSchG) beachtet werden. Das KSchG gilt auch nicht analog für die Anfechtung. Besonderheiten des Arbeitsrechts wirken sich nur bei der **Rechtsfolge der Anfechtung** aus (Rdn. 32). 27

Als **Eigenschaftsirrtum** nach § 119 Abs. 2 kommt ein Irrtum des Arbeitgebers über eine konkrete **verkehrswesentliche Eigenschaft** des Arbeitnehmers in Betracht. Dabei genügt nicht die bloß enttäuschte Erwartungshaltung des Arbeitgebers bezüglich der Fähigkeiten des Arbeitnehmers. Notwendig ist vielmehr ein Irrtum über konkrete Eigenschaften und Fähigkeiten des Arbeitnehmers, die Voraussetzungen für die vereinbarte Arbeitsleistung sind. Für die Tätigkeit einer **Arzthelferin** bei einem Frauenarzt ist z.B. eine transsexuelle Person ungeeignet, deren Geschlechtsumwandlung in Richtung Weiblichkeit noch nicht abgeschlossen ist (BAG NJW 1991, 2723). Ist der Arbeitnehmer wegen seiner **Schwerbehinderung** nicht in der Lage, die vertraglich vereinbarte Leistung zu erbringen, kann der Arbeitgeber anfechten, wenn es sich um eine »wesentliche und entscheidende berufliche Anforderung« i.S.v. § 8 Abs. 1 AGG handelt. **Vorstrafen** berechtigen dann nicht zur Anfechtung, wenn sich der Bewerber gem. § 53 BZRG als unbestraft bezeichnen kann (BAG NZA 2014, 1131) oder sein allgemeines Persönlichkeitsrecht bzw. der Datenschutz der Frage entgegen steht; das gilt erst recht für eingestellte **Ermittlungsverfahren** (BAG DB 2013, 584). 28

Die Anfechtung wegen Irrtums muss nach § 121 Abs. 1 Satz 1 **unverzüglich**, d.h. ohne schuldhaftes Zögern, nach seiner Aufdeckung erfolgen. Da die Anfechtung im Ergebnis wie eine außerordentliche Kündigung wirkt, hält nach der Rechtsprechung nur eine innerhalb von **2 Wochen** (vgl. § 626 Abs. 2) erklärte Anfechtung dem Unverzüglichkeitsgebot stand (BAG NJW 1980, 1302). 29

Größte praktische Bedeutung hat die Anfechtung wegen **arglistiger Täuschung** nach § 123 Abs. 1, 1. Alt. Der Anfechtung wegen **widerrechtlicher Drohung** kommt hingegen i.d.R. nur beim Abschluss von Aufhebungsverträgen bei entsprechendem Verhalten des Arbeitgebers Bedeutung zu. Eine Täuschung kann durch **Vorspiegeln oder Entstellen** von Tatsachen oder aber durch das **Verschweigen** von Tatsachen, die der Arbeitnehmer zu offenbaren hätte, erfolgen. Wer zulässige Fragen z.B. nach der Vorbildung oder der Qualifikation im Bewerbungsgespräch **falsch** beantwortet, täuscht den Arbeitgeber arglistig durch **positives Tun**. Wer dagegen eine unzulässige Frage (z.B. zu Hobbys und Privatleben) falsch beantwortet, handelt weder arglistig noch rechtswidrig (»**Recht zur Lüge**«, vgl. BAG NJW 1962, 74). Zwar hat der Arbeitgeber ein berechtigtes Interesse daran, sich 30 vor dem Vertragsschluss ein umfassendes Bild über Eignung und Fähigkeiten des einzelnen Arbeitnehmers zu machen. Seine Informationsfreiheit ist insoweit aber durch das **allgemeine Persönlichkeitsrecht** des Stellenbewerbers beschränkt (BAG NJW 1958, 516), sodass Freizeitbetätigung oder politische Vorlieben grundsätzlich tabu sind. Trifft den Bewerber aber eine Aufklärungspflicht aus §§ 311 Abs. 2, 241 Abs. 2, wie das bei einem kirchlichen Arbeitgeber z.B. die konfessionelle Bindung ist, so muss er **ungefragt** Auskunft geben. Das Verschweigen von Vorstrafen rechtfertigt nur dann eine Anfechtung, wenn dem Bewerber dadurch die Erfüllung seiner Arbeitspflicht von vorneherein unmöglich wäre oder diese seine Eignung generell ausschließen würden (BAG NJW 2013, 1115). Gefragt werden darf allgemein nur nach Eigenschaften und Fähigkeiten, die für den konkreten Arbeitsplatz von Bedeutung sind. Nach einer Schwangerschaft darf dagegen selbst dann nicht gefragt werden, wenn die Bewerberin selbst als (befristete) Schwangerschaftsvertretung eingesetzt werden soll (LAG Köln DB 2012, 2872, zweifelhaft).

31  Die Anfechtung wegen arglistiger Täuschung oder widerrechtlicher Drohung kann nach § 124 Abs. 1 binnen **Jahresfrist** erfolgen. Einschränkungen in Anlehnung an die Zweiwochenfrist des § 626 Abs. 2 gibt es hier zwar nicht, doch ist zu beachten, dass willkürliche Verzögerungen des einmal erkannten Anfechtungstatbestandes angesichts des Dauerschuldverhältnisses zum Einwand der **Verwirkung** führen können (Rechtsgedanke des § 144 Abs. 1).

32  **Rechtsfolge** der wirksamen Anfechtung nach § 142 Abs. 1 ist die **Nichtigkeit** der auf Abschluss des Arbeitsvertrags gerichteten Willenserklärung und damit auch des Arbeitsvertrags von Anfang an (*ex tunc*). Die hieraus folgende rein vermögensrechtliche **Rückabwicklung** des bereits in Vollzug gesetzten Arbeitsverhältnisses nach Bereicherungsrecht würde allerdings der Komplexität des fehlerhaft begründeten und vollzogenen Arbeitsverhältnisses nicht gerecht. Vielmehr wird auch das **unwirksame, aber vollzogene** Arbeitsverhältnis für die Vergangenheit als **wirksam** behandelt (sog. »fehlerhaftes Arbeitsverhältnis«). Die Anfechtung wirkt in diesem Fall *ex nunc*, also nur mit Wirkung für die Zukunft (BAG NZA 1986, 739). Damit wirkt die Anfechtung wie eine außerordentliche Kündigung (ErfK/*Müller-Glöge* § 620 Rn. 33).

33  Die Ausnahme vom Grundsatz der **rückwirkenden** Nichtigkeitsfolge nach § 142 Abs. 1 gilt aber nur für das in Vollzug gesetzte Arbeitsverhältnis. Vor Arbeitsaufnahme besteht kein Grund, auf eine rückwirkende Anfechtung zu verzichten (BAG NZA 1999, 584). Ähnliches gilt für ein nach Arbeitsaufnahme wieder außer Vollzug gesetztes Arbeitsverhältnis. Hier wirkt die Anfechtung auf den Zeitpunkt der Außervollzugsetzung zurück (BAG NJW 1984, 446). Auch dann, wenn sich der Arbeitnehmer die Tätigkeit durch arglistige Täuschung des Arbeitgebers krass rechtswidrig **erschlichen** hat, so z.B. bei strafbarer ärztlicher Tätigkeit ohne Approbation (BAG BB 2005, 782), kann eine Heilung für die Vergangenheit **nicht** eintreten. Der Arbeitgeber schuldet dann nur »Wertersatz« für die erbrachten Leistungen (§ 818 Abs. 2), sodass zwar die übliche Vergütung beim Täuschenden verbleiben kann, nicht aber z.B. Entgeltersatzleistungen wegen krankheitsbedingter Fehlzeiten.

### 2. Lossagung bei Nichtigkeit

34  Bei sonstigen Nichtigkeitsgründen, insb. wegen Verstoßes gegen ein gesetzliches Verbot (§ 134) oder gegen die guten Sitten (§ 138), kann sich jeder Vertragsteil analog zur Anfechtungserklärung jederzeit für die Zukunft durch **einseitige Willenserklärung** vom Vertrag **lossagen**. Auch auf dieses »nicht fristgebundene Lossagungsrecht eigener Art« (*Hromadka/Maschmann* I § 10 Rn. 24) finden Normen des KSchG keine Anwendung. Zwar kommen Verstöße **gegen gesetzliche Schutzbestimmungen** im Arbeitsrecht wegen der vielen zwingenden Normen des ArbSchG, ArbZG, MuSchG etc. nicht selten vor. Doch führt das i.d.R. **nicht** zur **Gesamtnichtigkeit** des Arbeitsvertrags. Diese kann nur in **Ausnahmefällen** bejaht werden, etwa dann, wenn z.B. eine Beschäftigung von vorneherein als »illegal« geplant war und dadurch öffentliche Interessen beeinträchtigt werden (Arzt im Krankenhaus behandelt Patienten ohne Approbation, vgl. BAG BB 2005, 782). Demgegenüber stellt die bloße Teilnichtigkeit nach § 139 den Regelfall dar, weil der Verstoß des Arbeitgebers nicht zulasten des Arbeitnehmers das Arbeitsverhältnis insgesamt gefährden darf.

Auch bei Verstößen gegen das **SchwarzArbG** wird bei **unselbstständiger Schwarzarbeit nur der** 35
**Arbeitgeber** belangt, nicht aber der Arbeitnehmer. Nach Sinn und Zweck des SchwarzArbG ist eine
**Nichtigkeit** des unselbstständigen Schwarzarbeitsvertrags zulasten des Arbeitnehmers nicht veranlasst. Steuerliche und sozialversicherungsrechtliche Meldepflichten wollen Beschäftigung nicht
verhindern, sondern nur mit Abgaben zugunsten der Allgemeinheit belasten. Ein Verbotsgesetz
führt nach § 134i.d.R. nur bei **beiderseitigem** Verstoß zur Nichtigkeit des verbotswidrigen Rechtsgeschäfts, was wohl nur bei einem gegen § 1 Abs. 1 SchwarzArbG verstoßenden **freien Dienstvertrag** bejaht werden kann (BAG NJOZ 2004, 2595).

Von der Schwarzarbeit zu unterscheiden ist die **Schwarzgeldabrede**. Zwar begeht der Arbeitgeber 36
damit Sozialversicherungsbetrug (§ 266a StGB) und Steuerhinterziehung, doch sollen dadurch Sozialkassen und der Fiskus geschützt werden; der Leistungsaustausch als solcher ist deshalb auch hier
nicht vom Verbotszweck betroffen. Davon geht auch der Gesetzgeber des SGB IV in § 14 Abs. 2
Satz 2 aus. Der Arbeitsvertrag ist deshalb weder nach § 134 noch nach § 138 Abs. 1 nichtig (BAG
NZA 2004, 313).

### 3. Tod des Arbeitnehmers

Beim **Tod des Arbeitnehmers** kann das Arbeitsverhältnis wegen der persönlichen Arbeitspflicht 37
(§ 613 Satz 1) nicht fortgeführt werden und endet daher **automatisch**. Bereits entstandene Ansprüche gehen – soweit sie nicht höchstpersönlicher Natur sind – nach § 1922 auf die Erben über
(vgl. § 613 Rdn. 5 f.)

## C. Kündigungsschutz und Befristungsrecht im Arbeitsverhältnis

### I. Ordentliche Kündigung

Größte Bedeutung für die »materielle« Wirksamkeit einer Kündigung hat der **soziale Kündigungs-** 38
**schutz** nach dem KSchG. Der Gesetzgeber hat hier mithilfe vager Generalklauseln einen Ausgleich
zwischen dem Interesse des Arbeitnehmers am Erhalt seines Arbeitsplatzes und der unternehmerischen Freiheit des Arbeitgebers versucht (näher ErfK/*Oetker* § 1 KSchG Rn. 3). Die Kenntnis der
Rechtsprechung des BAG ist daher unverzichtbar und von besonderer praktischer Bedeutung.

### 1. Anwendbarkeit des KSchG

Die Vorschriften des KSchG gelten als Schutznormen zugunsten des Arbeitnehmers **zwingend**. 39
Eine vertragliche Abbedingung des Kündigungsschutzes ist im Vorhinein zulasten des Arbeitnehmers nicht möglich (BAG NJW 1975, 1531); Abweichungen zugunsten des Arbeitnehmers
sind hingegen zulässig. So kann die Berufung auf bestimmte Kündigungsgründe ausgeschlossen
werden (ErfK/*Oetker* § 1 KSchG Rn. 15); zudem kann die Anwendung der materiellen Normen
des KSchG auch auf Nicht-Arbeitnehmer (z.B. den Geschäftsführer einer GmbH) vertraglich ausgedehnt werden (BGH NJW 2010, 2343). Durch das **Territorialprinzip** ist die Anwendbarkeit
des KSchG auf Arbeitsverhältnisse beschränkt, auf die deutsches Recht Anwendung findet (BAG
NZA 2004, 1380). Dies richtet sich i.d.R. nach dem Beschäftigungsort (**objektive** Anknüpfung,
vgl. Art. 8 Abs. 2 Satz 1 Rom I-VO); die Nationalität des Arbeitnehmers ist unbeachtlich (BAG
NZA 1998, 813). Eine kurzzeitige Entsendung ins Ausland ändert nichts an der Anwendung des
deutschen Kündigungsrechts (HWK/*Tillmanns* Rom-I-VO Rn. 20). Für dem deutschen Recht
unterliegende Arbeitsverhältnisse muss weiterhin der **betriebliche und der persönliche Anwen-**
**dungsbereich** des KSchG eröffnet sein.

#### a) Betrieblicher Geltungsbereich

Nach § 23 Abs. 1 KSchG gilt das Gesetz grundsätzlich in allen Betrieben und Verwaltungen des 40
privaten und öffentlichen Rechts. Daraus ergibt sich die **Betriebsbezogenheit** des Kündigungsschutzes, der nicht ohne weiteres auf die Belegschaft des Unternehmens (BAG DB 2011, 118) und
schon gar nicht auf die des Konzerns erweitert werden kann (BAG NZA 2004, 375). Erfasst werden

## § 620 BGB  Beendigung des Dienstverhältnisses

nur solche Betriebe, die in Deutschland liegen (BAG NZA 2008, 872). Einen eigenständigen Betriebsbegriff definiert das KSchG nicht. Grundsätzlich ist auf den **allgemeinen arbeitsrechtlichen Betriebsbegriff** abzustellen (HWK/*Quecke* § 23 KSchG Rn. 3), worunter laut st. BAG-Rspr. die organisatorische Einheit zu verstehen ist, »innerhalb derer der Arbeitgeber allein oder in Gemeinschaft mit seinen Mitarbeitern mit Hilfe von sächlichen und immateriellen Mitteln bestimmte arbeitstechnische Zwecke fortgesetzt verfolgt, die sich nicht in der Befriedigung von Eigenbedarf erschöpfen« (BAG NZA 2008, 872, 873 – Tz. 15).

41 Die Regelungen in § 23 Abs. 1 Satz 2–4 KSchG nehmen **Kleinbetriebe** von der Geltung des KSchG **aus**. Diese **Privilegierung** soll der geringeren wirtschaftlichen Belastbarkeit und der vorherrschenden persönlichen Zusammenarbeit im Kleinbetrieb Rechnung tragen. Das Vertrauensverhältnis zu jedem seiner Mitarbeiter erhalte für den Inhaber einen besonderen Stellenwert und rechtfertige die erleichterte Trennung von Arbeitnehmern (BAG NJW 1990, 2405). Diese Differenzierung ist laut BVerfG mit Art. 12 Abs. 1 GG bzw. Art. 3 Abs. 1 GG vereinbar, solange die zivilrechtlichen Generalklauseln einen Mindestbestandsschutz für den Arbeitnehmer gewährleisten (BVerfG NJW 1998, 846).

42 Grundsätzlich greift der Kündigungsschutz seit dem 01.01.2004 nur in Betrieben ein, in denen **mehr als zehn Arbeitnehmer** beschäftigt werden. Weil vor diesem Datum der Grenzwert aber bei fünf Arbeitnehmern lag, musste zur Sicherung des Besitzstandes eine komplizierte **Übergangsregelung** geschaffen werden, vgl. § 23 Abs. 1 Satz 3 KSchG: für die zum Stichtag 31.12.2003 »Alt-Beschäftigten« (z.B. Betriebe mit damals acht Kräften) bleibt es demnach bei der Anwendbarkeit des KSchG, solange die Zahl dieser vormals Beschäftigten nicht auf fünf oder weniger sinkt (BAG NZA 2013, 1197). Doch kann zunehmend häufiger davon ausgegangen werden, dass die wesentlichen Teile des KSchG nur Anwendung finden, wenn im Betrieb **elf oder mehr** Mitarbeiter beschäftigt werden.

43 Bei der Bestimmung der Beschäftigtenzahl zählen alle Arbeitnehmer, auch leitende Angestellte i.S.v. § 14 Abs. 2 KSchG (HWK/*Quecke* § 23 KSchG Rn. 14). Da auf die **regelmäßige Beschäftigtenzahl** abzustellen ist, sind auch solche Arbeitnehmer zu berücksichtigen, deren Arbeitsverhältnis vorübergehend ruht (z.B. wegen Elternzeit), zudem **Leiharbeitnehmer**, soweit mit ihnen ein regelmäßiger Beschäftigungsbedarf abgedeckt wird (BAG NZA 2013, 726). Da maßgeblicher Zeitpunkt der Zugang der Kündigung und nicht der beabsichtigte Zeitpunkt der Beendigung des Arbeitsverhältnisses ist (BAG NZA 2005, 764), ist auch der zu Kündigende selbst noch mitzuzählen. § 23 Abs. 1 Satz 4 KSchG bestimmt, dass **teilzeitbeschäftigte Arbeitnehmer** nur anteilig zu berücksichtigen sind.

44 Maßgeblich ist die Beschäftigtenzahl im Betrieb, nicht im Unternehmen oder gar im Konzern (BAG NZA 2004, 375). In einem **gemeinsamen Betrieb** mehrerer Unternehmen (§ 1 Abs. 1 Satz 2 BetrVG) können auch außerhalb des Unternehmens beschäftigte Arbeitnehmer mitzuzählen sein (BAG NZA 1999, 590). Einen kündigungsschutzrechtlichen **Berechnungsdurchgriff im Konzern** gibt es aber nicht. Auch der Umstand, dass ein Konzern über ausreichende Finanzmittel verfügt, rechtfertigt es nicht, in konzernangehörigen Kleinstunternehmen das Kündigungsschutzgesetz anzuwenden (BAG NZA 2002, 1147). Der Arbeitnehmer einer Konzernholding genießt, soweit kein Gemeinschaftsbetrieb zwischen der Holding und den Tochtergesellschaften besteht, regelmäßig nur dann Kündigungsschutz, wenn die Holding **als solche** die erforderliche Anzahl von Arbeitnehmern beschäftigt.

### b) Persönlicher Geltungsbereich

45 **Persönlich** anwendbar ist das KSchG auf Kündigungen gegenüber **Arbeitnehmern** (zum Arbeitnehmerbegriff vgl. § 611 Rdn. 70 ff.). Nicht erfasst werden somit Selbstständige, die ihre Tätigkeit aufgrund eines Dienst- oder Werkvertrags verrichten (auch wenn es sich bei ihnen um arbeitnehmerähnliche Personen handelt), Organmitglieder (z.B. Geschäftsführer) und mitarbeitende Familienangehörige. Auszubildende fallen wegen der abschließenden Regelung in §§ 21 ff. BBiG nicht

in den Anwendungsbereich. **Teilzeitkräfte** sind unabhängig vom Beschäftigungsumfang Arbeitnehmer und genießen Kündigungsschutz genauso wie sog. **geringfügig Beschäftigte** i.S.v. § 8 SGB IV.

§ 1 KSchG findet nur auf solche Arbeitsverhältnisse Anwendung, die bereits länger als **6 Monate** bestanden haben. In dieser »Wartezeit« soll der Arbeitgeber den neuen Mitarbeiter kennen lernen und erproben, bevor er danach nur noch aus »sozial gerechtfertigten Gründen« kündigen kann (BAG NZA 2006, 366). Die Wartezeit muss im **selben Betrieb oder Unternehmen** verbracht worden sein, wobei es unschädlich ist, wenn während dieser Zeit ausländisches Recht auf das Arbeitsverhältnis zur Anwendung gelangte (BAG NJW 2012, 475). Eine Vorbeschäftigung in einem anderen Unternehmen desselben **Konzerns** genügt – ohne besondere Vereinbarung – nicht (ErfK/*Oetker* § 1 KSchG Rn. 46). Bei einem durch Gesamtrechtsnachfolge oder Betriebsübergang übergehenden Arbeitsverhältnis sind die beim alten Arbeitgeber erbrachten Beschäftigungszeiten anzurechnen (BAG NZA 2003, 145). Zeiten, während derer ein Leiharbeitnehmer in den Betrieb des Entleihers eingegliedert war, sind in einem späteren Arbeitsverhältnis zwischen ihm und dem Entleiher hingegen regelmäßig nicht anzurechnen (BAG NZA 2014, 1083). 46

Für den **Beginn der Wartezeit** ist auf den Tag abzustellen, ab dem der Arbeitnehmer **vertragsgemäß** mit seiner Arbeit beginnen sollte. Ausnahmsweise kann es aber auch auf den tatsächlichen Arbeitsbeginn ankommen (BAG NZA 2014, 725). Verspätete Arbeitsaufnahme wegen Krankheit oder Nichtannahme der angebotenen Arbeitsleistung durch den Arbeitgeber ist unschädlich (BAG NZA 2014, 725). Das Arbeitsverhältnis muss 6 Monate ohne Unterbrechung bestehen. Keine Unterbrechung des rechtlichen Beschäftigungsverhältnisses sind z.B. Krankheit, Urlaub, Mutterschutz etc. (HWK/*Quecke* § 1 KSchG Rn. 14). Selbst unentschuldigtes Fehlen des Arbeitnehmers hindert den Lauf der Wartefrist nicht, es sei denn, der Arbeitnehmer nimmt die Arbeit unentschuldigt gar nicht erst auf. In diesem Fall kann eine Berufung auf den früheren Beginn der Wartefrist rechtsmissbräuchlich sein (HWK/*Quecke* § 1 KSchG Rn. 19). 47

## 2. Soziale Rechtfertigung

### a) Allgemeine Grundsätze

Nach § 1 Abs. 1 KSchG ist eine arbeitgeberseitige Kündigung rechtsunwirksam, wenn sie sozial ungerechtfertigt ist, was eine **grundlos** erfolgende Kündigung verhindert. Doch heißt das nicht, dass der gekündigte Arbeitnehmer im **Kündigungsschreiben** selbst die Begründung erfahren muss. Den Arbeitgeber trifft nämlich im normalen Kündigungsfall keine Begründungspflicht gegenüber dem Gekündigten (Umkehrschluss aus § 626 Abs. 2 Satz 3), doch muss er dies aufgrund seiner Darlegungs- und Beweislast (vgl. näher Rdn. 75) spätestens im Prozess nachholen. 48

Maßgeblich bei der Prüfung der Rechtfertigung einer Kündigung ist immer, ob und inwieweit der Arbeitgeber **nachweisen kann** (vgl. § 1 Abs. 2 Satz 4 KSchG), dass sein **Interesse an der Lösung des Arbeitsverhältnisses** das **Bestandsschutzinteresse** des Arbeitnehmers überwiegt. Der Kündigungsgrund muss objektiv vorliegen. Allein subjektive Wertungen des Arbeitgebers können eine Kündigung nicht rechtfertigen; notwendig ist zumindest ein für den objektiven Betrachter durch Tatsachen begründeter und nicht unerheblicher **Verdacht** z.B. einer Straftat (BAG NZA 2005, 1056; HWK/*Quecke* § 1 KSchG Rn. 58 f. u. 164), der einen verständig urteilenden Arbeitgeber zur Kündigung bestimmen würde (näher zur Verdachtskündigung § 626 Rdn. 23 ff.). Eine konkrete Beeinträchtigung des Arbeitsverhältnisses liegt nicht schon dann vor, wenn Arbeitsablauf oder der Betriebsfrieden abstrakt »gefährdet« sind, sondern nur dann, wenn eine **konkrete Störung** des Arbeitsverhältnisses vorgetragen wird, die noch andauert (BAG NJW 1989, 546). Damit scheiden Verhaltensweisen ohne Bezug zum Arbeitsverhältnis als Kündigungsgründe aus, z.B. ein lediglich privates Fehlverhalten des Arbeitnehmers (Rauferei im Fußballstadion, Alkoholexzesse am Wochenende), es sei denn, sie wirken sich auch auf das Arbeitsverhalten des Arbeitnehmers aus (z.B. ständiges »Krankfeiern« am Montag). 49

Eine Kündigung hat **keinen Sanktionscharakter**, sondern reagiert auf Vertragsstörungen in **zukunftsbezogener Weise**: Zu prüfen ist, ob in Zukunft eine ungestörte und dem Betriebszweck 50 förderliche Zusammenarbeit noch möglich sein wird (BVerfG NZA 1995, 619). Für die personen- und betriebsbedingte Kündigung ist das offensichtlich: Es leuchtet unmittelbar ein, dass einem vollständig wiederhergestellten Arbeitnehmer nicht wegen einer Erkrankung in der Vergangenheit gekündigt werden kann, ebenso wie der Auftragsmangel in der Vergangenheit nicht maßgeblich ist, wenn im Wirtschaftsaufschwung die Produktion boomt. Doch auch die **verhaltensbedingte** Kündigung hat **keinen Strafcharakter** (BAG NZA-RR 2007, 571). Auch hier muss eine **Prognose** erfolgen, ob aus der konkreten Vertragspflichtverletzung und der daraus resultierenden Vertragsstörung geschlossen werden kann, der Arbeitnehmer werde den Arbeitsvertrag auch nach einer Kündigungsandrohung erneut in gleicher oder ähnlicher Weise verletzen.

51 Notwendig für den Ausspruch einer Kündigung ist somit immer eine **negative Zukunftsprognose**, die im Zeitpunkt des Zugangs der Kündigung beim Arbeitnehmer zu stellen ist. Erforderlich ist, dass in Zukunft Vertragsstörungen mit an Sicherheit grenzender Wahrscheinlichkeit nicht verhindert werden können (HWK/*Quecke* § 1 KSchG Rn. 62). Dabei ist besonders zu beachten, dass der Ausspruch einer Kündigung nur als letztes Mittel, als **ultima ratio** statthaft ist (krit. ErfK/ *Oetker* § 1 KSchG Rn. 74 f.). Es darf keinen anderen Weg als die Beendigung des Arbeitsverhältnisses geben, um die Vertragsstörung auch in aller Zukunft (!) zu beseitigen. Das ist Ausdruck des **Verhältnismäßigkeitsgrundsatzes**, wonach die Kündigung **geeignet, erforderlich und angemessen** sein muss, um die Vertragsstörung zu beseitigen (BAG NZA-RR 2007, 571). Vor Ausspruch einer Kündigung muss daher geprüft werden, ob nicht andere – mildere – Möglichkeiten bestehen, die auch ohne Kündigung z.B. durch Versetzung oder Änderungskündigung die Vertragsstörungen abstellen helfen (BAG NZA 1985, 455). Kann die Vertragsstörung auch durch Änderung der Vertragsbedingungen verhindert werden, ist der Ausspruch einer Beendigungskündigung sozial nicht gerechtfertigt.

52 In einem letzten Schritt ist bei jeder Kündigung eine **Interessenabwägung** vorzunehmen. Hierbei sind alle Umstände des Einzelfalls zu berücksichtigen. Einen Tatbestand, der objektiv immer eine Kündigung rechtfertigt, gibt es so nicht mehr (sog. »absolute« Kündigungsgründe gab es nur bis 1969, vgl. BAG NJW 2011, 167). Abzuwägen ist das individuelle Maß des Bestandsschutzinteresses des Arbeitnehmers mit dem aus den objektiv festgestellten Kündigungsgründen folgenden Lösungsinteresse des Arbeitgebers.

53 Maßgeblicher Zeitpunkt für das Vorliegen eines Kündigungsgrundes ist der **Zeitpunkt des Zugangs der Kündigung**, da die Kündigung nach § 130 Abs. 1 Satz 1 erst dann wirksam wird. Später Geschehenes kann die Wirksamkeit der Kündigung grundsätzlich nicht beeinflussen (BAG NZA 1999, 978). Dies gilt auch für das Prozessverhalten des Arbeitnehmers im Kündigungsschutzprozess (BAG NJW 2011, 167 – »Emmely«). Nachträglich eingetretene Tatsachen können nur insoweit herangezogen werden, als die im Kündigungszeitpunkt angestellte Prognose dadurch bestätigt oder entkräftet wird (BAG NZA 2004, 477).

54 Die **Diskriminierungsverbote des AGG** sind im Rahmen der Prüfung der Sozialwidrigkeit einer Kündigung zu beachten. Dem steht auch der Ausschluss der Anwendbarkeit des AGG im Bereich des Kündigungsrechts nach § 2 Abs. 4 AGG nicht entgegen (BAG NZA 2009, 361). Das BAG verwendet sie in Gestalt einer europarechtskonformen Auslegung der unbestimmten Rechtsbegriffe des KSchG zur Konkretisierung der Sozialwidrigkeit. Ist objektiv ein Kündigungsgrund gegeben, erfolgte die Kündigung aber wegen eines diskriminierenden Motivs, so ist in europarechtskonformer Einschränkung des § 2 Abs. 4 AGG die Kündigung zwar nicht unwirksam, dem Arbeitnehmer steht aber ein Anspruch auf Entschädigung nach § 15 Abs. 1 u. 2 AGG zu (*Diller/Krieger/Arnold* NZA 2006, 887, 892). Diesen kann der Arbeitnehmer auch geltend machen, wenn er auf eine Kündigungsschutzklage verzichtet (LAG Bremen NZA-RR 2010, 510). Allerdings kann eine ordentliche Kündigung, die nicht unter das KSchG fällt, wegen Verstoßes gegen das AGG gem. § 134, §§ 7, 1, 3 AGG nichtig sein, ohne dass dem § 2 Abs. 4 AGG entgegensteht (BAG NZA 2014, 372).

## b) Personenbedingte Kündigung

Aus in der Person des Arbeitnehmers liegenden Gründen ist eine Kündigung sozial gerechtfertigt, wenn dem Arbeitnehmer im Kündigungszeitpunkt die **Fähigkeit** oder die **Eignung** zur Erbringung der geschuldeten Arbeitsleistung fehlt oder erheblich eingeschränkt ist und mit baldiger Wiederherstellung nicht gerechnet werden kann (BAG NZA 2003, 483). In Abgrenzung zur verhaltensbedingten Kündigung ist auf die **Voraussetzungen und Verhältnisse** des Arbeitnehmers abzustellen, die aus seiner persönlichen Sphäre stammen, nicht auf sein Verhalten (BAG NZA 1987, 629). Typische Fälle sind hierbei Krankheit, Suchtabhängigkeit, Entfallen einer Arbeitserlaubnis, fehlende bzw. nachlassende Eignung oder eine auf Glaubens- oder Gewissensgründe gestützte Arbeitsverweigerung (BAG NZA 2011, 1087). Worin die Ursache für das Fehlen der Leistungsfähigkeit liegt, ist grundsätzlich unerheblich; ein Verschulden des Arbeitnehmers ist gerade nicht erforderlich (andernfalls läge eine verhaltensbedingte Kündigung vor). 55

Als wesentliche »Testfrage« vor Ausspruch einer personenbedingten Kündigung darf die Notwendigkeit einer **Abmahnung** gelten. Da im Regelfall der personenbedingten Kündigung der Arbeitnehmer die fehlende Fähigkeit zur vertragsgemäßen Leistung nicht durch eine Verhaltensänderung steuern kann, kann auch der Hinweis auf die nicht gehörige Erfüllung in der Abmahnung keine Wirkung entfalten. Gründe in der Person des Arbeitnehmers sind daher einer Abmahnung grundsätzlich **nicht zugänglich** (HWK/*Thies* § 1 KSchG Rn. 97). Beruht der Eignungsmangel dagegen (auch) auf **steuerbarem Verhalten**, so ist insb. in Grenzfällen auch bei personenbedingter Kündigung eine Abmahnung sinnvoll, weil damit auf die drohende Kündigung hingewiesen wird (BAG NZA 1997, 1281; krit. HWK/*Thies* § 1 KSchG Rn. 98). Ein besonders problematischer »Mischtatbestand« ist die Kündigung wegen **Alkoholmissbrauchs**. Es ist schwer feststellbar, ob der übermäßige Alkoholkonsum eines Arbeitnehmers auf einer Suchterkrankung oder auf willensgesteuertem Trinkverhalten beruht. Im ersten Fall wäre eine Abmahnung entbehrlich, während sie im zweiten Fall vor Ausspruch der Kündigung erforderlich wäre. Für die Praxis empfiehlt es sich daher, vor Ausspruch einer Kündigung, die möglicherweise auf steuerbarem Verhalten des Arbeitnehmers beruht, in jedem Fall eine Abmahnung auszusprechen. 56

Eine personenbedingte Kündigung ist ausgeschlossen, wenn für den Arbeitnehmer eine **leistungsgerechte Weiterbeschäftigungsmöglichkeit** auf einem anderen freien Arbeitsplatz – im Betrieb oder Unternehmen – besteht (vgl. BAG NZA 2011, 1087). Der Arbeitgeber muss aber hierfür nicht einen anderen Arbeitsplatz frei kündigen (LAG Hamm AuA 2004, 48). 57

Hauptfall der personenbedingten Kündigung ist die **krankheitsbedingte Kündigung**. Dabei ist Krankheit als solche noch kein Kündigungsgrund, sondern wird nur dann kündigungsrelevant, wenn eine Erkrankung negative Auswirkungen auf die vertragsgemäße Erbringung der Arbeitsleistung zeitigt. Notwendig ist immer eine **negative Gesundheitsprognose**. Doch ist der Arbeitgeber nicht etwa verpflichtet, sich beim Arbeitnehmer über die voraussichtliche Entwicklung seines Gesundheitszustandes zu erkundigen (BAG NJW 1978, 603). Es besteht auch keine entsprechende Auskunftspflicht des Arbeitnehmers (BAG NZA 2002, 1081). Allerdings ist nach § 167 Abs. 2 SGB IX, der trotz seiner Stellung im Schwerbehindertenrecht auch auf nichtbehinderte Arbeitnehmer Anwendung findet (BAG NZA 2008, 173), bei einer Erkrankung von mehr als 6 Wochen im Jahr ein sog. **betriebliches Eingliederungsmanagement (BEM)** durchzuführen. Danach soll unter Mitwirkung von Betriebsarzt und Betriebsrat erörtert werden, ob es eine Möglichkeit zur »leidensgerechten« Weiterbeschäftigung gibt. Unterlässt der Arbeitgeber die Durchführung des BEM, so ist die Kündigung allein deshalb nicht unwirksam, doch kann sie gegen den Verhältnismäßigkeitsgrundsatz (Rdn. 51) verstoßen, weil das BEM mildere Maßnahmen hätte aufdecken können, mittels derer eine Weiterbeschäftigung möglich gewesen wäre (BAG NZA 2010, 398; HWK/*Thies* § 167 SGB IX Rn. 8 f.). Jedenfalls beeinflusst die Durchführung des BEM die Darlegungs- und Beweislast zugunsten des Arbeitgebers (vgl. BAG NZA 2010, 398). 58

Bei **häufigen Kurzerkrankungen** ist das Stellen einer negativen Prognose besonders schwierig, weil deren mögliche Indizwirkung für die Zukunft durch die Ausheilung der Krankheit(en) widerlegt 59 werden kann (st. Rspr., vgl. BAG NZA 2008, 593). Die bisherigen Erkrankungen müssen objektiv die Besorgnis weiterer Erkrankungen im bisherigen Umfang befürchten lassen. Nicht erforderlich ist, dass es sich dabei stets um dasselbe »Grundleiden« handelt (BAG NZA 2014, 962). Einen starren Beurteilungszeitraum gibt es nicht, doch erleichtern Kurzerkrankungen in den letzten 2 bis 3 Jahren eine Gesundheitsprognose (BAG NZA 2006, 655). Sind dem Arbeitgeber die Ursachen für die Kurzerkrankungen im Einzelnen nicht mitgeteilt worden, so genügt er seiner Darlegungspflicht, wenn er die Fehlzeiten des Arbeitnehmers einzeln aufgeschlüsselt mitteilt. Der Arbeitnehmer hat die hieraus folgende Indizwirkung dann durch den Vortrag konkreter Umstände (verschiedene Krankheitsursachen etc.) zu erschüttern (BAG NZA 2003, 816). Nach den Grundsätzen der **abgestuften Darlegungs- und Beweislast** muss dann erneut der Arbeitgeber die die negative Gesundheitsprognose begründenden Tatsachen vortragen. Bei fehlender Mitwirkung des Arbeitnehmers (z.B. keine Entbindung der behandelnden Ärzte von der Schweigepflicht) liegt ggf. Beweisvereitelung vor, so dass eine Beweislastumkehr oder eine Beweiserleichterung in Betracht kommt (hierzu BGH NJW 2004, 2011: Beweislastumkehr bei grobem ärztlichen Behandlungsfehler).

60 Bei **lang andauernder** bzw. **ungewisser Dauer** der Erkrankung ist für die negative Gesundheitsprognose nicht auf den Gesundheitszustand des Arbeitnehmers bei Ausspruch der Kündigung abzustellen, sondern auf den zu erwartenden Krankheitsverlauf. Einer negativen Gesundheitsprognose steht es insoweit gleich, wenn in den nächsten 24 Monaten keine Prognose über die Wiederherstellung der Arbeitsfähigkeit abgegeben werden kann (BAG NZA 2002, 1081). Maßgeblicher Beurteilungszeitpunkt ist der Zugang der Kündigungserklärung, später eintretende Änderungen im Krankheitsverlauf können weder positiv noch negativ berücksichtigt werden (BAG NZA 2002, 1081). Auch hier hat der Arbeitgeber die negative Gesundheitsprognose darzulegen und zu beweisen. Eine Erschütterung der Prognose durch den Arbeitnehmer ist nur möglich, wenn dieser konkret vortragen kann, dass mit einer alsbaldigen Wiederherstellung seiner Leistungsfähigkeit zu rechnen ist. Bei der **Interessenabwägung** ist aber gerade hier zu berücksichtigen, ob und inwieweit betriebliche Ursachen zur Krankheit geführt haben, insb. bei der Erkrankung aufgrund eines Betriebsunfalls (HWK/ *Thies* § 1 KSchG Rn. 151).

61 Häufige **Kurzerkrankungen** können auch dann zur Beeinträchtigung **betrieblicher Interessen** führen, wenn der Entgeltfortzahlungszeitraum von 6 Wochen nicht überschritten wird (BAG NZA 1990, 434). Eine generalisierende Betrachtung anhand der Dauer der Kurzerkrankungen verbietet sich insoweit. Vielmehr ist beachtlich, ob die Fehlzeiten tatsächlich nicht durch eine an der üblichen Fehlzeitenquote ausgerichtete Personalreserve überbrückt werden konnten (HWK/ *Thies* § 1 KSchG Rn. 144). Die **wirtschaftlichen Interessen** des Arbeitgebers können insb. durch außergewöhnlich hohe Entgeltfortzahlungen beeinträchtigt werden (BAG NZA 2008, 593), aber auch durch hohe Kosten für die Einstellung von Aushilfen.

62 Bei **Langzeitkranken** liegt die Beeinträchtigung der betrieblichen Interessen bereits darin, dass der Arbeitgeber für lange Zeit sein Weisungsrecht nicht ausüben und damit den Mitarbeiter nicht einsetzen kann. Allein die Ungewissheit darüber, ob und ggf. wann der Arbeitnehmer wieder einsetzbar ist, kann eine erhebliche Beeinträchtigung betrieblicher Interessen darstellen (BAG NZA 1993, 497). Etwaige Vertretungsmöglichkeiten ändern daran nichts (BAG NZA 2007, 1041). **Wirtschaftliche** Interessen des Arbeitgebers werden dagegen i.d.R. deshalb nicht beeinträchtigt, weil Langzeitkranke nach Ende der Entgeltfortzahlung nach § 3 EFZG ja kein Entgelt mehr erhalten. Eine wirtschaftliche Beeinträchtigung des Arbeitgebers kann sich bei Langzeitkranken auch nicht aus dem »Anhäufen« von Urlaubsansprüchen ergeben. Denn nach unionsrechtskonformer Auslegung des § 7 Abs. 3 Satz 3 BUrlG erlöschen gesetzliche Urlaubsansprüche auch bei fortdauernder Krankheit 15 Monate nach Ende des Urlaubsjahres (BAG NJW 2013, 1179; NJW 2012, 3529; EuGH DB 2011, 2722 – KHS).

62a Auch eine **krankheitsbedingte Leistungsminderung** des Arbeitnehmers kann eine personenbedingte Kündigung rechtfertigen. Erforderlich ist dafür aber, dass die dem Arbeitnehmer noch mögliche Arbeitsleistung die berechtigte Gleichwertigkeitserwartung des Arbeitgebers zwischen Leistung und Gegenleistung in einem Maße unterschreitet, dass ihm ein Festhalten an dem (unveränderten)

Arbeitsvertrag unzumutbar wird (BAG NJW 2004, 2545; NZA 2014, 1089). Sie ist aber stets von der verhaltensbedingten Kündigung abzugrenzen (vgl. Rdn. 63).

### c) Verhaltensbedingte Kündigung

Anders als bei der personenbedingten Kündigung erfordert die verhaltensbedingte Kündigung eine Vertragspflichtverletzung **durch steuerbares Verhalten** des Arbeitnehmers. Notwendig ist jedenfalls eine Vertragspflichtverletzung, entweder durch die Missachtung der Arbeitspflicht als Hauptpflicht (Nicht- oder Schlechtleistung) oder durch die Verletzung von Nebenpflichten (Verstoß gegen Wettbewerbsverbot oder Loyalitätspflichten). **Vertragsgemäßes Verhalten** kann eine verhaltensbedingte Kündigung niemals rechtfertigen (BAG NZA 1996, 873). Da der Arbeitnehmer keinen Erfolg, sondern nur ein Bemühen um selbigen schuldet, kann allein die Tatsache, dass das von ihm erwartete Arbeitsergebnis nicht erbracht wurde, eine verhaltensbedingte Kündigung nicht rechtfertigen. Eine Kündigung wegen **Minderleistung** des Arbeitnehmers (»Low Performer«) ist aber möglich, soweit dieser seine persönliche Leistungsfähigkeit nicht angemessen ausschöpft. Dies ist anzunehmen, wenn der Arbeitgeber vorträgt und nachweist, dass der Arbeitnehmer langfristig um mehr als ein Drittel hinter der Durchschnittsleistung zurückbleibt und dieser wiederum nicht darlegen und beweisen kann, dass er nichtsdestotrotz seine Leistungsfähigkeit abruft (BAG NJW 2004, 2545). 63

Aufgrund des prinzipiell fehlenden Vertragsbezugs ist **außerdienstliches Verhalten** des Arbeitnehmers grundsätzlich nicht kündigungsrelevant. Dieser Grundsatz findet aber dort seine Grenzen, wo sich das außerdienstliche Verhalten nachteilig auf das Arbeitsverhältnis auswirkt. Dies ist einerseits bei einer Konkurrenztätigkeit des Arbeitnehmers anzunehmen. So hat das BAG entschieden, dass es dem in einem Krankenhaus beschäftigten Krankenpfleger nicht gestattet sei, eine Nebentätigkeit als **Leichenbestatter** auszuüben, weil dadurch berechtigte Interessen des Arbeitgebers erheblich beeinträchtigt würden (BAG ZTR 2002, 490). Andererseits können außerdienstlich öffentlich geäußerte, abfällige Äußerungen über Arbeitgeber oder Kollegen das Arbeitsverhältnis beeinträchtigen und deshalb kündigungsrelevant sein, wobei schriftlich entäußerte Beleidigungen in sozialen Netzwerken (z.B. Facebook) schwerwiegender sind als wörtliche Äußerungen unter Kollegen (LAG Hamm ArbRB 2013, 12; ArbG Duisburg NZA-RR 2013, 18 jeweils zu einer außerordentlichen Kündigung). Auch die Verletzung einer tarif- oder einzelvertraglich geregelten Nebenpflicht des Arbeitnehmers, bei gegebener Veranlassung auf Wunsch des Arbeitgebers an einer ärztlichen Untersuchung zur Feststellung seiner Arbeitsfähigkeit mitzuwirken, ist kündigungsrelevant und kann nach den Umständen geeignet sein, eine auch außerordentliche Kündigung zu rechtfertigen (BAG NZA 2018, 845). Im Bereich **hoheitlicher Tätigkeit** kann eine personenbedingte Kündigung schon dann zulässig sein, wenn das außerdienstliche strafbare Verhalten die konkrete Besorgnis begründet, der Arbeitnehmer könne auch im dienstlichen Zusammenhang mit den gesetzlichen Vorgaben in Konflikt geraten (BAG NZA 2014, 1197). Für **nicht hoheitlich** tätige Beschäftigte im öffentlichen Dienst gelten nach Ablösung des BAT (§ 8 Abs. 1 Satz 1 BAT) durch den TVöD bzw. TV-L keine weitergehenden vertraglichen Nebenpflichten mehr als für Angestellte in der Privatwirtschaft (BAG ZTR 2010, 143). In **Tendenzunternehmen sowie in Kirchen und ihren Einrichtungen** können insb. sog. Tendenzträgern weitergehende **Loyalitätspflichten** abverlangt werden. So wird z.B. als Grundpflicht jeden katholischen Mitarbeiters in kirchlichen Einrichtungen die Unterlassung kirchenfeindlichen Verhaltens verlangt (Art. 4 Abs. 4 GrOkathK). Mit abgestuften Anforderungen an die persönliche Lebensführung ihrer Mitarbeiter wird von den großen Kirchen anerkannt, dass je nach Arbeitsaufgabe und Konfession unterschiedlich intensive Förderungspflichten bestehen (HWK/*Quecke* § 1 KSchG Rn. 228). Doch gilt der **Kirchenaustritt** i.d.R. dann als Kündigungsgrund, soweit eine verkündigungsnahe Tätigkeit ausgeübt wurde (BAG NJW 2014, 104 für Sozialpädagogen in der Caritas). 64

Die Vertragsverletzung muss dem Arbeitnehmer **vorwerfbar** sein, er muss also mindestens fahrlässig gehandelt haben. Fehlt es am Vertretenmüssen oder ist der Arbeitnehmer gar schuldunfähig, so kommt nur eine personenbedingte Kündigung in Betracht (BAG NZA 1993, 115). Die Vorwerfbarkeit muss sich sowohl auf das Bestehen einer Vertragspflicht als solche als auch auf den 65

Verstoß selbst beziehen. Befindet sich der Arbeitnehmer im Irrtum über das Bestehen von Verhaltenspflichten, so kommt eine verhaltensbedingte Kündigung dennoch in Betracht, wenn der Arbeitnehmer bei Anwendung der erforderlichen Sorgfalt den Irrtum hätte erkennen können (BAG BB 1973, 1356). Allein der auf Tatsachen gestützte **begründete Verdacht einer Pflichtverletzung** kann ausreichen, um eine verhaltensbedingte Kündigung zu rechtfertigen (zur Verdachtskündigung näher § 626 Rdn. 23 ff.).

66 Auch die verhaltensbedingte Kündigung ist **zukunftsgerichtet** (Rdn. 50). Für die negative Zukunftsprognose muss vor Ausspruch einer verhaltensbedingten Kündigung ermittelt werden, ob eine **Wiederholungsgefahr** besteht, ob also in Zukunft mit weiteren Vertragsverletzungen zu rechnen ist. Für diese negative Zukunftsprognose kann bereits die Zerstörung des Vertrauens durch belastende Ereignisse in der Vergangenheit ausreichen (HWK/*Quecke* § 1 KSchG Rn. 184), doch kann dies in der Praxis erfolgversprechend nur durch vorherige **vergebliche Abmahnungen nachgewiesen** werden, die die Prognose erhärten, dass sich der Arbeitnehmer auch in Zukunft nicht an seine Vertragspflichten halten werde (BAG NJW 1995, 1851). Eine Abmahnung ist regelmäßig ein **milderes Mittel** im Vergleich zum Ausspruch einer verhaltensbedingten Kündigung. Sie ist nur entbehrlich, wenn eine Abmahnung zur Beseitigung der Störung nicht geeignet erscheint (z.B. beim »Androhen« künftiger Erkrankung, vgl. BAG NJW 1993, 1544). Auch ein erheblicher Verstoß gegen ein ausdrückliches Verbot macht eine Abmahnung noch nicht entbehrlich (BAG NZA 2013, 27 zur privaten Nutzung des dienstlichen Internetanschlusses). Duldet ein Arbeitgeber, dass ein Arzt während der Durchführung von Operationen dienstliche Gespräche auf seinem Mobiltelefon entgegennimmt, erfordert eine verhaltensbedingte Kündigung aufgrund des Führens von Privatgesprächen in diesem Zeitraum eine vorherige Abmahnung dieses Verhaltens (BAG NJW 2013, 954).

66a Gerade bei **Straftaten** zulasten des Arbeitgebers oder Kollegen wurde die Abmahnung in der Vergangenheit selbst bei Bagatelldelikten durchgängig für **entbehrlich** gehalten (BAG NZA 2004, 486; NZA 1985, 91). Im Fall »Emmely« hat das BAG jedoch betont, dass es auch im Zusammenhang mit strafbaren Handlungen des Arbeitnehmers **keine absoluten Kündigungsgründe** gebe. Es bedürfe stets einer umfassenden, auf den Einzelfall bezogenen Prüfung und Interessenabwägung dahingehend, ob dem Kündigenden die Fortsetzung des Arbeitsverhältnisses trotz der eingetretenen Vertrauensstörung – zumindest bis zum Ablauf der Kündigungsfrist – zumutbar ist oder nicht. Durch ein lang andauerndes, störungsfreies Arbeitsverhältnis könne Vertrauenskapital aufgebaut worden sein, das selbst durch einen einmaligen und klaren Kündigungsanlass nicht vollständig zerstört worden sein muss (BAG NJW 2011, 167 = NZA 2010, 1227). In der Konsequenz kommt der **Dokumentationsfunktion** der Abmahnung (vgl. BAG NZA 2013, 91) ein größerer Stellenwert zu, weil der Arbeitgeber zum »Abbau« des Vertrauenskapitals bzw. um zu verhindern, dass ein solches erworben wird, verstärkt gezwungen ist, arbeitnehmerseitiges Fehlverhalten und hierauf bezogene Abmahnungen festzuhalten (so auch *Salamon/Rogge* NZA 2013, 363, 365; nur begrifflich abweichend *Schrader* NJW 2012, 342, 345; *Ritter* NZA 2012, 19, 21: »Vertrauensvorratsbestimmungsfunktion« der Abmahnung).

67 Mit der **Abmahnung** übt der Arbeitgeber sein **vertragliches Rügerecht** aus: er macht gegenüber dem Arbeitnehmer deutlich, dass er eine weitere Vertragsverletzung dieser Art nicht hinnehmen werde. Sie ist regelmäßige, aber nicht zwingende Voraussetzung der verhaltensbedingten Kündigung, vgl. auch § 314 Abs. 2 Satz 2 u. 3. Grundsätzlich muss bei allen Störungen im Leistungs- und Vertrauensbereich abgemahnt werden, auch z.B. bei Alkoholmissbrauch im privaten Bereich, der auf die Arbeitsleistung ausstrahlt (BAG NJW 1998, 554, 557), um dem Betroffenen eine »zweite Chance« zu geben. Wer aber **zu oft** die gleiche Pflichtverletzung abmahnt (z.B. ständiges Zu-Spät-Kommen), kann die Warnfunktion auch abschwächen, so dass das BAG eine »besonders eindringliche« letzte Abmahnung verlangt, um eine Kündigung noch zu ermöglichen (BAG DB 2002, 689). Doch darf nicht schon die **dritte** Abmahnung für die immer gleiche Pflichtverletzung als wertlos betrachtet werden, weil das den nachsichtigen Arbeitgeber zu stark benachteiligen würde (BAG NZA 2005, 459).

Die **inhaltliche Ausgestaltung** einer Abmahnung ist nicht konkret vorgeschrieben, muss sich aber 68
an ihrer Zweckrichtung gegenüber dem Arbeitnehmer orientieren, d.h. die **Hinweis- und Warnfunktion** erfüllen. Dem Arbeitnehmer müssen in hinreichend deutlicher Weise die beanstandeten Pflichtverletzungen vor Augen geführt werden, verbunden mit dem Hinweis, dass im Wiederholungsfall der Bestand des Arbeitsverhältnisses gefährdet sei (HWK/*Quecke* § 1 KSchG Rn. 195 ff.). Daraus folgen **vier Anforderungen** an den Inhalt einer Abmahnung: (1) Konkrete Schilderung des beanstandeten Fehlverhaltens, (2) Rüge der darin liegenden Pflichtverletzung, (3) Aufforderung zur Rückkehr zum vertragstreuen Verhalten, (4) Androhung konkreter arbeitsrechtlicher Konsequenzen, d.h. der Kündigung für den Wiederholungsfall. Sind alle diese Elemente **konkret** enthalten, so liegt eine Abmahnung im kündigungsrechtlichen Sinne vor. Auf die Bezeichnung als »Abmahnung« kommt es dabei nicht an. Fehlt dagegen der Hinweis auf die drohende Kündigung, kann die Abmahnung ihre Warnfunktion nicht erfüllen und verkümmert zur bloßen **Rüge** (»Ermahnung«). Die Androhung »arbeitsrechtlicher Konsequenzen« genügt allerdings der Warnfunktion, weil dem Arbeitnehmer hierdurch für den Fall der Wiederholung sämtliche denkbaren arbeitsrechtlichen Folgen in Aussicht gestellt werden, diesem mithin klar ist, dass der Arbeitgeber bei einer erneuten Zuwiderhandlung möglicherweise eine Kündigung aussprechen wird (BAG NZA-RR 2012, 567).

Eine vorherige **Anhörung des Arbeitnehmers** ist nicht erforderlich. Es besteht **auch kein Mitbe-** 69
**stimmungsrecht des Betriebsrats** bei Abmahnungen (BAG DB 1979, 1511). Auch wenn in der Praxis der Betriebsrat regelmäßig über den Ausspruch einer Abmahnung unterrichtet wird, folgt ein Informationsanspruch des Betriebsrats nicht schon aus dem Grundsatz der vertrauensvollen Zusammenarbeit (HWK/*Quecke* § 1 KSchG Rn. 199; a.A. LAG Niedersachsen AuR 1985, 99). Eine bestimmte **Form** für die Abmahnung ist nicht vorgeschrieben. Sie kann auch mündlich erfolgen, doch ist schon aus Gründen der Beweissicherung die Schriftform eindeutig vorzuziehen. Auch sollte ein Vermerk über die Kenntnisnahme des Arbeitnehmers auf dem für die Personalakte bestimmten Abmahnungsschreiben aufgenommen werden.

Anders als für die außerordentliche Kündigung gibt es für die Abmahnung **keine starre Erklärungs-** 70
**frist**; die Zwei-Wochen-Frist des § 626 Abs. 2 findet auch keine entsprechende Anwendung (BAG NZA 1988, 474). Allerdings wird eine lange nach dem abzumahnenden Vorfall ausgesprochene Abmahnung im Zweifel keine indizielle Wirkung für den Kündigungsprozess entfalten können (BAG NJW 1986, 421). Da es sich bei der Abmahnung um das vertragliche Rügerecht handelt, ist nicht nur der kündigungsberechtigte Vorgesetzte **abmahnungsberechtigt**, sondern grundsätzlich **jeder Vorgesetzte** mit Weisungsrecht (BAG NZA 1991, 667).

Die kündigungsrechtliche Wirkung einer Abmahnung dauert nicht ewig (vgl. BAG NZA 2013, 91; 71
a.A. wegen »Emmely«-Rspr. wohl *Schrader* NZA 2011, 180, 182; *ders.* NJW 2012, 342, 344). Feste zeitliche Grenzen für den Wegfall dieser Wirkung gibt es aber nicht, vielmehr sind die Umstände des Einzelfalls – insbesondere die Erheblichkeit der Pflichtverletzung sowie die im Anschluss beanstandungsfrei verstrichene Beschäftigungszeit – entscheidend (BAG NZA 2013, 91; BAG NZA 1987, 418). Oft wird man davon ausgehen können, dass nach **3 Jahren ohne weitere (vergleichbare) Störung** ein abgemahnter, nicht erheblicher Verstoß für die weitere Zukunft keine indizielle Bedeutung mehr äußern kann; zwingend ist dies aber nicht (vgl. BAG NZA 2003, 1295; diff. HWK/*Quecke* § 1 KSchG Rn. 191). Im Anschluss an die »Emmely«-Entscheidung geht auch das BAG davon aus, dass bei erheblichen Pflichtverletzungen im Vertrauensbereich der Abmahnung über einen längeren Zeitraum hin eine kündigungsrechtliche Wirkung zukommt (BAG NZA 2013, 91).

Eine Abmahnung zeitigt keine konkreten Rechtsfolgen; ihre Wirkungsweise ist vielmehr tatsäch- 72
licher Natur (HWK/*Quecke* § 1 KSchG Rn. 201). Einerseits hat die Abmahnung **Hilfsfunktion** bei der verhaltensbedingten Kündigung, indem sie eine objektive Prognosegrundlage schafft. Daneben dient sie der **Dokumentation** des Pflichtverstoßes des Arbeitnehmers und verhindert insoweit den Erwerb von »Vertrauenskapital« durch den Nachweis eines nicht beanstandungsfreien Beschäftigungsverhältnisses (vgl. hierzu schon Rdn. 66a). Für das **tatsächliche** Vorliegen der Vertragsverletzung kommt ihr allerdings keinerlei Beweiswert zu (BAG NZA 1987, 518). Den Arbeitnehmer

trifft keine Obliegenheit, gegen eine unrichtige Abmahnung vorzugehen. Aus einer unterlassenen Geltendmachung der Rechtswidrigkeit darf ihm kein Nachteil entstehen. Er kann sich auch in einem späteren Kündigungsschutzprozess auf die Unwirksamkeit der Abmahnung berufen.

73 Trotz fehlender kündigungsrechtlicher Wirkung einer rechtswidrigen Abmahnung kann der Arbeitnehmer hiergegen trotzdem **Rechtsschutz** erlangen. Er kann nach § 83 Abs. 2 BetrVG auch in Betrieben ohne Betriebsrat einen Anspruch auf Aufnahme einer **Gegendarstellung** in die Personalakte geltend machen. Daneben besteht nach § 84 Abs. 1 BetrVG das **Recht zur Beschwerde** beim Vorgesetzten oder – in Betrieben mit Betriebsrat – das Recht zur Beschwerde beim Betriebsrat nach § 85 BetrVG. Neben diesen konsensualen Rechtsbehelfen kann der Betroffene aber auch einen **Rechtsanspruch auf Entfernung einer unrichtigen Abmahnung** (laut BAG gem. §§ 242, 1004 Abs. 1 BGB analog, vgl. NZA 2013, 91; zutr. wäre wohl § 35 Abs. 1 BDSG) aus der Personalakte geltend machen, den er nötigenfalls gerichtlich geltend machen kann. Auch wenn die unrichtige Abmahnung keine kündigungsrechtlichen Folgen entfaltet, kann sie den Arbeitnehmer im Hinblick auf sein Ansehen, seine soziale Geltung und sein berufliches Fortkommen dennoch beeinträchtigen und damit sein allgemeines Persönlichkeitsrecht verletzen (BAG NZA 1986, 227).

74 Die Abmahnung ist **aus der Personalakte zu entfernen**, wenn der gerügte Sachverhalt so oder teilweise nicht zutrifft (BAG NZA 1986, 227), aber auch, wenn der Sachverhalt zwar zutrifft, darin aber keine Verletzung einer vertraglichen Pflicht zu sehen ist, schließlich, wenn die zutreffende Abmahnung in einer ehrverletzenden Form erteilt wird. Auch hinsichtlich einer ursprünglich rechtmäßigen, aber durch Zeitablauf wirkungslos gewordenen Abmahnung soll ein Entfernungsanspruch bestehen (BAG NZA 1988, 654). Dieser setzt voraus, dass die Abmahnung ihre Warnfunktion verloren hat und der Arbeitgeber kein berechtigtes Dokumentationsinteresse hinsichtlich der Pflichtverletzung mehr hat. Liegt ein Pflichtverstoß hinreichend lange zurück und dadurch unter Berücksichtigung seiner Erheblichkeit durch anschließendes beanstandungsfreies Verhalten »faktisch überholt«, muss ein solches Interesse des Arbeitgebers verneint werden (BAG NZA 2013, 91). Der Entfernungsanspruch ist mit einer **Leistungsklage auf Entfernung** der Abmahnung aus der Personalakte geltend zu machen.

75 Die **Beweislast** für das Vorliegen eines verhaltensbedingten Kündigungsgrundes trägt im Kündigungsschutzprozess der Arbeitgeber, vgl. § 1 Abs. 2 Satz 4 KSchG. Er muss hier die Verletzung von vertraglichen Pflichten, die negative Zukunftsprognose und sein überwiegendes Interesse an der Lösung des Arbeitsverhältnisses darlegen und beweisen. Im Rahmen der negativen Zukunftsprognose gilt dies auch für das Vorliegen einer Abmahnung und deren Voraussetzungen (BAG NZA 1987, 518). Zur abgestuften Beweislast je nach Vortrag der Parteien vgl. Rdn. 59 bzw. 90. Die umfassende Beweislast des Arbeitgebers führt dazu, dass dieser bei der Aufdeckung von potentiellen Vertragspflichtverletzungen seiner Arbeitnehmer in Gefahr steht, die **Grenze des rechtlich Zulässigen** zu überschreiten. Bei Verstößen gegen das allgemeine Persönlichkeitsrecht des Arbeitnehmers kommen **Beweisverwertungsverbote** in Betracht.

### d) Betriebsbedingte Kündigung

76 Von der betriebsbedingten Kündigung spricht man, wenn die Kündigung durch **dringende betriebliche Erfordernisse** bedingt ist, d.h., dass die Kündigungsgründe aus der Sphäre des Arbeitgebers stammen. Entscheidender Anlass für die Kündigung ist der **Wegfall der konkreten Beschäftigungsmöglichkeit** des zu kündigenden Arbeitnehmers. Wird dies vom Arbeitgeber dargelegt und nachgewiesen, so ist in einem zweiten Schritt zu überprüfen, ob anderweitige Beschäftigungsmöglichkeiten ggf. auch zu geänderten Arbeitsbedingungen bestehen. Ist dies nicht der Fall, so ist durch einen Vergleich der Sozialdaten aller vergleichbaren Arbeitnehmer zu ermitteln, welcher am wenigsten schutzwürdig und daher zu entlassen ist, vgl. § 1 Abs. 3 KSchG (**Sozialauswahl**, dazu Rdn. 83 ff.).

77 Der Wegfall von Arbeitsplätzen kann sowohl auf **außerbetrieblichen** Umständen (Auftragsrückgang oder Materialmangel) als auch auf **innerbetrieblichen** Ursachen (»Outsourcing«, Stilllegung oder Rationalisierung) beruhen. Keine diese Ursachen führt allerdings »**von alleine**« zum Wegfall

eines konkreten Arbeitsplatzes. Hierzu bedarf es eines gestaltenden Eingriffs des Arbeitgebers (BAG NZA 2006, 207), der sog. **freien unternehmerischen Entscheidung**, die von den Gerichten nur auf offensichtliche Unsachlichkeit oder Willkür geprüft werden kann (BAG NZA 1987, 776). Ob eine unternehmerische Entscheidung überhaupt getroffen wurde und ob sie sich betrieblich dahingehend auswirkt, dass der Beschäftigungsbedarf für den gekündigten Arbeitnehmer entfallen ist, wird dagegen überprüft. Der tatsächliche Kündigungsentschluss ist demnach nicht frei, sondern muss schlüssige Konsequenz unternehmerischen Handelns sein. Die bloße Entscheidung, Personal abbauen zu wollen, ist keine hinzunehmende Unternehmerentscheidung (BAG NZA 2007, 139). Notwendig ist vielmehr ein personelles Konzept, das die betrieblich benötigte Arbeitsmenge und ihre Verteilung in Relation zur Belegschaft setzt (HWK/*Quecke* § 1 KSchG Rn. 266 f.). Ergibt sich nach dem neuen Konzept ein **Arbeitskräfteüberhang**, so führt die Umsetzung der unternehmerischen Entscheidung zum Wegfall von Arbeitsplätzen. Der Beschäftigungsbedarf muss bei Ausspruch der Kündigung nicht schon tatsächlich entfallen sein (BAG NZA 2010, 944). Ausreichend ist, dass die Umsetzung einer zu diesem Zeitpunkt bereits **endgültig und vorbehaltlos** getroffenen unternehmerischen Entscheidung spätestens mit Ablauf der Kündigungsfrist zu einem voraussichtlich dauerhaften Wegfall des Beschäftigungsbedarfs führen wird (BAG NZA 2015, 101; 2014, 1069). Fehlt eine endgültige Unternehmerentscheidung im Zeitpunkt des Kündigungsausspruchs, liegt eine unzulässige »Vorratskündigung« vor (BAG ZIP 2008, 2091).

Allein aus der Reduzierung von Beschäftigungsmöglichkeiten folgt noch nicht der **Wegfall eines bestimmten Arbeitsplatzes**. Notwendig für die betriebsbedingte Kündigung ist es daher weiterhin, dass der Arbeitnehmer aufgrund der Umsetzung der unternehmerischen Entscheidung nicht mehr vertragsgerecht eingesetzt werden kann (BAG NZA 1986, 155). Abzustellen ist insoweit – anders als bei der Frage einer Weiterbeschäftigungsmöglichkeit – auf die Einsatzmöglichkeiten im konkreten Betrieb (BAG NZA 1987, 125). Der Begriff »**dringend**« konkretisiert den Grundsatz der Verhältnismäßigkeit. Eine Beendigungskündigung ist daher nur durch dringende betriebliche Erfordernisse bedingt, wenn keine milderen Möglichkeiten gegeben sind, um den Rückgang von Beschäftigungsbedarf zu kompensieren. So können beispielsweise Überstunden bzw. Arbeitszeitguthaben abgebaut (BAG AiB 2008, 353), der Einsatz von Leiharbeitnehmern zurückgefahren (LAG Hamm BB 2007, 1701) oder Leistungen der Arbeitsförderung (§ 3 SGB III) in Anspruch genommen werden. Kein milderes Mittel im Vergleich zu Beendigungskündigungen ist eine **Massenänderungskündigung** zur Arbeitszeitverkürzung bzw. Entgeltreduzierung (BAG NZA 1993, 1075, 1077 f.). Eine einzelne Änderungskündigung, die die Weiterbeschäftigung auf einem anderen Arbeitsplatz zu geänderten Bedingungen ermöglicht, geht einer einzelnen Beendigungskündigung aber immer als milderes Mittel vor (BAG NZA 1985, 455). 78

Ist der konkrete Arbeitsplatz weggefallen, so muss noch geprüft werden, ob die betrieblichen Erfordernisse auch einer **Weiterbeschäftigung** des Arbeitnehmers **auf einem anderen Arbeitsplatz im Unternehmen** entgegenstehen. Ist dies der Fall, so wäre eine Versetzung – ggf. mittels einer Änderungskündigung – auf diesen Arbeitsplatz das im Vergleich zur Kündigung mildere Mittel (BAG NJW 1985, 1797). Notwendig für das Vorliegen einer Weiterbeschäftigungsmöglichkeit ist die **Verfügbarkeit eines freien Arbeitsplatzes**. Eine vorweggenommene Sozialauswahl findet an dieser Stelle noch nicht statt (BAG DB 1973, 1635; NZA 1995, 413). Frei sind nur solche Arbeitsplätze, die der Arbeitgeber tatsächlich neu besetzen kann. Maßgeblicher Zeitpunkt für die Kenntnis des Arbeitgebers von freien Arbeitsplätzen ist der des Zugangs der Kündigung. Ab dem Zeitpunkt, von dem an der Arbeitgeber vom Wegfall des Arbeitsplatzes weiß, darf er aber Weiterbeschäftigungsmöglichkeiten nicht durch Neueinstellungen vereiteln (LAG Berlin NZA 1989, 274). Hingegen ist er nicht gehindert, zur Abdeckung von »Auftragsspitzen« oder Vertretungsbedarf Leiharbeitnehmer zu beschäftigen, weil es dann an einem dauerhaften Personalbedarf und damit einem freien Arbeitsplatz fehlt (BAG DB 2012, 1445). 79

Berücksichtigt werden können nur solche Arbeitsplätze, für deren Ausfüllung der Arbeitnehmer geeignet ist. Da ein Anspruch auf Beförderung sich aus dem KSchG, das auf Besitzstandswahrung gerichtet ist, nicht ergeben kann, können **Beförderungsstellen** nicht als freie Arbeitsplätze 80 gelten. Nur ausnahmsweise kann eine Weiterbeschäftigung auf einer Beförderungsstelle verlangt werden, wenn zu der bisher vom Arbeitnehmer ausgeübten Tätigkeit nur einige qualifiziertere Tätigkeiten hinzukommen, die der Arbeitnehmer mit seiner Qualifikation ausüben kann (BAG NZA 1995, 566). Eine fehlende Eignung des Arbeitnehmers kann sich auch daraus ergeben, dass dieser für den freien Arbeitsplatz überqualifiziert ist (HWK/*Quecke* § 1 KSchG Rn. 282). Fehlt es an der notwendigen Eignung des Arbeitnehmers, so ist zu prüfen, ob diese durch **Umschulung bzw. Fortbildungsmaßnahmen** erreicht werden kann, vgl. § 1 Abs. 2 Satz 3 KSchG. Dies gilt unabhängig davon, ob in dem Betrieb ein Betriebsrat besteht und ob dieser der Kündigung widersprochen hat (BAG NZA 2014, 730). Die Verpflichtung des Arbeitgebers, dem Arbeitnehmer zumutbare Umschulungs- oder Fortbildungsmöglichkeiten anzubieten, besteht aber nur, wenn im Kündigungszeitpunkt feststeht, dass spätestens nach Durchführung der Qualifizierungsmaßnahme ein geeigneter Arbeitsplatz im Unternehmen vorhanden und frei ist (BAG NZA 2014, 1200). Auch müssen diese Maßnahmen dem Arbeitgeber zumutbar sein, wobei alle Umstände wie etwa Erfolgsaussichten, Kosten und Dauer der Maßnahme zu berücksichtigen sind (BAG NZA 1991, 806).

81 Wie § 1 Abs. 2 Satz 2 Nr. 1b KSchG klarstellt, hat die Suche nach einem freien Arbeitsplatz **unternehmensweit** zu erfolgen. Diese Vorschrift ist auch ohne den dort genannten Widerspruch des Betriebsrats anwendbar (BAG BB 1973, 1635). In einem Gemeinschaftsbetrieb mehrerer Unternehmen sind auch Weiterbeschäftigungsmöglichkeiten bei einem anderen Arbeitgeber einzubeziehen (BAG NJW 1994, 3370). Sonst sind aber nur Weiterbeschäftigungsmöglichkeiten im selben Unternehmen auszuloten. Eine **Einbeziehung anderer Konzernunternehmen** erfolgt grundsätzlich nicht (st. Rspr., vgl. BAG NJW 2008, 3309). Etwas anderes kann aber etwa bei konzernweiter Tätigkeit des Arbeitnehmers (BAG NZA 1992, 644) oder bei tarifvertraglich bestehender konzernweiter Weiterbeschäftigungspflicht (BAG NZA 2007, 1278) gelten, wenn das Arbeitgeberunternehmen einen Einfluss auf diese Versetzung des Arbeitnehmers hat (BAG NZA 2005, 929). Der Arbeitgeber ist aber nicht verpflichtet, dem Arbeitgeber einen Arbeitsplatz in einem im Ausland gelegenen Betrieb des Unternehmens anzubieten (BAG NZA 2014, 730; vgl. auch § 23 Abs. 1 KSchG).

82 Da eine Weiterbeschäftigung des Arbeitnehmers auf einem anderen Arbeitsplatz regelmäßig eine Versetzung i.S.d. § 95 Abs. 3 BetrVG darstellt, ist sie nach § 99 BetrVG von der **Zustimmung des Betriebsrats** abhängig. Eine Weigerung des Betriebsrats führt dazu, dass eine Versetzung nicht möglich ist (BAG NJW 1997, 2700). Ein freier Arbeitsplatz liegt dann nicht vor. Der Arbeitgeber muss sich nur um die Zustimmung des Betriebsrats bemühen; das Zustimmungsersetzungsverfahren nach § 99 Abs. 4 BetrVG muss er nicht anstrengen.

83 Ist eine Kündigung zwar durch dringende betriebliche Erfordernisse bedingt, ist sie dennoch nach § 1 Abs. 3 Satz 1 KSchG sozial ungerechtfertigt, wenn der Arbeitgeber bei der Auswahl des zu kündigenden Arbeitnehmers soziale Gesichtspunkte nicht oder nicht ausreichend berücksichtigt hat, eine Sozialauswahl also entweder gar nicht oder fehlerhaft durchgeführt wurde. Die **Sozialauswahl hat in drei Schritten** zu erfolgen: Zu ermitteln sind (1) die vergleichbaren Arbeitnehmer mit austauschbarer Tätigkeit, die für die Sozialauswahl in Betracht kommen (Auswahlkreis, vgl. HWK/*Quecke* § 1 KSchG Rn. 353 ff.); zu beachten und zu gewichten sind (2) die gesetzlichen **Auswahlkriterien** Dauer der Betriebszugehörigkeit, Lebensalter, Unterhaltspflichten, Schwerbehinderung; und zu entscheiden ist schließlich (3), welche Person(en) dabei unter Beachtung des berechtigten betrieblichen Interesses an einer ausgewogenen Personalstruktur (Herausnahme sog. Leistungsträger, Rdn. 87) am **wenigsten schutzwürdig** sind.

84 Die Sozialauswahl erfolgt dabei rein **betriebsbezogen** (BAG NJW 1999, 677). In die Auswahlgruppe können daher nur im Betrieb beschäftigte Arbeitnehmer einbezogen werden. Versetzungsklauseln in den Arbeitsverträgen ändern hieran nichts (BAG NJW 2005, 3446). Von den im Betrieb beschäftigten Arbeitnehmern sind von der Sozialauswahl diejenigen auszunehmen, die wegen Nichterfüllung der Wartezeit noch keinen Kündigungsschutz genießen, und diejenigen, deren ordentliche Kündigung kraft Gesetzes ausgeschlossen ist. Problematischer ist die Ausnahme bei Personen, deren Kündigung von behördlicher Zustimmung abhängig ist, also z.B. Arbeitnehmern in Elternzeit oder Schwerbehinderten sowie bei Arbeitnehmern, deren ordentliche Kündbarkeit

nur aufgrund Arbeitsvertrags oder Tarifvertrags ausgeschlossen ist. Während bei Vorliegen der behördlichen Zustimmung der erste Personenkreis in die Sozialauswahl einbezogen wird, sind (tarif) vertraglich ordentlich unkündbare Personen generell aus der Sozialauswahl herausgenommen (diff. Lösung bei HWK/*Quecke* § 1 KSchG Rn. 343 ff.).

Durch die Berücksichtigung der **Betriebszugehörigkeit** soll die Betriebstreue des Arbeitnehmers honoriert werden, während die Berücksichtigung des **Lebensalters** die sich verringernden Chancen auf dem Arbeitsmarkt in die Sozialauswahl einfließen lassen soll. Beide Kriterien könnten eine **Altersdiskriminierung** nach § 3 Abs. 1 u. 2 AGG darstellen. Für die »Betriebszugehörigkeit« wird dies schon tatbestandlich bestritten (HWK/*Quecke* § 1 KSchG Rn. 371), jedenfalls aber ist deren Berücksichtigung nach § 10 AGG zulässig. Doch auch die Einbeziehung des »Lebensalters« verfolgt arbeitsmarktpolitisch legitime Zwecke und setzt hierfür angemessene und erforderliche Mittel ein, sodass auch dies nach § 10 AGG gerechtfertigt erscheint (BAG DB 2012, 1445; NZA 2009, 361). Die Berücksichtigung von **Unterhaltspflichten** soll dazu dienen, die wirtschaftliche Abhängigkeit anderer Personen als des zu kündigenden Arbeitnehmers von dessen Arbeitsplatz zu berücksichtigen. Einbezogen werden können aber nur gesetzliche Unterhaltspflichten (HWK/*Quecke* § 1 KSchG Rn. 375). Die Berücksichtigung einer **Schwerbehinderung** erfolgt als Ausgleich der durch die Behinderung bestehenden Nachteile. 85

Die Bewertung der Kriterien kann anhand von **Punkteschemata** erfolgen, mittels derer den in der Auswahlgruppe befindlichen Arbeitnehmern für die verschiedenen sozialen Merkmale unterschiedliche Punkte vergeben werden (BAG NZA 2007, 549). Der dem Arbeitgeber eingeräumte Beurteilungsspielraum erlaubt es hierbei, die einzelnen Faktoren unterschiedlich zu gewichten. Es muss aber jeder der vier Auswahlgesichtspunkte in der Gesamtbewertung zum Tragen kommen (BAG NZA 2003, 791). Ist die Sozialauswahl aufgrund des Punktesystems fehlerhaft, so kann ein Arbeitnehmer die Fehlerhaftigkeit der Sozialauswahl so lange nicht mit Erfolg rügen, als nachgewiesen werden kann, dass er auch bei ordnungsgemäßer Gewichtung des Punktesystems zur Entlassung angestanden wäre (BAG NJW 2007, 2429). 86

Nach § 1 Abs. 3 Satz 2 KSchG kann der Arbeitgeber aus der Sozialauswahl solche Arbeitnehmer herausnehmen, deren **Weiterbeschäftigung im berechtigten betrieblichen Interesse** liegt. Dies bedeutet aber nicht, dass diese aus der Auswahlgruppe herauszunehmen sind; vielmehr wird dies erst nach Durchführung der Sozialauswahl berücksichtigt (BAG NJW 2002, 3797). **Leistungsträger** sind solche Arbeitnehmer, deren besondere Kenntnisse, Fähigkeiten und Qualifikationen dem Betrieb nicht unerhebliche Vorteile bringen. Wenn diese Leistungsträger überhaupt in den Auswahlkreis einbezogen werden (1. Stufe), so können sie jedenfalls aus der Sozialauswahl herausgenommen werden, wenn sie – auch nur von Zeit zu Zeit – für den Betrieb von wirtschaftlicher Bedeutung sind (HWK/*Quecke* § 1 KSchG Rn. 395). Berücksichtigt werden können aber nur positive Fähigkeiten; eine »Negativauswahl« im Sinne einer Einbeziehung krankheitsanfälliger Kollegen findet nicht statt (BAG NZA 2007, 1362). 87

Die stringente Berücksichtigung der Auswahlkriterien des § 1 Abs. 3 Satz 1 KSchG würde dazu führen, dass grundsätzlich nur **jüngeren** Arbeitnehmern zu kündigen wäre. Daraus folgte eine vom Gesetz nicht gewollte Verzerrung der Personalstruktur. Deshalb können einzelne Arbeitnehmer aus der Sozialauswahl ausgenommen werden, um eine ausgewogene **Personalstruktur** zu sichern (nicht aber um sie erst zu schaffen). Hauptfall dürfte die Vermeidung einer Überalterung der Belegschaft sein. Dies erfolgt regelmäßig durch die **Bildung von Altersgruppen**, wobei dann in jeder Altersgruppe den hier am wenigsten sozial Schutzbedürftigen zu kündigen wäre. Diese Vorgehensweise stellt keine Altersdiskriminierung dar, vielmehr bewirkt die Bildung von Altersgruppen das Gegenteil einer proportionalen Gleichbehandlung (BAG DB 2012, 1445; NZA 2009, 361; Beispielrechnung bei HWK/*Quecke* § 1 KSchG Rn. 403). 88

Auch bei der betriebsbedingten Kündigung hat der **Arbeitgeber** gem. § 1 Abs. 2 Satz 4 KSchG die **Tatsachen zu beweisen**, die die Kündigung bedingen. Dies umfasst insbesondere die unternehmerische Entscheidung und den daraus folgenden Wegfall der Beschäftigungsmöglichkeit des 89 gekündigten Arbeitnehmers. Bezüglich der Möglichkeit einer Weiterbeschäftigung auf einem anderen Arbeitsplatz hat der **Arbeitnehmer** darzulegen, wie er sich eine anderweitige Beschäftigung vorstellt, ohne dabei einen konkreten freien Arbeitsplatz benennen zu müssen. Die abgestufte Darlegungs- und Beweislast geht dann wieder auf den Arbeitgeber über, der notfalls beweisen muss, dass ein solcher Arbeitsplatz nicht vorhanden ist (BAG NJW 1985, 1797).

90 Die Darlegungs- und Beweislast für die **Fehlerhaftigkeit der Sozialauswahl** trägt nach § 1 Abs. 3 Satz 3 KSchG der **Arbeitnehmer**. Hierbei hilft ihm der Auskunftsanspruch gegen den Arbeitgeber aus § 1 Abs. 3 Satz 1 Hs. 2 KSchG. Die Voraussetzungen für die Herausnahme von Mitarbeitern aus der Sozialauswahl hat dann wieder der Arbeitgeber darzulegen. Deshalb findet auch bei der Sozialauswahl eine **abgestufte Darlegungs- und Beweislast** statt (BAG NJW 1984, 78). Auf die Rüge des Arbeitnehmers hin, die Sozialauswahl sei fehlerhaft, hat der Arbeitgeber in Erfüllung des Auskunftsanspruchs seine Gründe für die Sozialauswahl darzulegen. Hat er dies vollständig und schlüssig getan, so hat der Arbeitnehmer konkret vorzutragen und zu beweisen, woraus sich die Fehlerhaftigkeit ergibt. Gelingt ihm dies, so kann der Arbeitgeber immer noch darlegen und beweisen, dass der konkrete Auswahlfehler für die Kündigung des jeweiligen Arbeitnehmers nicht kausal war (BAG NZA 2007, 549).

### 3. Änderungskündigung

91 Die Norm des § 2 KSchG bezieht den Kündigungsschutz auch auf die **Änderung einzelner Vertragsbedingungen**. Deshalb bezweckt sie den Schutz des Vertragsinhalts (h.M., vgl. BAG NZA 2007, 87, 89; NZA 2005, 465, 467; APS/*Künzl* § 2 KSchG Rn. 3). Das ist nur die halbe Wahrheit, weil § 2 KSchG zumindest **mittelbar** auch den Arbeitsplatz schützt, weil i. d. R. die Weiterbeschäftigung unter geänderten Arbeitsbedingungen für den Arbeitgeber nach dem ultima-ratio-Prinzip Vorrang vor der Beendigungskündigung genießt (ErfK/*Oetker* § 2 KSchG Rn. 1 ff.). Der Inhaltsschutz beschränkt sich darauf, dem Arbeitnehmer die Möglichkeit einer gerichtlichen Verhältnismäßigkeitskontrolle einzuräumen.

92 Die Änderungskündigung setzt sich aus **zwei Bestandteilen** zusammen: (1) eine echte Kündigung, die das gesamte Vertragsverhältnis beenden soll, soweit der Arbeitnehmer das ihm angetragene Änderungsangebot nicht annimmt, wird (2) mit dem Angebot des Arbeitgebers, das Arbeitsverhältnis zu geänderten Arbeitsbedingungen fortzusetzen, verbunden (BAG NZA 2005, 1289). Auch insoweit muss die Schriftform des § 623 eingehalten und der Betriebsrat nach § 102 BetrVG beteiligt werden (BAG NZA 1990, 529). Daneben treten Beteiligungsrechte des Betriebsrats nach § 99 BetrVG. Eine Änderungskündigung kann eine Versetzung oder Umgruppierung beinhalten. Zwar ändert die Zustimmung des Betriebsrats nichts an der Möglichkeit des Arbeitnehmers, seinen individuellen Rechtsschutz nach § 2 KSchG zu verfolgen. Doch kann die **Zustimmungsverweigerung** des Betriebsrats nach § 99 BetrVG dazu führen, dass der Arbeitgeber betriebsverfassungsrechtlich an der Umsetzung der Vertragsänderung gehindert wird. Dies führt zwar nicht zur Unwirksamkeit der Änderungskündigung (BAG NZA 1994, 615), doch bindet das negative Ergebnis des Zustimmungsersetzungsverfahrens den Richter im Individualprozess: die Änderungskündigung ist in einem solchen Fall sozial ungerechtfertigt (BAG NZA 2009, 505).

93 Das in der Änderungskündigung enthaltene **Änderungsangebot** ist als Angebot des Arbeitgebers i.S.v. § 145 auf Fortsetzung des Arbeitsverhältnisses zu geänderten Bedingungen zu werten. Das Angebot muss für den Empfänger im Zeitpunkt des Zugangs der Kündigung **hinreichend klar bestimmt bzw. bestimmbar** sein (BAG NZA 2009, 957). Es genügt, wenn das Änderungsangebot bereits vor Ausspruch der Kündigung abgegeben worden ist, wenn der Arbeitgeber bei Ausspruch der Kündigung klarstellt, dass er das Änderungsangebot aufrechterhält (BAG NZA 2005, 1289). Keine Änderungskündigung ist die **Teilkündigung** einzelner Arbeitsbedingungen, weil diese einzelne Arbeitsbedingungen »entfernen« will, was aber i.d.R. nur kraft vertraglichen Widerrufsvorbehalts zulässig ist (ErfK/*Oetker* § 2 KSchG Rn. 9). Soweit der Arbeitgeber eine von § 106 GewO gedeckte **Weisung** erteilt, die eine Tätigkeitsveränderung im vertraglichen Rahmen bewirken soll, kann diese, falls der Arbeitnehmer die Arbeit zu den neuen Bedingungen verweigert, nicht durch eine

Änderungskündigung umgesetzt werden: Ein Rechtsschutzbedürfnis für eine »hilfsweise« erklärte Änderungskündigung ist hier nicht gegeben, diese ist »überflüssig« (BAG NZA-RR 2008, 291). Eine gegen eine unbedingt erklärte, »überflüssige« Änderungskündigung gerichtete »Änderungsschutzklage« nach § 4 Satz 2 KSchG ist aber jedenfalls unbegründet, weil die soziale Rechtfertigung der Änderung unbeachtlich ist, wenn der Arbeitgeber diese auch im Wege des Direktionsrechts anordnen kann (BAG NZA 2012, 856).

Der Arbeitnehmer kann auf die Änderungskündigung auf **dreierlei Weise reagieren:** Er kann (1) das Änderungsangebot ohne Vorbehalt **annehmen** und zu geänderten Arbeitsbedingungen weiterarbeiten. Bei der Annahmeerklärung handelt es sich um eine empfangsbedürftige Willenserklärung, die auch **konkludent** kraft Weiterarbeit des Arbeitnehmers zu den geänderten Bedingungen erklärt werden kann. Die Annahmefrist bemisst sich nach § 147 Abs. 2. Die vorbehaltlose Annahme kann bis zu dem Tag erfolgen, an dem der Arbeitgeber unter Einhaltung der Kündigungsfrist letztmals hätte kündigen können (BAG NZA 2003, 659). Nach § 148 kann der Arbeitgeber aber auch eine Annahmefrist bestimmen, die die Dreiwochenfrist des § 2 Satz 2 KSchG als **Untergrenze** beachten muss (BAG NZA 2007, 925); der Arbeitnehmer kann (2) das Änderungsangebot vollumfänglich **ablehnen.** Dadurch wird die Änderungskündigung zur Beendigungskündigung, sodass sie nicht mit der Änderungsschutzklage, sondern mit der normalen Kündigungsschutzklage anzugreifen ist. Die soziale Rechtfertigung dieser Beendigungskündigung richtet sich grundsätzlich nach § 1 KSchG, die Modalitäten des Änderungsangebots sind in diese Prüfung aber mit einzubeziehen (BAG NZA 2006, 92). 94

(3) eröffnet § 2 KSchG dem Arbeitnehmer die Möglichkeit, das Änderungsangebot unter dem **Vorbehalt der sozialen Rechtfertigung** anzunehmen, d.h., dass dem Arbeitnehmer durch § 2 KSchG das Recht eingeräumt wird, abweichend von § 150 Abs. 2 ein Vertragsangebot unter einer Bedingung anzunehmen (BAG NZA 1985, 455). Nach § 2 Abs. 2 KSchG muss der Arbeitnehmer den Vorbehalt »innerhalb der Kündigungsfrist, spätestens jedoch innerhalb von drei Wochen nach Zugang der Kündigung erklären«. Kündigungsfrist i.S.v. § 2 Satz 2 KSchG ist die vertraglich vereinbarte Kündigungsfrist, ggf. auch die gesetzliche Frist in § 622. Ist die Kündigungsfrist kürzer als 3 Wochen, so hat der Arbeitnehmer den Vorbehalt innerhalb dieser Frist zu erklären (BAG NZA 2006, 1092). Ein Verstreichenlassen der Frist führt nur dazu, dass der Arbeitnehmer sein Recht zur Annahme unter Vorbehalt verliert (ErfK/*Oetker* § 2 KSchG Rn. 36). Unberührt bleiben hiervon die Erfolgsaussichten einer Kündigungsschutzklage, die allerdings in der **Drei-Wochen-Frist des § 4 KSchG** erhoben werden muss. Ebenso besteht weiterhin die Möglichkeit, eine außergerichtliche Einigung über die Änderung der Vertragsbedingungen bzw. den Vorbehalt zu erzielen. 95

Die **soziale Rechtfertigung** der Änderung der Arbeitsbedingungen richtet sich nach § 1 KSchG, wobei deren Prüfung vom Angebot des Arbeitgebers auszugehen hat (BAG NJW 1973, 1819). Dies führt zu einem **zweistufigen** Prüfungsverfahren. Zunächst ist zu untersuchen, ob die Vertragsänderung durch einen Grund in der Person oder dem Verhalten des Arbeitnehmers oder durch dringende betriebliche Erfordernisse bedingt ist. Danach ist zu prüfen, ob der Arbeitgeber sich darauf beschränkt hat, lediglich solche Änderungen vorzuschlagen, die der Arbeitnehmer **billigerweise hinnehmen** muss (BAG NZA 2006, 92). Ist schon im ersten Schritt keine soziale Rechtfertigung für die Änderung der Arbeitsbedingungen ersichtlich, so erübrigt sich die Prüfung des Änderungsangebots auf zweiter Stufe. Liegt hingegen ein Kündigungsgrund vor, so ist unter Anwendung des Verhältnismäßigkeitsgrundsatzes zu untersuchen, ob die geänderten Arbeitsbedingungen im Hinblick auf den Kündigungsgrund geeignet und erforderlich sind und die mildeste denkbare Änderung zur Erreichung des mit der Änderungskündigung angestrebten Ziels sind (BAG NZA 2007, 855). 96

Eine **personenbedingte** Änderungskündigung kommt in Betracht, wenn der Arbeitnehmer den bisherigen Arbeitsplatz nicht mehr ausfüllen kann, aber andere, angemessene Arbeitsplätze vorhanden sind. Dies kommt insbesondere bei altersbedingter Abnahme der Leistungsfähigkeit oder bei einer krankheitsbedingten Versetzung auf einen leistungsgerechten Arbeitsplatz in Betracht. Die Änderungskündigung wird hierbei regelmäßig das mildere Mittel zur krankheitsbedingten 97

Beendigungskündigung sein (ErfK/*Oetker* § 2 KSchG Rn. 45). Aber auch der Verlust z.B. der Fahrerlaubnis kann bei einem zur Ausübung seiner Tätigkeit hierauf angewiesenen Arbeitnehmer die Änderungskündigung auf einen Arbeitsplatz ohne diese Erfordernisse rechtfertigen. Eine Änderungskündigung nicht rechtfertigen kann hingegen die bloße »**Nachtdienstuntauglichkeit**« einer Krankenschwester, sofern diese im Schichtbetrieb ohne weiteres auch außerhalb von Nachtdiensten eingesetzt werden kann (BAG NZA 2014, 719).

98 Die **verhaltensbedingte** Änderungskündigung kann das geeignete Mittel sein, um durch die Veränderung der Vertragsbedingungen ein vertragswidriges Verhalten zu beenden. Damit kommt insbesondere die Versetzung eines Arbeitnehmers in Betracht, der in dauernde Streitigkeiten mit anderen Kollegen involviert ist (ErfK/*Oetker* § 2 KSchG Rn. 46).

99 Bei der **betriebsbedingten** Änderungskündigung ist zunächst **materiell** zu prüfen, ob für den zu kündigenden Arbeitnehmer keine Beschäftigungsmöglichkeit mehr im Rahmen der bisherigen Vertragsbedingungen besteht (BAG NZA 2008, 523), was als unternehmerische Entscheidung nur einer beschränkten Kontrolle unterzogen werden kann (BAG NZA 2006, 92; vgl. Rdn. 77). Ein arbeitgeberseitiges Interesse, die Arbeitsbedingungen zu vereinheitlichen, kann eine Änderungskündigung hingegen nicht rechtfertigen, weil sich hieraus kein Wegfall der Beschäftigungsmöglichkeit zu den bisherigen Bedingungen begründen lässt (LAG Rheinland-Pfalz, Urt. v. 02.03.2012 – 9 Sa 627/11). Auf nächster Stufe ist zu überprüfen, ob der Arbeitnehmer nicht ohne Änderungskündigung auf einem anderen Arbeitsplatz weiterbeschäftigt werden könnte (BAG NZA 2004, 1158). Maßgeblich für die Zulässigkeit ist im Ergebnis meist, ob eine angemessene **Änderung des Tätigkeitsbereichs** (»Leistungsänderung«) oder eine Änderung der Gegenleistung (»Entgeltminderung«) angestrebt wird (vgl. *Reichold* RdA 2002, 321, 326 f.). Mit Änderungen im Leistungsbereich muss der Arbeitnehmer schon wegen seiner Weisungsabhängigkeit eher rechnen als mit einer **Entgeltminderung**, die z.B. allein aus Gründen der Gleichbehandlung nicht in Betracht kommt (BAG NJW 2000, 756). Anders verhält es sich bei der Änderung von **Nebenbedingungen** wie der Abschaffung von Überstundenpauschalen zugunsten eines Freizeitausgleichs (BAG NZA 2001, 492). Einseitige Vertragsänderungen im Randbereich der Vertragsbedingungen (so z.B. Wegfall des Werkbusverkehrs, BAG NZA 2003, 1029) sind dem Arbeitnehmer eher zuzumuten als im **Kernbereich des Synallagmas**. Das BAG hat noch keinen Fall entdeckt, in dem die Änderungskündigung zum Zweck einer Entgeltabsenkung berechtigt war (*Hromadka* DB 2002, 1322, 1325). Dies lässt sich laut BAG nur bejahen, wenn bei Aufrechterhaltung der bisherigen Personalkostenstruktur weitere, betrieblich nicht mehr auf andere Weise kompensierbare Verluste entstünden, die eine Reduzierung der Belegschaft oder die Schließung des Betriebs zur Folge hätten (BAG NZA 2008, 1182). Eine Änderung des **Arbeitsortes** kommt vor allem dann in Betracht, wenn ein Betrieb oder Betriebsteil stillgelegt wird, aber andere zumutbare Arbeitsplätze im Betrieb oder Unternehmen noch frei sind und mangels Versetzungsklauseln eine Änderung des vertraglich fixierten Arbeitsortes erforderlich ist (BAG RdA 2002, 372).

100 Lehnt der Arbeitnehmer das Änderungsangebot vorbehaltlos ab, so muss er die **Kündigungsschutzklage** nach § 4 Satz 1 KSchG erheben. Bei Annahme des Angebots unter Vorbehalt tritt an deren Stelle die **Änderungsschutzklage** nach § 4 Satz 2 KSchG. Diese ist auf die Feststellung zu richten, dass die Änderung der Arbeitsbedingungen sozial ungerechtfertigt oder aus anderen Gründen rechtsunwirksam ist. Unterliegt der Arbeitnehmer im Änderungsschutzverfahren, so erlischt der Vorbehalt. Mit der Feststellung der Wirksamkeit der Änderung der Arbeitsbedingungen wird der Arbeitnehmer endgültig verpflichtet, zu den neuen Arbeitsbedingungen zu arbeiten. Obsiegt der Arbeitnehmer hingegen, so gilt die Änderungskündigung nach **§ 8 KSchG** als von Anfang an rechtsunwirksam, was aber nicht bedeutet, dass der Arbeitnehmer schon während des Prozesses zu den bisherigen Arbeitsbedingungen weiterbeschäftigt werden muss (BAG NZA 1990, 734). Hatte die Änderungskündigung aber Auswirkungen auf das Entgelt, so hat der Arbeitnehmer Anspruch auf Erstattung der Differenzbeträge (APS/*Künzl* § 8 KSchG Rn. 9). Dies gilt auch, wenn die Änderungskündigung die Arbeitszeit reduziert hatte. Hier hat der Arbeitnehmer unter Annahmeverzugsgesichtspunkten Anspruch auf Nachentrichtung der Vergütung (ErfK/*Kiel* § 8 KSchG Rn. 2).

### 4. Wirksamkeitsfiktion bei Versäumen der Klagefrist (§§ 4, 7 KSchG)

Nach Ausspruch der Kündigung hat der Arbeitgeber ein berechtigtes Interesse daran, kurzfristig Klarheit darüber zu erlangen, ob der Arbeitnehmer die Kündigung hinnimmt oder ihre Unwirksamkeit gerichtlich geltend machen will (BAG NJW 1995, 1173). Deshalb sieht § 4 Satz 1 KSchG die **kurze Klagefrist von 3 Wochen nach Zugang der Kündigung** vor, innerhalb derer der Arbeitnehmer die Unwirksamkeit der Kündigung durch Erhebung einer Kündigungsschutzklage beim zuständigen Arbeitsgericht geltend machen muss. Die Versäumung der Klagefrist führt nicht etwa nur zur Unzulässigkeit der Kündigungsschutzklage, sondern zur gesetzlichen Fiktion einer **voll umfänglichen Wirksamkeit der Kündigung**, vgl. § 7 KSchG: die Kündigung gilt »als von Anfang an rechtswirksam«. Hingegen ist ein Arbeitnehmer, der die Rechtsunwirksamkeit einer von ihm selbst erklärten Kündigung geltend machen will, nicht an die Einhaltung der Klagefrist des § 4 Satz 1 KSchG gebunden (BAG NZA 2017, 1524).

101

Seit dem 01.01.2004 gilt die Drei-Wochen-Frist für **alle Kündigungen**, also auch solche im Kleinbetrieb (Rdn. 41 ff.) und innerhalb der Wartezeit (Rdn. 46 ff.). Nach § 13 Abs. 1 Satz 2 KSchG gilt die Klagefrist auch für die außerordentliche Kündigung. Die Änderungskündigung ist über § 4 Satz 2 KSchG einbezogen. Die Klage muss auch dann binnen **3 Wochen** erhoben werden, wenn der Arbeitnehmer die Unwirksamkeit der Kündigung nicht auf ihre Sozialwidrigkeit nach § 1 KSchG, sondern auf andere Unwirksamkeitsgründe stützt. Der Mangel der fehlenden Schriftform (§ 623) kann auch später noch gerügt werden, da die Frist nach § 4 Satz 1 KSchG ausdrücklich erst mit dem Zugang der **schriftlichen Kündigung** zu laufen beginnt (dazu Rdn. 105). Nach neuer Rechtsprechung des 5. Senats des BAG muss auch die Nichteinhaltung der objektiv richtigen Kündigungsfrist innerhalb der Frist des § 4 Satz 1 KSchG gerichtlich geltend gemacht werden, wenn die zum falschen Termin erklärte Kündigung sich nicht als solche mit zutreffender Kündigungsfrist auslegen lässt. Scheitert eine Auslegung – insbesondere, weil die Kündigungserklärung sich allein auf einen bestimmten Kündigungszeitpunkt bezieht –, so kommt eine Umdeutung nach § 140 nicht mehr in Betracht, weil bei unterlassener Kündigungsschutzklage bereits die Wirksamkeitsfiktion des § 7 KSchG eingreift (BAG NJW 2010, 3740). Der 2. Senat des BAG hat bisher offengelassen, ob er sich dieser »strengeren Linie« anschließen wird (BAG NZA 2011, 343). Jedenfalls sollte man bei Nennung eines Kündigungstermins in der Erklärung entsprechende Vorsicht walten lassen.

102

Die Kündigungsschutzklage ist eine **besondere Feststellungsklage**, weil die Wirksamkeit der Kündigung und mithin der Fortbestand des Arbeitsverhältnisses zwar durch Richterspruch festgestellt, aber die Rechtslage nicht erst durch diesen gestaltet wird (BAG NZA 1985, 702). Allein aus der Rechtsfolge des § 7 KSchG (Wirksamkeitsfiktion bei Versäumung der Klagefrist) ergibt sich das Feststellungsinteresse des Klägers (BAG DB 1981, 2223). Die Klage kann auch **zu Protokoll der arbeitsgerichtlichen Geschäftsstelle** erklärt werden. **Beklagter** der Kündigungsschutzklage ist grundsätzlich der Arbeitgeber. Kündigt der Insolvenzverwalter, so ist die Kündigungsschutzklage gegen diesen zu richten (HWK/*Quecke* Vor § 1 KSchG Rn. 43). Der **Klageantrag** muss laut § 4 Satz 1 KSchG darauf gerichtet sein, dass das Arbeitsverhältnis nicht durch eine bestimmte Kündigung aufgelöst worden ist. Aufgrund des **punktuellen Streitgegenstandsbegriffs** ist Gegenstand der Klage immer nur eine ganz konkrete Kündigung (st.Rspr.), was bedeutet, dass der Kläger alle Kündigungen, die er für unwirksam hält, angreifen muss, um der Wirksamkeitsfiktion des § 7 KSchG zu entgehen. Eine allgemeine Feststellungsklage dahingehend, dass das Arbeitsverhältnis fortbesteht, genügt nicht, um die Rechtsfolge des § 7 KSchG zu vermeiden. Allerdings kann dieser Feststellungsantrag mit der punktuellen Klage nach § 4 Satz 1 KSchG verbunden werden, um vorsorglich alle eventuell übersehenen Beendigungstatbestände in das Verfahren mit einzubeziehen (sog. »**Schleppnetzantrag**«, vgl. BAG NZA 2005, 1259). Doch bedarf diese Kombination mit dem allgemeinen Feststellungsantrag (§ 256 ZPO) einer besonderen, das allgemeine Feststellungsinteresse substantiierenden Begründung (BAG NZA 1997, 844). Zur Auslegung des geäußerten Parteiwillens sind immer auch der Zusammenhang mit der übrigen Klageschrift und die sonstigen Umstände zu berücksichtigen (BAG NZA 2008, 589). Der formularmäßige **Verzicht** auf die Erhebung

103

einer Kündigungsschutzklage ist nach § 307 Abs. 1 Satz 1 unwirksam, wenn nicht eine hinreichende arbeitgeberseitige Kompensation vorgesehen ist (BAG NZA 2015, 350).

104 Zuständiges Gericht ist das **Arbeitsgericht**, in dessen Bezirk der Arbeitgeber seinen (Wohn-) Sitz hat (§§ 12, 13, 17 ZPO, 46 Abs. 2 Satz 1 ArbGG). Eine weitere örtliche Zuständigkeit für das Gericht des Arbeitsortes ergibt sich – wichtig z.B. für Außendienstler – aus § 48 Abs. 1a Satz 1 ArbGG. Das Arbeitsgericht ist nach § 2 Abs. 1 Nr. 3 Buchst. b ArbGG ausschließlich zuständig und entscheidet nach § 2 Abs. 5 ArbGG im **Urteilsverfahren** (§§ 46 ff.) über die Kündigungsschutzklage.

105 Die Drei-Wochen-Frist des § 4 Satz 1 KSchG beginnt mit **Zugang der schriftlichen Kündigungserklärung** zu laufen. Eine Ausnahme hiervon besteht nach § 4 Satz 4 KSchG, wenn die Kündigung der Zustimmung einer **Behörde** bedarf (vgl. z.B. § 168 SGB IX). Wird diese erst nach Zugang der Kündigung erteilt, so beginnt die Frist erst mit der Bekanntgabe der behördlichen Entscheidung an den Arbeitnehmer zu laufen. Andernfalls beginnt die Frist im Zeitpunkt des **Zugangs** der Kündigung nach § 130 Abs. 1 Satz 1. Wegen des Schriftlichkeitserfordernisses des § 623 muss die Kündigung stets in einem Schriftstück erklärt werden. Für den Zugang dieser Erklärung unter Anwesenden genügt die Möglichkeit der Kenntnisnahme durch den Empfänger z.B. durch Vorlage zum Durchlesen, eine Überlassung des Schriftstücks ist nicht notwendig (BAG NJW 2005, 1533). Unter **Abwesenden** geht eine Erklärung dann zu, wenn diese so in den Machtbereich (z.B. Briefkasten) des Empfängers gelangt ist, dass dieser unter normalen Umständen von ihrem Inhalt Kenntnis nehmen konnte (vgl. näher HWK/*Quecke* § 4 KSchG Rn. 27). Urlaubsabwesenheit oder ein Krankenhausaufenthalt des Arbeitnehmers hindern den Zugang selbst dann nicht, wenn der Arbeitgeber von der Abwesenheit des Arbeitnehmers weiß (BAG NZA 2004, 1330). Vereitelt der Arbeitnehmer treuwidrig den Zugang der Kündigung, indem er sich grundlos weigert, diese entgegenzunehmen, so gilt die Kündigung als zugegangen (BAG NZA 2003, 484). Auch bei treuwidriger Zugangsverzögerung wird rechtzeitiger Zugang fingiert (BAG NZA 2006, 204).

106 Die **Fristberechnung** erfolgt nach §§ 187, 188, 193. Da nach § 187 Abs. 1 der Tag des Kündigungszugangs nicht mitgerechnet wird, endet nach § 188 Abs. 2 die Frist am selben Wochentag 3 Wochen später. Geht die Kündigung an einem Samstag, Sonn- oder Feiertag zu, so läuft auch die Frist an einem solchen Tag aus, sodass nach § 193 das Fristende auf den nächsten Werktag verschoben wird. Versäumt der Arbeitnehmer die Frist z.B. wegen urlaubsbedingter Abwesenheit, so besteht die Möglichkeit, über den § 5 KSchG **nachträgliche Klagezulassung** zu beantragen.

## II. Befristungsrecht

### 1. Grundlagen

107 Für die Befristung von Arbeitsverträgen gilt laut § 620 Abs. 3 das **Teilzeit- und Befristungsgesetz (TzBfG)**. Eine Befristung ist im Arbeitsrecht nur nach Maßgabe der §§ 14 ff. TzBfG zulässig, vgl. Rdn. 1, 16 ff. Zur Möglichkeit der **sachgrundlosen** Befristung nach § 14 Abs. 2 bzw. 2a bzw. 3 TzBfG vgl. Rdn. 18. Das TzBfG gilt für **alle Arbeitnehmer**, auch für Leiharbeitnehmer. Eine **Wartezeit** wie § 1 Abs. 1 KSchG kennt das TzBfG nicht. Auch eine Ausnahme für Kleinbetriebe ist nicht vorgesehen. Damit sind auch alle Arbeitsverträge der Befristungskontrolle zu unterwerfen, bei denen wegen Nichtanwendbarkeit des KSchG eine Umgehung des Kündigungsschutzes nicht zu befürchten ist (BAG NZA 2005, 218). Hingegen beurteilt sich die Zulässigkeit einer Befristung einzelner Arbeitsbedingungen nicht nach dem TzBfG, sondern unterliegt einer Kontrolle nach den §§ 305 ff. (BAG DB 2012, 1442).

108 **Maßgeblicher Beurteilungszeitpunkt** für die Zulässigkeit einer Befristung ist der Vertragsschluss. Der die Befristung rechtfertigende Sachgrund muss in diesem Zeitpunkt gegeben sein und es müssen greifbare Tatsachen vorliegen, die sein Fortbestehen mit einiger Sicherheit vermuten lassen (HWK/*Rennpferdt* § 14 TzBfG Rn. 23). Fällt ein zunächst gegebener Sachgrund nachträglich weg, bedeutet das nicht, dass sich das befristete Arbeitsverhältnis von selbst in ein unbefristetes Arbeitsverhältnis umwandelt (BAG NZA 2002, 696). Vom Arbeitgeber können im Zeitpunkt des Vertragsabschlusses nur valide Prognosen bezüglich des **vorübergehenden** Beschäftigungsbedarfs erwartet werden,

nicht aber prophetische Gaben über zukünftige Entwicklungen (BAG NZA 1997, 313). Aus dem späteren Wegfall des einmal vorliegenden Sachgrundes folgt kein Anspruch des Arbeitnehmers auf unbefristete Weiterbeschäftigung. Allerdings kann die Verweigerung eines bereits in Aussicht gestellten Dauerarbeitsplatzes rechtsmissbräuchlich sein, wenn die vom Arbeitgeber als Voraussetzung für die unbefristete Weiterbeschäftigung genannten Faktoren eingetreten sind und der Arbeitgeber hierdurch einen Vertrauenstatbestand hervorgerufen hat (BAG NZA 1996, 87).

Gemäß § 14 Abs. 4 TzBfG bedarf die Befristung eines Arbeitsvertrags der **Schriftform** (Rdn. 19); diese bezieht sich nur auf die Befristungsvereinbarung, sodass niedergelegt sein muss, dass der Arbeitsvertrag befristet wird und – bei Zeitbefristung – wann er endet. Nicht notwendig in die Vertragsurkunde aufzunehmen ist der Sachgrund der Zeitbefristung (BAG NZA 1996, 1208), was aber aus Gründen der Beweissicherung sinnvoll erscheint. Verschiedene kollektivrechtliche Regelungen verpflichten zur **Angabe des Befristungsgrundes**, so z.B. § 5 Abs. 5 Satz 2 AVR Diakonie. Ist die Angabe des Sachgrundes vorgeschrieben, so können andere Begründungen zur Rechtfertigung der Befristung später nicht nachgeschoben werden. Erfolgt die Angabe des Sachgrundes hingegen freiwillig, so kann sich der Arbeitgeber auf andere Gründe berufen und sich ggf. auch auf eine sachgrundlose Befristung zurückziehen (BAG, Urt. v. 12.08.2009 – 7 AZR 270/08). Für die **Zweckbefristung** ist wegen deren offenen Endes stets der Zweck anzugeben, vgl. Rdn. 19. 109

Einzuhalten ist die Schriftform nach § 126, für die es genügt, wenn das Angebot eines befristeten Arbeitsvertrags in einem vom Arbeitgeber unterzeichneten Schreiben vom Arbeitnehmer durch Unterzeichnung **desselben Schriftstücks** angenommen wird (BAG NZA 2006, 1402). Die schriftliche Vereinbarung der Befristung muss zwingend **vor Vertragsbeginn** erfolgt sein, da eine nach Arbeitsaufnahme vereinbarte Befristung nicht zurückwirkt (BAG NJW 2005, 2333). Vielmehr ist dann ein unbefristetes Arbeitsverhältnis zustande gekommen, das wegen § 14 Abs. 2 Satz 2 TzBfG nur noch bei Vorliegen eines Sachgrunds nachträglich befristet werden kann. Die Nichteinhaltung der Schriftform führt nur zur **Unwirksamkeit der Befristung**, hingegen nicht zur Gesamtnichtigkeit des Arbeitsvertrags, sondern nach § 16 TzBfG zum Bestehen eines unbefristeten Arbeitsverhältnisses. 110

Nach § 15 Abs. 3 TzBfG ist ein befristetes Arbeitsverhältnis nur dann **ordentlich kündbar**, wenn dies einzelvertraglich oder im anwendbaren Tarifvertrag vereinbart ist. Das Recht zur außerordentlichen Kündigung bleibt davon unberührt. Die Tarifverträge des öffentlichen Dienstes sehen für befristete Arbeitsverträge ohne sachlichen Grund eine Probezeit vor, innerhalb derer ordentlich gekündigt werden kann (§ 30 Abs. 4 TVöD/TV-L). Nach Ablauf dieser Probezeit ist die ordentliche Kündigung zulässig, wenn der Vertrag für eine Laufzeit von mindestens 12 Monaten geschlossen worden ist (§ 30 Abs. 5 Satz 1 TVöD/TV-L). 111

Die Norm des § 15 Abs. 5 TzBfG sieht eine **stillschweigende Verlängerung** des Arbeitsverhältnisses vor, wenn dieses nach Ende der Befristung mit Wissen des Arbeitgebers fortgesetzt wird. Damit ist die Norm *lex specialis* zu § 625. Bei der Fortsetzung eines Arbeitsverhältnisses nach Kündigung bzw. Aufhebungsvertrag gilt weiterhin § 625. Bei § 15 Abs. 5 TzBfG handelt es sich um eine gesetzliche Fiktion, die aus dem schlüssigen Verhalten der Arbeitsvertragsparteien – der Fortsetzung des Arbeitsverhältnisses – folgert, dass diese das Arbeitsverhältnis fortsetzen wollen. Auf den tatsächlichen Willen der Parteien kommt es dabei nicht an (BAG, Urt. v. 13.08.1987 – 2 AZR 122/87). Der Arbeitgeber kann den Eintritt der Fiktion durch unverzüglichen **Widerspruch** verhindern. Auch in der Aushändigung der Arbeitspapiere oder dem Angebot eines weiteren, befristeten Arbeitsvertrages kann der konkludent erklärte Widerspruch liegen (BAG NZA 2004, 1346). 112

Bei einer **Zweckbefristung** nach § 3 Abs. 1 Satz 2 TzBfG tritt an die Stelle des Widerspruchs die **Mitteilung über die Zweckerreichung**. Diese ist nach § 15 Abs. 2 TzBfG ohnehin erforderlich, um das Ende des befristeten Arbeitsvertrages herbeizuführen. Die erneute Erwähnung in § 15 Abs. 5 TzBfG soll verhindern, dass der Arbeitgeber trotz Eintritts der Zweckerreichung das Ende des befristeten Arbeitsverhältnisses hinausschiebt. Widerspruch oder Mitteilung über die Zweckerreichung müssen **unverzüglich** nach dem Ende der Befristung bzw. dem Zeitpunkt der Zweckerreichung 113 erfolgen. Während der Widerspruch grundsätzlich formlos erfolgen kann, muss die Mitteilung über die Zweckerreichung gem. § 15 Abs. 2 TzBfG schriftlich erfolgen. Liegen die Voraussetzungen des § 15 Abs. 5 TzBfG vor, so wird das Arbeitsverhältnis **auf unbestimmte Zeit verlängert.** Alle bisher geltenden Vertragsbestandteile gelten dabei fort, soweit sie nicht der unbefristeten Weitergeltung entgegenstehen.

114 Eine evtl. Unwirksamkeit der Befristung gilt nach § 17 TzBfG als **geheilt**, wenn der Arbeitnehmer nicht innerhalb von 3 Wochen nach dem vereinbarten Ende des befristeten Arbeitsvertrages **Klage auf Feststellung** dahingehend erhebt, dass das Arbeitsverhältnis aufgrund der Befristung nicht beendet sei (sog. Entfristungsklage). Die Norm gilt für alle Arten der Befristung, also sowohl für zeit- als auch für zweckbefristete Arbeitsverträge. Nach § 21 TzBfG sind auch auflösend bedingte Arbeitsverträge in den Anwendungsbereich einbezogen. Die **Drei-Wochen-Frist** beginnt mit dem vereinbarten Ende des befristeten Arbeitsvertrages. Bei der Zweckbefristung wird das Vertragsende durch § 15 Abs. 2 TzBfG auf den Zeitpunkt verlagert, der 2 Wochen nach dem Zugang des Mitteilungsschreibens liegt. Arbeitet der Arbeitnehmer nach dem vereinbarten Ende weiter, so beginnt die Klagefrist nach § 17 Satz 3 TzBfG erst, wenn der Arbeitgeber dem Arbeitnehmer schriftlich erklärt, das Arbeitsverhältnis sei aufgrund der Befristung beendet. Die Klage ist auf die Feststellung zu richten, dass das Arbeitsverhältnis aufgrund der Befristung bzw. der auflösenden Bedingung nicht beendet ist. Wie bei der Kündigungsschutzklage liegt hier ein **punktueller Streitgegenstand** vor, sodass eine allgemeine Feststellungsklage die Klagefrist nicht wahrt (BAG NZA 2004, 283). Die Befristungskontrollklage nach § 17 Satz 1 TzBfG erfasst nicht nur den Streit über die Wirksamkeit der Befristung, sondern – im Fall der Zweckbefristung – auch den Streit über den in der Befristungsabrede vorgesehenen Beendigungszeitpunkt. In diesem Anwendungsbereich schließt § 17 TzBfG eine allgemeine Feststellungsklage des Arbeitgebers nach § 256 Abs. 1 ZPO aus (BAG NZA 2017, 803).

115 Die Klagefrist des § 17 TzBfG führt im Ergebnis dazu, dass bei mehreren aufeinander folgenden befristeten Arbeitsverhältnissen (sog. **Kettenbefristung**, zu deren materieller Zulässigkeit vgl. Rdn. 120) nur die Befristung des **letzten Arbeitsvertrages** auf ihre Rechtfertigung zu überprüfen ist. Dies folgt schon daraus, dass durch den Abschluss eines neuen befristeten Arbeitsvertrages zumindest konkludent ein bisher bestehendes unbefristetes Arbeitsverhältnis als Folge der wirksamen Befristung aufgehoben wird (BAG NZA 2005, 469). § 17 TzBfG erlangt aber dort Bedeutung, wo die Parteien – zumindest konkludent – die letzte Befristung unter den Vorbehalt gestellt haben, dass nicht schon ein unbefristetes Arbeitsverhältnis besteht (BAG NZA-RR 2003, 621). Hier führt die Versäumung der Klagefrist dazu, dass rückwirkend kein unbefristetes Arbeitsverhältnis besteht und der Vorbehalt mithin nicht zur Anwendung kommt.

### 2. Sachgrundbefristung

116 Die Befristung eines Arbeitsverhältnisses, die durch einen sachlichen Grund gerechtfertigt ist, ist nach § 14 Abs. 1 Satz 1 TzBfG der Regelfall gegenüber dem sachgrundlos befristeten Arbeitsvertrag (Rdn. 17). Die Aufzählung in den acht Nummern des § 14 Abs. 1 Satz 2 TzBfG ist **nicht abschließend**. Weitere, insb. die von der Rspr. des BAG zu § 620 entwickelten Sachgründe können die Befristung eines Arbeitsvertrags ebenso rechtfertigen, soweit sie den einzelnen aufgeführten Sachgründen ihrem Gewicht nach gleichwertig sind und die Bewertungsmaßstäbe des § 14 Abs. 1 TzBfG abbilden (BAG NZA 2009, 1099). Soweit ein (unbenannter) sachlicher Befristungsgrund sich für die Ausübung bestimmter Tätigkeiten aus einer tarifvertraglichen **Altersgrenze** ergibt, ist zu berücksichtigen, dass sich solche Altersgrenzen an den Vorgaben der §§ 1, 7, 10 AGG messen lassen müssen (zur Unwirksamkeit der Altersgrenze für Piloten mit Vollendung des 60. Lebensjahres vgl. BAG NZA 2012, 691; EuGH NJW 2011, 3209 – Prigge; dazu auch Rdn. 124a).

117 Eine Befristung wegen nur **vorübergehenden Bedarfs** (Nr. 1) ist ein typischer Befristungsgrund (»Aushilfsarbeitsverhältnis«), der aber einen **zusätzlichen Bedarf** an Arbeitsleistung erfordert. Soll z.B. ein befristet Beschäftigter zur Deckung eines Arbeitskräftebedarfs eingesetzt werden, der infolge des Wegfalls eines anderen Arbeitnehmers entstanden ist, so handelt es sich höchstens um den Sachgrund der **Vertretung**. Der zusätzliche Arbeitsbedarf kann einmalig bestehen oder periodisch

wiederkehrend sein (Saisonarbeit). Die Beurteilung obliegt dem Arbeitgeber, der eine fundierte Prognose über den zukünftigen Arbeitskräftebedarf erstellen muss, der er konkrete Anhaltspunkte zu Grunde zu legen hat (BAG ZTR 2003, 466). Zu verneinen ist ein vorübergehender Bedarf, wenn dem befristet Eingestellten Daueraufgaben übertragen werden, die vom Stammpersonal mangels hinreichender Personalausstattung nicht erfüllt werden können (BAG NJW 2010, 2232). Wegen der Umgehung des Kündigungsschutzes nach § 613a Abs. 4 Satz 1 ist eine Befristung allein wegen bevorstehender Betriebsveräußerung nicht gerechtfertigt, auch wenn für den bisherigen Arbeitgeber tatsächlich nur ein vorübergehender Bedarf besteht (BAG NZA 2009, 723).

Die Befristung wegen einer Tätigkeit im Anschluss an eine **Ausbildung oder ein Studium (Nr. 2)** 118 soll den hiervon Betroffenen den **Berufsstart erleichtern**. Die Gesetzesbegründung nennt als Beispiel insb. den **Werkstudenten** (BT-Drs. 14/4374 S. 19). Bei diesen ist eine sachgrundlose Befristung wegen des Erfordernisses einer erstmaligen Beschäftigung beim selben Arbeitgeber in § 14 Abs. 2 Satz 2 TzBfG nicht möglich, sodass auf eine Sachgrundbefristung zurückgegriffen werden muss (HWK/*Rennpferdt* § 14 TzBfG Rn. 55). Die Anstellung muss **im Anschluss** an Ausbildungsverhältnis oder Studium begründet werden. Ein zwischenzeitlich bestehendes Arbeitsverhältnis schließt daher diesen Sachgrund aus (BAG NZA 2008, 295). Aus dem gleichen Grund kann auch eine wiederholte Befristung nicht auf § 14 Abs. 1 Satz 2 Nr. 2 TzBfG gestützt werden. Eine zeitliche Höchstgrenze für die Befristung ist anhand des Befristungszwecks zu bestimmen, so dass regelmäßig wohl von einer maximalen Befristungsdauer von **2 Jahren** ausgegangen werden kann, wobei eine absolute Höchstgrenze nicht existiert (vgl. LAG Köln, Urt. v. 13.06.2006 – 13 Sa 124/06; HWK/*Rennpferdt* § 14 TzBfG Rn. 59; krit. ErfK/*Müller-Glöge* § 14 TzBfG Rn. 33).

Der Sachgrund der **Vertretung (Nr. 3)** rechtfertigt eine Befristung, wenn der Arbeitnehmer zur 119 Vertretung eines **vorübergehend** ausgefallenen Kollegen eingestellt wird, mit dessen Rückkehr gerechnet wird, so dass der Bedarf an der Arbeitsleistung zeitlich durch die Rückkehr des Vertretenen begrenzt ist (BAG BB 2003, 1683). Ein wiederkehrender oder ständig vorhandener Vertretungsbedarf hindert eine unbefristete Einstellung nicht, wenn für diese ein konkreter Vertretungsfall i.S.d. § 14 Abs. 1 Satz 2 Nr. 3 TzBfG vorliegt (BAG ZTR 2011, 243). Bestimmte Formen der Vertretung, wie die Elternzeitvertretung, sind in den jeweiligen Sondergesetzen eigens geregelt (z.B. § 21 BEEG). Da der genaue Zeitpunkt der Rückkehr des vertretenen Arbeitnehmers regelmäßig ungewiss ist, empfiehlt sich die Vereinbarung einer Kombination von Zeit- und Zweckbefristung (sog. »Doppelbefristung«, vgl. BAG NJW 2011, 3675; HWK/*Rennpferdt* § 14 TzBfG Rn. 75 f. mit Formulierungsbeispiel).

Der als Vertreter eingestellte Arbeitnehmer muss nicht zwingend die Aufgaben des Vertretenen 120 unmittelbar übernehmen, auch eine **mittelbare Vertretung** ist möglich, ähnlich wie die sog. »Zuordnungsvertretung«, bei der der befristet eingestellte Arbeitnehmer solche Aufgaben übertragen bekommt, die der vertretene Mitarbeiter zwar zu keinem Zeitpunkt ausgeübt hatte, die der Arbeitgeber diesem aber rechtlich und tatsächlich hätte zuweisen können (BAG NZA 2015, 617; NZA-RR 2013, 185). Eine Befristung ist auch für Teile der Vertretungszeit denkbar. Die nicht erforderliche zeitliche Kongruenz darf aber nicht zur Schaffung unbegrenzter »**Dauervertretungen**« führen. Erachtet der Arbeitgeber eine dauerhafte Personalreserve für notwendig, muss er diese Zielsetzung durch eine unbefristete Einstellung und nicht durch das Instrument der Befristung verfolgen. Die wiederholte und oftmalige Anschlussbefristung von Arbeitsverträgen mit einem Arbeitnehmer (sog. **Kettenbefristung**) aus Vertretungsgründen ist dennoch **nicht per se unzulässig**, wenn die Befristung jeweils aufgrund eines konkreten Vertretungsbedarfs erfolgt. Die Grenze der Zulässigkeit einer solchen Kettenbefristung beurteilt sich nach den Grundsätzen des institutionellen **Rechtsmissbrauchs** gem. § 242, wobei anhand aller Umstände des Einzelfalls zu ermitteln ist, ob der Arbeitgeber missbräuchlich auf befristete Arbeitsverträge zurückgreift (BAG NJW 2013, 1254 im Anschluss an EuGH NJW 2012, 989 – Kücük). Sobald die in § 14 Abs. 2 Satz 1 TzBfG genannten Grenzen in erheblichem Maße überschritten werden (Beispiele bei HWK/*Rennpferdt* § 14 TzBfG Rn. 61 ff.), ist ein Rechtsmissbrauch indiziert. Es obliegt dann dem Arbeitgeber, die Annahme des Missbrauchs zu widerlegen (BAG DB 2015, 1787).

121 Der Befristungsgrund »**Eigenart der Arbeitsleistung**« (**Nr. 4**) geht ursprünglich zurück auf die Besonderheiten der Beschäftigung im **Presse- und Rundfunkbereich** (Art. 5 Abs. 1 GG). Die BAG- und BVerfG-Rechtsprechung hatte den Medienunternehmen das Recht zugestanden, Mitarbeiter mit Programmverantwortung nur befristet zu beschäftigen, um die zur Erfüllung des Programmauftrags notwendige Freiheit und Flexibilität zu bewahren (BAG NZA 1993, 354). Der Medienfreiheit kommt gegenüber den Interessen des Arbeitnehmers an einer Dauerbeschäftigung aber kein genereller Vorrang zu. Vielmehr sind die Belange der Rundfunkanstalten und des betroffenen Arbeitnehmers im Einzelfall abzuwägen (BAG NZA 2007, 147). Ähnliches gilt für Beschäftigte in Kunst und Wissenschaft (ErfK/*Müller-Glöge* § 14 TzBfG Rn. 46a).

122 Im Leistungssport soll eine Befristung nach § 14 Abs. 1 Satz 2 Nr. 4 TzBfG auch möglich sein, wenn ein sog. **Verschleißtatbestand** vorliegt. Man begründet das sowohl mit der altersbedingten schnellen Minderung der Leistungsfähigkeit beim Sportler, aber auch mit der Tatsache, dass die Fähigkeit des Trainers, Sportler zu motivieren, einer Abnutzung unterliegt. Diese wenig konturierte Eigenart des Sportbetriebs kann eine Befristung aber nur dann rechtfertigen, wenn der Verschleiß im Sportler/Trainer-Arbeitsverhältnis **real** zu befürchten ist. Das ist nicht der Fall, wenn die vom Trainer betreuten Sportler regelmäßig wechseln (BAG NZA 1999, 646).

123 Eine **Befristung zur Erprobung** (**Nr. 5**) ist zulässig, um dem Arbeitgeber die Möglichkeit zu geben, die fachliche und persönliche Eignung des Arbeitnehmers für die vorgesehene Tätigkeit zu überprüfen. Dies ist bei **Neueinstellungen** denkbar, aber auch dann, wenn der Arbeitnehmer befördert werden oder ihm eine **Leitungsaufgabe** übertragen werden soll (BAG NZA 2004, 1333). Die Tarifverträge für den öffentlichen Dienst sehen diese Befristungsmöglichkeit ausdrücklich vor (§ 31 TV-L/TVöD). Die Befristung kann aber auch nachträglich vereinbart werden, wenn hierdurch dem Arbeitnehmer eine Bewährungschance hinsichtlich künftigen vertragsgerechten Verhaltens eingeräumt werden soll, z.B. nach Rückkehr aus einer Entziehungskur (LAG Köln LAGE § 14 TzBfG Nr. 37a). Die zulässige Dauer der Probezeitbefristung lässt sich wiederum (vgl. Rdn. 118) zweckentsprechend i.d.R. auf eine Höchstdauer von **6 Monaten** taxieren (ErfK/*Müller-Glöge* § 14 TzBfG Rn. 49a). Konnte sich der Arbeitgeber in dem zur Erprobung abgeschlossenen Arbeitsverhältnis nicht ausreichend von den Fähigkeiten des Arbeitnehmers überzeugen, so kann allenfalls eine einzige weitere Befristung gerechtfertigt sein (BAG NZA 1997, 841).

124 Einen in der **Person des Arbeitnehmers liegenden Grund** (**Nr. 6**) für eine Befristung kann insb. die vorübergehende Beschäftigung **aus sozialen Gründen** darstellen, wenn es ohne den in der Person des Arbeitnehmers begründeten sozialen Zweck überhaupt nicht zum Abschluss eines Arbeitsvertrags, auch nicht eines befristeten Arbeitsvertrags gekommen wäre (BAG NZA 2009, 727). Denkbar ist somit die Befristung als Übergangsregelung während der Suche nach einem anderen Arbeitsplatz oder zur Überwindung von Übergangsschwierigkeiten nach der Ausbildung (HWK/*Rennpferdt* § 14 TzBfG Rn. 119). Als in der Person des Arbeitnehmers liegender Grund ist weiterhin das Bestehen einer **befristeten Arbeitserlaubnis** anerkannt, deren Verlängerung nicht zu erwarten ist (BAG NZA 2000, 722). Allein die Tatsache, dass es sich bei dem Arbeitsvertrag nur um eine Nebentätigkeit handelt, rechtfertigt die Befristung nicht. Allerdings kann die Befristung von Arbeitsverträgen mit **Studenten** gerechtfertigt sein, wenn dies erforderlich ist, um die Erwerbstätigkeit den wechselnden Erfordernissen des Studiums anzupassen (BAG NZA 1995, 30).

124a Zulässig nach **Nr. 6** ist auch eine einzel- oder tarifvertragliche Befristung bis zum **Erreichen des gesetzlichen Renteneintrittsalters**, wenn der Arbeitnehmer nach dem Vertragsinhalt und der Vertragsdauer eine gesetzliche Altersrente erwerben kann oder bereits erworben hat (BAG NZA 2013, 1428; 2006, 37). Denn dann überwiegt das typischerweise mit einer solchen Befristung verbundene Interesse des Arbeitgebers an einer sachgerechten und berechenbaren Personal- und Nachwuchsplanung das (Bestandschutz-) Interesse des Arbeitnehmers an der Fortsetzung des Arbeitsverhältnisses, ohne dass der Arbeitgeber dieses Interesse näher darzulegen braucht (dazu eingehend HWK/*Rennpferdt* § 14 TzBfG Rn. 104). Die Wirksamkeit der Befristung hängt aber nicht von der konkreten wirtschaftlichen Absicherung des Arbeitnehmers bei Erreichen der Altersgrenze ab (BAG NZA 2006, 37). Insbesondere kommt es nicht auf einen Vergleich des Renten- bzw. sonstigen berufsständischen Versorgungsanspruchs mit der bisherigen Arbeitsvergütung an. So ist etwa die Altersbefristung eines **Chefarztvertrages** zugelassen worden (LAG München, Urt. v. 24.10.2013 – 4 Sa 419/13 = öAT 2014, 214). Solche Regelungen widersprechen auch nicht § 10 Satz 3 Nr. 5 AGG (BAG NZA 2013, 1428; vgl. auch EuGH NZA 2010, 1167). Sofern die Befristung erst nach Erreichen des Renteneintrittsalters erfolgt, ist eine Befristung nur bei tatsächlich bestehendem Rentenanspruch und wenn die Befristung einer bereits vorhandenen, konkreten Personalplanung (Einarbeitung etc.) dient, zulässig (BAG, Urt. v. 11.02.2015 – 7 AZR 17/13).

Auch der **Wunsch des Arbeitnehmers** nach einer Befristung des Arbeitsvertrags kann einen in seiner Person liegenden Grund darstellen. Dabei darf der Wunsch des Arbeitnehmers nach dem Abschluss eines Arbeitsvertrages nicht mit dem Wunsch nach dessen Befristung verwechselt werden. Notwendig ist, dass objektive Anhaltspunkte dafür vorliegen, dass der Arbeitnehmer gerade nur eine **befristete** Beschäftigung eingehen will (BAG AP § 620 Befristeter Arbeitsvertrag Nr. 260). Zu hinterfragen ist, ob der Arbeitnehmer sich auch beim Angebot eines unbefristeten Arbeitsvertrages für den befristeten Arbeitsvertrag entschieden hätte (BAG NZA 2003, 611). Zur Dokumentation empfiehlt es sich daher, in den Arbeitsvertrag aufzunehmen, dass dem Arbeitnehmer auch ein unbefristeter Arbeitsvertrag angeboten wurde und er sich dennoch für den befristeten Arbeitsvertrag entschieden hat (HWK/*Rennpferdt* § 14 TzBfG Rn. 121). 125

Eine Befristung wegen § 14 Abs. 1 Satz 2 Nr. 7 TzBfG ist möglich, wenn der Arbeitnehmer aus Mitteln vergütet wird, die haushaltsrechtlich für eine befristete Beschäftigung vorgesehen sind, und er dementsprechend beschäftigt wird. Dieser Tatbestand ist für den **öffentlichen Dienst** geschaffen worden, doch müssen die entsprechenden Haushaltsmittel mit einer konkreten Sachregelung auf Grundlage einer nachvollziehbaren Zwecksetzung versehen sein, die nur von vorübergehender Dauer ist (BAG NZA 2009, 676). Um eine unangemessene Bevorzugung von Arbeitnehmern im öffentlichen Dienst gegenüber in der Privatwirtschaft Beschäftigten zu verhindern, darf § 14 Abs. 1 Satz 2 Nr. 7 TzBfG nicht angewendet werden, wenn der Haushaltsplan nicht unmittelbar demokratisch legitimiert ist und der Haushaltsplangeber zugleich Arbeitgeber – wie im Fall der Bundesagentur für Arbeit – ist (BAG NZA 2011, 911). Erforderlich ist ansonsten, dass die Haushaltsmittel durch Haushaltsgesetz oder Haushaltsplan nur für eine begrenzte Zeit zur Verfügung gestellt worden sein dürfen, die hieraus geförderte Tätigkeit objektiv nur vorübergehend anfällt und der Arbeitnehmer entsprechend der Zwecksetzung beschäftigt wird (*Preis/Greiner* RdA 2010, 148, 153). Nach der Rechtsprechung des BAG genügt es hierfür aber, wenn der Arbeitnehmer überwiegend entsprechend der Zwecksetzung der Haushaltsmittel beschäftigt wird (BAG AP § 14 TzBfG Nr. 65). Hinzu kommt, dass keine Kongruenz von Aufgaben-, Bereitstellungs- und Befristungsdauer erforderlich ist (BAG NZA 2009, 1143). Auch dies ermöglicht kurzfristige Kettenbefristungen. Aufgrund einer Erledigung der Vorlage des BAG (BAG NZA-RR 2011, 272) an den EuGH durch Parteivergleich ist europarechtlich weiter ungeklärt, ob es generell mit der Richtlinie vereinbar ist, für den öffentlichen Dienst einen zusätzlichen Sachgrund für die Befristung vorzusehen. 126

Der **gerichtliche Vergleich** (Nr. 8) stellt einen eigenständigen Sachgrund dar. Dies gilt aber ausdrücklich nur für den **Prozessvergleich** i.S.v. § 794 Abs. 1 Nr. 1 ZPO. Der außergerichtliche Vergleich stellt als solcher keinen Sachgrund dar, weil hier ja eine Mitwirkung des Gerichts, die die Schutzinteressen des Arbeitnehmers wahren soll, nicht erfolgt. Daraus folgt weiterhin, dass es nicht genügen kann, dass ein außergerichtlicher Vergleich gerichtlich protokolliert wird oder ein gerichtlicher Vergleich durch Vorschlag der Parteien gem. § 278 Abs. 6 Satz 1, 1. Alt. ZPO zustande kommt (BAG NZA 2012, 919). Etwas anderes gilt hingegen für einen Vergleich nach § 278 Abs. 6 Satz 1, 2. Alt. ZPO, da dieser auf einem Vergleichsvorschlag des Gerichts beruht (BAG DB 2015, 1295). Auch ist erforderlich, dass tatsächlich ein offener Streit der Parteien über die Rechtslage des zwischen ihnen bestehenden Arbeitsverhältnisses vorliegt, also ein **Vergleich im materiellen Sinne** – ein gegenseitiges Nachgeben – vorliegt (BAG AP § 14 TzBfG Vergleich Nr. 1). 127

### 3. Befristungen in Wissenschaft und Medizin

128 Von besonderer Bedeutung sind **spezialgesetzliche Befristungsregeln** nach dem Gesetz über befristete Arbeitsverträge in der Wissenschaft (WissZeitVG vom 12.04.2007, BGBl. I S. 506) und nach dem **Gesetz über befristete Arbeitsverträge mit Ärzten in der Weiterbildung** (ÄArbVtrG vom 15.05.1986, BGBl. I S. 742).

129 Die Norm des § 2 Abs. 1 WissZeitVG erlaubt die Befristung der Arbeitsverträge mit **wissenschaftlichem oder künstlerischem Personal** für die Dauer von bis zu 12 Jahren, im Bereich der Medizin sogar bis zu 15 Jahren. Der **personelle** Geltungsbereich ist nicht statusbezogen, sondern **tätigkeitsbezogen** definiert (BAG NZA 2011, 1280). Dabei ist zwischen der Phase der ersten Qualifizierung bis zur Promotion und der sich daran anschließenden Post-Doc-Phase zu differenzieren. Unpromovierte Mitarbeiter können bis zur Dauer von 6 Jahren befristet werden (§ 2 Abs. 1 Satz 1 WissZeitVG). Nach abgeschlossener Promotion ist eine weitere Befristung bis zur Dauer von 6 Jahren, im Bereich der Medizin bis zur Dauer von 9 Jahren zulässig. Wurde der Mitarbeiter während der Promotion nicht befristet beschäftigt oder wurden die möglichen 6 Jahre während der Promotion nicht ausgeschöpft, so verlängert sich die Möglichkeit der Befristung in der Post-Doc-Phase. Auch wenn einzige Voraussetzung des § 2 Abs. 1 WissZeitVG die Beschäftigung von in § 1 Abs. 1 Satz 1 WissZeitVG genannten Personen ist, so handelt es sich hierbei dennoch nicht um eine sachgrundlose Befristung (so aber ErfK/*Müller-Glöge* § 2 WZVG Rn. 1). Vielmehr liegt der **Sachgrund** in den Besonderheiten wissenschaftlicher Forschung, die regelmäßig zeitlich begrenzte Tätigkeiten erfordert und zudem wegen der angestrebten Förderung des wissenschaftlichen Nachwuchses eine gewisse Rotation erforderlich machen (*Hauck-Scholz* öAT 2013, 89).

130 § 2 Abs. 2 WissZeitVG sieht zudem in der **Drittmittelfinanzierung** einer Stelle einen Sachgrund für die Befristung. Voraussetzung ist, dass der Drittmittelgeber finanzielle Mittel für eine bestimmte Aufgabe und eine bestimmte Zeitdauer bewilligt hat. Wird hierüber eine Stelle überwiegend finanziert, so ist deren Befristung aus diesem Grunde statthaft (ErfK/*Müller-Glöge* § 2 WZVG Rn. 9 ff.). Unter diesen Voraussetzungen kann nach § 2 Abs. 2 Satz 2 WissZeitVG auch nichtwissenschaftliches und nichtkünstlerisches Personal befristet beschäftigt werden. § 3 WissZeitVG erweitert den Anwendungsbereich des Gesetzes auf Arbeitnehmer, die bei zur selbstständigen Wahrnehmung von Hochschulaufgaben berechtigten Mitgliedern einer Hochschule beschäftigt werden (akzessorisches Personal). Wird dieser **Privatdienstvertrag** zu mehr als 50 % aus Drittmitteln finanziert, so kann auch er unter den Voraussetzungen des § 2 WissZeitVG befristet werden.

131 Das **Gesetz über befristete Arbeitsverträge mit Ärzten in der Weiterbildung (ÄArbVtrG)** soll deren befristete Beschäftigung erleichtern. Die allgemeinen Befristungsregeln insb. des TzBfG sind nur insoweit anzuwenden, als sie nicht den speziellen Regeln in § 1 ÄArbVtrG widersprechen, vgl. § 1 Abs. 5 ÄArbVtrG. Anwendung findet das Gesetz nur auf **approbierte Ärzte**; Zahnärzte und Tierärzte sind nicht erfasst. Da das WissZeitVG nach § 1 Abs. 6 ÄArbVtrG Vorrang genießt, findet das Gesetz regelmäßig nur dann Anwendung, wenn die Weiterbildung des Arztes in **Krankenhäusern** kommunaler, kirchlicher oder freier Träger erfolgt (ErfK/*Müller-Glöge* ÄArbVtrG § 3 Rn. 2). Die Befristung des Arbeitsvertrags eines weiterzubildenden Arztes setzt voraus, dass die Beschäftigung durch eine »inhaltlich und zeitlich strukturierte« Weiterbildung geprägt ist. Demnach hat der Arbeitgeber dem weiterzubildenden Arzt die Ableistung erforderlicher Weiterbildungsabschnitte auf der Grundlage einer strukturierten Planung nach dem konkreten Weiterbildungsbedarf zu ermöglichen. Dies erfordert jedoch weder die Erstellung eines schriftlichen Weiterbildungsplans noch die Aufnahme eines solchen in den Arbeitsvertrag (BAG, Urt. v. 14.06.2017 – 7 AZR 597/15, NZA 2018, 40). Dass die Beschäftigung die Weiterbildung nur gelegentlich oder beiläufig fördert, genügt nicht. Die Weiterbildung muss auf den **Erwerb der Facharztbezeichnung** oder einer anderen Zusatzbezeichnung gerichtet sein. Die Höchstdauer der Befristung beträgt 8 Jahre. Eine Zweckbefristung ist ausgeschlossen, vgl. § 1 Abs. 2 Hs. 2 ÄArbVtrG (BAG ZTR 2003, 151). Der Befristungsgrund muss nicht ausdrücklich im Arbeitsvertrag genannt sein, die Norm des § 2 Abs. 4 WissZeitVG findet keine analoge Anwendung (ErfK/*Müller-Glöge* ÄArbVtrG § 3 Rn. 5).

## III. Weiterbeschäftigung nach Kündigung

Der dem Arbeitnehmer im bestehenden Arbeitsverhältnis zustehende **Beschäftigungsanspruch** entfällt grundsätzlich mit der rechtlichen Beendigung des Arbeitsverhältnisses. Wird aber über die Rechtmäßigkeit der Kündigung gestritten, besteht ein Interesse des Arbeitnehmers daran, über den Beendigungstermin hinaus **weiterbeschäftigt** zu werden. Dem steht ein schützenswertes Interesse des Arbeitgebers entgegen, den Arbeitnehmer nach der Beendigung des Arbeitsverhältnisses nicht mehr fortbeschäftigen zu müssen. Für die Zeit **zwischen Ablauf der Kündigungsfrist und dem rechtskräftigen Abschluss des Kündigungsprozesses** gibt es zwei Anspruchsgrundlagen: Neben dem in § 102 Abs. 5 BetrVG geregelten besonderen Weiterbeschäftigungsanspruch gibt es noch den allgemeinen Weiterbeschäftigungsanspruch, den die Rechtsprechung als Fortsetzung des im Arbeitsverhältnis bestehenden Beschäftigungsanspruchs konzipiert hat (BAG GS NJW 1985, 2968). 132

### 1. Betriebsverfassungsrechtlicher Weiterbeschäftigungsanspruch

Widerspricht der Betriebsrat im Anhörungsverfahren vor Ausspruch einer ordentlichen Kündigung gem. § 102 BetrVG der Kündigung frist- und ordnungsgemäß, so kann der Arbeitnehmer bis zum rechtskräftigen Abschluss des Rechtsstreits seine Weiterbeschäftigung zu **unveränderten** Arbeitsbedingungen verlangen. Dies gilt selbst dann, wenn der Arbeitgeber gleichzeitig mit der außerordentlichen Kündigung hilfsweise die ordentliche Kündigung erklärt (LAG Hamm DB 1982, 1679). In diesem Fall besteht der Weiterbeschäftigungsanspruch nur im Hinblick auf die hilfsweise erklärte ordentliche Kündigung. Hat der Betriebsrat dieser widersprochen und ist die außerordentliche Kündigung unwirksam, so kann der Arbeitnehmer seine Weiterbeschäftigung verlangen (Richardi/*Thüsing* § 102 BetrVG Rn. 210). Um tariflich unkündbare Arbeitnehmer nicht schlechter zu stellen, ist bei deren außerordentlicher Kündigung § 102 Abs. 5 BetrVG analog anzuwenden (BAG EzA § 626n.F. BGB Nr. 144). Der Widerspruch des Betriebsrats muss **fristgemäß**, also nach § 102 Abs. 3 i.V.m. Abs. 2 Satz 1 BetrVG binnen einer Woche erfolgen. Der Betriebsrat muss seine Bedenken dem Arbeitgeber schriftlich mitteilen, hierfür genügt Textform (BAG NZA 2009, 622). 133

Den Weiterbeschäftigungsanspruch kann der Arbeitnehmer durch **Klage** oder mittels einer **einstweiligen Verfügung** geltend machen. Im letzteren Fall bedarf es der Darlegung eines besonderen Verfügungsgrundes nicht, da dieser sich bereits aus der Rechtsnatur des Verfügungsanspruches ergibt, der eine Entfremdung des Arbeitnehmers durch Nichtbeschäftigung verhindern will (LAG Hamburg BB 2008, 2636; ErfK/*Kiel* § 4 KSchG Rn. 46; a.A. LAG München NZA 1994, 997; LAG Baden-Württemberg NZA 1995, 683). 134

Der Arbeitgeber kann auf Antrag durch einstweilige Verfügung von der Weiterbeschäftigungspflicht **entbunden** werden (§ 102 Abs. 5 Satz 2 BetrVG). Dem Antrag ist (1) stattzugeben, wenn die Klage des Arbeitnehmers keine hinreichende Aussicht auf Erfolg bietet oder mutwillig erscheint, was praktisch selten bejaht wird, weil schon bei ausgewogenen Erfolgsaussichten die Weiterbeschäftigung auszusprechen ist; sie kann (2) wegen einer unzumutbaren wirtschaftlichen Belastung des Arbeitgebers verweigert werden, was ebenso selten bejaht wird; (3) kann der Arbeitgeber von der Weiterbeschäftigung entbunden werden, wenn der Widerspruch des Betriebsrats **offensichtlich** unbegründet ist, weil z.B. ohne gerichtliche Aufklärung erkennbar ist, dass ein Widerspruchsgrund gar nicht vorliegt. 135

### 2. Allgemeiner Weiterbeschäftigungsanspruch

Nach der Rechtsprechung des Großen Senats des BAG (NZA 1985, 702) kann sich auch außerhalb der engen Grenzen des § 102 Abs. 5 BetrVG ein Weiterbeschäftigungsanspruch nach Ablauf der Kündigungsfrist bis zum rechtskräftigen Abschluss des Kündigungsschutzverfahrens ergeben, wenn das **Interesse des Arbeitnehmers an seiner Weiterbeschäftigung** das Interesse des Arbeitgebers an der Nichtbeschäftigung **überwiegt**. Wegen der Ungewissheit über den Ausgang des Verfahrens kann ein solches Überwiegen **vor** einem Urteil in erster Instanz nur angenommen werden, wenn die Kündigung offensichtlich unwirksam ist oder der Arbeitnehmer ein besonderes Interesse an der 136 tatsächlichen Beschäftigung hat. Offensichtlich unwirksam ist eine Kündigung nur dann, wenn sich schon aufgrund des Vortrags des Arbeitgebers ohne eine Beweiserhebung und ohne Beurteilungsspielraum die Unwirksamkeit jedem Kundigen geradezu aufdrängt (BAG NZA 1986, 566), z.B. dann, wenn die Kündigung ohne jede Beteiligung des (existierenden) Betriebsrats ausgesprochen oder eine erkennbar notwendige behördliche Genehmigung nicht eingeholt wurde (APS/*Koch* § 102 BetrVG Rn. 237).

137 Hat das Arbeitsgericht **in erster Instanz** der Kündigungsschutzklage **stattgegeben**, so ist die Interessenlage eine andere. Die Wahrscheinlichkeit spricht nun für ein endgültiges Obsiegen des Arbeitnehmers, sodass eine Nichtbeschäftigung nur dann in Betracht kommt, wenn zusätzliche Umstände ein überwiegendes Interesse des Arbeitgebers begründen, z.B. wenn der Verdacht des Verrats von Betriebsgeheimnissen die **Suspendierung** des Arbeitnehmers rechtfertigen würde. Die Klage auf **vorläufige Weiterbeschäftigung** kann der Arbeitnehmer entweder im Wege der Klagehäufung mit seiner Kündigungsschutzklage verbinden oder aber als uneigentlichen Hilfsantrag für den Fall des Obsiegens in erster Instanz stellen (BAG NZA 1988, 741). Um vollstreckungsfähig zu sein, muss der Klageantrag auf eine konkret umschriebene Weiterbeschäftigung gerichtet sein.

138 Die Weiterbeschäftigung des Arbeitnehmers kann **einvernehmlich** erfolgen. Die Rechte und Pflichten der Arbeitsvertragsparteien richten sich dann nach dem ursprünglichen Arbeitsverhältnis. Eine ausdrückliche Vereinbarung ist nicht vonnöten, vielmehr kann eine solche Weiterbeschäftigungsvereinbarung **konkludent** aus dem Verhalten der Arbeitsvertragsparteien folgen, etwa wenn der Arbeitgeber den Arbeitnehmer zur Weiterarbeit auffordert (BAG NZA 1986, 561) oder dem Arbeitnehmer vorbehaltlos die Vergütung weiterzahlt (BAG NZA 1987, 376). Will der Arbeitgeber aber verhindern, dass aus der Weiterbeschäftigung während des Kündigungsschutzprozesses ein erneutes dauerhaftes Arbeitsverhältnis entsteht, so muss das Arbeitsverhältnis in der Schriftform des § 14 Abs. 4 TzBfG befristet werden (BAG NZA 2004, 1275: Zweckbefristung). Zur Frage des Entgeltanspruchs bei »Prozessbeschäftigung« vgl. § 615 Rdn. 22.

139 Kommt eine Weiterbeschäftigungsvereinbarung nicht zu Stande und wird der Arbeitnehmer nur **zur Abwendung der Zwangsvollstreckung** weiterbeschäftigt (»Prozessbeschäftigung«), so fehlt es bei letztinstanzlicher Bestätigung der Rechtswirksamkeit der Kündigung an einem Rechtsgrund für die Weiterbeschäftigung. Das Beschäftigungsverhältnis ist dann nach Bereicherungsrecht abzuwickeln, wobei der Arbeitgeber für die geleistete Arbeit infolge Unmöglichkeit der Herausgabe Wertersatz zu leisten hat (BAG NZA 1993, 177). Der Wert der Arbeitsleistung richtet sich regelmäßig nach dem branchenüblichen Tariflohn, womit auch Sonderzahlungen erfasst sind, nicht aber »Soziallohn« wie z.B. bei Entgeltfortzahlung nach § 3 EFZG (BAG NZA 1990, 696).

## § 622 Kündigungsfristen bei Arbeitsverhältnissen

(1) Das Arbeitsverhältnis eines Arbeiters oder eines Angestellten (Arbeitnehmers) kann mit einer Frist von vier Wochen zum Fünfzehnten oder zum Ende eines Kalendermonats gekündigt werden.

(2) Für eine Kündigung durch den Arbeitgeber beträgt die Kündigungsfrist, wenn das Arbeitsverhältnis in dem Betrieb oder Unternehmen
1. zwei Jahre bestanden hat, einen Monat zum Ende eines Kalendermonats,
2. fünf Jahre bestanden hat, zwei Monate zum Ende eines Kalendermonats,
3. acht Jahre bestanden hat, drei Monate zum Ende eines Kalendermonats,
4. zehn Jahre bestanden hat, vier Monate zum Ende eines Kalendermonats,
5. zwölf Jahre bestanden hat, fünf Monate zum Ende eines Kalendermonats,
6. 15 Jahre bestanden hat, sechs Monate zum Ende eines Kalendermonats,
7. 20 Jahre bestanden hat, sieben Monate zum Ende eines Kalendermonats.

(3) Während einer vereinbarten Probezeit, längstens für die Dauer von sechs Monaten, kann das Arbeitsverhältnis mit einer Frist von zwei Wochen gekündigt werden.

(4) Von den Absätzen 1 bis 3 abweichende Regelungen können durch Tarifvertrag vereinbart werden. Im Geltungsbereich eines solchen Tarifvertrags gelten die abweichenden tarifvertraglichen Bestimmungen zwischen nicht tarifgebundenen Arbeitgebern und Arbeitnehmern, wenn ihre Anwendung zwischen ihnen vereinbart ist.

(5) Einzelvertraglich kann eine kürzere als die in Absatz 1 genannte Kündigungsfrist nur vereinbart werden,
1. wenn ein Arbeitnehmer zur vorübergehenden Aushilfe eingestellt ist; dies gilt nicht, wenn das Arbeitsverhältnis über die Zeit von drei Monaten hinaus fortgesetzt wird;
2. wenn der Arbeitgeber in der Regel nicht mehr als 20 Arbeitnehmer ausschließlich der zu ihrer Berufsbildung Beschäftigten beschäftigt und die Kündigungsfrist vier Wochen nicht unterschreitet.

Bei der Feststellung der Zahl der beschäftigten Arbeitnehmer sind teilzeitbeschäftigte Arbeitnehmer mit einer regelmäßigen wöchentlichen Arbeitszeit von nicht mehr als 20 Stunden mit 0,5 und nicht mehr als 30 Stunden mit 0,75 zu berücksichtigen. Die einzelvertragliche Vereinbarung längerer als der in den Absätzen 1 bis 3 genannten Kündigungsfristen bleibt hiervon unberührt.

(6) Für die Kündigung des Arbeitsverhältnisses durch den Arbeitnehmer darf keine längere Frist vereinbart werden als für die Kündigung durch den Arbeitgeber.

### Übersicht

| | Rdn. | | Rdn. |
|---|---|---|---|
| A. Normzweck | 1 | 4. Tarifverträge des öffentlichen Dienstes | 21 |
| B. Kündigungsfristen und -termine | 7 | V. Einzelvertragliche Abweichung | 22 |
| I. Berechnung der Grundkündigungsfrist | 7 | 1. Verkürzung der Kündigungsfristen | 22 |
| II. Verlängerte Kündigungsfristen | 9 | a) Aushilfsarbeitsverhältnisse | 23 |
| III. Kündigungsfristen in der Probezeit | 12 | b) Kleinunternehmen | 24 |
| IV. Tarifvertragliche Abweichungen | 15 | 2. Andere Abweichungen | 25 |
| 1. Abweichende Tarifnormen | 16 | 3. AGB-Kontrolle | 28 |
| 2. Tarifgeltung durch Bezugnahme | 17 | C. Verbot der Kündigungserschwerung | 30 |
| 3. Grenzen der Tarifmacht | 19 | D. Prozessuales | 33 |

## A. Normzweck

Die Norm des § 622 regelt neben den in der amtlichen Überschrift erwähnten **Kündigungsfristen** auch **Kündigungstermine**. Beides zusammen bewirkt einen »formalen« Kündigungsschutz, der mit der wachsenden Dauer der Betriebszugehörigkeit einen sich stetig **verlängernden Kündigungszeitraum** eröffnet. Zwar ist der innere Grund für diese Verlängerung schwer fassbar (etwa Fürsorgepflicht, Sozialverantwortung, Vertrauensschutz, dazu krit. *Kaiser* FS Konzen, 2006, S. 381, 385 ff.). Doch soll einerseits dem Gekündigten ermöglicht werden, während des Laufs der Kündigungsfrist ohne wirtschaftliche Nachteile einen neuen Arbeitsplatz zu finden, andererseits die Personalplanung des Arbeitgebers erleichtert werden (ErfK/*Müller-Glöge* § 622 Rn. 1; HWK/*Bittner* § 622 Rn. 1). Außerdem soll die Bindung an **feste Kündigungstermine** arbeitsmarktpolitisch sicherstellen, dass das Arbeitsverhältnis nicht zu einem für den Gekündigten ungünstigen Zeitpunkt endet, sondern Angebot und Nachfrage auf dem Arbeitsmarkt auf bestimmte Zeitpunkte konzentriert werden und sich die Wiedereinstellungschancen dadurch erhöhen (BAG NZA 1986, 229).

Die von der Beschäftigungsdauer abhängige Staffelung der Kündigungsfristen in § 622 Abs. 2 Satz 1 verstößt nicht gegen das Verbot der Altersdiskriminierung (dazu BAG NZA 2014, 1400). Die Norm des § 622 Abs. 2 Satz 2, wonach Beschäftigungszeiten, die vor der Vollendung des 25. Lebensjahres liegen, nicht auf die Beschäftigungsdauer anzurechnen sind, war jedoch europarechtswidrig und somit nicht anzuwenden (EuGH, Urt. v. 19.01.2010 – C-555/07, NZA 2010, 85). § 622 Abs. 2 Satz 2 wurde daher mit Wirkung zum 01.01.2019 ersatzlos gestrichen.

3 Anwendbar ist § 622 grundsätzlich (zu Ausnahmen Rdn. 4) nur auf **Arbeitsverhältnisse**. Erfasst sind damit auch in Teilzeit beschäftigte Arbeitnehmer und geringfügig Beschäftigte (ErfK/*Müller-Glöge* § 622 Rn. 6). Nicht erfasst sind **Auszubildende** i.S.d. BBiG; deren Arbeitsverhältnis ist nach § 22 Abs. 1 BBiG nur während der Probezeit ohne Einhaltung einer Kündigungsfrist ordentlich kündbar (BAG NZA 1989, 268). Nach der Probezeit ist die arbeitgeberseitige Kündigung nur noch aus wichtigem Grund ohne Einhaltung einer Kündigungsfrist möglich. Für die Kündigung seitens des Auszubildenden trifft § 22 Abs. 2 Nr. 2 BBiG eine Sonderregelung, die einen Rückgriff auf § 622 verbietet. Auch **Leiharbeitsverhältnisse** fallen in den Anwendungsbereich des § 622. Wegen der Norm des § 11 Abs. 4 Satz 1 AÜG findet allerdings § 622 Abs. 5 Nr. 1 hier keine Anwendung.

4 Auf **freie Dienstverträge** findet § 622 grundsätzlich keine Anwendung, vielmehr gilt hier § 621. Das gilt auch für Verträge mit arbeitnehmerähnlichen Personen. Eine entsprechende Anwendung des § 622 scheidet für diese Gruppe mangels Regelungslücke aus (BAG BB 2007, 2298; a.A. LAG Köln AR-Blattei ES. 120 Nr. 22). Auch für Organmitglieder gilt grundsätzlich die Norm des § 621. Bei Fremdgeschäftsführern und solchen Organmitgliedern, deren Beteiligung am Gesellschaftskapital keinen erheblichen Umfang hat, findet § 622 Abs. 1 aber **analoge** Anwendung (BGH NJW 1981, 1270; BGH NJW 1984, 2528).

5 Ist die ordentliche Kündigung ausgeschlossen und wird deshalb eine **außerordentliche betriebsbedingte Kündigung** erklärt, so sind die Kündigungsfristen des § 622 nicht entsprechend heranzuziehen (BAG NZA 1995, 1157 – für die außerordentliche betriebsbedingte Änderungskündigung; a.A. noch BAG NZA 1987, 102). Allerdings ist der Vorschrift die insoweit als Auslauffrist zu wahrende »hypothetische« Kündigungsfrist zu entnehmen (BAG ZTR 2004, 536). Auf die ordentliche **Änderungskündigung** findet § 622 hingegen Anwendung (BAG NJW 1994, 2564).

6 Neben der **Grundregel** des § 622 sehen spezialgesetzliche Vorschriften besondere Kündigungsfristen für bestimmte Personengruppen wie z.B. für Auszubildende in § 22 BBiG vor (Rdn. 3). Für **schwerbehinderte Menschen** gilt nach § 86 SGB IX eine Grundkündigungsfrist von 4 Wochen. Arbeitnehmer in **Elternzeit** müssen bei eigener Kündigung des Arbeitsverhältnisses zum Ende der Elternzeit eine Kündigungsfrist von 3 Monaten einhalten (§ 19 BEEG). Die Norm des § 113 InsO sieht für die Kündigung eines Arbeitsverhältnisses durch den **Insolvenzverwalter** eine Höchstfrist von 3 Monaten zum Monatsende vor.

## B. Kündigungsfristen und -termine

### I. Berechnung der Grundkündigungsfrist

7 Ordentlich gekündigt wird immer mit einer bestimmten **Frist** zu einem bestimmten **Termin**, d.h. nach der Grundkündigungsfrist des Abs. 1 mit einer Frist von **4 Wochen** zum Fünfzehnten oder zum Ende eines Kalendermonats (Kündigungstermin). Diese Grundregel gilt für beide Vertragsparteien. Aus dem Umkehrschluss zu Abs. 2 folgt, dass die Bezeichnung »vier Wochen« wörtlich zu nehmen ist. Die Grundkündigungsfrist beträgt also **genau 28 Tage**, nicht etwa einen Monat (HWK/*Bittner* § 622 Rn. 18). Mögliche Kündigungstermine in den ersten 2 Jahren eines bestehenden Arbeitsverhältnisses sind sowohl der 15. eines Monats als auch das Ende eines Monats. Die Norm des § 193 ist nach h.M. (BGH NJW 2005, 1354) auf Kündigungsfristen **nicht** anwendbar, sodass es unerheblich ist, ob der letzte Tag der Frist auf einen Samstag, Sonn- oder Feiertag fällt: Kündigungsfristen müssen immer vom **Termin** ausgehend zurückgerechnet werden (ErfK/*Müller-Glöge* § 622 Rn. 11).

8 Dem Kündigenden steht es grundsätzlich frei, Kündigungen **freiwillig** mit einer längeren als der gesetzlichen oder vereinbarten Kündigungsfrist auszusprechen. Auch wenn eine längere Kündigungsfrist eingehalten wird, kann aber von den bestimmten **Kündigungsterminen nicht** abgewichen werden (BAG NZA 2008, 476). Bei einer ordentlichen Kündigung reicht regelmäßig die Angabe des Kündigungstermins oder der Kündigungsfrist aus. Eine Kündigung »*zum nächstmöglichen Zeitpunkt*« unter Hinweis auf die maßgebliche gesetzliche Regelung kann ebenfalls ausreichend sein, wenn der Erklärungsempfänger dadurch unschwer ermitteln kann, zu welchem Termin das

Arbeitsverhältnis enden soll (BAG NZA 2013, 1137; noch geringere Anforderungen nach BAG NZA 2013, 1197 bei der nur hilfsweise erklärten ordentlichen Kündigung). Eine Kündigung, die die vorgegebene Kündigungsfrist nicht wahrt, kann prinzipiell dahingehend **ausgelegt werden**, dass sie auf Beendigung des Arbeitsverhältnisses zum **zutreffenden** Termin gerichtet ist (BAG NZA 2006, 791). Das BAG hat aber verdeutlicht, dass eine ordentliche Kündigung, die **ohne weiteren Zusatz** (etwa »fristgemäß zum«, vgl. BAG NZA 2013, 1076) **zu einem bestimmten Datum** erklärt worden ist, wegen des Bestimmtheitsgebots nicht als Kündigung zu einem anderen Termin ausgelegt werden kann (BAG NJW 2010, 3740). Scheitert die Auslegung, kommt nach § 140 eine **Umdeutung** der Erklärung in eine Kündigung zum nächst zulässigen Termin in Betracht. Diese setzt den – im Zweifel im Wege der Auslegung zu ermittelnden – Willen des Arbeitgebers, die Kündigung zum zutreffenden Zeitpunkt gelten zu lassen, voraus, § 140 Hs. 2 (BAG NZA 2006, 1405). Die Umdeutung ist aber **nur möglich**, wenn der Arbeitnehmer binnen der Frist des § 4 Satz 1 KSchG Kündigungsschutzklage erhoben hat, da anderenfalls die mit zu kurzer Frist ausgesprochene Kündigung nach § 7 KSchG als rechtswirksam gilt und damit einer Umdeutung nach § 140 entzogen ist (BAG NJW 2010, 3740 = NZA 2010, 1409), vgl. auch § 620 Rdn. 102. Die Kündigung ist als einseitiges Rechtsgeschäft keiner Transparenzkontrolle nach § 307 Abs. 1 Satz 2 zu unterziehen (BAG NZA 2013, 1137).

## II. Verlängerte Kündigungsfristen

Die Norm des § 622 Abs. 2 verlängert die für eine Kündigung durch den **Arbeitgeber** geltende Kündigungsfrist entsprechend der **Dauer der Beschäftigung**. Bereits nach zweijähriger Beschäftigungsdauer sieht § 622 Abs. 2 Satz 1 Nr. 1 eine Kündigungsfrist von einem Monat zum Ende des Kalendermonats vor. Diese verlängert sich in sieben Staffeln bis zu einer Kündigungsfrist von 7 Monaten zum Ende eines Kalendermonats bei einem seit 20 Jahren bestehenden Arbeitsverhältnis. Maßgeblich für die Dauer der Beschäftigung ist der Zeitraum zwischen der Begründung des Arbeitsverhältnisses und dem **Zugang der Kündigung**. Der Kündigungstermin selbst ist unerheblich. 9

Notwendig ist eine grundsätzlich **unterbrechungsfreie** Beschäftigung im gleichen Betrieb oder Unternehmen. Beschäftigungszeiten aus früheren Arbeitsverhältnissen mit demselben Arbeitgeber werden grundsätzlich nicht berücksichtigt, es sei denn, zwischen diesen und dem aktuellen Beschäftigungsverhältnis bestünde ein enger sachlicher Zusammenhang (BAG NZA 2004, 319; BAG NZA 2007, 1103). Von einem **engen zeitlichen und sachlichen Zusammenhang** ist auszugehen, wenn mehrere Arbeitsverträge unmittelbar aufeinanderfolgend abgeschlossen werden. Eine Änderung der Arbeitsbedingungen ist insoweit unerheblich (HWK/*Bittner* § 622 Rn. 23). Ist ein früheres Arbeitsverhältnis anzurechnen, so sind die Zeiten der Unterbrechung nicht zu berücksichtigen (BAG NZA 2004, 1240). Ein der Beschäftigung vorausgehendes Berufsausbildungsverhältnis ist zu berücksichtigen (BAG NZA 2000, 720). Ändert sich nichts an der Tätigkeit, werden auch Zeiten, in denen der Arbeitnehmer als freier Mitarbeiter beschäftigt war, mitgezählt (BAG NJW 1980, 1304). 10

Die Norm des § 622 Abs. 2 Satz 2 sieht grundsätzlich vor, dass Beschäftigungszeiten vor der Vollendung des **25. Lebensjahres** des Arbeitnehmers nicht berücksichtigt werden. Diese Regelung, die auf einen »historischen« Kompromiss aus dem Jahr 1926 und auf die Arbeiter-Angestellten-Regelung der Vorläufernorm zurückgeht (vgl. zu deren Verfassungswidrigkeit bereits BVerfG NJW 1990, 2246, Rn. 20), könnte sachlich nur dadurch gerechtfertigt werden, dass jüngeren Arbeitnehmern regelmäßig eine größere Flexibilität zugemutet werden kann. In der Rechtssache *Kücükdeveci* (EuGH, Urt. v. 19.01.2010 – C-555/07, NJW 2010, 427 = NZA 2010, 85) hat der EuGH die Norm aber wegen **Altersdiskriminierung junger Arbeitnehmer** als mit der allgemeinen Gleichbehandlungsrichtlinie 2000/78/EG für unvereinbar erklärt und den nationalen Gerichten aufgegeben, das Verbot der Diskriminierung wegen des Alters auch im Verhältnis zwischen Privaten zur Geltung zu bringen. Die Vorschrift kann daher nicht mehr angewandt werden (BAG 11

NJW 2010, 3740), weshalb die volle Beschäftigungszeit des Arbeitnehmers zu berücksichtigen ist (ErfK/*Müller-Glöge* § 622 Rn. 9).

### III. Kündigungsfristen in der Probezeit

12  Für eine vereinbarte Probezeit mit einer maximalen Dauer von **6 Monaten** sieht § 622 Abs. 3 eine Kündigungsfrist von lediglich **2 Wochen** vor. Ein bestimmter Kündigungstermin ist hierbei nicht vorgesehen. Im Zusammenwirken mit der fehlenden Anwendbarkeit des § 1 KSchG in den ersten 6 Monaten eines Arbeitsverhältnisses (vgl. § 620 Rdn. 46) ermöglicht die Norm kurzfristige Vertragsbeendigungen in den ersten 6 Monaten eines Arbeitsverhältnisses (HWK/*Bittner* § 622 Rn. 26 ff.). Die Probezeit kann **einzelvertraglich** vereinbart werden (BAG NZA 2008, 403). Erst recht genügt eine durch **Tarifvertrag** vorgesehene Probezeit den Anforderungen des § 622 Abs. 3 (ErfK/*Müller-Glöge* § 622 Rn. 15).

13  Abs. 3 trifft mit der Festsetzung der Höchstgrenze von 6 Monaten für die Probezeit keine Aussage darüber, ob auch eine **längere Probezeitbefristung** zulässig wäre (vgl. § 620 Rdn. 123). Einer längeren Probezeit kommt nach Ablauf des sechsten Beschäftigungsmonats aber keine die Kündigungsfrist verkürzende Wirkung mehr zu. Vielmehr gilt dann die allgemeine Grundkündigungsfrist von **4 Wochen** (ErfK/*Müller-Glöge* § 622 Rn. 14). Die die Kündigungsfrist verkürzende Wirkung tritt unabhängig davon ein, ob die Vereinbarung der Probezeit für das jeweilige Arbeitsverhältnis angemessen ist. Dass der Arbeitnehmer nur für einfache Tätigkeiten eingestellt wurde, steht der Ausschöpfung der 6 Monate nicht entgegen: eine »Befristungskontrolle« findet nicht statt (BAG NZA 2008, 521).

14  Die verkürzte Kündigungsfrist des § 622 Abs. 3 kann nur dort Anwendung finden, wo die ordentliche Kündigung überhaupt zulässig ist. Soll die Erprobung des Arbeitnehmers im Wege der Probezeitbefristung nach § 14 Abs. 1 Nr. 5 TzBfG erfolgen, so ist nach § 15 Abs. 3 TzBfG die ordentliche Kündigung grundsätzlich ausgeschlossen, es sei denn, die Parteien haben die ordentliche Kündbarkeit des befristeten Arbeitsverhältnisses ausdrücklich vereinbart (BAG ZTR 2002, 172). Wie bei § 622 Abs. 2 (Rdn. 9) ist auch für die Frage, ob die verkürzte Kündigungsfrist Anwendung findet, der Zeitpunkt des Zugangs der Kündigung maßgeblich. Somit kann auch noch am **letzten Tag des sechsten Monats** eines Beschäftigungsverhältnisses eine Kündigung mit einer Kündigungsfrist von 2 Wochen ausgesprochen werden (BAG NJW 1966, 1478).

### IV. Tarifvertragliche Abweichungen

15  Nach § 622 Abs. 4 sind die Abs. 1 bis 3 vollumfänglich **tarifdispositiv**. Tarifvertraglich können daher sowohl längere als **auch kürzere** Kündigungsfristen vereinbart werden. Auch die Kündigungstermine unterliegen der Disposition der Tarifvertragsparteien. Mithin kann ein Tarifvertrag sogar eine »**entfristete**« **Kündigung**, also die sofortige ordentliche Kündigung vorsehen (BAG DB 1978, 2370). Auch die Voraussetzungen, unter denen längere Kündigungsfristen gelten sollen (z.B. Dauer der Betriebszugehörigkeit), können abweichend vom Gesetz vereinbart werden. Es ist den Tarifvertragsparteien damit möglich, ein auf ihren Wirtschaftsbereich besonders gut passendes System von Kündigungsfristen und -terminen zu schaffen (BT-Drs. 12/4902 S. 7, 9).

#### 1. Abweichende Tarifnormen

16  Notwendig für die Anwendung des § 622 Abs. 4 Satz 1 ist die Geltung einer abweichenden tarifvertraglichen Regelung. Nicht ausreichend sind damit abweichende Regeln in Einzelarbeitsverträgen, Betriebsvereinbarungen oder Kirchen-AVR (ErfK/*Müller-Glöge* § 622 Rn. 19; a.A. für Kirchen-AVR LAG Berlin-Brandenburg, Urt. v. 23.02.2007 – 6 Sa 1847/06). Eine abweichende tarifvertragliche Regelung setzt voraus, dass der Tarifvertrag eine **konstitutive Regelung** der Kündigungsfristen enthält und nicht nur deklaratorisch die gesetzlichen Bestimmungen wiedergibt. Dies ist durch Auslegung zu ermitteln (HWK/*Bittner* § 622 Rn. 56). Eigenständige Regelungen können nur angenommen werden, wenn der Regelungswille der Tarifvertragsparteien im Tarifvertrag

deutlich zum Ausdruck kommt (BAG NZA-RR 2010, 448). Dies ist jedenfalls dann der Fall, wenn der Tarifvertrag eine im Gesetz gar nicht oder anders enthaltene Regelung vorsieht oder aber die gesetzliche Regelung inhaltlich übernimmt, diese aber auf andere Bereiche anwendet (BAG DB 2003, 51).

## 2. Tarifgeltung durch Bezugnahme

§ 622 Abs. 4 Satz 2 ermöglicht es auch **nicht tarifgebundenen** Vertragsparteien, von der gesetzlichen Regelung abzuweichen, indem sie einzelvertraglich die Geltung des Tarifvertrages vereinbaren. Nicht notwendig ist dabei, dass der gesamte Tarifvertrag in Bezug genommen wird. Es genügt die Bezugnahme auf die Vorschriften über die Kündigungsfristen. Diese müssen aber insgesamt einbezogen und dürfen nicht abgeändert werden, um die Richtigkeitsgewähr der tariflichen Regelung zu bewahren (HWK/*Bittner* § 622 Rn. 108 ff.). Daraus erklärt sich auch der gesetzliche Hinweis auf das Erfordernis des einschlägigen »Geltungsbereichs« eines solchen Tarifvertrags zu Beginn von Satz 2: Nur eine **Bezugnahme auf den räumlich, sachlich und persönlich grundsätzlich anwendbaren Tarifvertrag** löst die Vorrangwirkung des § 622 Abs. 4 Satz 2 aus (ErfK/*Müller-Glöge* § 622 Rn. 35). Auswirkung auf die Kündigungsfristen hat die Bezugnahme eines **fremden** Tarifvertrages nur dann, wenn dessen Regelungen auch als Individualvereinbarungen nach § 622 Abs. 5 zulässig wären oder aber der Tarifvertrag günstiger als die gesetzliche Regelung ist (HWK/*Bittner* § 622 Rn. 110).

17

Die Bezugnahme muss nicht zwingend ausdrücklich erfolgen. Auch eine **stillschweigende Vereinbarung** der Tarifgeltung führt zur Rechtsfolge des § 622 Abs. 4 Satz 2. Bei Anwendung eines Tarifvertrags auf alle Arbeitnehmer eines Betriebes kann sich die Anwendbarkeit des Tarifvertrags auch aus **betrieblicher Übung** ergeben. Dies gilt dann auch für den Arbeitnehmer nachteilige Regelungen des Tarifwerks (BAG NZA 2002, 1096). Die Anwendbarkeit einzelner Teile des Tarifs aufgrund betrieblicher Übung rechtfertigt aber nicht die Anwendung des gesamten Tarifvertrages (BAG NZA 1999, 879). Obwohl in Bezug genommene Regelungen eines Tarifvertrags aufgrund der Norm des § 622 Abs. 4 Satz 2 dieselbe Rechtsfolge auslösen, handelt es sich dennoch weiterhin **um vertragliche Regelungen**, die auch zu Ungunsten des Arbeitnehmers abbedungen werden können – § 4 Abs. 4 TVG gilt also nicht.

18

## 3. Grenzen der Tarifmacht

Die Tarifautonomie gewährleistet den Tarifvertragsparteien bei der Vereinbarung von Tarifverträgen einen **weiten Gestaltungsspielraum**. Dieser gilt auch im Rahmen der Kündigungsfristen. § 622 Abs. 6 schränkt diesen Gestaltungsspielraum jedoch dahingehend ein, dass für die Kündigung durch den Arbeitnehmer keine längere Frist als für die Kündigung durch den Arbeitgeber vereinbart werden darf. Daneben sind der Regelungsfreiheit der Tarifvertragsparteien auch **verfassungsrechtliche Grenzen** gesetzt. Bedeutung erlangt hierbei insbesondere der **Gleichheitssatz** des Art. 3 Abs. 1 GG. Eine Ungleichbehandlung ist nur dann erlaubt, wenn hierfür ein sachlich vertretbarer Grund (BAG NZA 1995, 851) vorliegt. Mangels eines solchen einsichtigen Grunds war z.B. die pauschale Ungleichbehandlung von **Angestellten und Arbeitern** wegen deren »Status« bei der Berechnung der Beschäftigungsdauer vom BVerfG für verfassungswidrig erklärt worden (BVerfG NJW 1990, 2246: Kopf- und Handarbeiter verdienen denselben Schutz bei Arbeitsplatzverlust). Was für den Gesetzgeber gilt, müssen sich auch die Tarifpartner entgegen halten lassen (BAG NZA 1991, 803). Etwas anderes kann gelten, wenn die Anknüpfung an den Statusunterschied gleichzeitig eine Anknüpfung an einen Lebenssachverhalt darstellt, der an sich geeignet ist, einen sachlich vertretbaren Differenzierungsgrund z.B. bei der Altersversorgung zu begründen (BAG NZA 2010, 701). **Sachliche Differenzierungsgründe** können insbesondere die spezifischen Verhältnisse der jeweiligen Branche sein (BAG NZA 1994, 221). Hierunter fällt auch das Bedürfnis einer flexiblen Personalplanung wegen produkt-, mode- oder saisonbedingter Auftragsschwankungen (BAG NZA 1992, 739).

19

20 Bezweifelt ein Gericht die Verfassungsmäßigkeit tariflicher Kündigungsfristen oder wird dies von einer Partei vorgebracht, so sind die maßgeblichen Umstände vom Arbeitsgericht von Amts wegen nach den Grundsätzen des § 293 ZPO zu ermitteln (BAG NZA 1993, 995). Liegt eine verbotene Ungleichbehandlung vor, ist die tarifliche Regelung wegen Verstoßes gegen Art. 3 GG nichtig. Eine Schließung der hierdurch entstandenen Tariflücke durch ergänzende Vertragsauslegung ist nur möglich, wenn ausreichende Anhaltspunkte dafür vorliegen, welche Regelung die Tarifvertragsparteien mutmaßlich getroffen hätten, wenn ihnen die Nichtigkeit bekannt gewesen wäre (BAG NJW 1991, 3170). Andernfalls ist die Lücke durch Anwendung der tarifdispositiven Gesetzesnorm, also § 622 Abs. 1 und 2, zu schließen (BAG NZA 1994, 799).

### 4. Tarifverträge des öffentlichen Dienstes

21 Die Tarifverträge des öffentlichen Dienstes sehen in den ersten 6 Monaten eine Kündigungsfrist von **2 Wochen** zum Monatsende vor (§ 34 Abs. 1 TVöD/TV-L). Bei einer Beschäftigung bis zu einem Jahr beträgt die Kündigungsfrist **einen Monat** zum Monatsende. Danach wird der Kündigungstermin auf das Quartalsende festgelegt und die Kündigungsfristen steigen wie folgt an: nach einem Jahr sind es 6 Wochen, nach mindestens 5 Jahren 3 Monate, nach mindestens 8 Jahren 4 Monate, nach mindestens 10 Jahren 5 Monate und nach mindestens 12 Jahren 6 Monate. Im Tarifgebiet West sind Mitarbeiter, die das 40. Lebensjahr erreicht haben und seit mindestens 15 Jahren beschäftigt sind, ordentlich unkündbar (§ 34 Abs. 2 TVöD/TV-L).

## V. Einzelvertragliche Abweichung

### 1. Verkürzung der Kündigungsfristen

22 Bei der Grundkündigungsfrist des § 622 Abs. 1 handelt es sich um die **gesetzliche Mindestkündigungsfrist**. Von dieser kann einzelvertraglich – abgesehen von der Probezeitkündigung nach Abs. 3 (Rdn. 12 ff.) – sowohl für die arbeitgeberseitige als auch für die arbeitnehmerseitige Kündigung nur nach Maßgabe des § 622 Abs. 5 für das Aushilfsarbeitsverhältnis (Nr. 1) und für das Kleinunternehmen (Nr. 2) nach unten abgewichen werden.

#### a) Aushilfsarbeitsverhältnisse

23 Nach der Nr. 1 muss in einem Aushilfsarbeitsverhältnis weder eine Mindestkündigungsfrist noch ein vorgegebener Kündigungstermin beachtet werden (AR/*Fischermeier* § 622 Rn. 7). Auch hier ist eine »entfristete« Kündigung möglich, vgl. Rdn. 15. Zur vorübergehenden Aushilfe wird ein Arbeitnehmer nur dann eingestellt, wenn von vornherein feststeht, dass das Arbeitsverhältnis nicht auf Dauer bestehen soll, z.B. bei der **Deckung eines vorübergehenden Bedarfs**, der durch den Ausfall von Stammkräften oder durch einen zeitlich begrenzten zusätzlichen Arbeitsanfall entstanden ist. Die Beschäftigung als vorübergehende Aushilfe muss bei Vertragsschluss i.d.R. durch eine Zweckbefristung deutlich werden (vgl. § 620 Rdn. 22), der vorübergehende Bedarf muss auch tatsächlich und objektiv vorliegen (BAG NZA 1987, 60) und darf laut Gesetz **3 Monate nicht überschreiten**. Notwendig ist, dass die Kündigung innerhalb des Drei-Monats-Zeitraums zugeht. Ob der Beendigungstermin später liegt, ist unerheblich.

#### b) Kleinunternehmen

24 In Kleinunternehmen, die **nicht mehr als 20 Arbeitnehmer** beschäftigen, kann nach der Nr. 2 zwar nicht die Grundkündigungsfrist des § 622 Abs. 1 von 4 Wochen verkürzt werden, doch kann von den dort normierten festen Kündigungsterminen abgewichen werden. Es handelt sich hier laut Gesetz nicht um »Kleinbetriebe«, sondern abgestellt wird nur auf den »rechtlichen« Arbeitgeber als solchen, weshalb es hier allein **auf das Unternehmen** ankommt (ErfK/*Müller-Glöge* § 622 Rn. 18). Gezählt werden grundsätzlich alle Arbeitnehmer mit Ausnahme der zu ihrer Berufsbildung Beschäftigten. Ruhende Arbeitsverhältnisse haben aber außer Betracht zu bleiben. Teilzeitbeschäftigte werden wie in § 23 Abs. 1 KSchG nur anteilig berücksichtigt (vgl. § 620 Rdn. 43). Beschäftigte

mit nicht mehr als 20 Stunden werden mit 0,5 und Beschäftigte mit nicht mehr als 30 Stunden mit 0,75 berücksichtigt.

## 2. Andere Abweichungen

Die verlängerten Kündigungsfristen des § 622 Abs. 2 Satz 1 können durch eine Individualvereinbarung nicht verkürzt werden. Eine von diesen **einseitig zwingenden Vorschriften** abweichende Vereinbarung ist nach § 134 nichtig (BAG NZA 2009, 29). Auch die in § 622 Abs. 2 Satz 1 Nr. 1–7 niedergelegten Kündigungstermine stehen nicht zur Disposition der Vertragsparteien. Selbst wenn durch die Wahl eines anderen, späteren Beendigungstermins scheinbar zugunsten des Arbeitnehmers abgewichen werden soll, kann dies eine Abweichung nicht rechtfertigen (BAG NZA 2008, 476). Einzig in Betracht kommender Kündigungstermin ist daher immer das **Monatsende**. 25

Die Norm des § 622 Abs. 5 Satz 3 stellt klar, dass **längere Kündigungsfristen** als die in § 622 Abs. 1 bis 3 geregelten Kündigungsfristen einzelvertraglich vereinbart werden können. Für die Kündigung des **Arbeitnehmers** sieht § 15 Abs. 4 TzBfG allerdings eine **Höchstbindungsdauer** von fünfeinhalb Jahren vor. Da die außerordentliche Kündigung nicht ausgeschlossen werden kann (vgl. § 620 Rdn. 14), ist auch die Vereinbarung von sehr langen Kündigungsfristen zulässig (BAG NZA 1992, 543). Obwohl andere als die in § 622 Abs. 2 Satz 1 genannten Beendigungstermine nicht gewählt werden können, kann doch die Zahl der vorgesehenen Kündigungstermine beschränkt werden, indem beispielsweise die Kündigung nur zum Ende eines Quartals erlaubt wird (HWK/*Bittner* § 622 Rn. 91). Die in einem Belegarztvertrag vereinbarte sechsmonatige Kündigungsfrist ist rechtlich unbedenklich (OLG Nürnberg, Beschl. v. 28.08.2019 – 13 U 1305/19). 26

Sind die Kündigungsfristen **tariflich** geregelt, kann nach § 4 Abs. 3 TVG individualvertraglich nur eine für den Arbeitnehmer **günstigere Regelung** getroffen werden. Um zu ermitteln, was eine günstigere Regelung ist, sind Kündigungsfristen und -termine regelmäßig als Einheit zu betrachten (BAG NJW 2002, 1363). Dies gilt nur dann nicht, wenn die Vereinbarung spezieller Kündigungstermine einen eigenen Zweck verfolgt (*Diller* NZA 2000, 293, 297). Entscheidend ist damit die sich aus Kündigungsfristen und -terminen ergebende **Gesamtbindungsdauer** (ErfK/*Müller-Glöge* § 622 Rn. 38). Regelmäßig ist davon auszugehen, dass eine längere Gesamtbindungsdauer für den Arbeitnehmer die günstigere Regelung ist. Der Günstigkeitsvergleich ist zum Zeitpunkt des Vertragsschlusses vorzunehmen (BAG NJW 1972, 1775), weshalb in jedem Einzelfall zu untersuchen ist, ob hier das Bestandsschutzinteresse das Mobilitätsinteresse des Arbeitnehmers überwog (HWK/*Bittner* § 622 Rn. 97). 27

Vorstehende Ausführungen gelten auch, wenn durch einzelvertragliche Abreden eine gegenüber der **gesetzlichen** Kündigungsfrist »längere« Kündigungsfrist i.S.d. § 622 Abs. 3 Satz 3 vereinbart werden soll. Auch hier ist daher ein **Günstigkeitsvergleich** vorzunehmen (BAG NZA 2015, 673). Dieser darf nicht im Zeitpunkt der konkret ausgesprochenen Kündigung erfolgen. Vielmehr ist die Regelung abstrakt auf ihre Günstigkeit hin zu überprüfen. Nicht »günstiger« i.d.S. ist eine Regelung, die aufgrund der Kombination einer kürzeren als der gesetzlich einschlägigen Kündigungsfrist mit eingeschränkten Kündigungsterminen nur für einen – wenn auch überwiegenden – Teil des Kalenderjahres einen besseren Schutz als die gesetzliche Regelung gewährt (BAG NZA 2015, 673; anders tendenziell noch BAG NZA 2002, 380). Erweist sich eine einzelvertragliche Vereinbarung als ungünstig, findet allein die gesetzliche Regelung Anwendung. Eine Kombination der (längeren) gesetzlichen Kündigungsfrist und vertraglichen Kündigungsterminen kommt nicht in Betracht. 27a

## 3. AGB-Kontrolle

Regelungen über Kündigungsfristen und -termine in den **AGB** können auch nach §§ 305 ff. unwirksam sein. Das kann im Bereich von Fristenklauseln auch wegen Unklarheit (§ 305c Abs. 2), nicht aber wegen Intransparenz (BAG NZA 2013, 1137) der Fall sein. Nach § 622 zulässige Gestaltungen benachteiligen den Arbeitnehmer i.d.R. nicht unangemessen, insb. weicht die beiderseitige 28

Verlängerung der Kündigungsfristen, auch verbunden mit der Festlegung eines bestimmten Kündigungstermins, nicht von wesentlichen Grundgedanken der gesetzlichen Regelung ab (BAG NZA 2009, 370: Vereinbarung einer Kündigungsfrist von 2 Monaten jeweils zum 31. Juli eines Jahres in einem Formulararbeitsvertrag mit einer Lehrkraft).

29 Werden individualvertraglich oder durch AGB zu kurze Kündigungsfristen oder unzulässig viele Kündigungstermine vereinbart, so tritt an die Stelle dieser unwirksamen Regelung die **gesetzliche Regelung** des § 622 Abs. 1 und 2 (HWK/*Bittner* § 622 Rn. 98). Auch die erhebliche Verlängerung der gesetzlichen Kündigungsfrist in AGB oder Einmalbedingungen kann für den Arbeitnehmer eine unangemessene Benachteiligung entgegen den Geboten von Treu und Glauben i.S.v. § 307 Abs. 1 Satz 1 darstellen, wenn die Kündigungsfrist für den Arbeitgeber in gleicher Weise verlängert wird (BAG NZA 2018, 297).

## C. Verbot der Kündigungserschwerung

30 Die Norm des § 622 Abs. 6 verbietet die **einseitige** Kündigungserschwerung durch Vereinbarung einer längeren Frist nur **zulasten des Arbeitnehmers**, nicht dagegen zulasten des Arbeitgebers. Dieses Benachteiligungsverbot gilt umfassend, also sowohl für einzelvertragliche als auch für tarifvertragliche Vereinbarungen. Trotz des eigentlich auf Kündigungsfristen beschränkten Wortlauts gilt die Vorschrift auch für Kündigungstermine (*Preis/Kramer* DB 1993, 2125, 2128). Für arbeitgeberseitige Kündigungen können längere Kündigungsfristen vereinbart werden. Ein Verstoß gegen § 622 Abs. 6 führt dazu, dass sich auch der Arbeitgeber analog § 89 Abs. 2 Satz 2 HGB an die für die Kündigung des Arbeitnehmers vereinbarte Frist zu halten hat (BAG NZA 2005, 1176).

31 Aus der Norm folgt weiter, dass über die Verlängerung von Kündigungsfristen hinaus generell die arbeitnehmerseitige Kündigung im Vergleich zur arbeitgeberseitigen Kündigung nicht erschwert werden darf (HWK/*Bittner* § 622 Rn. 46). Damit stellt § 622 Abs. 6 ein gesetzliches Leitbild dar, das bei der **AGB-Kontrolle von faktischen Kündigungserschwernissen** heranzuziehen ist (ErfK/*Müller-Glöge* § 622 Rn. 44). Typische Fallkonstellationen sind die Vereinbarung einer Vertragsstrafe für den Fall der fristgemäßen Kündigung durch den Arbeitnehmer (BAG BB 1972, 1245) oder die Hinterlegung einer Kaution, die im Fall einer fristgerechten Kündigung verfallen soll (BAG DB 1971, 1068). Gleiches gilt für mit einer frühzeitigen Kündigung verbundene Verdiensteinbußen oder Rückzahlungsklauseln, die den Arbeitnehmer unangemessen lang an das Arbeitsverhältnis binden und damit das Kündigungsrecht unverhältnismäßig erschweren (ErfK/*Müller-Glöge* § 622 Rn. 44).

32 Auch eine **einseitige Verlängerungsoption**, die sich der Arbeitgeber beim Abschluss eines befristeten Vertrages ausbedingt, stellt eine unzulässige Kündigungserschwerung dar (ArbG Ulm NZA-RR 2009, 298). In diesem Fall kann aber nicht analog § 89 Abs. 2 Satz 2 HGB dem Arbeitnehmer ebenfalls ein Verlängerungsrecht zuerkannt werden. Vielmehr ist das Optionsrecht des Arbeitgebers nach § 134 wegen Verstoßes gegen § 622 Abs. 6 nichtig (*Kindler* NZA 2000, 744; *Rein* NZA-RR 2009, 462, 464; a.A. ArbG Ulm NZA-RR 2009, 298).

## D. Prozessuales

33 Nach allgemeinen Grundsätzen hat derjenige das Vorliegen verlängerter Kündigungsfristen darzulegen und zu beweisen, der sich auf deren Geltung beruft. Mithin obliegt dem **Arbeitnehmer** die Darlegungs- und Beweislast, dass die verlängerten Kündigungsfristen des § 622 Abs. 2 Anwendung finden (HWK/*Bittner* § 622 Rn. 122). Das Bestehen gesonderter Vereinbarungen, die die Kündigungsfrist abkürzen, z.B. eines Aushilfsarbeitsverhältnisses (Rdn. 23), hat derjenige nachzuweisen, der mit verkürzter Frist kündigen möchte.

## § 623 Schriftform der Kündigung

Die Beendigung von Arbeitsverhältnissen durch Kündigung oder Auflösungsvertrag bedürfen zu ihrer Wirksamkeit der Schriftform; die elektronische Form ist ausgeschlossen.

### Übersicht

| | Rdn. | | Rdn. |
|---|---|---|---|
| A. **Normzweck** | 1 | D. **Andere Beendigungsformen** | 38 |
| B. **Kündigungen** | 6 | E. **Prozessuales** | 40 |
| I. Wahrung der Schriftform | 7 | F. **Weitere formale Kündigungsvoraussetzungen** | 41 |
| II. Rechtsfolgen | 12 | | |
| III. Unabdingbarkeit | 15 | I. Kündigungserklärung | 41 |
| C. **Aufhebungsverträge** | 17 | II. Zugang der Kündigung | 45 |
| I. Grundsätzliches | 18 | III. Kündigungsbefugnis | 52 |
|   1. Abgrenzung zu anderen Verträgen | 20 |   1. Ermächtigung und Vertretung | 53 |
|   2. Inhaltskontrolle | 23 |   2. Zurückweisung | 55 |
|   3. Anfechtung | 25 | IV. Betriebsratsanhörung | 59 |
|   4. Hinweis- und Aufklärungspflichten des Arbeitgebers | 31 |   1. Anforderungen an die Anhörung | 61 |
| II. Wahrung der Schriftform | 33 |   2. Reaktionsmöglichkeiten des Betriebsrats | 64 |
| III. Rechtsfolgen | 37 |   3. Rechtsfolgen des Widerspruchs | 68 |

### A. Normzweck

Die Norm des § 623 sieht die Schriftform als **Wirksamkeitsvoraussetzung** für Kündigungen und Aufhebungsverträge **zwingend** vor (AR/*Fischermeier* § 623 Rn. 1). Damit dient sie vor allem der **Rechtssicherheit**, weil aufgrund der Beweisfunktion einer schriftlich abgefassten Kündigung oder eines schriftlichen Auflösungsvertrags zumindest die Existenz einer solchen Beendigungserklärung feststeht. Daneben schützt das Schriftformerfordernis vor Übereilung. Der **Warnfunktion** der Schriftform kommt daher im Rahmen von § 623 ebenfalls eine große Bedeutung zu (BAG NJW 2006, 2796, 2797; NZA 2007, 466, 467).   **1**

Die bei Einführung der Norm anno 2000 intendierte **Entlastung der Arbeitsgerichte** ist durch die Vorschrift wohl nicht erreicht worden. An die Stelle des Streits um die Existenz von Spontankündigungen tritt nun Unsicherheit in Bezug auf die Erfüllung der Schriftform oder den Zugang der Willenserklärung (HWK/*Bittner* § 623 Rn. 1).   **2**

In **sachlicher Hinsicht** ist § 623 seinem Wortlaut entsprechend nur auf Kündigung und Auflösungsvertrag anwendbar. Das bis 31.12.2001 in § 623 enthaltene Schriftformerfordernis für die Befristung von Arbeitsverträgen findet sich nun in § 14 Abs. 4 TzBfG (vgl. dazu § 620 Rdn. 19, 110). Auf zwischen 01.05.2000 und 31.12.2000 vereinbarte Befristungen bleibt § 623 hingegen anwendbar (HWK/*Bittner* § 623 Rn. 8, 12).   **3**

§ 623 regelt nur die **Beendigung von Arbeitsverhältnissen** (nicht die Kündigung von Berufsausbildungsverhältnissen, vgl. § 22 Abs. 3 BBiG, wohl aber deren Auflösung, vgl. § 10 Abs. 2 BBiG). Keine Anwendung findet er damit auf die Dienstverhältnisse arbeitnehmerähnlicher Personen i.S.d. §§ 5 Abs. 1 Satz 2 ArbGG, 12a TVG und erst recht nicht auf sonstige freie Dienstverhältnisse. Anstellungsverträge von Organmitgliedern können also i.d.R. ohne Einhaltung einer Form beendet werden. Zu beachten ist aber, dass durch die **Bestellung** eines Arbeitnehmers **zum Organ** (z.B. zum GmbH-Geschäftsführer) i.d.R. gleichzeitig dessen Arbeitsverhältnis aufgehoben wird, weshalb es aufgrund des Schriftformerfordernisses jedenfalls eines schriftlichen Geschäftsführerdienstvertrags bedarf (BAG NZA 2007, 1095; NZA 2011, 874). Entsprechendes gilt für einen von den Parteien gewollten Übergang zu einem sonstigen Dienstverhältnis (AR/*Fischermeier* § 623 Rn. 3).   **4**

*(unbesetzt)*   **5**

## B. Kündigungen

**6** Die Norm des § 623 erfasst alle Arten von auf Beendigung des Arbeitsverhältnisses gerichteten Kündigungen (vgl. näher § 620 Rdn. 4 f.). Der Schriftform bedürfen also **ordentliche und außerordentliche, unbedingte und bedingte, arbeitgeberseitige und arbeitnehmerseitige Kündigungen**. Nicht erfasst sind (zulässige) Teilkündigungen, da diese nicht auf Beendigung des Arbeitsverhältnisses gerichtet sind (*Richardi/Annuß* NJW 2000, 1231, 1233). Die Änderungskündigung intendiert zwar keine Beendigung des Arbeitsverhältnisses, beinhaltet aber eine **bedingte** Beendigungskündigung (vgl. § 620 Rdn. 15), sodass auch hier die Schriftform eingehalten werden muss. Keine Kündigung, sondern eine reine Wissenserklärung ist der Widerspruch bzw. die Mitteilung der Zweckerreichung seitens des Arbeitgebers bei Ablauf eines befristeten Arbeitsvertrags, vgl. § 15 Abs. 5 TzBfG. Sie bedarf nicht der Schriftform, weil nicht die Erklärung selbst, sondern die vorangegangene Befristung zum Ende des Arbeitsverhältnisses zum genannten Termin führt (AR/*Fischermeier* § 623 Rn. 2). Anderes gilt dagegen laut Gesetzeswortlaut für die (konstitutive) Unterrichtung über die Zweckerreichung nach § 15 Abs. 2 TzBfG.

### I. Wahrung der Schriftform

**7** **Formal** bezieht sich die »Schriftform« i.S.v. § 623 nur auf die **allgemeine Regelung** der Schriftform in § 126 Abs. 1. Die Anwendung der elektronischen Form (§ 126a) wurde ausdrücklich ausgeschlossen, § 623 Hs. 2 (vgl. BT-Drs. 14/4987). Nicht ausreichend ist ferner die Textform nach § 126b. Notwendig für die Einhaltung der Schriftform ist eine dauerhafte **Urkunde**. Ein elektronisches Dokument, eine SMS (LAG Hamm MMR 2008, 252) oder ein sog. E-Postbrief (vgl. *Schomaker* AiB 2011, 234) genügen nicht. Wie und von wem die Urkunde abgefasst oder gestaltet ist, ist grundsätzlich unbeachtlich. Diese kann handgeschrieben, maschinenschriftlich, vorgedruckt, kopiert oder sonst vervielfältigt sein (ErfK/*Müller-Glöge* § 623 Rn. 12). Entscheidend ist, dass die Urkunde vom Aussteller **eigenhändig durch Namensunterschrift** oder durch notariell beglaubigtes Handzeichen unterzeichnet wurde (BAG NZA 2005, 865).

**8** Grundsätzlich erfordert eine Unterschrift das Ausschreiben des vollständigen Namens. Die Lesbarkeit des Namenszuges ist nicht erforderlich; vielmehr genügt es, wenn aus einem Schriftzug, der individuelle und entsprechend charakteristische Merkmale aufweist, welche die Nachahmung erschweren, die **Identität des Unterschreibenden** ausreichend deutlich hervorgeht (BAG DB 2013, 520). Geht aus der übrigen Urkunde die Person des Unterzeichnenden hinreichend deutlich hervor, kann auch die Zeichnung mit einzelnen Namensbestandteilen oder gar einem Pseudonym ausreichend sein (MüKo/*Einsele* § 126 Rn. 16). Die Unterschrift muss die Kündigungserklärung **abschließen**, also unterhalb des Textes stehen. Eine sog. »Oberschrift« wahrt die Schriftform nicht (BGH NJW 1991, 487).

**9** Spricht ein **Vertreter** die Kündigung aus, kann er entweder mit dem eigenen Namen unterzeichnen, wenn sich aus der übrigen Kündigungserklärung seine Vertreterstellung ergibt, oder er zeichnet mit dem Namen des Vertretenen (ErfK/*Müller-Glöge* § 623 Rn. 14; vgl. auch BAG DB 2013, 520). Die Unterschrift eines bloßen **Erklärungsboten** hingegen wahrt die Schriftform nicht. Ob der Unterzeichnende als Vertreter oder als bloßer Bote gehandelt hat, ist durch Auslegung (§§ 133, 157) zu ermitteln. Allein die Unterschrift mit dem Zusatz »i. A.« lässt wegen des allgemeinen, juristisch unpräzisen Sprachgebrauchs nicht den Schluss zu, der Unterzeichnende hätte lediglich als Bote gehandelt (BAG NZA 2008, 403). Maßgeblich sind vielmehr die **Gesamtumstände**. Ergeben diese, dass der Erklärende eine eigene Willenserklärung im fremden Namen abgeben und nicht nur eine fremde Willenserklärung übermitteln wollte, so ist von einem Handeln als **Vertreter** auszugehen. Ob der Unterzeichnende tatsächlich zur Vertretung ermächtigt war, spielt für die Frage der Einhaltung der Schriftform keine Rolle (BAG NZA 2008, 403; zur Kündigungsberechtigung vgl. Rdn. 53).

**10** **Inhaltlich** muss das Kündigungsschreiben eindeutig zum Ausdruck bringen, dass die **einseitige Auflösung** des Arbeitsverhältnisses gewollt ist. Dabei muss das Wort »Kündigung« nicht vorkommen. In der fehlenden Angabe eines Kündigungstermins liegt keine Verletzung der Schriftform

(LAG Köln NZA-RR 2006, 353). Auch verlangt das Schriftformerfordernis **keine Angabe darüber**, ob es sich um eine ordentliche oder außerordentliche Kündigung handelt und auf welchen Gründen die Kündigung beruht (*Richardi/Annuß* NJW 2000, 1231, 1233). Eine Ausnahme gilt bei Schwangeren und Auszubildenden. Nach § 9 Abs. 3 Satz 2 MuSchG muss der von der zuständigen obersten Landesbehörde für zulässig erklärte Kündigungsgrund in der schriftlichen Kündigungserklärung angegeben werden. Die Norm des § 22 Abs. 3 BBiG verlangt ebenfalls (bei Fällen des § 22 Abs. 2 BBiG) die Angabe der Kündigungsgründe. Bei einer **Änderungskündigung** muss auch das Änderungsangebot schriftlich abgegeben werden (BAG NZA 2005, 635). Es genügt hierfür aber, dass das Änderungsangebot in der Urkunde Ausdruck gefunden hat (BAG NZA 2010, 333); unter Umständen kann die Bezugnahme auf ein früheres Änderungsangebot genügen (BAG NZA 2005, 1289).

Da es sich bei einer Kündigung um eine **empfangsbedürftige Willenserklärung** handelt (vgl. § 620 Rdn. 4), genügt für die Wahrung der Schriftform nicht allein die Anfertigung einer schriftlichen Kündigungserklärung; sie muss dem zu Kündigenden vielmehr auch in dieser Form **zugegangen** sein (BGH NJW-RR 1987, 395). Die Übermittlung der Kündigungserklärung durch Fax oder E-Mail genügt also ebenso wenig wie die Aushändigung einer Kopie (BAG NZA 2016, 361). Für den Zugang der schriftlichen Kündigungserklärung genügt es allerdings, wenn dem Arbeitnehmer das vom Arbeitgeber unterzeichnete Kündigungsschreiben **übergeben** wird, ihm genügend Zeit zur Kenntnisnahme verbleibt und er dieses nach Quittierung des Erhalts zurückgibt; eine dauerhafte Verfügung über das Schriftstück ist nicht erforderlich (BAG NZA 2005, 513).  11

## II. Rechtsfolgen

Eine die Schriftform nicht wahrende Kündigung ist nach § 623 **unwirksam** (Staudinger/*Oetker* § 623 Rn. 63). Die Norm soll nur die Anordnung der Schriftform enthalten, die Rechtsfolge ergibt sich dagegen aus § 125 Satz 1 (so AR/*Fischermeier* § 623 Rn. 8; ErfK/*Müller-Glöge* § 623 Rn. 12; a.A. Staudinger/*Oetker* § 623 Rn. 63). Ein Formmangel der Kündigung ist nicht heilbar. Vielmehr muss die Kündigung unter Wahrung der Schriftform **erneut** erklärt werden. Die schriftliche Bestätigung des Erhalts der Kündigung durch den zu Kündigenden ändert an der Formnichtigkeit nichts, da die Kündigungserklärung selbst dem Schriftformerfordernis genügen muss.  12

Die formnichtige Kündigung verhindert den **Lauf der Klagefrist** des § 4 KSchG. Diese Norm setzt den Zugang der »schriftlichen« Kündigung voraus. Auf die Nichtigkeit der Kündigung wegen Formmangels kann sich der Arbeitnehmer daher auch nach Ablauf der Dreiwochenfrist noch berufen (vgl. § 620 Rdn. 102). Er kann aber das Klagerecht **verwirken** mit der Folge, dass die Berufung auf den Formverstoß nach § 242 ausgeschlossen ist (BAG NZA 2000, 540; BAG DB 2009, 1710).  13

Die Schriftform des § 623 steht einer **Umdeutung** der aus anderen Gründen nichtigen Kündigung nicht entgegen (BAG NZA-RR 2005, 440, 443). Eine Umdeutung einer formnichtigen Kündigung scheitert daran, dass die andere (ordentliche) Kündigung genauso dem Formerfordernis unterfällt. Auch die Umdeutung in den Antrag auf Abschluss eines Aufhebungsvertrages ist wegen § 623 nicht möglich (Rdn. 48 ff.). Keiner besonderen Form bedarf aber die **Anfechtung** des Arbeitsvertrags, sodass (nur) eine wegen Formverstoßes unwirksame außerordentliche Kündigung in eine Anfechtungserklärung umgedeutet werden kann, was aber nach längerem Vollzug des Arbeitsverhältnisses nur noch in Fällen des § 123 Erfolg verspricht (vgl. § 620 Rdn. 30 ff.).  14

## III. Unabdingbarkeit

§ 623 ist zwingendes Recht und **unabdingbar**. Auch in Tarifverträgen oder Betriebsvereinbarungen kann hiervon nicht abgewichen werden (Staudinger/*Oetker* § 623 Rn. 22). **Strengere Formerfordernisse** sind aber möglich, wegen des Verbots der Kündigungserschwerung analog § 622 Abs. 6 aber nicht einseitig zulasten des Arbeitnehmers (vgl. § 622 Rdn. 31). Strengere Formvorschriften **inhaltlicher** Natur enthalten vor allem **Tarifverträge**, wenn diese z.B. die Angabe des Kündigungsgrunds in der schriftlichen Kündigung verlangen. Soll die Kündigung laut Tarifvertrag nur in Form  15 des Einschreibens erfolgen, führt die Nichtbeachtung nicht zur Unwirksamkeit, weil es sich nur um eine **Beweissicherungsregel** handelt (BAG AP BGB § 620 schuldrechtl. Kündigungsbeschränkung Nr. 4). Denkbar ist aber auch eine Erweiterung in formaler Hinsicht; der Schriftform adäquat sind schon laut Gesetzes die notarielle Beurkundung oder der Prozessvergleich, vgl. §§ 126 Abs. 4, 127a, 128. Dies kann auch in **Individualvereinbarungen** so festgelegt werden. Im Bereich der **AGB-Kontrolle** sind strengere Formvorgaben und besondere Zugangserfordernisse aber nach § 309 Nr. 13 unwirksam (HWK/*Bittner* § 623 Rn. 37).

16 Die Nichtigkeit der Kündigung als Rechtsfolge von §§ 623, 125 kann nach den allgemeinen, zu §§ 125, 242 entwickelten Grundsätzen nach **Treu und Glauben ausnahmsweise** durchbrochen werden. Dies muss auf besondere Ausnahmefälle beschränkt bleiben. Ein formbedürftiges Rechtsgeschäft ist trotz Formmangels ausnahmsweise gültig, wenn andernfalls nicht harte, sondern schlechterdings **untragbare Ergebnisse** die Folge wären (BAG AP § 74 HGB Nr. 2; BAG NZA 2005, 162). Es genügt nicht, dass beide Seiten die Formbedürftigkeit kannten (ErfK/*Müller-Glöge* § 623 Rn. 24). Auch die widerspruchslose Entgegennahme einer formnichtig erklärten Kündigung hindert den Empfänger nicht daran, sich auf die Formnichtigkeit zu berufen. Eine Berufung auf die Formnichtigkeit kann aber dann **treuwidrig** sein, wenn hierin ein widersprüchliches Verhalten des Kündigungsempfängers liegt (BAG NZA 2005, 162). Auch die Berufung auf die Formunwirksamkeit der eigenen Kündigung kann treuwidrig sein, wenn der Arbeitnehmer mehrmals unmissverständlich mündlich die Kündigung erklärt hat und trotz Hinweises des Arbeitgebers auf der mündlichen Kündigung beharrt (BAG NZA 1998, 420; LAG Rheinland-Pfalz, Urt. v. 08.02.2012 – 8 Sa 318/11).

## C. Aufhebungsverträge

17 § 623 fordert die Schriftform auch für »**Auflösungsverträge**«, die im praktischen Sprachgebrauch meist als Aufhebungsverträge bezeichnet werden (vgl. § 620 Rdn. 24). Ihre große praktische Bedeutung resultiert aus der »geräuschlosen« Beendigung des Arbeitsverhältnisses meist gegen eine beachtliche Abfindungszahlung ohne jede gerichtliche Auseinandersetzung. Bei Abfindungszahlungen ruht der Anspruch auf das Arbeitslosengeld längstens für ein Jahr (vgl. § 158 SGB III).

### I. Grundsätzliches

18 Trotz des strengen Kündigungsschutzes wird eine **einvernehmliche Vertragsbeendigung** zwischen Arbeitgeber und Arbeitnehmer im Wege des »Auflösungsvertrags« (so § 623) als Ausfluss der **Vertragsfreiheit** (§ 311 Abs. 1) in st. BAG-Rspr. für zulässig gehalten. Das neue Schuldrecht findet Anwendung auf alle seit dem 01.01.2002 geschlossenen Beendigungsvereinbarungen (BAG NZA 2004, 597). Aus der Vereinbarung muss sich zumindest der übereinstimmende Wille der Parteien, das Arbeitsverhältnis aufzulösen, **eindeutig** ergeben (LAG Sachsen, Urt. v. 04.07.2006 – 1 Sa 632/05). Dies ist bei Abschluss eines **Geschäftsführerdienstvertrags** mit einem Arbeitnehmer nach st. Rspr. der Fall (BAG NJW 2011, 2684). Um einen Auflösungsvertrag handelt es sich sowohl bei rückwirkender als auch bei zukünftiger Beendigung des Arbeitsverhältnisses. Auch die im gerichtlichen Vergleich vereinbarte Beendigung des Arbeitsverhältnisses stellt einen Auflösungsvertrag dar (BAG NJW 2007, 1831). Die Wahrung der Schriftform durch einen Vergleich gem. § 278 Abs. 6 Satz 1, 2. Alt. ZPO hat das BAG zwischenzeitlich anerkannt (NZA 2007, 466). Hinsichtlich eines Vergleichs nach § 278 Abs. 6 Satz 1, 1. Alt. ZPO ist dies weiterhin umstritten und höchstrichterlich ungeklärt, sodass von einer Beendigung des Arbeitsverhältnisses auf diesem Wege abgeraten werden muss.

19 Dem Grundsatz nach sind auch sog. **Klageverzichtsvereinbarungen**, mit denen der Arbeitnehmer auf die Erhebung einer Kündigungsschutzklage verzichtet, formfrei möglich. Ohne eine arbeitgeberseitige Kompensation verstößt ein formulaßiger Verzicht aber gegen § 307 Abs. 1 Satz 1 (BAG NZA 2015, 350). Sofern Kündigung und Klageverzicht in einem unmittelbaren zeitlichen und sachlichen Zusammenhang stehen, der die Annahme rechtfertigt, bei Kündigung und Klageverzicht handele es sich um ein einheitliches Rechtsgeschäft zur Auflösung des Arbeitsverhältnisses

im gegenseitigen Einvernehmen, erstreckt sich die Schriftform als Wirksamkeitserfordernis auch auf die Verzichtserklärung (BAG NZA 2007, 1227; NZA 2015, 350). Nicht auf die Aufhebung des Arbeitsverhältnisses gerichtet sind solche Verträge, mit denen **einzelne Arbeitsbedingungen** abgeändert werden sollen. Sie unterfallen daher nicht dem Anwendungsbereich des § 623 (HWK/ *Bittner* § 623 Rn. 21).

### 1. Abgrenzung zu anderen Verträgen

Vom Auflösungsvertrag abzugrenzen sind insb. sog. **Abwicklungsverträge** (vgl. § 620 Rdn. 25), die nur die Abwicklung des Arbeitsverhältnisses nach erfolgter Kündigung regeln sollen. Da nicht der Vertrag selbst, sondern die vom Arbeitnehmer **akzeptierte Kündigung** das Arbeitsverhältnis auflösen soll, findet § 623 auf diese Vereinbarung keine Anwendung (BAG NZA 2006, 48). Typischerweise beinhaltet ein Abwicklungsvertrag den Verzicht des Arbeitnehmers auf Kündigungsschutz gegen Zahlung einer Abfindung. Daneben werden – ähnlich wie im Aufhebungsvertrag – eine Vielzahl von Detailfragen geregelt, um nach der Beendigung des Arbeitsverhältnisses Streitigkeiten über diese Punkte zu vermeiden. Eine Abwicklungsvereinbarung kann aber dann als **formpflichtiger** Aufhebungsvertrag i.S.v. § 623 zu deuten sein, wenn die vorausgegangene Kündigung unwirksam ist und daher der Abwicklungsvertrag selbst die Beendigung des Arbeitsverhältnisses herbeiführt (BAG NZA 2008, 1135). Sieht ein Abwicklungsvertrag für den Arbeitnehmer die Möglichkeit vor, sein vorzeitiges Ausscheiden aus dem Arbeitsverhältnis zu erklären, so bedarf diese Erklärung gemäß § 623 zwingend der Schriftform (BAG NZA 2016, 361).

Eine **Ausgleichsquittung**, mittels der der Arbeitnehmer nach Beendigung des Arbeitsverhältnisses anerkennt, dass aus dem Vertragsverhältnis keine Ansprüche mehr bestehen, ist grundsätzlich **formfrei** möglich. Eine Anwendung des § 623 auf diese Verträge kommt nur in Betracht, wenn die Ausgleichsquittung ausnahmsweise **selbst** die Beendigung des Arbeitsverhältnisses herbeiführen soll (MüKo/*Henssler* § 623 Rn. 24).

Keine Aufhebungsverträge i.S.v. § 623 sind wegen des fehlenden Schutzbedürfnisses Verträge, mit denen einmal geschlossene Aufhebungsverträge wieder aufgehoben werden (MüKo/*Henssler* § 623 Rn. 24).

### 2. Inhaltskontrolle

Formularmäßig abgeschlossene Aufhebungsverträge unterliegen der **AGB-Kontrolle** nach §§ 305 ff.. Kontrollfähig sind nach § 307 Abs. 3 nur solche Abreden, die nicht den unmittelbaren Gegenstand der **Hauptleistungspflicht** regeln. Weil aber beim Aufhebungsvertrag insb. die Beendigung des Arbeitsverhältnisses zu einem bestimmten Termin ggf. gegen Abfindungszahlung, der Verzicht auf den Ausspruch einer außerordentlichen Kündigung bzw. auf die Erhebung einer Kündigungsschutzklage vereinbart werden, unterliegt die arbeitsrechtliche Beendigungsvereinbarung i.d.R. **keiner Inhaltskontrolle** (BAG NZA 2004, 597). »Hauptleistungspflichten« des Aufhebungsvertrags sind gerade der Beendigungszeitpunkt und die für die Beendigung des Arbeitsverhältnisses gezahlte Abfindung. Deren Höhe kann also nicht nach § 307 Abs. 3 einer Inhaltskontrolle unterzogen werden. Weder Beendigungstermine noch Abfindungshöhe unterliegen damit einer richterlichen Angemessenheitsprüfung (BAG NZA 2008, 1148).

Zu beachten sind aber unbedingt das **Verbot überraschender oder ungewöhnlicher Klauseln** (§ 305c Abs. 1), die **Unklarheitenregelung** des § 305c Abs. 2 und das **Transparenzgebot** des § 307 Abs. 1 Satz 2. Wesentliche und mit gravierenden Nachteilen für den Arbeitnehmer verbundene Klauseln müssen deutlich formuliert sein und dürfen z.B. nicht in den Schlussbestimmungen versteckt werden.

### 3. Anfechtung

Eine Willenserklärung, die auf den Abschluss eines Aufhebungsvertrags gerichtet ist, kann nach den allgemeinen Regeln der §§ 119 ff. angefochten werden (vgl. § 620 Rdn. 27 ff.). Die Anfechtung erfolgt durch **formfreie Erklärung** gegenüber dem Anfechtungsgegner, welcher nach § 143 Abs. 2 der Vertragspartner ist. Stützt der Anfechtende seine Anfechtungserklärung auf bestimmte Anfechtungsgründe, kann er nicht später andere Gründe wirksam nachschieben, sondern muss erneut anfechten (BAG NZA 2008, 530). Die einmal erklärte Anfechtung ist unwiderruflich und kann – nach Zugang beim Anfechtungsgegner – nicht mehr zurückgenommen werden (BAG NZA 2006, 1431).

26 Arbeitsrechtliche Besonderheiten bei der **Anfechtung wegen Irrtums** (§ 119 Abs. 1 u. Abs. 2) gibt es kaum. Bei einem Irrtum insb. über die sozialversicherungsrechtlichen oder steuerrechtlichen Folgen eines Aufhebungsvertrags handelt es sich i.d.R. um einen **unbeachtlichen Rechtsfolgenirrtum**. Auch der Irrtum einer schwangeren Arbeitnehmerin über ihren Zustand rechtfertigt nicht die Anfechtung des Aufhebungsvertrags wegen Irrtums (BAG NZA 1992, 790).

27 Eine Anfechtung wegen **arglistiger Täuschung** (§ 123 Abs. 1) kommt insb. dann in Betracht, wenn der Arbeitgeber vorsätzlich beim Arbeitnehmer falsche Vorstellung hinsichtlich der Folgen des Aufhebungsvertrags hervorruft, was wegen der drohenden Sperrzeit vor Bezug des Arbeitslosengelds (näher § 620 Rdn. 25) von großer praktischer Bedeutung ist. Eine arglistige Täuschung durch Unterlassen kommt allerdings nur dann in Betracht, wenn den Arbeitgeber gegenüber dem Arbeitnehmer eine Aufklärungspflicht hinsichtlich der Folgen des Aufhebungsvertrages trifft (dazu Rdn. 31).

28 Von besonderer praktischer Relevanz ist die Anfechtung von Aufhebungsverträgen wegen **widerrechtlicher Drohung** nach § 123 Abs. 1. Die **Drohung**, dass für den Fall des Nicht-Abschlusses eines Aufhebungsvertrags **außerordentlich gekündigt** würde, stellt nur dann eine widerrechtliche Drohung dar, wenn in der konkreten Situation ein verständiger Arbeitgeber eine Kündigung nicht ernsthaft in Erwägung ziehen durfte (BAG NZA 1994, 209). Entscheidend ist hierfür der objektiv mögliche Wissensstand des Arbeitgebers (BAG NZA 1996, 1030); nicht maßgeblich ist, ob die Kündigung tatsächlich rechtmäßig gewesen wäre. Die **Drohung mit einer Strafanzeige** ist nur dann widerrechtlich, wenn die anzuzeigende Straftat mit der Beendigung in keinem inneren Zusammenhang steht. Soll also der Arbeitsvertrag wegen strafbaren Verhaltens des Arbeitnehmers aufgelöst werden, darf der Arbeitgeber mit der Erstattung einer Strafanzeige drohen, wenn ein verständiger Arbeitgeber eine Strafanzeige ernsthaft in Erwägung ziehen würde (BAG NZA 1987, 91). Die Einräumung einer **Bedenkzeit** ändert nichts an der Widerrechtlichkeit der Drohung, lässt aber gegebenenfalls die Kausalität zwischen Drohung und Abschluss des Aufhebungsvertrags entfallen (BAG NZA 2008, 348).

29 Allein aus der Tatsache, dass dem Arbeitnehmer keine Bedenkzeit eingeräumt wurde und auch kein Rücktritts- oder Widerrufsrecht vereinbart worden ist, folgt noch keine Unwirksamkeit des Aufhebungsvertrages (BAG NZA 2004, 1295 [Ls.]). Die **Vereinbarung eines Widerrufsrechts** ist aber ohne weiteres denkbar und wird auch in einigen Tarifverträgen als zeitgebundenes Widerrufsrecht vorgesehen (ErfK/*Müller-Glöge* § 620 Rn. 13). Ein **gesetzliches Widerrufsrecht** nach §§ 355, 312g, 312b besteht aber nicht. Beim Arbeitnehmer soll es sich zwar um einen »Verbraucher« i.S.v. § 13 handeln (BAG NZA 2005, 1111; BVerfG NZA 2007, 85). Bei einem Aufhebungsvertrag handelt es sich aber nicht um einen von § 312b erfassten außerhalb von Geschäftsräumen geschlossenen Vertrag, da diese Norm nur vor den Gefahren eines Abschlusses entgeltlicher Rechtsgeschäfte an ungewöhnlichen Orten schützen soll (vgl. BAG NZA 2004, 597 zu § 312a.F.). Eine für § 312b typische Überrumpelungssituation, die auch § 312a.F. als »Haustürgeschäft« im Blick hatte, ist beim Abschluss eines Aufhebungsvertrages am **Arbeitsplatz nicht** gegeben. Gleiches gilt für die Aufhebung des Arbeitsvertrags eines überwiegend zuhause arbeitenden Arbeitnehmers im Personalbüro (BAG AP § 620 BGB Aufhebungsvertrag Nr. 27 zu § 312a.F.). Wegen der generellen Unanwendbarkeit des § 312a.F. (jetzt § 312b) auf arbeitsrechtliche Verträge soll dies auch dann gelten, wenn der Aufhebungsvertrag in der Privatwohnung des Arbeitnehmers abgeschlossen wird (LAG Berlin, Urt. v. 05.04.2004 – 18 Sa 2204/03; a.A. DBD/*Däubler* Einl. Rn. 135; jeweils zu § 312a.F.).

Die Nichterbringung der nach dem Aufhebungsvertrag geschuldeten Leistung berechtigt die andere Vertragspartei nach den allgemeinen Regeln des § 323 zum **Rücktritt vom Vertrag**. Der **Wegfall der Geschäftsgrundlage** des Aufhebungsvertrags kann unter Umständen dazu führen, dass dem Arbeitnehmer im Wege der Vertragsanpassung ein Wiedereinstellungsanspruch zuzugestehen ist (BAG NZA 2008, 1148).

### 4. Hinweis- und Aufklärungspflichten des Arbeitgebers

Beim Abschluss eines Aufhebungsvertrags hat jede Vertragspartei grundsätzlich selbst für die Wahrnehmung ihrer Interessen zu sorgen (BAG NZA 2002, 1150). Aus dem Arbeitsvertrag und der Sozialverantwortung des Arbeitgebers auch beim Aufhebungsvertrag können sich aber nach § 241 Abs. 2 **Aufklärungspflichten** ergeben (MHdB ArbR/ *Wank* § 94 Rn. 8 f.). Vermutet der Arbeitgeber oder hat er sogar positive Kenntnis davon, dass dem Arbeitnehmer durch Abschluss des Aufhebungsvertrages **sozialrechtliche Nachteile** (z.B. gem. § 158 SGB III) drohen, hat er ihn darauf hinzuweisen (BAG NZA 1988, 837). Entscheidend sind immer die besonderen Umstände des Einzelfalls. Erhöhte Hinweispflichten treffen den Arbeitgeber auch dann, wenn er auf die Vertragsaufhebung hinwirkt und dabei den Eindruck erweckt, er werde die Interessen des Arbeitnehmers in Bezug auf die drohende Sperrzeit wahren (BAG BB 2002, 2335). Doch gilt dies nur in engen Grenzen, weil grundsätzlich jeder Vertragspartner auch im Arbeitsverhältnis und vor Abschluss eines Aufhebungsvertrags gehalten ist, selbst für die Wahrung seiner Interessen Sorge zu tragen (LAG Hamm NZA-RR 2005, 606, 608).

Aus § 2 Abs. 2 Satz 2 Nr. 3 SGB III folgt für den Arbeitgeber die Verpflichtung, den Arbeitnehmer über die **Meldepflicht bei der Agentur für Arbeit** zu informieren. Diese Verpflichtung ist aber sozialrechtlicher Natur und stellt kein Schutzgesetz zugunsten des Arbeitnehmers dar, sodass eine Verletzung dieser Pflicht keine Schadensersatzansprüche des Arbeitnehmers auslöst (BAG NZA 2005, 1406). Wenn der Verlust von Anwartschaften aus der betrieblichen Altersversorgung droht, kann sich aber eine Hinweispflicht auf die Risiken ergeben (BAG NZA 1990, 971). Verlangt wird insoweit keine inhaltlich vollständige Belehrung des Arbeitnehmers über die Folgen, sondern nur der Hinweis darauf. Es obliegt dann dem Arbeitnehmer, sich zu informieren (ErfK/ *Müller-Glöge* § 620 Rn. 12). Aus der Verletzung von Hinweis- und Aufklärungspflichten kann eine **Schadensersatzpflicht** des Arbeitgebers aus §§ 280 Abs. 1, 241 Abs. 2 folgen. Zur Unwirksamkeit des Aufhebungsvertrags als solchem führt die Verletzung dieser Pflichten jedoch nicht (BAG NZA 1988, 837).

## II. Wahrung der Schriftform

Die von § 623 beim Abschluss von Aufhebungsverträgen verlangte Schriftform führt zur Anwendung des § 126 **Abs. 2**. Notwendig ist eine **einheitliche Vertragsurkunde**, in der der gesamte Vertragsinhalt enthalten ist und die von **beiden** Parteien unterzeichnet wird (BAG NZA 2009, 161). Ein Austausch der jeweils schriftlich abgefassten, auf Abschluss des Aufhebungsvertrages gerichteten Willenserklärungen genügt nicht, wenn es sich um verschiedene Schriftstücke handelt. Allerdings soll es ausreichen, wenn eine Vertragspartei das von der anderen Vertragspartei gemachte Angebot durch selbst unterzeichnete Annahmeerklärung auf **demselben Schriftstück** annimmt, ohne dass der Anbietende diese Annahme erneut unterschreiben müsste (ErfK/ *Müller-Glöge* § 623 Rn. 19; zur Schriftform des § 14 Abs. 4 TzBfG ebenso BAG NZA 2006, 1402).

Die Vorschrift des § 126 Abs. 2 Satz 2 findet ebenfalls Anwendung, sodass bei mehreren gleich lautenden Urkunden die Unterzeichnung auf jeweils dem für die andere Seite bestimmten Exemplar genügt. Nach § 126 Abs. 4 kann die Schriftform durch **notarielle Beurkundung** ersetzt werden (vgl. Rdn. 15). Ein aus mehreren Blättern bestehender Aufhebungsvertrag muss eindeutig als **Einheit** erkennbar sein. Dies kann entweder durch körperliche Verbindung, fortlaufende Paginierung, fortlaufende Nummerierung der einzelnen Vertragsbestandteile, einheitliche grafische Gestaltung, inhaltlichen Zusammenhang des Textes oder vergleichbarer Merkmale geschehen (BAG NZA 1998, 1110).

35 **Schriftlich** abgefasst werden müssen alle für den Vertrag wesentlichen Vereinbarungen. Der Verweis auf eine Anlage ist nur dann möglich, wenn diese körperlich mit der Urkunde verbunden wird und die Parteien diese erneut unterzeichnen (BGH NJW 1999, 2591). Formfrei sind nur solche **Nebenabreden** möglich, die nicht von wesentlicher Bedeutung für den Aufhebungsvertrag sind. Andernfalls kann die fehlende schriftliche Niederlegung von Nebenabreden zur Gesamtnichtigkeit des Aufhebungsvertrages nach § 139 führen (ErfK/*Müller-Glöge* § 623 Rn. 13).

36 Das Schriftformerfordernis schließt eine ergänzende, über den Text hinausgehende **Auslegung des Vertrages** nicht aus. Nach der Andeutungstheorie genügt es für die Wahrung der Schriftform, wenn der durch Auslegung ermittelte übereinstimmende Parteiwille in der Vertragsurkunde zumindest andeutungsweise zum Ausdruck gekommen ist (MüKo/*Hesse* Vor § 620 Rn. 25). Es kann damit für die Annahme eines formwirksamen Aufhebungsvertrages genügen, wenn ein Arbeitnehmer zum **Organ** (z.B. als Geschäftsführer) bestellt wird und in diesem Anstellungsvertrag Regelungen enthalten sind, die einem als »ruhend« fortbestehenden Arbeitsverhältnis deutlich widersprechen (BAG NZA 2007, 1095, vgl. Rdn. 4). Hieran ändert auch die für vorformulierte Aufhebungsverträge anwendbare **Unklarheitenregelung** in § 305c Abs. 2 nichts.

### III. Rechtsfolgen

37 Rechtsfolge eines Verstoßes gegen das Formerfordernis des § 623 ist die **Nichtigkeit des Aufhebungsvertrags** nach § 125 Satz 1. Etwa erbrachte Leistungen (z.B. Abfindungszahlungen) sind nach Bereicherungsrecht rückabzuwickeln. Anders als bei der Kündigung kann aber eine nachträgliche, formgerechte **Bestätigung** die Formnichtigkeit des Aufhebungsvertrages **heilen** (§ 141 Abs. 2). Dann ist der erneute Abschluss eines Aufhebungsvertrags also nicht zwingend, sondern nur eine formwirksame Bestätigung des ursprünglichen Beendigungsvertrags (MüKo/*Busche* § 141 Rn. 12).

## D. Andere Beendigungsformen

38 Andere Beendigungsformen als Kündigung und Aufhebungsvertrag sind grundsätzlich **formfrei** möglich. Dies gilt insbesondere für die **Anfechtung** der auf Abschluss des Arbeitsvertrags gerichteten Willenserklärungen (Staudinger/*Oetker* § 623 Rn. 35). Ebenso unterliegt die **Lossagungserklärung** von einem fehlerhaften Arbeitsverhältnis (vgl. § 620 Rdn. 34), also einem zwar bereits in Vollzug gesetzten, aber von Anfang an nichtigen Arbeitsvertrag, keinem Schriftformerfordernis (APS/*Preis* § 623 Rn. 10). Eine vom Arbeitgeber im befristeten Arbeitsverhältnis abgegebene **Nichtverlängerungserklärung** unterfällt nicht § 623.

39 Die Erklärung des Arbeitgebers, mit der dieser die stillschweigende **Verlängerung nach § 625** unterbinden will, stellt ebenfalls keine Kündigung dar. Der Widerspruch beendet nicht die vertragliche Bindung, sondern verhindert nur den Eintritt der gesetzlichen Fiktion (Staudinger/*Oetker* § 623 Rn. 38). Der Widerspruch bedarf daher nicht der Schriftform.

## E. Prozessuales

40 Wer aus einer Kündigung oder einem Aufhebungsvertrag Rechte herleiten will, trägt die **Darlegungs- und Beweislast** für die Rechtswirksamkeit des Rechtsgeschäfts und muss daher auch die Einhaltung der Formvorschriften darlegen und beweisen (ErfK/*Müller-Glöge* § 623 Rn. 23). Beweisbelastet ist daher grundsätzlich derjenige, der die Beendigung des Arbeitsverhältnisses geltend macht. Etwas anderes gilt, wenn andere Abreden wie z.B. die Abfindungszahlung aus dem Aufhebungsvertrag geltend gemacht werden – hier muss der Arbeitnehmer darlegen und beweisen, dass der begründete Anspruch noch nicht erfüllt worden ist.

## F. Weitere formale Kündigungsvoraussetzungen

### I. Kündigungserklärung

Die Kündigungserklärung ist nach §§ 133, 157 nach dem **objektiven Empfängerhorizont** auszulegen. Entscheidend ist damit nicht, was der Kündigungsempfänger tatsächlich verstanden hat, sondern was er aus verständiger Sicht verstehen konnte (sog. »objektiv-normative« Auslegung, vgl. JurisPK-BGB/*Reichold* § 133 Rn. 12). Nicht erforderlich ist, dass der Kündigende auch das Wort »Kündigung« in seiner Erklärung verwendet (BAG DB 2009, 1710). Es reicht der hinreichend deutliche **Auflösungswille**. Besteht die Möglichkeit, dass sich diese gewollte Rechtsfolge auch durch andere Beendigungstatbestände (z.B. Anfechtung) herbeiführen lässt, muss aus dem Gesamtzusammenhang ermittelt werden, ob die einseitige Beendigung des Arbeitsverhältnisses gerade durch **Kündigung** gewollt ist (BAG AP § 620 BGB Kündigungserklärung Nr. 1). Während die Anfechtung auf Willensmängel beim Vertragsschluss reagiert (»Anbahnungsproblem«), reagiert die Kündigung auf Störungen bei Vollzug des Arbeitsverhältnisses (»Durchführungsproblem«). Auch ist es für die Wirksamkeit einer ordentlichen Kündigung unschädlich, wenn hierbei möglicherweise unzutreffende Kündigungsgründe angegeben wurde (OLG Nürnberg, Beschl. v. 28.08.2019 – 13 U 1305/19). 41

Laut der Auslegungsregel des § 133 spielt der **konkrete Wortlaut** nur eine untergeordnete Bedeutung, vielmehr zählt der »wirkliche Wille«. Die mit der Option auf Weiterbeschäftigung bei besserer Auftragslage verbundene Bitte an den Arbeitnehmer, sich arbeitslos zu melden, stellt aber dennoch keine Kündigung dar (LAG Hamm NZA 1995, 229). Auch in der schriftlichen Bestätigung der Kündigung der anderen Seite liegt regelmäßig noch keine eigene Kündigungserklärung (LAG Köln NZA-RR 2006, 642). 42

Soll die Kündigung **außerordentlich** aus wichtigem Grund erfolgen, muss für den Erklärungsempfänger der Wille des Erklärenden zweifelsfrei erkennbar sein, dass dieser von der besonderen Kündigungsbefugnis des § 626 Abs. 1 Gebrauch machen will (BAG NJW 1983, 303). Dies kann einerseits durch die ausdrückliche Bezeichnung der Kündigung als außerordentlich oder fristlos geschehen, kann sich aber auch aus den sonstigen Umständen (z.B. entsprechender Begründung) der Erklärung ergeben. Soll die **außerordentliche Kündigung mit einer sozialen Auslauffrist** erklärt werden (vgl. § 620 BGB Rdn. 12), muss vom Arbeitgeber klargestellt werden, dass es sich um eine außerordentliche Kündigung i.S.v. § 626 handelt (ErfK/*Müller-Glöge* § 620 Rn. 21). 43

Wird in einer Kündigung kein **Beendigungstermin** angegeben, so ist im Zweifel davon auszugehen, dass die Kündigung als ordentliche Kündigung zum nächst möglichen Termin gewollt ist. Ein konkret angegebenes Beendigungsdatum kann hingegen nur im Einzelfall der Auslegung zugänglich sein: so bei einer nur zum Ende des Quartals möglichen Kündigung die Angabe »1. April« als Kündigungserklärung zum 31. März zu verstehen (BAG NZA 2003, 617). Enthält die Erklärung hingegen einen denkbaren Beendigungstermin ohne weitere Zusätze, kann wegen des **Bestimmtheitsgebotes** die Kündigung nicht als Kündigung zu einem anderen Termin ausgelegt werden (BAG NZA 2010, 1409; näher § 620 Rdn. 102). 44

### II. Zugang der Kündigung

Als empfangsbedürftige Willenserklärung richtet sich der Zugang von Kündigungen nach § 130. Unter **Anwesenden** erfolgt der Zugang grundsätzlich mit Übergabe der schriftlichen Kündigungserklärung. Hierfür ist es nicht erforderlich, dass der Empfänger die Verfügungsgewalt über das Schriftstück dauerhaft erlangt. Es genügt, wenn ihm das Schriftstück so lange ausgehändigt wird, dass er von dem Inhalt der Erklärung Kenntnis nehmen kann (BAG NZA 2005, 513). Für den Zugang ist es grundsätzlich auch nicht erforderlich, dass der Empfänger das Kündigungsschreiben tatsächlich zur Kenntnis nimmt. Es genügt die Möglichkeit der Kenntnisnahme. Eine Kündigungserklärung im verschlossenen Umschlag geht daher selbst dann zu, wenn der Empfänger diesen ungeöffnet zurückgibt (BAG ZInsO 2005, 671). 45

## § 623 BGB  Schriftform der Kündigung

46 Unter **Abwesenden** geht eine Kündigungserklärung zu, wenn sie so **in den räumlichen Machtbereich des Empfängers gelangt** ist, dass bei Annahme gewöhnlicher Umstände damit zu rechnen ist, er habe von ihrem Inhalt Kenntnis erlangen können (JurisPK-BGB/*Reichold* § 130 Rn. 8). Entscheidend ist damit zunächst einmal, dass das Kündigungsschreiben in die Empfangseinrichtungen des Adressaten eingeht. Aufgrund des Schriftformerfordernisses kommen insoweit nur Briefkasten oder Postfach in Betracht. Ist eine solche Empfangseinrichtung nicht vorhanden, genügt ein Durchschieben des Schreibens unter der Haus- oder Wohnungstür (LAG Düsseldorf MDR 2001, 145).

47 Zum Zugang kommt es allerdings erst, wenn die **Kenntnisnahme unter gewöhnlichen Umständen zu erwarten** ist. Ist dies der Fall, so ist es unerheblich, ob der Adressat das Schreiben auch tatsächlich zur Kenntnis genommen hat. Beim Einwurf in den Briefkasten ist darauf abzustellen, ob zu dieser Tageszeit noch mit einer Leerung zu rechnen war. Ein in der Nachtzeit eingeworfenes Schreiben geht also erst am nächsten Tag zu. Maßgeblich sind die gewöhnlichen Umstände. Besonderheiten in der Person des Arbeitnehmers sind – auch wenn sie dem Arbeitgeber bekannt sind – irrelevant. So geht z.B. ein an die Wohnanschrift des Arbeitnehmers gerichtetes Kündigungsschreiben auch während dessen **Urlaub** wirksam zu, obwohl der Arbeitgeber naturgemäß von der Urlaubsabwesenheit Kenntnis hat (BAG NZA 2004, 1330). Doch kann bei urlaubsbedingter Versäumung der Klagefrist die Kündigungsschutzklage **nachträglich** zugelassen werden (§ 5 KSchG).

48 Der Kündigende trägt die **Beweislast** für den Zugang der Kündigung. Deshalb wird häufig das Schreiben im Betrieb oder durch Boten am Wohnort des Kündigungsempfängers **persönlich** ausgehändigt. Bei einem solchen **Erklärungsboten** trägt der Absender das Übermittlungsrisiko. Auch das sog. »Einwurf-Einschreiben« hat den Vorteil, dass die Zustellung durch genaue Datierung dokumentiert wird mit der Folge eines »Anscheinsbeweises« für den tatsächlichen Zugang (str., gegen Anscheinsbeweis LAG Rheinland-Pfalz, Urt. v. 23.09.2013 – 5 Sa 18/13; offen gelassen von BGH MDR 2007, 1331). Das Einschreiben mit Rückschein geht dagegen nicht schon durch den Einwurf des Benachrichtigungszettels zu, sondern erst mit der Aushändigung des Schreibens durch die Post (MHdB ArbR/*Wank* § 96 Rn. 27) und ist daher zum Nachweis des Kündigungszugangs nicht empfehlenswert.

49 Verhindert der Kündigungsempfänger missbräuchlich den Zugang (**Zugangsvereitelung**), z.B. wenn er das Einschreiben bei der Post nicht abholt, obwohl er weiß, dass ihm eine Kündigung zugehen wird und über den Eingang eines Einschreibens durch eine Benachrichtigungskarte der Post informiert wurde, kann der Zugang über § 242 **fingiert** werden (BAG NZA 2003, 719). Hat der Arbeitnehmer aber keinen Anlass, mit einer Kündigung zu rechnen, scheidet eine Zugangsfiktion regelmäßig wegen Fehlens der für die Zugangsvereitelung notwendigen Arglist aus (JurisPK-BGB/*Reichold* § 130 Rn. 27).

50 Wird mit einer Zugangsvereitelung gerechnet, kann es sinnvoll sein, den Zugang der Kündigung nach § 132 Abs. 1 durch die **Zustellung durch den Gerichtsvollzieher** zu ersetzen. Hat der Arbeitgeber – etwa wegen Umzugs – keine Kenntnis vom Wohnort des Arbeitnehmers, so kommt eine öffentliche Zustellung nach § 132 Abs. 2 in Betracht.

51 Die Vorschriften über den Zugang sind dispositives Recht. **Abweichende Vereinbarungen** im Arbeitsvertrag sind daher grundsätzlich möglich. In Formulararbeitsverträgen scheitert die Vereinbarung einer Zugangsfiktion aber an § 308 Nr. 6 (JurisPK/*Reichold* § 130 Rn. 42).

### III. Kündigungsbefugnis

52 Eine Kündigung kann nur dann zu einer wirksamen Beendigung des Arbeitsverhältnisses führen, wenn sie von einer zur Kündigungserklärung berechtigten Person erfolgt. Grundsätzlich sind zur Kündigung nur **die Parteien des Arbeitsvertrags** berechtigt.

## 1. Ermächtigung und Vertretung

Die Kündigungsberechtigung kann aber auf Dritte übertragen werden. Dies ist auf zwei Arten denkbar: Einerseits kann der Kündigungsberechtigte den Dritten nach § 185 Abs. 1 zum Ausspruch der Kündigung im eigenen Namen **ermächtigen** (APS/*Preis* Grundlagen D Rn. 65), andererseits kann er einen Vertreter zum Ausspruch der Kündigung nach den §§ 164 ff. **bevollmächtigen**. Sowohl die Ermächtigung als auch die Bevollmächtigung hat grundsätzlich **vor Ausspruch der Kündigung** zu erfolgen. Eine nachträgliche Zustimmung (**Genehmigung** nach § 184 Abs. 1) ist grundsätzlich möglich, muss bei der außerordentlichen Kündigung aber innerhalb der zweiwöchigen Ausschlussfrist des § 626 Abs. 2 Satz 1 erklärt werden (BAG NJW 1987, 1038). Gänzlich ohne Zustimmung oder Vertretungsmacht erklärte Kündigungen sind nach § 182 Abs. 3 bzw. § 180 Satz 1 unwirksam. Nur wenn der Kündigungsempfänger den Mangel der Vertretungsmacht nicht beanstandet, kann die Kündigung durch Genehmigung wirksam werden (BAG AP § 180 BGB Nr. 1). 53

Wird die Kündigung von einem nicht zur Kündigung Berechtigten erklärt, kann die dreiwöchige **Klagefrist** des § 4 Satz 1 KSchG nicht beginnen. Voraussetzung hierfür ist eine dem Arbeitgeber zurechenbare Kündigung. Eine ohne Vollmacht des Arbeitgebers ausgesprochene Kündigung ist dem Arbeitgeber erst durch eine (nachträglich) erteilte **Genehmigung** zurechenbar. Die dreiwöchige Klagefrist kann deshalb frühestens mit Zugang der Genehmigung zu laufen beginnen (BAG DB 2013, 520). Andernfalls wäre der Arbeitgeber darauf angewiesen, dass die von ihm nicht ausgesprochene Kündigung vom Arbeitnehmer klageweise angegriffen wird. Eine andere Möglichkeit zur Verhinderung der Wirksamkeitsfiktion des § 7 KSchG hätte er nicht (BAG NZA 2009, 1146). 54

## 2. Zurückweisung

Dem berechtigten Interesse des Kündigungsempfängers an der Gewissheit über die Vertretungsmacht des Erklärenden trägt § 174 Rechnung (BAG AP § 174 BGB Nr. 3). Weist der im fremden Namen Kündigende seine Vertretungsmacht nicht durch Vorlage einer Vollmachturkunde nach, ist der Kündigungsempfänger zur **unverzüglichen Zurückweisung** der Kündigungserklärung berechtigt, was zur Unwirksamkeit der Kündigung führt. Deshalb hält es die Praxis für erforderlich, die eigentlich nach § 167 Abs. 2 formfrei erteilbare Vollmacht in einer schriftlichen Vollmachtsurkunde niederzulegen. § 174 gilt aber nur für die rechtsgeschäftlich erteilte Vollmacht. Beruht die **Vertretungsmacht auf gesetzlicher Grundlage**, scheidet eine Zurückweisung nach § 174 aus (BAG NZA 2007, 377). Die Kündigung z.B. durch einen GmbH-Geschäftsführer kann also nicht zurückgewiesen werden. Die **Vollmachtsurkunde** muss zur Vermeidung der Zurückweisung **im Original** vorgelegt werden, Kopie oder Fax genügen nicht (LAG Düsseldorf NZA 1995, 994). 55

Die Vorlage einer Vollmachtsurkunde ist nach § 174 Satz 2 aber **entbehrlich**, wenn der Kündigungsempfänger vom Vollmachtgeber über die Bevollmächtigung **in Kenntnis gesetzt** wurde. Dafür kann es schon genügen, dass der Arbeitgeber bei der Vorstellung des Bevollmächtigten auf dessen Kündigungsbefugnis hinweist. Dies müssen sich auch solche Arbeitnehmer zurechnen lassen, die bei der Amtseinführung nicht anwesend waren (BAG NZA 1994, 419). Die bloße Mitteilung in den Arbeitsverträgen, dass der Inhaber einer bestimmten Position kündigungsberechtigt ist, genügt hingegen noch nicht (BAG NZA 2011, 683). Ebenso wenig reicht ein nur vorübergehender Aushang einer Mitteilung über die Kündigungsbefugnis am schwarzen Brett aus, wenn ein entsprechender Aushang nicht betriebsüblich ist (BAG NZA 2004, 427; LAG Köln NZA-RR 2003, 194). 56

**Für die Praxis entscheidend** ist aber die BAG-Rspr., wonach schon die üblicherweise mit dem Kündigungsrecht verbundene Position genügt, um die Kenntnis beim Kündigungsempfänger zu unterstellen (BAG NJW 1972, 1877). Dies ist regelmäßig bei **Personalleitern**, aber auch bei Amtsleitern mit Personalbefugnis (BAG NZA 2003, 520), Niederlassungsleitern (BAG NZA 2011, 683) und Prokuristen (BAG NZA 2015, 159, mit dem Hinweis, dass sich die Kenntnis in diesem Fall auch aus § 15 Abs. 2 Satz 1 HGB ergeben kann) der Fall. Diese Grundsätze sind auf andere Mitarbeiter der Personalabteilung nicht übertragbar, da hier nicht üblicherweise von einer Bevollmächtigung zum Ausspruch von Kündigungen ausgegangen werden kann (BAG NJW 1979, 447). 57

58 Die Zurückweisung muss **unverzüglich**, d.h. ohne schuldhaftes Zögern erfolgen. Nicht erforderlich ist also die sofortige ausdrückliche Zurückweisung. Vielmehr hat der Erklärungsempfänger Zeit zur Überlegung und Entscheidung, ob er ggf. den Rat eines Rechtsanwalts einholen möchte. Entscheidend für die Bemessung der Zeitspanne sind die Umstände des Einzelfalls. Die zeitliche Obergrenze kann nach st. Rspr. aber bei etwa einer Woche gezogen werden (BAG DB 2012, 579).

### IV. Betriebsratsanhörung

59 Nach § 102 Abs. 1 Satz 1 BetrVG ist der Betriebsrat **vor jeder Kündigung** anzuhören. Eine Anhörung des Betriebsrats kommt nur in Betracht, wenn ein Betriebsrat überhaupt existiert. Es handelt sich nicht um einen Akt echter Mitbestimmung, sondern nur um eine **formale Beteiligung**: dem Betriebs- bzw. Personalrat (vgl. § 79 Abs. 1 BPersVG) soll Gelegenheit gegeben werden, auf den Kündigungsentschluss des Arbeitgebers Einfluss zu nehmen, ihn ggf. noch durch gute Argumente umzustimmen. Doch kann der Arbeitgeber selbst dann, wenn der Betriebsrat der beabsichtigten Kündigung widerspricht, **dennoch kündigen** (Rdn. 68). Seine Kündigungsfreiheit wird durch die Anhörung nicht beschränkt. Freilich wird die **Missachtung der formalen Anhörung** streng bestraft: **die Kündigung ist unwirksam**, soweit der Arbeitgeber den Betriebsrat entweder überhaupt nicht oder nicht ordentlich informiert, vgl. § 102 Abs. 1 Satz 3 BetrVG.

60 Nach dem klaren Wortlaut der Norm werden **andere Beendigungsformen** außer der Kündigung, z.B. Auflösungsverträge, auslaufende Befristungen, Anfechtung des Arbeitsvertrages oder Eigenkündigungen der Arbeitnehmer, von der Anhörung des Betriebsrats nicht erfasst. Ansonsten ist der Betriebsrat aber bei allen Kündigungen, auch den außerordentlichen und den Änderungskündigungen, zu beteiligen. Das gilt auch außerhalb des **Anwendungsbereichs des KSchG**, d.h. in Kleinbetrieben und in den ersten 6 Monaten des Arbeitsverhältnisses (BAG NJW 1990, 69).

#### 1. Anforderungen an die Anhörung

61 Das Anhörungsverfahren muss **vor Ausspruch der Kündigung** durchgeführt werden. Die Kündigung darf den Machtbereich des Arbeitgebers erst verlassen, wenn entweder eine Stellungnahme des Betriebsrats vorliegt, die Anhörungsfrist verstrichen ist (BAG NJW 1976, 1766) oder der Betriebsrat bereits zuvor deutlich gemacht hat, dass er sich nicht äußern wird. Die Unterrichtung des Betriebsrats kann **formfrei** erfolgen. Auch bei komplexen Sachverhalten kann sich der Arbeitgeber auf eine mündliche Erläuterung beschränken und muss keine schriftlichen Unterlagen übergeben (BAG NZA 1997, 656); aus Gründen der Beweissicherung ist dies aber ratsam. Die Unterrichtung hat nach § 26 Abs. 2 Satz 2 BetrVG gegenüber dem Betriebsratsvorsitzenden zu erfolgen.

62 Inhaltlich ist der Betriebsrat **zutreffend und vollständig** über die aus Sicht des Arbeitgebers bestehenden Kündigungsgründe zu unterrichten. Die Unterrichtungspflicht ist insoweit subjektiv determiniert. Der Arbeitgeber ist nicht verpflichtet, die Richtigkeit dokumentierter Daten zu überprüfen, solange er die Herkunft der Daten dem Betriebsrat offenlegt (BAG NZA 2007, 266). Doch kann die bewusste Täuschung des Betriebsrats durch die Mitteilung falscher Gründe, die Verfälschung oder Zurückhaltung wesentlicher Aspekte natürlich nicht den Anforderungen des § 102 Abs. 1 Satz 2 BetrVG genügen. Rechtsfolge ist dann ebenso wie bei der unterlassenen Anhörung die Unwirksamkeit der Kündigung. Auch eine zu knappe Information des Betriebsrats führt zur Unwirksamkeit der Kündigung (BAG NZA 2007, 552).

63 Der Arbeitgeber hat über die **Person des zu kündigenden Arbeitnehmers** zu unterrichten. Dabei ist in jedem Fall dessen Name anzugeben. Regelmäßig sind zumindest Geburtsdatum, Dauer der Betriebszugehörigkeit, Familienstand und Unterhaltspflichten anzugeben (BAG NZA 2002, 970). Die **Art der Kündigung** muss genau bezeichnet werden, insb. ob es sich um eine ordentliche oder außerordentliche Kündigung handelt. Die Zustimmung des Betriebsrats zu einer außerordentlichen Kündigung kann die Anhörung zur ordentlichen Kündigung entbehrlich machen (BAG NZA 1985, 286). In allen anderen Fällen ist für jede Kündigungsart gesondert anzuhören. Zur notwendigen **Angabe der Kündigungsgründe** aus Sicht des Arbeitgebers gehört es, dass dieser die

Kündigungsgründe so umfassend darlegt, dass der Betriebsrat ohne eigene Nachforschung in der Lage ist, die Stichhaltigkeit der Kündigungsgründe zu prüfen (BAG ZTR 2002, 45). Andere als die dem Betriebsrat mitgeteilten Kündigungsgründe kann der Arbeitgeber im späteren Kündigungsschutzprozess nicht nachschieben. Eine Konkretisierung ist aber zulässig.

## 2. Reaktionsmöglichkeiten des Betriebsrats

Nach Eingang der Unterrichtung hat der Betriebsrat eine Woche, bei außerordentlichen Kündigungen maximal 3 Tage Zeit, um zu reagieren, vgl. § 102 Abs. 2 BetrVG. Er hat **sechs Handlungsalternativen:** (1) die Einholung weiterer Informationen beim Arbeitgeber, (2) die Erklärung der Zustimmung zur Kündigung, (3) stillschweigendes oder (4) ausdrückliches Absehen von einer Stellungnahme, (5) die Äußerung von Bedenken oder (6) das Einlegen eines Widerspruchs (HWK/*Ricken* § 102 BetrVG Rn. 55). Ein Anspruch des Arbeitnehmers auf eine bestimmte Handlungsweise besteht nicht. Nach § 102 Abs. 2 Satz 4 BetrVG soll der Betriebsrat den Arbeitnehmer – soweit erforderlich – vor der Beschlussfassung anhören, doch besteht auch hierauf kein Anspruch des Arbeitnehmers. Ermessensfehler des Betriebsrats haben keinen Einfluss auf die Ordnungsmäßigkeit des Anhörungsverfahrens (BAG NJW 1976, 1519). 64

Will der Betriebsrat der **Kündigung zustimmen**, beendet die Mitteilung dieses Beschlusses an den Arbeitgeber das Anhörungsverfahren (BAG, Urt. v. 24.08.1983 – 7 AZR 475/81). Die an keine Form gebundene Zustimmungserklärung ist endgültig und kann vom Betriebsrat weder aufgehoben, widerrufen oder angefochten werden. **Schweigt** der Betriebsrat auf die Anhörung durch den Arbeitgeber, fingiert § 102 Abs. 2 Satz 2 BetrVG die Zustimmung des Betriebsrats nach Ablauf der Äußerungsfrist. Eine entsprechende Regelung für den Ablauf der kürzeren Äußerungsfrist bei außerordentlichen Kündigungen fehlt im Gesetz, doch gilt § 102 Abs. 2 Satz 2 BetrVG analog auch hier (HWK/*Ricken* § 102 BetrVG Rn. 59). Sieht der Betriebsrat ausdrücklich von einer Stellungnahme ab, ist zu untersuchen, ob es sich dabei um eine **abschließende Stellungnahme** des Betriebsrats handelt. Nur diese führt zur Beendigung des Anhörungsverfahrens und ermöglicht dem Arbeitgeber den sofortigen Ausspruch der Kündigung (BAG NZA 2008, 753). 65

§ 102 Abs. 2 Satz 1 u. 3 BetrVG räumen dem Betriebsrat die Möglichkeit ein, gegenüber der Kündigung **Bedenken** zu äußern. Diese haben rechtlich keine Bedeutung und verbessern die rechtliche Situation des zu kündigenden Arbeitnehmers grundsätzlich nicht. Unter Umständen können diese Bedenken des Betriebsrats aber dazu führen, dass der Arbeitgeber von der Kündigung absieht. Seine Bedenken hat der Betriebsrat dem Arbeitgeber schriftlich mitzuteilen. Da es sich bei dieser Mitteilung nicht um eine Willenserklärung handelt, findet § 126 nicht direkt Anwendung. Eine analoge Anwendung ist nach Ansicht des BAG nicht geboten, sodass für die Erklärung der Bedenken grundsätzlich **Textform** (§ 126b) genügt (BAG NZA 2003, 246). 66

Die stärkste Reaktionsmöglichkeit des Betriebsrats ist die Einlegung eines **Widerspruchs gegen die Kündigung**, vgl. § 102 Abs. 3 BetrVG; dieses Recht gilt nur für ordentliche Kündigungen. Eine Ausnahme macht die Rspr. nur für die außerordentliche Kündigung ordentlich nicht kündbarer Arbeitnehmer mit sozialer Auslauffrist. Der Widerspruch muss wie die Mitteilung von Bedenken **schriftlich** erfolgen, auch hier genügt aber Textform, sodass der Betriebsrat seinen Widerspruch beispielsweise auch per Telefax oder E-Mail erklären kann (BAG NZA 2003, 226; BAG NZA 2009, 622). Mit seinem Widerspruchsschreiben muss der Betriebsrat eindeutig und unmissverständlich zu erkennen geben, dass er die Kündigung ablehnt. Voraussetzung ist weiterhin die Darlegung einer der in § 102 Abs. 3 BetrVG genannten Widerspruchsgründe. Dazu genügt nicht die Wiedergabe des einfachen Gesetzeswortlauts, vielmehr wird eine konkrete Argumentation verlangt (BAG NZA 1999, 1154). 67

## 3. Rechtsfolgen des Widerspruchs

Der Widerspruch des Betriebsrats hat auf die Wirksamkeit der Kündigung grundsätzlich **keine Auswirkungen**. Der Arbeitgeber kann trotz erfolgten Widerspruchs die Kündigung aussprechen. 68

Doch ermöglicht der Widerspruch den **betriebsverfassungsrechtlichen Weiterbeschäftigungsanspruch** nach § 102 Abs. 5 (vgl. § 620 Rdn. 133 ff.). Bei einem frist- und ordnungsgemäßen Widerspruch des Betriebsrats hat der Arbeitnehmer nach § 102 Abs. 4 BetrVG gegen den Arbeitgeber einen Anspruch auf **Beifügung einer Abschrift** der Stellungnahme des Betriebsrats zur Kündigung (LAG Köln MDR 2001, 517). Die unterlassene Zuleitung der Stellungnahme des Betriebsrats hindert die Wirksamkeit der Kündigung aber nicht.

## § 624 Kündigungsfrist bei Verträgen über mehr als fünf Jahre

Ist das Dienstverhältnis für die Lebenszeit einer Person oder für längere Zeit als fünf Jahre eingegangen, so kann es von dem Verpflichteten nach dem Ablauf von fünf Jahren gekündigt werden. Die Kündigungsfrist beträgt sechs Monate.

| Übersicht | Rdn. | | Rdn. |
|---|---|---|---|
| A. Voraussetzungen | 1 | C. Abweichende Vereinbarung | 3 |
| B. Rechtsfolgen | 2 | | |

### A. Voraussetzungen

1   Wegen des auf Arbeitsverhältnisse anzuwendenden § 15 Abs. 4 TzBfG findet § 624 nur noch auf sonstige Dienstverhältnisse Anwendung. Die Befristungsgestaltung ist dabei unerheblich, sodass neben Verträgen mit einer festgelegten Dauer (z.B. auf 10 Jahre) oder einem definierten, weiter als 5 Jahre entfernten Enddatum auch Anknüpfungen an ein künftiges Ereignis, dessen genaues Datum noch nicht feststeht (»auf Lebenszeit«), erfasst sind. Nicht erfasst ist indes der auf 5 Jahre befristete Vertrag mit Verlängerungsmöglichkeit (BAG BB 1992, 639).

### B. Rechtsfolgen

2   Das Dienstverhältnis kann von dem Dienstverpflichteten – nicht von dem Dienstherrn – nach Ablauf einer Vertragslaufzeit von 5 Jahren zu jedem beliebigen Termin mit einer Kündigungsfrist von 6 Monaten gekündigt werden. Weder die Fristen noch die Kündigungstermine der §§ 621, 622 finden (entsprechende) Anwendung. Eine Kündigung zum Ablauf des Fünfjahreszeitraums ist somit unzulässig; eine solche ist in eine fristgerechte Kündigung umzudeuten, sodass das Dienstverhältnis ggf. nach 5 Jahren und 6 Monaten endet. Nach Ablauf einer Vertragslaufzeit von 5 Jahren kann das Kündigungsrecht jederzeit ausgeübt werden. Allein durch längeres Zuwarten tritt keine Verwirkung ein.

### C. Abweichende Vereinbarung

3   Eine das Kündigungsrecht des Dienstverpflichteten im Fall eines für mehr als 5 Jahre eingegangenen Vertrages ausschließende oder auch nur einschränkende (z.B. weitere Voraussetzungen) Vereinbarung ist unwirksam. Die Kündigungsfrist gemäß Satz 2 darf verkürzt werden, da hierdurch die Mobilität des Dienstverpflichteten steigt; sie kann jedoch nicht verlängert werden.

## § 625 Stillschweigende Verlängerung

Wird das Dienstverhältnis nach dem Ablauf der Dienstzeit von dem Verpflichteten mit Wissen des anderen Teiles fortgesetzt, so gilt es als auf unbestimmte Zeit verlängert, sofern nicht der andere Teil unverzüglich widerspricht.

| Übersicht | Rdn. | | Rdn. |
|---|---|---|---|
| A. Normzweck und Anwendungsbereich | 1 | III. Kenntnis | 10 |
| B. Voraussetzungen | 5 | IV. Kein Widerspruch | 13 |
| I. Ablauf des Vertragsverhältnisses | 5 | C. Rechtsfolgen | 16 |
| II. Fortsetzung | 8 | D. Abdingbarkeit | 17 |

## A. Normzweck und Anwendungsbereich

Die Norm des § 625 will vermeiden, dass es nach Ablauf eines Vertragsverhältnisses zu Leistungen auf einen nicht mehr bestehenden Vertrag kommt und damit **Rechtsunklarheiten** eintreten. Ausgehend von dem Grundgedanken, dass bei einer unwidersprochenen Fortsetzung der Arbeitsleistung die Parteien stillschweigend übereingekommen sind, das Arbeitsverhältnis fortzusetzen, **fingiert** die Norm die – eigentlich nicht vorhandene – **vertragliche Einigung** über eine unbefristete Vertragsverlängerung (BAG AP § 625 BGB Nr. 1; BAG, Urt. v. 18.09.1991 – 7 AZR 364/90). Der Anwendungsbereich der Norm ist also auf solche Fälle beschränkt, in denen eine vertragliche Vereinbarung über die Weiterbeschäftigung **fehlt** (BAG AP § 242 BGB Ruhegehalt Nr. 117). Gibt es eine **Verlängerungsabrede** zwischen den Parteien, so bedarf es der Fiktionswirkung des § 625 nicht.

Der **arbeitsrechtliche** Anwendungsbereich des § 625 ist durch Inkrafttreten des **TzBfG** stark geschmälert worden. § 15 Abs. 5 TzBfG enthält eine dem § 625 im Wesentlichen inhaltsgleiche Regelung, die aber nur auf Beendigung des Arbeitsverhältnisses **durch Befristung** oder auflösende Bedingung Anwendung findet (vgl. § 620 Rdn. 112). In diesen Fällen ist wegen der Spezialität des § 15 Abs. 5 TzBfG seit dem 01.01.2001 für die Anwendung des § 625 kein Raum mehr. Dieser findet daher nur bei Beendigung des Arbeitsverhältnisses durch **Kündigung, Anfechtung oder Aufhebungsvertrag** Anwendung (HWK/*Bittner* § 625 Rn. 7 f.).

Für **Auszubildende** sieht § 24 BBiG eine Sonderregelung vor. Eine nach Abschluss der Ausbildung fortgesetzte Tätigkeit führt zu einem auf unbestimmte Zeit begründeten Arbeitsverhältnis (BAG DB 1985, 2304). Die gesetzliche Fiktion des § 24 BBiG, durch die bei Beschäftigung des Auszubildenden im Anschluss an das Berufsausbildungsverhältnis ein unbefristetes Arbeitsverhältnis als begründet gilt, setzt als subjektives Tatbestandsmerkmal grundsätzlich voraus, dass der Ausbildende oder ein zum Abschluss von Arbeitsverträgen berechtigter Vertreter Kenntnis von der Beendigung des Berufsausbildungsverhältnisses und der Weiterbeschäftigung des Auszubildenden hat. Besteht der Auszubildende die Abschlussprüfung vor Ablauf der Ausbildungszeit und endet das Berufsausbildungsverhältnis nach § 21 Abs. 2 BBiG mit Bekanntgabe des Ergebnisses durch den Prüfungsausschuss, genügt die Kenntnis, dass die vom Auszubildenden erzielten Prüfungsergebnisse zum Bestehen der Abschlussprüfung ausreichen (BAG NZA 2018, 943).

Voraussetzung des § 625 ist eine **Beendigung des Vertragsverhältnisses als Ganzes** (Rdn. 5). Eine nach Änderung der Arbeitsbedingungen z.B. durch Änderungskündigung fortgesetzte Arbeitsleistung zu alten Bedingungen kann die Rechtsfolge nicht auslösen. Nimmt der Arbeitnehmer die Änderungskündigung unter Vorbehalt an (§ 2 KSchG, vgl. § 620 Rdn. 95), steht schon diese Erklärung einer Anwendung des § 625 entgegen (LAG Niedersachsen DÖD 2007, 44).

## B. Voraussetzungen

### I. Ablauf des Vertragsverhältnisses

Erste Voraussetzung für § 625 ist der »**Ablauf der Dienstzeit**«, d.h., dass das Arbeitsverhältnis aufgrund eines bestimmten Beendigungstatbestands als Ganzes sein Ende gefunden haben muss (BAG NZA 2004, 255). Grundsätzlich irrelevant ist die Art des Beendigungstatbestands. Wegen § 15 Abs. 5 TzBfG bleibt aber für § 625 nur ein kleiner Anwendungsbereich, i.d.R. Kündigung und Anfechtung (Rdn. 2). Auch bei Beendigung des Arbeitsverhältnisses aufgrund **Aufhebungsvertrags** ist eine Anwendung von § 625 theoretisch möglich. Hier bestand zwar beim Abschluss des Vertrages Einigkeit über die Nichtfortsetzung. Wird aber ein später liegender Beendigungstermin gewählt, unterscheidet sich die Situation nicht von der im Vorhinein vereinbarten Befristung, sodass eine Weiterarbeit nach dem Beendigungstermin die Rechtsfolge des § 625 auslösen kann (APS/*Backhaus* § 625 Rn. 7; a.A. HWK/*Bittner* § 625 Rn. 16). Die Beendigung eines Arbeitsverhältnisses bei Erreichen einer bestimmten **Altersgrenze** folgt entweder aus einer Befristung (BAG NZA 2003, 1397; vgl. auch § 620 Rdn. 116) oder einer auflösenden Bedingung (LAG Berlin NZA 1992, 365). Nach beiden Ansichten findet daher nicht § 625, sondern § 15 Abs. 5 TzBfG Anwendung.

6 Der **Weiterbeschäftigung** des Arbeitnehmers **nach Ablauf der Kündigungsfrist** liegt häufig eine Vereinbarung dahingehend zugrunde, dass das Arbeitsverhältnis auflösend bedingt durch die rechtskräftige Abweisung der Kündigungsschutzklage fortgesetzt wird (BAG NZA 1987, 376, vgl. § 620 Rdn. 138). Schon aufgrund dieser Vereinbarung ist zunächst für die Anwendung von § 625 kein Raum. Nach rechtskräftiger Abweisung der Kündigungsschutzklage sind die §§ 15 Abs. 5, 21 TzBfG anwendbar. Kommt es ausnahmsweise zu keiner Vereinbarung, so kann ein Fall des § 625 gegeben sein (LAG Hessen, Urt. v. 05.05.1976 – 10 [2] Sa 696/75).

7 Wird ein aktives Arbeitsverhältnis in ein **ruhendes Arbeitsverhältnis** überführt, stellt dies keinen Ablauf der Dienstzeit dar, da das Arbeitsverhältnis ungekündigt fortbesteht (BAG NZA 1994, 881).

## II. Fortsetzung

8 Eine Fortsetzung des Arbeitsverhältnisses ist nur dann gegeben, wenn der Arbeitnehmer seine ursprünglich vertraglich geschuldeten Dienste nach Ablauf der Vertragszeit **tatsächlich erbringt** (BAG NJW 1999, 1654). Dies muss **willentlich und im unmittelbaren Anschluss** an das Vertragsverhältnis erfolgen. Bereits eine zehntägige Unterbrechung hindert den Eintritt der Rechtsfolgen des § 625 (BAG NJW 1999, 1654). Der Arbeitnehmer muss seine Arbeitsleistung bewusst und in der Bereitschaft fortgesetzt haben, die Pflichten aus dem Arbeitsverhältnis weiter zu erfüllen (BAG, Urt. v. 18.10.2006 – 7 AZR 749/05 – zu § 15 Abs. 5 TzBfG).

9 Da § 625 eine rechtsgeschäftliche Erklärung fingiert, ist zum Schutz und zur Gleichstellung der durch die §§ 104 ff. Geschützten **Geschäftsfähigkeit** notwendig (MüKo/*Henssler* § 625 Rn. 12 f.). Keine tatsächliche Fortsetzung ist die reine **Entgeltfortzahlung** an den arbeitsunfähig erkrankten Arbeitnehmer (LAG Hamm LAGE § 625 BGB Nr. 1) oder die Gewährung von Überstundenausgleich und Urlaub (BAG NJW 1999, 1654).

## III. Kenntnis

10 Notwendig ist weiter **positive Kenntnis** des Arbeitgebers von der Weitererbringung der Arbeitsleistung (BAG AP § 625 BGB Nr. 1). Nicht erforderlich ist hingegen, dass der Arbeitgeber mit der Fortsetzung der Arbeitsleistung auch einverstanden ist (HWK/*Bittner* § 625 Rn. 25). Umstritten ist, ob der Arbeitgeber auch wissen muss, dass das Vertragsverhältnis ausgelaufen ist (vgl. HWK/*Bittner* § 625 Rn. 26 f.). Im Ergebnis sollte diesbezüglich mit der h.M. eine Kenntnis des Arbeitgebers **nicht** gefordert werden (LAG Düsseldorf NZA-RR 2003, 175; APS/*Backhaus* § 625 Rn. 17; a.A. ErfK/*Müller-Glöge* § 15 TzBfG Rn. 28; HWK/*Bittner* § 625 Rn. 27). Andernfalls wäre der Anwendungsbereich von § 625 auf sehr wenige Fälle beschränkt, weil in den meisten Fällen, in denen die Beteiligten von der Weiterarbeit trotz Beendigung des Vertragsverhältnisses wissen, ohnehin ein **konkludentes** Weiterbeschäftigungsverhältnis vorliegen wird. Die fehlende Kenntnis kann aber im Rahmen des Fristbeginns für die Anfechtungsfrist (Rdn. 15) Berücksichtigung finden.

11 **Irren** aber beide Seiten über den Zeitpunkt des Ablaufs der Dienstzeit, greift nach Treu und Glauben die Fiktionswirkung nicht ein (HWK/*Bittner* § 625 Rn. 29 mit Verweis auf BAG AP § 4 TVG Nr. 5 in anderem Zusammenhang). Der Arbeitgeber hat sich das Wissen seiner **Vertreter** nach den Regelungen der §§ 164 ff. zurechnen zu lassen (BAG AP § 625 BGB Nr. 1). Notwendig ist die Kenntnis eines zum Abschluss von Arbeitsverträgen berechtigten Vertreters (BAG NZA 2003, 153). Unschädlich ist die Kenntnis von Kollegen oder vollmachtlosen Vorgesetzten.

12 In der Kenntnis des Arbeitgebers von der Weiterarbeit liegt keine Willenserklärung. Trotz der Fiktion einer rechtsgeschäftlichen Erklärung kann diese **nicht** wegen Irrtums über bzw. Nichtwissens des Ablaufs der Vertragslaufzeit **angefochten werden** (ErfK/*Müller-Glöge* § 625 Rn. 4). Ein Irrtum über die Rechtsfolgen willkürlichen Verhaltens ist ohnehin unerheblich (APS/*Backhaus* § 625 Rn. 30).

## IV. Kein Widerspruch

Will der Arbeitgeber den Eintritt der Rechtsfolgen des § 625 verhindern, muss er der Fortsetzung der Arbeitsleistung **unverzüglich widersprechen**. Bei dem Widerspruch handelt es sich um eine einseitige, empfangsbedürftige Willenserklärung (HWK/*Bittner* § 625 Rn. 30 f.). Er muss nicht ausdrücklich erklärt werden. Ein **konkludenter Widerspruch** kann auch z.B. in der Aushändigung der Arbeitspapiere (ErfK/*Müller-Glöge* § 625 Rn. 6) oder in dem im Kündigungsschutz- oder Entfristungsprozess gestellten Klageabweisungsantrag (LAG Köln NZA-RR 1996, 202) gesehen werden. Der Widerspruch bedarf nicht der Form des § 623 (vgl. s. Rdn. 6). Er kann nach Maßgabe der §§ 119 ff. **angefochten** werden. Dies gilt aber nicht für das Unterlassen des Widerspruchs (ErfK/*Müller-Glöge* § 625 Rn. 6). 13

Eine Erklärung des Widerspruchs ist bereits vor Ablauf der Dienstzeit möglich (BAG AP § 620 BGB Befristeter Arbeitsvertrag Nr. 22). Dies muss aber kurz vorher und darf nicht auf Vorrat geschehen (APS/*Backhaus* § 625 Rn. 20). 14

Der Widerspruch muss ferner **unverzüglich**, d.h. nach § 121 ohne schuldhaftes Zögern erklärt werden (BAG AP § 625 BGB Nr. 1). Die Frist beginnt erst mit der **Kenntnis des Arbeitgebers** von den für die Entscheidung über das Fortbestehen des Arbeitsverhältnisses maßgeblichen Umständen. Hierzu gehört auch die Tatsache des Vertragsendes (BAG, Urt. v. 13.08.1987 – 2 AZR 122/87). »Ohne schuldhaftes Zögern« bedeutet **nicht sofort**; der Arbeitgeber hat also eine kurze Überlegungszeit, in der er Rechtsrat einholen oder eine gütliche Einigung versuchen kann (APS/*Backhaus* § 625 Rn. 25). Eine Woche darf er sich regelmäßig nicht Zeit lassen, vielmehr ist i.d.R. von einer Zeitspanne von ein bis 3 Tagen auszugehen (BAG AP § 625 BGB Nr. 1). Schafft der Arbeitgeber durch die Zuweisung eines neuen Arbeitsplatzes einen besonderen Vertrauenstatbestand, muss man an das Merkmal »unverzüglich« verschärfte Anforderungen stellen (BAG DB 1967, 86). 15

## C. Rechtsfolgen

§ 625 führt kraft **Fiktion** zu einem **auf unbestimmte Zeit** verlängerten Arbeitsverhältnis mit dem alten Vertragsinhalt, kraft Gesetzes und unabhängig von einem entsprechenden inneren Geschäftswillen der Arbeitsvertragsparteien (APS/*Backhaus* § 625 Rn. 31). **Arbeitsvertragsinhalte**, die mit einem unbefristeten Arbeitsverhältnis unvereinbar sind, werden wirkungslos (HWK/*Bittner* § 625 Rn. 36). Die vertraglich vereinbarten Kündigungsfristen werden durch gesetzliche Kündigungsfristen verdrängt, wenn nicht die Auslegung des ursprünglichen Vertrages ergibt, dass diese auch für den Fall der Fortsetzung des Arbeitsverhältnisses Anwendung finden sollen (BAG NJW 1989, 2415). 16

## D. Abdingbarkeit

Anders als § 15 Abs. 5 TzBfG ist § 625 **dispositives Recht**. Die Arbeitsvertragsparteien können bereits bei Vertragsschluss seine Rechtsfolgen ausschließen (APS/*Backhaus* § 625 Rn. 35). Dies ist auch in **AGB** möglich (HWK/*Bittner* § 625 Rn. 43). Allein eine Schriftformklausel im Vertrag führt aber noch nicht zur Unanwendbarkeit des § 625, da die Vorschrift an tatsächliches Verhalten und nicht an eine Willenserklärung anknüpft (ErfK/*Müller-Glöge* § 625 Rn. 9). Die Abdingbarkeit von § 625 zeigt sich auch schon darin, dass bei Vorliegen einer anderweitigen Vereinbarung für die Zeit nach Ablauf des Vertragsverhältnisses kein Raum für seine Anwendung ist (vgl. Rdn. 1). 17

## § 626 Fristlose Kündigung aus wichtigem Grund

(1) **Das Dienstverhältnis kann von jedem Vertragsteil aus wichtigem Grund ohne Einhaltung einer Kündigungsfrist gekündigt werden, wenn Tatsachen vorliegen, auf Grund derer dem Kündigenden unter Berücksichtigung aller Umstände des Einzelfalles und unter Abwägung der Interessen beider Vertragsteile die Fortsetzung des Dienstverhältnisses bis zum Ablauf der Kündigungsfrist oder bis zu der vereinbarten Beendigung des Dienstverhältnisses nicht zugemutet werden kann.**

# § 626 BGB  Fristlose Kündigung aus wichtigem Grund

(2) Die Kündigung kann nur innerhalb von zwei Wochen erfolgen. Die Frist beginnt mit dem Zeitpunkt, in dem der Kündigungsberechtigte von den für die Kündigung maßgebenden Tatsachen Kenntnis erlangt. Der Kündigende muss dem anderen Teil auf Verlangen den Kündigungsgrund unverzüglich schriftlich mitteilen.

| Übersicht | Rdn. | | Rdn. |
|---|---|---|---|
| A. Normzweck | 1 | I. Fristbeginn und -ende | 35 |
| B. Wichtiger Grund | 4 | II. Folgen des Fristversäumnisses | 42 |
| I. Wichtiger Grund an sich | 6 | D. Formalia der außerordentlichen Kündigung | 45 |
| II. Interessenabwägung | 11 | | |
| 1. Abwägungsgesichtspunkte | 12 | I. Anhörung | 45 |
| 2. Unzumutbarkeit der Fortsetzung bis zum nächsten regulären Beendigungstermin | 16 | II. Begründungspflicht | 46 |
| | | III. Umdeutung | 48 |
| | | E. Prozessuales | 51 |
| 3. Verhältnismäßigkeit | 18 | I. Kündigungsschutzprozess | 52 |
| III. Besondere Kündigungsarten | 22 | II. Darlegungs- und Beweislast | 54 |
| 1. Verdachtskündigung | 23 | III. Präjudizierende Wirkung des Verfahrens nach § 103 BetrVG | 56 |
| 2. Druckkündigung | 31 | | |
| C. Kündigungserklärungsfrist | 34 | | |

## A. Normzweck

1 Die Norm des § 626 ist Ausdruck des auch in § 314 niedergelegten **allgemeinen Rechtsgrundsatzes**, dass alle Dauerschuldverhältnisse fristlos gekündigt werden können, wenn dem kündigenden Teil die Fortsetzung des Vertragsverhältnisses bis zur vereinbarten Beendigung oder bis zum Ablauf einer Kündigungsfrist nicht zugemutet werden kann. Dieses Kündigungsrecht »aus wichtigem Grund« ist daher auch zwingendes Recht, d.h. nicht abdingbar (vgl. § 620 Rdn. 14). Etwaige Vertragsstrafen, Abfindungen oder sonstige Zahlungen aus Anlass der Ausübung dieses Kündigungsrechts erschweren seine Ausübung unzumutbar und sind deshalb nach § 134 nichtig (BGH NJW-RR 2008, 1488). Auch wenn eine außerordentliche Kündigung den Gekündigten in seiner Ehre und seinem gesellschaftlichen Ansehen beeinträchtigen kann (BAG NJW 1960, 2071), hat sie dennoch keinen Sanktionscharakter (BAG NJW 1997, 2195). Wie das Merkmal der »Unzumutbarkeit« der Weiterbeschäftigung bis zum Ablauf der Kündigungsfrist zeigt, ist die Kündigung **zukunftsgerichtet**. Auch bei der außerordentlichen Kündigung gilt daher das Prognoseprinzip (vgl. § 620 Rdn. 50 f.).

2 § 626 ist auf **alle Dienst- und Arbeitsverhältnisse** anwendbar. Aus wichtigem Grund gekündigt werden können daher auch befristete und sonst ordentlich unkündbare Arbeitsverhältnisse. Die Norm ist gegenüber § 314 **lex specialis** und verdrängt das sonst bei gegenseitigen Verträgen bestehende Rücktrittsrecht nach § 323.

3 Für **Berufsausbildungsverhältnisse** sieht § 22 Abs. 2 BBiG eine Sonderregelung vor. Die Voraussetzungen sind hier aber im Wesentlichen die gleichen, wobei bei der Beurteilung, ob unter Berücksichtigung der Einzelfallumstände ein wichtiger Grund vorliegt, die Besonderheiten des Berufsausbildungsverhältnisses zu berücksichtigen sind (ErfK/*Müller-Glöge* § 626 Rn. 7; vgl. auch BAG NZA 2015, 741).

## B. Wichtiger Grund

4 Die Norm des § 626 Abs. 1 stellt eine typische **Generalklausel** dar (ErfK/*Müller-Glöge* § 626 Rn. 14). Zwar wird der »wichtige Grund« beschrieben als Unzumutbarkeit der Fortsetzung des Arbeitsverhältnisses unter Berücksichtigung aller Umstände des Einzelfalls und unter Abwägung der Interessen beider Vertragsteile. Doch enthält diese normierte Beschreibung des wichtigen Grundes im Grunde nur ein **Abwägungsverfahren** ohne materielle Kriterien. Daher muss dieser »unbestimmte Rechtsbegriff« unter Rückgriff auf die Wertungen des allgemeinen Kündigungsschutzrechts

und des Verfassungsrechts **richterlich konkretisiert** werden. Die Bedenken, ob ein so unbestimmter Tatbestand dem verfassungsrechtlichen Bestimmtheitsgebot genügt, können nur durch sorgfältige Handhabung dieser Generalklausel durch die Gerichte unter Herstellung der praktischen Konkordanz zwischen den jeweiligen Grundrechten auf Berufsfreiheit (Art. 12 Abs. 1 GG) **beider** Arbeitsvertragsparteien abgestellt werden (BVerfGE 84, 133, 146 f.; 97, 169, 176; HWK/*Sandmann* § 626 Rn. 71).

Das BAG nimmt die Prüfung des Vorliegens eines wichtigen Grundes in ständiger Rechtsprechung in **zwei Stufen** vor (BAG NZA 1985, 91; BAG NJW 2006, 2939). Auf der ersten Stufe wird untersucht, ob der Sachverhalt **an sich** geeignet ist, einen wichtigen Grund darzustellen. Auf der zweiten Stufe findet dann eine konkrete **Interessenabwägung** unter Berücksichtigung aller Umstände des Einzelfalles statt, mittels derer die Zulässigkeit der konkreten Kündigung geprüft wird. 5

## I. Wichtiger Grund an sich

**Absolute Kündigungsgründe** gibt es auch im Rahmen von § 626 i.d.R. keine (BAG NJW 1986, 342). Ausnahmen können sich aber aus sondergesetzlichen Regelungen ergeben (z.B. im SeemG, vgl. AR/ *Fischermeier* § 626 Rn. 3). So rechtfertigt auch eine Straftat gegenüber dem Arbeitgeber nicht notwendigerweise immer die außerordentliche Kündigung; absolute Kündigungsgründe gibt es nicht (BAG NJW 2011, 167 – »Emmely«; vgl. auch BAG NJW 2013, 104 bei Verstoß gg. Verbot der privaten Internetnutzung und bei Herunterladen von pornographischem Material). Allerdings kann die Abrechnung von Arzt-Leistungen unter Missachtung des § 5 Abs. 2 GOÄ 1982 durch einen Chefarzt, welcher zur Privatliquidation befugt ist, einen wichtigen Grund i.S.d. § 626 darstellen (ArbG Aachen, Urt. v. 06.06.2019 – 4 Ca 2413/18). Es kann nicht behauptet werden, dass geringfügige Pflichtverletzungen des Arbeitnehmers (BAG NJW 1985, 284) oder auch nur der Verdacht einer Pflichtverletzung (BAG NZA 2013, 137, vgl. zur Verdachtskündigung Rdn. 23 ff.) keine an sich wichtigen Gründe darstellten. Ein an sich wichtiger Grund liegt bspw. auch in der Übernahme einer Wirbelsäulenoperation durch einen Neurochirurgen, sofern diese gegen arbeitsvertragliche Pflichten verstößt (LAG Rheinland-Pfalz, Urt. v. 02.09.2019 – 3 Sa 527/16). Ein wichtiger Grund ist jedoch nicht bereits darin zu sehen, dass die Vergütung eines Arztes im Verhältnis zu seiner geleisteten Arbeit deutlich zu hoch erscheint (ArbG Hamm, Urt. v. 17.12.2020 – 1 Ca 330/20). Aus der Notwendigkeit, alle Umstände des jeweiligen Einzelfalls und die Interessen der Beteiligten abzuwägen, folgt eine **unübersichtliche Kasuistik**. Im Interesse der Rechtssicherheit werden hierzu die an sich geeigneten Gründe nach der von der sozialen Rechtfertigung nach § 1 KSchG (vgl. § 620 Rdn. 6, 48 ff.) bekannten Untergliederung in verhaltensbedingte, personenbedingte und betriebsbedingte Gründe eingeteilt (vgl. HWK/*Sandmann* § 626 Rn. 61 f.). Die für das Vorliegen eines wichtigen Grundes vorausgesetzte **konkrete Beeinträchtigung** des Vertragsverhältnisses kann im Leistungsbereich, durch eine Störung der betrieblichen Ordnung genauso wie im Vertrauensbereich oder in der unternehmerischen Sphäre auftreten (ErfK/*Müller-Glöge* § 626 Rn. 20). 6

Zwischen der außerordentlichen Kündigung nach § 626 und der ordentlichen Kündigung besteht ein **Stufenverhältnis**. Die außerordentliche Kündigung ist die weitaus schärfere, weil abrupt das Vertragsverhältnis beendende Maßnahme. Der »formale« Kündigungsschutz in Gestalt einer die Beendigung hinausschiebenden Kündigungsfrist entfällt. Aus diesem Stufenverhältnis lassen sich Aussagen zu den Anforderungen an einen wichtigen Grund ableiten. Wichtiger Grund kann jedenfalls nur ein Sachverhalt sein, der zumindest auch eine ordentliche Kündigung rechtfertigen würde (BAG NZA 2000, 592). 7

Das **Prognoseprinzip** ist auch schon bei der Bestimmung des wichtigen Grundes an sich heranzuziehen. Diesen erfüllt nur ein Sachverhalt, der sich auch in Zukunft belastend auf das Vertragsverhältnis auswirken würde (BAG NZA-RR 2007, 571). In der Vergangenheit liegende Ereignisse, die das Arbeitsverhältnis nicht mehr belasten – mögen sie noch so schwerwiegend sein –, können eine außerordentliche Kündigung nicht rechtfertigen. Aufgrund des Prognoseprinzips spielt ferner auch die exakte **strafrechtliche** Würdigung des arbeitnehmerseitigen Verhaltens keine entscheidende 8

Rolle, da nicht dessen Sanktionierung, sondern die Abschätzung der Möglichkeit einer weiteren Zusammenarbeit in Rede steht (BAG NZA-RR 2012, 567 zur Nachstellung unter Kollegen).

9 Der als wichtiger Grund anzusehende Tatbestand muss von der zu kündigenden Partei nicht verschuldet sein (BAG NJW 1956, 240). Dieses **subjektive Element** kann aber im Rahmen der Interessenabwägung eine Rolle spielen. Ein Verschulden kann unter Umständen zur Unzumutbarkeit der Weiterbeschäftigung führen (BAG AP § 72 ArbGG 1953 Nr. 74). Gerade bei einer auf **verhaltensbedingte** Gründe gestützten außerordentlichen Kündigung dürfte allerdings die fehlende Vorwerfbarkeit es dem Kündigenden zumutbar machen, das Vertragsverhältnis bis zum Ablauf der Kündigungsfrist **fortzusetzen** (BAG NJW 1996, 2253). Ein solches Ergebnis kann aber immer nur Resultat eines umfassenden Abwägungsprozesses sein und ist über den Einzelfall hinaus nicht verallgemeinerbar (BAG NJW 1999, 3140).

10 Die **Typisierung der Kündigungsgründe** führt dazu, dass eine **Gesamtbetrachtung** des Kündigungssachverhaltes über die Sachgruppen hinweg regelmäßig ausscheidet (offen gelassen von BAG NZA 1993, 593). Nur dann, wenn nicht schon die isolierte Betrachtung der einzelnen Sachverhalte die Fortsetzung des Arbeitsverhältnisses als unzumutbar erscheinen lässt, kann noch eine Gesamtbetrachtung angestellt werden, in die allerdings nur gleichartige Gründe einbezogen werden dürfen (BAG NJW 1983, 700). Eine Gesamtbetrachtung kommt in der Regel nur bei einem sog. **Dauertatbestand** in Betracht, da nur solche Kündigungsgründe einbezogen werden dürfen, seit deren Kenntnis die Zwei-Wochen-Frist des § 626 Abs. 2 (Rdn. 34, 38) noch nicht abgelaufen ist oder zu denen ein enger sachlicher innerer Zusammenhang besteht (BAG AP § 626 BGB Ausschlussfrist Nr. 7).

## II. Interessenabwägung

11 Hat die Prüfung des Sachverhalts auf erster Stufe ergeben, dass dieser an sich geeignet ist, einen wichtigen Grund für die Kündigung darzustellen, ist auf zweiter Stufe in die **umfassende Interessenabwägung** zwischen dem Lösungsinteresse des Kündigenden und dem Bestandsinteresse des zu Kündigenden einzutreten.

### 1. Abwägungsgesichtspunkte

12 Die vom Gesetz intendierte Berücksichtigung aller Umstände des Einzelfalls und aller Interessen der Beteiligten führt zu einem **sehr weiten Prüfungsmaßstab** (krit. dazu HWK/*Sandmann* § 626 Rn. 72). Primär sind daher die **vertragsbezogenen** Interessen der Beteiligten zu berücksichtigen. Führen diese zu einem eindeutigen Ergebnis, treten andere Gesichtspunkte dahinter zurück (BAG NJW 1997, 2540). Andererseits müssen bei der Interessenabwägung allgemeine Kriterien wie die schlechte Lage am Arbeitsmarkt oder außerhalb des Arbeitsverhältnisses begründete wirtschaftliche Probleme des Arbeitnehmers außen vor bleiben. Die individuellen Arbeitsmarktchancen des Arbeitnehmers können aber berücksichtigt werden (BAG NZA 1997, 813). Auch die individuelle wirtschaftliche Lage des Unternehmens soll berücksichtigungsfähig sein (BAG NJW 1981, 298).

13 Bei der arbeitgeberseitigen Kündigung sind als berechtigte Interessen des **Arbeitgebers** insb. Art und Schwere der Verfehlung, der Umfang des verursachten Schadens, das Bestehen einer Wiederholungsgefahr (BAG NZA 2006, 1033) oder die beharrliche Fortsetzung eines pflichtwidrigen Verhaltens (BAG NZA 1999, 863) zu berücksichtigen. Von wesentlicher Bedeutung ist zudem – zumindest bei verhaltensbedingten Gründen – der **Grad des Verschuldens** des Arbeitnehmers. Vorsätzliches Verhalten ist insoweit zulasten des Arbeitnehmers zu berücksichtigen, während bloß fahrlässige Verstöße regelmäßig nur bei wiederholtem Auftreten oder einem besonders großen Schaden eine außerordentliche Kündigung rechtfertigen können (BAG, Urt. v. 04.07.1991 – 2 AZR 79/91). In der Interessenabwägung ist ein entschuldbarer Verbotsirrtum des Arbeitnehmers zu seinen Gunsten zu berücksichtigen (BAG NJW 1996, 2253).

14 Aufseiten des zu kündigenden Arbeitnehmers ist insb. die Dauer seiner **Betriebszugehörigkeit** zu berücksichtigen (BAG NZA 1985, 288). Damit erfolgt auch keine unzulässige mittelbare

Diskriminierung jüngerer Arbeitnehmer (BAG NZA 2011, 1412). Durch eine lang andauernde störungsfreie Beschäftigung kann Vertrauenskapital erworben werden, das nicht ohne weiteres durch erstmalige Enttäuschung des Vertrauens und einem klaren Kündigungsanlass vollständig und unwiederbringlich zerstört wird (BAG NJW 2011, 167 = NZA 2010, 1227 – »Emmely«). Hieraus folgt selbstverständlich nicht, dass der Arbeitgeber nach langer Dienstzeit Vertragsverletzungen zu dulden hätte. Doch kommt aufgrund dieser Rechtsprechung der Dokumentation vorangegangener, einschlägiger Störungen durch entsprechende Abmahnungen bei der außerordentlichen verhaltensbedingten Kündigung große Bedeutung zu (näher § 620 Rdn. 66a). Eine lange Betriebszugehörigkeit kann sich umgekehrt auch zum Nachteil des Arbeitnehmers auswirken, wenn er die dadurch erlangte besondere Vertrauensstellung missbraucht (BAG, Urt. v. 16.10.1986 – 2 AZR 695/85).

Das **Lebensalter** des Arbeitnehmers kann zwar Berücksichtigung finden (BAG NZA 2006, 1033), sollte aber nicht überbewertet werden, da es regelmäßig mit der Betriebszugehörigkeit korrespondiert (HWK/*Sandmann* § 626 Rn. 76). Inwieweit die wirtschaftlichen Folgen der Beendigung des Arbeitsverhältnisses zu berücksichtigen sind, ist nicht abschließend geklärt. Jedenfalls dürfen **Unterhaltspflichten** des Arbeitnehmers zu seinen Gunsten Berücksichtigung finden (BAG NZA 1999, 587). Dies gilt umso mehr, wenn die Unterhaltspflichten Ursache für die schlechte Vermögenslage des Arbeitnehmers sind und diese ihn zu einem vorsätzlichen Vermögensdelikt gegen den Arbeitgeber veranlasst haben (BAG NZA 1989, 755). 15

## 2. Unzumutbarkeit der Fortsetzung bis zum nächsten regulären Beendigungstermin

Nach § 626 Abs. 1 ist ein wichtiger Grund nur dann gegeben, wenn es einem Vertragsteil nicht zugemutet werden kann, das Arbeitsverhältnis **auch nur für die Dauer der vorgesehenen Kündigungsfrist** fortzusetzen. Dies ist objektiv zu beurteilen. Es müssen Umstände vorliegen, die nach verständigem Ermessen dem einen oder dem anderen Teil eine Fortsetzung des Vertragsverhältnisses nicht zumutbar erscheinen lassen (BAG AP § 626 BGB Nr. 4). Entscheidend ist danach also auch, zu welchem Zeitpunkt das Arbeitsverhältnis durch eine **ordentliche** Kündigung beendet werden könnte, d.h. es ist auch auf die Dauer der ohne außerordentliche Kündigung verbleibenden Vertragslaufzeit zu achten. Entscheidend sind insoweit die tatsächlich geltenden Kündigungsfristen (BAG NZA 2002, 963). Auch wenn der Arbeitnehmer im **Unkündbarkeitsstatus** (i.d.R. tariflicher Ausschluss der ordentlichen Kündigung bei höherem Dienstalter) nur noch außerordentlich kündbar ist, ist nicht auf eine fiktive Kündigungsfrist, sondern auf die tatsächliche künftige Vertragsbindung abzustellen (BAG NZA 1985, 426). Dies führt zu der etwas paradoxen Situation, dass die Unzumutbarkeit der Weiterbeschäftigung besonders geschützter Arbeitnehmer viel schneller anzunehmen ist als bei Kollegen ohne diesen besonderen Schutz. Die BAG-Rspr. nimmt deshalb hier eine **Wertungskorrektur** vor: Soll ein Arbeitnehmer nur deshalb außerordentlich gekündigt werden, weil die ordentliche Kündigung als milderes Mittel ausgeschlossen ist, ist die Kündigung nur mit einer der fiktiven gesetzlichen oder tariflichen Kündigungsfrist entsprechenden **Auslauffrist** möglich (BAG NZA 1998, 771). Auf die Einhaltung der Frist kann nur verzichtet werden, wenn der Arbeitgeber auch ohne die ordentliche Unkündbarkeit des Arbeitnehmers zu dessen außerordentlicher Kündigung berechtigt gewesen wäre (BAG NJW 2000, 1969). Die obige BAG-Rspr. erging zur außerordentlichen Kündigung aus betrieblichen Gründen, lässt sich aber ohne weiteres auch auf außerordentliche personenbedingte (BAG NZA 2004, 1216) und verhaltensbedingte Kündigungen anwenden (HWK/*Sandmann* § 626 Rn. 83). 16

Folgt der Ausschluss der ordentlichen Kündigung aus einer **besonderen gesetzlichen Schutznorm** (vgl. § 620 Rdn. 9), ist generell für die Prüfung der Unzumutbarkeit für den Arbeitgeber auf die **fiktive Kündigungsfrist** und nicht auf die zukünftige Vertragsbindung abzustellen (BAG NZA 2013, 224). Andernfalls würde dadurch eine nicht intendierte Schlechterstellung besonders geschützter Arbeitnehmer gegenüber den ordentlich kündbaren Arbeitnehmern herbeigeführt und damit der Schutzzweck der Sonderkündigungsschutzvorschriften verfehlt (HWK/*Sandmann* § 626 Rn. 87). Die außerordentliche Kündigung mit **notwendiger** Auslauffrist ist auch sonst, z.B. bei der Beteiligung des Betriebsrats (vgl. § 623 Rdn. 59 ff.), wie eine ordentliche Kündigung zu behandeln 17

(BAG NJW 2001, 1229). Dies gilt freilich nicht für eine normale außerordentliche Kündigung, die der Arbeitgeber nur aus Gründen der Kulanz mit einer »**sozialen** Auslauffrist« versieht. Diese gilt als reguläre außerordentliche Kündigung (ErfK/*Müller-Glöge* § 626 Rn. 52 a).

### 3. Verhältnismäßigkeit

18 Der Grundsatz der Verhältnismäßigkeit zwingt zur Prüfung, ob die außerordentliche Kündigung zur Beseitigung der Störung im Vertragsverhältnis **geeignet, erforderlich und angemessen** ist. Während bei der Prüfung der Geeignetheit das Prognoseprinzip erneut zur Geltung kommt, ist bei der Prüfung der Angemessenheit auf das Bestehen einer angemessenen Mittel-Zweck-Relation zwischen der Störung des Vertragsverhältnisses und der Kündigung als Reaktion hierauf zu achten (HWK/*Sandmann* § 626 Rn. 88). Von besonderer Bedeutung ist das Kriterium der Erforderlichkeit, dem sich der **Ultima-Ratio-Grundsatz** entnehmen lässt. Dieser ist nur eingehalten, wenn die Kündigung als einziges Mittel erscheint, um die Störung des Vertragsverhältnisses vollständig zu beseitigen (vgl. § 620 Rdn. 51 f.).

19 Als **milderes Mittel** gegenüber der außerordentlichen Kündigung kommt vor allem die ordentliche Kündigung, ggf. auch eine Abmahnung oder Versetzung oder Änderungskündigung in Betracht. Eine ordentliche Kündigung ist dann das geeignete mildere Mittel, wenn hierdurch ebenso wie durch die außerordentliche Kündigung die Störung adäquat beseitigt werden kann (HWK/*Sandmann* § 626 Rn. 89). Ist dem Arbeitgeber aber eine Weiterbeschäftigung nicht mehr zumutbar, kommt eine ordentliche Kündigung konsequenterweise nicht in Betracht, selbst dann, wenn der Arbeitnehmer nach Ausspruch der Kündigung sofort **freigestellt** wird. Auch die **unbezahlte** Freistellung des Gekündigten ist kein milderes Mittel.

20 Auch das **Erfordernis einer Abmahnung** vor Ausspruch der Kündigung folgt aus dem Verhältnismäßigkeitsgrundsatz (BAG NZA 2001, 951), vgl. § 620 Rdn. 67. Die Abmahnung ist regelmäßig das mildere geeignete Mittel, wenn der Arbeitnehmer die Störung im Vertragsverhältnis durch steuerbares Verhalten beseitigen kann (BAG NZA 2001, 1304) und davon auszugehen ist, dass eine Abmahnung zu einer Änderung des Verhaltens führen wird. Die Abmahnung führt aber dann nicht weiter, wenn der Arbeitnehmer deutlich macht, sein Verhalten nicht ändern zu wollen, oder es sich um eine so schwerwiegende Pflichtverletzung handelt, dass eine Hinnahme durch den Arbeitgeber offensichtlich und für den Arbeitnehmer erkennbar ausgeschlossen ist (BAG NZA 2009, 1198). Dies kann aber z.B. nicht angenommen werden, wenn ein Chirurg während Operationen Privatgespräche auf seinem Mobiltelefon entgegennimmt, soweit der Arbeitgeber das Führen dienstlicher Gespräche während dieses Zeitraums gebilligt hat (BAG NJW 2013, 954). Dagegen kann von der Entbehrlichkeit einer Abmahnung ausgegangen werden, wenn ein Chefarzt auch nach wiederholtem Hinweis auf den Grundsatz der persönlichen Leistungserbringung – aber ohne insoweit erfolgte Abmahnung – weiterhin ärztliche Leistungen unter Verstoß gegen § 4 Abs. 2 GOÄ abrechnet (LAG Hannover, Urt. v. 17.04.2013 – 2 Sa 179/12). Besonders bei Störungen im Vertrauensbereich wie bei der **Verdachtskündigung** ist eine Abmahnung i.d.R. keine geeignete Maßnahme, vgl. Rdn. 23 ff.

21 Auch der **Arbeitnehmer** hat seinen Arbeitgeber grundsätzlich vor Ausspruch einer außerordentlichen Kündigung abzumahnen (BAG NJW 1967, 2030).

### III. Besondere Kündigungsarten

22 Wegen ihrer Besonderheiten bei der Feststellung des Vorliegens eines wichtigen Grundes sollen zwei Formen der außerordentlichen Kündigung hier gesondert behandelt werden. Es handelt sich um die Kündigung wegen des Verdachts einer strafbaren Handlung bzw. einer schwer wiegenden Pflichtverletzung und um die Kündigung wegen Drucks von dritter Seite.

## 1. Verdachtskündigung

Schon der Verdacht, der zu Kündigende habe sich einer strafbaren Handlung zulasten des Kündigenden oder einer sonst schwerwiegenden Pflichtverletzung schuldig gemacht, kann eine außerordentliche Kündigung rechtfertigen (st.Rspr., vgl. nur BAG NZA 2013, 137). Dieser Verdacht kann aber auch nur eine ordentliche Kündigung rechtfertigen (BAG NZA 2009, 604). Kündigungsgrund ist hier nicht die Tat, derer der zu Kündigende verdächtigt wird, sondern der **dringende Tatverdacht**, der das für die Fortsetzung des Arbeitsverhältnisses erforderliche Vertrauen zerstört (BAG NJW 1998, 1508). Maßgeblich ist demnach, **wie intensiv** der Verdacht das im Arbeitsverhältnis notwendige Vertrauen belastet. Weil der Verdacht der Person des Arbeitnehmers »anhaftet« und dieser nicht in der Lage sein wird, ihn durch steuerbares Verhalten zu vermeiden, handelt es sich bei der Verdachtskündigung um einen Unterfall der **personenbedingten** Kündigung (h.M., vgl. nur AR/*Fischermeier* § 626 Rn. 141). Jedenfalls stellt sie einen eigenständigen Tatbestand dar (BAG NJW 2000, 1969; ErfK/*Müller-Glöge* § 626 Rn. 175). Ein dringender Verdacht kann auch einen wichtigen Grund zur Kündigung des Berufsausbildungsverhältnisses nach § 22 Abs. 2 Nr. 1 BBiG darstellen (BAG NZA 2015, 741). 23

Zwischen Tat- und Verdachtskündigung ist wie folgt zu differenzieren: Stützt der Arbeitgeber seinen Kündigungsentschluss darauf, dass er der Überzeugung ist, der Arbeitnehmer habe die strafbare Handlung bzw. schwerwiegende Pflichtverletzung tatsächlich begangen, liegt eine **Tatkündigung** vor (BAG NJW 1993, 83). Will er eine Verdachtskündigung aussprechen, muss er diese damit begründen, dass gerade der Verdacht das erforderliche Vertrauen zerstört habe. Dem Arbeitgeber ist es zwar unbenommen, sich auf beide Aspekte zu stützen, doch muss er dann auch zwei Kündigungen aussprechen, die sich zwar auf denselben Lebenssachverhalt beziehen, aber einerseits verhaltens-, andererseits personenbedingtes Verhalten betreffen und so unterschiedlichen Anforderungen unterliegen (BAG NZA 2009, 1136). 24

Die grundrechtlich garantierte und in Art. 6 Abs. 2 EMRK normativ verankerte **Unschuldsvermutung** spricht nicht gegen die Zulässigkeit einer Verdachtskündigung. Direkt anwendbar ist diese Norm nur auf einer Straftat angeklagte Personen; gebunden ist daher der urteilende Strafrichter (BAG NJW 1995, 1110). Die Kündigung hat hingegen keinen Sanktions-, sondern prognostischen Charakter und wird auf die Beeinträchtigung der zukünftigen Zusammenarbeit durch den Vertrauensverlust gestützt. 25

Eine Verdachtskündigung ist auch gegenüber solchen Arbeitnehmern möglich, für deren Arbeitsverhältnis die **Anwendung beamtenrechtlicher Grundsätze** vereinbart wurde, obwohl das Beamtenrecht eine Entfernung aus dem Dienst nur bei Nachweis der Pflichtverletzung vorsieht (BAG NJW 2002, 3651). 26

Notwendig für die Verdachtskündigung ist ein **objektiv durch Tatsachen begründeter Verdacht**, der sich auf eine erhebliche Verfehlung des Arbeitnehmers – die keinen Straftatbestand zu erfüllen braucht (BAG DB 2013, 239) – bezieht (BAG NZA 2009, 604). Es müssen also sowohl der Verdacht als auch die Tat, derer er verdächtigt wird, schwerwiegend sein. An die Verdachtsmomente sind strenge Anforderungen zu stellen; mehr oder weniger haltbare Vermutungen reichen jedenfalls nicht aus (BAG AP § 626 BGB Verdacht strafbarer Handlung Nr. 40). Es muss eine **hohe Wahrscheinlichkeit** dafür bestehen, dass der Arbeitnehmer die Tat tatsächlich begangen hat (BAG NZA 2005, 1056). Eine Qualifizierung des Verdachtsgrads wie im Strafprozess ist nicht notwendig. Entscheidend ist vielmehr eine wertende Beurteilung (BAG NZA 2008, 219). Nicht erforderlich ist, dass der Arbeitnehmer den Verdacht selbst durch schuldhaftes Verhalten begründet hat (BAG AP § 1 KSchG Nr. 39). Der Verdacht kann sich auch aus außerdienstlichen Umständen ergeben, soweit ein Bezug zum Arbeitsverhältnis besteht (ErfK/*Müller-Glöge* § 626 Rn. 177). 27

Vor Ausspruch einer solchen Kündigung muss der Arbeitgeber **alles ihm Zumutbare unternommen** haben, um den Vorfall aufzuklären. Dazu gehört, dass der verdächtigte Arbeitnehmer angehört und ihm Gelegenheit zur Stellungnahme gegeben wird (BAG NZA 2008, 809). Die Anhörung kann unterbleiben, wenn der Arbeitnehmer von Anfang an eine Äußerung zu den Vorwürfen verweigert 28

(HWK/*Sandmann* § 626 Rn. 287). Entsprechendes gilt, wenn der Arbeitnehmer unfreiwillig – etwa wegen Krankheit – trotz einer angemessenen Frist zur Stellungnahme schweigt. Der Arbeitgeber hat in diesen Fällen dem Arbeitnehmer nur dann eine Fristverlängerung zu gewähren, wenn ihm ein weiteres Zuwarten noch zumutbar ist (BAG NZA 2014, 1015). Umfang und Art der **Anhörung** richten sich nach den Umständen des Einzelfalls. Notwendig ist aber immer die Darlegung eines greifbaren Sachverhalts, damit der Arbeitnehmer zu bestimmten, zeitlich und räumlich eingegrenzten Tatsachen Stellung nehmen kann (BAG NZA 2008, 809). Ohne vorherige Anhörung ist die ausgesprochene Verdachtskündigung ansonsten stets unwirksam (BAG NZA 1987, 699).

29 Anstelle eigener **Ermittlungsbemühungen** kann der Arbeitgeber auch den Ausgang eines Strafverfahrens abwarten (BAG NZA-RR 2009, 69). Allein die Einleitung eines Ermittlungsverfahrens durch die Staatsanwaltschaft begründet aber keine Verdachtskündigung (BAG AP § 626 BGB Verdacht strafbarer Handlung Nr. 40). Ebenso wenig kann eine Verdachtskündigung allein darauf gestützt werden, dass die Staatsanwaltschaft im Ermittlungsverfahren einen dringenden Tatverdacht bejaht (BAG NZA 2013, 371). Die Ergebnisse des Strafverfahrens können im Kündigungsschutzverfahren verwendet werden, haben aber **keine Bindungswirkung** (BAG NJW 1998, 1171). Dies gilt sowohl im positiven wie auch im negativen Sinn, insb. führt die Einstellung des Strafverfahrens nach § 170 Abs. 2 Satz 1 StPO nicht zur Unwirksamkeit der Kündigung. Für die Aussetzung eines Kündigungsschutzprozesses bis zur rechtskräftigen Erledigung eines Strafverfahrens, in dem der Kündigungsvorwurf auf seine strafrechtliche Relevanz hin geprüft wird, besteht vor diesem Hintergrund regelmäßig keine Rechtfertigung (BAG NZA-RR 2012, 222).

30 **Maßgeblicher Zeitpunkt** für die Beurteilung der Rechtfertigung der Kündigung ist der Zeitpunkt ihres Zugangs beim Gekündigten (vgl. § 623 Rdn. 45 ff.). In diesem Zeitpunkt müssen die objektiven Tatsachen vorgelegen haben, die den dringenden Tatverdacht begründen sollen (HWK/*Sandmann* § 626 Rn. 322). Später ermittelte Tatsachen können im Kündigungsschutzprozess sowohl be- als auch entlastend berücksichtigt werden – auch dann, wenn der Arbeitgeber sie unverschuldet nicht kennen konnte (BAG NZA 2013, 137). Stellt sich die Unschuld des Arbeitnehmers erst nach Abweisung der Kündigungsschutzklage heraus, kann ihm unter Umständen ein **Wiedereinstellungsanspruch** zustehen, der sich aus einer nachwirkenden Rücksichtnahmepflicht des Arbeitgebers aus § 241 Abs. 2 ergibt (BAG NJW 1964, 1918).

**2. Druckkündigung**

31 Begründet der Arbeitgeber die Kündigung eines Arbeitnehmers mit dem **Verlangen Dritter**, die für den Fall der Nicht-Kündigung erhebliche Nachteile angedroht haben, wird die daraufhin ausgesprochene Kündigung als »**Druckkündigung**« bezeichnet. Die Kündigung verlangende Dritte können z.B. die Belegschaft, Gewerkschaften oder Kunden und Geschäftspartner des Arbeitgebers sein (HWK/*Sandmann* § 626 Rn. 295). Bei der Druckkündigung wird nach verhaltens-, personen- und betriebsbedingten Gründen differenziert. Ist das Verlangen des Dritten durch das Verhalten des Arbeitnehmers oder in seiner Person liegende Gründe **objektiv** gerechtfertigt, kann der Arbeitgeber eine solche Kündigung nach allgemeinen Grundsätzen selber aussprechen (BAG NZA 1996, 581). Ist die Drohung aber objektiv nicht gerechtfertigt, kann die Kündigung dennoch auf **betriebsbedingte Gründe** gestützt werden. An diese sind aber strenge Anforderungen zu stellen (BAG NZA 2014, 109): Der Arbeitgeber hat sich in erster Linie den erhobenen Drohungen entgegenzustellen und seinen Arbeitnehmer vor den Vorwürfen zu schützen. Gelingt es ihm trotz aller zumutbarer Versuche nicht, den Dritten von seiner Drohung abzubringen, und drohen hierdurch schwere wirtschaftliche Schäden, kann die außerordentliche betriebsbedingte Druckkündigung gerechtfertigt sein.

32 Stützt der Arbeitgeber seine Kündigung auf ungerechtfertigten Druck von außen und damit auf **betriebliche** Gründe, kann dem Arbeitnehmer unter den Voraussetzungen der §§ 824, 826 ein **Schadensersatzanspruch** gegen den drohenden Dritten zustehen (HWK/*Sandmann* § 626 Rn. 302). Auf ein absolutes »Recht am Arbeitsplatz« i.S.v. § 823 Abs. 1 kann er sich zwar nicht berufen, ggf. aber auf eine durch die Kündigung erfolgte Verletzung des Persönlichkeitsrechts. Jedenfalls muss

für den Schadensersatzanspruch nach §§ 824, 826 die Rechtswidrigkeit des Handelns des Dritten positiv festgestellt werden (BAG NJW 1999, 164).

Der Betriebsrat hat nach § 104 BetrVG einen Anspruch gegen den Arbeitgeber auf Entlassung oder Versetzung von Arbeitnehmern, die durch gesetzwidriges Verhalten oder durch grobe Verletzung der Grundsätze des § 75 Abs. 1 BetrVG den Betriebsfrieden wiederholt ernstlich stören. Allein aus einem entsprechenden Verlangen des Betriebsrats folgt allerdings kein Kündigungsgrund. Nur wenn objektive Kündigungsgründe vorliegen, kann und muss der Arbeitgeber dem Verlangen des Betriebsrats nachkommen. Andernfalls gelten die Grundsätze der Druckkündigung. Der Arbeitgeber hat die Möglichkeit, dem ausgeübten Druck auszuweichen, indem er den Betriebsrat auf das Verfahren nach § 104 Satz 2 BetrVG verweist. Ist dem Entlassungsbegehren des Betriebsrats im Beschlussverfahren nach § 104 Satz 2 BetrVG, in welchem der betroffene Arbeitnehmer gemäß § 83 Abs. 3 ArbGG angehört wurde, rechtskräftig entsprochen worden, begründet dies ein dringendes betriebliches Erfordernis i.S.d. § 1 Abs. 2 Satz 1 KSchG für eine ordentliche Kündigung. Ist der Arbeitnehmer ordentlich unkündbar, liegt in dem als berechtigt anerkannten Verlangen ein wichtiger Grund i.S.d. § 626 Abs. 1 für eine außerordentliche Kündigung mit Auslauffrist (BAG NZA 2017, 985). 33

## C. Kündigungserklärungsfrist

Nach § 626 Abs. 2 Satz 1 kann die außerordentliche Kündigung nur **innerhalb von 2 Wochen** nach der Kenntniserlangung des wichtigen Grundes erfolgen. Dies dient der **Rechtssicherheit** (ErfK/*Müller-Glöge* § 626 Rn. 200). Einerseits soll diese Frist dem zu Kündigenden Gewissheit darüber verschaffen, ob ein bestimmter Vorfall zur Beendigung des Arbeitsverhältnisses führt (BAG NJW 1998, 101). Andererseits soll vermieden werden, dass der Kündigungsberechtigte sich Kündigungsgründe aufsparen kann, um den Vertragspartner unter Druck zu setzen (BAG NJW 1972, 463). 34

### I. Fristbeginn und -ende

Anzuwenden ist § 626 Abs. 2 auf alle Kündigungen nach Abs. 1. Dies gilt sowohl für die Kündigung des Arbeitgebers als auch des Arbeitnehmers. Auch die gegenüber sonst ordentlich nicht kündbaren Arbeitnehmern ausgesprochene außerordentliche Kündigung muss innerhalb von 2 Wochen erfolgen (BAG NJW 1976, 1334), ebenso im Fall der außerordentlichen Änderungskündigung. Auf andere Kündigungen und andere Beendigungsformen findet die Frist aber keine (auch nicht analoge) Anwendung (ErfK/*Müller-Glöge* § 626 Rn. 203 f.). 35

Nach § 626 Abs. 2 Satz 2 beginnt der Fristlauf mit dem Zeitpunkt, in dem der Kündigungsberechtigte von den für die Kündigung maßgebenden Tatsachen Kenntnis erlangt, d.h. dann, wenn der Kündigungsberechtigte **zuverlässige und möglichst vollständige Kenntnis** der für die Kündigung maßgebenden Tatsachen hat, die ihm die Entscheidung darüber ermöglichen, ob ihm die Fortsetzung des Arbeitsverhältnisses zumutbar ist (BAG NZA 2006, 1211). Notwendig ist eine umfassende Kenntnis des Kündigungssachverhalts, es genügt also nicht die Kenntnis nur des einfachen Kündigungsanlasses (BAG NZA 2007, 744). Notwendig ist in jedem Fall positives Wissen, auch grobfahrlässige Unkenntnis ist unschädlich (BAG NZA-RR 2009, 69). 36

Der Kündigungsberechtigte darf seine Kenntnisse durch **Ermittlungen** vervollständigen. Solange er die zur Sachverhaltsaufklärung notwendig erscheinenden Maßnahmen mit der gebotenen Eile durchführt, **wird der Fristbeginn gehemmt** (BAG NZA 2003, 1055). Nicht entscheidend ist, was im Ergebnis bei den Ermittlungen herauskommt. Auch wenn diese ergebnislos bleiben, beginnt die Frist erst mit deren – nachweisbarem – Abschluss (BAG AP § 626 BGB Nr. 89). Geplante, aber nicht durchgeführte Ermittlungsmaßnahmen hemmen den Lauf der Frist dagegen nicht (BAG NJW 1994, 3117). Auch wenn der Arbeitgeber zur Anhörung des Arbeitnehmers (vgl. Rdn. 28) nur im Sonderfall der Verdachtskündigung verpflichtet ist, gehört diese auch bei der Druckkündigung zu den zulässigen Ermittlungsmaßnahmen (BAG NZA 2006, 1211). Die Anhörung hat aber alsbald, i.d.R. innerhalb einer Woche, zu erfolgen (BAG NZA 2014, 1015). 37

Räumt der Arbeitnehmer den ihm vorgeworfenen Sachverhalt vollumfänglich ein, sind weitere Ermittlungen entbehrlich (ErfK/*Müller-Glöge* § 626 Rn. 210a).

38 Bei **Dauertatbeständen** beginnt die Frist nicht vor Beendigung des pflichtwidrigen Dauerverhaltens (BAG NZA 2005, 1415). Ein Dauertatbestand liegt nur dann vor, wenn fortlaufend neue Tatsachen eintreten oder ein nicht abgeschlossener, länger währender Zustand vorliegt. Die Störung muss noch in den letzten 2 Wochen vor Ausspruch der Kündigung angedauert haben (ErfK/*Müller-Glöge* § 626 Rn. 212). Um einen Dauertatbestand handelt es sich z.B. bei Zahlungsverzug des Arbeitgebers (BAG NZA 2007, 1419) oder bei dauernder krankheitsbedingter Arbeitsunfähigkeit (BAG NJW 1997, 1656). Auch häufige Kurzerkrankungen können einen Dauertatbestand darstellen. In diesem Fall beginnt die Frist des § 626 Abs. 2, wenn die wiederholten Krankheiten zum ersten Mal den Schluss auf eine dauerhafte Krankheitsanfälligkeit des Arbeitnehmers und damit eine negative Gesundheitsprognose zulassen. Sie endet nicht schon unmittelbar nach dem Ende der letzten Kurzerkrankung vor einer Phase längerer Gesundheit, sondern erst am Ende eines hinreichend langen Zeitraums ohne neue Erkrankungen, der die negative Gesundheitsprognose letztlich entfallen lässt (BAG NZA 2014, 962). Ist ein Sachverhalt **abgeschlossen**, wirkt aber noch fort, liegt kein Dauertatbestand vor. Allein aus dem Umstand, dass das Vertrauensverhältnis durch diverse Vorfälle auf Dauer zerstört ist, kann nicht gefolgert werden, dass ein Dauertatbestand vorliegt. Maßgeblich ist die **Fortdauer der Tatsachen**, die den Vertrauensverlust hervorrufen (BAG NZA 2006, 1211). Die Zwei-Wochen-Frist beginnt daher **mit Abschluss des Sachverhalts** zu laufen, was auch dann der Fall sein kann, wenn die letzte gravierende Pflichtverletzung »das Fass zum Überlaufen bringt« (BAG NZA 1989, 261). Hieraus folgt auch, dass es für den Fristbeginn bei einer Verdachtskündigung nicht auf den andauernden Verdacht, sondern auf die Tatsachen, welche den Verdacht auslösen, ankommt (BAG NJW 1994, 1675).

39 Ist eine **kollektive Entscheidung** über die Kündigung in einem aus mehreren Personen bestehenden Organ erforderlich, bedarf es grundsätzlich der Kenntnis des gesamten Organs (BAG NJW 1999, 233). In großen Unternehmen oder Körperschaften kann daher die Zwei-Wochen-Frist erst laufen, wenn das allein zuständige Organ (z.B. Personalausschuss, vgl. BAG NZA 1994, 1086) bei nicht unangemessen verzögerter Einberufung den Fall beraten hat. Nur wenn die einzelnen Organmitglieder **allein vertretungsbefugt** sind, genügt die Kenntnis eines Einzelnen (BAG NZA 2008, 348 für eine GbR als Arbeitgeber). Erfordert die Kündigung die Zustimmung **Dritter**, beispielsweise bei Kündigung eines Schwerbehinderten diejenige des Integrationsamts nach §§ 91 Abs. 1, 85 SGB IX, beginnt die Erklärungsfrist dennoch bereits mit Tatsachenkenntnis des Arbeitgebers zu laufen. Jedoch erlaubt § 91 Abs. 5 SGB IX die Kündigung auch noch nach Ablauf der Frist des § 626 Abs. 2, soweit der Arbeitgeber den Antrag nach §§ 91 Abs. 1, 87 Abs. 1 Satz 1 SGB IX binnen 2 Wochen nach Kenntnis der Tatsachen beim zuständigen Integrationsamt gestellt hat und nach Zustimmungserteilung »unverzüglich« die Kündigung ausspricht (BAG ZTR 2012, 662).

40 Bei einer (ausnahmsweise zulässigen, vgl. Rdn. 16 f.) außerordentlichen **betriebsbedingten Kündigung** beginnt die Frist erst, wenn der Betrieb tatsächlich stillgelegt und der Arbeitnehmer nicht mehr weiterbeschäftigt werden kann (BAG NJW 1985, 2606). Im Interesse der Arbeitnehmer kann der Arbeitgeber aber bereits vorher außerordentlich auf den geplanten Betriebsstilllegungszeitpunkt kündigen (BAG, Urt. v. 22.07.1992 – 2 AZR 84/92).

41 Die **Fristberechnung** erfolgt nach §§ 187 ff., wobei die Frist des §§ 626 Abs. 2 Satz 1 eine Ereignisfrist i.S.v. § 187 Abs. 1 ist (HWK/*Sandmann* § 626 Rn. 372). »Erfolgen« i.S.v. § 626 Abs. 2 Satz 1 meint Wirksamwerden der Kündigung und erfordert daher deren Zugang beim Adressaten der Kündigung. Die Frist ist daher nur gewahrt, wenn die Kündigung **innerhalb der 2 Wochen** dem Adressaten zugeht (BAG NJW 1978, 2168; zum Zugang vgl. § 623 Rdn. 45 ff.).

## II. Folgen des Fristversäumnisses

42 Die Ausschlussfrist des § 626 Abs. 2 ist **zwingendes Recht**. Sie kann weder durch Parteivereinbarung noch durch kollektive Vereinbarungen ausgeschlossen oder abgeändert werden (BAG AP

§ 626 BGB Ausschlussfrist Nr. 6). Es handelt sich um einen **gesetzlich konkretisierten Verwirkungstatbestand** (BAG NZA 2006, 101). Wird die Frist versäumt, verwirkt der Kündigungsberechtigte sein Kündigungsrecht im Wege der unwiderleglichen Vermutung, dass der Kündigungsgrund durch Zeitablauf seine zum Ausspruch einer fristlosen Kündigung motivierende Kraft verloren hat (BAG NJW 1972, 1878). Bei der Frist handelt es sich also um eine materiell-rechtliche Ausschlussfrist, deren Versäumung zur **Unwirksamkeit** der außerordentlichen Kündigung führt (BAG NJW 1973, 214). Mangels prozessualen Charakters der Vorschrift ist auch Wiedereinsetzung in den vorigen Stand ausgeschlossen (BAG NJW 1972, 463).

Kann eine außerordentliche Kündigung wegen Verfristung nicht mehr ausgesprochen werden, kann dennoch eine **ordentliche Kündigung** zum selben Sachverhalt ausgesprochen werden und sozial gerechtfertigt sein (BAG NZA 2003, 795). 43

Die Berufung auf die Ausschlussfrist kann unter besonderen Umständen nach **Treu und Glauben** (§ 242) ausgeschlossen sein, wenn andernfalls ein grob unbilliges Ergebnis entstünde. Denkbar ist dies dann, wenn der Gekündigte die Einhaltung der Frist unredlich vereitelt hat, etwa indem er einen Antrag auf Feststellung der Schwerbehinderteneigenschaft stellt und den Arbeitgeber dadurch veranlasst, die Kündigung nicht sofort, sondern erst nach Einholung der Zustimmung des Integrationsamts auszusprechen (BAG NZA 1988, 429), oder wenn auf Wunsch des zu Kündigenden zeitlich eng begrenzte Verhandlungen über eine einvernehmliche Beendigung des Arbeitsverhältnisses geführt wurden (BGH NJW 1975, 1698). 44

## D. Formalia der außerordentlichen Kündigung

### I. Anhörung

**Außer bei der Verdachtskündigung** (Rdn. 28) ist eine vorherige Anhörung des zu Kündigenden **keine Wirksamkeitsvoraussetzung** der außerordentlichen Kündigung (BAG AP § 626 BGB Nr. 63). Ein wichtiger Grund entfällt nicht dadurch, dass der Gekündigte keine Möglichkeit hatte, zu den Vorwürfen Stellung zu nehmen. Mit der Anhörung kommt der Kündigende allenfalls einer Obliegenheit nach, weil das Risiko, einen späteren Prozess aufgrund mangels vorheriger Anhörung nicht ermittelter Tatsachen zu verlieren, steigt (ErfK/*Müller-Glöge* § 626 Rn. 47). 45

### II. Begründungspflicht

Auf **Verlangen** des Kündigungsempfängers hat der Kündigende nach § 626 Abs. 2 Satz 3 diesem die **Kündigungsgründe mitzuteilen**. An dieses »Verlangen« sind nur geringe Anforderungen zu stellen. Es liegt bereits dann vor, wenn der Gekündigte deutlich macht, er wolle wissen, warum er gekündigt worden sei (ErfK/*Müller-Glöge* § 626 Rn. 245). Der Anspruch auf Mitteilung der Kündigungsgründe ist durch das Gesetz nicht zeitlich limitiert. Er kann daher grundsätzlich innerhalb der Grenzen der Verjährung eigenständig geltend gemacht werden (LG Zweibrücken GmbHR 2009, 1159). Der Anspruch kann aber auch verwirkt werden. Ein Indiz hierfür ist die Versäumung der Klagefrist (HWK/*Sandmann* § 626 Rn. 395 APS/*Dörner* § 626 Rn. 161). 46

Die Kündigungsgründe müssen **unverzüglich**, d.h. ohne schuldhaftes Zögern (§ 121), **schriftlich** mitgeteilt werden. Die Mitteilung hat vollständig und wahrheitsgemäß zu erfolgen (ErfK/*Müller-Glöge* § 626 Rn. 242). Die Verletzung der Mitteilungspflicht macht die Kündigung **nicht unwirksam** (BAG NJW 1973, 533; anders im Fall des § 9 Abs. 3 Satz 2 MuSchG und § 22 Abs. 3 BBiG). Die Verletzung der Mitteilungspflicht hindert auch nicht, die Kündigungsgründe im Prozess einzuführen (BAG DB 1973, 481). Eine Nichtmitteilung der Gründe ist aber eine **Verletzung von Nebenpflichten** durch den Kündigenden, aus der sich eine **Schadensersatzpflicht** ergeben kann. Ein Schaden kann z.B. dadurch entstehen, dass der Gekündigte Klage nur deshalb erhoben hat, weil er annehmen durfte, es läge kein wichtiger Grund vor (HWK/*Sandmann* § 626 Rn. 399). Teilt der Kündigende unzutreffende und rufschädigende Gründe mit, kann ein Schaden dadurch entstehen, dass der Arbeitnehmer aufgrund dessen keine neue Anstellung findet (APS/*Dörner* § 626 Rn. 162). 47

## III. Umdeutung

48 Ist eine außerordentliche Kündigung nichtig, kann sie nach § 140 in das Rechtsgeschäft umgedeutet werden, das dem mutmaßlichen Willen des Kündigenden entspricht. Die **Umdeutung in eine ordentliche Kündigung** zum nächstmöglichen Beendigungstermin ist immer dann denkbar, wenn erkennbar ist, dass der Kündigende das Arbeitsverhältnis in jedem Fall beenden wollte (BAG NJW 2002, 2972). Aus den wirtschaftlichen Zielen des Kündigenden im Zeitpunkt des Kündigungszugangs ergibt sich regelmäßig dessen **umfassender Beendigungswille** (HWK/*Sandmann* § 626 Rn. 402).

49 Problematisch ist bei der Umdeutung die **Beteiligung des Betriebsrats**. Wurde dieser nur zur außerordentlichen Kündigung angehört, fehlt es für die Wirksamkeit der ordentlichen Kündigung am Erfordernis der ordnungsgemäßen Betriebsratsanhörung (vgl. § 623 Rdn. 59 ff.). Eine Umdeutung scheidet dann aus, da das nichtige Rechtsgeschäft nicht die Voraussetzungen des anderen Rechtsgeschäfts i.S.d. § 140 erfüllt. Hat aber der Betriebsrat der außerordentlichen Kündigung ausdrücklich und vorbehaltlos zugestimmt, ist davon auszugehen, dass er der ordentlichen Kündigung auch nicht entgegengetreten würde. In diesem Fall ist eine erneute Anhörung entbehrlich (BAG NJW 1979, 76). Diese Grundsätze gelten im Personalvertretungsrecht entsprechend (BAG AP § 626 BGB Nr. 217).

50 Eine Umdeutung erfolgt im Kündigungsschutzprozess weder automatisch von Amts wegen noch lediglich auf entsprechende Einwendung des Beklagten. Notwendig ist, dass alle notwendigen Umdeutungstatsachen vorgetragen wurden (BAG RdA 2005, 306). Wenn erkennbar ist, dass das Arbeitsverhältnis unter allen Umständen sofort beendet werden soll, kommt auch die **Umdeutung der Kündigung in das Angebot auf Abschluss eines Aufhebungsvertrages** in Betracht. Notwendig ist aber eine schriftliche (§ 623!) Annahmeerklärung durch den Gekündigten. Dazu genügt es nicht, dass dieser die Kündigung schriftlich akzeptiert, sondern er muss die Unwirksamkeit der Kündigung erkannt haben, diese als Angebot zur Vertragsaufhebung bewerten und diesem Willen des Kündigenden entsprechen wollen (BAG DB 1972, 1784).

## E. Prozessuales

51 Die außerordentliche Kündigung beendet das Arbeitsverhältnis grundsätzlich **fristlos**, also sofort. Sie kann bereits vor Arbeitsaufnahme erklärt werden und damit das Arbeitsverhältnis schon vor Invollzugsetzung beenden (BAG NJW 1965, 988), z.B. bei in der Zwischenzeit erfolgten öffentlichen Vorfällen, die die Tauglichkeit des neuen Mitarbeiters deutlich beschädigen. Eine **rückwirkende Kündigungserklärung** ist nicht möglich.

### I. Kündigungsschutzprozess

52 § 13 Abs. 1 Satz 2 KSchG zwingt den Arbeitnehmer dazu, innerhalb der Frist des § 4 KSchG **Kündigungsschutzklage** zu erheben, wenn er die Wirksamkeitsfiktion des § 7 KSchG vermeiden will. § 13 Abs. 3 KSchG schließt die Anwendung des Kündigungsschutzgesetzes auf außerordentliche Kündigungen zwar grundsätzlich aus, aber mit Ausnahme der §§ 4 bis 7 KSchG. Hinsichtlich des **Klageantrags** gibt es keine Besonderheiten gegenüber der ordentlichen Kündigung (vgl. § 620 Rdn. 103).

53 Kündigungsgründe, die dem Kündigenden bei Ausspruch der Kündigung noch nicht bekannt waren, allerdings bereits vorlagen, können im Kündigungsschutzprozess uneingeschränkt nachgeschoben werden, wenn sie den Charakter der Kündigung nicht völlig verändern (BAG NZA 2008, 636). Die Frist des § 626 Abs. 2 Satz 1 ändert hieran nichts, da diese Vorschrift auf das **Nachschieben nachträglich bekannt gewordener Gründe** weder direkt noch analog Anwendung findet (BAG NJW 1998, 101). Erschwert wird das Nachschieben von Kündigungsgründen allerdings durch das Erfordernis, dem Betriebsrat im Rahmen der notwendigen Anhörung die Kündigungsgründe mitzuteilen, § 102 Abs. 1 Satz 2 BetrVG: Gründe, die der Arbeitgeber nicht zum Anlass für die Kündigung nehmen will, aber bereits vor Ausspruch der Kündigung kannte, kann er – wenn er sie dem Betriebsrat nicht mitgeteilt hat – im Kündigungsschutzprozess **nicht verwerten** (BAG NJW 1981, 2316). Dies führt aber nicht zur Fehlerhaftigkeit der gesamten **Betriebsratsanhörung**

und damit zur Unwirksamkeit der Kündigung, solange der Arbeitgeber im Rahmen der vorangegangenen Anhörung zumindest die Tatsachen mitgeteilt hat, die ihn zum Ausspruch der Kündigung veranlasst haben (sog. subjektive Determination, vgl. HWK/*Sandmann* § 626 Rn. 413). Kündigungsgründe, die dem Arbeitgeber erst nach Ausspruch der Kündigung bekannt geworden sind, kann er im Kündigungsschutzprozess nur vorbringen, wenn er den Betriebsrat zu diesen Tatsachen **nachträglich anhört**. Dies folgt aus einer entsprechenden Anwendung von § 102 BetrVG (BAG NJW 1986, 3159). All dies hindert den Arbeitgeber nicht daran, die Kündigungsgründe zu **erläutern**. Zwar handelt es sich auch hierbei um neue Tatsachen, diese konkretisieren die dem Betriebsrat ohnehin mitgeteilten Kündigungsgründe aber nur (BAG NJW 1986, 3159).

## II. Darlegungs- und Beweislast

Nach allgemeinen Grundsätzen trägt der Kündigende die Darlegungs- und Beweislast für das **Vorliegen eines wichtigen Grundes**. Der Kündigende muss also die Unzumutbarkeit der Weiterbeschäftigung schlüssig darlegen und ggf. beweisen. Hierzu gehört auch die Darlegung, dass keine Rechtfertigungs- oder Entschuldigungsgründe für das Verhalten des Gekündigten vorlagen. Im Rahmen der abgestuften Darlegungs- und Beweislast muss aber zunächst der Gekündigte substantiiert behaupten, dass ein Rechtfertigungsgrund vorlag. Dann trifft den Kündigenden die Darlegungs- und Beweislast für die Tatsachen, die dies ausschließen. Notwendig ist es also nicht, dass bereits im Vorhinein alle nur denkbaren Rechtfertigungsgründe widerlegt werden (BAG NJW 1988, 438). 54

Die **Einhaltung der Zwei-Wochen-Frist** des § 626 Abs. 2 Satz 1 hat ebenfalls der Kündigende zu beweisen. Hierzu muss er darlegen, dass er die Gründe für die Kündigung erst innerhalb der letzten 2 Wochen vor Ausspruch der Kündigung erfahren hat (BAG AP § 626 BGB Ausschlussfrist Nr. 4). Nur bei offensichtlichen Zweifeln an der Wahrung der Ausschlussfrist oder einer entsprechenden Geltendmachung durch den Gekündigten müssen entsprechende Stellungnahmen erfolgen (BAG NJW 1985, 2606). Auch für die Tatsachen, die eine **Hemmung** des Beginns der Frist begründen, ist der Kündigende darlegungs- und beweispflichtig. Hierzu gehört beispielsweise der Vortrag, dass und welche Ermittlungen notwendig waren (BAG NZA 2007, 744) bzw. welche Entscheidungsgremien in Kenntnis zu setzen waren. 55

## III. Präjudizierende Wirkung des Verfahrens nach § 103 BetrVG

Für die außerordentliche Kündigung von Organen der Betriebsverfassung bedarf der Arbeitgeber der **Zustimmung** des Betriebsrats (§ 103 Abs. 1 BetrVG). Dieses starke Vetorecht kann der Arbeitgeber nur aushebeln, wenn nach § 103 Abs. 2 Satz 1 BetrVG das Arbeitsgericht die Zustimmung ersetzt. Der Arbeitnehmer ist bei diesem Verfahren nach § 103 Abs. 2 Satz 2 BetrVG Beteiligter. Deshalb kann diesem Verfahren auch eine **präjudizierende Wirkung** für den folgenden Kündigungsschutzprozess zukommen (BAG NZA 1993, 501). 56

## § 628 Teilvergütung und Schadensersatz bei fristloser Kündigung

(1) Wird nach dem Beginn der Dienstleistung das Dienstverhältnis auf Grund des § 626 oder des § 627 gekündigt, so kann der Verpflichtete einen seinen bisherigen Leistungen entsprechenden Teil der Vergütung verlangen. Kündigt er, ohne durch vertragswidriges Verhalten des anderen Teiles dazu veranlasst zu sein, oder veranlasst er durch sein vertragswidriges Verhalten die Kündigung des anderen Teiles, so steht ihm ein Anspruch auf die Vergütung insoweit nicht zu, als seine bisherigen Leistungen infolge der Kündigung für den anderen Teil kein Interesse haben. Ist die Vergütung für eine spätere Zeit im Voraus entrichtet, so hat der Verpflichtete sie nach Maßgabe des § 346 oder, wenn die Kündigung wegen eines Umstands erfolgt, den er nicht zu vertreten hat, nach den Vorschriften über die Herausgabe einer ungerechtfertigten Bereicherung zurückzuerstatten.

**(2)** Wird die Kündigung durch vertragswidriges Verhalten des anderen Teiles veranlasst, so ist dieser zum Ersatz des durch die Aufhebung des Dienstverhältnisses entstehenden Schadens verpflichtet.

| Übersicht | Rdn. | | | Rdn. |
|---|---|---|---|---|
| A. Normzweck | 1 | C. | Schadensersatz (Abs. 2) | 19 |
| B. Teilvergütung für Arbeitnehmer (Abs. 1) | 6 | I. | Kündigung | 20 |
| | | II. | Verschulden | 22 |
| I. Höhe des Anspruchs | 7 | III. | Kausalität | 26 |
| II. Herabsetzung des Anspruchs (Satz 2) | 10 | IV. | Schaden | 27 |
| 1. Ausnahmen bei Wegfall des Interesses | 10 | V. | Prozessuales | 32 |
| | | | 1. Entschädigung nach § 61 Abs. 2 ArbGG | 32 |
| 2. Kündigung ohne Veranlassung | 14 | | | |
| 3. Vertragswidriges Verhalten | 16 | | 2. Darlegungs- und Beweislast | 33 |
| III. Rückzahlung vorausgezahlter Vergütung (Satz 3) | 17 | | | |

## A. Normzweck

1 Die Norm des § 628 ergänzt die Rechtsfolge des § 626 (fristlose Beendigung des Arbeitsverhältnisses) um Regeln für die **Abwicklung des gekündigten Arbeitsverhältnisses**. Dabei wird das Arbeitsverhältnis nach Kündigung als reines Abwicklungsverhältnis angesehen, sodass § 628 keine persönlichen Leistungspflichten mehr normiert, sondern den Ausgleich gegenseitiger finanzieller Ansprüche (ErfK/*Müller-Glöge* § 628 Rn. 1).

2 Der **Schadensersatzanspruch** aus § 628 Abs. 2 soll verhindern, dass eine durch eine Vertragsverletzung zur fristlosen Kündigung veranlasste Vertragspartei die Ausübung ihres Kündigungsrechts mit Vermögensnachteilen bezahlt (BAG NJW 1975, 1987) und dadurch gegebenenfalls auf die Inanspruchnahme ihres Kündigungsrechts verzichtet.

3 Die prinzipiell abdingbare Norm (BGH NJW-RR 2012, 294) findet grundsätzlich auf **alle Dienst- und Arbeitsverhältnisse** Anwendung (HWK/*Sandmann* § 628 Rn. 2). Über den Wortlaut der Norm hinaus gilt sie auch für die Kündigung vor Dienstantritt. Für die Kündigung eines **Berufsausbildungsverhältnisses** gilt § 23 BBiG als lex specialis, die § 628 verdrängt (BAG NJW 2007, 3594). Eine Besonderheit liegt darin, dass der Auszubildende, der die Berufsausbildung aufgibt oder sich für einen anderen Ausbildungsberuf entscheidet (§ 22 Abs. 2 Satz 2 BBiG), nach § 23 Abs. 1 Satz 2 BBiG **keinen Schadensersatz** schuldet. Zu beachten ist die dreimonatige Ausschlussfrist des § 23 Abs. 2 BBiG.

4 § 628 Abs. 1 ist dem klaren Wortlaut nach nur auf die **außerordentliche** Kündigung nach § 626 (als einer »vorzeitigen« Vertragsbeendigung) anwendbar. Eine **analoge Anwendung** auf die ordentliche Kündigung oder die einvernehmliche Aufhebung des Dienstvertrags scheidet aus (BGH NJW 1994, 1069); der Vergütungsanspruch ergibt sich hier direkt aus § 612 (ErfK/*Müller-Glöge* § 628 Rn. 8). Auf Aufhebungsverträge kann § 628 Abs. 1 nur dann analog angewandt werden, wenn diese anlässlich einer **unwirksamen** außerordentlichen Kündigung geschlossen werden (HWK/*Sandmann* § 628 Rn. 23; a.A. MüKo/*Henssler* § 628 Rn. 6).

5 Doch findet **Abs. 2** der Norm auch auf **andere Arten der Vertragsbeendigung** Anwendung (MüKo/*Henssler* § 628 Rn. 75). Maßgeblich ist insoweit nicht die Form der Beendigung des Arbeitsverhältnisses, sondern das Auflösungsverschulden (BAG NJW 1971, 2092). Mögliche Anwendungsfälle sind daher auch die außerordentliche Kündigung mit sozialer Auslauffrist, die ordentliche Kündigung oder die Beendigung wegen Aufhebungsvertrages (BAG DB 1981, 2333). Vom Grundsatz her anwendbar ist § 628 Abs. 2 auch auf die Auflösung des Arbeitsverhältnisses nach § 9 KSchG (BAG RdA 2004, 310). Auch die Lossagung nach § 12 KSchG kann durch vertragswidriges Verhalten des Arbeitgebers bedingt sein und damit Schadensersatzansprüche nach § 628 Abs. 2 auslösen (ErfK/*Müller-Glöge* § 628 Rn. 20).

## B. Teilvergütung für Arbeitnehmer (Abs. 1)

Es entspricht einem allgemeinen Grundsatz bei Beendigung von Dauerschuldverhältnissen, dass der Vorleistungspflichtige einen Anspruch auf **Vergütung seiner bereits erbrachten Leistungen** hat. Da dies gem. § 614 regelmäßig der **Arbeitnehmer** ist, gewährt § 628 Abs. 1 Satz 1 diesem einen Anspruch auf Teilvergütung. Satz 2 relativiert dies für den Fall, in dem der Arbeitnehmer ohne Veranlassung des Arbeitgebers selbst kündigt oder die Kündigung durch den Arbeitgeber provoziert. Ist entgegen der Grundregelung des § 614 eine Vorausleistungspflicht des Arbeitgebers vereinbart (vgl. § 614 Rdn. 2), trifft Satz 3 eine Regelung über die Rückzahlung zu viel geleisteter Vergütung.

### I. Höhe des Anspruchs

Nach § 628 Abs. 1 Satz 1 sind bisher erbrachte Leistungen, die der Arbeitnehmer voraus geleistet, für die er also noch keine Vergütung erhalten hat, zu vergüten. Bei einem vereinbarten **Stundenlohn** ergibt sich die Teilvergütung aus dem Produkt des Stundenlohns mit der Anzahl der bereits geleisteten Stunden (HWK/*Sandmann* § 628 Rn. 14). Ein **Pauschalhonorar** ist auf den Teil herabzusetzen, der der bisherigen Tätigkeit entspricht (BGH NJW 1987, 315). Die Berechnung einer Teilvergütung bei einem vereinbarten **Monatslohn** ist komplizierter: Korrekterweise ist das monatliche Bruttogehalt durch die in dem betreffenden Monat tatsächlich anfallenden Arbeitstage zu teilen und dieser Betrag mit der Anzahl der bereits geleisteten Arbeitstage und der Tage mit Entgeltfortzahlungsanspruch zu multiplizieren (BAG NJW 1986, 2906). Da dies mit Ausnahme des Monats Februar zu einer Begünstigung des Arbeitnehmers führt, ist es aber auch nicht zu beanstanden, das Gehalt für jeden Monat durch 30 (Kalendertage) zu teilen und mit den bereits vergangenen Kalendertagen zu multiplizieren (BAG AP § 628 BGB Teilvergütung Nr. 1; BAG NJW 2012, 2905 [zu § 615]; a.A. LAG Chemnitz, Urt. v. 02.09.2011 – 3 Sa 127/11).

**Feiertage**, für die nach § 2 EFZG das Entgelt fortzuzahlen ist, gehören zu den bisher geleisteten Arbeitstagen (ArbG Marburg BB 1963, 1376). Bereits erbrachter **Bereitschaftsdienst** ist ebenfalls zu vergüten. Gleiches gilt für Zulagen, die für die besondere Schwierigkeit oder Gefährlichkeit bereits erbrachter Tätigkeiten gewährt werden (HWK/*Sandmann* § 628 Rn. 13). Ansprüche auf **Gewinnbeteiligungen** oder Provisionen entfallen durch die fristlose Kündigung grundsätzlich nicht. Erstere stehen den Dienstverpflichteten anteilig zu, auch wenn sie regelmäßig erst am Ende des Geschäftsjahres berechnet werden können und damit fällig werden (ErfK/*Müller-Glöge* § 628 Rn. 5b). **Provisionsansprüche** können, auch wenn der sie auslösende Erfolg erst nach Beendigung des Arbeitsverhältnisses eintritt, entsprechend den für Handlungsgehilfen geltenden Vorschriften (§§ 65, 87 Abs. 3, 87a HGB) bestimmt werden (HWK/*Sandmann* § 628 Rn. 18).

Für den Anspruch aus § 628 Abs. 1 Satz 1 ist es unerheblich, ob die erbrachten Leistungen für den Arbeitgeber einen Wert hatten oder für ihn noch von Interesse sind (HWK/*Sandmann* § 628 Rn. 12).

### II. Herabsetzung des Anspruchs (Satz 2)

#### 1. Ausnahmen bei Wegfall des Interesses

§ 628 Abs. 1 Satz 2 sieht eine **Einschränkung des Grundsatzes aus Satz 1** vor. Kündigt der Arbeitnehmer ohne Veranlassung des Arbeitgebers oder ist sein vertragswidriges Verhalten Anlass für die außerordentliche Kündigung, so wird der Teilvergütungsanspruch insoweit reduziert, als nur noch diejenigen Leistungen vergütet werden, die für den Arbeitgeber noch von Interesse sind. Herabgesetzt werden kann nur der Anspruch aus Satz 1. Eine Rückabwicklung der bereits abgerechneten Vergütungsperioden erfolgt hingegen nicht (HWK/*Sandmann* § 628 Rn. 21).

Entgegen dem Wortlaut erfolgt eine Herabsetzung der Vergütung auch dann, wenn das Arbeitsverhältnis nicht infolge einer wirksamen außerordentlichen Kündigung, sondern aufgrund des **vergeblichen Versuchs** der außerordentlichen Kündigung **einvernehmlich** geendet hat. Eine wirksame außerordentliche Kündigung ist damit nicht Voraussetzung (APS/*Rolfs* § 628 Rn. 10; HWK/*Sandmann* § 628 Rn. 22; so wohl auch BAG NJW 1963, 75). Der Normzweck verlangt eine Gleichsetzung des Falls, in dem der Arbeitnehmer wirksam kündigt, mit dem Fall einer mangels wichtigen

Grundes **unwirksamen Kündigung** (ErfK/*Müller-Glöge* § 628 Rn. 6; a.A. wohl Staudinger/*Preis* § 628 Rn. 22).

12 § 628 Abs. 1 Satz 2 erfasst zwei unterschiedliche Fälle: die Kündigung durch den Arbeitnehmer ohne Veranlassung und die Kündigung durch den Arbeitgeber, veranlasst durch vertragswidriges Verhalten des Arbeitnehmers.

13 Die Herabsetzung der Vergütung ist **aber nur möglich**, wenn das **Interesse des Arbeitgebers** an der Teilleistung des Arbeitnehmers **entfallen ist**, d.h., wenn jener sie nicht mehr wirtschaftlich verwerten kann, sie für ihn also nutzlos geworden ist (BGH NJW 1985, 41; BGH NJW-RR 2012, 294). Die objektive Werthaltigkeit der Tätigkeit allein ist nicht ausschlaggebend, weshalb ein Interessenfortfall zu verneinen ist, soweit der Dienstberechtigte eine objektiv wertlose Leistung dennoch nutzt (OLG Naumburg NJW-RR 2008, 1056 zum Zahnarztvertrag). Unterlässt dieser hingegen die Nutzung einer wirtschaftlich verwertbaren Leistung, begründet dies ebenso wenig einen Wegfall des Interesses an der Teilleistung (BGH NJW 2011, 1674 zum Zahnarztvertrag). Notwendig ist jedenfalls ein Kausalzusammenhang zwischen Wegfall des Interesses und der Beendigung der Tätigkeit (BAG AP § 628 BGB Teilvergütung Nr. 2). Solange es dem Arbeitgeber möglich ist, die vom Arbeitnehmer begonnene Tätigkeit durch andere Arbeitnehmer fortführen zu lassen, behält diese ihren wirtschaftlichen Wert (HWK/*Sandmann* § 628 Rn. 30). **Im normalen Arbeitsverhältnis scheidet daher eine Anwendung des § 628 Abs. 1 Satz 2 regelmäßig aus.**

### 2. Kündigung ohne Veranlassung

14 Eine Kündigung ohne Veranlassung ist dann gegeben, wenn dem Arbeitgeber ein schuldhaftes vertragswidriges Verhalten nicht vorgeworfen werden kann und ihm ein entsprechendes Verhalten auch nicht zurechenbar ist (HWK/*Sandmann* § 628 Rn. 25). Entscheidend ist, ob der **Arbeitgeber** die zur Kündigung führenden Umstände **zu vertreten** hat (APS/*Rolfs* § 628 Rn. 12). Notwendig ist zudem, dass das vertragswidrige Verhalten für die Kündigung ursächlich geworden ist, es muss also ein adäquater Kausalzusammenhang bestehen (BGH NJW 1963, 2068). Eine Herabsetzung der Vergütung des Arbeitnehmers ist dann nicht veranlasst, wenn zwar ein wichtiger Grund für seine Kündigung gegeben ist, dieser aber nicht aus der Sphäre des Arbeitgebers stammt, z.B. bei persönlichen und familiären Gründen des Arbeitnehmers.

15 Eine vom Arbeitgeber als unwirksam erkannte Kündigung (BAG BB 1974, 1640) oder eine kränkende und unberechtigte Suspendierung (BAG DB 1972, 1878) können solche Vertragspflichtverletzungen des Arbeitgebers darstellen. Ist sowohl dem Arbeitnehmer als auch dem Arbeitgeber schuldhaftes vertragswidriges Verhalten vorwerfbar, ist § 628 Abs. 1 Satz 2 mit der Maßgabe anzuwenden, dass die Teilvergütung entsprechend § 254 nur **teilweise gekürzt** wird (HWK/*Sandmann* § 628 Rn. 27).

### 3. Vertragswidriges Verhalten

16 Voraussetzung dafür, dass eine Kündigung durch vertragswidriges Verhalten des Arbeitnehmers veranlasst ist, ist die **adäquat kausale Auslösung** der arbeitgeberseitigen Kündigung durch schuldhafte Vertragsverletzung. Beispielhaft sei hier wieder die unwirksame fristlose Kündigung genannt (BAG AP § 276 BGB Vertragsverletzung Nr. 2).

### III. Rückzahlung vorausgezahlter Vergütung (Satz 3)

17 § 628 Abs. 1 Satz 3 differenziert für die Rückzahlung vorausgezahlter Vergütung danach, ob die Kündigung aufgrund eines **Umstandes** erfolgte, **den der Arbeitnehmer zu vertreten hat**. Dies beurteilt sich wie oben bei Satz 2. Zu vertreten hat der Arbeitnehmer damit sowohl die ohne arbeitgeberseitige Veranlassung selbst ausgesprochene Kündigung als auch die vom Arbeitgeber wegen vertragswidrigen Verhaltens des Arbeitnehmers erklärte Kündigung (ErfK/*Müller-Glöge* § 628 Rn. 12).

Ist die Kündigung vom Arbeitnehmer **nicht zu vertreten**, richtet sich der Anspruch des Arbeitgebers nach den Vorschriften der §§ 812 ff.. Dies ermöglicht dem Arbeitnehmer unter den Voraussetzungen des § 819 Abs. 1 die Einwendung, er sei durch die Leistung des Arbeitgebers **nicht mehr bereichert** (§ 818 Abs. 3). Dieser Einwand entfällt, wenn der Arbeitnehmer den Kündigungsgrund zu vertreten hat. Dann erfolgt die Rückzahlung nach Rücktrittsrecht (§ 346), wonach stets eine **Wertersatzpflicht** gegeben ist. 18

## C. Schadensersatz (Abs. 2)

§ 628 Abs. 2 verpflichtet diejenige Vertragspartei, die durch ihr Verschulden die Auflösung des Arbeitsverhältnisses herbeigeführt hat, zum Schadensersatz. Die Vorschrift ist ein spezialgesetzlich geregelter Fall der **Nebenpflichtverletzung** i.S.v. §§ 280 Abs. 1, 241 Abs. 2 (BAG AP § 628 BGB Nr. 16). Sie umfasst nur den Schaden, der infolge der Vertragsauflösung eintritt (BAG NZA 1989, 31). Soweit dem Arbeitnehmer hiernach ein Anspruch zusteht, kommt diesem eine Lohnersatzfunktion zu: Er ist daher als Einkommen zu besteuern und genießt Pfändungsschutz nach § 850i ZPO; sozialversicherungspflichtig ist der Schadensersatzanspruch hingegen nicht (vgl. hierzu APS/*Rolfs* § 628 Rn. 68; ErfK/*Müller-Glöge* § 628 Rn. 45). Für nicht aus der Vertragsbeendigung und damit zuvor erwachsende Schäden gilt weiterhin die allgemeine Regelung der §§ 280 ff. (HWK/*Sandmann* § 628 Rn. 38). Neben den Anspruch aus § 628 Abs. 2 kann auch ein Anspruch aus einer arbeitsvertraglichen Vertragsstrafenabrede für den Fall der vorzeitigen (rechtlichen) Beendigung des Vertrages treten (BAG NZA 2014, 778; zur Zulässigkeit von Vertragsstrafenabreden im Hinblick auf § 309 Nr. 6 vgl. auch § 611a Rdn. 149). 19

### I. Kündigung

Der Schadensersatz nach § 628 Abs. 2 wird wegen des **Auflösungsverschuldens** gewährt. Trotz der systematischen Stellung und des Wortlauts findet die Vorschrift daher auch auf **andere Beendigungsformen** als die außerordentliche Kündigung nach § 626 Anwendung (BAG NJW 1971, 2092). Von entscheidender Bedeutung ist damit nicht die Form der Beendigung des Arbeitsverhältnisses, sondern dass das Arbeitsverhältnis **überhaupt beendet** wurde (ErfK/*Müller-Glöge* § 628 Rn. 18). Da nur derjenige Schaden zu ersetzen ist, der durch die Aufhebung des Dienstverhältnisses entstanden ist, ist eine wirksame Beendigung des Arbeitsverhältnisses notwendig. Der Schadensersatzanspruch entfällt somit, wenn eine unwirksame Kündigung vorliegt (BAG DB 1972, 1878). 20

Die enge Verknüpfung zwischen § 628 und § 626 führt dazu, dass für die Frage des Vorliegens einer wirksamen Kündigung auch die **Kündigungserklärungsfrist** des § 626 Abs. 2 maßgeblich ist. Nur wenn die zum Schaden führende Kündigung oder sonstige Vertragsbeendigung innerhalb von 2 Wochen nach Kenntnis vom vertragswidrigen Verhalten erfolgt ist, besteht auch ein Schadensersatzanspruch (BAG NZA 1990, 106). 21

### II. Verschulden

Der enge Zusammenhang zwischen außerordentlicher Kündigung und Schadensersatz wegen Auflösungsverschulden setzt sich zudem im Bereich des Verschuldens fort. Notwendig ist ein Recht des Antragstellers zur außerordentlichen Kündigung, welches auf vertragswidrigem Verhalten des Vertragspartners beruht. Dieses Auflösungsverschulden muss **das Gewicht eines wichtigen Grundes** i.S.v. § 626 haben (BAG DB 1981, 2233; NJW 2012, 1900). Die Vertragspflichtverletzung muss schuldhaft begangen sein, der Handelnde sie also nach den §§ 276, 278 zu vertreten haben (BAG AP § 607 BGB Nr. 1). Im Fall eines **GmbH-Geschäftsführers** begründet weder die Abberufung als Organ der Gesellschaft nach § 38 Abs. 1 GmbHG (BGH DB 2002, 2705) noch eine mit dem Anstellungsvertrag konforme Einschränkung des Aufgabenbereichs ein Auflösungsverschulden des Dienstherrn i.S.d. § 628 Abs. 2 (BGH NJW 2012, 1656). 22

Der Maßstab des § 628 Abs. 2 ist strenger als derjenige des § 626, da für letztere Norm auch eine nicht verschuldete Vertragsverletzung genügen kann. Hingegen sind die Voraussetzungen strenger 23 als bei § 280 Abs. 1, da die Notwendigkeit, dass das vertragswidrige Verhalten das Gewicht eines wichtigen Grundes hat, den Schadensersatzanspruch wegen geringfügiger Vertragsverletzungen ausschließt (HWK/*Sandmann* § 628 Rn. 49; ErfK/*Müller-Glöge* § 628 Rn. 16).

24 Das Verschulden wird grundsätzlich von einem **Irrtum über die Vertragswidrigkeit** des Verhaltens nicht berührt. Etwas anderes gilt aber, wenn der Rechtsirrtum entschuldbar ist, da die Rechtslage objektiv zweifelhaft war (BAG NZA 1993, 500). In diesem Fall ist das vertragswidrige Verhalten mangels Fahrlässigkeit nicht zu vertreten.

25 Hätten beide Parteien die Möglichkeit gehabt, das Vertragsverhältnis aufgrund schuldhaften vertragswidrigen Verhaltens der anderen Seite fristlos zu kündigen, gebietet der Schutzzweck der Norm die **Verneinung wechselseitiger Schadensersatzansprüche**. Auf einen inneren Zusammenhang zwischen den Vertragspflichtverletzungen kommt es insoweit nicht an (BAG NJW 1966, 1835).

### III. Kausalität

26 Der objektiv vorliegende Kündigungsgrund, also die schuldhafte Vertragspflichtverletzung, muss für die Kündigung kausal geworden sein (LAG Köln NZA-RR 2007, 134). Kennt der Kündigungsberechtigte das vertragswidrige Verhalten und erklärt daraufhin die außerordentliche Kündigung, so kann dieser Zusammenhang regelmäßig problemlos angenommen werden (HWK/*Sandmann* § 628 Rn. 52). Bei anderen Beendigungsformen ist es aber ohne weiteres denkbar, dass auch andere äußere Faktoren die Entscheidung beeinflusst haben. Insoweit kann es zu Beweisschwierigkeiten kommen (ErfK/*Müller-Glöge* § 628 Rn. 21).

### IV. Schaden

27 Nach § 628 Abs. 2 ist derjenige Schaden zu ersetzen, der durch die Auflösung des Arbeitsverhältnisses entstanden ist. Die **Schadensberechnung** hat nach den allgemeinen Grundsätzen der §§ 249 ff. stattzufinden. Maßgeblich ist insoweit das **Erfüllungsinteresse**. Der Berechtigte ist so zu stellen, wie er bei Fortbestand des Dienstverhältnisses stehen würde (BAG NZA 2002, 1323, 1328).

28 Da durch den Schadensersatzanspruch nur die durch die **vorzeitige** Beendigung des Dienstverhältnisses entstandenen Nachteile ausgeglichen werden sollen, endet das Erfüllungsinteresse mit dem Zeitpunkt, zu dem das Arbeitsverhältnis ordnungsgemäß beendet worden wäre. Der Nichterfüllungsschaden ist daher grundsätzlich nur für die Zeit **bis zur ersten Möglichkeit zur ordentlichen Kündigung** zu ersetzen (BGH NJW 2008, 3436 zur vergleichbaren Norm des § 89a Abs. 2 HGB). Solange Kündigungsfreiheit besteht, bereitet dieses Postulat keine Schwierigkeiten. Für eine Kündigung durch den Arbeitnehmer oder die Kündigung eines freien Dienstverhältnisses gilt dieser Grundsatz daher uneingeschränkt. Doch kann der **starke besondere Kündigungsschutz** die jederzeitige Kündbarkeit ausschließen; insb. bei der ordentlichen Unkündbarkeit einzelner Arbeitnehmer könnte man vertreten, diesen stünde ein Schadensersatzanspruch in Höhe des **zeitlich unbegrenzten** Erfüllungsinteresses zu. Dieses Problem wird von der h.M. mit dem Kompromiss gelöst, dass der Arbeitnehmer einerseits seinen Verdienstausfall bis zum Ablauf der (fiktiven) Kündigungsfrist ersetzt bekommt, andererseits daneben noch eine den Verlust des Bestandsschutzes ausgleichende angemessene **Entschädigung** analog der §§ 9, 10 KSchG verlangen kann (BAG NJW 2002, 1593), gerade dann, wenn der Arbeitnehmer besonderen Kündigungsschutz genießt. Der Verlust dieses besonderen Bestandsschutzes stellt keine über den Verlust des normalen Bestandsschutzes hinausgehende Schadensposition dar (BAG NZA-RR 2009, 75), kann aber zur Erhöhung des Abfindungsbetrags führen (ErfK/*Müller-Glöge* § 628 Rn. 31).

29 Zu ersetzen ist jedenfalls die arbeitsvertraglich vereinbarte Vergütung, zu der alle Vergütungsbestandteile, also auch die Nebenleistungen (LAG Hamm NZA 1985, 159) gehören. Wird einem Chefarzt arbeitsvertraglich ein »Liquidationsrecht« als Erwerbschance eingeräumt, sind durch ein Auflösungsverschulden des Arbeitgebers entgangene Entgelte von Privatpatienten i.R.d. § 628 Abs. 2 ersatzfähig (ErfK/*Müller-Glöge* § 628 Rn. 39; vgl. BAG NZA 2012, 377, dazu auch § 615 Rdn. 23). Daneben hat der Arbeitgeber auch **Aufwendungen** zu ersetzen, die sonst durch die

vorzeitige Beendigung des Arbeitsverhältnisses entstehen, wie Umzugskosten oder beim neuen Arbeitgeber z.B. durch längere Fahrzeiten entstehende Mehrkosten (BAG NZA 1988, 93). Andererseits muss sich der Arbeitnehmer durch die Beendigung des Arbeitsverhältnisses **ersparte Aufwendungen** nach den Grundsätzen der Vorteilsausgleichung anrechnen lassen (HWK/*Sandmann* § 628 Rn. 56). Auch **anderweitig erzielter Verdienst** ist nach §§ 13 Abs. 1 Satz 5, 11 KSchG anzurechnen.

Der Arbeitgeber ist mit seinem Schadensersatzanspruch jedenfalls auf den Zeitraum beschränkt, der der Einhaltung der vertraglichen Kündigungsfrist entspricht. Ersatzfähig ist damit nur der »**Verfrühungsschaden**« (BAG NJW 1981, 2430). Denkbar ist etwa ein durch die zur Unzeit erfolgende Vertragsbeendigung ausgelöster Produktionsausfall (HWK/*Sandmann* § 628 Rn. 67). Hierdurch können auf den Arbeitgeber Schadensersatzforderungen sowie Vertragsstrafen zukommen oder ihm entgeht ggf. ein Gewinn. Typische Schäden sind zudem die **Mehraufwendungen**, um die vom Arbeitnehmer eigentlich geschuldete Leistung fortzuführen, wie die Beauftragung eines Leiharbeitsunternehmens, die Bezahlung von Überstundenzuschlägen (LAG Düsseldorf, Urt. v. 19.10.1967 – 2 Sa 354/67) oder die höheren Lohnkosten einer Ersatzkraft (LAG Berlin DB 1974, 538). 30

Kosten für die Gewinnung eines **Nachfolgers** können nur dann verlangt werden, wenn sie bei ordentlicher Kündigung nicht entstanden wären (BAG NZA 1984, 122). Gleiches gilt für die Kosten für das Vorstellungsgespräch des Nachfolgers. Diese werden in aller Regel mit dem Zeitpunkt der Kündigung nichts zu tun haben (BAG NJW 1981, 2430). 31

## V. Prozessuales

### 1. Entschädigung nach § 61 Abs. 2 ArbGG

Der Schadensersatzanspruch nach § 628 Abs. 2 kann durch die Vorschrift des § 61 Abs. 2 ArbGG erleichtert durchgesetzt werden: Verklagt der Arbeitgeber den Arbeitnehmer auf Erbringung der Arbeitsleistung, kann er hiernach beantragen, den Arbeitnehmer für den Fall der Nichterfüllung dieses Anspruchs zu einer durch das Gericht nach freiem Ermessen festzusetzenden **Entschädigung** zu verurteilen (HWK/*Sandmann* § 628 Rn. 87). Hierdurch kann die Notwendigkeit, den tatsächlich eingetretenen Schaden konkret festzustellen, umgangen werden. Der **Arbeitnehmer** kann dasselbe Resultat erreichen, indem er den Arbeitgeber auf vertragsgerechte Beschäftigung verklagt (ErfK/*Müller-Glöge* § 628 Rn. 50). 32

### 2. Darlegungs- und Beweislast

Beweisbelastet für einen Schadensersatzanspruch ist grundsätzlich der Anspruchsteller. Insoweit hat hier der Kündigende darzulegen und zu beweisen, dass er ein Recht zur außerordentlichen Kündigung hatte (BGH NJW 1998, 748). Auch der hierdurch hervorgerufene Kündigungsentschluss und der dadurch adäquat kausal verursachte Schaden sind vom Anspruchsteller darzulegen und zu beweisen (LAG Köln NZA-RR 2007, 134). Hinsichtlich der Schadenshöhe und der haftungsausfüllenden Kausalität kommen ihm die **Beweiserleichterungen** der § 252 BGB und § 287 ZPO zugute (BGH NJW 1998, 748; HWK/*Sandmann* § 628 Rn. 93). 33

Aus der Aussage, der Kündigende müsse darlegen, ob ihm ein Recht zur außerordentlichen Kündigung zugestanden habe, lässt sich noch nicht ableiten, dass dieser auch das **Verschulden** des sich vertragswidrig verhaltenden Teils darzulegen hat. Dieses ist nicht Tatbestandsmerkmal des wichtigen Grundes. Es liegt daher nahe, für den Nachweis des Verschuldens die Beweiserleichterung des § 280 Abs. 1 Satz 2 heranzuziehen, wonach der vertragswidrig Handelnde sich exkulpieren muss. Für einen Anspruch gegen den Arbeitnehmer kann dies wegen § 619a (s. dort Rdn. 2 f.) nicht gelten. 34

Ein den Schadensersatzanspruch ausschließendes, ebenfalls vertragswidriges Verhalten des Kündigenden hat der Anspruchsgegner vorzutragen und zu beweisen (HWK/*Sandmann* § 628 Rn. 94). Für Tatsachen, die im Wege der Vorteilsausgleichung zu einer Minderung des Schadensersatzanspruches führen sollen, ist ebenfalls der Ersatzpflichtige darlegungs- und ggf. beweisbelastet (BAG NZA 1993, 263). 35

## § 629 Freizeit zur Stellungssuche

Nach der Kündigung eines dauernden Dienstverhältnisses hat der Dienstberechtigte dem Verpflichteten auf Verlangen angemessene Zeit zum Aufsuchen eines anderen Dienstverhältnisses zu gewähren.

### Übersicht

| | Rdn. | | Rdn. |
|---|---|---|---|
| A. Normzweck | 1 | C. Rechtsfolgen | 5 |
| B. Anspruchsvoraussetzungen | 2 | I. Gewährung der Freistellung | 5 |
| I. Dauerndes Dienstverhältnis | 2 | II. Fortzahlung des Entgelts | 6 |
| II. Kündigung | 3 | III. Ersatz von Aufwendungen | 7 |
| III. Freizeitverlangen | 4 | D. Prozessuales | 8 |

### A. Normzweck

1 Durch § 629 soll dem Beschäftigten die Möglichkeit eingeräumt werden, nach Beendigung des alten Dienst- oder Arbeitsverhältnisses **unmittelbar** eine neue Stelle anzutreten. Die Norm ist Ausdruck der Rücksichtnahme- und Schutzpflicht des Arbeitgebers und soll verhindern, dass der gekündigte Arbeitnehmer am Ende seiner Dienstzeit zur Stellensuche Erholungsurlaub nehmen muss (MüKo/*Henssler* § 629 Rn. 1 f.). Die Norm ist **zwingendes Recht** und kann weder einzel- noch kollektivvertraglich abbedungen werden (ErfK/*Müller-Glöge* § 629 Rn. 16). § 629 findet auf **alle Dienst- und Arbeitsverhältnisse** Anwendung und gilt aufgrund der Verweisung in § 10 Abs. 2 BBiG auch für Auszubildende.

### B. Anspruchsvoraussetzungen

#### I. Dauerndes Dienstverhältnis

2 Das von der Norm geforderte »dauernde« Arbeits- oder Dienstverhältnis dient der Abgrenzung von kurzfristigen Arbeitsverhältnissen wie z.B. **Aushilfs- oder Probearbeitsverhältnissen** (HWK/*Sandmann* § 629 BGB Rn. 2). Die in § 629 gesteigerte Rücksichtnahmepflicht des Arbeitgebers kommt nur für Dienstverhältnisse in Betracht, die für einen längeren Zeitraum vereinbart werden. Es muss sich um die Vereinbarung einer **ständigen Dienstleistungspflicht** mit dem Arbeitnehmer handeln, die sich nicht in der Erbringung einmalig oder mehrmals sich wiederholender Einzelleistungen erschöpfen darf (ErfK/*Müller-Glöge* § 629 Rn. 2). War hingegen ein Arbeitsverhältnis auf Dauer angelegt, wird es jedoch noch während der **Probezeit** beendet, besteht dennoch ein Anspruch aus § 629 (MüKo/*Henssler* § 629 Rn. 8). Wegen des Diskriminierungsverbots in § 4 Abs. 1 Satz 1 TzBfG sind auch **teilzeitbeschäftigte Arbeitnehmer** für die Stellensuche freizustellen, sofern diese während der Arbeitszeit erfolgen muss.

#### II. Kündigung

3 Der Freistellungsanspruch entsteht mit dem **Zugang der Kündigung**, wobei unerheblich ist, welche Vertragspartei diese erklärt hat und ob es sich um eine **ordentliche** oder **außerordentliche** Kündigung mit Auslauffrist handelt. Bei einer **Änderungskündigung** besteht der Anspruch aus § 629 nur, sofern der Arbeitnehmer das Änderungsangebot nicht annimmt (MüKo/*Henssler* § 629 Rn. 9). Eine entsprechende Anwendung der Vorschrift kommt bei der Auflösung wegen **Befristung oder Bedingung** in Betracht und dann, wenn der Arbeitgeber eine Kündigung in Aussicht stellt und mit der Empfehlung an die Arbeitnehmer verbindet, sie sollten sich nach einem neuen Arbeitsplatz umsehen (Staudinger/*Preis* § 629 Rn. 13). Wer aber nur die Absicht hat, sich beruflich zu verändern, kann mangels Kündigung nicht den Anspruch aus § 629 geltend machen (AR/*Weigand* § 629 Rn. 4).

### III. Freizeitverlangen

Die Gewährung der Freizeit zur Stellensuche setzt ein »Verlangen« voraus, d.h., dass der Arbeitnehmer den **Grund** und die **voraussichtliche Dauer** der Freistellung angeben und dieses so **rechtzeitig** anmelden muss, dass sich der Arbeitgeber betriebsorganisatorisch darauf einstellen kann (ErfK/ *Müller-Glöge* § 629 Rn. 4). Hat der Arbeitnehmer bis zum Ablauf der Kündigungsfrist Erholungsurlaub in Anspruch genommen, kann dieser nicht nachträglich in einen Freistellungsanspruch mit der Folge der Urlaubsabgeltung umgewandelt werden (LAG Düsseldorf DB 1973, 676; ErfK/ *Müller-Glöge* § 629 Rn. 5). **Zweck** der Freistellung ist das »Aufsuchen eines anderen Dienstverhältnisses«, was neben der Vorstellung bei einem neuen Arbeitgeber auch das Aufsuchen der **Arbeitsagentur** oder gewerblicher Jobvermittler erfasst (Staudinger/*Preis* § 629 Rn. 16). **Ergänzt** wird § 629 durch § 2 Abs. 2 Satz 2 Nr. 3 SGB III, wonach der Arbeitgeber den Arbeitnehmer nach einer Kündigung **»frühzeitig** über die Notwendigkeit eigener Aktivitäten bei der Suche nach einer anderen Beschäftigung sowie über die Verpflichtung zur Meldung nach § 38 Abs. 1 SGB III bei der Agentur für Arbeit informieren« und ihn hierzu freistellen soll. 4

## C. Rechtsfolgen

### I. Gewährung der Freistellung

Zwar erfolgt die Bestimmung des Zeitpunkts und des Umfangs der Freistellung gem. § 315 und damit grundsätzlich **einseitig** durch den Arbeitgeber, jedoch hat zwischen dem Interesse des Arbeitgebers am störungsfreien Betriebsablauf und dem Interesse des Arbeitnehmers an guten Bedingungen für das Aufsuchen einer neuen Stelle eine **Interessenabwägung** stattzufinden (Staudinger/ *Preis* § 629 Rn. 18, 19). Hieraus folgt, dass nicht nur der unbedingt notwendige Mindestzeitraum an Freizeit zu gewähren ist, sondern eine Verknüpfung mit dem gesetzlichen Zweck zu erfolgen hat (MüKo/*Henssler* § 629 Rn. 22), sodass bei der Wahrnehmung eines Vorstellungstermins auch die Anreisezeit angemessen zu berücksichtigen ist. Bestehen tarifvertragliche Regelungen, die das Merkmal der Angemessenheit konkretisieren, so gelten diese i.d.R. auch für nicht tarifgebundene Arbeitnehmer (AR/*Weigand* § 629 Rn. 8). 5

### II. Fortzahlung des Entgelts

Ob während der Freistellung ein Anspruch auf **Entgeltfortzahlung** besteht, beurteilt sich nach § 616 (vgl. dort Rdn. 5 ff.). Dabei ist aber zu beachten, dass die in § 629 gewährte **»angemessene«** Zeit zur Stellungssuche die »verhältnismäßig nicht erhebliche Zeit« i.S.v. § 616 auch **überschreiten** kann. Der Anspruch auf Freistellung kann umfangreicher sein als jener auf Fortzahlung des Entgelts nach § 616; die lex specialis § 629 geht diesbezüglich der allgemeineren Norm vor (BAG DB 1970, 211). Aufgrund der Abdingbarkeit des § 616 kann durch tarif- oder einzelvertragliche Regelung auch die Entgeltfortzahlung für die Freistellung gem. § 629 ausgeschlossen werden (BAG JZ 1957, 640). 6

### III. Ersatz von Aufwendungen

Wurde der Arbeitnehmer vom neuen Arbeitgeber zur persönlichen Vorstellung aufgefordert, kann er von ihm gem. §§ 670, 662 Ersatz sämtlicher Aufwendungen verlangen, die er den Umständen nach für erforderlich halten durfte, z.B. Fahrtkosten oder Mehrkosten für Verpflegung und Übernachtung (BAG DB 1977, 1193). Den **Verdienstausfall** muss er hingegen nur bei ausdrücklicher Zusage erstatten, da der Bewerber das Risiko hierfür selbst trägt (so MüKo/*Henssler* § 629 Rn. 35; Staudinger/*Preis* § 629 Rn. 27; a.A. ErfK/*Müller-Glöge* § 629 Rn. 15; HWK/*Sandmann* § 629 Rn. 8). Ist der neue Arbeitgeber zur Übernahme der Kosten nicht bereit, muss er dies dem Bewerber rechtzeitig, i.d.R. bereits bei der Aufforderung zur Vorstellung, ankündigen. 7

## D. Prozessuales

8 Der Arbeitnehmer trägt hinsichtlich der Voraussetzungen des Freistellungsanspruchs die **Darlegungs- und Beweislast**. Den angemessenen Zeitraum der Freistellung legt das Gericht ggf. gem. § 315 Abs. 3 fest.

9 Wird dem Arbeitnehmer unberechtigt der Freistellungsanspruch nicht gewährt, kann er **einstweiligen Rechtsschutz** beanspruchen (ErfK/*Müller-Glöge* § 629 Rn. 8). Ein **Selbstbeurlaubungsrecht** steht ihm jedoch nicht zu und ergibt sich auch nicht aus § 273 oder § 320 (MüKo/*Henssler* § 629 Rn. 19). Gleiches gilt für ein Zurückbehaltungsrecht hinsichtlich seiner Arbeitsleistung, da dies die Erfüllung des Freistellungsanspruchs zur Folge hätte (ErfK/*Müller-Glöge* § 629 Rn. 8; AR/*Weigand* § 629 Rn. 11; a.A. HWK/*Sandmann* § 629 Rn. 9).

10 Kündigt der Arbeitnehmer fristlos wegen nicht gewährter Freistellung, kommt ein **Schadensersatzanspruch** gem. § 628 Abs. 2 in Betracht. Wird das Arbeitsverhältnis nicht vorzeitig aufgelöst, ergibt sich die Schadensersatzpflicht des Arbeitgebers aus der unterbliebenen bzw. verspäteten Erfüllung des Freistellungsanspruches aus § 280 oder §§ 286, 288 Abs. 4, soweit überhaupt ein daraus entstehender kausaler Schaden nachgewiesen werden kann (ErfK/*Müller-Glöge* § 629 Rn. 10).

## § 630 Pflicht zur Zeugniserteilung

Bei der Beendigung eines dauernden Dienstverhältnisses kann der Verpflichtete von dem anderen Teil ein schriftliches Zeugnis über das Dienstverhältnis und dessen Dauer fordern. Das Zeugnis ist auf Verlangen auf die Leistungen und die Führung im Dienst zu erstrecken. Die Erteilung des Zeugnisses in elektronischer Form ist ausgeschlossen. Wenn der Verpflichtete ein Arbeitnehmer ist, findet § 109 der Gewerbeordnung Anwendung.

| Übersicht | Rdn. | | Rdn. |
|---|---|---|---|
| A. Normzweck Dienstvertrag/Arbeitsvertrag | 1 | I. Berichtigungsanspruch | 13 |
| B. Voraussetzungen | 6 | II. Schadensersatzanspruch des Arbeitnehmers | 14 |
| C. Zeugnisinhalt | 8 | III. Schadensersatzansprüche Dritter | 15 |
| D. Zeugnisform | 11 | F. Klage und Zwangsvollstreckung | 16 |
| E. Rechtsfolgen bei Nicht- oder Schlechterfüllung | 13 | | |

### A. Normzweck Dienstvertrag/Arbeitsvertrag

1 Die Norm des § 630 findet seit 01.01.2003 nur noch auf »dauernde Dienstverhältnisse« (zum Begriff vgl. § 629 Rdn. 2) Anwendung. Seitdem gilt neu **Satz 4** der Norm. Dementsprechend gilt für **Arbeitsverhältnisse** seit 01.01.2003 ausschließlich die Norm des **§ 109 GewO**, die im Folgenden kurz erläutert werden soll. Soweit diese Norm über § 630 hinausgehende Anforderungen an das Arbeitszeugnis stellt, lassen sich diese auch auf die von § 630 erfassten, vom Schutzzweck vergleichbaren **Dienstverhältnisse** wie z.B. des abhängigen GmbH-Geschäftsführers oder von arbeitnehmerähnlichen Personen anwenden (vgl. HWK/*Gäntgen* § 630 Rn. 2, 4).

2 Der **Zweck** des Arbeitszeugnisses ist ein zweifacher: es soll zum einen dem Arbeitnehmer Aufschluss über seine Beurteilung durch den Arbeitgeber geben, zum anderen den künftigen Arbeitgeber über die Befähigung des Arbeitnehmers unterrichten und damit insgesamt dem Arbeitnehmer die Suche nach einer neuen Beschäftigung erleichtern (BAG NZA 2006, 436, 437).

3 Im Hinblick auf den **Zeitpunkt** der Zeugniserteilung wird zwischen vorläufigem Zeugnis, Zwischenzeugnis und Endzeugnis unterschieden. Ein **vorläufiges** Zeugnis kann der Arbeitgeber vor Beendigung des Arbeitsverhältnisses erstellen; im Fall der Beendigung des Arbeitsverhältnisses kann dieses gegen ein **Endzeugnis** ausgetauscht werden. Anspruch auf die Erteilung eines **Zwischenzeugnisses** hat der Arbeitnehmer bei berechtigtem Interesse an der Zeugniserteilung, z.B. bei einer

Versetzung oder dem Wechsel des Vorgesetzten sowie bei einer Bewerbung innerhalb des Unternehmens (Beck-Formularbuch/*Hoeß/Schaub* III E 22 Anm. 1).

Bei der Zeugnisschuld handelt es sich um eine **Holschuld** i.S.v. § 269 Abs. 2. Ein Zusenden des Zeugnisses durch den Arbeitgeber kommt nur in Betracht, wenn die Abholung der Arbeitspapiere für den Arbeitnehmer mit unverhältnismäßig hohen Kosten oder besonderen Mühen verbunden ist (BAG NZA 1995, 671). 4

§ 109 GewO ist **nicht abdingbar**, lediglich für die Zeit nach der Beendigung des Arbeitsverhältnisses kann der Verzicht auf ein Zeugnis möglich sein (Staudinger/*Preis* § 630 Rn. 7). Der Anspruch unterliegt der dreijährigen Verjährungsfrist gem. § 195. Eine **Verwirkung** des Zeugnisanspruchs kommt in Betracht, wenn der Arbeitnehmer ihn nicht angemessene Zeit nach Beendigung des Arbeitsverhältnisses geltend macht und der Arbeitgeber deshalb davon ausgehen konnte, der »Komplex ›Zeugnis‹ sei erledigt« (so BAG NZA 2006, 436, 438). 5

## B. Voraussetzungen

Der Anspruch auf Zeugniserteilung setzt zunächst ein **beendetes Arbeitsverhältnis** voraus, wobei es nicht auf dessen Dauer oder dessen nur faktisches Bestehen ankommt. Ein »qualifiziertes« Zeugnis (Rdn. 8) setzt zwar sinnvollerweise einen Mindestzeitraum voraus, der eine qualifizierte Leistungsbeurteilung erst möglich macht, dennoch steht eine kürzere Dauer dem Anspruch auf die Erteilung nicht entgegen – nur im Einzelfall kann deshalb von der konkreten Leistungsbeurteilung im Zeugnis abgesehen werden (HWK/*Gäntgen* § 109 GewO Rn. 25). Er steht Vollzeit- und Teilzeitarbeitnehmern gleichermaßen zu und gilt sowohl für Arbeitnehmer im Probearbeitsverhältnis wie erst recht für leitende Angestellte. Keine Anwendung findet § 630 auf solche Angestellten im öffentlichen Dienst, die wie z.B. angestellte **Lehrer** nach den für Beamte entwickelten Grundsätzen **dienstlich beurteilt** werden (BAG NZA-RR 2007, 608, 613). Eine solche »dienstliche Beurteilung« dient – anders als ein Zeugnis oder ein Zwischenzeugnis nach BAT – nicht der Außendarstellung oder der beruflichen Förderung des Beamten, sondern lediglich dem internen Verwaltungsgebrauch zur Feststellung der Verwendungsmöglichkeiten des Angestellten einschließlich einer sachlich und rechtlich richtigen Auslese bei Beförderungsentscheidungen. Auch die Bescheinigung über die Tätigkeit als **Arzt im Praktikum** stellt kein Arbeitszeugnis dar: Einwände gegen die Richtigkeit der vom leitenden Arzt in der Bescheinigung gemachten Wertungen können und müssen im **Verwaltungsverfahren** über die Erteilung der Approbation geltend gemacht werden (BAG NZA 2006, 1296 [Ls.] = NJOZ 2006, 4138; *Löw* NZA-RR 2008, 561). Für Ausbildungsverhältnisse gilt § 16 BBiG, es sei denn, es liegt ein berufliches Umschulungsverhältnis i.S.d. §§ 1 Abs. 5, 58 ff. BBiG vor, für das § 630 greift (BAG NZA 2014, 31). 6

**Schuldner** des Zeugnisanspruchs ist der Arbeitgeber, wobei die Übertragung auf einen Bevollmächtigten insoweit erfolgen kann, als diese Person dem Arbeitnehmer übergeordnet war (BAG NZA 2002, 34). Nach **Insolvenzeröffnung** hat der Insolvenzverwalter das Zeugnis auszustellen, sofern das Arbeitsverhältnis über den Zeitpunkt der Insolvenzeröffnung hinaus fortbestanden hat (BAG NZA 2004, 1392). Kennt er die für die Zeugniserteilung maßgebenden Tatsachen nicht und kann er sie auch nicht durch Einholung von Auskünften verschaffen, entfällt der Anspruch (BAG NZA 1991, 599). Dasselbe gilt für die **Erben** des Arbeitgebers. 7

## C. Zeugnisinhalt

Hinsichtlich des Zeugnisinhalts ist zwischen dem einfachen und dem qualifizierten Zeugnis zu unterscheiden. Das **einfache Zeugnis** gem. § 109 Abs. 1 Satz 2 GewO dokumentiert lediglich die Art und Dauer des Arbeitsverhältnisses (bloße Arbeitsbescheinigung), muss jedoch so vollständig und genau sein, dass sich daraus ein klares Bild über den Arbeitnehmer ergibt (BAG DB 1976, 2211). Das **qualifizierte Zeugnis** gem. § 109 Abs. 1 Satz 3 GewO erstreckt sich zusätzlich auf Leistung und Verhalten des Arbeitnehmers (ErfK/*Müller-Glöge* § 109 GewO Rn. 5). Inhaltlich hat der Arbeitnehmer beim qualifizierten Zeugnis Anspruch auf **Beurteilung** seines Verhaltens sowie der 8 erbrachten Leistungen. Dies erfasst neben der Leistungsfähigkeit auch die Leistungsbereitschaft, das berufliche Engagement, die Arbeitsweise, das Arbeitsergebnis sowie besondere Erfolge. Am Ende der Leistungsbeschreibung hat eine zusammenfassende Leistungsbeurteilung anhand einer Zufriedenheitsaussage (»**Schlussnote**«) zu erfolgen (Formulierungsbeispiele für die praxisübliche »Zeugnissprache« bei HWK/*Gäntgen* § 109 GewO Rn. 32).

9 Zwar hat der Arbeitnehmer hinsichtlich der gewünschten Zeugnisart ein **Wahlrecht** (§ 262), die allgemeine Bitte um Erteilung eines Zeugnisses ist jedoch gem. §§ 133, 157 regelmäßig als Forderung nach einem qualifizierten Zeugnis auszulegen (MüKo/*Henssler* § 630 Rn. 31; ErfK/*Müller-Glöge* § 109 GewO Rn. 5).

10 Als **allgemeine Grundsätze** des Zeugnisrechts gelten neben der **Einheitlichkeit, Vollständigkeit** sowie der **Wahrheit** des Zeugnisses auch, dass der Aussteller in der Wahl seiner Formulierungen zwar frei ist, jedoch bei der Abfassung den **wohlwollenden Maßstab** eines verständigen Arbeitgebers zugrunde zu legen hat (BAG NJW 1972, 1214; HWK/*Gäntgen* § 109 GewO Rn. 4 ff.). Der Arbeitnehmer kann daher keine abweichende Formulierung verlangen, solange das Zeugnis allgemein verständlich ist und nichts Falsches enthält (BAG NJW 2012, 1754). Letzte inhaltliche Anforderung ist das Gebot der **Zeugnisklarheit**, d.h. das Zeugnis muss so klar und deutlich formuliert sein, dass es »aus sich heraus verstehbar ist« (BAG NZA 2004, 842, 843). Dem Arbeitgeber ist gesetzlich nicht vorgegeben, welche Formulierungen er im Einzelnen verwendet (st. BAG-Rspr., vgl. BAG NJW 2001, 2995). Auch steht ihm frei, welches Beurteilungssystem er heranzieht. Der Zeugnisleser darf nur nicht im Unklaren gelassen werden, wie der Arbeitgeber die Leistung des Arbeitnehmers einschätzt. Benutzt der Arbeitgeber allerdings ein im Arbeitsleben übliches Beurteilungssystem, so ist das Zeugnis so zu lesen, wie es dieser Üblichkeit entspricht (BAG NZA 2004, 842, 843). Unzulässig ist es nach § 109 Abs. 2 GewO, ein Zeugnis mit **geheimen Merkmalen** oder **unklaren Formulierungen** zu versehen, durch die der Arbeitnehmer anders beurteilt werden soll, als dies aus dem Zeugniswortlaut ersichtlich ist (BAG NZA 2008, 1349, 1350). Ein Zeugnis darf deshalb dort keine Auslassungen enthalten, wo der verständige Leser eine positive Hervorhebung erwartet. Maßgeblich ist der **objektive Empfängerhorizont** des Lesers des Zeugnisses, nach dem auch die Formulierung »Wir haben Herrn K als sehr interessierten und hochmotivierten Mitarbeiter kennen gelernt« nicht den Eindruck von Desinteresse und fehlender Motivation des Arbeitnehmers suggeriere (BAG NJW 2012, 1754, 1756).

10a Den inhaltlichen Abschluss des Zeugnisses bildet üblicherweise eine **Dankes- und Wunschformel**, deren praktische Bedeutung derzeit zunimmt (vgl. ErfK/*Müller-Glöge* § 109 GewO Rn. 46). Nach Ansicht des BAG hat der Arbeitnehmer hierauf aber keinen Rechtsanspruch (BAG NZA 2001, 843). Entgegen der hiergegen vorgebrachten Kritik der Literatur, die auf die Entwertung des Zeugnisses bei Fehlen einer Schlussformulierung hinweist (dazu LAG Düsseldorf NZA-RR 2011, 123; vgl. auch *Höser* NZA-RR 2012, 281), hält das BAG an dieser Rspr. fest (BAG NZA 2013, 324). Sofern der Arbeitnehmer mit einer vom Arbeitgeber in das Zeugnis aufgenommenen Schlussformel nicht einverstanden ist, hat er keinen Anspruch auf Ergänzung oder Umformulierung der Schlussformel, sondern nur Anspruch auf die Erteilung eines Zeugnisses ohne Schlussformel (BAG NZA 2013, 324). Verpflichtet sich der Arbeitgeber in einem gerichtlichen Vergleich zur Erteilung eines wohlwollenden Arbeitszeugnisses, welches »dem beruflichen Fortkommen förderlich ist«, so kann der Arbeitnehmer verlangen, dass in das Zeugnis die Abschlussklausel aufgenommen wird »Für die weitere berufliche und private Zukunft wünschen wir alles Gute« (LAG Hamm NZA-RR 2012, 71, 73).

### D. Zeugnisform

11 Das Zeugnis ist **schriftlich** und in **deutscher Sprache** zu erteilen (Staudinger/*Preis* § 630 Rn. 25). Nach § 630 Satz 3 bzw. § 109 Abs. 3 GewO ist die Erteilung in elektronischer Form ausgeschlossen. Erforderlich ist die **eigenhändige Unterschrift** des Ausstellers mit einem dokumenten-echten Stift, wobei im Fall der Vertretung die Weisungsbefugnis des Vertreters gegenüber dem Arbeitnehmer (BAG NZA 2002, 34) bzw. dessen höherer Rang (BAG NZA 2006, 436) aus dem Zeugnis

ablesbar sein müssen. Das Zeugnis ist zu datieren, regelmäßig gibt es das Ausstellungsdatum wieder (ErfK/*Müller-Glöge* § 109 GewO Rn. 12). Die Überschrift als »Zeugnis« ist nicht zwingend, aus dem Inhalt der Urkunde muss sich jedoch ergeben, dass es sich um ein solches handelt (Staudinger/*Preis* § 630 Rn. 29).

Die **äußere Form** des Zeugnisses muss sauber und ordentlich, i.d.R. in Maschinenschrift geschrieben sein und darf weder Flecken noch Radierungen, Verbesserungen, Durchstreichungen oder Ähnliches aufweisen (BAG NZA 1993, 2197). Hierzu gehört auch die Verwendung von Firmenbögen. Zwar muss der Arbeitnehmer **Mängel** in Rechtschreibung und Grammatik nicht hinnehmen und kann insoweit eine Korrektur verlangen, die sich an den üblichen Gepflogenheiten bemisst (Staudinger/*Preis* § 630 Rn. 27). Abzulehnen sind aber übertriebene Anforderungen an die »Zeugnisästhetik« (ErfK/*Müller-Glöge* § 109 GewO Rn. 15, z.B. besonderes Papier, besondere Schrift); auch eine briefübliche Faltung ist zulässig, da eine solche die Kopierfähigkeit des Zeugnisses nicht beeinträchtigt (BAG NZA 2000, 257). Die Verwendung von Geheimzeichen ist verboten (BAG NZA 2008, 1349, 1350). 12

## E. Rechtsfolgen bei Nicht- oder Schlechterfüllung

### I. Berichtigungsanspruch

Entspricht das Zeugnis im Hinblick auf Inhalt oder Form nicht den gesetzlichen Anforderungen, hat der Arbeitnehmer einen **Zeugnisberichtigungsanspruch** (BAG NZA 2008, 1349). Der **Anspruch**, der die Erteilung eines neuen Zeugnisses und die Rückgabe des alten beinhaltet, **entsteht** erst dann, wenn der Arbeitnehmer vom Zeugnisinhalt Kenntnis erlangt hat, weil er erst dann beurteilen kann, ob das Zeugnis den gesetzlichen Anforderungen genügt (BAG NZA 1988, 427). Da § 109 GewO keinen Anspruch auf ein **bestimmtes**, sondern lediglich auf ein leistungsgerechtes Zeugnis begründet, hat der Arbeitnehmer, der eine **überdurchschnittliche Beurteilung** wünscht, die hierfür erforderlichen Tatsachen vorzutragen (BAG NZA 2004, 842). Macht der Arbeitnehmer geltend, der Arbeitgeber habe statt der bescheinigten »vollen Zufriedenheit« zu formulieren, der Arbeitnehmer habe »**stets** zur vollen Zufriedenheit« gearbeitet, so hat er die Tatsachen vorzutragen und zu beweisen, aus denen sich diese Endbeurteilung ergeben soll (BAG NZA 2004, 842; diff. HWK/*Gäntgen* § 109 GewO Rn. 37). 13

### II. Schadensersatzanspruch des Arbeitnehmers

Wird das Zeugnis nicht oder verspätet ausgestellt, kommt ein Schadensersatzanspruch des Arbeitnehmers gem. §§ 280 Abs. 1, 280 Abs. 2, 286 in Betracht. Der Anspruch auf die Zeugniserteilung entsteht bei Beendigung des Arbeitsverhältnisses (Rdn. 6), die Erstellung desselben hat unverzüglich nach der Ausübung des Wahlrechts zwischen einfachem und qualifiziertem Zeugnis zu erfolgen. Die Angemessenheit der Bearbeitungszeit hängt von den konkreten Umständen ab, sodass teils zwei bis drei Wochen noch ausreichend sein können, der Zeitraum dagegen aber auch nur wenige Tage umfassen kann (ErfK/*Müller-Glöge* § 109 GewO Rn. 63). In Verzug gerät der Arbeitgeber mit seiner Pflicht zur Zeugniserstellung erst nach Ausübung des Wahlrechts und der Anmahnung der Nichterteilung durch den Arbeitnehmer, sofern eine solche nicht nach § 286 Abs. 2 ausnahmsweise entbehrlich ist (BAG NZA 2014, 31). Der Arbeitnehmer ist bezüglich der objektiven Pflichtwidrigkeit, der Kausalität und des daraus entstandenen Schadens **darlegungs- und beweispflichtig**. Praktisch ist es kaum nachweisbar, dass der Arbeitnehmer wegen der Zeugnismängel oder des nicht rechtzeitig vorgelegten Zeugnisses arbeitslos geblieben sein oder eine schlechter vergütete Stelle erhalten haben soll (zutr. ErfK/*Müller-Glöge* § 109 GewO Rn. 88). 14

### III. Schadensersatzansprüche Dritter

Verstößt der Arbeitgeber gegen die Wahrheitspflicht, kommt gegen diesen ein Anspruch auf Schadensersatz gem. § 826 durch den **neuen Arbeitgeber** in Betracht, der sich durch das falsche Zeugnis über die Eignung des Arbeitnehmers hat täuschen lassen. Dafür müssen aber die Angaben im 15

Zeugnis wissentlich unwahr sein und der Aussteller muss im Bewusstsein der schädlichen Folgen gehandelt haben (ErfK/*Müller-Glöge* § 109 GewO Rn. 68). Die Beweislast hierfür trifft den neuen Arbeitgeber.

## F. Klage und Zwangsvollstreckung

16 Gem. § 2 Abs. 1 Nr. 3 Buchst. e ArbGG sind für »Streitigkeiten über Arbeitspapiere« (sog. Zeugnisklagen) die Arbeitsgerichte zuständig. Da der gewünschte Inhalt des Zeugnisses grundsätzlich dem Arbeitgeber obliegt (BAG BB 1971, 1280), ist zunächst nur der Antrag auf ein einfaches oder qualifiziertes Zeugnis zu stellen (LAG Düsseldorf DB 1973, 1853). Verlangt ein Arbeitnehmer darüber hinaus jedoch einen **bestimmten Zeugnisinhalt**, so hat er im Klageantrag genau zu bezeichnen, was in welcher Form das Zeugnis enthalten soll (BAG AuR 2000, 360). Der **Streitwert** beläuft sich auf einen Bruttomonatsverdienst (BAG NJW 1967, 902).

17 Da die Erteilung eines Zeugnisses eine **unvertretbare Handlung** darstellt, erfolgt die Zwangsvollstreckung gem. § 888 ZPO (BAG NZA 2004, 1392, 1394). Dass es erst aufgrund einer gerichtlichen Auseinandersetzung erstellt wurde, darf nicht aus dem Zeugnis erkennbar werden (ErfK/*Müller-Glöge* § 109 GewO Rn. 76).

## Vorbemerkung zu §§ 630a–h BGB

**Übersicht**

| | Rdn. | | Rdn. |
|---|---|---|---|
| A. Entstehungsgeschichte und Regelungsziel | 1 | D. §§ 630a–h als kodifiziertes Haftungsrecht | 12 |
| B. Arzthaftung in Vertrag und Delikt | 3 | E. Verhältnis zum Sozialversicherungsrecht | 14 |
| C. Fortgeltung der bisherigen Rechtsprechung | 8 | | |

### A. Entstehungsgeschichte und Regelungsziel

1 Das Gesetz zur Verbesserung der Rechte von Patientinnen und Patienten (Patientenrechtegesetz) vom 20.02.2013 ist am 26.02.2013 in Kraft getreten, BGBl. I S. 277. Partiell wird darauf hingewiesen, der Wert des Patientenrechtegesetzes liege in der Kodifikation selbst (*Thole* MedR 2013, 145, 149; kritisch hingegen Katzenmeier NJW 2013, 817, 823; Wagner VersR 2012, 789, 802). Denn es ist erklärtes Ziel des Gesetzgebers, »Patientinnen und Patienten sowie Behandelnde auf Augenhöhe« (BT-Drs. 17/10488 S. 9) zu bringen. Der Gesetzgeber hat sich dabei am »Leitbild des mündigen Patienten« (BT-Drs. 17/10488 S. 1) orientiert, was jedoch insbesondere in der Compliance-Rechtsprechung, die an den §§ 630c Abs. 1, 254 aufzuhängen ist, bislang keinen ernstzunehmenden Niederschlag gefunden hat.

2 Die bisher in »einer Vielzahl von Vorschriften in verschiedenen Rechtsgebieten« teilweise lückenhaft geregelten Patientenrechte sowie das hauptsächlich durch Richterrecht ausgeformte Behandlungs- und Arzthaftungsrecht sind nun in den §§ 630a–h normiert. Damit sollen Rechtssicherheit und Transparenz geschaffen werden, die »beiden Seiten die nötige Sicherheit« geben. Gestärkt werden sollen insbesondere die Verfahrensrechte bei Behandlungsfehlern, die Rechte gegenüber Leistungsträgern, die Patientenbeteiligung sowie die Patienteninformation. Darüber hinaus geht es um die Entwicklung einer Fehlervermeidungskultur (BT-Drs. 17/10488 S. 1, 9). Die genannten Vorsätze des Gesetzgebers, denen durchaus auch ein veränderndes Moment mit Blick auf die frühere Judikatur abgewonnen werden könnte, haben in der Medizinhaftungsrechtsprechung der Folgezeit nicht zu spürbaren Modifikationen geführt (zu den Auswirkungen ausführlich Bergmann VersR 2017, 661).

## B. Arzthaftung in Vertrag und Delikt

Nach dem geltenden Kumulationsprinzip bestehen vertragliche und deliktische Ansprüche nebeneinander. An diesem Grundsatz wollte der Gesetzgeber auch in Bezug auf das Arzthaftungsrecht festhalten, da explizit in die Gesetzesbegründung aufgenommen worden ist, dass die »neuen Regelungen zum Behandlungsvertrag das Verhältnis zum Deliktsrecht unberührt lassen« (BT-Drs. 17/10488 S. 17). Dabei ging er davon aus, dass das Deliktsrecht »womöglich weiterhin an eigenständiger Bedeutung einbüßen« werde, da ihm nur dann eine eigenständige Bedeutung zukomme, wenn eine vertragliche Anspruchsgrundlage fehle. Dies könne der Fall sein, wenn der Behandlung im Einzelfall kein Behandlungsvertrag zugrunde liege oder aus einem solchen keine Ansprüche hergeleitet werden könnten (BT-Drs. 17/10488 S. 17 f.). 3

Es bleibt auch weiterhin abzuwarten, ob die Rechtsprechung diesen Erwartungen des Gesetzgebers folgen wird. Denn die Offenheit des Deliktsrechts gegenüber dem – nun näher umrissenen – Vertragsrecht bietet die Möglichkeit, den fortlaufend im Wandel befindlichen Verkehrsbedürfnissen gerecht zu werden und könnte sich somit in der weiteren Entwicklung als »Neuerungsrecht« der Arzthaftung erweisen (*Hart* MedR 2013, 159,165; *Katzenmeier* NJW 2013, 817, 823; a.A. *Spickhoff* VersR 2013, 267, 281). 4

Ein Auseinanderdriften der vertraglichen und deliktischen Haftung würde jedoch dem Bedürfnis nach Rechtssicherheit und Transparenz zuwiderlaufen und den bisherigen Bemühungen der Rechtsprechung widersprechen, nach denen ein Gleichlauf von vertraglicher und deliktischer Haftung angestrebt worden ist (BGH NJW 1989, 767, 768; *Kern/Rehborn*, in: Laufs/Kern/Rehborn ArztR, § 92 Rn. 22 ff). Daher wird zumindest für den Fall, dass der Behandlung ein Vertrag zu Grunde liegt, davon ausgegangen werden müssen, dass die Vorgaben des Vertragsrechts auch auf das Deliktsrecht durchschlagen (*Spickhoff* VersR 2013, 267, 281). 5

Eine eigenständige Bedeutung wird dem Deliktsrecht daher nur dort zukommen, wo kein Behandlungsvertrag (mit dem Behandelnden) geschlossen worden ist. Praktischer Hauptanwendungsfall dürfte die Behandlung im Krankenhaus nach Abschluss eines totalen Krankenhausaufnahmevertrages ohne Arztzusatzvertrag sein. In dieser Konstellation kommt eine vertragliche Haftung gem. §§ 630a, 280 nur gegen den Krankenhausträger in Betracht, der darüber hinaus auch aus § 831 deliktisch haften kann. Die Haftung des behandelnden medizinischen und nicht-medizinischen Personals richtet sich daneben allein nach deliktischen Grundsätzen §§ 823, 830, 831, 839. Entsprechendes gilt für alle Fälle, in denen sich der Vertragspartner, der die Behandlung zugesichert hat, zur Erfüllung seiner vertraglichen Verpflichtungen eines Gehilfen bedient. Zur Vermeidung von Zeugenbeweisen wird prozesstaktisch bisweilen erwogen, das an der Behandlung mitwirkende Personal ebenfalls zivilprozessual zu verklagen. Auf Basis des insofern beweisgleichen Umgangs von Parteivernehmungen nach § 141 ZPO innerhalb der Beweiswürdigung nach § 286 ZPO, kommt diesem taktischen Mittel in der Entscheidungspraxis jedoch nur eine geringe Bedeutung zu. Der strikte Trennungsaspekt zwischen Darlegungs- und Beweisebene mit der Folge der Beweisfälligkeit einer beweisführungsbelasteten Partei, die kein erhebungsfähiges Beweismittel anbieten kann, wird in der zivilgerichtlichen Praxis weithin ignoriert. Ob dies sogar als gewohnheitsrechtliche Verfestigung und damit als normative Änderung der ZPO aufzufassen ist, ist in der Theorie derzeit offen. 6

Eine Haftung aus § 823 ist schließlich auch für den Fall sog. Schockschäden Dritter möglich (grundlegend BGHZ 56, 163; zuletzt BGHZ 222, 1125; s.a. OLG Koblenz MedR 2005, 416; 2014, 168). Die Haftung setzt jedoch voraus, dass es bei dem Dritten durch Handlungen oder Mitteilungen des Behandelnden zu gewichtigen psychopathologischen Auswirkungen von einiger Dauer gekommen ist, die Krankheitswert erreicht haben (BGHZ 56, 163; BGH VersR 1984, 439, 1986, 240). Daneben tritt die allgemeine Haftung gegenüber Dritten bei Tötung nach den §§ 844–846, die nunmehr in § 844 Abs. 3 auch ein Angehörigenschmerzensgeld für erwartbare Trauer ohne Erfüllung der Maximen der Schockschadensdogmatik kennt. 7

## Vor §§ 630a–h BGB

### C. Fortgeltung der bisherigen Rechtsprechung

8 Die bis dato zu den Patientenrechten sowie zum Behandlungs- und Arzthaftungsrecht ergangene Rechtsprechung soll ausweislich der Gesetzesbegründung fortgelten: »Sämtliche in den §§ 630a bis 630h BGB-E dargelegten Pflichten sind bereits durch die von der Rechtsprechung entwickelten Grundsätze zur Arzthaftung, durch das Grundgesetz, durch die Berufsordnung der Ärzte sowie durch weitergehende besondere Gesetze geregelt.« (BT-Drs. 17/10488 S. 13). Die §§ 630a–h sollen daher nur das bisher geltende Recht kodifizieren und nicht um- oder neugestalten. Neuregelungen finden sich daher allenfalls in Randbereichen und zu Nebenfragen, um bestehende Unklarheiten oder Streitigkeiten aufzulösen (MüKo/*Wagner* vor § 630a Rn. 2).

9 Trotz dieser klaren Grundaussage gilt es einige Feinheiten zu beachten. Mit der Formulierung des § 630c Abs. 3 Satz 1 ist der Gesetzgeber über die von der Rechtsprechung anhand von § 241 Abs. 2 entwickelten Grundsätze zur »wirtschaftlichen Aufklärung« hinausgegangen. Nach diesen war der Behandelnde dazu verpflichtet, den »Patienten vor unnötigen Kosten und unverhältnismäßigen finanziellen Belastungen zu bewahren« (BGH NJW 2000, 3429, 3431). § 630c Abs. 3 Satz 1 lässt es nunmehr genügen, dass der Behandelnde den Patienten auf die Möglichkeit der fehlenden Kostenübernahme durch Dritte hinweist, sofern er diese erkennt, wobei auch dann der Hinweis auf die voraussichtlichen Behandlungskosten genügt (zu den Details vgl. § 630c Rdn. 34 ff.). Die Information muss in Textform erfolgen (§ 630c Abs. 3 Satz 1), weitergehende Formanforderungen aus anderen Vorschriften bleiben unberührt (§ 630c Abs. 3 Satz 2).

10 Die in § 280 Abs. 1 Satz 2 enthaltene Vermutung des Vertretenmüssens, die bisher nicht auf medizinische Behandlungsverträge angewendet worden ist (zur bisherigen Rspr. und h.M. *Katzenmeier*, in: Laufs/Katzenmeier/Lipp, Arztrecht, Kap. XI Rn. 135 ff. m.w.N.) soll nun ausweislich der Gesetzesbegründung (BT-Drs. 17/10488 S. 28) anwendbar sein. Praktisch kommt dieser Frage jedoch keine ernstzunehmende Bedeutung zu, da sich Pflichtverletzung und Vertretenmüssen bei tätigkeitsbezogenem Pflichtenspektrum nicht sinnvoll voneinander trennen lassen. § 280 Abs. 1 Satz 2 kann jedoch auch für den tätigkeitsbezogenen Bereich der Arzthaftung keinesfalls als Fehlervermutung gelesen werden, da dies von § 630h Abs. 1 spezialgesetzlich geregelt wird und im Übrigen auch der hergebrachten Rechtsprechung diametral widerspräche. Für den Verschuldensbereich bleiben letztlich nur solche seltenen Verteidigungsvorbringen der Behandlungsseite, die sich auf die Verschuldensfähigkeit und die Unvermeidbarkeit von Irrtümern beziehen. Für Beides ist die Behandlungsseite ungeachtet des § 280 Abs. 1 Satz 2 beweisbelastet.

11 In den Anwendungsbereich der §§ 630a ff. fallen nicht nur Vertragsverhältnisse mit (Zahn-)Ärzten und (Zahn-)Ärztinnen, sondern auch solche mit Angehörigen anderer Gesundheitsberufe wie z.B. Heilpraktiker, Hebammen, Psycho- und Physiotherapeuten (BT-Drs. 17/10488 S. 18). Nicht in den Anwendungsbereich sind hingegen Verträge mit Veterinärmedizinern oder Apothekern zu rechnen (BT-Drs. 17/10488 S. 18). Jedoch sind die Grundsätze, die den §§ 630a ff. entnommen werden können, weitestgehend auf Verträge mit Veterinärmedizinern anwendbar (*Bergmann* VersR 2017, 661, 662; zur Beweislastumkehr beim groben Behandlungsfehler BGH VersR 2016, 1002). Eine Übertragung der Grundsätze zur Beweislastumkehr beim groben Behandlungsfehler wurde von der Rspr. darüber hinaus auch in Bezug auf Apotheker, die Johanniter Unfallhilfe und die Mitarbeiter eines Hausnotrufanbieters (OLG Köln VersR 2014, 106,111; BGH VersR 2017, 1024, 1026; NJW 2017, 2080) anerkannt.

### D. §§ 630a–h als kodifiziertes Haftungsrecht

12 Die §§ 630a–h sollen nur die zur Medizinschadenshaftung anhand der im Bereich des § 823 entwickelte Rechtsprechung kodifizieren und beziehen sich dabei auf den Behandlungsvertrag. § 630a regelt den Behandlungsvertrag und die daraus beiderseitig erwachsenden Pflichten, § 630b die Anwendbarkeit der §§ 611 ff., § 630c Abs. 2 Satz 1 die therapeutische Aufklärung, § 630e die Selbstbestimmungsaufklärung, § 630d die sowohl zivil- als auch strafrechtlich relevante Einwilligung, § 630f Dokumentationspflichten und § 630g das Recht des Patienten, Einsicht in die Patientenakte

zu nehmen (mittlerweile weithin überlagert von den Art. 12 ff. DSGVO). Abschließend regelt § 630h die für den Arzthaftungsprozess bedeutsame Beweislastverteilung für bestimmte, abstrakt umrissene Problemlagen. Wie bei den einzelnen Vorschriften dargestellt werden wird, weisen die Neuregelungen jedoch kein umfassendes Bild des Medizinschadensrechts auf, sondern müssen sowohl prozessual als auch materiell-rechtlich mit ungeschriebenen Regeln angefüttert werden.

Darüber hinausgehende Bereiche sind nicht im BGB, sondern in anderen zivilrechtlichen, öffentlich-rechtlichen und strafrechtlichen Gesetzen sowie im Berufsrecht enthalten. 13

### E. Verhältnis zum Sozialversicherungsrecht

Vor Inkrafttreten des Patientenrechtegesetzes war umstritten, ob bei gesetzlich versicherten Patienten ein privatrechtlicher Behandlungsvertrag mit dem Behandelnden zu Stande kommen soll (*dafür* BGH NJW 1987, 2289 f., 2006, 767; *dagegen* BSG NZS 1994, 507, 509; BSG NJW 1999, 1805, 1807 f.). Auf die Praxis der Arzthaftung hatte dieser Streit keinen Einfluss, da § 76 Abs. 4 SGB V den Arzt gegenüber dem Patienten in jedem Fall »zur Sorgfalt nach den Vorschriften des bürgerlichen Vertragsrechts« verpflichtet. Durch die Formulierung des § 630a Abs. 1 »soweit nicht ein Dritter zur Leistung verpflichtet ist«, hat der Gesetzgeber diesen Streit entschieden, indem er zum Ausdruck bringt, dass er vom Zustandekommen eines solchen Vertrages zwischen Behandelndem und Patienten ausgeht (BT-Drs. 17/10488 S. 18 f.; *Katzenmeier* NJW 2013, 817 Fn. 11, *Wagner* VersR 2013, 789, 790; a.A. *Hauck* NJW 2013, 3334, 3336 f.), wobei lediglich die Frage der patientenseitigen Entgeltverpflichtung durch das Sozialversicherungsrecht überlagert werden kann. 14

Nach wie vor schwelt jedoch eine Debatte um die Frage, ob der sozialversicherungsrechtliche Standard, der sich nach den § 1, 2 Abs. 1 Satz 3, 12, 27 ff. SGB V richtet und daher ausreichend, notwendig, zweckmäßig und wirtschaftlich zu sein hat, auf den zivilrechtlichen (haftungsrechtlichen) Standardbegriff Einfluss nehmen kann (ausführlich zum Streit *Arnade*, Kostendruck und Standard, S. 193 ff.). Nach höchstrichterlicher Rechtsprechung sind wirtschaftliche Erwägungen nicht ernsthaft in die Frage des haftungsrechtlich einwandfreien medizinischen Verhaltens einzubeziehen (BGH NJW 1983, 2080; partiell anders noch BGH VersR 1975, 43 f.). Zur Vermeidung von Widersprüchen wird eine Angleichung der Standardbegriffe und eine verstärkte Berücksichtigung ökonomischer Erwägungen in der medizinischen Standardentwicklung erwogen sowie die Verlagerung der Problematik in das Aufklärungsprocedere zwischen Arzt und Patient diskutiert (*Frahm et. al.* MedR 2018, 447, 451 ff.). 15

Eine besondere Facette bildet die Reichweite etwaiger Bindungswirkungen von GBA-Beschlüssen, die sozialversicherungsrechtlich nach § 91 Abs. 6 SGB V rechtliche Verbindlichkeit beanspruchen. Der BGH geht bislang ohne Erörterung von einer verbindlichen Erstreckung auf das Haftungsrecht aus (vgl. BGH, Beschl. v. 28.03.2008 – VI ZR 57/07). Die gegenteilige Perspektive hat zuletzt das OLG Nürnberg mit Blick auf die Frage der Dokumentationspflichtigkeit nach § 630f Abs. 1, 2 eingenommen (OLG Nürnberg MDR 2017, 998). Vermittelnde Positionen mit partieller Anerkennung von Mindestanforderungen werden im Bereich der Mutterschafts-Richtlinien vertreten (OLG Köln, Urt. v. 21.09.2011 – 5 U 11/11 unter 1.a) m.V.a. OLG München OLGR 1993, 189 f.; KG VersR 1996, 332 ff.; KG NJW 2004, 691 ff.; OLG Stuttgart OLGR 1999, 406 ff.). Abweichend hat das LG München I ausnahmsweise sogar eine schärfere Linie verfolgt und eine Haftung trotz richtlinienkonformen Vorgehens bejaht (LG München NJW-RR 2009, 898). 16

Eine detaillierte Analyse ergibt, dass trotz der über § 91 Abs. 6 SGB V vermeintlich vermittelten verstärkten Bindungswirkung sozialversicherungsrechtliche Richtlinien im Bereich des Haftungsstandards ebenso wie Leitlinien der Fachgesellschaften zu behandeln sein dürften (ausführlich *J. Prütting*, Rechtsgebietsübergreifende Normenkollisionen, § 5 IV.). Wegen in § 630a Abs. 2 aufzunehmender Erwägungen individualisierter Medizin (»Standards«, vgl. *Frahm et. al.* MedR 2018, 447 f.) und laufend situativ anzupassender Handlungskorridore können weder Leit- noch Richtlinien letztlich ein verbindliches Mindestmaß festlegen, so dass auch dehnbare Vergleiche zum 17

Umgang mit öffentlich-rechtlichen Gefahrenschutzvorschriften (vgl. BGH NJW 1978, 2032) nicht tragen.

## § 630a Vertragstypische Pflichten beim Behandlungsvertrag

(1) Durch den Behandlungsvertrag wird derjenige, welcher die medizinische Behandlung eines Patienten zusagt (Behandelnder), zur Leistung der versprochenen Behandlung, der andere Teil (Patient) zur Gewährung der vereinbarten Vergütung verpflichtet, soweit nicht ein Dritter zur Zahlung verpflichtet ist.

(2) Die Behandlung hat nach den zum Zeitpunkt der Behandlung bestehenden allgemein anerkannten fachlichen Standards zu erfolgen, soweit nicht etwas anderes vereinbart ist.

| Übersicht | Rdn. | | Rdn. |
|---|---|---|---|
| A. **Behandlungsvertrag (Abs. 1)** | 1 | 2. Unwägbarkeiten der Standardbestimmung | 68 |
| I. Systematik, Teleologie und Vertragstyp | 1 | a) Der medizinische Standard und seine Bestimmung – Leitlinien, Sachverständigenexpertise, Facharztstandard | 68 |
| 1. Grundsätze und Einordnung | 1 | | |
| 2. Werkvertragsrechtliche Facetten | 3 | | |
| II. Vertragsschluss und Vertragsgegenstand; Exkurs: Ärztliche GoA | 6 | | |
| III. Vertragsparteien; Exkurs: öffentlich-rechtliche Beziehungen | 16 | b) Zeitpunkt der Beurteilung | 72 |
| IV. Pflichtenspektrum und Gewährleistungsrecht | 30 | c) Einfluss der Grenzen sozialversicherungsrechtlicher Kostentragungspflicht? | 74 |
| 1. Pflichten der Behandlungsseite | 30 | d) Zulässigkeit der Standardunterschreitung auf patientenseitigen Wunsch? | 75 |
| 2. Gewährleistungsrecht | 39 | | |
| 3. Pflichten und Obliegenheiten des Patienten | 44 | e) Standardbehandlung und Heilversuch | 77 |
| V. Vertragsbeendigung | 48 | | |
| B. **Sorgfalt der Behandlungsseite (Abs. 2)** | 50 | f) Nichtärztliche Standards von unter § 630a BGB gefassten Berufsgruppen | 79 |
| I. Systematik der Arzthaftung | 50 | | |
| 1. Behandlungsfehler | 50 | IV. Pflichtverletzungen der Behandlungsseite | 82 |
| 2. Organisationsverschulden | 53 | | |
| 3. Dokumentationsmängel | 57 | V. Haftungsbegründende Kausalität | 88 |
| 4. Aufklärungsrüge | 59 | VI. Rechtswidrigkeit | 92 |
| 5. Wirtschaftliche Aufklärung | 61 | VII. Vertretenmüssen | 95 |
| II. Haftungsschuldner | 62 | VIII. Haftungsumfang und Zurechnungszusammenhang | 98 |
| III. Der medizinische Standard | 66 | | |
| 1. Begriffsklärung und Abgrenzung zu Heilversuch und Außenseitermethode | 66 | IX. Sonstige Konsequenzen ärztlicher Pflichtverletzungen | 103 |
| | | X. Darlegungs- und Beweislast | 106 |

## A. Behandlungsvertrag (Abs. 1)

### I. Systematik, Teleologie und Vertragstyp

#### 1. Grundsätze und Einordnung

1 Der Behandlungsvertrag ist im Besonderen Schuldrecht nach dem Dienstvertrag geregelt und stellt einen besonderen Dienstvertragstyp dar. Dies folgt zum einen aus der Überschrift des 8. Titels »Dienstvertrag und ähnliche Verträge«. Zum anderen ergibt es sich aus dem Umstand, dass § 630b, der für den Fall, dass keine abweichenden Regelungen vorliegen, die Anwendbarkeit der dienstvertraglichen, nicht aber der arbeitsvertraglichen, Regelungen bestimmt. Mit dieser Einordnung ist der Gesetzgeber der ständigen Rechtsprechung gefolgt (BT-Drs. 17/10488 S. 17 m.w.N).

Der Behandelnde schuldet somit nicht den Eintritt eines bestimmten Erfolges, sondern lediglich eine fachgerechte (standardgerechte) Behandlung (vgl. *Frahm et. al.* MedR 2018, 447, 449 f. m.w.N). Das ist interessengerecht, da auch bei bestmöglicher Behandlung der Erfolgseintritt aufgrund der Komplexität der Vorgänge im menschlichen Körper nicht sicher gewährleistet werden kann (BT-Drs. 17/10488 S. 17).

### 2. Werkvertragsrechtliche Facetten

Jedoch schließt die Einordnung des Behandlungsvertrages als Dienstvertrag nicht aus, dass dieser werkvertragsrechtliche Elemente enthalten kann. Sofern die Parteien die Erbringung eines bestimmten Behandlungs- oder sonstigen Erfolges vereinbaren, werden die §§ 630a ff., 611 ff. von den §§ 631 ff. verdrängt. Dies kommt insbesondere bei klar abgrenzbaren Einzelleistungen, die auf die Herstellung eines bestimmten Werkes gerichtet sind, wie z.B. bei zahnprothetischen Leistungen oder Gliederprothesen (BT-Drs. 17/10488 S. 17, BGH NJW 1975, 305, 306; OLG Karlsruhe MedR 1995, 374), in Betracht. Planung und Implantation bzw. Integration dieser Werke sind jedoch regelmäßig dem Dienstvertragsrecht zuzuordnen (BGH NJW 1975, 305, 306; OLG Karlsruhe MedR 1995, 374).

Umstritten ist die Einordnung der Herstellung von Röntgenaufnahmen und Laborbefunden. Sofern diese im Rahmen der Diagnose und Behandlung durch den Behandelnden erstellt werden, sollen sie dem Dienstvertragsrecht zuzuordnen sein (BGH NJW 1963, 389; NK-BGB/*Voigt* vor § 630a Rn. 9; a.A. MüKo/*Wagner* Rn. 7, *Spickhoff* VersR 2013, 267, 269). Erfolgt die Erstellung durch eine andere Person, die nur diese abgrenzbare Einzelleistung erbringt, ist sie dem Werkvertragsrecht zuzuordnen (OLG Düsseldorf MDR 1985, 1028).

Kosmetische Operationen (OLG Hamburg MDR 2006, 873; 2001, 799; OLG Köln GesR 2003, 85; OLG Zweibrücken GesR 2012, 503, 504) und Sterilisationsbehandlungen (BGH NJW 1980, 1452, 1453) sind ebenfalls dem Dienstvertragsrecht zuzuordnen.

## II. Vertragsschluss und Vertragsgegenstand; Exkurs: Ärztliche GoA

Auf den Behandlungsvertrag sind die allgemeinen Vorschriften der §§ 145 ff. anwendbar. Der Abschluss ist grundsätzlich formfrei möglich (BT-Drs. 17/10488 S. 10). Abweichende Regelungen sind aufgrund besonderer Leistungen an verschiedenen Stellen getroffen worden. So fordern z.B. § 28 Abs. 2 Satz 4 SGB V, § 16 Satz 2 BPflV i.V.m. § 17 Abs. 2 KHEntG und Regelungen in der GOÄ und GOZ den Abschluss einer schriftlichen Vereinbarung. Keinen Einfluss auf die Wirksamkeit des Behandlungsvertrages hat hingegen ein Verstoß gegen § 3 Abs. 1 Satz 3 BMV-Ä, da diesem keine Normqualität zukommt (*Voigt*, Individuelle Gesundheitsleistungen, S. 37 ff. m.w.N.). Auch ein Verstoß gegen § 630c Abs. 3 lässt nach h.M. die Wirksamkeit des Behandlungsvertrags unberührt (hierzu s. § 630c Rdn. 47 ff.).

Es gilt grundsätzlich Abschlussfreiheit (*Kern/Rehborn*, in: Laufs/Kern/Rehborn ArztR, § 44 Rn. 12). Patienten können den behandelnden Arzt frei wählen. Für gesetzlich versicherte Patienten muss jedoch § 76 SGB V beachtet werden. Danach erstreckt sich die freie Arztwahl uneingeschränkt auf diejenigen Ärzte, die für die vertragsärztliche Versorgung zugelassen sind (§ 76 Abs. 1 Satz 1 SGB V). Andere Ärzte dürfen nur in Notfällen in Anspruch genommen werden (§ 76 Abs. 1 Satz 1 SGB V) und auch zwischen den zur vertragsärztlichen Versorgung zugelassenen Ärzten darf innerhalb eines Kalendervierteljahres nur aus wichtigem Grund gewechselt werden (§ 76 Abs. 3 Satz SGB V). Anderenfalls kann die Behandlung dem Patienten in Rechnung gestellt werden (§ 76 Abs. 2 SGB V).

Auch der Arzt ist frei darin, mit wem er einen Behandlungsvertrag abschließen will. Ihn trifft folglich kein Kontrahierungszwang. Er ist jedoch an die Diskriminierungsverbote in § 19 AGG gebunden und bedarf für die Ablehnung von bestimmten Patienten eines sachlichen Grundes (für den Vertragsarzt § 13 Abs. 7 Satz 3 BMV-Ä).

9 Etwas anderes gilt für Notfälle oder bei Vorliegen besonderer rechtlicher Verpflichtungen (§ 7 Abs. 2 Satz 2 MBO-Ä). Derartige Verpflichtungen können sich aus einer Garantenstellung des Arztes, der Teilnahme am ärztlichen Bereitschafts- und Notdienst oder allgemein aus § 323c StGB ergeben (*Steffen/Pauge*, Arzthaftungsrecht, Rn. 80, ausführlich *J. Prütting*, Rechtsgebietsübergreifende Normenkollisionen, § 5 II. 2. a bb. In diesen Fällen ist der Arzt daran gehindert, die Behandlung des Patienten abzulehnen. Sofern eine medizinische Behandlung dringend erforderlich ist und keinem anderen Arzt überlassen werden kann, muss der Arzt den Patienten, zumindest soweit dies erforderlich ist, behandeln (für den Vertragsarzt § 13 Abs. 7 Satz 2 BMV-Ä). Ob in derartigen Fällen ein Behandlungsvertrag geschlossen wird, ist eine Frage des Einzelfalls.

10 Gegenstand des Behandlungsvertrages ist die »medizinische Behandlung eines Patienten« gegen Entgelt. Unter Behandlung i.d.S. sind »sämtliche Maßnahmen und Eingriffe am Körper eines Menschen, um Krankheiten, Leiden, Körperschäden, körperliche Beschwerden oder seelische Störungen nicht krankhafter Natur zu verhüten, zu erkennen, zu heilen oder zu lindern«, zu verstehen (BT-Drs. 17/10488 S. 17). Eine medizinische Indikation ist für die Behandlung nicht erforderlich, sodass neben Heilbehandlungen auch kosmetische Eingriffe sowie sonstige Maßnahmen der »Wunschmedizin« von §§ 630a-h erfasst sind.

11 Probandenverträge für medizinische Forschung könnten auf den ersten Blick zwar im weitesten Sinne auch unter den Behandlungsvertrag gefasst werden. Diesen haftet jedoch ein grundlegend anderer Vertragscharakter an, da es nicht mehr um Behandlung gegen Entgelt geht (*Lipp*, in: Laufs/Katzenmeier/Lipp, Arztrecht, Kap. XIII Rn. 43). Vielmehr stellt sich der Proband gegen oder ohne Aufwandsentschädigung für medizinische Forschung zur Verfügung, bei der oftmals nicht einmal mittelbar das Ziel ist, dass der Proband hiervon (auch) einen positiven Nutzen haben kann (anders im Rahmen der Zulässigkeitsbegrenzungen bei Forschung an Minderjährigen, Einwilligungsunfähigen sowie Kranken, vgl. §§ 20, 21 MPG, §§ 40, 41 AMG). Zudem erscheinen die zahlreichen Belehrungs- und Aufklärungserfordernisse der §§ 630c Abs. 2 Satz 1, Abs. 3 Satz 1, 630e sowie die Beweislastregeln des § 630h vielfach in der dort genannten Form inadäquat und somit allenfalls in modifizierter Form tragfähig. Daher dürfte sich der Probandenvertrag zutreffend als Vertragsform sui generis darstellen, in dessen Rahmen die §§ 630a ff., 611 ff. allenfalls als Orientierungshilfe zur Bestimmung der vertraglichen Pflichten genutzt werden können.

12 Sofern die Behandlung unentgeltlich erfolgt und die §§ 630a-h nicht eingreifen, sind die §§ 662 ff. anwendbar. Der Schutzumfang ist dabei im Ergebnis im Wesentlichen unverändert, da der Arzt dem Patienten gegenüber zur Einhaltung des medizinischen Standards verpflichtet ist und gegebenenfalls aus dem Deliktsrecht im gleichen Umfang haftet.

13 Neben Behandlungen durch Ärzte sind auch solche durch Angehörige nicht ärztlicher Berufe i.S.d. Art. 74 Abs. 1 Nr. 19 GG (z.B. Hebammen, Ergotherapeuten, Logopäden, Physiotherapeuten), deren Ausbildung durch ein Bundesgesetz geregelt wird, sowie die durch Heilpraktiker von § 630a Abs. 1 umfasst (BT-Drs. 17/10488 S. 18).

14 Das Vorliegen einer medizinischen Indikation ist zwar für die Annahme eines Behandlungsvertrages nicht erforderlich, spielt aber im Rahmen der Kostenübernahme durch die gesetzliche bzw. private Krankenversicherung eine bedeutende Rolle. Das SGB V setzt für einen Leistungsanspruch an vielen Stellen voraus, dass die begehrte Maßnahme zur Behandlung einer Krankheit erforderlich ist. Nach ständiger Rechtsprechung versteht man unter Krankheit dabei einen regelwidrigen körperlichen oder geistigen Zustand, der entweder behandlungsbedürftig ist oder Arbeitsunfähigkeit oder beides zur Folge hat (KassKomm/*Nolte* SGB V, § 27 Rn. 9 m.w.N.). Als Gesundheit wird im Gegensatz dazu jeder Zustand frei von Krankheit verstanden.

15 **Exkurs, Geschäftsführung ohne Auftrag im ärztlichen Bereich:** Die Regeln über die Geschäftsführung ohne Auftrag greifen, wenn ein Behandlungsvertrag aufgrund der Bewusstlosigkeit oder der fehlenden Geschäftsfähigkeit des Patienten nicht wirksam zustande kommen kann, eine Behandlung aber unverzüglich zu erfolgen hat. Dies kommt insbesondere in Notfallsituationen in Betracht, bei denen die Zustimmung des gesetzlichen Vertreters nicht eingeholt oder ein solcher nicht

rechtzeitig bestellt werden kann (*Brennecke*, Ärztliche Geschäftsführung ohne Auftrag, S. 56 ff.). In diesen Fällen sind alle vital oder absolut indizierten medizinischen Maßnahmen vorzunehmen. Darüber hinaus muss das Krankheitsbild soweit möglich ermittelt und der Patient sofern erforderlich in ein Krankenhaus überwiesen werden (BGH NJW-RR 2008, 263). Weitere Maßnahmen dürfen erst dann vorgenommen werden, wenn die Zustimmung des Patienten selbst oder seines gesetzlichen Vertreters eingeholt ist (BGH NJW 1977, 337, 338; 2000, 885, 886 f. zum parallelen Fall der Operationserweiterung (Operation am Ohr, Sterilisation); *Katzenmeier*, Arzthaftung, S. 109 f.).

### III. Vertragsparteien; Exkurs: öffentlich-rechtliche Beziehungen

Nach Abs. 1 sind Vertragsparteien des Behandlungsvertrages einerseits derjenige, der die medizinische Behandlung zusagt (Behandelnder), und andererseits der Patient. Ohne Einfluss ist es, ob der Patient gesetzlich oder privat versichert ist (siehe dazu Vorb. § 630a–h E.). Durch die Formulierung hat der Gesetzgeber zum Ausdruck gebracht, dass nicht nur Ärzte, sondern auch Angehörige nicht ärztlicher Berufe Vertragspartner werden können. Zum anderen wird verdeutlicht, dass es nicht darauf ankommt, die Behandlung selbst vorzunehmen, sondern nur, diese zugesichert zu haben. Behandelnder i.d.S. kann daher auch eine juristische Person sein, da die Einschaltung von Erfüllungsgehilfen zulässig ist (BT-Drs. 17/10488 S. 18). 16

Begibt sich der Patient zur ambulanten Behandlung zu einem niedergelassenen Arzt, so kommt der Behandlungsvertrag mit diesem zustande. Dies gilt auch dann, wenn der Patient nur einen diesen vertretenden Arzt antrifft (BGHZ 144, 296, 310; BGH NJW 2000, 2737, 2741). 17

Überweist der Behandelnde den Patienten zu einem anderen Arzt (BGH NJW 1994, 797, 798) oder zieht er einen weiteren Arzt zur Behandlung hinzu (Konsil, BGH NJW 1999, 2731), so kommt zwischen dem Patienten und dem hinzugezogenen Arzt regelmäßig ein eigenständiger Behandlungsvertrag zustande. Typischerweise wird der Konsilarzt also nicht als Erfüllungsgehilfe i.S.d. § 278 oder Verrichtungsgehilfe i.S.d. § 831 tätig. Zieht der erstbehandelnde Arzt hingegen ohne Kenntnis des Patienten einen weiteren Arzt ins Vertrauen und hält ein sog. internes Konsil ab, so kommt zwischen dem weiteren Arzt und dem Patienten kein Vertrag zustande (vgl. *Greiß/Greiner*, Arzthaftpflichtrecht, B. Rn. 121 ff.). In Abgrenzungsfällen hat die Rechtsprechung auf die Formel zurückgegriffen, dass haftet, wer liquidiert (BGH NJW-RR 2014, 105 Rn. 26). 18

Sofern es sich um die Übersendung von Untersuchungsmaterial handelt, das der erstbehandelnde Arzt zur Analyse an einen Laborarzt, Virologen oder Pathologen weiterleitet, kommt zwischen diesem und dem Patienten regelmäßig ein weiterer Vertrag zustande. Der erstbehandelnde Arzt tritt in diesem Fall als Stellvertreter seines Patienten auf (BGH NJW 1999, 2731, 2732 f.). Seine Vertretungsmacht umfasst jedoch nur diejenigen Maßnahmen, die als objektiv notwendig angesehen werden (BGH NJW 2010, 1200). 19

Eigenständig zu bewerten ist die Situation, wenn der Patient nicht auf einen einzelnen niedergelassenen Arzt, sondern einen Zusammenschluss mehrerer Ärzte trifft. Hierbei sind verschiedene Formen der Zusammenarbeit möglich, die stets auseinandergehalten werden müssen. Besondere Bedeutung kommt dabei der Unterscheidung zwischen der Praxisgemeinschaft und der Berufsausübungsgemeinschaft (früher Gemeinschaftspraxis) zu. Die Praxisgemeinschaft zeichnet sich dadurch aus, dass es sich um eine Organisationsgemeinschaft handelt, bei der zwar die Praxisräume, die Praxiseinrichtung und das Praxispersonal gemeinsam genutzt werden, die Behandlung aber im Übrigen getrennt voneinander stattfindet. Der Behandlungsvertrag kommt daher auch nur zwischen dem konkret Behandelnden und dem Patienten zustande. Anders stellt sich die Situation hingegen bei der Berufsausübungsgemeinschaft (früher Gemeinschaftspraxis) dar: Diese zeichnet sich gerade dadurch aus, dass die zusammengeschlossenen Ärzte die Praxis gemeinsam führen und gegenüber einem gemeinsamen Patientenstamm fachgleiche und fachverbindende Leistungen erbringen und diese auch gemeinsam abrechnen (BeckOK/*Katzenmeier* Rn. 65). Der Behandlungsvertrag wird in diesem Falle mit der als (teil-)rechtsfähig angesehenen GbR (BGHZ 146, 341 = NJW 2001, 1059; BGH NJW 2003, 1445; 2003, 1803) und nicht mit einem einzelnen Arzt geschlossen. Daneben 20 kann ein Zusammenschluss auch in Form einer Partnerschaftsgesellschaft (PartG), Gesellschaft mit beschränkter Haftung (GmbH) oder eines Medizinischen Versorgungszentrums (MVZ) in den zugelassenen Trägerformen (§ 95 Abs. 1a SGB V) erfolgen. Damit kommt der Vertrag in den Fällen derartiger Zusammenschlüsse jeweils zwischen der Gesellschaft und dem Patienten zustande.

21 Auch bei der Behandlung im Krankenhaus muss genau darauf geachtet werden, wer als Vertragspartner anzusehen ist. Bei der ambulanten Behandlung kommt es darauf an, wer die Ambulanz betreibt. Dies kann entweder der liquidationsberechtigte (Chef-)Arzt oder der Krankenhausträger selbst sein. Der Behandlungsvertrag wird demzufolge zwischen dem Betreiber der Ambulanz und dem Patienten geschlossen. Bei der stationären Behandlung muss zwischen verschiedenen Vertragsgestaltungen unterschieden werden (*Prütting/Prütting*, Medizin- und Gesundheitsrecht, S. 223 ff.). Bei einem einheitlichen (totalen) Krankenhausaufnahmevertrag kommt der Behandlungsvertrag zwischen dem Krankenhausträger, der die Erbringung sämtlicher ärztlicher und nicht ärztlicher Leistungen zusichert, und dem Patienten zustande. Beim gespaltenen Arzt-Krankenhaus-Vertrag kommt es zum Abschluss zweier Verträge. So schließt der Patient zunächst einen Vertrag mit dem Krankenhausträger, der sich dazu verpflichtet, die Krankenhausversorgung zu erbringen. Darüber hinaus schließt er einen Vertrag mit dem liquidationsberechtigten Arzt, der sich zur Erbringung der wahlärztlichen Behandlung verpflichtet (BGH NJW 1995, 1611, 1612). Der Vertrag zwischen Patient und Krankenhausträger stellt in dieser Konstellation einen Mischvertrag mit Elementen aus Behandlungs-, Miet- und Werkvertrag dar. Der eigentliche Behandlungsvertrag wird zwischen Patient und liquidationsberechtigtem Arzt geschlossen. Zuletzt kommt auch der Abschluss eines totalen Krankenhausaufnahmevertrages mit Arztzusatzvertrag in Betracht. Bei dieser Konstellation kommt es zum Abschluss zweier Behandlungsverträge. Wie beim einheitlichen (totalen) Krankenhausvertrag verpflichtet sich der Krankenhausträger gegenüber dem Patienten zur Erbringung sämtlicher ärztlicher und nicht ärztlicher Leistungen (BGH NJW 1985, 2189, 2190 f.). Darüber hinaus verpflichtet sich der liquidationsberechtigte Arzt, die ärztliche Leistung persönlich zu erbringen (LG München VersR 2015, 761, 762). Sofern in den AGB des Krankenhauses vorgesehen ist, dass es bei Abschluss eines Arztzusatzvertrages zu einer Aufspaltung wie beim gespaltenen Arzt-Krankenhaus-Vertrag kommt, ist die Wirksamkeit einer derartigen Klausel AGB-rechtlich umstritten: Teilweise wird vertreten, eine derartige Aufspaltung nähme den Krankenhausträger hinsichtlich der ärztlichen Wahlleistungen aus der Pflicht und befreie ihn im Schadensfall grundsätzlich von der Haftung. Ein solches Vorgehen stelle eine nach § 307 Abs. 1 und Abs. 2 Nr. 2 unzulässige Benachteiligung des Patienten dar und verstoße gegen das Gebot von Treu und Glauben (*Kramer* NJW 1996, 2398, 2401). Je nach Ausgestaltung erscheint auch ein Rückgriff auf § 309 Nr. 7 möglich, da die ärztliche Leistung – anders als in den Fällen des gespaltenen Arzt-Krankenhaus-Vertrages – a priori bereits zugesagt worden ist und die AGB-Klausel wie eine Haftungsbeschränkung wirkt. Bei hinreichend klarer, d.h. insbesondere laienverständlicher Formulierung dürfte nach hiesiger Aufassung aber nicht stets eine Unwirksamkeit der Klausel anzunehmen sein. Sofern das AGB-rechtliche Transparenzgebot gewahrt ist und auch keiner der Tatbestände aus den §§ 308, 309 erfüllt ist, liegt auch kein Verstoß gegen § 307 Abs. 1 und Abs. 2 vor (so im Ergebnis auch *Bergmann/Middendorf*, in: Bergmann/Pauge/Steinmeyer, Gesamtes Medizinrecht, BGB, § 630a Rn. 34). Es besteht kein Grund dafür, dem Krankenhausträger in diesen Fällen per se die Möglichkeit einer formularmäßigen Haftungsbeschränkung zu versagen und den Patienten auf diese Weise zu privilegieren, da er bei Versäumnissen des liquidierenden Arztes diesen in Anspruch nehmen kann.

22 Bei allen Fällen muss beachtet werden, dass der wirksame Abschluss des Behandlungsvertrages Geschäftsfähigkeit des Patienten voraussetzt. Dabei ist die in den §§ 104 ff. geregelte Geschäftsfähigkeit von der in § 630d vorausgesetzten Einwilligungsfähigkeit zu unterscheiden, was insbesondere dann eine Rolle spielt, wenn es um die Behandlung Minderjähriger geht. Hier muss zwischen privat und gesetzlich versicherten Minderjährigen unterschieden werden. Bei privat versicherten Minderjährigen kommt der Behandlungsvertrag mit den Eltern bzw. einem Elternteil zustande. Bei gesetzlich versicherten Minderjährigen ist hingegen zu differenzieren: Grundsätzlich schließen die Eltern mit dem Behandelnden den Behandlungsvertrag zu Gunsten des Minderjährigen. Vertragspartner sind daher der Behandelnde und die Eltern. Der Minderjährige kann jedoch gem. § 328

selbst Leistung verlangen (RGZ 152, 175, 176; BGH NJW 1984, 1400; BGH NJW 2005, 2069). Eine Vertretung des Minderjährigen, mit der Folge, dass der Minderjährige selbst Vertragspartner wird, kommt nur in Ausnahmefällen in Betracht. Darüber hinaus können gesetzlich versicherte Minderjährige ab Vollendung des fünfzehnten Lebensjahres selbst wirksam Behandlungsverträge abschließen, da sie als handlungsfähig i.S.d. § 36 Abs. 1 SGB I anzusehen sind und ihnen aus dem Abschluss des Vertrages keine rechtlichen Nachteile erwachsen. Inwiefern sie darüber hinaus in der Lage sind, wirksam in Behandlungsmaßnahmen einzuwilligen, bestimmt sich hingegen nach § 630d (näher dazu § 630d Rdn. 26 ff.).

Bei Abschluss eines Behandlungsvertrages durch einen in einer Ehe oder Lebenspartnerschaft lebenden Patienten kann es gem. § 1357 Abs. 1 zu einer haftungsrechtlichen Mitverpflichtung des Ehepartners kommen. Dies gilt insbesondere für medizinisch indizierte und unaufschiebbare Behandlungen (BGH NJW 1992, 909), aber auch für solche, die sich im Rahmen der Leistungsfähigkeit der Familie halten. Sofern eine medizinische Indikation fehlt, kommt eine Mitverpflichtung nur nach ausdrücklicher Zustimmung des Ehepartners des Patienten in Betracht (BGH NJW 1985, 1395). Ob dies nur zu einer gesamtschuldnerischen Mitverpflichtung des anderen Ehepartners auf schuldrechtlicher Ebene führt (Jauernig/*Budzikiewicz*, § 1357 Rn. 6) oder dieser auch Vertragspartner wird (*Berger* FamRZ 2005, 1129, 1132), ist umstritten. 23

Aufgrund der besonderen Nähe zum Patienten können über die Brücke des Vertrags mit Schutzwirkung zu Gunsten Dritter auch Personen einbezogen sein, denen bei pflichtwidriger Schädigung eigenständige Schadensersatzansprüche zustehen können. Dies gilt z.B. für das ungeborene sowie neugeborene Kind gegenüber dem behandelnden Arzt und der Hebamme (BGH NJW 1971, 241, 242; BGH 2005, 888), den Ehepartner, dessen Mann bzw. Frau sich einer Sterilisationsbehandlung unterzieht (BGH NJW 1980, 1452) sowie bei ärztlich verschuldeter männlicher Impotenz (*Ziegler/ Phillip* VersR 2009, 181 ff.). 24

Die i.R.d. Familienversicherung gem. § 10 SGB V versicherten Familienangehörigen des Stammversicherten erhalten einen eigenständigen Leistungsanspruch gegenüber der Krankenkasse, sodass sie i.R.d. Inanspruchnahme von Leistungen selbst Vertragspartner werden (BeckOK/*Ulmer* § 10 SGB V Rn. 2). Nur für den Fall der Minderjährigkeit oder Geschäftsunfähigkeit sind die oben genannten Besonderheiten zu beachten.

**Exkurs, Öffentlich-rechtliche Beziehungen:** Das Rechtsverhältnis zwischen dem Patienten und dem Träger eines öffentlichen Krankenhauses ist durch den Krankenhausaufnahmevertrag rein privatrechtlich ausgestaltet. Für die ärztliche Heilbehandlung ist daher anerkannt, dass sie in der Regel nicht in Ausübung eines öffentlichen Amtes geschieht, auch wenn sie in öffentlichen Krankenanstalten erfolgt (BGH VersR 1989, 1085). Nur in Ausnahmefällen werden Ärzte in Ausübung eines ihnen anvertrauten öffentlichen Amtes hoheitlich tätig. 25

Bei einer Zwangsbehandlung übt der Arzt unmittelbar ein öffentliches Amt aus. Ebenso hoheitlich tätig werden der Amtsarzt beim Gesundheitsamt, der Gefängnisarzt, der Anstaltsarzt oder der Truppenarzt. Der bei einem Medizinischen Dienst der Krankenkassen (MDK) angestellte Arzt, der gegenüber einer Krankenkasse eine Stellungnahme nach § 275 SGB V abgibt, handelt unabhängig davon, ob sein Arbeitgeber öffentlich- oder privatrechtlich organisiert ist, in Ausübung eines öffentlichen Amts (BGH VersR 2006, 1684). 26

Auch der Notarzt, der im Rettungsdienst tätig wird, handelt hoheitlich, wenn der Rettungsdienst durch Landesgesetz öffentlich-rechtlich organisiert ist. In Bayern ist die Wahrnehmung der rettungsdienstlichen Aufgaben der hoheitlichen Betätigung zuzurechnen; Behandlungsfehler des »Notarztes im Rettungsdiensteinsatz« sind nach Amtshaftungsgrundsätzen zu beurteilen (BGH VersR 2003, 732). Der Arzt haftet dann nicht persönlich, denn nach den Grundsätzen der Amtshaftung tritt an die Stelle des an sich verantwortlichen Beamten die Haftung des Staates, Art. 34 GG, § 839. 27

28 Auch der Durchgangsarzt handelt in Ausübung eines öffentlichen Amtes und haftet bei Fehlern nicht persönlich gegenüber dem Patienten. Dessen Amtshaftungsansprüche sind deshalb gegen den Unfallversicherungsträger zu richten. Entschließt sich der Durchgangsarzt nach der Entscheidung über das »Ob« und »Wie« der zu gewährenden Heilbehandlung aber, diese selbst zu übernehmen, haftet er dem Patienten privatrechtlich aus Vertrag und aus Delikt. Besteht der Behandlungsfehler des Durchgangsarztes in der falschen Diagnose bei der Entscheidung zum »Ob« und »Wie« und setzt sich dieser Fehler in der weiteren Behandlung fort, bleibt der Fehler dem öffentlich-rechtlichen Bereich zuzuordnen (BGHZ 179, 115). Die vom Durchgangsarzt dokumentierte Entscheidung für eine besondere Behandlung sorgt hingegen für eine Zäsur zwischen hoheitlichen und privatrechtlichen Pflichten (BGH NJW-RR 2020, 790 Rn. 22); nachfolgende Maßnahmen zur Diagnosesicherung sind Teil der Behandlung und dem Privatrecht zuzuordnen. Übernimmt der Durchgangsarzt dagegen nicht die allgemeine Heilbehandlung, zählt auch die Überwachung des Heilerfolgs (sog. Nachschau) zum öffentlich-rechtlichen Bereich (OLG Schleswig NJW-RR 2008, 41; OLG Hamm GesR 2010, 137). Beschränkt er sich im Rahmen der Nachschau auf die Prüfung der Frage, ob die bei der Erstversorgung des Verletzten getroffene Entscheidung zugunsten einer allgemeinen Heilbehandlung aufrechtzuerhalten ist, wird er auch bei der Nachschau in Ausübung eines öffentlichen Amtes tätig (BGH VersR 2010, 768).

29 Ärztliche Tätigkeit in Ausübung eines öffentlichen Amtes kommt ferner bei der Schutzimpfung von Kleinkindern vor, die im Gesundheitsamt einer Gemeinde durchgeführt wird. Auf diese Beziehungen der Patienten zur Gemeinde finden vertragliche Vorschriften keine Anwendung.

## IV. Pflichtenspektrum und Gewährleistungsrecht

### 1. Pflichten der Behandlungsseite

30 Welche Pflichten die Behandlungsseite im Detail treffen, kann nicht allgemeinverbindlich festgestellt werden. Das jeweilige Pflichtenspektrum orientiert sich an unterschiedlichen Faktoren, unter anderem daran, ob die Maßnahme der Krankheitsbehandlung oder einem sonstigen Zweck dient, welche Behandlungsmöglichkeiten zur Verfügung stehen, wie der Gesundheitszustand des Patienten ist und welchen Beruf der Behandelnde ausübt. Denn auch wenn es sich in den allermeisten Fällen um die Beurteilung des Pflichtenkataloges i.R.e. Arztvertrages handeln wird, so muss doch immer bedacht werden, dass die §§ 630a–h auch für eine Vielzahl anderer Berufe Geltung entfalten.

31 Mit den §§ 630a–h hat der Gesetzgeber versucht, den durch die Rechtsprechung entwickelten Pflichtenkatalog des Arztes gesetzlich abzubilden. Dabei geht die Gesetzesbegründung davon aus, dass nur die wichtigsten Rechte des Patienten und damit spiegelbildlich die wichtigsten Pflichten des Arztes gesetzlich normiert worden sind, sodass der Rechtsprechung trotz der Kodifizierung weiterhin genügend Spielraum für eine sach- und interessengerechte Entscheidung im Einzelfall verbleibt (BT-Drs. 17/10488 S. 9). Für die Bestimmung der jeweils im Einzelfall geschuldeten Pflichten sind daher stets die Vereinbarungen der Vertragsparteien, die Gesetzesbegründung sowie die bisher ergangene, ausdifferenzierte Rechtsprechung heranzuziehen.

32 Sofern keine Vereinbarungen zwischen den Parteien getroffen worden sind, hat die Behandlung gem. § 630a Abs. 2 »nach den zum Zeitpunkt der Behandlung bestehenden, allgemein anerkannten fachlichen Standards zu erfolgen«. Dabei lässt sich die Behandlung in verschiedene Behandlungsstadien, nämlich Anamnese und Befunderhebung, Diagnose, Aufklärung, eigentliche Therapie und Nachsorge unterteilen.

33 Die Anamnese dient zunächst der Erfragung der Krankheitsgeschichte, um möglichst alle medizinisch relevanten Informationen in Erfahrung zu bringen. Die Befunderhebung baut auf den gewonnenen Informationen auf und versucht diese durch körperliche, chemische und apparative Untersuchungen zu ergänzen. Die erhobenen Befunde sind zum Zweck der Diagnosestellung und gegebenenfalls zu ihrer Überprüfung zu sichern (BGH NJW 1996, 1589; BGH 1998, 1780). Die durch Anamnese und Befunderhebung gewonnenen Informationen und Ergebnisse sind i.R.d. Diagnose auszuwerten und einem Krankheitsbild zuzuordnen. Sofern dies nicht möglich ist, sind weitere

anamnestische und befunderhebende Maßnahmen erforderlich (BGH NJW 1959, 1583 f.). Liegt eine Diagnose vor, muss anhand dieser eine konkrete Therapieform gewählt werden. Dabei muss der Behandelnde die Chancen und Risiken verschiedener Therapieformen gegeneinander abwägen. Sofern sich dabei keine wesentlichen Abweichungen bezüglich der Chancen und/oder Risiken ergeben, steht es grundsätzlich im Ermessen des Arztes, für welche Therapieform er sich entscheidet (BGH NJW 1982, 2121, 2122). Bevor er mit der Durchführung der Therapie beginnt, ist eine umfangreiche Aufklärung des Patienten und die Einholung einer Einwilligung i.S.d. § 630d erforderlich (Im Detail dazu siehe § 630d Rdn. 9 ff., 38 ff.). Ist die Therapie abgeschlossen können den Behandelnden zuletzt Nachsorgepflichten treffen, z.B. in Form von Kontrollen, Nachsorgeuntersuchungen oder Rehabilitationsmaßnahmen (*Kern*, in: Laufs/Kern/Rehborn, ArztR, § 58a Rn. 1).

Aus der Einordnung des Behandlungsvertrages als besonderer Dienstvertrag folgt gem. §§ 630b, 613 Satz 1 (vgl. § 630b Rdn. 6 ff.), dass der Behandelnde die Leistung grundsätzlich persönlich erbringen muss (vgl. § 19 Abs. 2 MBO, § 15 Abs. 1 Satz 1 SGB V, § 4 Abs. 2 Satz 1 GOÄ/GOZ und 2.2 EBM). Ausnahmen von diesem Grundsatz sind möglich, sofern die zu übertragende Leistung delegationsfähig ist und der Patient zustimmt. Unter Delegation versteht man dabei die Übertragung von Leistungen auf die nichtärztliche Assistenz. Welche Voraussetzungen konkret erfüllt sein müssen, um von der Delegationsfähigkeit einer Leistung ausgehen zu können, wird von der Rspr. einzelfallbezogen entschieden. Nicht delegationsfähig sind in jedem Fall solche Leistungen, für deren Erbringung ein Arztvorbehalt normiert ist (z.B. §§ 218 ff. StGB, §§ 9, 11 ESchG, § 13 Abs. 1 BtMG, § 24 IfSG) und solche Aufgaben, die zum Kernbereich ärztlicher Tätigkeit gehören (*Hahn* NJW 1981, 1977, 1980; *Peikert* MedR 2000, 352, 355). Hierzu zählen Anamnese, Untersuchung, Diagnose- und Therapieplanerstellung sowie die Vornahme invasiver Maßnahmen und operativer Eingriffe (*Peikert* MedR 2000, 352, 355; *Steffen* MedR 1996, 265). Die Zustimmung des Patienten muss nicht ausdrücklich erfolgen. Insbesondere bei Abschluss eines Behandlungsvertrages mit einer juristischen Person erfolgt die Zustimmung i.d.R. bereits bei Vertragsschluss konkludent (BT-Drs. 17/10488 S. 20 f.). Aber auch bei wirksamer Delegation bleibt der Behandelnde dazu verpflichtet, für die Ausführung der Leistung fachliche Weisungen zu erteilen und diese zu beaufsichtigen (vgl. § 15 Abs. 1 Satz 2 SGB V, § 4 Abs. 2 Satz 1 GOÄ/GOZ). 34

Von der Delegation zu unterscheiden ist die Substitution. Unter Substitution wird die Übertragung von Leistungen auf nichtärztliches Personal verstanden, das diese dann eigenverantwortlich anstelle des Arztes ausführt. Die erstmalige Zulassung der Substitution durch das Pflege-Weiterentwicklungsgesetz (Gesetz zur strukturellen Weiterentwicklung der Pflegeversicherung (PfWG) vom 28.05.2008, BGBl. I S. 874) ist rechtspolitisch umstritten (*Bergmann* MedR 2009, 1; *Spickhoff/Seib* MedR 2008, 463 ff.; *Abanador*, Die Zulässigkeit der Substitution ärztlicher Leistungen durch Leistungen nichtärztlichen Pflegepersonals). Die Voraussetzungen für die Übertragbarkeit sind in der Heilkundeübertragungsrichtlinie (Richtlinie über die Festlegung ärztlicher Tätigkeiten zur Übertragung auf Berufsangehörige der Alten- und Krankenpflege zur selbstständigen Ausübung von Heilkunde im Rahmen von Modelvorhaben nach § 63 Abs. 3c SGB V vom 20.10.2001, BAnz Nr. 46 (S. 1128) vom 21.3.2012) des G-BA festgelegt. 35

Den Behandelnden treffen verschiedene Aufklärungspflichten. Die wichtigste ist die Selbstbestimmungsaufklärung (§ 630e Abs. 1 Satz 2). Sie soll den Patienten befähigen, eigenverantwortlich und informiert zu entscheiden, ob er sich für oder gegen den Eingriff entscheiden will. Die Selbstbestimmungsausklärung ist Voraussetzung der wirksamen Einwilligung und somit sowohl zivil- als auch strafrechtlich relevant. Sie lässt sich unterteilen in Diagnose-, Verlaufs- und Risikoaufklärung (näher dazu § 630e Rdn. 7 ff.). Durch die hiervon zu unterscheidende therapeutische Aufklärung (therapeutische Information/Sicherheitsaufklärung, § 630c Abs. 2 Satz 1) soll dem Patienten vermittelt werden, welche Maßnahmen für das Gelingen des Eingriffs getroffen und welche zur Vermeidung von Risiken unterlassen werden sollen. Der Patient soll also darüber informiert werden, wie er sich zu verhalten hat, um den therapeutischen Erfolg zu sichern (näher dazu § 630c Rdn. 6 ff.). Darüber hinaus ist gem. § 630c Abs. 3 eine wirtschaftliche Aufklärung erforderlich. Der Patient soll durch 36 diese vor Vermögensaufwendungen bewahrt werden, die im Verhältnis zu seiner Leistungsfähigkeit als unvernünftig anzusehen sind (Näher dazu § 630c Rdn. 34 ff.).

37 Schon vor dem in Krafttreten des Patientenrechtegesetzes war anerkannt, dass über die Durchführung der Behandlung eine Dokumentation zu erstellen ist. Die Dokumentationspflicht ergab sich zwar aus einigen speziellen bundes-, heilberufs- und kammerrechtlichen Regelungen, war allerdings nicht im BGB normiert. Heute ist sie ausdrücklich in § 630f geregelt und dient vor allem dem Zweck, eine sachgerechte, therapeutische Behandlung und Weiterbehandlung zu gewährleisten (BT-Drs. 17/10488 S. 25). Gem. § 630g Abs. 1 Satz 1 kann der Patient jederzeit Einsicht in die Dokumentation nehmen und sich gem. § 630g Abs. 2 auf eigene Kosten elektronische Abschriften von dieser machen lassen (der Kostenfaktor entfällt jedoch bei (erstmaliger) Geltendmachung des Anspruchs aus den Art. 12, 15 DSGVO), es sei denn, therapeutische Gründe oder Rechte Dritter stehen dem entgegen (näher dazu § 630g Rdn. 18 ff.). Sofern der Behandlung kein Behandlungsvertrag zu Grunde liegt, ergeben sich entsprechende Rechte aus §§ 242, 810 sowie nunmehr aus den Art. 12 ff. DSGVO.

38 Die Schweigepflicht ist eine der wesentlichen Voraussetzungen für ein vertrauensvolles Verhältnis zwischen Behandelndem und Patienten. Umso erstaunlicher ist es, dass sie keinen Niederschlag in den §§ 630a-h gefunden hat. Die Verletzung der Schweigepflicht begründet jedoch über §§ 280 Abs. 1, 241 Abs. 2 einen vertraglichen Schadensersatzanspruch, da die Einhaltung der Schweigepflicht als behandlungsvertragliche Nebenpflicht anerkannt ist (*Katzenmeier*, in: Laufs/Katzenmeier/Lipp, Arztrecht, Kap IX Rn. 6 ff.). Dies gilt über §§ 280 Abs. 1, 311 Abs. 2 Nr. 3, 241 Abs. 2 selbst dann, wenn ein Informationsaustausch nur bei der Anbahnung eines Vertrages stattgefunden hat, zu dessen Abschluss es im weiteren Verlauf nicht gekommen ist. Darüber hinaus ist die Schweigepflicht auch deliktisch über § 823 Abs. 1 abgesichert. Bricht der Behandelnde die Schweigepflicht, verletzt er das Recht seines Patienten auf informationelle Selbstbestimmung, welches als Teil des allgemeinen Persönlichkeitsrechts zu den »sonstigen Rechten« zählt (Jauernig/*Teichmann* § 823 Rn. 80). Zudem drohen dem Behandelnden auch strafrechtliche und/oder standesrechtliche Sanktionen, da Verletzungen der Schweigepflicht durch § 203 Abs. 1 Nr. 1 StGB und § 9 Abs. 1 MBO-Ä sanktioniert werden können. Zu beachten ist in diesem Zusammenhang, dass der Behandelnde seine aus dem Behandlungsvertrag erwachsende Honorarforderung nicht ohne die Zustimmung des Patienten an ein Inkassounternehmen abtreten darf. Das gleiche gilt für die Verpflichtung zur Übergabe der Patentenkarteien im Rahmen einer Praxisübernahme. Fehlt die Zustimmung so ist die Abtretung/Verpflichtung wegen eines Verstoßes gegen § 203 Abs. 1 Nr. 1 StGB gem. § 134 nichtig (OLG Hamm NJW 2007, 849; OLG Köln NZG 1999, 607 m. Anm. *Römermann*).

### 2. Gewährleistungsrecht

39 Anders als das Werkvertragsrecht kennt das Dienstvertragsrecht keine normierte Mängelgewährleistung (hierzu OLG Koblenz VersR 2015, 1513 m.w.N.). Der Grundsatz des Vorrangs der Nacherfüllung soll demzufolge nicht auf den Behandlungsvertrag anwendbar sein (OLG Koblenz VersR 2015, 1513 m.w.N.; *Ballhausen* NJW 2011, 2694 ff.). Denn unverzichtbare Grundlage des Behandlungsverhältnisses ist eine starke Vertrauensbasis zwischen Behandelndem und Patienten. Diese kann durch eine Fehlleistung des Behandelnden so schwerwiegend gestört sein, dass es unbillig wäre, dem Patienten die Pflicht aufzuerlegen, dem Behandelnden ein Recht zur zweiten Andienung zu gewähren.

40 Auch der Rücktritt vom Vertrag soll nicht in Betracht kommen. Der Patient ist nicht verpflichtet, dem Behandelnden eine Nacherfüllungsfrist zu setzen und deren erfolglosen Ablauf abzuwarten. Ebenso soll selbst ein Minderungsrecht dem Patienten im Falle einer Schlechtleistung nicht zustehen. Er bleibt zur Zahlung des ungekürzten Honorars an den Behandelnden verpflichtet. Dass dies de lege lata konstruktiv in Form qualitativer Teilunmöglichkeit oder über einen qualitativen Teilrücktritt durchaus anders beurteilt werden könnte, wird von der h.M. schon mit Blick auf das insofern angeblich »beredt schweigende« spezielle Dienstvertragsrecht anders beurteilt (MüKo/*Wagner* Rn. 93 ff. mit berechtigter rechtspolitischer Kritik).

Sofern sich die Fehlleistung des Behandelnden vor Abschluss der Behandlung zeigt, kann der Patient gem. § 630b i.V.m. § 627 Abs. 1 jederzeit und ohne Angabe von Gründen kündigen. Hat der Behandelnde die Fehlleistung zu vertreten und hat der Patient in Folge der Kündigung an den bisher erbrachten Leistungen kein Interesse mehr, kann der Behandelnde gem. § 630b i.V.m. § 628 Abs. 1 Satz 2 keine Vergütung verlangen (näher § 630b Rdn. 21 ff. m.w.N.). Dies gilt gem. § 630b i.V.m. § 628 Abs. 1 Satz 3 selbst dann, wenn Teilleistungen schon abgerechnet wurden. Ist das Honorar bereits gezahlt, kann es der Patient gem. § 812 Abs. 1 Satz 1 Alt. 1 zurückverlangen. Für die Annahme, dass der Behandelnde die Fehlleistung i.S.d. § 628 Abs. 1 Satz 2 zu vertreten hat, reicht aus, dass er objektiv vertragswidrig und somit fahrlässig-schuldhaft gehandelt hat (MüKo/*Wagner* § 630a Rn. 96). Für die Annahme des Kündigungsrechts ist darüber hinaus keine besonders schwere Fehlleistung des Behandelnden erforderlich, sie darf jedoch auch nicht lediglich geringfügig sein (BGH NJW 2011, 1674, 1675; OLG Köln VersR 2013, 1004, 1005). 41

**Exkurs, Konsequenzen der Unmöglichkeit §§ 275, 326**: Durch die §§ 275, 326 werden Leistung und Gegenleistung in ein Verhältnis in der Form zueinander gesetzt, dass sie einander bedingen. Entfällt die Leistungspflicht, so entfällt auch die synallagmatische Gegenleistungspflicht. Da es sich bei den durch den Behandlungsvertrag geschuldeten Leistungen vielfach nicht um Fixgeschäfte handelt, die nur zu dem vereinbarten Zeitpunkt erbracht werden können, setzt das Ausbleiben der Leistung zunächst nur den Verzug des Behandelnden in Gang. Weitergehende Bemühungen, therapeutische Ansätze auch hinsichtlich etwaiger Erfolgsgeeignetheit am Regime der Unmöglichkeit zu messen (*Becker* MedR 2014, 475, 476), werden mit Recht als unzulässige Verzerrung der Parteiabrede und unbillige Verschiebung in Richtung Werkvertragsversprechen zurückgewiesen (MüKo/*Wagner* Rn. 91). Die Grenze soll nach der Rechtsprechung erreicht sein, wenn der Behandelnde übernatürliche Kräfte verspricht (BGH NJW 2011, 756). Diese Sichtweise ignoriert jedoch die Notwendigkeit präziser Auslegung der jeweiligen Parteiabreden als leistungs- oder erfolgsbezogene Pflichtenspektren (BeckOGK/*Riehm* § 275 Rn. 77 ff.). Sofern vertraglich nur die konkrete Verhaltenspflicht ohne den übersinnlichen Erfolg geschuldet ist, liegt ein ohne Weiteres erfüllbarer Vertrag vor (*Bartels* ZJS 2011, 106, 107 f.; *Schermaier* JZ 2011, 633, 636). 42

Sofern dem Behandelnden ein Behandlungsfehler zur Last gelegt wird, der sich erst nach Abschluss der Behandlung zeigt, bleibt dem Patienten nur das Recht, Schadensersatz geltend zu machen. Dieser erfasst auch die Kosten für die durch den Behandlungsfehler erforderlich gewordene Nachbehandlung durch einen anderen Arzt (Palandt/*Weidenkaff* Rn. 41) und die Rechtsverfolgungskosten. Rechtsverfolgungskosten können dabei insbesondere durch die Beauftragung eines Privatgutachters sowie die Mandatierung eines Rechtsanwaltes entstehen. Sofern es um die rechtliche Verteidigung gegen eine – auch für den Arzt – erkennbar nicht bestehende Honorarforderung geht, sind auch diese Kosten ersatzfähig (KG MDR 2015, 816). Sofern der Behandelnde berechtigte Honoraransprüche geltend macht, kann der Patient den ihm zustehenden Schadensersatzanspruch gegen diese im Wege der Aufrechnung einbringen (Palandt/*Weidenkaff* Rn. 41). Sofern der Patient die Honorarforderung bereits beglichen hat, kann er Rückzahlung fordern. 43

### 3. Pflichten und Obliegenheiten des Patienten

Hauptleistungspflicht des Patienten ist gem. § 630a Abs. 1 »die Gewährung der vereinbarten Vergütung«, allerdings nur »soweit nicht ein Dritter zur Zahlung verpflichtet ist«. Es muss daher an dieser Stelle zwischen Privatpatienten und gesetzlich versicherten Patienten unterschieden werden (näher § 630b Rdn. 2 ff.). 44

Privatpatienten trifft die Pflicht, die mit dem Behandelnden vereinbarte Vergütung zu entrichten. Dies gilt unabhängig davon, ob sie sich im Anschluss gegenüber ihrem Versicherer ganz oder teilweise schadlos halten können. Eine Ausnahme von diesem Grundsatz besteht nur dann, wenn der Versicherer gegenüber dem Behandelnden bereits im Vorfeld die Kostenübernahme zugesichert hat und die Zahlung auch direkt an den Behandelnden erfolgen soll. Die Höhe der Vergütung können der Behandelnde und der Patient gem. § 2 Abs. 1, 2 GOÄ/GOZ »nach persönlicher Absprache im Einzelfall« in einer Honorarabrede schriftlich vereinbaren. Geschieht dies nicht, was wohl den 45

## § 630a BGB  Vertragstypische Pflichten beim Behandlungsvertrag

Regelfall darstellt, so gilt sie gem. §§ 630a Abs. 1, 630b, 612 Abs. 1, 2 in Höhe der üblichen Vergütung als stillschweigend vereinbart. Die übliche Höhe lässt sich für den Fall der ärztlichen und zahnärztlichen Behandlung der GOÄ und der GOZ entnehmen. Dabei muss jedoch beachtet werden, dass gem. § 1 Abs. 2 Satz 1 GOÄ/GOZ nur diejenigen Behandlungen abrechnungsfähig sind, die für eine medizinisch notwendige ärztliche Versorgung erforderlich sind. Etwas anderes gilt gem. § 1 Abs. 2 Satz 2 GOÄ/GOZ nur dann, wenn der Patient die Vornahme ausdrücklich gewünscht hat. Auch wenn der Behandlungsvertrag einen besonderen Dienstvertrag darstellt, richtet sich die Fälligkeit der Vergütung nicht nach § 614. Sie tritt somit nicht schon mit Leistung der Behandlung, sondern gem. § 12 Abs. 1 GOÄ/§ 10 GOZ erst dann ein, wenn dem Zahlungspflichtigen eine den Anforderungen der GOÄ/GOZ entsprechende Rechnung gestellt wird (BT-Drs. 17/10488 S. 21).

46 Gesetzlich versicherte Patienten trifft grundsätzlich keine Zahlungspflicht. Statt einem vertraglichen Vergütungsanspruch gegenüber dem Patienten erhält der Behandelnde einen sozialrechtlichen Vergütungsanspruch gegenüber der Kassenärztlichen Vereinigung. Findet die Behandlung in einem Krankenhaus statt, erhält der Krankenhausträger einen sozialrechtlichen Zahlungsanspruch direkt gegenüber der Krankenkasse. Nur wenn der Patient gem. § 13 SGB V statt dem Sachleistungsprinzip Kostenerstattung gewählt hat oder wenn er eine Leistung, die nicht im Leistungskatalog der gesetzlichen Krankenkassen aufgeführt ist (individuelle Gesundheitsleistungen/iGeL), in Anspruch nimmt, trifft ihn die Pflicht, die Vergütung zu entrichten. Die Höhe des Vergütungs-/Zahlungsanspruches richtet sich dann nach den Vorschriften der GOÄ und GOZ. Etwas anderes kann sich nur bei IGeL ergeben. Dabei sind § 2 Abs. 1, 2 GOÄ/GOZ, § 28 Abs. 2 Satz 4 SGB V, § 16 Satz 2 BPflV i.V.m. § 17 Abs. 2 KHEntG zu beachten. § 3 Abs. 1 Satz 3 BMV-Ä entfaltet hingegen in diesem Bereich keine Wirkung, da es ihm an der erforderlichen Normqualität mangelt (*Voigt*, Individuelle Gesundheitsleistungen, S. 37 ff. m.w.N.). Hinsichtlich der Fälligkeit ergeben sich keine Abweichungen zu dem oben Gesagten.

47 Daneben trifft den Patienten, egal ob privat oder gesetzlich versichert, gem. § 630c Abs. 1 die Obliegenheit, mit dem Arzt zur Durchführung der Behandlung zusammenzuwirken. Dadurch soll das Vertrauensverhältnis weiter gestärkt und der Behandlungserfolg gesichert werden (BT-Drs. 17/10488 S. 21). Im Gegensatz zur ärztlichen Rechtspflicht der Zusammenarbeit, die in § 630c Abs. 2–4 näher umschrieben ist, findet sich eine derartige Konkretisierung für den Patienten nicht. Ausweislich der Gesetzesbegründung ist der Patient dazu angehalten, bedeutsame Umstände zeitnah offen zu legen, damit der Behandelnde sich ein zutreffendes Bild von seiner Person und seiner Gesundheit machen kann (BT-Drs. 17/10488 S. 21). Darüber hinaus ist der Patient zur Einhaltung der Compliance verpflichtet, d.h. zur Befolgung der verordneten und notwendigen therapeutischen Maßnahmen wie z.B. Medikation, Ernährung, Wundpflege. Da keine Rechtspflicht zur Erfüllung besteht, kann der Behandelnde im Falle einer Verletzung keinen Schadensersatzanspruch gegenüber dem Patienten geltend machen. Nimmt der Patient jedoch den Behandelnden in Anspruch, so kann eine Verletzung der Obliegenheit zur Unterbrechung des Zurechnungszusammenhangs oder zur Minderung oder zum Ausschluss des Anspruchs gem. § 254 führen (Näher dazu § 630c Rdn. 1 ff.).

### V. Vertragsbeendigung

48 Behandlungsverträge sind besondere Dienstverträge, die i.d.R. nicht auf bestimmte Zeit geschlossen sind und daher regelmäßig durch Zweckerreichung, Kündigung oder einvernehmliche Aufhebung enden. Ausnahmsweise kommt eine Beendigung durch Zeitablauf in Betracht, wenn die Dauer der Behandlung im Vorfeld vorhergesehen werden kann, was insbesondere bei Kur- und Sanatoriumsaufenthalten der Fall ist. Vertragszweck des Behandlungsvertrages ist die Förderung oder Wiederherstellung der Gesundheit. Sobald dieser erreicht ist, endet der Vertrag automatisch. Dies hat zur Folge, dass auch mit Hausärzten und anderen Ärzten, die wiederholt aufgesucht werden, mit jedem Auftreten von neuen Beschwerden und/oder Erkrankungen ein neuer Behandlungsvertrag geschlossen wird (*Kern*, in: Laufs/Kern/Rehborn ArztR, § 48 Rn. 3).

Da es bei Behandlungsverträgen besonders darauf ankommt, dass das Verhältnis zwischen den Par- 49
teien von Vertrauen geprägt ist, stellt die fristlose Kündigung gem. § 630b i.V.m. § 627 einen weiteren wichtigen Beendigungsgrund dar. Die Kündigung kann grundsätzlich jederzeit erfolgen. Jedoch muss insbesondere der Behandelnde beachten, dass eine Kündigung gem. § 630b i.V.m. § 627 Abs. 2 Satz 1 nicht zur Unzeit erfolgen darf, es sei denn, es liegt ein wichtiger Grund dafür vor. Dem Patienten muss also die Möglichkeit verbleiben, sich die geschuldete Behandlung anderweitig zu besorgen, ohne ernsthafte Beeinträchtigungen seiner Gesundheit befürchten zu müssen. Kündigt der Behandelnde entgegen § 630b i.V.m. § 627 Abs. 2 Satz 1, so macht er sich gem. § 630b i.V.m. § 627 Abs. 2 Satz 2 schadensersatzpflichtig.

## B. Sorgfalt der Behandlungsseite (Abs. 2)

### I. Systematik der Arzthaftung

#### 1. Behandlungsfehler

Um zu prüfen, ob dem Behandelnden ein Behandlungsfehler vorgeworfen werden kann, fragt die 50
Rechtsprechung danach, »ob der Arzt unter Einsatz der von ihm zu fordernden medizinischen Kenntnisse und Erfahrungen im konkreten Fall vertretbare Entscheidungen über die diagnostischen sowie therapeutischen Maßnahmen getroffen und diese Maßnahmen sorgfältig durchgeführt hat« (BGH NJW 1987, 2291, 2292). Ein Behandlungsfehler ist daher anzunehmen, wenn es zu einer Abweichung vom geltenden Behandlungsstandard gekommen ist, ohne dass hierfür durchschlagende Gründe vorgelegen haben. Behandlungsfehler können dabei in allen Behandlungsstadien (Anamnese, Befunderhebung, Diagnose, Therapie und Nachsorge) sowohl durch Tun als auch durch Unterlassen begangen werden. Dieser Ansicht hat sich das Schrifttum weitestgehend angeschlossen und versucht die vielfältigen Formen der Behandlungsfehler durch die Bildung von Fallgruppen zu strukturieren (NK-BGB/*Voigt* Rn. 36 ff.; Palandt/*Weidenkaff* 26 ff.). Einen Sonderfall des Behandlungsfehlers stellt es daneben gem. § 630c Abs. 2 Satz 1 dar, wenn der Behandelnde die therapeutische Ausklärung (therapeutische Information/Sicherheitsaufklärung) unterlässt oder fehlerhaft durchführt (Näher dazu § 630c Rdn. 6 ff.).

Ist dem Behandelnden ein Behandlungsfehler unterlaufen, kann der Patient sowohl vertragliche 51
als auch deliktische Schadensersatzansprüche geltend machen. Hinsichtlich der Voraussetzungen unterscheiden sich diese lediglich dadurch, dass für das Vorliegen eines vertraglichen Schadensersatzanspruches ein Behandlungsvertrag erforderlich ist. Der Behandlungsfehler stellt dabei die Pflichtverletzung dar. Es besteht somit Strukturgleichheit zwischen vertraglicher und deliktischer Haftung (BGH NJW 1989, 767, 768). Vertragliche Anspruchsgrundlage ist stets § 280 Abs. 1, da die §§ 630a ff. keine eigenständigen Anspruchsgrundlagen enthalten.

Bei tätigkeitsbezogenen Pflichten kann dabei nicht zwischen dem Vorliegen des Behandlungsfeh- 52
lers als Pflichtverletzung und dem Vertretenmüssen unterschieden werden. Denn jede Verteidigung gegen das Vorliegen eines Behandlungsfehlers stellt eo ipso auch eine Verteidigung gegen den Vorwurf des Außerachtlassens der im Verkehr erforderlichen Sorgfalt gem. § 630a Abs. 2 i.V.m. § 276 Abs. 2 dar, sodass beide Punkte nur zusammen Beachtung finden können. Diese Erkenntnis ist mit Blick auf die §§ 280 Abs. 1 Satz 2 und 630h Abs. 1 von erheblicher Bedeutung, da ein Behandlungsfehler gerade nicht qua § 280 Abs. 1 Satz 2 grundsätzlich vermutet werden darf, sondern nur unter den Voraussetzungen des § 630h Abs. 1 anzunehmen ist.

#### 2. Organisationsverschulden

Neben Fehlern, die sich auf das Behandlungsgeschehen an sich beziehen, sind auch Organisations- 53
fehler von § 630a Abs. 2 erfasst, da die Geordnetheit der Behandlungsabläufe für das Gelingen der Behandlung von erheblicher Bedeutung ist. Die Organisation setzt dabei, ähnlich wie die Behandlung an sich, die Vornahme durch einen Fachmann voraus, der Kenntnis von den Risiken und Gefahren der Behandlung hat (*Kern/Rehborn*, in: Laufs/Kern/Rehborn, ArztR, § 100 Rn. 5). Der

organisatorische Standard wird dabei nicht allein medizinisch, sondern vielmehr multidisziplinär und multiprofessionell bestimmt (HK-AKM/*Hart*, Organisationsfehler, Nr. 3948 Rn. 3).

54 Organisationsfehler kommen immer dann in Betracht, wenn die Behandlung arbeitsteilig durch verschiedene Personen erfolgt. Auch in diesen Konstellationen muss eine sachgemäße und für den Patienten gefahrlose Behandlung gewährleistet werden. Die meisten Organisationsfehler betreffen Behandlungen in Krankenhäusern, da in diesen sowohl eine horizontale als auch vertikale Arbeitsteilung gegeben ist. Es geht daher regelmäßig um die Haftung des Krankenhausträgers.

55 Die Haftung aufgrund von Organisationsfehlern tritt neben die sonstige vertragliche und deliktische Haftung. Sie wirkt sich allerdings primär im Bereich der deliktischen Haftung aus. Denn anders als § 278 gewährt § 831 Abs. 1 Satz 2 dem in Anspruch genommenen die Möglichkeit, einen Entlastungsbeweis zu führen. Dieser wird jedoch durch die Anerkennung der Organisationspflichtverletzung als Teil des Behandlungsfehlers quasi unmöglich gemacht. Sofern der Patient ein für den erlittenen Gesundheitsschaden ursächliches Behandlungsrisiko darlegen kann, das in den für den Behandelnden voll beherrschbaren Bereich fällt, muss er darüber hinaus nicht mehr den handelnden Gehilfen und den kausalen Zusammenhang darlegen und beweisen (Müko/*Wagner* Rn. 184).

56 Der Vorwurf eines Organisationsfehlers wird ausweislich der Gesetzesbegründung (BT-Drs. 17/10488 S. 19) häufig im Zusammenhang mit der personellen, fachlichen und apparativen Ausstattung (BGH NJW 1985, 2189; 1975, 2245), der Auswahl, Ausbildung und Überwachung von Hilfspersonal (BGH NJW 1980, 1901; BGH 1984, 655; 1985, 2193), der Erstellung von Einsatz-, Vertretungs- und Bereitschaftsplänen (OLG Düsseldorf NJW 1986, 790, 791) sowie in Bezug auf Patientensicherheit und Hygienemängel (BGH NJW 2003, 2309 m.Anm. *Laufs*; BGH NJW 1978, 1683; 1982, 699) erhoben (Rechtsprechungsübersichten finden sich bei *Steffen/Pauge*, Arzthaftungsrecht, Rn. 223 ff, 672 ff.; *Martis/Winkhart*, Arzthaftungsrecht, B 130 ff., G 1019 ff., K 193 ff.).

### 3. Dokumentationsmängel

57 § 630f normiert die Pflicht des Behandelnden, die wesentlichen Maßnahmen und Ergebnisse der derzeitigen und zukünftigen Behandlung zu dokumentieren (näher dazu § 630f Rdn. 11 ff.). Die Dokumentationspflicht stellt eine aus dem Behandlungsvertrag erwachsende Nebenpflicht, jedoch keine Behandlungspflicht dar (BGH NJW 1995, 1611, 1612). Somit resultieren aus ihrer Verletzung grundsätzlich keine Schadensersatzansprüche begründenden Behandlungsfehler. Auch eine eigenständige Anspruchsgrundlage kann aus ihr nicht hergeleitet werden (BGH NJW 1995, 1611, 1612). Konsequenzen werden lediglich über die durch die Rechtsprechung anerkannte (BGH NJW 1983, 333 m.Anm. *Matthies*; NJW 1987, 1482) und nunmehr in § 630h Abs. 3 normierte Vermutungsregel daran geknüpft.

58 Etwas anderes kann sich jedoch ergeben, wenn die Verletzung der Dokumentationspflicht zu einer fehlerhaften Folgebehandlung führt, durch die der Patient direkt geschädigt wird. Ein Anspruch kann dann direkt aus § 280 Abs. 1 hergeleitet werden. Dies ist interessengerecht, da allein der Schutz des § 630h Abs. 3 in diesen Fällen zu kurz greift. Würde man in diesen Fällen nicht unmittelbar an die Verletzung der Dokumentationspflicht anknüpfen, stünden dem geschädigten Patienten keine Schadensersatzansprüche zu. Solche gegen den Erstbehandelnden würden an der fehlenden Behandlungspflichtverletzung, solche gegen den Nachbehandelnden am Vertretenmüssen scheitern. Dies kann zum einen dann relevant sein, wenn der Patient sich aufgrund fehlender Dokumentation erneut (invasiven) Untersuchungen und Behandlungen unterziehen muss (dies soll ausweislich der Gesetzesbegründung durch die Dokumentation gerade verhindert werden; BT-Drs. 17/10488 S. 26). Zum anderen, wenn aufgrund der fehlenden oder fehlerhaften Dokumentation durch den Nachbehandelnden eine Behandlung oder Medikation fehlerhaft angeordnet, durchgeführt oder unterlassen wird (*Fiekas* MedR 2016, 31, 36).

## 4. Aufklärungsrüge

Gem. § 630d Abs. 1 Satz 1 ist die Durchführung einer medizinischen Maßnahme nur dann zulässig, wenn der Behandelnde im Vorfeld die Einwilligung des Patienten eingeholt hat. Da der Patient von sich aus regelmäßig nicht in der Lage sein wird, die Chancen und Risiken der Behandlung zu erkennen und gegeneinander abzuwägen, ist der Behandelnde gem. § 630e Abs. 1 Satz 1 dazu verpflichtet, den Patienten über sämtliche für die Einwilligung wesentlichen Umstände aufzuklären. § 630e Abs. 1 Satz 2 zählt beispielhaft auf, dass dazu insbesondere Art, Umfang, Durchführung, zu erwartende Folgen und Risiken der Maßnahme sowie ihre Notwendigkeit, Dringlichkeit, Eignung und Erfolgsaussichten im Hinblick auf die Diagnose oder die Therapie zählen. Durch die Aufklärung (sog. Selbstbestimmungsaufklärung) soll der Patient befähigt werden, frei und selbstbestimmt darüber zu entscheiden, ob er die empfohlene Maßnahme vornehmen lassen will. Kommt der Behandelnde dieser Aufklärungspflicht nicht nach, ist die Einwilligung des Patienten als unwirksam anzusehen. Dies hat zur Folge, dass der Patient ihn wegen einer Vertragspflichtverletzung gem. § 280 Abs. 1 und wegen Körperverletzung gem. § 823 Abs. 1 und § 823 Abs. 2 i.V.m. § 223 StGB in Anspruch nehmen kann, sofern er in Folge der Behandlung eine Gesundheitsbeeinträchtigung erlitten hat. Näher dazu §§ 630d, 630e. 59

Durch die Kodifikation in § 630e wurde die auch bisher durch die Rechtsprechung anerkannte Selbstbestimmungsaufklärung (BGH NJW 1959, 814 f.) zu einer eigenständigen Vertragspflicht erhoben. Dies gilt auch mit Blick auf die Folgen ihrer Verletzung, insbesondere hinsichtlich der Darlegungs- und Beweislast, die nun in § 630h Abs. 2 geregelt sind. 60

## 5. Wirtschaftliche Aufklärung

Die in der Rechtsprechung anerkannte wirtschaftliche Aufklärung (BGH NJW 1983, 2630, 2631; 1996, 781) ist nun teilweise in § 630c Abs. 3 normiert (näher dazu vor §§ 630a-h Rdn. 9; § 630c Rdn. 34 ff.). Sie stellt aufgrund ihrer systematischen Stellung eine Vertragspflicht dar, deren Verletzung Schadensersatzansprüche nach sich ziehen kann. Inhaltlich verpflichtet die Norm den Behandelnden dazu, den Patienten zu informieren, wenn der Behandelnde Kenntnis davon hat (oder haben müsste), dass die Kosten der Behandlung nicht (vollständig) von Dritten übernommen werden. Dabei wird man bei gesetzlich versicherten Patienten eine umfangreiche Informationspflicht annehmen können, weil der Behandelnde regelmäßig Kenntnis vom Inhalt der für die Abrechnung maßgeblichen Richtlinien des GBA haben wird oder sich zumindest beschaffen kann. Der Inhalt des durch den privat versicherten Patienten abgeschlossenen Versicherungsvertrages wird dem Behandelnden hingegen regelmäßig verborgen bleiben. Ihn trifft regelmäßig auch keine Pflicht zur Nachforschung (BT-Drs. 17/10488 S. 22). Näher dazu § 630c. 61

## II. Haftungsschuldner

Haftungsschuldner sowohl für vertragliche als auch deliktische Ansprüche ist grundsätzlich der Behandelnde. Sofern er sich zur Erfüllung der von ihm geschuldeten Leistungen Dritter bedient, muss er sich deren Verhalten im vertraglichen Bereich gem. §§ 31, 278 zurechnen lassen und haftet deliktisch nach § 831. Eine Haftung des Dritten kommt daneben nur hinsichtlich der deliktischen Ansprüche in Betracht. 62

Aufgrund der verschiedenen Organisationsformen der ärztlichen Tätigkeit kann es zu einer Erweiterung des Kreises der Haftungsschuldner kommen. Daher kommt der Frage, wer Behandelnder ist und in welcher Rechtsform dieser auftritt, eine besondere Bedeutung im Rahmen des Arzthaftungsrechts zu. Bei niedergelassenen Ärzten und Praxisgemeinschaften ist der behandelnde Arzt selbst Haftungsschuldner. Bei der Berufsausübungsgemeinschaft ist es die dieser zugrundeliegende (teil-)rechtsfähige GbR. Neben dieser haften auch die Gesellschafter sowohl für vertragliche (BGH NJW 2001, 1056; *Walter* MedR 2002, 169) als auch für deliktische Ansprüche (BGH MedR 2003, 632 m. Anm. *Walter*) akzessorisch, § 128 Satz 1 HGB analog. Dies gilt auch bei der PartG (§ 8 63

Abs. 1 Satz 1 PartGG, wobei hier § 8 Abs. 2 PartGG und im Fall der PartGmbB § 8 Abs. 4 PartGG zu beachten ist). Anders stellt sich die Situation bei der GmbH dar. Für vertragliche Ansprüche haftet allein das Gesellschaftsvermögen. Nur hinsichtlich deliktischer Ansprüche kann neben die Haftung der GmbH eine Haftung des Schädigers treten.

64 Bei einer Behandlung im Krankenhaus müssen die oben bereits erwähnten Vertragskonstellationen beachtet werden. Beim einheitlichen (totalen) Krankenhausaufnahmevertrag ist der Krankenhausträger Behandelnder. Beim gespaltenen Arzt-Krankenhaus-Vertrag ist der liquidationsberechtigte Arzt Behandelnder. Eine trennscharfe Abgrenzung der Verantwortungs- und Haftungsbereiche beim gespaltenen Arzt-Krankenhaus-Vertrag ist jedoch nur theoretisch möglich. In der Praxis bedarf es stets einer Betrachtung im Einzelfall, da es unter Umständen auch zu einer Mithaftung des Krankenhausträgers für Fehler bei der Erbringung der ärztlichen Leistungen kommen kann. Beim totalen Krankenhausvertrages mit Arztzusatzvertrag sind sowohl der Krankenhausträger als auch der liquidationsberechtigte Arzt als Behandelnder anzusehen.

65 Ist der Patient gesetzlich versichert, ist bei der Frage nach dem Haftungsschuldner zudem § 116 SGB X zu beachten. Sofern aufgrund der Schädigung Sozialleistungen zu erbringen sind, geht der Schadensersatzanspruch, einschließlich künftiger Ansprüche, auf den Versicherungsträger oder Träger der Sozialhilfe über. Haftungsschuldner kann im Fall einer erforderlich werdenden Nachbehandlung daher auch der Versicherungsträger oder Träger der Sozialhilfe sein. Für privat Versicherte ist § 86 VVG einschlägig, sodass der Anspruch erst mit Versicherungsleistung übergeht.

### III. Der medizinische Standard

#### 1. Begriffsklärung und Abgrenzung zu Heilversuch und Außenseitermethode

66 Gem. § 630a Abs. 2 schuldet der Behandelnde eine den zum Zeitpunkt der Behandlung bestehenden allgemein anerkannten fachlichen Standards entsprechende Behandlung, soweit nicht etwas anderes vereinbart ist. Ausweichlich der Gesetzesbegründung soll durch § 630a Abs. 2 die allgemeine Pflicht aus § 276 Abs. 2 ergänzt werden, wonach der Dienstverpflichtete bei der Erbringung der geschuldeten Dienste die Einhaltung der im Verkehr erforderlichen Sorgfalt schuldet. Dabei soll es maßgeblich darauf ankommen, welcher Behandlungsgruppe der Behandelnde angehört. Für Ärzte formuliert die Gesetzesbegründung, dass für die Behandlung grundsätzlich auf »den jeweiligen Stand naturwissenschaftlicher Erkenntnis und ärztlichen Erfahrung abzustellen [ist]«, der zur Erreichung des Behandlungsziels erforderlich ist und sich in der Erprobung bewährt hat«, um dem Standard i.S.d. § 630a Abs. 2 zu genügen (medizinischer Standard; BT-Drs. 17/10488 S. 19). Dies entspricht inhaltlich der vor Inkrafttreten des Patientenrechtegesetzes ergangenen Rechtsprechung, auch wenn diese für gewöhnlich davon gesprochen hat, dass diejenigen Maßnahmen ergriffen werden müssen, »die von einem gewissenhaften und aufmerksamen Arzt aus berufsfachlicher Sicht seines Fachbereichs vorausgesetzt und erwartet werden« können (BGH NJW 1995, 776, 777 m.w.N.; OLG Naumburg NJW-RR 2012, 1375, 1376 m.w.N.).

67 Dem stehen Heilversuch und Neulandbehandlung gegenüber. Bei diesen beiden Ansätzen wird bewusst vom bestehenden Standard abgewichen. Heilversuche dienen dabei dem Ziel der Heilung des Patienten. Die aufgrund der fehlenden Erfahrungen ungewissen Risiken werden nach einer sorgfältigen Abwägung jedoch in Kauf genommen, sofern die Erfolgschancen dies rechtfertigen (Näher dazu unter 2e). Neulandbehandlungen beziehen sich demgegenüber auf Behandlungsmethoden, bei denen aufgrund der bisher fehlenden Erprobung die Chancen und Risiken der Anwendung nicht sicher abgeschätzt werden können. Ein individueller Heilversuch kann durchaus im Wege einer Neulandbehandlung erfolgen. Es gibt jedoch auch andere Ansätze, so etwa seit langem bekannte, jedoch umstrittene Methoden bis hin zu Außenseiterverfahren.

## 2. Unwägbarkeiten der Standardbestimmung

### a) Der medizinische Standard und seine Bestimmung – Leitlinien, Sachverständigenexpertise, Facharztstandard

Aus den Umschreibungen, was unter medizinischem Standard zu verstehen ist, lassen sich einige wesentliche Grundsätze für seine Bestimmung entnehmen. Er ist zunächst immer objektiv berufs- und fachspezifisch zu definieren. Es kommt also gerade nicht darauf an, welche Fähigkeiten und Fertigkeiten der Behandelnde in der konkreten Situation besessen hat, sondern darauf, was von einem durchschnittlichen Behandelnden derselben Fachrichtung in dieser Situation erwartet hätte werden können (sog. Gruppen- bzw. Facharztstandard; BT-Drs. 17/10488 S. 19). Darüber hinaus ist der medizinische Standardbegriff normativen Wertungen gegenüber offen: Der Behandelnde muss daher nicht stets die neusten wissenschaftlichen Erkenntnisse und Methoden anwenden; es genügt, wenn er auf anerkannte Methoden zurückgreift und dabei die Fortschrittsdebatte im Auge behält. Als Orientierung sollen die medizinischen Leitlinien der jeweiligen Fachgesellschaften dienen (BT-Drs. 17/10488 S. 19). Anwendung finden diese immer in der Fassung, die sie im Zeitpunkt der Vornahme der Behandlungsmaßnahme hatten, sodass nachträgliche Änderungen keine andere Beurteilung begründen können (BGH VersR 2014, 879, 882). Widersprechen sich die Leitlinien verschiedener Fachgesellschaften, so ist auf diejenige Leitlinie abzustellen, die für die Fachdisziplin des zuständigen Behandlungsbereichs erlassen wurde (BGH VersR 2014, 879, 882). Dabei ist jedoch stets zu beachten, dass die Leitlinien den medizinischen Standard nicht definieren, sondern nur versuchen, ihn für den Zeitpunkt ihres Erlasses zu beschreiben. Die in ihnen niedergelegten Grundsätze können daher vom aktuell bestehenden medizinischen Standard abweichen, da sich dieser unterdessen verändert oder weiterentwickelt haben kann. Darüber hinaus können sich bei der Behandlung die individuellen Merkmale des Patienten auswirken, die der Behandelnde stets zu beachten hat. Aus diesen kann sich ergeben, dass es geboten ist, den medizinischen Standard zu übersteigen oder zu unterschreiten, um eine bestmögliche und angepasste Behandlung gewährleisten zu können. Schließlich weisen Leitlinien unterschiedliche Prüf- und Evidenzgrade auf, was in der Rechtsprechung berücksichtigt wird (BGH GesR 2014, 404; OLG Jena GuP 2011, 36).

Die Bezugnahme auf medizinische Leitlinien schränkt die von der Rechtsprechung umfangreich angenommene Therapiewahlfreiheit des Behandelnden ein (*Katzenmeier* NJW 2013, 817, 818). Weicht der Behandelnde von den Vorgaben der für ihn geltenden Leitlinien ab, so muss er dies im Vorfeld gem. § 630a Abs. 2 mit dem Patienten vereinbaren, da er sich sonst dem Vorwurf ausgesetzt sehen kann, gegen den medizinischen Standard verstoßen zu haben. Ein derartiges Vorgehen ermöglicht es ihm aber auch, persönlich bevorzugte und durch langjährige Erfahrung besonders geübte Behandlungsmethoden weiterhin anzuwenden, selbst wenn sie nicht (mehr) der Empfehlung der Leitlinien entsprechen.

Grundsätzlich keinen Einfluss auf die Bestimmung des Standards können hingegen örtliche Schwächelagen haben (BGH NJW 2000, 2737, 2740). Das Recht muss insofern situationsfest sein (*Steffen/Pauge*, Arzthaftungsrecht, Rn. 157). Eine schlechtere Behandlung aufgrund örtlicher Schwächelagen kommt daher allenfalls in Notsituationen in Betracht, wenn eine dem Standard entsprechende Behandlung nicht mehr rechtzeitig gewährleistet werden kann.

Für die Feststellung, ob eine Behandlung dem medizinischen Standard entsprochen hat, hat das Gericht medizinische Sachverständige hinzuzuziehen (BGH NJW 2015, 1601, 1602 m.w.N.; ausführlich zum Sachverständigenbeweis Frahm MedR 2019, 117). Dies gilt in jedem Fall, wenn bestehende Leitlinien keine konkreten Vorgaben enthalten oder Leitlinien nicht existieren, wobei in der Praxis in den seltensten Fällen eine hinreichende Prüfung der Leitlinien durch das nicht sachverständig unterstützte Gericht gelingt. Bei der Auswahl des Sachverständigen hat das Gericht das Prinzip der fachgleichen Beurteilung zu beachten. Der Sachverständige muss demselben Fachgebiet angehören, in das die zu beurteilende Behandlung fällt (BGH VersR 2009, 257, 258). Kommen insofern mehrere Fachgebiete in Betracht, so muss die Auswahl anhand der konkreten Beweisfrage erfolgen (BGH VersR 2009, 257, 258). Hervorzuheben ist, dass die Gerichte an die

Feststellungen der Sachverständigen nicht gebunden sind. Wie auch hinsichtlich aller sonstigen anspruchsrelevanten Tatbestandsmerkmale können die entsprechenden Feststellungen nur Ausgangspunkt der Betrachtung und Beweiswürdigung, nicht aber deren Ergebnis sein. Nichtsdestotrotz kommt den Gutachten und Ausführungen der Sachverständigen in Medizinschadensprozessen eine dominierende, oft prozessentscheidende Bedeutung zu, da sich autonome Abweichungen seitens des Juristen in fachmedizinischen Punkten kaum sinnvoll begründen lassen, wenn keine Fehler oder Widersprüche aufgedeckt werden. Nur ausnahmsweise darf das Gericht auf die Hinzuziehung eines Sachverständigen verzichten, wenn es darlegen kann, warum es selbst die nötigen Fachkenntnisse für die Beurteilung des Falles besitzt (NJW 2015, 1601, 1602 m.w.N.).

### b) Zeitpunkt der Beurteilung

72 Die Beurteilung, ob eine Behandlung dem geltenden medizinischen Standard entsprochen hat, erfolgt immer aus der ex ante Perspektive (BGH NJW 1981, 2002, 2004; BGH NJW 1988, 763, 764 f.). Es ist also nicht auf den Zeitpunkt der Beurteilung, sondern auf den der Vornahme der Behandlung abzustellen. Nachträgliche Veränderungen des medizinischen Standards können somit nicht zum Nachteil des Behandelnden gereichen (BGH NJW, 1991, 1535, 1536 ff.; 2006, 2477). Hat er jedoch eine Behandlungsmethode gewählt, die sich daraufhin als Standardmethode etabliert, so kann ihm der Vorwurf der Standardunterschreitung nicht gemacht werden (BGH NJW 2003, 1862, 1863).

73 Die Beurteilung aus der ex ante Perspektive ist interessengerecht. Denn medizinische Entwicklungen verlaufen dynamisch, wobei sich die verschiedenen Fachdisziplinen wechselseitig beeinflussen und fortentwickeln. Zwar wird von jedem Behandelnden erwartet, dass er sich in seinem Bereich zumindest mit der für ihn einschlägigen Fachliteratur auf dem aktuellen Stand hält und die erforderlichen Weiterbildungsmaßnahmen besucht (BGH VersR 1962, 155; BGH NJW 1991, 1535, 1537). Darüber hinaus kann jedoch nicht erwartet werden, dass er sämtliche nationalen und internationalen sowie fachübergreifenden Entwicklungen im Auge behält und sich langsam vollziehende Änderungen des Standards vorhersehen kann (BGH VersR 1962, 155).

### c) Einfluss der Grenzen sozialversicherungsrechtlicher Kostentragungspflicht?

74 Das heutige Gesundheitswesen wird zunehmend durch wirtschaftliche Erwägungen geprägt. Dies findet seinen Niederschlag insbesondere in § 12 Abs. 1 SGB V, wonach Leistungen, die im Rahmen der gesetzlichen Krankenversicherung erbracht werden, ausreichend, zweckmäßig und wirtschaftlich sein müssen und das Maß des Notwendigen nicht übersteigen dürfen. Somit werden dem Behandelnden im Rahmen kassengetragener Versorgung bei der Wahl der anzuwendenden Therapieform wirtschaftliche Grenzen gesetzt, die dazu führen können, dass er nicht die aus seiner Sicht am erfolgversprechendste, sondern die von der Krankenversicherung als notwendig, aber auch ausreichend angesehene Methode wählen muss, will er nicht selbst die Kosten tragen. Der medizinische Standard steht somit in einem Spannungsverhältnis mit dem Wirtschaftlichkeitsgebot (ausführlich *Arnade*, Kostendruck und Standard, S. 193 ff. m.w.N.; *Schmitz-Luhn*, Priorisierung in der Medizin, S. 150 ff. m.w.N.; s.a. *Frahm et. al.* MedR 2018, 447 ff.). Es stellt sich daher die Frage, ob dieses Spannungsverhältnis Auswirkungen auf die haftungsrechtliche Beurteilung des medizinischen Standards haben kann. Dies wird vielfach mit der Erwägung verneint, dass gem. §§ 630a Abs. 2, 276 Abs. 2 geschuldet ist, was im Rahmen des Möglichen und Zumutbaren liegt, sodass sich die Standarderwartung hier tendenziell an einer optimalen Behandlung orientiert. Das Zivilrecht selbst bietet zwar Einfallstore für wirtschaftliche Erwägungen (MüKo/*Wagner* § 630a Rn. 111), jedoch sind diese in der Zivilrechtsrechtsprechung bislang kaum auf Gegenliebe gestoßen (BGH NJW 1954, 290; VersR 1975, 43 f.; NJW 1983, 2080; OLG Düsseldorf MedR 1984, 69; OLG Hamm NJW 1993, 2387; a.A. OLG Köln VersR 1993, 52 f.; 1999, 847; OLG München MedR 2007, 361 f.). Daher ist zu konstatieren, dass das Wirtschaftlichkeitsgebot nur in sehr engen Grenzen den Behandlungsstandard beeinflusst. Sofern der Behandelnde erkennt, dass die ihm zur Verfügung stehenden Behandlungsmethoden nicht nur suboptimal sind, sondern schon unterhalb des

medizinischen Standards liegen, muss er den Patienten grundsätzlich an einen anderen Arzt oder eine andere Klinik überweisen, sofern nicht eine wirksame, standardunterschreitende Vereinbarung getroffen wird. Es wird allerdings mit Blick auf die Vorgaben der § 7 und 11 Abs. 1 der jeweils anwendbaren Berufsordnung partiell bezweifelt, dass eine entsprechende Standunterschreitung wirksam vereinbart werden kann (*Bergmann/Middendorf*, in: Bergmann/Pauge/Steinmeyer, Gesamtes Medizinrecht, BGB, § 630a Rn. 86). Soweit ersichtlich unstreitig ist, dass der Behandelnde zur Durchführung der gebotenen Behandlung auch dann verpflichtet bleibt, wenn er das ihm im Rahmen der kassenärztlichen Vergütung zustehende Regelleistungsvolumen des entsprechenden Quartals bereits erreicht oder sogar überschritten hat. Die Frage, wie der Behandelnde die Behandlung im Hinblick auf in der gesetzlichen Krankenversicherung erfasste Leistungen vergütet bekommt, darf sich nicht insoweit nicht auf die Qualität der Behandlung auswirken. Denn der Behandelnde hat sich in Kenntnis der Vor- und Nachteile des kassenärztlichen Systems diesem angeschlossen (*Stöhr* MedR 2010, 214, 216), so dass eine Unterfinanzierung im Rahmen der Budgetverhandlungen zu berücksichtigen ist, nicht jedoch den Patienten treffen darf. Fallen Leistungen jedoch aus dem kassengetragenen Versorgungsbereich heraus, die nach zivilrechtlichem Haftungsrecht im Einzelfall als standardgerecht eingestuft werden und verbleibt die Möglichkeit der Standardunterschreitung auf eine kassengetragene Methode, so kann eine hierrüber geschlossene Individualvereinbarung gemäß § 630a Abs. 2 2. HS. nicht unzulässig sein (zutreffend Palandt/*Weidenkaff* Rn. 12; Jauernig/*Mansel* Rn. 21; *Neelmeier* NJW 2015, 374 f.; ausführlich *J. Prütting*, Rechtsgebietsübergreifende Normenkollisionen, § 5 V).

#### d) Zulässigkeit der Standardunterschreitung auf patientenseitigen Wunsch?

Es steht den Parteien gem. § 630a Abs. 2 frei, eine Regelung über den für die Behandlung maßgeblichen Standard zu treffen. Dieser kann dabei sowohl höher als auch geringer als der medizinische Standard ausfallen. Der Bundesrat versuchte im Gesetzgebungsverfahren, die Möglichkeit eine Standardunterschreitung vereinbaren zu können, auszuschließen, da die Meinung vorherrschte, dass ein allgemein anerkannter Mindeststandard jedem gewährleistet werden müsse (BT-Drs. 17/10488 S. 37). Zurecht ist diesen Bemühungen nicht gefolgt worden. Es sind keine Gründe ersichtlich, die einen Ausschluss der Privatautonomie in Bezug auf Behandlungsverträge rechtfertigen. Auch bei der Behandlung am und im Körper sollte es dem Einzelnen überlassen werden, selbst darüber zu entscheiden, welche Behandlungen er vornehmen lassen möchte. Dabei kommen abweichende Vereinbarungen insbesondere dann in Betracht, wenn es um nicht oder noch nicht anerkannte Behandlungsmethoden wie z.B. individuelle Heilversuche oder alternative Therapien geht (BT-Drs. 17/10488 S. 19 f.; zu den Voraussetzungen einer wirksamen Aufklärung und Einwilligung in diesen Fällen Rdn. 77 f.). Der zentrale Schutz des Patienten wird über die Gebote der Aufklärung gewährleistet (§§ 630c Abs. 2 Satz 1, 630c Abs. 3 Satz 1, 630e Abs. 1, 2). 75

Nicht vereinbart werden kann hingegen ein Behandlungsstandard, der gem. §§ 134, 138 gegen das Gesetz oder die guten Sitten verstößt. Dies gilt insbesondere für den Fall, dass eine Standardunterschreitung ohne medizinische, psychosoziale oder ökonomische Begründung vereinbart wird (vgl. OLG Hamm MedR 2017, 310; problematisch insoweit *Geier* MedR 2017, 293; dementsprechend kritisch *J. Prütting* MedR 2017, 531). Eine Standardunterschreitung ist dort zulässig, wo dem Patienten im Gegenzug neue Möglichkeiten und Chancen eröffnet werden (so auch die grundsätzliche Erwägung der BReg im Gesetzgebungsverfahren, vgl. BT-Drs. 17/10488 S. 52. Zur Haltung der Rspr. BGH NJW 2007, 2767; BeckOK/*Katzenmeier* Rn. 190 m.w.N.). Fehlen diese, verstößt eine entsprechende Vereinbarung gegen die Sozialbindung des ärztlichen Berufsbildes (§§ 1, 2, 7 MBO-Ä) und führt gem. §§ 134, 138 zur Nichtigkeit (hierzu auch *J. Prütting*, Rechtlichen Aspekte der Tiefen Hirnstimulation, S. 76, 193 f.,198 f., 215 ff.). Zudem können sich gewisse Einschränkungen aus der Garantenstellung des Behandelnden gegenüber dem Patienten ergeben, die zu einer strafrechtlichen Verantwortung im Bereich der Körperverletzungs- und Tötungsdelikte gem. § 211 ff., 223 ff. führen können. Eine Standardunterschreitung durch Individualvereinbarung auf das kassengetragene Niveau der §§ 2 Abs. 1 Satz 3, Abs. 4, 12 Abs. 1, 27 ff. SGB V muss entgegen einiger Stimmen in der Literatur möglich sein, da andernfalls das sozialversicherungsrechtliche 76

Qualitätsniveau als gesetzes- oder sittenwidrig erachtet und den Parteien die Möglichkeit ökonomiezentrierter Entscheidung über den Umgang mit Körper und Gesundheit in nicht zu rechtfertigender paternalistischer Form genommen würde.

### e) Standardbehandlung und Heilversuch

77 Bei individuellen Heilversuchen handelt es sich um Behandlungsmethoden, die (noch) nicht anerkannt sind und somit keine genaue Prognose in Bezug auf Chancen und Risiken zulassen. Sie stellen daher jedenfalls dort, wo es eine etablierte Behandlungsmethode gibt, eine Standardunterschreitung dar. Da sie jedoch dem Ziel der Heilung des Patienten dienen, sind solche Unterschreitungen unter gewissen Voraussetzungen zulässig. Zunächst kommt ihre Anwendung grundsätzlich nur dann in Betracht, wenn Behandlungsalternativen nicht bestehen, keine Aussicht auf Erfolg haben oder bereits erfolglos angewendet wurden (*Hart* MedR 1994, 94, 100). Darüber hinaus ist eine Einbindung in eine Behandlungsstrategie, eine umfassende Aufklärung und Einwilligung sowie eine gewissenhafte und engmaschige Überwachung des Patienten während der Behandlung erforderlich.

78 Eine wirksame Aufklärung setzt in dieser Hinsicht voraus, dass der Behandelnde den Patienten vor Abschluss der gem. § 630a Abs. 2 für eine Standardunterschreitung erforderlichen Vereinbarung sowie der Einwilligung über Chancen und Risiken der beabsichtigten Behandlungsmethode informiert (hierzu und zum Folgenden BGH NJW 2007, 2767, 2770; 2007, 2774, 2776; 2020, 1358 m.w.N.). Dabei darf er sich nicht auf die bereits bekannten Informationen beschränken, sondern muss explizit darauf hinweisen, dass auch unerwartete Risiken und Komplikationen auftreten können, weil die beabsichtigte Behandlung (noch) keine anerkannte Behandlungsmethode darstellt. Darüber hinaus muss er den Patienten auch über (wenig) erfolgversprechende anerkannte Behandlungsalternativen und die Folgen einer Nichtbehandlung informieren. Mit Beginn der Behandlung ist der Behandelnde verpflichtet, den Patienten (engmaschig) zu betreuen und auf auftretende Komplikationen zu reagieren. Sofern sich während der Behandlung Veränderungen hinsichtlich der Prognose über Chancen und Risiken ergeben, muss er den Patienten darüber informieren und erforderlichenfalls weitere Maßnahmen treffen oder die Behandlung abbrechen (näher §§ 630d, e).

### f) Nichtärztliche Standards von unter § 630a BGB gefassten Berufsgruppen

79 Medizinische Behandlungen i.S.d. § 630a Abs. 1 können nicht nur von Ärzten, sondern auch von psychologischen Psychotherapeuten, Kinder- und Jugendpsychotherapeuten, Hebammen, Masseuren, medizinischen Bademeistern, Ergotherapeuten, Logopäden, Physiotherapeuten sowie von Heilpraktikern erbracht werden (BT-Drs. 17/10488 S. 18). Sie haben daher bei der Diagnose, Therapie und Nachsorge den Sorgfaltsanforderungen des § 630a Abs. 2 zu entsprechen. Hinsichtlich der Haftungsmaßstäbe bei Auftreten eines Behandlungsfehlers ergeben sich keine Abweichungen zu dem bisher Dargestellten. Neben der vertraglichen Haftung kommt auch bei diesen Berufsgruppen eine deliktische Haftung aus § 823 Abs. 1 in Betracht. Die vor Inkrafttreten des Patientenrechtegesetzes zu § 823 Abs. 1 ergangene Rechtsprechung hat dabei weiterhin Bestand.

80 Probleme ergeben sich jedoch bei der Bestimmung des für den Heilpraktiker geltenden Standards. Anders als bei den übrigen von § 630a Abs. 1 erfassten Berufsgruppen erfordert die Heilpraktikertätigkeit keine gesetzlich geregelte Berufsausbildung, sondern nur eine staatliche Erlaubnis. Heilpraktiker sind daher hinsichtlich ihrer Berufsausübung wesentlich freier und wenden regelmäßig Methoden der Naturheilkunde, Volksheilkunde und alternativen Medizin an. Dies bringt gewisse Risiken mit sich und wird in der (Fach-)Öffentlichkeit zunehmend kritischer hinterfragt. Sofern der Heilpraktiker invasive Behandlungsmethoden anwendet, gilt auch für ihn hinsichtlich der Sorgfalts- und Weiterbildungspflichten wenigstens der Standard eines Allgemeinmediziners (BGH NJW 1991, 1535). Auch im Übrigen wird ein dem medizinischen Standard ähnliches Können zu fordern sein, wobei die Unterschiede der Berufsgruppen zu beachten sind und eine Betrachtung des Einzelfalls geboten ist. Richtigerweise ist zu fordern, dass der Heilpraktiker im Rahmen der

Aufklärungspflicht nach § 630c Abs. 2 Satz 1 stets darauf hinweisen muss, dass er das anstehende Procedere ausschließlich im Rahmen seiner Heilpraktikertätigkeit zu überblicken vermag und ärztliche Hilfe regelmäßig nicht surrogiert werden kann. Zudem ist im Rahmen von § 630e Abs. 1 Satz 1, 2 deutlich darauf zu verweisen, dass fachärztliche Techniken und Fertigkeiten nicht erlernt worden sind und daher eine fachärztliche Therapie gerade nicht zu erwarten ist. Ungeachtet der Schutzmaßstäbe von BGH NJW 1991, 1535 ist es auch im Vorfeld den Patienten nicht zuzumuten, von sich aus das Könnensspektrum professioneller ärztlicher Hilfe von bloßer Heilpraktikertätigkeit zu unterscheiden.

Sofern ein Angehöriger der genannten Berufsgruppen während seiner Tätigkeit erkennt, dass eine weitergehende Behandlung durch einen (Fach-)Arzt erforderlich ist, hat er den Patienten darauf hinzuweisen und muss darauf hinwirken, dass der einen solchen aufsucht. 81

### IV. Pflichtverletzungen der Behandlungsseite

Wie oben bereits dargestellt wurde, lässt sich die Behandlung in verschiedene Behandlungsstadien, nämlich Anamnese und Befunderhebung, Diagnose, Aufklärung, Therapie und Nachsorge, unterteilen. Auch die sich aus dem Behandlungsvertrag ergebenden Pflichten lassen sich diesen Stadien zuteilen. Verletzt der Behandelnde diese, so stellt sein Verhalten eine Pflichtverletzung dar, die grundsätzlich geeignet ist, Schadensersatzansprüche zu begründen. 82

Anamnese und Befunderhebung dienen der Diagnosestellung, die die Grundlage für eine erfolgversprechende weitere Behandlung ist. Es ist zunächst die Pflicht des Behandelnden, ausgehend von einer gründlichen Anamnese, die erforderlichen Befunde zu erheben (BGH NJW 1987, 1482, 1483 f.; 1988, 151, 1514), zu interpretieren (BGH NJW 1993, 2275, 2377; OLG Hamm VersR 2002, 315, 316), zu dokumentieren (BGH VersR 1983, 983) und eine Diagnose zu stellen. Verletzt er diese, kann ihm ein Befunderhebungsfehler und/oder Diagnosefehler vorgeworfen werden. Beide Pflichtverletzungen schließen sich nach höchstrichterlicher Rechtsprechung nicht wechselseitig aus, sondern können nebeneinander verwirklicht werden (hierzu und zum Folgenden BGH NJW 2016, 1448, näher § 630h Rdn. 65 ff. m.w.N.). Ein Befunderhebungsfehler liegt dabei immer vor, wenn der Behandelnde medizinisch gebotene Befunde nicht erhebt. Ein Diagnosefehler ist im Gegensatz dazu dann gegeben, wenn der Behandelnde die vorliegenden Befunde falsch interpretiert und deshalb nicht die medizinisch gebotenen Maßnahmen ergreift (zur Abgrenzung monografisch Kniepert, Befunderhebung oder Diagnose?). Dabei ist zu berücksichtigen, dass das Maß der erforderlichen Befunderhebung und Diagnostik durch die Schwere der möglicherweise vorliegenden Krankheit sowie deren Wahrscheinlichkeit und Reversibilität mitbestimmt wird (OLG Hamm VersR 1997, 1342). Zudem handelt es sich bei der Diagnosestellung nicht um einen einmaligen Vorgang. Der Behandelnde muss immer wieder überprüfen, ob die gestellte Diagnose mit dem weiteren Verlauf in Einklang zu bringen ist oder ob sie neu abgewogen werden und gegebenenfalls neue/weitere Befunde erhoben werden müssen. 83

Nachdem die Diagnose gestellt wurde, unterfällt die Therapie der Wahlfreiheit des Behandelnden. Es steht dabei grundsätzlich in seinem Ermessen, welche Behandlungsmethode er wählt (BGH NJW 1982, 2121, 2122). Damit geht keine Bevormundung des Patienten einher. Dieser ist über die gewählte Behandlungsmethode entsprechend den Vorgaben des § 630e aufzuklären (näher dazu § 630e Rdn. 5 ff.). Unterlässt der Behandler die Aufklärung oder führt sie mangelhaft durch, stellt dies eine Pflichtverletzung dar, die zur Unwirksamkeit der Einwilligung führt. Nicht die unterlassene oder fehlerhafte Aufklärung, sondern die dann ohne Einwilligung erfolgte Behandlung stellt eine Pflichtverletzung dar (Palandt/*Weidenkaff* § 630e Rn. 13; MüKo/*Wagner* § 630e Rn. 71.). Kommen mehrere Behandlungsmethoden, die sich als echte Alternativen mit unterschiedlichem Belastungs- und Risikospektrum darstellen, in Betracht, muss der Behandelnde den Patienten darüber aufklären und diesem die Entscheidung überlassen. Sofern der Patient auf das Urteil des Behandelnden vertraut, muss dieser die Behandlungsmethode wählen, für die die größte Heilungswahrscheinlichkeit prognostiziert werden kann (MüKo/*Wagner* Rn. 150). Sofern der Patient eine Behandlungsmethode wählt, die nicht dem medizinischen Standard entspricht, 84 hat der Behandelnde dies zu respektieren (OLG Hamm NJW-RR 2002, 814,815). Da er in einem späteren Haftungsfall darlegungs- und beweisbelastet für diesen Umstand ist (OLG Hamm NJW-RR 2002, 814,815), sollte er die Wahl des Patienten dokumentieren. Sofern mehrere Behandlungsmethoden in Betracht kommen, die Behandlung mit erheblichen Folgen verbunden ist und ein Zuwarten keine Verschlechterung der medizinischen Prognose erwarten lässt, sollte dem Patienten ausreichend Bedenkzeit für die Wahl der Behandlungsmethode eingeräumt werden (OLG Hamm NJW 2001, 3417, 3418).

85 Auch bei der Durchführung der Therapie hat der Behandelnde stets den medizinischen Standard zu wahren. Dabei genügt es nicht, wenn er die gewählte Behandlungsmethode abstrakt fehlerfrei anwendet. Er muss vielmehr in der konkreten Situation all das tun, was nach den Regeln und Erfahrungen der medizinischen Wissenschaft getan werden muss, um den Patienten vor körperlichen Schäden zu bewahren (BGH NJW 1965, 345, 346). Grundvoraussetzung dafür ist die Einhaltung der ihm obliegenden Organisationspflichten. Sofern mehrere Personen in die Behandlung mit einbezogen sind, müssen die jeweiligen Tätigkeitsbereiche klar aufgeteilt sein (OLG Stuttgart VersR 1994, 1114) und die Behandlung durch nicht medizinisches Personal überwacht und durch Anweisungen gesteuert werden (s.a. § 15 Abs. 1 Satz 2 SGB V, § 4 Abs. 2 Satz 1 GOÄ/GOZ). Darüber hinaus ist sicherzustellen, dass die hygienischen Voraussetzungen eine gefahrlose Behandlung zulassen. Die Behandlungsräume müssen entsprechend den Vorgaben gereinigt und desinfiziert werden (BGH NJW 2007, 1682), alle an der Behandlung Beteiligten müssen entsprechende (Schutz-)Kleidung tragen (BGH NJW 1978, 1681 f.; 1989, 1533) und Desinfektionsmittel und Medikamente, deren Verunreinigung zu befürchten ist, müssen ersetzt werden (BGH NJW 2007, 1682). Bei Operationen ist zudem darauf zu achten, dass das medizinische Besteck steril und gegebenenfalls in doppelter Anzahl vorhanden ist und dass keine Fremdkörper im Operationsgebiet zurückbleiben (BGH VersR 1981, 462).

86 Mit Abschluss der eigentlichen Therapie ist die Behandlung noch nicht beendet. Den Behandelnden trifft vielmehr die Pflicht zur Nachsorge. Deren Umfang richtet sich dabei nach der Schwere der vorausgegangenen Therapie. Gerade nach Eingriffen, die eine Sedierung voraussetzten, und Operationen ergibt sich daher regelmäßig eine Überwachungs- und Kontrollpflicht des Behandelnden. Er hat dafür Sorge zu tragen, dass sich der Patient so lange im Aufwachraum bzw. Krankenhaus befindet, bis er wieder bei vollem Bewusstsein ist und seine Einsichts- und Steuerungsfähigkeit wiedererlangt hat (BGH NJW 2003, 2309, OLG Oldenburg VersR 2011, 1269). Nötigenfalls darf der Behandler sich dabei sogar freiheitseinschränkender Maßnahmen bedienen (*Spickhoff* NJW 2004, 1710, 1715), wobei mit solchen Maßnahmen sehr zurückhaltend zu verfahren ist. Darüber hinaus hat er den Patienten ausdrücklich darauf hinzuweisen, ob und wann Nachsorgeuntersuchungen oder Folgeoperationen stattzufinden haben (BGH NJW 1987, 705). Dies gilt insbesondere dann, wenn für den Behandelnden erkennbar ist, dass der Patient die im Falle des Unterlassens drohenden Risiken vernachlässigt (BGH NJW 1986, 2367, 2368). Sofern die Nachbehandlung von einer anderen Person durchgeführt wird, ist diese im Entlassungsbrief über mögliche Komplikationen sowie über sich ergebende Besonderheiten zu informieren (BGH NJW 1981, 2513 f.; 1987, 2927). Jedoch muss auch bei der Nachsorge beachtet werden, dass nur medizinisch gebotene Maßnahmen durchgeführt werden dürfen. Sofern nicht gezielte diagnostische oder therapeutische Maßnahmen ergriffen werden, kann sich dies als Pflichtverletzung darstellen (*Kern*, in: Laufs/Kern/Rehborn, ArztR, § 58 Rn. 2).

87 Zuletzt trifft den Behandelnden gem. § 630f die Pflicht, die für die Behandlung wesentlichen Umstände zu dokumentieren. Darunter zu verstehen sind gem. § 630f Abs. 2 Satz 1 sämtliche aus fachlicher Sicht für die derzeitige und künftige Behandlung wesentlichen Maßnahmen. Nicht zu dokumentieren sind Routinemaßnahmen und Nebensächlichkeiten (OLG Oldenburg NJW-RR 2009, 32, 33 f.). Stets dokumentationspflichtig sind z.B. die wesentlichen Handlungen und Ergebnisse in den einzelnen Behandlungsstadien, Abweichungen von der Standardbehandlung, Anfängerbehandlungen, Komplikationen, Sicherungsvorkehrungen gegen Selbstschädigungen sowie das Verlassen des Krankenhauses gegen ärztlichen Rat (Rechtsprechungsübersichten finden sich bei

*Martis/Winkhart*, Arzthaftungsrecht, Rn. D 212 ff.; *Steffen/Pauge*, Arzthaftungsrecht, Rn. 541). Zu beachten ist jedoch, dass Dokumentationsversäumnisse allein i.d.R. keine eigenständige vertragliche oder deliktische Haftung begründen können. Sie haben jedoch beweisrechtliche Folgen und können sogar zu einer Beweislastumkehr führen (BGH NJW 1986, 2365, 2366 f.). Näher dazu § 630f und zur Beweisrechtsfolge in § 630h.

### V. Haftungsbegründende Kausalität

Unter haftungsbegründender Kausalität ist der Ursachenzusammenhang zwischen dem Behandlungsfehler und dem Primärschaden zu verstehen. Ausreichend ist es, wenn die den Behandlungsfehler begründende Pflichtverletzung mitursächlich für den Eintritt des Primärschadens ist. Dies gilt sowohl für die vertragliche Haftung aus § 280 Abs. 1 als auch für die deliktische Haftung aus § 823 Abs. 1. 88

Beweisbelastet für das Vorliegen der haftungsbegründenden Kausalität ist grundsätzlich der Geschädigte (BGH NJW 2014, 688). Er muss darlegen, dass der eingetretene Gesundheitsschaden bei pflichtgemäßer Behandlung ausgeblieben bzw. Heilung eingetreten wäre. Insoweit gilt für den anschließenden Beweis das strenge Beweismaß des § 286 ZPO, das einen für das praktische Leben brauchbaren Grad an Gewissheit verlangt, der Zweifeln Schweigen gebietet, ohne diese vollständig auszuschließen (BGH NJW 2014, 688). 89

Die Frage nach der haftungsbegründenden Kausalität entscheidet in vielen Arzthaftungsprozessen über den Ausgang des Verfahrens. Dies liegt daran, dass die Auswirkungen der Behandlung auf den durch persönliche, körperliche und psychische Besonderheiten einmaligen Patienten im Vorfeld nicht vorhergesehen werden und im Nachhinein nur in gewissem Umfang durch Begutachtung ermittelt werden können. Reformvorschläge, die Kausalität zwischen Behandlungsfehler und Gesundheitsschaden de lege ferenda dem Bereich der Haftungsausfüllung zuzuordnen und damit eine Anwendung von § 287 ZPO zu ermöglichen (Illian ZRP 2018, 6), haben sich zu Recht ebenso wenig durchzusetzen vermocht wie die Überlegung, in Anlehnung an die französische théorie de la perte d'une chance an die durch einen Behandlungsfehler vereitelte Heilungschance anzuknüpfen. 90

Hinsichtlich der Details zur Darlegungs- und Beweislast, ergeben sich prozessentscheidende Besonderheiten in § 630h (insbesondere die Kausalitätsvermutung im Fall des groben Behandlungsfehlers nach Abs. 5). Näher hierzu § 630h. 91

### VI. Rechtswidrigkeit

Gem. § 630d ist der Behandelnde vor der Behandlung dazu verpflichtet, die Einwilligung des ordnungsgemäß aufgeklärten Patienten einzuholen. Die Einholung der Einwilligung stellt dabei eine eigenständige Vertragspflicht dar (BT-Drs. 17/10488 S. 23). Verstößt der Behandelnde gegen diese, so kommt eine Haftung aus § 280 Abs. 1 in Betracht. Hinsichtlich der Details zur Einwilligung und Aufklärung vgl. die Kommentierung zu §§ 630d und 630e. 92

Keine Wirksamkeit entfalten Einwilligungen in behandlungsfehlerhaftes Verhalten oder in Standardunterschreitungen, die dem Patienten keine neuen Möglichkeiten und Chancen eröffnen (vgl. Rdn. 76). 93

Sofern keine wirksame Einwilligung vorliegt, kann sich eine Rechtfertigung der Behandlung aus spezialgesetzlichen Regelungen ergeben. Diese beziehen sich regelmäßig auf Situationen, in denen die Durchführung der Behandlung dem Zweck dient, Gefahren von dem Patienten oder Dritten abzuwenden. Entsprechende Regelungen finden sich in den §§ 1901a ff., die die Zulässigkeit von Behandlungen gegenüber Betreuten regeln, im PsychKG, im IfSG sowie in § 81a StPO. 94

### VII. Vertretenmüssen

Der Behandelnde muss die ihm vorgeworfene Pflichtverletzung auch zu vertreten haben. Davon ist immer dann auszugehen, wenn ihm oder einer Hilfsperson, für die er gem. § 278 einzustehen 95 hat, Vorsatz oder Fahrlässigkeit vorgeworfen werden kann. Im Bereich des Behandlungsfehlerrechts kann regelmäßig davon ausgegangen werden, dass bei Vorliegen einer Pflichtverletzung auch ein zumindest fahrlässiges Verhalten gegeben ist. Es besteht somit regelmäßig ein Gleichlauf zwischen Pflichtverletzung und Vertretenmüssen, was dem Tätigkeitsbezug von geschuldeten Diensten immanent ist.

96 Die Vermutung des Vertretenmüssens nach § 280 Abs. 1 Satz 2 findet nach ständiger Rechtsprechung bei der Beurteilung von Behandlungsfehlern keine Anwendung (BGH NJW 1999, 860, 861). Dem steht auch nicht entgegen, dass es in der Gesetzesbegründung zu §§ 630a–h heißt, dass auch für medizinische Behandlungsverträge die Möglichkeit der Entlastung über § 280 Abs. 1 Satz 2 bestünde (BT-Drs. 17/10488 S. 28). Denn wie die Gesetzesbegründung weiter ausführt, geht sie dabei davon aus, dass der Behandelnde im Fall des unstreitig vorliegenden Behandlungsfehlers nachweisen kann, dass er »die objektiv fehlerhafte Behandlung subjektiv nicht zu vertreten hat«. Dabei handelt es sich im Ergebnis aber nicht um eine Entlastung vom Verschuldensvorwurf, sondern um eine Entlastung vom Vorwurf, eine Pflichtverletzung begangen zu haben. Denn anders als die Gesetzesbegründung vermuten ließe, ist das Vertretenmüssen gerade nicht subjektiv, sondern gem. § 276 Abs. 2 anhand objektiver Maßstäbe, nämlich »nach der im Verkehr erforderlichen Sorgfalt« zu bestimmen (MüKo/*Wagner* § 630h Rdn. 9). Sollte die Gesetzesbegründung jedoch tatsächlich anders gemeint gewesen sein, so dürften deren Verfasser einem Missverständnis unterlegen gewesen sein, welches nur in eine Richtung ausgeräumt werden kann. Würde die Vermutung des § 280 Abs. 1 Satz 2 tatsächlich vollauf auf den Behandlungsvertrag angewendet, so wäre sie gleichsam geeignet, eine Vermutung i.S.d. § 630h Abs. 1 zu statuieren, ohne die dortigen Voraussetzungen zu erfüllen. Ein solches Verständnis hat der Gesetzgeber ob seiner eigenen Konstruktion eindeutig nicht verfolgt.

97 Es kann in Sondersituationen jedoch dazu kommen, dass dem Behandelnden trotz Behandlungsfehlers kein Verschuldensvorwurf gemacht werden kann. Dies ist z.B. der Fall, wenn ihm ein unvermeidbarer Verbotsirrtum unterläuft, weil er aufgrund einer Notfallsituation unverzüglich eine Entscheidung treffen muss, obwohl er weiß, dass die Behandlung rechtliche Probleme aufwirft oder wenn er unbemerkt einen nicht verständigen Patienten behandelt. Ein unvermeidbarer Verbotsirrtum wurde vor Einführung des § 1631d bei der Beschneidung eines Jungen aus religiösen Gründen angenommen, da selbst bei Einholung rechtskundigen Rates keine klare Aussage hinsichtlich der Zulässigkeit der Behandlung getroffen werden konnte (LG Köln NJW 2012, 2128). Rechtliche Probleme in Notfallsituationen können sich bei der Behandlung von Zeugen Jehovas ergeben. Die Frage, ob der Ausschluss der Behandlung mit Bluttransfusionen rechtsverbindlich ist, ist oft eine Frage des Einzelfalls, die einer eingehenden Prüfung bedarf. Da diese von dem Behandelnden nicht erwartet werden kann, kann ihm in Bezug auf die durchgeführte oder unterlassene Bluttransfusion kein Schuldvorwurf gemacht werden, wenn er nach seinem Gewissen gehandelt hat und die Behandlung im Übrigen als behandlungsfehlerfrei anzusehen ist (OLG München NJW-RR 2002, 811, 813). Beruft sich der Patient nach der Behandlung auf die Unwirksamkeit der Einwilligung, da er die Aufklärung nicht verstanden habe, kann dem Behandelnden ebenfalls kein Schuldvorwurf gemacht werden, wenn er den Patienten ordnungsgemäß aufgeklärt und dieser in keiner Weise zum Ausdruck gebracht oder sich aus den Begleitumständen ergeben hat, dass er die Aufklärung nicht verstanden habe (OLG Koblenz MedR 2012, 193).

### VIII. Haftungsumfang und Zurechnungszusammenhang

98 Haftungsrechtlich geschützt ist das Integritätsinteresse des Patienten. Grundsätzlich stehen daher auch nur diesem gem. §§ 249 ff. Ansprüche für materielle und immaterielle Schäden zu. Lediglich Behandlungsverträge, die auf die Durchführung der Geburt bezogen sind, schützen von vornherein stets das Integritätsinteresse sowohl der Mutter als auch des Kindes. Im Übrigen können Schadensersatzansprüche Dritter nur dann gegeben sein, wenn sie in den Schutzbereich des Behandlungsvertrages einbezogen sind oder ausnahmsweise eigene Interessen über das Deliktsrecht geltend machen können (vgl. §§ 823, 844, 845).

Vom materiellen Schadensersatz sind alle durch den Behandlungsfehler adäquat kausal verursachten Vermögensschäden erfasst, also all diejenigen Schäden, die bei fachgemäßer Behandlung ausgeblieben wären. Der Schadensausgleich erfolgt gem. § 249 Abs. 1 grundsätzlich im Wege der Naturalrestitution. Im Rahmen der Behandlungsfehlerhaftung ist jedoch ergänzend § 249 Abs. 2 Satz 1 hinzuziehen, nach dem bei der Verletzung einer Person auch Entschädigung in Geld verlangt werden kann. Ersatzfähig sind darüber hinaus gem. § 252 Erwerbs- und Fortkommenseinbußen. Sofern dem Geschädigten Vorteile zufließen, die adäquat kausal aus dem schädigenden Ereignis resultieren, sind diese im Wege des Vorteilsausgleichs anzurechnen. 99

Vom immateriellen Schadensersatz umfasst ist gem. § 253 Abs. 1, 2 eine für die erlittene Körperverletzung billige Entschädigung in Geld. Dabei bestimmt sich die konkrete Höhe nach den Umständen des Einzelfalls und der Person des Geschädigten. Die genaue Festsetzung der Schmerzensgeldhöhe liegt gem. § 287 ZPO im »freien« (richtigerweise »pflichtgemäßen«) Ermessen des Gerichts, wobei sich dieses regelmäßig an Schmerzensgeldtabellen orientiert. Die Zahlung des Schmerzensgeldes erfolgt als Einmalzahlung oder Schmerzensgeldrente. Letztere kommt jedoch nur dann in Betracht, wenn es sich um eine irreversible oder langanhaltende Dauerschädigung handelt, die der Geschädigte immer wieder als schmerzhaft empfindet (OLG Brandenburg NJW 2011, 2219, 2220). Beide Formen können auch miteinander kombiniert werden. 100

Hat der Patient durch sein Verhalten schuldhaft mit zur Entstehung des eingetretenen Schadens beigetragen, so muss er sich den haftungsbegrenzenden Mitverschuldenseinwand des § 254 Abs. 1 entgegenhalten lassen. Dieser greift insbesondere dann ein, wenn der Patient wesentliche anamnestische Umstände trotz Nachfrage durch den Behandelnden verschwiegen (BGH NJW 2002, 2944, 2945) oder zu befolgende Therapiehinweise missachtet hat (OLG Dresden NJW-RR 2009, 30). Nur in besonderen Situationen kommt darüber hinaus ein Mitverschulden in Betracht, wenn der Patient bei der therapeutischen Beratung, medizinischen Aufklärung oder bei der Schadensminderung wissentlich nicht im Sinne der für ihn bestmöglichen Art und Weise mitwirkt (vgl. hierzu näher § 630c Rdn. 1 ff.; Rechtsprechungsübersicht bei *Greiner*, in: Greiß/Greiner, Arzthaftpflichtrecht, A. Rn. 99 ff.). 101

Hinsichtlich der Details siehe §§ 249 ff. und 842 ff. 102

## IX. Sonstige Konsequenzen ärztlicher Pflichtverletzungen

Pflichtverletzungen des Behandelnden können zu einer Strafbarkeit wegen vorsätzlicher oder fahrlässiger Körperverletzung oder Tötung gem. §§ 223 ff., 211 ff. StGB führen. Im Falle einer Verurteilung drohen dem Behandelnden dabei eine Geld- oder Freiheitsstrafe. 103

Darüber hinaus können auch berufs- und standesrechtliche Konsequenzen drohen. Sofern diese neben einer strafrechtlichen Sanktion zur Anwendung kommen sollen, muss aufgrund des Verbots der Doppelbestrafung aus Art. 103 Abs. 3 GG ein sog. berufsrechtlicher Überhang gegeben sein (hierzu BG Münster medstra 2018, 250 m.Anm. *J. Prütting*, 254 f.). Von diesem ist immer dann auszugehen, wenn die verhängte Strafe nicht genügt, um den Behandelnden zur Wahrung seiner berufsrechtlichen Pflichten anzuhalten und der Minderung des Ansehens des Berufsstandes entgegenzuwirken. Stets bedarf die Prüfung des berufsrechtlichen Überhangs einer Würdigung der Umstände des Einzelfalls (BVerfG NJW 1970, 507, 509). Die berufsrechtlichen Sanktionsmöglichkeiten folgen einem abgestuften System, bei dem die zu verhängende Sanktion an der Schwere und Häufigkeit der Pflichtverletzungen ausgerichtet wird. Mögliche Sanktionen sind dabei Verwarnungen, Verweise, Entziehung des passiven Berufswahlrechts, Geldbußen bis hin zu 50.000 € und schließlich die Feststellung der Unwürdigkeit, den Arztberuf auszuüben, die regelmäßig mit der Entziehung der Approbation einhergeht. 104

Weiterhin kommen auch Sanktionen seitens der Kassenärztlichen Vereinigungen in Betracht, da diesen eigenständige Disziplinarbefugnisse zustehen. Die siebzehn Kassenärztlichen Vereinigungen haben eigene Disziplinarordnungen, die sich hinsichtlich der Details zu Verfahren und Sanktionen unterscheiden können. Die i.d.R. vorgesehenen Sanktionen sind Verwarnung, Verweis, Geldbußen 105 bis zu einem Betrag von 50.000 € sowie die Anordnung des Ruhens der Zulassung bzw. Ermächtigung bis zu zwei Jahren.

### X. Darlegungs- und Beweislast

106 Auch im Arzthaftungsprozess gilt, dass grundsätzlich derjenige die Darlegungs- und Beweislast trägt, der sich auf die für ihn günstigen Tatsachen beruft (BT-Drs. 17/10488 S. 27; BGH NJW 1991, 1052, 1053; 1988, 640, 642). Den Patienten trifft daher die Darlegungs- und Beweislast für den Abschluss des Behandlungsvertrages, die Pflichtverletzung, seinen Schaden und die haftungsbegründende Kausalität (BT-Drs. 17/10488 S. 27). Dies gilt auch für die Geltendmachung deliktischer Schadensersatzansprüche, mit der Abweichung, dass es für diese gerade nicht auf den Abschluss des Behandlungsvertrages ankommt. Für alle Tatsachen gilt dabei das strenge Beweismaß des § 286 ZPO, das einen für das praktische Leben brauchbaren Grad an Gewissheit verlangt, der Zweifeln Schweigen gebietet, ohne diese vollständig auszuschließen (BGH NJW 2014, 688).

107 Da zwischen dem behandelnden Arzt und dem Patienten regelmäßig ein Informationsgefälle besteht, aufgrund dessen der Patient keinen oder nur einen geringen Einblick in das medizinische Behandlungsgeschehen hat, fällt ihm als Laie eine dezidierte Darlegung der Anspruchsvoraussetzungen regelmäßig schwer. Um die Auswirkungen dieser Informationsasymmetrie einzuhegen, hat der Gesetzgeber mit der Regelung des § 348 Abs. 1 Nr. 2e ZPO die Zuständigkeit von spezialisierten Kammern in Arzthaftungsprozessen normiert. Durch die Kammerzuständigkeit soll es den Richtern ermöglicht werden, sich auszutauschen und vertiefte eigene arzthaftungsrechtlichen Kenntnisse zu entwickeln. Dies soll nicht nur eine Beschleunigung der Verfahren, sondern auch eine interessengerechte Behandlung jedes Einzelfalls ermöglichen (BeckOK/*Fischer*, ZPO, § 348 Rn. 13). Dieser institutionelle Ansatz harmoniert auch mit den inhaltlichen Anforderungen an die Verfahrensgestaltung, wonach mit den lediglich maßvollen Anforderungen an die Patientenseite erhöhte Aufklärungspflichten des Gerichts einhergehen. Das Gericht selbst ist in gewissem Umfang verpflichtet, durch den verstärkten Gebrauch der in § 139 ZPO festgeschriebenen Frage- und Hinweispflicht sowie der Möglichkeit einer amtswegigen Beweiserhebung nach § 144 ZPO bei der Erforschung der Tatsachen mitzuwirken. Die dadurch verursachte Aufweichung des im Zivilverfahren geltenden Beibringungsgrundsatzes ist aufgrund der besonders schwierigen Tatsachenfeststellung in Arzthaftungsprozessen hinnehmbar (BeckOK/*Katzenmeier* § 630h Rn. 15 m.w.N.), wobei mit Blick auf die knappen justiziellen Ressourcen die zunehmend ebenfalls spezialisierte Anwaltschaft von einer prozessualen Mitwirkungsverantwortung nicht gänzlich freigestellt werden kann. Darüber hinaus gebietet es der verfassungsrechtliche Grundsatz des fairen Verfahrens und des effektiven Rechtsschutzes, dem Patienten beweisrechtliche Erleichterungen zu gewähren, um Waffengleichheit der Prozessparteien zu ermöglichen (so das Votum der dissentierenden Richter des Arzthaftungsbeschlusses, BVerfG NJW 1979, 1925). Dabei darf jedoch nicht übersehen werden, dass auch auf Seiten des Arztes gewisse Unwägbarkeiten auftreten. So hängt der Erfolg einer medizinischen Behandlung nicht selten von den individuellen körperlichen Voraussetzungen und Reaktionen des Patienten ab. Diese können auch von einem gewissenhaft vorgehenden Arzt nur in begrenztem Umfang vorhergesagt und beeinflusst werden. Es ist somit unumgänglich, bei der Beurteilung der Darlegungs- und Beweislast sowie deren Erleichterungen stets den konkreten Fall ins Auge zu fassen.

108 Durch die Rechtsprechung sind daher gewisse Modifikationen der Verfahrensgrundsätze sowie Beweislasterleichterungen bis hin zur Umkehr der Beweislast anerkannt worden, die nun zum Teil in § 630h normiert sind. So sind an die Substantiierungslast des Patienten aufgrund der oben genannten Umstände nur maßvolle und verständig geringe Anforderungen zu stellen (BGH NJW 2015, 1601, 1603). Daneben kann die Behandlungsseite eine sekundäre Darlegungslast treffen (BGH NJW 2005, 2614, 2615; BGH NJW-RR 2019, 1360; 2020, 720). Danach hat sie, sofern sie alle wesentlichen Tatsachen kennt oder kennen muss, nähere Angaben zu diesen zu machen, sofern es ihr zugemutet werden kann (BGH VersR 1999, 774, 775). Letzteres ist insbesondere bei behaupteten Hygieneverstößen der Fall.

§ 630h regelt fünf Problemlagen der Beweislast. Die der Abs. 1, 3, 4 und 5 beziehen sich auf Behandlungsfehler. Die des Abs. 2 auf Aufklärung und Einwilligung. Im Falle der Verwirklichung eines voll beherrschbaren Risikos greift gem. § 630h Abs. 1 die Vermutung, dass dieser ein Fehler des Behandelnden zugrunde liegt. Fehlt es an der gem. § 630f erforderlichen Dokumentation und ist es dem Patienten deshalb nicht möglich, die Durchführung von medizinischen Maßnahmen sowie deren Ergebnisse prüfen zu lassen, wird gem. § 630h Abs. 3 zu Gunsten des Patienten vermutet, dass die Maßnahmen nicht durchgeführt worden sind. Wird die Behandlung von einer nicht für diese qualifizierten Person vorgenommen, wird gem. § 630h Abs. 4 vermutet, dass die fehlende Qualifikation sich schadensursächlich ausgewirkt hat. § 630h Abs. 5 Satz 1 regelt zudem, dass im Falle eines groben Behandlungsfehlers, der grundsätzlich geeignet ist, einen entsprechenden Schaden herbeizuführen, die Schadensursächlichkeit vermutet wird. Diese Vermutung kann nach Abs. 5 Satz 2 selbst dann greifen, wenn ein einfacher Befunderhebungsmangel erkannt worden wäre und mit überwiegender Wahrscheinlichkeit sich bei ordnungsgemäßer Befundung ein behandlungsbedürftiges Bild gezeigt hätte, dessen ausgebliebene Therapierung einen groben Pflichtenverstoß zu begründen vermag. Näher dazu § 630h. 109

## § 630b Anwendbare Vorschriften

Auf das Behandlungsverhältnis sind die Vorschriften über das Dienstverhältnis, das kein Arbeitsverhältnis im Sinne des § 622 ist, anzuwenden, soweit nicht in diesem Untertitel etwas anderes bestimmt ist.

### Übersicht

| | Rdn. | | Rdn. |
|---|---|---|---|
| A. Dienstvertragsrecht – Anwendbare Vorschriften | 1 | 2. Abwicklung nach fristloser Kündigung | 21 |
| I. Höhe der Vergütung, § 612 BGB | 2 | a) Anwendungsbereich nach Kündigung | 21 |
| II. Grundsatz persönlicher Leistungserbringung, § 613 BGB | 6 | b) Darlegungs- und Beweislast | 26 |
| III. Fälligkeit, § 614 BGB | 9 | c) Leistungsstörungsrechtliche Dimension des § 628 Abs. 1 Satz 2 analog | 28 |
| IV. Annahmeverzug, § 615 BGB | 12 | | |
| V. Beendigung und Abwicklung, §§ 627, 628 BGB | 17 | B. Abweichende Regelungen | 37 |
| 1. Beendigung des Behandlungsvertrags | 17 | | |

### A. Dienstvertragsrecht – Anwendbare Vorschriften

Der Gesetzgeber hat darauf verzichtet, das Arztvertragsrecht umfassend zu regeln. Die Normen des §§ 630a–h stellen insoweit lediglich ein haftungsrechtliches Grundgerüst dar. Im Übrigen verweist § 630b auf das allgemeine Dienstvertragsrecht mit Ausnahme der Vorschriften über den Arbeitsvertrag. Der Arzt muss daher keine Gewähr für den Behandlungserfolg übernehmen, sondern schuldet ein standardgerechtes Vorgehen, vgl. § 630a Rdn. 2, 32 f. 1

### I. Höhe der Vergütung, § 612 BGB

Hinsichtlich der Vergütungspflicht des Behandelten ist zwischen Privatpatienten, privat versicherten und gesetzlich versicherten Patienten zu differenzieren. 2

Der Privatpatient und der privat versicherte Patient können mit der Behandlungsseite eine Vergütung vereinbaren. Die Höhe der Vergütung können sie gem. § 2 Abs. 1, 2 GOÄ/GOZ »nach persönlicher Absprache im Einzelfall« vor Erbringung der Leistung des Arztes in einer Honorarabrede schriftlich vereinbaren. Solche Absprachen sind bei bestimmten Leistungen ausgeschlossen (z.B. § 2 Abs. 3 GOÄ). Bei vollstationären, teilstationären sowie vor- und nachstationären Behandlungen kann das Honorar nur hinsichtlich der vom Wahlarzt höchstpersönlich erbrachten Leistungen vereinbart werden (§ 2 Abs. 3 Satz 2 GOÄ, siehe auch § 2 Abs. 4 GOZ). Notfall- und akute Schmerzbehandlungen dürfen niemals vom Abschluss einer Honorarvereinbarung abhängig gemacht werden (§ 2 Abs. 1 Satz 3 GOÄ, § 2 Abs. 1 Satz 3 GOZ). Die damit einhergehenden Beschränkungen der ärztlichen Berufsausübung sind nach Auffassung des BVerfG mit Art. 12 GG vereinbar (BVerfG NJW 1992, 737; BVerfG NJW 2005, 1036, 1037).

3 Fehlt es an einer Vergütungsvereinbarung, greift aufgrund des Verweises des § 630b auf das Dienstvertragsrecht § 612. Da eine medizinische Behandlung regelmäßig i.S.d. § 612 Abs. 1 nur gegen eine Vergütung erwartet werden kann (BT-Drs. 17/10488 S. 20, s.a. § 630a Rdn. 44 f.), gilt bei Behandlungsverträgen grundsätzlich eine Vergütung als stillschweigend vereinbart. Die Höhe der Vergütung richtet sich dann nach § 612 Abs. 2. Bei Bestehen einer Taxe gilt die taxmäßige Vergütung und im Falle der Ermangelung einer Taxe die übliche Vergütung als vereinbart. Taxen sind auf Bundes- oder Landesrecht beruhende, staatlich festgesetzte Vergütungssätze und treten für die meisten freien Berufe in Form von Gebührenordnungen in Erscheinung (Staudinger/*Richardi/Fischinger* § 612 Rn. 51; BT-Drs. 17/10488 S. 20; BeckOK/*Baumgärtner* § 612 Rn. 11). Die einschlägige Taxe hängt einerseits von der Berufsgruppe des Behandelnden ab, andererseits davon, ob die Behandlung ambulant oder stationär erfolgt. Bei der ambulanten Behandlung sind die bereits oben erwähnten Gebührenordnungen für Ärzte (GOÄ) und für Zahnärzte (GOZ) sowie die für psychologische Psychotherapeuten, Kinder- und Jugendpsychotherapeuten (GOP) einschlägig. Privat erstellte Gebührenordnungen (wie die Gebührenübersicht für Therapeuten zu in Deutschland »üblichen« Preisen in der Physiotherapie) können hingegen nicht ohne Weiteres als taxmäßig gelten (Palandt/*Weidenkaff* § 612 Rn. 9).

4 Bei stationärer Krankenbehandlung wird die Arztvergütung durch KHEntgG, KHG und BPflV geregelt. Für wahlärztliche Leistungen ist insb. § 17 Abs. 3 Satz 7 KHEntgG, für Leistungen der Belegärzte § 18 Abs. 2 KHEntgG sowie für vor- oder nachstationäre und ambulante Krankenhausbehandlungen § 1 Abs. 3 KHEntgG zu beachten (NK-BGB/*Voigt* § 630b Rn. 9).

5 Anders als der Privatpatient vereinbart der gesetzlich versicherte Patient mit dem Behandelnden keine Vergütung. Der Behandlungsvertrag des gesetzlich versicherten Patienten wird durch die Kostenübernahme seitens der Kostenträger in der gesetzlichen Krankenversicherung überlagert (BT-Drs. 17/10488 S. 19). Aufgrund des Sachleistungsprinzips ist der Behandelnde zwar gegenüber dem Patienten zur Erbringung der medizinischen Behandlung verpflichtet, kann aber vom Patienten keine Vergütung verlangen. Wirtschaftlich hat der Behandelnde einen direkten Zahlanspruch gegen den Kostenträger (s. § 630a Rdn. 46). Nimmt der gesetzlich versicherte Patient medizinische Leistungen jenseits des GKV-Katalogs in Anspruch, bleibt er jedoch insoweit als Privatpatient zahlungspflichtig (IGeL-Leistungen).

## II. Grundsatz persönlicher Leistungserbringung, § 613 BGB

6 Gem. § 613 Satz 1 muss der Behandelnde seine Pflichten grundsätzlich persönlich erfüllen (vgl. daneben aber die Rechtslage in den § 19 Abs. 2 MBO, § 15 Abs. 1 Satz 1 SGB V, § 32 Abs. 1 Satz 1 Ärzte-ZV, § 15 Abs. 1 BMV-Ä, § 4 Abs. 2 Satz 1 GOÄ/GOZ und 2.2 EBM). Damit ist es ihm grundsätzlich verboten, ärztliche Tätigkeiten an Dritte zu delegieren (*Kern*, in: Laufs/Kern/Rehborn ArztR § 49 Rn. 1). Der Wortlaut des § 613 Satz 1 lässt jedoch Ausnahmen von dem Grundsatz der persönlichen Leistungserbringung (MüKo/*Wagner* § 630a Rn. 77) insoweit zu, als die Delegation im Behandlungsvertrag vereinbart wurde und die Leistung delegationsfähig ist (BT-Drs. 17/10488 S. 20). Die Zustimmung des Patienten zur Delegation erfolgt dabei zumeist konkludent (Palandt/*Weidenkaff* § 630a Rn. 15; BeckOK/*Katzenmeier* § 630b Rn. 5). Dies ist beispielsweise stets bei Behandlungsverträgen mit juristischen Personen, wie z.B. Krankenhausträgern, der Fall. Da juristische Personen nicht handlungsfähig sind und die Behandlung aller Patienten durch die Organwalter nicht möglich ist, muss die Behandlung durch Mitarbeiter erfolgen (BT-Drs. 17/10488 S. 20, MüKo/*Wagner* § 630a Rn. 65) und die Delegation insoweit zulässig sein. Die Aufklärung des Patienten im Vorfeld eines medizinischen Eingriffs kann nach § 630e Abs. 2 Nr. 1 auf eine Person übertragen werden, die über die zur sachgerechten Aufklärung notwendige Befähigung verfügt (s. § 630e Rdn. 32 ff.; MüKo/*Wagner* § 630a Rn. 78). Arztvorbehalte aus anderen Vorschriften, wie z.B. § 15 Abs. 1 Satz 2 SGB V, stellen sicher, dass auch bei Delegation erforderliche

Hilfeleistungen anderer Personen nur erbracht werden dürfen, wenn sie vom Arzt angeordnet und von ihm verantwortet werden (BT-Drs. 17/10488 S. 21; allg. zur Delegation ärztlicher Leistungen *Katzenmeier*, in: Laufs/Katzenmeier/Lipp, ArztR Kap. X Rn. 57 ff.; monographisch *Achterfeld*, Aufgabenverteilung im Gesundheitswesen, 2014, S. 39 ff.).

Allgemein anerkannte Maßstäbe für die Delegationsfähigkeit einer Tätigkeit gibt es bislang nicht. 7 Die Rechtsprechung entscheidet dies stets unter Würdigung der Umstände des Einzelfalls (*Katzenmeier*, in: Laufs/Katzenmeier/Lipp ArztR, Kap. X, Rn. 58). Nach allg. M. gibt es allerdings einen nicht delegierbaren Kernbereich ärztlicher Tätigkeiten (vgl. Palandt/*Weidenkaff* § 630a Rn. 15; *Kern*, in: Laufs/Kern/Rehborn ArztR § 45 Rn. 6; *Peikert* MedR 2000, 352, 355; *Spickhoff/Seibl* MedR 2008, 463, 465; *Makoski* GuP 2014, 135 f.; PatRG/*Wenzel* Rn. 362, *Hahn* NJW 1981, 1977, 1980). Dieser – mit erheblichen Abgrenzungsschwierigkeiten – besetzte Kernbereich umfasst die Anamnese, Indikationsstellung, Untersuchung des Patienten, invasive diagnostische Leistungen, Diagnose, Entscheidung über Therapie und Durchführung invasiver Maßnahmen sowie operativer Eingriffe und Beratung des Patienten (BeckOK/*Katzenmeier* § 630b Rn. 6; Auswertung eines CTG: BGH NJW 1996, 2429, 2430, vgl. zur Fixierung eines Patienten: OLG Köln VersR 1993, 1487; OLG München VersR 1994, 1113; zur Durchführung einer Injektion: BGH NJW 1959, 2302, 2303; BGH NJW 1979, 1935, 1936; OLG Köln VersR 1988, 44; *Steffen* MedR 1996, 265; *Peikert* MedR 2000, 352, 355, zur Anästhesie: *Spickhoff/Seibl* MedR 2008, 463, 468). Nach Ansicht des BGH muss der Arzt dort persönlich tätig werden, »wo die betreffende Tätigkeit gerade dem Arzt eigene Kenntnisse und Kunstfertigkeiten voraussetzt« (BGH VersR 1975, 952, 953; hierzu *Bäune* MedR 2014, 76 ff.). Im Schrifttum wird kritisiert, dass diese allgemeine Formulierung der Rechtsprechung kaum zu Rechtsklarheit und -sicherheit führt (BeckOK/*Katzenmeier*, § 630b Rn. 6; m.w.N.; anders *Kern*, in: Laufs/Kern/Rehborn ArztR, § 45 Rn. 8). Die Literatur hat daher versucht, konkrete Kriterien für die Delegierbarkeit ärztlicher Tätigkeiten zu entwickeln und rekurriert hierbei unter anderem auf die Schwierigkeit einer Maßnahme, deren Gefährlichkeit und die Unvorhersehbarkeit etwaiger Reaktionen auf bestimmte Tätigkeiten (vgl. *Narr* MedR 1989, 215, 216; *Bergmann* MedR 2009, 1, 6; *Kern*, in: Laufs/Kern/Rehborn ArztR, § 45 Rn. 6; PatRG/*Wenzel* Rn. 363). Z.T. wird vertreten, dass der Kreis delegationsfähiger Aufgaben grundsätzlich von der Medizin selbst und nicht vom Gesetz festgelegt werden müsse. In dem Zusammenhang wird auf die auf Grundlage von § 28 Abs. 1 Satz 3 SGB V getroffene Vereinbarung zwischen der KBV und dem GKV-Spitzenverband vom 1.10.2013 als Anlage 24 zum BMV-Ä mit einem Katalog im Anhang verwiesen (BeckOK/*Katzenmeier* § 630b Rn. 5). Abgesehen von allgemeinen Erwägungen zur Delegationsfähigkeit von Leistungen, gibt es einige speziell normierte Arztvorbehalte, die sicherstellen, dass in medizinisch sensiblen Bereichen mit wissenschaftlich gesicherten medizinischen Erkenntnissen vorgegangen wird (vgl. § 218 ff. StGB, § 24 IfSG, §§ 9, 11 ESchG, §§ 23, 24 Abs. 1 RöV, § 13 Abs. 1 BtMG, § 48 AMG; vgl. zum Beispiel des Arztvorbehalts im Embryonenschutzgesetz: *Deutsch* NJW 1991, 721, 722; s.a. *Spickhoff/Seibl* MedR 2008, 463, 466). Neben der sachlichen Delegationsfähigkeit der Leistung muss der Delegationsempfänger zur Erfüllung der Aufgabe auch persönlich geeignet sein (BeckOK/*Katzenmeier* § 630b Rn. 8). Der delegierende Arzt hat mithin zu prüfen, ob der Delegationsempfänger die erforderlichen Kenntnisse und Erfahrungen hinsichtlich der Erledigung der in Rede stehenden Aufgabe aufweist (*Steffen* MedR 1996, 265; *Spickhoff/Seibl* MedR 2008, 463, 469 f.; *Frahm* VersR 2009, 1576, 1579). Der Arzt wird im Falle eines Fehlers bei der Durchführung der delegierten Tätigkeit nach vertraglichen und deliktischen Grundsätzen (zur Haftung des Krankenhausträgers für den Fehler eines Konsiliararztes BGH, VersR 2014, 374; zu Hinweisen und Anordnungen des Arztes an das Pflegepersonal BGH, NJW 1984, 1400, 1402; *Katzenmeier*, in: Laufs/Katzenmeier/Lipp ArztR, Kap. XI Rn. 1 f., 18 ff., 28 ff.) zur Rechenschaft gezogen. Die Übertragung einer nicht delegierbaren Aufgabe auf nichtärztliches Personal stellt einen Behandlungsfehler dar (*Laufs/Kern*, in: Laufs/Kern/Rehborn ArztR, § 99 Rn. 18).

In einer Vereinbarung können die Parteien die Zulässigkeit und den Umfang der Delegation von 8 ärztlichen Tätigkeiten auf andere Ärzte regeln und diese dabei erleichtern, erschweren oder ausschließen (BT-Drs. 17/10488 S. 20, MüKo/*Wagner* § 630a Rn. 79). Ein Beispiel für eine solche abweichende und »erschwerende« Vereinbarung sind Verträge über Wahlleistungen im Rahmen einer stationären Behandlung, die den Wunsch der Behandlung durch einen Chefarzt oder Spezialisten enthalten (dazu BGH NJW 2008, 987; OLG Koblenz NJW 2008, 1679; OLG Oldenburg NJW 2012, 1597). Der Wahlarzt muss die seine Disziplin prägende Kernleistung persönlich und eigenhändig erbringen (BGH NJW 2008, 987 Rn. 7 = JZ 2008, 685 m.Anm. *Spickhoff*; OLG Koblenz NJW 2008, 1679, 1680; LG Bonn BeckRS 2015, 7275 Rn. 10, das eine Delegation einzelner Behandlungselemente auch ohne Zustimmung des Patienten für zulässig erachtet; LG Aachen VersR 2002, 195, 196). Er darf im Falle seiner Verhinderung aber auch die Ausführung seiner Kernleistung auf einen Stellvertreter übertragen, sofern er eine entsprechende Stellvertretervereinbarung mit dem Patienten getroffen hat (BGH NJW 2008, 987 Rn. 8). Eine formularmäßige Stellvertretervereinbarung ist nach §§ 308 Nr. 4, 307 Abs. 2 allerdings nur dann wirksam, wenn die Verhinderung des Wahlarztes im Zeitpunkt des Abschlusses der Wahlleistungsvereinbarung nicht bereits feststeht (BGH NJW 2008, 987 Rn. 9) und als Vertreter der namentlich benannte ständige ärztliche Vertreter i.S.d. §§ 4 Abs. 2 Satz 3 und 4, 5 Abs. 5 GOÄ bestimmt ist (BGH NJW 2008, 987, 988 Rn. 10 f.; zu Wahlleistungsvereinbarungen ausführlich MAH MedR/*Clausen*, § 8 Rn. 80 ff; zur Problematik der »Vertretungsklausel«; *Kutlu*, AGB-Kontrolle, 128 ff.; *Miebach/Patt* NJW 2000, 3377; *Kuhla* NJW 2000, 841). Eine Stellvertretervereinbarung kann auch in Form einer Individualvereinbarung getroffen werden. Da sich der Patient jedoch häufig in einer bedrängenden Situation der schweren Sorge um seine Gesundheit befindet, bestehen ihm gegenüber nach Treu und Glauben vor Abschluss einer solchen Individualvereinbarung besondere Aufklärungspflichten, bei deren Verletzung dem Honoraranspruch des Wahlarztes der Einwand der unzulässigen Rechtsausübung entgegensteht (BGH NJW 2008, 987 Rn. 14). Der Patient ist stets so früh wie möglich über die Verhinderung des Wahlarztes zu unterrichten und ihm ist anzubieten, dass an dessen Stelle ein bestimmter Vertreter zu den vereinbarten Bedingungen die wahlärztlichen Leistungen erbringt (BGH NJW 2008, 987 Rn. 15). Soll die Vertretervereinbarung hingegen schon im unmittelbaren Zusammenhang mit dem Abschluss des Wahlleistungsvertrags getroffen werden, ist der Patient auf diese gesondert ausdrücklich hinzuweisen, um zu vermeiden, dass er diesem Teil der Vereinbarung infolge seiner psychisch belastenden Situation nicht ausreichend Aufmerksamkeit schenkt (BGH NJW 2008, 987 Rn. 15). Außerdem ist der Patient über die alternative Option zu unterrichten, auf die wahlärztlichen Leistungen zu verzichten und sich ohne Zuzahlung von dem jeweils diensthabenden Arzt behandeln zu lassen. Wenn die Maßnahme bis zum Ende der Verhinderung verschiebbar ist, muss auch dies dem Patienten zur Wahl gestellt werden (BGH NJW 2008, 987 Rn. 16). Der BGH hält eine Aufklärung darüber, dass der Wahlarzt trotz Ausführung des Eingriffs durch einen Stellvertreter selbst voll liquidationsberechtigt bleibt, nicht für erforderlich (BGH NJW 2008, 987, 989 Rn. 17, a.A. *Kalis* VersR 2002, 23). In der Konstellation ist nach Auffassung des BGH auch nicht erforderlich, dass der Wahlarzt selbst den Patienten aufklärt (BGH NJW 2008, 987 Rn. 18). Eine Vertretervereinbarung enthält eine vertragliche Abänderung der Wahlleistungsvereinbarung, für die nach § 17 Abs. 2 Satz 1 KHEntgG die Schriftform vorgeschrieben ist. Deshalb muss sie schriftlich erfolgen (BGH NJW 2008, 987 Rn. 19). Liegt keine wirksame Stellvertreterklausel/-vereinbarung vor, schuldet der Patient dem Wahlarzt nach Ansicht des OLG Koblenz nicht die (erhöhte) Vergütung für die von dem Vertreter durchgeführten medizinischen Maßnahmen (OLG Koblenz NJW 2008, 1679, 1680 f.). Im Übrigen darf der Wahlarzt, vorbehaltlich einer abweichenden Vereinbarung, einzelne nachgeordnete Maßnahmen auf von ihm angeleitetes und überwachtes qualifiziertes Personal delegieren (BGH NJW 2008, 987, Rn. 8; s.a. BGH NJW 2010, 2580; BeckOK/*Katzenmeier* § 630b Rn. 7).

### III. Fälligkeit, § 614 BGB

9 Auch bei der Fälligkeit der Vergütung ist zwischen Privatpatienten und gesetzlich versicherten Patienten zu differenzieren.

Privatpatienten können die Fälligkeit der Vergütung zunächst mit dem Arzt frei vereinbaren (BeckOGK/*Walter* § 630b Rn. 25). Wenn nichts vereinbart wurde, gilt kraft Verweisung des § 630b grundsätzlich die dienstvertragliche Fälligkeitsregel des § 614, wonach die Vergütung erst nach

Erbringung der Dienste fällig wird. Nach dem Willen des Gesetzgebers soll dieser Grundsatz im Behandlungsvertragsrecht jedoch durch bestimmte Sonderregelungen überlagert sein (BT-Drs. 17/10488 S. 21). Bei der Abrechnung (zahn)ärztlicher Leistungen für die Behandlung von Privatpatienten sind § 12 GOÄ/§ 10 GOZ deshalb als Spezialvorschriften vorrangig zu beachten: Die Vergütung ist in diesen Fällen erst dann fällig, wenn dem Zahlungspflichtigen eine den gebührenrechtlichen Vorgaben entsprechende Rechnung erteilt worden ist. Zu weiteren speziellen Abrechnungsmodalitäten siehe §§ 8 Abs. 7, 17 Abs. 3 Satz 7 KHEntgG, 8 Abs. 4 BPflV, 16 Satz 2 BPflV. § 614 findet, soweit keine speziellen Sonderregeln greifen, weiterhin Anwendung. Das gilt insbesondere für Vergütungsansprüche von Behandelnden, die weder Ärzte noch Zahnärzte sind (MüKo/*Wagner* § 630a Rn. 60).

Umstritten ist, ob der Arzt abweichend von den gebührenrechtlichen Regelungen vom privat- oder selbst zahlenden Patienten in bestimmten Fällen einen Zahlungsvorschuss vor Erbringung seiner Leistung verlangen darf. Die h.M. geht wegen der Vorgaben des § 12 der jeweils anwendbaren BOÄ von berufsrechtlicher Unzulässigkeit aus (vgl. *Ratzel*, in: Ratzel/Lippert/Prütting, MBOÄ, § 12 Rn. 23 m.V.a. die BGH-seitig aufgestellten Fälligkeitsanforderungen, vgl. BGH GesR 2007, 117 (§ 12 Abs. 2–4 GOÄ müssen erfüllt sein); a.A. *Kern* GesR 2007, 241 ff.; wohl auch noch OLG München, Urt. v. 11.05.1995 – 1 U 5547/94 für den Fall der Vorfinanzierungsnotwendigkeit seitens des Behandlers in analoger Anwendung des § 669, für die es jedoch an einer planwidrigen Regelungslücke fehlen dürfte). In medizinischen Notfällen darf die Behandlung nach allg. M. nicht von einem Vorschuss abhängig gemacht werden (BeckOGK/*Walter* § 630b Rn. 29). 10

Bei gesetzlich versicherten Patienten ist die Fälligkeit des Vergütungsanspruchs vor dem Hintergrund des Systems der gesetzlichen Krankenversicherung zu betrachten. Für den Zeitpunkt, zu dem der Vertragsarzt seinen Vergütungsanspruch einfordern kann, können die Gesamtverträge auf Landesebene zwischen den Landesverbänden der Krankenkassen und der Kassenärztlichen Vereinigung relevant sein. Auch konkret geschlossene Versorgungsverträge (vgl. § 112 SGB V) können die Fälligkeit regeln (näher dazu BeckOGK/*Walter* § 630b Rn. 32). 11

### IV. Annahmeverzug, § 615 BGB

In der instanzgerichtlichen Rechtsprechung ist umstritten, ob dem Behandelnden auch dann der Vergütungsanspruch zusteht, wenn der Patient einen Termin nicht einhält. Eine höchstrichterliche Entscheidung zu dem Thema steht, soweit ersichtlich, aus. Ob dem Behandelnden der Vergütungsanspruch zusteht, hängt davon ab, ob in der Terminabsprache eine kalendermäßige Bestimmung der Leistungszeit i.S.d. § 296 gesehen wird und der Patient somit durch das Nichterscheinen in Annahmeverzug gerät. Einige Gerichte sehen in der Terminabsprache grundsätzlich keine kalendermäßige Zeitbestimmung i.S.d. § 296. Diese diene lediglich einem organisierten, zeitgemäßen Behandlungsablauf (vgl. LG München II NJW 1984, 671 = MedR 1986, 45 m. abl. Anm. *Uhlenbruck*; AG Diepholz NJW-RR 2011, 1501 f.; AG Rastatt NJW-RR 1996, 817 f.; AG München NJW 1990, 2939; LG Heilbronn NZS 1993, 424; AG Calw NJW 1994, 3015, siehe auch AG Dieburg NJW-RR 1998, 1520 Rn. 23; selbst für Bestellpraxen: LG Osnabrück, Urt. v. 02.04.2008 – 2 S 446/07 Rn. 23; auch für Bestellpraxen: AG Kenzingen MDR 1994, 553; AG Bremen, Urt. v. 09.02.2012 – 9 C 0566/11 Rn. 4 lehnt einen Annahmeverzug schon mit der Argumentation ab, dass bei Terminabsprache noch kein Vertragsschluss zustande gekommen sei). Von einigen Gerichten wird § 615 Satz 1 nur dann für einschlägig erachtet, wenn bei der Terminabsprache ausdrücklich vereinbart worden ist, dass diese Absprache die Wirkungen des § 615 Satz 1 zeitigen soll (AG Diepholz NJW-RR 2011, 1501, 1502; AG Rastatt NJW-RR 1996, 817, 818). Manche Gerichte lehnen einen Annahmeverzug nach § 615 Satz 1 zudem vor dem Hintergrund der jederzeit möglichen Kündigung des Behandlungsvertrags nach § 621 Nr. 5, 627 ab (z.B. LG Hannover NJW 2000, 1799, 1800; diese Begründungslinie andeutend auch AG Rastatt NJW-RR 1996, 817; erwogen auch von OLG Stuttgart NJW-RR 2007, 1214; vgl. ähnlich zum Schadensersatz auch LG München II NJW 1984, 671; AG Calw NJW 1994, 3015, dazu zu Recht kritisch MüKo/*Wagner* § 630a Rn. 57). 12

§ 630b BGB    Anwendbare Vorschriften

13 Andererseits gibt es auch Gerichtsentscheidungen, die die Terminabsprache in bestimmten Konstellationen als kalendermäßige Leistungszeitbestimmung i.S.d. § 296 aufgefasst und dem Arzt deshalb im Fall des Fernbleibens des Patienten den Vergütungsanspruch zugesprochen haben. Nach Ansicht des LG Konstanz soll die Frage, ob dem Arzt ein Vergütungsanspruch zusteht, nicht schematisch zu beantworten sein. Ist eine Praxis so organisiert, dass der Arzt mit längeren Terminvorläufen arbeitet und den jeweiligen Patienten im Voraus auf einen Termin bestellt, der wegen der Dauer der Behandlung auch im Einzelfall mehrere Stunden in Anspruch nehmen kann und zu dem kein anderer Patient gleichzeitig bestellt wird, so stehe dem Arzt ein Vergütungsanspruch zu, wenn der Patient zu dem vereinbarten Termin nicht erscheint oder kurzfristig absagt (LG Konstanz NJW 1994, 3015 f.; ähnlich AG Bremen NJW-RR 1996, 818 f.; AG Ludwigsburg NJW-RR 2003, 1695, zu dem Fall, dass eine krankengymnastische Praxis so organisiert ist, dass jeweils für die entsprechende Behandlung ein Therapeut zur Verfügung steht, der für den entsprechenden Zeitraum gemäß den Eintragungen im Terminkalender seine Behandlung erbringt, weswegen mit längeren Terminsvorläufen gearbeitet wird und der Patient jeweils im Vorlauf zu einem bestimmten Termin einbestellt wird. Wenn ein Patient nicht kommt, entstehe somit ein Leerlauf und es könne kein anderer Patient behandelt werden, zumal bei einer krankengymnastischen Praxis so gut wie keine Wartezeiten entstünden, da die Behandlungen planbar seien; ebenfalls die Vergütung des Behandelnden zusagend: AG Osnabrück NJW 1987, 2935; vgl. für den Fall, dass in der Zeit kein anderer Patient behandelt werden konnte: AG Bad Homburg MDR 1994, 888). In einem Fall des AG Nettetal wurde dem Arzt der Vergütungsanspruch zugesprochen, da die Parteien ausdrücklich vereinbart hatten, dass der Behandelte im Falle des unentschuldigten Nichterscheinens zu einem Termin das entgangene Arzthonorar tragen müsse. Wenn Termine exklusiv vergeben werden, liege eine kalendermäßige Bestimmung der Zeit i. S. d. § 296 vor (AG Nettetal NJW-RR 2007, 1216, 1217; AG Bielefeld, Urt. v. 10.02.2017 – 411 C 3/17 Rn. 12; vgl. auch AG Berlin-Neukölln GesR 2005, 16; insbesondere, wenn der Patient dem Arzt zuvor unterschriftlich bestätigt hat, dass dieser sich vorbehält, reservierte Termine, die nicht mindestens 24 Stunden vorher abgesagt werden, mit den vorgesehenen Leistungen in Rechnung zu stellen: AG Mannheim, Urt. v. 10.07.2001 – 2 C 211/01; siehe auch LG Itzehoe KHuR 2004, 18, zu dem Fall, dass der Patient mit dem Arzt in dem Behandlungsvertrag über eine ambulante Operation vereinbart hat, zu dem vereinbarten Termin pünktlich zu erscheinen und bei Verhinderung spätestens 14 Tage vorher abzusagen: er gerate bei kurzfristiger Absage bzw. Nichterscheinen zur Operation, für die der Arzt nahezu 7 Monate im Voraus eine bestimmte Behandlungszeit sowie den Operationssaal nebst dem erforderlichen Personal reserviert und danach den restlichen Behandlungsablauf in der Praxis abgestimmt hat, ohne weiteres Verschulden in Annahmeverzug (vorgehend auch: AG Meldorf NJW-RR 2003, 1029). In der instanzgerichtlichen Rechtsprechung wird die Vereinbarung zwischen Arzt und Patient unter Verwendung Allgemeiner Geschäftsbedingungen, wonach der Patient im Falle einer zu kurzfristigen Absage (weniger als 48 Stunden vor dem geplanten Termin) oder gar eines unentschuldigten Nichterscheinens das Honorar dennoch zu tragen hat, als zulässig und wirksam betrachtet, sofern der Arzt eine reine Bestellpraxis betreibt (AG Bielefeld, Urt. v. 10.02.2017 – 411 C 3/17 Rn. 7, hierzu auch: LG Osnabrück, Urt. v. 02.04.2008 – 2 S 446/07, Rn. 24; siehe auch AG Nettetal NJW-RR 2007, 1216, 1217 f.; vgl. AG Viersen, Urt. v. 30.12.2005 – 17 C 199/05, Rn. 16; vgl. auch zu einer Klausel, die eine Absage bis zu 24 Stunden vorher zulässt: AG Fulda, Urt. v. 16.05.2002 – 34 C 120/02 (D) Rn. 3 ff.; vgl. auch AG Bremen NJW-RR 1996, 818, 819). In der Literatur wird darauf hingewiesen, dass in diesen Fällen das Kündigungsrecht aus wichtigem Grund nach § 626 erhalten bleiben müsse (BeckOK/*Katzenmeier* § 630b Rn. 12; vgl. *Wertenbruch* MedR 1994, 394 ff.).

14 Im Schrifttum wird die Rechtsprechung in den Konstellationen, in denen dem Behandelnden der Vergütungsanspruch zugesprochen wurde, häufig bestätigt (BeckOK/*Katzenmeier* § 630b Rn. 11; Spickhoff/*Spickhoff* § 630b Rn. 5, jedenfalls bei Vereinbarung eines Bestelltermins: MüKo/*Wagner* § 630a Rn. 63; BeckOGK/*Walter* § 630b Rn. 33; *Kern/Rehborn*, in: Laufs/Kern/Rehborn ArztR, § 75 Rn. 24). Folgt man der Ansicht, dass der Arzt das Honorar verlangen kann, muss sich dieser jedoch auch nach § 615 Satz 2 bzw. § 326 Abs. 2 Satz 2 bei Unmöglichkeit der ärztlichen Leistung nach § 275 dasjenige, was er durch die Behandlung eines anderen Patienten verdient hat oder hätte

verdienen können zuzüglich ersparter Aufwendungen anrechnen lassen (Spickhoff/*Spickhoff* § 630b Rn. 5, MüKo/*Wagner* § 630a Rn. 64; BeckOK/*Katzenmeier* § 630b Rn. 12). Kommt es nicht zu einem Vertragsschluss, kann auch ein Schadensersatzanspruch aus cic nach §§ 280 Abs. 1, 311 Abs. 2 Nr. 2 bei Vorliegen eines entsprechenden Schadens in Betracht kommen (BeckOK/*Katzenmeier* § 630b Rn. 12). Wenn der Patient jedoch deutlich gemacht hat, dass er den Arzt wechseln wird, ist sein Verhalten als Kündigung nach § 627 auszulegen, sodass der Arzt keinen Anspruch auf die Vergütung hat (Spickhoff/*Spickhoff* § 630b Rn. 5, BeckOK/*Katzenmeier* § 630b Rn. 11; vgl. zur Gesamtproblematik: *Poelzig* VersR 2007, 1608; *Natter* MedR 1985, 258; PatRG/*Wenzel* Rn. 394, *Wertenbruch* MedR 1991, 167).

Eine Schadensersatzpflicht des Patienten kann sich allerdings daraus ergeben, dass er einen vereinbarten Termin nicht einhält und dadurch beim Arzt und seinem Team einen Leerlauf auslöst. Wie schwierig es für einen Arzt ist, in einem solchen Fall Schadensersatzansprüche sachgerecht darzulegen und durchzusetzen, zeigen verschiedene Entscheidungen (vgl. AG Meldorf NJW-RR 2003, 1029; AG Bremen, Urt. v. 09.02.2012 – 9 C 566/11AG Nettetal MedR 2007, 664; LG Itzehoe KHuR 2004, 18; AG Viersen, Urt. v. 30.12.2005 – 17 C 199/05; AG Tettnang NJW 2000, 1800; LG Hannover NJW 2000, 1799, 1800; vgl. zur Annahme einer vertraglichen Nebenpflichtverletzung und zu Beweisschwierigkeiten bei der Feststellung eines Vermögensschadens auch OLG Stuttgart NJW-RR 2007, 1214, 1215; einen Schadensersatzanspruch ablehnend: LG München II NJW 1984, 671; AG Calw NJW 1994, 3015; tendenziell einen Schadensersatzanspruch, jedenfalls aber die substantiierte Darlegung eines Schadens ablehnend: AG Diepholz NJW-RR 2011, 1501, 1502; kritisch auch AG München NJW 1990, 2939; jedenfalls substantiierte Darlegung eines Schadens ablehnend: AG Rastatt NJW-RR 1996, 817, 818; LG Osnabrück, Urt. v. 02.04.2008 – 2 S 446/07, Rn. 27 f.). 15

Wenn der gesetzlich versicherte Patient einen Termin versäumt, kann der Arzt die Ansprüche aus § 615 nach einer Ansicht nur privat in Rechnung stellen, da Krankenkassen nur tatsächlich durchgeführte Leistungen vergüten (*Kern*, in: Laufs/Kern ArztR, 4. Aufl. 2010, § 75 Rn. 29, vgl. dazu BSG NJW 1970, 1252 m.w.N.). Nach einer anderen Ansicht besteht für § 615 in dieser Konstellation kein Raum mehr (BeckOGK/*Walter* 630b Rn. 34). 16

## V. Beendigung und Abwicklung, §§ 627, 628 BGB

### 1. Beendigung des Behandlungsvertrags

Die Beendigung des Behandlungsvertrags richtet sich nach den entsprechenden dienstvertraglichen Bestimmungen (§ 630b) sowie den allgemeinen vertragsrechtlichen Regelungen (MüKo/*Wagner* § 630a Rn. 49). Verträge enden grundsätzlich mit Erfüllung der Ansprüche gemäß § 362, können aber auch durch einverständliche Aufhebung beendet werden (MüKo/*Wagner* § 630a Rn. 49). Befristete Verträge, wie sie bei Kur- und Sanatoriumsaufenthalten sowie bei nichtärztlichen medizinischen Behandlungen (Massagen und Bädern) vorkommen, enden außerdem mit Zeitablauf (MüKo/*Wagner* § 630a Rn. 49). Unbefristete Behandlungsverträge können zudem durch Zweckerreichung (Eintritt der Heilung) oder durch Kündigung beendet werden (BeckOK/*Katzenmeier* § 630b Rn. 13). Durch den Verweis des § 630b sind die Kündigungsregeln des Dienstvertragsrechts gem. § 620 ff. anwendbar. Eine ordentliche Kündigung nach §§ 630b, 620 Abs. 2 spielt praktisch jedoch keine Rolle (MüKo/*Wagner* § 630a Rn. 51), da eine außerordentliche Kündigung unter den erleichterten Voraussetzungen des § 627 Abs. 1 möglich ist. Der Behandlungsvertrag ist ein Dienstvertrag höherer Art i.S.d. § 627 und kann deshalb von beiden Seiten gekündigt werden (*Spickhoff* NJW 2011, 1651, 1653), auch ohne dass ein wichtiger Grund vorliegt (z.B. BGH NJW 2011, 1674 Rn. 8; vgl. zu weiteren Beispielen zum Anwendungsbereich des § 627 Abs. 1 bei Heilberufen, MüKo/*Henssler* § 627 Rn. 23; problematisch ist die Übertragung des Gedankens besonderer fachlicher Expertise und akademischer Ausbildung auf Pflegeeinrichtungen, Heilpraktiker, Physiotherapeuten, Hebammen, Ergotherapeuten und Logopäden, die jedoch gleichermaßen mit verstärktem Hinweis auf das hoch sensible Näheverhältnis zum Patienten in § 627 mitzuerfassen sind (vgl. AG Andernach NJW-RR, 1994, 121; *Heinbruch* NJW 1981, 2734; s.a. BGH NJW 17

§ 630b BGB   Anwendbare Vorschriften

2011, 2955, Rn. 16 ff. dagegen Hamburg OLGR, 1999, 125). Der Hintergrund des erleichterten Kündigungsrechts liegt darin, dass eine Bindung der Vertragsparteien an das Vertragsverhältnis bis zur Zweckerreichung unangemessen ist, weil der Vertragszweck ohne gegenseitiges Vertrauen nicht mehr erreicht werden kann (MüKo/*Wagner* § 630a Rn. 51). Folgerichtig hält der BGH auch einen Ausschluss des außerordentlichen Kündigungsrechts nach § 627 Abs. 1 per AGB für nicht mit den wesentlichen Grundgedanken der Regelung vereinbar und deshalb für unwirksam (BGH, Urt. v. 08.10.2020 – III ZR 80/20 Rn. 30 ff.). Der Gesetzgeber hatte bei Schaffung des § 627 Abs. 1 deshalb gerade den Arztvertrag vor Augen (Prot. II S. 302 ff.). § 627 Abs. 1 gilt ausweislich seines Wortlauts nicht für Arbeitsverhältnisse und auch nicht für dauernde Dienstverträge mit festen Bezügen, wie sie beim Anstellungsvertrag mit einem Leibarzt vorkommen (Prot II S. 303).

18   Dem Patienten steht das Kündigungsrecht aus § 627 Abs. 1 als Ausdruck seines Selbstbestimmungsrechts uneingeschränkt zu (*Lipp*, in: Laufs/Katzenmeier/Lipp, ArztR, Kap III Rn. 32). Zwar sollen gesetzlich krankenversicherte Patienten gemäß § 76 Abs. 3 Satz 1 SGB V den an der vertragsärztlichen Versorgung teilnehmenden Arzt innerhalb eines Kalendervierteljahres nur bei Vorliegen eines wichtigen Grundes wechseln. Diese sozialversicherungsrechtliche Norm wirkt sich jedoch nicht auf das Verhältnis von Behandelndem und Patienten aus, sodass ein Verstoß die Wirksamkeit der Kündigung des Patienten unberührt lässt (MüKo/*Wagner* § 630a Rn. 52; *Joussen*, in: Kreikebohm/Spellbrink/Waltermann SGB V, § 76 Rn. 2; *Kern*, in: Laufs/Kern/Rehborn ArztR, § 48 Rn. 6 dazu, dass die Krankenkasse im Fall eines Verstoßes die Leistung verweigert). Von der Kündigung nach § 627 ist der jederzeit mögliche Widerruf der Einwilligung nach § 630d Abs. 3 dogmatisch zu trennen (MüKo/*Wagner* § 630a Rn. 52, vgl. zu der Konstruktion im Fall, wenn der Widerrufende nicht geschäftsfähig ist: BeckOGK/*Walter* § 630b Rn. 41). Dennoch ist die Erklärung des Widerrufs der Einwilligung in der Regel als gleichzeitig erklärte Kündigung auszulegen (MüKo/*Wagner* § 630a Rn. 52).

19   Die Behandlungsseite ist in der Ausübungsfreiheit des Kündigungsrechts nach § 627 Abs. 1 partiell eingeschränkt. Sie darf nicht zur Unzeit kündigen, sondern nur in der Art, dass sich der Patient die Dienste von anderer Seite rechtzeitig beschaffen kann. Kündigt sie doch zur Unzeit, kommen Schadensersatzansprüche in Betracht (§ 627 Abs. 2 Satz 2). Diese setzten jedoch voraus, dass ein negativer Einfluss der Therapiebeendigung auf die gesundheitliche Situation des Patienten feststellbar ist (OLG Naumburg, Urt. v. 18.12.2017 – 1 U 87/17 Rn. 42, für den Fall einer per E-Mail durch den Psychotheraupeuten abgebrochenen Therapie). Eine Kündigung zur Unzeit ist hingegen zulässig, wenn für den Behandler ein wichtiger Grund i.S.d. § 626 vorliegt (BeckOK/*Katzenmeier* § 630b Rn. 14). Es wird vertreten, dass der Behandelnde zur Verhinderung einer deliktsrechtlichen Haftung eine wirksame Einwilligung des Patienten in den Behandlungsabbruch einzuholen habe (*Voigt*, Individuelle Gesundheitsleistungen, S. 198 f.). Dem ist insoweit zuzustimmen, als der Arzt die vorgenannte Unzeitkündigung ins Werk setzt oder mit Behandlungsabbruch nicht ggfls. hinreichend über die Notwendigkeit einer anderweitigen Behandlungsfortsetzung belehrt. Damit sind auch die medizinischen Notfallkonstellationen abgedeckt. Konsequent ist die Ausübung des Kündigungsrechts nach § 627 durch allgemeine Rechtsvorschriften (z.B. § 323c StGB) und das Berufsrecht eingeschränkt (*Lipp*, in: Laufs/Katzenmeier/Lipp ArztR Kap. III Rn. 33; vgl. *Kern*, in: Laufs/Kern/Rehborn ArztR, § 44 Rn. 7).

20   Da § 630b die arbeitsrechtlichen Vorschriften aus seinem Verweis ausdrücklich ausnimmt, sind § 622 und § 623 nicht auf den Behandlungsvertrag anwendbar. Die Kündigung kann somit formfrei erfolgen. Dies gilt für eine Kündigung nach § 627 Abs. 1 auch bereits deshalb, weil § 627 Abs. 1 Arbeitsverhältnisse ausklammert. Auch einen abweichenden Standard, in welcher Form die Behandlung zu beenden ist, gibt es in aller Regel nicht (vgl. OLG Naumburg, Urt. v. 18.12.2017 – 1 U 87/17 Rn. 39).

## 2. Abwicklung nach fristloser Kündigung

### a) Anwendungsbereich nach Kündigung

Kündigt der Patient den Behandlungsvertrag vor Behandlungsbeginn, entfällt mit seinem Behandlungsanspruch auch der Vergütungsanspruch der Behandlungsseite. Ob dies dogmatisch zutreffend auf §§ 275 Abs. 1, 326 Abs. 1 Satz 1 oder auf die für alle Zeiten ausbleibende Möglichkeit des Fälligkeitseintritts nach § 614 Satz 1 gestützt wird, ist im Ergebnis unerheblich. Wird der Behandlungsvertrag jedoch erst nach Beginn der Behandlung gemäß § 626 oder § 627 gekündigt, kann der Behandler einen seiner bisherigen Leistung entsprechenden Teil der Vergütung nach § 628 Abs 1. Satz 1 verlangen. Kündigt der Behandelnde, ohne durch vertragswidriges Verhalten des anderen Teils dazu veranlasst zu sein, oder veranlasst er durch sein eigenes vertragswidriges Verhalten die Kündigung des Behandelten, steht ihm jedoch sein Vergütungsanspruch gemäß § 628 Abs. 1 Satz 2 insoweit nicht zu, als der Patient an seinen bisherigen Leistungen kein Interesse hat (zur Schlechtleistung eines Zahnarztes und einer daraufhin erfolgten Kündigung des Patienten OLG Koblenz VersR 2014, 1091; s.a. OLG Düsseldorf NJW 1987, 706, 707 f., das eine Vertragsverletzung in einem Fall bejahte, in dem der Zahnarzt mit der Behandlung begann, bevor der gesetzliche Krankenversicherer den Heil- und Kostenplan genehmigt und die Übernahme seines Kostenanteils zugesagt hatte, und einen Anspruch auf (Teil-)Vergütung ablehnte).

Der Vergütungsanspruch geht ipso iure unter, ohne dass es einer Aufrechnung bedarf (BGH NJW 1985, 41; BGH NJW 1982, 437, 438). Im Ergebnis kann der Behandelte durch ein Vorgehen nach § 628 Abs. 1 Satz 2 also ähnliche Ergebnisse erzielen, wie nach den kauf- und werkvertragsrechtlichen Bestimmungen über die Minderung (MüKo/*Wagner* § 630a Rn. 96). Ein vertragswidriges Verhalten des Behandelnden kann in Behandlungs- (BGH NJW 2011, 1674, 1675 Rn. 17) oder Aufklärungsfehlern zu sehen sein. Nach der Rechtsprechung setzt ein vertragswidriges Verhalten nach § 628 Abs. 1 Satz 2 2. Fall nicht nur ein objektiv vertragswidriges Verhalten des Dienstverpflichteten voraus, sondern verlangt auch ein subjektiv schuldhaftes Verhalten gem. §§ 276, 278 (BGH NJW 2014, 317 Rn. 10; BGH NJW 2011, 1674 Rn. 13 mit Verweis auf Protokolle II 306; BGH NJW 1995, 1954, 1955). Teilweise wird das zusätzliche Erfordernis eines schuldhaften Verhaltens in der Literatur hinterfragt. Da ein nach § 276 Abs. 2 und § 630a Abs. 2 fahrlässiges Verhalten vorliege, wenn der Behandelnde objektiv vertragswidrig handelt, wohne diesem Erfordernis ein bloßer Zirkelschluss inne (MüKo/*Wagner* § 630a Rn. 96). Dies trifft wegen der Tätigkeitsbezogenheit in der überwiegenden Zahl der Fälle zu, jedoch sollte der letzte Restanwendungsbereich des Verschuldenskriteriums beachtet werden. So dürfte eine objektive Vertragswidrigkeit auch bei einer rechtswidrigen Behandlung im sittenwidrigen Bereich gegeben sein, die jedoch vom Arzt aufgrund eines unvermeidbaren Verbotsirrtums nicht als sittenwidrig erkannt worden ist (vgl. zum unvermeidbaren Verbotsirrtum LG Köln NJW 2012, 2128, 2129). Das vertragswidrige Verhalten muss nach der Rechtsprechung nicht als schwerwiegend oder als wichtiger Grund i.S.d. § 626 Abs. 1 anzusehen sein. Eine solche Beschränkung auf vertragswidriges Verhalten, das dem Kündigenden unter Berücksichtigung aller Umstände des Einzelfalles und unter Abwägung der Interessen beider Vertragsteile die Fortsetzung des Dienstverhältnisses unzumutbar mache, sei für Kündigungen eines ärztlichen Behandlungsvertrages, der im Regelfall durch ein besonderes Vertrauensverhältnis geprägt werde, nicht gerechtfertigt. Zudem ergäben sich solche Einschränkungen weder aus dem Wortlaut des § 628 Abs. 1 Satz 2 2. Fall noch aus seiner Entstehungsgeschichte (BGH NJW 2011, 1674 Rn. 14 m.V.a. Protokolle II 301 ff., krit. Anm. *Henssler/Deckenbrock*, LMK 2011, 318889; vgl. auch MüKo/*Henssler* § 628 Rn. 21; OLG Köln VersR 2013, 1004). Dennoch darf die Pflichtverletzung nicht geringfügig sein. Da das Recht zur fristlosen Kündigung eines Dienstvertrags das Rücktrittsrecht ersetzt, welches wiederum im Falle der Schlechtleistung bei einer unerheblichen Pflichtverletzung nach § 323 Abs. 5 Satz 2 ausgeschlossen ist, ist eine entsprechende Einschränkung entsprechend für §§ 627, 628 vorzunehmen. Aus dem Übermaßverbot des § 242 ergibt sich zudem, dass bestimmte schwerwiegende Rechtsfolgen bei geringfügigen Vertragsverletzungen nicht eintreten (BGH NJW 2011, 1674 Rn. 15 mit weiteren Rechtsprechungsnachweisen).

23 Die Vertragsverletzung des Behandelnden muss für die Kündigung kausal sein. Unklar ist der Umgang mit dem Fall, dass der Kündigende erst nach der Kündigungserklärung von einer hinreichenden Vertragswidrigkeit Kenntnis erhält (dann Kausalität ablehnend: MüKo/*Henssler* § 628 Rn. 19; für eine Anwendung des § 628 Abs. 1 Satz 2 auch in diesem Fall: OLG Köln FamRZ 1996, 942, 943 f.).

24 Der Patient hat an den bisher erbrachten Leistungen kein Interesse mehr, soweit er die Leistungen des Behandelnden nicht mehr wirtschaftlich verwerten kann, sie also für ihn nutzlos geworden sind (BGH NJW 2011, 1674 Rn. 18 = MedR 2012, 38 m. Anm. *Preis/Sagan*; BGH NJW 1985, 41; OLG Köln VersR 2013, 1004, 1005; vgl. dazu auch: BGH, Urt. v. 07.10.1976 – III ZR 110/74; ein fehlendes Interesse ablehnend, wenn der Dienstberechtigte die objektiv wertlose Leistung (hier Zahnbrücke) weiter nutzt: OLG Naumburg NJW-RR 2008, 1056, 1057 mit weiteren Rechtsprechungsnachweisen zu verschiedenen Fallkonstellationen. Für ein fehlendes Interesse reicht es außerdem auch nicht, wenn der Dienstberechtigte die Leistung nicht nutzt, obwohl er sie wirtschaftlich verwerten könnte, vgl. BGH NJW 2011, 1674 Rn. 18). Ein Interessenfortfall wird auch für den Fall vertreten, dass die abgerechneten Leistungen neu erbracht werden müssen (OLG Köln VersR 2013, 1004 Rn. 5; implizit wohl auch BGH NJW 2011, 1674 Rn. 18). Nach dem OLG Hamm entfällt der Anspruch auf anteilige Vergütung, wenn die geleistete Arbeit des Arztes für den Patienten nicht wieder verwendungsfähig ist. Sei die Neuanfertigung des Zahnersatzes geboten, müsse der Patient sich nicht mit Nachbesserungsversuchen zufriedengeben (OLG Hamm, Urt. v. 05.09.2014 – 26 U 21/13, wobei die Urteilsbegründung diese im amtlichen Leitsatz getroffene Aussage nicht vollauf zu stützen scheint).

25 Wenn das Honorar schon gezahlt wurde, kann es nach bereicherungsrechtlichen Grundsätzen zurückverlangt werden (OLG Koblenz VersR 2014, 1091 Rn. 11 m.w.N.). Gemäß § 628 Abs. 1 Satz 3 hat der Dienstverpflichtete eine im Voraus für einen späteren, nach der Kündigung liegenden Zeitpunkt entrichtete Vergütung zurückzuerstatten. Die Rückabwicklung richtet sich dann nach § 346 oder wenn der Behandelnde die Kündigung nicht zu vertreten hat, nach den Vorschriften der ungerechtfertigten Bereicherung (§ 628 Abs. 1 Satz 3). Nach Ansicht des BGH ist § 628 Abs. 1 Satz 3 auch auf bereits abgerechnete und erbrachte Teilleistungen, deren Vergütung nach § 628 Abs. 1 Satz 2 entfällt, entsprechend anwendbar (BGH NJW 2011, 1674 Rn. 11 m.w.N.).

### b) Darlegungs- und Beweislast

26 Der Dienstverpflichtete trägt die Darlegungs- und Beweislast für die Voraussetzungen des Teilvergütungsanspruchs nach § 628 Abs. 1 Satz 1. Er muss mithin darlegen und beweisen, dass und welche Dienstleistungen bis zur Kündigung erfolgt sind (bei einem Rechtsanwaltsvertrag kommt bei fehlendem Prozessvortrag des Dienstverpflichteten eine Vergütungsschätzung in entsprechender Anwendung von § 287 ZPO nicht in Betracht, OLG Koblenz, Beschl. v. 09.12.2013 – 5 U 1190/13). Da § 628 Abs. 1 Satz 2 den Ausnahmetatbestand zu § 628 Abs. 1 Satz 1 darstellt, hat der Dienstberechtigte wiederum das Vorliegen von dessen Voraussetzungen darzulegen und zu beweisen (BGH NJW 2014, 317 Rn. 9; BGH, Beschl. v. 06.12.2012 – IX ZR 6/11 Rn. 2; BGH NJW 2011, 1674 Rn. 12; 1997, 188, 189; 1982, 437, 438; 1995, 1954; OLG Koblenz NJW-RR 2014, 566, 567; OLG Düsseldorf, Urt. v. 14.11.2006 – I-24 U 190/05). Wenn der Dienstverpflichtete gekündigt hat, muss der Dienstberechtigte somit nachweisen, dass der Dienstverpflichtete dies ohne seine Veranlassung getan hat (BGH NJW 1997, 188, 189). Hat der Dienstberechtigte gekündigt, muss er nachweisen, dass seine Kündigung durch vertragswidriges Verhalten des Dienstverpflichteten veranlasst worden ist (BGH NJW 2014, 317 Rn. 9; BGH NJW 2011, 1674 Rn. 12; OLG Rostock NJW-RR 2009, 492, 493; OLG Köln FamRZ 1996, 942, 943; OLG München OLGR 1995, 198 Rn. 5). In beiden Fällen muss der Dienstberechtigte nachweisen, dass an den Leistungen infolge der Kündigung für ihn kein Interesse besteht (BGH NJW 2011, 1674 Rn. 12; BGH NJW-RR 2011, 1426 Rn. 31; BGH NJW 1995, 1954; BGH NJW 1982, 437, 438; KG NJW-RR 2002, 708, 709; OLG Koblenz NJW-RR 2014, 566, 567; OLG Köln NJW-RR 2001, 843, 844; OLG Rostock NJW-RR 2009, 492, 493; OLG München

OLGR 1995, 198 Rn. 5; OLG Koblenz, 03.02.2016 – 5 U 961/15 mit dem Hinweis in Rn. 17 f., dass bei mehreren auch beanstandungsfreien Leistungen den Dienstberechtigten die Darlegungs- und Beweislast für die fehlende wirtschaftliche Verwertbarkeit der vom Dienstverpflichteten erbrachten Leistungen trifft und dem Hinweis in Rn. 19, dass das Rückzahlungsverlangen hinsichtlich der unbrauchbaren Leistungen aufgeschlüsselt werden muss). Wenn feststeht, dass der Dienstverpflichtete eine Pflichtverletzung begangen hat, wird sein Vertretenmüssen entsprechend dem Rechtsgedanken des § 280 Abs. 1 Satz 2 vermutet (ErfK/*Müller-Glöge* § 628 Rn. 52). Der Dienstberechtigte muss zudem die Kausalität zwischen Vertragswidrigkeit des Dienstverpflichteten und der Kündigung nachweisen (OLG Köln FamRZ 1996, 942, 943; *Leisten*, in: Baumgärtel/Laumen/Prütting, HdB Beweislast, Bd. 5, Rn. 3).

Im Übrigen richten sich Darlegungs- und Beweislast nach der allgemeinen Gesetzessystematik des § 628 Abs. 1, so dass grundsätzlich bei Vorliegen seiner Voraussetzungen vom Bestehen des Teilvergütungsanspruchs und nur ausnahmsweise von einer Kürzung desselben auszugehen ist (BGH NJW 2011, 1674 Rn. 12; BGH NJW 1997, 188, 189). Diese Beweislastverteilung hinsichtlich der Voraussetzungen des § 628 Abs. 1 Satz 2 ist auch interessengerecht: Erhebt der unzufriedene Dienstberechtigte grundlos Vorwürfe, soll der Dienstverpflichtete eine adäquate Möglichkeit haben, sich aus dem Vertragsverhältnis zu lösen, ohne Beweisschwierigkeiten für seine Vergütungsforderung befürchten zu müssen (MüKo/*Henssler* § 628 Rn. 57). Im Falle des § 628 Abs. 1 Satz 3 trägt der Dienstberechtigte die Beweislast für seine Vorschussleistung (Staudinger/*Preis* § 628 Rn. 63; *Leisten*, in: Baumgärtel/Laumen/Prütting, HdB Beweislast, Bd. 5, Rn. 4.) Der Dienstverpflichtete kann die strengere Regelhaftung des § 346 durch eine Erstattung nach den Vorschriften über die Herausgabe einer ungerechtfertigten Bereicherung ersetzen. Dazu muss er nachweisen, dass er auf Veranlassung durch den Dienstberechtigten gekündigt oder dass er die Kündigung des Dienstberechtigten nicht zu vertreten hat (dazu Staudinger/*Preis* § 628 Rn. 63; a.A. ErfK/*Müller-Glöge* § 628 Rn. 53, der das Regel-Ausnahme-Verhältnis zwischen § 346 und Bereicherungsrecht genau andersherum versteht; HWK/*Sandmann* § 628 Rn. 92). Als Bereicherungsschuldner muss er behaupten und beweisen, zu welchem Teilbetrag die Vorauszahlung ihm für die bisherigen Dienstleistungen und wegen Wegfalls der Bereicherung zusteht (BGH NJW 1991, 2763, 2764). 27

#### c) Leistungsstörungsrechtliche Dimension des § 628 Abs. 1 Satz 2 analog

Das Dienst- und damit auch das Behandlungsvertragsrecht kennt kein Minderungsrecht (vgl. 630a Rdn. 40). Im Grundsatz führt das dazu, dass der Behandelnde auch bei einer Schlechterfüllung seinen vollen Vergütungsanspruch behält (*Kern/Rehborn*, in: Laufs/Kern/Rehborn ArztR, § 74 Rn. 54). Rechtsprechung und Literatur versuchen dieses Ergebnis verschiedentlich zu korrigieren. 28

Der BGH hat sich zum Behandlungsvertrag insoweit noch nicht explizit geäußert. Im Zusammenhang mit anderen Konstellationen hat er hingegen entschieden, dass ein Vergütungsanspruch nach dem Rechtsgedanken des § 654 verwirkt sein kann, wenn ein Dienstverhältnis eine besondere Treuepflicht begründet und der Dienstleistende in schwerwiegender Weise diese Treuepflicht verletzt und sich dadurch als seines Lohnes unwürdig erweist. Das sei der Fall, wenn die Treuepflicht vorsätzlich, mindestens aber in einer grob leichtfertigen Weise verletzt werde, die dem Vorsatz nahekomme (zu Provisionsansprüchen bei der Entschädigung von Kapitalanlegern: BGH NJW-RR 2012, 411 Rn. 33, zum Zwangsverwaltervergütungsanspruch: BGH NJW-RR 2009, 1710 Rn. 8 ff. m.w.N.; im Zusammenhang mit Schneeballsystemen: BGH NJW 2011, 1732 Rn. 14, zum Insolvenzverwalter: BGH NJW-RR 2004, 1422, 1424). Der BGH hat auch geurteilt, dass eine unzureichende und pflichtwidrige Leistung des Rechtsanwalts für sich genommen nicht zu einer Kürzung oder gar zum Wegfall seines Vergütungsanspruchs aus dem Anwaltsdienstvertrag führe (BGH NJW 2004, 2817; siehe auch OLG Koblenz NJW-RR 2006, 1358, 1361). Der Vergütungsanspruch sei nur dann ausgeschlossen, wenn der Rechtsanwalt über einen grob fahrlässigen Pflichtenverstoß hinaus einen nach § 356 StGB strafbaren Parteiverrat begangen habe (vgl. BGH NJW 1981, 1211, 1212; BGH NJW 2009, 3297 Rn. 37 ff.; vgl. zum Beratervertrag: BGH NJW-RR 2011, 1426 Rn. 28 f.; weitergehend RGZ 113, 264, 268 f.; RG HRR 1935, Nr. 725). Nur bei einem derartig 29 schwerwiegenden Verstoß entstehe nach dem in § 654 enthaltenen Gedanken von vornherein kein Anspruch auf eine Vergütung, so dass es unerheblich sei, ob dem Auftraggeber ein Schaden entstanden ist (BGH NJW 2004, 2817; BGH NJW 1981, 1211, 1212). § 628 Abs. 1 Satz 2 a.F. sei zudem nur anwendbar, wenn eine Kündigung i. S. d. § 628 vorliege (BGH NJW 2004, 2817). In einem anderen Urteil erklärte der BGH, dass die Lücke des fehlenden Gewährleistungsregimes im Dienstvertragsrecht auf der Grundlage des bisherigen Rechts dadurch zu schließen sei, dass der Dienstverpflichtete, soweit nicht Haftungsbeschränkungen eingreifen würden, bei Vertretenmüssen Schadensersatz nach den Grundsätzen über die positive Vertragsverletzung schulde. Eine Minderung der vereinbarten Vergütung wie im Fall des § 638 sei hingegen ausgeschlossen (BGH NJW 2002, 1571, 1572; vgl. zu dem Themenkomplex »kein Minderungsrecht beim Dienstvertrag« auch BGH NJW 1963, 1301, 1302 f.; zum Arbeitsvertrag: BAG NZA 2007, 1015; vgl. zur fehlenden Mängelhaftung beim Dienstvertrag auch OLG Koblenz VersR 2014, 1091, 1092; OLG Koblenz VersR 2015, 1513; OLG Koblenz VersR 2012, 728; LG Regensburg MedR 2014, 772, mit dem Ansatz, dass ausnahmsweise der Vergütungsanspruch entfallen soll, wenn die Pflichtverletzung des Arztes als besonders schwerwiegend anzusehen ist und/oder sich seine ärztliche Leistung für den Patienten als unbrauchbar, also einer Nichtleistung vergleichbar, darstellt; zur Minderung beim Dienstvertrag ausführlich *Canaris*, FS K. Schmidt, 2009, 177).

30 Einige Instanzgerichte haben entschieden, dass der Vergütungsanspruch des Behandelnden bei Schlechtleistung des Behandelnden entfallen können soll. Eine tragfähige Begründung dieses Ergebnisses fehlt jedoch (vgl. dazu OLG Hamm, Urt. v. 2.11.2005 – 3 U 290/04 Rn. 13; OLG Koblenz MDR 2011, 1278, 1279, will ohne nähere dogmatische Herleitung den Vergütungsanspruch nur dann entfallen lassen, wenn die Leistung des Arztes unbrauchbar ist; vgl. auch OLG Hamburg VersR 2017, 967; OLG Köln MedR 2014, 28, ebenfalls ohne dogmatische Begründung dazu, dass der Honoraranspruch eines Zahnarztes bei mangelhaft erbrachter Leistung erst dann entfallen soll, wenn die Leistung unbrauchbar und dem Patienten ein weiterer Nachbesserungsversuch nicht zumutbar sei).

31 Andere Gerichte lassen die Problematik partiell offen. Das OLG Hamburg entschied zum alten Recht, der behandelnde Arzt habe keinen Vergütungsanspruch, wenn es nur aufgrund eines von ihm zu vertretenen Fehlers zur Durchführung der ärztlichen Behandlung gekommen sei. Dann sei die Zahlungspflicht des Patienten ein auszugleichender Nachteil, weil aufgrund der Schlechterfüllung der vertraglichen Pflicht das Interesse des Patienten an der erbrachten Dienstleistung von vornherein fehle. Das Gericht ließ es dahinstehen, ob in einem solchen Fall der Rückzahlungsanspruch aus einer analogen Anwendung von § 628 Abs. 1 Satz 2, aus einer Parallele zur teilweisen Nichterfüllung i.S.v. §§ 280 Abs. 2, 323 Abs. 1 Satz 2 und 325 Abs. 2 oder aus dem Institut der positiven Forderungsverletzung herzuleiten ist (OLG Hamburg OLGR 1999, 419). Im Ergebnis in dieselbe Richtung neigend urteilte das OLG Oldenburg, dass die Geltendmachung des Schadensersatzanspruchs des Patienten wegen positiver Vertragsverletzung (§§ 611, 276) bewirke, dass die Vergütung des zum Dienstverpflichteten von vornherein begrenzt werde und im vorliegenden Fall gänzlich entfalle. Auch nach § 628 Abs. 1 Satz 2 stehe dem Dienstverpflichteten der Vergütungsanspruch nicht zu, denn der Dienstberechtigte sei aufgrund des vertragswidrigen Verhaltens des Dienstverpflichteten berechtigt gewesen, das Vertragsverhältnis zu kündigen (OLG Oldenburg NJW-RR 1996, 1267 f.).

32 In der instanzgerichtlichen Rechtsprechung zum Behandlungsvertragsrecht wird die zu zahlende Vergütung in diesen Fällen oft auch als Teil des durch die Schlechterfüllung entstandenen Schadens betrachtet und dem Dienstberechtigten die Möglichkeit eingeräumt, mit dem Schadensersatzanspruch gegenüber dem Vergütungsanspruch aufzurechnen (BeckOK/*Katzenmeier* Rn. 18; zu einem Schadensersatzanspruch nach den Grundsätzen der positiven Vertragsverletzung OLG München OLGR 1998, 247; OLG Köln VersR 1986, 300; aus dem Schrifttum: *Kern/Rehborn*, in: Laufs/Kern/Rehborn ArztR § 74 Rn. 55; kritisch zu einer »schadensersatzrechtlichen Minderungslösung« über den Schadensersatz statt der Leistung im Hinblick auf § 326 Abs. 1 Satz 2 und § 628 Abs. 1 Satz 2 *Canaris*, FS K. Schmidt, 2009, 177, 185 f.). Teilweise wird auch die Befreiung von der

Vergütungspflicht aus dem Schadensersatzanspruch abgeleitet. Weil der Behandelnde keine Vergütung verlangen könne, müsse der Patient deshalb nicht mehr aufrechnen (so zum Schadensersatzanspruch aus positiver Vertragsverletzung OLG Köln MedR 1994, 198; s.a. OLG Köln VersR 1987, 620; offenlassend OLG Düsseldorf VersR 1985, 456; auch einem auf Freistellung gerichteten Schadensersatzanspruch zugeneigt, dabei verschiedene dogmatische Grundlagen andenkend, OLG Saarbrücken OLGR 2000, 401; vgl. auch LG Karlsruhe NJW-RR 2005, 1507, 1508; aus der Literatur: *Jaspersen* VersR 1992, 1431; zum Ganzen, mit Rechtsprechungsanalyse zu anderen Dienstverträgen: *Teumer* VersR 2009, 333; eine weitere Auswertung bietet *Voigt*, Individuelle Gesundheitsleistungen, S. 92 ff. (Behandlungsfehler) und 142 ff. (Aufklärungsrüge)). Manche Gerichte konstruieren den Schadensersatzanspruch auch als Rückzahlungsanspruch. Steht einem Patienten wegen fehlerhafter Behandlung durch den Arzt ein Schadensersatzanspruch zu, dann kann er nach dieser Ansicht entweder die objektiv erforderlichen Kosten der Nachbehandlung oder die Rückerstattung des Honorars, soweit die Behandlungsleistung unbrauchbar ist, als Schadensersatz geltend machen (zum Wahlrecht des Patienten OLG Celle MedR 2020, 134; KG MedR 2011, 45, zu einem Schadensersatzanspruch aus § 280 Abs. 1 mit der Aussage, dass die Behandlungsleistung unbrauchbar sei, wenn eine Mängelbeseitigung nicht möglich sei, sondern eine Neuanfertigung erfolgen müsse und es ohne Belang sei, wenn der Patient zum Zeitpunkt des Prozesses den Zahnersatz noch nicht habe erneuern lassen; entscheidend sei allein, ob die Neuanfertigung zahnmedizinisch erforderlich sei; im Anschluss an diese Rechtsprechung KG MedR 2014, 166; vgl. dazu auch OLG Köln MedR 2008, 46; vgl. auch OLG Oldenburg VersR 2008, 781, für einen Rückerstattungsanspruch nach § 280 Abs. 1, soweit die Leistung für den Patienten aufgrund eines Behandlungsfehlers unbrauchbar ist. Davon sei auszugehen, wenn eine Mängelbeseitigung nicht möglich sei, sondern eine Neuanfertigung erfolgen müsse; vgl. zum Rückforderungsanspruch wegen positiver Vertragsverletzung aus §§ 280, 281: LG Karlsruhe NJW-RR 2005, 1507; vgl. unter dem Gesichtspunkt der positiven Vertragsverletzung auch OLG Frankfurt VersR 1996, 1150).

33 Wenn der Eingriff bei schuldhafter Verletzung der ärztlichen Aufklärungspflicht erfolgreich verläuft, fehlt es an einem materiellen Schaden und dem Arzt steht somit trotz Aufklärungspflichtverletzung ein Honoraranspruch zu (vgl. OLG Nürnberg MDR 2008, 554; OLG Nürnberg NJW-RR 2004, 1543, 1544; OLG Stuttgart VersR 2002, 1286; OLG Köln NJW-RR 1999, 674, 675; *Kern/Rehborn*, in: Laufs/Kern/Rehborn ArztR, § 74 Rn. 60).

34 Ob der »schadensersatzrechtlichen Minderungslösung« wenigstens partiell gefolgt werden kann, richtet sich danach, ob ein Fehler bei der Indikationsstellung, ein sonstiger Behandlungsfehler oder ein Aufklärungsfehler vorliegt. Bei Behandlungsfehlern ist sie abzulehnen, da die Schlechterfüllung für die zu zahlende Vergütung nicht kausal geworden ist und deshalb nicht im Wege des Schadensersatzes ersetzt werden kann (*Teumer* VersR 2009, 333; *Schütz/Dopheide* VersR 2006, 1440; s.a. *Kramer* MDR 1998, 324). Anders ist die Lage bei nicht indizierten Behandlungen: Ohne einen Fehler bei der Indikationsstellung wäre die Behandlung nicht durchgeführt worden und der Honoraranspruch somit auch nicht entstanden (so auch *Jaspersen* VersR 1992, 1431). Deshalb kann der Patient in diesem Fall sowohl nach § 823 als auch nach § 280 Befreiung von der Honorarforderung bzw. Rückzahlung des Honorars verlangen (*Teumer* VersR 2009, 333; *Schütz/Dopheide* VersR 2006, 1440, 1443; *Jaspersen* VersR 1992, 1431, 1434, auch ähnlich zum Fall des Übernahmeverschuldens). Zudem kann er der Honorarforderung in diesem Fall auch die Einrede des deliktischen Forderungserwerbs nach § 853 entgegenhalten. Da diese eine dauernde Einrede i.S.d. § 813 Abs. 1 Satz 1 darstellt, ist eine Rückforderung des bereits gezahlten Honorars im Wege einer Leistungskondiktion möglich (*Teumer* VersR 2009, 333; *Schütz/Dopheide* VersR 2006, 1440, 1443). Eine fehlende Aufklärung ist ebenfalls kausal für die Entstehung des Honoraranspruchs und den entsprechenden Schaden, wenn der Patient bei gehöriger Aufklärung den Behandlungsvertrag für die nachfolgende medizinische Intervention nicht geschlossen hätte. Auch in dem Fall entfällt der Vergütungsanspruch. Mangels rechtswirksamer Einwilligung des Patienten besteht wegen der damit rechtswidrigen Körperverletzung auch ein Anspruch nach § 823 Abs. 1. Wieder greifen die Arglisteinrede des § 853 und die Möglichkeit, geleistete Zahlungen nach §§ 812 Abs. 1 Satz 1 Alt. 1 i.V.m. 813 Abs. 1 Satz 1 zurückfordern. Im Wege der Vorteilsanrechnung muss der Patient sich

den Behandlungswert jedoch anrechnen lassen (*Schütz/Dopheide* VersR 2006, 1440, dazu, dass der Behandlungswert angesichts des Dienstcharakters des Behandlungsvertrags unabhängig vom Erfolg der Behandlung ist und damit immer dazu führt, dass der Patient zur Zahlung der Vergütung verpflichtet bleibt; vgl. zum Einfluss von Aufklärungsfehlern auf den Vergütungsanspruch auch *Kern/Rehborn*, in: Laufs/Kern/Rehborn ArztR, § 74 Rn. 60 ff.).

35 Bei der »schadensersatzrechtlichen Minderungslösung« ist jedoch zu beachten: Bleibt der Gesundheitsschaden aus oder gelingt dem Patienten der Kausalitätsnachweis zwischen Behandlungsfehler und Gesundheitsverletzung nicht, scheitert sie (BeckOK/*Katzenmeier* Rn. 19; vgl. auch NK-BGB/*Voigt* Rn. 11) und der Behandelnde behält seinen vollen Vergütungsanspruch.

36 Die nach wie vor bestehende erhebliche Rechtsunsicherheit und das Konvolut unterschiedlicher Lösungsansätze verlangt nach einer wohldurchdachten gesetzgeberischen Entscheidung de lege ferenda. Weniger wünschenswert dürfte demgegenüber ein dauerhaftes Überlassen an die Judikatur sein, da de lege lata auch eine höchstrichterliche Klärung kaum ein dogmatisch vollauf tragfähiges Konstrukt wird anbieten können, sodass dauerhaft erhebliche Zweifel und Rechtsunsicherheiten verbleiben würden.

### B. Abweichende Regelungen

37 Die §§ 611 ff. sind anwendbar, soweit sie nicht durch §§ 630a ff. oder speziellere Regelungen verdrängt oder durch Parteivereinbarung abbedungen werden (BT-Drs. 17/10488 S. 20). Die Vorschriften über das Dienstverhältnis sind anzuwenden, soweit nicht »in diesem Untertitel etwas anderes bestimmt ist«. Insoweit sind allenfalls die Sonderbestimmungen für den Vergütungsanspruch der Behandlungsseite relevant, da § 630a Abs. 1 lz. Hs. nunmehr explizit bürgerlich-rechtlich einbezieht, dass seitens des Patienten eine Vergütung nicht geschuldet ist, wenn Dritte zur Entrichtung verpflichtet sind (hierzu § 630a Rdn. 44 ff.). Andere Abweichungen sind nicht ersichtlich. Zwar wird mit Recht darauf hingewiesen, dass die §§ 630c ff. Erweiterungen verschiedenster Form enthalten (Spickhoff/*Spickhoff* Rn. 1), jedoch finden sich hierzu im allgemeinen Dienstvertragsrecht keine Grundsatzregelungen, von denen abgewichen würde, solange das zugehörige Richterrecht nicht einbezogen wird.

### § 630c Mitwirkung der Vertragsparteien, Informationspflichten

(1) Behandelnder und Patient sollen zur Durchführung der Behandlung zusammenwirken.

(2) Der Behandelnde ist verpflichtet, dem Patienten in verständlicher Weise zu Beginn der Behandlung und, soweit erforderlich, in deren Verlauf sämtliche für die Behandlung wesentlichen Umstände zu erläutern, insbesondere die Diagnose, die voraussichtliche gesundheitliche Entwicklung, die Therapie und die zu und nach der Therapie zu ergreifenden Maßnahmen. Sind für den Behandelnden Umstände erkennbar, die die Annahme eines Behandlungsfehlers begründen, hat er den Patienten über diese auf Nachfrage oder zur Abwendung gesundheitlicher Gefahren zu informieren. Ist dem Behandelnden oder einem seiner in § 52 Absatz 1 der Strafprozessordnung bezeichneten Angehörigen ein Behandlungsfehler unterlaufen, darf die Information nach Satz 2 zu Beweiszwecken in einem gegen den Behandelnden oder gegen seinen Angehörigen geführten Straf- oder Bußgeldverfahren nur mit Zustimmung des Behandelnden verwendet werden.

(3) Weiß der Behandelnde, dass eine vollständige Übernahme der Behandlungskosten durch einen Dritten nicht gesichert ist oder ergeben sich nach den Umständen hierfür hinreichende Anhaltspunkte, muss er den Patienten vor Beginn der Behandlung über die voraussichtlichen Kosten der Behandlung in Textform informieren. Weitergehende Formanforderungen aus anderen Vorschriften bleiben unberührt.

(4) Der Information des Patienten bedarf es nicht, soweit diese ausnahmsweise aufgrund besonderer Umstände entbehrlich ist, insbesondere wenn die Behandlung unaufschiebbar ist oder der Patient auf die Information ausdrücklich verzichtet hat.

Übersicht

| | Rdn. | | | Rdn. |
|---|---|---|---|---|
| A. Compliance, Abs. 1 | 1 | E. | Abs. 3, 4. | 34 |
| B. Pflichten des Arztes zur Erläuterung, Abs. 2 Satz 1 | 6 | I. | Wirtschaftliche Aufklärung. | 34 |
| | | 1. | Inhaltliche Voraussetzungen | 34 |
| C. Abs. 2 Satz 2 | 14 | 2. | Umfang der wirtschaftlichen Information | 35 |
| I. Fehleroffenbarungspflicht. | 14 | | | |
| II. Adressat, Inhalt, Umfang | 17 | 3. | Rechtfolge bei unterlassener oder unzureichender Information. | 43 |
| III. Verstoß des Arztes gegen die Informationspflicht. | 23 | II. | Formerfordernis und Folgen der Nichtbeachtung. | 46 |
| 1. Auf Nachfrage des Patienten. | 26 | | | |
| 2. Zur Abwendung gesundheitlicher Gefahren | 27 | III. | Andere Formvorschriften, Abs. 3 Satz 2 . | 50 |
| | | IV. | Entbehrlichkeit, Abs. 4. | 52 |
| IV. Misstrauen im Arzt-Patient-Verhältnis und Strategie der Haftungsverfolgung | 28 | F. | **Vertragliche Abbedingung der Informationspflichten** | 59 |
| D. Beweisverwertungsverbot, Abs. 2 Satz 3 | 30 | | | |

## A. Compliance, Abs. 1

Die bereits vor dem Inkrafttreten des Patientenrechtegesetzes anerkannte allgemeine Obliegenheit der Parteien des Behandlungsvertrages, bei der Durchführung der Behandlung zusammenzuwirken, ist in Abs. 1 ausdrücklich statuiert worden. Dadurch soll das zwischen Behandler und Patient bestehende Vertrauensverhältnis fortentwickelt und dem hinter dem Patientenrechtegesetz stehenden Partnerschaftsgedanken besonderer Ausdruck verliehen werden (BT-Drs. 17/10488 S. 21). Da die Norm keine einklagbare Rechtspflicht enthält und die Behandlungsseite treffenden Pflichten zur Zusammenarbeit in den §§ 630a ff. näher umschrieben sind, wird der Vorschrift wenig praktische Bedeutung beigemessen (*Thurn* MedR 2013, 153, 154 f.; *Hart* GesR 2012, 285 f.), was mit der gerichtlichen Zurückhaltung korrespondiert, diese anzuwenden. 1

Für die Behandlungsseite ergeben sich aus der Norm keine über die Pflichten der §§ 630a ff. hinausgehenden Obliegenheiten, weil das Zusammenwirken von Behandlungsseite und Patienten als inhärenter Bestandteil einer gelungenen Therapie vorausgesetzt wird. 2

Dem Patienten obliegt es, den Behandelnden zeitnah über die in seiner Sphäre liegenden, für die Behandlung bedeutsamen Umstände zu informieren, damit dieser einen korrekten Eindruck über den Gesundheitszustand des Patienten gewinnen (BT-Drs. 17/10488 S. 21; BGH NJW 1986, 775; 1992, 2961) und die Behandlung entsprechend planen kann. Darüber hinaus obliegt es dem Patienten, vereinbarte Behandlungen zu dulden (*Spickhoff* VersR 2013, 267, 270) und medizinische Verhaltensempfehlungen zu beachten (z.B. verordnungsgemäße Einnahme von Medikamenten, Einhaltung von Verhaltens- und Ernährungsanweisungen, Verbandswechsel). Unterlässt er entsprechendes Mitwirkungsverhalten, stehen der Behandlungsseite weder Erfüllungs- noch Schadensersatzansprüche zu. Der Behandler kann jedoch bei Obliegenheitsverletzungen des Patienten vorbehaltlich eines Verstoßes gegen die landesäquivalente Vorschrift des § 7 Abs. 2 MBO-Ä oder etwaiger strafrechtlicher Hilfspflichten aufgrund einer Notfallsituation gem. § 630b i.V.m. § 627kündigen. 3

Sofern der Behandler hingegen aufgrund eines Behandlungsfehlers in Anspruch genommen wird, kann es durch den jeweiligen Complianceverstoß zu einer Unterbrechung des Zurechnungszusammenhangs kommen, was dem haftungsbegründenden Tatbestand entgegenstünde (freiverantwortliche(s) Dazwischentreten/Selbstschädigung des Patienten), oder der Behandler kann dem Patienten den Mitverschuldenseinwand gem. § 254 Abs. 1 oder gem. § 254 Abs. 2 Satz 1 entgegenhalten (BT-Drs. 17/10488 S. 21; zum Mitverschuldenseinwand BGH NJW 1997, 1635; OLG Koblenz VersR 2007, 1698; monographisch *Göben*, Das Mitverschulden des Patienten im Arzthaftungsrecht, 4

S. 45 ff.; eine Fallsammlung bieten *Martis/Winkhart*, Arzthaftungsrecht, S. 1121 ff.; s.a. Erman/ *Rehborn/Gescher* Rn. 3). Darüber hinaus kann ein Compliance-Verstoß für den Patienten auch in der Form nachteilige beweisrechtliche Konsequenzen zeitigen, dass trotz groben Behandlungsfehlers eine Beweislastumkehr zu seinen Gunsten abzulehnen ist (OLG Hamm, Urt. v. 02.02.2018 – 26 U 72/17 Rn. 33). Vor dem Hintergrund des Wissens- und Informationsvorsprungs des Arztes gegenüber dem medizinischen Laien ist bei der Annahme mitverschuldensbegründender Obliegenheitsverletzungen des Patienten jedoch Zurückhaltung geboten (BGH NJW 1997, 1635). Der Einwand der Nichtbefolgung ärztlicher Anweisungen kann dem Patienten haftungsrechtlich nur dann vorgeworfen werden, wenn er die ärztlichen Anweisungen verstanden hat (BGH NJW 1997, 1635, 1636; 2009, 2820, 2822).

5 Sofern die Behandlung aufgrund eines Vertrages zugunsten Dritter erfolgt (insbesondere im Fall minderjähriger Patienten), treffen den Patienten entsprechende Obliegenheiten aus §§ 242, 254 Abs. 1, da Abs. 1 auf das vertragsähnliche Vollzugsverhältnis keine direkte Anwendung findet (Jauernig/*Mansel* Rn. 1). Der Patient muss sich zudem Obliegenheitsverletzungen des Vertragsschließenden i. S. d. § 630a Abs. 1 über § 254 Abs. 2 Satz 2, 278 zurechnen lassen (NK-BGB/*Voigt* Rn. 3). Die erforderliche schuldrechtliche Sonderbeziehung ist mit dem Vertrag zu Gunsten Dritter gegeben.

### B. Pflichten des Arztes zur Erläuterung, Abs. 2 Satz 1

6 Abs. 2 Satz 1 verpflichtet den Behandelnden, dem Patienten sämtliche für die Behandlung wesentlichen Umstände zu erläutern. Diese Informationspflicht entspricht dem von der Rechtsprechung bereits zuvor angenommenen Pflichtenspektrum des Behandlers i.R.d. therapeutischen Aufklärung (auch therapeutische Information oder auch Sicherungsaufklärung; vgl. BT-Drs. 17/10488 S. 21); eine inhaltliche Änderung war durch den Gesetzgeber nicht beabsichtigt (BT-Drs. 17/10488 S. 21; *Thole* MedR 2013, 145, 146). Durch die weite sprachliche Fassung bezieht die Norm partiell jedoch auch von § 630e geregelte Aspekte der Selbstbestimmungsaufklärung ein (OLG Köln VersR 2015, 455; *Spickhoff* VersR 2013, 267, 273; MüKo/*Wagner* Rn. 13).

7 Die Regelung verfolgt im Wesentlichen zwei Ziele: Durch die Informationspflicht soll einerseits die typischerweise zwischen dem Behandelnden und dem Patienten bestehende Informationsasymmetrie abgebaut und andererseits der Behandlungserfolg gesichert werden. Sie zielt daher auf die Sicherung des gesundheitlichen Wohls des Patienten und nicht, wie dies bei der Selbstbestimmungsaufklärung aus § 630e Abs. 1 Satz 2 der Fall ist, auf die Verwirklichung des Willens des Patienten. Er soll darüber informiert werden, wie er sich zu verhalten hat, um den therapeutischen Erfolg zu sichern. Eine Pflicht zur umfassenden Belehrung zu allen medizinischen Details besteht hingegen nicht.

8 Bei der Informationspflicht handelt es sich um eine fortwährende Verpflichtung des Behandelnden, die sowohl zu Beginn der Behandlung als auch in ihrem Verlauf besteht. Inhaltlich fordert Abs. 2 Satz 1 ausdrücklich Informationen über die Diagnose, die voraussichtliche gesundheitliche Entwicklung, die Therapie und die nach der Therapie zu ergreifenden Maßnahmen. Aus der Formulierung »insbesondere« und der Gesetzesbegründung (BT-Drs. 17/10488 S. 21) geht hervor, dass es sich dabei nicht um eine abschließende Aufzählung handelt. Der Umfang der Informationspflicht richtet sich vielmehr nach dem Einzelfall. Dem Patienten muss ein klares Verständnis von seinem Leiden, der gewählten Therapie sowie den für die Erreichung des Therapieziels von ihm geforderten Verhaltensweisen vermittelt werden.

Hierzu kann es erforderlich sein, über
– diagnostische Maßnahmen (OLG München VersR 1988, 523, auch Zusatzerfordernisse, sofern durch diese Gesundheitsgefahren erkannt und bekämpft werden können OLG Düsseldorf NJW-RR 2003, 1333; LG München I NJW-RR 2009, 898, 900),
– erstellte Befunde,

- die Diagnose sowie wesentliche Verdachtsdiagnosen und darauf aufbauende Behandlungsmöglichkeiten (BGH NJW 1989, 2318, 2319 f.; 2005, 427, 428),
- die voraussichtliche gesundheitliche Entwicklung sowie nicht unwahrscheinliche Alternativentwicklungen,
- die Therapie und
- das patientenseitig vorausgesetzte Verhalten zur Förderung der Genesung während und nach der Therapie (medizinisch indizierte körperliche Aktivität (OLG Bremen VersR 1999, 1151), medizinisch kontraindizierte körperliche Aktivitäten/Handlungen (OLG Köln VersR 1992, 1231; OLG Stuttgart VersR 1996, 979), Genussmittelabstinenz, Teilnahme an Kurmaßnahmen, Medikation (einschließlich Neben- und Wechselwirkungen BGH NJW 1987, 705; 2005, 1716), Wundvorsorge (BT-Drs. 17/10488 S. 21), Ergreifen erforderlicher Sicherheitsmaßnahmen (BGH NJW 1981, 2002, 2003))

zu informieren. Dabei ist zu beachten, dass im Rahmen der Informationspflicht auch auf sehr seltene Schadensrisiken einzugehen ist, sofern die dem Patienten geratenen Sicherheitsmaßnahmen nicht außer Verhältnis zum drohenden Schaden stehen (BGH NJW 1994, 3012, 3013).

Da sowohl die Informationspflicht aus Abs. 2 Satz 1 als auch die Selbstbestimmungsaufklärung aus § 630e Abs. 1 Satz 2 Erläuterungen über Diagnose und Therapie voraussetzen, kommt es zu einer unglücklich (erscheinenden) Dopplung, die in der Literatur in der Forderung mündet, die Anwendungsbereiche beider Normen klarer voneinander abzugrenzen (BeckOK/*Katzenmeier* Rn. 9; *Spickhoff* ZRP 2012, 65, 67; *ders.* VersR 2013, 267, 273; *Wagner* VersR 2012, 789, 792). Im Ausgangspunkt einer Differenzierung ist herauszustellen, dass die Informationspflicht des Abs. 2 Satz 1 wesentlich allgemeiner gefasst ist, weil sie sich auf den gesamten Behandlungsverlauf erstreckt und dabei die Information über wesentliche Umstände voraussetzt. Sie bildet den kursorischen Rahmen der Gesamtbehandlung, um deren Erfolg zu sichern (NK-BGB/*Voigt* Rn. 5). Die für die Einwilligung maßgebliche Selbstbestimmungsaufklärung gem. § 630e Abs. 1 Satz 2 verlangt demgegenüber die Information über eingriffsbezogene Behandlungsrisiken und Chancen (NK-BGB/*Voigt* Rn. 5). Die Informationen müssen dabei wesentlich spezifischer erteilt werden, da der Patient nur so in die Lage versetzt werden kann, eine autonome Entscheidung über den weiteren Verlauf der Behandlung zu treffen. Diese Unterscheidung wird vom Gesetzgeber sprachlich anerkannt, da er zwischen Informationspflicht und Aufklärung trennt (BT-Drs. 17/10488 S. 21). Auch die Rechtsprechung schließt sich diesem Verständnis an (OLG Köln VersR 2015, 455).

Die Informationspflicht ist Bestandteil des Behandlungsvertrages und durch die Behandlungsseite ohne Nachfrage des Patienten zu erfüllen. Erfolgt die Behandlung durch einen Dritten, so trifft diesen eine entsprechende Pflicht, die sich aus den entsprechenden deliktischen Grundsätzen ableitet, da ein Verstoß eine deliktische Haftung begründet. Adressat der Informationen ist die behandelte Person, auch wenn sie nicht Patient i.S.d. § 630a Abs. 1 ist (Jauernig/*Mansel* Rn. 3). Eine Beschränkung auf die Information naher Angehöriger ist selbst bei schweren Diagnosen und unter Berufung auf die psychische Labilität des Patienten (grundsätzlich) nicht zulässig (BGH NJW 1989, 2318, 2319). Werden durch die Behandlung Dritte gefährdet, muss die behandelte Person auch über diese Gefahren und die zu ergreifenden Sicherheitsmaßnahmen informiert werden (BGH NJW 1994, 2614; 1994, 3012 f.; 1995, 2407). Eine Informationspflicht gegenüber dem/den Dritten selbst besteht nicht. Ist die behandelte Person minderjährig oder steht unter Betreuung, so ist der gesetzliche Vertreter zu informieren. Im Betreuungsrecht ist dabei die Sondervorschrift des § 1901b Abs. 1 Satz 1, 2 zu beachten.

Kommt die Behandlungsseite der Informationspflicht nicht nach und entsteht dem Patienten daraus ein Schaden, führt dies zu einer Haftung wegen fehlerhafter Behandlung und nicht wegen fehlerhafter Aufklärung (BGH NJW 1989, 2318; 2005, 427; OLG Köln VersR 2015, 1173). Dabei ist der Patient nach den allgemeinen Regeln für das Vorliegen der Voraussetzungen des § 280 Abs. 1 beweisbelastet, da er einen für ihn günstigen Ersatzanspruch herleiten will (BGH NJW 1981, 630, 632; 1981, 2002, 2003).

12 Auch wenn die Verletzung der Informationspflicht als grober Behandlungsfehler zu bewerten ist, trifft den Patienten die Beweislast hinsichtlich der Pflichtverletzung. Hinsichtlich der Kausalität zwischen Behandlungsfehler und Gesundheitsschaden kommt es hingegen gem. § 630h Abs. 5 Satz 1 zur Umkehr der Beweislast, soweit die Verletzung der Informationspflicht geeignet ist, den eingetretenen Schaden zu verursachen (BGH NJW 1989, 2318; 2005, 427; OLG Köln VersR 2015, 1173).

13 Zu Gunsten des Patienten gilt die Vermutung des aufklärungsrichtigen Verhaltens (BGH NJW 1973, 1688; 1984, 658, 659). Der Behandler hat daher keinen Erfolg mit dem Einwand, dass sich der Patient auch bei ordnungsgemäß erteilter Information nicht anders verhalten hätte. Die Vermutung greift jedoch nur dann, wenn die überwiegende Wahrscheinlichkeit für ein aufklärungsrichtiges Verhalten spricht. Davon ist nicht auszugehen, wenn dem Patienten aufgrund objektiver Umstände ein aufklärungsrichtiges Verhalten nicht möglich gewesen ist (BGH NJW 1987, 2923, 2924) oder ihm bei ordnungsgemäßer Information eine Vielzahl an Handlungsmöglichkeiten zur Verfügung gestanden hätten, sodass das eine aufklärungsrichtige Verhalten nicht bestimmt werden kann (BGH NJW 1989, 2320, 2321). Sofern ein Gesundheitsschaden nicht festgestellt werden kann, bleibt die Verletzung der Informationspflicht ohne Folgen.

## C. Abs. 2 Satz 2

### I. Fehleroffenbarungspflicht

14 Abs. 2 Satz 2 verpflichtet die Behandlungsseite, den Patienten auf Nachfrage oder zur Abwendung gesundheitlicher Gefahren über für ihn erkennbare Umstände zu informieren, die die Annahme eines Behandlungsfehlers begründen.

15 Das Bestehen einer derartigen Pflicht war vor Inkrafttreten des Patientenrechtegesetzes umstritten. Von der Rspr. wurde sie überwiegend abgelehnt. Selbst auf Nachfrage des Patienten sollte es danach nicht als treuwidrig anzusehen sein, »wenn [der Behandelnde], ohne die Tatsachen zu verschweigen oder zu verdrehen, ein schuldhaftes Fehlverhalten leugnet« (BGH NJW 1984, 662; OLG Hamm NJW 1985, 685; OLG Koblenz NJW-RR 2004, 410, 411). Für Rechtsanwälte (BGH VersR 1967, 979, 980; NJW 1994, 2822, 2824; NJW-RR 2011, 858, 859), Steuerberater (BGH NJW 1982, 1285) und Architekten (BGH NJW 1985, 328, 330) erkannte die Judikatur hingegen eine entsprechende Offenbarungspflicht an. Teile der Rechtsprechung und der Literatur schlossen sich dieser Sichtweise an und hielten auch den Behandler unter bestimmten Voraussetzungen für offenbarungspflichtig (*Terbille/Schmitz-Herscheidt* NJW 2000, 1749, 1755 f.; BGH NJW 1989, 1536, 1538; OLG Stuttgart VersR 1989, 632; dagegen *H. Prütting*, in FS Laufs, 2006, 1009 ff.; *Taupitz* NJW 1992, 713, 715 ff.). Eine Pflicht zur wahrheitsgemäßen Information sollte den Behandelnden insbesondere auf Nachfrage des Patienten (*Terbille/Schmitz-Herscheidt* NJW 2000, 1749, 1752 f.) und bei Abwendbarkeit einer aufgrund eines Behandlungsfehlers bestehenden Gesundheitsgefährdung treffen (*H. Prütting*, FS Laufs, 2006, 1009 ff.; OLG München VersR 2002, 985, 986).

16 Die Gesetzesbegründung geht nichtsdestotrotz davon aus, dass die Norm an eine bislang schon geltende Rechtsprechung anknüpfe (BT-Drs. 17/10488 S. 21). Inhaltlich war keine wesentliche Neuerung beabsichtigt (*Thole* MedR 2013, 145, 146). Die Regelung soll nach dem Willen des Gesetzgebers Ausdruck der vorzunehmenden Abwägung zwischen den Interessen des Behandelnden am Schutz seiner Person und dem Interesse des Patienten am Schutz seiner Gesundheit (BT-Drs. 17/10488 S. 21) sein. Sie scheint dabei mit ihrer 1. Var. der Erleichterung der Geltendmachung von Ersatzansprüchen des Patienten gegenüber dem Behandelnden zu dienen (*Spickhoff* JZ 2015, 15, 21; MüKo/*Wagner* Rn. 30, *ders.* VersR 2012, 789, 795; dagegen aber BT-Drs. 17/10488 S. 21; *Katzenmeier* NJW 2013, 817, 819; Jauernig/*Mansel* Rn. 7) und mit ihrer 2. Var. der Abwendung gesundheitlicher Gefahren (Erman/*Rehborn/Gescher* Rn. 17; *Spickhoff* JZ 2015, 15, 21 f.).

## II. Adressat, Inhalt, Umfang

Die behandelte Person, auch wenn sie nicht Patient i.S.d. § 630a Abs. 1 ist (*Spickhoff* JZ 2015, 15, 19), ist durch den Behandelnden über »erkennbare« Umstände zu informieren, die die Annahme eines Behandlungsfehlers begründen. Ob Umstände erkennbar sind, ist anhand eines objektiv-typisierenden Maßstabes zu bestimmen (*Spickhoff* VersR 2013, 267, 273), der das Sonderwissen des Behandelnden berücksichtigt (was aus der Formulierung »für den Behandelnden« ersichtlich wird; *Spickhoff* JZ 2015, 15, 21 f.; *Wagner* VersR 2012, 789, 796). Erkennbarkeit ist dabei immer dann gegeben, wenn die überwiegende Wahrscheinlichkeit für das Vorliegen eines Behandlungsfehlers spricht (*Rehborn* GesR 2013, 257, 261; *Spickhoff* JZ 2015, 15, 20). Dem Behandelnden kommt im Rahmen der Grenzen des medizinisch Vertretbaren jedoch ein gewisser Beurteilungsspielraum zu, was durch die Formulierung der Norm zum Ausdruck gebracht wird (»Annahme«; *Walter*, Das neue Patientenrechtegesetz, Rn. 121).

17

Die Offenbarungspflicht bezieht sich gleichermaßen auf eigene und fremde Behandlungsfehler (BT-Drs. 17/10488 S. 21). Sofern an der Behandlung mehrere Personen beteiligt gewesen sind, muss sich der Behandelnde i.S.d. § 630a Abs. 1 das Sonderwissen der die Behandlung durchführenden Personen zurechnen lassen. Denn diese selbst sind der behandelten Person in der Regel nicht vertraglich, sondern allenfalls deliktisch verpflichtet (NK-BGB/*Voigt* Rn. 10).

18

Inhaltlich setzt die Offenbarungspflicht eine Information über die Umstände, die die Annahme eines Behandlungsfehlers begründen, voraus. Der Behandelnde genügt dieser Pflicht, wenn er dem Patienten die Tatsachen mitteilt, die für seinen aktuellen Zustand prägend sind (*Schelling/Warntjen* MedR 2012, 505, 508; *Spickhoff* JZ 2015, 15, 23; vgl. auch *Kett-Straub/Sipos-Lay* MedR 2014, 867, 871). Da nur die für den Behandelnden erkennbaren Umstände erfasst sind, treffen ihn keine Recherchepflichten (BT-Drs. 17/10488 S. 21).

19

Damit dem Schutzzweck der Norm genüge getan wird, muss die Information den Sprach- und Verständnishorizont des Patienten berücksichtigen (Erman/*Rehborn/Gescher* Rn. 17; Jauernig/*Mansel* Rn. 7). Sie soll ihm die Erkenntnis ermöglichen, dass dem Behandelnden oder einem seiner Kollegen ein Fehler unterlaufen ist. Eine belastbare medizinische oder juristische Beurteilung als Behandlungsfehler ist dafür nicht erforderlich (Jauernig/*Mansel* Rn. 7; *Spickhoff* JZ 2015, 15, 23). Die für den medizinischen Laien oft wenig erkenntnisbringende Mitteilung sachlich medizinischer Schilderungen genügt jedoch nicht (MüKo/*Wagner* Rn. 47). Auf Nachfrage des Patienten kann den Behandelnden darüber hinaus die Pflicht zur Erklärung darüber, dass keine Umstände erkennbar sind, die die Annahme eines Behandlungsfehlers begründen (sog. Negativauskunft), treffen (OLG Oldenburg VersR 2015, 1383).

20

Unter aufklärungspflichtige Behandlungsfehler sind auch Informationspflichtverletzungen i. S. d. Abs. 2 Satz 1 und Organisationspflichtverletzungen zu fassen (BT-Drs. 17/10488 S. 20; *Hart* MedR 2013, 159, 160 f.; *Spickhoff* JZ 2015, 15, 19 f.). Eine analoge Anwendung auf Aufklärungsfehler wird ebenfalls erwogen (MüKo/*Wagner* Rn. 40; Spickhoff/*Spickhoff* Rn. 23; *ders.* JZ 2015, 15, 19 f.).

21

Rechtlich stellt die Information des Patienten eine bloße Wissenserklärung und kein Schuldanerkenntnis dar (MüKo/*Wagner* Rn. 48; *Walter*, Das neue Patientenrechtegesetz, 2013, Rn. 126 f.). Daher hat sie auf das Verhältnis zwischen Behandelndem und seiner Haftpflichtversicherung keinen Einfluss. Insbesondere stellt die Mitteilung durch den Behandler auch keine Obliegenheitsverletzung gegenüber dem Versicherer dar, die zu einem Verlust des Versicherungsschutzes führen würde. Auf § 105 VVG kommt es daher in diesem Zusammenhang nicht an.

22

## III. Verstoß des Arztes gegen die Informationspflicht

Da dem Verstoß des Behandelnden gegen die Informationspflicht regelmäßig keine eigenständige haftungsrechtliche Bedeutung zukommt, besitzt die Norm nur geringe praktische Relevanz (*Katzenmeier* NJW 2013, 817, 819; *Wagner* VersR 2013, 789, 798).

23

24 Grundsätzlich steht dem Patienten gegen den Behandelnden bei Verstoß gegen die Informationspflicht ein Schadensersatzanspruch aus § 280 Abs. 1 zu, der neben den Schadensersatzanspruch wegen des Behandlungsfehlers tritt. Soweit es um die Haftung wegen eines eigenen Behandlungsfehlers geht, reicht die Haftung aber inhaltlich nicht über diejenige für den Behandlungsfehler aus §§ 630a Abs. 1, 2, 280 Abs. 1 hinaus (*Katzenmeier* NJW 2013, 817, 819; MüKo/*Wagner* Rn. 33 ff.). Sofern es um einen durch Dritte verursachten Behandlungsfehler geht, fehlt es hingegen regelmäßig an dem Kausalzusammenhang zwischen der Verletzung der Informationspflicht und dem eingetretenen Schaden des Patienten, da dieser allein auf dem Behandlungsfehler und nicht auf der unterbliebenen Information beruht (NK-BGB/*Voigt* Rn. 13, MüKo/*Wagner* Rn. 35). Darüber hinaus wird auch eine verjährungsverlängernde Bedeutung kaum anzunehmen sein, sodass es durch die Offenbarungspflicht lediglich zu »einer ergebnisneutralen und daher sinnlosen Verdoppelung der Haftung« (*Wagner* VersR 2012, 789, 795) kommt (*Katzenmeier* NJW 2013, 817, 819; *Taupitz* NJW 1992, 713, 714). Erschwerend kommt für den Patienten hinzu, dass er im Prozess darlegen und beweisen muss, dass für den Behandelnden Umstände erkennbar waren, die die Annahme eines Behandlungsfehlers begründen (NK-BGB/*Voigt* Rn. 10). Es wird für ihn daher regelmäßig einfacher sein, nur den Anspruch wegen des Behandlungsfehlers selbst zu verfolgen.

25 Der Verstoß des Behandelnden gegen die Informationspflicht kann jedoch eine Verletzung des jeweils geltenden Berufsrechts darstellen, sofern der Behandelnde einem verkammerten Beruf ((Zahn-)Ärzte, Psychologische Psychotherapeuten und Kinder- und Jugendlichenpsychotherapeuten) angehört. Denn die Berufsordnungen verpflichten ihn dann zur gewissenhaften Ausübung des Berufes und zur Beachtung der für die Berufsausübung geltenden Regelungen (§ 2 MBOÄ; § 2 MBOZÄ; § 3–5 MBOPsych). Verstößt er gegen diese, kommen berufsrechtliche Sanktionen in Betracht (Erman/*Rehborn/Gescher* Rn. 23). Ob der Verstoß gegen die Informationspflicht darüber hinaus auch geeignet ist, den Straftatbestand des Betruges gem. § 263 StGB zu erfüllen, ist umstritten. Einige Autoren bejahen dies für den Fall, dass der Behandelnde auf die Nachfrage des Patienten eine falsche Information erteilt und der Patient dadurch irrtumsbedingt von der Geltendmachung eines Schadensersatzanspruches abgehalten wird (Erman/*Rehborn/Gescher* Rn. 23a; *Kett-Straub/ Sipos-Lay* MedR 2014, 867, 871; *Spickhoff* JZ 2015, 15, 26; a.A. *Wagner* VersR 2012, 789, 797).

### 1. Auf Nachfrage des Patienten

26 Ein Verstoß gegen die Informationspflicht des Abs. 2 Satz 2 Var. 1 liegt vor, wenn der Behandelnde auf Nachfrage des Patienten nicht wahrheitsgemäß antwortet. Dies gilt sowohl für Nachfragen, die sich auf Behandlungsfehler des Behandelnden selbst als auch auf Behandlungsfehler Dritter beziehen. Fragen des Patienten hat der Behandelnde in jedem Fall zu beantworten. Sofern für ihn keine Umstände erkennbar sind, die die Annahme eines Behandlungsfehlers begründen, hat er auch dies dem Patienten mitzuteilen (OLG Oldenburg VersR 2015, 1383). Der Patient muss Auskunft über eine Fehlbehandlung begehren, um die Informationspflicht auszulösen. Es genügt nicht, wenn er sich allgemein danach erkundigt, ob alles in Ordnung ist und sich aus den Gesamtumständen ergibt, dass er auch Auskunft über eventuelle Behandlungsfehler begehrt (BT-Drs. 17/10488 S. 21; MüKo/*Wagner* Rn. 45; a.A. Erman/*Rehborn/Gescher* Rn. 19; *Spickhoff*, Medizinrecht, § 630c Rn. 27; ders. JZ 2015, 15, 22). Schweigt der Behandelnde, muss er mit einer auf Auskunft gerichteten Klage des Patienten rechnen (OLG Oldenburg VersR 2015, 1383). Erteilt er die geschuldete Auskunft (auch Negativauskunft) erst im Prozess, hat er die Kosten des Verfahrens zu tragen. In prozessualer Hinsicht ist auch darauf hinzuweisen, dass eine – womöglich prozessökonomische – Verbindung des Auskunftsanspruch mit einem Leistungsantrag im Wege der Stufenklage nach § 254 ZPO nach der Judikatur des BGH unzulässig ist, da der Auskunftsantrag nicht der Bezifferung des Leistungsantrags dient, sondern dem Kläger erst die Prüfung ermöglichen soll, ob überhaupt ein Behandlungsfehler vorliegt (BGH NJW 2011, 1815, 1816).

## 2. Zur Abwendung gesundheitlicher Gefahren

Ein Verstoß gegen die Informationspflicht des Abs. 2 Satz 2 Var. 2 ist gegeben, wenn der Behandelnde den Patienten nicht über die für ihn erkennbaren Umstände informiert, welche die Annahme eines Behandlungsfehlers begründen, obwohl dies zur Abwendung gesundheitlicher Gefahren erforderlich ist. Da der Behandelnde bei bestehenden gesundheitlichen Gefahren ohnehin dazu verpflichtet ist, die aus medizinischer Sicht erforderlichen Schritte einzuleiten, bleibt für die Informationspflicht wenig Raum (*Wagner* VersR 2012, 789, 795). Wann dies der Fall ist, muss einzelfallbezogen bestimmt werden. Zu denken ist insbesondere an Fälle, in denen der Patient nach bereits abgeschlossener Behandlung erneut einbestellt werden muss, weil bei einer Operation ein Instrument oder Tupfer im Körper vergessen worden sein könnte, ein bösartiger Tumor nur unzureichend reseziert wurde oder es zu einer Verwechslung der der Behandlung zugrunde gelegten Befunde gekommen ist (NK-BGB/*Voigt* Rn. 12; *Schelling/Warntjen* MedR 2012, 506, 507).

## IV. Misstrauen im Arzt-Patient-Verhältnis und Strategie der Haftungsverfolgung

Als Folge der gesetzlichen Neuregelung war befürchtet worden, dass die Frage des Patienten nach etwaigen Behandlungsfehlern künftig zum Standardrepertoire gehören werde (*Tolmein* NJW-aktuell 2012, 14). Dies würde das bestehende Vertrauensverhältnis belasten und allem voran seitens der Ärzteschaft im Zweifel oftmals mit großem Unmut aufgenommen. Eine weithin präzisierte Fragestellung wird sich zudem nur selten wertfrei stellen lassen, sodass – auch in Verbindung mit der jeweiligen non-verbalen Kommunikation – eine aggressive Grundhaltung i.S.v. sich auseinandersetzenden Parteien entstehen könnte, was mit Blick auf die bedeutsame Wahrung des vertrauenswürdigen Ärztebildes in höchstem Maße kontraproduktiv scheint (hierzu *J. Prütting*, Die rechtlichen Aspekte der Tiefen Hirnstimulation, S. 210 ff.; *ders.* medstra 2016, 78, 80 f.).

Demgegenüber ergibt sich mit dem rechtlichen Anspruch auf wahrheitsgemäße Antwort ein eigenständiges Angriffsmittel der Haftungsverfolgung, da dies seitens des Patienten (und des betreuenden Anwalts) zielgerichtet zur Informationsbeschaffung sowie zum Druckaufbau genutzt werden kann. Durch die zusätzliche Drohkulisse etwaiger berufsrechtlicher und strafrechtlicher Verantwortlichkeiten des befragten Behandlers sowie mit Blick auf das regelmäßige Auseinanderfallen von konkretem Behandler und Letztentscheider über Regulierungsfragen (Versicherungen, Konzernhaftung mit eigenständiger Schadens- und Versicherungsabteilung, kommunaler Schadensausgleich etc.) dürfte die befragte Person auch eher dazu geneigt sein, relevante Aspekte offenzulegen. An dieser Stelle ist gesetzlich ein Vehikel geschaffen worden, dessen künftige ökonomische Auswirkungen zu verfolgen, zu evaluieren und mit dem gesetzgeberischen Willen abzugleichen sind. Nach den bisherigen Erfahrungen hat sich die oben erwähnte Befürchtung allerdings nicht bestätigt: Eine signifikante Verschlechterung der Arzt-Patienten-Beziehung ist ebenso wenig zu bezeugen wie der regelmäßige patientenseitige Einsatz der Nachfrage als Druckmittel.

## D. Beweisverwertungsverbot, Abs. 2 Satz 3

In einem gegen den Behandelnden oder einen seiner Angehörigen i. S. d. § 52 Abs. 1 StPO geführten Straf- oder Bußgeldverfahren darf die dem Patienten gegebene Information zu Beweiszwecken nur dann verwendet werden, wenn der Behandelnde der Verwendung zugestimmt hat. Der Gesetzgeber wollte auf diese Weise – unter Beachtung des nemo-tenetur Grundsatzes – gewährleisten, dass dem Behandelnden aus der Offenbarung eigener Fehler keine unmittelbaren straf- oder ordnungswidrigkeitenrechtlichen Nachteile erwachsen (BT-Drs. 17/10488 S. 22). Fraglich und umstritten ist jedoch die Reichweite von Abs. 2 Satz 3. Insoweit könnte die Norm als prozessuales Verwertungsverbot i.e.S. oder aber als vollumfängliches straf- und ordnungswidrigkeitenrechtliches Verwertungsverbot, das nicht nur die Fehleroffenbarung, sondern auch i.S.e. Fernwirkung weitergehende Beweismittel wie die Patientenakte erfasst, zu verstehen sein.

Sofern von einem lediglich prozessualen Verwertungsverbot ausgegangen wird (*Schelling/Warntjen* MedR 2012, 506, 509), wäre nur die dem Patienten gegebene Information und nicht der Umstand, dass der Behandelnde einen Behandlungsfehler begangen hat, privilegiert (*Schelling/Warntjen* MedR 2012, 506, 509; *Wagner* VersR 2012, 789, 796 f.). Der Anreiz für den Behandelnden, den Patienten über erkennbare Behandlungsfehler zu informieren, wäre daher äußerst gering. Dies gilt insbesondere deshalb, weil es dem Patienten und der Staatsanwaltschaft bei Vorliegen eines objektiv erkennbaren Behandlungsfehlers nicht schwerfallen wird, diesen im Streitfall insbesondere durch sachverständige Begutachtung nachzuweisen, sodass es auf die Informationen des Behandelnden nicht ankommen wird (*Wagner* VersR 2012, 789, 796 f.).

32   Wird hingegen angenommen, dass Abs. 2 Satz 3 ein umfassendes straf- und ordnungswidrigkeitenrechtliches Verwertungsverbot darstellt (*Spickhoff* Medizinrecht, Rn. 24; *ders.* JZ 2015, 15, 17 f.; Erman/*Rehborn/Gescher* Rn. 29), dürfte die dem Patienten gegebene Information weder verwendet noch als Ansatz für weitere Ermittlungen genutzt werden. Für diese Auffassung spricht der Vergleich mit § 97 Abs. 1 Satz 3 InsO: Nach diesem dürfen die vom Schuldner im Rahmen des Insolvenzverfahrens gegebenen Informationen weder verwendet noch als Anreiz für weitere Ermittlungen genutzt werden (BT-Drs. 12/7302 S. 166, Nr. 62; *Uhlenbruck*, InsO, § 97 Rn. 10 m.w.N.). Wie aus den insolvenzrechtlichen Gesetzesmaterialien hervorgeht, soll dies durch die Wortwahl »verwendet« zum Ausdruck kommen (zuvor »verwertet«; BT-Drs. 12/7302 S. 166, Nr. 62). Ohne auf seine näheren Absichten einzugehen, hat sich auch der Gesetzgeber des Patientenrechtegesetzes für »verwenden« entschieden.

33   Um dem Schutzzweck der Informationspflicht gerecht zu werden, sollte der insolvenzrechtlichen Lösung gefolgt werden. Wenn der Behandelnde keine straf- und bußgeldrechtlichen Sanktionen zu befürchten hat, wird ihm die Mitteilung über die Umstände, die die Annahme eines Behandlungsfehlers begründen, wesentlich leichter fallen (*Spickhoff* JZ 2015, 15, 18). Die Rechte des Patienten auf Vermögens- und Gesundheitsschutz würden dadurch gestärkt. Um unbillige Ergebnisse zu vermeiden, muss das Verwertungsverbot jedoch auf Fahrlässigkeitstaten beschränkt sein (MüKo/*Wagner* Rn. 51). Erlangt die Staatsanwaltschaft unabhängig von den dem Patienten mitgeteilten Informationen Kenntnis darüber, dass dem Behandelnden ein Behandlungsfehler unterlaufen ist, ist die Strafverfolgung jedoch zulässig (MüKo/*Wagner* Rn. 51 m.w.N. zu § 97 InsO). Diese Sichtweise dürfte sich als zusätzlicher Anreiz erweisen, im Fall eines Behandlungsfehlers mit gesundheitlichen Folgen für den Patienten zügig zu einer Offenlegung zu schreiten. Im Zivilverfahren bleibt die Information vollumfänglich verwertbar, wie bereits aus dem Normtext hervorgeht.

## E. Abs. 3, 4

### I. Wirtschaftliche Aufklärung

#### 1. Inhaltliche Voraussetzungen

34   Die Pflicht des Behandelnden, den Patienten bei eigener Kenntnis darüber zu informieren, dass die Kosten der Behandlung nicht (vollständig) von Dritten übernommen werden, wurde bereits vor dem Inkrafttreten des Patientenrechtegesetzes durch die höchstrichterliche Rechtsprechung anerkannt (BGH NJW 1983, 2630; 1996, 781) und ist nun in Abs. 3 normiert. Sie entsteht nicht bereits bei Abschluss des Behandlungsvertrages, sondern erst dann, wenn eine Behandlung erfolgen soll, bei der die Kostenübernahme durch Dritte ungewiss ist und der Behandelnde dies weiß oder wissen müsste (MüKo/*Wagner* Rn. 55).

#### 2. Umfang der wirtschaftlichen Information

35   Der Behandelnde muss dem Patienten die voraussichtlichen Behandlungskosten mitteilen (BT-Drs. 17/10488 S. 22; BGH NJW 2020, 1211; LG Osnabrück, 31.08.2016 – 2 O 1947/15, Rn. 66; *Katzenmeier* NJW 2013, 817, 819). Die bloße Information, dass die Behandlungskosten nicht (vollständig) übernommen werden oder wie abgerechnet werden wird, genügt nicht (LG Osnabrück, Urt. v. 31.08.2016 – 2 O 1947/15, Rn. 66; Jauernig/*Mansel* Rn. 9). Eine genaue Kostenkalkulation ist jedoch nicht erforderlich (zu § 22 Abs. 2 Satz 1 2. Hs. BPflV: BGH NJW 2004, 684 ff.), da dem Umstand Rechnung getragen werden muss, dass die Durchführung der

Behandlung aufgrund der Eigengesetzlichkeit des menschlichen Organismus im Vorfeld nicht vollumfänglich vorhergesehen werden kann. Sofern der Behandelnde Zweifel an der Kostenübernahme hat, muss er dem Patienten diese mitteilen. Dies dürfte insbesondere dann gelten, wenn er noch nicht allgemein anerkannte Behandlungsmethoden anwendet (BGH NJW 2020, 1211). Eine weitergehende Nachforschungspflicht trifft den Behandler allerdings nicht, was seine Begründung darin findet, dass die Informationspflicht allein die Informationsasymmetrie zwischen ihm und dem Patienten vermindern soll (BGH NJW 2020, 1211 Rn. 13; MüKo/*Wagner* Rn. 61).

Weiß der Behandelnde, dass die Krankenversicherung die Kostenübernahme in der Praxis regelmäßig zu Unrecht verweigert, muss er den Patienten auch darüber informieren (Erman/*Rehborn*/Gescher Rn. 33 mit Rechtsprechungsnachweisen zur alten Rechtslage; MüKo/*Wagner* Rn. 58 f.; a.A. NK-BGB/*Voigt* Rn. 21; vor dem PatRG OLG Stuttgart NJW-RR 2013, 1183 f.). 36

Der Umfang der Informationspflicht bestimmt sich darüber hinaus danach, ob der Patient gesetzlich oder privat versichert ist (BT-Drs. 17/10488 S. 22). 37

Bei gesetzlich versicherten Patienten muss eine umfangreichere Informationspflicht angenommen werden, da sich der Leistungskatalog der gesetzlichen Krankenkassen über §§ 11 ff. SGB V und die verbindlichen Richtlinien des GBA leicht ermitteln lässt. Da der Behandelnde seine Leistungen regelmäßig über dieses System abrechnet, kann ein Wissensvorsprung gegenüber dem Patienten angenommen werden (BT-Drs. 17/10488 S. 22). Sofern der Behandelnde die konkrete Leistung keiner abrechenbaren Position zuordnen kann, muss er davon ausgehen, dass der Patienten diese selber zahlen muss. Die Informationspflicht kann bei gesetzlich versicherten Patienten daher immer angenommen werden, wenn die Behandlung keiner abrechnungsfähigen Position zugeordnet werden kann, da dem Behandelnden die erforderliche Kenntnis zumindest zu unterstellen ist (MüKo/*Wagner* Rn. 59). 38

Anders gestaltet sich die Situation bei privat versicherten Patienten, da sich die erstattungsfähigen Leistungen bei diesen aus dem zwischen dem Patienten und dem Versicherer abgeschlossenen Versicherungsvertrag ergeben. Dessen Inhalt bleibt dem Behandelnden regelmäßig verborgen, sodass mit der Informationspflicht Zurückhaltung geboten ist (BGH NJW 2020, 1211 Rn. 13). Eine Nachforschungspflicht trifft den Behandler nicht (BT-Drs. 17/10488 S. 22). Allerdings dürfte die Informationspflicht als üblich bekannte versicherungsseitige Begrenzungen umfassen. Zudem ist anders zu entscheiden, wenn der Behandler weiß, dass der privat versicherte Patient nur den Basistarif beansprucht, § 152 Abs. 1 Satz 1 VAG (zu den Details vgl. MB/St 2009). 39

Unabhängig von der Versicherungsform besteht eine Informationspflicht bei sog. Individuellen Gesundheitsleistungen (IGeL; BT-Drs. 17/10488 S. 22). Diese zur Vorsorge- und Service-Medizin gehörenden Leistungen sind vom Leistungskatalog der gesetzlichen Krankenkasse nicht erfasst und werden aufgrund der fehlenden medizinischen Notwenigkeit regelmäßig auch nicht von den privaten Krankenversicherungen erstattet, was der Behandelnde weiß oder zumindest wissen müsste. 40

Das Gleiche gilt für gesetzliche Zuzahlungsverpflichtungen (*J. Prütting* MedR 2018, 291 ff.; zur Problematik ausführlich *ders.*, Rechtsgebietsübergreifende Normenkollisionen, Kap. 5 III.) für die sog. wunscherfüllende Medizin, insbesondere bei kosmetisch-ästhetischen Operationen. Für letztere Fälle erscheint es jedoch weithin fragwürdig, inwieweit der Behandelte – wenn man mit dem blanken Gesetzestext überhaupt von einer Informationspflicht ausgeht – hieran Konsequenzen mit Blick auf die Entgeltzahlungspflicht knüpfen können soll, da jedermann zugemutet werden darf, dass eine als offenkundig medizinisch nicht gebotene wunscherfüllende Intervention nicht von einer bestehenden Krankenversicherung getragen werden wird. Dem Behandelten ist ggfls. der Einwand treuwidrigen, weil offenkundig rechtsmissbräuchlichen Verhaltens nach § 242 entgegenzuhalten. Dasselbe dürfte für die Fälle reiner Privatpatienten ohne Versicherungsschutz gelten. 41

Zu den Kosten der Behandlung i.S.d. Abs. 3 Satz 1 dürften dem Wortlaut und Sinn und Zweck der Norm folgend nicht nur die Kosten des Behandlers selbst zählen, sondern auch die zwingend mit einer standardgerechten Behandlung verbundenen Kosten wie etwa die Zuzahlungspflicht beim 41a

Erwerb von Medikamenten in der Apotheke. Einen Ausweg aus einer mit diesem Verständnis verbundenen überbordenden Informationsflut bietet – wenngleich der Gesetzgeber diese Fälle nicht bedacht zu haben scheint – Abs. 4, wonach eine Information des Patienten ausnahmsweise aufgrund besonderer Umstände entbehrlich ist. In Fällen der Rezepteinlösung durch Kassenpatienten dürfte diesem Personenkreis bekannt sein, dass eine Zuzahlungspflicht besteht.

42 Die Vorschrift ist analog auch auf vertragslose Behandlungsverhältnisse anwendbar (Erman/*Rehborn/Gescher* Rn. 41).

### 3. Rechtfolge bei unterlassener oder unzureichender Information

43 Bei Verletzung der Pflicht zur wirtschaftlichen Information erhält der Patient über § 280 Abs. 1 einen Schadensersatzanspruch gegen den Behandelnden in Höhe der nicht durch Dritte übernommenen Behandlungskosten (OLG Frankfurt NJW-RR 2004, 1608; OLG Stuttgart VersR 2013, 583). Diesen kann er dem Behandelnden im Wege der Aufrechnung entgegenhalten, wenn dieser ihn auf Zahlung in Anspruch nimmt (BT-Drs. 17/10488 S. 22; OLG Frankfurt NJW-RR 2004, 1608; OLG Stuttgart VersR 2013, 583).

44 Der Schadensersatzanspruch des Patienten kann gem. § 254 Abs. 2 Satz 1 wegen Mitverschuldens gemindert sein, wenn er es schuldhaft unterlassen hat, seinen Versicherungsschutz abzuklären (NK-BGB/*Voigt* Rn. 25). Er kann daneben gem. § 242 beschränkt sein, wenn dem Patienten Behandlungskosten mitgeteilt wurden, die hinter den tatsächlichen Behandlungskosten zurückbleiben. Hat der Patient die Behandlung in Kenntnis der mitgeteilten Behandlungskosten bewusst in Anspruch genommen, kann er sich im Nachhinein nicht darauf berufen, dass er die Behandlung nicht einmal zu den mitgeteilten Kosten bezahlen wolle, da er sich sonst zu seinem vorausgegangenen Verhalten in Widerspruch setzen würde. Ersatzfähig sind in diesem Fall nur diejenigen Kosten, die über die im Vorfeld mitgeteilten Behandlungskosten hinausgehen (LG Osnabrück, Urt. v. 31.08.2016 – 2 O 1947/15 Rn. 71). Ein vollständiger Ausschluss kommt daneben in Betracht, wenn der Patient die Behandlung auch bei ausreichender wirtschaftlicher Information sicher hätte vornehmen lassen.

45 Die Darlegungs- und Beweislast für die Verletzung der Informationspflicht trägt der Patient. Vor dem Hintergrund der Beweisnotwendigkeit eines nicht erfolgten Umstands gewinnt die Diskussion um die Folgen der Nichtbeachtung der gesetzlich vorgeschriebenen Textform besondere Bedeutung (vgl. Rdn. 48 f.).

### II. Formerfordernis und Folgen der Nichtbeachtung

46 Die Information muss vor der Behandlung in Textform i.S.d. § 126b erfolgen. Insofern wird vertreten, die Form solle Dokumentations- und Informationszwecken, weniger Beweiszwecken, dienen (MüKo/*Wagner* Rn. 65). Kann der Patient den Inhalt, z.B. wegen einer Sehbehinderung, nicht wahrnehmen, hat der Behandelnde Sorge dafür zu tragen, dass der Patient auf andere Weise Kenntnis davon erhält (BT-Drs. 17/10488 S. 22).

47 Ein Verstoß gegen die Form des Abs. 3 Satz 1 führt jedenfalls nicht zur Unwirksamkeit des Behandlungsvertrages (LG Dortmund, Urt. v. 12.04.2018 – 4 S 5/17 Rn. 5; a.A. Erman/Rehborn/Gescher Rn. 40; *Rehborn* GesR 2013, 257, 262). Dafür spricht, dass der Behandlungsvertrag regelmäßig vor der Entstehung der Informationspflicht zustande kommt, es sich bei der Informationspflicht um eine vertragliche Nebenpflicht handelt und dass die Information des Patienten nicht zwingend von der Einhaltung der Form abhängt (NK-BGB/*Voigt* Rn. 23). Zudem widerspräche eine solche Konsequenz dem Schutzzweck der Vorschrift, da es nicht darum geht, die vertragliche Grundlage der Behandlung entfallen zu lassen, sondern ausschließlich vor unerwarteter Kostenbelastung zu schützen, ohne dass der Patient andere rechtliche Nachteile zu befürchten hätte. Dem Patienten ist jedoch nicht geholfen, würde der gesamte Vertrag gem. § 125 Satz 1 als nichtig erachtet.

48 Von erheblicher Bedeutung ist die beweisrechtliche Frage. Soll der vermögensrechtliche Schutz des Patienten ernst genommen werden und rechtspraktisch handhabbar sein, müsste die Missachtung

des Formerfordernisses auf Darlegungs- und/oder Beweisebene Konsequenzen haben, da der Patient in aller Regel schon mit Blick auf potentiell zeugenschaftlich zu rufendes medizinisches Hilfspersonal situativ unterlegen sein wird und auch im Übrigen in der Vier-Augen-Situation des Arzt-Patient-Verhältnisses eher selten klare Beweise mit Ausnahme seiner eigenen Parteivernehmung respektive hilfsweisen Anhörung wird beibringen können. Es böten sich als Lösungsmechanismen sowohl die Grundsätze sekundärer Darlegungslast (vgl. BGH NJW 2005, 2614) als auch Beweiserleichterungen, Beweislastverschiebungen oder der Rückgriff auf die Grundsätze der Beweisvereitelung an. Der Gesetzgeber hat die Problematik offengelassen. Im Rahmen einer judikativen Lösung dürften sich letztlich jedoch nicht die Grundsätze sekundärer Darlegungslast als Anknüpfungspunkt anbieten, da Patient und Arzt gleichermaßen unmittelbar Kenntnis von der Situation und ihrer Umstände nehmen konnten. Eine antizipierte Beweisvereitelung erscheint ebenfalls wenig treffend, da diese – so man eine solche prozessuale Figur analog §§ 427, 444 ZPO anerkennt – kaum jemals beweisbar sein wird (zum Grundsatz BGH NJW 1963, 389, 390). Der Vereitelungstatbestand setzte voraus, dass der Behandlungsseite gezieltes Vorenthalten der in Textform gegossenen Informationen zur Last fiele, um die Kostenbelehrung zu unterdrücken, was nicht nachweisbar sein wird. Auch eine ergänzende Zulassung der Parteivernehmung des Patienten nach § 448 ZPO wird kaum helfen, da sich an den im Einzelfall stabilen Parteivorträgen im Rahmen der Anhörung wenig ändern wird und das Gericht auch nach einer Parteivernehmung regelmäßig nicht von der Darstellung einer Seite überzeugt sein dürfte. Daher ist die Problematik sinnvollerweise nur im Rahmen von objektiver Beweislast oder Beweiswürdigung im Allgemeinen zu erfassen. Eine Beweislastumkehr, vergleichbar § 630h Abs. 3, erscheint aber ebenfalls kaum zu begründen. In der Norm selbst ist nur die Dokumentation i.S.d. § 630f erfasst, obgleich der Gesetzgeber ohne Weiteres auch zu § 630c Abs. 3 Entsprechendes hätte schaffen können. Zwar spricht das Schweigen der Gesetzesbegründung dafür, dass der Gesetzgeber diese Fragestellung schlicht nicht erwogen hat, jedoch weisen die genannten Normzwecke der Textform nicht darauf hin, dass eine solch weitreichende Wirkung wie eine Beweislastumkehr nach subjektiver Teleologie in Frage kommen sollte. Schließlich wären im Rahmen der Beweiswürdigung nach § 286 ZPO die Kategorisierungen als Anscheinsbeweis oder Indizienbeweis erwägenswert. Für Ersteres dürfte es jedoch an einem anerkennensfähigen Erfahrungssatz fehlen, da die praktische Erfahrung kaum lehrt, dass eine fehlende Perpetuierung der wirtschaftlichen Information in Textform stets Hand in Hand mit dem vollständigen Unterbleiben der Information selbst einherginge. Als Indiz kann das Fehlen der Textform letztlich zwar sicherlich gewertet werden, jedoch bietet dieses Indiz für sich genommen keinesfalls den erforderlichen zwingenden Rückschluss auf die Haupttatsache, um einen Indizienvollbeweis zu führen (vgl. BGH NJW 1993, 935, 938). Dieses könnte also allenfalls in Verbindung mit Parteianhörung/-vernehmung oder ggfls. anderen Indizien gemeinsam zur richterlichen Überzeugung im Einzelfall führen. Ein Verstoß gegen das Erfordernis der Textform ist somit beweisrechtlich im Zweifel von geringem Wert. So man die typische Beweisnot des Patienten anerkennt und einen wirksamen Schutz seiner wirtschaftlichen Interessen anstrebt, sollte de lege ferenda die gesetzliche Anordnung einer Beweislastumkehr erwogen werden, zumal dies für die Behandlungsseite keinen erheblichen Mehraufwand begründen würde.

**48a** Selbst wenn dem Patienten der Nachweis gelingt, dass er nicht den obigen Anforderungen entsprechend über die entstehenden Behandlungskosten informiert wurde, ist er darüber hinaus beweisbelastet dafür, dass er sich bei ordnungsgemäßer Aufklärung gegen die durchgeführte Behandlung entschieden hätte. Die Rechtsprechung hat diesbezüglich einer Übertragung der aus anderen Rechtsgebieten bekannten Vermutung aufklärungsrichtigen Verhaltens (siehe BGH NJW-RR 1988, 1066 m.w.N.) auf Fälle der wirtschaftlichen Aufklärung nach Abs. 3 Satz 1 eine Absage erteilt (BGH NJW 2020, 1211 Rn. 27 f.; a.A. noch das vorinstanzliche LG Berlin BeckRS 2018, 39159). Im Unterschied zu den anderen Anwendungsfeldern gäbe es im Rahmen der wirtschaftlichen Aufklärung kein aufklärungsrichtiges Verhalten des Patienten. Der Patient solle durch die Information lediglich in die Lage versetzt werden, die wirtschaftlichen Auswirkungen seiner Entscheidung zu überblicken und so vor finanziellen Überraschungen geschützt werden. Es ginge hingegen nicht darum, ihn von einer beabsichtigen Behandlung abzuhalten (zu den Auswirkungen der Entscheidung des BGH J. Prütting LMK 2020, 429272; Spickhoff MedR 2020, 579).

49 Der Formverstoß kann im Übrigen berufsrechtliche Sanktionen begründen (VerfGH Saarbrücken GesR 2014, 546).

### III. Andere Formvorschriften, Abs. 3 Satz 2

50 Abs. 3 Satz 2 bestimmt, dass weitergehende Formanforderungen aus anderen Normen, insbesondere aus §§ 17 Abs. 2 Satz 1 KHEntgG und 28 Abs. 2 Satz 4 SGB V, unberührt bleiben (BT-Drs. 17/10488 S. 22). Etwas befremdlich wirkt die Erwähnung der §§ 3 Abs. 1, 18 Nr. 8 BMV-Ä in der Gesetzesbegründung, da mit Recht darauf hingewiesen wird, dass es sich – ebenso wie bei den §§ 3 Abs. 1 Satz 3 BMV-Ä und 2 Abs. 11 Satz 3 EKVÄ – nicht um Rechtsnormen i.S.d. Art. 2 EGBGB handelt. Allerdings trifft § 630c Abs. 3 Satz 2 auch keine Aussage zu etwaigen Konsequenzen denkbarer Formverstöße, so dass allem voran die Anwendbarkeit der Nichtigkeitsfolge nach § 125 Satz 1 auf Vorschriften der Bundesmantelverträge eigenständig zu entscheiden und letztlich abzulehnen ist (vgl. zum Hintergrund *Voigt*, Individuelle Gesundheitsleistungen, S. 33 ff.).

51 Sofern allerdings spezielle Normen die schriftliche Vereinbarung der Behandlung einschließlich ihrer Kosten voraussetzen, muss darüber hinaus natürlich nicht noch einmal in Textform über die Kosten der Behandlung informiert werden.

### IV. Entbehrlichkeit, Abs. 4

52 Nach der Generalklausel des Abs. 4 bedarf es der Information des Patienten nicht, wenn besondere Gründe sie entbehrlich machen. Die Vorschrift selbst nennt zwei Fälle, in denen dies der Fall sein kann: zum einen, wenn die Behandlung des Patienten unaufschiebbar ist, zum anderen, wenn der Patient ausdrücklich auf sie verzichtet hat.

53 Von der Unaufschiebbarkeit der Behandlung kann ausgegangen werden, wenn ein Notfall vorliegt, der Aufschub der Behandlung also Gefahren für das Leben oder die Gesundheit des Patienten mit sich bringen würde (BT-Drs. 17/10488 S. 23). Da durch die Informationspflichten des § 630c das Selbstbestimmungsrecht des Patienten nicht berührt wird und auch die Wirksamkeit der Einwilligung nicht von ihnen abhängt, kann der Begriff der Unaufschiebbarkeit großzügig ausgelegt werden (MüKo/*Wagner* Rn. 72 f.). Unaufschiebbarkeit kann daher bereits dann angenommen werden, wenn die Vornahme der Behandlung für den Patienten mit gesundheitlichen Vorteilen verbunden ist, welche die durch die Informationsverzögerung entstehenden Nachteile überwiegen (MüKo/*Wagner* Rn. 73). Auf die Information des Patienten soll aber auch in dieser Konstellation nicht vollständig verzichtet werden, sie ist nachzuholen, sobald dies gefahrlos möglich ist (MüKo/*Wagner* Rn. 72).

54 Zu beachten ist zudem, dass es sich bei der unaufschiebbaren Behandlung um eine medizinisch notwendige Behandlung handeln muss. Da medizinisch notwendige Behandlungen vom Leistungskatalog sowohl der gesetzlichen als auch der privaten Krankenkassen regelmäßig erfasst sind, ist eine wirtschaftliche Information von versicherten Patienten zumeist nicht erforderlich. Relevant sind in diesem Zusammenhang daher Behandlungen nicht versicherter oder ausländischer Patienten (Erman/*Rehborn/Gescher* Rn. 42). Bei medizinisch nicht indizierten Behandlungen ist nach dem Grundgedanken des Gesetzes stets zu informieren, wobei hier gleichermaßen die Erwägungen zur Beschränkung wegen missbräuchlicher Berufung auf fehlende wirtschaftliche Information greifen sollten (s.o. Rdn. 41).

55 Von einem wirksamen Verzicht des Patienten kann ausgegangen werden, wenn dieser ihn »deutlich, klar und unmissverständlich« erklärt und er »die Erforderlichkeit der Behandlung sowie deren Chancen und Risiken erkannt« hat (BT-Drs. 17/10488 S. 22; wohl für geringere Anforderungen MüKo/*Wagner* Rn. 70). Der Begriff des Verzichts muss dabei nicht ausdrücklich fallen, es genügt, wenn die Erklärung den Willen des Patienten unzweideutig erkennen lässt.

Darüber hinaus muss der Patient nicht informiert werden, wenn ihm die Umstände, über die zu 56
informieren ist, bereits bekannt sind. Dies kann beispielsweise der Fall sein, wenn er selbst Arzt
ist oder aufgrund von Vorbehandlungen über ausreichende Kenntnis verfügt (BT-Drs. 17/10488
S. 23; OLG Hamm VersR 1998, 322; OLG Köln VersR 2012, 494). Unter diesem Punkt könnten
künftig gleichermaßen die bereits benannten Fälle treuwidriger Geltendmachung erfasst werden.

Denkbar, jedoch mit größter Zurückhaltung anzunehmen, sind zudem Fälle, in denen die Informa- 57
tion aus therapeutischen Gründen unterlassen wird, weil die begründete Gefahr besteht, dass der
Patient infolge der Information sein Leben oder seine Gesundheit gefährdet (BT-Drs. 17/10488
S. 23; MüKo/*Wagner* Rn. 74).

Die Darlegungs- und Beweislast für die Entbehrlichkeit der Information trägt der Behandelnde. 58

### F. Vertragliche Abbedingung der Informationspflichten

Darüber hinaus stellt sich die Frage, ob die Informationspflichten des Abs. 2 und Abs. 3 im Be- 59
handlungsvertrag abbedungen werden können. Dafür könnten der Grundsatz der Privatautonomie
und die Regelung des Abs. 4 sprechen (vgl. MüKo/*Wagner* Rn. 75).

Ein wirksamer Ausschluss der Informationspflicht aus Abs. 2 Satz 1 ist weder durch Individualver- 60
einbarung noch durch vorformulierte Vertragsbedingungen zulässig. Denn die Pflicht dient dem
Gesundheitsschutz des Patienten und ist Bestandteil einer sorgfältigen Behandlung. Ein Ausschluss
durch Individualvereinbarung würde daher gegen § 138 und ein Ausschluss im Rahmen von vorformulierten Vertragsbedingungen gegen § 309 Nr. 7a verstoßen (MüKo/*Wagner* Rn. 76).

Die Beurteilung der Wirksamkeit des Ausschlusses der Informationspflicht aus Abs. 2 Satz 2, 3 61
hängt von der jeweiligen Schutzrichtung der Norm ab. Sofern es um den Schutz des Vermögens des
Patienten geht, ist der Ausschluss durch Individualvereinbarungen und vorformulierte Vertragsbedingungen nur in den durch (§ 307 i.V.m.) § 276 Abs. 3 gesetzten Grenzen zulässig. Es läge jedoch
der unzulässige Versuch des Vorsatzausschlusses vor, wenn sich der Schuldner im Voraus von der
Pflicht zur wahrheitsgemäßen Beantwortung der durch den Patienten gestellten Fragen befreien
könnte (MüKo/*Wagner* Rn. 78; *Spickhoff* JZ 2015, 15, 23). Geht es hingegen um den Gesundheitsschutz des Patienten, so ist ein Ausschluss der Informationspflicht in Individualvereinbarungen
gem. § 138 und in vorformulierten Vertragsbedingungen gem. § 309 Nr. 7a unzulässig, sofern die
Offenbarung des Behandlungsfehlers Voraussetzung für die weitere Behandlung des Patienten ist
(MüKo/*Wagner* Rn. 78; *Spickhoff* JZ 2015, 15, 22). Daher dürfte kein ernstzunehmender Raum für
ein Abbedingen verbleiben.

Ein wirksamer Ausschluss der Informationspflicht aus Abs. 3 durch Individualvereinbarung ist 62
jedenfalls in den Grenzen des Abs. 4 zulässig. Abs. 4 dürfte jedoch zugleich die äußere Grenze
markieren und damit insbesondere eine gezielte Beschränkung des Gesetzgebers gegen jegliche Versuche formularmäßiger Abbedingung oder erleichterten individualvertraglichen Ausschlusses sein
(a.A. wohl MüKo/*Wagner* Rn. 78).

## § 630d Einwilligung

(1) Vor Durchführung einer medizinischen Maßnahme, insbesondere eines Eingriffs in den
Körper oder die Gesundheit, ist der Behandelnde verpflichtet, die Einwilligung des Patienten
einzuholen. Ist der Patient einwilligungsunfähig, ist die Einwilligung eines hierzu Berechtigten
einzuholen, soweit nicht eine Patientenverfügung nach § 1901a Absatz 1 Satz 1 die Maßnahme
gestattet oder untersagt. Weitergehende Anforderungen an die Einwilligung aus anderen Vorschriften bleiben unberührt. Kann die Einwilligung für eine unaufschiebbare Maßnahme nicht
rechtzeitig eingeholt werden, darf sie ohne Einwilligung durchgeführt werden, wenn sie dem
mutmaßlichen Willen des Patienten entspricht.

**§ 630d BGB** Einwilligung

(2) Die Wirksamkeit der Einwilligung setzt voraus, dass der Patient oder im Falle des Absatzes 1 Satz 2 der zur Einwilligung Berechtigte vor der Einwilligung nach Maßgabe von § 630e (hier Absatz 1–4) aufgeklärt worden ist.

(3) Die Einwilligung kann jederzeit und ohne Angabe von Gründen formlos widerrufen werden.

| Übersicht | Rdn. | | Rdn. |
|---|---|---|---|
| A. Normzweck und Entwicklung | 1 | G. Weitergehende Anforderungen aus Spezialvorschriften – Abs. 1 Satz 3 | 43 |
| B. Rechtsnatur der Einwilligung | 6 | H. Widerrufbarkeit der Einwilligung, Abs. 3 | 44 |
| C. Grundsätze zur Einholungspflicht | 9 | | |
| D. Volljährige einwilligungsunfähige Patienten, Abs. 1 Satz 2 | 22 | I. Medizinische Intervention ohne Einwilligungserklärung, Abs. 1 Satz 4 | 50 |
| E. Minderjährige Patienten, Abs. 1 Satz 2 | 26 | J. Darlegungs- und Beweislast | 55 |
| F. Voraussetzung: Ordnungsgemäße Aufklärung, Abs. 2 | 38 | | |

## A. Normzweck und Entwicklung

1 Die Einwilligung soll die Patientenautonomie verwirklichen. Der Patient darf nicht zum Objekt der Behandlung gemacht werden, sondern muss als eigenverantwortliches Subjekt über das Ob und Wie der Behandlung entscheiden können (BT-Drs. 17/10488 S. 23).

2 Dabei dient das Einwilligungserfordernis nicht nur dem Schutz des Selbstbestimmungsrechts des Patienten (in diese Richtung BeckOK/*Katzenmeier* Rn. 3; *ders*. Arzthaftung, S. 118 f.; *Büttner*, FS Geiß, S. 353, 355; *Laufs* NJW 1969, 529; *ders*. NJW 1974, 2025, 2026), sondern auch dem Schutz seiner körperlichen und gesundheitlichen Unversehrtheit (BGH VersR 2008, 1668, 1669; OLG Bamberg VersR 2012, 1440, 1441; MüKo/*Wagner* Rn. 5; NK-BGB/*Voigt* Rn. 1).

3 Eine Behandlung, die gegen oder ohne den Willen des Patienten durchgeführt wird, stellt daher sowohl eine Verletzung seines Rechts auf körperliche Unversehrtheit als auch der darauf bezogenen Selbstbestimmung dar (MüKo/*Wagner* Rn. 5 m.w.N.). Dies hat zugleich zur Folge, dass jede ärztliche Heilbehandlung, obgleich von einem kurativen Gedanken des Behandlers getragen, tatbestandlich als Körperverletzung einzuordnen ist.

4 Die Einwilligung ist insbesondere bei körperlichen Eingriffen, aber auch bei allen sonstigen therapeutischen oder diagnostischen Maßnahmen im Rahmen der Behandlung erforderlich (BT-Drs. 17/10488 S. 23).

5 Seinen rechtlichen Ursprung hat das Einwilligungserfordernis im Deliktsrecht. Sofern der Patient in die Behandlung einwilligt, ist die durch die Behandlung begründete Körper- und/oder Gesundheitsverletzung gem. § 823 Abs. 1 gerechtfertigt. Im Rahmen des Deliktsrechts trifft den Behandelnden daher keine Pflicht zur Einholung einer die Behandlung abdeckenden Einwilligung. Sofern sie vorliegt, entfällt jedoch die Rechtswidrigkeit. Anders ist die Situation aus vertragsrechtlicher Sicht zu beurteilen: Die Haftung nach § 280 Abs. 1 wird nicht bereits durch das Vorliegen einer Körper- und/oder Gesundheitsverletzung begründet. Sie setzt vielmehr die Verletzung einer bestehenden Vertragspflicht voraus. Eine solche hat der Gesetzgeber durch das Aufklärungserfordernis nach § 630e Abs. 1 geschaffen und an das Einwilligungserfordernis des Abs. 1 Satz 1 gekoppelt. Die Einholung der Einwilligung wird dabei selbst als Vertragspflicht erkannt (BT-Drs. 17/10488 S. 23).

## B. Rechtsnatur der Einwilligung

6 Die Einwilligung stellt nach heute herrschender Meinung keine Willenserklärung oder rechtsgeschäftliche Verfügung, sondern eine geschäftsähnliche »Gestattung oder Ermächtigung zur Vornahme tatsächlicher Handlungen, die in den Rechtskreis des Gestattenden eingreifen« dar (BGH NJW 1959, 811; 1988, 2946, 2947; *Amelung* ZStW 104 (1992), 525, 526 f.; *Coester-Waltjen* MedR 2012, 553, 554 f.; *Spickhoff* FamRZ 2018, 412, 418; a.A. *Ohly*, FS Jakobs, 2007, S. 451, 463 f.).

Die §§ 104 ff., §§ 119 ff. und §§ 182 ff. sind grundsätzlich nicht anwendbar (BGH NJW 1959, 811; 1988, 2946, 2947; *Coester-Waltjen* MedR 2012, 553, 554; a.A. Ohly, Volenti non fit iniuria, S. 207 ff., der die §§ 104 ff. grundsätzlich zur Anwendung bringen will, partiell aber für ihre teleologische Reduktion plädiert). 7

Für die Wirksamkeit der Einwilligung ist die Einwilligungsfähigkeit und nicht die Geschäftsfähigkeit des Patienten erforderlich (BT-Drs. 17/10488 S. 23; MüKo/*Wagner* Rn. 9; BeckOK/*Katzenmeier* Rn. 8 m.w.N.). 8

## C. Grundsätze zur Einholungspflicht

Die Einwilligung ist nicht Bestandteil des Behandlungsvertrages, da sie sich auf konkrete medizinische Maßnahmen beziehen muss und eine vorausgegangene Aufklärung voraussetzt. Die Pflicht zur Einholung der Einwilligung entsteht daher erst in dem Moment, in dem der Behandelnde die Vornahme einer konkreten medizinischen Maßnahme für geboten hält. 9

Der Behandelnde muss die Einwilligung vor der Durchführung der medizinischen Maßnahme einholen. Die Erteilung einer Generaleinwilligung (MüKo/*Wagner* Rn. 11) oder ein Nachholen der Einwilligung sind nicht möglich (BT-Drs. 17/10488 S. 23). 10

Die erteilte Einwilligung bezieht sich nur auf die lege artis durchgeführte medizinische Maßnahme (BGH NJW 1998, 1802). Eingriffserweiterungen und Folgeeingriffe sind von der Einwilligung nicht erfasst. Sofern die medizinische Maßnahme mit zu erwartenden Komplikationen einhergeht, die bei ihrem tatsächlichen Eintreten eine Alternativbehandlung erforderlich machen oder eine intraoperative Eingriffserweiterung abzusehen ist (BGH VersR 1985, 1187, 1188; BGH NJW 1993, 2372, 2373 f.; BGH MedR 2015, 721, 721 f. m.Anm. *Spickhoff*), muss auch über diese bereits aufgeklärt und die diesbezügliche Einwilligung eingeholt werden. Fehlt eine solche Einwilligung, muss die medizinische Maßnahme auch bei Eintreten der Komplikationen oder der Gebotenheit der intraoperativen Eingriffserweiterung abgebrochen werden (BGH VersR 1977, 255), sofern dies ohne die Begründung erheblicher, das Selbstbestimmungsrecht des Patienten überwiegender, Risiken möglich ist (*Fischer*, FS Deutsch, 1999, S. 545, 552 ff.; BGH VersR 1977, 255; OLG München VersR 1980, 172; BGH NJW 1993, 2372, 2373 f.). Kontraindizierte Maßnahmen (OLG Karlsruhe MedR 2003, 104; OLG Düsseldorf VersR 2002, 611) und medizinisch nicht begründbare Standardunterschreitungen (OLG Hamm MedR 2017, 310 f. hierzu *J. Prütting* MedR 2017, 531) sind von der Einwilligung ebenfalls nicht erfasst. Auch wenn der Patient eine kontraindizierte Maßnahme oder Standardunterschreitung ausdrücklich wünscht und über die damit verbundenen Risiken ausführlich aufgeklärt wurde, kann die Einwilligung wegen Verstoßes gegen das Sittenwidrigkeitsverdikt nach § 138 Abs. 1, § 228 StGB unwirksam sein (BGH MedR 2018, 43, 44 m. Anm. *Schumacher*; OLG Hamm MedR 2017, 310, 312). In diesem Fall soll dem Patienten bei Eintritt eines Gesundheitsschadens kein Mitverschuldenseinwand entgegengehalten werden können (OLG Düsseldorf VersR 2002, 611). 11

Aufzuklären ist grundsätzlich die zu behandelnde Person, da diese in die Vornahme der medizinischen Maßnahme einwilligen muss. Unproblematisch sind dabei Fälle, in denen die zu behandelnde Person volljährig und einwilligungsfähig ist (zu volljährigen einwilligungsunfähigen Patienten siehe D.; zu minderjährigen Patienten siehe E.). 12

Da der Gesetzgeber nicht definiert hat, was unter Einwilligungsfähigkeit zu verstehen ist (kritisch *Coester-Waltjen* MedR 2012, 553, 555; *Damm* MedR 2013, 201, 206; *Katzenmeier* MedR 2012, 576, 581; *Spickhoff* FamRZ 2018, 412), muss für die Bestimmung auf die von der Rechtsprechung entwickelten Grundsätze zurückgegriffen werden (BeckOK/*Katzenmeier* Rn. 8). Wie wenig Rechtssicherheit mit ihnen gewonnen ist, indiziert aber bereits die Fülle von Judikaten aus den vergangenen Jahren, die eine aus Wertungsgesichtspunkten konsistente Linie vermissen lassen und zu kleinteiliger Fallgruppenbildung neigen (kritisch Spickhoff NJW 2020, 1720, 1721 m.w.N. zur Rechtsprechung). 13

§ 630d BGB  Einwilligung

14  Nach den Grundsätzen der Rechtsprechung ist von Einwilligungsfähigkeit immer dann auszugehen, wenn der Patient nach seiner geistigen und sittlichen Reife die Bedeutung und Tragweite des Eingriffs und seiner Gestattung zu ermessen vermag (BGH NJW 1959, 811). Die Gesetzesbegründung greift diese Grundsätze auf und fordert, dass der Patient das Einsichtsvermögen und die Urteilskraft besitzen muss, um die vorherige Aufklärung zu verstehen, Nutzen und Risiken der Behandlung gegeneinander abzuwägen und darauf aufbauend eine eigenverantwortliche Entscheidung zu treffen (BT-Drs. 17/10488 S. 23). Den Behandelnden trifft die Pflicht, »sich davon zu überzeugen, dass der Patient die natürliche Einsichts- und Steuerungsfähigkeit besitzt«, um »Art, Bedeutung, Tragweite und Risiken der medizinischen Maßnahme [zu] erfassen und seinen Willen« danach auszurichten (BT-Drs. 17/10488 S. 23). Daraus folgt, dass die Einwilligungsfähigkeit sich aus einem intellektuellen und einem voluntativen Element zusammensetzt (*Amelung* ZStW [104] 1992, 525, 532, 540 ff., 543, 555 f., 558; *ders*. JR 1999, 45, 47 (Fn. 19); Spickhoff/*Spickhoff* Rn. 4; *ders*. FamRZ 2018, 412, 418).

15  Bei der Beurteilung der Einwilligungsfähigkeit kann es geboten sein, Schwere, Komplexität und Risiken der medizinischen Maßnahme zu berücksichtigen, sofern sie geeignet sind, sich auf die Einsichtsfähigkeit auszuwirken (Spickhoff/*Spickhoff* Rn. 5; *ders*. FamRZ 2018, 412, 419). Auch eine Unterscheidung zwischen Zustimmung und Ablehnung der medizinischen Maßnahme kann geboten sein (kritisch BeckOGK/*Amend-Traut* § 1626 Rn. 121; *Gleixner-Eberle*, Die Einwilligung in die medizinische Behandlung Minderjähriger, 297; *Götz*, FS Coester-Waltjen, 2015, S. 89, 99), da die Zustimmung regelmäßig mit einem Eingriff in die Gesundheit des Patienten verbunden ist, weshalb es gerechtfertigt sein kann, im Fall der Zustimmung höhere Anforderungen an die Einwilligungsfähigkeit zu stellen (MüKo/*Huber* § 1626 Rn. 44; *Spickhoff* FamRZ 2018, 412, 419).

16  Nicht maßgeblich ist hingegen, ob die Entscheidung des Patienten für oder gegen die Einwilligung als »objektiv vernünftig« anzusehen ist (*Amelung* JR 1999, 45, 46; *ders*. NJW 1996, 2393, 2396; Spickhoff/*Spickhoff* Rn. 5; *ders*. FamRZ 2018, 412, 419). Wäre dies der Fall, würde man »die Einwilligung von einem Instrument der Selbstbestimmung zu einem Instrument rechtlicher Bevormundung« machen (*Amelung* JR 1999, 45, 46). Der Behandelnde sollte eine als »objektiv unvernünftig« empfundene Entscheidung des Patienten jedoch zum Anlass nehmen, die Einwilligungsfähigkeit des Patienten (noch einmal) zu hinterfragen (*Spickhoff* FamRZ 2018, 412, 419).

17  Der Behandelnde muss den Patienten ausdrücklich und unmissverständlich fragen, ob er in die Vornahme der medizinischen Behandlung einwilligt (BT-Drs. 17/10488 S. 23; Erman/*Rehborn/Gescher* Rn. 19; NK-BGB/*Voigt* Rn. 5). Nach der Gegenansicht soll es allein darauf ankommen, ob der Patient eingewilligt hat (MüKo/*Wagner* Rn. 15; Spickhoff/*Spickhoff* Rn. 2). Für diese letztere Sichtweise sprechen die bisherige Rechtslage, die fehlende Verankerung einer entsprechenden Pflicht in der Norm selbst und zuletzt wohl auch Praktikabilitätserwägungen (MüKo/*Wagner* Rn. 15; Spickhoff/*Spickhoff* Rn. 2), jedoch erscheint der Ansatz subjektiv-teleologisch gewagt, da hierdurch der Gesetzesbegründung klar unterstellt wird, sie würde in kaum verkennbarer Deutlichkeit vom wahren Gesetzgeberwillen abweichen. Hat der Behandelnde Zweifel daran, dass der Patient in die Vornahme der Behandlung eingewilligt hat, so muss er natürlich ohnehin bei diesem nachfragen, da er sich anderenfalls der Gefahr der Haftung aussetzt.

18  Zwar kann der Behandelnde die vorausgehende Aufklärung gem. § 630e Abs. 2 Satz 1 Nr. 1 auf eine andere Person übertragen (siehe dazu § 630e Rdn. 32 ff.), über das Vorliegen der Einwilligung muss er sich jedoch selbst vergewissern.

19  Für die Wirksamkeit der Einwilligung ist grundsätzlich keine bestimmte Form erforderlich, sodass auch die konkludente Erteilung möglich ist (BGH NJW 1961, 261, 262). Dem steht auch die Dokumentationspflicht aus § 630f Abs. 2 Satz 1 nicht entgegen, da diese letztlich nur eine erfolgte Einwilligung für etwaige Unsicherheiten festhalten soll, jedoch kein Formerfordernis statuieren soll. Formerfordernisse können sich jedoch aus Spezialvorschriften ergeben (siehe dazu G.).

20  Inhaltlich kann zwischen der Einwilligung in den Eingriff selbst und der Einwilligung bezüglich der Erhebung von Patientendaten unterschieden werden, wobei letztere regelmäßig stillschweigend

miterteilt wird (BeckOK/*Katzenmeier* Rn. 9). Die Einwilligung in den Eingriff muss sich stets auf eine konkrete medizinische Maßnahme beziehen. Bei Vorliegen eines allgemeinen Krankenhausaufnahmevertrages erstreckt sich die Einwilligung in personeller Hinsicht grundsätzlich auf alle Ärzte des Krankenhauses. Der Patient kann die Einwilligung durch ausdrückliche Erklärung auf bestimmte Ärzte beschränken (BGH NJW 2010, 2580). Sofern trotz einer solchen Beschränkung ein anderer Arzt die Behandlung vornehmen soll, muss der Patient rechtzeitig darüber aufgeklärt werden und in die Behandlung einwilligen (BGH NJW 2010, 2580, 2581; BGH NJW 2016, 3523, 3524). Anderenfalls muss die Behandlung unterbleiben und der Patient gegebenenfalls unbehandelt entlassen werden (OLG Celle NJW 1982, 706). Das Gleiche gilt, wenn sich die Beschränkung auf einen bestimmten Arzt aus einem Arztzusatzvertrag ergibt und der Patient keine weitergehende Einwilligung erteilt hat.

Bei der Beurteilung der Wirksamkeit der Einwilligung muss beachtet werden, dass sie nur im Ganzen wirksam oder unwirksam sein kann. Eine Aufspaltung in einen wirksamen und einen unwirksamen Teil ist nicht anerkannt (BGH NJW 1984, 1395, 1396). 21

### D. Volljährige einwilligungsunfähige Patienten, Abs. 1 Satz 2

Bei Volljährigen ist grundsätzlich vom Vorliegen der Einwilligungsfähigkeit auszugehen (BT-Drs. 17/10488 S. 23; *Damm* MedR 2015, 775, 778). Fehlt es an dieser im konkreten Fall, so muss der Behandelnde die Einwilligung des dazu Berechtigten einholen, sofern die medizinische Maßnahme nicht durch eine zuvor wirksam erteilte Einwilligung des Patienten oder durch eine wirksame Patientenverfügung gem. § 1901a Abs. 1 Satz 1 gestattet oder untersagt wird. 22

Berechtigter i.S.d. Abs. 1 Satz 2 kann ein Vorsorgebevollmächtigter gem. § 1896 Abs. 2 Satz 2 oder ein Betreuer gem. § 1896 Abs. 1 sein. Dieser muss sich bei seiner Entscheidung am tatsächlichen oder mutmaßlichen Willen des Patienten orientieren. Sofern der Patient äußerungsfähig ist, muss er in die Entscheidungsfindung einbezogen werden. Aufgrund des Persönlichkeitsbezugs medizinischer Maßnahmen wird ihm dabei ein erheblicher Einfluss auf die Entscheidungsfindung zugebilligt (Spickhoff/*Spickhoff* Rn. 6; *ders.* FamRZ 2018, 412, 420). Wünscht der Patient eine medizinisch zumindest relativ indizierte Behandlung oder lehnt er eine solche ab, ohne dass für ihn dadurch erhebliche gesundheitliche Gefahren begründet werden, muss dem Wunsch des Patienten entsprochen werden (*Coester-Waltjen* MedR 2012, 553, 557; Spickhoff/*Spickhoff* Rn. 6; *ders.* FamRZ 2018, 412, 420). Wünscht der Patient hingegen eine medizinisch nicht indizierte Behandlung, die für ihn erhebliche gesundheitliche Gefahren oder sogar die Gefahr des Todes begründet, muss dem Wunsch des Patienten nicht entsprochen werden (Spickhoff/*Spickhoff* Rn. 6; *ders.* FamRZ 2018, 412, 420). 23

Besteht zwischen Berechtigtem und Behandelndem Uneinigkeit darüber, ob die Einwilligung oder Nichteinwilligung in die medizinische Maßnahme dem Willen des Patienten entspricht, muss bei Begründung erheblicher Gefahr für die Gesundheit oder das Leben des Patienten das Betreuungsgericht angerufen werden (§ 1904 Abs. 4, 5). Sofern der Berechtigte Bevollmächtigter ist, müssen zudem die Voraussetzungen des § 1904 Abs. 5 Satz 2 erfüllt sein. 24

Steht der Patient unter Betreuung und soll an ihm eine Sterilisation oder eine Zwangsmaßnahme i.R.d. Unterbringung durchgeführt werden, so ist ebenfalls das Betreuungsgericht anzurufen (§§ 1905 Abs. 2 Satz 1, 1906a Abs. 2). Sofern der Berechtigte Bevollmächtigter ist, kann er in die Sterilisation nie, in eine Zwangsmaßnahme i.R.d. Unterbringung nur dann einwilligen, wenn die Voraussetzungen des § 1906a Abs. 5 erfüllt sind. 25

### E. Minderjährige Patienten, Abs. 1 Satz 2

Sofern der minderjährige Patient einwilligungsfähig ist, kann er selbst entscheiden, ob er in die Vornahme der medizinischen Behandlung einwilligt oder diese ablehnt (BGH NJW 1959, 811). Der ergänzenden Zustimmung des Sorgeberechtigten und gesetzlichen Vertreters, in der Regel der Eltern (§§ 1626, 1629), bedarf es daneben nicht (BGH NJW 1972, 335, 337; *Belling/Eberl* FuR 26

1995, 287 ff.; *Kern* NJW 1994, 753, 755; *Spickhoff* FamRZ 2018, 412, 423; *Wölk* MedR 2001, 80, 84; für eine sicherheitshalber erfolgende Beiziehung der Sorgeberechtigten *Nebendahl* MedR 2009, 197, 202).

27 Ob der Minderjährige einwilligungsfähig ist, kann nicht anhand fester Altersgrenzen bestimmt werden (*Damm* MedR 2015, 775, 781; *Kern* NJW 1994, 753, 755; Spickhoff/*Spickhoff* Rn. 5; *ders.* FamRZ 2018, 412, 419), sondern ist einzelfallbezogen zu prüfen (partiell anders BeckOK/ *Katzenmeier* Rn. 13 mit Hinweis auf stets anzunehmende Einwilligungsunfähigkeit unterhalb von 14 Jahren). Da die Alleinentscheidungsbefugnis des einwilligungsfähigen Minderjährigen weitreichende Folgen haben kann, sind hohe Anforderungen an die Feststellung der Einwilligungsfähigkeit zu stellen (*Spickhoff* FamRZ 2018, 412, 423). Diese können durch die Schwere, Komplexität und Risiken der medizinischen Behandlung beeinflusst werden (*Eberbach* MedR 1986, 14, 15; *Kern* NJW 1994, 753, 755; *Nebendahl* MedR 2009, 197, 202). Zudem kann es von Bedeutung sein, ob der Minderjährige in die Vornahme der medizinischen Behandlung einwilligt oder diese ablehnt. Der BGH (NJW 1972, 335, 337) verneint die Einwilligungsfähigkeit jedenfalls bei aufschiebbaren Maßnahmen, die aufgrund des Eingriffs selbst oder seiner denkbaren Folgen erheblich sind, wobei die Abgrenzung zwischen den Intensitätsstufen bislang nicht erfasst werden konnte und der Einzelfallbetrachtung überlassen bleibt. Ähnlich hielt auch das OLG Frankfurt in einer jüngeren, aber noch zum alten Recht ergangenen Entscheidung die – im Streitfall konkludent erteilte – Einwilligung eines minderjährigen Patienten und die seines Vaters in eine Zirkumzision für nicht ausreichend. Bei einer Zirkumzision handele es sich insoweit nicht um einen lediglich geringfügigen Eingriff. Das Gericht entschied, dass es bei nur relativ indizierten Eingriffen mit erheblichen Auswirkungen auf die künftige Lebensgestaltung neben der Einwilligung des minderjährigen Patienten zusätzlich der beider Eltern bedürfe (sogenannter Co-Konsens oder auch Kodezision; siehe OLG Frankfurt a.M., Urt. v. 16.07.2019 – 8 U 228/17 Rn. 51 = MedR 2020, 383 m. Anm. Kreße). Die Entscheidung des OLG Frankfurt vermag in dieser Hinsicht jedoch nicht zu überzeugen. Spätestens mit Inkrafttreten des Patientenrechtegesetzes sind Ansätze, die Wirksamkeit der Einwilligung Minderjähriger an ein zusätzliches Einverständnis der personensorgeberechtigten Eltern zu knüpfen, als überholt anzusehen. Die Gesetzesbegründung legt ein binäres Modell der Einwilligungszuständigkeit nahe, wonach es entweder der Einwilligung des hinreichend einsichtsfähigen Minderjährigen oder aber der seiner Eltern, nicht aber gemeinsamen Entscheidung bedarf (vgl. Kreße MedR 2020, 383).

28 Diese Grundsätze gelten unverändert auch dann, wenn es um die Frage geht, ob eine Minderjährige in den mit einem Schwangerschaftsabbruch verbundenen Eingriff einwilligen oder diesen ablehnen kann. Sofern sie einwilligungsfähig ist, liegt es allein an ihr, sich auch gegen den Willen ihrer Personensorgeberechtigten für oder gegen den Schwangerschaftsabbruch zu entscheiden (OLG Hamm NJW 2020, 1373 mit Besprechung von Lugani NJW 2020, 1330 und J. Prütting/Friedrich JZ 2020, 660; LG München I NJW 1980, 646; AG Schlüchtern NJW 1998, 832; MüKo/ *Wagner* Rn. 44; a.A. OLG Hamm NJW 1998, 3424). Ihrem Selbstbestimmungsrecht gebührt in dieser Situation der Vorrang vor dem Erziehungsrecht der Eltern (LG München I NJW 1980, 646; AG Schlüchtern NJW 1998, 832; MüKo/*Wagner* Rn. 44). Das zentrale Problem liegt in der einzelfallbezogenen Bestimmung der Erkenntnisfähigkeit hinsichtlich der weitreichenden Folgen des Behaltens des Kindes oder eines etwaigen Schwangerschaftsabbruchs. Allerdings sollte in diesen Fällen – anders als bei wunschmedizinischen Maßnahmen – das erkennbare Interesse der Minderjährigen zentrale Beachtung finden, da es sich in vielen Facetten um eine Entscheidung mit höchstpersönlicher Ausprägung handelt, die einer reinen Vernunftkontrolle selbst mit Blick auf den an die Sorgeberechtigten vermittelten staatlichen Schutz- und Erziehungsauftrag nicht zugänglich sein dürfte. Um de lege lata bestehende Haftungsrisiken der Ärzteschaft einzugrenzen, die aus einer sich im Nachhinein als unrichtig erweisenden Bewertung der Einsichtsfähigkeit der Minderjährigen herrühren (siehe hierzu auch Rdn. 36), und die Kollision von Selbstbestimmungsrecht des Minderjährigen mit dem elterlichen Erziehungsrecht aus Art. 6 Abs. 2 GG sachgerecht aufzulösen, könnte sich ein in das SchKG einzubettender prozeduraler Lösungsansatz anbieten (hierzu im Detail J. Prütting/Friedrich JZ 2020, 660, 667 f.).

Die gleichen Grundsätze dürften auch bei Behandlungen transexueller Minderjähriger greifen. Die besondere Schwierigkeit besteht in diesen Fällen oftmals darin, dass die Einsichts- und Reflexionsfähigkeit Heranwachsender noch in der Entwicklung begriffen ist, während subjektiv ein erheblicher Leidens- und Behandlungsdruck besteht und die Vornahme wie auch das Unterlassen ärztlicher Behandlung sehr weitreichende Folgen haben kann. Zugleich müssen Minderjährige aber auch vor möglicherweise übereilten Entscheidungen mit irreversiblen Konsequenzen beschützt werden. Im Ausgangspunkt ist auch in diesem Bereich in erster Linie die individuelle Einsichtsfähigkeit der Minderjährigen für die Wirksamkeit der Einwilligung relevant (in diese Richtung auch die Ad-hoc-Empfehlung des Deutschen Ethikrats, 2020, Trans-Identität bei Kindern und Jugendlichen. Therapeutische Kontroversen – ethische Orientierungen). Wegen der besonderen Grundrechtsrelevanz der Behandlung und der erheblichen Haftungsrisiken für die Behandlungsseite ist der Gesetzgeber dringend aufgerufen, für die notwendige Rechtssicherheit zu sorgen. Auch hier könnte sich ein Konzept des Grundrechtsschutzes durch Verfahren bewähren, in dessen Rahmen die Einwilligungsfähigkeit des sachgerecht informiert und aufgeklärten Minderjährigen durch ausgewiesenes Fachpersonal bestätigt wird. 28a

Der Bereich der Wunschmedizin folgt ebenfalls den bislang genannten Grundsätzen zur Einwilligungsfähigkeit, nur ist insofern die bereits angeführte gesetzlich angelegte Vernunftkontrolle zu beachten (Art. 6 Abs. 2 Satz 1 GG, §§ 1626 ff.). Der Minderjährige unterwirft sich hier medizinisch nicht gebotenen Gefahren für Körper und Gesundheit, so dass es nachvollziehbar erscheint, den Korridor möglicher autonomer Entscheidungen a priori noch weiter zu verengen und eine Einwilligungsfähigkeit ausschließlich für Marginalbereiche wie kleinflächige Haarentfernungen anzunehmen. Bereits in Fällen von Tätowierungen, Piercing, Branding, Bleaching und erst recht bei weitreichend operativ durchzuführenden Anliegen (Brustvergrößerung, Lifting, Nasenkorrektur etc.) wird die alleinige Einwilligungsfähigkeit unterhalb der Vollendung des 18. Lebensjahres in aller Regel zu verneinen sein (näher *J. Prütting*, Die rechtlichen Aspekte der Tiefen Hirnstimulation, S. 205 ff., 243 ff.; zum Grundüberblick *Prütting/Prütting*, Medizin- und Gesundheitsrecht, S. 290 ff.). 29

Ist der minderjährige Patient einwilligungsunfähig, so obliegt die Entscheidung in der Regel den Eltern. Diese üben die Personensorge grundsätzlich gemeinschaftlich aus und haben dabei auf die wachsenden Fähigkeiten und Bedürfnisse des Minderjährigen Rücksicht zu nehmen (§ 1626 Abs. 2 Satz 1). 30

Sofern der einwilligungsunfähige Minderjährige nur mit einem Elternteil zur Behandlung erscheint und dieser in die als Routineeingriff einzustufende Behandlung einwilligt, darf der Behandelnde darauf vertrauen, dass der erschienene Elternteil durch den anderen Elternteil zur Erklärung der Einwilligung ermächtigt ist (BGH NJW 1988, 2946, 2947; BGH NJW 2000, 1784, 1785; 2010, 2430). Handelt es sich hingegen um einen Eingriff schwererer Art mit nicht unbedeutenden Risiken, muss sich der Behandelnde vergewissern, ob der erschienene Elternteil die Ermächtigung des anderen hat und wie weit diese reicht (BGH NJW 1988, 2946, 2947; 2010, 2430). Sofern keine Anhaltspunkte dagegensprechen, darf der Behandelnde auf die Auskunft des erschienenen Elternteils als wahr vertrauen (BGH NJW 1988, 2946, 2947; 2010, 2430). 31

Handelt es sich um einen aufschiebbaren besonders schweren Eingriff, der weitreichende gesundheitliche Folgen für den Minderjährigen bedeuten kann, so hat der Arzt auf die Einwilligungserteilung aller Sorgeberechtigten zu bestehen und darf sich nicht auf das Wort des Erschienenen verlassen, wenn weitere Personen zur Personensorge berechtigt sind (BGH NJW 1988, 2946). 32

Sofern die durch die Eltern getroffene Entscheidung dem Kindeswohl widerspricht, kann sie unter den Voraussetzungen des § 1666 durch das Familiengericht ersetzt werden. Kann in Eilfällen eine solche Ersetzung nicht mehr eingeholt werden, dürfen sich die Ärzte über die Entscheidung der Eltern hinwegsetzen, da sie wegen rechtsmissbräuchlicher Ausübung des Sorgerechts als unbeachtlich anzusehen und/oder die Handlung der Ärzte gem. §§ 32, 34 StGB gerechtfertigt ist (AG Nordenham VersR 2007, 1418, 1419; Spickhoff/*Spickhoff* Rn. 7; *ders.* FamRZ 2018, 412, 420). Erscheint der einwilligungsunfähige Minderjährige allein zur Behandlung, die als Routineeingriff einzustufen 33

## § 630d BGB  Einwilligung

ist, wird zum Schutz reibungsloser Abläufe der täglichen ärztlichen Praxis vertreten, dass der Behandelnde darauf vertrauen dürfe, dass er durch den Sorgeberechtigten zur Erklärung der Einwilligung ermächtigt wurde, sofern keine gegenteiligen Anhaltspunkte vorliegen (*Nebendahl* MedR 2009, 197, 203). Dieser Ansatz ist aus Sicht des Arztes verständlich, aber rechtlich kaum zu halten. Es handelte sich rechtstechnisch um eine generelle Verneinung des Verschuldens im Fall erkannter oder zumutbar erkennbarer Einwilligungsunfähigkeit des Patienten, ohne dass auch nur der Versuch unternommen werden müsste, die wahren Berechtigten zu fragen. Da Notfallmaßnahmen mit Blick auf § 630d Abs. 1 Satz 4 unproblematisch gerechtfertigt sind, stehen auch keine Fälle unter Zeitdruck in Rede. Daher muss der Arzt wegen erkennbaren Fehlens einer Rechtfertigung die Behandlung bis zur Einwilligung der Berechtigten ablehnen.

34  Dem einwilligungsunfähigen Minderjährigen ist allerdings ein Vetorecht zuzuerkennen, sofern seine Selbstbestimmungsfähigkeit soweit ausgeprägt ist, dass seine »Vetofähigkeit« angenommen werden kann (dafür BGH NJW 2007, 217; *Rothärmel*, Einwilligung, Veto, Mitbestimmung, S. 165 ff.; *Golbs*, Das Vetorecht eines einwilligungsunfähigen Patienten, S. 128 ff.; *Uhlsenheimer*, in: Laufs/Kern/Rehborn ArztR, § 149 Rn. 69; *ders.*, Arztstrafrecht in der Praxis, Rn. 425; *Taupitz* DJT 2000, A 75 ff.). Schwierigkeiten ergeben sich jedoch bei der Bestimmung dessen, was unter »Vetofähigkeit« zu verstehen sein soll. Zu fordern ist, dass der Minderjährige intellektuell in der Lage ist, den zu entscheidenden Sachverhalt im Groben richtig zu erfassen und eine nachvollziehbare Entscheidung zu treffen (*Golbs*, Das Vetorecht eines einwilligungsunfähigen Patienten, S. 198 f., 223; Spickhoff/*Spickhoff* Rn. 7; *ders.* FamRZ 2018, 412, 421). Dafür ist mehr als eine bloße Spontanreaktion, die lediglich die Ausbildung eines natürlichen Willens voraussetzt (a.A. *Deutsch*, Medizinrecht, 4. Aufl., 1999, Rn. 149 ff.; *Wölk* MedR 2001, 80, 88), und weniger als Einwilligungsfähigkeit erforderlich. Ist diese Fähigkeit vorhanden, der von dem einwilligungsunfähigen Minderjährigen geäußerte Wunsch als medizinisch vertretbar anzusehen und sprechen auch sonst keine Gründe gegen seine Beachtung, so sollte ihm entsprochen werden (*Spickhoff* FamRZ 2018, 412, 421). Dies gilt insbesondere dann, wenn der Minderjährige eine medizinisch nicht dringliche Behandlung ablehnt und diese ohne drohende Gesundheitsgefahren bis zur Erreichung seiner Einwilligungsfähigkeit aufgeschoben werden kann. Beachtet werden muss, dass das Vetorecht des Minderjährigen nur im Innenverhältnis zu seinem sorgeberechtigten gesetzlichen Vertreter wirkt.

35  Umstritten ist, ob dem Behandelnden bei der Feststellung der Einwilligungsfähigkeit ein eigener Beurteilungsspielraum zuzuerkennen ist (dafür *Nebendahl* MedR 2009, 197, 202; *Wölk* MedR 2001, 80, 82; zweifelnd *Spickhoff* FamRZ 2018, 412, 419). Es stellt sich insofern bereits die Vorfrage, was mit einem Beurteilungsspielraum gemeint sein kann. Ausgangspunkt muss in jedem Fall der effektive Schutz des patientenseitigen Selbstbestimmungsrechts bleiben. Im Rahmen der persönlichen Entwicklung ist die Obhut diesbezüglich den Sorgeberechtigten übertragen (§§ 1626, 1627), so dass dem Arzt mit Blick auf die Kindesentwicklung oder deren Umgang keinerlei Bestimmungsrecht zufallen kann. Soll mit Beurteilungsspielraum demgegenüber die rein fachliche Expertise gleich eines die kognitiven Fähigkeiten einschätzenden Sachverständigen gemeint sein, so erscheint eine pauschale Aussage voreilig. Ist der Minderjährige in der Situation etwa auch in der Obhut eines geschulten Kinderpsychologen, so mag diesem eine weit höhere Erkenntnisfähigkeit zugesprochen werden, als es etwa bei einem Dermatologen der Fall ist, der das Kind wegen eines Hautausschlags behandeln möchte. Allein die ärztliche Grundausbildung kann kaum ein tragfähiges Argument sein, den Behandelnden als Person mit überlegenem Wissen zu akzeptieren. Schließlich dürfte dem Arzt nicht zuzumuten sein, die Unterstützung für das patientenseitige Entwicklungsrecht des Minderjährigen gegen die eigenen Eltern durchzusetzen. Selbst wenn also der Minderjährige möglicherweise im Einzelfall einwilligungsfähig ist, der Arzt dies jedoch nicht gesichert, sondern allenfalls im Rahmen eines etwaigen Beurteilungsspielraums, feststellen kann, darf kein Anspruch – weder zivil-, noch berufs- oder sozialversicherungsrechtlich – anerkannt werden, der den Arzt dem minderjährigen Patienten zur Behandlung ohne vorherige Rückfrage bei den Sorgeberechtigten verpflichtet.

Bei unverschuldeter Fehleinschätzung der Einwilligungsfähigkeit kann eine Haftung oder Strafbarkeit des Behandelnden jedenfalls nicht angenommen werden (Spickhoff/*Spickhoff* Rn. 4; *ders.* FamRZ 2018, 412, 419). 36

Zum Schutz des Minderjährigen hinsichtlich bestimmter Eingriffe sind Sondervorschriften zu beachten. Eine Sterilisation scheidet gem. § 1631c, eine Kastration gem. § 2 Abs. 1 Nr. 3 KastrG aus. Die Beschneidung ist vom Gesetzgeber gem. § 1631d ausdrücklich unter den dort genannten Voraussetzungen für rechtlich möglich erklärt. Knochenmarkspenden sind nur unter den engen Voraussetzungen des § 8a TPG möglich. 37

## F. Voraussetzung: Ordnungsgemäße Aufklärung, Abs. 2

Für die Wirksamkeit der Einwilligung ist eine ordnungsgemäße Aufklärung des Patienten oder des zur Einwilligung Berechtigten gem. § 630e Abs. 1–4 (siehe dazu § 630e Rdn. 5 ff.) erforderlich. Wird die Aufklärung nicht, nicht vollständig oder nicht in der gebotenen Art und Weise durchgeführt, ist die Einwilligung unwirksam. 38

Keine Auswirkung auf die Wirksamkeit der Einwilligung hat es demgegenüber, wenn die gem. § 630e Abs. 5 erforderliche Aufklärung des einwilligungsunfähigen Patienten unterlassen wird (so bereits der Wortlaut, aber auch BT-Drs. 17/11710 S. 28). 39

Sofern sich die Einwilligung des Patienten aus einer Patientenverfügung i.S.d. § 1901a ergibt, soll die Einwilligung nach der Gesetzesbegründung nur dann wirksam sein, wenn ihr eine ärztliche Aufklärung vorausgegangen ist oder der Patient den Verzicht auf die Aufklärung ausdrücklich erklärt hat (BT-Drs. 17/10488 S. 23; *Schwedler* MedR 2013, 652, 653). Ist dies nicht der Fall, soll für die Zulässigkeit der Behandlung die Zustimmung des Betreuers oder Bevollmächtigten erforderlich sein. Der Patientenverfügung käme in diesem Fall nur Indizwirkung für die Bestimmung des Willens des Patienten zu (BT-Drs. 17/10488 S. 23). Diese Sichtweise ist nicht frei von Zweifeln: Durch das Abfassen der Patientenverfügung bringt der Patient konkludent zum Ausdruck, dass er auf das Einwilligungserfordernis bezogen auf die spätere Behandlung verzichtet, sodass es einer Aufklärung nicht mehr bedarf (*Kreße* MedR 2015, 91; NK-BGB/*Voigt* Rn 15). 40

Lehnt der Patient die Vornahme einer medizinischen Behandlung in einer Patientenverfügung ab, ist eine vorherige Aufklärung von vornherein nicht erforderlich (BT-Drs. 17/10488 S. 24). 41

Die ohne wirksame Einwilligung durchgeführte Behandlung stellt eine Verletzung des Selbstbestimmungsrechts des Patienten und damit eine Pflichtverletzung i.S.d. § 280 Abs. 1 (BT-Drs. 17/10488 S. 24) sowie eine Verletzung des Rechts auf körperliche Unversehrtheit i.S.d. § 823 Abs. 1 dar (BGHZ 88, 433, 463; BGH NJW 1959, 811, 812; 1989, 1533; 2006, 2108). Der Behandelnde haftet für die ohne Einwilligung durchgeführte Behandlung jedoch nur dann auf Schadensersatz und Schmerzensgeld, wenn dem Patienten durch die Behandlung ein Schaden am Körper und/oder der Gesundheit entstanden ist (BGH NJW 1984, 1395, 1396; 2008, 2344). Fehlt ein solcher, bleibt die fehlende oder fehlerhafte Aufklärung ohne Folgen (BGH 2008, 2344, 2345; a.A. OLG Jena NJW 1998, 586). 42

## G. Weitergehende Anforderungen aus Spezialvorschriften – Abs. 1 Satz 3

Weitergehende Anforderungen an die Einwilligung, die sich aus anderen Vorschriften ergeben, bleiben gem. Abs. 1 Satz 3 unberührt. Schriftform fordern § 1901a Abs. 1 Satz 1, § 40 Abs. 1 Satz 3 Nr. 3 lit. b, c AMG; § 20 Abs. 2 Satz 1 Nr. 2 MPG; § 8 Abs. 1 Satz 1 GenDG; § 4a Abs. 1 Satz 1 TPG; §§ 6 Abs. 1 Satz 2, 8 Abs. 2 Satz 1 Nr. 2, 19 Abs. 1 Satz 7 TFG und § 3a Abs. 2 ESchG; eine Niederschrift fordern §§ 8 Abs. 2 Satz 4, 8b Abs. 1 Satz 2, 8c Abs. 4 TPG. Die weitergehenden Anforderungen dienen der Beweis- und Warnfunktion (Erman/*Rehborn/Gescher* Rn. 21). 43

## H. Widerrufbarkeit der Einwilligung, Abs. 3

44 Gem. Abs. 3 kann die Einwilligung bis zur Vornahme des Eingriffs jederzeit formlos und ohne Angabe von Gründen widerrufen werden. Der Patient kann die Einwilligung nicht nur vollständig widerrufen, sondern auch abändern (MüKo/*Wagner* Rn. 49).

45 Voraussetzung für beide Varianten ist die Einwilligungsfähigkeit des Patienten (MüKo/*Wagner* Rn. 49; NK-BGB/*Voigt* Rn. 17; *Amelung* ZStW 104 (1992), 525, 556); siehe dazu Rdn. 13 ff., 22 ff., 26 ff. Da diese der Einwilligungsfähigkeit bei der Erteilung der Einwilligung entspricht, kann auch von »Einwilligungsentscheidungsfähigkeit« gesprochen werden (*Amelung* ZStW 104 (1992), 525, 556).

46 Hat der Patient zwischen Erteilung der Einwilligung und Vornahme des Eingriffs die Einwilligungsfähigkeit verloren, ist analog § 1901a Abs. 2 der Berechtigte i.S.d. Abs. 1 Satz 2 zur Vornahme des Widerrufs berechtigt (NK-BGB/*Voigt* Rn. 17). Die vorherige Erteilung der Einwilligung durch den Patienten ist dabei ein gewichtiges Indiz für die Bestimmung seines mutmaßlichen Willens (NK-BGB/*Voigt* Rn. 17).

47 Der Widerruf kann gegenüber dem Behandelnden i.S.d. § 630a oder gegenüber jeder anderen behandelnden Person erfolgen (Jauernig/*Mansel* Rn. 7). Erforderlich ist, dass der Patient deutlich zum Ausdruck bringt, dass er die Einwilligung widerrufen will. Die Äußerung bloßer Bedenken genügt nicht (BGH NJW 1980, 1903, 1904).

48 Die Einhaltung einer bestimmten Form ist dabei gem. §§ 630d Abs. 3, 1901a Abs. 1 Satz 3 selbst bei Vorliegen einer Patientenverfügung nicht erforderlich. Der Widerruf kann daher auch konkludent oder durch Kündigung des Behandlungsvertrages erfolgen (Erman/*Rehborn/Gescher* Rn. 32).

49 Der Widerruf entfaltet seine Wirkung mit Zugang für die Zukunft und nicht rückwirkend (BT-Drs. 17/10488 S. 55). Ein Verzicht auf das Widerrufsrecht aus Abs. 3 ist nicht zulässig (MüKo/*Wagner* Rn. 49).

## I. Medizinische Intervention ohne Einwilligungserklärung, Abs. 1 Satz 4

50 Gem. Abs. 1 Satz 4 darf eine unaufschiebbare medizinische Maßnahme ohne Einwilligung des Patienten durchgeführt werden, wenn die entsprechende Einwilligung nicht rechtzeitig eingeholt werden kann und dem mutmaßlichen Willen des Patienten entsprochen wird. Weitere Voraussetzung ist, dass zwischen dem Behandelnden und dem Patienten ein Behandlungsvertrag i.S.d. § 630a besteht, da anderenfalls die Regelungen über die Geschäftsführung ohne Auftrag anzuwenden sind. In Betracht kommen insbesondere Fälle, in denen der Patient im Rahmen der Behandlung das Bewusstsein verliert, während der Sedierung unerwartete Komplikationen auftreten oder eine nicht vorhersehbare intraoperative Eingriffserweiterung geboten erscheint. Auch ein wirksamer Vertragsschluss mit einem Minderjährigen qua § 36 Abs. 1 SGB I unter nachfolgend erkannter Unaufschiebbarkeit ärztlicher Intervention gehört hierher.

51 Eine unaufschiebbare Maßnahme liegt nur vor, wenn ein Aufschub der Behandlung eine Gefahr für das Leben oder die Gesundheit des Patienten begründen würde und deshalb eine ordnungsgemäße Einwilligung des Patienten oder seines gesetzlichen Vertreters nicht rechtzeitig eingeholt werden kann (BT-Drs. 17/10488 S. 24).

52 Ist ein Aufschub der Behandlung möglich, muss der Zeitpunkt abgewartet werden, zu dem der Patient oder sein gesetzlicher Vertreter die Einwilligung erteilen kann. Ist davon auszugehen, dass der Patient die Einwilligungsfähigkeit auf absehbare Zeit nicht wiedererlangen wird und hat er keinen gesetzlichen Vertreter, so ist die Bestellung eines vorläufigen Betreuers nach § 300 FamFG anzuregen (MüKo/*Wagner* Rn. 52).

53 Sofern eine unaufschiebbare Maßnahme gegeben ist, muss die Vornahme derselben dem mutmaßlichen Willen des Patienten entsprechen. Dieser ist vorrangig anhand persönlicher Umstände, individueller Interessen, Wünsche, Bedürfnisse und Wertvorstellungen des Patienten zu ermitteln

(BT-Drs. 17/10488 S. 24; verweist auf: BGH NJW 1977, 337, 338; VersR 2000, 603, 605). Dabei bedarf es aktueller Erklärungen und Informationen und einer reflektierten Auseinandersetzung mit diesen (OLG München GesR 2006, 524). Nachrangig, insbesondere in Fällen, in denen der Behandelnde nicht über belastbare Informationen über den Patienten verfügt, kann auf objektive Kriterien zurückgegriffen werden (BT-Drs. 17/10488 S. 23; BGH VersR 2000, 603, 605).

Bei zu erwartenden Komplikationen oder intraoperativen Eingriffserweiterungen kann sich der Behandelnde grundsätzlich nicht auf die Ausnahmeregelung des Abs. 1 Satz 4 berufen (dazu siehe Rdn. 11). 54

## J. Darlegungs- und Beweislast

Die Beweislast für die Durchführung der ordnungsgemäßen Aufklärung gem. § 630e und das Vorliegen der darauf beruhenden Einwilligung gem. § 630d trifft nach § 630h Abs. 2 Satz 1 den Behandelnden. 55

Die Beweislast für den Eintritt eines Körper- und/oder Gesundheitsschadens sowie des Pflichtwidrigkeitszusammenhangs trifft nach den allgemeinen Grundsätzen den Patienten. 56

Da es sich bei der Einwilligungsunfähigkeit um eine rechtshindernde Einwendung handelt, hat derjenige sie zu beweisen, der sich auf sie beruft (BT-Drs. 17/10488 S. 23). Allerdings ist es bei nachweislich erkannter Minderjährigkeit an der Behandlungsseite, substantiiert darzulegen und zu beweisen, dass alle situationsbezogen zu erwartenden Abwägungselemente aufgenommen und zu einer positiven Entscheidung hinsichtlich der Einwilligungsfähigkeit geführt haben. 57

Das Vorliegen des Einwilligungswiderrufs gem. § 630d Abs. 3 hat derjenige zu beweisen, der sich auf ihn beruft. 58

## § 630e Aufklärungspflichten

(1) Der Behandelnde ist verpflichtet, den Patienten über sämtliche für die Einwilligung wesentlichen Umstände aufzuklären. Dazu gehören insbesondere Art, Umfang, Durchführung, zu erwartende Folgen und Risiken der Maßnahme sowie ihre Notwendigkeit, Dringlichkeit, Eignung und Erfolgsaussichten im Hinblick auf die Diagnose oder die Therapie. Bei der Aufklärung ist auch auf Alternativen zur Maßnahme hinzuweisen, wenn mehrere medizinisch gleichermaßen indizierte und übliche Methoden zu wesentlich unterschiedlichen Belastungen, Risiken oder Heilungschancen führen können.

(2) Die Aufklärung muss
1. mündlich durch den Behandelnden oder durch eine Person erfolgen, die über die zur Durchführung der Maßnahme notwendige Ausbildung verfügt; ergänzend kann auch auf Unterlagen Bezug genommen werden, die der Patient in Textform erhält,
2. so rechtzeitig erfolgen, dass der Patient seine Entscheidung über die Einwilligung wohlüberlegt treffen kann,
3. für den Patienten verständlich sein.

Dem Patienten sind Abschriften von Unterlagen, die er im Zusammenhang mit der Aufklärung oder Einwilligung unterzeichnet hat, auszuhändigen.

(3) Der Aufklärung des Patienten bedarf es nicht, soweit diese ausnahmsweise aufgrund besonderer Umstände entbehrlich ist, insbesondere wenn die Maßnahme unaufschiebbar ist oder der Patient auf die Aufklärung ausdrücklich verzichtet hat.

(4) Ist nach § 630d Absatz 1 Satz 2 die Einwilligung eines hierzu Berechtigten einzuholen, ist dieser nach Maßgabe der Absätze 1 bis 3 aufzuklären.

(5) Im Fall des § 630d Absatz 1 Satz 2 sind die wesentlichen Umstände nach Absatz 1 auch dem Patienten entsprechend seinem Verständnis zu erläutern, soweit dieser aufgrund seines

§ 630e BGB   Aufklärungspflichten

Entwicklungsstandes und seiner Verständnismöglichkeiten in der Lage ist, die Erläuterung aufzunehmen, und soweit dies seinem Wohl nicht zuwiderläuft. Absatz 3 gilt entsprechend.

Übersicht

| | | Rdn. | | | Rdn. |
|---|---|---|---|---|---|
| A. | Allgemeines | 1 | IV. | Verständlichkeit der Aufklärung, Abs. 2 Satz 1 Nr. 3 | 47 |
| B. | Gegenstand und Umfang, Abs. 1 | 5 | D. | Entbehrlichkeit, Abs. 3 | 51 |
| I. | Zentrale Inhalte, Abs. 1 Satz 1, 2 | 5 | I. | Unaufschiebbarkeit der Behandlung | 52 |
| II. | Alternativen, Abs. 1 Satz 3 | 21 | II. | Verzicht des Patienten | 53 |
| C. | Durchführung, Abs. 2 | 28 | III. | Sonstige besondere Umstände | 55a |
| I. | Form der Aufklärung, Person des Aufklärenden, Abs. 2 Satz 1 Nr. 1 | 28 | E. | Informationspflicht gegenüber einwilligungsunfähigen Personen, Abs. 5 | 58 |
| II. | Adressat der Aufklärung, Abs. 4 | 36 | F. | Rechtsfolgen im Falle fehlerhafter Aufklärung | 62 |
| III. | Zeitpunkt der Aufklärung, Abs. 2 Satz 1 Nr. 2 | 38 | G. | Beweislast | 71 |

## A. Allgemeines

1 § 630e kodifiziert die vor Inkrafttreten des Patientenrechtegesetzes ergangene Rechtsprechung zur Selbstbestimmungsaufklärung (BT-Drs. 17/10488 S. 24 verweisend auf BGH VersR 1959, 153), sodass die anerkannten Grundsätze anwendbar bleiben (BT-Drs. 17/10488 S. 24).

2 Gem. § 630d Abs. 1 bedarf jede medizinische Behandlung der vorherigen Einwilligung, um rechtmäßig zu sein. Die Einwilligung ist jedoch nur dann wirksam, wenn der Patient vor ihrer Erteilung aufgeklärt wurde, d.h. ihm Sinn und Zweck sowie Risiken und Chancen der medizinischen Behandlung verdeutlicht worden sind. Dem Patienten soll dabei kein medizinisches Detailwissen, sondern eine hinreichende Vorstellung über die Schwere und Tragweite der Behandlung vermittelt werden, sodass er auf dieser Grundlage eine informierte Entscheidung darüber treffen kann, ob er sie vornehmen lassen will (BT-Drs. 17/10488 S. 24). Zur von § 630e geforderten Aufklärung gehört es nach Abs. 1 Satz 3 auch, den Patienten über alternative Behandlungsmethoden zu informieren (siehe hierzu Rdn. 21 f.).

3 Die Selbstbestimmungsaufklärung ist von der therapeutischen Aufklärung (therapeutische Information/Sicherheitsaufklärung, § 630c Abs. 2 Satz 1) abzugrenzen (zur Differenzierung auch § 630c Rn. 7 ff.). Die Selbstbestimmungsaufklärung soll den Patienten befähigen, eigenverantwortlich und informiert zu entscheiden, ob er die Behandlung vornehmen lassen möchte. Durch die therapeutische Aufklärung soll dem Patienten vermittelt werden, welche Maßnahmen für das Gelingen der Behandlung getroffen und welche zur Vermeidung von Risiken unterlassen werden sollen. Der Patient soll also darüber informiert werden, wie er sich zu verhalten hat, um den therapeutischen Erfolg zu sichern. Für die Wirksamkeit der Einwilligung ist nur die Selbstbestimmungsaufklärung relevant. Verstöße gegen die Pflicht zur Sicherungsaufklärung begründen demgegenüber Behandlungsfehlervorwürfe.

4 Die Pflicht zur Selbstbestimmungsaufklärung stellt eine Hauptleistungspflicht des Behandelnden dar (BT-Drs. 17/10488 S. 24; BGH NJW 1984, 1807, 1808 f.; *Deutsch* NJW 1984, 1802, 1803; Erman/*Rehborn*/*Gescher* Rn. 2; NK-BGB/*Voigt* Rn. 1). Das parallelisierte Berufsrecht statuiert eine der zivilrechtlichen Verpflichtung aus § 630e entsprechende Verpflichtung (näher hierzu *J. Prütting*, in: Ratzel/Lippert/Prütting, MBOÄ, § 8 Rn. 1 ff.).

## B. Gegenstand und Umfang, Abs. 1

### I. Zentrale Inhalte, Abs. 1 Satz 1, 2

5 Gem. Abs. 1 Satz 1 ist der Patient über sämtliche für die Einwilligung wesentlichen Umstände aufzuklären. Eine exemplarische Aufzählung der Umstände, die im Regelfall als wesentlich und damit aufklärungspflichtig anzusehen sind, enthält Abs. 1 Satz 2 (BT-Drs. 17/10488 S. 24). Zu diesen

zählen insbesondere Art, Umfang, Durchführung, zu erwartende Folgen und Risiken der Maßnahme sowie ihre Notwendigkeit, Dringlichkeit, Eignung und Erfolgsaussichten im Hinblick auf die Diagnose oder Therapie.

Dem Patienten soll dabei kein medizinisches Detailwissen vermittelt (BT-Drs. 17/10488 S. 24), 6 sondern eine Aufklärung »im Großen und Ganzen« gewährt werden (BGH NJW 1959, 811, 813; 1959, 814, 815; 1988, 763, 764; 1989, 1533; 2000, 1784, 1787; 2006, 2108; 2011, 375; 2019, 1283, 1284). Dafür ist erforderlich, dass nicht nur über die beabsichtigte Behandlung, sondern auch über die Folgen des Abwartens, Nichtstuns und alternativer Behandlungsmethoden (Abs. 1 Satz 3) aufgeklärt wird (OLG Brandenburg, Urt. v. 27.03.2008 – 12 U 239/06; MüKo/*Wagner* Rn. 7).

Typischerweise wurde zumindest vor dem Inkrafttreten des Patientenrechtegesetzes zwischen der 7 Diagnose-, Verlaufs- und Risikoaufklärung unterschieden. Den medizinischen und juristischen Schwerpunkt bildet die Risikoaufklärung. Durch diese sollen dem Patienten Risiken und Chancen der medizinischen Behandlung verdeutlicht werden, sodass er nach Abwägung des Für und Wider eigenverantwortlich und informiert entscheiden kann, ob er die Behandlung vornehmen lassen möchte.

Die Risikoaufklärung hat sich nicht maßgeblich an der statistischen Risikowahrscheinlichkeit 8 (BGH GesR 2015, 20; VersR 2011, 223 f.), sondern daran zu orientieren, ob das Risiko der beabsichtigten Behandlung spezifisch anhaftet und die Lebensführung des Patienten bei seiner Verwirklichung (besonders) belasten würde (BGH NJW 1984, 1395, 1396; 1397, 1398; 1994, 3012, 3012 f.; 2000, 1784, 1785; OLG Karlsruhe GesR 2014, 494 f.; OLG Hamm MedR 2014, 309, 311). Dabei sollen die schwerwiegendsten Risiken, also diejenigen, die im Falle ihrer Verwirklichung eine dauerhafte Auswirkung auf die Lebensführung des Patienten haben können, in den Vordergrund gestellt werden (OLG Koblenz VersR 2013, 1446, 1447).

Als Faustformel bei der Bestimmung der aufklärungspflichtigen Risiken kann gelten, dass die 9 Schwere des drohenden Schadens umso größer sein muss, je seltener das Risiko der Verwirklichung ist (BGH NJW 2007, 2771, 2772; BGH NJW-RR 2010, 833, 834; MüKo/*Wagner* Rn. 8).

Auch über seltene Risiken, deren Eintritt die Lebensführung des Patienten erheblich beeinträchti- 10 gen könnte, ist aufzuklären. Die Aufklärungspflicht des Behandelnden muss jedoch auch im Fall eines drohenden schwerwiegenden Schadens Grenzen finden. Es liefe dem Zweck der Aufklärung zuwider, den Patienten im Großen und Ganzen zu informieren, wenn auch über Risiken mit extrem geringer Eintrittswahrscheinlichkeit ausführlich und nicht nur anhand von Beispielen belehrt werden müsste. Wird der Patient mit immer mehr und immer komplexeren Informationen überflutet, wird es ihm zunehmend schwerer fallen, das Für und Wider des Eingriffs gegeneinander abzuwägen und zu einer Entscheidung zu kommen (BeckOK/*Katzenmeier* Rn. 17). Eine Aufklärung über Risiken, deren Eintrittswahrscheinlichkeit bei 1:15,5 Millionen liegt, kann entgegen der Rechtsprechung zur Sicherheitsaufklärung (BGH NJW 1994, 3012 f.) bei der Selbstbestimmungsaufklärung nicht gefordert werden (MüKo/*Wagner* Rn. 13; *v. Mühlendahl* NJW 1995, 3043). Schon deutlich unterhalb dieser Grenze wird man eine Aufklärungspflicht verneinen müssen. Risiken, deren Eintrittswahrscheinlichkeit unter 1:1 Million liegt, sollten nicht von der Aufklärungspflicht umfasst sein (*Borgmann* fordert eine Eintrittswahrscheinlichkeit im Promillebereich, NJW 2010, 3190, 3191; *Katzenmeier* bezweifelt, dass bei einer Eintrittswahrscheinlichkeit von weniger als 1:400.000 eine Eingriffsspezifität überhaupt noch angenommen werden könne BeckOK/*Katzenmeier* Rn. 16). Ist die Eintrittswahrscheinlichkeit aufgrund einer Veranlagung bei dem spezifischen Patienten höher als im Normalfall, so muss der Patient darüber aufgeklärt werden.

Damit der Patient informiert entscheiden kann, muss er auch über die Heilungschancen der Be- 11 handlung aufgeklärt werden, da ihm eine selbstbestimmte Abwägung anderenfalls nicht möglich ist (BGH NJW 1989, 1533; 1995, 2410, 2411; MüKo/*Wagner* Rn. 14).

12 Die Anforderungen an Umfang und Genauigkeit der Aufklärung sind umgekehrt proportional zur Dringlichkeit des Eingriffs und dessen Heilungschancen. Je dringender der Eingriff ist und umso höher die Heilungschancen sind, umso geringer sind die Anforderungen an den Umfang und die Genauigkeit der Aufklärung (BGH NJW 1980, 1905, 1907; 1980, 2751, 2753; 1991, 2349; 2009, 1209, 1210; BeckOK/*Katzenmeier* Rn. 21; Erman/*Rehborn/Gescher* Rn. 9). Zu beachten ist jedoch, dass daraus auch bei dringenden Eingriffen mit hohen Heilungschancen keine Entbindung von der Aufklärungspflicht des Arztes hergeleitet werden kann (BGH NJW 1984, 1397, 1398 f.). Dies wäre nur dann der Fall, wenn die Aufklärung gem. Abs. 3 als entbehrlich einzustufen wäre (siehe dazu Rdn. 51 ff.). Der Arzt ist daher angehalten, die Aufklärung in dringenden Fällen so schnell wie möglich und so umfangreich wie nötig vorzunehmen, sodass der Patient noch die Möglichkeit erhält, eine informierte Entscheidung treffen und so an der Wahl der Behandlung mitwirken zu können (*Giesen*, Arzthaftungsrecht, Rn. 271, 279).

13 Neben den Risiken und Heilungschancen ist auch auf die Folgen der Behandlung einzugehen (BGH NJW 1984, 1395, 1396; 2006, 2108, 2109). Diese umfassen bei einer (Geburts-)Aufklärung einer Schwangeren auch die Folgen für das Kind (OLG Naumburg GesR 2015, 99).

14 Eine schematische allumfassende Bestimmung der aufklärungspflichtigen Umstände ist nicht möglich. Es sind vielmehr stets die Umstände des jeweiligen Falles und die Person des Patienten in die Bestimmung mit einzubeziehen. Die zentralen Parameter ergeben sich jedoch aus dem, was nach medizinischem Standard vom Arzt in der konkreten Situation zu erwarten ist.

15 Die Aufklärung muss unabhängig von der Schwere des Eingriffs möglichst objektiv, also weder beschönigend noch verharmlosend erfolgen (BGH NJW 2011, 375). Erforderlich ist eine klare, den konkreten Fall vollständig erfassende Risikobeschreibung (OLG Köln VersR 2009, 261, 262). An einer solchen kann es wegen unzulässiger Verharmlosung fehlen, wenn der Arzt bezüglich einer seltenen, aber im Falle ihrer Verwirklichung mit erheblichen Beeinträchtigungen des Patienten verbundenen Komplikation erklärt, dass diese bei ihm noch nie vorgekommen sei (OLG Koblenz MDR 2010, 443). Ärztliche Angaben zur Eintrittswahrscheinlichkeit müssen sich jedoch grundsätzlich nicht an den in Beipackzetteln für Medikamente verwendeten Häufigkeitsdefinitionen des Medical Dictionary for Regulatory Activities orientieren (BGH NJW 2019, 1283, 1284).

16 Sofern die Behandlung mit zu erwartenden Komplikationen einhergeht, die bei ihrem tatsächlichen Eintreten eine Alternativbehandlung erforderlich machen oder eine intraoperative Eingriffserweiterung abzusehen ist (BGH VersR 1985, 1187, 1188; BGH NJW 1993, 2372, 2373 f.; BGH MedR 2015, 721, 721 f. m. Anm. *Spickhoff*), muss auch über diese bereits aufgeklärt werden (siehe dazu § 630d Rdn. 11).

17 Sofern es im Fortgang der Behandlungen zu eingriffsspezifischen Veränderungen kommt, ist eine ergänzende oder erneute Aufklärung des Patienten erforderlich (BGH VersR 2015, 579, 581).

18 Erhöhte Anforderungen sind an die Aufklärung über diagnostische Behandlungen ohne therapeutischen Eigenwert (BGH NJW 1979, 1933, 1934; 2009, 1209, 1210) und medizinisch nicht indizierte Maßnahmen zu stellen. Zu den medizinisch nicht indizierten Maßnahmen zählen insbesondere kosmetische Eingriffe (BGH NJW 1991, 2349; OLG Düsseldorf OLGR 1993, 320; OLG Oldenburg VersR 2001, 1381 Rn. 25), fremdnützige Eingriffe (BGH NJW 2006, 2108, 2108 f.; OLG Düsseldorf VersR 2016, 1567, 1568 f. Rn. 28), Impfungen (BGH NJW 2000, 1784, 1785 f; kritisch dazu *Deutsch* JZ 2000, 898, 902; *Terbille* MDR 2000, 1012) und Arzneimittel und Medizinproduktetests (Erman/*Rehborn/Gescher* Rn. 9). Bei kosmetischen Eingriffen wird eine umfassende, deutliche und schonungslose Aufklärung gefordert, da den Risiken in der Regel kein eigener oder fremder medizinischer Nutzen gegenübersteht (BT-Drs. 17/10488 S. 25; BGH NJW 1991, 2349; OLG Frankfurt a.M. MedR 2006, 294, 295).

19 Nicht aufgeklärt werden muss hingegen über allgemeine Operationsrisiken, die jeder Operation anhaften, da davon ausgegangen werden kann, dass diese allgemein bekannt sind (BGH NJW 1980, 633, 635; 1992, 743; 1996, 788; 1986, 780; OLG Oldenburg VersR 1998, 796, 770). Wenn für

den Behandelnden jedoch ersichtlich ist, dass der Patient davon ausgeht, dass der Operation keinerlei Risiken anhaften (BGH NJW 1986, 780) oder er die als allgemein bekannt geltenden Umstände aufgrund seines Intellektes nicht kennt, muss er auch über diese aufgeklärt werden (OLG Karlsruhe MedR 1985, 79). Auch über den Ausstattungsstand der Praxis/Klinik muss nicht aufgeklärt werden, sofern für den Behandelnden nicht erkennbar ist, dass die Risiken der Behandlung erheblich verringert werden könnten, wenn der Patient eine andere Versorgungsstätte aufsuchen würde (BGH NJW 1988, 763; 1988, 2302). Ebenso wenig aufklärungspflichtig ist der Umstand, dass an der Behandlung ein Berufsanfänger beteiligt werden soll (BGH NJW 1984, 655). Etwas anderes soll nur dann gelten, wenn die Behandlung dem Berufsanfänger eigenständig übertragen wird oder dieser selbst an seiner für die Behandlung erforderlichen Eignung zweifelt (BGH NJW 1984, 655, 657). Umfasst sind von der Aufklärungspflicht darüber hinaus nur diejenigen Risiken, die dem Arzt im Zeitpunkt der Aufklärung bekannt sind oder bekannt sein müssen. Risiken, die zwar in anderen Fachdisziplinen, nicht aber in der Fachdisziplin des Behandelnden diskutiert werden, sind daher nicht aufklärungspflichtig (BGH NJW 1990, 1528; 2010, 3230, 3231; 2011, 375).

Fragen des Patienten hat der Behandelnde stets wahrheitsgemäß zu beantworten, auch wenn sie 20 über den von Abs. 1 Satz 1, 2 gesteckten Umfang der Aufklärungspflicht hinausgehen (BGH NJW 1982, 2121, 2122; 1988, 763, 765).

## II. Alternativen, Abs. 1 Satz 3

Kommen mehrere Behandlungsmethoden in Betracht, die medizinisch gleichermaßen indiziert 21 und üblich sind, obliegt die Wahl der anzuwendenden Behandlungsmethode grundsätzlich dem Behandelnden (sog. Therapie(wahl)freiheit des Arztes). Sind die alternativen Behandlungsmethoden mit unterschiedlichen Belastungen, Risiken und Heilungschancen verbunden, so muss der Behandelnde gem. Abs. 1 Satz 3 auch über diese aufklären, da anderenfalls keine selbstbestimmte Entscheidung getroffen werden kann (BT-Drs. 17/10488 S. 24 m.V.a. BGH NJW 2005, 1718; 1989, 1533, 1534).

Die Aufklärung ist insbesondere dann erforderlich, wenn die alternative Behandlung bei gleichen 22 Heilungschancen mit geringeren Risiken oder bei gleichen Risiken mit höheren Heilungschancen verbunden ist (BGH NJW 2000, 1788 (konservative oder operative Behandlung nach Bandscheibenvorfall); BGH NJW 1989, 1538, 1539 ff.; 1992, 741; 1993, 1524, 1525; 2004, 3703 (Aufklärung über alternative Entbindungsmethoden (Risikoschwangerschaft)); OLG Köln VersR 2006, 124, 125 (unklarer Hirntumor)).

Die Aufklärungspflicht des Abs. 1 Satz 3 besteht auch hinsichtlich alternativer Behandlungen, die 23 der Behandelnde nicht selbst durchführen kann. Er hat den Patienten gegebenenfalls an eine besser ausgestattete Praxis/Klinik (BGH NJW 1989, 2321, 2322) oder an einen Spezialisten (BGH NJW 1988, 763, 764) zu überweisen.

Auch der Wunsch des Patienten nach einer bestimmten Behandlung lässt die Aufklärungspflicht des 24 Abs. 1 Satz 3 grundsätzlich nicht entfallen, da eine informierte und selbstbestimmte Entscheidung die Aufklärung durch den Behandelnden voraussetzt (LG Köln VersR 2012, 239, 240; MüKo/*Wagner* Rn. 23). Mithin kann der vorab geäußerte Wunsch nicht unter vollständiger Berücksichtigung aller einbeziehungsfähigen Varianten geäußert worden sein. Nur unter den engen Voraussetzungen des Abs. 3 kann ein Verzicht erwogen werden.

Die Aufklärung muss grundsätzlich neutral erfolgen. Sofern der Patient über alternative Behand- 25 lungsformen informiert wurde, darf der Behandelnde eine konkrete Empfehlung aussprechen (OLG Koblenz NJW-RR 2012, 1302), er darf den Patienten jedoch nicht in eine bestimmte Richtung drängen (LG Nürnberg VersR 2009, 71, 73).

Die Aufklärungspflicht entfällt demgegenüber grundsätzlich dann, wenn die alternative Behand- 26 lung im konkreten Fall nicht in Betracht kommt (BGH NJW 1992, 2353) oder wenn sie (noch) nicht dem anerkannten medizinischen Standard entspricht (BT-Drs. 17/10488 S. 24; BGH VersR 1988, 495).

27 Will der Behandelnde eine vom ärztlichen Standard abweichende (sog. Außenseitermethode) oder (noch) nicht dem anerkannten medizinischen Standard entsprechende Behandlungsmethode (sog. Neulandbehandlung als individuellen Heilversuch) anwenden, weil er diese im konkreten Fall für geeignet hält, muss er den Patienten darüber aufklären, dass es sich um eine (noch) nicht dem anerkannten medizinischen Standard entsprechende Methode handelt, deren Wirksamkeit wissenschaftlich (noch) nicht nachgewiesen ist sowie darüber, dass die mit diesem Vorgehen einhergehenden Risiken (noch) nicht (abschließend) abgeschätzt werden können (BGH NJW 2006, 2477, 2478 f.; 2007, 2774, 2775; 2020, 1358 Rn. 19). Dem Patienten muss insbesondere in dieser Situation eine ausreichende Informationsgrundlage vermittelt werden, aufgrund derer er sich frei und selbstbestimmt zwischen der herkömmlichen und der (noch) nicht anerkannten Behandlungsmethode entscheiden kann (BGH NJW 2006, 2477, 2478 f.; 2007, 2774, 2775). Gleiches gilt für die Anwendung noch nicht zugelassener Medikamente (BGH NJW 2007, 2767, 2770; OLG Hamm MedR 2017, 812, 813), die Anwendung nicht für diesen Bereich zugelassener Medikamente (sog. Off-Label-Use; AG Essen MedR 2009, 540) und für den Fall einer mit dem Patienten vereinbarten Standardunterschreitung (BGH NJW 1971, 241, 242). Da die Abgrenzung dessen, was gerade schon oder noch nicht zu den anerkannten Behandlungsmethoden gehört, mitunter schwierig ist, empfiehlt sich in diesem Zusammenhang eine eher extensive Aufklärungspraxis (*Walter*, Das neue Patientenrechtegesetz, Rn. 181).

## C. Durchführung, Abs. 2

### I. Form der Aufklärung, Person des Aufklärenden, Abs. 2 Satz 1 Nr. 1

28 Die Aufklärung hat gem. Abs. 2 Satz 1 Nr. 1 mündlich zu erfolgen. Die von der bisherigen Rechtsprechung für routinemäßige Behandlungen anerkannte Vorgehensweise, den Patienten schriftlich aufzuklären und ihm eine anschließende Nachfragemöglichkeit zu gewähren (BGH NJW 2000, 1784; OLG Koblenz NJW-RR 2015, 795), kann daher – jedenfalls in dieser Pauschalität – keine Anwendung mehr finden (Spickhoff/*Spickhoff* Rn. 3a; partiell für eine teleologische Reduktion MüKo/*Wagner* Rn. 53).

29 In einfachen Fällen kann der Behandelnde den Patienten grundsätzlich auch in einem telefonischen Gespräch aufklären, sofern der Patient damit einverstanden ist (BT-Drs. 17/10488 S. 24 Bezug nehmend auf BGH NJW 2010, 2430). Bei der Annahme eines einfachen Falles ist jedoch Zurückhaltung geboten. Die Ansicht des BGH, dass die anästhesiologische Aufklärung hinsichtlich der Durchführung einer Vollnarkose bei einem wenige Wochen alten Kind als einfacher Fall einzustufen sei (BGH MedR 2010, 857) erscheint insoweit zweifelhaft (Anmerkung *Finn* MedR 2010, 860; *Spickhoff* NJW 2011, 1651, 1654). Die entsprechende Entscheidung stellt zudem eine Einzelfallentscheidung dar, deren Bedeutung für die Aufklärungspraxis nicht überbetont werden sollte (den Einzelfallcharakter ebenfalls hervorhebend BeckOK/*Katzenmeier* Rn. 32; *v. Pentz* MedR 2011, 222, 226).

30 Auf Unterlagen, insbesondere auf die in der Praxis häufig verwendeten Aufklärungsbögen, kann ergänzend Bezug genommen werden. Diese sind dem Patienten vorzulegen (zur AGB-Kontrolle bei ärztlichen Aufkärungsbögen J. Prütting/Friedrich GesR 2019, 749).

31 Sofern ergänzend auf Unterlagen Bezug genommen wurde und der Patient sie unterschrieben hat, sind sie ihm gem. Abs. 2 Satz 2 unaufgefordert als Abschrift auszuhändigen (BT-Drs. 17/10488 S. 25). Wichtig ist dabei, dass die Abschrift alle ergänzten Informationen enthält. Eine Abschrift des unausgefüllten Vordrucks genügt nicht. Auf die Unterschrift des Patienten kommt es nicht an. Nach dem Wortlaut nicht auszuhändigen sind Informationsmaterialien, die nicht unterschrieben wurden, z.B. Schaubilder (Erman/*Rehborn*/*Gescher* Rn. 36; *Rehborn* GesR 2013, 257, 265). Sofern wegen eingriffsspezifischer Veränderung eine ergänzende oder erneute Aufklärung erfolgt, und diese auf den Unterlagen vermerkt wird, ist dem Patienten erneut eine Abschrift auszuhändigen.

Diese durch das PatRG neu eingefügte Regelung soll Rechtssicherheit dahingehend schaffen, dass auf dem Aufklärungsbogen keine nachträglichen Änderungen vorgenommen worden sind (*Ramm* GesR 2012, 463, 466).

Gem. Abs. 2 Satz 1 Nr. 1 muss die Aufklärung entweder durch den Behandelnden selbst oder durch eine Person, die über die notwendige Ausbildung zur Durchführung der Behandlung verfügt, vorgenommen werden (zur Delegation der Leistungserbringung allgemein § 630b Rdn. 6 ff.). Die Regelung entspricht der bisherigen Rechtsprechung, nach der die Aufklärung ureigenste Aufgabe des Behandelnden ist, weshalb grundsätzlich ihn persönlich die Aufklärungspflicht trifft (BGH NJW 1974, 604; 1984, 1807, 1808). Sind mehrere Behandelnde an der Behandlung beteiligt, trifft grundsätzlich jeden die Pflicht zur Aufklärung über den von ihm vorgenommen Teil der Behandlung (OLG Hamm VersR 1994, 815). 32

Überträgt der Behandelnde die Aufklärung einer anderen Person, so muss er geeignete Maßnahmen ergreifen, um die ordnungsgemäße Aufklärung sicherzustellen und zu kontrollieren. Dabei sind hohe Anforderungen an ihn zu stellen (BGH NJW-RR 2007, 310; BeckOK/*Katzenmeier* Rn. 37). 33

Die Eignung der Person, der die Aufklärung übertragen wird, bestimmt sich nicht vordergründig durch ihre formale, sondern vielmehr ihre tatsächliche Eignung (Spickhoff/*Spickhoff* Rn. 4). Es kommt hierbei nur auf das Vorliegen der theoretischen Kenntnisse, die für die Durchführung der Behandlung erforderlich sind, und nicht auf die praktische Erfahrung an, die für die selbstständige Durchführung der Behandlung erforderlich wäre (BT-Drs. 17/10488 S. 24; OLG Koblenz VersR 2013, 462; BeckOK/*Katzenmeier* Rn. 38). Als entsprechende Befähigung genügt grundsätzlich das Vorliegen der Approbation (Erman/*Rehborn*/*Gescher* Rn. 20; BeckOK/*Katzenmeier* Rn. 38). Dies kann aber nur solange gelten, wie die Aufklärung keine fachgebietsspezifischen Kenntnisse voraussetzt. Sofern fachgebietsspezifische Kenntnisse erforderlich sind, genügt es, wenn der aufklärende Arzt über die Facharztausbildung verfügt, auch wenn er die entsprechenden Prüfungen noch nicht abgelegt hat und somit noch nicht als Facharzt anerkannt ist (Spickhoff/*Spickhoff* Rn. 4). 34

Beachtet werde muss darüber hinaus, dass bei ärztlichen Behandlungen auch bezüglich der Aufklärung der Arztvorbehalt greift (NK-BGB/*Voigt* Rn. 8). Eine Übertragung der Aufklärung auf kompetentes Pflegepersonal ist nicht möglich (BGH NJW 1974, 604, 605; VersR 1988, 1142, 1143; OLG Jena NJW-RR 2006, 135 m.w.N; Wortlaut des § 630e Abs. 2 Satz 1 Nr. 1; *Bender* VersR 2013, 962, 964; *Walter*, Das neue Patientenrechtegesetz, 2013 Rn. 184; kritisch gegenüber der gesetzgeberischen Anordnung Wagner, der meint, bei Routineeingriffen müsse eine Übertragung möglich sein, wenn bei weitergehenden Fragen der Behandelnde hinzugezogen werden könne, MüKo/*Wagner* Rn. 43; ders. VersR 2012, 789, 793). 35

## II. Adressat der Aufklärung, Abs. 4

Aufzuklären ist die zu behandelnde Person. Ist diese gem. Abs. 4 einwilligungsunfähig, ist die zur Vornahme der Einwilligung berechtigte Person aufzuklären, sofern nicht eine die Behandlung bereits abdeckende, wirksame Patientenverfügung des zu Behandelnden gem. § 1901a vorliegt. 36

Bei einwilligungsunfähigen Minderjährigen müssen grundsätzlich beide sorgeberechtigten Eltern gemeinschaftlich einwilligen. Sofern der Behandler annehmen darf, dass der eine Elternteil den anderen informiert, reicht hinsichtlich der Aufklärung aber regelmäßig die Aufklärung nur eines Elternteils (Spickhoff/*Spickhoff* Rn. 13). Davon kann jedoch dann nicht mehr ausgegangen werden, wenn es sich um schwerwiegende und komplexe Eingriffe handelt. Bei einwilligungsunfähigen Volljährigen ist der Vorsorgebevollmächtigte gem. § 1896 Abs. 2 Satz 2 oder der Betreuer gem. § 1896 Abs. 1 aufzuklären. 37

## III. Zeitpunkt der Aufklärung, Abs. 2 Satz 1 Nr. 2

Die Aufklärung hat gem. Abs. 2 Satz 2 Nr. 2 so rechtzeitig zu erfolgen, dass der Patient seine Entscheidung für oder gegen die Behandlung wohlüberlegt treffen kann. Wann davon auszugehen ist, 38 lässt sich nicht durch pauschale Fristen bestimmen. Es sind vielmehr die Umstände des jeweiligen Falles einzubeziehen (BT-Drs. 17/10488 S. 25; BGH NJW 1992, 2351).

39 Bei operativen Eingriffen soll regelmäßig eine Aufklärung am Vortag der Operation rechtzeitig sein (BT-Drs. 17/10488 S. 25; BGH NJW 1985, 1399, 1400; 1992, 2351, 2352; 1998, 2734; 2003, 2012, 2013). Dies gilt jedoch nicht bei schwerwiegenden und mit erheblichen Risiken verbundenen Operationen (BGH NJW 1998, 2734; 2003, 2012, 2013; 2007, 217, 218; OLG Köln VersR 2012, 863), wenn der Patient nicht bereits im Vorfeld über den Eingriff und die mit diesem verbundenen wesentlichen Risiken informiert wurde (BGH NJW 2007, 217, 218; OLG Oldenburg NJW-RR 1993, 1439; OLG Köln VersR 2012, 863). Dabei muss beachtet werden, dass der Patient zur Wahrung seines Selbstbestimmungsrechts grundsätzlich bereits bei der Vereinbarung des Operationstermins über die mit der Operation einhergehenden Risiken aufgeklärt werden muss (BGH NJW 2003, 2012). Insofern sollte der Patient bei geplanten Operationen zumindest theoretisch im Vorfeld informiert worden sein.

40 Bei dringenden Eingriffen kann eine Aufklärung auch am Tag des Eingriffs noch als rechtzeitig anzusehen sein. Jedoch muss dabei stets gewährleistet bleiben, dass der Patient seine Entscheidung überlegt treffen kann. Davon wird bei einer Aufklärung erst 30 Minuten vor Beginn des Eingriffes regelmäßig nicht mehr auszugehen sein. Auch bei dringend veranlassten Eingriffen verkürzt die im Krankenhaus praktizierte Übung, den Patienten unmittelbar im Anschluss an die Aufklärung zur Unterschrift unter die vorgedruckte Einwilligungserklärung zu bewegen, regelmäßig die Entscheidungsfreiheit des Patienten in unzulässiger Weise (OLG Köln, Urt. v. 16.01.2019 – 5 U 29/17 Rn. 17). Unter Umständen kann eine Aufklärung in dringenden Fällen jedoch nach Abs. 3 entbehrlich sein (siehe dazu Rdn. 51 ff.).

41 Auch bei einfachen Eingriffen mit geringen Risiken soll eine Aufklärung am Tag des Eingriffs möglich sein, wenn dem Patienten durch diese eine freie und selbstbestimmte Entscheidung ermöglicht wird (BGH NJW 1995, 2410, 2411; 2000, 1784, 1787 f.; 2003, 2012, 2013; OLG Dresden NJW-RR 2020, 797; BeckOK/*Katzenmeier* Rn. 42). Schwierig ist dabei jedoch die Abgrenzung zwischen einfachen und gerade nicht mehr einfachen Fällen. Auf die pauschale von der Rechtsprechung partiell verwiesene Unterscheidung zwischen ambulanten und stationären Behandlungen kann nicht abgestellt werden, da es auch als schwerwiegend einzustufende ambulante Behandlungen gibt. Die Einschätzung wird weithin dem medizinischen Sachverständigen vorbehalten bleiben.

42 Als nicht mehr rechtzeitig ist die Aufklärung anzusehen, wenn die Durchführung der Behandlung im unmittelbaren Anschluss an die Aufklärung stattfinden soll und der Patient sich aufgrund der Schwere der Behandlung und der fehlenden Bedenkzeit nicht mehr zu einer freien Entscheidung auch gegen den Eingriff in der Lage sieht (BGH NJW 1995, 2410, 2411; 2000, 1784, 1787 f.) oder wenn vorbereitende Maßnahmen wie die Anästhesierung und/oder Verbringung in den Operationssaal bereits begonnen wurden (BGH NJW 1974, 1422, 1423; BGH VersR 1983, 957; BGH NJW 1998, 1784).

43 Fühlt sich der Patient unter Entscheidungsdruck gesetzt, muss er dies dem Behandelnden mitteilen. Die Berufung auf eine verspätete Aufklärung ist nach der Vornahme der Behandlung soll anderenfalls nur möglich sein, wenn dem Behandelnden der Entscheidungsdruck des Patienten aufgrund der gegebenen Umstände klar sein musste (Erman/*Rehborn/Gescher* Rn. 28). Die Rechtsprechung erlegt der Behandlungsseite in dieser Hinsicht die Pflicht auf, organisatorische Maßnahmen zu ergreifen, um sich vor der Durchführung der Maßnahme zu überzeugen, dass die Einwilligungserklärung dem freien Willen des Patienten entspricht (OLG Köln, Urt. v. 16.01.2019 –5 U 29/17 Rn. 17).

44 Die Aufklärung kann auch zu früh erfolgen und dann im Zeitpunkt der Vornahme der Behandlung entaktualisiert sein (*Deutsch* NJW 1979, 1905, 1907; *Hoppe* NJW 1998, 782, 785). Wurde die Aufklärung deutlich vor der Vornahme der Behandlung durchgeführt, sollte sie zumindest sicherheitshalber in zeitlicher Nähe zu der Behandlung noch einmal wiederholt werden. Ein Zeitraum

von über fünf Wochen zwischen Aufklärung und Behandlung soll jedoch noch nicht genügen, um eine Entaktualisierung zu begründen (BGH NJW 2014, 1527, 1529; MüKo/*Wagner* Rn. 46).

Auch wenn es zwischen der Aufklärung und der Vornahme der Behandlung zu aufklärungsrelevan- 45 ten Änderungen kommt, muss noch einmal eine erneute/ergänzende Aufklärung stattfinden (Erman/*Rehborn/Gescher* Rn. 28a; BGH NJW-RR 2016, 1359; OLG Saarbrücken GesR 2016, 691 m. Anm. *Cramer*).

Erfolgt die Aufklärung verspätet, ist die durch den Patienten erteilte Einwilligung nicht zwangsläu- 46 fig als unwirksam anzusehen. Für die Unwirksamkeit ist neben der Verspätung erforderlich, dass der Patient in seiner Entscheidungsfreiheit unzumutbar beeinträchtigt wurde und dadurch nicht in der Lage gewesen ist, eine selbstbestimmte Entscheidung zu treffen (BGH NJW 1992, 2351, 2352).

### IV. Verständlichkeit der Aufklärung, Abs. 2 Satz 1 Nr. 3

Die Aufklärung muss nach Abs. 2 Satz 1 Nr. 3 für den Patienten sprachlich verständlich sein (BT- 47 Drs. 17/10488 S. 25). Kann er den Inhalt der Aufklärung aufgrund seines körperlichen, geistigen und/oder seelischen Zustands nur schwer nachvollziehen, muss sie in einfacher Sprache vorgenommen und gegebenenfalls sogar wiederholt werden (BT-Drs. 17/10488 S. 25).

Ist der Patient der deutschen Sprache nicht hinreichend mächtig, muss die Aufklärung in einer 48 Sprache erfolgen, die der Patient versteht. Erforderlichenfalls ist eine sprachkundige Person (beispielsweise ein Familienangehöriger (OLG Köln VersR 2016, 994), eine Gesundheits- und Krankenpflegerin (OLG München VersR 1993, 1488) oder ein Mitpatient (MüKo/*Wagner* Rn. 55)) oder ein Berufsdolmetscher zur Aufklärung hinzuzuziehen (BT-Drs. 17/10488 S. 25). Die Hinzuziehung eines Berufsdolmetschers kann dabei auch per Videoübertragung erfolgen (Erman/*Rehborn/Gescher* Rn. 31; *Kletecka-Pulker* GesR 2016, 206).

Sofern eine sprachkundige Person, die kein Berufsdolmetscher ist, zur Aufklärung hinzugezogen 49 wird, muss sich der Behandelnde in geeigneter Weise vergewissern, dass diese die Aufklärung präzise genug und vollständig übersetzt und nicht aufgrund eigener Sprachschwierigkeiten oder zur Schonung des Patienten Teile unpräzise darstellt oder weglässt (OLG Köln VersR 2016, 994; Erman/*Rehborn/Gescher* Rn. 31).

Die Kosten der Hinzuziehung hat der Patient zu tragen (BT-Drs. 17/10488 S. 25). Dies gilt un- 50 abhängig von der Versicherungsform und der Art des geschlossenen Behandlungsvertrages (Spickhoff/*Spickhoff* Rn. 8; *Rehborn/Gescher* gehen demgegenüber davon aus, dass die Dolmetscherkosten i.R.e. Krankenhausaufnahmevertrages zu den durch den Krankenhausträger zu tragenden allgemeinen Krankenhausleistungen i.S.d. § 2 Abs. 2 Satz 1KHEntG zählen, Erman/*Rehborn/Gescher* Rn. 32). Die gesetzgeberische Entscheidung über die Kostenverteilung führt in der Konsequenz zu einer erheblichen Gefährdung des Selbstbestimmungsrechts des Patienten, wenn dieser nicht in der Lage oder nicht gewillt ist, die Kostenlast zu tragen (Spickhoff/*Spickhoff* Rn. 8).

Sofern der Patient hörbehindert ist, kann die Aufklärung gem. § 17 Abs. 2 Satz 1 SGB I unter Hinzuziehung eines Gebärdendolmetschers vorgenommen werden. Die dafür anfallenden Kosten hat nicht der Patient, sondern gem. § 17 Abs. 2 Satz 2 SGB I der zuständige Leistungsträger zu tragen (BT-Drs. 17/10488 S. 25).

### D. Entbehrlichkeit, Abs. 3

Die Aufklärung soll nach Abs. 3 in denselben Fällen wie bei § 630c Abs. 4 entbehrlich sein, wobei 51 an die Entbehrlichkeit strengere Anforderungen zu stellen sind als im Rahmen von § 630c Abs. 4 (NK-BGB/*Voigt* Rn. 12).

## § 630e BGB Aufklärungspflichten

### I. Unaufschiebbarkeit der Behandlung

52 Die Behandlung ist als unaufschiebbar anzusehen, wenn durch ihre Verzögerung erhebliche Gefahren für die Gesundheit des Patienten drohen (BT-Drs. 17/10488 S. 25). Das kann insbesondere bei Notfällen oder unvorhersehbaren Operationserweiterungen (BeckOK/*Katzenmeier* Rn. 53), grundsätzlich aber nicht bei nicht notwendigen Behandlungen (BT-Drs. 17/10488 S. 23) der Fall sein. Liegt die Unaufschiebbarkeit der Behandlung vor, kann die Aufklärungspflicht gemindert oder vollständig aufgehoben sein (BT-Drs. 17/10488 S. 25).

### II. Verzicht des Patienten

53 Die Aufklärung ist auch dann entbehrlich, wenn der Patient ausdrücklich auf sie verzichtet hat (BT-Drs. 17/10488 S. 25). Es handelt sich nicht um einen rechtsgeschäftlichen Verzicht, sondern es erfolgt eine Einwilligung ohne Aufklärung (BGH NJW 1959, 811, 813; 1973, 556, 558; MüKo/*Wagner* Rn. 63).

54 Die Wirksamkeit des Verzichts unterliegt strengen Anforderungen. Von einem wirksamen Verzicht des Patienten kann nur ausgegangen werden, wenn dieser ihn »deutlich, klar und unmissverständlich« erklärt hat; ein konkludenter Verzicht ist nicht möglich (BeckOK/*Katzenmeier* 54; a.A. *Roßner* NJW 1990, 2291, 2294 m.w.N.). Ob er darüber hinaus auch »die Erforderlichkeit der Behandlung sowie deren Chancen und Risiken erkannt« haben muss, ist umstritten (dafür BT-Drs. 17/10488 S. 22; dafür auch BeckOK/*Katzenmeier* Rn. 54; dagegen Spickhoff/*Spickhoff* Rn. 11).

55 Ist der Verzicht wirksam erklärt, erstreckt er sich auf die Behandlung und deren Risiken nur soweit, wie sie zum Zeitpunkt des Aufklärungsverzichts absehbar sind (BeckOK/*Katzenmeier* Rn. 54). Sofern es im Lauf der Behandlungen zu eingriffsspezifischen Veränderungen kommt, muss dem Patienten eine den veränderten Umständen angepasste Aufklärung zumindest angeboten werden.

### III. Sonstige besondere Umstände

55a Da die Aufzählung in Abs. 3 nicht abschließend ist (»insbesondere«; BT-Drs. 17/10488 S. 25), können auch andere besondere Umstände die Entbehrlichkeit der Aufklärung rechtfertigen. Das Vorliegen solcher besonderen Umstände kann insbesondere dann angenommen werden, wenn der Aufklärung erhebliche therapeutische Gründe entgegenstehen oder der Patient bereits über hinreichende Informationen über die geplante Behandlung verfügt.

56 Von einem Entgegenstehen therapeutischer Gründe ist jedoch nur in sehr seltenen Fällen auszugehen. Sie können grundsätzlich nur dann angenommen werden, wenn die Aufklärung das Leben oder die Gesundheit des Patienten ernstlich gefährden würde (BT-Drs. 17/10488 S. 25 verweisend auf BGHZ 90, 103, 109 f.). Die begründete Gefahr, dass der Patient aufgrund der Aufklärung eine medizinisch unvernünftige Entscheidung treffen wird, genügt daher nicht (BT-Drs. 17/10488 S. 25).

57 Geringeren Anforderungen unterliegt hingegen die Annahme eines wissenden Patienten. Von einem hinreichend informierten Patienten kann grundsätzlich ausgegangen werden, wenn die gleiche Behandlung vor nicht allzu langer Zeit schon einmal bei ihm durchgeführt und er vor dieser ordnungsgemäß aufgeklärt worden ist (BGH NJW 2003, 2012, 2014), der überweisende Arzt ihn bereits aufgeklärt hat (BGH NJW 1976, 1790) oder er wegen eigener fachlicher Kenntnis über alle nötigen Informationen verfügt (BGH NJW 1976, 363, 364; 1992, 2354, 2355 f.; Erman/*Rehborn/Gescher* Rn 46). Sofern Zweifel daran bestehen, dass der Patient über hinreichende Informationen verfügt, sollte er zumindest sicherheitshalber (erneut) aufgeklärt werden.

### E. Informationspflicht gegenüber einwilligungsunfähigen Personen, Abs. 5

58 Durch das Patientenrechtegesetz neu eingeführt wurde die Regelung des Abs. 5. Nach dieser ist auch dem einwilligungsunfähigen Patienten die Behandlung entsprechend seinem Verständnis zu erläutern, soweit er aufgrund seines Entwicklungsstandes und seiner Verständnismöglichkeiten in

der Lage ist, die Erläuterungen aufzunehmen und soweit sein Wohl der Aufklärung nicht entgegensteht.

Durch diese Regelung sollen einwilligungsunfähige Patienten stärker in die Behandlung einbezogen werden, da auch sie über das Ob und Wie der Behandlungen, denen sie unterzogen werden, nicht im Unklaren gelassen werden dürfen (BT-Drs. 17/11710 S. 29 m.V.a. Beschl. des BVerfG NJW 2011 2113, 2116). 59

Die Aufklärung des einwilligungsunfähigen Patienten hat dabei jedoch keinen Einfluss auf die Aufklärung der zur Vornahme der Einwilligung berechtigten Person (Spickhoff/*Spickhoff* Rn. 14). Diese muss auch bei einer weitreichenden Aufklärung des einwilligungsfähigen Patienten umfassend aufgeklärt werden, da eine wirksame Einwilligung anderenfalls durch sie nicht erteilt werden kann. 60

Erteilt die zur Vornahme der Einwilligung berechtigte Person nach eigener Aufklärung die Einwilligung, ist diese auch dann wirksam, wenn der einwilligungsunfähige Patient nicht aufgeklärt worden ist (BT-Drs. 17/11710 S. 28). Allerdings dürfte die Behandlungsseite im Fall fehlender oder unzureichender Aufklärung das Risiko eines etwaig bestehenden Veto-Rechts des einwilligungsunfähigen Minderjährigen treffen, sofern dieser nicht ordnungsgemäß belehrt worden ist. 61

## F. Rechtsfolgen im Falle fehlerhafter Aufklärung

Kommt der Behandelnde seiner Aufklärungspflicht nicht oder nicht in dem gebotenen Maße nach, kann daraus eine Haftung nur wegen Aufklärungsfehlers (BeckOK/*Katzenmeier* Rn. 64; MüKo/ *Wagner* Rn. 71) und nicht wegen Behandlungsfehlers (Palandt/*Weidenkaff* Rn. 13) folgen. 62

Hat der Behandelnde den Patienten nicht oder nicht ordnungsgemäß aufgeklärt, ist die in Bezug auf die Behandlung erteilte Einwilligung unwirksam, sodass die Behandlung eine Vertragspflichtverletzung gem. § 280 Abs. 1 und eine rechtswidrige Körperverletzung gem. § 823 Abs. 1 begründet (BGH NJW 1959, 811, 812; 1959, 814; 1972, 335, 336; MüKo/*Wagner* Rn. 6). 63

Die bloße Aufklärungspflichtverletzung und damit einhergehende Behandlung ohne Einwilligung begründet allein noch keinen Schadensersatzanspruch (zur Diskussion um Ersatzpflichtigkeit für den reinen Verstoß gegen das Selbstbestimmungsrecht *Katzenmeier*, in: Laufs/Katzenmeier/Lipp, Arztrecht, Kap V, Rn. 8 ff.; *Grams* GesR 2009, 69 ff.). Ein solcher besteht erst dann, wenn der Patient in Folge der Behandlung einen Gesundheitsschaden erlitten hat (BGH NJW 1986, 1541, 1542; 2008, 2344, 2345; *Hassner* VersR 2013, 23; MüKo/*Wagner* Rn. 73; a.A. OLG Jena VersR 1998, 586, 588 m.w.N.). Ob der Gesundheitsschaden auf einen durch den Behandelnden begangenen Behandlungsfehler oder ein allgemeines Risiko zurückzuführen ist, das dem Eingriff spezifisch anhaftet, ist dabei unerheblich (MüKo/*Wagner* Rn. 73). 64

Im Falle nicht ordnungsgemäßer Aufklärung bereitet insbesondere die Beurteilung des Rechtswidrigkeitszusammenhangs Probleme. Hierbei geht es um die Frage, ob dem Behandelnden der eingetretene Schaden zugerechnet werden kann. Problematisch ist die Beurteilung vor allem dann, wenn sich ein nicht aufklärungspflichtiges Risiko oder ein Risiko über das tatsächlich aufgeklärt wurde verwirklicht hat (BGHZ 90, 96; 106, 391; BGH NJW 1991, 2346; 1996, 777; BeckOK/ *Katzenmeier* Rn. 66). Der BGH geht, entgegen einiger Stimmen in der Literatur, grundsätzlich von einer Haftung des Behandelnden aus, wenn neben der Aufklärungspflichtverletzung ein Gesundheitsschaden gegeben ist (BGH NJW 1986, 1541, 1542; 1991, 2346; a.A. nimmt eine Haftung nur für diejenigen Risiken an, über die pflichtwidrig nicht aufgeklärt wurde *Deutsch* NJW 1984, 1802; *Kern/Laufs* JZ 1984, 629, 631). Daher kann dem Behandelnden grundsätzlich die Verwirklichung aller Risiken zugerechnet werden, die sich im Verlauf der Behandlung gezeigt haben (BeckOK/ *Katzenmeier* Rn. 67). 65

Eine Grenze findet die Zurechnung dort, wo sich ein Risiko verwirklicht hat, über das der Patient aufgeklärt wurde. Hat er in Kenntnis dieses Risikos seine Einwilligung erteilt, ist er diesbezüglich nicht mehr als schutzwürdig anzusehen, weshalb eine Haftung des Behandelnden entfällt (BGH NJW 2000, 1784; 2006, 2477, 2479). Dem kann der Patient auch nicht mit dem Einwand 66 entgegentreten, dass er die Einwilligung bei Kenntnis auch der anderen Risiken, über die fehlerhaft nicht aufgeklärt wurde, versagt hätte (BGH NJW 2000, 1784, 1786).

67 Am erforderlichen Zurechnungszusammenhang fehlt es auch, wenn sich ein nicht aufklärungspflichtiges Risiko verwirklicht hat, der Patient aber eine Grundaufklärung über die Art und den Schweregrad des Eingriffs erhalten hat, durch die ihm ein angemessenes Verständnis von der Behandlung und den mit dieser verbundenen Gefahren vermittelt wurde (BGH NJW 1984, 1395; 1991, 2346; 1996, 777, 779). Das gilt selbst dann, wenn das realisierte – nicht aufklärungspflichtige – Risiko mit den aufklärungspflichtigen Risiken, die sich nicht realisiert haben, nach Bedeutung und Auswirkung für den Patienten nicht vergleichbar ist (BGH NJW 2019, 2320 Rn. 17 ff.).

68 Erfolgt die Aufklärung verspätet, ist die durch den Patienten erteilte Einwilligung nicht zwangsläufig als unwirksam anzusehen. Für die Unwirksamkeit ist neben der Verspätung erforderlich, dass der Patient in seiner Entscheidungsfreiheit unzumutbar beeinträchtigt wurde und dadurch nicht in der Lage gewesen ist, eine selbstbestimmte Entscheidung zu treffen (BGH NJW 1992, 2351, 2352).

69 Stellt sich der Behandelnde irrtumsbedingt vor, dass eine wirksame Einwilligung vorliegt, macht dies den Eingriff nicht rechtmäßig (MüKo/*Wagner* Rn. 74). Allenfalls kann bei Unvermeidbarkeit des Irrtums der Verschuldensvorwurf entfallen (BGH NJW-RR 2007, 310; MüKo/*Wagner* Rn. 74).

70 Kommt der Behandelnde der Pflicht dem Patienten Abschriften der von ihm unterschriebenen Unterlagen auszuhändigen aus Abs. 2 Satz 2 nicht nach, kann daraus keine Haftung hergeleitet werden (Jauernig/*Mansel* Rn. 8; NK-BGB/*Voigt* Rn. 16). Dem Verstoß kommt daher lediglich mittelbar im Rahmen der Beweisführung und Beweiswürdigung hinsichtlich der aus anderen Gründen fehlerhaften Aufklärung Bedeutung zu (Jauernig/*Mansel* Rn. 8; NK-BGB/*Voigt* Rn. 16; *Ramm* GesR 2012, 463, 466; *Rehborn* GesR 2013, 257, 265).

## G. Beweislast

71 Für die Durchführung der Aufklärung und deren Inhalt trifft den Behandelnden gem. § 630h Abs. 2 Satz 1 die Darlegungs- und Beweislast (siehe dazu § 630h Rdn. 18, 22 ff.). Diese beweisrechtlich günstigere Ausgangssituation hat der Patientenseite in der Vergangenheit oftmals den Vorwurf eingetragen, die Aufklärungsrüge als zweites Standbein der Haftungsbegründung missbräuchlich in den Fällen zu erheben, in denen ein Behandlungsfehler zwar im Raum steht, aber nicht nachweisbar ist (zur Kritik MüKo/*Wagner* Rn. 81; BeckOK/Katzenmeier, § 630h Rn. 32). Um das Risiko unberechtigter Inanspruchnahme der Behandlungsseite einzudämmen, hat der Gesetzgeber das Institut der hypothethischen Einwilligung in § 630h Abs. 2 Satz 2 kodifiziert. Die Rechtsprechung versucht opportunistischen Klagen (in aller Deutlichkeit BGH NJW 1985, 1399) hingegen durch die durchaus streitbare Figur des sogenannten »immer-so«-Beweises zu begegnen, wonach der Behandler bei Vorliegen eines Anbeweises für den Umstand, dass überhaupt ein Aufklärungsgespräch stattgefunden hat, eine ständige Aufklärungspraxis darlegen kann und glaubhaft kann, diese »immer so« handzuhaben (kritisch hinsichtlich des Rückgriffs auf den »Immer-so«-Beweis *J. Prütting* GesR 2017, 681, 686 ff.; ders., FS Dahm, 2017, S. 359 ff.)

72 Fehlt ein Aufklärungsbogen und ist die Aufklärung auch nicht in anderer Weise dokumentiert worden, soll es dem Behandelnden nicht verwehrt sein, den Beweis der ordnungsgemäßen Aufklärung zu führen (BGH NJW 2014, 1527, 1528). Da die Aufklärung keine wesentliche medizinische Maßnahme und somit auch keine dokumentationspflichtige Handlung i.S.d. § 630h darstellt, soll nach höchstrichterlicher Ansicht an das Fehlen einer Dokumentation keine allzu weitgehende Beweisskepsis geknüpft werden (BGH NJW 2014, 1527, 1528).

73 Daneben trifft den Behandelnden auch hinsichtlich der Aushändigung der erforderlichen Abschriften gem. Abs. 2 Satz 2 die Darlegungs- und Beweislast.

74 Beruft sich der Patient auf die Verspätung der Aufklärung, trifft ihn für diese die Darlegungs- und Beweislast. Er muss dabei substantiiert darlegen, dass ihn die verspätete Aufklärung in seiner Entscheidungsfreiheit beeinträchtigt hat und plausibel machen, dass er im Falle der rechtzeitigen

Aufklärung vor einem echten Entscheidungskonflikt gestanden hätte (BGH NJW 1994, 3009, 3011; 2003, 2012, 2014). An die Substantiierungspflicht des Entscheidungskonfliktes sind dabei jedoch keine zu hohen Anforderungen zu stellen (BGH NJW 1994, 3009, 3011; 2003, 2012, 2014).

## § 630f Dokumentation der Behandlung

(1) Der Behandelnde ist verpflichtet, zum Zweck der Dokumentation in unmittelbarem zeitlichen Zusammenhang mit der Behandlung eine Patientenakte in Papierform oder elektronisch zu führen. Berichtigungen und Änderungen von Eintragungen in der Patientenakte sind nur zulässig, wenn neben dem ursprünglichen Inhalt erkennbar bleibt, wann sie vorgenommen worden sind. Dies ist auch für elektronisch geführte Patientenakten sicherzustellen.

(2) Der Behandelnde ist verpflichtet, in der Patientenakte sämtliche aus fachlicher Sicht für die derzeitige und künftige Behandlung wesentlichen Maßnahmen und deren Ergebnisse aufzuzeichnen, insbesondere die Anamnese, Diagnosen, Untersuchungen, Untersuchungsergebnisse, Befunde, Therapien und ihre Wirkungen, Eingriffe und ihre Wirkungen, Einwilligungen und Aufklärungen. Arztbriefe sind in die Patientenakte aufzunehmen.

(3) Der Behandelnde hat die Patientenakte für die Dauer von zehn Jahren nach Abschluss der Behandlung aufzubewahren, soweit nicht nach anderen Vorschriften andere Aufbewahrungsfristen bestehen.

| Übersicht | Rdn. | | Rdn. |
|---|---|---|---|
| A. Normzweck und Entstehungsgeschichte | 1 | III. Zeitlicher Zusammenhang | 21 |
| B. Übersicht und besondere Vorschriften | 6 | D. Frist zur Aufbewahrung | 25 |
| C. Gegenstand der Dokumentationspflicht | 9 | E. Folgen bei Verstößen | 31 |
| I. Formelle Anforderungen | 9 | F. Haftungsrechtliche Vorteile sorgfältig geführter Dokumentation | 35 |
| II. Inhaltliche Anforderungen | 11 | | |
| 1. Gegenstand und Umfang | 11 | G. Darlegungs- und Beweislast | 36 |
| 2. Berichtigungen und Änderungen | 19 | H. Erwägungen zur DSGVO | 41 |

## A. Normzweck und Entstehungsgeschichte

Die heute in § 630f festgeschriebene Dokumentationspflicht des Behandelnden war bereits vor dem Inkrafttreten des Patientenrechtegesetzes bereits als berufsrechtliche Pflicht normiert (siehe § 10 MBO-Ä) und durch die höchstrichterliche Rechtsprechung als vertragliche Nebenpflicht anerkannt (BT-Drs. 17/10488 S. 25; BGH NJW 1978, 2337, 2338 f.; 1987, 1482, 1483). Durch die Kodifikation wurde die besondere Bedeutung der Dokumentationspflicht zum Ausdruck gebracht und deutlich gemacht, dass es sich nicht lediglich um eine »ärztlichen Klugheitsregel«, sondern um eine Rechtspflicht handelt (MüKo/*Wagner* Rn. 2). 1

Neben ihrem ursprünglichen Hauptzweck, dem Behandelnden als Gedächtnisstütze zu dienen (§ 10 Abs. 1 Satz 2 MBO-Ä, MüKo/*Wagner* Rn. 2, Spickhoff/*Spickhoff* Rn. 1), verfolgt sie nunmehr eine Vielzahl weiterer Ziele. 2

Das Festhalten medizinisch relevanter Informationen soll in erster Linie eine sachgerechte therapeutische Behandlung und Weiterbehandlung gewährleisten und hierdurch den Behandlungserfolg sichern (BT-Drs. 17/10488 S. 25 f.). 3

Zudem soll die Dokumentationspflicht dazu beitragen, die Körper-, Gesundheits- und Vermögensinteressen des Patienten zu wahren, indem beispielsweise unnötige Doppelbehandlungen unterlassen und ein einfacher Arztwechsel ermöglicht werden (BT-Drs. 17/10488 S. 26). Daneben soll sie auch das Persönlichkeitsrecht des Patienten wahren, indem sie dem Patienten die Möglichkeit gibt, sich über das Behandlungsgeschehen zu informieren, was insbesondere dann von besonderer Bedeutung ist, wenn der Patient dieses, etwa wegen Sedierung selbst nicht bewusst miterlebt hat (BT-Drs. 17/10488 S. 26). 4

**§ 630f BGB** Dokumentation der Behandlung

5 Abweichend von der Rechtslage vor Inkrafttreten des Patientenrechtegesetzes (BGH NJW 1999, 863, 864, siehe auch BGH NJW 1989, 2330, 2331; 1993, 2375, 2376; 1999, 3408, 3409) soll die Dokumentationspflicht, wenn auch nicht vordergründig, nun auch Beweiszwecken dienen (BT-Drs. 17/10488 S. 26). Dies entspricht ihrer zentralen Rolle in Arzthaftungsprozessen, in denen sich in aller Regel nur mithilfe der Patientenakte der relevante Behandlungsverlauf rekonstruieren lässt, und korrespondiert auch mit der in § 630h Abs. 3 vorgesehenen Beweiserleichterung in Fällen nicht ordnungsgemäßer Dokumentation.

5a Seit dem 01.01.2021 haben gesetzliche versicherte Patienten nach § 341 SGB V gegenüber ihrer Krankenkasse ein Anrecht auf eine elektronische Patientenakte (ePA), die von der Patientenakte i.S.d. §630g Abs. 1 Satz 1 zu unterscheiden ist (BeckOGK/Walter Rn. 3). Mit der Einführung der ePA verfolgt der Gesetzgeber das Ziel, die einzelnen Akteure des Gesundheitswesens besser miteinander zu vernetzen und einen erleichterten Austausch von Informationen zwischen Ärzten, Apothekern, Therapeuten und anderem medizinischen Fachpersonal zu ermöglichen. Die Leistungserbringer werden zu diesem Zweck verpflichtet, bis zum 01.07.2021 die entsprechende Infrastruktur vorzuhalten, um die versichertengeführte elektronische Patientenakte befüllen zu können. Die Nutzung der ePA ist für Patienten freiwillig. Der Behandler ist nur nach vorheriger Zustimmung befugt, auf die vorhandenen Daten zuzugreifen. Für die Reichweite der ärztlichen Dokumentationspflicht aus §630f bleibt die Einführung der ePA ohne Relevanz (näher Holzner, Datenschutz, Dokumentations- und Organisationspflichten in der ärztlichen Praxis, B. Ärztliche Dokumentation gem. § 630f BGB Rn. 104).

## B. Übersicht und besondere Vorschriften

6 Abs. 1 Satz 1 verpflichtet den Behandelnden, eine Dokumentation zu erstellen, und greift damit die Regelung des § 10 Abs. 1 Satz 1 MBO-Ä auf. Darüber hinaus konkretisiert er die Verpflichtung dahingehend, dass die Dokumentation »in unmittelbarem zeitlichen Zusammenhang mit der Behandlung« in »Papierform oder elektronisch« zu erfolgen hat.

7 Gem. Abs. 1 Satz 2 sind Änderungen der Dokumentation zulässig, solange der bisherige Inhalt und das Änderungsdatum aus der Dokumentation hervorgehen. Abs. 1 Satz 3 betont dies noch einmal ausdrücklich für elektronisch geführte Patientenakten und entspricht damit der Regelung des § 10 Abs. 5 MBO-Ä. Abs. 2 nennt beispielhaft die in die Dokumentation aufzunehmenden Inhalte. Und Abs. 3 regelt die zehnjährige Aufbewahrungsfrist, die auch von § 10 Abs. 3 MBO-Ä vorgeschrieben ist.

8 Weitergehende Anforderungen an die Dokumentation, die sich aus spezialgesetzlichen Regelungen ergeben, bleiben unberührt. In Betracht kommen dabei insbesondere §§ 11, 14, 17 Abs. 2 TFG unter Beachtung des § 28 TFG, §§ 13, 13a TPG i.V.m. § 7 TPG-GewV, § 40 Abs. 1 Satz 6 AMG, §§ 64 Abs. 3, 85 Abs. 1 StrlSchV, §§ 28, 28c Abs. 3–5 RöV, § 5 Abs. 11 BtMVV, §§ 9 Abs. 3, 10 Abs. 4, 15 Abs. 3 GenDG, § 37 Abs. 3 JArbSchG; 6 Abs. 3 ArbMedVV.

## C. Gegenstand der Dokumentationspflicht

### I. Formelle Anforderungen

9 Gem. Abs. 1 Satz 1 kann die Dokumentation sowohl in schriftlicher als auch in elektronischer Form geführt werden.

10 Im Prozess ist die elektronische Dokumentation als Augenscheinbeweis gem. § 371 Abs. 1 Satz 2 ZPO einzuführen (zur Beweisführung mit elektronischen Dokumenten *Berger* NJW 2005, 1016) und unterliegt der freien Beweiswürdigung des Richters gem. § 286. Sofern sie ordnungsgemäß erstellt wurde, soll der Tatrichter ihr bis zum Beweis ihrer Unrichtigkeit Glauben schenken (BGH NJW 1978, 1681, 1682). Sofern sichergestellt ist, dass nachträgliche Änderungen kenntlich gemacht werden, ergeben sich hinsichtlich der Beweiskraft heute keine Unterschiede mehr im Vergleich zur schriftlichen Dokumentation (siehe dazu Rdn. 21). Die Dokumentation der Aufklärung

hat jedoch nicht zur Folge, dass hierdurch ein ordnungsgemäßes Aufklärungsgespräch zu unterstellen wäre. Eine sorgfältige Dokumentation entfaltet insoweit nur Indizwirkung (BGH NJW 2014, 1527; weitergehend OLG Hamm MedR 2011, 339 f.; zu den Beweisproblemen s. OLG Koblenz MedR 2016, 342 m.Anm. *J. Prütting*, Satz 342 f.; *ders.* GesR 2017, 681 ff.; *ders.*, FS Dahm, 2017, S. 359 ff.)

## II. Inhaltliche Anforderungen

### 1. Gegenstand und Umfang

Die Dokumentation muss sämtliche aus fachlicher Sicht für die derzeitige und künftige Behandlung wesentlichen Maßnahmen und deren Ergebnisse aufzeigen. Eine Dokumentation, die aus ärztlicher Sicht für die weitere Behandlung nicht erforderlich ist, ist auch aus rechtlicher Sicht nicht geboten (BGH NJW 1989, 2330, 2331; 1993, 2375, 2376; 1999, 3408, 3409). Dabei richtet sich die Beurteilung des aus ärztlicher Sicht Gebotenen nur auf die bereits absehbare, in gewissen Zusammenhang mit dem aktuellen ärztlichen Vorgehen stehenden Behandlung, da das Dokumentationserfordernis anderenfalls ausufern würde und für den Behandelnden nicht mehr absehbar wäre, welche Maßnahmen und Ergebnisse gegebenenfalls noch einmal relevant werden könnten (NK-BGB/*Voigt* Rn. 5). Die Reichweite der in § 630f angeordneten, haftungsrechtlich relevanten Dokumentationspflicht wird auch nicht durch sozialversicherungsrechtliche Richtlinienvorgaben ausgeweitet (OLG Nürnberg GuP 2018, 191 m. zustimmender Anm. *J. Prütting*), solange diese nicht die Erkenntnis bringen, dass im Sinne der vorgenannten Teleologie das Dokumentationserfordernis auch originär aus fachärztlicher Sicht zur Sicherung eines sorgfältigen Behandlungsablaufs unter § 630f zu fordern ist. Sozialversicherungsrechtliche Richtlinien sind insgesamt nicht geeignet, die haftungsrechtlichen Vorgaben nach den §§ 630a–h zu steuern (ausführlich *J. Prütting* RW 2018, 289 ff.; a.A. ohne Begründung oder erkennbar Analyse BGH GesR 2008, 361).

Abs. 2 Satz 1 enthält eine beispielhafte, nicht abschließende Aufzählung der in die Dokumentation aufzunehmenden Inhalte (BT-Drs. 17/10488 S. 26, »insbesondere«). Genannt werden Anamnese, Diagnosen, Untersuchungen, Untersuchungsergebnisse, Befunde, Therapien und ihre Wirkungen, Eingriffe und ihre Wirkungen und Einwilligungen. Erfasst werden müssen also die wesentlichen diagnostischen und therapeutischen Maßnahmen und Verlaufsdaten (OLG Koblenz NJW-RR 2007, 405; *Gaisbauer* VersR 1991, 672 (Anmerkung zu OLG Nürnberg VersR 1990, 1121)). Bilder, Videos und elektronisch erhobene Befundergebnisse sind ebenfalls in die Dokumentation aufzunehmen (BT-Drs. 17/10488 S. 26).

Es müssen zudem stets Maßnahmen, die zur Vermeidung häufiger und schwerwiegender Komplikationen erforderlich sind (OLG Koblenz VersR 2009, 1077), sowie eingetretene Komplikationen (BGH NJW 1985, 2193, 2194) aufgenommen werden.

Hinsichtlich der Einwilligung genügt es, wenn aufgenommen wird, wann und über welche Risiken der Patient aufgeklärt wurde und dass er auf Grundlage der Aufklärung eingewilligt hat. Dies spiegelt jedoch nur das nach § 630f erforderliche Mindestmaß wider. Insbesondere mit Blick auf beweisrechtliche Konsequenzen ist eine weitergehende Dokumentation dringend zu empfehlen.

Nicht aufnahmepflichtig sind Routinemaßnahmen (BGH NJW 1984, 1403; 1995, 1618, 1619), Nebensächlichkeiten und Selbstverständlichkeiten (OLG Oldenburg NJW-RR 2009, 32; OLG Naumburg MedR 2012, 529, 531 m.Anm. *Gödick*). Auch Hinweise dazu, dass es zu keinen Vorkommnissen oder Komplikationen gekommen ist, sind nicht erforderlich (BGH NJW 1993, 2375, 2376; OLG Oldenburg NJW-RR 2009, 32, 33). Ebenso wenig müssen vergütungsrelevante Unterlagen in die Dokumentation aufgenommen werden (MüKo/*Wagner* Rn. 9). *Spickhoff* geht jedoch davon aus, dass eine Aufnahme zumindest als sinnvoll anzusehen sei (Spickhoff/*Spickhoff* Rn. 6)

Bei der Dokumentationspflicht ist zu beachten, dass sich deren Intensität auch an der Berufserfahrung des Behandelnden (BT-Drs. 17/10488 S. 30 m.V.a.: BGH, VersR 1985, 782) und der

Schwere und Komplexität der Behandlung (BT-Drs. 17/10488 S. 30, NK-BGB/*Voigt* Rn. 3) ausrichtet. Dabei gilt, dass die Dokumentation umso umfangreicher ausfallen muss, je unerfahrener der Behandelnde und je komplexer der Eingriff ist. Das bedeutet im Umkehrschluss jedoch nicht, dass erfahrene Behandler bei Eingriffen mit geringer Komplexität hinter den oben dargestellten Anforderungen zurückbleiben dürfen.

17 Wie Abs. 2 Satz 2 normiert, müssen auch Arztbriefe in die Dokumentation aufgenommen werden, da diese Ausdruck der Kommunikation zwischen zwei Ärzten sind und einen Überblick über den Gesundheitszustand des Patienten geben sollen (BT-Drs. 17/10488 S. 26). Auch die zwischen Ärzten geführte Kommunikation per E-Mails und Telefon muss als Ausdrucke oder Gesprächsnotiz Einzug in die Dokumentation finden (MüKo/*Wagner* Rn. 10).

18 Um dem Dokumentationserfordernis zu genügen, muss die Dokumentation nicht nur inhaltlich vollständig, sondern auch verständlich sein. Dafür genügt es, wenn die Dokumentation in fachlich üblicher Art abgefasst ist und einem fachkundigen Dritten ermöglicht, die Behandlung nachzuvollziehen. Berufsspezifisch verständliche Abkürzungen, Stichworte (BGH MedR 1984, 102, 104) und zeichnerische Symbole reichen aus (BGH NJW 1984, 1403).

### 2. Berichtigungen und Änderungen

19 Da es eines der Hauptanliegen des Gesetzgebers bei der Kodifikation des Behandlungsvertrages gewesen ist, die »Revisionssicherheit der Behandlungsdokumentation« zu erreichen (Beck-OK/*Katzenmeier* Rn. 9; vgl. *Thole* MedR 2013, 145, 148), sind Änderungen gem. Abs. 1 Satz 2, 3 nur zulässig, wenn aus der Dokumentation neben der Änderung auch der bisherige Inhalt und das Änderungsdatum hervorgehen. So soll »eine fälschungssichere Organisation der Dokumentation in Anlehnung an die Grundsätze ordnungsgemäßer Buchführung« ermöglicht und eine nachträgliche Manipulation verhindert werden (BT-Drs. 17/10488 S. 26; vgl. § 239 Abs. 3 HGB, § 146 IV AO). Neben der Streichung und Änderung einzelner Angaben ist auch die Entfernung einzelner Inhalte untersagt. An dieser Stelle zeigt sich deutlich die Funktion der Behandlungsdokumentation als Beweismittel: Der angestrebte Schutz vor nicht erkennbaren nachträglichen Änderungen durch die Behandlungsseite dient keinen medizinischen Zwecken, sondern soll dem Patienten die Anspruchsverfolgung erleichtern (MüKo/*Wagner* Rn. 11).

20 Bei elektronisch geführten Dokumentationen muss sichergestellt werden, dass eine entsprechende Kenntlichmachung möglich ist, da anderenfalls ein Verstoß gegen Abs. 1 Satz 2, 3 unterstellt und der Dokumentation damit der Beweiswert genommen werden kann. Bisher bestehende Unklarheiten dahingehend, welcher Beweiswert einer nicht gegen Veränderungen geschützten elektronischen Dokumentation zukommen soll (kaum Beweiswert: *Deutsch* MedR 1988, 206; *Schmidt-Beck* NJW 1991, 2335, 2336; nur geminderter Beweiswert: *Rehborn* MDR 2000, 1101, 1110; *Jorzig* MDR 2001, 481, 484; voller Beweiswert, sofern nachvollziehbar dargelegt werden kann, dass keine Veränderungen stattgefunden haben und die Dokumentation med. plausibel ist: OLG Hamm VersR 2006, 842; OLG Oldenburg MedR 2011, 163, 164 f. m.Anm. *Walter*), dürften durch die Regelung beseitigt worden sein.

### III. Zeitlicher Zusammenhang

21 Gem. Abs. 1 Satz 1 hat der Behandelnde die Dokumentation in unmittelbarem zeitlichen Zusammenhang mit der Behandlung zu erstellen. Wann er dieser Anforderung gerecht wird, kann nicht allgemeinverbindlich bestimmt werden, sondern hängt von den Umständen des Falles ab und ist einzelfallbezogen zu bestimmen (Erman/*Rehborn/Gescher* Rn. 6; *ders.* MDR 2013, 564, 565; MüKo/*Wagner* Rn. 12; NK-BGB/*Voigt* Rn. 5).

22 Die in der Literatur erhobene Forderung, dass die Dokumentation grundsätzlich noch am Tag der Behandlung erstellt werden muss (Spickhoff/*Spickhoff* Rn. 3; *ders.* VersR 2013, 267, 277), erscheint zu pauschal und übermäßig streng. Derart scharfe Anforderungen werden den Belastungen, denen sich Behandelnde insbesondere im klinischen Alltag ausgesetzt sehen, nicht gerecht. Andererseits

ist eine erst einen Monat nach der Behandlung erstellte Dokumentation nur dann als rechtzeitig erstellt anzusehen (*Rehborn* MDR 2013, 564 unter Hinweis auf OLG Naumburg GesR 2012, 310), wenn die Umstände des jeweiligen Falles eine derart späte Dokumentation hinreichend begründen und sich keine Bedenken hinsichtlich der Richtigkeit der Angaben ergeben. Eine Monate später erstellte Dokumentation erfüllt in keinem Fall mehr die Anforderung des unmittelbaren zeitlichen Zusammenhanges und hat damit auch keinen Beweiswert mehr (OLG Zweibrücken NJW-RR 2000, 27; *Stürner* NJW 1979, 1225, 1228).

Bei mehreren Behandlungsabschnitten ist grundsätzlich darauf zu achten, dass die Dokumentation in unmittelbarem zeitlichen Zusammenhang zu jedem einzelnen Behandlungsabschnitt erfolgen muss. Eine einheitliche Dokumentation ist nur dann möglich, wenn die einzelnen Behandlungsabschnitte zeitlich sehr nah beieinander liegen (OLG Koblenz NJW-RR 2007, 405, 406). 23

Neben den die Behandlung betreffenden Angaben sollte auch das Datum der Dokumentation dokumentiert werden (Spickhoff/*Spickhoff* Rn. 3; *ders.* VersR 2013, 267, 277). Zwar kann § 630 f keine Rechtspflicht hierzu entnommen werden, jedoch ist es mit Blick auf Darlegungs- und Beweislast hinsichtlich einer zeitnahen, in sich schlüssigen und förmlich ordnungsgemäßen Dokumentationsvorlage im eigenen Interesse der Behandlungsseite, dies zu gewährleisten. 24

### D. Frist zur Aufbewahrung

Schon vor dem Inkrafttreten des Patientenrechtegesetzes war durch die Rechtsprechung und § 10 Abs. 3 MBO-Ä anerkannt, dass der Behandelnde die Dokumentation nach Abschluss der Behandlung für die Dauer von zehn Jahren aufzubewahren hat, wenn sich keine weitergehenden Anforderungen aus spezialgesetzlichen Reglungen ergeben (OLG Hamm VersR 2005, 412). Diese Pflicht ist durch Abs. 3 kodifiziert worden. 25

Die Frist beginnt mit dem Abschluss der Behandlung und nicht erst mit Ablauf des Kalenderjahres, in dem die Behandlung abgeschlossen wurde (Erman/*Rehborn*/*Gescher* Rn. 13). Bei mehreren Behandlungsabschnitten kommt es auch bei zeitlich gestreckter Behandlung auf den Abschluss der gesamten Behandlung an (Spickhoff/*Spickhoff* Rn. 7; *Rehborn* GesR 2013, 257, 267). 26

Zu beachten gilt es, dass die Aufbewahrungsfrist auch bei Praxisaufgabe (§ 10 Abs. 4 MBO-Ä) und Tod des Behandelnden nicht verkürzt oder aufgehoben wird. Der Behandelnde oder seine Erben haben eine ordnungsgemäße Aufbewahrung zu gewährleisten. Eine Übergabe der Dokumentationen und Übertragung der Aufbewahrungspflicht auf den Praxisnachfolger kommt nur mit Zustimmung des Patienten in Betracht (BGH NJW 1991, 2955; 1992, 737; 2001, 2462). 27

Auch die Herausgabe der Dokumentation an den Patienten oder einen Nachbehandelnden kann die Aufbewahrungspflicht nicht verkürzen oder aufheben. Unabhängig davon, ob die Herausgabe der originalen Dokumentation an den Patienten überhaupt zulässig ist (hierzu *Ratzel*, in: Ratzel/Lippert/Prütting, MBOÄ § 10 Rn. 21; Spickhoff/*Scholz*/*Pethke*, § 10 MBOÄ Rn. 10) trifft den Behandelnden auch nach der neuen Rechtslage die von der Rechtsprechung anerkannte Pflicht zur sog. Nacheile (BGH NJW 1996, 779, 780 f.; *Bayer*, Ärztliche Dokumentationspflicht und Einsichtsrecht in Patientenakten, S. 89; Erman/*Rehborn*/*Gescher* Rn. 15). Diese verpflichtet ihn, herausgegebene Dokumentationen zum Zweck der Aufbewahrung zeitnah wieder zurückzufordern (BGH NJW 1996, 779, 780 f.; Erman/*Rehborn*/*Gescher* Rn. 15). 28

Schließlich kann eine über die Zehnjahresfrist hinausgehende Aufbewahrung aus verschiedenen Gründen erforderlich sein. Zunächst kann sich eine entsprechende Verpflichtung aus spezialgesetzlichen Regelungen ergeben. Eine längere Aufbewahrungspflicht ergibt sich aus § 12 Abs. 1 GenDG, § 28 Abs. 3 Satz 1,3 RöntgV, §§ 14 Abs. 3 Satz 1, 15 TFG, §§ 64 Abs. 3 Satz 2, 85 Abs. 3 Satz 1 StrlSchV. Daneben kann eine längere Aufbewahrung auch aufgrund des Gesundheitszustandes des Patienten oder aus beweisrechtlichen Gründen geboten sein (BT-Drs. 17/10488 S. 26). Da die regelmäßige Verjährung bei Körper- und Gesundheitsverletzungen nach § 199 Abs. 2 dreißig Jahre beträgt, sollte der Behandelnde die Dokumentationen möglichst bis zum Ablauf dieser Frist 29 aufbewahren, da die ordnungsgemäß geführte Dokumentation im Prozess von großem Vorteil für ihn sein kann. Da dem Patienten mit Ablauf der Zehnjahresfrist kein Einsichtsrecht nach § 630g mehr zusteht und auch die Beweislastregel des § 630h Abs. 3 nicht mehr greift, entstehen ihm durch eine längere Aufbewahrung auch keine Nachteile.

30 Unterdrückt der Patient die Dokumentation, indem er dieselbe herausverlangt und später nicht zurückgibt oder vernichtet, oder indem er sich bei Todesfall gegen eine Aufbewahrung durch die Rechtsnachfolger wendet und hierdurch die Erhaltung rechtlich unmöglich macht (etwa unter Nutzung des Rechts auf Vergessenwerden, Art. 17 Abs. 1 DSGVO, siehe dazu D. Prütting/J. *Prütting*, Medizin- und Gesundheitsrecht, 2018, S. 251 f.), greifen in einem etwaigen Haftungsprozess die Grundsätze der Beweisvereitelung nach §§ 427, 444 ZPO zu Gunsten der Behandlungsseite. Zudem darf das Gericht im Rahmen des Klagevortrags in diesem Fall nicht mehr von den niedrigen Anforderungen an die patientenseitige Substantiierung (BGH NJW 2004, 2825, 2827) und der sekundären Darlegungslast des Behandelnden (BGH NJW 1978, 1687) ausgehen, da es schon für die Darlegungsebene rechtsmissbräuchlich wäre, wenn sich der die Dokumentation unterdrückende Patient auf Basis eben dieses Umstands in eine ungleich bessere Prozesslage brächte und hierauf in der Folge berufen dürfte.

### E. Folgen bei Verstößen

31 Grundsätzlich gilt, dass einer formell und materiell ordnungsgemäßen Dokumentation bis zum Beweis des Gegenteils Glauben zu schenken ist (OLG Düsseldorf GesR 2005, 464; OLG Oldenburg VersR 2007, 1567).

32 Ist der Beweis des Gegenteils geführt und liegt eine Verletzung der Dokumentationspflicht vor, stellt sie eine Pflichtverletzung i.S.d. § 280 Abs. 1 dar. Sie allein begründet jedoch regelmäßig keinen Schadensersatzanspruch des Patienten (BGH NJW 1983, 332; 1995, 1611, 1612, OLG Koblenz NJW-RR 2004, 410, 411), sondern führt lediglich zur Beweiserleichterung gem. § 630h Abs. 3 (BT-Drs. 17/10488 S. 26). Nach dieser gelten in der Dokumentation enthaltene Maßnahmen als durchgeführt und nicht in ihr enthaltene Maßnahmen als nicht erbracht (MüKo/*Wagner* § 630h Rn. 64). Die Richtigkeit und Vollständigkeit der Dokumentation wird somit zu Gunsten des Patienten vermutet (MüKo/*Wagner* Rn. 18).

33 Eine Haftung wegen der Verletzung der Dokumentationspflicht aus § 280 Abs. 1 kommt aber dann in Betracht, wenn durch diese ein Schaden des Patienten hervorgerufen wurde. Denkbar sind dabei insbesondere Fälle, bei denen es aufgrund einer fehlenden oder fehlerhaften Dokumentation zu Doppelbehandlungen oder zur Verordnung einer falschen Medikation gekommen ist (MüKo/*Wagner* Rn. 19; *Fiekas* MedR 2016, 32, 36).

34 Neben der zivilrechtlichen Beweiserleichterung drohen dem Behandelnden auch strafrechtliche Sanktionen, wenn die Verletzung der Dokumentationspflicht zugleich eine Urkundenfälschung gem. § 267 StGB oder eine Urkundenunterdrückung gem. § 274 Abs. 1 StGB oder bei elektronisch geführten Dokumentationen eine Fälschung beweiserheblicher Daten gem. § 269 StGB darstellt.

### F. Haftungsrechtliche Vorteile sorgfältig geführter Dokumentation

35 Die ordnungsgemäß geführte und aufbewahrte Dokumentation kann für den Behandelnden haftungsrechtliche Vorteile mit sich bringen. Sofern die Dokumentation alle für die Behandlung wesentlichen Maßnahmen und Ergebnisse festhält, ermöglicht sie es Sachverständigen und Gericht auch lange Zeit nach Abschluss der Behandlung noch, diese nachzuvollziehen. Diese Opportunität ist in Zusammenhang mit der sekundären Darlegungslast (BGH NJW 1978, 1687; D. Prütting/J. Prütting, Medizin- und Gesundheitsrecht, 2018, S. 312 f.; *Simmler*, in: Bergmann/Pauge/Steinmeyer, Gesamtes Medizinrecht, ZPO, § 138 Rn. 5) der Behandlungsseite im Medizinschadensprozess zu sehen, welcher weithin nur auf Basis sorgfältiger Dokumentation genügt werden kann. Für das Aufklärungsgespräch und dessen Inhalte begründet die Dokumentation ein positives Indiz (BGH

NJW 2014, 1527 m.Anm. *Katzenmeier* MedR 2015, 594; weitergehend OLG Hamm MedR 2011, 339 f.: Vermutung der Vollständigkeit und Richtigkeit eines unterzeichneten Aufklärungsbogens).

## G. Darlegungs- und Beweislast

Die Richtigkeit der Dokumentation wird nicht bereits durch das bloße Bestreiten seitens des Patienten erschüttert, vielmehr müssen konkret erkennbare Anhaltspunkte vorliegen, die eine entsprechende Vermutung begründen. 36

Allein der Verstoß gegen die Dokumentationspflicht begründet keine Haftung des Behandelnden aus § 280 Abs. 1, sondern führt nur zur Beweislasterleichterung gem. § 630h Abs. 3, wonach die in der Dokumentation enthaltenen wesentlichen medizinisch gebotenen Maßnahmen als durchgeführt und die nicht in ihr enthaltenen Maßnahmen als nicht durchgeführt zu unterstellen sind. 37

Da es sich bei der Beweiserleichterung des § 630h Abs. 3 um eine widerlegbare Vermutung handelt, steht es dem Behandelnden frei, den Beweis des Gegenteils zu führen (§ 292 ZPO). Dies wird ihm insbesondere durch die Benennung von Zeugen oder sachverständige Begutachtung möglich sein. 38

Beachtet werden muss jedoch, dass die Vermutung des § 630h Abs. 3 nur bis zum Ablauf der Aufbewahrungsfrist des § 630f Abs. 3 greift. Nach Verstreichen der dort normierten Zehnjahresfrist liegt die Darlegungs- und Beweislast uneingeschränkt beim Patienten. Dies kann jedoch über das weiterhin bestehende Darlegungsproblem bis zur Grenze der 30-jährigen Verjährungsfrist nach § 199 Abs. 2 nicht hinwegtäuschen. 39

Im Übrigen bleibt es dabei, dass die Darlegungs- und Beweislast hinsichtlich der Pflichtverletzung, des Schadens und der Kausalität nach den allgemeinen Grundsätzen den Patienten trifft. 40

## H. Erwägungen zur DSGVO

Die Dokumentationspflicht des 630f wird durch die Vorschriften der DSGVO nicht eingeschränkt, jedoch – solange die personenbezogenen Daten des Patienten ausschließlich zur konkreten Behandlung erhoben werden – auch nicht erweitert. Es ist kein medizinischer Grund ersichtlich, weshalb das Einhalten der Grundsätze nach den Art. 5 ff. DSGVO oder die Erfüllung der Informationspflichten nach den Art. 12 ff. DSGVO für die Behandlung selbst von unmittelbarem Interesse sein sollten. Dementsprechend nehmen etwaige Streitigkeiten um Datenschutzerwägungen auch nicht an der Vermutung des § 630h Abs. 3 teil. 41

Anders ist dies jedoch mit Blick auf reibungslose Abläufe (die auch dem Gesundheitsschutz des Patienten dienen) in jedem Fall zu bewerten, in welchem medizinische Einrichtungen mit arbeitsteiliger Organisation (MVZ, Gemeinschaftspraxis, Krankenhaus) dem Patienten gegenübertreten. Mit Blick auf die Art. 7–9 DSGVO ist sicherzustellen und für einen ordnungsgemäßen Ablauf in die Patientenakte aufzunehmen, dass der Patient im Bewusstsein der Behandlung durch von der Einrichtung festzulegendem medizinischen und nichtmedizinischen Personal versorgt wird und somit ohne erneutes Einwilligungsgesuch seine Daten für sämtliche mit Anamnese, Diagnostik, Therapie und Nachsorge befassten Personen zugänglich und verarbeitungsfähig sein sollen. Begleitend ist zu empfehlen, die jederzeitige Erfüllbarkeit der patientenseitigen Informationsansprüche aus den Art. 12, 13, 15 DSGVO zu gewährleisten. 42

Medizinischen Einrichtungen ist darüber hinaus mit Blick auf die Grundsätze des Art. 5 Abs. 1 DSGVO und der in Art. 5 Abs. 2 DSGVO normierten Rechenschaftspflicht anzuraten, die Patientenakte um einen Checklistenanteil zur konkreten Einhaltung der Datenschutzgrundsätze zu erweitern. 43

## § 630g Einsichtnahme in die Patientenakte

(1) Dem Patienten ist auf Verlangen unverzüglich Einsicht in die vollständige, ihn betreffende Patientenakte zu gewähren, soweit der Einsichtnahme nicht erhebliche therapeutische Gründe

oder sonstige erhebliche Rechte Dritter entgegenstehen. Die Ablehnung der Einsichtnahme ist zu begründen. § 811 ist entsprechend anzuwenden

(2) Der Patient kann auch elektronische Abschriften von der Patientenakte verlangen. Er hat dem Behandelnden die entstandenen Kosten zu erstatten.

(3) Im Fall des Todes des Patienten stehen die Rechte aus den Absätzen 1 und 2 zur Wahrnehmung der vermögensrechtlichen Interessen seinen Erben zu. Gleiches gilt für die nächsten Angehörigen des Patienten, soweit sie immaterielle Interessen geltend machen. Die Rechte sind ausgeschlossen, soweit der Einsichtnahme der ausdrückliche oder mutmaßliche Wille des Patienten entgegensteht.

### Übersicht

| | Rdn. |
|---|---|
| A. Normzweck und Anwendungsbereich, DSGVO | 1 |
| B. Voraussetzungen und Umfang, Abs. 1 Satz 1 | 6 |
|    I. Einsichtsberechtigter | 6 |
|    II. Einsichtsverlangen | 9 |
|    III. Zeit und Ort der Einsichtsgewährung | 10 |
|    IV. Umfang des Einsichtsrechts | 12 |
|    V. Begrenzung des Einsichtsrechts | 18 |
|      1. Wegen entgegenstehender therapeutischer Gründe | 19 |
|      2. Wegen entgegenstehender Rechte Dritter | 23 |
| C. Begründung der Verweigerung der Einsichtnahme, Abs. 1 Satz 2 | 26 |
| D. Anspruch auf Anfertigung und Herausgabe von Abschriften, Abs. 2 | 28 |
| E. postmortales Einsichtsrecht, Abs. 3 | 31 |
|    I. Voraussetzungen des Einsichtsrechts | 31 |
|    II. Begrenzungen des Einsichtsrechts | 35 |
| F. Sonstige Einsichtsrechte | 37 |
| G. Prozessuale Geltendmachung des Einsichtsrechts und abweichende Vereinbarungen | 40 |

### A. Normzweck und Anwendungsbereich, DSGVO

1 Das Recht des Patienten, die ihn betreffende Patientenakte einzusehen, dient dem Schutz seiner informationellen Selbstbestimmung (BT-Drs. 17/10488 S. 26 m.V.a. BVerfG NJW 2006, 1116) und seiner personalen Würde (BVerfG NJW 1999, 1777; 2006, 1116, 1117). § 630g greift damit die bisherige Rechtsprechung von BGH (BGH NJW 1983, 328; 1983, 330; 1989, 764), BVerwG (BVerwG NJW 1989, 2960) und BVerfG (BVerfG NJW 1999, 1777; 2006, 1116) auf.

2 Daneben tritt die in der Praxis äußerst bedeutsame beweisrechtliche Funktion: Die in § 630f angesprochene Beweissicherungsfunktion der Dokumentation wäre weitgehend wertlos, wenn dem Patienten nicht ein entsprechendes Einsichtsrecht zustünde. Insoweit ermöglicht es dem Patienten erst die Einsichtnahme in die Patientenakte, die Behandlung nachzuvollziehen, die Erfolgschancen einer Klage abzuschätzen und gegebenenfalls Beweismittel für diese zu sammeln (MüKo/*Wagner* Rn. 3).

3 § 10 Abs. 2 MBO-Ä stellt eine der zivilrechtlichen Regelung des § 630g Abs. 1, 2 entsprechende berufsrechtliche Regelung dar. Neben § 630g bleibt § 810 anwendbar, ohne dass sich aus diesem weitergehende Rechte ergeben würden.

4 Mit Inkrafttreten der DSGVO und dem dort in Art. 12 und 15 geregelten Auskunftsrecht hat § 630g seinen praktischen Anwendungsbereich weithin eingebüßt, wenngleich die Norm gegenüber der Anwendungsvorrang genießenden DSGVO partiell eigenständige Bedeutung behält: Zum einen erweitert sie den Kreis auskunftsberechtigter Personen auf Angehörige und Erben und erstreckt den Anspruch auch auf den judikativ anerkannten Informationsüberhang (Rdn. 16, 17). Zum anderen aber beschränkt §630g Abs. 1 Satz 1 das Einsichtnahmerecht aus therapeutischen Gründen oder zum Schutz Dritter. Insoweit erscheint es allerdings zweifelhaft, ob 630g Abs. 1 Satz 1 eine taugliche Öffnungsklausel i.S.d. Art. 23 Abs. 1 lit. e und i DSGVO darstellt, die den *Spezifikationsanforderungen des* Art. 23 Abs. 2 DSGVO (insbesondere lit. c und d) genügt. Dogmatisch ließe sich der zeitlich vorgelagerte Gesetzgebungsakt in § 630g wohl nur über eine

konkludente nachträgliche Normwidmung als Beschränkungsgesetz auffassen. Zur Herstellung von Rechtssicherheit und Vermeidung von Wertungswidersprüchen ist eine Revision von § 630g dringend geboten (vgl. Walter/Strobl MedR 2018, 472; zum Reformbedarf und Erwägungen de lege ferenda ausführlich auch J. Prütting/Friedrich MedR 2021, im Erscheinen).

Der Anwendungsvorrang der DSGVO bringt es mit sich, dass § 630g daneben in Kraft bleibt, so dass auch künftige Verfahren gleichermaßen hierauf gestützt werden können. Zentrale Änderungen ergeben sich hinsichtlich der Kostentragungslast, da Art. 15 Abs. 3 Satz 1, 2 DSGVO diese für die erstmalige Zurverfügungstellung an den Betroffenen unmissverständlich dem Verantwortlichen auferlegt (LG Dresden MedR 2021, 58 m.Anm. Gruner; a.A. jedenfalls bei der Überlassung von Papierakten wohl MüKo/Wagner Rn. 6). Obwohl sich das Auskunftsrecht des Betroffenen, wie von Erwägungsgrund 63 Satz 2 zur DSGVO ausdrücklich benannt, auch auf die in der Patientenakte enthaltenen Daten bezieht, wird der entsprechende Hinweis in der Praxis aber nach wie vor von der Behandlungsseite oftmals unter Bezugnahme auf die konfligierende Kostenregelung in Abs. 2 Satz 2 zu Unrecht ignoriert. 5

## B. Voraussetzungen und Umfang, Abs. 1 Satz 1

### I. Einsichtsberechtigter

Einsichtsberechtigt ist die behandelte Person. Ist diese nicht Vertragspartner des Behandlungsvertrages oder nach § 328 Abs. 1 Anspruchsberechtigter aus einem Vertrag zu Gunsten Dritter, ist Abs. 1 Satz 1 analog anzuwenden (*Habermalz* NJW 2013, 3403, 3404; MüKo/*Wagner* Rn. 9 ff.; VG Freiburg medstra 2016, 235, 238; für deliktisches Einsichtsrecht NK-BGB/*Voigt* Rn. 2; Jauernig/*Mansel* Rn. 1). 6

(unbesetzt) 7

Dem Vertragspartner des Behandlungsvertrages, der nicht behandelte Person ist, steht kein Einsichtsrecht aus § 630g Abs. 1 Satz 1 zu. Er kann ein solches allenfalls aus anderen, insbesondere sorge- und betreuungsrechtlichen Vorschriften oder einer rechtsgeschäftlichen Ermächtigung herleiten (NK-BGB/*Voigt* Rn. 2; Jauernig/*Mansel* Rn. 1). 8

### II. Einsichtsverlangen

Das Einsichtsrecht setzt ein Einsichtsverlangen der behandelten Person voraus. Das Einsichtsverlangen kann sich dabei nur auf einzelne Teile oder die gesamte Patientenakte beziehen. Sofern keine Einschränkung vorgenommen wird, ist grundsätzlich Einsicht in die gesamte Patientenakte zu gewähren, wie bereits der Wortlaut der Norm zum Ausdruck bringt. Ein berechtigtes Interesse an der Einsichtnahme muss die behandelte Person nicht darlegen (BT-Drs. 17/10488 S. 26). 9

Die Rechtsnatur des Einsichtnahmeverlangens ist unklar. Der überwiegende Teil der Literatur plädiert für eine entsprechende Anwendung der rechtsgeschäftlichen Regeln der §§ 104 ff., was prima facie mit Blick auf den angestrebten Gleichlauf mit der Vertragsabschlusskompetenz und auch die Kostenfolge des Abs. 2 Satz 2 sachgerecht erscheint. Diese Sichtweise führt dazu, dass minderjährige oder unter Betreuung stehende Patienten das Einsichtsrechtsrecht nicht selbst ausüben können, sondern nur deren gesetzliche Vertreter (Palandt/*Weidenkaff* Rn. 2; MüKo/Wagner Rn. 9). Bei näherer Betrachtung führt das Abstellen auf die Geschäftsfähigkeit jedoch zu nicht unbedenklichen Wertungswidersprüchen: Es ist nicht einsichtig, warum ein Minderjähriger bei hinreichender Einsichtsfähigkeit autonom in die Behandlung einwilligen, dann aber nicht als Ausfluss seines Rechts auf informationelle Selbstbestimmung selbstständig die zugehörige Dokumentation herausverlangen können soll. Auch im Rahmen der Paralleldiskussion zu Art. 15 Abs. 3 DSGVO wird überwiegend auf die entsprechende Einsichtsfähigkeit rekurriert (Conrad/Hausen, in: Auer-Reinsdorff/Conrad, Handbuch IT- und Datenschutzrecht, § 34 Rn. 572). Für das deutsche Recht würde man auch bei Anwendung der rechtsgeschäftlichen Regeln zu vergleichbaren Ergebnissen gelangen, wenn de lege ferenda die Kostentragungspflicht aus Abs. 2 Satz 2 entfiele, die der Anwendung von 9a

§ 107 entgegensteht, wonach der Minderjährige ein lediglich rechtlich vorteilhaftes Geschäft auch ohne Zustimmung seiner Eltern kann. Dass auf dieser Basis theoretisch auch ein sechsjähriges Kind nicht altersgerechte Inhalte seiner Behandlungsakte einsehen könnte, soweit kein therapeutischer Verweigerungsgrund greift, ist die Folge der rechtspolitisch streitbaren Anknüpfung des Gesetzgebers in § 107 an einen *rechtlichen* Nachteil. Die allgemeine Rechtgeschäftslehre fängt die für die Ausübung des Auskunftsrechts maßgeblichen Aspekte – Recht auf Wissen und Recht auch Nichtwissen – nur unzureichend ein: Denn ohne Zweifel kann das über die Einsicht erlangte Wissen auch sehr belastend sein. Die Kenntnis einer genetischen Prädisposition für schwere Erkrankungen kann nicht nur eine frühzeitige Sensibilisierung schaffen, etwa für die Bedeutung von Vorsorgeuntersuchungen, sondern auch existentielle Ängste auslösen und dem Patienten die Unbeschwertheit in seiner Lebensführung nehmen. In praktischer Hinsicht dürfte bei einer Reform der nationalen Kostenregelung in Abs. 2 Satz 2 und Anwendung der §§ 104 ff. allerdings ein weitgehender Gleichlauf mit den bei Abstellen auf die Einsichtsfähigkeit erreichten Ergebnissen gewährleistet sein und eine Umgehung des Minderjährigenschutzes vermieden: Ein minderjähriger Patient, der sich selbstständig über seine Auskunftsrechte informiert und sie wahrnimmt, wird tendenziell auch über die Einsichtsfähigkeit verfügen, derer es bedarf, um den Informationsgewinn durch die Einsichtnahme mit potentiellen Risiken abzuwägen. Wo dies nicht der Fall ist, verbliebe im nationalen Recht dem Behandler die Möglichkeit, ggf. sogar die Pflicht, die Auskunft unter therapeutischen Gesichtspunkten zu verweigern (vgl. zur Problematik im Detail J. Prütting/Friedrich MedR 2021, im Erscheinen). In Anbetracht des Anwendungsvorrangs der DSGVO und zur Vermeidung von Disharmonien erscheint es aber für den deutschen Gesetzgeber ebenso ein gangbarer Weg zu sein, an die Einsichtsfähigkeit anzuknüpfen.

**9b** De lege lata führt die Anwendung der rechtsgeschäftlichen Regeln zu folgenden Ergebnissen: Ist der Einsichtsberechtigte nicht geschäftsfähig, minderjährig oder steht unter Betreuung, hat sein gesetzlicher Vertreter das Einsichtsrecht auszuüben (Palandt/*Weidenkaff* Rn. 2). Sofern und soweit es möglich ist, soll der Einsichtsberechtigte nach dem Rechtsgedanken des § 630e Abs. 5 an der Einsichtnahme beteiligt werden (MüKo/*Wagner* Rn. 10; Palandt/*Weidenkaff* Rn. 2).

### III. Zeit und Ort der Einsichtsgewährung

**10** Das Einsichtsrecht ist unverzüglich, also ohne schuldhaftes Zögern (§ 121) zu gewähren. Bei gewöhnlichem Praxis-/Klinikbetrieb kann die Gewährung durchaus einige Tage erfordern (Spickhoff/*Spickhoff* Rn. 3; *Walter*, Das neue Patientenrechtegesetz, 2013, Rn. 235), da die Unterlagen zur Verfügung gestellt werden müssen und dem Arzt eine Prüfung hinsichtlich der Grenzen des Einsichtsrecht zusteht (Jauernig/*Mansel* Rn. 4).

**11** Gem. Abs. 1 Satz 3 i.V.m. § 811 ist die Einsicht an dem Ort zu gewähren, an dem sich die Patientenakte befindet, regelmäßig also in der Praxis des Behandelnden oder im Krankenhaus (Spickhoff/*Spickhoff* Rn. 7). Es handelt sich nach der Rechtsprechung daher um eine Holschuld (LG Dortmund NJW 2001, 2806; LG Hannover MedR 2016, 730). Aus wichtigem Grund, beispielsweise weil es dem Patienten aus gesundheitlichen Gründen nicht möglich ist oder weil der Behandelnde oder der Patient umgezogen sind, kann die Einsicht auch an einem anderen Ort gewährt werden (BT-Drs. 17/10488 S. 27; *Walter*, Das neue Patientenrechtegesetz, Rn. 237). Ein Anspruch auf Versendung der Patientenakte oder von Abschriften bestand nach der bisherigen Rechtsprechung grundsätzlich nicht (LG Dortmund NJW 2001, 2806), wenngleich zahlreiche Behandler bei Übernahme der enstehenden Kosten entsprechend verfuhren. Auch bei einem Verlangen nach Datenkopie gem. Art. 15 Abs. 3 Satz 1 DSGVO besteht dem Wortlaut nach nur ein Anspruch auf Zurverfügungstellung der Daten. Nach wohl herrschender Lesart ergibt sich daraus jedoch zugleich ein Anspruch auf Übersendung (so Bäcker, in: Kühling/Buchner, Art. 15 DSGVO Rn. 44; auch BeckOK/Schmidt-Wudy geht von einer Schickschuld aus, Art. 15 DSGVO Rn. 84). Durch die Einsichtnahme entstehende Kosten hat gem. Abs. 1 Satz 3 i.V.m. § 811 Abs. 2 Satz 1 nach nationaler Rechtsordnung eigentlich der Patient zu tragen. Auch in dieser Hinsicht greift allerdings der Anwendungsvorrang der DSGVO, wonach gem. Art. 12 Abs. 5 und 15 Abs. 3 Satz 1, 2 DSGVO die erstmalige Zurverfügungstellung auf Kosten des Verantwortlichen zu erfolgen hat (LG Dresden MedR 2021, 58 m. Anm. Gruner).

### IV. Umfang des Einsichtsrechts

Dem Einsichtsberechtigten ist grundsätzlich Einsicht in die vollständige, ihn betreffende Originalpatientenakte zu gewähren (BT-Drs. 17/10488 S. 26). Der Gesetzgeber hat damit der umstrittenen Rechtsprechung, die davon ausging, dass sich das Einsichtsrecht nur auf objektive Angaben beziehe (so noch BGH NJW 1983, 328, 330), eine Absage erteilt. Das Einsichtsrecht erstreckt sich ebenfalls eindeutig auch auf Schilderungen des Behandelnden über subjektive Wahrnehmungen und persönliche Eindrücke (BT-Drs. 17/10488 S. 27; *Kensy* MedR 2013, 767, 771). Dieses umfangreich anerkannte Einsichtsrecht kann durch den Behandelnden nicht mittels einer doppelten Aktenführung umgangen werden. Sofern mehrere die behandelte Person betreffende Akten geführt werden, erstreckt sich das Einsichtsrecht auf alle diese Akten (Spickhoff/*Spickhoff* Rn. 4; BeckOK/*Katzenmeier* Rn. 5). Dies ist interessengerecht, da sich subjektive Wahrnehmungen und persönliche Eindrücke mittelbar auch auf die beweisrechtliche Würdigung auswirken können (Spickhoff/*Spickhoff* Rn. 4). 12

Im Verhältnis zur DSGVO ist zu beachten, dass allein der Anspruch aus § 630g einen Anspruch auf Einsicht in die Originaldokumente gewährt. In der Praxis zieht ein Vorgehen auf Basis der DSGVO allerdings i.d.R. keinen relevanten Nachteil für den Patienten nach sich, da sein zentrales Informationsbedürfnis auch mit der Überlassung einer Kopie befriedigt wird. 12a

Weitere Inhalte ergeben sich aus Art. 15 Abs. 1 DSGVO. Insbesondere dürften für künftige Informationsverlangen bei Patientendaten Berichtigungs- und Beschwerderechte von Bedeutung sein. 13

Kein Einsichtsrecht besteht demgegenüber hinsichtlich Unterlagen, die die interne Organisation des Krankenhauses betreffen (OLG Karlsruhe MDR 2017, 1300) und Berichten, die zur Information des Haftpflichtversicherers erstellt wurden (OLG Bonn VersR 2010, 358). 14

Ist die Patientenakte weder für den Einsichtsberechtigten noch für einen zur Unterstützung hinzugezogenen Mediziner lesbar, sei es wegen der unleserlichen Schrift oder der Verwendung eines unüblichen Abkürzungssystems, hat der Einsichtsberechtigte zudem einen Anspruch auf Fertigung einer Leseabschrift (LG Karlsruhe NJW-RR, 2001, 236; LG Dortmund NJW-RR 1998, 261; für einen entsprechenden Anspruch bereits bei fehlender Lesbarkeit für den Patienten AG Hagen NJW-RR, 1998, 262, 263). Mit Blick auf Art. 12 Abs. 1, 2 Satz 1 DSGVO wird die zuletzt genannte Sichtweise die Zukunft prägen. 15

Neben dem Inhalt der Patientenakte erstreckt sich der Anspruch des Patienten auch auf diejenigen Informationen, die er zur Durchsetzung seines Schadensersatzanspruchs benötigt (BGH NJW 2015, 1525). Erforderlich ist dafür, dass er sie sich nicht ohne weiteres selbst beschaffen und dass der Anspruchsgegner sie unschwer geben kann (BGH NJW 1995, 386; 2015, 1525, 1526; 2652, 2653). Der Patient wird dabei regelmäßig Auskunft über den Behandelnden begehren. Der BGH erkennt insoweit einen Auskunftsanspruch hinsichtlich des Namens (BGH NJW 1983, 2075, 2076 m. Anm. *Ahrens*; BGH NJW 2015, 1525), nicht aber bezüglich der privaten Anschrift des Behandelnden an, da es regelmäßig genügt, wenn dem Patienten die Anschrift des Krankenhauses/der Praxis als ladungsfähige Anschrift mitgeteilt wird (BGH NJW 2015, 1525). 16

Ein Anspruch besteht auch hinsichtlich der Daten eines Mitpatienten, wenn dieser wegen einer vorsätzlich begangenen Körperverletzung in Anspruch genommen werden soll (BGH NJW 2015, 2652). Der Anspruch erstreckt sich in diesem Fall sowohl auf den Namen als auch die private Anschrift des Mitpatienten, da das berechtigte Offenlegungsinteresse des Patienten gegenüber dem Datenschutzinteresse des Mitpatienten überwiegt, weil dieses nicht vor der Inanspruchnahme wegen vorsätzlich begangener Straftaten schützen soll (BGH NJW 2015, 2652, 2654). 17

## V. Begrenzung des Einsichtsrechts

18 Wie aus der Norm selbst hervorgeht, kann das Einsichtsrecht aufgrund entgegenstehender therapeutischer Gründe oder entgegenstehender Rechte Dritter begrenzt sein. Die Begrenzung kann sich dabei nur auf Teile oder die gesamte Patientenakte beziehen. Hinsichtlich ihrer Wirksamkeit steht sie unter dem Vorbehalt des Art. 23 DSGVO.

### 1. Wegen entgegenstehender therapeutischer Gründe

19 Eine Beschränkung des Einsichtsrechts aufgrund therapeutischer Gründe soll nur in besonderen Einzelfällen möglich sein (BT-Drs. 17/10488 S. 26). Solche können nur angenommen werden, wenn auf Basis einer sorgfältigen Ermittlung konkrete Anhaltspunkte vorliegen, die die Annahme begründen, dass mit der Einsicht in die Patientenakte eine schwerwiegende physische oder psychische Gefährdung des Patienten einhergeht (BT-Drs. 17/10488 S. 26). Allgemeine paternalistische Überlegungen des Behandlers, eine Einsichtnahme sei dem Patienten nicht zumutbar, reichen nicht aus (BGH NJW 1989, 764, 765).

20 Grundsätzlich obliegt es dem Patienten und nicht dem Behandelnden, darüber zu entscheiden, welchen (Gesundheits-)Risiken er sich aussetzen will (BVerwG NJW 1989, 2960; BT-Drs. 17/10488 S. 26 f.; BGH NJW 1989, 764, 765). Eine andere Beurteilung ist erst dann gerechtfertigt, wenn die Entscheidung eine erhebliche gesundheitliche Gefahr bis hin zur Gefahr des Todes birgt (BT-Drs. 17/10488 S. 26 f.; BVerwG NJW 1989, 2960).

21 Sofern therapeutische Gründe vorliegen, bedeuten sie nicht zwangsläufig einen vollständigen Ausschluss der Einsicht. Vielmehr ist auch dann die Einsicht im größtmöglichen Umfang zu gewähren. In Betracht kommen dafür insbesondere die teilweise Einsichtnahme und die Einsicht unter Anwesenheit eines Arztes oder nahen Vertrauten (BT-Drs. 17/10488 S. 27; MüKo/*Wagner* Rn. 19).

22 Bleiben Zweifel, ob die therapeutischen Gründe geeignet sind, das Einsichtsrecht zu beschränken, muss dieses gewährt werden, da das informationelle Selbstbestimmungsrecht des Patienten überwiegt.

### 2. Wegen entgegenstehender Rechte Dritter

23 Das Einsichtsrecht kann auch dann beschränkt werden, wenn die Patientenakte Aufzeichnungen über die Persönlichkeit Dritter enthält, die ihrerseits schützenswert sind. Dies kann nach der Gesetzesbegründung beispielsweise dann der Fall sein, wenn die Behandlung eines minderjährigen Patienten unter Einbeziehung seiner sorgeberechtigten Eltern erfolgt und in diesem Zusammenhang sensible Informationen über die Eltern in der Patientenakte enthalten sind (BT-Drs. 17/10488 S. 27).

24 In seltenen Ausnahmefällen kann eine Begrenzung auch aufgrund entgegenstehender Persönlichkeitsrechte des Behandelnden möglich sein. An diese sind jedoch sehr hohe Anforderungen zu stellen. Es genügt danach nicht, wenn dem Behandelnden seine Aufzeichnungen lediglich unangenehm oder peinlich sind (MüKo/*Wagner* Rn. 15).

25 Sofern Rechte Dritter entgegenstehen, muss sorgfältig abgewogen werden, ob das Einsichtsrecht hinsichtlich der Passagen mit Drittbezug vollständig zu versagen oder eingeschränkt zu gewähren ist. Stets bedarf es einer Abwägung der betroffenen Interessen (MüKo/*Wagner* Rn. 20).

## C. Begründung der Verweigerung der Einsichtnahme, Abs. 1 Satz 2

26 Die Ablehnung des Einsichtsbegehrens ist zu begründen. Dadurch soll die Akzeptanz des Patienten bezüglich der Ablehnung gesteigert und die gerichtliche Durchsetzung des Einsichtsrechts verbessert werden (BT-Drs. 17/11710 S. 29). An die Begründung dürfen keine überhöhten Anforderungen gestellt werden, da sonst die Schutzerwägungen, die die Ablehnung rechtfertigen, leerlaufen würden. Es muss jedoch zumindest ersichtlich sein, auf welche Gesichtspunkte der Behandelnde

seine Entscheidung stützt, sodass Pauschalbegründungen nicht genügen (BT-Drs. 17/11710 S. 29; Jauernig/*Mansel* Rn. 11).

Klagt der Patient auf (weitergehende) Gewährung der Akteneinsicht, prüft das Gericht nur die 27
Begründung der Ablehnungsentscheidung und unterstellt dabei, dass der Behandelnde das mit der Offenlegung verbundene Gefährdungspotential zutreffend eingeschätzt hat, da anderenfalls die Einsichtsbeschränkung durch Offenlegung der vollständigen Patientenakte im Prozess umgangen werden würde (MüKo/*Wagner* Rn. 22; Spickhoff/*Spickhoff* Rn. 6 Bezug nehmend auf OLG Naumburg NJW 2005, 2017). Um die wechselseitigen Interessen in Ausgleich zu bringen und vor allem einen effektiven Rechtsschutz des Patienten gewährleisten zu können, fordert *Wagner* eine gerichtliche Überprüfung der Ablehnungsentscheidung im Rahmen eines Geheimverfahrens. Bei diesem soll nur das erkennende Gericht Zugriff auf die vollständige Patientenakte erhalten und die Ablehnungsentscheidung vollumfänglich inhaltlich prüfen, ohne dass die Inhalte für den Patienten offengelegt werden müssen (MüKo/*Wagner* Rn. 22). Dieser Forderung kann de lege lata nicht gefolgt werden, da In-camera-Verfahren bislang unzulässig sind (BGH NJW 1992, 1817; *H. Prütting/ Weth* NJW 1993, 576, 577). Für sie findet sich weder eine Grundlage in der Verfassung noch in der Zivilprozessordnung (*H. Prütting/Weth* NJW 1993, 576, 577). Gleichwohl erscheint die Forderung von *Wagner* de lege ferenda zur Effektuierung des von § 630g angestrebten Schutzes der Rechte des Patienten – ggf. unter Einbeziehung insoweit selbst gegenüber dem eigenen Mandanten zur Verschwiegenheit verpflichteten Anwälten – berechtigt.

### D. Anspruch auf Anfertigung und Herausgabe von Abschriften, Abs. 2

Das von der bisherigen Rechtsprechung bereits anerkannte Recht des Patienten, Abschriften der 28
Patientenakte verlangen zu können, ist nun in Abs. 2 Satz 1 normiert (OLG München NJW 2001, 2806 f.). Es bezieht sich dabei nicht nur auf Schriftstücke, wie der ungünstig gewählte Wortlaut vermuten lassen könnte, sondern auch auf elektronische Dokumente, Bilder und Videos (BT-Drs. 17/10488 S. 27; 17/11710, S. 29; Spickhoff/*Spickhoff* Rn. 8).

Bei elektronisch geführten Patientenakten kann die Abschrift entweder als elektronische Kopie auf 29
einem Speichermedium oder als physische Kopie erstellt werden (BT-Drs. 17/10488 S. 27; 17/11710, S. 29; *Kensy* MedR 2013, 767, 772). Die Wahl zwischen beiden Formen liegt dabei grundsätzlich beim Behandelnden (*Kensy* MedR 2013, 767, 772). Etwas anderes gilt nur dann, wenn der Patient ein berechtigtes Interesse an einer bestimmten Form der Abschrift hat (vgl. insoweit auch die Forderung des Art. 12 Abs. 2 Satz 1 DSGVO). Dies ist insbesondere dann denkbar, wenn der Patient nicht die technischen Möglichkeiten besitzt, elektronische Kopien einzusehen oder wenn die Inhalte nur durch elektronische Kopien gut dargestellt werden können.

Die durch die Anfertigung der Abschriften entstandenen Kosten hat gem. Abs. 2 Satz 2 der Patient 30
zu erstatten. Die Vorschrift wird jedoch durch Art. 12 Abs. 5, 15 Abs. 1, 3 Satz 1 DSGVO verdrängt, die Anwendungsvorrang genießen. Nach diesen muss die erste Kopie von personenbezogenen Daten, die Gegenstand der Verarbeitung sind, der betroffenen Person unentgeltlich von dem Verantwortlichen zur Verfügung gestellt werden. Eine Erstattungspflicht des Patienten besteht gem. Art. 15 Abs. 3 Satz 2 DSGVO erst dann, wenn der Patient weitere Kopien beantragt oder im Sinne des Art. 12 Abs. 5 Satz 2 DSGVO missbräuchlich handelt (zur weiterführenden Diskussion, unter welchen Voraussetzungen eine weitere, die Kostenpflicht des Auskunftsbegehrenden auslösende Kopie vorliegt, BeckOK/Schmidt-Wudy Art. 15 DSGVO Rn. 93).

### E. postmortales Einsichtsrecht, Abs. 3

#### I. Voraussetzungen des Einsichtsrechts

Durch Abs. 3 sind auch die bereits von der bisherigen Rechtsprechung anerkannten postmortalen 31
Einsichtsrechte kodifiziert worden (BT-Drs. 17/10488 S. 27; BGH NJW 1983, 2627, 2628). Gem. Abs. 3 Satz 1 gehen die Rechte aus Abs. 1 und 2 im Fall des Todes des Patienten zur Wahrnehmung

vermögensrechtlicher Interessen auf seine Erben über. Gesetzliche und gewillkürte Erben sind dabei gleichermaßen von der Vorschrift erfasst.

32 Gem. Abs. 3 Satz 2 gehen die Rechte aus Abs. 1 und 2 auf die nächsten Angehörigen über, soweit sie immaterielle Interessen geltend machen. Wer genau zu den nächsten Angehörigen in diesem Sinne zählt, definiert das Gesetz nicht. Aus der Gesetzesbegründung geht jedoch hervor, dass Ehegatten, Lebenspartner, Kinder, Eltern, Geschwister und Enkel, also Personen, zu denen eine familienrechtliche Beziehung besteht (MüKo/*Wagner* Rn. 33), umfasst sind (BT-Drs. 17/10488 S. 27).

33 Problematisch kann dabei im Einzelfall die Abgrenzung zwischen materiellen und immateriellen Interessen sein; zumal beides auch parallel vorliegen kann. Von materiellen Interessen kann ausgegangen werden, wenn die Einsicht begehrt wird, um einen Schadensersatzprozess vorzubereiten (Erman/*Rehborn*/*Gescher* Rn. 21; Spickhoff/*Spickhoff* Rn. 11) oder die Geschäfts- und Testierfähigkeit des Patienten vor seinem Tod zu ermitteln (Erman/*Rehborn*/*Gescher* Rn. 21; Jauernig/*Mansel* Rn. 13). Dass immaterielle Interessen betroffen sind, kann hingegen angenommen werden, wenn die Einsicht wegen eigener Gesundheitsinteressen, z.B. zur Feststellung oder zum Ausschluss einer Erbkrankheit oder einer anderen gesundheitlichen Disposition, begehrt wird (MüKo/*Wagner* Rn. 24) sowie bei Bestehen eines Strafverfolgungsinteresses gem. § 205 Abs. 2 Satz 1 StGB (Erman/*Rehborn*/*Gescher* Rn. 23). Das Einsichtsrecht aufgrund immaterieller Interessen steht dabei jedem nahen Angehörigen einzeln zu, sodass eine gesamthänderische Geltendmachung nicht erforderlich ist (Erman/*Rehborn*/*Gescher* Rn. 22). Je nachdem welche personelle Reichweite dem Angehörigenschmerzensgeld nach § 844 Abs. 3 beigemessen wird (hierzu § 844 Rdn. 70 f.), ist an dieser Stelle eine Anspruchserstreckung auch wegen materieller Interessen für diesen Personenkreis anzuerkennen, da ansonsten zwar der Anspruch nach § 844 einerseits zugestanden würde, hingegen kaum verfolgbar wäre.

34 Zur Geltendmachung des Einsichtsrechts haben die Erben und nahen Angehörigen ihre Interessen gegenüber dem Behandelnden grob zu skizzieren (Erman/*Rehborn*/*Gescher* Rn. 21), wobei die Berufung auf immaterielle Interessen im Zweifel die Vorlage eines Erbscheins zum Nachweis der Erbenstellung vermeiden kann. Sofern weitere Personen in den Kreis der Einsichtsberechtigten einbezogen werden sollen, kann der Patient ihnen eine entsprechende Vollmacht erteilen. Darüber hinaus kann ein Einsichtsrecht auch anderen, insbesondere Krankenkassen und Berufsgenossenschaften, zustehen, wenn die Einsichtnahme zumindest von dem mutmaßlichen Einverständnis des Patienten gedeckt ist (BGH NJW-RR 2010, 1117, 1119) oder die Voraussetzungen des § 294a SGB V erfüllt sind (*Jaeger* VersR 2010, 1245; hierbei ist zu berücksichtigen, dass sich der Anspruch in diesem Fall nur auf die Mitteilung der für die Krankenkasse erforderlichen Daten, einschließlich der Angaben über Ursachen und den möglichen Verursacher der Krankheit, erstreckt).

## II. Begrenzungen des Einsichtsrechts

35 Nach Abs. 3 Satz 3 ist das Einsichtsrecht aus Abs. 3 Satz 1, 2 ausgeschlossen, soweit die Einsichtnahme dem ausdrücklichen oder mutmaßlichen Willen des Patienten widerspricht. Der Wille des Patienten hat dabei immer Vorrang vor den dispositiven Rechten der Erben und nahen Angehörigen (MüKo/*Wagner* Rn. 37; *Walter*, Das neue Patientenrechtegesetz, Rn. 245). Bei der Ermittlung des mutmaßlichen Willens des verstorbenen Patienten und der darauf basierenden Prüfung des Einsichtsbegehrens kommt dem Behandler ein Ermessensspielraum zu, der gerichtlich nur eingeschränkt überprüfbar ist (OLG Karlsruhe NJW 2020, 162 Rn. 9). Um die Gefahr einer missbräuchlichen Verweigerung der Akteneinsicht einzuhegen, ist der Behandler allerdings gehalten, entgegenstehende Gesichtspunkte zumindest allgemein darzulegen.

36 Zudem können wie bei der Geltendmachung durch den lebenden Patienten auch die Einsichtsrechte aus Abs. 3 Satz 1, 2 aufgrund entgegenstehender therapeutischer Gründe beschränkt sein (MüKo/*Wagner* Rn. 39). Dies kann insbesondere dann der Fall sein, wenn der Einsichtnehmende von einer Erbkrankheit eines Elternteils oder der HIV-Infektion des Ehegatten erfahren würde. Eine Verweigerung des Einsichtsrechts wegen der für den Arzt bestehenden Schweigepflicht, wie

sie vor dem Inkrafttreten des Patientenrechtegesetzes anerkannt wurde (BGH NJW 1983, 2627, 2628 f.), ist heute nicht mehr möglich (MüKo/*Wagner* Rn. 40).

### F. Sonstige Einsichtsrechte

Da § 630g nur ein Einsichtsrecht für Patientenakten begründet, die im Rahmen eines Behandlungsvertrages i.S.d. § 630a angefertigt wurden, können in der Praxis auch andere Einsichtsrechte von Bedeutung sein. 37

Durch die Rechtsprechung anerkannt ist ein Einsichtsrecht des Bewohners eines Pflegeheims gegenüber der Heimleitung (BGH VersR 2010, 969; 2013, 648, 649). Sofern der Bewohner einen Schaden erlitten hat und sein Wille dem nicht entgegensteht, geht dieses Einsichtsrecht gem. § 116 SGB X i.V.m. §§ 401 Abs. 1 analog, 412 auf den Sozialversicherungsträger über, damit dieser prüfen kann, ob dem Bewohner Schadensersatzansprüche zustehen (BGH VersR 2010, 969; 2013, 648, 649; Erman/*Rehborn*/*Gescher* Rn. 2a). Ist der Bewohner verstorben, kann grundsätzlich davon ausgegangen werden, dass sein Wille dem Übergang nicht entgegensteht, da Missstände aufgedeckt werden sollen (BGH VersR 2013, 648, 650 m.w.N.). 38

Ebenso anerkannt ist ein Einsichtsanspruch des Teilnehmers einer psychoanalytischen Lehranalyse gegenüber dem Psychotherapeuten (BGH NJW 2014, 298). Die die Persönlichkeitssphäre des Psychotherapeuten betreffenden Passagen sind jedoch vor der Einsichtnahme zu schwärzen (BGH NJW 2014, 298). 39

### G. Prozessuale Geltendmachung des Einsichtsrechts und abweichende Vereinbarungen

Durchgesetzt werden kann das Einsichtsrecht mittels eigenständiger Leistungsklage oder durch Verlangen der Vorlage der Patientenakte gem. § 422 ZPO im Rahmen einer unmittelbar auf Schadensersatz gerichteten Leistungsklage (MüKo/*Wagner* Rn. 47). 40

Verbindet der Patient die auf Einsicht gerichtete Leistungsklage mit einer auf Schadensersatz gerichteten Leistungsklage, liegt eine objektive Klagehäufung gem. § 260 ZPO und keine Stufenklage gem. § 254 ZPO vor (MüKo/*Wagner* Rn. 47). Das Rechtsschutzinteresse hinsichtlich der auf Einsicht gerichteten Leistungsklage besteht unabhängig von dem Schicksal der auf Schadensersatz gerichteten Leistungsklage, da das Einsichtsrecht auch der informationellen Selbstbestimmung des Patienten und nicht nur der Verfolgung von Schadensersatzansprüchen dient (MüKo/*Wagner* Rn. 47). 41

Die Rechtsprechung verneint eine analoge Anwendung der §§ 260 Abs. 2, 259 Abs. 2 und erkennt keinen Anspruch des Patienten gegen den Behandelnden auf Zusicherung der Authentizität und Vollständigkeit der zugänglich gemachten Unterlagen an (OLG München NJW-RR 2007, 273), was mit Blick auf die selbstständige Klagbarkeit des Einsichtsrechts und den Zweck der ärztlichen Dokumentation nicht zu überzeugen vermag. 41a

Kommt der Behandelnde einem ihn verpflichtenden Urteil nicht nach, so ist dieses gem. § 883 ZPO (OLG Köln NJW-RR 1988, 1210; OLG Frankfurt NJW-RR 2002, 823; *Habermalz* NJW 2013, 3403, 3405 m.w.N.) – bei elektronisch geführten Patientenakten gem. § 888 ZPO (*Habermalz* NJW 2013, 3403, 3406 f.) – zu vollstrecken. 42

Ob das Einsichtsrecht nach § 630g individualvertraglich abbedungen werden kann, ist streitig (dafür MüKo/*Wagner* Rn. 41, dagegen BeckOK/*Katzenmeier* Rn. 14). Mit Blick auf die Vorschriften der DSGVO erscheint eine Abbedingung jedoch weithin zwecklos, da Art. 12 ff., 15 DSGVO nicht dispositiv, entgegenstehende Vereinbarungen mithin nichtig sind (BeckOK/*Schmidt-Wudy*, DSGVO, Art. 15 Rn. 34). Ein Ausschluss in AGB ist bereits unter Betrachtung des Leitbildes des § 630g nicht zu halten (MüKo/*Wagner* Rn. 41). 43

## § 630h Beweislast bei Haftung für Behandlungs- und Aufklärungsfehler

(1) Ein Fehler des Behandelnden wird vermutet, wenn sich ein allgemeines Behandlungsrisiko verwirklicht hat, das für den Behandelnden voll beherrschbar war und das zur Verletzung des Lebens, des Körpers oder der Gesundheit des Patienten geführt hat.

(2) Der Behandelnde hat zu beweisen, dass er eine Einwilligung gemäß § 630d eingeholt und entsprechend den Anforderungen des § 630e aufgeklärt hat. Genügt die Aufklärung nicht den Anforderungen des § 630e, kann der Behandelnde sich darauf berufen, dass der Patient auch im Fall einer ordnungsgemäßen Aufklärung in die Maßnahme eingewilligt hätte.

(3) Hat der Behandelnde eine medizinisch gebotene wesentliche Maßnahme und ihr Ergebnis entgegen § 630f Absatz 1 oder Absatz 2 nicht in der Patientenakte aufgezeichnet oder hat er die Patientenakte entgegen § 630f Absatz 3 nicht aufbewahrt, wird vermutet, dass er diese Maßnahme nicht getroffen hat.

(4) War ein Behandelnder für die von ihm vorgenommene Behandlung nicht befähigt, wird vermutet, dass die mangelnde Befähigung für den Eintritt der Verletzung des Lebens, des Körpers oder der Gesundheit ursächlich war.

(5) Liegt ein grober Behandlungsfehler vor und ist dieser grundsätzlich geeignet, eine Verletzung des Lebens, des Körpers oder der Gesundheit der tatsächlich eingetretenen Art herbeigeführt, wird vermutet, dass der Behandlungsfehler für diese Verletzung ursächlich war. Dies gilt auch dann, wenn es der Behandelnde unterlassen hat, einen medizinisch gebotenen Befund rechtzeitig zu erheben oder zu sichern, soweit der Befund mit hinreichender Wahrscheinlichkeit ein Ergebnis erachtet hätte, das Anlass zu weiteren Maßnahmen gegeben hätte, und wenn das Unterlassen solcher Maßnahmen grob fehlerhaft gewesen wäre.

### Übersicht

| | | Rdn. |
|---|---|---|
| A. | Allgemeines | 1 |
| B. | Das voll beherrschbare Behandlungsrisiko, Abs. 1 | 8 |
| C. | Einwilligung und Aufklärung, Abs. 2 | 18 |
| I. | Beweis und Beweislast, Abs. 2 Satz 1 | 18 |
| II. | Fälle des rechtmäßigen Eingriffs ohne erwiesene informierte Einwilligung, Abs. 2 Satz 2 | 26 |
| D. | Dokumentation und Aufbewahrung, Abs. 3 | 39 |
| E. | Übernahmeverschulden, Abs. 4 | 45 |
| F. | Der grobe Behandlungsfehler und der Befunderhebungsmangel, Abs. 5 | 51 |
| I. | Der grobe Behandlungsfehler | 51 |
| II. | Der einfache Befunderhebungsmangel | 62 |
| III. | Abgrenzung Befunderhebungsmangel und diagnostischer Irrtum/Fehler | 65 |

### A. Allgemeines

1 Auch im Rahmen der Arzthaftung gelten die allgemeinen Grundsätze, nach denen jede Partei das Vorliegen der tatsächlichen Voraussetzungen der ihr günstigen Rechtsnormen darlegen und beweisen muss (BT-Drs. 17/10488 S. 27 f.; BGH NJW 1994, 1594, 1595; 2008, 1381, 1382). Der Patient hat daher anspruchsbegründende Tatsachen, der Behandelnde anspruchshindernde, -vernichtende und -hemmende Tatsachen darzulegen und zu beweisen.

2 Als medizinischem Laien fällt es dem Patienten oftmals schwer, konkrete Behandlungsfehler zu benennen und deren Ursächlichkeit für einen Schaden im Prozess nachzuweisen. Schon früh hat die Rechtsprechung zur deliktischen Haftung des Behandelnden als Reaktion auf diese typischen Beweisschwierigkeiten des Patienten Beweislasterleichterungen geschaffen und Umkehrungen der Beweislast vorgenommen (BVerfG NJW 1979, 1925; RGZ 171, 168, 171; BGH VersR 1959, 598; 1978, 764; 1978, 1022). Die hinter der richterlichen Beweislastumkehr stehenden Begründungsmuster reichten allerdings kaum über allgemeine Billigkeitserwägungen hinaus und waren deshalb *immer wieder Gegenstand von Diskussionen* (vgl. Mäsch, Chance und Schaden, S. 34 ff.). Mit der Kodifizierung der vor dem Patientenrechtegesetz ergangenen Judikatur zur Beweislastumkehr in

§ 630h für die vertragliche Haftung (BT-Drs. 17/10488 S. 27) ist die Kritik an ihrem Legitimationsdefizit nunmehr obsolet.

§ 630h enthält für die vertragliche Haftung des Behandelnden eine abschließende Regelung hinsichtlich der Beweislastverteilung. Daher gehen einige Stimmen in der Literatur davon aus, dass § 630h zu »einer Versteinerung der Rechtsfortbildung« im Bereich der Beweislastverteilung für die vertragliche Haftung führen könne (MüKo/ *Wagner* Rn. 6; Spickhoff/ *Spickhoff* Rn. 4). Die Rechtsfortbildung sei in diesem Bereich in Zukunft der deliktischen Haftung vorbehalten (MüKo/ *Wagner* Rn. 6; *ders.* VersR 2012, 789, 801). Der auch von der Rechtsprechung (BGH NJW 1989, 767) angestrebte Gleichlauf zwischen vertraglicher und deliktischer Haftung könnte dadurch zumindest in Teilen unterlaufen werden (*Wagner* VersR 2012, 789, 801).

§ 630h enthält nur in Abs. 2 eine ausdrückliche Beweislastregelung. Die übrigen Absätze enthalten gesetzliche Tatsachenvermutungen i.S.d. § 292 ZPO. Diese können durch den Beweis des Gegenteils, für den als Hauptbeweis das Beweismaß des § 286 ZPO gilt, entkräftet werden.

Um eine Tatsachenvermutung auszulösen, hat der Patient die Vermutungsbasis darzulegen und zu beweisen. Dabei sind an die ihn treffende Substantiierungslast maßvolle und verständig geringe Anforderungen zu stellen, da er als medizinischer Laie regelmäßig nicht in der Lage sein wird, den fachlichen Kernbereich des Falles zu erfassen (BGH NJW 2004, 2825; 2015, 1601, 1603; 2016, 1328; NJW-RR 2019, 1360). Zudem trifft weder den Patienten noch seinen Rechtsanwalt die Pflicht, sich für die Geltendmachung von Schadensersatzansprüchen medizinisches Fachwissen anzueignen (BGH NJW 2004, 2825; 2015, 1601, 1603; 2016, 1328). Er wird seiner Substantiierungslast daher regelmäßig bereits dann gerecht, wenn er den Ablauf der Behandlung und den Eintritt des Schadens beschreiben und zudem darlegen kann, aus welchen Umständen sich seine Vermutung ergibt, dass dem Behandelnden ein Behandlungsfehler unterlaufen ist (BGH NJW-RR 2019, 1360 Rn. 10 m.w.N.; OLG Köln VersR 2012, 1295; so auch Geiß/Greiner, Arzthaftpflichtrecht, Teil E Rn. 2). Die pauschale Behauptung des Patienten, dass dem Behandelnden ein Behandlungsfehler unterlaufen sei, genügt aber nicht (OLG Köln VersR 2012, 1295). Auch fernliegende Mutmaßungen über mögliche Behandlungsfehler genügen dem abgesenkten Substantiierungsmaßstab nach der obergerichtlichen Rechtsprechung nicht (OLG Köln VersR 2015, 1295; OLG Jena, Beschl. v. 16.08.2017 – 7 W 308/17; OLG Dresden MedR 2019, 476 m. Anm. *Kreße*; OLG Bremen, Beschl. v. 12.06.2019 – 5 W 6/19). Ein vorprozessual eingeholtes Gutachten der Schlichtungsstelle führt hingegen nicht zu einer Erhöhung der Darlegungslast (BGH NJW 2019, 2399). Der BGH verneint die Zumutbarkeit konkreteren Vortrags mit der Erwägung, dass der Patient ansonsten angehalten wäre, sich medizinisches Fachwissen anzueignen. Für den Regressprozess gegen den medizinischen Sachverständigen nach § 839a wegen mindestens grob fahrlässiger Falschbegutachtung hat der BGH entschieden, dass die anerkannten Substantiierungserleichterungen nicht fortgelten (BGH MedR 2020, 841 m. Anm. *Thole*).

Der rechtlich mit der niedrigen Substantiierungslast der Patientenseite verbundene Ausgleichsgedanke wird mittels Anerkennung einer sekundären Darlegungslast der Behandlungsseite weiter verstärkt (BGH NJW 1978, 1687; NJW-RR 2019, 1360; 2020, 720; *Prütting/Prütting*, Medizin- und Gesundheitsrecht, 2018, S. 312 f.). Der Behandelnde hat über alle behandlungsrelevanten Vorgänge, die der Patient nicht unmittelbar aus eigener Anschauung medizinisch korrekt beschreiben kann, trotz niedriger Substantiierung des Patienten dezidert Auskunft zu geben. Unterlässt er dies, droht mangels hinreichenden Bestreitens nach § 138 Abs. 3 ZPO die zivilprozessual formelle Anerkennung des Patientenvortrags als zugestanden.

Um dem Wissens- und Informationsgefälle in Arzthaftungsprozessen zusätzlich zu begegnen, hat das Gericht von seiner Frage- und Hinweispflicht gem. § 139 ZPO und der Möglichkeit, nach § 144 Abs. 1 Satz 1 ZPO von Amts wegen ein Sachverständigengutachten einzuholen, verstärkt Gebrauch zu machen (BGH NJW-RR 2019, 1360; Geiß/Greiner, Arzthaftpflichtrecht, Teil E Rn. 6; BeckOK/*Katzenmeier* Rn. 15).

## B. Das voll beherrschbare Behandlungsrisiko, Abs. 1

8   Kommt es infolge der Verwirklichung eines voll beherrschbaren Behandlungsrisikos zu einer Verletzung des Lebens, Körpers oder der Gesundheit des Patienten, wird gem. Abs. 1 vermutet, dass die Behandlung fehlerhaft gewesen ist. Der Kausalzusammenhang zwischen Rechtsgutsverletzung und Fehlerhaftigkeit wird nicht vermutet.

9   Als voll beherrschbar sind Risiken anzusehen, die dem Herrschafts- und Organisationsbereich des Behandelnden zuzuordnen sind und die nach dem Erkennen sicher ausgeschlossen werden können und müssen (BT-Drs. 17/10488 S. 28 m.V.a. BGH VersR 2007, 847; MüKo/*Wagner* Rn. 26).

10  Nicht wesentlich ist die Formulierung, dass sich ein »allgemeines« Behandlungsrisiko verwirklicht haben muss (*Deutsch* NJW 2012, 2009, 2011; Spickhoff/*Spickhoff* Rn. 5). Wenn *Voigt* entgegen der h.M. nach allgemeinen und besonderen Risiken differenzieren will (NK-BGB/*Voigt* Rn. 3), so dürfte sich für die Rechtspraxis ungeachtet des verfolgten Ansatzes kaum etwas ändern, da auch die h.M. Einschränkungen für den Kernbereich ärztlicher Tätigkeit vornimmt. Diese führen allerdings nicht zwingend zu deckungsgleichen Ergebnissen, sodass in Abgrenzungsfällen *Voigt* entgegengehalten werden muss, dass ein tragfähiger Grund für die Außerachtlassung voll beherrschbarer Risiken im spezifischen Behandlungsprocedere nicht ersichtlich ist. Daher sind alle mit der gewählten Behandlung einhergehenden Risiken grundsätzlich erfasst.

11  Ein Risiko ist demgegenüber nicht voll beherrschbar, wenn es dem Kernbereich ärztlicher Tätigkeit zuzuordnen ist oder aus der Sphäre des menschlichen Organismus stammt (BGH NJW 2007, 1682; BGH VersR 2007, 847). Zum Kernbereich ärztlicher Tätigkeit zählen dabei diejenigen Aufgaben, die nicht nur geringe ärztliche Fähigkeiten voraussetzen (*Kunz-Schmidt* MedR 2009, 517). Bei den Risiken, die aus der Sphäre des menschlichen Organismus stammen, muss es sich um nicht bekannte oder nicht erwartbare Dispositionen des Patienten handeln, die sich auf die Behandlung auswirken (BT-Drs. 17/10488 S. 28 m.V.a. BGH VersR 1995, 539). Um Abs. 1 den Boden zu entziehen, müssen sie als atypisch anzusehen sein. Dabei sind hohe Anforderungen an die Disposition zu stellen, da die Vermutung des Abs. 1 anderenfalls in vielen Fällen leerliefe.

12  Nach der Gesetzesbegründung sollen alle bereits von der Rechtsprechung für den Bereich des voll beherrschbaren Risikos anerkannten Fallgruppen von Abs. 1 erfasst sein (BT-Drs. 17/10488 S. 28). Ausdrücklich genannt werden der Einsatz medizinisch-technischer Geräte, die Koordination und Organisation des Behandlungsgeschehens und die Verrichtungssicherheit des Pflegepersonals (BT-Drs. 17/10488 S. 28). Insbesondere den ersten beiden Fallgruppen kommt dabei besondere Bedeutung zu.

13  Die Rechtsprechung stellt an den Behandelnden hohe Anforderungen hinsichtlich der sachgemäßen und gefahrlosen Behandlung bei der Zuhilfenahme medizinisch-technischer Geräte. Zunächst fordert sie, dass der Behandelnde Geräte einsetzt, die dem wissenschaftlichen Erkenntnisstand entsprechen und regelmäßig fachgerecht gewartet werden. Darüber hinaus muss er sich im Umgang mit den Geräten schulen und fortbilden lassen, stets die Bedienungsanweisung befolgen und sich über das ordnungsgemäße Funktionieren der Geräte vergewissern (BeckOK/*Katzenmeier* Rn. 22).

14  Trotz dieses umfangreichen Pflichtenprogramms können vom Behandelnden nur diejenigen Sicherheits- und Kontrollvorkehrungen verlangt werden, deren Einhaltung ihm tatsächlich und fachlich möglich sind. Wurde ein nicht voll funktionsfähiges medizinisch-technisches Gerät bei der Behandlung eingesetzt, liegt es daher bei dem Behandelnden zu beweisen, dass diese Funktionsminderung nicht auf eigenes Versagen oder ein Versagen einer ihm zuzurechnenden Hilfsperson zurückzuführen ist (BGH NJW 1978, 584, 584 f.; BGH VersR 2007, 1416; OLG Hamm NJW 1999, 1787, 1788). Bereits in der Verwendung eines nur behelfsmäßig reparierten Geräts kann nach der Rechtsprechung des BGH aber ein Befunderhebungsmangel erblickt werden (BGH VersR 2019, 32). Insoweit soll zu differenzieren sein zwischen einem nicht absehbaren, kurzfristigen Funktionsausfall und einem schon vorher bestehenden Mangel, der vermeidbare Fehlerfolgen hervorruft.

Beruht der eingetretene Schaden auf einer unsachgemäßen Bedienung des Geräts, liegt ein gewöhnlicher Behandlungsfehler vor, da die Behandlung auch bei Zuhilfenahme technischer Geräte dem Kernbereich ärztlichen Tätigkeit zuzuordnen ist (MüKo/*Wagner* Rn. 26). In diesem Fall bleibt kein Raum für die Annahme eines voll beherrschbaren Risikos. 15

Umfasst von der Fallgruppe Organisation und Koordination des Behandlungsgeschehens sind diejenigen Aufgaben des Behandelnden, die von der Person des Patienten und den Eigenheiten seines Organismus unbeeinflusst sind (BeckOK/*Katzenmeier* Rn. 24; *Nixdorf* VersR 1996, 160, 162). Dazu zählen die meisten Aufgaben, die in den Organisations- und Herrschaftsbereich des Behandelnden fallen (BT-Drs. 17/10488 S. 28). Der Behandelnde hat insbesondere dafür Sorge zu tragen, dass geeignete Materialien verwendet und Hygienestandards eingehalten werden sowie eine ausreichende personelle Ausstattung gewährleistet ist. Ein voll beherrschbares Risiko wird daher beispielsweise verletzt, wenn verunreinigte Desinfektionsmittel (BGH NJW 1978, 1683) oder nicht sterile Infusionsflüssigkeiten (BGH NJW 1982, 699) benutzt, Hygienestandards nicht eingehalten (BGH NJW 1991, 1541, 1542; OLG Naumburg NJW-RR 2012, 1375; OLG Köln VersR 2013, 463, 464) oder die Behandlung mit einem personell unzureichend ausgestatteten Behandlungsteam vorgenommen wird (OLG Köln VersR 1992, 452, 453). Auch bei einem Verstoß gegen die Organisations- und Koordinationspflichten kann der Behandelnde beweisen, dass dieser nicht auf ein eigenes Versagen oder ein Versagen einer ihm zuzurechnenden Hilfsperson zurückzuführen ist (BGH NJW 1982, 699; 1991, 1541, 1542). 16

Die Einhaltung von Hygienestandards wird auch mit Blick auf § 23 Abs. 3 IfSG diskutiert (*Klein* HygMed 2010, 361 ff.). Dabei ist zu beachten, dass sich aus dieser Vorschrift im Fall des Verstoßes gegen die Empfehlungen des RKI keine Vermutung eines fehlerhaften Vorgehens ähnlich oder entsprechend des § 630h Abs. 1 ergibt (a.A. jedenfalls hinsichtlich der damit verbundenen Dokumentationspflichten bei Nichtführung oder Nichtherausgabe *Anschlag* MedR 2009, 513, 515; *Schultze-Zeu* VersR 2012, 1208, jedoch übergehen die Verfasser nach hier vertretener Ansicht ohne hinreichende Begründung den Umstand, dass das IfSG gerade nicht auf Sicherung der zivilrechtlichen Patientenansprüche ausgelegt ist und die angewandte Rechtsfolge auch nicht anordnet; zudem spricht die nicht in Bezug genommene Konzeption des § 630h Abs. 1 dagegen). Vielmehr handelt es sich um eine ausschließlich die Behandlungsseite schützende Norm, die eine widerlegliche Vermutung für die Einhaltung der gebotenen Standards statuiert, sofern die RKI-Empfehlungen nachweislich eingehalten sind. Darüber hinaus kann der Patient keine Einsicht (weder nach DSGVO noch nach nationalen Rechtsvorschriften) in die Aufzeichnungen über Hygienestandards i. S. d. § 23 Abs. 4 IfSG verlangen, um Fehlersuche zu betreiben. Allerdings können ähnliche Effekte dadurch erzielt werden, dass der Patient konkret mit Blick auf seine Behandlung, die er als fehlerhaft rügt, alle Sicherungs- und Organisationsmaßnahmen dezidiert und kritisch benennt und deren Einhaltung hinterfragt, um auf diese Weise gezielt die sekundäre Darlegungslast der Behandlungsseite auszulösen (BGH NJW-RR 2019, 1360; 2020, 720; ausführlich *J. Prütting* GesR 2017, 681, 685 f.). In seltenen Fällen besonders gravierender Hygienemängel kann auch ein Anscheinsbeweis helfen (OLG Koblenz OLGR 2006, 923; OLG Düsseldorf NJW-RR 1998, 179; *Anschlag* MedR 2009, 513, 514), für den jedoch ein enger zeitlicher Zusammenhang keinesfalls ausreicht (OLG Köln VersR 1998, 1026). 17

## C. Einwilligung und Aufklärung, Abs. 2

### I. Beweis und Beweislast, Abs. 2 Satz 1

Nach Abs. 2 Satz 1 muss der Behandelnde beweisen, dass er die Einwilligung des Patienten gem. § 630d eingeholt und ihn entsprechend den Anforderungen des § 630e aufgeklärt hat. Dies entspricht der im Deliktsrecht geltenden Beweislastverteilung. Der Behandelnde hat im Rahmen der deliktischen Haftung das Vorliegen einer wirksamen Einwilligung zu beweisen, wenn er sich auf deren rechtfertigende Wirkung beruft (BGH NJW 2012, 850; 2014, 1527 Rn. 11). Um einen Gleichlauf mit der deliktischen Beweislastverteilung zu erreichen, hat der Gesetzgeber Abs. 2 für die vertragsrechtliche Haftung geschaffen (BT-Drs. 17/10488 S. 28 f.). Bestünde diese Sonderregel 18 nicht, träfe den Patienten nach den allgemeinen Grundsätzen die Beweislast hinsichtlich der fehlerhaften oder fehlenden Aufklärung sowie der unterbliebenen Einholung der Einwilligung, da beide Elemente in den §§ 630d und e als vertragliches Pflichtenspektrum und nicht als – wie im Deliktsrecht – reine Rechtfertigungskonstrukte kategorisiert sind.

19 Der Behandelnde muss beweisen, dass der Patient wirksam in die Vornahme der Behandlung eingewilligt hat, was eine ordnungsgemäße Aufklärung voraussetzt. Hinsichtlich der Einwilligung muss er beweisen, dass der Patient sie vor der Durchführung der Behandlung erteilt und sich dabei in einem einwilligungsfähigen Zustand befunden hat (NK-BGB/*Voigt* Rn. 12; *Kreße* MedR 2015, 91, 92 f.; widersprüchlich erscheint insoweit die Gesetzesbegründung, die zum einen fordert, dass sich der Behandelnde darüber vergewissert, »dass der Patient die natürliche Einsichts- und Steuerungsfähigkeit besitzt, um die Art, Bedeutung, Tragweite und Risiken der medizinischen Maßnahme erfassen und seinen Willen hiernach ausrichten [zu können]«, zum anderen aber davon ausgeht, dass es sich bei der Einwilligungsunfähigkeit um eine rechtshindernde Einwendung handelt, die von demjenigen zu beweisen ist, der sich auf sie beruft, BT-Drs. 17/10488 S. 23).

20 Hat der Behandelnde den Beweis der Einwilligungsfähigkeit geführt, was insbesondere bei unauffälligen Volljährigen durch den insofern anzuerkennenden Anscheinsbeweis leicht möglich ist (BT-Drs. 17/10488 S. 23; NK-BGB/*Voigt* Rn. 12), kann der Patient oder der dazu Berechtigte den Gegenbeweis erbringen.

21 Hat der Behandelnde nur die Einwilligung des seiner Meinung nach Berechtigten eingeholt, weil er den Patienten für einwilligungsunfähig hielt, hat er die Einwilligungsunfähigkeit des Patienten und die Berechtigung des Dritten zu beweisen.

22 Mit Blick auf die Aufklärung hat der Behandelnde zu beweisen, dass sie entsprechend der Voraussetzungen des § 630e vorgenommen wurde. Da die Nichtbeachtung von § 630e Abs. 2 Satz 2 und Abs. 5 keine Auswirkung auf die Wirksamkeit der Einwilligung hat, sind sie von der Beweispflicht nicht umfasst (vgl. NK-BGB/*Voigt* Rn. 15; hinsichtlich Abs. 5 auch *Kreße* MedR 2015, 91, 95).

23 An den Beweis sind keine unbilligen oder überzogenen Anforderungen zu stellen (BGH NJW 1981, 2002, 2003; 1983, 333; 1985, 1399; 2014, 1527; 2015, 74). Dem Behandelnden soll nach der Rechtsprechung grundsätzlich bereits dann geglaubt werden, wenn er substantiierte und schlüssige Angaben zu der zumindest in Ansätzen dokumentierten Aufklärung machen kann (BGH NJW 1985, 1399; OLG Karlsruhe OLGR 2002, 396). Dafür soll mitunter genügen, wenn der Behandelnde den Inhalt, der in gleichartig gelagerten Fällen vorgenommenen Aufklärung glaubhaft schildern kann und keine Anhaltspunkte vorliegen, die eine Abweichung von der üblichen Aufklärungspraxis vermuten lassen (sog. »Immer-so«-Beweis OLG Koblenz VersR 2013, 462; MedR 2016, 342 f. m. krit. Anm. *J. Prütting*). Dies soll selbst dann gelten, wenn der Behandelnde keine Erinnerungen mehr an das konkrete Aufklärungsgespräch hat (BGH NJW 2014, 1527). Ist schon der dem »immer-so«-Beweis zugrundeliegende Erfahrungssatz, wonach Ärzte regelmäßig den Anforderungen des § 630e entsprechend aufklären, in Zeiten steigenden Kostendrucks und zunehmender Personalknappheit kaum belastbar, unterliegt seine Validität und Reliabilität spätestens im Rahmen der notwendigerweise individuellen Alternativaufklärung nach § 630e Abs. 1 Satz 3 durchgreifenden Zweifeln.

24 Als Indiz für die Aufklärung und deren Inhalt dient der von dem Patienten unterschriebene Aufklärungsbogen (zur AGB-Prüfung bei Aufklärungsformularen ausführlich J. Prütting/Friedrich, GesR 2019, 749). Er entfaltet Indizwirkung sowohl in positiver als auch in negativer Hinsicht (BGH NJW 2014, 1527). Der bisherigen Rechtsprechung, nach der das vollständige Fehlen einer Dokumentation keine weitergehende Beweisskepsis begründen soll (BGH NJW 2014, 1527, 1528), kann nach der Einführung des § 630f Abs. 2 in dieser pauschalen Form nicht mehr gefolgt werden. Auch wenn *Wagner* wegen der gesetzgeberischen Entscheidung, in § 630h Abs. 3 nur auf wesentliche medizinische Maßnahmen abzuheben, nicht darin gefolgt werden kann, dass die fehlende Dokumentation der Aufklärung nunmehr an der Vermutung teilnehme (so MüKo/*Wagner* Rn. 38, s. aber auch Rn. 69 m.V.a. Palandt/*Weidenkaff* Rn. 6), ist doch nicht außer Acht zu lassen, dass der

Gesetzgeber die Dokumentation der Aufklärung in § 630f zur Rechtspflicht erhoben hat. Dementsprechend dürfte rechtlich konsequent zu schlussfolgern sein, dass in einem Indizienprozess um den »Immer-so«-Beweis, in dessen Rahmen die Behandlungsseite zur richterlichen Überzeugung den Rückschluss auf die Haupttatsache (ordnungsgemäße Aufklärung) sicherstellen muss, bei Fehlen der Aufklärungsdokumentation ein gewichtiges Indiz gegen den Behandelnden spricht, welches er gesondert wird entkräften müssen (ausführlich *J. Prütting*, FS Dahm 2017, S. 359 ff.; *ders.* GesR 2017, 681, 686 ff.).

Beruft sich der Patient auf die Verspätung der Aufklärung, trifft ihn für diese die Darlegungs- und Beweislast. Er muss dabei substantiiert darlegen, dass ihn die verspätete Aufklärung in seiner Entscheidungsfreiheit beeinträchtigt hat und plausibel machen, dass er bei rechtzeitiger Aufklärung vor einem echten Entscheidungskonflikt gestanden hätte (BGH NJW 1994, 3009, 3011; 2003, 2012, 2014). An die Substantiierungspflicht des Entscheidungskonflikts sind jedoch keine übertriebenen Anforderungen zu stellen (BGH NJW 1994, 3009, 3011; 2003, 2012, 2014). 25

## II. Fälle des rechtmäßigen Eingriffs ohne erwiesene informierte Einwilligung, Abs. 2 Satz 2

Beruft sich der Behandelnde auf die Entbehrlichkeit der Einwilligung, muss er beweisen, dass die Behandlung keine medizinische Maßnahme i. S. d. § 630d Abs. 1 Satz 1 darstellt oder dass die Voraussetzungen des 630d Abs. 1 Satz 4 vorliegen (NK-BGB/*Voigt* Rn. 11). 26

Beruft sich der Patient auf den Widerruf der Einwilligung gem. § 630d Abs. 3, muss er diesen beweisen. 27

Genügt die Aufklärung nicht den Anforderungen des § 630e, kann sich der Behandelnde gem. Abs. 2 Satz 2 mit dem Einwand verteidigen, dass der Patient auch im Falle ordnungsgemäßer Aufklärung eingewilligt hätte (Hypothetische Einwilligung). Hierbei handelt es sich nicht um eine Beweislastregel, sondern um eine von der Rechtsprechung anerkannte Fallgruppe des fehlenden Pflichtwidrigkeitszusammenhangs (OLG Naumburg VersR 2014, 71 f.; MüKo/*Wagner* Rn. 46) und somit um eine spezielle Ausformung des rechtmäßigen Alternativverhaltens (monographisch durchdrungen bei *John*, Rechtswidrigkeitszusammenhang und Schutzzweck der Norm). Dieser Einwand muss in erster Instanz erhoben werden, um Präklusion wegen eines neuen Verteidigungsmittels in einer etwaigen Berufung nach § 531 Abs. 2 Nr. 3 ZPO zu vermeiden (BGH GesR 2015, 284, 286; anders hingegen, wenn die erste Instanz die Klage abgewiesen hat und die Berufungsinstanz erstmalig von einem Aufklärungsmangel ausgeht, BGH GesR 2009, 154, mit der Einschränkung, dass die Behandlungsseite auch dann schon in erster Instanz wenigstens in Form eines Hilfseinwands reagieren muss, wenn erkennbare Ansätze bestehen (belastende Ausführungen des Sachverständigen), auf deren Basis zu befürchten steht, dass das Gericht dem Vortrag ordnungsgemäßer Aufklärung nicht folgen könnte). 28

Da die Aufklärung das Selbstbestimmungsrecht des Patienten sichern soll, müssen für die Annahme einer hypothetischen Einwilligung strenge Anforderungen erfüllt sein (BT-Drs. 17/10488 S. 29; BGH NJW 1984, 1397, 1399). Daher genügt es zur Vermeidung einer Bevormundung des Patienten nicht, wenn der Behandelnde sich pauschal darauf beruft, dass der durchschnittliche oder objektiv als vernünftig anzusehende Patient auch bei ordnungsgemäßer Aufklärung eingewilligt hätte. Er muss vielmehr darlegen, dass genau dieser Patient in der konkreten Lage in die entsprechende Behandlung eingewilligt hätte (BGH NJW 1984, 1397, 1399; 2005, 1718, 1719). 29

Dem Einwand der hypothetischen Einwilligung kann der Patient entgegentreten, indem er Gründe darlegt, aus denen sich ergibt, dass er sich bei ordnungsgemäßer Aufklärung in einem ernsthaften Entscheidungskonflikt befunden hätte (BT-Drs. 17/10488 S. 29 m.V.a. BGH VersR 1998, 766 f.). An die Substantiierungspflicht des Patienten sind dabei keine allzu hohen Anforderungen zu stellen. Es genügt vielmehr, wenn er ihn nachvollziehbar und plausibel darlegen kann (BT-Drs. 17/10488 S. 29; BGH NJW 1994, 2414; BGH VersR 2010, 1220, 1221; NJW 2019, 3072). Insbesondere ist nicht auf den verständigen und durchschnittlichen Patienten abzustellen (BT-Drs. 17/10488 S. 29; BGH NJW 1993, 2378, 2379). Auch muss der Patient nicht darlegen, wie seine Entscheidung 30 genau ausgefallen wäre (BT-Drs. 17/10488 S. 29; BGH NJW 1991, 1543; 1993, 2378, 2379; 1994, 2414, 2415; 2019, 3072). Der Patient ist in aller Regel hierzu persönlich anzuhören (BGH VersR 2005, 836; VersR 2005, 694; VersR 2015, 196), sofern nicht aus anderen Gründen ein relevanter Entscheidungskonflikt bereits anzunehmen ist (zum individuellen Heilversuch BGH NJW 2007, 2767 = JZ 2007, 1104 m.Anm. *Katzenmeier*).

31 Bei fremdnützigen Eingriffen, bei denen keine Abwägung zwischen Krankheits- und Behandlungsrisiko vorgenommen werden muss, muss der Patient keinen Entscheidungskonflikt darlegen. Es genügt vielmehr, wenn er plausibel behauptet, dass er den Eingriff bei ordnungsgemäßer Aufklärung nicht hätte vornehmen lassen (zur Blutspende BGH NJW 2006, 2108, 2110).

32 Kann der Patient selbst keine Angaben mehr machen, weil er stark geschädigt oder verstorben ist, genügt es, wenn das Vorliegen eines Entscheidungskonflikts ernsthaft in Betracht kommt (BGH NJW 2007, 2771; MüKo/*Wagner* Rn. 51).

33 Ausgeschlossen ist der Einwand der hypothetischen Einwilligung von vornherein, wenn der Patient die Einwilligung ausdrücklich verweigert hat (BGH NJW 1991, 2342, 2343; 2000, 885, 886). Darüber hinaus soll dieser Einwand nach der Rechtsprechung in besonders geschützten Bereichen zur Sicherung gegen Sanktionslosigkeit unzureichender Aufklärung ausscheiden können, was für die Einwilligung zur Lebendorganspende so gesehen worden ist (BGH MedR 2019, 554 m. abl. Anm. *J. Prütting*; s.a. *Kreße* MedR 2019, 529). Die vom VI. Senat vorgebrachte Begründung, wonach § 8 TPG insoweit eine abschließende Regelung enthalte und deshalb eine (analoge) Anwendung von § 630h Abs. 2 Satz 2 ausscheide, ist allerdings schon deshalb nicht tragfähig, weil das TPG nur die Zulässigkeit der Organspende, nicht aber die haftungsrechtlichen Folgen ihrer Nichteinhaltung regelt.

34 Konnte der Patient einen ernsthaften Entscheidungskonflikt zur Überzeugung des Gerichts darlegen, bleibt dem Behandelnden nur noch die Möglichkeit, zu beweisen, dass der Patient gleichwohl in die Vornahme der Behandlung eingewilligt hätte. Dies wird ihm in der Praxis nur in den allerseltensten Fällen gelingen. Allein der Umstand, dass der Patient den gleichen Eingriff in der Folgezeit noch einmal hat vornehmen lassen, soll dafür jedenfalls nicht genügen (BGH NJW 2006, 2108, 2110).

35 Nach dem Wortlaut des Abs. 2 Satz 2 ist die hypothetische Einwilligung auf Fälle fehlender oder fehlerhafter Aufklärung beschränkt. Es wird aber auch eine analoge Anwendung der Vorschrift auf Konstellationen erwogen, in denen die Einwilligung aus nicht aufklärungsbedingten Gründen fehlt (Erman/*Rehborn/Gescher* Rn. 22). Hierbei ist jedoch zu berücksichtigen, dass das Einwilligungserfordernis der Autonomie und Selbstbestimmung des Patienten dienen soll. Es darf daher keinesfalls leichtfertig in Frage gestellt werden.

36 In der Praxis kommt der Aufklärungsrüge eine erhebliche Bedeutung zu. Sofern ein Behandlungsfehler nicht vorliegt oder nicht bewiesen werden kann, wir aufgrund der für den Patienten günstigen Beweislastverteilung in vielen Fällen ergänzend oder ausschließlich der Vorwurf der Aufklärungspflichtverletzung erhoben. Die Aufklärungsrüge hat sich dadurch zu einem regelrechten Auffangtatbestand des Arzthaftungsrechts entwickelt (BeckOK/*Katzenmeier* Rn. 32; *Knoche* NJW 1989, 757, 757 f.; *Katzenmeier* ZRP 1997, 156, 161). Da dem Behandelnden allgemeine Behandlungsrisiken nicht über den Vorwand fehlender oder fehlerhafter Aufklärung aufgebürdet werden sollen, wendet sich der BGH seit einiger Zeit gegen eine missbräuchliche Erhebung der Aufklärungsrüge (BeckOK/*Katzenmeier* Rn. 32 mit Rechtsprechungsnachweisen).

37 Die weiteren Voraussetzungen eines Schadensersatzanspruchs, insbesondere die Kausalität, hat nach den allgemeinen Grundsätzen der Patient zu beweisen, sofern keine weiteren Beweiserleichterungen zu seinen Gunsten greifen.

38 Die Kausalität ist auch bei fehlerhafter Aufklärung dann nicht gegeben, wenn der Patient über das Risiko, das sich letzten Endes verwirklicht hat, aufgeklärt worden ist (BT-Drs. 17/10488 S. 29 m.V.a. BGH NJW 2000, 1784). Hat der Behandelnde es hingegen unterlassen, über eine

Behandlungsalternative aufzuklären und macht der Patient geltend, dass der eingetretene Schaden bei Anwendung der Behandlungsalternative ausgeblieben wäre, muss der Behandelnde beweisen, dass der Patient diese entweder nicht gewählt oder sich der Schaden gleichermaßen verwirklicht hätte (BGH NJW 2012, 850, 851; MüKo/*Wagner* Rn. 43).

## D. Dokumentation und Aufbewahrung, Abs. 3

Hat der Behandelnde eine medizinisch gebotene wesentliche Maßnahme nicht gem. § 630f Abs. 1, 2 dokumentiert oder die Patientenakte nicht gem. § 630f Abs. 3 aufbewahrt, wird vermutet, dass die Maßnahme nicht getroffen wurde. Durch die Vermutung wird das ergänzend angeführte Regelungsziel des § 630f abgesichert, die Beweisführung des Patienten für Behandlungsfehler zu ermöglichen (BT-Drs. 17/10488 S. 29). 39

Hinsichtlich der medizinischen Maßnahme wird dabei nicht zwischen Diagnose-, Befunderhebungs- und Befundsicherungsfehlern unterschieden. Bei Befunderhebungs- und Befundsicherungsfehlern greift die Vermutung jedoch nur dann ein, wenn die Durchführung der Maßnahme mit hinreichender Wahrscheinlichkeit ein reaktionspflichtiges Ergebnis gebracht hätte (BT-Drs. 17/10488 29 f.; BGH NJW 2020 Rn. 9 ff.). 40

Die Dokumentation muss gem. § 630f alle Maßnahmen enthalten, die aus medizinischer Sicht für die weitere Behandlung erheblich sind (BGH NJW 1989, 2330, 2331; 1993, 2375, 2376; 1999, 3408, 3409). Dokumentationsversäumnisse, die sich auf andere Umstände beziehen, sind daher nicht geeignet, die Vermutung des Abs. 3 auszulösen. Dokumentationsvorgaben aus anderen Rechtsbereichen, insbesondere solche des Sozialrechts auf Basis der §§ 135 ff. SGB V, nehmen nicht an der Vermutungswirkung des § 630h Abs. 3 teil (OLG Nürnberg GuP 2018, 191 m.Anm. *J. Prütting*). 41

Grundsätzlich gilt, dass einer formell ordnungsgemäßen und inhaltlich schlüssigen Dokumentation bis zum Gegenbeweis Glauben zu schenken ist (OLG Düsseldorf GesR 2005, 464; OLG Naumburg GesR 2012, 310; OLG Oldenburg VersR 2007, 1567). Beruft sich der Patient auf das Vorliegen eines erheblichen Dokumentationsmangels, hat er diesen zu beweisen, um die Vermutung auszulösen. Dafür genügt das bloße Bestreiten der Richtigkeit der Dokumentation nicht (OLG Düsseldorf GesR 2005, 464; Erman/*Rehborn/Gescher* Rn. 25). Der Patient muss vielmehr konkrete Anhaltspunkte vortragen, die Zweifel an der Ordnungsgemäßheit der Dokumentation begründen können (OLG Naumburg GesR 2012, 310). Anhaltspunkte dieser Art können beispielsweise Änderungen der Dokumentation oder eine sehr späte Erstellung sein (OLG Naumburg GesR 2012, 310). 42

Der Behandelnde kann die Vermutung des Abs. 3 durch Beweis des Gegenteils widerlegen. Dies wird ihm insbesondere durch die Benennung von Zeugen, den »Immer-so«-Beweis (BGH NJW 1986, 2885; OLG Hamm, VersR 1995, 661; *J. Prütting*, FS Dahm 2017, S. 359 ff.; *ders.* GesR 2017, 681, 686 ff.; *Jorzig* MDR 2001, 481, 485) und/oder sachverständige Begutachtung möglich sein (Erman/*Rehborn/Gescher* Rn. 27). Hat er den Beweis des Gegenteils erfolgreich geführt, wirkt sich die mangelhafte Dokumentation nicht weiter aus, sodass der Patient einen etwaigen Behandlungsfehler nach den allgemeinen Grundsätzen zu beweisen hat. 43

Nicht anwendbar ist Abs. 3 nach Ablauf der Aufbewahrungsfrist des 630f Abs. 3 und hinsichtlich der Dokumentation von Einwilligung und Aufklärung. Für Letzteres wird auch angeführt, dass hinsichtlich dieser Punkte stets der Behandelnde beweisbelastet ist (BT-Drs. 17/10488 S. 29; BGH NJW 2014, 1527; NK-BGB/*Voigt* Rn. 20). Allerdings lässt sich bei Fehlen der gebotenen Aufklärungs- und Einwilligungsdokumentation zu Lasten der Behandlungsseite im Rahmen einer angestrengten Beweisführung eine Erschwernis in Form einer »Beweisskepsis« vertreten (so für den Fall von Verfahrens- und Formmängeln im Bereich der Lebendorganspende BGH NJW 2019, 1076). 44

### E. Übernahmeverschulden, Abs. 4

45 Besaß der Behandelnde nicht die für die Vornahme der Behandlung erforderliche Befähigung, wird nach Abs. 4 vermutet, dass die eingetretene Verletzung des Lebens, des Körpers oder der Gesundheit gerade auf dieser mangelnden Befähigung beruht. Die Vermutung bezieht sich daher auf die Kausalität zwischen Behandlungsfehler und Primärrechtsverletzung und entspricht den hergebrachten Rechtsprechungsgrundsätzen zu Darlegungs- und Beweislast hinsichtlich des ärztlichen Könnens und bestehender Erfahrung (BGH NJW 1984, 655, 656 f.).

46 Neben einfachen Fällen, in denen Vertragspartner und Behandelnder personengleich sind, erfasst Abs. 4 auch Konstellationen, in denen mehrere Personen tätig werden. In diesen haftet der Behandelnde auch dann, wenn seine Organe und Hilfspersonen nicht die erforderliche Befähigung aufweisen, da er sich deren Verhalten gem. § 31 zurechnen lassen muss oder es nach § 278 zu vertreten hat.

47 Die Vermutung erfasst insbesondere Behandlungen, die von Berufsanfängern durchgeführt werden und sichert die Einhaltung des Facharztstandards beweisrechtlich ab (BT-Drs. 17/10488 S. 30 m.V.a. BGH VersR 1993, 1231, 1233). Nicht erfasst werden hingegen Defizite, die sich aus körperlichen und seelischen Überforderungen, beispielsweise wegen Übermüdung ergeben (so noch der Referentenentwurf vom 16.01.2012, S. 38).

48 Damit die Vermutung greift, muss der Patient die mangelnde Befähigung des Behandelnden für die konkrete Maßnahme beweisen. Dieser Beweis kann dadurch gestützt werden, dass der Behandelnde sich noch in der Ausbildung befindet, als Berufsanfänger noch nicht die nötige Erfahrung besitzt, dem Fachgebiet fremd oder mit einer neuen Behandlungsmethode noch nicht vertraut ist (BT-Drs. 17/10488 S. 30; Palandt/*Weidenkaff* Rn. 7). Maßgeblich ist bei der Bestimmung der Eignung nicht nur, ob der Behandelnde die erforderliche Ausbildung absolviert hat, sondern auch, ob er über die erforderliche praktische Erfahrung zur Vornahme der Behandlung verfügt (MüKo/*Wagner* Rn. 71).

49 Der Patient muss daher beweisen, dass der Behandelnde die nötige Facharztzeit und/oder notwendige Ausbildungsabschnitte noch nicht absolviert hat (Spickhoff/*Spickhoff* Rn. 13). Da ihm das mangels eigener Kenntnis in vielen Fällen nicht bis zuletzt gelingen wird, wird man es genügen lassen müssen, wenn er rügt, dass dem Behandelnden die Befähigung fehlt, um die sekundäre Darlegungslast der Behandlungsseite auszulösen.

50 Dem Behandelnden obliegt es dann, das patientenseitige Vorbringen substantiiert zu bestreiten und darzulegen, warum er die erforderliche Befähigung besessen hat. Dafür kann auf die bereits absolvierte Facharztzeit und die erfolgreich absolvierten Ausbildungsabschnitte Bezug genommen werden (Spickhoff/*Spickhoff* Rn. 13). Dieses Vorbringen kann der Patient allem voran mit Sachverständigenangebot angreifen, respektive überprüfen lassen. Darin liegt im Einklang mit den moderaten Anforderungen an die Substantiierung patientenseitiger Angriffe auch kein unzulässiger Ausforschungsbeweis, da dem Patienten als Laien eine tiefergehende Auseinandersetzung nicht zumutbar ist.

### F. Der grobe Behandlungsfehler und der Befunderhebungsmangel, Abs. 5

#### I. Der grobe Behandlungsfehler

51 Liegt ein grober Behandlungsfehler vor, der grundsätzlich geeignet ist, eine Verletzung des Lebens, des Körpers oder der Gesundheit der tatsächlich eingetretenen Art herbeizuführen, wird gem. Abs. 5 Satz 1 vermutet, dass der Behandlungsfehler für die Verletzung ursächlich gewesen ist.

52 Durch diese Vermutung will der Gesetzgeber dem Umstand Rechnung tragen, dass es für den Patienten aufgrund der Eigengesetzlichkeit des menschlichen Organismus schwer ist, zur Überzeugung des Gerichts die Kausalität zwischen Behandlungsfehler und eingetretenem Schaden nachzuweisen. Werde dieser Nachweis durch einen groben Behandlungsfehler zusätzlich erschwert, weil

durch diesen der Gang der ordnungsgemäßen Behandlung nicht mehr hinreichend sicher vermutet werden könne (BGH NJW 1983, 333, 334; 1997, 794; 2009, 2820, 2822), sei es billig, das Beweisrisiko dem Behandelnden aufzuerlegen (BT-Drs. 17/10488 S. 30; BGH NJW 1978, 2337, 2339; 1996, 2429, 2431). Dabei wird jedoch diese Begründungslinie als axiomatisch für jeden Fall gegeben unterstellt, was nicht plausibel ist. Bei genauer Betrachtung lässt die Schwere eines Behandlungsfehlers keine allgemeine Aussage darüber zu, ob der Patient bei standardgerechter Behandlung gesund geworden wäre (MüKo/Wagner Rn. 82; siehe *J. Prütting* GesR 2017, 681, 683 f., mit dem Vorschlag, in den seitens des Sachverständigen zu bewertenden Vermutungstatbestand die Frage aufzunehmen, ob sich die Aufklärung des Kausalzusammenhangs tatsächlich mit Blick auf die Pflichtwidrigkeit erheblich erschwert hat). Aus diesem Grund wird auch die von der Rechtsprechung vorgenommene analoge Anwendung von § 630h Abs. 5 Satz 1 auf Fälle grober Pflichtverletzungen durch Bademeister (BGH NJW 2018, 301), den Johanniter-Hausnotruf (BGH NJW 2017, 2108) oder Apotheker (LG Köln MedR 2014, 105) von der Literatur zu Recht kritisiert (eingehend J. Prütting NJW 2019, 2661, s.a. Mäsch NJW 2017, 2080). Mit seiner Entscheidung im Sportlehrer-Fall hat der BGH seine Rechtsprechung zur Übertragung der Beweislastumkehr auf Vertragsbeziehungen außerhalb der §§ 630 ff. nunmehr weitergehend dahin differenziert, dass eine solche nur dann vorzunehmen sein soll, wenn die verletzte, dem Schutz von Leben und Gesundheit dienende Pflicht als Haupt- bzw. Kernpflicht einzuordnen ist (BGH NJW 2019, 1809). Eine derartige Abgrenzung zwischen Haupt- und Nebenpflichten ist aber nicht vorhersehbar und schon aus diesem Grund abzulehnen.

Die Vermutung des § 630h Abs. 5 Satz 1 bezieht sich sowohl auf grobe Befunderhebungsfehler als auch grobe Diagnosefehler/Fundamentalirrtümer (BT-Drs. 17/10488 S. 31; OLG Hamm VersR 2002, 315 f.; OLG München GesR 2006, 266 (grober diagnostischer Fehler); OLG Hamm GesR 2016, 352 f. (grober Befunderhebungsmangel)). 53

Um die Vermutung auszulösen, muss der Patient das Vorliegen eines groben Behandlungsfehlers beweisen (BT-Drs. 17/10488 S. 30). Wann ein grober Behandlungsfehler anzunehmen ist, wird durch den Gesetzgeber nicht definiert. Es muss vielmehr einzelfallbezogen anhand der bisherigen Rechtsprechung geprüft werden, ob ein solcher angenommen werden kann. 54

Grundsätzlich setzt die Annahme eines groben Behandlungsfehlers voraus, dass das Fehlverhalten des Behandelnden aus objektiver Sicht und bei ex-ante Betrachtung nicht mehr verständlich und verantwortbar ist, weil einem Arzt ein solcher Fehler schlechterdings nicht unterlaufen darf (BT-Drs. 17/10488 S. 30 m.V.a. BGHZ 159, 48, 54; 144, 296; BGH NJW 1983, 2080, 2081; 1999, 862; 2012, 227; 2016, 563, 564). Es kommt dabei maßgeblich darauf an, ob das Fehlverhalten des Behandelnden gegen gesicherte medizinische Erkenntnisse oder elementare medizinische Behandlungsstandards (BGH NJW 1986, 1540; 1992, 754, 755; 1999, 862; 2012, 227, 228; 2016, 563, 564) verstößt. Dazu zählen die medizinischen Grundregeln, die von der jeweiligen Fachdisziplin vorausgesetzt werden, unabhängig davon, ob sie Niederschlag in Leitlinien, Richtlinien oder anderweitigen Handlungsanweisungen gefunden haben (BGH NJW 2011, 3442; Erman/*Rehborn*/*Gescher* Rn. 31). 55

Ein grober Behandlungsfehler kann auch dann vorliegen, wenn mehrere »einfache« Behandlungsfehler zusammenkommen und sich in der Summe als grob pflichtwidriges Verhalten darstellen (BGH NJW 1983, 333, 335; 2001, 2792, 2793; 2011, 3442; OLG Celle VersR 2002, 1558). 56

Damit das Vorliegen eines groben Behandlungsfehlers keine unverhältnismäßige Haftung des Behandelnden begründet, muss der Fehler zudem geeignet gewesen sein, gerade solche Verletzungen herbeizuführen, wie sie im konkreten Fall eingetreten sind. Dabei genügt die generelle Eignung, der Schadenseintritt muss nicht naheliegend oder gar typisch sein (BGH NJW 1968, 1185; 1983, 333, 334; 2004, 2011; 2008, 1304). Erst wenn es äußerst unwahrscheinlich ist, dass der grobe Behandlungsfehler den eingetretenen Schaden verursacht hat und es daher nicht mehr zu rechtfertigen erscheint, dem Behandelnden die Beweislast aufzuerlegen, scheidet die Vermutung des Abs. 5 57

Satz 1 aus (BGH NJW 1995, 778, 779; 2004, 2011; 2012 f.; 2012, 2653; OLG Koblenz VersR 2017, 890, 891).

58 Zudem genügt es, wenn der grobe Behandlungsfehler mitursächlich gewesen ist. Der Behandlungsfehler wird in diesem Fall als für den ganzen Schaden ursächlich angesehen, sofern sich die Ursächlichkeit nicht nur auf einen klar abgrenzbaren Teilschaden bezieht (BGH NJW 1997, 796; BeckOK/*Katzenmeier* Rn. 63). Im Fall eines groben Befunderhebungsmangels soll es nicht einmal auf das Unterlassen der gebotenen Therapie selbst ankommen (BGH NJW-RR 2010, 833 Rn. 7 f.; a.A. OLG Bamberg MedR 2010, 494 unter. 1.3.2 b).

59 Der Behandelnde kann die Vermutung entkräften, indem er beweist, dass es im konkreten Fall an der Kausalität fehlt. Er kann dafür nachweisen, dass das Vorliegen des Ursachenzusammenhangs im besonderen Einzelfall äußerst unwahrscheinlich ist. Davon kann beispielsweise ausgegangen werden, wenn sich eindeutig nicht das Risiko verwirklicht hat, aufgrund dessen der Fehler als grob einzustufen ist oder wenn der Patient durch sein Verhalten den Heilungserfolg vereitelt hat und dadurch in gleicher Weise wie der grobe Behandlungsfehler dazu beigetragen hat, dass das Behandlungsgeschehen nicht aufgeklärt werden kann (BT-Drs. 17/10488 S. 31; BGH NJW 2004, 2011, 2013; 2005, 427, 428). Darüber hinaus kann der Behandelnde einwenden, dass der entsprechende Schaden auch bei rechtmäßigem Alternativverhalten eingetreten wäre (BGH NJW-RR 2010, 833 Rn. 9).

60 Die Feststellung, dass ein grober Behandlungsfehler gegeben ist, obliegt dem Gericht (BGH NJW 1978, 2337, 2338; 2000, 2737, 2739; 2002, 2944, 2945; 2015, 1601). Es hat sich bei der Feststellung auf tatsächliche Anhaltspunkte zu beziehen, die es regelmäßig unter Zuhilfenahme der Beurteilung des Behandlungsgeschehens durch einen Sachverständigen ermitteln wird, jedoch bleibt die Beurteilung dem Gericht vorbehalten, das die sachverständigen Ausführungen sorgfältig würdigen muss (BGH NJW 1978, 2337, 2338; 2000, 2737, 2739; 2002, 2944, 2945; 2015, 1601).

61 Greift die Vermutung des Abs. 5 Satz 1 ein, wird das Vorliegen der haftungsbegründenden Kausalität, nicht hingegen der haftungsausfüllenden Kausalität (BT-Drs. 17/10488 S. 31) vermutet (BGH NJW 1970, 1230; 1988, 2948; 2013, 3094, 3095; 2014, 688, 690). Hinsichtlich der haftungsausfüllenden Kausalität greift zu Gunsten des Patienten die Reduktion des Beweismaßes gem. § 287 ZPO, nach der es genügt, wenn sie überwiegend wahrscheinlich ist. Ausnahmsweise erweitert der BGH die Vermutung auch auf die haftungsausfüllende Kausalität, wenn sich der Folgeschaden als typische Folge gerade des Primärschadens darstellt (BGH NJW 1970, 1230; 1988, 2948; 2013, 3094, 3095; 2014, 688, 690).

## II. Der einfache Befunderhebungsmangel

62 Hat der Behandelnde es unterlassen, einen medizinisch gebotenen Befund rechtzeitig zu erheben oder zu sichern, wird gem. Abs. 5 Satz 2 die Wirkung des Abs. 5 Satz 1 auch dann ausgelöst, soweit der Befund mit hinreichender Wahrscheinlichkeit (über 50 %) ein Ergebnis erbracht hätte, das Anlass zu weiteren Maßnahmen gegeben hätte, und wenn das Unterlassen dieser Maßnahmen grob fehlerhaft gewesen wäre (BT-Drs. 17/10488 S. 31 m.V.a. BGH NJW 2011, 2508 f.; BGH NJW 1987, 1482, 1483). Erfasst werden von Abs. 5 Satz 2 nur einfache Befunderhebungs- und Befundsicherungsfehler. Als grob einzustufende Befunderhebungs- und Befundsicherungsfehler unterfallen Abs. 5 Satz 1.

63 Sofern nach Befunderhebung keine weitere Handlungspflicht bestanden hätte oder deren Außerachtlassen als einfacher Behandlungsfehler anzusehen gewesen wäre, führt Abs. 5 Satz 2 zu keiner Beweislastumkehr.

64 Hinsichtlich der Haftungsbegrenzung gelten die Ausführungen unter den Rdn. 57 ff.

### III. Abgrenzung Befunderhebungsmangel und diagnostischer Irrtum/Fehler

Da mit Blick auf die Unwägbarkeiten des menschlichen Körpers, insbesondere die fehlende Vorhersehbarkeit einer jeden körperlichen Reaktion auf Krankheitszustände für die Behandlungsseite vielfach Unsicherheitslagen herrschen, die dieser nicht vorgeworfen werden können, sind diagnostische Irrtümer nicht als Behandlungsfehler zu werten (BGH VersR 1981, 1033). Einfache diagnostische Fehler, die in eine fehlerhafte Therapie münden, stellen einfache Behandlungsfehler dar und sind nicht geeignet, die Beweislastumkehr des Abs. 5 Satz 1 auszulösen. Demgegenüber begründet Abs. 5 Satz 2 unter den dortigen Voraussetzungen (s. Rdn. 62) den Rückgriff auf die Beweislastumkehr des groben Behandlungsfehlers. Damit ist von zentraler Bedeutung, wie die Abgrenzung zwischen diesen Ansätzen gelingen kann. 65

Der BGH stellt im Wesentlichen auf den Schwerpunkt der Vorwerfbarkeit ab und bewertet den jeweiligen Sachverhalt danach, ob – unter Zuhilfenahme sachverständiger Erörterung im Prozess – der Behandelnde in der Situation nach anerkannten medizinischen Maßstäben im Wesentlichen den Vorwurf des Unterlassens weiterer Befunde oder den des diagnostischen Irrtums oder Fehlers verdient (BGH VersR 2017, 888; NJW 2016, 1447). So soll für den Fall unterlassener Beratung mit Blick auf Dringlichkeit gebotener medizinischer Maßnahmen und Gefahren des Unterlassens der Schwerpunkt grundsätzlich im therapeutischen Fehlerbereich (Sicherungsaufklärung) und nicht im Bereich der Befunderhebung liegen (BGH NJW 2016, 563 unter Berufung auf BGHZ 107, 222, 227 = NJW 1989, 2318 und NJW 2005, 427). 66

Ungeachtet inhaltlicher Vorwürfe fügen sich die beiden Judikate des BGH NJW 2016, 1447 und NJW 2011, 1672 nicht optimal in die Schwerpunkttheorie ein. Die Entscheidungen scheinen sehr wohl auch – je nach Fallkonstellation – eine Parallelwirkung von Befunderhebungsmangel und diagnostischen Vorwürfen zu tolerieren, obgleich mit der Idee des Schwerpunkts der Vorwerfbarkeit ein gewisser Exklusivitätsanspruch mitschwingt (ausführlich m.w.N. *Martis/Winkhart*, Arzthaftungsrecht, S. 659 ff.). Diese Frage ist von höchster Brisanz, da die Annahme einer echten Sperrwirkung, wie diese auch teilweise vorgeschlagen wird (*Ramm* GesR 2011, 513, 516 f.; *Karmasin* VersR 2009, 1200, 1202; *Hausch* MedR 2012, 231, 235 ff.), ein gewisser Schutz für die Behandlungsseite wäre, selbst wenn die exakte Abgrenzung nach wie vor so undeutlich ist, dass an der Schnittstelle eine gewisse Willkürlichkeit kaum zu leugnen sein dürfte (zur näheren Klärung *Kniepert*, Befunderhebung oder Diagnose?, 2020). 67

Das jeweils zur Entscheidung berufene Gericht sollte sich von der Erwägung leiten lassen, dass die Idee der verschärften Haftung im Fall einfacher Befunderhebungsmängel kein Mechanismus sein darf, jegliche situativen Erkenntnisschwierigkeiten der Behandlungsseite zum Vorwurf zu machen. Der Schutz des Patienten muss dort beginnen, wo der Behandelnde im Rahmen gesicherter ärztlicher Standards das diagnostische Procedere, welches ihm ohne Weiteres zuzumuten gewesen wäre, verlässt oder nicht ins Werk setzt. Der Patient muss sich auf eine entsprechende Professionalität verlassen können. Demgegenüber sind unklare Situationen, die aus der ex ante – Perspektive keineswegs ein bestimmtes diagnostisches Vorgehen ohne Weiteres veranlasst haben müssten, nicht unbesehen mit dem Ansatz des Befunderhebungsmangels zu erfassen, soll keine ärztliche Garantiehaftung erschaffen werden (D. *Prütting*/J. *Prütting*, Medizin- und Gesundheitsrecht, 2018, S. 268 f.). Die künftige Judikatur zur Abgrenzung von Befunderhebungs- und Diagnosemangel wird diese Gefahr genauso zu berücksichtigen haben, wie sie eine vorschnelle behandlungsseitige »Flucht in den Diagnoseirrtum« vermeiden muss. 68

## § 705 Inhalt des Gesellschaftsvertrags

Durch den Gesellschaftsvertrag verpflichten sich die Gesellschafter gegenseitig, die Erreichung eines gemeinsamen Zweckes in der durch den Vertrag bestimmten Weise zu fördern, insbesondere die vereinbarten Beiträge zu leisten.

## § 705 BGB   Inhalt des Gesellschaftsvertrags

**Übersicht**

| | Rdn. | | | Rdn. |
|---|---|---|---|---|
| A. Allgemeines | 1 | C. | Gesellschaftsvertrag | 35 |
| B. Begriff und Wesen der GbR | 4 | I. | Vertragsschluss | 35 |
| I. Begriffsvielfalt | 4 | II. | Änderungen | 38 |
| II. Gemeinschaftspraxis | 7 | | 1. Grundsätzliches | 38 |
|    1. Gesellschaftszweck | 7 | | 2. Mehrheitsentscheidungen | 39 |
|    2. Vorteile gemeinschaftlicher Berufsausübung | 12 | |   a) Formelle Legitimation | 40 |
| | | |   b) Materielle Legitimation | 42 |
|    3. Sonderformen | 15 | III. | Fehlerhafte (faktische) Gesellschaft | 44 |
|    4. Gesellschafter | 20 | D. | Rechte und Pflichten der Gesellschafter im Innenverhältnis | 50 |
| III. Organisationsgesellschaften | 23 | | | |
|    1. Allgemeines | 23 | E. | Stellung der Gesellschaft nach außen | 55 |
|    2. Erscheinungsformen | 27 | I. | Rechtsfähigkeit | 55 |
|    3. Missbrauch der Organisationsform | 30 | II. | Name der Gesellschaft | 59 |
| IV. Praxisverbund | 33 | F. | Steuerrechtliche Grundzüge | 64 |
| V. Medizinisches Versorgungszentrum (MVZ) | 34 | | | |

### A. Allgemeines

1 Die §§ 705 ff. regeln das Recht der Gesellschaft bürgerlichen Rechts (GbR). Sie ist die **Grundform der Personengesellschaften** und war lange Jahre die einzige berufs- (Rdn. 2) und vertragsarztrechtlich (Rdn. 3) zulässige Gesellschaftsform für Ärzte, Zahnärzte und sonstige Heilberufe (zur Bedeutung der Möglichkeiten beruflicher Zusammenarbeit s. die Zahlen bei *Heßbrügge* DÄBl. 2012, A-1350). Auch nach der Eröffnung weiterer Rechtsformen für diese Berufsgruppen ist die GbR in der Praxis am weitesten verbreitet. Vor dem Hintergrund, dass das PartGG mit der PartG eine Rechtsform speziell für Freie Berufe mit offenkundigen Haftungsvorteilen bereithält (§ 1 PartGG Rdn. 1), dürfte die andauernde Beliebtheit der GbR weniger den Vorzügen der §§ 705 ff. als dem traditionellen Beharrungsvermögen der deutschen Ärzteschaft und der Zufriedenheit mit Althergebrachtem geschuldet sein (vgl. die für die Anwaltschaft erhobenen Zahlen bei *Kilian* AnwBl 2012, 895 ff.; ders. AnwBl 2015, 45 ff.; ders. AnwBl 2021, 356 f.).

1a An diesen Zahlen dürfte selbst die Öffnung der PartG mbB auch für Mediziner – aktuell fehlt es in den Heilberufskammergesetzen der Länder mit Ausnahme von Bayern (§ 18 Abs. 2 HKaG Bayern) und Niedersachsen (§ 32 Abs. 4 HKG Niedersachsen) noch an Sondervorschriften gem. § 8 Abs. 4 PartGG (§ 8 PartGG Rdn. 19d f.) – nichts ändern. Denn die PartG mbB bietet Medizinern weniger haftungsrechtliche Vorteile als den Partnern einer rechts- oder wirtschaftsberatenden Berufsausübungsgemeinschaft. Anders als Anwälte, Steuerberater oder Wirtschaftsprüfer sehen sich Ärzte, Zahnärzte und sonstige Vertreter der Heilberufe infolge von Berufspflichtverletzungen vielfach deliktischen Ansprüchen wegen Verletzung der körperlichen Unversehrtheit und der Gesundheit ausgesetzt (*Lieder/Hoffmann* NJW 2015, 897, 901); von dieser Delikthaftung wird der einzelne Partner aber nicht durch § 8 Abs. 4 PartGG befreit (§ 8 PartGG Rdn. 19h).

2 Eine GbR entsteht regelmäßig durch **Vertragsschluss** (Rdn. 35 ff.), seltener durch Umwandlung (vgl. § 191 Abs. 2 Nr. 1 UmwG). Anders als die PartG (§ 1 PartGG Rdn. 12), für die die Regelungen über die GbR subsidiär gelten (§ 1 Abs. 4 PartGG), bedarf die GbR **keiner Registrierung** oder irgendwie gearteten Bekanntmachung. Während das Gesellschaftsrecht mit den §§ 705 ff. den privatrechtlichen Organisationsrahmen für Zusammenschlüsse vorgibt, regelt das Berufsrecht durch Gebote und Verbote die tatsächliche Ausübung des Berufs. Nicht alles, was gesellschaftsrechtlich zulässig ist, ist auch berufsrechtlich erlaubt. Insoweit gilt ein Vorrang des Berufsrechts, obwohl es für die GbR an einem § 1 Abs. 3 PartGG, § 18 Abs. 5 MBOÄ vergleichbaren ausdrücklichen **Berufsrechtsvorbehalt** fehlt. Nachfolgend werden berufsrechtliche Einschränkungen nach den Musterberufsordnungen zitiert. Zu beachten ist dabei, dass allein den Ländern die Gesetzgebungskompetenz für die ärztliche Berufsausübung zusteht und nur ihre Kammer- und Heilberufsgesetze eine rechtsverbindliche Berufsordnung darstellen, die letztlich geltenden Regeln von den

Musterberufsordnungen also abweichen können (dazu Einl. MBOÄ Rdn. 2 sowie MHG/*Gummert/ Remplik* § 25 Rn. 4).

Weitere Einschränkungen folgen aus den **vertragsarztrechtlichen Regelungen**. Dies sind zunächst die §§ 72–77, 95–105 SGB V. Diese Bestimmungen betreffen allerdings in einer Einzelpraxis niedergelassene Ärzte, Berufsausübungsgemeinschaften und Medizinische Versorgungszentren (MVZ; Rdn. 34) gleichermaßen, sie enthalten nur vereinzelt auf Berufsausübungsgemeinschaften zugeschnittene Regelungen, etwa diejenige über die Notwendigkeit der Berücksichtigung der Interessen der in einer Berufsausübungsgemeinschaft nach Ausscheiden eines Arztes verbleibenden Ärzte im Rahmen des Nachbesetzungsverfahrens (vgl. § 103 Abs. 6 Satz 2 SGB V; s. hierzu etwa BSGE 110, 43 Rn. 23 = MedR 2012, 617 sowie § 720 Rdn. 14 ff.) oder über die zulässige Organisationsform eines MVZ (vgl. § 95 Abs. 1a SGB V, s. auch die sonstigen, insb. Medizinische Versorgungszentren betreffenden Regelungen in Abs. 1 der Vorschrift). 3

Zu beachten sind zudem die Bestimmungen der Zulassungsverordnung für Vertragsärzte (Ärzte-ZV) sowie der im Wesentlichen inhaltsgleichen Zulassungsverordnung für Vertragszahnärzte (Zahnärzte-ZV). Maßgeblich sind vor allem § 33 Ärzte-ZV und § 33 Zahnärzte-ZV (s. den Überblick bei *Dahm/Ratzel* MedR 2006, 555 ff.; *Fiedler/Fürstenberg* NZS 2007, 184 ff.; *Scholz* ZMGR 2010, 143 ff.). Die Vorschriften regeln jeweils in Abs. 1 die gemeinsame Nutzung von Praxisräumen und -einrichtungen sowie die gemeinsame Beschäftigung von Hilfspersonal durch mehrere Ärzte. Abs. 2 u. 3 enthalten Einzelheiten zur **örtlichen** und zur **überörtlichen Berufsausübungsgemeinschaft** sowie statuieren die Notwendigkeit ihrer Genehmigung; dabei ist zu beachten, dass nur der Arzt selbst, nicht aber die Gemeinschaftspraxis zugelassen wird (§ 95 Abs. 1 Satz 1 SGB V; §§ 3 Abs. 2, 18 Ärzte-ZV; s. dazu Rdn. 57; § 720 Rdn. 14; § 18 MBOÄ Rdn. 86). 3a

Soweit das Berufs- und Vertragsarztrecht unauflösbare Überschneidungen aufweisen, **gehen die vertragsarztrechtlichen Regelungen** – weil vom Bundesgesetzgeber im Rahmen der konkurrierenden Gesetzgebungskompetenz erlassen – **den berufsrechtlichen vor** (MHG/*Gummert/Remplik* § 25 Rn. 7; Bergmann/Pauge/Steinmeyer/*Lück* Vor §§ 705 ff. Rn. 14; vgl. aber *Montgomery/Hübner/Dörfer/Kreitz/Lehmann* MedR 2015, 555 ff.; *Prehn* MedR 2015, 560 ff.; *Rompf* MedR 2015, 570 ff.). Im Übrigen ergänzen sich beide Regelungssysteme. 3b

Mit dem **Gesetz zur Modernisierung des Personengesellschaftsrechts (Personengesellschaftsrechtsmodernisierungsgesetz – MoPeG)** vom 10.08.2021 (BGBl. I S. 3436; zum Inkrafttreten Rdn. 3f) werden die geltenden Vorschriften der §§ 705 ff. über die GbR, die seit dem Inkrafttreten des BGB im Jahr 1900 nahezu unverändert geblieben sind, grundlegend überarbeitet (s. hierzu den Überblick von *Fleischer* DStR 2021, 430 ff. auf Basis des RegE). Erklärtes Ziel des Gesetzgebers ist es, »das überwiegend noch aus dem 19. Jahrhundert stammende Recht der Personengesellschaften an die Bedürfnisse des modernen Wirtschaftslebens anzupassen« (BT-Drs. 19/27635 S. 101). Mit der grundlegenden Neuordnung des Rechts der GbR sollen zunächst die vom BGH (Rdn. 55) richterrechtlich anerkannte Rechtsfähigkeit der GbR im Gesetz kohärent nachvollzogen und die Diskrepanzen zum geschriebenen Recht im Interesse der Rechtssicherheit beseitigt werden. Zugleich geht mit der Reform eine Rechtsangleichung in Bezug auf die anderen rechtsfähigen Personengesellschaften einher. Die gesetzliche Anerkennung der Rechtsfähigkeit der GbRs hat zur Folge, dass das bisherige **Leitbild** der Gelegenheitsgesellschaft auf das Leitbild einer auf gewisse Dauer angelegten Personengesellschaft umgestellt wird, die mit eigenen Rechten und Pflichten ausgestattet ist. Die GbR öffnet sich damit gezielt dem Rechtsverkehr für die Verfolgung erwerbswirtschaftlicher Zwecke (BT-Drs. 19/27635 S. 100). 3c

Der Gesetzgeber erhofft sich zudem mit der Neuregelung, das **Publizitätsdefizit der GbR zu beheben und damit Transparenz der Gesellschaftsverhältnisse herzustellen**. Künftig haben die Gesellschafter die Möglichkeit, ihre Gesellschaft zur Eintragung in das Gesellschaftsregister anzumelden (§ 707 Abs. 1 n.F.). Von einer Eintragungspflicht hat der Gesetzgeber aber mit Blick auf die vielfältigen Erscheinungsformen der GbR (wie etwa die auch nach Umstellung des Leitbilds möglichen Gelegenheitsgesellschaften) abgesehen. Vielmehr hat er sich dafür entschieden, 3d das **Eintragungswahlrecht** mit positiven Anreizen (wie dem Sitzwahlrecht nach § 706 n.F., dazu Rdn. 19, und dem Recht, mit Publizitätswirkung über die Vertretungsbefugnis zu disponieren, vgl. dazu § 715 Rdn. 12) zu kombinieren (BT-Drs. 19/27635 S. 128). Zudem dürften viele Gesellschaften bzw. die hinter ihr stehenden Gesellschafter eine Eintragung anstreben, um »ihren Leumund bei Vertragspartnern und auf ihre Kreditwürdigkeit« zu stärken. Schließlich ist die Eintragung der GbR verfahrensrechtliche Voraussetzung für den Erwerb von und die Verfügung über registrierte Rechte durch die Gesellschaft sowie für die Umwandlungsfähigkeit der Gesellschaft (BT-Drs. 19/27635 S. 128). Nach § 707a Abs. 4 n.F. findet die Löschung der Gesellschaft nur nach den allgemeinen Vorschriften statt. Auch wenn für die Gesellschafter einer GbR grds. ein Eintragungswahlrecht besteht, tritt mit der Eintragung in das Gesellschaftsregister eine **Bindungswirkung** in der Form ein, dass sie die Gesellschaft nicht mehr gewillkürt wieder löschen können (BT-Drs. 19/27635 S. 133).

3e  Die **Anmeldung**, die bei dem Gericht, in dessen Bezirk sie ihren Sitz hat, erfolgen muss, muss nach § 707 Abs. 2 n.F. u.a. Angaben zum Namen, Sitz und Anschrift der Gesellschaft sowie der Gesellschafter (einschließlich deren Vertretungsbefugnis) enthalten. § 707a Abs. 2 Satz 1 n.F. verpflichtet die GbR mit der Eintragung aus Gründen des Verkehrsschutzes als **Namenszusatz** die Bezeichnung »eingetragene Gesellschaft« oder abgekürzt »eGbR« zu führen (Rdn. 62a). Dritte können diesen Hinweis zum Anlass nehmen, das Gesellschaftsregister auf den Kreis der danach zur Vertretung befugten Gesellschafter einzusehen (BT-Drs. 19/27635 S. 132 f.). Der Eintragung in das Gesellschaftsregister und ihrer Bekanntmachung kommt eine besondere materiell-rechtliche Bedeutung zu. Dieser herausragenden Bedeutung wegen ordnet § 707a Abs. 3 Satz 1 n.F. an dieser Stelle die entsprechende Anwendung der Publizitätsvorschriften des § 15 HGB auch auf das Gesellschaftsregister an.

3f  Die Neuregelungen treten erst **zum 01.01.2024 in Kraft**, um den Bundesländern die für die Errichtung des neuen Gesellschaftsregisters erforderliche Zeit zu geben, aber auch um den Gesellschaftern die Möglichkeit zu eröffnen, den Gesellschaftsvertrag an die neue Rechtslage und die neu eröffneten Gestaltungsspielräume anzupassen (BT-Drs. 19/27635 S. 296 f.; BT-Drs. 19/31105 S. 11).

## B. Begriff und Wesen der GbR

### I. Begriffsvielfalt

4  Schlossen sich Ärzte in der Rechtsform einer GbR zusammen, wurde diese Form der Zusammenarbeit stets als **Gemeinschaftspraxis** bezeichnet. Auch in früheren Fassungen der MBOÄ war von der Gemeinschaftspraxis die Rede. Heute bestimmt § 18 Abs. 1 Satz 1 MBOÄ, dass sich Ärzte zu Berufsausübungsgemeinschaften, Organisationsgemeinschaften, Kooperationsgemeinschaften und Praxisverbünden zusammenschließen können; § 18 Abs. 2a MBOÄ definiert allein den Begriff der Berufsausübungsgemeinschaft (dazu Rdn. 10). In den vertragsarztrechtlichen Bestimmungen findet sich der Begriff »Gemeinschaftspraxis« ebenfalls nicht mehr; so spricht § 33 Abs. 2 Satz 1 Ärzte-ZV von der »gemeinsame(n) Ausübung vertragsärztlicher Tätigkeit« und der »Berufsausübungsgemeinschaft« (der Begriff »Gemeinschaftspraxis« wird aber noch in §§ 40 f. Bedarfsplanungs-Richtlinie verwandt). Diese veränderte Wortwahl in Ärzte-ZV und MBOÄ trägt dem Umstand Rechnung, dass Ärzten inzwischen die Berufsausübung auch in anderen Rechtsformen offensteht, so insbesondere in der seit 1994 zulässigen PartG (ausführlich zu den berufsrechtlich zugelassenen Rechtsformen deutschen und ausländischen Rechts § 18 MBOÄ Rdn. 55 ff.). Der **Begriff »Berufsausübungsgemeinschaft«** ist **rechtsformneutral** zu verstehen (§ 18 MBOÄ Rdn. 18) und erfasst nicht nur die in der Rechtsform einer GbR organisierte Praxis (Ratzel/Luxenburger/*Möller/Ruppel* Kap. 17 Rn. 15).

5  Ungeklärt ist das Verhältnis des Begriffs »Gemeinschaftspraxis« zu dem der »Berufsausübungsgemeinschaft«. Teilweise werden beide Bezeichnungen synonym verwandt; der tradierte Begriff »Gemeinschaftspraxis« beschreibe ebenso wie die modernere Bezeichnung »Berufsausübungsgemeinschaft« ohne Rücksicht auf die im Einzelfall genutzte Rechtsform die gemeinschaftliche Tätigkeit von Ärzten (so etwa MHG/*Gummert/Remplik* § 25 Rn. 13, 36). Nach anderer Auffassung

impliziert die Verwendung des Wortes »Gemeinschaftspraxis« nach wie vor, dass sich die beteiligten Ärzte in der Rechtsform der GbR organisiert haben (so Quaas/Zuck/Clemens/*Quaas* § 15 Rn. 7). Im Folgenden wird im Sinne der letztgenannten Auffassung die Bezeichnung »Gemeinschaftspraxis« gleichbedeutend mit einer als GbR organisierten Berufsausübungsgemeinschaft gebraucht.

Unabhängig von der Entscheidung des Streits um die richtige Begriffswahl gilt, dass das Wort »Gemeinschaftspraxis« in der Praxis nach wie vor verwendet wird und niemand bislang die Auffassung vertreten hat, dass dies unzulässig sei (MHG/*Gummert/Remplik* § 25 Rn. 37; Bergmann/Pauge/Steinmeyer/*Lück* Vor §§ 705 ff. Rn. 9; s. auch Rdn. 62). 6

## II. Gemeinschaftspraxis

### 1. Gesellschaftszweck

Nach § 705 verpflichten sich die Gesellschafter mit dem Gesellschaftsvertrag gegenseitig, die Erreichung eines gemeinsamen Zwecks in der durch den Vertrag bestimmten Weise zu fördern, insbesondere die vereinbarten Beiträge zu leisten. Die Rechtsprechung des BGH hat dies für die ärztliche Gemeinschaftspraxis konkretisiert. Danach wird unter ihr die **gemeinsame Ausübung ärztlicher Tätigkeit** durch mehrere Ärzte der gleichen oder verwandter Fachgebiete in gemeinsamen Räumen mit gemeinschaftlichen Einrichtungen und mit einer gemeinsamen Büroorganisation und Abrechnung verstanden, wobei die einzelnen ärztlichen Leistungen für den jeweiligen Patienten während der Behandlung von einem wie von dem anderen Partner erbracht werden können (BGHZ 97, 273, 276 f. = NJW 1986, 2364; BGHZ 142, 126, 137 = NJW 1999, 2731, 2734; BGHZ 144, 296, 308 = NJW 2000, 2737, 2740; BGHZ 165, 36, 39 = NJW 2006, 437 Rn. 11; s. auch BSGE 23, 170, 171; BSGE 91, 164 Rn. 19 = NJW 2004, 1820, 1821; BSG MedR 2005, 421, 424 f.; BSGE 96, 99 Rn. 14 = MedR 2006, 611). 7

Diese klassische Definition ist allerdings vor dem Hintergrund der Liberalisierungen im Berufs- und Vertragsarztrecht, insbesondere im Hinblick auf die Zulässigkeit überörtlicher und fachübergreifender Gemeinschaftspraxen sowie von Teil-Berufsausübungsgemeinschaften, überholt (Kritik an der Definition auch bei MHG/*Gummert/Remplik* § 25 Rn. 5). So fehlt es etwa in einer fachübergreifenden Gemeinschaftspraxis wegen der Pflicht zur Fachgebietsbeschränkung gerade an der **Austauschbarkeit der Leistung**; der Patient kann die vereinbarte ärztliche Leistung eben nicht von jedem Arzt der Gemeinschaftspraxis verlangen (Rdn. 15; § 715 Rdn. 4, 16). Das in der Definition des BGH enthaltene Erfordernis gemeinsamer Räume ist angesichts der Zulässigkeit **überörtlicher Gemeinschaftspraxen** (dazu ausführlich Rdn. 19 sowie § 18 MBOÄ Rdn. 31 ff.) oder von Praxen mit Zweigniederlassungen (§ 18 MBOÄ Rdn. 28 ff.) ebenfalls nicht mehr zeitgemäß (*Fiedler/Fürstenberg* NZS 2007, 184, 190); die Tätigkeit an demselben Ort ist kein konstitutives Merkmal einer Berufsausübungsgemeinschaft. Schließlich zeigen die Beispiele der Sternpraxis und der **Teil-Berufsausübungsgemeinschaft** (Rdn. 18; § 18 MBOÄ Rdn. 23 ff.), dass kein Arzt gesellschafts- und berufsrechtlich gehalten ist, seinen Beruf exklusiv in einer Berufsausübungsgemeinschaft auszuüben. 8

Von der Definition des BGH bleibt so nur das **Kriterium der »gemeinsamen Berufsausübung«** übrig (*Fiedler/Fürstenberg* NZS 2007, 184, 191). Wie erwähnt bedeutet »gemeinsam« eben nicht gemeinschaftlich im Sinne einer gleichzeitigen Behandlung, sondern meint eine gemeinsame Ausübung des Berufs durch mehrere Ärzte auf gemeinsame Rechnung und gemeinsames Risiko in einem ärztlichen Unternehmen, dessen Rechtsträger Heilbehandlungen durch die in ihm vergesellschafteten Ärzte anbietet und erbringt (§ 18 MBOÄ Rdn. 6). 9

In **§ 18 Abs. 2a MBOÄ**, der auf Hinweise und Erläuterungen der **Bundesärztekammer** zurückgeht (DÄBl. 2008, A-1019, 1021 f.), wird die Berufsausübungsgemeinschaft nun wie folgt definiert (dazu § 18 MBOÄ Rdn. 6 ff.): 10

> »Eine Berufsausübungsgemeinschaft ist ein Zusammenschluss von Ärztinnen und Ärzten untereinander, mit Ärztegesellschaften oder mit ärztlich geleiteten Medizinischen Versorgungszentren, die den Vorgaben des § 23a Abs. 1, Buchstabe a, b und d entsprechen, oder dieser untereinander zur gemeinsamen Berufsausübung. Eine gemeinsame Berufsausübung setzt die auf Dauer angelegte berufliche Zusammenarbeit selbständiger, freiberuflich tätiger Gesellschafter voraus. Erforderlich ist, dass sich die Gesellschafter in einem schriftlichen Gesellschaftsvertrag gegenseitig verpflichten, die Erreichung eines gemeinsamen Zweckes in der durch den Vertrag bestimmten Weise zu fördern und insbesondere die vereinbarten Beiträge zu leisten. Erforderlich ist weiterhin regelmäßig eine Teilnahme aller Gesellschafter der Berufsausübungsgemeinschaft an deren unternehmerischem Risiko, an unternehmerischen Entscheidungen und an dem gemeinschaftlich erwirtschafteten Gewinn.«

11 Der **Bundesmantelvertrag** (BMV-Ä) definiert die Berufsausübungsgemeinschaft in § 1a Nr. 12 als »*rechtlich verbindliche Zusammenschlüsse von Vertragsärzten oder/und Vertragspsychotherapeuten oder Vertragsärzten/Vertragspsychotherapeuten und Medizinischen Versorgungszentren oder Medizinischen Versorgungszentren untereinander zur gemeinsamen Ausübung der Tätigkeit.*« Nach § 1a Nr. 12a sind »*Berufsausübungsgemeinschaften . . . nicht Praxisgemeinschaften, Apparategemeinschaften oder Laborgemeinschaften und andere Organisationsgemeinschaften*«.

### 2. Vorteile gemeinschaftlicher Berufsausübung

12 Zu den Vorteilen gemeinschaftlicher Berufsausübung zählen insbesondere der **jederzeit mögliche Eintritt eines Vertreters im Fall der Verhinderung des primär behandelnden Arztes**, ohne dass es bei Kassenpatienten einer Überweisung bedarf, die **Gelegenheit kollegialer Besprechungen** sowie die oft **bessere personelle und apparative Ausstattung** (vgl. BGHZ 97, 273, 276 ff. = NJW 1986, 2364 f.; BGHZ 142, 126, 136 f. = NJW 1999, 2731, 2734; BGHZ 144, 296, 308 = NJW 2000, 2737, 2741; BGHZ 165, 36, 39 f. = NJW 2006, 437 Rn. 11). In fachübergreifenden Gemeinschaftspraxen (Rdn. 15) kann aufgrund der interdisziplinären Zusammenarbeit in einem Team eine noch breitere medizinische Versorgung angeboten werden (*Gollasch* S. 27 f.). Weil eine Auslegung der Willenserklärungen im Regelfall ergibt, dass der Patient diese Vorteile einer Gemeinschaftspraxis in Anspruch nehmen möchte, kommt der Arztvertrag, auch bei Kassenpatienten, grds. nicht mit dem einzelnen Arzt, sondern mit der Gemeinschaftspraxis als rechtsfähiger GbR (Rdn. 55) zustande (§ 715 Rdn. 2).

13 Diese Vorteile gemeinschaftlicher Berufsausübung rechtfertigen auch die **Privilegierung der Gemeinschaftspraxen** gegenüber Einzelpraxen bei der Höhe des Ordinationskomplexes und der Regelleistungsvolumina im **vertragsärztlichen Vergütungssystem**. Insoweit hat das BSG (BSGE 106, 49 Rn. 18 f. = MedR 2011, 58; BSG Urt. v. 16.05.2018 – B 6 KA 15/17 R Rn. 26) insbesondere auf längere Öffnungszeiten der Praxis, geringere Zeiten der Vertretung wegen des Urlaubs oder der Erkrankung des Praxisinhabers, das größere Leistungsspektrum von Gemeinschaftspraxen und die bessere Auslastung von teuren medizinisch-technischen Geräten im fachärztlichen Bereich hingewiesen. Ambulante Operationen und belegärztliche Tätigkeiten seien in Berufsausübungsgemeinschaften eher realisierbar, weil die Praxis für die »regulären« ambulanten Patienten auch in Zeiten weiter betrieben werden könne, in denen ein Vertragsarzt ambulante Operationen ausführe oder in einem Krankenhaus Patienten belegärztlich versorge.

14 Im Hinblick auf eine **hausärztliche Gemeinschaftspraxis** ließen es die umfassenden Koordinationsaufgaben, die Hausärzte nach der Vorstellung des Gesetzgebers übernehmen sollen (vgl. § 73 Abs. 1 Satz 2 Nr. 2 SGB V), als vorteilhaft erscheinen, wenn eine Praxis an so vielen Tagen wie möglich für die Patienten zugänglich sei, alle den einzelnen Patienten betreffende Daten jeweils verfügbar seien und nicht erst Befunde von vertretenden Ärzten in die vorhandenen Dateien eingepflegt werden müssten. Schließlich sei auch unter dem Gesichtspunkt der Gewinnung ärztlichen Nachwuchses gerade im hausärztlichen Bereich in dem Angebot von Gemeinschaftspraxen ein Vorteil zu sehen, weil diese im Vergleich zur Einzelpraxis die Vereinbarkeit von Familie und Beruf für Ärzte erleichtern könnten.

### 3. Sonderformen

Bei einer **fachübergreifenden Gemeinschaftspraxis** handelt es sich um einen Zusammenschluss von Ärzten unterschiedlicher Fachgebiete über die Fachgebietsgrenzen des einzelnen Arztes hinweg (*Gollasch* S. 27). Die Besonderheit besteht darin, dass die ärztliche Leistung nicht austauschbar ist, also nicht jeder Gesellschafter die von der Gemeinschaftspraxis geschuldete Leistung persönlich erbringen kann. Vielmehr ist das berufsrechtliche Gebot der Fachgebietsbeschränkung einzuhalten (BSG MedR 1983, 196, 198; BSGE 55, 97, 102; BSG Urt. v. 20.01.1999 – B 6 KA 78/97 R; BSG NZS 2003, 494 Rn. 13). Diese Beschränkung ändert nichts daran, dass die Gemeinschaftspraxis als solche die Patienten unter einem einheitlichen Namen behandelt und unter diesem Namen die Leistungsabrechnung gegenüber der Kassenärztlichen Vereinigung vornimmt (Rdn. 59; § 715 Rdn. 4); das Gebot der persönlichen Leistungserbringung nach § 32 Abs. 1 Satz 1 Ärzte-ZV gilt insoweit nur eingeschränkt (BSG NZS 2003, 494 Rn. 13). Ihre vertragsärztliche Zulässigkeit ist inzwischen anerkannt (BSG MedR 1983, 196, 197 f.; BSGE 55, 97, 104 f.; BSG NZS 2003, 494 Rn. 13 sowie § 18 MBOÄ Rdn. 89); dies gilt selbst dann, wenn es sich nicht um verwandte Fachgebiete handelt (MHG/*Gummert/Remplik* § 25 Rn. 121; Quaas/Zuck/Clemens/*Quaas* § 15 Rn. 5; s. aber noch BSG NZS 2003, 494 Rn. 13: »*Fachübergreifende Gemeinschaftspraxen sind jedenfalls zulässig, sofern sich die verschiedenen Fachgebiete teilweise decken und in sinnvoller Weise für eine gemeinsame Ausübung vertragsärztlicher Tätigkeit eignen.*«).

Auch die »**gemischte Gemeinschaftspraxis**« zwischen Privat- und Vertragsärzten ist zulässig. § 33 Abs. 2 Ärzte-ZV regelt zwar ausschließlich die gemeinsame vertragsärztliche Tätigkeit, verbietet aber nicht, dass sich der Gesellschaftszweck auf die gemeinsame privatärztliche Tätigkeit erstreckt (§ 18 MBOÄ Rdn. 91 sowie MHG/*Gummert/Remplik* § 25 Rn. 47, 122; Quaas/Zuck/Clemens/*Quaas* § 15 Rn. 6; *Möller* MedR 2003, 195 ff.; *ders.* MedR 2006, 621, 630; *Cramer* MedR 2006, 173 f.; *Blaurock* MedR 2006, 643, 644 ff.; a.A. *Schirmer* MedR 1995, 383, 388). Erforderlich ist aber eine saubere vertragliche und tatsächliche Trennung des vertrags- vom privatärztlichen Bereich. Insbesondere muss gewährleistet sein, dass der Vertragsarzt seine vertragsärztliche Tätigkeit frei und unbeeinflusst ausüben kann, und verhindert werden, dass der nicht zugelassene Arzt unzulässig in die Erbringung vertragsärztlicher Leistungen eingebunden wird. Dies muss sich im Gesellschaftsvertrag entsprechend niederschlagen, was nicht der Fall ist, wenn sich in einem Gemeinschaftspraxisvertrag ein Nichtvertragsarzt zur gemeinsamen Ausübung vertragsärztlicher Tätigkeit verpflichtet; ein solcher Vertrag ist nach § 33 Abs. 2 Ärzte-ZV i.V.m. § 134 BGB nichtig (OLG München MedR 2006, 172, 173; a.A. Staudinger/*Seibl/Fischinger/Hengstenberg* § 134 Rn. 246; jurisPK-BGB/ *Nassall* § 134 Rn. 110); eine Beteiligung des Privatarztes am Gewinn aus der Behandlung der Kassenpatienten ist dagegen nicht *per se* schädlich (*Blaurock* MedR 2006, 643, 645 f.). Die Außendarstellung muss so gewählt sein, dass die Patienten ausreichende Kenntnis von der besonderen Praxisstruktur erhalten (*Möller* MedR 2003, 195, 199).

In einer **Job-Sharing-Gemeinschaftspraxis** (§ 18 MBOÄ Rdn. 90; ausführlich dazu MHG/*Gummert/ Remplik* § 25 Rn. 106 ff., 124; Ratzel/Luxenburger/*Möller/Ruppel* Kap. 17 Rn. 359 ff.) teilen sich *de facto* zwei Ärzte eine Vertragsarztstelle. Sind für die Zulassung eines Arztes in einem Planungsbereich Zulassungsbeschränkungen angeordnet, kann ein Arzt die vertragsärztliche Tätigkeit gemeinsam mit einem dort bereits tätigen Vertragsarzt desselben Fachgebiets oder, sofern die Weiterbildungsordnungen Facharztbezeichnungen vorsehen, derselben Facharztbezeichnung ausüben, wenn sich die Partner der Berufsausübungsgemeinschaft gegenüber dem Zulassungsausschuss zu einer Leistungsbegrenzung verpflichten, die den bisherigen Praxisumfang nicht wesentlich (maximal 3 %-ige Überschreitung des quartalsbezogenen Gesamtpunktzahlvolumens des bisherigen Praxisinhabers, Spickhoff/*Ratzel* §§ 709 bis 722 Rn. 8) überschreitet (vgl. § 101 Abs. 1 Nr. 4 SGB V). In diesem Fall erhält der Arzt nach § 101 Abs. 3 SGB V eine auf die Dauer der gemeinsamen vertragsärztlichen Tätigkeit beschränkte Zulassung. Die Beschränkung und die Leistungsbegrenzung enden bei Aufhebung der Zulassungsbeschränkungen, spätestens jedoch nach zehnjähriger gemeinsamer vertragsärztlicher Tätigkeit. Im Fall der Praxisfortführung nach § 103 Abs. 4 SGB V (Nachbesetzungsverfahren; vgl. dazu § 720 Rn. 14 ff.) ist bei der Auswahl der Bewerber die gemeinschaftliche

Praxisausübung des nur beschränkt zugelassenen Arztes erst nach mindestens fünfjähriger gemeinsamer vertragsärztlicher Tätigkeit zu berücksichtigen.

18 Der Zusammenschluss zur gemeinsamen Ausübung des Arztberufs kann nach § 18 Abs. 1 Satz 2 MBOÄ auch zum Erbringen einzelner Leistungen erfolgen (Teil-Berufsausübungsgemeinschaft oder **Teil-Gemeinschaftspraxis**; ausführlich § 18 MBOÄ Rdn. 23 ff.; Ratzel/Luxenburger/*Möller/Ruppel* Kap. 17 Rn. 375 ff.; *Ratzel/Möller/Michels* MedR 2006, 377, 379 ff.; *Ratzel* GesR 2015, 709 ff.); die Verträge über die Gründung sind gem. § 18 Abs. 1 Satz 5 MBOÄ der Ärztekammer vorzulegen. Ärzten wird so eine Zusammenarbeit – unter Beibehaltung ihrer eigenen Praxis – in einem Teilbereich ihres Leistungsspektrums mit einem anderen Arzt eröffnet. Berufsrechtswidrig sind allerdings Teil-Gemeinschaftspraxen, die der Umgehung von § 31 MBOÄ (unerlaubte Zuweisung von Patienten gegen Entgelt, Rdn. 32) dienen. Eine solche Umgehung liegt nach § 18 Abs. 1 Satz 3 MBOÄ insbesondere vor, wenn der Gewinn ohne Grund in einer Weise verteilt wird, die nicht dem Anteil der persönlich erbrachten Leistungen entspricht (s. zur Reichweite des Verbots BGH NJW-RR 2014, 1188 Rn. 11 ff.). Eine Teil-Berufsausübungsgemeinschaft ist vertragsarztrechtlich nach § 33 Abs. 2 Satz 3, Abs. 3 Satz 1 Ärzte-ZV genehmigungsfähig, sofern sie nicht einer Umgehung des Verbots der Zuweisung von Versicherten gegen Entgelt oder sonstige wirtschaftliche Vorteile nach § 73 Abs. 7 SGB V dient (dazu BSG MedR 2016, 145 Rn. 16 ff. m. Anm. *Kremer*). Diese Einschränkung verfolgt ebenfalls den Zweck, eine Umgehung von § 31 MBOÄ (§ 2 Abs. 8 MBOZÄ) zu verhindern und sog. »kick-back«-Vereinbarungen auszuschließen (kritisch dazu *Wigge* NZS 2007, 393, 398 ff.).

19 Berufsrechtlich zulässig ist es, über den **Praxissitz** (s. allgemein zum Sitz der Gesellschaft Ratzel/Luxenburger/*Möller/Ruppel* Kap. 17 Rn. 99 ff. sowie das mit dem Inkrafttreten des MoPeG (Rdn. 3c ff.) in § 706n.F. verankerte **Sitzwahlrecht** mit Erläuterung in BT-Drs. 19/27635 S. 126 f.) hinaus an zwei weiteren Orten ärztlich tätig zu sein, wenn der Arzt Vorkehrungen für eine ordnungsgemäße Versorgung seiner Patienten an jedem Ort ihrer Tätigkeiten trifft (§ 17 Abs. 2 MBOÄ = § 9 Abs. 2 MBOZÄ; zur vertragsarztrechtlichen Zulässigkeit s. § 24 Abs. 3 Ärzte-ZV = § 24 Abs. 3 Zahnärzte-ZV sowie BSGE 105, 10 Rn. 35 ff. = MedR 2010, 511; BSG GesR 2011, 429 Rn. 10 ff.; BSG GesR 2011, 431 Rn. 17 ff.; BSG GesR 2011, 484 Rn. 12 ff.), und mehreren Berufsausübungsgemeinschaften (§ 18 Abs. 3 Satz 1 MBOÄ = § 16 Abs. 2 Satz 1 MBOZÄ; sog. »**Sternpraxis**«, dazu § 18 MBOÄ Rdn. 35) anzugehören. Folgerichtig sind nach § 18 Abs. 3 Satz 3 MBOÄ auch – gesellschaftsrechtlich ohnehin unbedenkliche – **überörtliche Gemeinschaftspraxen** (dazu § 18 MBOÄ Rdn. 31 ff. sowie *Michels* MedR 2011, 411 ff.) möglich, sofern an dem jeweiligen Praxissitz verantwortlich mindestens ein Mitglied der Berufsausübungsgemeinschaft eine ausreichende Patientenversorgung sicherstellt. Eine Präsenz von zehn Stunden darf dabei nicht unterschritten werden (*Osterloh* DÄBl. 2011, A-1284). Vertragsärzte müssen nach § 15a Abs. 4 i.V.m. § 17 Abs. 1a BMV-Ä an allen zugelassenen Tätigkeitsorten grds. persönlich mindestens 25 Stunden wöchentlich in Form von Sprechstunden zur Verfügung stehen. In allen Fällen der Ausübung vertragsärztlicher Tätigkeit an einem weiteren oder mehreren Tätigkeitsorten außerhalb des Vertragsarztsitzes gilt, dass die Tätigkeit am Vertragsarztsitz alle Tätigkeiten außerhalb des Vertragsarztsitzes zeitlich insgesamt überwiegen muss. Die vertragsarztrechtliche Zulässigkeit überörtlicher Berufsausübungsgemeinschaften folgt aus § 33 Abs. 2 Satz 2 Ärzte-ZV. Sichergestellt werden muss aber, dass die Erfüllung der Versorgungspflicht des jeweiligen Mitglieds an seinem Vertragsarztsitz unter Berücksichtigung der Mitwirkung angestellter Ärzte und Psychotherapeuten in dem erforderlichen Umfang gewährleistet ist und dass das Mitglied sowie die bei ihm angestellten Ärzte und Psychotherapeuten an den Vertragsarztsitzen der anderen Mitglieder nur in zeitlich begrenztem Umfang tätig werden (zu weiteren Einzelheiten s. § 33 Abs. 3 Ärzte-ZV sowie MAH MedR/*Hahne* § 9 Rn. 95 ff.).

### 4. Gesellschafter

20 Eine GbR muss aus **mindestens zwei Gesellschaftern** bestehen. Eine Ein-Personen-Gründung ist abweichend von den Kapitalgesellschaften nicht möglich (grundlegend BGHZ 24, 106, 108 f. =

NJW 1957, 1026, 1027; vgl. auch BGH NJW-RR 2021, 244 Rn. 14). Scheidet der vorletzte Gesellschafter aus, wird die GbR grds. sofort vollbeendet, auch bei einer Fortsetzungsklausel im Gesellschaftsvertrag (BGH NJW 2008, 2992 Rn. 9 ff.); das Gesellschaftsvermögen wächst in der Regel dem verbleibenden »Gesellschafter« zu (BGH NJW 2000, 1119; § 725 Rdn. 24; s. auch zum Ausschluss eines Gesellschafters aus einer zweigliedrigen Gesellschaft OLG Koblenz Urt. v. 15.07.2014 – 3 U 1462/12; § 737 Rdn. 2). Mit dem Inkrafttreten des **MoPeG** (Rdn. 3c ff.) werden diese Grundsätze in § 712a n.F. kodifiziert (s. zu Einzelheiten (BT-Drs. 19/27635, 146 ff.).

Für **schwebende Auseinandersetzungen** um Forderungen und Verbindlichkeiten gilt die GbR jedoch gem. § 730 Abs. 2 Satz 1 als fortbestehend, und zwar auch im Vertragsarztrecht (BSGE 98, 89 Rn. 11 = MedR 2007, 669; BSG GesR 2007, 577, 578; BSG Beschl. v. 17.03.2010 – B 6 KA 23/09 B Rn. 7; BSG MedR 2011, 823 Rn. 23; BSG MedR 2013, 611 Rn. 12). Entgegen dem Wortlaut der Norm handelt es sich insoweit nicht lediglich um eine Fiktion, sondern die Gesellschaft bewahrt ihre Identität in personen- und vermögensrechtlicher Hinsicht; auch ihre Rechtsfähigkeit als Außengesellschaft bleibt erhalten. Lediglich der Gesellschaftszweck verändert sich, da er nunmehr auf Auseinandersetzung gerichtet ist. Im Verhältnis zu Dritten treten deshalb, abgesehen von den Auswirkungen auf Geschäftsführung und Vertretung, keine Änderungen durch die Auflösung ein (BGH NZG 2016, 107 Rn. 12). 20a

Berufsrechtlich ist der **Kreis der Gesellschafter** eingeschränkt. Nach § 18 MBOÄ darf ein Arzt grds. nur mit anderen Ärzten Berufsausübungsgemeinschaften eingehen, wenn er die Heilkunde am Menschen ausübt (vgl. auch § 23c MBOÄ). Aus der Beschränkung des Gesellschafterkreises folgt auch die Unzulässigkeit der wirtschaftlichen Beteiligung Dritter (OLG München MedR 2001, 206, 208 ff.). 21

§ 23b Abs. 1 Satz 1 MBOÄ ermöglicht es Ärzten aber, sich mit bestimmten, selbstständig tätigen und zur eigenverantwortlichen Berufsausübung befugten Angehörigen anderer Berufe im Gesundheitswesen oder staatlicher Ausbildungsberufe im Gesundheitswesen sowie mit anderen Naturwissenschaftlern und Angehörigen sozialpädagogischer Berufe (s. die Auflistung der hiervon erfassten Berufe bei § 23b MBOÄ Rdn. 4 f.) – auch beschränkt auf einzelne Leistungen – zur kooperativen Berufsausübung zusammenzuschließen (**medizinische Kooperationsgemeinschaft**); § 23b Abs. 1 Satz 2 MBOÄ stellt klar, dass dies (auch) in der Rechtsform der GbR geschehen kann. Gegenüber der klassischen Gemeinschaftspraxis ist der Gesellschaftszweck eingeschränkt; nach § 23b Abs. 1 Satz 3 MBOÄ ist Ärzten ein solcher Zusammenschluss im Einzelnen nur mit solchen anderen Berufsangehörigen und in der Weise erlaubt, dass diese in ihrer Verbindung mit dem Arzt einen gleichgerichteten oder integrierenden diagnostischen oder therapeutischen Zweck bei der Heilbehandlung, auch auf dem Gebiete der Prävention und Rehabilitation, durch räumlich nahes und koordiniertes Zusammenwirken aller beteiligten Berufsangehörigen erfüllen können (§ 23b MBOÄ Rdn. 3). § 23b Abs. 1 Satz 4 MBOÄ stellt zudem besondere Anforderungen an den Kooperationsvertrag (§ 23b MBOÄ Rdn. 7 ff.). Nach § 33 Abs. 2 Satz 1 Ärzte-ZV ist die gemeinsame Ausübung vertragsärztlicher Tätigkeit nicht nur unter Vertragsärzten zulässig, sondern mit allen zur vertragsärztlichen Versorgung zugelassenen Leistungserbringern. 21a

Diese Beschränkungen des Gesellschafterkreises sind **verfassungsrechtlich bedenklich**. Das BVerfG hat Anfang 2016 die für Anwälte vorgesehene Begrenzung des Kreises sozietätsfähiger Berufe auf Steuerberater und Wirtschaftsprüfer als zu eng angesehen. Dieses in § 59a Abs. 1 BRAO verankerte Verbot weiter gehender interprofessioneller Berufsausübungsgemeinschaften verletze das Grundrecht der Berufsfreiheit (Art. 12 Abs. 1 GG), soweit es Rechtsanwälten eine gemeinschaftliche Berufsausübung mit Ärzten oder mit Apothekern im Rahmen einer PartG untersagt (BVerfGE 141, 82 = NJW 2016, 700). Die Entscheidung des BVerfG kam nicht wirklich überraschend, war sie doch verfahrensrechtlich durch den ausführlich begründeten Vorlagebeschluss des BGH nach Art. 100 Abs. 1 GG vorgezeichnet (BGH NJW 2013, 2674 Rn. 52 ff.; vgl. dazu *Ring/Vogel* MedR 2014, 876 ff.). Für das BVerfG drohen bei einer gemeinschaftlichen Berufsausübung von Anwälten mit Ärzten und Apothekern im Vergleich zu einer interprofessionellen Sozietät von Anwälten mit Steuerberatern und Wirtschaftsprüfern keine erhöhten Gefahren für die 21b anwaltlichen Grundwerte, und hier allen voran für die Verschwiegenheitspflicht, für das Verbot der Vertretung widerstreitender Interessen und für die Unabhängigkeit (BVerfGE 141, 82 Rn. 54 ff. = NJW 2016, 700; s. nachfolgend BGHZ 210, 48 = NJW 2016, 2263). Die berufsrechtlichen Regelungen für Ärzte und Apotheker würden ein vergleichbares Schutzniveau gewährleisten. Das BVerfG weist zwar zu Recht darauf hin, dass jede Zusammenarbeit eine gewisse Verwässerung des Berufsrechts nach sich zieht (BVerfGE 141, 82 Rn. 85 = NJW 2016, 700). Diese ist jedoch aufgrund der mit der Zusammenarbeit verbundenen, die Gefahren klar überwiegenden Vorteile in Kauf zu nehmen. Diese Überlegungen des BVerfG – die sich ausdrücklich nur auf die PartG beziehen – gelten richtigerweise für alle denkbaren Rechtsformen (*Henssler/Deckenbrock* AnwBl 2016, 211, 213 f.; vgl. auch *Römermann* NJW 2016, 682, 684).

21c Inzwischen hat der Gesetzgeber durch das **Gesetz zur Neuregelung des Berufsrechts der anwaltlichen und steuerberatenden Berufsausübungsgesellschaften** sowie zur Änderung weiterer Vorschriften im Bereich der rechtsberatenden Berufe vom 07.07.2021 (BGBl. I S. 2363) die berufsrechtlichen Rahmenbedingungen für Berufsausübungsgesellschaften mit Beteiligung von Anwälten, Steuerberatern und Patentanwälten mit Wirkung vom 01.08.2022 neu geregelt (dazu *Deckenbrock* DB 2021, 2200 ff.). Künftig können sich Anwälte nach § 59c BRAO n.F. nicht nur mit anderen Anwälten, Patentanwälten, Steuerberatern, Steuerbevollmächtigten, Wirtschaftsprüfern und vereidigten Buchprüfern zusammenschließen, sondern auch mit Personen, die in der Berufsausübungsgesellschaft einen freien Beruf nach § 1 Abs. 2 PartGG ausüben, es sei denn, dass die Verbindung mit dem Beruf des Rechtsanwalts, insbesondere seiner Stellung als unabhängigem Organ der Rechtspflege, nicht vereinbar ist oder das Vertrauen in seine Unabhängigkeit gefährden kann (s. zu Einzelheiten BT-Drs. 19/27670 S. 177 ff.; *Deckenbrock* DB 2021, 2200, 2201 f.; *Kilian* NJW 2021, 2385 Rn. 13 ff.).

21d Im Hinblick auf Ärzte und Apotheker ist zudem zu beachten, dass sich das BVerfG insoweit zur Zulässigkeit der berufsrechtlichen Beschränkung des Gesellschafterkreises nicht äußern musste. Die Ärztin und Apothekerin, die im Streitfall mit einem Rechtsanwalt zusammenarbeiten wollte, hatte weder die Absicht, innerhalb der Gesellschaft **ärztliche Heilbehandlung** durchzuführen (zur Reichweite des Heilbehandlungsbegriffs s. *Breulmann* AnwBl 2017, 830, 831 ff.), noch wollte sie eine Apotheke betreiben; beabsichtigt war allein eine gutachterliche Tätigkeit, für die das Berufsrecht der Ärzte und Apotheker im Hinblick auf eine Vergesellschaftung keine Einschränkung vorsieht. Ferner ist zu bedenken, dass die Gesetzgebungskompetenz für das ärztliche Berufsrecht anders als für das anwaltliche nicht beim Bund, sondern bei den Ländern liegt (Rdn. 2); die nun verabschiedete Reform des anwaltlichen Gesellschaftsrechts hat daher die Regelungen für Ärzte nicht angetastet. Allerdings sollten die Länder die gesellschaftsrechtsbezogenen Regelungen im ärztlichen Berufsrecht einer kritischen Überprüfung unterziehen (s. dazu *Breulmann* AnwBl 2017, 830, 833 f.). Eine Vergesellschaftung von Ärzten, die Heilbehandlung erbringen, mit anderen, ebenfalls berufsrechtlich streng regulierten Berufsgruppen schließt sich nicht per se aus. So hat das BVerfG bezogen auf die anwaltliche Berufsausübung stets hervorgehoben, dass die Erbringung von Rechtsdienstleistungen auch in einer interprofessionellen Sozietät selbstverständlich allein von Anwälten erbracht werden darf (BVerfGE 135, 90 Rn. 88 = NJW 2014, 613). Zudem ist für den Schutz der Berufsfreiheit unerheblich, inwieweit es einen »hinreichenden Bedarf« für derartige Gesellschaften gibt (BVerfGE 141, 82 Rn. 45 = NJW 2016, 700). Nach einer weiteren Entscheidung des BVerfG sind in interprofessionell ausgerichteten Gesellschaften zudem **Mehrheitserfordernisse** (Anzahl der Gesellschafter, Geschäftsführer usw.) zugunsten einer Berufsgruppe verfassungsrechtlich nicht begründbar (BVerfGE 135, 90 Rn. 62 ff. = NJW 2014, 613; dazu *Henssler/Deckenbrock* AnwBl 2016, 211, 215 f.).

22 Berufs- und vertragsarztrechtlich bestehen zudem besondere Anforderungen an die **Stellung der Gesellschafter.** So dürfen Ärzte nach § 18 Abs. 2 MBOÄ ihren Beruf nur dann gemeinschaftlich ausüben, wenn ihre eigenverantwortliche, medizinisch unabhängige sowie nicht gewerbliche Berufsausübung gewährleistet ist. Jeder Arzt hat sicherzustellen, dass die ärztlichen Berufspflichten eingehalten werden (ausführlich § 18 MBOÄ Rdn. 68 ff.; zur Pflicht zur aktiven Berufsausübung

§ 707 Rdn. 6). Eine zulässige vertragsarztrechtliche Tätigkeit i.S.d. § 33 Abs. 2 Ärzte-ZV liegt nur bei beruflicher und persönlicher Selbstständigkeit der Vertragsärzte vor; insbesondere gehöre es zur erforderlichen eigenverantwortlichen Gestaltung ärztlicher Tätigkeit, dass der Arzt ein wirtschaftliches Risiko trage. Es müsse insoweit maßgebend von seiner Arbeitskraft abhängen, in welchem Umfang seine freiberufliche Tätigkeit Einkünfte erbringe (dazu ausführlich BSGE 106, 222 Rn. 38 ff. = MedR 2011, 298 sowie § 712 Rdn. 11; § 720 Rdn. 8 ff.; § 722 Rdn. 6 ff.).

### III. Organisationsgesellschaften

#### 1. Allgemeines

Die Berufsausübungsgemeinschaften sind von den sog. Organisationsgemeinschaften/-gesellschaften abzugrenzen. Sie sind zwar wie die klassische Gemeinschaftspraxis in der Rechtsform der GbR organisiert. Ihr **Zweck** beschränkt sich aber auf die Verbesserung des äußeren Rahmens der Berufsausübung, etwa durch die Berufsausübung in gemeinsamen Räumen oder die **gemeinsame Nutzung von Einrichtungen, Geräten und/oder Personal** und der Umlegung der hierfür anfallenden Kosten (BSGE 96, 99 Rn. 15 = MedR 2006, 611); manchmal bilden sie auch eine Vorstufe für eine spätere engere Zusammenarbeit. Zum Zwecke der Kostendeckung leisten die Partner regelmäßig monatliche Vorschüsse auf ein gemeinsames Gesellschaftskonto. 23

**Die berufliche und unternehmerische Selbstständigkeit bleibt** dagegen **gewahrt** (aus diesem Grund scheidet eine Organisation in der Rechtsform der PartG aus; vgl. § 1 Abs. 1 Satz 1 PartGG: »zur Ausübung ihrer Berufe«); jeder (Innen-)Gesellschafter wird Vertragspartner (§ 715 Rdn. 7, 23 ff.), rechnet persönlich ab (unter eigener Vertragsarztnummer) und führt eine eigene Patientenkartei. Mangels Auftretens gegenüber dem Patienten werden die Organisationsgesellschaften auch als **Innengesellschaften** bezeichnet. Sie werden aber nach außen tätig, soweit es um die (gemeinsame) Anmietung der Praxisräume, der Einstellung von Personal und die Anschaffung der Praxisausstattung geht (§ 715 Rdn. 7). 24

Auch zwischen organisatorisch verbundenen Ärzten besteht die **Verschwiegenheitspflicht** nach § 9 MBOÄ (= § 7 MBOZÄ) (Ratzel/Luxenburger/*Möller/Ruppel* Kap. 17 Rn. 484; Quaas/Zuck/Clemens/*Quaas* § 15 Rn. 19; zudem besteht die Gefahr eines Verstoßes gegen Datenschutzrecht, vgl. *Scholz* ZMGR 2010, 143, 150). Denn anders als im Rahmen einer Gemeinschaftspraxis kann nicht ohne weitere Anhaltspunkte unterstellt werden, dass der Patient als »Herr des Geheimnisses« mit der Weitergabe sensibler Informationen an den anderen (nur organisatorisch verbundenen) Gesellschafter einverstanden ist. Eine Entbindung von der Schweigepflicht ist nur anzunehmen, wenn die beabsichtigte Einschaltung des anderen Gesellschafters (etwa bei gegenseitiger Urlaubsvertretung) dem Patienten offensichtlich ist oder gar von ihm gewünscht wird (vgl. zum Rechtsanwalt *Deckenbrock* NJW 2008, 3529, 3530 sowie bezogen auf die zum 01.08.2022 in Kraft tretende Regelung des § 59q Abs. 3 BRAO n.F. *Deckenbrock* DB 2021, 2200, 2206). In der Praxis kann allerdings allein die – sogar strafbewehrte (vgl. § 203 Abs. 1 Nr. 1, Abs. 3, Abs. 4 StGB) – Schweigepflicht aufgrund der räumlichen und personellen Zusammenarbeit nicht gewährleisten, dass die anderen Mitglieder der Praxisgemeinschaft keine Kenntnis von geheimhaltungsbedürftigen Informationen erhalten bzw. sich solche nicht beschaffen können (vgl. zur anwaltlichen Bürogemeinschaft BGH NJW 2018, 1095 Rn. 38 m. krit. Anm. *Deckenbrock* BRAK-Mitt. 2018, 93 f.). 24a

Nach § 18 Abs. 6 MBOÄ sind alle Zusammenschlüsse i.S.d. § 18 Abs. 1 MBOÄ sowie deren Änderung und Beendigung der zuständigen Ärztekammer anzuzeigen; die **berufsrechtliche Anzeigepflicht** (zur Reichweite § 18 MBOÄ Rdn. 65 ff.) erfasst daher nicht nur Berufsausübungsgemeinschaften (einschließlich Kooperationsgemeinschaften), sondern auch Organisationsgemeinschaften und Praxisverbünde. Vertragsarztrechtlich sind die gemeinsame Nutzung von Praxisräumen und -einrichtungen sowie die gemeinsame Beschäftigung von Hilfspersonal durch mehrere Ärzte ebenfalls unproblematisch. Anders als für die Gemeinschaftspraxis ist eine Genehmigung durch den Zulassungsausschuss nicht erforderlich; die **Unterrichtung der Kassenärztlichen Vereinigungen** ist ausreichend (§ 33 Abs. 1 Satz 1, 2 Ärzte-ZV). Nicht zulässig ist allerdings – außerhalb von 25 medizinischen Versorgungszentren (Rdn. 34) – die gemeinsame Beschäftigung von Ärzten und Zahnärzten (§ 33 Abs. 1 Satz 3 Ärzte-ZV). Für eine **gegenseitige Vertretung** der Praxisinhaber gelten die allgemeinen, sich aus § 32 Abs. 1 Ärzte-ZV ergebenden Regelungen (s. auch Rdn. 30 ff.).

26 § 103 Abs. 6 SGB V regelt die **Nachbesetzung des Vertragsarztsitzes** (s. dazu auch § 720 Rdn. 14 ff.; § 738 Rdn. 28 f.) eines in einer Berufsausübungsgemeinschaft tätigen Arztes. Für Organisationsgemeinschaften ist ein solches Verfahren dagegen nicht vorgesehen; Folge ist, dass die Beteiligung an einer Organisationsgesellschaft für das Nachbesetzungsverfahren ohne Bedeutung ist (Ratzel/Luxenburger/*Möller/Ruppel* Kap. 17 Rn. 495; *Cansun* S. 125 f.; a.A. *Fiedler* NZS 2003, 574, 578 f.; *ders./Weber* NZS 2004, 358, 364).

### 2. Erscheinungsformen

27 Die intensivste – organisatorische – Form der Zusammenarbeit ist die **Praxisgemeinschaft**, in der mehrere unabhängige Arztpraxen (meist, aber nicht notwendigerweise Einzelpraxen) infrastrukturell (insb. Räume, aber auch Personal und Apparate) zusammengefasst sind (BSGE 96, 99 Rn. 15 = MedR 2006, 611; § 18 MBOÄ Rdn. 41). Im Hinblick auf die Möglichkeiten interprofessioneller Zusammenarbeit nach § 23b Abs. 1 MBOÄ (Rdn. 21a) ist die Praxisgemeinschaft auch zwischen Ärzten und anderen Fachberufen zulässig (MAH MedR/*Broglie/Hartmann* § 11 Rn. 80; Wenzel/*Haack/Dettling* Kap. 11 Rn. 190).

28 Eine Unterform der Praxisgemeinschaft ist die **Apparategemeinschaft**; in ihr beschränkt sich der Zweck auf die gemeinsame Beschaffung und Nutzung medizinischer Geräte und ggf. des hierfür benötigten Personals und der erforderlichen Räume (§ 18 MBOÄ Rdn. 42). Leistungen, die ein Mitglied der Apparategemeinschaft veranlasst, müssen nicht von ihm persönlich erbracht werden. Sie werden dem veranlassenden Arzt auch dann als persönlich erbrachte Leistungen zugeordnet (und sind von ihm gegenüber der Kassenärztlichen Vereinigung abrechenbar), wenn sie von gleich qualifizierten anderen Mitgliedern der Apparategemeinschaft in seiner Verantwortung erfolgen. § 15 Abs. 3 BMV-Ä beschränkt diese Ausnahme vom Grundsatz der persönlichen Leistungserbringungspflicht auf gerätebezogene Untersuchungsleistungen (vgl. Wenzel/*Haack/Dettling* Kap. 11 Rn. 201).

29 Die **Laborgemeinschaft** ist wiederum ein Unterfall der Apparategemeinschaft (nach *Dahm/Ratzel* MedR 2006, 555, 559 soll die Laborgemeinschaft eine Berufsausübungsgemeinschaft i.S.d. § 33 Abs. 2 Satz 2 Ärzte-ZV sein). Sie bezweckt die gemeinsame Nutzung von Laborinfrastruktur und/oder Laborpersonal, um in der jeweiligen Praxis der Gesellschafter anfallende Laboruntersuchungen zu erbringen (§ 18 MBOÄ Rdn. 43; ausführlich dazu Ratzel/Luxenburger/*Möller/Ruppel* Kap. 17 Rn. 513 ff.). Nach § 105 Abs. 2 SGB V haben die Kassenärztlichen Vereinigungen darauf hinzuwirken, dass medizinisch-technische Leistungen, die der Arzt zur Unterstützung seiner Maßnahmen benötigt, wirtschaftlich erbracht werden. Außerdem sollen sie ermöglichen, solche Leistungen im Rahmen der vertragsärztlichen Versorgung von Gemeinschaftseinrichtungen der niedergelassenen Ärzte zu beziehen, wenn eine solche Erbringung medizinischen Erfordernissen genügt. Die Kassenärztlichen Vereinigungen sind danach gehalten, Labor- und Apparategemeinschaften zu fördern. Zu Einzelheiten zur Abrechnung von Leistungen s. § 4 Abs. 2 GOÄ und § 25 BMV-Ä sowie Laufs/Kern/Rehborn/*Steinhilper* § 35 Rn. 66 ff.

### 3. Missbrauch der Organisationsform

30 In der jüngeren Vergangenheit kam es verschiedentlich zu Schwierigkeiten, wenn eine Praxisgemeinschaft vertraglich vereinbart und der Kassenärztlichen Vereinigung als solche angezeigt war, *de facto* aber ein gemeinschaftliches ärztliches Zusammenwirken wie in einer Gemeinschaftspraxis gelebt wurde. Bei einer solchen »Scheingesellschaft« verstoßen die Ärzte gegen § 33 Abs. 2 Ärzte-ZV mangels vorheriger Genehmigung durch den Zulassungsausschuss (§ 33 Abs. 3 Satz 1 Ärzte-ZV); Folge sind **Honorarrückforderungen** (vgl. § 106d SGB V), Disziplinarverfahren (vgl. § 81 Abs. 5 SGB V) und u.U. sogar Zulassungsentziehungen (§ 95 Abs. 6 SGB V). Denn die faktisch vorliegende gemeinsame Behandlung des Patientenstamms durch mehrere Ärzte in rechtlich getrennten

Praxen hat eine deutliche Vermehrung der Fallzahlen mehrerer Ärzte sowie der abrechenbaren Leistungen zur Folge. Während die Ordinationsgebühr und die hausärztliche Grundvergütung auch bei einer Behandlung durch mehrere Mitglieder einer Gemeinschaftspraxis für einen Behandlungsfall in einem Quartal grds. nur einmal abgerechnet werden können (zur vergütungsrechtlichen Privilegierung von Gemeinschaftspraxen gegenüber Einzelpraxen bei der Höhe des Ordinationskomplexes und der Regelleistungsvolumina Rdn. 13 f.), bilden in einer Praxisgemeinschaft die Leistungen jedes einzelnen Arztes bei einem Versicherten jeweils einen Behandlungsfall. Die für die Patienten einer Gemeinschaftspraxis selbstverständliche Auswahl zwischen mehreren Ärzten der Praxis, die bei fachgebietsgleichen Praxen auch durch Umstände wie die zufällig kürzere Wartezeit beeinflusst werden kann, stellt bei einer Praxisgemeinschaft einen Arztwechsel i.S.d. § 76 Abs. 3 Satz 1 SGB V dar, der nach dieser Norm an sich nur »bei Vorliegen eines wichtigen Grundes« stattfinden soll (vgl. die ausführliche Gegenüberstellung von Gemeinschaftspraxis und Praxisgemeinschaft bei BSGE 96, 99 Rn. 14 ff. = MedR 2006, 611; s. auch *Wehebrink* NZS 2005, 400 ff.).

Nach § 10 Abs. 2 der zwischen der Kassenärztlichen Bundesvereinigung und den Spitzenverbänden der Krankenkassen vereinbarten Richtlinien zum Inhalt und zur Durchführung der Prüfungen gem. § 106d Abs. 6 SGB V (Abrechnungsprüfungs-Richtlinien, Stand: 20.05.2020, vgl. DÄBl. 2020, A-296 ff.) ist eine Abrechnungsauffälligkeit zu vermuten bei 20 % **Patientenidentität** bei fachgruppengleichen Praxen oder bei 30 % Patientenidentität bei fachgruppenübergreifenden Praxen. Das BSG hat zwar bislang eine endgültige Festlegung zu der Frage, ab welcher Größenordnung ein »hoher Anteil« gemeinsam behandelter Patienten vorliegt, vermieden, gleichwohl aber wiederholt auf die genannte Richtlinie (in ihren damals geltenden Fassungen, vgl. DÄBl. 2004, A-2555 ff. und DÄBl. 2008, A-1925 ff.) hingewiesen (BSGE 96, 99 Rn. 19 f. = MedR 2006, 611; BSG Beschl. v. 17.09.2008 – B 6 KA 65/07 B Rn. 10; BSG Beschl. v. 05.11.2008 – B 6 KA 17/07 B Rn. 12; BSG Beschl. v. 08.12.2010 – B 6 KA 46/10 B Rn. 15; BSG Beschl. v. 11.05.2011 – B 6 KA 1/11 B Rn. 11; BSG Beschl. v. 12.08.2011 – B 6 KA 1/11 BH Rn. 7; BSG MedR 2013, 327 Rn. 27) und sie damit *de facto* gebilligt. Dies führt dazu, dass die Anzahl gemeinsam behandelter Patienten in der in der Richtlinie benannten Größenordnung in Verbindung mit weiteren Umständen, wie sie für eine Gemeinschaftspraxis typisch sind (wie etwa das Angebot von Sprechstunden an jedem Werktag von 7 bis 21 bzw. 24 Uhr, vgl. BSG Beschl. v. 05.11.2008 – B 6 KA 17/07 B Rn. 12; BSG MedR 2013, 327 Rn. 24 oder die Vereinbarung eines Gewinnpoolings, vgl. LSG Celle MedR 2003, 429, 431), ohne Weiteres einen Missbrauch der Kooperationsform Praxisgemeinschaft erkennen lassen. Dies gilt für den ärztlichen und zahnärztlichen Bereich gleichermaßen (BSG Beschl. v. 05.11.2008 – B 6 KA 17/07 B Rn. 12; s. aber BSG MedR 2013, 327 Rn. 27). Die Regelung in einem Honorarverteilungsmaßstab, dass Abrechnungsfälle in zahnärztlichen Praxisgemeinschaften, die innerhalb eines Quartals in mehr als einer Praxis der Gemeinschaft vorkommen, nur bis zu einem Anteil von 5 % an der Gesamtfallzahl der Praxis voll und danach nur noch anteilig berücksichtigt werden, ist nicht zu beanstanden (BSG MedR 2013, 327 Rn. 20 ff.).

Ärzten ist es zudem gem. § 31 MBOÄ (s. für Zahnärzte § 2 Abs. 8 MBOZÄ) berufsrechtlich untersagt, sich für die **Zuweisung von Patienten** oder Untersuchungsmaterial ein **Entgelt** oder andere Vorteile versprechen oder gewähren zu lassen oder selbst zu versprechen oder zu gewähren (hierzu ausführlich *Schmidt* Grenzen finanzieller Einflussnahme auf ärztliche Entscheidungen bei der Kooperation von Ärzten mit anderen Leistungserbringern in der Gesundheitswirtschaft, 2014, S. 74 ff.). Die Regelung soll ausschließen, dass sich der überweisende Arzt in seiner Entscheidung, welchem anderen Arzt er Patienten zuweist, von vornherein gegen Entgelt bindet, und sicherstellen, dass er diese Entscheidung allein aufgrund medizinischer Erwägungen im Interesse des Patienten trifft. Zudem sollen ungerechtfertigte Wettbewerbsvorteile von Ärzten untereinander verhindert werden (BGH NJW 1986, 2360, 2361; BGH NJW-RR 2003, 1175). Vorteile i.S.d. § 31 MBOÄ können auch Gewinne oder sonstige Einnahmen aus einer gesellschaftsrechtlichen Beteiligung sein (BGH NJW 2011, 2211 Rn. 69; BGH MedR 2013, 247 Rn. 31). Regelungen in Praxisgemeinschaftsverträgen, die die gegenseitige Patientenzuweisung vorsehen, sind daher berufsrechtlich unzulässig. Bereits das Gegenseitigkeitsprinzip schafft hier den mittelbaren Ausgleich und stellt eine unzulässige entgeltliche Gegenleistung dar (LG Heidelberg MedR 1998, 273, 275; *Ahrens* MedR 1992, 141, 145 f.). Unzulässig ist auch die Überweisung an ein anderes Mitglied der Praxisgemeinschaft mit dem Ziel, von diesem Arzt z.B. Laboruntersuchungen durchführen zu lassen, die der überweisende Arzt wegen Erreichens der Budgetgrenze nicht abrechnen kann (Quaas/Zuck/ Clemens/*Quaas* § 15 Rn. 21).

### IV. Praxisverbund

33 Nach § 23d Abs. 1 Satz 1 MBOÄ dürfen Ärzte, auch ohne sich zu einer Berufsausübungsgemeinschaft zusammenzuschließen, eine Kooperation verabreden (Praxisverbund), welche auf die Erfüllung eines durch gemeinsame oder gleichgerichtete Maßnahmen bestimmten Versorgungsauftrags oder auf eine andere Form der Zusammenarbeit zur Patientenversorgung, z.B. auf dem Feld der Qualitätssicherung oder Versorgungsbereitschaft, gerichtet ist. Anders als bei einer Berufsausübungsgemeinschaft behält jedes Mitglied des Praxisverbunds seine **rechtliche Selbstständigkeit**. Gegenüber Praxisgemeinschaften hat der Praxisverbund aber einen erweiterten Gesellschaftszweck, da er sich nicht auf die gemeinsame Nutzung von Räumlichkeiten, Geräten, Personal usw. beschränkt, sondern auch fachliche Aspekte der Berufsausübung umfasst (§ 23d MBOÄ Rdn. 3; s. zudem Bergmann/Pauge/Steinmeyer/*Lück* Vor §§ 705 ff. Rn. 32 ff. sowie – auch zum Vertragsarztrecht [§ 73a SGB V] – Wenzel/*Haack*/*Dettling* Kap. 11 Rn. 206 ff.).

### V. Medizinisches Versorgungszentrum (MVZ)

34 Nach § 95 Abs. 1 Satz 1 SGB V steht neben zugelassenen und ermächtigten Ärzten auch Medizinischen Versorgungszentren die Teilnahme an der vertragsärztlichen Versorgung offen. Medizinische Versorgungszentren sind gem. § 95 Abs. 1 Satz 2 SGB V fachübergreifende ärztlich geleitete Einrichtungen, in denen Ärzte, die in das Arztregister nach § 95 Abs. 2 Satz 3 SGB V eingetragen sind, als Angestellte oder Vertragsärzte tätig sind. Die Medizinischen Versorgungszentren können sich nach § 95 Abs. 1a SGB V der Rechtsform einer eingetragenen Genossenschaft, einer GmbH oder einer Personengesellschaft und damit auch der GbR bedienen (ausführlich zum Medizinischen Versorgungszentrum MHG/*Gummert*/*Remplik* § 25 Rn. 125 ff.; Wenzel/*Haack*/*Rösch-Mock* Kap. 11 Rn. 213 ff. sowie § 18 MBOÄ Rdn. 53).

## C. Gesellschaftsvertrag

### I. Vertragsschluss

35 Der Gesellschaftsvertrag kommt durch die Abgabe **übereinstimmender Willenserklärungen** zustande, die gem. § 705 auf die Begründung wechselseitiger Leistungspflichten zur Förderung eines gemeinsamen Zwecks gerichtet sein müssen. Der Vertrag ist erst dann geschlossen, wenn jeder Beteiligte, der als Gesellschafter vorgesehen ist, seine Beitrittserklärung abgegeben hat und diese gem. § 130 auch allen übrigen Beteiligten zugegangen ist (RGZ 163, 385, 392; MüKo-BGB/ *Schäfer* § 705 Rn. 20). In der Praxis wird die Wirksamkeit des Vertrags oft mit dem Eintritt einer Bedingung oder Zeitbestimmung wie etwa die Genehmigung des Zulassungsausschusses gem. § 33 Abs. 3 Satz 1 Ärzte-ZV verknüpft (Ratzel/Luxenburger/*Möller* § 16 Rn. 43). Eine rückwirkende Gründung ist für das Außenverhältnis unbeachtlich (Ratzel/Luxenburger/*Möller* § 16 Rn. 46).

36 Der Abschluss des Gesellschaftsvertrags kann grds. auch **konkludent** erfolgen (BGHZ 177, 193 Rn. 18 = NJW 2008, 3277; OLG Oldenburg MedR 2005, 355, 356), weil spezielle Formvorschriften für den Gesellschaftsvertrag fehlen. Die Formbedürftigkeit kann sich nur aus allgemeinen Vorschriften ergeben, etwa für den Fall der Einbringung eines Grundstücks aus § 311b. Dies gilt an sich auch für ärztliche Berufsausübungsgemeinschaften, obwohl § 18 Abs. 2a Satz 3 MBOÄ die Schriftlichkeit des Gesellschaftsvertrags verlangt (§ 18 MBOÄ Rdn. 11) und Ärzte nach § 24 MBOÄ alle Verträge über ihre ärztliche Tätigkeit vor ihrem Abschluss der Ärztekammer vorlegen sollen, damit geprüft werden kann, ob die beruflichen Belange gewahrt sind. Ein **schriftlicher Gesellschaftsvertrag** empfiehlt sich allerdings nicht nur, um den berufsrechtlichen Vorschriften

Rechnung zu tragen und um gegenüber dem Zulassungsausschuss den Nachweis des Vorliegens einer Berufsausübungsgemeinschaft erbringen zu können (vgl. § 33 Abs. 3 Satz 1 Ärzte-ZV; nach BSG MedR 2004, 118, 121; BSGE 106, 222 Rn. 40 = MedR 2011, 298 darf eine Gemeinschaftspraxis nur auf der Grundlage eines schriftlichen Gesellschaftsvertrags genehmigt werden; anders dagegen OLG Oldenburg MedR 2005, 355, 356 m. krit. Anm. *Dahm* MedR 2005, 357; für den vertragszahnärztlichen Bereich sieht § 10 Abs. 2 Satz 2 BMV-ZÄ eine ausdrückliche Vorlagepflicht vor), sondern auch, um zwischen den Gesellschaftern Streitigkeiten über den Inhalt der vertraglichen Vereinbarungen zu vermeiden. Zu den besonderen berufsrechtlichen Anforderungen an den Gesellschaftsvertrag einer **Kooperationsgemeinschaft** i.S.d. § 23b Abs. 1 MBOÄ s. § 23b MBOÄ Rdn. 7 ff.

Das Rechtsverhältnis der Gesellschafter untereinander und der Gesellschafter zur Gesellschaft bestimmt sich vorrangig nach dem Gesellschaftsvertrag; die §§ 705 ff. sind demgegenüber weitgehend **dispositiv**. Mit Inkrafttreten des **MoPeG** (Rdn. 3c ff.) wird § 708 n.F. ausdrücklich bestimmen, dass der Gesellschaftsvertrag den Vorschriften des Kapitels 2 vorgeht, soweit ihnen nicht ausdrücklich zwingender Charakter zukommt (s. dazu BT-Drs. 19/27635 S. 104 f., 140 f.). Von Bedeutung sind aber auch außervertraglich getroffene, den Gesellschaftsvertrag ändernde (dazu Rdn. 38 ff.) oder ihn auch nur einmalig durchbrechende Gesellschafterbeschlüsse (BT-Drs. 19/27635 S. 140). 36a

**Musterverträge und -klauseln für Gesellschaftsverträge** ärztlicher Berufsausübungsgemeinschaften finden sich etwa bei BeckOF-MedR/*Krafczyk* 5.1.1.1 Gesellschaftsverträge in der Rechtsform der GbR); D. Prütting/*Tigges* Formularbuch des Fachanwalts Medizinrecht, Kap. 4 Rn. 193 ff.; *Hohmann* Der Gemeinschaftspraxisvertrag für Ärzte, Teil 1: Gründung einer Gemeinschaftspraxis unter gleichberechtigten Partnern, Teil 2: Der Einstieg des »Juniorarztes« in die Gemeinschaftspraxis, jeweils 2. Aufl. 2008; *Ossege/Rieger* Verträge zwischen Ärzten in freier Praxis, S. 39 ff. [Teil 2: Kooperationsverträge], sowie bei MAH MedR/*Broglie/Hartmann* § 11 Rn. 123 ff. 37

Speziell zu **Schiedsgerichtsklauseln** im Gemeinschaftspraxisvertrag, im Praxisübernahmevertrag oder ähnlichen Vereinbarungen *Griebau* FS 10 Jahre Arbeitsgemeinschaft Medizinrecht im DAV, 2008, S. 743 ff. Zu den Mindestanforderungen an die Wirksamkeit von Schiedsvereinbarungen in Gesellschaftsverträgen, die auch Beschlussmängelstreitigkeiten erfassen sollen, s. BGH NJW-RR 2017, 876 Rn. 24 ff. sowie *Borris* NZG 2017, 761 ff. 37a

## II. Änderungen

### 1. Grundsätzliches

Änderungen des Gesellschaftsvertrags bedürfen wie dessen Abschluss grds. der **Zustimmung aller Gesellschafter**; dies gilt auch für den **Eintritt eines Gesellschafters**. Die **langjährige Übung einer bestimmten Gesellschafterpraxis** kann zu einer stillschweigenden Änderung des Gesellschaftsvertrags führen (BGH NJW 1966, 826, 827; BGHZ 132, 263, 271 = NJW 1996, 1678, 1680). Unterliegt allerdings die Entscheidung über die jährliche Entnahmepraxis nach dem Gesellschaftsvertrag der Beschlussfassung durch die Gesellschafter, liegt in einer für den Einzelfall verabredeten und danach über Jahre geübten Praxis, dass sämtliche freien Beträge entnommen werden, keine Änderung des Gesellschaftsvertrags, sondern nur eine bis auf Widerruf geltende stillschweigende Beschlussfassung der Gesellschafter entsprechend der vertraglichen Kompetenzzuweisung (BGH NJW-RR 2005, 1195, 1196). 38

### 2. Mehrheitsentscheidungen

Der Gesellschaftsvertrag kann **vom starren, praktischen Erfordernissen oftmals nicht gerecht werdenden Einstimmigkeitsprinzip abweichen** und Mehrheitsentscheidungen vorsehen, um die Flexibilität und Handlungsfähigkeit der Gesellschaft in Streitfällen sicherzustellen (s. zuletzt BGHZ 170, 283 Rn. 6 = NJW 2007, 1685; BGHZ 179, 13 Rn. 14 = NJW 2009, 669; BGHZ 203, 77 Rn. 16 = NJW 2015, 859; BGH NJW 2019, 157 Rn. 19). Die Verankerung der Mehrheitsmacht im Gesellschaftsvertrag und ihre Ausübung kann allerdings nicht grenzenlos erfolgen; der BGH nimmt 39 insoweit eine zweistufige Wirksamkeitsprüfung vor (ausführlich hierzu Peres/Senft/*Peres* § 8 Rn. 78 ff.; *Goette/Goette* DStR 2016, 74 ff.): In einem **ersten Schritt** ist zu prüfen, ob der Gesellschaftsvertrag überhaupt eine Mehrheitsentscheidung für den entsprechenden Beschlussgegenstand vorsieht (sog. **formelle Legitimation**; dazu Rdn. 40 ff.). Auf einer **zweiten Stufe** kann die Mehrheitsherrschaft ihre materiellen Grenzen in den subjektiven Rechten der Gesellschafter wie dem Gleichbehandlungsgrundsatz und der gesellschaftsvertraglichen Treuepflicht finden (sog. **materielle Legitimation**; dazu Rdn. 42 ff.).

### a) Formelle Legitimation

40 Auf der ersten Stufe ist zu prüfen, ob der Gesellschaftsvertrag für den betreffenden Beschlussgegenstand überhaupt eine Mehrheitsentscheidung vorsieht. Eine solche formelle Legitimation einer Mehrheitsentscheidung ist gegeben, wenn sich aus dem Gesellschaftsvertrag – ausdrücklich oder durch **Auslegung** – eindeutig ergibt, dass dieser Beschlussgegenstand einer Mehrheitsentscheidung unterworfen sein soll (BGHZ 203, 77 Rn. 9 ff. = NJW 2015, 859). Anders als nach der früheren Rechtsprechung ist eine im Einzelnen erfolgende Aufzählung der von der Mehrheitsklausel erfassten Beschlussgegenstände nicht erforderlich und zwar auch dann nicht, wenn es sich um eine Vertragsänderung oder ähnliche die Grundlagen der Gesellschaft berührende oder in Rechtspositionen der Gesellschafter eingreifende Maßnahmen (sog. »Grundlagengeschäft«) handelt. Diesem früheren unter dem Stichwort »**Bestimmtheitsgrundsatz**« bekannten Erfordernis kommt für die formelle Legitimation einer Mehrheitsentscheidung keine Bedeutung mehr zu (BGHZ 203, 77 Rn. 13 f. = NJW 2015, 859; s. zuvor bereits BGHZ 170, 283 Rn. 9 = NJW 2007, 1685; BGHZ 179, 13 Rn. 15 f. = NJW 2009, 669; BGHZ 191, 293 Rn. 16 = NJW 2012, 1439; BGH NZG 2013, 57 Rn. 26; BGH NJW-RR 2014, 349 Rn. 23; s. nachfolgend auch BGH NJW-RR 2020, 1435 Rn. 11). Er ist bei der Auslegung auch nicht in Gestalt einer Auslegungsregel des Inhalts zu berücksichtigen, dass eine allgemeine Mehrheitsklausel restriktiv auszulegen ist oder sie jedenfalls dann, wenn sie außerhalb eines konkreten Anlasses vereinbart wurde, Beschlussgegenstände, die die Grundlagen der Gesellschaft betreffen oder ungewöhnliche Geschäfte beinhalten, regelmäßig nicht erfasst (BGHZ 203, 77 Rn. 14 = NJW 2015, 859; BGH NJW 2019, 157 Rn. 17).

41 Im Rahmen der Auslegung nach §§ 133, 157 ist der objektive Sinn der jeweiligen Vertragsbestimmung bei der gebotenen Gesamtwürdigung des Vertragsinhalts zu ermitteln (BGHZ 203, 77 Rn. 15 = NJW 2015, 859). Heißt es im Gesellschaftsvertrag einerseits, dass »Beschlussfassungen der Gesellschafterversammlung mit einfacher Mehrheit der vorhandenen Stimmen [erfolgen], soweit nicht in diesem Gesellschaftsvertrag oder im Gesetz ausdrücklich abweichend geregelt«, und andererseits, dass »Beschlüsse zur Änderung des Gesellschaftsvertrags ... der Einstimmigkeit« bedürfen, ergibt die Auslegung des Vertrags, dass auch bei einem Beschluss, mit dem die nach dem Gesellschaftsvertrag vorgesehene Einwilligung der Gesellschafterversammlung zur Abtretung eines Gesellschaftsanteils erklärt wird, die Mehrheitsentscheidung formell legitimiert ist (BGHZ 203, 77 Rn. 22 ff. = NJW 2015, 859).

41a Nach früherer Rechtsprechung sollten dagegen von einer **allgemeinen Mehrheitsklausel** nur »gewöhnliche« Beschlussgegenstände (insb. Geschäftsführungsmaßnahmen) gedeckt gewesen sein (RGZ 91, 166, 168 f.; RGZ 151, 321, 326 ff.; RGZ 163, 385, 391 f.; BGHZ 8, 35, 41 f. = NJW 1953, 102 f.; BGH NJW 1985, 2830, 2831), nicht hingegen Vertragsänderungen und ähnliche die **Grundlagen** der Gesellschaft berührende oder in Rechtspositionen der Gesellschafter eingreifende Maßnahmen, welche bei der im Gesellschaftsvertrag außerhalb eines konkreten Anlasses vereinbarten Unterwerfung unter den Mehrheitswillen typischerweise nicht in ihrer vollen Tragweite erfasst werden und angesichts der Unvorhersehbarkeit späterer Entwicklungen auch regelmäßig nicht erfasst werden können (BGHZ 85, 350, 356 = NJW 1983, 1056, 1057 f.; BGH NJW 1995, 194 f.). Zu solchen Grundlagengeschäften zählte die Rechtsprechung etwa Beitragserhöhungen (RGZ 91, 166, 168 f.; RGZ 151, 321, 326 ff.; RGZ 163, 385, 391 f.; BGHZ 8, 35, 41 = NJW 1953, 102 f.), die Aufnahme, das Ausscheiden und der Ausschluss von Gesellschaftern

(BGHZ 8, 35, 42 = NJW 1953, 103; BayObLG NZG 2005, 173, 174), die Modifikation des Gewinnverteilungsschlüssels (BGH WM 1975, 662, 663; BGH WM 1976, 661 f.; BGH NJW-RR 1987, 285, 286), die Änderung der Kündigungs- oder Liquidationsfolgen (BGHZ 48, 251, 254 = NJW 1967, 2157, 2158), der Entzug der Geschäftsführungs- und Vertretungsbefugnis, die Beschränkung der actio pro socio (BGH NJW 1985, 2830, 2831), die Gestattung nicht vorgesehener Entnahmen (BGH NJW-RR 1986, 1417, 1418) oder der Entzug des Informationsrechts (BGH NJW 1995, 194, 195).

Aus Gründen der **Rechtssicherheit** sollte jedoch – trotz der Neuorientierung der Rechtsprechung – bei der Vertragsgestaltung (Rdn. 37) überlegt werden, gleichwohl einen **Katalog von Beschlussgegenständen** in den Gesellschaftsvertrag ausdrücklich aufzunehmen und auf diese Weise klarzustellen, welche Geschäfte in jedem Fall einer Mehrheitsentscheidung zugänglich sein sollen. Dabei sollte die Klausel vorsorglich in Form von Regelbeispielen (»insbesondere . . .«) gefasst werden, um zu verdeutlichen, dass sie keinen abschließenden Charakter hat, sondern dass sie auch weitere (durch Auslegung zu erschließende) Materien erfassen soll. Für Vertragsänderungen empfiehlt sich im Regelfall eine besondere Regelung, zumal hier oftmals die Festlegung eines höheren Quorums sinnvoll ist (*Schäfer* NZG 2014, 1401, 1403). Ebenso kann aus Gründen der Klarstellung eindeutig im Gesellschaftsvertrag festgeschrieben werden, für welche Beschlussgegenstände es bei dem gesetzlich vorgesehenen Prinzip der Einstimmigkeit verbleiben soll. 41b

### b) Materielle Legitimation

Allein die Eindeutigkeit einer vertraglichen Regelung – und selbst eine ausdrückliche Spezifizierung im Gesellschaftsvertrag – kann nicht in allen Fällen eine Mehrheitsentscheidung legitimieren. Mehrheitsentscheidungen müssen daher auf einer zweiten Stufe auch einer **inhaltlichen bzw. materiellen Wirksamkeitsprüfung** unterzogen werden. Früher hat der BGH ein Zustimmungserfordernis jedes einzelnen Gesellschafters bei einem Eingriff in den sog. Kernbereich als gegeben angesehen. Hierzu zählten vor allem Beschlüsse, die Änderungen im Bestand und der Zusammensetzung der Mitglieder der Gesellschaft zum Gegenstand hatten. Auch von der **Kernbereichslehre** ist der II. Senat inzwischen abgerückt (BGHZ 203, 77 Rn. 19 = NJW 2015, 859; kritisch dazu *Altmeppen* NJW 2015, 2065 ff.; *Priester* NZG 2015, 529, 530 f.; *Risse/Höfling* NZG 2017, 1131, 1132 ff.; *Ulmer* ZIP 2015, 657, 658 f.; nach *Schäfer* NZG 2014, 1401, 1404; *ders.* ZIP 2015, 1313, 1314 f.; *Weber* ZfPW 2015, 123, 126 hat der II. Senat die Kernbereichslehre in Wirklichkeit gar nicht aufgegeben). 42

Gleichwohl kann eine unter eine als solche wirksame Mehrheitsklausel fallende Mehrheitsentscheidung im Einzelfall wegen **Verstoßes gegen die gesellschaftsrechtliche Treuepflicht** (vgl. auch Rdn. 50) unwirksam sein. Das gilt nach der Rechtsprechung des BGH zunächst bei Maßnahmen, welche die gesellschaftsvertraglichen Grundlagen berühren (sog. »Grundlagengeschäft«) oder in absolut oder relativ unentziehbare Rechte, d.h. in nur mit (ggf. antizipierter) Zustimmung des einzelnen Gesellschafters oder aus wichtigem Grund entziehbare Mitgliedschaftsrechte der Minderheit, eingreifen; im zweiten Fall kommt es darauf an, ob die Gesellschaftermehrheit die inhaltlichen Grenzen der ihr erteilten Ermächtigung eingehalten und sie sich nicht etwa treupflichtwidrig über beachtenswerte Belange der Minderheit hinweggesetzt hat (BGHZ 170, 283 Rn. 10 = NJW 2007, 1685; BGHZ 179, 13 Rn. 17 = NJW 2009, 669; BGHZ 183, 1 Rn. 15 = NJW 2010, 65; BGH Urt. v. 20.11.2012 – II ZR 98/10 Rn. 29; BGHZ 203, 77 Rn. 12 = NJW 2015, 859). Aber auch außerhalb dieser Fallgruppen steht es der Minderheit offen, den Nachweis einer treupflichtwidrigen Mehrheitsentscheidung zu führen (BGHZ 170, 283 Rn. 10 = NJW 2007, 1685; BGHZ 179, 13 Rn. 17 = NJW 2009, 669; BGHZ 203, 77 Rn. 12 = NJW 2015, 859). Bei **Angelegenheiten der laufenden Verwaltung** wird dies allerdings regelmäßig nicht der Fall sein. Gelingt dagegen der Nachweis der Treuwidrigkeit, ist die Mehrheitsentscheidung, nicht aber die Mehrheitsklausel selbst, unwirksam, und das auch nur gegenüber dem Gesellschafter, der nicht zugestimmt hat. 42a

43 Von einer treuwidrigen Ausübung der Mehrheitsmacht gegenüber der Minderheit ist auszugehen, wenn der Beschlussgegenstand dem Bereich der individuellen Mitgliedschaft des einzelnen Gesellschafters zuzuordnen ist, der Mehrheitsentscheidungen per se entzogen ist (»**schlechthin unverzichtbare Mitgliedschaftsrechte**«; s. dazu etwa die Auflistung bei MüKo-HGB/*Enzinger* § 119 Rn. 68; MAH PersGesR/*Karrer* § 14 Rn. 4; *Goette/Goette* DStR 2016, 74, 80 ff.; *Schiffer* BB 2015, 584, 585 f.; *Weber* ZfPW 2015, 123, 126). Unzulässig sind daher der **Ausschluss des Teilnahmerechts an Gesellschafterversammlungen** (vgl. BGH WM 1985, 567, 568 zur GmbH sowie BT-Drs. 19/27635 S. 229) samt Rede- und Antragsrecht, der **Entzug des außerordentlichen Kontrollrechts** (§ 716 Abs. 2; vgl. auch § 716 Rdn. 5 f. sowie BT-Drs. 19/27635 S. 229) sowie des **Stimmrechts** bezüglich Beschlüssen, die in die Rechtsstellung des Gesellschafters eingreifen (BGHZ 20, 363, 368 ff. = NJW 1956, 1198, 1199 f.; vgl. auch § 712 Rdn. 16), ein **Verbot, rechtswidrige Beschlüsse gerichtlich überprüfen zu lassen** (BGH NJW 1995, 1218, 1219; BT-Drs. 19/27635 S. 111), die **Begrenzung des Rechts, sich aus wichtigem Grund aus der Gesellschaft zu lösen** (§ 723 Abs. 3; s. dazu § 725 Rdn. 20 sowie BT-Drs. 19/27635 S. 229), sowie die **Beschränkung der** *actio pro socio* (vgl. BGH NJW 1985, 2830, 2831).

43a Außerdem kommt Unwirksamkeit in Betracht, wenn für die betreffende Mehrheitsentscheidung ihrem Inhalt nach die Zustimmung des einzelnen, überstimmten Gesellschafters erforderlich ist (»**relativ unentziehbare Mitgliedschaftsrechte**«). Darunter fallen etwa **nachträgliche Beitragserhöhungen** (BGHZ 203, 77 Rn. 16 f. = NJW 2015, 859; dazu ausführlich § 707 Rdn. 7), die **Aufnahme, das Ausscheiden und der Ausschluss von Gesellschaftern** (BGHZ 8, 35, 42 = NJW 1953, 103; BayObLG NZG 2005, 173, 174), die **Änderung der Kündigungs- oder Liquidationsfolgen** (BGHZ 48, 251, 254 = NJW 1967, 2157, 2158), die **Modifikation des Gewinnverteilungsschlüssels** (BGH WM 1975, 662, 663; BGH WM 1976, 661 f.; BGH NJW-RR 1987, 285, 286; BGH NJW 1995, 194, 195; nicht aber die Feststellung des Jahresabschlusses, vgl. BGHZ 170, 283 Rn. 13 ff. = NJW 2007, 1685) sowie der **Entzug der Geschäftsführungs- und Vertretungsbefugnis** (BGH NJW-RR 2020, 1435 Rn. 15 ff.; dazu § 712 Rdn. 15). Zur Wahrung des Gleichbehandlungsgrundsatzes s. Rdn. 51.

43b Der BGH weist allerdings darauf hin, dass der Kreis der nicht ohne Weiteres durch Mehrheitsbeschluss entziehbaren Rechte nicht abstrakt und ohne Berücksichtigung der konkreten Struktur der jeweiligen Personengesellschaft und einer etwaigen besonderen Stellung des betroffenen Gesellschafters umschreiben lässt (BGH NJW 1995, 194, 195; BGHZ 203, 77 Rn. 19 = NJW 2015, 859). Abgesehen von unverzichtbaren und schon deshalb unentziehbaren Rechten (Rdn. 43) komme es bei Eingriffen in die individuelle Rechtsstellung des Gesellschafters, d.h. in seine rechtliche und vermögensmäßige Position in der Gesellschaft, letztlich maßgeblich immer darauf an, ob der Eingriff im Interesse der Gesellschaft geboten und **dem betroffenen Gesellschafter unter Berücksichtigung seiner eigenen schutzwerten Belange zumutbar** ist (BGHZ 203, 77 Rn. 19 = NJW 2015, 859; vgl. auch BGH NJW-RR 2020, 1435 Rn. 21).

43c Die Wirksamkeit des Mehrheitsbeschlusses kann auch damit begründet werden, dass der betroffene Gesellschafter seine **Zustimmung antizipiert im Gesellschaftsvertrag** erteilt hat. Für einen Mehrheitsbeschluss, der eine nachträgliche Beitragserhöhung zum Gegenstand hat, liegt nach der Rechtsprechung des BGH nur dann eine wirksame antizipierte Zustimmung eines (später überstimmten) Gesellschafters vor, wenn die entsprechende gesellschaftsvertragliche Bestimmung Ausmaß und Umfang der möglichen zusätzlichen Belastung erkennen lässt; aus dem Gesellschaftsvertrag müssen eine Obergrenze oder Regelungen über die Eingrenzbarkeit der Vermehrung der Beitragspflichten hervorgehen (s. zuletzt BGHZ 203, 77 Rn. 16 f. = NJW 2015, 859 sowie die Nachweise bei § 707 Rdn. 7). Diese Anforderungen gelten richtigerweise auch für andere Eingriffe in wesentliche Mitgliedschaftsrechte. Eine antizipierte Zustimmung kann in diesen Fällen allgemein nur dann als wirksam angesehen werden, wenn sich die Vertragsklausel eindeutig auf einen solchen Eingriff bezieht und sie Art und Ausmaß des Eingriffs hinreichend erkennen lässt (BGH NJW-RR 2020, 1435 Rn. 22; MüKo-BGB/*Schäfer* § 709 Rn. 92; *ders.* ZGR 2013, 237, 251 ff.; Peres/Senft/*Peres* § 8

Rn. 104; *Altmeppen* NJW 2015, 2065, 2070; *Schiffer* BB 2015, 584, 586; kritisch MüKo-HGB/ *Enzinger* § 119 Rn. 70; *Ulmer* ZIP 2015, 657, 660).

### III. Fehlerhafte (faktische) Gesellschaft

Für den Gesellschaftsvertrag gelten grds. die allgemeinen **Unwirksamkeitsgründe** wie etwa die §§ 104 ff., §§ 119 ff. i.V.m. § 142, § 125, §§ 134, 138, § 181; hinzu treten für ärztliche Gesellschaften berufs- und vertragsarztrechtliche Vorschriften. Sind entgegen § 139 nicht nur Teile des Gesellschaftsvertrags nichtig, weil die Unwirksamkeit nur eine bestimmte Vertragsklausel betrifft (etwa bei einer sittenwidrigen Gewinnverteilung), handelt es sich um eine sog. **fehlerhafte Gesellschaft**. So soll ein »Gesellschaftsvertrag« nach § 134 BGB i.V.m. § 15 Abs. 3 Satz 3 BMV-Ä nichtig sein, wenn Ärzte nur deshalb eine GbR gründen, um einem Arzt Gelegenheit zu geben, an Erlösen beteiligt zu werden, die der andere Arzt mit Leistungen erwirtschaftet, welche der beteiligte Arzt mangels eigener Qualifikation nicht erbringen darf (LG Arnsberg MedR 2008, 746, 747 f.). 44

Aus Gründen des Verkehrsschutzes für Dritte und des Bestandsschutzes für die Gesellschafter (keine rückwirkende Abwicklung) behandelt die Rechtsprechung derart fehlerhafte Gesellschaften **nach Invollzugsetzung** (insb. durch Aufnahme von Rechtsbeziehungen zu Dritten, aber auch schon durch Erfüllung von Einlagepflichten, vgl. RGZ 166, 51, 59; BGHZ 13, 320, 321 = NJW 1954, 1562 für die Vor-GmbH; kritisch hierzu MüKo-BGB/*Schäfer* § 705 Rn. 342) grds. **als wirksam**. Die Gesellschafter trifft daher die akzessorische Gesellschafterhaftung gem. § 128 Satz 2 HGB (BGHZ 44, 235, 236 = NJW 1966, 107, 108 zur OHG; zur Reichweite der Haftung § 715 Rdn. 15 ff.). 45

Jeder Gesellschafter kann die fehlerhafte Gesellschaft bzw. seine Mitgliedschaft gem. § 723 **ohne wichtigen Grund mit ex nunc**-Wirkung **kündigen** (BGHZ 55, 5, 8 f. = NJW 1971, 375, 376; BGHZ 63, 338, 345 ff. = NJW 1975, 1022, 1024 f.; BGH NJW 1982, 877, 879; BGH NJW 1992, 1501, 1502; BGH NJW 2000, 3558, 3559 f.; BGH NJW 2001, 2718, 2720; BGHZ 199, 194 Rn. 11 = NZG 2013, 1422; BGH NJW 2015, 1169 Rn. 11). Die Grundsätze über die fehlerhafte Gesellschaft hindern einen Mitgesellschafter bis zu einer auf sofortige Abwicklung gerichteten außerordentlichen Kündigung an der Durchsetzung eines auf Rückgewähr der Einlage gerichteten Schadensersatzanspruchs aus Verschulden bei Vertragsschluss gem. §§ 280 Abs. 1, 311 Abs. 2 (BGH NJW 1993, 2107, 2108; BGH NJW 2000, 3558, 3559 f.). 46

**Gewichtige Interessen der Allgemeinheit oder bestimmter besonders schutzwürdiger Personen** können eine derartige Beschränkung der Unwirksamkeitsgründe bzw. ihrer Rechtsfolgen ausschließen (BGHZ 3, 285, 288 = NJW 1952, 97; BGHZ 153, 214, 221 f. = NJW 2003, 1252, 1254; BGHZ 199, 194 Rn. 12 = NZG 2013, 1422). So steht etwa bei Geschäftsunfähigkeit eines minderjährigen Gesellschafters der vorrangige **Minderjährigenschutz** seiner Einbeziehung in eine fehlerhafte GbR entgegen (BGHZ 17, 160, 167 f. = NJW 1955, 1067, 1069; BGH NJW 1983, 748). Lässt sich aus **berufsrechtlichen Gründen** die Führung einer Gemeinschaftspraxis von Ärzten nicht verwirklichen, verfahren die Beteiligten intern gleichwohl nach den vereinbarten gesellschaftsrechtlichen Regeln, dann sind wegen des Verstoßes gegen ein gesetzliches Verbot die zur fehlerhaften Gesellschaft entwickelten Grundsätze nicht anwendbar. Bei Beendigung der Zusammenarbeit vollzieht sich die Auseinandersetzung daher nach Bereicherungsrecht, gesellschaftsrechtliche Ansprüche scheiden aus (vgl. OLG Celle Urt. v. 05.10.1994 – 3 U 171/93 [bestätigt durch BGH Beschl. v. 28.09.1995 – II ZR 257/94 mit Kurzwiedergabe bei *Goette* DStR 1995, 1722 f.] sowie LG Arnsberg MedR 2008, 746, 748). 47

Die für eine fehlerhafte Gesellschaft entwickelten Grundsätze gelten auch, wenn eine Gesellschaft ihre beabsichtigte Tätigkeit aufnimmt, obwohl sich die Parteien noch nicht über alle Punkte, zu denen eine **Einigung** herbeigeführt werden sollte, verständigt haben. Ein solches Tätigwerden vor abschließender Klärung aller Fragen führt in Umkehrung der Auslegungsregel des § 154 zu der Annahme, dass die Parteien zumindest einen vorläufigen – jederzeit kündbaren – Vertrag abschließen wollten (OLG Bremen NZG 2002, 173, 174; OLG Naumburg GesR 2013, 62 Rn. 12 ff.). 48

49 Entsprechendes gilt bei fehlerhaftem **Eintritt** oder **Ausscheiden eines Gesellschafters** (BGHZ 44, 235, 236 = NJW 1966, 107, 108; BGH NJW 1978, 2505, 2506; BGH NJW 2000, 3558, 3559 f.; BGHZ 153, 214, 221 ff. = NJW 2003, 1252, 1254; BGH NJW-RR 2003, 533; BGH NJW 2014, 305 Rn. 13; BGH NJW 2016, 2492 Rn. 22; BGH Urt. v. 06.11.2018 – II ZR 57/16). Ein Beitritt ist dann vollzogen, wenn Rechtstatsachen geschaffen worden sind, an denen die Rechtsordnung nicht vorbeigehen kann. Dies ist der Fall, wenn der Beitretende Beiträge geleistet oder gesellschaftsvertragliche Rechte ausgeübt hat (BGH NJW 1992, 1501, 1502 f.; BGH NJW 2000, 3558, 3559 f.).

### D. Rechte und Pflichten der Gesellschafter im Innenverhältnis

50 Das Verhältnis der Gesellschafter untereinander wird geprägt durch die allgemeine Förderpflicht, die Treuepflicht und die Pflicht zu gleichmäßiger Behandlung. Die **Förderpflicht** ist entsprechend dem Dauerschuldcharakter der GbR eine dauernde Verhaltenspflicht; ihr Inhalt wird durch den gemeinsamen Zweck (Rdn. 7 ff.; § 707 Rdn. 1) bestimmt. Die **Treuepflicht** verlangt von jedem Gesellschafter, bei Ausübung seiner Rechte auf die Belange der Gesellschaft und der Mitgesellschafter Rücksicht zu nehmen und sich nicht willkürlich über deren Interessen hinwegzusetzen (vgl. BGHZ 44, 40, 41 f. = NJW 1965, 1960; BGHZ 64, 253, 257 = NJW 1975, 1410, 1411; BGHZ 183, 1 Rn. 23 = NJW 2010, 65; ausführlich MüKo-BGB/*Schäfer* § 705 Rn. 228 ff.; s. auch zu Mehrheitsbeschlüssen Rdn. 42 ff.). So ist jeder Gesellschafter verpflichtet, seine Mitgesellschafter im Rahmen der Auseinandersetzung über Umstände, die deren mitgliedschaftliche Vermögensinteressen berühren, zutreffend und vollständig zu informieren (BGH NJW-RR 2003, 169, 170). Bei Fehlen einer abweichenden gesellschaftsvertraglichen Regelung darf ein Gesellschafter während der Zugehörigkeit zur Gemeinschaftspraxis keine konkurrierende Tätigkeit wahrnehmen (BGH NJW-RR 2013, 363 Rn. 21 m.w.N. bezogen auf die geschäftsführenden Gesellschafter; Ratzel/Luxenburger/*Möller/Ruppel* Kap. 17 Rn. 85; zum nachvertraglichen Wettbewerbsverbot s. § 738 Rdn. 24 ff.). Auch kann sich die gesellschaftsrechtliche Treuepflicht in Einzelfällen zu einer Zustimmungspflicht zu einer konkreten Geschäftsführungsmaßnahme verdichten, wenn die Maßnahme im Interesse der Gesellschaft dringend geboten ist und den Geschäftsführern kein Entscheidungsspielraum zusteht (BGH NJW-RR 2008, 1484 Rn. 42). In besonders gelagerten Ausnahmefällen kann sich eine Pflicht zur Zustimmung einer Änderung des Gesellschaftsvertrags ergeben, wenn sie mit Rücksicht auf das bestehende Gesellschaftsverhältnis oder auf die bestehenden Rechtsbeziehungen der Gesellschafter untereinander dringend erforderlich (etwa zur Wahrung der Funktionsfähigkeit der GbR) und dem Gesellschafter unter Berücksichtigung seiner eigenen Belange zumutbar ist (s. BGHZ 183, 1 Rn. 23 = NJW 2010, 65; BGH NJW 2011, 1667 Rn. 20; BGH NJW 2015, 2882 Rn. 22 zu einem Sanierungsfall in einer Publikumspersonengesellschaft; dazu § 737 Rdn. 8).

51 Die Gesellschaft ist zur **gleichmäßigen Behandlung** verpflichtet, d.h. jede sachlich nicht gerechtfertigte, willkürliche Ungleichbehandlung der Gesellschafter ist unzulässig (vgl. BGHZ 16, 59, 70; BGHZ 20, 363, 369 = NJW 1956, 1198, 1200; BGH WM 1974, 1151, 1153). Besondere Ausprägungen des (in den Grenzen des § 138 abdingbaren, vgl. BGH WM 1965, 1284, 1286; BGH NJW-RR 2002, 904, 905) Gleichbehandlungsgrundsatzes finden sich in den §§ 706 Abs. 1, 709 Abs. 1 u. 2, 711, 722 Abs. 1, 734, 735. Große Bedeutung kommt ihm bei **Mehrheitsentscheidungen** (§ 709 Abs. 2) zu (dazu Rdn. 39 ff.; § 712 Rdn. 16). Auch wenn der Gesellschaftsvertrag eine Mehrheitsklausel vorsieht, ist ein Beschluss, der zu einer willkürlichen oder sachlich nicht gerechtfertigten Schlechterstellung der Minderheit führt, unwirksam, wenn die Mehrheitsklausel nicht im Einzelfall mit der erforderlichen Eindeutigkeit eine Abweichung auch vom Gleichbehandlungsgrundsatz deckt (vgl. RGZ 151, 321, 326 ff.; zu den Voraussetzungen an eine wirksame antizipierte Zustimmung s. Rdn. 43b). Außerdem folgt aus ihm, dass kein Gesellschafter ohne sachlichen Grund hinsichtlich der Beitragszahlung früher oder in stärkerem Maß als die Mitgesellschafter auf Erfüllung in Anspruch genommen werden darf (Einzelheiten bei MüKo-BGB/*Schäfer* § 705 Rn. 251 ff.).

52 Den Gesellschaftern stehen im Innenverhältnis eine Reihe von **Mitverwaltungsrechten** zu (wenn sie nicht wirksam abbedungen sind), insbesondere die Geschäftsführungsbefugnis (§§ 709 ff.), das Stimmrecht (vor allem bei Grundlagenentscheidungen, Rdn. 39 ff.), das Recht zur Vertretung

(§§ 714 f.), die Informationsrechte (§§ 716, 721), das Kündigungsrecht (§§ 723 f.) und das Recht auf Mitwirkung bei der Auseinandersetzung (§§ 730 ff.). Zur Übertragbarkeit dieser Rechte s. § 717 Rdn. 3; zur Reichweite der Mitverwaltungsrechte im Einzelnen s. die Kommentierung der entsprechenden Vorschriften.

Die Ansprüche der Gesellschaft gegen einzelne Gesellschafter außerhalb eines Drittverhältnisses werden als **Sozialansprüche** bezeichnet (Bsp: Anspruch auf Beitragsleistung gem. § 706; Anspruch auf Nachschuss bei Gesellschaftsauflösung gem. § 735). Jeder Gesellschafter ist unabhängig von seiner Geschäftsführungsbefugnis und Vertretungsmacht notfalls berechtigt, auch ohne Zustimmung seiner Mitgesellschafter die geschuldete Leistung an die Gesellschaft durch Klage im eigenen Namen auf Leistung an die Gesamthand zu erheben (sog. *actio pro socio*; vgl. BGHZ 25, 47, 49 ff. = NJW 1957, 1358 f.; BGH NJW-RR 2010, 1123 Rn. 2 f.; BGH NJW-RR 2018, 288 Rn. 11 sowie den mit Wirkung vom 01.01.2024 durch das MoPeG [Rdn. 3c ff.] neu geschaffenen § 715b n.F. [»Gesellschafterklage«] mit Einzelheiten in BT-Drs. 19/27635 S. 154 ff.). 53

Im umgekehrten Fall, also bei aus der Mitgliedschaft des einzelnen Gesellschafters folgenden Ansprüchen gegen die Gesellschaft, spricht man von **Sozialverpflichtungen** (Bsp: Anspruch auf Feststellung und Auszahlung des Gewinnanteils nach § 721; Anspruch auf Aufwendungsersatz gem. § 713 i.V.m. § 670; Anspruch auf Abfindung nach § 738). Soweit sie auf vermögenswerte Leistungen gerichtet sind (zur Übertragbarkeit § 717 Rdn. 5), können sie vor der Liquidation der Gesellschaft nicht zugleich gegen Mitgesellschafter geltend gemacht werden; ansonsten würde § 707 umgangen (BGHZ 103, 72, 76 ff. = NJW 1988, 1375, 1376 f.; s. auch § 713 Rdn. 6). Anderes gilt für bloße Verwaltungsrechte (BGH NJW 2000, 2276, 2277). 54

E. Stellung der Gesellschaft nach außen

I. Rechtsfähigkeit

Seit der grundlegenden Entscheidung des BGH vom 29.01.2001 ist anerkannt, dass eine (Außen-) GbR Rechtsfähigkeit besitzt, soweit sie durch Teilnahme am Rechtsverkehr eigene Rechte und Pflichten begründet. In diesem Rahmen ist sie zugleich im Zivilprozess aktiv und passiv **parteifähig** (§ 715 Rdn. 34). Die Gesellschafter haften für die Verbindlichkeiten der GbR grds. persönlich (§ 715 Rdn. 15 ff.). Das Verhältnis zwischen der Verbindlichkeit der Gesellschaft und der Haftung des Gesellschafters entspricht derjenigen bei der OHG (**Akzessorietät**); die GbR ist aber keine juristische Person (BGHZ 146, 341, 343 ff. = NJW 2001, 1056 ff.; speziell zur Gemeinschaftspraxis BGHZ 165, 36, 39 f. = NJW 2006, 437 Rn. 11). 55

Mit der Rechts- und Parteifähigkeit der GbR korrespondiert u.a. ihre **Vermögensfähigkeit** (§ 720 Rdn. 1, 4), ihre **Grundbuchfähigkeit** (BGHZ 179, 102 Rn. 8 ff. = NJW 2009, 594; s. nun auch § 899a BGB und § 47 Abs. 2 Satz 1 GBO sowie BGHZ 189, 274 Rn. 10 ff. = NJW 2011, 1958; BGH NZG 2016, 1223 Rn. 10 ff.; *Kesseler* NJW 2011, 1909 ff.; *Westermann* WM 2013, 441, 446 ff.; *Wilhelm* NZG 2011, 801 ff.), ihre **Wechsel-** und **Scheckfähigkeit** (BGHZ 136, 254, 257 f. = NJW 1997, 2754, 2755; BGHZ 146, 341, 358 = NJW 2001, 1056, 1061), ihre **Insolvenzfähigkeit** (§ 11 Abs. 2 Nr. 1 InsO) sowie ihre **Grundrechtsfähigkeit** (BVerfG NJW 2002, 3533; vgl. auch BVerfG NJW 2018, 2395 Rn. 38). Außerdem ist sie **arbeitgeberfähig**; so ist die Gemeinschaftspraxis und nicht jeder einzelne Gesellschafter Arbeitgeber der in der Praxis beschäftigten Arbeitnehmer (angestellte Ärzte oder Praxispersonal; vgl. zum Rechtsanwalt BAG NZA 2009, 485 Rn. 24 f.). Zur Vertretung und Haftung s. ausführlich § 715 Rdn. 2 ff. 56

Eine Gemeinschaftspraxis kann aber nicht Inhaberin einer **Vertragsarztzulassung** sein; eine solche kann nach § 95 Abs. 1 Satz 1 SGB V und §§ 3 Abs. 2, 18 Ärzte-ZV nur einem Arzt persönlich erteilt werden. Es handelt sich um eine öffentlich-rechtliche Rechtsposition, die eine GbR genauso wenig wie andere ärztliche Berufsausübungsgemeinschaften trotz ihrer Rechtsfähigkeit innehaben kann (MHG/*Gummert*/*Remplik* § 25 Rn. 52; *Wertenbruch* NJW 2003, 1904; s. auch Rdn. 3a; § 720 Rdn. 14). Die Zulässigkeit der gemeinsamen Ausübung vertragsärztlicher Tätigkeit leitet sich daher aus den einzelnen Zulassungen der Gesellschafter ab (vgl. § 33 Abs. 2 Ärzte-ZV). 57

58 **Berufsrechtlich** unterliegen allein die einzelnen Ärzte als Kammermitglieder der Berufsaufsicht; sie sind bei einem Verstoß gegen die §§ 18 ff. MBOÄ persönlich verantwortlich. Die Gemeinschaftspraxis ist dagegen kein taugliches Berufsrechtssubjekt (vgl. *Hampe/Mohammadi* NZS 2013, 692, 695 zur Ausübung disziplinarischer Gewalt gegen Vertragssätze; s. zur vergleichbaren Konstellation in der Anwaltssozietät Henssler/Streck/*Deckenbrock* M Rn. 23 ff.; *ders.* AnwBl 2014, 118, 121 f.; *Henssler* AnwBl 2017, 378, 383; mit Wirkung vom 01.08.2022 wird sich dies für anwaltliche Berufsausübungsgesellschaften durch Gesetz zur Neuregelung des Berufsrechts der anwaltlichen und steuerberatenden Berufsausübungsgesellschaften sowie zur Änderung weiterer Vorschriften im Bereich der rechtsberatenden Berufe vom 07.07.2021, BGBl. I 2021 S. 2363, grundlegend ändern, vgl. dazu *Deckenbrock* DB 2021, 2200, 2204 f.).

58a Mit dem Inkrafttreten des **MoPeG** (Rdn. 3c ff.) wird die ergangene BGH-Rechtsprechung über die Anerkennung der Rechtsfähigkeit der GbR (Rdn. 55) vom Gesetzgeber nachvollzogen. Nach § 705 Abs. 2 n.F. kann die Gesellschaft selbst Rechte erwerben und Verbindlichkeiten eingehen, wenn sie nach dem gemeinsamen Willen der Gesellschafter **am Rechtsverkehr teilnehmen** soll (**rechtsfähige Gesellschaft**). Ist der Gegenstand der Gesellschaft der Betrieb eines Unternehmens unter gemeinschaftlichem Namen, so wird nach § 705 Abs. 3 n.F. vermutet, dass die Gesellschaft nach dem gemeinsamen Willen der Gesellschafter am Rechtsverkehr teilnimmt (dazu BT-Drs. 19/31105 S. 6 i.V.m. BT-Drs. 19/27635 S. 305). Auf rechtsfähige Gesellschaften finden die §§ 706 ff. n.F. Anwendung. Möglich bleibt aber auch die nicht rechtsfähige (im Zusammenhang mit ärztlichen Berufsausübungsgemeinschaften aber weniger relevante) Innengesellschaft, die den Gesellschaftern zur Ausgestaltung ihres Rechtsverhältnisses untereinander dient und in den §§ 740 ff. näher geregelt wird.

## II. Name der Gesellschaft

59 Die §§ 705 ff. enthalten keine Regelung darüber, welchen Namen die Gesellschaft zu führen hat. Der damalige Gesetzgeber ist davon ausgegangen, dass die Gesellschaft unter den Namen sämtlicher Gesellschafter im Rechtsverkehr auftritt (MüKo-BGB/*Schäfer* § 705 Rn. 278). Da die Außengesellschaft als rechtlich verselbstständigte organisatorische Einheit am Rechtsverkehr teilnimmt, kann sie einen eigenen Namen führen, muss es jedoch nicht (MüKo-BGB/*Schäfer* § 705 Rn. 278; Palandt/*Sprau* § 705 Rn. 25). Ein solcher Name wird **von den Gesellschaftern vereinbart** (BGHZ 179, 102 Rn. 20 = NJW 2009, 594), entweder im Gesellschaftsvertrag oder durch einen Gesellschafterbeschluss (MüKo-BGB/*Schäfer* § 705 Rn. 279). Trotz der Fachgebietsbeschränkung kann auch die **fachübergreifende Gemeinschaftspraxis** die Patienten unter einem einheitlichen Namen behandeln (BSG NZS 2003, 494 Rn. 13).

60 Auch wenn es anders als für die PartG (§ 2 Abs. 2 PartGG, dazu § 2 PartGG Rdn. 13 ff.) bislang noch an einer Verweisungsnorm auf das Firmenrecht des HGB fehlt, können den Namen aller oder mehrerer Gesellschafter Zusätze (auch Sach- und/oder Personenbezeichnungen) hinzugefügt werden, die das Gesellschaftsverhältnis oder den Geschäftsbetrieb bezeichnen (schlagwortartiger **Gesamtname**, vgl. MüKo-BGB/*Schäfer* § 705 Rn. 278; Palandt/*Sprau* § 705 Rn. 25). So bestehen gegen die Bezeichnung einer Gemeinschaftspraxis zweier Fachärzte für Allgemeinmedizin als »Hausarztzentrum« (Landesberufsgericht für Heilberufe beim OVG Münster MedR 2009, 191 f.; s. auch BVerfG NVwZ 2005, 683; BVerfG MedR 2012, 516 ff.) oder als »Center« (BGH NJW-RR 2012, 1066 Rn. 16 f.) keine grundsätzlichen Bedenken. Auch die Verwendung der Bezeichnung »Zahnärztehaus« für eine in einem Haus tätige zahnärztliche Gemeinschaftspraxis ist regelmäßig nicht zu beanstanden (BVerfG NJW 2011, 3147 Rn. 17 ff.; s. auch den Rechtsprechungsüberblick bei *Fritzsche* WRP 2013, 272, 277 ff.). Vor dem Hintergrund dieser Rechtsprechung lässt sich die restriktive Regelung des § 21 Abs. 5 MBOZÄ, nach der sich eine Berufsausübungsgemeinschaft nicht als Akademie, Institut, Poliklinik, Ärztehaus oder als ein Unternehmen mit Bezug zu einem gewerblichen Betrieb bezeichnen darf, nicht mehr rechtfertigen (Ratzel/Luxenburger/*Möller/Ruppel* Kap. 17 Rn. 106). Im Gegensatz zur PartG (§ 2 Abs. 1 PartGG) gibt es keine gesellschaftsrechtliche Pflicht zur Verwendung eines Rechtsformzusatzes (a.A. MüKo-BGB/*Schäfer* § 705 Rn. 282).

Sofern die Gesellschafter von ihrem Eintragungswahlrecht (Rdn. 3d) Gebrauch machen, wird mit **60a**
dem Inkrafttreten des **MoPeG** zum 01.01.2024 (Rdn. 3c ff.) »zum Zwecke ihrer Identifizierung, insbesondere bei verschiedenen Gesellschaften mit identischem Gesellschafterbestand, die Angabe eines Namens der Gesellschaft zum Pflichtinhalt der Anmeldung gemacht«. In der Auswahl ihres Namens ist die GbR – im Rahmen der nach § 707b Nr. 1 n.F. künftig anwendbaren Grundsätze der Firmenwahrheit und -klarheit – frei (BT-Drs. 19/27635 S. 129). S. zur künftigen Pflicht zur Angabe eines verpflichtenden Namenszusatzes Rdn. 62a.

Aus § 18a MBOÄ folgen allerdings zusätzliche **berufsrechtliche Anforderungen.** So sind nach **61**
§ 18a Abs. 1 MBOÄ bei Berufsausübungsgemeinschaften neben dem Namen der Gesellschaft auch die Namen und Arztbezeichnungen aller in der Gesellschaft zusammengeschlossenen Ärzte sowie die Rechtsform anzukündigen, bei mehreren Praxissitzen zusätzlich jeder Praxissitz gesondert. Die **Fortführung des Namens eines nicht mehr berufstätigen, eines ausgeschiedenen oder verstorbenen Partners** ist **unzulässig** (s. auch OVG Münster MedR 2007, 188 ff. m. krit. Anm. *Rieger,* der das Verbot der Namensfortführung für verfassungswidrig erachtet; ebenfalls kritisch Ratzel/Luxenburger/*Möller/Ruppel* Kap. 17 Rn. 111). Eine namensbezogene Marke mit dauerhafter Wirkung kann so – anders als bei Rechtsanwälten (vgl. §§ 9, 10 Abs. 4 BORA; dazu Henssler/Streck/*Deckenbrock* M Rn. 191 f., 201) – nicht gebildet werden (*Möller* MedR 2006, 621, 623). Auf dem Praxisschild ist nach § 17 Abs. 4 MBOÄ (vgl. für Zahnärzte § 22 Abs. 2 MBOZÄ) ebenfalls die Zugehörigkeit zu einer Berufsausübungsgemeinschaft gem. § 18a MBOÄ anzugeben. Dadurch soll Transparenz über das Leistungsgeschehen und die Zugehörigkeit von Ärzten zu einer Berufsausübungsgemeinschaft erreicht werden (§ 18a MBOÄ Rdn. 2).

Als **Rechtsformzusatz** sind nicht nur die ausdrücklichen Rechtsformbezeichnungen »BGB-Ge- **62**
sellschaft« oder »Gesellschaft bürgerlichen Rechts«, sondern auch die im Rechtsverkehr eingebürgerte Abkürzung GbR geeignet (vgl. MüKo-BGB/*Schäfer* § 705 Rn. 282). Die Verwendung des Begriffs »Gemeinschaftspraxis« dürfte nach wie vor ebenfalls ausreichend sein (s. aber Rdn. 4 ff.; nach OLG Schleswig NJW-RR 2003, 173 f. darf auch eine ärztliche PartG die Bezeichnung »Gemeinschaftspraxis« im Namen führen). Unzulässig sind allerdings die Begriffe »Partnerschaft« oder »und Partner«, die nach § 11 Abs. 1 Satz 1 PartGG ausschließlich Partnerschaftsgesellschaften vorbehalten sind (BGHZ 135, 257, 258 ff. = NJW 1997, 1854 f.; s. aber BGH NJW 2021, 1952 Rn. 8 ff. zum Begriff »partners«).

§ 707a Abs. 2 n.F. verpflichtet – mit Inkrafttreten des **MoPeG** (Rdn. 3c ff.) – eine GbR, die im neu **62a**
geschaffenen Gesellschaftsregister (Rdn. 3d f.) eingetragen wird, als **Namenszusatz** die Bezeichnungen »**eingetragene Gesellschaft bürgerlichen Rechts**« oder »**eGbR**« zu führen. Dieser verpflichtende Namenszusatz gewährleistet mit Blick auf die Freiwilligkeit der Eintragung den notwendigen Verkehrsschutz und macht Dritten offenbar, dass die Gesellschaft eingetragen ist. Diese haben dadurch Veranlassung, das Gesellschaftsregister einzusehen und etwa zu prüfen, ob die eingetragene Gesellschaft (mit Publizitätswirkung) über die Vertretungsbefugnis der Gesellschafter disponiert hat (§ 715 Rdn. 12). Die Notwendigkeit eines verpflichtenden Namenszusatzes hat der Gesetzgeber zudem mit der Notwendigkeit der Firmenunterscheidbarkeit nach § 707b Nr. 1 BGB n.F. i.V.m. § 30 HGB begründet, die nur für eingetragene Gesellschaften gilt (s. zu Einzelheiten BT-Drs. 19/27635 S. 132 f.).

Zusammenschlüsse zu **Organisationsgemeinschaften** dürfen (müssen aber nicht) nach § 18a Abs. 3 **63**
MBOÄ angekündigt werden. Die Zugehörigkeit zu einem **Praxisverbund** gem. § 23d MBOÄ kann durch Hinzufügen des Namens des Verbunds angekündigt werden. Bei **Kooperationen** i.S.d. § 23b MBOÄ muss sich der Arzt nach § 18a Abs. 2 Satz 1 MBOÄ in ein gemeinsames Praxisschild mit den Kooperationspartnern aufnehmen lassen.

## F. Steuerrechtliche Grundzüge

Zur freiberuflichen Tätigkeit i.S.d. § 18 Abs. 1 Nr. 1 EStG gehören u.a. die selbstständige Berufstätig- **64**
keit der Ärzte, Zahnärzte, Tierärzte, Heilpraktiker, Dentisten und Krankengymnasten. Der Gewinn aus diesen Tätigkeiten wird den **Einkünften aus selbstständiger Arbeit** (§ 18 EStG) zugeordnet.

65 Die **Gemeinschaftspraxis** als solche ist dagegen weder einkommensteuer- (keine natürliche Person i.S.d. § 1 EStG) noch körperschaftssteuerpflichtig (keine juristische Person i.S.d. § 1 KStG). Vielmehr werden die Einkünfte aus der gemeinschaftlichen Betätigung unmittelbar anteilig dem jeweiligen Gesellschafter zugerechnet; auch insoweit beziehen diese freiberufliche Einkünfte, sofern alle Gesellschafter als **freiberufliche Mitunternehmer** zu qualifizieren sind (§ 18 Abs. 4 Satz 2 EStG i.V.m. § 15 Abs. 1 Satz 1 Nr. 2 EStG). Regelmäßig ist der »zivilrechtliche« Gesellschafter einer Gemeinschaftspraxis auch Mitunternehmer im Sinne des Steuerrechts, zwingend ist dies allerdings nicht. Für ärztliche Gemeinschaftspraxen folgen allerdings bereits aus dem Berufs- und dem Vertragsrecht verschärfte Anforderungen an die Gesellschafterstellung (Rdn. 22). Voraussetzung im Sinne des Steuerrechts ist, dass der Arzt Mitunternehmerrisiko trägt und Mitunternehmerinitiative entfalten kann (Einzelheiten bei Schmidt/*Wacker* EStG, § 15 Rn. 262 ff., § 18 Rn. 42). Beide Merkmale müssen vorliegen; dabei kann die geringere Ausprägung eines Merkmals im Rahmen der gebotenen Gesamtbeurteilung der Umstände des Einzelfalls durch eine stärkere Ausprägung des anderen Merkmals ausgeglichen werden (vgl. BFH BFH/NV 2003, 601, 602; BFH BFH/NV 2004, 1080, 1082; BFHE 252, 294 Rn. 22 = NZG 2016, 596). Mitunternehmerinitiative bedeutet vor allem Teilnahme an unternehmerischen Entscheidungen, Mitunternehmerrisiko ist die gesellschaftsrechtliche oder eine dieser wirtschaftlich vergleichbare Teilnahme am Erfolg oder Misserfolg eines Unternehmens (BFHE 210, 241, 245 = NJW 2006, 111, 112; BFHE 221, 238, 241 ff. = NJW 2008, 3165, 3166); dieses kann insbesondere bei einer vermögenslosen Beteiligung fehlen, wenn nicht das fehlende mitunternehmerische Risiko durch eine starke Ausprägung der Initiativrechte kompensiert wird (BFHE 252, 294 Rn. 22 = NZG 2016, 596). Die Einkünfte der Gesellschafter werden **gesondert festgestellt** (§ 180 Abs. 1 Nr. 2a AO). Ausführlich zur steuerrechtlichen Behandlung der Gemeinschaftspraxis und ihrer Gesellschafter, auch zu der Frage, wann ausnahmsweise gewerbliche Einkünfte vorliegen, MAH MedR/*Broglie/Hartmann* § 11 Rn. 242 ff.; Ratzel/Luxenburger/*Ketteler-Eising* § 41 Rn. 128 ff.; Michels/Möller/Ketteler-Eising Ärztliche Kooperationen, S. 101 ff.; Beck'sches Steuer- und Bilanzrechtslexikon/*Maier* 56. Edition, Stand: 01.01.2021, Bürogemeinschaft und Praxisgemeinschaft Rn. 7 ff., 12 ff., 25; speziell zur überörtlichen Berufsausübungsgemeinschaft Michels/Möller/*Ketteler-Eising* Ärztliche Kooperationen, S. 206 ff.; *Michels* MedR 2011, 411, 415 ff.; zur vergleichbaren Rechtsanwaltssozietät Henssler/Streck/*Streck* Handbuch Sozietätsrecht, B Rn. 780 ff. Zu steuerlichen Fragen beim Eintritt in und Austritt aus Freiberuflerpraxen *Levedag* DStR 2017, 1233 ff.

66 Eine **Praxisgemeinschaft** begründet ebenso wenig wie eine Labor- oder Apparategemeinschaft eine Mitunternehmerschaft (BFH BFH/NV 2005, 352, 353; BFHE 210, 241, 245 f. = NJW 2006, 111, 112; Schmidt/*Wacker* EStG, § 18 Rn. 40; ausführlich Ratzel/Luxenburger/*Ketteler-Eising* § 41 Rn. 409 ff.; Michels/Möller/*Ketteler-Eising* Ärztliche Kooperationen, S. 244 ff., 269 f., 277 ff.; Beck'sches Steuer- und Bilanzrechtslexikon/*Maier* 56. Edition, Stand: 01.01.2021, Bürogemeinschaft und Praxisgemeinschaft Rn. 2 ff., 10 f., 24), dies gilt selbst bei einem einheitlichen Auftreten nach außen (§ 715 Rdn. 23 ff.). Entscheidend ist, dass bei einer Praxisgemeinschaft keine gemeinschaftliche, sondern eine individuelle Gewinnerzielung beabsichtigt ist und auch der Praxiswert den einzelnen Beteiligten zugeordnet bleibt (BFHE 210, 241, 246 = NJW 2006, 111, 112).

### § 706 Beiträge der Gesellschafter

(1) Die Gesellschafter haben in Ermangelung einer anderen Vereinbarung gleiche Beiträge zu leisten.

(2) Sind vertretbare oder verbrauchbare Sachen beizutragen, so ist im Zweifel anzunehmen, dass sie gemeinschaftliches Eigentum der Gesellschafter werden sollen. Das Gleiche gilt von nicht vertretbaren und nicht verbrauchbaren Sachen, wenn sie nach einer Schätzung beizutragen sind, die nicht bloß für die Gewinnverteilung bestimmt ist.

(3) Der Beitrag eines Gesellschafters kann auch in der Leistung von Diensten bestehen.

## § 707 Erhöhung des vereinbarten Beitrags

Zur Erhöhung des vereinbarten Beitrags oder zur Ergänzung der durch Verlust verminderten Einlage ist ein Gesellschafter nicht verpflichtet.

### Übersicht

| | Rdn. | | Rdn. |
|---|---|---|---|
| A. Allgemeines | 1 | II. Pflicht zur aktiven Berufsausübung | 6 |
| B. Beitragspflicht | 2 | C. Erhöhung des vereinbarten Beitrags | 7 |
| I. Art und Höhe | 2 | D. Ausblick | 9 |

### A. Allgemeines

Konstitutives Merkmal einer GbR ist die jeden Gesellschafter treffende Pflicht zur **Förderung des** 1 **Gesellschaftszwecks**, der bei einem Zusammenschluss mehrerer Ärzte zu einer Berufsausübungsgemeinschaft regelmäßig in der gemeinsamen Ausübung der privat- und vertragsärztlichen Tätigkeit liegt (§ 705 Rdn. 7 ff.). Beiträge i.S.d. § 706 sind die zur Förderung dieses Zwecks zu erbringenden Leistungen (**Sozialanspruch** der GbR, vgl. § 705 Rdn. 53); von Einlagen spricht man, wenn die Beiträge in das Gesellschaftsvermögen übergegangen und aktivierbar sind. § 707 stellt klar, dass niemand ohne entsprechende rechtsgeschäftlich begründete Verpflichtung zur Leistung von Beiträgen i. S. v. § 706 verpflichtet ist (**Belastungsverbot**). Von der Beitragspflicht abzugrenzen sind Leistungen, die ein Gesellschafter nicht aufgrund des Gesellschaftsvertrags, sondern aufgrund eines **Drittgeschäfts** (etwa Kauf, Miete, Werk- und Dienstvertrag) erbringt; im Zweifel hat die Leistung aber Beitragscharakter (BGHZ 70, 61, 63 = NJW 1978, 376, 377).

### B. Beitragspflicht

#### I. Art und Höhe

Nach § 706 Abs. 1 sind von den Gesellschaftern »in Ermangelung einer anderen Vereinbarung« 2 gleiche Beiträge zu leisten (**Gleichbehandlung nach Köpfen**; s. auch § 705 Rdn. 51). Vorrangig sind folglich die im Gesellschaftsvertrag getroffenen Vereinbarungen. Beitrag kann jede Art von Leistung sein (auch nicht vermögenswerter Natur) wie etwa die Einbringung eines Grundstücks (OLG München NZG 2000, 1124, 1125), von Forderungen (wegen nicht bezahlter Patientenhonorare; gegen die Kassenärztliche Vereinigung), der Praxiseinrichtung (vgl. LSG Essen MedR 2008, 50, 53) oder des Patientenstamms (vgl. KG NZG 1999, 489 f.).

Eine Übertragung kann **zu Eigentum** der Gesellschaft oder **zur Gebrauchsüberlassung** erfolgen 3 (dazu ausführlich Ratzel/Luxenburger/*Möller/Ruppel* Kap. 17 Rn. 86 ff.; Bergmann/Pauge/Steinmeyer/*Lück* § 706 Rn. 2 ff. sowie BT-Drs. 19/27635 S. 142); nach § 706 Abs. 2 Satz 1 wird – widerleglich – bei vertretbaren und verbrauchbaren Sachen (§§ 91 f.) vermutet, dass ihre Einbringung zu Eigentum der Gesellschaft erfolgen soll. Ist eine Eigentumsübertragung nicht geschuldet, gehen die eingebrachten Gegenstände oder die Sachgesamtheit (Praxis) nicht in das Vermögen der Gesellschaft über, sondern es wird nur das Nutzungsrecht überlassen (zur steuerlichen Behandlung dieses Sonderbetriebsvermögens s. ausführlich *Michels* MedR 2011, 690 ff.). Der Eigentümer kann im Fall seines Ausscheidens aus der Gesellschaft die Rückgabe der Sache verlangen. Gesellschaftsvertraglich empfiehlt es sich, die Frage der Unterhaltskosten und der Ersatzbeschaffung für den Fall der Zerstörung des überlassenen Gegenstandes zu regeln.

§ 706 Abs. 3 stellt klar, dass der Beitrag eines Gesellschafters auch in der **Leistung von Diensten** 4 bestehen kann. In Freiberuflergesellschaften und damit auch in der Gemeinschaftspraxis stellt die Einbringung von Dienstleistungen in Form der Arbeitskraft regelmäßig sogar den Kern der Beitragspflicht dar; eines separaten Dienstvertrags für die Erbringung ärztlicher Leistungen bedarf es nicht. Der Gesellschafter ist daher nicht Arbeitnehmer und unterliegt nicht der Sozialversicherungspflicht.

Die **Rechtsfolgen von Leistungsstörungen** bei der Beitragserbringung sind heftig umstritten: Weil der 5 Gesellschaftsvertrag kein klassischer synallagmatischer Austauschvertrag ist, finden die allgemeinen schuldrechtlichen Vorschriften nur mit gesellschaftsrechtlichen Modifikationen Anwendung. So werden etwa die Rücktrittsvorschriften der §§ 323 ff. durch die gesellschaftsrechtlichen Regelungen über die Kündigung und den Ausschluss eines Gesellschafters gem. § 723 bzw. § 737 verdrängt. Auch hat ein Gesellschafter kein Zurückbehaltungsrecht nach § 320, wenn ein Mitgesellschafter seinen Beitrag nicht erbringt (Ausnahme: Zwei-Mann-Gesellschaft). Dagegen sind im Fall der Unmöglichkeit der Beitragsleistung oder bei einer mangelhaften Einlagenerbringung die allgemeinen schuldrechtlichen Vorschriften grds. anwendbar (Einzelheiten bei MüKo-BGB/*Schäfer* § 706 Rn. 21 ff.). Zur Vermeidung von Unklarheiten empfiehlt es sich, im Gesellschaftsvertrag die Folgen von Störungen bei der Abwicklung ausdrücklich zu regeln; dies gilt insbesondere für Sacheinlagen.

### II. Pflicht zur aktiven Berufsausübung

6 Die Pflicht zur Förderung des Gesellschaftszwecks verlangt bei freiberuflichen Gesellschaften eine **aktive freiberufliche Tätigkeit.** Sie ist zwar nur für die Partnerschaftsgesellschaft ausdrücklich angeordnet (vgl. § 1 Abs. 1 Satz 1 PartGG; s. auch § 23a Abs. 1 Satz 3 MBOÄ zur Ärztegesellschaft), stellt aber – wie bei Rechtsanwälten (Henssler/Streck/*Deckenbrock* Handbuch Sozietätsrecht, M Rn. 16 f.) – einen allgemeinen Grundsatz dar (*Burghardt/Dahm* MedR 1999, 485, 490; *Gummert/Meier* MedR 2007, 75, 77; a.A. *Reiter* GesR 2005, 6, 12 f.). Die Anforderungen an diesen Grundsatz sind allerdings nicht zu hoch anzusetzen: Es ist weder eine Vollzeittätigkeit der Gesellschafter noch die Ausübung einer ärztlichen Heilbehandlung (ausreichend ist gutachterliche Tätigkeit für Gerichte und Versicherungen, BFHE 120, 204, 206 ff. = NJW 1977, 352 Ls.) zu fordern; **bloße Kapitalanlagen und stille Beteiligungen** sind jedoch unzulässig (Einzelheiten bei § 1 PartGG Rdn. 7 ff.; § 23a MBOÄ Rdn. 9 sowie *Henssler* PartGG, § 1 Rn. 18, 24 ff., 232 ff., 276; nach BGH GesR 2004, 69, 70 f. führt die dauerhafte, nicht aber die vorübergehende [auch nicht bei Zahlung eines vorläufigen Ruhegelds] Berufsunfähigkeit eines Gesellschafters nicht zu seinem automatischen Ausscheiden aus der Gemeinschaftspraxis). Für Ärzte wird diese Pflicht in § 18 Abs. 1 MBOÄ konkretisiert, wonach der Zusammenschluss zur gemeinsamen Ausübung des Arztberufs zum Erbringen einzelner Leistungen erfolgen kann, sofern er nicht einer Umgehung des § 31 MBOÄ dient. Eine solche Umgehung liegt insbesondere vor, wenn der Gewinn ohne Grund in einer Weise verteilt wird, die nicht dem Anteil der persönlich erbrachten Leistungen entspricht (Einzelheiten bei § 705 Rdn. 32; § 18 MBOÄ Rdn. 27).

### C. Erhöhung des vereinbarten Beitrags

7 Nach § 707 ist ein Gesellschafter nicht zur Erhöhung des vereinbarten Beitrags i. S. v. § 706 oder zur Ergänzung der durch Verlust verminderten Einlage verpflichtet. Stimmt der Gesellschafter einer Beitragserhöhung zu, ist § 707 nicht berührt (BGH NJW-RR 2008, 903 Rn. 5; vgl. auch BGH Urt. v. 23.02.2021 – II ZR 201/19, WKRS 2021, 14497 Rn. 34). Reicht nach dem Gesellschaftsvertrag für die Erhöhung der Beiträge ein **Mehrheitsbeschluss** (dazu § 705 Rdn. 39 ff.) aus, liegt hierin nur dann eine wirksame antizipierte Zustimmung eines (später überstimmten) Gesellschafters zu einer nachträglichen Beitragserhöhung durch Mehrheitsbeschluss, wenn die entsprechende gesellschaftsvertragliche Bestimmung Ausmaß und Umfang der möglichen zusätzlichen Belastung erkennen lässt; aus dem Gesellschaftsvertrag müssen eine Obergrenze oder Regelungen über die Eingrenzbarkeit der Vermehrung der Beitragspflichten hervorgehen (BGH NJW-RR 2005, 1347, 1348; BGH NJW-RR 2006, 827 Rn. 18 ff.; BGH NJW-RR 2007, 757 Rn. 13; BGH NJW-RR 2007, 1477 Rn. 9 f.; BGH NJW-RR 2009, 753 Rn. 14 f.; BGHZ 203, 77 Rn. 16 f. = NJW 2015, 859; vgl. auch BGH NZG 2021, 641 Rn. 22). Aus der fehlenden Zustimmung des einzelnen Gesellschafters folgt ihm gegenüber die (relative) Unwirksamkeit des Beschlusses. Dieser Beschlussmangel behält auch dann Bedeutung, wenn eine im Gesellschaftsvertrag für die Geltendmachung von Beschlussmängeln vereinbarte Frist abgelaufen ist (§ 712 Rdn. 20).

8 § 707 verhindert nicht eine Inanspruchnahme im Außenverhältnis im Rahmen der unbeschränkten Haftung für Gesellschaftsverbindlichkeiten (§§ 128 ff. HGB; dazu § 715 Rdn. 15 ff.). Auch kann es bei Ausscheiden eines Gesellschafters sowie in der Liquidation (vgl. §§ 735, 739) *de facto* zu einer Nachschusspflicht kommen.

## D. Ausblick

Nach dem Inkrafttreten des **MoPeG** zum 01.01.2024 (§ 705 Rdn. 3c ff.) folgt künftig aus § 709 **9** Abs. 1 n.F., dass der Beitrag eines Gesellschafters in jeder Förderung des gemeinsamen Zwecks, auch in der Leistung von Diensten, besteht. Über den geltenden § 706 Abs. 3 (Rdn. 4) hinaus stellt die Norm nicht nur klar, dass die Leistung von Diensten Beitrag eines Gesellschafters sein kann, sondern führt auch die Legaldefinition des Beitrags (»Förderung des gemeinsamen Zwecks«) in das Gesetz ein (BT-Drs. 19/27635 S. 141 f.). § 709 Abs. 2 n.F. (»Im Zweifel sind die Gesellschafter zu gleichen Beiträgen verpflichtet.«) übernimmt im Wesentlichen den geltenden § 706 Abs. 1 (Rdn. 2; dazu BT-Drs. 19/27635 S. 142). Von einer Auslegungsregel nach dem Vorbild von § 706 Abs. 2 (Rdn. 3) wird mangels Regelungsbedarfs aber abgesehen (BT-Drs. 19/27635 S. 142). Zudem übernimmt § 710 n.F. im Großen und Ganzen den geltenden § 707 (Rdn. 7 f.) unter der neuen Überschrift »Mehrbelastungsverbot« (BT-Drs. 19/27635 S. 143).

## § 708 Haftung der Gesellschafter

Ein Gesellschafter hat bei der Erfüllung der ihm obliegenden Verpflichtungen nur für diejenige Sorgfalt einzustehen, welche er in eigenen Angelegenheiten anzuwenden pflegt.

| Übersicht | Rdn. | | Rdn. |
|---|---|---|---|
| A. Allgemeines | 1 | C. Sorgfalt in eigenen Angelegenheiten | 5 |
| B. Erfasste Pflichtverletzungen | 3 | D. Ausblick | 7 |

### A. Allgemeines

§ 708 privilegiert die Gesellschafter (nicht nur die Geschäftsführer) bei Verantwortlichkeit wegen **Fahr-** **1** **lässigkeit**. Sie haben bei der Erfüllung ihrer Pflichten abweichend von § 276 Abs. 2 nicht die (strengere) verkehrsübliche, sondern in den Grenzen des § 277 die eigenübliche Sorgfalt (*diligentia quam in suis*) einzuhalten. Dies beruht auf der Erwägung, dass die Gesellschafter sich gegenseitig so nehmen wollten, wie sie sind, und ist Ausdruck ihrer personalen Verbundenheit und des persönlichen Vertrauensverhältnisses untereinander (RGZ 143, 212, 215; MüKo-BGB/*Schäfer* § 708 Rn. 1; zur Entstehungsgeschichte der Norm *Fleischer/Danninger* NZG 2016, 481 ff.).

Geregelt wird allein der Verschuldensmaßstab, die Norm ist dagegen **keine Anspruchsgrundlage**. **2** Die Regelung ist **dispositiv**; im Gesellschaftsvertrag kann ein strengerer oder milderer Haftungsmaßstab (Ausnahme: Vorsatz, § 276 Abs. 3) vereinbart werden. Beruft sich ein Gesellschafter auf den Sorgfaltsmaßstab des § 708, so trifft ihn die **Beweislast** dafür, dass er, für den Mitgesellschafter erkennbar, in eigenen Angelegenheiten eine geringere als die im Verkehr erforderliche Sorgfalt anwendet (BGH NJW 1990, 573, 575). An diesen Beweis sind strenge Anforderungen zu stellen. Allein der Umstand, dass der Gesellschafter sich im konkreten Schadensfall selbst geschädigt hat, erbringt keinen Beweis dafür, dass er in eigenen Angelegenheiten eine geringere als die im Verkehr erforderliche Sorgfalt anzuwenden pflegt (BGH NJW 2013, 3572 Rn. 14).

### B. Erfasste Pflichtverletzungen

Von § 708 erfasst ist nur die Verletzung **gesellschaftsvertraglicher Pflichten** gegenüber der Ge- **3** sellschaft oder den Mitgesellschaftern, nicht aber Pflichtverletzungen eines Gesellschafters im Rahmen schuldrechtlicher Drittbeziehungen oder im Vorfeld eines Gesellschaftsbeitritts (KG NZG 1999, 199, 201; Palandt/*Sprau* § 708 Rn. 2). Unerheblich ist, ob es sich um Hauptleistungs-, Neben- oder Schutzpflichten handelt (MüKo-BGB/*Schäfer* § 708 Rn. 7). Um der Haftungsprivilegierung nicht ihre Wirkung zu nehmen, erfasst sie auch konkurrierende Ansprüche aus **Delikt**, soweit diese im Innenverhältnis gegenüber der Gesellschaft bzw. den Mitgesellschaftern bestehen (vgl. BGHZ 46, 313, 316 f. = NJW 1967, 558; BGH NJW 1998, 2282, 2283). Das Haftungsprivileg greift nicht ein, wenn Schäden lediglich bei **Gelegenheit** eines Gesellschafterhandelns eingetreten sind, sie aber mit ihm in keinem unmittelbaren inneren Zusammenhang stehen. § 708 gilt auch nicht im **Straßenverkehr** (BGHZ 46, 313, 317 f. = NJW 1967, 558; vgl. auch BGH NJW 2009, 1875 Rn. 11).

4 Der Haftungsmaßstab des § 708 findet aber Anwendung, wenn ein Gesellschafter seine **Geschäftsführungsbefugnis** (§ 709) überschreitet. Insoweit kommt es für die Frage einer daran anknüpfenden Ersatzpflicht allein darauf an, ob ihm der Kompetenzverstoß vorgeworfen werden kann; unerheblich ist dagegen, ob dem Gesellschafter bei der Durchführung der Geschäftsführungsmaßnahme selbst ein Verschulden zur Last fällt oder nicht (BGH NJW 1997, 314 für die OHG; a.A. RGZ 158, 302, 312 f.: Haftung allein nach GoA-Regeln). Bei der **Schlechterfüllung** der Geschäftsführerpflichten (§ 713 Rdn. 7) gilt § 708 ohnehin unmittelbar (so auch RGZ 158, 302, 312 f.).

### C. Sorgfalt in eigenen Angelegenheiten

5 Bei **grob fahrlässigem** und **vorsätzlichem** Handeln scheidet die Haftungsprivilegierung von vornherein aus; insoweit bestimmt § 277 die Untergrenze der geschuldeten Sorgfalt. Die **eigenübliche Sorgfalt** wird nicht objektiv, sondern **subjektiv** nach dem für den Schuldner Üblichen bestimmt (BGHZ 103, 338, 346 = NJW 1988, 2667, 2669). Sie kann personen- und verhaltensbedingt hinter dem Verkehrsüblichen zurückbleiben. Zu einer Verschärfung der Sorgfaltsanforderungen bei besonders qualifizierten Gesellschaftern kommt es wegen des privilegierenden Charakters der Norm zwar nicht; es kann jedoch ein höherer Sorgfaltsmaßstab vereinbart werden, etwa wenn ein Gesellschafter wegen besonderer Kenntnisse aufgenommen worden ist (MüKo-BGB/*Grundmann* § 277 Rn. 3).

6 Maßgeblicher **Zeitpunkt** für die Ermittlung des individuellen Sorgfaltsmaßstabs ist grds. der Vertragsschluss bzw. Beitritt. Späteres Nachlassen muss erst zur Gewohnheit und als solche hingenommen werden (MüKo-BGB/*Grundmann* § 277 Rn. 3). Das **hohe Alter** eines Gesellschafters ist für sich genommen kein Anlass für eine Privilegierung (OLG Frankfurt Urt. v. 10.01.2007 – 19 U 216/05).

### D. Ausblick

7 In den §§ 705 ff. wird sich mit dem Inkrafttreten des MoPeG (§ 705 Rdn. 3c ff.) keine § 708 vergleichbare Regelung mehr finden. Da künftig nicht mehr das Rechtsverhältnis der Gesellschafter untereinander, sondern die Haftung gegenüber der rechtsfähigen GbR im Vordergrund stehe, ist die Vorschrift nach Auffassung des Gesetzgebers obsolet. Im Übrigen bestünde für eine Beibehaltung des besonderen Sorgfaltsmaßstabs auch kein durchgreifendes praktisches Bedürfnis, weil sich interessengerechte Lösungen ohne Weiteres mit der allgemeinen Rechtsgeschäfts- und Schuldrechtslehre (z.B. stillschweigend vereinbarter Haftungsausschluss, verkehrskreisbezogene Bestimmung des allgemeinen Sorgfaltsmaßstabs nach § 276 Abs. 1 Satz 1) erreichen ließen (BT-Drs. 19/27635 S. 140).

### § 709 Gemeinschaftliche Geschäftsführung

(1) Die Führung der Geschäfte der Gesellschaft steht den Gesellschaftern gemeinschaftlich zu; für jedes Geschäft ist die Zustimmung aller Gesellschafter erforderlich.

(2) Hat nach dem Gesellschaftsvertrag die Mehrheit der Stimmen zu entscheiden, so ist die Mehrheit im Zweifel nach der Zahl der Gesellschafter zu berechnen.

### § 710 Übertragung der Geschäftsführung

Ist in dem Gesellschaftsvertrag die Führung der Geschäfte einem Gesellschafter oder mehreren Gesellschaftern übertragen, so sind die übrigen Gesellschafter von der Geschäftsführung ausgeschlossen. Ist die Geschäftsführung mehreren Gesellschaftern übertragen, so findet die Vorschrift des § 709 entsprechende Anwendung.

## § 711 Widerspruchsrecht

Steht nach dem Gesellschaftsvertrag die Führung der Geschäfte allen oder mehreren Gesellschaftern in der Art zu, dass jeder allein zu handeln berechtigt ist, so kann jeder der Vornahme eines Geschäfts durch den anderen widersprechen. Im Falle des Widerspruchs muss das Geschäft unterbleiben.

## § 712 Entziehung und Kündigung der Geschäftsführung

(1) Die einem Gesellschafter durch den Gesellschaftsvertrag übertragene Befugnis zur Geschäftsführung kann ihm durch einstimmigen Beschluss oder, falls nach dem Gesellschaftsvertrag die Mehrheit der Stimmen entscheidet, durch Mehrheitsbeschluss der übrigen Gesellschafter entzogen werden, wenn ein wichtiger Grund vorliegt; ein solcher Grund ist insbesondere grobe Pflichtverletzung oder Unfähigkeit zur ordnungsmäßigen Geschäftsführung.

(2) Der Gesellschafter kann auch seinerseits die Geschäftsführung kündigen, wenn ein wichtiger Grund vorliegt; die für den Auftrag geltende Vorschrift des § 671 Abs. 2, 3 findet entsprechende Anwendung.

### Übersicht

| | Rdn. | | Rdn. |
|---|---|---|---|
| A. Allgemeines | 1 | C. Abweichende gesellschaftsvertragliche Vereinbarungen | 9 |
| B. Grundsatz der gemeinschaftlichen Geschäftsführung | 2 | D. Widerspruchsrecht | 14 |
| I. Zustimmung aller Gesellschafter | 2 | E. Entziehung und Kündigung der Geschäftsführung | 15 |
| II. Besonderheiten im Bereich ärztlicher Berufsausübung | 3 | F. Willensbildung in der Gesellschaft | 16 |
| III. Sonstige Geschäfte | 8 | G. Ausblick | 21 |

## A. Allgemeines

Die Vorschriften in den §§ 709 bis 713 regeln die Geschäftsführung und damit das **Innenverhältnis der Gesellschafter** zueinander. Die Geschäftsführungsbefugnis, die das rechtliche Dürfen betrifft, ist von der Vertretungsmacht (§§ 714 f.; dazu § 715 Rdn. 8 ff.) abzugrenzen, die das rechtliche Können im Außenverhältnis beschreibt. Geschäftsführung ist jede rechtliche oder tatsächliche auf die Verwirklichung des Gesellschaftszwecks gerichtete Maßnahme im Innen- und Außenverhältnis mit Ausnahme der den Gesellschaftsvertrag betreffenden Grundlagenentscheidungen (BT-Drs. 19/27635 S. 150; zu Grundlagenentscheidungen s. § 705 Rdn. 39 ff.). Hierzu zählt auch die ärztliche Berufsausübung (*Gollasch* S. 202 f.; missverständlich BGH BB 1960, 681 zum Rechtsanwalt). 1

Dem **Recht auf Geschäftsführung entspricht** eine gegenüber der Gesellschaft und den anderen Gesellschaftern bestehende **Pflicht**, an der Führung der Geschäfte mitzuwirken (BT-Drs. 19/27635 S. 150). Hieraus folgt zugleich, dass einem geschäftsführungsbefugten Gesellschafter für seine Tätigkeit neben der ihm zustehenden Gewinnbeteiligung grds. keine Vergütung nach den §§ 611 ff. zusteht. Etwas anderes kann sich nur aus einer entsprechenden gesellschafts- oder dienstvertraglichen Vereinbarung oder einem Gesellschafterbeschluss ergeben (s. dazu BGH Urt. v. 06.07.1967 – II ZR 218/65; BT-Drs. 19/27635 S. 150). 1a

## B. Grundsatz der gemeinschaftlichen Geschäftsführung

### I. Zustimmung aller Gesellschafter

§ 709 sieht für die GbR – anders als § 6 Abs. 2 PartGG für die Partnerschaftsgesellschaft – als Grundsatz die gemeinschaftliche Geschäftsführung vor. Abgesehen vom Fall der Notgeschäftsführung (§ 744 Abs. 2 entsprechend; vgl. BGH NJW 2014, 3779 Rn. 15; BGH Urt. v. 26.06.2018 – II ZR 205/16, WKRS 2018, 25675 Rn. 24 ff. sowie – zur OHG – BGHZ 17, 181, 183 = NJW 1955, 1027, 1028) bedarf daher an sich jede Geschäftsführungsmaßnahme der **Zustimmung** 2

**§ 712 BGB**  Entziehung und Kündigung der Geschäftsführung

aller Gesellschafter. Daraus folgt zugleich, dass sie auch nur gemeinschaftlich eine der Gesellschaft zustehende Forderung einklagen können. Der Gesellschafter einer GbR ist daher im Allgemeinen nicht befugt, den Schuldner einer Gesellschaftsforderung im eigenen Namen – auf Leistung an die Gesellschaft – in Anspruch zu nehmen (BGH NZM 2021, 684 Rn. 27 ff.).

## II. Besonderheiten im Bereich ärztlicher Berufsausübung

3   Für den Bereich der ärztlichen Berufsausübung wird allerdings von der Unzulässigkeit einer Gesamtgeschäftsführung ausgegangen. Insoweit wird darauf verwiesen, dass sich die Gesamtgeschäftsführung nicht mit der für die ärztliche Tätigkeit als freier Beruf typischen Selbstständigkeit und Eigenverantwortlichkeit (vgl. hierzu BSGE 35, 247, 250 = NJW 1973, 1435, 1436; BSGE 76, 59, 64 = NZS 1996, 90, 92; BSGE 80, 130, 132 f. = MedR 1997, 515, 517; BSGE 106, 222 Rn. 38 ff. = MedR 2011, 298) in der Berufsausübung vereinbaren lasse und im Widerspruch zur Therapiefreiheit stehe. Denn bei einer Gesamtgeschäftsführung könne der einzelne Arzt-Gesellschafter nicht mehr frei, also **unabhängig von seinen Mitgesellschaftern**, über die Aufnahme und Durchführung der Behandlung entscheiden (§ 18 MBOÄ Rdn. 69; *Gollasch* S. 203 f.; s. auch *Trautmann* S. 150). Zu diesem **Kernbereich ärztlicher Tätigkeit** zähle etwa das Recht zum Abschluss eines Behandlungsvertrags, die Durchführung der Untersuchung einschließlich der hierzu notwendigen Anweisungen an das Hilfspersonal der Praxis und der Disposition über die räumlichen und sächlichen Mittel nach eigenem Ermessen sowie die Stellung der Diagnose und ihre Mitteilung an den Auftraggeber (LSG Essen GesR 2002, 94, 97; LSG Essen MedR 2008, 50, 53; HK-AKM/*Weimer* 840 Rn. 85; *Gollasch* S. 208 ff.; *Zeiß* S. 140 f.; *Gummert/Meier* MedR 2007, 1, 9; *Gummert/Klimke* MedR 2011, 615, 617; *Saenger* NZS 2001, 234, 238; zur Durchsetzbarkeit ärztlicher Vergütungsforderungen s. § 6 PartGG Rdn. 10, 13).

4   In der Tat dürfen Ärzte nach § 18 Abs. 2 Satz 1 MBOÄ (§ 16 Abs. 1 MBOZÄ) ihren Beruf nur dann gemeinsam ausüben, wenn ihre eigenverantwortliche, medizinisch unabhängige sowie nicht gewerbliche Berufsausübung gewährleistet ist (Einzelheiten bei § 18 MBOÄ Rdn. 68 ff.). Hieraus folgt jedoch keine allgemeine berufsrechtliche Pflicht zur Vereinbarung einer umfassenden Einzelgeschäftsführung. Denn aus der von der MBOÄ akzeptierten Möglichkeit, sich zur gemeinschaftlichen Berufsausübung zusammenzuschließen, folgen Bindungen unter den einzelnen Gesellschaftern fast zwangsläufig. Die Unabhängigkeit gewährt nicht das Recht, ohne Rücksicht auf die Belange der anderen Gesellschafter Geschäfte zu machen. Vielmehr findet die Unabhängigkeit des einzelnen Partners ihre Grenze in der Unabhängigkeit der Mitgesellschafter. Die Unabhängigkeit des Einzelnen darf nicht zur Folge haben, dass sich die zur gemeinsamen Berufsausübung verbundenen Gesellschafter ohne Rücksprache **nicht überschaubaren Haftungsrisiken** bzw. der Gefahr von Reputationsverlusten für die Gesellschaft aussetzen müssen. Um diesem berechtigten Anliegen Rechnung zu tragen, muss die Übernahme riskanter, nicht aufgrund akuter Behandlungsbedürftigkeit gebotener Behandlungen an die Zustimmung der Gesellschafter geknüpft werden können (Vertragsärzte können allerdings eine Behandlung von Kassenpatienten nach § 13 Abs. 7 BMV-Ä nur in begründeten Fällen ablehnen). Die Eigenverantwortung wird nicht dadurch berührt, dass im Einzelfall eine Abstimmung zwischen den Partnern zu erfolgen hat. Schließlich üben auch – etwa im Krankenhaus – angestellte Ärzte einen freien Beruf i.S.d. § 1 Abs. 2 BÄO aus, ohne dass sie das Recht haben, Behandlungsverträge abzuschließen (BGHZ 70, 158, 166 f. = NJW 1978, 589, 591; Quaas/Zuck/Clemens/*Quaas* § 13 Rn. 9 ff.). Zulässig ist ferner die Festlegung bestimmter Standards und praxisüblicher Schemata durch die Gesellschafter (Ratzel/Luxenburger/*Möller/Ruppel* Kap. 17 Rn. 141).

5   Auch ein »**Juniorarzt**«, der in eine Gemeinschaftspraxis einsteigt, muss nicht von Anfang an eine umfassende Einzelgeschäftsführungsbefugnis erhalten. Genauso wie sich eine Gesellschaft in einer Art Probezeit von einem neu eintretenden Gesellschafter leichter lösen kann (§ 737 Rdn. 18), ist es berufsrechtlich unproblematisch, wenn ihm der erfahrene Gesellschafter anfangs über die Schulter schaut (enger Wenzel/*Haack/Dettling* Kap. 11 Rn. 81). Bei der Gefahr einer Fehldiagnose oder einer fehlerhaften Behandlung durch einen Gesellschafter müssen die Mitgesellschafter einschreiten

können (s. auch § 6 PartGG Rdn. 9 ff.; Römermann/*Praß* PartGG, § 6 Rn. 34 ff. sowie speziell zum Rechtsanwalt Henssler/Prütting/*Henssler* BRAO, § 43a Rn. 25; Henssler/Streck/*Deckenbrock* Handbuch Sozietätsrecht, M Rn. 68 ff.; *Markworth* NJW 2015, 2152, 2156; *ders.* ZAP 2017, 749, 752 = Fach 15, S. 619, 622). Diese Eingriffe in die Entscheidungsfreiheit des Juniorarztes müssen sich aber auf ein Minimum beschränken, keinesfalls besteht ein umfassendes Weisungsrecht des Seniorarztes.

In diese Richtung ist auch eine Entscheidung des BSG zu verstehen, in der der Senat klargestellt hat, dass **erhebliche Einflussnahmen Dritter** bei der Gestaltung des medizinischen Auftrags und bei der **Disposition über das Hilfspersonal ausgeschlossen** sein müssen. Neben der Gestaltung des medizinischen Auftrags und neben der Personalhoheit müsse der Arzt zudem **in einem gewissen Umfang die Sachherrschaft** haben (BSGE 106, 222 Rn. 50 f. = MedR 2011, 298). Die Worte »erheblich« und »in einem gewissen Umfang« legen nahe, dass die Eigenverantwortlichkeit des Arztes bei einer gemeinschaftlichen Berufsausübung nicht umfassend sein muss. Zur Abgrenzung einer Gesellschafterstellung von einem verdeckten Anstellungsverhältnis s. ausführlich § 722 Rdn. 6 ff. 6

Besonderheiten bestehen für die **fachübergreifende Gemeinschaftspraxis**. In ihr folgt die grundsätzliche Unzulässigkeit einer Gesamtgeschäftsführung auch im Bereich der Berufsausübung schon daraus, dass wegen der Pflicht zur Fachgebietsbeschränkung nicht jeder Gesellschafter zur umfassenden Erbringung medizinischer Leistungen berechtigt ist (*Gollasch* S. 203 f.; vgl. auch BVerfGE 141, 82 Rn. 87 = NJW 2016, 700 zur anwaltlichen Berufsausübung in einer interprofessionellen Partnerschaft). Die daraus resultierende Einzelgeschäftsführung der Gesellschafter ist allerdings auf ihr Fachgebiet begrenzt (*Gollasch* S. 204). 7

### III. Sonstige Geschäfte

Unproblematisch ist der gesetzliche Regelfall der Gesamtgeschäftsführung für den außerhalb der Berufsausübung liegenden Bereich der sonstigen Geschäfte. Anders als die Partnerschaftsgesellschaft, für die § 6 Abs. 3 Satz 2 PartGG auf die §§ 114 ff. HGB verweist, gilt dieser Grundsatz unterschiedslos für gewöhnliche und außergewöhnliche Geschäfte. Unter diese sonstigen Geschäfte können etwa der Abschluss, die Änderung und die Kündigung von Anstellungsverhältnissen mit Mitarbeitern, der Kauf oder Verkauf von Grundstücken und Immobilien, der Abschluss, die Änderung oder Kündigung von sonstigen Dauerschuldverhältnissen (Mietverträge, Darlehensverträge), die Anschaffung oder Veräußerung von aktivierungspflichtigen Vermögensgegenständen sowie die Führung von Rechtsstreitigkeiten fallen. 8

### C. Abweichende gesellschaftsvertragliche Vereinbarungen

§ 709 ist dispositiv (zu den Besonderheiten im Fall der Auflösung der Gesellschaft s. BGH Urt. v. 05.07.2011 – II ZR 209/10, WKRS 2011, 23362 Rn. 7 ff. sowie § 730 Rdn. 7 ff.). Aus dem bei Personengesellschaften geltenden Grundsatz der **Selbstorganschaft** folgt allerdings, dass die Geschäftsführung notwendig den Gesellschaftern vorbehalten ist. Es ist nicht möglich, sämtliche Gesellschafter von der Geschäftsführung auszuschließen und diese auf Dritte zu übertragen; zumindest ein Gesellschafter muss jederzeit in der Lage sein, die Geschäftsführung in vollem Umfang wahrzunehmen (BGH NJW 1982, 877, 878; BGH NJW 1982, 1817; BGH NJW-RR 1994, 98; BGH Beschl. v. 20.01.2011 – V ZB 266/10, WKRS 2011, 10759 Rn. 9). 9

Zulässig ist insbesondere die Vereinbarung von Einzelgeschäftsführung, wie sie in der Partnerschaftsgesellschaft für gewöhnliche Geschäfte nach § 6 PartGG sogar der Regelfall ist (s. auch das Arbeitspapier »Gemeinsame und arbeitsteilige Berufsausübung in der vertragsärztlichen Versorgung« der Kassenärztlichen Bundesvereinigung vom 15.01.2003, sog. »Schirmer-Papier«). Jedenfalls für den Bereich der Berufsausübung ist sie auch für die GbR die vorzugswürdige, wenn nicht sogar zwingende Variante (Rdn. 3 ff.). Fehlt es an einer ausdrücklichen Regelung der Geschäftsführung im Gesellschaftsvertrag, soll trotz § 709 von einer **stillschweigend vereinbarten Einzelgeschäftsführung** auszugehen sein (*Gollasch* S. 203 f.; für eine Rechtsanwaltssozietät BGHZ 56, 355, 359 = 10

## § 712 BGB  Entziehung und Kündigung der Geschäftsführung

NJW 1971, 1801, 1802; BGHZ 119, 225, 233 f. = NJW 1993, 196, 198; BGH NJW 1996, 2859; Peres/Senft/*Peres* Sozietätsrecht, § 7 Rn. 14; *Henssler/Michel* NJW 2015, 11, 14 f.; für eine Steuerberatersozietät BGH NJW-RR 1996, 313, 314; zurückhaltender BGHZ 172, 169 Rn. 15 = NJW 2007, 2490; a.A. *Markworth* NJW 2015, 2152, 2156 f.). In dem Umfang, in dem man eine Gesamtgeschäftsführung für den Bereich der Berufsausübung für zulässig hält (Rdn. 3 ff.), ist im Fall der vereinbarten Einzelgeschäftsführung auch das Widerspruchsrecht der übrigen Gesellschafter nach § 711 (Rdn. 14) unbedenklich (*Franke* S. 107; § 6 PartGG Rdn. 9; für einen vollständigen Ausschluss des Widerspruchsrechts nach § 711 im Bereich ärztlicher Leistungserbringung *Gollasch* S. 212 ff.).

11 Ist schon die Zulässigkeit der Gesamtgeschäftsführung im Bereich der Berufsausübung (Rdn. 3 ff.) problematisch, so greifen diese Bedenken erst recht, wenn einem Gesellschafter die Geschäftsführungsbefugnis vollständig **entzogen** wird (*Gollasch* S. 206). In der Literatur wird insoweit § 6 Abs. 2 PartGG, nach dem jeder einzelne Partner im Partnerschaftsvertrag nur von der Führung der »sonstigen Geschäfte« ausgeschlossen werden könne, nicht aber für Geschäfte im Bereich der Berufsausübung, eine über seinen unmittelbaren Anwendungsbereich hinausgehende allgemeingültige Aussage entnommen (vgl. Römermann/*Praß* PartGG, § 6 Rn. 7 f.; Henssler/Streck/*Michalski/Römermann* Handbuch Sozietätsrecht, M Rn. 127 f.; *ders.* NJW 2016, 682, 684; Peres/Senft/*Peres* Sozietätsrecht, § 7 Rn. 13 ff., 30 ff.; *Gummert/Klimke* MedR 2011, 615, 617 Fn. 28; *Henssler/Deckenbrock* AnwBl 2016, 211, 213; s. auch § 6 PartGG Rdn. 9). Der 2011 eingefügte § 18 Abs. 2a Satz 4 MBOÄ verlangt nunmehr »regelmäßig eine Teilnahme aller Gesellschafter der Berufsausübungsgemeinschaft an deren ... unternehmerischen Entscheidungen«. Zur Bedeutung der Geschäftsführungsbefugnis für die Gesellschafterstellung s. § 722 Rdn. 9.

12 Außerhalb der Berufsausübung ist es **zur Erhaltung einer flexiblen Praxisführung** ratsam, abweichend von § 709 jedem Gesellschafter die Befugnis zuzugestehen, Rechtsgeschäfte für die Gesellschaft zu tätigen, die nur geringe Verbindlichkeiten begründen. Für **Urlaubs-, Krankheits- und sonstige Abwesenheitszeiten** eines Gesellschafters sollte ein Notgeschäftsführungsrecht – auch über die Grenzen des analog anwendbaren § 744 Abs. 2 (Rdn. 2) hinaus – bis zu einem festgelegten Höchstbetrag in den Vertrag aufgenommen werden (*Trautmann* S. 150 f.). Ist eine gemeinschaftliche Geschäftsführung verabredet, kann schließlich im Vertrag geregelt werden, dass bei Nichtzustandekommen einer Einigung ein bestimmter Gesellschafter oder ein unabhängiger Dritter (z.B. ein Sachverständiger) verbindlich wichtige Entscheidungen treffen kann (*Trautmann* S. 151). Bei **größeren Gemeinschaftspraxen** kann es zur Erhaltung der Entscheidungsfähigkeit der Gesellschaft sinnvoll sein, anstelle einer gemeinschaftlichen Geschäftsführung einen oder mehrere Geschäftsführer (Geschäftsführergremium) zu bestimmen. Auch bei einer solchen Übertragung der Geschäftsführung auf einen Geschäftsführer können wichtige oder kostenintensive Geschäfte wie die Einstellung oder Entlassung von Personal sowie die Anschaffung teurer Geräte vertraglich allen Gesellschaftern vorbehalten bleiben (*Trautmann* S. 151). Denkbar sind zudem verschiedene **Kombinationen von Geschäftsführungsbefugnissen**. So kann einem Gesellschafter Einzelgeschäftsführungsbefugnis erteilt werden, während die weiteren Gesellschafter nur gemeinsam mit einem anderen Gesellschafter befugt sind, Geschäfte zu führen. Auch können Geschäftsbereiche gebildet werden, für die jeweils ein anderer Geschäftsführer Geschäftsführungsbefugnis erhält (MAH MedR/*Broglie/Hartmann* § 11 Rn. 176).

13 §§ 709 Abs. 2, 710 beinhalten **Auslegungsgrundsätze** für gesellschaftsvertragliche Regelungen, die von dem gesetzlichen Grundsatz der Gesamtgeschäftsführung nach § 709 Abs. 1 abweichen. So ist nach § 709 Abs. 2, wenn nach dem Gesellschaftsvertrag die Mehrheit der Stimmen zu entscheiden hat, diese Mehrheit im Zweifel nach der Zahl der Gesellschafter zu berechnen (zulässig ist aber auch die Vereinbarung eines Stimmrechts nach der Höhe der Beteiligung, vgl. BGHZ 179, 13 Rn. 14 = NJW 2009, 669). Ist in dem Gesellschaftsvertrag die Führung der Geschäfte einem Gesellschafter oder mehreren Gesellschaftern übertragen, so sind nach § 710 Satz 1 die übrigen Gesellschafter von der Geschäftsführung ausgeschlossen. Obliegt die Geschäftsführung mehreren Gesellschaftern, so sind sie nach § 710 Satz 2 nicht einzel-, sondern entsprechend § 709 gesamtgeschäftsführungsbefugt.

Ein Rückgriff auf diese Auslegungsvorschriften ist nicht notwendig, wenn der Gesellschaftsvertrag eindeutige Regelungen enthält.

### D. Widerspruchsrecht

Das Widerspruchsrecht nach § 711 (dazu *Hippeli* JURA 2017, 1192 ff.) hat nur Relevanz, wenn im Gesellschaftsvertrag abweichend vom gesetzlichen Regelfall keine Gesamt-, sondern Einzelgeschäftsführung vorgesehen ist. Es muss **vor Vornahme des Geschäfts** ausgeübt werden.

### E. Entziehung und Kündigung der Geschäftsführung

Während des Bestehens der Gesellschaft kann die einem Gesellschafter durch den Gesellschaftsvertrag übertragene Befugnis zur Geschäftsführung durch einstimmigen Beschluss oder, falls nach dem Gesellschaftsvertrag die Mehrheit der Stimmen entscheidet, durch Mehrheitsbeschluss der übrigen Gesellschafter entzogen werden, wenn ein **wichtiger Grund** vorliegt; einen solchen Grund stellt insbesondere eine grobe Pflichtverletzung oder die Unfähigkeit zur ordnungsmäßigen Geschäftsführung (§ 712 Abs. 1) dar (vgl. dazu BGH NJW-RR 2008, 704 Rn. 16). Der Entzug der Geschäftsführungsbefugnis ist auch dann möglich, wenn der Gesellschaftsvertrag keine Regelung zur Geschäftsführungsbefugnis enthält, sondern die gesetzliche Regel des § 709 Anwendung findet (MüKo-BGB/*Schäfer* § 712 Rn. 4 ff.; a.A. OLG Braunschweig NZG 2010, 1104, 1105 f.). Das Interesse an dem Beschluss im Hinblick auf einen Vertrauensverlust der übrigen Gesellschafter zu einem geschäftsführungsbefugten Gesellschafter genügt den Anforderungen ebenso wenig wie das Interesse der Gesellschaft, keine Prozesse über die Entziehung der Geschäftsführungsbefugnis führen zu müssen. Vielmehr muss die Entziehung für die Gesellschaft unerlässlich bzw. notwendig und damit geboten sein (BGH NJW-RR 2020, 1435 Rn. 24). Der Gesellschafter kann auch seinerseits die Geschäftsführung kündigen, wenn ein wichtiger Grund vorliegt (§ 712 Abs. 2). **Im Bereich der ärztlichen Leistungserbringung** begegnet der Entzug der Geschäftsführungsbefugnis aber den dargestellten Bedenken (Rdn. 3 ff.). Bei schweren Verfehlungen des Gesellschafters (dazu § 737 Rdn. 4 ff.) bleibt allerdings stets dessen Kündigung oder die Information des Zulassungsausschusses der Kassenärztlichen Vereinigung möglich (*Gollasch* S. 204 ff.).

### F. Willensbildung in der Gesellschaft

Die Willensbildung in der Gesellschaft erfolgt durch **Beschluss** (mehrseitiges Rechtsgeschäft *sui generis*); die einzelne Stimmabgabe ist eine Willenserklärung, auf die die §§ 104 ff. und §§ 164 ff. Anwendung finden. Grds. ist Einstimmigkeit erforderlich (§ 709 Abs. 1), wobei die Stimmenthaltung als Ablehnung gilt (MüKo-BGB/*Schäfer* § 709 Rn. 101). Zulässig ist aber die Vereinbarung von Mehrheitsentscheidungen oder der Ausschluss eines Gesellschafters vom Stimmrecht (BGHZ 20, 363, 368 ff. = NJW 1956, 1198, 1199 f.; BGH NJW 1993, 2100 f.). Für Geschäfte, die den Gesellschaftsvertrag ändern oder die die in den »Kernbereich« der Mitgliedschaftsrechte eingreifen, zieht die Rechtsprechung besondere Grenzen (§ 705 Rdn. 39 ff.); zudem gelten Einschränkungen im Bereich ärztlicher Berufsausübung (Rdn. 3 ff.; noch weiter gehend *Scholz* ZMGR 2010, 143, 150).

Über die gesetzlich geregelten Fälle des Stimmrechtsausschlusses bei Entziehung der Geschäftsführung oder Vertretungsmacht (§§ 712 Abs. 1, 715) und bei Ausschließung eines Gesellschafters (§ 737 Satz 2) hinaus kann das Recht zur Stimmabgabe – entsprechend § 47 Abs. 4 GmbHG – bei **Interessenkollisionen** entfallen. Anerkannt sind Stimmverbote etwa bei der Entlastung eines Gesellschafters, bei der Befreiung desselben von einer Verbindlichkeit und bei der Einleitung eines Rechtsstreits oder der außergerichtlichen Geltendmachung von Ansprüchen gegen ihn (RGZ 136, 236, 245; RGZ 162, 370, 373; BGH NJW 1974, 1555, 1556; BGH NZG 2012, 625 Rn. 16; BGH NJW 2019, 157 Rn. 26; MüKo-BGB/*Schäfer* § 709 Rn. 65 ff.). Gleiches gilt bei der Beschlussfassung der Gesellschafterversammlung über einen Vertrag zwischen der Gesellschaft und ihrem Gesellschafter

(OLG München Endurt. v. 18.07.2018 – 7 U 4225/17; offengelassen von BGH NZG 2012, 625 Rn. 18). Zur Übertragbarkeit des Stimmrechts s. § 717 Rdn. 3 f.

18 Anders als etwa die §§ 48 ff. GmbHG für die GmbH kennen die §§ 705 ff. eine **Gesellschafterversammlung** als Organ der Gesellschaft nicht. Es kann vielmehr jede Form der Abstimmung erfolgen; auch muss die Stimmabgabe nicht gleichzeitig stattfinden. Insbesondere in größeren Gesellschaften sind gesellschaftsvertragliche Regelungen über die Beschlussfassung sinnvoll, um eine ausreichende Information und Absprache über die zu entscheidenden Sachfragen sicherzustellen. So sollte geregelt werden, dass bestimmte Beschlüsse von erheblicher Bedeutung in Gesellschafterversammlungen gefasst werden müssen. Der Gesellschaftsvertrag sollte auch Aussagen über das Recht zur Einberufung dieser Versammlungen, die Frist und Form der Einberufung, den Ort und die Leitung der Versammlung, die Möglichkeit der Vertretung eines Gesellschafters sowie die Frage der Beschlussfähigkeit und Protokollierung der Versammlung (etwa durch einen Rechtsanwalt oder Steuerberater) treffen (dazu ausführlich MAH MedR/*Broglie/Hartmann* § 11 Rn. 201 ff.).

18a **Verstöße gegen Form, Frist und Inhalt der Einberufung** einer Gesellschafterversammlung können die Nichtigkeit des Beschlusses begründen, wenn der mit den gesellschaftsvertraglichen Ladungsbestimmungen verfolgte Zweck, dem einzelnen Gesellschafter die Vorbereitung auf die Tagesordnungspunkte und die Teilnahme an der Versammlung zu ermöglichen, vereitelt wird (BGH NJW 1995, 1353, 1355 f.; BGH NZG 2014, 621 Rn. 13). Ist jedoch ausgeschlossen, dass das Zustandekommen des Beschlusses durch den Einladungsmangel beeinflusst worden ist, scheidet Nichtigkeit aus (BGH NZG 2013, 57 Rn. 47; BGH NZG 2014, 621 Rn. 13).

19 Die Nichtigkeit und Unwirksamkeit eines Beschlusses kann durch Erhebung einer **Feststellungsklage** geltend gemacht werden, die grds. nur gegen die widersprechenden Gesellschafter zu richten ist (BGHZ 48, 175, 177 = NJW 1967, 2159; BGHZ 81, 263, 264 f. = NJW 1981, 2565; BGHZ 91, 132, 133 = NJW 1984, 2104); der Gesellschaftsvertrag kann aber hiervon abweichend bestimmen, dass alle Gesellschafter oder die Gesellschaft zu verklagen sind (BGH WM 1966, 1036; BGHZ 85, 350, 353 = NJW 1983, 1056, 1057; BGH NJW 2006, 2854 Rn. 14; BGH NJW 2011, 2578 Rn. 19; BGH NZG 2011, 1142 Rn. 8). Der Gesellschafter einer Personengesellschaft hat – auch über das Bestehen der Gesellschaft oder die Zugehörigkeit des Gesellschafters zu der Gesellschaft hinaus – grundsätzlich ein Interesse i.S.d. § 256 Abs. 1 ZPO an der Feststellung der Unwirksamkeit eines Gesellschafterbeschlusses (BGH NJW-RR 1992, 227; BGH NJW-RR 2003, 826, 827; BGH NZG 2012, 625 Rn. 24; BGH NZG 2013, 664 Rn. 10).

20 Die Klage ist bis zur Grenze der Verwirkung grds. **nicht fristgebunden**; zur Herstellung von Rechtssicherheit kann die Vereinbarung einer Ausschlussfrist (die Länge sollte entsprechend § 246 Abs. 1 AktG mindestens einen Monat ab Mitteilung des Beschlusses betragen) im Gesellschaftsvertrag sinnvoll sein (BGHZ 68, 212, 216 = NJW 1977, 1292, 1293; BGH NJW 1999, 3113, 3114; OLG Düsseldorf NZG 2005, 980). Allerdings kann durch eine solche verfahrensrechtliche Regelung im Gesellschaftsvertrag das mitgliedschaftliche Grundrecht eines Gesellschafters, nicht ohne seine Zustimmung mit weiteren Beitragspflichten beschwert werden zu dürfen (vgl. § 707), nicht ausgehebelt werden; der betroffene Gesellschafter kann jederzeit die ihm gegenüber bestehende Unwirksamkeit des Beschlusses gegenüber dem Zahlungsanspruch der Gesellschaft geltend machen (BGH NJW-RR 2007, 757 Rn. 15; BGH NJW-RR 2007, 1477 Rn. 10; BGH NJW-RR 2009, 753 Rn. 16; BGHZ 183, 1 Rn. 16 = NJW 2010, 65; BGHZ 203, 77 Rn. 17 = NJW 2015, 859). Ausführlich zu den Rechtsfolgen fehlerhafter Beschlüsse MAH MedR/*Broglie/Hartmann* § 11 Rn. 226 ff.

### G. Ausblick

21 Der Gesetzgeber fasst mit dem **MoPeG** (§ 705 Rdn. 3c ff.) mit Wirkung vom 01.01.2024 den auf die §§ 709–712 verteilten Normenbestand in § 715 n.F. unter der Überschrift »Geschäftsführungsbefugnis« zusammen. In § 715 Abs. 1 n.F. heißt es insoweit, dass »zur Führung der Geschäfte der Gesellschaft ... alle Gesellschafter berechtigt und verpflichtet« sind; dies entspricht dem geltenden Recht (Rdn. 1a). Nach § 715 Abs. 2 n.F. erstreckt sich die Befugnis zur Geschäftsführung auf alle Geschäfte,

die die Teilnahme der Gesellschaft am Rechtsverkehr gewöhnlich mit sich bringt. Zur Vornahme von Geschäften, die darüber hinausgehen, ist ein Beschluss aller Gesellschafter erforderlich. Beispielhaft nennt die Gesetzesbegründung die Neuausrichtung der Geschäftspolitik durch den Wechsel des Hauptvertragspartners oder die Bestellung einer Generalvollmacht (BT-Drs. 19/27635 S. 151). Wie sich aus § 715 Abs. 3 n.F. ergibt, hält der Gesetzgeber auch künftig am **Grundsatz der Gesamtgeschäftsführung** fest. Hierin liegt ein entscheidender Unterschied zu den Personenhandelsgesellschaften. Der Gesetzgeber verweist insoweit auf spezifische Bedürfnisse der Schnelligkeit und Einfachheit des Handelsverkehrs (BT-Drs. 19/27635 S. 151). Der Grundsatz der Gesamtvertretung wird eingeschränkt, wenn mit dem Aufschub eines Geschäfts Gefahr für die Gesellschaft oder das Gesellschaftsvermögen verbunden ist. Dies gilt im Zweifel entsprechend, wenn nach dem Gesellschaftsvertrag die Geschäftsführung mehreren Gesellschaftern zusteht (vgl. zum geltenden Recht Rdn. 13). Sind sogar alle geschäftsführungsbefugten Gesellschafter verhindert, kann unter den Voraussetzungen des neu verankerten Notgeschäftsführungsrechts nach § 715a n.F. (s. zur geltenden Rechtslage Rdn. 2) jeder Gesellschafter das Geschäft vornehmen (dazu BT-Drs. 19/27635 S. 153 f.). Das Widerspruchsrecht des § 711 (Rdn. 14) lebt in § 715 Abs. 4 n.F. fort. § 715 Abs. 5 n.F. übernimmt im Wesentlichen den geltenden § 712 Abs. 1 (Rdn. 15) und regelt die Entziehung der Geschäftsführungsbefugnis aus wichtigem Grund (insbesondere grobe Pflichtverletzung des Gesellschafters oder die Unfähigkeit des Gesellschafters zur ordnungsgemäßen Geschäftsführung), erlaubt künftig aber auch eine teilweise Beschränkung der Geschäftsführungsbefugnis (Einzelheiten bei BT-Drs. 19/27635 S. 152). Mit dem Recht auf Entziehung der Geschäftsführungsbefugnis durch Beschluss der anderen Gesellschafter korrespondiert gem. § 715 Abs. 6 n.F. ein Kündigungsrecht des geschäftsführungsbefugten Gesellschafters (vgl. zum geltenden Recht § 712 Abs. 2 und Rdn. 15).

Nach § 714 n.F. bedürfen Gesellschafterbeschlüsse der **Zustimmung aller stimmberechtigten Gesellschafter.** Hiervon kann aber auch künftig durch Vereinbarung im Gesellschaftsvertrag abgewichen werden (vgl. auch § 708 n.F.). Denkbar ist ferner – wie gehabt – eine stillschweigende Abweichung, etwa durch stetiges Dulden von Mehrheitsbeschlüssen (s. zu Einzelheiten BT-Drs. 19/27635 S. 149 f.). Aus § 709 Abs. 3 n.F. ergibt sich künftig, dass die **Stimmkraft** sich vorrangig nach den vereinbarten Beteiligungsverhältnissen richtet (s. zum geltenden Recht Rdn. 13). Sind keine Beteiligungsverhältnisse vereinbart worden, richtet sie sich nach dem Verhältnis der vereinbarten Werte der Beiträge. Sind auch Werte der Beiträge nicht vereinbart worden, hat jeder Gesellschafter ohne Rücksicht auf den Wert seines Beitrags die gleiche Stimmkraft. 22

Mit dem Inkrafttreten des MoPeG zum 01.01.2024 wird das **aktienrechtliche Anfechtungsmodell** (§§ 241 ff. AktG) auch auf **Beschlussmängelstreitigkeiten** bei Personenhandelsgesellschaften Anwendung finden (vgl. §§ 110 ff. HGB n.F. und BT-Drs. 19/27635 S. 111 f. und 227 ff.). Dieses biete gegenüber dem geltenden personengesellschaftsrechtlichen Feststellungsmodell, das keine Befristung der Klagemöglichkeit und keine Unterscheidung nach der Schwere des Beschlussmangels kennt (Rdn. 19 f.), die Vorteile der Prozessökonomie und der Rechtssicherheit (BT-Drs. 19/27635 S. 111). Der Gesetzgeber sieht aber davon ab, dieses aktienrechtliche Anfechtungsmodell auch auf die GbR zu erstrecken, da dies Mindestanforderungen an die Formalisierung des Beschlussverfahrens und damit einen Professionalisierungsgrad erfordere, der bei der gebotenen typisierenden Betrachtung eher bei den kaufmännischen Rechtsformen der OHG und der KG als bei den nicht kaufmännischen Rechtsformen der GbR und der Partnerschaftsgesellschaft zu erwarten sei (BT-Drs. 19/27635 S. 111 und 228). Die Gesellschafter einer GbR oder einer Partnerschaftsgesellschaft können aber für das neue Beschlussmängelrecht optieren (BT-Drs. 19/27635 S. 111), die §§ 110 ff. HGB können daher Vorbild für eine entsprechende gesellschaftsvertragliche Vereinbarung bei der GbR und Partnerschaftsgesellschaft sein (BT-Drs. 19/27635 S. 228). 23

## § 713 Rechte und Pflichten der geschäftsführenden Gesellschafter

Die Rechte und Verpflichtungen der geschäftsführenden Gesellschafter bestimmen sich nach den für den Auftrag geltenden Vorschriften der §§ 664 bis 670, soweit sich nicht aus dem Gesellschaftsverhältnis ein anderes ergibt.

# § 713 BGB   Rechte und Pflichten der geschäftsführenden Gesellschafter

**Übersicht**

| | Rdn. | | Rdn. |
|---|---|---|---|
| A. Allgemeines | 1 | C. Haftung des Geschäftsführers | 7 |
| B. Verweis auf das Auftragsrecht | 2 | D. Ausblick | 8 |

## A. Allgemeines

1   Die dispositive Norm des § 713 regelt die Rechte und Pflichten der geschäftsführenden Gesellschafter durch einen Verweis auf Vorschriften des Auftragsrechts. Da die Geschäftsführung Ausfluss des persönlichen Mitgliedschaftsrechts ist, begründet sie weder ein Auftrags- oder Dienstverhältnis noch einen gesonderten Vergütungsanspruch, wenn nichts abweichend im Gesellschaftsvertrag vereinbart ist (Palandt/*Sprau* § 713 Rn. 1).

## B. Verweis auf das Auftragsrecht

2   Durch den Verweis auf das Auftragsrecht ist im Wesentlichen Folgendes zu beachten: Der Geschäftsführer darf im Zweifel die **Geschäftsführung einem Dritten nicht übertragen** (§ 664). Wegen der mitgliedschaftlichen Ausgestaltung der Geschäftsführungsbefugnis und des Abspaltungsverbots gilt dies jedoch ohnehin (§ 712 Rdn. 9; § 717 Rdn. 1).

3   § 713 i.V.m. § 665 regelt, wann die Geschäftsführer von **Weisungen** der Gesellschafter abweichen können, und unterstellt, dass die Geschäftsführer grds. weisungsabhängig sind. Gleichwohl wird die Weisungsabhängigkeit für die Geschäftsführer verneint, weil sie sich nicht mit ihrer eigenverantwortlichen, auf der Mitgliedschaft beruhenden Stellung verträgt. Ausnahmen werden anerkannt bei entsprechenden gesellschaftsvertraglichen Bestimmungen oder einem Mehrheitsbeschluss der Gesellschafter nach § 709 Abs. 2; dieser bindet auch die überstimmten Gesellschafter und damit auch die Geschäftsführer (MüKo-BGB/*Schäfer* § 709 Rn. 28; § 713 Rn. 7). Im Übrigen steht die Ausübung der Geschäftsführungsbefugnis im Ermessen der Geschäftsführer (MüKo-BGB/*Schäfer* § 709 Rn. 30).

4   In § 666 sind umfangreiche **Informationspflichten** vorgesehen. So sind die Geschäftsführer verpflichtet, der Gesellschaft und damit auch den übrigen Gesellschaftern die erforderlichen Nachrichten zu geben, auf Verlangen über den Stand des Geschäfts Auskunft zu erteilen und nach der Ausführung des Auftrags Rechenschaft abzulegen. Die **Auskunftspflicht** der Geschäftsführer besteht nicht nur zu bestimmten Stichtagen, sondern während der ganzen Dauer der Geschäftsführungstätigkeit (MüKo-BGB/*Schäfer* § 713 Rn. 9). Im Unterschied zum Kontrollrecht nach § 716 beschränkt sie sich nicht darauf, den Mitgesellschaftern Einsicht in die Geschäftsunterlagen zu ermöglichen, sondern verpflichtet die Geschäftsführer zu eigener Informationstätigkeit (OLG Köln DB 2005, 2571 f.; § 716 Rdn. 1). Zur Erteilung der **Rechenschaft** ist der Geschäftsführer erst nach Verlust seiner Stellung oder nach Auflösung der Gesellschaft verpflichtet (»nach Ausführung seines Auftrags«; vgl. MüKo-BGB/*Schäfer* § 713 Rn. 10). Zum Geschäftsjahresende oder im Fall der Auflösung der Gesellschaft besteht aber ohnehin eine Pflicht zur Rechnungslegung aus §§ 721, 730.

5   Die **Herausgabepflicht** des § 667 (»aus der Geschäftsbesorgung erlangt«) hat bei Außengesellschaften grds. keine Bedeutung, weil die Leistungen Dritter beim Handeln des Geschäftsführers namens der GbR schon nach § 718 Abs. 1 unmittelbar in das Gesamthandsvermögen übergehen. Anderes gilt beim Auftreten des Geschäftsführers im eigenen Namen, das bei Innengesellschaften (Praxisgemeinschaft) auch bei Vorhandensein eines Gesamthandsvermögens die Regel darstellt (s. dazu auch BT-Drs. 19/27635 S. 158).

6   Der Geschäftsführer hat gegen die Gesellschaft (BGH NJW 1980, 339, 340; BGH NJW 2011, 1730 Rn. 11, 13) einen Anspruch auf **Ersatz der ihm entstandenen Aufwendungen**; diese müssen allerdings erforderlich gewesen sein (§ 670). Nach Maßgabe des § 669 kann er sich einen Vorschuss

hierauf zahlen lassen. Kann der Gesellschafter aus der Gesellschaftskasse keinen Ausgleich erlangen, kann er bei seinen Mitgesellschaftern – beschränkt auf deren Verlustanteil – auch dann Rückgriff nehmen, wenn die Zwangsvollstreckung in das Gesellschaftsvermögen aussichtslos erscheint; es reicht aus, dass der Gesellschaft keine freien Mittel zur Verfügung stehen (BGH NJW 2011, 1730 Rn. 13).

## C. Haftung des Geschäftsführers

Erfüllt ein geschäftsführungsbefugter Gesellschafter seine Pflichten nicht oder nicht ordnungsgemäß, haftet er der Gesellschaft aus den §§ 280, 705 nach dem Haftungsmaßstab des § 708. Dies gilt auch bei einer Kompetenzüberschreitung des Geschäftsführers (§ 708 Rdn. 4). 7

## D. Ausblick

Durch das zum 01.01.2024 in Kraft tretende **MoPeG** (§ 705 Rdn. 3c ff.) werden in § 716 n.F. die wechselseitigen Ansprüche von Gesellschafter und der Gesellschaft zusammengefasst, die sich aus der Führung der Geschäfte der Gesellschaft ergeben können. Macht ein Gesellschafter zum Zwecke der Geschäftsbesorgung für die Gesellschaft Aufwendungen, die er den Umständen nach für erforderlich halten darf, oder erleidet er unmittelbar infolge der Geschäftsbesorgung Verluste, ist ihm die Gesellschaft künftig nach § 716 Abs. 1 n.F. zum Ersatz verpflichtet. Die Vorschrift ist dem geltenden § 110 Abs. 1 HGB nachgebildet und begründet einen Anspruch des Gesellschafters auf Ersatz sowohl von Aufwendungen als auch Verlusten, die in einem bestimmten Zusammenhang mit der Geschäftsbesorgung für die Gesellschaft stehen (BT-Drs. 19/27635 S. 157). In § 716 Abs. 2 n.F. wird bestimmt, dass die Gesellschaft für die erforderlichen Aufwendungen dem Gesellschafter auf dessen Verlangen Vorschuss zu leisten hat; insoweit wird der Regelungsgehalt der geltenden § 713 i.V.m. § 669 (Rdn. 6) übernommen. Die sich bisher aus § 713 i.V.m. § 667 ergebende Herausgabepflicht (Rdn. 5) findet sich künftig in § 716 Abs. 3 n.F. wieder. Die bislang aus § 713 i.V.m. § 666 folgenden Informationspflichten (Rdn. 4) gehen künftig in § 717 n.F. auf (§ 716 Rdn. 7). 8

## § 714 Vertretungsmacht

Soweit einem Gesellschafter nach dem Gesellschaftsvertrag die Befugnis zur Geschäftsführung zusteht, ist er im Zweifel auch ermächtigt, die anderen Gesellschafter Dritten gegenüber zu vertreten.

## § 715 Entziehung der Vertretungsmacht

Ist im Gesellschaftsvertrag ein Gesellschafter ermächtigt, die anderen Gesellschafter Dritten gegenüber zu vertreten, so kann die Vertretungsmacht nur nach Maßgabe des § 712 Abs. 1 und, wenn sie in Verbindung mit der Befugnis zur Geschäftsführung erteilt worden ist, nur mit dieser entzogen werden.

| Übersicht | Rdn. | | Rdn. |
|---|---|---|---|
| A. Allgemeines | 1 | II. Gesellschafter | 15 |
| B. Vertragspartei | 2 | 1. Reichweite der Haftung | 15 |
| I. Gemeinschaftspraxis | 2 | 2. Eintritt eines Gesellschafters | 19 |
| II. Fachübergreifende Gemeinschaftspraxis | 4 | 3. Ausscheiden eines Gesellschafters | 22 |
| III. Belegärzte | 6 | 4. Praxisgemeinschaft | 23 |
| IV. Praxisgemeinschaft | 7 | 5. Scheingesellschafter | 24 |
| C. Vertretungsmacht | 8 | 6. Eintritt eines Gesellschafters in eine Einzelpraxis | 29 |
| I. Umfang | 8 | III. Haftungsausschluss oder -beschränkung | 30 |
| II. Zurückweisung eines einseitigen Rechtsgeschäfts | 12a | IV. Regress | 31 |
| D. Haftung | 13 | E. Prozessuales | 34 |
| I. Gesellschaft | 13 | | |

## § 715 BGB   Entziehung der Vertretungsmacht

### A. Allgemeines

**1** Seit der Anerkennung der Rechtsfähigkeit der Außen-GbR (§ 705 Rdn. 55) durch den BGH (grundlegend BGHZ 146, 341, 343 ff. = NJW 2001, 1056 ff.) ist die GbR selbst Trägerin von Rechten und Pflichten. Um rechtsgeschäftlich handeln zu können, bedarf sie eines oder mehrerer Vertreter. Vertretung i.S.d. § 714 ist daher Handeln für die GbR und nicht – wie es der veraltete Wortlaut nahelegt – für die anderen Gesellschafter. Die Auslegungsregel des § 714 sorgt für einen regelmäßigen **Gleichlauf von Geschäftsführungsbefugnis und Vertretungsmacht**.

**1a** Durch das zum 01.01.2024 in Kraft tretende **MoPeG** (§ 705 Rdn. 3c ff.) wird in § 719 n.F. klargestellt, dass im Verhältnis zu Dritten die Gesellschaft entsteht, sobald sie mit Zustimmung sämtlicher Gesellschafter am Rechtsverkehr teilnimmt, spätestens aber mit ihrer Eintragung im Gesellschaftsregister. Eine Vereinbarung, dass die Gesellschaft erst zu einem späteren Zeitpunkt entstehen soll, ist Dritten gegenüber unwirksam. Erst ab diesem Zeitpunkt unterliegt die GbR mit allen Konsequenzen aus ihrer Rechtsfähigkeit auch den Vorschriften über die Vertretung und Haftung (BT-Drs. 19/27635 S. 161).

### B. Vertragspartei

#### I. Gemeinschaftspraxis

**2** Weitere Folge der Anerkennung der Rechtsfähigkeit der Außen-GbR ist, dass der Arztvertrag, auch bei Kassenpatienten, grds. nicht mit dem einzelnen Arzt, sondern mit der Gemeinschaftspraxis als rechtsfähiger GbR zustande kommt (zur Möglichkeit einer fristlosen Kündigung gem. § 627 vgl. MüKo-BGB/*Henssler* § 627 Rn. 27). Denn eine Auslegung der Willenserklärungen ergibt im Regelfall, dass der Patient die ihm angebotenen **Vorteile einer Gemeinschaftspraxis** (§ 705 Rdn. 12 ff.) nutzen und in Anspruch nehmen möchte. Dazu zählen vor allem der jederzeit mögliche Eintritt eines Vertreters im Fall der Verhinderung des primär behandelnden Arztes, ohne dass es bei Kassenpatienten einer Überweisung bedarf, die Gelegenheit kollegialer Besprechungen sowie die oft bessere personelle und apparative Ausstattung. Dies gilt selbst dann, wenn es der Patient nicht der praxisinternen Organisation überlässt, von wem er sich behandeln lässt, sondern er sich vielmehr an einen bestimmten Arzt wendet, von dem er behandelt werden will (BGHZ 97, 273, 276 ff. = NJW 1986, 2364 f.; BGHZ 142, 126, 136 f. = NJW 1999, 2731, 2734; BGHZ 144, 296, 308 = NJW 2000, 2737, 2741; BGHZ 165, 36, 39 ff. = NJW 2006, 437 Rn. 11 ff.; s. speziell zu den Vorteilen einer vertragsärztlichen Berufsausübungsgemeinschaft BSGE 106, 49 Rn. 18 ff. = MedR 2011, 58; vgl. für die »gemischte Gemeinschaftspraxis« zwischen Privat- und Vertragsärzten *Möller* MedR 2003, 195 ff. sowie für die »überörtliche Gemeinschaftspraxis« *Rehborn* ZMGR 2008, 296, 299). Wird der Patient sogar tatsächlich von verschiedenen Ärzte der Gemeinschaftspraxis behandelt, liegt die Annahme eines Vertragsschlusses mit der Gemeinschaftspraxis erst recht auf der Hand (vgl. BGHZ 193, 193 Rn. 16 = NJW 2012, 2435 zum Rechtsanwalt).

**3** Nur wenn der Patient ausnahmsweise zum Ausdruck bringt, dass er keinen Wert auf dieses Team legt, sondern allein von einem der Gesellschaft angehörenden Arzt behandelt werden will, kann der Behandlungsvertrag allein **mit dem betreffenden Arzt** zustande kommen (*Steffen* MedR 2006, 75, 77; s. zur insoweit vergleichbaren Konstellation beim Rechtsanwalt BGHZ 56, 355, 361 = NJW 1971, 1801, 1803; a.A. Ratzel/Luxenburger/*Möller/Ruppel* Kap. 17 Rn. 41). Hat ein Patient allerdings bereits früher die Gemeinschaftspraxis beauftragt, so kommt ein im engen zeitlichen Anschluss daran erteilter erneuter Behandlungsvertrag im Zweifel wiederum mit der GbR und nicht mit dem angesprochenen Arzt zustande (BGH NJW 2011, 2301 Rn. 15 ff. zur Rechtsanwaltssozietät).

**3a** Vertragliche Verbindlichkeiten der Gesellschaft können nicht nur bei der Wahrnehmung von Berufsaufgaben entstehen, sondern auch aus **Hilfsgeschäften zur Organisation der freiberuflichen Tätigkeit** wie den Abschluss von Kauf-, Miet- oder Arbeitsverträgen herrühren.

## II. Fachübergreifende Gemeinschaftspraxis

Auch eine fachübergreifende Gemeinschaftspraxis wird Vertragspartnerin des Patienten; insoweit werden nicht nur die jeweiligen Ärzte, die die vereinbarte Behandlung auch erbringen dürfen, verpflichtet. Zwar ist in der früheren Rechtsprechung (BGHZ 140, 309, 314 f. = NJW 1999, 1779, 1780; OLG Oldenburg NJW-RR 1997, 24; OLG Oldenburg NJW-RR 1997, 1118, 1119; OLG Oldenburg VersR 1998, 1421) danach differenziert worden, ob die ärztlichen **Leistungen** von jedem in gleicher Weise, also **austauschbar**, erbracht werden können; wegen der Fachgebietsbeschränkung sei dies nur für im Wesentlichen fachidentische Leistungen denkbar.

Richtigerweise führt die notwendige konsequente Anwendung der Akzessorietätstheorie auch für die fachübergreifende Gemeinschaftspraxis dazu, dass im Zweifel allein die Berufsausübungsgesellschaft verpflichtet ist (ausführlich *Gollasch* S. 112 ff.); schließlich ist sie berufsrechtlich (§ 18a MBOÄ) und von der Kassenärztlichen Vereinigung als Leistungserbringerin (BSG NZS 2003, 494 Rn. 13; BSG Urt. v. 14.12.2011 – B 6 KA 31/10 R, WKRS 2012, 35706 Rn. 22) anerkannt (zur vergleichbaren Diskussion bei der interprofessionellen Sozietät s. BGH NJW 2011, 2301 Rn. 7 ff.; BGHZ 193, 193 Rn. 71 = NJW 2012, 2435, wonach eine aus Rechtsanwälten und Steuerberatern bestehende gemischte Sozietät sich Mandanten gegenüber zur Erbringung anwaltlicher Dienstleistungen verpflichten kann, sowie *Markworth* NJW 2015, 2152, 2155). Ob jeder Gesellschafter die Leistungspflichten auch **erfüllen** darf, ist eine andere Frage (Rdn. 16a); selbstverständlich schuldet die Gesellschaft ihre Leistung durch ein solches Mitglied, das zu ihr berufsrechtlich befugt und fachlich in der Lage ist (BSG Urt. v. 14.12.2011 – B 6 KA 31/10 R, WKRS 2012, 35706 Rn. 22; *Vettermann* S. 30 ff.; *Rehborn* ZMGR 2009, 296, 299 f.; vgl. auch BVerfGE 135, 90 Rn. 90 = NJW 2014, 613; BGH NJW 2011, 2301 Rn. 8 zur interprofessionellen Sozietät). Ohnehin muss das **Recht auf freie Arztwahl** (vgl. für Vertragsärzte § 76 SGB V) auch innerhalb fachübergreifender Gemeinschaftspraxen gewährleistet sein. Es obliegt allein der Entscheidung des Patienten, ob er bei einer notwendigen Zuziehung eines Arztes eines anderen Fachgebiets den dieses Fachgebiet vertretenden Berufsausübungsgemeinschaftspartner in Anspruch nimmt (BSG MedR 1983, 196, 197 f.; BSGE 55, 97, 102).

Diese Grundsätze geltend entsprechend für die **medizinische Kooperationsgemeinschaft** (§ 705 Rdn. 21a) i.S.d. § 23b Abs. 1 MBOÄ.

## III. Belegärzte

Ist eine »Belegärztegemeinschaft« nach Art einer Gemeinschaftspraxis organisiert, wird diese Vertragspartnerin (BGHZ 165, 36, 39 f. = NJW 2006, 437 Rn. 10 ff.). Wird dagegen ein Patient, der in einer ambulanten Gemeinschaftspraxis behandelt worden ist, anschließend stationär in einer Klinik belegärztlich von einem der Ärzte aus dieser Praxis **weiterbehandelt**, setzt sich der mit der Gemeinschaftspraxis geschlossene ambulante Behandlungsvertrag mit dieser fort. Dies gilt auch, wenn die tatsächliche stationäre Behandlung nur von einem dieser Ärzte durchgeführt wird, und hängt nicht davon ab, ob die Belegärzte auch ihre stationäre Tätigkeit in Form einer Gemeinschaftspraxis organisiert haben. Das entspricht dem bei der Gestaltung von Verträgen zwischen Krankenhausträgern und Belegärzten geltenden Grundsatz, dass die stationäre belegärztliche Behandlung nur die Fortsetzung der ambulanten Behandlung durch den gleichen Arzt darstellt (BGHZ 144, 296, 309 = NJW 2000, 2737, 2741).

## IV. Praxisgemeinschaft

Bei einer Praxisgemeinschaft als **Innengesellschaft** (§ 705 Rdn. 23 ff.) kommt es grds. zu keiner Gesamtbeauftragung der Gesellschaft; vielmehr schließt jeder Arzt der Praxisgemeinschaft für seine Behandlung einen eigenen Vertrag mit seinen Patienten, nicht anders als dies bei einer Berufsausübung in einer Einzelpraxis der Fall ist (vgl. OLG Köln NJW-RR 1996, 27, 28; OLG Schleswig MedR 2004, 56, 57). Die Praxisgemeinschaft kann allerdings Vertragspartnerin bei Hilfsgeschäften, etwa der Anmietung der Praxisräume, werden (vgl. OLG Düsseldorf ZIP 2000, 580, 581). Für das Verhältnis zum Patienten sind nicht die internen Vereinbarungen, sondern das Auftreten gegenüber dem Patienten entscheidend (BGHZ 165, 36, 40 f. = NJW 2006, 437 Rn. 12 ff.; zur Haftung des Scheingesellschafters s. Rdn. 24 ff.).

## C. Vertretungsmacht

### I. Umfang

8   Die Vertretungsmacht definiert das rechtliche Können im Außenverhältnis und ist von der Geschäftsführungsbefugnis als das Dürfen im Innenverhältnis abzugrenzen. § 714 regelt die **organschaftliche** Vertretungsmacht, die im Außenverhältnis nicht durch Vereinbarung der Gesellschafter beschränkt werden kann (vgl. auch Rdn. 10). Sie kann **Dritten** wegen des Grundsatzes der Selbstorganschaft (§ 712 Rdn. 9) und des Abspaltungsverbots (§ 717 Rdn. 1) nicht eingeräumt werden (MüKo-BGB/*Schäfer* § 714 Rn. 12). Die vertretungsbefugten Gesellschafter können Dritte allerdings rechtsgeschäftlich – auch umfassend – bevollmächtigen, die GbR zu vertreten (OLG Frankfurt am Main Beschl. v. 19.11.2012 – 17 U 83/12); es dürfen jedoch nicht zugleich alle Gesellschafter von der (organschaftlichen) Vertretungsmacht ausgeschlossen sein (BGH NJW 2006, 2980 Rn. 18; BGH Beschl. v. 20.01.2011 – V ZB 266/10, WKRS 2011, 10759 Rn. 9; MüKo-BGB/*Schäfer* § 714 Rn. 12, 22).

9   Die organschaftliche Vertretungsmacht ist nach Bestand und Umfang gem. § 714 grds. **akzessorisch zur Geschäftsführungsbefugnis** gem. § 709. Dahinter steht der Gedanke, dass sich das rechtliche Dürfen im Innenverhältnis und das rechtliche Können im Außenverhältnis grds. decken sollten (vgl. BT-Drs. 19/27635 S. 151). Mangels abweichender Regelungen haben – anders als nach den auf die GbR nicht entsprechend anwendbaren §§ 125 ff. HGB – die Gesellschafter daher regelmäßig **gemeinschaftliche Vertretungsmacht** (»im Zweifel«). Ein Vertrag ist dann erst mit Erklärung des letzten Gesellschafters geschlossen (BGH NJW-RR 2008, 1484 Rn. 26). Eine Beschränkung der Vertretungsbefugnis mit Außenwirkung ist möglich, wenn sie für den Vertragspartner erkennbar ist, er insbesondere vor Vertragsschluss darauf hingewiesen wurde (vgl. BGHZ 142, 315, 320 f. = NJW 1999, 3483, 3484 f.; MüKo-BGB/*Schäfer* § 714 Rn. 69 f.). Auch wenn den Gesellschaftern gem. §§ 709, 714 die Vertretungsbefugnis gemeinschaftlich zusteht, geht eine Willenserklärung der GbR nach § 164 Abs. 3 zu, wenn diese einem vertretungsberechtigten Gesellschafter zugeht (BGH Urt. v. 23.11.2011 – XII ZR 210/09, WKRS 2011, 30766 Rn. 34; MüKo-BGB/*Schäfer* § 714 Rn. 27).

9a  Der **Widerspruch** gegen die Geschäftsführung gem. § 711 hat keine Auswirkungen auf die Vertretungsmacht. Dies gilt auch, wenn der widersprechende Gesellschafter durch die Vornahme gegenläufiger Rechtsgeschäfte umgehend die vorherigen Erklärungen des anderen Gesellschafters konterkarieren könnte (BGHZ 16, 394, 396 ff. = NJW 1955, 825, 826 f.; BGH NJW-RR 2008, 1484 Rn. 47 ff.).

10  Wurde die gemeinschaftliche Geschäftsführungsbefugnis modifiziert, gilt dies im Zweifel auch für die Vertretungsmacht. Es ist jedoch zulässig, **für Geschäftsführungsbefugnis und Vertretungsmacht unterschiedliche Regelungen zu vereinbaren**. Sofern einem Gesellschafter Alleinvertretungsbefugnis eingeräumt worden ist, ist ein etwaiges **Schriftformerfordernis** (vgl. etwa für den Abschluss eines Mietvertrags) nur gewahrt, wenn in der Urkunde (etwa durch die Verwendung eines Stempels der Gesellschaft) deutlich gemacht wird, dass der Unterzeichner die alleinige Vertretungsmacht der GbR für sich in Anspruch nimmt (BGH NJW-RR 2021, 244 Rn. 13 ff.).

10a Im Bereich der **Berufsausübung** stellen sich dieselben Streitfragen wie bei der Geschäftsführungsbefugnis. So soll insoweit der Entzug der Vertretungsmacht berufsrechtlich unzulässig sein (§ 712 Rdn. 3 ff.). Für den **Abschluss eines Behandlungsvertrags** wird oft stillschweigende Einzelvertretungsmacht anzunehmen sein (§ 712 Rdn. 10).

11  Die organschaftliche (Einzel-) Vertretungsmacht eines Gesellschafters kann auch nach den allgemeinen zivilrechtlichen Anforderungen unter **Rechtsscheinaspekten** (Duldungs- und Anscheinsvollmacht) begründet werden; das bloße Auftreten als Vertreter ist hierfür allerdings nicht ausreichend (BGH NJW-RR 1996, 673; s. aber zur stillschweigenden Begründung einer Einzelvertretungsmacht

Rdn. 10a). Weil § 714 als gesetzlichen Regelfall Gesamtvertretung vorsieht, ist bei der notwendigen Zurechnung des Rechtsscheintatbestands auf alle übrigen Gesellschafter abzustellen (OLG Saarbrücken NJW-RR 2009, 1488, 1489). Ein nur gesamtvertretungsberechtigter Gesellschafter kann gem. § 179 Abs. 1 haften, wenn er ohne entsprechende rechtsgeschäftliche Vollmacht unbefugt als alleinbevollmächtigter Gesellschafter agiert (OLG Frankfurt am Main Beschl. v. 19.11.2012 – 17 U 83/12).

Für den **Widerruf** der Vertretungsmacht ist § 715 zu beachten, nach dem die Vertretungsmacht nur nach Maßgabe des § 712 Abs. 1 (§ 712 Rdn. 15) und, wenn sie in Verbindung mit der Befugnis zur Geschäftsführung erteilt worden ist, nur mit dieser entzogen werden kann. Mit der Regelung soll der Ausgestaltung der Vertretungsmacht als mitgliedschaftlichem Sonderrecht und dem Zusammenhang zwischen Geschäftsführung und Vertretungsmacht Rechnung getragen werden. 11a

Durch das zum 01.01.2024 in Kraft tretende **MoPeG** (§ 705 Rdn. 3c ff.) wird auch die Vertretung der GbR neu geregelt. Künftig ergibt sich aus § 720 Abs. 1 n.F., dass zur Vertretung der Gesellschaft alle Gesellschafter gemeinsam befugt sind, es sei denn, der Gesellschaftsvertrag bestimmt etwas anderes. Soweit die Gesellschafter vom Eintragungswahlrecht Gebrauch machen, kommt künftig der im Gesellschaftsregister eingetragenen Einzelvertretungsbefugnis Registerpublizität zu. Die Gesellschafter einer nicht eingetragenen GbR müssen dagegen eine ihnen eingeräumte Einzelvertretungsbefugnis weiterhin, etwa durch Vorlage einer Vollmachtsurkunde, nachweisen (BT-Drs. 19/27635 S. 163). § 720 Abs. 2 n.F. regelt in Anlehnung an den geltenden § 125 Abs. 2 Satz 2 HGB die sog. Gesamtvertretererermächtigung. Sie ermöglicht eine flexiblere Handhabung der Gesamtvertretung, indem die zur Gesamtvertretung befugten Gesellschafter einzelne von ihnen zur Vornahme bestimmter Geschäfte oder bestimmter Arten von Geschäften ermächtigen können (BT-Drs. 19/27635 S. 163). § 720 Abs. 3 n.F. regelt – abweichend von der geltenden Rechtslage (Rdn. 9) – den Umfang der Vertretungsbefugnis und legt, einem allgemeinen Prinzip des Gesellschaftsrechts folgend (§ 126 Abs. 2 HGB, § 82 Abs. 1 AktG, § 37 Abs. 2 GmbHG, § 27 Abs. 2 GenG), fest, dass der Umfang der Vertretungsbefugnis gegenüber Dritten nicht beschränkt werden kann, sondern sich auf alle Geschäfte der Gesellschaft erstreckt. Dies gilt insbesondere für die Beschränkung, dass sich die Vertretung nur auf bestimmte Geschäfte oder Arten von Geschäften erstreckt oder dass sie nur unter gewissen Umständen oder für eine gewisse Zeit oder an einzelnen Orten stattfinden soll. Dadurch soll die Handlungsfähigkeit der Gesellschaft im Außenverhältnis sichergestellt und potenzielle Vertragspartner der Gesellschaft davor bewahrt werden, vor Abschluss des Vertrags prüfen zu müssen, ob die Vertretungsbefugnis beschränkt ist (BT-Drs. 19/27635 S. 163). Die Vertretungsbefugnis kann nach § 720 Abs. 4 n.F. einem Gesellschafter in entsprechender Anwendung von § 715 Abs. 5 n.F. ganz oder teilweise entzogen werden. Daraus folgt, dass einem Gesellschafter die Befugnis zur Vertretung durch Beschluss der anderen Gesellschafter aus wichtigem Grund entzogen werden kann. Anders als nach geltendem Recht (Rdn. 11a) muss dabei die Vertretungsbefugnis nicht mehr zwingend gleichzeitig mit der Geschäftsführungsbefugnis entzogen werden (BT-Drs. 19/27635 S. 164). Klargestellt wird – im Einklang mit der geltenden Rechtslage (Rdn. 9) – zudem, dass dann, wenn der Gesellschaft gegenüber eine Willenserklärung abzugeben ist, die Abgabe gegenüber einem vertretungsbefugten Gesellschafter genügt (§ 720 Abs. 5 n.F.). 12

## II. Zurückweisung eines einseitigen Rechtsgeschäfts

Nimmt ein Gesellschafter (namens der GbR) gegenüber einem Dritten ein einseitiges Rechtsgeschäft (wie etwa Anfechtung, Kündigung oder Rücktritt) vor, findet § 174 Satz 1 grds. Anwendung. Dies bedeutet, dass der Dritte einer Erklärung, die nicht von allen Gesellschaftern abgegeben wird, ihre Wirksamkeit nehmen kann, wenn der Gesellschafter **keine Vollmachtsurkunde vorgelegt** hat und er das Rechtsgeschäft aus diesem Grunde **unverzüglich zurückweist**. Zwar besteht nach der Rechtsprechung des BGH an sich im Fall organschaftlicher Vertretung kein Zurückweisungsrecht, weil der Unsicherheit über die in Anspruch genommene organschaftliche Vertretungsmacht die grds. vorgeschriebene Eintragung des Vertreters als Organ in ein öffentliches Register – aus diesem ergeben sich die Personen des Organs und der Umfang ihrer Vertretungsmacht – entgegenwirke (BGH NJW 2002, 1194, 1195). Da es hinsichtlich einer (Außen-) GbR kein öffentliches 12a

Register gebe (§ 705 Rdn. 2), dem sich die Vertretungsverhältnisse entnehmen lassen, finde § 174 auf die Vertretung der Gesellschaft ungeachtet dessen Anwendung, dass der GbR inzwischen (Teil-)Rechtsfähigkeit zukommt (§ 705 Rdn. 55 ff.). Der Empfänger einer für die Gesellschaft abgegebenen Erklärung habe vielfach weder Kenntnis von der Existenz der Gesellschaft noch von deren Vertretungsverhältnissen. Handele der Geschäftsführer der Gesellschaft allein, sei es ihm demgegenüber ohne Weiteres möglich, entweder eine Vollmacht der übrigen Gesellschafter vorzulegen oder die von ihm aus dem Gesellschaftsvertrag in Anspruch genommene Vertretungsmacht durch dessen Vorlage oder die Vorlage einer Erklärung aller oder der übrigen Gesellschafter über eine nach §§ 709, 714 abweichende Regelung der Vertretung der Gesellschaft zu belegen (BGH NJW 2002, 1194, 1195; BGHZ 200, 195 Rn. 14 = NJW 2014, 1587; BAG NJW 2020, 1456 Rn. 33 ff.; *Henssler/Michel* NJW 2015, 11 ff.). Die Zurückweisung ist allerdings gem. § 174 Satz 2 ausgeschlossen, wenn der Vollmachtgeber den anderen von der Bevollmächtigung in Kenntnis gesetzt hatte (s. auch die auf die anwaltliche Berufsausübung bezogenen weiter gehenden Überlegungen bei *Henssler/Michel* NJW 2015, 11, 14 ff.).

12b  Soweit sich nach Inkrafttreten des **MoPeG** (§ 705 Rdn. 3c ff.) eine GbR gem. § 707 n.F. in das neu gebildete Gesellschaftsregister eintragen lässt (sog. eGbR), wird diese Rechtsprechung aufgrund der dann bestehenden Registerpublizität obsolet. Sie wird aber auf eine nicht eingetragene GbR weiterhin Anwendung finden.

### D. Haftung
#### I. Gesellschaft

13  Seit der Anerkennung der Rechtsfähigkeit der GbR (§ 705 Rdn. 55) durch den BGH (grundlegend BGHZ 146, 341, 343 ff. = NJW 2001, 1056 ff.) ist auch die **Außen-GbR** selbst – entsprechend § 124 Abs. 1 HGB – **Haftungssubjekt**; sie haftet mit ihrem Gesellschaftsvermögen (§ 718). Die Haftung der Gesellschaft gilt für **Verbindlichkeiten jeder Art**, soweit sie gegenüber Dritten bestehen. Bei Sozialverbindlichkeiten (§ 705 Rdn. 54) muss ein Gesellschafter dagegen zunächst auf das Gesellschaftsvermögen zugreifen; zur Inanspruchnahme der Mitgesellschafter muss er ggf. die Liquidation herbeiführen (§ 735).

14  Für **deliktische Handlungen** der Gesellschafter haftet die GbR analog § 31, wenn der jeweils handelnde Partner eine deliktische Handlung, wie sie bei einem ärztlichen Behandlungsfehler oftmals vorliegen wird (*Henssler* DB 1995, 1549, 1554; *Taupitz* MedR 1995, 475, 479), »in Ausführung« der ihm »zustehenden Verrichtung«, also im Rahmen seines Aufgabenkreises, begangen hat (BGHZ 154, 88, 93 ff. = NJW 2003, 1445, 1446 f.; BGHZ 155, 205, 210 = NJW 2003, 2984, 2985; OLG Koblenz MedR 2005, 294, 295; OLG Düsseldorf Urt. v. 17.11.2011 – I-8 U 1/08). Auch das deliktische Handeln eines **Scheingesellschafters** wird der GbR analog § 31 zugerechnet (BGHZ 172, 169 Rn. 19 ff. = NJW 2007, 2490; *Deckenbrock/Meyer* ZIP 2014, 701, 703; einschränkend OLG Celle NJW 2006, 3431, 3433).

#### II. Gesellschafter
##### 1. Reichweite der Haftung

15  Neben der GbR haften ihre Gesellschafter (Überblick bei *Braun* MedR 2009, 272 ff.). Sie müssen entsprechend den §§ 128 ff. HGB kraft Gesetzes für die Gesellschaftsverbindlichkeiten einstehen (sog. **Akzessorietätstheorie**, vgl. BGHZ 146, 341, 358 = NJW 2001, 1056, 1061; OLG Oldenburg MedR 2008, 222, 223; OLG Karlsruhe GesR 2018, 494 Rn. 6; LSG Essen Beschl. v. 13.09.2010 – L 11 KA 70/10 B ER; zur Entstehungsgeschichte und Ratio des § 128 HGB *Sanders/Berisha* NZG 2020, 1290 ff.). Die Haftung der Gesellschafter ist **persönlich, unbeschränkt und unmittelbar**; die Gesellschafter haften nach außen als **Gesamtschuldner**.

15a  *Vom Haftungsumfang* umfasst sind auch auf beruflichen Fehlern (**Behandlungsfehler**) beruhende Verbindlichkeiten; die Haftungsprivilegierung des § 8 Abs. 2 PartGG ist auf die Gemeinschaftspraxis nicht übertragbar (BGHZ 172, 169 Rn. 29 = NJW 2007, 2490; BGHZ 193, 193 Rn. 69, 74 =

NJW 2012, 2435; OLG Koblenz MedR 2005, 294, 295; *Deckenbrock* AnwBl 2012, 723, 725; die Antwort auf diese Frage hatte BGHZ 154, 370, 377 = NJW 2003, 1803, 1805 noch offengelassen; anders Henssler/Strohn/*Hirtz* § 8 Rn. 2 sowie unter Verweis auf eine angebliche – aber nicht zitierte – Rechtsprechung Bazan/Dann/Errestink/*Errestink* Allgemeiner Teil Rn. 292). Schließlich erfasst die Gesellschafterhaftung auch gesetzlich begründete Gesellschaftsverbindlichkeiten, insbesondere auch **Ansprüche aus unerlaubter Handlung** (BGH NJW 2020, 3315 Rn. 14). Eine Haftung wird insoweit als besonders sachgerecht angesehen, weil anders als bei rechtsgeschäftlicher Haftungsbegründung sich die Gläubiger einer gesetzlich begründeten Verbindlichkeit ihren Schuldner nicht aussuchen können (BT-Drs. 19/27635 S. 166). Eine Einstandspflicht besteht auch für den Abfindungsanspruch eines ausgeschiedenen Gesellschafters (BGHZ 148, 201, 206 f. = NJW 2001, 2718, 2719 f.; BGH NJW 2011, 2355 Rn. 12) sowie für Regressansprüche Kassenärztlicher Vereinigungen (BSG MedR 2005, 421, 425; BSG MedR 2011, 108 Rn. 17; BSG MedR 2011, 461 Rn. 15; BSG MedR 2011, 823 Rn. 23 f.; s. aber *Bäune* FS 10 Jahre Arbeitsgemeinschaft Medizinrecht im DAV, 2008, S. 129, 140 ff. für den Sonderfall einer »gemischten Berufsausübungsgemeinschaft« [§ 705 Rdn. 16]).

**Vertretbare Leistungen** muss der Gesellschafter selbst erbringen, ggf. unter Hinzuziehung von Dritten (vgl. BGH NJW 1987, 2367, 2369; BGH NJW 2009, 431 Rn. 11); hierzu zählt auch die Erstellung einer **Auseinandersetzungsbilanz** nach Ausscheiden eines Gesellschafters (BGH NJW 2009, 431 Rn. 11; § 721 Rdn. 5). Bei **unvertretbaren Leistungen** richtet sich die Haftung regelmäßig auf Schadensersatz. So kommt etwa die Verurteilung des Gesellschafters zur Abgabe einer von der GbR geschuldeten Willenserklärung nicht in Betracht (BGH NJW 2008, 1378 Rn. 8 ff.). Besteht eine vertragliche Unterlassungsverpflichtung einer GbR, haften ihre Gesellschafter im Regelfall allein auf das Interesse des Gläubigers und nicht persönlich auf Unterlassung, falls die Gesellschaft das Unterlassungsgebot verletzt (BGH NZG 2013, 1095 Rn. 11). 16

Auch darf ein Gesellschafter – etwa in einer fachübergreifenden Gemeinschaftspraxis – eine ärztliche Leistung nicht erbringen, wenn ihm dies aufgrund seiner Ausbildung berufsrechtlich nicht gestattet ist (**Pflicht zur Fachgebietsbeschränkung**); die Pflicht zur Schadensersatzleistung trifft ihn aber gleichwohl. Ist nach dem Parteiwillen der Vertrag mit der (fachübergreifenden) Gemeinschaftspraxis zustande gekommen (Rdn. 4 f.), besteht regelmäßig kein Grund für die Annahme, die persönliche Haftung solle sich auf einzelne Ärzte beschränken (vgl. BGHZ 193, 193 Rn. 69 ff. = NJW 2012, 2435 zur interprofessionellen Sozietät; diese Frage war von BGH NJW 2011, 2301 Rn. 10 noch offengelassen worden). Vielmehr können Patienten in diesem Fall grds. davon ausgehen, dass für Behandlungsfehler auch die Ärzte einzustehen haben, die sie wegen eines gesetzlichen Verbots nicht hätten verhindern können. Für eine konkludente vertragliche Abbedingung (Rdn. 30) der Haftung der fachgebietsfremden Gesellschafter (§ 128 Satz 1 HGB analog) aufgrund ihrer fehlenden Erfüllungsbefugnis ist kein Raum (so aber noch zum Rechtsanwalt *Gladys* Stbg 2006, 178, 187 ff.; *Deckenbrock* EWiR § 164 BGB 1/09, 333, 334). 16a

Wegen der **Unmittelbarkeit der Haftung** kann der Gesellschafter den Gläubiger nicht darauf verweisen, zunächst auf das Gesellschaftsvermögen zuzugreifen (LSG Essen Beschl. v. 13.09.2010 – L 11 KA 70/10 B ER). So können auch Aufhebungs- und Rückforderungsbescheide, die Quartale betreffen, in denen eine Praxis als Gemeinschaftspraxis geführt wurde, nicht an die Gemeinschaftspraxis, sondern nur an einen der Partner gerichtet werden; die Partner einer Gemeinschaftspraxis können jeder für sich in Anspruch genommen werden (BSGE 89, 90, 92 f.; BSGE 106, 222 Rn. 29 ff. = MedR 2011, 298; BSG MedR 2011, 823 Rn. 24). Die unmittelbare Inanspruchnahme ist selbst dann möglich, wenn der Gläubiger weiß, dass der betreffende Gesellschafter aufgrund interner Vereinbarungen nicht für die Gesellschaftsverbindlichkeiten einstehen soll (BGH NJW 2008, 3438 Rn. 7 ff.). Gleiches gilt für eine Forderung, die einem Gesellschafter aus einem sog. Drittgeschäft (§ 707 Rdn. 1) zusteht; aus der gesellschaftsrechtlichen Treuepflicht (§ 705 Rdn. 50 ff.) lässt sich für diesen Fall generell keine nur subsidiäre Haftung der Gesellschafter für die Verbindlichkeit der Gesellschaft ableiten (BGH NZG 2013, 1334 Rn. 31 ff. zur KG). Dem Gesellschafter stehen allerdings stets die Einwendungen entsprechend § 129 HGB zu (BGH NJW-RR 2006, 1268 Rn. 15). 17

18 Die Haftung entsprechend § 128 HGB trifft grds. nur diejenigen, die im Zeitpunkt der Begründung der rechtsgeschäftlichen oder gesetzlichen Verbindlichkeit wirksam Gesellschafter der Außen-GbR sind (zur Haftung des eintretenden Gesellschafters s. Rdn. 19 ff.; zur Haftung des ausscheidenden Gesellschafters s. Rdn. 22 ff.). Sie besteht auch dann fort, wenn die Ärzte als **Belegärzte** im gleichen Krankenhaus tätig sind und die in der Praxis begonnene Behandlung dort fortgesetzt wird (BGHZ 144, 296, 309 f. = NJW 2000, 2737, 2741; s. auch *Koller* S. 210 ff.). Die Gesellschafterhaftung greift auch bei Insolvenz der Gesellschaft jedenfalls für solche Gesellschaftsverbindlichkeiten, die bis zur Eröffnung des Insolvenzverfahrens begründet worden sind (zur Beschränkung der Gesellschafterhaftung für in der Insolvenz der Gesellschaft entstandene Verbindlichkeiten entsprechend § 160 HGB s. BGHZ 228, 28 Rn. 28 ff. = NJW 2021, 928). Zur Haftung bei ärztlicher Zusammenarbeit außerhalb einer Gesellschaft s. § 630a Rdn. 46 ff.

18a Nach dem Inkrafttreten des **MoPeG** (§ 705 Rdn. 3c ff.) wird sich die Haftung der Gesellschafter unmittelbar aus dem dem geltenden § 128 HGB nachgebildeten § 721 n.F. ergeben. Dort heißt es künftig: »*Die Gesellschafter haften für die Verbindlichkeiten der Gesellschaft den Gläubigern als Gesamtschuldner persönlich. Eine entgegenstehende Vereinbarung ist Dritten gegenüber unwirksam.*« Die Norm wird ohne Unterschied sowohl für die im Gesellschaftsregister eingetragene als auch für die nicht eingetragene GbR gelten (BT-Drs. 19/27645 S. 165).

### 2. Eintritt eines Gesellschafters

19 Der **Eintritt** eines Gesellschafters (§ 705 Rdn. 38) begründet grds. seine gesetzliche Haftung entsprechend § 130 HGB für Altverbindlichkeiten (BGHZ 154, 370, 372 ff. = NJW 2003, 1803, 1804 f.; s. auch *Möller* MedR 2004, 69 ff.; *Dahm/Ratzel* MedR 2006, 555, 561 f.), und zwar auch für berufliche Fehler (Rdn. 15a). Erben eines Gesellschafters einer GbR haften ebenfalls analog § 130 HGB für Altschulden der Gesellschaft (BGH NZG 2014, 696 Rn. 6 ff.).

19a Umgekehrt haftet die Gesellschaft allerdings nicht für Altverbindlichkeiten des eintretenden Gesellschafters (BSG MedR 2011, 461 Rn. 37; § 720 Rdn. 5). Soweit das BSG (MedR 2004, 172, 173) für **Honorarrückforderungen** Kassenärztlicher Vereinigungen und Regressansprüche der Prüfgremien eine Eintrittshaftung verneint hat, ist dies in der sozialrechtlich geprägten Rechtsbeziehung zwischen Vertragsärzten und öffentlich-rechtlicher Körperschaft begründet. Insbesondere kennen die Kassenärztlichen Vereinigungen aufgrund ihrer Beteiligung am Zulassungsverfahren stets den Gesellschafterkreis (ausführlich dazu HK-AKM/*Kremer/Wittmann* 2050 Rn. 31; *Koller* S. 58 ff.; *Bäune* FS 10 Jahre Arbeitsgemeinschaft Medizinrecht im DAV, 2008, S. 129, 148 f.; *Möller* MedR 2004, 69, 71 f.; *Engelmann* ZMGR 2004, 3, 6 ff.).

20 Zur Vermeidung der bisweilen erheblichen Haftungsrisiken, die von der zum Zeitpunkt des Schadensfalls möglicherweise noch nicht einmal bestehenden Berufshaftpflichtversicherung oft nicht abgedeckt sind, empfiehlt sich für den eintretenden Arzt eine **umfangreiche Prüfung** der Gemeinschaftspraxis (*due diligence*), in der er Gesellschafter werden möchte (s. den Fragenkatalog bei *Möller* MedR 2004, 69, 75 f.). Zudem sollten Freistellungsverpflichtungen, ggf. abgesichert durch Bürgschaften, im Vertrag vorgesehen sein (Wenzel/*Haack/Dettling* Kap. 11 Rn. 114). Soweit die potenziellen Gläubiger bekannt sind, können mit ihnen auch Haftungsausschlüsse oder -beschränkungen (Rdn. 30) vereinbart werden.

21 Der BGH hat allerdings diese strenge Eintrittshaftung aus Gründen des **Vertrauensschutzes** für Eintritte aus der Zeit vor seiner Rechtsprechungsänderung und dem damit verbundenen Bekenntnis zur Akzessorietätstheorie (vgl. BGHZ 154, 370, 377 f. = NJW 2003, 1803, 1805) verneint. Die Berufung auf Vertrauensschutz scheidet aber aus, wenn der Gesellschafter die Altverbindlichkeit, für die er in Anspruch genommen wird, bei seinem Eintritt in die Gesellschaft kennt oder wenn er deren Vorhandensein bei auch nur geringer Aufmerksamkeit hätte erkennen können. Letzteres ist bei einer GbR etwa hinsichtlich der Verbindlichkeiten aus Versorgungsverträgen (Gas, Strom, Wasser) für in ihrem Eigentum stehende Mietshäuser der Fall (BGH NJW 2006, 765 Rn. 15 ff.; s. auch BVerfG NJW 2013, 523 f.).

Auch nach dem Inkrafttreten des **MoPeG** (§ 705 Rdn. 3c ff.) wird weiterhin eine strenge Haftung 21a
des eintretenden Gesellschafters vorgesehen sein. Diese wird sich künftig aus § 721a n.F. ergeben, der
dem geltenden § 130 HGB nachgebildet ist. Der Gesetzgeber hat anlässlich der Neuregelung des Personengesellschaftsrechts
noch einmal bekräftigt, dass mit der Haftung des eintretenden Gesellschafters
für Altverbindlichkeiten zwar eine Begünstigung des Gesellschaftsgläubigers verbunden sei. Diese sei
aber gerechtfertigt, weil die Haftung des eintretenden Gesellschafters für Altverbindlichkeiten den
Einfluss, den er auf das Gesellschaftsvermögen gewinnt, aufwiege und einer Ausbeutung der Gesellschaftsgläubiger
durch Vermögensverlagerungen, durch nachträgliche Veränderung der Risikostruktur
der Gesellschaft oder durch eine exzessive Erhöhung der Schuldenlast entgegensteuere. Zudem sei es
dem Gesellschaftsgläubiger nicht zuzumuten, den aktuellen Gesellschafterbestand zu überblicken und
daneben zwischen Alt- und Neuverbindlichkeiten zu unterscheiden, und zwar selbst dann, wenn die
Gesellschaft im Gesellschaftsregister eingetragen ist (BT-Drs. 19/27645 S. 166).

### 3. Ausscheiden eines Gesellschafters

Auch der ausgeschiedene Gesellschafter haftet für die bis zu seinem Austritt entstandenen Verbindlichkeiten 22
entsprechend § 128 Satz 1 HGB. Bei **Dauerschuldverhältnissen** (Arbeits-/Mietvertrag)
ist die Rechtsgrundlage für die einzelnen Schuldverpflichtungen bereits im Vertrag selbst
angelegt mit der Folge, dass diese Verpflichtungen mit dem Vertragsschluss als entstanden anzusehen
sind, auch wenn einzelne Ansprüche erst später fällig werden (BGHZ 150, 373, 376 =
NJW 2002, 2170, 2171; BGH NJW 2020, 3315 Rn. 13; BGHZ 228, 28 Rn. 43 = NJW 2021,
928). Die Haftung des ausgeschiedenen Gesellschafters wird allerdings nach Maßgabe von § 736
Abs. 2 BGB i.V.m. § 160 HGB beschränkt (ausführlich § 736 Rdn. 11 ff.). Sinn dieser Vorschriften
ist es in erster Linie zu vermeiden, dass ein ausgeschiedener Gesellschafter zu lange Zeit mit
einer Haftung für Verbindlichkeiten belastet wird, obwohl er wegen seines Ausscheidens weder weiteren
Einfluss auf die Gesellschaft nehmen noch von den Gegenleistungen und sonstigen Erträgen
profitieren kann. Zugleich soll aber ein Ausgleich zwischen diesem Anliegen und den Interessen der
Gesellschaftsgläubiger geschaffen werden (BGH NJW 2020, 3315 Rn. 19).

Die **fünfjährige Nachhaftungsfrist** beginnt mit Kenntnis des Gläubigers vom Ausscheiden des Gesellschafters 22a
(BGHZ 174, 7 Rn. 17 ff. = NJW 2007, 3784; BGH NJW 2020, 3315 Rn. 28). Die
Beweislast für die fristauslösende positive Kenntnis trägt hierbei der ausgeschiedene Gesellschafter
(BGH NJW-RR 2017, 566 Rn. 22). Für nach seinem Ausscheiden begründete Verbindlichkeiten
kann der Ausgeschiedene haften, wenn ein entsprechender Rechtsschein – etwa durch die (berufsrechtlich
unzulässige, Rdn. 25; § 705 Rdn. 61; § 18a MBOÄ Rdn. 7) Fortführung des Namens auf
dem Briefbogen – gesetzt wurde (Rdn. 24 ff.).

Mit dem Inkrafttreten des **MoPeG** (§ 705 Rdn. 3c ff.) wird § 728b n.F. im Wesentlichen die Rolle 22b
des geltenden § 736 Abs. 2 BGB i.V.m. § 160 HGB übernehmen. Die 5-Jahres-Frist beginnt
künftig nicht nur, sobald der Gläubiger von dem Ausscheiden des Gesellschafters Kenntnis erlangt
hat, sondern bei eingetragenen Gesellschaften auch, wenn das Ausscheiden des Gesellschafters im
Gesellschaftsregister eingetragen worden ist (dazu BT-Drs. 19/27635 S. 177). Klargestellt werden
wird zudem, dass dann, wenn die Verbindlichkeit auf Schadensersatz gerichtet ist, Pflichtverletzungen,
die erst nach dem Ausscheiden erfolgen, keine Nachhaftung des Ausgeschiedenen begründen
können (BT-Drs. 19/31105 S. 7).

### 4. Praxisgemeinschaft

Wegen der **fehlenden Gesamtbeauftragung** (Rdn. 7) ist jeder Arzt einer Praxisgemeinschaft allein 23
für Fehler seiner Behandlung verantwortlich (vgl. BGH NJW-RR 2014, 611 Rn. 19 zur anwaltlichen
Bürogemeinschaft). Dies gilt grds. selbst dann, wenn für den Fehler eine unzureichende sachliche
oder personelle Ausrüstung der Gemeinschaft ursächlich ist oder der Praxisgemeinschafter den
Patienten an seinen räumlich verbundenen Kollegen überwiesen hat (*Steffen* MedR 2006, 75, 76).
Den Betrieb einer Gemeinschaftspraxis mit daran anknüpfender persönlichen Haftung aller Ärzte

entsprechend § 128 Satz 1 HGB muss der Patient beweisen, falls die Behandlungsseite eine bloße Praxisgemeinschaft plausibel darlegt (OLG Koblenz MedR 2016, 622, 624).

23a **Ausnahmen** (und damit eine Haftung des Praxisgemeinschafters) sind denkbar, wenn Verkehrssicherungspflichten, welche der Gesellschaft im Hinblick auf medizinische Geräte und Praxisräume auferlegt sind, verletzt werden (*Cansun* S. 118) oder für den Fehler eine mangelhafte Unterrichtung des Kollegen verantwortlich ist (*Steffen* MedR 2006, 75, 76). Soweit die Praxisgemeinschaft selbst Vertragspartnerin geworden ist (etwa hinsichtlich des Mietvertrags für die Praxis, vgl. Rdn. 7), haften auch die Praxisgemeinschafter entsprechend § 128 Satz 1 HGB (Bergmann/Pauge/Steinmeyer/ *Lück* Vor §§ 705 ff. Rn. 19).

### 5. Scheingesellschafter

24 Tritt eine Praxisgemeinschaft allerdings **nach außen** wie eine Gemeinschaftspraxis auf, d.h. erweckt sie gegenüber dem Patienten den Rechtsschein, dass die ärztliche Tätigkeit gemeinsam erfolgt (Scheingesellschaft), haften ihre Mitglieder gegenüber dem Patienten wie bei der Gemeinschaftspraxis gemeinsam (BGHZ 165, 36, 40 = NJW 2006, 437 Rn. 12; LG Aurich GesR 2007, 256, 257; *Vettermann* S. 201 ff.; zur Parallelproblematik der anwaltlichen Scheinsozietät vgl. BGHZ 172, 169 Rn. 20 = NJW 2007, 2490; BGH NJW 2011, 3718 Rn. 24; BGH NJW-RR 2012, 239 Rn. 22; BGH NZG 2012, 221 Rn. 18 ff.; BGHZ 194, 79 Rn. 36 = NJW 2012, 3102; *Markworth* Scheinsozius und Scheinsozietät, 2016; *Scheuch* Der Scheingesellschafter der Gesellschaft bürgerlichen Rechts, 2014; *Deckenbrock* NJW 2008, 3529, 3533; *ders./ Meyer* ZIP 2014, 701 ff.; *Kilian* NZG 2016, 90 ff.; *Porzelt* AnwBl Online 2018, 310 ff.). Entsprechendes gilt, wenn ein angestellter Arzt sich nach außen wie ein Gesellschafter geriert. Eine Rechtsscheinhaftung trifft auch die selbst nicht erfüllungsbefugten (Schein-)Gesellschafter einer fachübergreifenden Gemeinschaftspraxis (Rdn. 4a; *Vettermann* S. 220 f.).

25 Typische **Rechtsscheinträger** sind Praxisschild (zu den berufsrechtlichen Vorgaben für ein Praxisschild s. § 17 MBOÄ Rdn. 14; zur Unzulässigkeit der Fortführung des Namens nicht mehr aktiver Gesellschafter vgl. § 705 Rdn. 61; § 18a MBOÄ Rdn. 7), Stempel, Briefbögen, Rezepte, Überweisungsscheine (vgl. BGHZ 142, 126, 137 = NJW 1999, 2731, 2734; BGHZ 165, 36, 40 = NJW 2006, 437 Rn. 12) sowie die E-Mail-Signatur des Arztes und der Internetauftritt der Gesellschaft (vgl. BGHZ 194, 79 Rn. 38 = NJW 2012, 3102).

25a Zur Vermeidung einer Rechtsscheinhaftung sollten eindeutige Zusätze verwandt werden (*Vettermann* S. 247 f.; vgl. für Rechtsanwälte zuletzt BGH NJW 2011, 3303 Rn. 24). Ein solcher die **Haftung ausschließender Zusatz** ist auch der in der Rechtsprechung etablierte (s. etwa BGH Beschl. v. 27.09.2010 – II ZR 185/09) Begriff »Praxisgemeinschaft« (vgl. OLG Düsseldorf MedR 2004, 622, 623; a.A. Ratzel/ Lippert/J. Prütting/*Ratzel* § 18 Rn. 23; Spickhoff/*Ratzel* § 705 Rn. 13; *Bäune* FS 10 Jahre Arbeitsgemeinschaft Medizinrecht im DAV, 2008, S. 129, 143), auch wenn er sich in den einzelnen Berufsgesetzen überwiegend nicht findet (§ 18 MBOÄ spricht von »Organisationsgemeinschaft«; § 18a Abs. 3 MBOÄ regelt die berufsrechtliche Zulässigkeit der Ankündigung von Organisationsgemeinschaften) und er eine verwirrende Ähnlichkeit zum Gegenstück »Gemeinschaftspraxis« hat. Gleiches gilt für Zusätze wie »Apparategemeinschaft« (vgl. BGH NJW-RR 2003, 1175, 1176) und »Laborgemeinschaft« (vgl. BGH NJW-RR 2010, 1059; BGH NJW 2012, 1377).

25b Eine **unklare Gestaltung des Briefbogens**, in der die Selbstständigkeit der Praxisgemeinschafter – etwa bei einem nur versteckt gegebenen Hinweis auf die Praxisgemeinschaft – nicht genügend zum Ausdruck kommt, kann jedoch eine abweichende Beurteilung rechtfertigen. Gleiches gilt für **selbst kreierte Zusätze** (s. zum Rechtsanwalt BGH NJW 2003, 346 f.; OLG Köln NJW-RR 2004, 279, 280; OLG Hamm NZG 2011, 137, 139; *Deckenbrock* NJW 2008, 3529, 3533; *ders./Meyer* ZIP 2014, 701, 705 ff.; *Kilian* NZG 2016, 90, 92). Der Begriff »Zentrum« legt die Annahme einer Berufsausübungsgemeinschaft nahe (vgl. BVerfG MedR 2012, 516 ff.; Landesberufsgericht für Heilberufe beim OVG Münster MedR 2009, 191 – »Hausarztzentrum«; LG Erfurt MedR 2009, 619 – »Rheumazentrum«); Gleiches gilt für die Bezeichnung »Haus der Ärzte« (vgl. zum Rechtsanwalt LG Osnabrück NJW-RR 2011, 840 ff.). Eine Rechtsscheinhaftung ist auch zu bejahen, wenn Ärzte unter der Rechtsform einer Praxisgemeinschaft eine vormals von diesen Vertragsärzten betriebene Gemeinschaftspraxis unter vergleichbaren Praxisbedingungen faktisch fortführen, weil die Patienten aufgrund von Ankündigungen der Ärzte in der Vergangenheit und ihrer Erfahrung einer gemeinsamen Behandlung durch beide Ärzte typischerweise nicht wahrnehmen, dass sich etwas an den rechtlichen Rahmenbedingungen der Behandlung geändert hat (vgl. BSGE 96, 99 Rn. 19 ff. = MedR 2006, 611).

Entgegen einer Entscheidung des BGH (NJW 2008, 2330 Rn. 10 zum Rechtsanwalt) ist auch die Haftung des Scheingesellschafters umfassend. Sie erfasst nicht nur Forderungen, die die typische ärztliche Berufstätigkeit betreffen, sondern auch solche, die aus **Hilfsgeschäften** der Praxisgemeinschaft stammen, etwa dem Kauf von Büroausstattung (*Vettermann* S. 223 ff.; *Deckenbrock/Meyer* ZIP 2014, 701, 708 f.). 26

Eine akzessorische Haftung nach Rechtsscheingrundsätzen scheidet aber aus, wenn zwischen der Vornahme des Rechtsgeschäfts und dem Rechtsscheintatbestand (Bsp.: Briefbogen) **kein Zurechnungszusammenhang** besteht. Daher ist die Haftung eines eintretenden Scheingesellschafters nach § 130 HGB auf die Verbindlichkeiten beschränkt, die nach dem Setzen des Rechtsscheintatbestands entstanden sind (OLG Saarbrücken NJW 2006, 2862, 2863 f.; *Vettermann* S. 234 ff.; *Bäune* FS 10 Jahre Arbeitsgemeinschaft Medizinrecht im DAV, 2008, S. 129, 149; *Deckenbrock/Meyer* ZIP 2014, 701, 704; *dies.* EWiR 2017, 37, 38; a.A. Vollkommer/Greger/Heinemann/*Heinemann* Anwaltshaftungsrecht, § 4 Rn. 24; *Lepczyk* NJW 2006, 3391, 3392). Zu diesen Folgen des Rechtsscheins gehören die Kosten eines gegen die Scheingesellschafter im Vertrauen auf ihre Gesellschafterstellung angestrengten Rechtsstreits (BGH NJW 2017, 559 Rn. 17 f.; *Deckenbrock/Meyer* ZIP 2014, 701, 704; *dies.* EWiR 2017, 37, 38; *Markworth* NJW 2017, 561). 27

Die Haftung des Scheingesellschafters setzt schließlich Gutgläubigkeit aufseiten des Dritten voraus. Hieran fehlt es jedenfalls, wenn der Dritte die tatsächliche Rechtslage kennt oder sich ihr grob fahrlässig verschlossen hat (BGH NJW 2017, 559 Rn. 20; ebenso *K. Schmidt* Handelsrecht, § 10 Rn. 138). Nach einer verbreiteten Literaturansicht soll dagegen entsprechend § 173 auch einfache Fahrlässigkeit den Dritten bösgläubig machen (vgl. nur MüKo-BGB/*Schubert* § 242 Rn. 347 f.; *Canaris* Handelsrecht, § 6 Rn. 71; BeckOGK-BGB/*Deckenbrock*, § 173 Rn. 7 ff., 18 m.w.N.). 27a

Die Lehre von der Rechtsscheinhaftung soll allein den **Dritten schützen**. Der Gesellschafter kann dagegen aus ihr keine eigenen Vorteile herleiten. Arbeits- und sozialversicherungsrechtlich gilt er als Arbeitnehmer. Ebenso wenig können etwaige Honorarzuschläge für Gemeinschaftspraxen von Vertragsärzten geltend gemacht werden (vgl. § 8 PartGG Rdn. 12). 28

## 6. Eintritt eines Gesellschafters in eine Einzelpraxis

Beteiligt sich ein Arzt dagegen an einer Einzelpraxis, scheidet die Anwendbarkeit des § 130 HGB aus, weil der Arzt keiner bestehenden Gesellschaft beitritt, sondern sein Eintritt erst zu ihrer Gründung führt. Insoweit kommt es auch zu keiner Haftung aus § 28 HGB, weil Freiberuflern mangels Registerpflicht die Möglichkeit der Haftungsbeschränkung entsprechend § 28 Abs. 2 HGB nicht offensteht, sie aber nicht schlechter stehen dürfen als Kaufleute (BGHZ 157, 361, 364 ff. = NJW 2004, 836, 837 f.; BGH NJW-RR 2012, 239 Rn. 20; zustimmend *Henssler* LMK 2004, 118, 119; *Deckenbrock* AnwBl 2012, 723, 725 f.; a.A. OLG Naumburg NZG 2006, 711, 712; *Schmidt* NJW 2005, 2801, 2807 f.). Dies gilt auch für Regresse der Prüfungsorgane und für Honorarrückforderungen Kassenärztlicher Vereinigungen (BSGE 98, 89 Rn. 21 ff. = MedR 2007, 669; a.A. noch die Vorinstanz LSG Essen MedR 2006, 310, 311 f.). 29

Das Inkrafttreten des **MoPeG** (§ 705 Rdn. 3c ff.) wird an dieser Rechtslage nichts ändern. Der Gesetzgeber hat bewusst auf die Verabschiedung einer mit § 28 Abs. 1 Satz 1 HGB korrespondierenden Regelung zur akzessorischen Haftung des – in kaufmännischer Terminologie – in das Geschäft eines Einzelkaufmanns »eintretenden« Gesellschafters verzichtet. Diese Entscheidung begründet er insbesondere damit, dass auf die Gesellschafter »kein unstatthafter Druck ausgeübt werden« soll, »eine Eintragung der Gesellschaft zu bewirken, um allein dadurch in den Genuss eines Haftungsausschlusses zu gelangen«. Viemehr soll es bei einem echten Eintragungswahlrecht nach § 707 Abs. 1 n.F. bleiben (BT-Drs. 19/27635 S. 166 f.). 29a

## III. Haftungsausschluss oder -beschränkung

30 Die Haftung der Gesellschafter kann nur aufgrund einer **individualvertraglichen Vereinbarung** mit dem Gläubiger beschränkt werden; eine »einseitige Kundgabe« wie »GbR mbH« genügt allerdings nicht (BGHZ 142, 315, 318 ff. = NJW 1999, 3483, 3484 f.; BGH NJW-RR 2005, 400, 401; s. aber Bergmann/Pauge/Steinmeyer/*Lück* § 708 Rn. 17). Der Ausschluss der Haftung in **AGB** ist mangels einer § 52 BRAO vergleichbaren Regelung grds. unwirksam (Einzelheiten bei Palandt/*Sprau* § 714 Rn. 18). Nicht ausreichend ist auch eine ohne Beteiligung des Gläubigers geschlossene (gesellschafts-)vertragliche Vereinbarung zwischen den Gesellschaftern der Gemeinschaftspraxis (§ 128 Satz 2 HGB; s. dazu BSG MedR 2011, 461 Rn. 15); dies gilt selbst bei Kenntnis des Gläubigers von dieser Abrede. Vereinbarungen unter den Gesellschaftern können aber für das Innenverhältnis relevant sein (dazu Rdn. 32 f.). Wer eine generelle Haftungsbeschränkung erreichen möchte, sollte die Gründung einer Partnerschaftsgesellschaft oder GmbH in Betracht ziehen.

30a An diesen Grundsätzen wird sich auch nach dem Inkrafttreten des **MoPeG** (§ 705 Rdn. 3c ff.) nichts grundlegend ändern. Der Gesetzgeber hat vielmehr bekräftigt, dass neben der Möglichkeit, individuell eine Haftungsbeschränkung mit dem Gesellschaftsgläubiger zu vereinbaren, kein Bedarf für eine Haftungsbeschränkung durch Eintragung im Gesellschaftsregister bestehe, weil es der GbR an einer Kapitalsicherung fehle, die eine beschränkte Haftung rechtfertigen würde (BT-Drs. 19/27635 S. 165).

## IV. Regress

31 Droht einem Gesellschafter die Inanspruchnahme durch einen Gesellschaftsgläubiger, kann er **von der GbR** gem. § 713 i.V.m. § 670 Befreiung von der Verbindlichkeit (§ 713 Rdn. 6; zur durch das MoPeG geplanten Änderung s. § 713 Rdn. 8) oder – nach erfolgter Leistung – Ausgleich verlangen (BGHZ 37, 299, 302 = NJW 1962, 1863, 1864; *Braun* MedR 2009, 272, 273). Der Anspruch richtet sich auf die gesamte Aufwendung; der Gesellschafter muss sich nicht einen eigenen Verlustanteil anrechnen lassen (RGZ 31, 139, 141). Da es zwischen GbR und Gesellschaftern an einem Gesamtschuldverhältnis fehlt (BGHZ 146, 341, 358 = NJW 2001, 1056, 1061), geht mit der Leistung des Gesellschafters die gegen die Gesellschaft gerichtete Forderung nicht gem. §§ 426 Abs. 2, 412, 401 auf ihn im Wege der *cessio legis* über. Da nach der Rechtsprechung auch eine analoge Anwendung des § 774 Abs. 1 Satz 1 ausscheidet, bleibt ihm deshalb der Zugriff auf die akzessorischen Sicherheiten versperrt (BGHZ 39, 319, 323 f. = NJW 1963, 1873, 1874; BGH NZG 2011, 1023 Rn. 59 f.; a.A. MüKo-BGB/*Schäfer* § 714 Rn. 54). Für den **ausgeschiedenen Gesellschafter** gibt § 738 Abs. 1 Satz 2 einen eigenen Anspruch auf Schuldbefreiung (vgl. BGH NZG 2010, 383 Rn. 7; § 738 Rdn. 6).

32 Der Regressanspruch **gegen die Mitgesellschafter** folgt unmittelbar aus § 426 Abs. 1 Satz 1 (s. zuletzt BGH NJW 2013, 3572 Rn. 9). Dieser selbstständige Ausgleichsanspruch entsteht nicht erst mit der Befriedigung des Gläubigers, sondern schon mit der Entstehung des Gesamtschuldverhältnisses. Ist die Schuld fällig, kann der mithaftende Gesamtschuldner schon vor Erbringung seiner eigenen Leistung von seinen Mitschuldnern verlangen, ihren Anteilen entsprechend an der Befriedigung des Gläubigers mitzuwirken und ihn von einer Inanspruchnahme durch den Gläubiger freizustellen, wenn von der Gesellschaft kein Ausgleich zu erlangen ist. Hierfür ist es nicht erforderlich, dass die Zwangsvollstreckung in das Gesellschaftsvermögen aussichtslos wäre. Ausreichend ist, dass der Gesellschaft freie Mittel nicht zur Verfügung stehen (BGH NJW-RR 2002, 455, 456; BGH NJW-RR 2008, 256 Rn. 14; BGH NJW 2011, 1730 Rn. 13; vgl. auch § 713 Rdn. 6).

33 Die **Höhe** des Ausgleichsanspruchs bestimmt sich grds. **pro rata**, wobei der eigene Anteil in Abzug zu bringen ist (BGH NJW 2013, 3572 Rn. 10; MüKo-BGB/*Schäfer* § 714 Rn. 56). Beruht die Verbindlichkeit der GbR auf schuldhaftem Verhalten eines Gesellschafters, ist dies bei der Aufteilung nach dem Grundgedanken des § 254 zu berücksichtigen; in Extremfällen kommt sogar eine Alleinhaftung eines Gesellschafters im Innenverhältnis in Betracht (BGH NJW-RR 2008, 256 Rn. 25; BGH NJW-RR 2009, 49 Rn. 2). Ob ein Gesellschafter pflichtwidrig und schuldhaft gehandelt hat, ist dabei am Maßstab des § 708 zu messen (BGH NJW-RR 2008, 256 Rn. 25; offengelassen von BGH NJW 2013, 3572 Rn. 12).

## E. Prozessuales

Soweit die GbR rechtsfähig ist, ist sie auch **parteifähig** i.S.d. § 50 ZPO (BGHZ 146, 341, 347 ff. = NJW 2001, 1056, 1058 ff.; vgl. auch für das Sozialrecht BSG Urt. v. 22.06.2005 – B 6 KA 19/04 R). Im Prozess ist sie daher selbst Partei, die nach den gesellschaftsrechtlichen Regeln vertreten wird (Rdn. 35). Ein Aktivprozess der Gesellschaft kann damit grds. nicht von den Gesellschaftern »als GbR« geführt werden, sofern nicht besondere Voraussetzungen vorliegen, unter denen Gesellschafter Ansprüche der Gesellschaft – etwa im Wege der actio pro socio oder anderweitig als Prozessstandschafter – gerichtlich geltend machen können (BGH NZG 2016, 221 Rn. 28 ff.). Auch berechtigt eine – abweichend von der gesetzlich normierten Gesamtvertretung vereinbarte (Rdn. 9 f.) – Einzelvertretungsbefugnis den Kläger nicht dazu, den Prozess im eigenen Namen zu führen (BGH NZM 2021, 684 Rn. 27 ff.). Die Gesellschafter sind allenfalls zur Identifizierung der GbR namentlich zu bezeichnen (Palandt/*Sprau* § 714 Rn. 23). Ergibt bei einer von allen Gesellschaftern erhobenen Klage die Auslegung, dass sie von der Gesellschaft erhoben worden ist und die Benennung der Gesellschafter (nur) der Bezeichnung der Gesellschaft dienen soll, kommt eine Rubrumsberichtigung in Betracht (vgl. BGH NJW-RR 2006, 42; BGH NZG 2016, 221 Rn. 29). Allgemeiner **Gerichtsstand** für Passivprozesse der GbR ist nach § 17 Abs. 1 ZPO ihr Sitz. Das so ermittelte Gericht ist nach § 22 ZPO auch zuständig für Klagen der GbR gegen ihre Gesellschafter bzw. für solche zwischen Gesellschaftern, selbst wenn diese ihren Wohnsitz in einem anderen Gerichtsbezirk haben (MüKo-BGB/*Schäfer* § 718 Rn. 45). 34

Gem. § 51 Abs. 1 ZPO i.V.m. § 714 BGB wird eine GbR durch die vertretungsbefugten Gesellschafter gerichtlich und außergerichtlich vertreten (BGH NJW-RR 2004, 275, 276; BGH NJW-RR 2008, 1484 Rn. 26). Die Gesellschafter können einen Vertretungsmangel durch Eintritt in den Prozess als gesetzliche Vertreter und Genehmigung der bisherigen Prozessführung heilen (BGH NJW 2010, 2886 Rn. 8). Besteht Gesamtvertretung, können die Gesellschafter im Prozess nur einheitliche Anträge stellen (BGH NJW-RR 2004, 275, 276). Im Prozess gegen die GbR ist ein vertretungsbefugter Gesellschafter auch dann als **Partei** und nicht als Zeuge zu **vernehmen**, wenn er nicht mitverklagt wird (BGH NJW 2007, 2257 Rn. 18). Generell steht es dem Gläubiger frei, die GbR, die Gesellschafter oder beide gemeinsam zu verklagen (BGH NJW 2007, 2257 Rn. 18). Auf der anderen Seite kann ein Gesellschafter eine Forderung, die – nur oder auch – ihm gegenüber geltend gemacht wird, allein abwehren. Aus dieser Befugnis, eigenständig zu handeln, folgt zugleich, dass der Mitgesamtschuldner weder als sog. **notwendiger Streitgenosse** (§ 62 ZPO) einbezogen noch notwendig beigeladen (vgl. für das sozialgerichtliche Verfahren § 75 Abs. 2 SGG) werden muss (BSGE 89, 90, 92 f.; BSG MedR 2011, 108 Rn. 17). 35

Zur **Vollstreckung** in das **Gesellschaftsvermögen** genügt wegen § 736 ZPO ein Titel gegen alle Gesellschafter; ausreichend ist aber auch ein Titel gegen die Gesellschaft (BGHZ 146, 341, 353 ff. = NJW 2001, 1056, 1060; BGH NJW 2004, 3632, 3634; BGH NJW-RR 2006, 1268 Rn. 15; BGH NJW 2007, 1813 Rn. 22; BGH NJW 2008, 1378 Rn. 10; BGH NJW 2011, 2048 Rn. 9). Nimmt ein Dritter in einem Rechtsstreit die Gesellschafter aus ihrer persönlichen Haftung für eine Gesellschaftsschuld in Anspruch, entfaltet die Rechtskraft eines in diesem Prozess ergangenen Urteils allerdings keine Wirkung in einem weiteren Prozess, in dem er nunmehr den Anspruch gegen die Gesellschaft verfolgt; dies gilt selbst dann, wenn alle Gesellschafter am Vorprozess beteiligt waren (BGH NJW 2011, 2048 Rn. 8 ff.). Ein Urteil allein gegen die Gesellschaft rechtfertigt nicht die Vollstreckung in das **Privatvermögen** des Gesellschafters (§ 129 Abs. 4 HGB analog; BGH NJW 2007, 2257 Rn. 18; BayObLG NJW-RR 2002, 991, 992). Richtet sich ein Vollstreckungstitel gegen die GbR als Vollstreckungsschuldnerin, steht die Befugnis zur Erhebung einer Vollstreckungsabwehrklage (§ 767 ZPO) der Gesellschaft zu, nicht ihren Gesellschaftern (BGH NZG 2016, 221 Rn. 21 ff.). 36

Mit dem Inkrafttreten des **MoPeG** (§ 705 Rdn. 3c ff.) wird im BGB selbst, genau genommen in § 722 n.F., angeordnet, dass zur Zwangsvollstreckung in das Vermögen der Gesellschaft ein gegen die Gesellschaft gerichteter Vollstreckungstitel erforderlich ist. Zudem wird bestimmt, dass aus einem gegen die Gesellschaft gerichteten Vollstreckungstitel die Zwangsvollstreckung gegen die Gesellschafter nicht stattfindet. Dadurch, dass § 713 n.F. das Gesellschaftsvermögen der rechtsfähigen GbR selbst zuordnet, erübrigt sich eine Sonderregelung nach dem Vorbild des geltenden § 736 ZPO (BT-Drs. 19/27635 S. 168). 37

## § 716 Kontrollrecht der Gesellschafter

(1) Ein Gesellschafter kann, auch wenn er von der Geschäftsführung ausgeschlossen ist, sich von den Angelegenheiten der Gesellschaft persönlich unterrichten, die Geschäftsbücher und die Papiere der Gesellschaft einsehen und sich aus ihnen eine Übersicht über den Stand des Gesellschaftsvermögens anfertigen.

(2) Eine dieses Recht ausschließende oder beschränkende Vereinbarung steht der Geltendmachung des Rechts nicht entgegen, wenn Grund zu der Annahme unredlicher Geschäftsführung besteht.

### Übersicht

| | Rdn. | | Rdn. |
|---|---|---|---|
| A. Allgemeines........................ | 1 | C. Abweichende gesellschaftsvertragliche | |
| B. Umfang des Kontrollrechts........... | 2 | Regelungen..................... | 5 |
| | | D. Ausblick....................... | 7 |

### A. Allgemeines

1 § 716 Abs. 1 räumt den einzelnen Gesellschaftern (auch wenn sie von der Geschäftsführung ausgeschlossen sind) ein höchstpersönliches, nicht übertragbares (§ 717 Rdn. 4; vgl. aber zur Zulässigkeit der Hinzuziehung freiberuflicher Sachverständiger BGHZ 25, 115, 122 f. = NJW 1957, 1555, 1556 f.) Recht ein, sich durch Einsicht in die Bücher und Papiere der Gesellschaft über deren Angelegenheiten zu unterrichten. Das Informationsrecht richtet sich **gegen die GbR**, kann aber auch unmittelbar gegen den für die Einsichtsgewährung zuständigen Geschäftsführer verfolgt werden (BGH NJW 2011, 921 Rn. 11; BGH NZG 2020, 381 Rn. 13; MüKo-BGB/*Schäfer* § 716 Rn. 1). Es besteht noch während der Auseinandersetzung, endet aber **mit dem Ausscheiden** aus der Gesellschaft; in diesem Fall bleibt allerdings ein Anspruch aus § 810 möglich (BGH NJW 2008, 2987 Rn. 29; zu den Voraussetzungen für ein Einsichtsrecht s. auch BGH NJW 2014, 3312 Rn. 24 ff.). § 721 sieht für die Rechnungslegung einen eigenständigen und weiter gehenden Informationsanspruch vor. Nach § 713 i.V.m. § 666 besteht eine eigenständige Pflicht der Geschäftsführer, von sich aus die übrigen Gesellschafter über den Stand der Geschäftsführung zu unterrichten und insoweit Auskunft zu erteilen sowie Rechenschaft abzulegen (§ 713 Rdn. 4).

### B. Umfang des Kontrollrechts

2 § 716 Abs. 1 sieht ein Kontrollrecht in Form eines **Einsichtsrechts** vor. Es enthält kein Recht auf Auskunft, sondern nur auf Duldung eigenständiger Informationsbeschaffung (OLG Saarbrücken NZG 2002, 669, 670; OLG Hamburg Urt. v. 26.06.2009 – 11 U 75/09). Etwas anderes gilt nur dann, wenn die erforderlichen Angaben nicht aus den Büchern und Papieren der Gesellschaft ersichtlich sind und sich demgemäß der Berechtigte nicht ohne die Auskunft Klarheit über die Angelegenheiten der Gesellschaft verschaffen kann (BGH WM 1983, 910, 911). Dies kann der Fall sein, wenn keine Papiere vorhanden, diese lückenhaft oder widersprüchlich sind oder wenn sie aus sonstigen Gründen keine Grundlage für eine ausreichende Information sind (MüKo-BGB/*Schäfer* § 716 Rn. 12).

3 Eingesehen werden können **alle Geschäftsunterlagen** der GbR, also nicht nur Bücher und Papiere, sondern auch Unterlagen in elektronisch gespeicherter Form (BGH NJW 2010, 439 Rn. 9; BGH NJW 2011, 921 Rn. 19). Soweit erforderlich, darf der Gesellschafter Arbeitnehmer und Vertreter der GbR befragen. Ein Anspruch auf **Überlassung** von Dokumenten besteht grds. nicht (OLG Frankfurt Urt. v. 19.09.2007 – 4 U 55/07); der Gesellschafter kann allerdings **Kopien** auf eigene Kosten anfertigen (OLG Köln ZIP 1985, 800, 802 zu § 51a GmbHG: anders bei legitimem Geheimhaltungsinteresse der Gesellschaft). Sind die erforderlichen Unterlagen in einer Datenverarbeitungsanlage gespeichert, kann der Gesellschafter einen Ausdruck der Informationen verlangen (BGH NJW 2010, 439 Rn. 9; BGH NJW 2011, 921 Rn. 19).

4 Die Auskunftspflicht aus § 716 Abs. 1 ist grds. keiner Einschränkung unterworfen. Allgemeine Ausnahmen folgen lediglich aus dem Verbot der **unzulässigen Rechtsausübung** (§ 242) und dem

Schikaneverbot (§ 226). Die Auskunft darf danach nur verweigert werden, wenn an ihrer Erteilung kein vernünftiges Interesse besteht oder das Interesse so unbedeutend ist, dass es in keinem Verhältnis zu dem für die Erteilung erforderlichen Aufwand steht (BGH NJW 2011, 921 Rn. 22; vgl. auch BGH WM 1984, 1164, 1165; BGH NJW 1998, 2969 f.; BGHZ 196, 131 Rn. 43 = NJW 2013, 2190). Für ärztliche Berufsausübungsgesellschaften ergeben sich weitere Grenzen des Einsichtsrechts aus der vorrangigen **ärztlichen Schweigepflicht** (*Henssler* PartGG, § 6 Rn. 89). Oftmals sind die in der Gesellschaft zusammengeschlossenen Ärzte allerdings untereinander von der Verschwiegenheitspflicht entbunden (LG Bonn NJW 1995, 2419, 2420; Ratzel/Lippert/ J. Prütting/*Lippert* § 9 Rn. 36 ff.; Spickhoff/*Scholz* § 9 MBOÄ Rn. 3; zur Rechtsanwaltssozietät BVerfGE 141, 82 Rn. 58 = NJW 2016, 700; BGH NJW 2018, 1095 Rn. 21, 39;*Deckenbrock* NJW 2008, 3529, 3530).

## C. Abweichende gesellschaftsvertragliche Regelungen

Das Kontrollrecht des § 716 Abs. 1 ist in den Grenzen des Abs. 2 **dispositiv**; es kann also grds. durch Gesellschaftsvertrag beschränkt oder ausgeschlossen werden. Zulässig ist auf der einen Seite etwa die Einführung laufender Berichts- oder Auskunftspflichten der Geschäftsführer oder die Einbeziehung ausgeschiedener Gesellschafter, auf der anderen Seite die Regelung, dass das Einsichtsrecht nur von neutralen Sachverständigen (z.B. Wirtschaftsprüfern) ausgeübt werden darf. Die völlige und einseitige Entziehung des Informationsrechts eines Minderheitsgesellschafters durch eine von der Gesellschaftermehrheit beschlossene Änderung des Gesellschaftsvertrags ist allerdings unwirksam (BGH NJW 1995, 194, 195; s. auch BGH NJW 2010, 439 Rn. 10; BGH NJW 2011, 921 Rn. 20; BGHZ 196, 131 Rn. 24 = NJW 2013, 2190 sowie § 705 Rdn. 43). 5

Besteht der Verdacht der unredlichen Geschäftsführung, entfalten diese Beschränkungen keine Wirkung (§ 716 Abs. 2). Insoweit ist ein durch Tatsachenbehauptungen **glaubhaft vorgetragener** und von der Gegenseite **nicht ausgeräumter Verdacht** ausreichend, dass Gesellschaft oder Mitgesellschafter durch das Verhalten von Geschäftsführern pflichtwidrig geschädigt werden (vgl. BGH NJW 1984, 2470 f. zu § 338 HGB). Auf den Nachweis der Unredlichkeit kommt es ebenso wenig wie auf die Verwirklichung eines Straftatbestands an (MüKo-BGB/*Schäfer* § 716 Rn. 22). 6

## D. Ausblick

Durch das zum 01.01.2024 in Kraft tretende **MoPeG** (§ 705 Rdn. 3c ff.) fasst der Gesetzgeber den auf § 713 i.V.m. § 666 und § 716 verteilten Normenbestand in § 717 n.F. zusammen und ordnet ihn inhaltlich neu (s. zu Einzelheiten BT-Drs. 19/27635 S. 159 f.). Dort heißt es künftig unter der Überschrift: »Informationsrechte und -pflichten«: 7

> *»(1) Jeder Gesellschafter hat gegenüber der Gesellschaft das Recht, die Unterlagen der Gesellschaft einzusehen und sich aus ihnen Auszüge anzufertigen. Ergänzend kann er von der Gesellschaft Auskunft über die Gesellschaftsangelegenheiten verlangen. Eine Vereinbarung im Gesellschaftsvertrag, welche diese Rechte ausschließt oder dieser Vorschrift zuwider beschränkt, steht ihrer Geltendmachung nicht entgegen, soweit dies zur Wahrnehmung eigener Mitgliedschaftsrechte erforderlich ist, insbesondere, wenn Grund zur Annahme unredlicher Geschäftsführung besteht.*
> *(2) Die geschäftsführungsbefugten Gesellschafter haben der Gesellschaft von sich aus die erforderlichen Nachrichten zu geben, auf Verlangen über die Gesellschaftsangelegenheiten Auskunft zu erteilen und nach Beendigung der Geschäftsführertätigkeit Rechenschaft abzulegen. Eine Vereinbarung im Gesellschaftsvertrag, welche diese Verpflichtungen ausschließt, ist unwirksam.«*

## § 717 Nichtübertragbarkeit der Gesellschafterrechte

Die Ansprüche, die den Gesellschaftern aus dem Gesellschaftsverhältnis gegeneinander zustehen, sind nicht übertragbar. Ausgenommen sind die einem Gesellschafter aus seiner Geschäftsführung zustehenden Ansprüche, soweit deren Befriedigung vor der Auseinandersetzung verlangt werden kann, sowie die Ansprüche auf einen Gewinnanteil oder auf dasjenige, was dem Gesellschafter bei der Auseinandersetzung zukommt.

## § 717 BGB  Nichtübertragbarkeit der Gesellschafterrechte

| Übersicht | Rdn. | | Rdn. |
|---|---|---|---|
| A. Allgemeines | 1 | C. Ausnahmsweise übertragbare Rechte | 5 |
| B. Unübertragbare Gesellschafterrechte | 3 | D. Ausblick | 7 |

### A. Allgemeines

1 Nach der **zwingenden** (BGHZ 3, 354, 357 = NJW 1952, 178, 179; BGHZ 20, 363, 365 = NJW 1956, 1198, 1199; BGHZ 36, 292, 293 f. = NJW 1962, 738 f.) Regelung des § 717 Satz 1 sind die **individuellen Verwaltungs- und Vermögensrechte** der Gesellschafter unübertragbar und damit auch nicht pfändbar. Die Norm schützt die **Einheit von Mitgliedschaft und Verwaltungsrechten** (sog. **Abspaltungsverbot**) und das Prinzip der Selbstorganschaft. Sie ist Ausdruck des die GbR prägenden besonderen Vertrauensverhältnisses innerhalb der Gesellschaft und will verhindern, dass die Gesellschaft Einflüssen Dritter ausgesetzt wird.

2 § 717 Satz 2 bestimmt für einzelne Vermögensrechte (Aufwendungsersatz, Gewinn, Auseinandersetzungsguthaben; Rdn. 5) **Ausnahmen** von diesem Abspaltungsverbot; die Zession dieser von der Mitgliedschaft trennbaren Ansprüche läuft den Interessen der Mitgesellschafter nicht entgegen. Der Gesellschaftsvertrag kann die Übertragung einschränken oder ausschließen (BGH WM 1978, 514, 515), die **Pfändung** bleibt indes möglich (§ 851 Abs. 2 ZPO).

### B. Unübertragbare Gesellschafterrechte

3 Der Satzteil »Ansprüche der Gesellschafter« ist nicht wörtlich zu verstehen; erfasst sind **alle aus der Mitgliedschaft fließenden Rechte der Gesellschafter** (nicht aber der Anteil am Gesellschaftsvermögen und die Mitgliedschaft als solche, vgl. § 720 Rdn. 2, 11 ff.). Dazu zählen die **mitgliedschaftlichen Individualansprüche** (Anspruch gegen die Gesellschaft auf Rechnungslegung nach § 713 i.V.m. § 666, auf Duldung von Maßnahmen zur eigenen Unterrichtung nach § 716 Abs. 1, auf Gewinnverteilung gem. § 721 oder Auseinandersetzung nach § 730 als solche, nicht der hieraus jeweils folgende vermögensrechtliche Anspruch) und die **Verwaltungsrechte der Gesellschafter** (Geschäftsführungsbefugnis nach § 709, Widerspruchsrecht gem. § 711, organschaftliche Vertretungsmacht nach § 714, Stimmrecht gem. § 709, Informations- und Kontrollrecht nach § 716, *actio pro socio*, Mitwirkungsrecht bei Abberufungen und der Liquidation nach § 730, Kündigungsrecht gem. § 723). Ansprüche, die Gesellschaftern losgelöst von ihrer Mitgliedschaft gegen die GbR und gegen Mitgesellschafter zustehen (etwa aus Kauf-, Miet- oder Darlehensverträgen eines Gesellschafters mit der Gesellschaft), sind keine aus der Mitgliedschaft herrührenden Ansprüche.

4 Das Abspaltungsverbot hat allein das Ziel, die Übertragung von Verwaltungsrechten an Nichtgesellschafter auszuschließen. Zulässig bleibt dagegen die unterschiedliche Ausgestaltung der Mitgliedschaftsrechte der Gesellschafter, solange der mitgliedschaftliche Kernbereich nicht betroffen ist (§ 712 Rdn. 3 ff.), etwa die Beschränkung der Geschäftsführungs- und Vertretungsbefugnis auf einen Gesellschafterteil (§§ 710, 714), der Ausschluss des Stimmrechts einzelner Gesellschafter (§ 712 Rdn. 17) oder der Verzicht auf das Informations- und Kontrollrecht nach § 716 (§ 716 Rdn. 5). **Stimmbindungsverträge unter Gesellschaftern** sind nach h. M. zulässig (BGH NJW 1983, 1910, 1911; BGHZ 179, 13 Rn. 12 = NJW 2009, 669; MüKo-BGB/*Schäfer* § 717 Rn. 23), da es zu keiner gesellschafterfremden Rechtsausübung kommt. Stimmbindungsverträge **mit Dritten** sind nach Auffassung des BGH ebenfalls möglich, weil der betroffene Gesellschafter im Innenverhältnis weiter frei abstimmen könne (BGHZ 48, 163, 166 ff. = NJW 1967, 1963, 1964 ff.; BGH NJW 1987, 1890, 1892; a.A. aber etwa MüKo-BGB/*Schäfer* § 717 Rn. 25). Zulässig ist auch die Überlassung einzelner Rechte zur Ausübung an Dritte (z.B. Vertretung kraft Vollmacht), solange diese Rechte jederzeit wieder entzogen werden können (BGHZ 3, 354, 357 ff. = NJW 1952, 178, 179 – Stimmrecht; BGH NJW 1960, 963 f. – Stimmrecht; BGHZ 36, 292, 295 = NJW 1962, 738, 739 – Vertretungsmacht).

### C. Ausnahmsweise übertragbare Rechte

5 Die vom Abspaltungsverbot ausgenommenen Rechte sind solche **vermögensrechtlicher Natur**, etwa **Ansprüche aus der Geschäftsführung** (z.B. Anspruch des geschäftsführenden Gesellschafters

auf Aufwendungsersatz gem. § 713 i.V.m. § 670, Anspruch auf eine vereinbarte Geschäftsführervergütung), **Ansprüche auf Gewinnanteile** gegen die GbR (insb. auf Auszahlung oder Entnahme eines festgestellten oder zur Verteilung anstehenden Gewinns, ferner auch einem Gesellschafter gewinnunabhängig eingeräumte Zinsen, Vorausdividenden oder sonstige regelmäßige Geldleistungen aus dem Gesellschaftsvermögen, vgl. BGH WM 1985, 1343 f.) sowie **Ansprüche aus der Auseinandersetzung**, also auf dasjenige, was dem Gesellschafter nach Auflösung der GbR (§§ 731 ff.) oder beim Ausscheiden aus der Gesellschaft (§§ 738 Abs. 1 Satz 2, 740 Abs. 2) bei der Auseinandersetzung zukommt (BGH NJW 1998, 1551, 1552).

Ihre Übertragung i.S.d. § 717 Satz 1 erfolgt durch Abtretung (§ 398). Der zedierende Gesellschafter bedarf für die Abtretung nicht der Zustimmung der Gesellschaft oder der Mitgesellschafter. Die Gesellschaft kann gegenüber dem Zessionar nach § 404 alle Einreden und Einwendungen aus dem Gesellschaftsvertrag geltend machen. Der Zessionar erwirbt mit der Abtretung einen Anspruch gegen die GbR, **nicht aber die mit dem Anspruch verbundenen**, nach Satz 1 unübertragbaren **Verwaltungsrechte** (BGH WM 1983, 1279, 1280). Gesellschaftsinterne Entwicklungen kann der Zessionar deshalb nicht beeinflussen; ihm stehen Einsichtsrechte ebenso wenig zu wie ein Anspruch auf Rechnungsabschluss (RGZ 52, 35, 37; RGZ 90, 19, 20) oder auf Mitwirkung an der Gewinnfeststellung bzw. Auseinandersetzung (RGZ 52, 35, 36). Siehe aber zur Pfändung des Gesellschaftsanteils § 725. 6

### D. Ausblick

Mit dem Inkrafttreten des **MoPeG** zum 01.01.2024 (§ 705 Rdn. 3c ff.) geht der geltende § 717 im Wesentlichen in § 711a n.F. auf (s. dazu BT-Drs. 19/27635 S. 145 f.). 7

### § 718 Gesellschaftsvermögen

(1) **Die Beiträge der Gesellschafter und die durch die Geschäftsführung für die Gesellschaft erworbenen Gegenstände werden gemeinschaftliches Vermögen der Gesellschafter (Gesellschaftsvermögen).**

(2) **Zu dem Gesellschaftsvermögen gehört auch, was auf Grund eines zu dem Gesellschaftsvermögen gehörenden Rechts oder als Ersatz für die Zerstörung, Beschädigung oder Entziehung eines zu dem Gesellschaftsvermögen gehörenden Gegenstands erworben wird.**

### § 719 Gesamthänderische Bindung

(1) **Ein Gesellschafter kann nicht über seinen Anteil an dem Gesellschaftsvermögen und an den einzelnen dazu gehörenden Gegenständen verfügen; er ist nicht berechtigt, Teilung zu verlangen.**

(2) **Gegen eine Forderung, die zum Gesellschaftsvermögen gehört, kann der Schuldner nicht eine ihm gegen einen einzelnen Gesellschafter zustehende Forderung aufrechnen.**

### § 720 Schutz des gutgläubigen Schuldners

Die Zugehörigkeit einer nach § 718 Abs. 1 erworbenen Forderung zum Gesellschaftsvermögen hat der Schuldner erst dann gegen sich gelten zu lassen, wenn er von der Zugehörigkeit Kenntnis erlangt; die Vorschriften der §§ 406 bis 408 finden entsprechende Anwendung.

| Übersicht | Rdn. | | Rdn. |
|---|---|---|---|
| A. Allgemeines | 1 | D. Übertragung des Gesellschaftsanteils | 11 |
| B. Art und Umfang des Gesellschaftsvermögens | 3 | I. Gesellschaftsrechtliche Zulässigkeit | 11 |
| | | II. Schicksal der Vertragsarztzulassung | 14 |
| C. Beteiligung am Gesellschaftsvermögen | 7 | E. Ausblick | 18 |

### A. Allgemeines

§ 718 widmet sich der **Entstehung und dem Umfang des Gesellschaftsvermögens**. Die Vorschrift regelt neben dem Gegenstand des Gesellschaftsvermögens vor allem **die strikte Trennung des** 1

Gesellschaftsvermögens vom Privatvermögen der Gesellschafter (BGH NJW 1999, 1407). Die in § 718 genannten, zur Förderung des Gesellschaftszwecks bestimmten Gegenstände werden zu einem Sondervermögen zusammengefasst; **Träger dieses Vermögens** ist trotz des missverständlichen Wortlauts (»gemeinschaftliches Vermögen der Gesellschafter«) nach der Anerkennung ihrer Rechtsfähigkeit (§ 705 Rdn. 55) die GbR (BGH NZG 2016, 1223 Rn. 11; BGH NJW 2017, 3715 Rn. 12; MüKo-BGB/*Schäfer* § 718 Rn. 2; *Gummert/Klimke* MedR 2011, 615, 616). In einer Innen-GbR (Praxisgemeinschaft) kann Gesellschaftsvermögen allerdings ganz fehlen (OLG Schleswig MedR 2004, 56, 57; Palandt/*Sprau* § 705 Rn. 33 f.).

2 Das Verfügungsverbot des § 719 Abs. 1 betont den unauflösbaren Zusammenhang zwischen Gesellschafterstellung und Gesamthandsberechtigung; zudem beugt es, im Interesse der Erhaltung des Gesellschaftsvermögens, Eingriffen durch nicht verfügungsbefugte Gesellschafter vor (MüKo-BGB/*Schäfer* § 719 Rn. 2). Der Gesellschafter kann auf das Gesellschaftsvermögen nur zugreifen, wenn er die Gesellschaft kündigt (§ 723) und so ihre Abwicklung (§§ 730 ff.) erreicht oder – bei Vorhandensein einer Fortsetzungsklausel (§ 725 Rdn. 24; § 736 Rdn. 1) – wenn er aus der Gesellschaft ausscheidet (§§ 738 ff.).

### B. Art und Umfang des Gesellschaftsvermögens

3 Die **Beiträge** der Gesellschafter (§ 707 Rdn. 2 ff.) bilden die Basis des Gesellschaftsvermögens. Hinzu kommen die **durch die Geschäftsführung** für die Gesellschaft **erworbenen Gegenstände**; hierzu zählen neben beweglichen und unbeweglichen Sachen insbesondere auch Forderungsrechte einschließlich der Vergütungsansprüche (BGHZ 56, 355, 359 f. = NJW 1971, 1801, 1802 f.; BGH NJW 1980, 2407 zum Rechtsanwalt). Teil des Gesellschaftsvermögens ist auch der *good will* der Gemeinschaftspraxis (BGHZ 188, 282 Rn. 22 = NJW 2011, 999; *Saenger* NZS 2011, 234, 236 sowie zur Rechtsanwaltssozietät BGH BB 1960, 681). Schließlich sieht § 718 Abs. 2 die Entstehung von Gesellschaftsvermögen durch **Surrogation** vor. Danach gehört zu dem Gesellschaftsvermögen auch, was aufgrund eines zu dem Gesellschaftsvermögen gehörenden Rechts oder als Ersatz für die Zerstörung, Beschädigung oder Entziehung eines zu dem Gesellschaftsvermögen gehörenden Gegenstands erworben wird.

4 Das aus diesen Bestandteilen zusammengesetzte Gesellschaftsvermögen steht der GbR und nicht den Gesellschaftern in ihrer gesamthänderischen Verbundenheit zu; es ist **ungeteilt** (zur Bildung von **Sonderbetriebsvermögen** ausführlich *Michels* MedR 2011, 690 ff.). Eine Veränderung des Gesellschaftsvermögens in Wert oder Umfang hat für den Gesellschafter lediglich eine Veränderung des Werts oder Umfangs seines Anspruchs auf das Auseinandersetzungsguthaben zur Folge (Henssler/Strohn/*Kilian* § 718 Rn. 11). Zur **Vollstreckung** in das Gesellschaftsvermögen s. § 715 Rdn. 36.

5 Dem Gesellschaftsvermögen stehen die **Gesellschaftsverbindlichkeiten** gegenüber. Altverbindlichkeiten eines Gesellschafters werden aber nicht automatisch mit Gründung der GbR zur Gesellschaftsverbindlichkeit (BSGE 98, 89 Rn. 19 = MedR 2007, 669; BSG MedR 2011, 461 Rn. 37; § 715 Rdn. 29); sie können jedoch durch Rechtsgeschäft übernommen werden. Die Gesellschaftsschulden sind bei der Gewinn- und Verlustverteilung zu berücksichtigen (§ 721) und bei der Auseinandersetzung aus dem Gesellschaftsvermögen zu decken (§ 733).

6 Vom Gesamthandsvermögen der Gesellschaft ist das Privatvermögen der Gesellschafter strikt zu trennen. Folgerichtig schließt § 719 Abs. 2 das Recht eines Gesellschaftsschuldners aus, gegen die Gesamthandforderung mit einer ihm gegen einen Gesellschafter persönlich zustehenden Forderung **aufzurechnen**. Dies gilt auch für Forderungen innerhalb kassenärztlicher Abrechnungsverhältnisse. Eine Kassenärztliche Vereinigung ist daher nicht befugt, Honoraransprüche einer neu gegründeten Gemeinschaftspraxis mit Forderungen zu verrechnen, die ihr gegen einen der Praxispartner aus dessen vorangegangener Tätigkeit als Einzelvertragsarzt zustehen (BSGE 98, 89 Rn. 18 = MedR 2007, 669; a.A. noch die Vorinstanz LSG Essen MedR 2006, 310, 312 unter Hinweis auf die öffentlich-rechtliche Bindung solcher Forderungen).

## C. Beteiligung am Gesellschaftsvermögen

Von dem Gesamthandsvermögen zu unterscheiden ist die Frage nach der wertmäßigen Beteiligung des einzelnen Gesellschafters. Sie dient oft als Anknüpfungspunkt für die Stimmgewichtung, die Beteiligung am laufenden Ergebnis und die Errechnung des Auseinandersetzungsguthabens. Grds. sind die Gesellschafter am Gesellschaftsvermögen **gleichermaßen** beteiligt, der Gesellschaftsvertrag kann aber Abweichendes bestimmen.

Umstritten ist die Zulässigkeit sog. **Nullbeteiligungsgesellschaften** und die damit verbundene Frage, ob ein Gesellschafter von einer Beteiligung am Gesellschaftsvermögen vollständig ausgeschlossen werden kann. Insoweit muss eine Abgrenzung zu einem verdeckten Angestelltenverhältnis erfolgen (dazu ausführlich MHG/*Gummert/Remplik* § 25 Rn. 73 ff.; *Gummert/Meier* MedR 2007, 1 ff.; *Gummert/Klimke* MedR 2011, 615 ff.; *dies.* MedR 2011, 685 ff.). Die Kassenärztliche Bundesvereinigung hat in ihrem Arbeitspapier »Gemeinsame und arbeitsteilige Berufsausübung in der vertragsärztlichen Versorgung« (sog. »Schirmer-Papier«) vom 15.01.2003 die Auffassung vertreten, dass nicht alle Gesellschafter am Gesellschaftsvermögen beteiligt sein müssen. Die nicht am Vermögen beteiligten Gesellschafter brächten in gesellschaftsrechtlich zulässiger Weise (§ 707 Rdn. 4) ausschließlich ihre Dienstleistung in die Gesellschaft ein (ebenso BSGE 35, 247, 250 = NJW 1973, 1435, 1436; LSG Celle MedR 2002, 540, 541 ff.; LSG Essen MedR 2008, 50, 53; *Fiedler* NZS 2003, 574, 577; a.A. OLG Koblenz MedR 2001, 144, 145; OLG Celle NZG 2007, 542). Die Bundesärztekammer geht dagegen nicht von einer dauerhaften Zulässigkeit der Nullbeteiligung aus; sie sei vielmehr auf eine Kennenlernphase zu beschränken (DÄBl. 2008, A-1019, 1021; ebenso Spickhoff/*Ratzel* §§ 709 bis 722 Rn. 6 f.; *Zeiß* S. 141 f.).

Das BSG hat in einer jüngeren Entscheidung (BSGE 106, 222 Rn. 38 ff. = MedR 2011, 298) klargestellt, dass die Gewinn- und Verlustbeteiligung eine unabdingbare Voraussetzung für eine vertragsarztrechtlich zulässige Gemeinschaftspraxis darstelle. Ob darüber hinaus jeder Partner auch substanziell am **(materiellen) Gesellschaftsvermögen** beteiligt werden müsse oder ob – ggf. auch nur für eine Übergangsfrist – auch eine sogenannte »Null-Beteiligung« unschädlich sein könne, hat der Senat dagegen offengelassen. Er hat allerdings angedeutet, dass gewisse Gesichtspunkte dafür sprächen, dass eine Beteiligung am Gesellschaftsvermögen nicht ausnahmslos erforderlich sei. So könnten Gestaltungen zulässig sein, in denen Ärzte (gemeinsam) nicht nur die Praxisräume, sondern auch die komplette Praxisausstattung anmieteten, ihr Kapitaleinsatz also gegen Null gehe, oder in denen ein alteingesessener Vertragsarzt mit einem jungen Arzt, der in fernerer Zukunft die Praxis übernehmen soll, zunächst eine Gemeinschaftspraxis bilde, in der die gesamte Praxisausstattung dem »Alt-Arzt« gehöre (s. hierzu auch MHG/*Gummert/Remplik* § 25 Rn. 82 f.; *Gummert/Klimke* MedR 2011, 685, 686).

Es würde aber einen wesentlichen Mangel an ausreichender Selbstständigkeit und Eigenverantwortlichkeit darstellen, wenn einem Arzt bei Beendigung seiner vertragsärztlichen Tätigkeit keine Chance auf Verwertung des auch von ihm erarbeiteten Praxiswerts bliebe. Unabhängig von der Frage einer Beteiligung der Partner an den Investitionen und Kosten der Praxis sei für die Annahme einer gemeinschaftlichen Berufsausübung im Rahmen einer Gemeinschaftspraxis grds. eine Beteiligung am **immateriellen Wert** der Praxis erforderlich, da dies Ausfluss der mit einer Tätigkeit in »freier Praxis« verbundenen Chancen sei (s. auch bereits BSGE 96, 99 Rn. 14 = MedR 2006, 611). Der Senat deutet weiter an, dass im Fall der Aufgabe der Praxis dem ausscheidenden Gesellschafter zumindest ein Abfindungsanspruch verbleiben müsse. Inwieweit ein Gesellschafter für die Dauer einer begrenzten »Probezeit« vom *good will* ausgeschlossen werden könne, haben die Kasseler Richter offengelassen (für die Zulässigkeit einer solchen Regelung MHG/*Gummert/Remplik* § 25 Rn. 78, 84; *Gummert/Klimke* MedR 2011, 685, 686 f.). S. zu den für die Selbstständigkeit eines Arztes maßgeblichen Kriterien auch § 722 Rdn. 6 ff.

## D. Übertragung des Gesellschaftsanteils

### I. Gesellschaftsrechtliche Zulässigkeit

Das Verbot der Verfügung über den Anteil am Gesellschaftsvermögen (§ 719 Abs. 1) ist zwingend; von der Verfügung nur über den Vermögensanteil ist aber die **Verfügung über den**

Gesellschaftsanteil als solchen zu unterscheiden, die grds. zulässig ist. Die Abtretung des Gesellschaftsanteils insgesamt (nicht die Verpflichtung dazu, vgl. BGH BB 1958, 57 f.) ist wirksam mit **Einwilligung der übrigen Gesellschafter** (BGHZ 44, 229, 231 = NJW 1966, 499, 500; BGHZ 81, 82, 84 f. = NJW 1981, 2747). Die Zustimmungserklärung kann ad hoc als Einwilligung oder Genehmigung erklärt werden, aber auch antizipiert bereits im Gesellschaftsvertrag enthalten sein (MüKo-BGB/*Schäfer* § 719 Rn. 27). Die Übertragbarkeit kann auf einen bestimmten Personenkreis beschränkt sein oder an gewissen Voraussetzungen (z.B. berufliche Qualifikationen, verwandtschaftliche Verhältnisse) festgemacht werden (vgl. BGH NJW-RR 1989, 1259 ff.).

12 Bei der Übertragung des Gesellschaftsanteils handelt es sich nicht um eine Änderung des Gesellschaftsvertrags, sondern um eine Verfügung über ein Recht. Gegenstand der Anteilsveräußerung ist nicht das Gesamthandsvermögen, sondern die Mitgliedschaft als solche. Der Erwerber **tritt als Einzelrechtsnachfolger voll in die mitgliedschaftliche Stellung des abtretenden Gesellschafters** ein, ohne dass eine Übertragung einzelner Rechte und Pflichten notwendig ist (BGH NJW 1998, 376, 377; BGH NJW 1999, 715, 717); das Vermögen bleibt der Gesellschaft zugeordnet (BGH NJW 1998, 376, 377; BayObLG NJW-RR 1999, 687, 688). Während der ausscheidende Gesellschafter keinen Abfindungsanspruch (§ 738) gegen die GbR hat (BGH NJW 1981, 1095, 1096), schuldet der Neugesellschafter keine (neuen) Beiträge (Hensler/Strohn/*Kilian* § 719 Rn. 13). Möglich ist im Wege der Anteilsübertragung auch eine gleichzeitige Auswechslung aller Mitglieder unter Wahrung der Gesellschaftsidentität (BGH NZG 2016, 221 Rn. 27). Aus der Übertragbarkeit des Gesellschaftsanteils folgt die Möglichkeit zur **Belastung des Gesellschaftsanteils** mit Zustimmung der übrigen Gesellschafter, etwa zur Bestellung eines Nießbrauchrechts am Gesellschaftsanteil (§ 1069) oder zu dessen Verpfändung (§ 1274). Zur Pfändung des Anteils an dem Gesellschaftsvermögen s. BGH NJW-RR 2019, 930 Rn. 30 f.

13 Alternativ kann ein Gesellschafterwechsel dadurch zustande kommen, dass ausscheidender und neu eintretender Gesellschafter nacheinander oder gleichzeitig jeweils entsprechende Vereinbarungen mit den übrigen Gesellschaftern treffen. In diesem Fall wächst der Anteil des austretenden Gesellschafters zunächst den verbliebenen Gesellschaftern an und wird in einem weiteren Schritt dem eintretenden Gesellschafter übertragen. Sinnvoll kann eine solche Vorgehensweise sein, wenn die an den ausscheidenden Gesellschafter zu zahlende Abfindung sich der Höhe nach von dem vom eintretenden Gesellschafter zu zahlenden Entgelt unterscheidet (MAH MedR/*Broglie/Hartmann* § 9 Rn. 242 f.).

## II. Schicksal der Vertragsarztzulassung

14 Für Gemeinschaftspraxen besteht allerdings die Besonderheit, dass sie selbst keine **Zulassung als Vertragsarzt** erlangen können; eine solche kann nach § 95 Abs. 1 Satz 1 SGB V und §§ 3 Abs. 2, 18 Ärzte-ZV nur einem Arzt persönlich erteilt werden (§ 705 Rdn. 3 f., 57; zum Medizinischen Versorgungszentrum *Weitbrecht/Treptow* MedR 2009, 701, 702). Es handelt sich um eine öffentlich-rechtliche Rechtsposition, die von einer GbR trotz ihrer Rechtsfähigkeit nicht eingenommen werden kann. Allein durch die Übertragung des Geschäftsanteils geht daher die Vertragsarztzulassung nicht über; sie ist auch privatrechtlich nicht übertragbar (BVerfG NJW 1998, 1776, 1778; BSGE 86, 121, 123 = MedR 2001, 159, 160). Zulassungsrechtlich ist der in einer Ärztegesellschaft tätige Vertragsarzt nicht gehindert, nach einem Austritt aus der Gesellschaft im selben Zulassungsbezirk eine Einzelpraxis zu eröffnen (BSG MedR 1993, 279, 280; BGHZ 151, 389, 393 f. = NJW 2002, 3536; BGH NJW 2002, 3538; OLG Stuttgart NZG 2001, 660, 661). In einem Planungsbereich, für den (wegen Überversorgung) Zulassungsbeschränkungen angeordnet sind, führt diese Zulassungsmitnahme dazu, dass der neu eintretende Gesellschafter keine Zulassung erhält (ausführlich hierzu Schnapp/Wigge/*Wigge* § 6 Rn. 86 ff.; Ratzel/Luxenburger/*Möller/Ruppel* Kap. 17 Rn. 280 ff.; Quaas/Zuck/Clemens/*Clemens* § 20 Rn. 35 ff.; MHG/*Gummert/Remplik* § 25 Rn. 103 f.; *Gummert/Meier* MedR 2007, 400 ff.; *Engler* MedR 2010, 477, 481 ff.; *Weitbrecht/Treptow* MedR 2009, 701 ff.; *Wertenbruch* NJW 2003, 1904 ff. sowie § 738 Rdn. 28 f.).

15 Um diese Problematik zu vermeiden, kann es ratsam sein, in einem solchen Fall zugleich mit der Übertragung des Gesellschaftsanteils die Vereinbarung zu treffen, dass der ausscheidende Gesellschafter auf

seine Zulassung als Vertragsarzt verzichtet (§ 95 Abs. 7 SGB V). Ein derartiger **Zulassungsverzicht** kann nämlich nach § 103 Abs. 6 i.V.m. Abs. 4 SGB V trotz Überversorgung ein **Nachbesetzungsverfahren** zur Folge haben. Mit dieser Ausnahme berücksichtigt der Gesetzgeber die finanziellen Interessen des bisherigen Praxisinhabers bzw. seiner Erben, welche andernfalls wegen der fehlenden Verwertungsmöglichkeit der Arztpraxis erhebliche Nachteile erleiden würden, und trägt damit den Erfordernissen des Eigentumsschutzes Rechnung (s. etwa BSG MedR 2013, 814 Rn. 28; BSGE 115, 57 Rn. 46 = MedR 2014, 681). Zu berücksichtigen ist jedoch, dass seit der mit Wirkung vom 01.01.2013 in Kraft getretenen Änderung des § 103 Abs. 3a SGB V der Zulassungsausschuss dem Antrag, ein Nachbesetzungsverfahren durchzuführen, nicht mehr entsprechen muss (im Fall der Ablehnung muss die Kassenärztliche Vereinigung dem Vertragsarzt eine Entschädigung in der Höhe des Verkehrswertes der Arztpraxis zu zahlen, § 103 Abs. 3a Satz 13 SGB V). Durch Art. 1 Nr. 44 des Gesetzes zur Stärkung der Versorgung in der gesetzlichen Krankenversicherung (GKV-Versorgungsstärkungsgesetz – GKV-VSG) vom 16.07.2015 (BGBl. I, S. 1211, 1224 f.) ist § 103a SGB V – mit Wirkung vom 23.07.2015 – erneut geändert worden. Wenn der jeweilige Landesausschuss – planungsbereichs- und arztgruppenbezogen – die Feststellung getroffen hat, dass der allgemeine bedarfsgerechte Versorgungsgrad um 40 % überschritten ist, soll auf eine Ausschreibung verzichtet werden. Ist dies nicht der Fall, bleibt es allein bei der bisherigen »Kann-Regelung« in § 103 Abs. 3a Satz 3 SGB V (vgl. zur Neuregelung *Bäune/Dahm/ Flasbarth* MedR 2016, 4, 5 f.; *Berner/Strüve* GesR 2015, 461, 462; *Fiedler* DStR 2016, 322, 325 ff.).

Der Zulassungsausschuss darf den Antrag allerdings auch dann, wenn der allgemeine bedarfsgerechte Versorgungsgrad um 40 % überschritten ist, nicht ablehnen, wenn die Praxis von einem Ehegatten, Lebenspartner oder einem Kind des bisherigen Vertragsarztes fortgeführt werden soll (§ 103 Abs. 3a Satz 3 und 8 i.V.m. Abs. 4 Satz 5 Nr. 5 SGB V). Eine solche **Privilegierung** genießen zudem Ärzte, die eine mindestens fünf Jahre dauernde vertragsärztliche Tätigkeit in einem unterversorgten Gebiet ausgeübt und die Tätigkeit dort erst nach dem 23.07.2015 erstmals aufgenommen haben (§ 103 Abs. 3a Satz 3, 4 und 8 i.V.m. Abs. 4 Satz 5 Nr. 4 SGB V). Gleiches gilt, wenn die Praxis von einem angestellten Arzt des bisherigen Vertragsarztes oder einem Vertragsarzt, mit dem die Praxis bisher gemeinschaftlich betrieben wurde, fortgeführt werden soll, sofern das Anstellungsverhältnis oder der gemeinschaftliche Betrieb der Praxis mindestens drei Jahre lang angedauert hat; diese zeitliche Einschränkung greift allerdings nicht, wenn das Anstellungsverhältnis oder der gemeinschaftliche Praxisbetrieb vor dem 05.03.2015 begründet wurde (§ 103 Abs. 3a Satz 3, 6 und 8 i.V.m. Abs. 4 Satz 5 Nr. 6 SGB V). Hierdurch soll dem familiären Interesse des Praxisinhabers an der Weitergabe der Arztpraxis an seine Kinder, den Ehegatten oder den Lebenspartner Rechnung getragen und verhindert werden, dass Ärzte, mit denen der ausscheidende Vertragsarzt zuvor gemeinsam tätig war, durch eine ablehnende Entscheidung des Zulassungsausschusses gezwungen würden, ihre vertragsärztliche Tätigkeit in der Praxis aufzugeben (BT-Drs. 17/8005 S. 112; BT-Drs. 18/4095 S. 108). Auf der anderen Seite soll verhindert werden, dass Vertragsärzte die Regelungen zum Abbau von Überversorgung durch ein nur kurzzeitiges Anstellungs- oder Jobsharing-Verhältnis umgehen (BT-Drs. 18/4095 S. 108).

15a

Nach § 103 Abs. 6 Satz 2 SGB V sind die **Interessen des oder der in der Praxis verbleibenden Vertragsärzte** bei der Bewerberauswahl angemessen zu berücksichtigen. Grund hierfür ist der Umstand, dass die verbleibenden Mitglieder mit dem Anteilsübernehmer gesellschaftsrechtliche Verbindungen eingehen müssen (BT-Drs. 12/3937 S. 15; BSGE 115, 57 Rn. 43 = MedR 2014, 681; BSG MedR 2015, 621 Rn. 34). Die Zulassungsgremien haben die Existenz einer Berufsausübungsgemeinschaft bei der Entscheidung über eine Praxisnachfolge selbst dann zu berücksichtigen, wenn diese allein mit dem Ziel gegründet wurde, Einfluss auf das Nachbesetzungsverfahren zu nehmen (s. hierzu auch *Arnold/Poetsch* MedR 2013, 773 ff.; *Paßmann* ZMGR 2014, 149 ff.). Zwar haben die Interessen der in der Berufsausübungsgemeinschaft verbleibenden Ärzte in diesem Fall nur geringes Gewicht; allerdings dürfen die Zulassungsgremien im Nachbesetzungsverfahren keinen Bewerber auswählen, mit dem aus objektiv nachvollziehbaren Gründen eine Zusammenarbeit keinesfalls erwartet werden kann. Ein Bewerber ist den verbleibenden Partnern nicht zumutbar, wenn sich dieser an der gemeinsamen Ausübung der vertragsärztlichen Tätigkeit nicht beteiligen und die Tätigkeit des ausscheidenden Arztes in der Gesellschaft nicht fortsetzen kann oder will (BSG MedR 2015, 621 Rn. 33 ff.); im Ergebnis kann daher die Vertragsarztstelle nur mit einem den verbliebenen Gesellschaftern genehmen Bewerber nachbesetzt

15b

werden (MHG/*Gummert/Remplik* § 25 Rn. 104; zu rechtspolitischen Überlegungen, das Nachbesetzungsverfahren einzuschränken oder zu beseitigen, s. *Steiner* NZS 2011, 681 ff.). *De facto* ist damit aufgrund der eingeschränkten Entscheidungsbefugnis des Zulassungsausschusses regelmäßig ein Zulassungsverzicht zugunsten eines Dritten möglich (*Weitbrecht/Treptow* MedR 2009, 701, 707; *Steinhilper* MedR 2012, 617). Um sein Risiko zu minimieren, darf der Vertragsarzt auf seine Zulassung unter der Bedingung bestandskräftiger Nachbesetzung seines Vertragsarztsitzes verzichten (BSGE 110, 43 Rn. 14 = MedR 2012, 617).

16 Außerdem bieten sich **gesellschaftsvertragliche Regelungen** an, die die **Vertragsarztzulassung** der Gesellschafter einer ärztlichen Berufsausübungsgesellschaft in der Weise dauerhaft **an die Gesellschaft binden**, dass ein ausscheidender Gesellschafter auf sie verzichten muss und die verbleibenden Gesellschafter ein eigenes Antragsrecht i.S.d. § 103 Abs. 3a, Abs. 4 SGB V erhalten. Nach dem BGH verstößt eine derartige gesellschaftsvertragliche Regelung, die dem neu eintretenden Vertragsarzt für den Fall, dass er freiwillig aus der Gemeinschaftspraxis ausscheidet, die Pflicht auferlegt, auf seine Zulassung als Kassenarzt zu verzichten, jedenfalls dann nicht gegen § 138 Abs. 1 BGB i.V.m. Art. 12 Abs. 1 GG, wenn der Ausscheidende wegen der relativ kurzen Zeit (in den konkreten Fällen: sechs bzw. 21 Monate) seiner Mitarbeit die Gemeinschaftspraxis noch nicht entscheidend prägen konnte. Übernehme ein neu zugelassener Arzt in einer Gemeinschaftspraxis eine vakant gewordene Vertragsarztstelle, so kollidiere im Fall seines freiwilligen Ausscheidens aus der Praxis das durch Art. 12 Abs. 1 GG geschützte Interesse der verbleibenden Ärzte, die Gemeinschaftspraxis in dem bisherigen Umfang fortzuführen, mit dem ebenfalls durch Art. 12 Abs. 1 GG geschützten Grundrecht des ausscheidenden Arztes auf Berufsfreiheit. Der auftretende Konflikt sei nach dem Grundsatz der praktischen Konkordanz zu lösen (BGHZ 151, 389, 393 ff. = NJW 2002, 3536 f.; BGH NJW 2002, 3538; s. auch BSGE 91, 253 Rn. 28 = MedR 2004, 697, 701; OLG Düsseldorf MedR 2004, 616, 619 ff.; OLG Zweibrücken GesR 2005, 423, 424 f.; OLG München GesR 2008, 364, 368; OLG Frankfurt GesR 2010, 491, 492; LG Dortmund ZMGR 2008, 52, 53 f.; Schiedsgericht MedR 2013, 190, 192 ff. m. insoweit krit. Anm. *Dahm* MedR 2013, 194, 196 f.).

17 In der Literatur wird teilweise über den BGH hinausgehend eine solche Verzichtsregelung sogar unabhängig von der Dauer der Zugehörigkeit zur Gesellschaft als zulässig angesehen, sofern sie für alle Gesellschafter gleichermaßen gelte (*Wertenbruch* NJW 2003, 1904, 1906 f.; s. auch *Dahm* MedR 2013, 194, 196 f.). Nach einer anderen Ansicht ist es für die Frage der Wirksamkeit einer solchen Klausel regelmäßig entscheidend, ob der Gesellschafter den Vertragsarztsitz bei seinem Eintritt mit in die Gesellschaft eingebracht hat oder dieser bereits in der Gemeinschaftspraxis vorhanden war. So sei in ersterem Fall eine Verpflichtung zum Belassen des Sitzes nur gegen eine entsprechende Ausgleichszahlung zulässig (*Gummert/Meier* MedR 2007, 400, 408 f.). Teilweise wird auch vertreten, dass die Verzichtsklausel nur dann rechtmäßig sei, wenn der ausscheidende Partner lediglich eine relativ kurze Zeit mitgearbeitet und seine Zulassung im Rahmen eines Nachbesetzungsverfahrens nach § 103 Abs. 4 SGB V erhalten habe (*Bäune* ZMGR 2008, 52, 55). Im Ergebnis lässt der vom BGH eingeschlagene Weg der Interessenabwägung viele Fragen offen und macht eine Einzelfallabwägung notwendig, die die angesprochenen Kriterien angemessen berücksichtigt. Richtigerweise muss aber zumindest in den Fällen, in denen die Hinauskündigung in der Probezeit auch ohne wichtigen Grund zulässig ist (§ 737 Rdn. 18), eine gesellschaftsvertragliche Verzichtsklausel wirksam sein. In einer jüngeren Entscheidung hat das BSG (BSGE 106, 222 Rn. 47 ff. = MedR 2011, 298) diese Frage offengelassen, aber angedeutet, dass es einer zulässigen gemeinsamen Ausübung vertragsärztlicher Tätigkeit entgegenstehe, wenn sogar der Anspruch auf Abfindung des »Gesellschafters« ausgeschlossen sei.

### E. Ausblick

18 Der mit dem Inkrafttreten des **MoPeG** (§ 705 Rdn. 3c ff.) neu gefasste § 713 regelt mit Wirkung vom 01.01.2024 ausdrücklich, dass die Beiträge der Gesellschafter sowie die für oder durch die Gesellschaft erworbenen Rechte und die gegen sie begründeten Verbindlichkeiten Vermögen der Gesellschaft sind, stellt also klar, dass das dem gemeinsamen Zweck gewidmete wie auch das daraufhin erworbene Vermögen nicht den Gesellschaftern zur gesamten Hand, sondern der Gesellschaft selbst gehört (s. zu Einzelheiten BT-Drs. 19/27635 S. 148 f.).

§ 711 n.F. regelt künftig die Übertragung eines Gesellschaftsanteils als solchem. Sie bedarf danach der Zustimmung der anderen Gesellschafter. Klargestellt wird, dass die Gesellschaft eigene Anteile nicht erwerben darf (s. zu Einzelheiten BT-Drs. 19/27635 S. 143 ff.). § 711a Abs. 2 n.F. regelt den Übergang des Gesellschaftsanteils von Todes wegen (s. zum geltenden Recht § 727 Rdn. 1 ff., 5 ff.). Ist im Gesellschaftsvertrag vereinbart, dass im Fall des Todes eines Gesellschafters die Gesellschaft mit seinem Erben fortgesetzt werden soll, geht der Anteil auf den Erben über. Sind mehrere Erben vorhanden, fällt der Gesellschaftsanteil kraft Gesetzes jedem Erben entsprechend der Erbquote zu. Die Vorschriften über die Erbengemeinschaft finden insoweit keine Anwendung (s. zu Einzelheiten der Neuregelung BT-Drs. 19/27635 S. 145 sowie *Lange/Kretschmann* ZEV 2021, 545 ff.). 19

## § 721 Gewinn- und Verlustverteilung

(1) Ein Gesellschafter kann den Rechnungsabschluss und die Verteilung des Gewinns und Verlusts erst nach der Auflösung der Gesellschaft verlangen.

(2) Ist die Gesellschaft von längerer Dauer, so hat der Rechnungsabschluss und die Gewinnverteilung im Zweifel am Schluss jedes Geschäftsjahrs zu erfolgen.

| Übersicht | Rdn. | | Rdn. |
|---|---|---|---|
| A. Allgemeines | 1 | D. Gewinnverteilung | 9 |
| B. Geschäftsjahr | 3 | E. Verlustverteilung | 13 |
| C. Rechnungsabschluss | 4 | F. Ausblick | 14 |

### A. Allgemeines

§ 721 gewährt jedem Gesellschafter grds. einen Anspruch auf Rechnungsabschluss und auf die Verteilung von Gewinn und Verlust. § 722 enthält genauere Bestimmungen für diese Verteilung. **Gewinn** ist der Überschuss des Aktivvermögens gegenüber den Gesellschaftsschulden und Einlagen am Stichtag (vgl. § 734), **Verlust** der entsprechende Fehlbetrag (vgl. § 735). 1

Neben § 721 existieren zur Rechnungslegung und zur Gewinn- und Verlustbeteiligung in der Gesellschaft weitere spezielle Regelungen in den §§ 730 ff. Bei Auflösung der Gesellschaft finden die §§ 730 Abs. 1, 734, 735, bei Ausscheiden eines Gesellschafters die §§ 738 Abs. 1, 739 vorrangig Anwendung. 2

### B. Geschäftsjahr

Nach § 721 Abs. 1 kann der Rechnungsabschluss und die Verteilung des Gewinns an sich erst nach der Auflösung der Gesellschaft verlangt werden (nach Maßgabe der §§ 733 ff.). Für Gesellschaften auf längere Dauer, wie es ärztliche Berufsausübungsgesellschaften sind, sieht allerdings § 721 Abs. 2 den Rechnungsabschluss und die Gewinnverteilung am Schluss jedes Geschäftsjahres vor. Sofern keine abweichende Vereinbarung getroffen wurde (etwa eine laufende Gewinnverteilung), entspricht das Geschäftsjahr dem **Kalenderjahr**. Ansprüche der Gesellschafter entstehen in diesem Fall zum 31.12. jedes Jahres. 3

### C. Rechnungsabschluss

Der Rechnungsabschluss bildet die Grundlage der Ergebnisverteilung nach § 722. Ihr liegt die **Ermittlung der wirtschaftlichen Verhältnisse** der Gesellschaft zugrunde; der Anspruch auf Rechnungsabschluss trägt den Anspruch auf Rechnungslegung in sich (BGH WM 1960, 1121, 1122; BGH WM 1965, 709, 710; BGH NZG 2011, 697 Rn. 15). Der Rechnungsabschluss ist in Aufstellung und Feststellung zweigeteilt. Die **Aufstellung** des Rechnungsabschlusses ist Aufgabe der geschäftsführenden Gesellschafter. Sie erfolgt als Geschäftsführungsmaßnahme (BGHZ 132, 263, 266 = NJW 1996, 1678) durch eine die geordnete Zusammenstellung der Einnahmen und der Ausgaben enthaltende Rechnung. 4

Die Gesellschaft selbst ist **Anspruchsgegnerin** des Gesellschafters (vgl. BGHZ 80, 357, 358 = NJW 1981, 2563). Insoweit handelt es sich um eine vertretbare Handlung nach § 887 ZPO mit 5 der Folge, dass gem. § 128 HGB auch die Gesellschafter, insbesondere der geschäftsführende Gesellschafter, auf Erstellung der Auseinandersetzungsbilanz in Anspruch genommen und verklagt werden können (BGH NJW 2009, 431 Rn. 11; § 715 Rdn. 16).

6 Der Rechnungsabschluss einer GbR unterliegt – anders als die Bilanz bei den Handelsgesellschaften (§§ 242 ff. HGB) – keiner besonderen Form. Ausreichend ist eine geordnete Zusammenstellung der Einnahmen und Ausgaben (**einfache Rechnungslegung**) gem. § 259 BGB bzw. eine Einnahmen-Überschussrechnung nach § 4 Abs. 3 EStG. Das Erfordernis eines kaufmännischen Rechnungsabschlusses (Bilanz, Gewinn- und Verlustrechnung) kann jedoch vertraglich vereinbart werden. Verfolgt die Gesellschaft einen wirtschaftlichen Zweck, gilt das Erfordernis eines kaufmännischen Rechnungsabschlusses ggf. als **stillschweigend vereinbart** (BGHZ 80, 357, 358 = NJW 1981, 2563; OLG Saarbrücken NZG 2002, 669, 670; vgl. auch MüKo-BGB/*Schäfer* § 721 Rn. 6).

7 Die in § 259 Abs. 1 bestimmte Pflicht zur Vorlage von Belegen wird durch das aus § 716 folgende Kontrollrecht des Gesellschafters verdrängt, das ihm jederzeit die Möglichkeit gibt, Geschäftsunterlagen einzusehen (Soergel/*Hadding/Kießling* § 721 Rn. 4). Binnen welcher **Frist** nach Anspruchsentstehung die Aufstellung zu erfolgen hat, hängt von Geschäft und Struktur der jeweiligen Gesellschaft ab. Als äußerste Frist werden angesichts der jährlichen Entstehung des Anspruchs 6 Monate anzuerkennen sein (Henssler/Strohn/*Kilian* § 721 Rn. 5).

8 Durch die **Feststellung** des Rechnungsabschlusses wird dessen inhaltliche Richtigkeit im Verhältnis der Gesellschafter zur Gesellschaft bestätigt. Enthält der Gesellschaftsvertrag eine entsprechende Klausel, ergibt sich der Anspruch auf Feststellung bereits aus dieser, andererseits aus § 721. Ohne Feststellung entsteht der Gewinnanspruch – auch insolvenzrechtlich (FG Hannover ZIP 2009, 772, 774) – nicht (BGHZ 80, 357, 358 = NJW 1981, 2563). Sofern der Gesellschaftsvertrag nicht zumindest eine allgemeine Mehrheitsklausel vorsieht (zur Zulässigkeit BGHZ 170, 283 Rn. 11 ff. = NJW 2007, 1685 zur KG sowie § 705 Rdn. 39 ff.), erfolgt die Feststellung durch einstimmigen Beschluss der Gesellschafter (BGHZ 132, 263, 267 = NJW 1996, 1678, 1679; BGH NJW 1999, 571, 572). Jeder Gesellschafter besitzt einen Anspruch auf Mitwirkung an der Beschlussfassung gegenüber seinen Mitgesellschaftern (BGH NJW 1999, 571, 572). Bei der Feststellung des Rechnungsabschlusses handelt es sich um ein kausales (nicht abstraktes) Schuldanerkenntnis bzw. einen Feststellungsvertrag zwischen allen Gesellschaftern (MüKo-BGB/*Schäfer* § 721 Rn. 8). Die als Grundlage der Gewinn- und Verlustverteilung dienenden Werte werden damit zwischen den Gesellschaftern verbindlich festgelegt.

### D. Gewinnverteilung

9 Während der Rechnungsabschluss die Feststellung des Gewinns (oder Verlusts) der Gesellschaft zum Ziel hat, betrifft die Gewinnverteilung die weitere Verwendung des Gewinns unter Anwendung des nach dem Gesellschaftsvertrag oder nach dem Gesetz (§ 722) maßgebenden Gewinnverteilungsschlüssels. Der Anspruch auf Rechnungsabschluss ist somit **Vorbereitungsanspruch** für den späteren Anspruch des einzelnen Gesellschafters auf Gewinnverteilung.

10 Die **Feststellung** der Gewinnverteilung umfasst die vereinbarungsgemäße Verwendung (z.B. auch Rücklagenbildung), die Richtigkeit der Ermittlung der jeweiligen Anteile (s. auch § 722 Rdn. 3 ff.) sowie ihre Verbindlichkeit zwischen den Gesellschaftern (Soergel/*Hadding/Kießling* § 721 Rn. 12). Über die Feststellung der Richtigkeit des Rechnungsabschlusses und der Gewinnverteilung kann **in einem gemeinsamen Gesellschafterbeschluss** entschieden werden (Henssler/Strohn/*Kilian* § 721 Rn. 8).

11 Vom Anspruch auf Gewinnverteilung zu unterscheiden ist der **Gewinnanspruch** als Anspruch des Gesellschafters auf Auszahlung des jeweiligen Anteils am Gewinn aus dem Gesellschaftsvermögen (vgl. RGZ 170, 392, 395; BGH BB 1960, 188). Der Gewinnanspruch, der nach Maßgabe des § 717 Satz 2 **abtretbar** ist (§ 717 Rdn. 4), entsteht mit Feststellung der Gewinnverwendung durch die Gesellschafter. Die Zahlung erfolgt allein aus dem Gesellschaftsvermögen (§§ 707, 734), eine Haftung der Mitgesellschafter für die Sozialverbindlichkeit während des Bestehens der Gesellschaft ist nicht gegeben (RGZ 120, 135, 137 f.).

Die Auszahlung des Gewinnanteils kann, auch wenn der Gewinn zunächst bei der Gesellschaft stehen gelassen worden ist, jederzeit (**Verjährung** nach §§ 195, 199) und in voller Höhe verlangt werden. Eine Beschränkung, wie sie § 122 HGB für Personenhandelsgesellschaften vorsieht, existiert nicht. Ausnahmsweise kann aus der **Treuepflicht** des Gesellschafters folgen, dass der Gewinn nicht voll ausgeschüttet wird; dies ist insbesondere dann der Fall, wenn sich die Bildung von Rücklagen als erforderlich erweist, um das Unternehmen für die Zukunft lebens- und widerstandsfähig zu erhalten (BGHZ 132, 263, 276 = NJW 1996, 1678, 1681). Stehen gelassene Gewinnanteile werden anders als bei den Handelsgesellschaften (§ 120 Abs. 2 HGB) nicht dem Kapitalanteil des Gesellschafters zugeschrieben, sondern als Darlehen des Gesellschafters behandelt, sofern die Gesellschafter nichts Abweichendes beschließen (Palandt/*Sprau* § 721 Rn. 3). Zur steuerlichen Behandlung von Gewinn und Verlust s. § 705 Rdn. 64 ff. 12

### E. Verlustverteilung

Die Verlustverteilung bemisst sich nach der Gewinnverteilung. Da § 707 eine Beitragserhöhung während der Gesellschaftsdauer ohne eine entsprechende Vertragsänderung ausschließt, entsteht die Verpflichtung zum Verlustausgleich allerdings erst in der Auseinandersetzung (vgl. § 735); vorher ist ein Verlust auf die neue Rechnung vorzutragen (Henssler/Strohn/*Kilian* § 721 Rn. 11). Die Verrechnung des Verlusts mit den für die Gesellschafter geführten Kapitalkonten, also deren rechnerische Minderung, ist – anders als dies für die Personenhandelsgesellschaften in den §§ 120 ff. HGB geregelt ist – nur bei einer entsprechenden gesellschaftsvertraglichen Regelung zulässig (MüKo-BGB/*Schäfer* § 721 Rn. 12). 13

### F. Ausblick

Da durch das MoPeG (§ 705 Rdn. 3c ff.) das gesetzliche Leitbild der GbR von der Gelegenheits- auf die Dauergesellschaft umgestellt wird, ist die ursprüngliche Konzeption des § 721 Abs. 1 und 2 überholt. Künftig wird daher § 718 n.F. als Auslegungsregel (»im Zweifel«) vorsehen, dass der Rechnungsabschluss und die Gewinnverteilung zum Schluss jedes Kalenderjahres zu erfolgen haben (s. dazu BT-Drs. 19/27635 S. 160 f.). 14

## § 722 Anteile am Gewinn und Verlust

(1) Sind die Anteile der Gesellschafter am Gewinn und Verlust nicht bestimmt, so hat jeder Gesellschafter ohne Rücksicht auf die Art und die Größe seines Beitrags einen gleichen Anteil am Gewinn und Verlust.

(2) Ist nur der Anteil am Gewinn oder am Verlust bestimmt, so gilt die Bestimmung im Zweifel für Gewinn und Verlust.

| Übersicht | Rdn. | | Rdn. |
|---|---|---|---|
| A. Allgemeines | 1 | II. Nullbeteiligungsgesellschaft | 6 |
| B. Gesetzlicher Regelfall | 3 | III. Zustandekommen abweichender Vereinbarungen | 10 |
| C. Möglichkeiten der Verteilung durch Gesellschaftsvertrag | 4 | D. Ausblick | 12 |
| I. Gestaltungsvarianten | 4 | | |

### A. Allgemeines

§ 722 hat den Charakter einer **dispositiven gesetzlichen Verteilungsregel**. Sofern sich nicht aus dem Gesellschaftsvertrag ein anderes ergibt, bestimmt § 722 Abs. 1 den im Zweifel für die Gesellschafter geltenden **Maßstab der Verteilung** des nach § 721 festgestellten Gewinns und Verlusts, gewährt jedoch keinen selbstständigen Anspruch. Für das Vorliegen einer abweichenden Bestimmung trägt derjenige die Beweislast, der sich auf sie beruft (BGH NJW 1999, 2962, 2967). 1

## § 722 BGB   Anteile am Gewinn und Verlust

2   § 722 Abs. 2 stellt für den Fall einer im Gesellschaftsvertrag nur bzgl. der Gewinn- oder Verlustbeteiligung getroffenen Abrede als **Auslegungsregel** klar, dass der vereinbarte Verteilungsmaßstab im Zweifel auch für den nicht geregelten Aspekt gilt.

### B. Gesetzlicher Regelfall

3   § 722 Abs. 1 sieht eine Verteilung **nach Köpfen**, nicht nach Kapitalanteilen vor, sodass alle Gesellschafter ohne Rücksicht auf den eigenen Beitrag zu gleichen Anteilen partizipieren. Die Verteilung nach Köpfen ist eine Ausprägung des gesellschaftsrechtlichen **Gleichbehandlungsgrundsatzes** (MüKo-BGB/*Schäfer* § 722 Rn. 1) und gilt auch für **Innengesellschaften** (BGH NJW-RR 1990, 736, 737; BGH NJW 1999, 2762, 2767); für letztere führt er im Zweifel zu einer hälftigen Kostenteilung (BGH NJW-RR 2003, 1175, 1176).

### C. Möglichkeiten der Verteilung durch Gesellschaftsvertrag

#### I. Gestaltungsvarianten

4   Häufig erfolgt eine Ergebnisverteilung nach **Kapitaleinsatz** (Einlagenhöhe; vgl. BGH NJW 1982, 2816, 2817), nach **Dauer der Gesellschaftszugehörigkeit** (sog. Lockstep-System) oder nach Höhe der persönlich erzielten oder für die Gesellschaft **akquirierten Umsätze** bzw. **Erträge**. Verbreitet ist die Gewährung eines festen oder variablen **Gewinnvoraus als Geschäftsführervergütung**. Möglich ist auch eine zweistufige Ergebnisverteilung: Während auf der ersten Stufe die Gesellschafter »bestimmte Festgehälter« erhalten, erfolgt auf der zweiten Stufe die Verteilung des Restgewinns nach Quoten oder Umsatzanteilen (vgl. Wenzel/*Haack/Dettling* Kap. 11 Rn. 108). Denkbar ist zudem die Vereinbarung der in den §§ 120 bis 122 HGB niedergelegten Grundsätze für die GbR (zu Kapitalkonten des Arztes in der anwaltlichen Vertragsgestaltung s. *Michels* ZMGR 2016, 293 ff.). Zulässig ist es auch, die Verteilung vertraglich einem Gesellschafter zu übertragen; in diesem Fall folgt sie den Grundsätzen der §§ 315 ff. (MüKo-BGB/*Schäfer* § 722 Rn. 5). Schließlich können abweichende Vereinbarungen den Entstehungszeitpunkt oder selbstständige Entnahmerechte (BGH NJW-RR 1994, 996; BGH NJW 2000, 505, 506) betreffen. Zur Gewinnverteilung in der fachübergreifenden Gemeinschaftspraxis s. *Gollasch* S. 217 ff.

5   Die **Bundesärztekammer** empfiehlt, Faktoren wie den individuellen Umsatz eines Gesellschafters, seinen zeitlichen Einsatz, die Übernahme von Geschäftsführungsaufgaben, besondere Qualifikationen oder die Überlassung bestimmter Ressourcen zu berücksichtigen (DÄBl. 2008, A-1019, 1021 f.; dazu MAH MedR/*Broglie/Hartmann* § 9 Rn. 291 f.). Nach § 18 Abs. 1 Satz 2 MBOÄ kann der Zusammenschluss zur gemeinsamen Ausübung des Arztberufs zum Erbringen einzelner Leistungen erfolgen, sofern er nicht einer Umgehung des § 31 MBOÄ dient. Eine solche unzulässige Umgehung liegt nach § 18 Abs. 1 Satz 3 MBOÄ insbesondere vor, wenn sich der Beitrag des Arztes auf das Erbringen medizinisch-technischer Leistungen auf Veranlassung der übrigen Mitglieder einer Teil-Berufsausübungsgemeinschaft beschränkt oder der Gewinn ohne Grund in einer Weise verteilt wird, die nicht dem Anteil der von ihnen persönlich erbrachten Leistungen entspricht (dazu § 18 MBOÄ Rdn. 23 ff. sowie Ratzel/Luxenburger/*Möller/Ruppel* Kap. 17 Rn. 180 ff.).

#### II. Nullbeteiligungsgesellschaft

6   Gesellschaftsrechtlich kann grds. auch ein Gesellschafter **vollständig vom Gewinn ausgeschlossen** werden; die Beteiligung am Verlust und/oder Gewinn einer Gesellschaft ist keine notwendige Voraussetzung für das Vorliegen einer Gesellschaft (BGH WM 1967, 346, 347; BGH NJW 1987, 3124, 3125; MüKo-BGB/*Schäfer* § 705 Rn. 153 ff.; MüKo-BGB/*Schäfer* § 722 Rn. 5; Palandt/*Sprau* § 705 Rn. 40). Bei fehlender Gewinn- und Verlustbeteiligung im Gemeinschaftspraxisvertrag wird seitens der zuständigen Zulassungsgremien jedoch häufig ein »**verstecktes Anstellungsverhältnis**«, das dem Berufsbild eines niedergelassenen freiberuflich tätigen Arztes widerspricht, angenommen (sog. Nullbeteiligungsgesellschaft oder *societas leonina*) und die Zustimmung zum Gemeinschaftspraxisvertrag (vgl. § 33 Abs. 3 Satz 1 Ärzte-ZV) versagt. Auch droht – mangels Selbstständigkeit – bei unvollständiger Offenbarung des Sachverhalts der **Entzug einer bereits bestehenden Zulassung** als Vertragsarzt gem. § 95 Abs. 6 Satz 1 SGB V

i.V.m. der Ärzte-ZV sowie einer bereits erteilten Genehmigung zur gemeinsamen Ausübung der vertragsärztlichen Tätigkeit gem. § 33 Abs. 3 Satz 1 Ärzte-ZV (vgl. BSGE 96, 99 Rn. 12 = MedR 2006, 611; *Gummert/Klimke* MedR 2011, 685, 688 f.); zudem besteht die Gefahr, dass im Fall des Ausscheidens dieses Arztes das **Nachbesetzungsverfahren** (§ 103 Abs. 4 SGB V) **scheitert** (vgl. BSGE 85, 1, 3 ff.). Auch kann es zur **Rückforderung vertragsärztlichen Honorars** kommen. Die Kassenärztliche Vereinigung kann die sachlich-rechnerische Richtigstellung der Honorarforderung darauf stützen, dass sich die »Gesellschafter« einer vermeintlichen Gemeinschaftspraxis durch die angeblich gemeinsame Ausübung der vertragsärztlichen Tätigkeit ein vertragsärztliches Honorar verschafft haben, das sie bei Beachtung der vertragsärztlichen Pflichten nicht hätten erzielen können (BSGE 106, 222 Rn. 28 = MedR 2011, 298). Schließlich kann ein Arzt, der die Kassenzulassung von bei ihm im Angestelltenverhältnis beschäftigten Ärzten durch Vorlage von Scheinverträgen über ihre Aufnahme als Freiberufler in eine Gemeinschaftspraxis erschleicht und die von ihnen erbrachten Leistungen als solche der Gemeinschaftspraxis abrechnet, sich eines Betrugs (§ 263 StGB) zum Nachteil der Kassenärztlichen Vereinigung schuldig machen (so OLG Koblenz MedR 2001, 144, 145; LSG Neubrandenburg Urt. v. 27.02.2008 – L 1 Ka 7/06; MHG/ *Gummert/Remplik* § 25 Rn. 89; a.A. – einen Schaden verneinend – LG Lübeck GesR 2006, 176, 177 f.; *Stein* MedR 2001, 124, 126, 129 f.; *Grunst* NStZ 2004, 533, 537; *Herffs* wistra 2004, 281, 286 ff.; *Wessing/Dann* GesR 2006, 150, 153; offengelassen von BGH NJW 2003, 1198, 1200).

Die **Kassenärztliche Bundesvereinigung** hat in ihrem Arbeitspapier »Gemeinsame und arbeitsteilige Berufsausübung in der vertragsärztlichen Versorgung« (sog. »Schirmer-Papier«) vom 15.01.2003 ausgeführt, dass nicht am Vermögen beteiligte Gesellschafter zumindest eine Gewinnbeteiligung erhalten müssten. Diese könne aber auch in einem festen Anteil am Geschäftsergebnis bestehen (vgl. auch *Scholz* ZMGR 2010, 143, 150). Die **Bundesärztekammer** hat in einer Stellungnahme zur »Niederlassung und beruflichen Kooperation« vom 28.03.2008 (DÄBl. 2008, A-1019, 1021) die Auffassung vertreten, dass der Charakter einer Berufsausübungsgemeinschaft gegen eine generelle Zulässigkeit der Nullbeteiligungsgesellschaft spreche. Zwar stehe hierbei die Beteiligung am – insbesondere immateriellen – Vermögen im Vordergrund, gleichwohl drücke sich die Beteiligung an unternehmerischen Chancen und Risiken auch in einer prozentualen Gewinn- und Verlustbeteiligung der Gesellschafter aus. Die Nullbeteiligung sei daher nur vorübergehend, nämlich begrenzt auf den Zeitraum einer »**Kennenlernphase**« zulässig (nach Spickhoff/*Ratzel* § 709 ff. bis 722 Rn. 7 sind deshalb auf 2 bis 3 Jahre befristete Nullbeteiligungsgesellschaften zulässig; ausführlich zum bisherigen Stand der Diskussion bei Nullbeteiligungsgesellschaften *Gummert/Meier* MedR 2007, 1 ff.; *Haack* MedR 2005, 631 ff.). Diese Grundsätze sind 2011 in die Neuregelung des § 18 Abs. 2a Satz 4 MBOÄ eingeflossen, nach dem »regelmäßig eine Teilnahme aller Gesellschafter der Berufsausübungsgemeinschaft an deren unternehmerischen Risiko, an unternehmerischen Entscheidungen und an dem gemeinschaftlich erwirtschafteten Gewinn« erforderlich ist.

Das **BSG** hat in einer jüngeren Entscheidung (BSGE 106, 222 Rn. 38 ff. = MedR 2011, 298 m. krit. Anm. *Rothfuß* ZMGR 2010, 380 f.; *Gummert/Klimke* MedR 2011, 615 ff.; *dies.* MedR 2011, 685 ff.; s. zu den Folgen des Urteils auch umfassend MHG/*Gummert/Remplik* § 25 Rn. 73 ff.) striktere Kriterien formuliert, erstaunlicherweise ohne auf die Stellungnahmen der Kassenärztlichen Bundesvereinigung und der Bundesärztekammer einzugehen: Da nach § 33 Abs. 2 Satz 1 Ärzte-ZV die gemeinsame Ausübung vertragsärztlicher Tätigkeit nur unter allen zugelassenen Leistungserbringern zulässig sei, setze sie die (auch materiell rechtmäßige) Zulassung eines jeden einzelnen Mitglieds der Gemeinschaftspraxis voraus, der Vertragsarzt müsse also gem. § 32 Abs. 1 Satz 1 Ärzte-ZV die vertragsärztliche Tätigkeit persönlich in »freier Praxis« ausüben. Dieses Merkmal gehe über das hinaus, was nach den §§ 705 ff. für die Stellung als Gesellschafter erforderlich sei. Denn die vertragsärztliche Tätigkeit müsse in beruflicher und persönlicher Selbstständigkeit gesichert, erhebliche Einflussnahmen Dritter müssten ausgeschlossen sein. Zur erforderlichen eigenverantwortlichen Gestaltung ärztlicher Tätigkeit gehöre es vor allem, dass der Arzt ein wirtschaftliches Risiko trage. Es müsse insoweit maßgebend von seiner Arbeitskraft abhängen, in welchem Umfang seine freiberufliche Tätigkeit Einkünfte erbringe (vgl. bereits BSGE 35, 247, 252 = NJW 1973, 1435, 1436 f.). Ihn müsse im positiven wie im negativen Sinne die Chance und das Risiko des beruflichen Erfolgs oder Misserfolgs persönlich treffen. Erhalte der Vertragsarzt wie ein Angestellter lediglich ein Festgehalt, liege ein (verstecktes) Angestelltenverhältnis vor. Das Erfordernis der Gewinn- und Verlustbeteiligung müsse von Anbeginn der vertragsärztlichen Tätigkeit erfüllt sein und könne daher nicht für die Dauer einer »Probezeit« aufgehoben werden.

9 Nach der Entscheidung des BSG ist die **Gewinn- und Verlustbeteiligung**, und zwar von Beginn der gemeinschaftlichen Berufsausübung an, **unabdingbare Voraussetzung für** die Tätigkeit in freier Praxis (nach MHG/*Gummert/Remplik* § 25 Rn. 80; *Gummert/Klimke* MedR 2011, 685, 686; *Rothfuß* ZMGR 2010, 380, 381 steht ein fester Gewinnanteil der Gesellschafterstellung nicht zwingend entgegen, wenn das Verlustrisiko fortbesteht; nicht geklärt ist zudem, inwieweit eine betragsmäßige Verlustbegrenzung schädlich ist, vgl. *Möller* jurisPR-MedizinR 12/2010 Anm. 1). Dies bedeutet aber nicht, dass die Beteiligung an Gewinn und Verlust in jedem Fall ein verdecktes Anstellungsverhältnis ausschließt. Vielmehr muss im Rahmen einer **Gesamtschau** etwa auch berücksichtigt werden, ob der Arzt den medizinischen Auftrag nach eigenem Ermessen gestalten sowie über die räumlichen und sächlichen Mittel disponieren darf, ob und inwieweit ihm Mitgliedschaftsrechte in Form von Mitwirkungsrechten (Geschäftsführungsbefugnis, Informations-, Kontroll- und Stimmrechte) zustehen, ob er am Vermögen beteiligt ist und ob er selbstständig zur Abrechnung mit der Krankenversicherung und Privatpatienten berechtigt ist (s. die Auflistung der verschiedenen Kriterien bei BSGE 106, 222 Rn. 38 ff. = MedR 2011, 298). Siehe auch zum vollständigen Ausschluss von der Geschäftsführung § 712 Rdn. 11 und zur Nichtbeteiligung am Gesellschaftsvermögen § 720 Rdn. 8 ff. Eine gewisse Erleichterung für die Praxis haben die erweiterten Möglichkeiten einer Beschäftigung von Ärzten im Angestelltenstatus (§ 19 MBOÄ; § 32b Ärzte-ZV) mit sich gebracht. Sie erlauben es, die Zusammenarbeit mit einem Arzt außerhalb eines (Schein-) Gesellschafterverhältnisses zu erproben.

### III. Zustandekommen abweichender Vereinbarungen

10 Enthält der Gesellschaftsvertrag keine ausdrückliche Regelung zur Verteilung, besteht die Möglichkeit einer **ergänzenden Vertragsauslegung** (vgl. BGH NJW-RR 1990, 736, 737). So kann die Vereinbarung deutlich unterschiedlicher Beiträge als Anzeichen für die Vereinbarung unterschiedlicher, an den eingesetzten Vermögenswerten orientierten Beteiligungsquoten gewertet werden (BGH NJW 1982, 2816, 2817; OLG Bremen NZG 2002, 173, 175; OLG Schleswig NJW-RR 2004, 972, 974).

11 Die Abänderung des vereinbarten Verteilungsschlüssels stellt ein **Grundlagengeschäft** dar und bedarf somit grds. der Einstimmigkeit der Gesellschafter (Palandt/*Sprau* § 722 Rn. 1; vgl. zu den Voraussetzungen der Zulässigkeit einer Mehrheitsentscheidung s. § 705 Rdn. 39 ff.). Sie kann auch formlos durch langjährige **abweichende Übung** erfolgen (BGH NJW 1966, 826, 827). Ist eine Regelung zur Verteilung getroffen worden, kann nur ausnahmsweise ein Anspruch auf **spätere Anpassung** nach Maßgabe der (geänderten) Beiträge bestehen (vgl. BGH NJW-RR 1998, 1639, 1643). Ein Gesellschafter kann die Erhöhung seines Gewinnanteils unter dem Hinweis, er erwirtschafte gemessen an seiner Gewinnbeteiligungsquote einen deutlich überproportionalen Anteil an Umsatz und Gewinn der Gesellschaft, weder nach den Grundsätzen über die Änderung der Geschäftsgrundlage noch über die gesellschaftsrechtliche Treuepflicht erwirken (OLG Stuttgart NZG 2007, 745 ff.).

### D. Ausblick

12 Nach dem Inkrafttreten des **MoPeG** zum 01.01.2024 (§ 705 Rdn. 3c ff.) wird sich aus § 709 Abs. 3 n.F. ergeben, dass der Anteil an Gewinn und Verlust sich vorrangig nach den vereinbarten Beteiligungsverhältnissen richtet. Sind keine Beteiligungsverhältnisse vereinbart worden, richten sie sich nach dem Verhältnis der vereinbarten Werte der Beiträge. Sind auch die Werte der Beiträge nicht vereinbart worden, hat jeder Gesellschafter ohne Rücksicht auf den Wert seines Beitrags einen gleichen Anteil am Gewinn und Verlust. Mit diesem Regelungsansatz will der Gesetzgeber der ohnehin gelebten Praxis Rechnung tragen. Zugleich sollen dadurch die Gesellschafter dazu angehalten werden, sich bereits bei Gründung der Gesellschaft über das Wertverhältnis ihrer Beiträge zu verständigen, um künftigem Streit anlässlich der Gewinn-und Verlustverteilung aus dem Weg zu gehen (s. zu Einzelheiten BT-Drs. 19/27635 S. 142 f.).

## § 723 Kündigung durch Gesellschafter

(1) Ist die Gesellschaft nicht für eine bestimmte Zeit eingegangen, so kann jeder Gesellschafter sie jederzeit kündigen. Ist eine Zeitdauer bestimmt, so ist die Kündigung vor dem Ablauf der Zeit zulässig, wenn ein wichtiger Grund vorliegt. Ein wichtiger Grund liegt insbesondere vor,
1. wenn ein anderer Gesellschafter eine ihm nach dem Gesellschaftsvertrag obliegende wesentliche Verpflichtung vorsätzlich oder aus grober Fahrlässigkeit verletzt hat oder wenn die Erfüllung einer solchen Verpflichtung unmöglich wird,
2. wenn der Gesellschafter das 18. Lebensjahr vollendet hat.

Der volljährig Gewordene kann die Kündigung nach Nummer 2 nur binnen drei Monaten von dem Zeitpunkt an erklären, in welchem er von seiner Gesellschafterstellung Kenntnis hatte oder haben musste. Das Kündigungsrecht besteht nicht, wenn der Gesellschafter bezüglich des Gegenstands der Gesellschaft zum selbständigen Betrieb eines Erwerbsgeschäfts gemäß § 112 ermächtigt war oder der Zweck der Gesellschaft allein der Befriedigung seiner persönlichen Bedürfnisse diente. Unter den gleichen Voraussetzungen ist, wenn eine Kündigungsfrist bestimmt ist, die Kündigung ohne Einhaltung der Frist zulässig.

(2) Die Kündigung darf nicht zur Unzeit geschehen, es sei denn, dass ein wichtiger Grund für die unzeitige Kündigung vorliegt. Kündigt ein Gesellschafter ohne solchen Grund zur Unzeit, so hat er den übrigen Gesellschaftern den daraus entstehenden Schaden zu ersetzen.

(3) Eine Vereinbarung, durch welche das Kündigungsrecht ausgeschlossen oder diesen Vorschriften zuwider beschränkt wird, ist nichtig.

## § 724 Kündigung bei Gesellschaft auf Lebenszeit oder fortgesetzter Gesellschaft

Ist eine Gesellschaft für die Lebenszeit eines Gesellschafters eingegangen, so kann sie in gleicher Weise gekündigt werden wie eine für unbestimmte Zeit eingegangene Gesellschaft. Dasselbe gilt, wenn eine Gesellschaft nach dem Ablauf einer bestimmten Zeit stillschweigend fortgesetzt wird.

## § 725 Kündigung durch Pfändungspfandgläubiger

(1) Hat ein Gläubiger eines Gesellschafters die Pfändung des Anteils des Gesellschafters aus dem Gesellschaftsvermögen erwirkt, so kann er die Gesellschaft ohne Einhaltung einer Kündigungsfrist kündigen, sofern der Schuldtitel nicht bloß vorläufig vollstreckbar ist.

(2) Solange die Gesellschaft besteht, kann der Gläubiger die sich aus dem Gesellschaftsverhältnis ergebenden Rechte des Gesellschafters, mit Ausnahme des Anspruchs auf einen Gewinnanteil, nicht geltend machen.

### Übersicht

| | Rdn. |
|---|---|
| A. Allgemeines | 1 |
| I. Das Recht der Auflösung und Beendigung der GbR | 1 |
| II. Die Kündigung der Gesellschaft (§§ 723 bis 725) | 2 |
| B. Kündigungserklärung | 3 |
| C. Ordentliche Kündigung | 6 |
| I. Befristete und unbefristete Gesellschaft | 7 |
| II. Vertragliche Einschränkung des Rechts zur ordentlichen Kündigung | 10 |
| D. Außerordentliche Kündigung | 11 |
| I. Wichtiger Grund | 12 |
| II. Gesetzliche Konkretisierungen des »wichtigen« Grundes | 14 |
| 1. Gesetzliche Musterbeispiele, § 723 Abs. 1 Satz 3 | 14 |
| 2. Fristlose Kündigung durch Privatgläubiger, § 725 | 15 |
| III. Einzelfälle | 18 |
| IV. Kündigungserklärungsfrist | 19 |
| V. Vertragliche Einschränkung des Rechts zur außerordentlichen Kündigung | 20 |
| E. Vereinbarte Kündigungsfristen und Kündigungserschwerungen (§ 723 Abs. 3) | 21 |
| F. Rechtsmissbrauch | 23 |
| G. Rechtsfolgen der Kündigung | 24 |
| I. Auflösung oder Fortsetzung der Gesellschaft | 24 |
| II. Schadensersatz | 26 |
| 1. Kündigung zur Unzeit (§ 723 Abs. 2) | 26 |
| 2. Sonstige Fälle | 27 |

## A. Allgemeines

### I. Das Recht der Auflösung und Beendigung der GbR

1 §§ 723 bis 740 regeln das Recht der Beendigung der GbR. Für die GbR gilt anders als für OHG und PartG weiterhin das für Personengesellschaften lange Zeit charakteristische Prinzip »Auflösung vor Ausscheiden«. Gründe, die dem Verbleib eines Gesellschafters in der GbR entgegenstehen, führen damit grundsätzlich nicht zum bloßen Ausscheiden dieses Gesellschafters, sondern zur Auflösung der Gesellschaft. Dieser auf streng personalistisch strukturierte Gesellschaften zugeschnittene gesetzliche Grundsatz ist generell für die unternehmenstragende GbR und speziell für ärztliche Berufsausübungsgesellschaften wenig zweckmäßig. Der Teilkomplex der §§ 723 bis 728 enthält eine zusammenfassende Regelung der Auflösungsgründe. Nur in den Fällen der §§ 726, 728 Abs. 1 ist die Auflösung allerdings zwingend, in den sonstigen Fällen kann die **Fortsetzung** der Gesellschaft bei Ausscheiden des Gesellschafters, in dessen Person der Auflösungsgrund eintritt, vereinbart werden. Eine solche »**Fortsetzungsklausel**« wird sich in **heilberuflichen Zusammenschlüssen** regelmäßig **dringend empfehlen**. Der Sonderfall des Ausscheidens eines Gesellschafters ohne Auflösung der Gesellschaft, zu dem es bei Vereinbarung einer Fortsetzungsklausel kommen kann, wird in §§ 736 bis 740 näher geregelt. Voraussetzung für die Fortsetzung der Gesellschaft ist der Verbleib von mindestens zwei Gesellschaftern. Eine Einpersonengesellschaft ist – anders als bei Kapitalgesellschaften – bei der GbR nicht möglich (BayObLGZ 87, 57; s.a. § 736 Rdn. 10). Die Auflösung ist nicht gleichbedeutend mit der Beendigung der Gesellschaft. Sie führt vielmehr zunächst zu der in den §§ 730 bis 735 näher geregelten **Auseinandersetzung bzw. Liquidation**, in deren Rahmen die Rechtsbeziehungen der Gesellschaft zu ihren Gesellschaftern und zu Dritten abgewickelt werden. Die Gesellschaft bewahrt ihre Identität in personen- und vermögensrechtlicher Hinsicht, wobei der Gesellschaftszweck nunmehr auf Auseinandersetzung gerichtet ist (BGH NZG 2016, 107). Erst nach Abschluss dieser Liquidation kommt es zur **(Voll-) Beendigung** der GbR mit Wegfall des Rechtssubjekts. Handelt es sich um eine aus Vertragsärzten bestehende Praxis, stellt der Zulassungsausschuss die Beendigung durch Verwaltungsakt fest (vgl. *Michels/Möller/Ketteler-Eising*, Ärztliche Kooperationen, S. 78).

### II. Die Kündigung der Gesellschaft (§§ 723 bis 725)

2 § 723 regelt in Abs. 1 Satz 1 die **ordentliche** sowie in Abs. 1 Satz 2 u. 6 die **außerordentliche** Kündigung der Gesellschaft durch einen oder mehrere Gesellschafter. Gekündigt wird entsprechend dem in Rdn. 1 geschilderten Prinzip die Gesellschaft, nicht dagegen die Mitgliedschaft oder die Beteiligung des jeweiligen Gesellschafters. Abs. 2 bestimmt als allgemeine Schranke der Ausübung eines nach Abs. 1 bestehenden Kündigungsrechts die Unzeitigkeit der Kündigung, soweit für diese kein wichtiger Grund gegeben ist. § 723 Abs. 3 schließt vertragliche Absprachen, die zum Ausschluss oder zu einer Beschränkung des Kündigungsrechts führen, grundsätzlich aus (Rdn. 21). Die beiden ergänzenden Vorschriften der §§ 724 und 725 enthalten Regelungen für die Kündigung der Gesellschaft in Sonderkonstellationen. Zum umgekehrten Fall der **Hinauskündigung** eines Gesellschafters (Ausschluss) aus der Gesellschaft vgl. § 737 Rdn. 16 ff.

## B. Kündigungserklärung

3 Bei der Kündigungserklärung handelt es sich um eine **einseitige empfangsbedürftige Willenserklärung**. Sie ist an alle Gesellschafter zu richten und wird erst mit Zugang bei allen Gesellschaftern wirksam. Wird gegenüber der Gesellschaft gekündigt, so tritt die Wirksamkeit erst dann ein, wenn alle Gesellschafter von der Kündigung Kenntnis erlangt haben (BGH NZG 2016, 828, 829). Eine Rücknahme der wirksamen Kündigung ist nur mit Zustimmung aller Gesellschafter möglich (OLG Zweibrücken NZG 1998, 939, 940; str.).

4 Der **Wille zur Auflösung** der Gesellschaft muss in der Erklärung eindeutig zum Ausdruck gebracht werden, ohne dass der Terminus »Kündigung« verwendet werden müsste (vgl. zu Einzelfällen Henssler/Strohn/*Kilian* § 723 Rn. 5). Wird eine außerordentliche Kündigung erklärt, muss der wichtige Grund zur Kündigung angegeben werden. Ausnahmen gelten, wenn der Grund bereits allen Gesellschaftern bekannt ist.

Die Kündigung kann grundsätzlich **formlos** erklärt werden. Sieht der Gesellschaftsvertrag eine be- 5
sondere Form vor, ist § 127 zu beachten. Besonderheiten greifen in den gerade bei Freiberuflergesellschaften durchaus denkbaren Fällen, in denen der Gesellschaftsanteil wesentlicher Vermögens-
gegenstand des Gesellschafters ist (vgl. §§ 1365 u. 1822 Nr. 1).

## C. Ordentliche Kündigung

Entsprechend einem allgemeinen Prinzip (vgl. auch § 620 Abs. 2) eröffnet § 723 Abs. 1 Satz 1 die 6
Möglichkeit zu einer ordentlichen Kündigung nur, wenn die gesellschaftsvertragliche Verbindung
auf unbestimmte Zeit (**unbefristet**) eingegangen wurde. Bei befristeten Dauerschuldverhältnissen
ersetzt grundsätzlich der Zeitablauf die Möglichkeit der ordentlichen Kündigung.

### I. Befristete und unbefristete Gesellschaft

Von einer Befristung i.S.d. Abs. 1 ist nicht nur bei einer kalendermäßigen Bestimmung eines fes- 7
ten Endzeitpunktes auszugehen. Es reicht aus, wenn der **Zeitpunkt der Auflösung bestimmbar** ist
(OLG Karlsruhe NZG 2000, 304, 305; MüKo-BGB/*Schäfer* Vor § 723 Rn. 16 m.w.N.). Außer
aus den vertraglichen Absprachen kann sich die Befristung auch aus dem Gesellschaftszweck oder
den Umständen ergeben (BGHZ 50, 316, 321; OLG Köln NZG 2001, 1082, 1083). Verbleiben
Zweifel am Befristungswillen, gilt die Gesellschaft als auf unbestimmte Zeit eingegangen.

Als unbefristet behandelt § 724 Satz 1 eine Gesellschaft, bei der die Dauer an die **Lebenszeit** eines Ge- 8
sellschafters geknüpft ist. Ein lebenslanger Ausschluss des Kündigungsrechts steht dem gleich (Erman/
*Westermann* § 724 Rn. 1). Da die Grundregel des § 723 Abs. 1 für diesen Fall keine sachgerechte Lösung
bietet, deutet § 724 Satz 1 die vereinbarte lebenslange Dauer in eine unbestimmte Vertragszeit um (vgl.
auch BGH WM 1967, 315, 316). Weiterhin gilt nach der Auslegungsregel des § **724 Satz 2** auch eine
solche Gesellschaft als unbefristet, die nach Ablauf einer bestimmten Zeit stillschweigend fortgesetzt
wird. Voraussetzung ist, dass sich die beabsichtigte weitere Dauer nicht eindeutig feststellen lässt, entweder weil die Gesellschaft ohne diesbezügliche Absprachen faktisch fortgesetzt wird oder wenn zwar die
Fortsetzung, nicht aber deren Dauer beschlossen wird. Wird lediglich eine Mindestdauer bestimmt, ist
die ordentliche Kündigung nur bis zum Fristablauf ausgeschlossen. Nach Ablauf der Mindestdauer gilt
die Gesellschaft als auf unbestimmte Zeit geschlossen (MüKo-BGB/*Schäfer* Vor § 723 Rn. 14).

(unbesetzt) 9

### II. Vertragliche Einschränkung des Rechts zur ordentlichen Kündigung

Das Recht zur ordentlichen Kündigung kann bei unbefristeten, auf eine überlange oder gar auf 10
Lebenszeit eingegangenen Gesellschaften nicht ausgeschlossen werden (§ 723 Abs. 3). Auch Einschränkungen des Kündigungsrechts kommen grundsätzlich nicht in Betracht (z.B. Bindung an die
Zustimmung der Mitgesellschafter oder an bestimmte Kündigungsgründe). Als unzulässige Kündigungsbeschränkung kann auch eine für den Kündigenden nachteilige Abfindungsklausel gewertet
werden, sofern dieser im Fall einer Fortsetzungsklausel nicht den sich bei einer Liquidation der
Gesellschaft errechnenden Wert erhält (dazu § 738 Rdn. 17 ff.). Eine Regelung im Gesellschaftsvertrag über die persönliche Haftung ausgeschiedener Gesellschafter für Rentenansprüche von
ehemaligen Gesellschaftern ist grundsätzlich nichtig (LG München I NJW 2014, 478, 480 ff.),
jedenfalls soweit der ausgeschiedene Gesellschafter selbst in den Ruhestand getreten ist (OLG Düsseldorf, DStRE 2020, 895 f.). Anders als bei der außerordentlichen Kündigung besteht aber in
Ausnahmekonstellationen ein begrenzter Raum für Kündigungsausschlüsse (OLG Hamm NJW-
RR 1993, 1383, 1384) oder Kündigungsbeschränkungen, etwa in Form von nicht überlangen
Kündigungsfristen (Bergmann/Pauge/Steinmeyer/*Lück* Ges MedR § 737 Rn. 4 ff.; MüKo-BGB/
*Schäfer* § 723 Rn. 71 ff.). Die ordentliche Kündigung kann zeitlich befristet ausgeschlossen wer-
den (Mindestfrist). Die Rspr. hält jedenfalls eine Mindestfrist zwischen fünf Jahren (BGH NZG
2006, 425) und – beim Betrieb eines Dialysezentrums – bis zu fast 13 Jahren im Hinblick auf hohe
Investitionen (OLG Hamm GesR 2016, 227, 228 f.) für zulässig (vgl. auch Wenzel/*Haack*/*Dettling* Kap. 11 Rn. 120; Rieger/Dahm/Katzenmeier/Steinhilper/Stellpflug/Ziegler/*Kremer*/*Wittmann*

Ziff. 840, Berufsausübungsgemeinschaft Rn. 147). Gestaltungsfest ist das Kündigungsrecht des Privatgläubigers eines Gesellschafters nach § 725.

### D. Außerordentliche Kündigung

11 Wurde die Gesellschaft **befristet** eingegangen, so kommt für eine Beendigung vor Fristablauf nur eine außerordentliche Kündigung in Betracht. Gleiches gilt, wenn eine im Gesellschaftsvertrag vorgesehene Kündigungsfrist nicht eingehalten werden soll.

#### I. Wichtiger Grund

12 Die außerordentliche Kündigung bedarf nach § 723 Abs. 1 Satz 2 eines wichtigen Grundes, der die Fortsetzung der Vertragsbeziehungen unzumutbar erscheinen lässt. Zur Definition des wichtigen Grundes kann auf die Begriffsbestimmung des § 314 Abs. 1 Satz 2 zurückgegriffen werden. Danach liegt ein wichtiger Grund vor, wenn dem Kündigenden unter Berücksichtigung aller Umstände des Einzelfalls und unter Abwägung der beteiligten Interessen die Fortsetzung der Gesellschaft bis zur vereinbarten Beendigung bzw. bis zum Ablauf der Frist für eine ordentliche Kündigung nicht zugemutet werden kann (vgl. BGH NJW 2012, 1059, 1061 f.). Die **Interessenabwägung** muss ergeben, dass dem Interesse des Kündigenden an der Beendigung der Gesellschaft höheres Gewicht zukommt als dem Interesse der übrigen Gesellschafter an der Fortsetzung der Gesellschaft (BGH NJW 2012, 1059, 1062). Angesichts der gemeinschaftlichen Zielsetzung setzt dies regelmäßig entweder eine Zerrüttung des **Vertrauensverhältnisses** der Gesellschafter voraus oder aber, dass der gemeinsame Zweck aus einem sonstigen Grund nicht mehr erreicht werden kann. In die Abwägung fließen ein: Art und Schwere des Kündigungsgrundes, Art, Dauer und Zweck der Gesellschaft, die Stellung der Gesellschafter in der Gesellschaft, ihre persönlichen (etwa familiäre) Verbindungen, die Intensität der persönlichen Zusammenarbeit, die wirtschaftlichen Folgen (st. Rspr. BGH NJW-RR 2006, 322, 323 f.) sowie das Gewicht der Zumutung, an der Gesellschaft bis zum Ablauf der Befristung oder zum nächstmöglichen ordentlichen Kündigungstermin festhalten zu müssen. Eine erhebliche Störung der Geschäftsgrundlage i.S.v. § 313 stellt grundsätzlich einen wichtigen Kündigungsgrund dar. Das Vorliegen eines wichtigen Grundes unterliegt der uneingeschränkten gerichtlichen Überprüfung (BGH NJW 2012, 1059, 1062).

13 Ob ein wichtiger Grund gegeben ist, bestimmt sich nach den Umständen zum Zeitpunkt des **Zugangs** der Kündigungserklärung (BGH NJW 2012, 1059, 1061 f.). Spätere Geschehnisse (»vorsorgliche Kündigung«) bleiben außer Betracht, können aber eine erneute Kündigung rechtfertigen. Ein Nachschieben von Gründen ist nur dann zulässig, wenn die Gründe nicht erst später eingetreten sind und die weiteren Gesellschafter mit ihrer nachträglichen Geltendmachung rechnen mussten (OLG Köln NZG 1998, 937, 938; ausf. Soergel/*Hadding/Kießling* § 723 Rn. 29 ff.). Spätere Vorgänge können zusätzlich indizielle Bedeutung haben (BGH NJW 2000, 3491, 3492). Sind die Voraussetzungen eines wichtigen Grundes nicht erfüllt, kommt nach § 140 die Umdeutung in eine ordentliche Kündigung in Betracht, wenn der Erklärende die gesellschaftsvertragliche Verbindung erkennbar auf jeden Fall beenden möchte (BGH NJW 1998, 1551). Nimmt die Gesellschaft trotz Nichtvorliegens eines wichtigen Grundes die Kündigung gleichwohl an, ist diese wirksam, wobei der Annahmewille der Gesellschaft deutlich zum Ausdruck kommen muss (BGH ZIP 2014, 873 f.).

#### II. Gesetzliche Konkretisierungen des »wichtigen« Grundes

##### 1. Gesetzliche Musterbeispiele, § 723 Abs. 1 Satz 3

14 § 723 Abs. 1 Satz 3 zählt Gründe auf, die als wichtig i.S.d. Norm gelten. Nach Nr. 1, 1. Alt. gilt die **Verletzung einer wesentlichen Gesellschafterpflicht** als außerordentlicher Kündigungsgrund. Ein gesellschaftswidriges Verhalten genügt hierfür nicht, erforderlich ist die Verletzung besonders wichtiger Pflichten, die zudem aus dem Gesellschafterverhältnis herrühren müssen. Aus Nr. 1, 2. Alt. folgt, dass der Kündigungsgrund nicht schuldhaft verursacht sein muss. So genügt beispielsweise die krankheits- oder altersbedingte Unfähigkeit zur notwendigen Mitarbeit, nicht dagegen das bloße Erreichen einer bestimmten Altersgrenze. Die ursprünglich geregelte Altersgrenze von 68 Jahren für Vertragsärzte ist zum 01.10.2008 entfallen. Kündigungsgründe sind Unfähigkeit zur

Beitragsleistung wegen Vermögensverfalls, der Verlust der kassenärztlichen Zulassung oder Approbation oder die berufs-, disziplinar- oder strafrechtliche Verurteilung eines Gesellschafters wegen bestimmter Delikte (Wenzel/*Haack/Dettling* Kap. 11 Rn. 124; *Möller* GesR 2020, 286, 289 f.). Entsprechende Konkretisierungen im Gesellschaftsvertrag sind zu empfehlen.

## 2. Fristlose Kündigung durch Privatgläubiger, § 725

Nach § 725 steht dem **Privatgläubiger eines Gesellschafters** ein eigenständiges außerordentliches Kündigungsrecht zu. Es muss um Forderungen gehen, die nicht aus der Gesellschaftssphäre resultieren (h.M., Erman/*Westermann* § 725 Rn. 4 m.w.N.). Der Privatgläubiger, dem mangels eines Titels gegenüber der Gesellschaft ein Vollstreckungszugriff auf das Gesellschaftsvermögen verwehrt ist, kann durch die Kündigung den Vermögenswert der Mitgliedschaft realisieren. Eine Kündigungsfrist ist nicht zu beachten, außerdem scheidet eine Schadensersatzpflicht des Privatgläubigers aufgrund einer zur Unzeit erklärten Kündigung nach § 723 Abs. 2 aus.

Voraussetzung ist eine **Pfändung** des Anteils eines Gesellschafters am Gesellschaftsvermögen. Diese Pfändung erfolgt bei einer frei übertragbaren Mitgliedschaft nach §§ 857, 851 ZPO, anderenfalls nach § 859 Abs. 1 Satz 1 ZPO. Entgegen dem Wortlaut des § 859 ZPO ist Gegenstand der Pfändung nicht lediglich der Beteiligungswert, sondern die Mitgliedschaft des Gesellschafters selbst (BGHZ 97, 392, 394, Soergel/*Hadding/Kießling* Rn. 5 ff.). Ausführlich zu Gegenstand und Rechtsfolge der Pfändung siehe MüKo-BGB/*Schäfer* Rn. 8 ff.

Der **Schuldtitel**, auf dessen Grundlage die Pfändung erfolgt, muss **rechtskräftig** sein. Ist der Titel lediglich vorläufig vollstreckbar, kann nur der Gewinnanspruch geltend gemacht werden.

## III. Einzelfälle

Zur a. o. Kündigung berechtigt beispielsweise die anhaltende Unrentabilität der Gesellschaft ohne Hoffnung auf Besserung (BGH NJW 1992, 2696, 2698), eine grundlegende Veränderung der technischen oder rechtlichen Rahmenbedingungen (RGZ 142, 212, 215 f.), eine wesentliche Änderung des Gesellschaftszwecks durch Mehrheitsbeschluss (BGH WM 1980, 868), eine schwere und dauerhafte Zerrüttung der Gesellschaft (BGH NJW 2000, 3491, 3492; 1998, 3771, 3772). Nur bei Darlegung besonderer Umstände kann das Ausscheiden eines Gesellschafters wegen Insolvenz einen wichtigen Grund zur Kündigung der Gesellschaft darstellen; die Stellung des insolventen Gesellschafters als Geschäftsführer ist regelmäßig kein ausreichender besonderer Umstand (BGH NJW-RR 2012, 1059, 1062). Bei Familiengesellschaften kann auch die Ehescheidung einen Kündigungsgrund darstellen (BGH WM 1976, 1030, 1031), wenn sie sich aufgrund nachhaltiger Zerrüttung des Vertrauensverhältnisses auf die weitere Zusammenarbeit in der Gesellschaft auswirkt (vgl. auch OLG Jena NZG 1998, 343, 347 zu einer strafrechtlichen Verdächtigung). Klagt ein Gesellschafter seine berechtigte Forderung auf Gewinnausschüttung ein, ist dies kein Verstoß gegen seine Treuepflicht und somit auch kein wichtiger Grund zur Kündigung, selbst wenn er die Forderung im Wege der Zwangsvollstreckung durchsetzt (LG Berlin ZIP 2014, 1388, 1391).

## IV. Kündigungserklärungsfrist

§ 723 Abs. 1 Satz 2–4 sind zwar lex specialis gegenüber § 314, verdrängen die allgemeine Regelung allerdings nur, soweit sie eine eigene Aussage treffen. Auch für die außerordentliche Kündigung einer Gesellschaft gilt daher **§ 314 Abs. 3**. Danach ist binnen einer angemessenen Frist nach Erlangung der Kenntnis von dem wichtigen Grund zu kündigen. Wurde diese Bedenkzeit überschritten, trifft den Kündigenden die Beweislast, dass der »wichtige« Grund durch den Zeitablauf nicht seine Bedeutung verloren hat (BGH NJW 1966, 2160, 2161 – 15 Monate; BGH NJW 2012, 1059, 1062). Jedenfalls indiziert ein längerer Zeitablauf, dass das Festhalten an der GbR zumutbar ist (OLG Köln WM 1993, 325, 328).

## V. Vertragliche Einschränkung des Rechts zur außerordentlichen Kündigung

Bereits aus § 242 folgt, dass das Festhalten an einem unzumutbar gewordenen Vertrag niemand abverlangt werden kann (vgl. auch MüKo-BGB/*Henssler* § 626 Rn. 1). Beschränkungen der

Möglichkeit einer Kündigung aus wichtigem Grund sind daher unwirksam, § 723 Abs. 3 enthält insoweit für die außerordentliche Kündigung einen allgemeinen Grundsatz. Keinen Bedenken begegnen dagegen vertragliche Absprachen, nach denen bestimmte Umstände als wichtiger Grund gelten (Erman/*Westermann* § 723 Rn. 24). Sie sind für die Gesellschafter zwar nicht absolut bindend, haben aber eine Indizfunktion (Soergel/*Hadding/Kießling* § 723 Rn. 67).

### E. Vereinbarte Kündigungsfristen und Kündigungserschwerungen (§ 723 Abs. 3)

21 Das Gesetz sieht bis auf die Kündigung durch einen minderjährigen Gesellschafter nach § 723 Abs. 1 Satz 4 **keine Kündigungsfrist** vor. Eine **Kündigung zur Unzeit** führt jedoch ggf. zu einer Schadensersatzpflicht nach § 723 Abs. 2 Satz 2 (Rdn. 26). Vertraglich kann innerhalb der durch § 723 Abs. 3 normierten Grenzen eine **Kündigungsfrist vereinbart** werden. Im Hinblick auf die quartalsweise Abrechnung vertragsärztlicher Leistungen sollte eine Kündigungsfrist immer bis zum Ende eines Quartals vereinbart werden (Rieger/Dahm/Katzenmeier/Steinhilper/Stellpflug/Ziegler/*Kremer/Wittmann* Ziff. 840, Berufsausübungsgemeinschaft Rn. 149). In einer zwar befristet, aber auf überlange Zeit eingegangenen Gesellschaft oder bei Beschränkungen der Kündbarkeit für lange Zeit, führt die Befristung faktisch zum Ausschluss der Lösungsmöglichkeit von der Gesellschaft und unterfällt so der Regelung in § 723 Abs. 3 (BGH ZIP 2012, 1599, 1601). Das gilt auch dann, wenn eine Alterssicherung von Seniorpartnern bezweckt wird (BGH NJW 2007, 295). Diese zu einer Rechtsanwaltssozietät ergangene Rspr. lässt sich auf andere Freiberuflersozietäten übertragen (*Henssler* FS Konzen, S. 267, 278 f.; *Wertenbruch* DB 2009, 1222, 1223; anders wohl *Goette* DStR 2007, 34, 36). Eine Höchstfrist muss sich an den konkreten gesellschaftsvertraglichen Verhältnissen orientieren und die wechselseitigen Interessen der Gesellschafter berücksichtigen (dazu BGH NJW-RR 2012, 1242, 1244; OLG Stuttgart NZG 2007, 786 – fünfjährige Laufzeit mit einjähriger Kündigungsfrist; vgl. *Wertenbruch* DB 2009, 1222, 1223 f. zu einer Übertragbarkeit der in § 624 BGB, § 84 Abs. 1 Satz 1 AktG geregelten Fünfjahresfrist; zustimmend BeckOK-BGB/*Schöne* § 723 Rn. 33; OLG Hamm, Urt. v. 04.02.2016 – 17 U 64/14 – Ausschluss der Kündigung für einen Zeitraum von über zwölf Jahren nicht unzulässig bei aufwendigem Betrieb einer **Dialyseeinrichtung**).

22 Vereinbaren die Gesellschafter für den Kündigungsfall eine **Abfindungszahlung** oder **Vertragsstrafe** des Kündigenden, kann hierin ebenfalls ein Verstoß gegen § 723 Abs. 3 liegen (zur unzulässigen Gestaltung von Abfindungsvereinbarungen BGHZ 123, 281; 135, 387; NJW-RR 2006, 1270, 1271; OLG Schleswig-Holstein MedR 2004, 56, 58; OLG Frankfurt NZG 2012, 292). Die Bezeichnung der Zahlung als Austrittsgeld o. ä. ändert an dieser Beurteilung nichts. Auch in der Einschränkung der Abfindungsansprüche des ausscheidenden Gesellschafters kann eine unzulässige Kündigungserschwernis liegen (§ 738 Rdn. 16 ff.). An die Stelle einer nichtigen Vereinbarung tritt in der Regel eine nach den Grundsätzen der ergänzenden Vertragsauslegung zu ermittelnde, den Vorstellungen der Gesellschafter möglichst nahekommende Regelung (BGH NJW 2007, 295, 297; *Michels/Möller/Ketteler-Eising*, Ärztliche Kooperationen, S. 78).

### F. Rechtsmissbrauch

23 Eine Kündigung kann sich als rechtsmissbräuchlich darstellen, wenn der Kündigende die Kündigungslage selbst arglistig herbeigeführt hat (BGHZ 30, 195, 202 f.) oder er eine Notlage ausnutzt (Soergel/*Hadding/Kießling* § 723 Rn. 53). Ausnahmsweise kann sich aus der Treuepflicht ergeben, dass der kündigungswillige Gesellschafter an sich unzumutbare Umstände hinnehmen muss, soweit sich für ihn keine existenzbedrohende Folgen ergeben (RGZ 146, 169, 179 f.; vgl. zum Ganzen auch *Henssler/Kilian* ZIP 2005, 2229, 2234 f.).

### G. Rechtsfolgen der Kündigung

#### I. Auflösung oder Fortsetzung der Gesellschaft

24 Die Kündigung führt grundsätzlich zur Auflösung der Gesellschaft. Ist in einer **Fortsetzungsklausel** die Fortsetzung der Gesellschaft mit den nicht kündigenden Gesellschaftern vereinbart, kommt es zum **Ausscheiden** des kündigenden Gesellschafters gegen Zahlung einer Abfindung, §§ 736, 738.

Das gilt auch für die Kündigung des Privatgläubigers nach § 725 (§ 736 Rdn. 5). Besteht eine **Gemeinschaftspraxis aus zwei Gesellschaftern**, hat das Ausscheiden eines Gesellschafters allerdings automatisch die Auflösung der Gesellschaft zur Folge. Eine vertragliche Fortsetzungsklausel (**Übernahmeklausel**) führt dazu, dass das Gesellschaftsvermögen im Wege der Gesamtrechtsnachfolge auf den verbleibenden Gesellschafter übergeht. Es entsteht ein Einzelunternehmen (*Michels/Möller/Ketteler-Eising*, Ärztliche Kooperationen, S. 52; *Trautmann*, Vertrag über die ärztliche Gemeinschaftspraxis, S. 164 f.). Die durch die Kündigung aufgelöste, aber noch nicht voll beendigte GbR kann durch Gesellschafterbeschluss wieder zu einer werbenden Gesellschaft werden (BGH NJW 1995, 2843, 2844). Bei einer Kündigung nach § 725 ist der Pfändungsgläubiger an einem Beschluss zur Fortsetzung der GbR zu beteiligen (BGHZ 51, 84, 91). Wird der Geschäftsbetrieb während laufender Verhandlungen über eine Fortsetzung der Gesellschaft fortgeführt, kann in dieser vorläufigen Maßnahme noch kein konkludenter Fortsetzungsbeschluss gesehen werden.

Bei einer **Praxisgemeinschaft** bietet sich eine Fortsetzung nur dann an, wenn die zurückbleibenden 25 Gesellschafter in der Lage sind, den Praxisbetrieb im bisherigen Umfang aufrechtzuerhalten. Das kann bei einer Apparate- bzw. Laborgemeinschaft dann zweifelhaft sein, wenn der Unterhalt der Geräte und Einrichtungen erheblichen finanziellen Aufwand erfordert.

## II. Schadensersatz

### 1. Kündigung zur Unzeit (§ 723 Abs. 2)

Eine Kündigung zur Unzeit führt nach § 723 Abs. 2 Satz 2 zu einer Schadensersatzpflicht (vgl. aber 26 Rdn. 15). Die Wirksamkeit der Kündigung selbst bleibt davon unberührt. Eine Kündigung ist unzeitig, wenn sie die gemeinschaftlichen Interessen der Gesellschafter verletzt. Durch die schuldhafte Wahl des verfrühten Kündigungszeitpunktes muss ein außerordentlicher Schaden entstanden sein (BGH BB 1959, 538; vgl. auch *Henssler/Kilian* ZIP 2005, 2229, 2232). Nicht zu beanstanden ist eine Kündigung zur Unzeit, wenn hierfür ein wichtiger Grund vorliegt, d.h. wenn das Interesse des Kündigenden an der Auflösung zur Unzeit schutzwürdiger ist als das Interesse der Mitgesellschafter an der Auflösung zu einem späteren Zeitpunkt (BGH WM 1976, 1030). Ersatzfähig ist der sog. **Verfrühungsschaden**, der auf das positive Interesse gerichtet ist. Nicht zu erstatten sind Nachteile, die typischerweise mit jeder Auflösung der Gesellschaft einhergehen.

### 2. Sonstige Fälle

Bei schuldhafter Verursachung des für eine außerordentliche Kündigung erforderlichen wichtigen 27 Grundes durch einen Gesellschafter kann diesen eine Schadensersatzpflicht gegenüber seinen Mitgesellschaftern treffen (vgl. § 314 Abs. 4), gerichtet auf Ersatz der durch die vorzeitige Beendigung der Gesellschaft erlittenen Nachteile (RGZ 162, 388, 395 f.). Wurden die Mitgesellschafter bei den Vertragsverhandlungen über wesentliche Umstände falsch informiert, bestehen Ansprüche aus dem vorvertraglichen Schuldverhältnis (§ 311) oder Delikt (BGH NJW 2005, 1784, 1787).

## § 726 Auflösung wegen Erreichens oder Unmöglichwerdens des Zweckes

**Die Gesellschaft endigt, wenn der vereinbarte Zweck erreicht oder dessen Erreichung unmöglich geworden ist.**

| Übersicht | Rdn. | | Rdn. |
|---|---|---|---|
| A. Allgemeines .................... | 1 | C. Unmöglichkeit der Zweckerreichung ... | 4 |
| B. Zweckerreichung ................ | 3 | D. Abdingbarkeit .................... | 6 |

### A. Allgemeines

Während sich die §§ 723 bis 725 mit dem Auflösungsgrund der Kündigung befassen, geht es bei 1 den §§ 726 bis 728 um die Auflösung wegen Zweckerreichung bzw. nachträglicher Unmöglichkeit des Gesellschaftszwecks (§ 726), durch Tod eines Gesellschafters (§ 727 Abs. 1) oder durch

## § 726 BGB  Auflösung wegen Erreichens oder Unmöglichwerdens des Zweckes

Insolvenz der Gesellschaft (§ 728 Abs. 1) oder eines Gesellschafters (§ 728 Abs. 2). Bei einer Auflösung der Gesellschaft nach §§ 726, 728 Abs. 1 folgt schon aus der Natur der Sache der zwingende Charakter der Auflösung. Auch die Auflösung nach §§ 726 bis 728 führt zu einer **Auseinandersetzung**, an deren Ende die **(Voll) Beendigung** der GbR durch Wegfall des Rechtssubjekts steht.

2 Zweckerreichung und Unmöglichkeit ziehen nach § 726 unmittelbar und unabhängig von der Kenntnis der Gesellschafter (Staudinger/*Habermeier* Rn. 2) die Auflösung der Gesellschaft nach sich. Ungeachtet des missverständlichen Wortlauts (»endigt«) verzichtet § 726 in beiden Fällen lediglich auf die Erklärung der Kündigung der Gesellschaft als Voraussetzung der Auflösung. Für die Berufsausübungsgesellschaften der **Heilberufe** als »unternehmenstragende Gesellschaften« passt die automatische, kenntnisunabhängige Auflösung der Gesellschaft nicht. Teilweise wird daher für solche Gesellschaften die analoge Anwendung des § 133 HGB gefordert (Staudinger/*Habermeier* vor § 705 BGB Rn. 72). Besteht zwischen den Gesellschaftern Streit über eine automatisch erfolgte Auflösung, so muss dieser über eine Feststellungsklage ausgetragen werden (MüKo-BGB/*Schäfer* Rn. 6).

### B. Zweckerreichung

3 Je enger der Zweck in den vertraglichen Absprachen gefasst wird, desto eher kann es zur Auflösung nach § 726 kommen. Praktisch bedeutsam wird der Auflösungsgrund in erster Linie bei **Gelegenheitsgesellschaften**, namentlich bei Gesellschaften, die zur Durchführung bestimmter Projekte gegründet werden (z.B. ARGE). Die **Berufsausübungsgesellschaften der Heilberufe** sind regelmäßig auf Dauer angelegt, sodass für eine Auflösung wegen Zweckerreichung kein Raum ist.

### C. Unmöglichkeit der Zweckerreichung

4 **Unmöglich** wird die Erreichung des vereinbarten Gesellschaftszwecks, wenn sich **nachträglich** Umstände ergeben, die der Verwirklichung des gemeinsamen Zwecks entgegenstehen. Anfängliche Unmöglichkeit führt nach § 311a nicht zur Nichtigkeit. Nur bei einer **dauerhaften, eindeutigen und sicher feststehenden** Unmöglichkeit ist die einschneidende Rechtsfolge einer automatischen Auflösung sachgerecht (BGHZ 84, 379, 381; OLG Köln BB 2002, 1167). Insbesondere bei unternehmenstragenden Gesellschaften, wie den ärztlichen Gemeinschaftspraxen, ist ein restriktives Verständnis geboten. Lässt sich das Hindernis durch eine Neuorganisation, neue Mitarbeiter oder neue Betriebsmittel beheben, greift § 726 nicht. Die automatische Auflösung ist in diesem Fall regelmäßig nicht zweckmäßig (ausf. dazu MüKo-BGB/*Schäfer* Rn. 4). Zweifelhaft ist insoweit die Entscheidung des LSG Berlin-Brandenburg (ZInsO 2019, 2372 ff.), nach der in einer KZV-übergreifenden Berufsausübungsgemeinschaft (KüBAG) schon der Zweck entfällt, wenn der ausscheidende Zahnarzt der einzige Arzt mit einen Praxissitz im Zulassungsbezirk ist. Zwar muss die Gesellschaft in diesem Fall eine neue vertragsärztliche Zulassung herbeiführen, um weiter vertragsärztlich praktizieren zu können. Der Zweck der gemeinsamen Berufsausübung ist mit dem Ausscheiden aber noch nicht unmöglich geworden, insbesondere nicht im Bereich der privatärztlichen Versorgung.

5 Unpassend ist die Rechtsfolge der Auflösung auch bei **zeitlich begrenzt** wirkenden Hindernissen. Hier genügt es, wenn die Gesellschaft während des fraglichen Zeitraums zum Ruhen gebracht wird (BGHZ 24, 279, 296; ausf. MüKo-BGB/*Schäfer* Rn. 4 ff.). Bei den Berufsausübungsgesellschaften der Heilberufe kann § 726 bei Entzug oder sonstigem Verlust der **Berufszulassung** einschlägig sein (vgl. BGH NJW-RR 2004, 472 f.).

### D. Abdingbarkeit

6 § 726 enthält zwingendes Recht. Die automatische Auflösung kann in keinem der beiden von der Norm erfassten Sachverhalte wirksam ausgeschlossen oder auch nur erschwert werden (BGH WM 1963, 728, 730). Sog. Fortsetzungsklauseln (§ 727 Rdn. 5) entfalten im Geltungsbereich des § 726 keine Wirkung (§ 736 Rdn. 9). Die Gesellschaft kann aber – und zwar auch nach bereits erfolgter Auflösung (BGH WM 1963, 728, 730) – durch einstimmigen Gesellschafterbeschluss mit einem neuen, realisierbaren Gesellschaftszweck fortgeführt werden (BGH ZIP 2004, 356, 357; Erman/*Westermann* Rn. 2).

## § 727 Auflösung durch Tod eines Gesellschafters

(1) Die Gesellschaft wird durch den Tod eines der Gesellschafter aufgelöst, sofern nicht aus dem Gesellschaftsvertrag sich ein anderes ergibt.

(2) Im Falle der Auflösung hat der Erbe des verstorbenen Gesellschafters den übrigen Gesellschaftern den Tod unverzüglich anzuzeigen und, wenn mit dem Aufschub Gefahr verbunden ist, die seinem Erblasser durch den Gesellschaftsvertrag übertragenen Geschäfte fortzuführen, bis die übrigen Gesellschafter in Gemeinschaft mit ihm anderweit Fürsorge treffen können. Die übrigen Gesellschafter sind in gleicher Weise zur einstweiligen Fortführung der ihnen übertragenen Geschäfte verpflichtet. Die Gesellschaft gilt insoweit als fortbestehend.

| Übersicht | Rdn. | | Rdn. |
|---|---|---|---|
| A. Allgemeines | 1 | 2. Miterben | 9 |
| B. Tod eines Gesellschafters | 2 | 3. Testamentsvollstreckung | 10 |
| C. Vertragliche Vereinbarungen/Nachfolgeklauseln | 5 | II. Rechtsgeschäftliche Nachfolgeklausel | 11 |
| I. Erbrechtliche Nachfolgeklausel | 7 | D. Eintrittsklauseln | 12 |
| 1. Alleinerbe | 8 | I. Ausgestaltung | 12 |
| | | II. Abfindungsansprüche der Erben | 14 |

### A. Allgemeines

§ 727 stellt – in Betonung der engen persönlichen Beziehung zwischen den Gründungsgesellschaftern – sicher, dass die Gesellschafter bei Tod eines Mitgesellschafters die Gesellschaft nicht mit den jeweiligen Erben fortsetzen müssen, wenn sie dies nicht wünschen. Um der für die GbR typischen ausgeprägt personalistischen Struktur Rechnung zu tragen, schreibt Abs. 1 bei Tod eines Gesellschafters die automatische Auflösung der Gesellschaft vor. Die Regelung weicht vom – für auf Dauer angelegte Berufsausübungsgesellschaften weit besser geeigneten – Recht der Personenhandelsgesellschaften und der Partnerschaftsgesellschaft ab; dort wird die Gesellschaft von den verbleibenden Gesellschaftern weitergeführt. Da § 727 dispositiv ist, kann der Gesellschaftsvertrag die bei ärztlichen Berufsausübungsgesellschaften in der Regel allein sachgerechte Fortsetzung der Gesellschaft durch die übrigen Gesellschafter unter Anwachsung des Gesellschaftsanteils des Verstorbenen vorsehen. Abs. 2 konkretisiert für den Übergangszeitraum von der werbenden zur Liquidationsgesellschaft die Rechts- und Pflichtenstellung der Erben einerseits und der übrigen Gesellschafter andererseits und verdrängt für diesen Zeitraum die Regelung in § 730 Abs. 2.   1

### B. Tod eines Gesellschafters

Dem Tod eines Gesellschafters steht die Verschollenheitserklärung (§ 9 VerschG) sowie die gerichtliche Feststellung des Todes (§ 39 VerschG) gleich, nicht dagegen bloße Verschollenheit (BeckOK-BGB/*Schöne* Rn. 3). In einer zweigliedrigen Gesellschaft führt die Stellung des überlebenden Gesellschafters als Vollerbe des Verstorbenen zur Beendigung der Gesellschaft (AG Potsdam ZIP 2001, 346). Bei bloßer Vorerbschaft des überlebenden Gesellschafters ist die Gesellschaft trotz Vereinigung aller Gesellschaftsanteile in der Hand des Überlebenden für das Rechtsverhältnis zum Nacherben bzw. einem dessen Interessen wahrenden Testamentsvollstrecker als nicht erloschen anzusehen (vgl. BGHZ 48, 219; 98, 48, 50). Auf die bloße Auflösung einer **juristischen Person** oder **rechtsfähigen Personengesellschaft**, die Gesellschafter der GbR ist, kann Abs. 1 nicht, auch nicht entsprechend, angewendet werden (BGH WM 1982, 974, ausf. Erman/*Westermann* Rn. 2; MüKo-BGB/*Schäfer* Rn. 8).   2

Zur Auflösung der Gesellschaft kommt es mit dem Tod des Gesellschafters, unabhängig davon, ob Mitgesellschafter oder Erben von ihm Kenntnis erlangen. Während der nun beginnenden Liquidationsphase rücken der bzw. die **Erben** in die Mitgliedstellung des Erblassers ein (BGH NJW 1995, 3314, 3315). Bei einer Erbengemeinschaft erhalten die einzelnen Erben keine eigene Mitgliedschaft. Vielmehr nehmen sie die ihnen zustehenden Rechte gem. § 2035 gemeinsam wahr (BGH NJW 1982, 170, 171). Die Haftung der Erben für die Nachlassverbindlichkeiten kann nach §§ 1975 ff. auf das Erbe beschränkt werden (MüKo-BGB/*Schäfer* Rn. 19). Kommt es während der   3

## § 727 BGB Auflösung durch Tod eines Gesellschafters

Liquidation zu einer Rückumwandlung der GbR in eine werbende Gesellschaft, so werden die einzelnen Miterben, sofern nicht ein anderes vereinbart wird, entsprechend ihrer Quote Gesellschafter (vgl. BGH NJW 1982, 170, 171; Erman/*Westermann* Rn. 4).

4 Abs. 2 Satz 1 verpflichtet den Erben zur unverzüglichen (§ 121) **Anzeige** des Todes des Erblassers gegenüber allen Mitgesellschaftern. Da der strikte Zwang zur Auflösung zu einer unvernünftigen Vernichtung von wirtschaftlichen Werten führen könnte, behandelt Abs. 2 die GbR unter Ausschluss von Liquidationsvorschriften teilweise als fortbestehend. So besteht bei Gefahr im Verzug ein Recht und eine Pflicht zur **Notgeschäftsführung**, d.h. der Erbe kann und muss die dem Erblasser i.S.d. § 710 übertragenen Geschäfte ohne vorherige Abstimmung mit den Mitgesellschaftern fortführen. Eine vergleichbare Verpflichtung trifft für die ihnen übertragenen Geschäfte auch die übrigen Gesellschafter (Abs. 2 Satz 2). Beim gesetzlichen Regelfall der Gesamtgeschäftsführung bleibt es dagegen bei der bisherigen Regelung, da generell für die Übergangszeit die für die werbende Gesellschaft bestimmten Geschäftsführungs- und Vertretungsregeln fortgelten (MüKo-BGB/ *Schäfer* Rn. 12). Die bei Verletzung der in Abs. 2 normierten Pflicht zur Geschäftsführung möglichen **Schadensersatzansprüche** der Mitgesellschafter bedingen, dass der Erbe seine Pflichtverletzung zu vertreten hat (§ 280 Abs. 1 Satz 2). Das setzt Kenntnis bzw. Kennenmüssen der Gesellschafterstellung des Erblassers voraus.

### C. Vertragliche Vereinbarungen/Nachfolgeklauseln

5 Die Auflösung der GbR beim Tod eines Gesellschafters steht nach Abs. 1 unter dem ausdrücklichen Vorbehalt einer abweichenden Regelung im Gesellschaftsvertrag. Durch Aufnahme einer einfachen **Fortsetzungsklausel** in den Gesellschaftsvertrag kann anstelle der Auflösung die Fortsetzung der Gesellschaft mit den **verbleibenden** Gesellschaftern vereinbart werden. Nach der Rspr. kann in diesen Fällen sogar der bei Fortsetzung entstehende Abfindungsanspruch der Erben vollständig ausgeschlossen werden (BGHZ 22, 186, 194 f.; Staudinger/*Habermeier* Rn. 22). Eine solche Klausel ist für ärztliche Gemeinschaftspraxen dringend zu empfehlen. Zu beachten sind aber die steuerlichen Folgen: Nach § 3 Abs. 1 Nr. 2 Satz 2 ErbStG stellt die Anwachsung eine steuerpflichtige Schenkung auf den Todesfall dar, soweit der Wert des Gesellschaftsanteils den Abfindungsanspruch der Erben übersteigt (dazu *Versin* ErbBstg 2020, 022–026). Weiterhin können erbrechtlich Pflichtteils- oder Pflichtteilsergänzungsansprüche bestehen (dazu *Götz* ZEV 2020, 342).

5a Rechtlich zulässig, bei Freiberufler-Gesellschaften aber wegen der engen persönlichen Bindung und der Qualifikationserfordernisse unüblich (MüKo-BGB/*Schäfer* Rn. 26), sind über die schlichte Anordnung der Fortsetzung hinausgehende Absprachen, nach denen in der fortgesetzten Gesellschaft ein bestimmter **Nachfolger** automatisch in die Gesellschafterstellung einrücken (erbrechtliche oder rechtsgeschäftliche **Nachfolgeklausel**, vgl. Rdn. 7 ff. bzw. Rdn. 11) oder einer bestimmten Person das von ihr auszuübende Recht zum Eintritt in die Gesellschaft zustehen soll (rechtsgeschäftliche **Eintrittsklausel**, vgl. Rdn. 12 ff.). Sieht der Gesellschaftsvertrag keine Fortsetzungsregelung vor, so ist bei ärztlichen Berufsausübungsgesellschaften zu prüfen, ob die Gesellschafter eine stillschweigende Vereinbarung zur Fortsetzung getroffen haben (*Michels/Möller/Ketteler-Eising,* Ärztliche Kooperationen, S. 53), denn die gesetzlich angeordnete Auflösung wird hier regelmäßig wirtschaftlich unvernünftig sein. Die von der Rspr. entwickelte Regel, nach der eine Klausel im Zweifel nicht als Eintritts-, sondern als Nachfolgeklausel zu verstehen ist (BGHZ 68, 225, 231), kann auf Berufsausübungsgemeinschaften, in denen die Mitgliedschaft an persönliche Voraussetzungen der Gesellschafter (z.B. Approbation) geknüpft ist, nicht übertragen werden (Henssler/Strohn/*Kilian* Rn. 11).

6 Erfüllen die Erben oder Eintrittsberechtigten nicht die berufsrechtlichen und/oder vertragsarztrechtlichen Voraussetzungen für einen Eintritt in die Gesellschaft, kann der Geschäftsanteil auf die verbleibenden Gesellschafter übertragen werden. Anderenfalls können die verbleibenden Gesellschafter die Erben aus der Gesellschaft ausschließen (*Michels/Möller/Ketteler-Eising,* Ärztliche Kooperationen, S. 53). Beantragt der Erbe eine vertragsärztliche Zulassung, wird er bis zur Erteilung derselben nicht Mitglied der GbR, wenn sich nicht ausnahmsweise aus dem Gesellschaftsvertrag ausdrücklich ergibt, dass er den Anteil auch ohne Vertragsarztzulassung erhalten soll.

## I. Erbrechtliche Nachfolgeklausel

Zulässig ist zunächst eine gesellschaftsvertraglich vereinbarte einfache Nachfolgeklausel, nach der 7 die Mitgliedschaft eines Gesellschafters vererbt werden kann (BGH NJW 1978, 264). Sie setzt voraus, dass der in Aussicht genommene Gesellschafter seine Stellung als Mitgesellschafter auf **erbrechtlichem Wege als gesetzlicher oder testamentarischer Erbe erhält** (BGHZ 98, 48, 51). Außerhalb des Erbrechts kann die Gesellschafterstellung nur durch den neuen Gesellschafter über eine Eintrittsklausel, d.h. unter seiner Mitwirkung erworben werden. Eine Umdeutung der Nachfolgeklausel in eine Eintrittsklausel ist möglich (BGH NJW 1978, 264, 265; JZ 1987, 880). Liegen zwar die erbrechtlichen, nicht jedoch die gesellschaftsrechtlichen Voraussetzungen vor, weil etwa der Erbe nicht als nachrückender Gesellschafter benannt wurde, ist zu erwägen, ob die überlebenden Gesellschafter aufgrund ihrer Treuepflicht verpflichtet sind, den ihnen bereits angewachsenen Anteil des Erblassers auf den/die Erben zu übertragen (BGHZ 68, 225, 233; NJW 1978, 264, 265).

### 1. Alleinerbe

Unproblematisch ist die Nachfolge, wenn der gesellschaftsvertraglich vorgesehene Gesellschafter zugleich Alleinerbe ist. Er rückt dann nach § 1922 mit dem Todesfall unmittelbar in die Gesellschafterstellung des Erblassers ein und haftet für Gesellschaftsschulden wie ein rechtsgeschäftlicher Erwerber. 8 Eine Haftung für Altverbindlichkeiten der Gesellschaft ergibt sich aus analoger Anwendung des § 130 HGB (BGH ZIP 2014, 1221, 1222 f.). Der Nachfolger kann seine Haftung durch Erbausschlagung (§ 1942) vermeiden. Eine analoge Anwendung des § 139 HGB (Beteiligung als Kommanditist) scheidet bei Freiberufler-Gesellschaften mangels gewerblicher Tätigkeit aus. Im Schrifttum wird den Mitgesellschaftern bei freiberuflichen Gesellschaften das Recht zugebilligt, den Austritt durch das Angebot eines Rechtsformwechsels in eine Partnerschaftsgesellschaft oder eine PartG mbB mit den Haftungsprivilegien der Abs. 2 und 4 des § 8 PartGG abzuwenden (ausf. dazu MüKo-BGB/*Schäfer* Rn. 48).

### 2. Miterben

Begünstigt die Nachfolgeklausel mehrere Erben, so gelangt die vererblich gestellte Mitgliedschaft 9 des Verstorbenen nach ganz h. M. nicht »als Ganzes«, sondern im Wege der Sondererbfolge (Singularsukzession) unmittelbar und geteilt ohne weiteres Dazutun an die Nachfolger-Erben (BGH NJW 1986, 2431; MüKo-BGB/*Schäfer* Rn. 34). Trotz der Sondererbfolge gehören die (geteilten) Gesellschaftsanteile der Nachfolger-Erben allerdings zum Nachlass (zur Erbschaft). Die Mitgliedschaft teilt also nicht das Schicksal des sonstigen, gesamthänderisch gebundenen Nachlasses (Erman/*Westermann* Rn. 3). Zusätzliche organisatorische Belastungen, die aufgrund der erhöhten Gesellschafterzahl zwangsläufig entstehen, sind von der gesellschaftsvertraglichen Absprache der Alt-Gesellschafter gedeckt. Soll nur ein bestimmter Erbe oder nur ein Teil der Erben in die Gesellschafterstellung des Erblassers nachrücken, kann dies durch eine sog. **qualifizierte Nachfolgeklausel** sichergestellt werden. Im Gesellschaftsvertrag oder einer letztwilligen Verfügung wird der nachfolgende Gesellschafter in zumindest bestimmbarer Form bezeichnet. Die gesellschaftsvertragliche Gestaltung geht dann der erbrechtlichen vor (**Vorrang des Gesellschaftsrechts**), obwohl sich der Erwerb des Gesellschaftsanteils weiterhin nach dem Erbrecht vollzieht. Die Erbenstellung des benannten Gesellschafters bleibt unverzichtbar, ein bloßes Vermächtnis genügt wegen dessen nur obligatorischer Wirkung nicht. Nicht als Nachfolger qualifizierte Erben erwerben Ausgleichsansprüche gegen die in die Gesellschafterstellung einrückenden Erben. Im Innenverhältnis der Miterben untereinander behält die Erbquote ihre Bedeutung für die Berechnung des Wertausgleichs. Stützen lässt sich der Ausgleichsanspruch auf eine Analogie zu § 1978 oder §§ 2050 ff. (zu den verschiedenen Auffassungen vgl. MüKo-BGB/*Schäfer* Rn. 46). Der Nachfolger/Erbe muss sich den vollen Wert des Gesellschaftsanteils anrechnen lassen; übersteigt dieser den Wert seines Erbteils, muss er die Differenz an die Erbengemeinschaft zahlen.

### 3. Testamentsvollstreckung

Ordnet der Gesellschaftsvertrag – was zulässig ist (BGHZ 108, 187, 191) – Testamentsvollstreckung 10 hinsichtlich des Gesellschaftsanteils des Verstorbenen an, übt der eingesetzte Testamentsvollstrecker die von der Mitgliedschaft trennbaren Vermögensrechte i.S.d. § 717 Abs. 2 aus. Problematisch ist, dass der Testamentsvollstrecker aufgrund § 2206 nur den Nachlass, nicht dagegen das sonstige Privatvermögen des Erben verpflichten kann und auch selbst nicht mit seinem privaten Vermögen haftet. Um die auf der persönlichen Gesellschafterhaftung aufbauende Haftungsverfassung der GbR nicht auszuhöhlen, wird man dem Testamentsvollstrecker daher weder Geschäftsführungs- noch Vertretungsbefugnisse zubilligen können (str., zum Ganzen Erman/*Westermann* Rn. 10).

## II. Rechtsgeschäftliche Nachfolgeklausel

11 Die rechtsgeschäftliche Nachfolgeklausel verbindet mit der erbrechtlichen Nachfolgeklausel die Absprache, dass im Fall des Todes eines Gesellschafters automatisch ein neuer Gesellschafter nachfolgen soll. Allerdings soll der Begünstigte die Gesellschafterstellung nicht auf erbrechtlichem, sondern auf rechtsgeschäftlichem Weg erhalten. Mit der zutreffenden h. M. ist eine derartige Nachfolge als Vertrag zulasten Dritter einzustufen, der ohne Mitwirkung des Nachfolgers **unwirksam** (MüKo-BGB/*Schäfer* Rn. 51 f.) und zudem als Verfügung zugunsten Dritter problematisch ist (BGHZ 68, 225, 231). Möglich bleiben Vereinbarungen, an denen der Nachfolger mitwirkt, etwa ein Beitrittsvertrag zwischen den Gesellschaftern und dem Nachfolger (§§ 413, 398, 158 Abs. 1), der aufschiebend bedingt auf den Überlebensfall geschlossen wird (BGH NJW 1959, 1433) oder Klauseln, die einen Mitgesellschafter als Nachfolger in den Anteil des Verstorbenen namentlich bestimmen (MüKo-BGB/*Schäfer* Rn. 52).

## D. Eintrittsklauseln

### I. Ausgestaltung

12 Soll der Nachfolger nicht auf erbrechtlicher Grundlage in die Stellung des verstorbenen Gesellschafters einrücken, können die Gesellschafter ihm ein Recht zum Eintritt in die Gesellschaft einräumen (dazu Soergel/*Hadding/Kießling* Rn. 15 f.; Staub/*Schäfer* § 139 HGB Rn. 15 ff., 142 ff.). Grundlage einer entsprechenden Rechtsposition kann ein Vertrag zugunsten eines Dritten nach § 328 Abs. 1 oder ein obligatorisch wirkendes Vermächtnis sein (BGH NJW-RR 1987, 989, 990). Der Erwerb der Gesellschafterstellung erfolgt hier nicht automatisch mit dem Tod des bisherigen Gesellschafters, der Begünstigte erhält lediglich einen schuldrechtlichen Anspruch auf Aufnahme in die Gesellschaft. Das Eintrittsrecht kann an **Bedingungen** geknüpft werden, namentlich an bestimmte Qualifikationen wie eine Berufszulassung, Approbation oder Vertragsarztzulassung (vgl. *Trautmann*, Vertrag über die ärztliche Gemeinschaftspraxis, S. 163). Ist der Berechtigte zugleich Erbe, kann der Erblasser durch ein Vermächtnis zugunsten der Mitgesellschafter eine Eintrittspflicht begründen. Die Vereinbarung einer Frist zur Ausübung des Eintrittsrechts empfiehlt sich, anderenfalls muss das Eintrittsrecht innerhalb einer **angemessenen Frist** ausgeübt werden, deren Dauer von den Umständen des Einzelfalls abhängt (BGH WM 1977, 1323, 1327: 3 Monate bei unklarer Sachlage). Die Benennung des Eintrittsberechtigten kann einem Dritten überlassen werden (MüKo-BGB/*Schäfer* Rn. 55).

13 Je nach Ausgestaltung des Eintrittsrechts erfolgt die Aufnahme in den Gesellschafterkreis entweder durch einen **Aufnahmevertrag** zwischen den überlebenden Gesellschaftern und dem Eintrittsberechtigten oder – etwa bei Vereinbarung einer Option – durch einseitige Erklärung des Begünstigten (vgl. BGH WM 1977, 1323, 1326). Da eine zweigliedrige Gesellschaft beim Tod eines der beiden Gesellschafter zwingend aufgelöst wird, muss hier parallel zur Ausübung des Eintrittsrechts die GbR durch den überlebenden Gesellschafter und den Eintrittsberechtigten neu gegründet werden. Bei entsprechender Vereinbarung ist allerdings auch die direkte Übernahme des Geschäftsanteils durch den verbleibenden Gesellschafter möglich, vgl. §§ 723 bis 725 Rdn. 24.

### II. Abfindungsansprüche der Erben

14 Wird die Gesellschaft fortgesetzt, so steht den Erben grundsätzlich ganz unabhängig von der Ausübung des Eintrittsrechts ein Abfindungsanspruch zu. Nimmt der Berechtigte sein Eintrittsrecht nicht wahr, fällt der **Abfindungsanspruch** (§§ 736, 738 Abs. 1 Satz 2), der aus Sicht der Altgesellschafter die prinzipiell sachgerechte Gegenleistung für den angewachsenen Gesellschaftsanteil

bildet, in den Nachlass. Problematischer ist der Fall des Eintritts, bei dem der Berechtigte grundsätzlich eine Einlage erbringen müsste, während das Abfindungsguthaben nach erbrechtlichen Grundsätzen unter den Miterben verteilt würde. Beides wird regelmäßig weder dem Willen der überlebenden Altgesellschafter noch dem des Eintretenden entsprechen. Im Regelfall empfiehlt sich daher eine abweichende vertragliche Gestaltung, etwa der für den Fall des Eintritts ausnahmsweise zulässige Ausschluss des Abfindungsanspruchs. Mit einem Abfindungsanspruch gegen die Einlageforderung aufrechnen kann der Eintretende dagegen nur dann, wenn ihm dieser Anspruch zuvor von den Erben abgetreten wurde. Da die Erben hierfür regelmäßig keinen Anlass sehen werden, muss dies – falls gewünscht – vorbereitet werden, etwa indem der Erblasser letztwillig ein entsprechendes Vermächtnis oder eine Teilungsanordnung zugunsten des Eintrittsberechtigten verfügt (dazu *Ulmer* ZGR 1972, 220). Kommt es nicht zur Fortsetzung der Gesellschaft, bleibt es beim Grundsatz der Auflösung der Gesellschaft mit der Folge der Auseinandersetzung (Abs. 1).

### § 728 Auflösung durch Insolvenz der Gesellschaft oder eines Gesellschafters

(1) Die Gesellschaft wird durch die Eröffnung des Insolvenzverfahrens über das Vermögen der Gesellschaft aufgelöst. Wird das Verfahren auf Antrag des Schuldners eingestellt oder nach der Bestätigung eines Insolvenzplans, der den Fortbestand der Gesellschaft vorsieht, aufgehoben, so können die Gesellschafter die Fortsetzung der Gesellschaft beschließen.

(2) Die Gesellschaft wird durch die Eröffnung des Insolvenzverfahrens über das Vermögen eines Gesellschafters aufgelöst. Die Vorschrift des § 727 Abs. 2 Satz 2, 3 findet Anwendung.

Übersicht

| | Rdn. | | Rdn. |
|---|---|---|---|
| A. Allgemeines | 1 | C. Insolvenz eines Gesellschafters | 6 |
| B. Insolvenz der Gesellschaft | 3 | D. Vertragliche Gestaltungsmöglichkeiten | 9 |

#### A. Allgemeines

Die GbR ist nach § 11 Abs. 2 Nr. 1 InsO insolvenzfähig, über ihr Vermögen kann damit das Insolvenzverfahren eröffnet werden. Ausgenommen von diesem Grundsatz bleibt nach überwiegender Ansicht die reine **Innengesellschaft** (Soergel/*Hadding/Kießling* Rn. 2, MüKo-BGB/*Schäfer* Rn. 7; a.A. Erman/*Westermann* Rn. 2), sodass die von Abs. 1 angeordnete Auflösung der GbR nur für die **Außengesellschaft** mit eigener Rechtspersönlichkeit – d.h. für alle medizinischen Berufsausübungs- und Organisationsgesellschaften – bedeutsam ist. Sowohl für die Innen- als auch für die Außengesellschaft (h.M., Erman/*Westermann* Rn. 4) greift dagegen die dispositive Anordnung der Auflösung der Gesellschaft bei Eröffnung des Insolvenzverfahrens über das Vermögen eines Gesellschafters (Abs. 2). 1

Die Auflösung der Gesellschaft tritt mit Wirksamkeit des Eröffnungsbeschlusses des Insolvenzgerichts nach § 27 InsO ein (BeckOK BGB/*Schöne* Rn. 3). Das gilt auch für fehlerhafte Eröffnungsbeschlüsse; allerdings verliert der Beschluss bei einer erfolgreichen Anfechtung durch Beschwerde (keine aufschiebende Wirkung, § 6 Abs. 3 InsO) von Anfang an (ex tunc) seine Wirkung. Folglich hat auch eine Auflösung der GbR zu keiner Zeit stattgefunden, die Wirksamkeit von Rechtshandlungen des Insolvenzverwalters bleibt hiervon nach § 34 Abs. 3 Satz 3 InsO unberührt. Wird die Eröffnung des Insolvenzverfahrens mangels Masse abgelehnt, besteht die Gesellschaft als werbende fort (MüKo-InsO/*Haarmeyer/Schildt* § 26 Rn. 48). 2

#### B. Insolvenz der Gesellschaft

Die Eröffnungsgründe richten sich nach allgemeinem Insolvenzrecht (§§ 17, 18, 19 Abs. 3 InsO). Antragsberechtigt sind **Gesellschaftsgläubiger** (§ 14 InsO), **Gesellschafter** und **Abwickler** (§ 15 Abs. 1 InsO). Eine Antragspflicht besteht aufgrund der persönlichen Gesellschafterhaftung grundsätzlich nicht, jedoch lässt sich § 130a HGB entsprechend auf die GbR anwenden, sofern keine natürliche Person als Gesellschafter auftritt (MüKo-HGB/*Schmidt* § 130a Rn. 12; Oetker/*Boesche* HGB § 130a Rn. 4; vgl. auch § 15a InsO). Zivilrechtliche Sorgfaltspflichten können eine durch 3

Schadensersatzansprüche sanktionierte Pflicht der **Geschäftsführer** zur Antragstellung begründen. Das Insolvenzverfahren tritt an die Stelle der gesellschaftsrechtlichen Liquidation, wie § 730 Abs. 1 ausdrücklich hervorhebt. Stellt ein Gesellschafter Insolvenzantrag gegen die Gesellschaft, verstößt er gegen die gesellschaftsrechtliche Treuepflicht und ist der Gesellschaft zum Schadensersatz verpflichtet, wenn für die Antragstellung unter Berücksichtigung aller Umstände kein Anlass bestand (OLG München ZIP 2015, 826, 827).

4 Für Verbindlichkeiten der GbR, die bis zur Eröffnung des Insolvenzverfahrens begründet wurden, haften die Gesellschafter persönlich. Von der persönlichen Haftung für nach diesem Zeitpunkt eingegangene Verbindlichkeiten sind die Gesellschafter hingegen befreit. Dem entspricht es, dass auch die Geschäftsführung nach Eröffnung des Insolvenzverfahrens ausschließlich dem Insolvenzverwalter zusteht, § 80 Abs. 1 InsO. Allein er hat nach § 93 InsO das Recht, die persönliche Haftung der Gesellschafter analog § 128 HGB für Gesellschaftsverbindlichkeiten, einschließlich der Nachhaftung gem. § 736 Abs. 2, geltend zu machen (*Schmidt/Bitter* ZIP 2000, 1077, 1081 ff.; *Gerhard* ZIP 2000, 2181). Allerdings darf er von den Gesellschaftern nur solche Beträge einfordern, die über die vorhandene Insolvenzmasse hinaus zur Befriedigung aller Insolvenzgläubiger erforderlich sind (BT-Drucks. 12/2443 S. 140; *Prütting* ZIP 1997, 1725, 1732). Entsprechend § 17 Abs. 1 Satz 1 AnfG sind Prozesse von Gesellschaftsgläubigern gegen Gesellschafter wegen Verbindlichkeiten der GbR mit Eröffnung des Insolvenzverfahrens zu unterbrechen (BGH NJW 2003, 590, 591). Die persönliche Haftung der Gesellschafter endet, wenn Forderungen gegen die GbR durch Insolvenzplan befriedigt werden (§ 227 Abs. 2 InsO).

5 **Abs. 1 Satz 2** lässt einen Gesellschafterbeschluss über die Fortsetzung der Gesellschaft zu, wenn das Verfahren auf Antrag der Gesellschaft als Schuldner eingestellt oder nach der Bestätigung eines Insolvenzplans, der den Fortbestand der Gesellschaft vorsieht, aufgehoben wird. Es bedarf keiner Neugründung der Gesellschaft.

### C. Insolvenz eines Gesellschafters

6 Gemäß dem Grundsatz »Auflösung vor Ausscheiden« (§§ 723 bis 725 Rdn. 1) führt die Insolvenz über das Vermögen eines Gesellschafters nach Abs. 2 prinzipiell zur Auflösung der GbR. Ein von der gesetzlichen Anordnung abweichender **Gesellschafterbeschluss** über die Fortsetzung der Gesellschaft bleibt wegen der dispositiven Auflösungsfolge zwar möglich, er kann aber nur mit Zustimmung des Insolvenzverwalters gefasst werden (h.M., MüKo-BGB/*Schäfer* Rn. 43 m.w.N.). Enthält dagegen bereits der Gesellschaftsvertrag eine **Fortsetzungsklausel** (Rdn. 9), scheidet der insolvente Gesellschafter zwingend aus der Gesellschaft aus; seine Beteiligung ist zu liquidieren (MüKo-BGB/*Schäfer* Rn. 31). Der Insolvenzverwalter erlangt so Zugriff auf den im Auseinandersetzungsguthaben verkörperten Vermögenswert des Gesellschaftsanteils. Bei parallelen Insolvenzverfahren über das Gesellschaftsvermögen und über das Vermögen eines Gesellschafters werden die Forderungen der Gesellschaftsgläubiger auch im Insolvenzverfahren über das Vermögen des Gesellschafters mit dem vollen Betrag berücksichtigt, mit dem sie bei Eröffnung dieses Verfahrens bestehen (§ 43 InsO). Wird das Insolvenzverfahren auf Antrag des Schuldners eingestellt, ändert dies an seinem Ausscheiden aus der GbR nichts. Jedoch können die übrigen Gesellschafter die Wiederaufnahme beschließen (MüKo-BGB/*Schäfer* Rn. 36), auch kann ein Wiederaufnahmeanspruch des ausgeschiedenen Gesellschafters in Betracht kommen (BeckOK BGB/*Schöne* Rn. 9). Wird die Gesellschaft nach dem Tod eines Gesellschafters abweichend von § 727 Abs. 1 nicht aufgelöst, jedoch über den Nachlass des verstorbenen Gesellschafters nach §§ 315 ff. InsO das **Nachlassinsolvenzverfahren** eröffnet, führt dies nicht zur Auflösung der Gesellschaft nach § 728 Abs. 2 Satz 1 (BGH NJW 2017, 3715, 3717).

7 Der Gesellschaftsanteil des insolventen Gesellschafters fällt mit Eröffnung des Insolvenzverfahrens in die Masse. Die Mitgesellschafter sind ab der Eröffnung des Insolvenzverfahrens an der Geltendmachung von Ausgleichs- oder Sozialansprüchen gehindert (MüKo-BGB/*Schäfer* Rn. 40; Erman/*Westermann* Rn. 6). Das Gesellschaftsvermögen selbst ist von der Insolvenzeröffnung hingegen nicht betroffen, die Vermögensgegenstände, etwa die vertragsärztliche Zulassung (LSG NRW NJW 1997, 2477), werden von dem Insolvenzbeschlag entsprechend dem Gedanken der gesamthänderischen Bindung nicht erfasst (BGH NJW 1957, 750, 752).

Die Verwaltungsrechte des Insolvenzschuldners in der Abwicklungsgesellschaft werden durch den 8
Insolvenzverwalter wahrgenommen (OLG Zweibrücken NZI 2001, 431, 432). Abs. 2 Satz 2 verweist auf § 727 Abs. 2 Satz 2 u. 3, wonach die Gesellschafter bis zum Beginn der Auseinandersetzung die ihnen in der werbenden Gesellschaft übertragenen Geschäfte fortzuführen haben. Da § 727 Abs. 2 Satz 1 von der Verweisung ausgeklammert ist, darf der Insolvenzverwalter allerdings die dem Insolvenzschuldner in der werbenden GbR übertragenen Geschäfte nicht fortführen (MüKo-BGB/ *Schäfer* Rn. 39). Die Abwicklung selbst richtet sich nach den Vorschriften der §§ 730 ff., erfolgt damit außerhalb des Insolvenzverfahrens, wie § 84 Abs. 1 InsO ausdrücklich betont (vgl. OLG Köln NZI 2006, 36, 37). Die Mitgesellschafter haben ein Absonderungsrecht (§ 84 Abs. 1 Satz 2 InsO). Nach allgemeinen Regeln steht den Liquidatoren für die Auseinandersetzung Gesamtgeschäftsführungsbefugnis zu, der Insolvenzverwalter tritt auch insoweit an die Stelle des Insolvenzschuldners.

### D. Vertragliche Gestaltungsmöglichkeiten

Während § 728 Abs. 1 zwingendes Recht enthält, ist Abs. 2 Gestaltungen zugänglich, die aller- 9
dings auf die Interessen der Gläubiger Rücksicht nehmen müssen. Möglich und in medizinischen Berufsausübungs- und Organisationsgesellschaften auch empfehlenswert ist eine Fortsetzungsklausel, die den Fall der Gesellschafterinsolvenz mitumfasst (Rdn. 6). In der zweigliedrigen Gesellschaft ist ein gesellschaftsvertragliches Übernahmerecht zu empfehlen (vgl. BeckOK BGB/*Schöne* Rn. 10). Eine Fortsetzung der Gesellschaft unter Einschluss des Insolvenzschuldners ist dagegen nicht möglich (Palandt/*Sprau* Rn. 2).

## § 729 Fortdauer der Geschäftsführungsbefugnis

*Wird die Gesellschaft aufgelöst, so gilt die Befugnis eines Gesellschafters zur Geschäftsführung zu seinen Gunsten gleichwohl als fortbestehend, bis er von der Auflösung Kenntnis erlangt oder die Auflösung kennen muss. Das Gleiche gilt bei Fortbestand der Gesellschaft für die Befugnis zur Geschäftsführung eines aus der Gesellschaft ausscheidenden Gesellschafters oder für ihren Verlust in sonstiger Weise.*

Übersicht

| | Rdn. | | Rdn. |
|---|---|---|---|
| A. Fortbestehen der Geschäftsführungsbefugnis bei Auflösung der Gesellschaft ... | 1 | 3. Gutgläubigkeit .................... | 4 |
| | | 4. Rechtswirkungen ................. | 5 |
| I. Allgemeines ........................ | 1 | a) Geschäftsführungsbefugnis ...... | 5 |
| II. Wegfall der Geschäftsführungsbefugnis .. | 2 | b) Vertretungsmacht .............. | 7 |
| 1. Geschäftsführungsbefugnis ......... | 2 | B. Fortbestehen der Geschäftsführungsbefugnis bei Fortbestehen der Gesellschaft, Satz 2 ..................... | |
| 2. Wegfall der Einzelgeschäftsführungsbefugnis ........................... | 3 | | 8 |

### A. Fortbestehen der Geschäftsführungsbefugnis bei Auflösung der Gesellschaft

#### I. Allgemeines

Als Annex zum in den §§ 723 bis 728 geregelten Recht der Auflösung der Gesellschaft, regelt § 729 1
die Geschäftsführung nach Eintritt eines Auflösungsgrundes. Zweck ist der Schutz der Geschäftsführer einer werbend tätigen GbR vor der unbewussten Überschreitung ihrer Einzelgeschäftsführungsbefugnisse, wenn diese mit Auflösung der Gesellschaft ohne ihr Wissen enden (MüKo-BGB/ *Schäfer* Rn. 1). Während der anschließenden Liquidation lebt nach § 730 Abs. 2 Satz 2 die Gesamtgeschäftsführung aller Gesellschafter wieder auf.

#### II. Wegfall der Geschäftsführungsbefugnis

##### 1. Geschäftsführungsbefugnis

Da § 729 Satz 1 das Vertrauen des Geschäftsführers in seine nach § 730 Abs. 2 Satz 2 aufgehobene 2
Einzelgeschäftsführungsbefugnis schützt, greift die Vorschrift nur, wenn der Gesellschaftsvertrag

(§ 711) es nicht bei der Gesamtgeschäftsführung des § 709 belässt (Erman/*Westermann* Rn. 1). Ob alle oder nur einzelne Gesellschafter einzelgeschäftsführungsbefugt waren, ist unerheblich. Keine Anwendung findet § 729 auf die bloße Übertragung der Geschäftsführung für einzelne Geschäfte, die ohne Zuweisung einer organschaftlichen Geschäftsführungs- und Vertretungsmacht erfolgt (dann greift § 674, MüKo-BGB/*Schäfer* Rn. 3).

### 2. Wegfall der Einzelgeschäftsführungsbefugnis

3   Die vertraglich zugewiesene Einzelgeschäftsführungsbefugnis muss aufgrund der Auflösung der Gesellschaft entfallen sein (§ 730 Abs. 2 Satz 2, dazu § 730 Rdn. 7; bei Insolvenz vgl. § 728 Rdn. 4). Der Grund für die Auflösung ist unerheblich und seine Relevanz nicht davon abhängig, ob er dem Geschäftsführer typischerweise im Zeitpunkt der Auflösung bekannt ist.

### 3. Gutgläubigkeit

4   Weitere Voraussetzung ist die Gutgläubigkeit des Geschäftsführers hinsichtlich des Fortbestehens seiner Einzelgeschäftsführungsbefugnis. Sie entfällt zunächst bei positiver Kenntnis des Erlöschens und bei Kenntnis der Tatsachen, die kraft Gesetz oder Gesellschaftsvertrag zum Erlöschen der Geschäftsführungsbefugnis führen (MüKo-BGB/*Schäfer* Rn. 9). Es schadet jede Form des »Kennenmüssen«, d.h. jede Form fahrlässiger Unkenntnis i.S.d. § 122 Abs. 2, wobei der Sorgfaltsmaßstab des § 708 anzuwenden ist (MüKo-BGB/*Schäfer* Rn. 9). Bis zum Zeitpunkt des Eintritts der Bösgläubigkeit wirkt die Fiktion des § 729. Die Auflösung durch Kündigung der Gesellschaft (§ 723) setzt regelmäßig den Zugang der Erklärung bei allen Gesellschaftern voraus (§§ 723 bis 725 Rdn. 3), mit Wirksamkeit der Auflösung wird damit regelmäßig auch Bösgläubigkeit beim Gesellschafter-Geschäftsführer eintreten. Nur bei einer abweichenden Vereinbarung über das Wirksamwerden der Kündigung ist damit eine Gutgläubigkeit i.S.d. § 729 Satz 1 denkbar (Erman/*Westermann* Rn. 1).

### 4. Rechtswirkungen

#### a) Geschäftsführungsbefugnis

5   Nach § 729 Satz 1 wird im Verhältnis zu den übrigen Gesellschaftern die Einzelgeschäftsführungsbefugnis zu Gunsten des Geschäftsführers als fortbestehend fingiert. Dieser kann sich gegenüber den übrigen Gesellschaftern aber nicht nur auf seine fortbestehenden Befugnisse berufen, sondern auch weiterhin eine Geschäftsführervergütung beanspruchen (Soergel/*Hadding/Kießling* Rn. 6) und Aufwendungsersatz nach §§ 713, 670 verlangen (MüKo-BGB/*Schäfer* Rn. 11). Für etwaige Sorgfaltspflichtverletzungen haftet er nur nach Maßgabe des § 708 (Erman/*Westermann* Rn. 2).

6   Die Fiktion gilt nur zu seinen Gunsten, sodass eine Pflicht zur Geschäftsführung durch § 729 nicht begründet wird (Soergel/*Hadding/Kießling* Rn. 6). Unberührt bleibt die Pflicht zur Notgeschäftsführung aus §§ 727 Abs. 2, 728 Abs. 2 (§ 727 Rdn. 4). Sie begründet eine tatsächliche Geschäftsführungsbefugnis, sodass § 729 unanwendbar ist.

#### b) Vertretungsmacht

7   Da nach § 714 die Vertretungsmacht im Zweifel der Geschäftsführungsbefugnis entspricht, führt die Fiktion des § 729 im Außenverhältnis auch zu einer fortgeltenden Vertretungsmacht (MüKo-BGB/*Schäfer* Rn. 13). Nach § 169 greift die Fiktion jedoch nicht bei Kenntnis bzw. Kennenmüssen des Dritten vom Erlöschen der Befugnis (Staudinger/*Habermeier* Rn. 9).

## B. Fortbestehen der Geschäftsführungsbefugnis bei Fortbestehen der Gesellschaft, Satz 2

8   Die Fiktion ist nach Satz 2 auch bei Fortfall der Geschäftsführungsbefugnis trotz Fortbestand der Gesellschaft einschlägig. Hierzu kann es insbesondere in dem in Satz 2, 1. Alt. aufgeführten Fall des bloßen Ausscheidens des Gesellschafters aus der GbR kommen, so etwa, wenn aufgrund einer Fortsetzungsklausel einer der in §§ 723 bis 728 genannten Auflösungsgründe nur zum Ausscheiden

des betroffenen Gesellschafters führt oder bei einem unfreiwilligen Verlust der Mitgliedschaft durch Ausschließung (Erman/*Westermann* Rn. 1). Praktisch bedeutsam sind ferner Fälle, in denen das einvernehmliche Ausscheiden vom Eintritt eines ungewissen Ereignisses abhängt. Der in Satz 2, 2. Alt. bestimmte »Verlust in sonstiger Weise« liegt u. a. bei einem Beschluss nach § 712 vor. Da dieser aber den Zugang des Entziehungsbeschlusses beim Betroffenen voraussetzt, wird es regelmäßig an der erforderlichen Gutgläubigkeit fehlen.

## § 730 Auseinandersetzung; Geschäftsführung

(1) Nach der Auflösung der Gesellschaft findet in Ansehung des Gesellschaftsvermögens die Auseinandersetzung unter den Gesellschaftern statt, sofern nicht über das Vermögen der Gesellschaft das Insolvenzverfahren eröffnet ist.

(2) Für die Beendigung der schwebenden Geschäfte, für die dazu erforderliche Eingehung neuer Geschäfte sowie für die Erhaltung und Verwaltung des Gesellschaftsvermögens gilt die Gesellschaft als fortbestehend, soweit der Zweck der Auseinandersetzung es erfordert. Die einem Gesellschafter nach dem Gesellschaftsvertrag zustehende Befugnis zur Geschäftsführung erlischt jedoch, wenn nicht aus dem Vertrag sich ein anderes ergibt, mit der Auflösung der Gesellschaft; die Geschäftsführung steht von der Auflösung an allen Gesellschaftern gemeinschaftlich zu.

| Übersicht | Rdn. | | Rdn. |
|---|---|---|---|
| A. Das Liquidationsverfahren als gesetzlicher Regelfall | 1 | III. Geschäftsführung (Abs. 2 Satz 2) | 7 |
| B. Die Verfassung der Abwicklungsgesellschaft | 3 | IV. Vertretungsmacht | 10 |
| | | V. Durchführung der Abwicklung | 11 |
| I. Vermögenszuordnung | 3 | C. Durchsetzungssperre | 13 |
| II. Gesellschaftszweck und Gesellschafterpflichten | 4 | D. Schlussabrechnung | 17 |
| | | E. Gewillkürte Auseinandersetzungsformen | 20 |
| 1. Gesellschaftszweck und Treuepflicht | 4 | I. Abdingbarkeit der §§ 730 ff. | 20 |
| 2. Mitwirkungspflichten | 5 | II. Übernahmerecht | 22 |
| 3. Beitragspflichten | 6 | | |

### A. Das Liquidationsverfahren als gesetzlicher Regelfall

§§ 730 bis 735 enthalten eine **nicht abschließende Regelung** der Folgen einer Auflösung der GbR 1 und stehen damit in engem inhaltlichem Konnex mit §§ 723 bis 729. Als gesetzlichen Regelfall sieht § 730 Abs. 1 im Anschluss an die Auflösung der Gesellschaft die Auseinandersetzung des Gesellschaftsvermögens vor. Einzelheiten dieses Liquidationsverfahrens finden sich in §§ 731 bis 735. Ist über die Gesellschaft das **Insolvenzverfahren** (vgl. § 728 Abs. 1) eröffnet worden, schließt Abs. 1 Hs. 2 die Auseinandersetzung aus. Die Abwicklung richtet sich dann nach den Vorschriften der InsO. Dagegen greifen die §§ 730 ff. auch bei einer fehlerhaften Gesellschaft (RGZ 166, 51, 59; Staudinger/*Habermaier* § 705 Rn. 67). Wollte man dem ausscheidenden Gesellschafter in jedem Fall einen Abfindungsanspruch in Höhe der geleisteten Einlagen zubilligen, stünde dies im Widerspruch zu den Wertungen dieses Rechtsinstituts (OLG Braunschweig NZG 2004, 325, 326; a.A. *Bayer/Riedel* NJW 2003, 2567, 2570).

Abs. 2 regelt die **Organisationsstruktur** der Gesellschaft nach ihrer Auflösung. Bis zum Abschluss 2 der Abwicklung gilt sie, soweit erforderlich, als fortbestehend (Satz 1) und behält ihre Rechtsträgerschaft am Gesellschaftsvermögen (vgl. BGH NZG 2016, 1307, 1309). Die Gesellschaft wandelt sich von einer werbenden Gesellschaft in eine **Abwicklungsgesellschaft**. Verhindert werden soll, dass schon mit der Auflösung das Zuordnungsobjekt des Gesellschaftsvermögens verloren geht. Das Rechtssubjekt soll zum Zweck der ordnungsgemäßen Abwicklung aller noch bestehenden Rechtsverhältnisse erhalten bleiben (vgl. BGH WM 1966, 639, 640). Die Geschäftsführung in der Abwicklungsgesellschaft steht, soweit vertraglich nicht ein anderes bestimmt ist, den Gesellschaftern gemeinschaftlich zu (Satz 2). Die Umwandlung in eine Abwicklungsgesellschaft entfällt, wenn kein

Gesamthandsvermögen vorhanden ist, etwa in einer reinen Innengesellschaft oder bei einer noch nicht in Vollzug gesetzten Gesellschaft (BeckOGK/*Koch* Rn. 10).

## B. Die Verfassung der Abwicklungsgesellschaft

### I. Vermögenszuordnung

3 Die Abwicklungsgesellschaft bleibt **Inhaberin des Gesellschaftsvermögens** (RGZ 65, 227, 233) und Schuldnerin der von der werbend tätigen GbR begründeten Verbindlichkeiten. Wechsel im Gesellschafterbestand durch Aufnahme (RGZ 106, 63, 67), Ausschließung (BGHZ 1, 324, 331) oder Vereinbarung der Gesellschafter (BeckOK BGB/*Schöne* Rn. 21) bleiben möglich. **Ausgeschlossen** ist lediglich die **Kündigung** durch einen Gesellschafter (BGH WM 1963, 728, 730). Durch Gesellschafterbeschluss kann die Abwicklungsgesellschaft jederzeit wieder in eine werbende GbR umgewandelt werden (BGHZ 1, 324, 327; BGH WM 1964, 152, 153). Die **Fortsetzung** kann aber auch lediglich als Aufschub der Abwicklung zu verstehen sein (vgl. BGHZ 1, 325, 329), um bspw. eine bessere Verwertung des Vermögens zu ermöglichen (RG WarnR 1915, Nr. 80, 112, 113 f.) oder um Klarheit über die Ausübung eines Übernahmerechts zu erhalten. Ein außerordentliches Lösungsrecht zur verzögerungsfreien Beendigung bestehender Schuldverhältnisse steht der Abwicklungsgesellschaft nicht zu (OLG Brandenburg NZG 2008, 506, 507).

### II. Gesellschaftszweck und Gesellschafterpflichten

#### 1. Gesellschaftszweck und Treuepflicht

4 Der Gesellschaftszweck der Auflösungsgesellschaft richtet sich auf die bloße Abwicklung des Gesellschaftsvermögens. Dazu zählen die Abwicklung der noch **schwebenden Geschäfte** sowie die bestmögliche Verwertung des Gesellschaftsvermögens. Aus der nunmehr am Abwicklungszweck orientierten Treuepflicht der Gesellschafter (BGH NJW 1971, 802) folgt die **Pflicht zur Mitwirkung** an der Auseinandersetzung (Soergel/*Hadding/Kießling* Rn. 3). Kein Gesellschafter darf unter Verwendung von Vermögenswerten der Gesellschaft ohne entsprechenden Ausgleich auf deren Geschäftsgebiet tätig werden (BGH NJW 1980, 1628, 1629). Aus der **Treuepflicht** ergeben sich weitere Verpflichtungen, so die Pflichten, über Umstände zutreffend und vollständig zu informieren, die das mitgliedschaftliche Vermögensinteresse der Mitgesellschafter berühren (BGH NJW-RR 2003, 169, 170), die Abwicklung schwebender Geschäfte nicht zu behindern (BGH NJW 1968, 2005, 2006), der Gesellschaft keine Nachteile zuzufügen und die bestmögliche Verwertung des Gesellschaftsvermögens nicht zu beeinträchtigen (BGH NJW 1980, 1628).

#### 2. Mitwirkungspflichten

5 Jeder Gesellschafter ist außerdem verpflichtet, an der Auseinandersetzung **aktiv mitzuwirken** (BGH WM 1969, 591, 592); daraus ergeben sich insbesondere Auskunftsansprüche (MüKo-BGB/*Schäfer* Rn. 28) und die Pflicht zur Mitwirkung an der Schlussrechnung. Die Gesellschaft kann diese Pflicht im Wege der Klage auf Vornahme einer bestimmten Handlung oder auf Zustimmung zu einem Auseinandersetzungsplan (BeckOK BGB/*Schöne* Rn. 18) gerichtlich durchsetzen. Ergänzend kann sich ein unmittelbar durchsetzbarer Schadensersatzanspruch der Gesellschafter gegenüber dem Mitgesellschafter ergeben (BGH NJW 1968, 2005, 2006).

#### 3. Beitragspflichten

6 Beitragspflichten der Gesellschafter bestehen nur, soweit Beiträge für die Abwicklung notwendig sind (BGH NJW 1978, 424). Die Einforderung von **Beiträgen** ist ebenso wie die Geltendmachung weiterer Ansprüche der Gesellschaft gegen den Gesellschafter ausgeschlossen, wenn sie zur Befriedigung von Gesellschaftsgläubigern nicht mehr benötigt werden und dem Gesellschafter unter Berücksichtigung seiner Verbindlichkeiten ggü. der GbR noch ein Erlös aus der Liquidationsmasse zusteht (h.M., BGH BB 1976, 1133, 1134; Erman/*Westermann* Rn. 6; vgl. zu Schadensersatzansprüchen LG Bielefeld MDR 1981, 845, 846). Die **Beweislast** für die Entbehrlichkeit der Beitragsleistung

trifft den die Zahlung verweigernden Gesellschafter (BGH NJW 1980, 1522, 1523; a.A. MüKo-BGB/*Schäfer* Rn. 31). Soweit Beiträge oder sonstige Ansprüche nicht geleistet wurden, sind sie in der Schlussrechnung zu berücksichtigen.

### III. Geschäftsführung (Abs. 2 Satz 2)

Mit der Auflösung der Gesellschaft ordnet Abs. 2 Satz 2 die **Gesamtgeschäftsführung** aller Gesellschafter als Abwickler an. Soweit zuvor in der werbenden Gesellschaft die Geschäftsführung abweichend von § 709 geregelt wurde (vgl. §§ 709 bis 712 Rdn. 3 ff.), endet diese Befugnis (etwa eine Einzelgeschäftsführungsbefugnis) mit der Auflösung (BGH NZG 2011, 1140). Zur Fiktion einer fortbestehenden Geschäftsführungsbefugnis bei Gutgläubigkeit des Geschäftsführers vgl. § 729. Die Einräumung einer (Einzel-) Geschäftsführungsbefugnis für die Abwicklungsgesellschaft ist sowohl generell (OLG Köln NJW-RR 1996, 27, 28) als auch für einzelne Geschäfte (BGH BB 1964, 786) zulässig. Selbst ein **gesellschaftsfremder Dritter** kann zum Liquidator bestellt werden (BGH NJW 2011, 3087, 3089; MüKo-BGB/*Schäfer* Rn. 47), in einer ärztlichen Berufsausübungsgesellschaft allerdings nur, wenn der Dritte selbst Angehöriger des in der GbR ausgeübten Heilberufs ist (*Ziegler* GesR 2020, 137, 139). Der Ausschluss einzelner Gesellschafter von der Mitwirkung an der Liquidation durch Mehrheitsbeschluss auf Grundlage einer allgemeinen Mehrheitsklausel ist nicht zulässig (OLG Naumburg NZG 2012, 1259, 1260; s.a. DNotI-Report 2017, 105). Soweit man der im Ergebnis abzulehnenden (vgl. §§ 709 bis 712 Rdn. 3 ff., beachte aber die Fachgebietsbeschränkung, §§ 709 bis 712 Rdn. 7) Theses folgt, dass eine freiberufliche Betätigung zwingend Einzelgeschäftsführungsbefugnis voraussetzt (vgl. dazu §§ 709 bis 712 Rdn. 3), gilt dies auch in der Abwicklungsgesellschaft. Beruht die Auflösung auf dem Tod eines Gesellschafters (§ 727) oder der Eröffnung eines Insolvenzverfahrens (§ 728 Abs. 2 Satz 1), werden auch die Erben bzw. der Insolvenzverwalter Abwickler. 7

Mit dem Recht zur Geschäftsführung verbindet sich das Recht aller Gesellschafter auf **Zugang zur Infrastruktur** der Gesellschaft. Bis zum Abschluss der Auseinandersetzung der Gesellschaft bleibt die bisherige Zuordnung von Rechten und Sachen zu einzelnen Gesellschaftern bestehen. 8

Im Zeitpunkt der Auflösung der Gesellschaft enden die **Vergütungsvereinbarungen** für die geschäftsführenden Gesellschafter (BGH WM 1967, 682, 684). Ein Entgelt für die Abwicklungstätigkeit muss gesondert durch alle Gesellschafter beschlossen werden (vgl. aber § 729 Rdn. 5). Die übrigen Gesellschafter werden hierzu regelmäßig aufgrund ihrer Treuepflicht verpflichtet sein (MüKo-BGB/*Schäfer* Rn. 42). 9

### IV. Vertretungsmacht

Die Vertretungsmacht folgt in der Abwicklungsgesellschaft weiterhin der Geschäftsführungsbefugnis (vgl. §§ 714 bis 715 Rdn. 9 f.). Eine nach dem Gesellschaftsvertrag einem Gesellschafter zustehende Einzelgeschäftsführungsbefugnis und Einzelvertretungsmacht erlischt (BGH WM 1963, 248, 249; OLG Köln NJW-RR 1996, 27, 28; Erman/*Westermann* Rn. 7). Folglich besteht in der Abwicklungsgesellschaft **Gesamtvertretungsmacht** aller Abwickler, soweit für die Zeit der Abwicklung nicht eine (erneute) abweichende Vereinbarung getroffen wurde. Die Vertretungsmacht ist durch den Abwicklungszweck begrenzt. Für darüber hinausgehende Geschäfte haftet die Gesellschaft aber ggf. nach den Grundsätzen der **Anscheins- oder Duldungsvollmacht** (Erman/*Westermann* Rn. 8). Ergänzend kann die Fiktion des § 729 eingreifen (§ 729 Rdn. 8). 10

### V. Durchführung der Abwicklung

Die Grundzüge der Durchführung der Abwicklung bestimmt Abs. 2 Satz 1. Die Abwickler haben die abgeschlossenen oder abschlussreifen Geschäfte zu beenden (vgl. RGZ 171, 129, 133). **Neue Geschäfte** dürfen getätigt werden, wenn dies für den sachgerechten Abschluss der Abwicklung notwendig ist (vgl. BGHZ 1, 324, 329 f.). Bis zur Beendigung der Abwicklung muss das Gesellschaftsvermögen erhalten und verwaltet werden. Bestimmungen zu Details der Abwicklung enthalten die 11

§§ 732 bis 735. Die Abwicklung kann die Einziehung noch offener Beiträge erfordern, soweit dies aus der Sicht der Abwickler für die Abwicklung notwendig ist (vgl. Rdn. 6). Über eine actio pro socio können zwar Schadensersatzansprüche eingeklagt werden (RGZ 158, 302, 314; gegen diese Differenzierung MüKo-BGB/*Schäfer* Rn. 34 m.w.N.), nicht dagegen noch offene Beiträge, da die Interessen der Gesellschafter bei einer entgegenstehenden Entscheidung der Abwickler nicht mehr gleichgerichtet sind (RGZ 100, 165, 166 f.; BGH NJW 1960, 433 f.).

12 Die Beendigung der Abwicklungsgesellschaft, die zugleich die **Vollbeendigung** der GbR bedeutet, erfolgt mit vollständiger Abwicklung des Aktivvermögens (BGHZ 24, 91, 93). Auf der Grundlage der Schlussrechnung (Rdn. 17 ff.) wird ein interner schuldrechtlicher Ausgleich durchgeführt, der nicht mehr Teil der Geschäftsführung der Abwicklungsgesellschaft ist. Auf Basis der Schlussrechnung sind eventuelle Ausgleichsansprüche in Abzug zu bringen und noch vorhandenes Gesellschaftsvermögen zu verteilen. Sollte sich nach Erstellung der Schlussrechnung **nachträglich** noch neues **Aktivvermögen** ergeben, etwa weil sich eine als uneinbringlich ausgebuchte Forderung doch noch als werthaltig erweist, ist die Abwicklung wieder aufzunehmen (RGZ 114, 131, 135). Sind nur noch Gesellschaftsverbindlichkeiten vorhanden, wird die Abwicklungsgesellschaft beendet. Alle Gesellschafter haften in diesem Fall analog § 128 HGB für sämtliche Gesellschaftsverbindlichkeiten vollumfänglich persönlich (vgl. BGHZ 24, 91, 93), schutzwürdige Interessen der Gläubiger stehen der Beendigung daher nicht entgegen. Die Vollbeendigung einer ärztlichen Berufsausübungsgesellschaft ist der zuständigen Ärztekammer nach § 18 Abs. 6 Satz 1 MBOÄ anzuzeigen (vgl. § 18 MBOÄ Rdn. 65).

## C. Durchsetzungssperre

13 Mit der Umwandlung der werbenden in eine Abwicklungsgesellschaft können **auf dem Gesellschaftsverhältnis beruhende Ansprüche** eines Gesellschafters gegen die Gesellschaft oder die Mitgesellschafter ebenso wie Ansprüche der Gesellschaft gegen einen Gesellschafter **nicht mehr isoliert geltend gemacht werden** (sog. Durchsetzungssperre). Um ein Hin- und Herzahlen während der Liquidation zu verhindern, sind diese Ansprüche vielmehr als unselbstständige Rechnungsposten in die Auseinandersetzungsrechnung einzustellen (BGH NJW-RR 1993, 1187; für eine Gemeinschaftspraxis OLG München GesR 2015, 174; OLG Brandenburg NJW-RR 2019, 1004; Überblick bei *Freund* MDR 2011, 577 ff.).

14 Die Durchsetzungssperre greift ein, wenn das **Gesellschaftsverhältnis selbst Anspruchsgrundlage** für die geltend gemachte Forderung ist. Erfasst sind insbesondere Ansprüche des Gesellschafters auf Gewinn (BGH WM 1964, 740, 741), Einlagenrückerstattung (BGH NJW 2000, 2586, 2587), Ersatz von Aufwendungen für die Gesellschaft (BGHZ 37, 299, 304), Miet-/Pachtzinsen für zum Gebrauch eingebrachte Grundstücke (OLG Thüringen OLGR 2007, 143), Schadensersatzansprüche gegen die Gesellschaft (BGH WM 1957, 1027, 1029) sowie Ansprüche der Gesellschaft auf Rückzahlung unerlaubter Entnahmen (LG Braunschweig NJW-RR 2002, 243), Ansprüche auf Ausgleich von Goodwill (OLG Karlsruhe NZG 2001, 654, 655) oder auf Gesamtschuldnerausgleich nach § 426 (BGHZ 103, 72, 77 f.; soweit der Anspruchsinhaber der Gesellschaft noch angehört, Erman/*Westermann* Rn. 11). Auch auf Pflichtverletzungen gestützte Schadensersatzansprüche der Gesellschaft gegen geschäftsführende Gesellschafter unterliegen der Durchsetzungssperre (BGH NZG 2003, 215). Ansprüche, die nicht auf dem Gesellschaftsverhältnis beruhen, können hingegen als Drittgläubigerforderungen außerhalb der Liquidation geltend gemacht werden (vgl. BGH NJW 1962, 859; BGH WM 1986, 68; BGH NJW-RR 2006, 1268, 1270).

15 **Keine Anwendung** findet die Durchsetzungssperre, wenn bereits vor der Beendigung der Auseinandersetzung feststeht, dass ein Gesellschafter jedenfalls einen bestimmten Betrag verlangen kann (BGH NJW 1992, 2757, 2758). Gleiches gilt in der umgekehrten Konstellation, wenn ein Anspruch auf Verlustausgleich gegen einen Gesellschafter mit Sicherheit gegeben ist (BGH NJW-RR 1991, 549). In beiden Fällen muss aber eine vorläufige Auseinandersetzungsrechnung erstellt worden sein. Werden gegen deren Vollständigkeit oder Richtigkeit Einwendungen erhoben, so ist über sie im gerichtlichen Verfahren zu entscheiden und das Auseinandersetzungsguthaben

festzustellen (BGH NJW-RR 1988, 997, 998). Beruht ein Anspruch auf einer gesellschaftsvertraglichen Vereinbarung, bleibt dieser gesondert durchsetzbar, wenn nach Sinn und Zweck der Bestimmung auch in der Auseinandersetzung die Selbstständigkeit erhalten bleiben soll (BGH DB 2011, 1631, 1632). Auch wenn keine Gefahr des Hin- und Herzahlens besteht, greift die Durchsetzungssperre nicht ein (BGH NJW 1995, 188; vgl. BGH NZG 2013, 216, 220 bei Herausgabeanspruch an einem Grundstück).

Ob ein von der Durchsetzungssperre erfasster Anspruch besteht, kann im Wege der **Feststellungs-** 16 **klage** gerichtlich festgestellt werden (BGH WM 1957, 1027). Eine trotz Durchsetzungssperre erhobene Leistungsklage oder Stufenklage auf Auskunft und Leistung kann in eine Feststellungsklage umgedeutet werden (BGH NJW 1995, 188, 189), soweit dies der Kläger nicht ablehnt (OLG Frankfurt OLGR 2007, 97, 98) und er seine Ansprüche nicht im Rahmen eines Urkundenprozesses geltend macht, § 592 ZPO (BGH NJW-RR 2012, 1179, 1182 f.). Der rechtskräftig festgestellte Anspruch wird als Rechnungsposten in der **Auseinandersetzungsbilanz** berücksichtigt (BGH NJW 2000, 2586, 2587). Diese Bilanz kann aber nicht durch das Gericht aufgrund der Feststellungsklage erstellt werden (BGHZ 26, 25, 28). Ebenfalls unzulässig wäre die Verurteilung eines Gesellschafters zur Zustimmung zu einer Auseinandersetzungsbilanz und einer darauf basierenden Feststellung des Überschussanteils (OLG Zweibrücken OLGR 2005, 358, 359).

### D. Schlussabrechnung

Auseinandersetzung und damit Abwicklung der Gesellschaft enden mit der Schlussabrechnung 17 im Sinne der Auflistung und Verrechnung aller verbliebenen Zahlungsansprüche aus dem Gesellschaftsverhältnis. Sofern im Gesellschaftsvertrag eine einfache Mehrheitsklausel vereinbart wird, muss der Feststellungsbeschluss nicht einstimmig getroffen werden (BGH NJW 2012, 1439, 1440; *Schäfer* ZGR 2013, 237, 257). Die Saldierung aller Ansprüche wird für den einzelnen Gesellschafter entweder ein Auseinandersetzungsguthaben oder einen Verlust ausweisen. Verluste sind durch Nachschüsse der Gesellschafter zu decken, Guthaben an die Gesellschafter auszukehren. Eine entsprechende Endabrechnung muss auch in jenen Fällen erfolgen, in denen keine Abwicklung i.S.v. § 730 stattfindet, z.B. beim Ausscheiden des vorletzten Gesellschafters aus einer zweigliedrigen GbR (vgl. BGH NJW 2019, 161).

Jeder Gesellschafter hat einen **Anspruch** auf Erstellung der **Auseinandersetzungsrechnung** (Erman/ 18 *Westermann* Rn. 15), der gegen die Gesellschaft oder die mit der Auseinandersetzung beauftragten Abwickler gerichtet ist und klageweise durchgesetzt werden kann (vgl. BGH NZG 2011, 697, 698). Die Aufstellung einer formellen Bilanz i.S.d. § 154 HGB ist nicht erforderlich (MüKo-BGB/*Schäfer* Rn. 58). Die Auseinandersetzungsrechnung kann unterbleiben, wenn sich entweder der Ausgleichsanspruch der Gesellschafter auch ohne besondere Abrechnung ermitteln lässt (Soergel/*Hadding/Kießling* Rn. 31) oder das Gesellschaftsvermögen gegen Leistung einer Abfindung von einem oder mehreren Gesellschaftern einvernehmlich übernommen wird (vgl. dazu §§ 738 bis 740).

Der Anspruch auf Auszahlung eines Guthabens wird mit Beschluss über die Auseinandersetzungs- 19 rechnung **fällig** (BGH NJW 1995, 188, 189) und richtet sich gegen die Gesellschaft (Erman/ *Westermann* Rn. 15). Diese hat den Anspruch aus dem nach Tilgung aller Schulden verbleibenden Vermögen zu erfüllen. Soweit das Gesellschaftsvermögen bereits verteilt ist, kann der Anspruch unmittelbar gegen einen ausgleichspflichtigen Mitgesellschafter geltend gemacht werden (BGH ZIP 1993, 1307, 1309).

### E. Gewillkürte Auseinandersetzungsformen

#### I. Abdingbarkeit der §§ 730 ff.

Die Auseinandersetzung nach §§ 730 ff. ist dispositiv. Sie kann generell oder für bestimmte Auf- 20 lösungstatbestände (RG Recht 1919 Nr. 246) modifiziert oder durch eine andere Art der Auseinandersetzung ersetzt werden. Voraussetzung ist eine entsprechende **vertragliche Vereinbarung**, die schon im Gesellschaftsvertrag, aber auch erst nach Eintritt des Auflösungsgrundes etwa durch konkludentes Gesellschafterverhalten getroffen werden kann (RG JW 1938, 666; Soergel/*Hadding*/*Kießling* Vor § 730 Rn. 17). Zur Einstufung als Grundlagengeschäft oder einem Mehrheitsbeschluss zugängliches Geschäft s. § 731 Rn. 1. Nicht zulässig wäre es hingegen, lediglich die Auseinandersetzung auszuschließen, ohne konstruktiv zugleich eine andere Abwicklungsform festzulegen (BGHZ 1, 325, 329). Nicht ausschließbar ist auch der Anspruch eines Gesellschafters auf Durchführung der Auseinandersetzung (RG DR 1940, 806, 807).

21 Als vom gesetzlichen Regelfall abweichende Auseinandersetzungsvarianten kommen – jeweils mit Zustimmung aller Gesellschafter – in Betracht: die – bei Freiberuflergesellschaften regelmäßig sachlich naheliegende und angemessene – **Realteilung** (BGH NJW 2010, 2660), das Ausscheiden eines Gesellschafters gegen **Abfindung** (BGH ZIP 1998, 956, 957; Erman/*Westermann* Rn. 16), die **Veräußerung** des Gesellschaftsvermögens durch Übertragung der Mitgliedschaftsrechte auf eine **Kapitalgesellschaft** durch Einbringung (BGHZ 71, 296, 299 f.; Soergel/*Hadding*/*Kießling* Vor § 730 Rn. 21) oder eine **natürliche Person** (BGHZ 48, 203, 206; Soergel/*Hadding*/*Kießling* Vor § 730 Rn. 20). Bei der Auseinandersetzung einer **Praxisgemeinschaft** ist insbesondere an eine Vereinbarung über die Aufteilung der Patienten zur künftigen Betreuung zu denken (zur steuerlichen Behandlung vgl. FG Saarland EFG 2003, 1776 ff.). Gehen die Gesellschafter im Wege dieser Realteilung vor, kann eine zusätzliche Abfindung für den Geschäftswert grundsätzlich nicht beansprucht werden, sondern bedarf einer entsprechenden Vereinbarung. Dies gilt auch dann, wenn ein Wettbewerb um die bisher von den anderen Gesellschaftern betreuten Patienten wegen ihrer starken Bindung an die Person des jeweiligen Arztes nicht Erfolg versprechend erscheint (BGH NJW 2010, 2660). Eingehend zur Auseinandersetzung von Freiberuflergesellschaften *Wolff* NJW 2009, 1302.

## II. Übernahmerecht

22 Eine Sonderform der Abwicklung stellt die Einräumung eines vertraglichen Übernahmerechts dar. Dadurch wird einem Gesellschafter das Recht eingeräumt, nach Auflösung der GbR das Gesamthandsvermögen im Wege der **Gesamtrechtsnachfolge** gegen Zahlung einer Abfindung (vgl. § 735) zu übernehmen (vgl. BGH NJW 1994, 796). Knüpft das Übernahmerecht nicht an einen anderen Auflösungstatbestand an, bedarf seine Ausübung eines wichtigen Grundes (vgl. dazu §§ 723 bis 725 Rdn. 12 ff.; MüKo-BGB/*Schäfer* § 737 Rn. 17 ff.). Mit Erklärung der Übernahme wird das Gesellschaftsvermögen im Wege der Gesamtrechtsnachfolge **Alleineigentum** des Übernehmers (BGHZ 32, 307, 314 ff.). Die Ausübung des Übernahmerechts erfolgt durch empfangsbedürftige Gestaltungserklärung (Erman/*Westermann* Rn. 18). Nach inzwischen h.M. kann aber auch eine automatische Übernahme vereinbart werden (vgl. BGH NJW-RR 2002, 538; MüKo-BGB/*Schäfer* Rn. 78; a.A. noch BGH WM 1980, 496, 497). Die Übernahme löst Abfindungsansprüche der übrigen Gesellschafter nach § 738 aus. Wird die Übernahme nicht innerhalb einer vertraglich vorgegebenen Frist erklärt, kommt es zur regulären Auseinandersetzung. Hat eine als mehrgliedrig angelegte GbR im Zeitpunkt der Auflösung nur zwei Gesellschafter, so kommt einer einfachen **Fortsetzungsklausel** (§ 728 Rdn. 9) mangels anderer Absprachen die Wirkung einer Übernahmeklausel (vgl. § 737 Rdn. 2) zu, sofern das Übernahmerecht nicht aufgrund von Besonderheiten im Gesellschafterverhältnis oder des Gesellschaftszwecks fern liegt (MüKo-BGB/*Schäfer* Rn. 69).

23 Abweichend von § 140 Abs. 1 HGB, der auf die GbR nicht entsprechend anwendbar ist, lässt sich ein **gesetzliches Übernahmerecht** nur unter engen Voraussetzungen anerkennen. Es greift der Rechtsgedanke des § 737. In der Person eines Gesellschafters muss ein **wichtiger Grund** vorliegen, der nach § 723 Abs. 1 Satz 2 zum Ausschluss eines Gesellschafters in einer mehrgliedrigen GbR berechtigen würde. Zudem muss der Gesellschaftsvertrag eine Übernahme- oder Fortsetzungsklausel enthalten (OLG München NZG 1998, 937; ausf. Soergel/*Hadding*/*Kießling* Vor § 730 Rn. 25).

24 Zur Problematik der **Übernahme der Vertragsarztzulassung** vgl. § 738 Rdn. 28 f.

## § 731 Verfahren bei Auseinandersetzung

Die Auseinandersetzung erfolgt in Ermangelung einer anderen Vereinbarung in Gemäßheit der §§ 732 bis 735. Im Übrigen gelten für die Teilung die Vorschriften über die Gemeinschaft.

### Übersicht

| | Rdn. | | Rdn. |
|---|---|---|---|
| A. Zweifelsregelung, Satz 1 . . . . . . . . . . . . | 1 | B. Anwendbarkeit der §§ 752 bis 758, Satz 2. . . . . . . . . . . . . . . . . . . . . . . . . . | 2 |

### A. Zweifelsregelung, Satz 1

§ 731 Satz 1 **stellt klar**, dass das seinerseits dispositive (§ 730 Rdn. 20) Auseinandersetzungsverfahren vorrangig nach den von den Gesellschaftern vereinbarten Regeln durchzuführen ist. Die sich anschließenden §§ 732 bis 735 gelten also nur, soweit Vereinbarungen fehlen oder lückenhaft sind. Als **Vereinbarung** gelten alle gesellschaftsvertraglichen Absprachen, auch solche, die erst nach der Auflösung der Gesellschaft getroffen werden (BGH WM 1960, 1121, 1122). Nach der Grundsatzentscheidung des BGH vom 21.10.2014 (BGH NJW 2015, 859; ausführlich § 705 Rdn. 39 ff.) sind Vereinbarungen über das Auseinandersetzungsverfahren als **Grundlagengeschäfte** nur den **relativ unentziehbaren** Rechten zuzuordnen, so dass Mehrheitsentscheidungen grundsätzlich zulässig sind. Allerdings ist die Zustimmung derjenigen Gesellschafter erforderlich, deren gesetzlicher Abfindungsanspruch durch die Vereinbarung verkürzt wird (*Schäfer* ZIP 2015, 1313, 1315). Ein gegen diesen Grundsatz verstoßender Mehrheitsbeschluss ist zwar formell wirksam, würde aber regelmäßig auf der zweiten Stufe gegenüber der nicht zustimmenden Minderheit als treuwidrig zu qualifizieren sein. Rechtsfolge ist dann eine **relative Unwirksamkeit** des Beschlusses gegenüber den nicht zustimmenden Gesellschaftern. Abfindungsvereinbarungen müssen sich zudem am **Grundsatz der Wirtschaftlichkeit** orientieren (OLG Hamm NZG 2004, 1106). Ihre **Grenze** findet die **Gestaltungsfreiheit** der Gesellschafter dort, wo Rechte von Gesellschaftsgläubigern (§ 725), des Insolvenzverwalters (§ 728) oder von Erben (§ 727) beeinträchtigt werden. 1

### B. Anwendbarkeit der §§ 752 bis 758, Satz 2

Treffen weder der Gesellschaftsvertrag noch die §§ 732 bis 735 eine Regelung, greifen subsidiär die Vorschriften über die **Auseinandersetzung der Gemeinschaft** (§§ 752 bis 758). Nach dem Grundsatz des § 752 hat die Verteilung der verbliebenen Vermögensgegenstände in Natur zu erfolgen. Lediglich dann, wenn ein Gegenstand unteilbar ist oder nur unter Wertminderung verwertet werden kann, kommt nach § 753 der Pfandverkauf (§§ 1233 ff.) bzw. bei Grundstücken die Teilungsversteigerung auf Antrag eines Gesellschafters (§§ 180 bis 184 ZVG, BGHZ 197, 262, 265 ff.) in Betracht. § 757 verweist auf die kaufrechtliche Mängelhaftung, soweit Gegenstände des Gesellschaftsvermögens durch einen Gesellschafter übernommen werden. 2

Voraussetzung für einen Rückgriff auf das Recht der Gemeinschaft ist allerdings, dass die §§ 752 bis 758 mit dem Recht der GbR überhaupt kompatibel sind (Soergel/*Hadding/Kießling* Rn. 3). Das gilt nur für einen kleinen Teil dieses Regelungskomplexes. **Nicht anwendbar** sind die Grundsätze der Teilung der Gemeinschaft etwa dann, wenn kein Gesamthandsvermögen besteht (RGZ 91, 428, 431; Erman/*Westermann* Rn. 2). § 754 Satz 2 ist aufgrund der Liquidatorenbefugnisse nach § 730 nicht einschlägig (Soergel/*Hadding/Kießling* Rn. 4). Ebenfalls unanwendbar sind die §§ 755, 756, da § 733 Abs. 1 u. 3 insoweit eine abschließende Regelung enthalten (MüKoBGB/*Schäfer* Rn. 4; Erman/*Westermann* Rn. 2). § 758 (Verjährungsausschluss) hat keine praktische Bedeutung, da die GbR jederzeit durch Kündigung auflösbar ist. Entgegen der überholten älteren Rspr. (RG JW 1934, 3268) passt § 753 auch dann, wenn ein Gegenstand nicht nur zur Schuldentilgung, sondern aus wirtschaftlichen Gründen vollständig veräußert werden soll, da die Regelungen über den Pfandverkauf auch in diesen Fällen das geeignete Instrumentarium zur Verfügung stellen (Staudinger/*Habermeier* § 733 Rn. 13; Erman/*Westermann* § 733 Rn. 7). 3

## § 732 Rückgabe von Gegenständen

Gegenstände, die ein Gesellschafter der Gesellschaft zur Benutzung überlassen hat, sind ihm zurückzugeben. Für einen durch Zufall in Abgang gekommenen oder verschlechterten Gegenstand kann er nicht Ersatz verlangen.

Übersicht
| | Rdn. | | | Rdn. |
|---|---|---|---|---|
| A. Rückgabepflicht, Satz 1 | 1 | B. Gefahrtragung, Satz 2 | | 4 |

### A. Rückgabepflicht, Satz 1

1 § 732 Satz 1 begründet einen gesellschaftsrechtlichen – nicht dinglichen – Anspruch des Gesellschafters auf Rückgabe von beitragsweise zur Nutzung überlassenen Gegenständen (vgl. §§ 706 bis 707 Rdn. 3). Voraussetzung für die Rückgabe als erster Schritt der Auseinandersetzung ist, dass der Gesellschaft zwar das **Nutzungsrecht** an dem Gegenstand eingeräumt wurde, die **Verfügungsbefugnis** aber beim Gesellschafter verblieben ist. Bei überlassenen Sachen wird der Gesellschaft i.d.R. der Besitz eingeräumt, nicht aber das Eigentum übertragen (Soergel/*Hadding/Kießling* Rn. 3). Das Nutzungsrecht muss weiterhin zur Erfüllung einer **Beitragspflicht** eingeräumt worden sein. Ist der Gegenstand hingegen aufgrund eines anderen Rechtsverhältnisses, etwa Miete, Pacht oder Leihe, überlassen worden, bleibt das zu Grunde liegende Rechtsverhältnis durch die Auflösung der Gesellschaft unberührt, es wird aber regelmäßig ein Recht zur Kündigung aus wichtigem Grund bestehen (MüKo-BGB/*Schäfer* Rn. 2). Der Rückgabeanspruch wird sich in aller Regel schon aus der der Nutzungsüberlassung zugrundeliegenden Vereinbarung ergeben, so dass die praktische Bedeutung der Vorschrift gering ist. Das MoPeG verzichtet folgerichtig auf eine vergleichbare Regelung.

2 Der Anspruch wird mit der Auflösung der Gesellschaft fällig, nicht erst mit deren Beendigung (BGH NJW 1981, 2802). Zu seiner Erfüllung bedarf es der Einräumung des unmittelbaren Besitzes, jedoch kann die Gesellschaft ein Zurückbehaltungsrecht geltend machen, wenn der Gegenstand für die Abwicklung noch benötigt wird (BGH NJW 1998, 1551, 1552; Soergel/*Hadding/Kießling* Rn. 2). Die Beweislast trägt die Gesellschaft (h.M. MüKo-BGB/*Schäfer* Rn. 3, str.). Ein Zurückbehaltungsrecht besteht zudem, wenn eine hohe Wahrscheinlichkeit für einen behaupteten Ausgleichsanspruch gegen den anspruchsberechtigten Gesellschafter nach § 735 oder § 739 spricht und zur genauen Feststellung noch Zeit benötig wird (BGH NJW 1981, 2802).

3 Im Fall der Überlassung von Rechten vermittelt § 732 keinen gegenständlichen Rückgabeanspruch, die eingeräumte Nutzungsbefugnis erlischt vielmehr mit der Auflösung der GbR (Soergel/*Hadding/Kießling* Rn. 3). Anders gelagert ist ferner die **Überlassung** eines Gegenstandes **zu Eigentum** (§§ 706 bis 707 Rdn. 3). In diesem Fall ist nicht § 732, sondern § 733 Abs. 2 Satz 2 einschlägig (Anspruch auf Rückerstattung in Geld). Gleiches gilt, wenn zwar eine dingliche Zuordnung des Gegenstandes zur GbR nicht erfolgt ist, der Gegenstand aber dem Wert nach (quoad sortem) so eingebracht wurde, als ob er Gesellschaftsvermögen wäre und daher wirtschaftlich wie Gesellschaftsvermögen zu behandeln ist (für die Anwendung von § 733 Abs. 2 Satz 2: BGH WM 1965, 744, 745; vgl. auch BGH NZG 2009, 1107; Palandt/*Sprau* Rn. 1). Die Gegenansicht befürwortet die analoge Anwendung des § 732 Satz 1 (FG Schleswig-Holstein BB 1988, 1217, 1221; Staudinger/*Habermeier* Rn. 2 m.w.N.; MüKo-BGB/*Schäfer* Rn. 9 f. m.w.N.).

### B. Gefahrtragung, Satz 2

4 Die Gefahrtragung für den eingebrachten Gegenstand bestimmt sich nach Satz 2. Dass mangels Verschuldens bei Untergang oder Verschlechterung des überlassenen Gegenstands ein Schadensersatzanspruch des überlassenden Gesellschafters/Eigentümers ausscheidet, entspricht allgemein Grundsätzen. Der Gesellschafter trägt die **Gefahr des zufälligen Untergangs** und der zufälligen Verschlechterung der Sache, geht also leer aus, wenn sich die Sache infolge des bestimmungsgemäßen Gebrauchs verschlechtert hat oder untergegangen ist. Ihm steht aber ein Anspruch auf Herausgabe

eines eventuellen Surrogats nach § 285 zu (Soergel/*Hadding/Kießling* Rn. 5). Beruhen Untergang oder Verschlechterung auf einem schuldhaften Verhalten eines Mitgesellschafters anlässlich einer Maßnahme der Geschäftsführung, haftet neben dem Mitgesellschafter auch die Gesellschaft analog § 31. Maßgeblich ist der Verschuldensmaßstab des § 708. Für schuldhaftes Handeln von Angestellten haftet die Gesellschaft im Rahmen des § 278 (MüKo-BGB/*Schäfer* Rn. 6). Ungeachtet der Risikozuordnung des Satz 2 bleiben bei der Gesellschaft die Nachteile, die sich aus dem Wegfall der Nutzungsmöglichkeit ergeben, wenn die Sache zufällig untergeht oder sich verschlechtert (Erman/*Westermann* Rn. 4).

## § 733 Berichtigung der Gesellschaftsschulden; Erstattung der Einlagen

(1) Aus dem Gesellschaftsvermögen sind zunächst die gemeinschaftlichen Schulden mit Einschluss derjenigen zu berichtigen, welche den Gläubigern gegenüber unter den Gesellschaftern geteilt sind oder für welche einem Gesellschafter die übrigen Gesellschafter als Schuldner haften. Ist eine Schuld noch nicht fällig oder ist sie streitig, so ist das zur Berichtigung Erforderliche zurückzubehalten.

(2) Aus dem nach der Berichtigung der Schulden übrig bleibenden Gesellschaftsvermögen sind die Einlagen zurückzuerstatten. Für Einlagen, die nicht in Geld bestanden haben, ist der Wert zu ersetzen, den sie zur Zeit der Einbringung gehabt haben. Für Einlagen, die in der Leistung von Diensten oder in der Überlassung der Benutzung eines Gegenstands bestanden haben, kann nicht Ersatz verlangt werden.

(3) Zur Berichtigung der Schulden und zur Rückerstattung der Einlagen ist das Gesellschaftsvermögen, soweit erforderlich, in Geld umzusetzen.

| Übersicht | Rdn. | | Rdn. |
|---|---|---|---|
| A. Allgemeines | 1 | II. Keine Einlagenrückerstattung für | |
| B. Berichtigung der Schulden, Abs. 1 | 3 | Dienstleistungen | 9 |
| C. Erstattung der Einlagen, Abs. 2 | 7 | D. Vermögensverwertung, Abs. 3 | 11 |
| I. Einlagenerstattung | 7 | E. Dispositivität | 12 |

## A. Allgemeines

§ 733 regelt im Anschluss an die Rückgabe der eingebrachten Gegenstände (§ 732) die **nächsten Schritte der Auseinandersetzung**. Nach Abs. 1 sind zunächst die **Schulden** der Gesellschaft zu **begleichen**, sodann sind die **Einlagen** nach Abs. 2 **zurückzugewähren**. Hierzu sind nach Abs. 3 die Vermögensgegenstände der Gesellschaft – bspw. durch Veräußerung – in Geld umzusetzen. 1

§ 733 konkretisiert die wechselseitigen Pflichten, die den Gesellschaftern/Liquidatoren (§ 730) während der Abwicklung **im Innenverhältnis** auferlegt sind. Die Begleichung der Gesellschaftsschulden aus dem Gesellschaftsvermögen schützt die Gesellschafter vor einer persönlichen Inanspruchnahme durch die Gläubiger. Dagegen können die **Gläubiger** aus § 733 **keine Rechte** ableiten (Soergel/*Hadding/Kießling* Rn. 1). Sie sind durch den während der Abwicklung weiterhin möglichen Zugriff auf das Gesellschaftsvermögen nach § 736 ZPO und die unbeschränkte persönliche Haftung der Gesellschafter hinreichend geschützt (Erman/*Westermann* Rn. 4). § 733 ist anerkanntermaßen auch kein Schutzgesetz i.S.d. § 823 Abs. 2 zugunsten der Gesellschaftsgläubiger (KG JR 1951, 22, 23; Erman/*Westermann* Rn. 1). 2

## B. Berichtigung der Schulden, Abs. 1

Nach Abs. 1 sind vor der Verteilung des Gesellschaftsvermögens auf die Gesellschafter die Schulden der Gesellschaft aus dem Gesellschaftsvermögen zu begleichen. Diesen Anspruch kann jeder Gesellschafter im Wege der **Leistungsklage** auf Mitwirkung bzw. Unterlassen durchsetzen (Soergel/ 3

*Hadding/Kießling* Rn. 4). Die Schuldenberichtigung kann nur durchgeführt werden, wenn Gesellschaftsvermögen vorhanden ist (OLG München, Urt. v. 28.11.2007 – 3 U 2478/07, Rn. 11).

4 Zu berichtigen sind gemeinschaftliche Schulden. Dies sind neben den Verbindlichkeiten, welche die selbst rechtsfähige Gesellschaft unmittelbar begründet hat, auch solche, die ein Gesellschafter zwar in eigenem Namen, aber für Rechnung der Gesellschaft eingegangen ist (BGH NJW 1999, 2438, 2439). Gläubiger der Gesellschaft kann auch ein Gesellschafter sein. Allerdings muss insoweit zwischen Sozialverbindlichkeiten und Drittgläubigerverbindlichkeiten unterschieden werden. **Sozialverbindlichkeiten** unterliegen während der Abwicklung der Gesellschaft der **Durchsetzungssperre** (vgl. § 730 Rdn. 13). Immerhin folgt aus § 733 Abs. 1 Satz 1, dass sie vorrangig vor der Einlagenrückgewähr nach Abs. 2 zu erfüllen sind (MüKo-BGB/*Schäfer* Rn. 7). Wechselseitige Zahlungen im Abwicklungsstadium sollen vermieden werden und die Geltendmachung von Ansprüchen grundsätzlich der Schlussabrechnung vorbehalten bleiben (MüKo-BGB/*Schäfer* § 730 Rn. 49 ff.). Die Erfüllung sog. **Drittgläubigerverbindlichkeiten**, d.h. außerhalb des Gesellschaftsverhältnisses begründeter Forderungen (z.B. Kauf, Miete, Pacht), kann ein Gesellschafter dagegen zeitgleich mit den übrigen Gläubigern verlangen (Soergel/*Hadding/Kießling* Rn. 6).

5 Nicht zu den gemeinschaftlichen Schulden zählen **Individualschulden**, die einem Gesellschafter gegenüber einem anderen Gesellschafter zustehen (MüKo-BGB/*Schäfer* Rn. 8). Dies gilt auch, wenn sie auf dem Gesellschaftsverhältnis beruhen (RG JW 1928, 2368, 2369). Dem Gesellschafter steht aber ein Befriedigungsvorrecht nach §§ 756, 731 Abs. 2 zu.

6 Ist eine Gesellschaftsschuld noch nicht fällig, also betagt oder bedingt, oder ihr Bestehen bestritten, so greift die Besonderheit des Abs. 1 Satz 2. Um die künftige Erfüllung sicherzustellen ist – vergleichbar mit der bilanziellen Bildung einer **Rückstellung** (Erman/*Westermann* Rn. 3) – ein zur Erfüllung erforderlicher Betrag zurückzuhalten. Möglich ist auch eine Erfüllung durch Hinterlegung, § 372. Da bis zur endgültigen Abwicklung der Forderung noch Gesellschaftsvermögen vorhanden ist, besteht die Abwicklungsgesellschaft zwangsläufig als Rechtspersönlichkeit und Trägerin dieses Vermögensgegenstandes fort. Dem Abschluss der Abwicklung steht es aber nicht entgegen, wenn eine Forderung offensichtlich unbegründet oder mit ihrer Geltendmachung mit großer Wahrscheinlichkeit nicht mehr zu rechnen ist (MüKo-BGB/*Schäfer* Rn. 9). Gleiches gilt, wenn die Rücknahme des hinterlegten Betrages nach § 376 ausgeschlossen ist (BayObLG WM 1979, 655, 656).

## C. Erstattung der Einlagen, Abs. 2

### I. Einlagenerstattung

7 Nach der Tilgung der gemeinschaftlichen Schulden haben die Gesellschafter einen Anspruch auf Erstattung ihrer Einlagen aus dem Gesellschaftsvermögen. Einlageleistungen in Geld sind unmittelbar zurückzuerstatten. Soweit ein Gesellschafter Sacheinlagen (keine reine Nutzungsüberlassung, § 732 Rdn. 1, 3) an die Gesellschaft geleistet hat, ist nach Satz 2 Wertersatz zu leisten. Der Ersatzanspruch bestimmt sich nach dem objektiven Wert der Sache zum Zeitpunkt der Einlageleistung (Soergel/*Hadding/Kießling* Rn. 13). Ist für die Sacheinlage ein Einbringungswert festgesetzt worden, der dem Kapitalkonto gutgeschrieben wurde, ist dieser Einbringungswert zu erstatten (MüKo-BGB/*Schäfer* Rn. 14). Wurde die Sache zu einem bestimmten Buchwert eingebracht, hat der Gesellschafter gleichwohl einen Anspruch auf den tatsächlichen Wert der Sache. Die mit der Einlage gebildeten stillen Reserven stehen also dem einbringenden Gesellschafter zu (h.M., BGH WM 1967, 682, 683; Staudinger/*Habermeier* Rn. 10; vgl. aber BGH WM 1972, 213, 214; differenzierend NK-BGB/*Hanke* Rn. 11). Ist der Wert weder bei Einbringung fixiert worden, noch nachträglich zu ermitteln, ist er zu schätzen.

8 Steigt der Wert der Einlage nach der Einbringung, steht der Mehrwert dem Gesellschaftsvermögen und damit allen Gesellschaftern zu. Wertverluste gehen im Gegenzug zulasten des Gesellschaftsvermögens (Erman/*Westermann* Rn. 5). War die Sacheinlage bei ihrer Einbringung mit einem Sachmangel behaftet, ist nur der geringere Sachwert zu erstatten (BGH NJW 1986, 51, 52). Sacheinlagen kann der Gesellschafter vorbehaltlich abweichender Regelung (Rdn. 12) nicht in Natura

wieder herausverlangen (OLG Hamm NJW-RR 2001, 215); ebenso wenig ist er seinerseits zur Rücknahme verpflichtet.

## II. Keine Einlagenrückerstattung für Dienstleistungen

Haben die Gesellschafter als Einlagen Dienstleistungen erbracht, so schließt Satz 3 grundsätzlich einen Wertersatz aus. Der Ausgleich körperlicher oder geistiger Arbeitskraft würde zu kaum überwindbaren Schwierigkeiten führen, da ein messbarer Vermögenszuwachs meist nicht festgestellt werden kann (MüKo-BGB/*Schäfer* Rn. 17). Nach der gesetzlichen, durchaus praxisgerechten Konzeption sollen geleistete Dienste bei der Gewinnverteilung oder durch Zahlung einer Geschäftsführervergütung berücksichtigt werden (BGH NJW 1980, 1744 f.; zu möglichen Ausnahmen Staudinger/*Habermeier* Rn. 11). Gerade in Berufsausübungsgesellschaften, in denen sämtliche Gesellschafter zur aktiven Mitarbeit verpflichtet sind, erscheint die gesetzliche Regelung sachgerecht. Zulässig bleiben abweichende Vereinbarungen (Rn. 12), die etwa bei Gründung die Gutschrift eines Kapitalwerts der versprochenen Dienstleistung oder Gebrauchsüberlassung vorsehen können. 9

Für die Überlassung von Gegenständen zur Nutzung kann ebenfalls kein Wertersatz verlangt werden (zur Herausgabepflicht vgl. § 732 Rdn. 1 f.). Einen Sonderfall bilden beschränkt dingliche Rechte, die als Einlage für die Dauer des Bestehens der Gesellschaft bestellt wurden. Hier kann der Gesellschafter die Zustimmung zur Löschung der Eintragung verlangen (MüKo-BGB/*Schäfer* Rn. 13). Für auf Dauer bestellte beschränkt dingliche Rechte ist hingegen Wertersatz zu leisten (Soergel/*Hadding/Kießling* Rn. 14). 10

## D. Vermögensverwertung, Abs. 3

Nach Abs. 3 ist das Gesellschaftsvermögen in Geld umzusetzen, wenn und soweit die liquiden Gesellschaftsmittel nicht ausreichen, um die Gesellschaftsschulden zu decken und die Einlagen zurückzugewähren. Notwendig ist ein **Beschluss der Abwickler**, ob und welche Vermögensbestandteile in Geld umzusetzen sind. Verweigert ein Gesellschafter seine Mitwirkung, können die übrigen Gesellschafter die Zustimmung oder die Mitwirkung gerichtlich geltend machen (OLG Frankfurt, Urt. v. 19.09.2007 – 4 U 55/07, Rn. 24). Die Auswahl der in Geld umzusetzenden Vermögensbestandteile hat dem **Wirtschaftlichkeitsgrundsatz** zu folgen (OLG Hamm NZG 2004, 1106 f.). Dies erfordert zunächst den Einzug noch offener und den Verkauf noch nicht fälliger Forderungen, bevor besonders gewinnbringende Vermögensgegenstände verkauft werden. Nach § 731 Satz 2 sind die Vorschriften über die Teilung der Gemeinschaft anzuwenden (abdingbar, Staudinger/*Habermeier* Rn. 13). Deckt der Erlös aus allen Vermögensgegenständen die Gesellschaftsschulden nicht, greift die Nachschusspflicht des § 735. 11

## E. Dispositivität

§ 733 unterliegt insgesamt der abweichenden Gestaltung durch die Gesellschafter (Erman/*Westermann* Rn. 8). Vertragliche Absprachen werden häufig zu einer interessengerechteren Verteilung des Gesellschaftsvermögens führen. Möglich sind insbesondere Absprachen über den Ausschluss des Wertersatzes nach Abs. 2 Satz 2, über die Einlagenrückgewähr auch für Dienstleistungen abweichend von Abs. 2 Satz 3 (vgl. BGH WM 1962, 1086) sowie die Erstattung von Sacheinlagen in Natur oder Wertersatz durch Realteilung der Vermögensgegenstände der Gesellschaft (vgl. auch Soergel/*Hadding/Kießling* Rn. 3). Letzteres kann insbesondere in einer Praxisgemeinschaft durch Aufteilung der Praxiseinrichtung (insbes. Geräte) und in der Gemeinschaftspraxis durch Aufteilung des Patientenstammes sachgerecht sein (vgl. BGH NJW 2010, 2660; MüKo-BGB/*Schäfer* Rn. 21 m.w.N.). Bei einem Verkauf der Vermögensgegenstände wird sich häufig nicht der Fortführungswert, sondern nur der niedrigere Zerschlagungswert realisieren lassen. Eine die Übernahme betreffende Regelung kann im Wege ergänzender Vertragsauslegung auf die Auflösung übertragen werden (OLG München NZG 2002, 235, 236). Von Abs. 3 kann bspw. durch genaue Bestimmung der Art der Umsetzung in Geld (bspw. freihändiger Verkauf: LG Hamburg MDR 1957, 419) 12 abgewichen werden. Die Naturalteilung nach §§ 731 Satz 2, 752 lässt sich durch eine Vertragsklausel vermeiden, nach der das gesamte Vermögen in Geld umzusetzen ist (MüKo-BGB/*Schäfer* Rn. 5).

## § 734 Verteilung des Überschusses

Verbleibt nach der Berichtigung der gemeinschaftlichen Schulden und der Rückerstattung der Einlagen ein Überschuss, so gebührt er den Gesellschaftern nach dem Verhältnis ihrer Anteile am Gewinn.

| Übersicht | Rdn. | | Rdn. |
|---|---|---|---|
| A. Allgemeines | 1 | II. Realteilung des Goodwill | 4 |
| B. Überschuss | 2 | III. Ausschluss der Realteilung | 5 |
| C. Verteilung des Überschusses | 3 | D. Vertragliche Gestaltungsmöglichkeiten | 6 |
| I. Realteilung | 3 | | |

### A. Allgemeines

1 Im Anschluss an die in § 733 geregelte Schuldentilgung und Einlagenrückgewähr kommt es in konsequenter Umsetzung des chronologischen Gesetzesaufbaus gem. § 734 zur Verteilung des verbleibenden Gesellschaftsvermögens. Die Vorschrift weist dem Liquidator zum Schluss die Aufgabe zu, das nach Berichtigung der Verbindlichkeiten und Rückerstattung der geleisteten Beiträge verbleibende Vermögen der Gesellschaft unter die Gesellschafter nach dem Verhältnis ihrer Anteile am Gewinn und Verlust zu verteilen. Ein Überschuss liegt vor, wenn und soweit das Aktivvermögen, das der Gesellschaft nach Berichtigung der Gesellschaftsverbindlichkeiten gegenüber Dritten und Hinterlegung der auf betagte oder streitige Forderungen entfallenden Beträge verbleibt, die noch offenen Forderungen der Gesellschafter einschließlich der Ansprüche auf Rückerstattung des Wertes ihrer geleisteten Beiträge übersteigt. Maßgeblich für die Verteilung ist das Verhältnis der Gewinnanteile der Gesellschafter. Die Überschussverteilung wird regelmäßig in die **einheitliche Schlussabrechnung** aufgenommen (Soergel/*Hadding/Kießling* Rn. 1). Aus einer Gesamtsaldierung ergibt sich dann ein **Auseinandersetzungsguthaben** (vgl. § 717 Satz 2), das mit der verbindlichen Feststellung der Schlussrechnung fällig wird (BGH NJW 1995, 188, 189). Bei der Aufstellung der Schlussrechnung muss die Rangfolge von § 733 und § 734 beachtet werden. Wird eine Realteilung durchgeführt oder erfolgt noch ein schuldrechtlicher Ausgleich, fallen Schlussabrechnung und Überschussverteilung auseinander (Soergel/*Hadding/Kießling* Rn. 1). Ist kein teilbares Gesellschaftsvermögen mehr vorhanden, kommt es zur Vollbeendigung der aufgelösten Gesellschaft.

### B. Überschuss

2 Der Überschuss errechnet sich aus dem Aktivvermögen der Gesellschaft nach Rückgabe der überlassenen Gegenstände (§ 732), der Schuldbereinigung und Einlagenrückgewähr (§ 733) sowie der Zurückbehaltung von künftig zur Schuldtilgung erforderlichen Beträgen (§ 733 Abs. 1 Satz 2). Der Überschuss wird in erster Linie das Resultat von **thesaurierten Gewinnen** und **Wertsteigerungen** von Gegenständen des Gesellschaftsvermögens sein. Auch während des Abwicklungsverfahrens erzielte Gewinne und Wertsteigerungen sind zu verteilen (BGHZ 19, 42, 48; das gilt auch bei Übernahme: BGH NJW-RR 2003, 169). Nähere Bestimmungen zur Berechnung des Überschusses trifft das Gesetz nicht. Bei **unternehmenstragenden Gesellschaften** wird meist eine **Auseinandersetzungsbilanz** notwendig sein (dazu § 738 Rdn. 10 ff.; BGH WM 1972, 213, 214; zur Bewertung eines eingebrachten **Patientenstamms** OLG Hamm NZG 1999, 655).

### C. Verteilung des Überschusses

#### I. Realteilung

3 Die Verteilung des Überschusses erfolgt, soweit keine abweichende Vereinbarung getroffen wurde, nach §§ 731 Satz 2, 752 ff. Der Anteil bestimmt sich nach den für die **Gewinnverteilung**

geltenden Grundsätzen. Diese ergeben sich vorrangig aus der gesellschaftsvertraglichen Vereinbarung (RGZ 114, 131, 134), anderenfalls erhält jeder Gesellschafter den **gleichen Gewinnanteil** (vgl. § 722 Abs. 1, s. dort Rdn. 3). §§ 731 Satz 2, 752 Satz 1 sehen mangels abweichender Vereinbarung die Realteilung der verbliebenen Vermögensgegenstände vor. Real geteilte Gegenstände sind mit ihrem anteiligen Wert unter Berücksichtigung der Wertsteigerungen und aufgelösten stillen Reserven in die Schlussabrechnung aufzunehmen (BGHZ 17, 130, 137; 19, 42, 48). Bei der Bewertung sind die Gesellschafter frei (BayObLG Recht 1912 Nr. 403). Bei Streit über die Höhe des Anteils am Gewinn ist eine Feststellungsklage nach § 256 Abs. 1 ZPO zulässig (BGH ZIP 2019, 414, 415).

Besondere Absprachen sind zum Verbleib der Patientenakten zu treffen. Der Aufbewahrungspflicht aus § 10 Abs. 3 MBO-Ä sowie weiteren, spezialgesetzlich geregelten Aufbewahrungspflichten (§ 10 MBOÄ Rdn. 18 ff.) muss auch nach der Auflösung der Gesellschaft nachgekommen werden. Soweit die Gesellschafter ihre berufliche Tätigkeit nach der Auflösung fortführen, bietet es sich an, dass sie auch die Aufzeichnungen der von ihnen betreuten Patienten in Verwahrung nehmen (*Ziegler* GesR 2020, 137, 143). Dies gilt v.a., wenn sie die Patienten nach der Auflösung weiterbetreuen. Wird die Praxis durch einen Gesellschafter oder einen Nachfolger fortgeführt, können auch diese die Verwahrung übernehmen (§ 10 MBOÄ Rdn. 21). Schließlich könnte auch ein Dritter zur treuhändischen Verwahrung unter Einhaltung der Pflichten aus § 203 Abs. 3, 4 StGB und der datenschutzrechtlichen Pflichten nach der DS-GVO beauftragt werden (§ 10 MBOÄ Rdn. 21; *Ziegler* GesR 2020, 137, 143). 3a

## II. Realteilung des Goodwill

Geschäftsbeziehungen einer freiberuflichen GbR können real geteilt werden, indem jeder Gesellschafter die Möglichkeit erhält, um die ehemaligen gemeinsamen Geschäftspartner zu werben. In einer Gemeinschaftspraxis erfolgt dies bspw. mittels Durchführung einer **Patientenbefragung** (BGH NJW 1994, 796, 797; zur Steuerberaterkanzlei OLG München NZG 2002, 235, 236; zur Berücksichtigung beim Ausgleichsanspruch BGH NJW 1995, 1551). Die **Mitnahme von Patienten** stellt einen Ausgleich für den Goodwill der GbR dar (BGH NJW 2010, 2660; vgl. BGH NZG 2016, 1025, 1026). Daher kann bei gleichberechtigter Mitnahmemöglichkeit grundsätzlich auch dann kein Ausgleich in Geld verlangt werden, wenn sich die Patienten überwiegend für einen einzelnen Gesellschafter entscheiden (BGH NJW 1994, 796, 797; NZG 2002, 235, 236). Die reine Mitnahmemöglichkeit reicht aber nicht aus, wenn ein Gesellschafter aufgrund seiner medizinisch-wirtschaftlichen Kompetenz dem anderen Gesellschafter überlegen ist und eine Mitnahme von Patienten für den letztgenannten faktisch nicht in Betracht kommt. In diesem Fall ist der Goodwill gekürzt um den Wert der tatsächlich mitgenommenen Patienten auszugleichen (BGH Beschl. v. 18.09.2012 – II ZR 94/10; OLG Schleswig MedR 2004, 215, 219; *Ziegler* GesR 2020, 137, 141 ff.; zur Bewertung des Goodwill vgl. die Hinweise zur Bewertung von Arztpraxen, DÄBl 2008, Heft 51–52, S. A4). 4

## III. Ausschluss der Realteilung

Ausgeschlossen ist die Realteilung, wenn nach der Art des Vermögensgegenstandes ein **erheblicher Wertverlust** zu besorgen ist (BGHZ 68, 299, 304) oder diese aus rechtlichen Gründen (z.B. Unteilbarkeit einer Forderung) nicht möglich ist. Kommt eine Realteilung danach nicht in Betracht, sind die Gegenstände nach den §§ 1235 ff. bzw. §§ 15 ff. ZVG zu verwerten. Der Anspruch des Gesellschafters auf den anteiligen Erlös unterliegt der Durchsetzungssperre (vgl. § 730 Rdn. 13) und ist in die Schlussabrechnung einzubeziehen. 5

## D. Vertragliche Gestaltungsmöglichkeiten

§ 734 ist dispositiv. Möglich ist insbesondere die Übernahme des Gesellschaftsvermögens durch einen Gesellschafter oder einen Dritten gegen Ausgleichszahlung oder das Umsetzen des gesamten Gesellschaftsvermögens in Geld mit anschließender Verteilung. 6

## § 735 Nachschusspflicht bei Verlust

Reicht das Gesellschaftsvermögen zur Berichtigung der gemeinschaftlichen Schulden und zur Rückerstattung der Einlagen nicht aus, so haben die Gesellschafter für den Fehlbetrag nach dem Verhältnis aufzukommen, nach welchem sie den Verlust zu tragen haben. Kann von einem Gesellschafter der auf ihn entfallende Beitrag nicht erlangt werden, so haben die übrigen Gesellschafter den Ausfall nach dem gleichen Verhältnis zu tragen.

| Übersicht | Rdn. | | Rdn. |
|---|---|---|---|
| A. Allgemeines | 1 | C. Geltendmachung | 3 |
| B. Nachschusspflicht | 2 | D. Ausfallhaftung, Satz 2 | 6 |

### A. Allgemeines

1 Reicht das Gesellschaftsvermögen nicht aus, um sowohl die Gesellschaftsschulden zu begleichen als auch die Einlagen zu erstatten (vgl. § 733), so richtet sich das weitere Procedere nach § 735. Die Gesellschafter sind entsprechend ihrer Verlustbeteiligung zum Nachschuss verpflichtet. Aufgrund der Vorgabe des § 707 besteht die Nachschusspflicht erst nach Auflösung der Gesellschaft (BGH NJW 2012, 1439, 1441), nicht dagegen schon zum Zeitpunkt der werbenden Tätigkeit (RGZ 166, 65, 68 f.). Die Vorschrift regelt ebenso wie § 733 (§ 733 Rdn. 2) allein das **Innenverhältnis** der Gesellschafter, begründet also keine Ansprüche Dritter (Soergel/*Hadding/Kießling* Rn. 2). Folgerichtig ist die Regelung **dispositiv**. Gesellschaftsgläubiger werden durch die persönliche und unbeschränkte Haftung der Gesellschafter hinreichend geschützt; den Gesellschaftern steht bei einer Inanspruchnahme jedenfalls der Gesamtschuldausgleich nach § 426 Abs. 2 zu. Eine Vereinbarung, nach der ein Gesellschafter in der werbenden Gesellschaft nicht am Verlust der Gesellschaft beteiligt wird, schließt auch seine Nachschusspflicht aus (BGH WM 1967, 346, 347).

### B. Nachschusspflicht

2 Die Abwicklung führt zu einem die Nachschusspflicht auslösenden Verlust, wenn zum Zeitpunkt der Vollbeendigung die Summe der Gesellschaftsverbindlichkeiten einschließlich der Sozialverbindlichkeiten (Erman/*Westermann* Rn. 1) das Aktivvermögen der Gesellschaft übersteigt. Die Nachschusspflicht entsteht damit nicht nur, wenn das Gesellschaftsvermögen nicht für die Schuldenberichtigung ausreicht, sondern auch, wenn zwar die Gesellschaftsschulden getilgt, aber die Einlagen nicht mehr vollständig zurückgewährt werden können (Soergel/*Hadding/Kießling* Rn. 4). In einem solchen Verlustfall entsteht nach Satz 1 ein der Gesellschaft zustehender Anspruch (BGH ZIP 2012, 515) gegen die Gesellschafter (Sozialanspruch). Die Nachschusspflicht unterliegt wie alle anderen Sozialansprüche grundsätzlich der **Durchsetzungssperre** und ist in die Schlussabrechnung aufzunehmen (Soergel/*Hadding/Kießling* Rn. 6). Ihr Umfang bestimmt sich nach dem Umfang der Verlustbeteiligung des Gesellschafters in der werbenden Gesellschaft. Ist dieser nicht besonders geregelt, entspricht er im Zweifel der Gewinnbeteiligung, § 722 Abs. 2.

### C. Geltendmachung

3 Der Sozialanspruch ist durch die **Liquidatoren** gegen die Gesellschafter geltend zu machen (BGH NJW 1960, 433, 434; BGH ZIP 2020, 2460, 2461 f.; Palandt/*Sprau* Rn. 2) Außerdem kann ein Gesellschafter den Anspruch auch mittels einer *actio pro socio* durchsetzen (Erman/*Westermann* Rn. 1). Wird der Nachschuss lediglich dazu benötigt, Einlagen zurückzuzahlen, können die Gesellschafter ihre Ausgleichsansprüche auch im internen Ausgleich unmittelbar untereinander geltend machen. In diesem Fall entfällt der gegen die Gesellschaft gerichtete Anspruch auf Einlagenrückgewähr des Gesellschafters und damit zugleich der korrespondierende Nachschussanspruch der Gesellschaft gegen den anderen Gesellschafter (BGH ZIP 2020, 2460, 2461 f.). Die Zahlung an die Gesellschaft wäre hier ein unnötiger Umweg (OLG Köln NZG 1999, 152, 153; MüKo-BGB/*Schäfer* Rn. 6).

Voraussetzung ist die Feststellung eines Verlustes (BGH DB 1977, 2040) nach der Gesamtsaldie- 4
rung der Schlussrechnung (vgl. *Wiedemann* GesR II, S. 578; Staudinger/*Habermeier* Rn. 2 f.). Mit
der Feststellung wird der Anspruch **fällig** (MüKo-BGB/*Schäfer* Rn. 5).

Der Anspruch der Gesellschaft kann – wie alle Sozialansprüche (Soergel/*Hadding/Kießling* Rn. 2) – 5
durch Gesellschaftsgläubiger nach §§ 829, 835 ZPO gepfändet und an diese zur Einziehung überwiesen werden (MüKo-BGB/*Schäfer* Rn. 2; NK-BGB/*Hanke* Rn. 1). Unmittelbare Ansprüche der
Gesellschaftsgläubiger bestehen dagegen nicht.

### D. Ausfallhaftung, Satz 2

Kommt ein Gesellschafter seiner Nachschusspflicht nicht nach, haften die übrigen Gesellschafter 6
gemäß Satz 2 subsidiär in Höhe der Quote ihrer Verlustbeteiligung für den auf sie entfallenden
Fehlbetrag. Die Haftung umfasst die gegen die nachschusspflichtigen Gesellschafter bestehenden
Sozialansprüche (BGH WM 1975, 268, 269).

## § 736 Ausscheiden eines Gesellschafters, Nachhaftung

(1) Ist im Gesellschaftsvertrag bestimmt, dass, wenn ein Gesellschafter kündigt oder stirbt oder
wenn das Insolvenzverfahren über sein Vermögen eröffnet wird, die Gesellschaft unter den übrigen Gesellschaftern fortbestehen soll, so scheidet bei dem Eintritt eines solchen Ereignisses der
Gesellschafter, in dessen Person es eintritt, aus der Gesellschaft aus.

(2) Die für Personenhandelsgesellschaften geltenden Regelungen über die Begrenzung der
Nachhaftung gelten sinngemäß.

| Übersicht | Rdn. | | Rdn. |
|---|---|---|---|
| A. Allgemeines | 1 | III. Weitere Ausscheidensgründe | 8 |
| B. Fortsetzungsklausel, Abs. 1 | 3 | IV. Zweigliedrige Gesellschaft | 10 |
| I. Rechtswirkung | 3 | C. Nachhaftung, Abs. 2 | 11 |
| II. Normierte Ausscheidensgründe | 4 | | |

### A. Allgemeines

Da das Recht der GbR von der Höchstpersönlichkeit der Beteiligung an einer GbR ausgeht, sehen 1
die §§ 723 ff. grundsätzlich keine Veränderung im Bestand der Gesellschafter vor (§§ 723 bis 725
Rdn. 24). Die Kündigung (§§ 723 Abs. 1; 724 Abs. 1) oder der Tod eines Gesellschafters (§ 727
Abs. 1) sowie die Insolvenz der Gesellschaft oder eines Gesellschafters (§ 728) führen zur **Auflösung**
und Liquidation. Die Gesellschafter können aber nach Abs. 1 im Gesellschaftsvertrag die Fortführung der Gesellschaft mit den übrigen Gesellschaftern bzw. den Erben vereinbaren. Für diesen
Fall abweichender vertraglicher Vereinbarung treffen §§ 736 bis 740 nähere Bestimmungen zum
Fortbestand der Gesellschaft und zur rechtlichen Stellung des ausscheidenden Gesellschafters. Zur
Regelung der sog. »**Nachhaftung**« des ausscheidenden Gesellschafters verweist Abs. 2 auf das Recht
der OHG (§ 160 HGB). Änderungen im Gesellschafterbestand sind der zuständigen Ärztekammer
anzuzeigen (§ 18 Abs. 6 Satz 1 MBOÄ, vgl. § 18 MBOÄ Rdn. 65).

Abs. 1 sieht die Vereinbarung einer **Fortsetzungsklausel** für drei Fälle vor. Darüber hinausgehende 2
Fortsetzungsvereinbarungen werden damit nicht ausgeschlossen. Dem Grundsatz der Gestaltungs-
freiheit der Gesellschafter im Innenverhältnis entspricht die Zulässigkeit von Fortsetzungsklauseln für
beliebige Fallkonstellationen (Soergel/*Hadding/Kießling* Rn. 3). Möglich ist insbesondere ein Fort-
setzungsrecht, nach dem bei Eintritt eines Ausscheidensgrundes für einen Gesellschafter die übrigen
Gesellschafter einstimmig oder durch Mehrheitsbeschluss die Fortsetzung der Gesellschaft unter
Ausschluss des ausscheidenden Gesellschafters beschließen können (BGH WM 1968, 697, 698).
Ohnehin können die verbliebenen Gesellschafter auch nach Auflösung, aber vor Vollbeendigung
der Gesellschaft die Wiederaufnahme der werbenden Tätigkeit und Fortsetzung der Gesellschaft

ohne den ausgeschiedenen Gesellschafter beschließen (BGHZ 48, 251, 254; ausf. Soergel/*Hadding*/*Kießling* Rn. 8). Ausnahmsweise (vgl. Rdn. 3) kann das Ausscheiden eines Gesellschafters auch dann angenommen werden, wenn der Ausscheidensgrund (bspw. die Kündigung) erst im Auseinandersetzungsstadium eintritt (vgl. BeckOK BGB/*Schöne* Rn. 5). Möglich sind ferner die Vereinbarung von Eintrittsrechten (vgl. § 727 Rdn. 12) oder die Übernahme des Gesellschaftsvermögens durch den letztverbleibenden Gesellschafter (§ 727 Rdn. 13). Eine Fortsetzungsklausel ist von der auf ihr aufbauenden Ausschlussklausel abzugrenzen (dazu § 737 Rdn. 1).

## B. Fortsetzungsklausel, Abs. 1

### I. Rechtswirkung

3   Abs. 1 stellt nicht nur die Zulässigkeit einer Fortsetzungsklausel klar. Nach seiner Regelungsaussage scheidet der Gesellschafter bei Eintritt eines in der Fortsetzungsklausel genannten Ausscheidensgrundes eo ipso aus der Gesellschaft aus, ohne dass es eines weiteren Gestaltungsaktes bedürfte (MüKo-BGB/*Schäfer* Rn. 8). Zugleich entsteht ein Abfindungsanspruch nach § 738. Tritt der Auflösungsgrund im Liquidationsstadium ein, so ist durch Auslegung zu ermitteln, ob die Fortsetzungsklausel den Fortbestand einer werbenden Gesellschaft voraussetzt. Nur wenn dies ausnahmsweise verneint werden kann, ist ein Ausscheiden auch in der Liquidation möglich (vgl. BGH WM 1964, 1086, 1087; WM 1963, 728, 730).

### II. Normierte Ausscheidensgründe

4   Erklären ein oder mehrere Gesellschafter die **Kündigung**, führt die Fortsetzungsklausel zur Fortsetzung der Gesellschaft unter den verbliebenen Gesellschaftern, und zwar grundsätzlich selbst, wenn die Mehrheit der Gesellschafter kündigt (BGH NJW 2008, 1943, 1944 f.; vgl. aber auch Soegel/*Hadding*/*Kießling* Rn. 10). Zulässig sind Vereinbarungen, nach denen die Gesellschaft nur bei Kündigung einer Minderheit oder dem Ausscheiden bestimmter Gesellschafter (z.B. neu eingetretener Gesellschafter) fortgeführt, ansonsten aber liquidiert wird (BGH NJW 2008, 1943, 1944 f.). Schließen sich alle Gesellschafter einer Kündigung an, kann die Gesellschaft nicht fortgesetzt werden; es kommt zwangsläufig zur Auseinandersetzung (BGH DStR 1999, 171, 172 m. Anm. *Goette*). Kündigt ein Gesellschafter einer (Publikums-)Gesellschaft fristgebunden und wird daraufhin die Gesellschaft vor Eintritt der Kündigungswirkung aufgelöst, scheidet der kündigende Gesellschafter nicht aus, sondern verbleibt in der Liquidationsgesellschaft (BGH NZG 2018, 577, 579).

5   Eine Fortsetzungsklausel kann auch eine **außerordentliche Kündigung** erfassen, allerdings sind Sinn und Zweck der konkreten Fortsetzungsklausel zu berücksichtigen (RGZ 162, 388, 392). Steht der wichtige Grund der Fortsetzung nicht entgegen, ist grundsätzlich der Fortbestand der Gesellschaft anzunehmen (*Grunewald* ZIP 1999, 597, 598). Haben die übrigen Gesellschafter den Kündigungsgrund schuldhaft veranlasst, so schließt dies die Fortsetzung nicht ausnahmslos aus (MüKo-BGB/*Schäfer* Rn. 11; a.A. RGZ 162, 388, 394; BeckOK BGB/*Schöne* Rn. 8). Die Rechte des freiwillig Austretenden werden durch etwaige Schadensersatzansprüche hinreichend geschützt (Erman/*Westermann* Rn. 3). Die Fortsetzungsklausel greift auch bei der Kündigung durch einen Privatgläubiger nach § 725, sofern sie alle Kündigungsarten erfasst (§§ 723 bis 725 Rdn. 24; Erman/*Westermann* Rn. 2).

6   Häufig wird eine Fortsetzungsklausel auch für den **Tod eines Gesellschafters** vereinbart. Möglich ist sowohl die Vereinbarung der Fortsetzung unter Ausschluss eines Abfindungsrechts der Erben (§ 727 Rdn. 5) als auch die vereinbarte Nachfolge der Erben in den Gesellschaftsanteil. Alternativ kann ein Eintrittsrecht eines Dritten vereinbart werden (§ 727 Rdn. 12).

7   Reguläre Folge der **Gesellschafterinsolvenz** ist nach § 728 Abs. 2 die Auflösung der Gesellschaft (§ 728 Rdn. 6), jedoch kann die Fortsetzung der Gesellschaft – unter Ausschluss des Insolvenzschuldners – vereinbart werden (OLG Köln ZIP 2005, 2072 f.).

### III. Weitere Ausscheidensgründe

Die Aufzählung in Abs. 1 ist nicht abschließend. Zulässig ist die Vereinbarung einer Fortsetzungs- 8
klausel für alle Ausscheidensgründe, soweit der Grund nicht selbst, etwa wegen § 138, nichtig ist.
Als praktikabel erwiesen hat sich die Fortsetzung bei objektiv zu beurteilenden Ereignissen (vgl.
BGH NJW 2003, 1729) wie dem Verlust der Berufszulassung, dem Erreichen einer Altersgrenze,
der Arbeitsunfähigkeit (hierzu BGH DStR 2004, 97, 99; Erman/*Westermann* Rn. 3) oder der Pfändung des Gesellschaftsanteils (vgl. OLG Frankfurt NZG 1999, 990).

Ist ihr Anwendungsbereich nicht auf bestimmte Fälle beschränkt, gilt die Fortsetzungsklausel 9
i.d.R. für alle denkbaren Auflösungsgründe (Soergel/*Hadding/Kießling* Rn. 11). Ausnahmen bieten die Zweckerreichung der Gesellschaft, die Unmöglichkeit (§ 726) sowie die Eröffnung des Insolvenzverfahrens über das Vermögen der Gesellschaft (§ 728 Abs. 1), weil hier die Fortführung
faktisch unmöglich ist. Bei Zweckerreichung und Unmöglichkeit kommt aber eine Änderung des
Gesellschaftszwecks in Betracht (§ 726 Rdn. 6).

### IV. Zweigliedrige Gesellschaft

Greift in einer zweigliedrigen GbR ein Auflösungsgrund, bleibt für eine Fortsetzung der Personen- 10
gesellschaft mit nur einem Gesellschafter kein Raum. Die Fortsetzungsklausel kann aber in eine
Übernahmeklausel umgedeutet werden, wenn der Übernahme durch den verbleibenden Gesellschafter keine Gründe entgegenstehen (BGH NJW 2008, 2992; MüKo-BGB/*Schäfer* Rn. 10). Das
Gesellschaftsvermögen wächst diesem Gesellschafter an (§ 738 Abs. 1 Satz 1), dem Ausscheidenden
steht eine Abfindung zu (§ 738 Rdn. 7). Die Übertragung bedarf keines Gestaltungsaktes, etwa
einer Übernahmeerklärung (BGH NJW 2008, 2992; vgl. aber auch BGH WM 1957, 512, 514).
Für Ansprüche der Kassenärztlichen Vereinigungen gilt die Gesellschaft hingegen trotz ihrer Vollbeendigung als vertragsärztlich fortbestehend (BSGE 98, 89, 90 Rn. 11).

## C. Nachhaftung, Abs. 2

Für die Nachhaftung des ausscheidenden Gesellschafters verweist Abs. 2 auf das Recht der Per- 11
sonenhandelsgesellschaften und damit auf § 160 HGB. Danach werden die Gesellschafter einer
OHG oder KG nach Ablauf von 5 Jahren von der Inanspruchnahme durch Gesellschaftsgläubiger
wegen Verbindlichkeiten der Gesellschaft freigestellt (vgl. Staub/*Habersack* § 160 HGB Rn. 1, 3).
Der ausgeschiedene Gesellschafter haftet auch nach seinem Ausscheiden grundsätzlich weiterhin
persönlich für alle Verbindlichkeiten der Gesellschaft, die vor seinem Ausscheiden begründet wurden (§§ 714 bis 715 Rdn. 22), allerdings endet diese Nachhaftung nach Ablauf von 5 Jahren. Die
Frist beginnt nach h. M. im Zeitpunkt der Kenntnisnahme des jeweiligen Gläubigers vom Ausscheiden des Gesellschafters. Die Kenntnisnahme ersetzt die für Personenhandelsgesellschaften vorgesehene Eintragung des Ausscheidens in das Handelsregister nach § 160 Abs. 2 Satz 2 HGB, die
bei der GbR entfällt (vgl. BGH NZG 2007, 941, 942; BGH WKRS 2020, 31739 Rn. 28). Die
Haftungsbegrenzung greift somit regelmäßig nur, wenn der Gesellschafter die Gläubiger der Gesellschaft aktiv über sein Ausscheiden informiert. Entsprechende Rundschreiben an die Patienten und
sonstige (potentielle) Gläubiger (z.B. Vermieter) sind in ärztlichen Berufsausübungsgesellschaften
zu empfehlen.

Zur Haftungsbefreiung kommt es nicht, wenn die Gesellschaftsschuld vor dem Ablauf von 5 Jahren 12
fällig geworden ist und die Ansprüche gegen den Gesellschafter in einer in § 197 Abs. 1 Nr. 3–5 bezeichneten Art festgestellt wurden oder eine gerichtliche oder behördliche Vollstreckungshandlung
vorgenommen oder beantragt wurde (vgl. MüKo-HGB/*Schmidt* § 160 Rn. 33 ff.). Gem. § 160
Abs. 1 Satz 3 HGB sind die Regelungen der §§ 204, 206, 210 und 212 Abs. 2, 3 zu Hemmung
und Neubeginn der Verjährung entsprechend anwendbar (vgl. Staudinger/*Habermeier* Rn. 17 f.).
Der ausgeschiedene Gesellschafter haftet auch dann unbefristet, wenn er den Anspruch anerkannt
hat, § 160 Abs. 2 HGB.

13 Als relevantes Ausscheiden gelten nicht nur die in Abs. 1 genannten Fälle, sondern alle Gründe, die zum Ausscheiden des Gesellschafters aus der Gesellschaft führen (OLG Brandenburg 11.02.2004 – 4 U 11/03 Rn. 42). Die Nachhaftung ist auch auf die Übernahme des Gesellschaftsvermögens durch einen Gesellschafter anwendbar (BGHZ 142, 324, 331 f.).

14 Auch bei Auflösung der Gesellschaft stellt sich die Frage der Nachhaftung der Gesellschafter. Abs. 2 spricht diesen Fall nicht unmittelbar an, sodass ein direkter Rückgriff auf die Sonderverjährungsvorschrift des § 159 HGB nicht möglich ist. Auf § 159 HGB kann aber mit der ganz h.M. im Wege der Analogie zurückgegriffen werden (BGHZ 117, 168, 179 zu § 159 HGB a.F; ausf. MüKo-BGB/ *Schäfer* Rn. 21, 29). Die Gesellschafter sind in diesem Fall ebenso wie beim Ausscheiden vor einer zeitlich unabsehbaren Inanspruchnahme durch Gesellschaftsgläubiger zu schützen. Auch die fünfjährige Sonderverjährung des § 159 HGB beginnt mangels Registerpublizität der GbR mit der Kenntnis des Gläubigers von dem tatsächlichen Ereignis. Abzustellen ist auf die Kenntnis von der Auflösung (Erman/*Westermann* Rn. 9; kritisch *K. Schmidt* ZHR [1988], 105, 111 ff.). Das MoPeG sieht eine § 159 HGB entsprechende Regelung vor, dieser stützt damit die Position der h.M. zum geltenden Recht.

## § 737 Ausschluss eines Gesellschafters

Ist im Gesellschaftsvertrag bestimmt, dass, wenn ein Gesellschafter kündigt, die Gesellschaft unter den übrigen Gesellschaftern fortbestehen soll, so kann ein Gesellschafter, in dessen Person ein die übrigen Gesellschafter nach § 723 Abs. 1 Satz 2 zur Kündigung berechtigender Umstand eintritt, aus der Gesellschaft ausgeschlossen werden. Das Ausschließungsrecht steht den übrigen Gesellschaftern gemeinschaftlich zu. Die Ausschließung erfolgt durch Erklärung gegenüber dem auszuschließenden Gesellschafter.

| Übersicht | Rdn. | | Rdn. |
|---|---|---|---|
| A. Allgemeines | 1 | 5. Sanierungsunwilligkeit | 8 |
| B. Ausschließungsrecht | 3 | 6. Verhältnismäßigkeit | 9 |
| I. Vereinbarung einer Fortsetzungsklausel | 3 | C. Verfahren | 12 |
| II. Wichtiger Grund | 4 | D. Rechtsfolgen | 14 |
| 1. Allgemeines | 4 | E. Vertragliche Gestaltungsmöglichkeiten | 15 |
| 2. Pflichtverletzungen | 5 | I. Allgemeines | 15 |
| 3. Objektive Gründe | 6 | II. Hinauskündigungsklauseln | 16 |
| 4. Zerrüttung | 7 | F. Prozessuales | 19 |

### A. Allgemeines

1 Die gesetzliche Grundkonzeption schließt einen Wechsel im Gesellschafterbestand der GbR prinzipiell aus. Folgerichtig kommt nach diesem Konzept auch der Ausschluss eines Gesellschafters nicht in Betracht; den Gesellschaftern steht nur ein Recht zur Kündigung der Gesellschaft aus **wichtigem Grund** zu (vgl. auch Soergel/*Hadding/Kießling* Rn. 1). Haben die Gesellschafter hingegen eine Fortsetzungsklausel in den Gesellschaftsvertrag aufgenommen, entfällt auch der Grund, den Mitgesellschaftern ein Ausschlussrecht zu verwehren. § 737 knüpft daher an eine gesellschaftsvertragliche Fortsetzungsklausel ein gemeinschaftlich auszuübendes (Satz 2) Ausschlussrecht der übrigen Gesellschafter aus wichtigem Grund entsprechend § 723 Abs. 1 Satz 2 (Rdn. 4 ff.). Neben dem gesetzlichen können die Gesellschafter ein **vertragliches Ausschlussrecht** vereinbaren, das nicht an den Vorgaben des § 723 anknüpft (Rdn. 15). § 737 ist nur in der **Außen-GbR**, nicht hingegen in der Innengesellschaft anwendbar, da hier kein übernahmefähiges Gesellschaftsvermögen existiert (OLG Bamberg NZG 1998, 897; differenzierend Staudinger/*Habermeier* Rn. 3).

2 Die Ausübung eines Ausschließungsrechts ist noch im **Abwicklungsstadium** möglich (BGHZ 1, 324, 331), wenn den Gesellschaftern die Auseinandersetzung unter Beteiligung des auszuschließenden Gesellschafters nicht zumutbar ist (BeckOK BGB/*Schöne* Rn. 12). In einer **zweigliedrigen** Gesellschaft kann das Ausschließungsrecht analog § 737 in der Form eines Übernahmerechts

ausgeübt werden (OLG Hamm NJW-RR 2000, 482 f.; Erman/*Westermann* Rn. 8 ff.; *Nodoushani* DStR 2016, 1932, 1933).

## B. Ausschließungsrecht

### I. Vereinbarung einer Fortsetzungsklausel

Das gesetzliche Ausschließungsrecht des § 737 Satz 1 setzt die Vereinbarung einer Fortsetzungs- 3
klausel im Gesellschaftsvertrag voraus (hierzu § 736 Rdn. 3 ff.). Es genügt eine Fortsetzungs-
vereinbarung, die sich auf wesentliche personelle Änderungen bezieht (LG Heidelberg ZInsO 2020, 109, 111). Der Fortsetzungswille kann auch konkludent vereinbart sein (OLG Celle,
Urt. v. 20.08.2014 – 7 U 38/13) oder sich aus einer ergänzenden Vertragsauslegung ergeben.

### II. Wichtiger Grund

#### 1. Allgemeines

Der in der Person des Mitgesellschafters liegende wichtige Grund als zweite Voraussetzung des 4
gesetzlichen Ausschließungsrechts ist nach § 723 Abs. 2 Satz 1 zu beurteilen (Erman/*Westermann*
Rn. 3; MüKo-BGB/*Schäfer* Rn. 8; a.A. noch BGHZ 4, 108, 110; WM 1961, 32, 33). Das Verhalten seines gesetzlichen **Vertreters** ist dem Gesellschafter **zuzurechnen** (BGH WM 1977, 500, 502),
nicht dagegen das Verhalten eines Rechtsvorgängers. So kann z.B. einem Erben eine Pflichtverletzung des Erblassers nicht angelastet werden (BGHZ 1, 324, 330; anders, wenn der wichtige Grund
in einem Verhalten des überlebenden Gesellschafters begründet ist, RGZ 153, 274, 278).

#### 2. Pflichtverletzungen

Ein wichtiger Grund kann sich aus der vorsätzlichen oder grob fahrlässigen Verletzung einer wesent- 5
lichen Pflicht aus dem Gesellschaftsvertrag ergeben. Anerkannt wurden als wichtige Gründe durch
die Rspr. (vgl. ausf. die Aufzählung bei Henssler/Strohn/*Kilian* Rn. 6): Maßlose **Beschimpfungen**
der und Vorwürfe an die Mitgesellschafter, Veruntreuung als Geschäftsführer, das schuldhafte Erwecken von unberechtigten Verdachtsmomenten für ein strafbares Verhalten eines Mitgesellschafters, die bewusste **Geschäftsschädigung**, die planmäßige Herbeiführung einer Zwangsversteigerung
zum Gesellschaftserwerb, der objektiv erhärtete Verdacht der **Unredlichkeit**, die Zerstörung des
Vertrauensverhältnisses durch ein ehewidriges Verhältnis eines kurz zuvor eingeheirateten Fami-
liengesellschafters, die fortgesetzte Verletzung der vereinbarten Pflicht zur Mitarbeit, schwerwiegende Verstöße gegen gesellschaftsvertragliche Pflichten, etwa durch vertragswidrigen **Wettbewerb**,
das Führen der Gesellschaft als eigene oder die Verletzung der **Verschwiegenheitspflicht** sowie die
steuerrechtlich nicht erforderliche Weitergabe interner Unterlagen an die Finanzverwaltung (LG
Heidelberg ZIP 2020, 109, 112 f.). Umstände, die ausschließlich im privaten Bereich des Gesellschafters liegen, können einen wichtigen Grund nicht begründen, soweit sie nicht die Beziehung
zu einem Mitgesellschafter unmittelbar berühren oder sich unmittelbar auf die Gesellschaft (etwa
deren Ansehen) auswirken. Die bloße Enttäuschung der Erwartung in künftige Ertragssteigerungen
stellt keinen wichtigen Grund dar (Henssler/*Michel* NZG 2012, 401, 403).

#### 3. Objektive Gründe

Ein wichtiger Grund liegt auch vor, wenn dem Gesellschafter die Erfüllung einer wesentlichen 6
Pflicht aus dem Gesellschaftsvertrag unmöglich ist. Ein **Verschulden** ist in diesem Fall nicht erforderlich (RGZ 24, 136, 138). In die letztgenannte Kategorie fallen z.B. der **Verlust** der **Berufszulassung** oder der Kassenarztzulassung, eine schwerwiegende Erkrankung (Soergel/*Hadding/Kießling*
Rn. 8) oder sonstige Gründe, aufgrund derer ein Gesellschafter die Geschäftsführung nicht mehr
ausüben kann bzw. Einflüsse Dritter auf die Gesellschaft ausgeschlossen werden sollen (vgl. OLG
Brandenburg RNotZ 2016, 534 zur Pfändung der Gesellschaftsbeteiligung).

### 4. Zerrüttung

7 Auch die »**Zerrüttung** der **Gesellschaft**« kann ein Ausschließungsrecht nach sich ziehen. Hierunter sind persönliche **Spannungen** oder gesellschaftsbezogene **Meinungsverschiedenheiten** zu verstehen, die einem vertrauensvollen Fortbestand der gesellschaftlichen Beziehung entgegenstehen. Das Zerwürfnis muss sich nachhaltig negativ auf das Gesellschaftsverhältnis auswirken (BGH NJW 1995, 597). Im Rahmen einer Gesamtabwägung ist zu prüfen, ob das Fehlverhalten des Auszuschließenden durch ein (Fehl-)Verhalten der übrigen Gesellschafter derart **kompensiert** wird, dass insgesamt keine die Ausschließung eines Gesellschafters rechtfertigende Zerrüttung vorliegt. Bei beiderseitigem Fehlverhalten kommt die »Hinauskündigung« nur bei **überwiegender Verantwortlichkeit** des Auszuschließenden in Betracht (vgl. BGH WM 2003, 1084, 1086; NJW 2005, 3061, 3062).

### 5. Sanierungsunwilligkeit

8 Praktisch bedeutsam ist der Fall der sanierungsbedürftigen GbR, bei der einzelne Gesellschafter unter Berufung auf den eine Nachschusspflicht ausschließenden § 707 ihre Mitwirkung an der für die Sanierung notwendigen Zuführung neuen Kapitals verweigern (dazu *Weber* DStR 2010, 702; *Wagner* NZG 2009, 1378). Der BGH (NJW 2010, 65) bejaht in solchen Fällen zwar kein Ausschlussrecht, sieht die nicht sanierungsbereiten Gesellschafter aber aufgrund ihrer Treuebindung als verpflichtet an, einem – ihr Ausscheiden bewirkenden – Gesellschafterbeschluss zuzustimmen (»**Sanieren oder Ausscheiden**«). Eine solche nur ausnahmsweise zu bejahende Zustimmungspflicht kommt in Betracht, wenn die Änderung dringend erforderlich ist und dem Gesellschafter zugemutet werden kann, weil keine schutzwürdigen Belange entgegenstehen (ausf. BeckOK BGB/*Schöne* § 707 Rn. 10 ff.).

### 6. Verhältnismäßigkeit

9 In allen Fällen muss es den übrigen Gesellschaftern objektiv und bei verständiger Würdigung aller Umstände **unzumutbar** sein, die Gesellschaft mit dem Störer fortzusetzen (BGHZ 4, 108, 110 f.; 31, 295, 306). Dies ist nur der Fall, wenn die Störung noch andauert oder sich nach einer aus der ex-ante Sicht zu erstellenden Prognose künftig wiederholen wird. Endet die Störung und sind keine **Wiederholungen** zu besorgen, entfällt der Ausschließungsgrund. Gleiches gilt, wenn die Störung bspw. durch Wiedererlangung der Arbeitsfähigkeit oder ein **Verzeihen** einer Pflichtverletzung durch die Mitgesellschafter beseitigt wurde (MüKo-HGB/*Schmidt* § 140 Rn. 38). Auch ein **Verzicht** auf das Ausschließungsrecht ist möglich. Für ihn spricht eine tatsächliche Vermutung, wenn das Recht über einen längeren Zeitraum trotz Kenntnis aller Fakten nicht ausgeübt wurde. Grundsätzlich ist das Ausschließungsrecht allerdings **nicht fristgebunden**.

10 Die notwendige nachhaltige Störung des Gesellschaftsverhältnisses muss im Wege einer **Gesamtabwägung** aller Umstände festgestellt werden. Zu berücksichtigen sind die Schwere der Verfehlung, die Stellung des auszuschließenden Gesellschafters in der Gesellschaft, dessen Verdienste für das gemeinsame Unternehmen und das Maß der Zerstörung des Vertrauensverhältnisses (vgl. BGHZ 4, 108, 111; BGH NJW 2011, 2578, 2580). Ein Ausschluss ist bspw. unstatthaft, wenn der (vermeintliche) Störer unter Wert abgefunden oder vom Liquidationserlös ausgeschlossen werden soll (BGH WM 1958, 1078). Zu berücksichtigen sind auch die **besonderen Strukturen** der Gesellschaft. So kann das identische Fehlverhalten in einer Publikumsgesellschaft weniger schwer wiegen als in einer Familiengesellschaft oder in einer aus wenigen **Ärzten** bestehenden **Berufsausübungsgemeinschaft** (vgl. *Wiedemann* WM 1992, Beilage 7, S. 53).

11 Der Ausschluss eines Gesellschafters ist nur als **ultima ratio** statthaft. Aus der gesellschaftsvertraglichen Treuepflicht ergibt sich, dass kein milderes Mittel zur Verfügung stehen darf (BGH NJW 2011, 2578, 2580; Staudinger/*Habermeier* Rn. 9). Als milderes Mittel kommt insbesondere der Entzug der Vertretungsmacht und/oder der Geschäftsführungsbefugnis bzw. die Einschaltung eines Treuhänders in Betracht.

## C. Verfahren

Die Ausschließung erfolgt durch **Gesellschafterbeschluss**, der von den ausschließenden Gesellschaftern **einstimmig** gefasst werden muss (MüKo-BGB/*Schäfer* Rn. 13). Nur in Ausnahmefällen kann ein Mitgesellschafter aufgrund seiner **Treuepflicht** verpflichtet sein, einem Ausschließungsbeschluss zuzustimmen (BGHZ 64, 253, 257 f.; 68, 81, 82; vgl. auch *Wiedemann* Gesellschaftsrecht II, § 5 I 3., S. 409 f., sowie oben Rdn. 5). Voraussetzung ist, dass die Ausschließung zur Weiterführung der Gesellschaft dringend erforderlich und die Zustimmung für den sich weigernden Gesellschafter auch zumutbar ist. 12

Der auszuschließende Gesellschafter hat bei dem Beschluss über die Ausschließung **kein Stimmrecht**. Dies gilt auch, wenn zugleich über den Ausschluss eines anderen Gesellschafters aus dem gleichen Grund abgestimmt wird (vgl. zur GmbH BGHZ 97, 28, 33 f.). Dem auszuschließenden Gesellschafter ist in der Gesellschafterversammlung keine Gelegenheit zur Stellungnahme einzuräumen (MüKo-BGB/*Schäfer* Rn. 15; Soergel/*Hadding/Kießling* Rn. 13; a.A. *Wiedemann* Gesellschaftsrecht II, § 5 I 3., S. 409; Erman/*Westermann* Rn. 5). Der Beschluss wird mit Mitteilung durch einen Gesellschafter (Staudinger/*Habermeier* Rn. 11) gegenüber dem auszuschließenden Gesellschafter wirksam. Dieser kann die **Bekanntgabe der Ausschließungsgründe** verlangen (BayObLGZ 9, 179, 185). Ist der auszuschließende Gesellschafter bei der Beschlussfassung anwesend, gilt der Beschluss als mitgeteilt. In einer zweigliedrigen Gesellschaft ergibt sich ein Übernahmerecht des verbleibenden Gesellschafters aus § 737 Satz 1 analog, sofern der Gesellschaftsvertrag eine Übernahme- oder Fortsetzungsklausel enthält (OLG Koblenz ZIP 2014, 2087, 2087; MüKo-BGB/*Schäfer* Rn. 6). Eines Gesellschafterbeschlusses bedarf es nicht (OLG Hamm NJW-RR 2000, 482), die Ausübung des Übernahmerechts erfolgt durch einseitige Erklärung des übernehmenden Gesellschafters (BGH WM 1961, 32, 33; OLG Hamm NJW-RR 2000, 482 f.). Wirksamkeit tritt mit Zugang der Übernahmeerklärung beim anderen Teil ein (BeckOK BGB/*Schöne* Rn. 18 f.). 13

## D. Rechtsfolgen

Mit dem Wirksamwerden des materiell rechtmäßigen Beschlusses (dazu *Matz/Müllner* WM 2009, 683 ff.) scheidet der Gesellschafter aus der Gesellschaft aus, sein Gesellschaftsanteil wächst den verbleibenden Gesellschaftern zu (§ 738 Rdn. 3 f.). Zugleich entsteht der Abfindungsanspruch des § 738 Abs. 1 Satz 2 (dort Rdn. 7). 14

## E. Vertragliche Gestaltungsmöglichkeiten

### I. Allgemeines

Die Bestimmung des Satz 3 ist zwingend (a.A. Soergel/*Hadding/Kießling* Rn. 23), von Satz 1 u. 2 kann hingegen im Gesellschaftsvertrag abgewichen werden (vgl. zu § 140 HGB BGHZ 31, 295, 298). Möglich ist einerseits eine Verschärfung der Anforderung an ein Ausschlussrecht, indem es bspw. auf bestimmte Ausschlussgründe beschränkt oder an den Eintritt eines bestimmten Ereignisses geknüpft wird (BGH NJW 2003, 1729, 1730). Auf der anderen Seite können durch Aufzählung bestimmter Ausschlussgründe Erleichterungen erreicht werden. Soweit der Gesellschaftsvertrag absolute Ausschlussgründe vorsieht, wird deren Angemessenheit vermutet, für eine Abwägung unter Berücksichtigung des Ultima-ratio-Prinzips bleibt regelmäßig kein Raum (BGH DB 2004, 2685, 2687). Der Gesellschaftsvertrag kann bestimmen, dass für die Ausschließung eine qualifizierte oder einfache Mehrheit genügt (BeckOK BGB/*Schöne* Rn. 35). 15

### II. Hinauskündigungsklauseln

Eine Hinauskündigungsklausel räumt den Gesellschaftern das Recht ein, einen Mitgesellschafter auch ohne wichtigen Grund durch Beschluss nach freiem Ermessen aus der Gesellschaft auszuschließen. Solche Klauseln sind grundsätzlich nach § 138 sittenwidrig und daher nichtig (BGHZ 81, 263, 266 ff.; 105, 213, 217; 164, 98, 101), da sie zur Abhängigkeit des Gesellschafters von den ausschließungsberechtigten Gesellschaftern führen. Diese könnten das Ausschließungsrecht 16 willkürlich ausüben und damit eine Machtposition aufbauen. Als Folge könnte sich der Gesellschafter gezwungen sehen, gesellschaftsrechtlichen Pflichten nicht nachzukommen und gesellschaftsrechtliche Rechte nicht auszuüben (BGHZ 105, 213, 217; vgl. *Henssler* FS Konzen, S. 267, 269 f.). Unwirksam sind auch Gestaltungen, die zwar kein Hinauskündigungsrecht vorsehen, aber ähnliche Wirkung entfalten (BGHZ 164, 98, 101), bspw. unwiderrufliche Ankaufsrechte für einen Gesellschaftsanteil (BGHZ 112, 103, 107).

17 Ob dem ausgeschlossenen Gesellschafter ein Abfindungsrecht zusteht, ist unerheblich, da die Beeinträchtigung der freien Willensbildung durch Abfindungsansprüche nicht ausgeschlossen wird (vgl. *Wiedemann* ZGR 1980, 147, 153). Allein der Entzug der künftigen Geschäftschancen stellt bereits einen erheblichen Nachteil dar. Eine nichtige Hinauskündigungsklausel kann analog § 139 in eine Ausschließungsklausel aus wichtigem Grund umgedeutet werden (BGHZ 107, 351, 355 f.).

18 Ausnahmsweise können Hinauskündigungsklauseln oder vergleichbare Absprachen zulässig sein, wenn sie durch besondere Umstände sachlich gerechtfertigt sind und die Rechte der auszuschließenden Gesellschafter nicht unbillig beeinträchtigt werden (BGHZ 164, 98, 102). In der Praxis wichtigstes Beispiel ist die Aufnahme in eine Gesellschaft **zur Probe**. Die Altgesellschafter können so prüfen, ob zu dem neuen Gesellschafter das notwendige Vertrauen hergestellt werden kann und die Gesellschafter in der für die gemeinsame Berufsausübung erforderlichen Weise harmonieren (BGHZ 105, 213, 218 zur Fortsetzung der Gesellschaft mit den Erben eines verstorbenen Gesellschafters; BGH LMK 2005, 15 m. Anm. *Henssler* und MedR 2007, 595, 597 zur probeweisen Aufnahme eines Arztes in eine **Praxisgemeinschaft**; vgl. auch *Haack* MedR 2005, 631, 634; *Henssler* FS Konzen, S. 267, 275 ff.; *Henssler/Kilian* ZIP 2005, 2229, 2230). Auch die Erprobung der wirtschaftlichen Tragfähigkeit einer Neuaufnahme wird für zulässig gehalten (Rieger/Dahm/Katzenmeier/Steinhilper/Stellpflug/Ziegler/*Kremer/Wittmann* Ziff. 840, Berufsausübungsgemeinschaft Rn. 155). Nach Ansicht des BGH darf eine derartige **Probezeit maximal 3 Jahre** betragen; überlange Fristen können im Wege der geltungserhaltenden Reduktion auf das zulässige Maß begrenzt werden (BGH MedR 2007, 595, 597; vgl. auch BGH LMK 2005, 15 m. Anm. *Henssler*; für eine Frist von maximal 2 Jahren *Engler* MedR 2010, 477, 483). Zulässig ist ein Hinauskündigungsrecht ferner, wenn ein Gesellschafter zu einem weit überwiegenden Teil das **wirtschaftliche Risiko** trägt (BGHZ 112, 103, 109 ff.), die Praxisgeschichte und Praxisorganisation dem kündigenden Gesellschafter eine Vorrangstellung einräumen (OLG Hamm MedR 2005, 234, 235) oder wenn die gesellschaftsrechtliche Beteiligung bloßer Annex zu einem anderen Vertragsverhältnis ist (Kooperationsvertrag: BGH ZIP 2005, 706, 709; Dienstvertrag in einem sog. »**Managermodell**«: BGHZ 164, 98, 102 ff.; zum Ganzen *Henssler* FS Konzen, S. 267, 281 ff.; *Schockenhoff* NZG 2018, 201).

### F. Prozessuales

19 Der ausgeschlossene Gesellschafter kann sich gegen den Ausschluss mit einer **Klage auf Feststellung des Fortbestehens der Mitgliedschaft** wehren (BGH NJW-RR 1992, 227; Soergel/*Hadding/Kießling* Rn. 16 f.). Die Klage ist gegen die übrigen Gesellschafter zu richten (BGH NJW-RR 1992, 227). Der Ausschluss ist uneingeschränkt überprüfbar (BGHZ 31, 295, 299). Wird die Unwirksamkeit des Ausschlusses festgestellt, können sich für den zu Unrecht ausgeschlossenen Gesellschafter Schadensersatzansprüche ergeben (BGHZ 31, 295, 302). Ist die Gesellschaft Eigentümerin eines Grundstückes, ist eine Grundbuchberichtigung erforderlich (ausf. Henssler/Strohn/*Kilian* Rn. 12).

### § 738 Auseinandersetzung beim Ausscheiden

(1) Scheidet ein Gesellschafter aus der Gesellschaft aus, so wächst sein Anteil am Gesellschaftsvermögen den übrigen Gesellschaftern zu. Diese sind verpflichtet, dem Ausscheidenden die Gegenstände, die er der Gesellschaft zur Benutzung überlassen hat, nach Maßgabe des § 732 zurückzugeben, ihn von den gemeinschaftlichen Schulden zu befreien und ihm dasjenige zu

zahlen, was er bei der Auseinandersetzung erhalten würde, wenn die Gesellschaft zur Zeit seines Ausscheidens aufgelöst worden wäre. Sind gemeinschaftliche Schulden noch nicht fällig, so können die übrigen Gesellschafter dem Ausscheidenden, statt ihn zu befreien, Sicherheit leisten.

(2) Der Wert des Gesellschaftsvermögens ist, soweit erforderlich, im Wege der Schätzung zu ermitteln.

## Übersicht

| | Rdn. | | Rdn. |
|---|---|---|---|
| A. Allgemeines | 1 | b) Grenzen | 17 |
| B. Anwachsung, Abs. 1 Satz 1 | 3 | c) Mitnahme von Patienten | 20 |
| C. Auseinandersetzung, Abs. 1 Satz 1, 2 | 5 | d) Neueintritt eines Gesellschafters | 21 |
| I. Rückgabe eingebrachter Gegenstände | 5 | e) Folgen unzulässiger Vereinbarungen | 22 |
| II. Anspruch auf Schuldbefreiung | 6 | D. Folgen des Ausscheidens | 23 |
| III. Abfindungsanspruch – Grundlagen | 7 | I. Nachwirkende Treuepflicht | 23 |
| IV. Abfindungsanspruch – Wertermittlung | 10 | II. Nachvertragliches Wettbewerbsverbot | 24 |
| 1. Ertragswertmethode | 10 | III. Schicksal der vertragsärztlichen Zulassung | 28 |
| 2. Substanzwertmethode | 14 | IV. Altersversorgung | 30 |
| 3. Weitere Wertermittlungsmethoden | 15 | | |
| 4. Parteivereinbarung | 16 | | |
| a) Allgemeines | 16 | | |

## A. Allgemeines

Die §§ 738 bis 740 regeln die **vermögensmäßige Auseinandersetzung** der Gesellschaft mit einem 1 Gesellschafter, der nach den §§ 736, 737 aus der Gesellschaft ausgeschieden ist. Regelungsanliegen ist die Annäherung der Vermögensposition des ausgeschiedenen Gesellschafters an diejenige im Rahmen einer **unterstellten Liquidation** (MüKo-BGB/*Schäfer* Rn. 1). Die Auseinandersetzung mit dem ausgeschiedenen Gesellschafter kommt damit einer **Teilliquidation** gleich, weshalb Abs. 1 Satz 2 auf §§ 730 bis 735 verweist. Die Haftung für Fehlbeträge regelt § 739, die Beteiligung am Ergebnis schwebender Geschäfte § 740.

§ 738 erfasst sowohl die **Außen-** als auch die **Innen-GbR**. Bei Übernahme des Gesellschaftsver- 2 mögens durch den letztverbliebenen Gesellschafter oder den Mitgesellschafter einer zweigliedrigen Gesellschaft bietet sich eine analoge Anwendung an (BGH NJW 1999, 3557).

## B. Anwachsung, Abs. 1 Satz 1

Mit dem Ausscheiden eines Gesellschafters wächst dessen Gesellschaftsbeteiligung wertmäßig den 3 übrigen Gesellschaftern zu. Die Vorschrift ist **zwingend** (BGH DStR 1993, 1530). Bei dieser sog. Anwachsung ist zwischen der rechtsfähigen Gesellschaft (i.d.R. jede Außen-GbR) und einer nicht rechtsfähigen GbR (vor allem reine Innen-GbRs) zu differenzieren. In der rechtsfähigen Gesellschaft erlischt mit Wirksamwerden des Ausscheidens die Mitgliedschaft, an ihre Stelle tritt ein Abfindungsanspruch nach Abs. 1 Satz 2. Der Anteil der verbliebenen Gesellschafter erhöht sich um den Wert des Anteils des ausgeschiedenen Gesellschafters. Die **Verteilung** auf die Gesellschafter erfolgt im Verhältnis der vertraglich vereinbarten Beteiligung am Gesellschaftsvermögen, ohne besondere Vereinbarung entsprechend § 722 nach Köpfen.

Verfügt eine **nicht rechtsfähige GbR** über Gesellschaftsvermögen, ist jeder Gesellschafter sachen- 4 rechtlich an den Vermögensgegenständen berechtigt, das Vermögen aber gesamthänderisch gebunden. Mit der Anwachsung erlischt die Mitberechtigung des ausgeschiedenen Gesellschafters (RGZ 136, 97, 99; eine sachenrechtliche Übertragung entfällt: BGHZ 50, 307, 309), der Wert der Beteiligung wächst bei den übrigen Gesellschaftern entsprechend ihrer Beteiligung am Gesellschaftsvermögen an (vgl. zum Ganzen Soergel/*Hadding/Kießling* Rn. 9). Hat die Gesellschaft **kein Gesellschaftsvermögen** gebildet, entfällt eine Anwachsung und es kommt nur zu einem schuldrechtlichen Ausgleich.

## C. Auseinandersetzung, Abs. 1 Satz 1, 2

### I. Rückgabe eingebrachter Gegenstände

5 Der ausgeschiedene Gesellschafter hat entsprechend § 732 einen Anspruch gegen die Gesellschaft auf Rückgabe der Gegenstände, die er der Gesellschaft zur Nutzung überlassen hat. Auf die Ausführungen zu § 732 kann verwiesen werden.

### II. Anspruch auf Schuldbefreiung

6 Abs. 1 Satz 2 Fall 2 gewährt dem ausgeschiedenen Gesellschafter einen Anspruch auf **Schuldbefreiung**. Der Gesellschafter haftet für vor seinem Ausscheiden begründete Gesellschaftsschulden auch nach seinem Ausscheiden persönlich und unbeschränkt (§§ 714 bis 715 Rdn. 15; zur Begrenzung der Nachhaftung vgl. § 736 Rdn. 11 ff.). Um vor einer zukünftigen Inanspruchnahme aus noch offenen Gesellschaftsschulden geschützt zu sein, kann er von der Gesellschaft Freistellung verlangen (vgl. BGH DB 2010, 610, 611). Zur Erfüllung dieses Anspruchs hat die Gesellschaft entweder ihre **Verbindlichkeit** zu **erfüllen** oder für eine Entlassung des ausgeschiedenen Gesellschafters aus der Schuld durch den Gläubiger zu sorgen (BGH NJW 1999, 2438, 2440). Einen **Zahlungsanspruch** in Höhe des zur Tilgung notwendigen Betrages vermittelt der Befreiungsanspruch hingegen nicht, auch nicht über § 250 (BGH NJW-RR 1998, 1514, 1515; a.A. OLG München Urt. v. 19.02.2014 – 13 U 2374/11, Rn. 42). Entsprechendes gilt, wenn der ausgeschiedene Gesellschafter Sicherheiten für Gesellschaftsverbindlichkeiten gestellt hat (BGH NJW 1974, 899, 900). Eine Nachschusspflicht nach § 739 steht dem Befreiungsanspruch nicht entgegen, allerdings kann die Gesellschaft letzterem ein Zurückbehaltungsrecht nach § 273 entgegenhalten (BGH NJW 1974, 899, 900). Für noch nicht fällige Leistungen kann die Gesellschaft nach Abs. 1 Satz 3 anstelle der Schuldbefreiung **Sicherheit** leisten. Bei streitigen Verbindlichkeiten greift der Freistellungsanspruch nicht (RGZ 60, 155, 159).

### III. Abfindungsanspruch – Grundlagen

7 Ergibt die **Schlussabrechnung** ein Auseinandersetzungsguthaben, steht dem ausgeschiedenen Gesellschafter ein Abfindungsanspruch nach Abs. 1 Satz 2 Fall 3 zu. Bei negativem Saldo ist der ausgeschiedene Gesellschafter nachschusspflichtig (§ 739 Rdn. 1). Die Schlussabrechnung ist entsprechend § 730 durch die Gesellschaft aufzustellen (vgl. § 730 Rdn. 17 ff.). Alle wechselseitigen Zahlungsansprüche sind zu saldieren. Zur anschließenden Berechnung des anteiligen Vermögenswerts muss der Wert der Gesellschaft (zur Wertberechnung Rdn. 10 ff.) bestimmt und sodann der Anteil des ausgeschiedenen Gesellschafters hieran nach dem Gesellschaftsvertrag bzw. nach § 722 ermittelt werden (vgl. auch Staudinger/*Habermeier* Rn. 15 ff.; Soergel/*Hadding/Kießling* Rn. 23 ff.). Die Schlussrechnung ist durch alle Gesellschafter unter Einbeziehung des ausgeschiedenen Gesellschafters **festzustellen** (Soergel/*Hadding/Kießling* Rn. 28). Sozialansprüche unterliegen wie im Fall der Auflösung einer **Durchsetzungssperre** (vgl. § 730 Rdn. 13).

8 Der ausgeschiedene Gesellschafter muss im erforderlichen Umfang an der Schlussabrechnung **mitwirken** (BGH NJW 2000, 2276, 2277). Bei berechtigtem Interesse hat er nach §§ 810, 242 Anspruch auf Einsicht in die Geschäftsunterlagen (BGH NJW 1989, 3272, 3273; Datenschutzrecht und ärztliche Schweigepflicht stehen nicht entgegen: OLG Karlsruhe NZG 2001, 654 f.); er kann auch einen Sachverständigen hinzuziehen (BGHZ 25, 115, 123). Gegenüber der Gesellschaft kann der ausgeschiedene Gesellschafter sein Recht auf Abfindung im Wege der **Stufenklage** (§ 254 ZPO), zuerst gerichtet auf Aufstellung einer Schlussrechnung, geltend machen (BGH FamRZ 1975, 35, 38; OLG Naumburg NZG 1999, 111, 112). Die Übermittlung einer Auseinandersetzungsbilanz durch die verbliebenen Gesellschafter schließt das Einsichtsrecht nicht aus (OLG München, Urt. v. 19.02.2014 – 13 U 2374/11, Rn. 18).

9 Der Auseinandersetzungsanspruch entsteht mit dem Ausscheiden aus der Gesellschaft, zu seiner **Fälligkeit** bedarf es aber der Bezifferung auf Grundlage der Schlussrechnung (RGZ 118, 295, 299;

ausf. Erman/*Westermann* Rn. 4). Er lautet auf Geld, Verzugszinsen richten sich nach § 288 Abs. 1 (OLG Karlsruhe NZG 2005, 627, 628).

Schuldner des Abfindungsanspruchs ist die Gesellschaft, allerdings haften die verbliebenen Gesellschafter **akzessorisch** und gesamtschuldnerisch für diese Gesellschaftsverbindlichkeit analog § 128 HGB (BGHZ 148, 201, 206; BGH ZIP 2016, 1627). Im Fall der Übernahme des Anteils haftet unmittelbar der Übernehmende (BGH NJW 1999, 3557). Die früher aus der Rechtsnatur des Anspruchs als Sozialverbindlichkeit und der Geltung des § 707 hergeleiteten Bedenken sind seit der Anerkennung der akzessorischen Gesellschafterhaftung analog § 128 HGB überholt (BGH NJW 2011, 2355; MüKo-BGB/*Schäfer* Rn. 17; NK-BGB/*Hanke* Rn. 7; a.A. BeckOGK/*Koch* Rn. 27). Ein **Vorschuss** auf den Auseinandersetzungsanspruch auf der Grundlage einzelner Aktivposten ist grundsätzlich ausgeschlossen; eine Ausnahme greift, wenn dem Ausgeschiedenen unstreitig ein Teilbetrag zusteht (BGH BB 1961, 348; KG Berlin NZG 2008, 70, 72). Die Vorausabtretung des Abfindungsanspruchs ist schon vor dem Ausscheiden möglich (BGH NJW 1989, 453; vgl. auch § 717 Rdn. 5 f.).

## IV. Abfindungsanspruch – Wertermittlung

### 1. Ertragswertmethode

Zur Wertermittlung des Gesellschaftsvermögens wendet die Rspr. bei unternehmenstragenden Gesellschaften grundsätzlich die Ertragswertmethode an (BGH NJW 2011, 2572; dazu Heinz/Ritter/*Knief* Kap. N IX, S. 1014), die auf den aus einer Gesellschaft ziehbaren Nutzen abstellt. Zu seiner Ermittlung werden die voraussichtlichen **künftigen Jahreserträge** auf der Grundlage der zurückliegenden Jahresergebnisse geschätzt, auf den Bewertungszeitpunkt **abgezinst** und um zukünftige Ereignisse bereinigt (Erman/*Westermann* Rn. 5a). Maßgeblich für die Berechnung ist der Zeitpunkt des Ausscheidens des Gesellschafters (BGH DStR 2004, 97, 98). **Untere Wertgrenze** ist der Substanzwert (BGH NJW-RR 2006, 1270, 1271; Rdn. 14), der das Mindestvermögen der Gesellschaft bildet (BGH NJW 1993, 2101, 2102). **Korrekturen** des ermittelten **Gesellschaftswertes** können notwendig werden, wenn die Gesellschaft über hohe stille Reserven verfügt (BGH NZG 2006, 425) oder der Ertragswert an die Mitarbeit eines bestimmten Gesellschafters gebunden ist (BGH NJW 1991, 1547). Der **Substanzwert** ist gesondert zu berechnen. Der BGH erklärt aber keine bestimmte Bewertungsmethode für rechtlich maßgeblich, sondern lässt neben der Ertragswertmethode auch jede sonstige betriebswirtschaftlich anerkannte Bewertungsmethode zu (zum Ganzen *Schröter*, Rechtliche Grundlagen und normzweckadäquate Unternehmensbewertung bei Kapitalgesellschaften, passim).

Zur Bewertung einer ärztlichen Praxis hat die Bundesärztekammer »**Hinweise zur Bewertung von Arztpraxen**« herausgegeben (DÄBl. 2008, Heft 51–52, S. A4 ff.; vgl. dazu auch *Leuner* NJOZ 2010, 2241 ff.; OLG Oldenburg GesR 2015, 120 ff.). Nach diesen Hinweisen ist die **Ertragswertmethode** anzuwenden, wobei die Bewertungsformel die Besonderheiten einer ärztlichen Praxis berücksichtigt (Einzelheiten s. dort). Die Berechnung berücksichtigt verschiedene Faktoren wie bspw. die Praxisstruktur, die Arztdichte, die regionalen Honorarverteilungsregeln, die Vertragsarztzulassung in einem gesperrten Planungsbezirk und die Kooperationsform. Inzwischen wird vermehrt kritisiert, dass die Ärztekammermethode den Wert einer Praxis aufgrund geänderter Rahmenbedingungen nicht mehr angemessen abbilde (ausführlich hierzu MAH MedR/*Broglie*/*Hartmann* § 11 Rn. 330 ff.; zu den Problemen der Bewertungshinweise *ebenda* § 11 Rn. 347 ff.).

Vereinbaren die Parteien, dass sie nach Ausscheiden um den bestehenden Patientenstamm werben dürfen, ist der **Goodwill** hierdurch **abgegolten**. Ohne besondere Vereinbarung (vgl. OLG Karlsruhe NZG 2001, 654, 655 zur Praxisgemeinschaft) kommt es dann nur zu einer Wertermittlung nach der Substanzwertmethode ohne Einbeziehung des Goodwills (zuletzt Hinweisbeschluss BGH NJW 2010, 2660 f.; vgl. auch BGH NJW 1994, 796, 797). Regelmäßig wird zur Praxisbewertung ein neutraler **Sachverständiger** hinzugezogen. Aufgrund der Komplexität des Gesundheitsmarktes ist dies dringend auch dann zu empfehlen, wenn der Gesellschaftsvertrag keine entsprechende

Vorgabe enthält (*Cramer* FS 10 Jahre Arbeitsgemeinschaft Medizinrecht im DAV, 2008, S. 689, 690 und 710).

13 Im Gegensatz zur Gemeinschaftspraxis verfügt die **Praxisgemeinschaft** als bloße Organisationsgesellschaft über keinen gemeinsamen Patientenstamm, sodass hier die Realteilung die angemessene Auseinandersetzungsform ist (*Cramer* FS 10 Jahre Arbeitsgemeinschaft Medizinrecht im DAV, 2008, S. 689, 708).

### 2. Substanzwertmethode

14 Die früher beliebte Substanzwertmethode kommt heute **nur** noch **ergänzend** zur Anwendung. Bei der Substanzwertmethode wird der Gesellschaftswert auf Grundlage der in der Gesellschaft vorhandenen materiellen und immateriellen Vermögensgegenstände unter Einbeziehung des Goodwills und der stillen Reserven ermittelt. Die vorhandenen Sachwerte sind dabei mit ihrem **Wiederbeschaffungswert** anzusetzen (Soergel/*Hadding/Kießling* Rn. 30). Soweit einzelne Gegenstände nicht nach einem objektiven Marktpreis bewertet werden können, ist ihr Wert durch die Gesellschafter, ggf. mithilfe eines Sachverständigen, zu **schätzen**, Abs. 2.

### 3. Weitere Wertermittlungsmethoden

15 Zulässig ist auch die Anwendung der **Übergewinnverrentung** (vgl. OLG Schleswig MedR 2007, 215, 218). In der Praxis wird (bei größeren Gesellschaften) des Weiteren auf das sog. DCF- (Discounted cash flow) Verfahren zurückgegriffen (MüKo-BGB/*Schäfer* Rn. 36 m.w.N.). Die Vereinbarung einer **Buchwertklausel**, bei der der Abfindungswert allein auf Grundlage des bilanziellen Eigenkapitals bestimmt wird, kann bei einer von Anfang an bestehenden starken **Diskrepanz** zum realen Wert nichtig sein (BGH NJW 1993, 2101, 2102; OLG München NZG 2004, 1055, 1056; ausf. Staudinger/*Habermeier* Rn. 32 f.). Bei erst nachträglich entstehenden Abweichungen des Verkehrswerts vom Buchwert greifen die Grundsätze des **Wegfalls der Geschäftsgrundlage** (§ 313; dazu Rdn. 22). Eine Übersicht über weitere Bewertungsmethoden für Arztpraxen findet sich bei *Cramer* FS 10 Jahre Arbeitsgemeinschaft Medizinrecht im DAV, 2008, S. 689, 699 f.

### 4. Parteivereinbarung

#### a) Allgemeines

16 Der Gesellschaftswert kann auch durch Parteivereinbarung im Gesellschaftsvertrag, durch spätere Vereinbarung oder ad hoc bestimmt werden (RGZ 122, 149, 150; BGHZ 116, 359, 368). In Betracht kommen ferner die Vereinbarung einer bestimmten Berechnungsmethode sowie Absprachen über die Höhe der Abfindung (BGH DStR 2014, 1404, 1405; MüKo-BGB/*Schäfer* Rn. 39) oder über die Zahlungsmodalitäten (hierzu Erman/*Westermann* Rn. 19). Hinweise zur Gestaltung von Abfindungsklauseln finden sich bei *Cramer* FS 10 Jahre Arbeitsgemeinschaft Medizinrecht im DAV, 2008, S. 689, 710 ff. (ohne Berücksichtigung der Hinweise der Bundesärztekammer); MAH MedR/*Broglie/Hartmann* § 11 Rn. 360 ff.; Wenzel/*Haack/Dettling* Kap. 11 Rn. 144 ff.

#### b) Grenzen

17 Begrenzt ist die Parteiautonomie durch die allgemeine Wirksamkeitsschranke der **Sittenwidrigkeit** nach § 138 (BGH NJW 1993, 2101, 2102) und das von § 723 Abs. 3 angeordnete weitreichende **Verbot** von **Kündigungserschwerungen**. Beschränkungen des Abfindungsanspruchs wirken faktisch wie Kündigungserschwerungen (BGH NJW 1985, 192, 193). Unzulässig sind ferner zulasten Dritter gehende Beschränkungen des Abfindungsanspruchs (vgl. BGHZ 144, 365, 367; 65, 22, 27), etwa im Fall der Gläubigerpfändung (§ 725 Abs. 1) oder der Insolvenzeröffnung (§ 728 Abs. 2). Wirksam ausgeschlossen werden kann der Abfindungsanspruch der Erben, wenn nach dem Tod eines Gesellschafters die Gesellschaft unter den verbliebenen Gesellschaftern fortgesetzt wird, § 727 Rdn. 5.

Eine vertragliche Begrenzung der Höhe des Abfindungsanspruchs verstößt gegen die **guten Sitten**, 18
wenn die Rechte des ausscheidenden Gesellschafters unverhältnismäßig beschnitten werden (BGH
DStR 2014, 1404, 1405). Dabei ist neben den Motiven der Streitvermeidung und der Vereinfachung der Wertermittlung (*Cramer* FS 10 Jahre Arbeitsgemeinschaft Medizinrecht im DAV, 2008,
S. 689, 692) das Interesse der Gesellschaft zu berücksichtigen, durch den Abfindungsanspruch nicht
ihrer zur Fortführung der Geschäfte notwendigen Liquidität beraubt zu werden (BGHZ 65, 22, 27;
Erman/*Westermann* Rn. 11; zur besonderen Interessenlage *Cramer* FS 10 Jahre Arbeitsgemeinschaft
Medizinrecht im DAV, 2008, S. 689, 694 f.). Die den Abfindungsanspruch begrenzenden Interessen der Gesellschaft müssen mit dem Abfindungsinteresse des ausgeschiedenen Gesellschafters abgewogen werden. Gerechtfertigt ist eine Abfindungsbegrenzung grundsätzlich nur, wenn das Fortführungsinteresse der Gesellschaft nicht auf andere Weise (bspw. durch Ratenzahlung) gesichert
werden kann (Soergel/*Hadding/Kießling* Rn. 47).

Die Rechtsprechung hat zu verschiedenen Wertgrenzen Stellung genommen (BGH 19
NJW 1989, 2685, 2686: 50 % des Buchwertes; BGHZ 123, 281, 284: 45 % des Verkehrswertes;
BGH NJW-RR 2006, 1270, 1271: 30 % des Liquidationswertes), eine schematische Lösung verbietet sich aber (BGH NJW 1993, 2101, 2102). Zu berücksichtigen sind die Ertragsstruktur der
Gesellschaft, die Höhe des betroffenen Anteils, der Grund des Ausscheidens, die Dauer der Zugehörigkeit zur Gesellschaft sowie der Anteil des Ausscheidenden am Aufbau und Erfolg der Gesellschaft
(vgl. BGH NJW 1979, 104; NJW 1993, 2101, 2102; *Hülsmann* GmbHR 2001, 409, 412; ders.
NJW 2002, 1673, 1678; *Langen* NZG 2001, 635, 642). Zulässig ist nach der Rspr. eine Beschränkung des Abfindungsanspruchs als Vertragsstrafe im Fall des § 737 (BGH NJW 1993, 2101, 2102;
NJW 1989, 2685, 2686; a.A. Soergel/*Hadding/Kießling* Rn. 50), nicht aber ein vollständiger Abfindungsausschluss (vgl. BGH ZIP 2014, 1327, 1328 f. zur GmbH).

### c) Mitnahme von Patienten

Ein **vollständiger Ausschluss** der Abfindung ist nur in wenigen Ausnahmefällen wirksam (vgl. 20
BGHZ 22, 186, 194 f.; WM 1971, 1338). Anerkannt ist der Fall, in dem der ausscheidende Gesellschafter als Kompensation berechtigt ist, seinen Patientenstamm »**mitzunehmen**« (vgl.
BGH NJW 1994, 796; OLG Schleswig MedR 2004, 215, 218; allg. für Freiberufler BGH
NJW 2000, 2584 f.; BGH DNotZ 2017, 141, 143). Der Patientenstamm muss dann aber vom
Ausscheidenden auch tatsächlich genutzt werden können (BGH Beschl. v. 18.09.2012 – II
ZR 94/10; OLG Schleswig MedR 2004, 215; Rieger/Dahm/Katzenmeier/Steinhilper/Stellpflug/Ziegler/*Kremer/Wittmann* Ziff. 840, Berufsausübungsgemeinschaft Rn. 160; *Schäfer-Gölz*
ZMGR 2013, 333 ff.; Erman/*Westermann* Rn. 17a; *Ziegler* GesR 2020, 137, 141 ff.). Ist die Mitnahme von Patienten dagegen untersagt (zu Rechtsanwälten BGH NJW 2008, 2987, 2990), wird
sogar die **Beschränkung** des Auseinandersetzungsanspruchs auf den Substanzwert ohne Berücksichtigung des Goodwills und schwebender Geschäfte als unzulässig angesehen. Zulässig ist der
(alle Gesellschafter treffende) **Ausschluss auf den Todesfall** (KG JR 1959, 101; MüKo-BGB/*Schäfer*
Rn. 61). Soweit ein Gesellschafter Patienten berechtigterweise mitnimmt, sind ihm auch die Patientenunterlagen auszuhändigen (§ 734 Rdn. 3a).

### d) Neueintritt eines Gesellschafters

Anzuerkennendes Motiv einer Abfindungsbeschränkung kann die Aufnahme eines (jungen) Arztes 21
in eine bestehende Praxisgemeinschaft sein, insbesondere, wenn dieser keine wesentliche Kapitaleinlage zu leisten hat. Würde dieser Arzt nach kurzer Zeit die Gesellschaft wieder verlassen (etwa
nach der Kündigung durch die Mitgesellschafter während der »**Probezeit**«), wären nach § 738
auch der Goodwill und die stillen Reserven bei der Berechnung des Abfindungsanspruchs heranzuziehen, ohne dass er selbst zu deren Aufbau beigetragen hat. Wenngleich Rspr. und h.M. im
Schrifttum grundsätzlich einen **Gesellschafter minderen Rechts** nicht anerkennen (vgl. BGH
NJW 1993, 2101, 2102), sind Gestaltungen zulässig, bei denen der Abfindungsanspruch des
neu eingetretenen Gesellschafters auf den Nennbetrag seines Geschäftsanteils beschränkt wird,

korrigiert um die Dauer seiner Gesellschaftszugehörigkeit und seinen Verdienst am Bestand der Gesellschaft (vgl. BGHZ 116, 359, 373; vgl. auch *Henssler* PartGG § 9 Rn. 81 ff.; *Henssler/Michel* NZG 2012, 401, 407). Hat ein Gesellschafter bei seinem Eintritt keinen Kapitalbeitrag geleistet (»Nullbeteiligungspartnerschaft«), ist bei seiner Abfindung nur der ideelle Wert zu berücksichtigen (*Cramer* FS 10 Jahre Arbeitsgemeinschaft Medizinrecht im DAV, 2008, S. 689, 708).

### e) Folgen unzulässiger Vereinbarungen

22  Wird die **Nichtigkeit** der Vereinbarung festgestellt, ist der ausgeschiedene Gesellschafter nach der **dispositiven gesetzlichen Regelung** abzufinden (BGHZ 116, 359, 368; OLG Hamm NZG 2003, 440). Ergibt sich die Unwirksamkeit einer bei Vertragsschluss noch unbedenklichen Abfindungsklausel erst **nachträglich** aus einer unvorhersehbaren Diskrepanz zwischen vereinbartem (Beispiel: Buchwert) und realem Wert, ist die Vertragsklausel nicht nichtig (BGHZ 116, 359, 368), sondern im Wege einer Ausübungskontrolle nach § 242 an die geänderten Umstände anzupassen (BGHZ 123, 281, 284 f.; Erman/*Westermann* Rn. 14; *Henssler/Michel* NZG 2012, 401, 406).

## D. Folgen des Ausscheidens

### I. Nachwirkende Treuepflicht

23  Mit dem Ausscheiden ist die Gesellschafterstellung beendet, mitgliedschaftliche Rechte des ausgeschiedenen Gesellschafters entfallen (vgl. Soergel/*Hadding/Kießling* Rn. 6). Allerdings bestehen zwischen dem ausgeschiedenen Gesellschafter und der Gesellschaft nachwirkende Treuepflichten (MüKo-BGB/*Schäfer* Rn. 7). Sie verpflichten beide Seiten zur Förderung der vermögensrechtlichen Auseinandersetzung. Soweit eine sofortige vollständige Auszahlung des Abfindungsguthabens den Bestand der Gesellschaft gefährden kann, muss der ausgeschiedene Gesellschafter den Fortbestand der Gesellschaft sichernden Zahlungsmodalitäten zustimmen. Ist er im Grundbuch als Gesellschafter eingetragen, muss er seine Zustimmung zur Grundbuchberichtigung geben (§ 894; OLG Köln NJW-RR 2002, 519, 520; *Lehmann* DStR 2011, 1036). Dies gilt auch bei Eintragung der GbR, da die Gesellschafter nach § 47 Abs. 2 Satz 1 GBO als materiell Berechtigte mit einzutragen sind (OLG München NZG 2010, 1138, 1139; Palandt/*Bassenge* § 899a Rn. 3). Der ausgeschiedene Gesellschafter bleibt weiterhin zur Verschwiegenheit über die Patientenbeziehungen verpflichtet. Diese Verpflichtung ergibt sich insbesondere aus § 203 Abs. 1 Nr. 1 StGB, § 9 Abs. 1 MBOÄ (dazu § 9 MBOÄ Rdn. 2).

### II. Nachvertragliches Wettbewerbsverbot

24  Die Vereinbarung nachvertraglicher Wettbewerbsverbote für ausgeschiedene Gesellschafter ist in den Grenzen von § 138 möglich. Dem verfassungsrechtlich geschützten Interesse an freier Berufsausübung ist durch räumliche, gegenständliche und zeitliche Grenzen Rechnung zu tragen (BGH NJW 2005, 3061, 3062). Wettbewerbsverbote für einen 2 **Jahre** überschreitenden Zeitraum hat die Rspr. für Freiberuflerpraxen verworfen (vgl. die Übersicht bei MAH MedR/*Broglie/Hartmann* § 11 Rn. 273). Vereinbarungen, die längere Fristen vorsehen sind allerdings nicht unwirksam, die Rspr. nimmt eine **geltungserhaltende Reduktion** der Frist auf 2 Jahre vor (vgl. BGH NJW 2004, 66, 67). Dagegen ist bei einer zu weiten Fassung des räumlichen oder gegenständlichen Geltungsbereichs eine geltungserhaltende Reduktion ausgeschlossen (BGH NJW 1997, 3089, 3090; vgl. auch § 29 MBOÄ Rdn. 4). Nicht zu beanstanden ist eine gegenständliche Beschränkung auf die Tätigkeit als **Facharzt**, als freiberuflich tätiger **Privat- oder Kassenarzt** oder auch als **angestellter Arzt** in angemessenen zeitlichen und räumlichen Grenzen (MAH MedR/*Broglie/Hartmann* § 11 Rn. 277; a.A. OLG Düsseldorf MedR 2007, 478, 479; vgl. auch Wenzel/*Haack/Dettling* Kap. 11 Rn. 151). Unzulässig wäre aber das Verbot einer Tätigkeit im stationären Bereich oder in Bereichen, in denen der ausgeschiedene Gesellschafter in der GbR nicht tätig war (Rieger/Dahm/Katzenmeier/Steinhilper/ Stellpflug/Ziegler/*Kremer/Wittmann* Ziff. 840, Berufsausübungsgemeinschaft Rn. 167). Die räumliche Grenze ist abhängig vom ausgeübten Fachgebiet und der lokalen Struktur (etwa städtischer oder ländlicher Bereich). Als Orientierung kann der Einzugsbereich der Praxis herangezogen weren

(MAH MedR/*Broglie/Hartmann* § 11 Rn. 275; Wenzel/*Haack/Dettling* Kapitel 11 Rn. 151). Die zeitlich beschränkte Vertretung sowie die Mitwirkung im organisierten Notfalldienst sollte von dem Wettbewerbsverbot ausgenommen werden (Rieger/Dahm/Katzenmeier/Steinhilper/Stellpflug/ Ziegler/*Kremer/Wittmann* Ziff. 840, Berufsausübungsgemeinschaft Rn. 169).

Das Wettbewerbsverbot muss grundsätzlich zwischen den Parteien (im Gesellschaftsvertrag oder ad hoc) ausdrücklich vereinbart werden. Soweit im Rahmen der Abfindung der Goodwill oder stille Reserven berücksichtigt werden, ist auch ein **konkludentes Wettbewerbsverbot** anzunehmen (BGH NJW 2005, 2618, 2619; MüKo-BGB/*Schäfer* Rn. 68). Ist das Wettbewerbsverbot hingegen unwirksam und kann der Arzt daher seinen Patientenstamm mitnehmen oder verstößt der ausgeschiedene Gesellschafter gegen das wirksame Wettbewerbsverbot, ist er nur mit dem **Substanzwert** abzufinden (BGH NJW 2000, 2584, 2585; LG Dortmund – 3 O 50/07, juris; LG Kiel MedR 2005, 419, 420; vgl. auch BGH NJW 1994, 796, 797). Nach *Engler* (MedR 2010, 477, 483 f.) ist das Wettbewerbsverbot zu einem Hinauskündigungsrecht in Bezug zu setzen. Werde etwa einem Gesellschafter schon während einer Probezeit gekündigt, so habe dieser die Gesellschaft noch nicht signifikant geprägt, weshalb das Wettbewerbsverbot zeitlich stärker zu begrenzen sei. 25

Gegenüber **angestellten Ärzten** ist gem. §§ 74 ff. HGB sowie § 19 Abs. 3 MBOÄ ein Wettbewerbsverbot nur bei einer angemessenen Ausgleichszahlung zulässig (vgl. dort Rdn. 18). Zum Konkurrenzverbot bei Aus- und Weiterbildung vgl. § 29 MBOÄ Rdn. 4. 26

Unbedenklich ist eine **beschränkte Patientenschutzklausel**, durch welche dem ausscheidenden Arzt untersagt wird, aktiv Patienten abzuwerben. Solche Klauseln können mit einer Vertragsstrafe abgesichert werden (*Möller* GesR 2020, 286, 292). Eine **uneingeschränkte Patientenschutzklausel**, die es dem Ausgeschiedenen untersagt, auch solche Patienten abzulehnen, die von sich aus eine ärztliche Behandlung wünschen, ist hingegen unter dem Gesichtspunkt der freien Arztwahl und der vertragsärztlichen Behandlungspflicht praktisch undurchführbar (Wenzel/*Haack/Dettling* Kap. 11 Rn. 149; *Michels/Möller/Ketteler-Eising*, Ärztliche Kooperationen, S. 84). Ein Abwerbeverbot soll sogar in einem räumlichen Wettbewerbsverbot mitenthalten sein, sodass eine gezielte Ansprache vormaliger Patienten gegen das Wettbewerbsverbot verstoßen würde (OLG München, Beschl. v. 20.09.2017 – 19 U 1716/17, n.v.; zustimmend MAH MedR/*Broglie/Hartmann* § 11 Rn. 276; *Möller* GesR 2020, 286, 291; *Ziegler* GesR 2018, 749, 751). Jedoch ist zu bedenken, dass räumliche Wettbewerbsverbote und Abwerbeverbote zwei grundsätzlich unterschiedliche Gestaltungsinstrumente sind, sodass diese Annahme allenfalls bei einem Wettbewerbsverbot mit besonders engem Radius gerechtfertigt erscheint. 27

### III. Schicksal der vertragsärztlichen Zulassung

Bei der Auseinandersetzung einer **Gemeinschaftspraxis** wirft häufig das Schicksal der vertragsärztlichen Zulassung Fragen auf. Grundsätzlich verbleibt die Zulassung als persönliches Recht bei den jeweiligen Vertragsärzten (BSG MedR 2001, 159, 160; *Gummert/Meier* MedR 2007, 400, 401; *Pfisterer* FS 10 Jahre Arbeitsgemeinschaft Medizinrecht im DAV, 2008, S. 785, 789 ff.; *Weitbrecht/Treptow* MedR 2009, 701, 702; zur Budgetaufteilung in diesem Fall Rieger/Dahm/Katzenmeier/Steinhilper/Stellpflug/Ziegler/*Kremer/Wittmann* Ziff. 840, Berufsausübungsgemeinschaft Rn. 171). Endet allerdings die Zulassung des ausscheidenden Gesellschafters, besteht nach § 103 Abs. 6 SGB V auch ein eigenes Antragsrecht der Gemeinschaftspraxis auf Neuausschreibung des Vertragsarztsitzes (BSG MedR 2008, 305, 307; Rieger/Dahm/Katzenmeier/Steinhilper/Stellpflug/ Ziegler/*Kremer/Wittmann* Ziff. 840, Berufsausübungsgemeinschaft Rn. 87, 89). Eine **gesellschaftsrechtliche Verpflichtung**, die für die Praxis erworbene Zulassung in der **fortgeführten Gesellschaft** zu belassen, ist aber jedenfalls dann zulässig, wenn sie auf eine vereinbarte Probezeit von maximal 3 Jahren beschränkt ist (BGH NJW 2002, 3536, 3537; *Bonvie* GesR 2008, 505, 508; *Michels/ Möller/Ketteler-Eising*, Ärztliche Kooperationen, S. 80 f.; Rieger/Dahm/Katzenmeier/Steinhilper/ Stellpflug/Ziegler/*Kremer/Wittmann* Ziff. 840, Berufsausübungsgemeinschaft Rn. 163). **Praktisch durchführbar** wird eine entsprechende Vereinbarung durch einen **Verzicht** des Arztes auf seine Zulassung und anschließende **Neuvergabe** durch die Vertragsarztstelle an einen in der fortgeführten 28

Gesellschaft tätigen Arzt. In gesperrten Planungsbezirken ermöglicht dieses Verfahren § 103 Abs. 4 bis 6 SGB V (vgl. *Gummert/Meier* MedR 2007, 400, 401; *Pfisterer* FS 10 Jahre Arbeitsgemeinschaft Medizinrecht im DAV, 2008, S. 785, 786 f.; *Weitbrecht/Treptow* MedR 2009, 701, 702; zum Ausschreibungsverfahren Rieger/Dahm/Katzenmeier/Steinhilper/Stellpflug/Ziegler/*Kremer/Wittmann*, Ziff. 840, Berufsausübungsgemeinschaft Rn. 85 ff.; *Michels/Möller/Ketteler-Eising*, Ärztliche Kooperationen, S. 22 ff.). Das Zulassungsgremium darf nur einen solchen Bewerber zulassen, der einerseits der Gemeinschaftspraxis beitreten will und andererseits von den übrigen Gesellschaftern akzeptiert wird (Rieger/Dahm/Katzenmeier/Steinhilper/Stellpflug/Ziegler/*Kremer/Wittmann*, Ziff. 840, Berufsausübungsgemeinschaft Rn. 95). Hat der ausscheidende Arzt indes eine **eigene schutzwürdige Rechtsposition** erworben, z.B. durch Einbringen seiner schon bestehenden Vertragsarztzulassung in die Gesellschaft (*Gummert/Meier* MedR 2007, 407 und 408 f.; a.A. *Weitbrecht/Treptow* MedR 2009, 701, 706 f.), Leistung einer Einlage oder die längere Tätigkeit in der Gesellschaft und Aufbau eines eigenen Patientenstamms (hierzu *Weitbrecht/Treptow* MedR 2009, 701, 705; *Pfisterer* FS 10 Jahre Arbeitsgemeinschaft Medizinrecht im DAV, 2008, S. 785, 794), so ist eine entsprechende Vereinbarung nach § 138 nichtig, wenn keine **angemessene Entschädigung** gewährt wird (vgl. auch *Bonvie* GesR 2008, 505, 509; MAH MedR/*Broglie/Hartmann* § 11 Rn. 376 ff.; Wenzel/ *Haack/Dettling* Kapitel 11 Rn. 146, 153). Methodisch wägt die Rspr. die auf beiden Seiten tangierte, durch Art. 12 Abs. 1 GG geschützte Berufsfreiheit ab (vgl. *Michels/Möller/Ketteler-Eising*, Ärztliche Kooperationen, S. 82).

29 Wird ein vertragliches oder gesetzliches **Übernahmerecht** durch den allein verbleibenden Gesellschafter ausgeübt, gelten die gleichen Grundsätze. Zwar existiert die Gemeinschaftspraxis gesellschaftsrechtlich gesehen mit ihrer Beendigung nicht mehr, es fehlt damit an einer Gesellschaft, in der die Zulassung verbleiben könnte. Für das **Ausschreibungsverfahren** eines **Vertragsarztes** nach § 103 Abs. 6 Satz 2 SGB V ist aber auf das Interesse des Übernehmers abzustellen, auch zukünftig seinen Beruf in einer neu zu gründenden Gemeinschaftspraxis auszuüben (BGH NJW 2002, 3538, 3539; *Gummert/Meier* MedR 2007, 400, 406; *Weitbrecht/Treptow* MedR 2009, 701, 704). Daher kann der andere Teil verpflichtet werden, seine **Vertragsarztzulassung zurückzugeben** und die Ausschreibung seines Kassenarztsitzes zu beantragen. Der Übernehmer muss sodann mit dem im Ausschreibungsverfahren erfolgreichen Arzt einen neuen Gesellschaftsvertrag abschließen.

## IV. Altersversorgung

30 Die Gesellschaftsverträge der freiberuflichen Praxen sehen häufig eine aus dem Gesellschaftsvermögen zu erbringende Altersversorgung für aus Altersgründen ausscheidende Gesellschafter vor, bspw. in Form einer am **Gesellschaftsgewinn** oder am Gehalt eines Beamten des höheren Dienstes orientierten Rentenzahlung. Die Altersversorgung tritt dann an die Stelle einer Abfindung. Bei der Gestaltung ist darauf zu achten, eine Regelung für den Fall des **Verkaufs der Praxis** zu treffen, da eine Rentenzahlung ab dem Zeitpunkt der Übertragung auf einen neuen Rechtsträger nicht mehr in Betracht kommt. Ohne entsprechende Regelung ist der ausgeschiedene Gesellschafter beim Verkauf **nachträglich** nach § 738 **abzufinden**, gemindert um den Betrag der schon erhaltenen Rentenzahlungen (BGH NZG 2004, 713 f.). Gleiches gilt, wenn die aktiven Gesellschafter die Gesellschaft auflösen, um sich der Rentenlasten zu entledigen.

31 Eine vertragliche Regelung, nach der ein Gesellschafter auch nach seinem vorzeitigen (vor Erreichen des Rentenalters) Ausscheiden aus der Gesellschaft weiterhin persönlich für die Altersversorgung der verbleibenden Gesellschafter bzw. der Altgesellschafter haftet, ist wegen **unzulässiger Kündigungsbeschränkung** nichtig (BGH DStR 2008, 785 f.; vgl. aber auch LG Heidelberg NZG 2009, 1181 ff.). Bestehen Bedenken, allein die fortbestehende Gesellschaft beim vorzeitigen Ausscheiden von Mitgesellschaftern mit den Rentenverpflichtungen zu belasten, bietet es sich an, die Altersversorgung zur **persönlichen Sache** eines jeden Gesellschafters zu machen. Hierzu wird in der Literatur geraten (Münchener Handbuch des Gesellschaftsrechts/*Schmid* Bd. 1, 2014, § 24 Rn. 78).

## § 739 Haftung für Fehlbetrag

**Reicht der Wert des Gesellschaftsvermögens zur Deckung der gemeinschaftlichen Schulden und der Einlagen nicht aus, so hat der Ausscheidende den übrigen Gesellschaftern für den Fehlbetrag nach dem Verhältnis seines Anteils am Verlust aufzukommen.**

§ 739 ist die den Fall des Ausscheidens regelnde Parallelvorschrift zu dem die Auflösung der Gesellschaft betreffenden § 735. Liegt das mit der Schlussrechnung ermittelte Gesellschaftsvermögen unterhalb der Summe aus Verbindlichkeiten der Gesellschaft (§ 733 Abs. 1) und Einlagen der Gesellschafter (§ 733 Abs. 2), verpflichtet § 739 den ausscheidenden Gesellschafter, den Fehlbetrag anteilig auszugleichen (vgl. OLG Hamm NZG 2005, 175; Soergel/*Hadding/Kießling* Rn. 3). Sein Anteil am Verlust ergibt sich aus der gesellschaftsvertraglichen Gewinn- und Verlustverteilung, sonst aus § 722 (RGZ 11, 123, 130). Fehlbeträge werden zunächst durch reduzierte Einlagenrückgewähr ausgeglichen. Ein **Zahlungsanspruch** (Nachschusspflicht) steht der Gesellschaft nur zu, soweit der Verlustanteil höher ist als die Summe der zurückzugewährenden Einlage und weiterer Ansprüche des ausgeschiedenen Gesellschafters gegen die Gesellschaft (OLG Hamm NZG 2005, 175). Ansprüche aus § 739 bestehen auch bei Übernahme des Gesellschaftsvermögens (OLG Hamm NZG 2005, 175), nicht aber bei der Rechtsnachfolge in den Gesellschaftsanteil (OLG Hamm Rpfleger 1985, 289 f.; BeckOK BGB/*Schöne* Rn. 1). 1

Der Anspruch zählt zu den Sozialansprüchen (BeckOK BGB/*Schöne* Rn. 2). Er entsteht mit dem Tag des Ausscheidens und wird mit der Bezifferung fällig (vgl. BGH NZG 2010, 1020). Die Verjährung des Anspruchs aus § 739 richtet sich nach der kenntnisabhängigen dreijährigen Frist des § 195. Die §§ 159, 160 HGB sind nicht entsprechend anzuwenden (BGH NJW 2011, 2292, 2293; a.A. *Schmidt* DB 2010, 2093, 2095 f.). Die verbliebenen Gesellschafter können den Anspruch im Wege der *actio pro socio* verfolgen. Der ausscheidende Gesellschafter kann mit einem Anspruch auf Rückerstattung seiner Einlage aufrechnen. Soweit ihm Ansprüche aus § 738 Abs. 1 Satz 2 zustehen, kann er ein Zurückbehaltungsrecht (§ 273) geltend machen (BGH NJW 1974, 899, 900). Wegen des gleichfalls bestehenden Zurückbehaltungsrechts der Gesellschaft hat die Abwicklung faktisch Zug um Zug zu erfolgen. Dem ausgeschiedenen Gesellschafter steht hingegen kein Zurückbehaltungsrecht wegen Ansprüchen aus schwebenden Geschäften gem. § 740 zu (BGH WM 1969, 494, 495). Eine von dem ausscheidenden Gesellschafter mit Gesellschaftsgläubigern im Außenverhältnis vereinbarte Haftungsbeschränkung entfaltet bei der das Innenverhältnis betreffenden Ausgleichspflicht keine Wirkung (BGH ZIP 2009, 1008, 1009). 2

Zur Verlustdeckung ist nur der ausscheidende Gesellschafter verpflichtet. Den übrigen Gesellschaftern erwächst aus dem Leistungsunvermögen des Ausgeschiedenen keine Nachschuss- bzw. Ausgleichspflicht (etwa entsprechend § 735 Satz 2), jedoch erhöht sich der auf sie entfallende Verlust (MüKo-BGB/*Schäfer* Rn. 4; Erman/*Westermann* Rn. 2). Eine Nachschusspflicht während der Fortexistenz als werbender Gesellschaft wäre mit § 707 nicht zu vereinbaren. 3

## § 740 Beteiligung am Ergebnis schwebender Geschäfte

**(1) Der Ausgeschiedene nimmt an dem Gewinn und dem Verlust teil, welcher sich aus den zur Zeit seines Ausscheidens schwebenden Geschäften ergibt. Die übrigen Gesellschafter sind berechtigt, diese Geschäfte so zu beendigen, wie es ihnen am vorteilhaftesten erscheint.**

**(2) Der Ausgeschiedene kann am Schluss jedes Geschäftsjahrs Rechenschaft über die inzwischen beendigten Geschäfte, Auszahlung des ihm gebührenden Betrags und Auskunft über den Stand der noch schwebenden Geschäfte verlangen.**

Übersicht

| | Rdn. | | Rdn. |
|---|---|---|---|
| A. Allgemeines | 1 | C. Rechenschaftspflicht, Abs. 2 | 4 |
| B. Schwebende Geschäfte | 2 | D. Dispositivität | 5 |

## § 740 BGB  Beteiligung am Ergebnis schwebender Geschäfte

### A. Allgemeines

1 § 740 regelt die Gewinn- und Verlustverteilung von zum Zeitpunkt des Ausscheidens noch nicht beendeten Geschäften. Es wäre wenig praktikabel, die Auseinandersetzung so lange hinauszuzögern, bis sämtliche schwebenden Geschäfte beendet sind. Dementsprechend ordnet § 740 an, dass die noch schwebenden Geschäfte bei der Auseinandersetzungsrechnung unberücksichtigt bleiben und gesondert abgerechnet werden. Der Anspruch aus § 740 steht damit neben dem Abfindungsanspruch. Seine Anwendbarkeit setzt voraus, dass die schwebenden Geschäfte nicht außerdem noch bei der Auseinandersetzung nach §§ 738 f. berücksichtigt werden. Das MoPeG verzichtet auf eine entsprechende Regelung, da ihr die als überholt geltende Substanzwertmethode zugrunde liegt. Die Regelung ist auf die Übernahme der Gesellschaft durch den letzten Gesellschafter entsprechend anzuwenden (BGH NJW 1993, 1194; OLG Hamm NZG 2005, 175).

### B. Schwebende Geschäfte

2 Von der Vorschrift erfasst werden »schwebende Geschäfte«. Darunter sind Rechtsgeschäfte zu verstehen, an welche die Gesellschaft vor dem Abfindungsstichtag schon gebunden war, die aber die Gesellschaft bis dahin noch nicht voll erfüllt hat (vgl. BGH NJW 1994, 1194 zur alten Rechtslage vor Anerkennung der Rechtsfähigkeit der GbR), obwohl die Erfüllung nach der Eigenart und Bedeutung des Vertrages für die Gesellschaft möglich gewesen wäre (BGH NJW-RR 1986, 454, 455). Nicht vom Normzweck erfasst sind Hilfsgeschäfte, Dauerschuldverhältnisse (BGH NJW-RR 1986, 454, 455; *Schmidt* BB 1983, 2401, 2405 f.) sowie gesetzliche Schuldverhältnisse. Die Durchführung der schwebenden Geschäfte obliegt nach Abs. 1 Satz 2 ausschließlich der Gesellschaft und damit den verbleibenden (geschäftsführenden) Gesellschaftern (RGZ 56, 16, 19; MüKo-BGB/*Schäfer* Rn. 6), ohne dass der ausgeschiedene Gesellschafter hierauf Einfluss nehmen könnte.

3 Wird ein schwebendes Geschäft abgeschlossen und realisiert die Gesellschaft hieraus einen Gewinn, hat der ausgeschiedene Gesellschafter einen Anspruch auf Auszahlung seines Gewinnanteils. Der Anspruch entsteht in dem Zeitpunkt, in dem das Ergebnis des Geschäfts objektiv feststeht (BGH NJW 1993, 1194, 1195), und wird unabhängig von der Rechnungslegung nach Abs. 2 sofort fällig (Soergel/*Hadding/Kießling* Rn. 7). Ergibt sich aus einem nachträglich beendeten Geschäft ein Verlust, hat der ausgeschiedene Gesellschafter entsprechend seines Verlustanteils Zahlungen an die Gesellschaft zu leisten.

### C. Rechenschaftspflicht, Abs. 2

4 Die Gesellschaft hat nach Abs. 2 dem ausgeschiedenen Gesellschafter am Schluss jeden Geschäftsjahrs (§ 721) Rechenschaft (vgl. §§ 259, 260, dazu BGH NJW 1959, 1963, 1964) über das Ergebnis sowie über Art und Weise der beendeten Geschäfte abzulegen. Zu berücksichtigen sind die Geschäfte, deren Zahlungseingang in das jeweilige Geschäftsjahr fällt (BGH WM 1969, 494, 496). Gewährung der Einsicht in die Bücher der Gesellschaft erfüllt die Verpflichtung nicht (BGH WM 1961, 173). Im Sinne einer nachvertraglichen Treuepflicht (§ 242) muss die Gesellschaft über den Wortlaut des Abs. 2 hinaus Auskunft über die weiterhin schwebenden Geschäfte erteilen (Soergel/*Hadding/Kießling* Rn. 8).

### D. Dispositivität

5 Der Ausgleichsanspruch nach § 740 ist dispositiv (BGH WM 1960, 1121, 1122), sodass der ausgeschiedene Gesellschafter von einer Beteiligung am Gewinn aus den zum Zeitpunkt des Ausscheidens schwebenden Geschäften (und damit auch von der Verlustbeteiligung) ausgeschlossen werden kann. In der Praxis empfiehlt sich ein solcher Ausschluss im Interesse einer zügigen und reibungslosen Abwicklung des Ausscheidens. Die Vorschrift ist bei Anwendung der üblichen Bewertungsmethoden für ärztliche Gemeinschaftspraxen im Regelfall gegenstandslos (ausf. MüKo-BGB/*Schäfer* Rn. 3 ff.).

## § 823 Schadensersatzpflicht

(1) Wer vorsätzlich oder fahrlässig das Leben, den Körper, die Gesundheit, die Freiheit, das Eigentum oder ein sonstiges Recht eines anderen widerrechtlich verletzt, ist dem anderen zum Ersatz des daraus entstehenden Schadens verpflichtet.

(2) Die gleiche Verpflichtung trifft denjenigen, welcher gegen ein den Schutz eines anderen bezweckendes Gesetz verstößt. Ist nach dem Inhalt des Gesetzes ein Verstoß gegen dieses auch ohne Verschulden möglich, so tritt die Ersatzpflicht nur im Falle des Verschuldens ein.

| Übersicht | Rdn. | | Rdn. |
|---|---|---|---|
| A. Grundsatzüberlegungen zur Arzthaftung | 1 | B. Details................... | 2 |

### A. Grundsatzüberlegungen zur Arzthaftung

Das Zentrum des Arzthaftungsrechts hat sich mit dem Patientenrechtegesetz von 2013 in das Vertragsrecht verschoben. Dementsprechend erfolgt die Kommentierung nunmehr einheitlich anhand der §§ 630a ff. Verbleibende Relevanz besitzt das Deliktsrecht noch hinsichtlich aller Situationen, in denen eine Behandlung ohne Behandlungsvertrag stattfindet (Rdn. 2). Dies ist insbesondere interessant, wenn Dritte, die nicht Vertragspartei geworden sind, mit Blick auf die Schädigung des Patienten Ansprüche geltend machen möchten (Rdn. 3). Auch ist auf die besonderen Vorschriften mittelbar Geschädigter in den §§ 844, 845 zu achten (vgl. die Kommentierung zu §§ 844, 845). Und schließlich könnte allem voran § 823 Abs. 1 künftig als Entwicklungsklausel des Arzthaftungsrechts erkannt werden (Rdn. 4). 1

### B. Details

Im Rahmen eines totalen Krankenhausvertrages entsteht eine vertragliche Beziehung zunächst nur mit der jeweiligen Einrichtung (zur Übersicht der Varianten Prütting/Prütting, Medizin- und Gesundheitsrecht, § 22 Rn. 33 ff.). Eine Haftung des medizinischen und nichtmedizinischen Personals kommt daher ausschließlich über Deliktsrecht in Betracht. Es wird insofern immer wieder darauf hingewiesen, dass prozesstaktisch die an der Behandlung beteiligten Ärzte mitzuverklagen sind, um Zeugen auszuschalten (MüKo/*Wagner*, BGB, § 823 Rn. 1083). Jedoch ist dieses Vorgehen sämtlichen Spezialkammern für Arzthaftungssachen bei den Landgerichten bekannt, sodass im Rahmen der Beweiswürdigung nach § 286 ZPO kein Unterschied zwischen Zeugenvernehmung und Parteianhörung ersichtlich ist, auch wenn dies nach der Gesetzeskonzeption des zivilprozessualen Beweisrechts allem voran mit Blick auf die Voraussetzungen der §§ 445 ff. ZPO ohne belastbaren Ansatz de lege lata ist. Gleichwohl ist der Patientenanwalt weiterhin gut beraten, zur Sicherheit Zeugen auszuschalten und auf eine andere Sichtweise zu hoffen. In amtsgerichtlichen Verfahren sind Abweichungen noch zu beobachten. 2

Wollen Dritte, die nicht Partei des Behandlungsvertrages geworden sind (begrenzt auf Familienangehörige und geliebte Personen; keine Erstreckung auf Tierhalter, BGH VersR 2012, 634) eigene Ansprüche wegen Verletzungen des Patienten geltend machen, steht üblicherweise nur der deliktische Ansatz zu Gebote. Der praktisch bedeutsame Fall ist die Geltendmachung von Schockschäden (BGHZ 93, 351, 354 f. = NJW 1985, 1390 f.; MüKo/*Wagner*, BGB, § 823 Rn. 214). Durch die Beobachtung der Schädigung eines nahen Angehörigen oder im Wege der Mitteilung einer solchen Schädigung wird – psychisch vermittelt – beim Dritten ein Schock induziert. Hat dieser Schock echten Krankheitswert und erreicht damit eindeutig einen in erheblichem Maße behandlungsbedürftigen Zustand, so wird dem Dritten über § 823 Abs. 1 ein eigenständiger Schadensersatzanspruch wegen Gesundheitsschädigung zuerkannt (BGHZ 56, 163, 165 f. = NJW 1971, 1883, 1884; BGH NJW 1984, 1405; 1986, 777; 1989, 2317 f.; 2006, 3268; VersR 2012, 1730 Rn. 8; NJW 2015, 2246 Rn. 9; zur Anwendung der Grundsätze zum Schockschaden auf die fehlerhafte ärztliche Behandlung nunmehr ausdrückl. BGHZ 222, 215 = NJW 2019, 2387). Mit Einführung eines Angehörigenschmerzensgeldes in § 844 Abs. 3 ist dieser Ansatz keineswegs obsolet (vgl. die 3

Kommentierung zu § 844 Rdn. 75). Vielmehr dürften die bislang zugesprochenen Schmerzensgelder anzuheben sein, da bereits für die üblich zu erwartende Trauer ein Ansatz im Bereich von 10.000 € pro nahestehender Person zutreffend sein soll (Begr. RegE zum HinterbliebenengeldG, BT-Drs. 18/11615 S. 7), im Schockfall die Betroffenheit wegen gesonderter Rechtsgutsverletzung aber deutlich darüber hinausgeht.

4 Ob das Deliktsrecht schließlich entgegen der bisherigen Rechtsprechung zur Strukturgleichheit von Vertrag und Delikt im Arzthaftungsrecht (BGH NJW 1989, 767, 768) künftig als Entwicklungsklausel mit anders gelagerten Strukturansätzen dienen sollte, erscheint fraglich. Dogmatisch tragfähig wäre dies nach der Gesetzeskonzeption de lege lata (so ausdrücklich festgestellt in der Gesetzesbegründung, BT-Drs. 17/10488 S. 27). Jedoch müsste entweder die Rechtsprechung zur Strukturgleichheit aufgegeben werden oder es müssten sich Konstellationen und Fragestellungen finden, die vom Vertragsrecht nicht zufriedenstellend gelöst werden. Es ist derzeit nicht zu erwarten, dass der BGH von dem bislang verfolgten Gleichlauf abweichen wird, sodass allenfalls die zweite Variante im Auge behalten werden muss.

## § 831 Haftung für den Verrichtungsgehilfen

(1) Wer einen anderen zu einer Verrichtung bestellt, ist zum Ersatz des Schadens verpflichtet, den der andere in Ausführung der Verrichtung einem Dritten widerrechtlich zufügt. Die Ersatzpflicht tritt nicht ein, wenn der Geschäftsherr bei der Auswahl der bestellten Person und, sofern er Vorrichtungen oder Gerätschaften zu beschaffen oder die Ausführung der Verrichtung zu leiten hat, bei der Beschaffung oder der Leitung die im Verkehr erforderliche Sorgfalt beobachtet oder wenn der Schaden auch bei Anwendung dieser Sorgfalt entstanden sein würde.

(2) nicht kommentiert

| Übersicht | Rdn. | | Rdn. |
|---|---|---|---|
| A. Verrichtungsgehilfen | 1 | B. Geschäftsherr | 6 |

### A. Verrichtungsgehilfen

1 Verrichtungsgehilfe ist, wer mit Wissen und Wollen für einen anderen tätig wird (organisatorische Abhängigkeit) und an dessen Weisungen gebunden ist (BGHZ 155, 205, 210 = NJW 2003, 2984; BGH BeckRS 2015, 00555 Rn. 11; NJW 2014, 2797 Rn. 18).

2 Verrichtungsgehilfen werden im Gesundheitswesen vielfach eingesetzt. Mangels Weisungsbindung scheiden jedoch die ärztlichen Mitglieder einer Gemeinschaftspraxis aus, weil sie untereinander keinen Weisungen unterliegen. Soweit eine deliktische Haftung infrage steht, können sie als BGB-Gesellschafter nach § 128 HGB analog mithaften, sofern die Gesellschaft selbst qua § 31 analog haften muss.

3 Zu den Verrichtungsgehilfen eines die Geburt leitenden Arztes kann die Hebamme gehören, für deren Verhalten der Arzt und/oder das Krankenhaus einstehen müssen. Wird die Hebamme jedoch tätig, bevor ein Arzt die Geburtsleitung übernommen hat, ist sie eigenverantwortlich tätig und ein von ihr begangener Fehler kann nicht dem später die Geburt leitenden Arzt zugerechnet werden. Gibt die Hebamme vor dem Eintreffen des Arztes der Patientin ein die Wehen förderndes kontraindiziertes Nasenspray, begeht sie selbst einen groben Behandlungsfehler, für den sie und gegebenenfalls das Krankenhaus, nicht aber der Arzt einzustehen hat (OLG Koblenz GesR 2009, 198).

3a Eine Hebamme wird von dem Moment an, in dem der Arzt bei der Geburt hinzutritt, dessen Gehilfin und hat seinen Anweisungen Folge zu leisten. Diese Pflicht endet aber dann, wenn sie aufgrund ihrer eigenen geburtshilflichen Ausbildung erkennen muss, dass das Vorgehen des Arztes regelwidrig und unverständlich ist; sie ist dann verpflichtet, auch gegen den Arzt einzuschreiten (OLG Düsseldorf VersR 2008, 534 = GesR 2008, 19). Grob fehlerhafte Versäumnisse der die Geburt leitenden

Ärztin können nicht ohne weiteres einer Hebamme zugerechnet werden, wenn das Vorgehen der Ärztin sich aus der Sicht der Hebamme nicht schlechterdings unvertretbar mit dem Erfordernis einer sofortigen Intervention darstellte (OLG Koblenz MedR 2009, 513).

Krankenpfleger und Krankenpflegerinnen im Krankenhaus sind Verrichtungsgehilfen, soweit Aufgaben an sie zulässigerweise delegiert sind. 3b

Verrichtungsgehilfe ist die Krankenschwester, der der Radiologe bei der Kontrastuntersuchung das Einführen des Darmrohrs des verwendeten Ballonkatheters ohne Beaufsichtigung überlässt. Führt er anschließend eine beträchtliche Menge des Kontrastmittels zu, ohne die Darmperforation und den Austritt einer größeren Menge des Kontrastmittels in die Umgebung des Dickdarms zu bemerken, begeht der Arzt schon deshalb einen Behandlungsfehler, weil er die Krankenschwester als Verrichtungsgehilfin nicht überwacht hat (OLG Köln zfs 1991, 190). 3c

Verrichtungsgehilfe kann auch ein Arzt sein, der für die zum Notfalldienst eingeteilten Ärzte den Notfalldienst übernimmt (BGH VersR 2009, 784 = NJW 2009, 1740, 1741). 4

Die Nachtschwester, die auf einer Neugeborenenstation tätig ist, ist ebenfalls Verrichtungsgehilfe; ihre Fehler können die Haftung des Krankenhauses aus Vertrag und über § 831 aus Delikt auslösen (OLG Koblenz VersR 2009, 833). 5

## B. Geschäftsherr

Chefärzte und leitende Ärzte im Krankenhaus kommen als Geschäftsherren und nicht als Verrichtungsgehilfen in Betracht. Selbst der Konsiliararzt, der im Krankenhaus tätig wird, unterliegt keinen Weisungen, obwohl er Erfüllungsgehilfe des Krankenhauses sein kann, § 278. Deliktisch haftet er. Einem Chefarzt und einem leitenden Arzt steht gegenüber den untergeordneten ärztlichen und nicht ärztlichen Mitarbeitern ein Weisungsrecht zu, sodass sie folglich verpflichtet sind, diese sorgfältig auszusuchen, zu überwachen und zu leiten. Sie können insoweit generelle Anweisungen erteilen und Einzelheiten der jeweiligen Behandlung vorschreiben. Sie haben dafür zu sorgen, dass qualifiziertes ärztliches und nicht ärztliches Personal zur Verfügung steht und dass die gesamte Organisation umfassend und widerspruchsfrei geregelt ist. Zurückhaltung ist jedoch geboten, den abteilungsleitenden Chefarzt generell als Geschäftsherren für alle in dieser Abteilung stattfindenden Eingriffe anzusehen. Sofern keinerlei konkreter Bezug zum streitgegenständlichen Eingriff hergestellt werden kann, ist ein eigenständiger organisatorischer Vorwurf zu erheben, soll eine Haftungsklage Aussicht auf Erfolg bieten. 6

Denjenigen, der sich des Verrichtungsgehilfen bedient, trifft neben der Pflicht zur sorgfältigen Auswahl der Person auch die Pflicht, diese sorgfältig zu überwachen. Die Ersatzpflicht des Geschäftsherrn tritt nicht ein, wenn er den Verrichtungsgehilfen sorgfältig ausgesucht und bei der Leitung die im Verkehr erforderliche Sorgfalt beobachtet hat oder wenn der Schaden auch bei Anwendung dieser Sorgfalt entstanden sein würde. Die Pflicht zur sorgfältigen Auswahl ist stets umfassend zu erfüllen. 7

Die Intensität und der Umfang der Überwachungspflicht sind nicht unterschiedslos, sie richten sich vielmehr im Einzelfall unter anderem danach, ob und inwieweit der zur Überwachung Verpflichtete dazu in der Lage ist. Ist ein Spezialist mit der Verrichtung betraut, entfällt die Überwachungspflicht zwar nicht völlig, sie ist aber erheblich eingeschränkt und kann auf stichprobenartige Kontrollen reduziert sein (OLG Brandenburg VersR 2009, 221). 8

Die Frage, ob im Zuge immer weiter fortschreitender Spezialisierung einem leitenden Arzt mitunter eine Überwachung eines ihm nachgeordneten Oberarztes möglich ist, wenn dieser z.B. in einer bestimmten Operationstechnik spezialisierter ist, wirft im Arzthaftungsrecht Fragen auf. Diese Fragen hat das OLG Bamberg (VersR 1994, 813) konservativ entschieden. Ist wegen der hohen Spezialisierung eines beamteten Oberarztes dessen fachliche Überwachung nicht möglich, sodass er weisungsfrei arbeiten kann, so sei der Oberarzt haftungsrechtlich als verfassungsmäßig berufener Vertreter zu behandeln und insoweit bleibe es bei der vermuteten Verschuldenshaftung des 9

Krankenhausträgers ohne die Möglichkeit des Entlastungsbeweises nach § 831 Abs. 1 Satz 1 (vgl. BGH VersR 1980, 768).

10 Die Haftung des Geschäftsherrn nach § 831 beruht auf der widerlegbaren Vermutung seines Verschuldens bei der Auswahl, Anleitung und Überwachung der Hilfspersonen. Dabei ist es unschädlich, wenn die Hilfspersonen selbst ohne Verschulden handeln. Weil der Eingriff in die Gesundheit des Patienten bei einer Behandlung nicht die Rechtswidrigkeit indiziert, obliegt dem Patienten auch im Rahmen der Haftung nach § 831 der Nachweis, dass dem Gehilfen ein Behandlungsfehler unterlaufen ist (BGH VersR 1985, 343). Ist dieser Beweis geführt, kann sich die Behandlungsseite nach § 831 Abs. 1 Satz 2 entlasten und sowohl die ausreichende Auswahl und Überwachung als auch die fehlende Kausalität des Behandlungsfehlers für den Gesundheitsschaden nachweisen. Sie kann auch beweisen, dass der Schaden bei sorgfältiger Auswahl und Überwachung des Gehilfen entstanden wäre.

11 Steht ein grober Behandlungsfehler des Gehilfen fest, greift die Beweislastumkehr für die Ursächlichkeit des Fehlers auch gegenüber dem Geschäftsherrn ein (BGH VersR 1982, 1141).

## § 842 Umfang der Einstandspflicht bei Verletzung einer Person

**Die Verpflichtung zum Schadensersatz wegen einer gegen die Person gerichteten unerlaubten Handlung erstreckt sich auf die Nachteile, welche die Handlung für den Erwerb und das Fortkommen des Verletzten herbeiführt.**

| Übersicht | Rdn. | | Rdn. |
|---|---|---|---|
| A. Einleitung | 1 | a) Abhängig Beschäftigte | 31 |
| B. Erwerbsschaden | 2 | b) Selbstständige | 35 |
| I. Darlegungs- und Beweislast für den Erwerbsschaden | 7 | c) Gesellschafter | 36 |
|  |  | d) Beamte | 39 |
| II. Schadenminderungsobliegenheit | 16 | e) Arbeitslose | 42 |
| III. Vorteilsausgleichung | 22 | VI. Haushaltsführungsschaden | 44 |
| IV. Dauer des Schadensersatzanspruchs | 24 | 1. Grundlagen | 44 |
| V. Brutto- oder Nettolohnmethode | 27 | 2. Berechnung des Haushaltsführungsschadens | 49 |
| 1. Die Bruttolohntheorie | 27 | a) Reale Ersatzkraftberechnung | 54 |
| 2. Die Nettolohntheorie | 28 | b) Fiktive Ersatzkraftberechnung | 55 |
| 3. Besonderheiten bei einzelnen Berufsgruppen | 30 |  |  |

### A. Einleitung

1 Die Bestimmung wiederholt, was § 249 zum vollen Schadensausgleich bereits regelt. Auch nach § 249 sind die Nachteile zu ersetzen, die der Verletzte im Rahmen des Erwerbs oder Fortkommens erleidet. Aus § 842 ergibt sich weder eine Beschränkung noch eine Erweiterung des Haftungsumfangs (BGHZ 26, 69, 77; BGH NJW 1973, 700 f.).

### B. Erwerbsschaden

2 Ist der Schaden zeitlich begrenzt, sodass der Patient selbst im Rahmen der Lohnfortzahlung keinen Schaden erleidet, gehen die Schadensersatzansprüche kraft Gesetzes auf den Arbeitgeber über. Leistet im Anschluss an die Lohnfortzahlung die gesetzliche Krankenversicherung, gehen die Schadensersatzansprüche auch insoweit kraft Gesetzes über. Der Verletzte kann lediglich die Differenz zwischen dem bisherigen Einkommen und dem niedrigeren Krankengeld geltend machen.

3 Erleidet der Patient infolge des Behandlungsfehlers eine Minderung der Erwerbsfähigkeit (MdE) und ist damit ein Erwerbsschaden verbunden, ist dieser auszugleichen. Der Erwerbsschaden, §§ 249, 842, 843, bedeutet, dass durch die Beeinträchtigung der Arbeitskraft des Verletzten an dessen Vermögen ein konkreter Schaden entstanden ist. Er umfasst alle wirtschaftlichen

Beeinträchtigungen, die der Geschädigte dadurch erleidet, dass er seine Arbeitskraft verletzungsbedingt nicht mehr verwerten kann.

Dem Geschädigten muss ein Erwerb entgangen sein. Die bloß abstrakte MdE reicht nicht aus. Bei abhängiger Tätigkeit umfasst der Schadensersatzanspruch alles, was dem Geschädigten durch den Verlust der Arbeitskraft entgeht. 4

Grundsätzlich wird nur der **konkret eingetretene Vermögensschaden** ersetzt, nicht schon die bloß abstrakte Minderung der Erwerbsfähigkeit nach ärztlichem Gutachten (BGHZ 54, 45; BGH VersR 1995, 422, 424). Dabei ist nicht entscheidend, ob der Geschädigte unmittelbar vor dem Schadenseintritt erwerbstätig war; es kommt vielmehr darauf an, wie die berufliche Entwicklung voraussichtlich verlaufen wäre. Insoweit ist eine Prognose zu wagen und festzustellen, ab wann der Geschädigte voraussichtlich eine Erwerbstätigkeit aufgenommen hätte (*Müller*, zfs 2009, 62, 66). 5

In Sonderfällen kann jedoch der Erwerbsschaden nicht konkret ermittelt werden. Das gilt insbesondere, wenn ein Kind bei der Geburt oder in jüngeren Jahren geschädigt wird oder wenn der Geschädigte sich zum Schadenszeitpunkt noch in der Ausbildung befindet. Dann ist die berufliche Entwicklung mit erheblichen Unsicherheiten behaftet. Da diese in der Verantwortlichkeit des Schädigers liegen, darf sich der Tatrichter seiner Aufgabe der Schadensermittlung nicht entziehen. Er muss eine Prognose abgeben und den Schaden nach § 287 ZPO schätzen (BGH VersR 2010, 1607; 2011, 229; *Diederichsen*, DAR 2011, 301, 310 f.). 6

### I. Darlegungs- und Beweislast für den Erwerbsschaden

Der **Geschädigte** trägt nach allgemeinen Regeln die **Beweislast** für haftungsbegründende (Strengbeweis nach § 286 ZPO: ein »für das praktische Leben brauchbarer Grad von Gewissheit, der vernünftigen Zweifeln Schweigen gebietet« BGH NZV 2003, 167) und haftungsausfüllende Kausalität. Bei letzterer kommen ihm die **Beweiserleichterungen** der §§ 252 BGB, 287 ZPO zugute, wonach nur der Nachweis einer gewissen Wahrscheinlichkeit erforderlich ist. Diese muss sich nach dem gewöhnlichen Lauf der Dinge oder aus besonderen Umständen, z.B. getroffenen Vorkehrungen ergeben (OLG Köln SP 2000, 41). Es müssen allerdings im Prozess konkrete Anhaltspunkte dargetan werden. Die Schätzgrundlage unterliegt dabei dem strengen Beweismaß des § 286 ZPO. Eine gänzlich pauschale Mindestschadensschätzung ist nicht möglich. Es obliegt daher dem Geschädigten, entsprechende Unterlagen vorzulegen und Anhalts- und Gesichtspunkte zum Erwerbsausfall darzulegen und nötigenfalls zu beweisen (BGH VersR 1970, 860; 1995, 422; 2007, 1536). 7

In aller Regel kommt der Grundsatz der **Kontinuität des vorhergehenden Einkommens** dem Geschädigten zugute; er spricht dafür, dass das derzeitige Einkommen auch in Zukunft erwirtschaftet worden wäre (BGH NZV 1990, 185). Darüber hinausgehende Erhöhungen muss der Geschädigte gesondert beweisen (OLG Celle SVR 2012, 184), die Anforderungen an eine Prognose der beruflichen Entwicklung dürfen dabei nicht überspannt werden, zumal es ja in der Verantwortlichkeit des Schädigers liegt, dass in die berufliche Entwicklung eingegriffen wurde und daraus besondere Prognoseschwierigkeiten resultieren (*Küppersbusch/Höher* Rn. 47 ff.). 8

Ersatzfähig ist der Arbeitslohn einschließlich Urlaubsgeld und Sonderzahlungen (BGH VersR 1996, 1117; OLG Hamm ZfS 1996, 211). Sonderzahlungen sind ersatzfähig, solange sie nicht lediglich eine Aufwandsentschädigung darstellen, sondern einen Zuschlag zum Gehalt. Erwerbsschaden ist auch der Verlust von Nebeneinkünften, auch Trinkgeld (LG Osnabrück FamRZ 1999, 946), ebenso Arbeitslosengeld und Arbeitslosenhilfe. Dies gilt etwa für die Auslandsverwendungszulage eines Soldaten (OLG Hamm NZV 2006, 94; OLG Stuttgart OLGR 2007, 120; BGH MedR 2006, 588). Dabei spielt es keine Rolle, ob die Gelder durch überobligationsmäßigen Einsatz (Überstunden, Nebentätigkeiten) erwirtschaftet wurden oder ob der Geldfluss bei vollem Einsatz der verfügbaren Arbeitskräfte höher hätte sein können. Zu ersetzen sind zudem versicherungsrechtliche Nachteile (Beitragszuschläge) und Steuernachteile. 9

10 Ersatzfähig ist bei einem »Karriereknick« der Fortkommensschaden. Sittenwidrige Einkünfte werden nicht erstattet, sie dürften jedoch nach Einführung des ProstG allenfalls noch als Schwarzarbeit vorkommen.

11 Bei der Schädigung junger Patienten stellt sich das praktische Problem einer hinreichenden **Prognosesicherheit**, insbesondere dann, wenn das Berufsziel erst angestrebt war und jetzt gänzlich aufgegeben werden muss. Theoretisch ist der Erwerbsausfall auch in diesen Fällen genau zu bezeichnen. Zur Bezifferung ist der **Ist-Verlauf** nach dem Körperschaden mit dem **Soll-Verlauf** ohne die Schädigung zu vergleichen; dies muss exakt nach den **einzelnen Zeiträumen** geschehen, damit auch schadensunabhängige Einkommensminderungen (z.B. Wehr- oder Zivildienst) berücksichtigt werden (*Küppersbusch/Höher* Rn. 170).

12 Gerade in Fällen, in denen ein bislang nur **angestrebter Berufswunsch** infolge der Schädigung nicht weiterverfolgt werden kann, treten erhebliche Probleme beim praktischen Nachweis auf, die trotz der Beweiserleichterungen der §§ 252 BGB, 287 ZPO fortdauern. Der Patient muss ein Mindestmaß an Tatsachen vortragen, aufgrund derer ein Gericht die Überzeugung von der überwiegenden Wahrscheinlichkeit der beruflichen Prognose gewinnen kann, wobei bei Jugendlichen vielfach ein besonderer »**Schätzungsbonus**« des Geschädigten zu beobachten ist (OLG Nürnberg SP 2003, 307). So wird beispielsweise, wenn jegliche anderen Anhaltspunkte fehlen, ein durchschnittlicher Erfolg im weiteren Ausbildungsweg unterstellt (BGH VersR 2000, 233). Ein »durchschnittlicher« Verdienstausfallschaden auf der Basis der eingeschlagenen Schullaufbahn, ersatzweise der Schullaufbahn der nahen Angehörigen, ist ebenfalls möglich.

13 Indizien für eine Prognose können die intellektuellen Fähigkeiten und Neigungen des Geschädigten sein. Ebenso der Beruf und die Qualifikation der Eltern, der Werdegang der Geschwister, die Arbeitsmarktsituation und die berufliche Weiterentwicklung des Patienten. Es ist im Zweifel davon auszugehen, dass relevante Chancen und erkennbare Anlagen vom Geschädigten – insbesondere bei jungen Personen – gewinnbringend genutzt worden wären (BGH NZV 1997, 222).

14 Abzuziehen sind: Lohn- beziehungsweise Einkommensteuer, auch zu leistende Nachzahlungen und Verspätungszuschläge; der Solidaritätszuschlag als Bestandteil der Lohn- und Einkommensteuer (soweit nach dem 01.01.2021 noch erhoben), die Kirchensteuer, sämtliche Sozialversicherungsbeiträge, Beiträge zur befreienden Lebensversicherung, freiwillige Leistungen zur Kranken-, Zusatzkranken- und Pflegeversicherung.

15 Bei Selbstständigen ist vom tatsächlich vorhandenen Einkommen auszugehen. Das ist der Betrag, der nach Abzug der Betriebsausgaben als Nettogewinn übrigbleibt. Steuern und Vorsorgeaufwendungen sind abzuziehen. Bei Gesellschaftern ist von der Gewinnbeteiligung auszugehen und/oder ggf. eine Tätigkeitsvergütung zu berücksichtigen (BGH NZV 2004, 344; näher *Küppersbusch/Höher* Rn. 136 ff.).

## II. Schadenminderungsobliegenheit

16 Nach § 254 Abs. 2 bleibt der Geschädigte verpflichtet, durch eine geeignete Erwerbstätigkeit den Schaden einer eingeschränkten Arbeitsfähigkeit zu mindern. Dies gilt jedoch nur, wenn die Tätigkeit zumutbar ist (BGH NJW 2010, 927; 2008, 1961; 2000, 3287). Das muss der Schädiger beweisen; er kann insbesondere hinweisen auf Teilzeittätigkeit, Ersatztätigkeit oder die Umschulung in einen anderen Beruf.

17 Den Geschädigten treffen hier Darlegungspflichten (sekundäre Darlegungslast): er muss beweisen können, dass er sich aktiv um eine Stelle bemüht hat, sobald die (teilweise) Arbeitsfähigkeit wieder hergestellt war; geschieht dies nicht, geht das zu seinen Lasten (OLG Düsseldorf RuS 2003, 37).

18 Hat der Verletzte seine Bemühungen dokumentiert, ist es Sache des Schädigers, nachzuweisen, dass der Geschädigte in einem konkret bezeichneten Fall zumutbare Arbeit hätte aufnehmen können (Gute Zusammenfassung bei BGH NJW 1979, 2142; Beispiel für »ausreichende« Darlegung bei OLG Hamm OLGR 2005, 305; zuletzt BGH VersR 2006, § 286 ZPO). Der Geschädigte hat

grundsätzlich **erhebliche Anstrengungen** zu unternehmen; die diesbezüglichen Aufwendungen allerdings sind vom Schädiger zu erstatten (BGH VersR 1998, 1428).

Arbeitet der Geschädigte, spricht eine **tatsächliche Vermutung** für die Zumutbarkeit dieser Arbeit. 19
Erzielt er aber durch überobligationsmäßige Anstrengungen ein höheres Einkommen, ist dies nicht auf den Einkommensschaden anzurechnen.

In allen Fällen, in denen der Geschädigte eine alternative Tätigkeit aufnimmt oder vorwerfbar nicht 20
aufnimmt, berechnet sich der Erwerbsschaden aus der Differenz zwischen dem entgangenen und dem jetzt erzielten Einkommen.

Ist ein Patient infolge eines Behandlungsfehlers erwerbsunfähig geworden, weil er das Geschehen 21
psychisch nicht verkraftet hat, ist zu prüfen, ob möglicherweise unbewusste Begehrensvorstellungen, die in der psychischen Struktur des Patienten angelegt waren, für seine künftige berufliche Situation (mit-)verantwortlich sind. Dies kann für die Dauer und für die Höhe des Verdienstausfalls von Bedeutung sein. Die Darlegungs- und Beweislast hierfür liegt jedoch beim Arzt und ein Sachverständiger muss sagen können, ab wann und in welchem Umfang die psychische Vorschädigung zu genau denselben Beeinträchtigungen der Arbeitskraft geführt hätte. Nicht akzeptabel ist die Feststellung eines Sachverständigen, beim Patienten liege infolge des Behandlungsfehlers keine richtungsweisende Veränderung vor, weil im Zivilrecht die Mitverursachung des Gesundheitsschadens ausreiche (vgl. hierzu *Stöhr*, NZV 2009, 161, 165).

### III. Vorteilsausgleichung

Nach allgemeinen Grundsätzen muss sich der Geschädigte **Vorteile** anrechnen lassen, die in einem 22
sachlichen Zusammenhang mit dem Erwerbsschaden stehen. Dies gilt allerdings nur, soweit eine Anrechnung nicht dem Zweck des Schadensersatzes widerspricht, zumutbar ist und den Schädiger nicht unbillig entlastet (BGH NZV 1990, 225).

Zum Vorteilsausgleich kommen in Betracht: ersparte Kosten der Arbeitskleidung, einer doppelten 23
Haushaltsführung, Fahrtkosten zur Arbeit (OLG Hamm RuS 1999, 372; BGH VersR 1980, 455), Steuern, Verwertbarkeit der restlichen Arbeitskraft im Haushalt (BGH VersR 1979, 622). Zum Teil werden die berufsbedingten Mehraufwendungen auch **pauschal** abgesetzt, etwa mit 10 % des Nettoeinkommens (OLG Nürnberg SP 1999, 90; LG Tübingen zfs 1992, 82). Nicht anzurechnen sind **Leistungen regressberechtigter Dritter** und überobligationsmäßige Anstrengungen des Geschädigten. In letzterem Fall ist der Schaden normativ anzupassen.

### IV. Dauer des Schadensersatzanspruchs

Bei fortdauerndem Erwerbsausfall oder Erwerbsminderung wird Ersatz regelmäßig in Form der 24
**Geldrente** geleistet. Veränderungen, also z.B. wesentliche Verbesserungen des Gesundheitszustandes, Erhöhung wegen wesentlich verschlechterter wirtschaftlicher Verhältnisse oder Aufnahme einer neuen Tätigkeit werden mit einer **Abänderungsklage** nach § 323 ZPO geltend gemacht.

In **zeitlicher Hinsicht** ist zudem zu beachten, dass auch ohne Unfallereignis die Erwerbstätigkeit 25
des Geschädigten irgendwann geendet hätte. Zwar kann nicht davon ausgegangen werden, dass Erwerbsfähigkeit und Tätigkeitsbereitschaft allgemein und stets zu einem bestimmten Zeitpunkt enden (BGH VersR 1976, 663). Gleichwohl gibt es hierfür **Anhaltspunkte**. Dementsprechend ist bei **Arbeitnehmern** derzeit i.d.R. noch von einem Ende mit Vollendung des 65. oder 67. Lebensjahres auszugehen, wenn keine Gründe für eine abweichende Entwicklung dargetan werden (BGH VersR 2004, 653; 1995, 1447). Dies gilt auch dann, wenn die Möglichkeit eines früheren Ausstiegs aus dem Arbeitsleben besteht, etwa durch Altersteilzeit (BGH NJW 1995, 3313). Auch bei **Beamten** ist derzeit noch von der Pensionierung mit dem 65. Lebensjahr auszugehen (bei Soldaten früher). Zu berücksichtigen ist neuerdings, dass in einigen Bundesländern Beamte und Richter auf Wunsch bis zur Vollendung des 68. Lebensjahres weiterarbeiten dürfen.

26 Bei **Selbstständigen** gilt keine Anlehnung an die gesetzliche Altersgrenze der Arbeitnehmer. Handelt es sich um Tätigkeiten, die in gleicher Weise auch Angestellte erledigen, kann man deren Altersgrenze übernehmen. Bei Ärzten kann die Grenze der Zulassung zur Vertragsarztpraxis entscheiden (68 Jahre) und bei Notaren die Altersgrenze von 70 Jahren. Ansonsten kommt es auf den Einzelfall an. Wer Verdienstausfall bis ins höchste Alter verlangt, ist hierfür beweispflichtig (BGH VersR 1977, 130).

### V. Brutto- oder Nettolohnmethode

#### 1. Die Bruttolohntheorie

27 Die Bruttolohntheorie (BGH VersR 1975, 37; eingehend *Langenick*, NZV 2009, 257 ff.) sieht als Grundlage für die Berechnung des Verdienstausfalles den Bruttolohn des Arbeitnehmers einschließlich der Arbeitgeberanteile zur gesetzlichen Sozialversicherung (Renten-, Kranken-, Arbeitslosen-, Pflegeversicherung) an. Im Wege des Vorteilsausgleichs wird dieser Betrag dann hinsichtlich der steuerlichen Positionen dahin bereinigt, dass statt der an sich zu zahlenden Steuer nur der gem. § 24 Nr. 1 EStG für Schadensersatzrenten geschuldete (geringere!) Steuerbetrag zu ersetzen ist. Die Höhe dieser Steuerbelastung kann i.d.R. erst dem Steuerbescheid entnommen werden, sodass häufig der Ersatzanspruch nur dem Grunde nach tenoriert wird.

#### 2. Die Nettolohntheorie

28 Die Nettolohntheorie (BGH NJW 1970, 1271; VersR 1980, 529; VersR 1983, 149; OLG München VersR 1981, 169; OLG Bamberg VersR 1978, 451) sieht als ersatzfähig das entgangene Nettoeinkommen des Geschädigten an, zuzüglich der von ihm hierauf nach § 24 Nr. 1 EStG zu zahlenden Steuern, für deren Berechnung sich analoge Probleme ergeben wie nach der Bruttolohnmethode: entweder Zurechnung nach Einkommensteuer-Tabelle oder Erstattung auf Nachweis.

29 Nach § 24 Nr. 1a EStG sind Entschädigungen, die als Ersatz für entgangene oder entgehende Einnahmen gewährt werden, zu versteuern; der Vorteil dieser geringeren Steuerpflicht entlastet aber nach beiden Auffassungen (ebenso wie die Einkommenssteuerfreiheit, die im Wesentlichen bei den Leistungen der Sozialversicherungsträger besteht) den Schädiger.

#### 3. Besonderheiten bei einzelnen Berufsgruppen

30 Die soeben dargestellten allgemeinen Kriterien sind, je nach konkretem Fall, verschiedenen Modifikationen ausgesetzt, die von dem Beruf des Geschädigten abhängen. In der Folge werden daher die **Besonderheiten** bestimmter Fallgruppen im Einzelnen dargestellt.

##### a) Abhängig Beschäftigte

31 Bei abhängig Beschäftigten ist Ansatzpunkt ihr derzeitiges Einkommen. **Gehaltserhöhungen** werden nur berücksichtigt, wenn sie in sicherer Aussicht standen (OLG Köln SP 2000, 46). Zuwendungen wie Urlaubs- und Weihnachtsgeld sind ebenfalls als Erwerbsschaden zu ersetzen, anders echte Aufwandsentschädigungen oder Zuschüsse zu den Fahrtkosten.

32 Oft entsteht dem Arbeitnehmer kein eigener Schaden, weil sein Arbeitgeber nach § 3 EFZG verpflichtet ist, die ersten sechs Wochen des Arbeitsausfalls den vollen (§ 4 EFZG) Lohn weiterzubezahlen; die Abwicklung spielt sich dann vorrangig im Regress nach § 6 EFZG ab.

33 Soweit **Sozialversicherungsbeiträge** in Rede stehen, ist zumeist der Sozialversicherungsträger leistungspflichtig; er wird dann Regress beim Schädiger nehmen. Dies gilt für die häufigsten Schadensfälle der Rentenversicherung (SVT Übergang nach § 119 SGB X) und der Krankenversicherung (§ 116 SGB X).

34 Soweit der Erhalt von Lohnersatzleistungen für den Geschädigten selbst mit Beitragspflichten belastet ist, kann der Geschädigte selbst Ersatz vom Schädiger verlangen.

### b) Selbstständige

Gerade bei Selbstständigen muss der Grundsatz beachtet werden, dass nicht der abstrakte Wegfall oder die Minderung der Arbeitskraft als solche, sondern **nur die konkreten negativen Auswirkungen** hieraus einen Ersatzanspruch auslösen. Es kommt daher nicht auf die fiktiven Kosten einer Ersatzkraft, sondern auf den unfallbedingt entgangenen Gewinn an (zu den Nachweisproblemen Rdn. 7 ff., 15). 35

### c) Gesellschafter

Es ist darauf zu achten, dass nur der Schaden des **verletzten Gesellschafters selbst**, nicht aber der Schaden der Gesellschaft oder der anderen Gesellschafter aufgrund seines Ausfalls ersatzfähig ist. In Betracht kommt daher der Wegfall/die Verringerung der **Gewinnbeteiligung** des Verletzten. Hierzu ist der Gewinnrückgang der Gesellschaft, soweit er durch die Verletzung des Gesellschafters verursacht wurde, zu schätzen; zu ersetzen ist dann lediglich die anteilig auf den verletzten Gesellschafter entfallende Reduzierung des Gewinnanteils. 36

Verringerung seiner Beteiligung am **Kapitalkonto**: Wenn die Gesellschaft keinen Gewinn erwirtschaftet hat, kommt nach vergleichbaren Grundsätzen ein (anteiliger) Ersatz der Verminderung des Kapitalkontos in Betracht. 37

Wegfall/Verringerung seiner **Tätigkeitsvergütung**: Erhält der Gesellschafter eine solche Vergütung, ist er vergleichbar einem Arbeitnehmer zu entschädigen. Allerdings muss es sich um eine echte Gegenleistung, nicht etwa um eine nur aus steuerlichen Gründen gewählte verdeckte Gewinnausschüttung handeln. 38

### d) Beamte

In der Regel erbringt der **Dienstherr** Leistungen (Fortzahlung der Dienstbezüge, Versorgung), sodass der Anspruch auf Verdienstausfall auf den Dienstherrn übergeht. Bei einer bloßen Minderung der Besoldung stellt die Differenz zwischen früheren und jetzigen Bezügen den Schaden dar. 39

Wird ein Beamter als Folge eines Behandlungsfehlers vorzeitig in den Ruhestand versetzt, so erleidet er neben dem gewöhnlichen Erwerbsschaden auch einen **Ruhegehaltsschaden**, das ist die Differenz zwischen dem Ruhegehalt, das er bei Ableisten der vollen Dienstzeit erreicht hätte und dem nun tatsächlich gezahlten Ruhegehalt. Auch dieser Schaden ist ersatzfähig. 40

An eine vorzeitige Pensionierung sind die Zivilgerichte gebunden, sodass kein Einwand des Mitverschuldens durch Unterlassen der gebotenen Weiterbeschäftigung begründet ist. Die Grenze eines Mitverschuldens beginnt allerdings dort, wo sich der Beamte gegen eine erkennbar rechtswidrige Pensionierung nicht zur Wehr setzt (OLG Schleswig OLGR 2005, 311). 41

### e) Arbeitslose

Soweit ein Erwerbsschaden wegen einer ohne den Gesundheitsschaden aufgenommenen Tätigkeit infrage steht, richtet sich die Beurteilung nach den Grundsätzen über die hypothetische Entwicklung des Werdeganges des Geschädigten, den die Darlegungslast für eine bestimmte Berufsaussicht trifft. Anscheinsbeweise oder typische Geschehensabläufe können nur sehr zurückhaltend eingesetzt werden. Bei der derzeitigen Gesamtsituation wird i.d.R. nicht davon ausgegangen werden können, dass der Geschädigte direkt wieder Arbeit finden wird (OLG Hamm OLGR 2005, 305). Hier kommt es allerdings auch auf die bisherige Dauer der Arbeitslosigkeit, das Alter und die Ausbildung sowie die Aussichten in seinem konkreten Beruf an. 42

Ansonsten erhält ein Arbeitsloser, der arbeitsunfähig ist, statt des Arbeitslosengeldes **Krankengeld** (§ 47b SGB V); eine Differenz zum Arbeitslosengeld ist dann der zu ersetzende Erwerbsschaden. Der Krankenkasse steht der Regress wegen des gezahlten Krankengeldes offen. 43

## VI. Haushaltsführungsschaden

### 1. Grundlagen

44 Der Haushaltsführungsschaden ist Erwerbsschaden. Nach § 1356 regeln die Ehegatten selbst die jeweilige Aufteilung von Erwerbstätigkeit und Haushaltsführung. Auch die Haushaltsführung nebst Kinderbetreuung ist daher eine Verwertung der Arbeitskraft, deren Ausfall oder Minderung einen Erwerbsschaden in Gestalt des **Haushaltsführungsschadens** auslöst.

45 In der Rechtsprechung ist anerkannt, dass auch die Arbeitsleistung im Haushalt Erwerbstätigkeit i.S.d. §§ 842 ff. sein kann. Der BGH (NJW 1974, 41) hat ausgeführt, dass bei der Hausarbeit nicht schon die Betätigung der Arbeitskraft als solche, sondern nur die für andere in Erfüllung einer gesetzlich geschuldeten Unterhaltsverpflichtung geleistete Haushaltstätigkeit eine der Erwerbstätigkeit (d.h. dem auf Erzielung von Gewinn zur Deckung des Lebensbedarfs gerichteten Arbeitseinsatz) vergleichbare, wirtschaftlich ins Gewicht fallende Arbeitsleistung darstellt.

46 Die Frage, ob auch in der nichtehelichen Lebensgemeinschaft ein Haushaltsführungsschaden entstehen kann, wird (noch) verneint (OLG Nürnberg DAR 2005, 629 m.w.N.; OLG Düsseldorf NZV 2007, 40). Allerdings gibt es auch in anderen Bereichen Fälle, in denen ein Ersatz eines real entstandenen Schadens ausscheidet, weil die Voraussetzungen der §§ 844, 845 nicht vorliegen, sodass das Versagen eines Anspruchs für die nichteheliche Lebensgemeinschaft nicht notwendig unbillig ist. So etwa im Fall des verletzungsbedingten Ausfalls eines volljährigen Sohnes, der unentgeltlich auf dem Bauernhof der Eltern half: er selbst hat keinen Schaden, die Eltern keinen Anspruch. Der Vermögensausfall durch den Wegfall seiner Hilfe wird also nicht kompensiert (vgl. BGH VersR 2001, 648). Besteht aber ein Ersatzanspruch, so kann zur Haushaltsführung auch die Reparaturarbeit in Haus und Hof gehören (LG Saarbrücken zfs 2006, 500).

47 Es muss aber **unterschieden** werden: nur die Haushaltsführung, die **für Familienangehörige** erbracht wird, stellt einen Wirtschaftsfaktor und damit einen Erwerbsschaden dar. Hinsichtlich der **für sich selbst** erbrachten Arbeiten erfolgt ein Ausgleich über die sog. **vermehrten Bedürfnisse**, falls es hier zu Einschränkungen kommt; für diesen Teil der Haushaltsführung, die nicht mehr geleistet werden kann, liegt kein Erwerbsschaden vor (KG NZV 2007, 43).

48 Eine weitere wichtige Abgrenzung betrifft den **Unterhaltsausfallschaden**. Die Führung des Haushaltes für Unterhaltsberechtigte ist rechtlich gesehen ein Fall des (Natural-)Unterhalts, § 1360 Satz 2. Wird der haushaltsführende Ehegatte getötet, so entsteht ein Ersatzanspruch nach § 844 Abs. 2. Im Rahmen dessen kommt es aber allein auf den **rechtlich geschuldeten Unterhalt** an (Unterhaltsausfallschaden); im Rahmen des Erwerbsschadens hingegen ist stets, also auch beim Haushaltsführungsschaden, maßgeblich, welche Arbeitsleistung die Hausfrau/der Hausmann **tatsächlich** erbracht haben (BGH NJW 1974, 1651).

### 2. Berechnung des Haushaltsführungsschadens

49 Im Rahmen des Haushaltsführungsschadens sind die fiktiven oder tatsächlichen **Kosten einer geeigneten Ersatzkraft** zu erstatten, soweit sie erforderlich sind, um den unfallbedingten Ausfall in der tatsächlichen Haushaltstätigkeit auszugleichen. Es spielt außer der Frage, ob brutto oder, bei fiktiver Abrechnung, netto Ersatz geschuldet wird keine Rolle, ob die Hilfskraft tatsächlich eingestellt wurde (KG OLGR 2006, 749). Wenn die Arbeit durch überobligationsmäßige Leistungen des Verletzten oder seiner Familie abgefangen wird, ist der Schaden normativ zu bewerten und ebenfalls zu ersetzen.

50 Zwei **Sonderfälle** sind zu beachten. Bei einem **Krankenhausaufenthalt** fällt der Verletzte völlig aus und kann noch nicht einmal eine Leitungsfunktion ausüben; es bedarf also hier einer höher qualifizierten Ersatzkraft.

51 Bei nur **geringer Schädigung** muss der Verletzte i.d.R. eine geringfügige Beeinträchtigung durch andere Arbeitseinteilung in der Familie und durch Haushaltsgeräte kompensieren, sodass es an

einem Schaden fehlen kann; erledigt er ohnehin nur einen Teil der Hausarbeit, muss er möglicherweise trotz Erwerbsfähigkeitsminderung die verbleibende Erwerbsfähigkeit so einsetzen, dass er weiterhin den gleichen Anteil Hausarbeit erledigen kann wie vor der Schädigung, indem er nun andere Arbeiten erledigt (KG NZV 2006, 305: 5 % MdE). In einem anderen Fall hat das OLG Rostock (zfs 2003, 233) einen Ersatzanspruch abgelehnt, weil Einschränkungen von 10 % im Bereich Einkauf, Putzen und Beschaffung durch mögliche Umorganisationen aufgefangen werden konnten (so auch OLG Karlsruhe OLGR 1998, 213).

Bei einer dauernden Minderung der Fähigkeit, den Haushalt zu führen, wird Ersatz regelmäßig in Rentenform geleistet, § 843 Abs. 1. Da die Arbeitskraft eines Haushaltsführenden aber mit **steigendem Alter** nachlässt, soll die Zahlungspflicht mit **Erreichung des 75. Lebensjahres** enden (OLG Celle zfs 1983, 291; OLG Hamm NJW-RR 1995, 599, 600). Hierbei handelt es sich aber nur um eine Orientierungsgrenze, die vielfach höher anzusetzen sein wird. 52

Für die Verwertung der Arbeitskraft im Haushalt kommt es nicht darauf an, dass z.B. der Ehepartner mit Eintritt in den Ruhestand zwar unterhaltsrechtlich verpflichtet sein kann, vermehrt im Haushalt zu helfen, weil der Haushaltsführungsschaden sich nicht nach dem Kriterium des Unterhalts richtet, sondern danach, in welchem Umfang der Verletzte tatsächlich die Haushaltsführung geleistet hat. 53

### a) Reale Ersatzkraftberechnung

Die tatsächlichen Aufwendungen bilden den wesentlichen Ausgangspunkt für den Schadensersatz. Es ist der **volle Bruttolohn** zu erstatten. Allerdings ist Ersatz nur in dem Umfang zu leisten, wie der Einsatz einer Ersatzkraft zum Ausgleich des Ausfalls des haushaltsführenden Verletzten erforderlich war. Sie darf also nicht bereits vorher im Haushalt eingestellt gewesen sein, denn dann wäre die Beschäftigung nicht unfallkausal, und die Ersatzkraft darf auch nicht überqualifiziert sein. 54

### b) Fiktive Ersatzkraftberechnung

Ausgangspunkt für die Schätzung ist der **fiktive Nettolohn** einer erforderlichen Ersatzkraft. Verbreitet ist daher die Methode, zur Schadensberechnung zunächst die **Zeit** zu schätzen, die eine Hilfskraft arbeiten müsste und die Stundenzahl dann mit dem für eine Hilfskraft angemessenen **Stundenlohn** zu multiplizieren. Für den zeitlichen Anteil der einzelnen Haushaltsbereiche, in denen sich die Verletzung des Geschädigten unterschiedlich auswirken kann, wird in der Praxis auf die Tabellen von *Schulz-Borck/Hofmann* zurückgegriffen. Dort wird ein anderer Weg der **Berechnung** vorgeschlagen, dem auch der BGH zuneigt (BGH NZV 1988, 60; BGH NZV 2002, 114,116). Auch das OLG Brandenburg (VersR 2010, 1046) hält eine Orientierung an dem Tabellenwerk für möglich. Zu beachten ist jedoch, dass ein Hinweis auf das Tabellenwerk den substantiierten Tatsachenvortrag nicht ersetzt (OLG Celle SP 2010, 287). 55

Zunächst ist der objektiv erforderliche **Zeitaufwand** für eine Weiterführung des Haushalts im bisherigen Standard zu ermitteln. Zur Darlegung kann sich der Verletzte auf § 287 ZPO berufen. Nach den Tabellen wird der Arbeitszeitbedarf nach Familienmitgliederzahl und Haushaltsgröße ermittelt. Das Ergebnis stellt allerdings nur einen Anhaltspunkt für eine Schätzung dar. Insbesondere kann eine Reduzierung der Werte bei zusätzlicher Berufstätigkeit des Verletzten angebracht sein. Umgekehrt können Kleinkinder oder ein besonders großes Haus zu Mehraufwand führen. 56

Der so ermittelte Zeitaufwand wird dann mit dem **Prozentsatz der konkreten Behinderung** multipliziert. Der Grad ist zu schätzen, wobei man sich **nicht an der MdE** orientieren muss (OLG Köln SP 2000, 306; KG OLGR 2006, 749 = NZV 2007, 43). Gerechter kann es sein, die Einschränkung haushaltstypischer Tätigkeiten nach § 287 ZPO zu schätzen. Auch hier bieten die Tabellen über die konkrete haushaltsspezifische Behinderung die Orientierung. Dort werden für verschiedene Verletzungstypen die prozentualen Auswirkungen in den einzelnen Tätigkeitsbereichen des Haushalts festgelegt, sodann diese Bereiche nach ihrem Anteil am gesamten Zeitaufwand der Haushaltsführung um- oder hochgerechnet. Der auf diesem Weg festgestellte Prozentsatz der Behinderung – bezogen 57 auf den bereits festgestellten Gesamtzeitaufwand der unverletzten haushaltsführenden Person – ergibt die Zeit, die krankheitsbedingt entfallen muss und für die Ersatz geschuldet ist.

58  Die so ermittelte Zeit, multipliziert mit dem **Netto-Stundenlohn** einer erforderlichen Hilfskraft ergibt den Schaden. Der BGH (VersR 1988, 490 und VersR 2001, 76) hält für die ungelernte Haushaltshilfe mindestens BAT X für nötig. Es ist eine Frage des Einzelfalls, wie hoch man den Stundenlohn veranschlagt. Um den Nettobetrag zu erhalten, kann ein pauschaler Abzug von 30 % vom Tariflohn vorgenommen werden (BGH VersR 1983, 458).

## § 843 Geldrente oder Kapitalabfindung

(1) Wird infolge einer Verletzung des Körpers oder der Gesundheit die Erwerbsfähigkeit des Verletzten aufgehoben oder gemindert oder tritt eine Vermehrung seiner Bedürfnisse ein, so ist dem Verletzten durch Entrichtung einer Geldrente Schadensersatz zu leisten.

(2) Auf die Rente findet die Vorschrift des § 760 Anwendung. Ob, in welcher Art und für welchen Betrag der Ersatzpflichtige Sicherheit zu leisten hat, bestimmt sich nach den Umständen.

(3) Statt der Rente kann der Verletzte eine Abfindung in Kapital verlangen, wenn ein wichtiger Grund vorliegt.

(4) Der Anspruch wird nicht dadurch ausgeschlossen, dass ein anderer dem Verletzten Unterhalt zu gewähren hat.

| Übersicht | Rdn. | | Rdn. |
|---|---|---|---|
| A. Erwerbsfähigkeitsschaden | 1 | b) Pflege durch Angehörige | 31 |
| B. Vermehrte Bedürfnisse | 5 | 13. Pflegeheim | 37 |
| I. Abgrenzung zu Heilmaßnahmen | 6 | 14. Privatunterricht für Kinder | 38 |
| II. Einzelfälle | 9 | 15. Prostituierte | 40 |
| 1. Ärztliche Behandlung (Dauerversorgung) | 9 | 16. Umrüstung eines Fahrzeugs | 41 |
| 2. Behindertenwerkstatt | 10 | III. Sicherheitsleistung | 44 |
| 3. Berufliche Rehabilitation | 11 | C. Rente | 45 |
| 4. Besuchskosten zur Betreuung | 12 | I. Kapitalisierung | 47 |
| 5. Diät – Nahrungsergänzungsmittel | 13 | 1. Berechnung der Abfindung | 50 |
| 6. Eigenleistungen | 14 | 2. Kapitalisierungszinssatz | 51 |
| 7. Haushaltsführungsschaden | 15 | II. Abänderungsklage | 57 |
| 8. Hausumbau – Umzugskosten | 16 | D. Vorteilsausgleichung | 61 |
| 9. Hilfsmittel und Kommunikationsmittel | 21 | I. Leistungen Dritter | 61 |
| 10. Massagen und Krankengymnastik | 24 | II. Unentgeltliche Leistungen Dritter | 63 |
| 11. Kuren | 26 | III. Ersparte Aufwendungen | 65 |
| 12. Pflege | 27 | E. Steuern und Zwangsvollstreckung | 67 |
| a) Anspruchsinhaber | 27 | F. Prozessuales | 68 |
| | | I. Antrag | 68 |
| | | II. Feststellungsklage | 74 |

### A. Erwerbsfähigkeitsschaden

1  Dem Geschädigten wird bei Verletzung von Körper und Gesundheit als Ausgleich unter anderem für die Minderung der Erwerbsfähigkeit, den Erwerbsschaden und den Fortkommensschaden ein Anspruch auf Zahlung einer Rente gewährt (vgl. hierzu auch § 89 AMG). Der Schaden wird nicht abstrakt ermittelt, sondern nach der tatsächlich eingetretenen Minderung der Erwerbsfähigkeit (s.o. § 842). Bei Schädigung eines Kindes fällt noch kein Schaden an, es ist jedoch Feststellungsklage zu erheben wegen des künftigen Erwerbsschadens. Vgl. zur Problematik des Personenschadens die umfassende Darstellung von *Luckey*, Personenschaden, 2013.

2  Dem Geschädigten obliegt die **Schadensminderung**, er muss das ihm **Zumutbare** tun, um den Schaden gering zu halten. Das bedeutet, dass er die verbliebene Arbeitskraft einsetzen und eine ggf.

geringer qualifizierte Tätigkeit aufnehmen muss (es drohen bei Unterlassen erhebliche Kürzungen des Anspruchs). Er kann verpflichtet sein, den Wohnort zu wechseln und sich zeitweise von der Familie zu trennen (MAH MedR/*Müller* § 2 Rn. 100). Auch muss er sich gegebenenfalls umschulen lassen, wenn Aussicht besteht, in dem neuen Beruf eine Stelle zu finden (vgl. insb. OLG Nürnberg VersR 2009, 1079 m. Anm. *Jaeger*, VersR 2009, 1084).

In jedem Fall muss sich der Geschädigte **ersparte Aufwendungen** anrechnen lassen, also insbesondere Fahrtkosten, Werbungskosten, Verpflegungsmehraufwendungen, Arbeitskleidung, Fachliteratur, Werkzeuge, Gewerkschafts- oder Berufsverbandsbeiträge. 3

Sowohl zur Schadensminderung als auch zur Vorteilsausgleichung muss der Schädiger vortragen, dem Geschädigten obliegt aber die sekundäre Darlegungs- und partiell sogar Beweislast (vgl. zur Problematik und etwaigen Parteivernehmung BGH VersR 1979, 323, 325; 1971, 348; NJW 1979, 2142; s.a. OLG Düsseldorf r+s 2003, 37; OLG Köln NZV 2000, 293; OLG Frankfurt NJW-RR 1996, 1368 f.). 4

## B. Vermehrte Bedürfnisse

Der Schädiger hat neben dem in § 842 geregelten Erwerbsschaden und Fortkommensschaden die Heilbehandlungskosten und den immateriellen Schaden sowie die vermehrten Bedürfnisse des Geschädigten auszugleichen. Der Mehrbedarfsschaden ist gegenüber diesen anderen Schäden abzugrenzen. Diese Grundsätze gelten auch für vertragliche Schadensersatzansprüche. Der Begriff der »Vermehrung der Bedürfnisse« umfasst nach der Rechtsprechung des BGH alle unfallbedingten Mehraufwendungen, die den Zweck haben, diejenigen Nachteile auszugleichen, die dem Verletzten infolge dauernder Beeinträchtigung seines körperlichen Wohlbefindens entstehen (BGH VersR 1958, 454; 1970, 899; 1974, 162; 1982, 238). Auch für vermehrte Bedürfnisse ist grundsätzlich eine Rente zu gewähren, § 843 Abs. 1. 5

### I. Abgrenzung zu Heilmaßnahmen

Das Gesetz knüpft daran an, dass der Körperschaden durch weitere Heilbehandlung nicht mehr behoben werden kann. Soweit die Wiederherstellung der Gesundheit nicht möglich ist und dem Geschädigten dadurch ein erhöhter Geldbedarf entsteht, ist dieser auszugleichen. Zu den eigentlichen Heilungskosten nach einer Körperverletzung zählen nur vorübergehend anfallende Aufwendungen, zu den vermehrten Bedürfnissen zählt hingegen der Aufwand, mit dessen Anfall längerfristig zu rechnen ist (BGH NJW 1982, 757). Damit ist der Rentenanspruch nach § 843 Abs. 1, 2. Alt. das Gegenstück zu dem in § 253 Abs. 2 geregelten Schmerzensgeldanspruch, der diejenigen immateriellen Beeinträchtigungen ausgleichen soll, die durch Heilbehandlung nicht beseitigt werden können. 6

Die Grundlagen für den **Mehrbedarfsschaden** sind wie beim Haushaltsführungsschaden (§ 842) konkret und **nachvollziehbar darzulegen.** Die Schilderung punktueller Vorgänge genügt nicht; wer seine alltäglichen Dinge nicht mehr allein erledigen kann, hat die Verrichtungen zu schildern, bei denen er einer Hilfe bedarf (OLG Hamm DAR 2003, 118). 7

Der Anspruch entsteht mit dem Eintritt des Mehrbedarfs und nicht erst mit dessen Befriedigung (BGH NJW 1958, 627; NZV 2005, 620, 629). Vermehrte Bedürfnisse können fiktiv abgerechnet werden. Dies gilt deshalb, weil der Schädiger andernfalls frei würde, wenn der Geschädigte ohne Schadensregulierung durch den Schädiger die vermehrten Bedürfnisse aus eigenen Mitteln nicht befriedigen kann. 8

## II. Einzelfälle

### 1. Ärztliche Behandlung (Dauerversorgung)

9 Unter den Begriff fällt die medizinische Dauerversorgung, die nicht mehr Heilbehandlung ist. Das ist die medizinische Versorgung, die der Geschädigte zur Linderung seiner Beschwerden benötigt. Zur medizinischen Betreuung gehört z.B. auch die psychische Betreuung durch einen Arzt.

### 2. Behindertenwerkstatt

10 Bleibt infolge eines Behandlungsfehlers eine Behinderung zurück und besucht der Patient eine Behindertenwerkstatt, so sind die damit verbundenen Kosten einschließlich der Fahrtkosten zu ersetzen, wenn die von der Behindertenwerkstatt gezahlte Vergütung nicht zu einer Kostendeckung führt. Dies gilt auch dann, wenn der Wert der dort zu erbringenden Arbeitsleistungen hinter den dafür erbrachten Aufwendungen zurückbleibt, ist der Schädiger doch gehalten, einen dem früheren Lebenszuschnitt des Geschädigten möglichst nahe kommenden Zustand, auch soweit es die Beschäftigung betrifft, wiederherzustellen (BGH VersR 2015, 1048; OLG Hamm VersR 1992, 459).

### 3. Berufliche Rehabilitation

11 Die Kosten einer Umschulung werden vom Begriff der vermehrten Bedürfnisse erfasst. Kommt aus tatsächlichen Gründen eine Umschulung in einen gleichwertigen beruflichen Sektor nicht in Betracht, so können auch Ausbildungskosten für eine höhere Qualifikation verlangt werden (BGH VersR 1982, 767), sofern hiermit auf Dauer ein erhöhter Erwerbsschaden abgewendet werden kann (BGH VersR 1991, 596).

### 4. Besuchskosten zur Betreuung

12 Besuchskosten von Angehörigen und Freunden, die die Pflege unterstützen und die Psyche des Verletzten positiv beeinflussen, können ebenso zu erstatten sein wie Besuchskosten naher Angehöriger im Krankenhaus und in der Kur (vgl. OLG Frankfurt SP 2008, 11).

### 5. Diät – Nahrungsergänzungsmittel

13 Muss verletzungsbedingt eine Diät eingehalten werden oder ist der Patient auf Nahrungsergänzungs- oder Stärkungsmittel angewiesen, sind die dazu notwendigen Mehraufwendungen ein typisches Beispiel für vermehrte Bedürfnisse (BGH NJW 1958, 627). Aufwendungen für ärztlich verordnete und medizinisch zwingend indizierte Sondernahrung stellen wie Arzneimittelkosten Mehraufwendungen des Geschädigten dar. Ersparnisse betreffend die allgemeinen Verpflegungskosten sind nicht schadensmindernd entgegenzusetzen (OLG Zweibrücken GesR 2010, 406). Dies gilt auch für die Kosten verletzungsbedingt anzuwendender Mittel der Körperpflege.

### 6. Eigenleistungen

14 Kann der Verletzte infolge der verbliebenen Beeinträchtigungen im Haushalt nicht wie bisher Eigenleistungen erbringen, ist deren Wert unter dem Gesichtspunkt der vermehrten Bedürfnisse zu ersetzen (BGH NZV 2009, 278; KG NZV 2007, 40). Bei der Umfangsberechnung sind hierbei Art und Gegenstand der Haushaltsführung besonders dann zu beachten, wenn es sich um Einpersonenhaushalte gehandelt hat, die vorab als klassisch junge Haushalte (»Studentenbude«) oder als langjährig geordnete Einrichtungen geführt worden sind, da je nachdem ein grundlegend anderer Zeitaufwand in Betracht kommt (OLG Schleswig ZfS 2009, 278; *Küppersbusch/Höher* Rn. 182).

### 7. Haushaltsführungsschaden

15 Kann der Verletzte verletzungsbedingt den Haushalt ganz oder teilweise nicht mehr führen, ist der Schaden aufzuteilen. Soweit die Haushaltsführung die Person selbst betrifft, handelt es sich um vermehrte Bedürfnisse; soweit die Angehörigen betroffen sind und soweit die Versorgung der

Familienmitglieder nicht mehr geleistet werden kann, entsteht dem Verletzten, der in der Erwerbsfähigkeit gemindert ist, ein Haushaltsführungsschaden, § 842. Die Rechtsprechung nimmt dann eine quotenmäßige Aufteilung vor, z.B. ist bei einer vierköpfigen Familie $^1/_4$ wegen vermehrter Bedürfnisse, $^3/_4$ als Verdienstausfall zu ersetzen.

### 8. Hausumbau – Umzugskosten

Dem Geschädigten steht ein Anspruch auf Ersatz der Kosten für den behindertengerechten Umbau des von ihm bewohnten Hauses oder der Wohnung zu (BGHZ 163, 351 = NZV 2005, 629 m. Anm. *Huber* NZV 2005, 620). Der Schadensersatzanspruch wegen Mehrbedarfs für den behindertengerechten Umbau von Wohnraum umfasst die Kosten, die erforderlich sind, eine Nutzung wie vor dem Schadensfall zu gestatten. Dazu gehören auch die Aufwendungen für den Umbau eines repräsentativen Wohnhauses und eines Zweitwohnsitzes (Schloss). 16

Die Höhe der Umbaukosten bemisst sich nach der ständigen Rechtsprechung des BGH nach den Dispositionen, die ein verständiger Geschädigter in seiner besonderen Lage getroffen hätte. Bei unterschiedlichen Gestaltungsmöglichkeiten bestimmt sich der Anspruch danach, wie der Bedarf in der vom Geschädigten zumutbar gewählten Lebensgestaltung tatsächlich anfällt (BGHZ 163, 351 = NZV 2005, 629). 17

Der Bau eines privaten Schwimmbades soll im Einzelfall zum Ausgleich schwerer Körperschäden (Amputationen) notwendig und erstattungsfähig sein (OLG Nürnberg VersR 1971, 260; ablehnend aber öst. OGH VersR 1992, 259 m. Anm. *Huber* VersR 1992, 545). 18

Das OLG Hamm (VersR 2003, 780) lehnte den Ersatz der Kosten für den Umbau einer Wohnung ab, weil die Eltern eines verletzten Kindes, statt die Wohnung umzubauen, einen Neubau errichtet hatten, ohne dessen Kosten beziffert zu haben. Das Gericht sah darin das Verlangen nach Ersatz fiktiver Kosten. 19

Für den Erwerb von Immobilien i.S.d. Vermehrung des Vermögens hat der Schädiger nicht aufzukommen. Ob umgekehrt die Wertminderung eines Hauses oder einer Wohnung durch einen Umbau als Vermögensfolgeschaden des Verletzten auszugleichen ist oder ob ein ggf. durch Feststellung abzusichernder Anspruch auf Rückbaukosten besteht, zu realisieren möglicherweise durch Erben, ist in der Rechtsprechung bisher nicht geklärt. Schlägt sich die Minderung des Werts des Grundstücks erst im Nachlass nieder, steht den Erben kein Ersatzanspruch zu. 20

### 9. Hilfsmittel und Kommunikationsmittel

Hilfsmittel sind unter anderem Rollstuhl, Brille, Hörgerät, Körperersatzstücke, Schreibhilfen, spezielle Kleidung und orthopädische Schuhe (BGH NJW-RR 1992, 792; OLG Köln r+s 1989, 400). Kommunikationsmittel können EDV und Schreibhilfen sein. 21

Auch einmalige oder gelegentlich anfallende Kosten können zu ersetzen sein. So kann in besonders gelagerten Fällen ein Schaden nach §§ 249, 251 auszugleichen sein, wenn durch die einmalige Anschaffung eines Hilfsmittels für den Verletzten dessen erhöhtes Bedürfnis für die Zukunft in ausreichendem Maße befriedigt werden kann. Diese Voraussetzung kann etwa bei der Anschaffung eines Rollstuhls für einen Gehunfähigen oder einer elektronischen Schreibhilfe (heute wohl eher ein PC) für einen Querschnittgelähmten erfüllt sein (BGH VersR 1982, 238). 22

Der Geschädigte muss jedoch die ihm **zuzumutenden Möglichkeiten** ergreifen, um die Folgen der Behinderung gering zu halten. Kann er z.B. durch konsequente Gangschule mit Prothese im Rahmen einer stationären Schmerztherapie die Gehfähigkeit und damit die Unabhängigkeit vom Rollstuhl wiedererlangen, lehnt er diese Therapie aber (grundlos) ab, ist ihm der Gebrauch des Rollstuhls mit dem eventuell zur Ausstattung der Wohnung daraus herzuleitenden Aufwand selbst zuzurechnen (OLG Düsseldorf DAR 1995, 159). 23

### 10. Massagen und Krankengymnastik

24 Die Behandlung eines gesundheitlich Geschädigten umfasst neben der ärztlichen Betreuung auch die Anwendung von Heilmitteln, also auch Massagen und Krankengymnastik. Der Verletzte ist grundsätzlich berechtigt, die zur Besserung und Erhaltung der Gesundheit geeignetsten Maßnahmen zu ergreifen. Dies kann i.d.R. die vom Arzt empfohlene Behandlungsmethode (Krankengymnastik) sein (sogar therapeutisches Reiten kommt in Betracht, LG Bonn SP 2009, 12).

25 Im Einzelfall hat der Geschädigte Anspruch auf ein gezieltes Muskelaufbautraining in einem Fitness-Studio (OLG Köln SP 2000, 234), etwa wenn ein sportlicher junger Mann nach einem Behandlungsfehler mehrere Monate ans Bett gefesselt war, was zu Muskelschwund geführt hatte.

### 11. Kuren

26 Eine ärztlich verordnete Heilkur kann ebenfalls den erlittenen Gesundheitsschaden lindern, auch wenn sie nicht zur Heilung führt. Zu den Kosten der Kur gehören auch die Fahrtkosten und ggf. die Kosten der Besucher des Geschädigten, wenn deren Besuch geeignet ist, den Kurerfolg zu fördern (OLG Celle VersR 1975, 1103; LG Bonn VersR 1996, 381).

### 12. Pflege

#### a) Anspruchsinhaber

27 Anspruchsinhaber ist der durch den Behandlungsfehler geschädigte Patient. Das gilt auch für die durch einen Behandlungsfehler schwerst hirngeschädigt geborenen Kinder. Wird in einem solchen Fall die Pflege durch die Eltern erbracht, gehen die Ansprüche des Kindes nicht auf die Eltern über (so aber OLG München NJW-RR 1995, 1239, korrigiert durch BGH NZV 2004, 514).

28 Kommen mehrere Arten der Betreuung (Heimunterbringung oder häusliche Pflege) in Betracht, bestimmt sich die Höhe des Anspruchs weder nach der kostengünstigeren noch nach der aufwendigeren Möglichkeit, sondern allein nach dem Bedarf, der in der von dem Geschädigten und seinen Familienangehörigen gewählten Lebensgestaltung tatsächlich anfällt. Bedarf ein schwerstbehindertes Kleinkind wegen bestehender Krampfneigung auch in der Nachtzeit der ständigen Anwesenheit einer Bezugsperson, kann diese Art der Betreuung grundsätzlich nicht mehr dem Bereich der (nicht ersatzpflichtigen) vermehrten elterlichen Zuwendung zugerechnet werden. Der Vermögenswert eines derartigen »Bereitschaftsdienstes« ist vielmehr im Sinne eines »Marktwerts« objektivierbar und ersatzpflichtig (OLG Düsseldorf NJW-RR 2003, 90, 91).

29 Dabei kommt es nicht darauf an, ob der pflegebedürftige Geschädigte tatsächlich Pflegepersonal einstellt oder ob die Familie, Verwandte oder Freunde ihn pflegen und ihrerseits dafür entlohnt werden (MüKo/*Wagner*, BGB, § 843 Rn. 21). Es kann Ersatz der fiktiven Pflegekosten verlangt werden, also unter Umständen die Kosten eines Tagespflegeheims (OLG Köln FamRZ 1989, 178).

30 Nicht zur Pflege zählt nach dem Gesundheitsschaden einer 14-jährigen Schülerin eine Begleitung, die die Schülerin auf einem Urlaubsflug nach Spanien mitnehmen möchte (OLG Düsseldorf VersR 1995, 548).

#### b) Pflege durch Angehörige

31 Die Ermittlung der Höhe des dem Geschädigten zu ersetzenden behinderungsbedingten Pflegemehrbedarfs hat sich bei Übernahme der Pflege durch unentgeltlich tätige Angehörige regelmäßig an den Nettobezügen einer – fiktiv beschäftigten – Fremdkraft zu orientieren. Dabei ist für die Bemessung des konkreten Vergütungssatzes das jeweilige Anforderungs- und Leistungsprofil des konkreten Falles maßgeblich. Dazu können willkürliche pauschale Stundensätze nicht herangezogen werden, weil diese in der Regel den Erfordernissen einer möglichst konkreten und an den tatsächlichen Verhältnissen ausgerichteten Schadensermittlung nicht ausreichend Rechnung tragen. Vorzuziehen ist deshalb die Orientierung an den Vergütungssätzen der jeweils einschlägigen

Tarifbestimmungen des BAT VII oder KR III je nach Tätigkeitsschwerpunkt (OLG Stuttgart OLGR 2006, 888, 891). Von der Bruttovergütung kann ein pauschaler Abschlag für – nicht angefallene – Steuern und Sozialabgaben vorgenommen werden, der i.d.R. mit 30 % zu bemessen sein soll (OLG Stuttgart OLGR 2006, 888, 889).

Die Höhe des Stundensatzes kann nach dem Maß der Betreuungsbedürftigkeit und der erforderlichen, meist erst zu erwerbenden Fachkenntnisse variieren (OLG Hamm RuS 1995, 182: 15,00 DM je Stunde; OLG Hamm NJW-RR 1994, 415: 20,00 DM je Stunde; OLG Oldenburg VersR 1993, 753, 754). Nach der bisherigen Rechtsprechung sollen die Vergütungsgruppen und Stundensätze des BAT für Pflegekräfte herangezogen werden. 32

Für Pflegeleistungen, die eine Mutter für ihr Kind erbringt, hat das OLG Schleswig (OLGR 2008, 9) einen Stundenlohn in Höhe von netto 7,00 € als Durchschnittslohn für die Jahre 1986–2004 zu Grunde gelegt, das OLG Karlsruhe für 2004: 7,20 € (VersR 2006, 515). Das bedeutet, dass der für 2004 angenommene Stundenlohn deutlich höher sein muss, so wie das OLG Schleswig (OLGR 2007, 859) ihn in einer anderen Entscheidung mit 8,54 € für die Jahre 2000–2002 angenommen hat. 33

Eine Besonderheit für die Pflege von Kindern durch die Eltern ist aber immer zu beachten: Die Rechtsprechung akzeptiert die von den Eltern genannten Zeiten nicht in vollem Umfang, denn sie geht davon aus, dass die begleitend zur regelmäßigen krankengymnastischen Therapie zuhause von den Eltern des Kindes durchgeführten Maßnahmen/Übungen ebenso wie die nächtliche Rufbereitschaft (OLG Schleswig OLGR 2007, 859) schwerpunktmäßig dem Bereich **vermehrter elterlicher Zuwendung** zuzurechnen seien. Einer Eltern-Kind-Beziehung sei regelmäßig das Bemühen um die Förderung des Kindes immanent. Gerade weil die Förderung ihren Schwerpunkt in der Eltern-Kind-Beziehung habe, sei sie nicht kommerzialisierbar. Sie sei Bestandteil des täglichen Zusammenlebens ebenso wie etwa die Förderung eines gesunden Kindes auf einem anderen Gebiet wie z.B. im Bereich des Sports oder der Musik. Kommerzialisierbarkeit sei nur gegeben, wenn für die von den Eltern erbrachten Leistungen die Einstellung einer fremden Fachkraft bei vernünftiger Betrachtung als Alternative ernstlich infrage gekommen wäre (BGH NJW 1999, 2819; VersR 1978, 149; OLG Karlsruhe VersR 2006, 515). Das Betreuungs**grund**bedürfnis darf beim Zeitbedarf für die Pflege nicht mitberechnet werden. **Schadensersatz für elterliche Zuwendung wird nicht geschuldet** (BGH NJW 1999, 2815). 34

Ob Einsatz und Aufwand der Eltern als ausgleichsfähige Betreuung wie z.B. bei Sprechübungen tatsächlich zum Erfolg führen, ist bedeutungslos. Zum Mehrbedarf gehört jedoch der Aufwand von Eltern zur notwendigen Begleitung und Betreuung eines Kindes bei einer nachstationären Behandlung und/oder Rehabilitation (BGH NJW 1989, 766). Zum Mehrbedarf gehören auch die Bereitschaftszeiten der Eltern bei Pflege in häuslicher Gemeinschaft (OLG Zweibrücken MedR 2008, 741), die jedoch nur zur Hälfte zu vergüten sein sollen. Die nächtlichen Bereitschaftszeiten hat das Gericht zu $^1/_4$ als vergütungspflichtig angesehen. 35

Für den Umfang von Pflege und Betreuung kommt es u.a. auf den Bedarf nach der vom Geschädigten und seinen Angehörigen gewählten Lebensgestaltung an. Der Standard, der vor dem Körperschaden an Lebensqualität bestanden hat, ist möglichst zu erhalten. Daher ist Ersatz für die Kosten der ambulanten Pflege in der bisherigen Umgebung zu leisten, selbst wenn eine stationäre Aufnahme in ein Pflegeheim preisgünstiger wäre (OLG Bremen NJW-RR 1999, 1115). Dem Verletzten ist nicht nur eine Minimalversorgung zu verschaffen. Nicht zu ersetzen sind jedoch solche Kosten, die in keinem vertretbaren Verhältnis mehr zur Qualität der Versorgung stehen (OLG Köln VersR 1988, 61 zu den Kosten eines Tagesheims). 36

### 13. Pflegeheim

Die Begrenzung der Kosten der häuslichen Pflege durch Einweisung in ein Pflegeheim kann nicht immer erzwungen werden (OLG Koblenz VersR 2002, 244). Allein der Umstand, dass die Kosten der häuslichen Pflege um $^2/_3$ höher sind als die in einem Pflegeheim anfallenden Kosten, rechtfertigt 37 es nicht, ein 72 Jahre altes Unfallopfer aus der häuslichen Umgebung zu lösen und auf die Pflege in einem Pflegeheim zu verweisen. Die höheren Kosten stehen noch in einem vertretbaren Verhältnis zu der vom Geschädigten zu fordernden Qualität der häuslichen Pflege. Zu bedenken ist auch, dass bei einer Unterbringung in einem Pflegeheim das Schmerzensgeld deutlich höher ausfallen müsste.

### 14. Privatunterricht für Kinder

38 Führt ein Behandlungsfehler dazu, dass ein Kind Unterricht versäumt oder in der schulischen Leistung abfällt, so kann es versuchen, über Nachhilfestunden das Versäumte nachzuholen. Die Kosten sind zu erstatten (*Küppersbusch/Höher* Rn. 264 verweisen darauf, dass dies eher dem Bereich des Fortkommensschadens zuzurechnen sein dürfte).

39 Ein körperlich und geistig behindertes und dadurch in seiner natürlichen Entwicklung massiv gehemmtes Kind hat bis zur Grenze der Unverhältnismäßigkeit Anspruch auf Ersatz des Aufwands für eine Förderung, die seine Leistungsfähigkeit so weit wie möglich dem Stand annähert, den es bei ungestörter Entwicklung erlangt hätte. Ihm steht ein Ersatzanspruch hinsichtlich der vom Vater nach Kündigung seines Angestelltenverhältnisses fortlaufend persönlich durchgeführten Intensivfördermaßnahmen zu, insbesondere tägliche Lese-, Schreib- und Rechenübungen, Repetition der schulischen Lerninhalte, Erarbeitung und Fortentwicklung des Förderkonzepts, Koordination mit den externen Fördermaßnahmen und organisatorische Durchführung. Dieser Ersatzanspruch ist der Schadensgruppe der sogenannten vermehrten Bedürfnisse i.S.v. § 843 Abs. 1 zuzuordnen. Es handelt sich nicht um den Verdienstausfallschaden des Vaters, sondern um einen Schaden des Kindes, dem der Höhe nach ein Anspruch gemessen am Verdienstausfall des Vaters, vermindert um den Lohnsteuerabzugsbetrag, zusteht (OLG Bamberg VersR 2005, 1593). Auch hier spielt der Grundsatz eine Rolle, dass ein verständiger Geschädigter eine Disposition in einer zumutbar gewählten Lebensgestaltung getroffen hat (BGHZ 163, 351 = NJW 2006, 1271).

### 15. Prostituierte

40 Keinen Erfolg hat ein Patient, der nach einer Amputation oder nach einer misslungenen Schönheitsoperation so entstellt ist, dass er keine Partnerin mehr findet (hinsichtlich der Entstellung ist aber der Schmerzensgeldansatz angemessen zu erhöhen). Er hat keinen Anspruch auf Erstattung der Kosten, die bei einem regelmäßigen Besuch bei einer Prostituierten anfallen (OLG Düsseldorf RuS. 1997, 504; LG Wuppertal SP 1997, 102).

### 16. Umrüstung eines Fahrzeugs

41 Bleibt ein Patient infolge eines Behandlungsfehlers querschnittgelähmt, hat er einen Anspruch ggf. auf Ersatz der Anschaffungskosten eines PKW, jedenfalls aber auf dessen Umrüstung. Dies gilt unabhängig davon, ob er mit dem Fahrzeug einen Arbeitsplatz erreichen oder lediglich seine Mobilität steigern will.

42 Ist der Verletzte infolge der Verletzung auf ein Fahrzeug angewiesen, entstehen ihm Anschaffungskosten oder Kosten für eine Sonderausstattung. Ob derartige Aufwendungen im Einzelfall vom Schädiger zu ersetzen sind, ist eine Frage der haftungsausfüllenden Kausalität, die gem. § 287 ZPO der tatrichterlichen Würdigung unterliegt (BGH VersR 1992, 618 f.; *Drees*, VersR 1988, 784 ff.). Bei der notwendigen Erstbeschaffung eines der Behinderung angepassten Fahrzeugs kann auf die Anschaffungskosten **in voller Höhe** abzustellen sein (OLG München DAR 1984, 58; OLG Stuttgart zfs 1987, 165; BGH NJW-RR 1992, 792 zugleich zu den Mehrkosten für die Pflege und Wartung). Allerdings ist auch hier zu beachten, dass bei Anschaffung von Gegenständen des allgemeinen oder gehobenen Lebensbedarfs nur die anteiligen Kosten des verletzungsbedingt erhöhten Bedarfs ersetzt werden, nicht aber jene, die bei dem Geschädigten ohnehin angefallen wären, weil sie zu den Lebenshaltungskosten gehören.

43 Von besonderer Brisanz ist der Wunsch des Verletzten nach **Umrüstung eines Motorrades**, nachdem er viele Jahre nach dem Schadenseintritt und der Rechtskraft eines Urteils u.a. zur Höhe des

Schmerzensgeldes erfahren hatte, dass nicht nur Kraftfahrzeuge für Querschnittgelähmte umgerüstet werden können, sondern auch Motorräder. Macht der Geschädigte neben den Umbaukosten für einen PKW später zusätzlich die Umbaukosten für ein Motorrad geltend, werden diese nach BGH (NJW-RR 2004, 671) unter Hinweis auf den bereits vorhandenen Mobilitätsgewinn nicht zusätzlich erstattet (so auch kritiklos *Pardey* Rn. 1880). Damit setzt sich der BGH in Widerspruch zur Schlossherrnentscheidung (BGHZ 163, 351 = VersR 2005, 1559).

### III. Sicherheitsleistung

Der Verletzte kann einen Anspruch auf Sicherheitsleistung nach Abs. 2 Satz 2 haben. Auch ohne Ermittlung konkreter Umstände zur Zahlungsfähigkeit und Zahlungswilligkeit des Schuldners der Rente wegen vermehrter Bedürfnisse ist Sicherheit zu leisten, wenn bei erheblichen tenorierten Zahlungsansprüchen Zweifel an der Zahlungsfähigkeit des Schuldners bestehen. Diese Zweifel hat der BGH (BGHZ 163, 351 = VersR 2005, 1559) bejaht, wenn hinter dem Schuldner kein Haftpflichtversicherer steht und wenn der Schuldner eine juristische Person ist, deren Existenz bei Vermögensverfall erheblich gefährdet ist. 44

## C. Rente

Der Mehrbedarfsschaden wird in Form einer vierteljährlich im Voraus zu zahlenden Rente ersetzt. Dies folgt aus § 760, auf den § 843 Abs. 2 Satz 1 verweist. Gem. § 843 Abs. 3 kann der Verletzte statt der Rente eine Abfindung in Kapital verlangen, wenn ein wichtiger Grund vorliegt. Dies gilt auch für den Anspruch auf Ersatz eines Unterhaltsschadens nach § 844 Abs. 2. In dieser Bestimmung wird auf § 843 Abs. 3 verwiesen. 45

Der Versicherungswirtschaft ist es gelungen, die Dauer der Rentenzahlungen für den Haushaltsführungsschaden auf das Alter des Verletzten mit 75 Jahren zu begrenzen. In diese Rechtsprechung ist Bewegung gekommen, weil nicht einzusehen ist, dass geschädigte Personen den Haushalt über das 75. Lebensjahr hinaus nicht sollen führen können. Der BGH (VersR 1995, 681) hat schon früh darauf hingewiesen, dass die Beantwortung der Frage, wann ein Mensch die Führung des eigenen Haushalts aufgeben muss, medizinisches Fachwissen voraussetzt. Das OLG Düsseldorf (NJW 2011, 1152) und das OLG Celle (NZV 2012, 547) haben entschieden, dass die Rente lebenslang zu zahlen ist. Auch das OLG Rostock (Urt. v. 14.06.2002 – 8 U 79/00) will den Haushaltsführungsschaden nicht auf das 75. Lebensjahr begrenzen. Der Einzelfall ist maßgebend, entscheidend ist letztlich, mit welcher Sicherheit die Prognose getroffen werden kann (vgl. hierzu die eingehende Darstellung *Quaisser*, NJW-Spezial 2015, 649 m.w.N.). 46

### I. Kapitalisierung

In der Praxis ist die Kapitalabfindung zwar die Regel, sie kann aber nur bei wichtigem Grund klageweise geltend gemacht werden. Die Praxis sieht anders aus, denn sowohl die auf der Seite des Schädigers stehenden Haftpflichtversicherer als auch die anstelle des Geschädigten im Regresswege vorgehenden Sozialversicherungsträger haben ein erhebliches Interesse an einer möglichst kurzfristigen und endgültigen Erledigung. Da § 843 Abs. 3 der Vereinbarung einer Kapitalabfindung durch die Parteien nicht entgegensteht, sind sogenannte Abfindungsvergleiche ohne weiteres zulässig. In der Regulierungspraxis ist die Kapitalabfindung durch Vergleich die Regel. 47

Der Geschädigte kann aber nur dann die Kapitalabfindung erzwingen, wenn er einen wichtigen Grund hat, ein objektiv besonderes Interesse an der Kapitalabfindung. Das kann der Fall sein, wenn er die Kapitalabfindung benötigt, um eine neue Existenz aufzubauen oder wenn der Schädiger keine Gewähr dafür bietet, dass der Rentenanspruch über die Laufzeit befriedigt werden wird (vgl. *Jaeger*, VersR 2006, 597 ff.). Einen wichtigen Grund bejaht *Schwintowski* (VersR 2010, 149) schon dann, wenn eine Kapitalabfindung nach der eigenen Einschätzung des Verletzten einen günstigen Einfluss auf seinen Zustand haben kann, eine Auffassung contra legem. 48

49 Das OLG Köln (VersR 2012, 907 m. Anm. *Jaeger* = MedR 2012, 601) hat einen wichtigen Grund für die Zubilligung einer Kapitalabfindung nach § 843 Abs. 3 anstelle einer Unterhaltsrente nach § 843 Abs. 1 in einem besonders unverständlichen Regulierungsverhalten des beklagten Krankenhausträgers und des hinter ihm stehenden Haftpflichtversicherers im Anschluss an einen groben Behandlungsfehler gesehen. Das OLG Köln hat die Frage des wichtigen Grundes danach entschieden, ob dem Geschädigten zugemutet werden könne, sich künftig mit einem zahlungsunwilligen Schuldner auseinandersetzen zu müssen. In einem solch extremen Fall müsse der Haftpflichtversicherer es sich gefallen lassen, als nicht zumutbarer Schuldner bezeichnet zu werden.

### 1. Berechnung der Abfindung

50 Problematisch ist die Berechnung der Höhe der Abfindung. Der Geschädigte soll den Kapitalbetrag erhalten, der zusammen mit dem hypothetisch anfallenden Zinsertrag ausreicht, während der voraussichtlichen Laufzeit der Rente die an sich geschuldeten Zahlungen zu decken. Er soll wirtschaftlich das erhalten, was er auch bei Zahlung der Rente erhielte.

### 2. Kapitalisierungszinssatz

51 Allgemein wird die Auffassung vertreten, dass ein Kapitalisierungszinssatz von 5 % bis 5,5 % einen ersten Anhaltspunkt gebe und im Übrigen auf die Kapitalisierungstabellen zurückgegriffen werden könne.

52 Diese Auffassung ist für den Geschädigten besonders **ungünstig**. Es hat Zeiten gegeben, in denen ein Zins in Höhe von mindestens 5 % mithilfe von sicheren Obligationen erzielt werden konnte; diese Zeiten sind aber lange vorbei und auch die Lebensversicherer garantieren heute keineswegs mehr Zinsen in Höhe von 5 %, derzeit i.d.R. < 3 %. Die Vorstellung von der Höhe der Kapitalabfindung mit einem Kapitalisierungszinssatz von 5 % oder mehr wird von der Versicherungswirtschaft dennoch genährt und aufrechterhalten.

53 In dieser Größenordnung darf dem Berechtigten keinesfalls geraten werden, die Rente gegen Kapital zu tauschen (*Jaeger*, VersR 2006, 597 ff.). In diesem Zusammenhang ist ein Beitrag von *Goecke* (Versicherungswirtschaft 2007, 157) interessant, in dem eingehend begründet dargelegt wird, dass die Zinsgarantien der Lebensversicherer nicht mehr zeitgemäß seien, weil der Marktzins inzwischen (seit 2004) deutlich unter 4 % gesunken sei, während die Preissteigerungsrate bis zur Weltwirtschaftskrise 2008/2009 bis zu 2 % betragen hat. Inflationsbereinigt war der Kapitalmarktzins minimal.

54 Diese Zahlen zeigen, dass die Forderung nach einer drastischen Senkung des Kapitalisierungszinssatzes (*Jaeger*, VersR 2006, 597 ff.) berechtigt sind. Heute tendiert die erzielbare Rendite für ein Kapital gegen null. Der Geschädigte sollte daher die Summe aller Rentenbeträge, die ihm bis zum Ende seiner statistischen Lebenserwartung zustehen, sofort einfordern und lediglich einen kleinen Abschlag akzeptieren.

55 Bei der Ermittlung des Kapitalwertes einer Schmerzensgeldrente haben die Gerichte auf das derzeitige Zinsniveau reagiert und den Kapitalwert mit einem Zinssatz von 2 % bis 4 % ermittelt. Bei der Schmerzensgeldrente führt das dazu, dass der Kapitalwert drastisch gestiegen ist und dem Geschädigten möglicherweise geraten werden muss, den Rentenantrag fallen zu lassen.

56 Nach Abschluss eines Abfindungsvergleichs hat der Geschädigte kaum die Möglichkeit, später eine weitere Kapitalabfindung zu erhalten. Will er von einem umfassenden Abfindungsvergleich abweichen und Nachforderungen stellen, muss er darlegen, dass ihm ein Festhalten am Vergleich nach Treu und Glauben nicht zumutbar ist. Dies entweder, weil die Geschäftsgrundlage für den Vergleich entfallen ist oder sich geändert hat, sodass die Anpassung an die veränderten Umstände erforderlich erscheint, oder weil nachträglich erhebliche Äquivalenzstörungen in den Leistungen der Parteien eingetreten sind, die für den Geschädigten nach den Umständen des Falles eine ungewöhnliche Härte bedeuten würden. Zwar kann nach dem Wegfall der Geschäftsgrundlage eine Anpassung des

Vertrages verlangt werden. Die Rechtsprechung ist jedoch streng bei der Beurteilung der Veränderung der Verhältnisse. Nicht einmal der Wegfall des Landesblindengeldes, das bei der Berechnung des Abfindungsbetrages eine entscheidende Rolle gespielt hatte, veranlasste das OLG Oldenburg (DAR 2008, 354 m. krit. Anm. *Jaeger*), eine Anpassung des Abfindungsvergleichs vorzunehmen. Der BGH hat eine nachfolgende – im Sachverhalt etwas abweichende – Entscheidung des OLG Oldenburg gebilligt. Er hat die Auffassung des Gerichts akzeptiert, dass der Blindengeldempfänger das Risiko in Kauf genommen habe, dass die für die Berechnung des Ausgleichsbetrages maßgebenden Faktoren auf Schätzungen und unsicheren Prognosen beruht hätten und sich deshalb unvorhersehbar positiv oder negativ hätten verändern können (BGH DAR 2009, 301 m. krit. Anm. *Jaeger*).

## II. Abänderungsklage

Eine Abänderungsklage ist bei Renten möglich, wenn sich die Verhältnisse geändert haben, die für die Bestimmung der Rente maßgebend waren. Bei einer Mehrbedarfsrente kann eine Abänderungsklage gem. § 323 ZPO auf den Kaufkraftschwund gestützt werden. Bei der Erwerbsunfähigkeitsrente wird die Entwicklung dagegen durch die Einkommensverhältnisse bestimmt. 57

Schon deshalb ist bei Antrag und Tenor auf Zuerkennung einer dieser Renten eine Trennung vorzunehmen. Die Rente wegen des Mehrbedarfs ist außerdem anders als die Erwerbsausfallrente (und die Unterhaltsschadenrente) meist zeitlich nicht zu begrenzen und nur bei absehbarer Dauer der Beeinträchtigung zu befristen. 58

Eine Abänderungsklage kann von beiden Parteien erhoben werden. Die Behandlungsseite wird diese Klage erheben, wenn die Bedürfnisse sich verändert haben, sich etwa der Gesundheitszustand des Patienten wesentlich gebessert hat. Eine Minderung der Bedürfnisse kann auch eintreten, wenn der auf einen Rollstuhl angewiesene Patient zum Pflegefall geworden ist und keinen Rollstuhl mehr benötigt. 59

Einen Vorteil (oder Nachteil) gegenüber der Rente hat die Kapitalabfindung: Eine Abänderungsklage nach § 323 ZPO ist nach einer Kapitalabfindung nach der Rechtsprechung weder nach oben noch nach unten möglich. Der BGH (NJW 1981, 818) geht davon aus, dass bei der Bemessung einer Kapitalabfindung die gesamte zukünftige Entwicklung berücksichtigt sei und kommt deshalb zu dem Ergebnis, dass eine nachträgliche Änderung ausgeschlossen sei. 60

## D. Vorteilsausgleichung

### I. Leistungen Dritter

Leistungen Dritter wirken sich auf die Verpflichtung des Schädigers nicht aus, wenn das Gesetz eine Legalzession anordnet. Das ist z.B. der Fall bei § 86n.F. VVG, § 116 Abs. 1 SGB X, § 6 EFZG, § 87a BBG und nach Bestimmungen in den Landesbeamtengesetzen. 61

Nach § 116 SGB X gehen Ansprüche auf den Sozialversicherungsträger über, soweit dieser sachlich und zeitlich kongruente Leistungen erbracht hat. Auch die von der unterhaltspflichtigen Mutter erbrachten Pflegeleistungen für ein geschädigtes Kind lassen dessen Anspruch gegen den Schädiger wegen vermehrter Bedürfnisse gem. § 843 unberührt, selbst wenn bei dem Schaden eine Verletzung der Obhutspflicht durch die Mutter mitgewirkt hat (BGH VersR 2004, 1147; VersR 2006, 1383). Dazu gehören Leistungen der Pflegeversicherung, Haushaltshilfe bei Krankenhausbehandlung, Krankengeld bei Pflege eines erkrankten Kindes und Leistungen der Sozialhilfe (MAH MedR/*Müller* § 2 Rn. 136). 62

### II. Unentgeltliche Leistungen Dritter

Aus § 843 Abs. 4 folgt, dass der Schädiger nicht dadurch entlastet werden soll, dass ein Dritter dem Geschädigten Leistungen erbringt, auch dann nicht, wenn er dem Geschädigten unterhaltspflichtig ist. Die Norm enthält einen wichtigen allgemeinen **Grundsatz**. Auch Heilbehandlungskosten, die ein Dritter leistet, kommen dem Schädiger nicht zugute, gleichgültig, aus welchem Grund die 63

Leistungen erfolgen, ob sie freiwillig erbracht werden oder im Rahmen einer Unterhaltspflicht. Anzurechnen sind Leistungen Dritter nur, wenn der Dritte auf die Verbindlichkeit des Schädigers zahlt.

64 Der Grundsatz gilt auch für Pflegeleistungen, die von Angehörigen erbracht werden (PWW/*Luckey*, § 843 Rn. 9). Den Wert dieser Leistungen kann der Geschädigte ersetzt verlangen. Dass solche Leistungen einen Marktwert haben, ergibt sich schon daraus, dass die Kosten für Besuche naher Angehöriger erstattet werden.

### III. Ersparte Aufwendungen

65 Wird ein Geschädigter infolge der Verletzung in einem Pflegeheim untergebracht, erspart er als Alleinstehender im Allgemeinen die Miete für die angemietete Wohnung oder kann für das bisher genutzte Einfamilienhaus oder die selbstgenutzte Eigentumswohnung Mieteinnahmen erzielen. Solche finanziellen Vorteile sind i.d.R. auf die Unterbringungskosten im Wege der Vorteilsausgleichung anzurechnen.

66 Das gilt aber dann nicht, wenn ein Geschädigter dem noch in der Ausbildung befindlichen Kind die Wohnung weiterhin zur Verfügung stellt. Dann werden keine Aufwendungen erspart (KG VRR 2009, 300).

### E. Steuern und Zwangsvollstreckung

67 **Renten** zum Ausgleich vermehrter Bedürfnisse **sind steuerfrei**. Sie unterliegen weder als Leibrente noch als sonstige wiederkehrende Bezüge der Einkommensteuer (BFHE 175, 439; 176, 402), dagegen sind es ggf. Einkünfte aus Kapitalvermögen, soweit in Zahlungen für zurückliegende Zeiträume Verzugszinsen oder Prozesszinsen enthalten sind. Die **Zwangsvollstreckung** in die Rente ist gem. § 850b Abs. 1 Nr. 1 ZPO nicht möglich, die Rente ist unpfändbar.

### F. Prozessuales

#### I. Antrag

68 Der Verletzte kann nach § 843 für den Erwerbsschaden und/oder für vermehrte Bedürfnisse eine Rente beanspruchen. Bei schwankenden Aufwendungen für vermehrte Bedürfnisse muss ein monatlicher Durchschnittsbetrag gebildet werden (*Küppersbusch/Höher* Rn. 263). Der Anspruch auf Zahlung einer Mehrbedarfsrente ist ein einheitlicher Anspruch (BGH NJW 1982, 757, 758 f.). Gem. §§ 843 Abs. 2 Satz 1, 760 ist die Rente für drei Monate im Voraus zu zahlen. Die Regelung ist dispositiv, sodass auch monatliche Zahlung vereinbart werden kann, was üblich ist.

69 Auch die Kosten der medizinischen Dauerversorgung, also der nicht nur vorübergehende, sondern auf eine gewisse Dauer bestehenbleibende Aufwand an medizinischen Behandlungskosten, sind über die Rente auszugleichen mit dem Vorzug, dass die tatsächlichen Kosten nicht jedes Mal im Einzelfall nachgewiesen werden müssen.

70 Der Klageantrag ist auf eine vierteljährlich im Voraus zu zahlende Rente zu richten. Aus Kostengründen und aus Gründen anwaltlicher Vorsicht ist der Antrag trotz der Bestimmung des § 253 Abs. 2 Nr. 2 ZPO weder bezüglich der Dauer noch der Höhe der Rente abschließend zu beziffern, vielmehr kann die Höhe der Rente in das Ermessen des Gerichts gestellt werden. Es genügt, dass der Verletzte die Tatsachen mitteilt, aus denen das Gericht die Höhe schätzen kann. Über den vom Kläger als Größenvorstellung genannten Mindestbetrag kann das Gericht ggfls. hinausgehen (BGH VersR 1996, 990; NJW 2002, 3769; *v. Gerlach*, VersR 2000, 525).

71 Mit einem solchen Antrag wird es dem Gericht insbesondere ermöglicht, z.B. bei einem Anspruch auf Vergütung der Leistungen Angehöriger eine Änderung des BAT/TVöD von Amts wegen zu berücksichtigen oder zu gering geschätzte Kosten von Amts wegen höher zu schätzen.

Der Verletzte kann mit der Leistungsklage auch eine Kapitalabfindung verlangen. Der Antrag kann bis zum Schluss der mündlichen Verhandlung gestellt und geändert werden. 72

Liegt jedoch nach Ansicht des Gerichts kein wichtiger Grund vor oder wurde ein wichtiger Grund im Rechtsstreit nicht einmal schlüssig vorgetragen, ist die Klage auf Zahlung einer Kapitalabfindung unzulässig. Der Kläger kann der Klageabweisung aber entgehen, indem er hilfsweise eine Rente beantragt oder wenn das Gericht annimmt, dass im Klageantrag auf Zahlung einer Kapitalabfindung hilfsweise ein solcher Rentenantrag enthalten ist. Auf Letzteres sollte der Anwalt des Geschädigten aber nicht vertrauen. 73

### II. Feststellungsklage

Auch eine **Feststellungsklage** ist möglich, allerdings ist sie gegenüber der Leistungsklage subsidiär. Soweit sich der Schaden bei Klageerhebung beziffern lässt und/oder vom Gericht geschätzt werden kann, ist die Feststellungsklage unzulässig, weil es an dem erforderlichen Feststellungsinteresse fehlt. 74

## § 844 Ersatzansprüche Dritter bei Tötung

(1) Im Falle der Tötung hat der Ersatzpflichtige die Kosten der Beerdigung demjenigen zu ersetzen, welchem die Verpflichtung obliegt, diese Kosten zu tragen.

(2) Stand der Getötete zur Zeit der Verletzung zu einem Dritten in einem Verhältnis, vermöge dessen er diesem gegenüber kraft Gesetzes unterhaltspflichtig werden konnte, und ist dem Dritten infolge der Tötung das Recht auf den Unterhalt entzogen, so hat der Entschädigungspflichtige dem Dritten durch Entrichtung einer Geldrente insoweit Schadensersatz zu leisten, als der Getötete während der mutmaßlichen Dauer seines Lebens zur Gewährung des Unterhalts verpflichtet gewesen sein würde; die Vorschrift des § 843 Abs. 2 bis 4 findet entsprechende Anwendung. Die Ersatzpflicht tritt auch dann ein, wenn der Dritte zur Zeit der Verletzung gezeugt, aber noch nicht geboren war.

(3) Der Ersatzpflichtige hat dem Hinterbliebenen, der zur Zeit der Verletzung zu dem Getöteten in einem besonderen persönlichen Näheverhältnis stand, für das dem Hinterbliebenen zugefügte seelische Leid eine angemessene Entschädigung in Geld zu leisten. Ein besonderes persönliches Näheverhältnis wird vermutet, wenn der Hinterbliebene der Ehegatte, der Lebenspartner, ein Elternteil oder ein Kind des Getöteten war.

| Übersicht | Rdn. |
|---|---|
| A. Einleitung | 1 |
| B. Beerdigungskosten | 3 |
| C. Unterhaltsschaden | 11 |
| I. Unterhaltsberechtigte und Unterhaltsverpflichtete | 14 |
| II. Nicht Unterhaltsberechtigte | 15 |
| III. Bedürftigkeit des Unterhaltsberechtigten | 16 |
| D. Dauer des Anspruchs | 19 |
| E. Höhe des Anspruchs | 22 |
| F. Leistungsfähigkeit des Verpflichteten – Schaden | 28 |
| G. Ermittlung des der Schadensberechnung zu Grunde zu legenden Einkommens | 31 |
| I. Einkommen aus nicht selbstständiger Tätigkeit | 32 |
| II. Einkünfte aus selbstständiger Tätigkeit | 35 |
| 1. Keine Berücksichtigung von Ausgaben für die Vermögensbildung | 36 |
| 2. Die fixen Kosten der Lebensführung | 40 |
| 3. Vorteilsausgleichung | 42 |
| III. Quotierung des verteilbaren Einkommens | 50 |
| 1. Berechnung des Unterhaltsschadens beim Tod des Alleinverdieners | 54 |
| 2. Berechnung des Unterhaltsschadens bei Erwerbstätigkeit beider Ehegatten | 60 |
| 3. Doppelverdienerehe mit geteilter Haushaltsführung | 63 |
| 4. Unterhaltsschaden mehrerer Personen | 64 |
| 5. Tod eines unterhaltspflichtigen Kindes oder unterhaltspflichtiger Verwandter | 67 |
| H. Hinterbliebenengeld | 69 |
| I. Allgemeines | 69 |
| II. Tatbestand | 70 |

| | | | |
|---|---|---|---|
| 1. | Geschützter Personenkreis ........ | 70 | 4. Kausales Leid – Abgrenzung zum |
| 2. | Delikt gegen das Leben........... | 72 | Schockschaden................. 74 |
| 3. | Schutzausweitung auf andere | | III. Rechtsfolge...................... 76 |
| | Rechtsgüter?.................... | 73 | |

## A. Einleitung

1  Die §§ 844, 845 durchbrechen den Grundsatz, dass Schadensersatzansprüche aus unerlaubter Handlung nur demjenigen zustehen, der selbst in den geschützten Rechten verletzt ist. Nach diesen Bestimmungen schuldet der Schädiger auch den mittelbar Geschädigten Ersatz der Beerdigungskosten, des Unterhaltsschadens, des Angehörigenschmerzensgeldes (§ 844) und entgangener Dienste (§ 845). Vgl. zur Problematik des Personenschadens die umfassende Darstellung von *Luckey*, Personenschaden.

2  Zu beachten ist, dass Ansprüche aus §§ 844, 845 im Zeitpunkt der Schädigung entstehen. Das bedeutet, dass nur der Dritte anspruchsberechtigt ist, der zu diesem Zeitpunkt lebt oder gezeugt (§ 844 Abs. 2 Satz 2) ist.

## B. Beerdigungskosten

3  Verstirbt ein Patient infolge eines Behandlungsfehlers, hat die Behandlungsseite die Kosten der Beerdigung zu ersetzen. Die Beerdigungskosten sind auch dann zu erstatten, wenn sie aufgrund des hohen Alters des Getöteten auch ohne den Unfall alsbald angefallen wären. Überholende Kausalität gibt es hier nicht (PWW/*Luckey* § 844 Rn. 1; OLG Düsseldorf zfs 1994, 405 m.w.N.).

4  Die Beerdigungskosten sind zu erstatten, soweit sie **standesgemäß** sind (OLG Düsseldorf VersR 1995, 1195). Das hängt nicht nur von den wirtschaftlichen Verhältnissen der Beteiligten ab, sondern auch von den in ihren Kreisen bestehenden Gebräuchen (NJW-RR 1995, 1161). Der insgesamt betriebene Aufwand muss dem Stand des Verstorbenen entsprechen.

5  Zu den Beerdigungskosten zählen: **Trauerkleidung** für Angehörige (in der Regel 50 % Abzug als Vorteilsausgleichung), Kosten des Trauermahls, Bewirtung und Unterbringung von Trauergästen, Verdienstausfall am Tag der Beerdigung und für einen Vorbereitungstag, Kränze und Grabblumen, Todesanzeigen, Beerdigungsakt, Kosten für die Trauerhalle, Kosten des Grabsteins und einer Grablaterne, Kosten für den Familiengrabstein nur anteilig, Kosten der Grabstelle, Doppelgrab oder Familiengrab nur anteilig.

6  Die Auffassung, die Kosten für den **Grabstein** und das Familiengrab seien nur anteilig zu ersetzen, ist fraglich. Wird ein Mitglied einer Familie vorzeitig getötet, wird i.d.R. eine Grabstelle für Eheleute erworben. Diese wird dann bis zum Tod des Partners vorgehalten und danach nochmals für die übliche Zeit. Diese Kosten sind insgesamt zu ersetzen (a.A. OLG Saarbrücken MDR 2009, 1341: lediglich die Kosten für ein Einzelgrab seien zu erstatten).

7  Ferner sind zu ersetzen die Kosten der **Überführung der Leiche** in die Heimat.

8  Nicht ersetzt werden die **Grabpflegekosten** (str.), Aufwendungen für Kränze und Grabblumen von Verwandten und Freunden, die Anreisekosten eines Angehörigen, Erbscheinkosten, Kosten der Testamentseröffnung und der Nachlassverwaltung.

9  **Anspruchsberechtigt** ist derjenige, dem die Verpflichtung obliegt, die Beerdigungskosten zu tragen. Dies ist einmal der nahe Angehörige, der die Beerdigungskosten getragen hat. War er rechtlich nicht verpflichtet, die Kosten zu tragen, ergibt sich sein Anspruch aus Geschäftsführung ohne Auftrag, §§ 670, 677, 683. Mangels Gegenseitigkeit kann die Behandlungsseite gegenüber dem Ersatzanspruch des auftragslosen Geschäftsführers nicht mit etwaigen Gegenforderungen aus einem Behandlungsvertrag aufrechnen, es sei denn, der Geschäftsführer ist Erbe des Patienten (LG Mannheim NZV 2007, 367).

Der Anspruch auf Erstattung der Beerdigungskosten mindert sich entsprechend einem etwaigen  10
Mitverschulden des Verstorbenen.

## C. Unterhaltsschaden

Von wirtschaftlicher Bedeutung ist die Bestimmung, dass einem Unterhaltsberechtigten im Fall  11
der **Tötung** eines Unterhaltspflichtigen wegen der Entziehung des Rechts auf den Unterhalt ein
Schadensersatzanspruch gegen den Schädiger zusteht. Der Unterhaltsanspruch muss im Zeitpunkt
der Schädigung begründet gewesen sein. Wird eine Unterhaltspflicht des Geschädigten gegenüber
einem Dritten erst nach dem Schadensfall z.B. durch Zeugung oder Eheschließung neu begründet,
steht dem Unterhaltsberechtigten kein Schadensersatzanspruch gegen den Schädiger zu. Korrespondierende
Bestimmungen finden sich in § 10 Abs. 2 StVG, § 5 Abs. 2 HaftpflG, § 35 Abs. 2
LuftVG.

Das Unterhaltsrecht muss infolge des Todes entzogen worden sein. Tritt nach einer Körperverletzung  12
der Tod unabhängig hiervon ein, hat ein Unterhaltsberechtigter keinen Anspruch, auch dann
nicht, wenn die Hinterbliebenenrente niedriger ist, als wenn der Verstorbene weiter Beiträge zur Sozialversicherung
entrichtet hätte. Erhält z.B. eine Witwe nach dem Tod des Mannes eine niedrigere
Witwenrente, weil ihr Mann früher wegen eines Schadensfalles weniger Beiträge zur Rentenversicherung
gezahlt hat, so haftet der Schädiger nicht für den Minderbetrag (BGH NJW 1986, 984).

Stirbt der Patient jedoch später an den Folgen des Körper- oder Gesundheitsschadens, was im  13
Rahmen der haftungsausfüllenden Kausalität zu prüfen ist, haftet der Schädiger gegenüber den
Unterhaltsberechtigten auf Zahlung von Unterhalt, auf Ersatz des mittelbaren Schadens, der ihnen
durch Entzug des Unterhaltsrechts entsteht.

### I. Unterhaltsberechtigte und Unterhaltsverpflichtete

Der Unterhaltsanspruch muss kraft Gesetzes bestehen, vertraglich begründete Ansprüche verpflichten  14
den Schädiger nicht. Unterhaltsberechtigt sind Ehegatten untereinander, § 1360, nach
Trennung, § 1361, mit Einschränkungen auch geschiedene Ehegatten, §§ 1569 ff., Verwandte in
gerader Linie, §§ 1601 ff., das sind in erster Linie Kinder gegenüber ihren Eltern, Eltern gegenüber
ihren Kindern, nichteheliche Kinder gegenüber der Mutter und dem Erzeuger, § 1615a, für ehelich
erklärte Kinder, § 1736, adoptierte Kinder, § 1754, und ein nasciturus. Mehrere Unterhaltsberechtigte
sind nicht Gesamtgläubiger, jeder hat einen eigenen, selbstständigen Anspruch gegen den
Schädiger (Palandt/*Sprau* § 844 Rn. 5).

### II. Nicht Unterhaltsberechtigte

Keinen Unterhaltsanspruch haben Partner einer nichtehelichen Lebensgemeinschaft, Stiefkinder  15
gegen den Ehepartner des leiblichen Elternteils, Pflegekinder und Verlobte. Das gilt selbst dann,
wenn einem Verlobten vertraglich die Leistung von Unterhalt geschuldet wurde, denn der Entzug
vertraglicher Unterhaltsansprüche fällt nicht unter § 844 Abs. 2. Auch Bezieher freiwilliger Unterhaltsleistungen
haben keinen Anspruch auf Unterhalt (PWW/*Luckey* § 844 Rn. 7).

### III. Bedürftigkeit des Unterhaltsberechtigten

Ein Anspruch besteht nur dann, wenn der Unterhaltsberechtigte bedürftig ist. Das ist dann nicht  16
der Fall, wenn der Berechtigte die Bedürftigkeit abwenden kann, z.B. durch Aufnahme einer Erwerbstätigkeit,
wenn dies von ihm zu erwarten ist. Der Unterhaltsberechtigte ist im Rahmen der
ihm obliegenden Schadensminderung grundsätzlich gehalten, eine Erwerbstätigkeit aufzunehmen,
soweit ihm das zumutbar ist. Die Zumutbarkeit wird nach den wirtschaftlichen und sozialen Verhältnissen,
dem Alter, der (Aus-)Bildung, der bisherigen Lebensführung, seiner Leistungsfähigkeit
und seinen sonstigen Verpflichtungen beurteilt. Einer kinderlosen jüngeren Witwe kann selbst
dann die Aufnahme einer Erwerbstätigkeit zugemutet werden, wenn sie während der Ehe nicht
berufstätig gewesen ist.

17 Verstößt der Unterhaltsberechtigte gegen die Schadenminderungsobliegenheit, wird ein fiktiv erzielbares Einkommen auf den Unterhaltsanspruch angerechnet. Für die Behauptung, eine junge Witwe habe sich nicht ausreichend um eine Erwerbstätigkeit bemüht, trägt grundsätzlich der Schädiger die Darlegungs- und Beweislast, allerdings obliegt dem Unterhaltsberechtigten die sogenannte sekundäre Darlegungslast. Dies hat der BGH (VersR 2007, 76) bejaht für die 33 Jahre alte Witwe eines jungen Polizeibeamten, der im Einsatz getötet worden war. Das klagende Land (Zessionar der Witwe) war aus eigener Kenntnis nicht in der Lage, zu den von der Beklagten unternommenen Bemühungen vorzutragen, sodass die Witwe darlegen musste.

18 Abgelehnt hat der BGH (VersR 2007, 76) in dieser Entscheidung die noch in der Vorinstanz vertretene Auffassung, die beklagte Witwe müsse eine quotenmäßige Kürzung des Pensionsanspruchs hinnehmen. Dies könne zu sachwidrigen Ergebnissen führen, weil die Höhe des erzielbaren Einkommens des Anspruchsberechtigten nicht quotenmäßig von der Höhe des ihm entgangenen Unterhalts abhänge, sondern davon, welches Einkommen er bei gehörigen Bemühungen hätte erzielen können.

## D. Dauer des Anspruchs

19 Der Anspruch besteht für die mutmaßliche Dauer des Lebens des Getöteten. Diese bestimmt sich nach der statistischen Lebenserwartung des Verpflichteten zum Unfallzeitpunkt. Dabei kann in der Regel auf die amtliche Sterbetafel zurückgegriffen werden, die möglichst zeitnah zum Todeszeitpunkt erstellt wurde (BGH NJW-RR 2004, 821). Allerdings sind Erkrankungen, die ein messbares Risiko für einen früheren Tod darstellen, ebenso zu berücksichtigen wie Besonderheiten der Personengruppe, der der Getötete angehörte und seine Lebensumstände, sofern sie die Lebenserwartung beeinflussen.

20 Der Anspruch von Waisen ist grundsätzlich nicht auf das 18. Lebensjahr beschränkt. Ein Urteilsausspruch gegen den Schädiger wird jedenfalls zunächst nicht weitergehen, obwohl der Anspruch bis zum Ende der Schulausbildung, der sich anschließenden Ausbildung oder dem Abschluss des Studiums besteht. Ab Volljährigkeit wird sich der Anspruch auf Naturalunterhalt aber erheblich reduzieren, weil ein Waise in der Regel weder weiterer Erziehung noch der Versorgung im Haushalt bedarf. Er kann allerdings ggf. geltend machen, dass der getötete Elternteil noch für eine Übergangszeit Naturalunterhalt geleistet hätte (OLG Hamm NJW-RR 1987, 539).

21 Schadensrechtlich ist zu beachten, dass die Unterhaltsbedürftigkeit im Zeitpunkt der Schädigung noch nicht vorgelegen haben muss. Es genügt, wenn sie später eintritt. Angesichts nur kurzer Verjährungsfristen und der Gefahr, dass der Ersatzpflichtige bei späterer Leistungsklage seine Ersatzpflicht bestreiten könnte, muss im Interesse des Unterhaltsberechtigten Feststellungsklage erhoben werden. Das Rechtsschutzinteresse für solche Feststellungsklagen ist zu bejahen, wenn der Unterhaltsberechtigte plausibel machen kann, dass er später einmal unterhaltsbedürftig werden könnte. Das gilt auch, wenn ein Kind infolge eines Behandlungsfehlers stirbt; die Eltern können durch eine Feststellungsklage erreichen, dass die Schadensersatzpflicht des Arztes für einen späteren Unterhaltsschaden festgestellt wird.

## E. Höhe des Anspruchs

22 Die Höhe des Anspruchs richtet sich danach, was der Verpflichtete **gesetzlich geschuldet** hat, nicht aber danach, was er tatsächlich geleistet hat. Der gesetzlich geschuldete Unterhalt bestimmt sich nach der persönlichen und wirtschaftlichen Leistungsfähigkeit des Verpflichteten. Ehegatten untereinander und Eltern gegenüber ihren Kindern schulden angemessenen Unterhalt, also den Betrag, der erforderlich ist, die Kosten des Haushalts zu bestreiten und die persönlichen Bedürfnisse zu befriedigen.

23 Innerhalb der Familie umfasst der gesetzliche Unterhalt nicht nur den Bar-, sondern auch den Naturalunterhalt, das sind die persönliche Betreuung wie Haushaltsführung, Pflege und Erziehung des Unterhaltsberechtigten.

Hat ein anderer Unterhaltspflichtiger dem Berechtigten Unterhalt zu gewähren, wird der Ersatzanspruch dadurch grundsätzlich nicht ausgeschlossen, es sei denn, der Unterhalt fließt aus derselben Quelle. Das ist z.B. dann der Fall, wenn der neue Unterhaltspflichtige den Unterhalt aufgrund der Erbschaft nach dem Verstorbenen schuldet. Leistet ein Dritter freiwillig Unterhalt, kommt dies dem Schädiger nach dem Rechtsgedanken aus § 843 Abs. 4 nicht zugute. Solche Einkünfte, etwa aus der Fortführung des Erwerbsgeschäfts durch die Witwe, sind auf den Schadensersatzanspruch des Unterhaltsberechtigten anzurechnen. 24

Allerdings wird der Unterhalt der Witwe des verstorbenen Patienten, den diese aus einer neuen Ehe erhält, auf den Ersatzanspruch gegen den Schädiger angerechnet (Staudinger/*Schiemann* § 249 Rn. 155). Dessen Ersatzpflicht wird insoweit durch die Wiederheirat gemindert oder aufgehoben. Fällt der neue Unterhaltsanspruch durch Scheidung oder Tod des neuen Ehegatten weg, so lebt der frühere Schadensersatzanspruch wieder auf (BGH VersR 1979, 55; MüKo/*Oetker*, BGB, § 249 Rn. 266). 25

Verstößt der Anspruchsberechtigte gegen eine Erwerbsobliegenheit, indem er dem Partner den Haushalt führt, statt eine Verdienstmöglichkeit wahrzunehmen, so ist nicht einzusehen, dass hier – wie bei Eheleuten – keine Anrechnung stattfinden soll (Staudinger/*Schiemann* § 249 Rn. 156; MAH MedR/*Müller* § 2 Rn. 287 f.). 26

Die ersatzberechtigten Hinterbliebenen müssen sich eine **Erbschaft** nicht auf die Schadensersatzansprüche anrechnen lassen, es sei denn, der Unterhaltsanspruch des Hinterbliebenen wurde auch bisher aus dem Vermögensstamm bestritten (MüKo/*Oetker*, BGB, § 249 Rn. 270). 27

## F. Leistungsfähigkeit des Verpflichteten – Schaden

Einen Schaden hat der Unterhaltsberechtigte nur dann, wenn sein Anspruch realisierbar gewesen wäre. Für die Leistungsfähigkeit des Verpflichteten ist der Anspruchsteller beweispflichtig, § 286 ZPO. Fehlt es an der Leistungsfähigkeit, so fehlt es am Schaden. Bei eingeschränkter Leistungsfähigkeit gilt das Beweismaß des § 287 ZPO. 28

In diesen Fällen ist jedoch Zurückhaltung angebracht. Die dauerhafte Nichtrealisierbarkeit sollte nicht vorschnell bejaht werden. Der Unterhaltsberechtigte genügt seiner Darlegungslast, wenn er darlegen kann, dass der Anspruch langfristig realisiert werden kann, etwa infolge der Erbaussichten des Unterhaltsschuldners. 29

Eine fiktive unterhaltsrechtliche Leistungsfähigkeit kann darauf beruhen, dass der Unterhaltsschuldner seine Arbeitsstelle mutwillig aufgegeben hat oder sich in vorwerfbarer Weise nicht um eine Erwerbstätigkeit bemüht. 30

## G. Ermittlung des der Schadensberechnung zu Grunde zu legenden Einkommens

Der Lebensbedarf aller zur Familie gehörenden Personen wird geprägt durch den Einsatz der verfügbaren Geldmittel und durch Gewährung von Unterhaltsleistungen (Haushaltsführung) im weitesten Sinne. Die verfügbaren Geldmittel fließen aus dem bis zum Tod des Unterhaltspflichtigen tatsächlich vorhandenen Nettoeinkommen. Dabei spielt es keine Rolle, ob die Gelder durch überobligationsmäßigen Einsatz (Überstunden, Nebentätigkeiten) erwirtschaftet wurden oder ob der Geldfluss bei vollem Einsatz der verfügbaren Arbeitskräfte höher hätte sein können. Auch übertriebene Sparsamkeit oder übertriebene Ausgabensucht des Getöteten bleiben unberücksichtigt (BGH VersR 1987, 156). Selbst bei hohen Einkünften besteht keine Lebenserfahrung derart, dass ein bestimmter Teil des Einkommens zur Vermögensbildung verwandt wurde. Ob vor dem Schadensfall gespart wurde, kann sich aus Konten oder Bankdepots ergeben. Ein Beispiel problematischer Rechtsanwendung bei der Ermittlung des Unterhaltsschadens liefert eine Entscheidung des OLG Köln (VersR 2012, 907 m. Anm. *Jaeger*). 31

## I. Einkommen aus nicht selbstständiger Tätigkeit

32 Maßgebend ist das tatsächlich erzielte Bruttoeinkommen des letzten Jahres unter Einbeziehung aller Bestandteile wie Urlaubs- oder Weihnachtsgeld und sämtlicher sonstiger geldwerter Vorteile (vermögenswirksame Leistungen; Prämien; Rabatte). Bestandteil des Einkommens sind auch Einkünfte aus einer Nebentätigkeit (nicht Schwarzarbeit), sowie Renten, Zinsen oder Mieten, sofern diese auch bis zum Schadensfall für den Unterhalt verwandt wurden.

33 Nicht zum Einkommen gehören alle Arten von Aufwendungsersatz, auch dann, wenn er pauschaliert gezahlt wird, es sei denn, er trägt zur Entlastung der Haushaltskasse bei. Spesen und Auslösungen können jedoch zu 30 % als Einkommen geschätzt werden. Nicht zum Einkommen gehört auch das Kindergeld, das an den überlebenden Elternteil weitergezahlt wird.

34 Vom Einkommen abzuziehen sind Lohn- oder Einkommensteuer, zu leistende Nachzahlungen und Verspätungszuschläge auf die Steuer, der Solidaritätszuschlag als Bestandteil der Lohn- und Einkommensteuer (soweit er nach dem 01.01.2021 noch anfällt), die Kirchensteuer, sämtliche Sozialversicherungsbeiträge, Beiträge zur befreienden Lebensversicherung, freiwillige Leistungen zur Kranken-, Zusatzkranken- und Pflegeversicherung, Aufwendungen, die steuerlich als Werbungskosten bei nicht selbstständiger Tätigkeit abzugsfähig sind, das häusliche Arbeitszimmer, die Fahrtkosten und Ausgaben zur Vermögensbildung.

## II. Einkünfte aus selbstständiger Tätigkeit

35 Bei Selbstständigen ist vom tatsächlich vorhandenen Einkommen auszugehen. Das ist der Betrag, der nach Abzug der Betriebsausgaben als Nettogewinn übrigbleibt. Maßgebend ist der durchschnittliche Gewinn der letzten Jahre, wobei Inhabergehaltszahlungen als gewinnsteigernd anzusetzen sind. Steuern und Vorsorgeaufwendungen sind abzuziehen. Nach anderer Ansicht (*Küppersbusch/Höher* Rn. 332) ist nicht auf den Nettogewinn, sondern auf die **tatsächlichen Entnahmen** für den Privatverbrauch im Durchschnitt der letzten drei Jahre abzustellen. Dies berücksichtigte jedoch die tatsächlichen wirtschaftlichen Möglichkeiten nicht, auf deren Nutzung der Unterhaltsberechtigte ebenfalls Anspruch hätte.

### 1. Keine Berücksichtigung von Ausgaben für die Vermögensbildung

36 Jedenfalls bei etwas besser Verdienenden kann ein Teil des Nettoeinkommens zur Vermögensbildung verwandt werden. Vermögensbildung dient nicht dem Unterhalt, dieser Einkommensanteil ist bei der Berechnung des Unterhaltsschadens nicht zu berücksichtigen. Wohnt die Familie im Eigenheim, gehören die zu zahlenden Zinsen zu den fixen Kosten, nicht aber die anteilige Tilgung des Darlehens, mit dem der Erwerb des Eigenheims finanziert wurde. Die Zinsen sollen nur bis zu dem Betrag zu ersetzen sein, der der Miete einer möglicherweise kleineren Wohnung entspricht (BGH NZV 1988, 137 m. Anm. *Nehls*, NJW 1998, 985).

37 Ob ein Teil des Familieneinkommens zur Vermögensbildung verwandt worden ist, ist Tatfrage. Die Antwort kann sich aus früheren Bewegungen auf Konten oder Bankdepots ergeben. Selbst bei hohen Einkünften besteht keine Lebenserfahrung derart, dass ein bestimmter Teil des Einkommens zur Vermögensbildung verwandt wurde. Nicht jede besserverdienende Familie spart, dazu ist niemand verpflichtet. Ein Abzug für fiktive Vermögensbildung ist demnach nicht vorzunehmen (Ludovisy/Eggert/Burhoff/*Kuckuk* S. 380). Allerdings muss übertriebene Ausgabensucht außer Betracht bleiben. Eine solche ist aber nicht schon dann gegeben, wenn das Familieneinkommen das statistische Durchschnittseinkommen um einen gewissen Prozentsatz übersteigt.

38 Dennoch wird in der Rechtsprechung gelegentlich ein überdurchschnittliches Einkommen für die Berechnung des Unterhaltsschadens reduziert. Das OLG Bamberg (VersR 1982, 856) konstatierte, dass der Getötete bei vernünftiger Lebensführung von dem Nettoeinkommen in Höhe von

4.000 DM 10 % nicht zur Deckung des laufenden Bedarfs, sondern für andere Bedürfnisse verwendet hätte.

Nach der Rechtsprechung des BGH (VersR 1987, 1243) wird eine »Sättigungsgrenze« nur ausnahmsweise anzunehmen sein. Bei hohen Einkommen kann zwar eine Vermutung bestehen, dass nicht alles ausgegeben worden ist, diese Vermutung können die Hinterbliebenen aber widerlegen. 39

## 2. Die fixen Kosten der Lebensführung

Vor der Aufteilung des für den Unterhalt zur Verfügung stehenden Einkommens auf den Getöteten und die Hinterbliebenen sind zunächst die **fixen Kosten der Lebenshaltung** der Familie abzuziehen. Diese sind vom Wegfall eines Familienmitglieds durchweg nicht betroffen. Zahlreiche Positionen laufen nach dem Tod eines Unterhaltspflichtigen unverändert weiter. 40

Fixkosten werden definiert als alles, was nicht an die Person des Unterhaltspflichtigen geknüpft ist. Dazu gehören Ausgaben, die unabhängig von der Personenzahl als feste Kosten im Haushalt anfallen und Aufwendungen für die Fortführung der wirtschaftlichen Basis des Zusammenlebens in der Familie. Sie sind vom Nettoeinkommen abzuziehen und den Hinterbliebenen vorab zu ersetzen. Zu den Fixkosten zählt ebenso der Aufwand für Wohnung, Garten, Haustierhaltung und Grabpflege, ferner die Aufwendungen für Informations-, Unterhaltungs- und Bildungsaufwand, insbesondere für die Kommunikation. Neben Vereinsbeiträgen werden auch die Kosten sämtlicher Versicherungen erfasst. Einen besonderen Posten bildet das Familienfahrzeug mit allen Kosten und Nebenkosten. Eine **Checkliste** zur Erfassung der fixen Kosten bei der Berechnung des Unterhaltsschadens ist abgedruckt in DAR 1995, 305. 41

## 3. Vorteilsausgleichung

Der hinterbliebene Ehegatte muss sich auf den Unterhaltsanspruch eigenes Einkommen anrechnen lassen, sofern er es bisher erzielt hat. Eine Anrechnung findet auch statt, wenn der hinterbliebene Ehegatte nunmehr Einkommen erzielen wird, weil ihm die Aufnahme einer Erwerbstätigkeit zuzumuten ist. 42

Die Einkünfte von Waisen sind auf deren Unterhaltsschaden anzurechnen. Solche Einkünfte können die Ausbildungsvergütung sein, soweit sie berufsbedingte Pauschalen der Düsseldorfer Tabelle von derzeit 85 € übersteigt, Erträgnisse aus eigenem Vermögen und BAföG-Leistungen oder Stipendien, soweit sie auch ohne den Unfall gezahlt worden wären. Die danach anrechenbaren Einkünfte sind aber nicht voll auf den Unterhaltsschaden zu verrechnen, sondern nur zur Hälfte, weil diese Einkünfte sowohl auf den Anspruch auf Barunterhalt als auch auf den Anspruch auf persönliche Betreuung entfallen. 43

Der Unterhaltsanspruch des Ehepartners entfällt bei Wiederheirat, wenn der neue Ehepartner tatsächlich Barunterhalt oder Naturalunterhalt leistet. Das ist mit § 843 Abs. 4 vereinbar, denn diese Unterhaltsleistung beruht nicht auf dem Tod des ersten Ehepartners, sondern auf der Wiederheirat. Mit der Wiederheirat entfällt die Unterhaltsbedürftigkeit. Der Unterhaltsschaden entsteht von nun an nicht mehr. 44

Erträge aus dem Vermögen, die vor dem Schadensfall für den Unterhalt verwendet wurden, müssen auch danach zum Unterhalt verwendet werden. Wurden die Erträge vor dem Schadensfall z.B. zur Vermögensbildung verwandt, müssen sie auch nach dem Schadensfall nicht zur Deckung des Unterhalts eingesetzt werden. Im Erbfall liegt kein Vorteil, weil die Hinterbliebenen auch ohne den vom Schädiger verursachten Tod, wenn auch später, geerbt hätten. 45

Es gibt keinen Erfahrungssatz, dass Zinsen stets verbraucht werden. Vielmehr hat der Richter den hypothetischen Verlauf zu erforschen, wobei i.d.R. die tatsächliche Entwicklung vor dem Tod des 46

Unterhaltspflichtigen eine wesentliche Erkenntnisquelle für die Überzeugungsbildung darstellen wird.

47 Bei Leistungen von Versicherungen ist zu differenzieren. Ansprüche aus Unfall- oder Lebensversicherungen sind grundsätzlich nicht auf den Unterhaltsschaden anzurechnen. Anders ist dies bei befreienden Lebensversicherungen, die mit Eintritt ins Rentenalter den Unterhalt des Getöteten sichern sollten. Sie sind zu behandeln wie Renten.

48 Kindergeld spielt bei der Berechnung des Unterhaltsschadens keine Rolle. Es wird nach dem Tod eines Elternteils an den anderen in voller Höhe weitergezahlt und weder beim Nettoeinkommen des Getöteten berücksichtigt noch ist es beim Unterhaltsschaden als Vorteil abzuziehen.

49 Anzurechnen ist auch der Unterhaltsanspruch des Getöteten, der nunmehr nicht mehr erfüllt werden muss.

### III. Quotierung des verteilbaren Einkommens

50 Das Nettoeinkommen des Getöteten abzüglich der Fixkosten ist auf die Unterhaltsberechtigten zu verteilen. Jeder Unterhaltsberechtigte ist dabei Einzelgläubiger. Dementsprechend ist der Unterhaltsbedarf jedes einzelnen Unterhaltsberechtigten zu ermitteln.

51 Grundsätzlich ist der Unterhaltbedarf eines Elternteils höher als der eines Kindes. Der Unterhaltsbedarf eines Kindes kann sich je nach Alter und Ausbildungsstand ändern. Bei einem berufstätigen Ehepartner ist der Unterhaltsbedarf i.d.R. etwas höher als bei dem nicht berufstätigen.

52 Beim Tod eines Alleinverdieners (Tabellen nach *Halm/Engelbrecht/Krahe*) gilt:

| Familienmitglieder | Witwe/r | Waise | Waise | Waise |
| --- | --- | --- | --- | --- |
| Getötete/r Witwe/r | 55/45 % | | | |
| Getötete/r Witwe/r, 1 Kind | 45/35 % | 20 % | | |
| Getötete/r Witwe/r, zwei Kinder | 40/30 % | 15 % | 15 % | |
| Getötete/r Witwe/r, drei Kinder | 34/27 % | 13 % | 13 % | 13 % |

53 Sind beide Ehegatten berufstätig oder sind beide nicht mehr berufstätig, gilt:

| Familienmitglieder | Witwe/r | Waise | Waise | Waise |
| --- | --- | --- | --- | --- |
| Getötete/r Witwe/r | 50/50 % | | | |
| Getötete/r Witwe/r, 1 Kind | 40/40 % | 20 % | | |
| Getötete/r Witwe/r, zwei Kinder | 35/35 % | 15 % | 15 % | |
| Getötete/r Witwe/r, drei Kinder | 32/32 % | 12 % | 12 % | 12 % |

#### 1. Berechnung des Unterhaltsschadens beim Tod des Alleinverdieners

54 Der Unterhaltsschaden wird wie folgt berechnet: Nettoeinkommen des Getöteten abzüglich etwaiger Aufwendungen zur Vermögensbildung und abzüglich der fixen Kosten des Haushalts. Davon berechnen sich die Unterhaltsanteile der Hinterbliebenen nach obiger Tabelle. Sie werden erhöht um die auf jeden Hinterbliebenen entfallenden Fixkosten. Davon abgezogen werden ein etwaiger Vorteilsausgleich und eine etwaige Hinterbliebenenrente.

55 Das soll an einem Beispiel erläutert werden.

Ehepaar ohne Kinder, Tod des Alleinverdieners:

| Nettoeinkommen des Getöteten | 3.000 € |
|---|---|
| ./. Fixkosten | 1.000 € |
| zu verteilendes Einkommen | 2.000 € |
| davon erhält die nicht erwerbstätige Witwe 45 % | 900 € |
| hinzukommen die Fixkosten | 1.000 € |
| Unterhaltsschaden | 1.900 € |
| abzüglich Hinterbliebenenrente | 400 € |
| zu ersetzender Unterhaltsschaden | 1.500 € |

Der überlebende haushaltsführende Ehegatte erhält neben den Fixkosten des Haushalts vom nach Abzug etwaiger Aufwendungen zur Vermögensbildung ermittelten Einkommen eine Quote, die grundsätzlich 50 % beträgt. Dem alleinverdienenden Ehepartner ist regelmäßig aber eine etwas höhere Quote zuzubilligen, um die mit der Berufstätigkeit verbundenen Kosten abdecken zu können. Dann dürfen insoweit Werbungskosten (z.B. Fahrtkosten) bei der Ermittlung des Nettoeinkommens nicht mehr abgezogen werden. Für die Witwe bleibt eine Quote von 45 %. 56

Allerdings ist zu prüfen, ob der Witwe zur Schadensminderung eine Pflicht obliegt, einer Erwerbstätigkeit nachzugehen. Für die Frage der Arbeitspflicht kommt es entscheidend auf Alter, Ausbildung und sonstige Lebensverhältnisse an; sind minderjährige Kinder zu versorgen, beginnt die Arbeitspflicht erst dann, wenn diese 12–15 Jahre alt sind (OLG Nürnberg NZV 1997, 439). 57

Lehnt die Witwe trotz bestehender Erwerbspflicht die Aufnahme einer Tätigkeit ab, so wird ihr das erzielbare Nettoeinkommen auf ihren Anspruch gem. § 254 Abs. 2 angerechnet. Das gilt auch für den Fall, dass sie die zumutbare Fortführung des ererbten Geschäftsbetriebes ablehnt (BGH VersR 2007, 76). 58

Das Erwerbseinkommen ist in voller Höhe auf den Unterhaltsschaden anzurechnen, wenn nicht der Unterhaltsberechtigte nachweist, dass er auch ohne den Unfall erwerbstätig geworden wäre. Eine Besonderheit besteht, wenn den Getöteten ein Mitverschulden trifft, sodass der Schädiger nur zu einer Quote haftet. Der BGH hat dem/den Hinterbliebenen eine Art Quotenvorrecht eingeräumt, das sich bei einem Mitverschulden nur dann auf den zu ersetzenden Unterhaltsschaden auswirkt, wenn das erzielte Erwerbseinkommen niedriger ist als der durch das Mitverschulden ausgelöste Kürzungsbetrag. 59

## 2. Berechnung des Unterhaltsschadens bei Erwerbstätigkeit beider Ehegatten

Beide Ehegatten sind verpflichtet, einander Barunterhalt und Naturalunterhalt zu leisten. Im Todesfall steht dem Hinterbliebenen ein Anspruch wegen entgangenen Barunterhalts und wegen Wegfalls der Haushaltsführung zu. Wechselseitig haben die Ehegatten einen Anspruch gegen den anderen auf Teilhabe an dessen Nettoeinkommen. Diese Ansprüche stehen sich in voller Höhe gegenüber, es ist nicht zu saldieren. Dies ist wichtig, weil bei einem Mitverschulden des Getöteten andernfalls das Quotenvorrecht wegfiele. 60

Die Kinder haben einen Anspruch auf Barunterhalt gegen beide Eltern, und zwar nach dem Verhältnis der Erwerbseinkommen der Eltern. Den Waisen steht eine Quote aus beiden Nettoeinkommen zu. An den Fixkosten beteiligen sich die Ehegatten im Verhältnis ihres Einkommens. 61

Wird der haushaltsführende Ehegatte getötet, steht dem überlebenden alleinverdienenden Ehegatten ein Anspruch auf Ersatz des Wertes der Haushaltsführung zu, ggf. im Wege der Schadensminderung, gekürzt um den von ihm selbst zu leistenden Anteil an der Haushaltsführung. Der hinterbliebene Ehegatte muss, will er den Haushalt im alten Umfang fortführen, mehr Zeit aufwenden als früher, allerdings ist der Zeitaufwand wegen reduzierter Haushaltstätigkeit geringer. 62

### 3. Doppelverdienerehe mit geteilter Haushaltsführung

63 Es besteht nicht nur ein Anspruch wegen des entgangenen Barunterhalts, sondern auch wegen der entgangenen Haushaltsführung. Der überlebende Ehegatte muss jetzt für den Haushalt mehr Zeit aufwenden, der Tod des Ehepartners reduziert die Hausarbeit nicht auf 50 %. Der zeitliche Mehraufwand für den Überlebenden ist auszugleichen. Im Einzelfall kann er allerdings nach § 254 Abs. 2 gehalten sein, den Haushalt entsprechend zu reduzieren.

### 4. Unterhaltsschaden mehrerer Personen

64 Erleiden mehrere Personen einen Unterhaltsschaden, erwirbt jeder einen eigenen Unterhaltsersatzanspruch. Dieser Anspruch ist für jeden Geschädigten gesondert zu titulieren. Sind mehrere Kinder anspruchsberechtigt, werden sie nicht schematisch gleichbehandelt, es ist vielmehr der Unterhaltsbedarf nach Altersstufen zu ermitteln (BGH MDR 1988, 950).

65 Eine besondere Bedeutung kommt dabei den Fixkosten zu. Auch insoweit sind die Geschädigten nicht Gesamt-, sondern Einzelgläubiger und können unterschiedlich an den Fixkosten beteiligt sein. Entfallen auf einzelne Anspruchsberechtigte keine besonderen Fixkosten, wird eine Verteilung nach dem Schlüssel 50 % für hinterbliebenen Ehegatten und 25 % für jedes der beiden Kinder angemessen sein. Bei einem Kind bietet sich an, dem hinterbliebenen Ehegatten 2/3 zuzuteilen, dem Kind 1/3; vertretbar sind auch 60 % zu 40 %.

66 Von dem verbleibenden Nettoeinkommen sollten die Witwe 35 % und zwei Kinder je 15 % erhalten, bei einem Kind die Witwe 40 %, das Kind 20 %. Bei einer Witwe mit drei Kindern sollten die Quoten 34 % und 3 × 12 % lauten. Vertreten wird im letzteren Fall auch 27 % und 3 × 13 % (Ludovisy/Eggert/Burhoff/*Kuckuk* S. 385). Die Regulierungspraxis verzichtet häufig auf die Feststellung der Fixkosten und verteilt das verfügbare Einkommen nach diesen Prozentzahlen auf die Unterhaltsberechtigten. Begründet wird dies mit Gründen der Praktikabilität, in Wirklichkeit geht diese Verteilung aber zulasten der Anspruchsberechtigten.

### 5. Tod eines unterhaltspflichtigen Kindes oder unterhaltspflichtiger Verwandter

67 Bei der Tötung von Kindern richtet sich die Höhe des Anspruchs der Eltern danach, was das Kind/die Kinder tatsächlich an Unterhalt geleistet hätten, also insbesondere nach der Leistungsfähigkeit der Kinder. Diese orientiert sich daran, was dem Unterhaltspflichtigen nach Finanzierung seines eigenen Lebensstandards und nach Erfüllung sonstiger Verpflichtungen noch zur Verfügung steht.

68 Unterhaltsbedürftig sind die Eltern oder Verwandte nur dann, wenn sie außerstande sind, sich selbst zu unterhalten. Dabei muss alles zum Unterhalt herangezogen werden, was zumutbar ist, also insbesondere Einkommen, Erträgnisse des Vermögens, auch der Stamm des Vermögens unter Berücksichtigung der mutmaßlichen Lebensdauer der Berechtigten. Die Hinterbliebenen können eine Feststellungsklage erheben, wenn jedenfalls die Möglichkeit besteht, dass sie nach dem Tod des Unterhaltsverpflichteten bedürftig werden können.

## H. Hinterbliebenengeld

### I. Allgemeines

69 Mit § 844 Abs. 3 hat sich der Gesetzgeber bewusst für ein Angehörigenschmerzensgeld entschieden und hierdurch die partielle Eröffnung von Haftungsansprüchen zu Gunsten bloß mittelbar Geschädigter erweitert. Eine eigenständige Rechtsgutsverletzung i.S.d. § 823 Abs. 1 ist gerade nicht erforderlich. Vielmehr soll nahen Angehörigen ein billiger Ausgleich in Geld für das durch die tatbestandsmäßige, rechtswidrige und schuldhafte Tötung der Bezugsperson hervorgerufene seelische Leid gewährt werden. Diese legislatorische Ergänzung ist einerseits im Kontext einer generellen, rechtsvergleichenden Debatte um das Konstrukt des Angehörigenschmerzensgeldes (*Katzenmeier*, JZ 2017, 869 f.; *Wagner*, NJW 2017, 2641, 2642; *Schiemann*, GesR 2018, 69 f.; *Walter*, MedR

2018, 213) und andererseits mit Blick auf die Schockschadensrechtsprechung des BGH (BGHZ 132, 341, 344 = VersR 1996, 990, 991) zu bewerten.

## II. Tatbestand
### 1. Geschützter Personenkreis

Für die Bestimmung des Kreises der Anspruchsberechtigten kommt es auf die Definition des beson- 70
deren persönlichen Näheverhältnisses an. Entscheidend soll »die Intensität der tatsächlich gelebten sozialen Beziehung« sein, die den üblicherweise in den Beispielen des § 844 Abs. 3 Satz 2 sozialen Vorbildern entspreche (Begr. RegE Hinterbliebenengeld BT-Drs. 18/11397 13, 15). Abs. 3 Satz 2 vermutet dies denn für Ehegatten, Lebenspartner, Eltern und Kinder, wobei es sich um eine widerlegliche Vermutung i.S.d. § 292 ZPO handelt (Begr. RegE Hinterbliebenengeld BT-Drs. 18/11397 14 f.). Je nach den nachweisbaren tatsächlichen Umständen kommen auch Verlobte, nichteheliche Lebenspartner sowie Geschwister oder Pflegekinder in Betracht. Der Nasciturus ist jedenfalls mit Blick auf die fehlende Nachweisbarkeit kausalen seelischen Leids nach wohl zutreffender h.M. aber auch schon mangels personellen Näheverhältnisses auszuscheiden (*Bredemeyer*, ZEV 2017, 690, 693; *Burmann/Jahnke*, NZV 2017, 401, 406; *a.A. Wagner*, NJW 2017, 2641, 2644). Das schließt die Geltendmachung eines eigenen Gesundheitsschadens nicht aus, den das später lebend geborene Kind durch den todesbedingt schlechten Zustand der nahestehenden Mutter erlitten hat.

Ob auch Beziehungen außerhalb familiärer Bande in Betracht kommen können (beste Freunde 71
etc.), ist ungeklärt (*Walter*, MedR 2018, 213, 216; *Wagner*, NJW 2017, 2641, 2644; *Kadner/Graziano*, RIW 2015, 549, 558 f.). Gesetzeswortlaut und -begründung sind insoweit nicht eindeutig. Allerdings ist zu beachten, dass hiermit eine immense Haftungsausweitung einhergehen könnte, wenn es sich bei dem Getöteten um eine Person handelte, die einen sehr großen und gleichwohl sehr engen Bezugskreis aufgewiesen hat (mittels eines Behandlungsfehlers in Deutschland zu Tode gekommene Vollzeitbetreuerin eines SOS-Kinderdorfs). Da das Systemverständnis des deutschen Haftungsrechts bislang dahin geht, dass mittelbare Schäden Dritter grundsätzlich nicht ersatzfähig sein sollen, spricht systemangepasst einiges für ein restriktives Verständnis von § 844 Abs. 3.

### 2. Delikt gegen das Leben

§ 844 Abs. 3 Satz 1 verlangt ein Delikt gegen das Leben der Bezugsperson. Dieses Delikt muss 72
tatbestandsmäßig, rechtswidrig und schuldhaft begangen worden sein.

### 3. Schutzausweitung auf andere Rechtsgüter?

Streitig ist die Frage, ob eine Ausweitung auf die Verletzung anderer Schutzgüter in Betracht kommt. 73
Es dürfte außer Frage stehen, dass Verletzungen der körperlichen Unversehrtheit oder der sexuellen Selbstbestimmung einen Grad erreichen können, der einer Lebensverletzung nahekommt oder ihr gleichzustellen ist. In solchen Fällen ist es naheliegend, dass Bezugspersonen ebenfalls schweres seelisches Leid droht. Allerdings darf mit Blick auf Art. 20 Abs. 3 GG die insoweit eindeutige gesetzgeberische Entscheidung nicht unterwandert werden. Der Gesetzgeber hat sich trotz breiter Debatte bislang nur dafür entschieden, in Tötungsfällen Dritten einen Schmerzensgeldanspruch zu gewähren. Dies analog auf andere Rechtsgutsverletzungen auszuweiten, hieße dem Gesetzgeber zu unterstellen, dass in dieser Entscheidung planwidrig der Schweregrad sonstiger Rechtsgutsverletzungen weithin übersehen worden wäre. Dies erscheint nicht tragfähig (zur Diskussion *G. Müller*, VersR 2017, 321 ff.; *Bischoff*, MDR 2017, 739 ff., *Jaeger*, VersR 2017, 1041 ff.; *Katzenmeier*, JZ 2017, 869 ff.; *Burmann/Jahnke*, NZV 2017, 401 ff.).

### 4. Kausales Leid – Abgrenzung zum Schockschaden

Das Kausalitätsmerkmal versteht der Gesetzgeber als weithin mit dem Konstrukt des Näheverhält- 74
nisses verwoben (Begr. RegE zum HinterbliebenengeldG, BR-Drs. 127/17 S. 13). Es soll mithin um einen Zurechnungszusammenhang von Leiderfahrung und Näheverhältnis zum Zeitpunkt des

Todes gehen und sicherstellen, dass Ausgleich nur dafür zu gewähren ist, dass es gerade der Bruch dieser Verbindung gewesen ist, der kompensationswürdiges Leid ausgelöst hat (*Katzenmeier*, JZ 2017, 869, 871 f.).

75 Einen mit Blick auf die Primärrechtsverletzung grundlegend anderen Ansatz bildet die bisherige und fortgeltende Rechtsprechung zum Schockschaden. Die Bezugsperson erleidet hier im Wege des psychisch vermittelten Schocks einen eigenen Gesundheitsschaden, sodass ihr nach § 823 Abs. 1 ein Haftungsanspruch zusteht. Hierbei genügt jedoch gerade die normal zu erwartende Trauer um den Verlust einer Bezugsperson nicht, sondern es bedarf einer Reaktion mit sachverständig feststellungsfähigem Krankheitswert, der weit über übliche Trauerreaktionen hinausgeht (BGHZ 132, 341, 344 = VersR 1996, 990, 991; BGH VersR 2006, 1653 Rn. 33 = NJW 2006, 3268; BGHZ 172, 263 Rn. 12 = VersR 2007, 1093; OLG Köln VersR 2006, 416). Dies ist bis zur Einführung des § 844 Abs. 3 der einzige nationale Ansatz für ein Angehörigenschmerzensgeld gewesen. Da die beiden Regelungskreise künftig große Schnittmengen aufweisen, soll der grundsätzlich geringer zu dotierende Anspruch auf Hinterbliebenengeld im Anspruch wegen Schockschadens aufgehen (Begr. RegE zum HinterbliebenengeldG, BR-Drs. 127/17 10 f.; BeckOK/*Spindler*, BGB, § 844 Rn. 44 f. m.w.N.). Allerdings dürfte § 844 Abs. 3 mit Recht einen erhöhenden Einfluss auf die judikativ gewährten Schmerzensgeldbeträge in Schockschadensfällen haben, die bislang unverständlich niedrig gehalten worden sind (BGH NJW 2015, 1451; KG NZV 1999, 329; LG München I VersR 1981, 69; OLG Köln DAR 1988, 320; OLG Karlsruhe VersR 1978, 575).

### III. Rechtsfolge

76 Es soll von einer durchschnittlich angemessenen Entschädigung im Umfang von 10.000 € auszugehen sein (Begr. RegE zum HinterbliebenengeldG, BT-Drs. 18/11615 S. 7; krit. *Jaeger*, VersR 2017, 1041, 1053). Von diesem Wert ist je nach Einzelfallerwägungen nach oben oder unten abzuweichen, wobei ausschließlich das seelische Leid der nahestehenden Person, nicht jedoch sonstige Einbußen, insbesondere das vorzeitige Ableben des Getöteten selbst einberechnet werden dürfen (*Schiemann*, GesR 2018, 69, 71).

77 Mehrere Angehörige erhalten jeweils einen eigenständigen Ansatz von im Durchschnitt 10.000 € (Begr. RegE zum HinterbliebenengeldG, BR-Drs. 127/17 S. 12). Der Schädiger kann sich also nicht darauf berufen, eine einzelne Zahlung von rd. 10.000 € sei aufzuteilen.

78 Ein Mitverschulden des Getöteten ist qua § 846 zu Lasten der Anspruchssteller anspruchsmindernd zu berücksichtigen.

## § 845 Ersatzansprüche wegen entgangener Dienste

*Im Falle der Tötung, der Verletzung des Körpers oder der Gesundheit sowie im Falle der Freiheitsentziehung hat der Ersatzpflichtige, wenn der Verletzte kraft Gesetzes einem Dritten zur Leistung von Diensten in dessen Hauswesen oder Gewerbe verpflichtet war, dem Dritten für die entgehenden Dienste durch Entrichtung einer Geldrente Ersatz zu leisten. Die Vorschrift des § 843 Abs. 2 bis 4 findet entsprechende Anwendung.*

| Übersicht | Rdn. | | Rdn. |
|---|---|---|---|
| A. Begriff entgangene Dienste | 1 | C. Fiktive Abrechnung | 4 |
| B. Dienstleistungen von Kindern | 2 | | |

### A. Begriff entgangene Dienste

1 Für die Regulierungspraxis hat die Bestimmung des § 845 – sedes materiae für entgangene Dienste – nur noch geringe Bedeutung. Der den Haushalt führende oder im Erwerbsgeschäft des anderen mitarbeitende Ehepartner erbringt keine Dienstleistungen, sondern Unterhaltsleistungen, § 1360

Satz 2. Wird der haushaltsführende Ehepartner verletzt, steht ihm selbst ein Schadensersatzanspruch zu. Wird er getötet, richtet sich der (Unterhalts-)Anspruch des Hinterbliebenen nach § 844 Abs. 2.

### B. Dienstleistungen von Kindern

Familienrechtlich geschuldete **Dienstleistungen von Kindern** können vorkommen. Dabei muss jedoch im Einzelfall geklärt werden, ob es sich tatsächlich um die Erfüllung gesetzlicher oder arbeitsvertraglicher Pflichten handelt (BGH NJW 1991, 1226 f.; 1998, 307, 308). Familienrechtliche Dienstleistungen liegen vor, wenn das Kind von den Eltern erzogen oder unterhalten wird und dem elterlichen Hausstand angehört, wenn ihm Kost und Unterkunft gewährt werden. Der Wert der Dienstleistungen des Kindes wird die Ausgaben häufig nicht übersteigen. Kinder schulden ihren Eltern grundsätzlich keine Dienstleistungen, wenn sie einer vollwertigen Erwerbstätigkeit nachgehen.

Aufsehen erregte eine Entscheidung des BGH (VersR 2001, 648 = NJW 2001, 971), die den Anspruch eines Landwirtes verneinte, der den Hof auf seinen Sohn übertragen und von diesem als Gegenleistung ein Leibgedinge bestellt bekommen hatte. Der Sohn war durch das Verschulden eines Dritten ums Leben gekommen, sodass der Vater den Hof nicht weiter bewirtschaften konnte. Der BGH verneinte einen Schadensersatzanspruch des Vaters, weil die Tötung des Schuldners eines Leibgedinges keinen Eingriff i.S.d. § 823 Abs. 1 in die auf der Leibgedingsvereinbarung beruhenden, im Grundbuch eingetragenen beschränkt dinglichen Rechte des Berechtigten (Reallast, beschränkt persönliche Dienstbarkeit) darstelle. Ein Ersatzanspruch gem. § 845 scheidet hier schon deswegen aus, weil der getötete Sohn nicht aufgrund familienrechtlicher Dienstleistungspflicht in deren landwirtschaftlichem Anwesen mitarbeitete (BGHZ 137, 1, 4 ff.; BGH NJW 1991, 1226, 1227), sondern ihm der Hof zuvor übertragen worden war und die gemeinsame Arbeit nunmehr auf gesellschaftsrechtlicher Ebene durchgeführt wurde (hierzu auch BGH NJW 1962, 1612; 2001, 971; OLG Jena, Urt. v. 03.12.2008 – 2 U 157/08). Auch wird aus § 1618a keine Dienstleistungspflicht gefolgert.

### C. Fiktive Abrechnung

Zu ersetzen ist der Wert der Dienstleistungen, der sich nach den **Kosten für eine Ersatzkraft** bemisst. Im Wege der Vorteilsausgleichung sind die ersparten Aufwendungen für das Kind abzuziehen. Eine Pauschale kann insoweit nicht angesetzt werden (grundlegend dazu: *Pardey*, DAR 2006, 671 ff.; OLG Dresden SP 2008, 292). Vielmehr ist der Anspruch auf der Grundlage einer angemessenen Entschädigung zu berechnen.

Verzichtet der Berechtigte auf die Einstellung einer Ersatzkraft und behilft sich mit überobligationsmäßigen Anstrengungen oder der Hilfe Dritter, kann er den Schaden fiktiv abrechnen. Dazu kann auf geeignete Schätzungshilfen zurückgegriffen werden.

## § 1631d Beschneidung des männlichen Kindes

(1) Die Personensorge umfasst auch das Recht, in eine medizinisch nicht erforderliche Beschneidung des nicht einsichts- und urteilsfähigen Kindes einzuwilligen, wenn diese nach den Regeln der ärztlichen Kunst durchgeführt werden soll. Dies gilt nicht, wenn durch die Beschneidung auch unter Berücksichtigung ihres Zwecks das Kindeswohl gefährdet wird.

(2) In den ersten sechs Monaten nach der Geburt des Kindes dürfen auch von einer Religionsgemeinschaft dazu vorzusehene Personen Beschneidungen gemäß Absatz 1 durchführen, wenn sie dafür besonders ausgebildet und, ohne Arzt zu sein, für die Durchführung der Beschneidung vergleichbar befähigt sind.

# § 1631d BGB  Beschneidung des männlichen Kindes

| Übersicht | Rdn. | | Rdn. |
|---|---|---|---|
| A. Grundsätzliches | 1 | 2. Insbesondere: Facharztstandard (Abs. 2) | 8 |
| B. Sachlicher Anwendungsbereich | 4 | 3. Ärztliche Aufklärung | 10 |
| I. Handlungskontext | 4 | 4. Vetorecht des Einwilligungsunfähigen? | 11 |
| 1. Einwilligungsunfähiges männliches Kind | 4 | 5. Kindeswohlgefährdung (Abs. 1 Satz 2) | 13 |
| 2. Medizinisch nicht indizierte Beschneidung | 6 | C. Haftungsfolgen | 14 |
| II. Grenzen der Personensorge | 7 | | |
| 1. Regeln der ärztlichen Kunst | 7 | | |

## A. Grundsätzliches

1 Bis zum aufsehenerregenden Urteil des LG Köln (NJW 2012, 2128 f.) war die auch in Deutschland vornehmlich in der jüdischen und muslimischen Bevölkerung praktizierte Knabenbeschneidung (sog. Zirkumzision) nur selten Gegenstand gerichtlicher Verfahren. Soweit nicht eigene Religionsangehörige den nach allg. Grundsätzen zweifelsfrei als **tatbestandliche Körperverletzung** zu betrachtenden Eingriff (dazu § 223 StGB Rdn. 4 ff.) vornahmen, gab es dem Vernehmen nach offenbar auch keine Schwierigkeiten, hierfür einen (Kinder-) Arzt zu finden. Nachdem sich aber vereinzelte Strafrechtswissenschaftler, nicht zuletzt unter dem Eindruck einer durchaus beachtlichen Komplikationsrate (dazu näher *Kleine-Doepke* Knabenbeschneidungen in Deutschland. Medizinische Aspekte des Eingriffs..., 2014), dezidiert gegen die Annahme einer wirksamen Einwilligung der Personensorgeberechtigten ausgesprochen hatten (vgl. *Herzberg* JZ 2009, 332 ff.; *Jerouschek* NStZ 2008, 313 ff.; *Putzke* MedR 2008, 268 ff., NJW 2008, 1568 ff. und in Herzberg-FS 2008, S. 669, 682 ff.; s.a. *Stehr/Putzke/Dietz* DÄBl. 2008, A-1778 ff.), erklärte auch das LG Köln das (ärztliche) Tun wegen Verletzung des »Kindeswohls« (§ 1627 Satz 1) für strafbar: Denn es werde nicht etwa dessen Selbstbestimmungsrecht geachtet, sondern vielmehr die (religionsbezogene und/oder kulturell geprägte) Selbstbestimmung der Sorgeberechtigten befördert (zust. *Bernat* EFZ 2012, 196 ff.; *Fischer* § 223 StGB Rn. 48a f.; *Herzberg* JZ 2009, 332 ff., MedR 2012, 169 ff. und JZ 2016, 350 ff.; *Jerouschek* Dencker-FS 2012, S. 171 ff.; *Putzke* MedR 2012, 621 ff.; *Rox* JZ 2012, 806 f.; a. A. dagegen *Beulke/Dießner* ZIS 2012, 338 ff.; *Goerlich/Zabel* JZ 2012, 1058 ff.; *Schulze* Elternrecht und Beschneidung, S. 120 ff.; *Spickhoff* FamRZ 2012, 1423 f., allerdings nur bei »religiös wirklich zwingend gebotener Beschneidung«; schon zuvor i.S.e. grds. Rechtmäßigkeit: *Fateh-Moghadam* RW 2010, 115 ff.; *Rohe* JZ 2007, 801, 805; *Schwarz* JZ 2008, 1125 ff.; *Zähle* AöR 134 [2009], 434 ff.).

2 Die »im Schnellverfahren« (*Hahn* MedR 2013, 215, 218) durch Gesetz vom 20.12.2012 (BGBl. I S. 2749) verabschiedete »**Ad-hoc-Regelung**« (vgl. *Isensee* JZ 2013, 317, 324: »Maßnahmengesetz«) des § 1631d lässt zwecks Bewahrung des »Religionsfriedens« (BT-Drs. 17/10331, S. 2: Religionsausübungsfreiheit »unserer jüdischen und muslimischen Mitbürgerinnen und Mitbürger«; weiterhin BT-Drs. 17/11295 S. 4 ff.; gegen ein »religiöses Sonderrecht« dagegen MüKo-BGB/*Huber* Rn. 4; *Stumpf* DVBl 2013, 141, 145 ff.) den körperbezogenen Eingriff selbst und gerade dann, wenn er medizinisch nicht indiziert ist, auch bei dem nicht einsichts- und urteilsfähigen Kind zu, sofern
– die Personensorgeberechtigten einwilligen,
– die Beschneidung nach den »Regeln der ärztlichen Kunst«
– von einem Arzt oder – in den ersten 6 Monaten nach Geburt des Kindes – von einem dazu besonders ausgebildeten und befähigten Repräsentanten einer Religionsgemeinschaft ausgeführt wird (Abs. 2) und
– diese nicht – »auch unter Berücksichtigung ihres Zweckes« – das Kindeswohl gefährdet (Abs. 1 Satz 2).

3 **Kritik:** Die neue Eingriffsbefugnis bricht in mehrfacher Hinsicht mit bislang anerkannten Grundsätzen des Medizin- und Familienrechts (eingehend *Mandla* FPR 2013, 244 ff.): So wird erstens

explizit (vgl. Abs. 1) auf das zentrale Erfordernis der »medizinischen Indikation« verzichtet, was sonst bei Zufügen irreparabler körperlicher Veränderungen schon bei einwilligungsfähigen Personen nicht unbedenklich erschiene. Umso mehr ist es – zweitens – jedenfalls alles andere als evident, dass sich dies selbst bei nachdrücklicher Gewichtung der kulturell-religiösen Implikationen (insbes. Art. 4 Abs. 1 GG) im Lichte der gewachsenen Sensibilität für die Rechte der Kinder (s. Art. 12 Abs. 1, 14 Abs. 2, 19 Abs. 1, 24 Abs. 3 der UN-Kinderrechtskonvention; vgl. auch § 1631 Abs. 2: »Recht auf gewaltfreie Erziehung«) mit der treuhänderischen Verpflichtung der Sorgeberechtigten (vgl. Art. 6 Abs. 2 Satz 2 GG, § 1666 BGB) überhaupt vereinbaren lässt (mit Recht zweifelnd *Spickhoff* FamRZ 2013, 337, 341 f.). Unter welchen Voraussetzungen im Einzelfall die auch vom Gesetzgeber (vgl. Abs. 1 Satz 2) durchaus für möglich gehaltene »Kindeswohlgefährdung« vorliegen soll, ist mangels jedweder Benennung von Maßstab und Kriterien hierfür gänzlich unklar. Drittens bestehen erhebliche Bedenken mit Blick auf die eklatante Ungleichbehandlung im Verhältnis zur weiblichen Genitalverstümmelung (zutr. *Enders* Schlink-FS 2014, S. 291 ff.; *Fahl* Beulke-FS 2015, S. 81, 88 f.; *Hilgendorf* StV 2014, 555, 560 ff.; *Isensee* JZ 2013, 317, 322; *T. Walter* JZ 2012, 1110, 1111 ff.; s.a. die Harmonisierungsvorschläge de lege ferenda bei *Wolters* GA 2014, 556, 563 ff.), die in einem neuen **§ 226a StGB** (dazu BT-Drs. 17/1217 und 17/13707, s. Komm. dort sowie auch *Hagemeier/Bülte* JZ 2010, 406 ff.) sogar mit drastisch verschärfter Strafdrohung versehen ist. Viertens schließlich widerspricht der Verzicht auf den Arztvorbehalt (unter pauschalem Verweis auf eine anderweitig erlangte Befähigung) und selbst auf eine präventive Eignungskontrolle eklatant den anerkannten Grundsätzen des Heilberuferechts (zutr. *Hahn* MedR 2013, 215, 219). Ungeachtet dessen, dass der gesetzgeberische Wille respektiert werden muss, sind die grundlegenden verfassungs- und menschenrechtlichen Bedenken gegen die Beschneidung (im Lichte von körperlicher Unversehrtheit, sexueller Selbstbestimmung und negativer Religionsfreiheit) auch durch die neue Vorschrift noch längst nicht ausgeräumt (wie hier auch *Czerner* ZKJ 2012, 374 ff. und 433 ff.; BeckOK-StGB/*Eschelbach* § 223 StGB Rn. 9.1 ff., 44.1 ff.; *Grams* GesR 2013, 332 ff.; *Herzberg* ZIS 2012, 486 ff. und JZ 2016, 350 ff.; *Manok* Die medizinisch nicht indizierte Beschneidung des männlichen Kindes; *Prittwitz* Kühne-FS 2013, S. 121 ff.; *Scheinfeld* HRRS 2013, 268 ff.; kategorisch abl. NK-StGB/*Paeffgen* § 228 Rn. 103d: »nicht rechtfertigungsfähige Körperverletzung«; rechtsvergleichend *Sonnekus* JR 2015, 1 f.; a.A. hingegen *Höfling* GesR 2013, 463 ff.; *Hörnle* Gutachten C zum 70. DJT 2014, C 46 ff., freilich eine »eigeninitiierte Selbstkontrolle« des Gesetzgebers hinsichtlich der Vertretbarkeit von § 1631d anmahnend; *Hörnle/Huster* JZ 2013, 328 ff.; *Köhler* Kühl-FS 2014, S. 295 ff., insb. 313; *Kreuzer* Kerner-FS 2013, S. 605 ff.; *Rixen* NJW 2013, 257 ff.; *Schulze* Elternrecht und Beschneidung, S. 120 ff.). Die generelle Auslegungsmaxime verlangt daher nach einer verfassungskonform strengen Prüfung der Anwendungsvoraussetzungen (BeckOGK-BGB/*Kerscher* Rn. 10.1, 31), der insbesondere auch für die staatsanwaltschaftliche Praxis Geltung beansprucht (skeptisch *Fischer* § 223 StGB Rn. 50a). Trotz des Tiefgangs der juristischen Diskussion ist zu konstatieren, dass § 1631d in der Rechtsprechung bisher kein nennenswertes Gewicht einnimmt (*Krüger* JR 2019, 427).

## B. Sachlicher Anwendungsbereich

### I. Handlungskontext

#### 1. Einwilligungsunfähiges männliches Kind

Die Regelung hat allein die Beschneidung von nicht einsichts- und urteilsfähigen männlichen Kindern zum Gegenstand (s. a. BT-Drs. 17/11295 S. 18). Verfügt die betroffene Person bereits über eine hinreichende Einsichts- und Urteilsfähigkeit, so ist allein diese berufen, kraft ihres Selbstbestimmungsrechts über die Vornahme eines solchen Eingriffs zu entscheiden; eine evtl. Einwilligung der Personensorgeberechtigung ist unwirksam. Die Einwilligungsfähigkeit bedarf im Zweifelsfall stets einer sorgfältigen ärztlichen Feststellung; besteht Streit hierüber, so ist dies ggf. im Rahmen eines familiengerichtlichen Verfahrens zu klären (BeckOGK-BGB/*Kerscher* § 1631d Rn. 19). Auf weibliche Kinder ist § 1631d nicht – auch **nicht analog** (a.A. *Hilgendorf* StV 2014, 555, 562: zwingende Folge aus Art. 3 GG) – anwendbar; infolgedessen liegen derartige Eingriffe jenseits des elterlichen Sorgerechts (vgl. § 226a StGB), hierauf bezogene Einwilligungserklärungen der Sorgeberechtigten sind unwirksam (*Rixen* NJW 2013, 257, 259; zur Problematik der Gleichbehandlung bereits o. Rdn. 3).

5 Eine grundsätzliche Klärung über die generellen Anforderungen an die nötige **Einsichts- und Urteilsfähigkeit** sucht man im Gesetz vergeblich (krit. Spickhoff/*Spickhoff* § 1631d Rn. 6). Die allgemeine Formel geht dahin, dass der Betroffene hinreichend reflektionsfähig sein, d.h. »Wesen, Bedeutung und Tragweite« des bevorstehenden Eingriffs erfassen und damit das Für und Wider seiner Entscheidung gegeneinander abwägen können muss (s. § 228 StGB Rdn. 5 ff. m.w.N.; hohe Anforderungen stellt *Schulze* Elternrecht und Beschneidung, S. 127 ff., 130: »nähere Beschäftigung, tiefe Überzeugung und Beständigkeit«). Alle beteiligten Erwachsenen (Sorgeberechtigte, Arzt, Familiengericht durch persönliche Anhörung gem. § 159 Abs. 2 FamFG) haben sich ein konkretes Bild davon zu machen, ob das Kind aufgrund seiner individuellen Reifeentwicklung u.U. bereits einsichts- und urteilsfähig sein könnte. Zumindest bei Kindern im Alter von mehr als 10 Jahren dürfte die vom Gesetzgeber angestrebte Rechtssicherheit damit verfehlt worden sein.

### 2. Medizinisch nicht indizierte Beschneidung

6 Beschneidung (krit. zur euphemistischen Terminologie *Herzberg* in: Franz, Die Beschneidung von Jungen – Ein trauriges Vermächtnis?, S. 267, 271) meint die operative, an ärztlich-professionellen Vorgaben orientierte vollständige Entfernung der Penisvorhaut (NK-BGB/*Rakete-Dombek/Berning* § 1631d Rn. 5; Staudinger/*Salgo* § 1631d Rn. 30). Die sonstigen, den Eingriff begleitenden rituellen Abläufe gehören nicht zum Beschneidungsbegriff im Sinne des Gesetzes (*Rixen* NJW 2013, 257, 260). Der Gesetzgeber hat ungeachtet seiner spezifisch auf jüdische und islamische Bevölkerungsteile bezogenen Intention (o. Rdn. 2) auf jedwede Begrenzung der **Handlungsmotivation** verzichtet. Die Vorschrift ist daher auch jenseits jener bekannten Anwendungsfelder einschlägig, gleich welche soziokulturellen, (sonstigen) religiösen oder prophylaktischen Zwecke dabei vorherrschen (h.M., abw. aber Staudinger/*Salgo* § 1631d Rn. 34, die prophylaktische Beschneidung »äußerst eng« begrenzend; insoweit gänzlich abl. *Schulze* Elternrecht und Beschneidung, 2017, S. 140). Allerdings wirkt sich ein nicht nachvollziehbarer Zweck auf die Beurteilung des »Kindeswohls« aus (BT-Drs. 17/11295 S. 16, 18; NK-BGB/*Rakete-Dombek/Berning* § 1631d Rn. 2). Ist die Beschneidung zumindest *auch* medizinisch indiziert, richtet sich die Wirksamkeit einer stellvertretend erteilten Einwilligung nach den allgemeinen familien- und medizinrechtlichen Grundsätzen (BeckOK-BGB/*Veit* § 1631d Rn. 4); § 1631d ist dann nicht anwendbar (BT-Drs. 17/11295 S. 17).

## II. Grenzen der Personensorge

### 1. Regeln der ärztlichen Kunst

7 Unabdingbar ist die fachgerechte Vornahme des Eingriffs; sowohl für die Beschneidung selbst als auch für die Vor- und Nachsorge müssen die (nach aktuellem Stand geltenden) »Regeln der ärztlichen Kunst« ausnahmslos beachtet werden (Abs. 1 Satz 1). Hierzu zählt grds. (s. aber Abs. 2, u. Rdn. 8 f.) auch die Wahrung des Facharztstandards, d.h. das Tätigwerden eines (Kinder-) Urologen oder auf diesem Feld erfahrenen (Kinder-) Chirurgen, des Weiteren die professionelle Durchführung des chirurgischen Eingriffs und insbesondere eine **effektive Schmerzbehandlung** entsprechend dem anästhesiologischen Standard der Kinderanästhesie (s. BT-Drs. 17/11295 S. 17: »eine im Einzelfall angemessene und wirkungsvolle Betäubung«). Das Erfordernis kunstgerechter Schmerztherapie besteht selbst dann, wenn aus religiösen Gründen eine Betäubung nicht erlaubt sein sollte (BeckOGK-BGB/*Kerscher* § 1631d Rn. 40; indiskutabel eine zwangsweise Leidzufügung »in eng begrenzten Ausnahmefällen« – bspw. auch bei »erheblichem Erziehungswillen« – tolerierend *Schulze* Elternrecht und Beschneidung, 2017, S. 150 ff.). Bei alledem sind die bei der Beschneidung Neugeborener geltenden Besonderheiten zu beachten. Zudem bedarf es nach allgemeinen medizinrechtlichen Grundsätzen (§ 630e) einer vorherigen Aufklärung über Risiken und Belastungen (s.u. Rdn. 10). Der Eingriff muss unter Maßgabe des jeweils aktuellen (insbesondere

auch hygienischen und anästhesiologischen) medizinischen »**Standards**« erfolgen (OLG Hamm FamRZ 2013, 1818, 1820; Erman/*Döll* § 1631d Rn. 5; *Hörnle* Gutachten C zum 70. DJT 2014, C 49 f.; Spickhoff/*Spickhoff* § 1631d Rn. 7 f.; zu den Defiziten der bisherigen Praxis näher *Putzke* in: Franz, Die Beschneidung von Jungen – ein trauriges Vermächtnis, S. 319, 343 ff.).

## 2. Insbesondere: Facharztstandard (Abs. 2)

Abs. 2 macht hiervon aber eine in ihren praktischen Auswirkungen nicht abschätzbare Ausnahme: Gleichsam als Konzession gegenüber der jüdischen Religionspraxis dürfen in den ersten 6 Monaten nach der Geburt (Fristberechnung gem. §§ 187 Abs. 1, 188 Abs. 2 Hs. 1, Abs. 3) auch von einer Religionsgesellschaft dazu vorgesehene Personen (im Judentum der Mohel, im Islam der Sünnetci) den Eingriff vornehmen, sofern sie dafür besonders ausgebildet und vergleichbar einem Arzt befähigt sind. Die **Befähigung** des Beschneiders muss derart sein, dass verglichen mit einer ärztlichen Eingriffsdurchführung keinerlei erhöhtes Gesundheitsrisiko für das Kind besteht. Es darf also im Lichte der ärztlichen Professionalität keinen Unterschied machen, ob die Beschneidung von einem Arzt oder einer anderen Person vorgenommen wird (NK-BGB/*Rakete-Dombek/Berning* § 1631d Rn. 5). Infolgedessen müssen auch nicht-ärztliche Beschneider ordnungsgemäß aufklären (vgl. BT-Drs. 17/11295, S. 19; Erman/*Döll* § 1631d Rn. 7; Palandt/*Götz* § 1631d Rn. 6). 8

Vorgesehen zur Durchführung von Beschneidungen sind diejenigen Personen, die nach den Regeln der jeweiligen Religionsgemeinschaft durch die dafür zuständigen Organe bestimmt worden sind (s. Rdn. 8). Religionsgemeinschaften können auch solche sein, die (wie z.B. islamische Gemeinden bzw. Gemeindeverbände) keine Körperschaften des öffentlichen Rechts sind (*Rixen* NJW 2013, 257, 261). Der Gesetzgeber hat sich aus Gründen seiner weltanschaulichen Neutralität jedweder **Eignungskontrolle** (etwa durch eine Zertifizierung) enthalten. Mittelbar bewirkt die Bindung an das Gebot einer effektiven Schmerzbekämpfung (o. Rdn. 7) aber eine hohe Hürde deshalb, weil das Arznei- und Betäubungsmittelgesetz unverändert geblieben sind (vgl. dazu auch Palandt/ *Götz* § 1631d Rn. 2). Der dadurch limitierte Zugang zu den benötigten Schmerzmedikamenten sollte, so die rechtlichen Vorgaben tatsächlich beachtet werden, dazu führen, dass der Beschneider nur mit ärztlicher Unterstützung (d.h. entsprechend den Grundsätzen zur Anfängeroperation unter der Aufsicht eines Facharztes, zutr. BeckOGK-BGB/*Kerscher* § 1631d Rn. 41) den Eingriff vornehmen darf (wie hier auch Staudinger/*Salgo* § 1631d Rn. 49), es sei denn, er ist selbst ausgebildeter und approbierter Mediziner. Mittel- und langfristig könnte der Arzt- und Apothekenvorbehalt (vgl. §§ 43, 48 AMG, § 13 BtMG) daher die überfällige Professionalisierung innerhalb der Religionsgemeinschaften anstoßen. 9

## 3. Ärztliche Aufklärung

Neben der fachgerechten Durchführung der Beschneidung bedarf es für die Wirksamkeit der Einwilligung einer vorherigen hinreichenden (ärztlichen) Aufklärung der Sorgeberechtigten; es handelt sich um eine ungeschriebene Wirksamkeitsvoraussetzung, die sich bereits aus den allgemeinen medizinrechtlichen Grundsätzen ergibt (»informed consent«, im Überblick § 228 StGB Rdn. 12 ff.) und deshalb in § 1631d nicht mehr eigens wiederholt zu werden brauchte (BT-Drs. 17/11295 S. 17; OLG Hamm FamRZ 2013, 1818, 1820; *Krüger* JR 2019, 427, 435). Die Aufklärung muss auch dann, wenn sie im Fall von Abs. 2 durch einen Nichtmediziner erfolgt, den **ärztlichen Standards entsprechen**; es gelten daher gegenüber sonstigen medizinischen Eingriffen keine Besonderheiten (NK-BGB/*Rakete-Dombek/Berning* § 1631d Rn. 5; HK-BGB/*Kemper* § 1631d Rn. 7; Erman/*Döll* § 1631d Rn. 5, 7, der dezidiert auf die für Heilbehandlungen geltenden Grundsätze zur Dokumentation hinweist). Da es sich um einen medizinisch nicht indizierten Eingriff handelt, sind wie auch sonst die Anforderungen an eine ordnungsgemäße Risikoaufklärung besonders hoch (ebenso Staudinger/*Salgo* § 1631d Rn. 37). Die Anwendbarkeit des § 630e hat schließlich die wichtige Folge, dass **auch das betroffene Kind** (neben seinen Sorgeberechtigten) kindgerecht aufgeklärt werden muss, soweit es »aufgrund seines Entwicklungsstandes und seiner Verständnismöglichkeiten in der Lage ist, die Erläuterung aufzunehmen« (§ 630e Abs. 5). Unterbleibt die Aufklärung des Kindes, 10 ist die Körperverletzung dennoch gerechtfertigt, wenn der Vertreter oder Betreuer die Einwilligung wirksam erklärt hat (MüKo-BGB/*Wagner* § 630 Rn. 61).

### 4. Vetorecht des Einwilligungsunfähigen?

11 Auch unterhalb der Schwelle von Einsichts- und Urteilsfähigkeit ist ein ernsthaft und unmissverständlich zum Ausdruck gebrachter entgegenstehender Wille keineswegs irrelevant (allg. zum Vetorecht von Einwilligungsunfähigen kraft ihres »natürlichen Willens« *Duttge* in: Wiesemann/Simon, Patientenautonomie. Theoretische Grundlagen – Praktische Anwendungen, S. 77, 85 ff.). Mit Blick auf § 1626 Abs. 2 Satz 2 und § 1631 Abs. 2 sind die Eltern kraft ihrer Fürsorgepflicht stets gehalten, sich mit dem entgegenstehenden Willen ihres Kindes ernsthaft auseinanderzusetzen (vgl. auch *Krüger* JR 2019, 427, 436, der den entgegenstehenden Willen des Kindes über § 1631d Abs. 1 Satz 2 berücksichtigen will; *Stamer*, Die medizinische Zwangsbehandlung Minderjähriger im Spannungsfeld nationaler Grund- und internationaler Menschenrechte, S. 38 f., bedauert die fehlende ausdrückliche Normierung eines Vetorechts). Dies ergibt sich auch schon aus Art. 12 UN-Kinderrechtskonvention, der jedem Kind, das überhaupt zur Bildung einer eigenen Meinung bereits befähigt ist, das Recht auf Artikulation und Berücksichtigung der eigenen Meinung in Angelegenheiten der eigenen Betroffenheit verbürgt. Ein entgegenstehender Wille des Kindes betrifft zunächst zwar nur das Innenverhältnis zu den Sorgeberechtigten (vgl. *Lorenz* NZFam 2017, 782, 783); entsprechend den Grundsätzen zum Missbrauch der Vertretungsmacht wird man aber bei unmissverständlichem Widerstand des Kindes eine evidente Überschreitung der dem Sorgerecht gesetzten Grenzen annehmen und die Vornahme der Beschneidung wegen damit einhergehender substantieller Gefährdung des Kindeswohls für rechtswidrig erachten müssen (BeckOK-BGB/*Veit* Rn. 35). Auch die Rspr. geht ohne Weiteres davon aus, **dass ein entgegenstehender Wille zwingend zu beachten ist** (s. OLG Hamm NJW 2013, 1818, 1819; zust. *Peschel-Gutzeit* NZFam 2014, 433, 436), ohne dass die (entwicklungsbedingt ohnehin individuell ausgeprägte) Fähigkeit zur Meinungsbildung an ein fixes Mindestalter gebunden wäre (Staudinger/*Salgo* § 1631d Rn. 35). Unklar ist aber, in welcher Weise sich der Wille des Kindes äußern soll und kann, um als rechtsrelevant angesehen zu werden. Diese Schwierigkeit hat der Gesetzgeber den Eltern, Beschneidern und letztlich der Rechtsprechung zur Klärung überlassen (BeckOGK-BGB/*Kerscher* § 1631d Rn. 21; s.a. *Peschel-Gutzeit* NJW 2013, 3617, 3619 f.). Bei schmerzbedingtem Strampeln und Schreien eines Säuglings darf aber unschwer auf eine offenbar unzureichende Schmerzbehandlung geschlossen werden (o. Rdn. 7, 9). Im Kontext von religiös motivierten Beschneidungen ergibt sich im Übrigen eine Beachtenspflicht bereits aus **§ 5 des Gesetzes über die religiöse Kindererziehung** (s.a. BT-Drs. 17/11295 S. 18).

12 Verlangen die Eltern eine Beschneidung, die geeignet ist, das Kindeswohl zu gefährden (dazu u. Rdn. 13), ist der zur Beschneidung aufgesuchte Arzt nach § 4 Abs. 3 Satz 2 KKG berechtigt, das Jugendamt zu informieren; nach § 4 Abs. 3 Satz 3 KKG sollen die in § 4 Abs. Nr. 1 KKG genannten Personen das Jugendamt über eine dringenden Kindeswohlgefährdung unverzüglich informieren (allg. zu den Anwendungsproblemen dieser **Durchbrechung der ärztlichen Schweigepflicht** *Weber/Duttge/Höger* MedR 2014, 777 ff. m.w.N.). Durch die Mitteilung wird dort ein Verfahren nach § 8a SGB VIII ausgelöst, in welchem das Jugendamt – ggf. unter Anrufung des Familiengerichts – zu prüfen hat, ob (gerichtliche) Maßnahmen zur Gefährdungsabwendung erforderlich sind (BeckOGK-BGB/*Kerscher* § 1631d Rn. 36, 43; Staudinger/*Salgo* § 1631d Rn. 44). Durch die Einführung des § 4 Abs. 4 KKG nebst Änderung des § 8a Abs. 1 SGB VIII wird bei Meldungen möglicher Kindeswohlgefährdungen durch Ärzte ein kooperatives Konzept mit den Jugendämtern verfolgt (hierzu *Dittrich* medstra 2021, 151).

### 5. Kindeswohlgefährdung (Abs. 1 Satz 2)

13 Das Personensorgerecht endet dort, wo die Beschneidung das Kindeswohl gefährdet. Der Gesetzgeber folgt damit der Vorstellung, dass Beschneidungen erstens nicht grundsätzlich das Wohl der betroffenen Kinder gefährden (BeckOGK-BGB/*Kerscher* § 1631d Rn. 26) und zweitens sich kindeswohlkonforme von -gefährdenden Beschneidungen hinreichend trennscharf unterscheiden lassen. Ersteres

lässt sich mit guten Gründen bestreiten (was dann allerdings die Vorschrift von Grund auf in Frage stellt, dazu bereits o. Rdn. 3), letzteres ist bislang allenfalls schemenhaft zu erkennen. Nach dem vom Gesetzgeber auch vorliegend in Anspruch genommenen **Maßstab des § 1666** und der hierzu ergangenen ständigen Rechtsprechung (beachtenswert aber eine niedrigere Schwelle annehmend: OLG Hamm FamRZ 2013, 1818, 1820; abl. jedoch *Spickhoff* MedR 2015, 845, 852) meint Kindeswohlgefährdung im Ausgang jede »gegenwärtige, in einem solchen Maße vorhandene Gefahr, dass sich bei der weiteren Entwicklung eine erhebliche Schädigung mit ziemlicher Sicherheit voraussehen lässt«. Man wird hiervon vor allem dann ausgehen dürfen, wenn durch oder im Anschluss an den unmittelbaren Eingriff substantielle Gesundheitsrisiken zu besorgen sind (diffus BeckOK-BGB/*Veit* § 1631d Rn. 29–39 und Erman/*Döll* § 1631d Rn. 6, wonach »Restrisiken« hinnehmbar seien; zur gerichtlichen Aufklärungspflicht OLG Hamm FamRZ 2018, 722 f.). Dies gilt auch bei Beschneidungen, die religiös motiviert sind, aber umso mehr bei rein ästhetischen Eingriffen, da nach dem Willen des Gesetzgebers der »Zweck« der Beschneidung ein zu berücksichtigender Bewertungsfaktor ist (BT-Drs. 17/11295 S. 18). Besteht ausnahmsweise eine medizinische Indikation, so gelten hinsichtlich der tolerierbaren Risiken die allgemeinen Grundsätze. Im Ganzen lassen sich mit *Spickhoff* (§ 1631d Rn. 10) kaum Zirkumzisionen legitimieren, die auf anderen als keinen Aufschub bis zur Einwilligungsfähigkeit duldenden medizinischen oder religiös zwingenden Gründen beruhen (ebenso *Schumann* Brudermüller-FS 2014, S. 729, 736; s.a. *Hörnle* Gutachten C zum 70. DJT, 2014, C 51: Darlegungspflicht der Sorgeberechtigten, dass die Beschneidung »zentrale Bedeutung für ihre Vision des Kindeswohls« habe).

## C. Haftungsfolgen

Eine Beschneidung, die den Anforderungen des § 1631d vollständig entspricht, ist bei (zwingend vorheriger: BT-Drs. 17/11295 S. 17) Einwilligung (s.a. Staudinger/*Salgo* § 1631d Rn. 30: keine nachträgliche Genehmigung) durch die Personensorgeberechtigten rechtmäßig und schließt das Unrecht einer tatbestandsmäßigen Körperverletzung (§ 223 StGB, näher die dortige Komm.) aus. Werden die rechtlichen Grenzen hingegen missachtet, so fehlt es an einer wirksamen Einwilligung und macht sich der Beschneider infolgedessen wegen (nach vorzugswürdiger Auffassung: »gefährlicher«, vgl. § 224 StGB Rdn. 3) Körperverletzung strafbar. Wissen die Personensorgeberechtigten in ihrer nichtjuristischen Laienperspektive von der Tatsache, dass die Beschneidung nicht lege artis i.S.d. § 1631d vorgenommen werden soll, kommt für sie eine **Strafbarkeit** wegen Anstiftung (§ 26 StGB) oder Beihilfe (§ 27 StGB) in Betracht. Der rechtswidrige Eingriff in die körperliche Unversehrtheit des Kindes kann zugleich eine **Schadensersatzpflicht** des Beschneiders gem. § 823 sowie der Eltern nach § 1664 begründen (Erman/*Döll* § 1631d Rn. 8, bei Letzteren s. insoweit auch die Beschränkung der Haftung auf die eigenübliche Sorgfalt, § 277, zutr. Spickhoff/*Spickhoff* § 1631d Rn. 13) bzw. gem. §§ 823, 253 Abs. 2 (OLG Karlsruhe NJW 2015, 257, 258 m. Anm. *Stockmann* jurisPR-FamR 2/2015). Im Haftpflichtprozess wird gem. § 630h Abs. 4 vermutet, dass die mangelnde Befähigung des Beschneiders für den Eintritt einer Verletzung des Körpers oder der Gesundheit ursächlich war. Weiterhin ist das Ruhen der Approbation bzw. deren Entzug aufgrund einer strafrechtlich relevanten Zirkumzision nicht ausgeschlossen (vgl. OVG Münster Beschl. v. 10.12.2018 – 13 B 576/18). 14

## Vorbemerkung zu §§ 1901a ff.

Nach langen Auseinandersetzungen, in deren Verlauf zahlreiche Institutionen Stellung genommen und Konzepte präsentiert hatten (vgl. hierzu *Höfling/Schäfer* Leben und Sterben in Richterhand?, S. 3 ff.), hat der Deutsche Bundestag am 18.07.2009 ein Patientenverfügungsgesetz verabschiedet, das am 01.09.2009 in Kraft getreten ist. In der Schlussabstimmung setzte sich von den konkurrierenden interfraktionellen Gruppenanträgen der sog. *Stünker*-Entwurf durch (zu den unterschiedlichen Gesetzentwürfen *Höfling*, GesR 2009, 181 ff.; MüKo/*Schwab* § 1901a, Rn. 1). Das 3. Gesetz zur Änderung des Betreuungsrechts – so die amtliche Bezeichnung – ändert durch seinen Art. 1 Vorschriften des Betreuungsrechts und regelt in seinem Art. 2 wichtige verfahrensrechtliche Aspekte. 1

## § 1901a BGB   Patientenverfügung

2   Die Änderungen des Betreuungsrechts waren wesentlich geprägt durch die Rechtsprechung des BGH, der sich mit dem Abbruch lebenserhaltender Maßnahmen schon vor rund zwanzig Jahren beschäftigt hat. Damals judizierte er (ohne ausdrückliche einfachgesetzliche Grundlage), dass derartige Maßnahmen bei einem einwilligungsunfähigen Betroffenen, dessen Grundleiden einen irreversiblen tödlichen Verlauf angenommen hat, unterbleiben müssen, wenn dies seinem zuvor – etwa in Form einer Patientenverfügung – geäußerten Willen entspricht. Nur wenn ein erklärter Wille nicht festgestellt werden kann, beurteile sich die Zulässigkeit entsprechender Maßnahmen nach dem mutmaßlichen Willen des Betroffenen. Der Betreuer habe die Aufgabe, dem Willen des Betroffenen Ausdruck und Geltung zu verschaffen. Wirksam verweigern könne der Betreuer seine Einwilligung in eine ärztlicherseits angebotene lebenserhaltende Maßnahme allerdings nur mit Zustimmung des Vormundschaftsgerichts (BGH NJW 2003, 1588 ff.; in strafrechtlicher Hinsicht hat der BGH einen Behandlungsabbruch für gerechtfertigt gehalten, wenn dieser dem tatsächlichen oder mutmaßlichen Patientenwillen entspricht, s. BGHSt 55, 191; nach dem Inkrafttreten des Patientenverfügungsgesetzes geht der BGH insoweit davon aus, dass für die Annahme eines gerechtfertigten Behandlungsabbruchs erforderlich ist, dass die Voraussetzungen der §§ 1901a, b beachtet wurden, s. BGH ZfL 2015, 123 ff.). Nach dem Inkrafttreten des 3. Gesetzes zur Änderung des Betreuungsrechts hat sich der BGH inzwischen erneut mit dem Abbruch lebenserhaltender Maßnahmen beschäftigt (BGH MedR 2015, 508 ff. m. Anm. *Engels*). Dabei macht er mit den gesetzlichen Regelungen des Patientenverfügungsgesetzes ernst (*Boemke*, NJW 2015, 378, 378): Nicht nur der in einer Patientenverfügung geäußerte, sondern auch der tatsächliche und mutmaßliche Wille sind verbindlich. Diese Rechtsprechung hat der BGH in den Jahren 2016, 2017 und 2018 bestätigt (BGH MedR 2017, 36 ff; BGH MedR 2017, 802 ff.; BGH, Beschl. v. 14.11.2018 – XII ZB 107/18; BGH NJW 2019, 600 ff.).

3   Zudem hat der Deutsche Bundestag am 17.07.2017 mit dem Gesetz zur Änderung der materiellen Zulässigkeitsvoraussetzungen von ärztlichen Zwangsmaßnahmen und zur Stärkung des Selbstbestimmungsrechts von Betreuten die ärztliche Zwangsbehandlung in dem neuen § 1906a geregelt. Die Neuregelung basiert auf einem Beschluss des BVerfG vom 26.07.2017, in dem das Gericht die Koppelung von Unterbringung und ärztlichen Zwangsmaßnahmen, wie sie in § 1906 Abs. 3 Satz 1 Nr. 3 a.F. vorgesehen war, mit der Schutzpflicht des Staates aus Art. 2 Abs. 2 Satz 1 GG für unvereinbar erklärte (BVerfG MedR 2017, 122 ff.). Mit dem Gesetz wurde zudem ein neuer § 1901a Abs. 4 eingefügt, mit dem das Selbstbestimmungsrecht des Betroffenen durch eine Unterstützungspflicht des Betreuers bei der Errichtung einer Patientenverfügung gestärkt werden soll (BT-Drs. 18/11240, S. 14).

3a   Am 04.05.2021 wurde das Gesetz zur Reform des Vormundschafts- und Betreuungsrechts veröffentlicht (BGBl. I S. 882), mit dem mit Wirkung zum 01.01.2023 das Betreuungsrecht im BGB neu strukturiert wird. Die im folgenden kommentierten Normen bleiben jedoch im Wesentlichen unverändert (mit Ausnahme der Überschriften), sie finden sich lediglich an anderer Stelle wieder. § 1901a entspricht dann § 1827, § 1901b unter Anpassung der Verweisungen § 1828, § 1901c wird in § 1816 Abs. 2 aufgenommen, § 1904 entspricht § 1829, wobei Abs. 5 unter § 1820 Abs. 2 Nr. 1 zu finden ist. § 1906 Abs. 1–4 findet sich im Wesentlichen in § 1831, Abs. 5 in § 1820 Abs. 2 Nr. 2 wieder. § 1906a Abs. 1–4 entspricht dem neuen § 1832, dessen Abs. 5 wird in § 1820 Ab. 2 Nr. 2 ab dem 01.01.2023 enthalten sein.

### § 1901a Patientenverfügung

(1) Hat ein einwilligungsfähiger Volljähriger für den Fall seiner Einwilligungsunfähigkeit schriftlich festgelegt, ob er in bestimmte, zum Zeitpunkt der Festlegung noch nicht unmittelbar bevorstehende Untersuchungen seines Gesundheitszustands, Heilbehandlungen oder ärztliche Eingriffe einwilligt oder sie untersagt (Patientenverfügung), prüft der Betreuer, ob diese Festlegungen auf die aktuelle Lebens- und Behandlungssituation zutreffen. Ist dies der Fall, hat der Betreuer dem Willen des Betreuten Ausdruck und Geltung zu verschaffen. Eine Patientenverfügung kann jederzeit formlos widerrufen werden.

(2) Liegt keine Patientenverfügung vor oder treffen die Festlegungen einer Patientenverfügung nicht auf die aktuelle Lebens- und Behandlungssituation zu, hat der Betreuer die Behandlungswünsche oder den mutmaßlichen Willen des Betreuten festzustellen und auf dieser Grundlage

zu entscheiden, ob er in eine ärztliche Maßnahme nach Absatz 1 einwilligt oder sie untersagt. Der mutmaßliche Wille ist aufgrund konkreter Anhaltspunkte zu ermitteln. Zu berücksichtigen sind insbesondere frühere mündliche oder schriftliche Äußerungen, ethische oder religiöse Überzeugungen und sonstige persönliche Wertvorstellungen des Betreuten.

(3) Die Absätze 1 und 2 gelten unabhängig von Art und Stadium einer Erkrankung des Betreuten.

(4) Der Betreuer soll den Betreuten in geeigneten Fällen auf die Möglichkeit einer Patientenverfügung hinweisen und ihn auf dessen Wunsch bei der Errichtung einer Patientenverfügung unterstützen.

(5) Niemand kann zur Errichtung einer Patientenverfügung verpflichtet werden. Die Errichtung oder Vorlage einer Patientenverfügung darf nicht zur Bedingung eines Vertragsschlusses gemacht werden.

(6) Die Absätze 1 bis 3 gelten für Bevollmächtigte entsprechend.

| Übersicht | Rdn. | | Rdn. |
|---|---|---|---|
| A. Grundsätzliches | 1 | 3. Zum Widerruf einer Patientenverfügung | 15 |
| B. Zentrale Regelungen | 3 | | |
| I. § 1901a Abs. 1 BGB | 3 | II. § 1901a Abs. 2 BGB | 17 |
| 1. Der Begriff der Patientenverfügung | 3 | III. § 1901a Abs. 5 BGB | 24 |
| 2. Zur Rolle des Betreuers bzw. Bevollmächtigten | 9 | | |

## A. Grundsätzliches

Die Regelung der »Patientenverfügung« und ihrer rechtlichen Wirkungen geht von der Grundüberlegung aus, dass das Selbstbestimmungsrecht über die leiblich-seelische Integrität auch die Freiheit zur Selbstbestimmung durch zukunftswirksame Festlegungen umfasst. Das zutreffender Auffassung nach in Art. 2 Abs. 2 Satz 1 GG verankerte (BVerfG NJW 1994, 1590, 1591) Grundrecht auf Selbstbestimmung über die eigene Integrität beinhaltet auch das Recht zu sterben, jedenfalls in dem Sinne, dass der Widerspruch eines Patienten gegen eine Behandlung von Ärzten und Pflegenden beachtet werden muss, selbst wenn die Nichtbehandlung zum Tode führt. Vor diesem verfassungsrechtlichen Hintergrund ist auch zweifelsfrei, dass jede ärztliche oder pflegerische Intervention (zur sog. Basisbetreuung aber auch BT-Drs. 16/8442, S. 13; Palandt/*Götz* § 1901a, Rn. 9) nicht nur einer entsprechenden Indikation bedarf, sondern vom Willen des Betroffenen getragen sein muss. Die »Gretchenfrage« jeder Regelung des Instruments der Patientenverfügung ist nun aber, ob sich ein derartiges Konzept der Selbstbestimmung friktionslos auch auf antizipative Verfügungen übertragen lässt. Schon in Situationen, in denen der Betroffene selbst noch einsichts- und entscheidungsfähig ist, steht er vor schwierigen Herausforderungen und Erwägungen. Immerhin kann er sich insoweit dialogisch mit der Situation auseinandersetzen und auf den Krankheitsverlauf bezogenen fachkundigen Rat einholen. Dies aber vermag er nach einer Vorausverfügung nicht mehr. Schon insoweit besteht eine kategoriale normative Asymmetrie zwischen Vorausverfügungen als Akten der Selbstbestimmung und der Patientenautonomie eines Einwilligungsfähigen. Und ein Weiteres: Gerade wegen der Fragilität der Entscheidungsbasis und des Verlustes an individueller Bestimmungsmacht in der eigentlichen Entscheidungssituation ist die Gefahr fremdbestimmender Übergriffe erheblich intensiviert (zum Ganzen *Höfling*, ZfmE 2013, 171 ff.). 1

Vor diesem Hintergrund ist in der (parlamentarischen) Diskussion lange umstritten gewesen, ob und inwieweit prozedurale Anforderungen an die antizipative Ausübung des Selbstbestimmungsrechts gestellt werden müssen. Dabei ging es neben dem Schriftformerfordernis vor allem um die Aktualisierung und eine vorgängige fachkundige Beratung (dazu *Höfling*, MedR 2006, 25 ff.; ferner *Friedrich*, ZfmE 2013, 311 ff.). Der Gesetzgeber hat sich – was durchaus kritisch zu bewerten ist (s. *Müller*, DNotZ 2010, 169, 181) – darauf beschränkt, ein Schriftformerfordernis zu statuieren: Der Respekt vor dem Selbstbestimmungsrecht des Patienten – so die Argumentation – gebiete es, die Zahl der 2 rechtlichen Voraussetzungen für eine wirksame Patientenverfügung möglichst gering zu halten (BT-Drs. 16/13314, S. 20 f. mit dem weitergehenden Hinweis, es könne lediglich eine Hilfe für den Betreuer und den Arzt darstellen, dass der Betroffene die Patientenverfügung nach einem längeren Zeitabstand überprüft; s. dazu aber auch *Spickhoff*, FamRZ 2014, 1913, 1914 f., der im Fall der Einwilligung in lebensverlängernde Maßnahmen im Wege einer Patientenverfügung ein Spannungsverhältnis zu § 630e erkennt; dazu ferner Palandt/*Götz* § 1901a Rn. 13, der insoweit eine ärztliche Aufklärung und deren Dokumentation in der Patientenverfügung oder eine erneute Einwilligung des noch einwilligungsfähigen Betroffenen oder seines Betreuers nach ärztlicher Aufklärung verlangt).

## B. Zentrale Regelungen

### I. § 1901a Abs. 1 BGB

#### 1. Der Begriff der Patientenverfügung

3   § 1901a Abs. 1 Satz 1 umschreibt den Begriff der Patientenverfügung dahingehend, dass ein einwilligungsfähiger Volljähriger für den Fall seiner Einwilligungsunfähigkeit schriftlich festgelegt hat, ob er in bestimmte, zum Zeitpunkt der Festlegung noch nicht unmittelbar bevorstehende Untersuchungen seines Gesundheitszustandes, Heilbehandlungen oder ärztliche Eingriffe einwilligt oder sie untersagt. Der Begriff der Patienten»verfügung« bleibt dabei unscharf, handelt es sich doch bei den Festlegungen in einer Patientenverfügung weder um Verfügungen im rechtlichen Sinne noch um Verfügungen von Todes wegen; Patientenverfügungen sind vielmehr als Sonderform der Einwilligung – hingegen wohl nicht als Willenserklärung – zu qualifizieren (Spickhoff/*Spickhoff* § 1901a BGB Rn. 3 f.; anders *Boemke*, NJW 2017, 1706 (1708), der die Patientenverfügung als geschäftsähnliche Handlung ansieht; der BGH, Beschl. v. 14.11.2018 – XII ZB 107/18, Rn. 27; BGH NJW 2019, 600 (602 f.) lässt dies offen). Sie enthalten dementsprechend eine verbindliche Einwilligung in bestimmte medizinische Maßnahmen oder die Untersagung solcher Maßnahmen (kritisch aus empirischer Sicht – und mit Blick auf das sog. Advance Care Planning – *Mackmann/in der Schmitten*, ZfmE 2013, 213 ff.; *in der Schmitten/Mackmann*, ZfmE 2013, 229 ff.; ferner *Jox*, ZfmE 2013, 269 ff. mit dem Hinweis, es mangele oft an der Kenntnis der Patientenverfügung im Behandlungsfall oder Patientenverfügungen seien nicht aussagekräftig; nicht nur in Notsituationen wird dem Arzt in der Tat keine Pflicht auferlegt, zu ermitteln, ob eine Patientenverfügung vorliegt, s. *Stolz*, BtPrax 2011, 103 ff. Ausführlich zu rechtsgebietsübergreifenden Problemlagen der gesundheitlichen Versorgungsplanung am Lebensende *J. Prütting*, in: GD Schockenhoff 2021, im Erscheinen). Keine Patientenverfügung i.S.d. § 1901a Abs. 1 stellt die sogenannte »erweiterte Patientenverfügung« dar, die der Betroffene ungeachtet eines etwaigen späteren Eintritts der Einwilligungsunfähigkeit errichtet. Diese tatsächliche Willensbekundung soll nach teilweise vertretener Ansicht vielmehr als Sicherungsmittel gegen die Überspielung des wahren Patientenwillens durch den späteren Einwand der hypothetischen Einwilligung dienen (s. dazu ausführlich *Ziegler*, FamRZ 2020, 1406). Eine Einwilligung oder Nichteinwilligung des Betreuers ist dann nicht mehr erforderlich, da der Betreute bereits selbst eine Entscheidung in einer alle Beteiligten bindenden Weise (s.a. unten Rdn. 13) getroffen hat (ausdrücklich BGH MedR 2015, 508 (509); BGH MedR 2017, 36 (40); BGH MedR 2017, 802 (804); BGH, Beschl. v. 14.11.2018 – XII ZB 107/18, Rn. 17 ff.; BGH NJW 2019, 600 (601 f.); s.a. MüKo-BGB/*Schneider* § 1901a Rn. 22, 28 ff.; anders noch *Diehn/Rebhan*, NJW 2010, 326 (327); nach der Begründung des Gesetzentwurfs kann eine Patientenverfügung allerdings auch lediglich zur Einwilligung ermächtigen, s. BT-Drs. 16/8442, S. 15; dazu Jurgeleit/*Kieß* § 1901a BGB, Rn. 42 mit dem Hinweis, dass dann der mutmaßliche Wille des Betroffenen maßgeblich sei). Zugleich nimmt die Patientenverfügung dem Betreuer die Befugnis, eine gegenteilige Einwilligung (oder Nichteinwilligung) zu erklären (MüKo-BGB/*Schneider* § 1901a Rn. 22; Palandt/*Götz* § 1901a, Rn. 22 f., vgl. auch dort Rn. 27), ihm obliegt es lediglich, dem in der Patientenverfügung niedergelegten Willen des Betroffenen nach § 1901a Abs. 1 Satz 2 Ausdruck und Geltung zu verschaffen. Der Betreuer ist – unter Berücksichtigung des Genehmigungserfordernisses nach § 1904 Abs. 2 – demgegenüber zur Entscheidung berufen, wenn nicht sämtliche Voraussetzungen einer wirksamen Patientenverfügung nach § 1901a Abs. 1

vorliegen oder diese nicht auf die konkret eingetretene Lebens- und Behandlungssituation zutrifft. Da in diesem Fall der Willensbekundung keine unmittelbare Bindungswirkung zukommt (s.a. BT-Drs. 16/8442, S. 11; ferner Palandt/*Götz* § 1901a, Rn. 17), hat folglich der Betreuer nach § 1901a Abs. 2 die Entscheidung über die Einwilligung oder Nichteinwilligung in eine ärztliche Maßnahme zu treffen, wobei er den Behandlungswünschen oder dem mutmaßlichen Willen des Betroffenen Geltung zu verschaffen hat (zum Ganzen BGH MedR 2015, 508, 510; BGH MedR 2017, 36, 40; BGH MedR 2017, 802, 804).

Dem Begriff der Patientenverfügung kommt trotz seiner terminologischen Unschärfe eine wichtige Abgrenzungsfunktion gegenüber anderen Willensbekundungen oder Wünschen des Betroffenen zu (s. dazu *Höfling*, NJW 2009, 2849, 2850):

– Mündliche Willensbekundungen sind auch dann nicht erfasst, wenn sie konkret und situationsbezogen sind. Sie können allenfalls Bedeutung nach § 1901a Abs. 2 erlangen (BGH MedR 2015, 508, 511; BGH MedR 2017, 36, 41; BGH MedR 2017, 802, 806; MüKo-BGB/*Schneider* § 1901a Rn. 12; Palandt/*Götz* § 1901a Rn. 11; Spickhoff/*Spickhoff* § 1901a BGB Rn. 6, 11).

– Ebenso wenig vom Begriff der Patientenverfügung umfasst sind Entscheidungen eines einwilligungsfähigen Betroffenen, die sich auf unmittelbar bevorstehende ärztliche Maßnahmen – etwa Operationen – beziehen (s. dazu BT-Drs. 16/8442, S. 12). Ausdrücklich nimmt § 1901a Abs. 1 Satz 1 lediglich Bezug auf zum Zeitpunkt der Festlegung noch nicht unmittelbar bevorstehende medizinische Maßnahmen und § 1901a Abs. 3 ergänzt, dass Patientenverfügungen unabhängig von Art und Stadium einer Erkrankung des Betreuten gelten. Für Patientenverfügungen ist daher eine »Fernwirkung« typisch (Palandt/*Götz* § 1901a Rn. 4; dazu ferner *Henking/Bruns*, GesR 2014, 585 ff. mit dem Hinweis, dass es allerdings nicht ausschließlich um die Ablehnung lebensverlängernder Maßnahmen – s. aber auch BeckOK BGB/*Müller-Engels* § 1901a Rn. 2: Gegenstand von Patientenverfügungen ist in erster Linie die Ablehnung lebensverlängernder oder -erhaltender Maßnahmen im Vorfeld des Sterbens – gehen muss, sondern Patientenverfügungen vielmehr insbesondere auch im psychiatrischen Bereich eingesetzt werden können; ebenso *Brosey*, BtPrax 2010, 161 ff.).

– Für die Praxis von kaum zu überschätzender Bedeutung ist ferner das Tatbestandsmerkmal »Entscheidung über eine bestimmte ärztliche Maßnahme«. Damit werden allgemeine Formulierungen und Richtlinien für eine künftige Behandlung, wie sie (vormals) im ärztlichen wie forensischen Alltag überaus häufig anzutreffen waren, nicht als Patientenverfügungen anerkannt. Wendungen wie »Wenn keine Aussicht auf Besserung im Sinne eines für mich erträglichen umweltbezogenen Lebens besteht, möchte ich keine lebensverlängernden Maßnahmen [. . .]« entfalten somit – wie die Gesetzesbegründung zutreffend hervorhebt – keine unmittelbare Bindungswirkung (s. BT-Drs. 16/8442, S. 14; dazu auch BGH MedR 2015, 508 (512) mit dem Hinweis, nicht ausreichend seien allgemeine Anweisungen, wie die Aufforderung, ein würdevolles Sterben zu ermöglichen oder zuzulassen, wenn ein Therapieerfolg nicht mehr zu erwarten ist; BGH MedR 2017, 36 (41); BGH MedR 2017, 802 (804)). Auch die Bezugnahme auf »Dauerschäden des Gehirns« ist für sich allein nicht präzise genug, um den Abbruch einer konkreten Behandlungsmaßnahme zu erlauben (zum Abbruch der Ernährung mithilfe einer PEG-Sonde BGH MedR 2017, 36 (41); ebenso BGH MedR 2017, 802 (805); kritisch *Sternberg-Lieben*, MedR 2017, 42 (43) mwN. Aus der Formulierung, dass aktive Sterbehilfe abgelehnt werde, lässt sich umgekehrt nicht zwingend schließen, dass jeglicher Behandlungsabbruch unerwünscht ist (BGH MedR 2017, 802 (804, 806); früher entschied der BGH jedoch auch, dass lebenserhaltende Maßnahmen nicht verwehrt werden dürften und Patientenverfügungen nicht ihrem Inhalt zuwider als Vorwand benutzt werden dürfen, um aus unlauteren Motiven auf eine Lebensverkürzung schwer erkrankter Patienten hinzuwirken (BGH NJW 2011, 161 ff.)). Nach dem BGH »genügt eine Patientenverfügung, die einerseits konkret die Behandlungssituationen beschreibt, in der die Verfügung gelten soll, und andererseits die ärztlichen Maßnahmen genau bezeichnet, in die der Ersteller einwilligt oder die er untersagt, etwa durch Angaben zur Schmerz- und Symptombehandlung, künstlichen Ernährung und

Flüssigkeitszufuhr, Wiederbelebung, künstlichen Beatmung, Antibiotikagabe oder Dialyse, dem Bestimmtheitsgrundsatz« (BGH MedR 2017, 802 (804); BGH, Beschl. v. 14.11.2018 – XII ZB 107/18, Rn. 20; BGH NJW 2019, 600 (602); s. zum Merkmal der bestimmten Maßnahmen im Fall ihrer Untersagung aber auch *Schumacher*, FPR 2010, 474 (475); *Jürgens/Loer* § 1901a BGB Rn. 8; MüKo-BGB/*Schneider* § 1901a Rn. 19 f.; *Rieger*, FamRZ 2010, 1601 (1603 f.)). Man kann damit von einem zweigleisigen Bestimmtheitsgrundsatz ausgehen (BeckOGK/*Diener* § 1901a BGB Rn. 48). Bestimmte Untersuchungen, Heilbehandlungen oder ärztliche Eingriffe sind vielmehr nur solche konkreten Maßnahmen, die sich der Betroffene ausdrücklich wünscht oder verbittet (s. zur Bestimmtheit von Maßnahmen MüKo-BGB/*Schneider* § 1901a Rn. 23). Entscheidend dürfte dabei gleichwohl eine funktionale Betrachtung sein, da in Patientenverfügungen insbesondere nicht der medizinische Fortschritt vorweggenommen werden kann (Spickhoff/*Spickhoff* § 1901a BGB Rn. 7) und das Bestimmtheitsgebot vor dem Hintergrund des verfassungsrechtlich gewährleisteten Selbstbestimmungsrechts zudem nicht überstrapaziert werden darf (s. zum Ganzen BGH MedR 2015, 508 (512); sich dem anschließend BGH MedR 2017, 36 (41); BGH MedR 2017, 802 (804 f.), nach dem die Anknüpfung an die Aussichtslosigkeit der Wiedererlangung des Bewusstseins eine hinreichend konkrete Behandlungssituation darstellt; BGH, Beschl. v. 14.11.2018 – XII ZB 107/18, Rn. 20; BGH NJW 2019, 600 (602); darauf noch nicht eingehend BGH MedR 2017, 36 (41); Palandt/*Götz* § 1901a Rn. 5). Diesbezüglich betonte der BGH einerseits, der Betroffene müsse umschreibend festlegen, was er in einer bestimmten Lebens- und Behandlungssituation will und was nicht – insbesondere könne nicht ein gleiches Maß an Präzision verlangt werden, wie es bei der Willenserklärung eines einwilligungsfähigen Kranken in die Vornahme einer ihm angebotenen Behandlungsmaßnahme erreicht werden kann (s. BGH MedR 2015, 508 (512); sich dem anschließend BGH MedR 2017, 36 (41) und BGH MedR 2017, 802 (804 f.); BGH, Beschl. v. 14.11.2018 XII – ZB 107/18 Rn. 20; BGH NJW 2019, 600 (602); kritisch dazu *Duttge*, JZ 2015, 43 (45); anders *Albrecht/Albrecht*, MittBayNot 2009, 426 (428)). Festlegungen, die nicht dem Bestimmtheitserfordernis genügen, können schließlich nach § 1901a Abs. 2 Berücksichtigung finden (Palandt/*Götz* § 1901a Rn. 5). Bei der Auslegung von Patientenverfügungen muss zudem beachtet werden, dass der Wille des Patienten wie bei anderen Urkunden auch zumindest Andeutung gefunden haben muss (vgl. dazu BGH NJW 1975, 536 ff.; BGH NJW 1983, 1610 (1611)); dem Andeutungserfordernis ist nach dem BGH jedoch jedenfalls Genüge getan, wenn der Betroffene keine lebensverlängernden Maßnahmen wünscht und eine konkrete Behandlungssituation benennt (BGH, Beschl. v. 14.11.2018 – XII ZB 107/18 Rn. 34; BGH NJW 2019, 600 (603)).

5 Im Einzelnen ist zu Recht insbesondere das Schriftformerfordernis i.S.d. § 126 als konstitutiv anerkannt, was noch bis zum Schluss der parlamentarischen Beratungen umstritten war (hierauf verzichten wollte noch der Entwurf der Abgeordneten *Zöller/Faust*, s. BT-Drs. 16/11493, nach Müko-BGB/*Schneider* kann die Schriftform durch notarielle Beurkundung wie durch elektronische Form ersetzt werden, nicht jedoch durch Textform, Rn. 12). Wie auch in anderen Konstellationen soll dieses Formerfordernis gewährleisten, dass nur diejenigen Erklärungen als verbindlich angesehen werden, die vom Erklärenden auch wirklich als solche gemeint gewesen sind. Das Schriftformerfordernis schützt nicht nur vor voreiligen Willensbekundungen, sondern auch vor – unter Umständen sogar absichtsvollen – Missdeutungen seitens der Erklärungsmittler (dazu *Duttge/Fantaziu/Kling/Richter/Schwabenbauer* Preis der Freiheit, S. 19 f.). Grundsätzlich gilt darüber hinaus: Patientenverfügungen enthalten in der Regel Aussagen über »Now for then-Präferenzen«. Die Rechtsordnung verlangt gerade für die Erheblichkeit solcher Präferenzen häufig eine besondere Form, insbesondere die Schriftform. Dies gilt jedenfalls dann, wenn die erklärten Präferenzen sich nicht an einen ganz bestimmten Adressaten wenden und der Erklärende zur Aufklärung nichts mehr beitragen kann. In solchen Konstellationen verlangt die Rechtsgemeinschaft Klarheit über den Inhalt der Erklärung und die Rechtsordnung versucht, mindestens über das Schriftformerfordernis Authentizität, (relative) Eindeutigkeit, Vollständigkeit und Beweisbarkeit der Erklärung zu sichern (dazu BGH MedR 2017, 802 (804), nach dem Patientenverfügungen primär nach ihrem schriftlich niedergelegten Inhalt ausgelegt werden; s. dazu *Höfling*, MedR 2006, 25 (28)).

Über das Schriftformerfordernis hinaus kann eine Patientenverfügung nur von einwilligungsfähi- 6
gen – also einsichtsfähigen (MüKo-BGB/*Schneider* § 1901a Rn. 10 f.; Spickhoff/*Spickhoff* § 1901a
BGB Rn. 4) – Volljährigen verfasst werden (beim Fehlen konkreter Anhaltspunkte wird die Einwilligungsfähigkeit indes vermutet, s. Jurgeleit/*Kieß* § 1901a BGB Rn. 17). Dies beruht auf der betreuungsrechtlichen Konzeption des Patientenverfügungsgesetzes, die ihrerseits maßgeblich dem Anliegen des Gesetzgebers geschuldet ist, die Verbindlichkeit einer Patientenverfügung gerade auch für den Betreuer festzuschreiben (s. dazu Bergmann/Pauge/Steinmeyer/*Kahlert* § 1901a BGB Rn. 4; vgl. MüKo-BGB/*Schneider* § 1901a, Rn. 2). Die mit § 1901a Abs. 1 verbundene Einschränkung des Selbstbestimmungsrechts Minderjähriger ist grundrechtlich betrachtet nicht unproblematisch (Palandt/*Götz* § 1901a Rn. 10; *Sternberg-Lieben/Reichmann*, NJW 2012, 257 ff.; eine von Minderjährigen abgefasste Patientenverfügung erlangt auch nicht etwa mit der Volljährigkeit Wirksamkeit, s. Jürgens/*Loer* § 1901a BGB Rn. 5), allerdings besteht zumindest die Möglichkeit, Wünsche und Festlegungen Minderjähriger im Rahmen der Entscheidung nach § 1901a Abs. 2 zu berücksichtigen (BGH MedR 2015, 508 (511); BGH MedR 2017, 36 (41); BGH MedR 2017, 802 (805); MüKo-BGB/*Schneider* § 1901a, Rn. 10; ferner *Spickhoff*, FamRZ 2009, 1949 (1950 f.); *Beermann*, FPR 2010, 252 (252 f.)). Eine Vertretung kommt aufgrund der in einer Patientenverfügung zu treffenden höchstpersönlichen Entscheidungen schließlich nicht in Betracht (MüKo-BGB/*Schneider* § 1901a Rn. 9; Spickhoff/*Spickhoff* § 1901a BGB Rn. 4).

Die Patientenverfügung unterliegt keiner Reichweitenbegrenzung. Eine solche Reichweitenbegren- 7
zung war mit Blick auf die Asymmetrie von Erklärungen Einwilligungsfähiger und antizipativen Willensbekundungen von gewichtigen Stimmen – etwa der Mehrheitsauffassung der Enquete-Kommission »Ethik und Recht der modernen Medizin« des Deutschen Bundestages (BT-Drs. 15/ 3700, S. 38 ff.) sowie dem sog. *Bosbach*-Entwurf (dazu *Höfling/Schäfer* Leben und Sterben in Richterhand?, S. 36 ff.) – vertreten worden. Nunmehr bestimmt § 1901a Abs. 3 ausdrücklich, dass die an das Vorliegen einer Patientenverfügung geknüpften Rechtsfolgen »unabhängig von Art und Stadium einer Erkrankung des Betreuten« gelten. Schon vor dem Inkrafttreten des Patientenverfügungsgesetzes war auch die Rechtsprechung davon ausgegangen, dass namentlich das Vorliegen einer Grunderkrankung mit einem »irreversibel tödlichen Verlauf« nicht Voraussetzung für den zulässigen Abbruch lebenserhaltender Maßnahmen ist (BGHSt 55, 191 ff.). § 1901a Abs. 3 stellt ganz in diesem Sinne klar, dass – auch wenn der Sterbevorgang noch nicht eingesetzt hat (oder eine nicht zwingend zum Tode führende Erkrankung vorliegt) – gegen den Willen des Betroffenen eine ärztliche Behandlung weder eingeleitet noch fortgesetzt werden darf. Der Betroffene darf aufgrund seines Selbstbestimmungsrechts nämlich eine Heilbehandlung auch dann ablehnen, wenn sie seine ohne Behandlung zum Tod führende Krankheit besiegen oder den Eintritt des Todes weit hinausschieben könnte (BT-Drs. 16/8442, S. 9; s.a. BGH MedR 2015, 508 (511); ferner MüKo-BGB/*Schneider* § 1901a Rn. 4, 52 ff.). Das Selbstbestimmungsrecht hat insoweit Vorrang vor der medizinischen Machbarkeit und Sinnhaftigkeit. § 1901a Abs. 3 darf freilich nicht überspielen, dass eine Patientenverfügung auf die konkret eingetretene Lebens- und Behandlungssituation zutreffen muss, gänzlich bedeutungslos sind Art und Stadium einer Erkrankung im Zusammenhang mit den Regelungen über die Patientenverfügung mithin nicht (*Boemke*, NJW 2015, 378 (379 f.)). Festlegungen in Patientenverfügungen gelten dementsprechend insbesondere auch für notfallmedizinische Maßnahmen selbst in denjenigen Fällen, in denen die Einwilligungsfähigkeit noch nicht unwiderruflich verloren ist (Palandt/*Götz* § 1901a Rn. 20, 29; s.a. *Coeppicus*, NJW 2011, 2085 (2085); zur Bedeutung von Patientenverfügungen für notfallmedizinische Maßnahmen auch *Lippert*, GesR 2014, 710 ff.; s. aber auch *Beckmann*, ZfL 2015, 102 ff., der darauf hinweist, dass mit der bloßen Existenz einer Patientenverfügung oder einer fehlerhaften Interpretation die Gefahr einhergeht, dass die Akuttherapie vernachlässigt wird und Lebenschancen vergeben werden).

Spezifische Problemlagen hält schließlich § 2 Abs. 1 Satz 1 Nr. 2 TPG bereit, wonach im Rahmen 8
der Aufklärung über die Organspende auch die Bedeutung einer zu Lebzeiten abgegebenen Erklärung zur Organ- und Gewebespende im Verhältnis zu einer Patientenverfügung zu berücksichtigen ist (s. dazu Höfling/*Engels* § 2 TPG Rn. 14). Patientenverfügungen werden nämlich Vorgaben zur Therapiebegrenzung enthalten, die – jedenfalls auf den ersten Blick – mit der Notwendigkeit einer

intensivmedizinischen Intervention im Zuge der Explantation kollidieren können. Hieraus dürften sich schwierige Fragen ergeben, insbesondere wenn die Erklärungen nicht aufeinander abgestimmt sind (s. dazu *Höfling*, ZfmE 2013, 171, 176 f.). Umstritten ist insoweit die Möglichkeit einer »organspendefreundlichen Auslegung« einer Patientenverfügung (vgl. dazu BeckOGK/*Diener* § 1901a BGB, Rn. 110 ff., nach dessen Ansicht richtigerweise beiden Erklärungen Bedeutung zugemessen werden muss. So würde bspw. dem in einem Organspendeausweis niedergelegten Willen nicht genügend Beachtung geschenkt werden, wenn erforderliche Lebenserhaltungsmaßnahmen trotz einer anderslautenden Patientenverfügung zumindest für den für eine Organtransplantation erforderlichen Zeitraum nicht durchgeführt werden würden; für eine Klarstellung in der Patientenverfügung plädierend BeckOK BGB/*Müller-Engels* § 1901a Rn. 14; s. dazu auch Münch FamR/*Renner* § 16 Rn. 201 ff; *Verrel*, GuP 2012, 221 (223); ferner Bundesärztekammer DÄBl. 2013, A 574; kritisch zum Thema Organspende und betreuungsrechtliche Genehmigung Müko-BGB/*Schneider* § 1904 Rn. 76).

**8a** Seit dem Urteil des BVerfG aus dem Februar 2020, in dem das ursprünglich in § 217 StGB verankerte Verbot der geschäftsmäßigen Förderung der Selbsttötung verankert war, ist fraglich, inwieweit in einer Patientenverfügung der Wille zum Anspruch von Sterbehilfe verankert werden kann (zur Sterbehilfedebatte mit speziellem Fokus auf das Betreuungsrecht *J. Prütting*, in: Jahrbuch des BdB 2021, S. 139 ff.). Zunächst bestand noch das Problem entgegenstehender Vorgaben in den Berufsordnungen der Landesärztekammern. Dieses Problem wird jedoch aufgrund der Rechtswidrigkeit der Normen und nach der Änderung der Musterberufsordnung-Ärzte, an der sich die meisten und allein verbindlichen Landesberufsordnungen-Ärzte orientieren, bald überkommen sein (vgl. *Prütting/Winter*, GesR 2020, 273, in diese Richtung auch *Dodegge*, FamRZ 2021, 5 (11)). Der § 1901a Abs. 1 enthält insoweit keine Beschränkungen, sodass grundsätzlich in einer Patientenverfügung der Wunsch nach Sterbehilfe verankert werden kann. Dies entspricht auch dem grundsätzlichen Gedanken der Selbstbestimmung, der durch die Patientenverfügung Wirkung verschafft werden soll. Allerdings sind aufgrund der großen Reichweite und Finalität der Maßnahme hohe Voraussetzungen an ihre Verankerung in der Patientenverfügung zu stellen (vgl. dazu *Dodegge*, FamRZ 2021, 5 (9 f.). Insbesondere genügt ein daraus abgeleiteter mutmaßlicher Wille nicht). Problematisch scheint in diesem Zusammenhang, inwieweit der Verfügende auf die erforderliche Aufklärung oder die von der Bundesregierung angedachte Beratung verzichten kann (für Möglichkeit des Verzichts der Aufklärung *Dodegge*, FamRZ 2021, 5 (9 f.); Gesetzentwurf *Helling-Plahr/Lauterbach/Sitte/Schulz/Fricke*, S. 6, nach dem die Beratung höchstens acht Wochen her sein darf). Es ist zu erwarten, dass eine Fristenlösung einen aktuellen Willen verlangt, der nur wenige Wochen alt ist. Eine solche Regelung würde der Festlegung in der Patientenverfügung entgegenstehen. Dies wäre im Endeffekt auch situationsadäquat, da ansonsten der Betroffene sich womöglich nicht der Tragweite seines Verlangens nach assistiertem Suizid bewusst wird.

### 2. Zur Rolle des Betreuers bzw. Bevollmächtigten

**9** Ein Tätigwerden des Betreuers auf der Grundlage einer Patientenverfügung kommt nur in Betracht, wenn der Betroffene einwilligungsunfähig geworden ist (Jürgens/*Loer* § 1901a BGB Rn. 13). Nach § 1901a Abs. 1 Satz 1 hat der Betreuer – sowie nach § 1901a Abs. 6 der Bevollmächtigte (ausführlich dazu MüKo-BGB/*Schneider* § 1901a Rn. 63 ff.) – das Recht und die Pflicht, zu prüfen, ob die Festlegungen einer Patientenverfügung auf die aktuelle Lebens- und Behandlungssituation zutreffen. Der Betreuer hat folglich zu klären, ob die Patientenverfügung eine Entscheidung über die jeweilige ärztliche Maßnahme enthält (BT-Drs. 16/8442, S. 14; MüKo-BGB/*Schneider* § 1901a Rn. 28; Maßstab ist allein der Wille des Verfügenden, s. *Hoffmann*, BtPrax 2009, 7 ff.) und ob sie noch dem Willen des Betroffenen entspricht. Dabei kann die Patientenverfügung nach dem BGH näheres zu den Pflichten eines Bevollmächtigten festlegen, bzw. diese konkretisieren (BGH MedR 2017, 36 (40)). Dementsprechend hat die anzustellende Prüfung alle Gesichtspunkte, die sich aus der aktuellen Lebens- und Behandlungssituation des Betroffenen ergeben, zu berücksichtigen (die Beschlussempfehlung und der Bericht des Rechtsausschusses weisen insoweit darauf hin, dass es sinnvoll sein könne, in der Patientenverfügung Zeit und Ort ihrer Erstellung anzugeben und sie bei

Bedarf zu aktualisieren, BT-Drs. 16/13314, S. 19 f.). Sie schließt insbesondere ein, ob das aktuelle Verhalten des nicht mehr entscheidungsfähigen Patienten konkrete Anhaltspunkte dafür zeigt, dass er unter den gegebenen Umständen den zuvor schriftlich geäußerten Willen nicht mehr gelten lassen will und ob der Betroffene bei seinen Festlegungen diese Lebenssituation mitbedacht hat. Derartige konkrete Indizien können sich »aus situativ-spontanem Verhalten des Patienten gegenüber vorzunehmenden oder zu unterlassenden ärztlichen Maßnahmen« ergeben (BT-Drs. 16/8442, S. 15; zur Gefahr der ergänzenden Auslegung allerdings auch *Schumacher*, FPR 2010, 474 (475); ferner Palandt/*Götz* § 1901a Rn. 18, 22 mit dem Hinweis, dass der Betroffene nicht seine eigene Biographie als Patient voraussehen müsse und seine Entscheidungen nicht durch Rückgriff auf ein objektives Wohl oder seinen mutmaßlichen Willen korrigiert werden dürfen; zu ersterem so auch BGH MedR, 2017, 36 (41)). Gerade bei Demenzerkrankungen (die Begründung des Gesetzentwurfs hält eine Prüfung durch den Betreuer insoweit für besonders bedeutsam, s. BT-Drs. 16/8442, S. 15) steht der Betreuer allerdings vor oftmals schwierigen Herausforderungen: Er darf die Patientenverfügung nicht durch Spekulationen darüber unterlaufen, ob und dass der Betroffene in der konkreten Entscheidungssituation etwas anderes gewollt hätte, muss andererseits aber nicht zuletzt im Interesse des verfassungsrechtlich geforderten Integritätsschutzes sensibel reagieren (s. zu Patientenverfügungen bei Patienten mit Demenz DÄbl. 2018, A952).

Umstritten ist, ob dem Betreuer eine ausschließliche Prüfungsbefugnis zusteht (s. *Diehn/Rebhan*, 10 NJW 2010, 326 (327 f.); ähnlich *Boemke*, NJW 2015, 378 (379) mit dem Hinweis, dass der Arzt nicht zur Einstellung lebenserhaltender Maßnahmen berechtigt ist, nur weil er die Patientenverfügung anders deutet als der Betreuer) oder insbesondere auch der Arzt – mit den Rechtsfolgen des § 1904 Abs. 4 – selbst zu beurteilen hat, ob eine ausreichende Einwilligung oder Nichteinwilligung für die jeweilige medizinische Maßnahme vorliegt (s. dazu MüKo-BGB/*Schneider* § 1901a Rn. 28, der dem Betreuer den notwendigen medizinischen Sachverstand abspricht, um ausschließlich eine Entscheidung über den Abbruch lebenserhaltender Maßnahmen zu treffen; ferner Palandt/*Götz* § 1901a Rn. 22 ff.). Jedenfalls sofern der Betreuer feststellt, die Patientenverfügung treffe auf die konkret eingetretene Lebens- und Behandlungssituation zu, kann der behandelnde Arzt lebenserhaltende Maßnahmen abbrechen; dazu verpflichtet ist er ausweislich der Regelung des § 1904 Abs. 2 allerdings nicht. Nur wenn auch der behandelnde Arzt zu der Auffassung gelangt, die Patientenverfügung treffe auf die konkret eingetretene Lebens- und Behandlungssituation zu, können lebenserhaltende Maßnahmen gem. § 1904 Abs. 4 ohne betreuungsrechtliche Genehmigung abgebrochen werden (*Boemke*, NJW 2015, 378 (379); s. dazu aber auch *Duttge*, JZ 2015, 43 (45 f.), der auf die Notwendigkeit einer Deutung der Patientenverfügung hinweist und es deswegen als sträfliche Vernachlässigung qualifiziert, dass entsprechende Deutungsprozesse unbesehen Arzt und Betreuer überlassen werden; ferner *Spickhoff*, MedR 2017, 807 (808) in Anm. zu BGH MedR 2017, 802, der fordert, dass bei mehreren behandelnden Ärzten unterschiedlicher Ausrichtung alle i.R.d. § 1904 Abs. 4 zustimmen müssen; zum Strafbarkeitsrisiko Spickhoff/*Spickhoff* § 1901a BGB Rn. 14).

Entspricht die Patientenverfügung der Lebens- und Behandlungssituation, hat der Betreuer gem. 11 § 1901a Abs. 1 Satz 2 unbedingt darauf zu achten, dass dem Willen des Betreuten »Ausdruck und Geltung« verschafft wird – diese Formulierung lässt sich zurückführen auf die grundlegende Entscheidung des BGH zum Abbruch lebenserhaltender Maßnahmen (BGH NJW 2003, 1588 (1589)). Im Einzelnen hat der Betreuer dafür Sorge zu tragen, dass alle in die Behandlung des Patienten eingebundenen Personen zunächst Kenntnis von der Patientenverfügung erlangen; des Weiteren ist der Betreuer nicht nur zum Einwirken auf diese Personen verpflichtet (BGH MedR 2017, 36 (39 f.); MüKo-BGB/*Schneider* § 1901a Rn. 30 f.), sondern er hat überdies auch die Aufgabe, Dritte zur Erfüllung ihrer Pflichten nach § 1901c anzuhalten und für die Organisation der medizinischen Maßnahmen im Fall einer einwilligenden Patientenverfügung zu sorgen (MüKo-BGB/*Schneider* § 1901a Rn. 34). Zur Durchsetzung der Festlegungen einer Patientenverfügung kommt ferner die Einleitung eines Verfahrens nach § 1904 Abs. 2 in Betracht. Auf diesem Wege lässt sich im Übrigen auch Missbrauch im Umgang mit einer Patientenverfügung seitens des Betreuers verhindern, indem nämlich insbesondere ärztlicherseits – oder (mit Blick auf § 1904 Abs. 4) auch vonseiten Dritter – eine Entscheidung des Betreuungsgerichts herbeigeführt wird (s. BT-Drs. 16/13314, S. 19; ferner

BGH MedR 2015, 508 (510) mit dem Hinweis, das Betreuungsgericht müsse das Genehmigungsverfahren nach § 1904 Abs. 2 immer dann durchführen, wenn einer der Handelnden Zweifel daran hat, ob das geplante Vorgehen dem Willen des Betroffenen entspricht; Spickhoff/*Spickhoff* § 1901a BGB Rn. 14). Die Entscheidung eines Bevollmächtigten ist jedoch nur eingeschränkt gerichtlich überprüfbar; eine Kontrolle ist dann geboten, »wenn Anzeichen dafür sprechen, dass der Bevollmächtigte mit dem Umfang und der Schwierigkeit der vorzunehmenden Geschäfte überfordert ist, oder wenn gegen die Redlichkeit oder die Tauglichkeit des Bevollmächtigten Bedenken bestehen.« (BGH MedR 2017, 36 (39)). Ein Missbrauchs(-verdacht) ist dafür nicht erforderlich, vielmehr genügen »konkrete Anhaltspunkte dafür, dass der Bevollmächtigte nicht mehr entsprechend der Vereinbarung und dem Interesse des Vollmachtgebers handelt« (BGH MedR 2017, 36 (39); vgl. auch BGH MedR 2015, 508 (510 f.)). Auch die Entscheidungen über Auslegungen der Patientenverfügungen durch einen Tatrichter sind von höheren Instanzen nur auf Auslegungsfehler überprüfbar (BGH, Beschl. v. 14.11.2018 – XII ZB 107/18, Rn. 27, BGH NJW 2019, 600).

12 Durch den vom Gesetzgeber im Gesetz zur Neuregelung zur ärztlichen Zwangsbehandlung vom 17.07.2017 (BGBl. 2017 I S. 2426) neu eingefügten Absatz 4 muss der Betreuer zudem in geeigneten Fällen den Betreuten auf die Möglichkeit einer Patientenverfügung hinweisen und ihn auf dessen Wunsch bei der Errichtung einer Patientenverfügung unterstützen. Dies soll der Stärkung des Selbstbestimmungsrechts eines Betreuten dienen und ihn im Rahmen des § 1906a Abs. 1 Satz 1 Nr. 3 vor möglichen ärztlichen Zwangsmaßnahmen bewahren (dazu näher § 1906a; BT-Drs. 18/11240, S. 17). Geeignete Fälle dafür liegen nach der Gesetzesbegründung vor, wenn der Betreute nach einer im Zustand der Einwilligungsunfähigkeit durchgeführten ärztlichen (Zwangs-)Behandlung wieder einwilligungsfähig ist, jedoch die Gefahr des erneuten Verlustes der Einwilligungsfähigkeit, namentlich in einer psychischen Krisensituation, droht. Der Betreuer soll den Betreuten dabei in medizinischen Fragen nicht selbst beraten, sondern ihm vielmehr eine solche Beratung vermitteln. Ebenso soll er ihn bei der Festlegung von Behandlungsvereinbarungen (einer Sonderform der Patientenverfügung) mit dem Arzt unterstützen. Aufgrund der vertraglich-individuellen Ausgestaltung von Vollmachten gilt die Regelverpflichtung des Abs. 4 nicht entsprechend für Bevollmächtigte (zum Ganzen BT-Drs. 18/11240 S. 18).

Auch psychiatrische Patientenverfügungen, die in der Praxis vermehrt aufkommen, bewirken, dass zumindest zivilrechtlich eine Unterbringung nach § 1906 unzulässig ist (Jurgeleit/*Kieß* § 1901a BGB Rn. 55).

13 Ungeregelt lässt das Gesetz, was passiert, wenn kein Betreuer bestellt oder Bevollmächtigter benannt wurde, eine wirksame Patientenverfügung jedoch existiert. Insbesondere stellt sich die Frage, ob ein Betreuer bestellt werden muss, um die in § 1901a Abs. 1 Satz 1 statuierte Prüfung durchzuführen. Dagegen spricht, dass Patientenverfügungen nicht nur gegenüber dem Betreuer, sondern auch gegenüber Dritten eine umfassende Bindungs- und Außenwirkung beanspruchen (vom BGH so bestätigt, s. Rdn. 14). Jedenfalls soweit die Patientenverfügung nach § 1901a Abs. 1 wirksam ist und die konkrete medizinische Situation umfasst, ist eine weitere Prüfung durch einen Betreuer nicht notwendig (mit Hinweis auf § 630d BeckOGK/*Diener* § 1901a BGB Rn. 68 f.; *Coeppicus*, NJW 2013, 2939 (2940); MüKo-BGB/*Schneider* § 1901a Rn. 36; Palandt/*Götz* § 1901a BGB Rn. 15, der argumentiert, dass der Sinn der Patientenverfügung gerade sei, einen Betreuer überflüssig zu machen, die Bestellung jedoch sinnvoll sein kann; Spickhoff/*Spickhoff* § 1901a BGB Rn. 16, der dies auf Eil- und Ausnahmefälle beschränken will). Dagegen wird angeführt, dass sich die Erforderlichkeit einer Betreuerbestellung schon aus § 1904 ergibt. Danach können lebenserhaltende Maßnahmen nur aufgrund eines Zusammenwirkens von Arzt und Betreuer oder aufgrund einer Entscheidung des Betreuungsgerichts abgebrochen werden (BeckOK BGB/*Müller-Engels* § 1901a Rn. 29 mit dem Hinweis, eine Betreuerbestellung könne nur im Fall der Eilbedürftigkeit unterbleiben; Olzen/*Schneider*, MedR 2010, 745 (746); *Boemke*, NJW 2013, 1412 (1414)). Dies ist jedoch aufgrund der unmittelbaren Bindungswirkung der Patientenverfügung als Ausdruck des Selbstbestimmungsrechts (s.o. Rdn. 1) im Falle einer eindeutigen Patientenverfügung abzulehnen. Allerdings wird die Betreuerbestellung erforderlich, wenn eine Entscheidung noch nicht eindeutig

in der Patientenverfügung gefällt wurde oder der Patientenwille nicht eindeutig ist (MüKo-BGB/ *Schneider* § 1901a Rn. 36; Spickhoff/*Spickhoff* § 1901a BGB Rn. 16, der sich für den Grundsatz »Gründlichkeit vor Schnelligkeit« ausspricht; eher ablehnend wohl Palandt/*Götz* § 1901a Rn. 15). Dies wird in der Praxis aufgrund allumfassender Patientenverfügungen wohl häufig der Fall sein – bspw. wegen mangelnder Entscheidungen zu Detailfragen (MüKo-BGB/*Schneider* § 1901a, Rn. 36; so dann auch Palandt/*Götz* § 1901a Rn. 15).

Adressat einer Patientenverfügung kann jede an der Behandlung beteiligte Person sein (s. BT-Drs. 16/8442, S. 15). Zwar wurde nach dem Inkrafttreten des Patientenverfügungsgesetzes noch vertreten, der Betreuer habe zu entscheiden, wenngleich grundsätzlich gebunden an die Festlegungen des Patienten (s. dazu auch Rdn. 13). Der BGH hat indes inzwischen ausdrücklich darauf hingewiesen, dass der Betreute durch eine Patientenverfügung *selbst* eine Entscheidung in einer *alle Beteiligten bindenden Weise* getroffen hat (BGH MedR 2015, 508 (509); BGH MedR 2017, 802 (804); MüKo-BGB/*Schneider* § 1901a Rn. 9, 16 f.; *Coeppicus*, NJW 2011, 2085 (2086 f.); *Bienwald*, BtPrax 2010, 118 (119); *Müller*, DNotZ 2010, 169 (177); zur österreichischen Rechtslage OGH RdM 2013, 104 ff.; ferner Palandt/*Götz* § 1901a Rn. 16; anders *Diehn/Rebhan*, NJW 2010, 326 (327); *Albrecht/Albrecht*, MittBayNot 2009, 426 (432)). 14

### 3. Zum Widerruf einer Patientenverfügung

Nach § 1901a Abs. 1 Satz 3 kann eine Patientenverfügung jederzeit widerrufen werden. Anders als die Abfassung einer Patientenverfügung ist dieser Widerruf nicht an eine bestimmte Form gebunden. Die Aufhebung eines formbedürftigen Rechtsgeschäfts ist vorbehaltlich anderslautender gesetzlicher Regelungen (z.B. §§ 2290 Abs. 4, 2351) ganz allgemein von diesbezüglichen Formerfordernissen nicht umfasst (MüKo-BGB/*Schneider* § 1901a Rn. 37). Dies wird klarstellend ausdrücklich hervorgehoben (s. BT-Drs. 16/8442, S. 13). 15

Deswegen kann der Widerruf einer Patientenverfügung auch mündlich oder durch non-verbales Verhalten erfolgen (zum konkludenten Widerruf auch *Friedrich*, ZfmE 2013, 311 (317 ff.); *Brosey*, BtPrax 2009, 175 (176); mit Blick auf Demenz und Wachkoma ferner *Schumacher*, FPR 2010, 474 (476)), wenn ein entsprechender Wille nur hinreichend deutlich zum Ausdruck kommt (BT-Drs. 16/8442, S. 13; ferner Spickhoff/*Spickhoff* § 1901a BGB Rn. 20, der insoweit allerdings »keine hohen Anforderungen« stellt). Strittig ist, ob der Widerruf die Einwilligungsfähigkeit voraussetzt (s. dazu *Lindner/Huber*, NJW 2017, 6 (7); *Spickhoff*, FamRZ 2009, 1949, 1955 (auch in Spickhoff/ *Spickhoff* § 1901a BGB Rn. 21); Palandt/*Götz* § 1901a Rn. 25; ferner *Beermann*, FPR 2010, 252 (254); *Lange*, ZEV 2009, 537 (541)) und ob insbesondere einer Patientenverfügung unter Berufung auf den »natürlichen Willen« die Verbindlichkeit abgesprochen werden kann (s. dazu *Coeppicus*, NJW 2011, 2085 (2089 ff.); *Steenbreker*, NJW 2012, 3207 ff.; ausführlich *Lindner/Huber*, NJW 2017, 6 (7 f.)). Jedenfalls dürfte der Widerruf eines Nichteinwilligungsfähigen im Rahmen der Prüfung des Betreuers nach § 1901a Abs. 1 Satz 1 zu berücksichtigen sein (MüKo-BGB/*Schneider* § 1901a, Rn. 38; *Locher*, FamRB 2010, 56 (59)). 16

## II. § 1901a Abs. 2 BGB

§ 1901a Abs. 2 regelt die Aufgaben des Betreuers, sofern keine (wirksame) Patientenverfügung i.S.d. § 1901a Abs. 1 Satz 1 vorliegt oder Festlegungen in einer schriftlichen Patientenverfügung nicht auf die konkrete Lebens- und Behandlungssituation zutreffen (zu den Anforderungen, die sich für einen tödlich wirkenden Behandlungsabbruch beim Fehlen einer Patientenverfügung aus der EMRK ergeben, EGMR medstra 2016, 32 ff.; dazu etwa *Augsberg/Szczerbak*, medstra 2016, 3 ff.). Die Regelung trägt dem Umstand Rechnung, dass der Gesetzgeber davon abgesehen hat, die Geltungsdauer von Patientenverfügungen zu begrenzen, Ansichten sich aber häufig ändern (können), wenn die Betroffenen krank werden (Bergmann/Pauge/Steinmeyer/*Kahlert* § 1901a BGB Rn. 6). Dabei darf allerdings nicht der Selbstbestimmungsgedanke unter Rückgriff auf ein objektives Wohl des Patienten konterkariert werden, lediglich möglicherweise eingetretene Willensänderungen dispensieren nicht von den Festlegungen einer Patientenverfügung; die Unkenntnis des Betroffenen 17 von bestimmten Umständen oder neue (medizinische) Erkenntnisse können hingegen wohl berücksichtigt werden (*Ludyga*, FPR 2010, 266 (269)).

18 Enthält die Patientenverfügung keine Festlegungen, die auf die aktuelle Lebens- oder Behandlungssituation zutreffen, hat der Betreuer nach § 1901a Abs. 2 Satz 1 die Behandlungswünsche oder aber den mutmaßlichen Willen des Betreuten festzustellen und auf dieser Grundlage sodann zu entscheiden, ob er in eine ärztliche Maßnahme nach § 1901a Abs. 1 einwilligt oder sie untersagt. Die jeweilige Entscheidung muss dabei freilich überhaupt zum Aufgabenkreis des Betreuers gehören (MüKo-BGB/*Schneider* § 1901a Rn. 40). § 1901a Abs. 2 Satz 1 differenziert zwischen den Behandlungswünschen einerseits und dem mutmaßlichen Willen des Betroffenen andererseits (s. dazu auch *Beckmann*, FPR 2010, 278 ff.; MüKo-BGB/*Schneider* § 1901a Rn. 43 ff.): Nach dem BGH können zunächst Behandlungswünsche alle Äußerungen sein, die Festlegungen für eine konkrete Lebens- und Behandlungssituation enthalten, aber den Anforderungen an eine Patientenverfügung nicht genügen – etwa weil sie nicht schriftlich abgefasst wurden, keine antizipierenden Entscheidungen treffen oder von einem minderjährigen Betroffenen verfasst wurden; auch eine Patientenverfügung, die nicht sicher auf die aktuelle Lebens- und Behandlungssituation des Betroffenen passe und deshalb keine unmittelbare Wirkung entfalte, könne als Behandlungswunsch Berücksichtigung finden (s. dazu aber auch *Duttge*, JZ 2015, 43 (45)). Behandlungswünsche seien zudem insbesondere dann aussagekräftig, wenn sie in Ansehung der Erkrankung zeitnah geäußert worden sind, konkrete Bezüge zur aktuellen Behandlungssituation aufweisen und die Zielvorstellungen des Patienten erkennen lassen. Allerdings liege ein Behandlungswunsch i.S.d. § 1901a Abs. 2 Satz 1 – ebenso wie eine schriftliche Patientenverfügung – nicht vor, wenn sich dieser auf allgemein gehaltene Inhalte beschränkt; indes kann nach dem BGH schon die Äußerung, keine lebensverlängernden Maßnahmen in Anspruch nehmen zu wollen, wenn der Betroffene im Koma liegt, seinen Willen nicht mehr äußern und am Leben nicht mehr aktiv teilnehmen kann, dieser Bestimmtheit genügen (zum Ganzen BGH MedR 2015, 508 (511 f.); BGH MedR 2017, 36 (41); BGH MedR 2017, 802 (805)).

19 Auf den mutmaßlichen Willen ist nach dem BGH demgegenüber (nur) abzustellen, wenn sich ein auf die aktuelle Lebens- und Behandlungssituation bezogener Wille des Betroffenen nicht feststellen lässt. Der Betreuer stelle dabei – so der BGH weiter – letztlich eine These auf, wie sich der Betroffene selbst in der konkreten Situation entschieden hätte, wenn er noch über sich selbst bestimmen könnte. Dies komme indes nur hilfsweise in Betracht, wenn und soweit der wirkliche vor Eintritt der Einwilligungsunfähigkeit geäußerte Wille des Betroffenen nicht zu ermitteln sei; liege eine Willensbekundung des Betroffenen vor, binde sie als Ausdruck des fortwirkenden Selbstbestimmungsrechts den Betreuer und dürfe nicht durch einen »Rückgriff auf den mutmaßlichen Willen« korrigiert werden (BGH MedR 2015, 508 (511 f.); BGH MedR 2017, 36 (41); BGH MedR 2017, 802 (805 f.)).

20 § 1901a Abs. 2 Satz 2, 3 regelt im Einzelnen die Ermittlung des mutmaßlichen Willens (empirisch dazu *Schaider/Borasio/Marckmann/Jox*, ZfmE 2015, 107 ff.). Zunächst ist zu begrüßen, dass der Gesetzgeber hierzu eine ausdrückliche Regelung getroffen hat – namentlich die bisherige vormundschaftsgerichtliche Praxis hat insoweit nämlich deutliche verfassungsrechtliche Defizite offenbart (*Höfling/Schäfer* Leben und Sterben in Richterhand?, S. 78 ff.; allgemein dazu, dass eigene Vorstellungen oftmals eine gewichtige Rolle bei der Ermittlung des mutmaßlichen Willens spielen, etwa *Jox/Denke/Hamann/Mendel/Förstl/Borasio*, International Journal of Geriatric Psychiatry 27 [2012], 1045 ff.). Nicht selten wurde ein »objektives« Würdeverständnis gegen den Lebensschutz ausgespielt (s.a. *Hahne*, FamRZ 2003, 1619 (1621)). Dadurch kann der mutmaßliche Wille ein gefährliches Einfallstor für integritätsgefährdende Fremdbestimmung werden (s.a. Palandt/*Götz* § 1901a Rn. 7, 28): Insbesondere vermeintlich »allgemeine« Vorstellungen über ein würdevolles Leben und Sterben – auf die auch schon der BGH abstellen wollte (BGH NJW 1995, 204 (205)) – können gegen den Integritätsschutz ausgespielt werden (Palandt/*Götz* § 1901a Rn. 7; ferner MüKo-BGB/*Schneider* § 1901a, Rn. 49).

Einer solchen integritätsgefährdenden Fremdbestimmung ist mit der Regelung des § 1901a Abs. 2 **21** Satz 2 und 3 ein Riegel vorgeschoben. Bei der Ermittlung des mutmaßlichen Willens darf allein auf individuelle, konkrete Kriterien zurückgegriffen werden, wobei § 1901a Abs. 2 Satz 3 ausdrücklich auf »frühere mündliche oder schriftliche Äußerungen, ethische oder religiöse Überzeugungen, sonstige persönliche Wertvorstellungen« verweist. Vermutungen und Mutmaßungen werden damit ausgeschlossen, obwohl es stets bei einer Wahrscheinlichkeitsaussage über den mutmaßlichen Willen des Patienten bleiben dürfte (*Beckmann*, FPR 2010, 278, 279 (281)). Ob und inwieweit ferner ethische und religiöse Überzeugungen verlässliche Rückschlüsse in konkreten Behandlungsentscheidungen zulassen, bedarf jeweils genauer und kritischer Prüfung. Beachtlich dürften insoweit ebenfalls nur hinreichend konkrete Feststellungen sein (MüKo-BGB/*Schneider* § 1901a, Rn. 48), da eine Entscheidung unter strikter Beschränkung auf nachweisbare, aussagekräftige und subjektiv-individuelle Kriterien unerlässlich für den verfassungsrechtlich geforderten Integritätsschutz über Entscheidungen am Lebensende ist (der BGH hat derartige Anforderungen indes allein mit Blick auf Behandlungswünsche formuliert, s. BGH MedR 2015, 508 (511 f.); BGH MedR 2017, 36 (41); zum mutmaßlichen Willen BGH MedR 2017, 802 (805 ff.), insbesondere auch im Hinblick auf die Religion). Zudem muss ebenso wie im Fall einer Patientenverfügung auch mit Blick auf den mutmaßlichen Willen stets beachtet werden, dass der Betreute seine Anschauung geändert haben kann oder dass sich unbekannte Umstände auf vormals geäußerte Ansichten auswirken können (zum Ganzen *Beckmann*, FPR 2010, 278 (279 ff.) mit dem kritischen Hinweis, dass beiläufige, situationsbedingte, pauschale und ohne Bindungswillen abgegebene Meinungsäußerungen im Nachhinein zu Mosaiksteinen einer Gesamtschau werden).

Zur integritätsgefährdenden Fremdbestimmung hat inzwischen auch der BGH Stellung bezo- **22** gen: Zwar sind – so seine Argumentation – zunächst an die Ermittlung und Annahme des mutmaßlichen Willens keine erhöhten Anforderung zu stellen, wenn der Tod des Betroffenen nicht unmittelbar bevorsteht (kritisch dazu *Lindner*, MedR 2015, 483 ff., der eine Erhöhung der Anforderungen an die Feststellung des mutmaßlichen Willens jedenfalls für den Fall für angezeigt hält, dass es um den Abbruch lebenserhaltender Maßnahmen geht und der Tod des Betroffenen noch nicht unmittelbar bevorsteht; anders *Duttge*, JZ 2015, 43 (44) mit dem Hinweis, dass der Patientenwille auch schon für vorgelagerte Krankheitsstadien auf eine Therapiebegrenzung gerichtet sein könne). Diese Auffassung steht nach dem BGH nämlich nicht im Einklang mit § 1901a Abs. 3. Allerdings gelten – so der BGH weiter – für die Feststellung des behandlungsbezogenen Patientenwillens jedenfalls beweismäßig strenge Maßstäbe. Dies habe insbesondere zu gelten, wenn es beim Fehlen einer schriftlichen Patientenverfügung um die Feststellung eines in der Vergangenheit mündlich geäußerten Patientenwillens geht; bei der Ermittlung des mutmaßlichen Willens sei darauf zu achten, dass nicht die Werte und Vorstellungen des Betreuers zum Entscheidungsmaßstab werden. Diese bei der Ermittlung und der Annahme des mutmaßlichen Willens zu stellenden strengen Anforderungen gelten nach dem BGH auch unabhängig davon, ob der Tod des Betroffenen unmittelbar bevorsteht oder nicht (BGH MedR 2015, 508 (512); zur Unerheblichkeit der Wünsche des Ehemanns auch BGH MedR 2017, 802 (806)).

Kann ein auf die Durchführung, die Nichteinleitung oder die Beendigung einer ärztlichen Maß- **23** nahme gerichteter Wille des Betreuten auch nach Ausschöpfung aller verfügbaren Erkenntnisse nicht festgestellt werden, ist eine Entscheidung am Maßstab der medizinischen Indikation zu treffen (MüKo-BGB/*Schneider* § 1901a, Rn. 48), wobei nach der Begründung des Gesetzentwurfs dem Schutz des Lebens der Vorrang einzuräumen sein soll (BT-Drs. 16/8442, S. 16; BGH MedR 2017, 36 (40); s.a. *Lindner*, MedR 2015, 483 ff., der eine Vermutung aufstellt, wonach davon auszugehen ist, dass der Betroffene einem Abbruch lebensverlängernder Maßnahmen nicht zustimmen würde, wenn sein Tod aufgrund der aktuellen Behandlungssituation nicht unmittelbar bevorsteht; mit Blick auf die Rechtsprechung des BGH aber auch *Duttge*, JZ 2015, 43 (44)). Allenfalls dann sind formelhafte Entscheidungen »im Zweifel für das weitere Leben« (vgl. BGH MedR 2017, 802 (806) mit Anm. *Spickhoff*, MedR 2017, 807 (808); s. auch etwa LG Kleve FamRZ 2009, 1349 f.; AG Mannheim FamRZ 2009, 1861 f.) zulässig (s. aber auch Palandt/*Götz* § 1901a Rn. 28 mit dem Hinweis, dass angesichts der Orientierung am Wohl des Betreuten der Verzicht auf eine Weiterbehandlung nicht in allen Fällen ausgeschlossen sei; schließlich aber auch *Spickhoff*, FamRZ 2014, 1913 (1915), der den Abbruch lebenserhaltender Maßnahmen nicht schon aufgrund eines allgemeinen Wunsches nach »würdevollem Sterben« zulassen will; dem zustimmend auch nach dem Urteil des BVerfG in Bezug auf die Verfassungswidrigkeit des § 217 (BVerfG NJW 2020, 905) *Dodegge*, FamRZ 2021, 5 (10), nach dem bei einem nur mutmaßlichen oder nicht klar vorliegenden Willen nie darauf geschlossen werden kann, dass der Betreute Sterbehilfe in Anspruch nehmen wolle).

### III. § 1901a Abs. 5 BGB

24 Erst im Laufe des Gesetzgebungsverfahrens ist § 1901a um einen Abs. 5 (Abs. 4 a.F.) erweitert worden (eine entsprechende Regelung fand sich bereits in § 1901b Abs. 5 des sog. *Bosbach*-Entwurfs, s. BT-Drs. 16/11360). Danach darf es keinen wie auch immer gearteten Zwang zur Abfassung einer Patientenverfügung geben (BT-Drs. 16/13314, S. 20) – weswegen auch eine Benachteiligung unzulässig ist, die an das Fehlen einer Patientenverfügung anknüpft (MüKo-BGB/*Schneider* § 1901a, Rn. 60). Des Weiteren darf die Abfassung oder Vorlage einer Patientenverfügung auch nicht zur Bedingung eines Vertragsschlusses (etwa eines Heim- oder Versicherungsvertrages, s. BT-Drs. 16/13314, S. 20) gemacht werden. Solche vertraglichen Regelungen, die auf die Abfassung einer Patientenverfügung hinwirken sollen – im Zweifel aber nicht hingegen der Vertrag selbst – sind daher unwirksam (MüKo-BGB/*Schneider* § 1901a, Rn. 60; Spickhoff/*Spickhoff* § 1901a BGB Rn. 18; ferner Bergmann/Pauge/Steinmeyer/*Kahlert* § 1901a BGB Rn. 9). Das Schicksal der Patientenverfügung regelt § 1901a Abs. 5 hingegen nicht – mit der nach § 1901a Abs. 2 maßgeblichen Lebens- und Behandlungssituation dürfte eine solche Patientenverfügung allerdings keinesfalls übereinstimmen (Spickhoff/*Spickhoff* § 1901a BGB Rn. 19).

## § 1901b Gespräch zur Feststellung des Patientenwillens

(1) Der behandelnde Arzt prüft, welche ärztliche Maßnahme im Hinblick auf den Gesamtzustand und die Prognose des Patienten indiziert ist. Er und der Betreuer erörtern diese Maßnahme unter Berücksichtigung des Patientenwillens als Grundlage für die nach § 1901a zu treffende Entscheidung.

(2) Bei der Feststellung des Patientenwillens nach § 1901a Absatz 1 oder der Behandlungswünsche oder des mutmaßlichen Willens nach § 1901a Absatz 2 soll nahen Angehörigen und sonstigen Vertrauenspersonen des Betreuten Gelegenheit zur Äußerung gegeben werden, sofern dies ohne erhebliche Verzögerung möglich ist.

(3) Die Absätze 1 und 2 gelten für Bevollmächtigte entsprechend.

| Übersicht | Rdn. | | Rdn. |
|---|---|---|---|
| A. Allgemeines | 1 | I. § 1901b Abs. 1 BGB | 2 |
| B. Zentrale Regelungsaspekte | 2 | II. § 1901b Abs. 2 BGB | 3 |

### A. Allgemeines

1 Unmittelbar vor der Schlussabstimmung über das Patientenverfügungsgesetz ist – offenkundig in dem Bemühen, Unterstützung aus der Gruppe der Abgeordneten *Zöller/Faust* zu erhalten (s. BT-Drs. 16/11493) und um Befürchtungen der Gegner des sog. *Stünker*-Entwurfs zu entkräften, dass es bei Vorliegen einer Patientenverfügung »automatisch« zu einem Behandlungsabbruch komme (BeckOK BGB/*Müller-Engels* § 1901b Rn. 1) ein neuer § 1901b eingeführt worden, um den dialogischen Prozess zwischen den behandelnden Ärzten und dem Betreuer (und gem. § 1901b Abs. 3 dem Bevollmächtigten) sowie weiteren Personen im Gesetz zu verankern. Wie die Überschrift der Vorschrift deutlich macht, geht es um eine sinnvolle Kommunikation zur Feststellung des Patientenwillens (s.a. BT-Drs. 16/13314, S. 20). Inwiefern die Einhaltung der Vorgaben des § 1901b Auswirkungen auf die Rechtmäßigkeit des Handelns von Betreuer und Arzt hat, scheint allerdings unsicher (s. dazu *Sternberg-Lieben* FS Roxin, 2011, S. 537 ff.; vgl. *Lipp*, MedR 2020, 259 (261)).

## B. Zentrale Regelungsaspekte
### I. § 1901b Abs. 1 BGB

§ 1901b Abs. 1 beschreibt – lediglich klarstellend – den Ablauf und die Aufgaben von Arzt und Betreuer im Fall der Einwilligungsunfähigkeit (BT-Drs. 16/13314, S. 20; MüKo-BGB/*Schneider* § 1901b Rn. 4) des Patienten. Am Anfang steht die ärztliche Indikation (dazu *Coeppicus*, NJW 2011, 2085, 2088 f. mit dem Hinweis, der Arzt könne medizinische Maßnahmen, die nicht indiziert sind, in eigener Entscheidung verweigern). Daran schließt sich die Erörterung der jeweiligen Maßnahme mit dem Betreuer an (BGH MedR 2017, 36 (40 f.); Spickhoff/*Spickhoff* § 1901b BGB Rn. 2; Palandt/*Götz* § 1901b Rn. 1; s.a. *Diehn/Rebhan*, NJW 2010, 326 (326 ff.); auch insoweit dürfte unsicher sein, ob ein Betreuer überhaupt erst noch bestellt werden muss, um den Anforderungen des § 1901b zu genügen, s. BeckOK BGB/*Müller-Engels* § 1901b Rn. 3). Arzt wie Betreuer haben bei dieser Erörterung den Patientenwillen zu beachten und sodann nach Maßgabe von § 1901a Abs. 1, 2 zu handeln (BT-Drs. 16/13314, S. 20). Das OLG München sieht bei unterlassener Erörterung einen Verstoß des Arztes gegen § 1901b Abs. 1 jedenfalls bei unsicherer bzw. zweifelhafter Indikationslage. Dies soll eine Verletzung der Pflicht zur Eingriffsaufklärung als Voraussetzung einer wirksamen Einwilligung des Betreuers in die Fortsetzung der lebenserhaltenden Behandlung darstellen (OLG München MedR 2018, 317 (323 f.); näher *J. Prütting*, ZfL 2018, 94 (95 ff.); vgl. auch *Diehn/Rebhan*, NJW 2010, 326 (327)), wenngleich der BGH mit Blick auf Schadensersatzansprüche davon ausgeht, dass immaterieller Ersatz sich schon von Verfassung wegen verbiete und materielle Schäden jedenfalls nicht vom Schutzzweck der Norm erfasst seien (BGH NJW 2019, 1741). § 1901b darf nun nicht darüber hinwegtäuschen, dass die Entscheidungskompetenz namentlich nach § 1901a Abs. 2 beim Betreuer verbleibt, der im Fall des § 1901a Abs. 1 überdies dem Willen des Betreuten Ausdruck und Geltung verschaffen muss; dem Arzt obliegt demgegenüber lediglich die Durchführung der jeweilige medizinische Maßnahme (Jürgens/*Loer* § 1901b BGB Rn. 1). Uneinigkeit zwischen Arzt und Betreuer zieht gem. § 1904 allerdings ein betreuungsgerichtliches Verfahren nach sich (MüKo-BGB/*Schneider* § 1901b Rn. 8). Liegt indes eine schriftliche Patientenverfügung vor und besteht Einvernehmen zwischen dem Betreuer und dem Arzt darüber, dass deren Festlegungen auf die aktuelle Lebens- und Behandlungssituation zutreffen, ist eine betreuungsgerichtliche Genehmigung bereits deshalb entbehrlich, weil es wegen des Fortwirkens der eigenen Entscheidung des Betroffenen keiner Nichteinwilligung und keines Widerrufs der Einwilligung in die ärztliche Maßnahme durch den Betreuer bedarf (BT-Drs. 16/8442, S. 11).

### II. § 1901b Abs. 2 BGB

Nach § 1901b Abs. 2 sollen neben Arzt und Betreuer auch nahe Angehörige und sonstige Vertrauenspersonen des Betreuten einbezogen werden. Ihnen soll Gelegenheit zur Äußerung gegeben werden, sofern dies ohne erhebliche Verzögerung möglich ist – was eine Abwägung zwischen dem Aufwand und dem absehbaren Nutzen unter Berücksichtigung der gesundheitlichen Situation des Betreuten voraussetzt (BT-Drs. 16/13314, S. 20 f.; BGH MedR 2017, 36 (40); MüKo-BGB/*Schneider* § 1901b Rn. 14; Spickhoff/*Spickhoff* § 1901b BGB Rn. 4). Im Gegensatz zu § 1901b Abs. 1 nimmt § 1901b Abs. 2 allerdings nicht auf ein »Gespräch« Bezug, sodass auch die bloße Gelegenheit zur einseitigen Äußerung ausreichen dürfte (Spickhoff/*Spickhoff* § 1901b BGB Rn. 3; auch die Art und Weise der Äußerung ist nicht vorgeschrieben, s. BeckOK BGB/*Müller-Engels* § 1901b Rn. 5). Eine solche Gelegenheit kann dabei schon der zutreffenden Feststellung des Inhalts einer Patientenverfügung, darüber hinaus aber auch der Feststellung von Behandlungswünschen sowie des mutmaßlichen Willens dienen (BT-Drs. 16/13314, S. 20; MüKo-BGB/*Schneider* § 1901b Rn. 12; ferner *Olzen*, JR 2009, 354 (358)); sie kann dementsprechend in erster Linie entweder dem Arzt (im Fall des § 1901a Abs. 1) oder dem Betreuer (im Fall des § 1901a Abs. 2) obliegen (MüKo-BGB/*Schneider* § 1901b Rn. 11). Umstritten ist schließlich, ob der Betreute festlegen kann, dass die Anhörung Dritter unterbleiben soll (MüKo-BGB/*Schneider* § 1901b Rn. 15; *Diehn/Rebhan*, NJW 2010, 326 (327)).

**4** Zu den nahen Angehörigen i.S.d. § 1901b Abs. 2 zählen insbesondere der Ehegatte oder Lebenspartner, die Eltern und Geschwister sowie Kinder. Andere mit dem Betreuer verwandte Personen können Vertrauenspersonen i.S.d. § 1901b Abs. 2 sein – maßgeblich ist dabei das jeweilige Näheverhältnis. Je nach Einzelfall kommen insoweit auch Pflegekräfte in Betracht (BT-Drs. 16/13314, S. 20; Spickhoff/*Spickhoff* § 1901b BGB Rn. 3; ausführlich MüKo-BGB/*Schneider* § 1901b Rn. 10, der sich für eine restriktive Handhabung zum Schutz des Betroffenen ausspricht). Bei den Beratungen mit den Angehörigen und sonstigen Vertrauenspersonen haben Arzt wie Betreuer den Willen des Patienten zur (Nicht-) Weitergabe persönlicher krankheitsrelevanter Daten zu respektieren (BT-Drs. 16/13314, S. 21; zum Problem der Schweigepflicht MüKo-BGB/*Schneider* § 1901b, Rn. 13).

## § 1904 Genehmigung des Betreuungsgerichts bei ärztlichen Maßnahmen

(1) Die Einwilligung des Betreuers in eine Untersuchung des Gesundheitszustands, eine Heilbehandlung oder einen ärztlichen Eingriff bedarf der Genehmigung des Betreuungsgerichts, wenn die begründete Gefahr besteht, dass der Betreute auf Grund der Maßnahme stirbt oder einen schweren und länger dauernden gesundheitlichen Schaden erleidet. Ohne die Genehmigung darf die Maßnahme nur durchgeführt werden, wenn mit dem Aufschub Gefahr verbunden ist.

(2) Die Nichteinwilligung oder der Widerruf der Einwilligung des Betreuers in eine Untersuchung des Gesundheitszustands, eine Heilbehandlung oder einen ärztlichen Eingriff bedarf der Genehmigung des Betreuungsgerichts, wenn die Maßnahme medizinisch angezeigt ist und die begründete Gefahr besteht, dass der Betreute auf Grund des Unterbleibens oder des Abbruchs der Maßnahme stirbt oder einen schweren und länger dauernden gesundheitlichen Schaden erleidet.

(3) Die Genehmigung nach den Absätzen 1 und 2 ist zu erteilen, wenn die Einwilligung, die Nichteinwilligung oder der Widerruf der Einwilligung dem Willen des Betreuten entspricht.

(4) Eine Genehmigung nach den Absätzen 1 und 2 ist nicht erforderlich, wenn zwischen Betreuer und behandelndem Arzt Einvernehmen darüber besteht, dass die Erteilung, die Nichterteilung oder der Widerruf der Einwilligung dem nach § 1901a festgestellten Willen des Betreuten entspricht.

(5) Die Absätze 1 bis 4 gelten auch für einen Bevollmächtigten. Er kann in eine der in Absatz 1 Satz 1 oder Absatz 2 genannten Maßnahmen nur einwilligen, nicht einwilligen oder die Einwilligung widerrufen, wenn die Vollmacht diese Maßnahmen ausdrücklich umfasst und schriftlich erteilt ist.

| Übersicht | Rdn. | | Rdn. |
|---|---|---|---|
| A. Allgemeines | 1 | II. Zu § 1904 Abs. 3 und 4 BGB | 4 |
| B. Zentrale Regelungsaspekte | 2 | III. Zu § 1904 Abs. 5 BGB | 7 |
| I. Die Regelung des § 1904 Abs. 2 BGB | 2 | | |

### A. Allgemeines

**1** § 1904 Abs. 1 regelt die Einwilligung des Betreuers anstelle des einwilligungsunfähigen (s. MüKo-BGB/*Schneider* § 1904 Rn. 9 ff.; Spickhoff/*Spickhoff* § 1904 BGB Rn. 4 f.; Palandt/*Götz* § 1904 Rn. 4, 8 f. mit dem Hinweis, dass für eine betreuungsgerichtliche Genehmigung grundsätzlich dann kein Raum ist, wenn eine verbindliche Patientenverfügung i.S.d. § 1901a vorliegt – s. dazu auch BGH MedR 2015, 508 (510); vgl. auch BGH MedR 2017, 36 (40); ausdrücklich BGH MedR 2017, 802 (804); ferner ist zu bedenken, dass dem Betreuer die Gesundheitssorge nur übertragen werden darf, wenn dem Betroffenen die Einwilligungsfähigkeit fehlt – weswegen im Zweifel der Betreuer entscheiden soll, s. Jurgeleit/*Kieß* § 1904 BGB Rn. 29) Betreuten in lebensbedrohliche oder solche medizinische Maßnahmen, die die Gefahr schwerer und länger dauernder gesundheitlicher

Schäden mit sich bringen, und stellt diese grundsätzlich unter einen betreuungsgerichtlichen Genehmigungsvorbehalt (ausführlich MüKo-BGB/*Schneider* § 1904 Rn. 7 ff., 18). Unter der Geltung des § 1904 Abs. 1 a.F. war umstritten, ob die Vorschrift auch dann – analog – Anwendung findet, wenn die Nichteinwilligung oder der Widerruf einer Einwilligung in eine ärztlich indizierte Maßnahme gerade zum Tode des Betreuten führen sollte oder jedenfalls die Gefahr des Versterbens begründete (s. OLG Frankfurt NJW 1998, 2747 ff.; OLG Schleswig NJW-RR 2003, 435 ff.). Der BGH hat im Wege der richterlichen Rechtsfortbildung eine Entscheidungszuständigkeit des Vormundschaftsgerichts »aus einem unabweisbaren Bedürfnis des Betreuungsrechts« abgeleitet (BGH NJW 2003, 1588 ff.; MüKo-BGB/*Schneider* § 1904 Rn. 1). § 1904 Abs. 2 greift dies nunmehr auf, nachdem die Rechtsprechung ausdrücklich eine gesetzliche Regelung als wünschenswert bezeichnet hatte. Dementsprechend dient die Vorschrift nicht allein dem Schutz des Betreuten vor kollusivem Zusammenwirken zwischen Arzt und Betreuer, sondern vielmehr (auch) der Durchsetzung des Selbstbestimmungsrechts des Betroffenen (s. Jurgeleit/*Kieß* § 1904 BGB, Rn. 4).

## B. Zentrale Regelungsaspekte

### I. Die Regelung des § 1904 Abs. 2 BGB

Bei unveränderter Fortgeltung von § 1904 Abs. 1 regelt § 1904 Abs. 2 nunmehr ausdrücklich, dass die Nichteinwilligung (Verweigerung der Einwilligung) oder der Widerruf der Einwilligung des Betreuers in eine Untersuchung des Gesundheitszustands, Heilbehandlung oder einen ärztlichen Eingriff (s. dazu BeckOK BGB/*Müller-Engels* § 1904, Rn. 31) der Genehmigung (näher dazu *Ludyga*, FPR 2010, 268 ff.; *Schmitz*, FPR 2010, 276 ff.; die Genehmigung seitens des Betreuungsgerichts wird als Genehmigung mit Außenwirkung verstanden, s. MüKo-BGB/*Schneider* § 1904 Rn. 39; Palandt/*Götz* § 1904 Rn. 25) des Betreuungsgerichts bedarf, wenn die Maßnahme medizinisch angezeigt ist und die begründete Gefahr besteht, dass der Betreute aufgrund des Unterbleibens oder des Abbruchs der Maßnahme stirbt oder einen schweren und länger dauernden gesundheitlichen Schaden erleidet. Sofern solche medizinischen Maßnahmen überhaupt in den Aufgabenbereich des Betreuers fallen (MüKo-BGB/*Schneider* § 1904 Rn. 46, 47, 56; *Ludyga*, FPR 2010, 266, 268), bedarf folglich insbesondere der Abbruch lebensverlängernder Maßnahmen vorbehaltlich der Regelung des § 1904 Abs. 4 (s. dazu unten Rdn. 4 ff.) der Genehmigung durch das Betreuungsgericht, da die Ausnahmeregelung des § 1904 Abs. 1 Satz 2 nicht anwendbar ist (MüKo-BGB/*Schneider* § 1904 Rn. 42). Ob eine – hypothetisch kausale (Spickhoff/*Spickhoff* § 1904 BGB Rn. 11; Palandt/*Götz* § 1904 Rn. 17) – Gefahr i.S.d. § 1904 Abs. 2 besteht, beurteilt sich nach den gleichen Maßstäben wie im Rahmen des § 1904 Abs. 1 (BT-Drs. 16/8442, S. 18; im Einzelnen dazu MüKo-BGB/*Schneider* § 1904 Rn. 32 ff.; Palandt/*Götz* § 1904 Rn. 14; BeckOK BGB/*Müller-Engels* § 1904 Rn. 31). In Betracht kommen vor allem Operationen, allgemein lebenserhaltende oder lebensverlängernde Maßnahmen, Maßnahmen der Reanimation, die maschinelle Beatmung, die künstliche Flüssigkeits- oder Nahrungszufuhr (ausdrücklich zur mithilfe einer PEG-Magensonde ermöglichten künstlichen Ernährung BGH MedR 2015, 508 (509); BGH MedR 2017, 36 (40 f.); BGH MedR 2017, 802 (803)) sowie etwa auch die Dialyse oder die Bekämpfung infektiöser Krankheiten (BT-Drs. 16/8442, S. 18; Spickhoff/*Spickhoff* § 1904 Rn. 11). 2

Zu beachten ist darüber hinaus, dass die Vorschrift eine medizinische Indikation zum Tatbestandsmerkmal erhebt. Damit wird allerdings nur einem allgemeinen Erfordernis Rechnung getragen (s.a. MüKo-BGB/*Schneider* § 1904 Rn. 54). Gleichwohl kann sich dieses Tatbestandsmerkmal noch als erheblich konfliktträchtig erweisen: Die ärztliche Indikation ist nämlich keineswegs eine rein objektive Erkenntnis, sondern durchaus auch von oftmals nur implizit wertenden Aspekten geprägt (s. dazu etwa *Taupitz* Gutachten A zum 63. DJT 2000, A 23 ff.; *Charbonnier/Dörner/Simon* Medizinische Indikation und Patientenwille, passim). Gerade im vorliegenden Kontext bedarf aber die medizinische Indikationsstellung der Rückbindung an die verfassungsrechtlichen Grunddirektiven. 3

## II. Zu § 1904 Abs. 3 und 4 BGB

4 § 1904 Abs. 3 bestimmt, dass die Genehmigung durch das Betreuungsgericht zu erteilen ist, wenn – im Fall des § 1904 Abs. 2 – die Nichteinwilligung oder der Widerruf der Einwilligung dem Willen des Betreuten entspricht. Das Betreuungsgericht hat also die Entscheidung des Betreuers »zum Schutze des Betreuten« (so ausdrücklich BT-Drs. 16/8442, S. 18) dahingehend zu kontrollieren, ob dessen Entscheidung tatsächlich dem ermittelten Patientenwillen entspricht. Wünsche des Betreuten können dabei nach § 1901a Abs. 1 oder § 1904 Abs. 3 verbindlich sein – was vom Betreuungsgericht gewissermaßen als Vorfrage geklärt werden muss, da es insoweit keiner Nichteinwilligung und keines Widerrufs des Betreuers bedarf (Palandt/*Götz* § 1904 Rn. 10, 20; s. aber auch MüKo-BGB/*Schneider* § 1904 Rn. 26 f., 29, 52 mit dem Hinweis, dass auch im Fall von Meinungsverschiedenheiten über die Wirksamkeit einer Patientenverfügung oder deren Reichweite ein betreuungsgerichtliches Verfahren erforderlich sei; dazu auch *Reus*, JZ 2010, 80 (82)). Anderenfalls muss die Entscheidung auf der Grundlage des mutmaßlichen Willens getroffen werden (Spickhoff/*Spickhoff* § 1904, Rn. 5, 12). Dabei sind dann die in § 1901a Abs. 2 Satz 3 genannten Anhaltspunkte auch vom Vormundschaftsgericht zu beachten (BT-Drs. 16/8442, S. 18). Im Einzelnen ist etwa eine nicht den Anforderungen des § 1901a entsprechende Patientenverfügung zu berücksichtigen (Spickhoff/*Spickhoff* § 1904 BGB Rn. 5). Der Widerruf einer noch vom einwilligungsfähigen Betreuten erteilten Einwilligung seitens des Betreuers dürfte dagegen einen unerwarteten Verlauf oder neue Handlungsalternativen voraussetzen (so MüKo-BGB/*Schneider* § 1904 Rn. 51), da anderenfalls der mutmaßliche Wille des Betreuten dem ausdrücklich erklärten entsprechen dürfte.

5 § 1904 Abs. 4 konzipiert die Kontrollkompetenz des Betreuungsgerichts sowohl mit Blick auf lebensverlängernde Maßnahmen (§ 1904 Abs. 1) als auch deren Abbruch (§ 1904 Abs. 2) restriktiv. Einer betreuungsgerichtlichen Genehmigung bedarf es danach nämlich mit Blick auf § 1904 Abs. 2 nicht, wenn zwischen Betreuer und behandelndem Arzt Einvernehmen darüber besteht, dass die Nichteinwilligung oder der Widerruf der Einwilligung dem nach § 1901a festgestellten Willen des Betroffenen entspricht. Die bloße Einigkeit über die Vornahme oder Nichtvornahme einer medizinischen Maßnahme ist demnach allerdings nicht ausreichend, entscheidend ist vielmehr, dass Arzt und Betreuer die Wirksamkeit, den Inhalt sowie die Geltung der Patientenverfügung für die aktuelle Lebens- und Behandlungssituation oder die Behandlungswünsche des Betroffenen oder dessen mutmaßlichen Willen übereinstimmend beurteilen (s. dazu BGH MedR 2015, 508 (510); vgl. auch BGH MedR 2017, 36 (40) und BGH MedR 2017, 802 (805); ferner MüKo-BGB/*Schneider* § 1904 Rn. 64). Die Umsetzung des Patientenwillens soll nach der Begründung des Gesetzentwurfs – von Missbrauchsverdachtsfällen abgesehen (zur Einleitung eines betreuungsgerichtlichen Verfahrens durch Dritte BT-Drs. 16/8442, S. 19; s.a. BGH MedR 2015, 508 (510), BGH MedR 2017, 36 (39 f.) und BGH MedR 2017, 802 (803 f.); ferner aber auch MüKo-BGB/*Schneider* § 1904 Rn. 67, nach dem das Betreuungsgericht bei eigenem Missbrauchsverdacht den Willen des Betreuten ermitteln muss und ein Negativtestat erteilt, wenn die Feststellung des Gerichts mit dem des Arztes und des Betreuers übereinstimmt, anders noch MüKo-BGB/*Schneider* § 1904 BGB Rn. 56 in Vorauflage) – »nicht durch ein – sich ggf. durch mehrere Instanzen ziehendes – vormundschaftsgerichtliches Verfahren belastet werden« (BT-Drs. 16/8442, S. 19).

6 Diese Konzeption mag für Fälle akzeptabel erscheinen, in denen eine Patientenverfügung vorliegt (s. aber auch die grundsätzlichen Bedenken bei *Rixen* in: Albers, Patientenverfügungen, S. 175, 177: »merkwürdige Form ›regulierter Selbstregulierung‹«; ferner Spickhoff/*Spickhoff* § 1904 BGB Rn. 15 f.). Werden dagegen Entscheidungen über Leben und Tod auf der Grundlage des mutmaßlichen Willens getroffen, erscheint die »Einvernehmenslösung« unter Ausschaltung betreuungsgerichtlicher Kontrolle und unter Integritätsschutzaspekten doch problematisch (*Beckmann*, FPR 2010, 278 (281)). Derartige Problemlagen versucht der BGH mit dem Hinweis darauf zu lösen, dass die Schwelle für ein gerichtliches Einschreiten nicht zu hoch anzusetzen sei – das Betreuungsgericht müsse das Genehmigungsverfahren immer dann durchführen, wenn einer der Handelnden Zweifel daran hat, ob das geplante Vorgehen dem Willen des Betroffenen entspricht. Das Verfahren biete sodann einen Rahmen, innerhalb dessen die rechtlichen Grenzen des

Betreuerhandelns geklärt und der wirkliche oder mutmaßliche Wille des Betroffenen – im Rahmen des Möglichen – ermittelt werden kann. Dies vermittele auch der Entscheidung des Betreuers eine Legitimität, die geeignet ist, den Betreuer subjektiv zu entlasten sowie seine Entscheidung objektiv anderen Beteiligten zu vermitteln, und die ihn vor dem Risiko einer abweichenden strafrechtlichen ex-post-Beurteilung schützen kann. Deswegen sei die Prüfungskompetenz des Betreuungsgerichts auch dann eröffnet, wenn zwar ein Einvernehmen zwischen Arzt und Betreuer besteht, aber gleichwohl ein Antrag auf betreuungsgerichtliche Genehmigung gestellt wird (s. dazu auch *Spickhoff*, FamRZ 2014, 1913 (1914)). Stelle das Gericht allerdings Einvernehmen i.S.d. § 1904 Abs. 4 fest, habe es den Antrag auf betreuungsgerichtliche Genehmigung ohne weitere gerichtliche Ermittlungen abzulehnen und ein Negativattest zu erteilen, aus dem sich ergibt, dass eine gerichtliche Genehmigung nicht erforderlich ist; Gleiches gelte, wenn das Gericht trotz Einvernehmens zunächst einen Anlass für die Ermittlung des Patientenwillens mit den ihm zur Verfügung stehenden Ermittlungsmöglichkeiten sieht, aber nach der Prüfung zu dem Ergebnis gelangt, dass die Erteilung, die Nichterteilung oder der Widerruf der Einwilligung dem nach § 1901a festgestellten Willen entspricht. Bei unterschiedlichen Auffassungen oder bei Zweifeln des behandelnden Arztes und des Betreuers über den Behandlungswillen des Betreuten müsse das Betreuungsgericht hingegen nach der Kontrolle, ob die Entscheidung des Betreuers über die Nichteinwilligung oder den Widerruf der Einwilligung tatsächlich dem ermittelten Patientenwillen entspricht, eine Genehmigung nach § 1904 Abs. 2 erteilen oder versagen (BGH MedR 2015, 508 (510 f.); vgl. BGH MedR 2017, 36 (40)). Dies gilt ebenso, wenn mehrere alleinvertretungsberechtigte Betreuer keinen Konsens erreichen können (BGH, MedR 2017, 802 (805)) oder ein Dissens zwischen den verschiedenen behandelnden Ärzten besteht (MüKo-BGB/*Schneider* § 1904 BGB Rn. 64; Spickhoff/*Spickhoff* § 1904 BGB Rn. 16).

### III. Zu § 1904 Abs. 5 BGB

§ 1904 Abs. 5 Satz 1 bestimmt, dass die Regelung auch für den Bevollmächtigten eines einwilligungsunfähigen (BeckOK BGB/*Müller-Engels* § 1904 Rn. 19; MüKo-BGB/*Schneider* § 1904 Rn. 80) Patienten gelten (eine Betreuerbestellung soll dann nicht notwendig sein, s. Jürgens/*Marschner* § 1904 BGB Rn. 1); § 1904 Abs. 5 Satz 2 erstreckt dabei die für Entscheidungen nach § 1904 Abs. 1 geltenden Anforderungen ausdrücklich auch auf behandlungsbegrenzende und behandlungsbeendende Interventionen: Neben einer schriftlich und auch im Übrigen wirksam erteilten und fortbestehenden Vorsorgevollmacht (ausführlich dazu MüKo-BGB/*Schneider* § 1904 Rn. 81 ff.) setzt § 1904 Abs. 5 voraus, dass die Vorsorgevollmacht medizinische Maßnahmen i.S.d. § 1904 Abs. 1 Satz 1, Abs. 2 ausdrücklich umfasst. Folglich müssen nicht nur die Untersuchungen des Gesundheitszustandes, Heilbehandlungen und ärztliche Eingriffe, sondern auch die Einwilligung, Nichteinwilligung oder der Widerruf einer Einwilligung in diese Maßnahmen ausdrücklich von einer Vorsorgevollmacht umfasst sein (ausdrücklich für passive Sterbehilfe BGH MedR 2017, 36 (38 f.) m.w.N.; MüKo-BGB/*Schneider* § 1904 Rn. 84 ff.; *Müller*, DNotZ 2010, 169 (184); *Seibl*, NJW 2016, 3277 (3279); ferner BeckOK BGB/*Müller-Engels* § 1904 Rn. 16 f.; anders mit Blick auf die Nichteinwilligung und den Widerruf der Einwilligung wohl *Diehn*, FamRZ 2009, 1958 ff.; *ders./Rebhan*, NJW 2010, 326 (329 f.)). Inhaltlich dürfte das Merkmal »ausdrücklich« wohl mit der Bestimmtheit i.S.d. § 1901a Abs. 1 Satz 1 übereinstimmen (vgl. ähnlich MüKo-BGB/*Schneider* § 1904 Rn. 86) – was letztlich den Bevollmächtigten gegenüber dem Betreuer benachteiligt (Spickhoff/*Spickhoff* § 1904 BGB Rn. 17 f.).

## § 1906 Genehmigung des Betreuungsgerichts bei freiheitsentziehender Unterbringung und bei freiheitsentziehenden Maßnahmen

(1) Eine Unterbringung des Betreuten durch den Betreuer, die mit Freiheitsentziehung verbunden ist, ist nur zulässig, solange sie zum Wohl des Betreuten erforderlich ist, weil

# § 1906 BGB — Genehmigung des Betreuungsgerichts bei Freiheitsentziehung

1. auf Grund einer psychischen Krankheit oder geistigen oder seelischen Behinderung des Betreuten die Gefahr besteht, dass er sich selbst tötet oder erheblichen gesundheitlichen Schaden zufügt, oder
2. zur Abwendung eines drohenden erheblichen gesundheitlichen Schadens eine Untersuchung des Gesundheitszustands, eine Heilbehandlung oder ein ärztlicher Eingriff notwendig ist, die Maßnahme ohne die Unterbringung des Betreuten nicht durchgeführt werden kann und der Betreute auf Grund einer psychischen Krankheit oder geistigen oder seelischen Behinderung die Notwendigkeit der Unterbringung nicht erkennen oder nicht nach dieser Einsicht handeln kann.

(2) Die Unterbringung ist nur mit Genehmigung des Betreuungsgerichts zulässig. Ohne die Genehmigung ist die Unterbringung nur zulässig, wenn mit dem Aufschub Gefahr verbunden ist; die Genehmigung ist unverzüglich nachzuholen.

(3) Der Betreuer hat die Unterbringung zu beenden, wenn ihre Voraussetzungen weggefallen sind. Er hat die Beendigung der Unterbringung dem Betreuungsgericht unverzüglich anzuzeigen.

(4) Die Absätze 1 bis 3 gelten entsprechend, wenn dem Betreuten, der sich in einem Krankenhaus, einem Heim oder einer sonstigen Einrichtung aufhält, durch mechanische Vorrichtungen, Medikamente oder auf andere Weise über einen längeren Zeitraum oder regelmäßig die Freiheit entzogen werden soll.

(5) Die Unterbringung durch einen Bevollmächtigten und die Einwilligung eines Bevollmächtigten in Maßnahmen nach Absatz 4 setzen voraus, dass die Vollmacht schriftlich erteilt ist und die in den Absätzen 1 und 4 genannten Maßnahmen ausdrücklich umfasst. Im Übrigen gelten die Absätze 1 bis 4 entsprechend.

## Übersicht

| | Rdn. | | Rdn. |
|---|---|---|---|
| A. Allgemeines | 1 | 3. § 1906 Abs. 1 Nr. 2 BGB | 9 |
| B. Regelungsgegenstände im Einzelnen | 2 | 4. Genehmigung (§ 1906 Abs. 2 BGB) | 12 |
| I. Unterbringung, die mit Freiheitsentziehung verbunden ist (§ 1906 Abs. 1 BGB) | 3 | II. Freiheitsentziehende (unterbringungsähnliche) Maßnahmen ohne Unterbringung (§ 1906 Abs. 4 BGB) | 14 |
| 1. Wohl des Betreuten | 6 | III. Bevollmächtigung (§ 1906 Abs. 5 BGB) | 21 |
| 2. § 1906 Abs. 1 Nr. 1 BGB | 7 | | |

## A. Allgemeines

1 § 1906 regelt die mit einer Freiheitsentziehung einhergehende Unterbringung eines betreuten Volljährigen (für Minderjährige finden sich mit § 1631b entsprechende Regelungen im Bereich der elterlichen Sorge, s. Spickhoff/*Spickhoff* § 1906 BGB Rn. 1) sowie sog. unterbringungsähnliche Maßnahmen (seit 01.10.2017 für Minderjährige in § 1631b Abs. 2 geregelt) auf Veranlassung seines Betreuers oder Bevollmächtigten. Die Vorschrift betrifft dabei allein die privatrechtliche Unterbringung, daneben bestehen zur Gefahrenabwehr (während für die betreuungsrechtliche Unterbringung allein die Sorge um das persönliche Wohl des Betroffenen maßgebend ist, s. OLG Hamm BtPrax 2011, 40 ff.) öffentlich-rechtliche Landesgesetze über die Unterbringung psychisch Kranker (s. dazu auch *Wigge*, MedR 1996, 291 ff.). Betreuungsrecht und Gefahrenabwehrrecht stehen allerdings nicht bezugslos nebeneinander – dies verdeutlicht nicht nur die Änderungshistorie des § 1906, sondern vielmehr auch der Umstand, dass das Verfahren gem. §§ 312 ff. FamFG einheitlich ausgestaltet wurde (dazu Palandt/*Götz* § 1906 Rn. 34). Abhängig vom jeweiligen Landesrecht ist überdies fraglich, ob die öffentlich-rechtliche Unterbringung als subsidiär hinter das mildere Mittel einer Unterbringung nach Betreuungsrecht zurücktritt (s. OLG Hamm FamRZ 2007, 934 ff.; BayObLG FamRZ 1990, 1154 (1155); BayObLG FamRZ 2001, 657 f.).

Nachdem das BVerfG am 26.07.2016 § 1906 Abs. 3 Satz 1 Nr. 3 a.F. als mit der Schutzpflicht des Staates aus Art. 2 Abs. 2 Satz 1 GG unvereinbar ansah (BVerfG MedR 2017, 122 ff.), wurde die Genehmigungspflicht für ärztliche Zwangsmaßnahmen an Einwilligungsunfähigen von der Genehmigungspflicht von freiheitsentziehenden Unterbringungen, bzw. Maßnahmen, gemäß § 1906 Abs. 1, 4 durch Gesetz vom 17.07.2017 entkoppelt. Die Pflicht zur betreuungsgerichtlichen Genehmigung von ärztlichen Zwangsmaßnahmen ist nunmehr in § 1906a geregelt (BGBl. I S. 2426 vom 21.07.2018).

## B. Regelungsgegenstände im Einzelnen

Grundsätzliche Voraussetzung für eine mit Freiheitsentziehung einhergehende Unterbringung sowie sog. unterbringungsähnliche Maßnahmen ist zunächst, dass sich der Aufgabenkreis des Betreuers auf derartige Maßnahmen erstreckt (s. Palandt/*Götz* § 1906 Rn. 3); die Befugnis zur Einwilligung muss dem Betreuer bei der Umschreibung seines Aufgabenkreises ausdrücklich eingeräumt werden – im Fall des § 1906 Abs. 1 Nr. 2 müssen nach dem BGH etwa die Aufgabenkreise »Befugnis zur Unterbringung« oder »Aufenthaltsbestimmungsrecht« (fraglich ist allerdings, ob diesbezüglich auch der Aufgabenkreis »Personensorge« ausreicht, s. BeckOK BGB/*Müller-Engels* § 1906 Rn. 4; zum Ganzen MüKo-BGB/*Schneider* § 1906 Rn. 9) einerseits und »Gesundheitsfürsorge« andererseits zugewiesen sein (BGH NJW 2013, 3781 ff.). Des Weiteren enthalten § 1906 Abs. 1, 4 zwar Voraussetzungen, bei deren Vorliegen der Betreuer in eine mit Freiheitsentziehung einhergehende Unterbringung sowie sog. unterbringungsähnliche Maßnahmen mit Zustimmung des Betreuungsgerichts einwilligen kann; der Betreuer muss seine Einwilligung allerdings ganz grundsätzlich an (früher geäußerten) Wünschen des Betroffenen i.S.d. § 1901 Abs. 3 sowie dessen subjektivem Wohl nach § 1901 Abs. 2 ausrichten (s. *Lipp* FamRZ 2013, 913 (919)).

### I. Unterbringung, die mit Freiheitsentziehung verbunden ist (§ 1906 Abs. 1 BGB)

Nach dem BGH liegt § 1906 Abs. 1 ein enger Unterbringungsbegriff zugrunde: Eine freiheitsentziehende Unterbringung ist danach gegeben, wenn der Betroffene gegen seinen Willen oder im Zustand der Willenlosigkeit in einem räumlich begrenzten Bereich eines geschlossenen Krankenhauses, einer anderen geschlossenen Einrichtung oder dem abgeschlossenen Teil einer solchen Einrichtung festgehalten, sein Aufenthalt ständig überwacht und die Kontaktaufnahme mit Personen außerhalb des Bereichs eingeschränkt wird. Die Maßnahme muss auf eine gewisse Dauer angelegt sein, um als Freiheitsentziehung angesehen werden zu können. Die ausdrückliche Einschränkung auf eine freiheitsentziehende Unterbringung dient dabei allein der Abgrenzung zu anderen Unterbringungen, die ohne Freiheitsbeschränkungen erfolgen können. Entscheidendes Kriterium für eine freiheitsentziehende Unterbringung ist daher die nicht nur kurzfristige Beschränkung der persönlichen Bewegungsfreiheit auf einen bestimmten Lebensraum (BGH NJW 2001, 888 ff.; bestätigend BVerfG MedR 2017, 122 (131)); allerdings wird insbesondere auch schon eine stundenweise Unterbringung als von der Vorschrift umfasst angesehen, s. MüKo-BGB/*Schneider* § 1906 Rn. 13; ferner Spickhoff/*Spickhoff* § 1906 BGB Rn. 4 mit dem Hinweis, dass eine Freiheitsentziehung von Beginn an vorliegen oder, sobald der Betroffene einen entsprechenden Willen entwickelt, später hinzutreten kann).

Fragen wirft auch die Bezugnahme des BGH auf den Zustand der Willenlosigkeit auf: Oftmals wird nämlich auch betont, es gehöre zum Wesen der Unterbringung, dass sie gegen den Willen des Betroffenen durchgesetzt wird. Daran fehle es, wenn der Betroffene in die Freiheitsentziehung (im Fall des Widerrufs der Einwilligung bedarf es einer Genehmigung seitens des Betreuungsgerichts, bei nachträglicher Einwilligung ist die Genehmigung aufzuheben, s. Palandt/*Götz* § 1906 Rn. 6) einwilligt, was auch konkludent geschehen könne (s. BT-Drs. 11/4528, S. 146; Palandt/*Götz* § 1906 Rn. 6; BeckOK BGB/*Müller-Engels* § 1906 Rn. 8 mit dem Hinweis, an der Ernsthaftigkeit und Verlässlichkeit der Freiwilligkeitserklärung des Betreuten dürfe kein Zweifel bestehen; ferner Spickhoff/*Spickhoff* § 1906 BGB Rn. 6; dazu auch Jurgeleit/*Kieß* § 1906 BGB Rn. 10; zum Zustand der Bewusstlosigkeit schließlich *Bürgle*, NJW 1988, 1881 (1885)). Maßgeblich soll insoweit nur die Einwilligungsfähigkeit, nicht aber die Geschäftsfähigkeit sein – der Betroffene muss mit seinem natürlichen Willen die Tragweite der Maßnahme erfassen können (dazu BayObLG FamRZ 1996, 1375 f.).

5 Nicht genehmigungsbedürftig ist aufgrund des engen Unterbringungsbegriffs etwa eine zwangsweise Unterbringung des durch seine Verwahrlosung gefährdeten Betroffenen in einer offene Alten- oder Pflegeeinrichtung (OLG Hamm FamRZ 2003, 255 f.; zu offenen Einrichtungen allgemein auch MüKo-BGB/*Schneider* § 1906 Rn. 16; ferner Spickhoff/*Spickhoff* § 1906 BGB Rn. 5 mit dem Hinweis, »halboffene« Einrichtungen fielen in den Anwendungsbereich des § 1906, sofern das Verlassen durch eine Schließeinrichtung verhindert wird; dazu auch Jürgens/*Marschner* § 1906 BGB Rn. 4 ff.). Auch das zeitweilige Einschließen eines Betreuten ist lediglich als unterbringungsähnliche Maßnahme i.S.d. § 1906 Abs. 4 zulässig und genehmigungsfähig, wenn diese erforderlich ist, um einen geistig verwirrten und orientierungslosen Betreuten an einem Verlassen der Wohnung zu hindern, weil er sich ansonsten einer erheblichen Eigengefährdung aussetzen würde (LG Hamburg FamRZ 1994, 1619 f.). Erfasst werden hingegen die Verlängerung einer Unterbringung (BayObLG FamRZ 1994, 320 (321)) sowie die Rückverlegung nach einer Verlegung des Betreuten von einer geschlossenen auf eine offene Station (OLG Hamm FamRZ 2000, 1120 ff.; anders mit Blick auf eine probeweise Verlegung KG R&P 2007, 30 ff.).

### 1. Wohl des Betreuten

6 Eine Unterbringung muss zum Wohl des Betreuten erforderlich sein. § 1906 Abs. 1 Nr. 1 und 2 konkretisieren das Wohl des Betreuten – die Unterbringung muss entweder aus Gründen der Selbstgefährdung oder zur Durchführung einer Untersuchung des Gesundheitszustands, einer Heilbehandlung oder eines ärztlichen Eingriffs erforderlich sein (s. Spickhoff/*Spickhoff* § 1906 BGB Rn. 7; Jürgens/*Marschner* § 1906 BGB Rn. 9 ff.). § 1906 Abs. 1 dient demgegenüber nicht dazu, Schäden oder Gefährdungen anderer Rechtsgüter als des Lebens und der Gesundheit des Betreuten, wie etwa Vermögensschäden, zu verhindern (BT-Drs. 11/4528, S. 82). Der Begriff der Erforderlichkeit macht zudem eine strenge Verhältnismäßigkeitsprüfung notwendig (Palandt/*Götz* § 1906 Rn. 16). Mit Blick auf § 1906 Abs. 1 Nr. 1 hat der BGH die Erforderlichkeit etwa verneint, wenn durch eine Unterbringung lediglich die regelmäßige Einnahme verordneter Medikamente sichergestellt werden soll, anstelle der Unterbringung jedoch auch eine Überwachung der Einnahme im häuslichen Umfeld durch einen ambulanten Pflegedienst möglich wäre (BGH NJW 2011, 3579 f.); Gleiches soll gelten, wenn die Gefahr anstelle der freiheitsentziehenden Unterbringung durch Unterbringung in einer betreuten Wohneinrichtung abgewendet werden kann (BGH FamRZ 2012, 441 f.; zum geriatrischen Bereich ferner Jürgens/*Marschner* § 1906 BGB, Rn. 25, der einen Vorrang der ambulanten und häuslichen Pflege annimmt). Mit Blick auf § 1906 Abs. 1 Nr. 2 gilt nach dem BGH, dass neben der medizinischen Indikation der Nutzen der Behandlung gegen die Gesundheitsschäden abgewogen werden muss, die ohne die Behandlung entstehen würden – wobei die negativen psychischen Auswirkungen der Unterbringung auf den Betroffenen in die Abwägung einzubeziehen sind (BGH MedR 2007,104 (105)).

### 2. § 1906 Abs. 1 Nr. 1 BGB

7 Die Selbstgefährdung i.S.d. § 1906 Abs. 1 Nr. 1 setzt keine akute, unmittelbar bevorstehende Gefahr voraus; notwendig ist lediglich eine (gemessen am möglichen Schaden, der ohne die Unterbringung eintreten würde) ernstliche und konkrete Gefahr für Leib oder Leben des Betreuten (ausführlich zur Ermittlung dieser Gefahr *Alperstedt*, FamRZ 2001, 467 ff.) – was kein zielgerichtetes Verhalten des Betreuten voraussetzt, sodass auch eine völlige Verwahrlosung ausreichen kann, wenn damit eine Gesundheitsgefahr durch körperliche Verelendung und Unterversorgung verbunden ist (s. BGH FamRZ 2010, 365 f.). Des Weiteren wird eine mittelbare Gefährdung des Betreuten (s.a. BT-Drs. 11/4528, S. 146) für ausreichend erachtet, nämlich etwa dann, wenn ein drohender Angriff des Betroffenen auf Dritte ihn selbst gefährdende Notwehr auslösen kann (Spickhoff/*Spickhoff* § 1906 BGB Rn. 7). Die Anforderungen an die Voraussehbarkeit einer Selbstgefährdung dürfen

nach dem BGH zudem nicht überspannt werden (BGH FamRZ 2010, 1432 f.). Neben der Gefahr der Selbsttötung nimmt § 1906 Abs. 1 Nr. 1 auch auf die Gefahr einer erheblichen Gefährdung der eigenen Gesundheit Bezug (andere Gefährdungen können demgegenüber eine öffentlich-rechtliche Unterbringung rechtfertigen, s. *Coeppicus*, FamRZ 2001, 801 ff., der bereits unabhängig vom Eintritt körperlicher Schäden die Nichtbehandlung einer Anlasskrankheit als derartige Gefährdung einstuft), wovon etwa die Verweigerung der Einnahme von Medikamenten oder der Nahrungsaufnahme (dazu auch BT-Drs. 11/4528, S. 147; ferner BGH NJW 2011, 3579 f.; ausführlich Jürgens/*Marschner* § 1906 BGB Rn. 13), das planlose Umherirren (s.a. BT-Drs. 11/4528, S. 145; OLG München BtPrax 2006, 105 ff.) oder das gesundheitsschädliche Vermüllen einer Wohnung erfasst werden (zum Ganzen Palandt/*Götz* § 1906 Rn. 11).

Die Gefahr der Selbsttötung oder einer erheblichen Gefährdung der eigenen Gesundheit muss ihre Ursache in einer psychischen Krankheit oder geistigen oder seelischen Behinderung haben. Zwar enthält die Regelung keinen Hinweis darauf, dass eine Unterbringung nur zulässig ist, sofern der Betroffene nicht fähig ist, seinen Willen selbst zu bilden; gleichwohl fordert namentlich der BGH aus Gründen des Selbstbestimmungsrechts, dass der Betreute aufgrund seiner Krankheit seinen Willen nicht frei bestimmen kann (BGH NJW 2011, 3518 ff.). Wenn der Betroffene in freier Selbstbestimmung etwa Selbstmord begehen will, fehlt diese Ursächlichkeit (Palandt/*Götz* § 1906 Rn. 10). Alkoholismus wird ebenfalls ni cht als psychische Krankheit oder geistige oder seelische Behinderung qualifiziert, ebenso wenig vermag nach dem BGH die bloße Rückfallgefahr eine Anordnung der Unterbringung zu rechtfertigen; etwas anderes gilt allerdings (unabhängig davon, ob eine gezielte Therapiemöglichkeit besteht) dann, wenn Alkoholismus entweder im ursächlichen Zusammenhang mit einem geistigen Gebrechen steht, insbesondere einer psychischen Erkrankung, oder ein auf den Alkoholmissbrauch zurückzuführender Zustand eingetreten ist, der das Ausmaß eines geistigen Gebrechens erreicht hat (BGH NJW 2011, 3518 ff.; BGH FamRZ 2015, 657 f.; s. dazu auch *Böhm*, FamRZ 2017, 15 ff.). 8

### 3. § 1906 Abs. 1 Nr. 2 BGB

Die mit Freiheitsentziehung verbundene Unterbringung ist gem. § 1906 Abs. 1 Nr. 2 ferner zulässig, wenn zur Abwendung eines drohenden erheblichen gesundheitlichen Schadens eine Untersuchung des Gesundheitszustands, eine Heilbehandlung oder ein ärztlicher Eingriff notwendig ist und ohne die Unterbringung des Betreuten nicht durchgeführt werden kann. Mit dem Gesetz zur Regelung der betreuungsrechtlichen Einwilligung in eine ärztliche Zwangsbehandlung (die Begründung des Gesetzentwurfs verweist insoweit auf die Rechtsprechung des BVerfG, wonach die Freiheit des Betreuten nur aus besonders gewichtigem Grund zu seinem Wohl angetastet werden darf, und die UN-Behindertenrechtskonvention, s. BT-Drs. 17/11513, S. 6; zur UN-Behindertenrechtskonvention auch *Masuch/Gmati*, NZS 2013, 521 ff.; ferner *König*, BtPrax 2009, 105 ff.; *Aichele/von Bernstorff*, BtPrax 2010, 199 ff.; *Marschner*, R&P 2011, 160 ff.; *Lipp*, FamRZ 2012, 669 ff.; *Rosenow*, BtPrax 2013, 39 ff.) wurde ausdrücklich geregelt, dass eine Unterbringung nicht schon aufgrund von »Bagatellerkrankungen« möglich ist (Palandt/*Götz* § 1906 Rn. 13) – durch die Verwendung des Wortes »erheblich« wurde die Eingriffsschwelle heraufgesetzt (da auch dem Betreuten in gewissem Umfang die »Freiheit zur Krankheit« verbleibt, s. BT-Drs. 17/11513, S. 6). Dabei bleibt allerdings fraglich, wann ein erheblicher gesundheitlicher Schaden gegeben ist (*Grengel/Roth*, ZRP 2013, 12 (15), die eine ausreichende Beschränkung der Betreuerbefugnisse schon aufgrund des Grundsatzes der Erforderlichkeit als gewährleistet ansehen und deswegen die Einbeziehung jeglicher medizinischer Behandlung für sinnvoll erachten, sofern Wohl und Wille für die Maßnahme sprechen und alle übrigen Kriterien erfüllt sind). Grundsätzlich kann ein erheblicher gesundheitlicher Schaden sowohl mit Blick auf die Anlasskrankheit – die zur Betreuerbestellung geführt hat – eintreten, als auch andere Krankheiten betreffen (s. Jürgens/*Marschner* § 1906 BGB Rn. 19 mit dem Hinweis, im Fall der Anlasskrankheit müsse die jeweilige Maßnahme geeignet sein, den gewünschten Behandlungserfolg herbeizuführen). 9

Das Merkmal der Notwendigkeit bestimmt sich überdies nach medizinischen Kriterien (Palandt/*Götz* § 1906 Rn. 14; ferner Spickhoff/*Spickhoff* § 1906 BGB Rn. 10 mit dem – schon in der 10

Begründung des Gesetzentwurfs mit Blick auf die Alkoholentwöhnungsbehandlung enthaltenen, s. BT-Drs. 11/4528, S. 147 – Hinweis, dass die intendierte Maßnahme Erfolg versprechen muss – sei mit Sicherheit kein Erfolg zu erzielen, scheide eine Unterbringung aus, da eine medizinische Maßnahme dann keinesfalls notwendig sein könne). Sollte eine Untersuchung, eine Heilbehandlung oder ein ärztlicher Eingriff nachträglich für medizinisch nicht geboten erachtet werden, darf auch eine bereits erteilte betreuungsgerichtliche Genehmigung der Unterbringung nicht länger aufrechterhalten werden (BGH NJW 2010, 3372 ff.). Ohne die Unterbringung des Betreuten nicht durchgeführt werden kann eine entsprechende Maßnahme schließlich, wenn zu erwarten ist, dass der Betroffene sich ohne die freiheitsentziehende Unterbringung der erforderlichen medizinischen Maßnahme räumlich entzieht; umgekehrt begründet die Erforderlichkeit der medizinischen Maßnahme ebenso wie die Erforderlichkeit, den dieser Maßnahme entgegenstehenden Willen des Betroffenen zu brechen, für sich genommen noch keine Notwendigkeit, den Betroffenen freiheitsentziehend unterzubringen – also etwa auch dann, wenn der Betroffene sich der Maßnahme zwar physisch widersetzt, sich ihr aber nicht räumlich entzieht (BGH MedR 2008, 737 (739)).

11 Der Betreute muss aufgrund einer psychischen Krankheit oder geistigen oder seelischen Behinderung des Weiteren die Notwendigkeit der Unterbringung nicht erkennen oder nicht nach dieser Einsicht handeln können. Solange die Zwangsbehandlung noch auf der Grundlage des § 1906 Abs. 1 Nr. 2 für zulässig erachtet wurde, bedurfte es diesbezüglich einer Klarstellung hinsichtlich der genauen Bezugnahmen: Die fehlende Einsichtsfähigkeit musste sich zwar nach dem Wortlaut der Vorschrift nicht auf die Notwendigkeit der Untersuchung, der Heilbehandlung oder des Eingriffs beziehen, sondern auf die Notwendigkeit der Unterbringung; dies hielt der BGH allerdings für sprachlich ungenau, da ersichtlich die fehlende Behandlungseinsichtsfähigkeit im Vordergrund stehe (BGH MedR 2007, 104 (107)). Da eine Zwangsbehandlung nach § 1906 Abs. 1 Nr. 2 nicht mehr genehmigungsfähig ist, kommt nunmehr auch die Genehmigung der Einwilligung in eine Unterbringung nicht in Betracht, wenn die Heilbehandlung wegen der Weigerung des Betroffenen, sich behandeln zu lassen, nicht durchgeführt werden kann; § 1906 Abs. 1 Nr. 2 gelangt daher (nur) noch in den Fällen zur Anwendung, in denen nicht von vornherein ausgeschlossen ist, dass sich der Betroffene in der Unterbringung behandeln lassen wird, sein natürlicher Wille also nicht bereits der medizinisch notwendigen Behandlung entgegensteht und er lediglich die Notwendigkeit der Unterbringung nicht einsieht (BGH NJW 2012, 3234 f.; in Bezug auf die ansonsten notwendige Voraussetzung des vorliegenden § 1906a Abs. 1 und 2 BVerfG NJW 2020, 2790 ff.). Ist die Einsichtsfähigkeit demgegenüber nicht beeinträchtigt, besteht das Recht zur Ablehnung ärztlicher Behandlungsmaßnahmen, auch wenn dies zu Gesundheitsschäden führen würde oder als unvernünftig erscheint (s. Jürgens/*Marschner* § 1906 BGB Rn. 18).

### 4. Genehmigung (§ 1906 Abs. 2 BGB)

12 Wenn der Betroffene gegen seinen Willen (oder im Zustand der Willenlosigkeit) untergebracht werden soll, bedarf es einer (gem. §§ 323 Abs. 1 Nr. 2, 329 Abs. 1, 2 FamFG für eine bestimmte Dauer – der Betroffene hat nach Art. 5 Abs. 4 EMRK allerdings auch das Recht, in regelmäßigen Abständen die Rechtmäßigkeit seiner Unterbringung durch ein Gericht überprüfen zu lassen, s. EGMR NJW 2000, 2727 ff. – zu erteilenden) Genehmigung (oder deren Nachholung) durch das Betreuungsgericht. Da der Betreuer in die Unterbringung einwilligt und das Betreuungsgericht diese lediglich überprüft und genehmigt, obliegt dem Gericht nicht die Auswahl der Einrichtung (BayObLG FamRZ 1994, 320 (322)). Allerdings ist eine Unterbringung auch als Eilmaßnahme seitens des Betreuungsgerichts gem. §§ 1908i Abs. 1 Satz 1, 1846 zulässig. Das Gericht ist dann aber verpflichtet, gleichzeitig mit der Anordnung der Unterbringung durch geeignete Maßnahmen sicherzustellen, dass dem Betroffenen unverzüglich ein Betreuer zur Seite gestellt wird; unterlässt das Gericht eine solche Maßnahme, ist die Anordnung der Unterbringung unzulässig (BGH NJW 2002, 1801 ff.). Vorschriften über den Vollzug der Unterbringung bestehen dagegen nicht, Maßnahmen während der Unterbringung liegen daher in der ausschließlichen Verantwortung des Betreuers, soweit ihm der entsprechende Aufgabenkreis zugewiesen ist (Jürgens/*Marschner* § 1906 BGB Rn. 46).

Das Betreuungsgericht ist des Weiteren der freiheitssichernden Funktion des Art. 2 Abs. 2 Satz 2 **13**
GG verpflichtet und muss bei seiner Prüfung verfassungsrechtliche Maßstäbe für die Aufklärung
des Sachverhalts und damit für eine hinreichende tatsächliche Grundlage richterlicher Entscheidungen beachten: Nach dem BVerfG ist es unverzichtbare Voraussetzung, dass Entscheidungen, die den Entzug der persönlichen Freiheit betreffen, auf zureichender richterlicher Sachaufklärung beruhen und eine in tatsächlicher Hinsicht genügende Grundlage haben, die der Bedeutung der Freiheitsgarantie entspricht. Das Betreuungsgericht darf bei der Prüfung der Voraussetzungen einer sofortigen Unterbringung nicht ohne weitere Begründung annehmen, dass mit dem Aufschub der Unterbringung eine erhebliche Gefahr verbunden ist. Gleiches gilt für die Anordnung einer Eilmaßnahme unter Vernachlässigung der verfassungsrechtlichen Aufklärungs- und Begründungspflicht (BVerfG NJW 1998, 1774 f.). Nach dem BGH muss die vom Betreuten zu duldende Behandlung i.S.d. § 1906 Abs. 1 Nr. 2 überdies so präzise wie möglich formuliert werden, weil sich nur aus entsprechenden Angaben der Unterbringungszweck sowie Inhalt, Gegenstand und Ausmaß der zu duldenden Behandlung hinreichend konkret und bestimmbar ergeben (BGH MedR 2007, 104 (107)). Einschränkungen, die über die Genehmigung des Betreuungsgerichts hinausgehen, stellen nämlich Modifikationen dar, die einer erneuten Genehmigung bedürfen (BayObLG FamRZ 1994, 721 ff. mit dem Hinweis, dass eine Unterbringungsgenehmigung grundsätzlich alle mit der Unterbringung in einer geschlossenen Einrichtung regelmäßig verbundenen Beschränkungen der körperlichen Bewegungsfreiheit umfasst, mechanische Vorrichtungen, mit denen für einen längeren Zeitraum oder regelmäßig zusätzlich die Freiheit entzogen werden soll, dagegen einer weiteren Genehmigung bedürfen). Gem. § 1906 Abs. 3 hat der Betreuer die Unterbringung zu beenden, wenn ihre Voraussetzungen weggefallen sind. Er hat die dem Betreuungsgericht unverzüglich anzuzeigen.

## II. Freiheitsentziehende (unterbringungsähnliche) Maßnahmen ohne Unterbringung (§ 1906 Abs. 4 BGB)

Ähnlich wie § 1906 Abs. 1 regelt auch § 1906 Abs. 4 die Freiheitsentziehung: Unter den Voraussetzungen des § 1906 Abs. 1, 2 (deshalb kommt eine unterbringungsähnliche Maßnahme im Interesse Dritter **14**
ebenfalls nicht in Betracht – insoweit greift allenfalls das öffentliche Unterbringungsrecht, s. MüKoBGB/*Schneider* § 1906 Rn. 23) darf einem Betreuten, der sich in einem Krankenhaus, einem Heim oder einer sonstigen Einrichtung aufhält, durch mechanische Vorrichtungen, Medikamente oder auf andere Weise über einen längeren Zeitraum oder regelmäßig die Freiheit entzogen werden. Die Regelung klärt damit die vormals umstrittene Abgrenzung zwischen einer genehmigungspflichtigen Freiheitsentziehung und einer nicht genehmigungspflichtigen Freiheitsbeschränkung und korrespondiert zudem mit dem engen Unterbringungsbegriff (Jürgens/*Marschner* § 1906 BGB, Rn. 6, 29). Derartige Maßnahmen dürfen (abgesehen von Notfällen) nicht von der jeweiligen Einrichtung selbst ergriffen werden (s. OLG Koblenz NJW-RR 2002, 867 ff.), vielmehr regelt § 1906 Abs. 4 ebenso wie § 1906 Abs. 1 allein die Einwilligung seitens des Betreuers, die ihrerseits der Genehmigung durch das Betreuungsgericht bedarf. Dieses Genehmigungserfordernis verletzt nach dem BGH (angesichts seiner entsprechende Geltung nach § 1906 Abs. 5 für den Bevollmächtigten) auch nicht das Selbstbestimmungsrecht des Betroffenen: Das Betreuungsgericht hat zum Schutz des Betroffenen nicht nur zu überprüfen, ob eine Vorsorgevollmacht wirksam erteilt ist, ob sie die Einwilligung in freiheitsentziehende Maßnahmen umfasst und auch nicht zwischenzeitlich widerrufen ist, sondern insbesondere auch, ob die Vollmacht dadurch in Kraft gesetzt ist, dass eine Gefährdungslage nach § 1906 Abs. 1 vorliegt; unter die Kontrolle des Betreuungsgerichts ist damit nicht die in Ausübung des Selbstbestimmungsrechts erfolgte Entscheidung des Betroffenen gestellt, sondern die gesetzesgemäße Handhabung der Vorsorgevollmacht durch den Bevollmächtigten (was gerade der Sicherung des Selbstbestimmungsrechts des Betroffenen dient, s. BGH MedR 2013, 45 ff.; ferner BVerfG NJW 2009, 1803 f.).

Die Regelung erstreckt sich ebenso wie § 1906 Abs. 1 auf betreute Volljährige, bei Nichtbetreuten soll die Notwendigkeit von Zwangsmaßnahmen i.S.d. § 1906 Abs. 4 unter Berücksichtigung **15**
der Erforderlichkeit ebenfalls Anlass für die Bestellung eines Betreuers sein (Palandt/*Götz* § 1906, Rn. 25; s. aber auch Jürgens/*Marschner* § 1906 BGB Rn. 32, der auf das öffentlich-rechtliche Unterbringungsrecht zurückgreift).

Nach der Neuregelung des Gesetzes vom 17.07.2017 regelt § 1906 Abs. 4 nicht mehr nur die freiheitsentziehenden Maßnahmen bei Betreuten, die sich in einer Einrichtung aufhalten, ohne untergebracht zu sein, sondern vielmehr auch die Maßnahmen an Betreuten, die untergebracht sind. Damit kommt der Gesetzgeber der Rechtsprechung des BGH nach (BGH MedR 2011, 434 (436); BGH NJW 2012, 3728 f.; BGH FamRZ 2015, 1707 ff.). Der Gesetzgeber begründet seine Entscheidung damit, dass für den Betroffenen eine freiheitsentziehende Maßnahme auch neben der freiheitsentziehenden Unterbringung einen eigenständigen und nicht weniger gewichtigen Eingriff in seine körperliche Fortbewegungsfreiheit darstelle.

16 Mit der Neuregelung im Jahr 2017 und der Ersetzung des Wortes »Anstalten« durch »Krankenhaus« will der Gesetzgeber § 1906 Abs. 4 einen nicht mehr zeitgemäßen Begriff ersetzen; eine Änderung des räumlichen Anwendungsbereichs der Norm ist damit jedoch nicht vorgesehen (BT-Drs. 18/11240 S. 19). Heime können darüber hinaus Alten- und Pflegeheime sein (Palandt/*Götz* § 1906 Rn. 24); der Begriff der sonstigen Einrichtung wird überdies vom Schutzzweck der Vorschrift her weit ausgelegt (MüKo-BGB/*Schneider* § 1906 Rn. 84) – es werden etwa auch Außenwohngruppen oder betreute Wohngruppen einer Einrichtung erfasst, erforderlich ist lediglich ein institutioneller Rahmen, in dem der Betroffene lebt (LG München NJW 1999, 3642 f.). Auch die Wohnung eines Betroffenen kann als »sonstige Einrichtung« zu qualifizieren sein, Voraussetzung ist jedoch, dass dort die institutionellen Verhältnisse und insbesondere die Vorkehrungen zum Schutz des Betroffenen bei unvorhergesehenen Ereignissen denen einer geschlossenen Einrichtung vergleichbar sind – was namentlich der Fall sein soll, wenn der Betroffene ausschließlich durch fremde, ambulante Pflegekräfte versorgt wird (LG München NJW 1999, 3642 f.); wird der Betroffene lediglich in seiner eigenen Wohnung von Familienangehörigen im Rahmen regelmäßiger Besuche gepflegt, ohne dass weitere Vorkehrungen getroffen sind, handelt es sich nach der Rechtsprechung bei der eigenen Wohnung nicht um eine sonstige Einrichtung (BayObLG BtPrax 2003, 37 f.; s.a. BT-Drs. 11/4528, S. 148 f., 209, 228; ferner *Klie*, BtPrax 2011, 154 ff.; dazu aber auch BeckOK BGB/*Müller-Engels* § 1906 Rn. 27).

17 Mit Blick auf die Freiheitsentziehung durch mechanische Vorrichtungen, Medikamente oder auf andere Weise betrifft die Regelung etwa das Anbringen von Bettgittern sowie die Fixierung im Stuhl mittels eines Beckengurts, wenn der Betroffene durch sie in seiner körperlichen Bewegungsfreiheit eingeschränkt wird. Dies ist nach dem BGH dann der Fall, wenn nicht ausgeschlossen werden kann, dass der Betroffene zu einer willensgesteuerten Aufenthaltsveränderung in der Lage wäre, an der er durch die Maßnahmen gehindert wird (s. BGH MedR 2013, 45 (46 f.)). Darüber hinaus fallen das Einschließen oder der gezielte Einsatz von Medikamenten in den Anwendungsbereich der Regelung, nicht aber der Einsatz von Medikamenten zu Heilzwecken, das nächtliche Verschließen der Eingangstür (dazu aber auch BT-Drs. 11/4528, S. 149: »Wer z. B. nachts ein Altenheim oder eine andere Einrichtung, in der er sich aufhält, nicht verlassen will, wird auch dann nicht am Verlassen ›gehindert‹, wenn die Eingangstüre verschlossen ist.«), Sitzwachen oder Kameraüberwachung (ausführlich zum Ganzen Palandt/*Götz* § 1906 Rn. 27 ff.; MüKo-BGB/*Schneider* § 1906 Rn. 45; *Walther*, BtPrax 2005, 214 (214 f.); *ders.*, BtPrax 2006, 8 (9 ff.)) – fraglich ist dies hingegen bei der Anbringung eines Funkortungschips an der Kleidung eines demenzkranken Heimbewohners (s. dazu OLG Brandenburg FamRZ 2006, 1481 f.; ferner *Kreicker*, NJW 2009, 890 ff.; *Feuerabend*, BtPrax 1999, 93 ff.).

18 Was den längeren Zeitraum sowie die Regelmäßigkeit i.S.d. § 1906 Abs. 4 angeht, werden grundsätzlich nur solche Maßnahmen in den Anwendungsbereich einbezogen, die aller Voraussicht nach eine Gesamtdauer von drei Tagen überschreiten. Danach können – so die Argumentation – aus Gründen der Rechtssicherheit und Praktikabilität, sofern die ursprüngliche Prognose geringfügig nachjustiert werden muss, auch noch Eingriffe tolerabel sein, die spätestens bis zum Ende des dritten Folgetages nach ihrer Einleitung abgeschlossen werden sollten (OLG Bamberg GesR 2012, 157 (163); s. aber auch BT-Drs. 11/4528, S. 149, wonach eine Begrenzung auf den nach Beginn der Maßnahme folgenden Tag erwogen werden könnte, aus Gründen der Flexibilität aber auch verantwortet werden kann, etwa die Anbringung eines Gitters am Bett des Betreuten bei einem vorübergehenden Fieberanfall auch für eine etwas längere Zeit ohne Einholung oder Nachholung

der richterlichen Genehmigung vorzusehen; s. dazu jedoch auch MüKo-BGB/*Schneider* § 1906 Rn. 50). Die gegen den Willen eines Betreuten in regelmäßigen Zeitabständen durchzuführende Dauermedikation und die zwangsweise Zuführung des Betreuten zu dieser jeweils kurzfristigen Behandlung stellen dementsprechend keine mit Freiheitsentziehung verbundene unterbringungsähnliche Maßnahme dar (BGH NJW 2001, 888 ff.). Maßnahmen sind überdies schon nicht mit einem Freiheitsentzug verbunden, wenn der Betroffene einwilligt (wobei im Zweifel davon auszugehen sein soll, dass ein natürlicher Wille zur Fortbewegung besteht, sofern der Betreute noch zu einer von einem natürlichen Willen getragenen Fortbewegung in der Lage ist, s. OLG Hamm FamRZ 1993, 1490 ff.). Etwas anderes gilt demgegenüber, wenn er die Tragweite der genehmigten Maßnahme nicht erkennen kann (BayObLG MDR 1994, 922). § 1906 Abs. 4 soll ferner keine Anwendung finden, wenn der Betroffene sich aufgrund körperlicher Gebrechen ohnehin nicht mehr fortbewegen kann oder aufgrund geistigen Gebrechens zur Bildung eines natürlichen Willens im Hinblick auf eine Fortbewegung nicht mehr in der Lage ist (OLG Hamm FamRZ 1994, 1270 f.; OLG Bamberg GesR 2012, 157 (161 ff.)).

Maßnahmen nach § 1906 Abs. 4 sind aufgrund der Bezugnahme auf § 1906 Abs. 1, 2 schließlich nur unter dessen Voraussetzungen (s. dazu MüKo-BGB/*Schneider* § 1906 Rn. 42 ff.) und insbesondere nach Maßgabe des Verhältnismäßigkeitsgrundsatzes (ausführlich dazu Palandt/*Götz* § 1906 Rn. 30) zulässig; insoweit hat die Rechtsprechung mit Blick auf den Einsatz einer Pflegekraft als Sitzwache als Alternative für die Anbringung eines Bettgitters während der Nachtstunden und tagsüber eines Bauchgurtes, um die Gefahr des Herausfallens aus dem Bett oder Rollstuhl abwenden zu können, darauf hingewiesen, dass Kostengründe bei der Anwendung des Verhältnismäßigkeitsgrundsatzes nicht unberücksichtigt bleiben dürfen (OLG Hamm FamRZ 1993, 1490 ff.; s. aber auch Jürgens/*Marschner* § 1906 BGB Rn. 39). 19

Besonders zu beachten im Rahmen der unterbringungsähnlichen Maßnahmen sind zudem die Erfordernisse, die das BVerfG erst kürzlich für Fixierungen aufgestellt hat (BVerfG NJW 2018, 2619 ff., in der sich das BVerfG zwar mit öffentlich-rechtlichen Vorschriften befasst, vgl. zur Übertragbarkeit jedoch BVerfG NJW 2017, 2982 (2983) mwN). Danach unterliegen Fixierungen, insbesondere die 5- und 7-Punkt-Fixierung, jedoch wohl auch andere direkte Fixierungen, z.B. durch einen Bauchgurt oder eine 3-Punkt-Fixierung, dem Richtervorbehalt des Art. 104 Abs. 2 GG (BVerfG NJW 2018, 2619 (2621)). Dafür soll ein flächendeckender Eildienst auch außerhalb der Gerichtsöffnungszeiten eingeführt werden (BVerfG NJW 2018, 2619 (2625)). Ausgenommen vom Richtervorbehalt sollen kurzfristige Maßnahmen sein; solche liegen vor, wenn diese absehbar die Dauer von ungefähr einer halben Stunde unterschreitet (BVerfG NJW 2018, 2619 (2621)). Dasselbe gilt, wenn bereits zu Beginn der Maßnahme abzusehen ist, dass die Entscheidung erst nach Wegfall des Grundes der Maßnahme ergehen wird oder die Maßnahme beendet und eine Wiederholung nicht absehbar ist (BVerfG NJW 2018, 2619 (2626)). Eine nachträgliche Genehmigung ist bei Gefahr in Verzug ebenfalls möglich (BVerfG NJW 2018, 2619 (2625)). Zudem hat das BVerfG festgehalten, dass Art. 104 Abs. 2 Satz 4 GG einen Regelungsauftrag beinhaltet, der den Gesetzgeber verpflichtet, den Richtervorbehalt verfahrensrechtlich auszugestalten, um den Besonderheiten der unterschiedlichen Anwendungszusammenhängen gerecht zu werden (BVerfG NJW 2018, 2619). Zudem stellte das BVerfG das Erfordernis auf, dass eine 1-zu-1-Betreuung durch therapeutisches oder pflegerisches Personal zu gewährleisten sei (BVerfG NJW 2018, 2619 (2623)) und die Gründe für die Fixierung, ihre Durchsetzung, Dauer und die Art der Überwachung zu dokumentieren seien (BVerfG NJW 2018, 2619 (2623)). Fraglich ist, ob das Urteil auch die Gabe von sedierenden Medikamenten als Fixierung erfasst. Dies kann jedenfalls dann zu bejahen sein, wenn das Medikament explizit zur Sedierung gegeben wird; wenn es jedoch primär zu Behandlung verabreicht wird, stellt sich die Qualifizierung als Fixierung schwieriger dar. 20

### III. Bevollmächtigung (§ 1906 Abs. 5 BGB)

Die Vorgaben für die mit einer Freiheitsentziehung einhergehende Unterbringung sowie unterbringungsähnliche Maßnahmen gelten nach § 1906 Abs. 5 auch für den Bevollmächtigten (zu den 21

Anforderungen an die Wirksamkeit der Vollmacht MüKo-BGB/*Schneider* § 1906 Rn. 121 ff.). Mit Blick auf die daraus folgende Notwendigkeit einer betreuungsgerichtlichen Genehmigung für derartige Maßnahmen hat das BVerfG darauf hingewiesen, dass der Gesetzgeber mit § 1906 Abs. 5 seiner Schutzpflicht gegenüber dem Leben, der körperlichen Unversehrtheit, der Freiheit und der sexuellen Selbstbestimmung nachgekommen sei und der darin zugleich liegende Eingriff in das Selbstbestimmungsrecht des Betroffenen im Hinblick auf diesen Schutz gerechtfertigt werden könne. Mit einer Vorsorgevollmacht könne daher nicht wirksam auf das Erfordernis einer betreuungsgerichtlichen Genehmigung verzichtet werden. Etwas anderes ergebe sich auch nicht aus einem Vergleich mit § 1904 Abs. 5, wonach eine betreuungsgerichtliche Genehmigung nur erforderlich ist, wenn zwischen Bevollmächtigtem und Arzt unterschiedliche Auffassungen über den Behandlungswunsch des Betroffenen bestehen; die im Rahmen von § 1906 Abs. 5 zu ergreifenden Maßnahmen setzten nämlich begrifflich voraus, dass der Betroffene einen sich gegen derartige Maßnahmen richtenden natürlichen Willen noch bilden und zum Ausdruck bringen könne, so dass es im Rahmen von § 1906 Abs. 5 immer um eine Diskrepanz zwischen dem natürlichen Willen und dem vormals geäußerten Willen gehe (BVerfG medstra 2015, 370 ff.; dazu *Schwab*, FamRZ 2015, 1357 ff.; *Roßbruch*, PflR 2015, 626 ff.).

22 Die Bevollmächtigung muss sich ausdrücklich auf Maßnahmen i.S.d. § 1906 beziehen (eine Generalvollmacht wird daher nicht für ausreichend erachtet, s. *Müller*, DNotZ 1999, 107, 114; BeckOK BGB/*Müller-Engels* § 1906 Rn. 31; MüKo-BGB/*Schneider* § 1906 Rn. 124); mit dem Gesetz zur Regelung der betreuungsrechtlichen Einwilligung in eine ärztliche Zwangsmaßnahme wurde diese Anforderung auch auf die Einwilligung eines Bevollmächtigten in eine ärztliche Zwangsmaßnahme erstreckt (dazu *Müller*, ZEV 2013, 304 (306)). Das BVerfG erachtet deswegen (wohl) eine Vorsorgevollmacht für den Bereich der Gesundheitsfürsorge nicht als ausreichend für die Annahme einer antizipierten Einwilligung in freiheitsentziehende Maßnahmen, dies könne auch nicht ohne weiteres damit begründet werden, dass eine Vollmacht »notwendige Schutzmaßnahmen« umfassen soll (BVerfG FamRZ 2009, 945 ff.). Der BGH hat es demgegenüber für ausreichend erachtet, dass eine Vollmacht »in allen persönlichen Angelegenheiten« erteilt wird, die auch »Aufenthalts- und Unterbringungsregelungen« umfasst und zur Vermeidung einer rechtlichen Betreuung dienen soll; der verwendete Begriff der »Unterbringungsregelungen« umfasse nicht nur die Heimunterbringung als solche, sondern auch die Vertretung bei unterbringungsähnlichen Maßnahmen i.S.d. § 1906 Abs. 4 (BGH MedR 2013, 45 ff.). Umfasst eine Bevollmächtigung nicht sämtliche Maßnahmen i.S.d. § 1906, soll dies Anlass für die Bestellung eines Betreuers sein (*Grotkopp*, BtPrax 2013, 83 (86)).

## § 1906a Genehmigung des Betreuungsgerichts bei ärztlichen Zwangsmaßnahmen

(1) Widerspricht eine Untersuchung des Gesundheitszustands, eine Heilbehandlung oder ein ärztlicher Eingriff dem natürlichen Willen des Betreuten (ärztliche Zwangsmaßnahme), so kann der Betreuer in die ärztliche Zwangsmaßnahme nur einwilligen, wenn
1. die ärztliche Zwangsmaßnahme zum Wohl des Betreuten notwendig ist, um einen drohenden erheblichen gesundheitlichen Schaden abzuwenden,
2. der Betreute auf Grund einer psychischen Krankheit oder einer geistigen oder seelischen Behinderung die Notwendigkeit der ärztlichen Maßnahme nicht erkennen oder nicht nach dieser Einsicht handeln kann,
3. die ärztliche Zwangsmaßnahme dem nach § 1901a zu beachtenden Willen des Betreuten entspricht,
4. zuvor ernsthaft, mit dem nötigen Zeitaufwand und ohne Ausübung unzulässigen Drucks versucht wurde, den Betreuten von der Notwendigkeit der ärztlichen Maßnahme zu überzeugen,
5. der drohende erhebliche gesundheitliche Schaden durch keine andere den Betreuten weniger belastende Maßnahme abgewendet werden kann,
6. der zu erwartende Nutzen der ärztlichen Zwangsmaßnahme die zu erwartenden Beeinträchtigungen deutlich überwiegt und

7. die ärztliche Zwangsmaßnahme im Rahmen eines stationären Aufenthalts in einem Krankenhaus, in dem die gebotene medizinische Versorgung des Betreuten einschließlich einer erforderlichen Nachbehandlung sichergestellt ist, durchgeführt wird.

§ 1846 BGB ist nur anwendbar, wenn der Betreuer an der Erfüllung seiner Pflichten verhindert ist.

(2) Die Einwilligung in die ärztliche Zwangsmaßnahme bedarf der Genehmigung des Betreuungsgerichts.

(3) Der Betreuer hat die Einwilligung in die ärztliche Zwangsmaßnahme zu widerrufen, wenn ihre Voraussetzungen weggefallen sind. Er hat den Widerruf dem Betreuungsgericht unverzüglich anzuzeigen.

(4) Kommt eine ärztliche Zwangsmaßnahme in Betracht, so gilt für die Verbringung des Betreuten gegen seinen natürlichen Willen zu einem stationären Aufenthalt in ein Krankenhaus § 1906 Absatz 1 Nummer 2, Absatz 2 und 3 Satz 1 entsprechend.

(5) Die Einwilligung eines Bevollmächtigten in eine ärztliche Zwangsmaßnahme und die Einwilligung in eine Maßnahme nach Absatz 4 setzen voraus, dass die Vollmacht schriftlich erteilt ist und die Einwilligung in diese Maßnahmen ausdrücklich umfasst. Im Übrigen gelten die Absätze 1 bis 3 entsprechend.

## Übersicht

| | Rdn. | | Rdn. |
|---|---|---|---|
| A. Allgemeines | 1 | II. Genehmigung des Betreuungsgerichts | |
| I. Überblick | 1 | (§ 1906a Abs. 2 BGB) | 16 |
| II. Gesetzgebungsgeschichte | 2 | III. Widerruf der Einwilligung (§ 1906a | |
| B. Regelungsgegenstände im Einzelnen | 5 | Abs. 3 BGB) | 17 |
| I. Voraussetzungen einer ärztlichen | | IV. Stationärer Aufenthalt im Krankenhaus | |
| Zwangsbehandlung (§ 1906a Abs. 1 | | (§ 1906a Abs. 4 BGB) | 18 |
| BGB) | 5 | V. Bevollmächtigung (§ 1906a Abs. 5 | |
| 1. Ärztliche Zwangsmaßnahme | 5 | BGB) | 19 |
| 2. Voraussetzungen im Einzelnen | 6 | | |

## A. Allgemeines

### I. Überblick

§ 1906a regelt die materiellen Voraussetzungen einer ärztlichen Zwangsmaßnahme: in Abs. 1 werden die Einwilligungsvoraussetzungen für den Betreuer genannt, Abs. 2 regelt die stets erforderliche Genehmigung des Betreuungsgerichts, Abs. 3, 4 und 5 flankieren die Regelung. Der Zweck des § 1906a ist die Stärkung der Selbstbestimmung des einwilligungsunfähigen Betreuten, was insbesondere in § 1906a Abs. 1 Nr. 3 und den engen Voraussetzungen des Abs. 1 Ausdruck findet (vgl. BT-Drs. 18/11240, S. 14; BeckOK BGB/*Müller-Engels* § 1906a Rn. 13; Palandt/*Götz* § 1906a Rn. 6). 1

### II. Gesetzgebungsgeschichte

Die Regelung der ärztlichen Zwangsbehandlung unterlag in den vergangenen Jahren wesentlichen Änderungen. Diese gehen primär auf die Rechtsprechung des BVerfG und des BGH zurück: Das BVerfG entschied zunächst, dass der in der medizinischen Behandlung eines untergebrachten psychisch Kranken gegen dessen natürlichen Willen liegende schwerwiegende Eingriff in das Grundrecht auf körperliche Selbstbestimmung aus Art. 2 Abs. 2 GG zur Erreichung des Vollzugsziels gerechtfertigt sein könne. Allerdings sei eine solche Zwangsbehandlung (die unabhängig davon vorliege, ob sie mit körperlichem Zwang durchgesetzt wird oder der Betroffene der abgelehnten Behandlung keinen physischen Widerstand entgegensetze) nur zulässig, wenn der Untergebrachte krankheitsbedingt zur Einsicht in die Behandlungsbedürftigkeit oder zum Handeln gemäß dieser 2

Einsicht nicht fähig sei; ferner dürften Maßnahmen der Zwangsbehandlung nur als letztes Mittel und ausschließlich dann eingesetzt werden, wenn sie Erfolg versprechen und für den Betroffenen nicht mit Belastungen verbunden sind, die außer Verhältnis zu dem erwartbaren Nutzen stehen. Zum Schutz der Grundrechte des Untergebrachten seien überdies besondere verfahrensmäßige Sicherungen geboten (etwa eine hinreichend konkrete Ankündigung jedenfalls bei planmäßigen Behandlungen, die dem Betroffenen die Möglichkeit eröffne, rechtzeitig Rechtsschutz zu suchen, sowie die eingehende Dokumentation der gegen den Willen des Untergebrachten ergriffenen Behandlungsmaßnahmen), die wesentlichen Voraussetzungen für die Zulässigkeit einer Zwangsbehandlung (und auch die Anforderung an das Verfahren) bedürften zudem klarer und bestimmter gesetzlicher Regelung (BVerfG NJW 2011, 2113 ff; BVerfG NJW 2011, 3571 (3572); später auch BVerfG MedR 2017, 122 (128)).

3   Der BGH war mit Blick auf die betreuungsrechtliche Unterbringung zuvor demgegenüber davon ausgegangen, dass aus der gesetzlichen Vertretungsmacht, die es dem Betreuer ermöglicht, in eine medizinische Behandlung des Betreuten einzuwilligen, nicht zugleich die Befugnis folge, eine Zwangsbehandlung seitens Dritter durch Einwilligung zu legitimieren, da §§ 1901, 1902 keine hinreichende Bestimmung von Inhalt, Zweck, Gegenstand und Ausmaß der vom Betreuten unter Zwang zu duldenden Behandlung ermöglichen (BGH NJW 2001, 888 (891); BGH MedR 2007, 104 (106 f.); BGH MedR 2008, 737 (739)); eine gesetzliche Grundlage für Zwangsmaßnahmen wurde allerdings in § 1906 Abs. 1 Nr. 2 erblickt, der die Unterbringung eines krankheitsbedingt einsichts- oder steuerungsunfähigen Betreuten durch den Betreuer zum Zweck einer anders nicht durchführbaren medizinischen Behandlung ermöglichte, was die Ermächtigung zur zwangsweisen Durchführung der Behandlung, auf die die Unterbringung zielt, einschließe (BGH MedR 2007, 104 (106); BGH MedR 2008, 737 (738); BGH MedR 2011, 507 f.; kritisch *Narr/Saschenbrecker*, FamRZ 2006, 1079 (1082); *Ludyga*, FPR 2007, 104 (105 f.)). Unter Berücksichtigung der Rechtsprechung des BVerfG gab der BGH seine Rechtsprechung allerdings auf – es fehle (so zwischenzeitlich auch der BGH) an einer den verfassungsrechtlichen Anforderungen genügenden gesetzlichen Grundlage für eine betreuungsrechtliche Zwangsbehandlung (BGH NJW 2012, 2967 ff.). Nach Auffassung des BGH waren die Ausführungen des BVerfG zur Zwangsbehandlung im Maßregelvollzug im Wesentlichen auf die Zwangsbehandlung im Rahmen einer betreuungsrechtlichen Unterbringung zu übertragen (zur Diskussion *Bienwald*, FPR 2012, 4 ff.; *Dodegge*, NJW 2012, 3694 ff.; *Mittag*, R&P 2012, 197 ff.; *Marschner*, R&P 2011, 160 ff.; *Moll-Vogel*, FamRB 2011, 249 ff.; *Olzen/Metzmacher*, BtPrax 2011, 233 ff.). Grundrechtlich lag dem die (nicht unwidersprochene, s. *Grengel/Roth*, ZRP 2013, 12 (13), die auf die grundrechtliche Schutzpflichtendimension verweisen; allgemein *Lipp* Freiheit und Fürsorge, S. 118 ff.) Annahme zugrunde, dass die Genehmigung einer von dem Betreuer veranlassten Unterbringung einen Grundrechtseingriff darstelle: Dass sich seine Handlungsbefugnisse unmittelbar aus §§ 1901, 1902 ergeben, ändere nichts daran, dass der Betreuer bei fehlender Einsichtsfähigkeit des Betroffenen auch öffentliche Fürsorge ausübe.

4   Ungeachtet dieser Änderung der Rechtsprechung ging das BVerfG schließlich davon aus, dass schon die Bezugnahme auf § 1906 Abs. 1 Nr. 2 jedenfalls mit Blick auf die Unterbringung psychisch Kranker nicht überzeugen könne: Zwar sähen einzelne landesrechtliche Regelungen vor, dass eine Zwangsbehandlung grundsätzlich entweder die Einwilligung des Betroffenen selbst oder die seines gesetzlichen Vertreters oder, wenn es an einem gesetzlichen Vertreter fehlt, eine gerichtliche Genehmigung voraussetze; auch soweit eine Rechtsgrundlage für Zwangsbehandlungen als im Betreuungsrecht angelegt gesehen wurde, betraf dies – so das BVerfG weiter – allerdings ausschließlich Behandlungen im Rahmen einer nach dieser Vorschrift angeordneten Unterbringung; für medizinische Zwangsbehandlungen außerhalb einer betreuungsrechtlichen Unterbringung habe § 1906 Abs. 1 Nr. 2 bereits in seiner Auslegung durch die frühere Rechtsprechung keine gesetzliche Grundlage geboten. Die zwischenzeitliche Änderung dieser Rechtsprechung verdeutliche nur, dass die Vorschriften des Betreuungsrechts als Grundlage für Zwangsbehandlungen von untergebrachten psychisch Kranken von Verfassung wegen erst recht nicht in Betracht kämen (BVerfG MedR 2013, 596 ff.). Vor diesem Hintergrund hat der Gesetzgeber mit dem Gesetz zur Regelung der betreuungsrechtlichen Einwilligung in eine ärztliche Zwangsbehandlung vom 18.02.2013 (BGBl. I S. 266) § 1906 Abs. 1 Nr. 2 geändert

und in § 1906 Abs. 3, 3a die Zwangsbehandlung ausdrücklich geregelt (ausführlich zur Entwicklung der Rechtsprechung des BGH und dem dadurch bedingten Tätigwerden des Gesetzgebers *Grotkopp*, BtPrax 2013, 83 ff.; *Dieckmann*, BWNotZ 2013, 34 ff.). Die Koppelung der Zwangsbehandlung an die freiheitsentziehende Unterbringung nach § 1906 Abs. 1 wurde jedoch vom BVerfG (BVerfG MedR 2017, 122 ff.) nach Vorlage durch den BGH (BGH MedR 2016, 44 ff.) für nicht mit dem Grundgesetz vereinbar gehalten. Das BVerfG begründete seine Entscheidung damit, dass der Staat mit der Regelung seiner Schutzpflicht aus Art. 2 Abs. 2 Satz 1 GG nicht nachkommen würde, da es eine Schutzlücke für Einwilligungsunfähige berge, bei denen aufgrund mangelnder Mobilität oder anderen Gründen keine freiheitsentziehende Unterbringung erforderlich ist (BVerfG MedR 2017, 122 (127 f.)). Aufgrund dessen hat der Gesetzgeber mit Gesetz vom 17.07.2017 für die ärztliche Zwangsbehandlung auch ohne freiheitsentziehende Unterbringung nach § 1906 Abs. 1 eine Ermächtigungsgrundlage in § 1906a geschaffen (BGBl. I S. 2426).

## B. Regelungsgegenstände im Einzelnen

### I. Voraussetzungen einer ärztlichen Zwangsbehandlung (§ 1906a Abs. 1 BGB)

#### 1. Ärztliche Zwangsmaßnahme

Seit der Neufassung des § 1906a ist der Begriff der ärztlichen Zwangsmaßnahme in § 1906a Abs. 1 legaldefiniert. Danach liegt eine ärztliche Zwangsmaßnahme vor, wenn eine Untersuchung des Gesundheitszustands, eine Heilbehandlung oder ein ärztlicher Eingriff dem natürlichen Willen des Betreuten widerspricht (Palandt/*Götz* § 1906a Rn. 2). BVerfG und BGH haben diesbezüglich erkennen lassen, dass es beim natürlichen Willen nicht um das »bloße Aufgeben einer bestimmten Form des Protests« geht und der Betroffene keinem unzulässigen Druck ausgesetzt werden darf, etwa durch das Inaussichtstellen von Nachteilen im Fall der Behandlungsverweigerung, die sich nicht als notwendige Konsequenzen aus dem Zustand ergeben, in dem der Betroffene unbehandelt voraussichtlich verbleiben oder in den er aufgrund seiner Weigerung voraussichtlich geraten wird; der Betroffene muss vielmehr seinen der medizinischen Maßnahme entgegenstehenden natürlichen Willen manifestieren. Demzufolge soll der natürliche Wille eine bewusste und nicht lediglich reflexhafte, ausdrückliche oder konkludente Willensäußerung jenseits der Einsichts- und Steuerungsfähigkeit voraussetzen – innere Vorbehalte reichten demgegenüber nicht aus, der natürliche Wille müsse vielmehr ausdrücklich geäußert oder manifestiert worden sein (BVerfG NJW 2011, 2113 (2114); BGH NJW 2012, 2967 (2968); s. dazu *Dodegge*, NJW 2013, 1265 (1266); *Lipp*, FamRZ 2013, 913 (920 f.); *Grotkopp*, BtPrax 2013, 83 (85); BeckOK BGB/*Müller-Engels* § 1906a Rn. 9; Spickhoff/*Spickhoff* § 1906a BGB Rn. 4). Wenn ein entgegenstehender Wille nicht geäußert wird, selbst wenn der Betreute dazu nicht in der Lage ist, stellt die Maßnahme keine Zwangsbehandlung dar (vgl. BT-Drs. 17/11513, S. 7; BeckOK BGB/*Müller-Engels* § 1906a Rn. 9; Palandt/*Götz* § 1906a Rn. 2). Obwohl der Begriff des natürlichen Willens im Betreuungsrecht und namentlich im Anwendungsbereich des § 1906 schon vormals Verwendung fand, wird dessen genaue Bedeutung mit Blick auf § 1906a Abs. 1 kritisch (*Beckmann*, JZ 2013, 604 ff.) hinterfragt (Spickhoff/*Spickhoff* § 1906a BGB Rn. 4).

#### 2. Voraussetzungen im Einzelnen

Für die Eröffnung des Anwendungsbereichs des § 1906a ist erforderlich, dass dem Betreuten die Einwilligungsfähigkeit fehlt und keine Patientenverfügung nach § 1901a besteht (BeckOK BGB/*Müller-Engels* § 1906a Rn. 7; so kann auch BVerfG MedR 2017, 122 (129 f.) verstanden werden).

Grundsätzliche Voraussetzung für die Einwilligung in die Zwangsbehandlung durch einen Betreuer ist zunächst erneut, dass sich der Aufgabenkreis des Betreuers auf derartige Maßnahmen erstreckt (BeckOK BGB/*Müller-Engels* § 1906a Rn. 7; s.a. die Ausführungen zu § 1906 Rdn. 2). Die Voraussetzungen des § 1906a Abs. 1 Satz 1, die maßgeblich auf den Voraussetzungen beruhen, die das BVerfG zur Zwangsbehandlung 2017 aufgestellt hat (vgl. BVerfG MedR 2017, 122 (128 ff.)), müssen für die Genehmigung des Betreuers in eine ärztliche Zwangsmaßnahme kumulativ vorliegen. Zudem muss eine ärztliche Indikation vorliegen. Es muss weiter beachtet werden, dass eine Zwangsbehandlung gegen den Willen des Betroffenen stets nur *ultima ratio* sein darf (Palandt/ *Götz* § 1906a Rn. 2). Zudem sind Überschneidungen zwischen den verschiedenen Tatbeständen, z.B. zwischen Nr. 1, 5 und 6 in Bezug auf die Erforderlichkeit und Verhältnismäßigkeit einer Maßnahme denkbar (Spickhoff/*Spickhoff* § 1906a BGB Rn. 6).

8 Für die Einwilligung des Betreuers in eine Zwangsbehandlung muss die Maßnahme zum Wohl des Betreuten notwendig, also erforderlich sein, um einen drohenden erheblichen gesundheitlichen Schaden abzuwenden (§ 1906a Abs. 1 Satz 1 Nr. 1). Die Notwendigkeit einer Maßnahme setzt ihre medizinische Indikation sowie die Gebotenheit ihrer zwangsweisen Durchführung voraus (ausführlich BGH FamRZ 2020, 534 ff., wonach sich die Durchführung der Maßnahme je nach der mit der Zwangsbehandlung verbundenen Schwere des Grundrechtseingriffs auf einen breiten medizinisch-wissenschaftlichen Konsens stützen können muss. Ein solcher Konsens ist dann anzunehmen, wenn er »evidenzbasierte[n] Handlungsempfehlungen eines institutionalisierten Expertengremiums entspricht«, anders noch die Vorinstanz LG Heidelberg, Beschl. v. 29.07.2019 – 2 T 35/19; dem BGH zustimmend *Spickhoff*, FamRZ 2020, 537 f.; vgl. auch Palandt/*Götz* § 1906a BGB Rn. 3 f.) Dabei ist für die Ausfüllung der Tatbestandsmerkmale auf die Ausführungen zu § 1906 Abs. 1 Nr. 2 zu verweisen (§ 1906 Rdn. 9, vgl. auch BVerfG NJW 2017, 2982 (2983)).

9 Zudem muss der Betreute kausal aufgrund seiner psychischen Krankheit oder seiner geistigen oder seelischen Behinderung die Notwendigkeit der Maßnahme nicht erkennen oder danach handeln können (Nr. 2). Es bedarf für die Nr. 2 somit einer fehlenden Einwilligungsfähigkeit bzgl. der Behandlung i.S.d. Fehlens der Einsichts- und Steuerungsfähigkeit (BGH MedR 2007, 104 (106); BeckOK BGB/*Müller-Engels* § 1906a Rn. 12; Palandt/*Götz* § 1906a Rn. 5; *Spickhoff*, FamRZ 2017, 1633 (1636); vgl. auch § 1906 Rdn. 11).

10 Mit § 1906a Abs. 1 Satz 1 Nr. 3 wird das Selbstbestimmungsrecht des Betreuten weiter gestärkt (kritisch *Götz*, FamRZ 2017, 413 (414 f.)). Danach darf der Betreuer seine Einwilligung in eine Zwangsmaßnahme nur erteilen, wenn diese dem nach § 1901a zu beachtendem Willen entspricht. Dabei ist zu beachten, dass eine wirksame Patientenverfügung nach § 1901a Abs. 1 von vornherein bindend ist und es dann keiner Einwilligung des Betreuers bedarf (BeckOK BGB/*Müller-Engels* § 1906a Rn. 7; s.a. § 1901a Rdn. 13; s. zu dem Thema auch *Spickhoff*, FamRZ 2017, 1633 (1636); in einem Fall des LG Osnabrück NJW 2020, 1687 ff. wurde der in einer Patientenverfügung geäußerte Wille in Bezug auf eine Zwangsbehandlung im Rahmen einer öffentlich-rechtlichen Unterbringung nach § 21 PsychKG indes für unbeachtlich gehalten, weil von dem Betroffenen eine Gefahr für Dritte ausgegangen sei). Allerdings ist nach Auffassung des BGH eine Einwilligung in eine ärztliche Zwangsmaßnahme auch dann genehmigungsfähig, wenn ein nach § 1901a zu beachtender Wille des Betroffenen nicht festzustellen ist (BGH, Beschl. v. 29.07.2020 – XII ZB 173/18, GesR 2020, 725 ff.).

11 Gemäß Nr. 4 des § 1906a Abs. 1 Satz 1 muss vor der Durchführung der Zwangsmaßnahme zudem ernsthaft und mit dem nötigen Zeitaufwand und ohne Ausübung unzulässigen Drucks versucht worden sein, den Betreuten von der Notwendigkeit der Maßnahme zu überzeugen. Mit der Aufnahme des zeitlichen Elements und des zu unterlassenden Drucks in § 1906a Abs. 1 im Vergleich zu § 1906 Abs. 3 Satz 1 Nr. 2 a.F. folgt der Gesetzgeber damit den zuvor aufgestellten Voraussetzungen des BGH. Dieser hatte weiter zu der alten Rechtslage entschieden, dass der Überzeugungsversuch eine materiell-rechtliche Voraussetzung für die Wirksamkeit der Einwilligung durch den Betreuer sei, dem auch mit Blick auf den Verhältnismäßigkeitsgrundsatz entscheidende Bedeutung zukomme. Er müsse zudem durch eine überzeugungsfähige und -bereite Person unternommen worden sein, was das Betreuungsgericht in jedem Einzelfall festzustellen und in seiner Entscheidung in nachprüfbarer Weise darzulegen habe (BGH MedR 2015, 116 (118); BGH medstra 2016, 51 ff.; BGH NJW 2017, 3714 f.; BGH GesR 2018, 717 f.; s.a. BGH NJW 2014, 3301 ff.; vgl. BGH MedR 2015, 680 f.; ferner *Dodegge*, NJW 2013, 1265 (1267), der auf einen Zeitraum von zehn bis vierzehn Tagen nach der Unterbringung abstellt; s. dazu aber auch *Grotkopp*, BtPrax 2013, 83 (87), der erhebliche Schwierigkeiten mit Blick auf Eilfälle sieht). Dabei bleibt allerdings unklar, ob der Überzeugungsversuch nach § 630c Abs. 2 Satz 1 dem behandelnden Arzt oder gem. § 1901 Abs. 3 Satz 3 dem Betreuer obliegt

(die Begründung des Gesetzentwurfs von 2012 (BT-Drs. 17/11513, S. 6) formuliert lediglich ganz allgemein, dass der Betreuer vor Durchführung einer Maßnahme den Betroffenen zu informieren und ihm die erforderliche Maßnahme verständlich zu machen habe, um diese im einvernehmlichen Zusammenwirken mit dem Betreuten umzusetzen; dazu ausführlich Palandt/*Götz* § 1906a Rn. 7; *Lipp*, FamRZ 2013, 913 (921); *Grotkopp*, BtPrax 2013, 83 (87); *Spickhoff*, FamRZ 2017, 1633 (1636)) – der BGH ging in Bezug auf § 1906 Abs. 3 Satz 1 Nr. 2 a.F. von einer »offen gehaltene[n] gesetzliche[n] Regelung« aus, die den Überzeugungsversuch mit Blick auf § 1901 Abs. 3 Satz 3 regelmäßig dem Betreuer auferlege; wegen der ärztlichen Fachkenntnis könne allerdings auch der behandelnde Arzt, nicht zuletzt aber auch eine Vertrauensperson des Betroffenen tätig werden (BGH MedR 2015, 116 (118 f.); s. ferner BGH NJW 2014, 3515 f.; BGH NJW 2013, 1449 (1450) mit dem Hinweis, dass die Notwendigkeit der Durchführung eines Überzeugungsversuch Anlass für die Bestellung eines Betreuers sein kann; *Spickhoff*, FamRZ 2017, 1633 (1636)).

Nach Nr. 5 des § 1906a Abs. 1 Satz 1 ist für die Einwilligung des Betreuers in die ärztliche Zwangsmaßnahme weiter erforderlich, dass der drohende erhebliche gesundheitliche Schaden durch keine andere, den Betreuten weniger belastende Maßnahme abgewendet werden kann. Nr. 5 statuiert somit einen Erforderlichkeitsgrundsatz. Der BGH entschied zur alten Rechtslage, dass eine solche Maßnahme auch in einer alternativen Behandlungsmethode zu sehen sein kann, die nicht dem natürlichen Willen des Betroffenen widerspricht (BGH JZ 2015, 253 (254)). Allerdings kommt es bei der Beurteilung nicht nur auf eine objektive, fachmedizinische Perspektive, sondern auch auf die subjektive Perspektive des Betreuten an (*Spickhoff*, FamRZ 2017, 1633 (1636)). 12

Weiter muss der zu erwartende Nutzen der ärztlichen Zwangsmaßnahme die zu erwartenden Beeinträchtigungen deutlich überwiegen (§ 1906a Abs. 1 Satz 1 Nr. 6), die Maßnahme muss also verhältnismäßig sein. Dabei ist zu beachten, dass der Nutzen umso gewichtiger sein muss, je schwerwiegender der Eingriff ist (vgl. BVerfG NJW 2011, 2113 (2117) wonach unter Berücksichtigung der jeweiligen Wahrscheinlichkeiten der zu erwartende Nutzen der Behandlung den möglichen Schaden der Nichtbehandlung deutlich feststellbar überwiegen muss – dazu auch *Garlipp*, BtPrax 2009, 55 (57 f.) –, woran es nach dem BVerfG regelmäßig fehlt, wenn die Behandlung mit mehr als einem vernachlässigbaren Restrisiko irreversibler Gesundheitsschäden verbunden ist; BVerfG NJW 2017, 2982 (2983); Palandt/*Götz* § 1906a Rn. 8). Die Abwägung ist aus Sicht des Betroffenen vorzunehmen (Palandt/*Götz* § 1906a Rn. 8; *Spickhoff*, FamRZ 2017, 1633 (1636)). 13

Schließlich muss die ärztliche Zwangsmaßnahme nach § 1906a Abs. 1 Satz 1 Nr. 7 im Rahmen eines stationären Aufenthalts in einem Krankenhaus, in dem die gebotene medizinische Versorgung des Betreuten einschließlich einer erforderlichen Nachbehandlung sichergestellt ist, durchgeführt werden. Von der Norm sind auch geschlossene Einrichtungen umfasst (BeckOK BGB/*Müller-Engels* § 1906a Rn. 17; a.A. *Fölsch*, DRiZ 2017, 286 (288); zur Abgrenzung der Unterbringungsformen *Spickhoff*, FamRZ 2017, 1633 (1638)). Damit hat sich der Gesetzgeber bewusst gegen die Möglichkeit einer ambulanten Zwangsbehandlung ausgesprochen. Mit der Voraussetzung will der Gesetzgeber erreichen, dass ärztliche Zwangsmaßnahmen entsprechend dem *ultima ratio* Gedanken auf das unverzichtbare Minimum reduziert werden; für eine stationäre Behandlung reicht es auch nicht aus, wenn der Betroffene ambulant im Krankenhaus behandelt wird. Mit der Voraussetzung soll sichergestellt werden, dass eine gebotene sorgfältige Prüfung der Zulässigkeitsvoraussetzungen für die beabsichtigte ärztliche Zwangsmaßnahme möglich ist (so BT-Drs. 18/11240, S. 20; ausführlich dazu auch BeckOK BGB/*Müller-Engels* § 1906a Rn. 6; kritisch *Spickhoff*, FamRZ 2017, 1633 (1638 f.)). 14

Wenn der Betreuer in der Erfüllung seiner Pflichten verhindert ist, so hat das Familiengericht gemäß § 1846 die Maßregel zu treffen (§ 1906a Abs. 1 Satz 2). 15

## II. Genehmigung des Betreuungsgerichts (§ 1906a Abs. 2 BGB)

Zusätzlich zu der Einwilligung des Betreuers hat auch das Betreuungsgericht seine Zustimmung zu der Maßnahme nach § 1906a Abs. 2 zu erklären. Anders als bei § 1904 Abs. 1 Satz 2 ist hier 16 jedoch keine Eilkompetenz vorgesehen, sodass die Genehmigung immer vor der Durchführung der Maßnahme erteilt werden muss. Auch eine Regelung für ein Einvernehmen zwischen Arzt und Betreuer, dass die Genehmigungspflicht wie in § 1904 Abs. 4 entfallen ließe, besteht nicht (BT-Drs. 18/11240, S. 20 f. mit Bezug auf § 312 Nr. 3 FamFG i.V.m. § 3 Nr. 2b RPflG; *Spickhoff*, FamRZ 2017, 1633 (1636); vgl. zudem auch BeckOK BGB/*Müller-Engels* § 1906a Rn. 19). Die Genehmigung ist zu befristen (vgl. BVerfG, Beschl. v. 07.07.2015 – 2 BvR 1180/15; Palandt/*Götz* § 1906a Rn. 11).

§ 1906a regelt demgegenüber keine Anforderungen in Bezug auf das Verfahren. Diesbezügliche Regelungen enthalten vielmehr insbesondere §§ 312 Abs. 1 Nr. 3, 319 Abs. 1 FamFG, die eine Anhörung des Betroffenen verlangen. Mit dem Gesetz zur Regelung der betreuungsrechtlichen Einwilligung in eine ärztliche Zwangsbehandlung wurde zudem § 323 Abs. 2 FamFG eingefügt, wonach die Beschlussformel der betreuungsgerichtlichen Genehmigung auch Angaben zur Durchführung und Dokumentation der Maßnahme in der Verantwortung eines Arztes enthalten muss. Fraglich erscheint allerdings, ob diese Regelungen den vom BVerfG aufgezeigten Anforderungen genügen: Das BVerfG forderte nämlich, dass, wenn eine Zwangsbehandlung trotz Fehlschlags der gebotenen aufklärenden Zustimmungswerbung durchgeführt werden soll, eine Ankündigung erforderlich ist, die dem Betroffenen die Möglichkeit eröffnet, rechtzeitig Rechtsschutz zu suchen (s. dazu mit Blick auf § 1906 Abs. 3 a.F. auch *Moll-Vogel*, FamRB 2013, 157 (160); anders *Lipp*, FamRZ 2013, 913 (921)). Zudem bedarf die Zwangsbehandlung nach dem BVerfG einer Anordnung und Überwachung durch einen Arzt. Ferner besteht die Notwendigkeit, gegen den Willen des Untergebrachten ergriffene Behandlungsmaßnahmen, einschließlich ihres Zwangscharakters, der Durchsetzungsweise, der maßgeblichen Gründe und der Wirkungsüberwachung, zu dokumentieren (BVerfG NJW 2011, 2113 (2117 f.); zum Verfahren ausführlich auch BeckOK BGB/*Müller-Engels* § 1906a Rn. 26 f.).

### III. Widerruf der Einwilligung (§ 1906a Abs. 3 BGB)

17 Gemäß § 1906a Abs. 3 hat der Betreuer die Einwilligung in die ärztliche Zwangsmaßnahme zu widerrufen, wenn deren Voraussetzungen weggefallen sind. Er hat den Widerruf dem Betreuungsgericht unverzüglich anzuzeigen (Satz 2).

### IV. Stationärer Aufenthalt im Krankenhaus (§ 1906a Abs. 4 BGB)

18 Der Gesetzgeber hat mit § 1906a Abs. 4 eine gesetzliche Grundlage für die Verbringung eines immobilen, aber sich mit natürlichem Willen widersetzendem Betreutem in ein Krankenhaus geschaffen (BeckOK BGB/*Müller-Engels* § 1906a Rn. 21; Palandt/*Götz* § 1906a Rn. 13; für mobile Patienten kommt eine Verbringung direkt nach § 1906 in Betracht). Für eine solche Verbringung ist nach Abs. 4 erforderlich, dass eine ärztliche Zwangsmaßnahme in Betracht kommt, also die Kriterien des § 1906a Abs. 1 Satz 1 grundsätzlich (denklogisch mit Ausnahme von Nr. 7) vorliegen müssen. Zudem gelten für die Verbringung die § 1906 Abs. 1 Nr. 2, Abs. 2 und Abs. 3 Satz 1 entsprechend (nach *Spickhoff*, FamRZ 2017, 1633, 1636 müssen ggf. auch die Voraussetzungen des § 1906 Abs. 4 vorliegen, der insoweit die Gesetzgebungsarbeit kritisiert).

### V. Bevollmächtigung (§ 1906a Abs. 5 BGB)

19 § 1906a Abs. 5 regelt die Voraussetzungen, unter denen ein Bevollmächtigter handeln kann. Dafür ist nach Satz 1 eine schriftliche Vollmacht erforderlich, die die Einwilligung in Maßnahmen nach § 1906a Abs. 1, 4 ausdrücklich umfasst. Wie bei § 1906 Abs. 5 ist eine Generalvollmacht somit nicht als ausreichend anzusehen (Palandt/*Götz* § 1906a Rn. 14). Die Wirksamkeit von Vollmachten, die sich diesbezüglich noch auf § 1906 Abs. 3 a.F. beziehen, bleibt unberührt (BT-Drs. 18/11420, S. 21; ausführlich BeckOK BGB/*Müller-Engels* § 1906a Rn. 24). Auch die Einwilligung des Bevollmächtigten muss den Voraussetzungen des § 1906a Abs. 1 entsprechen, sie bedarf der Genehmigung des Betreuungsgerichts (Abs. 2) und der Bevollmächtige muss die Vorgaben des Abs. 3 beachten (§ 1906a Abs. 5 Satz 2).

# Gesetz über den Verkehr mit Betäubungsmitteln (Betäubungsmittelgesetz – BtMG)

In der Fassung der Bekanntmachung vom 01. März 1994 (BGBl. I S. 358), zuletzt geändert durch Art. 8 Abs. 5 des Gesetzes vom 27. September 2021 (BGBl. I S. 4530)

## Inhaltsverzeichnis

Vorbemerkungen
| | |
|---|---|
| § 1 | Betäubungsmittel |
| § 2 | Sonstige Begriffe |
| § 3 | Erlaubnis zum Verkehr mit Betäubungsmitteln |
| § 4 | Ausnahmen von der Erlaubnispflicht |
| § 5 | Versagung der Erlaubnis |
| § 6 | Sachkenntnis |
| §§ 7–8 | (nicht kommentiert) |
| § 9 | Beschränkungen, Befristung, Bedingungen und Auflagen |
| § 10 | Rücknahme und Widerruf |
| § 10a | Erlaubnis für den Betrieb von Drogenkonsumräumen |
| § 11 | Einfuhr, Ausfuhr und Durchfuhr |
| § 12 | Abgabe und Erwerb |
| § 13 | Verschreibung und Abgabe auf Verschreibung |
| § 14 | Kennzeichnung und Werbung |
| § 15 | Sicherungsmaßnahmen |
| § 16 | Vernichtung |
| § 17 | Aufzeichnungen |
| § 18 | Meldungen |

Vorbemerkung zu §§ 29 ff.
| | |
|---|---|
| § 29 | Straftaten |
| § 29a | Straftaten |
| § 30 | Straftaten |
| § 30a | Straftaten |
| § 32 | Ordnungswidrigkeiten |
| § 33 | Einziehung |

## Vorbemerkungen

1 Das Betäubungsmittelgesetz dient auf der einen Seite dazu, die notwendige medizinische Versorgung der Bevölkerung mit Betäubungsmitteln sicherzustellen, auf der anderen Seite will es einen Betäubungsmittelmissbrauch sowie das Entstehen oder Erhalten einer Betäubungsmittelabhängigkeit so weit wie möglich ausschließen (§ 5 Abs. 1 Nr. 6; BVerfG, Beschl. v. 04.05.1997 – 2 BvR 509/96 u. 2 BvR 511/96, NJW 1998, 669 [670]). Im Spannungsfeld dieser gegensätzlichen Zielrichtungen bewegen sich insbesondere die Angehörigen medizinischer und pharmazeutischer Berufe. Auch sie unterfallen dem Betäubungsmittelgesetz zunächst einmal uneingeschränkt, der Betäubungsmittelverkehr zu therapeutischen Zwecken wurde aber weitgehend privilegiert. Sofern die Beteiligten sich an die jeweiligen Vorgaben des Gesetzes und der konkretisierenden Verordnungen halten, können sie ohne Erlaubnis und insgesamt unter vereinfachten Bedingungen am Betäubungsmittelverkehr teilnehmen. Überschreiten sie jedoch den ihnen gesetzten Handlungsrahmen,

entfallen diese Privilegierungen. Zentrale Vorschriften des Betäubungsmittelrechts für Angehörige medizinischer und pharmazeutischer Berufe sind insbesondere die §§ 4, 13 sowie die Konkretisierungen der Betäubungsmittelverschreibungsverordnung.

2 Das Betäubungsmittelgesetz kann grob in drei wesentliche Bereiche unterteilt werden: In die dem Gesetz vorangestellten Begriffsbestimmungen, den Betäubungsmittelverkehr (insb. Erlaubnis und Erlaubnisverfahren, Pflichten im Betäubungsmittelverkehr, Überwachung) sowie den illegalen Betäubungsmittelverkehr (insb. Straftaten und Ordnungswidrigkeiten). Im Kontext des Betäubungsmittelgesetzes stehen zudem vier Verordnungen: Die Betäubungsmittel-Verschreibungsverordnung (BtMVV), die Betäubungsmittel-Außenhandelsverordnung (BtMAHV), die Betäubungsmittel-Binnenhandelsverordnung (BtMBinHV) und die Betäubungsmittel-Kostenverordnung (BtMKostV, aufgehoben zum 01.10.2021, BGBl. I S. 1666). Daneben ist insbesondere die »Richtlinie der Bundesärztekammer zur Durchführung der substitutionsgestützten Behandlung Opioidabhängiger« von Bedeutung sowie die »Richtlinie des Gemeinsamen Bundesausschusses zu Untersuchungs- und Behandlungsmethoden der vertragsärztlichen Versorgung« mit der Anlage I Nr. 2 »Substitutionsgestützte Behandlung Opioidabhängiger«. Ebenfalls können konkretisierende Richtlinien des Bundesinstituts für Arzneimittel und Medizinprodukte (BfArM) zu beachten sein. Während der Corona-Pandemie greifen einige Sondervorschriften der SARS-CoV-2-Arzneimittelversorgungsverordnung (v. 20.04.2020, BAnz AT 21.04.2020 V1). Thematisch verwandt mit dem Betäubungsmittelrecht sind die Vorschriften zu Arzneimitteln (insb. Arzneimittelgesetz, Apothekengesetz, Arzneimittel- und Wirkstoffherstellungsverordnung, Apothekenbetriebsordnung), zu Grundstoffen (Grundstoffüberwachungsgesetz) sowie zu neuen psychoaktiven Stoffen (Neue-psychoaktive-Stoffe-Gesetz).

## § 1 Betäubungsmittel

(1) Betäubungsmittel im Sinne dieses Gesetzes sind die in den Anlagen I bis III aufgeführten Stoffe und Zubereitungen.

(2) Die Bundesregierung wird ermächtigt, nach Anhörung von Sachverständigen durch Rechtsverordnung mit Zustimmung des Bundesrates die Anlagen I bis III zu ändern oder zu ergänzen, wenn dies
1. nach wissenschaftlicher Erkenntnis wegen der Wirkungsweise eines Stoffes, vor allem im Hinblick auf das Hervorrufen einer Abhängigkeit,
2. wegen der Möglichkeit, aus einem Stoff oder unter Verwendung eines Stoffes Betäubungsmittel herstellen zu können, oder
3. zur Sicherheit oder zur Kontrolle des Verkehrs mit Betäubungsmitteln oder anderen Stoffen oder Zubereitungen wegen des Ausmaßes der mißbräuchlichen Verwendung und wegen der unmittelbaren oder mittelbaren Gefährdung der Gesundheit

erforderlich ist. In der Rechtsverordnung nach Satz 1 können einzelne Stoffe oder Zubereitungen ganz oder teilweise von der Anwendung dieses Gesetzes oder einer auf Grund dieses Gesetzes erlassenen Rechtsverordnung ausgenommen werden, soweit die Sicherheit und die Kontrolle des Betäubungsmittelverkehrs gewährleistet bleiben.

(3) Das Bundesministerium für Gesundheit wird ermächtigt in dringenden Fällen zur Sicherheit oder zur Kontrolle des Betäubungsmittelverkehrs durch Rechtsverordnung ohne Zustimmung des Bundesrates Stoffe und Zubereitungen, die nicht Arzneimittel sind, in die Anlagen I bis III aufzunehmen, wenn dies wegen des Ausmaßes der mißbräuchlichen Verwendung und wegen der unmittelbaren oder mittelbaren Gefährdung der Gesundheit erforderlich ist. Eine auf der Grundlage dieser Vorschrift erlassene Verordnung tritt nach Ablauf eines Jahres außer Kraft.

(4) Das Bundesministerium für Gesundheit (Bundesministerium) wird ermächtigt, durch Rechtsverordnung ohne Zustimmung des Bundesrates die Anlagen I bis III oder die auf Grund dieses Gesetzes erlassenen Rechtsverordnungen zu ändern, soweit das auf Grund von

Änderungen der Anhänge zu dem Einheits-Übereinkommen von 1961 über Suchtstoffe in der Fassung der Bekanntmachung vom 4. Februar 1977 (BGBl. II S. 111) und dem Übereinkommen von 1971 über psychotrope Stoffe (BGBl. 1976 II S. 1477) (Internationale Suchtstoffübereinkommen) in ihrer jeweils für die Bundesrepublik Deutschland verbindlichen Fassung oder auf Grund von Änderungen des Anhangs des Rahmenbeschlusses 2004/757/JI des Rates vom 25. Oktober 2004 zur Festlegung von Mindestvorschriften über die Tatbestandsmerkmale strafbarer Handlungen und die Strafen im Bereich des illegalen Drogenhandels (ABl. L 335 vom 11.11.2004, S. 8), der durch die Richtlinie (EU) 2017/2103 (ABl. L 305 vom 21.11.2017, S. 12) geändert worden ist, erforderlich ist.

| Übersicht | Rdn. | | Rdn. |
|---|---|---|---|
| A. Einleitung | 1 | D. Abgrenzung zu Arzneimitteln und | |
| B. Betäubungsmittelbegriff | 2 | Grundstoffen | 7 |
| C. Systematik der Anlagen | 4 | E. Verordnungsermächtigung | 10 |

## A. Einleitung

§ 1 stellt dem Betäubungsmittelgesetz eine Definition des Betäubungsmittels voran und bestimmt damit gleichzeitig den Anwendungsbereich des Gesetzes. Sämtliche weitere Vorschriften des BtMG sowie der betäubungsmittelrechtlichen Verordnungen knüpfen hieran an. 1

## B. Betäubungsmittelbegriff

Der Gesetzgeber hat sich für das Prinzip einer Positivliste entschieden: Betäubungsmittel im Sinne des Gesetzes sind nur die in den Anlagen I bis III genannten Stoffe und Zubereitungen (Abs. 1; s. die Legaldefinitionen von Stoff und Zubereitung in § 2 Abs. 1 Nr. 1 und Nr. 2). Alle verbotenen Stoffe und Zubereitungen werden dort enumerativ aufgezählt und in den Anlagen I bis III zum Betäubungsmittelgesetz erfasst, wobei einzelne Zubereitungen ausdrücklich ausgenommen sind (s. § 2 Rdn. 2). Durch das System der Positivliste wird dem Gebot der Rechtssicherheit Rechnung getragen und eine abstrakte und generalisierende Definition, die zu Abgrenzungsschwierigkeiten und Unklarheiten führen könnte, vermieden. Nach dem Bundesverfassungsgericht sind Betäubungsmittel Stoffe, die nach wissenschaftlicher Erkenntnis wegen ihrer Wirkungsweise eine Abhängigkeit hervorrufen können oder deren betäubende Wirkungen wegen des Ausmaßes einer missbräuchlichen Verwendung unmittelbar oder mittelbar Gefahren für die Gesundheit begründen oder die der Herstellung solcher Betäubungsmittel dienen (BVerfG, Beschl. v. 04.05.1997 – 2 BvR 509/96 u. 2 BvR 511/96, NJW 1998, 669 [670]). Die Positivliste hat sowohl konstitutive als auch abschließende Wirkung (Erbs/Kohlhaas/*Pelchen/Bruns*, § 1 Rn. 2; MüKo-StGB/*Oğlakcıoğlu*, § 1 Rn. 2). 2

Die in den Anlagen enthaltene Aufzählung ist abschließend (Erbs/Kohlhaas/*Pelchen/Bruns*, § 1 Rn. 2; MüKo-StGB/*Oğlakcıoğlu*, § 1 Rn. 2). Bei Stoffen, die nicht in einer der Anlagen aufgeführt sind und dem Betäubungsmittelbegriff damit nicht unterfallen, darf das Gesetz nicht (analog) angewandt werden (s. aber Rdn 8). Die Betäubungsmitteleigenschaft eines Stoffes wird allein durch seine Aufnahme in die Anlagen I bis III begründet, ohne dass es zusätzlich einer konkreten Berauschungsqualität oder Konsumfähigkeit bedarf (OLG Koblenz, Beschl. v. 19.11.2014 – 2 OLG 3 Ss 156/14, NStZ-RR 2015, 114; BayObLG, Urt. v. 25.09.2002 – 4 StRR 80/2002, NStZ 2003, 270 [271]). Das Gesetz enthält keinerlei Einschränkungen hinsichtlich der Menge und des Wirkstoffgehalts, sodass zunächst einmal jede Substanz mit der Aufnahme in die Anlagen diesem Gesetz unterfällt (s. aber § 2 Rn. 2). Anderes soll nur bei bloßen Anhaftungen von Betäubungsmitteln in so geringer Menge gelten, dass sie alleine zum menschlichen Genuss oder zur Weitergabe nicht mehr geeignet sind (OLG Koblenz, Beschl. v. 19.11.2014 – 2 OLG 3 Ss 156/14, NStZ-RR 2015, 114; BayObLG, Urt. v. 26.11.2002 – 4St RR 113/02, dargestellt bei *Kotz/Rahlf*, NStZ-RR 2004, 129). 3

## C. Systematik der Anlagen

4 Die in den Anlagen I bis III genannten Stoffe und Zubereitungen werden anhand ihrer Verkehrs- und Verschreibungsfähigkeit unterschieden. In der **Anlage I** sind die **nicht verkehrsfähigen** Betäubungsmittel aufgeführt. Die dort genannten Betäubungsmittel sind gesundheitsschädlich und für medizinische Zwecke grundsätzlich ungeeignet. Von Apotheken dürfen sie nur zum Zweck der Untersuchung oder der Vernichtung entgegengenommen werden (§ 4 Abs. 1 Nr. 1 Buchst. e). Nur ausnahmsweise kann das Bundesinstitut für Arzneimittel und Medizinprodukte (BfArM) eine Erlaubnis zu wissenschaftlichen oder anderen im öffentlichen Interesse liegenden Zwecken erteilen (§ 3 Abs. 2). Die **Anlage II** enthält die **verkehrsfähigen, aber nicht verschreibungsfähigen** Betäubungsmittel. Sie dienen in erster Linie als Ausgangsstoffe der pharmazeutischen Industrie. Für Apotheken lässt § 4 Abs. 1 Nr. 1 den Verkehr daher regelmäßig ohne Erlaubnis zu, die Betäubungsmittel dürfen aber gem. § 13 Abs. 1 Satz 2 von Ärzten nicht verschrieben, verabreicht oder (zum unmittelbaren Verbrauch) überlassen werden. In der **Anlage III** sind die **verkehrsfähigen und verschreibungsfähigen** Betäubungsmittel wie etwa Morphin aufgeführt. Der Verkehr zu medizinischen Zwecken ist hier weitgehend privilegiert. Die Betäubungsmittel dürfen gem. § 13 Abs. 1 Satz 1 von Ärzten verschrieben, verabreicht oder (zum unmittelbaren Verbrauch) überlassen werden. Auch Apotheken sowie tierärztliche Hausapotheken sind gem. § 4 Abs. 1 Nr. 1 und Nr. 2, Endverbraucher gem. § 4 Abs. 1 Nr. 3 privilegiert.

5 Einen Sonderfall stellt insbesondere **Diamorphin** (Heroin) dar, das jeweils in allen drei Anlagen enthalten ist. **Diamorphin** unterfällt der Anlage III nur in Zubereitungen, die zur Substitutionsbehandlung zugelassen sind. Der Arzt darf diese daher im Rahmen einer Substitutionsbehandlung gem. § 13 Abs. 1 BtMG i.V.m. § 5a BtMVV verschreiben. Sofern Diamorphin zur Herstellung von Zubereitungen zu medizinischen Zwecken bestimmt ist, unterfällt es der Anlage II und damit dem Befreiungstatbestand des § 4 Abs. 1 Nr. 1 für Apotheken. Zu anderen Zwecken ist Diamorphin nicht verkehrsfähig (Anlage I).

6 Der **Aufbau der Anlagen** ist jeweils dreispaltig. Spalte 1 enthält die Internationalen Freinamen (INN) der Weltgesundheitsorganisation, Spalte 2 andere nicht geschützte Stoffbezeichnungen (Kurzbezeichnungen oder Trivialnamen, z.B. Cocain). Spalte 3 enthält die chemische Stoffbezeichnung nach der Nomenklatur der IUPAC. Bei der Bezeichnung eines Stoffes hat der INN Vorrang, andernfalls kann die in der zweiten Spalte fett gedruckte Bezeichnung verwendet werden. Die nicht fett gedruckten Bezeichnungen der Spalte 2 sind in Verbindung mit der Bezeichnung in Spalte 3 zu verwenden, die im Übrigen dann zur Anwendung kommt, wenn in den ersten beiden Spalten keine Bezeichnung aufgeführt ist.

## D. Abgrenzung zu Arzneimitteln und Grundstoffen

7 Die Begriffe **Arzneimittel** und Betäubungsmittel schließen sich nicht gegenseitig aus (s.a. § 81 AMG). Auf Arzneimittel, die zugleich Betäubungsmittel im Sinne des Betäubungsmittelgesetzes sind, finden daher die Vorschriften des Arzneimittelrechts und diejenigen des Betäubungsmittelgesetzes nebeneinander Anwendung (BGH, Urt. v. 03.12.1997 – 2 StR 270/97, NJW 1998, 836 [837]). Eine Reihe von Betäubungsmitteln, die von Ärzten als Arzneimittel eingesetzt werden, wurden allerdings in den Anlagen I – III als »ausgenommene Zubereitungen« i.S.d. § 2 Abs. 1 Nr. 3 von der betäubungsmittelrechtlichen Kontrolle weitestgehend ausgenommen, soweit sie einen bestimmten Wirkstoffgehalt nicht überschreiten (Körner/Patzak/Volkmer/*Patzak*, § 1 Rn. 12; s. § 2 Rdn. 2).

8 Substanzen, die sich aufgrund geringfügiger Änderungen am Molekularaufbau der gesetzlichen Kontrolle durch das BtMG entziehen und damit (noch) nicht dem Betäubungsmittelrecht unterfallen, werden vom **Neue-psychoaktive-Stoffe-Gesetz (NpSG)** erfasst. Die Neuregelung war notwendig geworden, nachdem der EuGH entschieden hatte, dass so genannte »Legal Highs« nicht dem Arzneimittelbegriff unterfallen (EuGH, Urt. v. 10.07.2014 – C-358/13; C-181/14, NStZ 2014, 461; in der Folge ebenso: BGH, Beschl. v. 23.07.2014 – 1 StR 47/14; BGH, Beschl. v. 13.08.2014 – 2 StR

22/13; BGH, Urt. v. 04.09.2014 – 3 StR 437/12). Ein Rückgriff auf die arzneimittelrechtlichen Strafvorschriften (vgl. BGH, Urt. v. 03.12.1997 – 2 StR 270/97, NJW 1998, 836 [838] zu so genannten »**Designer-Drogen**«) war damit nicht mehr möglich. Das NpSG findet keine Anwendung auf Arzneimittel und Betäubungsmittel (§ 1 Abs. 2 NpSG) und erfasst im Gegensatz zum Betäubungsmittelgesetz nicht bloß einzelne Stoffe, sondern die in der Anlage genannten Stoffgruppen (§ 2 Nr. 1 NpSG). Durch die Stoffgruppenregelung soll der Wettlauf zwischen dem Auftreten immer neuer chemischer Varianten bekannter Stoffe und den anzupassenden Verbotsregelungen im Betäubungsmittelrecht durchbrochen und ein klares Signal an Händler und Konsumenten gegeben werden, dass es sich um verbotene und gesundheitsgefährdende Stoffe handelt (BT-Drs. 18/8579, S. 16). Die Verbotsvorschrift des § 3 Abs. 1 NpSG erfasst das Handeltreiben, das Inverkehrbringen, die Herstellung, die Ein-, Aus- und Durchfuhr, den Erwerb, den Besitz und das Verabreichen von neuen psychoaktiven Stoffen. Nach dem jeweiligen Stand von Wissenschaft und Technik anerkannte Verwendungen zu gewerblichen, industriellen oder wissenschaftlichen Zwecken sind von dem Verbot ausgenommen (§ 3 Abs. 2 NpSG). § 4 NpSG bewehrt das Handeltreiben, das Inverkehrbringen, das Verabreichen sowie die Herstellung und das Verbringen von neuen psychoaktiven Stoffen in den Geltungsbereich des Gesetzes zum Zweck des Inverkehrbringens mit Strafe.

**Grundstoffe**, die zur unerlaubten Herstellung von Betäubungsmitteln verwendet werden können und sollen, unterfallen dem Grundstoffüberwachungsgesetz (GÜG). Hierzu zählen mittlerweile auch (pseudo)ephedrinhaltige Arzneimittel (vgl. noch EuGH, Urt. v. 05.02.2015 – C-627/13). 9

### E. Verordnungsermächtigung

§ 1 Abs. 2 bis 4 ermächtigen den Verordnungsgeber, unter den dort genannten Voraussetzungen die Anlagen I – III zu ändern oder zu ergänzen sowie die aufgrund des BtMG erlassenen Rechtsverordnungen zu ändern. Die Verordnungsermächtigung dient dazu, die schnelle Anpassung der Anlagen des Betäubungsmittelgesetzes an die wechselnden Konsumgewohnheiten, an den Vertrieb und den Konsum neuer Stoffe und Zubereitungen sowie an neue wissenschaftliche Erkenntnisse zu ermöglichen und sicherzustellen (BVerfG, Beschl. v. 04.05.1997 – 2 BvR 509/96 u. 2 BvR 511/96, NJW 1998, 669 [671]; s.a. Rdn. 8). 10

## § 2 Sonstige Begriffe

(1) Im Sinne dieses Gesetzes ist
1. Stoff:
   a) chemische Elemente und chemische Verbindungen sowie deren natürlich vorkommende Gemische und Lösungen,
   b) Pflanzen, Algen, Pilze und Flechten sowie deren Teile und Bestandteile in bearbeitetem oder unbearbeitetem Zustand,
   c) Tierkörper, auch lebender Tiere, sowie Körperteile, -bestandteile und Stoffwechselprodukte von Mensch und Tier in bearbeitetem oder unbearbeitetem Zustand,
   d) Mikroorganismen einschließlich Viren sowie deren Bestandteile oder Stoffwechselprodukte;
2. Zubereitung: ohne Rücksicht auf ihren Aggregatzustand ein Stoffgemisch oder die Lösung eines oder mehrerer Stoffe außer den natürlich vorkommenden Gemischen und Lösungen;
3. ausgenommene Zubereitung: eine in den Anlagen I bis III bezeichnete Zubereitung, die von den betäubungsmittelrechtlichen Vorschriften ganz oder teilweise ausgenommen ist;
4. Herstellen: das Gewinnen, Anfertigen, Zubereiten, Be- oder Verarbeiten, Reinigen und Umwandeln.

(2) Der Einfuhr oder Ausfuhr eines Betäubungsmittels steht jedes sonstige Verbringen in den oder aus dem Geltungsbereich dieses Gesetzes gleich.

§ 2 enthält einige Legaldefinitionen, die für das gesamte Betäubungsmittelrecht Geltung beanspruchen. 1

**§ 3 BtMG**  Erlaubnis zum Verkehr mit Betäubungsmitteln

2  **Ausgenommene Zubereitungen** i.S.d. § 2 Abs. 1 Nr. 3 unterfallen zwar nach den Inhaltsstoffen dem Gesetz, ihr Wirkstoffgehalt aber ist so gering, dass sie weitestgehend von der betäubungsmittelrechtlichen Kontrolle ausgenommen sind. Enthält eine Zubereitung mehrere Stoffe, so ist bei jedem Stoff zu prüfen, ob der Grenzwert überschritten ist (Körner/Patzak/Volkmer/*Patzak*, § 2 Rn. 48). Allgemein ausgenommen sind Zubereitungen, die, ohne am oder im menschlichen/tierischen Körper angewendet zu werden, ausschließlich diagnostischen oder analytischen Zwecken dienen und den jeweils vorgeschriebenen Wirkstoffgehalt nicht übersteigen. Die Anlage III enthält hiervon jedoch wiederum Ausnahmen und Rückausnahmen betreffend Einfuhr, Ausfuhr und Durchfuhr. Nach der Rechtsprechung soll in diesen Fällen nicht nur eine Genehmigung nach § 11, sondern auch eine Einfuhr-/Ausfuhrerlaubnis nach § 3 erforderlich sein (BGH, Urt. v. 02.11.2010 – 1 StR 581/09, NStZ 2011, 461 ff.; vgl. auch OVG Münster, Beschl. v. 29.12.2014 – 13 A 1203/14; s. hierzu auch § 30a Rdn. 2). Eine weitere Ausnahme gilt für Codein und Dihydrocodein (Anlage III): Werden ausgenommene Zubereitungen dieser Betäubungsmittel für betäubungsmittel- oder alkoholabhängige Personen verschrieben, gelten die Vorschriften über das Verschreiben und die Abgabe von Betäubungsmitteln. Auf alle ausgenommenen Zubereitungen i.S.d. § 2 Abs. 1 Nr. 3 finden die Vorschriften über die Herstellung Anwendung. Auch für ausgenommene Zubereitungen ist daher eine Herstellungserlaubnis erforderlich (§ 3 Abs. 1 Nr. 2; s.a. § 6 Abs. 1 Nr. 1, § 19 Abs. 1 Satz 1).

3  Der Sammeltatbestand des **Herstellens** gem. § 2 Abs. 1 Nr. 4 ist weit zu verstehen: Während das Handeltreiben den Vertriebs- und Verkaufsbereich betrifft, erfasst das Herstellen den Produktions- und Verarbeitungsprozess (Körner/Patzak/Volkmer/*Patzak*, § 2 Rn. 55). Die Legaldefinition ist ihrerseits auslegungsbedürftig: **Gewinnen** ist die mechanische oder chemische Trennung des Betäubungsmittels von der Pflanze, aus der es gewonnen wird (OLG Karlsruhe, Beschl. v. 19.09.2001 – 3 Ss 80/01, NStZ-RR 2002, 85 [86]; OLG Hamburg, Urt. v. 14.02.1978 – 2 Ss 301/77, NJW 1978, 2349). Die Essenz ist nicht zwangsläufig ein konsumfähiges Betäubungsmittel, sie kann auch zunächst nur ein Zwischenprodukt sein (Körner/Patzak/Volkmer/*Patzak*, § 29, Teil 3, Rn. 9). Im Gegensatz zum natürlichen Gewinnen ist unter **Anfertigen** die chemische Erzeugung halb- oder vollsynthetischer Betäubungsmittel zu verstehen (Körner/Patzak/Volkmer/*Patzak*, § 29, Teil 3, Rn. 11). **Zubereiten** ist die chemische oder mechanische Fertigung einer Zubereitung i.S.d. Abs. 1 Nr. 2, also eines Stoffgemischs oder einer Lösung (Joachimski/Haumer, § 2 Rn. 13; Weber, § 2 Rn. 58). Unter **Bearbeiten** versteht man die mechanische oder chemische Einwirkung auf einen Stoff, die die äußere Erscheinungsform aber nicht die Substanz des Stoffes verändert, z.B. das Pressen in Tablettenform (Weber, § 2 Rn. 60). Das Kennzeichnen, Abpacken, Abfüllen oder Umfüllen unterfällt dem Bearbeitungsbegriff nicht, sondern gehört in aller Regel zum Vertriebs- und Verkaufsbereich und damit zum Begriff des Handeltreibens (MüKo-StGB/*Oğlakcıoğlu*, § 2 Rn. 35; Weber, § 2 Rn. 61). **Verarbeiten** meint eine Einwirkung auf Stoffe, die zu einer Änderung der Substanz führt, ohne dass die chemische Zusammensetzung berührt wird (MüKo-StGB/*Oğlakcıoğlu*, § 2 Rn. 35). Unter **Reinigen** ist die Befreiung des Betäubungsmittels von Fremdstoffen zu verstehen, z.B. durch Sieb- oder Filtervorgänge (Franke/Wienroeder/*Wienroder*, § 29 Rn. 16; Weber, § 2 Rn. 63). **Umwandeln** ist die chemische oder mechanische Veränderung von Stoffen in neue Betäubungsmittel mit anderen Eigenschaften (Franke/Wienroeder/*Wienroeder*, § 29 Rn. 17; Körner/Patzak/Volkmer/*Patzak*, § 29, Teil 3, Rn. 16).

### § 3 Erlaubnis zum Verkehr mit Betäubungsmitteln

(1) Einer Erlaubnis des Bundesinstitutes für Arzneimittel und Medizinprodukte bedarf, wer
1. Betäubungsmittel anbauen, herstellen, mit ihnen Handel treiben, sie, ohne mit ihnen Handel zu treiben, einführen, ausführen, abgeben, veräußern, sonst in den Verkehr bringen, erwerben oder
2. ausgenommene Zubereitungen (§ 2 Abs. 1 Nr. 3) herstellen

will.

(2) Eine Erlaubnis für die in Anlage I bezeichneten Betäubungsmittel kann das Bundesinstitut für Arzneimittel und Medizinprodukte nur ausnahmsweise zu wissenschaftlichen oder anderen im öffentlichen Interesse liegenden Zwecken erteilen.

| Übersicht | Rdn. | | Rdn. |
|---|---|---|---|
| A. Einleitung | 1 | I. Antrag und Entscheidung | 9 |
| B. Erlaubnispflicht und Erlaubnisfähigkeit | 2 | II. Erlaubnisumfang | 12 |
| C. Ausnahmeerlaubnis (§ 3 Abs. 2) | 5 | E. Irrtum | 15 |
| D. Erlaubniserteilung | 9 | | |

## A. Einleitung

Die Vorschrift des § 3 ist eine der zentralen Normen des Betäubungsmittelrechts. Grundsätzlich gilt: Alles, was nicht erlaubt ist, ist verboten – und unterliegt damit grundsätzlich auch den Strafvorschriften der §§ 29 ff. Damit liegt im verwaltungsrechtlichen Sinne ein Verbot mit Erlaubnisvorbehalt vor (Franke/Wienroeder/*Franke*, § 3 Rn. 1; Joachimski/Haumer, § 3 Rn. 1). 1

## B. Erlaubnispflicht und Erlaubnisfähigkeit

§ 3 regelt die Erlaubnispflicht und die Erlaubnisfähigkeit von Teilnahmeformen am Betäubungsmittelverkehr zugleich. Die dort bezeichneten Teilnahmeformen sind stets erlaubnispflichtig. Gleichzeitig folgt hieraus, dass diese auch erlaubnisfähig sind. Demgegenüber sind das ärztliche Verschreiben, Verabreichen und Überlassen von Betäubungsmitteln zum unmittelbaren Verbrauch nicht erlaubnisfähig; die sie betreffenden Regelungen werden in § 13 getroffen (BT-Drs. 8/3551 S. 27). 2

In § 3 Abs. 1 geregelt sind Anbau, Herstellung, Handeltreiben, Einfuhr und Ausfuhr, Abgabe, Veräußerung, sonstiges Inverkehrbringen, Erwerb von Betäubungsmitteln (für die Begrifflichkeiten s. § 29 Rdn. 3 ff.) sowie auch die Herstellung ausgenommener Zubereitungen (s. § 2 Rdn. 2). Nicht erfasst sind etwa der Besitz, der nicht strafbare Konsum, die Durchfuhr und die Vernichtung von Betäubungsmitteln. Da der Besitz zwangsläufig an vorherige Teilnahmeformen am Betäubungsmittelverkehr anknüpft, leitet sich hiervon auch dessen Erlaubnis ab (s. § 29 Rdn. 14). 3

Auch Angehörige medizinischer oder pharmazeutischer Berufe unterliegen grundsätzlich der Erlaubnispflicht. Die praxisrelevanten Fallgestaltungen sind jedoch entweder nach § 4 von der Erlaubnispflicht ausgenommen oder ärztliche Handlungen unterfallen § 3 bereits nicht. So setzt der Abgabebegriff grundsätzlich die Einräumung von Verfügungsgewalt voraus (s. § 29 Rdn. 8 f.). Sowohl bei der Verabreichung als auch bei der Überlassung zum unmittelbaren Verbrauch i.S.d. § 13 Abs. 1 fehlt es hieran aber. Eine Abgabe durch Ärzte ist lediglich über § 13 Abs. 1a sowie im Rahmen der Substitutionstherapie mit Codein/Dihydrocodein gem. § 5 Abs. 7 Satz 2 BtMVV gestattet. Die Abgabe von ärztlich verschriebenen Betäubungsmitteln durch die Apotheke wiederum ist nach § 4 Abs. 1 Nr. 1 Buchst. c von der Erlaubnispflicht ausgenommen. Dies schließt jedoch nicht aus, dass Ärzte bzw. Apotheker die Grenzen dieser Vorschriften überschreiten, etwa der Arzt dem Patienten das Betäubungsmittel in einer solchen Weise überlässt, dass er hieran Verfügungsgewalt erwirbt oder der Apotheker Betäubungsmittel der Anlagen I oder II aufgrund ärztlicher Verschreibung abgibt. In diesem Fall unterfallen die Handlungen der Erlaubnispflicht des § 3, sodass das Fehlen dieser Erlaubnis grundsätzlich zur Strafbarkeit gem. §§ 29 ff. führt (s. § 29 Rdn. 6/28 ff., 9/22 ff., 17 ff.). Einer Erlaubnis bedarf nach Ansicht des BfArM auch ein Arzt, der im Rahmen einer klinischen Arzneimittelprüfung (§§ 40, 41 AMG) Betäubungsmittel der Anlage III einsetzen will, da die klinische Prüfung nicht nur therapeutischen, sondern auch wissenschaftlichen Zwecken diene (s. bei Körner/Patzak/Volkmer/*Patzak*, § 3 Rn. 18; str.). Zu beachten ist auch, dass unabhängig von der betäubungsmittelrechtlichen Erlaubnis die Einholung arzneimittelrechtlicher Erlaubnisse erforderlich sein kann (Körner/Patzak/Volkmer/*Patzak*, § 3 Rn. 4). 4

## C. Ausnahmeerlaubnis (§ 3 Abs. 2)

5 Aus der Regelung des § 3 Abs. 2 folgt, dass eine Erlaubnis für die Betäubungsmittel der Anlage I, also die nicht verkehrsfähigen Betäubungsmittel, nur ausnahmsweise erteilt werden kann. § 3 Abs. 2 setzt voraus, dass das Vorhaben wissenschaftlichen oder anderen im öffentlichen Interesse liegenden Zwecken dient. Auch das wissenschaftliche Interesse muss aber ein öffentliches Interesse sein; eine rein private Forschungstätigkeit reicht nicht aus (Erbs/Kohlhaas/*Pelchen/Bruns*, § 3 Rn. 6; Franke/Wienroeder/*Franke*, § 3 Rn. 6). Die gem. Abs. 2 erteilte Erlaubnis hilft zwar über die fehlende Verkehrsfähigkeit hinweg, stellt aber nicht die Verschreibungsfähigkeit her (s. § 13 Rdn. 8).

6 **Wissenschaft** ist alles, was nach Inhalt und Form als ernsthafter Versuch zur Ermittlung von Wahrheit anzusehen ist (BVerfG, Beschl. v. 17.02.2000 – 1 BvR 484/99, NStZ 2000, 363; BVerwG, Urt. v. 19.05.2005 – 3 C 17/04, NJW 2005, 3300 f.; VG Köln, Urt. v. 15.10.2019 – 7 K 9784/17 zu einem zweifelhaften Forschungsprojekt). Der Behörde und auch den Gerichten steht insoweit lediglich eine »qualifizierte Plausibilitätskontrolle« zu (VG Berlin, Urt. v. 27.06.1996 – VG 14 A 134/94, NJW 1997, 816 (817); vgl. BVerfG, Beschl. v. 20.06.1994 – 1 BvL 12/94, NVwZ 1994, 894 [895]). Ein wissenschaftliches Forschungsvorhaben setzt die Erarbeitung eines Konzeptes durch wissenschaftlich ausgebildete und erfahrene Personen voraus, in dem die wissenschaftlichen Fragestellungen und die Wege und Methoden zur Beantwortung der Fragen nachvollziehbar und unter Verwendung der einschlägigen wissenschaftlichen Literatur erläutert werden (VG Köln, Beschl. v. 17.07.2012 – 7 K 1634/12). Die Grundrechte der Teilnehmer auf Schutz vor Eingriffen in ihre Gesundheit aus Art. 2 Abs. 2 GG bilden dabei, auch wenn diese auf einer freiwilligen Basis erfolgen, eine immanente Schranke der Wissenschaftsfreiheit (VG Köln, Urt. v. 15.10.2019 – 7 K 9784/17). In entsprechender Anwendung von § 5 Abs. 1 Nr. 1, Nr. 2 und § 6 Abs. 1 Nr. 3 ist die Bestellung einer verantwortlichen Person erforderlich, die die Forschung leitet und deren Sachkenntnis nachgewiesen ist (VG Köln, Urt. v. 15.10.2019 – 7 K 9784/17). Zu den Anforderungen an Konzept und Methodik s. im Einzelnen Körner/Patzak/Volkmer/*Patzak*, § 3 Rn. 40 f.

7 Ein **öffentliches Interesse** ist gegeben, wenn das Vorhaben zumindest auch einem gegenwärtigen Anliegen der Allgemeinheit entspricht (BVerwG, Urt. v. 21.12.2000 – 3 C 20/00, NJW 2001, 1365). Öffentlicher Zweck in diesem Sinne ist etwa die medizinische Versorgung der Bevölkerung (BVerfG, Urt. v. 30.06.2005 – 2 BvR 1772/02, PharmR 2005, 374; BVerfG, Beschl. v. 20.01.2000 – 2 BvR 2382/99 u.a., NJW 2000, 3126 [3127]). Dabei können auch therapeutische Zwecke einzelner Personen das erforderliche öffentliche Interesse auslösen (BVerfG, Urt. v. 30.06.2005 – 2 BvR 1772/02, PharmR 2005, 374; BVerwG, Urt. v. 19.05.2005 – 3 C 17/04, NJW 2005, 3300 [3301]; OVG Münster, Urt. v. 11.06.2014 – 13 A 414/11). Für Einzelfallentscheidungen des BfArM s. Körner/Patzak/Volkmer/*Patzak*, § 3 Rn. 60 ff. Siehe § 5 Rdn. 9 f. für die Erteilung einer Erwerbserlaubnis zum Zweck der Selbsttötung.

7a Wurden in der Vergangenheit Ausnahmeerlaubnisse zur Behandlung einzelner schwerkranker Patienten mit **Cannabis** erteilt (vgl. etwa nur OVG Münster, Urt. v. 11.06.2014 – 13 A 414/11; OVG Münster, Beschl. v. 16.11.2011 – 13 B 1199/11), so sind diese nach Inkrafttreten des Gesetzes zur Änderung betäubungsmittelrechtlicher und anderer Vorschriften vom 06.03.2017 (BGBl. I S. 403) nicht mehr notwendig (vgl. BT-Drs. 18/8965, S. 13). Cannabis aus kontrolliertem Anbau, z.B. getrocknete Cannabisblüten und Cannabisextrakte, wurde in die Anlage III des Betäubungsmittelgesetzes aufgenommen und damit verschreibungsfähig. Das Gesetz soll es Patienten mit schwerwiegenden Erkrankungen nach entsprechender Indikationsstellung und bei fehlenden Therapiealternativen ermöglichen, diese Arzneimittel zu therapeutischen Zwecken in standardisierter Qualität durch Abgabe in Apotheken zu erhalten (BT-Drs. 18/8965, S. 13). Die Entscheidung, ob der Patient etwa mit Cannabisarzneimitteln in Form von getrockneten Blüten oder Extrakten angemessen behandelt werden kann, obliegt dem Arzt nach strikter Indikation (BT-Drs. 18/8965, S. 13). Das öffentliche Interesse für die Erteilung einer Anbauerlaubnis zur medizinischen Selbstversorgung ist damit entfallen (VG Köln, Urt. v. 05.02.2018 – 7 K 3308/15). Der Umgang mit

Cannabis zu nichtmedizinischen Zwecken, insbesondere Anbau, Handel und Besitz von Cannabis zu Rauschzwecken, bleibt von den Änderungen unberührt und deshalb weiterhin verboten und strafbewehrt (BT-Drs. 18/8965 S. 22; s. zum Verkauf von Hanftee zu Konsumzwecken: BGH, Urt. v. 24.03.2021 – 6 StR 240/20). Nicht gänzlich ausgeschlossen erscheint jedoch die Anwendbarkeit der §§ 34, 35 StGB bei einem »Rückgriff« des Patienten auf illegale Vertriebswege in Extremfällen (z.B. wenn sich mehrere aufgesuchte Ärzte grundsätzlich weigern, Cannabis zu verschreiben, *Oğlakcıoğlu*, NStZ-RR 2017, 297 [298]; s. aber BGH, Urt. v. 13.09.2017 – 2 StR 238/16, NStZ 2018, 226). Der Anbau von Cannabis zu medizinischen Zwecken unterliegt nach § 19 Abs. 2a der Koordination und Kontrolle durch das BfArM (sog. Cannabisagentur). Aus § 31 Abs. 6 SGB V ergibt sich zudem unter bestimmten Bedingungen ein Anspruch des Patienten auf Versorgung mit getrockneten Cannabisblüten oder standardisierten Extrakten gegenüber den gesetzlichen Krankenkassen.

Die Erlaubniserteilung nach § 3 Abs. 2 steht im Ermessen des BfArM, sodass eine Abwägung mit den Interessen des Einzelnen an der Sicherstellung der notwendigen medizinischen Versorgung vorzunehmen ist (VG Köln, Urt. v. 11.01.2011 – 7 K 3889/09). Ein Anspruch auf Erteilung der Erlaubnis besteht nur dann, wenn das Ermessen auf Null reduziert ist, wenn also der gesundheitliche Nutzen des Betäubungsmittels für den Antragsteller alle anderen entgegenstehenden Belange eindeutig überwiegt, weil die Verweigerung der Erlaubnis zu einem unzumutbaren Grundrechtseingriff führen würde (VG Köln, Beschl. v. 13.09.2011 – 7 L 1173/11; vgl. VG Köln, Urt. v. 08.07.2014 – 7 K 4447/11, 7 K 4450/11, 7 K 5217/12). Andernfalls besteht aber jedenfalls ein Anspruch auf ermessensfehlerfreie Entscheidung (BVerfG, Beschl. v. 20.01.2000 – 2 BvR 2382/99 u.a., NJW 2000, 3126 [3127]). Vor Erlaubniserteilung soll zudem eine Rechtfertigung nach § 34 StGB in Betracht kommen (Franke/Wienroeder/*Franke*, § 3 Rn. 7).

## D. Erlaubniserteilung

### I. Antrag und Entscheidung

Der Antrag auf Erlaubnis muss den Vorgaben des § 7 entsprechen. Er ist daher schriftlich und in doppelter Ausfertigung beim BfArM einzureichen (§ 7 Satz 1). Den notwendigen Inhalt (Angaben und beizufügende Unterlagen) schreibt § 7 Satz 2 Nr. 1–8 vor. Wer in dem Antrag unrichtige Angaben macht oder unrichtige Unterlagen beifügt, begeht eine Ordnungswidrigkeit gem. § 32 Abs. 1 Nr. 2. Das BfArM soll innerhalb von 3 Monaten über den Antrag entscheiden (§ 8 Abs. 1 Satz 1). Es kann dem Antragsteller aufgeben, Mängel des Antrags zu beseitigen, wodurch die Entscheidungsfrist gehemmt wird (§ 8 Abs. 2). Wenn der Mangel nicht innerhalb der gesetzten Frist beseitigt wird, ist die Erlaubnis gem. § 5 Abs. 1 Nr. 7 zu versagen.

Die Erlaubnis ist ein begünstigender Verwaltungsakt. Ein Anspruch auf Erteilung besteht nur im Fall des § 3 Abs. 1, wenn keine Versagungsgründe nach § 5 vorliegen (Spickhoff/*Malek*, § 8 Rn. 3). Im Fall des § 3 Abs. 2 und bei Eingreifen des § 5 Abs. 2 liegt die Entscheidung dagegen im Ermessen der Behörde. Es besteht dann jedoch ein Anspruch auf ermessensfehlerfreie Entscheidung (BVerfG, Beschl. v. 20.01.2000 – 2 BvR 2382/99 u.a., NJW 2000, 3126 [3127]). Das BfArM kann die Erlaubnis mit Nebenbestimmungen versehen (§ 9). Nach § 10 kann die Erlaubnis zurückgenommen oder widerrufen werden. Wird die Erlaubnis versagt, ist hiergegen Verpflichtungsklage (je nach Landesrecht ggf. nach Widerspruch) zu erheben.

Ist die Erlaubnis erteilt worden, hat der Erlaubnisinhaber jede spätere Änderung der in § 7 bezeichneten Angaben dem BfArM unverzüglich mitzuteilen (§ 8 Abs. 3 Satz 1). In diesem Fall wird die Erlaubnis geändert, es sei denn, es liegt eine Erweiterung bzw. Änderung der Art der Betäubungsmittel, des Betäubungsmittelverkehrs, der Person des Erlaubnisinhabers oder der Lage der Betriebsstätten vor. In diesem Fall muss eine neue Erlaubnis beantragt werden (§ 8 Abs. 3 Satz 2, 3). Wer entgegen § 8 Abs. 3 Satz 1 eine Änderung nicht richtig, nicht vollständig oder nicht unverzüglich mitteilt, begeht eine Ordnungswidrigkeit gem. § 32 Abs. 1 Nr. 3. Wäre nach § 8 Abs. 3 Satz 2 eine neue Erlaubnis zu beantragen, so überschreitet die bestehende Erlaubnis und macht sich grundsätzlich strafbar, wer in erweitertem Umfang am Betäubungsmittelverkehr teilnimmt.

## II. Erlaubnisumfang

12  Wurde eine Erlaubnis erteilt, so kommt es lediglich auf ihre Wirksamkeit an (Franke/Wienroeder/*Franke*, § 3 Rn. 2). Auch wenn die Erlaubnis unrichtig ist, ist sie wirksam und vom Strafrichter zu beachten, solange sie nicht zurückgenommen bzw. widerrufen (s. § 10) oder nichtig ist (Franke/Wienroeder/*Franke*, § 3 Rn. 2; Weber, § 3 Rn. 7). Zur Annahme von Nichtigkeit (§ 44 VwVfG) reicht es nicht aus, dass die Erlaubnis erschlichen wurde (Weber, § 3 Rn. 8).

13  Die Erlaubnis muss vor der Eröffnung des Betäubungsmittelverkehrs vorliegen und kann allgemein oder für den Einzelfall erteilt werden (Franke/Wienroeder/*Franke*, § 3 Rn. 5; Weber, § 3 Rn. 9/11). Sie ist personenbezogen – wobei Adressat auch eine juristische Person oder nicht rechtsfähige Personenvereinigung sein kann (Franke/Wienroeder/*Franke*, § 3 Rn. 5; Weber, § 3 Rn. 9) –, höchstpersönlich und nicht übertragbar (Körner/Patzak/Volkmer/*Patzak*, § 9 Rn. 2). Die Erlaubnis wird für bestimmte Betriebsstätten erteilt, die bei Antragstellung exakt zu spezifizieren sind (§ 7 Satz 2 Nr. 3). Bei Änderungen in der Person des Erlaubnisinhabers oder der Lage der Betriebsstätten außerhalb desselben Gebäudes ist die Teilnahme am Betäubungsmittelverkehr nicht mehr von der ursprünglichen Erlaubnis gedeckt (s. Rdn. 11).

14  Bei Überschreiten der inhaltlichen Grenzen der Erlaubnis, etwa aufgrund einer unerlaubten Verkehrs- oder Betäubungsmittelart, ist der Betäubungsmittelverkehr grundsätzlich nach §§ 29 ff. strafbar. So nimmt auch derjenige, der die durch § 9 gesetzten *inhaltlichen* Grenzen der Erlaubnis überschreitet, unbefugt am Betäubungsmittelverkehr teil; etwa im Fall der Überschreitung einer inhaltlichen Beschränkung, nach Ablauf einer Befristung, vor Eintritt einer aufschiebenden Bedingung oder nach Eintritt einer auflösenden Bedingung (s. § 9 Rdn. 4). Die einem Pharmaunternehmen erteilte Herstellungserlaubnis zu wissenschaftlichen Zwecken etwa bedeutet nicht gleichzeitig die Erlaubnis, die für die Herstellung erforderlichen Substanzen erwerben oder das Betäubungsmittel außerhalb des Betriebsgeländes verbringen und verkaufen zu dürfen (Körner/Patzak/Volkmer/*Patzak*, § 3 Rn. 16). Darüber hinaus kann der Inhaber einer Erlaubnis auch dann den §§ 29 ff. unterfallen, wenn das Gegenüber nicht über eine Erlaubnis verfügt (LG Koblenz, Urt. v. 16.12.1983 – 102 Js 6968/81 – 9 KLs, NStZ 1984, 272 f. zu mittäterschaftlich begangenem unerlaubten Handeltreiben mit einem Nichterlaubnisinhaber).

## E. Irrtum

15  Nach der Rechtsprechung ist die behördliche Erlaubnis bei den Straftatbeständen Tatbestandsmerkmal (BGH, Urt. v. 07.03.1996 – 4 StR 742/95, NStZ 1996, 338 [339]). Geht der Betroffene fälschlicherweise davon aus, dass eine Erlaubnis vorliegt, liegt ein **Tatbestandsirrtum** vor (BGH, Urt. v. 07.03.1996 – 4 StR 742/95, NStZ 1996, 338 [339]). Vorsätzlichkeit scheidet dann aus (§ 16 Abs. 1 StGB). Davon zu unterscheiden ist die irrige Annahme, einer Erlaubnis nicht zu bedürfen. Dieser Irrtum ist nur dann vorsatzausschließender Tatbestandsirrtum, wenn der Täter sich irrig Umstände vorstellt, denen zufolge er zu dem nach § 4 von der Erlaubnispflicht befreiten Personenkreis gehört (BGH, Urt. v. 07.03.1996 – 4 StR 742/95, NStZ 1996, 338 [339]). Demgegenüber stellt der allgemeine Irrtum, keiner Erlaubnis zu bedürfen, etwa bei einer fehlerhaften Bewertung der Grenzen der Erlaubnisfreiheit, regelmäßig einen **Verbotsirrtum** (§ 17 StGB) dar (BGH, Urt. v. 07.03.1996 – 4 StR 742/95, NStZ 1996, 338 [339]). War dieser unvermeidbar, so kann dem Täter kein Schuldvorwurf gemacht werden (§ 17 Satz 1 StGB). Bei Vorliegen eines vermeidbaren Irrtums kann die Strafe gemildert werden (§ 17 Satz 2 StGB).

## § 4 Ausnahmen von der Erlaubnispflicht

(1) Einer Erlaubnis nach § 3 bedarf nicht, wer
1. im Rahmen des Betriebs einer öffentlichen Apotheke oder einer Krankenhausapotheke (Apotheke)
    a) in Anlage II oder III bezeichnete Betäubungsmittel oder dort ausgenommene Zubereitungen herstellt,
    b) in Anlage II oder III bezeichnete Betäubungsmittel erwirbt,
    c) in Anlage III bezeichnete Betäubungsmittel auf Grund ärztlicher, zahnärztlicher oder tierärztlicher Verschreibung abgibt,
    d) in Anlage II oder III bezeichnete Betäubungsmittel an Inhaber einer Erlaubnis zum Erwerb dieser Betäubungsmittel zurückgibt oder an den Nachfolger im Betrieb der Apotheke abgibt,
    e) in Anlage I, II oder III bezeichnete Betäubungsmittel zur Untersuchung, zur Weiterleitung an eine zur Untersuchung von Betäubungsmitteln berechtigte Stelle oder zur Vernichtung entgegennimmt oder
    f) in Anlage III bezeichnete Opioide in Form von Fertigarzneimitteln in transdermaler oder in transmucosaler Darreichungsform an eine Apotheke zur Deckung des nicht aufschiebbaren Betäubungsmittelbedarfs eines ambulant versorgten Palliativpatienten abgibt, wenn die empfangende Apotheke die Betäubungsmittel nicht vorrätig hat,
2. im Rahmen des Betriebs einer tierärztlichen Hausapotheke in Anlage III bezeichnete Betäubungsmittel in Form von Fertigarzneimitteln
    a) für ein von ihm behandeltes Tier miteinander, mit anderen Fertigarzneimitteln oder arzneilich nicht wirksamen Bestandteilen zum Zwecke der Anwendung durch ihn oder für die Immobilisation eines von ihm behandelten Zoo-, Wild- und Gehegetieres mischt,
    b) erwirbt,
    c) für ein von ihm behandeltes Tier oder Mischungen nach Buchstabe a für die Immobilisation eines von ihm behandelten Zoo-, Wild- und Gehegetieres abgibt oder
    d) an Inhaber der Erlaubnis zum Erwerb dieser Betäubungsmittel zurückgibt oder an den Nachfolger im Betrieb der tierärztlichen Hausapotheke abgibt,
3. in Anlage III bezeichnete Betäubungsmittel
    a) auf Grund ärztlicher, zahnärztlicher oder tierärztlicher Verschreibung,
    b) zur Anwendung an einem Tier von einer Person, die dieses Tier behandelt und eine tierärztliche Hausapotheke betreibt, oder
    c) von einem Arzt nach § 13 Absatz 1a Satz 1
    erwirbt,
4. in Anlage III bezeichnete Betäubungsmittel
    a) als Arzt, Zahnarzt oder Tierarzt im Rahmen des grenzüberschreitenden Dienstleistungsverkehrs oder
    b) auf Grund ärztlicher, zahnärztlicher oder tierärztlicher Verschreibung erworben hat und sie als Reisebedarf
    ausführt oder einführt,
5. gewerbsmäßig
    a) an der Beförderung von Betäubungsmitteln zwischen befugten Teilnehmern am Betäubungsmittelverkehr beteiligt ist oder die Lagerung und Aufbewahrung von Betäubungsmitteln im Zusammenhang mit einer solchen Beförderung oder für einen befugten Teilnehmer am Betäubungsmittelverkehr übernimmt oder
    b) die Versendung von Betäubungsmitteln zwischen befugten Teilnehmern am Betäubungsmittelverkehr durch andere besorgt oder vermittelt oder
6. in Anlage I, II oder III bezeichnete Betäubungsmittel als Proband oder Patient im Rahmen einer klinischen Prüfung oder in Härtefällen nach § 21 Absatz 2 Nummer 6 des Arzneimittelgesetzes in Verbindung mit Artikel 83 der Verordnung (EG) Nr. 726/2004 des Europäischen Parlaments und des Rates vom 31. März 2004 zur Festlegung von Gemeinschaftsverfahren

für die Genehmigung und Überwachung von Human- und Tierarzneimitteln und zur Errichtung einer Europäischen Arzneimittel-Agentur (ABl. L 136 vom 30.4.2004, S. 1) erwirbt.

(2) Einer Erlaubnis nach § 3 bedürfen nicht Bundes- und Landesbehörden für den Bereich ihrer dienstlichen Tätigkeit sowie die von ihnen mit der Untersuchung von Betäubungsmitteln beauftragten Behörden.

(3) Wer nach Absatz 1 Nr. 1 und 2 keiner Erlaubnis bedarf und am Betäubungsmittelverkehr teilnehmen will, hat dies dem Bundesinstitut für Arzneimittel und Medizinprodukte zuvor anzuzeigen. Die Anzeige muß enthalten:
1. den Namen und die Anschriften des Anzeigenden sowie der Apotheke oder der tierärztlichen Hausapotheke,
2. das Ausstellungsdatum und die ausstellende Behörde der apothekenrechtlichen Erlaubnis oder der Approbation als Tierarzt und
3. das Datum des Beginns der Teilnahme am Betäubungsmittelverkehr.

Das Bundesinstitut für Arzneimittel und Medizinprodukte unterrichtet die zuständige oberste Landesbehörde unverzüglich über den Inhalt der Anzeigen, soweit sie tierärztliche Hausapotheken betreffen.

| Übersicht | Rdn. | | Rdn. |
|---|---|---|---|
| A. Einleitung | 1 | IV. Einfuhr/Ausfuhr (§ 4 Abs. 1 Nr. 4) | 14 |
| B. Einzelne Befreiungstatbestände | 2 | V. Gewerbsmäßige Beförderung von Betäubungsmitteln (§ 4 Abs. 1 Nr. 5) | 15 |
| I. Betrieb einer Apotheke (§ 4 Abs. 1 Nr. 1) | 2 | VI. Erwerb bei klinischer Prüfung und Härtefällen (§ 4 Abs. 1 Nr. 6) | 16 |
| II. Betrieb einer tierärztlichen Hausapotheke (§ 4 Abs. 1 Nr. 2) | 9 | C. Anzeigepflicht | 17 |
| III. Erwerb durch den Endverbraucher (§ 4 Abs. 1 Nr. 3) | 10 | | |

## A. Einleitung

1 § 4 dient der Vereinfachung des Betäubungsmittelverkehrs, indem bestimmte Berufsgruppen und Verkehrsformen von der Erlaubnispflicht des § 3 ausgenommen werden.

1a Während der Corona-Pandemie greift zudem eine **Sonderregelung**, um die Verfügbarkeit von Betäubungsmitteln entsprechend der jeweiligen Bedarfslage zu erhöhen (s. § 5 Abs. 4 Satz 1 IfSG i.V.m. § 9 SARS-CoV-2-Arzneimittelversorgungsverordnung für den Zeitpunkt des Außerkrafttretens): Gem. § 5 SARS-CoV-2-Arzneimittelversorgungsverordnung (v. 20.04.2020, BAnz AT 21.04.2020 V1) bedarf einer Erlaubnis nach § 3 auch nicht, wer im Rahmen des Betriebs einer öffentlichen Apotheke oder einer Krankenhausapotheke zur Sicherstellung des nicht aufschiebbaren Betäubungsmittelbedarfs für die Behandlung von Patienten in Anlage III bezeichnete Betäubungsmittel an eine öffentliche Apotheke oder eine Krankenhausapotheke abgibt.

## B. Einzelne Befreiungstatbestände

### I. Betrieb einer Apotheke (§ 4 Abs. 1 Nr. 1)

2 § 4 Abs. 1 Nr. 1 betrifft verschiedene Verkehrsformen im Rahmen des Betriebs einer öffentlichen Apotheke bzw. einer Krankenhausapotheke, die beide dem Oberbegriff der Apotheke unterfallen. In den dort genannten Fällen ist keine Erlaubnis gem. § 3 erforderlich, es muss aber der Anzeigepflicht des § 4 Abs. 3 nachgekommen werden. Daneben bleiben die arzneimittel- und apothekenrechtlichen Vorschriften mit den dort geregelten Erlaubnispflichten durch § 4 Abs. 1 Nr. 1 unberührt.

3 Voraussetzung ist, dass ein Handeln »im Rahmen des Betriebs« der Apotheke vorliegt. Entsprechend wird nicht der Apotheker in Person, sondern der Apothekenbetrieb von der Erlaubnispflicht

befreit (RGSt. 69, 99 (101); RGSt. 62, 369 [381]). Neben dem Inhaber der apothekenrechtlichen Erlaubnis (Apothekenleiter) ist daher grundsätzlich auch das autorisierte Personal zur Abgabe befugt (Körner/Patzak/Volkmer/*Patzak*, § 13 Rn. 131; Weber, § 4 Rn. 9 f.). Im Rahmen des Apothekenbetriebs handelt nur, wer innerhalb seiner Zuständigkeit und der ApBetrO tätig wird (MüKo-StGB/*Kotz/Oğlakcıoğlu*, § 4 Rn. 7). Örtlich findet der Apothekenbetrieb in den Räumen statt, für die die apothekenrechtliche Betriebserlaubnis erteilt wurde (§ 1 Abs. 3 ApoG). Betäubungsmittel dürfen grundsätzlich nur in den Apothekenbetriebsräumen in den Verkehr gebracht werden (sog. Offizin, § 17 Abs. 1a Satz 1 ApBetrO); eine mobile Apotheke bedürfte einer speziellen Erlaubnis (Körner/Patzak/Volkmer/*Patzak*, § 4 Rn. 14; MüKo-StGB/*Kotz/Oğlakcıoğlu*, § 4 Rn. 7; Weber, § 4 Rn. 6). Sachlich umfasst der Betrieb einer Apotheke die gewöhnlich anfallenden pharmazeutischen Tätigkeiten, insbesondere die Entwicklung, Herstellung, Prüfung und Abgabe von Arzneimitteln, die Information und Beratung über Arzneimittel sowie den Erwerb von Stoffen und Zubereitungen zur Herstellung (MüKo-StGB/*Kotz/Oğlakcıoğlu*, § 4 Rn. 7; Spickhoff/*Malek*, § 4 Rn. 2). Ein unerlaubtes Handeln außerhalb des Apothekenbetriebs liegt etwa vor, wenn der Apotheker Betäubungsmittel für sich selbst erwirbt oder sie außerhalb der Apotheke abgibt (s. hierzu § 29 Rdn. 29).

Nach **Nr. 1 Buchst. a** ist nur die Herstellung (s. § 2 Rdn. 3) der in den Anlagen II oder III bezeichneten Betäubungsmittel oder der dort ausgenommenen Zubereitungen von der Erlaubnispflicht befreit; für Betäubungsmittel der Anlage I bleibt die Erlaubnispflicht bestehen. Gleiches gilt für den Erwerb gemäß **Nr. 1 Buchst. b**. »Erwerb« erfasst hier auch die Fälle, die der Vorbereitung des Weiterverkaufs dienen und damit dem Handeltreiben unterfallen – den Abschluss des Kaufvertrages, Übereignung und Besitzerlangung (Weber, § 4 Rn. 14). Erwirbt ein Apotheker das Betäubungsmittel aber nicht für die Apotheke, sondern für sich als Privatperson, oder zu betriebsfremden Zwecken, befreit die Vorschrift ihn nicht (s. hierzu § 29 Rdn. 29). 4

**Nr. 1 Buchst. c** regelt die Abgabe aufgrund ärztlicher Verschreibung (s. § 13 Rdn. 56 ff.) und korrespondiert dabei mit § 13 Abs. 2. Die Norm nennt nur Betäubungsmittel der Anlage III; Betäubungsmittel der Anlagen I und II dürfen gem. § 13 Abs. 1 Satz 3 bereits nicht verschrieben werden. »Abgabe« meint hier jeweils nicht nur die tatsächliche Übertragung der Verfügungsgewalt an einen Dritten ohne rechtsgeschäftliche Grundlage und ohne Gegenleistung wie im Fall des § 29 Abs. 1 Satz 1 Nr. 1, sondern umfasst auch die Abgabe in Gewinnerzielungsabsicht (Weber, § 4 Rn. 39). Die Befreiung gilt aber nicht, soweit der gesetzliche Rahmen verlassen wird. So darf nur im Rahmen des Apothekenbetriebs und aufgrund einer ordnungsgemäßen Verschreibung abgegeben werden (s. § 29 Rdn. 30). Hinsichtlich der Verschreibung bestehen für die Apotheke gewisse Prüfpflichten (s. hierzu im Einzelnen § 13 Rdn. 57 und § 29 Rdn. 30). Eine unerlaubte Abgabe außerhalb des Apothekenbetriebs liegt im Übrigen dann vor, wenn das Betäubungsmittel dem Apothekenbetrieb entzogen und räumlich getrennt untergebracht wird oder der Apotheker das Betäubungsmittel nicht aus der Apotheke, sondern aus sonstigen Räumlichkeiten liefert (s. hierzu § 29 Rdn. 29). 5

Gemäß **Nr. 1 Buchst. d** dürfen Betäubungsmittel der Anlagen II oder III an den Inhaber einer Erlaubnis, etwa bei Rückgabe an einen Großhändler, zurückgegeben oder an den Nachfolger im Betrieb der Apotheke abgegeben werden. In beiden Fällen verbleiben die Betäubungsmittel damit im Kreis berechtigter Personen (vgl. auch BGH, Urt. v. 20.01.1982 – 2 StR 593/81, NJW 1982, 1337 [1338]). 6

**Nr. 1 Buchst. e** betrifft neben Betäubungsmitteln der Anlagen II oder III auch Betäubungsmittel der Anlage I. Die Regelung ist insbesondere für die Fälle gedacht, in denen der Apotheke illegale Drogen zur Prüfung oder Vernichtung übergeben werden. Die Apotheke darf die Betäubungsmittel in diesem Fall nur zum Zweck der Untersuchung oder Vernichtung entgegennehmen und muss diesen Zwecken dann auch in angemessener Zeit nachkommen, wobei sich die Dauer nach dem Zweck bemisst und in der Regel nur kurz sein darf (Spickhoff/*Malek*, § 4 Rn. 9). Regelungen zur Vernichtung von Betäubungsmitteln enthält § 16. Gibt der Apotheker die Probe aber nach der Untersuchung zurück, so erfüllt er hierdurch jedenfalls dann den Tatbestand der Abgabe nach § 29 Abs. 1 Satz 1 Nr. 1, wenn hierdurch der Kreis derjenigen, die zu dem fraglichen Betäubungsmittel 7 in Beziehung standen oder stehen, erweitert, das heißt das Betäubungsmittel weiter verbreitet wird (vgl. BGH, Urt. v. 20.01.1982 – 2 StR 593/81, NJW 1982, 1337 [1338]; Weber, § 4 Rn. 46).

8 Nr. 1 Buchst. f ergänzt § 15 Abs. 2 Nr. 11 ApBetrO, wonach es ausreicht, wenn die in der Regel weniger häufig therapeutisch notwendigen Opioide in transdermaler und transmucosaler Darreichungsform kurzfristig beschaffbar sind (BT-Drs. 17/10156, S. 91). Diese Betäubungsmittel können, wenn ihre Belieferung nicht kurzfristig über den Großhandel oder direkt durch einen pharmazeutischen Unternehmer sichergestellt werden kann, auch über Apotheken beschafft werden. Zuvor bedurfte die das Betäubungsmittel abgebende Apotheke hierzu einer Erlaubnis nach § 3. Um unnötigen Bürokratieaufwand zu vermeiden und im Interesse einer schnellen Betäubungsmittelversorgung von ambulanten Palliativpatienten, befreit die Vorschrift nun in diesen Fällen Apotheken, die Betäubungsmittel an andere Apotheken abgeben, von der Erlaubnispflicht (BT-Drs. 17/10156, S. 91; MüKo-StGB/*Kotz/Oğlakcıoğlu*, § 4 Rn. 20).

## II. Betrieb einer tierärztlichen Hausapotheke (§ 4 Abs. 1 Nr. 2)

9 § 4 Abs. 1 Nr. 2 betrifft ausschließlich Betäubungsmittel der Anlage III. Die Nrn. 2 Buchst. a und Buchst. c setzen jeweils voraus, dass das Tier von dem die tierärztliche Hausapotheke betreibenden Tierarzt selbst behandelt wird. Zu beachten ist auch hier die Anzeigepflicht des § 4 Abs. 3.

## III. Erwerb durch den Endverbraucher (§ 4 Abs. 1 Nr. 3)

10 Auch § 4 Abs. 1 Nr. 3 betrifft ausschließlich Betäubungsmittel der Anlage III. Die Vorschrift befreit konsequenterweise diejenigen Personen von der Erlaubnispflicht, die die Betäubungsmittel aufgrund bestimmter erlaubter Verkehrsformen erwerben.

11 Privilegiert ist zum einen der Erwerb aufgrund einer ärztlichen Verschreibung – korrespondierend mit der Abgabe gem. § 4 Abs. 1 Nr. 1 Buchst. c. Die Vorschrift erfasst auch den Erwerb durch Ärzte – etwa aufgrund einer Verschreibung im Rahmen der Substitutionsbehandlung oder für den Praxis-/Klinikbedarf. Die Befreiung gilt aber nicht, soweit der gesetzliche Rahmen verlassen wird (OLG Stuttgart, Beschl. v. 18.01.2012 – 4 Ss 664/11, NStZ-RR 2012, 154 [155]). So meint die Vorschrift nur die ordnungsgemäße und ärztlich begründete Verschreibung (s. hierzu im Einzelnen § 29s. etwa Rdn. 12): Nicht von § 4 Abs. 1 Nr. 3 Buchst. a gedeckt ist etwa der Erwerb aufgrund einer erzwungenen Verschreibung oder aufgrund einer Verschreibung als Genussmittel; etwa wenn ein Arzt ein Betäubungsmittel erwirbt, das er sich zuvor selbst als Suchtmittel verschrieben hatte. Ebenso wenig darf der Erwerber die legal erworbenen Betäubungsmittel nach dieser Vorschrift ohne Erlaubnis an Dritte abgeben (OLG Stuttgart, Beschl. v. 18.01.2012 – 4 Ss 664/11, NStZ-RR 2012, 154 [155]). In all diesen Fällen ist der Befreiungstatbestand überschritten.

12 Zum anderen erfasst § 4 Abs. 1 Nr. 3 Buchst. b den Erwerb zur Anwendung von Betäubungsmitteln an einem Tier. Hierbei ist zu beachten, dass das Gesetz Personenidentität zwischen dem behandelnden Tierarzt und dem die tierärztliche Hausapotheke betreibenden Tierarzt fordert.

13 Durch § 4 Abs. 1 Nr. 3 Buchst. c, der an § 13 Abs. 1a anknüpft, wird klargestellt, dass der Patient, dem der Arzt in einer ambulanten palliativmedizinischen Krisensituation unter den Voraussetzungen des § 13 Abs. 1a Satz 1 ein Betäubungsmittel zur Überbrückung überlässt, keiner Erlaubnis für den Erwerb dieses Betäubungsmittels bedarf (BT-Drs. 17/10156, S. 91).

## IV. Einfuhr/Ausfuhr (§ 4 Abs. 1 Nr. 4)

14 § 4 Abs. 1 Nr. 4 erfasst lediglich Betäubungsmittel der Anlage III und befreit in Nr. 4 Buchst. a die Einfuhr bzw. Ausfuhr durch Ärzte im Rahmen des grenzüberschreitenden Dienstleistungsverkehrs von der Erlaubnispflicht. Nach § 4 Abs. 1 Nr. 4 Buchst. b können Patienten die aufgrund einer ärztlichen Verschreibung erworbenen Betäubungsmittel als Reisebedarf ausführen bzw. einführen (s.a. § 13 Rdn. 42 ff. für Reiseverschreibungen im Rahmen einer Substitutionsbehandlung). Die Regelung des § 11 Abs. 1 Satz 1 zur Genehmigungspflicht bleibt hiervon aber unberührt (s. § 11).

### V. Gewerbsmäßige Beförderung von Betäubungsmitteln (§ 4 Abs. 1 Nr. 5)

§ 4 Abs. 1 Nr. 5 richtet sich an Transportunternehmer und Lagerhalter, die Betäubungsmittel befördern oder zu diesem Zweck lagern und aufbewahren (Nr. 5 Buchst. a) oder die Versendung von Betäubungsmitteln durch andere besorgen oder vermitteln (Nr. 5 Buchst. b). Zur Gewerbsmäßigkeit s. § 29 Rdn. 37.

### VI. Erwerb bei klinischer Prüfung und Härtefällen (§ 4 Abs. 1 Nr. 6)

§ 4 Abs. 1 Nr. 6 umfasst Betäubungsmittel aller drei Anlagen. Zum einen ist der Erwerb durch Probanden oder Patienten im Rahmen einer klinischen Prüfung privilegiert, zum anderen bei Vorliegen eines Härtefalls nach § 21 Abs. 2 Satz 1 Nr. 6 AMG i.V.m. Art. 83 der Verordnung (EG) Nr. 726/2004. Ein Härtefall liegt danach bei Patienten vor, die an einer zu einer schweren Behinderung führenden Erkrankung leiden oder deren Krankheit lebensbedrohlich ist, und die mit einem zugelassenen Arzneimittel nicht zufriedenstellend behandelt werden können (§ 21 Abs. 2 Satz 1 Nr. 6 AMG).

## C. Anzeigepflicht

In den Fällen des § 4 Abs. 1 Nr. 1 und Nr. 2 ist die geplante Teilnahme am Betäubungsmittelverkehr gem. § 4 Abs. 3 Satz 1 zuvor dem BfArM anzuzeigen. Anzeigepflichtig sind daher ausschließlich Apotheken und tierärztliche Hausapotheken. Satz 2 schreibt den notwendigen Inhalt der Anzeige vor. Nach § 32 Abs. 1 Nr. 1 handelt ordnungswidrig, wer vorsätzlich oder fahrlässig entgegen § 4 Abs. 3 Satz 1 die Teilnahme am Betäubungsmittelverkehr nicht anzeigt.

## § 5 Versagung der Erlaubnis

(1) Die Erlaubnis nach § 3 ist zu versagen, wenn
1. nicht gewährleistet ist, daß in der Betriebsstätte und, sofern weitere Betriebsstätten in nicht benachbarten Gemeinden bestehen, in jeder dieser Betriebsstätten eine Person bestellt wird, die verantwortlich ist für die Einhaltung der betäubungsmittelrechtlichen Vorschriften und der Anordnungen der Überwachungsbehörden (Verantwortlicher); der Antragsteller kann selbst die Stelle eines Verantwortlichen einnehmen,
2. der vorgesehene Verantwortliche nicht die erforderliche Sachkenntnis hat oder die ihm obliegenden Verpflichtungen nicht ständig erfüllen kann,
3. Tatsachen vorliegen, aus denen sich Bedenken gegen die Zuverlässigkeit des Verantwortlichen, des Antragstellers, seines gesetzlichen Vertreters oder bei juristischen Personen oder nicht rechtsfähigen Personenvereinigungen der nach Gesetz, Satzung oder Gesellschaftsvertrag zur Vertretung oder Geschäftsführung Berechtigten ergeben,
4. geeignete Räume, Einrichtungen und Sicherungen für die Teilnahme am Betäubungsmittelverkehr oder die Herstellung ausgenommener Zubereitungen nicht vorhanden sind,
5. die Sicherheit oder Kontrolle des Betäubungsmittelverkehrs oder der Herstellung ausgenommener Zubereitungen aus anderen als den in den Nummern 1 bis 4 genannten Gründen nicht gewährleistet ist,
6. die Art und der Zweck des beantragten Verkehrs nicht mit dem Zweck dieses Gesetzes, die notwendige medizinische Versorgung der Bevölkerung sicherzustellen, daneben aber den Mißbrauch von Betäubungsmitteln oder die mißbräuchliche Herstellung ausgenommener Zubereitungen sowie das Entstehen oder Erhalten einer Betäubungsmittelabhängigkeit soweit wie möglich auszuschließen, vereinbar ist oder
7. bei Beanstandung der vorgelegten Antragsunterlagen einem Mangel nicht innerhalb der gesetzten Frist (§ 8 Abs. 2) abgeholfen wird.

(2) Die Erlaubnis kann versagt werden, wenn sie der Durchführung der internationalen Suchtstoffübereinkommen oder Beschlüssen, Anordnungen oder Empfehlungen zwischenstaatlicher

## § 5 BtMG  Versagung der Erlaubnis

Einrichtungen der Suchtstoffkontrolle entgegensteht oder dies wegen Rechtsakten der Organe der Europäischen Union geboten ist.

| Übersicht | Rdn. | | Rdn. |
|---|---|---|---|
| A. Einleitung | 1 | IV. Fehlende sachliche Mittel | |
| B. Zwingende Versagung | 3 | (§ 5 Abs. 1 Nr. 4) | 7 |
| I. Fehlen eines Verantwortlichen | | V. Andere Gründe (§ 5 Abs. 1 Nr. 5) | 8 |
| (§ 5 Abs. 1 Nr. 1) | 3 | VI. Unvereinbarkeit mit dem Gesetzes- | |
| II. Fehlende Sachkenntnis (§ 5 Abs. 1 Nr. 2) | 4 | zweck (§ 5 Abs. 1 Nr. 6) | 9 |
| | | VII. Fehlende Mängelbeseitigung | |
| III. Bedenken gegen die Zuverlässigkeit | | (§ 5 Abs. 1 Nr. 7) | 10 |
| (§ 5 Abs. 1 Nr. 3) | 5 | C. Mögliche Versagung | 11 |

### A. Einleitung

1 § 5 regelt abschließend (*Joachimski/Haumer*, § 5 Rn. 1), wann eine Erlaubnis zum Verkehr mit Betäubungsmitteln zu versagen ist; § 5 Abs. 1 Nr. 6 benennt zudem etwas versteckt die wesentlichen Zwecke des Betäubungsmittelgesetzes. Im Fall des Abs. 1 *ist* die Erlaubnis zwingend zu versagen, im Fall des Abs. 2 *kann* sie versagt werden. Die Versagungsgründe können unter Berücksichtigung des Schutzzwecks des Betäubungsmittelrechts und der möglicherweise grundrechtlich geschützten Interessen an der Verwendung der Betäubungsmittel auch entsprechend anzuwenden sein (VG Köln, Urt. v. 15.10.2019 – 7 K 9784/17). Es ist aber stets zu prüfen, ob ein Versagungsgrund nicht schon durch Beschränkungen i.S.d. § 9 ausgeräumt werden kann (OVG Münster, Urt. v. 11.06.2014 – 13 A 414/11; Körner/Patzak/Volkmer/*Patzak*, § 9 Rn. 9 mit Hinweis auf eine entgegenstehende Entscheidung des BfArM; vgl. VG Berlin, Urt. v. 27.06.1996 – VG 14 A 134/94, NJW 1997, 816 [818 f.]).

2 Wird die Erlaubnis nicht erteilt, ist Verpflichtungsklage (je nach Landesrecht ggf. nach Widerspruch) auf Erteilung der Erlaubnis zu erheben.

### B. Zwingende Versagung

#### I. Fehlen eines Verantwortlichen (§ 5 Abs. 1 Nr. 1)

3 § 5 Abs. 1 Nr. 1 schreibt vor, dass in der Betriebsstätte zwingend ein Verantwortlicher für die Einhaltung der betäubungsmittelrechtlichen Vorschriften und der Anordnungen der Überwachungsbehörden bestellt sein muss. Verantwortlicher in diesem Sinne kann nur eine natürliche Person sein (*Joachimski/Haumer*, § 5 Rn. 3; Spickhoff/*Malek*, § 5 Rn. 2). Der Antragsteller kann selbst Verantwortlicher sein, muss es aber nicht. An die Person des Verantwortlichen werden über Abs. 1 Nr. 2 weitere Anforderungen, insbesondere zur Sachkenntnis (§ 6) gestellt (s. Rdn. 4). Bestehen mehrere Betriebsstätten, so ist zu differenzieren: Sofern sich diese nicht in benachbarten Gemeinden befinden, muss in jeder dieser Betriebsstätten ein Verantwortlicher bestellt sein, bei geringerer Entfernung der Betriebsstätten ist dies nicht erforderlich.

#### II. Fehlende Sachkenntnis (§ 5 Abs. 1 Nr. 2)

4 Auch wenn ein Verantwortlicher bestellt ist, ist die Erlaubnis gem. § 5 Abs. 1 Nr. 2 zu versagen, wenn diesem die erforderliche Sachkenntnis fehlt oder er seine Verpflichtungen nicht ständig erfüllen kann. Der Nachweis der hier geforderten Sachkenntnis ist in § 6 geregelt. Verantwortlicher kann daher grundsätzlich nur eine entsprechend den Anforderungen des § 6 Abs. 1 studierte oder ausgebildete Fachkraft sein – sofern hiervon nicht im Einzelfall nach § 6 Abs. 2 abgewichen wird. Da diese Voraussetzungen bei Patienten regelmäßig nicht vorliegen, kann unter Umständen der behandelnde Arzt als Verantwortlicher bestellt werden (BVerwG, Urt. v. 06.04.2016 – 3 C 10/14, NVwZ 2016, 1413, 1415; OVG Münster, Urt. v. 11.06.2014 – 13 A 414/11; vgl. Körner/Patzak/Volkmer/*Patzak*, § 5 Rn. 8). »Ständig« bedeutet nicht unterbrochene Anwesenheit und

Überwachung, sondern es genügt, wenn der Verantwortliche im Fall seiner Abwesenheit die Möglichkeit hat, sich über die konkreten Abläufe zu unterrichten und die notwendigen Anordnungen zu treffen (Weber, § 5 Rn. 13). Der Verantwortliche sollte aber in der Lage sein, die wesentlichen Arbeitsvorgänge mindestens täglich zu kontrollieren und für Rückfragen der Mitarbeiter zur Verfügung zu stehen (*Joachimski/Haumer*, § 5 Rn. 5; Spickhoff/*Malek*, § 5 Rn. 3; Weber, § 5 Rn. 14). Bei längerer Abwesenheit des Verantwortlichen sollte ein gleichermaßen qualifizierter und befugter Vertreter bestellt und dieser dem BfArM angezeigt werden (Weber, § 5 Rn. 15; vgl. *Joachimski/ Haumer*, § 5 Rn. 5).

### III. Bedenken gegen die Zuverlässigkeit (§ 5 Abs. 1 Nr. 3)

Die Erlaubnis ist auch dann zu versagen, wenn Bedenken gegen die Zuverlässigkeit der dort aufgeführten, für das Vorhaben maßgeblichen Personen, insbesondere des Verantwortlichen oder des Antragstellers, bestehen. Bloße Verdachtsmomente reichen hierfür nicht aus. Liegen aber Tatsachen vor, die gegen die Zuverlässigkeit sprechen, so wirkt das Fehlen weiterer Aufklärungsmöglichkeiten gegen den Betroffenen (*Joachimski/Haumer*, § 5 Rn. 8; Weber, § 5 Rn. 19). Das BfArM kann zu diesem Zweck auch das Führungszeugnis des Betroffenen einsehen (§ 31 BZRG). 5

Bedenken gegen die Zuverlässigkeit können sich im Einzelfall etwa ergeben aus Straftaten oder Ordnungswidrigkeiten im Zusammenhang mit der Teilnahme am Betäubungsmittel- oder Arzneimittelverkehr oder mit dem Betrieb eines Gewerbes, aus anderen Straftaten, die auf erhebliche charakterliche Mängel schließen lassen, aus der schlechten wirtschaftlichen Lage oder bei Erpressbarkeit des Antragstellers/Verantwortlichen sowie aus körperlichen oder geistigen Gebrechen (*Joachimski/Haumer*, § 5 Rn. 6; Weber, § 5 Rn. 20 f.). Bei der Unzuverlässigkeit handelt es sich um einen unbestimmten Rechtsbegriff, der vom Gericht in vollem Umfang überprüft werden kann (vgl. BVerwG, Urt. v. 15.07.2004 – 3 C 33/03, NVwZ 2005, 453 [454 f.]). 6

### IV. Fehlende sachliche Mittel (§ 5 Abs. 1 Nr. 4)

Die Erlaubnis ist auch dann zu versagen, wenn es an geeigneten Räumen, Einrichtungen und Sicherungen fehlt (§ 5 Abs. 1 Nr. 4). Die Geeignetheit richtet sich dabei nach Art und Umfang des jeweiligen Vorhabens (Weber, § 5 Rn. 25) sowie dem Gefährdungsgrad. Dabei kann auch die Vorschrift des § 15, wonach die Betäubungsmittel gesondert aufzubewahren und gegen unbefugte Entnahme zu sichern sind, herangezogen werden. Entscheidend ist, ob die Räumlichkeiten bereits vorhanden sind; ggf. muss der Antragsteller nachweisen, dass sie ihm aufgrund eines Besitzrechtes für den von ihm geplanten Betrieb zur Verfügung stehen oder eine vorvertragliche Zusicherung des Eigentümers belegen (VG Köln, Beschl. v. 17.07.2012 – 7 K 1634/12). Bei der Ausstattung von Apotheken und Laboren sind besondere Sicherheitsstandards zu beachten. Als Anhaltspunkte können dabei die Kriterien der Arzneimittel- und Wirkstoffherstellungsverordnung (AMWHV), der Guten Herstellungspraxis (EU-GMP-Leitfaden)) sowie der Guten Laborpraxis dienen (Weber, § 5 Rn. 26). Handelt es sich um Räume, für die bereits eine Herstellungserlaubnis gem. § 13 AMG vorliegt, so genügt diese als Grundlage (*Joachimski/Haumer*, § 5 Rn. 9). 7

### V. Andere Gründe (§ 5 Abs. 1 Nr. 5)

§ 5 Abs. 1 Nr. 5 enthält einen Auffangtatbestand, der dann eingreift, wenn die Sicherheit und Kontrolle des Betäubungsmittelverkehrs aus anderen Gründen nicht gewährleistet ist. Diese müssen in ihrem Gewicht aber im Wesentlichen den anderen Versagungstatbeständen entsprechen (Weber, § 5 Rn. 30). Eine Gefährdung der Sicherheit und Kontrolle des Betäubungsmittelverkehrs liegt vor, wenn nicht sichergestellt ist, dass die Betäubungsmittel dem illegalen Betäubungsmittelverkehr fernbleiben oder dass sonstiger Missbrauch unterbleibt (Weber, § 5 Rn. 30). Der Antragsteller hat zu beweisen, dass dies gewährleistet ist (Körner/Patzak/Volkmer/*Patzak*, § 5 Rn. 13; Spickhoff/ *Malek*, § 5 Rn. 6). Konkrete Tatsachen, aus denen sich eine Gefährdung ergibt, sind hier nicht erforderlich (*Joachimski/Haumer*, § 5 Rn. 10). Die Sicherheit und Kontrolle des Betäubungsmittelverkehrs kann auch dann gefährdet sein, wenn dem Antragsteller für das von ihm geplante Projekt 8 die finanziellen Mittel fehlen und auch die Finanzierung mithilfe von Krediten, etwa bei Bezug von Sozialleistungen, wenig wahrscheinlich erscheint (VG Köln, Beschl. v. 17.07.2012 – 7 K 1634/12). Grundsätzlich gilt: Je gefährlicher das Betäubungsmittel ist, desto höhere Anforderungen sind an die Sicherheitsvorkehrungen zu stellen (Körner/Patzak/Volkmer/*Patzak*, § 5 Rn. 16).

### VI. Unvereinbarkeit mit dem Gesetzeszweck (§ 5 Abs. 1 Nr. 6)

9 Die Erlaubnis ist auch dann zu versagen, wenn Art und Zweck des beantragten Verkehrs nicht mit dem Gesetzeszweck – einerseits, die notwendige medizinische Versorgung der Bevölkerung sicherzustellen sowie andererseits, den Betäubungsmittelmissbrauch und die Entstehung/Erhaltung einer Betäubungsmittelabhängigkeit so weit wie möglich auszuschließen (§ 5 Abs. 1 Nr. 6) – vereinbar ist. Zur medizinischen Versorgung der Bevölkerung gehört dabei auch die Therapie des Einzelnen (s. § 3 Rdn. 7). Notwendig kann die Versorgung aber nur dann sein, wenn kein anderes gleich geeignetes Mittel gegeben ist, der Zweck somit nicht auf andere Weise erreicht werden kann, § 13 Abs. 1 Satz 2. Der Einsatz von Betäubungsmitteln muss stets ultima ratio sein.

9a Die **Erteilung einer Erwerbserlaubnis zum Zweck der Selbsttötung** ist nach § 5 Abs. 1 Nr. 6 grundsätzlich ausgeschlossen, da sie mit dem Ziel des Gesetzes, die menschliche Gesundheit und das Leben zu schützen, nicht vereinbar ist (BVerwG, Urt. v. 28.05.2019 – 3 C 6/17, NJW 2019, 2789; BVerwG, Urt. v. 02.03.2017 – 3 C 19/15, NJW 2017, 2215). In Ausnahmefällen kann der Erwerb aber vor dem Hintergrund des aus Art. 2 Abs. 1 i.V.m. Art. 1 Abs. 1 GG abgeleiteten Rechts auf selbstbestimmtes Sterben doch erlaubnisfähig und mit dem Zweck des Gesetzes ausnahmsweise vereinbar sein, wenn sich der suizidwillige Erwerber wegen einer schweren und unheilbaren Erkrankung in einer extremen Notlage befindet (BVerwG, Urt. v. 28.05.2019 – 3 C 6/17, NJW 2019, 2789; BVerwG, Urt. v. 02.03.2017 – 3 C 19/15, NJW 2017, 2215; s. auch Vorbem. zu §§ 29 ff. Rdn. 3b). Dies setzt kumulativ voraus (BVerwG, Urt. v. 02.03.2017 – 3 C 19/15, NJW 2017, 2215): 1. Die schwere und unheilbare Erkrankung ist mit gravierenden körperlichen Leiden, insbesondere starken Schmerzen verbunden, die bei dem Betroffenen zu einem unerträglichen Leidensdruck führen und nicht ausreichend gelindert werden können. 2. Der Betroffene ist entscheidungsfähig und hat sich frei und ernsthaft entschieden, sein Leben beenden zu wollen. 3. Eine andere zumutbare Möglichkeit zur Verwirklichung des Sterbewunsches steht nicht zur Verfügung. Demgegenüber ist das VG Köln der Ansicht, dass die ausnahmsweise Begründung einer Erwerbserlaubnis in extremen Notfällen gegen den ausdrücklichen Willen des Gesetzgebers verstößt; eine solche Interpretation würde die Grenzen einer verfassungskonformen Auslegung des § 5 Abs. 1 Nr. 6 überschreiten (VG Köln, Beschl. v. 11.12.2020 – 7 L 1054/20; VG Köln, Urt. v. 24.11.2020 – 7 K 13803/17; einen entsprechenden Vorlagebeschluss (VG Köln, Vorlagebeschl. v. 19.11.2019 – 7 K 13803/17 u.a.) hatte das BVerfG aber als unzulässig zurückgewiesen (BVerfG, Beschl. v. 20.05.2020 – 1 BvL 2/20 u.a., NJW 2020, 2394)). Nach dem Wegfall des § 217 StGB (s. Vorbem. zu §§ 29 ff. Rdn. 3b) läge in der Sterbehilfe durch Ärzte und Organisationen für eine Übergangszeit eine zumutbare Alternative zur Erteilung einer Erwerbserlaubnis nach § 3 Abs. 1 (VG Köln, Beschl. v. 11.12.2020 – 7 L 1054/20; VG Köln, Urt. v. 24.11.2020 – 7 K 13803/17). Auch das BVerfG sieht aufgrund der Nichtigerklärung des § 217 StGB die Möglichkeit, medizinisch kundige Suizidbeihelfer und verschreibungswillige und -berechtigte Personen zu finden, als wesentlich verbessert an (BVerfG, Beschl. v. 10.12.2020 – 1 BvR 1837/19, NJW 2021, 1086).

### VII. Fehlende Mängelbeseitigung (§ 5 Abs. 1 Nr. 7)

10 Gemäß § 5 Abs. 1 Nr. 7 ist die Erlaubnis auch dann zu versagen, wenn ein durch das BfArM beanstandeter Mangel nicht innerhalb der gesetzten Frist beseitigt wird. Die Vorschrift nimmt dabei Bezug auf die Regelung des § 8 Abs. 2 (s. hierzu § 3 Rdn. 9).

## C. Mögliche Versagung

Gemäß § 5 Abs. 2 *kann* die Erlaubnis versagt werden, wenn andernfalls internationale Verpflichtungen Deutschlands verletzt würden. Der Behörde kommt insoweit Ermessen zu (s. § 3 Rdn. 10; vgl. VG Köln, Urt. v. 11.01.2011 – 7 K 3889/09).

## § 6 Sachkenntnis

(1) Der Nachweis der erforderlichen Sachkenntnis (§ 5 Abs. 1 Nr. 2) wird erbracht
1. im Falle des Herstellens von Betäubungsmitteln oder ausgenommenen Zubereitungen, die Arzneimittel sind, durch den Nachweis der Sachkenntnis nach § 15 Absatz 1 des Arzneimittelgesetzes,
2. im Falle des Herstellens von Betäubungsmitteln, die keine Arzneimittel sind, durch das Zeugnis über eine nach abgeschlossenem wissenschaftlichem Hochschulstudium der Biologie, der Chemie, der Pharmazie, der Human- oder der Veterinärmedizin abgelegte Prüfung und durch die Bestätigung einer mindestens einjährigen praktischen Tätigkeit in der Herstellung oder Prüfung von Betäubungsmitteln,
3. im Falle des Verwendens für wissenschaftliche Zwecke durch das Zeugnis über eine nach abgeschlossenem wissenschaftlichem Hochschulstudium der Biologie, der Chemie, der Pharmazie, der Human- oder der Veterinärmedizin abgelegte Prüfung und
4. in allen anderen Fällen durch das Zeugnis über eine abgeschlossene Berufsausbildung als Kaufmann im Groß- und Außenhandel in den Fachbereichen Chemie oder Pharma und durch die Bestätigung einer mindestens einjährigen praktischen Tätigkeit im Betäubungsmittelverkehr.

(2) Das Bundesinstitut für Arzneimittel und Medizinprodukte kann im Einzelfall von den im Absatz 1 genannten Anforderungen an die Sachkenntnis abweichen, wenn die Sicherheit und Kontrolle des Betäubungsmittelverkehrs oder der Herstellung ausgenommener Zubereitungen gewährleistet sind.

Die für die Erlaubnis nach § 5 Abs. 1 Nr. 2 erforderliche Sachkenntnis muss nach § 6 nachgewiesen werden. Der Nachweis wird durch die jeweils geforderte Ausbildung bei Vorlage entsprechender Zeugnisse erbracht. Außer für die Verwendung für wissenschaftliche Zwecke (Nr. 3) ist jeweils zusätzlich eine praktische Tätigkeit erforderlich.

Die Vorschrift differenziert nach verschiedenen Teilnahmeformen am Betäubungsmittelverkehr. Für die Herstellung werden die höchsten Anforderungen gestellt. Liegen zugleich Arzneimittel vor (§ 6 Abs. 1 Nr. 1), so wird der Nachweis der Sachkenntnis nach § 15 Abs. 1 AMG erbracht. Hiernach sind die Approbation als Apotheker (Nr. 1) oder das Zeugnis über eine nach abgeschlossenem Hochschulstudium der Pharmazie, Chemie, Biologie, Human- oder Veterinärmedizin abgelegte Prüfung (Nr. 2) *und* eine mindestens zweijährige praktische Tätigkeit erforderlich. Nicht ausreichend ist etwa der nachgewiesene Grad einer Diplom-Ingenieurin (FH) im Studiengang »Biotechnologie« (VG Köln, Beschl. v. 17.07.2012 – 7 K 1634/12). Liegt nicht zugleich ein Arzneimittel vor (§ 6 Abs. 1 Nr. 2), so ist die Sachkenntnis durch ein solches Zeugnis *und* die Bestätigung einer mindestens einjährigen praktischen Tätigkeit zu erbringen. Für die Verwendung für wissenschaftliche Zwecke (§ 6 Abs. 1 Nr. 3) genügt allein das Zeugnis; eine praktische Tätigkeit ist daneben nicht erforderlich. In allen anderen Fällen wird die Sachkenntnis durch das Zeugnis über eine abgeschlossene Berufsausbildung als Kaufmann im Groß- und Außenhandel in den Fachbereichen Chemie oder Pharma *und* durch die Bestätigung einer mindestens einjährigen praktischen Tätigkeit im Betäubungsmittelverkehr nachgewiesen.

Das BfArM *kann* im Einzelfall von diesen Anforderungen abweichen, wenn die Sicherheit und Kontrolle des Betäubungsmittelverkehrs gewährleistet ist (§ 6 Abs. 2). Aus dem Wortlaut der Regelung folgt, dass hier nur das *Herab*setzen der Anforderungen gemeint sein kann (Erbs/Kohlhaas/*Pelchen/Bruns*, § 6 Rn. 2; Weber, § 6 Rn. 10; a.A. Franke/Wienroeder/*Franke*, § 6 Rn. 2; Körner/

Patzak/Volkmer/*Patzak*, § 6 Rn. 8; vgl. auch BVerwG, Urt. v. 06.04.2016 – 3 C 10/14, NVwZ 2016, 1413, 1415 f.). Möglich sind allerdings andere, in diesem Fall auch höherwertige, Vorbildungen (vgl. *Joachimski/Haumer*, § 6 Rn. 6).

## § 7 Antrag

Der Antrag auf Erteilung einer Erlaubnis nach § 3 ist in doppelter Ausfertigung beim Bundesinstitut für Arzneimittel und Medizinprodukte zu stellen, das eine Ausfertigung der zuständigen obersten Landesbehörde übersendet. Dem Antrag müssen folgende Angaben und Unterlagen beigefügt werden:
1. die Namen, Vornamen oder die Firma und die Anschriften des Antragstellers und der Verantwortlichen,
2. für die Verantwortlichen die Nachweise über die erforderliche Sachkenntnis und Erklärungen darüber, ob und auf Grund welcher Umstände sie die ihnen obliegenden Verpflichtungen ständig erfüllen können,
3. eine Beschreibung der Lage der Betriebsstätten nach Ort (gegebenenfalls Flurbezeichnung), Straße, Hausnummer, Gebäude und Gebäudeteil sowie der Bauweise des Gebäudes,
4. eine Beschreibung der vorhandenen Sicherungen gegen die Entnahme von Betäubungsmitteln durch unbefugte Personen,
5. die Art des Betäubungsmittelverkehrs (§ 3 Abs. 1),
6. die Art und die voraussichtliche Jahresmenge der herzustellenden oder benötigten Betäubungsmittel,
7. im Falle des Herstellens (§ 2 Abs. 1 Nr. 4) von Betäubungsmitteln oder ausgenommenen Zubereitungen eine kurzgefaßte Beschreibung des Herstellungsganges unter Angabe von Art und Menge der Ausgangsstoffe oder -zubereitungen, der Zwischen- und Endprodukte, auch wenn Ausgangsstoffe oder -zubereitungen, Zwischen- oder Endprodukte keine Betäubungsmittel sind; bei nicht abgeteilten Zubereitungen zusätzlich die Gewichtsvomhundertsätze, bei abgeteilten Zubereitungen die Gewichtsmengen der je abgeteilte Form enthaltenen Betäubungsmittel und
8. im Falle des Verwendens zu wissenschaftlichen oder anderen im öffentlichen Interesse liegenden Zwecken eine Erläuterung des verfolgten Zwecks unter Bezugnahme auf einschlägige wissenschaftliche Literatur.

1 *(nicht kommentiert; s. aber § 3 Rdn. 9 ff.)*

## § 8 Entscheidung

(1) Das Bundesinstitut für Arzneimittel und Medizinprodukte soll innerhalb von drei Monaten nach Eingang des Antrages über die Erteilung der Erlaubnis entscheiden. Es unterrichtet die zuständige oberste Landesbehörde unverzüglich über die Entscheidung.

(2) Gibt das Bundesinstitut für Arzneimittel und Medizinprodukte dem Antragsteller Gelegenheit, Mängeln des Antrages abzuhelfen, so wird die in Absatz 1 bezeichnete Frist bis zur Behebung der Mängel oder bis zum Ablauf der zur Behebung der Mängel gesetzten Frist gehemmt. Die Hemmung beginnt mit dem Tage, an dem dem Antragsteller die Aufforderung zur Behebung der Mängel zugestellt wird.

(3) Der Inhaber der Erlaubnis hat jede Änderung der in § 7 bezeichneten Angaben dem Bundesinstitut für Arzneimittel und Medizinprodukte unverzüglich mitzuteilen. Bei einer Erweiterung hinsichtlich der Art der Betäubungsmittel oder des Betäubungsmittelverkehrs sowie bei Änderungen in der Person des Erlaubnisinhabers oder der Lage der Betriebsstätten, ausgenommen innerhalb eines Gebäudes, ist eine neue Erlaubnis zu beantragen. In den anderen Fällen wird die Erlaubnis geändert. Die zuständige oberste Landesbehörde wird über die Änderung der Erlaubnis unverzüglich unterrichtet.

1 *(nicht kommentiert; s. aber § 3 Rdn. 9 ff.)*

## § 9 Beschränkungen, Befristung, Bedingungen und Auflagen

(1) Die Erlaubnis ist zur Sicherheit und Kontrolle des Betäubungsmittelverkehrs oder der Herstellung ausgenommener Zubereitungen auf den jeweils notwendigen Umfang zu beschränken. Sie muß insbesondere regeln:
1. die Art der Betäubungsmittel und des Betäubungsmittelverkehrs,
2. die voraussichtliche Jahresmenge und den Bestand an Betäubungsmitteln,
3. die Lage der Betriebstätten und
4. den Herstellungsgang und die dabei anfallenden Ausgangs-, Zwischen- und Endprodukte, auch wenn sie keine Betäubungsmittel sind.

(2) Die Erlaubnis kann
1. befristet, mit Bedingungen erlassen oder mit Auflagen verbunden werden oder
2. nach ihrer Erteilung hinsichtlich des Absatzes 1 Satz 2 geändert oder mit sonstigen Beschränkungen oder Auflagen versehen werden,

wenn dies zur Sicherheit oder Kontrolle des Betäubungsmittelverkehrs oder der Herstellung ausgenommener Zubereitungen erforderlich ist oder die Erlaubnis der Durchführung der internationalen Suchtstoffübereinkommen oder von Beschlüssen, Anordnungen oder Empfehlungen zwischenstaatlicher Einrichtungen der Suchtstoffkontrolle entgegensteht oder dies wegen Rechtsakten der Organe der Europäischen Union geboten ist.

§ 9 regelt Inhalt, Umfang und Form der Erlaubnis. Aus Gründen der Sicherheit und Kontrolle des Betäubungsmittelverkehrs soll die Erlaubnis nicht über den jeweils notwendigen Umfang hinausgehen und generell restriktiv gehandhabt werden. Die Erlaubnis darf die Grenzen des Antrags nicht überschreiten (Weber, § 9 Rn. 2). 1

§ 9 Abs. 1 bestimmt den zwingenden Regelungsinhalt der Erlaubnis und korrespondiert dabei mit den gem. § 7 Satz 2 erforderlichen Angaben und Unterlagen. Hiernach sind in der Erlaubnis insbesondere zu regeln: die Art der Betäubungsmittel und des Betäubungsmittelverkehrs, die voraussichtliche Jahresmenge und der Bestand an Betäubungsmitteln, die Lage der Betriebstätten und der Herstellungsgang. Die Erlaubnis muss zudem Regelungen über die berechtigte Person, die Dauer der Erlaubnis und etwaige Beschränkungen treffen (Körner/Patzak/Volkmer/*Patzak*, § 9 Rn. 2). Die Aufzählung in Abs. 1 Satz 2 ist nicht abschließend, das BfArM kann daneben auch andere Beschränkungen und Auflagen vornehmen, wenn dies zur Sicherheit oder Kontrolle des Betäubungsmittelverkehrs oder zur Durchführung der internationalen Suchtstoffübereinkommen erforderlich ist (Franke/Wienroeder/*Franke*, § 9 Rn. 1; Körner/Patzak/Volkmer/*Patzak*, § 9 Rn. 3; Weber, § 9 Rn. 8). 2

Die Erlaubnis *kann* mit Nebenbestimmungen versehen werden, der Behörde steht insoweit Ermessen zu. Bedingungen oder Auflagen müssen aber dem Verhältnismäßigkeitsgrundsatz entsprechen, sich an der Gefährlichkeit und Menge der Betäubungsmittel orientieren sowie zumutbar und erfüllbar sein (Körner/Patzak/Volkmer/*Patzak*, § 9 Rn. 3). Die Nebenbestimmung darf dem Zweck des Verwaltungsaktes nicht zuwiderlaufen (§ 36 Abs. 3 VwVfG). Die Einschränkung kann *bei* Erteilung der Erlaubnis (Nr. 1) oder aber *nach* Erteilung der Erlaubnis vorgenommen werden (Nr. 2). Liegt ein Versagungsgrund nach § 5 vor, so muss nach Ansicht des BfArM der Antrag auf Erteilung der Erlaubnis zurückgewiesen werden; für § 9 bleibe dann kein Raum (s. bei [a.A.] Körner/Patzak/Volkmer/*Patzak*, § 9 Rn. 9). Richtigerweise kann ein Versagungsgrund nach § 5, insbesondere § 5 Abs. 1 Nr. 5, aber nur dann vorliegen, wenn dieser nicht durch Beschränkungen i.S.d. § 9 ausgeräumt werden kann (ebenso nun OVG Münster, Urt. v. 11.06.2014 – 13 A 414/11; Körner/Patzak/Volkmer/*Patzak*, § 9 Rn. 9; vgl. BVerwG, Urt. v. 06.04.2016 – 3 C 10/14, NVwZ 2016, 1413, 1416; VG Berlin, Urt. v. 27.06.1996 – VG 14 A 134/94, NJW 1997, 816 [818 f.]). Bei Rechtsmitteln gegen die Nebenbestimmung ist zu differenzieren: Sind Erlaubnis und Nebenbestimmung 3 teilbar, kann insoweit Anfechtungsklage erhoben werden, andernfalls ist mit der Verpflichtungsklage auf Erteilung der Erlaubnis ohne Nebenbestimmung vorzugehen.

4 Wer vorsätzlich oder fahrlässig einer vollziehbaren Auflage nach § 9 Abs. 2, auch i.V.m. § 10a Abs. 3, zuwiderhandelt, begeht eine Ordnungswidrigkeit gem. § 32 Abs. 1 Nr. 4. Zu beachten ist auch, dass die Verwaltungsbehörde die Erlaubnis bei Nichterfüllung bzw. nicht rechtzeitiger Erfüllung der Auflage gem. § 49 Abs. 2 Nr. 2 VwVfG widerrufen kann (s. § 10 Rdn. 2 f.). Im Übrigen gilt grundsätzlich: Wer die, auch die durch § 9 gesetzten, *inhaltlichen* Grenzen der Erlaubnis überschreitet, nimmt unbefugt am Betäubungsmittelverkehr teil. Wer unter Überschreitung einer inhaltlichen Beschränkung, nach Ablauf einer Befristung, vor Eintritt einer aufschiebenden Bedingung oder nach Eintritt einer auflösenden Bedingung am Betäubungsmittelverkehr teilnimmt, macht sich nach §§ 29 ff. strafbar (Weber, § 9 Rn. 20; s. auch Körner/Patzak/Volkmer/*Patzak*, § 3 Rn. 76 ff.).

## § 10 Rücknahme und Widerruf

(1) Die Erlaubnis kann auch widerrufen werden, wenn von ihr innerhalb eines Zeitraumes von zwei Kalenderjahren kein Gebrauch gemacht worden ist. Die Frist kann verlängert werden, wenn ein berechtigtes Interesse glaubhaft gemacht wird.

(2) Die zuständige oberste Landesbehörde wird über die Rücknahme oder den Widerruf der Erlaubnis unverzüglich unterrichtet.

Übersicht
| | Rdn. | | Rdn. |
|---|---|---|---|
| A. Einleitung...................... | 1 | C. Rücknahme bei rechtswidriger | |
| B. Widerruf bei rechtmäßiger Erlaubnis... | 2 | Erlaubnis..................... | 4 |
| | | D. Rechtsmittel.................. | 7 |

### A. Einleitung

1 § 10 betrifft Widerruf und Rücknahme der Erlaubnis, ergänzt (»auch«) aber lediglich die §§ 48, 49 VwVfG um einen zusätzlichen Widerrufsfall (Franke/Wienroeder/*Franke*, § 10 Rn. 1). Grundsätzlich ist zu unterscheiden: Ist die Erlaubnis rechtmäßig, so kann sie nur widerrufen (§ 49 VwVfG) werden. Ist die Erlaubnis rechtswidrig, so kann sie zurückgenommen (§ 48 VwVfG) werden. In beiden Fällen gilt grundsätzlich die Jahresfrist des § 48 Abs. 4 VwVfG.

### B. Widerruf bei rechtmäßiger Erlaubnis

2 Da es sich bei der Erlaubnis um einen begünstigenden Verwaltungsakt handelt, darf die rechtmäßige Erlaubnis nur unter den in § 49 Abs. 2 Nr. 1–5 VwVfG aufgeführten Voraussetzungen widerrufen werden. Insbesondere dürften hier die Nicht- bzw. nicht rechtzeitige Erfüllung einer Auflage (Nr. 2), das nachträgliche Eintreten von Versagungsgründen (Nr. 3) und die Verhütung/Beseitigung von schweren Nachteilen für das Gemeinwohl (Nr. 5) von Relevanz sein. Daneben kann die Erlaubnis nach § 10 Abs. 1 Satz 1 auch dann widerrufen werden, wenn von ihr innerhalb von 2 Jahren kein Gebrauch gemacht worden ist. Nach Abs. 1 Satz 2 kann die Frist bei Glaubhaftmachung eines berechtigten Interesses, wobei jedes schutzwürdige Interesse rechtlicher, wirtschaftlicher oder ideeller Art in Betracht kommt (Weber, § 10 Rn. 5), aber verlängert werden.

3 Der Widerruf der Erlaubnis steht grundsätzlich im Ermessen der Behörde. In den Fällen des § 49 Abs. 2 Nrn. 1–5 VwVfG soll das öffentliche Interesse an der Beseitigung oder Änderung des Verwaltungsaktes aber im Allgemeinen schwerer wiegen als das Interesse des Betroffenen und sein Vertrauen auf den Bestand des Verwaltungsaktes (BVerwG, Urt. v. 24.01.1992 – 7 C 38/90, NVwZ 1992, 565 [566]). Darüber hinaus spielen Vertrauensschutzgesichtspunkte nur dann eine Rolle, wenn dies aus besonderen Gründen geboten erscheint (BVerwG, Urt. v. 24.01.1992 – 7 C

38/90, NVwZ 1992, 565 [566]). In den Fällen des § 49 Abs. 2 Satz 1 Nrn. 1, 2 VwVfG fehlt die Basis für einen Vertrauensschutz von vornherein (Weber, § 10 Rn. 6).

### C. Rücknahme bei rechtswidriger Erlaubnis

Eine rechtswidrige Erlaubnis kann gem. § 48 Abs. 1 Satz 2, Abs. 3 VwVfG zurückgenommen werden, erst recht aber, wenn die Voraussetzungen für einen Widerruf nach § 49 VwVfG vorliegen. § 48 Abs. 3 Satz 1 VwVfG sieht bei schutzwürdigem Vertrauen (somit nicht in den Fällen des § 48 Abs. 2 Satz 3 i.V.m. Abs. 3 Satz 2 VwVfG) einen Vermögensausgleich vor. 4

Auch die Rücknahme der Erlaubnis steht grundsätzlich im Ermessen der Behörde. Eine Rücknahme muss aber in der Regel dann erfolgen, wenn Sicherheitsinteressen berührt sind (Weber, § 10 Rn. 12). Das öffentliche Interesse an der Rücknahme einer rechtswidrigen Erlaubnis dürfte das Interesse des Betroffenen angesichts der mit der Teilnahme im Betäubungsmittelverkehr verbundenen Gefahren daher grundsätzlich überwiegen (Weber, § 10 Rn. 9). Dies gilt insbesondere, wenn Versagungsgründe nach § 5 Abs. 1 vorliegen, sodass die Erlaubnis hier grundsätzlich zurückzunehmen ist (Weber, § 10 Rn. 12; s.a. Franke/Wienroeder/*Franke*, § 10 Rn. 2 und Körner/Patzak/Volkmer/*Patzak*, § 10 Rn. 2: zwingende Rücknahme). 5

Sofern die Erlaubnis mit Wirkung für die Vergangenheit (ex tunc) zurückgenommen wird, hat sich der Betroffene durch die Teilnahme am Betäubungsmittelverkehr aber nicht strafbar gemacht, weil die Erlaubnis zum Zeitpunkt seines Handelns bestand (Weber, § 10 Rn. 15). 6

### D. Rechtsmittel

Widerruf und Rücknahme der Erlaubnis sind belastende Verwaltungsakte, gegen die der Verwaltungsrechtsweg im Wege einer Anfechtungsklage (je nach Landesrecht ggf. nach Widerspruch) zu beschreiten ist. 7

## § 10a Erlaubnis für den Betrieb von Drogenkonsumräumen

(1) Einer Erlaubnis der zuständigen obersten Landesbehörde bedarf, wer eine Einrichtung betreiben will, in deren Räumlichkeiten Betäubungsmittelabhängigen eine Gelegenheit zum Verbrauch von mitgeführten, ärztlich nicht verschriebenen Betäubungsmitteln verschafft oder gewährt wird (Drogenkonsumraum). Eine Erlaubnis kann nur erteilt werden, wenn die Landesregierung die Voraussetzungen für die Erteilung in einer Rechtsverordnung nach Maßgabe des Absatzes 2 geregelt hat.

(2) Die Landesregierungen werden ermächtigt, durch Rechtsverordnung die Voraussetzungen für die Erteilung einer Erlaubnis nach Absatz 1 zu regeln. Die Regelungen müssen insbesondere folgende Mindeststandards für die Sicherheit und Kontrolle beim Verbrauch von Betäubungsmitteln in Drogenkonsumräumen festlegen:
1. Zweckdienliche sachliche Ausstattung der Räumlichkeiten, die als Drogenkonsumraum dienen sollen;
2. Gewährleistung einer sofort einsatzfähigen medizinischen Notfallversorgung;
3. medizinische Beratung und Hilfe zum Zwecke der Risikominderung beim Verbrauch der von Abhängigen mitgeführten Betäubungsmittel;
4. Vermittlung von weiterführenden und ausstiegsorientierten Angeboten der Beratung und Therapie;
5. Maßnahmen zur Verhinderung von Straftaten nach diesem Gesetz in Drogenkonsumräumen, abgesehen vom Besitz von Betäubungsmitteln nach § 29 Abs. 1 Satz 1 Nr. 3 zum Eigenverbrauch in geringer Menge;
6. erforderliche Formen der Zusammenarbeit mit den für die öffentliche Sicherheit und Ordnung zuständigen örtlichen Behörden, um Straftaten im unmittelbaren Umfeld der Drogenkonsumräume soweit wie möglich zu verhindern;

7. genaue Festlegung des Kreises der berechtigten Benutzer von Drogenkonsumräumen, insbesondere im Hinblick auf deren Alter, die Art der mitgeführten Betäubungsmittel sowie die geduldeten Konsummuster; offenkundige Erst- oder Gelegenheitskonsumenten sind von der Benutzung auszuschließen;
8. eine Dokumentation und Evaluation der Arbeit in den Drogenkonsumräumen;
9. ständige Anwesenheit von persönlich zuverlässigem Personal in ausreichender Zahl, das für die Erfüllung der in den Nummern 1 bis 7 genannten Anforderungen fachlich ausgebildet ist;
10. Benennung einer sachkundigen Person, die für die Einhaltung der in den Nummern 1 bis 9 genannten Anforderungen, der Auflagen der Erlaubnisbehörde sowie der Anordnungen der Überwachungsbehörde verantwortlich ist (Verantwortlicher) und die ihm obliegenden Verpflichtungen ständig erfüllen kann.

(3) Für das Erlaubnisverfahren gelten § 7 Satz 1 und 2 Nr. 1 bis 4 und 8, §§ 8, 9 Abs. 2 und § 10 entsprechend; dabei tritt an die Stelle des Bundesinstituts für Arzneimittel und Medizinprodukte jeweils die zuständige oberste Landesbehörde, an die Stelle der obersten Landesbehörde jeweils das Bundesinstitut für Arzneimittel und Medizinprodukte.

(4) Eine Erlaubnis nach Absatz 1 berechtigt das in einem Drogenkonsumraum tätige Personal nicht, eine Substanzanalyse der mitgeführten Betäubungsmittel durchzuführen oder beim unmittelbaren Verbrauch der mitgeführten Betäubungsmittel aktive Hilfe zu leisten.

1 Durch die im Jahr 2000 (3. BtMG-ÄndG v. 28.03.2000, BGBl. I S. 302) in Kraft getretene Vorschrift wurden gesetzliche Regelungen für die so genannten Drogenkonsumräume geschaffen, die zuvor bereits vielerorts illegal als so genannte »Fixerstuben« betrieben worden waren. Einige Länder haben zwischenzeitlich aufgrund der Ermächtigungsgrundlage des Abs. 2 Verordnungen über den Betrieb von Drogenkonsumräumen erlassen.

2 Der Drogenkonsumraum dient lediglich dem Eigenverbrauch von eigenen, ärztlich nicht verschriebenen Betäubungsmitteln (Spickhoff/*Malek*, § 10a Rn. 2). Zwar sieht Abs. 2 i.V.m. der jeweiligen Rechtsverordnung die Gewährleistung einer sofort einsatzfähigen medizinischen Notfallversorgung sowie medizinische Beratung und Hilfe zum Zwecke der Risikominderung beim Verbrauch der mitgeführten Betäubungsmittel vor, aktive Hilfe beim unmittelbaren Verbrauch der mitgeführten Betäubungsmittel darf aber nicht geleistet werden. Dies stellt Abs. 4 ausdrücklich klar. Andernfalls handelt das Personal ohne Erlaubnis und kann sich gem. § 29 Abs. 1 Satz 1 Nr. 6 strafbar machen (Körner/Patzak/Volkmer/*Patzak*, § 29, Teil 15 Rn. 133). Ebenso wenig darf hiernach eine Substanzanalyse der mitgeführten Betäubungsmittel durchgeführt werden.

### § 11 Einfuhr, Ausfuhr und Durchfuhr

(1) Wer Betäubungsmittel im Einzelfall einführen oder ausführen will, bedarf dazu neben der erforderlichen Erlaubnis nach § 3 einer Genehmigung des Bundesinstitutes für Arzneimittel und Medizinprodukte. Betäubungsmittel dürfen durch den Geltungsbereich dieses Gesetzes nur unter zollamtlicher Überwachung ohne weiteren als den durch die Beförderung oder den Umschlag bedingten Aufenthalt und ohne daß das Betäubungsmittel zu irgendeinem Zeitpunkt während des Verbringens dem Durchführenden oder einer dritten Person tatsächlich zur Verfügung steht, durchgeführt werden. Ausgenommene Zubereitungen dürfen nicht in Länder ausgeführt werden, die die Einfuhr verboten haben.

(2) Die Bundesregierung wird ermächtigt, durch Rechtsverordnung ohne Zustimmung des Bundesrates das Verfahren über die Erteilung der Genehmigung zu regeln und Vorschriften über die Einfuhr, Ausfuhr und Durchfuhr zu erlassen, soweit es zur Sicherheit oder Kontrolle des Betäubungsmittelverkehrs, zur Durchführung der internationalen Suchtstoffübereinkommen oder von Rechtsakten der Organe der Europäischen Union erforderlich ist. Insbesondere können

1. die Einfuhr, Ausfuhr oder Durchfuhr auf bestimmte Betäubungsmittel und Mengen beschränkt sowie in oder durch bestimmte Länder oder aus bestimmten Ländern verboten,
2. Ausnahmen von Absatz 1 für den Reiseverkehr und die Versendung von Proben im Rahmen der internationalen Zusammenarbeit zugelassen,
3. Regelungen über das Mitführen von Betäubungsmitteln durch Ärzte, Zahnärzte und Tierärzte im Rahmen des grenzüberschreitenden Dienstleistungsverkehrs getroffen und
4. Form, Inhalt, Anfertigung, Ausgabe und Aufbewahrung der zu verwendenden amtlichen Formblätter festgelegt

werden.

§ 11 regelt den grenzüberschreitenden Betäubungsmittelverkehr. Der Inhaber einer Erlaubnis nach § 3 bedarf für Ein- und Ausfuhren von Betäubungsmitteln (s. § 29 Rdn. 7) *zusätzlich* noch einer Genehmigung des BfArM, auf die bei Vorliegen der Erlaubnis aber ein Rechtsanspruch besteht (Franke/Wienroeder/*Franke*, § 11 Rn. 1; Körner/Patzak/Volkmer/*Patzak*, § 11 Rn. 12). Die nicht *erlaubte* Ein- oder Ausfuhr unterliegt dem Straftatbestand des § 29 Abs. 1 Satz 1 Nr. 1 (i.V.m. Abs. 4). Gem. § 4 Abs. 1 Nr. 4 sind Ein- und Ausfuhr von Betäubungsmitteln der Anlage III jedoch für (Zahn-/Tier-) Ärzte im Rahmen des grenzüberschreitenden Dienstleistungsverkehrs (Buchst. a) und von aufgrund (zahn-/tier-)ärztlicher Verschreibung erworbenen Betäubungsmitteln als Reisebedarf (Buchst. b) von der Erlaubnispflicht befreit. Demgegenüber stellt die nicht *genehmigte* Ein- oder Ausfuhr gem. § 32 Abs. 1 Nr. 5 bloß eine Ordnungswidrigkeit dar. Für die **Durchfuhr** ist eine Genehmigung nach § 11 – wie auch eine Erlaubnis nach § 3 – zwar nicht erforderlich, sie darf aber nur unter zollamtlicher Überwachung erfolgen. Der Aufenthalt im Inland muss auf den durch die Beförderung bzw. den Umschlag bedingten Aufenthalt beschränkt sein und die Betäubungsmittel dürfen weder dem Durchführenden noch einer dritten Person während des Verbringens tatsächlich zur Verfügung stehen (Abs. 1 Satz 2). Andernfalls liegt keine Durchfuhr, sondern Ein- und/oder Ausfuhr vor. Bei (auch fahrlässigem) Verstoß gegen § 11 Abs. 1 Satz 2 greift die Strafvorschrift des § 29 Abs. 1 Satz 1 Nr. 5 (ggf. i.V.m. Abs. 4) ein.

§ 11 Abs. 2 ermächtigt den Verordnungsgeber, Verfahrensvorschriften für die Erteilung der Genehmigung und Vorschriften über die Einfuhr, Ausfuhr und Durchfuhr zu erlassen, etwa Regelungen über das Mitführen von Betäubungsmitteln durch (Zahn-/Tier-) Ärzte im Rahmen des grenzüberschreitenden Dienstleistungsverkehrs. Hiervon wurde mit der **Betäubungsmittel-Außenhandelsverordnung** (BtMAHV) Gebrauch gemacht, welche den medizinisch veranlassten grenzüberschreitenden Betäubungsmittelverkehr privilegiert (§ 15 BtMAHV). Danach dürfen Betäubungsmittel der Anlagen II und III in angemessenen Mengen durch (Zahn-/Tier-) Ärzte zur zulässigen ärztlichen Berufsausübung oder zur ersten Hilfeleistung mitgeführt werden (Abs. 1 Nr. 1). Gemeint sind hier insbesondere karitative Auslandseinsätze (z.B. Ärzte ohne Grenzen) oder die Mitführung im »kleinen Grenzverkehr« als ärztlicher Praxisbedarf. Zur Vermeidung von Schwierigkeiten beim Grenzübertritt sollte sich der Arzt aber als solcher ausweisen können und sich vor Antritt einer Reise bei der diplomatischen Vertretung des Bestimmungslandes erkundigen, ob die Betäubungsmittel mitgeführt werden können sowie etwaig erforderliche Genehmigungen von der entsprechenden Überwachungsbehörde einholen. Daneben dürfen Betäubungsmittel der Anlagen II und III in Reisemengen aufgrund ärztlicher Verschreibung oder Bescheinigung für den eigenen Bedarf mitgeführt werden (Abs. 1 Nr. 2). Eine ärztliche Verschreibung kann sich aber nur auf Betäubungsmittel der Anlage III beziehen (§ 13 Abs. 1). Bei Substitutionsbehandlungen kann im Fall eines Auslandsaufenthaltes die Ausnahmeregelung des § 5 Abs. 9 Satz 1 Nr. 2 BtMVV (s. § 13 Rdn. 43) greifen. Hiernach darf das Substitutionsmittel in begründeten Einzelfällen in der für bis zu 30 Tage benötigten Menge zur eigenverantwortlichen Einnahme verschrieben werden. Im Gegensatz zur Vorgängerregelung wird nicht mehr zwischen Inlands- und Auslandsregelung unterschieden. Ein begründeter Einzelfall kann aber gerade im Fall einer Urlaubsreise gegeben sein (vgl. BT-Drs. 222/17, S. 21). Da Betäubungsmittel nur für den eigenen Bedarf mitgeführt werden dürfen, ist die Mitnahme durch beauftragte Personen nicht zulässig. Bestimmte Verstöße gegen die

§ 12 BtMG   Abgabe und Erwerb

BtMAHV werden gem. § 16 BtMAHV i.V.m. § 32 Abs. 1 Nr. 6 BtMG als Ordnungswidrigkeiten geahndet.

## § 12 Abgabe und Erwerb

(1) Betäubungsmittel dürfen nur abgegeben werden an
1. Personen oder Personenvereinigungen, die im Besitz einer Erlaubnis nach § 3 zum Erwerb sind oder eine Apotheke oder tierärztliche Hausapotheke betreiben,
2. die in § 4 Abs. 2 oder § 26 genannten Behörden oder Einrichtungen,
3. (weggefallen)

(2) Der Abgebende hat dem Bundesinstitut für Arzneimittel und Medizinprodukte außer in den Fällen des § 4 Abs. 1 Nr. 1 Buchstabe e unverzüglich jede einzelne Abgabe unter Angabe des Erwerbers und der Art und Menge des Betäubungsmittels zu melden. Der Erwerber hat dem Abgebenden den Empfang der Betäubungsmittel zu bestätigen.

(3) Die Absätze 1 und 2 gelten nicht bei
1. Abgabe von in Anlage III bezeichneten Betäubungsmitteln
    a) auf Grund ärztlicher, zahnärztlicher oder tierärztlicher Verschreibung im Rahmen des Betriebes einer Apotheke,
    b) im Rahmen des Betriebes einer tierärztlichen Hausapotheke für ein vom Betreiber dieser Hausapotheke behandeltes Tier,
    c) durch den Arzt nach § 13 Absatz 1a Satz 1,
2. der Ausfuhr von Betäubungsmitteln und
3. Abgabe und Erwerb von Betäubungsmitteln zwischen den in § 4 Abs. 2 oder § 26 genannten Behörden oder Einrichtungen.

(4) Das Bundesministerium für Gesundheit wird ermächtigt, durch Rechtsverordnung ohne Zustimmung des Bundesrates das Verfahren der Meldung und der Empfangsbestätigung zu regeln. Es kann dabei insbesondere deren Form, Inhalt und Aufbewahrung sowie eine elektronische Übermittlung regeln.

| Übersicht | Rdn. | | Rdn. |
|---|---|---|---|
| A. Einleitung | 1 | C. Verstöße | 4 |
| B. Regelungsgehalt | 2 | | |

### A. Einleitung

1  Die Vorschrift regelt die Abgabe und den Erwerb im Einzelfall, § 3 hingegen die generelle Erlaubnis. Zunächst muss daher sowohl bei dem Abgebenden als auch bei dem Erwerber eine Erlaubnis nach § 3 vorliegen oder ein Befreiungstatbestand greifen (Körner/Patzak/Volkmer/*Patzak*, § 12 Rn. 1, s.a. § 3 Rdn. 14).

### B. Regelungsgehalt

2  Die für Angehörige medizinischer und pharmazeutischer Berufe praxisrelevanten Fälle sind von den Vorgaben des § 12 überwiegend ausgenommen. Dies ist nach Abs. 3 der Fall bei der Abgabe von Betäubungsmitteln der Anlage III aufgrund (zahn-/tier-)ärztlicher Verschreibung durch Apotheken (Nr. 1 Buchst. a), bei tierärztlichen Hausapotheken für ein vom Betreiber behandeltes Tier (Nr. 1 Buchst. b) und bei Abgabe durch den Arzt nach § 13 Abs. 1a Satz 1 (Nr. 1 Buchst. c). Dies korrespondiert mit den Befreiungstatbeständen der § 4 Abs. 1 Nr. 1 Buchst. c, Nr. 2 Buchst. c und Nr. 3 Buchst. c. § 12 Abs. 3 Nr. 1 Buchst. c dient der Klarstellung, dass der Arzt dem Patienten in einer ambulanten palliativmedizinischen Krisensituation unter den Voraussetzungen des § 13 Abs. 1a Satz 1 ein Betäubungsmittel zur Überbrückung überlassen darf, ohne dass der Patient im Besitz einer Erwerbserlaubnis sein muss und ohne das Überlassen dem BfArM melden zu müssen

(BT-Drs. 17/10156, S. 91). Die Abgabe von Betäubungsmitteln auf ärztliche Verschreibung regelt § 13 Abs. 2 (s. § 13 Rdn. 56 ff.). Zudem enthält die BtMVV in den §§ 1 Abs. 2, 12 BtMVV Vorschriften betreffend die Abgabe von Betäubungsmitteln auf Verschreibung (s. § 13 Rdn. 58).

Im Übrigen dürfen Betäubungsmittel gem. § 12 Abs. 1 Nr. 1 nur an Inhaber einer Erwerbserlaubnis nach § 3 oder an (tierärztliche Haus-)Apotheken abgegeben werden. Abgabe ist hier weit zu verstehen, sodass auch die Veräußerung und das Handeltreiben umfasst sind (Weber, § 12 Rn. 3). Zum Erwerb von Betäubungsmitteln berechtigt auch eine Erlaubnis zum Handeltreiben (Weber, § 12 Rn. 5). Der Abgebende muss sich vom Erwerber dessen Befugnis zum Erwerb nachweisen lassen (Körner/Patzak/Volkmer/*Patzak*, § 12 Rn. 4; Weber, § 12 Rn. 8); gegebenenfalls kann eine Rückfrage beim BfArM erforderlich sein (Weber, § 12 Rn. 8). Der Erwerber hat dem Abgebenden den Empfang der Betäubungsmittel zu bestätigen (Abs. 2 Satz 2). Der Abgebende muss dem BfArM außer in den Fällen des § 4 Abs. 1 Nr. 1 Buchst. e (Entgegennahme zur Untersuchung oder Vernichtung) unverzüglich jede einzelne Abgabe unter Angabe des Erwerbers und der Art und Menge des Betäubungsmittels melden (Abs. 2 Satz 1). Das nähere Verfahren regelt die aufgrund der Ermächtigungsgrundlage des § 12 Abs. 4 geschaffene Betäubungsmittel-Binnenhandelsverordnung (BtMBinHV).

### C. Verstöße

Verstöße gegen § 12 Abs. 1, 2 werden als Ordnungswidrigkeiten nach § 32 Abs. 1 Nr. 7, Verstöße gegen bestimmte Vorschriften der BtMBinHV als Ordnungswidrigkeiten nach § 7 BtMBinHV i.V.m. § 32 Abs. 1 Nr. 6 BtMG geahndet.

### § 13 Verschreibung und Abgabe auf Verschreibung

(1) Die in Anlage III bezeichneten Betäubungsmittel dürfen nur von Ärzten, Zahnärzten und Tierärzten und nur dann verschrieben oder im Rahmen einer ärztlichen, zahnärztlichen oder tierärztlichen Behandlung einschließlich der ärztlichen Behandlung einer Betäubungsmittelabhängigkeit verabreicht oder einem anderen zum unmittelbaren Verbrauch oder nach Absatz 1a Satz 1 überlassen werden, wenn ihre Anwendung am oder im menschlichen oder tierischen Körper begründet ist. Die Anwendung ist insbesondere dann nicht begründet, wenn der beabsichtigte Zweck auf andere Weise erreicht werden kann. Die in Anlagen I und II bezeichneten Betäubungsmittel dürfen nicht verschrieben, verabreicht oder einem anderen zum unmittelbaren Verbrauch oder nach Absatz 1a Satz 1 überlassen werden.

(1a) Zur Deckung des nicht aufschiebbaren Betäubungsmittelbedarfs eines ambulant versorgten Palliativpatienten darf der Arzt diesem die hierfür erforderlichen, in Anlage III bezeichneten Betäubungsmittel in Form von Fertigarzneimitteln nur dann überlassen, soweit und solange der Bedarf des Patienten durch eine Verschreibung nicht rechtzeitig gedeckt werden kann; die Höchstüberlassungsmenge darf den Dreitagesbedarf nicht überschreiten. Der Bedarf des Patienten kann durch eine Verschreibung nicht rechtzeitig gedeckt werden, wenn das erforderliche Betäubungsmittel
1. bei einer dienstbereiten Apotheke innerhalb desselben Kreises oder derselben kreisfreien Stadt oder in einander benachbarten Kreisen oder kreisfreien Städten nicht vorrätig ist oder nicht rechtzeitig zur Abgabe bereitsteht oder
2. obwohl es in einer Apotheke nach Nummer 1 vorrätig ist oder rechtzeitig zur Abgabe bereitstünde, von dem Patienten oder den Patienten versorgenden Personen nicht rechtzeitig beschafft werden kann, weil
    a) diese Personen den Patienten vor Ort versorgen müssen oder auf Grund ihrer eingeschränkten Leistungsfähigkeit nicht in der Lage sind, das Betäubungsmittel zu beschaffen, oder
    b) der Patient auf Grund der Art und des Ausmaßes seiner Erkrankung dazu nicht selbst in der Lage ist und keine Personen vorhanden sind, die den Patienten versorgen.

Der Arzt muss unter Hinweis darauf, dass eine Situation nach Satz 1 vorliegt, bei einer dienstbereiten Apotheke nach Satz 2 Nummer 1 vor Überlassung anfragen, ob das erforderliche Betäubungsmittel dort vorrätig ist oder bis wann es zur Abgabe bereitsteht. Über das Vorliegen der Voraussetzungen nach den Sätzen 1 und 2 und die Anfrage nach Satz 3 muss der Arzt mindestens folgende Aufzeichnungen führen und diese drei Jahre, vom Überlassen der Betäubungsmittel an gerechnet, aufbewahren:
1. den Namen des Patienten sowie den Ort, das Datum und die Uhrzeit der Behandlung,
2. den Namen der Apotheke und des kontaktierten Apothekers oder der zu seiner Vertretung berechtigten Person,
3. die Bezeichnung des angefragten Betäubungsmittels,
4. die Angabe der Apotheke, ob das Betäubungsmittel zum Zeitpunkt der Anfrage vorrätig ist oder bis wann es zur Abgabe bereitsteht,
5. die Angaben über diejenigen Tatsachen, aus denen sich das Vorliegen der Voraussetzungen nach den Sätzen 1 und 2 ergibt.

Über die Anfrage eines nach Satz 1 behandelnden Arztes, ob ein bestimmtes Betäubungsmittel vorrätig ist oder bis wann es zur Abgabe bereitsteht, muss der Apotheker oder die zu seiner Vertretung berechtigte Person mindestens folgende Aufzeichnungen führen und diese drei Jahre, vom Tag der Anfrage an gerechnet, aufbewahren:
1. das Datum und die Uhrzeit der Anfrage,
2. den Namen des Arztes,
3. die Bezeichnung des angefragten Betäubungsmittels,
4. die Angabe gegenüber dem Arzt, ob das Betäubungsmittel zum Zeitpunkt der Anfrage vorrätig ist oder bis wann es zur Abgabe bereitsteht.

Im Falle des Überlassens nach Satz 1 hat der Arzt den ambulant versorgten Palliativpatienten oder zu dessen Pflege anwesende Dritte über die ordnungsgemäße Anwendung der überlassenen Betäubungsmittel aufzuklären und eine schriftliche Gebrauchsanweisung mit Angaben zur Einzel- und Tagesgabe auszuhändigen.

(2) Die nach Absatz 1 verschriebenen Betäubungsmittel dürfen nur im Rahmen des Betriebs einer Apotheke und gegen Vorlage der Verschreibung abgegeben werden. Diamorphin darf nur vom pharmazeutischen Unternehmer und nur an anerkannte Einrichtungen nach Absatz 3 Satz 2 Nummer 2a gegen Vorlage der Verschreibung abgegeben werden. Im Rahmen des Betriebs einer tierärztlichen Hausapotheke dürfen nur die in Anlage III bezeichneten Betäubungsmittel und nur zur Anwendung bei einem vom Betreiber der Hausapotheke behandelten Tier abgegeben werden.

(3) Die Bundesregierung wird ermächtigt, durch Rechtsverordnung mit Zustimmung des Bundesrates das Verschreiben von den in Anlage III bezeichneten Betäubungsmitteln, ihre Abgabe auf Grund einer Verschreibung und das Aufzeichnen ihres Verbleibs und des Bestandes bei Ärzten, Zahnärzten, Tierärzten, in Apotheken, tierärztlichen Hausapotheken, Krankenhäusern, Tierkliniken, Alten- und Pflegeheimen, Hospizen, Einrichtungen der spezialisierten ambulanten Palliativversorgung, Einrichtungen der Rettungsdienste, Einrichtungen, in denen eine Behandlung mit dem Substitutionsmittel Diamorphin stattfindet, und auf Kauffahrteischiffen zu regeln, soweit es zur Sicherheit oder Kontrolle des Betäubungsmittelverkehrs erforderlich ist. Insbesondere können
1. das Verschreiben auf bestimmte Zubereitungen, Bestimmungszwecke oder Mengen beschränkt,
2. das Verschreiben von Substitutionsmitteln für Drogenabhängige von der Erfüllung von Mindestanforderungen an die Qualifikation der verschreibenden Ärzte abhängig gemacht und die Festlegung der Mindestanforderungen den Ärztekammern übertragen,
2a. das Verschreiben von Diamorphin nur in Einrichtungen, denen eine Erlaubnis von der zuständigen Landesbehörde erteilt wurde, zugelassen,
2b. die Mindestanforderungen an die Ausstattung der Einrichtungen, in denen die Behandlung mit dem Substitutionsmittel Diamorphin stattfindet, festgelegt,

3. Meldungen
   a) der verschreibenden Ärzte an das Bundesinstitut für Arzneimittel und Medizinprodukte über das Verschreiben eines Substitutionsmittels für einen Patienten in anonymisierter Form,
   b) der Ärztekammern an das Bundesinstitut für Arzneimittel und Medizinprodukte über die Ärzte, die die Mindestanforderungen nach Nummer 2 erfüllen und
   Mitteilungen
   c) des Bundesinstituts für Arzneimittel und Medizinprodukte an die zuständigen Überwachungsbehörden und an die verschreibenden Ärzte über die Patienten, denen bereits ein anderer Arzt ein Substitutionsmittel verschrieben hat, in anonymisierter Form,
   d) des Bundesinstituts für Arzneimittel und Medizinprodukte an die zuständigen Überwachungsbehörden der Länder über die Ärzte, die die Mindestanforderungen nach Nummer 2 erfüllen,
   e) des Bundesinstituts für Arzneimittel und Medizinprodukte an die obersten Landesgesundheitsbehörden über die Anzahl der Patienten, denen ein Substitutionsmittel verschrieben wurde, die Anzahl der Ärzte, die zum Verschreiben eines Substitutionsmittels berechtigt sind, die Anzahl der Ärzte, die ein Substitutionsmittel verschrieben haben, die verschriebenen Substitutionsmittel und die Art der Verschreibung
   sowie Art der Anonymisierung, Form und Inhalt der Meldungen und Mitteilungen vorgeschrieben,
4. Form, Inhalt, Anfertigung, Ausgabe, Aufbewahrung und Rückgabe des zu verwendenden amtlichen Formblattes für die Verschreibung, das Verfahren für die Verschreibung in elektronischer Form sowie Form und Inhalt der Aufzeichnungen über den Verbleib und den Bestand der Betäubungsmittel festgelegt und
5. Ausnahmen von § 4 Abs. 1 Nr. 1 Buchstabe c für die Ausrüstung von Kauffahrteischiffen erlassen werden.

Für das Verfahren zur Erteilung einer Erlaubnis nach Satz 2 Nummer 2a gelten § 7 Satz 2 Nummer 1 bis 4, § 8 Absatz 1 Satz 1, Absatz 2 und 3 Satz 1 bis 3, § 9 Absatz 2 und § 10 entsprechend. Dabei tritt an die Stelle des Bundesinstitutes für Arzneimittel und Medizinprodukte jeweils die zuständige Landesbehörde, an die Stelle der zuständigen obersten Landesbehörde jeweils das Bundesinstitut für Arzneimittel und Medizinprodukte. Die Empfänger nach Satz 2 Nr. 3 dürfen die übermittelten Daten nicht für einen anderen als den in Satz 1 genannten Zweck verwenden. Das Bundesinstitut für Arzneimittel und Medizinprodukte handelt bei der Wahrnehmung der ihm durch Rechtsverordnung nach Satz 2 zugewiesenen Aufgaben als vom Bund entliehenes Organ des jeweils zuständigen Landes; Einzelheiten einschließlich der Kostenerstattung an den Bund werden durch Vereinbarung geregelt.

| Übersicht | Rdn. | | Rdn. |
|---|---|---|---|
| A. Einleitung | 1 | IV. Begründetheit der ärztlichen Behandlung | 23 |
| B. Verschreibung, Verabreichung und Verbrauchsüberlassung (§ 13 Abs. 1) | 4 | C. Substitutionsbehandlung | 28 |
| I. Berechtigte Personen | 4 | I. Allgemeine Grundsätze | 28 |
| II. Einsetzbare Betäubungsmittel | 7 | II. Begründetheit der Substitutionsbehandlung | 34 |
| III. Zulässige Handlungen | 9 | III. Anwendung des Substitutionsmittels | 39 |
| 1. Verschreibung | 9 | IV. Take-Home-Verschreibung | 42 |
| a) Verschreibungsfähige Betäubungsmittel | 11 | V. Diamorphingestützte Substitution | 46 |
| b) Inhalt und Form | 13 | D. Einsatz bei Palliativpatienten (§ 13 Abs. 1a) | 50 |
| c) Höchstmengen | 16 | | |
| d) Aushändigung an den Patienten | 20 | E. Abgabe gegen Vorlage der Verschreibung (§ 13 Abs. 2) | 56 |
| 2. Verabreichung und Überlassung zum unmittelbaren Verbrauch | 21 | | |

**§ 13 BtMG**  Verschreibung und Abgabe auf Verschreibung

## A. Einleitung

1 § 13 ist eine der zentralen Vorschriften des Betäubungsmittelrechts für Ärzte und Apotheker. Sie regelt den therapeutischen Einsatz von Betäubungsmitteln – Verschreibung, Verabreichung, Verbrauchsüberlassung und Überlassung an Palliativpatienten sowie Abgabe auf Verschreibung.

2 § 13 sichert einerseits die medizinische Versorgung der Bevölkerung mit Betäubungsmitteln im Rahmen der ärztlichen Behandlung, schränkt aber andererseits zur Vermeidung von Betäubungsmittelmissbrauch und -abhängigkeit die Therapiefreiheit des Arztes ein (VG München, Urt. v. 16.02.2011 – M 18 K 10.6287). Solange sich der Arzt in den Grenzen des § 13 bewegt, ist eine Erlaubnis nach § 3 nicht erforderlich (BGH, Urt. v. 04.06.2008 – 2 StR 577/07, NJW 2008, 2596; vgl. BGH, Beschl. v. 26.07.2009 – 3 StR 44/09). Liegen Anhaltspunkte für einen Verstoß gegen § 13 vor, kann eine anlassbezogene Kontrolle durch Einsichtnahme in die Patientenakten nach § 22 Abs. 1 Nr. 1, Abs. 2, § 24 zulässig sein (VGH München, Urt. v. 04.07.2019 – 20 BV 18.68).

3 § 13 Abs. 3 ermächtigt den Verordnungsgeber, das Verschreiben von Betäubungsmitteln, ihre Abgabe aufgrund einer Verschreibung und das Aufzeichnen ihres Verbleibs und des Bestandes zu regeln. Hiervon wurde mit der **Betäubungsmittelverschreibungsverordnung** Gebrauch gemacht, die § 13 maßgeblich konkretisiert. Hier sind insbesondere §§ 5, 5a BtMVV für Substitutionsbehandlungen von entscheidender Bedeutung. Während der **Corona-Pandemie** gelten hierzu einige Sondervorschriften (s. § 5 Abs. 4 S. 1 IfSG i.V.m. § 9 SARS-CoV-2-Arzneimittelversorgungsverordnung für den Zeitpunkt des Außerkrafttretens): Durch § 6 SARS-CoV-2-Arzneimittelversorgungsverordnung (v. 20.04.2020, BAnz AT 21.04.2020 V1) erhalten Substitutionsärzte die Möglichkeit, bei der Behandlung von opioidabhängigen Menschen von Vorgaben der BtMVV abzuweichen, soweit dies ärztlich vertretbar ist. Da infolge der weitreichenden Änderung der BtMVV zum 30.05.2017 (BGBl. I S. 1275) wesentliche ärztlich-therapeutische Belange nunmehr in die Richtlinienkompetenz der Bundesärztekammer fallen, ist insoweit auch die Richtlinie der Bundesärztekammer zur Durchführung der substitutionsgestützten Behandlung Opioidabhängiger (RiLi-BÄK) zu beachten (s. Rdn. 28).

## B. Verschreibung, Verabreichung und Verbrauchsüberlassung (§ 13 Abs. 1)

### I. Berechtigte Personen

4 Berechtigt sind Ärzte, Zahnärzte und Tierärzte, die über eine gültige Approbation nach den jeweiligen Berufsordnungen verfügen. Arzt i.S.d. § 13 Abs. 1 ist auch der Arzt im Praktikum (AiP) (MüKo-StGB/*Kotz/Oğlakcıoğlu*, § 13 Rn. 10). Bei Ärzten aus dem Ausland ist zu differenzieren: Ärzte aus Mitgliedstaaten der Europäischen Union dürfen die ärztliche Heilkunde in gleicher Weise ausüben (HK-AKM/*Kotz*, Rn. 28). Andernfalls dürfen sie nur dann tätig werden, wenn sie entweder im Inland approbiert oder zumindest vorübergehend zur Berufsausübung zugelassen sind (MüKo-StGB/*Kotz/Oğlakcıoğlu*, § 13 Rn. 10; Spickhoff/*Malek*, § 13 Rn. 3).

5 Dem Arzt ist es nicht gestattet, außerhalb seines Fachgebiets Betäubungsmittel zu verschreiben, zu verabreichen oder zu überlassen. Denn *im Rahmen einer ärztlichen Behandlung* kann der Arzt nur dann tätig werden, wenn er über die entsprechende medizinische Fachkompetenz verfügt (HK-AKM/*Kotz*, Rn. 29; Spickhoff/*Malek*, § 13 Rn. 3). Substitutionsmittel darf ein Arzt gem. § 5 Abs. 3 Satz 1 BtMVV nur dann verschreiben, wenn er die Mindestanforderungen an eine suchttherapeutische Qualifikation erfüllt, andernfalls gelten die Regelungen des § 5 Abs. 4 BtMVV. Diamorphin darf der substituierende Arzt nur verschreiben, wenn er ein suchtmedizinisch qualifizierter Arzt ist und sich seine suchtmedizinische Qualifikation auf die Behandlung mit Diamorphin erstreckt oder er im Rahmen des Modellprojektes »Heroingestützte Behandlung Opiatabhängiger« mindestens sechs Monate ärztlich tätig war (§ 5a Abs. 1 Satz 2 Nr. 1 BtMVV). Erfüllt der Arzt diese Voraussetzungen nicht, verschreibt aber dennoch Substitutionsmittel, begeht er eine Ordnungswidrigkeit nach § 17 Nr. 10 BtMVV i.V.m. § 32 Abs. 1 Nr. 6 BtMG. Für Vertretungsfälle s. § 5 Abs. 5

BtMVV sowie die während der Corona-Pandemie geltende Sondervorschrift des § 6 Abs. 1 Nr. 2 SARS-CoV-2-Arzneimittelversorgungsverordnung.

Die Verschreibung von Betäubungsmitteln darf nur der Arzt vornehmen. Dagegen folgt aus dem Wortlaut der Vorschrift (»im Rahmen einer ärztlichen Behandlung«), dass die Verabreichung von Betäubungsmitteln oder deren Überlassung zum unmittelbaren Verbrauch auch durch Hilfskräfte des behandelnden Arztes oder Pflegepersonen auf Weisung des Arztes erfolgen kann (HK-AKM/ Kotz, Rn. 50; Körner/Patzak/Volkmer/Patzak, § 13 Rn. 3; vgl. Franke/Wienroeder/Franke, § 13 Rn. 3). Die Verantwortung verbleibt aber auch in diesem Fall allein beim behandelnden Arzt (HK-AKM/Kotz, Rn. 50). Nähere Regelungen enthalten § 5 Abs. 7 Satz 1, Abs. 10 und § 5a Abs. 3 Satz 1 BtMVV; s. während der Corona-Pandemie auch die Sondervorschrift des § 6 Abs. 1 Nr. 6, 7 und § 8 Nr. 1 SARS-CoV-2-Arzneimittelversorgungsverordnung.

## II. Einsetzbare Betäubungsmittel

Ausschließlich die in der Anlage III enthaltenen (verkehrs- und verschreibungsfähigen) Betäubungsmittel dürfen verschrieben, verabreicht bzw. überlassen werden. Die in den Anlagen I und II enthaltenen (schon nicht verkehrsfähigen oder aber nicht verschreibungsfähigen) Betäubungsmittel sind hiervon gem. Abs. 1 Satz 3 ausdrücklich ausgenommen. Bei der Anwendung von Betäubungsmitteln zu Substitutionszwecken ist die Wahl des Substitutionsmittels durch § 5 Abs. 6 (ggf. i.V.m. § 5a Abs. 1 Satz 1) BtMVV eingeschränkt.

Auch eine zu therapeutischen Zwecken erteilte Erlaubnis nach § 3 Abs. 2 hilft nur über die Hürde der fehlenden Verkehrsfähigkeit hinweg und stellt nicht die Verschreibungsfähigkeit her. Ärzte dürfen diese Betäubungsmittel daher wegen § 13 Abs. 1 Satz 3 nicht selbst zur Therapie bei einem Patienten einsetzen, wohl aber einen Patienten medizinisch betreuen und begleiten, der Betäubungsmittel auf der Grundlage einer Ausnahmeerlaubnis im Rahmen der Selbsttherapie bei sich anwendet (BVerwG, Urt. v. 19.05.2005 – 3 C 17/04, NJW 2005, 3300 [3302]).

## III. Zulässige Handlungen

### 1. Verschreibung

Verschreibung ist die persönlich vom Arzt stammende schriftliche, auf dem Betäubungsmittelrezept ausgeführte Anweisung an einen Apotheker, einer bestimmten Person eine bestimmte Menge eines bestimmten Betäubungsmittels auszuhändigen (Franke/Wienroeder/Franke, § 29 Rn. 151; MüKo-StGB/Kotz/Oğlakcıoğlu, § 13 Rn. 12; Spickhoff/Malek, § 13 Rn. 4; vgl. RGSt. 62, 281 [284]).

Neben dem ausgefertigten Betäubungsmittelrezept für einen Patienten, ein Tier oder den Praxisbedarf (§ 1 Abs. 2 BtMVV) kennt die BtMVV die Verschreibung für den Stationsbedarf, die Verschreibung für den Notfallbedarf (§ 5d BtMVV), die Verschreibung für den Rettungsdienstbedarf (§ 6 Abs. 1 BtMVV) sowie die Verschreibung für Schiffe (§ 7 BtMVV).

### a) Verschreibungsfähige Betäubungsmittel

Es dürfen nur die Betäubungsmittel der Anlage III verschrieben werden, gem. § 1 Abs. 1 Satz 1 BtMVV zudem – mit Ausnahme von Cannabis, das auch in Form von getrockneten Blüten verschrieben werden darf – nur als Zubereitungen. Hierunter fallen sowohl flüssige (z.B. Lösungen in Ampullen oder Tropfflaschen, Cremes) als auch feste (z.B. Tabletten, Kapseln, Dragees) Darreichungsformen (Spickhoff/Malek, § 1 BtMVV Rn. 1). Als Substitutionsmittel darf der Arzt nur die in § 5 Abs. 6 Satz 1, § 5a Abs. 1 Satz 1 BtMVV bezeichneten Betäubungsmittel verschreiben: Zubereitungen von Levomethadon, Methadon und Buprenorphin, in begründeten Ausnahmefällen Codein oder Dihydrocodein, zur Substitution zugelassene Arzneimittel mit dem Stoff Diamorphin oder ein anderes zur Substitution zugelassenes Arzneimittel (s. Rdn. 39).

Wer entgegen § 1 Abs. 1 Satz 1 BtMVV ein Betäubungsmittel nicht als Zubereitung verschreibt, macht sich nach § 16 Nr. 1 BtMVV i.V.m. § 29 Abs. 1 Satz 1 Nr. 14 BtMG strafbar; ebenso, wer entgegen § 5 Abs. 6 Satz 1 BtMVV für einen Patienten andere als die dort bezeichneten Betäubungsmittel verschreibt (§ 16 Nr. 2 Buchst. a BtMVV i.V.m. § 29 Abs. 1 Satz 1 Nr. 14 BtMG).

### b) Inhalt und Form

13 Die Verschreibung ist zwingend schriftlich zu fassen; anders als im Arzneimittelrecht kann die Verschreibung nicht durch mündlichen oder persönlichen Kontakt zwischen Arzt und Apotheker ersetzt werden (MüKo-StGB/*Kotz/Oğlakcıoğlu*, § 13 Rn. 13; Weber, § 4 Rn. 19).

14 Betäubungsmittel für Patienten, den Praxisbedarf oder Tiere dürfen nach § 8 Abs. 1 Satz 1 BtMVV nur auf einem Betäubungsmittelrezept verschrieben werden. Hierdurch soll auch dem Arzt die Bedeutung der Verordnung in jedem Einzelfall vor Augen geführt und eine Kontrolle der Verordnungspraxis des Arztes ermöglicht werden (OVG Lüneburg, Urt. v. 11.05.2015 – 8 LC 123/14) In Notfällen kann hiervon abgewichen werden, es muss aber eine entsprechende Kennzeichnung erfolgen (Abs. 6). Betäubungsmittel für den Stationsbedarf, für den Notfallbedarf und für den Rettungsdienstbedarf werden auf einem Betäubungsmittelanforderungsschein verschrieben, § 10 Abs. 1 Satz 1 BtMVV. Vorgaben für Betäubungsmittelrezepte bzw. Betäubungsmittelanforderungsscheine enthalten die §§ 8, 9 BtMVV (s. aber während der Corona-Pandemie § 6 Abs. 2, 3 SARS-CoV-2-Arzneimittelversorgungsverordnung) bzw. §§ 10, 11 BtMVV. Sowohl das Betäubungsmittelrezept als auch der Betäubungsmittelanforderungsschein sind nach diesen Vorschriften auf einem jeweils dreiteiligen amtlichen Formblatt auszustellen. Die Formblätter werden vom BfArM ausgegeben und sind nur für den anfordernden Arzt bzw. die anfordernde Einrichtung bestimmt (§§ 8 Abs. 2, 10 Abs. 2, 3 i.V.m. § 15 BtMVV). Die Teile I und II sind in der Apotheke (bei Diamorphin: dem pharmazeutischen Unternehmer) vorzulegen, Teil III verbleibt bei dem Arzt. Auf Betäubungsmittelrezepten/-anforderungsscheinen sind auf allen drei Teilen die Daten der Person/Einrichtung, für die das Betäubungsmittel bestimmt ist, das Ausstelldatum, die Arzneimittelbezeichnung, die Menge des Betäubungsmittels und die Daten des Arztes sowie die Unterschrift anzugeben. Darüber hinaus muss das Betäubungsmittelrezept eine Gebrauchsanweisung, ggf. zusätzlich die Reichdauer des Substitutionsmittels in Tagen, ggf. zusätzlich Vorgaben zur Abgabe des Substitutionsmittels sowie gegebenenfalls erforderliche Sonderkennzeichen (bei Überschreitung der Höchstmengen: »A«, bei Verschreibung eines Substitutionsmittels: »S«, bei einer »Zwei-Tage«- bzw. Wochenendverschreibung zusätzlich: »Z«, bei einer »Sieben-Tage«- und einer »30-Tage«-Verschreibung zusätzlich »T«, bei Verschreibung für Schiffe: »K«, in Notfällen: »N«) enthalten. Wird das Betäubungsmittel für den Praxisbedarf verschrieben, so ist nur ein Teil der Angaben erforderlich, das Rezept muss aber als »Praxisbedarf« gekennzeichnet werden (§ 9 Abs. 1 Nr. 8 BtMVV).

15 In Notfällen dürfen Betäubungsmittel für Patienten, den Praxisbedarf und Tiere – außer im Fall der Substitution nach § 5 BtMVV (s. aber die während der Corona-Pandemie geltende Sondervorschrift des § 6 Abs. 2 SARS-CoV-2-Arzneimittelversorgungsverordnung) – unter Beschränkung auf die zur Behebung des Notfalls erforderliche Menge auch ohne Betäubungsmittelrezept verschrieben werden (§ 8 Abs. 6 BtMVV). Diese Verschreibungen sind mit den Angaben nach § 9 Abs. 1 BtMVV zu versehen und mit dem Wort »Notfall-Verschreibung« zu kennzeichnen. Nachdem die Apotheke den Arzt über die Belieferung informiert hat, ist dieser verpflichtet, die Verschreibung unverzüglich auf einem Betäubungsmittelrezept nachzureichen und diese mit dem Buchstaben »N« zu kennzeichnen.

### c) Höchstmengen

16 Die BtMVV schreibt in ihren §§ 2 bis 4 Höchstmengen für die Verschreibung von Betäubungsmitteln sowie für Salze und Molekülbestandteile der in Betracht kommenden Betäubungsmittel (§ 1 Abs. 1 Satz 3) vor. Der jeweilige Abs. 1 legt die grundsätzlichen Verschreibungsgrenzen fest, Abs. 2 lässt (außer für den Zahnarzt) in begründeten Einzelfällen Ausnahmen zu. Abs. 3 betrifft Verschreibungen für den Praxisbedarf, Abs. 4 Verschreibungen für den Stationsbedarf (bei Zahnärzten § 3 Abs. 2 und 3 BtMVV).

Innerhalb eines Zeitraums von 30 Tagen darf der Arzt für einen Patienten nur die in Abs. 1 fest- 17
geschriebenen Höchstmengen verschreiben. Gleichgültig ist die Anzahl und Art der Darreichungsform, es darf nur die Höchstmenge der Betäubungsmittel nicht überschritten werden. Von den
unter Buchst. a aufgeführten Betäubungsmitteln darf der Arzt im 30-Tages-Zeitraum pro Patient
bis zu zwei Betäubungsmittel oder nach Buchst. b eines von den sonstigen in der Anlage III genannten Betäubungsmitteln – bei Ärzten mit Ausnahme von Alfentanil, Cocain, Etorphin, Remi-
fentanil und Sufentanil – verschreiben. In begründeten Einzelfällen darf der Arzt unter den Voraussetzungen des Abs. 2 für einen Patienten, der bei ihm in Dauerbehandlung steht, von Anzahl und
Höchstmenge abweichen. Die Verschreibung ist dann mit einem »A« zu kennzeichnen. Daneben ist
erforderlich, dass der Arzt die Abweichung auch tatsächlich begründet und dies entsprechend dokumentiert. Bei der Feststellung einer Überschreitung der in § 2 Abs. 1 BtMVV festgelegten Höchstmengen hat eine durchgehende Betrachtung der Verordnungszeiträume von jeweils 30 Tagen zu
erfolgen, wenn es zu einem kontinuierlichen Bezug von verschreibungspflichtigen, dem BtMG
unterfallenden Medikamenten ohne längere zeitliche Unterbrechungen gekommen ist (OLG Celle
Urt. v. 09.11.2018 – 1 Ss 63/17). Auch unterhalb der zulässigen Höchstmenge nach § 2 Abs. 1
BtMVV hat sich die Verschreibung weiterhin am Ultima-Ratio-Gebot des § 13 Abs. 1 zu orientieren (OLG Celle Urt. v. 09.11.2018 – 1 Ss 63/17).

Bei Verschreibungen für den Praxis- oder Stationsbedarf sind die jeweiligen Verschreibungs- und 18
auch Vorratshöchstmengen zu beachten. Verschreibungen für den Stationsbedarf darf zudem nur
der Leiter (einer Teileinheit) des Krankenhauses (bei räumlicher und organisatorischer Trennung
der Betten auch der Belegarzt) sowie bei Abwesenheit dessen Vertreter vornehmen.

Wer entgegen diesen Vorschriften andere als die dort bezeichneten Betäubungsmittel verschreibt 19
oder die Höchstmengen oder sonstigen Beschränkungen überschreitet, macht sich nach § 16
Nr. 2 BtMVV i.V.m. § 29 Abs. 1 Satz 1 Nr. 14 BtMG strafbar. Ebenso, wer bei Verschreibungen für den Stationsbedarf andere als die dort bezeichneten Betäubungsmittel oder für andere als
die dort bezeichneten Einrichtungen verschreibt oder dabei Beschränkungen überschreitet (§ 16
Nr. 3 BtMVV i.V.m. § 29 Abs. 1 Satz 1 Nr. 14 BtMG).

### d) Aushändigung an den Patienten

Üblicherweise übergibt der Arzt dem Patienten das Betäubungsmittelrezept, der dieses dann in der 20
Apotheke einlöst. Im Rahmen der Substitution aber darf der Arzt dem Patienten die Verschreibung
grundsätzlich nicht aushändigen, sondern die Patienten nehmen die Substitutionsmittel regelmäßig im so genannten Sichtbezug ein. Mit der Änderung der BtMVV zum 30.05.2017 wurden
die Möglichkeiten so genannter »Take-Home«-Verschreibungen (s. hierzu Rdn. 42 ff.) jedoch erweitert: In den Fällen von § 5 Abs. 8 (»Zwei-Tage«-Verschreibung) und 9 (»Sieben-Tage«- und
»30-Tage«-Verschreibung) BtMVV dürfen Substitutionsmittel zur eigenverantwortlichen Einnahme verschrieben werden. S. während der Corona-Pandemie auch § 6 Abs. 1 Nr. 3–5 SARS-CoV-2-
Arzneimittelversorgungsverordnung.

### 2. Verabreichung und Überlassung zum unmittelbaren Verbrauch

Sowohl die Betäubungsmittelverabreichung als auch die Überlassung zum unmittelbaren Ver- 21
brauch umschreiben sofortige Anwendungsformen. In beiden Fällen werden die Betäubungsmittel direkt angewendet oder eingenommen und vom Patienten nicht etwa zum späteren Gebrauch
mitgenommen (Franke/Wienroeder/*Franke*, § 13 Rn. 3; Körner/Patzak/Volkmer/*Patzak*, § 13
Rn. 3). Im Fall der Verabreichung bleibt der Empfänger passiv (Fremdapplikation), während er
sich das Betäubungsmittel bei der Verbrauchsüberlassung aktiv zuführt (Eigenapplikation) (HK-
AKM/*Kotz*, Rn. 49). **Verabreichung** ist somit die unmittelbare Anwendung von Betäubungsmitteln am Körper des Patienten ohne dessen aktive Mitwirkung (Franke/Wienroeder/*Franke*,
§ 29, Rn. 152; Körner/Patzak/Volkmer/*Patzak*, § 13 Rn. 7). Dies wird regelmäßig eine Injektion sein, denkbar sind aber etwa auch Infusion, Inhalation, Intubation, Einreiben oder Eingabe
(VG Köln, Urt. v. 24.04.2012 – 7 K 7253/10). **Überlassung zum unmittelbaren Verbrauch** ist

die Aushändigung des Betäubungsmittels an einen anderen zum sofortigen Verbrauch an Ort und Stelle, ohne dass dieser die Verfügungsgewalt an dem Stoff erlangt (BGH, Beschl. v. 27.05.2014 – 2 StR 354/13; BGH, Beschl. v. 08.07.1998 – 3 StR 241/98, NStZ-RR 1998, 347). Eine Überlassung zum unmittelbaren Verbrauch erfolgt regelmäßig im Rahmen einer Substitutionsbehandlung (§ 5 Abs. 7 Satz 1, Abs. 10 BtMVV). Der Kreis der Personen und Einrichtungen, die Substitutionsmittel zum unmittelbaren Verbrauch überlassen dürfen, wurde infolge der Änderung der BtMVV zum 30.05.2017 stark erweitert. Die Überlassung zum unmittelbaren Verbrauch kann in der Arztpraxis, einer stationären Einrichtung der medizinischen Rehabilitation, einem Gesundheitsamt, einem Alten- oder Pflegeheim, einem Hospiz oder einer anderen geeigneten Einrichtung, die zu diesem Zweck von der zuständigen Landesbehörde anerkannt sein muss, erfolgen (§ 5 Abs. 10 Satz 1 BtMVV). Darüber hinaus dürfen Substitutionsmittel unter den dort genannten Voraussetzungen auch bei einem Hausbesuch, in einer Apotheke, in einem Krankenhaus oder in einer staatlich anerkannten Einrichtung der Suchtkrankenhilfe zum unmittelbaren Verbrauch überlassen werden (§ 5 Abs. 10 Satz 2 BtMVV). S. während der Corona-Pandemie auch § 6 Abs. 1 Nr. 6, 7 SARS-CoV-2-Arzneimittelversorgungsverordnung. Für die Überlassung an Palliativpatienten s. Rdn. 53 f.

22 Sobald der Arzt dem Patienten Verfügungsgewalt an dem Betäubungsmittel überträgt, er dem Patienten etwa das Betäubungsmittel zur Einnahme mitgibt, liegt keine Überlassung zum unmittelbaren Verbrauch, sondern vielmehr eine unerlaubte Abgabe vor, die eine Strafbarkeit nach § 29 Abs. 1 Satz 1 Nr. 1 nach sich zieht (s. § 29 Rdn. 9 u. 23; beachte aber § 13 Abs. 1a). Dies gilt auch für die Abgabe eines Betäubungsmittels innerhalb der Familie (VGH München, Beschl. v. 10.09.2015 – 20 ZB 15.927). Im Rahmen der Substitution sieht § 5 Abs. 7 Satz 2 BtMVV aber eine Ausnahme für die Behandlung mit Codein oder Dihydrocodein vor: Nach der Überlassung jeweils einer Dosis zum unmittelbaren Verbrauch darf die für einen Tag zusätzlich benötigte Menge in abgeteilten Einzeldosen bei Vorliegen der Voraussetzungen an den Patienten ausgehändigt und ihm dessen eigenverantwortliche Einnahme gestattet werden.

### IV. Begründetheit der ärztlichen Behandlung

23 § 13 Abs. 1 Satz 1 fordert schließlich, dass die Anwendung der Betäubungsmittel am oder im menschlichen oder tierischen Körper begründet ist, wobei hiermit nur die *ärztliche* Behandlung gemeint sein kann (s. die Darstellung des Streitstandes Weber, § 13 Rn. 31 ff.; vgl. auch BGH, Beschl. v. 17.05.1991 – 3 StR 8/91, NJW 1991, 2359). Aufgabe ärztlichen Wirkens ist die Lebenserhaltung, die Heilung von Krankheiten und das Lindern von Leiden (OVG Münster, Beschl. v. 06.06.1988 – 5 B 309/88). Betäubungsmittel dürfen daher nur zur Heilung oder zur Schmerzlinderung angewandt werden (BGH, Beschl. v. 17.05.1991 – 3 StR 8/91, NJW 1991, 2359; VG München, Urt. v. 16.02.2011 – M 18 K 10.6287), nicht etwa als Genussmittel, zum Doping oder zur Durchführung von Versuchen (Weber, § 13 Rn. 22 f.). § 13 Abs. 1 stellt klar, dass hierunter auch die ärztliche Behandlung einer Betäubungsmittelabhängigkeit im Rahmen einer Substitutionsbehandlung (s. Rdn. 28 ff.) fällt.

24 Gem. § 13 Abs. 1 Satz 2 ist die Anwendung insbesondere dann nicht begründet, wenn der beabsichtigte Zweck auf andere Weise erreicht werden kann (Franke/Wienroeder/*Franke*, § 29 Rn. 157; MüKo-StGB/*Kotz/Oğlakcıoğlu*, § 13 Rn. 16). Die Maßnahme muss geeignet und notwendig sein, der Krankheit entgegenzuwirken oder zumindest ihre Auswirkungen zu lindern. Kann dies mit anderen Mitteln und damit der Zweck auf andere Weise erreicht werden, fehlt es an der Begründetheit. Der Einsatz von Betäubungsmitteln ist somit stets »ultima ratio«.

25 Die Begründetheit der ärztlichen Behandlung mit Betäubungsmitteln bemisst sich nach den anerkannten Regeln der ärztlichen Kunst. Bei Nichteinhaltung der nachfolgenden Kriterien wird die Begründetheit in der Regel fehlen (VG München, Urt. v. 16.02.2011 – M 18 K 10.6287; vgl. auch OLG Frankfurt, Urt. v. 30.11.1990 – 1 Ss 466/89, NJW 1991, 763; vgl. im Einzelnen Körner/Patzak/Volkmer/*Patzak*, § 29, Teil 15 Rn. 17 ff.; Weber, § 13 Rn. 20 ff.): Ausgangspunkt kann stets nur eine eigene ärztliche Untersuchung des Patienten sein, um dessen Gesundheitszustand

sicher einschätzen zu können (Franke/Wienroeder/*Franke*, § 29 Rn. 158). Auf Grundlage dieser Untersuchung hat der Arzt anschließend eine Anamnese sowie eine Diagnose zu erstellen und hiervon ausgehend eine Indikation zu entwickeln, ob und welches Betäubungsmittel anzuwenden ist. Dabei sind auch Behandlungsalternativen zu prüfen (BGH, Urt. v. 02.02.2012 – 3 StR 321/11, NStZ 2012, 337 [338]) sowie mögliche Risiken und Nebenwirkungen, etwa Erkrankungen oder Wechselwirkungen, einzubeziehen. Bei einem abhängigen Patienten ist vom Arzt zudem zu berücksichtigen, dass Abhängigen im Zustand des Entzugs nahezu jedes Mittel recht ist, um an den begehrten Wirkstoff zu gelangen. Aus diesem Grund sind seine Angaben kritisch zu hinterfragen und dürfen einer Behandlung nicht alleine zugrunde gelegt werden. Nach Indikationsstellung ist zur Erreichung des therapeutischen Behandlungsziels ein Behandlungsplan mitsamt einer Dosieranweisung zu entwickeln. Der Behandlungsverlauf muss anschließend mit Blick auf das therapeutische Behandlungsziel ständig überwacht und kontrolliert werden. Dabei muss der Arzt auch das Risiko einer Selbstschädigung/-gefährdung des Patienten beachten und Vorkehrungen treffen, um der naheliegenden Gefahr eines Missbrauchs seiner Verschreibung zu begegnen (BGH, Urt. v. 08.05.1979 – 1 StR 118/79, NJW 1979, 1943 [1944]). Er darf den Patienten das Mittel nur unter eigener Aufsicht oder unter der Aufsicht zuverlässiger Hilfspersonen gebrauchen lassen (BGH, Urt. v. 08.05.1979 – 1 StR 118/79, NJW 1979, 1943 [1944]). Gibt es Anhaltspunkte für Betäubungsmittelmissbrauch, ist der Arzt verpflichtet, hierauf zu reagieren, da die Anwendung eines Betäubungsmittels dann ärztlich nicht mehr begründet ist. Die Behandlung ist schließlich hinreichend zu dokumentieren (vgl. VGH München, Beschl. v. 21.05.2012 – 9 ZB 08.3238; VG München, Urt. v. 16.02.2011 – M 18 K 10.6287).

Die ärztliche Behandlung mit Betäubungsmitteln kann daher aus vielerlei Gründen unbegründet sein: Bei einer Verschreibung von Betäubungsmitteln ohne Indikationsstellung und ohne Prüfung von Behandlungsalternativen; ebenso, wenn der Substitutionsbehandlung eine unzureichende ärztliche Kontrolle zu Grunde liegt (BGH, Urt. v. 28.01.2014 – 1 StR 494/13, NStZ-RR 2014, 147; BGH, Urt. v. 02.02.2012 – 3 StR 321/11, NStZ 2012, 337 [338]; vgl. auch OVG Lüneburg, Beschl. v. 07.02.2014 – 8 LA 84/13). Unbegründet ist auch eine Verschreibung zu unkontrolliertem Gebrauch (BGH, Urt. v. 08.05.1979 – 1 StR 118/79, NJW 1979, 1943 [1944]) sowie dann, wenn der Arzt bei der Verschreibung weiß, dass er die verordnete Menge beim Kranken nicht anwenden wird (BGH, Urt. v. 25.09.1951 – 2 StR 287/51, NJW 1951, 970), bei Unterlassen einer eingehenden Befragung sowie einer ausführlichen Untersuchung und Verschreibung eines kontraindizierten Mittels in überhöhter Dosis, das ohne Therapiekonzept außerhalb der ärztlichen Kontrolle eingenommen werden sollte (VG Hannover, Urt. v. 27.08.2014 – 5 A 2959/13). So auch, wenn dem Patienten allein aufgrund von dessen Angaben zu einem vermeintlich geplanten selbstgesteuerten Entzugsversuch eine für mehrere Monate ausgelegte Dosis eines Betäubungsmittels zur freien Verfügung verschrieben wird (OVG Lüneburg, Urt. v. 11.05.2015 – 8 LC 123/14). Denkbar sind auch Fälle ungeeigneter Substitutionsmittel, überhöhter Dosierungen, riskanter Darreichungsformen sowie Fälle, in denen dem Patienten das Betäubungsmittel als Genussmittel verschrieben wurde oder der Arzt sich das Betäubungsmittel selbst als Suchtmittel verschrieben hat (Körner/Patzak/Volkmer/*Patzak*, § 29, Teil 15 Rn. 126 ff.). So etwa bei missbräuchlicher Verschreibung von Betäubungsmitteln zu Eigenzwecken (VG Neustadt a.d. Weinstraße, Beschl. v. 11.06.2015 – 4 L 411/15). Unbegründet ist etwa auch die Ausstellung von Take-Home-Verschreibungen trotz Feststellung von Beikonsum und fortlaufendem Vertrauensmissbrauch (AG Kaufbeuren, Urt. v. 19.04.2012 – 25 Js 22263/10; s. aber VG Regensburg, Urt. v. 04.07.2013, RN 5 K 12.1156; so auch BGH, Urt. v. 28.01.2014 – 1 StR 494/13, NStZ-RR 2014, 147 [148], wenn keine berechtigte *Aussicht darauf besteht*, den zusätzlichen Konsum von Betäubungsmitteln zu beherrschen), bei Unterbleiben regelmäßiger Drogentests während eines gesamten Jahres, wenn der Patient zur eigenverantwortlichen Einnahme nicht in der Lage oder nicht auf eine stabile Dosis eingestellt ist oder bei Nichtverwendung des verschriebenen Substitutionsmittels, sodass die Gefahr eines In-den-Markt-Gelangens unerlaubter Mittel besteht (BGH, Urt. v. 28.01.2014 – 1 StR 494/13, NStZ-RR 2014, 147 f.). Auch bei der Verschreibung außerhalb einer Substitutionsbehandlung dürfen die Anforderungen der §§ 5, 5a BtMVV nicht umgangen werden; die Aufrechterhaltung einer

Betäubungsmittelabhängigkeit ist auf Dauer zu vermeiden (VG München, Urt. v. 16.02.2011 – M 18 K 10.6287). Die Unbegründetheit einer Verordnung kann schließlich auch aus einer unzureichenden Dokumentation folgen (VG München, Urt. v. 16.02.2011 – M 18 K 10.6287), auch bei Fehlen einer Dokumentation bei der Verschreibung von Betäubungsmitteln innerhalb der Familie (VGH München, Beschl. v. 10.09.2015 – 20 ZB 15.927).

27 Zur Begründetheit bei alternativen Behandlungsmethoden s. § 29 Rdn. 19. In diesem Zusammenhang kann es auch zur Verweigerung der Kostenübernahme durch die Krankenkassen kommen. Auch wenn eine Behandlung betäubungsmittelrechtlich nach § 13 BtMG (i.V. m. §§ 5, 5a BtMVV) zulässig ist, dürfen die Krankenkassen eine neuartige Therapie, die vom Gemeinsamen Bundesausschuss noch nicht empfohlen worden ist (BSG, Urt. v. 27.03.2007 – B 1 KR 30/06 R; LSG Berlin-Brandenburg, Urt. v. 22.09.2010 – L 9 KR 268/06; SG Aachen, Urt. v. 13.01.2015 – S 13 KR 264/14), bzw. eine der GbA-Richtlinie widersprechende Substitutionsbehandlung (BSG, Urt. v. 23.06.2010 – B 6 KA 12/09 R; VG Regensburg, Urt. v. 04.07.2013 – RN 5 K 12.1156) leistungsrechtlich verwehren.

## C. Substitutionsbehandlung

### I. Allgemeine Grundsätze

28 Das Gesetz schließt die Substitutionsbehandlung, die ärztliche Behandlung einer Betäubungsmittelabhängigkeit, in § 13 Abs. 1 Satz 1 ausdrücklich ein. Sie muss gem. § 13 Abs. 1 Satz 2 stets ultima ratio, die Anwendung am oder im menschlichen Körper begründet sein. Näheres regeln die Betäubungsmittelverschreibungsverordnung in §§ 5, 5a BtMVV sowie die Richtlinie der Bundesärztekammer zur Durchführung der substitutionsgestützten Behandlung Opioidabhängiger (RiLi-BÄK). Die Bundesregierung hat mit Erlass der Dritten Verordnung zur Änderung der BtMVV vom 22.05.2017 (BGBl. I S. 1275) die Vorschriften zur Substitution vollständig neu gefasst. Die Regelungen zu Sachverhalten, die unmittelbar ärztlich-therapeutische Bewertungen betreffen, wurden dabei aus der BtMVV in die Richtlinienkompetenz der Bundesärztekammer überführt. Dies betrifft Feststellungen zu den Voraussetzungen für die Einleitung einer Substitutionstherapie, zum Beikonsum, zum Verschreiben des Substitutionsmittels zur eigenverantwortlichen Einnahme sowie zur Entscheidung über die Erforderlichkeit einer Einbeziehung psychosozialer Betreuungsmaßnahmen. Die Regelungen der BtMVV zur Substitutionsbehandlung wurden auf eine Rahmensetzung der Therapieziele und auf die zur Sicherheit und Kontrolle des Betäubungsmittelverkehrs erforderlichen Regelungen konzentriert (BR-Drs. 222/17, S. 1). Dies soll auch dazu dienen, bei der Substitutionstherapie mehr Rechtssicherheit für die behandelnden Ärztinnen und Ärzte herzustellen (BR-Drs. 222/17, S. 1).

29 Substitution ist die Anwendung eines Substitutionsmittels, d. h. eines ärztlich verschriebenen Betäubungsmittels, das bei einem opioidabhängigen Patienten im Rahmen eines Therapiekonzeptes zur medizinischen Behandlung einer Abhängigkeit, die durch den Missbrauch von erlaubt erworbenen oder durch den Missbrauch von unerlaubt erworbenen oder erlangten Opioiden begründet ist, angewendet wird (§ 5 Abs. 1 BtMVV). Im Rahmen der ärztlichen Therapie soll eine Opioidabstinenz des Patienten angestrebt werden (§ 5 Abs. 2 Satz 1 BtMVV). Wesentliche Ziele sind dabei insbesondere die Sicherstellung des Überlebens, die Besserung und Stabilisierung des Gesundheitszustandes, die Abstinenz von unerlaubt erworbenen oder erlangten Opioiden, die Unterstützung der Behandlung von Begleiterkrankungen oder die Verringerung der durch die Opioidabhängigkeit bedingten Risiken während einer Schwangerschaft sowie während und nach der Geburt (§ 5 Abs. 2 Satz 2 BtMVV). Auf der Grundlage von § 5 Abs. 12 Satz 2 BtMVV hat die Bundesärztekammer in der RiLi-BÄK (S. 6) weitere Ziele formuliert: Reduktion riskanter Applikationsformen von Opioiden, Reduktion des Konsums unerlaubt erworbener oder erlangter Opioide, Reduktion des Gebrauchs weiterer Suchtmittel, Verbesserung der gesundheitsbezogenen Lebensqualität, Reduktion der Straffälligkeit, Teilhabe am Leben in der Gesellschaft und am Arbeitsleben. Die frühere Strafbarkeit einer Verschreibung eines Betäubungsmittels unter Nichteinhaltung der vorgegebenen

Bestimmungszwecke (§ 16 Nr. 2 Buchst. a BtMVV a. F. i.V.m. § 5 Abs. 1 BtMVV a. F.) ist im Zuge der Änderung der BtMVV zum 30.05.2017 (BGBl. I S. 1275) entfallen.

Die Indikation für eine Substitutionsbehandlung ist in erster Linie von dem behandelnden Arzt zu beantworten (Körner/Patzak/Volkmer/*Patzak*, § 13 Rn. 55). Voraussetzung für die Einleitung und Fortführung einer substitutionsgestützten Behandlung ist eine Opioidabhängigkeit (§ 5 Abs. 1 Satz 2 BtMVV, Nr. 2 RiLi-BÄK). Für ihre Feststellung ist die International Classification of Diseases (ICD) in der jeweils geltenden Fassung maßgebend (Nr. 2 RiLi-BÄK); ICD F11.2 behandelt das Abhängigkeitssyndrom Opioide. Die Indikationsstellung für eine substitutionsgestützte Behandlung umfasst die Abklärung des Vorliegens einer Opioidabhängigkeit, die Berücksichtigung im Einzelfall vorliegender Kontraindikationen sowie die jeweils individuelle Situation des Patienten (Nr. 3.1 RiLi-BÄK). Für die Entscheidung, ob eine Substitutionsbehandlung indiziert ist, ist der Nutzen einer Substitutionsbehandlung gegenüber den Gefahren eines unkontrollierten Drogenkonsums abzuwägen (Nr. 2 RiLi-BÄK). Dabei ist besondere Sorgfalt bei der Indikationsstellung bei jüngeren und erst seit Kurzem abhängigen Patienten geboten. 30

Die Substitution ist als integrierter Bestandteil eines umfassenden Konzepts, bestehend aus medizinischen, psychotherapeutischen und sozialen Maßnahmen, zu verstehen (Weber, § 13 Rn. 73). Eine Substitutionsbehandlung setzt voraus, dass 31
- keine medizinischen Ausschlussgründe bestehen, etwa wenn die Einnahme eines Substitutionsmittels den Patienten zusätzlich gefährden würde oder der Behandlungszweck auch auf andere Weise erreicht werden könnte (dies folgt nach dem Wegfall von § 5 Abs. 2 Nr. 1 BtMVV a.F. aus § 13 Abs. 1; Spickhoff/*Malek*, § 5 BtMVV Rn. 5),
- ein umfassendes individuelles Therapiekonzept aufgestellt wurde, das auch erforderliche psychiatrische, psychotherapeutische oder psychosoziale Behandlungs- und Betreuungsmaßnahmen einbezieht (Nr. 3 RiLi-BÄK),
- der Arzt Mindestanforderungen an eine suchttherapeutische Qualifikation erfüllt, die von den Ärztekammern nach dem allgemein anerkannten Stand der medizinischen Wissenschaft festgelegt werden (suchtmedizinisch qualifizierter Arzt, § 5 Abs. 3 Satz 1 BtMVV) und
- der Arzt die Meldeverpflichtungen nach § 5b Abs. 2 BtMVV zum Substitutionsregister erfüllt (§ 5 Abs. 3 Satz 2 BtMVV).

Die zuvor in § 5 Abs. 2 Nr. 4 BtMVV a.F. konkretisierte Pflicht des Arztes zur Bewertung des Therapieverlaufs einschließlich der Durchführung von Kontrollen wurde in die Richtlinienkompetenz der Bundesärztekammer verlagert. Der substituierende Arzt muss sich im gesamten Behandlungsverlauf anhand des klinischen Eindrucks und gegebenenfalls unter Hinzuziehung laborchemischer Parameter ein Bild davon machen, ob der Patient das Substitut in der verordneten Weise einnimmt sowie ob und in welchem Umfang ein Konsum anderer psychotroper Substanzen einschließlich Alkohol besteht (Nr. 4 RiLi-BÄK). Die Kontrollpflicht umfasst auch die Kontaktdichte zwischen Patient und Arzt, die dem Behandlungsverlauf angepasst werden soll und während der Eindosierungsphase engmaschiger gesetzt werden sollte. Zuvor hatte § 5 Abs. 2 Nr. 5 BtMVV a.F. in der Regel wöchentliche Arztbesuche vorgesehen. 31a

Die Bundesärztekammer stellt gemäß § 5 Abs. 12 Satz 1 BtMVV den allgemein anerkannten Stand der Erkenntnisse der medizinischen Wissenschaft für die Durchführung der substitutionsgestützten Behandlung Opioidabhängiger in der RiLi-BÄK fest, insbesondere für die Ziele der Substitution nach § 5 Abs. 2 BtMVV (Nr. 1), die allgemeinen Voraussetzungen für die Einleitung und Fortführung einer Substitution nach § 5 Abs. 1 Satz 1 BtMVV (Nr. 2), die Erstellung eines Therapiekonzeptes nach § 5 Abs. 1 Satz 2 BtMVV, insbesondere die Auswahl des Substitutionsmittels, die Voraussetzungen für das Verschreiben des Substitutionsmittels zur eigenverantwortlichen Einnahme, die Entscheidung über die Erforderlichkeit einer Einbeziehung psychosozialer Betreuungsmaßnahmen sowie die Bewertung und Kontrolle des Therapieverlaufs (Nr. 3). Daneben kann die Bundesärztekammer gemäß § 5 Abs. 12 Satz 2 BtMVV weitere Ziele der Substitution in der Richtlinie feststellen. Darüber hinaus bestimmt sie gemäß § 5 Abs. 12 Satz 3 BtMVV i.V.m. § 5 Abs. 11 Satz 1 BtMVV auch die Anforderungen an die Dokumentation der Substitution. Die Einhaltung 32 des allgemein anerkannten Standes der Erkenntnisse der medizinischen Wissenschaft wird gemäß § 5 Abs. 12 Satz 4 BtMVV vermutet, wenn die in der RiLi-BÄK getroffenen Feststellungen zu § 5 Abs. 12 Satz 1 und 2 BtMVV vom substituierenden Arzt beachtet worden sind. Eine den Anforderungen und Voraussetzungen der RiLi-BÄK nicht genügende Behandlung soll nicht als gesetzeskonforme Substitutionsbehandlung i.S.v. § 13 Abs. 1 und § 5 BtMVV qualifiziert werden können (VG Köln, Urt. v. 24.04.2012 – 7 K 7253/10; s. aber auch § 29 Rdn. 19). Sollte im Einzelfall eine medizinische Notwendigkeit für eine Abweichung von der Richtlinie bestehen, so muss hierfür eine fundierte Begründung dokumentiert oder eine fundiert begründete Zweitmeinung eingeholt und dokumentiert werden, wobei die Hinzuziehung einer begründeten Zweitmeinung auch über die Beratungskommission der zuständigen Ärztekammer erfolgen kann (Vorbemerkung zur RiLi-BÄK). Soweit die substitutionsgestützte Behandlung als Leistung der Gesetzlichen Krankenversicherung gewährt wird, sind die Vorschriften des SGB V und die entsprechenden Richtlinien des Gemeinsamen Bundesausschusses (»Richtlinie des Gemeinsamen Bundesausschusses zu Untersuchungs- und Behandlungsmethoden der vertragsärztlichen Versorgung«) zu beachten.

33 Eine vorzeitige Beendigung der Behandlung durch den Arzt kann begründet sein, wenn der Patient sich wiederholt und anhaltend nicht an getroffene Vereinbarungen hält; bevor eine Behandlung gegen den Willen des Patienten beendet wird, sollten allerdings andere Interventionsmöglichkeiten ausgeschöpft worden sein (Nr. 4.2 RiLi-BÄK). Der Abbruch der Substitutionsbehandlung sollte immer das letzte Mittel sein (VG Regensburg, Urt. v. 04.07.2013 – RN 5 K 12.1156).

## II. Begründetheit der Substitutionsbehandlung

34 Im Rahmen der Substitutionsbehandlung gelten zunächst die allgemeinen Anforderungen an die Begründetheit der ärztlichen Behandlung (Rdn. 23 ff.): Anamnese und Diagnose, die Indikationsstellung unter Einbeziehung möglicher Risiken und Nebenwirkungen, die Erstellung eines Behandlungsplans, die Überwachung und Kontrolle des Behandlungsverlaufs (BGH, Urt. v. 02.02.2012 – 3 StR 321/11, NStZ 2012, 337 [338]) sowie die lückenlose Dokumentation (VGH München, Beschl. v. 21.05.2012 – 9 ZB 08.3238) der Behandlung (vgl. OLG Frankfurt, Urt. v. 30.11.1990 – 1 Ss 466/89, NJW 1991, 763).

35 Bei der Substitutionsbehandlung ist zudem auf die Einbeziehung einer psycho-/sozialtherapeutischen Betreuung zu achten und es müssen Vorkehrungen gegen Missbrauch und Mehrfachbehandlung getroffen werden (HK-AKM/*Kotz*, Rn. 32; vgl. auch OLG Frankfurt, Urt. v. 30.11.1990 – 1 Ss 466/89, NJW 1991, 763, s. nun Nr. 3.4, Nr. 4 RiLi-BÄK). Erforderlich ist eine regelmäßige oder gar wöchentliche Konsultation (BGH, Urt. v. 02.02.2012 – 3 StR 321/11, NStZ 2012, 337 [338] – nach Wegfall von § 5 Abs. 2 Nr. 5 BtMVV a.F. ist eine in der Regel wöchentliche Konsultation jedoch nicht mehr zwingend, s. Rdn. 31). Die besonderen Gefahren einer Mehrfach- oder Vielfachabhängigkeit (sog. Polytoxikomanie) sowie mögliche Wechselwirkungen der Mittel müssen bedacht werden. Es sind regelmäßige Urinproben zu nehmen, um Beikonsum auszuschließen (BVerfG, Beschl. v. 29.10.1992 – 2 BvR 721/92). Der Arzt darf den Patienten das Mittel nur unter eigener Aufsicht oder unter der Aufsicht zuverlässiger Hilfspersonen gebrauchen lassen (BGH, Urt. v. 08.05.1979 – 1 StR 118/79, NJW 1979, 1943 [1944]; vgl. BVerfG, Beschl. v. 29.10.1992 – 2 BvR 721/92; VG München, Urt. v. 16.02.2011 – M 18 K 10.6287, s. aber § 5 Abs. 10 BtMVV n.F.). Ein Überlassen von Substitutionsmitteln im Wege der Take-Home-Vergabe, unmittelbar aus dem Praxisbestand und zur selbständigen und eigenverantwortlichen Einnahme außerhalb der Praxisräumlichkeiten, darf nicht erfolgen (VG Köln Urt. v. 13.03.2018 – 7 K 7010/15; s. auch VGH München, Beschl. v. 14.11.2014 – 21 ZB 14.1072). Eine nur stichwortartige Dokumentation der Diagnose und Untersuchungen genügt nicht, vielmehr muss hinreichend dokumentiert sein, mit welchem Therapieziel Betäubungsmittel verordnet werden, welche Überlegungen bei der Auswahl des Betäubungsmittels maßgeblich sind und in welchem Zeitraum mit welcher Dosierung dieser therapeutische Erfolg angestrebt wird (VG München, Urt. v. 16.02.2011 – M 18 K 10.6287, Nr. 7 *RiLi-BÄK*). Dies gilt insbesondere dann, wenn der Arzt eine Vielzahl von Patienten behandelt (LG Kaiserslautern, Urt. v. 10.06.2003 – 6014 Js 7308/00 – 4 KLs).

Konkrete Vorgaben zur Substitutionsbehandlung sind in §§ 5, 5a BtMVV enthalten: Gem. § 5 **36** Abs. 3 BtMVV muss der in der Substitution tätige Arzt etwa die von den Ärztekammern festgelegten Mindestanforderungen an eine suchttherapeutische Qualifikation erfüllen (s. Rdn. 5). Da die Regelungen zu Sachverhalten, die unmittelbar ärztlich-therapeutische Bewertungen betreffen, im Zuge der Änderung der BtMVV zum 30.05.2017 (BGBl. I S. 1275) aus der BtMVV in die Richtlinienkompetenz der Bundesärztekammer überführt wurden (s. Rdn. 28), sind für die Substitutionsbehandlung vor allem die Vorgaben in der RiLi-BÄK (Nr. 2 ff. RiLi-BÄK) maßgeblich. Die RiLi-BÄK enthält u.a. Vorgaben zur Abklärung der Indikation und des Therapiekonzeptes (Nr. 3.1 RiLi-BÄK), zur Festlegung patientenbezogener Therapieziele (Nr. 3.2 RiLi-BÄK), zur Auswahl und Einstellung des Substitutionsmittels (Nr. 3.3 RiLi-BÄK), zur Einbeziehung psychosozialer und weiterer Betreuungsmaßnahmen (Nr. 3.4 RiLi-BÄK), zur Bewertung des Therapieverlaufs einschließlich der Durchführung von Kontrollen (Nr. 4 RiLi-BÄK), zu den Voraussetzungen und Feststellungen für das Verschreiben des Substitutionsmittels zur eigenverantwortlichen Einnahme (»Take-home-Verschreibung«) (Nr. 4.1 RiLi-BÄK), zu Beendigung und Abbruch der substitutionsgestützten Behandlung (Nr. 4.2 RiLi-BÄK) sowie zu den Dokumentationsanforderungen im Rahmen einer substitutionsgestützten Behandlung (Nr. 7 RiLi-BÄK).

Beispiele aus der Rechtsprechung zur Unbegründetheit einer Substitutionsbehandlung (s. auch **37** schon Rdn. 35): Bei Fehlen einer fundierten Indikation und ohne umfassendes Therapiekonzept (OVG Lüneburg, Beschl. v. 07.02.2014 – 8 LA 84/13), bei ungeeigneten Substitutionsmitteln, überhöhten Dosierungen oder riskanten Darreichungsformen (Körner/Patzak/Volkmer/*Patzak*, § 4 Rn. 16/19, § 29, Teil 15 Rn. 130 ff.) oder aber bei fehlender suchtmedizinischer Qualifikation (OVG Lüneburg, Beschl. v. 07.02.2014 – 8 LA 84/13; Körner/Patzak/Volkmer/*Patzak*, § 29, Teil 15 Rn. 10), bei Unterbleiben regelmäßiger Drogentests während eines gesamten Jahres, wenn der Patient zur eigenverantwortlichen Einnahme nicht in der Lage oder nicht auf eine stabile Dosis eingestellt ist oder bei Nichtverwendung des verschriebenen Substitutionsmittels, sodass die Gefahr eines In-den-Markt-Gelangens unerlaubter Mittel besteht (BGH, Urt. v. 28.01.2014 – 1 StR 494/13, NStZ-RR 2014, 147 f.). Ärztlich nicht zu verantworten und daher unbegründet ist auch eine Verschreibung zu unkontrolliertem Gebrauch (BGH, Urt. v. 08.05.1979 – 1 StR 118/79, NJW 1979, 1943 [1944]) sowie die Ausstellung von Take-Home-Verschreibungen trotz Feststellung von Beikonsum und fortlaufendem Vertrauensmissbrauch (AG Kaufbeuren, Urt. v. 19.04.2012 – 25 Js 22263/10; so auch BGH, Urt. v. 28.01.2014 – 1 StR 494/13, NStZ-RR 2014, 147 [148], wenn keine berechtigte Aussicht darauf besteht, den zusätzlichen Konsum von Betäubungsmitteln zu beherrschen). Allerdings ist die Fortführung der Behandlung trotz eines festgestellten Beikonsums nicht automatisch unbegründet, da es darauf ankommt, ob durch den Beikonsum im Einzelfall der Zweck der Substitution gefährdet ist (VG Regensburg, Urt. v. 04.07.2013 – RN 5 K 12.1156; vgl. BGH, Urt. v. 28.01.2014 – 1 StR 494/13, NStZ-RR 2014, 147 [148]). Unbegründetheit kann grundsätzlich bei Fehlen einer ausreichenden ärztlichen Kontrolle gegeben sein (BGH, Urt. v. 28.01.2014 – 1 StR 494/13, NStZ-RR 2014, 147, BGH, Urt. v. 02.02.2012 – 3 StR 321/11, NStZ 2012, 337 [338]; vgl. auch OVG Lüneburg, Beschl. v. 07.02.2014 – 8 LA 84/13). Für eine regelmäßige Kontrolle reicht es nicht aus, wenn Gespräche außerhalb einer förmlichen Untersuchungssituation, »im Vorbeigehen« oder über das Mobiltelefon geführt werden und es an einer körperlichen Untersuchung oder einem Vieraugengespräch fehlt (BGH, Urt. v. 02.02.2012 – 3 StR 321/11, NStZ 2012, 337 [338]).

Auch wenn eine Substitutionsbehandlung betäubungsmittelrechtlich zulässig ist, dürfen die Kran- **38** kenkassen die Kostenübernahme verweigern, wenn die Behandlung der GbA-Richtlinie widerspricht (s. Rdn. 27).

### III. Anwendung des Substitutionsmittels

Auch zum Zwecke der Substitution können ausschließlich Betäubungsmittel der Anlage III verwen- **39** det werden (§ 13 Abs. 1). Der Arzt darf nur die in § 5 Abs. 6 Satz 1 und § 5a Ab. 1 Satz 1 BtMVV bezeichneten Betäubungsmittel verschreiben: Zubereitungen von Levomethadon, Methadon und

Buprenorphin, in begründeten Ausnahmefällen Codein oder Dihydrocodein (als Substitutionsmittel »zweiter Wahl«: HK-AKM/*Kotz*, Rn. 79), Diamorphin als zur Substitution zugelassenes Arzneimittel oder ein anderes zur Substitution zugelassenes Arzneimittel. Für die Auswahl ist neben den Vorschriften der BtMVV auch der allgemein anerkannte Stand der Wissenschaft maßgebend. Die Substitutionsmittel dürfen mit Ausnahme von Diamorphin nicht zur parenteralen Anwendung bestimmt sein. Wer entgegen § 5 Abs. 6 Satz 1 BtMVV für einen Patienten andere als die dort bezeichneten Betäubungsmittel verschreibt, macht sich strafbar (§ 16 Nr. 2 Buchst. a BtMVV i.V.m. § 29 Abs. 1 Satz 1 Nr. 14 BtMG).

40 Im Rahmen der Substitution darf der Arzt dem Patienten die Verschreibung grundsätzlich nicht aushändigen. Ausnahmen gelten gem. § 5 Abs. 8, 9 BtMVV bei den so genannten »Take-Home«-Verschreibungen (Rdn. 42 ff.). S. während der Corona-Pandemie § 6 Abs. 1 Nr. 3–5 SARS-CoV-2-Arzneimittelversorgungsverordnung.

41 Gemäß § 5 Abs. 7 Satz 1 BtMVV ist das Substitutionsmittel dem Patienten von den in § 5 Abs. 10 Satz 1 und 2 BtMVV bezeichneten Personen bzw. dem dort bezeichneten Personal zum unmittelbaren Verbrauch zu überlassen, zu verabreichen oder gemäß dem in der arzneimittelrechtlichen Zulassung vorgesehenen Verfahren anzuwenden (während der Corona-Pandemie auch die Sondervorschrift des § 6 Abs. 1 Nr. 6, 7 SARS-CoV-2-Arzneimittelversorgungsverordnung). Die Vorschrift wurde kürzlich um das Verabreichen und die Anwendung erweitert (32. BtMÄndV vom 18. Mai 2021, BGBl. I S. 1096), um dem Fortschritt in der Arzneimittelentwicklung und Medizin Rechnung tragen zu können (BR-Drs. 190/21 S. 8). Der Katalog derjenigen Einrichtungen, in denen Patienten ihr Substitutionsmittel zum unmittelbaren Verbrauch erhalten können sowie der Kreis derjenigen Personen, die das Substitutionsmittel zum Verbrauch überlassen dürfen, war durch die 3. BtMVVÄndVO deutlich erweitert worden. Im Fall von Codein oder Dihydrocodein kann dem Patienten anschließend die für einen Tag zusätzlich benötigte Menge des Substitutionsmittels in abgeteilten Einzeldosen ausgehändigt und ihm dessen eigenverantwortliche Einnahme gestattet werden, wenn dem Arzt keine Anhaltspunkte für eine missbräuchliche Verwendung des Substitutionsmittels durch den Patienten vorliegen (Abs. 7 Satz 2).

### IV. Take-Home-Verschreibung

42 Unter den Voraussetzungen der § 5 Abs. 8 und 9 BtMVV kann der Arzt seinem Patienten im Rahmen einer Substitutionsbehandlung ausnahmsweise ein Substitutionsmittel verschreiben und ihm dessen eigenverantwortliche Einnahme gestatten. Hier wird dem Patienten also im Gegensatz zu Abs. 7 Satz 1 die Verschreibung tatsächlich ausgehändigt (vgl. Abs. 8 Satz 3, Abs. 9 Satz 6). Zulässig ist aber allein die Take-Home-*Verschreibung*, nicht etwa die Take-Home-*Vergabe* des Substitutionsmittels, was auch für die Vergabe der Substitutionsmittel aus dem Bestand eines Dosierautomaten gelten soll (VG Köln, Urt. v. 24.04.2012 – 7 K 7253/10; s. zur Methadonvergabe mit dem Dosierautomaten aber auch Körner/Patzak/Volkmer/*Patzak*, § 13 Rn. 101, § 29, Teil 15 Rn. 136 f.). Eine Take-Home-Verschreibung birgt – insbesondere durch die Gefahr eines Beikonsums – in besonderem Maße das Risiko einer missbräuchlichen Einnahme und einer Weitergabe des Substitutionsmittels an Dritte (LG Kaiserslautern, Urt. v. 10.06.2003 – 6014 Js 7308/00 – 4 KLs, 6014 Js 7308/00 – 4 KLs), sodass der Arzt besondere Sorgfalt walten lassen muss. Zu unterscheiden sind die Verschreibung für bis zu 2 Tage (Abs. 8 Satz 2 Nr. 1), die Wochenendverschreibung (Abs. 8 Satz 2 Nr. 2) und die Take-Home-Verschreibungen im engeren Sinne für bis zu 7 Tage (Abs. 9 Satz 1 Nr. 1) und für bis zu 30 Tage (Abs. 9 Satz 1 Nr. 2). Während der Corona-Pandemie gelten die Sondervorschriften der § 6 Abs. 1 Nr. 3–5 SARS-CoV-2-Arzneimittelversorgungsverordnung.

43 Voraussetzung für die Verschreibungen nach Abs. 8 ist, dass die Kontinuität der Substitutionsbehandlung nicht anderweitig gewährleistet werden kann, der Verlauf der Behandlung dies zulässt, Risiken der Selbst- oder Fremdgefährdung so weit wie möglich ausgeschlossen sind und die Sicherheit und Kontrolle des Betäubungsmittelverkehrs nicht beeinträchtigt wird (Abs. 8 Satz 1). Die Risiken einer Verschreibung für den Patienten oder Dritte, wie z.B. im Haushalt mitlebende Kinder, sind gegenüber einer andernfalls in diesem Zeitraum nicht erfolgenden Substitutionsbehandlung abzuwägen (Nr. 4.1.1 RiLi-BÄK). Beikonsum schließt hier nicht per se die Verschreibung aus (VG Regensburg,

Urt. v. 04.07.2013 – RN 5 K 12.1156). Die Verschreibung ist zusätzlich mit einem »Z« zu kennzeichnen (Abs. 8 Satz 5). Der substituierende Arzt darf dem Patienten innerhalb einer Kalenderwoche nicht mehr als eine Verschreibung aushändigen (Abs. 8 Satz 3), s. aber während der Corona-Pandemie die Sondervorschrift des § 6 Abs. 1 Nr. 4 SARS-CoV-2-Arzneimittelversorgungsverordnung.

Sobald und solange der substituierende Arzt zu dem Ergebnis kommt, dass eine Überlassung des Substitutionsmittels zum unmittelbaren Verbrauch nicht mehr erforderlich ist, darf er unter den Voraussetzungen des § 5 Abs. 9 BtMVV eine Take-Home-Verschreibung für bis zu 7 Tage oder in begründeten Einzelfällen für bis zu 30 Tage ausstellen. Ein solcher Einzelfall kann durch einen medizinischen oder einen anderen Sachverhalt, etwa wenn der Patient aus wichtigen Gründen, die seine Teilhabe am gesellschaftlichen Leben oder seine Erwerbstätigkeit betreffen, darauf angewiesen ist, eine Verschreibung des Substitutionsmittels zur eigenverantwortlichen Einnahme für bis zu 30 Tage zu erhalten, begründet sein (Satz 2, 3). Medizinische Einzelfälle, die einen Einzelfall begründen, stellt gemäß Satz 5 die Bundesärztekammer fest (Nr. 4.1.3 RiLi-BÄK): Ein medizinischer Sachverhalt kann für den Zeitraum vorliegen, in dem bei einem schwerwiegend erkrankten, immobilen Patienten vorübergehend eine medizinische Versorgung nicht sichergestellt ist. Der Patient hat dem Substitutionsarzt diese Sachverhalte glaubhaft zu machen (Satz 4). Dies können etwa Nachweise über ein dauerhaftes Beschäftigungsverhältnis mit Arbeitszeiten, die ein in der Regel tägliches Aufsuchen der Arztpraxis nicht ermöglichen, oder über einen auswärtigen Arbeitseinsatz sowie Nachweise über Urlaubsreisen oder persönliche oder gesellschaftliche Verpflichtungen sein (BR-Drs. 222/17 S. 21). Vorhandene Erkenntnisse, die geeignet sind, die Glaubwürdigkeit der Angaben des Patienten zu erschüttern, müssen sorgfältig in die Entscheidung einbezogen werden (Nr. 4.1.3 RiLi-BÄK). Eine Ermittlungsverpflichtung besteht für den Arzt nicht (BR-Drs. 222/17 S. 21). Eine Verschreibung des Substitutionsmittels zur eigenverantwortlichen Einnahme nach Abs. 9 kann dann erfolgen, wenn der Patient sich in einer stabilen Substitutionsbehandlung befindet, wobei der Arzt bei der Bewertung folgende Kriterien heranziehen soll: regelmäßige Wahrnehmung der erforderlichen Arztkontakte, die Einstellung auf das Substitutionsmittel ist abgeschlossen, der bisherige Verlauf der Behandlung hat zu einer klinischen Stabilisierung des Patienten geführt, Risiken einer Selbst- und Fremdgefährdung, insbesondere für gegebenenfalls im Haushalt mitlebende Kinder, sind soweit wie möglich ausgeschlossen, der Patient konsumiert stabil keine weiteren Substanzen, die zusammen mit der Einnahme des Substitutionsmittels zu einer schwerwiegenden gesundheitlichen Gefährdung führen können, der Patient verstößt nicht gegen getroffene Vereinbarungen, eine psychosoziale Stabilisierung ist erfolgt (Nr. 4.1.2 RiLi-BÄK). Bei der Verschreibung für bis zu 30 Tage sind hierbei die medizinische wie psychosoziale Stabilität des Patienten von besonderer Bedeutung (Nr. 4.1.3 RiLi-BÄK). Der Arzt soll in der Regel einmal pro Woche persönlichen Kontakt mit dem Patienten haben und bei Bedarf eine klinische Untersuchung sowie eine geeignete Kontrolle komorbiden Substanzgebrauchs durchführen, um den Behandlungsverlauf angemessen beurteilen und gegebenenfalls darauf reagieren zu können; einmal die Woche soll auch eine kontrollierte Einnahme des Substitutionsmittels stattfinden (Nr. 4.1.2 RiLi-BÄK). Während der Corona-Pandemie gilt die Sondervorschrift des § 6 Abs. 1 Nr. 5 SARS-CoV-2-Arzneimittelversorgungsverordnung. Die Verschreibung ist zusätzlich mit dem Buchstaben »T« zu kennzeichnen (Abs. 9 Satz 7). Der substituierende Arzt kann patientenindividuelle Zeitpunkte festlegen, an denen Teilmengen des verschriebenen Substitutionsmittels in der Apotheke an den Patienten oder an die Praxis des substituierenden Arztes abgegeben oder zum unmittelbaren Verbrauch überlassen werden sollen (Abs. 9 Satz 8).

Die Bundesärztekammer stellt den allgemein anerkannten Stand der Erkenntnisse der medizinischen Wissenschaft für die Substitution, insbesondere auch die Voraussetzungen für das Verschreiben des Substitutionsmittels zur eigenverantwortlichen Einnahme nach den Absätzen 8 und 9, in der RiLi-BÄK fest (§ 5 Abs. 12 Satz 1 Nr. 3 lit. b BtMVV). Deren Beachtung lässt die Einhaltung des allgemein anerkannten Standes der Erkenntnisse der medizinischen Wissenschaft widerleglich vermuten (Abs. 12 Satz 4, s. Rdn. 32).

45 Im Rahmen einer Take-Home-Verschreibung stellt sich die Frage der Begründetheit aufgrund des gesteigerten Missbrauchspotenzials in besonderem Maße. Die zulässigen Grenzen sind etwa dann deutlich überschritten, wenn der Arzt bei einer Kontrolle Heroin oder Kokain feststellt und dennoch eine Take-Home-Verschreibung für 7 Tage ausstellt, wenn Urlaubsverordnungen im »astronomischen Maßstab« ausgestellt oder trotz fortlaufenden Vertrauensmissbrauchs übermäßig viele Take-Home-Verschreibungen gewährt werden (AG Kaufbeuren, Urt. v. 19.04.2012 – 25 Js 22263/10). Unbegründet ist auch die Ausstellung von Take-Home-Verschreibungen trotz Feststellung von Beikonsum, wenn keine berechtigte Aussicht darauf besteht, den zusätzlichen Konsum von Betäubungsmitteln zu beherrschen, bei Unterbleiben regelmäßiger Drogentests während eines gesamten Jahres, wenn der Patient zur eigenverantwortlichen Einnahme nicht in der Lage oder nicht auf eine stabile Dosis eingestellt ist oder bei Nichtverwendung des verschriebenen Substitutionsmittels, sodass die Gefahr eines In-den-Markt-Gelangens unerlaubter Mittel besteht (BGH, Urt. v. 28.01.2014 – 1 StR 494/13, NStZ-RR 2014, 147 f.). Den Anforderungen wird auch dann nicht genügt, wenn allein aufgrund eines ersten Kontakts, auf dessen Grundlage nicht festgestellt werden kann, ob der Patient die ärztlichen Vorgaben einhalten wird und hinreichend zuverlässig ist, eine Take-Home-Verschreibung ausgestellt wird (LG Kaiserslautern, Urt. v. 10.06.2003 – 6014 Js 7308/00 – 4 KLs, 6014 Js 7308/00 – 4 KLs) sowie bei unzureichender ärztlicher Kontrolle (BGH, Urt. v. 28.01.2014 – 1 StR 494/13, NStZ-RR 2014, 147). Der Patient muss ausreichend dahingehend untersucht worden sein, ob tatsächlich eine Opiatabhängigkeit vorliegt (LG Kaiserslautern, Urt. v. 10.06.2003 – 6014 Js 7308/00 – 4 KLs, 6014 Js 7308/00 – 4 KLs). Erforderlich ist zudem eine hinreichende Dokumentation, was insbesondere dann gilt, wenn der Arzt eine Vielzahl von Patienten behandelt (LG Kaiserslautern, Urt. v. 10.06.2003 – 6014 Js 7308/00 – 4 KLs, 6014 Js 7308/00 – 4 KLs).

### V. Diamorphingestützte Substitution

46 Das Verschreiben von Substitutionsmitteln mit dem Stoff Diamorphin wurde im Zuge der 3. BtMVVÄndV gesondert in § 5a BtMVV (§ 5 Abs. 9a bis 9d BtMVV a.F.) geregelt. Eine klassische Substitution liegt allerdings mangels Ersetzung nicht vor, da es sich bei Diamorphin ebenso wie bei Diacetylmorphin um Heroin handelt, wenn auch in reiner, pharmazeutischer Form. Es darf daher nur zur Behandlung einer schweren Opiatabhängigkeit verschrieben werden (§ 5 Abs. 9a Satz 1 BtMVV). Erfasst sind Fälle Schwerstabhängiger, bei denen andere Substitutionsbehandlungen bereits gescheitert sind.

47 Die einzelnen Voraussetzungen enthält § 5a Abs. 1 Satz 2 Nr. 1–4 BtMV: Der Patient muss das 23. Lebensjahr vollendet haben, seine Opiatabhängigkeit muss seit mindestens 5 Jahren bestehen und von schwerwiegenden somatischen und psychischen Störungen begleitet sein. Der derzeitige Konsum muss überwiegend intravenös erfolgen. Darüber hinaus müssen zwei erfolglos beendete Behandlungen der Opiatabhängigkeit nachgewiesen werden, von denen eine mindestens über 6 Monate mit einem anderen Substitut nach § 5 BtMVV erfolgt sein muss. Der Arzt selbst muss ein suchtmedizinisch qualifizierter Arzt i.S.d. § 5 Abs. 3 Satz 1 BtMVV sein und sich seine suchtmedizinische Qualifikation auf die Behandlung mit Diamorphin erstrecken, oder er muss im Rahmen des Modellprojektes »Heroingestützte Behandlung Opiatabhängiger« mindestens für 6 Monate ärztlich tätig gewesen sein.

48 Die Behandlung mit Diamorphin erfolgt nur in einer Einrichtung, die über die hierfür erforderliche Erlaubnis verfügt (Abs. 2 Satz 1). Die Voraussetzungen für die Erlaubniserteilung sind in Abs. 2 Satz 2 Nr. 1–3 näher geregelt. Ausschließlich innerhalb dieser Einrichtung darf das Diamorphin verschrieben, verabreicht oder unter Aufsicht des substituierenden Arztes oder des sachkundigen Personals zum unmittelbaren Verbrauch überlassen werden (Abs. 3 Satz 1). Gemäß Abs. 1 Satz 3 gelten die § 5 Abs. 7 bis 9 BtMVV daher nicht für die Behandlung mit Diamorphin. Die Verschreibung darf der Arzt nur einem pharmazeutischen Unternehmer vorlegen (Abs. 1 Satz 4). Abs. 3 Satz 2 sieht vor, dass in den ersten 6 Monaten zusätzlich eine psychosoziale Betreuung stattzufinden hat. Im Abstand von 2 Jahren ist unter Einholung einer Zweitmeinung durch einen außenstehenden

aber ebenso qualifizierten Arzt zu prüfen, ob die Voraussetzungen für die Behandlung noch gegeben sind und ob diese fortzusetzen ist (Abs. 4 Satz 1, 2). Andernfalls ist die Behandlung zu beenden (Abs. 4 Satz 3).

Wer Diamorphin entgegen § 5a Abs. 3 Satz 1 BtMVV außerhalb der speziellen Einrichtung verschreibt, verabreicht oder überlässt, macht sich gem. § 16 Nr. 5 BtMVV i.V.m. § 29 Abs. 1 Satz 1 Nr. 14 BtMG strafbar. 49

## D. Einsatz bei Palliativpatienten (§ 13 Abs. 1a)

§ 13 Abs. 1a ermöglicht es dem Arzt, in Ausnahmefällen den häufig unter unerträglichen Schmerzen leidenden Palliativpatienten, das heißt Schwerkranken, bei denen eine heilende Therapie nicht mehr möglich ist, sondern bei denen die Schmerzlinderung zur weitgehenden Erhaltung der Lebensqualität im Vordergrund steht, zur Überbrückung einer absehbaren palliativmedizinischen Krisensituation bestimmte Betäubungsmittel zu überlassen, wenn die Besorgung des Betäubungsmittels in der Apotheke aufgrund einer Verschreibung nicht rechtzeitig möglich ist. § 13 Abs. 1a erlaubt damit, anders als im Fall von Verabreichung und Verbrauchsüberlassung, eine Abgabe im Sinne einer Übertragung der tatsächlichen Verfügungsgewalt (MüKo-StGB/*Kotz/Oğlakcıoğlu*, § 13 Rn. 39). Überlassungsfähig sind lediglich Betäubungsmittel der Anlage III in Form von Fertigarzneimitteln. 50

Voraussetzung für die Überlassung ist, dass der Arzt bei der Versorgung des Patienten feststellt, dass absehbar eine Situation eintreten wird, in der der Patient nicht aufschiebbar ein Betäubungsmittel benötigt (BT-Drs. 17/10156, S. 91). Der Arzt hat dann durch Kontaktaufnahme mit einer dienstbereiten Apotheke in der Nähe (Satz 2 Nr. 1) zu klären, ob das benötigte Betäubungsmittel dort vorrätig ist oder aber rechtzeitig bis zur palliativmedizinischen Krisensituation beschafft werden kann (Satz 3). Ist dies der Fall, muss der Betäubungsmittelbedarf grundsätzlich über eine Verschreibung und Abgabe durch die Apotheke gedeckt werden. Sondervorschriften für die Verschreibung für Patienten in Alten- und Pflegeheimen, Hospizen und in der spezialisierten ambulanten Palliativversorgung sowie zur Verschreibung für deren Notfallbedarf enthalten die §§ 5c, 5d BtMVV. Wer entgegen § 13 Abs. 1a Satz 3 nicht, nicht richtig oder nicht rechtzeitig bei einer Apotheke anfragt, begeht eine Ordnungswidrigkeit gem. § 32 Abs. 1 Nr. 7a. 51

Satz 2 konkretisiert, wann der Bedarf durch eine Verschreibung nicht rechtzeitig gedeckt werden kann. Nach Satz 2 Nr. 1 ist dies zunächst der Fall, wenn die Apotheke das Betäubungsmittel nicht vorrätig hat bzw. es nicht rechtzeitig beschaffen kann (z.B. am Wochenende, an Feiertagen oder zur Nachtzeit). Nach Satz 2 Nr. 2 Buchst. b kommt ein Überlassen von Betäubungsmitteln zudem in Betracht, wenn der Patient aufgrund seiner Erkrankung nicht selbst in der Lage ist, das benötigte Betäubungsmittel zu beschaffen und keine Personen vorhanden sind, die ihn versorgen. Der Bedarf wäre aber auch dann nicht rechtzeitig gedeckt, wenn die den Patienten versorgenden Personen das Betäubungsmittel (z.B. aufgrund der Entfernung oder der Wetterverhältnisse) nicht beschaffen können, weil sie den Patienten, insbesondere auch wegen seiner Erkrankung, nicht ohne Versorgung allein lassen können (Satz 2 Nr. 2 Buchst. a, 1. Alt.; BT-Drs. 17/10156, S. 91). Ein Ausnahmefall kann auch vorliegen, wenn die den Patienten versorgenden Personen aufgrund ihrer eigenen physischen oder psychischen Leistungsfähigkeit (z.B. hohes Alter, eigene Erkrankung oder starke psychische Belastung) nicht in der Lage sind, das Betäubungsmittel zu beschaffen (Satz 2 Nr. 2 Buchst. a, 2. Alt.; BT-Drs. 17/10156, S. 91). 52

Liegt ein derartiger Ausnahmefall vor, darf der Arzt das unaufschiebbar benötigte Betäubungsmittel in einer Menge überlassen, die erforderlich ist, um den Betäubungsmittelbedarf des Patienten bis zur regulären Versorgung über eine Verschreibung und Abgabe durch die Apotheke überbrückend zu decken. Die Höchstüberlassungsmenge darf den Dreitagesbedarf nicht überschreiten. Der Erwerb durch den Patienten bedarf durch § 4 Abs. 1 Nr. 3 Buchst. c keiner Erlaubnis. Bei Überlassung des Betäubungsmittels hat der Arzt den ambulant versorgten Palliativpatienten oder zu dessen Betreuung anwesende Dritte gemäß Satz 6 über die ordnungsgemäße Anwendung der überlassenen 53

Betäubungsmittel aufzuklären bzw. diese anzuleiten (z.B. bei Überlassung eines fentanylhaltigen Sprays für weitere Durchbruchschmerzepisoden) und mit Blick auf die hohe Wirksamkeit der in Betracht kommenden Betäubungsmittel eine schriftliche Gebrauchsanweisung mit Angaben zur Einzel- und Tagesgabe auszuhändigen (BT-Drs. 17/10156, S. 92). Der Palliativpatient oder ihn betreuende Dritte müssen durch den Arzt in die Lage versetzt werden, die zur Überbrückung überlassenen Betäubungsmittel selbstständig und zeitgerecht anwenden zu können, da der Arzt den Patienten nach Überstehen einer akuten palliativmedizinischen Krisensituation regelmäßig nicht ununterbrochen weiter vor Ort betreuen kann (BT-Drs. 17/10156, S. 92).

54 Sofern er dem Patienten ein Betäubungsmittel überlässt, hat der Arzt das Vorliegen der genannten Voraussetzungen zu dokumentieren und die Aufzeichnungen 3 Jahre lang aufzubewahren (Satz 4). Der Apotheker hat jede nach Satz 3 erforderliche Anfrage des Arztes aufzuzeichnen und diese Aufzeichnungen ebenfalls 3 Jahre aufzubewahren (Satz 5). Wer entgegen § 13 Abs. 1a Satz 4 oder 5 eine Aufzeichnung nicht (richtig/vollständig) führt oder eine Aufzeichnung nicht (mindestens 3 Jahre) aufbewahrt, begeht eine Ordnungswidrigkeit gem. § 32 Abs. 1 Nr. 7b. Das Überlassen von Betäubungsmitteln aus dem Praxisbedarf des Arztes oder aus dem Notfallvorrat einer Einrichtung der spezialisierten ambulanten Palliativversorgung ist im Übrigen nach den §§ 13, 14 BtMVV über den Nachweis von Verbleib und Bestand der Betäubungsmittel zu dokumentieren.

55 Zu beachten ist, dass auch im Rahmen des § 13 Abs. 1a die Vorgaben des § 13 Abs. 1 einzuhalten sind, die Anwendung des Betäubungsmittels am oder im menschlichen Körper daher begründet sein muss. Die Begründetheit unterliegt hier noch engeren Grenzen (MüKo-StGB/*Kotz/Oğlakcıoğlu*, § 13 Rn. 41): Die Versorgung mit Betäubungsmitteln darf keinen Aufschub dulden, was insbesondere dann anzunehmen ist, wenn mit anderen Medikamenten kein gleichwertiger Grad an Schmerzlinderung erzielt werden kann (MüKo-StGB/*Kotz/Oğlakcıoğlu*, § 13 Rn. 41). In diesem Zusammenhang kann im Einzelfall fraglich sein, weshalb bei sich abzeichnendem Versorgungsengpass nicht auf die in Apotheken als Basisvorrat verfügbaren Opioide zur Injektion oder in oraler Darreichungsform ausgewichen werden kann (MüKo-StGB/*Kotz/Oğlakcıoğlu*, § 29 Rn. 1308).

**E. Abgabe gegen Vorlage der Verschreibung (§ 13 Abs. 2)**

56 Die Abgabe von Betäubungsmitteln aufgrund ärztlicher Verschreibung wird von § 13 Abs. 2 erfasst. Von den Vorgaben des § 12, der ebenfalls die Abgabe von Betäubungsmitteln regelt, sind die für Angehörige medizinischer und pharmazeutischer Berufe praxisrelevanten Fälle ausgenommen. Die verschriebenen Betäubungsmittel dürfen gem. § 13 Abs. 2 Satz 1 nur im Rahmen des Betriebs einer Apotheke (s. hierzu § 4 Rdn. 3) und nur gegen Vorlage der Verschreibung (s. Rdn. 9) abgegeben werden. Die Befugnis zur Abgabe von Betäubungsmitteln beschränkt sich auf den Apothekenraum sowie die im Rahmen des Apothekenbetriebs anfallenden Tätigkeiten; es ist nicht nur der Apothekenleiter, sondern auch sein Hilfspersonal zur Abgabe befugt (s. § 4 Rdn. 3).

57 Die Abgabe von Betäubungsmitteln darf nach dem Gesetz nur gegen Vorlage der Verschreibung erfolgen. Die Verschreibung muss dem Apotheker daher körperlich vorliegen und darf z.B. nicht bloß telefonisch erfolgen (Weber, § 4 Rn. 33; vgl. auch RGSt. 64, 145; s. Rn. 13). Der Apotheker ist nicht nur Erfüllungsgehilfe des Arztes, sondern ihm kommen aufgrund seiner Beratungs- und Kontrollpflichten gegenüber Arzt und Patienten vor Ausführung der Verschreibung gewisse Prüfpflichten zu (Körner/Patzak/Volkmer/*Patzak*, § 13 Rn. 132 ff.). Auch wenn die Verantwortung für die sachliche Notwendigkeit und damit die Abgabe von Betäubungsmitteln durch die Apotheke in erster Linie den Arzt trifft, ist der Apotheker hierdurch nicht seiner besonderen Verantwortung für die in seiner Obhut befindlichen Betäubungsmittel und seiner Berufspflicht zur Verhütung von Betäubungsmittelmissbrauch enthoben (OLG Bamberg, Beschl. v. 26.02.2008 – 3 Ss 100/06). Allerdings ist diese Verantwortung nicht schrankenlos, sondern auf die wesentlichen Merkmale der Verschreibung, neben dem Vorliegen der Verschreibungsberechtigung des Ausstellers, d.h. der persönlichen Ausstellung der Verschreibung durch einen hierzu befugten (Zahn-/Tier-) Arzt (s. Rdn. 4 f.), die Einhaltung der Schriftform und die konkrete Anweisung des Arztes an den Apotheker auf Abgabe eines bestimmten Betäubungsmittels beschränkt (OLG Bamberg, Beschl. v. 26.02.2008 – 3 Ss

100/06). Ein äußerlich ordnungsgemäßes Rezept begründet eine Vermutung dafür, dass eine Verschreibung zu Heilzwecken vorliegt (RGSt. 62, 369 [392]). Erkennt der Apotheker aber, dass die Verschreibung falsch oder gefälscht ist, sie erschlichen ist, ihrem Inhalt nach der Umgehung der gesetzlichen Vorschriften dient oder unbegründet ist, darf er die Betäubungsmittel nicht abgeben (s. § 29 Rdn. 30).

Bei der Abgabe von Betäubungsmitteln sind auch die Vorschriften der BtMVV zu beachten. Hiernach dürfen Betäubungsmittel grundsätzlich nur nach Vorlage des ausgefertigten Betäubungsmittelrezeptes/-anforderungsscheins abgegeben werden (§ 1 Abs. 2 BtMVV). Zu beachten ist aber die Möglichkeit der Abgabe auf Notfall-Verschreibung gem. § 8 Abs. 6 BtMVV – ausgenommen sind hiervon allerdings Verschreibungen zur Substitution (s. aber während der Corona-Pandemie die Sondervorschrift der § 6 Abs. 2 SARS-CoV-2-Arzneimittelversorgungsverordnung). In diesem Fall hat die Apotheke den verschreibenden (Zahn-/Tier-) Arzt unverzüglich nach Vorlage der Notfall-Verschreibung und möglichst vor Abgabe des Betäubungsmittels über die Belieferung zu informieren (§ 8 Abs. 6 Satz 3 BtMVV; s.a. Rdn. 15). Zudem ist der Abgebende bei Verschreibungen, die einen für den Abgebenden erkennbaren Irrtum enthalten, unleserlich sind oder nicht vollständig den Formvorschriften für Verschreibungen entsprechen (§§ 9 Abs. 1, 11 Abs. 1 BtMVV) grundsätzlich berechtigt, nach Rücksprache mit dem verschreibenden (Zahn-/Tier-) Arzt Änderungen vorzunehmen (§ 12 Abs. 2 Satz 1 BtMVV). Ist eine Änderung nicht möglich und ist die unverzügliche Anwendung des Betäubungsmittels dringend erforderlich, darf das Betäubungsmittel bzw. Teilmengen abgegeben werden (Abs. 2 Satz 3; mit Ausnahme von Diamorphin). Es sind dann jedoch Dokumentations- und Hinweispflichten zu beachten. Daneben schreibt § 12 BtMVV vor, in welchen Fällen eine Abgabe nicht erfolgen darf. Dies unter anderem auf eine Verschreibung, die, insbesondere wegen Überschreitung der Höchstmengen, für den Abgebenden erkennbar nicht ausgefertigt werden durfte, die nicht auf dem Betäubungsmittelrezept bzw. -anforderungsschein ausgestellt wurde, die bei Vorlage vor mehr als 7 Tagen ausgefertigt wurde, oder im Fall der Kennzeichnung mit den Buchstaben »K« oder »N«. Daneben regelt § 12 BtMVV auch das Aufzeichnen des Bestands und Verbleibs von Betäubungsmitteln. Wer entgegen § 12 Abs. 3 BtMVV eine Angabe nicht, nicht richtig, nicht vollständig oder nicht in der vorgeschriebenen Form macht, begeht eine Ordnungswidrigkeit gem. § 17 Nr. 1 BtMVV i.V.m. § 32 Abs. 1 Nr. 6 BtMG.

58

Diamorphin darf gem. § 13 Abs. 2 Satz 2 nur vom pharmazeutischen Unternehmer und nur an anerkannte Einrichtungen nach Abs. 3 Satz 2 Nr. 2a gegen Vorlage der Verschreibung abgegeben werden. Pharmazeutischer Unternehmer ist in Anlehnung an § 4 Abs. 18 AMG der Inhaber der Zulassung, sodass sich der Kreis der pharmazeutischen Unternehmer damit nicht nur auf den Hersteller beschränkt, sondern hierzu auch Vertriebsunternehmer und Mitvertreiber zählen (Körner/Patzak/Volkmer/*Patzak*, § 13 Rn. 143).

59

Im Rahmen des Betriebs einer tierärztlichen Hausapotheke dürfen gem. § 13 Abs. 2 Satz 3 die in Anlage III bezeichneten Betäubungsmittel abgegeben werden. Eine Verschreibung ist nicht erforderlich, dafür darf die Abgabe nur zur Anwendung an einem vom Betreiber der Hausapotheke behandelten Tier erfolgen. Die Abgabe aufgrund einer Verschreibung eines anderen Tierarztes ist nicht zulässig. Zur Abgabe befugt ist nicht nur der Tierarzt persönlich, sondern auch sein Hilfspersonal (Körner/Patzak/Volkmer/*Patzak*, § 13 Rn. 145).

60

## § 14 Kennzeichnung und Werbung

(1) Im Betäubungsmittelverkehr sind die Betäubungsmittel unter Verwendung der in den Anlagen aufgeführten Kurzbezeichnungen zu kennzeichnen. Die Kennzeichnung hat in deutlich lesbarer Schrift, in deutscher Sprache und auf dauerhafte Weise zu erfolgen.

(2) Die Kennzeichnung muß außerdem enthalten
1. bei rohen, ungereinigten und nicht abgeteilten Betäubungsmitteln den Gewichtsvomhundertsatz und bei abgeteilten Betäubungsmitteln das Gewicht des enthaltenen reinen Stoffes,

## § 15 BtMG  Sicherungsmaßnahmen

2. auf Betäubungsmittelbehältnissen und – soweit verwendet – auf den äußeren Umhüllungen bei Stoffen und nicht abgeteilten Zubereitungen die enthaltene Gewichtsmenge, bei abgeteilten Zubereitungen die enthaltene Stückzahl; dies gilt nicht für Vorratsbehältnisse in wissenschaftlichen Laboratorien sowie für zur Abgabe bestimmte kleine Behältnisse und Ampullen.

(3) Die Absätze 1 und 2 gelten nicht für Vorratsbehältnisse in Apotheken und tierärztlichen Hausapotheken.

(4) Die Absätze 1 und 2 gelten sinngemäß auch für die Bezeichnung von Betäubungsmitteln, in Katalogen, Preislisten, Werbeanzeigen oder ähnlichen Druckerzeugnissen, die für die am Betäubungsmittelverkehr beteiligten Fachkreise bestimmt sind.

(5) Für in Anlage I bezeichnete Betäubungsmittel darf nicht geworben werden. Für in den Anlagen II und III bezeichnete Betäubungsmittel darf nur in Fachkreisen der Industrie und des Handels sowie bei Personen und Personenvereinigungen, die eine Apotheke oder eine tierärztliche Hausapotheke betreiben, geworben werden, für in Anlage III bezeichnete Betäubungsmittel auch bei Ärzten, Zahnärzten und Tierärzten.

1 Die Vorschrift regelt die Kennzeichnung von Betäubungsmitteln (Abs. 1 bis 4) und die Werbung für Betäubungsmittel (Abs. 5). Für Betäubungsmittel, die auch Arzneimittel sind, gelten daneben zusätzlich (BGH, Urt. v. 03.12.1997 – 2 StR 270/97, NJW 1998, 836 [837 f.]) die Vorschriften des AMG, dort für die Kennzeichnung insbesondere § 10 AMG.

2 Grundsätzlich sind alle Betäubungsmittel i.S.d. Abs. 1 und 2 unter Verwendung der Kurzbezeichnungen der Anlagen I–III (s. § 1 Rdn. 6) zu kennzeichnen, sofern diese am Betäubungsmittelverkehr teilnehmen. Dies ist nicht nur auf für den Endverbraucher bestimmte Erzeugnisse beschränkt, sondern umfasst auch Rohstoffe, Grundstoffe und Zwischenprodukte (Weber, § 14 Rn. 2). Daneben gilt die Kennzeichnungspflicht sinngemäß für Werbungs-, Angebots- und Verkaufsdrucksachen (Abs. 4), z.B. für Kataloge, Preislisten und Werbeanzeigen. Ausgenommen sind gem. Abs. 3 Vorratsbehältnisse in Apotheken und tierärztlichen Hausapotheken (s. aber § 14 ApBetrO). Die Pflichtangaben (Bezeichnung und Gewicht-/Mengenangabe) müssen in deutlich lesbarer Schrift, in deutscher Sprache und auf dauerhafte Weise angebracht werden (Abs. 1 Satz 2). Zuwiderhandlungen werden gem. § 32 Abs. 1 Nr. 8 als Ordnungswidrigkeit geahndet.

3 Hinsichtlich der Werbung für Arzneimittel ist zu differenzieren: Die Betäubungsmittel der Anlage I dürfen überhaupt nicht beworben werden, Betäubungsmittel der Anlagen II und III nur in Fachkreisen der Industrie und des Handels sowie bei Betreibern einer (tierärztlichen Haus-) Apotheke. Die Betäubungsmittel der Anlage III dürfen zusätzlich auch bei (Zahn-/Tier-) Ärzten beworben werden. Die Regelung knüpft damit an die gesetzlichen Befugnisse der jeweiligen Empfänger im Betäubungsmittelverkehr an. In allen anderen Fällen ist die Bewerbung von Betäubungsmitteln verboten. Dies gilt auch für die Werbung durch Apotheken oder Ärzte. Werbung liegt bei einem Hinweis an Dritte vor, dass Bereitschaft besteht, Betäubungsmittel zu liefern (Körner/Patzak/Volkmer/*Patzak*, § 29, Teil 18, Rn. 7; Weber, § 14 Rn. 11). Tathandlung ist danach jede Ankündigung oder Anpreisung, die sich an eine unbestimmte Anzahl von Personen richtet und auf die Förderung des Betäubungsmittelabsatzes durch den Werbenden zielt (Weber, § 14 Rn. 11). Die Werbung kann im Einzelfall abzugrenzen sein von der Verherrlichung, der Mitteilung einer Gelegenheit und dem Handeltreiben (s. dazu Weber, § 14 Rn. 12 ff.). Grundsätzlich keine Werbung sind zudem bloße Verbraucherinformationen. Wer vorsätzlich entgegen § 14 Abs. 5 für Betäubungsmittel wirbt, macht sich nach § 29 Abs. 1 Satz 1 Nr. 8 strafbar.

## § 15 Sicherungsmaßnahmen

Wer am Betäubungsmittelverkehr teilnimmt, hat die Betäubungsmittel, die sich in seinem Besitz befinden, gesondert aufzubewahren und gegen unbefugte Entnahme zu sichern. Das Bundesinstitut für Arzneimittel und Medizinprodukte kann Sicherungsmaßnahmen anordnen, soweit es nach Art oder Umfang des Betäubungsmittelverkehrs, dem Gefährdungsgrad oder der Menge der Betäubungsmittel erforderlich ist.

Die Vorschrift dient der Sicherheit des Betäubungsmittelverkehrs, indem sie Teilnehmer, die Betäubungsmittel besitzen, zur gesonderten Aufbewahrung und Sicherung gegen unbefugte Entnahme verpflichtet. Dies gilt ebenfalls für Ärzte und Apotheker sowie ihr Hilfspersonal. Das BfArM hat konkretisierende »*Richtlinien über Maßnahmen zur Sicherung von Betäubungsmittelvorräten bei Erlaubnisinhabern nach § 3 Betäubungsmittelgesetz*«, die im Rahmen von klinischen Studien auch für Ärzte gelten, sowie »*Richtlinien über Maßnahmen zur Sicherung von Betäubungsmittelvorräten im Krankenhausbereich, in öffentlichen Apotheken, Arztpraxen, Einrichtungen der SAPV sowie Alten- und Pflegeheimen*« herausgegeben. Die Richtlinien unterscheiden zwischen der Aufbewahrung in Wertschutzschränken, der Aufbewahrung in Räumen und der elektrischen Überwachung. 1

Daneben *kann* das BfArM Sicherungsmaßnahmen anordnen, soweit es nach Art oder Umfang des Betäubungsmittelverkehrs, dem Gefährdungsgrad oder der Menge der Betäubungsmittel erforderlich ist (Satz 2). Bei der Ausübung des Ermessens ist das öffentliche Interesse an der Sicherheit des Betäubungsmittelverkehrs mit dem grundrechtlich geschützten Interesse des Betroffenen an der freien Berufsausübung abzuwägen (Weber, § 15 Rn. 6). Als Auflagen kommen etwa die Anschaffung von Panzerschränken, Warnanlagen oder Ladengittern in Betracht (*Joachimski/Haumer*, § 15 Rn. 4; Weber, § 15 Rn. 7). Richtet sich die Anordnung an eine oder mehrere Gruppen (z.B. Hersteller), liegt eine Allgemeinverfügung vor (Körner/Patzak/Volkmer/*Patzak*, § 15 Rn. 9; Weber § 15 Rn. 5). Da die Anordnung von Sicherungsmaßnahmen auch über eine (ggf. nachträgliche) Nebenbestimmung gem. § 9 Abs. 2 erfolgen kann, kann hier eine Abgrenzung vorzunehmen sein. 2

Der Verstoß gegen eine vollziehbare Anordnung nach Satz 2 ist gem. § 32 Abs. 1 Nr. 9 Ordnungswidrigkeit. Demgegenüber ist ein Verstoß gegen Satz 1 weder als Straftat noch als Ordnungswidrigkeit verfolgbar (kritisch Franke/Wienroeder/*Franke*, § 15); allerdings kann die mangelhafte Aufbewahrung bzw. Sicherung von Betäubungsmitteln, wodurch Dritten die Entnahme ermöglicht wurde, gem. § 29 Abs. 1 Satz 1 Nr. 1 (ggf. i.V.m. Abs. 4) sowie nach den allgemeinen strafrechtlichen Vorschriften strafbar sein. 3

## § 16 Vernichtung

(1) Der Eigentümer von nicht mehr verkehrsfähigen Betäubungsmitteln hat diese auf seine Kosten in Gegenwart von zwei Zeugen in einer Weise zu vernichten, die eine auch nur teilweise Wiedergewinnung der Betäubungsmittel ausschließt sowie den Schutz von Mensch und Umwelt vor schädlichen Einwirkungen sicherstellt. Über die Vernichtung ist eine Niederschrift zu fertigen und diese drei Jahre aufzubewahren.

(2) Das Bundesinstitut für Arzneimittel und Medizinprodukte, in den Fällen des § 19 Abs. 1 Satz 3 die zuständige Behörde des Landes, kann den Eigentümer auffordern, die Betäubungsmittel auf seine Kosten an diese Behörden zur Vernichtung einzusenden. Ist ein Eigentümer der Betäubungsmittel nicht vorhanden oder nicht zu ermitteln, oder kommt der Eigentümer seiner Verpflichtung zur Vernichtung oder der Aufforderung zur Einsendung der Betäubungsmittel gemäß Satz 1 nicht innerhalb einer zuvor gesetzten Frist von drei Monaten nach, so treffen die in Satz 1 genannten Behörden die zur Vernichtung erforderlichen Maßnahmen. Der Eigentümer oder Besitzer der Betäubungsmittel ist verpflichtet, die Betäubungsmittel den mit der Vernichtung beauftragten Personen herauszugeben oder die Wegnahme zu dulden.

(3) Absatz 1 und Absatz 2 Satz 1 und 3 gelten entsprechend, wenn der Eigentümer nicht mehr benötigte Betäubungsmittel beseitigen will.

§ 16 soll sicherstellen, dass Betäubungsmittelbestände des legalen Betäubungsmittelverkehrs (für die Vernichtung aus dem illegalen Verkehr gelten die §§ 75, 74 Abs. 3 StVollstrO) nicht zu illegalen Zwecken zweckentfremdet werden können. Erfasst sind sowohl nicht mehr verkehrsfähige Betäubungsmittel (Abs. 1 Satz 1) als auch nicht mehr benötigte Betäubungsmittel, sofern der Eigentümer 1 diese beseitigen *will* (Abs. 3). Da der Eigentümer im Fall des Abs. 3 freiwillig handelt, ist die Regelung über die Zwangsmaßnahmen (Abs. 2 Satz 2) hier ausgenommen. Eine Sonderregelung für die Weiterverwendung nicht mehr benötigter Betäubungsmittel enthält § 5c Abs. 4 BtMVV bei der Verschreibung für Patienten in Alten- und Pflegeheimen, Hospizen und in der spezialisierten ambulanten Palliativversorgung.

2  Nicht mehr verkehrsfähig sind Betäubungsmittel dann, wenn sie verdorben oder wegen Überschreitens der Haltbarkeitsdauer unbrauchbar geworden sind (Körner/Patzak/Volkmer/*Patzak*, § 16 Rn. 4; Weber, § 16 Rn. 2). Verkehrsunfähigkeit kann aber auch dadurch eintreten, dass ein Betäubungsmittel der Anlagen II oder III in die Anlage I aufgenommen wird (Weber, § 16 Rn. 2). Vernichtung ist die endgültige Zerstörung des Betäubungsmittels durch physikalische oder chemische Einwirkung (Körner/Patzak/Volkmer/*Patzak*, § 16 Rn. 3; Weber, § 16 Rn. 3). Vergraben, Wegschütten oder Verarbeiten reicht daher in der Regel nicht aus (Körner/Patzak/Volkmer/*Patzak*, § 16 Rn. 3). Auch eine nur teilweise Wiedergewinnung muss ausgeschlossen sein (Abs. 1 Satz 1), sodass nicht nur der bestimmungsgemäße Gebrauch unmöglich gemacht werden darf (Weber, § 16 Rn. 3; a.A. *Joachimski/Haumer*, § 16 Rn. 4). Bei der Vernichtung sind schädliche Einwirkungen auf Mensch und Umwelt möglichst zu verhindern (Abs. 1 Satz 1). Die Vernichtung hat in Gegenwart von zwei Zeugen zu erfolgen. Weitere Vorgaben enthält die Norm hierzu nicht, dennoch empfiehlt es sich, die Zeugen mit Blick auf eine etwaige spätere Beweissituation sorgfältig auszuwählen (Spickhoff/*Malek*, § 16 Rn. 4; s.a. *Joachimski/Haumer*, § 16 Rn. 5). Daneben ist über die Vernichtung eine Niederschrift zu fertigen, die 3 Jahre aufzubewahren ist (Abs. 1 Satz 3) und die bei der Vernichtung anwesenden Personen, Art und Menge der vernichteten Betäubungsmittel sowie Art und Datum der Vernichtung aufführt (Weber, § 16 Rn. 5). Bei Apotheken, Ärzten, Krankenhäusern und Pflegeheimen/Palliativeinrichtungen ist der Verbleib der Betäubungsmittel gem. §§ 13 bis 15 BtMVV nachzuweisen (s. § 17 Rdn. 2). Erlaubnisinhaber müssen die Vernichtung gem. § 18 Abs. 1 Nr. 10, Abs. 4 dem BfArM melden.

3  Anstatt die Betäubungsmittel selbst zu vernichten, können diese auch zur Vernichtung in der Apotheke abgeliefert werden. Dem Apotheker ist die Entgegennahme der Betäubungsmittel zur Vernichtung ohne Erlaubnis gestattet (§ 4 Abs. 1 Nr. 1 Buchst. e).

4  Wer entgegen § 16 Abs. 1 (i.V.m. Abs. 3) Betäubungsmittel nicht vorschriftsmäßig vernichtet, eine Niederschrift nicht fertigt oder sie nicht aufbewahrt, begeht eine Ordnungswidrigkeit nach § 32 Abs. 1 Nr. 10.

## § 17 Aufzeichnungen

(1) Der Inhaber einer Erlaubnis nach § 3 ist verpflichtet, getrennt für jede Betriebsstätte und jedes Betäubungsmittel fortlaufend folgende Aufzeichnungen über jeden Zugang und jeden Abgang zu führen:
1. das Datum,
2. den Namen oder die Firma und die Anschrift des Lieferers oder des Empfängers oder die sonstige Herkunft oder den sonstigen Verbleib,
3. die zugegangene oder abgegangene Menge und den sich daraus ergebenden Bestand,
4. im Falle des Anbaues zusätzlich die Anbaufläche nach Lage und Größe sowie das Datum der Aussaat,
5. im Falle des Herstellens zusätzlich die Angabe der eingesetzten oder hergestellten Betäubungsmittel, der nicht dem Gesetz unterliegenden Stoffe oder der ausgenommenen Zubereitungen nach Art und Menge und
6. im Falle der Abgabe ausgenommener Zubereitungen durch deren Hersteller zusätzlich den Namen oder die Firma und die Anschrift des Empfängers.

Anstelle der in Nummer 6 bezeichneten Aufzeichnungen können die Durchschriften der Ausgangsrechnungen, *in* denen die ausgenommenen Zubereitungen kenntlich gemacht sind, fortlaufend nach dem Rechnungsdatum abgeheftet werden.

(2) Die in den Aufzeichnungen oder Rechnungen anzugebenden Mengen sind
1. bei Stoffen und nicht abgeteilten Zubereitungen die Gewichtsmenge und
2. bei abgeteilten Zubereitungen die Stückzahl.

(3) Die Aufzeichnungen oder Rechnungsdurchschriften sind drei Jahre, von der letzten Aufzeichnung oder vom letzten Rechnungsdatum an gerechnet, gesondert aufzubewahren.

§ 17 verpflichtet den Erlaubnisinhaber zu detaillierten Aufzeichnungen, die dem BfArM und auch dem Erlaubnisinhaber selbst eine Bestandskontrolle und eine Überwachung der einzelnen Zu- und Abgänge ermöglichen sollen (Franke/Wienroeder/*Franke*, § 17). Die geforderten Aufzeichnungen dienen ihm dabei auch als Grundlage für die Meldungen nach § 18. Da die Vorschrift sich an den Erlaubnisinhaber richtet, ist nur dieser persönlich verpflichtet und verantwortlich, auch wenn er sich zur Erfüllung seiner Pflichten seiner Betriebsangehörigen bedient (*Joachimski/Haumer*, § 17 Rn. 1; Weber, § 17 Rn. 3). 1

Da § 17 an die Erlaubnis anknüpft, besteht für Angehörige medizinischer und pharmazeutischer Berufe keine Aufzeichnungspflicht, *soweit* sie von der Erlaubnispflicht befreit sind. Für Apotheken, Ärzte, Krankenhäuser und Pflegeheime/Palliativeinrichtungen gelten aber die Nachweisführungspflichten der §§ 13 bis 15 BtMVV. Der Verbleib und der Bestand der Betäubungsmittel sind lückenlos (§ 1 Abs. 3 BtMVV) und unverzüglich nach Bestandsänderung nach amtlichem Formblatt (§ 13 Abs. 1 Satz 1 i.V.m. § 15 BtMVV) nachzuweisen. Die Eintragungen sind am Ende eines jeden Kalendermonats zu prüfen und, sofern sich der Bestand geändert hat, durch Namenszeichen und Prüfdatum zu bestätigen (§ 13 Abs. 2 BtMVV). Die erforderlichen Angaben zur Nachweisführung führt § 14 BtMVV auf. Die Dokumentationen sind für 3 Jahre aufzubewahren und der zuständigen Landesbehörde auf Verlangen vorzuzeigen (§ 13 Abs. 3 BtMVV). Für Ärzte ergeben sich zudem bei der Verschreibung zur Substitution besondere Dokumentationspflichten aus § 5 Abs. 11 BtMVV. 2

Die Aufzeichnungen i.S.d. § 17 sind über jeden Zugang und jeden Abgang, getrennt für jede Betriebsstätte und für jedes Betäubungsmittel zu führen (Abs. 1 Satz 1). Sie sind fortlaufend (chronologisch) und in unmittelbarem zeitlichen Zusammenhang mit dem Vorgang zu fertigen (Körner/Patzak/Volkmer/*Patzak*, § 17 Rn. 2; Weber, § 17 Rn. 5). Die Mengen sind bei abgeteilten Zubereitungen in Stückzahl anzugeben, andernfalls ist die Gewichtsmenge zu nennen (Abs. 2). Es gilt eine Aufbewahrungspflicht von 3 Jahren (Abs. 3). 3

Wer entgegen § 17 Abs. 1 oder 2 Aufzeichnungen nicht, nicht richtig oder nicht vollständig führt oder entgegen § 17 Abs. 3 Aufzeichnungen oder Rechnungsdurchschriften nicht aufbewahrt, begeht eine Ordnungswidrigkeit gem. § 32 Abs. 1 Nr. 11. 4

## § 18 Meldungen

(1) Der Inhaber einer Erlaubnis nach § 3 ist verpflichtet, dem Bundesinstitut für Arzneimittel und Medizinprodukte getrennt für jede Betriebsstätte und für jedes Betäubungsmittel die jeweilige Menge zu melden, die
1. beim Anbau gewonnen wurde, unter Angabe der Anbaufläche nach Lage und Größe,
2. hergestellt wurde, aufgeschlüsselt nach Ausgangsstoffen,
3. zur Herstellung anderer Betäubungsmittel verwendet wurde, aufgeschlüsselt nach diesen Betäubungsmitteln,
4. zur Herstellung von nicht unter dieses Gesetz fallenden Stoffen verwendet wurde, aufgeschlüsselt nach diesen Stoffen,
5. zur Herstellung ausgenommener Zubereitungen verwendet wurde, aufgeschlüsselt nach diesen Zubereitungen,
6. eingeführt wurde, aufgeschlüsselt nach Ausfuhrländern,
7. ausgeführt wurde, aufgeschlüsselt nach Einfuhrländern,
8. erworben wurde,

9. abgegeben wurde,
10. vernichtet wurde,
11. zu anderen als den nach den Nummern 1 bis 10 angegebenen Zwecken verwendet wurde, aufgeschlüsselt nach den jeweiligen Verwendungszwecken und
12. am Ende des jeweiligen Kalenderhalbjahres als Bestand vorhanden war.

(2) Die in den Meldungen anzugebenden Mengen sind
1. bei Stoffen und nicht abgeteilten Zubereitungen die Gewichtsmenge und
2. bei abgeteilten Zubereitungen die Stückzahl.

(3) Die Meldungen nach Absatz 1 Nr. 2 bis 12 sind dem Bundesinstitut für Arzneimittel und Medizinprodukte jeweils bis zum 31. Januar und 31. Juli für das vergangene Kalenderhalbjahr und die Meldung nach Absatz 1 Nr. 1 bis zum 31. Januar für das vergangene Kalenderjahr einzusenden.

(4) Für die in Absatz 1 bezeichneten Meldungen sind die vom Bundesinstitut für Arzneimittel und Medizinprodukte herausgegebenen amtlichen Formblätter zu verwenden.

1 § 18 richtet sich an den Erlaubnisinhaber, sodass nur dieser persönlich verpflichtet und verantwortlich ist, auch wenn er sich zur Erfüllung seiner Pflichten seiner Betriebsangehörigen bedient (s. § 17 Rdn. 1). Für Angehörige medizinischer und pharmazeutischer Berufe besteht daher keine Meldepflicht, *soweit* sie von der Erlaubnispflicht befreit sind. Die Meldepflichten nach § 18 und § 12 Abs. 2 bestehen unabhängig voneinander (Franke/Wienroeder/*Franke*, § 18). Im Gegensatz zur unverzüglichen Meldung jeder einzelnen Betäubungsmittelabgabe gem. § 12 Abs. 2 hat die Bestandsmeldung des § 18 – mit Ausnahme der Meldung nach Abs. 1 Nr. 1, die jährlich zu erfolgen hat – halbjährlich zu erfolgen (§ 18 Abs. 3). Hierbei ist das amtliche Formblatt des BfArM zu verwenden (Abs. 4). Kam es innerhalb des Meldezeitraums zu keinem meldepflichtigen Vorgang und liegt auch kein meldepflichtiger Bestand vor, so ist Fehlanzeige zu erstatten (Weber, § 18 Rn. 2). Wer vorsätzlich oder fahrlässig entgegen § 18 Abs. 1 bis 3 Meldungen nicht richtig, nicht vollständig oder nicht rechtzeitig erstattet, begeht eine Ordnungswidrigkeit nach § 32 Abs. 1 Nr. 12.

**Vorbemerkung zu §§ 29 ff.**

1 Die besonderen Straf- und Ordnungswidrigkeitentatbestände des Betäubungsmittelgesetzes sind in den §§ 29 ff. geregelt. Zentrale Vorschrift ist hier § 29 mit Vergehenstatbeständen mit einer Strafandrohung von bis zu 5 Jahren Freiheitsstrafe, in besonders schweren Fällen von nicht unter einem Jahr Freiheitsstrafe (Abs. 3). Über § 29 Abs. 1 Satz 1 Nr. 14 enthält daneben § 16 BtMVV spezielle Vergehenstatbestände bei bestimmten Verstößen gegen die BtMVV. Die §§ 29a bis 30a sind als Verbrechenstatbestände mit hohen Strafandrohungen ausgestaltet, im Fall des § 30a sogar von nicht unter 5 Jahren. § 32 enthält einen Ordnungswidrigkeitenkatalog, § 33 betrifft die Einziehung und ergänzt damit die Vorschriften der §§ 73 ff. StGB.

2 Das Verhältnis der einzelnen Tatbestände und Tatmodalitäten zueinander kann im Einzelfall Schwierigkeiten bereiten (s. etwa § 29 Rdn. 18, 23, 29 f.). Besondere Bedeutung kommt in diesem Zusammenhang auch den Grundsätzen der **Bewertungseinheit** zu. Hiernach stellen verschiedene Betätigungen, die auf die Förderung ein und desselben Güterumsatzes abzielen, nur eine Tat dar (s. etwa BGH, Urt. v. 18.07.2018 – 5 StR 547/17; BGH, Beschl. v. 05.08.2014 – 3 StR 340/14, NStZ-RR 2015, 16; BGH, Beschl. v. 26.09.2012 – 4 StR 345/12, NStZ-RR 2013, 46). So sind sämtliche Betätigungen, die sich auf den Vertrieb derselben, in einem Akt erworbenen Betäubungsmittel beziehen, als eine Tat anzusehen, wenn bereits Erwerb und Besitz der Betäubungsmittel, die zum Zweck der Weitergabe beschafft wurden, in Bezug auf die Gesamtmenge strafbar sind (BGH, Beschl. v. 06.08.2013 – 5 StR 255/13; BGH, Beschl. v. 26.09.2012 – 4 StR 345/12, NStZ-RR 2013, 46; BGH, Urt. v. 02.02.2012 – 3 StR 321/11, NStZ 2012, 337). In diesem Fall bilden die aus dem einheitlich bezogenen Betäubungsmittelvorrat vorgenommenen Weitergaben

von Einzelmengen lediglich unselbstständige Teilakte ein und desselben strafbaren Güterumsatzes im Sinne einer strafrechtlichen Bewertungseinheit (BGH, Beschl. v. 10.01.2019 – 3 StR 448/18, NStZ-RR 2019, 250; BGH, Beschl. v. 06.08.2013 – 5 StR 255/13). Die Bewertungseinheit gilt dabei bei allen Absatzdelikten, so etwa auch im Fall der Veräußerung oder Abgabe von Betäubungsmitteln (Franke/Wienroeder/*Wienroeder*, Einf. Rn. 43). Ist der Erwerb des Betäubungsmittelvorrats allerdings für sich nicht strafbewehrt und greift eine Strafnorm des Betäubungsmittelgesetzes erst mit der Weitergabe hieraus entnommener Teilmengen ein, fehlt es an einem die Einzeltaten verbindenden einheitlichen Güterumsatz (BGH, Urt. v. 02.02.2012 – 3 StR 321/11, NStZ 2012, 337). Teilidentität der Ausführungshandlungen aufeinander folgender Umsatzgeschäfte kann zudem zur Folge haben, dass sämtliche auf die einzelnen Handelsmengen bezogenen tatbestandlichen Bewertungseinheiten des Handeltreibens im Wege der gleichartigen Idealkonkurrenz zu einer Tat des unerlaubten Handeltreibens verknüpft werden (BGH, Beschl. v. 14.01.2015 – 5 StR 522/14, NStZ-RR 2015, 114; BGH, Beschl. v. 02.07.2014 – 4 StR 188/14; BGH, Beschl. v. 04.06.2014 – 5 StR 494/13). Aufeinanderfolgende, sich auf unterschiedliche Betäubungsmittelmengen beziehende Umsatzgeschäfte eines Betäubungsmittelhändlers werden zu einer Tat des Handeltreibens mit Betäubungsmitteln verbunden, wenn sich der Täter zu seinem Lieferanten begibt, um die vorangegangene Lieferung zu bezahlen und dabei zugleich eine weitere, zuvor bestellte Lieferung abzuholen (BGH, Beschl. v. 10.07.2017 – GSSt 4/17, NJW 2018, 2905) oder eine neue Lieferung zu vereinbaren (BGH, Beschl. v. 10.02.2021 – 6 StR 453/20), wenn also das Aufsuchen des Lieferanten zugleich beiden Umsatzgeschäften dient. Kommt es hingegen ohne eine vergleichbare teilidentische Ausführungshandlung zur Entgegennahme weiterer Betäubungsmittel lediglich aus Anlass der Bezahlung zuvor gelieferter Betäubungsmittel, handelt es sich um einen Fall der natürlichen Handlungseinheit (BGH, Beschl. v. 10.07.2017 – GSSt 4/17, NJW 2018, 2905).

Daneben können die allgemeinen strafrechtlichen Vorschriften zur Anwendung kommen. So kann etwa das Aufrechterhalten einer Sucht durch Betäubungsmittelgabe den Tatbestand einer Körperverletzung erfüllen (BayObLG, Beschl. v. 28.08.2002 – 5 StRR 179/02, NJW 2003, 371 [372]). Durch Verschreibung von Substitutionsmitteln wird sich der Arzt bei Versterben des Patienten infolge einer Überdosis in der Regel nicht wegen eines Tötungsdelikts bzw. Körperverletzung mit Todesfolge strafbar machen, da regelmäßig eine straflose Beteiligung an einer Selbstgefährdung bzw. -verletzung vorliegen wird (BGH, Urt. v. 28.01.2014 – 1 StR 494/13, NStZ-RR 2014, 147 [148 f.]; BGH, Beschl. v. 16.01.2014 – 1 StR 389/13; s. hierzu auch § 30 Rdn. 7). Ein allgemeiner Erfahrungssatz, dass Betäubungsmittelkonsumenten zu eigenverantwortlicher Entscheidung nicht fähig sind, besteht nicht; es bedarf vielmehr der Feststellung konkreter die Eigenverantwortlichkeit einschränkender Umstände, etwa einer akuten Intoxikation, unter Umständen auch eines entzugsbedingten akuten Suchtdrucks, verbunden mit der Angst vor körperlichen Entzugserscheinungen oder konsumbedingter schwerer Persönlichkeitsveränderungen, die zum Verlust der Eigenverantwortlichkeit führen können (BGH, Beschl. v. 16.01.2014 – 1 StR 389/13). 3

Bei Vergabe von schmerzlindernden aber den **Todeseintritt beschleunigenden Medikamenten** sind die von der Rechtsprechung zu Sterbehilfe und Sterbebegleitung entwickelten Grundsätze zu beachten. So wird die ärztlich gebotene schmerzlindernde Medikation beim todkranken Patienten nicht dadurch unzulässig, dass sie als unbeabsichtigte, aber unvermeidbare Nebenfolge den Todeseintritt beschleunigen kann. Soweit hierdurch ein früherer Tod des Patienten verursacht und der Tatbestand eines Tötungsdelikts verwirklicht wird, ist das Handeln des Arztes jedenfalls nach § 34 StGB gerechtfertigt, sofern es nicht ausnahmsweise dem erklärten oder mutmaßlichen Willen des Patienten widerspricht (s. etwa nur BGH, Urt. v. 07.02.2001 – 5 StR 474/00, NJW 2001, 1802 [1803]). Im Ausnahmefall kann auch ein Nichtarzt medizinische Maßnahmen zur Leidensminderung durchführen, wenn sie der Sache nach den Regeln der ärztlichen Kunst entsprechen und sich im Rahmen einer mutmaßlichen Einwilligung des Patienten bewegen (jeweils zur Morphingabe in doppelter Dosierung durch eine Pflegekraft: BGH, Beschl. v. 26.05.2020 – 2 StR 434/19, NStZ 2021, 164; BGH, Urt. v. 30.01.2019 – 2 StR 325/17, NStZ 2020, 29). Die Rechtfertigung einer Körperverletzung durch erklärte oder mutmaßliche Einwilligung ist auch dann nicht zwingend ausgeschlossen, wenn der Nichtarzt unter Abweichung von einer ärztlichen Anordnung handelt 3a

(BGH, Beschl. v. 26.05.2020 – 2 StR 434/19, NStZ 2021, 164; BGH, Urt. v. 30.01.2019 – 2 StR 325/17, NStZ 2020, 29).

**3b** In die Rechtsprechung zur **Sterbehilfe** ist in den letzten Jahren einige Bewegung gekommen (s. auch § 5 Rdn. 9a). Zunächst hatten zwei Landgerichtsentscheidungen, die mit dem Freispruch eines an einem begleiteten Suizid mitwirkenden Arztes endeten, für Aufsehen gesorgt (LG Berlin, Urt. v. 08.03.2018 – (502 KLs) 234 Js 339/13 (1/17), NStZ-RR 2018, 246; LG Hamburg, Urt. v. 08.11.2017 – 619 KLs 7/16, NStZ 2018, 281). Die Enscheidungen wurden später vom BGH bestätigt: Die Garantenstellung des Arztes für das Leben seines Patienten ende, wenn er vereinbarungsgemäß nur noch dessen freiverantwortlichen Suizid begleite (BGH, Urt. v. 03.07.2019 – 5 StR 393/18, NStZ 2019, 666). Angesichts der gewachsenen Bedeutung der Selbstbestimmung des Einzelnen auch bei Entscheidungen über sein Leben könne in Fällen des freiverantwortlichen Suizids der Arzt, der die Umstände kennt, nicht mit strafrechtlichen Konsequenzen verpflichtet werden, gegen den Willen des Suizidenten zu handeln (BGH, Urt. v. 03.07.2019 – 5 StR 132/18, NJW 2019, 3092). Im Jahr 2020 hat das BVerfG dann auch noch das Recht auf selbstbestimmtes Sterben betont und das Verbot der geschäftsmäßigen Förderung der Selbsttötung (§ 217 StGB a.F.) für verfassungswidrig erklärt (BVerfG, Urt. v. 26.02.2020 – 2 BvR 2347/15, NJW 2020, 905).

**4** Für Angehörige medizinischer und pharmazeutischer Berufe birgt der Vorwurf eines strafbaren Verhaltens grundsätzlich die Gefahr des Verlustes insbesondere von **Approbation und Betriebserlaubnis**. Dies gilt aufgrund der besonderen Gesundheitsgefahren und der damit im Zusammenhang stehenden hohen Strafandrohungen in besonderem Maße, wenn mögliche Straftaten im Betäubungsmittelverkehr betroffen sind (für Einzelfallentscheidungen s. etwa nur VG Köln, Urt. v. 13.03.2018 – 7 K 7010/15; VGH München, Beschl. v. 14.11.2014 – 21 ZB 14.1072; OVG Lüneburg, Beschl. v. 07.02.2014 – 8 LA 84/13; OVG Bremen, Beschl. v. 27.08.2013 – OVG 1 B 119/13 sowie in der Vorinstanz VG Bremen, Beschl. v. 27.05.2013 – 5 V 380/13, NZS 2013, 599; OVG Münster, Beschl. v. 19.07.2013 – 13 A 1300/12 sowie in der Vorinstanz VG Köln, Urt. v. 24.04.2012 – 7 K 7253/10; VGH München, Beschl. v. 03.03.1992 – 21 B 91.1336 sowie in der Vorinstanz VG München, Urt. v. 05.03.1991 – M 16 K 89/3451, NVwZ-RR 1992, 355; VG Hannover, Urt. v. 27.08.2014 – 5 A 2959/13; s. im Einzelnen bei MüKo-StGB/ *Kotz/Oğlakcıoğlu*, § 29 Rn. 1258 ff. und Körner/Patzak/Volkmer/*Patzak*, § 29, Teil 15 Rn. 78 ff. und Teil 17 Rn. 56 f.). Die Anordnung des Ruhens der ärztlichen Approbation etwa kann aber unverhältnismäßig sein, wenn ein Verbot der weiteren Teilnahme am Betäubungsmittelverkehr nach § 22 Abs. 1 Nr. 4 in Betracht kommt oder eine Selbstbeschränkung des Arztes vorliegt (OVG Bremen, Beschl. v. 27.08.2013 – OVG 1 B 119/13; s. hierzu auch VG München, Urt. v. 16.02.2011 – M 18 K 10.6287; s. Körner/Patzak/Volkmer/*Patzak*, § 29, Teil 15 Rn. 77).

## § 29 Straftaten

(1) Mit Freiheitsstrafe bis zu fünf Jahren oder mit Geldstrafe wird bestraft, wer
1. Betäubungsmittel unerlaubt anbaut, herstellt, mit ihnen Handel treibt, sie, ohne Handel zu treiben, einführt, ausführt, veräußert, abgibt, sonst in den Verkehr bringt, erwirbt oder sich in sonstiger Weise verschafft,
2. eine ausgenommene Zubereitung (§ 2 Abs. 1 Nr. 3) ohne Erlaubnis nach § 3 Abs. 1 Nr. 2 herstellt,
3. Betäubungsmittel besitzt, ohne zugleich im Besitz einer schriftlichen Erlaubnis für den Erwerb zu sein,
4. (weggefallen)
5. entgegen § 11 Abs. 1 Satz 2 Betäubungsmittel durchführt,
6. entgegen § 13 Abs. 1 Betäubungsmittel
   a) verschreibt,
   b) verabreicht oder zum unmittelbaren Verbrauch überläßt,
6a. entgegen § 13 Absatz 1a Satz 1 und 2 ein dort genanntes Betäubungsmittel überlässt,
7. entgegen § 13 Absatz 2

a) Betäubungsmittel in einer Apotheke oder tierärztlichen Hausapotheke,
b) Diamorphin als pharmazeutischer Unternehmer
abgibt,
8. entgegen § 14 Abs. 5 für Betäubungsmittel wirbt,
9. unrichtige oder unvollständige Angaben macht, um für sich oder einen anderen oder für ein Tier die Verschreibung eines Betäubungsmittels zu erlangen,
10. einem anderen eine Gelegenheit zum unbefugten Erwerb oder zur unbefugten Abgabe von Betäubungsmitteln verschafft oder gewährt, eine solche Gelegenheit öffentlich oder eigennützig mitteilt oder einen anderen zum unbefugten Verbrauch von Betäubungsmitteln verleitet,
11. ohne Erlaubnis nach § 10a einem anderen eine Gelegenheit zum unbefugten Verbrauch von Betäubungsmitteln verschafft oder gewährt, oder wer eine außerhalb einer Einrichtung nach § 10a bestehende Gelegenheit zu einem solchen Verbrauch eigennützig oder öffentlich mitteilt,
12. öffentlich, in einer Versammlung oder durch Verbreiten eines Inhalts (§ 11 Absatz 3 des Strafgesetzbuches) dazu auffordert, Betäubungsmittel zu verbrauchen, die nicht zulässigerweise verschrieben worden sind,
13. Geldmittel oder andere Vermögensgegenstände einem anderen für eine rechtswidrige Tat nach Nummern 1, 5, 6, 7, 10, 11 oder 12 bereitstellt,
14. einer Rechtsverordnung nach § 11 Abs. 2 Satz 2 Nr. 1 oder § 13 Abs. 3 Satz 2 Nr. 1, 2a oder 5 zuwiderhandelt, soweit sie für einen bestimmten Tatbestand auf diese Strafvorschrift verweist.

Die Abgabe von sterilen Einmalspritzen an Betäubungsmittelabhängige und die öffentliche Information darüber sind kein Verschaffen und kein öffentliches Mitteilen einer Gelegenheit zum Verbrauch nach Satz 1 Nr. 11.

(2) In den Fällen des Absatzes 1 Satz 1 Nr. 1, 2, 5 oder 6 Buchstabe b ist der Versuch strafbar.

(3) In besonders schweren Fällen ist die Strafe Freiheitsstrafe nicht unter einem Jahr. Ein besonders schwerer Fall liegt in der Regel vor, wenn der Täter
1. in den Fällen des Absatzes 1 Satz 1 Nr. 1, 5, 6, 10, 11 oder 13 gewerbsmäßig handelt,
2. durch eine der in Absatz 1 Satz 1 Nr. 1, 6 oder 7 bezeichneten Handlungen die Gesundheit mehrerer Menschen gefährdet.

(4) Handelt der Täter in den Fällen des Absatzes 1 Satz 1 Nr. 1, 2, 5, 6 Buchstabe b, Nr. 10 oder 11 fahrlässig, so ist die Strafe Freiheitsstrafe bis zu einem Jahr oder Geldstrafe.

(5) Das Gericht kann von einer Bestrafung nach den Absätzen 1, 2 und 4 absehen, wenn der Täter die Betäubungsmittel lediglich zum Eigenverbrauch in geringer Menge anbaut, herstellt, einführt, ausführt, durchführt, erwirbt, sich in sonstiger Weise verschafft oder besitzt.

(6) Die Vorschriften des Absatzes 1 Satz 1 Nr. 1 sind, soweit sie das Handeltreiben, Abgeben oder Veräußern betreffen, auch anzuwenden, wenn sich die Handlung auf Stoffe oder Zubereitungen bezieht, die nicht Betäubungsmittel sind, aber als solche ausgegeben werden.

| Übersicht | Rdn. | | Rdn. |
|---|---|---|---|
| A. Einleitung | 1 | III. Unerlaubter Besitz (§ 29 Abs. 1 Satz 1 Nr. 3) | 14 |
| B. Einzelne Straftatbestände | 3 | IV. Unerlaubte Verschreibung, Verabreichung oder Verbrauchsüberlassung (§ 29 Abs. 1 Satz 1 Nr. 6) | 15 |
| I. Grundtatbestand (§ 29 Abs. 1 Satz 1 Nr. 1) | 3 | 1. Verschreibung entgegen § 13 Abs. 1 (§ 29 Abs. 1 Satz 1 Nr. 6 Buchst. a) | 17 |
| II. Unerlaubtes Herstellen einer ausgenommenen Zubereitung (§ 29 Abs. 1 Satz 1 Nr. 2) | 13 | | |

|  |  |  |  |  |  |
|---|---|---|---|---|---|
|  | 2. Verabreichung/Verbrauchsüberlassung entgegen § 13 Abs. 1 (§ 29 Abs. 1 Satz 1 Nr. 6 Buchst. b) | 22 | VII. | Verstoß gegen Rechtsverordnung (§ 29 Abs. 1 Satz 1 Nr. 14) | 33 |
| V. | Unerlaubtes Überlassen an Palliativpatienten (§ 29 Abs. 1 Satz 1 Nr. 6a) | 26 | C. | Versuch | 34 |
|  |  |  | D. | Besonders schwerer Fall | 35 |
|  |  |  | E. | Fahrlässigkeit | 39 |
| VI. | Unerlaubte Abgabe entgegen § 13 Abs. 2 (§ 29 Abs. 1 Satz 1 Nr. 7) | 28 |  |  |  |

## A. Einleitung

**1** § 29 ist die zentrale Norm des Betäubungsmittelstrafrechts. Sie stellt praktisch den gesamten unbefugten Betäubungsmittelverkehr unter Strafe. Eine Ausnahme bildet lediglich der Konsum, der für sich genommen straflos ist. Für Ärzte und Apotheker sind insbesondere die Nr. 1, 6, 6a, 7 und 14 von praktischer Bedeutung. Der Versuch ist nur in den Fällen der Nr. 1, 2, 5 und 6 Buchst. b strafbewehrt (Abs. 2). Fahrlässigkeit ist lediglich in den Fällen der Nr. 1, 2, 5, 6 Buchst. b, 10 und 11 strafbar und mit bis zu einem Jahr Freiheitsstrafe bedroht (Abs. 4). Abs. 3 enthält Regelbeispiele für besonders schwere Fälle.

**2** All das, was das BtMG, ggf. im Zusammenspiel mit der BtMVV, erlaubt, kann nicht unbefugt und damit strafbewehrt i.S.d. § 29 sein. Die Straftatbestände sind regelmäßig verwaltungsakzessorisch ausgestaltet und setzen voraus, dass der Täter ohne Erlaubnis handelt (Franke/Wienroeder/*Franke*, § 3 Rn. 1; Körner/Patzak/Volkmer/*Patzak*, § 3 Rn. 7; s. hierzu § 3 Rdn. 12 ff.). Maßgeblich ist daher in erster Linie, ob eine Erlaubnis gem. § 3 vorliegt bzw. ein Befreiungstatbestand des § 4 greift und ob im Anwendungsbereich des § 13 dessen Voraussetzungen erfüllt sind. Aus dem Vorliegen einer behördlichen Erlaubnis folgt aber andererseits nicht automatisch die Straflosigkeit des Erlaubnisinhabers, da Strafbarkeit auch dann gegeben sein kann, wenn sein Handeln das materiell Erlaubte überschreitet (LG Koblenz, Urt. v. 16.12.1983 – 102 Js 6968/81 – 9 KLs, NStZ 1984, 272 in einem Fall des mittäterschaftlich begangenen unerlaubten Handeltreibens mit einem Nichterlaubnisinhaber). Für Irrtümer hinsichtlich der Erlaubnis s. § 3 Rdn. 15.

## B. Einzelne Straftatbestände

### I. Grundtatbestand (§ 29 Abs. 1 Satz 1 Nr. 1)

**3** Mit § 29 Abs. 1 Satz 1 Nr. 1 hat der Gesetzgeber einen vollständigen Katalog derjenigen Begehungsformen aufstellen wollen, die dazu geeignet sind, Betäubungsmittel unkontrolliert in einer die Allgemeinheit gefährdenden Weise in den Verkehr zu bringen und es dabei in Kauf genommen, dass sich im Einzelfall mehrere dieser Begehungsformen decken oder überschneiden können (BGH, Urt. v. 21.02.1974 – 1 StR 588/73, NJW 1974, 959 [960]; Erbs/Kohlhaas/*Pelchen/Bruns*, § 29 Rn. 2). Hier sind sowohl vorsätzliche als auch fahrlässige Verstöße (Abs. 4) sowie der Versuch (Abs. 2) strafbewehrt.

**4** **Herstellen** ist gem. § 2 Nr. 4 das Gewinnen, Anfertigen, Zubereiten, Be- oder Verarbeiten, Reinigen und Umwandeln (s. hier im Einzelnen § 2 Rdn. 3). Apotheken ist die Herstellung der Betäubungsmittel der Anlagen II und III sowie der dort ausgenommenen Zubereitungen im Rahmen des Apothekenbetriebs ohne Erlaubnis gestattet, § 4 Abs. 1 Nr. 1 Buchst. a.

**5** Das Tatbestandsmerkmal des **Handeltreibens** ist weit auszulegen. Hierunter wird nach st. Rspr. jede eigennützige, auf Umsatz von Betäubungsmitteln gerichtete Tätigkeit verstanden (s. etwa BGH, Urt. v. 11.02.2015 – 2 StR 349/14; BGH, Beschl. v. 05.08.2014 – 3 StR 340/14, NStZ-RR 2015, 16; BGH, Beschl. v. 22.05.2014 – 4 StR 223/13; BGH, Beschl. v. 26.10.2005 – GSSt 1/05, NStZ 2006, 171). Täter oder Mittäter des Handeltreibens mit Betäubungsmitteln kann nur sein, wer selbst eigennützig handelt; die bloße Förderung fremden Eigennutzes genügt nicht (BGH, *Beschl. v.* 24.09.2014 – 2 StR 276/14, NStZ-RR 2014, 375; BGH, Beschl. v. 20.02.2014 – 2 StR 563/13, NStZ-RR 2014, 213; *BGH, Beschl. v.* 17.07.2013 – 2 StR 259/13). Eigennützigkeit liegt vor, wenn der Täter vom Streben nach Gewinn geleitet wird oder sich irgendeinen anderen persönlichen Vorteil davon verspricht, durch den er materiell oder – objektiv messbar – immateriell bessergestellt wird (BGH, Beschl. v. 17.06.2020 – 1 StR 188/20, NStZ 2021, 51). Schon die Inbesitznahme von Betäubungsmitteln ist als Handeltreiben zu werten, wenn mit ihr eine umsatzfördernde Handlung vorgenommen wird oder der Täter eine solche Handlung zumindest beabsichtigt (BGH, Urt. v. 20.01.1982 – 2 StR 593/81, NJW 1982, 1337 [1338]), ebenso dem eigentlichen Betäubungsmittelumsatz nachfolgende Zahlungsvorgänge (BGH, Beschl. v. 14.01.2015 – 5 StR 522/14, NStZ-RR 2015, 114; BGH, Beschl. v. 22.05.2014 – 4 StR 223/13; vgl. auch BGH, Beschl. v. 21.01.2014 – 2 StR 507/13). Der Tatbestand ist auch dann erfüllt, wenn der Täter einen Dritten ernsthaft verpflichtet hat, ihm die zur Veräußerung bestimmten Betäubungsmittel zu liefern (BGH, Urt. v. 17.04.2014 – 3 StR 84/14, NStZ-RR 2014, 344 (345); im Einzelfall kann bereits bei ernsthaften Verhandlungen mit dem potentiellen Verkäufer ein vollendetes Handeltreiben vorliegen (BGH, Beschl. v. 17.06.2020 – 1 StR 110/20, NStZ 2021, 53; BGH, Beschl. v. 26.10.2005 – GSSt 1/05, NStZ 2006, 171). Die weite Auslegung durch die Rechtsprechung hat zur Folge, dass ein Verhalten mehrere Merkmale des Grundtatbestandes gleichzeitig erfüllen kann. Diese Taten sollen dann dem allgemeineren Begriff des Handeltreibens unterfallen. Treibt der Täter etwa mit dem Betäubungsmittel Handel und bringt es (ausschließlich) zu diesem Zweck in seinen Besitz, dann geht der Besitz – ebenso wie die anschließende Veräußerung – in dem umfassenderen Begriff des Handeltreibens auf (BGH, Beschl. v. 25.02.2015 – 4 StR 516/14, NStZ-RR 2015, 174 [175]; BGH, Beschl. v. 06.08.2013 – 5 StR 255/13, NStZ-RR 2013, 347)). Demgegenüber besteht zwischen dem Handeltreiben mit Betäubungsmitteln und dem gleichzeitigen Besitz der davon nicht betroffenen Betäubungsmittelmenge Tateinheit (BGH, Beschl. v. 12.09.2017 – 4 StR 298/17, NStZ-RR 2018, 19 (LS); BGH, Beschl. v. 25.02.2015 – 4 StR 516/1, NStZ-RR 2015, 174 [175]). Den anderen Begehungsweisen kommt also nur dann selbstständige Bedeutung zu, wenn sie nicht schon Teilakte des Handeltreibens sind (s. hierzu auch Rdn. 2 der Vorbem. vor §§ 29 ff. zur Bewertungseinheit).

Apotheken dürfen Betäubungsmittel regelmäßig ohne Erlaubnis abgeben (§ 4 Abs. 1 Nr. 1 Buchst. c, d und f). Der praktisch bedeutsamste Fall ist die Abgabe von Betäubungsmitteln der Anlage III aufgrund ärztlicher Verschreibung (§ 4 Abs. 1 Nr. 1 Buchst. c). Für tierärztliche Hausapotheken enthalten die § 4 Abs. 1 Nr. 2 Buchst. c und d Vorschriften zur erlaubten Abgabe. Die »Abgabe« umfasst dort jeweils auch die Veräußerung und das Handeltreiben (s. § 4 Rdn. 5). Gibt der Apotheker allerdings Betäubungsmittel außerhalb des Befreiungstatbestandes ab und verfügt er nicht über eine Erlaubnis, handelt der abgebende Apotheker unbefugt und damit grundsätzlich strafbar (s. hierzu und zum Verhältnis von § 29 Abs. 1 Satz 1 Nr. 1 und § 29 Abs. 1 Satz 1 Nr. 7 Rdn. 29 f.). Für die während der Corona-Pandemie geltende Sondervorschrift des § 5 SARS-CoV-2-Arzneimittelversorgungsverordnung s. § 4 Rdn. 1. 6

Unter **Einfuhr** ist das Verbringen des Stoffes aus einem anderen Gebiet in den Geltungsbereich dieses Gesetzes, unter **Ausfuhr** der umgekehrte Vorgang zu verstehen (Erbs/Kohlhaas/*Pelchen/Bruns*, § 29 Rn. 9; Franke/Wienroeder/*Wienroeder*, § 29 Rn. 74/101). Zu beachten ist, dass (Zahn-/Tier-)Ärzte nach § 4 Abs. 1 Nr. 4 Buchst. a Betäubungsmittel der Anlage III im Rahmen des grenzüberschreitenden Dienstleistungsverkehrs ausführen oder einführen dürfen. 7

**Veräußerung** ist die rechtsgeschäftliche, entgeltliche Übereignung eines Betäubungsmittels unter Einräumung der Verfügungsgewalt (Körner/Patzak/Volkmer/*Patzak*, § 29, Teil 7 Rn. 2). Wegen des weiten Begriffs des Handeltreibens verbleibt für die Veräußerung aber nur dann ein Anwendungsbereich, wenn der Täter zwar entgeltlich, aber uneigennützig Betäubungsmittel abgibt. Entsprechend ist **Abgabe** i.S.d. § 29 Abs. 1 Satz 1 Nr. 1 die rein tatsächliche Übertragung der Verfügungsgewalt ohne rechtsgeschäftliche Grundlage und ohne Gegenleistung an einen Dritten, sodass dieser über das Betäubungsmittel frei verfügen kann (BGH, Beschl. v. 29.09.1998 – 4 StR 403/98, NStZ-RR 1999, 89). 8

Da Handeltreiben, Veräußerung sowie Abgabe voraussetzen, dass dem Empfänger Verfügungsgewalt eingeräumt wird, fällt die Verabreichung von Betäubungsmitteln (BGH, Urt. v. 05.04.1951 – 4 StR 70/50, BGHSt. 1, 130), etwa durch Injektionen, oder die Überlassung zum unmittelbaren Verbrauch 9

(BGH, Beschl. v. 27.05.2014 – 2 StR 354/13; BGH, Urt. v. 11.12.1990 –1 StR 571/90; vgl. OLG Bamberg, Beschl. v. 14.10.2013 – 3 Ss 102/13) nicht hierunter. Denn in diesen Fällen erlangt der Patient gerade keine eigene Verfügungsgewalt (s. § 13 Rdn. 21 f.). Verstöße gegen § 13 Abs. 1 werden grundsätzlich durch § 29 Abs. 1 Satz 1 Nr. 6 erfasst. Liegt aber keine Verabreichung oder Überlassung zum unmittelbaren Verbrauch vor, sondern eine Abgabe im weiteren Sinne, so macht sich der Arzt nach § 29 Abs. 1 Satz 1 Nr. 1 strafbar (s. Rdn. 23). Für die Abgabe durch (tierärztliche Haus-) Apotheken s. Rdn. 6 u. 29 f.

10 Unter den Auffangtatbestand des **sonstigen Inverkehrbringens** fällt jedes von den vorstehenden Merkmalen nicht schon erfasste Eröffnen der Möglichkeit, dass ein anderer die tatsächliche Verfügungsgewalt über ein Betäubungsmittel erlangt, also jede Verursachung des Wechsels der Verfügungsgewalt (BGH, Urt. v. 25.11.1980 – 1 StR 508/80, StV 1981, 127 [128]). Ein fahrlässiges Inverkehrbringen kann vorliegen, wenn ein Arzt einem drogenabhängigen Patienten durch Verlassen des Behandlungszimmers oder unzureichende Sicherungsmaßnahmen ermöglicht, Betäubungsmittel oder Betäubungsmittelrezepte zu entwenden (HK-AKM/*Kotz*, Rn. 120; Spickhoff/*Malek*, § 29 Rn. 8). Auch bei ärztlichen Verschreibungen zu anderen als zu Heilzwecken wurde zum Teil angenommen, dass der Arzt hiermit Betäubungsmittel durch den Apotheker als Werkzeug in Verkehr bringt (RGSt. 62, 369 (390); vgl. Körner/Patzak/Volkmer/*Patzak*, § 29, Teil 15 Rn. 87; a.A. MüKo-StGB/*Kotz/Oğlakcıoğlu*, § 29 Rn. 1242 und Weber, § 29 Rn. 1480; vgl. auch BGH, Beschl. v. 17.05.1991 – 3 StR 8/91, NJW 1991, 2359 (2360), dort aber offen gelassen).

11 **Erwerb** ist die Erlangung der tatsächlichen Verfügungsgewalt aufgrund willensmäßiger Übereinstimmung der Beteiligten (BGH, Urt. v. 07.07.1994 – 1 StR 313/94, NJW 1994, 3019 [3020]) und somit auf abgeleitetem Wege. Demgegenüber fehlt es bei dem Merkmal »**sich in sonstiger Weise verschaffen**« an diesem einvernehmlichen Zusammenwirken mit dem Vorbesitzer; Täter sind hier z.B. Diebe (Weber, § 29 Rn. 1257; Franke/Wienroeder/*Wienroeder*, § 29 Rn. 122).

12 Mangels Übertragung von Verfügungsgewalt ist weder die passive Entgegennahme des Betäubungsmittels bei Verabreichung noch die aktive Anwendung bei Überlassung zum unmittelbaren Verbrauch i.S.d. § 13 Abs. 1 Erwerb in diesem Sinne (s. Rdn. 9). Apotheken ist der Erwerb von Betäubungsmitteln der Anlagen II oder III nach § 4 Abs. 1 Nr. 1 Buchst. b ohne Erlaubnis gestattet; für tierärztliche Hausapotheken gilt dies nur für Betäubungsmittel der Anlage III (§ 4 Abs. 1 Nr. 2 Buchst. b). Daneben dürfen Betäubungsmittel der Anlagen I – III zur Untersuchung oder Vernichtung entgegengenommen werden (§ 4 Abs. 1 Nr. 1 Buchst. e). Der Erwerb von Betäubungsmitteln der Anlage III durch Endverbraucher, wobei Erwerber auch der Arzt selbst sein kann, ist gem. § 4 Abs. 1 Nr. 3 privilegiert (s. § 4 Rdn. 10 ff.). Erfasst sind allerdings nur ordnungsgemäße und ärztlich begründete Verschreibungen (RGSt. 73, 392 (393); RGSt. 62, 369 (392); vgl. BGH, Urt. v. 05.04.1951 – 4 StR 70/50, BGHSt. 1, 130). Ein unerlaubter Erwerb liegt daher vor, wenn derjenige, dem zwar ein Betäubungsmittel ärztlich verschrieben wurde, darum weiß, dass dessen Anwendung ärztlich unbegründet ist (RGSt. 73, 392 [393]). Der Befreiungstatbestand ist zudem überschritten, wenn aufgrund einer erzwungenen Verschreibung (Körner/Patzak/Volkmer/*Patzak*, § 4 Rn. 17; Weber, § 4 Rn. 95) oder aufgrund einer Verschreibung als Genussmittel erworben wird; etwa wenn ein Arzt ein Betäubungsmittel erwirbt, das er sich zuvor selbst als Suchtmittel verschrieben hatte (Körner/Patzak/Volkmer/*Patzak*, § 4 Rn. 18/22). Die ärztlich unbegründete Eigen-Verschreibung kann in diesem Fall mit dem nachfolgenden unerlaubten Erwerb in Tateinheit stehen (BGH, Urt. v. 05.08.1975 – 1 StR 356/75, insoweit in NJW 1975, 2249 nicht abgedruckt; Franke/Wienroeder/*Franke*, § 29 Rn. 167; Körner/Patzak/Volkmer/*Patzak*, § 29, Teil 15 Rn. 87; MüKo-StGB/*Kotz/Oğlakcıoğlu*, § 29 Rn. 1242). Schließlich können im Zusammenhang mit dem Erwerb einer Gesamtmenge von Betäubungsmitteln die Grundsätze der Bewertungseinheit Bedeutung erlangen (s. Rdn. 2 der Vorbem. vor §§ 29 ff.).

## II. Unerlaubtes Herstellen einer ausgenommenen Zubereitung (§ 29 Abs. 1 Satz 1 Nr. 2)

13 Nach § 29 Abs. 1 Satz 1 Nr. 2 ist die Herstellung einer ausgenommenen Zubereitung i.S.d. § 2 Abs. 1 Nr. 3 (§ 2 Rdn. 2) und damit einer in den Anlagen I bis III bezeichneten Zubereitung,

die von den betäubungsmittelrechtlichen Vorschriften ganz oder teilweise ausgenommen ist, ohne Erlaubnis (§ 3 Abs. 1 Nr. 2) strafbar. Strafbewehrt sind sowohl vorsätzliche als auch fahrlässige Verstöße (Abs. 4) sowie der Versuch (Abs. 2).

### III. Unerlaubter Besitz (§ 29 Abs. 1 Satz 1 Nr. 3)

Nach § 29 Abs. 1 Satz 1 Nr. 3 ist der vorsätzliche Betäubungsmittelbesitz strafbar, wenn der Betroffene nicht zugleich im Besitz einer schriftlichen Erlaubnis für den Erwerb ist. In aller Regel ist der Besitz schon Bestandteil einer anderen Teilnahmeform am illegalen Betäubungsmittelverkehr, sodass der Besitztatbestand häufig nur als Auffangtatbestand bei Beweisnöten dient. Er tritt regelmäßig zurück, es kann jedoch im Einzelfall auch Tateinheit bestehen (s. etwa BGH, Beschl. v. 25.02.2015 – 4 StR 516/14; BGH, Beschl. v. 16.07.2013 – 4 StR 144/13; BGH, Beschl. v. 09.11.1999 – 1 StR 555/99). Besitz meint hier entsprechend dem strafrechtlichen Gewahrsamsbegriff der §§ 242, 246 StGB ein tatsächliches Herrschaftsverhältnis mit Besitzwillen, der darauf gerichtet ist, sich die Möglichkeit ungehinderter Einwirkung auf die Sache zu erhalten (st. Rspr., s. etwa BGH, Beschl. v. 18.08.2020 – 1 StR 247/20, NStZ 2021, 52)). Verboten ist der Besitz immer dann, wenn ihm keine erlaubte Handlung vorausging. Der Besitz ist daher erlaubt und unterfällt § 29 nicht, wenn die zugrundeliegende Handlung nach dem Gesetz gestattet ist.

14

### IV. Unerlaubte Verschreibung, Verabreichung oder Verbrauchsüberlassung (§ 29 Abs. 1 Satz 1 Nr. 6)

Nach § 29 Abs. 1 Satz 1 Nr. 6 ist es strafbar, entgegen § 13 Abs. 1 Betäubungsmittel zu verschreiben (Buchst. a), zu verabreichen oder zum unmittelbaren Verbrauch zu überlassen (Buchst. b). Für die Begrifflichkeiten s. § 13 Rdn. 9 u. 21. Für während der Corona-Pandemie geltende Sonderregelungen im Bereich der Substitutionsbehandlung (§ 6 SARS-CoV-2-Arzneimittelversorgungsverordnung) s. die Kommentierung bei § 13. Die Tatbestände sind nicht auf Ärzte beschränkt und damit keine Sonderdelikte; auch Nicht-Ärzte kommen als Täter in Betracht (MüKo-StGB/*Kotz/Oğlakcıoğlu*, § 29 Rn. 1204/1263). Es handelt sich zudem um schlichte Tätigkeitsdelikte, sodass ein rechtlich missbilligter Erfolg nicht eintreten muss (MüKo-StGB/*Kotz/Oğlakcıoğlu*, § 29 Rn. 1204/1263). Zu beachten ist, dass Fahrlässigkeit und Versuch nur im Fall der Nr. 6 Buchst. b mit Strafe bedroht sind.

15

Im Einzelnen können sich hier Abgrenzungsschwierigkeiten zu § 29 Abs. 1 Satz 1 Nr. 1 sowie § 29 Abs. 1 Satz 1 Nr. 14 BtMG i.V.m. § 16 BtMVV ergeben (s. Rdn. 18 u. 23). Daneben kommen die allgemeinen Straftatbestände des StGB, Körperverletzungs- und Tötungsdelikte (s. Rdn. 3 der Vorbem. zu §§ 29 ff. und § 30 Rdn. 7) aber auch Vermögensdelikte oder Urkundenfälschung, in Betracht.

16

#### 1. Verschreibung entgegen § 13 Abs. 1 (§ 29 Abs. 1 Satz 1 Nr. 6 Buchst. a)

§ 29 Abs. 1 Satz 1 Nr. 6 Buchst. a setzt zunächst einmal voraus, dass Betäubungsmittel verschrieben werden. Da der Tatbestand verwirklicht ist, wenn die Verschreibung »entgegen § 13 Abs. 1 BtMG« vorgenommen wird, liegt unerlaubtes Handeln vor, wenn das Betäubungsmittel nicht der Anlage III unterfällt, ein Nicht-Arzt die Verschreibung vornimmt oder die Verschreibung des Betäubungsmittels unbegründet ist (s. hierzu im Einzelnen § 13 Rdn. 4 ff., 9 ff. u. 23 ff.).

17

Da § 13 Abs. 1 durch die Betäubungsmittelverschreibungsverordnung, im Rahmen von Substitutionsbehandlungen insbesondere durch §§ 5, 5a BtMVV, konkretisiert wird, die in den §§ 16, 17 BtMVV eigene Straf- und Ordnungswidrigkeitentatbestände enthält, kann die Abgrenzung zu § 29 Abs. 1 Satz 1 Nr. 6 Buchst. a mitunter schwierig sein. Nach der Rechtsprechung (BGH, Urt. v. 02.02.2012 – 3 StR 321/11, NStZ 2012, 337; zustimmend AG Kaufbeuren, Urt. v. 19.04.2012 – 25 Js 22263/10; vgl. auch BGH, Urt. v. 28.01.2014 – 1 StR 494/13, NStZ-RR 2014, 147) gilt Folgendes: Strafbar nach § 29 Abs. 1 Satz 1 Nr. 6 Buchst. a kann nur sein, was gegen die Vorgaben des § 13 Abs. 1 verstößt. Sofern gegen formelle Regelungen der BtMVV

18

verstoßen wird, finden die besonderen Straftatbestände des § 16 BtMVV über § 29 Abs. 1 Satz 1 Nr. 14 (s. Rdn. 33) oder die besonderen Ordnungswidrigkeitentatbestände des § 17 BtMVV über § 32 Abs. 1 Nr. 6 (s. § 32 Rdn. 2) Anwendung. In allen übrigen Fällen bleiben Verstöße gegen Vorschriften der BtMVV aber nicht unbedingt sanktionslos. Materielle Verstöße zumindest gegen §§ 5, 5a BtMVV sollen nach § 29 Abs. 1 Satz 1 Nr. 6 Buchst. a strafbar sein, da diesem die innerhalb der §§ 29 Abs. 1 Satz 1 Nr. 6a, 13 verbindliche Richtschnur der sorgfältigen Substitutionsbehandlung zu entnehmen sei (BGH, Urt. v. 02.02.2012 – 3 StR 321/11, NStZ 2012, 337 [338]; vgl. auch BGH, Urt. v. 28.01.2014 – 1 StR 494/13, NStZ-RR 2014, 147). Zwar sind die Vorschriften der BtMVV bei der Beurteilung der Begründetheit der ärztlichen Behandlung heranzuziehen und werden Verstöße gegen die BtMVV daher regelmäßig einen Verstoß gegen § 13 Abs. 1 bedeuten, allerdings sollte diese Feststellung stets einer Prüfung im Einzelfall vorbehalten sein. Im Verhältnis zu § 29 Abs. 1 Satz 1 Nr. 6 Buchst. a ist § 29 Abs. 1 Satz 1 Nr. 14 lex specialis (HK-AKM/*Kotz*, Rn. 103).

19 Bei der Beurteilung, ob die Verschreibung des Betäubungsmittels im Einzelfall unbegründet ist, kann das Strafgericht seine Auffassung nicht ohne weiteres über die des Arztes stellen. Ein Verstoß gegen die Regeln der Schulmedizin genügt für sich allein nicht zur Annahme der Unbegründetheit, denn dies würde zu einer Kriminalisierung medizinisch vertretbarer abweichender Auffassungen führen und durch Strafandrohung die Entwicklung neuer Therapien verhindern (BGH, Beschl. v. 17.05.1991 – 3 StR 8/91, NJW 1991, 2359; vgl. BVerfG, Beschl. v. 29.10.1992 – 2 BvR 721/92; s. hierzu auch die Darstellung bei Weber, § 13 Rn. 37 ff.). Da infolge der weitreichenden Änderung der BtMVV zum 30.05.2017 (BGBl. I S. 1275) wesentliche ärztlich-therapeutische Belange nunmehr in die Richtlinienkompetenz der Bundesärztekammer fallen, ist neben den Regelungen der §§ 5, 5a BtMVV auch die Richtlinie der Bundesärztekammer zur Durchführung der substitutionsgestützten Behandlung Opioidabhängiger (RiLi-BÄK) zu beachten, die insoweit auch den allgemein anerkannten Stand der Erkenntnisse der medizinischen Wissenschaft feststellt (s. § 13 Rdn. 32). Die Regeln der ärztlichen Kunst belassen dem Arzt einen eigenverantwortlichen Risikobereich, sodass die Strafnorm des § 29 Abs. 1 Satz 1 Nr. 6 Buchst. a erst dann eingreift, wenn die dem Arzt im Rahmen seiner Therapiefreiheit zuzubilligende Risikogrenze eindeutig überschritten wird (BGH, Urt. v. 28.01.2014 – 1 StR 494/13, NStZ-RR 2014, 147; BGH, Beschl. v. 17.05.1991 – 3 StR 8/91, NJW 1991, 2359; LG Kaiserslautern, Urt. v. 10.06.2003 – 6014 Js 7308/00 – 4 KLs). Die ärztliche Methodenwahl unterliegt auch im Rahmen einer Substitutionsbehandlung nur einer eingeschränkten strafrechtlichen Kontrolle (LG Kaiserslautern, Urt. v. 10.06.2003 – 6014 Js 7308/00 – 4 KLs). Allerdings soll §§ 5, 5a BtMVV der Umfang der erforderlichen ärztlichen Begleitung und damit im Rahmen der §§ 29 Abs. 1 Satz 1 Nr. 6 Buchst. a, 13 die verbindliche Richtschnur der sorgfältigen Substitutionsbehandlung zu entnehmen sein (BGH, Urt. v. 28.01.2014 – 1 StR 494/13, NStZ-RR 2014, 147; BGH, Urt. v. 02.02.2012 – 3 StR 321/11, NStZ 2012, 337 [338]; AG Kaufbeuren, Urt. v. 19.04.2012 – 25 Js 22263/10). Zu beachten ist insoweit aber auch die Richtlinie der Bundesärztekammer zur Durchführung der substitutionsgestützten Behandlung Opioidabhängiger (s.o.).

20 Eine Strafbarkeit nach § 29 Abs. 1 Satz 1 Nr. 6 Buchst. a wurde etwa in folgenden Fällen angenommen (s. zur Unbegründetheit der Betäubungsmittelbehandlung im Einzelnen § 13 Rdn. 23 ff.): Bei einer Verschreibung von Betäubungsmitteln ohne Untersuchung, ohne Indikationsstellung und ohne Prüfung von Behandlungsalternativen sowie bei einer unzureichenden ärztlichen Kontrolle (BGH, Urt. v. 28.01.2014 – 1 StR 494/13, NStZ-RR 2014, 147; BGH, Urt. v. 02.02.2012 – 3 StR 321/11, NStZ 2012, 337 [338]); ebenso bei Unterbleiben regelmäßiger Drogentests während eines gesamten Jahres, wenn der Patient zur eigenverantwortlichen Einnahme nicht in der Lage oder nicht auf eine stabile Dosis eingestellt ist oder bei Nichtverwendung des verschriebenen Substitutionsmittels, sodass die Gefahr eines In-den-Markt-Gelangens unerlaubter Mittel besteht (BGH, Urt. v. 28.01.2014 – 1 StR 494/13, NStZ-RR 2014, 147 f.). Ärztlich nicht zu verantworten und daher strafbar ist auch eine Verschreibung zu unkontrolliertem Gebrauch (BGH, Urt. v. 08.05.1979 – 1 StR 118/79, NJW 1979, 1943 [1944]) sowie wenn der Arzt bei der Verschreibung weiß, dass er die verordnete Menge beim Kranken nicht anwenden wird (BGH,

Urt. v. 25.09.1951 – 2 StR 287/51, NJW 1951, 970). Auch die Verschreibung todbringender Arzneimittel, die zugleich Betäubungsmittel sind, kann gegen § 29 Abs. 1 Nr. 6. Buchst. a verstoßen (VG Berlin, Urt. v. 30.03.2012 – VG 14 A 34.08; vgl. BGH, Urt. v. 07.02.2001 – 5 StR 474/00, NJW 2001, 1802 [1803 f.]). Eine Strafbarkeit nach § 29 Abs. 1 Satz 1 Nr. 6 Buchst. a wurde etwa auch angenommen bei der Ausstellung von Take-Home-Verschreibungen trotz Feststellung von Beikonsum und fortlaufendem Vertrauensmissbrauch (AG Kaufbeuren, Urt. v. 19.04.2012 – 25 Js 22263/10; so auch BGH, Urt. v. 28.01.2014 – 1 StR 494/13, NStZ-RR 2014, 147 [148], wenn keine berechtigte Aussicht darauf besteht, den zusätzlichen Konsum von Betäubungsmitteln zu beherrschen). Betroffen sind aber auch Fälle, in denen dem Patienten das Betäubungsmittel als Genussmittel verschrieben wurde oder der Arzt sich das Betäubungsmittel selbst als Suchtmittel verschrieben hat (Körner/Patzak/Volkmer/*Patzak*, § 4 Rn. 22; vgl. BGH, Urt. v. 05.08.1975 – 1 StR 356/75, insoweit in NJW 1975, 2249 nicht abgedruckt). Letzteres kann dann mit dem nachfolgenden unerlaubten Erwerb in Tateinheit stehen (BGH, Urt. v. 05.08.1975 – 1 StR 356/75, insoweit in NJW 1975, 2249 nicht abgedruckt; Franke/Wienroeder/*Franke*, § 29 Rn. 167; Körner/Patzak/Volkmer/*Patzak*, § 29, Teil 15 Rn. 87; MüKo-StGB/*Kotz/Oğlakcıoğlu*, § 29 Rn. 1242). Grundsätzlich nicht ausreichend ist, dass es an den Mindestanforderungen an eine suchttherapeutische Qualifikation i.S.d. § 5 Abs. 3–5 BtMVV fehlt (so aber MüKo-StGB/*Kotz/Oğlakcıoğlu*, § 29 Rn. 1218). Denn wenn der Arzt dennoch Substitutionsmittel verschreibt, begeht er nach § 17 Nr. 10 BtMVV i.V.m. § 32 Abs. 1 Nr. 6 BtMG lediglich eine Ordnungswidrigkeit.

Vollendung tritt ein mit Übergabe der Verschreibung an den Patienten bzw. Apotheker, Beendigung 21 mit Belieferung des Rezeptes (Franke/Wienroeder/*Franke*; § 29 Rn. 164; Körner/Patzak/Volkmer/Patzak, § 29, Teil 15 Rn. 56; MüKo-StGB/*Kotz/Oğlakcıoğlu*, § 29 Rn. 1239). Da § 29 Abs. 1 Satz 1 Nr. 6 Buchst. a nur den vorsätzlichen Verstoß unter Strafe stellt, ist im Einzelnen zu prüfen, ob zumindest bedingter Vorsatz hinsichtlich der einzelnen Tatbestandsmerkmale vorliegt. In diesem Zusammenhang können auch Irrtümer des Arztes Bedeutung erlangen (s. hierzu § 3 Rdn. 15 sowie Weber, § 29 Rn. 1472 ff.). Siehe zudem Rdn. 10 für ein (fahrlässiges) sonstiges Inverkehrbringen durch den Arzt sowie Rdn. 12 für den der Verschreibung nachfolgenden unerlaubten Erwerb.

### 2. Verabreichung/Verbrauchsüberlassung entgegen § 13 Abs. 1 (§ 29 Abs. 1 Satz 1 Nr. 6 Buchst. b)

§ 29 Abs. 1 Satz 1 Nr. 6 Buchst. b setzt zunächst einmal voraus, dass Betäubungsmittel verabreicht 22 oder zum unmittelbaren Verbrauch überlassen werden. Überschreitet der Arzt die inhaltlichen Grenzen des § 13 BtMG (i.V.m. §§ 5, 5a BtMVV), ist also insbesondere die ärztliche Behandlung unbegründet, macht sich der Arzt nach § 29 Abs. 1 Satz 1 Nr. 6 Buchst. b strafbar. Es gelten diesbezüglich dieselben Grundsätze wie bei der Verschreibung (s. zur Unbegründetheit der Betäubungsmittelbehandlung im Einzelnen § 13 Rdn. 23 ff.). So darf der behandelnde Arzt zur Vermeidung von Betäubungsmittelmissbrauch die Patienten das Mittel nur unter eigener Aufsicht oder unter der Aufsicht zuverlässiger Hilfspersonen gebrauchen lassen (BGH, Urt. v. 08.05.1979 – 1 StR 118/79, NJW 1979, 1943 [1944]; vgl. VG München, Urt. v. 16.02.2011 – M 18 K 10.6287). Gibt es Anhaltspunkte für Betäubungsmittelmissbrauch, soll die Anwendung eines Betäubungsmittels regelmäßig ärztlich nicht mehr begründet sein (VG München, Urt. v. 16.02.2011 – M 18 K 10.6287). So kann fahrlässig handeln, wer im Rahmen einer Methadon-Substitutionsbehandlung das Fehlen einer Opiatabhängigkeit nicht erkennt und diesem Patienten Betäubungsmittel verabreicht (BGH, Beschl. v. 18.02.1998 – 1 StR 17/98, NStZ 1998, 414). Denkbar sind auch Fälle ungeeigneter Substitutionsmittel, überhöhter Dosierungen, riskanter Darreichungsformen sowie Fälle, in denen das Betäubungsmittel als Genussmittel angewendet wird (Körner/Patzak/Volkmer/*Patzak*, § 29, Teil 15 Rn. 126).

Wird die Grenze der Verabreichung oder Verbrauchsüberlassung überschritten, etwa weil der 23 Arzt einem Patienten das Betäubungsmittel zur eigenverantwortlichen Einnahme mitgibt und dem Patienten damit anders als bei der Verabreichung bzw. Verbrauchsüberlassung Verfügungsgewalt überträgt, gibt der Arzt das Betäubungsmittel nach § 29 Abs. 1 Satz 1 Nr. 1 unerlaubt ab

(BGH, Beschl. v. 27.05.2014 – 2 StR 354/13; BGH, Beschl. v. 26.07.2009 – 3 StR 44/09). Ein solcher Sachverhalt lag auch der Entscheidung, wonach die Straftatbestände der § 29 Abs. 1 Satz 1 Nr. 6 i.V.m. § 13 Abs. 1 BtMG oder § 29 Abs. 1 Satz 1 Nr. 14 i.V.m. §§ 5, 16 Nr. 2 Buchst. a BtMVV keine Sperrwirkung für Taten nach § 29 Abs. 1 Satz 1 Nr. 1 durch Ärzte entfalten (BGH, Urt. v. 04.06.2008 – 2 StR 577/07, NJW 2008, 2596; vgl. auch BGH, Beschl. v. 26.07.2009 – 3 StR 44/09; s. hierzu auch *Nestler*, Betäubungsmittelstrafrechtliche Risiken bei der Substitutionsbehandlung, MedR 2009, 211), zugrunde. Der Arzt hatte sich außerhalb des Anwendungsbereichs des § 13 Abs. 1 bewegt, indem er die Betäubungsmittel in allen Fällen zur freien Verfügung aushändigte und damit i.S.d. § 29 Abs. 1 Satz 1 Nr. 1 Betäubungsmittel unerlaubt abgab. Eine Abgabe von Betäubungsmitteln ist dem (Substitutions-) Arzt auch nicht etwa in entsprechender Anwendung des § 13 Abs. 2 erlaubt (BGH, Beschl. v. 27.05.2014 – 2 StR 354/13). Allerdings ist zu beachten, dass Codein oder Dihydrocodein in Ausnahmefällen zur eigenverantwortlichen Einnahme im Sinne einer Abgabe überlassen werden können (§ 5 Abs. 7 Satz 2 BtMVV, s. § 13 Rdn. 22).

24 Händigt der Arzt etwa im Rahmen einer Substitutionsbehandlung kurz nach Behandlungsbeginn und ohne ausreichende Kontrolle und trotz offensichtlicher Unzuverlässigkeit Betäubungsmittel für mehrere Tage zur eigenverantwortlichen Einnahme unmittelbar aus seinem Praxisbestand aus und stellt er den Patienten neben dem Einkaufspreis monatliche Pauschbeträge in Höhe von etwa hundert Euro in Rechnung, macht der Arzt sich wegen (gewerbsmäßigen) Handeltreibens nach § 29 Abs. 1 Satz 1 Nr. 1 strafbar (BGH, Beschl. v. 26.07.2009 – 3 StR 44/09). Demgegenüber unterfällt eine entgeltliche Überlassung zum unmittelbaren Verbrauch § 29 Abs. 1 Satz 1 Nr. 6 Buchst. b, wenn die Verfügungsmacht letztlich beim Übergebenden verbleibt, der Empfänger also von Anfang an auf den sofortigen Konsum nach Maßgabe der Überlassung beschränkt ist und mit dem Betäubungsmittel nicht nach Belieben verfahren kann (BayObLG, Beschl. v. 27.12.2000 – 4 St RR 167/00). Zur Ausgabe von Betäubungsmitteln über Dosierautomaten s. Körner/Patzak/Volkmer/*Patzak*, § 13 Rn. 101/§ 29, Teil 15 Rn. 136 f., VG Köln, Urt. v. 24.04.2012 – 7 K 7253/10.

25 Vollendet ist das Verabreichen mit dem Zuführen des Betäubungsmittels, die Überlassung mit der Aushändigung des Betäubungsmittels (Franke/Wienroeder/*Franke*, § 29 Rn. 164; MüKo-StGB/*Kotz/Oğlakcıoğlu*, § 29 Rn. 1286). Mit der Einverleibung des Betäubungsmittels ist die Tat beendet (MüKo-StGB/*Kotz/Oğlakcıoğlu*, § 29 Rn. 1286). Ein Versuch kann etwa im Abbinden des Armes zur Vorbereitung der Injektion (Franke/Wienroeder/*Franke*, § 29 Rn. 164; MüKo-StGB/*Kotz/Oğlakcıoğlu*, § 29 Rn. 1285) oder im Aufziehen der Spritze (MüKo-StGB/*Kotz/Oğlakcıoğlu*, § 29 Rn. 1285) liegen.

### V. Unerlaubtes Überlassen an Palliativpatienten (§ 29 Abs. 1 Satz 1 Nr. 6a)

26 § 29 Abs. 1 Satz 1 Nr. 6a erstreckt § 29 Abs. 1 auf Verstöße gegen § 13 Abs. 1a, der die Überlassung von Betäubungsmitteln in palliativmedizinischen Krisensituationen ermöglicht. Die Vorschrift stellt nur vorsätzliche Verstöße gegen die ersten beiden Sätze des § 13 Abs. 1a unter Strafe. Verstöße gegen die Sätze 3–5 werden durch Ordnungswidrigkeitentatbestände geahndet (§ 32 Abs. 1 Nr. 7a, Nr. 7b). Der Tatbestand ist Sonderdelikt; Nicht-Ärzte machen sich nach § 29 Abs. 1 Satz 1 Nr. 1 strafbar (MüKo-StGB/*Kotz/Oğlakcıoğlu*, § 29 Rn. 1295 f./1316).

27 Zur Deckung des nicht aufschiebbaren Betäubungsmittelbedarfs eines ambulant versorgten Palliativpatienten darf der Arzt diesem die hierfür erforderlichen, in Anlage III bezeichneten Betäubungsmittel in Form von Fertigarzneimitteln nur dann überlassen, soweit und solange der Bedarf des Patienten durch eine Verschreibung nicht rechtzeitig gedeckt werden kann, was der Fall ist, wenn das erforderliche Betäubungsmittel in der Apotheke nicht vorrätig ist oder nicht rechtzeitig zur Abgabe bereitsteht oder aber nicht rechtzeitig beschafft werden könnte (s. § 13 Rdn. 50 ff.). Strafbar ist eine Überlassung damit wenn sie diesen Vorgaben widerspricht. Aufgrund der Beschränkung auf ambulant versorgte Palliativpatienten scheidet etwa ein Überlassen im Rahmen einer stationären Behandlung von vornherein aus (MüKo-StGB/*Kotz/Oğlakcıoğlu*, § 29 Rn. 1306). Darüber hinaus ist eine Überlassung – insbesondere (BT-Drs. 17/10156, S. 92) – strafbar, wenn die Anwendung am oder im menschlichen Körper unbegründet ist (s. § 13 Rdn. 23 ff.).

## VI. Unerlaubte Abgabe entgegen § 13 Abs. 2 (§ 29 Abs. 1 Satz 1 Nr. 7)

Nach § 29 Abs. 1 Satz 1 Nr. 7 macht sich strafbar, wer entgegen § 13 Abs. 2 Betäubungsmittel in einer Apotheke oder tierärztlichen Hausapotheke (Buchst. a) oder Diamorphin als pharmazeutischer Unternehmer (Buchst. b) abgibt. Strafgrund der Bestimmung ist die dem Apotheker und seinem Hilfspersonal durch das Monopol der ordnungsgemäßen Arzneimittelversorgung der Allgemeinheit gegenüber obliegende besondere Verantwortung im Umgang mit Betäubungsmitteln (OLG Bamberg, Beschl. v. 26.02.2008 – 3 Ss 100/06). Da § 29 Abs. 1 Satz 1 Nr. 7 nur vorsätzliche Verstöße unter Strafe stellt, werden Apotheker insoweit privilegiert. Der Versuch ist nicht strafbar. Die Vorschrift findet nur Anwendung auf berechtigtes Personal in der (tierärztlichen Haus-) Apotheke, neben dem Apotheker und dem Tierarzt also auch auf das pharmazeutische/tierärztliche Personal sowie den pharmazeutischen Unternehmer (echtes Sonderdelikt) (Körner/Patzak/Volkmer/*Patzak*, § 29, Teil 17, Rn. 5; MüKo-StGB/*Kotz/Oğlakcıoğlu*, § 29 Rn. 1323; Weber, § 29 Rn. 1635). Zum Kreis des pharmazeutischen Unternehmers zählen auch Vertriebsunternehmen und Mitvertreiber (s. § 13 Rdn. 59). Andere Beteiligte können mit der Folge des § 28 Abs. 1 StGB nur Teilnehmer sein (Weber, § 29 Rn. 1635). Der in § 29 Abs. 1 Satz 1 Nr. 7 verwendete Begriff der Abgabe geht über den Abgabebegriff der Nr. 1 (s. Rdn. 8) hinaus. Umfasst ist auch die entgeltliche, die berufsmäßige und gewerbsmäßige Überlassung von Betäubungsmitteln (Körner/Patzak/Volkmer/*Patzak*, § 29, Teil 17 Rn. 11; Weber, § 29 Rn. 1618).

Schwierigkeiten kann hier das Verhältnis der Nr. 7 zum Grundtatbestand der Nr. 1 bereiten. § 29 Abs. 1 Satz 1 Nr. 7 stellt ein Verhalten des Apothekers unter Strafe, das die inhaltlichen Grenzen des § 13 Abs. 2 überschreitet. Im Anwendungsbereich der Nr. 7 geht diese als speziellere Vorschrift der Nr. 1 vor (Erbs/Kohlhaas/*Pelchen/Bruns*, § 29 Rn. 33; Körner/Patzak/Volkmer/*Patzak*, § 29, Teil 17 Rn. 58; MüKo-StGB/*Kotz/Oğlakcıoğlu*, § 29 Rn. 1352). Über § 29 Abs. 1 Satz 1 Nr. 7 Buchst. a soll, wie sich aus der Zusammenschau mit § 13 Abs. 2 und dessen Verweis auf § 13 Abs. 1 ergibt, die Abgabe von verschreibungsfähigen Betäubungsmitteln der Anlage III strafrechtlich erfasst werden, während die Abgabe bereits nicht verschreibungsfähiger Betäubungsmittel unter § 29 Abs. 1 Satz 1 Nr. 1 fällt (OLG Bamberg, Beschl. v. 26.02.2008 – 3 Ss 100/06). Die vorsätzliche oder fahrlässige Abgabe bereits nicht verschreibungsfähiger Betäubungsmittel unterfällt somit § 29 Abs. 1 Satz 1 Nr. 1. Ebenso machen sich Apotheker, die Betäubungsmittel außerhalb des Apothekenbetriebs abgeben, nach § 29 Abs. 1 Satz 1 Nr. 1 strafbar (Körner/Patzak/Volkmer/*Patzak*, § 29, Teil 17 Rn. 19; MüKo-StGB/*Kotz/Oğlakcıoğlu*, § 29 Rn. 1336; Weber, § 29 Rn. 1623). Erwirbt ein Apotheker Betäubungsmittel für sich als Privatperson oder zu betriebsfremden Zwecken oder gibt er sie außerhalb der Apotheke ab, so liegt kein Handeln im Rahmen des Apothekenbetriebs vor (Körner/Patzak/Volkmer/*Patzak*, § 4 Rn. 6/§ 29, Teil 17 Rn. 12; Weber, § 4 Rn. 7; vgl. auch RGSt. 65, 59; RGSt. 69, 99 [100 f.]). So etwa wenn das Betäubungsmittel dem Apothekenbetrieb entzogen und räumlich getrennt untergebracht wird (RGSt. 69, 99 [100 f.]) oder wenn ein Apotheker Betäubungsmittel nicht aus der Apotheke, sondern aus sonstigen Räumlichkeiten liefert (Körner/Patzak/Volkmer/*Patzak*, § 29, Teil 17 Rn. 19).

Nach § 29 Abs. 1 Satz 1 Nr. 7 macht sich demgegenüber strafbar, wer die in Anlage III bezeichneten Betäubungsmittel im Rahmen des Betriebs einer öffentlichen Apotheke ohne »Vorlage der Verschreibung« abgibt (OLG Bamberg, Beschl. v. 26.02.2008 – 3 Ss 100/06; OLG Stuttgart, Beschl. v. 03.04.1978 – 3 Ss [7] 188/78). Die Abgabe darf zudem nur aufgrund einer ordnungsgemäßen Verschreibung erfolgen (vgl. RGSt. 62, 369 [392]; RGSt. 64, 145). Hinsichtlich der Verschreibung bestehen für die Apotheke daher gewisse Prüfpflichten (s. hierzu im Einzelnen § 13 Rdn. 57). Allerdings ist diese Verantwortung nicht schrankenlos, sondern auf die wesentlichen Merkmale der Verschreibung beschränkt. Ein äußerlich ordnungsgemäßes Rezept begründet zudem die Vermutung für eine Verschreibung zu Heilzwecken. Erkennt der Apotheker aber, dass die Verschreibung falsch oder gefälscht ist, sie erschlichen ist oder ihrem Inhalt nach der Umgehung der gesetzlichen Vorschriften dient und gibt er trotzdem Betäubungsmittel hierauf ab, macht er sich strafbar (BGH, Urt. v. 06.07.1956 – 2 StR 87/55, NJW 1957, 29 [30]). Eine Pflicht zur Überprüfung der ärztlichen Begründetheit der Verschreibung hat der Apotheker darüber hinaus nicht

(MüKo-StGB/*Kotz/Oğlakcıoğlu*, § 29 Rn. 1333; Weber, § 4 Rn. 37/§ 29 Rn. 1629 f.; a.A. wohl Körner/Patzak/Volkmer/*Patzak*, § 29, Teil 17 Rn. 16). Erkennt er aber, dass die Verschreibung unbegründet ist und gibt er das Betäubungsmittel dennoch ab, macht er sich nach § 29 Abs. 1 Satz 1 Nr. 7 strafbar (MüKo-StGB/*Kotz/Oğlakcıoğlu*, § 29 Rn. 1333; Weber, § 4 Rn. 37/§ 29 Rn. 1629 f.; Spickhoff/*Malek*, § 29 Rn. 14; vgl. RGSt. 64, 145; a.A. Erbs/Kohlhaas/*Pelchen/Bruns*, § 29 Rn. 31: § 29 Abs. 1 Satz 1 Nr. 1).

31 Zwar dürfen Betäubungsmittel nach der BtMVV grundsätzlich nur nach Vorlage des ausgefertigten Betäubungsmittelrezeptes bzw. des ausgefertigten Betäubungsmittelanforderungsscheins abgegeben werden (§ 1 Abs. 2 BtMVV). Im Fall der Abgabe von Methadon entgegen § 8 Abs. 6 BtMVV (der Substitutionsfälle gerade ausnimmt, s. § 13 Rdn. 58) aufgrund von Notfall-Verschreibungen und ohne gleichzeitige Vorlage eines Betäubungsmittelrezepts wurde die Strafbarkeit jedoch verneint – in strafrechtlicher Sicht würden Notfall-Verschreibungen die wesentlichen Merkmale einer Verschreibung erfüllen, sodass die Abgabe auch »ohne Verschreibung« erfolgt sei (OLG Bamberg, Beschl. v. 26.02.2008 – 3 Ss 100/06). Die bei Fehlen eines Betäubungsmittelrezepts allein gegen § 8 BtMVV verstoßende Betäubungsmittelabgabe des Apothekers könne eine Strafbarkeit nach § 29 Abs. 1 Nr. 7 i.V.m. § 13 Abs. 2, Abs. 3 nicht begründen, da diese die einschlägigen Bestimmungen der BtMVV nicht in Bezug nehmen (OLG Bamberg, Beschl. v. 26.02.2008 – 3 Ss 100/06).

32 Der pharmazeutische Unternehmer kann sich darüber hinaus auch dann strafbar machen, wenn er das Diamorphin an eine nicht anerkannte Einrichtung abgibt (Körner/Patzak/Volkmer/*Patzak*, § 29, Teil 17, Rn. 25).

### VII. Verstoß gegen Rechtsverordnung (§ 29 Abs. 1 Satz 1 Nr. 14)

33 Nach § 29 Abs. 1 Satz 1 Nr. 14 macht sich strafbar, wer einer Rechtsverordnung nach § 11 Abs. 2 Satz 2 Nr. 1 oder nach § 13 Abs. 3 Satz 2 Nr. 1, 2a oder 5 zuwiderhandelt, soweit sie für einen bestimmten Tatbestand auf diese Strafvorschrift verweist. Bisher hat die Regelung der Nr. 14 nur für die Vorschrift des § 16 BtMVV Relevanz, die Verstöße gegen Verschreibungsvorschriften sanktioniert. Besonders schwere Fälle sieht das Gesetz in den Fällen des § 29 Abs. 1 Satz 1 Nr. 14 nicht vor. Zum Verhältnis zu § 29 Abs. 1 Satz 1 Nr. 6 Buchst. a s. unter Rdn. 18. Nach § 29 Abs. 1 Satz 1 Nr. 14 sind über § 16 BtMVV im Grundsatz folgende Verstöße strafbewehrt: Wenn das Betäubungsmittel nicht als Zubereitung verschrieben wird (Nr. 1), Überschreitungen der Höchstmengen, Nichteinhaltung der vorgegebenen Bestimmungszwecke oder sonstiger Beschränkungen (Nr. 2), Verschreibungen für den Stationsbedarf für nicht erfasste Einrichtungen, von nicht erfassten Betäubungsmitteln oder bei Nichteinhaltung der Beschränkungen (Nr. 3), Verschreibung für Schiffe entgegen § 7 Abs. 2 BtMVV (Nr. 4) oder Verschreibung/Verabreichung/Verbrauchsüberlassung von Diamorphin außerhalb der speziellen Einrichtungen (Nr. 5).

### C. Versuch

34 Der Versuch ist nur in den Fällen der Nr. 1, 2, 5 und 6 Buchst. b des § 29 Abs. 1 Satz 1 strafbewehrt (Abs. 2). Darüber hinaus ist der Versuch wegen § 23 Abs. 1 i.V.m. § 12 StGB nicht strafbar. Die Beschränkung auf die Nr. 6 Buchst. b hat zur Folge, dass zwar die versuchte Verabreichung oder Verbrauchsüberlassung entgegen § 13 Abs. 1 strafbar ist, nicht jedoch die versuchte Verschreibung.

### D. Besonders schwerer Fall

35 Abs. 3 enthält einen Regelbeispielskatalog für das Vorliegen besonders schwerer Fälle. Die Auflistung ist nicht abschließend; die dort genannten Konstellationen begründen lediglich eine widerlegbare Vermutung dafür, dass ein besonders schwerer Fall vorliegt. Die indizielle Bedeutung eines Regelbeispiels kann durch andere Strafzumessungsfaktoren kompensiert werden, sodass auf den normalen Strafrahmen zurückzugreifen ist (BGH, Urt. v. 13.01.1987 – 1 StR 654/86, NJW 1987, 2450). Im Ergebnis hat das Gericht stets eine Einzelfallprüfung vorzunehmen und

im Rahmen einer Gesamtwürdigung zu entscheiden, ob in dem Tun oder in der Person des Täters Umstände vorliegen, die das Unrecht seiner Tat oder seine Schuld deutlich vom Regelfall abheben, sodass die Anwendung des erschwerten Strafrahmens als unangemessen erscheint (st. Rspr; s. etwa BGH, Urt. v. 12.04.1988 – 1 StR 39/88, NStZ 1988, 367) oder aber, wenn kein Regelbeispiel eingreift, ob auf der anderen Seite das gesamte Tatbild einschließlich aller subjektiven Momente und der Täterpersönlichkeit vom Durchschnitt der erfahrungsgemäß gewöhnlich vorkommenden Fälle in einem Maße abweicht, dass die Anwendung des Ausnahmestrafrahmens des besonders schweren Falls dennoch geboten ist (st. Rspr., s. etwa BGH, Urt. v. 17.09.1980 – 2 StR 355/80, NJW 1981, 692 [693]).

Ein besonders schwerer Fall liegt gem. Abs. 3 in der Regel vor, wenn der Täter in den Fällen des Abs. 1 Satz 1 Nr. 1, 5, 6, 10 oder 13 (nicht also im Rahmen der Abgabe durch Apotheken i.S.d. Nr. 7) gewerbsmäßig handelt oder durch eine der in Abs. 1 Satz 1 Nr. 1, 6 oder 7 bezeichneten Handlungen die Gesundheit mehrerer Menschen gefährdet. 36

**Gewerbsmäßig** handelt, wer sich durch wiederholte Tatbegehung eine nicht nur vorübergehende Einnahmequelle von einigem Umfang und einiger Dauer verschaffen will (st. Rspr.; s. etwa BGH, Beschl. v. 19.12.2007 – 5 StR 543/07, NStZ 2008, 282). Liegt ein derartiges Gewinnstreben vor, ist schon die erste der ins Auge gefassten Tathandlungen als gewerbsmäßig anzusehen (st. Rspr.; s. etwa BGH, Urt. v. 11.09.2003 – 4 StR 193/03, NStZ 2004, 265 [266]). Es ist nicht erforderlich, dass der Täter beabsichtigt, seinen Lebensunterhalt allein oder auch nur überwiegend durch die Begehung von Straftaten zu bestreiten (BGH, Urt. v. 11.09.2003 – 4 StR 193/03, NStZ 2004, 265 [266]). Die Gewerbsmäßigkeit muss sich auf die in Abs. 3 genannten Tatbestände beziehen. Gewerbsmäßigkeit könnte etwa bei unzulässig ausgestellten und abgerechneten Take-Home-Verschreibungen vorliegen; ein entsprechender Vorsatz wird aber wohl zu verneinen sein, wenn die Verschreibungen für den Arzt wirtschaftlich eher von Nachteil waren (AG Kaufbeuren, Urt. v. 19.04.2012 – 25 Js 22263/10). Im Fall des unerlaubten Handeltreibens mit Betäubungsmitteln bilden die Feststellungen zur Gewerbsmäßigkeit doppelrelevante Umstände, die auch den Schuldspruch tragen (OLG Stuttgart, Beschl. v. 03.12.2013 – 1 Ss 701/13, NStZ 2014, 719 [720]). 37

Eine **Gesundheitsgefährdung** ist die Herbeiführung eines Zustandes, bei dem die Möglichkeit einer erheblichen Beeinträchtigung der Gesundheit oder der Verschlimmerung einer Krankheit nahe- oder jedenfalls nicht fernliegt (Franke/Wienroeder/*Franke/Wienroeder*, § 29 Rn. 226; Weber, § 29 Rn. 2023). Erforderlich sind allerdings konkrete Gefährdungen, die über die mit der Rauschmitteleinnahme typischerweise verbundenen hinausreichen (BGH, Beschl. v. 05.08.2009 – 5 StR 248/09, NStZ 2010, 170 [171]). Es müssen mindestens zwei Personen betroffen sein (BGH, Beschl. v. 05.08.2009 – 5 StR 248/09, NStZ 2010, 170 [171]). Die Gesundheitsgefährdung muss sich auf die in Abs. 3 genannten Handlungen beziehen. 38

### E. Fahrlässigkeit

Fahrlässigkeit ist nur in den Fällen der Nrn. 1, 2, 5, 6 Buchst. b, 10 und 11 des Abs. 1 Satz 1 strafbar (§ 29 Abs. 4 BtMG i.V.m. § 15 StGB). So ist zwar die fahrlässige Verabreichung oder Verbrauchsüberlassung, nicht jedoch die fahrlässige Verschreibung entgegen § 13 Abs. 1 oder die fahrlässige Abgabe entgegen § 13 Abs. 2 strafbar. 39

## § 29a Straftaten

(1) Mit Freiheitsstrafe nicht unter einem Jahr wird bestraft, wer
1. als Person über 21 Jahre Betäubungsmittel unerlaubt an eine Person unter 18 Jahren abgibt oder sie ihr entgegen § 13 Abs. 1 verabreicht oder zum unmittelbaren Verbrauch überläßt oder

2. mit Betäubungsmitteln in nicht geringer Menge unerlaubt Handel treibt, sie in nicht geringer Menge herstellt oder abgibt oder sie besitzt, ohne sie auf Grund einer Erlaubnis nach § 3 Abs. 1 erlangt zu haben.

(2) In minder schweren Fällen ist die Strafe Freiheitsstrafe von drei Monaten bis zu fünf Jahren.

### Übersicht

| | Rdn. | | Rdn. |
|---|---|---|---|
| A. Einleitung | 1 | II. Handeltreiben, Herstellung, Abgabe oder Besitz bei nicht geringer Menge (§ 29a Abs. 1 Nr. 2) | 3 |
| B. Einzelne Straftatbestände | 2 | | |
| I. Abgabe, Verabreichung oder Verbrauchsüberlassung an Minderjährige (§ 29a Abs. 1 Nr. 1) | 2 | C. Minder schwerer Fall | 4 |

### A. Einleitung

1 § 29a enthält im Gegensatz zu § 29 Verbrechenstatbestände, was wegen § 12 Abs. 3 StGB auch für den minder schweren Fall nach Abs. 2 gilt. Der Versuch ist hier stets strafbar (§ 23 Abs. 1 StGB). Verfahrenseinstellungen gem. §§ 153, 153a StPO oder der Erlass eines Strafbefehls gem. § 407 StPO sind hier nicht möglich. Bei Verstößen sieht § 29a Abs. 1 Freiheitsstrafe von nicht unter einem Jahr vor, bei Vorliegen eines minder schweren Falls Freiheitsstrafe von 3 Monaten bis zu 5 Jahren (Abs. 2).

### B. Einzelne Straftatbestände

#### I. Abgabe, Verabreichung oder Verbrauchsüberlassung an Minderjährige (§ 29a Abs. 1 Nr. 1)

2 Erfüllen kann den Tatbestand nur, wer über 21 Jahre alt ist. Der Empfänger muss minderjährig sein, worauf sich auch der Vorsatz des Täters beziehen muss. Das Fehlen einer Zustimmung der Erziehungsberechtigten ist kein Tatbestandsmerkmal und für die Frage der Strafbarkeit ohne Bedeutung (BGH, Beschl. v. 27.05.2014 – 2 StR 354/13). Die Tathandlungen knüpfen an die unerlaubte Abgabe oder die Verabreichung bzw. Verbrauchsüberlassung entgegen § 13 Abs. 1 an (s. § 29 Rdn. 22 ff.). Richtigerweise beschränkt sich der Abgabebegriff hier aber nicht auf die rein tatsächliche Übertragung der Verfügungsgewalt an einen Dritten ohne rechtsgeschäftliche Grundlage und ohne Gegenleistung. Hier sind vielmehr auch die Veräußerung und das Handeltreiben erfasst (Franke/Wienroeder/*Wienroeder*, § 29a Rn. 4; Körner/Patzak/Volkmer/*Patzak*, § 29a Rn. 12). Handelt der Täter im Fall des § 29a Abs. 1 Nr. 1 gewerbsmäßig, liegt ein Verbrechen nach § 30 Abs. 1 Nr. 2 mit einer Mindeststrafe von 2 Jahren vor.

#### II. Handeltreiben, Herstellung, Abgabe oder Besitz bei nicht geringer Menge (§ 29a Abs. 1 Nr. 2)

3 § 29a Abs. 1 Nr. 2 setzt voraus, dass ein Betäubungsmittel in nicht geringer Menge betroffen ist. Der Begriff der nicht geringen Menge ist im Betäubungsmittelrecht von entscheidender Bedeutung, hat er doch massive Strafrahmenerhöhungen zur Folge. An einer Legaldefinition fehlt es, sodass der Begriff im Einzelfall durch die Rechtsprechung ausgelegt und konkretisiert wird. Für fast alle relevanten Betäubungsmittel haben die Gerichte mittlerweile eine Grenze gezogen, bei deren Überschreitung die Menge als nicht mehr gering anzusehen ist (s. hierzu im Einzelnen Körner/Patzak/Volkmer/*Patzak*, § 29a Rn. 49 ff.). Ausgangspunkt ist dabei der jeweilige reine Wirkstoffgehalt, woraus die nicht geringe Menge eines Betäubungsmittels durch ein Vielfaches des zum Erreichen eines stofftypischen Rauschzustands erforderlichen jeweiligen Wirkstoffs (Konsumeinheit) festgesetzt wird (st. Rspr.; s. etwa BGH, Urt. v. 03.12.2008 – 2 StR 86/08, NJW 2009, 863 [865]). Bei Sicherstellung größerer Betäubungsmittelmengen kann der Wirkstoffgehalt auf der Grundlage von Stichprobenanalysen geschätzt werden (BGH, Beschl. v. 03.09.2013 – 5 StR 340/13, NStZ-RR 2013, 377). Die einzelnen Tathandlungen entsprechen denen des § 29 Abs. 1 Satz 1 Nr. 1, Nr. 3. Der Abgabebegriff ist auch hier weit gefasst (s. Rdn. 2). Die nicht geringe Menge bestimmt

sich bei der als Handeltreiben zu bewertenden Herstellung von Betäubungsmitteln zum gewinnbringenden Weiterverkauf nach der Menge, die letztlich erzielt und veräußert werden soll; beim nicht auf Gewinnerzielung gerichteten Herstellen kommt es demgegenüber auf die tatsächlich erzeugte Betäubungsmittelmenge an (BGH, Beschl. v. 23.09.2014 – 4 StR 375/14, NStZ 2014, 716). Sind Gegenstand des Handeltreibens mehrere verschiedene Betäubungsmittel, so kann die Gesamtmenge der Wirkstoffe das Tatbestandsmerkmal der »nicht geringen Menge« ergeben (BGH, Beschl. v. 09.04.2019 – 4 StR 461/18, NStZ-RR 2019, 314).

## C. Minder schwerer Fall

Abs. 2 eröffnet bei Vorliegen eines minder schweren Falls die Möglichkeit einer Strafrahmenreduktion auf Freiheitsstrafe von 3 Monaten bis zu 5 Jahren (s. auch § 30a Rdn. 1). Hierbei ist ebenso wie im Fall des besonders schweren Falls entscheidend, ob das gesamte Tatbild einschließlich aller subjektiven Momente und der Täterpersönlichkeit vom Durchschnitt der gewöhnlich vorkommenden Fälle in so erheblichem Maße abweicht, dass die Anwendung des Ausnahmestrafrahmens geboten erscheint (st. Rspr.; s. etwa BGH, Urt. v. 01.03.1983 – 1 StR 812/82, NStZ 1983, 370). Bei dieser Beurteilung ist eine Gesamtbetrachtung aller wesentlichen entlastenden und belastenden Umstände erforderlich, gleichgültig, ob sie der Tat selbst innewohnen, sie begleiten, ihr vorausgehen oder nachfolgen (st. Rspr.; s. etwa BGH, Urt. v. 01.03.1983 – 1 StR 812/82, NStZ 1983, 370). Ein minder schwerer Fall kann etwa vorliegen, wenn der Grenzwert der nicht geringen Menge nur geringfügig überschritten ist oder wenn der minderjährige Empfänger kurz vor der Volljährigkeit steht (Franke/Wienroeder/*Wienroeder*, § 29a Rn. 50 f. m.w.N.). 4

## § 30 Straftaten

(1) Mit Freiheitsstrafe nicht unter zwei Jahren wird bestraft, wer
1. Betäubungsmittel unerlaubt anbaut, herstellt oder mit ihnen Handel treibt (§ 29 Abs. 1 Satz 1 Nr. 1) und dabei als Mitglied einer Bande handelt, die sich zur fortgesetzten Begehung solcher Taten verbunden hat,
2. im Falle des § 29a Abs. 1 Nr. 1 gewerbsmäßig handelt,
3. Betäubungsmittel abgibt, einem anderen verabreicht oder zum unmittelbaren Verbrauch überläßt und dadurch leichtfertig dessen Tod verursacht oder
4. Betäubungsmittel in nicht geringer Menge ohne Erlaubnis nach § 3 Abs. 1 Nr. 1 einführt.

(2) In minder schweren Fällen ist die Strafe Freiheitsstrafe von drei Monaten bis zu fünf Jahren.

| Übersicht | Rdn. | | Rdn. |
|---|---|---|---|
| A. Einleitung . . . . . . . . . . . . . . . . . . . . . . | 1 | III. Leichtfertige Todesverursachung (§ 30 Abs. 1 Nr. 3) . . . . . . . . . . . . . . . . . . . . | 4 |
| B. Einzelne Straftatbestände. . . . . . . . . . | 2 | | |
| I. Bandenkriminalität (§ 30 Abs. 1 Nr. 1) . | 2 | IV. Unerlaubte Einfuhr nicht geringer Menge (§ 30 Abs. 1 Nr. 4) . . . . . . . . . . . . | 8 |
| II. Gewerbsmäßige Abgabe, Verabreichung oder Verbrauchsüberlassung an Minderjährige (§ 30 Abs. 1 Nr. 2) . . . . . . . . . . . | 3 | C. Minder schwerer Fall . . . . . . . . . . . . . . | 9 |

## A. Einleitung

Ebenso wie § 29a enthält § 30 in Abs. 1 und Abs. 2 (i.V.m. § 12 Abs. 3 StGB) Verbrechenstatbestände. Auch hier sind somit Verfahrenseinstellungen nach den §§ 153, 153a StPO oder der Erlass eines Strafbefehls gem. § 407 StPO nicht möglich. Der Versuch ist stets strafbar (§ 23 Abs. 1 StGB). Die Strafandrohung ist bei Verstößen gegen § 30 Abs. 1 mit Freiheitsstrafe von nicht unter 2 Jahren nochmals gegenüber § 29a erhöht. Dagegen ist der minder schwere Fall in § 30 Abs. 2 wie in § 29a Abs. 2 mit Freiheitsstrafe von 3 Monaten bis zu 5 Jahren bedroht. 1

## B. Einzelne Straftatbestände

### I. Bandenkriminalität (§ 30 Abs. 1 Nr. 1)

2 Der Tatbestand des § 30 Abs. 1 Nr. 1 setzt als Tathandlungen den unerlaubten Anbau, die unerlaubte Herstellung oder das unerlaubte Handeltreiben i.S.d. § 29 Abs. 1 Satz 1 Nr. 1 voraus. Dabei muss der Täter als Mitglied einer Bande handeln, die sich zur fortgesetzten Begehung solcher Taten verbunden hat. Der Begriff der Bande setzt den Zusammenschluss von mindestens drei Personen voraus, die sich mit dem Willen verbunden haben, künftig für eine gewisse Dauer mehrere selbstständige, im Einzelnen noch ungewisse Straftaten des im Gesetz genannten Deliktstyps zu begehen; ein »gefestigter Bandenwille« oder ein »Tätigwerden in einem übergeordneten Bandeninteresse« ist nicht erforderlich (BGH, Beschl. v. 22.03.2001 – GSSt 1/00, NJW 2001, 2266; s.a. zu § 30a Abs. 1: BGH, Urt. v. 11.09.2003 – 1 StR 146/03, NStZ 2004, 398). Demgegenüber genügt es nicht, wenn sich die Täter nur zu einer einzigen Tat verbinden und erst in der Folgezeit jeweils aus neuem Entschluss derartige Taten begehen (BGH, Beschl. v. 22.04.2020 – 1 StR 61/20, NStZ 2021, 55). Bilden mehrere Aktivitäten eine Bewertungseinheit, können diese nicht eine Bandeneigenschaft aufgrund »wiederholter Tatbegehung« begründen (BGH, Beschl. v. 28.11.2019 – 3 StR 217/19). Auch das auf Dauer angelegte Zusammenwirken mehrerer selbständiger, eigene Interessen verfolgender Geschäftspartner begründet keine Bande, selbst wenn die Beteiligten in einem eingespielten Bezugs- und Absatzsystem im Rahmen einer andauernden Geschäftsbeziehung tätig werden (BGH, Beschl. v. 22.04.2020 – 1 StR 61/20, NStZ 2021, 55; BGH, Beschl. v. 05.06.2019 – 1 StR 223/19, NStZ-RR 2020, 47). Einer ausdrücklichen Vereinbarung bedarf es nicht; der Beitritt ist vielmehr auch stillschweigend möglich (BGH, Urt. v. 11.09.2003 – 1 StR 146/03, NStZ 2004, 398).

### II. Gewerbsmäßige Abgabe, Verabreichung oder Verbrauchsüberlassung an Minderjährige (§ 30 Abs. 1 Nr. 2)

3 § 30 Abs. 1 Nr. 2 findet dann Anwendung, wenn die Abgabe, Verabreichung oder Verbrauchsüberlassung an Minderjährige i.S.d. § 29a Abs. 1 Nr. 1 mit dem Merkmal der Gewerbsmäßigkeit zusammenfällt. Zu den Voraussetzungen der in Bezug genommenen Tathandlungen des § 29a Abs. 1 Nr. 1 s. dort Rdn. 2 sowie zum Begriff der Gewerbsmäßigkeit s. § 29 Rdn. 37.

### III. Leichtfertige Todesverursachung (§ 30 Abs. 1 Nr. 3)

4 § 30 Abs. 1 Nr. 3 erfasst die leichtfertige Todesverursachung durch Abgabe, Verabreichung oder Verbrauchsüberlassung von Betäubungsmitteln und findet damit insbesondere auch auf ärztliche Handlungen i.S.d. § 13 Abs. 1 (mit Ausnahme der bloßen Verschreibung) Anwendung. Die Abgabe ist hier nicht auf die rein tatsächliche Übertragung der Verfügungsgewalt an einen Dritten ohne rechtsgeschäftliche Grundlage und ohne Gegenleistung beschränkt, sondern umfasst auch die Veräußerung oder das Handeltreiben (Körner/Patzak/Volkmer/*Patzak*, § 30 Rn. 93). Wird durch ein unerlaubtes Verabreichen von Betäubungsmitteln ein Totschlag begangen, so wird § 30 Abs. 1 Nr. 3 vom Totschlagtatbestand nicht verdrängt, sondern steht mit ihm in Tateinheit (BGH, Urt. v. 11.03.2015 – 2 StR 423/14, NStZ-RR 2016, 110).

5 Der Tod muss durch die ausgeführten Tathandlungen verursacht worden sein, was Kausalität zwischen der Handlung und dem Todeseintritt voraussetzt. Der Kausalzusammenhang wird nicht dadurch unterbrochen, dass der Empfänger des Betäubungsmittels sich dieses Mittel – wie im Fall der Überlassung zum unmittelbaren Verbrauch – selbst verabreicht (BGH, Urt. v. 07.02.2001 – 5 StR 474/00, NJW 2001, 1802 [1804]).

6 Der Täter muss *mindestens* **leichtfertig** handeln. Dies ist der Fall, wenn er die sich ihm aufdrängende Möglichkeit eines tödlichen Verlaufs aus besonderem Leichtsinn oder aus besonderer Gleichgültigkeit außer Acht lässt (BGH, Urt. v. 07.02.2001 – 5 StR 474/00, NJW 2001, 1802 [1804]; BGH, Urt. v. 09.11.1984 – 2 StR 257/84, NJW 1985, 690). Dabei ist auch der

individuelle Erfahrungshintergrund etwa als Arzt von Bedeutung (BGH, Beschl. v. 11.01.2011 – 5 StR 491/10). Leichtfertigkeit wurde etwa im Fall einer Substitutionsbehandlung angenommen, bei der der Patient vor der Injektion noch weitere Betäubungsmittel konsumiert hatte; auch dieses für einen Abhängigen typische risikoerhöhende Verhalten sei für einen Substitutionsarzt jedenfalls vorhersehbar (BGH, Urt. v. 04.06.2008 – 2 StR 577/07, NStZ 2008, 574 [575]). Einschränkungen können sich aber im Bereich der Suizidhilfe (s. hierzu auch LG Hamburg, Urt. v. 08.11.2017 – 619 KLs 7/16) ergeben: Wenn das Betäubungsmittel zum Zweck eines in jeder Hinsicht freien Suizids des Empfängers überlassen wurde und der Empfänger in jeder Hinsicht selbstverantwortlich handelt (s. Rdn. 7), soll Leichtfertigkeit ausscheiden – auch angesichts der vom Gesetzgeber bei § 30 ins Auge gefassten Unrechtsdimension (BGH, Urt. v. 07.02.2001 – 5 StR 474/00, NJW 2001, 1802 (1804 f.); vgl. auch BGH, Urt. v. 11.04.2000 – 1 StR 638/99, NJW 2000, 2286 [2287]).

Der Tatbestand entfällt nicht etwa infolge einer **eigenverantwortlichen Selbstgefährdung/-** 7 **schädigung**. Zwar ist grundsätzlich anerkannt, dass die eigenverantwortlich gewollte und verwirklichte Selbstgefährdung im Grundsatz nicht den Tatbeständen eines Körperverletzungs- oder Tötungsdelikts unterfällt, wenn sich das mit der Gefährdung vom Opfer bewusst eingegangene Risiko realisiert. Wer lediglich eine solche Gefährdung veranlasst, ermöglicht oder fördert, macht sich danach grundsätzlich nicht wegen eines Körperverletzungs- oder Tötungsdelikts strafbar (st. Rspr.; s. etwa BGH, Urt. v. 11.04.2000 – 1 StR 638/99, NJW 2000, 2286 [2287]; s. hierzu auch Vorbemerkungen zu §§ 29 ff. Rdn. 3). Allerdings soll dies nach der Rechtsprechung nicht im Rahmen des Betäubungsmittelrechts gelten. Eine Strafbarkeit ist daher nicht schon dadurch ausgeschlossen, dass der Empfänger das Betäubungsmittel aus eigenem Entschluss konsumiert und hierdurch selbst die unmittelbare Ursache für seinen Tod setzt (BGH, Urt. v. 04.06.2008 – 2 StR 577/07, NStZ 2008, 574 f.). Denn Betäubungsmitteldelikte gefährden Allgemeingüter, namentlich die Volksgesundheit, über die der Einzelne nicht disponieren kann (BGH, Urt. v. 07.02.2001 – 5 StR 474/00, NJW 2001, 1802 [1804]). Zudem sei dem Tatbestand des § 30 Abs. 1 Nr. 3 eine Selbstgefährdung typischerweise immanent; diese hindere die objektive Zurechnung der Todesfolge nicht (BGH Urt. v. 11.04.2000 – 1 StR 638/99, NJW 2000, 2286 (2287); BayObLG, Beschl. v. 11.12.2001 – 5 St RR 298/01; LG Berlin, Urt. v. 24.05.2011 – (529) 234/1 Kap Js 1885/09 [4/11]). Nach § 30 Abs. 1 Nr. 3 machte sich etwa ein Arzt strafbar, der im Rahmen einer psycholytischen Therapiesitzung durch Gabe von Ecstasy den Tod eines Patienten herbeiführte (»Berliner Drogenarzt«, LG Berlin, Urt. v. 24.05.2011 – (529) 234/1 Kap Js 1885/09 [4/11]). Allerdings kann im Fall eines in jeder Hinsicht freien Suizids des Empfängers die Leichtfertigkeit entfallen (s. Rdn. 6).

### IV. Unerlaubte Einfuhr nicht geringer Menge (§ 30 Abs. 1 Nr. 4)

Der hohen Strafandrohung von nicht unter 2 Jahren unterfällt auch der Fall der unerlaubten Einfuhr (s. § 29 Rdn. 7) einer nicht geringen Menge (s. § 29a Rdn. 3). 8

## C. Minder schwerer Fall

Abs. 2 eröffnet die Möglichkeit einer Strafrahmenreduktion auf Freiheitsstrafe von 3 Monaten bis zu 9 5 Jahren bei Vorliegen eines minder schweren Falls. Die Ausführungen zu § 29a Abs. 2 gelten hier gleichermaßen (s. dort Rdn. 4). Die Menge des abgegebenen Betäubungsmittels stellt hier einen gewichtigen Strafzumessungsgesichtspunkt dar (BGH, Beschl. v. 18.12.2019 – 1 StR 553/19, NStZ-RR 2020, 114). Je geringer die Überschreitung des Grenzwerts zur nicht geringen Menge ist, desto näher kann die Annahme eines minder schweren Falles liegen (BGH, Beschl. v. 11.09.2019 – 2 StR 68/19, NStZ-RR 2020, 24; Franke/Wienroeder/*Wienroeder*, § 30 Rn. 47 ff. m.w.N.). Ein minder schwerer Fall kann z.B. auch vorliegen, wenn der Tatbeitrag in seinem Gewicht einer Beihilfehandlung nahekommt (Franke/Wienroeder/*Wienroeder*, § 30 Rn. 47 ff. m.w.N.).

## § 30a Straftaten

(1) Mit Freiheitsstrafe nicht unter fünf Jahren wird bestraft, wer Betäubungsmittel in nicht geringer Menge unerlaubt anbaut, herstellt, mit ihnen Handel treibt, sie ein- oder ausführt (§ 29 Abs. 1 Satz 1 Nr. 1) und dabei als Mitglied einer Bande handelt, die sich zur fortgesetzten Begehung solcher Taten verbunden hat.

(2) Ebenso wird bestraft, wer
1. als Person über 21 Jahre eine Person unter 18 Jahren bestimmt, mit Betäubungsmitteln unerlaubt Handel zu treiben, sie, ohne Handel zu treiben, einzuführen, auszuführen, zu veräußern, abzugeben oder sonst in den Verkehr zu bringen oder eine dieser Handlungen zu fördern, oder
2. mit Betäubungsmitteln in nicht geringer Menge unerlaubt Handel treibt oder sie, ohne Handel zu treiben, einführt, ausführt oder sich verschafft und dabei eine Schußwaffe oder sonstige Gegenstände mit sich führt, die ihrer Art nach zur Verletzung von Personen geeignet und bestimmt sind.

(3) In minder schweren Fällen ist die Strafe Freiheitsstrafe von sechs Monaten bis zu zehn Jahren.

1 § 30a kombiniert strafschärfende Tatmodalitäten wie die nicht geringe Menge mit Bandenkriminalität (Abs. 1) bzw. mit Waffen/gefährlichen Werkzeugen (Abs. 2 Nr. 2) und sanktioniert das Bestimmen (wie in § 26 StGB) eines Minderjährigen zum Verkehr mit Betäubungsmitteln (Abs. 2 Nr. 1). Die Strafandrohung ist mit nicht unter 5 Jahren gegenüber den §§ 29 bis 30 noch einmal deutlich erhöht. Der minder schwere Fall (s. § 29a Rdn. 4) ist mit Freiheitsstrafe von 6 Monaten bis zu 10 Jahren bedroht (Abs. 3). Im Fall des bewaffneten Handeltreibens mit Betäubungsmitteln in nicht geringer Menge entfaltet bei Annahme eines minder schweren Falles der im Wege der Gesetzeskonkurrenz verdrängte § 29a Abs. 1 lediglich hinsichtlich seiner Mindeststrafe eine Sperrwirkung, für die Höchststrafe gilt demgegenüber die für den Schuldspruch maßgebliche Bestimmung des § 30a Abs. 3 (BGH, Beschl. v. 09.09.2020 – 4 StR 273/20; BGH, Beschl. v. 01.09.2020 – 3 StR 469/19, NJW 2021, 175; BGH, Beschl. v. 07.11.2017 – 1 StR 515/17, NStZ-RR 2018, 19). Da es sich um Verbrechenstatbestände handelt, ist der Versuch stets strafbar (§ 23 Abs. 1 StGB) und sind Verfahrenseinstellungen nach den §§ 153, 153a StPO oder der Erlass eines Strafbefehls gem. § 407 StPO nicht möglich.

2 Bandenmäßig begangene unerlaubte Ausfuhr von Betäubungsmitteln in nicht geringer Menge wurde etwa im Fall eines Internet-Versandes mit ausgenommenen Zubereitungen an ausländische Kunden ohne Ausfuhrerlaubnis angenommen, bei dem ein in das Geschäftsmodell eingeweihter Arzt gegen ein zuvor festgelegtes Entgelt »online« ein entsprechendes Rezept ausstellte und anschließend ein ebenfalls eingeweihter Apotheker gegen eine zuvor bestimmte Vergütung die bestellten Medikamente bezog, versandfertig verpackte und an die jeweiligen Kunden verschickte (BGH, Urt. v. 02.11.2010 – 1 StR 581/09, NJW 2011, 1462 f.). Die Variante des Förderns in § 30a Abs. 2 Nr. 1 erfasst auch das Bestimmen zur Förderung einer inkriminierten Handlung durch den Bestimmenden selbst (BGH, Urt. v. 11.01.2018 – 3 StR 482/17, NJW-Spezial 2018, 344). Das Mitsichführen einer Schusswaffe i.S.d. § 30a Abs. 2 Nr. 2 liegt vor, wenn der Täter diese bei der Tatbegehung bewusst gebrauchsbereit bei sich hat, wobei es genügt, dass die Schusswaffe sich so in der räumlichen Nähe des Täters befindet, dass er sich ihrer jederzeit – also ohne nennenswerten Zeitaufwand und ohne besondere Schwierigkeiten – bedienen kann (BGH, Beschl. v. 12.05.2020 – 5 StR 111/20, NStZ 2020, 555; BGH, Beschl. v. 23.04.2020 – 1 StR 99/20; BGH, Beschl. v. 03.12.2019 – 4 StR 553/19, NStZ-RR 2020, 48; BGH, Urt. v. 23.10.2019 – 2 StR 294/19, NStZ 2020, 233; BGH, Beschl. v. 22.08.2017 – 3 StR 331/17). Dies kann unter Umständen sogar der Fall sein, wenn Betäubungsmittel und Schusswaffe innerhalb derselben Wohnung in unterschiedlichen Räumen aufbewahrt werden (BGH, Beschl. v. 12.05.2020 – 5 StR 111/20, NStZ 2020, 555; BGH, Beschl. v. 23.04.2020 – 1 StR 99/20; BGH, Urt. v. 23.01.2020 – 3 StR 433/19, NStZ 2020, 554). Es genügt, dass die Waffe bzw. der sonstige gefährliche Gegenstand in irgendeinem Stadium des Tathergangs, z.B. auch nur bei einem von mehreren Teilakten einer

Tat, zur Verfügung steht (BGH, Beschl. v. 03.12.2019 – 4 StR 553/19, NStZ-RR 2020, 48; BGH, Urt. v. 23.10.2019 – 2 StR 294/19, NStZ 2020, 233; BGH, Beschl. v. 03.09.2019 – 1 StR 300/19, NStZ-RR 2020, 24; BGH, Beschl. v. 21.03.2019 – 3 StR 458/18, NStZ 2020, 232).

### § 32 Ordnungswidrigkeiten

(1) Ordnungswidrig handelt, wer vorsätzlich oder fahrlässig
1. entgegen § 4 Abs. 3 Satz 1 die Teilnahme am Betäubungsmittelverkehr nicht anzeigt,
2. in einem Antrag nach § 7, auch in Verbindung mit § 10a Abs. 3 oder § 13 Absatz 3 Satz 3, unrichtige Angaben macht oder unrichtige Unterlagen beifügt,
3. entgegen § 8 Abs. 3 Satz 1, auch in Verbindung mit § 10a Abs. 3, eine Änderung nicht richtig, nicht vollständig oder nicht unverzüglich mitteilt,
4. einer vollziehbaren Auflage nach § 9 Abs. 2, auch in Verbindung mit § 10a Abs. 3, zuwiderhandelt,
5. entgegen § 11 Abs. 1 Satz 1 Betäubungsmittel ohne Genehmigung ein- oder ausführt,
6. einer Rechtsverordnung nach § 11 Abs. 2 Satz 2 Nr. 2 bis 4, § 12 Abs. 4, § 13 Abs. 3 Satz 2 Nr. 2, 3 oder 4, § 20 Abs. 1 oder § 28 Abs. 2 zuwiderhandelt, soweit sie für einen bestimmten Tatbestand auf diese Bußgeldvorschrift verweist,
7. entgegen § 12 Abs. 1 Betäubungsmittel abgibt oder entgegen § 12 Abs. 2 die Abgabe oder den Erwerb nicht richtig, nicht vollständig oder nicht unverzüglich meldet oder den Empfang nicht bestätigt,
7a. entgegen § 13 Absatz 1a Satz 3 nicht, nicht richtig oder nicht rechtzeitig bei einer Apotheke anfragt,
7b. entgegen § 13 Absatz 1a Satz 4 oder 5 eine Aufzeichnung nicht, nicht richtig oder nicht vollständig führt oder eine Aufzeichnung nicht oder nicht mindestens drei Jahre aufbewahrt,
8. entgegen § 14 Abs. 1 bis 4 Betäubungsmittel nicht vorschriftsmäßig kennzeichnet,
9. einer vollziehbaren Anordnung nach § 15 Satz 2 zuwiderhandelt,
10. entgegen § 16 Abs. 1 Betäubungsmittel nicht vorschriftsmäßig vernichtet, eine Niederschrift nicht fertigt oder sie nicht aufbewahrt oder entgegen § 16 Abs. 2 Satz 1 Betäubungsmittel nicht zur Vernichtung einsendet, jeweils auch in Verbindung mit § 16 Abs. 3,
11. entgegen § 17 Abs. 1 oder 2 Aufzeichnungen nicht, nicht richtig oder nicht vollständig führt oder entgegen § 17 Abs. 3 Aufzeichnungen oder Rechnungsdurchschriften nicht aufbewahrt,
12. entgegen § 18 Abs. 1 bis 3 Meldungen nicht richtig, nicht vollständig oder nicht rechtzeitig erstattet,
13. entgegen § 24 Abs. 1 einer Duldungs- oder Mitwirkungspflicht nicht nachkommt,
14. entgegen § 24a den Anbau von Nutzhanf nicht, nicht richtig, nicht vollständig oder nicht rechtzeitig anzeigt oder
15. Betäubungsmittel in eine Postsendung einlegt, obwohl diese Versendung durch den Weltpostvertrag oder ein Abkommen des Weltpostvereins verboten ist; das Postgeheimnis gemäß Artikel 10 Abs. 1 des Grundgesetzes wird insoweit für die Verfolgung und Ahndung der Ordnungswidrigkeit eingeschränkt.

(2) Die Ordnungswidrigkeit kann mit einer Geldbuße bis zu fünfundzwanzigtausend Euro geahndet werden.

(3) Verwaltungsbehörde im Sinne des § 36 Abs. 1 Nr. 1 des Gesetzes über Ordnungswidrigkeiten ist das Bundesinstitut für Arzneimittel und Medizinprodukte, soweit das Gesetz von ihm ausgeführt wird, im Falle des § 32 Abs. 1 Nr. 14 die Bundesanstalt für Landwirtschaft und Ernährung.

## § 33 BtMG  Einziehung

**1** Der Ordnungswidrigkeitenkatalog des § 32 sanktioniert diverse Verstöße gegen Vorschriften des BtMG sowie Rechtsverordnungen. Für die einzelnen relevanten Verstöße wird auf die Kommentierung der jeweils in Bezug genommenen Norm verwiesen.

**2** § 32 Abs. 1 Nr. 6 bezieht sich auf Verstöße gegen die dort aufgeführten Rechtsverordnungen, *soweit* sie für einen bestimmten Tatbestand auf diese Bußgeldvorschrift verweisen. Von besonderer Relevanz ist in diesem Zusammenhang § 17 BtMVV, der Verstöße gegen die dort benannten Vorschriften der BtMVV als Ordnungswidrigkeiten ahndet. Erfasst sind insbesondere unzureichende Angaben (Nr. 1), eine unzureichende Dokumentation im Rahmen einer Substitutionsbehandlung entgegen den dort genannten Vorschriften (Nr. 2), nicht auf einem Betäubungsmittelrezept/-anforderungsschein ausgestellte Verschreibungen (Nr. 3), die Übertragung/Nicht-Rückgabe von Betäubungsmittelrezepten (Nr. 4), eine fehlende Sicherung von Betäubungsmittelrezepten gegen Entwendung bzw. Nichtanzeige eines Verlusts (Nr. 5), die Nicht- bzw. nicht vorschriftsmäßige Aufbewahrung der jeweiligen Bestandteile der Verschreibung (Nr. 6), eine fehlende unverzügliche Nachreichung der Verschreibung bei Notfall-Verschreibungen (Nr. 7), ein fehlender Nachweis über die Weitergabe von Betäubungsmittelanforderungsscheinen (Nr. 8), Verstöße gegen die Nachweisführung (Nr. 9) und die Verschreibung eines Substitutionsmittels ohne Erfüllung der Mindestanforderungen/Einbeziehung eines Konsiliarius/Abstimmung mit dem Vertreter/Erfüllung der diamorphinspezifischen Anforderungen an die Qualifikation (Nr. 10).

**3** § 32 sanktioniert sowohl vorsätzliches als auch fahrlässiges Handeln. Der Versuch ist nicht bußgeldbedroht (§ 13 Abs. 2 OWiG). Die Ordnungswidrigkeit *kann* geahndet werden, sie muss es aber nicht. Sofern eine Ahndung erfolgt, beträgt das Bußgeld gem. § 17 Abs. 1 OWiG mindestens 5 €. Das Höchstmaß beträgt 25.000 € (Abs. 2). Dies gilt jedoch wegen § 17 Abs. 2 OWiG nur für vorsätzliche Verstöße. Fahrlässige Verstöße können höchstens mit einer Geldbuße i.H.v. 12.500 € geahndet werden. Da die Geldbuße den wirtschaftlichen Vorteil, den der Täter aus der Ordnungswidrigkeit gezogen hat, übersteigen soll, kann das gesetzliche Höchstmaß gem. § 17 Abs. 4 OWiG auch überschritten werden, um dieses Ziel zu erreichen.

## § 33 Einziehung

**Gegenstände, auf die sich eine Straftat nach den §§ 29 bis 30a oder eine Ordnungswidrigkeit nach § 32 bezieht, können eingezogen werden. § 74a des Strafgesetzbuches und § 23 des Gesetzes über Ordnungswidrigkeiten sind anzuwenden.**

**1** Die allgemeinen Vorschriften der §§ 73, 74 ff. StGB gelten auch im Betäubungsmittelstrafrecht und werden durch § 33 lediglich erweitert. Infolge der Streichung des Abs. 1 (erweiterter Verfall) im Zuge der Reform der strafrechtlichen Vermögensabschöpfung (Gesetz zur Reform der strafrechtlichen Vermögensabschöpfung vom 13.04.2017, BGBl. S. 872) erfasst die Vorschrift nun nur noch die Einziehung so genannter Beziehungsgegenstände; im Betäubungsmittelrecht sind dies in erster Linie die Betäubungsmittel selbst (Franke/Wienroeder/*Franke*, § 33 Rn. 3; Weber, § 33 Rn. 355). Bei »erlangten« Betäubungsmitteln handelt es sich nicht um Taterträge i.S.d. §§ 73, 73c StGB, sondern um Tatobjekte gem. § 33 Satz 1 BtMG, § 74 Abs. 2 StGB (BGH, Beschl. v. 27.01.2021 – 6 StR 421/20; BGH, Beschl. v. 10.06.2020 – 3 StR 37/20). Verbraucht ein Angeklagter die Betäubungsmittel, kann eine Einziehung des Wertes von Tatobjekten gem. § 74c Abs. 1 StGB in Betracht kommen; dies setzt jedoch voraus, dass dem Täter der Gegenstand zur Zeit der Tat gehörte oder zustand (BGH, Beschl. v. 09.12.2020 – 5 StR 185/20; BGH, Beschl. v. 10.06.2020 – 3 StR 37/20). Daran fehlt es, wenn dem Eigentumserwerb § 134 BGB entgegensteht (BGH, Beschl. v. 09.12.2020 – 5 StR 185/20).

# Gesetz zum Schutz von Embryonen (Embryonenschutzgesetz – ESchG)

In der Fassung der Bekanntmachung vom 13. Dezember 1990 (BGBl. I S. 2746), zuletzt geändert durch Artikel 1 des Gesetzes vom 21. November 2011 (BGBl. I S. 2228)

### Inhaltsverzeichnis

Vorbemerkungen
§ 1    Mißbräuchliche Anwendung von Fortpflanzungstechniken
§ 2    Mißbräuchliche Verwendung menschlicher Embryonen
§ 3    Verbotene Geschlechtswahl
§ 3a   Präimplantationsdiagnostik; Verordnungsermächtigung
§ 5    Künstliche Veränderung menschlicher Keimbahnzellen
§ 6    Klonen
§ 7    Chimären- und Hybridbildung
§ 8    Begriffsbestimmung

### Vorbemerkungen

Die Entwicklung der Reproduktionsmedizin mit der Geburt des ersten »Retortenbabys« im Jahr 1978 und die Erkenntnisfortschritte der Humangenetik lösten auch in Deutschland zum Teil heftige Diskussionen aus. Nach zahlreichen Stellungnahmen u. a. seitens der Bundesärztekammer, des Deutschen Juristentages und der Kirchen legte im November 1985 die sog. Benda-Kommission (»Arbeitsgruppe In-vitro-Fertilisation, Genomanalyse und Gentherapie«) ihren Abschlussbericht vor, in dem eine Reihe gesetzlicher Regelungen mit zum Teil strafbewehrten Verboten vorgeschlagen wurde (s. Arbeitsgruppe »In-vitro-Fertilisation, Genomanalyse und Gentherapie«, 1985; dazu *v. Bülow* in: Winter/Fenger/Schreiber, Genmedizin und Recht, 2001, S. 127, 130 ff.). 1

Hierauf beruht ganz wesentlich das Gesetz zum Schutz von Embryonen (Embryonenschutzgesetz – ESchG) vom 13.12.1990 (BGBl. I S. 2746), das zum Jahresbeginn 1991 in Kraft trat. Wegen der zum damaligen Zeitpunkt fehlenden Gesetzgebungszuständigkeit des Bundes für eine umfassendere Regelung der Fortpflanzungsmedizin (s. nunmehr Art. 74 Abs. 1 Nr. 26 GG) ist das Embryonenschutzgesetz als strafrechtliches Nebengesetz konzipiert, wofür der Bund nach Art. 74 Abs. 1 Nr. 1 GG die Gesetzgebungskompetenz besaß und besitzt. Vor diesem Hintergrund wird auch der fragmentarische Charakter des ESchG verständlich (s.a. Günther/*Taupitz*/Kaiser Embryonenschutzgesetz, 2. Aufl. 2014, Einführung B, Rn. 17). Als Strafgesetz unterliegt das ESchG dem strikten Analogieverbot des Art. 103 Abs. 2 GG, was straferweiternde Auslegungen gesetzlicher Regelungen verbietet (s. OLG Rostock MedR 2010, 874, 875 f. zu § 4 Abs. 1 Nr. 3 ESchG). 2

Das ESchG zielt – sieht man von den verfassungsrechtlich inakzeptablen §§ 6 Abs. 2, 7 Abs. 2 ab – auf einen ausgeprägten pränatalen Lebensschutz (anders *Schroth*, JZ 2009, 233, 238), wobei allerdings das Schutzregime mit dem Abschluss der Nidation endet. Ab diesem Zeitpunkt untersteht der Schutz des pränatalen Lebens dem Abtreibungsstrafrecht (s. *Müller-Terpitz*, Das Recht der Biomedizin, 2006, Einführung, S. 47; *Günther*/Taupitz/Kaiser Embryonenschutzgesetz, 2. Aufl. 2014, vor § 1, Rn. 5 f.). Der Gesetzgeber berief sich ausdrücklich auf seinen Schutzauftrag aus den grundgesetzlichen Würde- und Lebensgarantien der Art. 1 Abs. 1 GG und Art. 2 Abs. 2 Satz 1 GG, welcher schon die frühesten menschlichen Entwicklungsstadien – sei es in-vivo oder in-vitro – umfasse (s. BT-Drs. 11/5460, S. 6). Diese Position hat der einfache Gesetzgeber im Stammzellgesetz vom 28.06.2002 (BGBl. I S. 2277) ausdrücklich bestätigt und noch erweitert (dazu *Müller-Terpitz*, Das Recht der Biomedizin, 2006, 47, 51 ff.; ausführlich *ders.*, Der Schutz des pränatalen Lebens, 2007, passim). Die grundsätzlich weit ausgreifende Schutzkonzeption des ESchG bedeutet zugleich eine 3

Absage an die Gewinnung humaner embryonaler Stammzellen, wenn und soweit sie mit der Zerstörung eines Embryos (s. § 8 Abs. 1) einhergeht.

4 Diese prinzipielle Teleologie des Gesetzes ist indes durch die Einführung des § 3a, der die – begrenzte – Straflosigkeit der Präimplantationsdiagnostik (PID) regelt, für einen Teilbereich relativiert worden (s. *Dreier*, Bioethik – Politik und Verfassung, 2013, 66 f.; *Augsberg*, ZfL 2014, 74 ff.; mit Blick auf die weitergehenden Regelungen des Augsburg-Münchener Entwurfs zum Fortpflanzungsmedizingesetz, die einen Regel-Ausnahme-Mechanismus zugunsten eines Rechts auf Inanspruchnahme der Optionen der Fortpflanzungsmedizin etablieren, *Gärditz*, ZfL 2014, 42 ff.; anders etwa *Kubiciel*, NStZ 2013, 382, 383, der das Augenmerk auf die verfassungsrechtliche Rechtfertigung jeder gesetzlichen Beschränkung der PID lenkt (vgl. hierzu auch *Lindner*, ZfL 2015, 10, 12); kritisch mit Blick auf das Diskriminierungsverbot insoweit *Duttge*, ZfmE 61 [2015], 109 ff.). Der EGMR hat mit Blick auf das gänzliche Verbot der PID nach italienischem Recht indes darauf hingewiesen, dass der Schutz des Privatlebens und der Familie nach Art. 8 EMRK sehr weit zu fassen sei und nicht nur das Recht auf Respektierung des Wunschs, Eltern zu werden, gewährleiste, sondern auch das Recht auf Zugang zu Fortpflanzungstechniken; daher unterfalle der Wunsch eines Ehepaares, ein Kind zu zeugen, das nicht von einem Gendefekt betroffen ist, dessen Träger beide sind, und sich dazu Maßnahmen der künstlichen Befruchtung und der Präimplantationsdiagnostik zu bedienen, dem Schutz des Art. 8 EMRK (EGMR, GesR 2012, 736 f.).

5 Die Systematik des ESchG lässt sich wie folgt skizzieren: Das Kernstück des Gesetzes bilden die beiden zentralen Verbotsnormen der §§ 1 und 2. In den §§ 3 bis 7 werden spezielle Formen fortpflanzungstechnischer oder humangenetischer Interventionen und Manipulationen im Gefolge extrakorporaler Befruchtung reguliert. Der straf- bzw. bußgeldbewehrte Arztvorbehalt (§§ 9 bis 12) soll schließlich Gefahren für Leben oder Gesundheit des Embryos sowie der austragenden Frau abwehren (s. *Günther*/Taupitz/Kaiser Embryonenschutzgesetz, 2. Aufl. 2014, vor § 1 Rn. 7).

## § 1 Mißbräuchliche Anwendung von Fortpflanzungstechniken

(1) Mit Freiheitsstrafe bis zu drei Jahren oder mit Geldstrafe wird bestraft, wer
1. auf eine Frau eine fremde unbefruchtete Eizelle überträgt,
2. es unternimmt, eine Eizelle zu einem anderen Zweck künstlich zu befruchten, als eine Schwangerschaft der Frau herbeizuführen, von der die Eizelle stammt,
3. es unternimmt, innerhalb eines Zyklus mehr als drei Embryonen auf eine Frau zu übertragen,
4. es unternimmt, durch intratubaren Gametentransfer innerhalb eines Zyklus mehr als drei Eizellen zu befruchten,
5. es unternimmt, mehr Eizellen einer Frau zu befruchten, als ihr innerhalb eines Zyklus übertragen werden sollen,
6. einer Frau einen Embryo vor Abschluß seiner Einnistung in der Gebärmutter entnimmt, um diesen auf eine andere Frau zu übertragen oder ihn für einen nicht seiner Erhaltung dienenden Zweck zu verwenden, oder
7. es unternimmt, bei einer Frau, welche bereit ist, ihr Kind nach der Geburt Dritten auf Dauer zu überlassen (Ersatzmutter), eine künstliche Befruchtung durchzuführen oder auf sie einen menschlichen Embryo zu übertragen.

(2) Ebenso wird bestraft, wer
1. künstlich bewirkt, daß eine menschliche Samenzelle in eine menschliche Eizelle eindringt, oder
2. eine menschliche Samenzelle in eine menschliche Eizelle künstlich verbringt, ohne eine Schwangerschaft der Frau herbeiführen zu wollen, von der die Eizelle stammt.

(3) Nicht bestraft werden

1. in den Fällen des Absatzes 1 Nr. 1, 2 und 6 die Frau, von der die Eizelle oder der Embryo stammt, sowie die Frau, auf die die Eizelle übertragen wird oder der Embryo übertragen werden soll, und
2. in den Fällen des Absatzes 1 Nr. 7 die Ersatzmutter sowie die Person, die das Kind auf Dauer bei sich aufnehmen will.

(4) In den Fällen des Absatzes 1 Nr. 6 und des Absatzes 2 ist der Versuch strafbar.

| Übersicht | Rdn. | | Rdn. |
|---|---|---|---|
| A. Übersicht und Grundsätzliches | 1 | 3. Zu Nr. 3 | 17 |
| B. Zentrale Regelungsaussagen | 5 | 4. Zu Nr. 4 | 19a |
| I. Die Straftatbestände des § 1 Abs. 1 | 5 | 5. Zu Nr. 5 | 20 |
| 1. Zu Nr. 1 | 6 | 6. Zu Nr. 6 | 22 |
| 2. Zu Nr. 2 | 12 | II. Die Straftatbestände des § 1 Abs. 2 | 24 |

## A. Übersicht und Grundsätzliches

§ 1 zählt zu den zentralen Bestimmungen des EschG und stellt die missbräuchliche Anwendung von Fortpflanzungstechniken unter Strafe. Die sieben Straftatbestände des § 1 Abs. 1 sind von der Vorstellung geprägt, dass die zu befruchtende Eizelle mit der Mutter genetisch identisch sein muss, dass immer nur so viele Eizellen befruchtet werden, wie anschließend übertragen werden sollen (sog. Konnexitätsprinzip), und dass zum Schutz der Mütter und Embryonen vor komplikationsträchtigen Mehrlingsschwangerschaften nicht mehr als drei Embryonen gleichzeitig auf die Eizellspenderin übertragen werden dürfen. 1

Abs. 2 der Vorschrift verfolgt als konkretes Gefährdungsdelikt die gleiche doppelte Schutzrichtung wie § 1 Abs. 1 Nr. 2: Er will sowohl fremdnützige Verwendungen (etwa die verbrauchende Embryonenforschung) als auch die Gefahr gespaltener Mutterschaften ausschließen. Auch dem Risiko, dass überzählige Embryonen entstehen, soll vorgebeugt werden (s. nur *Günther*/Taupitz/Kaiser Embryonenschutzgesetz, 2. Aufl. 2014, § 1 Abs. 2, Rn. 4). 2

Abs. 3 der Bestimmung enthält persönliche Strafausschließungsgründe für bestimmte Straftatbestände zugunsten der beteiligten Frauen. 3

Zahlreiche strafbewehrte Verbotstatbestände des § 1 sind in der Literatur auf zum Teil heftige Kritik und verfassungsrechtliche Bedenken gestoßen (ausführlich *Günther*/*Taupitz*/Kaiser Embryonenschutzgesetz, 2008, § 1 Abs. 1 Nr. 1–7). Damit soll – wie etliche Verlautbarungen deutlich werden lassen – der Gesetzgeber zu einer Korrektur seiner restriktiven Haltung, die er ja durch den Erlass des Stammzellgesetzes noch einmal bekräftigt hat, gedrängt werden. Die Berechtigung dieser Kritik kann im vorliegenden Zusammenhang nicht im Einzelnen einer wiederum kritischen Überprüfung unterzogen werden. 4

## B. Zentrale Regelungsaussagen

### I. Die Straftatbestände des § 1 Abs. 1

Mit dem Ziel des Würde- und Integritätsschutzes des Embryos und im Interesse geeigneter Entwicklungsbedingungen des später geborenen Kindes formuliert § 1 Abs. 1 eine Reihe von strafbewehrten Verbotstatbeständen. 5

### 1. Zu Nr. 1

Nach § 1 Abs. 1 Nr. 1 ist es verboten, auf eine Frau eine fremde unbefruchtete Eizelle zu übertragen. Eizelle meint dabei die menschliche weibliche Keimzelle. Fremd ist eine Eizelle dann, wenn sie nicht von der Frau stammt, auf die sie übertragen wird (Günther/*Taupitz*/Kaiser Embryonenschutzgesetz, 2. Aufl. 2014, § 1 Abs. 1 Nr. 1, Rn. 15–17). Die Eizellspende als solche kann 6 grundsätzlich – neben der Übertragung einzelner Eizellen – auch durch eine Eierstocktransplantation erfolgen (Spickhoff/*Müller-Terpitz*, § 1 ESchG Rn. 5).

7 Das in der Vorschrift umschriebene Tatobjekt wird darüber hinaus durch das Attribut »unbefruchtet« charakterisiert. Eine Eizelle ist jedenfalls ab dem Zeitpunkt befruchtet, in dem sich die beiden haploiden Chromosomensätze der Vorkerne zum diploiden Chromosomensatz des neuen Genoms vereinigt haben (näher Günther/Taupitz/*Kaiser* Embryonenschutzgesetz, 2. Aufl. 2014, Einführung A, Rn. 35 ff.; Günther/*Taupitz*/Kaiser Embryonenschutzgesetz, 2. Aufl. 2014, § 8, Rn. 27 ff.). Für noch im Befruchtungsvorgang befindliche Eizellen enthält der Unternehmensstraftatbestand des § 1 Abs. 2 Nr. 2 eine weitere Regelung.

Mittels einer solchen Eizellenspende wäre es Frauen, die mit ihren eigenen Eizellen nicht schwanger werden können, möglich, dennoch ein Kind zu bekommen. Allerdings ist diese Option auf Basis von § 1 Abs. 1 Nr. 1 in Deutschland untersagt (*Ulsenheimer/Gaede*, Arztstrafrecht in der Praxis, 6. Aufl. 2021, Rn. 998). Nach der Rechtsprechung begehen deswegen auch Ärzte, die in Deutschland eine vorbereitende Behandlung für eine im Ausland durchzuführende Eizellspende oder Behandlung im Wege der Übertragung auf andere Frauen und Befruchtung der gespendeten Eizelle vornehmen, eine strafbare Beihilfehandlung gem. § 27 Abs. 1 StGB, § 1 Abs. 1 Nr. 1, 2, wenn es nach der vorbereitenden Behandlung tatsächlich zu einer Eizellspende oder Behandlung einer anderen Frau im Wege der Eizellspende kommt (KG MedR 2014, 498 ff. mit dem Hinweis, dass ein Unterlassungsanspruch gem. § 4 Nr. 11 UWG gegenüber diesbezüglichen Werbeaussagen bestehe). Der Normzweck der Vorschrift zielt auf die Verhinderung sog. gespaltener Mutterschaften ab, d.h. das Auseinanderfallen von genetischer und biologischer (austragender) Mutter (zur Begründung s. BT-Drs. 11/5460, S. 7). Nur für den Fall der sog. Embryospende nach in-vitro-Fertilisation lässt das EschG die gespaltene Mutterschaft zu (s. § 1 Abs. 1 Nr. 6; zum Ganzen Günther/*Taupitz*/Kaiser Embryonenschutzgesetz, 2. Aufl. 2014, § 1 Abs. 1 Nr. 1, Rn. 1 ff.).

8 (unbesetzt)

9 Zentrales Motiv der Regelung ist die Sicherung des Kindeswohls als grundrechtsdogmatische Mitte der Eltern-Kind-Beziehung (allgemein dazu *Höfling* in: Isensee/Kirchhof, HStR, Bd. VII, 3. Aufl. 2009, § 155, Rn. 34 ff.). Im medizin(straf)rechtlichen Schrifttum wird das Verbot der Eizellspende jedoch zunehmend kritisch betrachtet (vgl. *Ulsenheimer/Gaede*, Arztstrafrecht in der Praxis, 6. Aufl. 2021, Rn. 1006; ausführlich Spickhoff/*Müller-Terpitz*, § 1 EschG Rn. 7, der insbesondere verfassungsrechtliche Bedenken äußert; so auch *Gassner*, ZRP 2015, 126; im Gesamtüberblick *Dorneck*, Das Recht der Reproduktionsmedizin de lege lata und de lege ferenda, 2018). Auch mehrere Organisationen, die Betroffenen bei der Erfüllung ihres Kinderwunsches Unterstützung bieten, sprechen sich für die Zulassung der Eizellspende aus, sodass die Thematik auch in der öffentlichen Wahrnehmung zunehmend in den Fokus rückt. Aufgrund der immer »lauter« werdenden Debatte, wird sich der Gesetzgeber mit dieser Frage zu beschäftigen haben. Sollte er auf Basis seines Beurteilungsspielraumes an der bestehenden Verbotskonzeption festhalten, muss hierfür jedoch eine vertieftere Begründung erfolgen, als es bisher der Fall gewesen ist. Anderenfalls dürfte die gesellschaftliche Normakzeptanz zunehmend nachlassen.

10 Im Gegensatz zur Eizellspende ist die Samenspende erlaubt. Zum Teil wird insoweit »aus der erheblichen Inkonsistenz des Gesetzes der Vorwurf eines Verstoßes gegen den Gleichheitssatz« abgeleitet, der »durch Straflosigkeit auch der gespaltenen Mutterschaft zu beseitigen« sei (so ausdrücklich Günther/*Taupitz*/Kaiser Embryonenschutzgesetz, 2. Aufl. 2014, § 1 Abs. 1 Nr. 1, Rn. 12). Dem ist indes zu widersprechen: Zum einen kann die unterschiedliche rechtliche Behandlung von Samen- und Eizellspende an die unterschiedliche Eingriffstiefe bei der Gewinnung der Keimzellen anknüpfen. Anders als Samenzellen lassen sich Eizellen nur durch einen invasiven, risikobehafteten Eingriff in den Körper der Frau gewinnen. Zum anderen gibt es einen eindeutigen biologischen Unterschied zwischen gespaltener Vaterschaft einerseits und gespaltener Mutterschaft andererseits. Eine Spaltung der Vaterschaft in eine genetische und eine biologische Vaterschaft gibt es nicht (hierzu m.w.N. *Höfling* Verfassungsrechtliche Aspekte der Verfügung über menschliche Embryonen

und »humanbiologisches Material«, Gutachten für die Enquete-Kommission »Ethik und Recht der modernen Medizin« des Deutschen Bundestages, 2001, S. 168 ff.). Auch wenn es keine verfassungsrechtliche Pflicht zu einem Verbot der Eizellspende geben mag, ist der Gesetzgeber durchaus legitimiert, die Eizellspende als fremdnützigen Eingriff einzuschränken und auch gegenüber der Lebendorganspende – die immerhin der Abwehr einer konkreten drohenden Lebensgefahr für einen Dritten dient – noch restriktiveren Reglementierungen zu unterwerfen.

Ganz in diesem Sinne hat der EGMR mit Blick auf eine vergleichbare Regelung im österreichischen Fortpflanzungsmedizingesetz (öBGBl. Nr. 275/1992) eine Verletzung von Art. 8 EMRK verneint (s. EGMR, NJW 2012, 207 ff.; instruktiver Überblick bei *Müller-Terpitz* AVR 51 [2013], 42 ff.; ferner *Koutnatzis/Weilert*, AVR 51 [2013], 72 ff.). 11

### 2. Zu Nr. 2

Der Unternehmensdeliktstatbestand verfolgt eine doppelte Zielrichtung: Zum einen soll die künstliche Befruchtung zu jedem anderen Zweck als dem der Herbeiführung einer Schwangerschaft ausgeschlossen werden. Damit ist auch die künstliche Befruchtung verboten, bei der die Zeugung von Embryonen zu Forschungszwecken erfolgt (Erbs/Kohlhaas/*Pelchen*/*Häberle*, 229. EL März 2020, ESchG § 1 Rn. 4). Zum anderen pönalisiert § 1 Abs. 1 Nr. 2 die gespaltene Mutterschaft. 12

Im Zentrum der Norm steht der Begriff der »**künstlichen Befruchtung**«. Nach den Gesetzesmaterialien zum ESchG ist hierunter jede Befruchtung zu verstehen, die nicht durch Geschlechtsverkehr herbeigeführt wird und zu deren Erreichung technische Hilfsmittel eingesetzt werden. Zur künstlichen Befruchtung zählen insbesondere die Insemination, die gezielte Injektion von Samenzellen in die menschliche Eizelle, die In-vitro-Fertilisation sowie der intratubare Gametentransfer, also das Implementieren von Ei- und Samenzelle in den Eileiter (BT-Drs. 11/5460 S. 8; Erbs/Kohlhaas/*Pelchen*/*Häberle*, 229. EL März 2020, ESchG § 1 Rn. 4).

Der Tatbestand erfasst nicht sog. **Hybridbildungen** (dazu § 7 Abs. 1 Nr. 3 ESchG) und mangels Befruchtung auch nicht die Konstellation, dass der Embryo mittels einer somatischen Kerntransplantation erzeugt wird (s.a. BT-Drs. 13/11263, S. 21 f.). Insoweit kommt allerdings die Vorschrift des § 6 ESchG in Betracht. 13

(unbesetzt) 14

In hohem Maße umstritten war die Frage, ob die Vorschrift auch die sog. **Präimplantationsdiagnostik (PID)** erfasst (dazu und zu der Frage, ob andere Tatbestände des ESchG die sog. Befruchtung auf Probe erfassten etwa *Giwer*, Rechtsfragen der Präimplantationsdiagnostik, 2001, S. 33 ff.; *Hufen*, MedR 2001, 442 ff.; *Böckenförde-Wunderlich*, Präimplantationsdiagnostik als Rechtsproblem, 2002, S. 118 ff.; *Schroth*, JZ 2002, 170 ff.; *ders.*, NStZ 2009, 233 ff.; *Faßbender*, NJW 2001, 2745 ff.; zur Diskussion auch Günther/*Taupitz*/Kaiser Embryonenschutzgesetz, 2. Aufl. 2014, § 3a, Rn. 2 f.). Mit Blick auf das strikte Analogieverbot des Art. 103 Abs. 2 GG bestanden daran erhebliche Zweifel (s. *Höfling*, Reprogenetik und Verfassungsrecht, 2001, S. 28 f.). 15

Durch das Urteil des BGH vom 06.07.2010 wurde die literarische und forensische Auseinandersetzung zugunsten der Straflosigkeit entschieden (s. BGH MedR 2010, 844 ff., m. Anm. *Schumann*; dazu etwa *Ratzel*, GesR 2010, 522 ff.; *Dederer*, MedR 2010, 819 ff.). Danach begründete die nach extrakorporaler Befruchtung beabsichtigte PID mittels Blastozystenbiopsie und anschließender Untersuchung der entnommenen pluripotenten Trophoblastzellen auf schwere genetische Schäden weder eine Strafbarkeit nach § 1 Abs. 1 Nr. 2 noch nach § 2 Abs. 1. Somit war der Gesetzgeber zum Handeln aufgerufen, der mit der Einfügung des § 3a reagiert hat. 16

Das **2-PN-Stadium** liegt vor, wenn das Spermium bereits in die weibliche Eizelle eingedrungen ist, jedoch noch keine Kernverschmelzung stattgefunden hat, da dieser Vorgang durch Kryokonservierung, dem Einfrieren mit flüssigem Stickstoff, unterbrochen worden ist. Solche Zellen werden als 2-PN-Zellen oder Vorkernzellen bezeichnet (*Daunderer*, medstra 2019, 218). In diesem Stadium trägt die Eizelle bereits den mütterlichen und väterlichen Chromosomensatz in sich, ist jedoch noch 16a nicht als Embryo zu bezeichnen (*Daunderer*, medstra 2019, 218). Letzteres ist erst dann der Fall, wenn die Zellverschmelzung stattgefunden hat (*Daunderer*, medstra 2019, 218).

In der Folge ist es möglich, die 2-PN-Zellen wieder aufzutauen und anschließend bei einer Frau einzusetzen (Erbs/Kohlhaas/*Pelchen/Häberle*, 229. EL März 2020, ESchG § 1 Rn. 4). Erst zu diesem Zeitpunkt lösen sich die bis dahin gebildeten Vorkerne auf und die Kernverschmelzung findet statt (*Gerckel/Leimenstoll/Stirner*, Handbuch Medizinstrafrecht, S. 205). Hierbei werden regelmäßig mehr Zellen eingefroren, als später Embryonen übertragen werden, um ggf. für einen späteren erneuten Kinderwunsch zur Verfügung zu stehen (*Ulsenheimer/Gaede*, Arztstrafrecht in der Praxis, 6. Aufl. 2021, Rn. 1008). Die Möglichkeit der Konservierung sieht auch bereits § 9 Nr. 4 vor; diese steht dort unter Arztvorbehalt. Allerdings soll diese Option nur möglich sein, um die konservierten Zellen der Frau einzusetzen, von der auch die Eizelle stammt. In der Praxis tritt jedoch die Situation auf, dass überschüssig vorhandene Eizellen für die aktuell gewollte oder eine künftige Schwangerschaft einer Frau nicht mehr notwendig sind und dann ggf. absterben würden. Aus diesem Grund wird erwogen, ob diese Eizellen im Zwischenstadium auch einer anderen Frau zur Verfügung gestellt werden können (*Ulsenheimer/Gaede*, Arztstrafrecht in der Praxis, 6. Aufl. 2021, Rn. 1008).

Aufgrund der Entscheidung des LG Augsburg, Urt. v. 13.12.2018 (16 Ns 202 Js 143548/14), medstra 2019, 252 ist die Diskussion um die Frage, ob das **Auftauen von 2-PN-Zellen** und deren **Einsatz bei einer Frau, von der die Eizellen nicht stammen, ebenfalls unter § 1 Abs. 1 Nr. 2 zu subsumieren ist**, wieder neu entfacht worden (siehe hierzu *Daunderer*, medstra 2019, 217 ff; *Taupitz*, NJW 2019, 337 ff; *Gaede*, medstra 2019, 252; *Hübner/Pühler*, MedR 2019, 488; *Schumann*, FamRZ 2019, 1378).

16b *OLG Karlsruhe (14. Zivilsenat), Urt. v. 17.06.2016 – 14 U 165/15*

Das OLG Karlsruhe war noch im Jahr 2016 davon ausgegangen, dass der Einsatz aufgetauter 2-PN-Zellen bei einer anderen Frau unter § 1 Abs. 1 Nr. 2 gefasst werden muss. Der Entscheidung lag die Klage eines Mannes zugrunde, der von einer Klinik die Herausgabe der befruchteten Eizellen seiner verstorbenen Ehefrau verlangte, um den Kinderwunsch mit einer anderen Frau auf diese Weise fortzuführen. Der Senat lehnte dies u.a. mit dem Verweis auf § 1 Abs. 1 Nr. 2 ab, da er – ebenso wie die Vorinstanz – in dem Einsetzen der aufgetauten 2-PN-Zellen das Risiko einer gespaltenen Mutterschaft erkannte (14 U 165/15, Rn. 32).

16c *LG Augsburg, Urt. v. 13.12.2018 – 16 Ns 202 Js 143548/14, medstra 2019, 252*

Das LG Augsburg geht jedoch davon aus, dass das Auftauen eingefrorener -2-PN-Zellen mit dem nunmehrigen Ziel, mit diesen Zellen eine Schwangerschaft einer Frau herbeizuführen, von der die Eizellen nicht stammen, **nicht** den objektiven Tatbestand des § 1 Abs. 1 Nr. 2 erfüllt. Entscheidend sei dabei, dass zum Zeitpunkt des Auftauens die Befruchtung bereits vollendet ist, so dass zu diesem Zeitpunkt kein Unternehmen i.S.d. § 11 Abs. 1 Nr. 6 StGB der künstlichen Befruchtung im Sinne des Tatbestands mehr möglich ist.

Es wird daher erkennbar, dass die Frage der Strafbarkeit entscheidend davon abhängt, zu welchem Zeitpunkt von einer vollendeten Befruchtung auszugehen ist. Wäre dies erst nach dem Auftauen der Fall, ist von einer Verwirklichung des § 1 Abs. 1 Nr. 2 auszugehen, da dann durch das Wiederauftauen eine noch nicht abgeschlossene Befruchtung fortgesetzt werden würde (vgl. *Daunderer*, medstra 2019, 219, der auf die Auffassung der Staatsanwaltschaft Augsburg verweist). Ist jedoch die Befruchtung bereits verwirklicht, muss die Strafbarkeit entfallen, da zu Beginn des Befruchtungsprozesses grundsätzlich noch die Absicht bestanden habe, die Embryonen wieder auf die Frau zu übertragen, von der die Eizelle stammt (*Dorneck*, medstra 2020, 337; *Dorneck*, medstra 2018, 263).

Das LG Augsburg bezieht zu dieser Frage eindeutig Stellung: Der Befruchtungsvorgang sei bereits mit der Ausbildung des männlichen und weiblichen Vorkerns (2-PN-Stadium) vollendet (vgl.

*Müller-Terpitz*, medstra 2020, 259). Nach Auffassung des Gerichts beginne das Befruchten mit dem Eindringen der Samenzelle in die Eizelle. Vollendet sei der Befruchtungsvorgang mit der regelrechten Ausbildung zweier Vorkerne, welche den einfachen Chromosomensatz von Mann und Frau enthalten. Damit sei die Genetik angelegt und bei komplikationslosem weiterem Verlauf entstehe menschliches Leben. Hierbei orientiert sich die Kammer wesentlich an der Richtlinie zur Entnahme und Übertragung von menschlichen Keimzellen im Rahmen der assistierten Reproduktion und führt im Ergebnis aus:

»Dies bedeutet nichts anderes, als dass die der Ärzteschaft von der Bundesärztekammer an die Hand gegebenen Leitlinien davon ausgehen, dass mit Vorhandensein der beiden Vorkerne in der Eizelle (= 2-PN-Stadium) die Befruchtung vollendet ist oder anders formuliert, dass die imprägnierte Eizelle mit Erreichen des regelrechten Zweikernstadiums eine vollendet befruchtete Eizelle ist« *(LG Augsburg,* medstra 2019, 252).

Gewichtige Vertreter in der Literatur sprechen demgegenüber davon, dass sich bei 2-PN-Zellen die Herbeiführung der vollständigen Befruchtung erst später durch das Weiterkultivieren der Eizelle erreichen lasse *(Taupitz,* NJW 2019, 337). Im Schrifttum sah sich diese Entscheidung auch dem Vorwurf einer deutlichen Überdehnung der zulässigen Rechtsanwendung ausgesetzt (*Taupitz,* NJW 2019, 337; *Müller-Terpitz*, medstra 2020, 259). Insofern wird seitens der Kritik u.a. darauf abgestellt, dass das LG Augsburg ein zu enges Verständnis des Befruchtungsbegriffes gewählt habe. Dies führe im Ergebnis dazu, dass sich über ein tragendes Prinzip des EschG – nämlich der Verhinderung einer gespaltenen Mutterschaft – hinweggesetzt worden sei (*Müller-Terpitz*, medstra 2020, 265) und man damit im Ergebnis unzulässige Rechtspolitik betrieben habe (vgl. auch *Dorneck,* medstra 2020, 341 die die Auffassung des LG zum Befruchtungsbegriff teilt, in Bezug auf die Entscheidung dennoch Bedenken hinsichtlich des Gewaltenteilungsgrundsatzes äußert).Bei all diesen Aspekten sollte jedoch auch berücksichtigt werden, dass sich das Gericht in seiner Entscheidung an wissenschaftlichen medizinischen Erkenntnissen orientiert hat, um den auszulegenden Befruchtungsbegriff näher konkretisieren zu können. Eine solche Übernahme medizinischer Ansätze ist vorliegend ein probates Mittel, da nicht zu erkennen ist, dass der von § 1 Abs. 1 Nr. 2 intendierte Schutzzweck unterlaufen wird. Zudem ist zu begrüßen, dass sich das LG Augsburg durch seine am Wortlaut orientierten Entscheidung einer übermäßigen Ausdehnung des Medizinstrafrechts durch die Rechtsprechung, wie sie z.B. im Bereich des Abrechnungsbetruges zu beobachten ist, bewusst entgegengestellt hat.

*BayObLG, Urt. v. 04.11.2020 – 206 StRR 1461/19* **16d**

Gegen das Urteil des LG Augsburg wurde durch die Staatsanwaltschaft Augsburg Revision eingelegt (vgl. hierzu den Bericht von *Daunderer*, medstra 2019, 217).

Der Senat hat mit Urt. v. 04.11.2020 der Auffassung zugestimmt, wonach das »Befruchten« i.S.d. Norm noch nicht mit dem Einbringen der Samenzelle erschöpft sei. Daher sei es strafbar, die Eizellen zum Zwecke der Herbeiführung der Schwangerschaft einer Frau zu verwenden, von der die Eizelle nicht stammt. Dies sei auch im Rahmen des Auftauens kryokonservierter Zellen der Fall. Das Gericht geht in dem Kontext davon aus, dass sich das Befruchten – nach dem Eindringen der Samenzelle – über einen Zeitraum von bis zu 24 Stunden bis zur Entstehung des Embryos fortsetze. Dementsprechend sei jede Handlung, die die Entstehung eines Embryos künstlich unterstütze, als »Befruchten« i.S.d. Norm zu verstehen.

Für die Strafbarkeit komme es daher darauf an, ob zum Zeitpunkt des Auftauens der Embryo bereits entwickelt war:

Ist dies der Fall, so wäre kein Befruchten mehr gegeben und die Strafbarkeit entfalle.

Hat sich der Embryo jedoch noch nicht gebildet und der Entwicklungsprozess wird durch das Auftauen erst wieder in Gang gesetzt, sei von einer Verwirklichung von § 1 Abs. 1 Nr. 2 auszugehen (Inhalt zitiert nach medstra 01/2021, III-IV.); vertiefend *Kudlich*, NJW 2021, 359.

### 3. Zu Nr. 3

17 Wie § 1 Abs. 1 Nr. 2 erfasst die Regelung des § 1 Abs. 1 Nr. 3 ebenfalls ein Unternehmensdelikt. Die Regelung betrifft den Embryonentransfer und begrenzt die Anzahl der Embryonen, die pro Zyklus auf eine Frau übertragen werden dürfen, auf drei. Korrespondierend dazu legt § 1 Abs. 1 Nr. 5 auch ein »Verbot der Vorratsbefruchtung« fest (*Frommel*, GesR 2018, 416). Schutzgut von § 1 Abs. 1 Nr. 3 ist die Integrität der Embryonen bzw. Föten sowie die Gesundheit der Frau (s.a. *Neidert*, ZRP 2002, 467, 469). Je größer nämlich die Anzahl der übertragenen Embryonen ist, umso höher ist auch die Wahrscheinlichkeit einer höhergradigen Mehrlingsschwangerschaft, die wiederum das Gesundheitsrisiko für die austragende Frau und für die Embryonen bzw. Föten und später Neugeborenen bedeutend erhöht (s.a. BT-Drs. 14/9020, S. 39 ff.). Andererseits erhöht ein Mehrfachtransfer die Wahrscheinlichkeit der Nidation.

18 Als Ausweg aus dieser Situation wird auch in Deutschland zunehmend der im Ausland bereits praktizierte sog. elektive Single-Embryo-Transfer (eSET) diskutiert (zur uneinheitlichen Terminologie *Michelmann/Schimmel*, Journal für Reproduktionsmedizin und Endokrinologie 2007, 118, 119). Die Methode beruht auf einem Embryoscoring. Weniger entwicklungsfähige Embryonen lässt man absterben, größeren Erfolg versprechende kann man ggf. für spätere Befruchtungsversuche kryokonservieren. Insofern wird auch von einem selektiven Single-Embryo-Transfer gesprochen (s. *Frommel*, FS Hassemer, 2010, S. 831, 833 ff.; Günther/*Taupitz*/Kaiser Embryonenschutzgesetz, 2. Aufl. 2014, § 1 Abs. 1 Nr. 3, Rn. 5).

Ob eine derartige Methode, bei der die Kultivierung der Embryonen sich über eine Dauer bis zu 6 Tagen erstrecken kann (insofern spricht man mit Blick auf das letzte Stadium auch von einem Blastozystentransfer; *Müller-Terpitz*, Der Schutz des pränatalen Lebens, 2007, S. 512 ff. formuliert insoweit verfassungsrechtliche Bedenken) mit dem EschG vereinbar ist, ist umstritten (s. dazu auch Günther/*Taupitz*/Kaiser Embryonenschutzgesetz, 2. Aufl. 2014, § 1 Abs. 1 Nr. 3, Rn. 6 f. m.w.N).

19 (unbesetzt)

### 4. Zu Nr. 4

19a Die Regelung setzt § 1 Abs. 1 Nr. 3 fort und legt fest, dass durch intratubaren Gametentransfer innerhalb eines Zyklus nicht mehr als drei Eizellen befruchtet werden dürfen. Bei dieser Methode werden Eizelle und Spermien in den Eileiter verbracht. Dort soll die natürliche Vereinigung von Statten gehen. Die Methode sieht daher ausdrücklich keine In-vitro-Fertilisation vor (Spickhoff/ *Müller-Terpitz*, § 1 EschG Rn. 17).

### 5. Zu Nr. 5

20 Die Vorschrift des § 1 Abs. 1 Nr. 5 dient dem Zweck, eine Gefährdung für das Leben und die Gesundheit des Embryos durch einen Ausschluss gespaltener Mutterschaften zu verhindern sowie mit Blick auf die Risiken einer missbräuchlichen Verwendung sog. überzähliger Embryonen auch dem Schutz der Menschenwürde. Die Vorschrift steht im Kontext der »Dreier-Regel« des § 1 Abs. 1 Nr. 3. Bei der Bestimmung handelt es sich um eine besonders wichtige Regelung für die Praxis der deutschen Reproduktionsmedizin. Für den Fortpflanzungsmediziner stellt sich nämlich die entscheidende Frage, wie viele Eizellen er nach § 1 Abs. 1 Nr. 5 einem Befruchtungsversuch aussetzen und über das Kernstadium hinaus kultivieren darf, wenn er drei Embryonen in einem Zyklus transferieren möchte. Da § 1 Abs. 1 Nr. 5 – anders als § 1 Abs. 1 Nr. 3 – keine numerische Höchstgrenze festlegt (anders als z.B. § 17 des Schweizerischen Fortpflanzungsmedizingesetzes), wird zum Teil – und in jüngerer Zeit zunehmend – für eine Auslegung plädiert, die die Befruchtung von mehr als drei Eizellen für zulässig hält.

So geht der BFH davon aus, dass ein Verstoß gegen § 1 Abs. 1 Nr. 5 nicht vorliege, wenn zwar mehr als drei Eizellen befruchtet werden, aber lediglich ein oder zwei entwicklungsfähige Embryonen zum Zwecke der Übertragung entstehen sollen und der Behandlung eine vorherige sorgfältige individuelle Prognose zugrunde liegt (sog. deutscher Mittelweg) (BFH NJW 2017, 3022; zum deutschen Mittelweg ebenfalls *Frommel*, GesR 2018, 414).

Diese Auslegung, die eine Befruchtung von mehr als drei Eizellen gestattet, gilt vor allem mit Blick auf die verbesserten Diagnosemöglichkeiten, die es erlauben, aus morphologischen Gründen nichtentwicklungsfähige Eizellen in-vitro zu identifizieren. Bei diesen handelt es sich um keine Embryonen i.S.d. § 8 Abs. 1 und sie scheiden deshalb für einen Embryotransfer nach § 1 Abs. 1 Nr. 3 aus. Deshalb müsse – so die Argumentation – der Reproduktionsmediziner zum maßgeblichen Zeitpunkt des Beginns der in-vitro-Fertilisation nicht nur eine Misserfolgsrate bei der Befruchtung einkalkulieren (etwa 20 %), sondern auch die Möglichkeit, dass einzelne befruchtete Eizellen ihr Wachstum einstellen. Deutet man den Begriff der Entwicklungsfähigkeit noch restriktiver, etwa im Sinne von Nidationsfähigkeit oder der Fähigkeit, sich zu einem Individuum zu entwickeln, könnte die Vorschrift noch eine erheblich größere Anzahl befruchteter Eizellen ermöglichen (zum Ganzen AG Wolfratshausen, Urt. v. 30.04.2008 – 6 C 677/06; *Günther*/Taupitz/Kaiser Embryonenschutzgesetz, 2. Aufl. 2014, § 1 Abs. 1 Nr. 5, Rn. 6 ff.). Besondere Bedeutung erlangt die Diskussion über die »Dreier-Regel« auch mit Blick auf die Präimplantationsdiagnostik, für deren erfolgreiche Durchführung deutlich mehr als drei Embryonen für erforderlich gehalten werden (Deutscher Ethikrat, Präimplantationsdiagnostik, 2011, S. 32). Vor diesem Hintergrund wird im Bereich der Präimplantationsdiagnostik darauf hingewiesen, dass Abweichungen von der »Dreier-Regel« bereits praktiziert würden (*Kubiciel*, NStZ 2013, 382, 385). Ferner wird § 3a auch als lex specialis zu § 1 Abs. 1 Nr. 3, 5 erachtet und die Verwendung von durchschnittlich notwendigen sieben Embryonen für zulässig erachtet (*Schroth*, ZStW 125 [2013], 627, 634; zum Ganzen *Krüger* in: Rosenau, Ein zeitgemäßes Fortpflanzungsmedizingesetz für Deutschland, 2013, S. 69, 87 f.; kritisch *Duttge*, ZStW 125 [2013], 647, 655 ff.; *ders.*, medstra 2015, 77, 81 f.).

Vor dem Hintergrund der umstrittenen Rechtslage hat der Vorstand der Bundesärztekammer in seiner 2006 novellierten »(Muster-)Richtlinie zur Durchführung der assistierten Reproduktion« (Deutsches Ärzteblatt 2006, A-1392 ff.) für eine Interpretation plädiert, wonach aus der »Dreier-Regel« des § 1 Abs. 1 Nr. 3 für Embryonen eine entsprechende »Dreier-Regel« für befruchtete Eizellen gem. § 1 Abs. 1 Nr. 5 folgt. Eine solche Interpretation entspricht auch der verfassungsrechtlich fundierten Teleologie der Vorschrift, die die Entstehung sog. überzähliger Embryonen möglichst vermeiden will (so auch *Müller-Terpitz*, Der Schutz des pränatalen Lebens, 2007, S. 515 f. m.w.N.). 21

Seitens der Strafverfolgungsbehörden ist insbesondere eine Verfügung der Staatsanwaltschaft München I relevant, wonach die »Dreierregelung« zur Embryonenübertragung aus § 1 Abs. 1 Nr. 3 nicht auf die Befruchtung von Eizellen anzuwenden sei (medstra 2015, 64). Dementsprechend mache sich nach § 1 Abs. 1 Nr. 5 nicht strafbar, wer aufgrund einer sorgfältigen Prognose eine konkret einzelfallbezogene Zahl von Eizellen mit dem Ziel befruchtet, nur ein oder zwei entwicklungsfähige Embryonen entstehen zu lassen, auch wenn unbeabsichtigt und im Ausnahmefall mehr entwicklungsfähige Embryonen entstehen.

*Ulsenheimer/Gaede* weisen jedoch warnend darauf hin, dass eine höchstrichterliche strafrechtliche Entscheidung zu diesem Thema noch aussteht und daher zumindest das Risiko eingeleiteter Ermittlungsverfahren weiter besteht (*Ulsenheimer/Gaede*, Arztstrafrecht in der Praxis, 6. Aufl. 2021, Rn. 1005).

### 6. Zu Nr. 6

Die in engem Zusammenhang mit den Regelungen des § 1 Abs. 1 Nr. 1 und 2 sowie des § 2 Abs. 1 stehende Vorschrift erfasst in ihrer ersten Alternative die sog. Embryospende und pönalisiert in ihrer zweiten Alternative die Entnahme eines Embryos für die Verwendung zu einem nicht seiner Erhaltung dienenden Zweck (zur Kritik daran, dass die Vorschrift zwei unterschiedliche Fallgestaltungen derselben strafrechtlichen Sanktion unterwirft s. *Geilen*, ZStW 103 [1991], 829, 838). 22

§ 1 Abs. 1 Nr. 6, 1. Alt. enthält allerdings kein Verbot der Embryospende nach in-vitro-Fertilisation auf eine Frau, die nicht Ersatzmutter ist; insoweit handelt es sich um eine bewusst offengelassene 23

Strafbarkeitslücke (s. BT-Drs. 11/5460, S. 9). Die damit ausnahmsweise eröffnete Möglichkeit der gespaltenen Mutterschaft berücksichtigt die besondere Situation, in der eine Embryospende der einzige Weg ist, einen bereits gezeugten Embryo zu retten (s. *Günther*/Taupitz/Kaiser Embryonenschutzgesetz, 2. Aufl. 2014, § 1 Abs. 1 Nr. 6, Rn. 6).

### 7. Zu Nr. 7

23a Die Regelung legt fest, dass auf eine Ersatzmutter kein Embryo übertragen werden und auch keine künstliche Befruchtung stattfinden darf (vgl. zur Definition des Begriffes »Ersatzmutter« auch § 13a Adoptionsvermittlungsgesetz). Dementsprechend wird deutlich, dass die Regelung sowohl die Austragung eines eigenen als auch eines fremden genetischen Kindes durch die Ersatzmutter erfasst (Spickhoff/*Müller-Terpitz*, § 1 ESchG Rn. 20). Aufgrund des in § 1 Nr. 7 geregelten Verbotes werden zunehmend Leihmutterschaften im Ausland in Anspruch genommen (zu den daraus resultierenden Folgefragen *Makoski* in MAH Medizinrecht, 3. Aufl. 2020, § 19 Rn. 142; vgl. auch *Behrentin/Grünwald*, NJW 2019, 2057).

## II. Die Straftatbestände des § 1 Abs. 2

24 Im Gegensatz zu § 1 Abs. 1 Nr. 2 setzt § 1 Abs. 2 keine Befruchtung voraus, sondern dehnt den Strafrechtsschutz auf Vorstadien aus. Nach der Begründung des Gesetzentwurfs sollen auch Handlungen erfasst werden, die lediglich »auf die Erzeugung der entsprechenden Vorkerne gerichtet« sind (BT-Drs. 11/5460, S. 9). Vor einer missbräuchlichen Verwendung geschützt ist danach auch schon die imprägnierte Eizelle.

25 Als konkretes Gefährdungsdelikt verfolgt § 1 Abs. 2 eine dreifache Schutzrichtung: Es sollen fremdnützige Verwendungen verhindert, die Gefahr gespaltener Mutterschaften ausgeschlossen und schließlich dem Risiko vorgebeugt werden, dass überzählige Embryonen entstehen (s.a. *Günther*/Taupitz/Kaiser Embryonenschutzgesetz, 2. Aufl. 2014, § 1 Abs. 2, Rn. 1 ff.).

26 Die Tatbestandssystematik lässt sich dahingehend umschreiben, dass § 1 Abs. 2 Nr. 2 lex specialis zu § 1 Abs. 2 Nr. 1 ist. Indem § 1 Abs. 2 Nr. 2 speziell die Methode der Mikroinjektion (ICSI) besonders erfasst, sollte wohl entsprechenden Auslegungszweifeln vorgebeugt werden (s. *Günther*/Taupitz/Kaiser Embryonenschutzgesetz, 2. Aufl. 2014, § 1 Abs. 2, Rn. 6).

## § 2 Mißbräuchliche Verwendung menschlicher Embryonen

(1) Wer einen extrakorporal erzeugten oder einer Frau vor Abschluß seiner Einnistung in der Gebärmutter entnommenen menschlichen Embryo veräußert oder zu einem nicht seiner Erhaltung dienenden Zweck abgibt, erwirbt oder verwendet, wird mit Freiheitsstrafe bis zu drei Jahren oder mit Geldstrafe bestraft.

(2) Ebenso wird bestraft, wer zu einem anderen Zweck als der Herbeiführung einer Schwangerschaft bewirkt, daß sich ein menschlicher Embryo extrakorporal weiterentwickelt.

(3) Der Versuch ist strafbar.

| Übersicht | Rdn. | | Rdn. |
|---|---|---|---|
| A. Grundsätzliches | 1 | I. Zu Abs. 1 | 2 |
| B. Einzelfragen | 2 | II. Zu Abs. 2 | 6 |

## A. Grundsätzliches

1 Die Vorschrift stellt neben § 1 eine der zentralen Normen des EschG dar (Spickhoff/*Müller-Terpitz*, § 2 EschG Rn. 1). Die Systematik des § 2 lässt sich grob wie folgt charakterisieren: § 2 Abs. 1 regelt umfassend das Verbot der missbräuchlichen Verwendung menschlicher Embryonen, während § 2 Abs. 2 die Sonderkonstellation der extrakorporalen Weiterentwicklung eines menschlichen Embryos (Ektogenese) erfasst und klarstellt, dass darin kein im Hinblick auf die Erhaltung des

Embryos legitimer Zweck gesehen werden kann (s.a. *Günther*/Taupitz/Kaiser Embryonenschutzgesetz, 2. Aufl. 2014, § 2, Rn. 3). Auch wenn kritische Stimmen hierin lediglich einen traditionellen Vorstellungen verpflichteten Tabuschutz sehen (s. *Eser/Koch*, GS Keller, 2003, S. 15, 19), verfolgt die Regelung zweifelsohne einen verfassungsrechtlich legitimen Zweck: Menschliches Leben darf grundsätzlich nicht – wie die Begründung des Gesetzentwurfs formuliert – »zum Objekt fremdnütziger Zwecke gemacht werden« (BT-Drs. 11/5460, S. 10). Es gilt nämlich: »Wo menschliches Leben existiert, kommt ihm Würde zu« (allgemein BVerfGE 39, 1, 41; 88, 203, 252).

## B. Einzelfragen

### I. Zu Abs. 1

§ 2 Abs. 1 zielt als umfassender Auffangtatbestand darauf ab, die missbräuchliche Verwendung menschlicher Embryonen zu verhindern. Die Norm ergänzt damit § 1 insoweit, als dieser nicht effektiv das Ziel erreicht, dem Entstehen sog. überzähliger Embryonen vorzubeugen (zu den denkbaren Situationen *Günther*/Taupitz/Kaiser Embryonenschutzgesetz, 2. Aufl. 2014, § 2, Rn. 7). 2

Durch die stetig erweiterten biowissenschaftlichen Methoden ist davon auszugehen, dass die Quote sog. überzähliger Embryonen sich signifikant erhöht hat und weiter erhöhen wird, weil die verbesserten Diagnosemöglichkeiten zu einer erhöhten Ablehnung seitens der in Aussicht genommenen Embryonenempfängerinnen führt (*Günther*/Taupitz/Kaiser Embryonenschutzgesetz, 2. Aufl. 2014, § 2, Rn. 8). 3

Geschützt wird der extrakorporal erzeugte oder einer Frau vor Abschluss seiner Einnistung in der Gebärmutter entnommene menschliche Embryo. § 8 Abs. 1 umschreibt den Embryo im Sinne des Gesetzes näher. Nicht erfasst wird von § 2 Abs. 1 die lediglich imprägnierte Eizelle (s.a. § 8 Abs. 3); allerdings kann insoweit § 5 Abs. 1 greifen. Von den in § 2 Abs. 1 aufgezählten Tathandlungen – veräußern, abgeben, erwerben oder verwenden – ist ebenfalls der Import und Export menschlicher Embryonen erfasst (Spickhoff/*Müller-Terpitz*, § 2 EschG Rn. 2). Allerdings kommt dem Tatbestandsmerkmal der Verwendung die größte praktische Bedeutung zu (Spickhoff/*Müller-Terpitz*, § 2 EschG Rn. 2). Dieser Auffangtatbestand erfasst etwa die Kryokonservierung (anders *Rosenau/Linoh*, JZ 2013, 937, 939, die darauf abstellen, dass die Kryokonservierung der Erhaltung von Embryonen dient; mit Blick auf Embryonen, die im Zuge einer PID nicht transferiert werden, Günther/*Taupitz*/Kaiser Embryonenschutzgesetz, 2. Aufl. 2014, § 3a, Rn. 9; zur Kryokonservierung ebenfalls *Ratzel*, ZMGR 2020, 332), die Vernichtung eines Embryos, die Entnahme von totipotenten wie pluripotenten Zellen etwa zur Stammzellforschung, experimentelle Interventionen jeder Art an und mit dem Embryo (s.a. *Günther*/Taupitz/Kaiser Embryonenschutzgesetz, 2. Aufl. 2014, § 2, Rn. 30). Ob die Norm auch die PID pönalisierte, war umstritten, ist vom BGH aber verneint worden (BGH NJW 2010, 2672). Der BGH hat zudem darauf hingewiesen, dass neben dem Absterbenlassen »überzähliger« Embryonen auch deren aktive Vernichtung nach Durchführung der PID kein verbotenes Verwenden i.S.d. § 2 Abs. 1 darstelle (BGH MedR 2010, 844, 846). 4

In seinem Urteil zur PID hat der BGH überraschend (so *Ratzel*, GesR 2010, 523, 524) auch die »Betrachtung des Embryos unter dem Lichtmikroskop [...], um morphologisch schwer geschädigte Embryonen zu identifizieren«, als strafbares Verwenden i.S.d. Vorschrift qualifiziert (BGH MedR 2010, 844, 847). Damit erweist sich das auch in Deutschland praktizierte sog. Embryoscoring als unzulässige reproduktionsmedizinische Intervention. 5

### II. Zu Abs. 2

Als Sonderfall einer verbotenen missbräuchlichen Verwendung von Embryonen verbietet § 2 Abs. 2 die sog. Ektogenese, d.h. die extrakorporale Weiterentwicklung menschlicher Embryonen (zur Problematik etwa *Hilgendorf*, MedR 1994, 429 ff.). Die Tathandlung wird vom Gesetzestext mit dem Bewirken der extrakorporalen Weiterentwicklung des Embryos umschrieben (näher *Günther*/Taupitz/Kaiser Embryonenschutzgesetz, 2. Aufl. 2014, § 2, Rn. 55 ff.). 6

## § 3 Verbotene Geschlechtswahl

Wer es unternimmt, eine menschliche Eizelle mit einer Samenzelle künstlich zu befruchten, die nach dem in ihr enthaltenen Geschlechtschromosom ausgewählt worden ist, wird mit Freiheitsstrafe bis zu einem Jahr oder mit Geldstrafe bestraft. Dies gilt nicht, wenn die Auswahl der Samenzelle durch einen Arzt dazu dient, das Kind vor der Erkrankung an einer Muskeldystrophie vom Typ Duchenne oder einer ähnlich schwerwiegenden geschlechtsgebundenen Erbkrankheit zu bewahren, und die dem Kind drohende Erkrankung von der nach Landesrecht zuständigen Stelle als entsprechend schwerwiegend anerkannt worden ist.

| Übersicht | Rdn. | | Rdn. |
|---|---|---|---|
| A. Grundsätzliches | 1 | B. Einzelaspekte | 2 |

### A. Grundsätzliches

1 § 3 stellt die Geschlechtswahl unter Strafe. Ebenso wie Art. 14 des Biomedizin-Übereinkommens des Europarats vom 04.04.1997 werden allerdings für bestimmte geschlechtsgebundene Erbkrankheiten – nämlich: Muskeldystrophie vom Typ Duchenne und ähnlich schwerwiegende Erkrankungen – Ausnahmen zugelassen. Anders als das Biomedizin-Übereinkommen stellt § 3 indes ausdrücklich klar, dass eine entsprechende Selektion nur anhand des Spermiums, nicht aber des Embryos erfolgen darf (s.a. *Müller-Terpitz*, Das Recht der Biomedizin, 2006, Einführung, S. 49; monographisch aus empirischer und verfassungsrechtlicher Sicht *Opper*, Das Verbot der präkonzeptionellen Geschlechtswahl (2020)).

### B. Einzelaspekte

2 Über den Schutzzweck der Norm gibt die Begründung des Gesetzentwurfs Auskunft dahingehend, dass »nicht zuletzt auch Züchtungstendenzen Vorschub leistenden Manipulation[en]« entgegenzutreten sei (BT-Drs. 11/5460, S. 10). In der Literatur werden als Schutzgüter genannt die natürliche, zufällige Geschlechterproportion oder das Menschenbild des genetisch nicht manipulierten Menschen u.ä. (s.a. *Frommel*, ZRP 2002, 530, 531; Spickhoff/*Müller-Terpitz*, § 3 ESchG Rn. 1).

3 Das Unternehmensdelikt setzt als Tathandlung die künstliche Befruchtung einer menschlichen Eizelle mit einer Samenzelle voraus, die nach dem in ihr enthaltenen Geschlechtschromosom ausgewählt worden ist. Da die Samenzelle vor der Befruchtung ausgewählt worden sein muss, enthält § 3 Satz 1 keine Aussage zur Zulässigkeit der PID (Günther/*Taupitz*/Kaiser Embryonenschutzgesetz, 2. Aufl. 2014, § 3, Rn. 10). Deshalb stößt es auf durchgreifende Bedenken, dass der BGH in seinem Urteil zur Straflosigkeit der PID maßgeblich auf »die in § 3 S. 2 ESchG getroffene Wertentscheidung« zur argumentativen Abstützung seiner Position rekurriert hat (s. BGH MedR 2010, 844, 846, 847).

4 Mit dem Ausnahmetatbestand des § 3 Satz 2 wollte der Gesetzgeber der Konfliktsituation der betroffenen Eltern Rechnung tragen und ferner sollte der zu zeugende Embryo vor einer schweren Krankheit bewahrt werden (s. BT-Drs. 11/8057, S. 15). Die Vorschrift war indes im Gesetzgebungsverfahren höchst umstritten. Kritik wurde insbesondere dahingehend geäußert, die Ausnahme bedeute den ersten Schritt für den Einzug der Eugenik in die Fortpflanzungsmedizin (s. BT-Drs. 11/8191, S. 1).

5 Neben der Muskeldystrophie vom Typ Duchenne (vgl. hierzu VGH München medstra 2020, 52 sowie BVerwG, Urt. v. 05.11.2020 – 3 C 12/19) nennt § 3 Satz 2 ähnlich schwerwiegende geschlechtsgebundene Erbkrankheiten. Eine entsprechende Feststellung liegt indessen nicht im Ermessen des Arztes, sondern setzt die Anerkennung durch eine nach Landesrecht zuständige Stelle voraus. Soweit ersichtlich, hat aber noch kein Bundesland einen entsprechenden »Indikationenkatalog« erarbeitet (s. dazu Günther/*Taupitz*/Kaiser Embryonenschutzgesetz, 2. Aufl. 2014, § 3, Rn. 24 f.).

## § 3a Präimplantationsdiagnostik; Verordnungsermächtigung

(1) Wer Zellen eines Embryos in vitro vor seinem intrauterinen Transfer genetisch untersucht (Präimplantationsdiagnostik), wird mit Freiheitsstrafe bis zu einem Jahr oder mit Geldstrafe bestraft.

(2) Besteht auf Grund der genetischen Disposition der Frau, von der die Eizelle stammt, oder des Mannes, von dem die Samenzelle stammt, oder von beiden für deren Nachkommen das hohe Risiko einer schwerwiegenden Erbkrankheit, handelt nicht rechtswidrig, wer zur Herbeiführung einer Schwangerschaft mit schriftlicher Einwilligung der Frau, von der die Eizelle stammt, nach dem allgemein anerkannten Stand der medizinischen Wissenschaft und Technik Zellen des Embryos in vitro vor dem intrauterinen Transfer auf die Gefahr dieser Krankheit genetisch untersucht. Nicht rechtswidrig handelt auch, wer eine Präimplantationsdiagnostik mit schriftlicher Einwilligung der Frau, von der die Eizelle stammt, zur Feststellung einer schwerwiegenden Schädigung des Embryos vornimmt, die mit hoher Wahrscheinlichkeit zu einer Tot- oder Fehlgeburt führen wird.

(3) Eine Präimplantationsdiagnostik nach Absatz 2 darf nur
1. nach Aufklärung und Beratung zu den medizinischen, psychischen und sozialen Folgen der von der Frau gewünschten genetischen Untersuchung von Zellen der Embryonen, wobei die Aufklärung vor der Einholung der Einwilligung zu erfolgen hat,
2. nachdem eine interdisziplinär zusammengesetzte Ethikkommission an den zugelassenen Zentren für Präimplantationsdiagnostik die Einhaltung der Voraussetzungen des Absatzes 2 geprüft und eine zustimmende Bewertung abgegeben hat und
3. durch einen hierfür qualifizierten Arzt in für die Präimplantationsdiagnostik zugelassenen Zentren, die über die für die Durchführung der Maßnahmen der Präimplantationsdiagnostik notwendigen diagnostischen, medizinischen und technischen Möglichkeiten verfügen, vorgenommen werden. Die im Rahmen der Präimplantationsdiagnostik durchgeführten Maßnahmen, einschließlich der von den Ethikkommissionen abgelehnten Fälle, werden von den zugelassenen Zentren an eine Zentralstelle in anonymisierter Form gemeldet und dort dokumentiert. Die Bundesregierung bestimmt durch Rechtsverordnung mit Zustimmung des Bundesrates das Nähere
1. zu der Anzahl und den Voraussetzungen für die Zulassung von Zentren, in denen die Präimplantationsdiagnostik durchgeführt werden darf, einschließlich der Qualifikation der dort tätigen Ärzte und der Dauer der Zulassung,
2. zur Einrichtung, Zusammensetzung, Verfahrensweise und Finanzierung der Ethikkommissionen für Präimplantationsdiagnostik,
3. zur Einrichtung und Ausgestaltung der Zentralstelle, der die Dokumentation von im Rahmen der Präimplantationsdiagnostik durchgeführten Maßnahmen obliegt,
4. zu den Anforderungen an die Meldung von im Rahmen der Präimplantationsdiagnostik durchgeführten Maßnahmen an die Zentralstelle und den Anforderungen an die Dokumentation.

(4) Ordnungswidrig handelt, wer entgegen Absatz 3 Satz 1 eine Präimplantationsdiagnostik vornimmt. Die Ordnungswidrigkeit kann mit einer Geldbuße bis zu fünfzigtausend Euro geahndet werden.

(5) Kein Arzt ist verpflichtet, eine Maßnahme nach Absatz 2 durchzuführen oder an ihr mitzuwirken. Aus der Nichtmitwirkung darf kein Nachteil für den Betreffenden erwachsen.

(6) Die Bundesregierung erstellt alle vier Jahre einen Bericht über die Erfahrungen mit der Präimplantationsdiagnostik. Der Bericht enthält auf der Grundlage der zentralen Dokumentation und anonymisierter Daten die Zahl der jährlich durchgeführten Maßnahmen sowie eine wissenschaftliche Auswertung.

## § 3a ESchG  Präimplantationsdiagnostik; Verordnungsermächtigung

**Übersicht**

| | Rdn. | | Rdn. |
|---|---|---|---|
| A. Grundsätzliches und Überblick | 1 | II. Zu § 3a Abs. 2 | 5 |
| B. Einzelaspekte | 4 | III. Zu § 3a Abs. 3 | 9 |
| I. Zu § 3a Abs. 1 | 4 | | |

### A. Grundsätzliches und Überblick

1  Zwanzig Jahre lang ist darüber gestritten worden, ob das ESchG die Präimplantationsdiagnostik (PID) unter Strafe stellt. Nach der – die Streitfrage verneinenden – Grundsatzentscheidung des BGH vom 06.07.2010 (BGH MedR 2010, 844 ff.) hat der Gesetzgeber eine Kompromisslösung als § 3a normiert (s. dazu etwa *Czerner*, MedR 2011, 783 ff.; *Hübner/Kühler*, MedR 2011, 789 ff.; *Henking*, ZRP 2012, 20 ff.; *Frommel*, JZ 2013, 488 ff.). Dem war eine lebhafte Diskussion mit Stellungnahmen u. a. des Deutschen Ethikrats (Deutscher Ethikrat, Präimplantationsdiagnostik, 2011) vorausgegangen.

2  Die Regelungsstruktur der straf- und verwaltungsrechtliche Aspekte verknüpfenden Norm, die darüber hinaus eine Verordnungsermächtigung enthält, ist kompliziert. Im Kern stellt § 3a Abs. 1 die Präimplantationsdiagnostik unter Strafe, erklärt sie jedoch nach Maßgabe des § 3a Abs. 2 unter besonderen Umständen für nicht rechtswidrig. § 3a Abs. 3 Satz 1 fügt drei weitere Bedingungen hinzu, die erfüllt sein müssen, damit eine praktizierte Präimplantationsdiagnostik nicht ordnungswidrig ist (§ 3a Abs. 4 Satz 1). Diese Bedingungen betreffen zum einen institutionelle Aspekte (Prüfung der Einhaltung der gesetzlichen Voraussetzungen durch interdisziplinär zusammengesetzte Ethikkommissionen und Durchführung durch qualifizierte Ärzte in für die PID zugelassenen Zentren), zum anderen die Aufklärung und Beratung (s. zum Ganzen *Pestalozza*, MedR 2013, 343, 343). Allerdings existieren Probleme hinsichtlich des Anwendungsbereiches der Norm. So wird z.B. in Frage gestellt, ob § 3a alle Formen der PID erfasst, sich also nur auf die genetische Untersuchung am Präimplantationsembryo bei monogenetischen Erkrankungen beziehe (*Ratzel* in: Ratzel/Luxenburger, Handbuch Medizinrecht, 4. Aufl. 2021, S. 1622, 3. Die Neuregelung in § 3a ESchG).

3  Die Umsetzung der Regelung in der Praxis hängt maßgeblich von der verordnungsrechtlichen Konkretisierung und weiteren landesrechtlichen Vorschriften ab. Insoweit ist es schon verwunderlich, wie lange sich die Verfassungsorgane – Bundesregierung und Bundesrat – Zeit mit der Verabschiedung der Verordnung gelassen haben. Sie wurde von der Bundesregierung in der Nachberücksichtigung gewichtiger Einwände des Bundesrates schließlich am 21.02.2013 beschlossen und trat am 01.02.2014 in Kraft. Da die Verordnung einen beachtlichen Teil der erforderlichen Regelungen auf die Länder delegiert, bedarf es darüber hinaus noch eines entsprechenden Tätigwerdens (s.a. *Pestalozza*, MedR 2013, 343, 350, der den Eindruck formuliert, es handele sich wohl um ein »ungeliebtes Kind«). Auswirkungen dieser Verzögerungen hat das BSG zuletzt eindrucksvoll aufgezeigt: Grundlegend stellte das BSG fest, dass die PID (in verfassungsrechtlich unbedenklicher Weise) nicht zum Leistungskatalog der gesetzlichen Krankenversicherung gehöre; einen Anspruch auf Kostenerstattung für im Ausland durchgeführte Behandlungen lehnte das BSG ebenfalls ab, da bis zum Inkrafttreten der PIDV die Voraussetzungen des § 3a Abs. 3 nicht erfüllt werden konnten (BSG ZfL 2015, 55 ff.; s. aber auch *Schroth*, ZStW 125 [2013], 627, 638, der die Durchführung der PID schon vor dem Inkrafttreten der PIDV für zulässig hielt). Monographisch hierzu in jüngerer Zeit *Patzke*, Die gesetzliche Regelung der Präimplantationsdiagnostik auf dem Prüfstand – § 3a ESchG (2020).

### B. Einzelaspekte

#### I. Zu § 3a Abs. 1

4  § 3a Abs. 1 statuiert die prinzipielle Strafbarkeit der PID. Diese wird legaldefiniert als eine genetische Untersuchung von Zellen eines Embryos in vitro vor seinem intrauterinen Transfer. Der Begriff des Embryos wiederum wird durch § 8 konkretisiert (zur Auslegung des Begriffs »Zellen eines Embryos« ausführlich *Müller-Terpitz/Günes*, ZfL 2020, 103).

Die PIDV definiert in § 2 Nr. 3 den Terminus »**Zellen eines Embryos**« wie folgt: »Stammzellen, die a) einem in vitro erzeugten Embryo entnommen worden sind und die Fähigkeit besitzen, in einer entsprechenden Umgebung sich selbst durch Zellteilung zu vermehren, und b) sich selbst oder deren Tochterzellen sich unter geeigneten Bedingungen zu Zellen unterschiedlicher Spezialisierung, jedoch nicht zu einem Individuum zu entwickeln vermögen«. Allerdings ist zu berücksichtigen, dass § 3a Abs. 3 Satz 3 zwar auf die PIDV verweist, jedoch die PIDV keine Ermächtigung zur Begriffsbestimmung enthält (*Patzke*, Die gesetzliche Regelung der Präimplantationsdiagnostik auf dem Prüfstand – § 3a ESchG, S. 123 Fn. 549). Dementsprechend erweist sich der Anwendungsbereich des § 3a Abs. 1 nämlich gerade mit Blick auf diesen Begriff als streitig (ausführlich *Taupitz/Hermes*, MedR 2015, 244 ff.; *Günther/Taupitz/Kaiser* Embryonenschutzgesetz, 2. Aufl. 2014, § 3a, Rn. 17; ferner *Schroth*, ZStW 125 [2013], 627, 632 f.): Während die Entnahme und Untersuchung totipotenter Zellen ausgehend von § 2 Abs. 1 und § 6 jedenfalls unzulässig sein dürfte (ausdrücklich auch § 2 Nr. 3b) PIDV; s. aber auch *Schroth*, ZStW 125 [2013], 627, 633 f.; ausführlich ferner *Krüger* in: Rosenau, Ein zeitgemäßes Fortpflanzungsmedizingesetz für Deutschland, 2013, S. 69, 88 ff.), wird mit Blick auf Throphoblastzellen eine einschränkende Auslegung des § 3a vorgeschlagen und dessen Anwendungsbereich lediglich auf Blastomeren und Zellen des Embryoblast erstreckt (*Frommel*, JZ 2013, 488 ff. mit dem Hinweis, dass die Vorgaben des § 3a nicht auf die PID mittels Trophektodermbiopsie anwendbar seien; ablehnend mit Blick auf die Begriffsbestimmung des § 8 Abs. 1 *Patzke*, Die gesetzliche Regelung der Präimplantationsdiagnostik auf dem Prüfstand – § 3a ESchG, S. 137, S. 320). Der Annahme, dass § 3a lediglich die Blastomerenbiopsie und die Untersuchung von Zellen des Embryoblast erfasse, wird indes entgegen gehalten, dass der Begriff der Zellen des Embryos alle Zellen derjenigen Entität meine, die aus einer befruchteten menschlichen Eizelle hervorgegangen sind – anderenfalls würde § 3a ESchG lediglich Untersuchungsverfahren erfassen, die wegen der Gefahr einer Schädigung des Embryos ohnehin nicht mehr »state of the art« seien (*Taupitz/Hermes*, MedR 2015, 244, 246 ff.). Zur Subsumtion zellfreier DNA in der Blastozoel-Flüssigkeit unter den Zellenbegriff *Taupitz*, MedR 2020, 335.

Ferner stellt § 3a Abs. 1 klar, dass nur die genetische Untersuchung eines Embryos in vitro **vor seinem intrauterinen Transfer** strafbar sein soll. Dementsprechend ist die Untersuchung von Zellen zwischen Implantation und Nidation des Embryos nicht von § 3a Abs. 1 erfasst (ausführlich hierzu *Patzke*, Die gesetzliche Regelung der Präimplantationsdiagnostik auf dem Prüfstand – § 3a ESchG, S. 142).

## II. Zu § 3a Abs. 2

§ 3a Abs. 2 formuliert zwei Rechtfertigungsgründe: Nicht rechtswidrig handelt danach, wer zur Herbeiführung einer Schwangerschaft mit schriftlicher Einwilligung der Frau, von der die Eizelle stammt, nach dem allgemein anerkannten Stand der medizinischen Wissenschaft und Technik eine PID vornimmt, wenn »aufgrund der genetischen Disposition der Frau«, von der die Eizelle stammt, oder des Mannes, von dem die Samenzelle stammt, oder von beiden für deren Nachkommen »das hohe Risiko einer schwerwiegenden Erbkrankheit« besteht (§ 3a Abs. 2 Satz 1).

Nicht rechtswidrig handelt auch, »wer eine Präimplantationsdiagnostik mit schriftlicher Einwilligung der Frau, von der die Eizelle stammt, zur Feststellung einer schwerwiegenden Schädigung des Embryos vornimmt, die mit hoher Wahrscheinlichkeit zu einer Tot- oder Fehlgeburt führen wird« (§ 3a Abs. 2 Satz 2).

Der **erste Indikationstatbestand** ist eine Ansammlung höchst unbestimmter Rechtsbegriffe (ausführlich zu den einzelnen Tatbestandsmerkmalen *Patzke*, Die gesetzliche Regelung der Präimplantationsdiagnostik auf dem Prüfstand – § 3a ESchG). Der Gesetzgeber selbst verzichtet auf konkretisierende Hinweise darauf, wann man von einer *schwerwiegenden* Erbkrankheit sprechen kann und wann nicht, ebenso wann das Risiko als hoch und wann es als nicht hoch einzustufen ist (zum ausdrücklichen Verzicht auf eine abschließende Auflistung BT-Drs. 17/5451, S. 7; kritisch *Pestalozza*, MedR 2010, 343, 344; *Duttge*, ZStW 125 [2013], 647, 651 ff.; s. mit Blick auf eine mögliche

Stigmatisierung aber auch Deutscher Ethikrat, Präimplantationsdiagnostik, 2011, S. 92 ff.; zur Wortlautauslegung zum Begriff »schwerwiegend« VGH München medstra 2020, 52).

Im Einzelnen sollen unter den Begriff der schwerwiegenden Erbkrankheit Chromosomenschädigungen sowie monogenetisch bedingte Erbkrankheiten fallen (s. *Duttge*, medstra 2015, 77, 78, mit dem Hinweis, dass multifaktorielle Erbkrankheiten nicht den Anwendungsbereich des § 3a Abs. 2 Satz 1 eröffnen; anders Günther/*Taupitz*/Kaiser Embryonenschutzgesetz, 2. Aufl. 2014, § 3a, Rn. 25).;Schwerwiegend seien diese insbesondere, wenn sie sich durch eine geringe Lebenserwartung oder Schwere des Krankheitsbildes und schlechte Behandelbarkeit von anderen Erbkrankheiten wesentlich unterscheiden (BT-Drs. 17/5451, S. 8; s.a. *Schroth*, ZStW 125 [2013], 627, 629; kritisch mit Blick auf erhebliche Varianzen *Duttge*, medstra 2015, 77, 78 f.).

Auch diese Annäherungsversuche werfen allerdings zahlreiche Fragen auf: Zum einen enden monogenetische Erbkrankheiten abgesehen von wenigen Ausnahmen nicht mit einem Tod kurz nach der Geburt oder in den ersten Lebensjahren, für viele dieser Erkrankungen stehen zudem Therapie- und Hilfsangebote zur Verfügung. Auch Chromosomenstörungen sind nicht zwingend mit einer niedrigen Lebenserwartung verbunden (s.a. BT-Drs. 17/5450, S. 6). Zum anderen wird versucht, mit Blick auf die schwerwiegende Erbkrankheit die PID auch in denjenigen Fällen zuzulassen, in denen auch eine Pränataldiagnostik durchgeführt würde (*Kubiciel*, NStZ 2013, 382, 385). Letztlich zielt diese Sichtweise darauf ab, vermeintliche Wertungswidersprüche zwischen § 3a Abs. 2 und § 218a Abs. 2 StGB zu vermeiden (*Krüger* in: Rosenau, Ein zeitgemäßes Fortpflanzungsmedizingesetz für Deutschland, 2013, S. 69, 94 f.; *Frommel*, JZ 2013, 488, 484; s.a. *Kersten* in: Rosenau, Ein zeitgemäßes Fortpflanzungsmedizingesetz für Deutschland, 2013, S. 97, 117 f.). Danach soll die PID insbesondere auch zur Feststellung insbesondere von Trisomie 21 zulässig sein, der Begriff der schweren Erbkrankheit sei – obwohl Chromosomenaberrationen eine PID gem. § 3a Abs. 2 Satz 2 allenfalls rechtfertigen, wenn sie zur Tot- oder Fehlgeburt führen können – lediglich als Beispiel für die Konfliktsituation zu verstehen, aufgrund derer die Präimplantationsdiagnostik sowie der Schwangerschaftsabbruch zulässig seien (*Frommel*, JZ 2013, 488, 492). Eine Grenze wird allenfalls dann gezogen, wenn die PID aus Anlass spätmanifestierender Krankheiten durchgeführt würde, verbietet § 15 Abs. 2 GenDG doch insoweit auch gendiagnostische Untersuchungen (*Kubiciel*, NStZ 2013, 382, 385 mit dem Hinweis, die PID lasse sich entgegen der Begründung des Gesetzentwurfs nicht auf eng umrissene Ausnahmefälle begrenzen; ähnlich *Schroth*, ZStW 125 [2013], 627, 635 f., der eine diesbezügliche gesetzgeberische Entscheidung verlangt; anders Günther/*Taupitz*/Kaiser Embryonenschutzgesetz, 2. Aufl. 2014, § 3a, Rn. 29).

Jedenfalls für unzulässig wird die PID überdies auch zur Feststellung des Geschlechts oder der Eignung des Kindes für Zell-, Gewebe oder Organtransplantationen erachtet (*Kubiciel*, NStZ 2013, 382, 385; Günther/*Taupitz*/Kaiser Embryonenschutzgesetz, 2. Aufl. 2014, § 3a, Rn. 33). Hinsichtlich des »hohen Risikos« wurde schließlich bereits im Gesetzgebungsverfahren darauf hingewiesen, dass sich dieses in bestimmten Fallkonstellationen nur schwer fassen lasse (BT-Drs. 17/6400, S. 14), sodass es letztlich auf den konkreten Einzelfall ankommen dürfte (*Krüger* in: Rosenau, Ein zeitgemäßes Fortpflanzungsmedizingesetz für Deutschland, 2013, S. 69, 80; s. aber auch noch BT-Drs. 17/5451, S. 8: »Bezüglich der betreffenden Krankheit muss bei dem zu behandelnden Paar ein ›hohes genetisches Risiko‹ vorliegen. Dies ist eine hohe Wahrscheinlichkeit, die vom üblichen Risiko der Bevölkerung der Bundesrepublik Deutschland wesentlich abweicht. Zum anderen ist die Eintrittswahrscheinlichkeit nach den Gesetzlichkeiten der Übertragbarkeit und Kombination erblicher Anlagen genetisch einzuschätzen: Eine Wahrscheinlichkeit von 25 bis 50 Prozent wird als hohes Risiko bezeichnet. Das ›Risiko des Paares‹ muss nicht auf einer Belastung beider Partner beruhen, sondern kann sich auch bei nur einem Partner ergeben.«).

6a Für Aufsehen hat die Diskussion um die Einstufung der Muskeldystrophie vom Typ Duchenne gesorgt.

Der VGH Bayern geht davon aus, dass eine schwerwiegende Erbkrankheit im Sinne des § 3a Abs. 2 Satz 1 **nur** vorliegt, wenn sie den Schweregrad der Muskeldystrophie vom Typ Duchenne aufweist

(VGH München medstra 2020, 52). Hintergrund dieser Aussage sei die Regelung des § 3 Satz 2, der die Muskeldystrophie vom Typ Duchenne ausdrücklich als schwerwiegende Erbkrankheit erfasst. Nur in diesen Fällen soll aufgrund der Schwere des zu erwartenden Krankheitsbildes und den damit untrennbar verbundenen Auswirkungen auf ihre weitere Lebensgestaltung den Eltern nicht zugemutet werden können, das hohe Risiko einzugehen, ein Kind mit diesem Krankheitsbild zu bekommen. Dabei indiziere die Schwere des Krankheitsbildes die Unzumutbarkeit für die Eltern (VGH München medstra 2020, 52 (55)). Allerdings wurde auch klargestellt, dass es für die Einstufung als schwerwiegende Erbkrankheit nicht allein auf das Krankheitsbild und die Symptomatik der Duchenne-Krankheit ankommen könne. Dies würde sich im Hinblick auf den Würde- und Lebensschutz der Embryonen verbieten. Vielmehr sei allein auf die Auswirkungen für die gesamte Lebensentwicklung und -gestaltung der Eltern bzw. der Mutter abzustellen, die insbesondere durch die erforderliche Pflege und Betreuung des Kindes entstehen (VGH Bayern medstra 2020, 52 (57)).

Allerdings hat das BVerwG mit Urt. v. 05.11.2020 – 3 C 12/19 die Auffassung des VGH Bayern als mit Bundesrecht nicht vereinbar eingestuft (Rn. 24):

Aus der Vorschrift des § 3 über die verbotene Geschlechtswahl und der dortigen Einstufung der Muskeldystrophie vom Typ Duchenne als schwerwiegende geschlechtsgebundene Erbkrankheit lasse sich nicht ableiten, dass der Schweregrad der Muskeldystrophie vom Typ Duchenne auch alleiniger Maßstab für die Einstufung einer Erbkrankheit als schwerwiegend im Sinne des § 3a Abs. 2 Satz 1 sei (BVerwG, Urt. v. 05.11.2020 – 3 C 12/19, Rn. 26). Dagegen spreche bereits der unterschiedliche Wortlaut der beiden Regelungen, da sich in § 3 der Begriff »schwerwiegend« nur auf *geschlechtsgebundene* Erbkrankheiten, in § 3a Abs. 2 Satz 1 dagegen ohne Einschränkung auf Erbkrankheiten beziehe (BVerwG, Urt. v. 05.11.2020 – 3 C 12/19, Rn. 27).

Zudem nehme die Formulierung »ähnlich schwerwiegende[n] geschlechtsgebundene[n] Erbkrankheit« in § 3 Satz 2 Bezug auf die Muskeldystrophie vom Typ Duchenne. Damit solle der Schweregrad dieser Erkrankung als Maßstab für die Einstufung einer geschlechtsgebundenen Erbkrankheit als schwerwiegend im Sinne des § 3 dienen. Im Unterschied dazu benenne § 3a Abs. 2 Satz 1 jedoch gerade keinen maßstabgebenden Bezugspunkt für den Begriff »schwerwiegende Erbkrankheit«. Hätte der Schweregrad der geschlechtsgebundenen Erkrankung Muskeldystrophie vom Typ Duchenne auch für die Erbkrankheiten i.S.d. § 3a Abs. 2 Satz 1 maßgeblich sein sollen, hätte dies im Wortlaut des § 3a klar zum Ausdruck gebracht werden können (BVerwG, Urt. v. 05.11.2020 – 3 C 12/19, Rn. 29).

Als **Faustformel für die Praxis,** auf deren Basis man sich den jeweiligen Einzelfällen nähern und die Anwendbarkeit der Regelung prüfen kann, bietet sich das Ergebnis von *Patzke,* Die gesetzliche Regelung der Präimplantationsdiagnostik auf dem Prüfstand – S. 321) an, die zusammenfassend schreibt:

»Als Ergebnis dieser Untersuchung ist eine Erbkrankheit als schwerwiegend i.S.d. § 3a Abs. 2 Var. 1 EschG einzustufen, wenn das übliche Krankheitsbild von solcher Schwere ist, dass Lebensqualität und Lebensführung des Erkrankten in einem Maß eingeschränkt werden, das eine normale Lebensführung unmöglich macht. Bei dieser Bewertung ist auch die Möglichkeit des Erkrankten an der Teilhabe am sozialen Leben mit einzubeziehen. Eine Erbkrankheit kann insbesondere dann als schwerwiegend eingestuft werden, wenn die Erkrankung zu einer gegenüber gesunden Menschen stark verkürzten Lebenserwartung führt. Ausgeschlossen ist die Qualifizierung einer Erkrankung als schwerwiegend i.S.d. § 3a Abs. 2 Var. 1 EschG hingegen, wenn eine kausale Behandlungsmöglichkeit für die Erkrankung besteht oder die symptomatische Behandlung der Erkrankung ein weitgehend beschwerdefreies Leben zulässt.«

Weitere Fragen stellen sich auch mit Blick auf den **zweiten Indikationstatbestand**. Mit Blick auf dessen Formulierung erstaunt zunächst, dass von einer schwerwiegenden Schädigung des Embryos gesprochen wird, die mit hoher Wahrscheinlichkeit zu einer Tot- oder Fehlgeburt führen wird. Ist es wirklich vorstellbar, dass es eine nicht schwerwiegende Schädigung des Embryos gibt, die zu einer Tot- oder Fehlgeburt führen wird? Nicht einleuchten will auch, dass – anders als in § 3a Abs. 2

Satz 1– der Zweck der PID (Herbeiführung einer Schwangerschaft) und der erwartete Standard (»nach dem allgemein anerkannten Stand der medizinischen Wissenschaft und Technik«) nicht erwähnt wird (s. *Pestalozza*, MedR 2013, 343, 344). Was die Gefahr einer Fehl- oder Totgeburt angeht, scheint im Übrigen unsicher, ob etwa schon aus dem Alter der Mutter oder erst auf der Grundlage sonstiger Indizien (wie Fehl- oder Totgeburten in der Vergangenheit) auf eine solche Gefahr geschlossen werden darf – gefordert wird wohl überwiegend eine konkrete Gefahr, von der allerdings nicht erst ausgegangen wird, wenn sich bereits in der Vergangenheit die Gefahr von Fehl- oder Totgeburten manifestiert hat (*Kubiciel*, NStZ 2013, 382, 385; s. aber auch Günther/*Taupitz*/Kaiser Embryonenschutzgesetz, 2. Aufl. 2014, § 3a, Rn. 45). Sofern § 3a Abs. 2 Satz 2 keine Vorschädigung der biologischen Eltern verlangt, werden zudem Screenings und präkonzeptionelle Reihenuntersuchungen für zulässig erachtet (*Schroth*, ZStW 125 [2013], 627, 630, 636; ferner *Frister/Lehmann*, JZ 2012, 659, 663; *Henking*, ZRP 2012, 20, 22; demgegenüber werden i.R.d. § 3a Abs. 2 Satz 1 angesichts des Wortlautes derartige Methoden nicht für zulässig erachtet, s. *Duttge*, medstra 2015, 77, 80). Gänzlich ungeklärt geblieben ist die unmittelbar daran anschließende Frage nach dem Umgang mit Überschussinformationen (*Schroth*, ZStW 125 [2013], 627, 637; *Kubiciel*, NStZ 2013, 382, 385 f.; mit Blick auf das Recht auf Nichtwissen *Duttge*, medstra 2015, 77, 80; ferner Günther/*Taupitz*/Kaiser Embryonenschutzgesetz, 2. Aufl. 2014, § 3a, Rn. 59 mit dem Hinweis, § 3a enthalte kein Mitteilungsverbot). Auch mit Blick auf § 3a Abs. 2 Satz 2 weckt der Vergleich mit der Pränataldiagnostik schließlich Begehrlichkeiten: Während zum einen darauf hingewiesen wird, dass der Schwangerschaftsabbruch zur Abwendung einer psychischen Belastung durchgeführt wird und auch dem Verlangen nach einer PID eine entsprechende Konfliktlage zugrunde liege (s.a. *Kubiciel*, NStZ 2013, 382, 383), sollen zum anderen keine strengeren Schutzmechanismen als bei der Pränataldiagnostik gelten dürfen (mit Blick auf den Augsburg-Münchener Entwurf eines Fortpflanzungsmedizingesetzes *Schroth*, ZStW 125 [2013], 627, 639; kritisch *Duttge*, ZStW 125 [2013], 647, 653, der ein regelhaftes Angebot der PID befürchtet).

8 Die komplizierten Konkretisierungsprozesse überantwortet das Gesetz interdisziplinär zusammengesetzten Ethikkommissionen an zugelassenen Zentren für Präimplantationsdiagnostik (s. § 3a Abs. 3 Nr. 2). Dies vermag allerdings schon deswegen kaum zu überzeugen, weil die ihnen zugedachte Kontrollfunktion durch § 5 Abs. 2 Nr. 1 PIDV geschwächt wird, wonach sie ihr Votum auf der Grundlage eines mit dem jeweiligen Antrag einzureichenden ärztlich-humangenetischen Befundes erstatten, der das Vorliegen der gesetzlichen Voraussetzungen bereits bescheinigt – m.a.W.: die Ethikkommissionen tragen die Begründungslast für eine abweichende Entscheidung, was zusätzliche Bedeutung noch dadurch erhält, dass ihnen nach § 6 Abs. 4 Satz 1 PIDV kein Ermessen eingeräumt wird und eine zustimmende Bewertung gem. § 6 Abs. 4 Satz 2 PIDV lediglich einer Zweidrittelmehrheit bedarf (*Duttge*, ZStW 125 [2013], 647, 654 mit dem weitergehenden Hinweis, dass es an klaren Beurteilungsmaßstäben fehle und deswegen die Hoffnung auf eine erhöhte Richtigkeitschance trügerisch sei). Schließlich bleibt fraglich, wie die Betroffenen Rechtsschutz gegen Entscheidungen der Ethikkommissionen erlangen können (dazu *Krüger* in: Rosenau, Ein zeitgemäßes Fortpflanzungsmedizingesetz für Deutschland, 2013, S. 69, 77 f., der auf den Verwaltungsrechtsweg verweist).

### III. Zu § 3a Abs. 3

9 § 3a Abs. 3 Satz 1 benennt drei kumulative Voraussetzungen, unter denen die PID nicht ordnungswidrig nach Maßgabe des § 3a Abs. 4 ist. § 3a Abs. 3 Satz 1 Nr. 1 betrifft die Aufklärung und Beratung zu den medizinischen, psychischen und sozialen Folgen der von der Frau gewünschten PID. Dabei wird klargestellt, dass die Aufklärung vor der Einholung der Einwilligung zu erfolgen hat – wodurch nicht nur dem Leitbild des »informed consent« Rechnung getragen wird, sondern auch die fehlende Einwilligung (anders als die fehlende Aufklärung und Beratung, s. Günther/*Taupitz*/Kaiser Embryonenschutzgesetz, 2. Aufl. 2014, § 3a, Rn. 35) die Strafbarkeit des handelnden Arztes begründet (s. BT-Drs. 17/6400, S. 14). Nicht geregelt ist im Gesetz allerdings, wer (und worüber, s. dazu Günther/*Taupitz*/Kaiser Embryonenschutzgesetz, 2. Aufl. 2014, § 3a, Rn. 50 ff.) die Frau (ferner ist eine Beteiligung des Mannes nicht ausdrücklich vorgesehen, obwohl die Begründung des

Gesetzentwurfs – allerdings im Widerspruch zum schon anfangs vorgeschlagenen Wortlaut – noch von einer Aufklärung der Paare ausging, s. BT-Drs. 17/5451, S. 8; auch § 5 Abs. 1 PIDV verlangt lediglich eine Antragstellung durch die Frau, s. Günther/*Taupitz*/Kaiser Embryonenschutzgesetz, 2. Aufl. 2014, § 3a, Rn. 37) aufzuklären und zu beraten hat (s. *Pestalozza*, MedR 2013, 343, 344; ferner *Krüger* in: Rosenau, Ein zeitgemäßes Fortpflanzungsmedizingesetz für Deutschland, 2013, S. 69, 71 ff. mit dem Hinweis, dass unsicher sei, ob sich die Verordnungsermächtigung des § 3a Abs. 3 Satz 3 auf die Aufklärung und Beratung bezieht; schließlich *Duttge*, medstra 2015, 77, 81, der angesichts des Rechts auf Nichtwissen auch die Fernwirkung genetischer Befunde für Verwandte zum Gegenstand der Aufklärung machen will).

§ 3a Abs. 3 Nr. 2 betrifft die Bewertung der in § 3a Abs. 2 genannten Indikationstatbestände durch die Ethikkommission (näher hierzu *Hübner*/*Pühler*, MedR 2011, 789, 795; *Pestalozza*, MedR 2013, 343, 344 ff.). Das BSG hat in der diskriminierungsfreien Anforderung der Einschaltung einer Ethikkommission kein Verstoß gegen europäisches Recht erkannt – es werde europarechtlich hingenommen, dass Leistungsvoraussetzungen und Begrenzungen des Leistungsumfangs im nationalen Recht formuliert werden, solange derartige Vorgaben nicht in europarechtswidriger Weise diskriminierend wirkten (BSG ZfL 2015, 55, 61 f.). Ungeklärt bleibt allerdings, wie mit einer uneinheitlichen und widersprüchlichen Spruchpraxis der Ethikkommissionen umzugehen ist, die sich insbesondere daraus ergeben kann, dass § 6 Abs. 4 PIDV mit dem Hinweis auf bei der jeweiligen Entscheidung zu berücksichtigende psychische, soziale und ethische Gesichtspunkte (dazu allerdings auch *Schroth*, ZStW 125 [2013], 627, 637 mit dem Hinweis, die Ethikkommissionen hätten – entgegen § 6 Abs. 4 PIDV – lediglich die rechtlichen Voraussetzungen des § 3a Abs. 2 zu prüfen; s.a. Günther/*Taupitz*/Kaiser Embryonenschutzgesetz, 2. Aufl. 2014, § 3a, Rn. 61) indifferent bleibt; Gleiches gilt für ein mögliches »Kommissions-Hopping« (zum Ganzen *Duttge*, ZStW 125 [2013], 647, 654 f.; *ders.*, medstra 2015, 77, 77 f.; ferner Günther/*Taupitz*/Kaiser Embryonenschutzgesetz, 2. Aufl. 2014, § 3a, Rn. 15, 64).

10

Schließlich fordert § 3a Abs. 3 Satz 1 Nr. 3, dass die Durchführung der PID nur durch qualifizierte Ärzte (und insoweit korrespondierend mit § 3a Abs. 2, wonach die PID nach dem allgemein anerkannten Stand der medizinischen Wissenschaft und Technik durchzuführen ist) in zugelassenen Zentren erfolgen darf. Obwohl § 1 Nr. 2 PIDV vorgibt, dass die PIDV Anforderungen für die Qualifikation der Ärzte enthält, findet sich insoweit lediglich die Vorgabe, dass die Zentren über ein System der Qualitätssicherung verfügen und die Qualifikation der Ärzte sicherstellen müssen. In dem Kontext ist jedoch auch bedeutsam, dass § 3a Abs. 5 ausdrücklich regelt, dass kein Arzt verpflichtet ist, eine Maßnahme nach § 3a Abs. 2 durchzuführen und für den Arzt aus dieser Nichtmitwirkung auch kein Nachteil erwachsen darf. Diese sog. »Gewissensklausel« (vgl. *Landwehr*, Rechtsfragen der Präimplantationsdiagnostik, S. 150) wird flankiert durch die Normenkette der §§ 9 Nr. 2, 10. Aufgrund dessen darf nach der hier vertretenen Auffassung auch keine Kündigung eines Arztes nur deshalb erfolgen, weil dieser sich weigert, die PID durchzuführen (so auch tendenziell – mit Verweisen auf die Gegenansicht – *H. Schütze* in Rieger/Dahm/Katzenmeier/Stellpflug/Ziegler, Arztrecht Krankenhausrecht Medizinrecht, 84. Update 12/2020, d) Arztvorbehalt.

11

Im Übrigen überantwortet § 3a Abs. 3 Satz 3 zahlreiche nähere Bestimmungen ebenfalls einer Rechtsverordnung, die erst mit erheblicher Zeitverzögerung in Kraft getreten ist (s. oben Rdn. 3).

12

## § 5 Künstliche Veränderung menschlicher Keimbahnzellen

(1) Wer die Erbinformation einer menschlichen Keimbahnzelle künstlich verändert, wird mit Freiheitsstrafe bis zu fünf Jahren oder mit Geldstrafe bestraft.

(2) Ebenso wird bestraft, wer eine menschliche Keimzelle mit künstlich veränderter Erbinformation zur Befruchtung verwendet.

(3) Der Versuch ist strafbar.

(4) Absatz 1 findet keine Anwendung auf

## § 5 ESchG  Künstliche Veränderung menschlicher Keimbahnzellen

1. eine künstliche Veränderung der Erbinformation einer außerhalb des Körpers befindlichen Keimzelle, wenn ausgeschlossen ist, daß diese zur Befruchtung verwendet wird,
2. eine künstliche Veränderung der Erbinformation einer sonstigen körpereigenen Keimbahnzelle, die einer toten Leibesfrucht, einem Menschen oder einem Verstorbenen entnommen worden ist, wenn ausgeschlossen ist, daß
   a) diese auf einen Embryo, Foetus oder Menschen übertragen wird oder
   b) aus ihr eine Keimzelle entsteht, sowie
3. Impfungen, strahlen-, chemotherapeutische oder andere Behandlungen, mit denen eine Veränderung der Erbinformation von Keimbahnzellen nicht beabsichtigt ist.

| Übersicht | Rdn. | | Rdn. |
|---|---|---|---|
| A. Grundsätzliches............... | 1 | B. Einzelne Aspekte............... | 5 |

### A. Grundsätzliches

1   § 5 betrifft Interventionen in menschliche Keimbahnzellen. Eine nähere Begriffsbestimmung des Terminus »Keimbahnzellen« enthält § 8 Abs. 3. Danach sind Keimbahnzellen alle Zellen, die in einer Zell-Linie von der befruchteten Eizelle bis zu den Ei- und Samenzellen des aus ihr hervorgegangenen Menschen führen, ferner die Eizelle vom Einbringen oder Eindringen der Samenzelle an bis zu der mit der Kernverschmelzung abgeschlossenen Befruchtung.

Während § 5 Abs. 1 die sich intergenerationell auswirkende Manipulation menschlicher Keimbahnzellen verbietet, bestraft § 5 Abs. 2 auch die Verwendung einer menschlichen Keimzelle mit künstlich veränderter Erbinformation zur Befruchtung. Es handelt sich insofern um ein konkretes Gefährdungsdelikt (so auch Spickhoff/*Müller-Terpitz*, § 5 EschG Rn. 1). Dieses bezieht sich auf die Veränderung der Erbinformation. Unter dieser versteht man die im Zellkern verteilten Gene, die durch entsprechende DNA-Sequenzen kodiert sind (Spickhoff/*Müller-Terpitz*, § 5 EschG Rn. 2).

2   § 5 Abs. 4 sieht allerdings Ausnahmen vom Verbot der Keimbahnmanipulation vor, so etwa gem. § 5 Abs. 4 Nr. 3 die nicht beabsichtigte Veränderung der Erbinformation etwa durch Impfung, Strahlen-, chemotherapeutische oder andere Behandlungen (vgl. auch Art. 13 des Biomedizin-Übereinkommens).

3–4  (unbesetzt)

### B. Einzelne Aspekte

5   § 5 Abs. 1 untersagt jede künstliche Veränderung der Erbinformation einer menschlichen Keimbahnzelle – vorbehaltlich der in § 5 Abs. 4 genannten Ausnahmen. Wird lediglich die Erbinformation einer somatischen Zelle verändert, scheidet § 5 Abs. 1 mangels eines tauglichen Tatobjekts aus. Daraus ergeben sich gravierende Schutzlücken: Transplantiert jemand eine solche genetisch manipulierte Somazelle in eine entkernte Eizelle und nutzt diese zur Erzeugung neuen menschlichen Lebens, läuft der Tatbestand (nicht nur) des § 5 Abs. 1 ins Leere (s. BT-Drs. 13/11263, S. 17; *Günther*/Taupitz/Kaiser Embryonenschutzgesetz, 2. Aufl. 2014, § 5, Rn. 15). Darüber hinaus stellen sich inzwischen weitere Einzelfragen – insbesondere, ob Gentherapien in-vitro an einzelnen Zellen strafbar sind, solange nicht zwischen Somazellen und Keimbahnzellen unterschieden werden kann, ob die Keimbahnänderung bei einem nicht entwicklungsfähigen Embryo strafbar ist und ob § 5 Abs. 1 aus induzierten pluripotenten Stammzellen künstlich hergestellte Ei- und Samenzellen erfasst (zum Ganzen Berlin-Brandenburgische Akademie der Wissenschaften, Genomchirurgie beim Menschen – Zur verantwortlichen Bewertung einer neuen Technologie, 2015, S. 14 ff.).

6   § 5 Abs. 4 enthält drei enumerativ aufgezählte Ausnahmen, mit denen der Tatbestand des § 5 Abs. 1 wieder eingeschränkt wird. Zum einen will die Vorschrift in Respektierung der durch Art. 5 Abs. 3 GG gewährleisteten Forschungsfreiheit Experimente an und mit menschlichen Keimbahnzellen ermöglichen, wenn eine Gefährdung der von § 5 Abs. 1 geschützten Rechtsgüter ausgeschlossen ist.

Zum anderen werden ärztliche Heilmaßnahmen mit möglichen unbeabsichtigten Nebenfolgen für das Genom des Patienten vom Verbot ausgenommen.

§ 5 Abs. 2 ergänzt das Verbot des § 5 Abs. 1 um das Verbot der Verwendung künstlich veränderter menschlicher Keimzellen zur Befruchtung. Der Tatbestand beschränkt sich damit auf Eizellen einer Frau und Samenzellen eines Mannes. Durch § 5 Abs. 3 wird auch der Versuch unter Strafe gestellt. 7

## § 6 Klonen

(1) Wer künstlich bewirkt, daß ein menschlicher Embryo mit der gleichen Erbinformation wie ein anderer Embryo, ein Foetus, ein Mensch oder ein Verstorbener entsteht, wird mit Freiheitsstrafe bis zu fünf Jahren oder mit Geldstrafe bestraft.

(2) Ebenso wird bestraft, wer einen in Absatz 1 bezeichneten Embryo auf eine Frau überträgt.

(3) Der Versuch ist strafbar.

| Übersicht | Rdn. | | Rdn. |
|---|---|---|---|
| A. Grundsätzliches.............. | 1 | B. Einzelaspekte................ | 5 |

### A. Grundsätzliches

§ 6 Abs. 1 verbietet das sog. Klonen (umfassend hierzu *Kersten*, Das Klonen von Menschen, 2004, passim), erweist sich aber in seiner tatbestandlichen Rückbindung an den Embryonenbegriff des § 8 als fragmentarisch und reformbedürftig (s. unten Rdn. 5 ff.). 1

§ 6 Abs. 2 formuliert darüber hinaus ein Transferverbot mit Blick auf einen verbotswidrig hergestellten »Klon«. Die Vorschrift begegnet durchgreifenden verfassungsrechtlichen Bedenken (s.u. Rdn. 8). 2

Aus verfassungsrechtlicher Perspektive ist das weltweit pönalisierte reproduktive Klonen nur mit erheblichem Begründungsaufwand zu legitimieren, geht es doch nicht um die Beendigung menschlichen Lebens, sondern – im Gegenteil – um dessen »Erschaffung«. Das strafrechtliche Verbot bedarf vor dem Hintergrund der grundrechtlich geschützten Forschungsfreiheit der Rechtfertigung durch kollidierendes Verfassungsrecht (s. m.w.N. *Höfling* in: Bitburger Gespräche, Jahrbuch 2002/ II, 2003, S. 99, 113 f.; eingehend *Kersten*, Das Klonen von Menschen, 2004, S. 308 ff.). 3

Das prinzipielle Verdikt lässt sich wohl nur halten unter Rückgriff auf die Menschenwürdegarantie in ihrer objektiv-rechtlichen Dimension. Der Begriff der Menschenwürde garantiert auch die Bedingungen der Möglichkeit, als körperlich kontingente Individuen der biologischen Gattung Mensch selbstverantwortlich Persönlichkeit zu entwickeln (*Höfling* in: Bitburger Gespräche, Jahrbuch 2002/II, 2003, S. 99, 114). Art. 119 der Schweizer Bundesverfassung verbietet im Übrigen ausdrücklich »alle Arten des Klonens«. 4

### B. Einzelaspekte

Unbestritten erfasst das Klonierungsverbot des § 6 Abs. 1 das sog. Embroysplitting. Wird ein menschlicher Embryo bis zum Erreichen seines Achtzellstadiums geteilt, so entstehen hierdurch mehrere Embryonen i.S.d. EschG (s. § 8 Abs. 1). Fehl geht in diesem Zusammenhang der denkbare Einwand, bislang gebe es keinen empirischen Nachweis dafür, dass sich eine durch Embryonenteilung erzeugte Zelle auch tatsächlich als menschliches Individuum entwickeln kann. Zum einen legen Experimente bei Säugetieren eine entsprechende Entwicklung nahe; zum anderen würde ein solcher empirischer Nachweis gerade die Norm verletzen, um deren Bestätigung es ihm ginge (Heinemann/*Kersten* Stammzellforschung, 2007, S. 131 f.). 5

Anders verhält es sich indes bei der Herstellung von totipotenten Zellen (s. § 8 Abs. 1) durch Zellkerntransfer. Das Klonverbot des § 6 Abs. 1 wird hierdurch nicht verletzt. Bei der durch 6

Zellkerntransfer erzeugten totipotenten Zelle handelt es sich nämlich nicht um einen Embryo i.S.d. EschG. Dessen Embryonendefinition wurde durch »den entwicklungsbiologischen Paradigmenwechsel des Dolly-Experiments« (so Heinemann/*Kersten* Stammzellforschung, 2007, S. 141) überholt. Die weiterreichende Embryonendefinition des Stammzellgesetzes (§ 3 Nr. 4 StZG) kann aus verfassungsrechtlichen Gründen (Art. 103 Abs. 2 GG) den Straftatbestand des EschG nicht erweitern.

7 Im Übrigen verfügt die entstehende totipotente Zelle nicht über die »gleiche Erbinformation«. Zwar stimmt die Erbinformation des Zellkernspenders im Kerngenom überein, nicht jedoch hinsichtlich der Mitochondrien-DNA (dazu mit zahlreichen weiteren Nachweisen *Kersten*, Das Klonen von Menschen, 2004, S. 32 ff.; ferner *Höfling* in: Bitburger Gespräche, Jahrbuch 2002/II, 2003, S. 99, 109).

8 Die Vorschrift des § 6 Abs. 2 ist als verfassungswidrig einzustufen. Nach dieser Vorschrift wird mit bis zu 5 Jahren Freiheitsstrafe oder mit Geldstrafe bedroht, wer einen geklonten Embryo auf eine Frau überträgt. Damit unterbindet die Vorschrift, dass ein solcher Embryo die Chance erhält, geboren zu werden, wodurch sein Lebensgrundrecht von Vornherein negiert wird (vgl. Spickhoff/*Müller-Terpitz*, § 6 EschG Rn. 4). Zugespitzt formuliert: Die Vorschrift statuiert »eine strafbewehrte Tötungspflicht« (so *Günther*/Taupitz/Kaiser Embryonenschutzgesetz, 2. Aufl. 2014, § 6, Rn. 22; kritisch auch *v. Bülow* in: Winter/Fenger/Schreiber [Hrsg.], Genmedizin und Recht, 2001, S. 127, 142 f.; *Müller-Terpitz* Das Recht der Biomedizin, 2006, S. 50). *Müller-Terpitz* weist darauf hin, dass die Bundesregierung daher bereits 1997 vorschlug, die Regelung zu streichen (vgl. Spickhoff/*Müller-Terpitz*, § 6 EschG Rn. 4). Bislang ist dies jedoch unterblieben. Insofern bleibt zu hoffen, dass der Gesetzgeber zeitnah aktiv wird.

## § 7 Chimären- und Hybridbildung

(1) Wer es unternimmt,
1. Embryonen mit unterschiedlichen Erbinformationen unter Verwendung mindestens eines menschlichen Embryos zu einem Zellverband zu vereinigen,
2. mit einem menschlichen Embryo eine Zelle zu verbinden, die eine andere Erbinformation als die Zellen des Embryos enthält und sich mit diesem weiter zu differenzieren vermag, oder
3. durch Befruchtung einer menschlichen Eizelle mit dem Samen eines Tieres oder durch Befruchtung einer tierischen Eizelle mit dem Samen eines Menschen einen differenzierungsfähigen Embryo zu erzeugen,

wird mit Freiheitsstrafe bis zu fünf Jahren oder mit Geldstrafe bestraft.

(2) Ebenso wird bestraft, wer es unternimmt,
1. einen durch eine Handlung nach Absatz 1 entstandenen Embryo auf
   a) eine Frau oder
   b) ein Tier
zu übertragen oder
2. einen menschlichen Embryo auf ein Tier zu übertragen.

| Übersicht | Rdn. | | Rdn. |
|---|---|---|---|
| A. Grundsätzliches | 1 | B. Einzelaspekte | 4 |

## A. Grundsätzliches

1 § 7 verbietet die Herstellung von Chimären und Hybriden sowie deren Übertragung auf eine Frau (zum Problem eingehend Deutscher Ethikrat, Mensch-Tier-Mischwesen in der Forschung, 2011). Mit der Chimärenbildung wird die Herstellung eines mit dem Erbgut von mindestens vier Eltern versehenen Embryos aus den Zellen verschiedener Lebewesen derselben oder verschiedener

Säugetierspezies erfasst. Dabei kann man entweder mehrere Embryonen verschmelzen (§ 7 Abs. 1 Nr. 1) oder fremde Zellen mit einem sich entwickelnden Embryo verbinden (§ 7 Abs. 1 Nr. 2).

§ 7 Abs. 1 Nr. 3 pönalisiert die Bildung von Interspezies-Hybriden, also von Lebewesen, die mit 2 Keimzellen von Mensch und Tier erzeugt wurden (s. *Günther*/Taupitz/Kaiser Embryonenschutzgesetz, 2. Aufl. 2014, § 7, Rn. 1; zu den naturwissenschaftlichen Grundlagen Günther/Taupitz/*Kaiser* Embryonenschutzgesetz, 2. Aufl. 2014, Einführung A, Rn. 158 ff.).

Die Begründung des Gesetzentwurfs (BT-Drs. 11/5460, S. 12) benennt als geschütztes Rechts- 3 gut die Menschenwürde gem. Art. 1 Abs. 1 GG (dazu auch *Höfling* in: Sachs, GG-Komm., 7. Aufl. 2014, Art. 1, Rn. 27). Teilweise wird auch darauf abgestellt, dass die Norm der fehlenden Beherrschbarkeit der Chimären- und Hybridbildung und der daraus erwachsenden Risiken Rechnung tragen soll (Spickhoff/*Müller-Terpitz*, § 7 ESchG Rn. 2).

## B. Einzelaspekte

§ 7 Abs. 1 formuliert in seinen drei Tatalternativen Unternehmensdelikte. § 7 Abs. 1 Nr. 1 betrifft 4 die Vereinigung eines menschlichen Embryos mit einem anderen, in seiner Erbinformation abweichenden Embryo zu einem Zellverband. Dieser andere Embryo – ebenso aber auch eine als Embryo geltende totipotente Zelle (§ 8 Abs. 1) – kann dabei sowohl ein menschlicher Embryo (intraspezifische Chimäre) als auch ein tierischer Embryo (interspezifische Chimäre) sein (*Günther*/Taupitz/Kaiser Embryonenschutzgesetz, 2. Aufl. 2014, § 7, Rn. 9 f.).

Der Tatbestand des § 7 Abs. 1 Nr. 2 weicht nur hinsichtlich der Art und Weise der Chimärenbil- 5 dung von § 7 Abs. 1 Nr. 1 ab, indem er die Verbindung des menschlichen Embryos mit einer in ihrer Erbinformation abweichenden Zelle betrifft (dazu BT-Drs. 11/5460, S. 12).

§ 7 Abs. 1 Nr. 3 pönalisiert die Hybridbildung, d.h. die Erzeugung eines Mischwesens aus Mensch 6 und Tier im Wege der Befruchtung. Auch hier erweist sich das ESchG als unvollständig; denn die Erschaffung hybrider Embryonen mittels heterologer Kerntransplantation bleibt mangels Befruchtung unberücksichtigt (s. *Günther*/Taupitz/Kaiser Embryonenschutzgesetz, 2. Aufl. 2014, § 7, Rn. 21; ferner *Trips-Hebert*, ZRP 2009, 80 ff.).

Die Transferverbote des § 7 Abs. 2 enthalten – in Parallele zu § 6 Abs. 2 (s.o. § 6 ESchG, Rdn. 8) – 7 »strafbewehrte indirekte Tötungspflichten« (so *Günther*/Taupitz/Kaiser Embryonenschutzgesetz, 2. Aufl. 2014, § 7, Rn. 32). Jedenfalls insoweit, als es sich um intraspezifische menschliche Chimären handelt (s.o. Rdn. 4), begegnet die Norm den gleichen durchgreifenden verfassungsrechtlichen Bedenken wie das Transferverbot des § 6 Abs. 2 (ebenso *Günther*/Taupitz/Kaiser Embryonenschutzgesetz, 2. Aufl. 2014, § 7, Rn. 32).

## § 8 Begriffsbestimmung

(1) Als Embryo im Sinne dieses Gesetzes gilt bereits die befruchtete, entwicklungsfähige menschliche Eizelle vom Zeitpunkt der Kernverschmelzung an, ferner jede einem Embryo entnommene totipotente Zelle, die sich bei Vorliegen der dafür erforderlichen weiteren Voraussetzungen zu teilen und zu einem Individuum zu entwickeln vermag.

(2) In den ersten vierundzwanzig Stunden nach der Kernverschmelzung gilt die befruchtete menschliche Eizelle als entwicklungsfähig, es sei denn, daß schon vor Ablauf dieses Zeitraums festgestellt wird, daß sich diese nicht über das Einzellstadium hinaus zu entwickeln vermag.

(3) Keimbahnzellen im Sinne dieses Gesetzes sind alle Zellen, die in einer Zell-Linie von der befruchteten Eizelle bis zu den Ei- und Samenzellen des aus ihr hervorgegangenen Menschen führen, ferner die Eizelle vom Einbringen oder Eindringen der Samenzelle an bis zu der mit der Kernverschmelzung abgeschlossenen Befruchtung.

# § 8 ESchG  Begriffsbestimmung

**Übersicht**

| | Rdn. | | Rdn. |
|---|---|---|---|
| A. Grundsätzliches................ | 1 | I. Zum Begriff des Embryos............ | 3 |
| B. Einzelaspekte................... | 3 | II. Begriff der Keimbahnzelle............ | 9 |

## A. Grundsätzliches

1 Die Vorschrift enthält grundlegende Begriffsbestimmungen. Im Zentrum steht dabei der Begriff des Embryos, der allerdings seinerseits erhebliche und umstrittene Auslegungsfragen aufwirft (s. etwa BT-Drs. 13/11263, S. 6 ff.; Günther/*Taupitz*/Kaiser Embryonenschutzgesetz, 2. Aufl. 2014, § 8, Rn. 48 ff.; ferner *Beitz*, Zur Reformbedürftigkeit des Embryonenschutzgesetzes, 2009, S. 21 ff.).

2 Nicht zuletzt mit Blick auf den Umstand, dass der Einbezug menschlicher Entitäten, die weder durch Kernverschmelzung nach Befruchtung noch durch Embryosplitting entstanden sind, in die Begriffsbestimmung des § 8 Abs. 1 strittig ist, bedarf es der Feststellung, dass die einfachgesetzliche Umschreibung nicht authentisch den Gewährleistungsbereich des Art. 1 Abs. 1 GG bzw. Art. 2 Abs. 2 Satz 1 GG zu definieren vermag. Andererseits ist – gegen abweichende Positionen – festzuhalten, dass die von § 8 Abs. 1 zweifelsfrei erfassten Frühphasen menschlichen Lebens den genannten Verfassungsrechtsbestimmungen unterfällt (s.a. Maio/Just/*Höfling*, Die Forschung an embryonalen Stammzellen, 2003, S. 141 ff.; *ders.*, Reprogenetik und Verfassungsrecht, 2001, passim; zum Streitstand auch mit zahlreichen Nachweisen Günther/*Taupitz*/Kaiser Embryonenschutzgesetz, 2. Aufl. 2014, § 8, Rn. 4; *Müller-Terpitz*, Der Schutz pränatalen Lebens, 2007, S. 78 ff.).

## B. Einzelaspekte

### I. Zum Begriff des Embryos

3 Als Embryo im Sinne des Gesetzes gilt gem. § 8 Abs. 1 »bereits die befruchtete, entwicklungsfähige menschliche Eizelle vom Zeitpunkt der Kernverschmelzung an«. Damit wird zunächst grundsätzlich die Befruchtung vorausgesetzt, deren Abschluss mit dem Begriff »Kernverschmelzung« umschrieben wird, was indes ungenau ist. Gemeint ist offenbar das Stadium des Entwicklungsprozesses, in dem sich die Kernmembranen der Vorkerne auflösen (näher hierzu *Müller-Terpitz*, Der Schutz pränatalen Lebens, 2007, S. 214 ff. m.w.N.; ferner *Neidert*, MedR 2007, 279, 280).

4 Nicht erfasst sind damit alle Stadien, die vor der Auflösung der Vorkernmembranen liegen, also insbesondere die imprägnierte Eizelle und die Vorkernstadien (arg. e contrario § 8 Abs. 3; dazu Günther/*Taupitz*/Kaiser Embryonenschutzgesetz, 2. Aufl. 2014, § 8, Rn. 31).

5 Die befruchtete Eizelle muss entwicklungsfähig sein. Insoweit formuliert § 8 Abs. 2 die widerlegbare Vermutung, dass die befruchtete menschliche Eizelle in den ersten vierundzwanzig Stunden nach der Kernverschmelzung als entwicklungsfähig gilt, wenn nicht bereits zuvor festgestellt wird, dass sich die Entwicklung über das Einzellstadium hinaus nicht realisieren wird (vgl. BT-Drs. 11/5460, S. 12; näher Günther/*Taupitz*/Kaiser Embryonenschutzgesetz, 2. Aufl. 2014, § 8, Rn. 32 f.; mit Blick auf Parthenoten ferner *Advena-Regnery/Böhm/Jung/Rottländer/Sgodda*, ZfmE 61 [2015], 151, 156 f., die darauf hinweisen, dass die Teilungsfähigkeit nicht mit der Entwicklungsfähigkeit i.S.d. § 8 Abs. 1 gleichzustellen sei).

6 Durch § 8 Abs. 1, 2. Alt. wird dem Embryo gleichgestellt jede einem Embryo entnommene totipotente Zelle, die sich bei Vorliegen der dafür erforderlichen weiteren Voraussetzungen zu teilen und zu einem Individuum zu entwickeln vermag (eingehend hierzu Günther/*Taupitz*/Kaiser Embryonenschutzgesetz, 2. Aufl. 2014, § 8, Rn. 38 ff.). Der Begriff der Totipotenz ist – gerade in seiner Abgrenzung zum Terminus »Pluripotenz« – nicht unumstritten, wird aber heute überwiegend dahingehend verstanden, dass sie den Zeitraum bis zum Acht-Zellstadium, also etwa mit dem dritten Tag nach der Befruchtung, zu Ende gehen lässt (dazu etwa *Kersten*, Das Klonen von Menschen, 2004, S. 545 ff.; *Müller-Terpitz*, Der Schutz pränatalen Lebens, 2007, S. 256 ff.).

Während § 3 Nr. 4 StZG als Embryo bereits jede menschliche totipotente Zelle beschreibt, die sich bei Vorliegen der dafür erforderlichen weiteren Voraussetzungen zu teilen und zu einem Individuum zu entwickeln vermag, stellt § 8 Abs. 1 auf die Befruchtung bzw. die Entnahme aus einem Embryo ab. Dies führt vor allem zu der Frage, ob und wieweit auch menschliche Entitäten, die ihre Entstehung anderen »Kreationsprozessen« verdanken, vom ESchG erfasst sind. Nicht erfasst ist die Reprogrammierung von somatischen Zellen zur Totipotenz (s.a. Heinemann/*Kersten* Stammzellforschung, 2007, S. 169; Günther/*Taupitz*/Kaiser Embryonenschutzgesetz, 2. Aufl. 2014, § 8, Rn. 62). Zuletzt wurde darauf hingewiesen, dass auch im Rahmen der tetraploiden Embryo-Komplementierung keine menschliche Eizelle an der Entstehung eines Embryos beteiligt sein müsse, folglich die sich entwickelnde Blastozyste kein Embryo im Sinne des ESchG sei und ferner im Rahmen dieses Verfahrens auch keine totipotenten Zellen einer befruchteten, entwicklungsfähigen menschlichen Eizelle i.S.d. § 8 Abs. 1 2. Alt. entnommen werden müssten (*Schickl/Braun/Ried/Dabrock*, MedR 2014, 857 ff. mit dem Hinweis, dass demzufolge mit Blick auf die tetraploide Embryo-Komplementierung auch das Klonierungsverbot nach § 6 Abs. 1 und 2 keine Anwendung finde). 7

Hochumstritten ist dagegen die Frage, ob der Zellkerntransfer eines menschlichen Zellkerns in eine menschliche Eizellhülle den Embryonenbegriff des § 8 Abs. 1 ausfüllt. Unterschiedliche Deutungen erfährt dabei das Tatbestandsmerkmal »bereits« i.S.d. § 8 Abs. 1. Versteht man die Formulierung im Sinne einer zeitlichen Umschreibung, dann stellt die Formulierung nur klar, dass auch schon diese frühe Embryonalphase (in der international nicht selten von »Präembryo« gesprochen wird) erfasst ist. Dann aber bleibt es bei der Feststellung, dass alle nicht durch Befruchtung entstandenen Entitäten von § 8 Abs. 1 nicht erfasst werden (in diesem Sinne etwa *Kersten*, Das Klonen von Menschen, 2004, S. 36 f. m.w.N.). Interpretiert man dagegen das Wort »bereits« im Sinne von »auch«, so könnte argumentiert werden, dass § 8 Abs. 1 jede entwicklungsfähige Eizelle unabhängig von ihrem Entstehungsprozess erfasst (ausführlich Günther/ *Taupitz*/Kaiser Embryonenschutzgesetz, 2. Aufl. 2014, § 8, Rn. 50 ff.; ferner *Advena-Regnery/Böhm/Jung/Rottländer/Sgodda*, ZfmE 61 [2015], 151 ff. mit dem weitergehenden Hinweis, dass die Bundesregierung mit Blick auf die Herstellung von Parthenoten einen Verstoß gegen § 6 Abs. 1 ESchG – s. BT-Drs. 13/11263, S. 19 – zu Unrecht angenommen habe). Der EuGH geht mit Blick auf die Biopatent-Richtlinie ganz in diesem Sinne davon aus, dass – obwohl die Entscheidung nicht auf medizinische und ethische Fragen eingehen will – jede befruchtete menschliche Eizelle vom Stadium ihrer Befruchtung an und ausnahmsweise sogar unbefruchtete Eizellen, die bereits zur Entwicklung eines Menschen geeignet sind (wie etwa Eizellen nach Zellkerntransplantation oder im Parthenogenesestadium), von der Richtlinie erfasst seien (EuGH EuZW 2011, 908, 909; kritisch dazu *Taupitz*, GRuR 2012, 1, 2). Diese Annahme entbindet allerdings mit Blick auf § 8 Abs. 1 ESchG nicht davon, zudem die Entwicklungsfähigkeit i.S.d. § 8 Abs. 1 bejahen zu müssen (dazu mit Blick auf die Biopatent-Richtlinie nunmehr auch EuGH ZfL 2015, 51 ff.). 8

## II. Begriff der Keimbahnzelle

Durch die Definition der Keimbahnzelle in § 8 Abs. 3 soll die gem. § 5 Abs. 1 verbotene Keimbahnintervention präzisiert werden (s.o. Rdn. 5). Als Keimbahn wird dabei »die Zellfolge, die von der Zygote bis zu den Keimzellen des nachfolgenden Organismus führt«, bezeichnet (Günther/ *Taupitz*/Kaiser Embryonenschutzgesetz, 2. Aufl. 2014, § 8, Rn. 65). 9

# Gesetz über genetische Untersuchungen bei Menschen (Gendiagnostikgesetz – GenDG)

In der Fassung der Bekanntmachung vom 31. Juli 2009 (BGBl. I S. 2529, 3672),
zuletzt geändert durch Artikel 15 Absatz 4 des Gesetzes vom 4. Mai 2021 (BGBl. I S. 882)

## Inhaltsverzeichnis

Einleitung

| | |
|---|---|
| § 1 | Zweck des Gesetzes |
| § 2 | Anwendungsbereich |
| § 3 | Begriffsbestimmungen |
| § 4 | Benachteiligungsverbot |

Vorbemerkung zu §§ 7 ff.

| | |
|---|---|
| § 7 | Arztvorbehalt |
| § 8 | Einwilligung |
| § 9 | Aufklärung |
| § 10 | Genetische Beratung |
| § 11 | Mitteilung der Ergebnisse genetischer Untersuchungen und Analysen |
| § 12 | Aufbewahrung und Vernichtung der Ergebnisse genetischer Untersuchungen und Analysen |
| § 13 | Verwendung und Vernichtung genetischer Proben |
| § 14 | Genetische Untersuchungen bei nicht einwilligungsfähigen Personen |
| § 15 | Vorgeburtliche genetische Untersuchungen |
| § 16 | Genetische Reihenuntersuchungen |
| § 18 | Genetische Untersuchungen und Analysen im Zusammenhang mit dem Abschluss eines Versicherungsvertrages |

Vorbemerkung zu §§ 19 ff.

| | |
|---|---|
| § 19 | Genetische Untersuchungen und Analysen vor und nach Begründung des Beschäftigungsverhältnisses |
| § 20 | Genetische Untersuchungen und Analysen zum Arbeitsschutz |
| § 21 | Arbeitsrechtliches Benachteiligungsverbot |
| § 22 | Öffentlich-rechtliche Dienstverhältnisse |

## Einleitung

### Übersicht

| | Rdn. | | Rdn. |
|---|---|---|---|
| A. Gesetzliche Regelungen in Deutschland. | 1 | C. Regelungen der Vereinten Nationen. . . . | 4 |
| B. Gesetzesregelungen im deutschsprachigen Ausland . . . . . . . . . . . . . . . . . . . . . | 3 | D. Regelungen der EU. . . . . . . . . . . . . . . . . | 5 |
| | | E. Regelungen des Europarats. . . . . . . . . . . | 6 |

### A. Gesetzliche Regelungen in Deutschland

Angesichts der gestiegenen gesellschaftlichen Sensibilität befindet sich die gesetzliche Regelung der genetischen Diagnostik schon seit Längerem auf der politischen Agenda. Einen der ersten Versuche zu einer solchen gesetzlichen Regelung stellte der aufgrund politischer Widerstände gescheiterte Entwurf des Arbeitsschutzrechtsrahmengesetzes aus dem Jahre 1993 dar (BR-Drs. 792/93; 1

BT-Drs. 12/6752; vgl. auch *Marquardt*, Genetische Analysen an Beschäftigten auf der Grundlage des Entwurfs des Arbeitsschutzrahmengesetzes). In der Folgezeit wurde unter der rot-grünen Bundesregierung ein alle Lebensbereiche erfassendes Gendiagnostikgesetz in Angriff genommen, das jedoch infolge der vorgezogenen Neuwahlen im Herbst 2005 nicht mehr in den Bundestag eingebracht werden konnte. Der Gesetzesentwurf wurde von Bündnis 90/Die Grünen Ende 2006 als Gesetzesantrag eingebracht (vgl. BT-Drs. 16/3233; *Scherrer*, Das Gendiagnostikgesetz, S. 125 ff.). Mit dem auf diesen Entwurf aufbauenden GenDG kommt es nun zu einer Regelung von wesentlichen Anwendungsbereichen der Gendiagnostik.

2 Die Gesetzgebungskompetenz des Bundes ergibt sich vorrangig aus der konkurrierenden Gesetzgebung auf dem Gebiet der Untersuchung von Erbinformationen (Art. 74 Abs. 1 Nr. 26 GG). Die Kompetenz des Bundes zur Schaffung von Vorschriften im Bereich des privatrechtlichen Versicherungswesens ergibt sich aus Art. 74 Abs. 1 Nr. 11 GG und zur Schaffung arbeitsrechtlicher Regelungen aus Art. 74 Abs. 1 Nr. 12 GG. Neben Arbeitnehmerinnen und Arbeitnehmern sind auch Beamtinnen und Beamte und Richterinnen und Richter sowie Soldatinnen und Soldaten des Bundes (zusätzliche Kompetenz: Art. 73 Abs. 1 Nr. 8 GG) in den Schutzbereich des Gesetzes einbezogen (BT-Drs. 633/08, S. 29). Vgl. auch *Scherrer*, Das Gendiagnostikgesetz, S. 190 ff.

## B. Gesetzesregelungen im deutschsprachigen Ausland

3 Die erste spezialgesetzliche Regelung im Bereich der Humangenetik im deutschsprachigen Raum ist das 1998 in Kraft getretene österreichische Gentechnikgesetz, dessen Abschnitt IV die Zulässigkeit gentherapeutischer und gendiagnostischer Maßnahmen am Menschen zum Gegenstand hat. In der Schweiz ist 2009 ein entsprechendes Gesetz verabschiedet (Bundesgesetz über genetischen Untersuchungen beim Menschen – GUMG) sowie die Verordnung über genetische Untersuchungen beim Menschen (GUMV) erlassen worden. Grundlage für das Gesetz ist Art. 119 der Schweizerischen Bundesverfassung, der 1992 im Rahmen einer Verfassungsänderung in die Bundesverfassung eingefügt worden war und spezielle Vorgaben für den Bereich der »Fortpflanzungsmedizin und der Gentechnologie im Humanbereich« enthält.

## C. Regelungen der Vereinten Nationen

4 Auch auf Ebene der Vereinten Nationen hat die mit dem Umgang mit genetischen Daten verbundene Problematik Eingang gefunden. Im November 1997 beschloss die Generalkonferenz der UNESCO-Mitgliedsstaaten die »Allgemeinen Erklärung über das menschliche Genom und Menschenrechte«, gefolgt von den Beschlüssen zur »Internationalen Erklärung über Gendaten« (2003) und zur »Allgemeinen Erklärung über Bioethik und Menschenrechte« (2005). Vgl. auch *Scherrer*, Das Gendiagnostikgesetz, S. 143 ff.; *Spranger*, Recht und Bioethik, S. 61 ff.)

## D. Regelungen der EU

5 Gem. Art. 21 Abs. 1 der Charta der Grundrechte der Europäischen Union (14.12.2007), die nach Art. 6 Abs. 1 EUV Bestandteil des Primärrechts ist, sind »Diskriminierungen insbesondere wegen der genetischen Merkmale« verboten. Detaillierte rechtliche Vorgaben zum Umgang mit genetischen Informationen finden sich allerdings auf EU-Ebene nicht, da die Europäische Union über keine ausdrücklichen Gesetzgebungsbefugnisse im Bereich der Humangenetik verfügt. Allerdings ermöglicht Art. 95 Abs. 1 EGV Maßnahmen im Bereich der Humangenetik, wenn sie auf das Funktionieren des europäischen Binnenmarktes abzielen. Auf diese Rechtsgrundlage stützen sich beispielsweise die Richtlinien über den rechtlichen Schutz biotechnologischer Erfindungen (Richtlinie 1998/44/EG des EP und des Rates vom 06.07.1998, Abl. L 213 vom 30.07.1998, S. 13), über In-Vitro-Diagnostika (Richtlinie 1998/79/EG des EP und des Rates vom 27.10.1998, Abl. L 331 vom 07.12.1998, S. 1) und über Medizinprodukte, die stabile Derivate aus menschlichem Blut oder Blutplasma enthalten (Richtlinie 2000/70/EG des EP und des

Rates vom 16.11.2000, Abl. L 313 vom 13.12.2000, S. 22). Vgl. auch *Vossenkuhl,* Der Schutz genetischer Daten, S. 51 ff.

Die Richtlinie über den Schutz von personenbezogenen Daten (Richtlinie 1995/46/EG des EP und des Rates vom 24.10.1995, Abl. L 281 vom 23.11.1995, S. 31) wurde durch die Verordnung (EU) 2016/676 des Europäischen Parlaments und des Rates vom 27. April 2016 zum Schutz natürlicher Personen bei der Verarbeitung personenbezogener Daten, zum freien Datenverkehr und zur Aufhebung der Richtlinie 95/46/EG (Datenschutz-Grundverordnung) (ABl. L 119 vom 04.05.2016, S. 1; L 314 vom 22.11.2016, S. 72) ersetzt. Sie gilt ab dem 25. Mai 2018 als unmittelbar geltendes Recht in allen Mitgliedstaaten der EU. Ergänzt zu diesem unionsrechtlichen Regelwerk wurde in Deutschland das Datenschutzrecht angepasst (vgl. BT-Drs. 18/11325), um erstens die in der Datenschutz-Grundverordnung vorgesehenen Öffnungsklauseln für den nationalen Gesetzgeber zu nutzen, zweitens die in der Verordnung enthaltenen Regelungsaufträge an die Mitgliedstaaten zu erfüllen und drittens die Vorgaben aus der Richtlinie (EU) 2016/680 des Europäischen Parlaments und des Rates vom 27. April 2016 zum Schutz natürlicher Personen bei der Verarbeitung personenbezogener Daten durch die zuständigen Behörden zum Zweck der Verhütung, Ermittlung, Aufdeckung oder Verfolgung von Straftaten oder der Strafverfolgung sowie zum freien Datenverkehr und zur Aufhebung des Rahmenbeschlusses 2008/977/JI des Rates (ABl. L 119 vom 04.05.2016, S. 89) umzusetzen.

5a

### E. Regelungen des Europarats

Der Europarat hat im Juni 1990 das Übereinkommen über Menschenrechte und Biomedizin (die so genannte Bioethikkonvention) beschlossen, welches von der Bundesrepublik allerdings (bisher) nicht ratifiziert worden ist und damit in Deutschland nicht gilt. Nach Art. 11 dieses Übereinkommens wird »jede Form von Diskriminierung einer Person wegen ihres genetischen Erbes« für unzulässig erklärt. Ausführlichere Regelungen trifft die Konvention darüber hinaus zum Schutz der Privatsphäre der getesteten Person, deren Art. 10 neben einem Recht auf Auskunft auch ausdrücklich ein Recht auf Nichtwissen vorsieht (Art. 10 Abs. 2 Satz 2 der Konvention).

6

## § 1 Zweck des Gesetzes

Zweck dieses Gesetzes ist es, die Voraussetzungen für genetische Untersuchungen und im Rahmen genetischer Untersuchungen durchgeführte genetische Analysen sowie die Verwendung genetischer Proben und Daten zu bestimmen und eine Benachteiligung auf Grund genetischer Eigenschaften zu verhindern, um insbesondere die staatliche Verpflichtung zur Achtung und zum Schutz der Würde des Menschen und des Rechts auf informationelle Selbstbestimmung zu wahren.

| Übersicht | Rdn. | | | Rdn. |
|---|---|---|---|---|
| A. Überblick | 1 | II. | Recht auf informationelle Selbstbestimmung | 5 |
| B. Regelungszwecke des GenDG | 2 | III. | Recht auf Wissen und Nichtwissen | 7 |
| I. Schutz vor Diskriminierung aufgrund genetischer Eigenschaften | 3 | IV. | Recht auf körperliche Unversehrtheit | 8 |

### A. Überblick

Nach der gesetzgeberischen Begründung kommt der Staat mit der gesetzlichen Regelung genetischer Untersuchungen und im Rahmen genetischer Untersuchungen durchgeführter genetischer Analysen seiner staatlichen Schutzpflicht hinsichtlich der grundrechtlichen Gewährleistungen nach (BR-Drs. 633/08, S. 34). Die Regelungen des GenDG bewirken, dass die damit verbundenen grundgesetzlichen Rechtsgedanken nicht nur im Staat-Bürger-Verhältnis (vgl. Art. 1 Abs. 3 und 20 Abs. 3 GG), sondern auch unmittelbar zwischen Privaten gelten (vgl. auch § 2 Rdn. 12; Kern/*Hahn,* § 1 GenDG, Rn. 2). Die Regelung trat nach § 27 Abs. 1 zum 01.02.2010 in Kraft.

1

## B. Regelungszwecke des GenDG

2  Im Wesentlichen lassen sich folgende grundrechtliche Gewährleistungsaspekte unterscheiden, die Gegenstand des GenDG sind:

### I. Schutz vor Diskriminierung aufgrund genetischer Eigenschaften

3  Ziel des GenDG ist es zum einen, zur Wahrung des Gleichheitssatzes Benachteiligungen aufgrund genetischer Eigenschaften zu verhindern. Mit der Einführung eines gesetzlichen Verbots der Benachteiligung nach §§ 4 und 21 unterstellt das GenDG daher Typisierungen anhand von genetischen Eigenschaften i.S.d. § 3 Nr. 4 einem besonderen Rechtfertigungserfordernis (vgl. insb. § 4 Rdn. 52 ff. und § 21 Rdn. 14 f.). Damit soll auch ein (gesellschaftliches) Bewusstsein für die damit verbundene besondere persönlichkeitsrechtliche Problemlage geschaffen werden: Wenn die Entwicklung des Einzelnen anhand von genetischen Eigenschaften bewertet und prognostiziert wird, wird er aufgrund von mit diesen Eigenschaften in Verbindung gebrachten Manifestationen behandelt, die in statistischer Betrachtung zwar in der Gruppe gehäuft auftreten mögen, der er anhand des genetischen Eigenschaft zugeordnet wird, welche sich jedoch bei ihm gar nicht manifestieren müssen (vgl. *Stockter*, Verbot genetischer Diskriminierung, S. 73 ff., 397 ff.).

4  Es ist bereits in der verfassungsrechtlichen Dogmatik anerkannt, dass Typisierungen in der Gesetzgebung in gleichheitsrechtlicher Hinsicht nicht unbeschränkt zulässig sind, sondern einer verfassungsgerichtlichen Kontrolle unterliegen (vgl. § 4 Rdn. 4 ff.). Mit diesem allgemeinen gleichheitsrechtlichen Grundsatz soll sichergestellt werden, dass ein angemessener Ausgleich zwischen der Individualgerechtigkeit und den kollektiven Interessen der Rechtssicherheit und Praktikabilität rechtlicher Regelungen hergestellt wird. Die Regelungen zum Schutz vor Diskriminierung aufgrund genetischer Eigenschaften im GenDG spezifizieren diesen Ansatz für einen besonderen Fall. Sie erfassen den persönlichkeitsrechtlichen, menschenwürderelevanten Kern der grundrechtlichen Beeinträchtigung durch **personenbezogene Typisierungen**: Denn für den Einzelnen dürfte bei einer personenbezogen typisierenden Behandlung weniger das Gefühl der (benachteiligenden) Ungleichbehandlung gegenüber einer konkreten anderen Person als vielmehr das Gefühl vorherrschen, als berechenbares, zahlenmäßig erfassbares Objekt behandelt zu werden (Schutz der Menschenwürde, vgl. auch BR-Drs. 633/08, S. 43). Gesellschaftlich können personenbezogene Typisierungen dazu führen, dass zunehmend Leitbilder der Verantwortung und der bürgerlichen Mündigkeit angeführt werden, um Personen stärker im Hinblick auf ihre Verantwortung für Dritte und für eine Solidarität mit der Gemeinschaft in die Pflicht zu nehmen, sei es bei der Bereitstellung von Körpersubstanzen und Informationen für Forschungszwecke, der Durchführung populationsweiter Screeningmaßnahmen, der Einflussnahme auf das individuelle Gesundheitsverhalten, der Legitimierung von Zuzahlungen für Gesundheitsleistungen oder der Ausgestaltung von Krankenversicherungskonditionen (Bericht des Ausschusses für Bildung, Forschung und Technikfolgenabschätzung [18. Ausschuss] – Zukunftsreport »Individualisierte Medizin und Gesundheitssystem«, BT-Drs. 16/12000, S. 18).

### II. Recht auf informationelle Selbstbestimmung

5  Ein weiterer wesentlicher Schutzaspekt ist die Sicherstellung des Rechts auf informationelle Selbstbestimmung. Der Schutzbereich dieses Rechts wurde im Volkszählungsurteil des BVerfG festgelegt: Danach umfasst das Recht auf freie Entfaltung der Persönlichkeit die aus dem Gedanken der Selbstbestimmung folgende Befugnis des Einzelnen, grundsätzlich selbst zu entscheiden, wann und innerhalb welcher Grenzen persönliche Lebenssachverhalte offenbart werden (BVerfGE 65, 1 [42]).

6  Im Zusammenhang mit genetischen Untersuchungen stellt das Recht auf informationelle Selbstbestimmung eine vorgezogene Schutzmöglichkeit des Einzelnen auf der Ebene der **Fremdwahrnehmung** dar (vgl. dazu etwa *Simitis*, in: Simitis, BDSG, § 1, Rn. 36 ff.): Dadurch, dass dem Einzelnen die rechtliche Möglichkeit gegeben wird, die Erhebung und Verwendung von ihn betreffenden personenbezogenen Daten zu steuern, kann er in einem gewissen Maße Einfluss auf die Bewertung

seiner eigenen Person durch Dritte nehmen. Damit kann er im Vorfeld möglichen Bewertungen anhand von Daten über persönlichkeitsrechtsrelevante Indikatoren vorbeugen. Bestimmungen, die das Recht auf informationelle Selbstbestimmung schützen, stellen insoweit insbesondere die Regelungen in § 8 und §§ 11 ff. sowie § 17 dar, indem sie die Vornahme genetischer Untersuchungen dem Einwilligungsvorbehalt des Betroffenen unterstellen. Ebenfalls dem Schutz des Rechts auf informationelle Selbstbestimmung dienen § 4 Abs. 1, 2. Alt. und § 21 Abs. 1 Satz 2 (vgl. § 21 Rdn. 11), die vor Diskriminierungen wegen der Vornahme oder der Nichtvornahme genetischer Untersuchungen schützen und damit das Recht des Einzelnen gewährleisten, grundsätzlich selbst über die Vornahme oder Nichtvornahme einer genetischen Untersuchung zu entscheiden.

Die Regelungen der §§ 18, 19 und 20 dienen hingegen nicht dem Schutz des Rechts auf informationelle Selbstbestimmung, soweit der Einzelne nicht in die Vornahme der von § 20 erfassten Untersuchungen und die Verwendung ihrer Ergebnisse einwilligen kann (vgl. für den Bereich des Versicherungsbereich *Hahn*, ZVersWiss 2013, 519, 523. Insoweit wird ihm gerade die Verfügungsbefugnis vorenthalten, die ihm das Recht auf informationelle Selbstbestimmung grundsätzlich einräumt. Denn ungerechtfertigte Typisierungen insbesondere von Personen mit ungünstigen genetischen Eigenschaften könnten nicht wirkungsvoll verhindert werden, wenn Personen mit günstigen genetischen Eigenschaften in die Berücksichtigung ihrer genetischen Eigenschaften einwilligen könnten (vgl. zur Begründung § 4 Rdn. 45 ff.). Die damit gegebene Beeinträchtigung des Rechts auf informationelle Selbstbestimmung ist vor diesem Hintergrund gerechtfertigt. 6a

### III. Recht auf Wissen und Nichtwissen

Das Recht auf Wissen und Nichtwissen (umfassend dazu *Fündling*, Recht auf Wissen und Nichtwissen in der Gendiagnostik) soll dem Einzelnen die Freiheit geben, selbst darüber zu entscheiden, ob und in welchem Umfang er Umstände, die auf seine Entwicklung und Identitätsfindung Einfluss gewinnen könnten, kennen will oder nicht. Es schützt somit – im Unterschied zum Recht auf informationelle Selbstbestimmung – den nach innen gerichteten, auf sich selbst bezogenen (selbstreflexiven) Bereich der **Selbsterkenntnis** (vgl. auch *Eberbach*, MedR 2011, 757 [766]; *Höfling*, in: Sachs, Grundgesetzkommentar, 2003, Art. 1 GG, Rn. 30: »Recht auf das je eigene Menschenbild«; Schmidt-Bleibtreu/Hofmann/Henneke/*Hofmann*, GG, Art. 1, Rn. 54 ff.; *Stockter*, Verbot genetischer Diskriminierung, S. 488 f.). Vor dem Hintergrund der eigenständigen Gefährdungslage und der damit erforderlich spezifischen rechtlichen Schutzmechanismen (v.a. im Hinblick auf die Aufklärung und die Vermeidung von aufgedrängtem belastendem Wissen) sollte das Recht auf Nichtwissen und Wissen aus Gründen der systematischen Klarheit als eigenständige Ausprägung des allgemeinen Persönlichkeitsrechts begriffen werden und nicht als Unterfall des Rechts auf informationelle Selbstbestimmung, das im Wesentlichen die freie Selbstdarstellung gegenüber Dritten gewährleistet (zur Begründung der eigenständigen Bedeutung vgl. *Stockter*, Verbot genetischer Diskriminierung, S. 462, 511 ff.; *Fündling*, Recht auf Wissen und Nichtwissen in der Gendiagnostik, S. 170 ff., 175; a.A. *Damm* MedR 2014, 139 [140]). 7

Es gibt dem Einzelnen das Recht, auf sich selbst zu vertrauen und sich von außen vorgegebenen Optimierungsstrategien zu entziehen. Er kann sich insbesondere auch dazu entscheiden, nur einen Teil der genetischen Untersuchungsergebnisse zur Kenntnis zu nehmen (Recht auf Teilwissen), vgl. IQWiG, Bericht Nr. 139, Aufklärung, Einwilligung und ärztliche Beratung zum Ultraschallscreening in der Schwangerschaft, 16.08.2012, S. 11; Richtlinie der Gendiagnostik-Kommission (GEKO) für die Anforderungen an die Inhalte der Aufklärung bei genetischen Untersuchungen zu medizinischen Zwecken gem. § 23 Abs. 2 Nr. 3 i.d.F. vom 17.05.2017 (BGesundBl. 2017 – 60: 923–927) unter II. 5. 7a

Das Recht auf Nichtwissen ist mittlerweile im Hinblick auf genetische Eigenschaftsindikatoren höchstrichterlich als absolutes Recht i.S.d. § 823 Abs. 1 BGB anerkannt (BGH, Urt. v. 20.05.2014 – VI ZR 381/13, Rn. 12 ff.; dazu *Schneider*, NJW 2014, 3133 ff.). Rechtsgutträger ist grundsätzlich nur die Person, über die Aussagen über genetisch bedingte Eigenschaften getroffen werden (BGH, 7b

Urt. v. 20.05.2014 – VI ZR 381/13, Rn. 15; kritisch zur Frage, in welchem Umfang Auskünfte über die eigenen genetischen Veranlagungen nach dem BGH dem allgemeinen Lebensrisiko zuzuordnen sind: *Katzenmeier/Voigt*, JZ 2014, 900 [901]). Dementsprechend kann grundsätzlich keine Beeinträchtigung des Rechts auf Nichtwissen der Mutter vorliegen, wenn sie von genetischen Veranlagungen ihrer Kinder in Kenntnis gesetzt wird, die keine Rückschlüsse auf ihre eigene genetische Veranlagung erlauben (BGH, Urt. v. 20.05.2014 – VI ZR 381/13, Rn. 15; zur Frage denkbarer Ansprüche der Mutter in Schockschadensfällen vgl. *Katzenmeier/Voigt*, JZ 2014, 900 [901]).

7c Das Recht auf Nichtwissen wird insbesondere durch die Regelungen des § 8 und § 9 Abs. 2 Nr. 5 geschützt (vgl. auch *Duttge*, DuD 2010, 34, 35 f.; s. auch § 7 Abs. 1 Satz 2 MBOÄ; kritisch insb. zur eingeräumten Möglichkeit der nachträglichen Ausübung des Rechts auf Nichtwissen nach Erteilung der Einwilligung: *Schillhorn/Heidemann*, § 9 GenDG, Rn. 22). Das Recht auf Wissen wird im Wesentlichen durch § 10 sichergestellt. Allerdings besteht nach dem GenDG zur Sicherung der berechtigten Informationsinteressen Dritter eine **Alternativität der Ansprüche auf Kenntnisnahme und Vernichtung der Untersuchungsergebnisse** (vgl. § 8 Abs. 1 Satz 2; § 11 Abs. 4; § 12 Abs. 1 Satz 2 Nr. 2 und Satz 4, vgl. auch BR-Drs. 633/08 S. 50, eingehender dazu § 8 Rdn. 15, § 11 Rdn. 20 und § 12 Rdn. 11). Darin kann eine mittelbare Beeinträchtigung des Rechts auf Wissen gesehen werden, da der untersuchten Person nicht das Recht eingeräumt wird, die Untersuchungsergebnisse zunächst zur Kenntnis zu nehmen und danach vernichten zu lassen, um die spätere Weitergabe der Untersuchungsergebnisse an Dritte zu vermeiden, was sie insgesamt davon abhalten kann, sich über bestimmte genetische Merkmale zu informieren. Diese Regelung rechtfertigt sich jedoch vor dem Hintergrund, dass das Recht auf Nichtwissen in diesen Fällen nicht beeinträchtigt ist und in einigen Fälle, insbesondere im Versicherungsbereich, die Gefahr besteht, dass die untersuchte Person ihren ansonsten bestehenden Wissensvorsprung zulasten von Dritten ausnutzen könnte (vgl. z.B. zur Möglichkeit der Antiselektion im Versicherungsbereich § 18 Rdn. 5).

### IV. Recht auf körperliche Unversehrtheit

8 Die Regelungen des GenDG dienen schließlich auch dem Schutz der körperlichen Unversehrtheit. Dies gilt nicht nur im Hinblick auf unmittelbare, mit der Probenerhebung und Durchführung der genetischen Untersuchung verbundene körperliche Eingriffe, sondern auch hinsichtlich mittelbarer Auswirkungen, die die Durchführung genetischer Untersuchungen haben kann. Hierzu zählt etwa der Umstand, dass ungünstige Untersuchungsergebnisse die untersuchte Person zu Folgeuntersuchungen oder auch Behandlungen veranlassen kann, die sie ohne das – häufig zu Unrecht – beunruhigende Ergebnis der genetischen Untersuchung aufgrund ihrer Invasivität nicht vorgenommen hätte (Untersuchungs- und Behandlungsautomatismus, vgl. § 8 Rdn. 5).

### § 2 Anwendungsbereich

(1) Dieses Gesetz gilt für genetische Untersuchungen und im Rahmen genetischer Untersuchungen durchgeführte genetische Analysen bei geborenen Menschen sowie bei Embryonen und Föten während der Schwangerschaft und den Umgang mit dabei gewonnenen genetischen Proben und genetischen Daten bei genetischen Untersuchungen zu medizinischen Zwecken, zur Klärung der Abstammung sowie im Versicherungsbereich und im Arbeitsleben.

(2) Dieses Gesetz gilt nicht für genetische Untersuchungen und Analysen und den Umgang mit genetischen Proben und Daten
1. zu Forschungszwecken,
2. auf Grund von Vorschriften
   a) über das Strafverfahren, über die internationale Rechtshilfe in Strafsachen, des Bundeskriminalamtgesetzes und der Polizeigesetze der Länder,
   b) des Infektionsschutzgesetzes und der auf Grund des Infektionsschutzgesetzes erlassenen Rechtsverordnungen.

## Übersicht

| | Rdn. | | Rdn. |
|---|---|---|---|
| A. Überblick | 1 | 3. Keine zweckbezogene Beschränkung bei genetischen Untersuchungen im Versicherungsbereich und im Arbeitsleben | 21 |
| B. Systematische Einordnung | 2 | | |
| I. Abschließende Regelungswirkung des GenDG | 2 | | |
| II. Verhältnis zu landesrechtlichen Regelungen | 4 | III. Erfasste Verwendungsweisen genetischer Untersuchungsergebnisse | 24 |
| III. Subsidiär und ergänzend geltende Regelungen | 5 | E. Bereichsspezifische Bestimmung des Anwendungsbereichs | 27 |
| 1. Datenschutzrecht | 5 | I. Versicherungsbereich und Arbeitsleben | 27 |
| 2. Medizinrecht | 7 | II. Andere erfasste Lebens- und Sachbereiche | 28 |
| 3. Diskriminierungsverbote | 8 | | |
| C. Personeller Regelungsbereich | 9 | III. Ausgenommene Sach- und Regelungsbereiche nach Abs. 2 | 30 |
| I. Geschützter Personenkreis | 9 | | |
| II. Kreis der Verpflichteten | 12 | 1. Genetische Untersuchungen zu Forschungszwecken (Abs. 2 Nr. 1) | 31 |
| D. Regelungsgegenstand | 13 | | |
| I. Methodenspezifische Bestimmung des Anwendungsbereichs nach Abs. 1 | 14 | 2. Genetische Untersuchungen im Bereich des Strafverfahrens und der Gefahrenabwehr (Abs. 2 Nr. 2 Buchst. a) | 33 |
| II. Zweckspezifische Bestimmung des Anwendungsbereichs nach Abs. 1 | 17 | | |
| 1. Genetische Untersuchungen zu medizinischen Zwecken | 18 | 3. Genetische Untersuchungen im Bereich des Infektionsschutzes (Abs. 2 Nr. 2 Buchst. b) | 34 |
| 2. Genetische Untersuchungen zur Klärung der Abstammung | 19 | | |

## A. Überblick

Das GenDG gilt für genetische Untersuchungen bei Lebenden, die entweder einer in Abs. 1 genannten Zwecksetzung dienen oder einen in Abs. 1 genannten Lebensbereich betreffen, und den dabei gewonnenen genetischen Proben und genetischen Daten, sofern die Anwendbarkeit nicht durch Abs. 2 ausgeschlossen ist. Die Regelung trat nach § 27 Abs. 1 zum 01.02.2010 in Kraft. 1

## B. Systematische Einordnung

### I. Abschließende Regelungswirkung des GenDG

Der Leitbegriff des GenDG ist der Begriff der genetischen Untersuchung (zur Begriffsbestimmung vgl. § 3 Nr. 1). Nach Abs. 1 gilt das GenDG einerseits umfassend für alle genetischen Untersuchungen zu medizinischen Zwecken oder zur Klärung der Abstammung (und zwar auch dann, wenn der Versicherungsbereich und das Arbeitsleben nicht betroffen sind) und andererseits umfassend für alle genetischen Untersuchungen im Versicherungsbereich oder im Arbeitsleben unabhängig von ihrer Zwecksetzung. 2

Der Anwendungsbereich des Gesetzes ist jedoch nicht ausschließlich auf genetische Untersuchungen i.S.d. § 3 Nr. 1 und die aus ihnen gewonnenen Ergebnisse begrenzt. So knüpfen die Benachteiligungsverbote der §§ 4 und 21 unmittelbar an den Begriff der genetischen Eigenschaften an und erfassen damit nach dessen Definition in § 3 Nr. 4 auch genetische Merkmale, die nicht über genetische Untersuchungen i.S.d. § 3 Nr. 1 gewonnen wurden (vgl. § 4 Rdn. 21, 33, 34 und § 21 Rdn. 9). 3

### II. Verhältnis zu landesrechtlichen Regelungen

Als Bundesgesetz geht das GenDG nach Art. 31 GG landesrechtlichen Regelungen vor, soweit sein Anwendungsbereich von der Gesetzgebungskompetenz des Bundes nach Art. 74 Abs. 1 Nr. 26 GG gedeckt ist (vgl. auch BR-Drs. 633/08, S. 29, s. auch Einleitung, Rdn. 2). So ist beispielsweise die Durchführung des Neugeborenenscreenings ggf. auch entgegen landesrechtlicher Vorschriften (vgl. etwa § 1 Hessisches Gesetz zur Verbesserung des Gesundheitsschutzes für Kinder, Hess. 4

GVBl. I 2007 S. 856, das nach der Änderung durch Hess GVBl. I 2012, S. 275 nunmehr keine verbindliche Teilnahme an Neugeborenenscreenings vorsieht) nur mit der Einwilligung der betroffenen Personen zulässig (vgl. § 8 Rdn. 7).

### III. Subsidiär und ergänzend geltende Regelungen

#### 1. Datenschutzrecht

5  Mit ihrem Inkrafttreten am 25. Mai 2018 ist die **EU-Datenschutz-Grundverordnung** unmittelbar anzuwendendes Recht im Hinblick auf die Verarbeitung personenbezogener Daten. **Genetische Daten** i.S.d. Art. 4 Nr. 13 DSGVO, **biometrische Daten** zur eindeutigen Identifizierung einer natürlichen Person i.S.d. Art. 4 Nr. 14 DSGVO sowie **Gesundheitsdaten** i.S.d. Art. 4 Nr. 15 DSGVO gehören zu den **besonderen Kategorien personenbezogener Daten** i.S.d. Art. 9 Abs. 1 DSGVO. Die Verarbeitung dieser Daten ist grundsätzlich untersagt und nur unter den Vorgaben des Art. 9 Abs. 2 DSGVO zulässig.

5a  Nach Ar. 9 Abs. 4 DSGVO können für die Verarbeitung genetischer, biometrischer oder Gesundheitsdaten zusätzliche Bedingungen und Beschränkungen auf nationaler Ebene festgelegt werden. Dies ist vor allem durch das **GenDG** (vgl. etwa §§ 7 ff., insb. auch § 13, §§ 18 ff.) erfolgt.

5b  Das **Bundesdatenschutzgesetz** (BDSG) findet Anwendung, soweit das GenDG keine oder keine abschließende Regelung trifft (§ 1 Abs. 2 Satz 1 und 2 BDSG (i.V.m. Art. 6 Abs. 2 und Art. 9 Abs. 4 DSGVO; ehemals § 1 Abs. 3 Satz 1 BDSG a.F.); seit Geltung der DSGVO kommt es grds. zum Geltungsvorrang der DSGVO, AR/*Nebel* § 2 GenDG Rn. 1). Darüber hinaus sind gegebenenfalls weitere einschlägige bereichsspezifische Datenschutzvorschriften (z.B. in den Krankenhausgesetzen der Länder) zu beachten (vgl. BR-Drs. 633/08, S. 24, 38). Für den Schutz der gewonnenen medizinischen Daten gilt insbesondere zudem § 203 des Strafgesetzbuchs (vgl. auch BR-Drs. 633/08, S. 38).

5c  Ergänzend zu den bereichsspezifischen Regelungen des GenDG sind damit zum allgemeinen Datenschutzrecht die Vorschriften zu berücksichtigen über:
– die datenschutzrechtlichen Rechte der betroffenen Person (Kapitel III, Art. 12 ff. DSGVO und Kapitel 2, §§ 32 ff. BDSG), u.a. über
  – die Auskunftsansprüche der betroffenen Personen (Art. 15 DSGVO und § 34 BDSG) sowie
  – die Berichtigungs- und Löschungsansprüche der betroffenen Personen (Art. 16 ff. DSGVO, § 35 BDSG),
– die Regelung zu den Verantwortlichen und Auftragsverarbeitern, u.a. über
  – die allgemeinen datenschutzrechtlichen Pflichten bei der Datenverarbeitung (Kapitel IV, Abschnitt 1, Art. 24 ff. DSGVO),
  – die Sicherheit personenbezogener Daten (Kapitel IV, Abschnitt 2, Art. 32 ff. DSGVO),
  – die Datenschutzfolgenabschätzung (Kapitel IV, Abschnitt 3, Art. 35 ff. DSGVO),
  – die Verpflichtung zur Bestellung eines Datenschutzbeauftragten (Kapitel IV, Abschnitt 4, Art. 37 ff. DSGVO, §§ 38 f. BDSG),
– die Vorschriften über die Datenschutzkontrolle (Kapitel VI, Art. 51 ff. DSGVO, §§ 8 ff., 40 BDSG)
– die Rechtsbehelfe und Sanktionen (Kapitel VIII, Art. 77 ff. DSGVO; §§ 20 f., 44 BDSG), u.a. Schadensersatzansprüche der betroffenen Personen (Art. 82 DSGVO),
anwendbar.

6  Bereits die Gewinnung von **Proben** ist als Datenverarbeitung einzuordnen (Art. 4 Nr. 2 DSGVO zum Begriff »Verarbeitung«: »jeder ... Vorgang ... im Zusammenhang mit personenbezogenen Daten wie das Erheben, ...«. Zum Begriff der Datenerhebung vgl. § 3 Abs. 3 BDSG a.F.: »Datenerhebung das Beschaffen von (personenbezogenen) Daten über die Betroffenen«, zum europarechtlich vorgegebenen Regelungsrahmen der Richtlinie 95/46/EG vgl. Art. 29-Gruppe, Stellungnahme

4/2007 zum Begriff »personenbezogene Daten«, WP 136, S. 10). Zwar ist die Gewebeprobe selber nicht als Datum zu bewerten, wohl aber als Träger von personenbezogenen Daten des Probanden (vgl. nun auch zum Begriff der genetischen Daten in Art. 4 Nr. 13 DSGVO: »personenbezogene Daten zu den ererbten oder erworbenen genetischen Eigenschaften einer natürlichen Person, die ... insbesondere aus der Analyse einer biologischen Probe ... gewonnen wurden;« zum BSDG a.F. vgl. *Dammann*, in: Simitis, BDSG, § 3 Rn. 5). Die datenschutzrechtliche Relevanz der Gewinnung von Gewebeproben ergibt sich immer dann, wenn die Gewebeproben zu Zwecken der Informationsgewinnung entnommen werden (zur Auslegung nach der bis zum 25. Mai 2018 geltenden deutschen Gesetzeslage: *Dammann*, in: Simitis, BDSG, § 3 Rn. 102, 109; *Sokol*, in: Simitis, BDSG, § 4 Rn. 23 a.E.).

Zur Beurteilung der rechtlichen (Un-)**Zulässigkeit der Verarbeitung genetischer Daten** sind damit neben 6a
- der allgemeinen Rechtsgrundlage für die Verarbeitung von personenbezogenen Daten nach **Art. 6 Abs. 1 DSGVO** (vgl. zur Systematik auch BT-Drs. 18/11325, S. 94 zu § 22 BDSG) sowie den Vorgaben für eine ordnungsgemäße Datenverarbeitung nach Ar. 5, 24, 25, 32, 35 und 36 DSGVO,
- den Vorgaben des **§ 22 Abs. 2 BDSG** (angemessene und spezifische Maßnahmen zur Wahrung der Interessen der betroffenen Person, vgl. auch BT-Drs. 18/11325, S. 95 zu § 22 Abs. 2 BDSG) und **§ 24 BDSG** (Datenübermittlung zu anderen Zwecken durch nichtöffentliche Stellen, vgl. auch BT-Drs. 18/11325, S. 96 zu § 24 BDSG) sowie
- den allgemeinen medizinrechtlichen Regelungen des GenDG (v.a. **§§ 7–16 GenDG i.V.m. Art. 9 Abs. 4 DSGVO**)

insbesondere folgende Rechtsgrundlagen zur Datenverarbeitung nach Art. 9 DSGVO zu berücksichtigen:
- Art. 9 Abs. 2 Buchst. a i.V.m. Art. 4 Nr. 11 DSGVO (i.V.m. § 8 GenDG) – **Einwilligung** der betroffenen Person, i.V.m. Art. 9 Abs. 4 DSGVO u.a. im Hinblick auf den **Versicherungsbereich** (§ 18)
- Art. 9 Abs. 2 Buchst. b, Art. 88 DSGVO (i.V.m. 19, 21, 22 GenDG, § 26 BDSG) – Datenverarbeitung im Bereich des **Arbeitsrechts** (vgl. auch BT-Drs. 18/11325, S. 95 zu § 26 Abs. 3 BDSG),
- Art. 9 Abs. 2 Buchst. h i.V.m. Abs. 3 DSGVO (i.V.m. §§ 7–16 GenDG, §§ 22 Abs. 1 Nr. 1 Buchst. b BDSG) – Datenverarbeitung im Bereich der **Gesundheitsvorsorge** oder aufgrund eines **Behandlungsvertrags** (vgl. auch BT-Drs. 18/11325, S. 95 zu § 22 Abs. 1 Nr. 1 Buchst. b BDSG);
- Art. 9 Abs. 2 Buchst. h i.V.m. Abs. 3, Art. 88 DSGVO (i.V.m. § 20 GenDG, §§ 22 Abs. 1 Nr. 1 Buchst. b und § 26 BDSG) – Datenverarbeitung im Bereich des **Arbeitsschutzes** (vgl. BT-Drs. 18/11325, S. 95 zu § 22 Abs. 1 Nr. 1 Buchst. b BDSG);
- Art. 9 Abs. 2 Buchst. j, Art. 89 DSGVO (i.V.m. § 27 BDSG) – Datenverarbeitung für **wissenschaftliche und historische Forschung** und für **statistische Zwecke** und
- Art. 9 Abs. 2 Buchst. j, Art. 89 DSGVO (i.V.m. § 28 BDSG) – Datenverarbeitung für **Archivzwecke** (vgl. auch BT-Drs. 18/11325, S. 100 zu § 28).

## 2. Medizinrecht

Darüber hinaus sind insbesondere im Bereich der Durchführung genetischer Untersuchungen zu 7 medizinischen Zwecken die allgemeinen medizinrechtlichen Vorschriften zu berücksichtigen (vgl. auch BR-Drs. 633/08, S. 38), vgl. Vorbemerkungen zu §§ 7 ff. Rdn. 9.

## 3. Diskriminierungsverbote

Schließlich sind ergänzend auch die Diskriminierungsverbote in anderen Gesetzen anzuwenden 8 (vgl. § 4 Abs. 2).

## C. Personeller Regelungsbereich

### I. Geschützter Personenkreis

9 Das Gesetz regelt genetische Untersuchungen und im Rahmen genetischer Untersuchungen durchgeführte genetische Analysen bei **lebenden Menschen**, und den Umgang mit dabei gewonnenen genetischen Proben und genetischen Daten (vgl. auch BT-Drs. 16/12 713, S. 45).

10 In den Anwendungsbereich einbezogen sind lebende »**Embryonen und Föten während der Schwangerschaft**« (BR-Drs. 633/08, S. 34, BT-Drs. 16/12 713, S. 45, beachte v.a. § 15; zum Begriff des menschlichen Lebens vgl. auch § 218 Abs. 1 Satz 2 StGB, § 8 Abs. 1 ESchG). Genetische Untersuchungen und Analysen an extrakorporal erzeugten und sich außerhalb des Mutterleibes befindenden Embryonen (etwa i.R.d. Präimplantationsdiagnostik [PID] oder der präkonzeptionellen Polkörperdiagnostik) werden nicht vom Anwendungsbereich des GenDG erfasst (BR-Drs. 633/08, S. 34; Spickhoff/*Fenger*, § 2 GenDG Rn. 1; *Schillhorn/Heidemann*, § 2 GenDG Rn. 7), wohl aber Untersuchungen von lebenden Personen zur Feststellung einer Anlageträgerschaft für Erkrankungen und gesundheitliche Störungen bei Nachkommen (vgl. § 3 Nr. 8 Buchst. b, § 3 Rdn. 67, vgl. auch Richtlinie der Gendiagnostik-Kommission (GEKO) für die Beurteilung genetischer Eigenschaften gem. § 23 Abs. 2 Nr. 1a i.d.F. vom 25.05.2021, unter IV.2.2.).

11 Genetische Untersuchungen bei **Verstorbenen** sowie bei toten Föten und Embryonen einschließlich des Umgangs mit den betreffenden genetischen Proben und genetischen Daten werden vom Gesetz nicht erfasst (zur Kritik vgl. *Vossenkuhl*, Der Schutz genetischer Daten, S. 140 f. m.w.N.). Die Durchführung von Abstammungsuntersuchungen bei Verstorbenen erfolgt im Rahmen der jeweiligen familiengerichtlichen Verfahren (BR-Drs. 633/08, S. 34).

### II. Kreis der Verpflichteten

12 Die Bestimmungen des GenDG gelten grundsätzlich für private und staatliche Stellen (vgl. BR-Drs. 633/08, S. 43 zu § 4). Das GenDG enthält jedoch teilweise spezifische Regelungen für bestimmte Adressatenkreise (vgl. § 18 – private Versicherungswirtschaft, §§ 19 ff. – Arbeitgeber in privatrechtlichen Beschäftigungsverhältnissen und der Bund als Dienstherr in öffentlich-rechtlichen Dienstverhältnissen, vgl. § 22).

## D. Regelungsgegenstand

13 Das GenDG gilt für genetische Untersuchungen (vgl. § 3 Nr. 1) und den Umgang mit den dabei gewonnenen genetischen Proben (vgl. § 3 Nr. 10) und genetischen Daten (§ 3 Nr. 11).

### I. Methodenspezifische Bestimmung des Anwendungsbereichs nach Abs. 1

14 Die Anwendbarkeit des GenDG setzt zunächst einmal grundsätzlich (vgl. Rdn. 3) voraus, dass der zu bewertende Sachverhalt **genetische Untersuchungen** i.S.d. § 3 Nr. 1 betrifft. Erfasst werden damit – insb. im Versicherungsbereich und im Arbeitsleben (vgl. Rdn. 22) – alle Arten genetischer Untersuchungen, insb. auch sog. Life-Style-Tests (vgl. auch § 3 Rdn. 9, 40; a.A. *Schillhorn/Heidemann*, § 2 GenDG Rn. 15; *Reuter/Winkler*, MedR 2014, 220 [220 f.]. Zur Unzulässigkeit im Rahmen von vorgeburtlichen genetischen Untersuchungen vgl. § 15 Abs. 1 Satz 1 »nur zu medizinischen Zwecken«). Dem Hinweis, dass das Gesetz auch für im Rahmen genetischer Untersuchungen durchgeführte genetische Analysen (vgl. § 3 Nr. 2) gilt, dürfte angesichts der gesetzlichen Definition der genetischen Untersuchung in § 3 Nr. 1 insofern nur eine klarstellende Funktion zukommen (vgl. auch BR-Drs. 633/08, S. 34 »Die genetische Analyse, die als labortechnisches Untersuchungsverfahren unter Verwendung genetischer Untersuchungsmittel vorgenommen wird, ist integraler Bestandteil der genetischen Untersuchung«).

15 Nach dem Wortlaut des Abs. 1 gilt das GenDG nur für **genetische Analysen**, die im Rahmen genetischer Untersuchungen durchgeführt werden. Nach der Konzeption des Gesetzes werden jedoch – zumindest von einzelnen Regelungen – auch genetische Analysen i.S.d. § 3 Nr. 2 erfasst,

die isoliert vorgenommen werden, also nicht in eine genetische Untersuchung eingebunden sind. So ist beispielsweise die isolierte Vornahme einer genetischen Analyse zu medizinischen Zwecken Gegenstand der Regelung des § 26 Abs. 1 Nr. 1, nach der ein Verstoß gegen das Verbot des § 7 Abs. 2, eine genetische Analyse zu medizinischen Zwecken außerhalb des Rahmens einer genetischen Untersuchung i.S.d. § 3 Nr. 6 vorzunehmen, eine Ordnungswidrigkeit darstellt und bußgeldbewehrt ist. Auch in § 19 sind isolierte genetische Analysen ein eigenständiger Regelungsgegenstand (vgl. BR-Drs. 633/08, S. 75).

Das Gesetz erfasst auch den Umgang mit den bei genetischen Untersuchungen i.S.d. § 3 Nr. 1 gewonnenen **genetischen Proben** (vgl. § 3 Nr. 10) und **genetischen Daten** (vgl. § 3 Nr. 11). Entsprechend dem Sinn und Zweck des Gesetzes sind auch Proben von dem GenDG erfasst, die zwar zu Zwecken der Durchführung genetischer Untersuchungen gewonnen, an denen jedoch keine genetischen Untersuchungen vorgenommen wurden (vgl. Wortlaut § 3 Nr. 10 »zur Verwendung«), da für eine wirkungsvolle Umsetzung bestimmte im Gesetz vorgesehene Schutzbestimmungen bereits im Vorfeld der Gewinnung der Proben gelten müssen (etwa im Hinblick auf den Einwilligungsvorbehalt des § 8 Abs. 1 Satz 1). 16

## II. Zweckspezifische Bestimmung des Anwendungsbereichs nach Abs. 1

Für genetische Untersuchungen und den Umgang mit genetischen Proben und Daten, die nicht den Bereich des Versicherungswesens oder des Arbeitslebens betreffen, wird der mit dem Begriff der genetischen Untersuchung abgesteckte Anwendungsbereich zusätzlich zweckspezifisch begrenzt. Das GenDG gilt insoweit nur bei genetischen Untersuchungen zu medizinischen Zwecken (vgl. § 3 Nr. 7) und zur Klärung der Abstammung (vgl. § 17). 17

### 1. Genetische Untersuchungen zu medizinischen Zwecken

Genetische Untersuchungen zu medizinischen Zwecken stellen einen Unterfall der Untersuchungen dar, bei denen genetische Merkmale ermittelt werden (vgl. § 3 Rdn. 31 f., zur Bestimmung des Begriffs nach § 3 Nr. 6 s. § 3 Rdn. 42 ff.). Vom Begriff der Untersuchung zu medizinischen Zwecken ist insbesondere auch die Abklärung genetischer Einflussfaktoren (§ 3 Rdn. 51) im Rahmen von Haftungsprozessen mit erfasst (vgl. Rdn. 26). 18

### 2. Genetische Untersuchungen zur Klärung der Abstammung

Der Begriff der genetischen Untersuchungen zur **Klärung der Abstammung** ist im GenDG gesondert nicht definiert. Der Begriff entspricht dem in § 17, der nach seiner Konzeption vor allem die Feststellung verwandtschaftlicher Verhältnisse zu Zwecken der Vaterschaftsfeststellung (§ 17 Abs. 1 bis 7, vgl. BR-Drs. 633/08, S. 66 f.) und im Rahmen von asylrechtlichen Verfahren (vgl. § 17 Abs. 8, vgl. auch BR-Drs. 633/08, S. 70) regelt. 19

Genetische Untersuchungen **zu anderen Identifikationszwecken** (zur Abgrenzung vgl. § 3 Nr. 4 Rdn. 36) sind demnach nicht vom Begriff der genetischen Untersuchungen zur Klärung der Abstammung erfasst und fallen nur dann in den Anwendungsbereich des GenDG, wenn sie im Versicherungsbereich (vgl. auch § 18 Rdn. 11 ff.) oder im Arbeitsleben erfolgen (vgl. § 19 Rdn. 10) oder über den Begriff der genetischen Eigenschaften in § 4 Abs. 1 und in § 21 Abs. 1 Satz 1 in Bezug genommen werden (s. auch § 4 Rdn. 49, 72 f. und § 21 Rdn. 9). 20

### 3. Keine zweckbezogene Beschränkung bei genetischen Untersuchungen im Versicherungsbereich und im Arbeitsleben

Im Versicherungsbereich und im Arbeitsleben findet das GenDG nach dem Wortlaut des Abs. 1 unabhängig von der Zwecksetzung Anwendung (vgl. Wortlaut »sowie im Versicherungsbereich und im Arbeitsleben«), sofern nicht die Ausnahmetatbestände des Abs. 2 betroffen sind. Zu beachten sind aber insofern die speziellen Bestimmungen der §§ 18 ff. 21

## § 2 GenDG  Anwendungsbereich

22  Damit erfasst das GenDG in diesen Bereichen grundsätzlich auch genetische Untersuchungen, die nicht zu medizinischen Zwecken (vgl. § 3 Nr. 6) oder zur Klärung der Abstammung (§ 17) vorgenommen werden. Dazu gehören insbesondere auch
– genetische Untersuchungen, die nicht eine Erkrankung oder eine gesundheitliche Störung (z.B. sog. **Life-Style-Tests** auf Musikalität) betreffen (vgl. § 2 Rdn. 14; § 3 Rdn. 9, zur Unzulässigkeit von Life-Style-Tests im Rahmen von vorgeburtlichen genetischen Untersuchungen vgl. § 15 Abs. 1 Satz 1 »nur zu medizinischen Zwecken«. Vgl. auch zur Regelung des Anwendungsbereichs im Grünen-Entwurfs BT-Drs. 16/3233, S. 23) und
– Untersuchungen, die der Feststellung genetischer **Identifikationsmuster** zum Abgleich mit anderen Genproben (etwa zu Identifikationszwecken im Rahmen eines Vergleich z.B. mit Tatortspuren) dienen (vgl. etwa VGH Mannheim, DÖV 2001, 474 ff. – Genprobenabgleich zur Begründung einer Kündigung – s. auch § 18 Rdn. 11; § 19 Rdn. 10; § 21 Rdn. 9).

23  Die Begriffe des Versicherungsbereichs und des Arbeitslebens werden im Gesetz nicht näher bestimmt. Nach der gesetzgeberischen Begründung und aufgrund des Umstandes, dass § 18 an den Begriff des Versicherungsvertrags (vgl. § 1 VVG) anknüpft, wird von § 18 nur der private Versicherungsbereich erfasst (vgl. § 18, BR-Drs. 633/08, S. 27 ff., 43, 72 ff. – s. auch § 18 Rdn. 1 ff.). Die Regelungen zum Bereich des Arbeitslebens gelten für privatrechtliche Beschäftigungsverhältnisse sowohl in der Privatwirtschaft als auch im öffentlichen Sektor (vgl. *Franzen*, in: Erfurter Kommentar zum Arbeitsrecht, 15. Aufl. 2015, § 22 GenDG Rn. 1; s. auch Vorbem. §§ 19 ff. Rdn. 1; § 19 Rdn. 5; § 21 Rdn. 7; § 22 Rdn. 1 f.). Öffentlich-rechtliche Dienstverhältnisse des Bundes werden über § 22 erfasst.

### III. Erfasste Verwendungsweisen genetischer Untersuchungsergebnisse

24  § 2 trifft keine Beschränkungen hinsichtlich der Art, in der die Ergebnisse genetischer Untersuchungen verwendet werden sollen. Erfasst werden damit also grundsätzlich alle genetischen Untersuchungen zur **Vorhersage** zukünftiger und zur **Feststellung** bestehender Manifestationen (vgl. *Kern/Reuter*, § 4 GenDG Rn. 37), und zwar unabhängig davon, ob die Manifestation, die Gegenstand der Untersuchung ist, eine Erkrankung oder gesundheitliche Störung darstellt (s. dazu § 3 Nr. 6 bis 8) oder keinen Gesundheitsbezug aufweist (etwa im Fall der so genannten Life-Style-Tests, vgl. § 2 Rdn. 22, § 3 Rdn. 9).

25  Zudem sind auch Untersuchungen zur Ermittlung der **Verursachung bereits festgestellter Manifestationen** vom Anwendungsbereich des GenDG erfasst (zu entsprechenden Untersuchungen im Medizinbereich vgl. § 3 Nr. 7 Buchst. a, Rdn. 51 ff.). Die Feststellung der genetischen Eigenschaft dient hier nicht der mittelbaren Feststellung der Manifestation, z.B. im Rahmen der Vorhersage einer Krankheit, sondern der Ermittlung eines möglichen genetischen Kausalfaktors als dem unmittelbaren Untersuchungsziel. Auch derartige Kausalaussagen haben einen statistischen Charakter. Selbst wenn eine bestimmte Manifestation zweifelsfrei festgestellt sein sollte, beruhen alle sich an diese Feststellung anschließenden Kausalitätsbewertungen auf statistischen Angaben und unterliegen damit der statistischen Aussageungenauigkeit: Sie haben das Ziel, Indikatoren zu ermitteln, die mit einer mehr oder weniger großen Wahrscheinlichkeit eine bestimmte Manifestation ausgelöst haben (vgl. auch *Stockter*, Verbot genetischer Diskriminierung, S. 370 ff., 408).

26  Zu letzterem Bereich gehören differenzialdiagnostische Abklärungen etwa im Rahmen von Haftungsprozessen (vgl. auch § 3, Rdn. 10, 51 f.; § 4 Rdn. 70, 77). In dieser Hinsicht besteht bereits eine umfängliche Rechtsprechung (etwa zu versorgungsrechtlichen Ansprüchen nach dem Kriegsopferrecht oder zur Begründung zivilrechtlicher **Haftungsverantwortlichkeiten**, vgl. *Stockter*, Verbot genetischer Diskriminierung, S. 139 ff. m.w.N.). In diesen Bereich gehört aus jüngerer Zeit beispielsweise auch der Fall der US-amerikanischen Eisenbahngesellschaft BNSF, die über die Vornahme von Gentests herauszufinden versuchte, ob die gesundheitlichen Beeinträchtigungen infolge des sog. Karpaltunnel-Syndroms, aufgrund derer eine Vielzahl ihrer Arbeitnehmer Entschädigungen forderte, arbeitsbedingt oder anlagebedingt waren (vgl. *Stockter*, Verbot genetischer Diskriminierung, S. 139).

## E. Bereichsspezifische Bestimmung des Anwendungsbereichs

### I. Versicherungsbereich und Arbeitsleben

Aus Abs. 1 ergibt sich, dass die Regelungen im Versicherungsbereich und im Arbeitsleben unabhängig davon gelten, ob genetische Untersuchungen in diesen Bereichen zu medizinischen Zwecken oder zur Klärung der Abstammung durchgeführt werden (vgl. Rdn. 22). Die Begriffe des Versicherungsbereichs und des Arbeitslebens sind im GenDG nicht ausdrücklich definiert, ihre Reichweite ergibt sich in systematischer Betrachtung jedoch aus den §§ 18 ff. (vgl. Rdn. 23).

### II. Andere erfasste Lebens- und Sachbereiche

Abs. 1 sieht keine bereichsspezifische Beschränkung vor. Sofern etwa eine genetische Untersuchung zu den in Abs. 1 genannten Zwecksetzungen durchgeführt wird, ist die Anwendbarkeit also nicht auf die in Abs. 1 genannten Bereiche des Versicherungswesens und des Arbeitslebens, beschränkt (vgl. Wortlaut des Abs. 1 »sowie«), sondern gilt bei der Vornahme von genetischen Untersuchungen zu medizinischen Zwecken oder zur Klärung der Abstammung auch in anderen, nicht in Abs. 2 genannten Lebens- und Sachbereichen (vgl. Rdn. 2, 21 ff.).

Denkbare **Anwendungsbereiche** liegen beispielsweise in Bereichen (vgl. auch *Stockter*, Verbot genetischer Diskriminierung, S. 132 ff.)
- der medizinischen Versorgung, z.B. dem Transplantationswesen (bei der Organvermittlung, vgl. auch § 3 Rdn. 49 und § 4 Rdn. 21),
- des Sozialversicherungsrechts, etwa bei Durchführung genetischer Screenings (vgl. § 16) oder der Begründung von Mitwirkungsverpflichtungen (vgl. insb. auch § 4 Rdn. 77); wegen der Nichtanwendbarkeit des § 18 auf diesen Bereich vgl. § 18 Rdn. 7 f.,
- des Asyl- und Einwanderungsrechts, etwa zur Klärung der Abstammungsverhältnisse, vgl. Rdn. 19) oder
- der Kreditvergabe (etwa bei der Abschätzung der eingeschränkten Rückzahlungswahrscheinlichkeit aufgrund krankheitsbedingt verkürzter Lebenserwartung).

### III. Ausgenommene Sach- und Regelungsbereiche nach Abs. 2

Nach Abs. 2 werden genetische Untersuchungen und Analysen und der Umgang mit genetischen Proben und Daten in folgenden Sach- und Regelungsbereichen vom Anwendungsbereich des GenDG ausgenommen:

#### 1. Genetische Untersuchungen zu Forschungszwecken (Abs. 2 Nr. 1)

Nicht erfasst werden genetische Untersuchungen und Analysen und der Umgang mit genetischen Proben und Daten zu Forschungszwecken. Nach der gesetzgeberischen Begründung rechtfertigt sich dies vor dem Hintergrund, dass es bei der genetischen Forschung um die allgemeine Erforschung von Ursachenfaktoren menschlicher Manifestationen geht, die nicht in konkrete Maßnahmen gegenüber einzelnen Personen mündet (BR-Drs. 633/08, S. 35, zu den daraus entstehenden Regelungsdefiziten *Vossenkuhl*, Der Schutz genetischer Daten, S. 101 ff.). Der Bereich der genetischen Forschung richtet sich nach den allgemeinen gesetzlichen Bestimmungen, soweit personenbezogene Daten erhoben und verwendet werden, nach dem Bundesdatenschutzgesetz (§ 27 BDSG i.V.m. Art. 9 Abs. 2 Buchst. j, Art. 89 DSGVO vgl. BT-Drs. 18/11325, S. 99; zur bis zum 25. Mai 2018 geltenden Rechtslage: etwa § 40 BDSG a.F.) sowie den bereichsspezifischen Datenschutzbestimmungen der Länder (BR-Drs. 633/08, S. 35, BT-Drs. 18/11325, S. 100 zu § 27 BDSG).

Nach dem Sinn und Zweck der Ausnahmeregelung sollen Regelungen des GenDG im Forschungsbereich nicht gelten, weil sie nicht in konkrete Maßnahmen gegenüber einzelnen Personen münden (vgl. BR-Drs. 633/08, S. 35). Sofern im Rahmen von Forschungsprogrammen gewonnene, auf den einzelnen Probanden bezogene Informationen über genetische Eigenschaften den Probanden mitgeteilt werden sollen, dürften die für die Mitteilung genetischer Befunde geltenden Regelungen des GenDG entsprechende Anwendung finden (vgl. Vormerkungen zu §§ 7 ff. Rdn. 5). Dies ergibt sich aus dem Umstand, dass die Gefährdungs- und Interessenlage in diesen Fällen weitgehend der Gefährdungs- und Interessenlage entspricht, die allgemein bei der Mitteilung von Ergebnissen aus genetische Untersuchungen zu medizinischen Zwecken besteht (vgl. auch *Eberbach*, MedR 2010, 155, 162; *Schillhorn/Heidemann*, § 2 GenDG Rn. 19; a.A. *Sosnitza/Op den Camp*, MedR 2011, 401 [403 f.]).

**2. Genetische Untersuchungen im Bereich des Strafverfahrens und der Gefahrenabwehr (Abs. 2 Nr. 2 Buchst. a)**

33 Unter Hinweis auf die insoweit bestehenden spezialgesetzlichen Regelungen (BR-Drs. 633/08, S. 35) sind zudem die in Abs. 2 Nr. 2 Buchst. a genannten Regelungsbereiche des Strafverfahrens und der Gefahrenabwehr vom Anwendungsbereich des GenDG ausgenommen. Besondere Bedeutung kommt dabei den §§ 81e bis 81h StPO zu. Vgl. *Schillhorn/Heidemann*, § 2 GenDG Rn. 21; Kern/*Hahn/Schwarz*, § 2 GenDG Rn. 17.

**3. Genetische Untersuchungen im Bereich des Infektionsschutzes (Abs. 2 Nr. 2 Buchst. b)**

34 Schließlich gilt das GenDG nach Abs. 2 Nr. 2 Buchst. b auch nicht hinsichtlich genetischer Untersuchungen und Analysen, die aufgrund von Vorschriften des Infektionsschutzgesetzes und der darauf gestützten Rechtsverordnungen vorgenommen werden. Auch der Umgang mit genetischen Daten und genetischen Proben wird vom Anwendungsbereich des Gesetzes nicht erfasst, soweit die Vorschriften des Infektionsschutzgesetzes und der darauf gestützten Rechtsverordnungen Anwendung finden. Dies gilt unabhängig davon, auf welcher Grundlage die genetischen Daten erhoben und die genetischen Proben gewonnen worden sind. Die Vorschriften des Infektionsschutzgesetzes und der darauf gestützten Rechtsverordnungen bleiben, etwa im Zusammenhang mit gesetzlichen Meldepflichten für bestimmte Krankheiten und Nachweise bestimmter Krankheitserreger, unberührt (BR-Drs. 633/08, S. 35 f.). Vgl. auch Kern/*Hahn/Schwarz*, § 2 GenDG Rn. 18; *Schillhorn/Heidemann*, § 2 GenDG Rn. 22 f.

## § 3 Begriffsbestimmungen

Im Sinne dieses Gesetzes
1. ist genetische Untersuchung eine auf den Untersuchungszweck gerichtete
    a) genetische Analyse zur Feststellung genetischer Eigenschaften oder
    b) vorgeburtliche Risikoabklärung einschließlich der Beurteilung der jeweiligen Ergebnisse,
2. ist genetische Analyse eine auf die Feststellung genetischer Eigenschaften gerichtete Analyse
    a) der Zahl und der Struktur der Chromosomen (zytogenetische Analyse),
    b) der molekularen Struktur der Desoxyribonukleinsäure oder der Ribonukleinsäure (molekulargenetische Analyse) oder
    c) der Produkte der Nukleinsäuren (Genproduktanalyse),
3. ist vorgeburtliche Risikoabklärung eine Untersuchung des Embryos oder Fötus, mit der die Wahrscheinlichkeit für das Vorliegen bestimmter genetischer Eigenschaften mit Bedeutung für eine Erkrankung oder gesundheitliche Störung des Embryos oder Fötus ermittelt werden soll,
4. sind genetische Eigenschaften ererbte oder während der Befruchtung oder bis zur Geburt erworbene, vom Menschen stammende Erbinformationen,
5. ist verantwortliche ärztliche Person die Ärztin oder der Arzt, die oder der die genetische Untersuchung zu medizinischen Zwecken vornimmt,
6. ist genetische Untersuchung zu medizinischen Zwecken eine diagnostische oder eine prädiktive genetische Untersuchung,
7. ist eine diagnostische genetische Untersuchung eine genetische Untersuchung mit dem Ziel
    a) der Abklärung einer bereits bestehenden Erkrankung oder gesundheitlichen Störung,

b) der Abklärung, ob genetische Eigenschaften vorliegen, die zusammen mit der Einwirkung bestimmter äußerer Faktoren oder Fremdstoffe eine Erkrankung oder gesundheitliche Störung auslösen können,

c) der Abklärung, ob genetische Eigenschaften vorliegen, die die Wirkung eines Arzneimittels beeinflussen können oder

d) der Abklärung, ob genetische Eigenschaften vorliegen, die den Eintritt einer möglichen Erkrankung oder gesundheitlichen Störung ganz oder teilweise verhindern können,

8. ist prädiktive genetische Untersuchung eine genetische Untersuchung mit dem Ziel der Abklärung
   a) einer erst zukünftig auftretenden Erkrankung oder gesundheitlichen Störung oder
   b) einer Anlageträgerschaft für Erkrankungen oder gesundheitliche Störungen bei Nachkommen,

9. ist genetische Reihenuntersuchung eine genetische Untersuchung zu medizinischen Zwecken, die systematisch der gesamten Bevölkerung oder bestimmten Personengruppen in der gesamten Bevölkerung angeboten wird, ohne dass bei der jeweiligen betroffenen Person notwendigerweise Grund zu der Annahme besteht, sie habe die genetischen Eigenschaften, deren Vorhandensein mit der Untersuchung geklärt werden soll,

10. ist genetische Probe biologisches Material, das zur Verwendung für genetische Analysen vorgesehen ist oder an dem solche Analysen vorgenommen wurden,

11. sind genetische Daten die durch eine genetische Untersuchung oder die im Rahmen einer genetischen Untersuchung durchgeführte genetische Analyse gewonnenen Daten über genetische Eigenschaften,

12. sind Beschäftigte
    a) Arbeitnehmerinnen und Arbeitnehmer,
    b) die zu ihrer Berufsbildung Beschäftigten,
    c) Teilnehmer an Leistungen zur Teilhabe am Arbeitsleben sowie an Abklärungen der beruflichen Eignung oder Arbeitserprobung (Rehabilitanden),
    d) die in anerkannten Werkstätten für behinderte Menschen Beschäftigten,
    e) Personen, die nach dem Jugendfreiwilligendienstegesetz beschäftigt werden,
    f) Personen, die wegen ihrer wirtschaftlichen Unselbständigkeit als arbeitnehmerähnliche Personen anzusehen sind; zu diesen gehören auch die in Heimarbeit Beschäftigten und die ihnen Gleichgestellten,
    g) Bewerberinnen und Bewerber für ein Beschäftigungsverhältnis, sowie Personen, deren Beschäftigungsverhältnis beendet ist,

13. sind Arbeitgeber (Arbeitgeberinnen und Arbeitgeber) natürliche oder juristische Personen oder rechtsfähige Personengesellschaften, die Personen nach Nr. 12 beschäftigen, bei in Heimarbeit Beschäftigten und den ihnen Gleichgestellten die Auftraggeber oder Zwischenmeister oder bei Beschäftigten, die einem Dritten zur Arbeitsleistung überlassen werden, auch die Dritten.

## Übersicht

| | Rdn. |
|---|---|
| A. Genetische Untersuchungsmethoden | 1 |
| I. Genetische Untersuchungen nach Nr. 1 | 2 |
|   1. Systematische Bedeutung | 2 |
|   2. Begriffsbestimmung | 3 |
|     a) Spezifikation hinsichtlich der Untersuchungsmotivation | 5 |
|     b) Spezifikation hinsichtlich der Untersuchungsart | 6 |
|     c) Spezifikation hinsichtlich des Anknüpfungspunktes für die Diagnose | 8 |
|     d) Keine Spezifikation hinsichtlich des Untersuchungsgegenstandes | 9 |
|     e) Keine Spezifikation hinsichtlich der Verwendungsweise der Untersuchungsergebnisse | 10 |
| II. Genetische Analysen nach Nr. 2 | 11 |
|   1. Systematische Bedeutung | 11 |
|   2. Begriffsbestimmung | 13 |
|     a) Zytogenetische Untersuchungen (Buchst. a)) | 14 |
|     b) Molekulargenetische Untersuchungen (Buchst. b)) | 15 |
|     c) Genproduktanalysen (Buchst. c)) | 18 |
|     d) Keine nachgeburtlichen Phänotypuntersuchungen | 21 |

| | | | | |
|---|---|---|---|---|
| III. | Vorgeburtliche Risikoabklärung nach Nr. 3 .................... | 24 | 2. Abklärung genetischer Anfälligkeiten (Suszeptibilitäten) (Buchst. b)... | 54 |
| | 1. Systematische Bedeutung ......... | 24 | 3. Abklärung der Medikamentenverträglichkeit (Pharmakogenetik) (Buchst. c) .................... | 57 |
| | 2. Begriffsbestimmung ............ | 25c | | |
| | a) Spezifikation hinsichtlich des Datenerhebungszeitpunktes .... | 27 | 4. Abklärung genetischer Resistenzen (Buchst. d) .................... | 61 |
| | b) Spezifikation der Untersuchungsmotivation ............. | 28 | III. Prädiktive genetische Untersuchung nach Nr. 8 .................... | 63 |
| | c) Spezifikation hinsichtlich des Anknüpfungspunktes für die Diagnose .................... | 29 | 1. Systematische Einordnung ....... | 63 |
| | | | 2. Begriffsbestimmung ............ | 65 |
| | d) Spezifikation des Untersuchungsgegenstands ........... | 30 | IV. Genetische Reihenuntersuchung nach Nr. 9 .................... | 69 |
| B. | Genetische Eigenschaften nach Nr. 4 ... | 31 | 1. Systematische Einordnung ........ | 70 |
| I. | Systematische Bedeutung ............ | 31 | 2. Begriffsbestimmung ............ | 72 |
| II. | Begriffsbestimmung ............... | 33 | a) Anlassunabhängigkeit der Reihenuntersuchung ............ | 74 |
| | 1. Spezifikation hinsichtlich des Informationsgegenstands ............ | 34 | | |
| | a) Indikatoren für Manifestationen .............. | 34 | aa) Fehlen eines hinreichenden Grundes für die Annahme der maßgeblichen genetischen Eigenschaft ......... | 75 |
| | b) Identifikationsmuster ........ | 36 | | |
| | 2. Spezifikation hinsichtlich des Entstehungszeitpunktes der genetischen Eigenschaft .................... | 37 | | |
| | | | bb) Begriff der gendiagnostischen Indikation ......... | 78 |
| | 3. Keine Spezifikation hinsichtlich der Art und der Wahrscheinlichkeit der Manifestation, über die anhand der genetischen Eigenschaften Aussagen getroffen werden ............. | 40 | b) Systematisches Testangebot ..... | 81 |
| | | | aa) Systematisches Testangebot ohne gendiagnostische Indikation i.S.d. § 3 Nr. 9 . | 82 |
| | | | bb) Indikationsbezogene Testangebote ................ | 83 |
| C. | Verantwortliche ärztliche Person nach Nr. 5 ........................ | 41a | | |
| | | | cc) Testangebote auf Probandeninitiative ............ | 84 |
| I. | Systematische Bedeutung ............ | 41a | E. Genetische Probe nach Nr. 10 ........ | 86a |
| II. | Begriffsbestimmung ............... | 41f | I. Systematische Einordnung ........... | 86a |
| D. | Genetische Untersuchungen zu medizinischen Zwecken nach Nr. 6 ......... | 42 | II. Begriffsbestimmung ............... | 86c |
| | | | F. Genetische Daten nach Nr. 11 ........ | 86e |
| I. | Systematische Einordnung ........... | 47 | I. Systematische Einordnung ........... | 86e |
| II. | Diagnostische genetische Untersuchung nach Nr. 7 .................... | 50 | II. Begriffsbestimmung ............... | 86j |
| | | | G. Beschäftigte nach Nr. 12 ........... | 87 |
| | 1. Abklärung einer bereits bestehenden Erkrankung oder gesundheitlichen Störung (Buchst. a) .............. | 51 | H. Arbeitgeber nach Nr. 13 ........... | 89 |

## A. Genetische Untersuchungsmethoden

1 § 3 Nr. 1 bis 3 nimmt die Begriffsbestimmungen für drei wesentliche im GenDG in Bezug genommene genetische Untersuchungsmethoden vor, wobei die genetische Analyse in Nr. 2 und die vorgeburtliche Risikoabklärung in Nr. 3 als Unterbegriff vom Begriff der genetischen Untersuchung nach Nr. 1 erfasst sind.

### I. Genetische Untersuchungen nach Nr. 1

#### 1. Systematische Bedeutung

2 Der Begriff der genetischen Untersuchung hat eine wesentliche, den Anwendungsbereich des GenDG bestimmende Funktion (vgl. etwa für die Regelungen der §§ 7 ff.). Seine Bedeutung wird allerdings dann relativiert, soweit in der jeweiligen Regelung dem Begriff der genetischen Eigenschaft, der auch genetische Merkmale erfasst, die nicht über Untersuchungen i.S.d. Nr. 1 gewonnen

werden können, eine eigenständige Bedeutung zukommt (vgl. auch § 4 Rdn. 21, 33 f., 39 und § 21 Rdn. 9).

## 2. Begriffsbestimmung

In Nr. 1 ist die genetische Untersuchung definiert als eine auf den Untersuchungszweck gerichtete genetische Analyse zur Feststellung genetischer Eigenschaften oder vorgeburtliche Risikoabklärung einschließlich der Beurteilung der jeweiligen Ergebnisse (vgl. auch BR-Drs. 633/08, S. 36). 3

Die gesetzliche Begriffsbestimmung nimmt damit methoden- und zweckbezogene Spezifizierungen vor, die durch die Begriffsbestimmungen in den Nr. 2 und 3 konkretisiert wird. Zudem werden nur Untersuchungen auf die in Nr. 4 definierten genetischen Eigenschaften erfasst, womit der Untersuchungsbegriff über das zu erlangende Untersuchungsergebnis (informationsbezogen) beschränkt wird. 4

### a) Spezifikation hinsichtlich der Untersuchungsmotivation

Die Untersuchung muss »eine auf den Untersuchungszweck gerichtete« genetische Analyse oder vorgeburtliche Risikoaufklärung sein. Die Regelung setzt damit eine bestimmte Untersuchungsmotivation voraus (vgl. dazu auch die 1. Mitteilung der Gendiagnostik-Kommission (GEKO) vom 22.01.2010 zu den Begriffen »genetische Analyse« und »Nachweis« der Einwilligung gegenüber der beauftragten Person oder Einrichtung und Gendiagnostik-Kommission (GEKO), Tätigkeitsbericht 2012, S. 14 mit weiteren Hinweisen auf strittige Zweifelsfragen; vgl. auch *Cramer*, MedR 2013, 763 [763]). **Zufallsbefunde** im Rahmen von Untersuchungen, die nicht auf die Feststellung genetischer Eigenschaften abzielen (vgl. Nr. 2 und 3), fallen nicht unter diesen Begriff (vgl. *Schillhorn/Heidemann*, § 3 GenDG Rn. 4; *Kern/Hahn/Schwarz*, § 3 GenDG Rn. 5). Nicht erfasst werden damit insbesondere Untersuchungen, in deren Rahmen »bei Gelegenheit« auch Ergebnisse erzielt werden, die Rückschlüsse auf genetische Eigenschaften erlauben (BT-Drs. 16/12713, S. 45 f., vgl. auch Gemeinsamer Bundesausschuss, Tragende Gründe zum Beschlussentwurf des über eine Änderung der Mutterschafts-Richtlinien: Strukturelle Anpassung des Ultraschall-Screenings in der Schwangerenvorsorge vom 16.09.2010, S. 4). Zu Abgrenzungsfällen vgl. *Schillhorn/Heidemann*, § 3 GenDG Rn. 5 ff. Zur Problematik der Zufallsbefunde vgl. *Fündling*, Recht auf Wissen und Nichtwissen in der Gendiagnostik, S. 374 ff. 5

### b) Spezifikation hinsichtlich der Untersuchungsart

Nr. 2 beschränkt den Begriff der genetischen Untersuchung für nachgeburtliche genetische Untersuchungen auf bestimmte labortechnische Untersuchungen. Insbesondere nachgeburtliche Phänotypuntersuchungen sind von dem Begriff nicht erfasst (vgl. Rdn. 21 ff.). 6

Im Rahmen der vorgeburtlichen Risikoabklärung sind hingegen auch Phänotypuntersuchungen, z.B. mittels bildgebender Verfahren, vom Begriff der genetischen Untersuchung erfasst. Begründet wird dies mit der Zielsetzung des Schutzes des Ungeborenen (vgl. BR-Drs. 633/08 S. 36, auch Rdn. 26). Dazu gehören beispielsweise Ultraschalluntersuchungen wie der **Nackentransparenz-Test**, bei dem im Rahmen des Ersttrimesterscreenings mittels Ultraschall gezielt nach Hinweisen zum Beispiel auf ein Down-Syndrom gesucht wird. Soweit auch beim Basis-Ultraschall Auffälligkeiten am Ungeborenen entdeckt werden, die eine genetische Ursache haben können, unterliegen auch diese Untersuchungen den Regelungen für die vorgeburtliche Risikoabklärung i.S.d. § 3 Nr. 3 (IQWiG, Bericht Nr. 139, Aufklärung, Einwilligung und ärztliche Beratung zum Ultraschallscreening in der Schwangerschaft, 16.08.2012, S. 7). 7

### c) Spezifikation hinsichtlich des Anknüpfungspunktes für die Diagnose

Sowohl der vom Begriff der genetischen Untersuchungen in Bezug genommene Begriff der genetischen Analyse als auch der der vorgeburtlichen Risikoaufklärung setzen voraus, dass die Untersuchung mit dem Zweck durchgeführt wird, genetische Eigenschaften i.S.d. Nr. 4 8 festzustellen. Nicht erfasst sind damit insbesondere Untersuchungen auf genetische **Neumutationen**, die nach der Geburt entstehen (z.B. Untersuchungen auf nicht-erblich bedingten Krebs). Grundsätzlich erfasst werden hingegen genetische Untersuchungen zur Feststellung von genetischen **Identifikationsmustern** (vgl. auch Spickhoff/*Fenger*, § 3 GenDG Rn. 1; beachte aber § 2 Rdn. 20, 22).

#### d) Keine Spezifikation hinsichtlich des Untersuchungsgegenstandes

9   Der Begriff der genetischen Untersuchung wird nicht in der Weise begrenzt, dass nur Untersuchungen erfasst werden, die auf bestimmte Aussagegehalte abzielen (etwa Aussagen über Erkrankungswahrscheinlichkeiten). Insbesondere auch die so genannten »Life-Style-Tests«, die keinen medizinischen Zweck i.S.d. GenDG erfüllen, gehören zu den genetischen Untersuchungen (s. auch § 2 Rdn. 22 und § 3 Rdn. 40, vgl. auch § 15 Abs. 1 Satz 1 mit seiner ausdrücklichen Beschränkung der Zulässigkeit von vorgeburtlichen genetischen Untersuchungen auf Untersuchungen »nur zu medizinischen Zwecken«; Life-Style-Tests gehören damit nicht zu den genetischen Untersuchungen zu medizinischen Zwecken, vgl. Rdn. 46 und 64, vgl. dazu auch Richtlinie der Gendiagnostik-Kommission (GEKO) für die Anforderungen an die Durchführung der vorgeburtlichen Risikoabklärung sowie an die insoweit erforderlichen Maßnahmen zur Qualitätssicherung gem. § 23 Abs. 2 Nr. 5 GenDG in der Fassung vom 12.04.2013 unter II., vgl. Gendiagnostik-Kommission (GEKO), Tätigkeitsbericht 2018, S. 36 ff.).

#### e) Keine Spezifikation hinsichtlich der Verwendungsweise der Untersuchungsergebnisse

10   Die Begriffsbestimmung der genetischen Untersuchung enthält keine Beschränkung hinsichtlich der angestrebten Verwendungsweise der Untersuchungsergebnisse. Es handelt sich daher um genetische Untersuchungen unabhängig von der Frage, ob ihre Ergebnisse zur Feststellung bestehender oder zur Prognostizierung zukünftiger Manifestationen genutzt werden sollen. Zudem sind auch Untersuchungen, anhand derer die Verursachung bereits festgestellter Manifestationen bewertet werden sollen (etwa i.R.d. Ermittlung von Haftungsverantwortlichkeiten) genetische Untersuchungen i.S.d. Nr. 1 (vgl. auch Rdn. 51 ff., § 2 Rdn. 25 ff., § 4 Rdn. 70 f.).

### II. Genetische Analysen nach Nr. 2

#### 1. Systematische Bedeutung

11   Der Begriff der genetischen Analyse hat neben dem Begriff der genetischen Untersuchung weitgehend keine eigenständige Bedeutung. Vielmehr dient er vor allem der Konkretisierung des Begriffs der genetischen Untersuchungen nach der Geburt (vgl. Nr. 1 Buchst. a). Wichtig ist er zudem für die Begründung der Verantwortlichkeit der Stellen, die genetische Analysen vornehmen (vgl. etwa § 7 Abs. 2, § 13 Abs. 1 Satz 2).

12   Die Begriffe der genetischen Analyse und der vorgeburtlichen Risikoaufklärung schließen sich nicht gegenseitig aus (vgl. auch BR-Drs. 633/08, S. 36). Der Begriff der genetischen Analyse nimmt eine Spezifizierung hinsichtlich der Untersuchungsarten, der Begriff der vorgeburtlichen Risikoaufklärung hinsichtlich des Untersuchungszeitpunktes (vor der Geburt) vor. Die begrifflichen Beschränkungen nach § 3 Nr. 2 Buchst. a bis c hinsichtlich der Untersuchungsmethoden, die als genetische Analysen in den Anwendungsbereich des GenDG fallen, gelten nicht für den Begriff der vorgeburtlichen Risikoaufklärung.

#### 2. Begriffsbestimmung

13   Wie der Begriff der genetischen Untersuchung setzt auch der Begriff der genetischen Analyse eine bestimmte Untersuchungsmotivation voraus (vgl. Rdn. 5, BT-Drs. 16/12713, S. 45 f.). Das Gesetz unterscheidet drei verschiedene Arten von genetischen Analysen:

## a) Zytogenetische Untersuchungen (Buchst. a))

Mit der zytogenetischen Analyse (auch Chromosomenanalyse, Tests auf der Ebene der Karyotypebene) werden lichtmikroskopisch Abweichungen in Anzahl und Struktur der menschlichen **Chromosomen** festgestellt (Karyogramm). Auch die molekularzytogenetische Untersuchung, z.B. mittels Fluoreszenz-in-situ-Hybridisierung (FISH), mit der das Fehlen kleinerer Stücke und andere Strukturveränderungen der Chromosomen festgestellt werden, ist von der zytogenetischen Analyse erfasst (vgl. BR-Drs. 633/08, S. 37). Prädiktive Aussagen erlaubt diese Untersuchungsmethode im Wesentlichen im Rahmen der Pränataldiagnostik (Enquetekommission »Recht und Ethik der modernen Medizin«, Schlussbericht [2002], BT-Drs. 14/9020, S. 118 f.). Bis zum 6.–7. Lebensjahr haben sich chromosomal-bedingte Veranlagungen in der Regel äußerlich deutlich wahrnehmbar manifestiert. Eine der bekannteren chromosomalen Veränderungen, die über derartige Tests diagnostiziert werden können, ist das so genannte Down-Syndrom (Trisomie 21).

14

## b) Molekulargenetische Untersuchungen (Buchst. b))

Unter molekulargenetischen Untersuchungen (auch: Tests auf Genotypebene) werden Untersuchungen verstanden, bei denen die **DNA/RNA** unmittelbarer Gegenstand der Untersuchung ist. Das Gesetz unterscheidet die Untersuchung der Ribonukleinsäure (RNA), einem Zwischenprodukt bei der Übertragung des genetischen Codes in ein Protein, und die Untersuchung der Desoxyribonukleinsäure (DNA).

15

Durch Untersuchungen an der DNA können Veränderungen an dieser (Mutationen) erkannt werden. Techniken, die hierbei zur Anwendung kommen, sind neben der DNA-Sequenzierung beispielsweise die Polymerasekettenreaktion (PCR), Hybridisierungen oder Mikrosatelliten-Analysen. Zu den Analysen der molekularen Struktur von DNA oder RNA gehören ebenfalls Analysen zur Bestimmung epigenetischer Veränderungen, beispielsweise des Methylierungszustandes der DNA (BR-Drs. 633/08, S. 37).

16

Nicht jede Veränderung muss krankheitsrelevant sein. Bei den so genannten Polymorphismen handelt es sich um mehr oder weniger häufig in der Bevölkerung vorkommende Varianten eines Gens, die in der Regel nicht mit einer Erkrankung oder gesundheitlichen Störung einhergehen. Gelegentlich werden allerdings Verknüpfungen (Assoziationen) zwischen diesen variablen Merkmalen und Krankheiten beobachtet. In anderen Fällen werden Polymorphismen für die genetischen Untersuchungen zur Klärung der Abstammung genutzt (BR-Drs. 633/08, S. 37).

17

## c) Genproduktanalysen (Buchst. c))

Auch die Analyse der Genprodukte von DNA und RNA, der Proteine (auch Untersuchungen auf der Genproduktebene, **proteinchemische Untersuchungen**), wird vom Gesetz erfasst, sofern diese geeignet sind, das Vorliegen genetischer Eigenschaften im Sinne von Nr. 4 tatsächlich festzustellen. Das Serum-Cholesterin, der Blutzucker, der Blutdruck, Bestandteile des Urins oder der Salzgehalt im Schweiß stellen mitunter hochspezifische und verlässliche Indikatoren für genetische Störungen dar. Bei diesen Analysen kann es sich um Strukturanalysen, Aktivitäts- und funktionelle Proteinuntersuchungen und andere biochemische und proteinchemische Analysen handeln (BR-Drs. 633/08, S. 37). Auch die Tandemmassenspektrometrie, mit der Gen- und Stoffwechselprodukte nachgewiesen werden, gehört zu den Analysen der Genprodukte (BR-Drs. 633/08, S. 37, BT-Drs. 16/10582, S. 3; vgl. auch Kern/*Reuter*, § 4 GenDG Rn. 31). Zu einzelnen Abgrenzungsfragen vgl. *Schillhorn/Heidemann*, § 3 GenDG Rn. 13 ff.

18

Ein Beispiel für diese Art von genetischen Untersuchungen ist ein Untersuchungsverfahren zur Feststellung einer Veranlagung zur Sichelzellenanämie, bei der ein Blutstropfen mit einem Mittel versetzt wird, welches im Fall einer entsprechenden genetischen Veranlagung die roten Blutkörperchen sichelförmig verformt. Im Arbeitsbereich bereits sehr gebräuchlich sind Untersuchungen auf drei Erkrankungen, welche teilweise bereits seit den 70er Jahren im Rahmen von Vorsorgeuntersuchungen

19

durchgeführt werden: Alpha-1-Antitrypsin-Mangel, Glukose-6-Phosphat-dehydronase (G-6-PD) und N-Acetyltransferase-Polymorphismus.

20 Die Trennungslinie zwischen Untersuchungen auf der Phänotypebene und solchen auf der Genproduktebene ist schwer zu ziehen, weil sich jedes Genprodukt auch als Phänotyp, jeder Phänotyp auch als Genprodukt begreifen lässt (*Schmidtke*, Vererbung und Ererbtes, S. 86). Vgl. dazu auch die 1. Mitteilung der Gendiagnostik-Kommission (GEKO) vom 22.01.2010 zu den Begriffen »genetische Analyse« und »Nachweis« der Einwilligung gegenüber der beauftragten Person oder Einrichtung.

#### d) Keine nachgeburtlichen Phänotypuntersuchungen

21 Nachgeburtliche Phänotypuntersuchungen fallen nicht unter den Begriff der genetischen Analyse, auch wenn in ihrem Rahmen Befunde gemacht werden, die Aussagen über genetisch-bedingte Erkrankungswahrscheinlichkeiten erlauben (z.B. die Feststellung eines vergrößerten Netzhautepithels oder bestimmter Zahn- und Kieferfehlstellungen als Indikator für eine erhöhte Darmkrebserkrankungswahrscheinlichkeit; roter Fleck auf dem Augenhintergrund als Indikator für die Tay-Sachs-Krankheit, vgl. *Stockter*, Verbot genetischer Diskriminierung, S. 87 f.). (Über den Begriff der genetischen Eigenschaften werden Ergebnisse aus Phänotypuntersuchungen allerdings teilweise erfasst, vgl. § 4, Rdn. 21, 33 f., 39; § 21 Rdn. 9).

22 Bei Phänotyp-Untersuchungen wird das äußere Erscheinungsbild des Probanden untersucht. In der traditionellen klinischen Medizin werden schon seit Längerem aus dem Phänotyp von bestimmten Krankheiten, d.h. den Symptomen und ihrem Erscheinungsbild, Rückschlüsse auf das Erbgut einer Person gezogen (*Schmidtke*, Vererbung und Ererbtes, S. 85 f.). Dazu gehören einfache Inaugenscheinnahme, Röntgenuntersuchungen, Ultraschalluntersuchungen oder sonstige, an Symptomen orientierte Untersuchungen. Selbst ein einfacher Sehtest kann genetische Veranlagungen erkennen lassen, wie etwa im Fall der Farbenblindheit. Aber auch prädiktive Daten können schon seit Längerem durch **Familienanamnese**, psychologische Gutachten und andere phänotypische Untersuchungen, wie Ultraschalluntersuchungen erhoben werden (Botschaft zum Schweizer Bundesgesetz über genetische Untersuchungen beim Menschen (GUMG), 02.065, S. 7361 (7392) zu Art. 3 Buchst. e GUMG).

23 Der Ausschluss der nachgeburtlichen Phänotypuntersuchungen aus dem Anwendungsbereich des GenDG wird in der gesetzgeberischen Erläuterung damit begründet, dass bei diesen Untersuchungen nicht ein solches Missbrauchspotenzial bestehe wie bei den in Nr. 2 aufgelisteten Verfahren. Denn das Missbrauchspotenzial ergebe sich insbesondere aus dem Umstand, dass es mittlerweile mittels labortechnischer Untersuchungen immer einfacher wird, aus der kleinsten Probe genetische Daten zu ermitteln (vgl. BR-Drs. 633/08 S. 36). Zur Kritik am Ausschluss der Familienanamnesen aus dem Anwendungsbereich des GenDG vgl. Bundesärztekammer BT-Ausschuss für Gesundheit Ausschuss-Drs. 16(14)0469(3), S. 3, auch *Bayreuther*, NZA 2010, 679, 681.

### III. Vorgeburtliche Risikoabklärung nach Nr. 3
#### 1. Systematische Bedeutung

24 Vorgeburtliche Risikoabklärung ist nach der Begriffsbestimmung in Nr. 1 immer dann mit erfasst, sofern im GenDG Regelungen für genetische Untersuchungen und ihre Ergebnisse getroffen werden. Dem Begriff kommt im Wesentlichen die Bedeutung zu, den Begriff der genetischen Untersuchung nach § 3 Nr. 1 zu konkretisieren. Im Übrigen wird er im Gesetz lediglich in § 23 Abs. 2 Nr. 5 ausdrücklich in Bezug genommen.

25 Vom Begriff der vorgeburtlichen Risikoabklärung i.S.d. § 3 Nr. 1 Buchst. b und Nr. 3 ist der Begriff der **vorgeburtlichen genetischen Untersuchung** i.S.d. § 9 Abs. 2 Nr. 2; § 15 und § 17 Abs. 6 abzugrenzen, der in § 3 nicht gesondert definiert ist (vgl. auch Richtlinie der Gendiagnostik-Kommission (GEKO) für die Beurteilung genetischer Eigenschaften hinsichtlich ihrer Bedeutung

nach § 15 Abs. 1 Satz 1 GenDG für eine Beeinträchtigung der Gesundheit des Embryos oder des Fötus während der Schwangerschaft oder nach der Geburt gem. § 23 Abs. 2 Nr. 1d GenDG in der Fassung vom 12.04.2013 unter III.) Vorgeburtliche genetische Untersuchungen sind auf den Untersuchungszweck gerichtete genetische Analysen zur Feststellung genetischer Eigenschaften (§ 3 Nr. 1a) oder vorgeburtliche Risikoabklärungen (§ 3 Nr. 1b) einschließlich der Beurteilung der jeweiligen Ergebnisse (8. Mitteilung der Gendiagnostik-Kommission vom 12.03.2014 zur Einordnung der nicht-invasiven Pränataldiagnostik (NIPD) und der diesbezüglichen Beratungsqualifikation; Richtlinie der Gendiagnostik-Kommission (GEKO) für die Anforderungen an die Durchführung der vorgeburtlichen Risikoabklärung sowie an die insoweit erforderlichen Maßnahmen zur Qualitätssicherung gem. § 23 Abs. 2 Nr. 5 GenDG in der Fassung vom 12.04.2013 unter II.)

Im Gegensatz zur vorgeburtlichen Risikoabklärung erfolgt durch vorgeburtliche genetische Analysen (Zytogenetik, Molekulargenetik, Genproduktanalyse) der Ausschluss bzw. die Feststellung einer nummerischen oder strukturellen Chromosomenstörung (Richtlinie der Gendiagnostik-Kommission (GEKO) für die Anforderungen an die Durchführung der vorgeburtlichen Risikoabklärung sowie an die insoweit erforderlichen Maßnahmen zur Qualitätssicherung gem. § 23 Abs. 2 Nr. 5 GenDG in der Fassung vom 12.04.2013 unter II.). Die dafür erforderlichen Proben genetischen Materials können invasiv (wie etwa durch Fruchtwasserentnahme (**Amniozentese**), **Chorionzottenbiopsie** und **Herz- bzw. Nabelschnurpunktion**, vgl. *Cramer*, MedR 2013, 763 [763]) oder für die Schwangerschaft nicht-invasiv aus fetaler DNA aus mütterlichem Blut (nicht-invasive Pränataldiagnostik an fetaler DNA aus mütterlichem Blut (NIPD), wie etwa beim »PraenaTest« (vgl. Bundesregierung, Antwort auf die Kleine Anfrage zur vorgeburtlichen Blutuntersuchung zur Feststellung des Down-Syndroms, BT-Drs. 18/4574, S. 9, Antwort auf Frage 12; *Cramer*, MedR 2013, 763 (764, 766); a.A. *Lindner*, MedR 2013, 288 (289) unter Hinweis auf den Umstand, dass dieser Test nur Wahrscheinlichkeitsaussagen über der Vorliegen bestimmter genetischer Eigenschaften erlaubt) gewonnen werden (Richtlinie der Gendiagnostik-Kommission (GEKO) über die Anforderungen an die Qualifikation und Inhalte der Beratung gem. § 23 Abs. 2 Nr. 2a und § 23 Abs. 2 Nr. 3 GenDG (BGesundBl. 2011 – 54: 1248–1256) unter IV.3; 8. Mitteilung der Gendiagnostik-Kommission vom 12.03.2014 zur Einordnung der nicht-invasiven Pränataldiagnostik (NIPD) und der diesbezüglichen Beratungsqualifikation). Eine solche genetische Analyse zur Feststellung genetischer Eigenschaften kann sich der vorgeburtlichen Risikoabklärung anschließen, ihr vorausgehen oder könnte sie ersetzen (Richtlinie der Gendiagnostik-Kommission (GEKO) für die Anforderungen an die Durchführung der vorgeburtlichen Risikoabklärung sowie an die insoweit erforderlichen Maßnahmen zur Qualitätssicherung gem. § 23 Abs. 2 Nr. 5 GenDG in der Fassung vom 12.04.2013 unter II.).

25a

Soweit im GenDG spezifische Regelungen zu pränataldiagnostischen Untersuchungen getroffen werden, werden sie mit dem Begriff der vorgeburtlichen genetischen Untersuchungen in Bezug genommen (vgl. § 9 Abs. 2 Nr. 2; § 15 und § 17 Abs. 6), der grundsätzlich wohl auch Untersuchungen zur Geschlechtsbestimmung und zur Klärung der Abstammung umfasst (vgl. § 15 Abs. 1 Satz 2, § 17 Abs. 6).

25b

## 2. Begriffsbestimmung

Bei der vorgeburtlichen Risikoabklärung (§ 3 Nr. 1 Buchst. b) wird mittels für die Schwangerschaft nicht-invasiver Methoden ein schwangerschaftsspezifisches Risiko für das Vorliegen nummerischer Chromosomenstörungen (Trisomie 21, 18 und 13, Monosomie X/Turner-Syndrom) des Feten berechnet (wie beispielsweise im Rahmen des Ersttrimesterscreenings; vgl. auch Bundesregierung, Antwort auf die Kleine Anfrage zur vorgeburtlichen Blutuntersuchung zur Feststellung des Down-Syndroms, BT-Drs. 18/4574, S. 8, Antwort auf Frage 9). Dabei erfolgt keine Analyse fetaler DNA (8. Mitteilung der Gendiagnostik-Kommission vom 12.03.2014 zur Einordnung der nicht-invasiven Pränataldiagnostik [NIPD] und der diesbezüglichen Beratungsqualifikation). Vielmehr wird das schwangerschaftsspezifische Risiko insbesondere aus dem mütterlichen Alter sowie zusätzlichen sonografischen Parametern und laboratoriumsmedizinischen Messgrößen berechnet (vgl.

25c

dazu auch *Cramer*, MedR 2013, 763 [765]). Das Ergebnis der vorgeburtlichen Risikoabklärung ist eine Wahrscheinlichkeitsangabe für das Vorliegen bestimmter genetischer Eigenschaften mit Bedeutung für eine Erkrankung oder gesundheitliche Störung beim ungeborenen Kind. Es wird in Form einer Rate angegeben, z.B. »Im Mittel ist 1 von x Schwangerschaften mit dem gleichen Testergebnis betroffen.« (Richtlinie der Gendiagnostik-Kommission (GEKO) für die Anforderungen an die Durchführung der vorgeburtlichen Risikoabklärung sowie an die insoweit erforderlichen Maßnahmen zur Qualitätssicherung gem. § 23 Abs. 2 Nr. 5 GenDG in der Fassung vom 12.04.2013 unter II.; 8. Mitteilung der Gendiagnostik-Kommission vom 12.03.2014 zur Einordnung der nicht-invasiven Pränataldiagnostik (NIPD) und der diesbezüglichen Beratungsqualifikation).

26 Anders als für die nachgeburtlichen genetischen Untersuchungen sieht das Gesetz für den Begriff der vorgeburtlichen Risikoabklärung keine methodenbezogene Begrenzung auf bestimmte Untersuchungsarten vor (vgl. auch Richtlinie der *Gendiagnostik-Kommission* (GEKO) für die Beurteilung genetischer Eigenschaften hinsichtlich ihrer Bedeutung nach § 15 Abs. 1 Satz 1 GenDG für eine Beeinträchtigung der Gesundheit des Embryos oder des Fötus während der Schwangerschaft oder nach der Geburt gem. § 23 Abs. 2 Nr. 1d GenDG in der Fassung vom 12.04.2013). Vom Begriff der vorgeburtlichen Risikoabklärung i.S.d. § 3 Nr. 3 sind also sowohl Laboruntersuchungen (z.B. **Triple-Test**, nicht aber der »PraenaTest«, vgl. § 3 Rdn. 25a) als auch Phänotypuntersuchungen des Embryos oder Fötus mittels bildgebender Verfahren (z.B. Ultraschallbestimmung der Nackenfalte, sog. **Nackentransparenz-Test**, im Rahmen des Ersttrimesterscreenings) erfasst (BR-Drs. 633/08, S. 38; Spickhoff/*Fenger*, § 3 GenDG Rn. 3). Eine Begrenzung des Begriffs wird durch Nr. 3 allerdings hinsichtlich des Datenerhebungszeitpunktes, des Untersuchungszwecks und des Untersuchungsgegenstands vorgenommen.

a) **Spezifikation hinsichtlich des Datenerhebungszeitpunktes**

27 Nach Nr. 3 erfasst der Begriff der vorgeburtlichen Risikoabklärung nur Untersuchungen des Embryos oder Fötus, also Untersuchungen vor der Geburt (z.B. **Nackentransparenz-Tests** im Rahmen des Ersttrimesterscreenings). Alle Untersuchungen unmittelbar nach der Geburt, etwa das Neugeborenenscreening, fallen daher nicht unter diesen Begriff. Da die Anwendbarkeit des GenDG die Untersuchung an einem lebenden Menschen voraussetzt, fallen Präimplantationsdiagnostik und die präkonzeptionelle Polkörperdiagnostik nicht in den Bereich der vorgeburtlichen Risikoaufklärung (vgl. § 2 Rdn. 10).

b) **Spezifikation der Untersuchungsmotivation**

28 Nach dem Wortlaut werden nur Untersuchungen vom Begriff der vorgeburtlichen Risikoaufklärung erfasst, mit denen die Wahrscheinlichkeit für das Vorliegen bestimmter genetischer Eigenschaften des Embryos oder Fötus ermittelt werden »soll«. Untersuchungen, in deren Rahmen zufällig auch Aussagen über die Wahrscheinlichkeit des Vorliegens genetischer Eigenschaften des ungeborenen Lebens gemacht werden können, werden daher nach dem Wortlaut der Nr. 3 nicht vom Begriff der vorgeburtlichen Risikoabklärung erfasst, wenn sie nicht gezielt zu diesem Zweck durchgeführt werden (vgl. Rdn. 5, zum Basis-Ultraschall ist zu beachten: IQWiG, Bericht Nr. 139, Aufklärung, Einwilligung und ärztliche Beratung zum Ultraschallscreening in der Schwangerschaft, 16.08.2012, S. 7).

c) **Spezifikation hinsichtlich des Anknüpfungspunktes für die Diagnose**

29 Nach dem Wortlaut ist es zudem eine Voraussetzung für die Einordnung als vorgeburtliche Risikoabklärung, dass es sich um eine Untersuchung des Embryos oder Fötus handelt. Gemeint ist damit, dass die Untersuchung den Embryo oder Fötus betrifft, nicht notwendigerweise – wie der Wortlaut auch nahelegen mag – an dem Embryo oder Fötus unmittelbar vorgenommen wird. Nach der Begriffsbestimmung der GEKO umfasst die vorgeburtliche Risikoabklärung dementsprechend

gerade auch die Ermittlung und Auswertung von bei der Mutter festgestellten Markern (Richtlinie der Gendiagnostik-Kommission (GEKO) für die Anforderungen an die Durchführung der vorgeburtlichen Risikoabklärung sowie an die insoweit erforderlichen Maßnahmen zur Qualitätssicherung gem. § 23 Abs. 2 Nr. 5 GenDG in der Fassung vom 12.04.2013 unter II.; 8. Mitteilung der Gendiagnostik-Kommission vom 12.03.2014 zur Einordnung der nicht-invasiven Pränataldiagnostik (NIPD) und der diesbezüglichen Beratungsqualifikation; s. Rdn. 25c f.). Untersuchungen der Mutter, die Rückschlüsse auf genetische Eigenschaften des Embryos oder Fötus erlauben, können demnach grundsätzlich auch als Untersuchungen i.S.d. Nr. 3 gelten (vgl. auch *Lindner*, MedR 2013, 288 [291]). Eine gesetzliche Klarstellung würde insoweit möglichen Missverständnissen entgegenzuwirken helfen (vgl. *Lindner*, MedR 2013, 288 [291]).

#### d) Spezifikation des Untersuchungsgegenstands

Zudem setzt der Begriff voraus, dass der Gegenstand der Risikoabklärung genetische Eigenschaften (vgl. § 3 Nr. 4) mit Bedeutung für eine Erkrankung oder gesundheitliche Störung des Embryos oder Fötus sind (zum Begriff der Krankheit vgl. Rdn. 44). Dementsprechend erfasst dieser Begriff insbesondere keine sog. Life-Style-Tests (dazu Rdn. 46, 64). Auch eine auf die Feststellung des Geschlechts des Embryos oder Fötus gerichtete Untersuchung fällt nicht unter den Begriff der vorgeburtlichen Risikoabklärung (§ 3 Nr. 2), kann aber durch den Begriff der vorgeburtlichen genetischen Untersuchung erfasst sein (§ 15 Abs. 1 Satz 2 zur Geschlechtsfeststellung anlässlich einer vorgeburtlichen genetischen Untersuchung). Gleiches gilt für die vorgeburtliche Feststellung von Identifikationsmustern im Rahmen von Abstammungsuntersuchungen (§ 17 Abs. 6). 30

### B. Genetische Eigenschaften nach Nr. 4

#### I. Systematische Bedeutung

Der wesentliche Leitbegriff im GenDG ist der Begriff der genetischen Untersuchung (vgl. insb. auch § 2 GenDG). Bei der Begriffsbestimmung der genetischen Untersuchung kommt dem Begriff der genetischen Eigenschaft in Nr. 4 vor allem eine konkretisierende Funktion für die Begriffsbestimmungen in den Nrn. 2 und 3 zu, von denen der Begriff der genetischen Eigenschaft in Bezug genommen wird. 31

Daneben hat der Begriff der genetischen Eigenschaft allerdings auch eine eigenständige Bedeutung. Dies gilt etwa im Hinblick auf die Benachteiligungsverbote der §§ 4 Abs. 1 (§ 4 Rdn. 21, 33 f., 39) und 21 Abs. 1 Satz 1 (§ 21 Rdn. 9), aber auch im Hinblick auf die Zweckbestimmung des § 1. 32

#### II. Begriffsbestimmung

Nach Nr. 4 sind genetische Eigenschaften ererbte oder während der Befruchtung oder bis zur Geburt erworbene, vom Menschen stammende Erbinformationen. Damit enthält der Begriff **keine methodenspezifische Begrenzung**. Dementsprechend werden nicht nur die über genetische Untersuchungen (i.S.d. § 3 Nr. 1) erlangten Kenntnisse über genetische Eigenschaften erfasst, sondern auch solche, die etwa im Rahmen von **Phänotypuntersuchungen** oder auf andere Weise gewonnen werden (so auch Kern/*Hahn*/*Schwarz*, § 3 GenDG Rn. 26). Erfasst werden insbesondere auch genetische Merkmale, auf deren Vorliegen anhand bestimmter Körpermerkmale (z.B. eine angeborene Vergrößerung eines Netzhautpigmentepithels als Indikator für eine erhöhte Darmkrebserkrankungswahrscheinlichkeit, vgl. *Stockter*, Verbot genetischer Diskriminierung, S. 87 f.) oder anhand der ethnischen Zugehörigkeit (z.B. bei Krankheiten, die in bestimmten Bevölkerungsgruppen besonders gehäuft auftreten, vgl. *Stockter*, Verbot genetischer Diskriminierung, S. 89 ff.) geschlossen wird. 33

## § 3 GenDG Begriffsbestimmungen

### 1. Spezifikation hinsichtlich des Informationsgegenstands

#### a) Indikatoren für Manifestationen

34 Unter den Begriff der genetischen Eigenschaften fallen nur Merkmale des Erbmaterials, nicht jedoch bereits manifeste Ausprägungen dieser Merkmale (**Manifestationen**). Zu den Auswirkungen auf den Regelungsbereich des Benachteiligungsverbots vgl. § 4 Rdn. 42.

35 Nach dem Wortlaut der Nr. 4 (»**vom Menschen stammende**«) sollen nur Erbinformationen menschlichen Ursprungs unter den Begriff der genetischen Eigenschaften fallen, nicht jedoch solche, die nicht menschlichen Ursprungs sind (z.B. HIV). Dies wird damit begründet, dass es sich bei letzteren um die Folgen von Infektion und Übertragung von Retroviren handelt, die zwar eine Integration der viralen Erbinformation in die DNA des Infizierten einschließt, jedoch nicht dazu führe, dass es sich bei diesen genetischen Merkmalen um menschliche Erbinformationen handele (vgl. BR-Drs. 633/08, S. 38).

#### b) Identifikationsmuster

36 Der Begriff der genetischen Eigenschaften erfasst auch genetische Identifikationsmuster, die keine Aussagen über die Wahrscheinlichkeit des Vorliegens oder der Entwicklung bestimmter Manifestationen erlauben, sondern zu Zwecken der Identifikation der betreffenden Person genutzt werden. Für diese Auslegung spricht zum einen, dass ansonsten die Regelung des § 2 Abs. 2 Nr. 2 Buchst. b, durch die insbesondere auch die straf- und polizeirechtlichen Regelungen zur genetischen Identitätsfeststellung aus dem Anwendungsbereich des GenDG ausgenommen werden, weitgehend funktionslos wäre (vgl. auch BR-Drs. 633/08, S. 35). Zudem stellen nach den gesetzgeberischen Erläuterungen auch genetische Abstammungsuntersuchungen genetische Untersuchungen i.S.d. Nr. 1 dar (vgl. BR-Drs. 633/08 S. 36 zu § 3 Nr. 1). Diese Untersuchungen beruhen auf einem Vergleich des genetischen Identifikationsmusters der untersuchten Person mit dem der Person, zu der das Verwandtschaftsverhältnis überprüft werden soll. Der Sache nach ist damit nach dem gesetzgeberischen Willen die Ermittlung genetischer Identifikationsmuster, die grundsätzlich aus dem nicht-kodierten DNA-Bereich (sog. »**junk-DNA**«) gewonnen werden, vom Begriff der genetischen Eigenschaft i.S.d. Nr. 4 erfasst. Zu den Verwendungsmöglichkeiten von Identifikationsmustern vgl. *Stockter*, Verbot genetischer Diskriminierung, S. 132 ff.

### 2. Spezifikation hinsichtlich des Entstehungszeitpunktes der genetischen Eigenschaft

37 Nach Nr. 4 gelten nur genetische Merkmale, die **ererbt oder während der Befruchtung oder bis zur Geburt** von der betreffenden Person erworben wurden, als genetische Eigenschaften i.S.d. GenDG (vgl. BR-Drs. 633/08, S. 38, a.A. offenbar: *Huster/Schmutzler*, MedR 248 (250), dazu § 3 Rdn. 38; zur parlamentarischen Erörterung der Ausdehnung auf nach der Geburt entstandene genetische Merkmale: BR-Drs. 633/08 (Beschluss), S. 6; BT-Drs. 16/10 582, S. 2).

38 Nicht vom Begriff der genetischen Eigenschaft erfasst sind demnach genetische Merkmale, die nach der Geburt entstanden sind (**Neumutationen**); a.A. offenbar: *Huster/Schmutzler*, MedR 248 (250), die unter Hinweis auf die gesetzgeberische Begründung grundsätzlich auch nach der Geburt entstandene Keimbahnmutationen vom Begriff der genetischen Eigenschaft nach § 3 Nr. 4 erfasst sehen. Solche Neumutationen können durch verschiedene äußere Einflüsse wie radioaktive Strahlung, bestimmte Chemikalien oder andere Umweltbelastungen ausgelöst werden (induzierte Mutation), können aber auch spontan – ohne erkennbare äußere Ursache – auftreten (Spontanmutation). Von Mutationen können Körperzellen (somatische, nur bestimmte Körperzellen betreffende Mutation – autosomale Mutation) oder Keimbahnzellen betroffen sein (generative, die Keimzellen betreffende Mutation – gonosomale Mutation). Zu einzelnen Beispielsfällen und Abgrenzungsfragen, etwa im Hinblick auf kurze Sequenzwiederholungen (Repeats) oder Mosaiken bei gleichzeitiger Existenz von zwei oder mehr genetisch verschiedenen Zelllinien vgl. *Schillhorn/ Heidemann*, § 3 GenDG Rn. 24 ff.

Zu der Gruppe der somatischen (**nicht ererbten**) Mutationen gehört beispielsweise die Mehrzahl bösartiger Tumore (vgl. *Stockter*, Verbot genetischer Diskriminierung, S. 82 f.). Der Umstand, dass somatische Mutationen nicht vom GenDG erfasst werden, wird vom Gesetzgeber damit begründet, dass diese keine Vorhersagen auch über das getestete Individuum hinaus erlaubten und nicht zeitlich unbegrenzt (d.h. ein Leben lang) gültig seien (BR-Drs. 633/08, S. 38). Nach dem Wortlaut der Nr. 4 gehören allerdings auch Untersuchungen auf nach der Geburt entstandene (vererbliche) Mutationen in den Keimbahnzellen nicht zu den genetischen Untersuchungen. Zur gleichheitsrechtlichen Problematik, die sich aus dieser Begriffsbestimmung ergibt, vgl. etwa § 4 Rdn. 15. 39

**3. Keine Spezifikation hinsichtlich der Art und der Wahrscheinlichkeit der Manifestation, über die anhand der genetischen Eigenschaften Aussagen getroffen werden**

Anders als der Begriff der genetischen Untersuchung zu medizinischen Zwecken ist der Begriff der genetischen Eigenschaft nach Nr. 4 nicht hinsichtlich der Art der Manifestation begrenzt, über deren Vorliegen bzw. Auftreten Aussagen getroffen werden sollen. Er erfasst insbesondere auch genetische Merkmale, die **keinen medizinischen Bezug** aufweisen (z.B. hinsichtlich Musikalität, Homosexualität oder Lebenserwartung, s. auch zur Regelung des Anwendungsbereichs des von Bündnis90/Die Grünen eingebrachten Entwurfs BT-Drs. 16/3233, S. 23, vgl. auch § 2 Rdn. 14, 22). 40

Eine genetische Eigenschaft i.S.d. Nr. 4 liegt unabhängig vom Grad der Wahrscheinlichkeit vor, mit dem das Vorliegen der jeweiligen genetischen Merkmale eine bestimmte Manifestation indiziert (zu derartigen Beschränkungen in anderen Normen vgl. § 20 Abs. 3 Satz 1 Nr. 2). 41

## C. Verantwortliche ärztliche Person nach Nr. 5

### I. Systematische Bedeutung

Dem Begriff der verantwortlichen ärztlichen Person kommt im GenDG eine zentrale Bedeutung zu. Nach der gesetzgeberischen Zielsetzung soll dabei insbesondere sichergestellt werden, dass für die Probanden klare organisatorische Strukturen zur Wahrung ihrer Rechte und Interessen und eine kompetente Betreuung gewährleistet werden (vgl. BR-Drs. 633/08, S. 48, 56). Der Begriff wird in folgenden Regelungszusammenhängen verwendet: 41a
– Arztvorbehalt nach § 7 Abs. 2
– Einwilligung und ihr Widerruf nach § 8
– Durchführung und Dokumentation der Aufklärung nach § 9
– Veranlassung und Dokumentation der genetischen Beratung nach § 10 Abs. 1
– Mitteilung genetischer Untersuchungsergebnisse nach § 11 Abs. 1
– Aufbewahrung und Vernichtung von genetischen Untersuchungsergebnissen und Proben nach §§ 12 und 13.

Der Begriff der verantwortlichen ärztlichen Person ist von folgenden ebenfalls im Gesetz verwendeten, aber nicht in § 3 definierten Begriffen abzugrenzen (vgl. auch Kern/*Kern*, § 7 Rn. 18): 41b
– der ärztlichen Person (vgl. § 11 Abs. 2)
– die Ärztin oder der Arzt, die oder der die Beratung angeboten oder vorgenommen hat (vgl. § 10 Abs. 4) bzw. die Ärztin oder der Arzt, die oder der die genetische *Beratung* durchgeführt hat (vgl. § 11 Abs. 1)
– die für die *Vornahme der Untersuchung nach § 17 verantwortliche Person* (vgl. § 17 Abs. 1 Satz 2, Abs. 8 Satz 3)

Der Formulierung der ärztlichen Person ist als bedeutungsgleich mit dem Begriff der verantwortlichen ärztlichen Person i.S.d. § 3 Nr. 5 auszulegen und hat insoweit keine eigenständige Bedeutung (vgl. § 11 Rdn. 13a). 41c

Die ärztliche Person, die die genetische Beratung vorgenommen hat (vgl. § 10 Abs. 4: »die Ärztin oder der Arzt, die oder der die Beratung angeboten oder vorgenommen hat« bzw. § 11 Abs. 1: »die Ärztin oder den Arzt, die oder der die genetische *Beratung* durchgeführt hat«), werden im GenDG 41d jeweils nur einmalig in Bezug genommen. Ihre Bedeutung ergibt sich aus dem jeweiligen Regelungszusammenhang (vgl. § 10 Rdn. 14 und § 11 Rdn. 13b und 14a). Sie ist nur dann verantwortliche ärztliche Person, wenn die Voraussetzungen des § 3 Nr. 5 erfüllt sind (vgl. insb. Rdn. 41a und § 11 Rdn. 13a; a.A. Kern/*Kern*, § 7 Rn. 18, der nicht die beiden Formulierungsvarianten in § 11 Abs. 1 unterscheidet).

41e Der Begriff der für die Vornahme der Untersuchung nach § 17 verantwortlichen Person (vgl. § 17 Abs. 1 Satz 2, Abs. 8 Satz 3) ist nur im Zusammenhang von genetischen Untersuchungen zur Klärung der Abstammung nach § 17 relevant. Er wird nicht vom Begriff der verantwortlichen ärztlichen Person nach Nr. 5 erfasst, da derartige Untersuchungen definitionsgemäß nicht zu medizinischen Zwecken vorgenommen werden.

Die verantwortliche ärztliche Person ist nicht notwendigerweise auch Verantwortlicher i. S. d. Art. 4 Nr. 7 DSGVO (zum früheren Begriff der verantwortlichen Stelle i.S.d. § 3 Abs. 7 BDSG; AR/*Nebel*, § 8 GenDG Rn. 1).

### II. Begriffsbestimmung

41f Nach Nr. 5 ist verantwortliche ärztliche Person die Ärztin oder der Arzt, die oder der die genetische Untersuchung zu medizinischen Zwecken vornimmt. Der Begriff knüpft die Verantwortlichkeit an die Vornahme der genetischen Untersuchung an (BR-Drs. 633/08 S. 38). Die Begriffsbestimmung ist unter Berücksichtigung des § 7 Abs. 2 auszulegen, wonach die genetische Analyse einer genetischen Probe nur im Rahmen einer genetischen Untersuchung *von der verantwortlichen ärztlichen Person* oder durch von *dieser* beauftragte Personen oder Einrichtungen vorgenommen werden darf. Um in der systematischen Zusammenschau eine widerspruchsfreie Auslegung zu gewährleisten, ist daher davon auszugehen, dass der Begriff der Vornahme i.S.d. § 3 Nr. 5 nicht notwendigerweise die tatsächliche Durchführung der genetischen Untersuchung verlangt, sondern vielmehr maßgeblich ist, wer die Untersuchung veranlasst und insoweit die organisatorische Verantwortung übernimmt. Vgl. auch *Heidemann/Schillhorn*, § 3 Rn. 28 ff.; Kern/*Hahn/Schwarz*, § 3 GenDG Rn. 28).

41g Soweit die Rolle der verantwortlichen ärztlichen Person von verschiedenen ärztlichen Personen beansprucht wird, ist aus rechtlicher Sicht maßgeblich, wer i.S.d. GenDG die genetische Untersuchung organisatorisch verantwortet und vor diesem Hintergrund als maßgeblicher Ansprechpartner der untersuchten bzw. ratsuchenden Person einzustufen ist. Es dürfte in der Regel angemessen sein, wenn diese zunächst untereinander Einigung darüber erzielen, wer diese Rolle i.S.d. GenDG übernehmen soll (*Schillhorn/Heidemann*, § 11 GenDG Rn. 12). In diesem Zusammenhang ist auch die 5. Mitteilung der Gendiagnostik-Kommission zur Vertretungsregelung bei der Ergebnismitteilung zu beachten, wonach die untersuchte Person der ärztlichen Person, die die Untersuchung vorgenommen hat, die Einwilligung erteilen kann, dass ihr das Untersuchungsergebnis auch durch eine andere gleich kompetente Person mitgeteilt werden kann.

### D. Genetische Untersuchungen zu medizinischen Zwecken nach Nr. 6

42 Die Nr. 6 bis 9 enthalten Spezifizierungen des Begriffs der genetischen Untersuchungen zu medizinischen Zwecken. Nach Nr. 6 ist bei diesen genetischen Untersuchungen zwischen Untersuchungen zu diagnostischen (Nr. 7) und solchen zu prädiktiven Zwecken (Nr. 8) zu unterscheiden. In Nr. 9 werden die genetischen Reihenuntersuchungen als besondere Form der genetischen Untersuchung zu medizinischen Zwecken definiert.

43 Bis auf die pharmakogenetischen Untersuchungen nach Nr. 7 Buchst. c setzen alle der in den Nr. 7 und 8 unterschiedenen Arten der genetischen Untersuchungen zu medizinischen Zwecken voraus, dass die Untersuchung auf die Feststellung oder Vorhersage einer Erkrankung oder gesundheitlichen Störung gerichtet ist.

Im Gesetz und der gesetzgeberischen Begründung finden sich keine näheren Bestimmungen zum Begriff der **Erkrankung** (vgl. aber § 26 Abs. 2 Nr. 1 Buchst. a zur Verpflichtung der Gendiagnostik-Kommission, Richtlinien für die Beurteilung genetischer Eigenschaften hinsichtlich ihrer Bedeutung für Erkrankungen oder gesundheitliche Störungen zu erstellen). Begriffsbestimmungen aus anderen Rechtsbereichen (wie etwa der sozialversicherungsrechtliche Krankheitsbegriff, vgl. m.w.N. *Höfler*, in: Kasseler Kommentar Sozialversicherungsrecht, 2009, § 27 SGB V, Rn. 9) können wegen der spezifischen Zielsetzungen des GenDG nicht ohne Weiteres übernommen werden. Maßgeblich dürfte wohl der medizinische Krankheitsbegriff sein, wonach Krankheit als eine Störung der Lebensvorgänge in Organen oder dem gesamten Organismus mit der Folge von subjektiv empfundenen oder objektiv feststellbaren körperlichen, geistigen oder seelischen Veränderungen definiert wird (vgl. *Pschyrembel*, Klinisches Wörterbuch, Stichwort »Krankheit«; auch *Lanzerath*, Krankheit und ärztliches Handeln – Zur Funktion des Krankheitsbegriffs in der medizinischen Ethik, S. 255 f.). Dazu gehören insbesondere auch Suchterkrankungen und psychische Gesundheitsstörungen. 44

Auf die **Behandelbarkeit oder die Behandlungsbedürftigkeit** dürfte es anders als im Krankenkassenrecht nach SGB V im Kontext des GenDG nicht ankommen (vgl. auch BSGE 14, 207, 211 zum Krankheitsbegriff in § 8 SGB II). Vielmehr soll nach der gesetzgeberischen Zielsetzung gerade auch die Feststellung von genetischen Veranlagungen zu Erkrankungen erfasst werden, die zum Zeitpunkt der Untersuchung unbehandelbar sind. Für ein solch weites Verständnis spricht auch der Umstand, dass nach anderen Regelungen im GenDG ausdrücklich eine Unterscheidung zwischen behandelbaren und nicht behandelbaren Erkrankungen gemacht wird (vgl. § 10 Abs. 1 Satz 2, Abs. 3 Satz 4, § 16 Abs. 1). Ein entsprechendes Verständnis liegt u.a. auch der Richtlinie der Gendiagnostik-Kommission (GEKO) für die Beurteilung genetischer Eigenschaften gem. § 23 Abs. 2 Nr. 1a GenDG i.d.F. vom 25.05.2021 zugrunde (vgl. dort v.a. die Ausführungen unter IV.2.1.2.). 44a

Ausgehend von diesem weitem Begriffsverständnis gelten auch Untersuchungen zur Ermittlung der Wahrscheinlichkeit von **Behinderungen** des Embryos oder Fötus als Form der vorgeburtlichen Risikoabklärung (zur Frage der Zulässigkeit entsprechender genetischer Reihenuntersuchungen vgl. § 16 Rdn. 24 und 31). Nach § 2 Abs. 1 Satz 1 SGB IX sind Menschen behindert, wenn ihre körperliche Funktion, geistige Fähigkeit oder seelische Gesundheit mit hoher Wahrscheinlichkeit länger als 6 Monate von dem für das Lebensalter typischen Zustand abweichen und daher ihre Teilhabe am Leben in der Gesellschaft beeinträchtigt ist. 45

Nicht erfasst werden hingegen Untersuchungen, die keinen Bezug zu medizinischen Zwecken aufweisen (so genannte Life-Style-Tests, etwa auf Lebenserwartung, Musikalität oder die sexuelle Orientierung, vgl. auch Rdn. 64; anders bei genetischen Untersuchungen nach Nr. 1, Rdn. 9). § 15 Abs. 1 Satz 1 enthält allerdings eine Regelung, die die Zulässigkeit im Rahmen von vorgeburtlichen genetischen Untersuchungen auf Untersuchungen zu medizinischen Zwecken beschränkt. Zur Kritik vgl. *Vossenkuhl*, Der Schutz genetischer Daten, S. 127 ff. 46

### I. Systematische Einordnung

Der Begriff der genetischen Untersuchung zu medizinischen Zwecken bestimmt maßgeblich den Anwendungsbereich nach § 2. Besondere Regelungen zu diesen Untersuchungen finden sich in Abschnitt 2. 47

Die genetischen Untersuchungen zu medizinischen Zwecken stellen eine Untergruppe der genetischen Untersuchungen i.S.d. Nr. 1 dar. Auch im nicht-medizinischen Bereich lassen sich Untersuchungen zur Vorhersage zukünftiger und zur Feststellung bestehender Manifestationen, bzw. zur Ermittlung der Verursachung bereits festgestellter Manifestationen unterscheiden (vgl. auch § 2 Rdn. 24 ff.). Genetische Untersuchungen, die nicht medizinischen Zwecken i.S.d. Nr. 6 bis 8 dienen, unterliegen als genetische Untersuchungen i.S.d. Nr. 1 der Geltung des GenDG u.a. im 48

Versicherungsbereich und Arbeitsleben (vgl. § 2 Abs. 1, insofern missverständlich BR-Drs. 633/08, S. 39).

49 Zudem kann der Umgang mit den Ergebnissen genetischer Untersuchungen über den Begriff der genetischen Eigenschaft dem Regime des GenDG unterstellt sein (vgl. § 2 Rdn. 3; § 4 Rdn. 21, 33 f., 39; § 21, Rdn. 9). Dies gilt etwa im Hinblick auf die Ergebnisse transplantationsmedizinischer Untersuchungen zur HLA-Typisierung im Rahmen der Organvermittlung, vgl. auch § 2 Rdn. 29 und § 3 Rdn. 55, § 4 Rdn. 74 (anders BR-Drs. 633/08, S. 39; s. auch *Schillhorn/Heidemann*, § 3 GenDG Rn. 22).

### II. Diagnostische genetische Untersuchung nach Nr. 7

50 Nach Nr. 7 werden bei diagnostischen genetischen Untersuchungen vier Typen unterschieden:

#### 1. Abklärung einer bereits bestehenden Erkrankung oder gesundheitlichen Störung (Buchst. a)

51 Nr. 7 Buchst. a erfasst die Fälle, in denen durch die genetische Untersuchung festgestellt werden soll, ob bestimmte genetische Eigenschaften allein oder zusammen mit anderen Risikofaktoren für das Auftreten einer bereits manifesten Erkrankung oder gesundheitlichen Störung ursächlich oder mitursächlich sind (BR-Drs. 633/08, S. 39). Untersuchungen dieser Art können dazu dienen, eine bestimmte Erkrankung mithilfe der im Rahmen der Diagnostik ermittelten Befundlage erstmals zu diagnostizieren oder die Ursache einer bereits diagnostizierten Erkrankung im Rahmen der **Differenzialdiagnostik** zu ermitteln. Zur Bedeutung derartiger Untersuchungen in Haftungsprozessen s. § 2 Rdn. 25 f., § 4 Rdn. 70, 77.

52 Im medizintherapeutischen Bereich wird mithilfe von genetischen Untersuchungen die Ursache für eine bereits diagnostizierte Krankheit ermittelt oder bestätigt, um eine gezieltere und optimierte Behandlung zu ermöglichen (vgl. etwa Botschaft zum Schweizer Bundesgesetz über genetische Untersuchungen beim Menschen (GUMG), 02.065, S. 7361 (7407) zu Art. 10 GUMG; Büro für Technikfolgenabschätzung beim Deutschen Bundestag, Bericht »Stand und Perspektiven« (2000), BT-Drs. 14/4656, S. 45 ff.: »Ex-post-Analysen«). Sofern es sich nämlich im Einzelfall um eine genetisch bedingte Ausprägung einer Krankheit handelt, bedarf es möglicherweise ganz anderer Therapiemaßnahmen als bei überwiegend von Umwelteinflüssen hervorgerufenen Krankheitsausprägungen (Botschaft zum Schweizer Bundesgesetz über genetische Untersuchungen beim Menschen [GUMG], 02.065, S. 7370 f.).

53 Den medizinisch vermutlich bislang konkretesten Nutzen hat die Gendiagnostik bislang im Bereich der Differenzialdiagnose bakterieller Infektionen (Erregerdiagnostik) bekommen. Aber auch bei der Diagnose von Krebserkrankungen können genetische Untersuchungen sinnvoll eingesetzt werden. Gerade diese Formen sind jedoch nicht vom GenDG erfasst (vgl. Rdn. 8 und Rdn. 39).

#### 2. Abklärung genetischer Anfälligkeiten (Suszeptibilitäten) (Buchst. b)

54 Nr. 7 Buchst. b erfasst Untersuchungen zur Abklärung genetischer Anfälligkeiten (Suszeptibilitäten) unabhängig davon, ob eine Erkrankung oder gesundheitliche Störung bereits besteht (vgl. BR-Drs. 633/08, S. 39). Die Besonderheit der Feststellung von solchen Anfälligkeiten besteht darin, dass in diesen Fällen nicht nur ein bestimmtes körperliches Merkmal, sondern die Kombination von einem körperlichen Merkmal (z.B. sog. »**Suszeptibilitätsgen**«, »Empfindlichkeitsgen« oder »Anfälligkeitsgen«) und einem bestimmten Umfeldfaktor zum Anknüpfungspunkt für die Bewertung des Erkrankungsrisikos gewählt wird. Beispiele für solche Suszeptibilitäten sind genetisch bedingte erhöhte Empfindlichkeiten gegenüber Schadstoffen (z.B. in der Industrie) oder genetisch bedingte Allergien (z.B. gegen Staub oder Schadstoffe in der Luft, etwa Mehlstauballergien bei Bäckern oder Nickelallergien bei Friseuren, oder besondere Strahlenempfindlichkeiten bei Atomkraftwerksmitarbeitern, vgl. BR-Drs. 633/08 S. 39, auch *Hofmann*, Rechtsfragen der Genomanalyse, S. 154).

Die Einordnung einer Untersuchung als eine genetische Untersuchung i.S.d. Buchst. b setzt voraus, 55
dass die in Bezug genommene Erkrankung oder gesundheitliche Störung durch »**äußere Faktoren
oder Fremdstoffe**« mitverursacht ist. Zu solchen »äußeren Faktoren« dürften neben physikalischen
und chemischen Einwirkungen (mechanische Kräfte, allergene Stoffe, Elektrizität, Strahlen, Lärm,
Gifte) auch nicht-körperliche Einwirkungen, wie etwa psychische Belastungssituationen, zählen.
Untersuchungen auf mögliche Abstoßungsreaktionen, die nach der Implantation eines Spenderorgans auftreten können, sollen nach gesetzgeberischen Erläuterungen offenbar keine Untersuchungen i.S.d. Buchst. b sein (vgl. BR-Drs. 633/08, S. 39 zur HLA-Typisierung). Nach dem Wortlaut dürften Spenderorgane und Medizinprodukte aber ebenso wie etwa Allergien auslösende Stoffe
und Partikel unter den Begriff »äußere Faktoren oder Fremdstoffe« i.S.d. Vorschrift zu fassen sein
(a.A. Deutsche Gesellschaft für Humangenetik (GfH) und Berufsverband Deutscher Humangenetiker e. V. (BVDH), S 2-Leitlinie Humangenetische Diagnostik, medgen 2011, 23: 281 ff., Modul
Genetische Beratung, unter Punkt 1.2; *Schillhorn/Heidemann*, § 3 GenDG Rn. 22). Zur Kritik an
der Begriffsbestimmung vgl. *Vossenkuhl*, Der Schutz genetischer Daten, S. 124 f.

Die Abgrenzung zwischen diesen nach Nr. 7 Buchst. b als diagnostisch klassifizierten genetischen 56
Untersuchungen und den prädiktiven im Sinne von Nr. 8 dürfte häufig schwierig sein. Nach dem
gesetzgeberischen Willen sollen durch Nr. 7 Buchst. b offenbar nur Untersuchungen auf solche
Erkrankungen und gesundheitliche Störungen ausgenommen sein, die monokausal genetisch bedingt sind (z.B. Untersuchungen auf die Huntington-Krankheit, vgl. auch BR-Drs. 633/08, S. 40).
Die gesetzgeberische Entscheidung, die Abklärung von Suszeptibilitäten als diagnostische Untersuchung einzuordnen, wird in den gesetzgeberischen Erläuterungen mit der Annahme begründet,
dass mit diesen genetischen Eigenschaften in der Regel nur geringe prädiktive Werte verbunden
seien, sodass eine Zuordnung zu den prädiktiven genetischen Untersuchungen nicht angemessen
sei. Untersuchungen auf Veranlagungen zu **multifaktoriell bedingten Erkrankungen** werden nach
den gesetzgeberischen Erläuterungen grundsätzlich als diagnostische Untersuchungen (auf Suszeptibilitäten) eingeordnet (vgl. BR-Drs. 633/08, S. 40). Eine solche Einordnung ist allerdings dann
nicht überzeugend, wenn die Aussagen anhand sog. Suszeptibilitätsgene über sehr lange Zeiträume
erfolgen und damit neben der statistiktypischen auch die prognosetypische Aussageungenauigkeit
aufweisen (vgl. § 4 Rdn. 8 ff.).

### 3. Abklärung der Medikamentenverträglichkeit (Pharmakogenetik) (Buchst. c)

Ebenfalls dem diagnostischen Verwendungsbereich zugeordnet sind pharmakogenetische Unter- 57
suchungen, Nr. 7 Buchst. c (vgl. auch Richtlinie der Gendiagnostik-Kommission (GEKO) für die
Beurteilung genetischer Eigenschaften hinsichtlich ihrer Bedeutung für die Wirkung eines Arzneimittels bei der Behandlung gemäß § 23 Abs. 2 Nr. 1 Buchst. b in der Fassung vom 25.11.2016,
BGesundhBl. 2017–60: 472–475, unter III.). Diese Einordnung lässt sich damit rechtfertigen,
dass die Aussagen zur Medikamentenverträglichkeit in der Regel nur über verhältnismäßig kurze
Vorhersagezeiträume erfolgen und damit die prognosetypische Aussageungenauigkeit nur in einem
verhältnismäßig geringen Umfang aufweisen. Zur Kritik vgl. *Vossenkuhl*, Der Schutz genetischer
Daten, S. 124.

Ziel der Pharmakogenetik ist es, anhand bestimmter genetischer Veranlagungen Rückschlüsse 58
auf die Verträglichkeit und Wirksamkeit von Medikamenten beim Patienten zu treffen und auf
diese Weise eine **Optimierung der Arzneimitteltherapie** zu ermöglichen (vgl. auch BR-Drs. 633/
08, S. 40; vgl. auch *Dicolas*, DuD 2013, 143 ff.). Zukünftig könnten Diagnosecomputer aus der
Blutprobe eines Patienten ein genetisches Profil erstellen, aus dem sich ablesen ließe, welche der
verfügbaren Arzneien die besten Erfolgsaussichten bieten (vgl. auch *Stockter*, Verbot genetischer
Diskriminierung, S. 158).

Sofern die Gabe von bestimmten Medikamenten bei bestimmten genetischen Eigenschaften des 59
Patienten Erkrankungen oder gesundheitliche Störungen hervorrufen sollte, lassen sich Untersuchungen auf die entsprechenden genetischen Veranlagungen als Unterfall der Untersuchungen
i.S.d. Nr. 7 Buchst. b begreifen.

60 Nach § 23 Abs. 2 Nr. 1 Buchst. b hat die Gendiagnostik-Kommission eine Richtlinie für die Beurteilung genetischer Eigenschaften hinsichtlich ihrer Bedeutung für die Wirkung eines Arzneimittels bei der Behandlung erstellt (vgl. Richtlinie der Gendiagnostik-Kommission (GEKO) in der Fassung vom 25.11.2016, BGesundBl. 2017–60: 472–475). Die Richtlinie richtet sich an Ärztinnen und Ärzte, die eine genetische Untersuchung mit dem Zweck der Abschätzung der Wirksamkeit und Verträglichkeit der individuellen Arzneimitteltherapie durchführen. Diese schließt auch eine Ursachenabklärung bei Verdacht einer vorhandenen unerwünschten Arzneimittelwirkung oder nicht ausreichendem Ansprechen ein. Die Richtlinie dient nicht der Nutzenbewertung i.S.e. leistungsrechtlichen Bewertung genetischer Diagnostik zum Zweck des Nachweises pharmakogenetischer Eigenschaften.

#### 4. Abklärung genetischer Resistenzen (Buchst. d)

61 Nr. 7 Buchst. d erfasst genetische Untersuchungen, die – im Gegensatz zu Untersuchungen nach Buchst. b – der Zwecksetzung dienen, bei dem Probanden genetische Eigenschaften zu ermitteln, die ursächlich oder mitursächlich dafür sind, dass eine mögliche Erkrankung oder gesundheitliche Störung nicht auftritt, z.B. bei Resistenz gegen das HI-Virus (BR-Drs. 633/08, S. 40, BT-Drs. 16/10582, S. 2). Zur Unschärfe des Begriffs vgl. *Vossenkuhl*, Der Schutz genetischer Daten, S. 125 f.

62 Die eindeutige Zuordnung einer Untersuchung als Abklärung von genetischen Resistenzen i.S.d. Buchst. d wird häufig nicht möglich sein, da aufgrund der **Multifunktionalität der Gene** ein und dasselbe Merkmal in bestimmten Konstellationen eine risikoerhöhende, in anderen eine risikosenkende Wirkung haben kann. Ein Beispiel ist die Doppelfunktionalität einer Genmutation, deren homozygotes Vorliegen Krankheiten des Hämoglobin, insbesondere die Sichelzellenanämie, hervorruft, im heterozygoten Zustand jedoch mit einer erhöhten Resistenz gegen Malaria in Verbindung gesetzt wird (vgl. *Schöffski*, Gendiagnostik: Versicherung und Gesundheitswesen, S. 35). Zum prädiktiven Charakter dieser Untersuchungen vgl. BR-Drs. 633/08 (Beschluss), S. 7 f., BT-Drs. 16/10 582, S. 2.

### III. Prädiktive genetische Untersuchung nach Nr. 8

#### 1. Systematische Einordnung

63 Das GenDG enthält für prädiktive genetische Untersuchungen (zu medizinischen Zwecken) i.S.d. Nr. 8 spezifische Regelungen im Hinblick auf den Arztvorbehalt (§ 7 Abs. 1, 2. Alt.) und die genetische Beratung (§ 10 Abs. 2). Im Übrigen gelten auch für prädiktive genetische Untersuchungen die Regelungen für genetische Untersuchungen zu medizinischen Zwecken.

64 Zur Zulässigkeit prädiktiver Untersuchungen (zu medizinischen Zwecken) im Versicherungsbereich und im Arbeitsleben finden sich in den §§ 18 ff. spezielle Regelungen. Für nicht-medizinische genetische Untersuchungen (z.B. sog. Life-Style-Tests, vgl. § 3 Rdn. 9) zu Vorhersagezwecken gelten die allgemeinen Regelungen. Im Bereich des Arbeitslebens sind sie verboten (vgl. § 19 Rdn. 6).

#### 2. Begriffsbestimmung

65 Der Begriff der prädiktiven genetischen Untersuchung nach Nr. 8 Buchst. a setzt nicht voraus, dass die Feststellung der untersuchten genetischen Veranlagung Prognosen über den Eintritt einer bestimmten Krankheitsmanifestation mit einer bestimmten Manifestationswahrscheinlichkeit (**Penetranz** – zum Begriff vgl. § 4 Rdn. 61) erlaubt (insofern missverständlich BR-Drs. 633/08, S. 40: »mit erhöhter oder mit an Sicherheit grenzender Wahrscheinlichkeit«). Vielmehr werden sowohl prädiktiv-deterministische als auch prädiktiv-probabilistische Untersuchungen erfasst (BR-Drs. 633/08, S. 40 – zur sog. klinischen Validität einer genetischen Untersuchung im Rahmen des sogenannten ACCE-(Analytical validity, Clinical validity, Clinical utility, and Ethical, legal and social implications)-Evaluationsmodells vgl. Richtlinie der Gendiagnostik-Kommission (GEKO) für die Beurteilung genetischer Eigenschaften gem. § 23 Abs. 2 Nr. 1a GenDG i.d.F. vom 25.05.2021,

unter IV.1.). Als Beispiele werden in den gesetzgeberischen Erläuterungen der familiäre Brustkrebs und die Huntingtonkrankheit genannt.

Auch hinsichtlich des Zeitraums bis zur angenommenen Manifestation trifft Nr. 8 keine Vorgaben. Nach dem Wortlaut und der Systematik der Begriffsbestimmungen in Nr. 7 und 8 gelten vielmehr alle genetischen Untersuchungen i.S.d. Nr. 1, die Aussagen über die Wahrscheinlichkeit zukünftiger Krankheitsmanifestationen erlauben, als prädiktive Untersuchungen, unabhängig davon, ob die Manifestation der betreffenden Erkrankung oder gesundheitlichen Störung für die nahe Zukunft vorhergesagt wird oder erst für »ein späteres Lebensstadium« (vgl. BR-Drs. 633/08, S. 40) vermutet wird. 66

Nach Nr. 8 Buchst. b sind auch Untersuchungen auf eine **Anlageträgerschaft**, die Aussagen über die Erkrankungswahrscheinlichkeit möglicher Nachkommen erlauben, prädiktive genetische Untersuchungen. Insofern kann eine prädiktive genetische Untersuchung auch zu dem Zweck erfolgen, Aussagen über die Erkrankungswahrscheinlichkeit eines noch nicht geborenen Dritten vorzunehmen (vgl. Nr. 8 Buchst. b). **Präkonzeptionelle Untersuchungen**, die unmittelbar an dem extrakorporal erzeugten Embryo vorgenommen werden, sind allerdings nicht vom GenDG erfasst (vgl. § 2 Rdn. 10). Untersuchungen über die Erkrankungswahrscheinlichkeit von Vorfahren (z.B. Elternteilen) sind von Nr. 8 Buchst. a erfasst. 67

Aufgrund der spezielleren Regelung der Nr. 7 Buchst. b werden Untersuchungen auf Erkrankungen, an deren Manifestation äußere Faktoren im Sinne von Nr. 7 Buchst. b maßgeblich beteiligt sind, wie z.B. Untersuchungen auf **multifaktoriell bedingte Erkrankungen**, nicht als prädiktive Untersuchungen eingeordnet (vgl. Rdn. 54). 68

### IV. Genetische Reihenuntersuchung nach Nr. 9

Genetische Reihenuntersuchungen sind nach der Begriffsbestimmung des § 3 Nr. 9 genetische Untersuchungen zu medizinischen Zwecken, die ohne gendiagnostische Indikation (vgl. Rdn. 74 ff.) systematisch angeboten werden (vgl. Rdn. 81 ff.). Vgl. zur Begriffsbestimmung auch Richtlinie der Gendiagnostik-Kommission (GEKO) für die Anforderungen an die Durchführung genetischer Reihenuntersuchungen gem. § 23 Abs. 2 Nr. 6 GenDG i.d.F. vom 26.06.2020, BGesundBl. 2020, 63, S. 1311, unter II.1. 69

#### 1. Systematische Einordnung

Besondere, genetische Reihenuntersuchungen betreffende Regelungen finden sich im GenDG unter anderem in § 9 Abs. 2 Nr. 6 (besondere Anforderungen an die Aufklärung), § 16 (besondere Anforderungen an die Zulässigkeit des Testangebots) und § 23 Abs. 2 Nr. 6 und Abs. 3 (Richtlinienkompetenz der Gendiagnostik-Kommission). 70

Als Reihenuntersuchungen i.S.d. § 3 Nr. 9 dürften vor allem systematisch angebotene **prädiktive genetische Untersuchungen** i.S.d. § 3 Nr. 8 (einschließlich Untersuchungen auf Anlageträgerschaften nach § 3 Nr. 8 Buchst. b), vgl. auch BR-Drs. 633/08, S. 41, 65 und Richtlinie der Gendiagnostik-Kommission (GEKO) für die Beurteilung genetischer Eigenschaften gem. § 23 Abs. 2 Nr. 1a GenDG i.d.F. vom 25.05.2021, unter IV.2.2) in Betracht kommen. Bei diagnostischen genetischen Untersuchungen i.S.d. § 3 Nr. 7 dürfte in der Regel eine Indikation in Form eines abzuklärenden Symptombildes vorliegen, was nach der Begriffbestimmung des § 3 Nr. 9 eine Kategorisierung als genetische Reihenuntersuchung ausschließt (vgl. Rdn. 75 ff.). 71

#### 2. Begriffsbestimmung

In der Regel liegt bei einer genetischen Untersuchung eine **individuelle Motivation** (vgl. Rdn. 84 ff.) und eine gendiagnostische **Indikation** (vgl. Rdn. 78 ff.) zur Durchführung einer genetischen Untersuchung vor (BR-Drs. 633/08, S. 66). Vom Begriff der genetischen Reihenuntersuchung nach § 3 Nr. 9 werden hingegen im Wesentlichen alle genetischen Untersuchungen zu medizinischen 72

Zwecken erfasst, die möglichen Probanden ohne gendiagnostische Indikation systematisch angeboten werden (vgl. Richtlinie der Gendiagnostik-Kommission (GEKO) für die Anforderungen an die Durchführung genetischer Reihenuntersuchungen gem. § 23 Abs. 2 Nr. 6 GenDG i.d.F. vom 26.06.2020, BGesundBl. 2020, 63, S. 1311).

73 Die nach dem GenDG für genetische Untersuchungen zu medizinischen Zwecken vorgenommenen begrifflichen Spezifikationen gelten auch für genetische Reihenuntersuchungen (vgl. § 3 Rdn. 1 ff., Rdn. 42 ff.). Insbesondere ist Folgendes zu beachten:
– Nur Reihenuntersuchungen, die **gezielt** auf die Ermittlung von genetischen Eigenschaften i.S.d. § 3 Nr. 4 angelegt sind, gelten als genetische Reihenuntersuchungen (vgl. Wortlaut: »genetischen Eigenschaften, deren Vorhandensein mit der Untersuchung geklärt werden *soll*«). Reihenuntersuchungen, in deren Rahmen **gelegentlich** auch genetische Eigenschaften festgestellt werden können, gelten somit nicht als genetische Reihenuntersuchungen (zur entsprechenden Abgrenzung allgemein bei genetischen Untersuchungen: vgl. § 3 Rdn. 5, 28).
– Reihenuntersuchungen, bei denen genetische Eigenschaften zu nicht-medizinischen Zwecken erhoben werden (z.B. im Rahmen von systematisch angebotenen **Life-Style-Tests**) fallen nicht unter den Begriff der genetischen Reihenuntersuchung nach § 3 Nr. 9 (vgl. § 3 Rdn. 9).
– Reihenuntersuchungen auf nach der Geburt entstandene genetische Merkmale (z.B. aufgrund von **nicht ererbten Krebserkrankungen**) werden ebenfalls nicht vom Begriff der genetischen Reihenuntersuchung nach § 3 Nr. 9 erfasst (vgl. § 3 Rdn. 8).

### a) Anlassunabhängigkeit der Reihenuntersuchung

74 Reihenuntersuchungen (Screenings) sind Suchtests zur Erfassung eines klinisch symptomlosen Krankheitsstadiums. Nach der international gültigen Definition von Screening (s. US Commission on Chronic Illness) versteht man unter einem Screening das Testen auf Erkrankungen oder ihre Prädisposition in einer definierten Population zu einem Zeitpunkt, zu dem sich das Individuum **klinisch noch gesund fühlt**, mit dem Zweck, durch frühzeitiges Erkennen und Behandeln Morbidität und Mortalität zu verringern (vgl. BR-Drs. 633/08, S. 41, Richtlinie der Gendiagnostik-Kommission (GEKO) für die Anforderungen an die Durchführung genetischer Reihenuntersuchungen gem. § 23 Abs. 2 Nr. 6 GenDG i.d.F. vom 26.06.2020, BGesundBl. 2020, 63, S. 1311). Dies unterscheidet sie von genetischen Untersuchungen zu medizinischen Zwecken, die aufgrund einer bestimmten Indikationslage vorgenommen werden.

#### aa) Fehlen eines hinreichenden Grundes für die Annahme der maßgeblichen genetischen Eigenschaft

75 Nach § 3 Nr. 9 setzt der Begriff der Reihenuntersuchung voraus, dass die jeweilige genetische Untersuchung zu medizinischen Zwecken angeboten wird, »**ohne** dass bei der jeweiligen betroffenen Person **notwendigerweise Grund zu der Annahme** besteht, sie habe die genetischen Eigenschaften, deren Vorhandensein mit der Untersuchung geklärt werden soll.« (vgl. auch Richtlinie der Gendiagnostik-Kommission (GEKO) für die Anforderungen an die Durchführung genetischer Reihenuntersuchungen gem. § 23 Abs. 2 Nr. 6 GenDG i.d.F. vom 26.06.2020, BGesundBl. 2020, 63, S. 1311, unter II.1., wonach Reihenuntersuchungen ein proaktives Herantreten an eine bestimmte Personengruppe oder die gesamte Bevölkerung voraussetzen, ohne dass die Auswahl der Personengruppe aufgrund medizinischer Vorbefunde erfolgt).

76 Umgekehrt handelt es sich **nicht um eine genetische Reihenuntersuchung** i.S.d. § 3 Nr. 9, wenn ein hinreichender Grund für die Annahme vorliegt, dass die betreffende Person die maßgebliche genetische Eigenschaft aufweist, etwa aufgrund einer bestimmten Symptomatik und einer bestimmten Krankheitsbiographie des Probanden. In diesen Fällen wird die genetische Untersuchung zur Ermittlung bzw. Bestätigung einer bestimmten Diagnose verwendet. Vgl. zum Begriff der gendiagnostischen Indikation im Einzelnen: Rdn. 78 ff.

Als Untersuchungen, bei denen grundsätzlich nicht Grund zu der Annahme besteht, die untersuchten Personen hätten die gesuchte genetische Eigenschaft, kommen insbesondere folgende Tests in Betracht: 77
– das bereits etablierte **Neugeborenen-Screening**, mit dem auf Genprodukt-Ebene auf behandelbare Stoffwechselerkrankungen wie Phenylketonurie und andere untersucht wird (vgl. BR-Drs. 633/08, S. 41 und 65 – zur parlamentarischen Erörterung der Frage, dieses Screening aus dem Anwendungsbereich des GenDG herauszunehmen: BR-Drs. 633/08 – Beschluss, S. 5 f., 11 ff.; BT-Drs. 16/10582, S. 2 f.),
– genetische Reihenuntersuchungen, mit denen bei Gruppen oder Populationen **mit durchschnittlichem oder leicht erhöhtem Krankheitsrisiko** nach Risikopersonen mit Krankheitsveranlagungen (z.B. Fettstoffwechselstörungen, Thromboseneigung oder Eisenspeicherkrankheit) gesucht wird (vgl. BR-Drs. 633/08, S. 41 und 66) und
– genetische Reihenuntersuchungen auf **Anlageträger für rezessive Erkrankungen** (z.B. ß-Thalassämie, zystische Fibrose) (vgl. BR-Drs. 633/08, S. 41).

### bb) Begriff der gendiagnostischen Indikation

Die Annahme einer genetischen Reihenuntersuchung ist dementsprechend ausgeschlossen, wenn 78
eine **gendiagnostische Indikation** vorliegt. Der Begriff der gendiagnostischen Indikation wird im GenDG allerdings nicht definiert (vgl. auch Kern/*Kern*, vor §§ 14, 15, Rn. 3). Aus § 3 Nr. 9 lässt sich für die Annahme einer Indikation aber im Umkehrschluss die **Minimalvorgabe** entnehmen, dass bei der jeweiligen Person »notwendigerweise Grund zu der Annahme besteht, sie habe die genetischen Eigenschaften, deren Vorhandensein mit der Untersuchung geklärt werden soll.« Darüber hinaus dürften die Vorgaben insbesondere in Abhängigkeit von der Untersuchungsmethode und dem Anwendungsbereich unterschiedlich sein (zur gendiagnostischen Indikation im Zusammenhang mit vorgeburtlichen genetischen Untersuchungen vgl. Kern/*Kern*, vor §§ 14, 15, Rn. 3 f.). Das Vorliegen einer gendiagnostischen Indikation ist nicht nur hinsichtlich der Annahme einer Aufklärungsverpflichtung der ärztlichen Person im Sinne des Rechts auf Wissen der zu untersuchenden Person entscheidend (wie etwa im Zusammenhang mit der Diskussion, die im Hinblick auf vorgeburtliche genetische Untersuchungen bisher im Wesentlichen unter dem Schlagwort »Kind als Schaden« geführt wurde, vgl. Kern/*Kern*, vor §§ 14, 15, Rn. 3 f.; *Riedel*, Kind als Schaden – Die höchstrichterliche Rechtsprechung zur Arzthaftung für den Kindesunterhalt bei unerwünschter Geburt eines gesunden, kranken oder behinderten Kindes), sondern umgekehrt auch für die Annahme einer Aufklärungsberechtigung i.S.d. Sicherstellung des Rechts auf Nichtwissen (vgl. auch § 15 Rdn. 19 f.)

Zur näheren Bestimmung des Begriffs der gendiagnostischen Indikation können die entsprechenden **Leitlinien der Fachverbände** herangezogen werden. Zur Indikation für die Durchführung einer genetischen Beratung vgl. Deutsche Gesellschaft für Humangenetik (GfH) und Berufsverband Deutscher Humangenetiker e. V. (BVDH), S 2-Leitlinie Humangenetische Diagnostik, medgen 2011, 23: 281 ff., Modul Genetische Beratung, unter Punkt 2.1 »Indikation«: »Die Indikation zu einer genetischen Beratung ist gegeben, wenn Fragestellungen auftreten, die mit dem Auftreten oder der Befürchtung einer angeborenen und/oder genetisch (mit-)bedingten Erkrankung oder Behinderung zusammenhängen«; Bundesärztekammer, Richtlinien zur pränatalen Diagnostik von Krankheiten und Krankheitsdispositionen, DÄBl. 1998, A-3236 ff.; Bundesärztekammer, Richtlinien zur prädiktiven genetischen Diagnostik, DÄBl. 2003, A-1297 ff. 79

Grundsätzlich dürfte eine gendiagnostische Indikation etwa gegeben sein, wenn 80
– beim der möglichen Testperson bereits ein bestimmtes **Symptombild** vorliegt, zu dessen Abklärung genetische Untersuchungen beitragen können,
– signifikante Auffälligkeiten in der **Krankheitsbiographie seiner Familienangehörigen** vorliegen oder
– signifikant erhöhte **Krankheitswahrscheinlichkeiten in der ethnischen Gruppe** bestehen, der die mögliche Testperson angehört.

### b) Systematisches Testangebot

81 Zudem setzt der Begriff der genetischen Reihenuntersuchung nach § 3 Nr. 9 voraus, dass sie »systematisch der gesamten Bevölkerung oder bestimmten Personengruppen in der gesamten Bevölkerung angeboten wird«. Dies entspricht der Definition der Europäischen Gesellschaft für Humangenetik (ESHG) wonach jeder Test, der systematisch durchgeführt wird, um eine erbliche Erkrankung, deren Disposition oder Anlageträger für solche Erkrankungen frühzeitig zu entdecken oder auszuschließen, eine genetische Reihenuntersuchung ist (vgl. BR-Drs. 633/08, S. 41). Kennzeichnend für genetische Reihenuntersuchungen ist daher ein **systematisches Vorgehen (Programmcharakter)**, bei dem es darum geht, nach eindeutig festgelegten und verbindlichen Abläufen alle Personen der Zielpopulation zu adressieren und nach erfolgter individueller Einwilligung zu untersuchen. (vgl. Richtlinie der Gendiagnostik-Kommission (GEKO) für die Anforderungen an die Durchführung genetischer Reihenuntersuchungen gem. § 23 Abs. 2 Nr. 6 GenDG i.d.F. vom 26.06.2020, BGesundBl. 2020, 63, S. 1311, unter II.1.).

81a Werden die untersuchten Personen nicht systematisch durch die Zugehörigkeit zu einer definierten Zielpopulation, sondern zufällig im Rahmen einer anderen Behandlung oder einer Routineuntersuchung, bei der sich die Gelegenheit dazu ergibt, ausgewählt, so handelt es sich nicht um eine Reihenuntersuchung, sondern um ein **opportunistisches Screening**. Dieses kann durch einen Arzt oder die untersuchte Person selbst veranlasst werden. So ist etwa das Angebot einer nicht-invasiven pränatalen Untersuchung auf Chromosomenzahlabweichungen (Trisomien 13, 18 und 21) beim Feten mit einer individuellen vorherigen Feststellung der vorliegenden medizinischen oder psychologischen Indikation bei der Schwangeren verbunden und stellt daher keine genetische Reihenuntersuchung im Sinne dieser Richtlinie dar (vgl. Richtlinie der Gendiagnostik-Kommission (GEKO) für die Anforderungen an die Durchführung genetischer Reihenuntersuchungen gem. § 23 Abs. 2 Nr. 6 GenDG i.d.F. vom 26.06.2020, BGesundBl. 2020, 63, S. 1311, unter II.1.).

#### aa) Systematisches Testangebot ohne gendiagnostische Indikation i.S.d. § 3 Nr. 9

82 Unter welchen Umständen von einem **systematischen Testangebot** ohne gendiagnostische Indikation auszugehen ist, ist weder im GenDG noch in den dazugehörigen gesetzgeberischen Begründungen näher erläutert. Nach der Auslegung der Gendiagnostik-Kommission (GEKO) ist von einem systematischen Testangebot nur dann auszugehen, wenn das Testangebot auf Grundlage einer gesetzlichen Regelung erfolgt, bei dem nicht eine individuelle Motivation im Vordergrund steht (vgl. Gendiagnostik-Kommission (GEKO), Tätigkeitsbericht 2012, S. 26; vgl. auch *Cramer*, MedR 2013, 763 [766]).

82a Anhaltspunkte für eine derartige Beschränkung des Begriffs des systematischen Angebots lassen sich allerdings der gesetzlichen Regelung im GenDG nicht entnehmen. Zwar ist als Beispiel für eine genetische Reihenuntersuchung in der gesetzgeberischen Begründung das **Neugeborenenscreening** genannt (vgl. BR-Drs. 633/08, S. 41), das seine rechtliche Grundlage in den Richtlinien des »*Gemeinsamen Bundesausschusses der Ärzte und Krankenkassen* über die Früherkennung von Krankheiten bei Kindern bis zur Vollendung des 6. Lebensjahres (Kinder-Richtlinien)« findet. Jedoch ist nicht ersichtlich, warum nach dem GenDG als Reihenuntersuchungen lediglich Untersuchungen erfasst werden sollen, die auf **staatlicher Initiative** durchgeführt werden sollen. Gegen eine solche Beschränkung des Begriffs der genetischen Reihenuntersuchung spricht insbesondere der Umstand, dass auch auf privat(wirtschaftlich)er Initiative angestrebte Reihenuntersuchungen eine für die potenziellen Adressaten der Reihenuntersuchungen vergleichbare Gefährdungslage schaffen können. Vor dem Hintergrund der gesetzessystematischen Bedeutung dieses Begriffes, v. a. hinsichtlich des § 16, spricht daher viel dafür, dass durch den Begriff des Anbietens **jegliches nicht-indikationsbezogenes Angebot** durch die Normadressaten erfasst wird, das mögliche Probanden dazu veranlassen soll, sich erstmals mit der Frage auseinanderzusetzen, die entsprechende genetische Untersuchung vorzunehmen, und zwar unabhängig davon, ob sie dieses Angebot auf Grundlage einer gesetzlicher Grundlage (unklar insoweit: *Cramer*, MedR 2013, 763 [766]) oder aufgrund

einer Information im Rahmen einer privat(wirtschaftlich)en Kampagne erhalten. Unter Zugrundelegung dieses Verständnisses dürften zu den systematischen Testangeboten auch Testangebote zählen, die ohne gesetzliche Grundlage anlassunabhängig und indikationslos, möglicherweise auf Grundlage fachärztlicher Empfehlungen, unterbreitet werden, etwa in Form von:
– mündlicher Beratung gelegentlich eines aus einem anderen Anlass vorgenommenen Arztbesuchs (systematische nicht-indikationsbezogene Spontanberatung),
– anlassunabhängigen Einladungsschreiben oder Teilnahmeaufforderungen,
– Werbekampagnen zur Inspruchnahme, Werbung und Information im Wartezimmer oder im Internet.

### bb) Indikationsbezogene Testangebote

In Abgrenzung zum systematischen nicht-indikationsbezogenen Testangebot im Rahmen von Reihenuntersuchungen ergibt sich das Testangebot für die genetische Untersuchung mit gendiagnostischer Indikation (zum Begriff der gendiagnostischen Indikation vgl. Rdn. 78 ff.). Der Indikationsbegriff hat vor allem für die Bewertung der Zulässigkeit des Angebots von genetischen Untersuchungen zu medizinischen Zwecken Bedeutung (vgl. Vorbemerkungen zu §§ 7 ff., Rdn. 6 und § 16 Rdn. 10). 83

### cc) Testangebote auf Probandeninitiative

Von der Untersuchung auf ärztliche Initiative ist die Untersuchung auf **Probandeninitiative** (BR-Drs. 633/08. S. 66: »individuelle Motivation«) zu unterscheiden. Eine Untersuchung ist durch den Probanden veranlasst, wenn er sich von sich aus nach bestimmten Möglichkeiten der Untersuchung erkundigt. Die gezielte Frage nach einer bestimmten genetischen Untersuchung zu medizinischen Zwecken ist nicht erforderlich. Es dürfte eine Nachfrage des Probanden genügen, mit der er sich allgemein nach Möglichkeiten zur Feststellung einer bestimmten Krankheit erkundigt. 84

Ein Testangebot auf Probandeninitiative ist begrifflich ausgeschlossen, wenn die Entscheidung zur Vornahme der genetischen Untersuchungen im Rahmen von Reihenuntersuchungen aufgrund eines systematischen nicht-indikationsbezogenen Testangebots (vgl. Rdn. 82) oder durch einen indikationsbezogenen Untersuchungsvorschlag der verantwortlichen ärztlichen Person (vgl. Rdn. 83) veranlasst wurde. 85

Der Begriff des Testangebots auf Probandeninitiative ist wiederum von besonderer Bedeutung bei der Beurteilung der Zulässigkeit des Angebots von Untersuchungen ohne gendiagnostische Indikation, da nicht-indikationsbezogene Testangebote außer bei Reihenuntersuchungen nach § 16 nur auf Probandeninitiative zulässig sind. Die Durchführung von Untersuchungen auf Probandeninitiative unterliegt den allgemeinen Anforderungen für genetische Untersuchungen zu medizinischen Zwecken nach §§ 7 ff. 86

## E. Genetische Probe nach Nr. 10

### I. Systematische Einordnung

Die Regelung des Umgangs mit genetischen Proben ist nach § 1 eine Zielsetzung des GenDG. Der Begriff wird zur Bestimmung des Anwendungsbereichs in § 2 verwendet. Ausdrücklich in Bezug genommen wird der Begriff der genetischen Probe 86a
– in den Regelungen über die Voraussetzung der Entnahme von genetischen Proben, insb. der dafür erforderlichen Einwilligung und Aufklärung des Probanden (§ 8 Abs. 1 Satz 1; § 9 Abs. 2 Nr. 2 und Nr. 3; § 14 Abs. 1 und 2; § 17 Abs. 1 und 3),
– in den Regelungen zur Durchführung der genetischen Analyse und zum weiteren Umgang mit genetischen Proben nach der genetischen Analyse (§ 5 Satz 2 Nr. 3, § 7 Abs. 2; § 13, § 14 Abs. 3; § 17 Abs. 5 und Abs. 8 Satz 4; § 23 Abs. Nr. 4) sowie
– in den dazugehörigen Bußgeldvorschriften (§ 26 Abs. 1 Nr. 3 und 4, Abs. 3)

**86b** Zu beachten ist, dass bereits die Gewinnung von Proben als Datenverarbeitung i.S.d. Art. 4 Nr. 2 und 13 DSGVO einzuordnen ist (vgl. § 2 Rdn. 6, auch zum bisherigen Begriff der Datenerhebung nach § 3 Abs. 3 BDSG a.F.).

### II. Begriffsbestimmung

**86c** Als genetische Probe kann nach Nr. 10 grundsätzlich **jedes menschliche biologische Material** in Betracht kommen. Meist werden jedoch Blut oder andere zellhaltige Körperflüssigkeiten sowie Haut, Haare oder Gewebeproben für genetische Analysen verwendet (BT-Drs. 633/08, S. 41). Als genetische Probe dürfte nach der gesetzgeberischen Zielsetzung nicht nur das biologische Ausgangsmaterial einzuordnen sein, welches bei der untersuchten Person entnommen wurde, sondern auch die aus diesem Ausgangsmaterial gewonnenen Analysekomponenten, soweit diese ihrerseits wiederum für genetische Analysen verwendet werden können (*Schillhorn/Heidemann*, § 3 GenDG Rn. 59).

**86d** Maßgeblich für die Einordnung als genetische Probe i.S.d. Nr. 10 kommt es auf die **Verwendung zu Analysezwecken** an. Nach der gesetzlichen Begriffsbestimmung der Nr. 10 sind alle Substanzen, die bereits für eine genetische Analyse verwendet worden sind, gerade verwendet werden oder für eine solche Verwendung vorgesehen sind, als genetische Probe einzuordnen (BT-Drs. 633/08, S. 41). Genetisches Material, das zunächst zu ganz anderen Untersuchungszwecken oder ohne bestimmten Verwendungszweck gewonnen wurde und erst im Nachhinein zur Verwendung für eine genetische Analyse verwendet werden soll, ist ebenfalls eine genetische Probe i.S.d. Nr. 10 (BT-Drs. 633/08, S. 41, vgl. auch § 2 Rdn. 16).

## F. Genetische Daten nach Nr. 11

### I. Systematische Einordnung

**86e** Wie die Regelung des Umgangs mit genetischen Proben ist auch die Regelung mit genetischen Daten nach § 1 eine Zielsetzung des GenDG. Der Begriff wird zur Bestimmung des Anwendungsbereichs in § 2 verwendet. Genetische Daten werden danach insgesamt erfasst und nach Maßgabe des Gesetzes geschützt. (BT-Drs. 633/08, S. 41). Ausdrücklich in Bezug genommen wird der Begriff der genetischen Daten
- zur Bestimmung des Anwendungsbereichs in § 2,
- in § 18 Abs. 1 Nr. 2 und
- in den Straf- und Bußgeldvorschriften der § 25 Abs. 1 Nr. 5 und § 26 Abs. 1 Nr. 8.

**86f** Im GenDG werden zudem andere Begriffe verwendet, die das Bedeutungsfeld des Begriffs der genetischen Daten betreffen, insbesondere die Begriffe
- genetische Eigenschaften (§ 3 Nr. 4) und Erbinformationen (in der Begriffsbestimmung zu genetischen Eigenschaften § 3 Nr. 4) sowie
- Ergebnisse genetischer Untersuchungen (und Analysen).

**86g** In Abgrenzung zum Begriff der genetischen Daten erfasst der Begriff der **genetischen Eigenschaften** schon nach der Begriffsbestimmung der Nr. 11 neben den genetischen Daten auch solche genetischen Informationen, die nicht über eine genetische Untersuchung oder Analyse gewonnen wurden. Dementsprechend knüpft die Bestimmung des Begriffs genetische Eigenschaften in § 3 Nr. 4 auch nicht an den Begriff der genetischen Daten an, sondern an den der Erbinformationen. Der Begriff der genetischen Eigenschaften ist insoweit ein Oberbegriff zum Begriff der genetischen Daten.

**86h** Die Formulierung der **Ergebnisse genetischer Untersuchungen und Analysen** dürfte mit dem Begriff der genetischen Daten grundsätzlich bedeutungsgleich sein (vgl. § 19, der lediglich die Ergebnisse genetischer Untersuchungen in Bezug nimmt, im Vergleich zu der Formulierung in § 18, die ausdrücklich auch genetische Daten in Bezug nimmt – vgl. dazu § 19 Rdn. 11b). Wie der Begriff der genetischen Daten erfasst die Formulierung »Ergebnisse genetischer Untersuchungen« Informationen über genetische Indikatoren und Identifikationsmuster (vgl. Rdn. 86j).

Insgesamt ist die systematische Bedeutung des Begriffs der genetischen Daten bei der Bestimmung des Anwendungsbereichs nach § 2 beschränkt. Soweit dem Begriff der genetischen Eigenschaften bei der Auslegung des Gesetzes (etwa im Hinblick auf § 4) eine eigenständige Bedeutung beizumessen ist, regelt das Gesetz – trotz der Verwendung des Begriffs der genetischen Daten in § 2 – auch den Umgang mit genetischen Informationen, die keine genetischen Daten i.S.d. Nr. 11 sind (vgl. insoweit bereits zur entsprechenden Auslegung im Hinblick auf die Bestimmung des Anwendungsbereiches des GenDG durch den Begriff der genetischen Untersuchungen unter § 2 Rdn. 3, vgl. auch § 4 Rdn. 21, 33, 34 und § 21 Rdn. 9; dazu auch Kern/*Hahn*/*Schwarz*, § 3 GenDG Rn. 54).  86i

### II. Begriffsbestimmung

Nach Nr. 11 sind genetische Daten Daten über genetische Eigenschaften, die **durch eine genetische Untersuchung** oder die im Rahmen einer genetischen Untersuchung durchgeführte genetische Analyse gewonnen worden sind. Informationen über genetische Merkmale, die keine genetischen Eigenschaften darstellen, werden auch nicht vom insoweit engeren Begriff der genetischen Daten erfasst (zu Beschränkungen des Begriffs der genetischen Eigenschaften vgl. § 3 Rdn. 34 ff.). Vgl. auch Kern/*Hahn*/*Schwarz*, § 3 GenDG Rn. 54.  86j

Der Begriff erfasst sowohl Informationen über **genetische Indikatoren** (etwa im Rahmen von genetischen Untersuchungen zu medizinischen Zwecken nach den §§ 7 ff.) als auch über **genetische Identifikationsmuster** (etwa im Rahmen von Untersuchungen nach § 17, vgl. auch Rdn. 36 im Hinblick auf den Begriff der genetischen Eigenschaften nach § 3 Nr. 4). Datenschutzrechtlich sind sie vom Begriff der genetischen Daten i.S.d. Art. 4 Nr. 13 DSGVO erfasst (Nach früherer Rechtslage waren genetische Daten je nach Inhalt als personenbezogene Daten besonderer Art i.S.d. § 3 Abs. 9 BDSG a.F. einzustufen, vgl. Kern/*Hahn*/*Schwarz*, § 3 GenDG Rn. 54).  86k

### G. Beschäftigte nach Nr. 12

Beschäftigte i.S.d. GenDG sind alle in der Nr. 12 im Einzelnen aufgezählten Personen. Erfasst werden neben allen Arbeitnehmerinnen und Arbeitnehmern in der Privatwirtschaft und im öffentlichen Dienst auch Personen, denen aufgrund des SGB IX eine arbeitnehmerähnliche Stellung zukommt, insbesondere die in Werkstätten für behinderte Menschen Beschäftigten und Rehabilitanden sowie Personen, die Dienst im Rahmen eines freiwilligen sozialen oder ökologischen Jahres leisten (im Einzelnen vgl. auch *Diller*, in: Boecken, Düwell u.a., Kommentar Gesamtes Arbeitsrecht, § 3 GenDG Rn. 3). Auch Bewerber und Bewerberinnen um ein Beschäftigungsverhältnis sowie solche Personen, deren Beschäftigungsverhältnis bereits beendet ist, werden erfasst (BR-Drs. 633/08, S. 42; *Diller*, in: Boecken, Düwell u.a., Kommentar Gesamtes Arbeitsrecht, § 3 GenDG Rn. 3). Damit stimmt der Beschäftigtenbegriff mit dem in § 26 Abs. 8 BDSG überein (vgl. dazu auch BT-Drs. 18/11325, S. 99 zu § 22 Abs. 8; zur bis zum 25. Mai 2018 geltenden Rechtslage: § 3 Abs. 11 Nr. 1 bis 7 BDSG a.F.; AR/*Nebel* § 3 GenDG Rn. 6). Beamtinnen und Beamten, Richterinnen und Richter des Bundes sowie Soldatinnen und Soldaten sind jedoch nicht erfasst (vgl. insoweit § 22).  87

Das GenDG enthält keine eigenständige Begriffsbestimmung für den Begriff des Arbeitnehmers (zur Begriffsbestimmung in anderen Rechtsbereichen vgl. auch § 5 ArbGG; § 14, 23 KSchG; § 5 BetrVG; § 7 SGB IV; zu einzelnen Fallgruppen vgl. auch ErfK/*Franzen*, 15. Aufl. 2015, § 19 GenDG Rn. 1 f.) Nach der Systematik (vgl. § 22) setzt der Status eines Beschäftigten aber grundsätzlich ein **privatrechtlich geregeltes Beschäftigungsverhältnis** voraus. Daher sind **Beamtinnen und Beamte, Richterinnen und Richter sowie Soldatinnen und Soldaten** sowie andere Personen, die in einem öffentlich-rechtlichen Dienstverhältnis stehen, nicht vom Beschäftigtenbegriff der Nr. 12 erfasst. Zur Anwendbarkeit der Regelungen für Personen in öffentlich-rechtlichen Dienstverhältnissen, vgl. Vorbemerkungen §§ 19 ff., Rdn. 1; § 19 Rdn. 5; § 21 Rdn. 7; § 22 Rdn. 1.  88

### H. Arbeitgeber nach Nr. 13

89 Als Arbeitgeber werden in diesem Gesetz die natürlichen oder juristischen Personen oder rechtsfähige Personengesellschaften bezeichnet, die Personen nach Nr. 12 beschäftigen. Es genügt ein Arbeitnehmer zur Begründung der Arbeitgebereigenschaft (vgl. ErfK/*Franzen*, 15. Aufl. 2015, § 19 Rn. 3). Die Begriffsbestimmung berücksichtigt die Besonderheiten des Heimarbeitsverhältnisses sowie die Situation von Beschäftigten, die zur Arbeitsleistung an einen anderen Arbeitgeber überlassen werden, indem der entleihende Arbeitgeber neben dem die Beschäftigten überlassenden Arbeitgeber auch Arbeitgeber i.S.d. GenDG ist (BR-Drs. 633/08, S. 42). Im Fall der Arbeitnehmerüberlassung ist damit sowohl der Entleihende als auch der die Beschäftigten Überlassende Arbeitgeber i.S.d. GenDG (vgl. AR/*Nebel* § 3 GenDG Rn. 7; *Diller*, in: Boecken, Düwell u.a., Kommentar Gesamtes Arbeitsrecht, § 3 GenDG Rn. 3).

## § 4 Benachteiligungsverbot

(1) Niemand darf wegen seiner oder der genetischen Eigenschaften einer genetisch verwandten Person, wegen der Vornahme oder Nichtvornahme einer genetischen Untersuchung oder Analyse bei sich oder einer genetisch verwandten Person oder wegen des Ergebnisses einer solchen Untersuchung oder Analyse benachteiligt werden.

(2) Die Geltung von Benachteiligungsverboten oder Geboten der Gleichbehandlung nach anderen Vorschriften und Grundsätzen wird durch dieses Gesetz nicht berührt. Dies gilt auch für öffentlich-rechtliche Vorschriften, die dem Schutz bestimmter Personengruppen dienen.

### Übersicht

| | Rdn. |
|---|---|
| A. Einführung: Nutzungszwecke genetischer Eigenschaften | 1 |
| I. Nutzung genetischer Eigenschaften als Indikatoren | 2 |
| 1. Bewertungen des Einzelnen anhand von genetischen Veranlagungen als Typisierungen | 3 |
| 2. Verwendung genetischer Informationen zu Vorsagezwecken | 7 |
| a) Die besondere prognosetypische Aussageungenauigkeit | 8 |
| b) Meinungshafte Verselbstständigung personenbezogener Prognosen | 9 |
| c) Mangel an zeitnaher Überprüf- und Widerlegbarkeit | 10 |
| 3. Das Phänomen des gesunden Kranken | 11 |
| 4. Kritik an der Regelung des Benachteiligungsverbots des § 4 | 15 |
| II. Nutzung genetischer genetischer Eigenschaften als Identifikationsmuster | 17 |
| B. Anwendungsbereich | 21 |
| C. Regelungszwecke | 22 |
| I. Verhinderung von (sachlich nicht gerechtfertigten) Benachteiligungen | 22 |
| II. Verhinderung von Fehl- und Überbewertungen genetischer Untersuchungsergebnisse | 23 |
| III. Sicherstellung der Patientenautonomie, Recht auf Wissen und Nichtwissen | 25 |
| D. Systematische Einordnung | 26 |
| I. Rechtsrahmen | 26 |
| II. Verhältnis zu anderen Diskriminierungsverboten im deutschen Recht (Abs. 2) | 27 |
| III. Verhältnis des § 4 GenDG gegenüber den anderen datenschutzrechtlichen Regelungen des GenDG | 31 |
| IV. Verhältnis der Benachteiligungsverbote des § 4 GenDG untereinander, Verhältnis zu § 21 | 33 |
| E. Regelungsgehalt | 35 |
| I. Normadressaten | 35 |
| II. Geschützter Personenkreis | 36 |
| III. Erfasste Diskriminierungskriterien | 38 |
| 1. Genetische Eigenschaften (Abs. 1, 1. Alt.) | 39 |
| 2. Vornahme oder Nichtvornahme einer genetischen Untersuchung oder Analyse (Abs. 1, 2. Alt.) | 43 |
| 3. Ergebnisse einer genetischen Untersuchungen oder Analyse (Abs. 1, 3. Alt.) | 44 |
| IV. Benachteiligung | 45 |
| 1. Begriff der Benachteiligung | 45 |
| 2. Mittelbare Benachteiligungen | 47 |
| 3. Unbeachtlichkeit des Motivs der Benachteiligung | 50a |
| V. Rechtfertigungsanforderungen für Ungleichbehandlungen | 51 |

| | | | | |
|---|---|---|---|---|
| 1. | Typisierungen anhand von genetischen Eigenschaften (Abs. 1, 1. und 3. Alt.) | 52 | bb) Angemessenheit, insb. Vorhersagezeitraum und Nachvollziehbarkeit | 66 |
| | a) Mögliche allgemeine Rechtfertigungsanforderungen für Typisierungen anhand von genetischen Eigenschaften (Abs. 1, 1. und 3. Alt.) | 56 | c) Mögliche Rechtfertigungsanforderungen für Kausalitätsbewertungen anhand von genetischen Eigenschaften | 70 |
| | aa) Sachlicher Zusammenhang zwischen Manifestation und Lebensbereich | 57 | 2. Ungleichbehandlungen wegen genetischer Eigenschaften, die zu Identifikationszwecken genutzt werden (Abs. 1, 1. und 3. Alt.) | 72 |
| | bb) Erforderlichkeit, insbesondere Vorrang genauerer Untersuchungen | 58 | 3. Ungleichbehandlungen wegen der Vornahme oder Nichtvornahme einer genetischen Untersuchung oder Analyse (Abs. 1, 2. Alt.) | 74 |
| | cc) Angemessenheit der genetischen Typisierungen, Grad der Manifestationswahrscheinlichkeit | 60 | F. **Rechtsfolgen und Normumsetzung** I. Unwirksamkeit unzulässiger Regelungen, keine Begründung von Obliegenheiten | 76 76a |
| | b) Mögliche zusätzliche Rechtfertigungsanforderungen für die Vornahme von Prognosen anhand von genetischen Eigenschaften | 63 | II. Ansprüche auf Beseitigung, Unterlassung und Schadensersatz, Herstellungsansprüche | 77b |
| | aa) Erforderlichkeit, Grundsatz der spätestmöglichen Untersuchung | 65 | III. Straf- und Bußgeldtatbestände | 78 |

## A. Einführung: Nutzungszwecke genetischer Eigenschaften

Die zum 01.02.2010 in Kraft getretene Regelung (§ 27 Abs. 1) enthält ein bereichsübergreifendes Verbot der Benachteiligung aufgrund genetischer Eigenschaften (vgl. § 2 Rdn. 28). Bei Benachteiligungen nach § 4 ist zwischen der Nutzung genetischer Eigenschaften als Indikatoren für bestimmte Manifestationen und der Nutzung von genetischen Identifikationsmustern zu unterscheiden. 1

## I. Nutzung genetischer Eigenschaften als Indikatoren

Genetische Informationen sind **statistische Informationen**. Sie stellen keine Aussagen über tatsächlich bestehende oder sich entwickelnde Manifestationen des Einzelnen dar, der das jeweilige genetische Merkmal aufweist, sondern nur über die typischen Manifestationen der über das genetische Merkmal definierten statistischen Bezugsgruppe (vgl. auch § 1 Rdn. 3 ff.). Insofern ist die Titulierung genetischer Veranlagungen als »individuelle Risiken« sehr fragwürdig, weil statistische Informationen keine zuverlässigen Aussagen über den Einzelfall treffen und die Statistik dies auch gar nicht für sich beansprucht (vgl. *Stockter*, Verbot genetischer Diskriminierung, S. 330 ff., 546). 2

### 1. Bewertungen des Einzelnen anhand von genetischen Veranlagungen als Typisierungen

Werden statistische Informationen auf den Einzelfall angewendet, haben sie eine typisierende Wirkung, weil der Einzelne dabei aufgrund von Manifestationen behandelt wird, die zwar korrelationsstatistisch mit dem jeweiligen Merkmal verbunden sind, jedoch bei ihm gar nicht manifest sein oder werden müssen. Die genetische Diskriminierung i.S.d. § 4 stellt insofern eine besondere Form der **personenbezogenen Typisierung** dar, nämlich eine anhand von genetischen Eigenschaften. Zwar beinhaltet der Begriff der Typisierung bereits die Aussage, dass es auf tatsächlicher Ebene auch Ausnahmen vom typischen Fall gibt. Jedoch findet dies auf der gesellschaftlichen Ebene keine Berücksichtigung. (vgl. auch *Vossenkuhl*, Der Schutz genetischer Daten, S. 16 ff.) 3

4   Bei der Erarbeitung und Konturierung des Diskriminierungsbegriffs kann damit auf die verfassungsrechtliche Bewertung von Typisierungen als ein juristisch bereits bearbeitetes Themenfeld zurückgegriffen werden. Nach der Rechtsprechung des Bundesverfassungsgerichts sind Ungleichbehandlungen aufgrund von Typisierungen nicht grundsätzlich verboten, sondern (lediglich) **rechtfertigungsbedürftig** (vgl. etwa BVerfGE 71, 146 (157); 80, 109 (118); 81, 228 (237); *Kokott*, in: Festschrift 50 Jahre BVerfG, S. 129 [141 ff.]). So kann die Umsetzung von Regelungen erheblich erleichtert werden, wenn nicht in jedem Einzelfall geprüft werden muss, ob bestimmte Manifestationen beim Einzelnen vorliegen, sondern ihr Vorliegen anhand leicht feststellbarer Merkmale der jeweiligen Manifestationen vermutet wird. Bei der erforderlichen Abwägung ist das Rechtsgut der Individualgerechtigkeit gegen Belange der Rechtssicherheit und das mit der Typisierung verfolgte Praktikabilitätsinteresse abzuwägen.

5   Die typisierende Behandlung von Menschen führt allerdings dazu, dass Einzelne aufgrund von Manifestationen behandelt werden, die sie gar nicht aufweisen (zur Problematik personenbezogener Typisierungen: BVerfGE 44, 283 (288 f.); 48, 227 (238 f.); 65, 325 (354); 84, 348 (361); 88, 5 (12); 90, 46 (57); vgl. *Stockter*, Verbot genetischer Diskriminierung, S. 418 ff.). Das Recht auf freie Entfaltung der Persönlichkeit wird beeinträchtigt, wenn der Einzelne lediglich als Mitglied einer Gruppe gesehen wird, welches in seiner Entwicklung ausschließlich den Gesetzmäßigkeiten der Gruppe folgt. Anders formuliert: Der Mensch würde als Objekt behandelt werden, wenn man unterstellte, er würde sich stets gemäß der ihm zugeordneten Gruppeneigenschaften verhalten (vgl. auch BR-Drs. 633/08, S. 43: Verbot der **Reduzierung auf das »genetische Substrat«**). Sein Leben würde dann als völlig berechenbar und vorbestimmt betrachtet werden. Er würde nicht als eine einzigartige Persönlichkeit angenommen und bewertet werden, die auch scheinbar durch das Lebensumfeld vorgegebene Festlegungen überwinden kann und zu einem selbstbestimmten Leben fähig ist. Gerade indem die individuellen (manifesten) Fähigkeiten und Eigenschaften bei der Behandlung und Berücksichtigung eines Menschen berücksichtigt werden und somit den gleichheitsrechtlichen Anforderungen der Individualgerechtigkeit Rechnung getragen wird, wird der freiheitsrechtliche Anspruch auf die freie Entfaltung der Persönlichkeit verwirklicht.

6   Begreift man die genetische Diskriminierung als eine Form der typisierenden Behandlung, liegt es nahe, das Verbot genetischer Diskriminierung als **Typisierungsverbot** zu verstehen (so auch: Kern/Reuter, § 4 GenDG Rn. 2, 18). Danach ist jede Typisierung anhand genetischer Eigenschaften i.S.d. § 3 Nr. 4 verboten, nicht jedoch die Bewertung des Einzelnen aufgrund von genetisch bedingten **Manifestationen** (z.B. manifesten genetischen Krankheiten, vgl. auch Rdn. 42). Das als Typisierungsverbot verstandene Benachteiligungsverbot nach § 4 beschränkt somit ein typisierendes Vorgehen auf einfachgesetzlicher Ebene. Auf diese Weise werden das Benachteiligungsverbot und seine Ausnahmeregelungen von zwei Überlegungen getragen. Zum einen trägt es dem Gedanken der Individualgerechtigkeit Rechnung, mit den Praktikabilitätsinteressen in ein angemessenes Verhältnis gebracht werden müssen. Zum Zweiten handelt es sich bei Typisierungen anhand von Genen um personenbezogene Ungleichbehandlungen. Nach der Rechtsprechung des BVerfG ist bei der Rechtfertigung von Ungleichbehandlung anhand von Kriterien, die personenbezogen sind bzw. die eine besondere Nähe zu den in Art. 3 Abs. 3 GG genannten Kriterien (Geschlecht, »Rasse«, Herkunft etc.) haben, ein besonders strenger Maßstab anzulegen. Zu Nachweisen vgl. auch *Stockter*, Das Verbot genetischer Diskriminierung, S. 418 ff. Zur Umsetzung staatlicher Schutzpflichten vgl. auch § 1.

### 2. Verwendung genetischer Informationen zu Vorhersagezwecken

7   Besondere Bedeutung hat das Benachteiligungsverbot hinsichtlich Prognosen. Sie sind notwendigerweise Typisierungen, da das Vorliegen der jeweiligen Manifestation gerade nicht nachweisbar ist und lediglich anhand von statistischen Annahmen vorhergesagt wird. Der besondere Schutz vor **personenbezogenen Prognosen** rechtfertigt sich vor dem Hintergrund der besonderen Eingriffsintensität in das Recht auf freie Entfaltung der Persönlichkeit aus Art. 2 Abs. 1 i.V.m. Art. 1 Abs. 1 GG. Diese Feststellung ergibt sich aus folgenden Erwägungen:

### a) Die besondere prognosetypische Aussageungenauigkeit

Prognosen haben eine besondere Aussageungenauigkeit. Zwar weisen alle statistischen Aussagen, die auf den Einzelfall angewendet werden, eine mehr oder weniger große Aussageungenauigkeit auf. Werden statistische Aussagen jedoch prädiktiv verwendet, kommen noch **besondere Unsicherheitsfaktoren** hinzu. Denn im Unterschied zu diagnostischen Aussagen werden prognostische Aussagen auf unsicherer Tatsachengrundlage getroffen. Welche Umstände in der Zukunft noch hinzutreten werden, die im Rahmen des synergistischen und antagonistischen Zusammenspiels von Kausalfaktoren bei der Entwicklung einer bestimmten Manifestation an Bedeutung gewinnen könnten, ist unbekannt (vgl. BVerwG NVwZ 2014, 300 [301] Rn. 17; *Höfling/Stockter*, ZBR 2008, 17). Verdeutlicht werden kann dies an dem Beispiel einer 100 %igen genetischen Veranlagung zu einer bislang unheilbaren Krankheit: Die Vorhersage, dass die untersuchte Person im Alter von 50 Jahren an dieser Krankheit versterben wird, dürfte wohl hinfällig sein, wenn vor Ausbruch der Krankheit ein wirksames Therapiemittel entwickelt wird. Die Wahrscheinlichkeit, dass ein solcher Umstand hinzutritt, ist umso größer, je länger der Zeitraum zur prognostizierten Manifestation ist (vgl. zur mangelnden Berücksichtigungsfähigkeit künftiger Präventions- und Heilmethoden auch BVerwG NVwZ 2014, 300 [301] Rn. 17; *Höfling/Stockter*, ZBR 2008, 17).

8

### b) Meinungshafte Verselbstständigung personenbezogener Prognosen

Aber die Erkenntnis allein, dass Prognosen eine besondere Aussageungenauigkeit aufweisen, genügt nicht, um einer gesellschaftlichen Überbewertung von Prognosen entgegenzuwirken. Völlig losgelöst von wissenschaftlichen Erkenntnissen können sich auch wissenschaftlich widerlegte Gerüchte lange in der Gesellschaft erhalten und generieren. In der Soziologie wird dieses Phänomen unter anderem mit dem Begriff des sog. »Thomas-Theorems« umschrieben. Danach wird das, was der Mensch für sich – auch irrigerweise – als Wahrheit definiert, als Maßstab des Handels tatsächlich Wirklichkeit (vgl. *Merton*, The Self-fulfilling Prophecy, in: ders., Social Theory and Social Structure, S. 421–436. Im Anschluss daran: Bundesminister für Forschung und Technik, Arbeitskreis Genforschung, Die Erforschung des menschlichen Genoms: ethische und soziale Aspekte, S. 119). Soziale Vorurteile bekommen damit eine starke Tendenz der meinungshaften Verselbstständigung und der Selbstbestätigung, weil sie das Verhalten der Gruppen zueinander bestimmen. Übertragen auf die Vorstellung des **genetischen Determinismus** bedeutet dies: Sofern in der Gesellschaft das menschliche Leben zumindest zu einem großen Teil als vorbestimmt betrachtet wird, wird auch der Einzelne als vorbestimmt behandelt, ohne dass er es aus naturwissenschaftlicher Sicht ist (Virtualität genetischer Eigenschaften, vgl. *Stockter*, Wissen als Option, nicht als Obliegenheit, in: Duttge/Engel/Zoll, Das Gendiagnostikgesetz im Spannungsfeld von Humangenetik und Recht, S. 31). In diesem Sinne wird die Behauptung der Prognostizierbarkeit des menschlichen Lebens zur »wahren Lüge«: Naturwissenschaftlich ist sie falsch, dennoch entfaltet sie Wirkkraft und ist in diesem Sinne auf gesellschaftlicher Ebene wahr und wirklich. Paradoxerweise wird der Einzelne in diesem Fall nicht durch biologische Wirkungszusammenhänge bestimmt, sondern durch das gesellschaftliche Umfeld, das an die Determination des Menschen (etwa durch Gene) glaubt (zustimmend: Kern/*Reuter*, § 4 GenDG Rn. 8).

9

### c) Mangel an zeitnaher Überprüf- und Widerlegbarkeit

Eng mit der prognosetypischen Aussageungenauigkeit verbunden ist die mangelnde Überprüf- und Widerlegbarkeit von Prognosen. Bis zum Eintritt der Manifestation der prognostizierten Manifestationen können Prognosen nicht bestätigt werden. Anders als bei Diagnosen stehen Kontrolluntersuchungen nicht zur Verfügung, da eben **kein überprüfbares Symptombild** vorhanden ist, dessen verschiedene Merkmale untersucht werden könnten. Der Person, für die eine ungünstige Manifestation prognostiziert wird, ist es unmöglich, diese Prognose vor dem angenommenen Manifestationszeitpunkt zu widerlegen, vgl. auch BR-Drs. 633/08, S. 42 f.; BVerwG NVwZ 2014, 300 (301), Rn. 17; *Höfling/Stockter*, ZBR 2008, 17; *Stockter*, GID 2004/2005, S. 38 ff.; Spickhoff/*Fenger*, § 4 GenDG Rn. 2.

10

### 3. Das Phänomen des gesunden Kranken

11 Je ungenauer die Aussagen sind, die genetische Untersuchungen zu Vorhersagezwecken ermöglichen, desto größer ist das Verunsicherungspotenzial bei den untersuchten Personen. Unter dem Aspekt des Nutzens, den Untersuchungen mit Vorhersagewert für die Probanden in der Rückschau tatsächlich gehabt haben, lassen sich drei Gruppen von Probanden mit unterschiedlichem Nutzen unterscheiden (vgl. auch zu Früherkennungsuntersuchungen allgemein: *Stockter*, Präventivmedizin und Informed Consent, S. 47):

– Zum einen gibt es die Gruppe derjenigen, die von der genetischen Untersuchung profitieren, weil erst sie wirksame Gegenmaßnahmen ermöglicht (**Probanden mit richtig-positiven Untersuchungsergebnissen und verbesserten Therapieoptionen** – zum Begriff des klinischen Nutzens vgl. Richtlinie der Gendiagnostik-Kommission (GEKO) für die Beurteilung genetischer Eigenschaften gem. § 23 Abs. 2 Nr. 1a GenDG i.d.F. vom 25.05.2021, unter IV.2.). Diese Gegenmaßnahmen können in verbesserten Heilungsmöglichkeiten (z.B. Entfernung noch nicht gestreuter, bösartiger erblich bedingter Brustkarzinome), einer schonenderen Therapie (z.B. Verzicht auf eine Chemotherapie bei bestimmten erblich bedingten Brustkarzinomen) oder effektiveren Vorsorgemaßnahmen (z.B. Entfernung von Darmkrebspolypen) bestehen.

– Eine andere Gruppe hat von der Untersuchung weder einen klinischen (therapeutischen) Nutzen noch einen Schaden, da die Untersuchung einen negativen Befund ergeben hat (**Probanden mit negativen Untersuchungsergebnissen** – zum Begriff des negativ prädiktiven Wertes als eines Unterfalls der klinischen Validität – vgl. Richtlinie der Gendiagnostik-Kommission (GEKO) für die Beurteilung genetischer Eigenschaften gem. § 23 Abs. 2 Nr. 1a GenDG i.d.F. vom 25.05.2021, IV.1. und IV.1.2.). Dieser Gruppe lassen sich auch diejenigen zuordnen, die ein falsch-negatives Ergebnis bekommen. Da ihre erhöhte Erkrankungswahrscheinlichkeit – wegen der untersuchungsspezifischen Ungenauigkeit – nicht erkannt wurde, sind sie in der gleichen Lage, wie wenn sie an der Untersuchung mit Vorhersagewert überhaupt nicht teilgenommen hätten.

– Schließlich gibt es die Gruppe derjenigen, die durch die genetische Untersuchung eher einen Schaden erleiden, weil sie eine (belastende) Diagnose bekommen, die für sie aber mit keinen zusätzlichen therapeutischen Vorteilen verbunden ist (**Probanden mit positiven Untersuchungsergebnissen ohne therapeutische[n] Nutzen**).

12 Der der mit der letzten Probandengruppe angesprochene Problemkreis betrifft das Phänomen des »gesunden Kranken«. Der Begriff des »gesunden Kranken« bekam im Wesentlichen in der Diskussion über die ethischen und gesellschaftlichen Folgen der Humangenetik seine Prägung (vgl. *Billings u.a.*, American Journal of Human Genetics, vol. 50 (1992), 476 ff.: »asymptomatic ill«; vgl. auch: Enquete-Kommission »Recht und Ethik der modernen Medizin«, Schlussbericht (2002), BT-Drs. 14/9020, S. 132; – zu weiteren Nachweisen vgl. auch *Stockter*, Präventivmedizin und Informed Consent, S. 50 f.). Er bezeichnet Menschen, die zwar beschwerdefrei sind und sich insofern auch gesund fühlen (subjektiver Symptombegriff), aufgrund der Feststellung eines bestimmten Krankheitsindikators jedoch eine ungünstige Gesundheitsprognose zugewiesen bekommen, ohne aus dieser Prognose einen therapeutischen Nutzen ziehen zu können.

13 **Keinen klinischen (therapeutischen) Nutzen** hat ein Untersuchungsergebnis dann, wenn sich der beunruhigende Befund im Nachhinein – also nach Abschluss der Abklärungsdiagnostik, nach einem therapeutischen Eingriff oder nach Verstreichen des zunächst angenommenen Manifestationszeitpunktes – nicht in einem therapeutischen Gegenwert niederschlägt, sei es in verlängerter Lebenszeit oder verbesserter Lebensqualität (Richtlinie der Gendiagnostik-Kommission (GEKO) für die Beurteilung genetischer Eigenschaften gem. § 23 Abs. 2 Nr. 1a GenDG i.d.F. vom 25.05.2021, unter IV.2.1.2.). Hier lassen sich im Wesentlichen drei Fallgruppen unterscheiden (vgl. *Stockter*, Präventivmedizin und Informed Consent, S. 55):

– Menschen mit falsch-positivem Befund (**Gruppe der Falsch-Alarmierten**)
– Menschen, die zwar erkranken, nach einer Untersuchung mit Vorhersagewert jedoch nicht oder nicht verbessert therapiert werden können, sondern lediglich früher von ihrer Erkrankung

erfahren (**Gruppe der Zu-Früh-Alarmierten**). Hier verlängert die Diagnose ggf. nur das (psychische) Leiden, nicht jedoch das Leben.
— Menschen, die vor der für sie spürbaren Manifestation der diagnostizierten oder prognostizierten Krankheit aus einem anderen Grund sterben (**Gruppe der Über-Alarmierten**). In diesen Fällen sterben die Betroffenen also mit der Erkrankung, jedoch nicht an der Erkrankung.

Die Belastungen, die aus einem positiven Untersuchungsergebnis ohne therapeutischen Nutzen resultieren, können zwei Formen annehmen. Zum einen kann die Mitteilung eines auffälligen Befundes oder eines Risikofaktors den Probanden beunruhigen. Diese **Beunruhigung** kann zuweilen – etwa bei der Mitteilung von positiven Testergebnissen hinsichtlich schwerer und tödlich verlaufender Krankheiten – schwere psychosomatische Auswirkungen haben (vgl. § 9 Rdn. 18). Hinzu treten unter Umständen körperliche Belastungen unmittelbar durch die medizinischen Eingriffe im Rahmen einer invasiven Abklärungsdiagnostik, durch therapeutische Behandlungen oder auch infolge von Komplikationen, die im Zusammenhang mit diesen Maßnahmen auftreten (zum Untersuchungs- und Behandlungsautomatismus vgl. § 9 Rdn. 19 f.; auch *Stockter*, Präventivmedizin und Informed Consent, S. 55). 14

### 4. Kritik an der Regelung des Benachteiligungsverbots des § 4

§ 4 soll ungerechtfertigten Benachteiligungen aufgrund von genetischen Eigenschaften entgegenwirken. Diese Zielrichtung, ist nachvollziehbar, ihre Umsetzung wirft jedoch Fragen auf. Ein Grundproblem liegt in der Beschränkung des Diskriminierungsschutzes auf genetische Eigenschaften i.S.d. § 3 Nr. 4 (vgl. auch die Diskussion zum sog. **genetischen Exzeptionalismus**, vgl. auch Kern/*Hahn*, § 1 GenDG Rn. 10; Kern/*Reuter*, § 4 GenDG Rn. 5 ff.; *Laufs*, in: Laufs/Kern, Handbuch des Arztrechts, 4. Aufl. 2010, § 129, Rn. 89; *Fündling*, Recht auf Wissen und Nichtwissen in der Gendiagnostik, S. 144). Denn typisierende Wirkung hat nicht allein die Behandlung aufgrund von genetischen Eigenschaften i.S.d. § 3 Nr. 4, sondern selbstverständlich auch die Typisierung aufgrund von Indikatoren, die nicht unter diesen Begriff fallen, etwa solchen aufgrund von nach der Geburt entstandenen genetischen Merkmalen (z.B. solchen, die bestimmte nicht erblich-bedingte Krebserkrankungen indizieren) oder solchen aufgrund nicht-genetischer Indikatoren (wie z.B. einer HIV-Infektion oder Übergewicht, vgl. dazu Kern/*Reuter*, § 4 GenDG Rn. 7; *Höfling/Stockter*, ZBR 2008, S. 17 ff.). Ein auf genetische Eigenschaften i.S.d. § 3 Nr. 4 beschränkter Diskriminierungsschutz ist gleichheitsrechtlich problematisch, weil Träger vieler anderer Indikatoren in vergleichbarer Weise typisiert werden wie Träger genetischer Eigenschaften i.S.d. § 3 Nr. 4. Ein auf genetische Eigenschaften beschränktes Diskriminierungsverbot führt somit insofern zu einer ungerechtfertigten Privilegierung genetisch Benachteiligter gegenüber Trägern vergleichbarer Indikatoren, die nicht vom Begriff des § 3 Nr. 4 erfasst werden (vgl. *Stockter*, Verbot genetischer Diskriminierung, S. 347 ff., 376 f.; Bundesärztekammer, BT-Ausschuss für Gesundheit Ausschuss-Drs. 16(14)0469(3), S. 4 f., vgl. auch Nationaler Ethikrat, Prädiktive Gesundheitsinformationen Einstellungsuntersuchungen, Berlin, August 2005, S. 47 ff.; Prädiktive Gesundheitsinformationen beim Abschluss von Versicherungen, Berlin, Februar 2007, S. 18 ff.). 15

Der Versuch, ein Verbot der Diskriminierung aufgrund genetischer Eigenschaften unter Hinweis auf die gesellschaftliche Fehlvorstellung des genetischen Determinismus und des damit einhergehenden erhöhten Diskriminierungspotenzials zu rechtfertigen, muss letztlich scheitern. Ein solches Diskriminierungsverbot ist nicht geeignet, den genannten gesellschaftlichen Fehlvorstellungen des genetischen Determinismus entgegenzuwirken. Im Gegenteil: Indem die Benachteiligung aufgrund von genetischen Eigenschaften i.S.d. § 3 Nr. 4 einer besonderen Regelung (hier insb. des § 4) unterstellt wird, wird gerade der Eindruck erweckt, Typisierungen aufgrund von genetischen Eigenschaften käme eine besondere Stellung, insbesondere eine besondere Aussagekraft, zu. Insofern besteht die Gefahr, dass die Einführung eines Verbots genetischer Diskriminierung die Fehlvorstellung des genetischen Determinismus fördert, der eigentlich gerade entgegengewirkt werden soll (*Stockter*, GID 2004/2005, S. 38 ff.). 16

## II. Nutzung genetischer genetischer Eigenschaften als Identifikationsmuster

17 Mittlerweile sehr gebräuchlich ist die Nutzung genetischer Merkmale zu Identifikationszwecken. Zur Erstellung von den sog. **genetischen Fingerabdrücken** werden (überwiegend) nicht kodierte Genabschnitte genutzt, d.h. Abschnitte, die (bisher) noch mit keinen persönlichen Eigenschaften in einen (korrelationsstatistischen) Zusammenhang gebracht werden (können), vgl. *Weichert*, DuD 2002, 133 (137).

18 Genetische Identifikationsmuster werden etwa bei Vaterschafts- oder anderen Verwandtschaftsfeststellungen, zur Ermittlung des Täters im Rahmen der Strafverfolgung, aber auch im privatrechtlichen Bereich genutzt, vgl. auch Rdn. 40). Dabei wird verglichen, ob die der betreffenden Person entnommene Genprobe mit der jeweiligen Vergleichsprobe übereinstimmt. Die wiederum stammt – je nach Verwendungszweck – etwa aus dem Tatumfeld oder wird über eine genetische Untersuchung ermittelt.

19 Eine vollkommen eindeutige Zuordnungsmöglichkeit besteht bei der Nutzung genetischer Identifikationsmuster – im Unterschied zum herkömmlichen Fingerabdruck – jedoch nicht, da die Ergebnisse von DNA-Identitätsfeststellungen nur statistische Wahrscheinlichkeitsaussagen erlauben (zur **eingeschränkten Beweiskraft** von DNA-Analysen: BGHSt 37, 157 (159); 38, 320 ff.; BGH NStZ 94, 554 (554 f.); BGH NJW 1991, 749, (750); BGH NJW 1991, 2961 (2962); OLG Celle NJW-RR 1992, 1218 f.). Bei der Gegenüberstellung von Spuren- und Vergleichsmaterial gilt somit: Stimmen die Proben nicht überein, kann die betreffende Person als Spurenverursacher nahezu ausgeschlossen werden. Stimmen sie überein, kann nicht ausgeschlossen werden, dass die untersuchte Person nicht Spurenverursacher ist, da die Übereinstimmung auch rein zufällig sein kann. Die Genauigkeit der Ergebnisse variiert je nach Untersuchungsverfahren. Bei der Würdigung des Untersuchungsergebnisses ist also stets zu berücksichtigen, dass die Feststellungen auf Grundlage einer DNA-Analyse lediglich auf einer statistischen Aussage beruhen, die eine Gesamtwürdigung aller beweiserheblichen Umstände nicht überflüssig macht (BGH NStZ 94, 554 (554 f.); BGH NJW 1984, 1348 [1349]).

20 Die beschränkte Beweiskraft genetischer Fingerabdrücke ergibt sich aus dem Umstand, dass in der Praxis eine vollständige Erfassung aller genetischen Merkmale aus finanziellen und technischen Gründen (bisher) noch nicht üblich ist (*Eisenberg*, Beweisrecht der StPO, 4. Aufl. 2002, Rn. 1906). Zudem stimmen die genetischen Fingerabdrücke bei eineiigen Zwillingen überein (OLG Celle FamRZ 1994, 650; OLG Hamm DAVorm 1994, 114 [115]; *Eisenberg*, Beweisrecht der StPO, 4. Aufl. 2002, Rn. 1905. Zur Ermittlung der Vaterschaft bei zweieiigen Zwillingen: OLG Karlsruhe DAVorm 1990, 155 ff.; bei leiblichen Brüdern: OLG Schleswig DAVorm 1984, 398 ff.). Schließlich kann das Auftreten von Neumutationen das Untersuchungsergebnis verfälschen (vgl. etwa BGH NJW 1991, 749 [750]; OLG Hamm DAVorm 1994, 110).

## B. Anwendungsbereich

21 § 4 gilt grundsätzlich in allen Lebens- und Sachbereichen, in denen Benachteiligungen aufgrund von **genetischen Eigenschaften** i.S.d. § 3 Nr. 4 erfolgen. Die Beschränkung des § 2 auf die Ergebnisse genetischer Untersuchungen i.S.d. § 3 Nr. 1 gilt hier – auch vor dem Hintergrund gleichheitsrechtlicher Überlegungen (zur Frage der verfassungsrechtlichen Zulässigkeit derartigen Begrenzungen des Anwendungsbereichs von genetischen Diskriminierungsverboten vgl. *Stockter*, Verbot genetischer Diskriminierung, S. 348 ff., vgl. auch Rdn. 15 f.) – nicht, da § 4 insofern als speziellere Regelungen den Anwendungsbereich des GenDG über den von § 2 beschriebenen Bereich ausdehnt und das Diskriminierungsverbot für Benachteiligungen aufgrund von genetischen Eigenschaften (Abs. 1, 1. Alt.) neben dem Diskriminierungsverbot für Benachteiligungen aufgrund der Ergebnisse genetischer Untersuchungen (Abs. 1, 3. Alt.) sonst funktionslos wäre (vgl. § 2 Rdn. 3, s. auch § 4 Rdn. 33 f., 39 und § 21 Rdn. 9; vgl. Deutscher Ethikrat, Die Zukunft der genetischen Diagnostik – von der Forschung in die klinische Anwendung, Stellungnahme 2013, S. 76 f.; Kern/*Reuter*, § 4 GenDG Rn. 26 ff.; a.A. AR/*Nebel*, § 4 GenDG Rn. 2). Zu möglichen

Regelungswirkungen in ausgewählten Lebens- und Sachbereichen, etwa im Transplantationswesen oder im Bereich der gesetzlichen Krankenversicherungen, vgl. *Stockter*, Verbot genetischer Diskriminierung, S. 429 ff.

## C. Regelungszwecke

### I. Verhinderung von (sachlich nicht gerechtfertigten) Benachteiligungen

Nach der gesetzgeberischen Begründung wird in dem Umgang mit genetischen Daten ein besonderes Missbrauchs- und Diskriminierungspotenzial gesehen, dem mit dem Benachteiligungsverbot des § 4 entgegengetreten werden soll (vgl. BR-Drs. 633/08, S. 42). 22

### II. Verhinderung von Fehl- und Überbewertungen genetischer Untersuchungsergebnisse

Anders als etwa im AGG (vgl. § 7 Abs. 1, 2. Teilsatz AGG, (zu sog. Putativbenachteiligungen vgl. *Adomeit/Mohr*, Kommentar zum allgemeinen Gleichbehandlungsgesetz, § 7 Rdn. 2) wird die Verhinderung von Fehl- und Überbewertungen genetischer Untersuchungsergebnisse im Gesetzestext des GenDG nicht ausdrücklich adressiert (vgl. dazu auch Kern/*Reuter*, § 4 GenDG Rn. 13). In den gesetzgeberischen Erläuterungen zu § 4 wird allerdings hervorgehoben, dass die Aussagekraft genetischer Untersuchungen leicht überschätzt werden kann (vgl. BR-Drs. 633/08, S. 42; vgl. dazu auch Kern/*Reuter*, § 4 GenDG Rn. 6). 23

Grundvoraussetzung für eine sachliche Rechtfertigung ist es aber, dass die genetische Eigenschaft, die Anknüpfungspunkt für die Ungleichbehandlung aufgrund genetischer Eigenschaften ist, tatsächlich vorliegt. Ein ausreichender Nachweis für das Vorliegen einer genetischen Eigenschaft ist in der Regel ein entsprechendes Ergebnis einer genetischen Untersuchung i.S.d. § 3 Nr. 1. Das Problem der fälschlichen Annahme von genetischen Eigenschaften stellt sich insbesondere in Fällen mittelbarer Diskriminierung (vgl. Rdn. 47 ff., vgl. auch Kern/*Reuter*, § 4 GenDG Rn. 81). 24

### III. Sicherstellung der Patientenautonomie, Recht auf Wissen und Nichtwissen

§ 4 will auch verhindern, dass die höchstpersönliche Entscheidung, ob eine genetische Untersuchung vorgenommen wird oder nicht, für die betroffene Person mit negativen Konsequenzen verbunden ist (BR-Drs. 633/08, S. 43, Kern/*Reuter*, § 4 GenDG Rn. 2). So dient insbesondere über das Verbot von Vorfeldfelddiskriminierungen nach Abs. 1, 2. Alt. (vgl. dazu § 4 Rdn. 43) auch dem Schutz des Rechts auf Wissen und Nichtwissen (vgl. *Duttge*, DuD 201, S. 34 ff.; Kern/*Reuter*, § 4 GenDG Rn. 41). Einschränkungen erfährt diese Zielsetzung jedoch, sofern die Verwendung genetischer Eigenschaften nach dem GenDG erlaubt ist (vgl. etwa § 18 Abs. 1 Satz 2). 25

## D. Systematische Einordnung

### I. Rechtsrahmen

Durch § 4 wird das Benachteiligungsverbot bekräftigt, das auch auf internationaler Ebene verankert ist, etwa in Art. 14 der Europäischen Menschenrechtskonvention sowie in Art. 11 des Übereinkommens des Europarates über Menschenrechte und Biomedizin (vgl. BR-Drs. 633/08, S. 43). Zudem finden sich vergleichbare Regelungen in Art. 21 der Charta der Grundrechte der Europäischen Union (seit dem Jahr 2000, vgl. Einleitung Rdn. 5) und Art. 6 der Allgemeinen Erklärung der UNESCO über das menschliche Genom und die Menschenrechte (November 1997). Dazu auch Kern/*Reuter*, § 4 GenDG Rn. 19. 26

### II. Verhältnis zu anderen Diskriminierungsverboten im deutschen Recht (Abs. 2)

Wie durch Abs. 2 ausdrücklich klargestellt, werden andere Benachteiligungsverbote (z.B. § 81 Abs. 2 Satz 1 SGB IX) oder andere Gleichbehandlungsgebote (z.B. der allgemeine arbeitsrechtliche Gleichbehandlungsgrundsatz) durch die Vorschriften dieses Gesetzes nicht berührt (BT-Drs. 633/08, S. 44; Kern/*Reuter*, § 4 GenDG Rn. 203 ff.). 27

28 Gleiches gilt im Hinblick auf die im AGG enthaltenen Regelungen zur Verhinderung von Benachteiligungen wegen bestimmter Merkmale oder Eigenschaften, die, wie z.B. das Geschlecht oder eine Behinderung, möglicherweise durch genetische Eigenschaften bedingt sind (BT-Drs. 633/08, S. 44). Daneben bleiben auch öffentlich-rechtliche Schutzvorschriften für bestimmte Personengruppen unberührt, wie z.B. die Mutterschutzvorschriften (BT-Drs. 633/08, S. 44).

29 Überschneidungen zwischen dem Regelungsbereich des § 4 und anderen Diskriminierungsverboten ergeben sich insbesondere dort, wo die Bewertung anhand genetischer Eigenschaften i.S.d. § 3 Nr. 4 auch eine **mittelbare Diskriminierung** aufgrund der ethnischen Herkunft (sog. »Rassendiskriminierung«) oder des Geschlechts darstellt, etwa wenn bestimmte genetische Eigenschaften korrelationsstatisch gehäuft in Gruppen auftreten, die über die im AGG oder Art. 3 Abs. 2 oder 3 GG genannten Merkmale definiert werden, oder ein solcher Zusammenhang fälschlicherweise angenommen wird (vgl. 33, 47 ff.).

30 Keine Überschneidungen mit dem Regelungsbereich des § 4 bestehen, wenn **Manifestationen** (z.B. Behinderungen oder Krankheiten) zum Anknüpfungspunkt für Diskriminierungen gemacht werden, vgl. Rdn. 6, 42. Allerdings können auch diese Diskriminierungsverbote als Typisierungsverbote begriffen werden, beispielsweise, wenn die Manifestationen, die nach den jeweiligen Diskriminierungsverboten grundsätzlich verbotene Anknüpfungskriterien für Ungleichbehandlungen sind, wiederum mit anderen Manifestationen in Verbindung gebracht werden, mit denen sie nur typischerweise in einem Zusammenhang stehen (etwa mit bestimmten Ausprägungen, die nur typischerweise, aber nicht immer auftreten – zum Begriff der variablen Expressivität genetischer Veränderungen vgl. Richtlinie der Gendiagnostik-Kommission (GEKO) für die Beurteilung genetischer Eigenschaften gem. § 23 Abs. 2 Nr. 1a GenDG i.d.F. vom 25.05.2021, unter IV.1.4.). Dazu auch Kern/*Reuter*, § 4 GenDG Rn. 32 f., 204 ff.

### III. Verhältnis des § 4 GenDG gegenüber den anderen datenschutzrechtlichen Regelungen des GenDG

31 Datenschutzrechtlich stellt das Benachteiligungsverbot eine Regelung zur Datenverarbeitung i.S.d. Art. 4 Nr. 2 DSGVO dar (zum früheren Begriff der Datennutzung vgl. § 3 Abs. 5 BDSG a.F.). Die Nutzung von Informationen über das Vorliegen der in § 4 genannten Diskriminierungskriterien ist nach den datenschutzrechtlichen Grundsätzen nur zulässig, wenn sie in zulässiger Weise gewonnen wurden.

32 § 4 und seine Konkretisierung für den Bereich der Beschäftigungsverhältnisse in § 21 (zum Verhältnis von § 4 und § 21 vgl. § 4 Rdn. 35, § 21 Rdn. 4) werden innerhalb des GenDG durch eine Reihe datenschutzrechtlicher Vorschriften des GenDG ergänzt, die mögliche Benachteiligungen entgegenwirken (BR-Drs. 633/08, S. 43). So enthalten die §§ 18 ff. spezielle Regelungen zur Zulässigkeit der Vornahme genetischer Untersuchungen und der Verwendung ihrer Ergebnisse im Versicherungsbereich (Zulässigkeit der Nutzung genetischer Untersuchungsergebnisse nur im Fall des § 18 Abs. 1 Satz 2) und im Arbeitsleben (Zulässigkeit der Nutzung genetischer Untersuchungsergebnisse nur im Fall des § 20 Abs. 2 bis 4). § 4 gilt hingegen als allgemeine Regelung für alle Benachteiligungen anhand von genetischen Eigenschaften i.S.d. § 3 Nr. 4 – **unabhängig von der Art ihrer Ermittlung** (vgl. auch Rdn. 21, 33 f., 39). In den Anwendungsbereich des § 4 fallen auch Benachteiligungen aufgrund genetischer Eigenschaften i.S.d. § 3 Nr. 4 durch die Nutzung von Ergebnissen genetischer Untersuchungen, die nicht medizinischen Zwecken i.S.d. § 3 Nr. 6 dienen (insb. Life-Style-Tests, vgl. § 3 Rdn. 40, vgl. auch Kern/*Reuter*, § 4 GenDG Rn. 39).

### IV. Verhältnis der Benachteiligungsverbote des § 4 GenDG untereinander, Verhältnis zu § 21

33 Dadurch, dass in § 4 sowohl die Benachteiligung aufgrund genetischer Untersuchungsergebnisse als auch die Benachteiligung aufgrund von genetischen Eigenschaften verboten ist, wird klargestellt, dass die aufgrund von bestimmten genetischen Eigenschaften vorgenommene Benachteiligung auch dann von der Regelung erfasst ist, wenn diese nicht im Wege einer genetischen Untersuchung i.S.d.

§ 3 Nr. 1 ermittelt wurden (vgl. auch § 4 Rdn. 39; so auch § 21, der anders als § 4 kein ausdrückliches Verbot der Benachteiligung aufgrund der Ergebnisse genetischer Untersuchungen vorsieht, vgl. § 21 Rdn. 9). Dies ist etwa dann der Fall, wenn auf ihr Vorliegen aufgrund von bestimmten korrelationsstatischen Zusammenhängen zwischen bestimmten Charakteristika der betreffenden Person (z.B. ihrer ethnischen Zugehörigkeit) und bestimmten genetischen Indikatoren geschlossen wird (z.B. Veranlagung zur Tay-Sachs-Krankheit bei Menschen aschkenasischer Herkunft, Veranlagung zur Sichelzellanämie bei Menschen afrikanischer Herkunft, Veranlagung zur Alkoholunverträglichkeit bei Inuit).

Die Benachteiligung aufgrund der Ergebnisse genetischer Untersuchungen stellt unter Zugrundelegung der Begriffsbestimmungen des § 3 einen Unterfall der Benachteiligung aufgrund von genetischen Eigenschaften i.S.d. § 3 Nr. 4 dar (vgl. § 3 Rdn. 33). Durch das ausdrückliche Verbot der Benachteiligung aufgrund von Ergebnissen genetischer Untersuchungen wird klargestellt, dass auch genetische Eigenschaften, die nach den Vorschriften des GenDG in zulässiger Weise gewonnen wurden, nur dann verwendet werden dürfen, wenn diese Verwendung den Anforderungen des § 4 genügt. 34

Im Unterschied zu § 4 verbietet § 21 ausdrücklich auch die Benachteiligung aufgrund der Weigerung, die Ergebnisse bereits durchgeführter genetischer Untersuchungen oder Analysen (vgl. § 3 Nr. 1 und 2) zu offenbaren. Die mit den Benachteiligungsverboten des GenDG verfolgte Zwecksetzung spricht allerdings dafür, dass auch die damit adressierten Fälle durch die Tatbestandsvarianten des § 4 Abs. 1, 2. und 3. Alt. erfasst werden (vgl. dazu Kern/*Reuter*, § 4 GenDG Rn. 44). 34a

Zum Verhältnis zwischen § 4 und § 21 vgl. auch § 21 Rdn. 4 ff. 34b

### E. Regelungsgehalt

#### I. Normadressaten

Die Vorschrift richtet sich an staatliche Organe ebenso wie an Private (vgl. BR-Drs. 633/08, S. 43). Zur besonderen Konstellation, dass der Träger einer genetischen Eigenschaft seinerseits aufgrund der denkbaren Rückschlüsse auf die genetischen Eigenschaften seiner genetisch Verwandten diese benachteiligt: Kern/*Reuter*, § 4 GenDG Rn. 36. 35

Für (private) Versicherer und Arbeitgeber finden sich in den §§ 18 ff. spezifische Regelungen. Für öffentlich-rechtliche Dienstverhältnisse der Länder gilt § 4 nicht. Dafür spricht, dass auch das speziellere Benachteiligungsverbot des § 21 auf öffentlich-rechtliche Dienstverhältnisse der Länder keine Anwendung findet. Im Umkehrschluss zu § 22 dürfte insofern auch der Rückgriff auf die allgemeine Regelung des § 4 ausgeschlossen sein (vgl. § 21 Rdn. 4, ebenso Kern/*Reuter*, § 4 GenDG Rn. 24). 35a

#### II. Geschützter Personenkreis

Nach § 4 darf »niemand« aufgrund der in dieser Vorschrift genannten Diskriminierungskriterien benachteiligt werden. Zum geschützten Personenkreis gehören damit zunächst einmal alle **geborenen Personen** (vgl. § 2 Abs. 1). Der Wortlaut des Abs. 1 (»genetisch verwandt«) stellt klar, dass der Diskriminierungsschutz unabhängig davon besteht, ob die betreffende Person aufgrund von genetischen Eigenschaften benachteiligt wird, die unmittelbar bei ihr festgestellt wurden oder auf deren Vorliegen bei ihr aufgrund der Mendelschen Vererbungsgesetze (aufgrund von Verwandtschaftsverhältnissen) geschlossen wird (BR-Drs. 633/08, S. 43; im Ergebnis auch Kern/*Reuter*, § 4 GenDG Rn. 68; zu Untersuchungen auf die Anlageträgerschaft im Hinblick auf mögliche Nachkommen vgl. § 3 Nr. 8 Buchst. b. Maßgeblich ist nach dem Gesetz demzufolge nicht die rechtliche Verwandtschaft (§ 1589 BGB), sondern die leibliche Abstammung (vgl. ErfK/*Franzen*, 15. Aufl. 2015, § 21 GenDG Rn. 4; Kern/*Reuter*, § 4 GenDG Rn. 34; AR/*Nebel*, § 4 GenDG Rn. 7). 36

37 Wie sich aus der Systematik und auch der gesetzgeberischen Begründung ergibt, erstreckt sich der Schutz aber auch auf **Embryonen und Föten während der Schwangerschaft** (vgl. § 2 Rdn. 10, vgl. auch Kern/*Reuter*, § 4 GenDG Rn. 22). Extrakorporal erzeugte und sich außerhalb des Mutterleibes befindende Embryonen (etwa im Rahmen der Präimplantationsdiagnostik [PID] oder der präkonzeptionellen Polkörperdiagnostik) werden hingegen nicht vom Anwendungsbereich des § 4 erfasst (vgl. § 2 Rdn. 10, Kern/*Reuter*, § 4 GenDG Rn. 23). Dafür spricht der Wortlaut (»niemand« i.V.m. § 2 Abs. 1), die gesetzgeberische Zielsetzung (vgl. BR-Drs. 633/08, S. 34) und die systematische Zusammenschau insb. mit dem Embryonenschutzgesetz (vgl. auch Nationaler Ethikrat, Zukunft der genetischen Diagnostik, 2013, S. 76, 98).

### III. Erfasste Diskriminierungskriterien

38 Ausgangspunkt für die rechtliche Bewertung des Problems der genetischen Diskriminierung ist eine Feststellung auf tatsächlicher Ebene: Genetische Informationen sind »nur« **statistischen Informationen** (vgl. auch BR-Drs. 633/08, S. 42 »typisierende Zuordnung«). Sie erlauben keine zuverlässigeren oder »individuelleren« Aussagen als andere statistische Daten (vgl. auch Rdn. 2 ff.). So basiert auch die Entwicklung von Untersuchungs- und Behandlungsmethoden, die auf Träger bestimmter Indikatoren zugeschnitten sind (sog. individualisierte Medizin), auf statistischen Annahmen, auch wenn diese sich möglicherweise auf spezifischeren statistischen Bezugsgruppen gründen (Bericht des Ausschusses für Bildung, Forschung und Technikfolgenabschätzung [18. Ausschuss] – Zukunftsreport »Individualisierte Medizin und Gesundheitssystem«, BT-Drs. 16/12000, S. 69 ff.). Eine genetische Veranlagung »zu haben« bedeutet (lediglich) Mitglied einer über ein bestimmtes genetisches Merkmal definierten Gruppe zu sein, in der eine bestimmte Manifestation mehr oder weniger gehäuft auftritt. Genetische Eigenschaften i.S.d. § 3 Nr. 4 ermöglichen – wie alle statistischen Bezugskriterien für personenbezogene Informationen – grundsätzlich nur Aussagen über das Auftreten von Manifestationen in einer bestimmten Gruppe von Menschen, nicht jedoch solche über den Einzelnen.

#### 1. Genetische Eigenschaften (Abs. 1, 1. Alt.)

39 Abs. 1, 1. Alt. erfasst alle Benachteiligungen, die an die in § 3 Nr. 4 definierten genetischen Eigenschaften anknüpfen, und zwar unabhängig davon, in welcher Form sie gewonnen wurden, vgl. dazu § 3 Rdn. 33. Gegen diese Auslegung spricht auch nicht § 2, wonach der Anwendungsbereich des GenDG auf genetische Untersuchungen begrenzt wird, da die Regelung des Abs. 1, 1. Alt. insofern die speziellere Regelung darstellt und zudem ansonsten neben der Regelung in Abs. 1, 3. Alt. funktionslos wäre. Diese Auslegung entspricht zudem der ausdrücklich in § 1 formulierten Zielsetzung, Benachteiligungen »auf Grund von genetischen Eigenschaften zu verhindern« (vgl. § 1 Rdn. 3, s. auch § 4 Rdn. 21, 33 f. und § 21 Rdn. 9. Ebenso: Nationaler Ethikrat, Zukunft der genetischen Diagnostik, 2013, S. 77; Kern/*Reuter*, § 4 GenDG Rn. 27, 29 f.; *Heidemann/Schillhorn*, § 4 GenDG Rn. 2). Andere Auffassung: Bundesärztekammer, BT-Ausschuss für Gesundheit, Ausschuss-Drs. 16(14)0469(3), S. 3; AR/*Nebel*, § 4 GenDG Rn. 2.

40 Nach der Begriffsbestimmung des § 3 Nr. 4 erfasst sind damit alle **vor der Geburt entstandenen genetischen Merkmale**, die als Indikator für eine bestimmte Manifestation genutzt werden (z.B. auch im Rahmen von sog. »Life-Style-Tests«, vgl. § 3 Rdn. 40), sowie **genetische Identifikationsmuster** (z.B. im Rahmen von Probenabgleichen zu Überführungszwecken [vgl. VGH Mannheim DÖV 2001, 474 ff.] oder zur Ermittlung von Verwandtschaftsverhältnissen, vgl. auch Kern/*Reuter*, § 4 GenDG Rn. 171).

41 Vom Begriff der genetischen Eigenschaften i.S.d. § 3 Nr. 4 nicht erfasst sind Benachteiligungen aufgrund von genetischen Merkmalen, die erst **nach der Geburt entstanden** sind (z.B. genetische Mutationen in Krebszellen, vgl. § 3 Rdn. 39) oder die nicht-menschlichen Ursprungs sind (z.B. **virale Erbinformationen**, vgl. § 3 Rdn. 35). Zu verfassungsrechtlichen Bedenken hinsichtlich dieser Beschränkung des Regelungsbereichs des Benachteiligungsverbots vgl. Rdn. 15 f.

Zudem sind Benachteiligungen aufgrund von **Manifestationen** nicht vom Benachteiligungsverbot nach § 4 erfasst (vgl. auch § 3 Rdn. 34, § 4 Rdn. 6 und 30, auch § 18 Rdn. 25), da Aussagen anhand von Manifestationen nicht dieselbe statistische Aussageungenauigkeit aufweisen wie Aussagen anhand von Indikatoren (vgl. *Stockter*, Verbot genetischer Diskriminierung, S. 403, ebenso i.E.: Kern/*Reuter*, § 4 GenDG Rn. 32). 42

### 2. Vornahme oder Nichtvornahme einer genetischen Untersuchung oder Analyse (Abs. 1, 2. Alt.)

Abs. 1, 2. Alt. verbietet die Benachteiligung aufgrund der Vornahme oder Nichtvornahme einer genetischen Untersuchung oder Analyse. Dieses Verbot von Vorfelddiskriminierungen bezieht sich auf die Datenerhebungsebene. Er soll verhindern, dass das genetische Diskriminierungsverbot umgangen wird, indem die Diskriminierung von Umständen abhängig gemacht wird, die nicht die Datennutzung, sondern die Datenerhebung betreffen (vgl. auch Kern/*Reuter*, § 4 GenDG Rn. 41). 43

### 3. Ergebnisse einer genetischen Untersuchungen oder Analyse (Abs. 1, 3. Alt.)

Die Begriffe der genetischen Untersuchung und der genetischen Analyse sind in § 3 Nr. 1 und 2 gesetzlich definiert. Da § 3 Nr. 1 und 2 nur solche Untersuchungen erfasst, die auf die Feststellung genetischer Eigenschaften i.S.d. § 3 Nr. 4 gerichtet sind, betrifft Abs. 1, 3. Alt. nur einen Unterfall der Benachteiligung aufgrund genetischer Eigenschaften nach Abs. 1, 1. Alt. vgl. Rdn. 34 (im Ergebnis auch Kern/*Reuter*, § 4 GenDG Rn. 42 f.). Eine tatbestandliche Einschränkung auf prädiktive Untersuchungen ist nach dem Wortlaut des Abs. 1, 3. Alt. nicht vorgesehen (vgl. auch Kern/*Reuter*, § 4 GenDG Rn. 37). 44

### IV. Benachteiligung

#### 1. Begriff der Benachteiligung

Eine Definition des Begriffs **Benachteiligung** enthält Abs. 1 – anders als etwa § 7 Abs. 2 Satz 2 BGG oder § 3 AGG – nicht. Eine dem § 5 AGG (Positive Maßnahmen zur Verhinderung und zum Ausgleich von Nachteilen) entsprechende Regelung findet sich im GenDG nicht. In gesetzessystematischer Auslegung sind nach § 4 nur sachlich nicht gerechtfertigte Ungleichbehandlungen verboten (vgl. dazu Rdn. 51 ff., 54). 45

Eine Benachteiligung kann sowohl durch aktives Tun als auch durch Unterlassen bewirkt werden (Kern/*Reuter*, § 4 GenDG Rn. 49; AR/*Nebel*, § 4 GenDG Rn. 5). Sie kann durch rechtsgeschäftliches Handeln, geschäftsähnliches Handeln oder tatsächliche Handeln erfolgen (Kern/*Reuter*, § 4 GenDG Rn. 49). 45a

Nach seinem Wortlaut verbietet Abs. 1 lediglich die Benachteiligung, nicht aber die **Bevorzugung** aufgrund der in Abs. 1 genannten Diskriminierungskriterien (vgl. auch § 1, § 21 Abs. 1 Satz 1, so auch die Art. 3 Abs. 3 Satz 1 GG und § 7 Abs. 2 Satz 1 BGG, anders etwa: Art. 3 Abs. 3 Satz 1 GG). Jedoch auch, wenn nach dem Wortlaut Bevorzugungen aufgrund des jeweiligen Diskriminierungskriteriums nicht ausdrücklich verboten sind, ist davon auszugehen, dass der Begriff der Benachteiligung der betroffenen Personen auch die ungerechtfertigte Bevorzugung anderer Personen verbietet. Hierfür sprechen die gesetzgeberische Begründung (vgl. etwa BR-Drs. 633/08, S. 30), der Sinn und Zweck der Regelung und systematische Erwägungen (so auch Kern/*Reuter*, § 4 GenDG Rn. 45 ff.; AR/*Nebel*, § 4 GenDG Rn. 5; zum Verbot ungerechtfertigter Bevorzugung in anderen Regelungszusammenhängen vgl. § 18 Rdn. 10a; § 19 Rdn. 11e; § 21 Rdn. 12). 46

So ist bei der Auslegung des Begriffs »Benachteiligung« zunächst zu berücksichtigen, dass genetische Eigenschaften nicht notwendigerweise mit überwiegend als nachteilig empfundenen Aussagen über die gegenwärtigen oder zukünftigen Manifestationen des Merkmalsträgers 46a verbunden sein müssen. Dies unterscheidet das Verbot der genetischen Diskriminierung auf den ersten Blick etwa vom Verbot der Diskriminierung aufgrund einer Behinderung, das bevorzugende Maßnahmen zugunsten von Personen mit Behinderungen als Ausgleich für im gesellschaftlichen Leben festzustellende behinderungsbedingte Nachteile grundsätzlich erlaubt. Allerdings könnte auch hier kein wirkungsvoller Diskriminierungsschutz gewährleistet werden, wenn die Bevorzugungen aufgrund von Nichtbehinderungen als zulässig betrachtet werden würden.

46b Entsprechend der gesetzgeberischen Zielsetzung (vgl. auch Rdn. 22 und zum Begriff der genetischen Diskriminierung Rdn. 2 ff.) ist daher davon auszugehen, dass grundsätzlich auch Bevorzugungen aufgrund von genetischen Eigenschaften vom Anwendungsbereich des § 4 erfasst werden. Denn die Benachteiligung von Personen mit günstigen genetischen Eigenschaften ist die Kehrseite der Bevorzugung von Personen mit ungünstigen genetischen Eigenschaften. So werden beispielsweise aufgrund der Bevorzugung von Personen mit günstigen genetischen Eigenschaften im Ergebnis Personen mit genetischen ungünstigen Eigenschaften benachteiligt. Ein wirkungsvoller und widerspruchsfreier Schutz vor genetischer Diskriminierung lässt sich dementsprechend nur erreichen, wenn auch Bevorzugungen aufgrund von (günstigen) genetischen Eigenschaften vom Verbot der genetischen Diskriminierung erfasst werden. So wäre der Schutz durch das Benachteiligungsverbot des Abs. 1 äußerst lückenhaft, wenn etwa beim Abschluss eines Versicherungs- oder Arbeitsvertrags für die betreffende Person nachteilige genetische Eigenschaft i.S.d. § 3 Nr. 4 zwar nicht zum Anknüpfungspunkt für eine Benachteiligung gemacht werden dürften, wohl aber die günstigen genetischen Eigenschaften anderer (vgl. etwa hinsichtlich des Versicherungsbereiches auch BR-Drs. 633/08, S. 73).

46c Für eine solche Auslegung sprechen zudem auch systematische Erwägungen. Dies legt beispielsweise der Umstand nahe, dass § 4 schon eine Benachteiligung von Personen, die die Vornahme von genetischen Untersuchungen ablehnen, verboten werden soll. Ein Hauptanwendungsfeld solcher Fälle dürfte es sein, dass Personen nur mit nachgewiesenen günstigen genetischen Eigenschaften (insb. auch mit genetischen **Resistenzen** gegen bestimmte Erkrankungen, vgl. § 3 Nr. 7 Buchst. d) bevorzugt werden, wohingegen solche ohne einen solchen Nachweis nicht in den Genuss des jeweiligen Vorteils kommen.

### 2. Mittelbare Benachteiligungen

47 Auch mittelbare Diskriminierungen werden von § 4 erfasst (vgl. auch Kern/*Reuter*, § 4 GenDG Rn. 56 ff.; AR/*Nebel*, § 4 GenDG Rn. 5). Der Begriff der mittelbaren Diskriminierung kann in Anlehnung an den des AGG näher bestimmt werden. Nach § 3 Abs. 2 AGG gilt als mittelbare Diskriminierung, »wenn dem Anschein nach neutrale Vorschriften, Kriterien oder Verfahren Personen gegenüber anderen Personen in besonderer Weise benachteiligen, es sei denn, die betreffenden Vorschriften, Kriterien oder Verfahren sind durch ein rechtmäßiges Ziel sachlich gerechtfertigt.« (vgl. auch entsprechende Regelungen auf europäischer Ebene, etwa Richtlinie 2002/73/EG zur Änderung der Gleichbehandlungsrichtlinie 76/207/EWG). Zur Problematik der verdeckten Diskriminierung vgl. Kern/*Reuter*, § 4 GenDG Rn. 54 f. Zur Frage der Gefahr einer Schlechterbehandlung Kern/*Reuter*, § 4 GenDG Rn. 73.

48 Der Rechtskonstruktion der mittelbaren Diskriminierung im Hinblick auf das Benachteiligungsverbot des § 4 steht dabei nicht entgegen, dass das GenDG bereits detaillierte Vorgaben dazu enthält, welche Formen der mittelbaren Ermittlung genetischer Eigenschaften vom Begriff der genetischen Untersuchung i.S.d. § 3 Nr. 1 als einem der verbotenen Diskriminierungsmerkmale des § 4 erfasst sein sollen (beispielsweise über Genproduktanalysen i.S.d. § 3 Nr. 2 Buchst. c). Denn im Rahmen des § 4 kommt diesem Umstand keine abschließende Wirkung zu, da der Begriff der genetischen Eigenschaften nach § 3 Nr. 4 innerhalb des § 4 eine eigenständige Bedeutung hat und nicht nur genetische Merkmale erfasst, die über genetische Untersuchungen i.S.d. § 3 Nr. 1 ermittelt

gestützt werden soll (vgl. dazu auch Kern/*Reuter*, § 4 GenDG Rn. 100 ff., 127 ff.), gegeneinander abzuwägen sind.

Nach der gesetzgeberischen Zielsetzung, Kategorisierungen von Personengruppen anhand von genetischen Informationen zu vermeiden, dient § 4 nicht allein dem Schutz von Individualinteressen der betreffenden Person, sondern auch dem öffentlichen Interesse an einem wirkungsvollen Diskriminierungsschutz, sodass insoweit die Einwilligung der betreffenden Person mangels Dispositionsbefugnis als Rechtfertigung für die Benachteiligung oder Bevorzugung ausscheidet (Kern/*Reuter*, § 4 GenDG Rn. 124 ff.). Zur entsprechenden Unbeachtlichkeit der Einwilligung in anderen Regelungszusammenhängen vgl. auch § 18 Rdn. 13, 20, 27a; § 19 Rdn. 11 f.; § 21 Rdn. 13). 55a

### a) Mögliche allgemeine Rechtfertigungsanforderungen für Typisierungen anhand von genetischen Eigenschaften (Abs. 1, 1. und, 3. Alt.)

Bei der Prüfung der Zulässigkeit einer Ungleichbehandlung aufgrund von genetischen Eigenschaften (Abs. 1, 1. Alt.) oder den Ergebnissen genetischer Untersuchungen (Abs. 1, 3. Alt.) bietet sich – unter Berücksichtigung der Regelungsgedanken der §§ 18 ff. – die Prüfung folgender Gesichtspunkte an (vgl. auch Kern/*Reuter*, § 4 GenDG Rn. 89 ff.): 56

#### aa) Sachlicher Zusammenhang zwischen Manifestation und Lebensbereich

Zunächst setzt die Zulässigkeit einer Ungleichbehandlung aufgrund dieser Kriterien voraus, dass die Manifestation (persönliche Eigenschaft oder Fähigkeit), auf deren Vorliegen anhand der genetischen Eigenschaften geschlossen werden soll, für den jeweiligen Lebensbereich maßgeblich ist. Dies ist nicht der Fall, wenn die anhand der jeweiligen genetischen Eigenschaft festgestellte oder vorhergesagte Manifestation in keinem sachlichem Zusammenhang zu dem Zweck steht, für den sie genutzt werden soll (vgl. auch zum Begriff des sachlichen Grundes § 3 Abs. 2 und § 20 Abs. 1 Satz 1 AGG. Siehe auch § 19 Rdn. 2, ErfK/*Franzen*, 15. Aufl. 2015, § 19 GenDG Rn. 5). Vgl. auch Kern/*Reuter*, § 4 GenDG Rn. 92. 57

#### bb) Erforderlichkeit, insbesondere Vorrang genauerer Untersuchungen

Zudem muss die mit der Bewertung bzw. Behandlung aufgrund der genetischen Eigenschaft verbundene Typisierung erforderlich sein (zum Begriff der Erforderlichkeit von benachteiligenden Behandlungen im AGG vgl. § 3 Abs. 2 und § 10 Satz 2 AGG). Dies ist nicht der Fall, wenn es mit angemessenem Aufwand möglich ist, die maßgebliche Manifestation unmittelbar nachzuweisen oder Indikatoren zu verwenden, die Aussagen mit einer größeren statistischen Aussagegenauigkeit erlauben (zustimmend: Kern/*Reuter*, § 4 GenDG Rn. 94). 58

Sofern allgemeine technische oder organisatorische Umfeldmaßnahmen ergriffen werden können, mit denen sich die mit der Typisierung anhand der genetischen Eigenschaften verfolgte Zielsetzung mit gleicher Wirksamkeit erreichen lassen, dürften diese Regeln – da sie die Person nicht selbst betreffen, sondern lediglich ihr Umfeld – vorrangig anzuwenden sein (vgl. auch: Kern/*Reuter*, § 4 GenDG Rn. 96). Für den Bereich des Arbeitslebens ist eine Nachrangigkeitsregelung genetischer Untersuchungen in § 20 Abs. 2 Satz 2 ausdrücklich geregelt. 59

#### cc) Angemessenheit der genetischen Typisierungen, Grad der Manifestationswahrscheinlichkeit

Schließlich sollte der mit der Typisierung anhand der genetischen Eigenschaft verfolgte Zweck in einem angemessenen Verhältnis zu der persönlichkeitsrechtlichen Beeinträchtigung stehen, die mit der typisierenden Behandlung verbunden ist (zum Begriff der Angemessenheit von benachteiligenden Behandlungen im AGG vgl. § 3 Abs. 2, § 8 Abs. 1 und § 10 Satz 1 und 2 AGG). 60

Bei der Bewertung des Ausmaßes der persönlichkeitsrechtlichen Beeinträchtigung durch die Typisierung anhand von genetischen Eigenschaften kann insbesondere der Grad der Wahrscheinlichkeit zu berücksichtigen sein, mit dem die maßgebliche Manifestation tatsächlich bei 61 der betroffenen Person vermutet wird (**Penetranz**, positiver Vorhersagewert (positiver prädiktiver Wert) als eines Unterfalls der klinischen Validität – vgl. Richtlinie der Gendiagnostik-Kommission (GEKO) für die Beurteilung genetischer Eigenschaften gem. § 23 Abs. 2 Nr. 1a GenDG i.d.F. vom 25.05.2021, unter IV 1.3): Je geringer die Eintrittswahrscheinlichkeit für die vorhergesagte Krankheit, desto größer ist die Wahrscheinlichkeit, dass der Einzelne in dem jeweiligen Lebensbereich eingeschränkt oder sogar aus ihm ausgeschlossen wird, ohne dass sich die Manifestation, die der Grund für die Einschränkung oder den Ausschluss war, bei ihm jemals entwickelt (zustimmend: Kern/*Reuter*, § 4 GenDG Rn. 109). Für den Bereich des Arbeitslebens wird dieser Gedanke berücksichtigt, indem nach § 20 Abs. 3 Nr. 2 nur hohe Erkrankungswahrscheinlichkeiten genetische Untersuchungen rechtfertigen können, vgl. § 20 Abs. 3 Nr. 2 (zu den arbeitsrechtlichen Anforderungen an Personalentscheidungen auf Grundlage von Prognosen vgl. BT-Drs. 633/08, S. 75; ErfK/*Franzen*, 11. Aufl. 2011, § 19 GenDG Rn. 5; *Kohte*, in: Münchener Handkommentar, 2009, § 296 Rn. 63; AR/*Nebel*, § 19 GenDG Rn. 1).

62 Zudem kann es einen Unterschied machen, ob die genetischen Eigenschaften, aufgrund derer die betreffende Person benachteiligt werden soll, dieser bekannt sind oder erst über eine genetische Untersuchung ermittelt werden sollen. Im letzteren Fall wäre zusätzlich das **Recht auf Nichtwissen** beeinträchtigt (zustimmend: Kern/*Reuter*, § 4 GenDG Rn. 114). Diesem Gedanken wird letztlich auch in § 18 Abs. 1 Rechnung getragen, der es in § 18 Abs. 1 Satz 1 Nr. 1 ohne Ausnahme verbietet, die Vornahme von genetischen Untersuchungen zu verlangen, in den Fällen des § 18 Abs. 1 Satz 2 es jedoch als zulässig erachtet, die Mitteilung von Ergebnissen von bereits vorgenommenen Untersuchungen nach § 18 Abs. 1 Satz 1 Nr. 2 zu verlangen.

**b) Mögliche zusätzliche Rechtfertigungsanforderungen für die Vornahme von Prognosen anhand von genetischen Eigenschaften**

63 Eine besondere Eingriffsintensität weisen Typisierungen anhand von genetischen Eigenschaften auf, wenn sie zu Vorhersagezwecken verwendet werden (vgl. Rdn. 7 ff.). Dies gilt nicht nur für Vorhersagen aufgrund von genetischen Eigenschaften, die über prädiktive genetische Untersuchungen i.S.d. § 3 Nr. 8 gewonnen werden, sondern auch für alle anderen Vorhersagen aufgrund von genetischen Eigenschaften i.S.d. § 3 Nr. 4, z.B. aufgrund von Ergebnissen genetischer Untersuchungen, die nicht medizinischen Zwecken i.S.d. § 3 Nr. 6 dienen, oder auch diagnostischen genetischen Untersuchungen i.S.d. § 3 Nr. 7 Buchst. b und d (Untersuchungen auf genetische Anfälligkeiten und Resistenzen), sofern sie im Einzelfall einen vorhersagenden Charakter haben (so auch Kern/*Reuter*, § 4 GenDG Rn. 37). Zu nicht-genetischen Untersuchungen, die Rückschlüsse auf genetische Eigenschaften erlauben vgl. auch § 4 Rdn. 50.

64 Für die Bewertung der Zulässigkeit von Prognosen anhand von genetischen Eigenschaften bieten sich dabei zusätzlich zu den bereits genannten Kriterien folgende Gesichtspunkte an:

**aa) Erforderlichkeit, Grundsatz der spätestmöglichen Untersuchung**

65 Bei der Bewertung der Zulässigkeit der Prognosen anhand von genetischen Eigenschaften ist zu prüfen, ob ein Verfahren zur Verfügung steht, dass die Person, deren genetische Eigenschaften bewertet werden sollen, weniger belastet. Dies ist insbesondere dann der Fall, wenn der Eintritt der für den jeweiligen Sachzusammenhang maßgeblichen Manifestation (vgl. Rdn. 57) nicht abgewartet oder zu einem späteren Zeitpunkt vorhergesagt werden kann, ohne dass der Zweck der Vorhersage, insbesondere der Schutz berechtigter Interessen Dritter, verfehlt werden würde. Diese Wertung ergibt sich aus der Überlegung, dass eine spätere Prognose gegenüber einer früheren Prognose in der Regel ein milderes Mittel darstellen dürfte, da die Wahrscheinlichkeit, dass nicht vorhergesehene Umstände den Eintritt der Manifestation verhindern, mit der Länge des Vorhersagezeitraumes steigt (zustimmend: Kern/*Reuter*, § 4 GenDG Rn. 94). So ist etwa die Wahrscheinlichkeit, dass

für eine vorhergesagte Krankheit bis zu ihrem Ausbruch ein Heilmittel entwickelt wird, bei einer Prognose über einen langen Zeitraum größer als bei einer kurzfristigen Prognose (vgl. dazu bereits Rdn. 8).

**bb) Angemessenheit, insb. Vorhersagezeitraum und Nachvollziehbarkeit**

Zudem muss der mit der Typisierung verfolgte Zweck in einem angemessenen Verhältnis zu der persönlichkeitsrechtlichen Beeinträchtigung stehen, die mit der typisierenden Behandlung verbunden ist. Bei der Bewertung des Ausmaßes der persönlichkeitsrechtlichen Beeinträchtigung (zum Menschenwürdebezug vgl. auch § 1 Rdn. 4) durch die Vorhersage anhand von genetischen Eigenschaften sind zusätzlich zu den bereits genannten Gesichtspunkten (Rdn. 56 ff.) insbesondere folgende Gesichtspunkte zu berücksichtigen: 66

Zu diesen Gesichtspunkten gehört zunächst der **Zeitraum bis zum Eintritt der vorhergesagten Manifestation** und bei Vorhersagen zur gesundheitlichen Entwicklung des Menschen die Behandelbarkeit der vorhergesagten gesundheitlichen Beeinträchtigung (zustimmend: Kern/*Reuter*, § 4 GenDG Rn. 110). Je länger der Vorhersagezeitraum, desto größer ist die Wahrscheinlichkeit des Eintritts von Umständen, die bei der Prognosestellung nicht vorhergesehen konnten und damit nicht berücksichtigt werden konnten (wie etwa die zwischenzeitliche Entwicklung von Therapien oder eine Änderung der wissenschaftlichen Annahmen, auf deren Grundlage die Prognose erstellt wurde). 67

Zudem ist auch das **Alter der betreffenden Person** zu berücksichtigen (zustimmend: Kern/*Reuter*, § 4 GenDG Rn. 111). Die Unangemessenheit einer Typisierung kann sich in dieser Hinsicht aus dem Umstand ergeben, dass unter Berücksichtigung des Alters der betreffenden Person anzunehmen ist, dass sie bereits vor dem Eintritt der prognostizierten Manifestation versterben wird (vgl. auch *Stockter*, Verbot genetischer Diskriminierung, S. 526). 68

Zudem könnte im Rahmen der Abwägung ggf. dem Aspekt der **Nachvollziehbarkeit** der Prognoseentscheidung Rechnung zu tragen sein. Benachteiligungen aufgrund von Prognosen, die sich auf bereits (punktuell) eingetretenen Manifestationen (**Vormanifestationen**) gründen, dürften für die betroffene Person in der Regel nachvollziehbarer sein als Benachteiligungen, die allein mit dem Vorliegen von genetischen Veranlagungen begründet werden, die sich zum Zeitpunkt der Benachteiligung noch nicht manifestiert haben (vgl. auch: Kern/*Reuter*, § 4 GenDG Rn. 95). Dies dürfte auch dann gelten, wenn die Prognose aufgrund dieser genetischen Eigenschaften die (zahlenmäßig) gleiche Vorhersagegenauigkeit aufweisen sollte wie die Prognose aufgrund von Vormanifestationen. Benachteiligungen aufgrund von Prognosen (z.B. über Viliganzstörungen oder verminderter Stresstoleranz), die allein mit dem Vorliegen bestimmter genetischer Eigenschaften begründet werden und mangels Vormanifestationen (etwa mangels entsprechender Ergebnisse in Belastungstests) schwer nachvollziehbar sind, können der betroffenen Person in einem besonders ausgeprägten Maße das Gefühl geben, lediglich zum bloßen Objekt statistischer Betrachtungen gemacht zu werden, das auf sein genetisches Substrat reduziert wird (vgl. BR-Drs. 633/08, S. 43, 75). Dies dürfte häufig selbst dann der Fall sein, wenn die Eintrittwahrscheinlichkeit der vorhergesagten Manifestation besonders hoch sein sollte. Die dabei von der betroffenen Person empfundene Beeinträchtigung ihres Persönlichkeitsrechts ist nicht zuletzt wegen des ausdrücklichen Bezugs zur Menschenwürde in § 1 im Rahmen der Bewertung der Angemessenheit der Typisierung zu berücksichtigen. Sofern Prognosen aufgrund von Vormanifestationen in dem jeweiligen Sachzusammenhang die gleiche Eignung haben, dürften sie in der Regel gegenüber Prognosen ohne Vormanifestationen vorzugswürdig sein (vgl. auch den Fall des OLG Celle VersR 1981, 1058, in dem sich eine schadensgeneigten Veranlagung bereits zuvor manifestiert hatte). Zum Kriterium der Nachvollziehbarkeit im Rahmen der Bewertung der Kreditwürdigkeit bei Creditscorings vgl. Unabhängiges Landeszentrum für Datenschutz, Scoringsysteme zur Beurteilung der Kreditwürdigkeit – Chancen und Risiken für Verbraucher, 2005, S. 74 f., 163; *Weichert*, in: Däubler/Klebe/Wedde/Weichert, Kompaktkommentar zum BDSG, 3. Aufl. 2010, § 28b Rn. 5). 69

### c) Mögliche Rechtfertigungsanforderungen für Kausalitätsbewertungen anhand von genetischen Eigenschaften

70 Eine Bewertung von Kausalverläufen anhand von genetischen Eigenschaften dürfte grundsätzlich als zulässig zu bewerten sein, wenn sie erforderlich ist, um zu klären, ob ein Dritter für eine gesundheitliche Beeinträchtigung der betroffenen Person **haftungsrechtlich verantwortlich** ist, und sie die betroffene Person nicht unangemessen in ihrem Persönlichkeitsrecht beeinträchtigt.

71 In diesen Fällen berufen sich sowohl der mögliche Schädiger (z.B. der Arbeitgeber oder Produkthersteller) als auch der Geschädigte (z.B. der Arbeitnehmer oder Verbraucher) auf korrelationsstatistische Zusammenhänge: Der mögliche Schädiger beruft sich gegebenenfalls auf genetische Veranlagungen des Geschädigten, um nachzuweisen, dass die gesundheitliche Beeinträchtigung aus dem rechtlichen Verantwortungsbereich des Geschädigten selbst kommt; der Geschädigte beruft sich auf statistische Zusammenhänge zwischen der gesundheitlichen Beeinträchtigung und bestimmten Umständen oder Stoffen, für die der mögliche Schädiger haftungsrechtlich verantwortlich ist (z.B. bestimmte Arbeitstätigkeiten oder arbeitsbedingte Schadstoffe). Wenn z.B. die Ursache für eine vom Arbeitnehmer als arbeitsbedingt geltend gemachte Krankheit allein in einer genetischen Veranlagung und damit außerhalb des rechtlichen Verantwortungsbereichs des Arbeitgebers liegen kann, dürfte es in der Regel daher nicht zu rechtfertigen sein, den Arbeitgeber allein deswegen haften zu lassen, weil die Berücksichtigung genetischer Alternativursachen an genetische Eigenschaften des Arbeitnehmers anknüpfen würde und daher von vornherein außer Betracht bleiben muss. In diesen Fällen erscheint es grundsätzlich sachlich gerechtfertigt, auch dem möglichen Schädiger die Berufung auf haftungsbefreiende Umstände zu erlauben, auch wenn diese an genetische Eigenschaften des Geschädigten anknüpfen sollten. So auch die bisherige Rechtsprechung, vgl. *Stockter*, Verbot genetischer Diskriminierung, S. 139 ff.

### 2. Ungleichbehandlungen wegen genetischer Eigenschaften, die zu Identifikationszwecken genutzt werden (Abs. 1, 1. und 3. Alt.)

72 Hinsichtlich der Verwendung genetischer Eigenschaften i.S.d. § 3 Nr. 4 zu Identifikationszwecken (vgl. dazu auch § 3 Rdn. 36) gibt es bereits eine Reihe von speziellen Vorschriften. Nach § 2 Abs. 2 sind insbesondere genetische Untersuchungen im Bereich des Strafverfahrens und der Gefahrenabwehr nach § 2 Abs. 2 Nr. 2 Buchst. a) ausgenommen. Darüber hinaus enthält das GenDG spezielle Vorschriften für genetische Untersuchungen zur Klärung der Abstammung in § 17. Im Bereich des Arbeitslebens sind genetische Untersuchungen zur Feststellung genetischer Identifikationsmuster wegen § 19 verboten (vgl. § 19 Rdn. 10), im Versicherungsbereich sind sie nur in den Fällen des § 18 Abs. 1 Satz 2 nicht verboten.

73 Im Unterschied zu Benachteiligung aufgrund von genetischen Eigenschaften, die als Indikator für mögliche Manifestationen genutzt werden, ist mit genetischen Eigenschaften, die zu Identifikationszwecken verwendet werden, **keine nennenswerte Typisierung** verbunden (vgl. auch Kern/Reuter, § 4 GenDG Rn. 170, 174), sofern der im Rahmen solcher Untersuchungen durchgeführte Probenabgleich eine nahezu eindeutige Zuordnung der Proben ermöglicht (vgl. aber Rdn. 19). Die Zulässigkeit einer Benachteiligung aufgrund von Identifikationsmustern beurteilt sich daher insbesondere danach, ob diese Behandlung mit besonderen persönlichkeitsrechtlichen Beeinträchtigungen verbunden ist und deswegen als unangemessen erscheint (etwa die Feststellung einer nicht bestehenden leiblichen Verwandtschaft und der damit verbundenen Beeinträchtigung des Rechts auf Nichtwissen der Person, die von einer leiblichen Verwandtschaft ausging, z.B. im Fall der »sozialen Väter«).

### 3. Ungleichbehandlungen wegen der Vornahme oder Nichtvornahme einer genetischen Untersuchung oder Analyse (Abs. 1, 2. Alt.)

74 Abs. 1, 2. Alt. schützt das Recht auf Wissen und Nichtwissen. Die Benachteiligung einer Person wegen der Vornahme oder Nichtvornahme einer genetischen Untersuchung oder Analyse kann

nur nach § 4 gerechtfertigt werden, wenn eine solche Untersuchung zulässigerweise verlangt werden darf (zustimmend: Kern/*Reuter*, § 4 GenDG Rn. 41, 97, 121, 123). In diesen Fällen kann sie – z.B. wenn die Nichtvornahme der Untersuchung eine Obliegenheitsverletzung durch die betreffende Person darstellt – gerechtfertigt sein, wenn die Ergebnisse, zu deren Ermittlung die verweigerte Untersuchung durchgeführt werden sollte, eine genetische Typisierung gerechtfertigt hätten (z.B. im Bereich der transplantationsmedizinischen Organvermittlung; zur Anwendbarkeit des GenDG im Transplantationswesen s. § 2 Rdn. 29, § 3 Rdn. 49, 55 und § 4 Rdn. 21). Vgl. dazu Kern/*Reuter*, § 4 GenDG Rn. 41; zu einem ähnlichen Themenfeld auch: AG Büdingen (Beschl. v. 07.12.2012 – 53 F 815/12), wonach allein ein Verstoß gegen das Hessische Kindergesundheitsschutzgesetz (Nichtwahrnehmung von Früherkennungsuntersuchungen eines Kindes) keine familiengerichtlichen Maßnahmen nach § 1666 BGB wegen Kindeswohlgefährdung rechtfertige (*Clausius*, Anm. zu AG Büdingen, Beschl. v. 07.12.2012 – 53 F 815/12, juris-Praxis-Report Familienrecht 07/2013, Anm. 3, m.w.N.).

Von vornherein nicht gerechtfertigt werden kann die nachteilige Behandlung einer Person, die eine genetische Untersuchung oder Analyse nicht vornimmt, wenn bereits das Verlangen eines Dritten, eine solche Untersuchung vorzunehmen, unzulässig ist. Dies gilt etwa bei Verstößen gegen das Verbot nach § 18 Abs. 1 Nr. 1 oder § 19 Nr. 1.

## F. Rechtsfolgen und Normumsetzung

Die Verletzung der Regelungen des § 4 löst die Rechtsfolgen aufgrund der allgemeinen Bestimmungen oder der speziellen Regelungen dieses Gesetzes aus (vgl. BR-Drs. 633/08, S. 43, s. auch Kern/*Reuter*, § 4 GenDG Rn. 181 ff.; *Fischinger*, NZA 2010, 65, 70; ErfK/*Franzen*, 15. Aufl. 2015, § 19 GenDG Rn. 7; AR/*Nebel* § 4 GenDG Rn. 8).

### I. Unwirksamkeit unzulässiger Regelungen, keine Begründung von Obliegenheiten

Rechtsgeschäfte, die gegen das Benachteiligungsverbot verstoßen, sind unwirksam (z.B. nach § 134 BGB, vgl. Kern/*Reuter*, § 4 GenDG Rn. 182 ff.; AR/*Nebel* § 4 GenDG Rn. 8; – zur entsprechenden Rechtsfolge des § 7 Abs. 2 AGG vgl. *Adomeit/Mohr*, Kommentar zum allgemeinen Gleichbehandlungsgesetz, § 7 Rn. 13).

Zudem können ungerechtfertigte Typisierungen aufgrund von genetischen Eigenschaften keine **Obliegenheiten** begründen, deren Verletzung zur Vorenthaltung von Vergünstigungen führt (zu Beispielsfällen vgl. *Stockter*, Das Verbot genetischer Diskriminierung, S. 445 ff.). Insoweit gibt es keine Pflicht zum »**genkonformen Verhalten**« (vgl. auch *Eberbach*, MedR 2010, 155, 162 f.; *Eberbach*, MedR 2014, 449, 459, Fn. 176; zu den möglichen Auswirkungen einer personalisierten Prävention: *Eberbach*, MedR 2014, 449, 456 ff.). Dies könnte beispielsweise Bedeutung gewinnen, wenn die Nichtvornahme von genetischen Krebsfrüherkennungsuntersuchungen – wie etwa im Rahmen der § 62 Abs. 1 Satz 3 Nr. 2 i.V.m. § 25 Abs. 1, 2 SGB V in der Fassung bis zum 08.04.2013 – zu einer erhöhten Selbstbeteiligung führen sollte (zur Begründung der Abschaffung BR-Drs. 17/11267, S. 25 f., dazu ausführlich *Stockter*, Präventivmedizin und Informed Consent, S. 207 ff.; vgl. dazu auch Kern/*Reuter*, § 4 GenDG Rn. 41; vgl. auch *Welti*, GesR 2015, 1 [8]) oder wenn im Rahmen eines Bonussystems nach § 62a SGB V von Krankenkassen auf Grundlage von der Teilnahme an genetischen Untersuchungen bzw. ihren Ergebnissen Obliegenheiten geschaffen werden würden (etwa an Hämochromatose-Tests teilzunehmen und ggf. regelmäßige Blutspenden zur Vorbeugung gegen Hämochromatose durchzuführen), deren Verletzung im Schadensfall zur Vorenthaltung des Bonus führt (vgl. *Stockter*, Das Verbot genetischer Diskriminierung, S. 445; Kern/*Reuter*, § 4 GenDG Rn. 41. Zur Leistungsbeschränkung bei Selbstverschulden im Hinblick auf den Bezug von Krankengeld vgl. *Eberbach*, MedR 2011, 757 (767). Allgemein zur Problematik der Gesundheitsobliegenheiten vgl. *Höfling*, ZEFQ 2009, S. 286 ff.; *Eberbach*, MedR 2011, 757 ff.; *Huster/Gottwald*, GesR 2012, 449 ff.).

## Vor §§ 7 ff. GenDG

**77a** Im Rahmen des § 254 BGB liegt keine Sorgfaltspflichtverletzung vor, wenn das **Mitverschulden** ungerechtfertigter Weise nur mit dem Vorliegen von genetischen Eigenschaften begründet werden kann (vgl. aber OLG Celle, VersR 1981, 1058 – Mitverschulden aufgrund schadensgeneigter Veranlagung zu einer Psoriasiserkrankung).

### II. Ansprüche auf Beseitigung, Unterlassung und Schadensersatz, Herstellungsansprüche

**77b** Nicht gerechtfertigte Benachteiligungen können zudem eine Verletzung vertraglicher Pflichten (vgl. auch § 7 Abs. 3 AGG) oder die Verwirklichung von Deliktstatbeständen darstellen, die Ansprüche nach den jeweiligen Regelungen auslösen (etwa Beseitigung, Unterlassung oder Ersatz des materiellen und immateriellen Schadens – s. auch ErfK/*Franzen*, 15. Aufl. 2015, § 19 GenDG Rn. 6 f.; Kern/*Reuter*, § 4 GenDG Rn. 181 ff.; *Damm*, MedR 2012, 705 ff.). Insbesondere kann die unzulässige Typisierung eine Verletzung des allgemeinen Persönlichkeitsrechts i.S.d. § 823 Abs. 1 BGB darstellen (vgl. § 4 Rdn. 5; Kern/*Reuter*, § 4 GenDG Rn. 185). Zudem kommt auch ein Anspruch aus § 823 Abs. 2 BGB in Betracht (Kern/*Reuter*, § 4 GenDG Rn. 186). Zu den besonderen Ansprüchen bei Verstößen gegen § 21 vgl. § 21 Rdn. 19.

**77c** Zur Frage des Kontrahierungszwangs, wenn ein Vertrag aufgrund von unzulässig erworbener Informationen abgelehnt werden sollte: Kern/*Reuter*, § 4 GenDG Rn. 190 ff. Zur Frage der Beweislastverteilung: Kern/*Reuter*, § 4 GenDG Rn. 199 ff.

### III. Straf- und Bußgeldtatbestände

**78** Ein Verstoß gegen das Benachteiligungsverbot des § 4 erfüllt keinen Straf- bzw. Bußgeldtatbestand der §§ 25 ff.

## Vorbemerkung zu §§ 7 ff.

**Übersicht**

| | Rdn. | | Rdn. |
|---|---|---|---|
| A. Geltungsbereich | 1 | II. Verhältnis zu Regelungen außerhalb des GenDG | 9 |
| B. Systematische Einordnung | 6 | | |
| I. Verhältnis der Regelung der §§ 7 ff. zueinander | 6 | | |

### A. Geltungsbereich

**1** In Abschnitt 2 werden Regelungen für genetische Untersuchungen getroffen, sofern sie in den über § 3 Nr. 6 bis 9 definierten **medizinischen Bereich** fallen. Entsprechend der Bedeutung der genetischen Untersuchung zu medizinischen Zwecken und deren zu erwartender Ergebnisse sollen die Voraussetzungen für eine genetische Beratung – je nach Untersuchungszweck, Aussagekraft und Untersuchungsgegenstand – unterschiedlich ausgestaltet sein (BR-Drs. 633/08, S. 28 f.).

**1a** Bei der Bestimmung des Begriffs der genetischen Untersuchungen zu medizinischen Zwecken ist zu berücksichtigen, dass die geläufigen **Krankheits- bzw. Gesundheitsbegriffe** (z.B. der WHO, BZgA, Jakarta Declaration) in diesem Kontext nicht hilfreich sind, sondern im Gegenteil Probleme verursachen, da sie einerseits sehr unterschiedlich sind und andererseits in ihrer Aussage zur Gesundheit keine sinnvolle Abgrenzung verschiedener genetischer Merkmale erlauben (so etwa: Richtlinie der Gendiagnostik-Kommission (GEKO) für die Beurteilung genetischer Eigenschaften hinsichtlich ihrer Bedeutung nach § 15 Abs. 1 Satz 1 GenDG für eine Beeinträchtigung der Gesundheit des Embryos oder des Fötus während der Schwangerschaft oder nach der Geburt gem. § 23 Abs. 2 Nr. 1d GenDG i.d.F. vom 12.04.2013 unter III.; Gendiagnostik-Kommission (GEKO), Tätigkeitsbericht 2012, S. 25). Beispielsweise würde der Begriff der WHO (»Health is a state of complete physical, mental and social well-being and not merely the absence of disease or infirmity.« – vgl.: Preamble to the Constitution of the World Health Organization as adopted by the

International Health Conference, New York, 19 June – 22 July 1946; signed on 22 July 1946 by the representatives of 61 States (Official Records of the World Health Organization, no. 2, p. 100) and entered into force on 7 April 1948. The definition has not been amended since 1948. (URL: http://apps.who.int/gb/bd/PDF/bd47/EN/constitution-en.pdf, letzter Zugriff: 05.04.2013) wegen seiner Allumfassenheit eine Abgrenzung von gesundheitsrelevanten zu nicht gesundheitsrelevanten Eigenschaften erschweren und damit den Willen des Gesetzgebers konterkarieren (Richtlinie der Gendiagnostik-Kommission (GEKO) für die Beurteilung genetischer Eigenschaften hinsichtlich ihrer Bedeutung nach § 15 Abs. 1 Satz 1 GenDG für eine Beeinträchtigung der Gesundheit des Embryos oder des Fötus während der Schwangerschaft oder nach der Geburt gem. § 23 Abs. 2 Nr. 1d GenDG i.d.F. vom 12.04.2013 unter III.). Andere Gesundheitsbegriffe beinhalten implizite Wertungen in Bezug auf Abweichungen vom Üblichen (sogenannten »Normalen«). Es ist aber notwendig, eine darauf basierende Diskriminierung zu vermeiden. Insbesondere im Hinblick auf vorgeburtliche genetische Untersuchungen (nach § 15) darf nicht der Eindruck erweckt werden, als sollte durch eine Richtlinie eine Bewertung von Embryonen vorgenommen werden (Richtlinie der Gendiagnostik-Kommission (GEKO) für die Beurteilung genetischer Eigenschaften hinsichtlich ihrer Bedeutung nach § 15 Abs. 1 Satz 1 GenDG für eine Beeinträchtigung der Gesundheit des Embryos oder des Fötus während der Schwangerschaft oder nach der Geburt gem. § 23 Abs. 2 Nr. 1d GenDG i.d.F. vom 12.04.2013 unter III.). Aufgrund dieser grundsätzlichen Erwägungen hat die GEKO (vgl. Richtlinie der Gendiagnostik-Kommission (GEKO) für die Beurteilung genetischer Eigenschaften hinsichtlich ihrer Bedeutung nach § 15 Abs. 1 Satz 1 GenDG für eine Beeinträchtigung der Gesundheit des Embryos oder des Fötus während der Schwangerschaft oder nach der Geburt gem. § 23 Abs. 2 Nr. 1d GenDG i.d.F. vom 12.04.2013 unter III.) darauf verzichtet, Begriffsdefinitionen zu verwenden, die über den Gesetzestext und die Definition der gesundheitlichen Beeinträchtigung hinausgehen.

Die Regelungen finden keine Anwendung auf genetische Untersuchungen, die **nicht medizinischen Zwecken** i.S.d. § 3 Nr. 6 dienen. Auch, wenn in vielen Regelungen der §§ 7 ff. die Begriffe »genetische Untersuchung« (vgl. § 7 Abs. 2; § 8 Abs. 1; § 9 Abs. 1; § 11 Abs. 1; § 12 Abs. 1) oder »genetische Probe« (vgl. § 13) in Bezug genommen werden, sollen damit nicht alle auch nicht-medizinischen Zwecken dienende genetischen Untersuchungen i.S.d. § 3 Nr. 1 und das dabei gewonnene Probenmaterial erfasst sein. Für diese Auslegung spricht zunächst der Umstand, dass der Abschnitt 2 nach seiner Überschrift lediglich genetische Untersuchungen zu medizinischen Zwecken zum Gegenstand haben soll. Zudem ergibt sich dies vor dem Hintergrund, dass in den betreffenden Normen durch weitere Begriffe, insbesondere durch den Begriff der »verantwortlichen ärztlichen Person«, die nach § 3 Nr. 5 nur im Bereich genetischer Untersuchungen zu medizinischen Zwecken tätig werden, der ausschließliche Bezug zu genetischen Untersuchungen zu medizinischen Zwecken hergestellt wird. Diese Auslegung entspricht zudem der Zielsetzung des Gesetzgebers, durch die §§ 7 ff. nur den Bereich der medizinischen Untersuchungen zu regeln (vgl. BR-Drs. 633/08, S. 27 f., vor allem auch S. 50 ff. [zu § 8] und S. 59 [zu § 13]). Etwas anderes gilt insoweit nur im Hinblick auf § 15, der nach Wortlaut und gesetzgeberischer Zielsetzung gerade auch genetische Untersuchungen zu nicht medizinischen Zwecken verbietet (vgl. auch § 15 Rdn. 37 ff.).

Insbesondere folgende genetische Untersuchungen i.S.d. § 3 Nr. 1 sind demnach nicht den besonderen Vorgaben des 2. Abschnitts unterworfen:
– genetische Untersuchungen zur Feststellung von **Identifikationsmustern** (etwa im Rahmen von Abstammungsuntersuchungen, vgl. § 17)
– genetische Untersuchungen zu nicht-medizinischen Zwecken (sog. **Life-Style-Tests**, vgl. § 3 Rdn. 46 und Rdn. 64). Nach § 15 Abs. 1 Satz 1 ist die Zulässigkeit im Rahmen von vorgeburtlichen genetischen Untersuchungen allerdings auf Untersuchungen zu medizinischen Zwecken beschränkt (vgl. § 15 Rdn. 37 ff.).

Zudem sind auch Untersuchungen zu medizinischen Zwecken, die nach der Begriffsbestimmung des § 3 Nr. 1 nicht als genetische Untersuchungen gelten, nicht den Regelungen der §§ 7 ff. unterworfen, wie z.B.:

## Vor §§ 7 ff. GenDG

- Untersuchungen zur Feststellung von **nach der Geburt entstandenen Erbinformationen** (z.B. genetische Merkmale von Krebszellen) und
- Untersuchungen zur Feststellung von **nicht-menschlichen** (z.B. viralen) **Erbinformationen**.

5 Sofern **Informationen** über genetischen Eigenschaften mit Bedeutung für eine Erkrankung oder gesundheitliche Störung, **deren Erhebung nicht den Vorgaben des GenDG unterliegt**, einzelnen Probanden mitgeteilt werden sollen, dürften die für die Mitteilung solcher Eigenschaften maßgeblichen Regelungen der §§ 7 ff. entsprechende Anwendung finden. Dies dürfte etwa für die Mitteilung von Befunden über genetische Eigenschaften mit Bedeutung für Erkrankungen oder gesundheitliche Störungen gelten, die

- bei Gelegenheit im Rahmen von nicht-genetischen Untersuchungen (sog. **Zufallsbefunde** vgl. § 3 Rdn. 5 und 28) oder
- **im Rahmen von Forschungsprogrammen** (vgl. § 2 Rdn. 31) gewonnen wurden.

5a Diese Auslegung entspricht der gesetzgeberischen Zielsetzung: So sollen Untersuchungen, die nicht auf die Ermittlung genetischer Eigenschaften mit Bedeutung für eine Erkrankung oder gesundheitliche Störung gerichtet sind und deren Ergebnisse nicht konkrete Maßnahmen bei einzelnen Probanden veranlassen sollen, nicht von vornherein den Vorgaben der §§ 7 ff. unterliegen. Sobald jedoch tatsächlich Befunde zu genetischen Eigenschaften mit Bedeutung für eine Erkrankung oder gesundheitliche Störung gewonnen wurden und der untersuchten Person mitgeteilt werden sollen, gebietet es der Schutz des Rechts auf Wissen und Nichtwissen (vgl. § 1), dass die für die Mitteilung solcher Befunde maßgeblichen Regelungen des GenDG berücksichtigt werden. Dementsprechend dürften insbesondere folgende Maßgaben zu berücksichtigen sein:

- Grundsätzlich besteht keine gesetzliche Verpflichtung zur Mitteilung von auf den einzelnen Probanden bezogene Informationen über genetische Eigenschaften (Wertung aus § 8, vgl. auch § 10 Abs. 3 Satz 4, Rdn. 12). Der datenschutzrechtliche Auskunftsanspruch nach Art. 15 DSGVO dürfte insofern nach Art. 6 Abs. 2 und Art. 9 Abs. 4 DSGVO i.V.m. § 1 Abs. 2 Satz 1 und 2 BDSG (ehemals § 1 Abs. 3 Satz 1 BDSG a.F.) durch die spezielleren Regelungen des GenDG verdrängt sein.
- Das Angebot einer Mitteilung ist nur bei Vorliegen einer gendiagnostischen Indikation oder auf Probandeninitiative zulässig (Wertung aus § 16, vgl. auch Vorbemerkungen zu §§ 7 ff. Rdn. 6, § 8 Rdn. 8, § 9 Rdn. 4, § 10 Rdn. 4, § 16 Rdn. 11 ff., 14). Eine Mitteilung des Untersuchungsergebnisses ist aus Gründen des Schutzes des Rechts auf Nichtwissen nach dem GenDG unzulässig, soweit nicht eine hinreichend spezifizierte vertragliche Vereinbarung über die Durchführung einer genetischen Untersuchung bzw. die Mitteilung eines genetischen Untersuchungsergebnisses getroffen wurde.
- Die Mitteilung der auf den einzelnen Probanden bezogenen Informationen über genetische Eigenschaften muss nach den Maßgaben des § 10 mit dem Angebot einer genetischen Beratung durch eine kompetente Person verbunden werden (vgl. auch § 11).

### B. Systematische Einordnung

#### I. Verhältnis der Regelung der §§ 7 ff. zueinander

6 Die §§ 7 ff. dienen der rechtlichen Ausgestaltung der bereits in der gendiagnostischen Praxis üblichen Trias »**Beratung – Diagnostik – Beratung**« (BR-Ds. 633/08, S. 28 f.) und der Konkretisierung datenschutzrechtlicher Vorgaben:

- Vor der Durchführung einer genetischen Untersuchung zu medizinischen Zwecken ist der mögliche Proband nach § 9 **aufzuklären**. Im Fall von prädiktiven genetischen Untersuchungen im Sinne von § 3 Nr. 8 müssen zusätzlich die Vorgaben für eine genetische Beratung eingehalten werden (vgl. § 10 Abs. 2). Die Vornahme der genetischen Untersuchung i.S.d. § 3 Nr. 6 ist nur mit einer den Vorgaben des § 8 genügenden Einwilligung zulässig.
- Genetische Untersuchungen zu medizinischen Zwecken unterliegen dem **Arztvorbehalt** des § 7, wobei die dafür erforderliche genetische Analyse auch durch eine von der verantwortlichen ärztlichen Person beauftragte Person vorgenommen werden kann. Die Vornahme der

genetischen Untersuchung ist nur mit einer nach § 8 **wirksamen Einwilligung** des Probanden zulässig.
- Sie erfordern nicht notwendigerweise eine **gendiagnostische Indikation.** (zum Begriff der gendiagnostischen Indikation vgl. auch das sog. ACCE-Evaluationsmodell (Analytical validity, Clinical validity, Clinical utility, and Ethical, legal and social implications-Modell) – dazu: Richtlinie der Gendiagnostik-Kommission (GEKO) für die Beurteilung genetischer Eigenschaften gem. § 23 Abs. 2 Nr. 1a GenDG i.d.F. vom 25.05.2021, unter II. und III.). Ohne gendiagnostische Indikation (vgl. § 3 Nr. 9, Rdn. 78 ff.) darf das **Angebot einer genetischen Untersuchung** allerdings nur auf Probandeninitiative oder im Rahmen von Reihenuntersuchungen nach § 16 zur Feststellung verhinderbarer Erkrankungen oder gesundheitlicher Störungen erfolgen (**Grundsatz der Nicht-Direktivität**, vgl. § 8 Rdn. 8; § 9 Rdn. 4; § 10 Rdn. 4; § 16 Rdn. 14, 29, zum Vorbehalt der Bewertung durch die Gendiagnostik-Kommission vgl. § 16 Rdn. 34 ff.). Eine durch ein unzulässiges Angebot veranlasste Untersuchung führt allerdings nicht notwendigerweise zur Unzulässigkeit der genetischen Untersuchung (vgl. § 16 Rdn. 33).
- Nach dem Vorliegen des Untersuchungsergebnisses (vgl. § 10) und noch vor seiner Mitteilung (vgl. § 11 Abs. 1 »die genetische Beratung durchgeführt hat«) ist der untersuchten Person eine **genetische Beratung** nach § 10 anzubieten. Die Mitteilung der Ergebnisse hat dann nach den Vorgaben des § 11 zu erfolgen. Eine erneute Einwilligung des Probanden ist dafür nicht erforderlich (vgl. § 11 Abs. 4). Die Aufbewahrung, Verwendung und Vernichtung der Untersuchungsergebnisse und genetischen Proben bestimmt sich nach den §§ 12 und 13.

Im Fall von genetischen Untersuchungen bei nicht-einwilligungsfähigen Personen (§ 14), vorgeburtlichen genetischen Untersuchungen (§ 15) und genetischen Reihenuntersuchungen (§ 16) werden diese allgemeinen Anforderungen spezifiziert und ergänzt. Beispielsweise dürfen vorgeburtliche genetische Untersuchungen nach § 15 Abs. 2 nicht auf die Feststellung von genetischen Eigenschaften mit Bedeutung für spät manifestierende Erkrankungen abzielen.

Entsprechend bereits existierender nationaler und internationaler Leitlinien und Empfehlungen werden Regelungen zur **Qualitätssicherung** von genetischen Analysen und eine **Akkreditierungspflicht** festgelegt (vgl. bspw. Bundesärztekammer, Richtlinien zur prädiktiven genetischen Diagnostik, DÄBl. 2003, A-1297 ff.; s. auch Kern/*Reuter*, Vor §§ 7 ff. GenDG Rn. 6). Ferner wird einer beim Robert Koch-Institut (RKI) angesiedelten Gendiagnostik-Kommission gesetzlich die Aufgabe zugewiesen, den allgemein anerkannten Stand von Wissenschaft und Technik in Richtlinien für die im GenDG relevanten Bereiche festzulegen. Durch eine interdisziplinäre Zusammensetzung sollen die neuesten wissenschaftlich vertretbaren Erkenntnisse im Hinblick auf die gesetzlich vorgegebenen Anforderungen gesichert werden. Die Gendiagnostik-Kommission hat weiter die Aufgabe, kontinuierlich die Entwicklungen im Bereich der genetischen Diagnostik zu beobachten und zu bewerten. Damit wird auch sichergestellt, dass Tendenzen rechtzeitig erkannt werden, die ein gesetzgeberisches Handeln erfordern (BR-Drs. 633/08, S. 29).

## II. Verhältnis zu Regelungen außerhalb des GenDG

Ergänzend zu den Regelungen des GenDG gelten auch für den Bereich der genetischen Untersuchungen zu medizinischen Zwecken subsidiär die medizin- und datenschutzrechtlichen Regelungen. Zu beachten sind insbesondere die Regelungen des Art. 9 Abs. 2 Buchst. h i.V.m. Abs. 3 DSGVO (i.V.m. §§ 7–16 GenDG, §§ 22 Abs. 1 Nr. 1 Buchst. b BDSG) – Datenverarbeitung im Bereich der **Gesundheitsvorsorge** oder aufgrund eines **Behandlungsvertrags** (vgl. auch BT-Drs. 18/11325, S. 95 zu § 22 Abs. 1 Nr. 1 Buchst. b BDSG; nach der bis zum 25. Mai 2018 geltenden Rechtslage: § 28 Abs. 6 ff. BDSG) und die standesrechtlichen Regelungen für den Bereich der Humangenetik (vgl. etwa die Leitlinien zur genetischen Beratung Deutschen Gesellschaft für Humangenetik (GfH) und des Berufsverbandes Deutscher Humangenetiker e. V. (BVDH) (ehemals des Berufsverbandes Medizinische Genetik).

## § 7 Arztvorbehalt

(1) Eine diagnostische genetische Untersuchung darf nur durch Ärztinnen oder Ärzte und eine prädiktive genetische Untersuchung nur durch Fachärztinnen oder Fachärzte für Humangenetik oder andere Ärztinnen oder Ärzte, die sich beim Erwerb einer Facharzt-, Schwerpunkt- oder Zusatzbezeichnung für genetische Untersuchungen im Rahmen ihres Fachgebietes qualifiziert haben, vorgenommen werden.

(2) Die genetische Analyse einer genetischen Probe darf nur im Rahmen einer genetischen Untersuchung von der verantwortlichen ärztlichen Person oder durch von dieser beauftragte Personen oder Einrichtungen vorgenommen werden.

(3) Eine genetische Beratung nach § 10 darf nur durch in Absatz 1 genannte Ärztinnen oder Ärzte, die sich für genetische Beratungen qualifiziert haben, vorgenommen werden.

| Übersicht | Rdn. |
|---|---|
| A. Überblick | 1 |
| B. Regelungszweck | 2 |
| C. Systematische Einordnung | 3 |
| D. Regelungsgehalt | 4 |
| I. Arztvorbehalt | 4 |
| 1. Erfasste Untersuchungen | 4 |
| 2. Qualifikationsanforderungen | 6 |
| a) Qualifikationsanforderungen für genetische Untersuchungen zu medizinischen Zwecken | 6 |
| b) Qualifikationsanforderungen für genetische Analysen | 7 |
| c) Qualifikationsanforderungen für genetische Beratungen | 8 |
| 3. Rechtsfolge | 9 |
| a) Alleinige Verantwortlichkeit bei der Durchführung der Maßnahme | 11 |
| b) Befugnis zur Beauftragung Dritter mit der genetischen Analyse (Abs. 2) | 12 |
| c) Befugnis Dritter zur Durchführung der genetischen Beratung (Abs. 3) | 15 |
| II. Unzulässigkeit genetischer Analysen außerhalb von genetischen Untersuchungen (Abs. 2) | 17 |
| E. Rechtsfolgen und Normumsetzung | 18a |
| I. Untergesetzliche Regelungen | 18a |
| II. Ansprüche auf Schadensersatz | 18b |
| III. Straf- und Bußgeldtatbestände | 19 |

## A. Überblick

1 § 7 Abs. 1 regelt den Arztvorbehalt für genetische Untersuchungen zu medizinischen Zwecken (vgl. § 3 Nr. 6 bis 8, s. auch Vorbem. zu §§ 7 ff. Rdn. 1 ff.). In diesem Zusammenhang werden auch Regelungen zur Qualifikation und der Zulässigkeit der Einbindung Dritter getroffen. Darüber hinaus bestimmt Abs. 2, dass genetische Analysen zu medizinischen Zwecken außerhalb von genetischen Untersuchungen zu medizinischen Zwecken nicht vorgenommen werden dürften. Die Regelungen der Abs. 1 und 2 traten nach § 27 Abs. 1 zum 01.02.2010, § 7 Abs. 3 tritt nach § 27 Abs. 4 zum 01.02.2012 in Kraft.

## B. Regelungszweck

2 Indem der Arztvorbehalt dazu beiträgt, dass die Untersuchung einschließlich der Aufklärung und der genetischen Beratung sowie der Befundmitteilung angemessen und kompetent durchgeführt wird, soll er dem Schutz der Gesundheit, dem Schutz der informationellen Selbstbestimmung (BR-Drs. 633/08, S. 48) und dem Schutz des Rechts auf Wissen und Nichtwissen dienen. So soll die Entstehung eines »freien Marktes« für genetische Untersuchungen, auf dem Diagnoseleistungen nach rein kommerziellen Gesichtspunkten angeboten werden, weitgehend ausgeschlossen werden (BR-Drs. 633/08, S. 48). Zur Kritik an der Beschränkung dieser Schutzbestimmungen auf genetische Untersuchungen zu medizinischen Zwecken: *Vossenkuhl*, Der Schutz genetischer Daten, S. 131 f.

## C. Systematische Einordnung

§ 7 regelt den **Arztvorbehalt** bei genetischen Untersuchungen zu medizinischen Zwecken (vgl. zum Begriff der genetischen Untersuchungen zu medizinischen Zwecken auch die Ausführungen vor §§ 7 ff. Rdn. 1 ff.) — 3

Grundsätzlich gilt der Arztvorbehalt nur in Medizinbereichen, in denen dies ausdrücklich geregelt ist (z.B. etwa § 1 Zahlheilkundegesetz). Ein allgemeiner Arztvorbehalt ist durch § 15 und § 28 SGB V geregelt, gilt jedoch nur für die Erstattung der Leistungen durch die gesetzlichen Krankenkassen. Mangels einer ausdrücklichen subsidiären Regelung besteht daher grundsätzlich kein Arztvorbehalt für genetische Untersuchungen zu nicht-medizinischen Zwecken. Für nicht-genetische Untersuchungen zu medizinischen Zwecken (z.B. Untersuchungen auf nicht erblich bedingte Krebserkrankungen) könnten die Regelungen der §§ 15 und 28 SGB V allerdings faktisch die Auswirkungen eines Arztvorbehalts haben. Im Übrigen gilt insofern zudem der Erlaubnisvorbehalt für Heilpraktiker nach § 1 HeilprG.

Im Unterschied zu genetischen Untersuchungen zu medizinischen Zwecken dürfen **genetische Untersuchungen zur Klärung der Abstammung** nicht nur durch ärztliche, sondern auch durch nichtärztliche Sachverständige (vgl. § 17 Abs. 4 und § 23 Abs. 2 Nr. 2b) vorgenommen werden (»für die Vornahme der Untersuchung verantwortliche Person«, vgl. § 17 Abs. 1 Satz 2 Hs. 1 GenDG – Richtlinie der Gendiagnostik-Kommission (GEKO) für die Anforderungen an die Durchführung genetischer Analysen zur Klärung der Abstammung und an die Qualifikation von ärztlichen und nichtärztlichen Sachverständigen gem. § 23 Abs. 2 Nr. 4 und Nr. 2b GenDG (BGesundBl. 2013 – 56: 169–175) unter III.2; 4. Mitteilung der Gendiagnostik-Kommission (GEKO) vom 27.05.2011 zur Rolle der verantwortlichen Person bei einer genetischen Untersuchung zur Klärung der Abstammung). — 3a

Für die **Probenentnahme** sieht das GenDG keinen Arztvorbehalt vor (so auch *Reuter/Winkler*, MedR 2014, 220 [221 f.] m.w.N.). — 3b

Es gelten die **unionsrechtlichen Gleichstellungsgrundsätze.** Den Ärztinnen und Ärzten nach Satz 1 gleichgestellt sind Ärztinnen und Ärzte aus einem Mitgliedstaat der Europäischen Union, einem anderen Vertragsstaat des Abkommens über den Europäischen Wirtschaftsraum oder einem Vertragsstaat, dem Deutschland und die Europäische Union vertraglich einen entsprechenden Rechtsanspruch eingeräumt haben, sofern sie im Besitz eines gleichwertigen Ausbildungsnachweises sind und den Beruf in Deutschland ausüben dürfen (BR-Drs. 633/08, S. 48; Spickhoff/*Fenger*, § 7 GenDG Rn. 2). — 3c

## D. Regelungsgehalt

### I. Arztvorbehalt

#### 1. Erfasste Untersuchungen

Der Arztvorbehalt gilt für alle genetischen Untersuchungen zu medizinischen Zwecken i.S.d. § 3 Nr. 6. Der Arztvorbehalt umfasst grundsätzlich alle Schritte der genetischen Untersuchung einschließlich der genetischen Analyse, insbesondere auch die Aufklärung nach § 9, die genetische Beratung nach § 10 und die Mitteilung des Untersuchungsergebnisses nach § 11 (BR-Drs. 633/08, S. 47 f.). Die Probenentnahme wird durch § 7 nicht erfasst (*Reuter/Winkler*, MedR 2014, 220 [221 f.] im Zusammenhang mit der Frage der Zulässigkeit von Online-Gentests). — 4

Genetische Untersuchungen i.S.d. § 3 Nr. 1, die nicht medizinische Zwecke i.S.d. § 3 Nr. 6 bis 8 verfolgen (z.B. sog. **Life-Style-Tests**, vgl. § 3 Rdn. 46 und Rdn. 64), müssen nicht notwendigerweise von Ärzten vorgenommen werden (vgl. BR-Drs. 633/08 S. 47, *Reuter/Winkler*, MedR 2014, 220 [220 f.]). Auch für nicht-genetischen Untersuchungen zu medizinischen Zwecken, etwa zur Feststellung von nach der Geburt entstandenen (z.B. genetische Merkmale von Krebszellen) oder nicht-menschlichen (z.B. viralen) Erbinformationen ergibt sich der Arztvorbehalt nicht aus § 7 — 5 (möglicherweise jedoch aus anderen medizinrechtlichen Regelungen, vgl. Rdn. 3). Qualifikationsanforderungen für die Vornahme von Abstammungsuntersuchungen ergeben sich nicht aus § 7, sondern erst aus § 17 Abs. 4 (BR-Drs. 633/08, S. 27).

## 2. Qualifikationsanforderungen

### a) Qualifikationsanforderungen für genetische Untersuchungen zu medizinischen Zwecken

6 Abgestuft nach Art und Aussagekraft der genetischen Untersuchung stellt das Gesetz an die Befugnis zu ihrer Durchführung unterschiedlich hohe Qualifikationsanforderungen (Siehe auch Richtlinie der Gendiagnostik-Kommission (GEKO) über die Anforderungen an die Qualifikation zur und Inhalte der genetischen Beratung gem. § 23 Abs. 2 Nr. 2a und § 23 Abs. 2 Nr. 3 GenDG; 9. Mitteilung der GEKO vom 16.06.2014 zu den unterschiedlichen Qualifikationsanforderungen für fachgebundene genetische Beratungen einerseits und für genetische Untersuchungen andererseits):
– für die Durchführung von diagnostischen genetischen Untersuchungen i.S.d. § 3 Nr. 7 die Qualifikation als **Arzt/Ärztin** (vgl. Abs. 1, 1. Alt.) und
– für die Durchführung von prädiktiven genetischen Untersuchungen i.S.d. § 3 Nr. 8 die Qualifikation als **Fachärztin/Facharzt für Humangenetik** oder als **Ärztin/Arzt mit einer Qualifikation für genetische Untersuchungen**, die beim Erwerb einer Facharzt-, Schwerpunkt- oder Zusatzbezeichnung im Rahmen des jeweiligen Fachgebietes erworben wurde (vgl. Abs. 1, 2. Alt.). Diese Voraussetzung ist insbesondere dann erfüllt, wenn Kenntnisse über erbliche Krankheiten nach der jeweiligen Weiterbildungsordnung (etwa im Bereich der Gynäkologie oder Pädiatrie) zu den Ausbildungsinhalten gehören (vgl. BR-Drs. 633/08, S. 48; 9. Mitteilung der GEKO vom 16.06.2014 zu den unterschiedlichen Qualifikationsanforderungen für fachgebundene genetische Beratungen einerseits und für genetische Untersuchungen andererseits).

Diese Qualifikationsanforderungen gelten grundsätzlich auch für genetische Untersuchungen, die herkömmlicherweise auch durch Angehörige von Berufsgruppen vorgenommen wurden, die keine ärztliche Ausbildung haben (z.B. Neugeborenenscreenings, die bisher vielfach von **Hebammen und Entbindungspflegern** vorgenommen wurden, vgl. auch BT-Drs. 16/10 582, S. 3 und BR-Drs. 633/08 (Beschluss), S. 13 f.; zur Kritik an dieser Regelung vgl. auch *Kern/Kern*, § 7 GenDG Rn. 11 mwN.; *Schillhorn/Heidemann*, § 16 GenDG Rn. 6 f.; *Spickhoff/Fenger*; § 7 GenDG Rn. 2; *Vossenkuhl*, Der Schutz genetischer Daten, S. 141; *Cramer*, MedR 2013, 763 [763]).

6a Wurde die Geburt durch eine Hebamme oder einen Entbindungspfleger verantwortlich geleitet, so soll diese Person nach den Richtlinien des Gemeinsamen Bundesausschusses über die Früherkennung von Krankheiten bei Kindern bis zur Vollendung des 6. Lebensjahres (Kinder-Richtlinien) in gegenseitigem Einvernehmen einen verantwortlichen Arzt benennen. Ist in mit besonderer zeitlicher Dringlichkeit begründeten Ausnahmefällen eine Benennung ausnahmsweise nicht möglich, hat die Hebamme/der Entbindungspfleger – offenbar in Abweichung vom gesetzlichen Wortlaut – das Screening nebst Aufklärung in eigener Verantwortung durchzuführen, wenn die Rückfragemöglichkeit an eine ärztliche Person gewährleistet ist; Richtlinie der Gendiagnostik-Kommission (GEKO) für die Anforderungen an die Durchführung genetischer Reihenuntersuchungen gem. § 23 Abs. 2 Nr. 6 GenDG i.d.F. vom 26.06.2020, BGesundBl. 2020, 63, S. 1313 unter III.3.a), vgl. auch Gendiagnostik-Kommission (GEKO), Tätigkeitsbericht 2012, S. 17; *Cramer*, MedR 2013, 763 [764]).

### b) Qualifikationsanforderungen für genetische Analysen

7 Die genetische Analyse, die im Rahmen der genetischen Untersuchung durchzuführen ist, darf grundsätzlich nur durch die verantwortliche ärztliche Person (vgl. § 3 Nr. 5) durchgeführt werden, die die Untersuchung nach Abs. 1 durchführt und die entsprechende Qualifikation aufweist. Zur Befugnis zur Beauftragung Dritter vgl. Rdn. 12 ff.

### c) Qualifikationsanforderungen für genetische Beratungen

Sofern im Rahmen einer genetischen Untersuchung eine genetische Beratung nach § 10 durchzuführen ist, darf diese ab dem 01.02.2012 nur durch Ärztinnen bzw. Ärzte vorgenommen werden, die sich für genetische Beratungen qualifiziert haben (Abs. 3). Wie sich aus den gesetzgeberischen Erläuterungen ergibt, soll für eine Befugnis zur Durchführung genetischer Beratungen nach § 10 nicht notwendigerweise eine Qualifikation nach der Weiterbildungsordnung der Ärztinnen und Ärzte erforderlich sein (BR-Drs. 633/08, S. 49). Welche Anforderungen im Einzelnen an die Befugnis zur Durchführung genetischer Beratungen zu stellen sind, ist von der Gendiagnostik-Kommission in Richtlinien festzulegen (vgl. § 23 Abs. 2 Nr. 2 Buchst. a; Richtlinie der Gendiagnostik-Kommission (GEKO) über die Anforderungen an die Qualifikation und Inhalte der genetischen Beratung gem. § 23 Abs. 2 Nr. 2a und § 23 Abs. 2 Nr. 3 GenDG [BGesundBl. 2011 – 54: 1248–1256]). In der Übergangszeit ist für die genetische Beratung – entsprechend den Vorgaben des § 10 – die jeweils nach Abs. 1 geforderte Qualifikation erforderlich. Zur Möglichkeit der Durchführung der genetischen Beratung durch eine andere als die verantwortliche ärztliche Person s. Rdn. 15 f.

### 3. Rechtsfolge

Die Regelung zum Arztvorbehalt adressiert alle Personen, die genetische Untersuchungen vornehmen wollen (vgl. auch *Ortendorf*, VersMed 2011, 127). Sie gilt auch im Fall von grenzüberschreitender ärztlicher Tätigkeit von Ärztinnen und Ärzten aus anderen EU-Mitgliedstaaten (vgl. § 2 Abs. 7 MBOÄ, BT-Drs. 16/12 713, S. 46).

Die Regelung stellt eine Beeinträchtigung der Berufsausübungsfreiheit nach Abs. 12 GG dar, die jedoch durch den mit dem Arztvorbehalt bezweckten Schutz der Rechtsgüter der Gesundheit und der informationellen Selbstbestimmung (vgl. BR-Drs. 633/08, S. 48) bzw. dem Recht auf Wissen und Nichtwissen gerechtfertigt ist.

#### a) Alleinige Verantwortlichkeit bei der Durchführung der Maßnahme

Soweit der Arztvorbehalt besteht, dürfen die in § 7 benannten Maßnahmen nur von ordnungsgemäß ausgebildeten und approbierten (vgl. § 2 Abs. 3 MBOÄ) Ärzten mit den jeweils in § 7 näher bezeichneten Qualifikationen ausgeübt bzw. durchgeführt werden (vgl. auch 9. Mitteilung der GEKO vom 16.06.2014 zu den unterschiedlichen Qualifikationsanforderungen für fachgebundene genetische Beratungen einerseits und für genetische Untersuchungen andererseits). Von Angehörigen nichtärztlicher medizinischer Berufe dürfen solche Untersuchungen nicht selbstständig, sondern nur auf ärztliche Anordnung beziehungsweise unter ärztlicher Aufsicht durchgeführt werden.

#### b) Befugnis zur Beauftragung Dritter mit der genetischen Analyse (Abs. 2)

Abweichend von den Regelungen des Abs. 1 darf die im Rahmen einer genetischen Untersuchung erforderliche genetische Analyse (vgl. § 3 Nr. 2) einer genetischen Probe (vgl. § 3 Nr. 10) auch durch eine von der verantwortlichen ärztlichen Person beauftragte Person oder Einrichtung vorgenommen werden (Abs. 2). Auch im Fall der Beauftragung bleibt allerdings die Verantwortlichkeit der die Beauftragung veranlassenden ärztlichen Person (insbesondere im Hinblick auf die Beurteilung des Analyseergebnisses und die Mitteilung des Untersuchungsergebnisses an die betroffene Person) bestehen (BR-Drs. 633/08, S. 49; so auch *Schillhorn/Heidemann*, § 7 GenDG Rn. 11).

**Datenschutzrechtlich** ist diese Beauftragung in der Regel als Auftragsverarbeitung zu werten (vgl. Art. 4 Nr. 8, Art. 28 DSGVO; nach der bis zum 25. Mai 2018 geltenden Rechtslage: § 11 BDSG a.F.), da mit der Beauftragung keine Funktionsübertragung verbunden ist, sondern die beauftragte Stelle lediglich eine Hilfsfunktion im Rahmen der genetischen Untersuchung übernimmt (zur Abgrenzung nach der bis zum 25. Mai 2018 geltenden Rechtslage vgl. *Petri*, in: Simitis, BDSG, § 11 Rn. 22). Die verantwortliche ärztliche Person bleibt dann auch datenschutzrechtlich Verantwortlicher (Art. 4 Nr. 7 DSGVO; zum Begriff der verantwortlichen Person nach der bis zum 25. Mai 2018 geltenden Rechtslage vgl. § 3 Abs. 7; § 11 Abs. 1 Satz 1 BDSG a.F.) und muss die

## § 7 GenDG   Arztvorbehalt

Vorgaben insb. des Art. 28 DSGVO erfüllen. So ist etwa der Auftragnehmer unter besonderer Berücksichtigung der Eignung der von ihm getroffenen technischen und organisatorischen Maßnahmen sorgfältig auszuwählen und schriftlich zu beauftragen (vgl. u.a. Art. 28 Abs. 3 DSGVO). Die in § 5 festgelegten Qualitätsanforderungen hinsichtlich der Durchführung der genetischen Analyse (vgl. auch Richtlinie der Gendiagnostik-Kommission (GEKO) an die Qualitätssicherung genetischer Analysen zu medizinischen Zwecken gem. § 23 Abs. 2 Nr. 4 GenDG (BGesundBl, 2013 – 56:163–168) gelten für jeden, der die Analyse durchführen will, unabhängig davon, ob es sich dabei um die verantwortliche ärztliche Person oder eine von dieser beauftragten Person oder Einrichtung handelt (BR-Drs. 633/08, S. 49).

14 Wegen der **ärztlichen Schweigepflicht** (vgl. § 203 StGB, § 9 MBOÄ) ist die Weitergabe von personenbezogenen Probandendaten auch in einem Auftragsverarbeitungsverhältnis nach Art. 4 Nr. 8, Art. 28 DSGVO nur mit ausdrücklicher Einwilligung der untersuchten Person oder aufgrund einer gesetzlichen Grundlage zulässig. Dies gilt auch dann, wenn die beauftragte Person oder Einrichtung ihre Leistungen selbst unmittelbar mit der betroffenen Person oder mit einem Kostenträger abrechnet (a.A. BR-Drs. 633/08, S. 49). Im Fall der Beauftragung anderer Personen oder Einrichtungen hat die verantwortliche ärztliche Person die erforderlichen angemessenen und spezifischen Maßnahmen zur Wahrung der Interessen der betroffenen Person sicherzustellen (§ 22 Abs. 2 BDSG i.V.m. Art. 9 Abs. 2 Buchst. b, g und i DSGVO; nach der bis zum 25. Mai 2018 geltenden Rechtslage: § 9 BDSG), insbesondere auch durch die Pseudonymisierung der genetischen Probe (vgl. BR-Drs. 633/08, S. 49; a.A. Gesellschaft für Humangenetik, Stellungnahme zum GenDG, BT-Ausschuss für Gesundheit, Ausschuss-Drs. 16(14)0469(28), S. 2) oder durch Einholung der Einwilligung des Probanden in die Datenweitergabe (*Schillhorn/Heidemann*, § 7 GenDG Rn. 12 ff.).

### c) Befugnis Dritter zur Durchführung der genetischen Beratung (Abs. 3)

15 Wie sich aus dem Wortlaut des Abs. 3 entnehmen lässt, muss auch die genetische Beratung nicht zwingend von der verantwortlichen ärztlichen Person durchgeführt werden, die auch die genetische Untersuchung zu medizinischen Zwecken vornimmt (vgl. § 3 Nr. 5), sondern kann auch durch eine andere Person mit ausreichender Qualifikation vorgenommen werden (vgl. auch BR-Drs. 633/08, S. 49). Eine **Delegation** durch die verantwortliche ärztliche Person ist nach dem Wortlaut des Abs. 3 nicht erforderlich, vielmehr ist die genetische Beratung auch ohne Vermittlung durch die verantwortliche ärztliche Person zulässig, wenn ein Dritter mit der nach Abs. 3 ausreichenden Qualifikation unmittelbar durch den Patienten beauftragt wird (vgl. auch Kern/*Kern* § 7 GenDG Rn. 9).

15a Zu den Qualifikationsanforderungen der fachgebundenen genetischen Beratung gem. § 7 Abs. 3 vgl. Richtlinie der Gendiagnostik-Kommission (GEKO) über die Anforderungen an die Qualifikation und Inhalte der genetischen Beratung gem. § 23 Abs. 2 Nr. 2a und § 23 Abs. 2 Nr. 3 GenDG (BGesundBl. 2011 – 54: 1248–1256) unter VII.; 6. Mitteilung der Gendiagnostik-Kommission (GEKO) vom 27.02.2012 zum Verständnis der Richtlinie der Gendiagnostik-Kommission (GEKO) über die Anforderungen an die Qualifikation zur und Inhalte der genetischen Beratung gem. § 23 Abs. 2 Nr. 2a und § 23 Abs. 2 Nr. 3 GenDG und Gendiagnostik-Kommission (GEKO), Tätigkeitsbericht 2012, S. 15 f.; Cramer, MedR 2013, 763 (764). Die besondere Bedeutung der Qualifikationsanforderungen wird dabei insbesondere in der Sicherstellung einer den Anforderungen des GenDG entsprechenden Kommunikation genetischer Risiken und ihre psychosozialen Auswirkungen gesehen.

16 Im Unterschied zur Beauftragung der genetischen Analyse nach Abs. 2 wird hier eine **eigenständige rechtliche Beziehung** zum Probanden begründet, die selbstständig neben das Behandlungsverhältnis des Probanden zur verantwortlichen ärztlichen Person tritt. Die ärztliche Person, die die genetische Beratung durchführt, wird dadurch jedoch nicht auch zur verantwortlichen ärztlichen Person i.S.d. § 3 Nr. 5 (BR-Drs. 633/08, S. 49; *Schillhorn/Heidemann*, § 7 GenDG Rn. 15; a.A. Kern/*Kern*, § 7 GenDG Rn. 18. Zur Abgrenzung zwischen Aufklärung nach § 9 und genetischen Beratung nach § 10, vgl. § 10 Rdn. 3).

## II. Unzulässigkeit genetischer Analysen außerhalb von genetischen Untersuchungen (Abs. 2)

Nach Abs. 2 darf die genetische Analyse einer genetischen Probe nur im Rahmen einer genetischen Untersuchung von der verantwortlichen ärztlichen Person vorgenommen werden. Das darin enthaltene Verbot, genetische Analysen außerhalb dieses Rahmens, d.h. insbesondere ohne die anschließend vorgesehene Interpretation des Befundes im Hinblick auf den Untersuchungszweck, vorzunehmen, dient nach dem gesetzgeberischen Willen dem Schutz der betroffenen Patientinnen und Patienten (BR-Drs. 633/08, S. 48 f.). 17

Wie sich aus der systematischen Stellung dieser Regelung ergibt, gilt diese Beschränkung nur für genetische Analysen, die im Rahmen einer genetischen Untersuchung zu medizinischen Zwecken vorgenommen wird oder werden soll (vgl. Vorbem. zu §§ 7 ff., Rdn. 1 ff.). Sie gilt beispielsweise nicht für genetische Analysen zu nicht-medizinischen Zwecken im Bereich des Versicherungsrechts und im Arbeitsleben. 18

## E. Rechtsfolgen und Normumsetzung

### I. Untergesetzliche Regelungen

§ 7 wird konkretisiert durch 18a
- die Richtlinie der Gendiagnostik-Kommission (GEKO) über die Anforderungen an die Qualifikation und Inhalte der genetischen Beratung gem. § 23 Abs. 2 Nr. 2a und § 23 Abs. 2 Nr. 3 GenDG (BGesundBl. 2011 – 54: 1248–1256) sowie die
- 6. Mitteilung der Gendiagnostik-Kommission (GEKO) vom 27.02.2012 zum Verständnis der Richtlinie der Gendiagnostik-Kommission (GEKO) über die Anforderungen an die Qualifikation zur und Inhalte der genetischen Beratung gem. § 23 Abs. 2 Nr. 2a und § 23 Abs. 2 Nr. 3 GenDG und die
- 9. Mitteilung der GEKO vom 16.06.2014 zu den unterschiedlichen Qualifikationsanforderungen für fachgebundene genetische Beratungen einerseits und für genetische Untersuchungen andererseits.

Kritisch zur Frage der ausreichenden Legitimierung der GEKO und der Verbindlichkeit ihrer Mitteilungen und Richtlinien vgl. *Taupitz*, MedR 2013, 1, 2 f.

### II. Ansprüche auf Schadensersatz

Bei einem Verstoß gegen den Arztvorbehalt dürften insbesondere Ansprüche auf Schadensersatz in Betracht kommen, etwa nach § 823 Abs. 1 und 2 BGB, wegen der Beeinträchtigung der Gesundheit, der Verletzung des Rechts auf informationelle Selbstbestimmung sowie der Verletzung des Rechts auf Wissen und Nichtwissen (vgl. § 7 Rdn. 2). 18b

### III. Straf- und Bußgeldtatbestände

Verstöße gegen den Arztvorbehalt nach Abs. 1 oder gegen die Vorgaben des Abs. 2 erfüllen den Bußgeldtatbestand des § 26 Abs. 1 Nr. 1. Die Weitergabe von Proben und Daten des Probanden ohne dessen ausdrückliche Einwilligung im Rahmen der Beauftragung Dritter kann den Straftatbestand des § 203 StGB erfüllen. Das Gesetz enthält keine besondere Festlegung der zuständigen Verwaltungsbehörde, die Verstöße gegen den Arztvorbehalt nach § 26 Abs. 1 Nr. 1 ahndet. Die Zuständigkeit ergibt sich aus §§ 35 ff. OWiG bzw. ergänzenden Regelungen zur Begründung der Zuständigkeit. 19

## § 8 Einwilligung

(1) Eine genetische Untersuchung oder Analyse darf nur vorgenommen und eine dafür erforderliche genetische Probe nur gewonnen werden, wenn die betroffene Person in die Untersuchung und die Gewinnung der dafür erforderlichen genetischen Probe ausdrücklich und schriftlich

gegenüber der verantwortlichen ärztlichen Person eingewilligt hat. Die Einwilligung nach Satz 1 umfasst sowohl die Entscheidung über den Umfang der genetischen Untersuchung als auch die Entscheidung, ob und inwieweit das Untersuchungsergebnis zur Kenntnis zu geben oder zu vernichten ist. Die Einwilligung nach Satz 1 umfasst auch die Einwilligung in die Verarbeitung genetischer Daten. Eine nach § 7 Abs. 2 beauftragte Person oder Einrichtung darf die genetische Analyse nur vornehmen, wenn ihr ein Nachweis der Einwilligung vorliegt.

(2) Die betroffene Person kann ihre Einwilligung jederzeit mit Wirkung für die Zukunft schriftlich oder mündlich gegenüber der verantwortlichen ärztlichen Person widerrufen. Erfolgt der Widerruf mündlich, ist dieser unverzüglich zu dokumentieren. Die verantwortliche ärztliche Person hat der nach § 7 Abs. 2 beauftragten Person oder Einrichtung unverzüglich einen Nachweis des Widerrufs zu übermitteln.

## Übersicht

| | Rdn. | | Rdn. |
|---|---|---|---|
| A. Überblick | 1 | 4. Wirkung und Nachweis der Einwilligung (Abs. 1 Satz 4) | 17 |
| B. Regelungszweck | 2 | II. Widerrufsrecht (Abs. 2) | 19 |
| I. Schutz des Rechts auf informationelle Selbstbestimmung | 3 | 1. Widerrufsbelehrung § 9 Abs. 2 Nr. 4 | 19 |
| II. Schutz des Rechts auf körperliche Unversehrtheit | 4 | 2. Wirksamkeitsvoraussetzungen des Widerrufs (Abs. 2 Satz 1) | 20 |
| III. Schutz des Rechts auf Nichtwissen | 6 | 3. Wirkung des Widerrufs (Abs. 1 Satz 2) | 21 |
| C. Systematische Einordnung | 7 | | |
| D. Regelungsgehalt | 11 | 4. Dokumentation und Übermittlung des Nachweises des Widerrufs (Abs. 2 Satz 2 und 3) | 23 |
| I. Einwilligungsvorbehalt (Abs. 1) | 11 | | |
| 1. Einwilligungsfähigkeit | 11a | E. Rechtsfolgen und Normumsetzung | 24 |
| 2. Weitere Wirksamkeitsvoraussetzungen (Abs. 1 Satz 1) | 12 | I. Untergesetzliche Regelungen | 24 |
| | | II. Ansprüche auf Schadensersatz | 25 |
| 3. Umfang der Einwilligung (Abs. 1 Satz 2 und 3) | 14 | III. Straf- und Bußgeldtatbestände | 26 |

## A. Überblick

1  § 8 regelt die Anforderungen an eine Einwilligung zu medizinischen Zwecken i.S.d. § 3 Nr. 6 ff., vgl. Vorbem. zu §§ 7 ff., Rdn. 1 ff. Die Regelung trat nach § 27 Abs. 1 zum 01.02.2010 in Kraft. § 8 Abs. 1 ist durch Artikel 23 des Zweiten Gesetz vom 20.11.2019 zur Anpassung des Datenschutzrechts an die Verordnung (EU) 2016/679 und zur Umsetzung der Richtlinie (EU) 2016/680 (Zweites Datenschutz-Anpassungs- und Umsetzungsgesetz EU – 2. DSAnpUG-EU) geändert worden (BGBl. I S. 1626).

## B. Regelungszweck

2  Die Einwilligung dient der Sicherstellung der Selbstbestimmung des Probanden sowohl in datenschutzrechtlicher als auch in medizinrechtlicher Hinsicht.

### I. Schutz des Rechts auf informationelle Selbstbestimmung

3  Die Sicherstellung des Rechts auf informationelle Selbstbestimmung des Probanden ist in der gesetzgeberischen Begründung ausdrücklich hervorgehoben (BR-Drs. 633/08, S. 50). Nach diesem Recht soll jeder grundsätzlich selbst bestimmen können, wer was wann und bei welcher Gelegenheit über ihn weiß (vgl. BVerfGE 65, 1 [43]). Zu diesem Zweck stellt § 8 klar, dass genetische Untersuchungen zu medizinischen Zwecken nur mit der Einwilligung der betreffenden Person zulässig sind. Dies gilt insbesondere auch dann, wenn mit der genetischen Untersuchung, insbesondere mit der Probengewinnung, keine körperlichen Eingriffe verbunden sein sollten. Fehlt eine wirksame Einwilligung, stellt die Befunderhebung einen Verstoß gegen das (datenschutzrechtliche) Ausforschungsverbot dar (*Laufs*, Arztrecht, 5. Aufl. 1993, Rn. 230).

## II. Schutz des Rechts auf körperliche Unversehrtheit

Zudem dient der Vorbehalt der informierten Einwilligung (vgl. § 9 und § 10) im weiteren Sinn auch der Sicherstellung des Rechts auf körperliche Unversehrtheit nach Art. 2 Abs. 1 i.V.m. Art. 1 Abs. 1 GG, bzw. Art. 2 Abs. 2 Satz 1 GG (vgl. BVerfGE 52, 131 (168, 171 ff.); BVerfG MedR 1993, 232 (232); BVerfG NJW 2006, 1116 (1117); BVerfGE 89, 120 [130]). Nur wenn der Patient über gesundheitliche Gefahren und gegebenenfalls über Behandlungsmöglichkeiten aufgeklärt wird, hat er die Möglichkeit zu einer freien Entscheidung darüber, ob und in welcher Weise er behandelt werden möchte.

Die Betroffenheit des Rechts auf körperliche Unversehrtheit ergibt sich zunächst aus dem mit der genetischen Untersuchung verbundenen Eingriff, insbesondere der **Probengewinnung**. Jedoch auch, wenn die jeweiligen genetischen Untersuchungen nur eine vergleichsweise geringfügige Eingriffsintensität aufweisen (wie etwa Blutentnahmen oder Abstriche), ergibt sich der Bezug zum Recht auf körperliche Unversehrtheit aus dem Umstand, dass diese Untersuchungen häufig Anlass zu weiterführenden medizinischen Maßnahmen geben, die dann mit einer größeren Invasivität verbunden sind (zur Problematik des **Untersuchungs- und Behandlungsautomatismus** vgl. § 9 Rdn. 19 f.). Insoweit kritisch Kern/*Kern*, § 8 GenDG Rn. 4.

## III. Schutz des Rechts auf Nichtwissen

Schließlich soll der Einwilligungsvorbehalt das Recht auf Nichtwissen des Probanden sicherstellen (vgl. § 9 Abs. 2 Nr. 5; vgl. auch § 7 Abs. 1 Satz 2 MBOÄ). Der Proband soll selbst darüber entscheiden können, was er über sich selbst weiß; vgl. auch § 1 Rdn. 7 und § 9 Rdn. 4. Vgl. auch OLG Koblenz, Urt. v. 31.07.2013 – 5 U 1427/12 Rn. 20; *Damm*, MedR 2014, 139 (140 f.).

## C. Systematische Einordnung

§ 8 trifft hinsichtlich des Einwilligungsvorbehalts für die Vornahme einer genetischen Untersuchung zu medizinischen Zwecken (zur Reichweite des Begriffs vgl. Vorbem. zu §§ 7 ff. Rdn. 1 ff.) einschließlich der dafür erforderlichen Probenerhebung – auch gegenüber entgegenstehenden landesrechtlichen Vorschriften (vgl. § 2 Rdn. 4) – eine abschließende Regelung. Gesetzliche Legitimationsgrundlagen für die Erhebung genetischer Daten zu medizinischen Zwecken ohne Einwilligung der betroffenen Person sind im GenDG nicht vorgesehen. Selbst in Bereichen, in denen die Entgegennahme und Verwendung genetischer Untersuchungsergebnisse zulässig sind (etwa beim Abschluss bestimmter Versicherungsverträge nach § 18 Abs. 1 Satz 2 oder im Rahmen von arbeitsmedizinischen Vorsorgeuntersuchungen nach § 20 Abs. 2 bzw. Rechtsverordnungen nach § 20 Abs. 3) ist die Durchführung einer genetischen Untersuchung zu medizinischen Zwecken ohne Einwilligung des Probanden auch dann unzulässig, wenn sie mit keinem Eingriff in die körperliche Integrität des Probanden verbunden sein sollte.

Eine genetische Untersuchung zu medizinischen Zwecken erfordert nicht notwendigerweise eine Indikation. Ohne eine gendiagnostische **Indikation** (vgl. § 3 Nr. 9 Rdn. 74 ff.) ist das **Angebot einer genetischen Untersuchung** allerdings nur auf Probandeninitiative oder im Rahmen von Reihenuntersuchungen nach § 16 zur Feststellung verhinderbarer Erkrankungen oder gesundheitlicher Störungen zulässig (vgl. Vorbemerkungen zu §§ 7 ff. Rdn. 6, § 9 Rdn. 4; § 10 Rdn. 4 und § 16 Rdn. 11 ff.). Die Unzulässigkeit des Angebots führt aber nicht notwendigerweise zur Unzulässigkeit der genetischen Untersuchung, die dadurch veranlasst wurde (vgl. § 16 Rdn. 33).

Die Vorgaben des § 8 werden konkretisiert durch standesrechtliche Regelungen, insbesondere die § 9 MBOÄ und die Leitlinien der humangenetischen Fachverbände, etwa die der Deutschen Gesellschaft für Humangenetik (GfH) und des Berufsverbandes Deutscher Humangenetiker e.V. (BVDH) (ehemals des Berufsverbandes Medizinische Genetik) (BR-Drs. 633/08, S. 28).

10  Hinsichtlich der Anforderungen an die Wirksamkeit sind ggf. die subsidiär geltenden Regelungen des Medizin- und Datenschutzrechts zu beachten. Datenschutzrechtlich sind insbesondere die Regelungen
– des Art. 9 Abs. 2 Buchst. a DSGVO (i.V.m. § 8 GenDG und § 22 Abs. 2 BDSG) – **Einwilligung** der betroffenen Person und
– des Art. 9 Abs. 2 Buchst. h i.V.m. Abs. 3 DSGVO (i.V.m. §§ 7–16 GenDG, §§ 22 Abs. 1 Nr. 1 Buchst. b BDSG) – Datenverarbeitung im Bereich der **Gesundheitsvorsorge** oder aufgrund eines **Behandlungsvertrags** (vgl. auch BT-Drs. 18/11325, S. 95 zu § 22 Abs. 1 Nr. 1 Buchst. b BDSG)

(nach der bis zum 25. Mai 2018 geltenden Rechtslage: §§ 4, 4a BDSG a.F. bzw. die entsprechenden landesrechtlichen Regelungen) zu berücksichtigen.

## D. Regelungsgehalt

### I. Einwilligungsvorbehalt (Abs. 1)

11  Wie alle anderen medizinischen Maßnahmen sind auch genetische Untersuchungen zu medizinischen Zwecken (Vorbem. zu §§ 7 ff., Rdn. 1 ff.) nur mit der informierten Zustimmung der betreffenden Person zulässig. Zur erforderlichen Aufklärung vgl. § 9.

#### 1. Einwilligungsfähigkeit

11a  Die Einwilligung setzt **Einwilligungsfähigkeit** voraus (OLG Koblenz, Urt. v. 31.07.2013 – 5 U 1427/12 Rn. 43; Kern/*Kern*, § 8 GenDG Rn. 6). In systematischer Zusammenschau mit § 14 ist die untersuchte Person einwilligungsfähig, wenn sie in der Lage ist, Wesen, Bedeutung und Tragweite der genetischen Untersuchung zu erkennen und ihren Willen hiernach auszurichten. Vgl. im Einzelnen die Ausführungen zur Einwilligungsfähigkeit bei genetischen Untersuchungen zu medizinischen Zwecken unter § 14 Rdn. 26 ff. Die Einwilligungsfähigkeit ist von der verantwortlichen ärztlichen Person zu beurteilen und zu dokumentieren, in Zweifelsfällen können geeignete Fachärzte hinzugezogen werden (Richtlinie der Gendiagnostik-Kommission (GEKO) zu genetischen Untersuchungen bei nicht-einwilligungsfähigen Personen nach § 14i.V.m. § 23 Abs. 2 Nr. 1c GenDG i.d.F. vom 26.07.2011, BGesundBl. 2011, 54, S. 1257 (1257); Kern/*Kern*, § 14 GenDG Rn. 11).

11b  Die für die Zulässigkeit der genetischen Untersuchung erforderliche Einwilligungsfähigkeit ist zu unterscheiden von der für den Abschluss eines Diagnosevertrags erforderlichen **Geschäftsfähigkeit** (*Schillhorn/Heidemann*, § 14 GenDG Rn. 4). Diese ist bei Minderjährigen nach §§ 104 ff. BGB nicht gegeben (Zur Abgrenzung der Einwilligung in gerichtliche und vermögensrechtliche Positionen *Knothe* in: Staudinger, Kommentar zum BGB, Buch 1, §§ 90 bis 133 BGB, 2004, Vorbem. zu §§ 104 bis 133 Rn. 56; vgl. auch *Gola/Schomerus* BDSG, 12. Aufl. 2015, § 4a, Rn. 25; *Damm*, MedR 2012, 705 [708]; § 823 BGB Rdn. 230 ff.).

#### 2. Weitere Wirksamkeitsvoraussetzungen (Abs. 1 Satz 1)

12  Die Einwilligung kann erst wirksam erklärt werden, nachdem die nach § 9 erforderliche Aufklärung in ausreichender Weise vorgenommen (vgl. auch BR-Drs. 633/08, S. 51) und – im Fall von prädiktiven genetischen Untersuchungen – die nach § 10 Abs. 2 erforderliche genetische Beratung angeboten bzw. durchgeführt worden ist (vgl. § 10 Rdn. 5 ff.). Dem Probanden ist vor der Erteilung der Einwilligung eine angemessene Bedenkzeit einzuräumen (vgl. § 9 Abs. 1 Satz 2 und § 10 Abs. 2 Satz 2). Die **Bedenkzeit** wird umso länger sein, je schwerwiegender ein unter Umständen zu erwartender Befund für die betroffene Person und deren Familie ist. Dies gilt in besonderem Maße für auf nicht behandelbare Erkrankungen oder gesundheitliche Störungen gerichtete prädiktive genetische Untersuchungen (vgl. BR-Drs. 633/08, S. 51 f. und S. 55, vgl. auch Spickhoff/*Fenger*, § 9 GenDG Rn. 1). Bei schwerwiegenden genetischen Erkrankungen mit erheblicher Manifestationswahrscheinlichkeit wird nach der S 2-Leitlinie »Humangenetische Diagnostik« als Bedenkzeit nach der genetischen Beratung eine 4-Wochen-Frist empfohlen. Grundsätzlich dürfte diese Vorgabe auch

auf die Bedenkzeit nach der Aufklärung übertragbar sein. In besonderen Fällen, beispielsweise bei therapeutischem Handlungsbedarf oder guter Vorinformation der untersuchten Person, könne mit dessen Einverständnis auch eine geringere Bedenkzeit ausreichend sein (Deutsche Gesellschaft für Humangenetik (GfH) und Berufsverband Deutscher Humangenetiker e. V. (BVDH), S 2-Leitlinie Humangenetische Diagnostik, medgen 2011, 23: 281 ff., Modul Genetische Beratung, unter Punkt 7.3 und 9.8; dazu auch *Schillhorn/Heidemann*, § 9 GenDG Rn. 13). Für besonders dringliche Fälle kann § 2a Abs. 2 Satz 2 des Schwangerschaftskonfliktgesetzes (SchKG) einen Anhaltspunkt bieten, wonach zwischen der Diagnose über die körperliche oder geistige Gesundheit des Kindes und der schriftlichen Feststellung zu den Voraussetzungen der Straflosigkeit eines möglichen Schwangerschaftsabbruchs gem. § 218b Abs. 1 des Strafgesetzbuchs (StGB) eine Bedenkzeit von **mindestens 3 Tagen vorgegeben** ist (zu den Anforderungen an die Länge der Bedenkzeit allgemein im Medizinrecht vgl. BGH NJW 1972, 335 (337) – Warzenentfernung; BGH VersR 1979, 720 (721) – diagnostische Eingriffe; BGH NJW 1981, 633 (633) – Korrektur einer Hornschwielenbildung; BGH VersR 1991, 237 (238) – kosmetische Operation). Je dringlicher die Indikation in zeitlicher und sachlicher Hinsicht ist, desto leichter wiegt die Aufklärungspflicht. Und je weniger dringlich sie ist, desto ausführlicher muss die Aufklärung erfolgen (vgl. auch § 8 MBO-Ä, Richtlinie der Gendiagnostik-Kommission (GEKO) für die Anforderungen an die Inhalte der Aufklärung bei genetischen Untersuchungen zu medizinischen Zwecken gem. § 23 Abs. 2 Nr. 3 GenDG i.d.F. vom 17.05.2017 (BGesundBl. 2017 – 60: 923–927) unter III.).

Nach Abs. 1 Satz 1 muss die Einwilligung **schriftlich** (vgl. § 126 BGB) und gegenüber der verantwortlichen ärztlichen Person, die die Aufklärung durchgeführt hat, erklärt werden (vgl. Abs. 1 Satz 1 i.V.m. § 9 Abs. 1 Satz 1, s. auch BT-Drs. 16/12 713, S. 46). Das Schriftformerfordernis dient sowohl dem Betroffenen zum Schutz vor übereilten Entscheidungen als auch der verantwortlichen ärztlichen Person zum Schutz vor Beweisschwierigkeiten (BR-Drs. 633/08, S. 50). 13

### 3. Umfang der Einwilligung (Abs. 1 Satz 2 und 3)

Die Regelung gewährleistet das Recht des Probanden zu einer ausdifferenzierten Beschränkung des Einwilligungsumfangs. Die Einwilligung muss sich auf alle im Zusammenhang mit der genetischen Untersuchung getroffenen Entscheidungen beziehen, insbesondere also auf: 14
– die Entscheidung über die Vornahme der genetischen Untersuchung einschließlich der Gewinnung der genetischen Probe (Abs. 1 Satz 1),
– die Entscheidung über den Umfang der Untersuchung (Abs. 1 Satz 2), insbesondere auch der Art der angewendeten Untersuchungsmethoden oder der zu untersuchenden genetischen Veranlagungen und
– die Entscheidung über den Umfang der Kenntnisnahme vom Untersuchungsergebnis bzw. die Vernichtung des Untersuchungsergebnisses (Abs. 1 Satz 2). Dies kann insbesondere dann an Bedeutung gewinnen, wenn bestimmte Untersuchungsergebnisse aufgrund der Multifunktionalität der Gene Prognosen über eine Vielzahl von Manifestationen erlauben, deren Kenntnis der Proband jedoch nur zu einem Teil wünscht.

Zur Sicherstellung des Rechts auf informationelle Selbstbestimmung und des Rechts auf Nichtwissen wird dem Probanden nach Abs. 1 Satz 2 und 3 ausdrücklich das Recht eingeräumt, darüber zu entscheiden, ob und inwieweit ihm – insbesondere bei Untersuchungen mit einer Vielzahl von möglichen Ergebnissen – bestimmte Ergebnisse der genetischen Untersuchung zur Kenntnis zu geben oder zu vernichten sind (vgl. BR-Drs. 633/08, S. 51). Satz 3 stellt ausdrücklich klar, dass die Einwilligung nach Abs. 1 Satz 1 auch die datenschutzrechtliche Einwilligung umfasst (BT-Drs. 19/4674, S. 235). Nach dem Wortlaut des Satzes 2 (»oder«) besteht nur die Wahl zwischen Kenntnisnahme eines bestimmten Ergebnisses oder aber Vernichtung dieses Ergebnisses ohne Möglichkeit der Kenntnisnahme (**Alternativität der Ansprüche auf Kenntnisnahme oder Vernichtung eines bestimmten Untersuchungsergebnisses**, vgl. auch § 1 Rdn. 7a; BR-Drs. 633/08, S. 50; Spickhoff/*Fenger*, § 8 GenDG Rn. 1). Dies bringt zum Ausdruck, dass es nicht möglich ist, die Befunde erst zur Kenntnis zu nehmen und dann mit der Folge vernichten zu lassen, dass sie nicht Bestandteil der 15

Behandlungsunterlagen wären. Einmal mitgeteilte Untersuchungsergebnisse werden im Hinblick auf das jeweilige Arzt-Patienten-Verhältnis als existent betrachtet. Schweigepflichtentbindungen, die zur Voraussetzung für den Abschluss bestimmter Verträge gemacht werden (zur Zulässigkeit der Verwendung genetischer Daten insbesondere beim Abschluss den Versicherungsverträgen vgl. § 18 Abs. 1 Satz 2), erstrecken sich dann ggf. auch auf diese Daten (vgl. BR-Drs. 633/08, S. 50).

16 Die Entscheidungsoption der Vernichtung kann sich dabei nur auf die Feststellungen beziehen, die in den für die jeweilige Person erstellten Unterlagen enthalten sind, und erstreckt sich nicht auf die genetischen Daten, die im Rahmen **genetischer Untersuchungen von Verwandten** gewonnen wurden und ggf. Aussagen auch über die genetische Konstitution der betroffenen Person erlauben (vgl. BR-Drs. 633/08, S. 51).

### 4. Wirkung und Nachweis der Einwilligung (Abs. 1 Satz 4)

17 Die Erhebung genetischer Daten darf nur in dem Umfang erfolgen, in dem der Proband in sie eingewilligt hat. Bei nachträglicher Erweiterung des Untersuchungsrahmens oder Unvollständigkeit der Einwilligungserklärung muss eine ergänzende Einwilligung eingeholt werden (vgl. auch *Schillhorn/Heidemann*, § 8 GenDG Rn. 10 ff.). Die Mitteilung der Ergebnisse an die untersuchte Person richtet sich nach § 11 Abs. 1. Übermittlungen an Dritte (etwa im Rahmen des Abschlusses eines Versicherungsvertrags i.S.d. § 18 Abs. 1 Satz 2) sind nur mit zusätzlicher ausdrücklicher Einwilligung des Betroffenen zulässig (vgl. § 11 Abs. 3). Die im Rahmen der genetischen Untersuchung gewonnenen Proben unterliegen der Zweckbindung nach § 13.

18 Zur Sicherstellung des Selbstbestimmungsrechts der untersuchten Person dürfen Dritte, die im Auftrag der verantwortlichen ärztlichen Person handeln, genetische Analysen nur vornehmen, wenn ihnen ein Nachweis der Einwilligung vorliegt (Abs. 1 Satz 4). Dadurch wird sichergestellt, dass an genetischen Proben keine von der betroffenen Person ungewollten Analysen vorgenommen werden (BR-Drs. 633/08, S. 51). Als Nachweis wird eine schriftliche oder elektronische Bestätigung der verantwortlichen ärztlichen Person als ausreichend erachtet (vgl. dazu auch die 1. Mitteilung der Gendiagnostik-Kommission (GEKO) vom 22.01.2010 zu den Begriffen »genetische Analyse« und »Nachweis« der Einwilligung gegenüber der beauftragten Person oder Einrichtung; *Rosenau/Linoh*, GesR 2013, 321 ff.; Spickhoff/*Fenger*, § 8 GenDG Rn. 2). Zu den Nachweisanforderungen bei Analysen von aus dem Ausland übersendeten Proben vgl. *Schillhorn/Heidemann*, § 8 GenDG Rn. 21.

## II. Widerrufsrecht (Abs. 2)

### 1. Widerrufsbelehrung § 9 Abs. 2 Nr. 4

19 Nach § 9 Abs. 2 Nr. 4 ist die verantwortliche ärztliche Person verpflichtet, im Rahmen der Aufklärung nach § 9 vor der Einwilligung nach § 8 den Probanden auf sein Widerrufsrecht nach § 8 Abs. 2 ausdrücklich hinzuweisen.

### 2. Wirksamkeitsvoraussetzungen des Widerrufs (Abs. 2 Satz 1)

20 Anders als die Einwilligung kann der Widerruf schriftlich oder mündlich wirksam erklärt werden (Abs. 2 Satz 1, vgl. BT-Drs. 16/12 713, S. 46). Er muss gegenüber der verantwortlichen ärztlichen Person (vgl. § 3 Nr. 5) erfolgen (Abs. 2 Satz 1, vgl. BT-Drs. 16/12 713, S. 46).

### 3. Wirkung des Widerrufs (Abs. 1 Satz 2)

21 Der Widerruf gilt nach Abs. 2 Satz 1 für die Zukunft. In dem Umfang, in dem der Widerruf erfolgt, hat eine noch nicht begonnene Untersuchung zu unterbleiben bzw. ist eine bereits begonnene unverzüglich abzubrechen (BR-Drs. 633/08, S. 51). Die Ergebnisse bereits durchgeführter Untersuchungen dürfen nicht mitgeteilt werden (AR/*Nebel* § 8 GenDG Rn. 4). Die Bewertung

der Zulässigkeit der vor dem Widerruf erfolgten Handlungen bleibt von dem Widerruf unberührt. Zur entsprechenden Wirkung des Widerrufs im allgemeinen Datenschutzrecht vgl. Art. 7 Abs. 3 DSGVO; zur bis zum 25. Mai 2018 geltenden Rechtslage: *Gola/Schomerus*, BDSG, 12. Aufl. 2015, § 4a, Rn. 38 ff.; *Simitis*, in: Simitis, BDSG, § 4a, Rn. 101 ff.; *Däubler*, in: Däubler/Klebe/Wedde/Weichert, Kompaktkommentar zum BDSG, 4. Aufl. 2014, § 4a, Rn. 37. Die Verwertung der Untersuchungsergebnisse für statistische oder epidemiologische Zwecke ist insbesondere auch nach datenschutzrechtlichen Gesichtspunkten gesondert zu bewerten (AR/*Nebel* § 11 GenDG Rn. 1).

In dem Umfang, in dem die untersuchte Person ihre Einwilligung widerruft, ist die Mitteilung von Ergebnissen der genetischen Untersuchung unzulässig (§ 11 Abs. 4). Wie sich aus § 12 Abs. 1 Satz 4 ergibt, verpflichtet allerdings ein Widerruf nicht zu einer Vernichtung der Untersuchungsergebnisse, wenn die untersuchte Person ihn erst erklärt, nachdem ihr die Ergebnisse der genetischen Untersuchung mitgeteilt worden sind. In jedem Fall sind aber die betreffenden genetischen Proben zu vernichten (§ 13 Abs. 1 Satz 2). 22

### 4. Dokumentation und Übermittlung des Nachweises des Widerrufs (Abs. 2 Satz 2 und 3)

Mündliche Widerrufserklärungen sind von der verantwortlichen ärztlichen Person (vgl. § 3 Nr. 5) nach Satz 2 unverzüglich zu dokumentieren (BT-Drs. 16/12 713, S. 46). Sofern nach § 7 Abs. 2 eine Stelle mit der genetischen Analyse beauftragt worden ist, muss die verantwortliche ärztliche Person dieser unverzüglich einen Nachweis des Widerrufs übermitteln (Abs. 2 Satz 3, vgl. auch BT-Drs. 16/12 713, S. 46). 23

## E. Rechtsfolgen und Normumsetzung

### I. Untergesetzliche Regelungen

Die Regelung wird insbesondere konkretisiert durch: 24
– die Richtlinie der Gendiagnostik-Kommission (GEKO) zu genetischen Untersuchungen bei nicht-einwilligungsfähigen Personen nach § 14 i.V.m. § 23 Abs. 2 Nr. 1c GenDG, BGesundBl 2011 – 54:1257–1261,
– die Richtlinie der Gendiagnostik-Kommission (GEKO) für die Anforderungen an die Inhalte der Aufklärung bei genetischen Untersuchungen zu medizinischen Zwecken gem. § 23 Abs. 2 Nr. 3 GenDG i.d.F. vom 17.05.2017 (BGesundBl. 2017 – 60: 923–927), und
– die 1. Mitteilung der Gendiagnostik-Kommission (GEKO) vom 22.01.2010 zu den Begriffen »genetische Analyse« und »Nachweis« der Einwilligung gegenüber der beauftragten Person oder Einrichtung.

Kritisch zur Frage der ausreichenden Legitimierung der GEKO und der Verbindlichkeit ihrer Mitteilungen und Richtlinien vgl. *Taupitz*, MedR 2013, 1, 2 f.

### II. Ansprüche auf Schadensersatz

Bei Verstößen gegen den Einwilligungsvorbehalt kommen insbesondere Ansprüche auf Schadensersatz, etwa nach § 823 BGB wegen der Beeinträchtigung der Gesundheit, des Rechts auf informationelle Selbstbestimmung oder des Rechts auf Wissen und Nichtwissen, in Betracht. 25

### III. Straf- und Bußgeldtatbestände

Verstöße gegen den Einwilligungsvorbehalt nach § 8 sind nach § 25 Abs. 1 Nr. 1 strafbewehrt (ausführlich dazu: *Kratz*, Nicht-konsentierte genetische Untersuchungen – Analyse der Straftatbestandes § 25 Absatz 1 Nummer 1 GenDG). Zudem können ohne Einwilligung vorgenommene genetische Untersuchungen den Tatbestand der Körperverletzung (§§ 223 ff. StGB) erfüllen. Subsidiär könnte ggf. auch die Strafvorschrift des § 42 Abs. 1 und 2 BDSG i.V.m. Art. 84 Abs. 1 DSGVO 26

## § 9 GenDG  Aufklärung

(vgl. BT-Drs. 18/11325, S. 109 zu § 42; nach der bis zum 25. Mai 2018 geltenden Rechtslage: § 44 i.V.m. § 43 Abs. 2 Nr. 1 BDSG a.F.) in Betracht zu ziehen sein.

### § 9 Aufklärung

(1) Vor Einholung der Einwilligung hat die verantwortliche ärztliche Person die betroffene Person über Wesen, Bedeutung und Tragweite der genetischen Untersuchung aufzuklären. Der betroffenen Person ist nach der Aufklärung eine angemessene Bedenkzeit bis zur Entscheidung über die Einwilligung einzuräumen.

(2) Die Aufklärung umfasst insbesondere
1. Zweck, Art, Umfang und Aussagekraft der genetischen Untersuchung einschließlich der mit dem vorgesehenen genetischen Untersuchungsmittel im Rahmen des Untersuchungszwecks erzielbaren Ergebnisse; dazu gehören auch die Bedeutung der zu untersuchenden genetischen Eigenschaften für eine Erkrankung oder gesundheitliche Störung sowie die Möglichkeiten, sie zu vermeiden, ihr vorzubeugen oder sie zu behandeln,
2. gesundheitliche Risiken, die mit der Kenntnis des Ergebnisses der genetischen Untersuchung und der Gewinnung der dafür erforderlichen genetischen Probe für die betroffene Person verbunden sind, bei Schwangeren auch gesundheitliche Risiken, die mit der vorgeburtlichen genetischen Untersuchung und der Gewinnung der dafür erforderlichen genetischen Probe für den Embryo oder Fötus verbunden sind,
3. die vorgesehene Verwendung der genetischen Probe sowie der Untersuchungs- oder der Analyseergebnisse,
4. das Recht der betroffenen Person, die Einwilligung jederzeit zu widerrufen,
5. das Recht der betroffenen Person auf Nichtwissen einschließlich des Rechts, das Untersuchungsergebnis oder Teile davon nicht zur Kenntnis zu nehmen, sondern vernichten zu lassen,
6. bei einer genetischen Reihenuntersuchung die Unterrichtung der betroffenen Personen über das Ergebnis der Bewertung der Untersuchung durch die Gendiagnostik-Kommission nach § 16 Abs. 2.

(3) Die verantwortliche ärztliche Person hat den Inhalt der Aufklärung vor der genetischen Untersuchung zu dokumentieren.

### Übersicht

| | Rdn. | | Rdn. |
|---|---|---|---|
| A. Überblick | 1 | b) Gesundheitliche Risiken | 17 |
| B. Regelungszweck | 2 | aa) Möglichkeit der unnötigen psychischen Belastung | 18 |
| C. Systematische Einordnung | 3 | | |
| D. Regelungsgehalt | 4 | bb) Untersuchungs- und Behandlungsautomatismus | 19 |
| I. Initiative zum Aufklärungsgespräch | 4 | | |
| II. Verpflichtung zur Aufklärung (Abs. 1 Satz 1), Aufklärungsverzicht | 5 | c) Vorgesehene Verwendung der Probe und der Untersuchungsergebnisse | 21 |
| III. Art und Weise der Aufklärung (Abs. 1 Satz 1), angemessene Bedenkzeit (Abs. 1 Satz 2) | 7 | 2. Rechtsbelehrung (Nr. 4 bis 6) | 22 |
| | | 3. Wirtschaftliche Aufklärung | 23 |
| IV. Inhalt der Aufklärung (Abs. 2) | 12 | V. Dokumentation der Aufklärung (Abs. 3) | 24 |
| 1. Medizinische Aufklärung (Nr. 1 bis 3) | 13 | E. Rechtsfolgen und Normumsetzung | 25 |
| a) Zweck, Art, Umfang und Aussagekraft der Untersuchung | 13 | I. Untergesetzliche Regelungen, Standardisierung | 25 |
| | | II. Ansprüche auf Schadensersatz | 27 |

### A. Überblick

1 § 9 enthält Vorgaben für die Aufklärung, die Voraussetzung für die nach § 8 erforderliche (vgl. § 8 Rdn. 11) informierte Zustimmung bei genetischen Untersuchungen zu medizinischen Zwecken

i.S.d. § 3 Nr. 6 (vgl. Vorbem. zu §§ 7 ff., Rdn. 6 ff.) ist. Die Regelung trat nach § 27 Abs. 1 zum 01.02.2010 in Kraft.

### B. Regelungszweck

Die Regelung dient der gesetzlich verbindlichen Konkretisierung der Anforderungen an eine ausreichende Aufklärung i.S.d. Informed-Consent-Konzeptes und schützt damit das Recht auf informationelle Selbstbestimmung sowie das Recht auf Wissen und Nichtwissen, vgl. auch § 8 Rdn. 11 ff. 2

### C. Systematische Einordnung

§ 9 regelt die Vorgaben für die Aufklärung bei genetischen Untersuchungen zu medizinischen Zwecken (vgl. zum Begriff der genetischen Untersuchungen zu medizinischen Zwecken auch die Ausführungen vor §§ 7 ff., Rdn. 1 ff.). Konkretisierungen zur Aufklärung nach § 9 finden sich in der Richtlinie der Gendiagnostik-Kommission (GEKO) für die Anforderungen an die Inhalte der Aufklärung bei genetischen Untersuchungen zu medizinischen Zwecken gem. § 23 Abs. 2 Nr. 3 GenDG i.d.F. vom 17.05.2017 (BGesundBl. 2017 – 60: 923–927). Zum gendiagnoserechtlichen Regelungsrahmen der Aufklärung vgl. § 8 Rdn. 11 ff. Zur Abgrenzung gegenüber der genetischen Beratung, vgl. § 10 Rdn. 3. 3

**Bereichsspezifische Anforderungen an die Aufklärung** ergeben sich vor allem im Hinblick auf 3a
- die **vorgeburtliche Risikoabklärung** i.S.d. **§ 3 Nr. 3** (vgl. Richtlinie der Gendiagnostik-Kommission (GEKO) für die Anforderungen an die Durchführung der vorgeburtlichen Risikoabklärung sowie an die insoweit erforderlichen Maßnahmen zur Qualitätssicherung gem. § 23 Abs. 2 Nr. 5 GenDG i.d.F. vom 12.04.2013 BGesundBl. 2013, 56, 1023–1027, unter V.1) und **die vorgeburtliche genetische Untersuchung nach § 15**,
- **genetische Reihenuntersuchungen nach § 16** (vgl. Richtlinie der Gendiagnostik-Kommission (GEKO) für die Anforderungen an die Durchführung genetischer Reihenuntersuchungen gem. § 23 Abs. 2 Nr. 6 GenDG, BGesundBl. 2020 – 63: 1311–1317, unter III. und zudem auch Richtlinie der Gendiagnostik-Kommission (GEKO) für die Anforderungen an die Inhalte der Aufklärung bei genetischen Untersuchungen zu medizinischen Zwecken gem. § 23 Abs. 2 Nr. 3 GenDG i.d.F. 17.05.2017, BGesundBl. 2017, 60, 923–927 unter II.6)
- **genetische Untersuchungen bei nicht-einwilligungsfähigen Personen** nach § 14 (vgl. Richtlinie der Gendiagnostik-Kommission (GEKO) zu genetische Untersuchungen bei nicht-einwilligungsfähigen Personen nach § 14 i.V.m. § 23 Abs. 2 Nr. 1c GenDG (BGesundBl. 2011, 54, 1257–1261).

Nach § 17 Abs. 1 ist die Aufklärung gem. § 9 Abs. 2 Nr. 1 1. Hs. sowie Nr. 2 bis 5 und Abs. 3 (wie auch die Einwilligung gem. § 8) bei der Durchführung von genetischen Untersuchungen zur **Klärung der Abstammung** erforderlich (vgl. dazu Richtlinie der Gendiagnostik-Kommission (GEKO) für die Anforderungen an die Inhalte der Aufklärung bei genetischen Untersuchungen zur Klärung der genetischen Abstammung gem. § 23 Abs. 2 Nr. 3 GenDG unter I.). 3b

Ergänzend zu den Regelungen des § 9 sind die allgemeinen Regelungen des **BGB der §§ 630a ff. BGB** zu beachten, insb. die Vorgaben zu den Informationspflichten nach § 630c BGB und zu den Aufklärungspflichten nach 630e BGB, durch die im Wesentlichen Vorgaben der Rechtsprechung kodifiziert werden (siehe auch die Richtlinie der Gendiagnostik-Kommission (GEKO) für die Anforderungen an die Inhalte der Aufklärung bei genetischen Untersuchungen zu medizinischen Zwecken gem. § 23 Abs. 2 Nr. 3 GenDG i.d.F. vom 17.05.2017 (BGesundBl. 2017 – 60: 923–927) unter I.; zu den Aufklärungspflichten allgemein vgl. *Deutsch/Spickhoff*, Medizinrecht, 5. Aufl. 2003, Rn. 203 ff.). Nach § 630d Abs. 2 setzt die vom Behandelnden einzuholende Einwilligung in die medizinische Maßnahme (als Hauptleistungspflicht) grundsätzlich nur eine ordnungsgemäße Aufklärung nach § 630e voraus, wohingegen ein Verstoß gegen die Informationspflichten (als Nebenpflicht) in der Regelung Schadenersatzansprüche aus dem Behandlungsvertrag auslöst (vgl. etwa zur Verletzung der Pflicht zur **wirtschaftlichen Aufklärung**: BR-Drs. 312/12, S. 31. Zur 3c

# § 9 GenDG  Aufklärung

Unterscheidung zwischen Informations- und Aufklärungspflichten vgl. BR-Drs. 312/12, S. 30). Im Einzelnen lassen sich zum Verhältnis der Vorschriften des GenDG und des BGB folgende Aussagen vornehmen:

- § 9 Abs. 2 Nr. 1 trifft gendiagnostikspezifische Vorgaben zur Diagnose- und Verlaufsaufklärung (über die Krankheit und ihren typischen Verlauf, vgl. insb. die Aufklärungspflichten nach § 630e Abs. 1 Satz 2 BGB, s. auch BR-Drs. 312/12, S. 34) und zur Sicherungsaufklärung (Aufklärung über das richtige therapeutische Verhalten, vgl. insb. die Informationspflichten nach § 630c Abs. 2 Satz 1, s. BR-Drs. 312/12, S. 30).
- § 9 Abs. 2 Nr. 2 trifft gendiagnostikspezifische Vorgaben zur sog. Risikoaufklärung (über die mit dem Eingriff verbundenen Risiken, vgl. insb. die Aufklärungspflichten nach § 630e Abs. 1 Satz 2 BGB, s. auch BR-Drs. 312/12, S. 34).
- Spezifische gendiagnoserechtliche Vorgaben zur Alternativaufklärung (Aufklärung über alternative Diagnosemaßnahmen, vgl. § 630e Abs. 1 Satz 3 BGB, s. auch BR-Drs. 312/12, S. 34), zur wirtschaftlichen Aufklärung (z.B. Aufklärung über die Kostenübernahmebereitschaft der Krankenkassen und Versicherungen, vgl. § 630c Abs. 3 BGB) und zur Aufklärung über Behandlungs- bzw. Diagnosefehler (vgl. insb. die Informationspflichten nach § 630c Abs. 2 Satz 2, s. BR-Drs. 312/12, S. 30) enthält das GenDG nicht.
- Im Unterschied zum GenDG (vgl. § 9 Abs. 2 Nr. 4–6) enthält das BGB keine ausdrücklichen Regelungen zur Rechtsbelehrung.

## D. Regelungsgehalt

### I. Initiative zum Aufklärungsgespräch

4   Eine besondere Ausprägung der Patientenautonomie ist der Gesichtspunkt des Rechts auf Nichtwissen (vgl. Abs. 2 Nr. 5). Unzweifelhaft kommt der **Gesprächseinleitung** dabei eine wichtige Bedeutung zu, da der Arzt dadurch eine Steuerungsfunktion ausüben kann (vgl. *Stockter*, Präventivmedizin und Informed Consent, S. 194). Hier stellt sich die Frage, wie der Arzt, der eine bestimmte Information vermitteln könnte, erkennen soll, ob der Einzelne die jeweilige Information erhalten will oder nicht. In systematischer Auslegung mit § 16 (vgl. Vor §§ 7 ff., Rdn. 6; § 16 Rdn. 14) dürfen genetische Untersuchungen dem **Grundsatz der Nicht-Direktivität** folgend nur bei Vorliegen einer **gendiagnostischen Indikation** (vgl. § 3 Nr. 9, Rdn. 78 ff., Vorbemerkungen zu §§ 7 ff., Rdn. 6, § 8 Rdn. 8, § 10 Rdn. 4, § 14, Rdn. 12, § 15 Rdn. 17, § 16 Rdn. 29; s. auch Deutsche Gesellschaft für Humangenetik (GfH) und Berufsverband Deutscher Humangenetiker e. V. (BVDH), S 2-Leitlinie Humangenetische Diagnostik, medgen 2011, 23: 281 ff., Modul Genetische Beratung, unter Punkt 1 »Indikation«) oder auf **Probandeninitiative** angeboten werden (vgl. auch: Deutsche Gesellschaft für Humangenetik (GfH) und Berufsverband Deutscher Humangenetiker e. V. (BVDH), S 2-Leitlinie Humangenetische Diagnostik, medgen 2011, 23: 281 ff., Modul Genetische Beratung, unter Punkt 12.2 »**Information von Angehörigen**« – keine aktive Beratung; zudem Kern/*Kern*, vor §§ 14, 15 GenDG Rn. 3 ff.; *Riedel*, Kind als Schaden – Die höchstrichterliche Rechtsprechung zur Arzthaftung für den Kindesunterhalt bei unerwünschter Geburt eines gesunden, kranken oder behinderten Kindes). Für einen effektiven Schutz des Rechts auf Nichtwissen muss es das Ziel sein, ggf. in den Richtlinien nach § 23, klare Kriterien herauszuarbeiten, wann eine gendiagnostische Indikation vorliegt und welche Untersuchungen dem Einzelnen nur auf Probandeninitiative angeboten werden dürfen (vgl. auch § 16 Rdn. 39 ff.).

### II. Verpflichtung zur Aufklärung (Abs. 1 Satz 1), Aufklärungsverzicht

5   Nach Abs. 1 Satz 1 hat die **verantwortliche ärztliche Person** (vgl. § 3 Nr. 5) vor Einholung der Einwilligung nach § 8 die betroffene Person aufzuklären. Zur Aufklärung durch **die Hebamme oder den Entbindungspfleger** in mit besonderer zeitlicher Dringlichkeit begründeten Ausnahmefällen vgl. § 7 Rn. 6a.

5a  Die Aufklärung der betroffenen Person vor genetischen Untersuchungen zu medizinischen Zwecken (vgl. § 3 Nr. 6, zur Reichweite des Begriffs der genetischen Untersuchung zu medizinischen

Zwecken s. auch Vor §§ 7 ff., Rdn. 2) ist **Voraussetzung für eine wirksame Einwilligung** der betroffenen Person in die genetische Untersuchung (vgl. § 8 Rdn. 11).

Die betroffene Person kann allerdings im Einzelfall auf die Aufklärung oder Teile davon **verzichten** (vgl. § 630e Abs. 3, auch § 630c Abs. 4 BGB, zudem auch BGH JR 1959, 418 [419]; BR-Drs. 633/08, S. 51; Kern/*Kern*, § 9 GenDG Rn. 8). Anders als in § 10 Abs. 2 Satz 1 ist in § 9 dies nicht ausdrücklich geregelt, sondern ergibt sich aus den allgemeinen Regeln des Medizinrechts (BR-Drs. 633/08, S. 51). Soweit die untersuchte Person wirksam auf die Aufklärung verzichtet, entfällt die Verpflichtung zur Aufklärung. Die Einwilligung des Probanden ist insoweit auch ohne Aufklärung wirksam (vgl. BR-Drs. 633/08, S. 51; AR/*Nebel* § 8 GenDG Rn. 3). Zum Aufklärungsverzicht bei Online-Gentests vgl. *Reuter/Winkler*, MedR 2014, 220 (225 f.). 6

Für den Bereich des Gendiagnostikrechts ist wohl davon auszugehen, dass ein **konkludenter Aufklärungsverzicht** nicht ausreicht (vgl. auch BR-Drs. 312/12, S. 32 und 36 zum Verzicht auf Information nach § 630c Abs. 4 BGB bzw. auf Aufklärung nach § 630e Abs. 3 BGB; Deutsche Gesellschaft für Humangenetik (GfH) und Berufsverband Deutscher Humangenetiker e. V. (BVDH), S 2-Leitlinie Humangenetische Diagnostik, medgen 2011, 23: 281 ff., Modul Genetische Beratung, unter Punkt 9.9. Vgl. auch *Stockter*, Präventivmedizin und Informed Consent, S. 113). Vielmehr muss er ausdrücklich erklärt werden. Zudem muss ihm bekannt sein, für welchen Bereich er auf die Aufklärung verzichtet – eine Art allgemeiner Verzicht auf jegliche Art der Aufklärung ist wegen des Mangels an Bestimmtheit als unwirksam zu werten. Es ist davon auszugehen, dass eine minimale Aufklärung immer gewährleistet sein muss. Dem Probanden muss auch im Fall eines Aufklärungsverzichts beispielsweise anhand von schriftlichen Unterlagen die Gelegenheit gegeben werden, sich die erforderlichen Informationen zur betreffenden Maßnahme zu verschaffen (so auch: Deutsche Gesellschaft für Humangenetik (GfH) und Berufsverband Deutscher Humangenetiker e. V. (BVDH), S 2-Leitlinie Humangenetische Diagnostik, medgen 2011, 23: 281 ff., Modul Genetische Beratung, unter Punkt 9.9; *Schillhorn/Heidemann*, § 10 GenDG Rn. 12). Dies gilt umso mehr, als genetische Untersuchungen in aller Regel nicht dringlich sind, sodass an die Verzichtserklärung besonders hohe Anforderungen zu stellen sind. 6a

### III. Art und Weise der Aufklärung (Abs. 1 Satz 1), angemessene Bedenkzeit (Abs. 1 Satz 2)

Die Patientenaufklärung dient der Sicherstellung der Grundbedingungen der Patientenautonomie (vgl. § 8 Rdn. 2 ff.). Es müssen also Bedingungen hergestellt werden, die eine weitgehend freie und gut informierte Entscheidungsfindung im Arzt-Patienten-Verhältnis ermöglichen. 7

Nach der **medizinrechtlichen Rechtsprechung** muss das Für und Wider einer ärztlichen Maßnahme umso ausführlicher diskutiert werden, je weniger dringlich diese (BGH NJW 1972, 335 [337] – Warzenentfernung) oder je unsicherer die Prognose des Krankheitsverlaufs ist (BGH VersR 1984, 465 [466] – geringes Risiko einer Querschnittslähmung im Fall der Nichtbehandlung). Das Spektrum der Dringlichkeit lässt sich in schematisierender Betrachtung von altruistischen Eingriffen oder kosmetischen Behandlungen, über präventive Maßnahmen wie Schutzimpfungen und Früherkennungsuntersuchungen bis hin zu diagnostischen Maßnahmen und schließlich Eingriffen mit vitaler Indikation spannen. Umgekehrt gilt der Erfahrungssatz, dass die Nebenwirkungen von dem Patienten umso weniger gravierend eingestuft werden, je schwerer die Folgen der Nichtbehandlung einzuschätzen sind (vgl. auch *Pauge*, Arzthaftungsrecht, 13. Aufl. 2015, Rn. 424). 8

Diese Rechtsprechungsgrundsätze legen für den **Bereich der Gendiagnostik** verhältnismäßig hohe Anforderungen bei der Aufklärung nahe. Dabei ist bei der Bestimmung der möglichen Eingriffsintensität nicht allein auf die Probengewinnung, sondern insbesondere auch auf die mögliche Beeinträchtigung des Rechts auf Wissen und Nichtwissen abzustellen (anders Kern/*Kern*, § 7 GenDG Rn. 13). Zunächst dürften sich genetische Untersuchungen überwiegend nicht als dringlich darstellen, sodass grundsätzlich eine besonders umfassende Aufklärung geboten erscheinen sollte (so auch Kern/*Kern*, § 7 GenDG Rn. 13; a.A. *Schillhorn/Heidemann*, § 9 GenDG Rn. 12). Dies ist 9 gilt jedenfalls dann, wenn die zu untersuchende Person zum Zeitpunkt der möglichen genetischen Untersuchung nicht erkrankt ist. Zwar dürfen bestimmte **Präventivmaßnahmen**, sollen sie die befürchtete Erkrankung verhindern, nicht auf unbestimmte Zeit verschoben werden. Ein Zeitdruck, wie etwa bei konkret lebensbedrohlichen Gesundheitszuständen dürfte in der Regel nicht bestehen. Im Rahmen von präventiven Maßnahmen wird der Nutzen genetischer Untersuchungen häufig weniger offensichtlich sein als bei vielen Maßnahmen im Bereich der klinischen Medizin. Zumindest wenn im Rahmen der sich an die genetische Untersuchung ggf. anschließenden Abklärungsdiagnostik auch invasive Eingriffe erforderlich werden, setzen sich die Teilnehmer an solchen Untersuchungen Gefahren aus, denen möglicherweise kein Nutzen gegenübersteht, wenn bei ihnen letztendlich keine Verdachtsbefunde festgestellt oder bestätigt werden (zu Fallgruppen von Untersuchungsergebnissen ohne therapeutischen Nutzen vgl. auch § 4, Rdn. 13). Weil damit der Nutzen von genetischen Untersuchungen für einen erheblichen Anteil der Untersuchten unklar ist, ist auch unter diesem Gesichtspunkt eine ausführliche Aufklärung geboten.

10 Insbesondere folgende Gesichtspunkte sind daher bei der Durchführung der Aufklärung nach § 9 zu beachten:
– Bei der Aufklärung muss das Für und Wider der geplanten genetischen Untersuchung ausführlich erörtert werden. Die Aufklärung muss insofern grundsätzlich ergebnisoffen sein.
– Nach der Aufklärung ist dem Probanden ist eine angemessene Bedenkzeit einzuräumen (Abs. 1 Satz 2). Vgl. auch § 8 Rdn. 12.

11 Eine **verständliche Darstellung** der mit der jeweiligen Maßnahme verbundenen Risiken ist Grundvoraussetzung für eine informierte Zustimmung (vgl. auch *Regenbogen*, Ärztliche Aufklärung und Beratung in der prädiktiven genetischen Diagnostik, S. 242 ff.) und ist damit auch ohne einen ausdrücklichen Hinweis, wie er in § 10 Abs. 3 Satz 1 im Hinblick auf die genetische Beratung formuliert wird, erforderlich (vgl. auch Kern/*Kern*, § 9 GenDG Rn. 6). Im Bereich der Humangenetik werden zudem die in den Leitlinien der humangenetischen Fachverbände getroffenen Vorgaben zur Art und Weise der Aufklärung (Erfordernis eines ausreichenden Beratungsgesprächs, Schriftlichkeit, numerische Darstellung der Risiken; vgl. Deutsche Gesellschaft für Humangenetik (GfH) und Berufsverband Deutscher Humangenetiker e. V. (BVDH), S 2-Leitlinie Humangenetische Diagnostik, medgen 2011, 23: 281 ff., Modul Genetische Beratung, insb. unter Punkt 5., 7. und 9), von den Gerichten als verbindlich eingestuft (LG Tübingen, Urt. v. 15.03.2006 – 8 O 29/04, Rn. 74; vgl. auch BGH NJW 1993, 788 [789]). Vgl. auch Deutscher Ethikrat, Die Zukunft der genetischen Diagnostik – von der Forschung in die klinische Anwendung, Stellungnahme 2013, S. 172; 173, Empfehlung A6; Kern/*Kern*, § 9 GenDG Rn. 7.

11a Den Leit- und Richtlinien der humangenetischen Fachgesellschaften bzw. -gremien sowie kommunikationswissenschaftlichen Veröffentlichungen lassen sich folgende Hinweise zur Gewährleistung einer verständlicheren Risikokommunikation entnehmen (zur Frage einer wirkungsvollen Umsetzung dieser Vorgaben vgl. auch Rdn. 26):
– Zum einen wird im Hinblick auf die bei der **Risikodarstellung** verwendeten Bezugsgrößen empfohlen, das **Erkrankungsrisiko und den positiven Vorhersagewert** (zum Begriff vgl. § 4 Rdn. 61) einer Untersuchung darzustellen (Deutsche Gesellschaft für Humangenetik (GfH) und Berufsverband Deutscher Humangenetiker e. V. (BVDH), S 2-Leitlinie Humangenetische Diagnostik, medgen 2011, 23: 281 ff., Modul Genetische Beratung, unter Punkt 9.10.; vgl. Rdn. 16, auch *Stockter*, Präventivmedizin und Informed Consent, S. 179 ff. mwN.). Zur Darstellung des Nutzens einer Früherkennungsmaßnahme kann die **absolute Risikoreduktion** oder die Anzahl der Personen, die behandelt werden müssen, um einen Todes-/Krankheitsfall zu verhindern (NNT = number needed to treat), in Bezug genommen werden. Aus kommunikationswissenschaftlicher Sicht sollte grundsätzlich von der Verwendung der relativen Risikoreduktion abgesehen werden, da dieser Wert in diesem Zusammenhang Fehlinterpretationen begünstigt (*Wegwarth/Gigerenzer*, DÄBl. 2011; 108[9]: A-448/B-360/C-360). Auch die Darstellung des Nutzens einer Früherkennungsmaßnahme anhand von Überlebensraten erscheint problematisch, da sie ebenfalls sehr häufig (aufgrund der Nichtberücksichtigung der statistischen Verzerrung infolge des sog.

Vorlaufzeit-Bias und Überdiagnose-Bias) missverstanden wird. Denn die Darstellung anhand der häufig gebräuchlichen Fünfjahresüberlebensrate berücksichtigt beispielsweise nicht den Umstand, dass die jeweilige Früherkennungsuntersuchung zwar die Sterblichkeitsrate für die betreffende Krankheit senkt, dieser Gewinn jedoch aufgrund der unerwünschten Folgewirkungen im Hinblick auf die Gesamtsterblichkeitsrate wieder verloren gehen könnte (*Wegwarth/Gigerenzer*, DÄBl. 2011; 108(9): A-448/B-360/C-360; zum Erfordernis der Darstellung des klinischen Nutzens: Gendiagnostik-Kommission (GEKO), Richtlinie für die Anforderungen an die Inhalte der Aufklärung bei genetischen Untersuchungen zu medizinischen Zwecken gem. § 23 Abs. 2 Nr. 3 GenDG (BGesundBl. 2017 – 60: 923–927, unter II.1).

— Im Hinblick auf die Art und Weise der Darstellung von Risiken wird grundsätzlich eine **Vermittlung in natürlichen Häufigkeiten** (an Stelle von Prozentwerten) empfohlen (*Gendiagnostik-Kommission (GEKO)*, Richtlinie für die Anforderungen an die Inhalte der Aufklärung bei genetischen Untersuchungen zu medizinischen Zwecken gem. § 23 Abs. 2 Nr. 3 GenDG (BGesundBl. 2017 – 60: 923–927, unter II.1, Gendiagnostik-Kommission (Richtlinie der Gendiagnostik-Kommission (GEKO) für die Anforderungen an die Durchführung genetischer Reihenuntersuchungen gem. § 23 Abs. 2 Nr. 6 GenDG i.d.F. vom 26.06.2020, BGesundBl. 2020, 63, S. 1313 unter III.3.b); Deutsche Gesellschaft für Humangenetik (GfH) und Berufsverband Deutscher Humangenetiker e. V. (BVDH), S 2-Leitlinie Humangenetische Diagnostik, medgen 2011, 23: 281 ff., Modul Genetische Beratung, unter Punkt 9.10., vgl. auch *Stockter*, Präventivmedizin und Informed Consent, S. 184 ff. m.w.N.). Die Aufbereitung der maßgeblichen Werte kann durch die Verwendung von tabellarischen Darstellungen oder eines Ereignisbaumes (**Häufigkeitsdiagramm, Baumdiagramm**) erleichtert werden (Gendiagnostik-Kommission (GEKO), Richtlinie für die Anforderungen an die Durchführung der vorgeburtlichen Risikoabklärung sowie an die insoweit erforderlichen Maßnahmen zur Qualitätssicherung gem. § 23 Abs. 2 Nr. 5 GenDG i.d.F. vom 12.04.2013, Appendix).

## IV. Inhalt der Aufklärung (Abs. 2)

In Abs. 2 werden die verbindlichen Inhalte der genetischen Aufklärung festgelegt. Weitere Inhalte können über die Richtlinien der Gendiagnostik-Kommission nach § 23 Abs. 2 Nr. 3 und standesrechtlich in den Leitlinien der humangenetischen Fachverbände bestimmt werden. 12

### 1. Medizinische Aufklärung (Nr. 1 bis 3)

#### a) Zweck, Art, Umfang und Aussagekraft der Untersuchung

Nach Abs. 2 Nr. 1 ist der Proband über Zweck, Art, Umfang und Aussagekraft der **genetischen Untersuchung** aufzuklären (s. auch Richtlinie der Gendiagnostik-Kommission (GEKO) für die Anforderungen an die Inhalte der Aufklärung bei genetischen Untersuchungen zu medizinischen Zwecken gem. § 23 Abs. 2 Nr. 3 GenDG i.d.F. vom 17.05.2017 (BGesundBl. 2017 – 60: 923–927) unter II.1.). Zudem ist er über Art und Bedeutung der mit dem Untersuchungsmittel im Rahmen des Untersuchungszwecks **erzielbaren Ergebnisse** zu informieren. Gegenstand der Aufklärung ist auch die Bedeutung der untersuchten genetischen Eigenschaften für eine Erkrankung oder gesundheitliche Störung einschließlich etwaiger diagnostischer, prophylaktischer oder therapeutischer Möglichkeiten (BR-Drs. 633/08, S. 52; zu den Begriffen der Vermeidung, Behandlung und Vorbeugung von Erkrankungen vgl. § 14 Rdn. 33 und § 16 Rdn. 013 ff.; vgl. auch § 15, der keine Beschränkung auf Untersuchungen mit Präventions- oder Therapiemöglichkeiten enthält, vgl. § 15 Rdn. 42). 13

Soweit bei der genetischen Analyse – etwa bei Einsatz sog. NGS (»next generation sequencing«) Technologien (vgl. Gendiagnostik-Kommission (GEKO), Tätigkeitsbericht 2012, S. 32 ff.), wie etwa WES »whole exome sequencing« (der kodierten Bereiche des Genoms) und WGS »whole genome sequencing« (auch der nicht-kodierten Bereiche des Genoms) – weitere als die mit der genetischen Untersuchung abzuklärenden genetischen Eigenschaften 14 ermittelt werden (**Überschussinformationen**), ist die zu untersuchende Person darauf hinzuweisen. Eine Aufklärung über jedes denkbare Ergebnis wird insofern nicht als möglich betrachtet (vgl. Gendiagnostik-Kommission (GEKO), Tätigkeitsbericht 2012, S. 18). Beim Einsatz von NGS-Technologien sollen Art und Umfang der Aufklärung nach den Empfehlungen der GEKO fallgruppenbezogen bestimmt werden (Gendiagnostik-Kommission (GEKO), Tätigkeitsbericht 2012, S. 36 ff.). Der Proband muss darüber unterrichtet werden, dass die Überschussinformationen nach § 8 Abs. 1 Satz 2 vernichtet werden, wenn in ihre Mitteilung nicht einwilligt (BR-Drs. 633/08, S. 52). Zur gesetzlichen Beschränkung des zulässigen Untersuchungsumfangs beachte etwa § 16.

15 Ggf. ist auch über die Möglichkeit **unerwarteter Untersuchungsergebnisse** zu informieren. Dies kommt z.B. dann zum Tragen, wenn nach dem allgemein anerkannten Stand der Wissenschaft und Technik bestimmte genetische Eigenschaften mit mehreren möglichen Manifestationen in Verbindung gebracht werden oder die genetische Untersuchung den Ausschluss einer Vaterschaft als Nebenbefund generieren kann (BR-Drs. 633/08, S. 52, Richtlinie der Gendiagnostik-Kommission (GEKO) für die Anforderungen an die Inhalte der Aufklärung bei genetischen Untersuchungen zu medizinischen Zwecken gem. § 23 Abs. 2 Nr. 3 GenDG i.d.F. vom 17.05.2017 (BGesundBl. 2017 – 60: 923–927) unter II.1.

16 Die Aufklärung über die Aussagekraft beinhaltet auch die Aufklärung über die **Zuverlässigkeit** der vorgesehenen Analysemethode für den Untersuchungszweck sowie über die Verlässlichkeit des Analyseergebnisses (BR-Drs. 633/08, S. 52). Aufzuklären ist insbesondere über die Wahrscheinlichkeit falsch-positiver (Fälle unnötiger Beunruhigung) und falsch-negativer Ergebnisse (Fälle falscher Entwarnung). Insbesondere das Erkrankungsrisiko und der prädiktive Wert einer Untersuchung sind in geeigneter Form (vgl. auch Rdn. 11 und 26) darzustellen (Deutsche Gesellschaft für Humangenetik (GfH) und Berufsverband Deutscher Humangenetiker e.V. (BVDH), S 2-Leitlinie Humangenetische Diagnostik, medgen 2011, 23: 281 ff., Modul Genetische Beratung, unter Punkt 9.10. Vgl. auch Richtlinie der Gendiagnostik-Kommission (GEKO) für die Anforderungen an die Inhalte der Aufklärung bei genetischen Untersuchungen zu medizinischen Zwecken gem. § 23 Abs. 2 Nr. 3 GenDG i.d.F. vom 17.05.2017 (BGesundBl. 2017 – 60: 923–927) unter II.1.

### b) Gesundheitliche Risiken

17 Die Aufklärung erstreckt sich auch auf mögliche gesundheitliche Risiken für die untersuchte Person, die mit der Kenntnis des Ergebnisses der genetischen Untersuchung selbst und mit der Gewinnung der dafür erforderlichen genetischen Probe verbunden sind. Dies gilt auch für die Risiken für den Embryo oder Fötus bei einer vorgeburtlichen genetischen Untersuchung (vgl. BR-Drs. 633/08, S. 53).

### aa) Möglichkeit der unnötigen psychischen Belastung

18 Viele genetische Untersuchungen sind mit dem Risiko verbunden, dass die genetische Untersuchung in der Rückschau ohne therapeutischen Nutzen bleibt (vgl. § 4 Rdn. 12 ff.) und der Proband durch eine beunruhigende Diagnose unnötig belastet wird (*Stockter*, Präventivmedizin und Informed Consent, S. 156 ff.). Der Anteil der Probanden, die auf diese Weise unnötig belastet werden, differiert je nach Untersuchung und dem Kontext, in dem sie vorgenommen wird. Die Erfahrungen im Umgang mit solchen Testergebnissen zeigen, dass allein der positive Befund, etwa über eine HIV-Infektion (*Schenke*, in: Schünemann/Pfeiffer, Rechtsprobleme von AIDS, S. 103 [145 f.]) oder eine genetische Veranlagung zur Huntington-Krankheit, erhebliche psychische Reaktionen bei den Betroffenen hervorrufen kann, die von dauerhaften Angstzuständen und Depressionen bis hin zum Suizid reichen (*Almqvist/Bloch/Brinkmann/Craufurd/Hayden*, American Journal of Human Genetics, vol. 64 [1999], 1293 ff.; *Damm*, MedR 2011, 703 ff.).

### bb) Untersuchungs- und Behandlungsautomatismus

Zudem wird es sich häufig zeigen, dass die Möglichkeit, das Vorliegen einer bestimmten risiko- 19 erhöhenden genetischen Eigenschaft durch eine genetische Untersuchung für sich auszuschließen, meist nur im Austausch gegen ein bestimmtes Ersatz- oder Zusatzrisiko wahrgenommen werden kann (vgl. auch BGH VersR 1990, 1238 [1239] – Austauschrisiko einer Revisionsoperation ist aufklärungspflichtig; *Stockter*, Präventivmedizin und Informed Consent, S. 135 ff.). Diese Problematik besteht bereits dann, wenn die sich an die genetische Untersuchung ggf. anschließende **Abklärungsdiagnostik** mit körperlichen Eingriffen verbunden ist. So können im Fall eines verdächtigen Ersttrimestertestergebnisses im Rahmen der Pränataldiagnostik Folgeuntersuchungen medizinisch indiziert sein, die etwa im Fall der Amniozentese in ein – zwei Fällen von 100 zum Tod des werdenden Kindes führt. Die untersuchte Person muss dann nicht nur das belastende Untersuchungsergebnis zur Kenntnis nehmen, sondern zudem über die Vornahme der weiterführenden invasiven Diagnostik entscheiden. Auf diese Problematik ausdrücklich hinweisend und zu entsprechenden Vorgaben zur Aufklärung über nicht-genetische Ultraschalluntersuchungen IQWiG, Bericht Nr. 139, Aufklärung, Einwilligung und ärztliche Beratung zum Ultraschallscreening in der Schwangerschaft, 16.08.2012, S. 4, 7 f. Seitens der GEKO wird in diesem Zusammenhang darauf hingewiesen, dass im Vergleich zur früheren Ermittlung des Risikos allein aus dem mütterlichen Alter durch die vorgeburtliche Risikoabklärung die Zahl invasiver Untersuchungen ohne Verringerung der Entdeckungsrate reduziert wird (Richtlinie der Gendiagnostik-Kommission (GEKO) für die Anforderungen an die Durchführung der vorgeburtlichen Risikoabklärung sowie an die insoweit erforderlichen Maßnahmen zur Qualitätssicherung gem. § 23 Abs. 2 Nr. 5 GenDG i.d.F. vom 12.04.2013 unter III.; vgl. auch *Heinrichs/Sprange/Tamborino*, MedR 2012, 625 ff.).

Jemand, bei dem erst einmal ein verdächtiger Befund festgestellt worden ist, wird erfahrungsge- 20 mäß nicht von weiteren Maßnahmen zur Abklärung Abstand nehmen (zu entsprechenden Erfahrungen bei der Einführung des sog. Triple-Tests vgl.: Enquete-Kommission für Recht und Ethik in der Medizin, Schlussbericht [2002], BT-Drs. 14/9020, S. 77 ff., 160 f.). Dies ist offenbar auch dann der Fall, wenn die nach dem Untersuchungsergebnis nunmehr indizierten diagnostischen Untersuchungen zur Abklärung des verdächtigen Befundes erhebliche Komplikationsrisiken in sich bergen, die möglicherweise ohne die Kenntnis, einen verdächtigen Untersuchungsbefund zu haben, gescheut worden wären. Die Freiwilligkeit der Einwilligung ist daher infrage gestellt, wenn der Proband ohne weitere Aufklärung über die im Fall eines positiven Befundes angezeigten Folgemaßnahmen und deren Risiken in die Durchführung einer genetischen Untersuchung einwilligt.

### c) Vorgesehene Verwendung der Probe und der Untersuchungsergebnisse

Auch die vorgesehene Verwendung sowohl der genetischen Probe als auch der Ergebnisse der ge- 21 netischen Untersuchung oder Analyse, also der genetischen Daten, ist Gegenstand der Aufklärung. Vor dem Hintergrund humangenetischer Forschung kann in diesem Zusammenhang auch die Möglichkeit einer weiteren Verwendung dieser Proben oder Daten zu Zwecken wissenschaftlicher Forschung in die Aufklärung einbezogen werden (BR-Drs. 633/08, S. 53). Zur Wahrung der Freiwilligkeit darf die Teilnahme an Forschungsprogrammen jedoch grundsätzlich nicht an die Durchführung der genetischen Untersuchung gekoppelt werden.

### 2. Rechtsbelehrung (Nr. 4 bis 6)

In Abs. 2 Nr. 4 bis 6 wird festgelegt, über welche Rechte die betroffene Person verpflichtend zu 22 belehren ist, nämlich:
– das Widerrufsrecht nach § 8 Abs. 2 (Abs. 2 Nr. 4),
– das Recht auf Nichtwissen, also das Recht, dass sie jederzeit jede weitere Information ablehnen und insoweit die Vernichtung dieser ihr nicht bekannten Informationen verlangen kann (Abs. 2 Nr. 5, ggf. i.V.m. den Richtlinien der Gendiagnostik-Kommission nach § 23 Abs. 2 Nr. 3) und

**§ 9 GenDG** Aufklärung

- das Recht auf Unterrichtung über das Ergebnis der Bewertung der Untersuchung durch die Gendiagnostik-Kommission nach § 16 Abs. 2 im Zusammenhang mit genetischen Reihenuntersuchungen (Abs. 2 Nr. 6).

### 3. Wirtschaftliche Aufklärung

23 Darüber hinaus gehend wird auch die sog. wirtschaftliche Aufklärung als Bestandteil der Aufklärungspflicht begriffen (als vertragliche Nebenpflicht i.S.v. § 241 Abs. 2 BGB, vgl. BGHZ 102; 106, 112, auch *Deutsch/Spickhoff*, Medizinrecht, 6. Aufl. 2008, Rn. 203 ff.; Kern/*Kern*, § 9 GenDG Rn. 20 ff.). Dazu gehört insbesondere auch die **Information über die Kostentragung der medizinischen Maßnahme** (Kassenleistung oder Individuelle Gesundheitsleistung – IGeL; Kern/*Kern*, § 9 GenDG Rn. 22).

23a Ein Hinweis darauf, dass die Kenntnis genetischer Untersuchungsergebnisse ggf. **wirtschaftliche Folgen** haben kann, z.B. Nachteile bei Abschlüssen von Versicherungsverträgen, ist unter dem Aspekt des Verbraucherschutzes anzuraten, jedoch **nicht Teil der ärztlichen Aufklärung** (vgl. dazu auch Richtlinie der Gendiagnostik-Kommission (GEKO) für die Anforderungen an die Inhalte der Aufklärung bei genetischen Untersuchungen zu medizinischen Zwecken gem. § 23 Abs. 2 Nr. 3 GenDG i.d.F. vom 17.05.2017 (BGesundBl. 2017 – 60: 923–927) unter II. und Richtlinie der Gendiagnostik-Kommission (GEKO) für die Anforderungen an die Durchführung genetischer Reihenuntersuchungen gem. § 23 Abs. 2 Nr. 6 GenDG i.d.F vom 26.06.2020, BGesundBl. 2020, 63, S. 1312 unter IV zu III.3. sowie auch Gendiagnostik-Kommission (GEKO), Tätigkeitsbericht 2018, S. 14). Entsprechendes gilt für die wirtschaftlichen Folgen der Nichtvornahme einer genetischen Untersuchung (ggf. etwa bei Beratungs- und Untersuchungsobliegenheiten nach § 62 Abs. 1 Satz 3 Nr. 2 SGB V i.d.F. bis zum 08.04.2013 i.V.m. § 25 SGB V) zu informieren (zur verfassungsrechtlichen Problematik im Hinblick auf diese Obliegenheiten vgl. § 4 Rdn. 77).

### V. Dokumentation der Aufklärung (Abs. 3)

24 Abs. 3 enthält die Verpflichtung der verantwortlichen ärztlichen Person, den Inhalt der Aufklärung vor der genetischen Untersuchung zu dokumentieren. Die Regelung dient vor allem der Beweissicherung.

## E. Rechtsfolgen und Normumsetzung

### I. Untergesetzliche Regelungen, Standardisierung

25 Die Regelung wird konkretisiert durch:
– die Richtlinie der Gendiagnostik-Kommission (GEKO) für die Anforderungen an die Inhalte der Aufklärung bei genetischen Untersuchungen zu medizinischen Zwecken gem. § 23 Abs. 2 Nr. 3 GenDG i.d.F. vom 17.05.2017 (BGesundBl. 2017 – 60: 923–927).

Kritisch zur Frage der ausreichenden Legitimierung der GEKO und der Verbindlichkeit ihrer Mitteilungen und Richtlinien vgl. *Taupitz*, MedR 2013, 1, 2 f.

26 Beim richtigen Umgang mit statistischen Angaben bestehen nachweislich sowohl bei den Untersuchten als auch bei den Ärzten erhebliche Schwierigkeiten (*Gigerenzer*, Das Einmaleins der Skepsis: Über den richtigen Umgang mit Zahlen und Risiken, S. 70 f. 148 ff.). Diese Schwierigkeiten werden darauf zurückgeführt, dass Ärzte an Universitäten unzureichend im Umgang mit Risiken und Unsicherheiten ausgebildet werden und medizinische Zeitschriften und Broschüren statistische Informationen regelmäßig in missverständlicher Form verbreiten (*Wegwarth/Gigerenzer*, DÄBl. 2011; 108[9]: A-448/B-360/C-360; *Gigerenzer*, Fortschritt und Fortbildung in der Medizin, 26, 2002/2003, 13–22). Vor diesem Hintergrund erscheint es erforderlich, dass diesen Unsicherheiten – auch unter Ausnutzung der haftungsrechtlichen Steuerungswirkung – entgegengewirkt wird. Einheitlichere Vorgaben zur besseren Darstellung der Aussagekraft von Untersuchungsergebnissen können dazu beitragen, weil sie nicht nur dem Patientenverständnis dienen, sondern auch

ein Mittel der Selbstvergewisserung für die Ärzte sind (vgl. auch *Stockter*, Präventivmedizin und Informed Consent, S. 180 ff.). Dementsprechend sind im Bereich der Humangenetik nach § 23 Abs. 2 Nr. 3 in den Richtlinien der Gendiagnostik-Kommission die Anforderungen an die Inhalte einschließlich der Art und Weise ihrer Vermittlung festzulegen (vgl. Rdn. 11a und 16).

II. Ansprüche auf Schadensersatz

Aufklärungsfehler (insbesondere auch im Hinblick auf die Aufklärung über das Recht auf Nichtwissen und das Risiko von Untersuchungen und Behandlungen ohne therapeutischen Nutzen, vgl. dazu Rdn. 17 ff.) können prinzipiell auch bei im Übrigen fachgerechter Durchführung der genetischen Untersuchung und Darstellung ihrer Ergebnisse Ansprüche des Probanden auf Schadensersatz begründen (vgl. § 8 Rdn. 25; *Stockter*, Präventivmedizin und Informed Consent, S. 165 ff., 174 ff.). Zu möglichen datenschutzrechtlichen Anspruchsgrundlagen vgl. auch § 11 Rdn. 23. Im Fall der Spontanaufklärung über die Möglichkeit einer genetischen Untersuchung ist insbesondere auch das Recht auf Nichtwissen zu beachten, das nunmehr als zu schützendes Rechtsgut i.S.d. § 823 Abs. 1 BGB anerkannt ist (BGH, Urt. v. 20.05.2014 – VI ZR 381/13, Rn. 12 ff.; OLG Koblenz, Urt. v. 31.07.2013 – 5 U 1427/12, Rn. 20). 27

## § 10 Genetische Beratung

(1) Bei einer diagnostischen genetischen Untersuchung soll die verantwortliche ärztliche Person nach Vorliegen des Untersuchungsergebnisses der betroffenen Person eine genetische Beratung durch eine Ärztin oder einen Arzt, die oder der die Voraussetzungen nach § 7 Abs. 1 und 3 erfüllt, anbieten. Wird bei der betroffenen Person eine genetische Eigenschaft mit Bedeutung für eine Erkrankung oder gesundheitliche Störung festgestellt, die nach dem allgemein anerkannten Stand der Wissenschaft und Technik nicht behandelbar ist, gilt Satz 1 mit der Maßgabe, dass die verantwortliche ärztliche Person die Beratung anzubieten hat.

(2) Bei einer prädiktiven genetischen Untersuchung ist die betroffene Person vor der genetischen Untersuchung und nach Vorliegen des Untersuchungsergebnisses durch eine Ärztin oder einen Arzt, die oder der die Voraussetzungen nach § 7 Abs. 1 und 3 erfüllt, genetisch zu beraten, soweit diese nicht im Einzelfall nach vorheriger schriftlicher Information über die Beratungsinhalte auf die genetische Beratung schriftlich verzichtet. Der betroffenen Person ist nach der Beratung eine angemessene Bedenkzeit bis zur Untersuchung einzuräumen.

(3) Die genetische Beratung erfolgt in allgemein verständlicher Form und ergebnisoffen. Sie umfasst insbesondere die eingehende Erörterung der möglichen medizinischen, psychischen und sozialen Fragen im Zusammenhang mit einer Vornahme oder Nichtvornahme der genetischen Untersuchung und ihren vorliegenden oder möglichen Untersuchungsergebnissen sowie der Möglichkeiten zur Unterstützung bei physischen und psychischen Belastungen der betroffenen Person durch die Untersuchung und ihr Ergebnis. Mit Zustimmung der betroffenen Person kann eine weitere sachverständige Person mitberatend hinzugezogen werden. Ist anzunehmen, dass genetisch Verwandte der betroffenen Person Träger der zu untersuchenden genetischen Eigenschaften mit Bedeutung für eine vermeidbare oder behandelbare Erkrankung oder gesundheitliche Störung sind, umfasst die genetische Beratung auch die Empfehlung, diesen Verwandten eine genetische Beratung zu empfehlen. Soll die genetische Untersuchung bei einem Embryo oder Fötus vorgenommen werden, gilt Satz 4 entsprechend.

(4) Die verantwortliche ärztliche Person oder die Ärztin oder der Arzt, die oder der die Beratung angeboten oder vorgenommen hat, hat den Inhalt der Beratung zu dokumentieren.

| Übersicht | Rdn. | | Rdn. |
|---|---|---|---|
| A. Überblick | 1 | D. Regelungsgehalt | 4 |
| B. Regelungszweck | 2 | I. Initiative zur Durchführung einer genetischen Beratung | 4 |
| C. Systematische Einordnung | 3 | | |

II. Verpflichtung zum Angebot einer genetischen Beratung (Abs. 1 und Abs. 2) ... 5
   1. Verpflichtung zum Angebot zur genetischen Beratung nach diagnostischen genetischen Untersuchungen (Abs. 1) .................... 6
   2. Verpflichtung zur Durchführung einer genetischen Beratung vor und nach prädiktiven genetischen Untersuchungen (Abs. 2 Satz 1) ........ 7
III. Art und Weise der genetischen Beratung 8
   1. Ergebnisoffene und verständliche Beratung (Abs. 3 Satz 1) ......... 8
   2. Beteiligung mitberatender Sachverständiger (Abs. 3 Satz 3) ............ 9
   3. Bedenkzeit nach der genetischen Beratung (Abs. 2 Satz 2) ............ 10
IV. Inhalt der genetischen Beratung (Abs. 3 Satz 2) .................... 11
V. Empfehlung der Drittberatung (Abs. 3 Satz 4 und 5) ................ 12
VI. Dokumentation der genetischen Beratung (Abs. 4) .................... 14
E. **Rechtsfolgen und Normumsetzung** .... 15
  I. Untergesetzliche Konkretisierung ...... 15
  II. Ansprüche auf Schadensersatz ........ 17

## A. Überblick

1 § 10 regelt Anforderungen an die genetische Beratung bei genetischen Untersuchungen zu medizinischen Zwecken i.S.d. § 3 Nr. 6. Es ist eine Abstufung der Beratungspflichten der Ärztin und des Arztes entsprechend den unterschiedlichen Beratungsanforderungen bei diagnostischen und prädiktiven genetischen Untersuchungen vorgesehen. Abs. 3 konkretisiert die Anforderungen an Art und Inhalt der Beratung. Die Regelung trat nach § 27 Abs. 1 zum 01.02.2010 in Kraft.

## B. Regelungszweck

2 § 10 dient im Wesentlichen der Patientenselbstbestimmung, dem Recht auf Wissen und Nichtwissen und dem Recht auf informationelle Selbstbestimmung.

## C. Systematische Einordnung

3 § 10 regelt die genetische Beratung bei genetischen Untersuchungen zu medizinischen Zwecken (vgl. zum Begriff der genetischen Untersuchungen zu medizinischen Zwecken auch die Ausführungen vor §§ 7 ff., Rdn. 1 ff.). Im Unterschied zur Aufklärung ist die Beratung **selbst eine ärztliche Leistung** und daher im rechtlichen Sinne **keine ergänzende Aufklärung** (vgl. dazu auch Richtlinie der Gendiagnostik-Kommission (GEKO) über die Anforderungen an die Qualifikation und Inhalte der genetischen Beratung gem. § 23 Abs. 2 Nr. 2a und § 23 Abs. 2 Nr. 3 GenDG (BGesundBl. 2011 – 54: 1248–1256) unter II.; Richtlinie der Gendiagnostik-Kommission (GEKO) für die Anforderungen an die Inhalte der Aufklärung bei genetischen Untersuchungen zu medizinischen Zwecken gem. § 23 Abs. 2 Nr. 3 GenDG i.d.F. vom 17.05.2017 (BGesundBl. 2017 – 60: 923–927) unter I.; Deutsche Gesellschaft für Humangenetik (GfH) und Berufsverband Deutscher Humangenetiker e.V. (BVDH), S 2-Leitlinie Humangenetische Diagnostik, medgen 2011, 23: 281 ff., Modul Genetische Beratung, unter Punkt 1.2; *Cramer*, MedR 2013, 763 [766]). Zu den möglichen Auswirkungen einer fehlerhaften genetischen Beratung auf die Wirksamkeit der Einwilligung nach § 8 vgl. § 10 Rdn. 17

3a Die Beratung **geht über die für die Aufklärung** erforderliche Vermittlung von Informationen über die vorgesehene Untersuchungsmethode, die möglichen Untersuchungsergebnisse und ihre medizinische Bedeutung **hinaus**. Anders als bei der Aufklärung, die, um zu einer rechtswirksamen Einwilligung in die genetische Untersuchung zu führen, inhaltlicher Überprüfung standhalten muss, genügt hinsichtlich der genetischen Beratung, dass eine solche gemäß den Vorschriften des § 10 erfolgt ist bzw. angeboten wurde (BR-Drs. 633/08, S. 54). Das Angebot der genetischen Beratung kann das Aufklärungsgespräch über das Analyseergebnis durch den verantwortlichen Arzt nicht ersetzen (BR-Drs. 633/08, S. 54). Zu praktischen Fragen der Abgrenzung zwischen Aufklärung- und Beratung: *Schillhorn/Heidemann*, § 10 GenDG Rn. 18 ff.; *Cramer*, MedR 2013, 763 (766).

Die Anforderungen an den Inhalt der genetischen Beratung werden durch Richtlinien der 3b
Gendiagnostik-Kommission nach § 23 Abs. 2 Nr. 3 konkretisiert (BR-Drs. 633/08, S. 54; Richtlinie der Gendiagnostik-Kommission (GEKO) über die Anforderungen an die Qualifikation und Inhalte der genetischen Beratung gem. § 23 Abs. 2 Nr. 2a und § 23 Abs. 2 Nr. 3 GenDG (BGesundBl. 2011 – 54: 1248–1256)). Spezifische Konkretisierungen zur genetischen Beratung lassen sich der S 2-Leitlinie »Humangenetische Diagnostik« der Deutschen Gesellschaft für Humangenetik (GfH) und des Berufsverbands Deutscher Humangenetiker e.V. (BVDH) (ehemals des Berufsverbandes Medizinische Genetik) entnehmen. Die genetische Beratung nach § 10 muss nach § 15 Abs. 3 insbesondere auch im Rahmen von vorgeburtlichen Untersuchungen durchgeführt und ihr Inhalt nach § 15 Abs. 3, 2. Teilsatz dokumentiert werden (dazu auch Richtlinie der Gendiagnostik-Kommission (GEKO) für die Anforderungen an die Durchführung der vorgeburtlichen Risikoabklärung sowie an die insoweit erforderlichen Maßnahmen zur Qualitätssicherung gem. § 23 Abs. 2 Nr. 5 GenDG i.d.F. vom 12.04.2013 unter III. und V.1.).

## D. Regelungsgehalt

### I. Initiative zur Durchführung einer genetischen Beratung

Zur Frage der Zulässigkeit eines Angebots zur Durchführung einer genetischen Beratung, insbe- 4
sondere zum Grundsatz der Nicht-Direktivität und zum Erfordernis der Probandeninitiative vgl. Vorbemerkungen zu §§ 7 ff., Rdn. 6; § 8 Rdn. 8, § 9 Rdn. 4, § 16 Rdn. 11 ff., § 16 Rdn. 14. Zur Diskussion dieser Fragestellung im Gesetzgebungsverfahren, s. auch BR-Drs. 633/08 (Beschluss), S. 17; BT-Drs. 16/10 582, S. 3.

### II. Verpflichtung zum Angebot einer genetischen Beratung (Abs. 1 und Abs. 2)

In den Abs. 1 und 2 ist geregelt, wann und unter welchen Voraussetzungen eine genetische Be- 5
ratung verpflichtend angeboten werden muss. Zu den Qualifikationsanforderungen an die Person, die die genetische Beratung durchführt, s. § 7 Abs. 3.

#### 1. Verpflichtung zum Angebot zur genetischen Beratung nach diagnostischen genetischen Untersuchungen (Abs. 1)

Bei einer diagnostischen genetischen Untersuchung besteht eine grundsätzliche Verpflichtung, 6
**nach dem Vorliegen des Untersuchungsergebnisses** ein **Angebot zur einer genetischen Beratung** zu machen, in der sich die untersuchte Person umfassend über alle Implikationen dieser genetischen Eigenschaften informieren kann. Im Einzelfall darf die verantwortliche ärztliche Person von dem Beratungsangebot absehen, wenn eine Beratung über die reine Mitteilung des Analyseergebnisses wegen der geringen Implikationen für die betroffene Person nicht erforderlich erscheint (BR-Drs. 633/08, S. 54; a.A.; Kern/*Kern*, § 10 GenDG Rn. 6). Eine Beratung ist nach Abs. 1 Satz 2 aber immer dann anzubieten, wenn mit der genetischen Untersuchung eine nicht behandelbare Erkrankung oder gesundheitliche Störung festgestellt worden ist (zum Begriff der Behandelbarkeit vgl. § 16 Rdn. 21 ff.). Zur Pflicht der Unterbreitung eines Beratungsangebots bei Online-Gentests vgl. *Reuter/Winkler*, MedR 2014, 220 (227).

#### 2. Verpflichtung zur Durchführung einer genetischen Beratung vor und nach prädiktiven genetischen Untersuchungen (Abs. 2 Satz 1)

Nach Abs. 2 Satz 1 besteht bei **prädiktiven genetischen Untersuchungen** eine Pflicht zur Durch- 7
führung einer genetischen Beratung sowohl **vor der genetischen Untersuchung** als auch **nach dem Vorliegen des Untersuchungsergebnisses**. Eine Ausnahme gilt lediglich dann, wenn die betroffene Person im Einzelfall schriftlich (vgl. § 126 BGB) auf die Beratung verzichtet (Abs. 2 Satz 1, Deutsche Gesellschaft für Humangenetik (GfH) und Berufsverband Deutscher Humangenetiker e. V. (BVDH), S 2-Leitlinie Humangenetische Diagnostik, medgen 2011, 23: 281 ff., Modul Genetische

Beratung, unter Punkt 9.9; *Schillhorn/Heidemann*, § 10 GenDG Rn. 29. Zum Aufklärungsverzicht § 9 Rdn. 6 f.).

7a Vor einer vorgeburtlichen genetischen Untersuchung und nach Vorliegen des Untersuchungsergebnisses ist die Schwangere gem. § 15 Abs. 3 entsprechend § 10 Abs. 2 und 3 genetisch zu beraten, soweit diese nicht im Einzelfall nach vorheriger schriftlicher Information über die Beratungsinhalte auf die genetische Beratung schriftlich verzichtet hat (vgl. § 10 Abs. 2 Satz 1). Eine solche Beratung muss insbesondere auch im Fall der nicht-invasive Pränataldiagnostik an fetaler DNA aus mütterlichem Blut (NIPD) erfolgen, da diese an genetischem Material vorgenommen wird und es sich damit um eine genetische Analyse im Rahmen einer vorgeburtlichen genetischen Untersuchung handelt (8. Mitteilung der Gendiagnostik-Kommission vom 12.03.2014 zur Einordnung der nichtinvasiven Pränataldiagnostik [NIPD] und der diesbezüglichen Beratungsqualifikation; vgl. auch § 3 Rdn. 25a). Ergänzend ist die Schwangere auf den Beratungsanspruch nach § 2 des Schwangerschaftskonfliktgesetzes (SchKG) hinzuweisen (8. Mitteilung der Gendiagnostik-Kommission vom 12.03.2014 zur Einordnung der nicht-invasiven Pränataldiagnostik (NIPD) und der diesbezüglichen Beratungsqualifikation; *Cramer*, MedR 2013, 763 [764]). In der Richtlinie der GEKO über die Anforderungen an die Qualifikation zur und die Inhalte der genetischen Beratung gem. § 23 Abs. 2 Nr. 2a und § 23 Abs. 2 Nr. 3 sind für fachgebundene genetische Beratungen anlässlich vorgeburtlicher genetischer Untersuchungen die erforderlichen Qualifikationen aufgelistet (in den Abschnitten VII.3.4 und VII.4.4).

### III. Art und Weise der genetischen Beratung

#### 1. Ergebnisoffene und verständliche Beratung (Abs. 3 Satz 1)

8 Abs. 3 Satz 1 legt ausdrücklich fest, dass die genetische Beratung in allgemein verständlicher Form und ergebnisoffen zu erfolgen hat (vgl. auch § 9 Rdn. 11 ff.). Die Beratung soll dem Patienten die erforderlichen Informationen über die maßgeblichen genetischen Eigenschaften vermitteln. Sie soll auch Aufschluss über aus der Untersuchung zu ziehende Folgerungen geben, ohne jedoch die Entscheidung in eine bestimmte Richtung zu lenken (BR-Drs. 633/08, S. 55; Deutsche Gesellschaft für Humangenetik (GfH) und Berufsverband Deutscher Humangenetiker e.V. (BVDH), S 2-Leitlinie Humangenetische Diagnostik, medgen 2011, 23: 281 ff., Modul Genetische Beratung, unter Punkt 1.4, 3.4). Zu den besonderen Empfehlungen der *GEKO* beim Einsatz von NGS-Technologien (»next generation sequencing«) vgl. Gendiagnostik-Kommission (GEKO), Tätigkeitsbericht 2012, S. 36 ff.

8a § 10 trifft keine ausdrücklichen Vorgaben zu der Frage, ob die genetische Beratung einen persönlichen Kontakt voraussetzt. Eine grundsätzliche Verpflichtung, für die Beratung einen persönlichen Kontakt herzustellen, wird jedoch der gesetzgeberischen Zielsetzung entnommen, dass die genetische Beratung patientenbezogen in einem persönlichen Gespräch erfolgen soll (*Reuter/Winkler*, MedR 2014, 220 (227). Zur Bedeutung dieser Frage im Zusammenhang mit Online-Gentests vgl. *Reuter/Winkler*, MedR 2014, 220 (227 f.).

#### 2. Beteiligung mitberatender Sachverständiger (Abs. 3 Satz 3)

9 Nach Abs. 3 Satz 3 kann die beratende Person weitere sachverständige Personen hinzuziehen, soweit die betroffene Person dem zugestimmt hat und es der beratenden Person angezeigt erscheint. So können z.B. sachverständige Personen hinzugezogen werden, die an einer späteren Therapie des Krankheitsbildes beteiligt sind (BR-Drs. 633/08, S. 56). Eine ärztliche Ausbildung muss die hinzugezogene Person nicht haben (vgl. Kern/*Kern*, § 10 GenDG Rn. 16).

#### 3. Bedenkzeit nach der genetischen Beratung (Abs. 2 Satz 2)

10 Nach der genetischen Beratung vor der genetischen Untersuchung (im Fall von prädiktiven Untersuchungen nach Abs. 2 Satz 1) ist dem Probanden eine angemessene Bedenkzeit einzuräumen (Abs. 2 Satz 2). Vgl. auch § 8 Rdn. 12.

## IV. Inhalt der genetischen Beratung (Abs. 3 Satz 2)

Nach Abs. 3 Satz 2 umfasst die genetische Beratung insbesondere die eingehende Erörterung der möglichen medizinischen, psychischen und sozialen Fragen, die mit einer Vornahme oder Nichtvornahme der genetischen Untersuchung und ihren Untersuchungsergebnissen verbunden sind. Insofern decken sich die Gegenstände der genetischen Beratung und der Aufklärung nach § 9 inhaltlich (vgl. § 9 Rdn. 12 ff.), wobei die genetische Beratung ihrer Konzeption nach insgesamt umfassender sein soll (vgl. BR-Drs. 633/08, S. 55). So soll der Proband im Rahmen der genetischen Beratung zusätzlich über Möglichkeiten zur Unterstützung bei physischen und psychischen Belastungen unterrichtet werden, die im Zusammenhang mit der Mitteilung des Untersuchungsergebnisses auftreten können. Dabei sind die besonderen Lebensumstände der zu beratenden Person (z.B. Alter, Erreichen gesicherter Lebensverhältnisse, Krankheitserfahrungen im persönlichen Umfeld) zu berücksichtigen. Zur fallgruppenbezogenen Veränderung des Umfangs der Aufklärung beim Einsatz von NGS-Technologien (»next generation sequencing«) vgl. Gendiagnostik-Kommission (GEKO), Tätigkeitsbericht 2012, S. 36 ff. 11

## V. Empfehlung der Drittberatung (Abs. 3 Satz 4 und 5)

Abs. 3 Satz 4 sieht vor, dass die verantwortliche ärztliche Person (§ 3 Nr. 5) der untersuchten Person die Empfehlung ausspricht, ihrerseits ihren genetischen Verwandten eine genetische Beratung zu empfehlen, wenn anzunehmen ist, dass diese Träger der zu untersuchenden genetischen Eigenschaften sind und diese Eigenschaften Bedeutung für eine vermeidbare oder behandelbare Erkrankung oder gesundheitliche Störung haben (zum Begriff der Vermeidbarkeit und Behandelbarkeit vgl. § 16 Rdn. 21 ff.). Die untersuchte Person ist danach grundsätzlich nicht zu einer entsprechenden Mitteilung verpflichtet (vgl. BR-Drs. 633/08, S. 56; Deutsche Gesellschaft für Humangenetik (GfH) und Berufsverband Deutscher Humangenetiker e. V. (BVDH), S 2-Leitlinie Humangenetische Diagnostik, medgen 2011, 23: 281 ff., Modul Genetische Beratung, unter Punkt 12; *Schillhorn/Heidemann*, § 10 GenDG Rn. 22; *Cramer*, MedR 2013, 763 [766]; *Fündling*, Recht auf Wissen und Nichtwissen in der Gendiagnostik, S. 352 ff.). 12

Eine originäre Befugnis der ärztlichen Person, das Untersuchungsergebnis der untersuchten Person an dessen genetische Verwandte weiterzugeben, ergibt sich nicht aus § 10 Abs. 3. § 10 Abs. 3 Satz 4 sieht in Fällen der möglichen Drittbetroffenheit lediglich eine Empfehlung an die untersuchte Person vor und nicht an die möglicherweise betroffenen Verwandten. Dieser Umstand spricht eher dafür, dass nach der gesetzgeberischen Zielsetzung grundsätzlich keine unmittelbare Kommunikation zwischen der ärztlichen Person und genetisch verwandten Dritten der untersuchten Person erfolgen soll. Insoweit wird die Entscheidung, ob und in welcher Form verwandte Dritte auf den Umstand einer möglichen Drittbetroffenheit hingewiesen werden sollen, nach dem gesetzgeberischen Konzept wohl eher der untersuchten Person zugewiesen. Etwas anderes ergibt sich grundsätzlich auch dann nicht, wenn eine Einwilligung der untersuchten Person in die Weitergabe an genetische Verwandte vorliegt, da § 11 Abs. 3 insoweit lediglich das Recht auf informationelle Selbstbestimmung der untersuchten Person schützt und keine spezifischen Vorgaben zum Schutz des Rechts auf Wissen und Nichtwissen Dritter trifft, die mit der untersuchten Person verwandt sind (OLG Koblenz, Urt. v. 31.07.2013 – 5 U 1427/12, Rn. 36, vgl. auch § 11 Rdn. 16 ff.). Zu diesem Problemkreis vgl. auch die Rechtsprechung zur Verpflichtung der Mitteilung eines positiven HIV-Test-Ergebnisses an Intimpartner, vgl. *Stockter*, Verbot genetischer Diskriminierung, S. 531 f.; zu Mitteilungspflichten zwischen Ehepartnern im Zusammenhang mit der Eheanfechtungsvorschrift des § 1314 BGB, vgl. *Stockter*, Verbot genetischer Diskriminierung, S. 482 f.). 12a

Nach Satz 5 gilt die Regelung des Satzes 4 entsprechend für den erhobenen Befund bei einem Embryo oder Fötus. Dabei ist der besonderen Situation der Schwangeren angemessen Rechnung zu tragen und auch eine mögliche psychische Belastung der Schwangeren zu berücksichtigen. Dabei kann es angezeigt sein, die Empfehlung erst nach Beendigung der Schwangerschaft zu geben (BR-Drs. 633/08, S. 56). 13

13a Hat die genetische Untersuchung und deren Ergebnis Konsequenzen für zukünftige Nachkommen, wird nach der Richtlinie der Gendiagnostik-Kommission (GEKO) über die Anforderungen an die Qualifikation zur und Inhalte der genetischen Beratung gem. § 23 Abs. 2 Nr. 2a und § 23 Abs. 2 Nr. 3 (BGesundBl. 2011 – 54: 1248–1256 unter V., vorletzter Absatz) eine genetische Beratung beider Partner empfohlen.

### VI. Dokumentation der genetischen Beratung (Abs. 4)

14 Die in Abs. 4 geregelte Dokumentationspflicht soll die Einhaltung der Beratungsvorschriften durch die verantwortliche ärztliche Person (vgl. § 3 Nr. 5) oder durch die behandelnde Ärztin oder den beratenden Arzt (vgl. § 7 Abs. 3) gewährleisten (BR-Drs. 633/08 S. 56).

## E. Rechtsfolgen und Normumsetzung

### I. Untergesetzliche Konkretisierung

15 § 10 wird konkretisiert durch:
– die Richtlinie der Gendiagnostik-Kommission (GEKO) über die Anforderungen an die Qualifikation und Inhalte der genetischen Beratung gem. § 23 Abs. 2 Nr. 2a und § 23 Abs. 2 Nr. 3 GenDG (BGesundBl. 2011 – 54: 1248–1256). – Kritisch zur Frage der ausreichenden Legitimierung der GEKO und der Verbindlichkeit ihrer Mitteilungen und Richtlinien vgl. *Taupitz*, MedR 2013, 1, 2 f.

Die in dieser Richtlinie beschriebenen Anforderungen an die Qualifikationen betreffen nur fachgebundene genetische Beratungen. Sie betreffen nicht die Voraussetzungen für die Vornahme genetischer Untersuchungen und auch nicht die Voraussetzungen für die Aufklärung und die Mitteilung der Ergebnisse; diese Qualifikationsanforderungen ergeben sich aus dem GenDG selbst (9. Mitteilung der GEKO vom 16.06.2014 zu den unterschiedlichen Qualifikationsanforderungen für fachgebundene genetische Beratungen einerseits und für genetische Untersuchungen andererseits).

16 Hinzu treten berufsständische Leitlinien wie etwa die S 2-Leitlinie der Deutschen Gesellschaft für Humangenetik (GfH) und des Berufsverbands Deutscher Humangenetiker e.V. (BVDH) zur humangenetischen Diagnostik, medgen 2011, 23: 281 ff., Modul Genetische Beratung. Zur Standardisierung auch § 9 Rdn. 12, 26.

### II. Ansprüche auf Schadensersatz

17 Nach der Konzeption des GenDG sind die Aufklärung nach § 9 und die genetische Beratung nach § 10 getrennt zu behandeln. Während eine unterbliebene oder fehlerhafte Aufklärung nach den allgemeinen Grundsätzen der Arzthaftung zur Unwirksamkeit der Einwilligung führen kann, sind die Auswirkungen einer unterbliebenen oder fehlerhaften genetischen Beratung nach § 10 auf die Wirksamkeit einer Einwilligung nach § 8 noch nicht abschließend geklärt. Angesichts der Bedeutung, die der genetischen Beratung nach § 10 zukommt, ist jedoch davon auszugehen, dass eine nach § 10 fehlerhaft unterbliebene oder fehlerhaft vorgenommene genetischen Beratung vor einer genetischen Untersuchung auch zur Unwirksamkeit der Einwilligung nach § 8 führen kann.

18 Zu möglichen haftungsrechtlichen Konsequenzen einer fehlerhaften genetischen Beratung vgl. auch § 8 Rdn. 25; § 9 Rdn. 27; Kern/*Kern*, § 10 GenDG Rn. 20.

### § 11 Mitteilung der Ergebnisse genetischer Untersuchungen und Analysen

(1) Das Ergebnis einer genetischen Untersuchung darf vorbehaltlich der Absätze 2 und 3 nur der betroffenen Person und nur durch die verantwortliche ärztliche Person oder die Ärztin oder den Arzt, die oder der die genetische Beratung durchgeführt hat, mitgeteilt werden.

(2) Eine nach § 7 Abs. 2 mit der genetischen Analyse beauftragte Person oder Einrichtung darf das Ergebnis der genetischen Analyse nur der ärztlichen Person mitteilen, die sie mit der genetischen Analyse beauftragt hat.

(3) Die verantwortliche ärztliche Person darf das Ergebnis der genetischen Untersuchung oder Ana- lyse anderen nur mit ausdrücklicher und schriftlich oder in elektronischer Form vorliegender Einwilligung der betroffenen Person mitteilen.

(4) Das Ergebnis der genetischen Untersuchung darf der betroffenen Person nicht mitgeteilt werden, soweit diese Person nach § 8 Abs. 1 S. 1 in Verbindung mit Satz 2 entschieden hat, dass das Ergebnis der genetischen Untersuchung zu vernichten ist oder diese Person nach § 8 Abs. 2 ihre Einwilligung widerrufen hat.

| Übersicht | Rdn. | | | Rdn. |
|---|---|---|---|---|
| A. Überblick | 1 | | aa) Mitteilung an die ärztliche Person, die die genetische Beratung durchgeführt hat | 14a |
| B. Regelungszweck | 3 | | | |
| C. Systematische Einordnung | 6 | | | |
| D. Regelungsgehalt | 7 | | bb) Mitteilung an die ärztliche Person, die in Vertretungsfällen oder Notfallsituationen der untersuchten Person das Untersuchungsergebnis mitteilen soll | 14b |
| I. Normadressaten | 7 | | | |
| II. Erfasster Informationsgegenstand | 8 | | | |
| III. Zulässigkeit von Mitteilungen an »andere« (Abs. 1 bis 3) | 11 | | | |
| 1. Zulässigkeit von Mitteilungen vor der erstmaligen Unterrichtung der untersuchten Person | 13 | | 2. Zulässigkeit von anderen Mitteilungen des Untersuchungsergebnisses durch die verantwortliche ärztliche Person an Dritte (Abs. 1 und 3) | 15 |
| a) Mitteilung des Analyseergebnisses an die verantwortliche ärztliche Person durch die nach § 7 Abs. 2 beauftragte Person oder Einrichtung (Abs. 2) | 13 | | a) Mitteilung an genetische Verwandte | 16 |
| aa) Unzulässigkeit der Mitteilung nach Abs. 2 an die ärztliche Person, die die genetische Beratung nach § 10 durchgeführt hat | 13b | | b) Mitteilung an Dritte aufgrund von gesetzlichen Vorgaben | 16c |
| | | IV. | Zulässigkeit der Mitteilung an die betroffene Person (Abs. 1 und 4) | 17 |
| | | 1. | Befugnis zur Mitteilung an die betroffene Person (Abs. 1) | 17 |
| bb) Unzulässigkeit der Mitteilung nach Abs. 2 an eine andere kompetente ärztliche Person | 13c | 2. | Unzulässigkeit der Mitteilung an die betroffene Person (Abs. 4) | 19 |
| | | E. | Rechtsfolgen und Normumsetzung | 21a |
| | | I. | Untergesetzliche Regelungen | 21a |
| b) Mitteilung des Untersuchungsergebnisses an Dritte durch die verantwortliche ärztliche Person mit Einwilligung der untersuchten Person (Abs. 1 i.V.m. Abs. 3) | 14 | II. | Technisch-organisatorische Maßnahmen | 22 |
| | | III. | Ansprüche auf Schadensersatz | 23 |
| | | IV. | Straf- und Bußgeldtatbestände | 25 |

## A. Überblick

§ 11 Abs. 1 verbietet, die Ergebnisse genetischer Untersuchungen an andere Personen als an die untersuchte Person mitzuteilen (Wortlaut »nur der betroffenen Person«). Die Regelung gilt für genetische Untersuchungen zu medizinischen Zwecken. Die Regelung trat nach § 27 Abs. 1 zum 01.02.2010 in Kraft. § 11 Abs. 3 ist durch Art. 23 des Zweiten Gesetz vom 20.11.2019 zur Anpassung des Datenschutzrechts an die Verordnung (EU) 2016/679 und zur Umsetzung der Richtlinie (EU) 2016/680 (Zweites Datenschutz-Anpassungs- und Umsetzungsgesetz EU – 2. DSAnpUG-EU) geändert worden (BGBl. I S. 1626). 1

Der Sache nach regelt § 11 ein Offenbarungsverbot, das allerdings nicht ausdrücklich als solches bezeichnet wird. Die sich aus § 11 ergebende Verschwiegenheitsverpflichtung ist 2 im Vergleich zu den Verschwiegenheitsverpflichtungen, die sich aus Art. 5 Abs. 1 Buchst. b und f DSGVO – Datengeheimnis (nach der bis zum 25. Mai 2018 geltenden Rechtslage: § 4 BDSG a.F.), aus § 203 StGB und aus § 14 Abs. 1 Satz 1 und 2 TPG ergeben, hinsichtlich des Anwendungsbereichs durch die Beschränkung auf das Ergebnis der genetischen Untersuchung und Analyse zu medizinischen Zwecken enger und hinsichtlich des Umfangs der Mitteilungsbefugnisse strikter.

### B. Regelungszweck

3 § 11 dient der Gewährleistung des Rechts auf informationelle Selbstbestimmung der untersuchten Person (insb. durch § 11 Abs. 1 und 3, vgl. BR-Drs. 633/08, S. 56) und ihres Rechts auf Wissen und Nichtwissen (insb. durch § 11 Abs. 1 und 4). Das Recht auf Wissen und Nichtwissen genetisch verwandter Dritter wird durch § 11 nicht geschützt (vgl. OLG Koblenz, Urt. v. 31.07.2013 – 5 U 1427/12, Rn. 36), da nach § 11 Abs. 3 eine Mitteilung des Untersuchungsergebnisses auch an genetisch verwandte Dritte nicht grundsätzlich ausgeschlossen ist (vgl. dazu § 10 Rdn. 12; § 11 Rdn. 16 f.).

4 Zudem dient die Regelung auch der Qualitätssicherung. Denn dadurch, dass nach Abs. 1 nur die verantwortliche ärztliche Person zur Mitteilung des Untersuchungsergebnisses befugt ist, soll sichergestellt werden, dass die untersuchte Person die Gelegenheit bekommt, sich umfassend von kompetenter Stelle über die Bedeutung des Untersuchungsergebnisses unterrichten zu lassen (BR-Drs. 633/08, S. 56).

5 Schließlich sollen berechtigte Informationsinteressen Dritter dadurch abgesichert werden, dass die Ansprüche auf Mitteilung und Vernichtung eines bestimmten Untersuchungsergebnisses nur alternativ ausgeübt werden können (Alternativität der Ansprüche auf Kenntnisnahme und Vernichtung Rdn. 20, § 1 Rdn. 7a, § 8 Rdn. 15 und § 12 Rdn. 11). Damit soll nach der gesetzgeberischen Zielsetzung verhindert werden, dass sich die untersuchte Person, z.B. bei Abschluss eines Versicherungsvertrages, einen Wissensvorsprung verschafft und zulasten seines Vertragspartners ausnutzen kann (vgl. auch § 8 Rdn. 15, s. auch BT-Drs. 16/10 582, S. 4). Insofern wird das Recht auf informationelle Selbstbestimmung eingeschränkt.

### C. Systematische Einordnung

6 § 11 trifft hinsichtlich der Befugnisse zur Mitteilung der Ergebnisse genetischer Untersuchungen und Analysen zu medizinischen Zwecken (vgl. zum Begriff der genetischen Untersuchungen zu medizinischen Zwecken auch die Ausführungen vor §§ 7 ff., Rdn. 1 ff.) eine abschließende Regelung. Darüber hinausgehende gesetzliche Datenerhebungs- und Datenübermittlungsbefugnisse sind wegen dieser spezialgesetzlichen Regelung grundsätzlich ausgeschlossen (vgl. Bundesbeauftragter für die Informationsfreiheit und den Datenschutz, BT-Ausschuss für Gesundheit Ausschuss-Drs. 16(14)0469(3), S. 4 insb. im Hinblick auf die Regelungen der §§ 294 ff. SGB V). Von der Regelung ausgenommen sind davon insoweit grundsätzlich nur die Mitteilungsbefugnisse in Bereichen, die nach § 2 Abs. 2 nicht vom GenDG erfasst werden (so auch Kern/*Kern*, § 11 GenDG Rn. 12 im Hinblick auf mögliche infektionsschutzgesetzliche Mitteilungsbefugnisse). Ergänzend gelten die sonstigen datenschutzrechtlichen Regelungen (insb. Art. 5, 6 und 9 sowie Art. 25 und 32 DSGVO, § 22 Abs. 2 BDSG, vgl. Rdn. 22).

6a Hinsichtlich der Delegationsbefugnisse trifft § 11 insoweit gegenüber den allgemeinen bürgerlich-rechtlichen Regelungen eine einschränkende Regelung (zu den bürgerlich-rechtlichen Möglichkeiten der Delegation von Aufklärungspflichten nach dem Gesetz zur Verbesserung der Rechte von Patientinnen und Patienten vgl. BR-Drs. 312/12, S. 28 f.).

## D. Regelungsgehalt

### I. Normadressaten

§ 11 Abs. 1 adressiert die verantwortliche ärztliche Person (vgl. § 3 Nr. 5) und in Abs. 2 die Person oder Einrichtung, die nach § 7 Abs. 2 mit der genetischen Analyse beauftragt ist. Wie sich im Umkehrschluss aus § 11 ergibt, unterliegen zudem alle anderen Personen, die Kenntnis von dem Untersuchungsergebnis erhalten, einer absoluten Verschwiegenheitsverpflichtung. Die Mitteilung des Untersuchungsergebnisses an die untersuchte Person (vgl. Rdn. 17 ff.) oder Dritte (vgl. Rdn. 12 ff.; 14 ff.) ist letzteren grundsätzlich untersagt.

### II. Erfasster Informationsgegenstand

Wie sich aus der systematischen Stellung des § 11 ergibt, betrifft Abs. 1 ausschließlich das Ergebnis der genetischen Untersuchung zu medizinischen Zwecken (vgl. § 3 Nr. 6, vgl. Vorbem. zu §§ 7 ff., Rdn. 2 ff.). Dies umfasst das Ergebnis der genetischen Analyse (vgl. § 3 Nr. 1 Buchst. a i.V.m. Nr. 2) und der vorgeburtlichen Risikoabklärung (vgl. § 3 Nr. 1 Buchst. b i.V.m. Nr. 3) einschließlich deren Interpretation unter Berücksichtigung individueller Gegebenheiten (vgl. BR-Drs. 633/08, S. 56).

Soweit bereits aufgrund der eingesetzten Untersuchungsmittel unverlangte Ergebnisse absehbar anfallen können (**Überschuss- oder Nebenbefunde**, engl.: unsolicited [= unverlangte] findings), ist der Betroffene darüber nach § 9 Abs. 1 in allgemeiner Form aufzuklären und kann selbst entscheiden, ob ihm diese Ergebnisse bekannt gemacht werden sollen. Zur Frage, inwieweit **Zufallsbefunde** im Sinne unerwarteter genetischer Eigenschaften (engl.: incidental [= zufällige] findings) mitgeteilt werden sollen, besteht derzeit noch keine einheitliche, auf fachgesellschaftlicher Grundlage gefestigte Praxis (vgl. Gendiagnostik-Kommission (GEKO), Tätigkeitsbericht 2012, S. 20). Nach den Richtvorgaben der Gendiagnostik-Kommission (GEKO) soll die Entscheidung über die Mitteilung von Zufallsbefunden einzelfallbezogen erfolgen (Gendiagnostik-Kommission (GEKO), Tätigkeitsbericht 2012, S. 21).

Von den Regelungen des § 11 nicht erfasst sind damit insbesondere die Ergebnisse genetischer Untersuchungen zu nicht-medizinischen Zwecken (sog. **Life-Style-Tests**, vgl. § 3 Rdn. 46 und Rdn. 64) und die Ergebnisse von Untersuchungen auf nach der Geburt entstandene genetische Merkmale (insb. **Krebsuntersuchungen**).

Der Umgang mit personenbezogenen Daten, die im Übrigen im Zusammenhang mit der genetischen Untersuchung gewonnen werden, ist – anders als etwa bei den Verschwiegenheitsverpflichtungen nach § 203 StGB oder § 14 Abs. 2 Satz 1 und 2 TPG – nicht von § 11 erfasst.

### III. Zulässigkeit von Mitteilungen an »andere« (Abs. 1 bis 3)

Der Begriff der Mitteilung ist im GenDG nicht definiert. Der Gesetzgeber verwendet nicht den datenschutzrechtlichen Begriff der Datenübermittlung (vgl. dazu Art. 4 Nr. 2 DSGVO; nach der bis zum 25. Mai 2018 geltenden Rechtslage: § 3 Abs. 4 Nr. 3 BDSG a.F.). Zur näheren Bestimmung des Begriffs der Mitteilung bietet sich eine Anlehnung an den Begriff des Offenbarens i.S.d. § 203 StGB an (vgl. etwa *Fischer*, Kommentar zum Strafgesetzbuch, 60. Aufl. 2013, § 203 StGB Rn. 30).

Soweit entsprechend der Richtvorgaben des § 9 Abs. 3 und 4 MBOÄ davon auszugehen ist, dass die Weitergabe an das eigene Behandlungsteam (insb. an das eigene Personal), das im Rahmen der arbeitsteiligen Vorgehensweise in einem zu ihrer Aufgabenerfüllung erforderlichen Umfang über den Ablauf genetischer Untersuchungen informiert wird, zulässig ist (vgl. § 9 MBÖ Rdn. 7 ff.), erscheint es als vertretbar, auch die Informationsweitergabe über genetische Untersuchungen nicht als Mitteilung an »andere« i.S.d. § 11 Abs. 3 zu betrachten. Entsprechende Datenweitergaben unterliegen damit nicht dem sich aus § 11 ergebenden grundsätzlichen Mitteilungsverbot (vgl. Kern/Kern, § 11 GenDG Rn. 6; *Schillhorn/Heidemann*, § 11 GenDG Rn. 5 ff. mit einer Differenzierung zwischen ambulantem und stationärem Bereich; *Eberbach*, MedR 2010, 155, 157 zur Problematik der »Schweigepflicht unter Schweigepflichtigen«). Aus Klarstellungsgründen sollte jedoch vorsorglich eine entsprechende Einwilligung des Probanden nach Abs. 3 bereits im Vorfeld und ausnahmsweise in Unkenntnis der Untersuchungsergebnisse eingeholt werden (vgl. auch *Schillhorn/Heidemann*, § 11 GenDG Rn. 5 ff.).

12a Anders als im Datenschutzrecht, wo die Weitergabe von personenbezogenen Daten im Rahmen eines datenschutzrechtlichen Auftragverarbeitungsverhältnisses (vgl. Ar. 4 Nr. 8, Art. 28 DSGVO; nach der bis zum 25. Mai 2018 geltenden Rechtslage: etwa § 11 BDSG a.F.) nicht als Datenübermittlung gilt (Art. 4 Nr. 10 DSGVO; nach der bis zum 25. Mai 2018 geltenden Rechtslage: vgl. § 3 Abs. 8 Satz 3 i.V.m. § 3 Abs. 4 Nr. 3 BDSG a.F.), ist auch die Weitergabe an Auftragnehmer innerhalb eines solchen Auftragsverhältnisses (etwa an Unterauftragnehmer zur Durchführung der genetischen Analyse oder zur Kostenabrechnung) als Mitteilung an »andere« zu betrachten, die nur mit Einwilligung der betroffenen Person vorgenommen werden darf.

**1. Zulässigkeit von Mitteilungen vor der erstmaligen Unterrichtung der untersuchten Person**

**a) Mitteilung des Analyseergebnisses an die verantwortliche ärztliche Person durch die nach § 7 Abs. 2 beauftragte Person oder Einrichtung (Abs. 2)**

13 Nach Abs. 2 darf die mit der Probenanalyse nach § 7 Abs. 2 beauftragte Person oder Einrichtung – auch ohne Einwilligung der untersuchten Person – das Ergebnis der genetischen Analyse nur der (verantwortlichen) »ärztlichen Person« mitteilen, die sie mit der Analyse beauftragt hat. Auch die Mitteilung der Analyseergebnisse an das Behandlungsteam der verantwortlichen ärztlichen Person (insb. dessen eigenes Personal) ist zulässig (zur entsprechenden Begründung der Zulässigkeit der Datenweitergabe durch die verantwortliche ärztliche Person an sein Behandlungsteam vgl. Rdn. 12).

13a Der Formulierung »ärztliche Person, die sie mit der genetischen Analyse beauftragt hat« ist dabei keine eigenständige Bedeutung beizumessen (anders wohl Spickhoff/*Fenger*, § 11 GenDG Rn. 1). Sie ist vielmehr als bedeutungsgleich mit dem Begriff der verantwortlichen ärztlichen Person nach § 3 Nr. 5 zu behandeln. Insbesondere rechtfertigt Abs. 2 keine Mitteilung des Analyseergebnisses an die Ärztin oder den Arzt, die oder der die genetische Beratung durchgeführt hat. Dafür sprechen zunächst einmal systematische Erwägungen. Denn nach § 7 Abs. 2 darf die genetische Analyse einer genetischen Probe außer *von der verantwortlichen ärztlichen Person* nur durch von *dieser* beauftragte Personen oder Einrichtungen vorgenommen werden. Im letzteren Fall ist die beauftragende ärztliche Person begriffsnotwendig auch verantwortliche ärztliche Person i.S.d. § 3 Nr. 5 (vgl. § 3 Rdn. 41c).

**aa) Unzulässigkeit der Mitteilung nach Abs. 2 an die ärztliche Person, die die genetische Beratung nach § 10 durchgeführt hat**

13b Im Sinne einer widerspruchsfreien Auslegung ist daher davon auszugehen, dass die ärztliche Person, die den Auftrag zur genetischen Analyse erteilt hat, nicht die Ärztin oder der Arzt i.S.d. § 11 Abs. 1 sein kann, die oder der die genetische Beratung nach § 10 durchgeführt hat, soweit sie oder er nicht die genetische Untersuchung insgesamt i.S.d. § 3 Nr. 5 vornimmt. Vielmehr dürfte nach den Vorgaben des § 11 Abs. 2 davon auszugehen sein, dass die Übermittlung des Untersuchungsergebnisses stets über die verantwortliche ärztliche Person (bzw. ihr eigenes Behandlungsteam) zu erfolgen hat, vgl. Rdn. 12). Diese Auslegung entspricht auch der gesetzgeberischen Zielsetzung, genetische Untersuchungen »aus einer Hand« sicherzustellen (vgl. Kern/*Hahn/Schwarz*, § 3 GenDG Rn. 28). Um diesen Anliegen angemessen Rechnung zu tragen, soll grundsätzlich nur die ärztliche Person, die die Aufklärung durchgeführt hat, der gegenüber die Einwilligung in die genetische Untersuchung nach § 8 Abs. 1 erklärt worden ist und der gegenüber gegebenenfalls auch der Widerruf der Einwilligung nach § 8 Abs. 2 zu erklären ist, auch die erste Mitteilung oder das Analyseergebnis erhalten.

### bb) Unzulässigkeit der Mitteilung nach Abs. 2 an eine andere kompetente ärztliche Person

Zur Sicherstellung der gesetzgeberischen Zielsetzung des § 11 Abs. 2 dürfte in Vertretungsfällen und Notsituationen die unmittelbare Mitteilung an eine dritte ärztliche Person auch nach den Richtvorgaben der Gendiagnostik-Kommission (GEKO) unzulässig sein, die Ausnahmeregelungen für den Fall der Verhinderung der verantwortlichen ärztlichen Person oder in Notfällen vorsehen (vgl. Rdn. 17a ff.). Vielmehr dürfte wegen § 11 Abs. 2 eine Übermittlung durch die verantwortliche ärztliche Person (bzw. ihr Personal/Behandlungsteam, vgl. Rdn. 12) erforderlich sein. Anderenfalls bestünde die Gefahr, dass beispielsweise ein zwischenzeitlich nach § 8 Abs. 2 bei der verantwortlichen ärztlichen Person eingegangener Widerruf der Einwilligung in die Mitteilung der Untersuchungen keine ausreichende Berücksichtigung finden würde. Für die hier vorgeschlagene Auslegung spricht zudem auch, dass der Einwilligung der betroffenen Person lediglich in § 11 Abs. 3 eine legitimierende Wirkung für von § 11 Abs. 1 abweichende Vorgehensweisen beigemessen wird.

### b) Mitteilung des Untersuchungsergebnisses an Dritte durch die verantwortliche ärztliche Person mit Einwilligung der untersuchten Person (Abs. 1 i.V.m. Abs. 3)

Nach Abs. 3 darf im Übrigen das Ergebnis der genetischen Analyse ebenso wie das Ergebnis der genetischen Untersuchung »anderen« nur durch die verantwortliche ärztliche Person und nur mit ausdrücklicher (vgl. auch Art. 4 Nr. 11 »unmissverständlich abgegebene Willensbekundung«, Art. 7 DSGVO; nach der bis zum 25. Mai 2018 geltenden Rechtslage: § 4a Abs. 3 BDSG a.F.) und schriftlich (vgl. § 126 BGB) oder in elektronischer Form erklärter Einwilligung der betroffenen Person Dritten mitgeteilt werden (BR-Drs. 633/08, S. 57, Deutsche Gesellschaft für Humangenetik (GfH) und Berufsverband Deutscher Humangenetiker e.V. (BVDH), S 2-Leitlinie Humangenetische Diagnostik, medgen 2011, 23: 281 ff., Modul Genetische Beratung, unter Punkt 3.2).

### aa) Mitteilung an die ärztliche Person, die die genetische Beratung durchgeführt hat

Auch wenn die untersuchte Person wünscht, dass das Untersuchungsergebnis durch die Ärztin oder den Arzt mitgeteilt werden soll, die oder der die genetische Beratung durchgeführt hat (vgl. Abs. 1, 2. Alt.), muss eine wirksame Einwilligung für die Mitteilung des Untersuchungsergebnisses durch die verantwortliche ärztliche Person (oder durch ihr Behandlungsteam, vgl. Rdn. 12) an die ärztliche Person, die die genetische Beratung nach § 10 vorgenommen hat, vorliegen. Das Einwilligungserfordernis nach § 11 Abs. 3 ergibt sich aus dem Umstand, dass auch die Ärztin oder der Arzt, die oder der die genetische Beratung nach § 10 durchgeführt hat (vgl. § 11 Abs. 1, 2. Alt.), grundsätzlich als »andere« i.S.d. Abs. 3 zu behandeln ist und Abs. 2 für sich genommen keine Legitimationsgrundlage für unmittelbare Mitteilung an andere als die verantwortliche ärztliche Person darstellt (vgl. Rdn. 13a). In diesen Fällen kann die untersuchte Person die Einwilligung nach § 11 Abs. 3 allerdings nur erteilen, bevor sie selbst von den Untersuchungsergebnissen in Kenntnis gesetzt wurde. In systematischer Zusammenschau der Abs. 1 und Abs. 3 ist diese Einwilligung daher dennoch als wirksam zu werten.

### bb) Mitteilung an die ärztliche Person, die in Vertretungsfällen oder Notfallsituationen der untersuchten Person das Untersuchungsergebnis mitteilen soll

Nach den Richtvorgaben der Gendiagnostik-Kommission (GEKO) kann der Patient zudem auch unter bestimmten Voraussetzungen in Fällen der Unerreichbarkeit der verantwortlichen ärztlichen Person (Vertretungs- und Notfälle, vgl. Rdn. 17a ff.) in Unkenntnis der Untersuchungsergebnisse wirksam die Einwilligung nach Abs. 3 erteilen, dass ihm das Untersuchungsergebnis auch durch weitere, in gleicher Weise kompetente ärztliche Personen mitgeteilt werden kann. Dies setzt notwendigerweise die Mitteilung an die betreffende ärztliche Person voraus, die der untersuchten Person nach ihrem Wunsch die Ergebnisse der genetischen Untersuchung mitteilen soll.

## 2. Zulässigkeit von anderen Mitteilungen des Untersuchungsergebnisses durch die verantwortliche ärztliche Person an Dritte (Abs. 1 und 3)

15 Jede Mitteilung (zum Begriff vgl. Rdn. 11) von genetischen Untersuchungsergebnissen zu medizinischen Zwecken durch und an andere als die Stellen, die ausdrücklich in § 11 legitimiert wird, ist damit ohne Einwilligung der untersuchten Person unzulässig (Abs. 3). Anders als etwa bei den Verschwiegenheitsverpflichtungen, die sich aus Art. 5 Abs. 1 Buchst. b und f DSGVO – Datengeheimnis (nach der bis zum 25. Mai 2018 geltenden Rechtslage: § 4 BDSG a.F.) oder § 203 StGB ergeben, stellen gesetzliche Vorschriften (etwa Art. 9 Abs. 2 DSGVO, nach der bis zum 25. Mai 2018 geltenden Rechtslage: § 28 Abs. 6 ff. BSDG a.F.) keine Legitimationsgrundlage für die Mitteilung solcher Untersuchungsergebnisse dar. Für diese Auslegung spricht die systematische Erwägung, dass § 11 mit seinem eng gefassten Regelungsgegenstand (Ergebnisse genetischer Untersuchungen zu medizinischen Zwecken i.S.d. § 3 Nr. 6, vgl. auch Rdn. 8 ff.) eine sehr spezifische Regelung darstellt, die unter Zugrundelegung des Spezialitätsgrundsatzes die Anwendbarkeit allgemein gefasster Legitimationsgrundlagen, wie etwa § 34 StGB, ausschließt (vgl. auch OLG Koblenz, Urt. v. 31.07.2013 – 5 U 1427/12, Rn. 65).

15a »Andere« i.S.d. Abs. 3 sind jedenfalls Personen, die nicht mit der Behandlung des Probanden beschäftigt sind (*Schillhorn/Heidemann*, § 11 GenDG Rn. 10). Es dürfte davon auszugehen sein, dass die untersuchte Person eine datenschutzrechtlichen Anforderungen genügende informierte Einwilligung i.S.d. Abs. 3 – insb. bei Mitteilungen an Personen außerhalb des medizinischen Bereiches – grundsätzlich nur in Kenntnis der Untersuchungsergebnisse wirksam erteilen kann. Zur Mitteilung genetischer Untersuchungsergebnisse an den Arbeitgeber vgl. *Wiese*, BB 2011, 3134, 316 f.

### a) Mitteilung an genetische Verwandte

16 Insbesondere auch in Fällen, in denen das Untersuchungsergebnis für genetische Verwandte der untersuchten Person von Bedeutung sein könnte, dürfen Ärzte wegen § 11 Abs. 3 die genetischen Verwandten nicht ohne die Einwilligung der untersuchten Person über das Untersuchungsergebnis in Kenntnis setzen (zustimmend: Deutscher Ethikrat, Die Zukunft der genetischen Diagnostik – von der Forschung in die klinische Anwendung, Stellungnahme 2013, S. 173, Empfehlung A13; offen: Spickhoff/*Fenger* § 10 GenDG Rn. 3; AR/*Nebel* § 11 GenDG Rn. 2).

16a Dies gilt wegen der Vorgaben des GenDG grundsätzlich auch dann, **wenn die betreffende verwandte Person bei dem untersuchenden Arzt in Behandlung ist** (a.A. Kern/*Kern*, § 10 GenDG Rn. 17; § 11 GenDG Rn. 9). Dies ergibt sich aus dem systematischen Zusammenspiel mit § 10 Abs. 3 Satz 4, wonach in solchen Fällen der möglichen Drittbetroffenheit der untersuchten Person lediglich die Empfehlung gegeben wird, ihre genetischen Verwandten in geeigneter Form einzubinden. Originäre Befugnisse des Arztes zur unmittelbaren Unterrichtung von möglicherweise betroffenen Dritten – wie sie teilweise bei HIV-Infektionen angenommen werden (etwa OLG Frankfurt MedR 2001, 143, vgl. aber auch LG Braunschweig Urt. v. 05.10.1989 – 4 O 240/89) – dürften nach dem GenDG somit nicht gegeben sein (so jedenfalls OLG Koblenz, Urt. v. 31.07.2013 – 5 U 1427/12, Rn. 22 ff.; *Damm*, MedR 2012, 705 [708]).

16b Nach Einschätzung der Gendiagnostik-Kommission (GEKO) könne im Interesse des Drittschutzes allerdings die Anregung Dritter zur Durchführung einer genetischen Untersuchung auch unmittelbar durch die verantwortliche ärztliche Person (§ 3 Nr. 5) geboten sein, sofern diese den Dritten ebenfalls betreut (Gendiagnostik-Kommission (GEKO), Tätigkeitsbericht 2012, S. 22). Gegen eine solche Auslegung sprechen jedoch systematische Erwägungen, da nach § 10 Abs. 3 Satz 4 in solchen Fällen möglicher Drittbetroffenheit keine unmittelbare Empfehlung an die möglicherweise betroffene dritte Person, sondern lediglich eine Empfehlung an die untersuchte Person zu geben ist, ihre genetischen Verwandten in geeigneter Form einzubinden (vgl. auch *Damm*, MedR 2012, 705 [707]; zur datenschutzrechtlichen Bewertung nach der bis zum 25. Mai 2018 geltenden Rechtslage: vgl. *Dammann*, in: Simitis, BDSG, § 3, Rn. 44, 259 m.w.N.).

### b) Mitteilung an Dritte aufgrund von gesetzlichen Vorgaben

Soweit gesetzliche (insb. kassenrechtliche) Vorgaben bestimmte Mitteilungspflichten der verantwortlichen ärztlichen Person gegenüber Dritten vorsehen, sind diese Mitteilungen nur unter Berücksichtigung der spezialgesetzlichen Vorgaben des § 11 Abs. 3 mit Einwilligung der untersuchten Person zulässig (vgl. *Schillhorn/Heidemann*; § 11 GenDG Rn. 9). 16c

### IV. Zulässigkeit der Mitteilung an die betroffene Person (Abs. 1 und 4)

#### 1. Befugnis zur Mitteilung an die betroffene Person (Abs. 1)

Nach Abs. 1 darf das Ergebnis einer genetischen Untersuchung zu medizinischen Zwecken der untersuchten Person nur durch die verantwortliche ärztliche Person oder – mit Einwilligung der untersuchten Person nach § 11 Abs. 3 – die Ärztin oder den Arzt, die oder der die genetische Beratung durchgeführt hat (§ 3 Nr. 5), mitgeteilt werden. Damit soll gewährleistet werden, dass der betroffenen Person der Befund von kompetenter Seite überbracht wird (BR-Drs. 633/08, S. 56). 17

Besondere Richtvorgaben in **Vertretungsfällen** werden – entgegen dem Wortlaut des § 11 (AR/*Nebel* § 11 GenDG Rn. 1) – von der Gendiagnostik-Kommission (GEKO) formuliert (Richtlinie der Gendiagnostik-Kommission (GEKO) für die Anforderungen an die Inhalte der Aufklärung bei genetischen Untersuchungen zu medizinischen Zwecken gem. § 23 Abs. 2 Nr. 3 GenDG i.d.F. vom 17.05.2017 (BGesundBl. 2017 – 60: 923–927) unter II. 4; Richtlinie der Gendiagnostik-Kommission (GEKO) über die Anforderungen an die Qualifikation und Inhalte der genetischen Beratung gem. § 23 Abs. 2 Nr. 2a und § 23 Abs. 2 Nr. 3 GenDG, BGesundBl. 2011 – 54: 1248–1256 unter V. a.E.; Gendiagnostik-Kommission (GEKO), Tätigkeitsbericht 2012, S. 19 f.; vgl. auch bereits 5. Mitteilung der Gendiagnostik-Kommission (GEKO) vom 01.06.2011 zur Vertretungsregelung bei der Ergebnismitteilung). Danach kann die betroffene Person der verantwortlichen ärztlichen Person die Einwilligung erteilen, dass ihr das Untersuchungsergebnis im Ausnahmefall auch durch weitere, in gleicher Weise kompetente ärztliche Personen (s. § 7 Abs. 1) mitgeteilt werden kann, wenn anderenfalls eine Verzögerung bei der Ergebnismitteilung eintreten würde, die für die betroffene Person unzumutbar wäre oder die für die betroffene Person mit medizinischen Nachteilen verbunden wäre (zustimmend: *Cramer*, MedR 2013, 763 [766]; AR/*Nebel* § 11 GenDG Rn. 1). 17a

In **Notsituationen**, in denen eine Gefahr für das Leben oder die körperliche Unversehrtheit des Patienten besteht und eine rechtzeitige Ergebnismitteilung durch die dazu berufenen Personen nicht erfolgen kann, soll nach den Richtvorgaben der Gendiagnostik-Kommission (GEKO) ggf. von einer entsprechenden mutmaßlichen Einwilligung ausgegangen werden können (Richtlinie der Gendiagnostik-Kommission (GEKO) für die Anforderungen an die Inhalte der Aufklärung bei genetischen Untersuchungen zu medizinischen Zwecken gem. § 23 Abs. 2 Nr. 3 GenDG i.d.F. vom 17.05.2017 (BGesundBl. 2017 – 60: 923–927) unter II. 4 a. E.). 17b

Für diese von der *GEKO* empfohlenen Ausnahmeregelungen sprechen **Praktikabilitätserwägungen** und das Interesse der betroffenen Person, unter bestimmten Umständen zügig über die Untersuchungsergebnisse unterrichtet zu werden. Zu bedenken ist allerdings, dass der Gesetzgeber die Aufklärung durch die verantwortliche ärztliche Person oder die Ärztin oder den Arzt, die oder der die genetische Beratung durchgeführt hat (§ 3 Nr. 5) aus Qualitätssicherungsgründen zur erklärten Zielsetzung des § 11 Abs. 1 gemacht hat (BR-Drs. 633/08, S. 56, vgl. auch Rdn. 4). 17c

In systematischer und teleologischer Auslegung gilt diese Beschränkung allerdings nur für die erste Eröffnung des Ergebnisses. Nach der Mitteilung des Ergebnisses stehen der untersuchten Person zur Wahrung ihrer datenschutzrechtlichen Betroffenenrechte Auskunftsansprüche (z.B. Art. 15 DSGVO; nach der bis zum 25. Mai 2018 geltenden Rechtslage: § 34 BDSG a.F.) auch unmittelbar gegenüber der nach § 7 Abs. 2 mit der Probenanalyse beauftragten Person oder Einrichtung zu. 18

## 2. Unzulässigkeit der Mitteilung an die betroffene Person (Abs. 4)

19 Abs. 4 stellt klar, dass das Untersuchungsergebnis der betroffenen Person nicht mitgeteilt werden darf, wenn sie sich von vornherein dafür entschieden hat, das Untersuchungsergebnis nicht zur Kenntnis zu nehmen, oder wenn sie ihre Einwilligung widerrufen hat.

20 Es dürfen der betroffenen Person nur Ergebnisse mitgeteilt werden, deren Vernichtung sie nicht verlangt (**Alternativität der Ansprüche auf Kenntnisnahme und Vernichtung**). Diese Einschränkung des Rechts auf Wissen der betroffenen Person dient dem Schutz von Interessen Dritter. Es soll verhindert werden, dass die untersuchte Person aus der Kenntnis der Untersuchungsergebnisse zum Nachteil Dritter einen Nutzen zieht: Wenn sie die verantwortliche ärztliche Person – etwa zur Erfüllung von z.B. versicherungsvertraglichen Obliegenheiten – von der Schweigepflicht entbindet, soll auf diese Weise sichergestellt werden, dass dem betreffenden Dritten entsprechend den jeweiligen Offenbarungsobliegenheiten alle maßgeblichen Untersuchungsergebnisse, von denen die untersuchte Person bereits Kenntnis erlangt hat, zugänglich gemacht werden (vgl. § 8 Rdn. 15).

21 Dies kann insbesondere beim Abschluss von Versicherungsverträgen Bedeutung gewinnen. Wenn im Fall der Schweigepflichtentbindung für die Versicherungen (etwa im Fall von § 18 Abs. 1 Satz 2) nicht die Möglichkeit zu einer umfassenden Ermittlung der medizinischen Befunde, von denen die betroffene Person Kenntnis hat, sichergestellt wäre, bestünde aus Sicht der Versicherungen die Gefahr einer **Antiselektion**: So könnten Personen in Kenntnis ihrer »schlechten Risiken« Versicherungsverträge abschließen, aufgrund derer sie Prämien weit unter ihrem tatsächlichen Risiko zahlen müssen, und somit die Prämienkalkulation der Versicherung umgehen könnten. In diesem Zusammenhang wird von der Notwendigkeit der Informationssymmetrie beim Abschluss von Versicherungsverträgen gesprochen (vgl. auch § 18 Rdn. 5).

## E. Rechtsfolgen und Normumsetzung

### I. Untergesetzliche Regelungen

21a § 11 wird konkretisiert durch:
- die Richtlinie der Gendiagnostik-Kommission (GEKO) für die Anforderungen an die Inhalte der Aufklärung bei genetischen Untersuchungen zu medizinischen Zwecken gem. § 23 Abs. 2 Nr. 3 GenDG i.d.F. vom 17.05.2017 (BGesundBl. 2017 – 60: 923–927);
- Richtlinie der Gendiagnostik-Kommission (GEKO) über die Anforderungen an die Qualifikation und Inhalte der genetischen Beratung gem. § 23 Abs. 2 Nr. 2a und § 23 Abs. 2 Nr. 3 GenDG, BGesundBl. 2011 – 54: 1248–1256 sowie die
- 5. Mitteilung der Gendiagnostik-Kommission (GEKO) vom 01.06.2011 zur Vertretungsregelung bei der Ergebnismitteilung.

Kritisch zur Frage der ausreichenden Legitimierung der GEKO und der Verbindlichkeit ihrer Mitteilungen und Richtlinien vgl. *Taupitz*, MedR 2013, 1, 2 f.

### II. Technisch-organisatorische Maßnahmen

22 Die datenschutzrechtlichen Regelungen sind insbesondere zur Sicherstellung der Geheimhaltung mit geeigneten technisch-organisatorische Maßnahmen abzusichern (vgl. Art. 5, 25 und 32 DSGVO, nach der bis zum 25. Mai 2018 geltenden Rechtslage: § 9 BDSG a.F. nebst Anhang). Personal, das an der Durchführung der genetischen Untersuchung bzw. der Mitteilung der Untersuchungsergebnisse beteiligt ist, ist über die gesetzliche Pflicht zur Verschwiegenheit zu belehren (vgl. § 9 Abs. 3 MBOÄ).

### III. Ansprüche auf Schadensersatz

23 Im Fall eines Verstoßes gegen § 11 bestehen die allgemeinen Ansprüche auf Beseitigung, Unterlassung und Schadensersatz. Insbesondere kommen Ansprüche wegen der Verletzung des Rechts auf informationelle Selbstbestimmung und des Rechts auf Wissen und Nichtwissen – etwa nach

§ 823 BGB – in Betracht. Zudem kann der betroffenen Person wegen der unzulässigen Datennutzung dem Grunde nach ein Schadensersatzanspruch nach Art. 82 DSGVO zustehen (Nach der bis zum 25. Mai 2018 geltenden Rechtslage setzte der datenschutzrechtliche Schadensersatzanspruch nach § 7 BDSG a.F. allerdings einen wirtschaftlichen Schaden voraus (vgl. dazu *Simitis*, in: Simitis, BDSG, § 7, Rn. 32), auf den § 253 Abs. 2 BGB nicht anzuwenden war (*Simitis*, in: Simitis, BDSG, § 7, Rn. 32)). Der datenschutzrechtliche Schadensersatzanspruch nach Art. 82 DSGVO verdrängt dabei nicht ggf. bestehende andere Ansprüche auf Schadensersatz (etwa wegen der Verletzung des Persönlichkeitsrechts), die grundsätzlich ebenfalls auch immaterielle Schäden erfassen (zur bis zum 25. Mai 2018 geltenden Rechtslage: *Simitis*, in: Simitis, BDSG, § 7, Rn. 32).

Auch Verstöße gegen das über Abs. 4 geschützte Recht auf Nichtwissen können Ansprüche wegen Verletzung des Persönlichkeitsrechts auslösen, ohne dass es zu einer psychosomatischen Beeinträchtigung der untersuchten Person gekommen sein muss (BGH, Urt. v. 20.05.2014 – VI ZR 381/13, Rn. 12 ff.; OLG Koblenz, Urt. v. 31.07.2013 – 5 U 1427/12, Rn. 20; vgl. auch *Damm*, MedR 2012, 705 (708); *Schneider*, NJW 2014, 3133 ff.; zu Fällen in Bereich der HIV-Diagnostik: LG Köln NJW 1995, 1621 (1622) – im Fall eines positiven Testergebnisses; AG Göttingen NJW 1989, 776 – allerdings kein Schmerzensgeld im Fall eines negativen Testergebnisses; AG Mölln NJW 1989, 775 – kein Schmerzensgeld, sofern der untersuchten Person das Testergebnis (wunschgemäß) nicht mitgeteilt wird. – Ablehnend insofern: OLG München OLG-Report 1998, 233; vgl. auch dazu *Schneider*, NJW 2014, 3133 [3133]). 24

### IV. Straf- und Bußgeldtatbestände

Im GenDG ist keine spezifische Strafandrohung für den Verstoß gegen die Vorgaben des § 11 vorgesehen. Eine Sanktionierung von Verstößen kann sich aber aus § 203 StGB und den §§ 41 ff. BDSG (nach der bis zum 25. Mai 2018 geltenden Rechtslage: §§ 43 ff. BDSG a.F.) ergeben. 25

## § 12 Aufbewahrung und Vernichtung der Ergebnisse genetischer Untersuchungen und Analysen

(1) Die Ergebnisse genetischer Untersuchungen und Analysen hat die verantwortliche ärztliche Person zehn Jahre in den Untersuchungsunterlagen über die betroffene Person aufzubewahren. Die verantwortliche ärztliche Person hat die Ergebnisse genetischer Untersuchungen und Analysen unverzüglich in den Untersuchungsunterlagen über die betroffene Person zu vernichten,
1. wenn die Aufbewahrungsfrist nach Satz 1 abgelaufen ist oder
2. soweit diese Person nach § 8 Abs. 1 S. 1 in Verbindung mit Satz 2 entschieden hat, dass die Ergebnisse der genetischen Untersuchungen und Analysen zu vernichten sind.

Soweit Grund zu der Annahme besteht, dass durch eine Vernichtung schutzwürdige Interessen der betroffenen Person beeinträchtigt würden oder wenn die betroffene Person eine längere Aufbewahrung schriftlich oder in elektronischer Form verlangt, hat die verantwortliche ärztliche Person die Ergebnisse anstelle einer Vernichtung nach Satz 2 Nr. 1 in der Verarbeitung einzuschränken und dies der nach § 7 Abs. 2 beauftragten Person oder Einrichtung mitzuteilen. Satz 2 Nr. 2 gilt auch, wenn die betroffene Person ihre Einwilligung nach § 8 Abs. 2 widerrufen hat, soweit ihr die Ergebnisse nicht bereits bekannt sind.

(2) Absatz 1 gilt für die Aufbewahrung, Vernichtung und Einschränkung der Verarbeitung des Ergebnisses einer genetischen Analyse durch die nach § 7 Abs. 2 beauftragte Person oder Einrichtung entsprechend.

### Übersicht

| | Rdn. | | Rdn. |
|---|---|---|---|
| A. Überblick | 1 | I. Pflichten der verantwortlichen ärztlichen Person (Abs. 1) | 4 |
| B. Regelungszweck | 2 | | |
| C. Systematische Einordnung | 3 | 1. Aufbewahrung (Abs. 1 Satz 1) | 5 |
| D. Regelungsgehalt | 4 | | |

§ 12 GenDG    Aufbewahrung u. Vernichtung d. Ergebnisse genetischer Untersuchungen u. Analysen

|   |   |   |   |   |
|---|---|---|---|---|
| a) | Ergebnisse der genetischen Untersuchung und Analyse..... | 6a | II. Pflichten der Person, die die genetische Beratung durchgeführt hat .......... | 16 |
| b) | Unterlagen über den Verlauf der genetischen Untersuchung und Analyse................. | 9 | III. Pflichten des Beauftragten nach § 7 Abs. 2....................... | 17 |
| 2. | Vernichtung (Abs. 1 Satz 2 und 4) .. | 11 | E. Rechtsfolgen und Normumsetzung.... | 18 |
| 3. | Einschränkung der Verarbeitung (früher: »Sperrung«) (Abs. 1 Satz 3) . | 15 | I. Technisch-organisatorische Maßnahmen | 18 |
|   |   |   | II. Straf- und Bußgeldtatbestände ........ | 19 |

## A. Überblick

1   § 12 trifft spezielle Regelungen zur Aufbewahrung und Vernichtung der Ergebnisse genetischer Untersuchungen und Analysen zu medizinischen Zwecken. Die Regelung trat nach § 27 Abs. 1 zum 01.02.2010 in Kraft. § 12 Abs. 1 und 2 sind durch Art. 23 des Zweiten Gesetz vom 20.11.2019 zur Anpassung des Datenschutzrechts an die Verordnung (EU) 2016/679 und zur Umsetzung der Richtlinie (EU) 2016/680 (Zweites Datenschutz-Anpassungs- und Umsetzungsgesetz EU – 2. DSAnpUG-EU) geändert worden (BGBl. I S. 1626).

## B. Regelungszweck

2   Die Regelung dient im Wesentlichen der angemessenen Sicherstellung des Rechts auf Nichtwissen und des Rechts auf informationelle Selbstbestimmung, indem die Befugnis zu Aufbewahrung zeitlich begrenzt wird und die Untersuchungsergebnisse nach Ablauf der Aufbewahrungsfristen grundsätzlich vernichtet werden müssen. Die Aufbewahrungsfristen stellen die Verfügbarkeit der Daten zu Beweis- und Dokumentationszwecken sicher (BR-Drs. 633/08, S. 58).

## C. Systematische Einordnung

3   § 12 regelt die Aufbewahrung und Vernichtung der Ergebnisse genetischer Untersuchungen und Analysen zu medizinischen Zwecken (vgl. zum Begriff der genetischen Untersuchungen zu medizinischen Zwecken auch die Ausführungen vor §§ 7 ff. Rdn. 1 ff.). Die Vorschriften des allgemeinen Datenschutzrechts zur Aufbewahrung (Art. 9 Abs. 2 Buchst. j, Art. 89 DSGVO (i.V.m. § 28 BDSG, vgl. auch BT-Drs. 18/11325, S. 100 zu § 28) und zur Berichtigung und Löschung (vgl. Art. 16 ff. DSGVO, § 35 BDSG; nach der bis zum 25. Mai 2018 geltenden Rechtslage: § 35 Abs. 2 BDSG) finden subsidiäre Anwendung. Ergänzend sind zudem insb. § 630f BGB bzw. spezielle standesrechtliche Vorgaben zu beachten (z.B. § 10 Abs. 3 bis 5 MBOÄ, vgl. BR-Drs. 633/08 S. 58).

## D. Regelungsgehalt

### I. Pflichten der verantwortlichen ärztlichen Person (Abs. 1)

4   Adressat des Abs. 1 ist die verantwortliche ärztliche Person (vgl. § 3 Nr. 5). Die ihr in dieser Regelung auferlegten Pflichten beziehen sich ausschließlich auf die Ergebnisse genetischer Untersuchungen und Analysen (vgl. auch BR-Drs. 633/08, S. 57). Die Pflicht besteht nur für die Ergebnisse von Untersuchungen und Analysen, die zu medizinischen Zwecken i.S.d. § 3 Nr. 6 durchgeführt werden, vgl. Vorbem. zu §§ 7 ff., Rdn. 2.

#### 1. Aufbewahrung (Abs. 1 Satz 1)

5   Abs. 1 Satz 1 regelt, dass die Ergebnisse genetischer Untersuchungen und Analysen 10 Jahre in den Untersuchungsunterlagen über die betroffene Person aufzubewahren sind, die Fristlänge entspricht insofern der allgemeinen Aufbewahrungsfrist für ärztliche Aufzeichnungen (vgl. § 10 Abs. 3 MBOÄ, zur Kritik vgl. *Vossenkuhl*, Der Schutz genetischer Daten, S. 140). Personenbezogene Daten, für die Aufbewahrungspflichten bestehen, müssen nach Erfüllung des Erhebungs- und

Verwendungszwecks **in der Verarbeitung eingeschränkt** (nach früherer datenschutzrechtlicher Terminologie »gesperrt«) werden (unter Berücksichtigung des Art. 18 DSGVO i.V.m. § 28 BDSG; nach der bis zum 25. Mai 2018 geltenden Rechtslage: § 35 Abs. 3 Nr. 1 BDSG a.F.), d.h. sie sind aus dem operativen Geschäft auszusondern und in einem technisch und organisatorisch besonders gesicherten Umfeld aufzubewahren. In diesen Fällen wird die Verpflichtung zur Einschränkung der Verarbeitung (früher: Sperrung) nicht erst durch Satz 3 ausgelöst.

Der **Beginn der Aufbewahrungsfrist** ist nicht ausdrücklich geregelt. Da die Aufbewahrungsfrist jedoch der Frist für Dokumente nach § 10 Abs. 3 MBOÄ nachempfunden ist, dürfte als Fristbeginn der Tag des Abschlusses der Behandlung zugrunde zu legen sein, bzw. der Tag der Erfüllung des Zwecks, zu dem die jeweiligen Daten erhoben oder verwendet wurden (zu ähnlichen Fragestellungen der Zweckerfüllung vgl. auch zur bis zum 25. Mai 2018 geltenden Rechtslage: *Dix*, in: Simitis, BDSG, § 35 Rn. 35; *Saeugling*, in: Gierschmann/Thoma/Saeugling, Systematischer Praxiskommentar Datenschutzrecht, § 35 Rn. 129 ff.; a.A. *Schillhorn/Heidemann*, § 12 GenDG Rn. 12, die maßgeblich auf den Abschluss der genetischen Untersuchung abstellen). 6

### a) Ergebnisse der genetischen Untersuchung und Analyse

§ 12 regelt ausschließlich Unterlagen zu genetischen Untersuchungen der jeweils untersuchten Person zu medizinischen Zwecken. Nicht erfasst sind etwa damit Dokumente, die vom Anwendungsbereich des GenDG ausgenommen sind, sich auf die Erstellung von Identifikationsmuster etwa für ausländerrechtliche Fragen beziehen oder verwandte Personen betreffen (*Schillhorn/Heidemann*, § 12 GenDG Rn. 7 ff.). 6a

Die Dokumente, die von der Aufbewahrungsverpflichtung erfasst sind, sind nicht ausdrücklich benannt. Es spricht viel für die Annahme, dass sich Abs. 1 ausschließlich auf die unmittelbaren Untersuchungs- und Analyseergebnisse bezieht, während die Aufbewahrung der mit dem genetischen Untersuchungsverfahren im Zusammenhang stehenden Dokumente nach den allgemeinen Bestimmungen zu erfolgen hat (vgl. Rdn. 9). 7

Dafür spricht neben dem Wortlaut auch der systematische Zusammenhang mit der Vernichtungsverpflichtung nach Abs. 1 Satz 2 u. 4. So soll durch die Verpflichtung zur Vernichtung der Untersuchungs- und Analyseergebnisse nach Satz 2 Nr. 2, ggf. i.V.m. Satz 4, sichergestellt werden, dass Untersuchungsergebnisse, von denen die untersuchte Person keine Kenntnis erlangt hat (zur Alternativität der Ansprüche auf Kenntnisnahme und Vernichtung Rdn. 11), »aus der Welt geschafft« werden und auf diese Weise auch nicht – ggf. zum Nachteil der untersuchten Person – Dritten zugänglich gemacht werden können. Zur Erreichung dieses Zweckes reicht es jedoch, wenn nur die Dokumente mit den Untersuchungsergebnissen und nicht auch die Begleitdokumente vernichtet werden. Zudem trägt eine solche Auslegung des Begriffs der »Ergebnisse genetischer Untersuchungen« auch dem Nachweis- und Dokumentationsinteresse der verantwortlichen ärztlichen Person Rechnung, der beispielsweise in Haftungsprozessen der Zugriff auf die Dokumente zur Beschreibung des Untersuchungsverlaufs (etwa zum Nachweis der ursprünglich erteilten Einwilligung und des erfolgten Widerrufs) ermöglicht sein muss. 8

### b) Unterlagen über den Verlauf der genetischen Untersuchung und Analyse

Nach dem Sinn und Zweck der Aufbewahrungsfristen (vgl. Rdn. 2) gilt Abs. 1 nicht für Unterlagen, die zwar den Ablauf des genetischen Untersuchungsverfahrens dokumentieren, nicht jedoch Angaben über die Untersuchungsergebnisse selbst enthalten. Die Aufbewahrung solcher Unterlagen richtet sich vor allem nach den jeweiligen allgemeinen standesrechtlichen Bestimmungen, die den Vorgaben des Abs. 1 häufig entsprechen (vgl. etwa § 10 Abs. 3 MBOÄ). 9

Zusätzlich zu den allgemeinen Dokumentationspflichten (etwa nach § 10 MBOÄ) enthält das GenDG an verschiedenen Stellen ausdrücklich genannte **Dokumentations- und Nachweispflichten** im Zusammenhang mit genetischen Untersuchungen und Analysen. Dazu gehören die Pflichten 10

- zum Nachweis der erteilten Einwilligung nach § 8,
- zur Dokumentation des Widerrufs der Einwilligung nach § 8 Abs. 2 Satz 2,
- zur Dokumentation der Aufklärung nach § 9 Abs. 3,
- zur Dokumentation der genetischen Beratung nach § 10 Abs. 4,
- zum Nachweis des schriftlich oder in elektronischer Form erklärten Verlangens einer verlängerten Aufbewahrung nach § 13 Abs. 1 Satz 3 sowie
- zur Dokumentation des Beratungsgesprächs im Rahmen einer vorgeburtlichen genetischen Untersuchung nach § 15 Abs. 3.

### 2. Vernichtung (Abs. 1 Satz 2 und 4)

11 Als spezielle Regelungen zu den allgemeinen datenschutzrechtlichen Löschungsverpflichtungen (Art. 16 ff. DSGVO i.V.m. § 28 BDSG; nach der bis zum 25. Mai 2018 geltenden Rechtslage: vgl. insb. § 35 Abs. 2 BDSG) werden in Abs. 1 Satz 2 und 4 drei Tatbestände unterschieden, die die Verpflichtung zur Vernichtung der Untersuchungs- und Analyseergebnisse auslösen:
- Vernichtung nach Abs. 1 Satz 2 Nr. 1 nach **Ablauf der Aufbewahrungsfrist**,
- Vernichtung (der überschüssigen Informationen) nach Abs. 1 Satz 2 Nr. 2 **bei von vornherein begrenztem Untersuchungsauftrag**,
- Vernichtung nach Abs. 1 Satz 4 nach **Widerruf** der Einwilligung vor Kenntnisnahme des Untersuchungsergebnisses durch die untersuchte Person (zur Alternativität der Ansprüche auf Vernichtung und Kenntnisnahme § 1 Rdn. 7a, § 8 Rdn. 15 und § 11 Rdn. 20).

12 Sofern die Voraussetzungen des Abs. 1 Satz 2 oder 4 erfüllt sind, muss die Vernichtung der Untersuchungs- und Analyseergebnisse unverzüglich, also ohne schuldhaftes Zögern (§ 121 Abs. 1 BGB), erfolgen (BR-Drs. 633/08, S. 57; *Schillhorn/Heidemann*, § 12 GenDG Rn. 15).

13 Nach dem Wortlaut des Satzes 2 erfolgt die Vernichtung nur »in den **Untersuchungsunterlagen über die betreffende Person**«. Sofern im Rahmen einer genetischen Untersuchung auch Dritte, beispielsweise ein Familienmitglied, untersucht wurden, so ist der Befund nur in den Unterlagen der Person zu vernichten, die die Vernichtung der Untersuchungsergebnisse verlangt, nicht aber in den Behandlungsunterlagen des Familienmitglieds (BR-Drs. 633/08, S. 57 f.; *Schillhorn/Heidemann*, § 12 GenDG Rn. 8).

14 Daten und Dokumente, die Angaben über die Ergebnisse der Untersuchung enthalten und nach Abs. 1 Satz 2 zu vernichten sind, sind unkenntlich zu machen (vgl. auch Art. 17 DSGVO; zur bis zum 25. Mai 2018 geltenden Begriffsbestimmung zum Löschen vgl. § 3 Abs. 4 Satz 2 Nr. 5 BDSG a.F.). Bei der Vernichtung von Informationsträgern muss sichergestellt werden, dass die Wiederherstellung ausgeschlossen ist (so auch: Kern/*Kern*, § 12 GenDG Rn. 6).

### 3. Einschränkung der Verarbeitung (früher: »Sperrung«) (Abs. 1 Satz 3)

15 Abs. 1 Satz 3 stellt sicher, dass schutzwürdige Interessen der betroffenen Person nicht durch eine vorzeitige Vernichtung ihrer personenbezogenen Daten beeinträchtigt werden (BR-Drs. 633/08, S. 58), und regelt dementsprechend abweichend von Satz 1 besondere Aufbewahrungs- und (bußgeldbewehrte, vgl. Rdn. 19) Verpflichtungen zur Einschränkung der Verabeitung (früher: »Sperrung«) für den Fall, dass
- Grund zu der Annahme besteht, dass durch eine Vernichtung schutzwürdige Interessen der betroffenen Person beeinträchtigt werden würden, oder
- die betroffene Person eine längere Aufbewahrung schriftlich oder in elektronischer Form verlangt.

Diese Umstände sind der nach § 7 Abs. 2 beauftragten Person oder Einrichtung mitzuteilen.

15a Im Hinblick auf familiäre Fragestellungen kann es sich als sinnvoll erweisen, bereits frühzeitig die Einwilligung in eine längere Aufbewahrungszeit einzuholen (vgl. Gendiagnostik-Kommission (GEKO) Tätigkeitsbericht 2012, S. 23; *Cramer*, MedR 2013, 763 [767]), soweit die Untersuchungsergebnisse

## D. Regelungsgehalt

### I. Zweckbindung (Abs. 1 Satz 1)

Nach Abs. 1 Satz 1 darf eine genetische Probe grundsätzlich nur für die Zwecke verwendet werden, für die sie gewonnen worden ist (BT-Drs. 16/10 582, S. 3). Nach der gesetzgeberischen Begründung umfasst der Begriff der Verwendung auch die Aufbewahrung (BR-Drs. 633/08, S. 59; Spickhoff/*Fenger*, § 13 GenDG Rn. 1; Kern/*Kern*, § 13 GenDG Rn. 6). 4

### II. Vernichtung (Abs. 1 Satz 2)

Nach Abs. 1 Satz 2 ist die verantwortliche ärztliche Person (vgl. § 3 Nr. 5) oder die nach § 7 Abs. 2 beauftragte Person oder Einrichtung verpflichtet, die genetische Probe unverzüglich (vgl. § 121 Abs. 2 BGB) zu vernichten, sobald 5
– sie für diese Zwecke nicht mehr benötigt wird (BT-Drs. 16/10 582, S. 3, vgl. auch Art. 17 Abs. 1 Buchst. b; nach der bis zum 25. Mai 2018 geltenden Rechtslage: § 35 Abs. 2 BDSG a.F.) oder
– die betroffene Person ihre Einwilligung nach § 8 Abs. 2 widerrufen hat.

Die Verpflichtung zur Probenvernichtung besteht nicht, wenn der Untersuchungszweck fortbesteht, etwa weil die Notwendigkeit von **Nachuntersuchungen** gegeben ist (BT-Drs. 16/10 582, S. 3; *Schillhorn/Heidemann*, § 13 GenDG Rn. 2). 6

Im Unterschied zum Anspruch auf Vernichtung der Untersuchungsergebnisse nach § 12 Satz 2 und 4 besteht der Anspruch auf Vernichtung der Proben auch dann, wenn der Proband die daraus gewonnenen Untersuchungsergebnisse bereits zur Kenntnis genommen hat. Dies ergibt sich aus dem Umstand, dass die **Alternativität der Ansprüche auf Vernichtung und Kenntnisnahme** nach § 8 Abs. 1 Satz 2 (»oder«) und § 12 Abs. 1 Satz 4 nur hinsichtlich der Untersuchungsergebnisse geregelt ist (vgl. § 1 Rdn. 7a, § 8 Rdn. 15, § 11 Rdn. 20). Die Interessen Dritter werden durch die Probenvernichtung – anders als bei der Vernichtung der Untersuchungsergebnisse (vgl. § 18 Rdn. 5) – nicht betroffen. 7

### III. Erfordernis einer ausreichenden Legitimationsgrundlage für die Weiterverwendung von Proben (Abs. 2)

Vorbehaltlich engerer Zweckbindungen in speziellen Regelungen (etwa § 14 und § 15) darf nach Abs. 2 die genetische Probe zu anderen als zu dem Zweck, zu dem die Probe genommen wurde, nur verwendet werden, 8
– soweit dies nach anderen gesetzlichen Vorschriften zulässig ist oder
– wenn zuvor die Person, von der die genetische Probe stammt, nach Unterrichtung über die anderen Zwecke in die Verwendung ausdrücklich und schriftlich eingewilligt hat (vgl. auch Art. 4 Nr. 11, Art. 7 und Art. 9 Abs. 2 Buchst. a DSGVO i.V.m. § 24 Abs. 2 BDSG; nach der bis zum 25. Mai 2018 geltenden Rechtslage: § 4a BDSG a.F., s. auch BT-Drs. 16/10 582, S. 3).

Damit wird klargestellt, dass der Umgang mit Proben, deren Verwendung in den Anwendungsbereich des GenDG fällt (vgl. § 2), dem verfassungsrechtlichen Vorbehalt einer hinreichend bestimmten, bereichsspezifischen Legitimationsgrundlage unterstellt ist, wie er insgesamt für den Umgang mit personenbezogenen Daten gilt (vgl. BVerfGE 65, 1, 43 ff., Art. 6 DSGVO und im Hinblick auf besondere Kategorien personenbezogener Daten wie genetische Daten zudem Art. 9 DSGVO; nach der bis zum 25. Mai 2018 geltenden Rechtslage: § 4 BDSG a.F.). Dies gilt im Besonderen auch für die Aufbewahrung der Proben (Spickhoff/*Fenger*, § 13 GenDG Rn. 1; Kern/*Kern*, § 13 GenDG Rn. 6). 8a

Soweit die gesetzlichen Voraussetzungen erfüllt sind, kann – entsprechend der 1. Alt. – nach der gesetzgeberischen Erläuterung die Weiterverwendung der Proben auch ohne Einwilligung des Probanden **allein auf gesetzlicher Grundlage** zulässig sein, etwa bei einer Probennutzung für Zwecke der Verfolgung einer **Straftat oder Ordnungswidrigkeit** nach §§ 25 und 26 (BR-Drs. 633/08, S. 59). 9

10 Nach der gesetzgeberischen Erläuterung (BR-Drs. 633/08, S. 59) soll mit der 2. Alt. die Möglichkeit offen gehalten werden, dass die für genetische Untersuchungen zu medizinischen Zwecken erhobenen Proben mit entsprechender **Einwilligung** und Aufklärung des Probanden beispielsweise auch zu **Forschungszwecken** verwendet werden können. Die legitimierende Wirkung der Einwilligung ergibt sich aber auch hier nur insoweit, wie andere vorrangige gesetzliche Regelungen (z.B. § 14 Abs. 3 Satz 1 und § 15 Abs. 1 Satz 1) nicht entgegenstehen (vgl. *Schillhorn/Heidemann*, § 12 GenDG Rn. 11).

10a Soweit die unverzügliche Vernichtung genetischer Proben im Hinblick auf familiäre Fragestellungen zu Folgeproblemen führen könnte, empfiehlt die Gendiagnostik-Kommission (GEKO) (vgl. Tätigkeitsbericht 2012, S. 23), bereits frühzeitig die **Einwilligung in eine längere Aufbewahrungszeit der Proben** einzuholen. Ansonsten könne z.B. die unverzügliche Vernichtung von Untersuchungsmaterial schwer erkrankter Personen, die nach der genetischen Untersuchung versterben, weitergehende genetische Untersuchungen im Zusammenhang mit der Risikoabklärung bei genetisch verwandten Personen erschweren oder unmöglich machen. Vgl. auch § 12 Rdn. 15a.

## E. Rechtsfolgen und Normumsetzung

### I. Technisch-organisatorische Maßnahmen (Abs. 3)

11 Abs. 3 dient der umfassenden Sicherung der genetischen Proben. Abs. 3 adressiert ausdrücklich nur die technischen und organisatorischen Maßnahmen, die erforderlich sind, um eine unzulässige Verwendung der genetischen Proben zu verhindern. Damit sind sowohl **unbefugte Zugriffe** auf die genetischen Proben als auch die **unbefugte Weitergabe** an andere erfasst. Zum anderen ist aber – entsprechend den allgemeinen datenschutzrechtlichen Vorgaben – auch eine **ausreichende Verfügbarkeit** der Proben für die zulässige Verwendung zu gewährleisten (vgl. Art. 5, 25 und 32 DSGVO i.V.m. § 22 Abs. 2 Nr. 8 BDSG; nach der bis zum 25. Mai 2018 geltenden Rechtslage: § 9 BDSG a.F. nebst Anhang).

### II. Straf- und Bußgeldtatbestände

12 Die Verwendung von Proben entgegen den Vorgaben des Abs. 1 Satz 1 und Abs. 2 ist nach § 26 Abs. 1 Nr. 1a bußgeldbewehrt. Verstöße gegen die Verpflichtung zur Probenvernichtung nach Abs. 1 Satz 2 erfüllen den Bußgeldtatbestand des § 26 Abs. 1 Nr. 1b.

## § 14 Genetische Untersuchungen bei nicht einwilligungsfähigen Personen

(1) Bei einer Person, die nicht in der Lage ist, Wesen, Bedeutung und Tragweite der genetischen Untersuchung zu erkennen und ihren Willen hiernach auszurichten, dürfen eine genetische Untersuchung zu medizinischen Zwecken sowie die Gewinnung der dafür erforderlichen genetischen Probe nur vorgenommen werden, wenn
1. die Untersuchung nach dem allgemein anerkannten Stand der Wissenschaft und Technik erforderlich ist, um bei der Person eine genetisch bedingte Erkrankung oder gesundheitliche Störung zu vermeiden oder zu behandeln oder dieser vorzubeugen, oder wenn eine Behandlung mit einem Arzneimittel vorgesehen ist, dessen Wirkung durch genetische Eigenschaften beeinflusst wird,
2. die Untersuchung zuvor der Person in einer ihr gemäßen Weise so weit wie möglich verständlich gemacht worden ist und sie die Untersuchung oder die Gewinnung der dafür erforderlichen genetischen Probe nicht ablehnt,
3. die Untersuchung für die Person mit möglichst wenig Risiken und Belastungen verbunden ist und
4. der Vertreter der Person nach § 9 aufgeklärt worden ist, die Vorschriften über die genetische Beratung nach § 10 gegenüber dem Vertreter eingehalten worden sind und dieser nach § 8 Abs. 1 eingewilligt hat.

(2) Eine genetische Untersuchung darf bei einer in Absatz 1 bezeichneten Person abweichend von Absatz 1 auch vorgenommen werden, wenn
1. sich bei einer genetisch verwandten Person im Hinblick auf eine geplante Schwangerschaft nach dem allgemein anerkannten Stand der Wissenschaft und Technik auf andere Weise nicht klären lässt, ob eine bestimmte genetisch bedingte Erkrankung oder gesundheitliche Störung bei einem künftigen Abkömmling der genetisch verwandten Person auftreten kann,
2. die Voraussetzungen nach Absatz 1 Nr. 2 und 4 vorliegen,
3. die Person voraussichtlich allenfalls geringfügig und nicht über die mit der Gewinnung der dafür erforderlichen genetischen Probe in der Regel verbundenen Risiken hinaus gesundheitlich beeinträchtigt wird und
4. die Person durch das Untersuchungsergebnis voraussichtlich weder physisch noch psychisch belastet wird.

(3) Es dürfen nur die für den jeweiligen Untersuchungszweck erforderlichen Untersuchungen der genetischen Probe vorgenommen werden. Andere Feststellungen dürfen nicht getroffen werden. Die §§ 1627 und 1901 Absatz 2 und 3 (ab dem 01.01.2023: 1821 Absatz 2 bis 4) des Bürgerlichen Gesetzbuchs finden Anwendung.

| Übersicht | Rdn. |
|---|---|
| A. Überblick | 1 |
| B. Regelungszweck | 3 |
| I. Schutz des Rechts auf körperliche Unversehrtheit | 3 |
| II. Schutz des Rechts auf Nichtwissen | 4 |
| III. Schutz des Rechts auf informationelle Selbstbestimmung | 5 |
| C. Systematische Einordnung | 6 |
| I. Geltung der allgemeinen Regelungen der §§ 7 ff. für genetische Untersuchungen bei nicht-einwilligungsfähigen Personen | 11 |
| II. Besondere Vorgaben für vorgeburtliche genetische Untersuchungen bei nicht-einwilligungsfähigen Personen nach § 15 Abs. 4 | 13 |
| III. Besondere Vorgaben für genetische Reihenuntersuchungen bei nicht-einwilligungsfähigen Personen nach § 16 | 15 |
| D. Regelungsgehalt | 19 |
| I. Normadressaten | 19 |
| II. Erfasste Untersuchungen | 20 |
| III. Zulässigkeit genetischer Untersuchungen zu medizinischen Zwecken mit unmittelbarem Nutzen für die untersuchte, nicht-einwilligungsfähige Person (Abs. 1) | 25 |
| 1. Fehlende Einwilligungsfähigkeit der untersuchten Person | 26 |
| 2. Zulässiger Untersuchungszweck: unmittelbarer Nutzen für die untersuchte Person (Abs. 1 Nr. 1) | 33 |
| a) Zulässigkeit diagnostischer genetischer Untersuchungen | 36 |
| b) Zulässigkeit prädiktiver genetischer Untersuchungen | 44 |
| 3. Keine Ablehnung durch die nicht-einwilligungsfähigen Person nach möglichst verständlicher Aufklärung (Abs. 1 Nr. 2) | 49 |
| 4. Begrenztes Untersuchungsrisiko: Einhaltung des Grundsatzes der Risikominimierung (Abs. 1 Nr. 3) | 50 |
| 5. Wirksame Einwilligung der vertretenden Person | 54 |
| a) Vertretungsbefugnis der vertretenden Person | 55 |
| b) Wirksame Einwilligung der vertretenden Person (Abs. 1 Nr. 4 i.V.m. §§ 8 und 9) | 61 |
| c) Bindung an das Wohl der nicht-einwilligungsfähigen Person (Abs. 3 Satz 3) | 62 |
| 6. Einhaltung der allgemeinen Zulässigkeitsvoraussetzungen für genetische Untersuchungen (§ 7; Abs. 4 Nr. 4 i.V.m. § 10) | 69 |
| IV. Zulässigkeit genetischer Untersuchungen zu medizinischen Zwecken im Rahmen der Schwangerschaftsplanung einer genetisch verwandten Person der untersuchten, nicht-einwilligungsfähigen Person (Abs. 2) | 71 |
| 1. Fehlende Einwilligungsfähigkeit der untersuchten Person | 72 |
| 2. Zulässiger Untersuchungszweck: Schwangerschaftsplanung einer genetisch verwandten Person (Abs. 2 Nr. 1) | 73 |
| 3. Keine Ablehnung durch die nicht-einwilligungsfähigen Person nach möglichst verständlicher Aufklärung (Abs. 2 Nr. 2 i.V.m. Abs. 1 Nr. 2) | 82 |
| 4. Begrenztes Untersuchungsrisiko: Ausschluss unangemessener Risiken (Abs. 2 Nr. 3 und 4) | 88 |

§ 14 GenDG  Genetische Untersuchungen bei nicht einwilligungsfähigen Personen

| | | | | | |
|---|---|---|---|---|---|
| | a) | Allenfalls geringfügige Eingriffsintensität für die untersuchte Person (Abs. 2 Nr. 3) ........ 90 | 6. | | Einhaltung der allgemeinen Zulässigkeitsvoraussetzungen für genetische Untersuchungen (§ 7; Abs. 2 Nr. 2 i.V.m. Abs. 1 Nr. 4, § 10) .... 97 |
| | b) | Keine physische oder psychische Belastung für die untersuchte Person (Abs. 2 Nr. 4) ........ 91 | V. | | Zweckbindung (§ 14 Abs. 3 Satz 1 und 2) ......................... 99 |
| 5. | | Wirksamkeit der Einwilligung der vertretenden Person ............ 92 | E. | | Rechtsfolgen und Normumsetzung.... 103 |
| | a) | Vertretungsbefugnis .......... 93 | I. | | Untergesetzliche Regelungen ........ 106 |
| | b) | Wirksame Einwilligung des Vertretenden (Abs. 2 Nr. 2 i.V.m. Abs. 1 Nr. 4, §§ 8 und 9) ...... 94 | II. III. | | Technisch-organisatorische Maßnahmen.................. 108 Ansprüche auf Schadensersatz ........ 110 |
| | c) | Bindung an das Wohl der nicht-einwilligungsfähigen Person (Abs. 3 Satz 3) .............. 96 | IV. | | Straf- und Bußgeldtatbestände ........ 111 |

## A. Überblick

1 § 14 regelt die Zulässigkeit genetischer Untersuchungen bei nicht-einwilligungsfähigen Personen. **Abs. 1** regelt die Zulässigkeit genetischer Untersuchungen zu medizinischen Zwecken mit unmittelbarem Nutzen für die untersuchte, nicht-einwilligungsfähige Person, **Abs. 2** die im Rahmen der Schwangerschaftsplanung einer genetisch verwandten Person der untersuchten, nicht-einwilligungsfähigen Person. **Abs. 3** formuliert besondere Anforderungen an die Zweckbindung der Untersuchung und stellt die Bindung der vertretenden Person an das Wohl der möglicherweise zu untersuchenden Person klar. Die Regelung trat nach § 27 Abs. 1 zum 01.02.2010 in Kraft. § 14 Abs. 3 Satz 3 ist durch Art. 15 Absatz 4 des Gesetzes vom 4. Mai 2021 zur Reform des Vormundschafts- und Betreuungsrechts (BGBl. I S. 882), die Änderung tritt nach Art. 14 des Gesetzes allerdings erst zum 01.01.2023 in Kraft.

2 Vorschläge des Bundesrates zur redaktionellen Änderung des § 14 Abs. 1 Nr. 1 sind im Gesetzgebungsverfahren nicht aufgegriffen worden (vgl. BR-Drs. 633/08 [Beschluss], S. 18; BT-Drs. 16/10532, S. 49; BT-Drs. 16/10582, S. 4). Im Ergebnis wurde der Regelungsentwurf der Bundesregierung zu § 14 unverändert übernommen (BT-Drs. 16/12713, S. 15 f.).

## B. Regelungszweck

### I. Schutz des Rechts auf körperliche Unversehrtheit

3 Zunächst dient § 14 dem **Recht auf körperliche Unversehrtheit** von nicht-einwilligungsfähigen Personen. Denn eine möglichst frühe Diagnose eröffnet bei einer Reihe genetisch bedingter Krankheiten oder genetisch bedingter gesundheitlicher Störungen therapeutische Maßnahmen, die gesundheitliche Störungen vermeiden und unter Umständen sogar Leben retten (BR-Drs. 633/08, S. 59; Richtlinie der Gendiagnostik-Kommission (GEKO) zu genetischen Untersuchungen bei nicht einwilligungsfähigen Personen nach § 14 i.V.m. § 23 Abs. 2 Nr. 1c GenDG i.d.F. vom 26.07.2011, BGesundBl. 2011, 54, S. 1257 [1258]). Daher dürfen genetische Untersuchungen zu medizinischen Zwecken bei nicht einwilligungsfähigen Personen nicht generell verboten werden, sondern müssen auch bei ihnen unter den in Abs. 1 (BR-Drs. 633/08, S. 59) oder Abs. 2 (BR-Drs. 633/08, S. 61) genannten Voraussetzungen zulässig sein. In Abs. 3 wird die Zulässigkeit der genetischen Untersuchung einer nicht einwilligungsfähigen Person auf die zur Klärung nach Abs. 1 Nr. 1 und Abs. 2 Nr. 1 erforderlichen Untersuchungen an der genetischen Probe und die dafür erforderlichen Feststellungen über genetische Eigenschaften beschränkt (BR-Drs. 633/08, S. 62; vgl. auch Richtlinie der Gendiagnostik-Kommission (GEKO) zu genetischen Untersuchungen bei nicht-einwilligungsfähigen Personen nach § 14 i.V.m. § 23 Abs. 2 Nr. 1c GenDG i.d.F. vom 26.07.2011, BGesundBl. 2011, 54, S. 1257 [1257]). sollen überflüssige Untersuchungen sollen vermieden werden (Kern/*Kern*, § 14 GenDG Rn. 1).

## II. Schutz des Rechts auf Nichtwissen

§ 14 Abs. 2 schützt zudem das Recht auf Nichtwissen der nicht-einwilligungsfähigen Person, indem die Regelung die Zulässigkeit der genetischen Untersuchung davon abhängig macht, dass sie ihrem Wohl entspricht. Zur beschränkten Zulässigkeit genetischer Untersuchungen bei minderjährigen Personen auf spätmanifestierende Erkrankungen (Rechtsgedanke aus § 15 Abs. 2, vgl. § 14 Rdn. 12). 4

## III. Schutz des Rechts auf informationelle Selbstbestimmung

Schließlich regelt § 14 Abs. 2 Art und Umfang der Erhebung und Nutzung genetischer Informationen bei der nicht-einwilligungsfähigen Person und beschränkt in dieser Weise die Vertretungsbefugnis der vertretungsberechtigten Personen (vgl. auch § 14 Rdn. 55 Vertretungsbefugnis). Insoweit lässt sich die Regelung auch als Schutzvorschrift zur Gewährleistung des Rechts auf informationelle Selbstbestimmung der nicht-einwilligungsfähigen Person begreifen. Dies gilt insbesondere auch hinsichtlich der beschränkten Zulässigkeit von Untersuchungen auf spätmanifestierende Erkrankungen (Rechtsgedanke aus § 15 Abs. 2, wonach Untersuchungen auf eine Erkrankungen, die nach dem allgemein anerkannten Stand der medizinischen Wissenschaft und Technik erst nach dem 18. Lebensjahr ausbricht, vor dem erreichen der Volljährigkeit nicht vorgenommen werden dürfen, vgl. bereits § 14 Rdn. 12). 5

## C. Systematische Einordnung

§ 14 regelt die Zulässigkeit genetischer Untersuchungen bei nicht-einwilligungsfähigen Personen zu medizinischen Zwecken (vgl. zum Begriff der genetischen Untersuchungen zu medizinischen Zwecken auch die Ausführungen in den Vorbemerkungen zu §§ 7 ff., Rdn. 1 ff.). 6

Die besonderen Vorgaben des § 14 zu genetischen Untersuchungen bei nicht-einwilligungsfähigen Personen sind in den Zusammenhang der §§ 7 ff. zu genetischen Untersuchungen einzuordnen.

Die Vorgaben des § 14 Abs. 1 zur Einwilligungsfähigkeit sind bei der **Auslegung des § 8** zu berücksichtigen (vgl. § 8 Rdn. 11a). Wenn **in den Fällen des § 10 Abs. 3 Satz 4** die genetisch verwandte Person der untersuchten Person, die Träger einer genetischen Eigenschaft mit Bedeutung für eine vermeidbare oder behandelbare Erkrankung oder gesundheitliche Störung ist, eine nicht-einwilligungsfähige Person ist, sind Empfehlungen der ärztlichen Person zur Empfehlung einer genetischen Untersuchung nur unter Berücksichtigung der Maßgaben des § 14 zulässig (vgl. auch Gendiagnostik-Kommission (GEKO), Tätigkeitsbericht 2012, S. 24). 7

Im § 14 sind zwei Zwecksetzungen von genetischen Untersuchungen bei nicht-einwilligungsfähigen Personen ausdrücklich geregelt: 8
– genetische Untersuchungen mit **unmittelbarem Nutzen für die nicht-einwilligungsfähige Person** (§ 14 Abs. 1) und
– genetische Untersuchungen **im Rahmen der Schwangerschaftsplanung einer genetisch verwandten Person der nicht-einwilligungsfähigen Person** (§ 14 Abs. 2).

Zusätzliche Vorgaben finden sich in § 15 Abs. 4 für **vorgeburtliche genetische Untersuchungen bei nicht-einwilligungsfähigen Personen** (vgl. § 14 Rdn. 14) und in § 16 für **genetische Reihenuntersuchungen bei nicht-einwilligungsfähigen Personen** (vgl. § 14 Rdn. 15 ff.). 9

Im Unterschied zu § 15 (vgl. § 15 Rdn. 37 ff. Unzulässigkeit von Untersuchungen zu nichtmedizinischen Zwecken) dürfte § 14 **keine Sperrwirkung für genetische Untersuchungen zu nichtmedizinischen Zwecken**, wie etwa Life-Style-Tests, entfalten (vgl. auch unten, Rdn. 10 und 102; a.A. offenbar Kern/*Kern*, § 15 GenDG Rn. 1). Nach dem Wortlaut des Abs. 1 Satz 1 (»Bei einer Person... dürfen eine genetische Untersuchung zu medizinischen Zwecken...«) regelt § 14 ausschließlich genetische Untersuchungen zu medizinischen Zwecken und erfasst damit nicht solche zu nicht-medizinischen Zwecken. Etwas anders dürfte sich auch nicht aus der Regelung des § 14 Abs. 3 Satz 1 und 2 ergeben, die dem Wortlaut nach lediglich die **Zweckbindung** im Rahmen einer genetischen Untersuchung zu medizinischen Zwecken regelt, nicht jedoch Untersuchungen, die von vornherein ohne eine medizinische Zwecksetzung durchgeführt werden (nicht ganz klar insoweit 10 allerdings: BR-Drs. 633/08, S. 62 »In Abs. 3 wird zum Schutz des Rechts auf informationelle Selbstbestimmung der nicht einwilligungsfähigen Person der Umfang der genetischen Untersuchung auf die zur Klärung nach Abs. 1 Nr. 1 und Abs. 2 Nr. 1 erforderlichen Untersuchungen an der genetischen Probe und die dafür erforderlichen Feststellungen über genetische Eigenschaften beschränkt.«). Gegen eine Sperrwirkung des § 14 spricht zudem auch die Ausnahmeregelung des § 15 Abs. 4, die mit einem strikt abschließenden Charakter des § 14 nicht gut vereinbar wäre. Schließlich erfasst auch die strafrechtliche Regelung des § 25 Abs. 1 Nr. 4 – anders als die entsprechende strafrechtliche Regelung zur die Vornahme vorgeburtlicher genetischer Untersuchungen zu nicht-medizinischen Zwecken nach § 25 Abs. 1 Nr. 3 – nur Verstöße gegen die Zweckbindung nach § 14 Abs. 3 Satz 1 und 2 innerhalb einer genetischen Untersuchung bei nicht-einwilligungsfähigen Personen und nicht grundsätzlich Verstöße gegen die Zwecksetzung von genetischen Untersuchungen zu nicht-medizinischen Zwecken.

### I. Geltung der allgemeinen Regelungen der §§ 7 ff. für genetische Untersuchungen bei nicht-einwilligungsfähigen Personen

11 Auch für genetische Untersuchungen nach § 14 gelten grundsätzlich die allgemeinen Anforderungen an die Zulässigkeit genetischer Untersuchungen nach den §§ 7 ff., soweit sich aus § 14 nichts anderes ergibt (vgl. auch Vorbemerkungen zu den §§ 7 ff. Rdn. 6 ff.). Wie sich aus der Zusammenschau mit § 16 ergibt, dürfen auch genetische Untersuchungen bei nicht-einwilligungsfähigen Personen nach § 14 nur nach einer Spontanaufklärung **mit gendiagnostischer Indikation** oder – auch ohne gendiagnostische Indikation für eine genetische Untersuchung – **auf Probandeninitiative** durchgeführt werden (vgl. auch § 3 Nr. 9 Rdn. 78 ff.; Vorbemerkungen zu §§ 7 ff., Rdn. 5 ff.; § 8 Rdn. 8, § 9 Rdn. 4; § 10 Rdn. 4, § 15 Rdn. 17 genetische Indikation bei vorgeburtlichen Untersuchungen, § 16 Rdn. 10 ff., 29; auch Kern/*Kern*, vor §§ 14, 15 GenDG Rn. 5 m.w.N.)

12 Auch bei der Vornahme von nachgeburtlichen genetischen Untersuchungen auf **spätmanifestierende Erkrankungen** nach § 14 ist die gesetzgeberischen Wertung des § 15 Abs. 2 im Rahmen der Bewertung des Wohls des Kindes oder ggf. auch der volljährigen, vorübergehend nicht-einwilligungsfähigen Person zusätzlich zu berücksichtigen. Danach dürften prädiktive genetische Untersuchungen auf spätmanifestierende Erkrankungen der nicht-einwilligungsfähigen Person nach § 14 nur zulässig sein, soweit sie unter Berücksichtigung ihres Wohles nicht aufschiebbar sind (vgl. § 14 Rdn. 47 zum zulässigen Untersuchungszweck nach § 14 Abs. 1; § 15 Rdn. 28 zur Ausstrahlungswirkung; s. auch Kern/*Kern*, § 14 GenDG Rn. 12).

### II. Besondere Vorgaben für vorgeburtliche genetische Untersuchungen bei nicht-einwilligungsfähigen Personen nach § 15 Abs. 4

13 § 15 Abs. 4 trifft besondere Vorgaben zur Zulässigkeit von vorgeburtlichen genetischen Untersuchungen bei **nicht-einwilligungsfähigen Personen**. Zu beachten ist hier insbesondere, dass vorgeburtliche genetische Untersuchungen im Vorfeld oder im Rahmen der Schwangerschaft einer nicht-einwilligungsfähigen Person aufgrund der Sperrwirkung des § 15 Abs. 1 **zu nicht-medizinischen Zwecken** (v.a. **Life-Style-Tests**) verboten sind (§ 15 Rdn. 10 und 102).

14 Zudem dürfen wegen § 15 Abs. 2 keine genetischen Untersuchungen auf **spätmanifestierende Erkrankungen** durchgeführt werden (vgl. § 15 Rdn. 55).

### III. Besondere Vorgaben für genetische Reihenuntersuchungen bei nicht-einwilligungsfähigen Personen nach § 16

15 Systematisch angebotene **genetische Reihenuntersuchungen bei nicht-einwilligungsfähigen Personen** sind nur nach den Vorgaben ist § 16 zulässig, wenn die betroffenen Personen genetische Eigenschaften mit Bedeutung für eine Erkrankung oder gesundheitliche Störung haben, die nach dem allgemein anerkannten Stand der Wissenschaft und Technik vermeidbar oder behandelbar ist oder der vorgebeugt werden kann (vgl. § 16 Rdn. 21 ff.).

Anders als im Rahmen von (nicht-systematischen) Einzeluntersuchungen sind genetische Reihenuntersuchungen bei nicht-einwilligungsfähigen Personen zur **Feststellung genetisch bedingter Verträglichkeiten einer medikamentösen Behandlung** unzulässig (vgl. § 16 Rdn. 8a). Bei neuen Screeningangeboten ist eine Reihenuntersuchung zudem erst nach der schriftlichen Stellungnahme der GEKO nach § 16 Abs. 2 zulässig. 16

Zu den genetischen Reihenuntersuchungen bei nicht-einwilligungsfähigen Personen zählt insbesondere das **Neugeborenenscreening**. (vgl. § 3 Rdn. 82a; BR-Drs. 633/08, S. 41). Bei diesen Untersuchungen dürfte insbesondere auch die gesetzliche Wertung des § 15 Abs. 2 zu berücksichtigen sein, wonach genetische Untersuchungen auf spätmanifestierende Erkrankungen grundsätzlich unzulässig sind (vgl. § 14 Rdn. 12). Zudem ist insbesondere auch die Zweckbindung des § 14 Abs. 3 Satz 1 und 2 zu beachten (vgl. dazu auch § 14 Rdn. 99 ff.). 17

Zur Zulässigkeit von **vorgeburtlichen genetischen Reihenuntersuchungen** und von genetischen Reihenuntersuchungen bei nicht-einwilligungsfähigen Personen vgl. im Übrigen § 16 Rdn. 8a f. 18

### D. Regelungsgehalt

#### I. Normadressaten

Normadressaten des § 14 sind die untersuchende Person (vgl. auch *Schillhorn/Heidemann*, § 14 GenDG Rn. 30) und die vertretende Person, die in die genetische Untersuchung einwilligt. Zur Strafbarkeit vgl. § 14 Rdn. 111 f. 19

#### II. Erfasste Untersuchungen

§ 14 regelt – aufgrund seines Wortlauts und seiner systematischen Stellung – lediglich die Zulässigkeit genetischer Untersuchungen zu medizinischen Zwecken. Damit werden sowohl diagnostische als auch prädiktive genetische Untersuchungen erfasst (*Schillhorn/Heidemann*, § 14 GenDG Rn. 14). Die Regelung findet aber keine Anwendung auf genetische Untersuchungen zu nichtmedizinischen Zwecken (insb. **Life-Style-Tests**, vgl. § 14 Rdn. 10 und 102, vgl. auch Vorbemerkungen zu §§ 7 ff. Rdn. 2 und 3). 20

Ebenso werden Untersuchungen zur Feststellungen von **Identifikationsmustern** nicht vom Begriff der genetischen Untersuchung zu medizinischen Zwecken erfasst (vgl. auch Vorbemerkungen zu §§ 7 ff. Rdn. 3). Gleiches gilt für **nach der Geburt entstandene** (z.B. in Krebszellen) **oder nichtmenschliche Erbinformationen** (z.B. in Viren), die schon nicht vom Begriff der genetischen Untersuchung nach § 3 Nr. 1 erfasst werden (vgl. Vorbemerkungen zu §§ 7 ff. Rdn. 4). 21

Ebenfalls nicht erfasst werden alle Untersuchungsmethoden, die keine Untersuchungen i.S.d. § 3 Nr. 1 darstellen. Gilt gilt insbesondere für **Phänotypuntersuchungen**. Erfasst werden allerdings **Familienanamnesen**, soweit sie auf Grundlage der Ergebnisse von genetischen Untersuchungen i.S.d. § 3 Nr. 1 vorgenommen werden. 22

Im Rahmen von **nicht-genetischen Untersuchungen** gewonnene genetische Befunde (z.B. **Zufallsbefunde** auf erblich bedingten Krebs im Rahmen von bestimmten Untersuchungen auf nicht erblich bedingten Krebs oder Befunde im Rahmen von **Forschungsmaßnahmen**) werden grundsätzlich nicht von § 14 erfasst, die Vorgaben der §§ 7 ff. dürften bei der Mitteilung der Befunde entsprechende Anwendung finden (vgl. Vorbemerkungen zu §§ 7 ff. Rdn. 5). Für mögliche **weitergehende oder zufällige Befunde**, die im Rahmen von genetischen Untersuchungen nach § 14 gewonnen werden können, sieht § 14 Abs. 3 Satz 1 und 2 vor, dass nur die für den jeweiligen Untersuchungszweck erforderlichen Untersuchungen der genetischen Probe vorgenommen und andere Feststellungen nicht getroffen werden dürfen. Vgl. dazu auch § 14 Rdn. 99 ff. (Abs. 3). Zur Problematik der Zufallsbefunde vgl. *Fündling*, Recht auf Wissen und Nichtwissen in der Gendiagnostik, S. 374 ff. 23

Im Übrigen vgl. die Ausführungen in den Vorbemerkungen zu §§ 7 ff. Rdn. 2 ff. 24

### III. Zulässigkeit genetischer Untersuchungen zu medizinischen Zwecken mit unmittelbarem Nutzen für die untersuchte, nicht-einwilligungsfähige Person (Abs. 1)

25 § 14 Abs. 1 regelt die Zulässigkeit genetischer Untersuchungen zu medizinischen Zwecken **mit unmittelbarem Nutzen** für die untersuchte, nicht-einwilligungsfähige Person. Die Regelung ist mit Blick auf die Ausnahmeregelungen in § 14 Abs. 2 und § 15 Abs. 4 **nicht abschließend**. Zur Befundmitteilung vgl. § 14 Rdn. 103 ff. Umfassend zur Zulässigkeit genetischer Untersuchungen zu medizinischen Zwecken: *Meyer*, Genetische Untersuchungen zu medizinischen Zwecken und zu Forschungszwecken an nicht einwilligungsfähigen Personen.

#### 1. Fehlende Einwilligungsfähigkeit der untersuchten Person

26 § 14 ist nur anwendbar, wenn die mögliche zu untersuchende Person nicht **einwilligungsfähig** ist, d.h. nicht in der Lage ist, Wesen, Bedeutung und Tragweite der genetischen Untersuchung zu erkennen und ihren Willen hiernach auszurichten. Soweit die untersuchte Person einwilligungsfähig ist, gelten die allgemeinen Vorgaben nach § 8 (vgl. § 8 Rdn. 11a). Die Einwilligungsfähigkeit ist zu unterscheiden von der **Geschäftsfähigkeit** zum Abschluss eines Diagnosevertrags (vgl. auch § 8 Rdn. 11b).

27 Die Frage, ob eine Person einwilligungsfähig ist, beurteilt sich bei genetischen Untersuchungen – wie auch sonst im Rahmen von Behandlungsverhältnissen – weder abstrakt generell noch anhand einer festen Altersgrenze, sondern **kontextabhängig** (BR-Drs. 633/08, S. 59 f.). Ob die Einwilligungsfähigkeit vorliegt, ist im Einzelfall **unter Berücksichtigung der persönlichen Entwicklung** des Minderjährigen und der **Art und Bedeutung der genetischen Untersuchung** zu beurteilen (Richtlinie der Gendiagnostik-Kommission (GEKO) zu genetischen Untersuchungen bei nicht-einwilligungsfähigen Personen nach § 14 i.V.m. § 23 Abs. 2 Nr. 1c GenDG i.d.F. vom 26.07.2011, BGesundBl. 2011, 54, S. 1257 (1257); Kern/*Kern*, § 14 GenDG Rn. 9 f.; *Schillhorn/Heidemann*, § 14 GenDG Rn. 4). Dabei ist zu bedenken, dass die **Inhalte genetischer Untersuchungen unter Umständen schwieriger als andere medizinische Maßnahmen zu vermitteln** sind und erhebliche Tragweite haben können (Richtlinie der Gendiagnostik-Kommission (GEKO) zu genetischen Untersuchungen bei nicht-einwilligungsfähigen Personen nach § 14 i.V.m. § 23 Abs. 2 Nr. 1c GenDG i.d.F. vom 26.07.2011, BGesundBl. 2011, 54, S. 1257 [1257]). Im Zusammenhang mit Fragen der Familienplanung sollte der **Stand der sexuellen Entwicklung und Aktivität** berücksichtigt werden (Richtlinie der Gendiagnostik-Kommission (GEKO) zu genetischen Untersuchungen bei nicht-einwilligungsfähigen Personen nach § 14 i.V.m. § 23 Abs. 2 Nr. 1c GenDG i.d.F. vom 26.07.2011, BGesundBl. 2011, 54, S. 1257 [1257]; vgl. auch *Schillhorn/Heidemann*, § 14 GenDG Rn. 4 ff.).

28 Dementsprechend ist im Einzelfall zu ermitteln, ob die betreffende Person nach ihrer »geistigen und sittlichen Reife die Bedeutung und Tragweite des Eingriffs und seiner Gestattung zu ermessen vermag« (BGHZ 29, 33). **Nicht einwilligungsfähig** ist diejenige Person, die z.B. wegen Minderjährigkeit, psychischer Krankheit oder geistiger Behinderung dauerhaft oder vorübergehend nicht in der Lage ist, den für die Entscheidung über eine genetische Untersuchung relevanten Sachverhalt zu verstehen, die sich daraus ergebenden Folgen und Risiken zu verarbeiten und auf der Basis ihrer Werthaltung zu beurteilen, um auf dieser Grundlage eine selbstbestimmte Entscheidung zu treffen (Richtlinie der Gendiagnostik-Kommission (GEKO) zu genetischen Untersuchungen bei nicht-einwilligungsfähigen Personen nach § 14 i.V.m. § 23 Abs. 2 Nr. 1c GenDG i.d.F. vom 26.07.2011, BGesundBl. 2011, 54, S. 1257 [1257]).

29 Die **altersbedingte Nicht-Einwilligungsfähigkeit** endet spätestens mit Vollendung des 18. Lebensjahres (Richtlinie der Gendiagnostik-Kommission (GEKO) zu genetischen Untersuchungen bei nicht-einwilligungsfähigen Personen nach § 14 i.V.m. § 23 Abs. 2 Nr. 1c GenDG i.d.F. vom 26.07.2011, BGesundBl. 2011, 54, S. 1257 [1257]). Die Einwilligungsfähigkeit entwickelt sich mit zunehmender Reife und kann deshalb **bereits vor dem Erreichen des 18. Lebensjahrs** gegeben sein (vgl. dazu Richtlinie der Gendiagnostik-Kommission (GEKO) zu

genetischen Untersuchungen bei nicht-einwilligungsfähigen Personen nach § 14 i.V.m. § 23 Abs. 2 Nr. 1c GenDG, BGesundBl 2011 – 54:1257–1261, unter II.; auch OLG Koblenz, Urt. v. 31.07.2013 – 5 U 1427/12, Rn. 47 ff. m.w.N.; Kern/*Kern*, § 8 GenDG Rn. 6, 10; AR/ *Nebel* § 8 GenDG Rn. 2; *Schillhorn/Heidemann*, § 14 Rn. 5). Es wird allerdings davon ausgegangen, dass **Kindern unter 14 Jahren** die Einsichtsfähigkeit uneingeschränkt fehlt (*Schillhorn/Heidemann*, § 14 Rn. 5). Zur elterlichen Mitentscheidungsbefugnis bei medizinischen Maßnahmen an Minderjährigen vgl. *Nebe*, in: Lindner, Selbst – oder bestimmt?, Illusionen und Realitäten des Medizinrechts, S. 83 ff.

Bei **krankheits- oder störungsbedingter Beschränkung der Einwilligungsfähigkeit** ist ebenfalls 30 unter Berücksichtigung der individuellen Art der gesundheitlichen Beeinträchtigung und der Verständnisanforderungen, die die konkret bevorstehende genetische Untersuchung stellt, über die Einwilligungsfähigkeit zu entscheiden (Richtlinie der Gendiagnostik-Kommission (GEKO) zu genetischen Untersuchungen bei nicht-einwilligungsfähigen Personen nach § 14 i.V.m. § 23 Abs. 2 Nr. 1c GenDG i.d.F. vom 26.07.2011, BGesundBl. 2011, 54, S. 1257 [1258]).

Die Einwilligungsfähigkeit ist von der verantwortlichen ärztlichen Person **zu beurteilen und zu** 31 **dokumentieren**, in Zweifelsfällen können geeignete Fachärzte hinzugezogen werden (Richtlinie der Gendiagnostik-Kommission (GEKO) zu genetischen Untersuchungen bei nichteinwilligungsfähigen Personen nach § 14 i.V.m. § 23 Abs. 2 Nr. 1c GenDG i.d.F. vom 26.07.2011, BGesundBl. 2011, 54, S. 1257 (1257); Kern/*Kern*, § 14 GenDG Rn. 11).

Zur »**Vetomündigkeit**« der nicht-einwilligungsfähigen Person vgl. § 14 Rdn. 49 Vetomündigkeit. 32 Zur Frage der **Entbehrlichkeit der Einwilligung der Eltern** bei Vorliegen einer Einwilligung der einwilligungsfähigen minderjährigen Person *Schillhorn/Heidemann*, § 14 GenDG Rn. 5; Spickhoff/ *Fenger*, § 14 GenDG Rn. 1; Kern/*Kern*, § 8 GenDG Rn. 6).

### 2. Zulässiger Untersuchungszweck: unmittelbarer Nutzen für die untersuchte Person (Abs. 1 Nr. 1)

§ 14 Abs. 1 Nr. 1 lässt eine diagnostische oder prädiktive genetische Untersuchung zu medizi- 33 nischen Zwecken (vgl. § 3 Nr. 6 bis 8) einschließlich der Gewinnung einer dafür erforderlichen genetischen Probe bei einer nicht einwilligungsfähigen Person nur zu, wenn sie im Hinblick auf eine Erkrankung oder gesundheitliche Störung Präventionsmöglichkeiten oder therapeutische Interventionsmöglichkeiten eröffnet (BR-Drs. 633/08, S. 60; zu den Begriffen der **Vermeidung, Behandlung und Vorbeugung von Erkrankungen** vgl. § 16 Rdn. 21 ff.; *Schillhorn/Heidemann*, § 14 GenDG Rn. 15 ff.). Zur Frage der Zulässigkeit von genetischen Untersuchungen **zu nichtmedizinischen Zwecken** vgl. § 14 Rdn. 10 und 102.

In den Konstellationen des § 14 Abs. 1 muss die genetische Untersuchung mit einem **unmittelba-** 34 **ren Nutzen** für die betroffene Person verbunden sein (Kern/*Kern*, § 14 GenDG Rn. 3; Spickhoff/ *Fenger*, § 14 GenDG Rn. 1) und die genetische Untersuchung nach dem **allgemein anerkannten Stand der Wissenschaft und Technik** erforderlich sein (BR-Drs. 633/08, S. 60; *Schillhorn/Heidemann*, § 14 GenDG Rn. 16). Feststellungen zum allgemein anerkannten Stand der Wissenschaft und Technik können insbesondere von der GEKO nach § 23 vorgenommen werden (vgl. auch die Überschrift des Abschnitts 6; zur Bedeutung des Zusatzes »allgemein anerkannt« gegenüber dem im EU-Arbeitsschutzrecht verwendeten abweichenden Begriff: Kollmer/Klindt/*Kohte*, § 4 ArbSchG Rn. 14 m.w.N.).

Sowohl eine diagnostische als auch eine prädiktive genetische Untersuchung mit unmittelbarem 35 Nutzen für die nicht-einwilligungsfähige Person dürfen nur vorgenommen werden, wenn sie **erforderlich im Sinne von § 14 Abs. 1 Nr. 1** sind. In jedem Fall ist der Nutzen für die nichteinwilligungsfähige Person besonders sorgfältig gegenüber möglichen Belastungen und nachteiligen Folgen abzuwägen (vgl. auch Kern/*Kern*, § 14 GenDG Rn. 3). Das schließt die informationelle Selbstbestimmung und das Recht auf Nichtwissen ein (Richtlinie der Gendiagnostik-Kommission

(GEKO) zu genetischen Untersuchungen bei nicht-einwilligungsfähigen Personen nach § 14 i.V.m. § 23 Abs. 2 Nr. 1c GenDG i.d.F. vom 26.07.2011, BGesundBl. 2011, 54, S. 1257 (1258); zum damit korrespondierenden Grundsatz der Risikominimierung vgl. auch § 14 Rdn. 50 ff.).

### a) Zulässigkeit diagnostischer genetischer Untersuchungen

36 Eine **genetische Untersuchung mit diagnostischer Zielrichtung** ist zulässig, wenn sie erforderlich ist, um bei einer nicht-einwilligungsfähigen Person eine genetisch bedingte Erkrankung oder gesundheitliche Störung zu vermeiden, dieser vorzubeugen, oder sie zu behandeln. Hierbei ist eine genetische Untersuchung dann gerechtfertigt, wenn der Nutzen für die betroffene Person das Risiko überwiegt (Richtlinie der Gendiagnostik-Kommission (GEKO) zu genetischen Untersuchungen bei nicht-einwilligungsfähigen Personen nach § 14 i.V.m. § 23 Abs. 2 Nr. 1c GenDG i.d.F. vom 26.07.2011, BGesundBl. 2011, 54, S. 1257 (1258).

37 Eine genetische Untersuchung mit diagnostischer Zielrichtung findet in der Regel dann statt, wenn **Krankheitssymptome bereits vorliegen** (Richtlinie der Gendiagnostik-Kommission (GEKO) zu genetischen Untersuchungen bei nicht-einwilligungsfähigen Personen nach § 14 i.V.m. § 23 Abs. 2 Nr. 1c GenDG i.d.F. vom 26.07.2011, BGesundBl. 2011, 54, S. 1257 (1258). Das ist der Fall,

38 1. wenn die Diagnose bei einem **Krankheitsverdacht durch eine genetische Untersuchung bestätigt oder ausgeschlossen werden soll** und aufgrund dieser eine anerkannte Therapie oder eine medizinisch anerkannte, für die Gesundheit der nicht-einwilligungsfähigen Person wichtige, präventive Intervention eingeleitet werden soll (Richtlinie der Gendiagnostik-Kommission (GEKO) zu genetischen Untersuchungen bei nicht-einwilligungsfähigen Personen nach § 14 i.V.m. § 23 Abs. 2 Nr. 1c GenDG i.d.F. vom 26.07.2011, BGesundBl. 2011, 54, S. 1257 (1258); Kern/*Kern*, § 14 GenDG Rn. 3).

39 Das gilt beispielhaft bei **Kindern mit Entwicklungsstörungen**, bei denen zwar die Ursache der Erkrankung nicht behebbar ist, die medizinische Begleitung oder Behandlung aber vom Nachweis der genetischen Veränderung abhängen kann, etwa bei Geschlechtschromosomenstörungen und der Konsequenz einer hormonellen Ersatztherapie oder bei Epilepsie, bei denen die Genveränderung Bedeutung für die medikamentöse Therapie hat (Richtlinie der Gendiagnostik-Kommission (GEKO) zu genetischen Untersuchungen bei nicht-einwilligungsfähigen Personen nach § 14 i.V.m. § 23 Abs. 2 Nr. 1c GenDG i.d.F. vom 26.07.2011, BGesundBl. 2011, 54, S. 1257 (1258); Kern/*Kern*, § 14 GenDG Rn. 4).

40 2. bei gesundheitlichen Störungen, sofern durch eine genetische Abklärung **weitere diagnostische Belastungen oder inadäquate Therapiemaßnahmen für die betroffene Person vermieden** werden können (Richtlinie der Gendiagnostik-Kommission (GEKO) zu genetischen Untersuchungen bei nicht-einwilligungsfähigen Personen nach § 14 i.V.m. § 23 Abs. 2 Nr. 1c GenDG i.d.F. vom 26.07.2011, BGesundBl. 2011, 54, S. 1257 (1258); *Schillhorn/Heidemann*, § 14 GenDG Rn. 43)

41 Das Gesetz selbst spricht zwar nur von der Vermeidung, der Vorbeugung oder Behandlung einer gesundheitlichen Störung. Allerdings lässt sich bei **teleologischer Auslegung** auch die Vermeidung einer überflüssigen Therapie unter gesundheitliche Störung subsumieren (vgl. Gendiagnostik-Kommission (GEKO), Tätigkeitsbericht 2012, S. 24; Kern/*Kern*, § 14 GenDG Rn. 5).

42 Ein solcher Nutzen tritt ein, wenn durch eine genetische Abklärung therapeutische Konsequenzen folgen oder ein negativer Befund belastende klinische Behandlungen überflüssig machen kann. Die Möglichkeit für die Vermeidung von diagnostische Belastungen oder inadäquate Therapiemaßnahmen für die betroffene Person ist beispielsweise bei **unklaren Entwicklungsstörungen** anzunehmen, bei bestimmten Stoffwechselerkrankungen oder bei neuromuskulären Erkrankungen, die sonst nur nach invasiver Elektrodiagnostik oder Gewebeentnahme feststellbar wären (Richtlinie der Gendiagnostik-Kommission (GEKO) zu genetischen Untersuchungen bei nicht-einwilligungsfähigen Personen nach § 14 i.V.m. § 23 Abs. 2 Nr. 1c GenDG i.d.F. vom 26.07.2011,

BGesundBl. 2011, 54, S. 1257 (1258); Kern/*Kern*, § 14 GenDG Rn. 5). So lassen sich bei Ausschluss einer familiär bedingten genetischen Erkrankung weitere diagnostische Belastungen vermeiden, wie beispielsweise eine jährliche Darmspiegelung bei **familiärer adenomatöser Polyposis (FAP)** (Richtlinie der Gendiagnostik-Kommission (GEKO) zu genetischen Untersuchungen bei nicht-einwilligungsfähigen Personen nach § 14 i.V.m. § 23 Abs. 2 Nr. 1c GenDG i.d.F. vom 26.07.2011, BGesundBl. 2011, 54, S. 1257 (1258); Gendiagnostik-Kommission (GEKO), Tätigkeitsbericht 2012, S. 24).

Nach § 14 zulässig ist zudem eine genetische Untersuchung, wenn die Behandlung mit einem Arzneimittel vorgesehen ist, dessen Wirkung durch die genetischen Eigenschaften beeinflusst wird (**genetisch bedingte Medikamentenverträglichkeit**, BR-Drs. 633/08, S. 60). Das ist beispielsweise der Fall, wenn sie eine Aussage erlaubt, inwieweit die nicht-einwilligungsfähige Person von dem Arzneimittel profitieren kann, wie das Arzneimittel individuell zu dosieren ist, oder welches individuelle Nebenwirkungsrisiko besteht (Richtlinie der Gendiagnostik-Kommission (GEKO) zu genetischen Untersuchungen bei nicht-einwilligungsfähigen Personen nach § 14 i.V.m. § 23 Abs. 2 Nr. 1c GenDG i.d.F. vom 26.07.2011, BGesundBl. 2011, 54, S. 1257 (1258); Kern/*Kern*, § 14 GenDG Rn. 6). Vgl. auch die entsprechende Regelung in § 15 Abs. 1 Satz 1, 2. Alt. für vorgeburtliche genetische Untersuchungen. 43

### b) Zulässigkeit prädiktiver genetischer Untersuchungen

Zulässig nach § 14 Abs. 1 sind insbesondere auch genetische Untersuchungen, deren Ergebnisse dazu genutzt werden können, den Ausbruch einer Erkrankung entgegenzuwirken (BT-Drs. 16/10582, S. 4). Eine **genetische Untersuchung mit prädiktiver Zielrichtung** kann bei nicht-einwilligungsfähigen Personen zulässig sein, um bei einer nicht-einwilligungsfähigen Person das Vorliegen der Anlage für eine noch nicht manifeste, genetisch bedingte Erkrankung abzuklären mit dem Ziel, präventive Maßnahmen einzuleiten, oder um Belastungen durch weitere Untersuchungen zu vermeiden (Richtlinie der Gendiagnostik-Kommission (GEKO) zu genetischen Untersuchungen bei nicht-einwilligungsfähigen Personen nach § 14 i.V.m. § 23 Abs. 2 Nr. 1c GenDG i.d.F. vom 26.07.2011, BGesundBl. 2011, 54, S. 1257 (1258). 44

Wichtige Beispiele sind erbliche **Tumordispositionssyndrome**, die schon im Kindesalter zur Tumorentstehung führen können und bei denen im Fall eines positiven Befundes möglicherweise eine frühzeitige operative Entfernung von Risikoorganen notwendig wird, oder bei denen im Fall eines negativen Befundes eine belastende klinische Betreuung entfällt (Richtlinie der Gendiagnostik-Kommission (GEKO) zu genetischen Untersuchungen bei nicht-einwilligungsfähigen Personen nach § 14 i.V.m. § 23 Abs. 2 Nr. 1c GenDG i.d.F. vom 26.07.2011, BGesundBl. 2011, 54, S. 1257 (1258); Kern/*Kern*, § 14 GenDG Rn. 7). 45

Bei der **Wahl des Zeitpunktes der genetischen Untersuchung** ist zu bedenken, die Untersuchung erst dann durchzuführen, wenn sie für die weiteren Entscheidungen und Maßnahmen relevant ist (Richtlinie der Gendiagnostik-Kommission (GEKO) zu genetischen Untersuchungen bei nicht-einwilligungsfähigen Personen nach § 14 i.V.m. § 23 Abs. 2 Nr. 1c GenDG i.d.F. vom 26.07.2011, BGesundBl. 2011, 54, S. 1257 (1259). Bei **vorübergehender Nicht-Einwilligungsfähigkeit** sollte die Entscheidung über eine genetische Untersuchung auf den Zeitpunkt verschoben werden, an dem Einwilligungsfähigkeit besteht, sofern nicht medizinische Gründe dagegen sprechen (Richtlinie der Gendiagnostik-Kommission (GEKO) zu genetischen Untersuchungen bei nicht-einwilligungsfähigen Personen nach § 14 i.V.m. § 23 Abs. 2 Nr. 1c GenDG i.d.F. vom 26.07.2011, BGesundBl. 2011, 54, S. 1257 (1259). 46

Bei der Beurteilung der Zulässigkeit genetischer Untersuchungen ist – ggf. in Abhängigkeit vom Alter der nicht-einwilligungsfähigen Person – insbesondere auch der Rechtsgedanke des § 15 Abs. 2 (vgl. § 14 Rdn. 12) zu berücksichtigen: Genetische Untersuchungen auf **spätmanifestierende Erkrankungen** (die erst im Erwachsenenalter auftreten) dürften bei Minderjährigen demnach nur zulässig sein, wenn die präventiv-medizinischen oder therapeutischen 47

Maßnahmen i.S.d. § 14 Abs. 1 Nr. 1 bereits vor dem Erreichen der Volljährigkeit erforderlich sind (Richtlinie der Gendiagnostik-Kommission (GEKO) zu genetischen Untersuchungen bei nicht-einwilligungsfähigen Personen nach § 14 i.V.m. § 23 Abs. 2 Nr. 1c GenDG i.d.F. vom 26.07.2011, BGesundBl. 2011, 54, S. 1257 (1258); *Schillhorn/Heidemann*, § 14 GenDG Rn. 29). Das gilt beispielsweise für bestimmte neurologische Erkrankungen. Nach der Rechtsauffassung der GEKO gebietet das der Respekt vor dem Recht auf Nichtwissen und der künftigen Entscheidungsautonomie des Kindes bzw. des Jugendlichen hinsichtlich der Inanspruchnahme von genetischen Untersuchungen auch bei einem entgegenstehenden, dringenden Wunsch der Eltern (Richtlinie der Gendiagnostik-Kommission (GEKO) zu genetischen Untersuchungen bei nicht-einwilligungsfähigen Personen nach § 14 i.V.m. § 23 Abs. 2 Nr. 1c GenDG i.d.F. vom 26.07.2011, BGesundBl. 2011, 54, S. 1257 (1258 f.).

48 Eine gezielte Untersuchung auf einen **Heterozygoten- oder Überträgerstatus ohne klinische Symptomatik** darf nicht durchgeführt werden, wenn das Ergebnis ausschließlich für die spätere Familienplanung der noch nicht-einwilligungsfähigen minderjährigen Person von Bedeutung ist (Richtlinie der Gendiagnostik-Kommission (GEKO) zu genetischen Untersuchungen bei nicht-einwilligungsfähigen Personen nach § 14 i.V.m. § 23 Abs. 2 Nr. 1c GenDG i.d.F. vom 26.07.2011, BGesundBl. 2011, 54, S. 1257 (1259); Kern/*Kern*, § 14 GenDG Rn. 22).

### 3. Keine Ablehnung durch die nicht-einwilligungsfähigen Person nach möglichst verständlicher Aufklärung (Abs. 1 Nr. 2)

49 Weitere Voraussetzung ist, dass die genetische Untersuchung der nicht einwilligungsfähigen Person zuvor so weit wie möglich verständlich gemacht wurde und diese die Untersuchung oder die Gewinnung einer dafür erforderlichen genetischen Probe nicht ausdrücklich oder durch entsprechendes Verhalten abgelehnt hat oder bei der Vornahme – etwa der Entnahme der genetischen Probe – ablehnt (sog. »Vetomündigkeit«; BR-Drs. 633/08, S. 60; Kern/*Kern*, § 14 GenDG Rn. 19 f.; (*Schillhorn/Heidemann*, § 14 GenDG Rn. 7). Dabei ist auf den natürlichen Willen der Person abzustellen (BR-Drs. 633/08, S. 60; Kern/*Kern*, § 14 GenDG Rn. 20; *Schillhorn/Heidemann*, § 14 GenDG Rn. 9 f.). Zur Ablehnung durch **Säuglinge und Kleinkinder** vgl. Kern/*Kern*, § 14 GenDG Rn. 20. Zur **Rechtswirkung der Ablehnung** vgl. Kern/*Kern*, § 14 GenDG Rn. 21; *Schillhorn/Heidemann*, § 14 GenDG Rn. 9 f.; 19 ff.).

### 4. Begrenztes Untersuchungsrisiko: Einhaltung des Grundsatzes der Risikominimierung (Abs. 1 Nr. 3)

50 Als weitere Zulässigkeitsvoraussetzung wird in Abs. 1 Nr. 3 ein **Grundsatz der Risikominimierung** formuliert. Dieser legt im Unterschied zu der entsprechenden Regelung in Abs. 2 Nr. 3 und 4 keine starren Höchstbelastungsgrenzen fest (vgl. § 14 Rdn. 88 f.). Vielmehr sieht die Regelung in Abs. 1 Nr. 3 vor, dass die Untersuchung für die Person mit möglichst wenig Risiken und Belastungen verbunden sein darf, d.h. Risiken und Belastungen **so weit wie möglich zu vermeiden** sind (*Schillhorn/Heidemann*, § 14 GenDG Rn. 21 ff.).

51 Der Grundsatz der Risikominimierung dürfte aber nicht in der Weise auszulegen sein, dass, **soweit keine weiteren Möglichkeiten zur Verringerung der Risiken und Belastungen zur Verfügung stehen**, auch hohe Risiken im Rahmen der genetischen Untersuchungen hinzunehmen sind. Eine solche Auslegung würde der gesetzgeberischen Zielsetzung widersprechen, wonach die Regelung dem allgemein anerkannten Schutzstandard bei Nicht-Einwilligungsfähigen entsprechen soll und somit nur Eingriffe mit geringen Risiken und Belastungen zulässig sind (BR-Drs. 633/08, S. 60). Dementsprechend dürfte der Grundsatz der Risikominimierung eine **Abwägung** verlangen, bei der der mögliche Nutzen der genetischen Untersuchung ins Verhältnis zu den mit ihr verbundenen Risiken gesetzt wird (vgl. auch Kern/*Kern*, § 14 GenDG Rn. 8).

52 Zu den in Abwägung zu stellenden Risiken dürften nach der gesetzlichen Wertung des § 15 Abs. 2 und § 14 Abs. 2 Nr. 4 insbesondere auch mögliche Verletzungen des **Rechts und Nichtwissen** zu

berücksichtigen sein. In die Erwägung einzubeziehen ist zudem der Umstand, dass auch nichtinvasive Untersuchungen ggf. erhebliche Beeinträchtigungen des physischen und psychischen Befindens zufolge haben können, soweit sie im Fall von ungünstigen Untersuchungergebnissen zu belastenden Folgeuntersuchungen veranlassen sollten (**Untersuchungs- und Behandlungsautomatismus**, vgl. § 9 Rdn. 19).

Soweit die genetische Untersuchung nach dieser Prüfung angesichts des Ausmaßes der möglichen gesundheitlichen Beeinträchtigungen und der Wahrscheinlichkeit ihres Eintritts **nicht verantwortbar** ist, ist die genetische Untersuchung unzulässig, auch wenn die Risiken nicht weiter minimierbar sind. In systematischer Zusammenschau mit der auch insoweit strengeren Regelung in § 14 Abs. 2 Nr. 3 und 4 dürfte jedoch davon auszugehen sein, dass die Risiken und Belastungen auch über das in § 14 Abs. 2 Nr. 3 und 4 beschriebene Maße hinausgehen dürften. Es kann beispielsweise vertretbar sein, bei **Verdacht auf mitochondriale Erkrankungen** eine genetische Untersuchung aus Muskelgewebe vorzunehmen, da eine Blutuntersuchung hier aus biologischen Gründen nicht ausreicht (Richtlinie der Gendiagnostik-Kommission (GEKO) zu genetischen Untersuchungen bei nichteinwilligungsfähigen Personen nach § 14 i.V.m. § 23 Abs. 2 Nr. 1c GenDG i.d.F. vom 26.07.2011, BGesundBl. 2011, 54, S. 1257 (1260). 53

### 5. Wirksame Einwilligung der vertretenden Person

Des Weiteren muss eine wirksame Einwilligung der vertretenden Person vorliegen. Diese setzt u.a. voraus, dass die vertretende Person die erforderliche Einwilligungsbefugnis hat und unter Berücksichtigung des Wohls der vertretenen Person wirksam eingewilligt hat. 54

### a) Vertretungsbefugnis der vertretenden Person

Die Vorgaben des § 14 schränken die Vertretungsbefugnis, insb. auch der gesetzlich Vertretenden, ein: In die Vornahme genetischer Untersuchungen bei nicht-einwilligungsfähigen Personen kann die vertretende Person **nur im Rahmen der vom GenDG gesteckten Grenzen einwilligen**. Andere Einwilligungen sind unwirksam (vgl. auch *Schillhorn/Heidemann*, § 14 GenDG Rn. 3). 55

**Vertretungsperson** einer minderjährigen nicht einwilligungsfähigen Person bei der Entscheidung über eine Einwilligung in die Vornahme der genetischen Untersuchung ist ihr gesetzlicher Vertreter, bei einer volljährigen nicht einwilligungsfähigen Person ihr gesetzlicher oder wirksam bevollmächtigter Vertreter (BR-Drs. 633/08, S. 60 f.; *Kern/Kern*, § 14 GenDG Rn. 13). Es sind die Regelungen des BGB zur Vertretungsbefugnis (insb. § 1904 Abs. 2 und § 1906 Abs. 6 BGB) zu berücksichtigen (*Schillhorn/Heidemann*, § 14 GenDG Rn. 25 ff.). 56

Die Vertretung **minderjähriger nicht einwilligungsfähiger Personen** richtet sich nach den Vorschriften des Bürgerlichen Gesetzbuchs (BR-Drs. 633/08, S. 61). Danach wird ein minderjähriges Kind durch seine sorgeberechtigten Eltern (§ 1629 BGB) oder gegebenenfalls durch einen Vormund (§ 1793 Abs. 1 Satz 1 BGB) oder Pfleger (§ 1915 Abs. 1, § 1793 Abs. 1 Satz 1 BGB) vertreten (BR-Drs. 633/08, S. 61). Vgl. auch *Kern/Kern*, § 14 GenDG Rn. 14. 57

Können sich **gemeinsam sorgeberechtigte Eltern** über die Abgabe der Einwilligung für das Kind nicht einigen, kann jeder Elternteil beim Familiengericht beantragen, ihm insoweit die Alleinentscheidungsbefugnis zu übertragen (§ 1628 BGB; vgl. auch BR-Drs. 633/08, S. 61). Besteht hinsichtlich der Vornahme einer genetischen Untersuchung zwischen den Eltern und dem Kind ein erheblicher Interessengegensatz, kann das Familiengericht den Eltern unter den Voraussetzungen des § 1629 Abs. 2 Satz 3 i.V.m. § 1796 BGB die Vertretungsmacht für die Entscheidung über die Einwilligung des Kindes entziehen und auf einen Ergänzungspfleger übertragen (§ 1909 Abs. 1 Satz 1 BGB; vgl. auch BR-Drs. 633/08, S. 61; *Kern/Kern*, § 14 GenDG Rn. 15). 58

Ist für die von einer genetischen Untersuchung betroffene **nicht einwilligungsfähige Person volljährig** und ist für diese ein Betreuer bestellt worden, kann dieser bei entsprechendem Aufgabenkreis als gesetzlicher Vertreter (§ 1902 BGB) einwilligen (BR-Drs. 633/08, S. 61). 59

60 Auch ein gewillkürter Vertreter, insbesondere ein **Vorsorgebevollmächtigter**, kann für die von ihm vertretene volljährige Person einwilligen, wenn die Bevollmächtigung auch diesen Fall erfasst (BR-Drs. 633/08, S. 61). Für diesen Vertreter sind die Abreden im Innenverhältnis maßgebend (BR-Drs. 633/08, S. 61).

### b) Wirksame Einwilligung der vertretenden Person (Abs. 1 Nr. 4 i.V.m. §§ 8 und 9)

61 Schließlich muss die Vertretungsperson gem. § 9 aufgeklärt worden sein und gem. § 8 in die Untersuchung wirksam eingewilligt haben (BR-Drs. 633/08, S. 60; Kern/*Kern*, § 14 GenDG Rn. 18).

### c) Bindung an das Wohl der nicht-einwilligungsfähigen Person (Abs. 3 Satz 3)

62 Nach Abs. 3 Satz 3 finden die §§ 1627 und 1901 Abs. 2 und 3 (ab dem 01.01.2023: § 1821 Abs. 2 bis 4) BGB Anwendung:

63 – Nach § 1627 BGB haben die Eltern die **elterliche Sorge** in eigener Verantwortung und in gegenseitigem Einvernehmen zum Wohl des Kindes auszuüben. Bei Meinungsverschiedenheiten müssen sie versuchen, sich zu einigen.

64 – § 1901 (ab dem 01.01.2023: § 1821) BGB regelt die **Pflichten des Betreuers**, insbesondere zur Berücksichtigung der Wünsche des Betreuten.

65 Mit der Verweisung in Abs. 3 Satz 3 auf § 1627 (Kindeswohl) und § 1901 (Betreutenwohl, ab 01.01.2023: § 1821) BGB wird ausdrücklich klargestellt, dass auch bei Vorliegen der Voraussetzungen des Abs. 1 die Vertretungsperson der nicht einwilligungsfähigen Person bei ihrer Entscheidung über die Einwilligung zivilrechtlich **an deren Wohl gebunden** ist (BR-Drs. 633/08, S. 61, 63). Bei der Beurteilung des Wohls der nicht einwilligungsfähigen Person hat die Vertretungsperson sowohl die subjektive Sicht des Kindes oder der volljährigen Person als auch objektiv normative Gesichtspunkte (z.B. Zukunftsperspektiven) zu berücksichtigen (BR-Drs. 633/08, S. 63; Richtlinie der Gendiagnostik-Kommission (GEKO) zu genetischen Untersuchungen bei nicht-einwilligungsfähigen Personen nach § 14 i.V.m. § 23 Abs. 2 Nr. 1c GenDG i.d.F. vom 26.07.2011, BGesundBl. 2011, 54, S. 1257 (1259 f.); Kern/*Kern*, § 14 GenDG Rn. 16).

66 Gegebenenfalls ist eine **Vertrauensperson** einzubeziehen, insbesondere bei möglichen Interessenskonflikten (Richtlinie der Gendiagnostik-Kommission (GEKO) zu genetischen Untersuchungen bei nicht-einwilligungsfähigen Personen nach § 14 i.V.m. § 23 Abs. 2 Nr. 1c GenDG i.d.F. vom 26.07.2011, BGesundBl. 2011, 54, S. 1257 [1259 f.]).

67 Der Vertreter ist darüber aufzuklären, dass im Rahmen der Untersuchung Befunde erhoben werden können, die für die untersuchte Person **klinisch nicht relevant sind, aber für die spätere Familienplanung eine Bedeutung haben können** (Richtlinie der Gendiagnostik-Kommission (GEKO) zu genetischen Untersuchungen bei nicht-einwilligungsfähigen Personen nach § 14 i.V.m. § 23 Abs. 2 Nr. 1c GenDG i.d.F. vom 26.07.2011, BGesundBl. 2011, 54, S. 1257 (1259 f.); Kern/*Kern*, § 14 GenDG Rn. 17). Weiter ist darüber aufzuklären, dass diese Befunde nicht mitgeteilt werden, aber nach Erreichen der Einwilligungsfähigkeit der untersuchten Person auf Wunsch zur Verfügung gestellt werden. Dies dient der Wahrung des informationellen Selbstbestimmungsrechtes und des Rechtes auf Nichtwissen der nicht-einwilligungsfähigen Person (Richtlinie der Gendiagnostik-Kommission (GEKO) zu genetischen Untersuchungen bei nicht-einwilligungsfähigen Personen nach § 14 i.V.m. § 23 Abs. 2 Nr. 1c GenDG i.d.F. vom 26.07.2011, BGesundBl. 2011, 54, S. 1257 [1259 f.]).

68 Unter Berücksichtigung des Rechtsgedankens des § 15 Abs. 2 sind insbesondere bei einer Nichteinwilligungsfähigkeit aufgrund von Minderjährigkeit genetische Untersuchungen auf **spätmanifestierende Erkrankungen** nicht zulässig, wenn die Erkrankung erst im Erwachsenenalter auftritt und keine Präventionsmöglichkeiten bestehen (Kern/*Kern*, § 14 GenDG Rn. 22; vgl. auch § 14 Rdn. 47 f.).

## 6. Einhaltung der allgemeinen Zulässigkeitsvoraussetzungen für genetische Untersuchungen (§ 7; Abs. 4 Nr. 4 i.V.m. § 10)

Im Übrigen müssen die allgemeinen Zulässigkeitsvoraussetzungen für genetische Untersuchungen, etwa nach zum **Arztvorbehalt** nach § 7, erfüllt sein. 69

Dazu gehören insbesondere auch die Vorschriften des § 10 über die **genetische Beratung** (BR-Drs. 633/08, S. 60), wie in § 14 Abs. 1 Nr. 4 klargestellt wird (Zur Bedeutung der genetischen Beratung nach § 10 im Vergleich zur Aufklärung nach § 9 vgl. § 10 Rdn. 3 und Rdn. 97). 70

## IV. Zulässigkeit genetischer Untersuchungen zu medizinischen Zwecken im Rahmen der Schwangerschaftsplanung einer genetisch verwandten Person der untersuchten, nicht-einwilligungsfähigen Person (Abs. 2)

§ 14 Abs. 2 regelt die Zulässigkeit genetischer Untersuchungen zu medizinischen Zwecken im Rahmen der Schwangerschaftsplanung einer genetisch verwandten Person der untersuchten, nicht-einwilligungsfähigen Person (Abs. 2). Insoweit macht die Regelung eine Ausnahme von dem nach Abs. 1 grundsätzlich geltenden Erfordernis des unmittelbaren Nutzens der genetischen Untersuchung zu medizinischen Zwecken für die nicht einwilligungsfähige Person (BR-Drs. 633/08, S. 61). Zur Befundmitteilung vgl. § 14 Rdn. 103 ff. 71

### 1. Fehlende Einwilligungsfähigkeit der untersuchten Person

Zur Frage der Einwilligungsfähigkeit vgl. § 14 Rdn. 26 ff. 72

### 2. Zulässiger Untersuchungszweck: Schwangerschaftsplanung einer genetisch verwandten Person (Abs. 2 Nr. 1)

Nach § 14 Abs. 2 Satz 1 darf eine genetische Untersuchung bei einer nicht-einwilligungsfähigen Person abweichend von Abs. 1 auch vorgenommen werden, wenn sich **bei einer genetisch verwandten Person im Hinblick auf eine geplante Schwangerschaft** nach dem allgemein anerkannten Stand der Wissenschaft und Technik auf andere Weise nicht klären lässt, ob eine bestimmte genetisch bedingte Erkrankung oder gesundheitliche Störung bei einem künftigen Abkömmling der genetisch verwandten Person auftreten kann. 73

Danach sind Untersuchungen im **Drittinteresse nur im Hinblick auf reproduktive Entscheidungen** zulässig, nicht dagegen bei eigener Risikoabklärung für spätmanifestierende Erkrankungen ohne weiteres reproduktives Interesse. Unter Zugrundelegung dieser Vorgaben ist z.B. die Untersuchung einer **nicht-einwilligungsfähige demenzkranke Person als »Indexfall«** unzulässig, wenn es darum ginge, ein Erkrankungsrisiko bei bereits lebenden nahen Verwandten prüfen zu können (Gendiagnostik-Kommission (GEKO), Tätigkeitsbericht 2012, S. 24; vgl. auch *Schillhorn/Heidemann*, § 14 GenDG Rn. 33). 74

Voraussetzung für die Zulässigkeit der genetischen Untersuchung nach Abs. 2 Nr. 1 ist, dass eine Diagnose der genetischen Erkrankung oder gesundheitlichen Störung in der Familie nach dem allgemein anerkannten Stand der Wissenschaft und Technik **nur durch die genetische Mituntersuchung** der nicht einwilligungsfähigen Person möglich ist (BR-Drs. 633/08, S. 62). Diese Ausnahmeregelung ist entsprechend der akzeptierten und angewandten Praxis unter dem Gesichtspunkt des Nutzens für einen Familienangehörigen für Familien von Bedeutung, in denen eine **genetische Erkrankung bekannt** ist und im Rahmen der Familienplanung das **genetische Risiko weiterer Erkrankungen oder gesundheitlicher Störungen bei potenziellen Nachkommen** abgeschätzt werden soll (BR-Drs. 633/08, S. 61). 75

Die Voraussetzungen bei der **Risiko-Nutzen-Abwägung** sind – gemessen an den Anforderungen an die Erforderlichkeit nach § 14 Abs. 1 – in den Fällen ohne unmittelbaren Nutzen für die nicht-einwilligungsfähige Person nach § 14 Abs. 2 noch strenger (Richtlinie der Gendiagnostik-Kommission (GEKO) zu genetischen Untersuchungen bei nicht-einwilligungsfähigen Personen 76 nach § 14 i.V.m. § 23 Abs. 2 Nr. 1c GenDG i.d.F. vom 26.07.2011, BGesundBl. 2011, 54, S. 1257 (1258).

77 Die Untersuchung insbesondere eines nicht einwilligungsfähigen Kindes – unter Umständen auch einer bereits volljährigen nicht einwilligungsfähigen Person – kann hier in seltenen Fällen unabdingbar sein, um eine Aussage über den Überträgerstatus oder die **Erkrankungswahrscheinlichkeit eines Familienangehörigen** treffen zu können (BR-Drs. 633/08, S. 61; Kern/*Kern*, § 14 GenDG Rn. 24). Eine solche genetische Untersuchung darf erst vorgenommen werden, wenn die genetisch verwandte Person eine **Schwangerschaft plant**, sich also in der unmittelbaren Familienplanungsphase befindet (Richtlinie der Gendiagnostik-Kommission (GEKO) zu genetischen Untersuchungen bei nicht-einwilligungsfähigen Personen nach § 14 i.V.m. § 23 Abs. 2 Nr. 1c GenDG i.d.F. vom 26.07.2011, BGesundBl. 2011, 54, S. 1257 (1259); Kern/*Kern*, § 14 GenDG Rn. 23).

78 Unter Umständen kann dies auch für eine **bereits bestehende Schwangerschaft** gelten (Richtlinie der Gendiagnostik-Kommission (GEKO) zu genetischen Untersuchungen bei nichteinwilligungsfähigen Personen nach § 14 i.V.m. § 23 Abs. 2 Nr. 1c GenDG i.d.F. vom 26.07.2011, BGesundBl. 2011, 54, S. 1257 (1259). Diese Voraussetzungen können vorliegen, wenn eine nichteinwilligungsfähige Person selbst Symptomträger und möglicherweise von einer genetischen Erkrankung betroffen ist, deren Auftretenswahrscheinlichkeit beim zukünftigen Nachkommen einer genetisch verwandten Person nur über eine Untersuchung der nicht-einwilligungsfähigen Person zu bestimmen ist, etwa bei erblich bedingter geistiger Beeinträchtigung (Richtlinie der Gendiagnostik-Kommission (GEKO) zu genetischen Untersuchungen bei nicht-einwilligungsfähigen Personen nach § 14 i.V.m. § 23 Abs. 2 Nr. 1c GenDG i.d.F. vom 26.07.2011, BGesundBl. 2011, 54, S. 1257 (1259).

79 In seltenen familiären Konstellationen ist es zulässig, **auch eine gesunde nicht-einwilligungsfähige Person zu untersuchen**, wenn dies zur Risikobestimmung unverzichtbar ist (Richtlinie der Gendiagnostik-Kommission (GEKO) zu genetischen Untersuchungen bei nichteinwilligungsfähigen Personen nach § 14 i.V.m. § 23 Abs. 2 Nr. 1c GenDG i.d.F. vom 26.07.2011, BGesundBl. 2011, 54, S. 1257 (1259); Kern/*Kern*, § 14 GenDG Rn. 24).

80 Ein Beispiel dafür ist die genetisch bedingte Erkrankung **Muskeldystrophie Typ Duchenne** (BR-Drs. 633/08, S. 61). Diese Muskelerkrankung wird geschlechtsgebunden (x-chromosomal rezessiv) vererbt (BR-Drs. 633/08, S. 61). In der Regel sind für die Erkrankung Deletionen unterschiedlicher Größe, also das Fehlen von DNA-Sequenzen, verantwortlich (BR-Drs. 633/08, S. 61 f.). Ist ein Sohn der Familie bereits betroffen, lässt sich bei ihm auf dessen X-Chromosom der direkte Nachweis der krankheitsverursachenden Mutation führen (BR-Drs. 633/08, S. 62). Bei der Mutter kann dieser Nachweis nicht so einfach geführt werden, da sie zwei X-Chromosomen trägt und die Mutation auf dem einen X-Chromosom durch das andere kompensiert (»überdeckt«) wird (BR-Drs. 633/08, S. 62). Erst die Einbeziehung weiterer Familienmitglieder, z.B. eines gesunden Bruders des betroffenen Sohnes, in die genetische Untersuchung kann Klarheit darüber bringen, ob die Mutter Anlageträgerin für die Muskelerkrankung ist oder ob es sich bei der Erkrankung des betroffenen Sohnes nicht um eine ererbte, sondern um eine Spontanmutation handelt (BR-Drs. 633/08, S. 62; Kern/*Kern*, § 14 GenDG Rn. 25). Dies kann auch für Kopplungsanalysen gelten, in deren Rahmen die Einbeziehung weiterer Familienangehöriger notwendig ist, um eine Aussage zum verantwortlichen Genort zu treffen (Richtlinie der Gendiagnostik-Kommission (GEKO) zu genetischen Untersuchungen bei nicht-einwilligungsfähigen Personen nach § 14 i.V.m. § 23 Abs. 2 Nr. 1c GenDG i.d.F. vom 26.07.2011, BGesundBl. 2011, 54, S. 1257 (1259).

81 Genetische Untersuchungen ohne unmittelbaren Nutzen für nicht-einwilligungsfähige Personen sind **auf unabdingbare Fälle zu begrenzen**, in denen sich die genetische Fragestellung nach dem Stand der Wissenschaft durch die Untersuchung einwilligungsfähiger Verwandter nicht klären lässt (Richtlinie der Gendiagnostik-Kommission (GEKO) zu genetischen Untersuchungen bei nichteinwilligungsfähigen Personen nach § 14 i.V.m. § 23 Abs. 2 Nr. 1c GenDG i.d.F. vom 26.07.2011, BGesundBl. 2011, 54, S. 1257 (1259); Kern/*Kern*, § 14 GenDG Rn. 24).

### 3. Keine Ablehnung durch die nicht-einwilligungsfähigen Person nach möglichst verständlicher Aufklärung (Abs. 2 Nr. 2 i.V.m. Abs. 1 Nr. 2)

Eine weitere Voraussetzung für die Zulässigkeit der genetischen Untersuchung nach Abs. 2 ist, 82 dass die genetische Untersuchung der nicht einwilligungsfähigen Person zuvor so weit wie möglich verständlich gemacht wurde und diese die Untersuchung oder die Gewinnung einer dafür erforderlichen genetischen Probe nicht ausdrücklich oder durch entsprechendes Verhalten ablehnt (BR-Drs. 633/08, S. 62).

Die nicht-einwilligungsfähige Person ist in angemessener Weise und entsprechend ihrer individuellen Einsichtsfähigkeit **in den Beratungs- und Entscheidungsfindungsprozess einzubeziehen** 83 (Richtlinie der Gendiagnostik-Kommission (GEKO) zu genetischen Untersuchungen bei nicht-einwilligungsfähigen Personen nach § 14 i.V.m. § 23 Abs. 2 Nr. 1c GenDG i.d.F. vom 26.07.2011, BGesundBl. 2011, 54, S. 1257 (1259). Ihr sind die Untersuchung und deren Zweck so weit wie möglich verständlich zu machen.

Insbesondere Kinder und Jugendliche sind **abhängig von der individuellen Entwicklung** in 84 den Entscheidungsfindungsprozess einzubeziehen (Richtlinie der Gendiagnostik-Kommission (GEKO) zu genetischen Untersuchungen bei nicht-einwilligungsfähigen Personen nach § 14 i.V.m. § 23 Abs. 2 Nr. 1c GenDG i.d.F. vom 26.07.2011, BGesundBl. 2011, 54, S. 1257 (1259).

Bei diesen und dauerhaft nicht-einwilligungsfähigen Personen ist zu bedenken, dass sie gegenüber 85 einzelnen Aspekten der genetischen Untersuchung ein **unterschiedliches Maß an Einsichtsfähigkeit** zeigen können (Richtlinie der Gendiagnostik-Kommission (GEKO) zu genetischen Untersuchungen bei nicht-einwilligungsfähigen Personen nach § 14 i.V.m. § 23 Abs. 2 Nr. 1c GenDG i.d.F. vom 26.07.2011, BGesundBl. 2011, 54, S. 1257 (1259).

Insbesondere bei dauerhaft nicht-einwilligungsfähigen Personen ist es anzustreben, bei Bedarf eine 86 **Vertrauensperson zu beteiligen**, die die nicht-einwilligungsfähige Person gut kennt und in der Lage ist, dieser die geplante Untersuchung in geeigneter Weise zu erklären und zu begründen.

Auch der nicht-einwilligungsfähigen Person kommt ein **Ablehnungsrecht** gegenüber genetischen 87 Untersuchungen und der dazugehörigen Probenentnahme zu (Richtlinie der Gendiagnostik-Kommission (GEKO) zu genetischen Untersuchungen bei nicht-einwilligungsfähigen Personen nach § 14 i.V.m. § 23 Abs. 2 Nr. 1c GenDG i.d.F. vom 26.07.2011, BGesundBl. 2011, 54, S. 1257 (1259). Dabei ist zu prüfen, ob sich die Ablehnung auf die anstehende Maßnahme bezieht.

### 4. Begrenztes Untersuchungsrisiko: Ausschluss unangemessener Risiken (Abs. 2 Nr. 3 und 4)

Für Untersuchungen nach Abs. 2 treten an die Stelle des in § 14 Abs. 1 Nr. 3 formulierten Grund- 88 satzes der Risikominimierung die in den § 14 Abs. 2 Nr. 3 und 4 formulierten **Höchstbelastungsgrenzen**. Nach ihrem Wortlaut gelten diese Höchstbelastungsgrenzen unabhängig von dem Nutzen, den die mögliche genetische Untersuchung für die Verwandten der nicht-einwilligungsfähigen Person haben kann. Der **Grundsatz der Risikominimierung gilt insoweit nicht**. Vgl. auch die Kommentierung zu Abs. 1 Nr. 3 Rdn. 50 ff.

Bei der prädiktiven Untersuchung ohne unmittelbaren Nutzen für eine nicht-einwilligungsfähige 89 Person (§ 14 Abs. 2 Nr. 1 GenDG) gelten **strengere Voraussetzungen** (Richtlinie der Gendiagnostik-Kommission (GEKO) zu genetischen Untersuchungen bei nicht-einwilligungsfähigen Personen nach § 14 i.V.m. § 23 Abs. 2 Nr. 1c GenDG i.d.F. vom 26.07.2011, BGesundBl. 2011, 54, S. 1257 (1260); Kern/*Kern*, § 14 GenDG Rn. 26). Die nicht-einwilligungsfähige Person darf in diesem Fall nur geringfügig belastet werden und nicht über die mit der Untersuchung und einer etwaigen Probengewinnung normalerweise verbundenen Risiken hinaus gesundheitlich beeinträchtigt werden (BR-Drs. 633/08, S. 62).

### a) Allenfalls geringfügige Eingriffsintensität für die untersuchte Person (Abs. 2 Nr. 3)

90 Als geringfügig einzuschätzen sind in der Regel **Blutentnahmen und Schleimhautabstriche** (Richtlinie der Gendiagnostik-Kommission (GEKO) zu genetischen Untersuchungen bei nichteinwilligungsfähigen Personen nach § 14 i.V.m. § 23 Abs. 2 Nr. 1c GenDG i.d.F. vom 26.07.2011, BGesundBl. 2011, 54, S. 1257 (1260).

### b) Keine physische oder psychische Belastung für die untersuchte Person (Abs. 2 Nr. 4)

91 Wichtig ist zudem, dass die untersuchte Person durch die Untersuchung und deren Ergebnis **weder physisch noch psychisch belastet** wird, z.B. infolge von Stigmatisierung oder indem bei ihr Ängste ausgelöst werden (BR-Ds. 633/08, S. 62; Richtlinie der Gendiagnostik-Kommission (GEKO) zu genetischen Untersuchungen bei nicht-einwilligungsfähigen Personen nach § 14 i.V.m. § 23 Abs. 2 Nr. 1c GenDG i.d.F. vom 26.07.2011, BGesundBl. 2011, 54, S. 1257 (1260). Zur Problematik noch **nicht vollständig bekannter Erkrankungsrisiken** und Folgerisiken: *Schillhorn/Heidemann*, § 14 GenDG Rn. 38. Zu möglichen gesundheitlichen Beeinträchtigungen im Zuge von invasiven **Folgeuntersuchungen** zur Abklärung von ungünstigen Ergebnissen nach der Eingangsuntersuchung vgl. § 9 Rdn. 19 und § 14 Rdn. 95.

### 5. Wirksamkeit der Einwilligung der vertretenden Person

92 Die Regelung entspricht aufgrund des Verweises in § 14 Abs. 2 Nr. 2 den Vorgaben des § 14 Abs. 1 Nr. 4. Zu beachten sind die Besonderheiten, die sich dem Umstand ergeben, dass die untersuchte Person keinen unmittelbaren an der Untersuchung hat.

### a) Vertretungsbefugnis

93 Zu den Voraussetzungen der Vertretungsbefugnis im Einzelnen vgl. die Ausführungen zu den allgemeinen Vorgaben zur Vertretung nicht-einwilligungsfähigen Personen unter § 14 Abs. 1 (§ 14 Rdn. 55 ff.).

### b) Wirksame Einwilligung des Vertretenden (Abs. 2 Nr. 2 i.V.m. Abs. 1 Nr. 4, §§ 8 und 9)

94 Eine weitere Voraussetzung für die Zulässigkeit der genetischen Untersuchung nach Abs. 2 Nr. 2 i.V.m. Abs. 1 Nr. 4 ist es schließlich, dass die Vertreterin oder der Vertreter der nicht einwilligungsfähigen Person wirksam in die Untersuchung **eingewilligt** hat, nachdem sie gem. § 9 aufgeklärt worden ist (BR-Drs. 633/08, S. 62).

95 Die Risiken der genetischen Untersuchung sind in die Aufklärung und die genetische Beratung der Vertreterin oder des Vertreters der nicht einwilligungsfähigen Person einzubeziehen und zuvor mit der nach dem Stand der medizinischen Wissenschaft gebotenen Sorgfalt **prognostisch abzuklären** (BR-Drs. 633/08, S. 62). In die Erwägung einzubeziehen ist insbesondere der Umstand, dass auch nicht-invasive Untersuchungen ggf. erhebliche Beeinträchtigungen des physischen und psychischen Befindens zufolge haben können, soweit sie im Rahmen der Abklärung ungünstiger Untersuchungen zu belastenden Folgeuntersuchungen veranlassen sollten (**Untersuchungs- und Behandlungsautomatismus**, vgl. § 9 Rdn. 19 und § 14 Rdn. 91).

### c) Bindung an das Wohl der nicht-einwilligungsfähigen Person (Abs. 3 Satz 3)

96 Nach Abs. 3 Satz 3 finden die §§ 1627 und 1901 Abs. 2 und 3 des Bürgerlichen Gesetzbuchs Anwendung. Demnach ist auch bei Vorliegen der Voraussetzungen des Abs. 2 die Vertretungsperson der nicht einwilligungsfähigen Person bei ihrer Entscheidung über die Einwilligung zivilrechtlich an das **Wohl der untersuchten Person** gebunden (BR-Drs. 633/08, S. 63). Dies stellt Abs. 3 durch seine Verweisung in Satz 3 auf § 1627 (Kindeswohl) und § 1901 Abs. 2 und 3 BGB (Betreutenwohl) ausdrücklich klar. Der Bindung an das Kindes- oder Betreutenwohl kann die genetische Untersuchung zugunsten eines Familienangehörigen daher entsprechen, wenn sie gegenwärtig oder

in Zukunft dem seelischen Wohl des Kindes oder Betreuten dient (BR-Drs. 633/08, S. 63; kritisch dazu Kern/*Kern*, § 14 GenDG Rn. 30 f.).

**6. Einhaltung der allgemeinen Zulässigkeitsvoraussetzungen für genetische Untersuchungen (§ 7; Abs. 2 Nr. 2 i.V.m. Abs. 1 Nr. 4, § 10)**

Im Übrigen müssen die allgemeinen Zulässigkeitsvoraussetzungen für genetische Untersuchungen, etwa nach § 7, erfüllt sein. Dazu gehören insbesondere auch die Vorschriften des § 10 über die **genetische Beratung** (BR-Drs. 633/08, S. 60), wie durch Abs. 2 Nr. 2 i.V.m. § 14 Abs. 1 Nr. 4 klargestellt wird. Zur Bedeutung der genetischen Beratung nach § 10 im Vergleich zur Aufklärung nach § 9 vgl. § 10 Rdn. 3 und Rdn. 70.

Im Rahmen der genetischen Beratung sollte jeder Einzelfall im Hinblick auf die Notwendigkeit der Untersuchung und die Aussagekraft möglicher Ergebnisse geprüft werden (Richtlinie der Gendiagnostik-Kommission (GEKO) zu genetischen Untersuchungen bei nichteinwilligungsfähigen Personen nach § 14 i.V.m. § 23 Abs. 2 Nr. 1c GenDG i.d.F. vom 26.07.2011, BGesundBl. 2011, 54, S. 1257 (1259). Dabei ist im Kontext der Familienplanung genetisch verwandter Personen auf **besondere psychische Belastungen und mögliche Interessenskonflikte** hinzuweisen (Richtlinie der Gendiagnostik-Kommission (GEKO) zu genetischen Untersuchungen bei nicht-einwilligungsfähigen Personen nach § 14 i.V.m. § 23 Abs. 2 Nr. 1c GenDG i.d.F. vom 26.07.2011, BGesundBl. 2011, 54, S. 1257 (1259).

**V. Zweckbindung (§ 14 Abs. 3 Satz 1 und 2)**

§ 14 Abs. 3 Satz 1 und 2 regelt die **Zweckbindung genetischer Untersuchungen zu medizinischen Zwecken** nach § 14 und der in ihrem Rahmen gewonnenen Proben und ist ergänzend zu den allgemeinen Regelungen zur Zweckbindung in den §§ 11 ff. zu berücksichtigen (vgl. auch Kern/*Kern*, § 14 GenDG Rn. 33; *Schillhorn/Heidemann*, § 14 GenDG Rn. 41). Nach Satz 1 dürfen nur die für den jeweiligen Untersuchungszweck erforderlichen Untersuchungen der genetischen Probe vorgenommen werden. Nach Satz 2 dürfen andere Feststellungen nicht getroffen werden. Soweit die Untersuchungsergebnisse und die dazugehörigen Proben im Rahmen einer genetischen Untersuchung zu medizinischen Zwecken gewonnen wurden, ist nach dem Wortlaut damit jede Zweckänderung unzulässig. Dies gilt auch dann, wenn die mögliche Nutzung nach § 2 grundsätzlich nicht vom GenDG erfasst wird. Kritisch zur Zweckbindung nach Abs. 3 im Hinblick auf die Zulässigkeit der genetischen Untersuchungen nach § 14 Abs. 2: Kern/*Kern*, § 14 GenDG Rn. 30 f.

Ergebnisse aus genetischen Untersuchungen bei nicht-einwilligungsfähigen Personen oder die dazugehörigen Proben dürfen damit beispielsweise grundsätzlich nicht zu **Forschungszwecken** verwendet werden. Ebenso ist es unzulässig, die Untersuchungsergebnisse oder die in ihrem Rahmen gesammelten Proben zu **Identifikationszwecken** zu verwenden. Die Vorgehensweise im sog. »Hielprik«-Skandal, in dessen Rahmen das *Rijksinstituut voor Volksgezondheit en Milieu* angeboten hat, die seit 1994 im Rahmen des niederländischen Neugeborenenscreenings gesammelten Blutproben aller 1,4 Millionen Neugeborenen zur Identifikation der Opfer der Explosion einer Feuerwerksfabrik in Enschede nutzen (bioskop Dez. 2000, Nr. 12, S. 10), dürfte insoweit nach dem GenDG unzulässig sein.

Damit wird zum Schutz des **Rechts auf informationelle Selbstbestimmung** der nicht einwilligungsfähigen Person der Umfang der genetischen Untersuchung auf die zur Klärung nach Abs. 1 Nr. 1 und Abs. 2 Nr. 1 erforderlichen Untersuchungen an der genetischen Probe und die dafür erforderlichen Feststellungen über genetische Eigenschaften beschränkt (BR-Drs. 633/08, S. 62). Zudem trägt das strikte Zweckbindungsgebot dazu bei, die Akzeptanz für sinnvolle genetische Untersuchungen ggf. auch im Rahmen von genetischen Reihenuntersuchungen sicherzustellen.

**Genetische Untersuchungen zu nicht-medizinischen Zwecken** (Life-Style-Tests) dürften hingegen grundsätzlich nicht erfasst sein, da § 14 seinem Wortlaut nach nur genetische Untersuchungen zu medizinischen Zwecken regelt (vgl. § 14 Rdn. 10).

### E. Rechtsfolgen und Normumsetzung

103 Die Ergebnisse genetischer Untersuchungen, deren Vornahme nach den Regelungen des § 14 unzulässig sind (z.B. wegen eines Verstoßes gegen den **Arztvorbehalt** oder eines Verstoßes gegen das **Wohl der untersuchten Person**), dürfen nicht mitgeteilt werden. Im Übrigen unterliegen sie der Zweckbindung des § 14 Abs. 3, die durch angemessene technisch-organisatorische Maßnahmen sichergestellt werden muss.

104 Zudem ist bei der **Befundmitteilung** nach § 11 GenDG zu verfahren. Hierbei ist der Befund den gesetzlichen Vertretern mitzuteilen. Besonderes Augenmerk soll jedoch auf die Befundmitteilung an die betroffene, nicht-einwilligungsfähige Person selbst gelegt werden (Richtlinie der Gendiagnostik-Kommission (GEKO) zu genetischen Untersuchungen bei nicht-einwilligungsfähigen Personen nach § 14 i.V.m. § 23 Abs. 2 Nr. 1c GenDG i.d.F. vom 26.07.2011, BGesundBl. 2011, 54, S. 1257 (1260). Grundsätzlich ist diese auch über den Befund entsprechend ihrer Verständnisfähigkeit aufzuklären, zu informieren und in geeigneter Weise in die genetische Beratung einzubeziehen. Hierbei kann es sinnvoll sein, **psychologische Unterstützung** in Anspruch zu nehmen (Richtlinie der Gendiagnostik-Kommission (GEKO) zu genetischen Untersuchungen bei nicht-einwilligungsfähigen Personen nach § 14 i.V.m. § 23 Abs. 2 Nr. 1c GenDG i.d.F. vom 26.07.2011, BGesundBl. 2011, 54, S. 1257 (1260).

105 Ein **klinisch nicht-relevanter Heterozygotenstatus** für eine autosomal rezessive Erkrankung, ein Überträgerstatus für eine geschlechtsgebundene Erkrankung oder ein Trägerstatus für eine familiäre Chromosomenstörung, die im Rahmen einer zulässigen genetischen Untersuchung festgestellt und ausschließlich für die Familienplanung der untersuchten Person relevant werden, sollen vor deren Einwilligungsfähigkeit nicht mitgeteilt werden (Richtlinie der Gendiagnostik-Kommission (GEKO) zu genetischen Untersuchungen bei nicht-einwilligungsfähigen Personen nach § 14 i.V.m. § 23 Abs. 2 Nr. 1c GenDG i.d.F. vom 26.07.2011, BGesundBl. 2011, 54, S. 1257 [1260]). Erst bei Vorliegen der Einwilligungsfähigkeit sollen diese Befunde auf Wunsch im Rahmen einer genetischen Beratung mitgeteilt werden (Richtlinie der Gendiagnostik-Kommission (GEKO) zu genetischen Untersuchungen bei nicht-einwilligungsfähigen Personen nach § 14 i.V.m. § 23 Abs. 2 Nr. 1c GenDG i.d.F. vom 26.07.2011, BGesundBl. 2011, 54, S. 1257 [1260]).

#### I. Untergesetzliche Regelungen

106 Nach § 23 Abs. 2 Nr. 1 Buchst. c erstellt die Gendiagnostik-Kommission Richtlinien für die Beurteilung genetischer Eigenschaften hinsichtlich der Erforderlichkeit einer genetischen Untersuchung
 – nach § 14 Abs. 1 Nr. 1, um eine genetisch bedingte Erkrankung oder gesundheitliche Störung zu vermeiden oder zu behandeln oder dieser vorzubeugen, oder
 – nach § 14 Abs. 2 Nr. 1 zur Klärung, ob eine bestimmte genetisch bedingte Erkrankung oder gesundheitliche Störung bei einem künftigen Abkömmling der genetisch verwandten Person auftreten kann.

107 Dementsprechend hat die Gendiagnostik-Kommission (GEKO) vor allem erlassen:
 – die Richtlinie zu genetischen Untersuchungen bei nicht-einwilligungsfähigen Personen nach § 14 i.V.m. § 23 Abs. 2 Nr. 1c GenDG i.d.F. vom 26.07.2011, BGesundBl. 2011, 54, S. 1257 ff. und ergänzend
 – die 8. Mitteilung der Gendiagnostik-Kommission vom 12.03.2014 zur Einordnung der nicht-invasiven Pränataldiagnostik (NIPD) und der diesbezüglichen Beratungsqualifikation.

#### II. Technisch-organisatorische Maßnahmen

108 Die **datenschutzrechtlichen Vorgaben**, insbesondere zur Zweckbindung nach §§ 11 und 13 und den besonderen Vorgaben nach § 14 Abs. 3, müssen durch geeignete technisch-organisatorische Maßnahmen sichergestellt werden.

Hinzu treten **Dokumentationspflichten** zur besseren Nachvollziehbarkeit und Überprüfbarkeit, z.B. im Hinblick auf die Feststellung der Einwilligungsunfähigkeit (Richtlinie der Gendiagnostik-Kommission (GEKO) zu genetischen Untersuchungen bei nicht-einwilligungsfähigen Personen nach § 14 i.V.m. § 23 Abs. 2 Nr. 1c GenDG i.d.F. vom 26.07.2011, BGesundBl. 2011, 54, S. 1257 (1257); Kern/*Kern*, § 14 GenDG Rn. 11).

### III. Ansprüche auf Schadensersatz

Bei Verstößen gegen § 14 kommen insbesondere Ansprüche auf Schadensersatz, etwa nach § 823 BGB wegen der Beeinträchtigung der Gesundheit, des Rechts auf informationelle Selbstbestimmung oder des Rechts auf Wissen und Nichtwissen, in Betracht.

### IV. Straf- und Bußgeldtatbestände

Bei der Durchführung einer genetischen Untersuchung bei nicht-einwilligungsfähigen Personen kann sich für die untersuchende Person nach § 25 Abs. 1 eine Strafbarkeit ergeben, wenn sie
– entgegen § 8 Abs. 1 Satz 1 i.V.m. § 14 Abs. 1 Nr. 4 oder Abs. 2 Nr. 2 eine genetische Untersuchung oder Analyse **ohne die erforderliche Einwilligung der vertretenden Person** vornimmt (§ 25 Abs. 1 Nr. 1),
– entgegen der **Zweckbeschränkung** nach § 14 Abs. 1 Nr. 1 eine genetische Untersuchung vornimmt (§ 25 Abs. 1 Nr. 2) oder
– entgegen der **Zweckbindung** nach § 14 Abs. 3 Satz 1 oder 2, auch i.V.m. Abs. 2, eine weitergehende Untersuchung vornimmt oder vornehmen lässt oder eine Feststellung trifft oder treffen lässt (§ 25 Abs. 1 Nr. 4).

Nach § 25 Abs. 2 wirkt es sich **strafverschärfend** aus, wenn die untersuchende Person die strafbewehrte Handlung gegen Entgelt oder in der Absicht begeht, sich oder einen Anderen zu bereichern oder einen Anderen zu schädigen.

## § 15 Vorgeburtliche genetische Untersuchungen

(1) Eine genetische Untersuchung darf vorgeburtlich nur zu medizinischen Zwecken und nur vorgenommen werden, soweit die Untersuchung auf bestimmte genetische Eigenschaften des Embryos oder Fötus abzielt, die nach dem allgemein anerkannten Stand der Wissenschaft und Technik seine Gesundheit während der Schwangerschaft oder nach der Geburt beeinträchtigen, oder wenn eine Behandlung des Embryos oder Fötus mit einem Arzneimittel vorgesehen ist, dessen Wirkung durch bestimmte genetische Eigenschaften beeinflusst wird und die Schwangere nach § 9 aufgeklärt worden ist und diese nach § 8 Abs. 1 eingewilligt hat. Wird anlässlich einer Untersuchung nach Satz 1 oder einer sonstigen vorgeburtlichen Untersuchung das Geschlecht eines Embryos oder Fötus festgestellt, kann dies der Schwangeren mit ihrer Einwilligung nach Ablauf der zwölften Schwangerschaftswoche mitgeteilt werden.

(2) Eine vorgeburtliche genetische Untersuchung, die darauf abzielt, genetische Eigenschaften des Embryos oder des Fötus für eine Erkrankung festzustellen, die nach dem allgemein anerkannten Stand der medizinischen Wissenschaft und Technik erst nach Vollendung des 18. Lebensjahres ausbricht, darf nicht vorgenommen werden.

(3) Vor einer vorgeburtlichen genetischen Untersuchung und nach Vorliegen des Untersuchungsergebnisses ist die Schwangere entsprechend § 10 Abs. 2 und 3 genetisch zu beraten und ergänzend auf den Beratungsanspruch nach § 2 des Schwangerschaftskonfliktgesetzes hinzuweisen; der Inhalt der Beratung ist zu dokumentieren.

(4) Wird die vorgeburtliche genetische Untersuchung bei einer Schwangeren vorgenommen, die nicht in der Lage ist, Wesen, Bedeutung und Tragweite der vorgeburtlichen genetischen Untersuchung zu erkennen und ihren Willen hiernach auszurichten, findet § 14 Abs. 1 Nr. 2 und 3 Anwendung. Die genetische Untersuchung darf nur vorgenommen werden, wenn zuvor

## § 15 GenDG   Vorgeburtliche genetische Untersuchungen

1. der Vertreter der Schwangeren nach § 9 aufgeklärt worden ist,
2. eine Ärztin oder ein Arzt, die oder der die Voraussetzungen nach § 7 Abs. 1 und 3 erfüllt, den Vertreter entsprechend Absatz 2 genetisch beraten und
3. der Vertreter nach § 8 Abs. 1 eingewilligt hat.

Die §§ 1627 und 1901 Absatz 2 und 3 (ab dem 01.01.2023: 1821 Absatz 2 bis 4) des Bürgerlichen Gesetzbuchs finden Anwendung.

**Übersicht**

| | | Rdn. |
|---|---|---|
| A. | Überblick | 1 |
| B. | Regelungszweck | 6 |
| I. | Schutz des Rechts auf körperliche Unversehrtheit der Schwangeren und des ungeborenen Kindes | 6 |
| II. | Schutz des Rechts auf Wissen und Nichtwissen der Schwangeren und des ungeborenen Kindes | 8 |
| III. | Schutz des Rechts auf informationelle Selbstbestimmung der Schwangeren und des ungeborenen Kindes | 10 |
| IV. | Schutz vor Beeinträchtigungen des allgemeinen Persönlichkeitsrechts durch Prognosen mit langen Vorhersagezeiträumen | 11 |
| C. | Systematische Einordnung | 13 |
| I. | Verhältnis zu Regelungen zur Zulässigkeit vorgeburtlicher Maßnahmen (v.a. §§ 218 ff. StGB) | 14 |
| II. | Verhältnis zu anderen Regelungen zur Zulässigkeit genetischer Untersuchungen | 16 |
| 1. | Geltung der allgemeinen Regelungen der §§ 7 ff. | 16 |
| a) | Vorgaben zur gendiagnostischen Indikation bei vorgeburtlichen genetischen Untersuchungen | 17 |
| b) | Besondere Vorgaben zur Vornahme von vorgeburtlichen genetischen Untersuchungen auf spätmanifestierenden Erkrankungen nach § 15 Abs. 2 | 20 |
| c) | Besondere Vorgaben zu Art und Umfang der Beratung bei vorgeburtlichen genetischen Untersuchungen nach § 15 Abs. 3 | 21 |
| 2. | Besondere Vorgaben für vorgeburtliche genetische Untersuchungen bei nicht-einwilligungsfähigen Personen nach § 15 Abs. 4 | 23 |
| 3. | Besondere Vorgaben für vorgeburtliche genetische Reihenuntersuchungen nach § 15 i.V.m. § 16 | 26 |
| 4. | Ausstrahlungswirkung des Rechtsgedankens des § 15 Abs. 2 auf die Regelungen der §§ 7 ff. | 28 |
| D. | Regelungsgehalt | 29 |
| I. | Normadressaten | 29 |
| II. | Erfasste Untersuchungen | 30 |

| | | Rdn. |
|---|---|---|
| III. | Unzulässigkeit vorgeburtlicher genetischer Untersuchungen zu nicht-medizinischen Zwecken (§ 15 Abs. 1) | 37 |
| IV. | Zulässigkeit vorgeburtlicher genetischer Untersuchungen bei einer einwilligungsfähigen Person zu medizinischen Zwecken (Abs. 1 bis 3) | 45 |
| 1. | Einwilligungsfähigkeit | 45 |
| 2. | Zulässiger Untersuchungszweck: vorgeburtliche genetische Untersuchung zu medizinischen Zwecken (Abs. 1 und 2) | 46 |
| a) | Zulässigkeit der Ermittlung von gesundheits- bzw. behandlungsbezogenen Indikatoren (Abs. 1 Satz 1) | 46 |
| b) | Grundsätzliche Unzulässigkeit der Geschlechtsbestimmung (Abs. 1 Satz 1 und 2) | 52 |
| c) | Unzulässigkeit der Vorhersage spätmanifestierender Erkrankungen (Abs. 2) | 55 |
| 3. | Wirksame Einwilligung der untersuchten Person (Abs. 1 Satz 1 i.V.m. §§ 8 und 9) | 58 |
| 4. | Einhaltung der weiteren Zulässigkeitsvoraussetzungen für genetische Untersuchungen | 64 |
| a) | Arztvorbehalt nach § 7 | 64 |
| b) | Durchführung einer genetischen Beratung (Abs. 3 i.V.m. § 10) | 65 |
| c) | Hinweis auf die Beratungsmöglichkeit nach dem SchKG (Abs. 3) | 68 |
| V. | Zulässigkeit vorgeburtlicher genetischer Untersuchungen bei einer nicht-einwilligungsfähigen Person zu medizinischen Zwecken (Abs. 4) | 70 |
| 1. | Fehlende Einwilligungsfähigkeit der untersuchten Person | 70 |
| 2. | Zulässiger Untersuchungszweck: vorgeburtliche genetische Untersuchung zu medizinischen Zwecken (Abs. 4 Satz 1 i.V.m. Abs. 1 und 2) | 71 |
| 3. | Keine Ablehnung durch die nicht-einwilligungsfähigen Person nach möglichst verständlicher Aufklärung | |

| | | | | |
|---|---|---|---|---|
| | (Abs. 4 Satz 1 i.V.m. § 14 Abs. 1 Nr. 2).................. | 72 | 6. | Einhaltung der allgemeinen Zulässigkeitsvoraussetzungen für genetische Untersuchungen....... 77 |

4. Begrenztes Untersuchungsrisiko: Einhaltung des Grundsatzes der Risikominimierung (Abs. 4 Satz 1 i.V.m. § 14 Abs. 1 Nr. 3) .... 73
5. Wirksame Einwilligung der vertretenden Person................. 74
    a) Vertretungsbefugnis .......... 74
    b) Wirksamkeit der Einwilligung der vertretenden Person (Abs. 4 Satz 2 Nr. 1 und 3 i.V.m. §§ 8 und 9) ................. 75
    c) Bindung an das Wohl der nichteinwilligungsfähigen Person (Abs. 4 Satz 3) ............. 76

    a) Arztvorbehalt (Abs. 4 Satz 2 Nr. 2 i.V.m. § 7 Abs. 1 und 3) .. 77
    b) Durchführung einer genetischen Beratung (Abs. 4 Satz 2 Nr. 2 i.V.m. Abs. 3, § 10)...... 78
    c) Hinweis auf die Beratungsmöglichkeit nach dem SchKG (Abs. 4 Satz 2 Nr. 2 i.V.m. Abs. 3) ................... 79
E. Normumsetzung ................. 80
  I. Untergesetzliche Regelungen ......... 81
  II. Technisch-organisatorische Maßnahmen ................. 82
  III. Ansprüche auf Schadensersatz ....... 89
  IV. Straf- und Bußgeldtatbestände ........ 90

## A. Überblick

§ 15 regelt die Zulässigkeit genetischer Untersuchungen vor der Geburt. Die Regelung trat nach § 27 Abs. 1 zum 01.02.2010 in Kraft. § 15 Abs. 4 Satz 3 ist durch Art. 15 Absatz 4 des Gesetzes vom 4. Mai 2021 zur Reform des Vormundschafts- und Betreuungsrechts (BGBl. I S. 882), die Änderung tritt allerdings erst zum 01.01.2023 in Kraft. **1**

**§ 15 Abs. 1 bis 3** trifft allgemeine Vorgaben zur Zulässigkeit von vorgeburtlichen genetischen Untersuchungen. Durch die auch im Hinblick auf nicht-medizinische Zwecksetzungen abschließende Regelung in Abs. 1 Satz 1 wird die Zulässigkeit von vorgeburtlichen genetischen Untersuchungen auf medizinische Zwecke beschränkt (BR-Drs. 633/08, S. 63, vgl. auch § 15 Rdn. 37 ff.). **2**

**§ 15 Abs.** 4 legt besondere Anforderungen an vorgeburtliche genetische Untersuchungen bei nichteinwilligungsfähigen Schwangeren fest. **3**

Der Regierungsentwurf wurde im **parlamentarischen Gesetzgebungsverfahren** durch die Regelung im jetzigen Abs. 2 zur grundsätzlichen Unzulässigkeit genetischer Untersuchungen auf spätmanifestierende Erkrankungen ergänzt (BT-Drs. 16/12713, S. 16 f., 35 f.). **4**

Vorschläge des Bundesrates zur redaktionellen Änderung des § 15 Abs. 1 Satz 1 (vgl. BR-Drs. 633/08 [Beschluss], S. 19; BT-Drs. 16/10532, S. 50) wurden im parlamentarischen Verfahren nicht aufgegriffen (vgl. BT-Drs. 16/10582, S. 4; BT-Drs. 16/12713, S. 16 f.). Begründet wurde dies damit, dass die Formulierung auch die Unzulässigkeit von genetischen Untersuchungen zu nichtmedizinischen Zwecken sicherstellen soll (vgl. BT-Drs. 16/10582, S. 4; vgl. auch § 15 Rdn. 37 ff.). **5**

## B. Regelungszweck

### I. Schutz des Rechts auf körperliche Unversehrtheit der Schwangeren und des ungeborenen Kindes

§ 15 dient dem Schutz des Rechts auf körperliche Unversehrtheit der Schwangeren und ihres ungeborenen Kindes, indem Abs. 3 im Hinblick auf mögliche Ergebnisse der vorgeburtlichen genetischen Untersuchung **besondere Anforderungen an die Aufklärung und Beratung** formuliert (BR-Drs. 633/08, S. 65). Die Vorgaben des Abs. 4 dienen dem besonderen Schutz der nicht einwilligungsfähigen Schwangeren und ihres ungeborenen Kindes (BR-Drs. 633/08, S. 65). **6**

7   Nach § 15 Abs. 1 dürfen genetische Untersuchungen vorgeburtlich nur zu medizinischen Zwecken durchgeführt werden. Dennoch § 15 gewährt grundsätzlich **keinen eigenständigen Schutz des ungeborenen Lebens, der über die Regelungen des §§ 218 ff. StGB hinausgeht**, sondern beschränkt allenfalls die Möglichkeiten, Informationen über genetische Eigenschaften des ungeborenen Kindes zu ermitteln. Soweit bei Gelegenheit von nach § 15 zulässigen Untersuchungen zu medizinischen Zwecken Erkenntnisse über nicht gesundheitsbezogene genetische Eigenschaften gewonnen werden, beschränkt § 15 nicht die Zulässigkeit ihrer weiteren Verwendung (vgl. auch zur Systematik Rdn. 13 und zum Regelungsgehalt Rdn. 37 ff.).

## II. Schutz des Rechts auf Wissen und Nichtwissen der Schwangeren und des ungeborenen Kindes

8   § 15 dient auch dem Schutz des Rechts auf Wissen und Nichtwissen der Schwangeren und ihres ungeborenen Kindes, indem v.a. § 15 Abs. 3 besondere Anforderungen im Hinblick auf die **Aufklärung und Beratung der Schwangeren** stellt.

9   Einen besonderen Schutz des Rechts auf Nichtwissen des ungeborenen Kindes gewährleistet § 15 Abs. 2 mit dem Verbot vorgeburtlicher genetischer Untersuchung auf **spätmanifestierende Erkrankungen**. Ohne eine solche Regelung wird das Recht des heranwachsenden Kindes bzw. des späteren Erwachsenen auf Nichtwissen gefährdet (BT-Drs. 16/12713, S. 36). Das Wissen der Mutter und des Vaters über eine mögliche Erkrankung des Kindes im Erwachsenenalter kann nach der Geburt des Kindes zu schwer zu lösenden familiären Problemen führen (BT-Drs. 16/12713, S. 36).

## III. Schutz des Rechts auf informationelle Selbstbestimmung der Schwangeren und des ungeborenen Kindes

10  § 15 betrifft zudem das Recht auf informationelle Selbstbestimmung der Schwangeren und des ungeborenen Kindes, indem die Regelung Vorgaben für Erhebung und Nutzung genetischer Informationen trifft. Damit soll u.a. ein **angemessener Ausgleich** zwischen berechtigten Informationsinteressen der Schwangeren und den angenommenen Interessen des ungeborenen Kindes geschaffen werden. Dies gilt insb. auch für das Verbot der Vornahme von vorgeburtlichen genetischen Untersuchungen auf spätmanifestierende Erkrankungen nach § 15 Abs. 2.

## IV. Schutz vor Beeinträchtigungen des allgemeinen Persönlichkeitsrechts durch Prognosen mit langen Vorhersagezeiträumen

11  Insbesondere § 15 Abs. 2 dient zudem dem Schutz des ungeborenen Kindes vor Beeinträchtigungen des allgemeinen Persönlichkeitsrechts durch Prognosen mit langen Vorhersagezeiträumen. Nach § 15 Abs. 2 darf eine vorgeburtliche genetische Untersuchung, die darauf abzielt, genetische Eigenschaften des Embryos oder des Fötus für eine Erkrankung festzustellen, die nach dem allgemein anerkannten Stand der medizinischen Wissenschaft und Technik erst nach Vollendung des 18. Lebensjahres ausbricht, nicht vorgenommen werden. Die Regelung betrifft damit Prognosen, die eine Vorhersagezeitraum von mindestens 18 Jahren haben. Derartige Prognosen weisen eine **besondere prognosetypische Aussageungenauigkeit** auf und sind – nicht zuletzt auch aufgrund ihres Mangels an zeitnaher Überprüf- und Widerlegbarkeit – als besonders problematisch zu werten (BVerwG NVwZ 2014, 300 [301], Rn. 17; *Höfling/Stockter*, ZBR 2008, 17; vgl. auch § 4 Rdn. 7 ff.).

12  Solche Prognosen können damit zu einer erheblichen persönlichkeitsrechtlichen, **menschenwürderelevanten Beeinträchtigung** führen. Denn für den Einzelnen besteht die Gefahr oder zumindest das Gefühl, als berechenbares, zahlenmäßig erfassbares Objekt behandelt zu werden, dessen weitere Entwicklung sich zumindest in Teilen anhand von statistischen Daten vorausberechnen lässt. Derartige Auswirkungen betreffen das Recht auf freie Entfaltung der Persönlichkeit, dessen Schutz die Regelungen des GenDG und insbesondere § 15 Abs. 2 dienen (Schutz der Menschenwürde, BR-Drs. 633/08, S. 43; vgl. auch § 4 Rdn. 7 ff.; *Stockter*, Verbot genetischer Diskriminierung, S. 73 ff., 397 ff.).

## C. Systematische Einordnung

Während der Abschnitt 2 grundsätzlich nur die Zulässigkeit von genetischen Untersuchungen zu medizinischen Zwecken regelt, geht die Regelung des § 15 zur Zulässigkeit vorgeburtlicher genetischer Untersuchungen darüber hinaus, indem sie abschließend nach ihrem Wortlaut entsprechend der gesetzgeberischen Zielsetzung auch die Durchführung von **vorgeburtlichen genetischen Untersuchungen zu nicht-medizinischen Zwecken untersagt** (BR-Drs. 633/08, S. 63; BT-Drs. 16/10582, S. 4; BT-Drs. 16/12713, S. 16 f.; vgl. auch § 15 Rdn. 5 und 37 ff.). 13

### I. Verhältnis zu Regelungen zur Zulässigkeit vorgeburtlicher Maßnahmen (v.a. §§ 218 ff. StGB)

§ 15 regelt lediglich die Zulässigkeit von vorgeburtlichen genetischen Untersuchungen, **nicht jedoch die Zulässigkeit der Maßnahmen, die sich auf ihre Ergebnisse stützen** (vgl. auch *Gärditz*, Gutachtliche Stellungnahme zur Zulässigkeit des Diagnostikprodukts »PraenaTest«, der eine medizinische Zwecksetzung i.S.d. § 15 im Fall des PraenaTests verneint, S. 13). Selbst wenn beispielsweise bei Gelegenheit einer nach § 15 zulässigen genetischen Untersuchung genetische Eigenschaften (z.B. für eine Behinderung) festgestellt werden, die für sich genommen kein zulässiger Untersuchungsgegenstand gewesen wären, verhindert § 15 nicht, dass diese Feststellung zum Anlass für einen Schwangerschaftsabbruch genommen wird. Die Zulässigkeit des Schwangerschaftsabbruchs richtet sich vielmehr im Wesentlichen nach den §§ 218 ff. StGB. 14

Auch wenn man **Behinderungen** nicht für sich genommen als gesundheitliche Beeinträchtigung begreift, sondern allenfalls einzelne mit der Behinderung verbundene Gesichtspunkte (vgl. § 15 Rdn. 39, 49; auch Bundesregierung, Antwort auf die Kleine Anfrage zur vorgeburtlichen Blutuntersuchung zur Feststellung des Down-Syndroms, BT-Drs. 18/4574, S. 5, Antwort auf Frage 4 zur nicht-invasiven Pränataldiagnostik), führt der Umstand, dass die meisten Behinderungen auch in gewissem Umfang mit gesundheitlichen Beeinträchtigungen verbunden sind, grundsätzlich zur Zulässigkeit entsprechender vorgeburtlicher genetischer Untersuchungen nach § 15. Dies wiederum führt jedoch dazu, dass letztlich – anders als der Wortlaut des § 15 auf den ersten Blick suggerieren mag – Schwangerschaftsabbrüche auf Grundlage von genetischen Untersuchungsergebnissen insbesondere in den ersten 12 Wochen der Schwangerschaft nach den Vorgaben des § 218a StGB zulässig sein können, auch wenn die Untersuchungsergebnisse nur teilweise den nach § 15 an sich vorausgesetzten medizinischen Bezug haben. Insoweit verhindert § 15 nicht, dass Ergebnisse von vorgeburtlichen genetischen Untersuchungen ohne medizinischen Bezug zur Grundlage von Entscheidungen (insb. über die Vornahme eines Schwangerschaftsabbruchs) gemacht werden können. Vgl. dazu auch Kern/*Kern*, vor §§ 14, 15 GenDG Rn. 4 m.w.N.; kritisch *Gärditz*, Gutachtliche Stellungnahme zur Zulässigkeit des Diagnostikprodukts »PraenaTest«, der eine medizinische Zwecksetzung i.S.d. § 15 im Fall des PraenaTests verneint, S. 13; anders wiederum: *Hufen*, Zur verfassungsrechtlichen Beurteilung frühzeitiger pränataler Diagnostik dargestellt am Beispiel des Diagnoseprodukts »PraenaTest«. 15

### II. Verhältnis zu anderen Regelungen zur Zulässigkeit genetischer Untersuchungen

#### 1. Geltung der allgemeinen Regelungen der §§ 7 ff.

Für die Zulässigkeit vorgeburtlicher genetischer Untersuchungen gelten grundsätzlich die allgemeinen Anforderungen an die Zulässigkeit genetischer Untersuchungen nach den §§ 7 ff., soweit sich aus § 15 nichts anderes ergibt (vgl. Vorbemerkungen zu §§ 7 ff.). Die Regelungen des § 14 finden im Hinblick auf das (nicht-einwilligungsfähige) ungeborene Kind keine unmittelbare Anwendung, da dem Embryo oder Fötus noch keine Person im rechtlichen Sinne ist. 16

#### a) Vorgaben zur gendiagnostischen Indikation bei vorgeburtlichen genetischen Untersuchungen

Wie sich aus der Zusammenschau mit § 16 ergibt, dürfen auch vorgeburtliche genetische Untersuchungen nach § 15 nur **nach einer Spontanaufklärung mit gendiagnostischer Indikation** (vgl. 17

auch § 3 Nr. 9, Rdn. 78 ff.; Vorbemerkungen zu §§ 7 ff. Rdn. 5 ff.; § 8 Rdn. 8, § 9 Rdn. 4; § 10 Rdn. 4, § 14 Rdn. 11, § 16 Rdn. 10 ff., 29; auch Kern/*Kern*, vor §§ 14, 15 GenDG Rn. 5 m.w.N.) oder – auch ohne gendiagnostischer Indikation für eine genetische Untersuchung – **auf Probandeninitiative** durchgeführt werden. Genaue Vorgaben zur gendiagnostischen Indikation, die eine Spontanaufklärung im Rahmen von vorgeburtlichen genetischen Untersuchungen rechtfertigt, enthält das Gesetz allerdings nicht (Kern/*Kern*, vor §§ 14, 15 Rn. 3). Aus § 3 Nr. 9 lässt sich für die Annahme einer Indikation lediglich im Umkehrschluss die Minimalvorgabe entnehmen, dass bei der jeweiligen Person »notwendigerweise Grund zu der Annahme besteht, sie habe die genetischen Eigenschaften, deren Vorhandensein mit der Untersuchung geklärt werden soll.« (vgl. auch § 3 Abs. 9 Rdn. 78). Insoweit sind die Leitlinien der Fachverbände bzw. ggf. auch die Richtlinien der GEKO zur Ausfüllung des Begriffs hinzuzuziehen (vgl. § 3 Rdn. 79; Kern/*Kern*, vor §§ 14, 15 Rn. 3).

18 Soweit im Einzelfall eine gendiagnostische Indikation vorliegt, ist grundsätzlich davon auszugehen, dass die ärztliche Person **verpflichtet** ist, Schwangeren einen Hinweis auf die Möglichkeit der Untersuchung einer entsprechenden genetischen Untersuchung zu geben (vgl. auch im Hinblick auf die unter dem Schlagwort »**Kind als Schaden**« geführten Erörterung: Kern/*Kern*, vor §§ 14, 15 Rn. 4 f. mwN.; *Riedel*, Kind als Schaden – Die höchstrichterliche Rechtsprechung zur Arzthaftung für den Kindesunterhalt bei unerwünschter Geburt eines gesunden, kranken oder behinderten Kindes).

19 Allerdings dürfte die ärztliche Person im Sinne eines effektiven Schutzes des **Rechts auf Nichtwissen weder berechtigt noch verpflichtet** sein, einen solchen Hinweis zu geben, soweit sich aus den Umständen des Einzelfalls mit hinreichender Klarheit ein **entgegenstehender Willen der Schwangeren** ergibt. Dies ist etwa dann der Fall, wenn die Schwangere lediglich genetische Untersuchungen durchführen lassen will, die während der Schwangerschaft oder unter der Geburt besondere Therapieoptionen eröffnen, und im Übrigen auf eine gendiagnostische Abklärung möglicher genetischer Eigenschaften des Kindes (insb. im Hinblick auf mögliche Behinderungen) verzichtet. Der rechtswidrig erteilte Hinweis bewirkt jedoch grundsätzlich nicht die Unzulässigkeit von im Anschluss daran vorgenommener vorgeburtlicher genetischen Untersuchungen, soweit diese unter Einhaltung der Vorgaben des § 15 letztlich mit der wirksamen Einwilligung der Schwangeren durchgeführt werden. Zu möglichen Schadensersatzansprüchen wegen der Verletzung des Rechts auf Nichtwissen vgl. aber § 15 Rdn. 89.

**b) Besondere Vorgaben zur Vornahme von vorgeburtlichen genetischen Untersuchungen auf spätmanifestierenden Erkrankungen nach § 15 Abs. 2**

20 Eine besondere Vorgabe enthält § 15 Abs. 2 für **vorgeburtliche genetischen Untersuchungen auf spätmanifestierenden Erkrankungen**. Danach darf eine vorgeburtliche genetische Untersuchung nicht vorgenommen werden, wenn sie darauf abzielt, genetische Eigenschaften des Embryos oder des Fötus für eine Erkrankung festzustellen, die nach dem allgemein anerkannten Stand der medizinischen Wissenschaft und Technik erst nach Vollendung des 18. Lebensjahres ausbricht (vgl. § 15 Rdn. 55 ff.). Zur Ausstrahlungswirkung des Rechtsgedankens dieser Regelung auf andere Regelungen der §§ 7 ff., insb. § 14, vgl. § 15 Rdn. 28.

**c) Besondere Vorgaben zu Art und Umfang der Beratung bei vorgeburtlichen genetischen Untersuchungen nach § 15 Abs. 3**

21 Besondere Vorgaben zu Art und Umfang der Beratung im Rahmen einer vorgeburtlichen genetischen Untersuchung ergeben sich insbesondere aus § 15 Abs. 3. Diese Regelung macht die genetische Beratung – **abweichend von den allgemeinen Vorschriften des § 10** – auch für eine diagnostische vorgeburtliche genetische Untersuchung **verpflichtend** (vgl. § 15 Rdn. 65 ff.).

Zudem muss die Schwangere ergänzend zur genetischen Beratung auf die **Beratungsmöglichkeit nach § 2 SchKG** hingewiesen werden. Vgl. auch Richtlinie der Gendiagnostik-Kommission (GEKO) für die Beurteilung genetischer Eigenschaften hinsichtlich ihrer Bedeutung nach § 15 Abs. 1 Satz 1 GenDG für eine Beeinträchtigung der Gesundheit des Embryos oder des Fötus während der Schwangerschaft oder nach der Geburt gem. § 23 Abs. 2 Nr. 1d GenDG i.d.F. vom 12.04.2013 unter II.

### 2. Besondere Vorgaben für vorgeburtliche genetische Untersuchungen bei nichteinwilligungsfähigen Personen nach § 15 Abs. 4

§ 15 Abs. 4 macht besondere Vorgaben für vorgeburtliche genetische Untersuchungen bei nichteinwilligungsfähigen Personen. Die Regelungen des § 14 finden nach dem Grundsatz des Vorrangs der spezielleren Regelung insoweit nur subsidiär Anwendung. Dabei ist insbesondere Folgendes zu berücksichtigen:
– Genetische Untersuchung bei nicht-einwilligungsfähigen Personen sind ausschließlich zu medizinischen Zwecken zulässig. Genetische Untersuchung **zu nicht-medizinischen Zwecken** (sog. Life-Style-Tests oder Tests zu Zwecken der Identifizierung, vgl. auch § 17) sind vorgeburtlich unzulässig (vgl. § 15 Rdn. 37 ff.).
– Es sind im Rahmen von vorgeburtlichen genetischen Untersuchungen bei nichteinwilligungsfähigen Personen die **besonderen Vorgaben für die Information der Schwangeren bzw. ihrer vertretenden Person** zu berücksichtigen. So ist beispielsweise die vertretende Person ergänzend zu den Vorgaben des § 14 auf den den Beratungsanspruch nach dem Gesetz zur Vermeidung und Bewältigung von Schwangerschaftskonflikten (Schwangerschaftskonfliktgesetz – SchKG) hinzuweisen (vgl. § 15 Abs. 4 i.Vm. Abs. 3)

### 3. Besondere Vorgaben für vorgeburtliche genetische Reihenuntersuchungen nach § 15 i.V.m. § 16

Indikationslos angebotene vorgeburtliche genetische Reihenuntersuchungen sind nur nach den zusätzlichen Vorgaben ist § 16 zulässig, wenn die betroffenen Personen genetische Eigenschaften mit Bedeutung für eine Erkrankung oder gesundheitliche Störung haben, die nach dem allgemein anerkannten Stand der Wissenschaft und Technik **vermeidbar oder behandelbar ist oder der vorgebeugt werden kann**. Genetische Reihenuntersuchungen auf medikamentöse Unverträglichkeiten sind nach § 16 Abs. 1 unzulässig (vgl. § 16 Rdn. 24a). Bei neuen Screeningangeboten ist eine Reihenuntersuchung zudem erst nach der **schriftlichen Stellungnahme der GEKO** nach § 16 Abs. 2 zulässig.

Im Übrigen gelten die Vorgaben des § 15 grundsätzlich auch bei vorgeburtlichen genetischen Reihenuntersuchungen nach § 16. Vorgeburtliche genetische Reihenuntersuchungen zu nichtmedizinischen Zwecken sind nach § 15 Abs. 1 (vgl. § 15 Rdn. 37 ff.), solche auf spätmanifestierende Erkrankungen sind nach § 15 Abs. 2 (vgl. § 15 Rdn. 55) und solche auf medikamentöse Unverträglichkeiten nach § 16 Abs. 1 (vgl. § 16 Rdn. 24a) unzulässig. Vorgeburtliche genetische Reihenuntersuchungen zu medizinischen Zwecken sind nur unter Einhaltung der besonderen Beratungsvorgaben nach § 15 Abs. 3 zulässig.

### 4. Ausstrahlungswirkung des Rechtsgedankens des § 15 Abs. 2 auf die Regelungen der §§ 7 ff.

§ 15 Abs. 2 regelt seinem Wortlaut nach nur die Zulässigkeit von genetischen Untersuchungen des Embryos oder Fötus auf spätmanifestierende Erkrankungen im Rahmen von vorgeburtlichen genetischen Untersuchungen. Die gesetzgeberische Wertung des § 15 Abs. 2 ist jedoch insbesondere auch im Rahmen des § 14 bei der Bewertung des **Wohls des Kindes oder ggf. auch der volljährigen, vorübergehend nicht-einwilligungsfähigen Person** zu berücksichtigen. Unter Zugrundelegung der Wertung aus § 15 Abs. 2 dürften prädiktive genetische Untersuchungen auf spätmanifestierende Erkrankungen bei nicht-einwilligungsfähigen Person nach § 14 nur durchgeführt werden, soweit sie unter Berücksichtigung ihres Wohles nicht aufschiebbar sind (Kern/*Kern*, § 14 GenDG Rn. 12; vgl. § 14 Rdn. 12 sowie Rdn. 47).

## D. Regelungsgehalt

### I. Normadressaten

29 Normadressaten des § 15 sind die untersuchende Person und – insbesondere in Bereichen, in denen die Norm (auch) dem Schutz des ungeborenen Kindes dient (z.B. § 15 Abs. 2) – die Person, die in die genetische Untersuchung einwilligt (die Schwangere oder die sie vertretende Person). Zur Strafbarkeit vgl. § 15 Rdn. 90 ff.

### II. Erfasste Untersuchungen

30 § 15 regelt die Zulässigkeit **aller genetischer Untersuchungen, die vorgeburtlich vorgenommen werden** (zur Einbeziehung von vorgeburtlichen genetischen Untersuchungen zu nicht-medizinischen Zwecken vgl. § 15 Rdn. 37 ff.; *Schillhorn/Heidemann*, § 15 GenDG Rn. 1). Der Begriff der vorgeburtlichen genetischen Untersuchung ist **in § 3 gesetzlich nicht ausdrücklich definiert** (vgl. auch Richtlinie der Gendiagnostik-Kommission (GEKO) für die Beurteilung genetischer Eigenschaften hinsichtlich ihrer Bedeutung nach § 15 Abs. 1 Satz 1 GenDG für eine Beeinträchtigung der Gesundheit des Embryos oder des Fötus während der Schwangerschaft oder nach der Geburt gem. § 23 Abs. 2 Nr. 1d GenDG i.d.F. vom 12.04.2013 unter III.). In § 3 Nr. 1 wird nur der Begriff der genetischen Untersuchung definiert, die sowohl die genetische Analyse zur Feststellung genetischer Eigenschaften als auch die vorgeburtliche Risikoabklärung erfasst (§ 3 Nr. 1; vgl. auch Richtlinie der Gendiagnostik-Kommission (GEKO) für die Anforderungen an die Durchführung der vorgeburtlichen Risikoabklärung sowie an die insoweit erforderlichen Maßnahmen zur Qualitätssicherung gem. § 23 Abs. 2 Nr. 5 GenDG i.d.F. vom 12.04.2013 unter II.). Die Begriffsbestimmung für vorgeburtliche genetische Untersuchung ergibt sich vielmehr aus der Auslegung vor allem des § 15. Im Einzelnen gilt Folgendes:

31 – Vom Begriff der vorgeburtlichen genetischen Untersuchung werden nach der Begriffsbestimmung des § 3 **nicht Untersuchungen vor der bestehenden Schwangerschaft** erfasst (Präimplantationsdiagnostik, Polkörperdiagnostik; *Schillhorn/Heidemann*, § 15 GenDG Rn. 2. Vielmehr verlangt § 15 eine Untersuchung während ein bestehenden Schwangerschaft (*Schillhorn/Heidemann*, § 14 GenDG Rn. 2).

32 – Der Begriff der vorgeburtlichen genetischen Untersuchung ist **grundsätzlich nicht hinsichtlich der Untersuchungsmotivation beschränkt** (wenngleich vorgeburtliche genetische Untersuchungen nach § 15 nur dann zulässig sind, wenn sie auf die Feststellung bestimmter genetischer Eigenschaften abzielen; vgl. § 15 Rdn. 46 ff.). Zufallsbefunde werden daher grundsätzlich ebenfalls erfasst (vgl. auch die Regelung des Abs. 1 Satz 2 zu Zufallsbefunden im Hinblick auf das Geschlecht des ungeborenen Kindes).

33 – Der Geltungsbereich des § 15 ist auch nicht auf vorgeburtliche genetische Untersuchungen **zu bestimmten Zwecken** beschränkt. Ebenfalls von der Regelung des § 15 erfasst werden damit vorgeburtliche genetische Untersuchungen zu **nicht-medizinischen Zwecken** (Richtlinie der Gendiagnostik-Kommission (GEKO) für die Beurteilung genetischer Eigenschaften hinsichtlich ihrer Bedeutung nach § 15 Abs. 1 Satz 1 GenDG für eine Beeinträchtigung der Gesundheit des Embryos oder des Fötus während der Schwangerschaft oder nach der Geburt gem. § 23 Abs. 2 Nr. 1d GenDG i.d.F. vom 12.04.2013; vgl. auch § 15 Rdn. 37 ff.). Dies ergibt sich aus dem Wortlaut und der gesetzgeberischen Begründung (vgl. BT-Drs. 16/10582, S. 4; vgl. auch § 25 Abs. 1 Nr. 3, der die Vornahme von genetischen Untersuchungen zu nicht-medizinischen Zwecken unter Strafe stellt). Der Regelungsbereich soll insoweit nicht auf genetische Untersuchungen zu medizinischen Zwecken beschränkt sein, wie die Überschrift des Abschnitts nahelegt (vgl. auch Vorbemerkungen zu §§ 7 ff. Rdn. 2 ff.; § 15 Rdn. 37 ff.).

34 – Zu den vorgeburtlichen genetischen Untersuchungen zählen **alle invasiven Untersuchungsmethoden** wie Fruchtwasseruntersuchung (Amniozentese), Untersuchung an Chorionzotten oder an fetalem Nabelschnurblut (BR-Drs. 633/08, S. 64).

– Schließlich gilt § 15 auch für alle vorgeburtlichen genetischen Untersuchungen **unabhängig** 35
**von ihrer Aussagekraft**. Mangels abweichender Regelungen in § 15 gelten entsprechend der
Begriffsbestimmung des § 3 Nr. 1 auch Untersuchungen, die nur eine Wahrscheinlichkeitsangabe zulassen, ob bei dem Embryo oder Fötus bestimmte genetische Eigenschaften vorliegen,
zu den vorgeburtlichen genetischen Untersuchungen (vgl. BR-Drs. 633/08, S. 64). Dazu gehören **genetische Analysen nach § 3 Nr. 1 Buchst. a** wie insb. auch Untersuchungen im Rahmen
einer nicht-invasiven Pränataldiagnostik an fetaler DNA aus mütterlichem Blut (NIPD, der
z.B. auch der sog. **PraenaTest** zuzuordnen ist; vgl. i.Ü. auch die Begriffsbestimmungen in § 3
Rdn. 25a) oder Untersuchungen im Rahmen der **vorgeburtlichen Risikoabklärung nach § 3
Nr. 1 Buchst. b** wie etwa der sog. **Triple-Test** oder die **Ultraschallbestimmung der Nackenfalte**,
mit denen die Wahrscheinlichkeit für das Vorliegen eines kindlichen Down-Syndroms abgeleitet
werden soll (vgl. BR-Drs. 633/08, S. 64; vgl. auch Bundesregierung, Antwort auf die Kleine Anfrage zur vorgeburtlichen Blutuntersuchung zur Feststellung des Down-Syndroms, BT-Drs. 18/
4574). Zum Ganzen vgl. § 3 Rdn. 25a.

Vgl. i.Ü. auch die Ausführungen zu § 14 Rdn. 37 ff. 36

### III. Unzulässigkeit vorgeburtlicher genetischer Untersuchungen zu nicht-medizinischen Zwecken (§ 15 Abs. 1)

§ 15 trifft hinsichtlich der Zwecksetzung eine **abschließende Regelung** für die Zulässigkeit von 37
vorgeburtlichen genetischen Untersuchungen (vgl. auch § 15 Rdn. 5 und 30). Durch die in Abs. 1
Satz 1 im Gesetzentwurf enthaltene Formulierung soll nach dem Wortlaut und der gesetzgeberischen Begründung (BT-Drs. 16/10582, S. 4) der für die folgenden Absätze gültige Grundsatz
verankert, dass eine genetische Untersuchung i.S.d. § 3 Nr. 1 des Gesetzentwurfs, wenn sie vorgeburtlich durchgeführt werden soll, **nur zu medizinischen Zwecken** zulässig ist und nur vorgenommen werden darf, soweit die Untersuchung auf bestimmte genetische Eigenschaften des Embryos
oder Fötus abzielt, die nach dem allgemein anerkannten Stand der Wissenschaft und Technik **die
Gesundheit des Embryos oder des Fötus während der Schwangerschaft oder nach der Geburt
beeinträchtigen**, oder wenn eine Behandlung des Embryos oder Fötus mit einem Arzneimittel
vorgesehen ist, dessen Wirkung durch bestimmte genetische Eigenschaften beeinflusst wird. Der
**Schutz der Gesundheit der Schwangeren** rechtfertigt danach keine genetischen Untersuchungen
i.S.d. § 15 (vgl. auch Kern/*Kern*, § 15 GenDG Rn. 2).

Unzulässig sind daher genetische Untersuchungen, mit denen das Vorliegen genetischer Eigen- 38
schaften des Embryos oder Fötus, die **ohne Bedeutung für eine Erkrankung oder gesundheitliche
Störung des Embryos oder Fötus** sind (beispielsweise sog. **Life-Style-Tests** oder **Tests zur Feststellung von Geschlecht und Haarfarbe**), geklärt werden soll (BR-Drs. 633/08, S. 63; BT-Drs. 16/
10582, S. 4; Richtlinie der Gendiagnostik-Kommission (GEKO) für die Beurteilung genetischer
Eigenschaften hinsichtlich ihrer Bedeutung nach § 15 Abs. 1 Satz 1 GenDG für eine Beeinträchtigung der Gesundheit des Embryos oder des Fötus während der Schwangerschaft oder nach der
Geburt gem. § 23 Abs. 2 Nr. 1d GenDG i.d.F. vom 12.04.2013 unter II; *Schillhorn/Heidemann*,
§ 15 GenDG Rn. 3 f.). Insbesondere auch Untersuchungen, die allein auf die **Feststellung des
Geschlechts** gerichtet sind, sind demnach unzulässig, was sich auch im Umkehrschluss zur Ausnahmeregelung des § 15 Abs. 1 Satz 2 ergibt (Kern/*Kern*, § 15 GenDG Rn. 5; Spickhoff/*Fenger*, § 15
GenDG Rn. 1; vgl. dazu auch § 15 Rdn. 52 ff.).

Dies bedeutet jedoch nicht, dass im Rahmen von vorgeburtlichen genetischen Untersuchungen 39
ausschließlich genetische Eigenschaften untersucht werden dürfen, denen unmittelbar und für sich
genommen ein Gesundheitsbezug zugewiesen wird. Von genetischen Untersuchungen zu nichtmedizinischen Zwecken ist daher die vorgeburtliche Abklärung genetischer Eigenschaften (»genetic
condition«) für **so genannte Normalmerkmale** abzugrenzen, die den Gesundheitszustand des Embryos oder Fötus v.a. im Zusammenspiel mit Normalmerkmalen der Mutter beeinträchtigen können
(z.B. Blutgruppenunverträglichkeiten, vgl. BR-Drs. 633/08, S. 64; vgl. § 14 Rdn. 49). Eine derartige Abklärung wäre § 3 Nr. 7b zuzuordnen und kann damit als genetische Untersuchungen zu

medizinischen Zwecken nach § 15 zulässig sein (Richtlinie der Gendiagnostik-Kommission (GEKO) für die Beurteilung genetischer Eigenschaften hinsichtlich ihrer Bedeutung nach § 15 Abs. 1 Satz 1 GenDG für eine Beeinträchtigung der Gesundheit des Embryos oder des Fötus während der Schwangerschaft oder nach der Geburt gem. § 23 Abs. 2 Nr. 1d GenDG i.d.F. vom 12.04.2013 unter II.).

40 Auch Untersuchungen auf **genetisch bedingte Behinderungen** können genetische Untersuchungen zu medizinischen Zwecken darstellen, soweit mit der Feststellung der entsprechenden genetischen Eigenschaften **spezifische Risiken für die Gesundheit der Mutter oder ihres Kindes** verbunden werden, die während der Schwangerschaft oder nach der Geburt zu Beeinträchtigungen führen können (etwa im Fall der Feststellung einer Trisomie 21, vgl. Bundesregierung, Antwort auf die Kleine Anfrage zur vorgeburtlichen Blutuntersuchung zur Feststellung des Down-Syndroms, BT-Drs. 18/4574, S. 5, Antwort auf Frage 4 zur nicht-invasiven Pränataldiagnostik (**NIPD, z.B. PraenaTest**) bzw. S. 8, Antwort auf Frage 9 zum **Ersttrimesterscreening** im Rahmen der vorgeburtlichen Risikoabklärung; kritisch: *Gärditz*, Gutachtliche Stellungnahme zur Zulässigkeit des Diagnostikprodukts »PraenaTest«;, der eine medizinische Zwecksetzung i.S.d. § 15 im Fall des PraenaTests verneint, S. 14 f.). Im Umkehrschluss bedeutet dies, dass vorgeburtliche genetischen Untersuchungen zur Feststellung von Veranlagungen zu genetisch bedingten Behinderungen ohne einen solchen gesundheitlichen Bezug unzulässig wären (so offenbar auch die Bundesregierung, die bei Behinderungen wohl nicht automatisch von einem entsprechenden gesundheitlichen Bezug ausgeht, vgl. Antwort auf die Kleine Anfrage zur vorgeburtlichen Blutuntersuchung zur Feststellung des Down-Syndroms, BT-Drs. 18/4574, S. 5, Antwort auf Frage 4; wohl auch Kern/*Kern*, § 15 GenDG Rn. 6; vgl. auch § 15 Rdn. 40 ff.).

41 Dabei setzt der Begriff der genetischen Untersuchung zu medizinischen Zwecken allerdings (anders als die Ausführungen der Bundesregierung zu Frage 4 in der Antwort auf die Kleine Anfrage zur vorgeburtlichen Blutuntersuchung zur Feststellung des Down-Syndroms vielleicht suggerieren mag, vgl. Bundesregierung, BT-Drs. 18/4574, S. 5, Antwort auf Frage 4 zur nicht-invasiven Pränataldiagnostik) nicht notwendigerweise voraus, dass die Feststellung der genetischen Eigenschaften mit **besonderen Therapieoptionen für die Mutter oder ihr Kind während der Schwangerschaft oder unter der Geburt** verbunden ist (vgl. auch Kern/*Kern*, vor §§ 14, 15 GenDG Rn. 4; Kern/*Kern*, § 15 GenDG Rn. 3; insoweit unklar Kern/*Kern*, § 15 GenDG Rn. 6). Hierfür sprechen folgende Erwägungen:

42 – Zunächst spricht für diese Auslegung der **Wortlaut des § 15 Abs. 1**, der es – anders als beispielsweise § 14 Abs. 1 Nr. 1 oder § 16 Abs. 1 – nicht zur Voraussetzung macht, dass die genetische Untersuchung erforderlich ist, um eine genetisch bedingte gesundheitliche Störung zu vermeiden, zu behandeln oder dieser vorzubeugen.

43 – Zudem spricht auch **§ 15 Abs. 2** für diese Auslegung, da diese Regelung lediglich die Feststellung genetischer Eigenschaften für eine Erkrankung für unzulässig erklärt, die nach dem allgemein anerkannten Stand der Wissenschaft und Technik erst nach der Vollendung des 18. Lebensjahres ausbricht (wie etwa die Huntington-Krankheit, vgl. auch § 15 Rdn. 55). Im Umkehrschluss dürfte die Feststellung von genetischen Eigenschaften für eine Erkrankung, die sich vor dem 18. Lebensjahr manifestiert, grundsätzlich einen zulässigen Untersuchungsgegenstand darstellen.

44 – Schließlich dient § 15 Abs. 2 nach der **gesetzgeberischen Begründung** (vgl. BT-Drs. 16/12713, S. 36) vornehmlich dem Schutz des Rechts auf Nichtwissen des Kindes und führt nicht notwendigerweise zu der Annahme, dass die von § 15 Abs. 2 erfassten Untersuchungen nicht mehr als Untersuchungen zu medizinischen Zwecken einzuordnen wären.

### IV. Zulässigkeit vorgeburtlicher genetischer Untersuchungen bei einer einwilligungsfähigen Person zu medizinischen Zwecken (Abs. 1 bis 3)

#### 1. Einwilligungsfähigkeit

45 Zur Einwilligungsfähigkeit und ihrer Beurteilung vgl. § 14 Rdn. 26 ff.

## 2. Zulässiger Untersuchungszweck: vorgeburtliche genetische Untersuchung zu medizinischen Zwecken (Abs. 1 und 2)

### a) Zulässigkeit der Ermittlung von gesundheits- bzw. behandlungsbezogenen Indikatoren (Abs. 1 Satz 1)

Zulässig ist eine vorgeburtliche genetische Untersuchung eines Embryos oder Fötus während der Schwangerschaft nur dann, wenn die Untersuchung darauf gerichtet ist (»abzielt«; zum Umgang mit **Zufallsbefunden** im Rahmen von Untersuchungen, die nicht auf die Feststellung genetischer Eigenschaften abzielen, vgl. auch § 3 Rdn. 5; *Schillhorn/Heidemann*, § 15 GenDG Rn. 9 ff.; zur **Unzulässigkeit** von genetischen Untersuchungen zu nicht-medizinischen Zwecken vgl. § 15, Rdn. 37 ff.), genetische Eigenschaften festzustellen, die **nach dem allgemein anerkannten Stand der Wissenschaft und Technik** (vgl. dazu *Schillhorn/Heidemann*, § 15 GenDG Rn. 5) 46

– **die Gesundheit des Embryos oder Fötus vor oder nach der Geburt beeinträchtigen** (BR-Drs. 633/08, S. 63; wobei der Begriff der Gesundheitsbeeinträchtigung dem Begriff der Erkrankung oder gesundheitlichen Störung i.S.d. §§ 14 und 16 entsprechen dürfte; vgl. § 14 Rdn. 33 ff. und § 16 Rdn. 21 ff.) oder 47

– **zur Ermöglichung einer optimalen medikamentösen Therapie** für die Frage von Bedeutung sind, ob die Wirkung eines Arzneimittels durch genetische Eigenschaften des Embryos oder Fötus beeinflusst wird (BR-Drs. 633/08, S. 63; vgl. auch die entsprechende Regelung in § 14 Abs. 1 Nr. 1 für genetische Untersuchungen bei nicht-einwilligungsfähigen Personen; zur Unzulässigkeit entsprechender genetischer Reihenuntersuchungen vgl. § 16 Rdn. 24a). 48

Unabhängig davon, ob genetische Eigenschaften für Erkrankungen oder gesundheitliche Störungen **ursächlich** oder mitursächlich sind, gibt es genetische Eigenschaften für sogenannte **Normalmerkmale**, die den Fötus oder Embryo gesundheitlich beeinträchtigen können (BR-Drs. 633/08, S. 63). Hier ist in erster Linie die **Rhesus-Unverträglichkeit** zu nennen, bei der eine genetische Eigenschaft untersucht wird, die die Gesundheit des Fötus durch das Zusammenwirken mit den genetischen Eigenschaften der Mutter beeinträchtigen (BR-Drs. 633/08, S. 63). In Fällen der Rhesus-Unverträglichkeit besteht schon pränatal die Notwendigkeit einer Therapie (BR-Drs. 633/08, S. 63). 49

Insbesondere die **vorgeburtliche Risikoabklärung** muss dem allgemein anerkannten Stand der Wissenschaft und Technik entsprechen (vgl. zum Ganzen Richtlinie der Gendiagnostik-Kommission (GEKO) für die Anforderungen an die Durchführung der vorgeburtlichen Risikoabklärung sowie an die insoweit erforderlichen Maßnahmen zur Qualitätssicherung gem. § 23 Abs. 2 Nr. 5 GenDG i.d.F. vom 12.04.2013 unter IV.; vgl. auch Kern/*Kern*, § 15 GenDG Rn. 7 f.). Sie erfolgt derzeit als Ersttrimesteruntersuchung – in der Regel zwischen 11 und 14 abgeschlossenen Schwangerschaftswochen (SSW) p.m. (post menstruationem). Zur Anwendung kommen demnach derzeit: 50

– die Anamnese mütterlicher Risikofaktoren,
– die Ultraschalluntersuchung mit Messung der Scheitel-Steiß-Länge und
– der fetalen Nackentransparenz sowie
– optional zusätzliche sonographisch festgestellte morphologische oder hämodynamische Parameter oder strukturelle Besonderheiten und die Bestimmung serologischer laboratoriumsmedizinischer Messgrößen, wie der freien beta-Kette des humanen Choriongonadotropins (freies beta-hCG) und das Schwangerschafts-assoziierte Plasmaprotein A (PAPP-A) aus mütterlichem Blut.

Aus den Ergebnissen der anamnestischen, sonografischen oder laboratoriumsmedizinischen Untersuchungen werden mithilfe von Algorithmen individuelle Wahrscheinlichkeiten berechnet (Richtlinie der Gendiagnostik-Kommission (GEKO) für die Anforderungen an die Durchführung der 51 vorgeburtlichen Risikoabklärung sowie an die insoweit erforderlichen Maßnahmen zur Qualitätssicherung gem. § 23 Abs. 2 Nr. 5 GenDG i.d.F. vom 12.04.2013 unter IV.).

### b) Grundsätzliche Unzulässigkeit der Geschlechtsbestimmung (Abs. 1 Satz 1 und 2)

52 **Gezielte** vorgeburtliche genetische Untersuchungen zur Feststellung des Geschlechts des ungeborenen Kindes sind nach § 15 grundsätzlich unzulässig (Kern/*Kern*, § 15 GenDG Rn. 5; Spickhoff/*Fenger*, § 15 GenDG Rn. 1; vgl. auch *Schillhorn/Heidemann*, § 15 GenDG Rn. 9 f.).

53 Nur in bestimmten Fällen kann auch die **Geschlechtsbestimmung des Fötus oder Embryos** für die Gesundheit desselben von Bedeutung sein. So ist z.B. bei pränataler Feststellung eines Adrenogenitalen Syndroms (AGS) die Geschlechtsbestimmung des Fötus unerlässlich, da zur Milderung der Symptome bei Mädchen (Vermännlichung des äußeren Genitale) eine Cortisonbehandlung der Schwangeren erfolgen muss (BR-Drs. 633/08, S. 63 f.).

54 Eine Ausnahme davon, dass vorgeburtliche genetische Untersuchungen nur zur Klärung genetischer Eigenschaften mit Bedeutung für eine Krankheit oder gesundheitliche Störung des Embryos oder des Fötus vorgenommen werden dürfen, bildet nach Satz 2 die anlässlich einer solchen Untersuchung oder einer sonstigen vorgeburtlichen Untersuchung, z.B. im Rahmen der Schwangerenvorsorge, gewonnene **gelegentliche Erkenntnis** über das Geschlecht des Embryos oder des Fötus (BR-Drs. 633/08, S. 64). Die Mitteilung des Geschlechts darf jedoch entsprechend der gegenwärtigen Praxis nicht vor Ablauf der zwölften Schwangerschaftswoche erfolgen (BR-Drs. 633/08, S. 64). Durch diesen Termin soll verhindert werden, dass das Geschlecht zum Anlass für einen Schwangerschaftsabbruch nach § 218a StGB genommen werden kann (Kern/*Kern*, § 15 GenDG Rn. 5; Spickhoff/*Fenger*, § 15 GenDG Rn. 1; *Schillhorn/Heidemann*, § 15 GenDG Rn. 7 f.).

### c) Unzulässigkeit der Vorhersage spätmanifestierender Erkrankungen (Abs. 2)

55 Die Durchführung von genetischen Untersuchungen, die spätmanifestierende Krankheiten betreffen, werden im Rahmen der Pränataldiagnostik untersagt, wenn die Krankheiten nach dem allgemein anerkannten Stand der medizinischen Wissenschaft und Technik **erst nach Vollendung des 18. Lebensjahres ausbrechen** (BT-Drs. 16/12713, S. 35; Richtlinie der Gendiagnostik-Kommission (GEKO) für die Beurteilung genetischer Eigenschaften hinsichtlich ihrer Bedeutung nach § 15 Abs. 1 Satz 1 GenDG für eine Beeinträchtigung der Gesundheit des Embryos oder des Fötus während der Schwangerschaft oder nach der Geburt gem. § 23 Abs. 2 Nr. 1d GenDG i.d.F. vom 12.04.2013 unter II.; kritisch im Hinblick auf die Feststellbarkeit des Manifestationsalters: Kern/*Kern*, § 15 GenDG Rn. 11; Spickhoff/*Fenger*, § 15 GenDG Rn. 2). Zu diesen Erkrankungen dürfte beispielsweise die **Huntington-Krankheit** oder **erblicher Brustkrebs** zu zählen sein, die sich typischerweise erst im Erwachsenenalter manifestieren (Kern/*Kern*, § 15 GenDG Rn. 11; Spickhoff/*Fenger*, § 14 GenDG Rn. 1; *Schillhorn/Heidemann*, § 15 GenDG Rn. 12 f.).

56 Nach dem Wortlaut des § 15 Abs. 2 sind alle vorgeburtlichen genetischen Untersuchungen auf spätmanifestierende Erkrankungen unzulässig, **unabhängig von den Möglichkeiten zur Vermeidung, Behandlung oder Vorbeugung der Erkrankung**, die sich für den Fall einer frühzeitigen Diagnose ergeben (vgl. Kern/*Kern*, § 15 GenDG Rn. 11, der davon ausgeht, dass in diesen Fällen keine unmittelbaren therapeutischen Konsequenzen anstehen). Für eine teleologische Reduktion des § 15 Abs. 2 spricht insoweit, dass § 15 Abs. 2 nach der gesetzgeberischen Zielsetzung vornehmlich dem Schutz des Rechts auf Nichtwissen des ungeborenen Kindes dient (vgl. BT-Drs. 16/12713, S. 35 f.). Dieser Schutz des Rechts auf Nichtwissen dürfte jedoch beispielsweise zurücktreten, soweit eine frühzeitige Therapie den Eintritt der Erkrankung verhindern könnte (einschränkend offenbar auch Gendiagnostik-Kommission (GEKO), Tätigkeitsbericht 2012, S. 25; vgl. auch *Schillhorn/Heidemann*, § 15 GenDG Rn. 12 f.).

57 Die vorgeburtliche Diagnostik darf **zu keiner Umgehung des § 14** führen, der genetische medizinische Untersuchungen bei nicht einwilligungsfähigen Personen regelt (BT-Drs. 16/12713, S. 36).

In diesem Zusammenhang lässt sich im Hinblick auf genetische Untersuchungen des (nichteinwilligungsfähigen) ungeborenen Kindes die Regelung als eine Konkretisierung des Regelungsgedankens begreifen, wonach Untersuchungen dem Wohl des Kindes entsprechen müssen. Zur Ausstrahlungswirkung des § 15 Abs. 2 vgl. § 15 Rdn. 28; § 14 Rdn. 12.

### 3. Wirksame Einwilligung der untersuchten Person (Abs. 1 Satz 1 i.V.m. §§ 8 und 9)

Zu den allgemeinen Voraussetzungen an eine **wirksame Einwilligung** der untersuchten Person nach Abs. 1 Satz 1 i.V.m. §§ 8 und 9 (Richtlinie der Gendiagnostik-Kommission (GEKO) für die Beurteilung genetischer Eigenschaften hinsichtlich ihrer Bedeutung nach § 15 Abs. 1 Satz 1 GenDG für die Beeinträchtigung der Gesundheit des Embryos oder des Fötus während der Schwangerschaft oder nach der Geburt gem. § 23 Abs. 2 Nr. 1d GenDG i.d.F. vom 12.04.2013 unter II.). Stets bedarf es der schriftlichen Einwilligung der Schwangeren nach § 8 Abs. 1. Ein **Verzicht auf Aufklärung** ist ggf. schriftlich zu erklären (vgl. § 9 Rdn. 6 f.). 58

Wie bei im gesamten Bereich der Pränataldiagnostik stellen sich auch bei vorgeburtlichen genetischen Untersuchungen besondere Anforderungen. **Art, Inhalt und Aussagekraft der Untersuchungen** sind in verständlicher Weise darzustellen. Wünschenswert ist insbesondere auch die Erörterung des Verzichts auf die Vornahme bestimmter Untersuchungen (vgl. *Schäfers/Kolip*, gesundheitsmonitor 3/2015, 1 [13]). Bei Untersuchungen, die nicht im Rahmen der Mutterschaftsrichtlinien des Gemeinsamen Bundesausschusses vorgesehen sind und die damit grundsätzlich nicht für erforderlich erachtet werden, sollte auch eine **wirtschaftliche Aufklärung** erfolgen (vgl. *Schäfers/Kolip*, gesundheitsmonitor 3/2015, 1 [11 ff.]; zur wirtschaftlichen Aufklärung allgemein vgl. auch § 9 Rdn. 3c). 59

Im Rahmen der **vorgeburtlichen Risikoabklärung** klärt die verantwortliche ärztliche Person unter Berücksichtigung der Anamnese entsprechend § 9 und der Richtlinie der Gendiagnostik-Kommission (GEKO) für die Anforderungen an die Inhalte der Aufklärung bei genetischen Untersuchungen zu medizinischen Zwecken gem. § 23 Abs. 2 Nr. 3 GenDG i.d.F. vom 17.05.2017 (BGesundBl. 2017 – 60: 923–927) die Schwangere insbesondere über den Unterschied zwischen einer vorgeburtlichen Risikoabklärung und einer genetischen Analyse auf (Richtlinie der Gendiagnostik-Kommission (GEKO) für die Anforderungen an die Durchführung der vorgeburtlichen Risikoabklärung sowie an die insoweit erforderlichen Maßnahmen zur Qualitätssicherung gem. § 23 Abs. 2 Nr. 5 GenDG i.d.F. vom 12.04.2013 unter V.1.). 60

Die **begrenzte tatsächliche Aussagekraft der Untersuchung** im Einzelfall ist insbesondere auch im Rahmen der vorgeburtlichen Risikoabklärung **zu veranschaulichen** (vgl. Richtlinie der Gendiagnostik-Kommission (GEKO) für die Anforderungen an die Durchführung der vorgeburtlichen Risikoabklärung sowie an die insoweit erforderlichen Maßnahmen zur Qualitätssicherung gem. § 23 Abs. 2 Nr. 5 GenDG i.d.F. vom 12.04.2013 unter V. (Beispielsrechnung) und Appendix (u.a. zur Darstellung in Form eines Entscheidungsbaumes); zur verständlichen Darstellung vgl. auch § 9 Rdn. 11 f.). Der Schwangeren muss vermittelt werden, dass die meisten auffälligen (d.h. positiven) Testergebnisse falsch positiv im Hinblick auf das tatsächliche Vorliegen einer nummerischen Chromosomenstörung sind. Denn ein auffälliges (Test-positives) Untersuchungsergebnis im Rahmen der vorgeburtlichen Risikoabklärung ist dadurch definiert, dass z.B. ein Risiko von mehr als 1:250 für ein Kind mit Trisomie 21 besteht (Richtlinie der Gendiagnostik-Kommission (GEKO) für die Anforderungen an die Durchführung der vorgeburtlichen Risikoabklärung sowie an die insoweit erforderlichen Maßnahmen zur Qualitätssicherung gem. § 23 Abs. 2 Nr. 5 GenDG i.d.F. vom 12.04.2013 unter V.1.). 61

Über **Wesen, Bedeutung und Tragweite der vorgeburtlichen Risikoabklärung** einschließlich möglicher auftretender ethischer Dilemmata und psychosozialer Probleme sowohl bei Vorliegen falsch positiver als auch richtig positiver Befunde ist aufzuklären (Richtlinie der Gendiagnostik-Kommission (GEKO) für die Anforderungen an die Durchführung der vorgeburtlichen 62

Risikoabklärung sowie an die insoweit erforderlichen Maßnahmen zur Qualitätssicherung gem. § 23 Abs. 2 Nr. 5 GenDG i.d.F. vom 12.04.2013 unter V.1.; vgl. auch § 9 Rdn. 12 ff. zur besonderen Aufklärung über Aussageungenauigkeiten). In diesem Zusammenhang dürfte insbesondere auch auf die Problematik hinzuweisen sein, dass die Ergebnisse genetischer Untersuchungen unter Zeitdruck zu schwerwiegenden Entscheidungen über einen Schwangerschaftsabbruch veranlassen können (Stellungnahme des Deutschen Ethikrates »Die Zukunft der genetischen Diagnostik – von der Forschung in die klinische Anwendung«, S. 66; vgl. auch Bundesregierung, Antwort auf die Kleine Anfrage zur vorgeburtlichen Blutuntersuchung zur Feststellung des Down-Syndroms, BT-Drs. 18/4574, S. 10, Antwort auf Frage 13).

63 Eine kompetente Risikokommunikation, im Rahmen derer zum einen die Entdeckungsrate der Methode, sowie die Falsch-positiv- und Falsch-negativ-Raten und der positiv prädiktive Wert als auch resultierende ethische Probleme vermittelt werden, **soll der vorgeburtlichen Risikoabklärung vorausgehen**, damit deren Ergebnisse von der Schwangeren verstanden werden (Richtlinie der Gendiagnostik-Kommission (GEKO) für die Anforderungen an die Durchführung der vorgeburtlichen Risikoabklärung sowie an die insoweit erforderlichen Maßnahmen zur Qualitätssicherung gem. § 23 Abs. 2 Nr. 5 GenDG i.d.F. vom 12.04.2013 unter VI.).

### 4. Einhaltung der weiteren Zulässigkeitsvoraussetzungen für genetische Untersuchungen

#### a) Arztvorbehalt nach § 7

64 Wie für alle genetischen Untersuchungen zu medizinischen Zwecken gilt der nach § 7 vorgeschriebene Arztvorbehalt auch für vorgeburtliche genetische Untersuchungen (vgl. Vorbemerkungen zu §§ 7 ff. oder Rdn. 5 f. und § 7 Rdn. 1).

#### b) Durchführung einer genetischen Beratung (Abs. 3 i.V.m. § 10)

65 Nach Abs. 3 ist die **genetische Beratung** auch für eine diagnostische vorgeburtliche genetische Untersuchung verpflichtend (BR-Drs. 633/08, S. 64; Richtlinie der Gendiagnostik-Kommission (GEKO) für die Beurteilung genetischer Eigenschaften hinsichtlich ihrer Bedeutung nach § 15 Abs. 1 Satz 1 GenDG für eine Beeinträchtigung der Gesundheit des Embryos oder des Fötus während der Schwangerschaft oder nach der Geburt gem. § 23 Abs. 2 Nr. 1d GenDG i.d.F. vom 12.04.2013 unter II.; Richtlinie der Gendiagnostik-Kommission (GEKO) für die Anforderungen an die Durchführung der vorgeburtlichen Risikoabklärung sowie an die insoweit erforderlichen Maßnahmen zur Qualitätssicherung gem. § 23 Abs. 2 Nr. 5 GenDG i.d.F. vom 12.04.2013 unter V.1; Kern/*Kern*, § 15 GenDG Rn. 12 ff.;): Zum einen ist damit – außer in den Fällen des ausdrücklichen Verzichts der Schwangeren (vgl. § 10 Abs. 3 Satz 1 analog) – auch bei diagnostischen vorgeburtlichen genetischen Untersuchungen die Durchführung einer genetischen Beratung **grundsätzlich verpflichtend** (vgl. Wortlaut des § 15 Abs. 3, der insoweit die Formulierungen »soll... anbieten« in § 10 Abs. 2 Satz 1 bzw. »anzubieten hat« in § 10 Abs. 2 Satz 2 nicht aufnimmt). Zum anderen muss die genetische Beratung nicht nur nach, sondern **auch vor der genetischen Untersuchung** vorgenommen werden.

66 Voraussetzung für die vorgeburtliche genetische Untersuchung und insbesondere auch der vorgeburtlichen Risikoabklärung sind eine kompetente Aufklärung, insbesondere die **auf den Einzelfall abgestimmte, klare und Missverständnisse vermeidende Risikokommunikation** (Richtlinie der Gendiagnostik-Kommission (GEKO) für die Anforderungen an die Durchführung der vorgeburtlichen Risikoabklärung sowie an die insoweit erforderlichen Maßnahmen zur Qualitätssicherung gem. § 23 Abs. 2 Nr. 5 GenDG i.d.F. vom 12.04.2013 unter III.).

67 Auch insoweit gilt jedoch, dass entsprechend den Vorschriften des § 10 die Schwangere im Einzelfall durch **einen schriftlichen Verzicht** von einer Beratung Abstand nehmen kann (BR-Drs. 633/08, S. 64).

c) Hinweis auf die Beratungsmöglichkeit nach dem SchKG (Abs. 3)

Nach Abs. 3 2. Teilsatz hat die Ärztin oder der Arzt die Schwangere zudem auf die Möglichkeit der 68
Inanspruchnahme einer **unabhängigen qualifizierten Beratung nach § 2 des Schwangerschaftskonfliktgesetzes** hinzuweisen (BR-Drs. 633/08, S. 64; Kern/*Kern*, § 15 GenDG Rn. 15 ff.; *Schillhorn/Heidemann*, § 15 GenDG Rn. 14 f. Richtlinie der Gendiagnostik-Kommission (GEKO) für die Beurteilung genetischer Eigenschaften hinsichtlich ihrer Bedeutung nach § 15 Abs. 1 Satz 1 GenDG für eine Beeinträchtigung der Gesundheit des Embryos oder des Fötus während der Schwangerschaft oder nach der Geburt gem. § 23 Abs. 2 Nr. 1d GenDG i.d.F. vom 12.04.2013 unter II). Diese umfasst sowohl die Beratung zu Lösungsmöglichkeiten für psychosoziale Konflikte im Zusammenhang mit einer Schwangerschaft als auch zu Hilfen für behinderte Menschen und ihre Familien, die vor und nach der Geburt eines in seiner körperlichen, geistigen oder seelischen Gesundheit geschädigten Kindes zur Verfügung stehen (BR-Drs. 633/08, S. 64). Damit wird dem Umstand Rechnung getragen, dass im Rahmen der ärztlichen Schwangerschaftsvorsorge die Möglichkeit der vorgeburtlichen Diagnostik eine Auseinandersetzung der Schwangeren mit unterschiedlichen Handlungsoptionen erfordert, sodass ein Beratungsangebot hilfreich ist, das über die genetische Aufklärung und Beratung hinausgeht und die Schwangere in der eigenen Urteilsbildung und Entscheidungsfindung unterstützt (BR-Drs. 633/08, S. 64). Zur Frage der **Einbeziehung des Vaters** des ungeborenen Kindes vgl. Kern/*Kern*, § 15 GenDG Rn. 19.

Die genetische Beratung unterbleibt nach den Vorgaben des § 10 Abs. 2 Satz 1, soweit die zu unter- 69
suchende Person im Einzelfall nach vorheriger schriftlicher Information über die Beratungsinhalte auf die genetische Beratung **schriftlich verzichtet** hat (Richtlinie der Gendiagnostik-Kommission (GEKO) für die Beurteilung genetischer Eigenschaften hinsichtlich ihrer Bedeutung nach § 15 Abs. 1 Satz 1 GenDG für eine Beeinträchtigung der Gesundheit des Embryos oder des Fötus während der Schwangerschaft oder nach der Geburt gem. § 23 Abs. 2 Nr. 1d GenDG i.d.F. vom 12.04.2013 unter II., *Schillhorn/Heidemann*, § 15 GenDG Rn. 14)

V. Zulässigkeit vorgeburtlicher genetischer Untersuchungen bei einer nicht-einwilligungsfähigen Person zu medizinischen Zwecken (Abs. 4)

1. Fehlende Einwilligungsfähigkeit der untersuchten Person

Zur fehlenden Einwilligungsfähigkeit der untersuchten Person vgl. § 14 Rdn. 26 ff. 70

2. Zulässiger Untersuchungszweck: vorgeburtliche genetische Untersuchung zu medizinischen Zwecken (Abs. 4 Satz 1 i.V.m. Abs. 1 und 2)

§ 15 Abs. 4 nimmt durch die Formulierung »die vorgeburtliche genetische Untersuchung« die ge- 71
netische Untersuchung i.S.d. Abs. 1 in Bezug. Es gelten daher insoweit insbesondere die Vorgaben der Abs. 1 bis 3
– zur Zulässigkeit der Ermittlung von gesundheits- bzw. behandlungsbezogenen Indikatoren (Abs. 1 Satz 1)
– zur grundsätzlichen Unzulässigkeit der Geschlechtsbestimmung (Abs. 1 Satz 1 und 2) und
– zur Unzulässigkeit der Vorhersage spätmanifestierender Erkrankungen (Abs. 2) entsprechend.

3. Keine Ablehnung durch die nicht-einwilligungsfähigen Person nach möglichst verständlicher Aufklärung (Abs. 4 Satz 1 i.V.m. § 14 Abs. 1 Nr. 2)

Die genetische Untersuchung darf nach Abs. 4 Satz 1 nur vorgenommen werden, wenn sie zuvor 72
der Schwangeren – wie auch sonst im Fall genetischer Untersuchungen bei nicht einwilligungsfähigen Personen nach § 14 Abs. 1 Satz 2 Nr. 2, auch i.V.m. § 14 Abs. 2 Nr. 2 – in einer ihr gemäßen Weise so weit wie möglich verständlich gemacht wurde und sie die Untersuchung oder die Gewinnung einer dafür erforderlichen genetischen Probe des Embryos oder Fötus nicht ausdrücklich

oder durch entsprechendes Verhalten ablehnt (BR-Drs. 633/08, S. 65, Kern/*Kern*, § 15 GenDG Rn. 23 m.w.N.).

### 4. Begrenztes Untersuchungsrisiko: Einhaltung des Grundsatzes der Risikominimierung (Abs. 4 Satz 1 i.V.m. § 14 Abs. 1 Nr. 3)

73 Weitere Voraussetzung ist, dass die Untersuchung für die Schwangere mit möglichst wenigen Risiken und Belastungen verbunden ist (BR-Drs. 633/08, S. 65). Zu den Vorgaben, die sich aus dem Grundsatz der Risikominimierung ergeben, vgl. § 14 Rdn. 50 ff.

### 5. Wirksame Einwilligung der vertretenden Person

#### a) Vertretungsbefugnis

74 Zur Vertretungsbefugnis vgl. die Ausführungen zu den allgemeinen Vorgaben zur Vertretung von nicht-einwilligungsfähigen Personen nach § 14 Abs. 1 (§ 14 Rdn. 55 ff.).

#### b) Wirksamkeit der Einwilligung der vertretenden Person (Abs. 4 Satz 2 Nr. 1 und 3 i.V.m. §§ 8 und 9)

75 Schließlich muss die Vertreterin oder der Vertreter nach Abs. 4 Satz 2 vor der genetischen Untersuchung gem. § 9 aufgeklärt worden sein und gem. § 8 in die Untersuchung **eingewilligt** haben (BR-Drs. 633/08, S. 65). Die Risiken für die nicht-einwilligungsfähige Schwangere sind in die Aufklärung und die genetische Beratung der gesetzlichen Vertreterin oder des Vertreters der Schwangeren einzubeziehen und zuvor mit der nach dem Stand der medizinischen Wissenschaft gebotenen Sorgfalt prognostisch abzuklären (BR-Drs. 633/08, S. 65).

#### c) Bindung an das Wohl der nicht-einwilligungsfähigen Person (Abs. 4 Satz 3)

76 Die Vertretungsperson ist bei der Entscheidung über die Einwilligung an das **Wohl der nicht einwilligungsfähigen Schwangeren** gebunden (BR-Drs. 633/08, S. 65). Zur Bewertung des Wohls der nicht-einwilligungsfähigen Person vgl. auch § 14 Rdn. 62 ff. Dabei ist zu berücksichtigen, dass es sich in den Fällen des § 15 Abs. 4 – anders als in den Fällen des § 14 Abs. 2 – um das eigene Kind der untersuchten, nicht-einwilligungsfähigen Person handelt (Kern/*Kern*, § 15 GenDG Rn. 22).

### 6. Einhaltung der allgemeinen Zulässigkeitsvoraussetzungen für genetische Untersuchungen

#### a) Arztvorbehalt (Abs. 4 Satz 2 Nr. 2 i.V.m. § 7 Abs. 1 und 3)

77 § 15 Abs. 4 Satz 2 Nr. 2 stellt ausdrücklich klar, dass der nach § 7 für alle genetische Untersuchungen zu medizinischen Zwecken geltende **Arztvorbehalt** auch für vorgeburtliche genetische Untersuchungen bei nicht einwilligungsfähigen Personen nach § 15 Abs. 4 gilt (vgl. § 15 Rdn. 64; zudem auch § 14 Rdn. 69).

#### b) Durchführung einer genetischen Beratung (Abs. 4 Satz 2 Nr. 2 i.V.m. Abs. 3, § 10)

78 Zudem muss die Vertreterin oder der Vertreter nach Satz 2 – in gleicher Weise wie eine einwilligungsfähige Schwangere nach den Vorschriften des Abs. 2 – **genetisch beraten** worden sein (BR-Drs. 633/08, S. 65). Der Umstand, dass in Abs. 4 Satz 2 Nr. 2 im Hinblick auf die genetische Beratung Abs. 2 (und nicht Abs. 3) in Bezug genommen wird, dürfte wohl auf einem redaktionellen Versehen im Rahmen der Änderung im parlamentarischen Gesetzgebungsverfahren beruhen.

#### c) Hinweis auf die Beratungsmöglichkeit nach dem SchKG (Abs. 4 Satz 2 Nr. 2 i.V.m. Abs. 3)

79 Schließlich muss auch bei vorgeburtlichen genetischen Untersuchungen bei nichteinwilligungsfähigen Personen die untersuchende Person zusätzlich auf die Beratungsmöglichkeiten

nach dem SchKG hinweisen (Abs. 4 Satz 2 Nr. 2 i.V.m. Abs. 3; zum redaktionellen Fehlzitat auf Abs. 2 vgl. § 15 Rdn. 65 ff. 15 Abs. 4 genetische Beratung)

### E. Normumsetzung

Die Ergebnisse vorgeburtlicher genetischer Untersuchungen, deren Vornahme nach den Regelungen des § 15 unzulässig sind, dürfen nicht mitgeteilt werden. 80

### I. Untergesetzliche Regelungen

Die Regelung wird insbesondere konkretisiert durch 81
- die Richtlinie der Gendiagnostik-Kommission (GEKO) für die Beurteilung genetischer Eigenschaften hinsichtlich ihrer Bedeutung nach § 15 Abs. 1 Satz 1 GenDG für eine Beeinträchtigung der Gesundheit des Embryos oder des Fötus während der Schwangerschaft oder nach der Geburt gem. § 23 Abs. 2 Nr. 1d GenDG i.d.F. vom 12.04.2013 sowie
- die Richtlinie der Gendiagnostik-Kommission (GEKO) für die Anforderungen an die Durchführung der vorgeburtlichen Risikoabklärung sowie an die insoweit erforderlichen Maßnahmen zur Qualitätssicherung gem. § 23 Abs. 2 Nr. 5 GenDG i.d.F. vom 12.04.2013 und
- hinsichtlich § 15 Abs. 4 durch die Richtlinie der Gendiagnostik-Kommission (GEKO) zu genetischen Untersuchungen bei nicht-einwilligungsfähigen Personen nach § 14 i.V.m. § 23 Abs. 2 Nr. 1c GenDG, BGesundBl 2011 – 54:1257–1261.

Kritisch zur Frage der ausreichenden Legitimierung der GEKO und der Verbindlichkeit ihrer Mitteilungen und Richtlinien vgl. *Taupitz*, MedR 2013, 1, 2 f.

### II. Technisch-organisatorische Maßnahmen

Alle vorgeburtlichen genetischen Untersuchungen, insbesondere vorgeburtliche Risikoabklärungen (vgl. dazu Richtlinie der Gendiagnostik-Kommission (GEKO) für die Anforderungen an die Durchführung der vorgeburtlichen Risikoabklärung sowie an die insoweit erforderlichen Maßnahmen zur Qualitätssicherung gem. § 23 Abs. 2 Nr. 5 GenDG i.d.F. vom 12.04.2013 unter V.2.), müssen in der diagnostischen Kette eine **hohe, dem allgemein anerkannten Stand der Wissenschaft und Technik entsprechende Qualität** aufweisen. 82

Insbesondere die Qualität der vorgeburtlichen Risikoabklärung wird maßgeblich bestimmt durch **umfassende Kenntnisse und Fertigkeiten** der ärztlichen Person in der Durchführung der Diagnostik, die Validität und Güte des angewandten Algorithmus und die kompetente Interpretation der Ergebnisse sowie die Güte der genetischen Beratung (vgl. dazu auch Richtlinie der Gendiagnostik-Kommission (GEKO) für die Anforderungen an die Durchführung der vorgeburtlichen Risikoabklärung sowie an die insoweit erforderlichen Maßnahmen zur Qualitätssicherung gem. § 23 Abs. 2 Nr. 5 GenDG i.d.F. vom 12.04.2013 unter V.5). Die verantwortliche ärztliche Person hat sicherzustellen, dass die sonografischen, laboratoriumsmedizinischen und ggf. weiteren Einzelergebnisse zusammengeführt, interpretiert und mitgeteilt werden (Richtlinie der Gendiagnostik-Kommission (GEKO) für die Anforderungen an die Durchführung der vorgeburtlichen Risikoabklärung sowie an die insoweit erforderlichen Maßnahmen zur Qualitätssicherung gem. § 23 Abs. 2 Nr. 5 GenDG i.d.F. vom 12.04.2013 unter V.2.; vgl. dazu auch § 9). 83

Im Rahmen der vorgeburtlichen Risikoabklärung sind als **technische Voraussetzungen** insbesondere Ultraschallgeräte und die eingesetzte Software qualitätsrelevant. Die Qualität aller diagnostischen Schritte ist regelmäßig zu sichern (Richtlinie der Gendiagnostik-Kommission (GEKO) für die Anforderungen an die Durchführung der vorgeburtlichen Risikoabklärung sowie an die insoweit erforderlichen Maßnahmen zur Qualitätssicherung gem. § 23 Abs. 2 Nr. 5 GenDG i.d.F. vom 12.04.2013 unter V.5.). Maßnahmen der externen Qualitätssicherung müssen den Vorgaben des GenDG und Richtlinie der Gendiagnostik-Kommission (GEKO) für die Anforderungen an die Durchführung der vorgeburtlichen Risikoabklärung sowie an die insoweit erforderlichen Maßnahmen zur Qualitätssicherung gem. § 23 Abs. 2 Nr. 5 GenDG i.d.F. vom 12.04.2013 entsprechen. 84

Die Anbieter der Dienstleistungen, z.B. von Leistungspaketen, die zur Berechnung des Risikos dienen, müssen die Richtlinienkonformität ihrer Leistungen nachweisen (vgl. dazu Richtlinie der Gendiagnostik-Kommission (GEKO) für die Anforderungen an die Durchführung der vorgeburtlichen Risikoabklärung sowie an die insoweit erforderlichen Maßnahmen zur Qualitätssicherung gem. § 23 Abs. 2 Nr. 5 GenDG i.d.F. vom 12.04.2013 unter V.2.).

85 Zu den besonderen Anforderungen im Rahmen der vorgeburtlichen Risikoabklärung im Hinblick auf die **Geräte, die laboratoriumsmedizinischen Untersuchungen und den verwendeten Algorithmus** vgl. Richtlinie der Gendiagnostik-Kommission (GEKO) für die Anforderungen an die Durchführung der vorgeburtlichen Risikoabklärung sowie an die insoweit erforderlichen Maßnahmen zur Qualitätssicherung gem. § 23 Abs. 2 Nr. 5 GenDG i.d.F. vom 12.04.2013 unter V.3.

86 Für einen effektiven Schutz des Rechts auf Nichtwissen muss es insbesondere das Ziel sein, ggf. in den Richtlinien nach § 23, klare Kriterien herauszuarbeiten, wann eine **gendiagnostische Indikation** vorliegt und welche Untersuchungen dem Einzelnen nur auf Probandeninitiative angeboten werden dürfen (vgl. auch § 16 Rdn. 39 ff.).

87 Im Hinblick auf die technisch-organisatorischen Maßnahmen zur Sicherstellung der Umsetzung des § 15 ist zudem auch § 15 Abs. 3 zu berücksichtigen. Nach Abs. 3 3. Teilsatz, auch i.V.m. Abs. 4 Satz 2 Nr. 2 ist der Inhalt der Aufklärung nach § 9 und der genetischen Beratung nach § 10 zu **dokumentieren** (vgl. auch Richtlinie der Gendiagnostik-Kommission (GEKO) für die Beurteilung genetischer Eigenschaften hinsichtlich ihrer Bedeutung nach § 15 Abs. 1 Satz 1 GenDG für eine Beeinträchtigung der Gesundheit des Embryos oder des Fötus während der Schwangerschaft oder nach der Geburt gem. § 23 Abs. 2 Nr. 1d GenDG i.d.F. vom 12.04.2013 unter II.; Richtlinie der Gendiagnostik-Kommission (GEKO) für die Anforderungen an die Durchführung der vorgeburtlichen Risikoabklärung sowie an die insoweit erforderlichen Maßnahmen zur Qualitätssicherung gem. § 23 Abs. 2 Nr. 5 GenDG i.d.F. vom 12.04.2013 unter V.1.). Die Regelung ergänzt die Vorgaben nach § 9 Abs. 4 und § 10 Abs. 4. Im schriftlichen Befund müssen die Patientendaten, anamnestischen Daten und die patientenbezogenen Messergebnisse, Angaben zum verwendeten Algorithmus und zur Software sowie die berechneten Ergebnisse der vorgeburtlichen Risikoabklärung enthalten sein (Richtlinie der Gendiagnostik-Kommission (GEKO) für die Anforderungen an die Durchführung der vorgeburtlichen Risikoabklärung sowie an die insoweit erforderlichen Maßnahmen zur Qualitätssicherung gem. § 23 Abs. 2 Nr. 5 GenDG i.d.F. vom 12.04.2013 unter V.4.).

88 Die ärztliche Person muss ihre Resultate einer **externen, regelmäßigen Qualitätssicherung** aller diagnostischen Schritte (Ultraschall, laboratoriumsmedizinische Untersuchungen, Algorithmus sowie Gesamtperformance) unterziehen. Im Fall der Ultraschallmessung ist die Messwertverteilung für die jeweiligen ärztlichen Personen zu dokumentieren und jährlich mit Referenzwerten abzugleichen (Richtlinie der Gendiagnostik-Kommission (GEKO) für die Anforderungen an die Durchführung der vorgeburtlichen Risikoabklärung sowie an die insoweit erforderlichen Maßnahmen zur Qualitätssicherung gem. § 23 Abs. 2 Nr. 5 GenDG i.d.F. vom 12.04.2013 unter V.5.1. und VI.).

### III. Ansprüche auf Schadensersatz

89 Bei Verstößen gegen § 15 kommen insbesondere Ansprüche auf Schadensersatz, etwa nach § 823 BGB wegen der Beeinträchtigung der Gesundheit, des Rechts auf informationelle Selbstbestimmung oder des Rechts auf Wissen und Nichtwissen, in Betracht. Erteilt die ärztliche Person etwa einen Hinweis auf mögliche genetische Eigenschaften des Kindes (etwa im Hinblick auf mögliche Behinderungen des Kindes), deren Abklärung die Schwangere ausdrücklich nicht wünscht, können Schadensersatzansprüchen wegen der Verletzung des Rechts auf Nichtwissen in Betracht kommen.

### IV. Straf- und Bußgeldtatbestände

90 Bei der Durchführung einer vorgeburtlichen genetischen Untersuchung kann sich für die untersuchende Person nach § 25 Abs. 1 eine Strafbarkeit ergeben, wenn sie

- entgegen § 8 Abs. 1 Satz 1 i.V.m. § 15 Abs. 1 Satz 1 oder Abs. 4 Satz 2 Nr. 3 eine genetische Untersuchung oder Analyse **ohne die erforderliche Einwilligung (der Schwangeren bzw. der sie vertretenden Person)** vornimmt (§ 25 Abs. 1 Nr. 1) oder  91
- entgegen § 15 Abs. 1 Satz 1 eine vorgeburtliche genetische Untersuchung vornimmt, die **nicht medizinischen Zwecken** dient oder die nicht auf die dort genannten genetischen Eigenschaften des Embryos oder des Fötus abzielt (§ 25 Abs. 1 Nr. 3).  92

Nach § 25 Abs. 2 wirkt es sich strafverschärfend aus, wenn die untersuchende Person die strafbewehrte Handlung gegen Entgelt oder in der Absicht begeht, sich oder einen Anderen zu bereichern oder einen Anderen zu schädigen. Nach § 25 Abs. 3 wird die Tat in den Fällen des § 25 Abs. 1 Nr. 1 oder Nr. 3 nur auf Antrag der Schwangeren (bzw. der sie vertretenden Person) verfolgt.  93

## § 16 Genetische Reihenuntersuchungen

(1) Eine genetische Reihenuntersuchung darf nur vorgenommen werden, wenn mit der Untersuchung geklärt werden soll, ob die betroffenen Personen genetische Eigenschaften mit Bedeutung für eine Erkrankung oder gesundheitliche Störung haben, die nach dem allgemein anerkannten Stand der Wissenschaft und Technik vermeidbar oder behandelbar ist oder der vorgebeugt werden kann.

(2) Mit einer genetischen Reihenuntersuchung nach Absatz 1 darf nur begonnen werden, wenn die Gendiagnostik-Kommission die Untersuchung in einer schriftlichen Stellungnahme bewertet hat. Die Gendiagnostik-Kommission prüft und bewertet anhand der ihr vorgelegten Unterlagen, ob die Voraussetzungen nach Absatz 1 vorliegen, das Anwendungskonzept für die Durchführung der Untersuchung dem allgemein anerkannten Stand der Wissenschaft und Technik entspricht und die Untersuchung in diesem Sinne ethisch vertretbar ist.

| Übersicht | Rdn. |
|---|---|
| A. Überblick | 1 |
| B. Regelungszweck | 3 |
| I. Sicherstellung einer wirksamen Krankheitsprävention | 3 |
| II. Recht auf Nichtwissen und Schutz vor Stigmatisierung | 5 |
| C. Systematische Einordnung | 7 |
| I. Geltung der allgemeinen Regelungen der §§ 7 ff. | 8 |
| II. Ausstrahlungswirkung des § 16 hinsichtlich der Zulässigkeit des Testangebots | 9 |
| 1. Zulässigkeit des indikationsbezogenen Testangebots auf ärztliche Initiative (indikationsbezogene Spontanberatung) | 10 |
| 2. Zulässigkeit des Testangebots auf Probandeninitiative | 11 |
| III. Zulässigkeit von Reihenuntersuchungen zu nicht-medizinischen Zwecken (v.a. Life-Style-Tests) | 15 |
| D. Regelungsgehalt | 16 |
| I. Vorbehalt der Verhinderbarkeit von Erkrankungen oder gesundheitlichen Störungen (Abs. 1) | 16 |
| 1. Normadressaten | 16 |
| 2. Geschützter Personenkreis | 17 |
| 3. Erfasste Untersuchungen | 18 |
| a) Genetische Reihenuntersuchungen i.S.d. § 3 Nr. 9 | 18 |
| b) Bestehende und neu eingeführte Reihenuntersuchungen | 19 |
| 4. Zulässigkeitsvoraussetzungen für ein systematisches Testangebot im Rahmen von genetischen Reihenuntersuchungen | 20 |
| a) Genaue Kenntnis der Zielkrankheit | 20a |
| b) Bestehende Möglichkeiten der Verhinderung (Vermeidung, Behandlung oder Vorbeugung) | 21 |
| b) Erfordernis des Nutzens für die untersuchte Person | 25 |
| 5. Rechtsfolgen | 27 |
| a) für die Durchführung der genetischen Reihenuntersuchung | 28 |
| b) für die Durchführung der genetischen Einzeluntersuchungen | 33 |
| II. Vorbehalt der Bewertung neu eingeführter genetischer Reihenuntersuchungen (Abs. 2) | 34 |
| 1. Erfasste Untersuchungen | 35 |
| 2. Rechtsfolgen | 36 |
| a) Vorbehalt einer schriftlichen Bewertung durch die Gendiagnostik-Kommission (Abs. 2 Satz 1) | 36 |

# § 16 GenDG  Genetische Reihenuntersuchungen

|  |  |  |  |  |
|---|---|---|---|---|
| b) Unterrichtspflicht der Anbieter von genetischen Reihenuntersuchungen (Abs. 2 Satz 1) | 37 | Nr. 6 und Stellungnahmen nach § 16 Abs. 2 | 40 |
| E. Rechtsfolgen und Normumsetzung | 38 | b) Gutachtliche Stellungnahmen auf Einzelanfragen (§ 23 Abs. 5) | 43 |
| I. Untergesetzliche Regelungen | 39 | 2. Leitlinien der Fachverbände | 44 |
| 1. Richtlinien und Stellungnahmen der Gendiagnostik-Kommission | 40 | II. Ansprüche auf Schadensersatz | 45 |
| a) Gesetzlich vorgeschriebene Richtlinien nach § 23 Abs. 2 |  | III. Straf- und Bußgeldtatbestände | 46 |

## A. Überblick

1   § 16 regelt die besonderen Anforderungen an genetische Reihenuntersuchungen als einer besonderen Form genetischer Untersuchungen zu medizinischen Zwecken. Reihenuntersuchungen werden unabhängig von einer gendiagnostischen Indikation und ohne Veranlassung durch den Probanden angeboten und erfordern daher einen besonderen Schutz der Betroffenen (Rdn. 3 ff.; vgl. BR-Drs. 633/08, S. 26 f.). Die Zulässigkeit der im Rahmen einer Reihenuntersuchung vorgenommenen Einzeluntersuchungen richtet sich allein nach den Regelungen der §§ 7 ff. (vgl. Rdn. 7).

2   Die Regelung trat nach § 27 Abs. 1 zum 01.02.2010 in Kraft. Abs. 2 gilt nur für solche genetischen Reihenuntersuchungen, die erst nach Inkrafttreten des Gesetzes eingeführt und wurden. Zur Zeit des Inkrafttretens des Gesetzes bereits durchgeführte Reihenuntersuchungen, wie z.B. Untersuchungen, die bereits im Rahmen des bestehenden Neugeborenen-Screenings vorgenommen werden, unterliegen nicht dem Bewertungsvorbehalt des Abs. 2 (BR-Drs. 633/08, S. 66; vgl. aber Rdn. 35).

## B. Regelungszweck

### I. Sicherstellung einer wirksamen Krankheitsprävention

3   Nach der gesetzgeberischen Erläuterung sollen Reihenuntersuchungen zugelassen werden, die in Gruppen oder Populationen mit durchschnittlichem oder leicht erhöhtem Krankheitsrisiko nach Personen mit einem erhöhten Risiko für Krankheitsveranlagungen (z.B. Fettstoffwechselstörungen) suchen und diesen Möglichkeiten einer Frühbehandlung oder Prävention eröffnen (vgl. BR-Drs. 633/08 S. 65). Dies setzt voraus, dass für die Erkrankungen und gesundheitlichen Störungen, die mit den im Rahmen der Reihenuntersuchung festgestellten genetischen Eigenschaften in Verbindung gebracht werden, **wirksame Maßnahmen** zu ihrer Verhinderung bereit stehen.

4   Eines der wesentlichen Probleme bei der Bewertung des klinischen Nutzens genetischer Reihenuntersuchungen ergibt sich aus dem strukturellen Problem aller Früherkennungsuntersuchungen: Sofern – in Abhängigkeit von der Krankheitshäufigkeit (**Prävalenz** – vgl. zur Bedeutung der Zielgruppe Richtlinie der Gendiagnostik-Kommission (GEKO) für die Beurteilung genetischer Eigenschaften gem. § 23 Abs. 2 Nr. 1a GenDG i.d.F. vom 25.05.2021, unter IV.1.) in der jeweiligen Probandengruppe – nur ein kleiner Teil aller Untersuchten erkranken wird, bilden die Screeningteilnehmer, die von genetischen Untersuchungen in Form von verbesserten Therapiemöglichkeiten profitieren, typischerweise die kleinste Gruppe. Die größte Gruppe wird von denjenigen gestellt, die durch die Teilnahme an dem Screening weder einen Nutzen haben noch einen Schaden davontragen. Die zweitgrößte Gruppe stellen allerdings die Probanden, die durch das Screening – etwa aufgrund von **falsch-positiven Befunden oder Überdiagnosen** und sich daran anschließenden mitunter invasiven Untersuchungen und Behandlungen (vgl. auch § 4 Rdn. 11 (**Probandengruppen**)) – potenziell einen Schaden erleiden: Die Gruppe dieser Probanden ist in der Regel zwar weitaus kleiner als die Gruppe der Probanden mit negativem Testergebnis, jedoch sehr viel größer als die Gruppe derjenigen, die in Form einer verbesserten Prävention oder Therapie von dem Test profitiert (vgl. *Stockter*, Präventivmedizin und Informed Consent, S. 49, vgl. auch § 4 Rdn. 11 ff.). Nach der Richtlinie der Gendiagnostik-Kommission (GEKO) für die Anforderungen an die Durchführung

genetischer Reihenuntersuchungen gem. § 23 Abs. 2 Nr. 6 GenDG i.d.F. vom 26.06.2020 (BGesundBl. 2020, 63, S. 1312 unter III.1.d)) ist insbesondere auch das Risiko von unnötiger Beunruhigung und Belastung aufgrund von falsch positiven Ergebnissen der genetischen Reihenuntersuchung im Rahmen der Nutzen-Risikoabwägung nach § 16 zu berücksichtigen.

### II. Recht auf Nichtwissen und Schutz vor Stigmatisierung

Abs. 1 soll außerdem verhindern, dass – außerhalb von Reihenuntersuchungen nach § 16 – Personen durch das Angebot einer genetischen Untersuchungen erst in Besorgnis über mögliche genetisch bedingte Gesundheitsbeeinträchtigungen gebracht werden (vgl. BR-Drs. 633/08, S. 66, vgl. auch § 4 Abs. 1, 2. Alt.). Damit bewirkt § 16 auch einen Schutz des Rechts auf Nichtwissen: Das Angebot genetischer Untersuchungen, die der Feststellung von genetischen Eigenschaften mit Bedeutung für nicht verhinderbare Erkrankungen und gesundheitliche Störungen dienen, dürfen ohne gendiagnostische Indikation nur auf Probandeninitiative veranlasst werden (vgl. auch Vorbemerkungen zu §§ 7 ff. Rdn. 6; § 8 Rdn. 8; § 9 Rdn. 4; § 10 Rdn. 4; § 14 Rdn. 12, § 15 Rdn. 17, § 16 Rdn. 11 ff.). 5

Zudem ist es nach der gesetzgeberischen Begründung geboten, neue genetische Reihenuntersuchungen einer vorherigen Prüfung und Bewertung nach Abs. 2 zu unterwerfen, da bei genetischen Reihenuntersuchungen das öffentliche Interesse an der Untersuchung über das individuelle Interesse der untersuchten Personen gestellt wird und damit besondere Risiken wie die Gefahr einer Druckausübung auf Teilnahme oder einer Stigmatisierung von Personen, die sich der Teilnahme verweigert haben, verbunden sind (vgl. BR-Drs. 633/08, S. 66, vgl. auch § 4 Abs. 1, 2. Alt.). 6

### C. Systematische Einordnung

§ 16 regelt die Voraussetzungen der Zulässigkeit genetischer Reihenuntersuchungen, also des systematischen Angebots genetischer Untersuchungen zu medizinischen Zwecken (vgl. zum Begriff der genetischen Untersuchungen zu medizinischen Zwecken auch die Ausführungen vor §§ 7 ff. Rdn. 1 ff.) auch **ohne gendiagnostische Indikation** im Einzelfall. Die Regelung ist **nicht abschließend** und legt lediglich **Mindestvorgaben** für genetische Reihenuntersuchungen fest (vgl. Rdn. 7). Im Übrigen müssen die allgemeinen Anforderungen an die Zulässigkeit von (genetischen) Reihenuntersuchungen und an genetische Untersuchungen zu medizinischen Zwecken erfüllt sein (Kern/*Kern*, § 16 GenDG Rn. 9 f.; vgl. auch Rdn. 28). 7

### I. Geltung der allgemeinen Regelungen der §§ 7 ff.

Die im Rahmen einer genetischen Reihenuntersuchung vorgenommenen **Einzeluntersuchungen** unterliegen – wie alle genetischen Untersuchungen zu medizinischen Zwecken i.S.d. § 3 Nr. 6 – den allgemeinen Anforderungen der §§ 7 ff. (Kern/*Kern*, § 16 GenDG Rn. 9 f.), insbesondere dem Einwilligungs- (§ 8, dazu auch Kern/*Kern*, § 16 GenDG Rn. 10) und dem Arztvorbehalt (§ 7, zur Problematik der Durchführung des Neugeborenenscreenings durch Hebammen vgl. § 7 Rdn. 6). Besondere Zulässigkeitsvorgaben für genetische Reihenuntersuchungen enthält § 9 Abs. 2 Nr. 6. Detaillierte Konkretisierungen dieser Anforderungen sowie Hinweise auf ergänzend zu beachtende Vorgaben enthält die Richtlinie der Gendiagnostik-Kommission (GEKO) für die Anforderungen an die Durchführung genetischer Reihenuntersuchungen gem. § 23 Abs. 2 Nr. 6 GenDG i.d.F. vom 26.06.2020, BGesundBl. 2020, 63, S. 1312 unter III.und IV. 8

Bei **genetischen Reihenuntersuchungen von nicht-einwilligungsfähigen Personen** sind zudem die besonderen Vorgaben des § 14 zu berücksichtigen. Nach § 14 Abs. 1 Nr. 1 darf eine Untersuchung u.a. auch vorgenommen werden, wenn eine Behandlung mit einem Arzneimittel vorgesehen ist, dessen Wirkung durch genetische Eigenschaften beeinflusst wird. Im Unterschied zu § 14 findet sich in § 16 keine entsprechende Regelung, die eine derartige Zielsetzung der genetischen Untersuchung legitimiert (vgl. § 16 Rdn. 24a). 8a

**8b** Bei **vorgeburtlichen genetischen Reihenuntersuchungen** müssen ergänzend die Vorgaben des § 15 eingehalten werden. Demnach sind insbesondere vorgeburtliche genetische Reihenuntersuchungen zu nicht-medizinischen Zwecken (sog. Life-Style-Tests, vgl. § 15 Rdn. 26 f. und § 16 Rdn. 15) nach § 15 Abs. 1 und solche auf spätmanifestierende Erkrankungen nach § 15 Abs. 2 unzulässig (vgl. § 15 Rdn. 27).

### II. Ausstrahlungswirkung des § 16 hinsichtlich der Zulässigkeit des Testangebots

**9** Nach der Regelungssystematik der §§ 7 ff. sind im Wesentlichen drei verschiedene **Formen von zulässigen Testangeboten** zu unterscheiden: das systematische Testangebot, das nach § 3 Nr. 9 im Rahmen von Reihenuntersuchungen ohne Vorliegen einer gendiagnostische Indikation erfolgt (insb. im Rahmen einer systematischen nicht-indikationsbezogenen Spontanberatung, vgl. § 3 Rdn. 82), das indikationsbezogene Testangebot (indikationsbezogene Spontanberatung) und
– das (nicht notwendigerweise indikationsbezogene) Testangebot auf Probandeninitiative.

**9a** § 16 regelt ausdrücklich **nur die Zulässigkeit von Testangeboten** im Rahmen von genetischen Reihenuntersuchungen, die nach der gesetzlichen Begriffsbestimmung in § 3 Nr. 9 grundsätzlich auch ohne gendiagnostische Indikation erfolgen (vgl. § 3 Rdn. 75). Im Rahmen einer systematischen (widerspruchsfreien) Gesetzesauslegung ergeben sich daraus allerdings auch Vorgaben für die Anforderungen an die genetische Indikation (vgl. § 16 Rdn. 10, auch bereits § 3 Rdn. 78 f.) und die Anforderungen an die Zulässigkeit von indikationslosen Einzeluntersuchungen, die nicht im Rahmen von Reihenuntersuchungen vorgenommen werden (vgl. § 16 Rdn. 11 ff.):

#### 1. Zulässigkeit des indikationsbezogenen Testangebots auf ärztliche Initiative (indikationsbezogene Spontanberatung)

**10** Grundsätzlich ist eine genetische Untersuchung nur dann zulässig, wenn für sie eine **gendiagnostische Indikation** vorliegt (vgl. § 3 Rdn. 78 f.). Die Zulässigkeit des Angebots von genetischen Untersuchungen zu medizinischen Zwecken bei Vorliegen einer gendiagnostischen Indikation (**indikationsbezogene Spontanberatung**) wird durch § 16 nicht beschränkt (vgl. im Hinblick auf die Spontanberatung von Schwangeren über die pränatale Diagnostik Kern/*Kern*, § 15 GenDG Einleitung vor Rn. 1). Dabei bestimmt sich die gendiagnostische Indikation nach der hier vertretenen Auffassung über den verdachtsbegründenden Anlass der genetischen Untersuchung, also dem Vorliegen von besonderen Merkmalen oder Umständen, die vor der Untersuchung feststellbar sind und die die Annahme bestimmter genetischer Eigenschaften vermuten lassen, wie etwa das gehäufte Auftreten einer erblich bedingten Krebserkrankung in der Familie (vgl. § 3 Rdn. 78 f. a.A. im Hinblick auf § 15 offenbar Kern/*Kern*, § 15 GenDG Rn. 3, der die Indiziertheit einer genetischen Untersuchung insoweit über ihren Gegenstand [Ermittlung von genetischen Eigenschaften des Embryos, die seine Gesundheit beeinträchtigen können] bestimmt.)

#### 2. Zulässigkeit des Testangebots auf Probandeninitiative

**11** Eines der Charakteristika genetischer Reihenuntersuchungen ist der Umstand, dass sie i.S.d. § 3 Nr. 9 ohne gendiagnostische Indikation durchgeführt werden. Davon ausgehend könnte in systematischer Auslegung der §§ 7 ff. und § 16 argumentiert werden, dass genetische Untersuchungen zu medizinischen Zwecken ohne gendiagnostische Indikation nur als **Reihenuntersuchungen im Rahmen des § 16** zulässig sein sollen, während **andere genetische Untersuchungen zu medizinischen Zwecken ohne Indikation** unzulässig wären. Gegen eine solche Auslegung sprechen jedoch folgende Erwägungen:

**12** – Die Auslegung, wonach genetische Untersuchungen zu medizinischen Zwecken ohne Indikation i.S.d. § 3 Nr. 9 nicht zulässig wären, würde im Ergebnis in einem erheblichen Maße die Probandenautonomie einschränken, da prädiktive genetischen Untersuchungen aufgrund ihrer in aller Regel fehlenden Indikationslage grundsätzlich unzulässig wären (etwa Untersuchungen auf eine genetische Eigenschaft mit Bedeutung für die Huntington-Krankheit).

– Nach den gesetzgeberischen Erläuterungen sollen Tests auf Anlageträgerschaft (zum Begriff vgl. Richtlinie der Gendiagnostik-Kommission (GEKO) für die Beurteilung genetischer Eigenschaften gem. § 23 Abs. 2 Nr. 1a GenDG i.d.F. vom 25.05.2021, unter IV. 2.2.) nur im Rahmen einer systematisch angebotenen Reihenuntersuchung nach § 16 unzulässig sein, nicht jedoch als genetische Einzeluntersuchung zu medizinischen Zwecken nach den allgemeinen Regeln der §§ 7 ff. (vgl. BR-Drs. 633/08, S. 65). Eine Auslegung, wonach genetische Untersuchungen zu medizinischen Zwecken ohne Indikation i.S.d. § 3 Nr. 9 nur im Rahmen des § 16 zulässig wären, würde dem gesetzgeberischen Regelungsverständnis widersprechen. Denn da für Tests auf Feststellung einer Anlageträgerschaft eine Indikation i.S.d. § 3 Nr. 9 nicht vorliegt, wären sie entgegen den Ausführungen in der gesetzgeberischen Erläuterungen (vgl. BR-Drs. 633/08, S. 65) grundsätzlich auch im Rahmen der allgemeinen Regeln der §§ 7 ff. unzulässig. 13

Vor diesem Hintergrund ist davon auszugehen, dass genetische Untersuchungen zu medizinischen Zwecken ohne gendiagnostische Indikation, deren systematisches Angebot nach § 16 unzulässig ist, in systematischer Auslegung **nur auf Probandeninitiative** angeboten werden dürfen (vgl. auch Vorbemerkungen zu §§ 7 ff. Rdn. 6; § 8 Rdn. 8, § 9 Rdn. 4; § 10 Rdn. 4; zum Begriff der Probandeninitiative vgl. § 3 Rdn. 84 ff.). Dementsprechend dürfen etwa genetische Untersuchungen zur Feststellung einer Anlageträgerschaft i.S.d. § 3 Nr. 8 Buchst. b nicht systematisch angeboten, wohl aber auf Probandeninitiative veranlasst werden (vgl. BR-Drs. 633/08, S. 65). Das Erfordernis der Probandeninitiative ergibt sich aus dem Umstand, dass ansonsten der Regelung des § 16 im Ergebnis keine Bedeutung zukäme, da jede genetische Untersuchungen zu medizinischen Zwecken, die nach § 16 als Reihenuntersuchung unzulässig wäre, auch ohne Indikation im Rahmen der §§ 7 ff. auf ärztliche Initiative angeboten werden dürfte. 14

### III. Zulässigkeit von Reihenuntersuchungen zu nicht-medizinischen Zwecken (v.a. Life-Style-Tests)

Für im Bereich der Gendiagnostik vorgenommene **Reihenuntersuchungen zu nicht-medizinischen Zwecken** (v.a. Life-Style-Tests) finden sich grundsätzlich keine Vorgaben. § 16 findet auf diese Reihenuntersuchungen keine Anwendung, weil diese Regelung nach der Begriffsbestimmung in § 3 Nr. 9 nur genetische Untersuchungen zu medizinischen Zwecken erfasst. Für die im Rahmen von Reihenuntersuchungen zu nicht-medizinischen Zwecken vorgenommenen Einzeluntersuchungen gelten die Vorgaben nach den §§ 7 ff., etwa die hinsichtlich der Qualifikationsanforderungen der untersuchenden Personen nach § 7 und die hinsichtlich der Einwilligungsanforderungen nach § 8, nicht (vgl. auch Gendiagnostik-Kommission (GEKO), Tätigkeitsbericht 2018, S. 42). Wegen § 15 Abs. 2 sind allerdings vorgeburtliche genetische Reihenuntersuchungen zu nicht-medizinischen Zwecken unzulässig (vgl. § 15 Rdn. 27). 15

Insbesondere nicht erfasst werden **Massentests zu Strafverfolgungszwecken**, da diese nach § 2 Abs. 2 Nr. 2a nicht dem GenDG unterliegen (Kern/*Kern*, § 16 GenDG Rn. 11; *Fenger*, § 16 GenDG Rn. 1). 15a

### D. Regelungsgehalt

#### I. Vorbehalt der Verhinderbarkeit von Erkrankungen oder gesundheitlichen Störungen (Abs. 1)

##### 1. Normadressaten

Der Kreis der Normadressaten wird in § 16 nicht ausdrücklich bezeichnet. Adressaten der Regelung sind zunächst die nach § 3 Nr. 5 verantwortlichen ärztlichen Personen als die **Leistungserbringer**. Darüber hinaus dürften die Vorgaben des § 16 aber auch für Personen und Institutionen gelten, auf deren Veranlassung oder Empfehlung genetische Reihenuntersuchungen systematisch angeboten werden. Dazu können auch **Krankenkassen oder berufsständische Vertretungen** gehören. Vor dem Hintergrund des umfassenden Verbots des systematischen Angebots von Reihenuntersuchungen 16 auf genetische Eigenschaften mit Bedeutung für nicht verhinderbare Erkrankungen und gesundheitliche Störungen können auch die **kommerziellen Anbieter entsprechender Testapparaturen** von der Norm erfasst sein.

### 2. Geschützter Personenkreis

17 Die Regelung schützt alle Personen, bei denen im Rahmen von genetischen Reihenuntersuchungen genetische Eigenschaften ermittelt werden sollen (zur Schutzwirkung des § 16 vgl. Rdn. 3 ff.).

### 3. Erfasste Untersuchungen

#### a) Genetische Reihenuntersuchungen i.S.d. § 3 Nr. 9

18 Abs. 1 erfasst alle **genetischen Reihenuntersuchungen i.S.d. § 3 Nr. 9**. Als solche Untersuchungen kommen damit grundsätzlich alle genetischen Untersuchungen zu medizinischen Zwecken i.S.d. § 3 Nr. 6–8, vor allem prädiktive genetische Untersuchungen (vgl. § 3 Nr. 9 Rdn. 42 ff.), in Betracht, die im Rahmen der Reihenuntersuchung nicht-indikationsgebunden systematisch angeboten werden sollen.

18a Nach § 2 Nr. 1 fallen **genetische Untersuchungen zu Forschungszwecken** nicht unter das GenDG und somit auch nicht unter § 16, selbst wenn die Voraussetzungen des § 3 Nr. 9 vorliegen. Nach Auffassung der der Gendiagnostik-Kommission (Richtlinie der Gendiagnostik-Kommission (GEKO) für die Anforderungen an die Durchführung genetischer Reihenuntersuchungen gem. § 23 Abs. 2 Nr. 6 GenDG i.d.F. vom 26.06.2020, BGesundBl. 2020, 63, S. 1312 unter II.1. letzter Absatz) sind daher z.B. genetische Grundlagenforschung, aber auch Modellprojekte und Machbarkeitsstudien nicht vom GenDG erfasst, »die im Kontext des jeweiligen Gesundheitssystems insbesondere die Umsetzbarkeit, die Teilnahmebereitschaft in der Zielpopulation und die weitere medizinische Evidenz untersuchen, um genetische Reihenuntersuchungen vorzubereiten.« Vielmehr sollen die Machbarkeitsstudien erst die Grundlage für die Bewertung nach § 16 Absatz 2 bilden (Richtlinie der Gendiagnostik-Kommission (GEKO) für die Anforderungen an die Durchführung genetischer Reihenuntersuchungen gem. § 23 Abs. 2 Nr. 6 GenDG i.d.F. vom 26.06.2020, BGesundBl. 2020, 63, S. 1312 unter III.1.b).

#### b) Bestehende und neu eingeführte Reihenuntersuchungen

19 Die Regelung des Abs. 1 gilt sowohl für vor ihrem Inkrafttreten (vgl. Rdn. 2) bereits durchgeführte Reihenuntersuchungen (wie z.B. im Rahmen des bestehenden Neugeborenen-Screenings bereits etablierte Untersuchungen, vgl. BR-Drs. 633/08, S. 65; Spickhoff/*Fenger* § 16 GenDG Rn. 1; *Schillhorn/Heidemann*, § 16 GenDG Rn. 11, vgl. aber auch Rdn. 35) als auch für nach ihrem Inkrafttreten neu eingeführte genetische Reihenuntersuchungen.

### 4. Zulässigkeitsvoraussetzungen für ein systematisches Testangebot im Rahmen von genetischen Reihenuntersuchungen

20 Abs. 1 verlangt, dass mit der Reihenuntersuchung (also v.a. einer Untersuchung nach einer systematischen nicht-indikationsbezogenen Spontanberatung) genetische Eigenschaften für eine Erkrankung oder gesundheitliche Störung (zum Begriff der Erkrankung oder gesundheitlichen Störung, vgl. § 3 Rdn. 43) ermittelt werden, »die nach dem **allgemein anerkannten Stand der Wissenschaft und Technik** vermeidbar oder behandelbar ist oder der vorgebeugt werden kann.« Feststellungen zum allgemein anerkannten Stand der Wissenschaft und Technik können insbesondere von der GEKO nach § 23 vorgenommen werden (vgl. auch die Überschrift des Abschnitts 6; zur Bedeutung des Zusatzes »allgemein anerkannt« gegenüber dem im EU-Arbeitsschutzrecht verwendeten abweichenden Begriff: Kollmer/Klindt/*Kohte*, § 4 ArbSchG Rn. 14 m.w.N.).

### a) Genaue Kenntnis der Zielkrankheit

Nach Auffassung der Gendiagnostik-Kommission (Richtlinie der Gendiagnostik-Kommission (GEKO) für die Anforderungen an die Durchführung genetischer Reihenuntersuchungen gem. § 23 Abs. 2 Nr. 6 GenDG i.d.F. vom 26.06.2020, BGesundBl. 2020, 63, S. 1313 unter III.2.a) »sollen« die **Grundlagen der genetischen Erkrankung** oder gesundheitlichen Störung, deren genetische und phänotypische Variabilität einschließlich des natürlichen Erkrankungsverlaufs (ohne Intervention) hinlänglich bekannt sein. Ebenso müssen nachvollziehbare Berechnungen zur **Prävalenz** der Erkrankung sowie der für sie bekannten ursächlichen genetischen Eigenschaft(en) in der Zielpopulation vorgelegt werden. 20a

### b) Bestehende Möglichkeiten der Verhinderung (Vermeidung, Behandlung oder Vorbeugung)

Maßgebliche Voraussetzung für die Zulässigkeit einer Reihenuntersuchung ist es somit, dass zum Zeitpunkt ihrer Durchführung **Möglichkeiten zur Verhinderung** (Vermeidung, Behandlung oder Vorbeugung) der Erkrankung oder gesundheitlichen Störungen bestehen, deren Manifestation durch die genetische Untersuchung festgestellt oder vorhergesagt werden soll. 21

Der Begriff der »**Behandelbarkeit**« ist im GenDG nicht näher bestimmt (vgl. auch § 10 Abs. 1 Satz 2 und § 10 Abs. 3 Satz 4). Aufgrund des Zusammenhangs mit dem Begriff der »Vermeidbarkeit« und nach der gesetzgeberischen Begründung (BR-Drs. 633/08, S. 66), ist davon auszugehen, dass es bei der Bewertung der Behandelbarkeit auf den Nutzen und die Wirksamkeit der Behandlung ankommt. Zur Auslegung dieses Begriffs kann – unter Berücksichtigung des gesetzgeberischen Ziels eines effektiven Gesundheitsschutzes (vgl. § 16 Rdn. 3 ff.) – der Begriff der wirksamen Behandelbarkeit i.S.d. § 25 Abs. 3 Nr. 1 SGB V Orientierung bieten (mit näheren Ausführungen zu den Anforderungen bei der Beurteilung der Behandelbarkeit in der Verfahrensordnung des Gemeinsamen Bundesausschusses in der Fassung vom 18.12.2008, BAnz 2009, S. 2050 [Beilage], geändert am 17.12.2009, BAnz 2010, S. 968, unter 2. Kapitel, § 10). 22

Zu den Erkrankungen, die nach dem allgemein anerkannten Stand der Wissenschaft und Technik **nicht vermeidbar oder behandelbar** ist, dürfte mangels wirksamer Vorbeuge- bzw. Therapiemaßnahmen derzeit beispielsweise die Huntington-Krankheit zählen (vgl. auch Rdn. 30). 23

Zur **Vorbeugung bzw. Vermeidung** i.S.d. Abs. 1 zählen nach der gesetzgeberischen Zielsetzung zudem nur Maßnahmen, die die Lebenserwartung der betreffenden Person verlängern oder ihre Lebensqualität verbessern (vgl. auch BR-Drs. 633/08, S. 41; zur besonderen Problematik von genetischen Untersuchungen auf spätmanifestierende Erkrankungen bei nicht-einwilligungsfähigen Personen vgl. § 16 Rdn. 8b und § 14 Rdn. 47 f.). Untersuchungsmaßnahmen, mit denen lediglich eine **Grundlage für die Entscheidung über einen Schwangerschaftsabbruch** geschaffen werden soll (z.B. der sog. Triple-Test oder Untersuchungen im Rahmen des sog. Ersttrimester-Screenings) gehören nicht dazu. Bei derartigen Untersuchungen werden in der Regel lediglich Indikatoren ermittelt, anhand derer v.a. die Wahrscheinlichkeit für eine mögliche Behinderung des Kindes berechnet werden soll. Diese Untersuchungen dienen nicht der Feststellung von genetischen Eigenschaften mit Bedeutung für Erkrankungen oder gesundheitlichen Störungen, die für das ungeborene Leben i.S.d. Abs. 1 in ihrer Entstehung verhinderbar sind. Zur Unzulässigkeit entsprechender Reihenuntersuchungen vgl. Rdn. 31. 24

§ 16 rechtfertigt keine Reihenuntersuchungen zur **Feststellung genetisch bedingter Medikamenten(un)verträglichkeiten**. Diese sind vielmehr nur im Rahmen von Einzeluntersuchungen zulässig, wenn im Einzelfall eine Behandlung mit einem Arzneimittel vorgesehen ist, dessen Wirkung durch bestimmte genetische Eigenschaften beeinflusst wird (etwa §§ 14 Abs. 1 Nr. 1, 4. Alt. und 15 Abs. 1 Satz 1, 2. Alt.). 24a

Zur Unzulässigkeit von **vorgeburtlichen genetischen Reihenuntersuchungen zu nichtmedizinischen Zwecken** vgl. § 16 Rdn. 15. 24b

### b) Erfordernis des Nutzens für die untersuchte Person

25 Nach Abs. 1 darf eine genetische Reihenuntersuchung nur durchgeführt werden, wenn mit der Untersuchung geklärt werden soll, ob **die betroffenen Personen** genetische Eigenschaften mit Bedeutung für eine Erkrankung oder gesundheitliche Störung haben, die nach dem allgemein anerkannten Stand der Wissenschaft und Technik (vgl. Rdn. 20) verhindert werden kann. Nach der gesetzgeberischen Erläuterung sind die Voraussetzungen des Abs. 1 nur dann erfüllt, wenn die Untersuchung **für die untersuchte Person selbst mit einem Nutzen verbunden ist** (vgl. BR-Drs. 633/08, S. 65 f.). Unmittelbar aus dem Wortlaut des Abs. 1 ergibt sich dies allerdings nicht (zur Kritik vgl. *Vossenkuhl*, Der Schutz genetischer Daten, S. 141).

26 Screenings **zur Ermittlung der Anlageträgereigenschaft** für rezessive Erkrankungen (Heterozygotenscreenings, z.B. auf ß-Thalassämie oder zystische Fibrose – vgl. auch § 3 Nr. 8 Buchst. b) erfüllen das Erfordernis des Probandennutzens nicht, da sich derartige Anlagen nicht bei der untersuchten Person selbst gesundheitlich auswirken (vgl. BR-Drs. 633/08, S. 65 f.; Kern/*Kern*, § 16 GenDG Rn. 5). Vgl. auch Rdn. 32. Sofern der Zweck der genetischen Reihenuntersuchung die **Identifikation von rezessiv vererbten Erkrankungen** oder gesundheitlichen Störungen ist, steht der Nachweis einer heterozygoten Anlageträgerschaft nach Auffassung der Gendiagnostik-Kommission (Richtlinie der Gendiagnostik-Kommission (GEKO) für die Anforderungen an die Durchführung genetischer Reihenuntersuchungen gem. § 23 Abs. 2 Nr. 6 GenDG i.d.F. vom 26.06.2020, BGesundBl. 2020, 63, S. 1313 unter III.2.d und auch S. 1314, unter III. 3.c, 4.c und 5 c) einer genetischen Reihenuntersuchung nicht entgegen.

### 5. Rechtsfolgen

27 Abs. 1 regelt die Zulässigkeit von genetischen Reihenuntersuchungen (vgl. Rdn. 28 ff.), nicht jedoch die Zulässigkeit der in ihrem Rahmen vorzunehmenden genetischen Einzeluntersuchungen zu medizinischen Zwecken (vgl. Rdn. 33 ff.).

### a) für die Durchführung der genetischen Reihenuntersuchung

28 **Zulässig** ist die genetische Reihenuntersuchung nur, wenn sie neben den Voraussetzungen des § 16 auch die allgemeinen Anforderungen an Reihenuntersuchungen (u.a auch verbindliche Vorgaben der Fachverbände) und an genetische Untersuchungen zu medizinischen Zwecken erfüllt (vgl. auch Rdn. 7). Beispielsweise dürfen vorgeburtliche genetische Reihenuntersuchungen wegen § 15 Abs. 2 nicht auf die Feststellung von genetischen Eigenschaften mit Bedeutung für spät manifestierende Erkrankungen abzielen.

29 Soweit die Voraussetzungen des § 16 nicht erfüllt sind (etwa wegen der Unheilbarkeit der Krankheit, deren genetischen Veranlagungen im Rahmen eines Screenings ermittelt werden sollen), ist die betreffende genetische Reihenuntersuchung insgesamt **unzulässig**. Um den Grundsatz der **Nicht-Direktivität** und dem Schutz des Rechts auf Nichtwissens Rechnung zu tragen, dürfen nach § 16 genetische Untersuchungen zu medizinischen Zwecken auf genetische Eigenschaften mit Bedeutung für **nicht verhinderbare Erkrankungen oder gesundheitliche Störungen** ohne gendiagnostische Indikation nicht systematisch angeboten werden.

30 Nach § 16 unzulässig sind beispielsweise:
   a) Reihenuntersuchungen auf genetische Eigenschaften mit Bedeutung für **unheilbare Krankheiten**, wie z.B. die Huntington-Krankheit,
31 b) Reihenuntersuchungen im Rahmen der Pränataldiagnostik, die keine therapeutischen Möglichkeiten für das ungeborene Leben eröffnen, sondern – wie beispielsweise das sog. Ersttrimester-Screening oder der sog. Triple-Test – lediglich der **Vorbereitungen der Entscheidung über einen Schwangerschaftsabbruch** dienen (zur Unzulässigkeit der routinemäßig vorgenommenen speziellen Beurteilung der fetalen Nackenregion im Rahmen des Ultraschall-Screenings zur Bestimmung der Wahrscheinlichkeit für das Vorliegen eines kindlichen Down-Syndroms (sog. **Nackentransparenz-Test** im Rahmen des Ersttrimesterscreenings) vgl. Gemeinsamer

Bundesausschuss, Tragende Gründe zum Beschluss vom 18.06.2009 über eine Änderung der Mutterschafts-Richtlinien – Anlage 3 Mutterpass; vgl. auch *Schwerdtfeger*, Frauenarzt 2010, 20 [22 f.]),

c) Screenings im Hinblick auf Anlageträger für rezessive Erkrankungen (sog. **Heterozygotentests**, s. § 3 Nr. 8 Buchst. b, z.B. auf ß-Thalassämie oder zystische Fibrose (vgl. BR-Drs. 633/08, S. 41, 65 f.). 32

**b) für die Durchführung der genetischen Einzeluntersuchungen**

Die **Unzulässigkeit des systematischen Testangebots im Rahmen einer Reihenuntersuchung** nach § 16 führt nicht notwendigerweise zur Unzulässigkeit einer dadurch veranlassten Einzeluntersuchung, soweit im Übrigen die rechtlichen Vorgaben – insbesondere der §§ 7 ff. – eingehalten werden (vgl. auch Rdn. 7 und Rdn. 28). Dadurch wird sichergestellt, dass das rechtswidrige Verhalten des Testanbieters den Probanden, der nicht Adressat der Regelung des Abs. 1 ist, nicht in seiner Selbstbestimmung einschränkt. Entsprechend der gesetzgeberischen Erläuterung kann er mit seiner Einwilligung die Zulässigkeit der genetischen Untersuchungen zu medizinischen Zwecken bewirken (zur Zulässigkeit von Einzeluntersuchungen auf eine Anlageträgereigenschaft: vgl. BR-Drs. 633/08, S. 65). 33

**II. Vorbehalt der Bewertung neu eingeführter genetischer Reihenuntersuchungen (Abs. 2)**

Zum Kreis der Normadressatenkreis und der geschützten Personen vgl. Rdn. 16 ff. 34

**1. Erfasste Untersuchungen**

Der Vorbehalt der Bewertung der Reihenuntersuchung durch die Gendiagnostik-Kommission gilt nach Abs. 2 für genetische Reihenuntersuchungen, mit denen (nach Inkrafttreten des GenDG) begonnen wurde (vgl. BR-Drs. 633/08, S. 32). Maßgeblich für die Beurteilung der Frage, ob mit einer Reihenuntersuchung i.S.d. Abs. 2 begonnen wurde, ist nicht der Zeitpunkt der Einführung des organisatorischen Rahmens, in dem das betreffende Screening eingebunden ist (z.B. die systematische Durchführung von genetischen Untersuchungen bei Neugeborenen), sondern der Zeitpunkt der Einführung der einzelnen Reihenuntersuchungsmaßnahme (beispielsweise die Aufnahme einer bestimmten Untersuchung in das Neugeborenen-Screening, vgl. *Cramer*, MedR 2013, 763 (766) zur angestrebten Erweiterung auf Krankheiten wie z.B. zystische Fibrose [Mukoviszidose]). 35

**2. Rechtsfolgen**

**a) Vorbehalt einer schriftlichen Bewertung durch die Gendiagnostik-Kommission (Abs. 2 Satz 1)**

Nach Abs. 2 Satz 1 darf mit einer Reihenuntersuchung nur begonnen werden, wenn die Gendiagnostik-Kommission die Untersuchung in einer schriftlichen Stellungnahme bewertet hat. Der Umfang dieser Bewertung bestimmt sich nach Abs. 2 Satz 2, wonach die Gendiagnostik-Kommission anhand der ihr vorgelegten Unterlagen prüft und bewertet, ob 36
– die Voraussetzungen nach § 16 Abs. 1 vorliegen,
– das Anwendungskonzept für die Durchführung der Untersuchung dem allgemein anerkannten Stand der Wissenschaft und Technik entspricht und
– die Untersuchung in diesem Sinne ethisch vertretbar ist.

**b) Unterrichtungspflicht der Anbieter von genetischen Reihenuntersuchungen (Abs. 2 Satz 1)**

Aus dem Bewertungsvorbehalt nach Abs. 2 ergibt sich (mittelbar) die Verpflichtung der Testanbieter, die Gendiagnostik-Kommission über die geplante Reihenuntersuchung zu unterrichten (vgl. BR- Drs 633/08, S. 3, 32). 37

### E. Rechtsfolgen und Normumsetzung

38 Die Einhaltung der Vorgaben des § 16, wonach genetische Untersuchungen zu medizinischen Zwecken ohne gendiagnostische Indikation nur auf Probandeninitiative angeboten werden dürfen, dürfte **schwer überprüfbar** sein. Neben den Richtlinien der Gendiagnostik-Kommission dürfte hier insbesondere den Leitlinien der Fachverbände und der Rechtsprechung eine entscheidende Bedeutung zukommen.

#### I. Untergesetzliche Regelungen

39 Für einen effektiven Schutz des Rechts auf Nichtwissen muss es insbesondere das Ziel sein, klare Kriterien herauszuarbeiten, wann eine gendiagnostische Indikation vorliegt und welche Untersuchungen dem Einzelnen nur auf Probandeninitiative angeboten werden dürfen (vgl. auch § 9 Rdn. 4). Kritisch zur Frage der ausreichenden Legitimierung der GEKO und der Verbindlichkeit ihrer Mitteilungen und Richtlinien vgl. *Taupitz*, MedR 2013, 1, 2 f.

##### 1. Richtlinien und Stellungnahmen der Gendiagnostik-Kommission

a) Gesetzlich vorgeschriebene Richtlinien nach § 23 Abs. 2 Nr. 6 und Stellungnahmen nach § 16 Abs. 2

40 Nach § 23 Abs. 2 Nr. 6 soll die Gendiagnostik-Kommission in einer **Richtlinie** die Anforderungen an die Durchführung genetischer Reihenuntersuchungen festlegen. Dies gilt insbesondere sowohl im Hinblick auf eine Bezeichnung der Krankheiten, die in die Untersuchungsprogramme aufgenommen werden sollen, als auch hinsichtlich des Zeitpunkts ihrer Untersuchung, der Untersuchungsmethoden und der Behandlungs- und Organisationsstrukturen (vgl. BR-Drs. 633/08, S. 82).

Eine entsprechende Richtlinie liegt mittlerweile vor:
– Richtlinie der Gendiagnostik-Kommission (GEKO) für die Anforderungen an die Durchführung genetischer Reihenuntersuchungen gem. § 23 Abs. 2 Nr. 6 GenDG i.d.F. vom 26.06.2020, BGesundBl. 2020, 63, S. 1311 ff.).

Die GEKO hat ihren Anwendungsbereich allerdings auf Fälle des § 16 Abs. 2 beschränkt (vgl. Richtlinie, S. 1311 unter I.) und trifft damit keine Vorgaben für genetische Reihenuntersuchungen, die bereits vor dem Inkrafttreten des GenDG eingeführt worden sind (z.B. die bisher bereits im Rahmen des Neugeborenenscreenings vorgenommenen genetischen Untersuchungen). Diese Beschränkung des Anwendungsbereichs ist freilich weder vom Wortlaut des § 23 Abs. 2 Nr. 6, wonach die *GEKO* Richtlinien für die Anforderungen an die Durchführung (aller) genetischen Reihenuntersuchungen erstellen sollen, noch nach der gesetzgeberischen Zielsetzung (vgl. BR-Drs. 633/08, S. 41, 65, 82) vorgegeben.

40a § 16 Abs. 2 überträgt zudem die Aufgabe der Prüfung und Bewertung der beabsichtigten genetischen Reihenuntersuchung in Form von **Stellungnahmen** der Gendiagnostik-Kommission. Deren Votum ist rechtlich nicht bindend, sondern hat empfehlenden Charakter (BR-Drs. 633/08 S. 66). Folgende Stellungnahmen hat die Gendiagnostik-Kommission mittlerweile abgegeben:
– Genetische Reihenuntersuchung auf **Mukoviszidose bei Neugeborenen** (Stellungnahme der Gendiagnostik-Kommission (GEKO) vom 26.06.2015 gem. § 16 Abs. 2 GenDG i.V.m. dem Beschluss des Gemeinsamen Bundesausschusses vom 18.06.2015 zum Screening auf Mukoviszidose bei Neugeborenen; vgl. auch: Mitteilung der GEKO (zur Beschlussfassung des G-BA zur Änderung der Kinder-Richtlinie vom 20.08.2015: Heranziehung von Ergebnissen der DNA-Analysen aus genetischen Reihenuntersuchungen auf Mukoviszidose bei Neugeborenen)
– Genetische Reihenuntersuchung zur Früherkennung der **Tyrosinämie Typ I mittels Tandem-Massenspektrometrie im Rahmen des Erweiterten Neugeborenen-Screenings** (Stellungnahme der Gendiagnostik-Kommission (GEKO) vom 24.11.2017 gem. § 16 Abs. 2 GenDG i.V.m.

dem Beschluss des Gemeinsamen Bundesausschusses vom 19.10.2017 zum Screening von Neugeborenen zur Früherkennung der Tyrosinämie Typ I mittels Tandem-Massenspektrometrie)
- Genetische Reihenuntersuchung zur Früherkennung von **SCID im Rahmen des Erweiterten Neugeborenen-Screenings** (Stellungnahme der Gendiagnostik-Kommission (GEKO) vom 23.11.2018 gem. § 16 Abs. 2 GenDG i.V.m. dem Beschluss des Gemeinsamen Bundesausschusses vom 20.11.2018 zum Screening von Neugeborenen zur Früherkennung von SCID)
- Genetische Reihenuntersuchung zur Früherkennung der **5q-assoziierten spinalen Muskelatrophie im Rahmen des Erweiterten Neugeborenen-Screenings** (Stellungnahme der Gendiagnostik-Kommission (GEKO) vom 29.01.2021 gem. § 16 Abs. 2 GenDG i.V.m. dem Beschluss des Gemeinsamen Bundesausschusses vom 17.12.2020 zum Neugeborenen-Screening auf 5q-assoziierte spinale Muskelatrophie Screening)
- Genetische Reihenuntersuchung zur Früherkennung der **Sichelzellkrankheit im Rahmen des Erweiterten Neugeborenen-Screenings** (Stellungnahme der Gendiagnostik-Kommission (GEKO) vom 29.01.2021 gem. § 16 Abs. 2 GenDG i.V.m. dem Beschluss des Gemeinsamen Bundesausschusses vom 20.11.2018 zum Screening auf Sichelzellkrankheit bei Neugeborenen)

Die Richtlinien der Gendiagnostik-Kommission sowie ihre Stellungnahmen nach § 16 Abs. 2 zu den genetischen Reihenuntersuchungen sind nach § 23 Abs. 3 **zu veröffentlichen**. Personen, die an einer genetischen Reihenuntersuchung teilnehmen, sind nach § 9 Abs. 2 Nr. 6 vorab über das Ergebnis der Bewertung der Untersuchung durch die Gendiagnostik-Kommission nach § 16 Abs. 2 zu unterrichten (**individuelle Probandeninformation**, vgl. auch § 9 Rdn. 22, BR-Drs. 633/08, S. 53). 41

Die Erstellung der Richtlinien nach § 23 Abs. 2 Nr. 6 sowie deren Veröffentlichung nach § 23 Abs. 3 fallen nicht unter die gebührenpflichtigen Amtshandlungen i.S.d. § 24. Nach § 24 Abs. 1 erhebt das Robert Koch-Institut für Stellungnahmen der Gendiagnostik-Kommission nach § 16 Abs. 2 zur Deckung des Verwaltungsaufwandes **Gebühren und Auslagen**. Nach § 2 Satz 1 der Gendiagnostik-Kommission-Kostenverordnung (BGBl. I 2010, S. 810, GenDGKostV, die nach dem Gesetz zur Strukturreform des Gebührenrechts des Bundes (BGBl. I, 2013, 3153) spätestens ab dem 14.08.2018 durch Regelungen in einer besonderen Gebührenverordnung des zuständigen Ministeriums abgelöst werden soll [vgl. BT-Drs. 17/10422, S. 183]) beträgt die Gebühr für diese Stellungnahmen 100 bis 2.000 €. 42

### b) Gutachtliche Stellungnahmen auf Einzelanfragen (§ 23 Abs. 5)

Zudem kann die Gendiagnostik-Kommission nach § 23 Abs. 5 nach ihrem Ermessen auf Anfrage von Personen oder Einrichtungen, die genetische Untersuchungen oder Analysen vornehmen, **gutachtliche Stellungnahmen zu Einzelfragen** der Auslegung und Anwendung ihrer Richtlinien abgeben. Diese Möglichkeit besteht sowohl im Hinblick auf bereits eingeführte als auch im Hinblick auf Reihenuntersuchungen, deren Einführung geplant ist. Die Gebühr für Stellungnahmen gem. § 23 Abs. 5 des Gendiagnostikgesetzes beträgt nach § 2 Satz 2 der Gendiagnostik-Kommission-Kostenverordnung (BGBl. I 2010, S. 810, GenDGKostV, die nach dem Gesetz zur Strukturreform des Gebührenrechts des Bundes [BGBl. I 2013 S. 3153] spätestens ab dem 14.08.2018 durch Regelungen in einer Besonderen Gebührenverordnung des zuständigen Ministeriums abgelöst werden soll [vgl. BT-Drs. 17/10422, S. 183]) 100 bis 800 €. 43

### 2. Leitlinien der Fachverbände

Angesichts des nur beschränkten im GenDG vorgesehenen Sanktionsinstrumentariums im GenDG (vgl. Rdn. 45 f.) kommt den Fachverbänden und ihren Steuerungsmöglichkeiten eine wesentliche Bedeutung bei der wirksamen Umsetzung der Vorgaben des § 16 zu. Die normgerechte Umsetzung muss ggf. auf berufsständischer Ebene überprüft und im Fall von Verstößen sanktioniert werden (etwa durch Untersagung von testinduzierender Werbung im Wartezimmer zur Verhinderung unzulässiger Testangebote). Ein Verstoß gegen die Vorgaben des Abs. 1 kann ggf. eine Verletzung von Grundsätzen der MBOÄ (etwa § 7 Abs. 1, § 11 Abs. 2 oder § 13 MBOÄ) darstellen. 44

## II. Ansprüche auf Schadensersatz

45 Dem Grunde nach kann in Fällen, in denen entgegen der Vorgaben des § 16 genetische Untersuchungen zu medizinischen Zwecken systematisch angeboten werden, ein Schadensersatzanspruch der betroffenen Person wegen der Verletzung des Rechts auf Nichtwissen durch das unzulässige Testangebot in Betracht kommen (wegen datenschutzrechtlicher Ansprüche vgl. § 11 Rdn. 23 f.).

## III. Straf- und Bußgeldtatbestände

46 Nach § 26 Abs. 1 Nr. 2 handelt ordnungswidrig, wer entgegen § 16 Abs. 2 Satz 1 mit der Durchführung einer genetischen Reihenuntersuchung beginnt, ohne dass zuvor die Gendiagnostik-Kommission das Anwendungskonzept bewertet hat (vgl. auch BR-Drs. 633/08, S. 86). Das unzulässige Angebot von genetischen Untersuchungen im Rahmen von bereits etablierten genetischen Reihenuntersuchungen ist nach dem GenDG nicht bußgeldbewehrt (vgl. auch BR-Drs. 633/08, S. 86).

## § 18 Genetische Untersuchungen und Analysen im Zusammenhang mit dem Abschluss eines Versicherungsvertrages

(1) Der Versicherer darf von Versicherten weder vor noch nach Abschluss des Versicherungsvertrages
1. die Vornahme genetischer Untersuchungen oder Analysen verlangen oder
2. die Mitteilung von Ergebnissen oder Daten aus bereits vorgenommenen genetischen Untersuchungen oder Analysen verlangen oder solche Ergebnisse oder Daten entgegennehmen oder verwenden.

Für die Lebensversicherung, die Berufsunfähigkeitsversicherung, die Erwerbsunfähigkeitsversicherung und die Pflegerentenversicherung gilt Satz 1 Nr. 2 nicht, wenn eine Leistung von mehr als 300.000 € oder mehr als 30.000 € Jahresrente vereinbart wird.

(2) Vorerkrankungen und Erkrankungen sind anzuzeigen; insoweit sind die §§ 19 bis 22 und 47 des Versicherungsvertragsgesetzes anzuwenden.

### Übersicht

| | Rdn. |
|---|---|
| A. Überblick | 1 |
| B. Regelungszweck | 2 |
| C. Systematische Einordnung | 6 |
| D. Regelungsgehalt | 7 |
| I. Regelungen zum Umgang mit genetischen Daten (Abs. 1) | 7 |
| 1. Normadressaten | 7 |
| 2. Geltungsbereich | 8 |
| 3. Erfasste Untersuchungen und Untersuchungsergebnisse | 10 |
| 4. Verbotene Handlungen | 12 |
| a) Uneingeschränktes Verbot des Untersuchungsverlangens (Satz 1 Nr. 1) | 14 |
| b) Grundsätzliches Verbot des Mitteilungsverlangens und der Erhebung und Verwendung von genetischen Daten i.S.d. § 3 Nr. 11 (Satz 1 Nr. 2 und Satz 2) | 16 |
| aa) Grundsatzregelung (Satz 1 Nr. 2) | 17 |
| bb) Ausnahmetatbestände (Satz 2) | 21 |
| II. Regelungen zum Umgang mit Daten über andere genetische Merkmale | 24 |
| III. Regelungen zum Umgang mit Daten über Manifestationen (Abs. 2) | 25 |
| E. Rechtsfolgen und Normumsetzung | 26 |
| I. Unwirksamkeit unzulässiger Regelungen, Recht zur Lüge | 27 |
| II. Ansprüche auf Beseitigung, Unterlassung und Schadensersatz, Herstellungsansprüche | 29 |
| III. Straf- und Bußgeldtatbestände | 34 |

## A. Überblick

1 § 18 gilt für genetische Untersuchungen im privaten Versicherungsbereich und den Umgang mit ihren Ergebnissen (vgl. auch *Armbrüster*, VW 2010, S. 1309, *Looschelders*, VersR 2011, 697, 699).

Er beschränkt das Recht eines Versicherers, im Rahmen von Risikoprüfungen im Zusammenhang mit dem Abschluss eines Vertrages Daten zu erheben, die durch genetische Untersuchungen oder Analysen gewonnen worden sind. Die Regelung trat nach § 27 Abs. 1 zum 01.02.2010 in Kraft.

**B. Regelungszweck**

Schutzgegenstand des Abs. 1 Satz 1 Nr. 1 ist das **Recht auf Nichtwissen** (*Hahn*, ZVersWiss 2013, 519 [522]). Die Regelung schützt den Einzelnen davor, im Rahmen des Abschlusses von Versicherungsverträgen aufgrund bestimmter vertraglicher Obliegenheiten zur Untersuchungen von genetischen Eigenschaften veranlasst zu werden, von denen er keine Kenntnis haben will (BR-Drs. 633/08, S. 73 und 74, Kern/*Hahn*, § 18 GenDG Rn. 18).

Abs. 1 Satz 1 Nr. 2 dient hingegen vorrangig – insbesondere durch das in dieser Regelung enthaltene Verwertungsverbot – dem **Schutz vor ungerechtfertigten typisierenden Behandlungen** (als Ausprägung des allgemeinen Persönlichkeitsrechts, vgl. *Stockter*, Verbot genetischer Diskriminierung, S. 389 ff.; vgl. auch Kern/*Reuter*, § 4 GenDG Rn. 185, 187), indem es den Versicherern grundsätzlich untersagt ist, die Ergebnisse genetischer Untersuchungen im Versicherungsbereich zu verwenden.

Andere Rechte werden insoweit allenfalls mittelbar durch Abs. 1 Satz 1 Nr. 2 geschützt:
– Das **Recht auf Nichtwissen** ist insofern nicht beeinträchtigt, da dem Versicherungsnehmer die genetischen Informationen in den von Abs. 1 Satz 1 Nr. 2 erfassten Fällen bereits bekannt sind.
– Das **Recht auf informationelle Selbstbestimmung** ist nur dann durch § 18 Abs. 1 Satz 1 Nr. 2 geschützt, soweit durch Abs. 1 Satz 1 Nr. 2 verboten wird, dass die Ergebnisse genetischer Untersuchungen ohne die Einwilligung des Einzelnen (etwa über Dritte) erhoben werden.
– Soweit nach § 18 Abs. 1 Satz 1 Nr. 2 i.V.m. Satz 2 die Erhebung und Verwendung der Ergebnisse von genetischen Untersuchungen jedoch auch mit der Einwilligung des Betroffenen unzulässig ist, stellt dies eine **Beeinträchtigung des Rechts auf informationelle Selbstbestimmung** dar, die jedoch aus Gründen des Diskriminierungsschutzes gerechtfertigt ist (vgl. *Hahn*, ZVersWiss 2013, 519 [523]; offener insoweit BR-Drs. 633/08, S. 72 f.; Kern/*Hahn*, § 18 GenDG Rn. 20 und 69).

Insgesamt wird damit durch die Regelung des § 18 schon auf der Datenerhebungsebene sichergestellt, dass der Zugang zu den privaten Kranken- und Lebensversicherungen nicht im Hinblick auf genetische Eigenschaften erschwert oder verweigert wird, und verhindert insofern **Diskriminierungspotenziale** (BR-Drs. 633/08, S. 73).

Die Regelung des Abs. 1 Satz 2 sieht schließlich einen Ausgleich zwischen diesen Interessen des Versicherungsnehmers und den Interessen des Versicherers vor. Die Bestimmung soll die Ausnutzung eines Wissensvorsprungs im eigenen wirtschaftlichen Interesse zulasten der jeweiligen versicherungsrechtlichen Solidargemeinschaft verhindern (sog. **Antiselektion**, vgl. auch § 11 Rdn. 21) (Kern/*Hahn*, § 18 GenDG Rn. 34; BR-Drs. 633/08, S. 73). Die Alternativität der Ansprüche des Probanden auf Kenntnisnahme und Vernichtung der Untersuchungsergebnisse (vgl. § 1 Rdn. 7a, § 8 Rdn. 15, § 11 Rdn. 20 und § 12 Rdn. 11) dient in diesen Fällen der Sicherstellung des Informationsinteresses der Versicherer, indem dadurch erschwert wird, dass die untersuchte Person für sie ungünstige Untersuchungsergebnisse verbirgt. Dies rechtfertigt sich vor dem Hintergrund, dass das Recht auf Nichtwissen in diesen Fällen nicht beeinträchtigt ist und insbesondere im Versicherungsbereich die Gefahr besteht, dass die untersuchte Person ihren ansonsten bestehenden Wissensvorsprung zulasten von Dritten ausnutzen könnte (vgl. Kern-*Hahn*, § 18 GenDG, Rn. 35). Mit der Anhebung der in der freiwilligen Selbstverpflichtungserklärung des GDV enthaltenen Versicherungssumme von 250.000 € auf 300.000 € soll ein angemessener Ausgleich zwischen dem Recht des Versicherungsnehmers auf informationelle Selbstbestimmung und dem Interesse des Versicherers, ein Informationsgleichgewicht zum Versicherungsbewerber herzustellen (Informationssymmetrie), geschaffen werden (BR-Drs. 633/08, S. 74, kritisch zur Anhebung der Summengrenze: Kern/*Hahn*, § 18 GenDG Rn. 38).

### C. Systematische Einordnung

6  Die Regelungen des § 18 Abs. 1 Satz 2 orientieren sich an der freiwilligen Selbstverpflichtungserklärung des GDV (BR-Drs. 633/08, S. 74, vgl. auch Nationaler Ethikrat, Prädiktive Gesundheitsinformationen beim Abschluss von Versicherungen, 2007). Damit haben sich die privaten Versicherungen dazu verpflichtet, bei Abschluss von Versicherungsverträgen die erstmalige Vornahme genetischer Untersuchungen nicht und die Offenbarung der Ergebnisse bereits durchgeführter Tests erst ab einer Versicherungssumme von 250.000 € zu verlangen (vgl. auch OLG Hamm VersR 2008, 773 ff.). Die »Freiwilligen Selbstverpflichtungserklärung der Mitgliedsunternehmen des Gesamtverbandes der Deutschen Versicherungswirtschaft e. V. (GDV)« aus dem Jahr 2001 galt bis zum Jahr 2011 (zu Unterschieden zur gesetzlichen Regelung im GenDG vgl. Kern/*Hahn*, § 18 GenDG Rn. 49).

6a  § 18 sieht bereichsspezifische Regelungen zu den allgemeinen gendiagnoserechtlichen Regelungen vor (BR-Drs. 633/08, S. 43). Im Anwendungsbereich der speziellen Handlungsverbote des § 18 Abs. 1 Satz 1 ist ein Rückgriff auf das Benachteiligungsverbot des § 4 nicht möglich (vgl. auch § 4 Rdn. 32, Kern/*Hahn*, § 18 GenDG Rn. 73, vgl. auch Kern/*Reuter*, § 4 GenDG Rn. 139 ff.). § 18 Abs. 1 Satz 1 Nr. 1 kann als Ergänzung der Regelung des § 151 VVG begriffen werden, wonach der Abschluss einer Vereinbarung über eine ärztliche Untersuchung der versicherten Person kein Recht des Versicherers begründet, auch die Vornahme dieser Untersuchung zu verlangen (Kern/*Hahn*, § 18 GenDG Rn. 18). § 18 Abs. 1 Satz 1 Nr. 2 stellt im Hinblick auf genetische Informationen eine bereichsspezifische Einschränkung der Pflicht des Versicherungsnehmers nach § 19 Abs. 1 VVG dar, dem Versicherer vor dem Abschluss des Versicherungsvertrags gefahrerhebliche Umstände mitzuteilen (Kern/*Hahn*, § 18 GenDG Rn. 25). In Fällen des § 18 Abs. 1 Satz 2 und Abs. 2 gilt § 4 subsidiär (vgl. Rdn. 22; Kern/*Hahn*, § 18 GenDG Rn. 73; *Kröger*, MedR 2010, 751 [754 f.]).

6b  Datenschutzrechtliche Regelungen sind ggf. subsidiär zu berücksichtigen (Kern/*Hahn*, § 18 GenDG Rn. 74, vgl. auch Rdn. 24).

6c  Im Rahmen einer verfassungs- bzw. gleichheitsrechtlichen Erörterung wird gegen die Regelungen in § 18 Abs. 1 Satz 1 insbesondere eingewandt, dass Risikokalkulationen anhand von aussagekräftigen Indikatoren zum Wesen der Versicherungen gehören und unter diesem Gesichtspunkt genetische Indikatoren keiner besonderen rechtlichen Behandlung unterworfen werden dürften. Hierbei ist jedoch zu beachten, dass bereits jetzt bestimmte Merkmale aufgrund verfassungsrechtlicher bzw. unionsrechtlicher Vorgaben weitgehend als Anknüpfungspunkte zur versicherungsmathematischen Risikokalkulation ausscheiden (z.B. die Merkmale der ethnischen Herkunft, der Religion und des Geschlechts, vgl. *Brand*, VersR 2011, 1337 ff.; Kern/*Hahn*, § 18 GenDG Rn. 7 ff.). Der Gesetzgeber hat diesen Katalog in Ausübung seiner gesetzgeberischen Einschätzungsprärogative für die Frage, welche Unterscheidungskriterien aufgrund ihrer gesellschaftspolitischen Relevanz und Auswirkung nicht zum Anknüpfungspunkt für Ungleichbehandlungen gemacht werden sollen, für bestimmte Bereiche um das Merkmal der genetischen Eigenschaft erweitert (zu Fragen der Verfassungsmäßigkeit vgl. Kern/*Hahn*, § 18 GenDG Rn. 2 ff. m.w.N.; *Stockter*, Verbot genetischer Diskriminierung, S. 435 ff.; vgl. auch *Brand*, VersR 2011, 1337 ff.). Das versicherungsrechtliche Gleichbehandlungsverbot wird insoweit durch die speziellen Regelungen des § 18 im Hinblick auf die Zulässigkeit der Verwendung genetischer Informationen eingeschränkt (Kern/*Hahn*, § 18 GenDG Rn. 74).

## D. Regelungsgehalt

### I. Regelungen zum Umgang mit genetischen Daten (Abs. 1)

#### 1. Normadressaten

Adressaten der Regelungen sind Versicherer (vgl. auch § 1 VVG). Im Unterschied zum Begriff der Arbeitgeber wird der Begriff der Versicherer in § 3 nicht gesetzlich definiert. Durch § 18 werden grundsätzlich nur **private Versicherer** erfasst (vgl. BT-Drs. 633/08, S. 27 ff., 43, 73). Dies gilt auch in Fällen der Pflichtversicherung (z.B. nach § 113 VVG), in denen der Versicherungsnehmer (etwa i.R.d. Kfz-Haftpflicht nach § 1 PflVG oder der Berufshaftpflicht, etwa § 51 BRAO) oder der Versicherer (etwa im Hinblick auf den Basistarif nach § 193 Abs. 5 VVG) zum Abschluss eines Versicherungsvertrages verpflichtet ist (vgl. Kern/*Hahn*, § 18 GenDG Rn. 15; *Schillhorn/Heidemann*, § 18 GenDG Rn. 3; *Hahn*, ZVersWiss 2013, 519 [522]). 7

Da die **gesetzliche Sozialversicherung** nicht durch Abschluss eines Vertrages zustande kommt (BR-Drs. 633/08, S. 72 f., Kern/*Hahn*, § 18 GenDG Rn. 12; Spickhoff/*Fenger*, § 18 GenDG Rn. 2), findet § 18 auf sie grundsätzlich keine Anwendung. Für die gesetzlichen Krankenkassen gelten insoweit nur die allgemeinen Bestimmungen des GenDG, insbesondere auch § 4. Soweit im Rahmen der Sozialversicherung jedoch vertragliche Abreden getroffen werden, erscheint es nicht ausgeschlossen, dass die Regelungen des § 18 Anwendung finden, da § 18 allein auf den Vertragsschluss abstellt und nicht auf den Vertragspartner (Kern/*Hahn*, § 18 GenDG Rn. 13). Zur möglichen Ausdehnung des Anwendungsbereichs auf die gesetzliche Krankenversicherung vgl. *Hahn*, ZVersWiss 2013, 519 [522]) 7a

#### 2. Geltungsbereich

Der Begriff »**Versicherungsvertrag**« (vgl. zu § 1 VVG) kann in Orientierung an die Rechtsprechung im Versicherungsrecht näher bestimmt werden (vgl. Kern/*Hahn*, § 18 GenDG Rn. 11). Da gesetzliche Versicherungsverhältnisse stets ohne Vertragsabschluss entstehen, gilt § 18 ausschließlich für privatversicherungsrechtliche Verhältnisse (vgl. auch BR-Drs. 633/08, S. 72 f., vgl. auch *Eberbach*, MedR 2010, 155, 158) Nach der gesetzgeberischen Erläuterung gilt § 18 für alle Versicherungszweige, auch wenn seine Bestimmungen in erster Linie Bedeutung für solche Versicherungsverträge hat, die regelmäßig nach Durchführung einer Gesundheitsprüfung abgeschlossen werden (BR-Drs. 633/08, S. 72, vgl. auch Kern/*Hahn*, § 18 GenDG Rn. 14). 8

Das Verbot, nach Abschluss eines Vertrages Ergebnisse entgegenzunehmen, verhindert die Umgehung der Regelung. Erfasst werden damit insbesondere auch Abreden über die Änderung eines Versicherungsvertrags (vgl. Kern/*Hahn*, § 18 GenDG Rn. 11; *Hahn*, ZVersWiss 2013, 519 [522]). Anderenfalls könnte zwar bei Abschluss eines Vertrages ein Gentest unberücksichtigt bleiben, gewisse Zeit nach Abschluss eines Vertrages aber das günstige Ergebnis vorgelegt werden, um dann die Senkung der Prämie zu veranlassen. Dies soll verhindert werden, da ansonsten ein Druck entstünde, sich doch testen zu lassen (BR-Drs. 633/08, S. 73). 9

#### 3. Erfasste Untersuchungen und Untersuchungsergebnisse

Abs. 1 trifft Regelungen zum Umgang mit Ergebnissen oder Daten aus diagnostischen und prädiktiven (Kern/*Hahn*, § 18 GenDG Rn. 24, 47 f.; *Hahn*, ZVersWiss 2013, 519 [531 f.]) genetischen Untersuchungen oder Analysen (vgl. § 3 Nr. 11, vgl. auch BR-Drs. 633/08, S. 73). Damit werden alle Daten erfasst, die Aussagen über genetische Eigenschaften treffen, also Erbinformationen i.S.d. § 3 Nr. 4 (insb. auch Ergebnisse aus sog. Life-Style-Tests, vgl. § 3 Rdn. 9, Kern/*Hahn*, § 18 GenDG Rn. 17). **Nicht erfasst** werden damit insbesondere Informationen über 10

– genetische Merkmale, die erst **nach der Geburt entstanden** sind (z.B. genetische Mutationen in Krebszellen, vgl. auch Kern/*Hahn*, § 18 GenDG Rn. 10; *Hahn*, ZVersWiss 2013, 519 [522]) oder die nicht-menschlichen Ursprungs sind (z.B. **virale Erbinformationen**) und
– **Manifestationen** (z.B. Vorerkrankungen und Erkrankungen, vgl. Abs. 2).

10a Die Untersuchungsergebnisse werden unabhängig davon erfasst, ob sie für den Versicherungsnehmer günstig oder ungünstig sind (Kern/*Hahn*, § 18 GenDG Rn. 21; *Schillhorn/Heidemann*, § 19 GenDG Rn. 5), da die Bevorzugung aufgrund von genetischen Eigenschaften im Ergebnis mit einer Benachteiligung von Versicherungsnehmern verbunden ist, die die betreffende genetische Eigenschaft nicht aufweisen und damit eine insoweit ungünstige genetische Eigenschaft haben (zum **Verbot ungerechtfertigter Bevorzugung** in anderen Regelungszusammenhängen vgl. § 4 Rdn. 46 ff., § 19 Rdn. 11e; § 21 Rdn. 12). Zur Frage der Zulässigkeit der Verwendung der Ergebnisse genetischer Untersuchungen im Rahmen der Bestimmung des Leistungsumfangs im Versicherungsfall (etwa in Fällen genetisch bedingter Therapieunverträglichkeit) vgl. § 18 Rdn. 20b.

10b Die Regelung gilt zudem im Hinblick auf alle genetischen Untersuchungen, also nach dem Wortlaut und nach der gesetzlichen Begriffsbestimmung des § 3 Nr. 1 und 6 insbesondere **auch für diagnostische genetische Untersuchungen**. Für diese Auslegung sprechen auch systematische Erwägungen, da ansonsten die Regelung des § 18 Abs. 2 weitestgehend funktionslos bliebe. Denn nach in § 18 Abs. 2 werden lediglich Informationen über Krankheitsmanifestationen vom Anwendungsbereich des § 18 ausgeschlossen werden (Kern/*Hahn*, § 18 GenDG Rn. 24). Würden diagnostische Untersuchungen, insb. die i.S.d. § 3 Nr. 7 Art. b bis d (vgl. § 3 Rdn. 56), nicht erfasst werden, wäre die Regelung des § 18 Abs. 2 insoweit entbehrlich.

10c Von den Verboten des § 18 erfasst sind auch die Ergebnisse einer genetischen Untersuchung einer mit dem Versicherungsnehmer **genetisch verwandten Person**, anhand derer Rückschlüsse auf eine genetische Veranlagung des Versicherungsnehmers gezogen werden sollen (insb. **Familienanamnesen**; anders insoweit *Hahn*, ZVersWiss 2013, 519 (524, 527 f., 530 f.), der davon ausgeht, dass Familienanamnesen stets Phänotypanalysen seien (*Hahn*, ZVersWiss 2013, 519 [531] – nach der hier vertretenen Auffassung kommt es nach dem Gesetzeswortlaut jedoch darauf an, wie die Erkenntnisse über die genetischen Eigenschaften der Verwandten gewonnenen wurden, die im Rahmen der Familienanamnese genutzt werden sollen). Dies gilt grundsätzlich auch dann, wenn sich bei der genetisch verwandten Person bereits eine genetisch bedingte Krankheit manifestiert hat, da dieser Umstand im Hinblick auf den Versicherungsnehmer anhand der Mendelschen Gesetze allenfalls Rückschlüsse auf eine Krankheitsveranlagung erlaubt und damit nicht unter § 18 Abs. 2 fällt (Kern/*Hahn*, § 18 GenDG Rn. 31, 55 ff.). Nur für den Fall, dass die Erkenntnisse über eine mögliche genetische Veranlagung der versicherten Person allein über Phänotypuntersuchungen, insb. anhand von manifesten Erkrankungen, von genetisch verwandten Personen gewonnen werden, sind diese Erkenntnisse nicht über eine genetische Untersuchung i.S.d. § 3 Nr. 1 Buchst. a i.V.m. Nr. 2 gewonnen worden, sodass § 18 keine Anwendung findet, subsidiär jedoch § 4 (vgl. Kern/*Hahn*, § 4 GenDG Rn. 62; *Hahn*, ZVersWiss 2013, 519 [531]).

11 Dieses Verbot erfasst sowohl genetische Untersuchungen zur Feststellung **genetischer Indikatoren** für bestimmte Manifestationen als auch ggf. Untersuchungen auf **Identifikationsmuster**, an derer sich beispielsweise Verwandtschaftsverhältnisse überprüfen lassen (vgl. § 4 Rdn. 17 ff.).

### 4. Verbotene Handlungen

12 Satz 1 verbietet Handlungen, die letztlich zu einer Berücksichtigung der Ergebnisse genetischer Untersuchungen i.S.d. § 3 Nr. 1 im Rahmen des Versicherungsvertrags führen könnten. Dem Wortlaut nach verbietet Satz 1 nur Handlungen, durch die der Versicherer vom Versicherten über die Ergebnisse genetischer Untersuchungsergebnisse informiert wird. Sie findet zur umfassenden Sicherung des Persönlichkeitsrechts des Versicherten (vgl. BR-Drs. 633/08, S. 72 f.) aber entsprechende Anwendung auf Informationen über genetische Untersuchungsergebnisse des Versicherten, die der Versicherer von dritter Seite (z.B. Verwandten) erhält (zur wortgleichen Regelung des § 19 Abs. 1 Satz 1 vgl. auch Kern/*Schwarz*, § 19 GenDG Rn. 45; a.A. wohl *Fischinger*, NZA 2010, 65, 67; zur ordnungswidrigkeitsrechtlichen Sanktionierung vgl. Rdn. 26).

13 Die in § 18 Abs. 1 Satz 1 geregelten Handlungsverbote sehen keine Rechtfertigungsmöglichkeit vor (s. aber Rdn. 20a). Die Einwilligung der betreffenden Person hat aufgrund der gesetzlichen

Zielsetzung des wirkungsvollen Diskriminierungsschutzes mangels Dispositionsbefugnis keine legitimierende Wirkung (Kern/*Hahn*, § 18 GenDG Rn. 17; *Schillhorn/Heidemann*, § 18 GenDG Rn. 7; Spickhoff/*Fenger*, § 18 GenDG Rn. 2. Siehe auch unten Rdn. 20, 27a. Zur entsprechenden Unbeachtlichkeit der Einwilligung in anderen Regelungszusammenhängen vgl. § 4 Rdn. 55a; § 19 Rdn. 11 f.; § 21 Rdn. 13). Die Verwendung von Ergebnissen genetischer Untersuchungen i.S.d. § 3 Nr. 1 ist also auch dann verboten, wenn die betreffende Person Informationen über ihre genetische Veranlagung im Rahmen der Vertragsanbahnung freiwillig zur Verfügung stellt oder mit der Nutzung von Daten aus anderen bereits vorgenommenen genetischen Untersuchungen einverstanden ist (vgl. auch *Looschelders*, VersR 2011, 697 [699]; Kern/*Hahn*, § 18 GenDG Rn. 19. Zur entsprechenden Regelung im Bereich des Arbeitslebens: BR-Drs. 633/08, S. 76).

### a) Uneingeschränktes Verbot des Untersuchungsverlangens (Satz 1 Nr. 1)

Nach Abs. 1 Satz 1 Nr. 1 ist es den Versicherern – bereits im Vorfeld einer möglichen Datenerhebung – untersagt, die Vornahme genetischer Untersuchungen oder Analysen zu verlangen (Untersuchungsverlangen). Im Sinne der gesetzgeberischen Zielsetzung ist davon auszugehen, dass von dem Begriff des Verlangens jedes Vertragsangebot des Versicherers bis hin zur Versicherungswerbung erfasst wird, wodurch der potenzielle Versicherungsnehmer im Rahmen der Vertragsanbahnung zur Vornahme genetischer Untersuchungen veranlasst wird (Kern/*Hahn*, § 18 GenDG Rn. 19; *Kröger*, MedR 2010, 751 (752); *Hahn*, ZVersWiss 2013, 519 [523]). 14

Das Verbot des Satz 1 Nr. 1 gilt umfassend, insbesondere die Ausnahmeregelung des Satz 2 findet auf diese Regelung keine Anwendung. Der Umstand, dass ein Versicherungsnehmer einem solchen unzulässigen Verlangen nicht nachkommt, darf in keinerlei Weise für ihn nachteilig berücksichtigt werden (vgl. auch § 4 Abs. 1, 2. Alt.). 15

### b) Grundsätzliches Verbot des Mitteilungsverlangens und der Erhebung und Verwendung von genetischen Daten i.S.d. § 3 Nr. 11 (Satz 1 Nr. 2 und Satz 2)

Aus den Regelungen in Satz 1 Nr. 2 und Satz 2 ergibt sich ein grundsätzliches Verbot des Mitteilungsverlangens und der Erhebung und Verwendung von genetischen Daten i.S.d. § 3 Nr. 11. 16

### aa) Grundsatzregelung (Satz 1 Nr. 2)

Satz 1 Nr. 2 verbietet 17
– die Mitteilung der Ergebnisse oder Daten aus bereits vorgenommenen genetischen Untersuchungen zu verlangen (Nr. 2, 1. Alt.) sowie
– die Ergebnissen oder Daten aus bereits vorgenommenen genetischen Untersuchungen oder Analysen (genetische Daten i.S.d. § 3 Nr. 11) entgegenzunehmen oder zu verwenden (Nr. 2, 2. und 3. Alt.).

Verboten ist schon das Mitteilungsverlangen (Nr. 2, 1. Alt.) danach, ob ein bestimmter Gentest vorgenommen worden ist, und schränkt damit § 19 Abs. 1 VVG ein (*Hahn*, ZVersWiss 2013, 519 [524]). Schon die Frage nach bereits vorgenommenen genetischen Untersuchungen i.S.d. § 18 ist unzulässig (*Hahn*, ZVersWiss 2013, 519 [524]). Denn allein die Tatsache, dass jemand einen bestimmten Test hat vornehmen lassen, könnte im Rahmen der Risikoprüfung Bedeutung haben und zur Ablehnung eines Vertragsabschlusses führen (BR-Drs. 633/08, S. 73, zur Auslegung der gesetzlichen Entstehungsgeschichte vgl. auch Kern/*Hahn*, § 18 GenDG Rn. 32, zudem auch Rn. 42). 18

Der Begriff der **Entgegennahme** (Nr. 2, 2. Alt.) von Untersuchungsergebnissen ist im GenDG nicht definiert. Als Orientierung kann der Begriff der Datenerhebung nach § 3 Abs. 3 BSDG herangezogen werden. In der Literatur wird in Übereinstimmung mit der gesetzgeberischen Erläuterung die Auffassung vertreten, dass von einer Entgegennahme i.S.d. § 18 Abs. 1 Nr. 2 nur dann ausgegangen werden könne, wenn der Versicherer die genetischen Untersuchungsergebnisse zum Zweck der Risikokalkulation an sich nimmt (ungeschriebenes (subjektives) Tatbestandmerkmal, vgl. Kern/*Hahn*, § 18 GenDG Rn. 26; *Hahn*, ZVersWiss 2013, 519 [525]). Nach der gesetzgeberischen Erläuterung 19

§ 18 GenDG      Genetische Untersuchungen und Analysen; Versicherungsvertrag

ist dementsprechend der bloße Eingang in der Poststelle eines Versicherungsunternehmens noch keine Entgegennahme im Sinne der Vorschrift (BR-Drs. 633/08, S. 73; Kern/*Hahn*, § 18 GenDG Rn. 27; *Schillhorn/Heidemann*, § 18 GenDG Rn. 8; Spickhoff/*Fenger*, § 18 GenDG Rn. 3; *Hahn*, ZVersWiss 2013, 519 [525]). An der erforderlichen Zwecksetzung fehle es dementsprechend auch, wenn der Versicherer Arzt- und Krankenhausrechnung zu Abrechnungszwecken oder Krankenakten zur Prüfung der Erstattungsfähigkeit entgegennimmt (vgl. auch Rdn. 20a ff.). Die Entgegennahme von Unterlagen mit genetischen Informationen, um sie für eine mögliche spätere Verwendung zur Risikokalkulation zu archivieren, ist danach hingegen von § 18 Abs. 1 Nr. 2 erfasst (Kern/*Hahn*, § 18 GenDG Rn. 27).

20  Der Begriff des **Verwendens** (Nr. 2, 3. Alt.) kann in Anlehnung an den Begriff der Datenverarbeitung bestimmt werden (Art. 4 Nr. 2 und 13 DSGVO; zum bis zum 25. Mai 2018 geltenden Begriff der Datenverarbeitung und -nutzung vgl. § 3 Abs. 4 und 5 BDSG a.F.). Eine Verwendung im Sinne von Nr. 2, 3. Alt. liegt vor, wenn die Informationen in einem versicherungsspezifischen Zusammenhang verwendet werden (*Hahn*, ZVersWiss 2013, 519 [525]). Die Einordnung als Verwendung von Untersuchungsergebnissen hängt nach der gesetzgeberischen Erläuterung nicht von der Frage ab, ob dem Versicherer die genetischen Eigenschaften mit Einwilligung des Versicherungsnehmers bekannt geworden sind (Anders als im Bereich des Datenschutzrechts hat die Einwilligung auch keine legitimierende Wirkung, vgl. Rdn. 13 und 27a. Zur entsprechenden Regelung im Bereich des Arbeitslebens BR-Drs. 633/08, S. 79).

20a  § 18 verbietet – anders als § 4 – nicht nur die ungerechtfertigte Ungleichbehandlung aufgrund genetischer Informationen, sondern jegliche Verwendung solcher Informationen. Dies gilt grundsätzlich unabhängig von der Situation, in der die entsprechenden Informationen verlangt, entgegengenommen oder verwendet werden sollen und damit grundsätzlich auch bei Eintritt eines Versicherungsfalls. Betrachtet man das Verbot der Verwendung genetischer Informationen nach § 18 Abs. 1 Satz 1 Nr. 2 gesetzessystematisch jedoch als bereichsspezifische Ausprägung des § 4 (vgl. Rdn. 6), erscheint es als gerechtfertigt, den Wortlaut des § 18 Satz 1 Nr. 2 insoweit unter Wahrung der gesetzgeberischen Zielsetzung des § 18 im Rahmen einer teleologischen Reduktion auszulegen und die Verwendung genetischer Informationen zuzulassen, soweit damit keine nach § 4 verbotenen Benachteiligungen bewirkt werden (vgl. Kern/*Hahn*, § 18 GenDG Rn. 31).

20b  Nach der gesetzgeberischen Zielsetzung soll § 18 den Versicherungsnehmer vor Zugangsbeschränkungen und Beitragserhöhungen vor und nach dem Abschluss eines Versicherungsvertrages schützen (BR-Drs. 633/08, S. 72). Diese Gefährdungslage ist in aller Regel nicht gegeben, wenn die Verwendung nicht zum Zweck des Vertragsabschlusses oder der Vertragsänderung, sondern zum Zweck der Vertragserfüllung (Kostenregulierung) erfolgt. Soweit beispielsweise bei Eintritt des Versicherungsfalls die Prüfung im Rahmen der Kostenregulierung ohne die Nutzung genetischer Daten nicht sinnvoll durchgeführt werden kann, um Art und Umfang der Versicherungsleistung festzulegen, ist die Verwendung der entsprechenden genetischen Informationen für diesen Zweck als zulässig zu betrachten (vgl. auch Kern/*Hahn*, § 18 GenDG Rn. 22, 26; *Hahn*, ZVersWiss 2013, 519 [533 f.]). Dementsprechend könnte die Zulässigkeit der Verwendung genetischer Informationen beispielsweise in Fällen anzunehmen sein, in denen die mit Einwilligung des Patienten vorgenommene Feststellung einer genetisch bedingten Therapieunverträglichkeit für die Behandlung der jeweiligen Krankheit medizinisch indiziert ist und im Rahmen der Kostenregulierung erforderlich ist. Soweit die medizinisch indizierte Behandlung aufgrund der Therapieunverträglichkeit zu erhöhten Behandlungskosten führt, ist diese Ungleichbehandlung gegenüber Patienten ohne die entsprechende Therapieunverträglichkeit vor dem Hintergrund des Schutzes der körperlichen Unversehrtheit nach Art. 2 Abs. 2 Satz 1 gerechtfertigt (vgl. auch Kern/*Hahn*, § 18 GenDG Rn. 22). Belange des wirkungsvollen Diskriminierungsschutzes sind insoweit nicht betroffen, soweit die betreffende Person nicht in der Prämienkalkulation gesondert behandelt wird. Soweit die dafür erforderlichen Informationen im Rahmen von genetischen Untersuchungen gewonnen werden sollen (insb. Untersuchungen i.S.d. § 3 Nr. 7 Buchst. b bis d), gelten die allgemeinen Regelungen zur Durchführung von genetischen Untersuchungen. Dementsprechend gilt das Verbot nach Abs. 1 Satz 1 Nr. 1 – im

Wesentlichen zur Wahrung der Patientenautonomie und zum Schutz des Rechts auf Nichtwissen – auch im Hinblick auf das Verlangen der Feststellung möglicher Therapieunverträglichkeiten.

### bb) Ausnahmetatbestände (Satz 2)

Das Verbot der Erhebung und Verwendung von genetischen Daten aus bereits vorgenommenen genetischen Untersuchungen und Analysen nach Satz 1 Nr. 2 findet jedoch aus Gründen der besonders hohen Gefahr der Antiselektion (vgl. Rdn. 5, Kern/*Hahn*, § 18 GenDG Rn. 36 f.) keine Anwendung, wenn die Voraussetzungen des Satzes 2 erfüllt sind. Die Auflistung der Ausnahmetatbestände in Satz 2 ist abschließend (Kern/*Hahn*, § 18 GenDG Rn. 36, 41; *Hahn*, ZVersWiss 2013, 519 [526]). Danach gilt das in Satz 1 Nr. 2 formulierte Verbot der Erhebung und Verwendung von genetischen Daten (vgl. § 3 Nr. 11) nur dann nicht, wenn die Datennutzung einen der in Satz 2 genannten Versicherungszweige (**Lebensversicherung, Berufsunfähigkeitsversicherung, Erwerbsunfähigkeitsversicherung und Pflegerentenversicherung**) betrifft und sie im Rahmen einer in Satz 2 bezeichneten Vereinbarung über eine Leistung von (einmalig) mehr als 300.000 € oder eine Jahresrente von mehr als 30.000 € erfolgen soll (»**Luxusversicherungen**«, *Hahn*, ZVersWiss 2013, 519 [525]). Maßgeblich ist insoweit die im Vertrag vereinbarte Ablaufsumme, wobei es aus Gründen der Rechtsklarheit auf eine Dynamisierung nicht ankommt (BR-Drs. 633/08, S. 73; zur Zulässigkeit der **Stückelung von Verträgen** vgl. *Armbrüster*, VW 2010, S. 1309; Kern/*Hahn*, § 18 GenDG Rn. 39; *Kröger*, MedR 2010, 751 (753); *Hahn*, ZVersWiss 2013, 519 [534]). Zu anderen als den in Satz 2 genannten Zwecken dürfen die Daten nicht verwendet werden (BR-Drs. 633/08, S. 73 f.; Kern/*Hahn*, § 18 GenDG Rn. 36). Um den betroffenen Personen zu ermöglichen, eine zweckwidrige Verwendung außerhalb des Anwendungsbereichs des Satzes 2 feststellen zu können, wird in der Literatur ein unmittelbar auf § 18 gestützter Anspruch auf Mitteilung der Ablehnungsgründe angenommen (Kern/*Hahn*, § 18 GenDG Rn. 36). 21

Für den Fall, dass die Voraussetzungen des Satzes 2 vorliegen, legt § 18 keine weiteren Voraussetzungen für die **Durchführung der genetischen Untersuchungen** und der Verwendung ihrer Ergebnisse fest (s. auch BR-Drs. 633/08 [Beschluss] S. 21, BT-Drs. 16/10 582, S. 4). Es gelten insofern die allgemeinen Bestimmungen des GenDG (beachte die Vorgaben der § 4, §§ 7 ff., insb. § 11 Abs. 3). Soweit die Maßgaben des GenDG eingehalten werden, sind insofern alle genetischen Untersuchungen erlaubt (etwa genetische Untersuchungen zu medizinischen Zwecken i.S.d. § 3 Nr. 6 oder solche zu nicht-medizinischen Zwecken, z.B. sog. Life-Style-Tests, vgl. § 3 Rdn. 9). 22

Die Zulässigkeit der **Nutzung der Daten**, insbesondere ihrer Auswertung und Berücksichtigung im Rahmen des Vertragsabschlusses, unterliegt den Vorgaben des § 4 Abs. 1 (Kern/*Hahn*, § 18 GenDG Rn. 43, 73). Die Differenzierungsvorgaben nach § 20 Abs. 2 AGG können hier eine mögliche Orientierung bei der Prüfung der Rechtfertigung von Typisierungen im Versicherungsbereich bieten (a.A. Kern/*Hahn*., § 18 GenDG Rn. 73; *Kröger*, MedR 2010, 751 [755]). Die EuGH-Rechtsprechung zum Verbot der Diskriminierung aufgrund des Geschlechts im Fall »Test-Achats« (EuGH, NJW 2011, 907) ist auch nach seiner Begründungslinie nicht auf die Ungleichbehandlung aufgrund genetischer Indikatoren übertragbar, da § 4 (lediglich) ein Typisierungsverbot regelt, wonach die Typisierungen nach den Vorgaben des Verhältnismäßigkeitsgrundsatzes zu rechtfertigen sind, und nicht ein absolutes Verwendungs- bzw. Anknüpfungsverbot wie § 18 oder insoweit die unionsrechtlichen Regelungen zum Verbot der Differenzierung anhand der gesetzlich genannten Merkmale (aus gesellschaftlichen Gründen) ohne Rechtfertigungsmöglichkeit verboten ist (vgl. EuGH NJW 2011, 907 [908, Rn. 30]; s. auch Däubler/Bertzbach/*Ambrosius/Klose/Braunroth*, AGG, 3. Aufl. 2013, § 20 AGG Rn. 38). 22a

Die Zulässigkeit der **Erhebung und Verarbeitung genetischer Daten** richtet sich in Fällen des Abs. 1 Satz 2 zudem nach den Regelungen des Datenschutzrechtes (Art. 9 DSGVO; vgl. auch Kern/*Hahn*, § 18 GenDG Rn. 74). Die betreffenden genetischen Daten sind datenschutzrechtlich durch Art. 4 Nr. 13 DSGVO definiert (Nach dem bis zum 25. Mai 2018 geltenden Datenschutzrecht waren genetische Daten in der Regel den besonderen Arten personenbezogener Daten i.S.d. § 3 Abs. 9 BDSG a.F. zuzuordnen). Für den Bereich der privaten Versicherungswirtschaft sind in diesem 23

**§ 18 GenDG** Genetische Untersuchungen und Analysen; Versicherungsvertrag

Zusammenhang daher insbesondere die subsidiären Regelungen des Art. 9 Abs. 2 Buchst. a und Abs. 4 DSGVO (nach der bis zum 25. Mai 2018 geltenden Rechtslage: §§ 28 Abs. 6 ff. BSDG) zu beachten. Zu den allgemeinen Wirksamkeitsvoraussetzungen einer Einwilligung vgl. Art. 4 Nr. 11 und Art. 7 DSGVO (nach der bis zum 25. Mai 2018 geltenden Rechtslage: insb. §§ 4 und 4a BDSG a.F.).

## II. Regelungen zum Umgang mit Daten über andere genetische Merkmale

24 Das GenDG regelt nicht den Umgang mit Daten über genetische Merkmale, die nicht vom Begriff der genetischen Eigenschaften i.S.d. § 3 Nr. 4 erfasst sind (z.B. Krebsdiagnosen, vgl. § 3 Rdn. 39). Für die Erhebung, Verarbeitung und Nutzung ist insbesondere der allgemeine datenschutzrechtliche Regelungsrahmen zu berücksichtigen (Art. 9 DSGVO; nach der bis zum 25. Mai 2018 geltenden Rechtslage: insb. auch § 28 Abs. 6 ff. BDSG a.F.).

## III. Regelungen zum Umgang mit Daten über Manifestationen (Abs. 2)

25 Abs. 2 stellt klar, dass § 18 nicht im Hinblick auf eigene manifeste genetisch bedingte Eigenschaften der betroffenen Person Anwendung finden (Spickhoff/*Fenger*, § 18 GenDG Rn. 4; *Kröger*, MedR 2010, 751 (754); *Hahn*, ZVersWiss 2013, 519 (526); zur Unzulässigkeit von Familiennamnesen in diesem Zusammenhang vgl. Kern/*Hahn*, § 18 GenDG Rn. 55 ff., vgl. auch OLG Saarbrücken, Beschl. v. 20.10.2011 – 5 W 220/11 – 98, 5 W 220/11, zur Rechtslage vor dem Inkrafttreten des § 18; Spickhoff/*Fenger*, § 18 GenDG Rn. 2). Dementsprechend hat der Versicherungsnehmer über bestehende Erkrankungen und über Vorerkrankungen Auskunft zu geben, und zwar unabhängig davon, wie diese Erkrankungen diagnostiziert worden sind. Es bleibt insoweit bei der durch das Versicherungsvertragsgesetz festgelegten Auskunftspflicht (§§ 19 bis 22, 47 VVG). Daraus folgt, dass über alle gefahrerheblichen Umstände – jedenfalls auf Nachfrage – Auskunft gegeben werden muss (vgl. auch BR-Drs. 633/08, S. 74; Kern/*Hahn*, § 18 GenDG Rn. 51). Abs. 2 ist dabei als Rechtsgrundverweisung auf §§ 19 VVG zu begreifen (Kern/*Hahn*, § 18 GenDG Rn. 51; *Hahn*, ZVersWiss 2013, 519 [526]). Demgemäß sind unerhebliche oder vorübergehende leichte (Vor-)Erkrankungen nicht mitzuteilen. Umgekehrt sind auch Beschwerden, die im Zusammenhang mit einer genetisch bedingten Erkrankung auftreten, als (erste) Hinweise auf eine Krankheitsmanifestation mitteilungspflichtig (Kern/*Hahn*, § 18 GenDG Rn. 52). Reine Verdachtsdiagnosen sind – unabhängig von der ihnen zugrunde liegenden Manifestationswahrscheinlichkeit – wiederum nicht anzeigepflichtig (Kern/*Hahn*, § 18 GenDG Rn. 53 f.).

25a Die Regelung des Abs. 2 entspricht dem gesetzgeberischen Leitgedanken, den Einzelnen davor zu schützen, allein anhand von genetischen Eigenschaften kategorisiert und auf sein genetisches Substrat reduziert zu werden, auf dessen unsicherer Grundlage mit geringer Manifestationswahrscheinlichkeit Prognosen mitunter über lange Zeiträume getroffen werden. Diese Gefährdungslage ist nicht gegeben, wenn sich eine Krankheit bereits manifestiert hat, da in diesen Fällen weder der Einzelne aufgrund von genetischen Indikatoren typisiert wird (vgl. § 4 Rdn. 5) noch sein Recht auf Nichtwissen beeinträchtigt wird (Kern/*Hahn*, § 18 GenDG Rn. 44 ff.).

25b Die Regelung gilt insbesondere auch in Fällen, in denen der Umstand der genetischen Verursachung einer bestimmten Erkrankung im Rahmen der Differenzialdiagnostik ein eigenständiges Krankheitsbild begründet und insoweit eine andere (möglicherweise teurere) therapeutische Behandlung erforderlich macht (vgl. auch Kern/*Hahn*, § 18 GenDG Rn. 23). Hat sich in diesen Fällen die genetische Eigenschaft bereits manifestiert, fällt die Entgegennahme und Verwendung der Information darüber nach der gesetzgeberischen Wertung des § 18 Abs. 2 nicht mehr in den Anwendungsbereich des § 18 (Kern/*Hahn*, § 18 GenDG Rn. 23). Allerdings fallen die zu diesem Zwecke möglicherweise vorzunehmenden genetischen Untersuchungen (etwa zu diagnostischen Zwecken nach § 3 Nr. 7 Buchst. a ihrerseits wiederum unter die Verbotsregelungen des § 18 Abs. 1 (Kern/*Hahn*, § 18 GenDG Rn. 24, 47). Die Erhebung und Verwendung der entsprechenden genetischen Informationen richtet sich auch im Übrigen nach den allgemeinen Vorschriften (insb. §§ 7 ff., insb. § 11 Abs. 3).

Soweit manifeste Krankheiten jedoch wiederum Rückschlüsse auf eine in anderer Hinsicht möglicherweise versicherungsmathematisch relevante genetische Veranlagung des Versicherungsnehmers erlauben, unterliegt die Verwendung dieser Erkenntnisse den allgemeinen Vorgaben des GenDG. Soweit die manifeste Krankheit anhand von genetischen Untersuchungen festgestellt wurde, gelten insoweit zudem wiederum die Vorgaben des § 18 (Kern/*Hahn*, § 18 GenDG Rn. 46). 25c

Abzugrenzen sind derartige Fälle allerdings von Erkrankungen, die selbst keine genetische Verursachung haben, bei denen der Erfolg möglicher Therapiemaßnahmen jedoch – etwa aufgrund von bestimmten pharmakogenetischen Erkenntnissen – von genetischen Eigenschaften beeinflusst wird (vgl. auch Kern/*Hahn*, § 18 GenDG Rn. 45 zu genetischen Untersuchungen, die lediglich im Zusammenhang mit manifesten Krankheiten vorgenommen wurden). Soweit es sich bei den Untersuchungen, anhand derer derartige Therapieunverträglichkeiten festgestellt werden, um genetische Untersuchungen (etwa i.S.d. § 3 Nr. 7 Buchst. b bis d handelt, findet § 18 Abs. 1 Anwendung. Insbesondere eine Mitteilungsverpflichtung auf derartige genetisch bedingte Therapieunverträglichkeiten besteht nicht, da diese für sich genommen keinen Krankheitswert haben (Kern/*Hahn*, § 18 GenDG Rn. 54) und insoweit in der Regel keine Vorerkrankungen oder Erkrankungen darstellen, die nach § 18 Abs. 2 anzuzeigen sind (a.A. offenbar Kern/*Hahn*, § 18 GenDG Rn. 23, 50). Zur Frage der Zulässigkeit der Entgegennahme und Verwendung von Informationen über genetisch bedingte Therapieunverträglichkeiten vgl. Rdn. 20a ff. 25d

### E. Rechtsfolgen und Normumsetzung

Die Verletzung der Regelungen des § 18löst die Rechtsfolgen aufgrund der allgemeinen Bestimmungen oder der speziellen Regelungen des GenDG aus (vgl. Kern/*Hahn*, § 18 GenDG Rn. 64 ff.). 26

#### I. Unwirksamkeit unzulässiger Regelungen, Recht zur Lüge

Rechtsgeschäfte, die gegen die in § 18 geregelten Verbote verstoßen, sind unwirksam (z.B. nach § 134 BGB oder §§ 305 ff. BGB; Kern/*Hahn*, § 18 GenDG Rn. 65 f.). Entsprechende Regelungen in einem Versicherungsvertrag dürften jedoch nur insoweit zur Nichtigkeit des Vertrags führen, wie dies zur Umsetzung der mit der jeweiligen Verbotsnorm verfolgten gesetzgeberischen Zielsetzung erforderlich ist (vgl. Kern/*Hahn*, § 18 GenDG Rn. 66). Der versicherungsvertragliche Leistungsanspruch dürfte dem Versicherungsnehmer damit in der Regel erhalten bleiben (Kern/*Hahn*, § 18 GenDG Rn. 66). 27

Soweit der Versicherer gegen die sich aus § 18 ergebenden Frageverbote verstößt, steht dem Versicherungsnehmer grundsätzlich ein Recht zur Lüge zu (Kern/*Hahn*, § 18 GenDG Rn. 64; vgl. auch *Schillhorn/Heidemann*, § 18 GenDG Rn. 11). Der Versicherer kann dann einen Vertrag, der auf unrichtigen Angaben des Versicherungsnehmers aufgrund von unzulässigerweise gestellten Fragen des Arbeitgebers zustande gekommen ist, nicht nach §§ 22 VVG, 123 Abs. 1 1. Alt BGB anfechten und auch nicht wirksam den Rücktritt nach § 19 Abs. 2 VVG erklären (Kern/*Hahn*, § 18 GenDG Rn. 64). Diese Vorgaben gelten grundsätzlich insbesondere auch dann, wenn die Berücksichtigung der aufgrund von unzulässigen Fragen erhaltenen Angaben für den Versicherungsnehmer günstige Auswirkungen auf die Prämienberechnung haben. Dafür sprechen der Wortlaut, der in dieser Hinsicht keine Unterscheidung vornimmt, und die gesetzgeberische Zielsetzung, eine Kategorisierung der Versicherungsnehmer anhand von genetischen Informationen zu vermeiden (Kern/*Hahn*, § 18 GenDG Rn. 67 f.). Zur wirkungsvollen Umsetzung der im Interesse der Allgemeinheit verfolgten Zielsetzung des Diskriminierungsschutzes hat dementsprechend auch die Einwilligung des Versicherungsnehmers keine rechtfertigende Wirkung (vgl. bereits Rdn. 13 und 20. So auch Kern/*Hahn*, § 18 GenDG Rn. 68). 28

#### II. Ansprüche auf Beseitigung, Unterlassung und Schadensersatz, Herstellungsansprüche

Verstöße gegen die Verbote des § 18können zudem eine Verletzung vertraglicher Pflichten oder die Verwirklichung von Deliktstatbeständen darstellen, die Ansprüche nach den jeweiligen Regelungen 29

## Vor §§ 19 ff. GenDG

auslösen (etwa **Beseitigung, Unterlassung oder Schadensersatz** – s. Kern/*Hahn*, § 18 GenDG Rn. 69 f.).

30 Ansprüche nach § 823 Abs. 1 BGB kommen in Betracht:
- wegen der Verletzung des Rechts auf freie Entfaltung der Persönlichkeit durch eine ungerechtfertigte Typisierung (vgl. § 18 Rdn. 3),
- wegen der **Verletzung des Rechts auf Nichtwissen** durch die Durchführung ungewollter Untersuchungen (zur Anerkennung dieses Rechts als Schutzgut i.S.d. § 823 Abs. 1 BGB vgl. BGH, Urt. v. 20.05.2014 – VI ZR 381/13, Rn. 12 ff.; OLG Koblenz, Urt. v. 31.07.2013 – 5 U 1427/12, Rn. 20; vgl. auch *Schneider*, NJW 2014, 3133 ff.) und
- wegen der **Verletzung des Rechts auf informationelle Selbstbestimmung** – in dieser Hinsicht allerdings nur, wenn die Erhebung und Verwendung der Daten gegen oder ohne den Willen des Einzelnen erfolgt (vgl. auch § 18 Rdn. 3; offener insoweit Kern/*Hahn*, § 18 GenDG Rn. 69, vgl. auch BR-Drs. 633/08, S. 72 f.; Kern/*Hahn*, § 18 GenDG Rn. 20).

31 Zudem können Ansprüche nach § 823 Abs. 2 BGB wegen des **Verstoßes gegen § 18 als Schutzgesetz** in Betracht kommen (zu den Schutzzwecken vgl. § 18 Rdn. 2 ff.; s. auch Kern/*Hahn*, § 18 GenDG Rn. 69). Insbesondere auch im Hinblick auf die Beeinträchtigung des Rechts auf Nichtwissen können bei einem Verstoß gegen das in § 18 Abs. 1 Nr. 1 geregelte Verbot, genetische Untersuchungen zu verlangen, Entschädigungs- und Schadensersatzansprüchen bestehen.

32 Schließlich kommen auch datenschutzrechtliche Ansprüche nach Art. 15 ff. DSGVO – wie insbesondere der **Löschungsanspruch** nach Art. 17 DSGVO (nach der bis zum 25. Mai 2018 geltenden Rechtslage: § 35 Abs. 2 Nr. 1 und 2 BDSG) – in Betracht (vgl. auch § 19 Rdn. 17).

33 Soweit der Versicherer aufgrund von nach § 18 unzulässigerweise gewonnenen Informationen den Abschluss eines Versicherungsvertrags ablehnt, spricht die gesetzgeberische Zielsetzung, Diskriminierungen von Versicherungsnehmern aufgrund von genetischen Informationen grundsätzlich zu vermeiden, dafür, ggf. von einem Vertragsabschlusszwang auszugehen (Kern/*Hahn*, § 18 GenDG Rn. 71). Eine dem § 21 Abs. 2 entsprechende Regelung, die den **Kontrahierungszwang** als mögliche Rechtsfolge für den arbeitsrechtlichen Bereich ausschließt, besteht für den versicherungsrechtlichen Bereich im GenDG nicht (Kern/*Hahn*, § 18 GenDG Rn. 71).

### III. Straf- und Bußgeldtatbestände

34 Die Verwendung von Daten und Untersuchungsergebnissen entgegen den Vorgaben des Abs. 1 Satz 1 Nr. 2 ist nach § 25 Abs. 1 Nr. 5 strafbewehrt. Im Übrigen können Verstöße gegen die Vorgaben des Abs. 1 Satz 1 die Bußgeldtatbestände des § 26 Abs. 1 Nr. 8 und 9 erfüllen. Nach dem Wortlaut ist der Bußgeldtatbestand nicht erfüllt, wenn der Versicherer von Dritten (z.B. Verwandten des Versicherten) die Vornahme genetischer Untersuchungen verlangt oder die Mitteilung ihrer Ergebnisse verlangt, entgegennimmt oder verwendet (vgl. zur wortgleichen Regelungen des § 19 Abs. 1 Satz 1 *Fischinger*, NZA 2010, 65, 67).

## Vorbemerkung zu §§ 19 ff.

**Übersicht**

| | Rdn. | | Rdn. |
|---|---|---|---|
| A. Geltungsbereich | 1 | B. Systematik | 3 |

### A. Geltungsbereich

1 Die §§ 19 ff. regeln die Zulässigkeit genetischer Untersuchungen im Arbeitsleben (vgl. *Wiese*, BB 2011, S. 313 ff.). Der Adressatenkreis der einzelnen Regelungen der §§ 19 ff. wird normspezifisch unter Berücksichtigung der Begriffsbestimmungen des § 3 Nr. 12 f. (für privatrechtliche Beschäftigungsverhältnisse) und des § 22 (für öffentlich-rechtliche Dienst- und Treueverhältnisse des

Bundes) bestimmt. Landesbeamte und andere Personen, die nach Landesrecht in einem öffentlich-rechtlichen Dienstverhältnis stehen, sind danach nicht von den Regelungen der §§ 19 ff. erfasst (vgl. aber § 22 Rdn. 2).

Der genauen Bestimmung des Geltungsbereichs kommt besondere Bedeutung zu, soweit mit der Zuordnung zum Bereich des Arbeitslebens bestimmte Zwecke oder Arten genetischer Untersuchungen unzulässig sind (z.B. prädiktive genetische Untersuchungen nach § 19) oder besonderen zusätzlichen Anforderungen (z.B. genetische Untersuchungen zu medizinischen Zwecken nach § 3 Nr. 6, vgl. § 20 Abs. 2 ff.) unterstellt werden. 2

### B. Systematik

Nach den §§ 19 ff. sind die Durchführung genetischer Untersuchungen und das Anfordern (vgl. auch Schaub-*Linck*, Arbeitsrechtshandbuch, 15. Aufl. 2015, § 26 Rn. 15), die Ermittlung und die Nutzung ihrer Ergebnisse durch den Arbeitgeber grundsätzlich verboten. Die Regelung ist insoweit als abschließend zu betrachten (Kern/*Schwarz*, vor §§ 19 bis 22 GenDG Rn. 11). Aus der Systematik der §§ 19 ff. ergeben sich folgende Konsequenzen: 3

– **Prädiktive Untersuchungen** (zu medizinischen Zwecken) i.S.d. § 3 Nr. 8 sind im Arbeitsleben unzulässig.
– **Diagnostische Untersuchungen** (zu medizinischen Zwecken) sind nur im Rahmen arbeitsmedizinischer Vorsorgeuntersuchungen nach den Maßgaben des § 20 Abs. 2 bis 4 zulässig. Bei ihrer Durchführung sind insbesondere die allgemeinen Vorgaben für genetischen Untersuchungen zu medizinischen Zwecken nach den §§ 7 ff. zu beachten (vgl. auch ErfK/*Franzen*, 15. Aufl. 2015, § 20 GenDG Rn. 7; *Wiese* BB 2011, 313, 314).
– Alle anderen genetischen Untersuchungen zu nicht-medizinischen Zwecken (insb. auch **Life-Style-Tests**, vgl. § 3 Rdn. 9, 40, und solche zum Abgleich von **Identifikationsmustern**, vgl. § 3 Rdn. 8) sind im Bereich des Arbeitslebens verboten – unabhängig davon, ob sie zur Feststellung von Haftungsverantwortlichkeiten, zur Feststellung von Manifestationen oder zur Prognose von Manifestationen erfolgen.

Ergänzend zu den Regelungen des GenDG gelten auch für genetische Untersuchungen im Arbeitsleben subsidiär die medizin- und datenschutzrechtlichen Regelungen (s. auch Vorbemerkungen zu §§ 7 ff., Rdn. 8). Zu beachten sind insbesondere die Regelungen zur Verarbeitung besonderer Kategorien personenbezogener Daten nach Art. 9 DSGVO (i.V.m. § 26 BDSG), zu denen insbesondere auch genetische, biometrische und Gesundheitsdaten nach Art. 4 Nr. 13–15 gehören (nach der bis zum 25. Mai 2018 geltenden Rechtslage: insb. die Regelungen zum Umgang mit Gesundheitsdaten (§ 3 Abs. 9 BDSG a.F.) nach § 28 Abs. 6 ff. und § 32 BDSG a.F. als spezifische Regelung zum Beschäftigtendatenschutz (dazu *Iraschko-Luscher/Kiekenbeck*, NZA 2009, 1239, 1240; *Fischinger*, NZA 2010, 65, 67; *Forst*, RDV 2010, 8, 10; Kern/*Schwarz*, vor §§ 19 bis 22 GenDG Rn. 47. Zum datenschutzrechtlichen Erforderlichkeitsgrundsatz auch BT-Drs. 16/13657, S. 21). 4

## § 19 Genetische Untersuchungen und Analysen vor und nach Begründung des Beschäftigungsverhältnisses

Der Arbeitgeber darf von Beschäftigten weder vor noch nach Begründung des Beschäftigungsverhältnisses
1. die Vornahme genetischer Untersuchungen oder Analysen verlangen oder
2. die Mitteilung von Ergebnissen bereits vorgenommener genetischer Untersuchungen oder Analysen verlangen, solche Ergebnisse entgegennehmen oder verwenden.

| Übersicht | Rdn. | | Rdn. |
|---|---|---|---|
| A. Überblick | 1 | I. Normadressaten und Geltungsbereich | 5 |
| B. Regelungszweck | 2 | II. Erfasste genetische Untersuchungen | |
| C. Systematische Einordnung | 4 | und Untersuchungsergebnisse | 6 |
| D. Regelungsgehalt | 5 | III. Erfasste Untersuchungsgegenstände | 9 |

| | | | |
|---|---|---|---|
| IV. Verbotene Handlungen | 11 | II. Ansprüche auf Beseitigung, Unterlassung und Schadensersatz, keine Herstellungsansprüche | 14 |
| E. Rechtsfolgen und Normumsetzung | 13 | | |
| I. Unwirksamkeit unzulässiger Regelungen, Recht zur Lüge | 13 | III. Straf- und Bußgeldtatbestände | 19 |

## A. Überblick

1   § 19 soll sicherstellen, dass die derzeit geltende Rechtspraxis zur Zulässigkeit von Eignungsuntersuchungen nicht im Zuge der erweiterten genetischen Untersuchungsmöglichkeiten ausgeweitet wird (BR-Drs. 633/08, S. 75). Die Regelung trat nach § 27 Abs. 1 zum 01.02.2010 in Kraft.

## B. Regelungszweck

2   Wie in den gesetzgeberischen Erläuterungen ausgeführt wird (BR-Drs. 633/08, S. 75), hat nach geltendem Recht der Arbeitgeber ein schutzwürdiges Interesse, die aktuelle Eignung der Beschäftigten für den zu besetzenden Arbeitsplatz oder die zu leistende Arbeit festzustellen (BAG, Urt. v. 07.06.1984 – 2 AZR 270/83, NZA 1984, 57). Das Verbot genetischer Untersuchungen soll verhindern, dass Ergebnisse genetischer Untersuchungen mit – in der Regel unsicherem – Vorhersagewert zukünftig zur Bewertung der zukünftigen Eignung genutzt werden, ohne dass diese Bewertung auf eine Vormanifestation gestützt werden könnte (zur Problematik der Nachvollziehbarkeit derartiger Bewertungen vgl. § 4 Rdn. 69.). Das Verbot soll nach der gesetzgeberischen Begründung der **Gefahr entgegenwirken, dass Beschäftigte allein aufgrund ihrer genetischen Eigenschaften oder Veranlagungen nicht eingestellt oder versetzt und somit sozial ausgegrenzt werden** (BR-Drs. 633/08, S. 75). Denn genetische Untersuchungen können sehr leicht zur Ermittlung einer Vielzahl von möglichen genetischen Veranlagungen genutzt werden und sind damit mit der Gefahr verbunden, dass mögliche Manifestationen zum Gegenstand der genetischen Untersuchung gemacht werden, die keinen Bezug zur konkreten Tätigkeit oder zum konkreten Arbeitsplatz haben. Der Schutz der Persönlichkeitsrechte der Beschäftigten verbietet jedoch die Erhebung eines umfassenden Persönlichkeits- oder Gesundheitsprofils (BR-Drs. 633/08, S. 76).

3   § 19 dient insoweit **nicht dem Schutz des Rechts auf informationelle Selbstbestimmung**. Denn dieses Recht gewährleistet die Befugnis des Einzelnen, grundsätzlich selbst über die Preisgabe und Verwendung seiner persönlichen Daten zu bestimmen (BVerfG, 65, 1 [43]). Dieses Recht wird ihm jedoch durch § 19 gerade vorenthalten, indem § 19 Nr. 2, 3. Alt. gerade auch die Verwendung Untersuchungsergebnisse verbietet, in deren Erhebung und Verwendung der Einzelne eingewilligt hat (vgl. auch *Hahn*, ZVersWiss 2013, 519, 523). Die damit begründete Beeinträchtigung des Rechts auf informationelle Selbstbestimmung ist zum Schutz vor Diskriminierungen aufgrund genetischer Eigenschaften gerechtfertigt (vgl. § 1 Rdn. 3 ff.).

## C. Systematische Einordnung

4   § 19 ist im Zusammenhang mit den §§ 20 ff. zu sehen, die teilweise Ausnahmen von dem in § 19 formulierten Verbot vorsehen (vgl. ErfK/*Franzen*, 15. Aufl. 2015, § 19 GenDG Rn. 5; AR/ *Nebel* § 19 GenDG Rn. 1) § 20 trifft für die **Durchführung von Untersuchungen** zu Zwecken des Arbeitsschutzes spezielle Regelungen (vgl. Kern/*Schwarz*, § 4 GenDG Rn. 11), die in § 20 Abs. 2 bis 4 Ausnahmen von den grundsätzlichen Verboten des § 19 vorsehen.

4a   § 19 Nr. 2, 3. Alt. regelt auf der Ebene der **Datenverarbeitung (Art. 4 Nr. 2 DSGVO; zum früheren Begriff der Datennutzung** vgl. § 3 Abs. 5 BDSG a.F.) ein **absolutes Verwendungsverbot**. Soweit die Verwendung nicht nach § 20 Abs. 2 bis 4 ausnahmsweise zulässig ist, verbietet § 19 ohne Rechtfertigungsmöglichkeit jede Art der Verwendung der von § 19 Nr. 2, 3. Alt. erfassten Informationen. § 21 formuliert hingegen für den Bereich der nach § 20 Abs. 2 bis 4 ausnahmsweise zulässigen bzw. von §§ 19 Abs. 1 und 20 Abs. 1 nicht erfassten Datenverwendung ein

**Benachteiligungsverbot**, das – als Typisierungsverbot ausgelegt – die Zulässigkeit sachlich gerechtfertigter Ungleichbehandlungen vorsieht (vgl. auch Rdn. 11 f.). Zur subsidiären Geltung der allgemeinen datenschutzrechtlichen Regelungen vgl. § 1 Abs. 2 Satz 1 und 2 BDSG, vgl. auch Art. 9 Abs. 4 DSGVO; AR/*Nebel* § 2 Rn. 1.)

## D. Regelungsgehalt

### I. Normadressaten und Geltungsbereich

§ 19 regelt genetische Untersuchungen im **Beschäftigungsverhältnis**, d.h. im Verhältnis zwischen Arbeitgeber (vgl. § 3 Nr. 13) und Beschäftigten (vgl. § 3 Nr. 12). Die Regelung gilt damit insbesondere auch für Bewerberinnen und Bewerber (vgl. § 3 Nr. 12 Buchst. g; vgl. auch Kern/*Schwarz*, § 19 GenDG Rn. 18). Das Verbot gilt auch für öffentlich-rechtliche Dienstverhältnisse des Bundes (§ 22). Die Verbote des § 19 gelten vor und nach der Begründung des Beschäftigungsverhältnisses, also insbesondere auch im laufenden Beschäftigungsverhältnis. 5

### II. Erfasste genetische Untersuchungen und Untersuchungsergebnisse

§ 19 erfasst alle genetischen Untersuchungen i.S.d. § 3 Nr. 1, und zwar unabhängig davon, ob der Arbeitgeber die genetische Untersuchung zugunsten oder zuungunsten der beschäftigten Person verlangt (*Diller*, in: Boecken, Düwell u.a., Kommentar Gesamtes Arbeitsrecht, § 3, Rn. 7). Dazu gehören beispielsweise auch die sog. **Life-Style-Tests** (vgl. § 3 Rdn. 9), die mangels Ausnahmeregelung in § 20 im Bereich des Arbeitslebens gänzlich verboten sind. Eine analoge Anwendung auf nicht-genetische Untersuchungen scheidet angesichts des klaren Wortlauts und mangels der erforderlichen Regelungslücke aus (so im Ergebnis auch Kern/*Schwarz*, § 19 GenDG Rn. 34). Die in Nr. 2 enthaltene Vorschrift soll ausschließen, dass Beschäftigte wegen bereits festgestellter genetischer Eigenschaften oder Veranlagungen nicht eingestellt oder versetzt werden (vgl. aber § 21 Rdn. 18 f.). 6

§ 19 erfasst genetische Untersuchungen unabhängig davon, ob sie vor dem **Inkrafttreten des Gesetzes** nach den allgemeinen Voraussetzungen zulässig waren, da das GenDG insoweit keine Begrenzung des Anwendungsbereichs enthält (insofern missverständlich: AR/*Nebel* § 19 GenDG Rn. 4. Auch die gesetzgeberische Begründung legt dies nicht nahe, da sich die in Bezug genommene Textpassage in BT-Drs. 16/10532, S. 37 auf phänotypische Untersuchungen bezieht). 6a

**Phänotypuntersuchungen** sind nach § 3 Nr. 1 keine genetischen Untersuchungen i.S.d. GenDG und daher auch **nicht nach § 19 verboten**. Zu den Phänotypuntersuchungen zählen viele der bisher bereits im Rahmen von Einstellungsuntersuchungen üblichen und nach allgemeinen Voraussetzungen zulässigen ärztlichen Untersuchungen. Dazu gehören bspw. Tests zur Feststellung einer Rot-Grün-Farbblindheit oder Farbschwäche mithilfe des Farbtafeltests nach Ishihara, die z.B. notwendig sind, um im Einstellungsverfahren die körperliche Eignung des Bewerbers für die Tätigkeit eines Elektrikers oder Berufskraftfahrers festzustellen (BR-Drs. 633/08, S. 76). Ebenso nicht erfasst ist die Auswertung familiären Vorbelastungen im Rahmen der **Familienanamnese**, die ohne Vornahme genetischer Untersuchungen i.S.d. § 3 Nr. 1 vorgenommen werden kann (vgl. auch *Bayreuther*, NZA 2010, 679, 681). Ggf. ist die Nutzung der Ergebnisse aus Phänotypuntersuchungen aber durch § 21 erfasst – vgl. § 21, Rdn. 9. 7

Nach dem Wortlaut werden von der Regelung sämtliche genetischen Untersuchungen im Sinne des Gesetzes erfasst, zudem auch isoliert vorgenommene, also nicht in eine genetische Untersuchung eingebundene **genetische Analysen** (BR-Drs. 633/08, S. 75). Vgl. auch § 7 Abs. 2. 8

### III. Erfasste Untersuchungsgegenstände

9   Das Verbot des § 19 gilt unabhängig davon, ob mit der genetischen Untersuchung genetische Eigenschaften im kodierten oder im nicht-kodierten Bereich des Genoms ermittelt werden sollen.

9a  Erfasst werden zum einen genetische Untersuchungen zur Ermittlung von **Indikatoren für bestimmte Manifestationen**. Das Verbot des § 19 gilt seinem Wortlaut nach auch dann, wenn genetische Untersuchungen i.S.d. § 3 Nr. 1 beispielsweise der Feststellung manifester Erkrankungen dienen (insoweit vgl. Kern/*Schwarz*, § 19 GenDG Rn. 28). Dafür spricht auch, dass § 19 – anders als § 18 – keine Regelung enthält, die Untersuchungsergebnisse zu bereits manifesten Erkrankungen aus dem Anwendungsbereich der Verbotsnorm herausnimmt. Anders als § 4, der als Typisierungsverbot auszulegen ist, ist § 19 als (absolutes) Verwendungsverbot (ohne Rechtfertigungsmöglichkeit) formuliert, das grundsätzlich jede Form der Nutzung genetischer Untersuchungen untersagt. Nicht vom Verbot erfasst sind allerdings phänotypische Untersuchungen, die nicht unter den Begriff des § 3 Nr. 1 fallen (vgl. auch Rdn. 6). Zum Ganzen vgl. auch Kern/*Schwarz*, § 19 GenDG Rn. 28, der es im Ergebnis für vertretbar hält, Informationen über bereits manifeste Erkrankungen, die aufgrund von genetischen Untersuchungen gewonnen werden, als nicht von § 19 erfasst zu sehen.

10  Zudem unterliegen aber auch Untersuchungen zu **Identifikationszwecken** dem Verbot des § 19 (vgl. § 3 Rdn. 8). Die Frage der Zulässigkeit der heimlichen Entnahme von Genproben zu Identifikationszwecken ist bereits Gegenstand gerichtlicher Verfahren geworden. In einem vor dem VGH Mannheim (VGH Mannheim DÖV 2001, 474 ff.) verhandelten Fall ging es um die Kündigung eines Mitarbeiters, der aufgrund eines heimlich durchgeführten Gentests als Verfasser von anonymen Mobbing-Briefen identifiziert worden war. Im Rahmen des Gentests wurde ein Abgleich des Genmaterials auf den betreffenden Briefen mit Genproben vorgenommen, die nach einer Dienstbesprechung heimlich von seinem Essgeschirr genommen worden waren. Das Gericht erachtete die Untersuchung als unzulässig.

### IV. Verbotene Handlungen

11  Wie die wortgleiche Regelung des § 18 Abs. 1 Satz 1 für den privaten Versicherungsbereich regelt § 19 für den Bereich des Arbeitslebens ein grundsätzliches Verbot,
    – die Vornahme genetischer Untersuchungen oder Analysen zu verlangen,
    – die Mitteilung von Ergebnissen bereits vorgenommener genetischer Untersuchungen oder Analysen zu verlangen,
    – solche Ergebnisse entgegenzunehmen oder
    – solche Ergebnisse zu verwenden.

11a Der Begriff des **Untersuchungsverlangens** entspricht dem in § 18 Abs. 1 Satz 1 Nr. 1 (vgl. dazu § 18 Rdn. 12, 14; s. auch Kern/*Schwarz*, § 19 GenDG Rn. 36 ff.). § 19 Nr. 1 erfasst aus Sinn- und Zweckerwägungen auch die Frage nach der Bereitschaft zur Vornahme entsprechender Untersuchungen, da die auf diese Weise abgefragte Einwilligung in eine genetische Untersuchung für sich genommen nicht zur Zulässigkeit der entsprechenden Untersuchung führt (vgl. Rdn. 11 f.) und es anderenfalls lediglich auf die Formulierung der Frage ankäme, um das Verbot des § 19 Nr. 1 zu umgehen (a.A. wohl Kern/*Schwarz*, § 19 GenDG Rn. 38).

11b Die Formulierung des Verbots des **Mitteilungsverlangens** nach § 19 Nr. 2, 1. Alt. weicht geringfügig von der in § 18 Abs. 1 Satz 1 Nr. 2, 1. Alt. ab, wonach die Mitteilung von Ergebnissen *und Daten* aus bereits vorgenommenen genetischen Untersuchungen nicht verlangt werden darf (dazu § 18 Rdn. 12, 18). Unterschiedliche Rechtswirkungen dürften sich aus der unterschiedlichen Formulierung jedoch nicht ableiten lassen (vgl. auch Kern/*Schwarz*, § 19 GenDG Rn. 41 f.).

Wie nach § 18 Abs. 1 Satz 1 Nr. 2, 2. Alt. (vgl. dazu § 18 Rdn. 12, 19) ist vom Begriff der **Entgegennahme** nach § 19 Nr. 2, 2. Alt. die bloße Kenntnisnahme (Abrufen einer zugesendeten E-Mail, Öffnen eines Briefes) nicht erfasst, solange die übermittelten Informationen nicht zu arbeitsvertraglichen Zwecken verarbeitet werden (Kern/*Schwarz*, § 20 GenDG Rn. 44; AR/*Nebel* § 19 GenDG Rn. 3). Allerdings ist es nach der gesetzgeberischen Zielsetzung unerheblich, ob die entsprechenden Informationen durch die betroffene Person selber oder durch Dritte übermittelt werden (Kern/*Schwarz*, § 20 GenDG Rn. 45; vgl. auch für den Versicherungsbereich § 18 Rn. 12). Die Regelung erfasst zudem auch Informationen über Dritte, die mit der betreffenden Person genetisch verwandt sind (Kern/*Schwarz*, § 20 GenDG Rn. 45). 11c

Schließlich erfasst § 19 Nr. 2, 3. Alt. – wie § 18 Abs. 1 Satz 1 Nr. 2, 3. Alt. (dazu § 18 Rdn. 12, 20) – **jegliche Form der Datenverwendung** (vgl. s. auch BR-Drs. 633/08, S. 75 f.; BT-Drs. 16/10582, S. 4; Kern/*Schwarz*, § 19 GenDG Rn. 46 ff.; AR/*Nebel* § 19 GenDG Rn. 3). Der Begriff ist datenschutzrechtlich als Datenverarbeitung i.S.d. Art. 4 Nr. 2 DSGVO zu werten (zum ähnlichen Begriff der Datennutzung im früheren Datenschutzrecht vgl. § 3 Abs. 5 BDSG a.F.). 11d

Das Verbot gilt nach dem Wortlaut bei allen Handlungsverboten i.S.d. § 19 unabhängig davon, ob die Handlungen zulasten oder zugunsten des Beschäftigten vorgenommen werden sollen, da anderenfalls entgegen der gesetzgeberischen Zielsetzung die **Benachteiligung** von Personen mit ungünstigen genetischen Eigenschaften im Ergebnis durch die **Bevorzugung** von Personen mit günstigen genetischen Eigenschaften bewirkt werden dürfte (so auch: Kern/*Schwarz*, § 19 GenDG Rn. 48, auch § 20 GenDG Rn. 4; a.A. *Fischinger*, NZA 2010, 65, 67. Zum Verbot ungerechtfertigter Bevorzugung in anderen Regelungszusammenhängen vgl.: § 4 Rdn. 46 ff., § 18 Rdn. 10a; § 21 Rdn. 12). 11e

Anders als das Benachteiligungsverbot nach § 21 gelten die in § 19 formulierten Handlungsverbote absolut, sehen also **keine Rechtfertigungsmöglichkeit in Form einer Verhältnismäßigkeitsprüfung** vor (vgl. auch Rdn. 4, vgl. auch § 18 Rdn. 13 und 20a zum Verwendungsverbot nach § 18 Abs. 1 Satz 1 Nr. 2, 3. Alt.). Die Regelung soll dem Arbeitgeber insoweit nur die Feststellung der aktuellen Eignung der (möglichen) Beschäftigten erlauben. Dementsprechend kommt der Einwilligung des Beschäftigten bei allen Handlungsverboten i.S.d. § 19 keine legitimierende Wirkung zu (vgl. auch BR-Drs. 633/08, S. 79. So auch: Kern/*Schwarz*, § 19 GenDG Rn. 49; *Fischinger*, NZA 2010, 65, 68; *Braun*, RiA 2010, 49, 53). Zur entsprechenden **Unbeachtlichkeit der Einwilligung** in anderen Regelungszusammenhängen vgl. auch: § 4 Rdn. 55a; § 18 Rdn. 13, 20, 27a; § 21 Rdn. 13). Dies ergibt sich im Wesentlichen aus der fehlenden Dispositionsbefugnis, da nach der gesetzgeberischen Zielsetzung das Schutzgut der Regelung nicht allein die Individualinteressen der jeweils betroffenen Einzelperson (Bewerber oder Arbeitnehmer) sind, sondern auch das öffentliche Interesse an einem wirkungsvollen Diskriminierungsschutz im Bereich des Arbeitslebens (zur gesetzgeberischen Zielsetzung vgl. Rdn. 2). 11f

Die Regelungen des § 19 dürften insbesondere im **Beamtenrecht** erhebliche Auswirkungen haben und zu einer Änderung der Rechtspraxis führen. So ist davon auszugehen, dass für den Fall der Übertragung der Regelungen des GenDG auf die öffentlich-rechtlichen Dienstverhältnisse der Länder (vgl. § 22 Rdn. 2) im Fall der hessischen Lehrerin schon das Verlangen des Dienstherrn nach einer genetischen Untersuchung auf eine mögliche Veranlagung zur Huntington-Krankheit als unzulässig zu bewerten gewesen wäre, da die erbetene Untersuchung eine prädiktive genetische Untersuchung i.S.d. § 3 Nr. 8 Buchst. a) darstellt und damit im Arbeitsleben von vornherein unzulässig ist (vgl. Vorbem. zu §§ 19 ff. Rdn. 3). Allerdings wäre die Verwertung der Kenntnis der genetischen Veranlagung des Vaters der Beamtenanwärterin in diesem Fall möglicherweise nicht nach § 19 Nr. 2 GenDG als unzulässig zu bewerten, sofern sich diese Kenntnis nicht im Rahmen einer genetischen Untersuchung i.S.d. § 3 Nr. 1 ergeben haben sollte. Die Berücksichtigung der genetischen Veranlagung des Vaters wäre dann aber nach § 21 rechtfertigungsbedürftig. 12

## E. Rechtsfolgen und Normumsetzung

### I. Unwirksamkeit unzulässiger Regelungen, Recht zur Lüge

13  Ein Rechtsgeschäft, das gegen § 19 verstößt, ist nach § 134 BGB nichtig. Der Beschäftigte, von dem unzulässigerweise die Ergebnisse genetischer Untersuchungen verlangt werden, kann deren Vorlage verweigern. Sollte der Arbeitgeber trotz des Verbots die entsprechende Mitteilung verlangen, kann der Beschäftigte entsprechend der Vorgaben der Rechtsprechung des BAG von seinem sog. »**Recht zur Lüge**« Gebrauch machen (vgl. Palandt/*Ellenberger* § 123 Rn. 10 m.w.N. Zur Beantwortung unzulässiger Fragen über genetische Veranlagungen: LG Bielefeld VersR 2007, 636 ff.; Arbeitskreis Genforschung, Bericht [1991], in: BMFT, Erforschung, S. 210; *Fischinger*, NZA 2010, 65, 66; Kern/*Schwarz*, § 19 GenDG Rn. 38, 42, 51 m.w.N.; *Wiese*, BB 2009, 2198, 2203). Dies gilt nach dem Sinn und Zweck der Regelung des § 19 auch für Fragen nach der Bereitschaft, entsprechende genetische Untersuchungen vornehmen zu lassen (vgl. Rdn. 11a a.A. wohl Kern/*Schwarz*, § 19 GenDG Rn. 38, 42), da anderenfalls der gesetzgeberisch beabsichtigte Schutz des Selbstbestimmungsrechts des Befragten nicht wirksam geschützt werden könnte. Allerdings besteht für ihn in diesen Fällen wohl kein Recht, gefälschte Unterlagen einzureichen, vgl. ErfK/*Franzen*, 15. Aufl. 2015, § 19 GenDG Rn. 6.

### II. Ansprüche auf Beseitigung, Unterlassung und Schadensersatz, keine Herstellungsansprüche

14  Bei Verstöße gegen § 19 kommt eine Verletzung vertraglicher Pflichten oder die Verwirklichung von Delikttatbeständen in Betracht, die Ansprüche nach den jeweiligen Regelungen auslösen (etwa Beseitigung, Unterlassung oder Ersatz des materiellen und immateriellen Schadens; vgl. Kern/*Schwarz*, § 19 GenDG Rn. 52 ff.; AR/*Nebel* § 19 GenDG Rn. 5).

15  Ansprüche nach § 823 Abs. 1 BGB kommen in Betracht:
- wegen der Verletzung des Rechts auf freie Entfaltung der Persönlichkeit durch typisierende Behandlung (vgl. auch Kern/*Schwarz*, § 4 GenDG Rn. 185),
- wegen der **Verletzung des Rechts auf Nichtwissen** durch die Durchführung ungewollter Untersuchungen oder
- wegen der **Verletzung des Rechts auf informationelle Selbstbestimmung**; in diesem Fall allerdings wohl nur, wenn die Erhebung und Verwendung der Daten gegen oder ohne den Willen des Einzelnen erfolgt.

16  Zudem können Ansprüche nach § 823 Abs. 2 BGB wegen des **Verstoßes gegen § 19 als Schutzgesetz** erfüllt sein (s. auch Kern/*Schwarz*, § 19 GenDG Rn. 53; AR/*Nebel* § 19 GenDG Rn. 5 f.). Dabei ist zu berücksichtigen, dass § 19 grundsätzlich nicht dem Schutz des Rechts auf informationelle Selbstbestimmung dient (zu den Schutzzwecken vgl. § 19 Rdn. 2 f.).

17  Schließlich kommen auch **datenschutzrechtliche Ansprüche** wie der nach Art. 17 DSGVO, ggf. i.V.m. § 35 Abs. 1 BDSG in Betracht (zur bisherigen Datenschutzrechtlage: § 35 Abs. 2 Nr. 1 und 2 BDSG a.F.; AR/*Nebel* § 19 GenDG Rn. 5 f.).

18  **Herstellungsansprüche** dürften nicht bestehen (vgl. Kern/*Schwarz*, § 19 GenDG Rn. 50).

### III. Straf- und Bußgeldtatbestände

19  Die Verwendung von Daten und Untersuchungsergebnissen entgegen den Vorgaben der Nr. 2 ist nach § 25 Abs. 1 Nr. 5 strafbewehrt. Im Übrigen können Verstößen gegen die Vorgaben des § 19 die Bußgeldtatbestände des § 26 Abs. 1 Nr. 8 und 9 erfüllen.

## § 20 Genetische Untersuchungen und Analysen zum Arbeitsschutz

(1) Im Rahmen arbeitsmedizinischer Vorsorgeuntersuchungen dürfen weder
1. genetische Untersuchungen oder Analysen vorgenommen werden noch
2. die Mitteilung von Ergebnissen bereits vorgenommener genetischer Untersuchungen oder Analysen verlangt, solche Ergebnisse entgegengenommen oder verwendet werden.

(2) Abweichend von Absatz 1 sind im Rahmen arbeitsmedizinischer Vorsorgeuntersuchungen diagnostische genetische Untersuchungen durch Genproduktanalyse zulässig, soweit sie zur Feststellung genetischer Eigenschaften erforderlich sind, die für schwerwiegende Erkrankungen oder schwerwiegende gesundheitliche Störungen, die bei einer Beschäftigung an einem bestimmten Arbeitsplatz oder mit einer bestimmten Tätigkeit entstehen können, ursächlich oder mitursächlich sind. Als Bestandteil arbeitsmedizinischer Vorsorgeuntersuchungen sind genetische Untersuchungen nachrangig zu anderen Maßnahmen des Arbeitsschutzes.

(3) Die Bundesregierung kann durch Rechtsverordnung mit Zustimmung des Bundesrates regeln, dass abweichend von den Absätzen 1 und 2 im Rahmen arbeitsmedizinischer Vorsorgeuntersuchungen diagnostische genetische Untersuchungen durch zytogenetische und molekulargenetische Analysen bei bestimmten gesundheitsgefährdenden Tätigkeiten von Beschäftigten vorgenommen werden dürfen, soweit nach dem allgemein anerkannten Stand der Wissenschaft und Technik
1. dadurch genetische Eigenschaften festgestellt werden können, die für bestimmte, in der Rechtsverordnung zu bezeichnende schwerwiegende Erkrankungen oder schwerwiegende gesundheitliche Störungen, die bei einer Beschäftigung an einem bestimmten Arbeitsplatz oder mit einer bestimmten Tätigkeit entstehen können, ursächlich oder mitursächlich sind,
2. die Wahrscheinlichkeit, dass die Erkrankung oder gesundheitliche Störung bei der Beschäftigung an dem bestimmten Arbeitsplatz oder mit der bestimmten Tätigkeit entsteht, hoch ist und
3. die jeweilige genetische Untersuchung eine geeignete und die für die Beschäftigte oder den Beschäftigen schonendste Untersuchungsmethode ist, um die genetischen Eigenschaften festzustellen.

Absatz 2 Satz 2 gilt entsprechend.

(4) Die §§ 7 bis 16 gelten entsprechend.

## Übersicht

| | Rdn. | | Rdn. |
|---|---|---|---|
| A. Überblick | 1 | 2. Zulässigkeit des Angebots von Untersuchungen auf Genproduktebene (Abs. 2) | 7 |
| B. Regelungszweck | 2 | | |
| C. Systematische Einordnung | 4 | | |
| D. Regelungsgehalt | 5a | 3. Zulässigkeit von molekular- und zytogenetischen Untersuchungen (Abs. 3) | 11 |
| I. Normadressaten | 5a | | |
| II. Erfasste Untersuchungen | 6 | | |
| 1. Grundsätzliches Verbot genetischer Untersuchungen zu Zwecken der Arbeitsmedizin (Abs. 1) | 6 | E. Rechtsfolgen und Normumsetzung | 15 |
| | | I. Arbeitsschutzmaßnahmen | 15 |
| | | II. Untergesetzliche Regelungen | 16 |
| | | III. Ansprüche auf Schadensersatz | 17 |
| | | IV. Straf- und Bußgeldtatbestände | 18 |

## A. Überblick

§ 20 regelt genetische Untersuchungen im Rahmen arbeitsmedizinischer Vorsorgeuntersuchungen. Die Regelungen der Abs. 1 und 2 traten nach § 27 Abs. 1 zum 01.02.2010 in Kraft, Abs. 3 ist nach § 27 Abs. 2 bereits zum 05.08.2009 in Kraft getreten.  1

## B. Regelungszweck

2  Die Regelungen des § 20 dienen dem Ausgleich zwischen dem Interesse an einem wirkungsvollen Gesundheitsschutz der Beschäftigten durch arbeitsmedizinische Vorsorgeuntersuchungen (BR-Drs. 633/08, S. 77) und den persönlichkeitsrechtlichen Rechtspositionen der Beschäftigten, die durch genetische Vorsorgeuntersuchungen vor allem ihrem **Recht, nicht ungerechtfertigt typisiert zu werden**, beeinträchtigt werden können (vgl. § 1).

3  Dementsprechend soll § 20 bereits auf Datenerhebungsebene **Diskriminierungspotenziale verhindern**. Insbesondere im Arbeitsleben wird befürchtet, dass genetische Untersuchungen im Rahmen der arbeitsmedizinischen Vorsorge zweckentfremdet dazu genutzt werden könnten, vorrangig notwendige technische Maßnahmen zur Reduzierung bestehender Arbeitsplatzbelastungen zugunsten der Beschäftigung besonders »**resistenter**« **Arbeitnehmer** zurückzustellen (BR-Drs. 633/08, S. 77; vgl. auch § 618 BGB, dazu Kern/*Schwarz*, § 20 GenDG Rn. 25; § 81 Abs. 4 SGB IX, dazu Kern/*Schwarz*, § 21 GenDG Rn. 27; AR/*Nebel* § 20 GenDG Rn. 5).

3a  Das **Recht auf Nichtwissen** wird geschützt, soweit der Einzelne aufgrund der Durchführung genetischer Untersuchungen ansonsten gegen seinen Willen erstmals Kenntnis von seinen genetischen Eigenschaften erlangen würde.

3b  Das **Recht auf informationelle Selbstbestimmung** wird durch § 20 nicht geschützt, da der Einzelnen nicht in die Vornahme der von § 20 erfassten Untersuchungen einwilligen kann. Insoweit wird ihm gerade die Verfügungsbefugnis vorenthalten, die ihm das Recht auf informationelle Selbstbestimmung grundsätzlich einräumt. Denn ungerechtfertigte Typisierungen insbesondere von Personen mit ungünstigen genetischen Eigenschaften könnten nicht wirkungsvoll verhindert werden, wenn Personen mit günstigen genetischen Eigenschaften in die Berücksichtigung ihrer genetischen Eigenschaften einwilligen könnten (vgl. auch *Hahn*, ZVersWiss 2013, 519 [523]). Die damit begründete Beeinträchtigung des Rechts auf informationelle Selbstbestimmung ist vor diesem Hintergrund gerechtfertigt.

## C. Systematische Einordnung

4  Zur systematischen Einordnung der Regelungen des § 20 innerhalb des Abschnittes 5 des GenDG, vgl. § 19 Rdn. 4. Die Verwendung der genetischen Untersuchungsergebnisse, die nach Abs. 2 bis 4 nicht vom grundsätzlichen Verbot des Abs. 1 erfasst werden, ist nur unter den Voraussetzungen des § 21 zulässig (vgl. auch BT-Drs. 16/10 582, S. 4; vgl. aber Kern/*Schwarz*, § 20 GenDG Rn. 5).

5  Ergänzend zu den Vorgaben des Abs. 2 sind bei der Beurteilung der Zulässigkeit einer konkreten Untersuchung die allgemeinen gesetzlichen Vorgaben, insbesondere die Regelungen der §§ 7 ff. (Abs. 4) und die Arbeitsschutzvorschriften (v.a. das ArbSchG und die ArbMedVV), zu beachten (BR-Drs. 633/08, S. 78; Kern/*Schwarz*, § 20 GenDG Rn. 2). Abs. 2 ist keine unmittelbare Legitimationsgrundlage zur Vornahme von Untersuchungen, vielmehr stehen die Untersuchungen unter dem Vorbehalt der (medizinrechtlichen) Einwilligung der beschäftigten Person nach Abs. 4 i.V.m. § 8 Abs. 1 (vgl. auch BR-Drs. 633/08, S. 78, BT-Drs. 16/10 582, S. 4; so auch Kern/*Schwarz*, § 20 GenDG Rn. 5, 11 ff., 53).

## D. Regelungsgehalt

### I. Normadressaten

5a  Wie sich aus dem Regelungszusammenhang des 5. Abschnitts ergibt, formuliert § 21 eine **Verpflichtung für alle Arbeitgeber** (vgl. § 3 Nr. 13). § 22 Nr. 3 regelt, dass auch der Bund und sonstige bundesunmittelbare Körperschaften, Anstalten und Stiftungen des öffentlichen Rechts, die Dienstherrnfähigkeit besitzen, als Arbeitgeber i.S.d. § 4 gelten (vgl. BR-Drs. 633/08, S. 42, anders offenbar Kern/*Schwarz*, § 20 GenDG Rn. 6, wonach § 20 allein für privatrechtliche Arbeitsverhältnisse gelte). Zur Dienstherrnfähigkeit vgl. auch § 22 Rdn. 3.

## II. Erfasste Untersuchungen

### 1. Grundsätzliches Verbot genetischer Untersuchungen zu Zwecken der Arbeitsmedizin (Abs. 1)

Abs. 1 bestimmt, dass im Rahmen arbeitsmedizinischer Vorsorgeuntersuchungen grundsätzlich keine genetischen Untersuchungen oder Analysen vorgenommen werden dürfen. Die Regelung ähnelt denen in § 18 Abs. 1 Satz 1 und § 19. Wie diese Regelungen sieht § 20 Abs. 1 keine Rechtfertigungsmöglichkeit in Form einer Verhältnismäßigkeitsprüfung für die von der Regelung erfassten Handlungen vor (vgl. § 18 Rdn. 13, 20a; § 19 Rdn. 11 f.). Die Regelung in § 20 Abs. 1 erfasst insbesondere auch Fälle, in denen die maßgeblichen Daten von Dritten übermittelt werden oder genetisch verwandte Dritte der beschäftigten Person betreffen (Kern/*Schwarz*, § 20 GenDG Rn. 9). 6

### 2. Zulässigkeit des Angebots von Untersuchungen auf Genproduktebene (Abs. 2)

**Diagnostische genetische Untersuchungen** (vgl. § 3 Nr. 6) **durch Genproduktanalysen** (vgl. § 3 Nr. 2 Buchst. c) sind im Rahmen arbeitsmedizinischer Vorsorgeuntersuchungen nach den Vorgaben des Abs. 2 zulässig. Die Regelung ist vor dem Hintergrund der allgemeinen arbeitsschutzrechtlichen Vorgaben, insb. des ArbSchG und der ArbMedVV, auszulegen. Im Bereich des Arbeitsschutzes ist zwischen Pflicht-, Angebots und Wunschuntersuchungen zu unterscheiden (Kern/*Schwarz*, § 20 GenDG Rn. 6). Die von Abs. 2 erfassten Untersuchungen dürften danach grundsätzlich nur als Angebotsuntersuchungen zulässig sein, da Abs. 2 keine Verpflichtung zur Vornahme entsprechender Untersuchungen formuliert und zudem durch § 20 Abs. 4 ausdrücklich ein Einwilligungsvorbehalt vorgesehen ist (Kern/*Schwarz*, § 20 GenDG Rn. 6). Die Ergebnisse der arbeitsmedizinischen Vorsorgeuntersuchungen unterliegen der ärztlichen Schweigepflicht (*Schillhorn/Heidemann*, § 20 GenDG Rn. 7). 7

In den gesetzgeberischen Erläuterungen werden als in Betracht kommende diagnostische genetische Untersuchungen i.S.d. Abs. 2 beispielhaft die herkömmlich eingesetzten **Tests auf Acetyltransferase-2-, auf Alpha-1-Antitrypsin und auf Glucose-6-Phosphat-Dehydrogenase** genannt (BR-Drs. 633/08, S. 77). 7a

Die genannten Untersuchungen sind nach Abs. 2 nur zulässig, soweit sie zur Feststellung genetischer Eigenschaften erforderlich sind, die für **schwerwiegende Erkrankungen oder schwerwiegende gesundheitliche Störungen**, die bei einer Beschäftigung an einem bestimmten Arbeitsplatz oder mit einer bestimmten Tätigkeit entstehen können, ursächlich oder mitursächlich sind. Der Begriff der schwerwiegenden Erkrankung oder der schwerwiegenden gesundheitlichen Störung wird im GenDG nicht näher bestimmt (zum Begriff der Krankheit vgl. § 3 Rdn. 44, vgl. auch BR-Drs. 633/08 [Beschluss], S. 23 und BT-Drs. 16/10 582, S. 4). In den gesetzgeberischen Erläuterungen werden in diesem Zusammenhang Harnblasenkrebs, Lungenerkrankungen und Hämolyse genannt. Anders als Abs. 3 Satz 1 Nr. 2 enthält Abs. 2 keine Vorgabe hinsichtlich des Wahrscheinlichkeitsgrades, mit dem die Erkrankung eintreten wird. Der Begriff der schwerwiegenden Erkrankung oder schwerwiegenden gesundheitlichen Störung verlangt im Unterschied zum Begriff der Behinderung keine langfristige Arbeitsunfähigkeit (Kern/*Schwarz*, § 20 GenDG Rn. 17). 8

Die **Erforderlichkeit** einer genetischen Untersuchung zu Arbeitsschutzzwecken nach Satz 1 dürfte in der Regel dann nicht gegeben sein, wenn eine andere Maßnahme verfügbar ist, die den mit der Untersuchung verfolgten Zweck erfüllt und dabei für den Beschäftigten weniger beeinträchtigend ist (vgl. auch § 4 Rdn. 58 f.). Als besondere Ausprägung des Erforderlichkeitsgrundsatzes bestimmt Abs. 2 Satz 2, dass genetische Untersuchungen als Bestandteil arbeitsmedizinischer Vorsorgeuntersuchungen nur nachrangig zu anderen Maßnahmen des Arbeitsschutzes durchgeführt werden dürfen (vgl. auch § 4 Rdn. 59; AR/*Nebel* § 20 GenDG Rn. 5). 9

Die objektiven Maßnahmen des Arbeitsschutzes haben stets Vorrang (BR-Drs. 633/08, S. 78; AR/*Nebel* § 20 GenDG Rn. 5).

10 Nach der gesetzgeberischen Begründung sollen die in Abs. 2 genannten Untersuchungen von den Regelungen des § 20 unberührt bleiben, die bereits heute gängige arbeitsmedizinische Praxis sind (BR-Drs. 633/08, S. 77). Dies gilt allerdings nur für die Untersuchungen, die die besonderen Voraussetzungen des Abs. 2 erfüllen.

### 3. Zulässigkeit von molekular- und zytogenetischen Untersuchungen (Abs. 3)

11 Abs. 3 stellt selbst keine Rechtsgrundlage für die Durchführung von **diagnostischen zytogenetischen und molekulargenetischen Untersuchungen** (§ 3 Nr. 6 i.V.m. § 3 Nr. 2 Buchstaben a und b) und den Umgang mit den Ergebnissen dieser Untersuchungen dar. Vielmehr ist die Regelung Rechtsgrundlage i.S.d. Art. 80 GG für den Erlass einer Rechtsverordnung, die unter den Maßgaben des Abs. 3 die Zulässigkeit bestimmter genetischer Untersuchungen regelt. Nach der gesetzgeberischen Erläuterung zeichnen sich derzeit noch keine praktischen Anwendungsfelder für diese Norm ab (BR-Drs. 633/08, S. 78). Zudem können auf Grundlage des Abs. 3 wegen des Einwilligungsvorbehalts nach § 8 i.V.m. Abs. 4 nur die arbeitsmedizinischen Angebotsuntersuchungen geregelt werden (vgl. Rdn. 7).

12 Abs. 3 Satz 1 Nr. 1 legt fest, dass die über die Rechtsverordnung legitimierten diagnostischen zytogenetischen und molekulargenetischen Untersuchungen ausschließlich dem Ziel dienen dürfen, genetische Eigenschaften zu ermitteln, die unmittelbar arbeitsplatzrelevante Informationen über individuell bestehende **schwerwiegende Krankheiten** oder über ein entsprechendes individuelles Gesundheitsrisiko bei der Beschäftigung an einem bestimmten gesundheitsgefährdenden Arbeitsplatz erwarten lassen (vgl. Rdn. 8, BR-Drs. 633/08, S. 78).

13 Abs. 3 Satz 1 Nr. 2 ist nach der gesetzgeberischen Erläuterung als Ausdruck des Übermaßverbots zu begreifen (BR-Drs. 633/08, S. 78) und bestimmt, dass die Rechtsverordnung zytogenetische und molekulargenetische Untersuchungen für zulässig erklären darf, wenn die **Manifestationswahrscheinlichkeit** für eine Erkrankung oder gesundheitliche Störung, die spezifisch für die Beschäftigung an dem bestimmten Arbeitsplatz oder mit der bestimmten Tätigkeit ist, »hoch« ist.

14 Abs. 3 Satz 1 Nr. 3 konkretisiert die Anforderungen des **Erforderlichkeitsgrundsatzes**. Mit der Bestimmung wird ein Auswahlmaßstab bei mehreren zur Ermittlung einer genetischen Eigenschaft zur Verfügung stehenden und in gleicher Weise geeigneten genetischen Untersuchungsmethoden gesetzlich festgeschrieben. Danach kann eine DNA/RNA- oder chromosomengestützte genetische Untersuchung nur dann in Betracht kommen, wenn sie gegenüber herkömmlichen Untersuchungsmethoden die Gesundheit des Beschäftigten in geringerem Maße beeinträchtigt (BR-Drs. 633/08, S. 78). Nach Abs. 3 Satz 2 gilt die Nachrangigkeit der Durchführung genetischer Untersuchungen nach Abs. 2 Satz 2 entsprechend.

## E. Rechtsfolgen und Normumsetzung

### I. Arbeitsschutzmaßnahmen

15 Der Arbeitgeber ist nach den Arbeitsschutzvorschriften verpflichtet, geeignete **Arbeitsschutzmaßnahmen** zu ergreifen. Bei gleicher Eignung haben technische und organisatorische Arbeitsschutzmaßnahmen Vorrang vor genetischen Untersuchungen (§ 20 Abs. 2 Satz 2 und Abs. 3 Satz 2, vgl. auch BR-Drs. 633/08, S. 78). Schutzmaßnahmen, die der Arbeitgeber aufgrund der Ergebnisse der nach nach § 20 Abs. 2 oder 3 vorgenommenen Untersuchungen ergreift, stellen grundsätzlich keine unzulässige Benachteiligung i.S.d. §§ 4 und 21 dar (AR/*Nebel* § 20 GenDG Rn. 8 m.w.N.).

## II. Untergesetzliche Regelungen

Die Bundesregierung kann nach Abs. 3 Ausnahmen von den Bestimmungen der Abs. 1 und 2 regeln. Zur Vorbereitung dieser Rechtsverordnungen nach erstellt die Gendiagnostik-Kommission Richtlinien (§ 23 Abs. 2 Nr. 1 Buchst. e). Die Gendiagnostik-Kommission erklärte durch die 7. Mitteilung vom 17.07.2013, bestätigt durch den Tätigkeitsbericht 2018, S. 17 zu diagnostischen genetischen Untersuchungen durch zytogenetische und molekulargenetische Analysen im Rahmen arbeitsmedizinischer Vorsorgeuntersuchungen gem. § 20 Abs. 3, dass sie derzeit keinen konkreten Anlass für die Erstellung einer entsprechenden Richtlinie sieht. 16

## III. Ansprüche auf Schadensersatz

Zu Ansprüchen auf Schadensersatz vgl. Erläuterungen zu § 11 Rdn. 23 und § 19 Rdn. 14. 17

## IV. Straf- und Bußgeldtatbestände

Die Verwendung von Daten und Untersuchungsergebnissen entgegen den Vorgaben des Abs. 1 Nr. 2, 3. Alt. ist nach § 25 Abs. 1 Nr. 5 strafbewehrt (vgl. auch AR/*Nebel* § 20 GenDG Rn. 8). Im Übrigen können Verstöße gegen die Vorgaben des § 20 die Bußgeldtatbestände des § 26 Abs. 1 Nr. 1 erfüllen. Verstöße gegen die nach Abs. 4 insbesondere auch im Bereich des Arbeitslebens geltenden Vorgaben der §§ 7 ff. können die Straf- und Bußgeldtatbestände der §§ 25 ff. erfüllen. Die vom Arzt erhobenen Befunde oder gestellten Diagnosen unterliegen zudem der ärztlichen Schweigepflicht (§ 203 StGB). 18

## § 21 Arbeitsrechtliches Benachteiligungsverbot

(1) Der Arbeitgeber darf Beschäftigte bei einer Vereinbarung oder Maßnahme, insbesondere bei der Begründung des Beschäftigungsverhältnisses, beim beruflichen Aufstieg, bei einer Weisung oder der Beendigung des Beschäftigungsverhältnisses nicht wegen ihrer oder der genetischen Eigenschaften einer genetisch verwandten Person benachteiligen. Dies gilt auch, wenn sich Beschäftigte weigern, genetische Untersuchungen oder Analysen bei sich vornehmen zu lassen oder die Ergebnisse bereits vorgenommener genetischer Untersuchungen oder Analysen zu offenbaren.

(2) Die §§ 15 und 22 des Allgemeinen Gleichbehandlungsgesetzes gelten entsprechend.

### Übersicht

| | Rdn. | | Rdn. |
|---|---|---|---|
| A. Überblick | 1 | 1. Typisierungen aufgrund genetischer Eigenschaften (Satz 1) | 14 |
| B. Regelungszweck | 2 | | |
| C. Systematische Einordnung | 3 | 2. Ungleichbehandlungen wegen der Weigerung, eine genetische Untersuchung oder Analyse bei sich vornehmen zu lassen oder deren Ergebnisse zu offenbaren (Satz 2) | 16 |
| D. Regelungsgehalt | 6 | | |
| I. Normadressaten | 7 | | |
| II. Erfasste Maßnahmen | 8 | | |
| III. Erfasste Diskriminierungskriterien | 9 | | |
| 1. Genetische Eigenschaften i.S.d. § 3 Nr. 4 (Satz 1) | 9 | VI. Rechtsfolge von Verstößen | 17 |
| | | E. Rechtsfolgen und Normumsetzung | 18 |
| 2. Nichtvornahme genetischer Untersuchungen i.S.d. § 3 Nr. 1 (Satz 2, 1. Alt.) | 10 | I. Unwirksamkeit unzulässiger Regelungen, keine Begründung von Obliegenheiten | 18 |
| 3. Nichtoffenbarung der Ergebnisse genetischer Untersuchungen oder Analysen (Satz 2, 2. Alt.) | 11 | II. Ansprüche auf Beseitigung, Unterlassung und Schadensersatz, kein Herstellungsanspruch (Abs. 2) | 19 |
| IV. Benachteiligung | 12 | III. Straf- und Bußgeldtatbestände | 22 |
| V. Rechtfertigungsanforderungen für Ungleichbehandlungen | 13 | | |

## § 21 GenDG  Arbeitsrechtliches Benachteiligungsverbot

### A. Überblick

1  § 21 ergänzt das allgemeine Benachteiligungsverbot des § 4 für das Arbeitsleben (zum systematischen Verhältnis vgl. Rdn. 4 f.). Die Regelung trat nach § 27 Abs. 1 zum 01.02.2010 in Kraft. Zur Einordnung von Einstellungsentscheidungen als Typisierungen vgl. *Höfling/Stockter*, ZBR 2008, S. 17 ff.

### B. Regelungszweck

2  § 21 dient dem Schutz vor sachlich unbegründeten genetischen Typisierungen aufgrund genetischer Eigenschaften (Abs. 1 Satz 1), Schutz der Ausübung des Rechts auf Wissen und Nichtwissen (Abs. 1 Satz 2, 1. Alt.; vgl. BR-Drs. 633/08, S. 79 f.) und Schutz der Ausübung des Rechts auf informationelle Selbstbestimmung (Abs. 1 Satz 2, 2. Alt.; vgl. BR-Drs. 633/08, S. 80).

### C. Systematische Einordnung

3  Das Benachteiligungsverbot des § 21 regelt in datenschutzrechtlicher Betrachtung eine Datenverarbeitung i.S.d. Art. 4 Nr. 2 DSGVO (zum bisherigen Begriff der Datennutzung vgl. § 3 Abs. 5 BDSG a.F.) und ergänzt die Regelungen der §§ 19 und 20 (BR-Drs. 633/08, S. 80). Im Unterschied zu den absoluten Verwendungsverboten nach § 19 Nr. 1, 3. Alt. und § 20 Abs. 1 Nr. 2, 3. Alt. stehen die von § 21 erfassten Maßnahmen (lediglich) unter einem Rechtfertigungsvorbehalt. Danach ist zu prüfen, ob die jeweilige Maßnahme nach dem Verhältnismäßigkeitsgrundsatz im Einzelfall sachlich gerechtfertigt ist.

4  § 21 ist für den Bereich der Beschäftigungsverhältnisse eine spezielle Regelung zum allgemeinen Benachteiligungsverbot nach § 4 (§ 4 Rdn. 33 f., vgl. Kern/*Schwarz*, § 21 GenDG Rn. 5 f.; ErfK/ *Franzen*, 15. Aufl. 2015, § 19 GenDG Rn. 4 und § 21 GenDG Rn. 3; AR/*Nebel* § 4 GenDG Rn. 9; *Genenger*, NJW 2010, 113, 117). Eine eigenständige praktische Bedeutung dürfte die Regelung aber insbesondere dadurch bekommen, dass in dem durch ihn geschützten Teilbereich – im Unterschied zur Auffangnorm des § 4 (a.A. *Fischinger*, NZA 2010, 65, 69) – bei Verstößen gegen das Benachteiligungsverbot die Regelungen der §§ 15 und 22 AGG entsprechend Anwendung finden (vgl. Abs. 2). Zudem dürfte der Umstand, dass § 21 auf öffentlich-rechtliche Verhältnisse der Länder keine Anwendung findet, eine Sperrwirkung entfalten, indem insofern die subsidiäre Anwendung des allgemeinen Benachteiligungsverbots des § 4 ausgeschlossen sein dürfte (vgl. auch § 4 Rdn. 35, so auch Kern/*Reuter/Schwarz*, § 21 GenDG Rn. 6).

5  Im Unterschied zu § 4 enthält § 21 kein gesondertes Verbot der Benachteiligung aufgrund der Ergebnisse genetischer Untersuchungen. Aufgrund des Umstandes, dass dieser Regelung in § 4 lediglich eine klarstellende Funktion zukommt, ist eine entsprechende Regelung in § 21 auch entbehrlich. Der Umstand, dass § 4 anders als § 21 kein ausdrückliches Verbot der Benachteiligung aufgrund der Nichtoffenbarung von Ergebnissen bereits durchgeführter genetischer Untersuchungen oder Analysen (vgl. § 3 Nr. 1 und 2) vorsieht, dürfte für die Rechtspraxis im Ergebnis keine Bedeutung haben (vgl. § 4 Rdn. 34a).

5a  Außerhalb des Anwendungsbereiches des § 21 (und § 4) finden **andere Benachteiligungsverbote (etwa das nach § 81 SGB IX) subsidiär Anwendung** (vgl. auch § 4 Abs. 2; Kern/*Reuter/Schwarz*, § 21 GenDG Rn. 43). Zudem sind auch andere Arbeitnehmerschutzgesetze, wie etwa das KSchG oder das **MuSchG**, zu beachten (BR-Drs. 16/633, S. 44; Kern/*Reuter/Schwarz*, § 21 GenDG Rn. 40; AR/*Nebel* § 4 GenDG Rn. 10).

### D. Regelungsgehalt

6  § 21 Abs. 1 enthält ein besonderes Benachteiligungsverbot für den Bereich des Arbeitslebens.

## I. Normadressaten

Im Unterschied zur § 4 formuliert § 21 ausdrücklich eine Verpflichtung eines bestimmten Adressatenkreises, nämlich der Arbeitgeber (vgl. § 3 Nr. 13). § 22 Nr. 3 regelt, dass auch der Bund und sonstige bundesunmittelbare Körperschaften, Anstalten und Stiftungen des öffentlichen Rechts, die Dienstherrnfähigkeit besitzen, als Arbeitgeber i.S.d. § 4 gelten (vgl. BR-Drs. 633/08, S. 42). Zur Dienstherrnfähigkeit vgl. auch § 22 Rdn. 3.

## II. Erfasste Maßnahmen

§ 21 erfasst Benachteiligungen des Arbeitgebers bei Vereinbarungen oder Maßnahmen, insbesondere solche:
– bei der Begründung des Beschäftigungsverhältnisses (beachte auch § 22 Nr. 2),
– beim beruflichen Aufstieg,
– bei einer Weisung oder
– bei der Beendigung des Beschäftigungsverhältnisses (beachte auch § 22 Nr. 2).

Unter den Begriff der Vereinbarung fallen sowohl individual- als auch kollektivrechtliche Abreden. Der Begriff der Maßnahme erfasst jeden einseitigen rechtsgeschäftlichen oder tatsächlichen Akt des Arbeitgebers (vgl. auch ErfK/*Franzen*, 15. Aufl. 2015, § 21 GenDG Rn. 1 f., *Fischinger*, NZA 2010, 65, 69).

## III. Erfasste Diskriminierungskriterien

### 1. Genetische Eigenschaften i.S.d. § 3 Nr. 4 (Satz 1)

§ 21 Abs. 1 Satz 1 verbietet die Diskriminierung aufgrund von **genetischen Eigenschaften** (vgl. § 3 Nr. 4). Wie auch das Benachteiligungsverbot des § 4 ist auch § 21 in seinem Geltungsbereich nicht methodenspezifisch auf die Benachteiligung aufgrund von Ergebnisse bestimmter genetischer Untersuchungen beschränkt (vgl. § 2 Rdn. 3, s. auch § 4 Rdn. 21, 33, 34, so im Ergebnis auch Kern/*Reuter/Schwarz*, § 21 GenDG Rn. 17; vgl. auch AR/*Nebel* § 21 GenDG Rn. 2). Abs. 1 Satz 1 erfasst nicht nur Benachteiligungen unmittelbar aufgrund der eigenen, sondern auch Benachteiligungen aufgrund von genetischen Eigenschaften, die – ggf. unter Anwendung der Mendelschen Vererbungsgesetze – aufgrund des Vorliegens bei einer genetisch verwandten Person (z.B. Eltern oder Geschwister) bei der benachteiligten Person vermutet werden, soweit anhand dieser Rückschlüsse auf die genetischen Eigenschaften der betroffenen Person gezogen werden (a.A. *Kersten*, PersV 2011, 84 [92]; vgl. auch AR/*Nebel* § 21 GenDG Rn. 1).

### 2. Nichtvornahme genetischer Untersuchungen i.S.d. § 3 Nr. 1 (Satz 2, 1. Alt.)

Abs. 1 Satz 2, 1. Alt. schützt das Recht auf Nichtwissen. Im Unterschied zu § 4, der auch die Benachteiligung aufgrund des Ergebnisses einer genetischen Untersuchung untersagt, verbietet Abs. 1 Satz 2, 1. Alt. lediglich die Benachteiligung aufgrund der Weigerung des Beschäftigten, eine genetische Untersuchungen oder Analyse (vgl. § 3 Nr. 1 und 2) vornehmen zu lassen (z.B. eine diagnostische genetische Untersuchungen durch Genproduktanalyse nach § 20 Abs. 2). Dies lässt sich vor dem Hintergrund erklären, dass die Vornahme genetischer Untersuchungen – auch mit der Einwilligung des Arbeitnehmers – für den Bereich des Arbeitslebens bereits nach § 19 Nr. 1 grundsätzlich verboten ist. Das mögliche Problem einer (ungerechtfertigten) Benachteiligung stellt sich in systematischer Betrachtung daher im Wesentlichen nur dann, wenn der Arbeitnehmer seine Einwilligung in eine an sich zulässige Untersuchung (z.B. nach § 20 Abs. 2) nicht erteilt. Hinsichtlich der Benachteiligung aufgrund der Vornahme einer genetischen Untersuchung gilt insofern subsidiär § 4 (a.A. *Fischinger*, NZA 2010, 65, 69).

### 3. Nichtoffenbarung der Ergebnisse genetischer Untersuchungen oder Analysen (Satz 2, 2. Alt.)

11 Abs. 1 Satz 2, 2. Alt., verbietet die Benachteiligung aufgrund der Weigerung, die Ergebnisse bereits vorgenommener genetischer Untersuchungen oder Analysen (vgl. § 3 Nr. 1 und 2) zu offenbaren und schützt damit die Ausübung des Rechts auf informationelle Selbstbestimmung. Diese Regelung findet keine ausdrückliche Entsprechung im § 4. Fälle der Nichtoffenbarung dürften insoweit im Ergebnis durch § 4 Abs. 1 2. und 3. Alt. miterfasst sein (vgl. aber § 4 Rdn. 34a).

### IV. Benachteiligung

12 Hinsichtlich der Auslegung des Begriffs der Benachteiligung vgl. § 4 Rdn. 45 ff. § 21 erfasst nach der gesetzgeberischen Zielsetzung und in der systematischen Zusammenschau mit § 4 demnach insbesondere auch Bevorzugungen der betreffenden Person, da diese für andere Personen, die nicht entsprechende günstige genetische Eigenschaften aufweisen, typischerweise mit einer Benachteiligung verbunden sind (so auch Kern/*Reuter/Schwarz*, § 21 GenDG Rn. 8. Zum Verbot ungerechtfertigter Bevorzugung in anderen Regelungszusammenhängen vgl. § 4 Rdn. 46 ff.; § 18 Rdn. 10a; § 19 Rdn. 11e).

### V. Rechtfertigungsanforderungen für Ungleichbehandlungen

13 Hinsichtlich der Rechtfertigungsanforderungen für Ungleichbehandlungen wegen der in § 21 genannten Diskriminierungskriterien sind die Grundsätze der Rechtfertigung von Ungleichbehandlungen nach § 4 entsprechend zu berücksichtigen (vgl. § 4 Rdn. 51 ff.). Insbesondere können Einwilligungen der betroffenen Person (Bewerber/in oder Arbeitnehmer/in) mangels Dispositionsbefugnis Ungleichbehandlungen nicht rechtfertigen, da das Schutzgut der Regelung nicht allein die Individualinteressen der jeweils betroffenen Einzelperson sind, sondern auch das öffentliche Interesse an einem wirkungsvollen Diskriminierungsschutz im Bereich des Arbeitslebens (BR-Drs. 633/08, S. 79). Zur entsprechenden Unbeachtlichkeit der Einwilligung in anderen Regelungszusammenhängen vgl. § 4 Rdn. 55a; § 18 Rdn. 13, 20, 27a; § 19 Rdn. 11 f.; vgl. auch AR/*Nebel* § 21 GenDG Rn. 4. Zur gesetzgeberischen Zielsetzung des Diskriminierungsschutzes vgl. Rdn. 2).

Dabei ist Folgendes zu beachten:

#### 1. Typisierungen aufgrund genetischer Eigenschaften (Satz 1)

14 Im privatrechtlichen Bereich dürfte das GenDG vor dem Hintergrund der Regelungen des § 20 Abs. 2 und 3 weitgehend die Beibehaltung der bisherigen Praxis im Bereich der Privatwirtschaft ermöglichen (vgl. BR-Drs. 633/08, S. 76, zur Frage der »Sportlerselektion« vgl. Kern/*Schwarz*, § 20 GenDG Rn. 28, § 21 GenDG Rn. 33; AR/*Nebel* § 21 GenDG Rn. 4). Zur Frage der zulässigen Nutzung genetischer Untersuchungsergebnisse durch den privaten Arbeitgeber vgl. *Wiese*, BB 2011, 313, 315 ff. Die Regelung des § 21 dürfte allerdings zu einer Änderung der bisherigen Praxis bei beamtenrechtlichen Einstellungsuntersuchungen führen. Denn eine Benachteiligung aufgrund von genetischen Eigenschaften, anhand deren zukünftige Erkrankungen prognostiziert werden, dürfte in der Regel auch nicht unter Hinweis auf die Besonderheiten des beamtenrechtlichen Lebenszeitprinzips und der damit verbundenen umfangreichen Versorgungsgarantie zu rechtfertigen sein (vgl. auch *Stockter*, Verbot genetischer Diskriminierung, S. 432 f.).

15 Dementsprechend dürfte im **Fall des VG Darmstadt** (Urt. v. 24.06.2004 – 1E 470/04(3), vgl. Hessische Städte- und Gemeinde-Zeitung 2004, 359 ff. – zu diesem Fall auch: *Tolmein*, GID 2004 Nr. 165, S. 36 ff.; Kern/*Schwarz*, § 22 GenDG Rn. 4; Spickhoff/*Fenger*, § 22 GenDG Rn. 4; *Fricke*/*Schütte*, DÖD 2012, 121 [124 f.]; *Kersten*, PersV 2011, 4 [10 ff.]) das Vorgehen des Dienstherrn auf Grundlage des GenDG als von vornherein unzulässig zu bewerten sein. In diesem Fall wurde

einer 35-jährigen Lehrerin aufgrund einer 50 %igen Wahrscheinlichkeit, im Alter von ungefähr 45 an der Huntington-Krankheit zu erkranken, die Aufnahme in das Beamtenverhältnis verweigert. Das Gericht begründete – vor der Einführung des GenDG – die Unzulässigkeit der Ablehnung der Beamtenanwärterin nicht mit der besonderen Aussageungenauigkeit prädiktiver Daten, sondern damit, dass bei einer 50 %igen Vererbungswahrscheinlichkeit des für die Huntington-Erkrankung verantwortlichen Gens keine überwiegende Erkrankungswahrscheinlichkeit für die Krankheit besteht.

### 2. Ungleichbehandlungen wegen der Weigerung, eine genetische Untersuchung oder Analyse bei sich vornehmen zu lassen oder deren Ergebnisse zu offenbaren (Satz 2)

Die Ungleichbehandlung aufgrund der Weigerung, eine genetische Untersuchung oder Analyse bei sich vornehmen zu lassen (Satz 2, 1. Alt.) oder die Ergebnisse einer genetischen Untersuchung oder Analyse zu offenbaren (§ 4 Abs. 1, 2. Alt.) ist gerechtfertigt, wenn der Beschäftigte durch die Weigerung eine Mitwirkungsverpflichtung (Obliegenheit) verletzt hat, vgl. auch § 4 Rdn. 74. Zur Frage der Zulässigkeit von Beschäftigungsverboten vgl. *Wiese*, BB 2011, 313, 315.  16

### VI. Rechtsfolge von Verstößen

Hinsichtlich der Rechtsfolge von Verstößen gelten die Anmerkungen zu § 4 entsprechend (vgl. § 4 Rdn. 76 f.). Zur entsprechenden Geltung der Vorschriften der §§ 15 und 22 AGG über Entschädigung, Schadensersatz und Beweislast im Fall eines Verstoßes gegen das spezielle Benachteiligungsverbot des § 21 Abs. 1, vgl. Rdn. 19.  17

## E. Rechtsfolgen und Normumsetzung

### I. Unwirksamkeit unzulässiger Regelungen, keine Begründung von Obliegenheiten

Rechtsgeschäfte, die gegen das Benachteiligungsverbot verstoßen, sind **unwirksam** (z.B. nach § 134 BGB, vgl. Kern/*Reuter/Schwarz*, § 21 Rn. 40; AR/*Nebel* § 21 GenDG Rn. 4). Mit Typisierungen, die nach § 21 unzulässig sind, dürfen auch **keine Obliegenheiten** begründet werden, vgl. § 4 Rdn. 77.  18

### II. Ansprüche auf Beseitigung, Unterlassung und Schadensersatz, kein Herstellungsanspruch (Abs. 2)

Nach Abs. 2 gelten die §§ 15 und 22 AGG entsprechend (ErfK/*Franzen*, 15. Aufl. 2015, § 21 GenDG Rn. 6). Verstößt der Arbeitgeber gegen die ihm nach Abs. 1 obliegenden Pflichten, so hat der Betroffene nach Abs. 2 i.V.m. § 15 AGG  19
– einen (verschuldensabhängigen) Anspruch auf **Schadensersatz** (§ 15 Abs. 1 AGG) – (vgl. *Fischinger*, NZA 2010, 65, 70; ErfK/*Franzen*, 15. Aufl. 2015, § 19 GenDG Rn. 6; AR/*Nebel* § 21 GenDG Rn. 4; Kern/*Reuter/Schwarz*, § 21 Rn. 37 ff.) und
– einen Anspruch auf eine **angemessene Entschädigung** (§ 15 Abs. 2 AGG) (BR-Drs. 633/08, S. 80).

In diesen Fällen trägt der Arbeitgeber nach Abs. 2 entsprechend § 22 AGG die **Beweislast** (vgl. ErfK/*Franzen*, 15. Aufl. 2015, § 21 GenDG Rn. 7; *Düwell*, juris PR-ArbR 7/2010, Anm. 1; *Schillhorn/Heidemann*, § 21 GenDG Rn. 7). Nach § 15 Abs. 4 AGG müssen derartige Ansprüche grundsätzlich **innerhalb einer Frist von 2 Monaten** nach Kenntnisnahme von der Benachteiligung schriftlich geltend gemacht werden. Zu möglichen datenschutzrechtlichen Ansprüchen bei Verletzung der Vorgaben des § 21 vgl. auch § 11 Rdn. 23.

Nach Abs. 2 i.V.m. § 15 Abs. 6 AGG begründet ein Verstoß des Arbeitgebers gegen das Benachteiligungsverbot grundsätzlich **keinen Anspruch auf Begründung eines Beschäftigungsverhältnisses**, Berufsausbildungsverhältnisses oder einen beruflichen Aufstieg (vgl. auch *Fischinger*, NZA 2010, 65,  20

70; *Genenger*, NJW 2010, 113, 117; *Kersten*, PersV 2011, 84 (92); Kern/*Schwarz*, § 19 GenDG Rn. 50; Kern/*Reuter*/*Schwarz*, § 21 Rn. 41; ErfK/*Franzen*, 15. Aufl. 2015, § 19 GenDG Rn. 6; Schaub/*Linck*, Arbeitsrechtshandbuch, 16. Aufl. 2015, § 26 Rn. 15b; *Golücke*, AuA 2010, 82 (84); Tschöpe/*Wisskirchen*/*Bissels*, Arbeitsrechtshandbuch, Köln 2015, Teil 1 C Rn. 142; unklar insofern BR-Drucks. 16/10523 zu § 19, Satz 75, unter Nr. 1 a. E.).

21 § 21 Abs. 1 kann ein **eigenständiges Kündigungsverbot** begründen (ErfK/*Franzen*, 15. Aufl. 2015, § 21 GenDG Rn. 1; AR/*Nebel* § 21 GenDG Rn. 4).

### III. Straf- und Bußgeldtatbestände

22 Ein Verstoß gegen das Benachteiligungsverbot des § 21 erfüllt keinen Straf- bzw. Bußgeldtatbestand der §§ 25 ff., vgl. auch § 4 Rdn. 78.

## § 22 Öffentlich-rechtliche Dienstverhältnisse

Es gelten entsprechend
1. für Beamtinnen, Beamte, Richterinnen und Richter des Bundes, Soldatinnen und Soldaten sowie Zivildienstleistende die für Beschäftigte geltenden Vorschriften,
2. für Bewerberinnen und Bewerber für ein öffentlich- rechtliches Dienstverhältnis oder Personen, deren öffentlich-rechtliches Dienstverhältnis beendet ist, die für Bewerberinnen und Bewerber für ein Beschäftigungsverhältnis oder Personen, deren Beschäftigungsverhältnis beendet ist, geltenden Vorschriften und
3. für den Bund und sonstige bundesunmittelbare Körperschaften, Anstalten und Stiftungen des öffentlichen Rechts, die Dienstherrnfähigkeit besitzen, die für Arbeitgeber geltenden Vorschriften.

1 Die Regelung ist am 01.02.2010 in Kraft getreten. Nach dieser Vorschrift gelten die arbeitsrechtlichen Regelungen des Gesetzes entsprechend für öffentlich-rechtliche Dienstverhältnisse des Bundes (BR-Drs. 633/08, S. 80, vgl. auch ErfK/*Franzen*, 15. Aufl. 2015, § 22 GenDG Rn. 1; *Kersten*, PersV 2011, 84 [85]). Landesbeamte und andere nach Landesrecht in einem öffentlich-rechtlichen Dienstverhältnis stehende Personen werden nicht von der Regelung erfasst (vgl. auch Schleswig-holsteinischer Landtag, Umdruck 16/4635). Zur Kritik an dieser Beschränkung des Anwendungsbereichs der §§ 19 ff. vgl. *Riedel*, BT-Ausschuss für Gesundheit, Ausschuss-Drs. 16(14)0469(32), S. 7 f.; Deutscher Beamtenbund, BT-Ausschuss für Gesundheit, Ausschuss-Drs. 16(14)0469(17), S. 7; *Kersten*, PersV 2011, 84 [85]; *Diller*, in: Boecken, Düwell u.a., Kommentar Gesamtes Arbeitsrecht, § 3 GenDG Rn. 3). Die Regelung trat nach § 27 Abs. 1 zum 01.02.2010 in Kraft.

2 Teilweise finden die Regelungen des GenDG aufgrund von landesrechtlichen Regelungen auch auf Landesbeamte Anwendung, vgl. etwa §§ 53, 75 Baden-württembergisches LBG; Art. 99 BayBG; § 74 Berliner LBG; §§ 10 Abs. 9, 23, Abs. 5, 82 Abs. 4 Bremisches Beamtengesetz (BremBG); § 10 Abs. 3 Hamburgisches Beamtengesetzes (HmbBG); § 8a HessLBG; § 10 Niedersächsisches Landesbeamtengesetz; § 1 Abs. 3 Nordrhein-westfälisches Landesbeamtengesetz; § 11 Rheinland-pfälzisches LBG; § 5 Abs. 3 Saarländisches Landesbeamtengesetz; § 85 Abs. 5 Schleswig-holsteinisches Landesbeamtengesetz (LBG SH).

3 Zur Dienstherrnfähigkeit nach Nr. 3 vgl. insbesondere § 2 BeamtStG (ErfK/*Franzen*, 15. Aufl. 2015, § 22 GenDG Rn. 1).

# Gebührenordnung für Ärzte – GOÄ

In der Fassung der Bekanntmachung vom 12. November 1982,
zuletzt geändert durch Artikel 1 der Verordnung vom 21. Oktober 2019 (BGBl. I S. 1470)

## Inhaltsverzeichnis

- § 1 Anwendungsbereich
- § 2 Abweichende Vereinbarung
- § 3 Vergütungen
- § 4 Gebühren
- § 5 Bemessung der Gebühren für Leistungen des Gebührenverzeichnisses
- § 5a Bemessung der Gebühren in besonderen Fällen
- § 5b Bemessung der Gebühren bei Versicherten des Standardtarifes der privaten Krankenversicherung
- § 6 Gebühren für andere Leistungen
- § 6a Gebühren bei stationärer Behandlung
- § 7 Entschädigungen
- § 8 Wegegeld
- § 9 Reiseentschädigung
- § 10 Ersatz von Auslagen
- § 11 Zahlung durch öffentliche Leistungsträger
- § 12 Fälligkeit und Abrechnung der Vergütung; Rechnung

## § 1 Anwendungsbereich

(1) Die Vergütungen für die beruflichen Leistungen der Ärzte bestimmen sich nach dieser Verordnung, soweit nicht durch Bundesgesetz etwas anderes bestimmt ist.

(2) Vergütungen darf der Arzt nur für Leistungen berechnen, die nach den Regeln der ärztlichen Kunst für eine medizinisch notwendige ärztliche Versorgung erforderlich sind. Leistungen, die über das Maß einer medizinisch notwendigen ärztlichen Versorgung hinausgehen, darf er nur berechnen, wenn sie auf Verlangen des Zahlungspflichtigen erbracht worden sind.

| Übersicht | Rdn. | | Rdn. |
|---|---|---|---|
| A. Geltungsbereich und Regelungszweck | 1 | IV. Leistungen, die über das Maß einer medizinisch notwendigen Versorgung hinausgehen | 6 |
| B. Tatbestandsmerkmale | 2 | | |
| I. Berufliche Leistungen der Ärzte | 2 | C. Regelungslücken im Anwendungsbereich? | 7 |
| II. Andere bundesrechtliche Bestimmungen | 3 | | |
| III. Weitere Tatbestandsmerkmale gem. § 1 Abs. 2 | 4 | D. Anwendungsbereich der GOÄ bei Patienten mit gewöhnlichem Aufenthalt im Ausland | 8 |
| 1. Vergütung nur für Leistungen nach den Regeln ärztlicher Kunst | 4 | | |
| 2. Medizinisch notwendige und erforderliche ärztliche Versorgung | 5 | | |

### A. Geltungsbereich und Regelungszweck

§ 1 Abs. 1 umschreibt den sachlichen und personellen Geltungsbereich dieser Gebührenordnung. 1
Sachlich ist die Vergütung für ärztliche Leistungen erfasst, soweit nicht durch Bundesgesetz etwas anderes geregelt ist, vgl. § 1 Abs. 1 Rdn. 3. Personell waren ursprünglich primär Ärztinnen und Ärzte einbezogen.

## § 1 GOÄ Anwendungsbereich

Über den Verweis in § 6 Abs. 2 GOZ sind konkret festgelegte Bestimmungen der GOÄ auch für ausgewählte Leistungen, die durch Zahnärzte erbracht werden, anwendbar.

Die Vergütungen für die beruflichen Leistungen der Psychologischen Psychotherapeuten und der Kinder- und Jugendlichenpsychotherapeuten richten ebenfalls sich nach der GOÄ, soweit nicht durch Bundesgesetz etwas anderes bestimmt ist (vgl. § 1 Abs. 1 GOP). Diese Vergütungen sind gem. § 1 Abs. 2 GOP nur für Leistungen berechnungsfähig, die in den Abschnitten B und G der GOÄ geregelt sind. Zudem ist § 6 Abs. 2 für analoge Bewertungen von psychotherapeutischen Leistungen entsprechend anwendbar, wenn die Voraussetzungen vorliegen.

Regelungszweck ist damit, den Anwendungsbereich dieser Gebührenordnung insbesondere in Abgrenzung zu anderen Gebührenordnungen oder Vergütungssystemen zu umreißen.

### B. Tatbestandsmerkmale

#### I. Berufliche Leistungen der Ärzte

2 Die GOÄ basiert auf § 11 BÄO. Danach wird die Bundesregierung ermächtigt, »durch Rechtsverordnung mit Zustimmung des Bundesrates die Entgelte für ärztliche Tätigkeit in einer Gebührenordnung zu regeln. In dieser Gebührenordnung sind Mindest- und Höchstsätze für die ärztlichen Leistungen festzusetzen. Dabei ist den berechtigten Interessen der Ärzte und der zur Zahlung der Entgelte Verpflichteten Rechnung zu tragen«. In der Bundesrepublik Deutschland bedarf eine Person zur Ausübung des ärztlichen Berufs einer **Approbation** als **Arzt** (§§ 3 ff. BÄO) oder einer **Erlaubnis** nach § 10 BÄO. Die GOÄ gilt für approbierte Ärzte und für Ärzte mit einer Erlaubnis sowie für ärztliche **Dienstleistungserbringer** gem. § 10b BÄO, z.B. Staatsangehörige eines Mitgliedstaates der Europäischen Union, die berechtigt sind, den ärztlichen Beruf in Deutschland vorübergehend und gelegentlich auszuüben. Die Dienstleistungserbringer sind nach Art. 5 Abs. 3 der Richtlinie 2005/36/EG des Europäischen Parlaments und des Rates (Amtsblatt der Europäischen Union vom 30.09.2005, L 255/22) und über die jeweiligen Heilberufe- und Kammergesetze den berufsständischen, gesetzlichen oder verwaltungsrechtlichen Berufsregeln sowie den geltenden Disziplinarbestimmungen unterworfen. Zu diesen Normen gehören u. a. die Abrechnungsregeln, sodass ein Dienstleistungserbringer, der in Deutschland seinem Beruf nachgeht, seine beruflichen Leistungen, soweit nicht durch Bundesgesetz etwas anderes bestimmt ist, nach der GOÄ abzurechnen hat.

2a § 1 Abs. 1 knüpft an die beruflichen Leistungen des Arztes an und zwar unabhängig davon, ob diese von einem inländischen oder einem ausländischen Staatsbürger in Anspruch genommen werden.

2b Erfasst werden die **beruflichen Leistungen** eines Arztes. Dazu gehören sowohl präventive als auch diagnostische oder therapeutische Leistungen. Das gesamte Spektrum bildet das Gebührenverzeichnis ab, es reicht von der Beratung, über die Begutachtung bis hin zu operativen Leistungen. Voraussetzung für die Geltendmachung und Durchsetzung eines Vergütungsanspruchs ist regelmäßig der zwischen Arzt und Patient abgeschlossene Behandlungsvertrag gem. § 630a Abs. 1 BGB.

#### II. Andere bundesrechtliche Bestimmungen

3 Als Vergütungen stehen dem Arzt Gebühren, Entschädigungen und der Ersatz von Auslagen zu (vgl. § 3 Rdn. 1). Das Honorar für privatärztliche Leistungen nach der GOÄ ist als »vereinbarte Vergütung« i.S.v. § 630a Abs. 1 BGB anzusehen, soweit nicht durch Bundesgesetz etwas anderes bestimmt ist. Als Vergütungsregelung aufgrund anderer gesetzlicher Bestimmungen, insbesondere § 87 SGB V, ist für den vertragsärztlichen Bereich der einheitliche Bewertungsmaßstab für die ärztlichen Leistungen (EBM) anzuführen. Der vom Bewertungsausschuss als Bestandteil des Bundesmantelvertrages von der Kassenärztlichen Bundesvereinigung (KBV) und dem Spitzenverband Bund vereinbarte einheitliche Bewertungsmaßstab bestimmt inhaltlich die abrechnungsfähigen

Leistungen und ihr wertmäßiges, in Punkten bzw. Euro ausgedrücktes Verhältnis zueinander; für Laborleistungen enthält der EBM Kostenerstattungsbeträge in Euro. Der aktuelle EBM mit Wirkung vom 01.10.2021 ist u.a. über die Internetseite der KBV abrufbar.

Eine andere gesetzliche Bestimmung besteht nach § 75 Abs. 3a SGB V für die Vergütung von Leistungen des brancheneinheitlichen Basistarifs. Solange und soweit nach Abs. 3b nichts Abweichendes vereinbart oder festgesetzt wird, sind diese Leistungen einschließlich der belegärztlichen Leistungen gem. § 121 nach der Gebührenordnung für Ärzte mit der Maßgabe zu vergüten, dass Gebühren für die in Abschnitt M des Gebührenverzeichnisses der Gebührenordnung für Ärzte genannten Leistungen sowie für die Leistung nach Nummer 437 des Gebührenverzeichnisses der Gebührenordnung für Ärzte nur bis zum 1,16fachen des Gebührensatzes der Gebührenordnung für Ärzte, Gebühren für die in den Abschnitten A, E und O des Gebührenverzeichnisses der Gebührenordnung für Ärzte genannten Leistungen nur bis zum 1,38fachen des Gebührensatzes der Gebührenordnung für Ärzte, Gebühren für die übrigen Leistungen des Gebührenverzeichnisses der Gebührenordnung für Ärzte nur bis zum 1,8fachen des Gebührensatzes der Gebührenordnung für Ärzte berechnet werden dürfen. Die Vereinbarung zur Honorierung ambulanter ärztlicher und belegärztlicher Leistungen im PKV-Basistarif vom 28.01.2010 ist z.B. über die Internetseite der KBV abrufbar.

3a

Eine nicht unerhebliche praktische Relevanz hat der Vertrag Ärzte/Unfallversicherungsträger gem. § 34 Abs. 3 SGB VII, der u.a. Festlegungen über die Durchführung der Heilbehandlung, die Vergütung der Ärzte und Zahnärzte sowie die Art und Weise der Abrechnung enthält. Die aktuelle Fassung der UV-GOÄ (Stand: 01.08.2021) ist z.B. über die Internetseite der KBV abrufbar. Eine andere bundesrechtliche Bestimmung stellt das Justizvergütungs- und Entschädigungsgesetz vom 05.05.2004 (zuletzt geändert durch Art. 17 G v. 25.06.2021, BGBl. I S. 2154), insbesondere mit Regelungen zur Vergütung medizinischer Sachverständiger oder der Entschädigung sachverständiger Zeugen, dar.

3b

Mit Blick auf die neueren Entwicklungen im Vertragsarztrecht wird auf die mannigfaltigen Verträge und die darin enthaltenen Vergütungen für ärztliche Leistungen hingewiesen, beispielhaft werden die auf der Grundlage von § 73b SGB V geschlossenen Verträge über die hausarztzentrierte Versorgung erwähnt. Ein Überblick über Vergütungsregelungen aufgrund gesetzlicher Bestimmungen findet sich bei *Brück et al.*, § 1 Rn. 6.

3c

Die Gebührenordnung für Ärzte gilt nicht im Verhältnis eines niedergelassenen Konsiliararztes zu einem Krankenhausträger für die kassenärztliche Abrechnung radiologischer Leistungen. In einem Rechtsstreit hat das OLG Zweibrücken entschieden, dass die GOÄ zwischen diesen Parteien keine Anwendung findet, soweit dies nicht vertraglich vereinbart ist. Weder aus der Ermächtigungsgrundlage des § 11 BÄO noch aus der Gebührenordnung für Ärzte ist zwar ein eingeschränkter Anwendungsbereich zu entnehmen. Die ausdrückliche Einschränkung in § 1 Abs. 1 GOÄ (»soweit nicht durch Bundesgesetz etwas anderes bestimmt ist«) spricht eher dafür, sonstige Beschränkungen auszuschließen. Dies gelte aber nicht für den streitigen Rahmenvertrag, weil keine ärztliche Behandlung im Einzelfall abzurechnen war, sondern konsiliarische Leistungen zwischen einem hinzugezogenen Arzt und dem Krankenhausträger. Die GOÄ gilt für die Liquidation der Behandlung eines Privatpatienten durch einen Konsiliararzt. Im gegebenen Fall betraf die Vereinbarung zwischen den Parteien aber ausschließlich Kassenpatienten, die nicht Schuldner der ärztlichen Vergütung waren. Das OLG Zweibrücken hat deshalb die Auffassung vertreten, dass auf einen entsprechenden Vertrag zwischen einem Krankenhausträger und einem Konsiliararzt die GOÄ keine Anwendung findet (OLG Zweibrücken Urt. v. 10.03.2009 – 5 U 15/08). Der BGH hielt die Revision für unbegründet. Ungeachtet des weit gefassten Wortlauts von § 1 Abs. 1 sei die GOÄ auf diese Fälle nicht anwendbar. Daran ändere auch der Umstand nichts, dass die Vertragsparteien sich für die Vergütung der von den Ärzten erbrachten Leistungen am Gebührenverzeichnis der GOÄ orientieren und einen bestimmten Steigerungsfaktor vereinbaren könnten (BGH, Urt. v. 12.11.2009 – III ZR 110/09, MedR 2010, 555 ff.).

3d

## III. Weitere Tatbestandsmerkmale gem. § 1 Abs. 2

### 1. Vergütung nur für Leistungen nach den Regeln ärztlicher Kunst

4   Der Begriff »Regeln ärztlicher Kunst« wird vielfach gebraucht, ohne dass eine abstrakte Legaldefinition existiert. Festhalten lässt sich, dass sich die Regeln ärztlicher Kunst aufgrund des wissenschaftlich-technischen Fortschritts entwickeln und insofern zeitbezogen sind. Der Begriff beinhaltet Elemente des »medizinischen Standards«, beide Begriffe sind nicht identisch und relativ unbestimmt; sie werden aber sowohl durch wissenschaftliche Erkenntnisse als auch ärztliche Erfahrungen und die professionelle Akzeptanz geprägt. »Der Standard ist eine allgemeine Aussage über die gute Prävention vor und die gute Diagnose und Behandlung von Erkrankungen. Er legt die Anforderungen an die Qualität ärztlicher Handlungen nach dem jeweiligen Stand der Wissenschaft und der klinischen Praxis fest, ist also wandelbar. Der Standard bedarf der Anwendung bei der Behandlung des einzelnen Patienten. Abweichungen vom Standard sind jedenfalls dann zulässig, wenn es die Krankheitslage beim einzelnen Patienten erfordert. Der medizinische Standard ist prinzipiell für das Recht bindend« (*Hart* Ärztliche Leitlinien – Definitionen, Funktionen, rechtliche Bewertungen MedR 1998, 8 ff., 16). Über diese Definition des medizinischen Standards ist eine Annäherung an den Begriff »Regeln ärztlicher Kunst« möglich, ohne selbst eine Legaldefinition zu geben. Letztlich ist im Einzelfall zu bestimmen, welche medizinischen Standards und darüber hinaus zu berücksichtigenden Regeln ärztlicher Kunst zu befolgen sind. Vor diesem Hintergrund lässt sich auch für den privatärztlichen Bereich feststellen, dass eine Behandlung »nach den zum Zeitpunkt der Behandlung bestehenden, allgemein anerkannten fachlichen Standards zu erfolgen [hat], soweit nicht etwas anderes vereinbart ist« (vgl. § 630a Abs. 2 BGB).

4a  Bei der Abrechnung medizinischer Leistungen ist zunächst zu unterstellen, dass die Regeln ärztlicher Kunst eingehalten wurden. Wird dies, beispielsweise in einem Arzthaftpflichtprozess, widerlegt, kann die Vergütung ganz oder teilweise zurückgefordert werden, sofern die Regeln ärztlicher Kunst für eine medizinisch notwendige ärztliche Versorgung nicht beachtet wurden.

### 2. Medizinisch notwendige und erforderliche ärztliche Versorgung

5   Der Arzt kann eine Vergütung nur für eine **medizinisch notwendige ärztliche Versorgung** verlangen. Anerkannt ist, dass dieser Begriff der medizinischen Notwendigkeit nicht mit dem Wirtschaftlichkeitsgebot gem. § 12 Abs. 1 SGB V gleichzusetzen ist. In der GOÄ werden die Begriffspaare »notwendig und erforderlich« und nicht die im Sozialrecht übliche Formel, dass die Leistungen ausreichend, zweckmäßig und wirtschaftlich sein müssen, übernommen. Dies bedeutet in der Konsequenz, dass die Rechtsprechung des Bundessozialgerichtes zum Wirtschaftlichkeitsgebot nicht auf § 1 Abs. 2 Satz 1 übertragbar ist.

5a  Durch die Formulierung »medizinisch notwendige ärztliche Versorgung«, die im Übrigen mit entsprechenden Formulierungen in den Musterbedingungen der privaten Krankenversicherungen korrespondiert, wird deutlich, dass eine effiziente und kostengünstige Behandlung geschuldet wird, die Aussicht auf Heilung oder Linderung der Leiden verspricht. Dezidiert hatte sich der BGH in der Entscheidung vom 10.07.1996 – IV ZR 133/95, VersR 1996, 1224, mit dieser Frage auseinandergesetzt und den Fokus zunächst auf den Begriff »Heilbehandlung« gelegt. Als Heilbehandlung wird jegliche ärztliche Tätigkeit angesehen, die durch die betreffende Krankheit verursacht wird, sofern die Leistung des Arztes von ihrer Art her in den Rahmen der medizinisch notwendigen Krankenpflege fällt und auf Heilung, Besserung oder Linderung der Krankheit abzielt. An die Prüfung einer medizinisch notwendigen Heilbehandlung ist ein objektiver Maßstab anzulegen, wobei es nicht auf die Auffassung des Patienten/Versicherungsnehmers oder des behandelnden Arztes ankommen kann. Der BGH sieht eine Heilbehandlung dann als medizinisch notwendig an, wenn es nach den objektiven medizinischen Befunden und Erkenntnissen im Zeitpunkt der Vornahme der ärztlichen Behandlung vertretbar war, sie als notwendig anzusehen, ohne von vornherein die sog. »alternative Medizin« oder »Außenseitermethoden« auszuschließen. Primär wird darauf abgestellt, ob eine angewandte Behandlungsmethode geeignet ist, die Krankheit zu heilen, zu lindern oder einer Verschlimmerung entgegenzuwirken.

Mit dem Terminus »medizinisch notwendige Heilbehandlung« hat sich der BGH insbesondere in seinem Urt. v. 12.03.2003 – IV ZR 278/01 (NJW 2003, 1596 ff.) befasst und entschieden, dass der Versicherer mit dieser Wendung keine Beschränkung seiner Leistungspflicht auf die kostengünstigste Behandlung erklärt hat. § 1 Abs. 2 Satz 1 MB/KK ist aus der Sicht eines durchschnittlichen Versicherungsnehmers auszulegen. Dem Wortlaut kann nicht entnommen werden, dass auch finanzielle Aspekte bei der Beurteilung der medizinischen Notwendigkeit der Heilbehandlung eine Rolle spielen sollen. »Medizinisch« bezieht sich gerade auf »notwendig«; dieser sprachliche Zusammenhang zeigt deutlich, dass die Notwendigkeit der Heilbehandlung allein aus medizinischer Sicht zu beurteilen ist. Dabei sind nicht die Kosten für beliebige Behandlungsmaßnahmen zu erstatten, sondern nur solche, die objektiv geeignet sind, Leiden zu heilen oder zu lindern. Aus der Begrenzung auf medizinisch notwendige Maßnahmen ergibt sich aber keine Beschränkung auf die billigste Behandlungsmethode. 5b

Der BGH hat in zwei Urteilen vom 14.01.2010 (III ZR 173/09 und III ZR 188/09) die Anforderungen an das Zustandekommen eines eigenständigen Behandlungsvertrages zwischen Patient und Laborarzt nach dessen Hinzuziehung durch den behandelnden Arzt präzisiert und sich in dem Zusammenhang mit dem Begriff der medizinisch notwendigen Leistungen auseinandergesetzt. Das Einverständnis des Patienten mit der Entnahme von Probematerial zum Zwecke der Untersuchung durch einen externen Arzt umfasst, sofern keine Wunsch- oder Verlangensleistung vorliegt, grundsätzlich nur medizinisch indizierte Leistungen im Sinne von § 1 Abs. 2. Eine Vollmacht ist deshalb objektiv auf medizinisch notwendige Leistungen beschränkt. Dies gilt gleichermaßen für Laborleistungen. Der Gesetzgeber hat in § 1 Abs. 2 Satz 1 nicht zwischen behandelnden und externen bzw. hinzugezogenen Ärzten unterschieden. Der Begriff der medizinischen Notwendigkeit einer ärztlichen Maßnahme kann daher nur einheitlich verstanden werden. Die Auslegung ist weder davon abhängig, wer die Leistung erbringt, noch um welche Leistung es sich handelt. Entscheidend ist, ob nach objektiven medizinischen Befunden und Erkenntnissen im Zeitpunkt der Vornahme der Untersuchung diese als notwendig angesehen werden. Dies führt nach Auffassung des BGH nicht dazu, dass der Laborarzt rechtlich schutzlos ist und seine Leistungen umsonst erbringt. Ihm können Schadensersatzansprüche gegen den behandelnden Arzt zustehen. 5c

Dem Versicherer ist bei Heilbehandlungen, die das medizinisch notwendige Maß übersteigen (sog. Übermaßbehandlungen), lediglich die Befugnis eingeräumt, die Leistungen auf einen angemessenen Betrag herabzusetzen. Einerseits darf eine Reduzierung der Versicherungsleistungen bei uneingeschränkter medizinischer Notwendigkeit der Heilbehandlung nicht vorgenommen werden. Andererseits ist der Versicherer jedoch nach den Grundsätzen von Treu und Glauben gem. § 242 BGB nicht verpflichtet, ganz unverhältnismäßige Kosten zu erstatten; insofern muss der Versicherungsnehmer in angemessener Weise Rücksicht auf den Versicherer und die Versichertengemeinschaft nehmen. 5d

Diese rechtlichen Erwägungen hat der Gesetzgeber bei der Neufassung des VVG, insbesondere des Übermaßverbots nach § 192 Abs. 2 VVG, berücksichtigt. 5e

Zwar wurde von der Einführung des Wirtschaftlichkeitsgebotes abgesehen und im Hinblick auf die o.g. Entscheidung des BGH vom 12.03.2003 eine Klarstellung vorgenommen; gleichwohl bleiben insbesondere die obergerichtlichen Entscheidungen zur Erstattungsfähigkeit von privatärztlichen Leistungen nicht ohne Auswirkungen auf die Frage, was als medizinisch notwendige ärztliche Versorgung i.S.v. § 1 Abs. 2 angesehen wird (z.B. BGH, Urt. v. 07.11.2018 – IV ZR 14/17; BGH, Urt. v. 29.03.2017 – IV ZR 533/15; OLG Köln, Urt. v. 23.12.2014 – 20 U 7/14). Nach § 192 Abs. 2 VVG ist der Versicherer insofern nicht zur Leistung verpflichtet, als die Aufwendungen für die Heilbehandlung oder die sonstigen Leistungen in einem auffälligen Missverhältnis zu den erbrachten Leistungen stehen. Zur Auslegung des Begriffs »auffälliges Missverhältnis« wird auf die 5f

## § 1 GOÄ Anwendungsbereich

entsprechende Formulierung des Wucherverbots in § 138 Abs. 2 BGB verwiesen. Danach ist bei einer Differenz von Leistung und Gegenleistung von mehr als 100 % von einem »auffälligen Missverhältnis« auszugehen (vgl. Rüffer/Halbach/Schimikowski VVG, § 192, Rn. 23 bis 25). Um sich Klarheit über die Kostenübernahme durch den Versicherer zu verschaffen, hat der Versicherungsnehmer gem. § 192 Abs. 8 VVG das Recht, in Textform vom Versicherer Auskunft über den Umfang des Versicherungsschutzes für eine beabsichtigte Heilbehandlung zu verlangen, wenn deren Kosten voraussichtlich 2.000 € überschreiten werden.

5g Auch wenn betont wird, dass diese Entwicklung keine maßgebliche Veränderung der Rechtslage darstellt, so hat der Gesetzgeber doch verschiedene Instrumentarien zur Überprüfung einer effizienten Behandlung im Bereich der privaten Krankenversicherung geschaffen, die Auswirkungen darauf haben, was als medizinisch notwendige Heilbehandlung anzusehen ist.

### IV. Leistungen, die über das Maß einer medizinisch notwendigen Versorgung hinausgehen

6 Nach § 1 Abs. 2 Satz 2 dürfen Leistungen, die über das Maß einer medizinisch notwendigen Versorgung hinausgehen, nur berechnet werden, wenn sie auf Verlangen des Zahlungspflichtigen erbracht worden sind. Dies erfordert zum einen, eine entsprechende Information und Aufklärung des Patienten durch den Arzt und zwar auch darüber, dass diese Leistungen regelmäßig nicht erstattungsfähig sind (vgl. auch § 630c Abs. 3 BGB, BGH, Urt. v. 28.01.2020 – VI ZR 92/19; § 12 Abs. 5 MBO-Ä). Zum anderen sind Leistungen, die auf Verlangen erbracht wurden, auf der Privatliquidation gem. § 12 Abs. 3 Satz 5 als solche zu bezeichnen. Der Arzt ist jedoch nicht verpflichtet, dem Patienten im Einzelnen mit Nummer und Bezeichnung nach der GOÄ anzugeben, welche seiner Leistungen von der Schulmedizin abweichen (AG Langen Urt. v. 23.02.2005 – 3 C 653/04, MedR 2006, 64).

6a Eine schriftliche Bestätigung über das ausdrückliche Verlangen solcher Leistungen, z.B. von Wunschleistungen, aufwändigen Mehrleistungen oder medizinisch nicht indizierten Leistungen, sieht die gesetzliche Regelung expressis verbis nicht vor, es sei denn, es wird eine Vereinbarung nach § 2 geschlossen.

### C. Regelungslücken im Anwendungsbereich?

7 Der Anwendungsbereich der GOÄ knüpft in § 1 Abs. 1 an die berufliche Tätigkeit des Arztes an, vorausgesetzt wird der Abschluss eines Behandlungsvertrages zwischen Arzt und Patient. Handelt es sich bei den zu vergütenden Leistungen um »Institutsleistungen« eines Krankenhauses, scheidet die Anwendung der GOÄ aus, wenn diese Leistungen durch angestellte Ärzte in Erfüllung ihrer Dienstpflichten erbracht werden. Gleiches gilt für die von Ärzten in einer Heilkunde-GmbH, einer Ärzte-GmbH oder in einem Medizinischen Versorgungszentrum (MVZ) erbrachten Leistungen. Der Privatpatient hat nach den Musterbedingungen der privaten Krankenversicherung nur das Recht, unter den niedergelassenen Ärzten zu wählen (vgl. § 4 Abs. 2 MB/KK 2009). Diese Voraussetzung erfüllt eine Ärzte-GmbH oder eine Heilkunde-GmbH regelmäßig nicht. Dieser tradierte Niederlassungsbegriff erfasst aber die rechtlich zulässigen Formen ärztlicher Berufsausübung nicht mehr, weshalb auch die Auffassung vertreten wird, dass § 4 Abs. 2 Satz 1 MB/KK einer nach § 307 Abs. 2 BGB gebotenen Inhaltskontrolle nicht mehr standhält und infolgedessen unwirksam ist (Anmerkungen von *Rieger* zu LG Stuttgart Urt. v. 30.07.2008 – 22 O 238/07, MedR 2008, 748 ff.).

7a Vergleichbare Probleme treten auf, wenn ärztliche Leistungen durch angestellte Ärzte eines MVZ erbracht und darüber liquidiert werden sollen. In der Praxis wird empfohlen, die Anwendung der GOÄ mit dem Patienten zu vereinbaren, was aber für Patienten/Versicherte mit Problemen bei der Erstattung der Leistungen verbunden ist. Wird der Behandlungsvertrag mit dem im MVZ angestellten Arzt, denen ein Liquidationsrecht eingeräumt wurde, geschlossen, dürfte die Erstattungsfähigkeit jedenfalls nicht an dem Statut des MVZ scheitern, ist aber für den angestellten Arzt mit weiteren, z.B. steuerlichen, Folgen verbunden.

In der juristischen Literatur wird auch die Meinung vertreten, dass § 4 Abs. 2 MB/KK der Abrechnungsfähigkeit privatärztlicher Leistungen durch ein MVZ nicht entgegenstehe. Diese Ansicht beruft sich auf die Abrechnungsfähigkeit von ambulanten Leistungen in Krankenhäusern durch liquidationsberechtigte Chefärzte (*Haack u.a.*, in: Wenzel, Handbuch des Fachanwalts Medizinrecht, Kapitel 11, Rn. 256, m.w.N.). In der Erstattungspraxis sollen sich die privaten Krankenkassen zwar kulant verhalten, die notwendige Rechtssicherheit gibt eine solche »inoffizielle« Handhabung aber nicht (dazu weiter *Rieger*, MedR 2008, 77, 83). 7b

### D. Anwendungsbereich der GOÄ bei Patienten mit gewöhnlichem Aufenthalt im Ausland

Zu fragen ist, ob die GOÄ bei Patienten mit gewöhnlichem Aufenthalt im Ausland zwingend angewendet werden muss, wenn ärztliche Leistungen in Deutschland erbracht werden. *Hoffmann/Kleinken* sind der Auffassung, dass es einem Arzt verwehrt sei, »beispielsweise gegenüber einem sozial besonders gut gestellten ausländischen Patienten für seine ärztlichen Bemühungen eine Honorarnote außerhalb der Bestimmungen der GOÄ zu erstellen.« (Hoffmann/Kleinken, Kommentar GOÄ, § 1 Rn. 8). 8

Diese Aussage wird nicht begründet, sondern nimmt indirekt Bezug auf die Ausführungen von *Spickhoff* in seinem Kommentar zur GOÄ (Spickhoff/*Spickhoff*, Medizinrecht, 3. Aufl. 2018, GOÄ § 1 Rn. 9). Er begründet dezidiert, warum Patienten mit gewöhnlichem Aufenthalt im Ausland nach Internationalem Privatrecht sehr wohl die Möglichkeit einer Rechtswahl auf der Grundlage des Art. 3 Rom I haben (Verordnung (EG) Nr. 593/2008 des Europäischen Parlaments und der Rates vom 17.06.2008 über das auf vertragliche Schuldverhältnisse anzuwendende Recht (Rom I)). Wurde keine Rechtswahl getroffen, dann unterliegen Dienstleistungsverträge dem Recht des Staates, in dem der Dienstleister seinen gewöhnlichen Aufenthalt hat (Art. 4 Abs. 1 lit. b Rom I); in diesen Fällen ist für privatärztliche Leistungen auf der Basis eines Behandlungsvertrages der Anwendungsbereich der GOÄ eröffnet. Daran ändert auch die Patientenmobilitätsrichtlinie (Richtlinie 2011/24/EU des Europäischen Parlaments und des Rates vom 09.03.2011 über die Ausübung der Patientenrechte in der grenzüberschreitenden Gesundheitsversorgung) nichts. Sie enthält in Art. 4 Abs. 4 eine Regelung zur Vergütung. Danach stellen die Mitgliedsstaaten sicher, dass »Gesundheitsdienstleister auf ihrem Hoheitsgebiet für die Behandlung von Patienten aus anderen Mitgliedstaaten die gleiche Gebührenordnung zugrunde legen, wie sie für inländische Patienten in einer vergleichbaren medizinischen Situation gilt, oder dass die in Rechnung gestellten Gebühren nach objektiven, nichtdiskriminierenden Kriterien berechnet werden, falls keine vergleichbaren Gebührensätze für inländische Patienten existieren. Dieser Absatz lässt die einzelstaatlichen Rechtsvorschriften unberührt, wonach Gesundheitsdienstleister ihre Gebühren selbst festsetzen können, sofern Patienten aus anderen Mitgliedstaaten durch die Preisgestaltung nicht diskriminiert werden (Art. 4 Abs. 4 der Richtlinie 2011/24/EU).« 9

Diese Norm ist aber auf die beschriebenen Fälle mit Auslandsbezug nicht anwendbar. Zum einen wurde diese Regelung der Patientenmobilitätsrichtlinie, jedenfalls für die privatärztliche Vergütung, nicht in deutsches Recht umgesetzt. Sie könnte trotzdem unmittelbar anwendbar sein, wenn die Bestimmungen inhaltlich unbedingt und hinreichend genau sind. Eine hinreichende Genauigkeit könnte vorliegen, weil der Normtext von Art. 4 Abs. 4, erste Variante der Patientenmobilitätsrichtlinie eindeutig ist. Der Anwendbarkeit steht aber entgegen, dass diese Richtlinie im Verhältnis zwischen Privaten nicht unmittelbar gilt; es wird regelmäßig ein Behandlungsvertrag zwischen Arzt und Patient geschlossen. Adressat der Richtlinie ist hingegen der Mitgliedstaat. Private können danach nicht direkt verpflichtet werden. Eine horizontale Direktwirkung einer solchen Richtlinie wird in der juristischen Literatur und Rechtsprechung überwiegend abgelehnt (Grabitz/Hilf/Nettesheim, Das Recht der Europäischen Union, Kommentar III, Stand Mai 2018, Art. 288 AEUV Rn. 158 ff. m.w.N.). Zum anderen ändert die Patientenmobilitätsrichtlinie die einschlägigen Regelungen, insbesondere Art. 3 Rom I, nicht. Folglich verbleibt es bei der bereits von *Spickhoff* vertretenen Auffassung, dass bei Patienten mit gewöhnlichem Aufenthalt im Ausland bei einer ärztlichen 10

Behandlung in Deutschland eine Rechtswahl auf der Grundlage von Art. 3 Rom I möglich ist. Somit können deutsches Recht und auch die GOÄ abgewählt werden.

## § 2 Abweichende Vereinbarung

(1) Durch Vereinbarung kann eine von dieser Verordnung abweichende Gebührenhöhe festgelegt werden. Für Leistungen nach § 5a ist eine Vereinbarung nach Satz 1 ausgeschlossen. Die Vereinbarung einer abweichenden Punktzahl (§ 5 Abs. 1 S. 2) oder eines abweichenden Punktwerts (§ 5 Abs. 1 S. 3) ist nicht zulässig. Notfall- und akute Schmerzbehandlungen dürfen nicht von einer Vereinbarung nach Satz 1 abhängig gemacht werden.

(2) Eine Vereinbarung nach Absatz 1 Satz 1 ist nach persönlicher Absprache im Einzelfall zwischen Arzt und Zahlungspflichtigem vor Einbringung der Leistung des Arztes in einem Schriftstück zu treffen. Dieses muss neben der Nummer und der Bezeichnung der Leistung, dem Steigerungssatz und dem vereinbarten Betrag auch die Feststellung enthalten, dass eine Erstattung der Vergütung durch Erstattungsstellen möglicherweise nicht in vollem Umfang gewährleistet ist. Weitere Erklärungen darf die Vereinbarung nicht enthalten. Der Arzt hat dem Zahlungspflichtigen einen Abdruck der Vereinbarung auszuhändigen.

(3) Für Leistungen nach den Abschnitten A, E, M und O ist eine Vereinbarung nach Absatz 1 Satz 1 unzulässig. Im Übrigen ist bei vollstationären, teilstationären sowie vor- und nachstationären wahlärztlichen Leistungen eine Vereinbarung nach Absatz 1 Satz 1 nur für vom Wahlarzt höchstpersönlich erbrachte Leistungen zulässig.

| Übersicht | Rdn. | | | Rdn. |
|---|---|---|---|---|
| A. Regelungszweck | 1 | III. | Formelle Anforderungen an eine abweichende Vereinbarung | 4 |
| B. Wesentliche Tatbestandsmerkmale | 2 | IV. | Ausschlüsse | 9 |
| I. Umfang und Grenzen einer abweichenden Honorarvereinbarung | 2 | V. | Unzulässige Vereinbarungen gem. § 2 Abs. 3 GOÄ | 10 |
| II. Inhalt einer abweichenden Honorarvereinbarung | 3 | | | |

### A. Regelungszweck

1 Diese Regelung wurde mehrfach novelliert und die Möglichkeit abweichender Vereinbarungen zunehmend eingeschränkt. Zunächst sah die Bestimmung vor, dass durch Vereinbarung eine von der GOÄ abweichende Höhe der Vergütung festgelegt werden konnte. Die Gebührenordnung wurde als dispositives Recht angesehen. Die Regelung galt sowohl für Individualvereinbarungen zwischen Arzt und Zahlungspflichtigem »als auch für Kollektivvereinbarungen wie z. B. für Vereinbarungen zwischen Ärzteverbänden und der Postbeamtenkrankenkasse oder der Krankenversorgung der Bundesbahnbeamten« (*Hoffmann* Gebührenordnung für Ärzte Bd. I, § 2 Satz 1).

1a Die Möglichkeit abweichender Vereinbarungen ist de lege lata auf Individualvereinbarungen beschränkt, an bestimmte Formerfordernisse gebunden und inhaltlichen Reglementierungen unterworfen. Damit soll insbesondere der Patient/Versicherte vor **Überforderung** geschützt und seinem Informationsbedürfnis Rechnung getragen werden. Letztlich sollen die in § 2 Abs. 2 bestimmten Anforderungen an eine abweichende Vereinbarung die Transparenz über deren Umfang und Auswirkungen erhöhen und damit zur Rechtsklarheit beitragen.

### B. Wesentliche Tatbestandsmerkmale

#### I. Umfang und Grenzen einer abweichenden Honorarvereinbarung

2 Nach § 2 Abs. 1 darf nur eine **abweichende Gebührenhöhe** festgelegt werden. Die Vereinbarung einer abweichenden Punktzahl (§ 5 Abs. 1 Satz 2) oder eines abweichenden Punktwertes (§ 5 Abs. 1 Satz 3) ist unzulässig. Aus dieser Begrenzung folgt, dass die Gebührenordnung weder als

solche noch die Vergütungsvoraussetzungen abdingbar sind. Nicht möglich sind darüber hinaus die Abdingung der GOÄ zugunsten eines Pauschalhonorars und die Abdingung des Gebührenrahmens. Folglich ist eine abweichende Vereinbarung auf den Steigerungssatz (Multiplikator) und den sich daraus ergebenden Gebührenbetrag begrenzt (vgl. auch *Brück et al.*, § 2 Rn. 1).

Der Begriff »**Gebührenhöhe**« ist i.V.m. den §§ 3 und 4 Abs. 1 auszulegen. Danach sind Gebühren Vergütungen für die im Gebührenverzeichnis genannten ärztlichen Leistungen. Eine abweichende Vereinbarung ist nur für Gebühren zulässig, nicht im Hinblick auf die weiteren Vergütungsbestandteile (Entschädigungen und Auslagen) nach § 3. 2a

Für Leistungen nach § 5a ist eine abweichende Vereinbarung ausgeschlossen, diesbezüglich gelten die in der Gebührenordnung festgelegten abgesenkten Gebührensätze. 2b

§ 2 Abs. 1 Satz 4 stellt klar, dass eine Notfall- und eine akute Schmerzbehandlung nicht von einer abweichenden Vereinbarung nach Satz 1 abhängig gemacht werden dürfen. Eine solche Vereinbarung ist nicht per se unzulässig, darf aber nicht zur Voraussetzung oder Bedingung der ärztlichen Hilfeleistung in einer Notfall- oder akuten Schmerzsituation gemacht werden. Insoweit können Parallelen zu § 7 Abs. 2 Satz 2 (Muster-) Berufsordnung gezogen werden. Danach sind Ärzte in Notfällen oder bei »besonderen rechtlichen Verpflichtungen« nicht frei, eine Behandlung abzulehnen. 2c

Berufsrechtlich statuiert § 12 (Muster-) Berufsordnung weitere Anforderungen an die Honorarabrechnung und an Vergütungsabsprachen. Danach muss das Honorar angemessen sein. Bei Abschluss einer Honorarvereinbarung ist auf die Einkommens- und Vermögensverhältnisse des Zahlungspflichtigen Rücksicht zu nehmen. Hinzuweisen ist zudem auf die Informationspflichten gem. § 630c Abs. 3 BGB (vgl. auch BGH, Urt. v. 28.01.2020 – VI ZR 92/19) und § 12 Abs. 5 MBO-Ä. 2d

In der juristischen Literatur wird diskutiert, inwieweit es zulässig ist **Mindestgebührensätze** zu unterschreiten. Hierzu werden unterschiedliche Auffassungen vertreten (*Kamps/Kiesecker*, Einfachsatz nach der GOÄ – unterschreitungsfähig? MedR 2000, 72; *Pflüger*, Rechtliche Zulässigkeit der Unterschreitung des einfachen GOÄ-Satzes für laborärztliche Leistungen MedR 2003, 276). In der Rechtsprechung wurde diese Diskussion im Zusammenhang mit einer wettbewerbsrechtlichen Streitigkeit aufgegriffen (KG, Beschl. v. 31.08.2007 – 5 W 253/07, GRUR-RR 2008, 24–26). Das KG hat entschieden, dass das Angebot einer zusätzlichen kostenlosen Vorbeugemaßnahme gegen Karies (hier: Fissurenversiegelung der Prämolaren) im Rahmen eines Kinderprophylaxeprogramms nach § 2 Abs. 1 GOZ erlaubt sein kann. Sowohl § 2 Abs. 1 GOZ als auch § 15 des Gesetzes über die Ausübung der Zahnheilkunde (ZHG), die Ermächtigungsnorm, verbieten dies nicht. Ermächtigungsvorschriften in formellen Gesetzen sind eng auszulegen. Nach § 15 Satz 2 ZHG müssen Mindest- und Höchstsätze den berechtigten Interessen der Zahnärzte und der zur Zahlung der Entgelte Verpflichteten Rechnung tragen. Soweit derartige berechtigte Interessen eine Durchbrechung der Höchst- und Mindestsätze gebieten, darf der Verordnungsgeber dies auch regeln. Mehr hat der Gesetzgeber mit der Regelung in § 2 Abs. 1 GOZ, der diese Möglichkeit aufzeigt, auch nicht getan (KG Beschl. v. 31.08.2007 – 5 W 253/07, Rn. 3). Im Übrigen folgt aus der verfassungskonformen Auslegung von § 2 Abs. 1 GOZ, dass eine Gebührenunterschreitung dann zulässig ist, wenn eine Abwägung der betroffenen Rechtsgüter dies gebietet. Das Gericht argumentiert insbesondere mit der besseren Gesundheitsvorsorge, zudem war das Angebot zeitlich befristet und die Leistung nicht insgesamt unentgeltlich vorgenommen worden. Das KG betont darüber hinaus, dass die berufsrechtliche Bestimmung, wonach Honorarforderungen des Zahnarztes angemessen sein müssen, kein weitergehendes Verbot als die Regelungen der GOZ begründet. 2e

Auch wenn § 2 Abs. 1 GOZ und § 2 Abs. 1 nicht identisch sind, ist diese Entscheidung für die Anwendung der ärztlichen Gebührenordnung erheblich. Die jeweiligen Ermächtigungsnormen, § 15 ZHG und § 11 BÄO, sind identisch und von der gleichen Intention getragen. Letztlich kommt es auf den Einzelfall und die verfassungskonforme Auslegung dieser Normen an. Ein striktes Verbot der Unter- oder Überschreitung der Mindest- oder Höchstsätze könnte mit der Rechtsprechung des Europäischen Gerichtshofs (EuGH) kollidieren. Diesbezüglich wird beispielsweise auf die Begründung des EuGH für die angenommene Beschränkung der Dienstleistungsfreiheit durch eine 2f

## § 2 GOÄ   Abweichende Vereinbarung

Gebührenordnung für Rechtsanwälte, die zwingend Mindesthonorare vorsah, verwiesen (EuGH, Urt. v. 05.12.2006 – C 94/04 und C 202/04, Cipolla u.a. Rn. 59).

### II. Inhalt einer abweichenden Honorarvereinbarung

3   Die **Anforderungen** an eine individuelle **Honorarvereinbarung** sind in § 2 Abs. 2 näher bestimmt. Dabei handelt es sich um Folgende:
– Notwendigkeit der Information und Aufklärung des Patienten vor Abschluss der Vereinbarung über den wesentlichen Inhalt und über die mögliche Nichterstattung,
– Schriftform,
– Inhalt: Gebührennummer und Bezeichnung der Leistung, Steigerungssatz und vereinbarter Betrag, einschließlich der Information über den Steigerungssatz nach der GOÄ und über den vereinbarten Steigerungssatz.

3a   Diese klaren formellen und inhaltlichen Anforderungen wurden durch die Rechtsprechung stetig modifiziert und weiterentwickelt. Insofern stellt der Beschluss des BVerfG vom 25.10.2004 – 1 BvR 1437/02 (NJW 2005, 1036 ff.) eine Zäsur dar, weil darin die Grenzen dieser Entwicklung aufgezeigt wurden.

3b   Das BVerfG äußerte sich deutlich zu den Anforderungen, die aus verfassungsrechtlicher Sicht an Honorarvereinbarungen zu stellen sind. Dabei wird der bestehende Gestaltungsspielraum besonders hervorgehoben. Das BVerfG prüfte die Individualvereinbarung am Maßstab des Art. 12 Abs. 1 Satz 1 GG und beanstandete insbesondere, dass an die Individualabrede zusätzliche Anforderungen gestellt wurden, für die es in den maßgeblichen Regelungen keine Stütze gab. Es wurde u.a. der Leitsatz formuliert, dass es eine gravierende Einschränkung des von der Berufsausübungsfreiheit umfassten Preisbestimmungsrechts darstellt, es faktisch aushöhlt, wenn so hohe Anforderungen an eine Individualabrede gestellt werden, dass es kaum noch zu beweisbaren Vereinbarungen kommen kann.

3c   Vergütungsregelungen sind nur dann mit Art. 12 Abs. 1 GG vereinbar, wenn sie auf einer gesetzlichen Grundlage beruhen, die durch ausreichende Gründe des Gemeinwohls gerechtfertigt sind und die dem Grundsatz der Verhältnismäßigkeit genügen. Die Grenzen der Zumutbarkeit hat das Gericht dort gesehen, wo unangemessen niedrige Einkünfte zugemutet werden, die eine wirtschaftliche Existenz nicht ermöglichen. Bemerkenswert ist die Feststellung des Gerichts, dass »die Gebührenmarge bei Zahnärzten besonders schmal ist. Für überdurchschnittliche Fälle steht nur der Rahmen zwischen 2,4 und 3,5 zur Verfügung, weil ein Absinken unter die Honorierung, die auch die gesetzliche Krankenversicherung zur Verfügung stellt, wohl kaum noch als angemessen zu bezeichnen ist. Die im Regelfall nur schmale Marge schadet jedoch nicht, weil der Zahnarzt gem. § 2 GOZ eine abweichende Vereinbarung treffen kann« (BVerfG, 25.10.2004 – 1 BvR 1437/02, Rn. 23).

3d   Dem Patienten ist es unbenommen, die Leistungen eines anderen Anbieters »einzukaufen«, wenn der Preis zu hoch erscheint. Die Gebührenordnung geht von einem mittleren Qualitätsstandard aus. Soweit Leistungen von außergewöhnlicher Qualität in Anspruch genommen werden, besteht kein schutzwertes Interesse daran, diese Leistungen nur in dem üblichen Rahmen zu vergüten. Diese Feststellungen korrespondieren mit der Aussage des BVerfG, dass innerhalb des gesetzlichen Gebührenrahmens wenig Spielraum für die Berücksichtigung qualitativer Besonderheiten besteht.

3e   »Wo aber wegen des besonderen Aufwandes einer Leistung eine angemessene Vergütung durch den vorgegebenen Gebührenrahmen nicht mehr gewährleistet ist, bedarf es einer Öffnungsklausel, die im Einzelfall ein Abweichen von der Gebührenordnung erlaubt. Damit wird sichergestellt, dass dem Leistungserbringer nicht unangemessen niedrige Vergütungssätze oder von ihm abgelehnte Leistungsstandards zugemutet werden« (Ebenda, Rn. 33).

3f   Mit dem in § 2 Abs. 2 Satz 2 definierten Inhalt einer Honorarvereinbarung, Gebührennummer und Bezeichnung der Leistung, Steigerungssatz und vereinbarter Betrag, einschließlich der Information über den Steigerungssatz nach der GOÄ und über den vereinbarten Steigerungssatz, wird der Bezug zur Gebührenordnung für Ärzte hergestellt. Diese ist auch bei abweichendem Multiplikator und damit des abweichenden Betrages Grundlage für eine abweichende Honorarvereinbarung. Die ausdrückliche Erwähnung des »vereinbarten Betrages« soll die Transparenz für den Zahlungspflichtigen erhöhen. Zudem ist in der schriftlichen Vereinbarung darauf hinzuweisen, dass eine Erstattung möglicherweise nicht in vollem Umfang gegeben ist.

### III. Formelle Anforderungen an eine abweichende Vereinbarung

§ 2 Abs. 2 bestimmt folgende formelle Anforderungen, die ausnahmslos einzuhalten sind:  4
1) Es muss sich um eine persönliche Absprache zwischen Arzt und Zahlungspflichtigem im Einzelfall handeln.
2) Die abweichende Vereinbarung muss vor der Erbringung der Leistung geschlossen werden.
3) Die Vereinbarung hat in einem Schriftstück zu erfolgen, das keine weiteren Erklärungen enthalten darf.
4) Dem Zahlungspflichtigen ist ein Abdruck der Vereinbarung auszuhändigen.

An die **persönliche Absprache im Einzelfall** wurden durch die Rechtsprechung hohe Anforde-  5
rungen gestellt (vgl. insb. BGH, Urt. v. 30.10.1991 – VIII ZR 51/91, NJW 1992, 746). Diese wurden durch das BVerfG mit der o.g. Entscheidung vom 25.10.2004 – 1 BvR 1437/02 relativiert. Im Hinblick auf die Verwendung vorformulierter Vertragstexte hatte das OLG geurteilt, dass eine Individualvereinbarung nur bejaht werden könne, »wenn der auf den einzelnen Behandlungsposten zu veranschlagende Gebührensatz ernsthaft zur Disposition des Patienten gestellt, dem Patienten also ein Mitspracherecht zur Angemessenheit der Bezahlung für die noch zu erbringende Leistung eingeräumt würde« (Ebenda, Rn. 34). Damit würde die Verwendung vorformulierter Schriftsätze allerdings sehr eingeschränkt und wäre nur möglich, »wenn um die jeweils zu veranschlagenden Gebührensätze gefeilscht wird«, wobei der Vorgang des Feilschens nach der Rechtsprechung des BGH nicht im Vertrag selbst festgehalten werden dürfe. Das BVerfG kommt insofern zu dem Schluss, dass solche gravierenden Einschränkungen das Preisbestimmungsrecht faktisch aushöhlen und kaum noch Raum für individuelle Vereinbarungen lassen. Als praxisfern wurde es angesehen, dass die Individualabrede vor den Augen des Patienten jeweils neu verfasst werden sollte. Dies hat das BVerfG abgelehnt, sodass auch in diesem Bereich vorformulierte Vereinbarungen benutzt werden dürfen. Wesentlich ist, die individuellen Parameter anzugeben, insbesondere die zu erbringende Leistung, einschließlich deren Beschreibung (z.B. in einem Heil- und Kostenplan bei Zahnärzten), die Gebührenziffer, deren Inhalt sich für den Zahlungspflichtigen erschließen muss, und den Preis für die einzelne Leistung. Damit wird den schutzwürdigen Belangen des Zahlungspflichtigen entsprochen.

Die abweichende Vereinbarung darf nicht im Nachhinein, also nach oder während der Erbringung  6
einer Leistung oder Teilleistung, geschlossen werden. Solche Vereinbarungen wären unwirksam. Es ist aber zulässig, noch während einer Behandlung eine abweichende Vereinbarung für zukünftige Leistungen zu schließen (*Brück et al.* § 2 Rn. 3.2., *Hoffmann* § 2 Rn. 12).

Die Vereinbarung hat in einem Schriftstück zu erfolgen, wobei das Bundesverfassungsgericht in  7
der o.g. Entscheidung die nähere Leistungsbeschreibung in einem Heil- und Kostenplan nicht beanstandet hat.

Aus der Formulierung »in einem Schriftstück« folgt, dass solche Vereinbarungen zwingend schrift-  7a
lich zu schließen sind. Die Urkunde muss gem. § 126 Abs. 1 BGB von dem Aussteller eigenhändig durch Namensunterschrift oder mittels notariell beglaubigten Handzeichens unterzeichnet werden. Letzteres ist im Rahmen von Honorarvereinbarungen nach § 2 eher unüblich. Die Nichteinhaltung der Schriftform führt gem. § 125 Satz 1 BGB zur Nichtigkeit wegen Formmangels. Die Berufung auf die Formunwirksamkeit des Heil- und Kostenplans kann jedoch gegen Treu und Glauben (§ 242 BGB) verstoßen (vgl. BGH, Urt. v. 03.11.2016 – III ZR 286/15). Deshalb hatte der BGH in diesem Fall einem Zahnarzt einen vertraglichen Anspruch aus dem Behandlungsvertrag (§ 611

Abs. 1 BGB) in Verbindung mit dem genehmigten Heil- und Kostenplan auf Zahlung eines Eigenanteils an den zahnärztlichen Behandlungskosten zugesprochen.

7b Das Schriftstück darf keine »weiteren Erklärungen« als die in § 2 Abs. 2 genannten enthalten. Eine solche weitere Erklärung ist nicht die Umsatzsteuer. Dass Leistungen zur Behandlung einer Krankheit oder anderer Gesundheitsstörungen von der Umsatzsteuer nach § 4 Nr. 14 UStG befreit sind, beruht auf europäischem Recht und ist für die zivilrechtliche Leistungsabrechnung nicht maßgebend (BGH, Urt. v. 23.03.2006 – III ZR 223/05 Rn. 13). Sofern medizinische Leistungen der Umsatzsteuer unterfallen (z.B. kosmetische Korrekturen), besteht rechtlich die Verpflichtung zur Berechnung der Umsatzsteuer. Es dient insofern der Transparenz, den Zahlungspflichtigen auch zu informieren, wenn er die Umsatzsteuer zu leisten hat, und darf nicht dazu führen, die Vereinbarung wegen Formmangels als nichtig anzusehen.

8 Dem Zahlungspflichtigen ist ein Abdruck der Vereinbarung auszuhändigen.

### IV. Ausschlüsse

9 Gemäß § 2 Abs. 1 Satz 2 ist für Leistungen nach § 5a eine Vereinbarung ausgeschlossen, die eine abweichende Gebührenhöhe festlegt. Für Leistungen nach den Abschnitten A (Gebühren in besonderen Fällen), E (Physikalisch-medizinische Leistungen), M (Laboratoriumsuntersuchungen) und O (Strahlendiagnostik, Nuklearmedizin, Magnetresonanztherapie und Strahlentherapie) ist eine Vereinbarung, in der eine von der GOÄ abweichende Gebührenhöhe festgelegt wird, unzulässig. Ärzte, die Leistungen aus den Abschnitten A, E und O des Gebührenverzeichnisses erbringen, sind auf den in § 5 Abs. 3 festgelegten (abgesenkten) Gebührenrahmen verwiesen. Zudem trifft sie bei Überschreitung des 1,8fachen Gebührensatzes die Begründungspflicht nach § 12 Abs. 3.

### V. Unzulässige Vereinbarungen gem. § 2 Abs. 3 GOÄ

10 § 2 Abs. 3 Satz 1 erklärt eine von der GOÄ in der Gebührenhöhe abweichende Vereinbarung über Leistungen nach den Abschnitten A, E, M und O für unzulässig. Dies betrifft medizinische Leistungen, bei denen der technisch-apparative Anteil im Vordergrund steht und für die § 5 Abs. 3 die kleine Gebührenspanne vorsieht.

11 Bei vollstationären, teilstationären sowie vor- und nachstationären wahlärztlichen Leistungen ist eine abweichende Vereinbarung gem. § 2 Abs. 3 Satz 2 nur für vom Wahlarzt höchstpersönlich erbrachte Leistungen zulässig. Diese Regelung korrespondierte mit § 22 BPflV a.F. Das Gesetz über die Entgelte für voll- und teilstationäre Krankenhausleistungen (Krankenhausentgeltgesetz – KHEntgG vom 23.04.2002, zuletzt geändert durch Art. 2 G v. 22.12.2020, BGBl. I S. 3299) knüpft im Wesentlichen an die Termini »vollstationäre und teilstationäre« Krankenhausleistungen an. Bezüglich der vor- und nachstationären Behandlung im Krankenhaus wird auf § 115a SGB V und für das ambulante Operieren im Krankenhaus auf § 115b SGB V verwiesen. Diese Regelungen sind zwar für privat Versicherte nicht einschlägig, spiegeln aber die im stationären Bereich vollzogene Entwicklung wider. Während bei der Abfassung von § 2 Abs. 3 Satz 2 die vor- und nachstationären Leistungen noch regelmäßig in stationären Einrichtungen erbracht wurden, sind diese infolge des medizinischen Fortschritts immer mehr in den ambulanten Bereich verlagert worden. Dies tangiert gesetzlich und privat Versicherte gleichermaßen. Daher betrifft § 17 KHEntgG (Wahlleistungen) heute primär die Entgelte für die voll- und teilstationäre Behandlung.

Der Begriff der **Wahlleistung** lässt sich im Umkehrschluss zu den in § 2 Abs. 2 KHEntgG näher umschriebenen allgemeine Krankenhausleistungen erschließen (vgl. Erläuterungen zu § 4).

Eine abweichende Vereinbarung über die Gebührenhöhe von Wahlleistungen ist an die höchstpersönliche Erbringung durch einen Arzt geknüpft. Die **höchstpersönliche** Erbringung der **Wahlleistung** wird weder ausdrücklich in § 17 KHEntgG noch in § 4 verlangt. Vielmehr stellen diese Regelungen auf die persönliche Leistungserbringung durch Wahlärzte ab. »Höchstpersönlich«, also die Leistung selbst bzw. eigenhändig zu erbringen, lässt nach der wörtlichen Auslegung keine

Vertretung bzw. stellvertretende Leistungserbringung durch einen anderen Wahlarzt zu. In den Ausführungen zur »Persönlichen Leistungserbringung – Möglichkeiten und Grenzen der Delegation ärztlicher Leistungen« der Bundesärztekammer und der Kassenärztlichen Bundesvereinigung heißt es hierzu u.a.: Höchstpersönliche Leistungen oder Teilleistungen sind solche, »die der Arzt wegen ihrer Schwierigkeit, ihrer Gefährlichkeit für den Patienten oder wegen der Unvorhersehbarkeit etwaiger Reaktionen unter Einsatz seiner spezifischen Fachkenntnis und Erfahrung höchstpersönlich erbringen muss. Eine Gefährlichkeit für den Patienten ist dann gegeben, wenn die nicht fachgerechte Durchführung einer Leistung durch einen nichtärztlichen Mitarbeiter den Patienten (z.B. bei einem operativen Eingriff) unmittelbar schädigen oder ihm (z.B. durch Nichterkennen krankhafter Befunde bei diagnostischen Maßnahmen) erst zu einem späteren Zeitpunkt erkennbar werdende Schäden verursachen kann.« (Persönliche Leistungserbringung – Möglichkeiten und Grenzen der Delegation ärztlicher Leistungen, BÄK und KBV, 29.08.2008, über www.baek.de).

Die Delegation von untergeordneten Leistungen, die im Zusammenhang mit der Erbringung höchstpersönlicher Leistungen stehen, ist zulässig. Eine abweichende Honorarvereinbarung über die Gebührenhöhe für diese untergeordneten Leistungen jedoch nicht.

## § 3 Vergütungen

**Als Vergütungen stehen dem Arzt Gebühren, Entschädigungen und Ersatz von Auslagen zu.**

| Übersicht | Rdn. | | Rdn. |
|---|---|---|---|
| A. Regelungszweck................ | 1 | B. Tatbestandsmerkmale............ | 2 |

### A. Regelungszweck

Nach der Gebührenordnung für Ärzte stehen einem Arzt als Vergütungen **Gebühren, Entschädigungen** und **Auslagen** zu. § 3 regelt somit abschließend die verschiedenen Bestandteile der Vergütung, ohne diese legal zu definieren. Die weitere Konkretisierung erfolgt für Gebühren insbesondere in § 4 Abs. 1 und 2 (Rdn. 1). Danach sind Gebühren die Vergütungen, die der Arzt für seine oder die unter seiner Aufsicht und fachlicher Weisung erbrachten und im Gebührenverzeichnis genannten Leistungen abrechnen darf (Rdn. 2). 1

Der Entschädigungsbegriff wird näher bestimmt. Als Entschädigungen für Besuche erhält der Arzt Wegegeld nach § 8 und eine Reiseentschädigung nach § 9 (Rdn. 2). 1a

Welche Auslagen im Einzelnen erstattungsfähig sind, ist in § 10 normiert (Rdn. 1). 1b

### B. Tatbestandsmerkmale

Die einzelnen Tatbestandsmerkmale werden im Zusammenhang mit den o.g. Rechtsnormen kommentiert. 2

## § 4 Gebühren

**(1) Gebühren sind Vergütungen für die im Gebührenverzeichnis (Anlage) genannten ärztlichen Leistungen.**

**(2) Der Arzt kann Gebühren nur für selbständige ärztliche Leistungen berechnen, die er selbst erbracht hat oder die unter seiner Aufsicht nach fachlicher Weisung erbracht wurden (eigene Leistungen). Als eigene Leistungen gelten auch von ihm berechnete Laborleistungen des Abschnitts M II des Gebührenverzeichnisses (Basislabor), die nach fachlicher Weisung unter der Aufsicht eines anderen Arztes in Laborgemeinschaften oder in von Ärzten ohne eigene Liquidationsberechtigung geleiteten Krankenhauslabors erbracht werden. Als eigene Leistungen im Rahmen einer wahlärztlichen stationären, teilstationären oder vor- und nachstationären Krankenhausbehandlung gelten nicht**

1. Leistungen nach den Nummern 1 bis 62 des Gebührenverzeichnisses innerhalb von 24 Stunden nach der Aufnahme und innerhalb von 24 Stunden vor der Entlassung,
2. Visiten nach den Nummern 45 und 46 des Gebührenverzeichnisses während der gesamten Dauer der stationären Behandlung sowie
3. Leistungen nach den Nummern 56, 200, 250, 250a, 252, 271 und 272 des Gebührenverzeichnisses während der gesamten Dauer der stationären Behandlung,

wenn diese nicht durch den Wahlarzt oder dessen vor Abschluß des Wahlarztvertrages dem Patienten benannten ständigen ärztlichen Vertreter persönlich erbracht werden; der ständige ärztliche Vertreter muß Facharzt desselben Gebiets sein. Nicht persönlich durch den Wahlarzt oder dessen ständigen ärztlichen Vertreter erbrachte Leistungen nach Abschnitt E des Gebührenverzeichnisses gelten nur dann als eigene wahlärztliche Leistungen, wenn der Wahlarzt oder dessen ständiger ärztlicher Vertreter durch die Zusatzbezeichnung »Physikalische Therapie« oder durch die Gebietsbezeichnung »Facharzt für Physikalische und Rehabilitative Medizin« qualifiziert ist und die Leistungen nach fachlicher Weisung unter deren Aufsicht erbracht werden.

(2a) Für eine Leistung, die Bestandteil oder eine besondere Ausführung einer anderen Leistung nach dem Gebührenverzeichnis ist, kann der Arzt eine Gebühr nicht berechnen, wenn er für die andere Leistung eine Gebühr berechnet. Dies gilt auch für die zur Erbringung der im Gebührenverzeichnis aufgeführten operativen Leistungen methodisch notwendigen operativen Einzelschritte. Die Rufbereitschaft sowie das Bereitstehen eines Arztes oder Arztteams sind nicht berechnungsfähig.

(3) Mit den Gebühren sind die Praxiskosten einschließlich der Kosten für den Sprechstundenbedarf sowie die Kosten für die Anwendung von Instrumenten und Apparaten abgegolten, soweit nicht in dieser Verordnung etwas anderes bestimmt ist. Hat der Arzt ärztliche Leistungen unter Inanspruchnahme Dritter, die nach dieser Verordnung selbst nicht liquidationsberechtigt sind, erbracht, so sind die hierdurch entstandenen Kosten ebenfalls mit der Gebühr abgegolten.

(4) Kosten, die nach Absatz 3 mit den Gebühren abgegolten sind, dürfen nicht gesondert berechnet werden. Eine Abtretung des Vergütungsanspruchs in Höhe solcher Kosten ist gegenüber dem Zahlungspflichtigen unwirksam.

(5) Sollen Leistungen durch Dritte erbracht werden, die diese dem Zahlungspflichtigen unmittelbar berechnen, so hat der Arzt ihn darüber zu unterrichten.

| Übersicht | Rdn. | | Rdn. |
|---|---|---|---|
| A. Regelungszweck | 1 | Krankenhauslabors ohne eigene Liquidationsberechtigung | 29 |
| B. Wesentliche Tatbestandsmerkmale | 2 | | |
| I. Gebührenbegriff gem. § 4 Abs. 1 | 2 | V. Wahlärztliche Leistungen | 31 |
| II. Gebühren für eigene Leistungen nach § 4 Abs. 2 Satz 1 | 5 | VI. Das Zielleistungsprinzip gem. § 4 Abs. 2a | 48 |
| III. Gebühren für Laborleistungen nach § 4 Abs. 2 Satz 2 | 14 | VII. Das Verhältnis von Praxiskosten und Gebühren sowie das Abtretungsverbot für solche Kosten | 53 |
| IV. Abrechnung von Laborleistungen durch einen leitenden Arzt eines | | | |

## A. Regelungszweck

1 Regelungsgegenstand von § 4 ist zum einen der Gebührenbegriff allgemein und seine Konkretisierung einschließlich der Abgrenzung, insbesondere zu anderen Leistungsbestandteilen oder zu besonderen Ausführungen einer Leistung, zum anderen die Spezifizierung der Gebühren im Hinblick auf wahlärztliche Leistungen. Damit stellt § 4 die grundlegende Norm dar, die Inhalt und Umfang einer abrechnungsfähigen Leistung bestimmt und begrenzt.

## B. Wesentliche Tatbestandsmerkmale

### I. Gebührenbegriff gem. § 4 Abs. 1

Der **Gebührenbegriff** knüpft zum einen an die Regelungen in § 1 Abs. 1 (»die beruflichen Leistungen der Ärzte« und § 3 (Vergütungen sind die Gebühren, Entschädigungen und der Auslagenersatz) an. Zum anderen konkretisiert § 4 Abs. 1, dass nur die im **Gebührenverzeichnis** genannten ärztlichen Leistungen einschließlich der analog bewerteten gem. § 6 Abs. 2 vergütet werden. 2

Das Gebührenverzeichnis ist als Anlage zur GOÄ veröffentlicht. Es ist nach Abschnitten geordnet, die neben den Grundleistungen und den nichtgebietsbezogenen Sonderleistungen im Wesentlichen die medizinischen Leistungen, strukturiert nach medizinischen Fachgebieten (z.B. Abschnitt D. Anästhesieleistungen), umfassen. Jede darin enthaltene medizinische Leistung entspricht einem **Gebührentatbestand** bestehend aus der Leistungslegende, also der Umschreibung der einzelnen Leistung, der **Gebührenordnungsnummer** bzw. Nummer des Gebührenverzeichnisses und der Bewertung der einzelnen Leistung mit einer bestimmten Punktzahl. 3

Das Gebührenverzeichnis kann stets nur den Status quo zu einem bestimmten Zeitpunkt abbilden. Weiterentwicklungen sind nicht nur über eine Novellierung der GOÄ, sondern auch über die Analogbewertung nach § 6 Abs. 2 zulässig. Danach können selbstständige ärztliche Leistungen, die in das Gebührenverzeichnis nicht aufgenommen sind, entsprechend einer nach Art, Kosten- und Zeitaufwand gleichwertigen Leistung des Gebührenverzeichnisses berechnet werden. (§ 6 Rdn. 7) Diese analog bewerteten Leistungen sind zu vergüten (so auch *Brück et al.* § 4 GOÄ Rn. 1 oder *Hoffmann*, § 4 GOÄ Rn. 1). Die Analogbewertungen wurden, soweit sie auf Beschlüssen des Zentralen Konsultationsausschusses für Gebührenordnungsfragen bei der Bundesärztekammer beruhen, in einem so genannten Analogverzeichnis thematisch bzw. nach Fachgebieten zusammengefasst und veröffentlicht. Die Analogbewertungen sowie die Abrechnungsempfehlungen im Rahmen der COVID-19-Pandemie sind z.B. über den Internetauftritt der BÄK (www.bundesaerztekammer.de) abrufbar. 4

### II. Gebühren für eigene Leistungen nach § 4 Abs. 2 Satz 1

Als eigene Leistungen für die ein Arzt Gebühren berechnen kann, gelten sowohl **selbstständige ärztliche Leistungen** als auch unter ärztlicher Aufsicht nach fachlicher Weisung erbrachte Leistungen. 5

Der Begriff »selbständige ärztliche Leistung« ist in der GOÄ nicht definiert. Die Abgrenzung zwischen einer selbstständigen und einer unselbstständigen Leistung kann im Einzelfall äußerst schwierig sein. Bei der Auslegung einer Leistungslegende sind nicht nur medizinische Aspekte ausschlaggebend, sondern auch die Bewertung der jeweiligen Leistung mit einer bestimmten Punktzahl. Der Gesetzgeber hat versucht, diese Auslegungsprobleme im operativen Bereich über die Schaffung des Zielleistungsbegriffs (vgl. § 4 Abs. 2a, Rdn. 5) zu klären. Die umfangreiche Rechtsprechung belegt, dass dies nur bedingt gelungen ist. Ausführlich wird hierzu in den einschlägigen Kommentaren Stellung genommen, ohne die Auslegung im Hinblick auf die »selbständige ärztliche Leistung« klar fassen zu können (u.a. *Hoffmann*, § 4 Abs. 2 und § 4 Abs. 2a GOÄ, Rn. 1a ff.). 6

§ 4 Abs. 2 Satz 1 stellt für die gebührenrechtliche Zurechenbarkeit delegierter Leistungen als eigene Leistungen des Arztes darauf ab, dass sie unter seiner **Aufsicht nach fachlicher Weisung** ausgeführt werden. 7

Diese Begriffe sind bereits in den Begründungen zu den Gesetzesmaterialien erläutert worden. Angeknüpft wird an den **Grundsatz der persönlichen Leistungserbringung**, der auf § 613 BGB beruht. Daraus folgt aber nicht, dass der Arzt jede Leistung höchstpersönlich erbringen muss, vielmehr ist damit die Verpflichtung verbunden, bei der Inanspruchnahme Dritter, insbesondere nicht ärztlicher Mitarbeiter, mitzuwirken oder leitend tätig zu sein. Die Hilfeleistung dieser Personen wird vom Arzt angeordnet und verantwortet. Die ärztliche Verantwortung erstreckt sich nicht nur darauf, diesen Personenkreis sorgfältig auszuwählen, sondern auch auf die Aufsicht bei der 8

§ 4 GOÄ   Gebühren

Durchführung. Die Entscheidung, ob und an wen der Arzt eine Leistung delegiert, ob der betreffende nicht ärztliche Mitarbeiter ggf. besonders anzuleiten und wie er zu überwachen ist, ist insbesondere von der Qualifikation und der Zuverlässigkeit des jeweiligen Mitarbeiters abhängig. In der Bekanntmachung der Bundesärztekammer und der Kassenärztlichen Bundesvereinigung zur persönlichen Leistungserbringung, Möglichkeiten und Grenzen der Delegation ärztlicher Leistungen (Stand 29.08.2008) heißt es hierzu: »Will der Arzt eine Leistung an einen Mitarbeiter delegieren, der über eine abgeschlossene, ihn dazu befähigende Ausbildung in einem Fachberuf im Gesundheitswesen verfügt, kann er sich regelmäßig darauf beschränken, diese formale Qualifikation des Mitarbeiters festzustellen (Zeugnis), sich zu Beginn der Zusammenarbeit mit dem betreffenden Mitarbeiter davon zu überzeugen, dass die Leistungen des Mitarbeiters auch tatsächlich eine seiner formalen Qualifikation entsprechende Qualität haben, und die Qualität der erbrachten Leistungen stichprobenartig zu überprüfen. Sofern die Qualität der Leistungen des Mitarbeiters nicht ausreichend ist, muss der Arzt den Mitarbeiter ggf. nachschulen, ihn eingehender überwachen und, wenn er die Anforderungen an eine Delegation nicht erfüllt, hierauf verzichten. Verfügt der Mitarbeiter, an den der Arzt delegieren will, nicht über eine abgeschlossene Ausbildung in einem Fachberuf im Gesundheitswesen, die die zu delegierende Leistung einschließt, muss der Arzt zunächst prüfen, ob der Mitarbeiter aufgrund seiner allgemeinen Fähigkeiten für eine Delegation der betreffenden Leistung geeignet scheint (**Auswahlpflicht**). Sodann muss er ihn zur selbstständigen Durchführung der zu delegierenden Leistung anlernen (**Anleitungspflicht**). Auch nachdem er sich davon überzeugt hat, dass der Mitarbeiter die Durchführung der betreffenden Leistung beherrscht, muss der Arzt ihn dabei regelmäßig überwachen, bevor er sich mit der Zeit wie bei einem Fachberufsangehörigen auf Stichproben beschränken kann (**Überwachungspflicht**).« (DÄBl. Jg. 105, Heft 41, 10.10.2008 A-2175). Erbringen nicht ärztliche Mitarbeiter delegierte Leistungen, ist der Arzt verpflichtet, sich grundsätzlich in Rufweite aufzuhalten. Weitere Einzelheiten hierzu enthält die angeführte Bekanntmachung »Persönliche Leistungserbringung, Möglichkeiten und Grenzen der Delegation ärztlicher Leistungen« auf S. A 2175.

9  In jedem Fall handelt es sich bei einer Delegation nach diesen Vorgaben um Leistungen, die dem Arzt deshalb als eigene Leistungen zugerechnet werden, weil er sie anordnen und überwachen muss und weil er dafür die volle Verantwortung und Haftung trägt.

10  Leistungen können auch an ärztliche Mitarbeiter delegiert werden. Inwieweit dies zulässig ist und welche Anforderungen zu stellen sind, hängt insbesondere von der fachlichen Qualifikation des ärztlichen Mitarbeiters ab (z.B. Weiterbildungsassistent oder Facharzt gleicher Fachrichtung). Grundsätzlich darf ein Arzt darauf vertrauen, dass ein qualifizierter angestellter Arzt seine Leistungen mit der erforderlichen Qualität und Sorgfalt erbringt. »Eine Überprüfungspflicht besteht erst dann, wenn konkrete Anhaltspunkte Zweifel an einer ordnungsgemäßen Leistungserbringung durch den anderen Arzt begründen« (ebenda, S. A-2174).

10a  Welche ärztlichen Tätigkeiten nicht persönlich durch den Arzt erbracht werden müssen und delegationsfähig sind, unterliegt der permanenten Entwicklung. So können vormals neue, innovative Leistungen zur Routine werden oder nichtärztliche Mitarbeiter können sich soweit fortbilden, dass es möglich wird, ihnen einst nicht delegationsfähige Leistungen zu übertragen. Dies spiegeln z.B. diesbezügliche Beschlüsse des Bewertungsausschusses wider, die zwar im privatärztlichen Bereich nicht anwendbar sind, aber in diesen Bereich ausstrahlen (z.B. Beschluss des Bewertungsausschusses nach § 87 Abs. 1 Satz 1 SGB V in seiner 376. Sitzung am 22.06.2016 zur Änderung des Einheitlichen Bewertungsmaßstabes mit Wirkung zum 01.07.2016, über KBV.de).

11  Seit Einführung dieser Regelung in der GOÄ ist unstrittig, dass die »**fachliche Weisung**« eine entsprechende Ausbildung und Qualifikation des Arztes oder des zu deren Durchführung eingesetzten nicht ärztlichen Personals voraussetzt. Das Tatbestandsmerkmal »fachliche Weisung« beinhaltet also auch die Fähigkeit, eine Weisung fachgerecht erteilen zu können.

12  Im Zeitalter des wissenschaftlich-technischen und medizinischen Fortschritts sowie der kooperativen Leistungserbringung stellt sich zudem die Frage nach der Übertragung von Verantwortung auf

nicht ärztliche Mitarbeiter und Hilfspersonen. Diesen Personen fällt im Einzelfall ein hohes Maß an Verantwortung zu; z.B. bei der Überwachung hochentwickelter technischer Geräte, deren Funktion verlässlich oft nur von einem Techniker zu kontrollieren ist. In diesen Bereichen wird ein Arzt teils aus Gründen der wirtschaftlichen Arbeitsteilung nicht tätig, teils ist dies wegen der Grenzen seiner fachlichen Kenntnisse nicht möglich. Damit kann sich eine Pflicht des Arztes, solche Tätigkeiten im Einzelfall persönlich auszuüben oder zu kontrollieren, nicht schon aus der Schwere der Gefahren ergeben, die eine unsachgemäße Ausführung mit sich bringen können. Ein persönliches Eingreifen des Arztes ist vielmehr grundsätzlich nur zu fordern, wenn die betreffende Tätigkeit gerade dem Arzt eigene Kenntnisse und Fertigkeiten voraussetzt. Die Sorgfaltspflicht des verantwortlichen Arztes erschöpft sich dann darin, die fachliche und charakterliche Zuverlässigkeit der mit der Prüfung betrauten Hilfskraft zu überwachen und zu gewährleisten (BGH, Urt. v. 11.10.1977 – VI ZR 110/75; NJW 1978, 548 f.).

Im Hinblick auf § 4 Abs. 2 Satz 1 ist zu schlussfolgern, dass nur die eigenen Leistungen des Arztes und die delegationsfähigen Leistungen, die unter seiner Aufsicht nach fachlicher Weisung durchgeführt wurden, auch abrechnungsfähig sind. Im Zusammenhang mit der Überprüfung einer **Wahlleistungsvereinbarung** hat das OLG Köln geurteilt, dass eine Abrechnung therapeutischer Wahlleistungen bei vollständiger Delegation an nicht ärztliches Personal nicht erfolgen darf. Von einem Wahlarzt angeordnete Behandlungsmaßnahmen (hier: Teilnahme am Morgenlauf, Beschäftigungs-/Ergotherapie, Gymnastik, Entspannungstraining, Gespräche in der Depressionsgruppe) sind nicht als eigene Leistungen gemäß den Nrn. 846 und 847 GOÄ abrechnungsfähig, wenn die Durchführung vollständig an nicht ärztliches Krankenhauspersonal delegiert wurde (OLG Köln, Urt. v. 25.08.2008 – 5 U 243/07, VersR 2009, 362). In die gleiche Richtung tendiert die Entscheidung des OLG Stuttgart (01.03.2018 – 7 U 62/16). Betont wird der Grundsatz, dass der Wahlarzt der wahlärztlichen Leistung durch sein persönliches Tätigwerden sein Gepräge geben muss. In dem Fall erbrachte der Chefarzt die Kernleistung durch die wöchentliche Einzeltherapie bei einer Patientin mit einer mittelgradig depressiven Störung. Darüber hinaus waren von dem Chefarzt geplante und gesteuerte psychotherapeutische Behandlungen abrechenbar, die delegationsfähig waren, zwar von einem anderen Arzt erbracht wurden, die aber nicht über die allgemeinen Krankenhausleistungen abgedeckt waren. Nicht als wahlärztliche Leistungen sind hingegen Leistungen von Therapeuten abrechenbar, die nicht die Voraussetzungen gem. § 17 Abs. 1 KHEntgG erfüllen, die also weder Arzt noch Psychologischer Psychotherapeut oder Kinder- und Jugendlichenpsychotherapeut sind. In dem Zusammenhang erwähnt das Gericht u.a. das Urteil des VG Stuttgart vom 07.07.2008 – 12 K 4319/07. Das VG hatte entschieden, dass die Abrechnung der GOÄ-Nrn. 861 bzw. 862 voraussetzt, dass es sich um eigene Leistungen des Arztes im Sinne von § 4 Abs. 2 Satz 1 handelt. Als Ausnahmeregelung zu § 613 Satz 1 BGB, wonach der zur Dienstleistung Verpflichtete die Dienste im Zweifel in Person zu leisten hat, ist diese Bestimmung eng auszulegen. Erbringt der Arzt die Leistung nicht selbst, so ist eine Voraussetzung für die Abrechnung, dass er eigenverantwortlich an der Leistungserbringung mitwirkt und der Leistung dadurch sein persönliches Gepräge gibt, nicht gegeben. Dazu reicht es nicht, die Hilfsperson sorgfältig auszuwählen oder die Leistung ausschließlich anzuordnen.

### III. Gebühren für Laborleistungen nach § 4 Abs. 2 Satz 2

Eine besondere Ausformung haben die zuvor dargelegten Grundsätze im Laborbereich erfahren. Hier gelten als eigene Leistungen auch die vom Arzt berechneten Laborleistungen des Abschnitts M II des Gebührenverzeichnisses (**Basislabor**), die nach fachlicher Weisung und unter der Aufsicht eines anderen Arztes in Laborgemeinschaften oder in von Ärzten ohne eigene Liquidationsberechtigung geleiteten Krankenhauslabors erbracht werden.

In der GOÄ wird zwischen einem **Praxislabor** (M I), einem **Basislabor** (M II) sowie dem **Speziallabor** (M III und M IV) unterschieden.

Der Abschnitt »**Praxislabor**« (M I) umfasst Vorhalteleistungen in der eigenen niedergelassenen Praxis. Die Art und Bewertung dieser Laborleistungen sind auf das Akut-Labor in der Praxis des

**§ 4 GOÄ** Gebühren

niedergelassenen Arztes ausgerichtet und berücksichtigen die in der Praxis ungünstigen Vorhaltekosten im Vergleich zu entsprechenden Leistungspositionen im Abschnitt »Basislabor«. Hinzuweisen ist auf die Abrechnungsvoraussetzungen in den Allgemeinen Bestimmungen zu Abschnitt M I: Die Laboruntersuchung muss entweder direkt beim Patienten (z.B. bei einem Hausbesuch) oder in den eigenen Praxisräumen innerhalb von 4 Stunden nach der Probennahme bzw. Probenübergabe an den Arzt erfolgen. Ausdrücklich ausgeschlossen ist die Berechnung von Leistungen des Abschnittes M I, wenn sie in einem Krankenhaus, einer krankenhausähnlichen Einrichtung, einer Laborgemeinschaft oder einer laborärztlichen Praxis erbracht werden. Leistungen des Abschnittes M I können nicht im Rahmen der ambulanten Sprechstundentätigkeit des Krankenhausarztes berechnet werden. Die Abrechnung delegierter Laborleistungen als eigene Leistung, die aufgrund der alten GOÄ für den gesamten Abschnitt »Laboratoriumsuntersuchungen« galt, ist durch die Novelle vom 01.01.1996 auf einen Katalog häufiger Routineuntersuchungen (**Basislabor** – M II) begrenzt worden. Dies gilt auch für Laborleistungen im Krankenhaus, soweit diese Leistungen in einem Krankenhauslabor erbracht werden, das von einem Arzt geleitet wird, der für diese Leistungen keine eigene Liquidationsberechtigung besitzt. Alle übrigen Laborleistungen (**Speziallabor** – M III/M IV) dürften nur von dem Arzt als eigene Leistungen abgerechnet werden, der die Voraussetzungen des § 4 Abs. 2 Satz 1 erfüllt, das heißt, der diese Leistungen selbst erbringt oder die unter seiner Aufsicht nach seiner fachlichen Weisung erbracht werden. Bei Weiterversand von Untersuchungsmaterial durch einen Arzt an einen anderen Arzt wegen der Durchführung von Laboruntersuchungen der Abschnitte M III und/oder M IV hat die Rechnungsstellung durch den Arzt zu erfolgen, der die Laborleistung selbst erbracht hat, dies folgt aus Nr. 3 der Allgemeinen Bestimmungen der GOÄ zu den Laboratoriumsuntersuchungen. Im Weiteren wird auf die Ausführungen der Bundesärztekammer im Deutschen Ärzteblatt vom 18.10.1996, Heft 42, S. A 2720 ff. und Deutsches Ärzteblatt vom 28.07.2000, Heft 30, S. A 2058 ff. verwiesen. An dem dort dargestellten Abrechnungsmodus hat sich nichts geändert. Allerdings bietet die Abrechnung von Speziallaborleistungen auch Jahre nach der Änderung dieser gesetzlichen Regelung immer wieder Anlass für Rechtsstreitigkeiten. Im Mittelpunkt der Rechtsprechung standen die Anforderungen an die Anwesenheit des liquidierenden Arztes und die Frage der Qualifikation des Arztes für die Abrechnung von Laborleistungen (z.B. BGH, Urt. v. 10.05.2007 – III ZR 291/06, MedR 2007, 657 ff.).

17 Die Abrechnung delegierter Laborleistungen als eigene Leistungen, die nach der alten GOÄ für den gesamten Abschnitt der Laboruntersuchungen galt, ist durch die Novelle vom 01.01.1996 auf einen Katalog häufiger Routineuntersuchungen begrenzt worden. Speziallaborleistungen der Abschnitte M III und M IV dürfen nur von dem Arzt als eigene Leistungen abgerechnet werden, der die Voraussetzungen des § 4 Abs. 2 Satz 1 erfüllt, das heißt, der diese Leistungen selbst erbringt oder die unter seiner Aufsicht nach fachlicher Weisung erbracht werden. Der die Laborleistung liquidierende Arzt kann daher keinen anderen Arzt mit der Aufsicht über die Leistungserbringung beauftragen. Er muss neben der in der jeweiligen Weiterbildungsordnung vorgeschriebenen fachlichen Qualifikation die Leistungserbringung beaufsichtigen und die notwendigen fachlichen Weisungen erteilen. Folglich ist in den Allgemeinen Bestimmungen zu den Laboruntersuchungen in Nr. 3 geregelt, dass bei Weiterversand von Untersuchungsmaterial durch einen Arzt an einen anderen Arzt wegen der Durchführung von Laboruntersuchungen der Abschnitte M III und M IV die Rechnungsstellung durch den Arzt zu erfolgen hat, der die Laborleistung selbst erbracht hat. Diese Darstellung des grundlegenden Abrechnungsmodus von Laborleistungen dürfte unstrittig sein. Gleichwohl gibt die Abrechnung, insbesondere von Speziallaborleistungen immer wieder Anlass für Nachfragen und gerichtliche Entscheidungen (u.a. BGH, Urt. v. 22.08.2006 – 1 StR 547/05, MedR 2006, 721). Die Grundsatzentscheidung des BGH vom 25.01.2012 (1 StR 45/11, u.a. in MedR 2012, 388) zum Abrechnungsbetrug eines privatliquidierenden Arztes für nicht persönlich erbrachte Leistungen zeigt besonders deutlich die mit dem Abrechnungsprozedere von Speziallaborleistungen verbundenen Strafbarkeitsrisiken. Dieser Beschluss wird vielfach besprochen und diskutiert (u.a. *Dann*, Privatärztlicher Abrechnungsbetrug und verfassungswidriger Schadensbegriff, NJW 2012, 2001). Aus den Gründen des Beschlusses lassen sich wesentliche Aussagen entnehmen, die für die Gestaltung der Abrechnungspraxis beachtet werden sollten.

Der angeklagte Allgemeinmediziner wurde wegen Betruges im besonders schweren Fall (§ 263 Abs. 1 und 3 StGB) verurteilt, weil er an seine Patienten über einen insoweit gutgläubigen Abrechnungsservice Honorare für nicht erbrachte, für nicht von ihm erbrachte und tatsächlich nicht so erbrachte Leistungen liquidierte. Zu den einzelnen Tatbestandsmerkmalen des Betruges stellt der BGH im Wesentlichen fest:

### 1. Täuschung

Mit einer gem. § 12 ausgestellten Rechnung behauptet der privat liquidierende Arzt nach Ansicht des BGH gegenüber dem Privatpatienten nicht lediglich, zur Abrechnung berechtigt zu sein, sondern auch, dass die Voraussetzungen der der Abrechnung zugrunde liegenden Rechtsvorschriften eingehalten worden sind. Wer eine Leistung einfordert, bringt zugleich das Bestehen des zugrunde liegenden Anspruchs, also die Abrechnungsfähigkeit der liquidierten ärztlichen Leistungen zum Ausdruck (vgl. Rn. 43 des Beschlusses).

Der BGH betont, dass Speziallaborleistungen nach den Abschnitten M III und M IV nicht delegierbar sind, sodass dem Angeklagten eine diesbezügliche Abrechnung als eigene Leistung versagt bleibt. Auch die von dem Angeklagten »eingekauften Leistungen« der Therapeuten (Akupunktur und osteopathische Leistungen) durfte weder der Angeklagte als eigene abrechnen, noch durften dies die Therapeuten, weil diese über keine für die Erbringung von Akupunkturleistungen oder osteopathische Behandlungen erforderliche Approbation oder Erlaubnis zur Ausübung der Heilkunde verfügten (vgl. Rn. 62 ff. des Beschlusses).

Nach § 4 Abs. 2 Satz 1, der nach Auffassung des BGH als Einschränkung der Pflicht zur persönlichen Leistungserbringung eng auszulegen ist, kann der Angeklagte Gebühren für die nicht selbst erbrachten Therapieleistungen nur abrechnen, wenn sie unter seiner Aufsicht und nach fachlicher Weisung erbracht worden wären.

Der Angeklagte hatte die Therapeuten nicht persönlich überwacht. Zeitweise war er ortsabwesend und wenn er zeitgleich mit den Therapeuten in den Praxisräumen anwesend war, hat er diesen keine Weisungen erteilt, da ihm hierzu die fachliche Qualifikation fehlte. Als nach fachlicher Weisung erbracht können Leistungen schon nicht angesehen werden, die der Arzt selbst mangels entsprechender Ausbildung nicht fachgerecht durchführen kann. Weiterhin hatte der Angeklagte Therapieleistungen, die nicht delegationsfähig waren, da sie vom Arzt selbst zu erbringende Kernleistungen darstellen (z.B. Untersuchung, Beratung, Entscheidung über therapeutische Maßnahmen), den Therapeuten übertragen. Auch wenn sich diese Feststellungen auf andere Leistungen (Akupunktur und osteopathische Behandlungen) beziehen, so dürften diese, insbesondere im Hinblick auf die Anforderungen an die Qualifikation, um bestimmte fachliche Weisungen überhaupt erteilen zu können, auf den Laborbereich übertragbar sein.

### 2. Irrtum

»Ein Irrtum im Sinne des § 263 Abs. 1 StGB setzt grundsätzlich nicht voraus, dass sich der Adressat einer auf einer Gebührenordnung basierenden Rechnung eine konkrete Vorstellung über die Berechnung und die in Ansatz gebrachten Bemessungsgrundlagen macht. Entscheidend – aber auch ausreichend – ist das gedankliche Mitbewusstsein über die Ordnungsgemäßheit der Rechnungsstellung und sei es nur ... als allgemein gehaltene Vorstellung, die Abrechnung sei in Ordnung« (Rn. 69 des Beschlusses). Davon ist auszugehen, wenn Patienten mangels hinreichender eigener Fachkenntnisse auf die sachliche Richtigkeit der Rechnung vertrauen mussten.

### 3. Schaden

Der BGH stellt ausdrücklich klar, dass die dem Sozialversicherungsrecht entlehnte, streng formale Betrachtungsweise, eine »gefestigte« Rechtsprechung auch des Bundesgerichtshofs zum vertragsärztlichen Abrechnungsbetrug und insbesondere auf den Bereich privatärztlicher Liquidation übertragbar ist (vgl. Rn. 82 des Beschlusses).

25 Die Bewertung des Schadens erfolgt nach objektiven wirtschaftlichen Gesichtspunkten. Auf die subjektive Einschätzung des Patienten, ob er sich wegen der von einem anderen als dem Angeklagten erbrachten Leistung nicht geschädigt fühlt, kommt es nicht an. Für privatärztliche Leistungen bestimmen die materiell-rechtlichen Normen zur Abrechenbarkeit der Leistung, also die GOÄ, zugleich deren wirtschaftlichen Wert (vgl. Rn. 80 des Beschlusses). Gegen diese im Ergebnis »stark normative Betrachtungsweise« und damit einer Überdehnung des Schadenbegriffs wendet sich *Dann* insbesondere unter Berufung auf das Bundesverfassungsgericht (*Dann*, Privatärztlicher Abrechnungsbetrug und verfassungswidriger Schadensbegriff, MedR 2012, 2001 m.w.N.).

26 Der BGH begründet detailliert, dass ein Zahlungsanspruch hinsichtlich der Speziallaborleistungen unter »keinem denkbaren Gesichtspunkt« bestand. Aus dem »Weiterverkauf« der Leistungen des Speziallaborarztes an den abrechnenden Angeklagten erwachsen dem abrechnenden Arzt keinerlei Zahlungsansprüche gegen den Patienten, da die Regelungen der GOÄ abschließend sind und der Rechnung des Angeklagten keine durch die Zahlung erlöschende Forderung zugrunde lag. Der Angeklagte selbst habe keine Leistung erbracht und könne auch keine Forderung des Laborarztes geltend machen. Eine Forderung des Laborarztes werde nicht erfüllt, sodass die Gefahr einer weiteren Inanspruchnahme des Patienten durch diesen bestehe. Auch die »lege artis« (Labor) bzw. »fehlerfrei« (Akupunktur und Osteopathie) erbrachten Leistungen führen nicht zur Verneinung des tatbestandlichen Schadens im Sinne von § 263 StGB.

27 Nach diesem Beschluss des BGH vom 25.01.2012 ist zu konstatieren, dass das Risiko der Strafverfolgung für Ärzte bei der Abrechnung ihrer Leistungen im Fall von Verstößen gegen die persönliche Leistungserbringungspflicht, insbesondere im privatärztlichen Bereich, gestiegen ist. Der vorliegenden Entscheidung ist zweifelsohne eine restriktive Auslegung der Abrechnungsregeln zu entnehmen.

28 Wegen des Prinzips der persönlichen Leistungserbringung rechnet grundsätzlich derjenige Arzt für seine ärztlichen Leistungen ab, der sie erbracht hat. Auch deshalb sieht § 4 Abs. 5 GOÄ eine **Unterrichtungspflicht** des Arztes dergestalt vor, dass Patienten zuvor durch den (beauftragenden) Arzt unterrichtet werden, sofern Dritte Leistungen erbringen, die diese mit dem Zahlungspflichtigen unmittelbar abrechnen (vgl. weiter: *Taupitz/Neikes*, Laboruntersuchungen als »eigene« Leistung im Sinne der GOÄ, MedR 2008, 121 ff.).

### IV. Abrechnung von Laborleistungen durch einen leitenden Arzt eines Krankenhauslabors ohne eigene Liquidationsberechtigung

29 Liquidationsberechtigte Ärzte anderer Fachgebiete können die in ihrem Fachgebiet anfallenden Basislaborleistungen von einem **Krankenhauslabor** erbringen lassen und auch dann als eigene Leistungen abrechnen, wenn die Laborleitung einem Arzt übertragen wurde, der nicht Facharzt für Laboratoriumsmedizin ist.

30 Die 2. Alternative in § 4 Abs. 2 Satz 2 bezieht sich nicht auf Speziallaborleistungen. Diese dürfen nur nach Maßgabe von § 4 Abs. 2 Satz 1 und durch den Arzt liquidiert werden, der über die entsprechende fachliche Kompetenz nach der jeweils geltenden Weiterbildungsordnung verfügt (*Brück et al.* § 4 Rn. 12).

### V. Wahlärztliche Leistungen

31 § 4 Abs. 2 Satz 3 enthält in den Nrn. 1 bis 3 einen Katalog von Leistungen, die im Rahmen einer wahlärztlichen Krankenhausbehandlung nicht als eigene Leistungen gelten, wenn sie nicht durch den **Wahlarzt** oder dessen vor Abschluss des Wahlarztvertrages dem Patienten benannten **ständigen ärztlichen Vertreter** persönlich erbracht werden. In diesem enumerativen Katalog sind im Wesentlichen Nebenleistungen erfasst. Damit soll ein Anreiz gesetzt werden, dass sich der Wahlarzt bzw. der ständige ärztliche Vertreter dem Patienten persönlich widmen und diese Leistungen erbringen. Sie dürfen nur unter dieser Voraussetzung als eigene Leistungen abgerechnet werden.

**Wahlarzt** im Sinne dieser Bestimmung ist nicht nur ein Chefarzt, sondern jeder Arzt in einer stationären Einrichtung, der aufgrund seiner besonderen Kenntnisse, Erfahrungen und Fertigkeiten vom Träger der medizinischen Einrichtung zum Wahlarzt bestellt wurde. 32

Die Norm sieht den Abschluss einer **Vereinbarung über wahlärztliche Leistungen** mit einem Patienten vor. In der Praxis sind Wahlleistungsvereinbarungen oder Wahlarztverträge üblich, wobei beide Begriffe synonym verwandt werden. Der Terminus **Wahlleistung** fand sich schon in der alten Bundespflegesatzverordnung (jetzt § 16 BPflV) und wurde in § 2 des Gesetzes über die Entgelte für voll- und teilstationäre Krankenhausleistungen (Krankenhausentgeltgesetz – KHEntgG) vom 23.04.2002, zuletzt geändert durch Art. 2 G v. 03.06.2021, BGBl. I S. 1309, aufgenommen. § 2 Abs. 1 KHEntgG führt unter Bezugnahme auf § 1 Abs. 1 KHEntgG beispielhaft **Krankenhausleistungen** auf, insbesondere die ärztliche Behandlung, die Krankenpflege, die Versorgung mit Arznei-, Heil- und Hilfsmitteln sowie die Unterkunft und Verpflegung. Krankenhausleistungen werden als **allgemeine Krankenhausleistungen und Wahlleistungen** erbracht. Allgemeine Krankenhausleistungen werden in § 2 Abs. 2 Satz 1 KHEntgG wie folgt definiert: Sie »sind die Krankenhausleistungen, die unter Berücksichtigung der Leistungsfähigkeit des Krankenhauses im Einzelfall nach Art und Schwere der Krankheit für die medizinisch zweckmäßige und ausreichende Versorgung des Patienten notwendig sind«. Ergänzend ist geregelt, dass unter diesen Voraussetzungen bestimmte andere Leistungen zu den allgemeinen Krankenhausleistungen gehören, z.B. die vom Krankenhaus veranlassten Leistungen Dritter. Der konkrete Inhalt von **Wahlleistungen** ist gesetzlich nicht vorgegeben. Es wird lediglich zwischen ärztlichen und nichtärztlichen Leistungen unterschieden (vgl. BVerfG, Beschl. v. 03.03.2015 – 1 BvR 3226/14). Im Umkehrschluss aus § 2 Abs. 2 KHEntgG lässt sich aber folgern, dass es sich um Leistungen handeln muss, die nicht nur medizinisch zweckmäßig, ausreichend und notwendig sind, sondern die über diesen Standard hinausgehen. Ein Wahlarzt muss daher über eine herausgehobene Qualifikation (»Chefarztstandard« in Abgrenzung zum Facharztstandard) verfügen, die ein zusätzliches Entgelt rechtfertigt. 33

Dass sich allgemeine Krankenhausleistungen und Wahlleistungen gegenseitig ausschließen, ergibt sich aus § 17 Abs. 1 Satz 1 KHEntgG, wonach neben den Entgelten für die voll- und teilstationäre Behandlung »andere als die allgemeinen Krankenhausleistungen als Wahlleistungen gesondert berechnet werden dürfen«. (a.A. AG Mosbach, Urt. v. 12.12.2018 – 2 C 97/17, MedR 2019, 395 ff.). Daraus folgt, dass jede Krankenhausleistung, die eine allgemeine Krankenhausleistung sein kann, keine Wahlleistung ist (ausführlich: *Bender* in: Rieger/Dahm/Steinhilper, Arztrecht, Krankenhausrecht, Medizinrecht, Nr. 5485: Wahlleistung Rn. 10). Aus der Regelung in § 2 KHEntgG leitet *Bender* weiter ab: »Ist die allgemein als Wahlleistung angebotene Leistung im konkreten Fall medizinisch notwendig, wie z. B. die Unterbringung in einem Einbettzimmer oder die Mitaufnahme eines Elternteils aus medizinischen Gründen, handelt es sich um eine allgemeine Krankenhausleistung, die mit den hierfür vorgesehenen Entgelten abgegolten wird. Nichts anderes gilt für die komplexe Therapie, für deren Durchführung kein anderer Arzt als der Wahlarzt des Krankenhauses hinreichend qualifiziert ist. In diesen Fällen darf der Krankenhausträger die Leistungen nicht vom Abschluss einer Wahlleistungsvereinbarung abhängig machen, da schon über die allgemeinen Krankenhausleistungen die medizinische Vollversorgung des Patienten sicherzustellen ist« (ebenda Rn. 14 m.w.N.).

Nach § 17 Abs. 2 KHEntgG sind Wahlleistungen vor der Erbringung schriftlich zu vereinbaren. Der Patient ist vor Abschluss der Vereinbarung schriftlich über die Entgelte der Wahlleistungen und deren Inhalt im Einzelnen zu unterrichten. Mit diesen Anforderungen an eine Wahlleistungsvereinbarung und an die Unterrichtungspflicht hat sich insbesondere die Rechtsprechung befasst (vgl. Rdn. 41). 34

Wird im Rahmen einer wahlärztlichen Vereinbarung zudem eine von der GOÄ abweichende Gebührenhöhe im Sinne von § 2 Abs. 1 Satz 1 GOÄ festgelegt, so ist dies nur für vom Wahlarzt höchstpersönlich erbrachte Leistungen zulässig. »**Höchstpersönlich**« bedeutet, dass die von einer solchen Vereinbarung erfassten Leistungen von dem Wahlarzt, nicht nur dem Chefarzt, stets eigenhändig zu erbringen sind, demzufolge die Ausführung der Leistungen durch einen ständigen 35 ärztlichen Vertreter aus gebührenrechtlicher Sicht unzulässig ist. Von dieser Ausnahme abgesehen ist es aber gem. § 4 Abs. 2 Satz 3 GOÄ zulässig, in einer Wahlleistungsvereinbarung auch die Leistungsbringung durch den »ständigen ärztlichen Vertreter« vorzusehen. Dieser muss, um die fachliche Qualifikation zu gewährleisten, Facharzt desselben Gebiets sein.

36 Theoretisch wird zwischen der internen Wahlarztkette (alle an der Behandlung des Patienten beteiligten liquidationsberechtigten angestellten oder beamteten Ärzte des Krankenhauses) und der externen Wahlarztkette (einschließlich der von diesen Ärzten veranlassten Leistungen von Ärzten und ärztlich geleiteten Einrichtungen außerhalb des Krankenhauses) gem. § 17 Abs. 3 Satz 1 KHEntgG unterschieden.

Mit Urt. v. 19.04.2018 – III ZR 255/17, billigt der BGH eine Wahlleistungsvereinbarung, die den Kreis der Wahlärzte auf alle an der Behandlung beteiligten liquidationsberechtigten Ärzte des Krankenhauses erstreckt. Diese Klausel differenzierte nicht weiter nach »beamteten und angestellten Ärzten des Krankenhauses«. Der BGH urteilte, dass diese Klausel bei objektiver Auslegung keinen von § 17 Abs. 3 Satz 1 KHEntgG abweichenden Inhalt aufweise und nur solche Ärzte erfasse, die in einem (festen) Anstellungs- oder Beamtenverhältnis zum Krankenhausträger stehen. Ausdrücklich wird festgestellt, dass Honorar-, Beleg- oder Konsiliarärzte nicht darunterfallen (ebenda Rn. 21). Entscheidend für die Wirksamkeit der Klausel dürfte die Gesamtschau der Vertragsunterlagen gewesen sein, denn als Anlage zu der Wahlarztvereinbarung war auch eine Wahlarztliste beigefügt. Darin wurden die beteiligten Krankenhausärzte im Einzelnen und nicht pauschal festgelegt wie in dem Fall, den das LG Stuttgart zu entscheiden hatte (LG Stuttgart, Urt. v. 04.05.2016 – 13 S 123/15).

Neben dem Wahlarzt kann in der Wahlleistungsvereinbarung ein ständiger ärztlicher Vertreter benannt werden. Dies muss vor Abschluss des Wahlarztvertrages erfolgen, damit der Patient diesen Aspekt in seine Entscheidung einbeziehen kann. Umstritten ist, ob mehrere ständige ärztliche Vertreter benannt werden dürfen. Die wörtliche Auslegung der Norm spricht nur für einen einzigen ständigen ärztlichen Vertreter. In der Fachliteratur wird überwiegend diese Auffassung vertreten (z.B. *Hoffmann* § 4 GOÄ Rn. 4).

37 *(unbesetzt)*

38 Die alternative Benennung ständiger ärztlicher Vertreter wird ebenfalls als nicht zulässig angesehen, weil dies der gewünschten Kontinuität in der wahlärztlichen Betreuung widersprechen würde. Zulässig sein soll aber ein Wechsel in der ständigen Vertretung, weil dies der Wortlaut des § 4 Abs. 2 Satz 3 nicht ausschließt. Verlangt wird ein sachlicher Grund für die Nachbenennung eines neuen ständigen ärztlichen Vertreters, z.B. Urlaub, Erkrankung oder Ausscheiden des bisherigen Vertreters (*Bender*, Vertretung des Chefarztes bei wahlärztlicher Behandlung, MedR 2008, 336, 338).

39 Über die Benennung mehrerer Vertreter (vgl. OLG Hamburg, Beschl. v. 15.01.2018 u.v. 27.03.2018 – 3 U 220/16) oder über den Wechsel der Vertreter hatte der BGH bisher nicht zu entscheiden.

40 In seinem Urt. v. 20.12.2007 – III ZR 144/07, hat sich der BGH mit der Wirksamkeit einer **Stellvertretervereinbarung** auseinandergesetzt, primär unter dem Blickwinkel, dass diese tatsächlich vollziehbar sein muss, also der Wahlarzt oder sein **Stellvertreter** nicht von vornherein verhindert ist. Strittig war insbesondere, unter welchen Voraussetzungen Klauseln in einer formularmäßigen Wahlleistungsvereinbarung im Hinblick auf den Stellvertreter wirksam sind. Der BGH hebt besonders hervor, dass der Wahlarzt im Fall seiner Verhinderung über die Ausführung seiner **Kernleistung** hinaus Aufgaben an einen Stellvertreter übertragen darf, sofern dies zuvor wirksam mit dem Patienten vereinbart wurde. Aus dem Umkehrschluss von § 2 Abs. 3 Satz 2, § 4 Abs. 2 Satz 3 und § 5 Abs. 5 ergibt sich, »dass der Wahlarzt unter Berücksichtigung der darin bestimmten Beschränkungen des Gebührenanspruchs Honorar auch für die Leistungen verlangen kann, deren Erbringung er nach Maßgabe des allgemeinen Vertragsrechts wirksam einem Vertreter übertragen hat« (ebenda Rn. 8). Begründet wird dies insbesondere mit der Intention des Verordnungsgebers, der mit der

Regelung in § 4 Abs. 2 Satz 3 die Vertretungsmöglichkeiten auf den ständigen ärztlichen Vertreter des Wahlarztes beschränken wollte.

In dem vom BGH mit Urt. v. 20.12.2007 entschiedenen Fall lag eine wirksame Vertreterregelung nicht vor, weil die Verhinderung des Wahlarztes bereits zum Zeitpunkt des Abschlusses der Wahlleistungsvereinbarung feststand, sodass die Erfüllung der Vereinbarung schon zu diesem Zeitpunkt objektiv unmöglich war. Als zulässig wird deshalb nur eine Klausel angesehen, in der der Einsatz des Vertreters des Wahlarztes auf die Fälle beschränkt ist, »in denen dessen Verhinderung im Zeitpunkt des Abschlusses der Wahlleistungsvereinbarung nicht bereits feststeht, etwa weil die Verhinderung (Krankheit, Urlaub etc.) selbst noch nicht absehbar ist« (ebenda Rn. 9). Der ständige ärztliche Vertreter muss in der Wahlleistungsvereinbarung namentlich benannt sein. Daneben bestehen gegenüber dem Patienten besondere **Unterrichtungspflichten.** Der Patient ist »so früh wie möglich über die Verhinderung des Wahlarztes zu unterrichten und ihm (ist) das Angebot zu unterbreiten, dass an dessen Stelle ein bestimmter Vertreter zu den vereinbarten Bedingungen die wahlärztlichen Leistungen erbringt« (ebenda Rn. 15 m.w.N.). Der Patient ist über alternative Optionen zu informieren, beispielsweise darüber, dass er auf die Inanspruchnahme wahlärztlicher Leistungen verzichten und sich ohne Zuzahlung von dem jeweils diensthabenden Arzt behandeln lassen kann. Dem Patienten ist auch zur Wahl zu stellen, eine verschiebbare Maßnahme bis zum Ende der Verhinderung des Wahlarztes zurückzustellen. 41

Die Unterrichtungspflicht soll den Patienten vor finanzieller Überforderung schützen. Er soll dadurch in die Lage versetzt werden, abzuwägen, ob und in welchem Umfang er Wahlleistungen für sich in Anspruch nehmen will und zu welchem Preis (LG Kiel, Urt. v. 15.02.2001 – 1 S 206/00, MedR 2001, 369 ff.). Weitere Grundsätze für die Wirksamkeit von Wahlleistungsvereinbarungen in Hinblick auf die Unterrichtungspflicht hat das OLG Düsseldorf in seinem Urt. v. 22.02.2007 – 8 U 119/06 (MedR 2007, 480 ff.) aufgestellt.

(unbesetzt) 42

Die o.g. Entscheidung des BGH vom 20.12.2007 betraf den Fall der vorhersehbaren Verhinderung des Wahlarztes und seiner Vertretung. Anders war der Sachverhalt, den das OLG Braunschweig mit Urt. v. 25.09.2013 – 1 U 24/12, zu entscheiden hatte. Hier war ein in der Wahlleistungsvereinbarung als Vertreter genannter Operateur kurzfristig »eingesprungen«. Das Gericht konstatiert insbesondere eine Informationspflicht des Patienten wegen der Vertretung, denn seine Einwilligung in die medizinische Behandlung erstrecke sich bei einer Wahlleistungsvereinbarung nicht ohne weiteres auch auf die mögliche Durchführung der Operation durch den benannten ständigen ärztlichen Vertreter des Wahlarztes (vgl. *Walter*, jurisPR-MedizinR 5/2014, Anm. 1). Davon hebt sich die Entscheidung des OLG Hamm vom 21.10.2013 – 3 U 17/12, ab, wobei nach dem Sachverhalt nicht deutlich wird, ob ein Fall der vorhersehbaren oder nicht vorhersehbaren Verhinderung des Wahlarztes vorlag. Allein aus dem Abschluss eines Zusatzvertrages über eine Chefarztbehandlung könne jedenfalls dann nicht grundsätzlich eine Beschränkung der Einwilligung auf eine Vornahme der Operation durch den Chefarzt selbst hergeleitet werden, wenn der Zusatzvertrag eine Vertreterregelung enthalte. Hier war der Vertreter ausdrücklich benannt und der beweispflichtige Kläger hatte auch keinen Beweis dafür angetreten, dass er besonderen Wert auf die Durchführung der Operation durch den Chefarzt legte (vgl. auch *Debong*, Die Einwilligung des (Wahlleistungs-) Patienten in die Behandlung durch einen anderen Arzt oder Vertreter, ArztRecht 2/2015, S. 33 ff.). 42a

Ein Honorararzt »ist ein (Fach-)Arzt, der auf Grund eines Dienstvertrags im stationären und/oder ambulanten Bereich des Krankenhauses ärztliche Leistungen für den Krankenhausträger erbringt, ohne bei diesem angestellt oder als Beleg- oder Konsiliararzt tätig zu sein« (BGH, Urt. v. 10.01.2019 – III ZR 325/17 Rn. 13). 42b

Bis zur Entscheidung des BGH vom 16.10.2014 – III ZR 85/14, bot die Rechtsprechung ein uneinheitliches Bild. Einerseits wurde die Auffassung vertreten, dass Honorarärzte grundsätzlich berechtigt seien, wahlärztliche Leistungen zu erbringen und abzurechnen (z.B. LG Nürnberg-Fürth, Beschl. v. 05.03.2012 – 11 S 9701/11, LG Würzburg, Beschl. v. 22.05.2012 – 42 S 409/

12). Andererseits wurde dies insbesondere unter Bezugnahme auf den Wortlaut von § 17 Abs. 3 KHEntgG abgelehnt (z.B. AG Hamburg, Urt. v. 18.07.2012 – 22a C 6/12 oder LG Kiel, Urt. v. 31.05.2013 – 1 S 75/12).

42c Nunmehr hat der BGH mit Urt. v. 16.10.2014 entschieden, dass bei einem Krankenhausträger nicht fest angestellte Honorarärzte, die operative Leistungen im Krankenhaus gegenüber Privatpatienten erbringen, diese nicht als Wahlleistung i.S.d. § 17 Abs. 1 Satz 1 KHEntgG abrechnen dürfen.

42d Durch den beklagten Honorararzt waren im Krankenhaus neurochirurgische Leistungen erbracht worden. Der Neurochirurg war im Krankenhaus nicht fest angestellt, sondern es bestand eine Kooperationsvereinbarung mit dem Krankenhaus. Die Patientin hatte eine Wahlleistungsvereinbarung mit dem Krankenhausträger unterzeichnet, worin der Beklagte nicht genannt war.

42e Deshalb hat der BGH dem Honorararzt keinen Anspruch aus »eigenem Recht« zuerkannt. Zudem kann sich eine Wahlleistungsvereinbarung nur auf Wahlleistungen erstrecken, die angestellte und beamtete Ärzte des Krankenhauses erbringen, soweit diese zur gesonderten Berechnung ihrer Leistungen im Rahmen der voll- und teilstationären Behandlung berechtigt sind, einschließlich der von diesen Ärzten veranlassten Leistungen von Ärzten und ärztlich geleiteten Einrichtungen außerhalb des Krankenhauses. Honorarärzte, also Fachärzte, die im stationären und/oder ambulanten Bereich des Krankenhauses ärztliche Leistungen für den Krankenhausträger erbringen, ohne bei diesem angestellt, als Belegarzt oder Konsiliararzt tätig zu sein, kommen als Wahlärzte gem. § 17 Abs. 3 Satz 1 KHEntgG nicht in Betracht. Der BGH betont, dass diese Norm den Kreis der liquidationsberechtigten Wahlärzte abschließend festlegt und dass davon auch nicht im Wege einer unmittelbar zwischen dem selbstständigen Honorararzt und dem Patienten getroffenen Vereinbarung abgewichen werden kann. Folglich war die Wahlleistungsvereinbarung zwischen dem Krankenhausträger und der Patientin gem. § 134 BGB nichtig und der beklagte Honorararzt zur Rückzahlung des erhaltenen Honorars gem. § 812 Abs. 1 Satz 1 BGB verpflichtet.

42f In der Urteilsbegründung geht der BGH ausdrücklich auf die Änderungen des § 2 KHEntgG durch das Psych-Entgeltgesetz vom 21.07.2012 ein und führt aus, dass der Gesetzgeber damit klargestellt hat, dass eine allgemeine Krankenhausleistung auch durch nicht fest angestellte Honorarärzte erbracht werden darf, ihnen aber die gesonderte Abrechnung von Wahlleistungen versagt bleibt. Die gegen die Entscheidung bei dem BVerfG eingelegte Beschwerde war nicht erfolgreich (BVerfG, Nichtannahmebeschl. v. 03.03.2015 – 1 BvR 3226/14). Weder der Wortlaut noch der Sinn und Zweck oder die Entstehungsgeschichte des § 17 Abs. 3 Satz 1 KHEntgG geben Anlass, in die Regelung neben dem expressis verbis genannten Personenkreis auch Honorarärzte einzuschließen. Die Erbringung und Abrechnung wahlärztlicher Leistungen können zudem nicht in Umgehung von § 17 KHEntgG durch einen privatärztlichen Vertrag zwischen einem Honorararzt und einem Patienten vereinbart werden.

Mit Urt. v. 10.01.2019 (III ZR 325/17) bestätigt der BGH seine Rechtsprechung und führt sie fort. In diesem Fall hatte die Patientin neben einer Wahlleistungsvereinbarung mit dem Krankenhausträger einen gesonderten Privatbehandlungsvertrag mit dem Honorararzt geschlossen. Der Honorararzt war in der Wahlleistungsvereinbarung nicht als Wahlarzt oder Stellvertreter benannt. Im Hinblick auf diese Konstellation hat der BGH geurteilt, »dass § 17 Abs. 3 S. 1 KHEntgG als zwingende preisrechtliche Schutzvorschrift zugunsten des Patienten nicht nur einer Honorarvereinbarung entgegensteht, die der Honorararzt unmittelbar mit dem Patienten abschließt (Senat, NJW 2015, 1375 Rn. 23), sondern auch verbietet, den Honorararzt in der Wahlleistungsvereinbarung als originären Wahlarzt zu benennen. Derartige Vereinbarungen sind gem. § 134 BGB nichtig«. (ebenda Rn. 25). Begründet wird dies insbesondere damit, dass ein Honorararzt die Möglichkeit hat, die Höhe seines Honorars »frei und unabhängig von den Vorgaben der Gebührenordnung für Ärzte oder etwaiger Tarifbindungen des Krankenhauses [...]« zu vereinbaren (ebenda Rn. 31 m.w.N.).

43 Mit der Regelung in § 5 Abs. 5 wird ein gebührenrechtlicher Anreiz dahingehend gesetzt, dass der Wahlarzt oder dessen ständiger ärztlicher Vertreter die vereinbarten wahlärztlichen Leistungen

persönlich erbringt. Ist dies nicht gewährleistet, so bewirkt dies eine **Absenkung des Gebührenrahmens** auf das 2,3 bzw. 1,8fache des Gebührensatzes.

Die strikte Bindung für Entgelte wahlärztlicher Leistungen an die Gebührenordnung für Ärzte folgt insbesondere aus den §§ 1 und 4 i.V.m. § 17 Abs. 3 KHEntgG. Danach findet für die Berechnung wahlärztlicher Leistungen die Gebührenordnung für Ärzte entsprechende Anwendung, soweit sich dies nicht bereits aus der Gebührenordnung ergibt. Aus der Gebührenordnung (§ 1 Abs. 1) folgt dies mit Blick auf den jeweiligen Wahlarzt, mit dem ein Wahlarztvertrag oder eine Wahlleistungsvereinbarung geschlossen wurde. Ist der Krankenhausträger ein Vertragspartner, resultiert dies zwingend aus § 17 Abs. 3 Satz 7 KHEntgG. 44

Die Honorarminderungspflicht gem. § 6a in Höhe 25 % gilt auch für stationäre wahlärztliche Leistungen (§ 6a Rdn. 18 ff.). 45

Für Leistungen nach Abschnitt E (**physikalisch-medizinische Leistungen**) gilt gem. § 4 Abs. 3 Satz 4, dass wahlärztliche Leistungen nur abrechnungsfähig sind, wenn der Wahlarzt oder dessen ständiger Vertreter die Zusatzbezeichnung »Physikalische Therapie« oder die Gebietsbezeichnung »Facharzt für Physikalische und Rehabilitative Medizin« führt und die Leistungen nach fachlicher Weisung unter deren Aufsicht erbracht werden. 46

Regelmäßig werden solche Leistungen in der Praxis nicht durch den Wahlarzt oder dessen ständigen ärztlichen Vertreter persönlich erbracht, sondern durch einen Krankengymnasten, Masseur oder andere nicht ärztliche Mitarbeiter einer medizinischen Einrichtung. Sofern diese Mitarbeiter die Leistungen nicht eigenverantwortlich durchführen und sie nach fachlicher Weisung unter deren Aufsicht übernehmen, sind sie für den Wahlarzt abrechnungsfähig. Die Leistung des Wahlarztes darf sich aber nicht nur auf die Anordnung der Maßnahmen beschränken, insofern wird auf die unter der Rdn. 31 ff. (§ 4) angeführte Rechtsprechung verwiesen. 47

### VI. Das Zielleistungsprinzip gem. § 4 Abs. 2a

Mit der vierten Änderungsverordnung zur GOÄ wurde in § 4 der Abs. 2a ergänzt. Die Regelung knüpft an § 4 Abs. 2 und insbesondere den Begriff »selbständige ärztliche Leistungen« an. »Für eine Leistung, die Bestandteil oder eine besondere Ausführung einer anderen Leistung nach dem Gebührenverzeichnis ist, kann der Arzt eine Gebühr nicht berechnen, wenn er für die andere Leistung eine Gebühr berechnet.« Im Weiteren wird geregelt, dass dieser Grundsatz auch für die operativen Einzelschritte gilt, die zur Erbringung der im Gebührenverzeichnis aufgeführten operativen Leistungen methodisch notwendig sind. Der Begriff der **Ziel- oder Komplexleistung** wird in dem Kontext weder erwähnt noch definiert. In der vom Bundesrat beschlossenen Fassung wird kurz begründet, dass diese Regelung »[…] der Klarstellung und Verdeutlichung der Anwendung des Ziel- oder Komplexleistungsprinzips auch im operativen Bereich [dient]«. Parallel wurden dem Abschnitt L (Chirurgie, Orthopädie) allgemeine Bestimmungen vorangestellt: »Zur Erbringung der in Abschnitt L aufgeführten typischen operativen Leistungen sind in der Regel mehrere operative Einzelschritte erforderlich. Sind diese Einzelschritte methodisch notwendige Bestandteile der in der jeweiligen Leistungsbeschreibung genannten Zielleistung, so können sie nicht gesondert berechnet werden«. 48

Sowohl in den einschlägigen Kommentaren als auch in der Rechtsprechung lässt sich ein vielfältiges, teils heterogenes Bild zur Auslegung dieser Norm feststellen (z.B. *Brück et al.* § 4 Rn. 4; *Hoffmann* § 4 Rn. 1). Aus historischer Sicht ist die Begründung im Kommentar zur GOÄ von *Brück et al.* aufschlussreich. Danach war die Aufnahme des Begriffs der Zielleistung in die GOÄ von Anfang an mit dem Problem verbunden, dass die zwingend erforderliche parallele Überarbeitung der Leistungspositionen unterblieben ist. Dies wäre insbesondere wegen der Vielzahl neuer Operationen bzw. des medizinisch-wissenschaftlichen Fortschrittes erforderlich gewesen und führt nunmehr zu den bekannten Anwendungsproblemen. 49

50 *Miebach* sieht trotz allem im Zielleistungsprinzip eine der wichtigsten Grundregeln bei der Anwendung der GOÄ und beschreibt es wie folgt: »Manche dieser Gebührenordnungspositionen (der GOÄ) beinhalten Leistungen, die einerseits isoliert, also mit eigenständiger Zielleistung, andererseits aber auch als Teilleistung einer anderen, umfassenderen (und mit einer Gebührenposition im Gebührenverzeichnis dargestellten) Leistung erbracht werden können. Um eine Doppelhonorierung zu verhindern, regelt die GOÄ, dass im letzteren Fall nur die umfassendere Leistung berechnungsfähig ist. Dieser Grundsatz wird als ›Zielleistungsprinzip‹ bezeichnet« (*Miebach*, MedR 2003, 88 ff.).

51 Die Autoren des Gebührenordnungskommentars von *Hoffmann* (Herausgeber) lehnen den Zielleistungsbegriff, insbesondere in Auseinandersetzung mit den Ausführungen im Brück, weitgehend ab. Es wird u.a. kritisiert, dass die Gebührenordnung im Gebührenverzeichnis (Leistungsverzeichnis) in zahlreichen Fällen keine eindeutigen Regelungen enthält wie die Abgrenzung zwischen selbstständigen und unselbstständigen Leistungen vorzunehmen ist (*Hoffmann*, § 4, 18). Gleichzeitig werden zur Klärung der Selbstständigkeit einer Leistung i.S.d. § 4 Abs. 2 folgende **Prüfanforderungen** aufgestellt: A. War die Leistung oder Teilleistung zum Zeitpunkt der Formulierung der Leistungslegende schon bekannt oder ist sie erst später wissenschaftlich entwickelt und in die operative Technik eingeführt worden? Hat diese ältere Leistung oder Teilleistung die neuere ersetzt oder hat eine Erweiterung stattgefunden? Dieser Fragenkomplex lässt sich als historische Prüfung oder Auslegung umschreiben (historische Prüfung).

B. Die Prüfung der Bewertung einer Leistung insbesondere mit der Frage: Ist die Teilleistung bei der Bewertung der Hauptleistung gemessen an den Punktzahlen dieser Leistung in die Bewertung eingeflossen?

C. Die medizinische Prüfung, die feststellen soll, ob sich die Notwendigkeit der Teilleistung aus der operativen Hauptleistung selbst ergibt (*Hoffmann* § 4, Satz 18/2).

Diese Prüfkriterien hat insbesondere der BGH aufgegriffen und in folgenden wesentlichen Entscheidungen weiterentwickelt:

1) In der Entscheidung vom 13.05.2004 – III ZR 344/03 (MedR 2005, 228 ff.) urteilt der BGH zur Anwendung des Zielleistungsprinzips bei der Durchführung einer Operation nach der Nr. 2757 GOÄ (Radikaloperation der bösartigen Schilddrüsengeschwulst). Das Gericht äußert sich zu der ergänzenden analogen Berechnung von ärztlichen Leistungen, die in der Bewertung einer im Gebührenverzeichnis beschriebenen Zielleistung nicht berücksichtigt sind, weil sie dem Verordnungsgeber bei Erlass der Gebührenordnung noch nicht bekannt waren (hier: systematische Kompartmentausräumung mit weitgehender Freilegung von Blutgefäßen und Nervenbahnen im Zusammenhang mit der Radikaloperation der bösartigen Schilddrüsengeschwulst). Der BGH prüft u.a., ob die Honorierung der Operationsleistung nach der Nr. 2757 unter Ausschöpfung des Gebührenrahmens angemessen sein könnte. Nach § 5 Abs. 2 bestehe durchaus die Möglichkeit, in dem durch den Gebührenrahmen begrenzten Umfang Besonderheiten Rechnung zu tragen, die auf eine neue Behandlungsmethode und Entwicklungen der medizinischen Wissenschaft zurückgehen. »Es ist aber nicht Aufgabe der Vorschrift, für eine angemessene Honorierung solcher Leistungen zu sorgen, für die eine Analogberechnung in Betracht kommt« (BGH, ebenda, Rn. 22). Der Arzt kann auch nicht auf eine abweichende Vereinbarung gem. § 2 Abs. 1 Satz 1 verwiesen werden. In diesem Fall hält es der BGH für zulässig, »die Regelungslücke in Bezug auf die hier vorgenommene Operation durch eine weitere, den Gebührenrahmen ausschöpfende Berechnung der Gebührennummer 2757 nach § 6 Abs. 2 GOÄ zu schließen« (ebenda, Rn. 24).

2) In dem Urteil des BGH vom 16.03.2006 – III ZR 217/05 (MedR 2006, 655 ff.) erteilt das oberste Gericht der engen Auslegung der §§ 4 Abs. 2 und 2a durch private Krankenversicherer eine Absage. Danach kann die Frage, ob eine Leistung als methodisch notwendiger Einzelschritt (hier: Nrn. 2260, 2064, 2134 und 2029) einer anderen Leistung (hier: Nr. 2297), der Zielleistung, angesehen wird, nicht allein anhand der Begrifflichkeit beantwortet werden. Vielmehr ist zu prüfen, in welchem Sinnzusammenhang die in Rede stehenden Leistungsbeschreibungen

zueinander stehen und welche Bewertung sie durch den Verordnungsgeber erfahren haben. Dafür benötigen die Gerichte regelmäßig fachlich-medizinischen Sachverstand eines Gutachters.

3) Zur selbstständigen Abrechenbarkeit der Durchleuchtung nach Nr. 5295 neben einer Operation an der Halswirbelsäule äußert sich der BGH in dem Urt. v. 21.12.2006 – III ZR 117/06 (GesR 2007, 117 ff.). Eine Durchleuchtung nach der Nr. 5295 ist als selbstständige Leistung anzuerkennen, wenn sie als weiterführende Methode zur Klärung einer diagnostischen Frage eingesetzt wird. Die Selbstständigkeit der Leistung ist nicht wegen § 4 Abs. 2a zu verneinen. »Die Durchleuchtung ist zwar als Leistung aus dem Abschnitt O (Strahlendiagnostik, Nuklearmedizin) keine Leistung im Sinne der Allgemeinen Bestimmungen im Abschnitt L (Chirurgie, Orthopädie), die nicht gesondert abrechenbar wäre, weil sie als methodisch notwendiger Bestandteil der an der Halswirbelsäule vorgenommenen Operation anzusehen wäre« (ebenda, Rn. 20). Sie ist insoweit aber kein methodisch notwendiger operativer Einzelschritt im Sinne von § 4 Abs. 2a Satz 2.

4) In dem Urt. v. 05.06.2008 – III ZR 239/07 (MedR 2008, 669 ff.) wird diese Rechtsprechung konsequent fortgeführt. Das Gericht stellt fest, dass § 4 Abs. 2a Satz 1 und 2 eine doppelte Honorierung ärztlicher Leistungen vermeiden soll. Verlangt wird, einen abstrakt-generellen Maßstab anzulegen. Hierbei sind vor allem der Inhalt und der systematische Zusammenhang sowie die Bewertung der Leistungen relevant. Der BGH teilt nicht die Auffassung, dass der Begriff methodisch notwendiger Bestandteil einer Zielleistung im Sinne der kunstgerechten ärztlichen Erbringung zu verstehen ist. Der Maßstab ärztlicher Kunst ist bei der Erbringung jeder ärztlichen Leistung, unabhängig davon, ob es sich um selbstständige oder unselbstständige handelt, zu berücksichtigen.

5) In dem Urt. v. 21.01.2010 – III ZR 147/09 (MedR 2010, 314 ff.) befasst sich der BGH mit der Abrechenbarkeit des Einsatzes einer computergestützten Navigationstechnik bei einer Totalendoprothese des Kniegelenkes. Im Ergebnis stellt das Gericht fest, dass der Einsatz einer computergestützten Navigationstechnik bei der Durchführung einer Totalendoprothese des Kniegelenkes nach Nr. 2153 nicht nach Nr. 2562 analog abrechenbar ist. Das Urteil ist aus ärztlicher Sicht unbefriedigend. Einerseits erkennt der BGH an, dass der mit der Bereitstellung und Anwendung einer solchen Technik verbundene Aufwand bei der Bewertung der Totalendoprothese des Knies nach Nr. 2153 nicht berücksichtigt worden ist. Diese computergestützte Navigationstechnik war nämlich weder bei Inkrafttreten der Gebührenordnung für Ärzte noch im Zuge der verschiedenen Novellierungen des Gebührenverzeichnisses bekannt. Andererseits stellt der Einsatz der Navigationstechnik nach Meinung des BGH keine selbstständige Leistung dar; sie ist Teil des in der Nr. 2153 beschriebenen endoprothetischen Totalersatzes der Kniegelenke und zwar als eine besondere Ausführungsart dieser Operation, die auch ohne den Einsatz dieser Technik vorgenommen werden könne.

6) Streitig war die Abrechnung der Synovektomie bei einem Totalersatz von Hüftpfanne und Hüftkopf. Hier entschied der VGH Mannheim mit Urt. v. 04.02.2013 – 2 S 1903/12 (über https://verwaltungsgerichtshof-baden-wuerttemberg.justiz-bw.de), dass es sich »bei der in der GOÄ-Nr. 2113 beschriebenen Synovektomie - Hüftgelenk [...] nicht um einen methodisch notwendigen Bestandteil der in der GOÄ-Nr. 2151 aufgeführten ärztlichen Leistung (endoprothetischer Totalersatz von Hüftpfanne und Hüftkopf - Alloarthroplastik) handelt. Für diese Leistung kann deshalb gemäß § 4 Abs. 2a S. 2 GOÄ neben einer Gebühr nach der GOÄ-Nr. 2151 eine weitere Gebühr nach der GOÄ-Nr. 2113 berechnet werden, wenn hierfür eine eigenständige Indikation vorliegt«.

Diese Entscheidungen lassen erkennen, dass bei der Auslegung ausgehend vom Sinn und Zweck der Norm (§ 4 Abs. 2a) neben dem medizinischen Kontext, die historischen Bezüge im Hinblick auf die Entwicklung des Gebührenverzeichnisses der GOÄ und die Bewertungsrelation der einzelnen Leistungen und Teilleistungen im Vergleich zur Zielleistung zu berücksichtigen sind. Insofern werden die von Hoffmann entwickelten Kriterien aufgenommen und am konkreten Fall angewandt. Der BGH hat bisher offengelassen, ob die genannten (3) Kriterien kumulativ vorliegen müssen. Hierzu wird von *Riedel* die Auffassung vertreten, dass die Kriterien in einer Wechselbeziehung dergestalt stehen, »dass ein geringerer Grad des einen Merkmals durch einen höheren Grad beim anderen Merkmal ausgeglichen werden kann und umgekehrt« (*Riedel*, Die Ausgestaltung von § 4 Abs. 2a GOÄ durch die jüngste Rechtsprechung des Bundesgerichtshofes GesR 11/2008, 580 ff., 583).

### VII. Das Verhältnis von Praxiskosten und Gebühren sowie das Abtretungsverbot für solche Kosten

53 § 4 Abs. 3 Satz 1 regelt das Verhältnis der **Praxiskosten** zu den Gebühren. Mit den Gebühren sind die Praxiskosten einschließlich der Kosten für den Sprechstundenbedarf sowie die Kosten für die Anwendung von Instrumenten und Apparaten abgegolten, soweit die GOÄ nicht etwas anderes bestimmt. Folglich sind die Praxiskosten Bestandteil der nach dem Gebührenverzeichnis zu berechnenden Gebühren und mit diesen grundsätzlich beglichen. Davon ausgenommen sind die nach § 10 zulässigen Auslagen (vgl. § 10 Rdn. 3) sowie nach dem Leistungsverzeichnis der GOÄ gesondert berechnungsfähige Kosten. Beispielhaft wird die Gebührenordnungsnummer 1812 (Anlegen einer Ureterverweilschiene bzw. eines Ureterkatheders) angeführt. Neben der Gebühr sind hier die Kosten für die Schiene bzw. den Katheder gesondert berechnungsfähig.

54 Als Praxiskosten fallen beispielsweise Personalkosten, Raumkosten, Kosten für die Fortbildung oder Kosten für die Berufshaftpflichtversicherung an. Diese Kosten sind steuerlich als Betriebsausgaben absetzbar, nicht aber auf die Gebühren umlegbar oder anteilmäßig berechnungsfähig.

55 Dieser Auslegung ist die Rechtsprechung gefolgt. Im Zusammenhang mit der Durchführung ambulanter Operationen wurde beispielsweise entschieden, dass mit den Gebühren für ärztliche Leistungen nach § 4 Abs. 3 Satz 1 die Praxiskosten einschließlich der Kosten für die Anwendung von Instrumenten und Apparaten sowie der Kosten für die Bereitstellung eines Operationssaales abgegolten sind (VGH Baden-Württemberg, Urt. v. 08.03.1995 – 4 S 1647/94).

56 Grundsätzlich die gleiche Richtung verfolgt der BGH in seinem Urt. v. 27.05.2004 – III ZR 264/03. In dieser Entscheidung arbeitet der BGH insbesondere die Besonderheiten der Praxiskosten im Hinblick auf die Gebührenordnung für Zahnärzte, teils im Vergleich zur GOÄ, heraus. Auch im zahnärztlichen Bereich sind mit den Gebühren die Praxiskosten einschließlich der Kosten für Füllungsmaterial, für den Sprechstundenbedarf sowie für die Anwendung von Instrumenten und Apparaten abgegolten, soweit nicht im Gebührenverzeichnis etwas anderes bestimmt ist (§ 4 Abs. 3 Satz 1 GOZ). Gemäß dem Vorbehalt sind im Gebührenverzeichnis an verschiedenen Stellen gesondert berechnungsfähige Materialien vorgesehen (ebenda, Rn. 9). Dies betraf nicht die im konkreten Fall verwendeten Implantatbohrersätze, die nach einmaliger Anwendung verbraucht sind. Das Gericht bejaht im Ergebnis die Berechnungsfähigkeit und begründet dies im Wesentlichen mit den unverhältnismäßig hohen Kosten, die durch die allgemeinen Gebühren nicht gedeckt sind (ebenda, Rn. 16 ff.). So hätte z.B. das Einfache des Gebührensatzes nicht einmal die Bohrerkosten gedeckt. Es erschien dem Senat daher ausgeschlossen, »dass der Verordnungsgeber Kosten in dieser Größenordnung, die zu den üblichen Kosten der Praxis und des Sprechstundenbedarfs hinzutreten, vor Augen hatte, als er (nur) die gesonderte Berechnungsfähigkeit von Implantaten und Implantatteilen regelte« (ebenda, Rn. 22). Es wird nicht als entscheidend angesehen, ob es sich um eine tatsächliche Regelungslücke handelt oder nur um eine Fehleinschätzung der mit implantologischen Leistungen verbundenen Kosten. Jedenfalls werden die Zahnärzte nicht an den Verordnungsgeber verwiesen, sondern der BGH stellt fest: »dass so ins Gewicht fallende Kosten von Einmalwerkzeugen in erweiterter Auslegung der Allgemeinen Bestimmung Nr. 2 des Abschnitts K gesondert berechnet werden dürfen« (ebenda, Rn. 22). Inwieweit diese Begründung auf den ärztlichen Bereich übertragbar ist, muss offenbleiben. Vergleichbare Entscheidungen liegen bisher nicht vor.

57 Darüber hinaus regelt § 4 Abs. 4 kein allgemeines **Abtretungsverbot**, sondern erklärt eine Abtretung des Vergütungsanspruchs in Höhe **solcher Kosten** gegenüber dem Zahlungsfähigen für unwirksam, die bereits mit den Gebühren abgegolten und nicht gesondert berechnungsfähig sind. Das Abtretungsverbot bezieht sich daher nur auf die Praxiskosten i.S.v. § 4 Abs. 3; verboten ist nicht

die Abtretung und der Einzug von Gebühren durch eine bestimmte Stelle (vgl. hierzu Deutsch/ *Spickhoff* Abtretung und Gebühreneinzugsstelle Rn. 121 ff.).

*(unbesetzt)* 58

§ 4 Abs. 5 enthält eine **Unterrichtungspflicht** des Arztes für Leistungen, die er nicht selbst erbringt, 59
sondern die durch Dritte erbracht werden. In der Praxis betrifft dies vor allem labor- oder pathologische Leistungen. Da in diesen Fällen eine Übersendung von Material (z.B. Blut oder Gewebe) an Dritte erfolgt und diese die Leistungen gesondert abrechnen, soll der Patient über diese Verfahrensweise informiert werden.

Für den stationären Bereich enthält § 17 Abs. 3 Satz 1 KHEntgG eine Sonderregelung, die § 4 60
Abs. 5 vorgeht. Danach erstreckt sich eine Vereinbarung über wahlärztliche Leistungen nicht nur auf alle an der Behandlung des Patienten beteiligten Angestellten oder beamteten Ärzte des Krankenhauses, soweit diese zur Privatliquidation berechtigt sind, sondern schließt auch die von diesen Ärzten veranlassten Leistungen von Ärzten und ärztlich geleiteten Einrichtungen außerhalb des Krankenhauses ein. Darauf ist in der wahlärztlichen Vereinbarung ausdrücklich hinzuweisen.

## § 5 Bemessung der Gebühren für Leistungen des Gebührenverzeichnisses

(1) Die Höhe der einzelnen Gebühr bemisst sich, soweit in den Absätzen 3 bis 5 nichts anderes bestimmt ist, nach dem Einfachen bis Dreieinhalbfachen des Gebührensatzes. Gebührensatz ist der Betrag, der sich ergibt, wenn die Punktzahl der einzelnen Leistung des Gebührenverzeichnisses mit dem Punktwert vervielfacht wird. Der Punktwert beträgt 5,82873 Cent. Bei der Bemessung von Gebühren sind sich ergebende Bruchteile eines Cents unter 0,5 abzurunden und Bruchteile von 0,5 und mehr aufzurunden.

(2) Innerhalb des Gebührenrahmens sind die Gebühren unter Berücksichtigung der Schwierigkeit und des Zeitaufwandes der einzelnen Leistung sowie der Umstände bei der Ausführung nach billigem Ermessen zu bestimmen. Die Schwierigkeit der einzelnen Leistung kann auch durch die Schwierigkeit des Krankheitsfalles begründet sein; dies gilt nicht für die in Absatz 3 genannten Leistungen. Bemessungskriterien, die bereits in der Leistungsbeschreibung berücksichtigt worden sind, haben hierbei außer Betracht zu bleiben. In der Regel darf eine Gebühr nur zwischen dem Einfachen und dem 2,3fachen des Gebührensatzes bemessen werden; ein Überschreiten des 2,3fachen des Gebührensatzes ist nur zulässig, wenn Besonderheiten der in Satz 1 genannten Bemessungskriterien dies rechtfertigen.

(3) Gebühren für die in den Abschnitten A, E und O des Gebührenverzeichnisses genannten Leistungen bemessen sich nach dem Einfachen bis Zweieinhalbfachen des Gebührensatzes. Absatz 2 Satz 4 gilt mit der Maßgabe, dass an die Stelle des 2,3fachen des Gebührensatzes das 1,8fache des Gebührensatzes tritt.

(4) Gebühren für die Leistung nach Nummer 437 des Gebührenverzeichnisses sowie für die in Abschnitt M des Gebührenverzeichnisses genannten Leistungen bemessen sich nach dem Einfachen bis 1,3fachen des Gebührensatzes. Absatz 2 Satz 4 gilt mit der Maßgabe, dass an die Stelle des 2,3fachen des Gebührensatzes das 1,15fache des Gebührensatzes tritt.

(5) Bei wahlärztlichen Leistungen, die weder von dem Wahlarzt noch von dessen vor Abschluss des Wahlarztvertrages dem Patienten benannten ständigen ärztlichen Vertreter persönlich erbracht werden, tritt an die Stelle des Dreieinhalbfachen des Gebührensatzes nach § 5 Abs. 1 Satz 1 das 2,3fache des Gebührensatzes und an die Stelle des Zweieinhalbfachen des Gebührensatzes nach § 5 Abs. 3 Satz 1 das 1,8fache des Gebührensatzes.

| Übersicht | Rdn. | | Rdn. |
|---|---|---|---|
| A. Regelungszweck . . . . . . . . . . . . . . . . . | 1 | 1. Grundsätze der Gebührenbemessung . | 3 |
| B. Tatbestandsmerkmale . . . . . . . . . . . . . . | 3 | 2. Gebührensatz und Punktwert . . . . . . . | 5 |
| I. Bemessung der Gebühren, § 5 Abs. 1 . . . | 3 | | |

| | | | |
|---|---|---|---|
| II. | Bemessung der Gebühren innerhalb des Gebührenrahmens nach Bemessungskriterien . . . . . . . . . . . . . . . . . . . . . . . . . | 8 | |
| | 1. Die Schwierigkeit der Leistung . . . . . | 12 | |
| | 2. Der Zeitaufwand . . . . . . . . . . . . . . . | 15 | |
| | 3. Die besonderen Umstände bei der Leistungsausführung . . . . . . . . . . . . | 17 | |
| | 4. Die Regelspanne und der kleine Mittelwert . . . . . . . . . . . . . . . . . . . | 21 | |
| | 5. Die Bestimmung der Gebühren nach billigem Ermessen . . . . . . . . . . | 25 | |
| III. | Die kleine Gebührenspanne gem. § 5 Abs. 3 . . . . . . . . . . . . . . . . . . . . . . . . . | 28 | |
| IV. | Gebührenspanne für Laborleistungen nach § 5 Abs. 4 . . . . . . . . . . . . . . . . . . | 30 | |
| V. | Reduzierung des Gebührensatzes bei wahlärztlichen Leistungen . . . . . . . . . . | 33 | |

## A. Regelungszweck

1 Nachdem in § 4 der Gebührenbegriff näher bestimmt wurde, konkretisiert § 5 die Bemessung der Gebühren für die Leistungen des Gebührenverzeichnisses, in dem im Wesentlichen der **Gebührenrahmen**, der **Punktwert** und die **Bemessungskriterien** für die Anwendung im Einzelfall festgelegt werden. Die Begriffe Gebührenspanne und Gebührenrahmen werden synonym verwandt. Über diese grundlegenden Regelungen in den ersten beiden Absätzen hinaus enthält der Abs. 3 eine Begrenzung des Gebührensatzes für bestimmte Leistungen der Abschnitte A, E und O. Dem gleichen Regelungsmuster wird in Abs. 4 für die Laborleistungen gefolgt.

2 In § 5 Abs. 5 findet sich eine Spezialnorm zur Absenkung des Gebührensatzes bei wahlärztlichen Leistungen, die über die Gebührenbemessung einen Anreiz für die Durchführung durch den Wahlarzt oder den vor der Behandlung benannten ständigen ärztlichen Vertreter setzen soll.

## B. Tatbestandsmerkmale

### I. Bemessung der Gebühren, § 5 Abs. 1

#### 1. Grundsätze der Gebührenbemessung

3 § 11 Satz 2 BÄO sieht die Festsetzung von Mindest- und Höchstsätzen für ärztliche Leistungen vor. Dementsprechend ist § 5 Abs. 1 Satz 1 eine grundsätzliche **Gebührenspanne oder ein Gebührenrahmen** vom Einfachen bis zum Dreieinhalbfachen des Gebührensatzes normiert, wobei auch Zwischenwerte berechnet werden dürfen. Von dieser »großen« Gebührenspanne werden in den Abs. 3 und 4 bestimmte Leistungsabschnitte ausgenommen. Dies betrifft Leistungen, von denen der Verordnungsgeber vermutete, dass ein überdurchschnittlicher Sachkostenanteil vorliegt oder die Leistungen weitgehend durch nicht ärztliches Personal erbracht werden (*Hoffmann*, § 5 Rn. 1). Konkret berührt dies Leistungen nach den Abschnitten A, E und O sowie M des Gebührenverzeichnisses. Damit unterliegen die persönlich-ärztlichen Leistungen der sog. »großen« Gebührenspanne; die medizinisch-technischen Leistungen dagegen der sog. »kleinen« Gebührenspanne, wobei diese gem. § 5 Abs. 3 für die Leistungen nach den Abschnitten A, E und O zwischen dem Einfachen und dem Zweieinhalbfachen des Gebührensatzes sowie gem. Abs. 4 für Laborleistungen zwischen dem Einfachen und dem 1,3fachen des Gebührensatzes variiert. Gleichzeitig wurden wegen § 11 Satz 2 BÄO die **Schwellenwerte** für diese Leistungsabschnitte festgelegt. Ein Überschreiten dieses Wertes löst den Begründungszwang gem. § 12 Abs. 3 aus, d.h. es muss unter Bezugnahme auf die Bemessungskriterien begründet werden, warum eine Überschreitung erfolgte

4 Innerhalb des Gebührenrahmens ist die Gebühr für die einzelne Leistung anhand der in Abs. 2 festgelegten Bemessungskriterien nach billigem Ermessen zu bestimmen.

#### 2. Gebührensatz und Punktwert

5 Für den **Gebührensatz** enthält § 5 Abs. 1 Satz 2 eine Legaldefinition: »Gebührensatz ist der Betrag, der sich ergibt, wenn die Punktzahl der einzelnen Leistung des Gebührenverzeichnisses mit dem *Punktwert vervielfacht*«, also multipliziert, wird. Für jede einzelne Leistung des Gebührenverzeichnisses ist eine bestimmte **Punktzahl** angegeben, die sich an den seinerzeit für den Einheitlichen

Bewertungsmaßstab (EBM) ausgewiesenen durchschnittlichen Werten orientierte (vgl. u.a. *Brück et al.* § 5, Rn. 1, Satz 131).

Der **Punktwert** beträgt gem. § 5 Abs. 1 Satz 3 5,82873 Cent. Nachdem der Punktwert seit Bestehen der Gebührenordnung mehrfach geringfügig angehoben und ab dem 01.01.1996 auf den genannten Betrag festgesetzt wurde, fand über Art. 7 des Vertragsarztrechtsänderungsgesetzes ab dem 01.01.2007 eine Angleichung des Vergütungsniveaus der neuen Bundesländer an das der alten Bundesländer statt (VÄndG vom 22.11.2006, BGBl. I, S. 3439). Die bis dahin geltenden Gebührenabschläge von zuletzt 90 % der nach § 5 der zu bemessenden Gebühr wurden aufgehoben. 6

§ 5 Abs. 1 Satz 4 enthält darüber hinaus eine Rundungsregel für das Abrunden bzw. Aufrunden bei Bruchteilen. Über die Auslegung von § 5 Abs. 1 Satz 4 gab es Meinungsverschiedenheiten. Das Bundesgesundheitsministerium hat sich hierzu in einer Stellungnahme vom 14.01.2002 geäußert und sich für die **Einmalrundung**. Nach dieser Methode erfolgt die Rundung, nachdem das rechnerische Endergebnis durch die Multiplikation von Punktzahl, Punktwert und Steigerungssatz feststeht. Der sich so »ergebende« Bruchteil eines Cents wird unter 0,5 ab und von 0,5 und mehr aufgerundet. »Daher darf bei der Rundung nur die dritte Ziffer hinter dem Komma betrachtet werden. Bei Ergebnissen von 1, 2, 3 und 4 bei der dritten Stelle hinter dem Komma wird auf die zweite Nachkommastelle abgerundet, bei Werten 5 bis 9 aufgerundet« (Stellungnahme des BMG vom 14.01.2002, zitiert nach *Hoffmann*, § 5, Rn. 3). 7

## II. Bemessung der Gebühren innerhalb des Gebührenrahmens nach Bemessungskriterien

Gemäß § 5 Abs. 2 Satz 1 sind die Gebühren innerhalb des Gebührenrahmens unter Berücksichtigung bestimmter Kriterien zu bemessen. Diese **Bemessungskriterien** sind abschließend in der Norm genannt. Es sind die Schwierigkeit und der Zeitaufwand der einzelnen Leistung sowie die besonderen Umstände bei der Ausführung nach billigem Ermessen zu berücksichtigen. Diese Bemessungskriterien hat der Arzt bei der Liquidation seiner Leistungen zu beachten. Die Schwierigkeit einer Leistung kann auch durch die Schwierigkeit des Krankheitsfalls begründet sein. Dies gilt nicht für Leistungen nach den Abschnitten A, E und O. Hier war der Verordnungsgeber wohl davon ausgegangen, dass schwierige Krankheitsfälle nicht vorkommen oder eher die Ausnahme sind. Ob dies auch auf Leistungen der Strahlendiagnostik, Nuklearmedizin, Magnetresonanztomographie und Strahlentherapie zutrifft, darf insbesondere im Hinblick auf bestimmte Krebserkrankungen bezweifelt werden. Hier werden medizinisch-technische Leistungen auch auf schwierige Krankheitsfälle angewandt, was beispielsweise eine dezidierte Befassung und Auseinandersetzung mit diesen komplizierten Krankheitsbildern verlangt. 8

Bemessungskriterien, die bereits bei der Leistungsbeschreibung berücksichtigt wurden, haben außer Betracht zu bleiben und dürfen nicht doppelt veranschlagt werden. Diese Umstände sind bereits in die Festsetzung der Punktzahl für die einzelne Leistung eingeflossen. Wenn z.B. in der Leistungslegende Nr. 30 ein bestimmter zeitlicher Umfang (Mindestdauer von einer Stunde) enthalten ist, kann dieser Umstand nicht zur Anwendung eines höheren Steigerungsfaktors führen, nur weil die Erhebung der homöopathischen Erstanamnese eine Stunde in Anspruch genommen hat. 9

Ein Bemessungskriterium kann einzeln oder zusammen mit einem anderen Kriterium vorliegen. Im Einzelfall kann eine Zuordnung zu dem einen oder anderen Kriterium schwierig sein, so kann die Schwierigkeit der einzelnen Leistung auch einen erhöhten Zeitaufwand implizieren. 10

Im Folgenden soll auf die einzelnen Bemessungskriterien näher eingegangen werden. 11

### 1. Die Schwierigkeit der Leistung

Innerhalb des Gebührenrahmens sind die Gebühren u.a. unter Berücksichtigung der Schwierigkeit der einzelnen Leistung zu bestimmen. Für jede Bewertung gilt, dass ein bereits bei der Leistungsbeschreibung berücksichtigtes Kriterium außer Betracht zu bleiben hat. Deshalb darf die Schwierigkeit der Leistung nur auf objektive Umstände des Einzelfalls beruhen und nicht mit der Leistung an 12 sich, z.B. eine schwierige Operation, begründet werden. Die Schwierigkeit der einzelnen Leistung muss sich aus dem konkreten Umstand bei dem jeweiligen Patienten ergeben. Entscheidend ist deshalb der Schwierigkeitsgrad einer Leistung bei einem bestimmten Patienten. Dabei kommt es nicht auf die Erfahrungen, Fähigkeiten oder Fertigkeiten des einzelnen Arztes an. Weder seine subjektive Beurteilung einer Leistung, weil er z.B. als Berufsanfänger noch über begrenzte Erfahrungen verfügt und einer Leistung einen höheren Schwierigkeitsgrad beimisst, noch seine speziellen Fertigkeiten sind ausschlaggebend. Vielmehr muss die jeweilige Leistung im individuellen Fall schwieriger als der Regelfall sein. Dies kann beispielsweise mit objektiven medizinischen Gegebenheiten bei einem Patienten zusammenhängen, z.B. Verwachsungen im Operationsgebiet. Die Schwierigkeit der einzelnen Leistung ergibt sich demnach aus dem Vergleich entsprechender Leistungen. Eine Leistung ist aus dieser Perspektive nicht per se schwierig; diese Schwierigkeit beinhaltet bereits die der Leistung zugeschriebene Punktzahl, sondern sie ist schwieriger als eine gleiche bzw. vergleichbare Leistung und deshalb mit einem höheren Steigerungsfaktor zu versehen. Gleiches gilt umgekehrt: Ist der Schwierigkeitsgrad geringer als im Regelfall ist der Arzt verpflichtet, einen geringeren Steigerungsfaktor anzusetzen.

13   Die Schwierigkeit der einzelnen Leistung kann gem. § 5 Abs. 2 Satz 2 auch durch die **Schwierigkeit des einzelnen Krankheitsfalls** begründet sein.

14   Der Verordnungsgeber hat, so Hoffmann, diese Möglichkeit anstelle der Begründung der Schwierigkeit und des Zeitaufwandes für die einzelne Leistung vorgesehen. Damit wurde dem Umstand entsprochen, dass ansonsten wegen der Einzelleistungsvergütung für jede einzelne Leistung die Schwierigkeit oder der Zeitaufwand begründet werden müsste (*Hoffmann*, § 5, Rn. 6, Satz 19). Diese Auslegung wird durch die Kommentatoren im Brück, Gebührenordnung für Ärzte, geteilt. Danach kann der Sinn dieser Bestimmung nur darin bestehen, dass bei solchen Krankheitsfällen die Notwendigkeit der Begründung der Schwierigkeit der einzelnen Leistung entfällt, weil die Behandlung als solche »unabhängig von Abstufungen des Schwierigkeitsgrades einzelner Verrichtungen schwierig ist« (*Brück et al.* § 5 Rn. 6). § 5 Abs. 2 Satz 2 befreit aber nicht von einer differenzierten Anwendung des Steigerungssatzes im Hinblick auf die verschiedenen Leistungen. Auch bei einem schwierigen Krankheitsfall ist nicht jede Einzelleistung schwierig im Sinne dieser Regelung. Ausgenommen sind generell Gebühren für die in Abs. 3 genannten Leistungen in den Abschnitten A, E und O des Gebührenverzeichnisses.

Ein Bemessungskriterium kann einzeln oder zusammen mit einem anderen Kriterium vorliegen; eine Zuordnung zu dem einen oder anderen Kriterium kann im Einzelfall schwierig sein (vgl. Rdn. 10); dies zeigt auch die Rechtsprechung.

14a  Für die Überschreitung des Schwellenwertes wird nach ständiger Rechtsprechung vorausgesetzt, dass Besonderheiten bei der Behandlung des betreffenden Patienten deutlich werden bzw. diese Behandlung deutlich von der Mehrzahl vergleichbarer Behandlungsfälle abweicht. »Vom Arzt allgemein oder häufig, jedenfalls nicht nur bei einzelnen Patienten wegen in ihrer Person liegender Schwierigkeiten angewandte Behandlungen stellen keine derartige Besonderheit dar«, so das VG Arnsberg, Urt. v. 02.06.2010 – 13 K 1612/09 unter Berufung auf die Rechtsprechung des BVerwG (vgl. Rn. 30 m.w.N.).

14b  Ein Überschreiten des Schwellenwertes setzt voraus, dass gerade bei der Behandlung des betreffenden Patienten, abweichend von der großen Mehrzahl der Behandlungsfälle, Besonderheiten gem. § 5 Abs. 2 Satz 4 der in § 5 Abs. 2 Satz 1 genannten Bemessungskriterien aufgetreten sind (vgl. Bay. VGH, Beschl. v. 15.04.2011 – 14 ZB 10.1544 oder VG Stuttgart, Urt. v. 03.01.2012 – 12 K 2580/11. Die genannten Entscheidungen verneinen jeweils das Überschreiten des Schwellenwertes, weil bei der Behandlung des betreffenden Patienten keine Besonderheiten im Vergleich zur großen Mehrzahl vergleichbarer Behandlungsfälle aufgetreten seien. Deshalb ist dringend anzuraten, die Steigerung des Gebührensatzes im Hinblick auf die einzelne Leistung durch die Subsumierung unter mindestens eines der Bemessungskriterien konkret zu begründen (vgl. § 12 Abs. 3).

## 2. Der Zeitaufwand

Für die Bemessung der Gebühren ist der Zeitaufwand ein weiteres Kriterium. Dabei sind die Darlegungen zur Schwierigkeit der Leistung (Rn. 8) auf die Zeit, die für die Durchführung aufgebracht wird, übertragbar. 15

Dies bedeutet u.a., dass der Zeitaufwand, der bereits in der Leistungsbeschreibung berücksichtigt worden ist, bei der Bemessung der Gebühren außer Betracht zu bleiben hat. Zahlreiche Leistungslegenden enthalten Zeitvorgaben, z.B. Nrn. 3, 30, 33 oder 34. Bei einem Unterschreiten der Mindestdauer gemäß der Leistungslegende ist der Leistungsinhalt nicht erbracht. In diesen Fällen kann es grundsätzlich nicht als zulässig angesehen werden, den Steigerungsfaktor abzusenken, weil die Zeitvorgabe ein Leistungsbestandteil ist. Der durchschnittliche oder der übliche Zeitaufwand wurde regelmäßig bei der Bewertung einer Leistung, also der Bestimmung der Punktzahl, zugrunde gelegt. Deshalb gelten nur Abweichungen davon als niederer oder höherer Zeitaufwand und führen demzufolge zu einem niederen oder höheren Steigerungsfaktor. 16

Mit der Neuregelung der Vergütung der ärztlichen Leichenschau (GOÄ, zuletzt geändert durch Art. 1 V v. 21.10.2019, BGBl. I S. 1470) wurde z.B. eine Mindestdauer für die »Untersuchung eines Toten und Ausstellung einer Todesbescheinigung« kombiniert mit einer besonderen Regelung in der Leistungslegende eingefügt, wenn die Mindestdauer nicht erfüllt wird. In der Nr. 100 GOÄ heißt es wie folgt: »Dauert die Leistung nach Nummer 100 weniger als 20 Minuten (ohne Aufsuchen), mindestens aber 10 Minuten (ohne Aufsuchen), sind 60 Prozent der Gebühr zu berechnen« (Fünfte Verordnung zur Änderung der Gebührenordnung für Ärzte, Neuregelung der Leichenschau tritt am 01.01.2020 in Kraft, über www.bundesaerztekammer.de; z.B. *Stolaczyk*, Leichenschau, Zeitlicher Mehraufwand bei Verdacht auf unnatürliche Todesursache, Dtsch Ärztebl 2021; 118(3): A-110/B-94). 16a

## 3. Die besonderen Umstände bei der Leistungsausführung

Ein weiteres Bemessungskriterium stellen die besonderen Umstände bei der Leistungserbringung dar. Der Verordnungsgeber hat die Einführung dieses Kriteriums damit begründet, dass hierdurch der Aufwand des Arztes berücksichtigt werden kann, der durch besondere, bei der Leistungsausführung im Einzelfall bedingte Umstände, entstanden ist. Beispielhaft werden in den einschlägigen Kommentaren die Versorgung eines Unfallverletzten am Unfallort, Verständigungsschwierigkeiten mit einem Patienten oder Erschwernisse einer Notfallbehandlung genannt (*Brück et al.* § 5, Rn. 8, 8.3; *Hoffmann*, § 5, Rn. 8). In jedem Fall verbietet sich jedoch eine schematische Steigerung der Gebühren, nur weil einer der genannten Umstände vorliegt. 17

Nicht als besonderer Umstand bei der Leistungsausführung wird die Erbringung einer Leistung zu bestimmten Zeiten (z.B. an Sonn- und Feiertagen oder zur Nachtzeit) angesehen, sofern hierfür im Gebührenverzeichnis **Zuschläge** vorgesehen sind. So sind im Abschnitt B II ein Zuschlag für außerhalb der Sprechstunde erbrachte Leistungen oder für an Samstagen, Sonn- oder Feiertagen erbrachte Beratungen und Untersuchungen nach den Nummern 1, 3, 4, 5, 6, 7 oder 8 vorgesehen. Einer vergleichbaren Systematik folgen die Zuschläge nach den Nummern 45 bis 62 für z.B. zu bestimmten Zeiten erbrachte Leistungen. Auch für ambulante Operations- und Anästhesieleistungen sieht die Gebührenordnung für Ärzte in den Nrn. 440 ff. Zuschläge vor. Diesbezüglich gilt der Grundsatz, dass ein Kriterium für die Bemessung der Gebühren nicht mehrfach berücksichtigt werden darf. Ist demnach einer der möglichen Zuschläge ansatzfähig, darf der damit bewertete Aspekt nicht nochmals über das Kriterium »besondere Umstände bei der Leistungsausführung« Eingang in die Bemessung der Gebühr finden. Im Umkehrschluss bedeutet dies, besondere Umstände für die Erbringung von Leistungen zur »Unzeit« anzuerkennen, wenn diese Konstellation bei der Gebührenbemessung noch nicht berücksichtigt ist. 18

Nicht Aufgabe dieser Vorschrift ist es, für eine angemessene Honorierung solcher Leistungen zu sorgen, für die eine Analogbewertung vorzunehmen ist. Zu dem Verhältnis von § 6 Abs. 2 GOZ und § 5 Abs. 2 GOZ hat sich der BGH in seinem Urt. v. 23.01.2003 – III ZR 161/02 geäußert 19 (s.a. VersR 2003, 633 f.). Für die Frage, ob die in dem Verfahren streitigen Leistungen analog abgerechnet werden dürfen, kommt es entscheidend darauf an, ob selbstständige zahnärztliche Leistungen vorliegen, die erst nach dem 01.01.1988, also nach Inkrafttreten dieser Gebührenordnung für Zahnärzte, praktisch einsetzbar entwickelt worden sind. Sind die Leistungen ein Bestandteil oder eine besondere Ausführung einer anderen Leistung nach dem Gebührenverzeichnis, dann kommt eine Analogabrechnung nicht zur Anwendung. Im gegebenen Fall musste der BGH dies offenlassen und hat die Sache deshalb an das Berufungsgericht zurückverwiesen; gleichzeitig aber ausgeführt, dass die analog bewertete Leistung die Grundlage für eine Anwendung der Bemessungskriterien des § 5 Abs. 2 GOZ bildet (ebenda, Rn. 10 f.). Dieses Urteil ist insofern auf den ärztlichen Bereich und damit die §§ 6 Abs. 2 und 5 Abs. 2 übertragbar.

20 Eine andere Frage ist es, ob sich durch die Weiterentwicklung des medizinischen Fortschritts und damit beispielsweise einer Operationsmethode die Schwierigkeit der Leistungsausführung oder der Zeitaufwand im Vergleich zur herkömmlichen Methode erhöht und daher bei der Bemessung der Gebühr zu berücksichtigen ist. Dies ist im Einzelfall zu prüfen. Welches der genannten Bemessungskriterien zur Begründung herangezogen wird, ob sie sich ggf. überlappen oder gegenseitig bedingen, ist letztlich nicht entscheidend, weil auch mehrere Bemessungskriterien angeführt werden dürfen.

### 4. Die Regelspanne und der kleine Mittelwert

21 Die Auslegung der Regelung in § 5 Abs. 2 Satz 4, wonach eine Gebühr in der Regel nur zwischen dem Einfachen und dem 2,3fachen des Gebührensatzes bemessen werden darf, hat in der Vergangenheit immer wieder zu Kontroversen geführt.

22 Das BVerwG hat in seinem Urt. v. 17.02.1994 festgestellt, dass die in der Regel einzuhaltende Spanne zwischen dem Einfachen und dem 2,3fachen Gebührensatz vom Verordnungsgeber nicht nur für einfache oder höchstens durchschnittlich schwierige und aufwändige Behandlungsfälle zur Verfügung gestellt worden ist, sondern für die große Mehrzahl aller Behandlungsfälle; sie deckt auch die Mehrzahl der schwierigen und aufwändigen Behandlungsfälle ab (BVerwG Urt. v. 17.02.1994 – 2 C 10/92, NJW 1994, 3023 f.). Darauf haben sich insbesondere die privaten Krankenversicherungen berufen und die sog. **Mittelwerttheorie** bestätigt gefunden (z.B. *Miebach*, Gebührenbemessung bei privatärztlicher Behandlung, NJW 2001, 3386 ff.). Es wurde die Auffassung vertreten, dass die durchschnittliche persönlich-ärztliche Leistung mit einem Mittelwert der Regelspanne, also dem 1,7fachen und nicht mit dem 2,3fachen des Gebührensatzes zu berechnen sei. Die Abrechnungspraxis, wonach standardmäßig der Regelhöchstsatz angesetzt werde, sei rechtswidrig. Dieser Rechtsmeinung sind einige Gerichte gefolgt (z.B. OLG Köln MedR 1997, 273 f.), andere haben dem widersprochen (z.B. OLG Koblenz Urt. v. 19.05.1998 – 6 U 286/97, NJW 1988, 2309, indirekt der BGH bereits mit Urt. v. 13.06.2002 – III ZR 186/01).

23 Schließlich hat der BGH die Frage entschieden, ob ärztliche Leistungen, die nach Schwierigkeit und zeitlichem Aufwand als durchschnittlich zu bewerten sind, mit dem Höchstsatz der jeweiligen Regelspanne, also dem 2,3fachen oder dem 1,8fachen des Gebührensatzes abgerechnet werden dürfen. In der Entscheidung vom 08.11.2007 – III ZR 54/07 urteilt der BGH, dass es keinen Ermessensfehlgebrauch darstellt, wenn ein Arzt persönlich-ärztliche und medizinisch-technische Leistungen durchschnittlicher Schwierigkeit mit dem jeweiligen Höchstsatz der Regelspanne, also dem 2,3fachen bzw. 1,8fachen des Gebührensatzes abrechnet. Das Gericht ist damit nicht der Begründung des Berufungsgerichts gefolgt, das sich im Wesentlichen auf § 5 Abs. 2 Satz 4 gestützt hatte und in der Regel nur einen Wert zwischen dem Einfachen und dem 2,3fachen des Gebührensatzes als zulässig ansah, weil die Regelspanne im Normalfall einfache bis schwierige Behandlungsfälle abdecke. Der BGH folgt dem nicht; er stellt für die Gebührenbemessung zunächst auf den Gebührenrahmen ab. Dieser umfasst für persönlich-ärztliche Leistung das Einfache bis Dreieinhalbfache des Gebührensatzes, § 5 Abs. 1 Satz 1; für medizinisch-technische Leistungen gem. § 5 Abs. 3 das Einfache bis Zweieinhalbfache des Gebührensatzes. Aus dem Wortlaut von

§ 5 Abs. 2 Satz 4 könne zwar nicht geschlussfolgert werden, dass die durchschnittlich schwierigen Leistungen generell nach dem 2,3fachen des Gebührensatzes abzurechnen seien. Das Gericht sieht aber in der unscharfen Abgrenzung von Regel- und Ausnahmefall in der GOÄ den Grund, warum sich eine andere Praxis der Leistungsbewertung herausgebildet hat. »Dem scheint zwar der Wortlaut des § 5 Abs. 2 Satz 4 entgegenzustehen. Ohne nähere Begründungspflicht im Bereich der Regelspanne ist es jedoch nicht praktikabel und vom Verordnungsgeber offenbar nicht gewollt, den für eine durchschnittliche Leistung angemessenen Faktor zu ermitteln oder anderweitig festzulegen« (ebenda, S. 11). Der BGH stellt deshalb fest, dass der Verordnungsgeber einen solchen Mittelwert nicht vorgesehen hat und damit die entsprechende ärztliche Tätigkeit im Ansatz auch nicht angemessen entgelten würde, »weil aus dem gesamten Fallspektrum ohne hinreichenden Grund die Fälle ausgenommen werden, in denen der Schwellenwert überschritten werden darf« (ebenda, S. 11). Hinzu komme, dass diese Abrechnungspraxis dem Verordnungsgeber seit vielen Jahren bekannt sei und er davon abgesehen habe, den Bereich der Regelspanne deutlicher abzugrenzen. Er habe es hingenommen, dass persönlich-ärztliche Leistungen durchschnittlicher Schwierigkeit zum Schwellenwert abgerechnet würden und eine Begründung nur für erforderlich gehalten werde, wenn der Schwellenwert überschnitten sei (ebenda, S. 11/12). Der BGH äußert sich in dem Kontext auch zu der Begründungspflicht i.s.v. § 12 Abs. 3 und spricht sich dafür aus, die Anforderungen an den Arzt nicht zu überziehen. Erforderlich ist eine verständliche und nachvollziehbare schriftliche Begründung zur Überschreitung des Schwellenwertes, die auf Verlangen näher zu erläutern ist. Der Verordnungsgeber hat eine Begründung als entbehrlich angesehen, wenn er sich mit seiner Gebührenforderung innerhalb der Regelspanne hält. Dies entlastet ihn von der Begründung einer solchen Liquidation, nicht aber davon, ggf. in einem Prozess die Ausübung des Ermessens darzulegen, wenn der Zahlungspflichtige mit bestimmten Argumenten einzelne Leistungspositionen bzw. ihre Höhe bezweifelt. Das darf nach der Rechtsmeinung des BGH »nicht dazu führen, dass die Begründung der Ermessensentscheidung für jede einzelne Leistungsposition einen Raum einnimmt, hinter dem der Aufwand für die ärztliche Leistung in den Hintergrund tritt« (ebenda, S. 13). Der BGH hat damit eine praxisnahe Auslegung der Regelungen in § 5 Abs. 2 Satz 4 vorgenommen und den in der Vergangenheit in Rechtsprechung und Schrifttum bestehenden Streit entschieden (vgl. auch BGH, Urt. v. 08.11.2007 – III ZR 54/07, MedR 2008, 90 ff.). Mit vergleichbarer Begründung erkennt das VG Hannover (Urt. v. 22.01.2008 – 13 A 1148/07) die Begründungen eines Zahnarztes bei Schwellenwertüberschreitungen an und führt aus, dass daran keine unzumutbar hohen Anforderungen gestellt werden dürfen. Für solche Begründungen dürfe nicht mehr Zeit aufgewendet werden als für die eigentliche Behandlung. Ausführliche ärztliche Berichte oder gar Gutachten dürften nicht verlangt werden. Aus der gegebenen Begründung müsse sich aber entnehmen lassen, »weshalb bei dem Patienten eine von der Masse der behandelnden Fälle abweichende Besonderheit vorlag und insbesondere, worin denn diese Besonderheit liegt« (ebenda, S. 5).

Interessant ist das Urteil des BGH vom 13.10.2011 (III ZR 231/10). In dem Fall war einem Beamten die Festsetzung der Beihilfe insoweit versagt worden als der Schwellenwert (2,3facher Gebührensatz) in einer Zahnarztrechnung schuldhaft und rechtswidrig nicht anerkannt wurde. Der Beamte ließ sich daraufhin auf einen Zivilrechtsstreit mit dem behandelnden Zahnarzt ein, so dass ihm wegen des Unterliegens die entstehenden Kosten im Wege der Amtshaftung zu ersetzen waren. In dem Urteil verweist der BGH (ebenda, Rn. 22) auch auf die Rechtsprechung des BVerwG, wonach »die Beurteilung einer ärztlichen Liquidation durch die Zivilgerichte die Angemessenheit der Aufwendungen im beihilferechtlichen Sinne präjudiziert (BVerwG, NVwZ 2008, 710, 711)«. 23a

(unbesetzt) 24

### 5. Die Bestimmung der Gebühren nach billigem Ermessen

§ 5 Abs. 2 gibt den Rahmen und die Kriterien für die Bestimmung der Gebühren nach billigem Ermessen vor. Der **Gebührenrahmen**, also der Rahmen zwischen dem Einfachsatz und dem 25

Höchstsatz, ist für die einzelne Leistung zu bestimmen. Er ist davon abhängig, ob es sich um eine persönlich-ärztliche oder eine medizinisch-technische Leistung handelt.

26 Innerhalb des Gebührenrahmens sind die Gebühren unter Berücksichtigung der Bemessungskriterien, die Schwierigkeit und der Zeitaufwand der einzelnen Leistung sowie die Umstände bei der Ausführung, **nach billigem Ermessen** zu bestimmen. Darüber hinaus darf eine Gebühr gem. § 5 Abs. 2 Satz 4 in der Regel nur zwischen dem Einfachen und dem 2,3fachen des Gebührensatzes bemessen werden (sog. **Regelspanne**). Ein Überschreiten des 2,3fachen Gebührensatzes kann nur durch das Vorliegen eines oder mehrerer Bemessungskriterien gerechtfertigt sein. Die Bewertung hat der Arzt nach billigem Ermessen vorzunehmen. Der Begriff »billiges Ermessen« ist dem Zivilrecht entlehnt (vgl. § 315 BGB) und bedeutet in dem Kontext, dass die Leistung durch einen Vertragspartner, hier durch den Arzt, anhand der in der Norm bestimmten Kriterien im Einzelfall festgesetzt wird. Insofern handelt es sich um eine Sonderregelung zu § 315 BGB, weil das billige Ermessen im Rahmen der in der Verordnung enthaltenen Kriterien auszuüben ist. Dem Arzt wird damit ein Ermessensspielraum zugestanden, der nicht willkürlich, sondern verantwortungsvoll und in Übereinstimmung mit seinen berufsrechtlichen Verpflichtungen auszufüllen ist. Aus berufsrechtlicher Sicht hat die Honorarforderung insbesondere angemessen zu sein (§ 12 Abs. 1 MBOÄ). Davon kann regelmäßig ausgegangen werden, wenn die Anforderungen nach der GOÄ berücksichtigt wurden. Dies gilt analog für abweichende Honorarvereinbarungen nach § 2).

27 Die gerichtliche Nachprüfung einer Liquidation hat sich auf die in § 5 festgelegten Kriterien für das Ermessen (Gebührenrahmen, Regelspanne, Bemessungskriterien und Begründungspflicht) zu beschränken. Die Begründungspflicht für die Überschreitung des 2,3fachen, 1,8fachen bzw. 1,15fachen des Gebührensatzes folgt aus § 12 Abs. 3, deshalb wird auch auf diese Ausführungen verwiesen.

### III. Die kleine Gebührenspanne gem. § 5 Abs. 3

28 Für Leistungen nach den Abschnitten A, E und O des Gebührenverzeichnisses sieht § 5 Abs. 3 eine sog. kleine Gebührenspanne vom Einfachen bis zum Zweieinhalbfachen des Gebührensatzes vor. In der Regel darf eine Gebühr nur zwischen dem Einfachen und dem 1,8fachen des Gebührensatzes bemessen werden; ein Überschreiten ist nach Maßgabe von § 5 Abs. 2 Satz 4 nur zulässig, wenn die Bemessungskriterien dies rechtfertigen. Begründet wurde diese kleine Gebührenspanne mit dem überdurchschnittlich hohen Sachkostenanteil, der bei Röntgenleistungen bei ca. 70 % des Gebührensatzes liege, und mit der Möglichkeit, diese Leistungen weitgehend unter Inanspruchnahme von Hilfskräften oder Apparaten zu erbringen.

### IV. Gebührenspanne für Laborleistungen nach § 5 Abs. 4

30 Dem gleichen Regelungsmuster wie in § 5 Abs. 3 folgt der Abs. 4 und reduziert die Gebührenspanne für Laborleistungen auf das Einfache bis 1,3fache des Gebührensatzes. Unter Bezugnahme auf § 5 Abs. 2 Satz 4 darf eine Gebühr in der Regel zwischen dem Einfachen und dem 1,15fachen des Gebührensatzes bemessen werden; ein Überschreiten des 1,15fachen des Gebührensatzes ist nur zulässig, wenn die Bemessungskriterien dies im Einzelfall rechtfertigen.

Begründet wurde diese Reduzierung des Gebührenrahmens durch den Verordnungsgeber damit, dass bei der Erbringung von Laborleistungen die Unterschiede hinsichtlich des leistungsspezifischen Schwierigkeitsgrades, des Zeitaufwandes und der Umstände bei der Ausführung der Leistung gering seien und nur in seltenen Ausnahmefällen eine vom Regelfall abweichende Differenzierung in der Gebührenbemessung rechtfertigen würden.

32 Die Nr. 437 umfasst Laboratoriumsuntersuchungen im Rahmen einer Intensivbehandlung. Wegen des *Sachzusammenhangs* zu den Leistungen in Abschnitt M wurde diese Gebührenordnungsposition in die Regelung des Abs. 4 einbezogen.

## V. Reduzierung des Gebührensatzes bei wahlärztlichen Leistungen

Abs. 5 enthält eine Sonderregelung für wahlärztliche Leistungen, auf die aus systematischen Gründen in diesem Zusammenhang eingegangen wurde (§ 4 Rdn. 31 ff.). Nach dieser Regelung erfolgt bei wahlärztlichen Leistungen, die nicht durch den Wahlarzt oder dessen vor Abschluss des Wahlarztvertrages dem Patienten benannten Vertreter erbracht werden, eine Reduzierung des Gebührensatzes. An die Stelle des Dreieinhalbfachen tritt für persönlich-ärztliche Leistungen das 2,3fache des Gebührensatzes und an die Stelle des Zweieinhalbfachen für Leistungen nach den Abschnitten A, E und O das 1,8fache des Gebührensatzes. Damit soll für den Wahlarzt bzw. dessen Vertreter ein Anreiz gesetzt werden, die wahlärztlichen Leistungen auch auszuführen. 33

## § 5a Bemessung der Gebühren in besonderen Fällen

In dem Fall eines unter den Voraussetzungen des § 218a Abs. 1 des Strafgesetzbuches vorgenommenen Abbruchs einer Schwangerschaft dürfen Gebühren für die in § 24b Abs. 4 des Fünften Buches Sozialgesetzbuch genannten Leistungen nur bis zum 1,8fachen des Gebührensatzes nach § 5 Abs. 1 Satz 2 berechnet werden.

**Übersicht**

| | Rdn. | | Rdn. |
|---|---|---|---|
| A. Regelungszweck | 1 | II. Die Bezugnahme auf § 24b Abs. 4 SGB V | 4 |
| B. Wesentliche Tatbestandsmerkmale | 2 | III. Die Absenkung des Gebührenrahmens | 7 |
| I. Der Schwangerschaftsabbruch unter den Voraussetzungen des § 218a Abs. 1 StGB | 2 | | |

## A. Regelungszweck

Die Vorschrift beschränkt den Gebührenrahmen auf das maximal 1,8fache des Gebührensatzes für Leistungen, die im Zusammenhang mit einem nicht rechtswidrigen Schwangerschaftsabbruch ausgeführt werden. Hintergrund für die Einführung der Regelung war die Entscheidung des BVerfG vom 28.05.1993 (NJW 1993, 1715 ff.). In dem Kontext wurde auch § 24b SGB V ergänzt und die Leistungspflicht der gesetzlichen Krankenversicherung entsprechend den Vorgaben des BVerfG beschränkt. Eine Berechnung der Gebühren nach § 5a ist auf die in § 24b Abs. 4 SGB V genannten Leistungen bezogen, sofern nicht die Hilfe für Frauen bei Schwangerschaftsabbrüchen in besonderen Fällen nach den §§ 19 ff. des Gesetzes zur Vermeidung und Bewältigung von Schwangerschaftskonflikten (Schwangerschaftskonfliktgesetz – SchKG vom 27.07.1992, zuletzt geändert durch Art. 13a des G v. 14.12.2019, BGBl. I, S. 2789) zur Anwendung kommt. 1

Die Schwangere soll bei Anwendung der GOÄ vor den damit verbundenen finanziellen Risiken geschützt werden. Diesem Zweck dient die Absenkung des Gebührenrahmens.

## B. Wesentliche Tatbestandsmerkmale

### I. Der Schwangerschaftsabbruch unter den Voraussetzungen des § 218a Abs. 1 StGB

Die strafrechtlichen Voraussetzungen eines nicht strafbewerten Schwangerschaftsabbruchs sind nach den Vorgaben des BVerfG im Urteil vom 28.05.1993 in den §§ 218 ff. StGB geändert worden. Unterschieden wird u.a. nach Indikationen (Konflikt- oder Notlagenindikation, medizinisch-soziale oder kriminologische Indikation). § 5a nimmt nur auf § 218a Abs. 1 StGB und damit auf die sog. **Konflikt- oder Notlagenindikation** Bezug. Danach ist der Tatbestand des § 218 StGB nicht verwirklicht, wenn 2

1) die Schwangere den Schwangerschaftsabbruch verlangt und dem Arzt durch eine Bescheinigung nach § 219 Abs. 2 Satz 2 StGB nachgewiesen hat, dass sie sich mindestens 3 Tage vor dem Eingriff hat beraten lassen;
2) der Schwangerschaftsabbruch von einem Arzt vorgenommen wird und

## § 5a GOÄ  Bemessung der Gebühren in besonderen Fällen

3) seit der Empfängnis nicht mehr als 12 Wochen vergangen sind (§ 218a Abs. 1 StGB).

3 Die ausschließliche Bezugnahme auf § 218a Abs. 1 StGB in § 5a ist erfolgt, weil für entsprechende Maßnahmen bei medizinisch-sozialer oder kriminologischer Indikation eine Leistungspflicht der gesetzlichen Krankenkassen besteht.

### II. Die Bezugnahme auf § 24b Abs. 4 SGB V

4 Gemäß § 24b SGB V werden bestimmte Kosten, die im Zusammenhang mit einem Schwangerschaftsabbruch nach § 218a Abs. 1 StGB stehen, von der gesetzlichen Krankenversicherung getragen. In Übereinstimmung mit dem Urteil des BVerfG besteht gem. § 24 Abs. 3 SGB V nur ein Anspruch auf die ärztliche Beratung über die Erhaltung und den Abbruch der Schwangerschaft sowie auf bestimmte Schutzmaßnahmen im Interesse der Schwangerschaft oder einer weiteren Schwangerschaft. Ausgenommen sind die Kosten für die Vornahme des Abbruchs und die Nachbehandlung bei komplikationslosem Verlauf sowie die Gewährung von Krankengeld. Konkretisiert wird der Ausschluss von Leistungen der gesetzlichen Krankenversicherung durch die enumerative Aufzählung in § 24b Abs. 4 SGB V. Danach umfasst die vom Anspruch auf Leistungen ausgenommene Vornahme des Abbruchs
1) die Anästhesie,
2) den operativen Eingriff oder die Gabe einer den Schwangerschaftsabbruch herbeiführenden Medikation,
3) die vaginale Behandlung einschließlich der Einbringung von Arzneimitteln in die Gebärmutter,
4) die Injektion von Medikamenten,
5) die Gabe eines Wehen auslösenden Medikaments,
6) die Assistenz durch einen anderen Arzt,
7) die körperlichen Untersuchungen im Rahmen der unmittelbaren Operationsvorbereitung und der Überwachung im direkten Anschluss an die Operation.

5 Mit diesen Leistungen zusammenhängende **Sachkosten**, insbesondere für Narkosemittel, Verbandmittel, Abdecktücher und Desinfektionsmittel fallen ebenfalls nicht in die Leistungspflicht der Krankenkassen. Bei vollstationärer Vornahme des Abbruchs übernimmt die Krankenkasse gem. § 24b Abs. 4 Satz 3 SGB V nicht die mittleren Kosten der Leistungen nach den Sätzen 1 und 2 für den Tag, an dem der Abbruch vorgenommen wird.

6 Infolge dieser Regelungen muss grundsätzlich die gesetzlich versicherte Schwangere für diese Kosten aufkommen. Die Regelung gilt aber auch bei einem Schwangerschaftsabbruch nach § 218a Abs. 1 StGB, wenn die Schwangere privat oder nicht versichert ist (*Hoffmann*, § 5a, Rn. 2). Die Abrechnung erfolgt nach der Gebührenordnung für Ärzte gegenüber der Schwangeren, soweit nicht Kosten nach den §§ 19 ff. SchKG) erstattet werden und ein Anspruch auf Begleichung der Sachkosten gegenüber der jeweiligen Krankenkasse besteht, die diese wiederum vom jeweiligen Bundesland aus öffentlichen Mitteln erhält (vgl. § 22 SchKG).

### III. Die Absenkung des Gebührenrahmens

7 Bei der Abrechnung der Gebühren für die einzelnen Leistungen ist der Gebührenrahmen vom Einfachen bis zum 1,8fachen des Gebührensatzes zu beachten. Der Bezug auf § 5 Abs. 1 Satz 2 soll verdeutlichen, dass die Absenkung sowohl auf die persönlich-ärztlichen als auch auf die medizinisch-technischen Leistungen anzuwenden ist. Für Laborleistungen soll nach Hoffmann der abgesenkte Gebührenrahmen ebenfalls berücksichtigt werden, weil die Regelung in § 5 Abs. 4 erst später hinzugekommen ist (*Hoffmann*, § 5a, Rn. 2). Gleichwohl hätte der Verordnungsgeber die Regelung entsprechend anpassen müssen.

8 Eine abweichende Honorarvereinbarung ist wegen § 2 Abs. 1 Satz 2 ausgeschlossen.

## § 5b Bemessung der Gebühren bei Versicherten des Standardtarifes der privaten Krankenversicherung

Für Leistungen, die in einem brancheneinheitlichen Standardtarif nach § 257 Abs. 2a des Fünften Buches Sozialgesetzbuch versichert sind, dürfen Gebühren nur bis zum 1,7fachen des Gebührensatzes nach § 5 Abs. 1 Satz 2 berechnet werden. Bei Gebühren für die in den Abschnitten A, E und O des Gebührenverzeichnisses genannten Leistungen gilt Satz 1 mit der Maßgabe, dass an die Stelle des 1,7fachen des Gebührensatzes das 1,3fache des Gebührensatzes tritt. Bei Gebühren für die in Abschnitt M des Gebührenverzeichnisses genannten Leistungen gilt Satz 1 mit der Maßgabe, dass an die Stelle des 1,7fachen des Gebührensatzes das 1,1fache des Gebührensatzes tritt.

| Übersicht | Rdn. | | Rdn. |
|---|---|---|---|
| A. Regelungszweck | 1 | I. Der brancheneinheitliche Standardtarif nach § 257 Abs. 2a SGB V | 2 |
| B. Wesentliche Tatbestandsmerkmale | 2 | II. Die Absenkung des Gebührenrahmens | 6 |

### A. Regelungszweck

Die mit dem Gesundheitsreformgesetz im Jahr 2000 eingeführte Regelung sieht für den nach § 257a Abs. 2a SGB V im **brancheneinheitlichen Standardtarif** versicherten Personenkreis eine Absenkung des Gebührenrahmens sowohl für die persönlich-ärztlichen als auch für die medizinisch-technischen Leistungen sowie die Laborleistungen vor. Damit boten die privaten Versicherungsunternehmen auch denjenigen Personen einen brancheneinheitlichen Standardtarif an, die nach beamtenrechtlichen Regelungen einen Beihilfeanspruch haben, jedoch aus Risikogründen nicht oder nur zu ungünstigen Konditionen versichert werden konnten. Die Versicherungsprämien sind im Standardtarif auf den durchschnittlichen Höchstbetrag in der gesetzlichen Krankenversicherung begrenzt. Die Leistungen des Standardtarifs sind denjenigen der gesetzlichen Krankenkassen vergleichbar (OVG Rheinland-Pfalz, Urt. v. 13.06.2003 – 2 A 10317/03, Rn. 3; Bayerischer VGH, Beschl. v. 30.03.2006 – 14 BV 02.3276, Rn. 26). Damit bietet der Tarif für Beamte ohne Berücksichtigung der Vorversicherungszeit, der Altersgrenze und des Gesamteinkommens sowie ohne Risikozuschlag eine relativ preiswerte Versicherungsmöglichkeit, die ansonsten nicht oder nur zu ungünstigen Konditionen versichert werden könnten (§ 257 Abs. 2a Nr. 2c SGB V). Diese Versicherungsmöglichkeit ging einher mit der Begrenzung des Gebührenrahmens in § 5b. 1

### B. Wesentliche Tatbestandsmerkmale

#### I. Der brancheneinheitliche Standardtarif nach § 257 Abs. 2a SGB V

Für den über § 257 Abs. 2a SGB V bestimmten **Personenkreis** (dazu im Einzelnen *Hoffmann*, § 5b, Rn. 1 oder *Brück*, § 5b, Rn. 1.5) besteht die Möglichkeit der Versicherung im brancheneinheitlichen Standardtarif. Über § 315 SGB V i.d.F. des GKV-WSG vom 26.03.2007, BGBl. I S. 378, wurde der Standardtarif unter bestimmten Voraussetzungen für Personen ohne Versicherungsschutz geöffnet. 2

Mit dem Begriff »**brancheneinheitlicher Standardtarif**« soll verdeutlicht werden, dass der Tarif im gesamten PKV-Bereich einheitlich auszugestalten und anzubieten ist. Die Leistungen dieses Tarifs müssen mit den Leistungen einer gesetzlichen Krankenversicherung im Krankheitsfall vergleichbar sein. Dies bedeutet eine Beschränkung in zweierlei Hinsicht: Die Leistungen dürfen nicht über Leistungen, die die GKV anbietet, hinausgehen, diese aber auch nicht unterschreiten; sie müssen mindestens dieses Niveau erreichen. Wegen der weiteren Einzelheiten zum Versicherungsschutz wird auf die Allgemeinen Versicherungsbedingungen für den Standardtarif, MB/ST 2009, Tarifbedingungen, Tarif S verwiesen (https://www.pkv.de/fileadmin/user_upload/PKV/b_Wissen/PDF/2019-06_avb-st-2009.pdf, Zugriff am 23.03.2021). 3

4  Der Standardtarif wurde zum 31.12.2008 geschlossen. Versicherungsverträge im Standardtarif gem. § 315 SGB V (Standardtarif für Personen ohne Versicherungsschutz) wurden zum 01.01.2009 auf Verträge im Basistarif umgestellt; sie werden entsprechend fortgeführt (vgl. weiter *Brück et al.* § 5b, insb. Rn. 3). Diese Abrechnung erfolgt nach der »Vereinbarung zwischen der Kassenärztlichen Bundesvereinigung und dem Verband der privaten Krankenversicherung im Einvernehmen mit den Beihilfekostenträgern bezüglich der Honorierung ambulanter ärztlicher und belegärztlicher Leistungen für im Basistarif Versicherte« vom 28.01.2010 (https://www.kbv.de/media/sp/Vereinbarung_Honorierung_Leistungen_PKV.pdf, Zugriff am 23.03.2021). Diese Vereinbarung löst die gesetzliche Vergütungsregelung in § 75 Abs. 3a Satz 2 SGB V mit Wirkung vom 01.04.2010 ab. Dabei wurde die GOÄ als Vergütungsgrundlage mit abgesenkten Steigerungssätzen vereinbart.

5  Der Anwendungsbereich von § 5b bleibt daher auf die Altverträge nach § 257 Abs. 2a SGB V begrenzt und dürfte daher äußerst gering sein.

## II. Die Absenkung des Gebührenrahmens

6  Für Standardtarifversicherte gilt gem. § 5b ein abgesenkter Gebührenrahmen. Er kann bei persönlich-ärztlichen Leistungen bis zum 1,7fachen des Gebührensatzes nach § 5 Abs. 1 Satz 2 berechnet werden. Bei Leistungen nach den Abschnitten A, E und O beträgt er maximal das 1,3fache und bei Laborleistungen maximal das 1,1fache des Gebührensatzes.

7  Voraussetzung für die Bindung des Arztes an diese abgesenkten Gebührenrahmen ist, dass der Behandlungsvertrag zu diesen Konditionen zustande kommt. Das verlangt vom Versicherten, dass er sich als Standardtarifversicherter ausweist. Dies erfolgt regelmäßig durch Vorlage der entsprechenden Versichertenkarte. Der Arzt unterliegt – von Notfällen abgesehen – aber keinem Kontrahierungszwang. Er ist jedoch, wenn er sich zur Behandlung einer standardtarifversicherten Person bereit erklärt, an den Gebührenrahmen des § 5b gebunden (OVG Rheinland-Pfalz, Urt. v. 13.06.2003 – 2 A 10317/03, Rn. 19). Das OVG erachtet es als zumutbar, dass der Versicherte sein Versicherungsverhältnis dem Arzt anzeigt und auf eine korrekte Abrechnung besteht.

8  Mit den Beschlüssen vom 05.05.2008 (1 BvR 807/08, 1 BvR 808/08) hat sich das BVerfG zu der Behandlungspflicht geäußert. Der Beschwerdeführer, ein zur vertragszahnärztlichen Versorgung zugelassener Zahnarzt, rügte eine Verletzung seiner durch Art. 12 Abs. 1 GG geschützten Berufsausübungsfreiheit. Durch die angegriffene Regelung (§ 75 Abs. 3a bis 3c SGB V) werde den Vertragszahnärzten im Rahmen ihrer privatzahnärztlichen Tätigkeit eine Behandlungspflicht gegenüber Standard- und Basistarifversicherten zu gesetzlich festgelegten Gebührensätzen auferlegt. Das BVerfG hat zwar die Verfassungsbeschwerde nicht zur Entscheidung angenommen, in der Begründung des Nichtannahmebeschlusses heißt es aber: »Da sich die Versorgung der Standard- und Basistarifversicherten außerhalb des Systems vertragsärztlicher Versorgung vollzieht, führt die angegriffene Übertragung des diesbezüglichen Sicherstellungsauftrags nicht zu einer unmittelbaren Erstreckung der gesetzlichen Behandlungsverpflichtung des Vertragsarztes auf diese Patientengruppe. Die angegriffene Norm ändert die Rechtsstellung des einzelnen Vertragsarztes demnach nicht ohne weiteres, sondern bedarf der Umsetzung durch die Kassenärztlichen Vereinigungen und Kassenärztlichen Bundesvereinigungen« (BVerfG, Beschl. v. 05.05.2008 – 1 BvR 808/08, Rn. 6, 7). Eine unmittelbare gesetzliche Behandlungsverpflichtung gegenüber Standard- und Basistarifversicherten besteht daher nicht.

## § 6 Gebühren für andere Leistungen

(1) Erbringen Mund-Kiefer-Gesichtschirurgen, Hals-Nasen-Ohrenärzte oder Chirurgen Leistungen, die im Gebührenverzeichnis für zahnärztliche Leistungen – Anlage zur Gebührenordnung für Zahnärzte vom 22. Oktober 1987 (BGBl. I S. 2316) – aufgeführt sind, sind die Vergütungen für diese Leistungen nach den Vorschriften der Gebührenordnung für Zahnärzte in der jeweils geltenden Fassung zu berechnen *(nicht kommentiert)*.

(2) Selbständige ärztliche Leistungen, die in das Gebührenverzeichnis nicht aufgenommen sind, können entsprechend einer nach Art, Kosten- und Zeitaufwand gleichwertigen Leistung des Gebührenverzeichnisses berechnet werden.

## Übersicht

| | Rdn. | | Rdn. |
|---|---|---|---|
| A. Regelungszweck des § 6 Abs. 2 | 1 | II. Übernahme der Rahmenbedingungen | 10 |
| B. Selbstständige, nicht in das Gebührenverzeichnis aufgenommene, ärztliche Leistungen | 2 | III. Übernahme der Zuschläge | 11 |
| | | D. Analogverzeichnis der BÄK | 12 |
| I. Begriff | 2 | I. Allgemeines | 12 |
| II. Regelungslücke | 3 | II. »Platzhalternummern« | 13 |
| 1. Leistungsmodifikationen | 4 | III. Besondere Qualifikationen | 14 |
| 2. Medizinischer Fortschritt | 5 | E. Korrekte Rechnungsstellung | 15 |
| 3. Keine Missachtung des Zielleistungsprinzips nach § 4 Abs. 2a | 6 | F. Recht des Arztes zur analogen Bewertung | 17 |
| C. Entsprechend einer gleichwertigen Leistung | 7 | I. Hilfestellung durch die Gremien der BÄK | 18 |
| I. Gleichwertige Leistung | 7 | 1. Zentraler Konsultationsausschuss der BÄK | 18 |
| 1. »Nach Art, Kosten und Zeitaufwand« | 8 | 2. Gebührenordnungsausschuss BÄK | 19 |
| 2. Bezugnahme auf das Behandlungsziel | 9 | II. Rechtsverhältnis zum Kostenträger | 20 |

## A. Regelungszweck des § 6 Abs. 2

§ 6 Abs. 2 ermöglicht dem Arzt, unter bestimmten Voraussetzungen das Gebührenverzeichnis 1 selbst zu ergänzen. Denn bei dem raschen Fortschritt der Medizin und den nur sehr seltenen gesetzlichen Ergänzungen des Leistungsverzeichnisses der GOÄ ist es erforderlich, die Vergütung für nicht in das Gebührenverzeichnis aufgenommene Leistungen zu regeln. Das geschieht über eine analoge Bewertung für selbstständige ärztliche Leistungen, die nicht in das Gebührenverzeichnis aufgenommen sind und bei denen es sich auch nicht um bloße Modifikationen von bereits im Verzeichnis befindlichen Leistungen handelt. § 6 Abs. 2 präzisiert daher §§ 1 und 2, wonach für die Berechnung von Leistungen, die nicht in das Gebührenverzeichnis der GOÄ aufgenommen worden sind, eine Anwendung von Leistungspositionen anderer Gebührenverzeichnisse oder die Vereinbarung anderer Gebührenordnungen oder die Abrechnung eines Pauschalbetrages ausgeschlossen ist.

## B. Selbstständige, nicht in das Gebührenverzeichnis aufgenommene, ärztliche Leistungen

### I. Begriff

Zum Begriff »selbständige ärztliche Leistung« vgl. § 4 Abs. 2 Rdn. 6 u. § 4 Abs. 2a Rdn. 48. Es darf 2 sich nicht um ärztliche Leistungen handeln, die Bestandteil einer anderen Leistungsposition sind, die im Gebührenverzeichnis enthalten ist. Eine Ausnahme hiervon bilden Leistungen, die zwar Bestandteil einer bestehenden GOÄ-Position sind, die sich aber aufgrund des technischen Fortschritts »verselbständigt« haben. Der BGH hat dies am 13.05.2004, MedR 2005, 228, für die ergänzende analoge Abrechnung von Leistungspositionen, die wegen der Neuartigkeit einer OP-Methode in die Bewertung einer Zielleistung (§ 4 Abs. 2a) bei Erlass der GOÄ keinen Eingang finden konnten, ausdrücklich anerkannt (hier: Abrechnung der GOÄ-Nr. 2757 analog für die systematische Kompartmentausräumung mit weitgehender Freilegung von Blutgefäßen und Nervenbahnen im Zusammenhang mit einer Radikaloperation der bösartigen Schilddrüsengeschwulst).

### II. Regelungslücke

Für die selbstständige ärztliche Leistung muss eine Regelungslücke bestehen, die durch analoge 3 Berechnung einer nicht im Gebührenverzeichnis der GOÄ stehenden Leistungsziffer geschlossen werden soll. Sie liegt nur dann vor, wenn die Gebührenordnung planwidrig unvollständig ist, der

Verordnungsgeber also den zu beurteilenden Gebührensachverhalt nicht bewusst ungeregelt gelassen hat. (*Hahn* Die Analogiebildung im zahnärztlichen Gebührenrecht MedR 1998, 354). Eine Regelungslücke besteht daher regelmäßig nur dann, wenn die ärztliche Maßnahme erst nach Inkrafttreten der GOÄ erstmals durchgeführt wurde (AG München MedR 2005, 47, für die tiefe anteriore Rektumresektion nach Nr. 3235 GOÄ analog). Ferner darf eine Analogabrechnung vorgenommen werden, wenn eine Leistung zum Zeitpunkt der Abfassung des Gebührenverzeichnisses zwar bekannt, aber wissenschaftlich nicht anerkannt war. War allerdings die Leistung vor Inkrafttreten der GOÄ oder vor einer Novellierung bereits bekannt, ist sorgfältig zu prüfen, ob die Leistung in modifizierter Form nicht bereits im Leistungsverzeichnis enthalten ist.

### 1. Leistungsmodifkationen

4   Bloße Leistungsmodifikationen einer in der GOÄ enthaltenen Leistungsposition sind nicht analog abrechenbar. Daher darf die besonders lange Dauer der Ausführung einer Leistung nicht analog abgerechnet werden. Z.B.: Eine Beratung von 60 Minuten Dauer bleibt eine Beratung und ist nur nach Nr. 1 oder 3 GOÄ abrechenbar (und nicht nach Nr. 30 – homöopathische Anamnese – analog). Dauer und Umfang einer Leistung können in der GOÄ nur über den Steigerungsfaktor Berücksichtigung finden (§ 5) oder über eine Abdingung in einer Honorarvereinbarung (§ 2 GOÄ). In seinem Urt. v. 13.05.2004 (s.o. Rdn. 2) hat der BGH allerdings entschieden, dass in den Fällen, in denen die in der Gebührennummer beschriebene Leistung nur eine Teilmenge der vorgenommenen ärztlichen Leistung darstellt und die durchgeführte Operation ihrer Art nach den zwei- bis vierfachen zeitlichen Aufwand verlangt, nicht mehr von einer bloßen Leistungsmodifikation gesprochen werden könne, sondern eine Regelungslücke vorliege, die durch eine nochmalige Berechnung der Gebührennummer in analoger Anwendung zu schließen sei.

### 2. Medizinischer Fortschritt

5   Unausgewogenheiten in der Bewertung beschriebener GOÄ-Leistungen dürfen nach der Rechtsprechung ebenso wenig analog berechnet werden, da die hierfür erforderliche Regelungslücke fehlt (BGH MedR 2004, 444 und Urt. v. 18.09.2003 – III ZR 416/02 für die Abrechnung der Positronen-Emissions-Tomographie [PET] in zwei Fällen, in denen mehrere Organe/Körperregionen mit einer oder mehreren Aufnahmen untersucht wurden, und die PET – anders als vom Verordnungsgeber vorgesehen – mehrfach bzw. in analoger Anwendung berechnet worden war).

5a  Anders ist dies nach der Entscheidung des OLG Düsseldorf aber dann, wenn wegen einer wesentlichen Änderung des medizinischen Fortschritts und der Verhältnisse seit Einführung einer Leistungsziffer von einer Regelungslücke ausgegangen werden muss (OLG Düsseldorf MedR 2002, 310). Das OLG entschied, dass die für eine Lebertransplantation im Jahr 1988 vorgesehene Leistungsziffer Nr. 3184 GOÄ die im Jahr 1996 durchzuführenden Leistungen aufgrund eines deutlich verbesserten Transplantationsverfahrens nicht mehr ausreichend abbildete und die dadurch entstandene Regelungslücke – trotz der bestehenden Abrechnungsziffer – durch eine analoge Bewertung der einzelnen Leistungen (Explantation der Spenderleber, Entfernung des erkrankten Organs des Patienten und Implantation der Spenderleber) anstelle der Nr. 3184 GOÄ geschlossen werden durfte. Dieser Auffassung ist das OLG Köln mit seinem Beschl. v. 12.01.2009 – 5 U 163/08, VersR 2010, 255 unter Hinweis auf die oben zitierte Rechtsprechung des BGH zur Positronen-Emissions-Tomographie allerdings ausdrücklich entgegengetreten; s. dazu auch die Komm. zu § 4 Abs. 2a Rdn. 51.

### 3. Keine Missachtung des Zielleistungsprinzips nach § 4 Abs. 2a

6   Eine Aushebelung des Zielleistungsprinzips über § 6 Abs. 2 ist unzulässig. Eine Leistung, die zwar nicht als Standardverfahren, sondern mit einem neu entwickelten, technisch aufwändigeren Verfahren durchgeführt wird, die aber eindeutig als Hilfs- oder Begleitverrichtung einer im Leistungskatalog angeführten Zielleistung angesehen werden muss, ist als Teilleistung nicht abrechenbar, was durch weite Auslegung des Begriffs »selbständige ärztliche Leistung« und Bewertung als analoge

Leistung nicht umgangen werden darf (AG Dortmund MedR 2004, 164 für die intraoperative Beinlängenverlängerung bei einem endoprothetischen Totalersatz von Hüftpfanne und Hüftkopf und zuletzt BGH, Urt. v. 21.01.2010, VersR 2010, 1042 für den Einsatz der computergestützten Navigationstechnik bei Durchführung einer Kniegelenk-Totalendoprothese. In der jüngeren Rechtsprechung ist dies zuletzt mehrfach für den Einsatz des Femtosekundenlasers im Rahmen einer Kataraktoperation nach Nr. 1375 GOÄ entschieden worden. Die bloße Optimierung einer bereits in das Gebührenverzeichnis aufgenommenen Zielleistung durch den Einsatz eines Lasers anstelle eines manuell-chirurgischen Einzelschrittes ist nicht geeignet, eine selbständige ärztliche Leistung zu begründen, sofern die Beschreibung der Zielleistung – wie im Falle der GOÄ-Nr. 1375 – das methodische Vorgehen offen lässt (OLG Düsseldorf, Urt. v. 28.08.2020 – 4 U 162/18, VersR 2021, 246 m. Anm.v. *Fenercioglu* u. *Schoenen*; OLG Naumburg, Urt. v. 09.05.2019 – 4 U 28/16, VersR 2019, 1348 und LG Hannover, Urt. v. 28.05.2020 – 6 S 47/19; a.A. AG München, Urt. v. 12.12.2018 – 262 C 18626/17, VersR 2019, 808 – nicht rechtskräftig – das für den Einsatz des Femtosekundenlasers den Ansatz der Nr. 5585 GOÄ analog neben der durch Nr. 1375 GOÄ abgegoltenen Zielleistung für berechtigt hält, weil durch § 6 Abs. 2 nur solche unselbstständigen Leistungen von der Analogie ausgenommen werden sollen, die bei der Änderung der GOÄ im Jahr 1996 bekannt waren; s. zum Problem ausführlich auch § 4 Abs. 2a Rdn. 48 ff.).

## C. Entsprechend einer gleichwertigen Leistung

### I. Gleichwertige Leistung

Die Analogberechnung bezieht sich nicht generell auf alle gleichwertigen Leistungen, sondern nur auf die, die nach Art, Kosten und Zeitaufwand gleichwertig sind. 7

#### 1. »Nach Art, Kosten und Zeitaufwand«

Gefordert ist eine »nach Art, Kosten und Zeitaufwand« gleichwertige Leistung, die als Referenzleistung für die Analogberechnung herangezogen werden soll. Der Verordnungsgeber wollte durch diese Formulierung »dem Bedürfnis Rechnung [tragen], die entsprechende Bewertung an sachlich nachvollziehbare Kriterien zu binden« (Amtl. Begründung 3. Verordnung zur Änderung der GOÄ v. 09.06.1988, BR-Drs. 118/88, 51). Es muss daher eine GOÄ-Position gewählt werden, die in der technischen Durchführung, im Zeitaufwand, im Schwierigkeitsgrad und in den Kosten der erbrachten Leistung möglichst nahe kommt. GOÄ-Nummern aus demselben Leistungsabschnitt haben Vorrang gegenüber GOÄ-Positionen aus anderen Leistungsabschnitten, da diese in der Regel am ehesten vergleichbar sind. Z.B.: Videosystem-gestützte Untersuchung und Bilddokumentation von Muttermalen, einschließlich digitaler Bildweiterverarbeitung und -auswertung analog Nr. 612 GOÄ. Das schließt allerdings den Zugriff zu Leistungen eines anderen Kapitels der GOÄ nicht aus. Möglich ist auch der analoge Abgriff durch eine Summation mehrerer GOÄ-Positionen. 8

Die Rspr. stellt auch insoweit strenge Anforderungen an die Analoganwendung. So kann nach dem Urteil des VG Karlsruhe (v. 27.09.2017 – 9 K 3208/16) die GOÄ-Nr. 865, »Besprechung mit dem nichtärztlichen Psychotherapeuten über die Fortsetzung der Behandlung«) nicht für »Teambesprechungen« zwischen dem Arzt und den weiteren Krankenhausmitarbeitern analog herangezogen werden, in denen über das mit dem Patienten erfolgte Gespräch berichtet wird und das weitere Vorgehen geplant wird. Denn die »Teambesprechung« erfolgt anders als die »Besprechung mit dem nichtärztlichen Psychotherapeuten« nicht auf »Augenhöhe«. 8a

#### 2. Bezugnahme auf das Behandlungsziel

Unzulässig ist die Analogie zu Leistungen, die dasselbe Behandlungsziel haben, die häufig bei alternativ zu einer Operation angebotenen Behandlungsmethoden anzuwenden versucht wird. Deshalb dürfen beispielsweise bei Bandscheibenerkrankungen manuelle oder minimalinvasive Behandlungsmethoden wie die epidurale Kathetertechnik nicht analog zu den Bandscheibenoperationen nach den Nrn. 2282 ff. GOÄ (bewertet mit 1480 bis über 4000 Punkten, je nach Eingriff) abgerechnet 9 werden, sondern richten sich nach den in der GOÄ für solche Eingriffe vorgesehenen Gebührenpositionen wie die Nr. 474 GOÄ für die Epiduralanästhesie, die lediglich mit 900 Punkten bewertet ist (*Pieritz* Problematische Analogbewertungen DÄBl. 2003, A 726).

### II. Übernahme der Rahmenbedingungen

10 Die »gleichwertige Leistung« indiziert auch, dass die sog. Rahmenbedingungen der analog herangezogenen Ziffer erhalten bleiben müssen. So ist eine Gebührennummer mit kleinem Gebührenrahmen (1,0 bis 2,5) auch bei analoger Abrechnung ohne Begründung nur bis zum 1,8 fachen steigerungsfähig. Andererseits darf mit entsprechender Begründung ohne weiteres auch ein höherer Steigerungsfaktor (bis max. 3,5/2,5) zugrunde gelegt werden (§ 5 Abs. 2 und Abs. 3 GOÄ). Ebenso müssen Vorgaben bei Mindestzeiten, Leistungsausschlüsse und Begrenzungen der Abrechnungsfähigkeit für einen bestimmten Zeitraum(z.B. 1x/Quartal) übernommen werden. **Beispiele:** (1) Die Abrechnung des H2-Atemtestes nach Nr. A 618 GOÄ analog der Gebührennummer 617 GOÄ ist genau wie die Gasanalyse nach Nr. 617 GOÄ ohne Begründung nur bis zum 1,8 fachen Gebührensatz steigerungsfähig. (2) Die Abrechnung der strukturierten Schulung einer Einzelperson bei Asthma bronchiale, Hypertonie gemäß Nr. A 36 GOÄ analog der Gebührennummer 33 GOÄ setzt wie die strukturierte Schulung einer Einzelperson bei Diabetes, Gestationsdiabetes oder Zustand nach Pankreatektomie nach Nr. 33 GOÄ eine Mindestdauer von 20 Minuten voraus.

10a Eine Begründungspflicht des Arztes für den von ihm festgelegten Gebührensatz besteht auch bei Analogabrechnungen nur dann, wenn dies in der GOÄ vorgesehen ist, vgl. VGH Bad.-Württ., Urt. v. 28.01.2010 – 10 S 2582/08, MedR 2011, 447; s.a. unten Rdn. 16a.

### III. Übernahme der Zuschläge

11 Probleme bei Übernahme der Rahmenbedingungen der Referenzziffer können sich bei den Zuschlägen stellen. Z.B.: Die Bundesärztekammer (BÄK) empfiehlt für die Abrechnung der »Dermatologischen Lasertherapie« den Ansatz der Nr. 2440 GOÄ. Bei der Nr. 2440 GOÄ handelt es sich um eine zuschlagsberechtigte Ziffer (Abschnitt C VIII Nr. 3 GOÄ), bei der der Zuschlag 441 (»Zuschlag für die Anwendung eines Lasers bei ambulanten operativen Leistungen, je Sitzung...«) möglich ist. In den Allgemeinen Bestimmungen C VIII Nr. 1 S. 2 heißt es aber, dass »für die Anwendung... eines Lasers, im Zusammenhang mit einer ambulanten operativen Leistung... Zuschläge [nur] berechnet werden [können], wenn die Anwendung... eines Lasers in der Leistungsbeschreibung der Gebührennummer für die operative Leistung nicht beinhaltet ist.« Dies ist aber bei der Dermatologischen Lasertherapie, die in den Abrechnungsempfehlungen mit »Laserbehandlung von Besenreiservarizen...« beschrieben wird, der Fall. Die BÄK vertritt deshalb die Auffassung, dass der Zuschlag nach Nr. 441 nicht berechnungsfähig ist (*Pieritz* Analoge Bewertung – Grundsätzliches und Spezielles DÄBl. 2007, A 680).

Für die obergerichtliche Rechtsprechung eindeutig ist hingegen die Berechtigung zum Ansatz der Zuschlagsziffer 441 für den Einsatz des Femtosekundenlasers im Rahmen einer Katarakt-Operation wegen des durch den Einsatz des Lasers bedingten erhöhten Zeitaufwandes, vgl. OLG Düsseldorf, Urt. v. 28.08.2020 – 4 U 162/18, VersR 2021, 246, 249 f. und OLG Naumburg, Urt. v. 09.05.2019 – 4 U 28/16, VersR 2019, 1348, s. oben Rdn. 6.

## D. Analogverzeichnis der BÄK

### I. Allgemeines

12 Um Ärzten, Patienten und Kostenträgern Hilfestellung bei der Analogabrechnung zu geben, hat die BÄK ein »Verzeichnis der analogen Bewertungen der BÄK« aufgelegt. Es greift Positionen auf, die entweder bei der BÄK besonders häufig angefragt werden oder von besonderer qualitativer Bedeutung sind. Da es regelmäßig ausführlich mit Sachverständigen beraten und vor Veröffentlichung mit dem Bundesministerium für Gesundheit, dem Bundesinnenministerium des Innern (für die Beihilfe) und dem Verband der Privaten Krankenversicherungen abgestimmt wird, stellt

es faktisch eine Verordnungsergänzung dar, die allerdings keine Rechtsnormqualität hat und nicht rechtsverbindlich ist. Gleichwohl werden alle nach dem Analogverzeichnis der BÄK abgerechneten Positionen praktisch von allen Kostenträgern akzeptiert. Es ist daher nahezu aussichtslos, einen Rechtsstreit zu gewinnen, wenn andere Analogziffern als die der BÄK abgerechnet werden. Der aktuelle Stand des Analogverzeichnisses kann auf den Seiten der BÄK im Internet (www.bundesaerztekammer.de) eingesehen werden.

Das Analogverzeichnis der BÄK ist nicht abschließend. So enthält es z.B. keine Positionen für Leistungen der sog. »Außenseitermedizin« oder Leistungen von allzu speziellem Charakter. 12a

### II. »Platzhalternummern«

Im Analogverzeichnis der BÄK werden sog. Platzhalternummern verwendet. Das sind Nummern, die die GOÄ nicht kennt und eine Leistung dem fachlichen Zusammenhang zuordnen sollen. Da das Analogverzeichnis unter den Kostenträgern bekannt ist, können die »Platzhalter« bei der Rechnungserstellung verwendet werden. Zwingend ist dies jedoch nicht (vgl. § 12 Abs. 4). Beispiel: A 72 Vorläufiger Entlassungsbericht im Krankenhaus analog Nr. 70 GOÄ Kurze Bescheinigung oder kurzes Zeugnis: Die Verwendung des Platzhalters »72« empfiehlt sich, da die Nr. 72 in der GOÄ derzeit nicht belegt ist. 13

### III. Besondere Qualifikationen

Im Analogverzeichnis der BÄK wird als Voraussetzung für die analoge Abrechnung einer Gebührenposition teilweise eine besondere Qualifikation des Leistungserbringers gefordert. Z.B.: Voraussetzung für die Abrechnung der Nr. A 707, Untersuchung des Dünndarms mittels Kapselendoskopie und Auswertung des Bildmaterials bei unklarer gastrointestinaler Blutung, ist die Gebietsbezeichnung Facharzt für Innere Medizin und Schwerpunkt Gastroenterologie. Außerdem enthält die Analog-Nr. A 707 eine sogenannte Bestandsschutzregelung. Hiernach darf auch ein Arzt, der im Rahmen seiner bisherigen Tätigkeit Kapselendoskopien durchgeführt hat, diese Leistungen auch weiterhin erbringen und abrechnen, sofern er die notwendige fachliche Qualifikation nach der jeweils geltenden Weiterbildungsordnung, insbesondere eingehende Kenntnisse und Erfahrungen mit endoskopischen Verfahren des Gastrointestinaltraktes, nachgewiesen hat. 14

### E. Korrekte Rechnungsstellung

Ergänzend zu § 6 Abs. 2 enthält § 12 Abs. 4 die Regelung, dass die analog bewertete Leistung für den Zahlungspflichtigen verständlich beschrieben werden muss und mit dem Hinweis »entsprechend« sowie der Nummer und der Bezeichnung der als gleichwertig erachteten Leistung versehen werden muss. Zur Verdeutlichung empfiehlt es sich daher, zu dem Wort »entsprechend« den Zusatz »§ 6 Abs. 2« aufzunehmen. Z.B.: Nr. 269, Laserbehandlung zur Schmerzbehandlung (Mindestdauer 20 Minuten) entsprechend § 6 Abs. 2 »Akupunktur (Nadelstichtechnik) mit einer Mindestdauer von 20 Minuten zur Behandlung von Schmerzen, je Sitzung«, € 26,81, Steigerungssatz 2,3. Eine Rechnung, die diesen Anforderungen nicht genügt, wird nicht fällig (LG Hamburg, Urt. v. 29.06.2016 – 332 S 61/14). Ausführlich hierzu vgl. § 12 Rdn. 2 ff. 15

Eigene Zusätze wie »A 269« oder »269 a« sind auf der Rechnung unzulässig, sie können lediglich der praxisinternen Kennzeichnung dienen. Ausnahmen: Analoge Laborleistungen **müssen** durch ein vorangestelltes »A« gekennzeichnet werden (Abschnitt M, Allgemeine Bestimmungen Nr. 8). Eine weitere Ausnahme bilden die offiziellen analogen Bewertungen des Analogverzeichnisses der BÄK und ihres Zentralen Konsultationsausschusses. Diese **können** mit einem vorangestellten »A« gekennzeichnet werden (Z.B.: A 72, Vorläufiger Entlassungsbericht im Krankenhaus – s.o. Rdn. 13). Dies dient dem leichteren Erkennen der konsentierten analogen Bewertungen (*Pieritz* Korrekte Darstellung einer analogen Bewertung DÄBl. 2007, A 2456). 16

Aus dem Fehlen eines Begründungserfordernisses im Sinne von § 12 Abs. 4 für den Fall der Analogberechnung ist zu schließen, dass der Verordnungsgeber eine gesonderte Begründungspflicht bei 16a der Berechnung von Analogziffern nicht für notwendig erachtet hat, der Rechnungsempfänger oder der Kostenträger eine besondere Begründung in der Rechnung mithin nicht verlangen kann (vgl. VGH Bad.-Württ., Urt. v. 28.01.2010 – 10 S 2582/08, MedR 2011, 447, 450).

### F. Recht des Arztes zur analogen Bewertung

17 Das unter Rdn. 12 dargestellte Analogverzeichnis der BÄK ist nicht abschließend. Mit der Novellierung der GOÄ zum 01.01.1996 wurden die im Analogverzeichnis der BÄK bis Ende 1995 enthaltenen Positionen in die GOÄ übernommen (*Brück* Komm. GOÄ § 6 Rn. 4). Der Bedarf an analogen Bewertungen bleibt aber weiterhin bestehen. Der medizinische Fortschritt hält sich weder an Novellierungszeiträume der GOÄ noch an Erscheinungstermine der Ergänzungen des Analogverzeichnisses der BÄK.

#### I. Hilfestellung durch die Gremien der BÄK

##### 1. Zentraler Konsultationsausschuss der BÄK

18 Hilfreich für die Bewertung analoger Leistungen sind neben dem Analogverzeichnis der BÄK die Beschlüsse des Zentralen Konsultationsausschusses für Gebührenordnungsfragen bei der BÄK. Er ist besetzt mit Vertretern der Ärzteschaft, Vertretern des Bundesministeriums für Gesundheit, der Beihilfestellen und der Unternehmen der Privaten Krankenversicherung sowie mitberatend mit Vertretern der Privatärztlichen Verrechnungsstellen und befasst sich u. a. mit dem Erlass analoger Bewertungen. Seine Beschlüsse sind weitgehend anerkannt (Wenzel/*Hess/Hübner* Handbuch Fachanwalt Medizinrecht Kap. 11 Rn. 99).

##### 2. Gebührenordnungsausschuss BÄK

19 Eine weitere Hilfestellung bei der Analogabrechnung bieten die Abrechnungsempfehlungen des Gebührenordnungsausschusses der BÄK, der sich auch mit Einzelfragen zur Privatliquidation ärztlicher Leistungen befasst. Diese Empfehlungen werden vor allem auch in Rechtsstreitigkeiten von Gerichten berücksichtigt.

#### II. Rechtsverhältnis zum Kostenträger

20 Das Recht des Arztes auf eigene analoge Bewertung bleibt also (unter Berücksichtigung der o.a. Kriterien) auch nach dem jeweiligen Erscheinen des Analogverzeichnisses der BÄK bestehen. Möglich ist allerdings, dass Kostenträger in ihren vertraglichen Bestimmungen bzw. Beihilferichtlinien die Kostenerstattung gegenüber dem Patienten für Analogabrechnungen, die nicht im Analogverzeichnis der BÄK enthalten sind, ablehnen. Einzelne private Krankenversicherungsunternehmen sind dazu übergegangen, analog berechnete Leistungen des Arztes, die sich nicht im Analogverzeichnis der BÄK wiederfinden, von der Erstattung grundsätzlich auszuschließen. Zur Begründung wird auf bestimmte Tarife verwiesen, in denen es heißt: »Erstattungsfähig sind Aufwendungen für solche ärztlichen Leistungen, die in der Amtlichen Gebührenordnung für Ärzte (GOÄ) in der jeweils gültigen Fassung aufgeführt sind.« Da verschiedene Zivilgerichte die Rechtmäßigkeit des Erstattungsausschlusses bestätigt haben (vgl. LG Stuttgart, Urt. v. 13.05.1992 – 5 S 3/92; AG Dortmund, Urt. v. 08.07.1988 – 112 C 185/88; AG Karlsruhe, Urt. v. 09.03.1990 – 11 C 88/90), kann das Arzt-Patientenverhältnis dadurch nicht unerheblich belastet werden. Die Nichterstattung analog berechneter Leistungen geht letztlich zulasten des Patienten. Der Erstattungsanspruch tangiert lediglich das Rechtsverhältnis zwischen Patient und Versicherer. Der Anspruch des Arztes gegenüber seinem Patienten ist durch einen solchen Erstattungsausschluss grundsätzlich nicht betroffen. Auch kann dem Arzt nicht zugemutet werden, wegen des Erstattungsverhaltens der privaten Krankenversicherungen auf korrekt berechnetes Honorar zu verzichten. Der Arzt sollte den Patienten auf jeden Fall über die Möglichkeit der Nichterstattung analog berechneter Leistungen aufklären und die Aufklärung dokumentieren. Die Aufklärung über die Nichterstattung analog berechneter Leistungen allein reicht aber unter Umständen nicht aus. Der BGH hat am 28.01.2020, Das Krankenhaus

2020, 810 entschieden, dass eine Pflicht zur Information des Patienten über die voraussichtlichen Kosten besteht, wenn der Arzt ein nicht allgemein anerkanntes, den Korridor des medizinischen Standards verlassendes, Behandlungskonzept anwendet (hier: Dauerhafter Verschluss erkrankter Venen durch die Einbringung von Bio-Verklebstoff nach dem »VenaSeal closure System«). Kommt der Arzt dieser Verpflichtung nicht nach, verletzt er seine wirtschaftliche Aufklärungspflicht aus § 630c Abs. 3 Satz 1 BGB.

## § 6a Gebühren bei stationärer Behandlung

(1) Bei vollstationären, teilstationären sowie vor- und nachstationären privatärztlichen Leistungen sind die nach dieser Verordnung berechneten Gebühren einschließlich der darauf entfallenden Zuschläge um 25 vom Hundert zu mindern. Abweichend davon beträgt die Minderung für Leistungen und Zuschläge nach Satz 1 von Belegärzten oder niedergelassenen anderen Ärzten 15 vom Hundert. Ausgenommen von der Minderungspflicht ist der Zuschlag nach Buchstabe J in Abschnitt B V des Gebührenverzeichnisses.

(2) Neben den nach Absatz 1 geminderten Gebühren darf der Arzt Kosten nicht berechnen; die §§ 7 bis 10 bleiben unberührt.

| Übersicht | Rdn. | | Rdn. |
|---|---|---|---|
| A. Regelungszweck des § 6a | 1 | 3. Privatkliniken | 20 |
| B. Rechtsbeziehungen der Beteiligten | 2 | 4. Verbindlichkeit | 21 |
| I. Totaler Krankenhausaufnahmevertrag | 3 | II. Honorarminderung um 25 % der Gebühren | 22 |
| II. Gespaltener Krankenhausaufnahmevertrag | 4 | 1. Belastung des leitenden Arztes | 22 |
| III. Konsiliararzt/Honorararzt | 5 | 2. Unzulässigkeit abweichender Vereinbarungen | 23 |
| C. Entwicklung des Gebühren-/Pflegesatzrechts zum Ausgleich der Doppelbelastung | 6 | 3. Zuschläge | 24 |
| I. Gesundheitsstrukturgesetz | 6 | III. Honorarminderungspflicht des Belegarztes | 25 |
| 1. Minderungspflicht | 7 | 1. Gebührenminderung um 15 % | 25 |
| 2. Ausnahmen | 8 | 2. Zuschlag »J« | 26 |
| 3. Pflegesatzrecht | 9 | IV. Honorarminderungspflicht niedergelassener Ärzte und anderer Ärzte | 27 |
| a) Pflegesatzabschlag | 10 | 1. Frühere Rechtslage | 27 |
| b) Kostenerstattung durch Chefärzte | 11 | 2. Urteil des BGH von 2002 | 28 |
| c) Nutzungsentgelt | 12 | 3. Leistungen an Neugeborenen | 29 |
| II. Neuordnung des Pflegesatzrechtes | 13 | 4. Leistungen für gesetzlich versicherte Patienten | 30 |
| 1. Bundespflegesatzverordnung | 13 | 5. Von Belegärzten angeforderte Leistungen | 31 |
| 2. § 6a | 15 | V. Ambulante Leistungen leitender Krankenhausärzte (Chefarzt-Ambulanz) | 32 |
| III. Fallpauschalengesetz vom 23.04.2002 (BGBl. I, S. 1412) | 16 | E. Kostenregelung gem. § 6a Abs. 2 | 33 |
| D. Honorarminderungspflicht nach § 6a Abs. 1 | 18 | I. Regelungszweck | 33 |
| I. Anwendungsbereich | 18 | II. Auslagenersatz gem. § 10 | 34 |
| 1. Stationäre Behandlung | 18 | III. Auslagenersatz bei konsiliarärztlichen Leistungen | 35 |
| 2. Liquidationsrecht oder Beteiligungsvergütung | 19 | | |

## A. Regelungszweck des § 6a

§ 6a will verhindern, dass Patienten, die privatärztliche Leistungen bei stationärer und teilstationärer, aber auch bei vor- und nachstationärer Behandlung in Anspruch nehmen, zweimal diejenigen Personal- und Sachkosten tragen müssen, die als Anteil in der vom Krankenhaus abgerechneten Fallpauschale oder im Pflegesatz des Krankenhauses enthalten sind, sowie andererseits kalkulatorisch in die GOÄ-Gebühren eingegangen sind, die als Wahlleistungen liquidiert werden. § 6a  1 sieht eine differenzierte Minderungsregelung vor, die nur dann verständlich wird, wenn zuvor die Rechtsbeziehungen der an der Gebührenminderung im stationären Bereich Beteiligten und die Entwicklung gebührenrechtlicher und pflegesatzrechtlicher Maßnahmen zum Ausgleich der Doppelbelastung des Patienten in den Blick genommen werden.

### B. Rechtsbeziehungen der Beteiligten

2   Wird ein Patient stationär behandelt, findet die GOÄ Anwendung, wenn der Wahlleistungspatient über den Krankenhausaufnahmevertrag und die mit dem Krankenhausträger abgeschlossene Wahlleistungsvereinbarung hinaus einen Vertrag mit einem liquidationsberechtigten Arzt abschließt. Dabei kann es sich um einen liquidationsberechtigten leitenden Arzt des Krankenhauses, einen Belegarzt oder einen niedergelassenen Arzt handeln. Die GOÄ findet darüber hinaus Anwendung, wenn der Wahlleistungspatient die Inanspruchnahme wahlärztlicher Leistungen mit dem Krankenhausträger vereinbart, diese aber vom Krankenhausträger gegenüber dem Patienten abgerechnet werden (krit. dazu Wenzel/ *Hess/Hübner* Handbuch Fachanwalt Medizinrecht Kap. 11 Rn. 9).

### I. Totaler Krankenhausaufnahmevertrag

3   Der Vertrag, den ein Patient bei der Aufnahme in das Krankenhaus abschließt, ist regelmäßig ein sog. totaler Krankenhausaufnahmevertrag, der sowohl die Durchführung der ärztlichen Behandlung als auch Unterkunft, Verpflegung und pflegerische Betreuung des Patienten umfasst. Das Krankenhaus stellt dem Zahlungspflichtigen seine Leistungen mit der Fallpauschale und/oder dem Pflegesatz in Rechnung. Neben diesem totalen Krankenhausaufnahmevertrag schließt der Wahlleistungspatient mit dem Krankenhausträger eine Wahlleistungsvereinbarung nach § 17 KHEntgG ab, mit der er die Inanspruchnahme wahlärztlicher Leistungen, also die Chefarztbehandlung wählt. Hat der Krankenhausträger dem leitenden Arzt kein Liquidationsrecht eingeräumt, sondern rechnet der Träger die wahlärztlichen Leistungen mit dem Patienten ab, hat der Patient keine eigenen vertraglichen Beziehungen zum Wahlarzt (sog. Totaler Krankenhausaufnahmevertrag mit Wahlbehandlung, vgl. Wenzel/ *Wenzel* Kap. 4 Rn. 721). Hat der Chefarzt der Abteilung hingegen ein eigenes Liquidationsrecht, schließt der Wahlleistungspatient mit dem leitenden Arzt darüber hinaus einen Arztzusatzvertrag, der den leitenden Arzt zur persönlichen Behandlung des Patienten verpflichtet und den Arzt berechtigt, seine ärztlichen Leistungen direkt mit dem Patienten abzurechnen (totaler Krankenhausaufnahmevertrag mit Arztzusatzvertrag).

### II. Gespaltener Krankenhausaufnahmevertrag

4   Ein gespaltener Krankenhausaufnahmevertrag kommt heute in der Regel mit Belegärzten zustande. Bei der Aufnahme des Wahlleistungspatienten in eine Belegabteilung oder ein Belegkrankenhaus schließt der Krankenhausträger mit dem Patienten einen Vertrag über die Krankenhausversorgung, der die Unterkunft, Verpflegung und Pflege des Patienten umfasst. Daneben schließt der Patient mit dem Belegarzt einen Vertrag über die ärztliche Behandlung (Wenzel/ *Wenzel* Kap. 4 Rn. 726). Der Belegarzt steht zum Krankenhausträger in keinem Anstellungsverhältnis. Er erhält von ihm die Möglichkeit, seine Patienten (Belegpatienten) im Krankenhaus unter Inanspruchnahme der hierfür bereit gestellten Dienste, Einrichtungen und Mittel vollstationär oder teilstationär zu behandeln, ohne hierfür vom Krankenhaus eine Vergütung zu erhalten (§ 121 Abs. 2 SGB V, § 18 Abs. 1 Satz 1 KHEntgG). Seine ärztlichen Leistungen, zu denen auch die Leistungen des ärztlichen Bereitschaftsdienstes für Belegpatienten und die vom Belegarzt veranlassten Leistungen nachgeordneter Ärzte des Krankenhauses gehören, rechnet der Belegarzt aufgrund des Behandlungsvertrages mit dem Zahlungspflichtigen unmittelbar ab. Das Krankenhaus erhebt vom Zahlungspflichtigen aufgrund des abgeschlossenen Krankenhausaufnahmevertrages über die Versorgung im Krankenhaus einen um die Arztkosten geminderten gesonderten Pflegesatz oder eine Beleg-Fallpauschale.

### III. Konsiliararzt/Honorararzt

Mit dem niedergelassenen Arzt, der zu einer Krankenhausbehandlung überwiegend konsiliarisch hinzugezogen wird, weil sein Fachgebiet am Krankenhaus nicht vertreten ist, schließt der Krankenhausträger einen Dienstvertrag (*Müller/Denzer/Rumpenhorst* Kooperation von Krankenhäusern und niedergelassenen Ärzten Arzt und Krankenhaus 03/2009, 92). Der niedergelassene Arzt rechnet seine Leistungen bei gesetzlich versicherten Patienten mit dem Krankenhausträger ab, da die Leistungen des niedergelassenen Arztes im totalen Krankenhausaufnahmevertrag, den der Patient mit dem Krankenhausträger schließt, und damit auch in der Fallpauschale oder dem Pflegesatz enthalten sind (§ 2 Abs. 2 Nr. 2 BPflV/KHEntgG). In der Wahlleistungsvereinbarung, mit der der Patient wahlärztliche Leistungen beantragt, sind die Leistungen des vom Krankenhaus extern hinzugezogenen Arztes regelmäßig enthalten. Das heißt, die sog. Wahlarztkette erstreckt sich auf den niedergelassenen Konsiliararzt (§ 17 Abs. 3 Satz 1 KHEntgG). Der Wahlleistungspatient schließt mit diesem einen eigenen Behandlungsvertrag, der ihn berechtigt, seine Leistungen direkt gegenüber dem Patienten abzurechnen.

Die Frage, ob sog. Honorarärzte, also Ärzte, die nicht fest am Krankenhaus angestellt sind, die aber im Unterschied zum Konsiliararzt stationäre Hauptleistungen im Auftrag des Krankenhauses vor Ort erbringen, berechtigt sind, wahlärztliche Leistungen gegenüber Wahlleistungspatienten/Privatpatienten direkt abzurechnen, ist in der Rechtsprechung und Literatur umstritten. Während das AG Düsseldorf, Urt. v. 09.02.2012 – 17 C 1700/11 und ihm folgend das LG Düsseldorf, Beschl. v. 22.05.2012 – 42 S 409/12, MedR 2013, 53 die Abrechnung wahlärztlicher Leistungen durch Honorarärzte für rechtens halten, wird dies unter anderem von *Clausen* in seiner Urteilsbesprechung zu den beiden genannten Entscheidungen mit Blick auf den abschließenden Katalog der Leistungserbringer in § 17 Abs. 3 Satz 1 KHEntgG verneint. Eine höchstrichterliche Entscheidung zu dieser Frage liegt bislang nicht vor. Zum Meinungsstand *Clausen* MedR 2013, 57 f.

### C. Entwicklung des Gebühren-/Pflegesatzrechts zum Ausgleich der Doppelbelastung

### I. Gesundheitsstrukturgesetz

Bis Ende des Jahres 1992 waren gebührenrechtliche und pflegesatzrechtliche Regelungen zur Vermeidung einer Doppelbelastung des Patienten, die mit der Bezahlung von Sach- und nichtärztlichen Personalkosten (Sachkosten) sowohl an den Krankenhausträger als auch an den leitenden Arzt verbunden waren, aufeinander abgestimmt. Neben die mit der 2. Änderungsverordnung der GOÄ vom 01.01.1985 (BGBl. 1984 I, S. 1680) eingeführte Gebührenminderung nach § 6a in Höhe von 15 % bei stationärer und teilstationärer privatärztlicher Behandlung trat ein pflegesatzrechtlicher Abschlag für den Pflegesatz von Patienten, die wahlärztliche Leistungen in Anspruch nahmen. Dies änderte sich ab 01.01.1993 mit Inkrafttreten des Gesundheitsstrukturgesetzes vom 21.12.1992 (BGBl. I, S. 2266). Seither ist die Honorarminderungspflicht des liquidationsberechtigten Arztes bei wahlärztlichen Leistungen grundsätzlich von der Krankenhausentgeltberechnung abgekoppelt (*Brück* Komm. GOÄ § 6a Rn. 1; *Hoffmann/Kleinken* GOÄ § 6a Rn. 2).

#### 1. Minderungspflicht

§ 6a Abs. 1 regelt seit 01.01.1993 die Minderungspflicht in Höhe von 25 % bei stationären, teilstationären und bei der durch das GSG neu eingeführten vor- und nachstationären Behandlung nach § 115a SGB V. Hierdurch sollte die Doppelbelastung des Wahlleistungspatienten durch Kostenanteile in den Krankenhausentgelten und in der Arztliquidation vermieden werden.

#### 2. Ausnahmen

Eine Ausnahme enthielt § 6a Abs. 1 (in der vom 01.01.1993 bis 31.12.1995 geltenden Fassung) für Chefärzte an Krankenhäusern mit sogenannten Alt-Verträgen, d.h. für Chefärzte, deren Verträge vor dem 31.12.1992 das Privatliquidationsrecht einräumten oder für beamtete Chefärzte, denen das Privatliquidationsrecht beamtenrechtlich vor dem 31.12.1992 eingeräumt wurde.

Diese mussten ihre Privatliquidation für eine Übergangszeit von 3 Jahren lediglich um 15 % mindern. Da diese Regelung nur bis 31.12.1995 Gültigkeit hatte, wird darauf hier nicht weiter eingegangen.

8a Belegärzte oder niedergelassene andere Ärzte, die privatärztliche stationäre Leistungen erbringen, müssen seither ihre Privatliquidation ebenfalls nur um 15 % mindern (s. dazu unten Rdn. 25 ff.).

### 3. Pflegesatzrecht

9 Das »Kostendeckungsprinzip« für Krankenhausentgelte wurde mit dem Inkrafttreten des GSG ab 01.01.1993 weitgehend abgeschafft. Seither müssen die Krankenhäuser mit den Kostenträgern über die Fortschreibung, Minderung oder Erhöhung ihres in der vergangenen Budgetperiode zugestandenen Budgets verhandeln. Auf die Darlegung der dem Krankenhaus in der Vergangenheit tatsächlich entstandenen Selbstkosten sowie der vorauskalkulierten Kosten bei wirtschaftlicher Betriebsführung kommt es nicht mehr an (*Hoffmann/Kleinken* § 6a Rn. 2; *Tuschen/Walzik* Die neue Bundespflegesatzverordnung 1995 DOK 1994, 644). Der Verordnungsgeber hat neben der auf 25 % erhöhten Honorarminderungspflicht in der GOÄ weitere Regelungen zulasten der liquidationsberechtigten Ärzte erlassen, die deutlich machen, dass die Abgabenlast für wahlärztliche Krankenhausleistungen seither im Wesentlichen die liquidationsberechtigten Ärzte treffen.

#### a) Pflegesatzabschlag

10 Der bis zum Inkrafttreten des GSG geltende Pflegesatzabschlag für wahlärztliche Leistungen in der Bundespflegesatzverordnung in Höhe von 5 % wurde abgeschafft. Er galt nach § 8 der geänderten BPflV fortan nur noch für belegärztliche Leistungen. Die gesonderten Pflegesätze für Wahlleistungspatienten sind seither entfallen.

#### b) Kostenerstattung durch Chefärzte

11 Chefärzte mit sog. Neuverträgen, also leitende Krankenhausärzte, denen das Recht zur Privatliquidation für wahlärztliche Leistungen erst nach dem 01.01.1993 eingeräumt wurden, mussten ab 01.01.1993 über die 25 %ige Honorarminderung gegenüber den Wahlleistungspatienten (§ 6a GOÄ) hinaus gem. § 11 Abs. 3 i.V.m. § 13 Abs. 3 Nr. 6 BPflV i.d.F. des GSG für die nicht pflegesatzfähigen Kosten an den Krankenhausträger Kosten in bestimmter Höhe erstatten, die sich an festen Prozentsätzen der GOÄ orientieren. Abgeführt werden mussten 40 % der Gebühren für die in den Abschnitten A, E, M, O und Q des Gebührenverzeichnisses der GOÄ genannten Leistungen und 20 % für die in den übrigen Abschnitten des Gebührenverzeichnisses der GOÄ genannten Leistungen. Diese Prozentsätze bemaßen sich von den Bruttoliquidationseinnahmen vor der Gebührenminderung gem. § 6a. Bei Belegärzten konnte die Kostenerstattung pauschaliert werden (§ 11 Abs. 2 i.V.m. Abs. 1 Satz 3 BPflV i.d.F. des GSG).

#### c) Nutzungsentgelt

12 Schließlich erhielten die Krankenhausträger das Recht, von leitenden Krankenhausärzten über diese Abgaben hinaus ein »Nutzungsentgelt« zu verlangen, das den Vorteil abgelten sollte, der dem leitenden Arzt dadurch entstand, dass er Einrichtungen des Dienstherrn (Personal und Material) nutzen durfte und sich diese Einrichtungen nicht selbst verschaffen musste. (§ 11 Abs. 6 BPflV).

### II. Neuordnung des Pflegesatzrechtes

#### 1. Bundespflegesatzverordnung

13 Mit der Bundespflegesatzverordnung vom 26.09.1994 (BGBl. I, S. 2750) wurde die vom Gesundheitsstrukturgesetz vorgegebene strukturelle Reform der Krankenhausfinanzierung

umgesetzt. Das Entgeltsystem der Krankenhäuser wurde auf differenzierte Entgeltformen umgestellt. Es wurden zum 01.01.1996 verbindlich 40 Fallpauschalen für 26 Krankheitsarten und 104 pauschalierte Sonderentgelte eingeführt, die die Kosten für bestimmte Leistungskomplexe wie für Operationen abdecken sollten. Zur Vergütung für die Leistungen, die nicht durch Fallpauschalen und Sonderentgelte erfasst wurden, hatte das jeweilige Krankenhaus ein individuelles Budget zu vereinbaren, innerhalb dessen differenzierte Abteilungspflegesätze und ein für das Krankenhaus einheitlicher Basispflegesatz zu bilden waren. Die Abteilungspflegesätze umfassten die ärztlich und pflegerisch veranlassten Kosten, der Basispflegesatz umfasste die nicht-medizinischen Leistungen einschließlich Unterkunft und Verpflegung. Den Krankenkassen und den Patienten waren – je nach den in Anspruch genommenen Leistungen – entweder eine Fallpauschale oder ein Abteilungspflegesatz sowie ein Basispflegesatz in Rechnung zu stellen. Mit der Reform sollten die Schwächen des bis dahin geltenden pauschalen tagesgleichen Pflegesatzes beseitigt werden und Anreize zu mehr Wirtschaftlichkeit und Sparsamkeit gegeben werden (*Baum* Das neue Pflegesatzrecht – der eingeschlagene Weg ist unumkehrbar, Das Krankenhaus 1994, 340).

Die Regelungen zur Berechnung der Kosten für die Inanspruchnahme wahlärztlicher Leistungen und zur Kostenerstattung veränderten sich inhaltlich nicht. Für belegärztliche Leistungen wurden ausweislich § 23 Abs. 2 BPflV gesonderte Fallpauschalen, Sonderentgelte und Pflegesätze vereinbart. 14

## 2. § 6a

Im Zusammenhang mit der Verordnung zur Neuordnung des Pflegesatzrechtes vom 26.09.1994 wurde auch § 6a mit Wirkung ab 01.01.1996 geändert und regelt fortan die einheitliche Gebührenminderungspflicht in Höhe von 25 % für alle stationären wahlärztlichen Leistungen und i.H.v. 15 % für stationäre Leistungen des Belegarztes und der niedergelassenen anderen Ärzte (BGBl. I, S. 2750, 2764). Bis 31.12.1995 galt allerdings aufgrund der Überleitungsvorschrift des Art. 8 § 1 der Verordnung zur Neuordnung des Pflegesatzrechtes noch die reduzierte Honorarminderungspflicht für wahlärztliche Leistungen von Altverträglern (s.o. Rdn. 8). 15

## III. Fallpauschalengesetz vom 23.04.2002 (BGBl. I, S. 1412)

Durch das Fallpauschalengesetz 2002 wurde die Entgeltberechnung im Krankenhaus nochmals vollständig umgestaltet. Seit 01.01.2005 muss unterschieden werden zwischen Krankenhäusern, deren Entgeltsystem nach dem durch das Fallpauschalengesetz eingeführten Krankenhausentgeltgesetz bis zum 01.01.2009 auf diagnosebezogene Fallpauschalen umgestellt werden musste, und Krankenhäusern, für die nach wie vor das Pflegesatzsystem der Bundespflegesatzverordnung mit der Bildung von Abteilungspflegesätzen gilt. Gem. § 17b KHG handelt es sich hierbei aber im Wesentlichen nur noch um Einrichtungen für Psychosomatik und Psychotherapeutische Medizin. Für Belegärzte gibt es gesonderte Fallpauschalen (§ 18 Abs. 2 KHEntgG) und einen um Arztkosten geminderten Belegpflegesatz (§ 22 BPflV i.V.m. § 18 Abs. 2 KHEntgG). 16

Durch das neue Entgeltsystem kam es zu keinen weiteren Beeinträchtigungen des Liquidationsrechts der leitenden Krankenhausärzte und der Belegärzte. Neben der Minderungspflicht nach § 6a, bleibt es bei der Kostenerstattungspflicht der leitenden Krankenhausärzte nach dem Krankenhausentgeltgesetz und der Bundespflegesatzverordnung für die nicht pflegesatzfähigen Kosten (§§ 19 Abs. 2 und 3, 17 KHEntgG i.V.m. § 7 Abs. 2 BPflV) in Höhe von 40 % für die Leistungen mit sog. kleinem Gebührenrahmen (Abschnitt A, E, M und O) und in Höhe von 20 % für die Leistungen mit dem sog. großen Gebührenrahmen und die Möglichkeit der Vereinbarung eines Nutzungsentgeltes/Vorteilsausgleichs (§ 19 Abs. 5 KHEntgG). Für die belegärztliche Kostenerstattungspflicht gilt seither § 19 Abs. 1 KHEntgG i.V.m. § 7 Abs. 2 BPflV. 17

## D. Honorarminderungspflicht nach § 6a Abs. 1

### I. Anwendungsbereich

#### 1. Stationäre Behandlung

18  Durch das Gesundheitsstrukturgesetz vom 21.12.1992 (Rdn. 6 ff.) wurde neben der vollstationären und der teilstationären Behandlung die vor- und nachstationäre Behandlung im Krankenhaus eingeführt. Auch bei der vor- und nachstationären Behandlung handelt es sich um stationäre Behandlung mit der Folge, dass über diese Behandlungen Wahlarztverträge abgeschlossen werden müssen, die die Gebührenminderungspflicht nach § 6a auslösen (*Hoffmann/Kleinken* § 6a Rn. 3; s.a. § 39 Abs. 1 SGB V, der die Krankenhausbehandlung als vollstationäre, teilstationäre, vor- und nachstationäre (§ 115a SGB V) und ambulante (§ 115b SGB V) Behandlung definiert).

#### 2. Liquidationsrecht oder Beteiligungsvergütung

19  Die Honorarminderungspflicht gilt auch, wenn das Krankenhaus anstelle des leitenden Arztes wahlärztliche Leistungen nach der GOÄ in Rechnung stellt. Das betrifft alle Krankenhäuser, die im Chefarztvertrag kein Liquidationsrecht für wahlärztliche Leistungen mehr, sondern nur noch eine sog. Beteiligungsvergütung an den vom Krankenhausträger liquidierten privatärztlichen Leistungen gewähren. Die Verpflichtung zur Honorarminderung ergibt sich hier schon aus dem Wortlaut des § 6a Abs. 1, denn minderungspflichtig sind bei stationärer wahlärztlicher Behandlung »die nach dieser Verordnung berechneten Gebühren«. Der Vertrag mit dem Wahlleistungspatienten wird in diesem Fall nur vom Krankenhausträger geschlossen. Der leitende Arzt, der die privatärztlichen Leistungen zu erbringen hat, erhält eine mindestens um den Kostenabzug nach der BPflV gekürzte Beteiligung an den Einnahmen des Krankenhausträgers.

#### 3. Privatkliniken

20  Der Verordnungsgeber hat in der Amtl. Begründung zur Änderung der GOÄ i.d.F. des Art. 20 des GSG vom 21.12.1992 klargestellt, dass die Gebührenminderung gem. § 6a auch für solche stationären privatärztlichen Leistungen gilt, die in Krankenhäusern erbracht werden, die nicht dem Anwendungsbereich der BPflV unterliegen, wie z.B. Kurkrankenhäuser, Vorsorge- und Rehabilitationseinrichtungen (BT-Drs. 12/3608, 154). Die Honorarminderungspflicht gilt daher auch für reine Privatkliniken, obwohl dort Personal- und Sachkosten, die bei der Erbringung wahlärztlicher Leistungen entstehen, mangels Anwendung der BPflV in den Pflegesatz nicht einbezogen werden (so auch VGH Bad.-Württ., Urt. v. 28.01.2010 – 10 S 1770/08, MedR 2011, 669 für die Abrechnung einer stationären Behandlung in einer als Privatklinik geführten Rehabilitationseinrichtung, in der die Aufwendungen für ärztliche Leistungen neben dem Tagessatz, der nur die Kosten für Unterkunft und Verpflegung erfasst, von der Klinik gesondert nach Maßgabe der GOÄ abgerechnet werden). Privatkliniken kann daher nur empfohlen werden, ihre Pflegesätze so umzugestalten, dass auch Personal- und Sachkosten in den Pflegesatz einbezogen werden (so auch *Brück* § 6a Rn. 3).

#### 4. Verbindlichkeit

21  Die gesetzlichen Regelungen der GOÄ und der BPflV zur Gebührenminderung und zum Kostenabzug von nicht im Pflegesatz enthaltenen Kosten sind zwingend und können nicht abbedungen werden (s. dazu unten Rdn. 23).

### II. Honorarminderung um 25 % der Gebühren

#### 1. Belastung des leitenden Arztes

22  Die Honorarminderungspflicht i.H.v. 25 % für alle privatärztlichen Leistungen im Rahmen der vollstationären, teilstationären oder vor- und nachstationären Versorgung, stellt aber nicht die Gesamtabgabe des liquidationsberechtigten Krankenhausarztes dar. Denn er muss – wie dargelegt – darüber hinaus 40 % der Kosten für Leistungen mit dem kleinen Gebührenrahmen und 20 % für

Leistungen mit dem großen Gebührenrahmen erstatten, wobei sich der Abzug von den Bruttorechnungsbeträgen, d.h. der in Rechnung gestellten Gebühren vor der Minderung nach § 6a bestimmt. Dies führt zu einer Belastung der Bruttoliquidation des Chefarztes für Leistungen nach den Abschnitten A, E, M und O i.H.v. 65 % und i.H.v. 45 % bei den übrigen Leistungen. Hinzu kommt das vertraglich vereinbarte Nutzungsentgelt (auch Vorteilsausgleich genannt), das sich häufig im Bereich zwischen 10 bis 20 % der Bruttohonorareinnahmen des liquidationsberechtigten Arztes bewegt (s.o. Rdn. 12) und die Mitarbeiterbeteiligung aufgrund landesgesetzlicher Regelungen (z.B. die Verordnung der Landesregierung über die Mitarbeiterbeteiligung nach dem Landeskrankenhausgesetz Baden-Württemberg – LKHG –MAVO vom 21.12.1987 (GBl., 735), geänd. durch G. v. 20.11.2002 (GBl., 605) s.a. die Regelung zur Mitarbeiterbeteiligung nach der für den Arzt maßgeblichen Berufsordnung (vgl. § 18 MuBO).

## 2. Unzulässigkeit abweichender Vereinbarungen

Der Verordnungsgeber ging davon aus, dass bei der Ermittlung des Minderungsbetrages von den nach den §§ 2, 5 oder 6 berechneten Gebühren auszugehen ist. Ausdrücklich wird in der amtl. Begründung zur 2. Änderungsverordnung der GOÄ (s.o. Rdn. 6) »eine abweichende Vereinbarung nach § 2 Abs. 1 [GOÄ] über den Minderungssatz bzw. –betrag [für] nicht zulässig« angesehen (BR-Drs. 574/84, 10). Die Minderung ist also von dem Gebührenbetrag vorzunehmen, der sich nach Anwendung des Steigerungssatzes ergibt. Mit dem Ausschluss einer abweichenden Vereinbarung soll verhindert werden, dass der Arzt mit dem Patienten die Minderungspflicht vertraglich abbedingt (so auch *Brück* § 6a Rn. 4). 23

## 3. Zuschläge

Gemindert werden müssen die nach der Gebührenordnung für Ärzte bei vollstationären, teilstationären sowie vor- und nachstationären privatärztlichen Leistungen berechneten Gebühren einschließlich der darauf entfallenden Zuschläge (BGH Urt. v. 13.06.2002 – III ZR 186/01). Die Verpflichtung zur Minderung auch der auf zuschlagsberechtigte Ziffern entfallenden Zuschläge ergibt sich aus dem Umkehrschluss zu § 6a Abs. 1 Satz 3, der den Zuschlag »J« als Ausnahmeregelung der Gebührenminderungspflicht enthebt (s. dazu unten Rdn. 26). 24

## III. Honorarminderungspflicht des Belegarztes

### 1. Gebührenminderung um 15 %

Belegärzte müssen ihre Gebühren lediglich um 15 % mindern. Der Grund hierfür liegt darin, dass aus den belegärztlichen Fallpauschalen, den Zusatzentgelten oder den belegärztlichen Pflegesätzen sämtliche Arztkosten ausgenommen sind. Gem. § 18 Abs. 1 KHEntgG gehören zu den Leistungen des Belegarztes seine persönlichen Leistungen, der ärztliche Bereitschaftsdienst für Belegpatienten, die von ihm veranlassten Leistungen nachgeordneter Ärzte des Krankenhauses, die bei der Behandlung seiner Belegpatienten in demselben Fachgebiet wie der Belegarzt tätig werden, und die von ihm veranlassten Leistungen von Ärzten und ärztlich geleiteten Einrichtungen außerhalb des Krankenhauses. Gem. § 19 Abs. 1 KHEntgG hat der Belegarzt dem Krankenhaus die Kosten für die Inanspruchnahme von Leistungen der Ärzte des Krankenhauses zu erstatten, wobei eine pauschalierte Kostenerstattung möglich ist. Ausdrücklich regelt überdies § 7 Abs. 2 Nr. 3 BPflV, dass die belegärztlichen Leistungen nach § 18 KHEntgG nicht pflegesatzfähig sind. Dem entspricht die Regelung in § 121 Abs. 3 SGB V, wonach die belegärztlichen Leistungen, die an GKV-Versicherten erbracht werden, aus der vertragsärztlichen Gesamtvergütung vergütet werden und hierzu auch leistungsgerechte Entgelte für den ärztlichen Bereitschaftsdienst für Belegpatienten und für die vom Belegarzt veranlassten Leistungen nachgeordneter Ärzte des Krankenhauses gehören. Für Belegpatienten müssen deshalb gem. § 18 Abs. 2 KHEntgG gesonderte Fallpauschalen und Zusatzentgelte und bei Krankenhäusern, für die die Bundespflegesatzverordnung gilt, gesonderte Belegpflegesätze (§ 22 Abs. 1 BPflV i.V.m. § 18 Abs. 2 KHEntgG) vereinbart werden, die fiktiv um sämtliche Arztkosten gemindert sind. Die Minderungspflicht gegenüber privat versicherten Belegpatienten 25 besteht bezüglich der sonstigen Sach- und Personalkosten (Räume und Einrichtungen und Geräte des Krankenhauses, sonstiger medizinischer Sachbedarf und nicht-ärztliches Personal), die der Patient mit der Fallpauschale bzw. dem Pflegesatz auch gegenüber dem Krankenhausträger bezahlt. Im Ergebnis hat sich deshalb der Gesetzgeber zu Recht für eine gegenüber dem leitenden Krankenhausarzt geminderte Honorarminderungspflicht des Belegarztes ausgesprochen (so im Ergebnis auch *Brück* § 6a Rn. 2.1 und *Hoffmann/Kleinken*, § 6a Rn. 4).

## 2. Zuschlag »J«

26 Ausdrücklich ausgenommen von der Honorarminderungspflicht des Belegarztes ist gem. § 6a Abs. 1 der Zuschlag »J« im Abschnitt B V des Gebührenverzeichnisses. Der Belegarzt darf diesen Zuschlag zur Visite liquidieren, wenn er einen von ihm zu vergütenden ärztlichen Bereitschaftsdienst vorhält. Die Herausnahme dieses Zuschlags aus der Minderungspflicht ist folgerichtig. Denn – wie ausgeführt – hat der Belegarzt die Kosten für den ärztlichen Bereitschaftsdienst im Verhältnis zum Krankenhausträger zu tragen, egal, ob er den Bereitschaftsdienst selbst oder durch eigene (angestellte) Ärzte seiner Praxis verrichtet oder ob er hierfür Krankenhausärzte in Anspruch nimmt. Es handelt sich deshalb immer um Kosten des Belegarztes und nicht des Krankenhauses, die durch die Zuschlagsregelung ausgeglichen werden. Der Patient wird folglich mit den Kosten des belegärztlichen Bereitschaftsdienstes nicht doppelt belastet, sodass die Grundlage für eine Gebührenminderungspflicht entfällt.

## IV. Honorarminderungspflicht niedergelassener Ärzte und anderer Ärzte

### 1. Frühere Rechtslage

27 Die Frage der Honorarminderungspflicht für niedergelassene Ärzte, die konsiliarärztliche Leistungen bei stationären Wahlleistungspatienten erbringen, war lange Zeit in Literatur und Rechtsprechung umstritten und höchstrichterlich ungeklärt. Einen vorläufigen Höhepunkt erreichte die Streitfrage mit den beiden Urteilen des BGH vom 14.01.1998 (MedR 1998, 269) und vom 17.09.1998 (MedR 1999, 139). In beiden Entscheidungen bejahte der BGH die Honorarminderungspflicht des niedergelassenen Arztes, der für einen im Krankenhaus in stationärer Behandlung befindlichen Patienten konsiliarärztliche Leistungen erbrachte. In beiden Fällen war ein Patient aber nur deshalb stationär im Krankenhaus und im Belegkrankenhaus aufgenommen worden, weil er in einer im Gebäude des Krankenhauses befindlichen kardiologischen Praxis eine Koronardilatation vornehmen lassen wollte. Der BGH stellte entscheidend auf die Einbindung des Arztes in den Betrieb des Krankenhauses ab. Der Kardiologe war – vertraglich abgesichert – in den Betrieb des Krankenhauses eingebunden. Der Patient suchte das Krankenhaus nur auf, um die Leistungen in der Praxis des Kardiologen durchführen zu können. Die Leistungen der Koronardilatation können, so der BGH, nur an »vor und nach dem Eingriff raumnah stationär aufgenommenen Patienten« durchgeführt werden. Mit dem Fall eines außerhalb des Krankenhauses niedergelassenen Arztes hat sich der BGH in beiden Entscheidungen hingegen nicht befasst. Deshalb blieb die Frage der Honorarminderungspflicht des niedergelassenen Arztes für alle anderen Fallkonstellationen weiter ungeklärt (vgl. *Hess R.* Gebührenordnung für Ärzte – Honorarminderungspflicht – unklare Rechtsprechung, einseitige Informationspolitik der PKV DÄBl. 2001, A 2550; *Schlarmann/Schieferdecker* Die Honorarminderung nach § 6a GOÄ für privatärztliche Leistungen niedergelassener Ärzte MedR 2000, 220).

### 2. Urteil des BGH von 2002

28 Das Urteil des BGH vom 13.06.2002 (MedR 2002, 562) bestätigt durch BVerfG, Beschl. v. 19.03.2004 – 1 BvR 1319/02, brachte dann Klarheit. In dem der Entscheidung zugrunde liegenden Fall hatte der Chefarzt eines Instituts für Pathologie eines Krankenhauses auf Veranlassung von Ärzten anderer Krankenhäuser Gewebeproben der dort stationär aufgenommenen Patienten untersucht und diesen diese Leistungen ungemindert in Rechnung gestellt. Eine Krankenversicherungsgesellschaft verklagte den Pathologen daraufhin auf Rückerstattung der zu viel

gezahlten Beträge. Der BGH entschied, dass auch Leistungen externer Ärzte, die auf Veranlassung eines Krankenhausarztes im Zusammenhang mit der Behandlung eines stationär aufgenommenen Patienten erbracht werden, der Minderungspflicht des § 6a unterliegen. Entscheidungserheblich war, dass es sich auch bei ambulanten Leistungen von stationär aufgenommenen Patienten aus der Sicht dieser Patienten und aus dem Blickwinkel der BPflV um Krankenhausleistungen handelt. Keine entscheidende Bedeutung maß der BGH dem Gesichtspunkt bei, dass der in eigener Praxis tätige Arzt oder der Arzt eines anderen Krankenhauses Einrichtungen, Leistungen oder Dienste des Krankenhauses, in dem sich der Patient befindet, gar nicht in Anspruch nimmt. Der BGH wies vielmehr darauf hin, dass § 6a dem Ausgleich der finanziellen Benachteiligung von stationären Privatpatienten diene, die sich daraus ergebe, dass die Vergütung privatärztlicher Leistungen neben dem Entgelt für die ärztliche Tätigkeit auch eine Abgeltung von weiteren Sach- und Personalkosten der ärztlichen Praxis enthalte. Mit dem Pflegesatz seien aber auch die vom Krankenhaus veranlassten Leistungen Dritter abgegolten (§ 2 Abs. 2 Satz 2 Nr. 2 BPflV). Diesem Umstand trage § 6a durch die Verpflichtung zur Gebührenminderung in einer pauschalierenden Art und Weise Rechnung, ohne dass danach gefragt werde, ob, bei wem und in welcher Höhe Sach- und Personalkosten für die Leistungen im Einzelfall entstünden. Dem Einwand, dass bei dem vom Pathologen im eigenen Institut erbrachten Leistungen Einrichtungen des Krankenhauses nicht in Anspruch genommen wurden, trat der BGH mit dem Argument entgegen, es ergebe sich auch hier eine die Anwendung des § 6a rechtfertigende Mehrbelastung der Privatpatienten, weil für sie für ihren Krankenhausaufenthalt derselbe Pflegesatz berechnet werde, wie für sozialversicherte Patienten, bei denen mit dem Pflegesatz zugleich die von externen Ärzten erbrachten Leistungen abgegolten sind (krit. hierzu vor allem *Hess R*. Gebührenordnung für Ärzte – ein erneuter Schlag ins Kontor – Bundesgerichtshof erweitert Honorarminderungspflicht auch auf externe konsiliarärztliche Leistungen DÄBl. 2002, A 2005). Im Ergebnis müssen daher, da das BVerfG die Verfassungsbeschwerde gegen die Entscheidung des BGH nicht zur Entscheidung angenommen hat, alle niedergelassenen Ärzte, die ambulante Leistungen an stationären Patienten erbracht haben, ihr Honorar mindern.

### 3. Leistungen an Neugeborenen

Streitig und bisher in der Rechtsprechung nicht entschieden ist die Frage, ob privatärztliche Leistungen, die niedergelassene Kinderärzte an Neugeborenen auf einer belegärztlichen Geburtshilfeabteilung erbringen, der Honorarminderungspflicht unterliegen. Krankenhäuser und niedergelassene Ärzte halten eine Honorarminderungspflicht in diesen Fällen nicht für gegeben, weil Neugeborene nicht als Patienten aufgenommen würden, sondern als »gesunde Neugeborene« zur Mutter gehörten. Die von niedergelassenen Ärzten im Auftrag des Krankenhauses im Krankenhaus durchgeführten Vorsorgeuntersuchungen (U2, U3) an den Neugeborenen stellten deshalb keine stationären Konsilleistungen niedergelassener Ärzte dar und unterfielen nach dem BGH-Urteil vom 13.06.2002 der Minderungspflicht nicht. Dieser Auffassung kann nicht gefolgt werden, denn die GOÄ kennt lediglich den Unterschied zwischen ambulanten und stationären privatärztlichen Leistungen. Auch wenn Neugeborene keine »echten« stationären Patienten sind, weil sie nicht krank aufgenommen werden, ist ihr Status dem Status ihrer stationären Mutter weit eher vergleichbar als dem Status eines ambulanten Patienten. Sie liegen in einem Krankenhaus im »Kranken«bett und erhalten Pflege und Säuglingsnahrung vom Krankenhaus, wenn ihre Mutter dies nicht selbst tun, insbesondere nicht stillen kann. Die Honorarminderungspflicht gilt daher auch in diesen Fällen.

29

### 4. Leistungen für gesetzlich versicherte Patienten

Die Honorarminderungspflicht findet keine Anwendung auf ärztliche Leistungen, die ein konsiliarisch tätiger niedergelassener Arzt dem Krankenhaus für die Behandlung eines stationär aufgenommenen gesetzlich versicherten Patienten (Regelleistungspatient) auf der Basis der GOÄ in Rechnung stellt. Unabhängig von der Tatsache, dass es sich bei diesen Leistungen nicht um privatärztliche Leistungen eines niedergelassenen Arztes handelt und schon deshalb die Anwendung des § 6a fraglich ist, liegt jedenfalls keine Doppelbelastung des Patienten vor, auf die die Gebührenminderungspflicht angewendet werden muss. In der Fallpauschale, die das Krankenhaus bei

30

GKV-Patienten abrechnet, sind nicht nur stationäre Leistungen, sondern auch alle Leistungen des niedergelassenen Arztes enthalten. (§ 2 Abs. 2 Nr. 2 KHEntgG/BPflV). Der Patient selbst zahlt für die Leistungen des niedergelassenen Arztes kein Entgelt. Vielmehr bezahlt das Krankenhaus die Behandlung durch den konsiliarisch tätigen Arzt aus seinem Budget und wendet dabei die GOÄ als Grundlage für seine Vergütung an.

### 5. Von Belegärzten angeforderte Leistungen

31  Bislang nicht abschließend geklärt ist auch die Frage der Honorarminderungspflicht bei von Belegärzten veranlassten Leistungen niedergelassener Ärzte. In der Lit. wird diese teilweise unter Berufung auf die pflegesatzrechtlichen Vorschriften des § 2 Abs. 1 Satz 2 BPflV/KHEntgG und § 18 KHEntgG verneint, wonach zu den Krankenhausleistungen nicht die Leistungen des Belegarztes gehören und zu den Leistungen des Belegarztes auch die vom Belegarzt veranlassten Leistungen von Ärzten und ärztlich geleiteten Einrichtungen des Krankenhauses gehören (vgl. oben Rdn. 25). Da belegärztliche und belegärztlich veranlasste Leistungen nicht im Pflegesatzrecht liquidiert werden dürften, müssten die Leistungen externer Ärzte von vornherein von der Minderungspflicht ausgenommen sein (*Henkel* Zur Honorarminderung gem. § 6a GOÄ bei extern erbrachten Wahlleistungen, MedR 2002, 573, 577). Diese Auffassung ist zutreffend, soweit es um von Belegärzten veranlasste Leistungen in reinen Belegkrankenhäusern geht. Denn dort sind die Kosten des niedergelassenen Arztes als Teil der Leistungen des Belegarztes nicht im Pflegesatz enthalten und es kann zu keiner Doppelbelastung des Patienten kommen (im Ergebnis ebenso LG Nürnberg-Fürth, Urt. v. 13.03.2006 – 13 S 5977/05 und Urt. v. 27.06.2005 – 13 S 1867/04; *Brück* § 6a Rn. 3.4 und *Hoffmann/Kleinken* § 6a Rn. 6). Anderer Auffassung ist hingegen das LG Hamburg in seiner Entscheidung vom 31.10.2013, VersR 2014, 946, wonach mit Blick auf das Urteil des BGH von 2002 (vgl. oben Rdn. 28) auch die von Belegärzten in einer privaten Belegarztklinik angeforderten Leistungen niedergelassener Ärzte dem 15 %-Abzug unterliegen sollen. Das LG sieht hier keinen Anlass für eine teleologische Reduktion des Anwendungsbereichs des § 6a.

### V. Ambulante Leistungen leitender Krankenhausärzte (Chefarzt-Ambulanz)

32  Nicht der Minderungspflicht unterliegen ambulante Beratungen und Behandlungen an Privatpatienten, die der leitende Krankenhausarzt aufgrund einer Nebentätigkeitserlaubnis des Krankenhausträgers als selbstständige Tätigkeit in Räumen des Krankenhauses durchführt. Der Privatpatient zahlt dem Krankenhausträger für die in Anspruch genommenen ambulanten Leistungen kein Entgelt, auch wenn für die durchgeführten Leistungen Einrichtungen und Personal des Krankenhauses in Anspruch genommen werden. Ein Vertragsverhältnis des Privatpatienten besteht nur zum leitenden Arzt, dem er für die durchgeführte ambulante Behandlung das nach der GOÄ berechnete und nicht nach § 6a geminderte Honorar bezahlt. Der leitende Arzt hat dem Krankenhausträger die Kosten für die Inanspruchnahme des Personals, der Räume, Einrichtungen und Material des Krankenhauses zu erstatten sowie ein Nutzungsentgelt auf der Basis eines gesonderten Nutzungsvertrages zu bezahlen.

## E. Kostenregelung gem. § 6a Abs. 2

### I. Regelungszweck

33  Das Verbot in § 6a Abs. 2 Hs. 1, neben Gebühren für stationäre Leistungen, einerlei, ob sie vom leitenden Krankenhausarzt, vom Belegarzt oder vom niedergelassenen Arzt berechnet und gemindert werden, Kosten abrechnen zu dürfen, entspricht § 4 Abs. 3, wonach mit den Gebühren für ambulante ärztliche Leistungen die Praxiskosten abgegolten sind. Dieser Grundsatz findet über § 6a Abs. 2 auch für stationäre Leistungen Anwendung, weil die dem Krankenhausträger entstandenen Personal- und Sachkosten in der Fallpauschale oder dem Pflegesatz enthalten sind und deshalb *nicht nochmals* in Rechnung gestellt werden dürfen. Ausgenommen hiervon sind – wie auch im

ambulanten Bereich – lediglich die Entschädigung für das Wegegeld oder die Reisekosten sowie der Auslagenersatz nach § 10.

### II. Auslagenersatz gem. § 10

Die Regelung zum Auslagenersatz gem. § 10 wirkt sich auf die Liquidation des leitenden Krankenhausarztes und die des Belegarztes in der Regel nicht aus. Die nach § 10 berechenbaren Auslagen wie Arzneimittel, Verbandmittel und sonstige Materialien wie Wundversorgungsmittel werden vom Krankenhausträger zur Verfügung gestellt und gehören zu den in der Fallpauschale oder dem Pflegesatz enthaltenen Kosten (§ 2 Abs. 1 und 2 i.V.m. §§ 7, 6 KHEntgG; § 7 Abs. 1 i.V.m. § 2 Abs. 2 BPflV). Deshalb handelt es sich im Regelfall nicht um Kosten des leitenden Arztes oder des Belegarztes, die dieser als Auslagenersatz dem Patienten in Rechnung stellen könnte (klarstellend BGH, Urt. v. 04.11.2010 – III ZR 323/09, MedR 2011, 510; s.a. *Wezel/Liebold* Komm. EBM und GOÄ Teil 11 § 6a – 3). 34

### III. Auslagenersatz bei konsiliarärztlichen Leistungen

Die Frage des Auslagenersatzes bei Inanspruchnahme eines niedergelassenen Arztes oder eines anderen externen Arztes für die Behandlung eines stationär aufgenommenen Patienten war lange nicht vollständig geklärt. Die privaten Krankenversicherungsgesellschaften argumentierten, die Auslagen gem. § 10 GOÄ seien wie bei wahlärztlichen Leistungen auch bei konsiliarärztlichen Leistungen in der Fallpauschale/im Pflegesatz des Krankenhauses enthalten. Der niedergelassene Arzt, der bei der Behandlung von Privatpatienten in die sog. Wahlarztkette (s.o. Rdn. 5) aufgenommen wird, sei deshalb nicht berechtigt, die Auslagen gesondert in Rechnung zu stellen. Der BGH hatte demgegenüber in seinem Urt. v. 17.09.1998 – III ZR 222/97 MedR 1999, 139 (s.o. Rdn. 27) in seinen Entscheidungsgründen zum Auslagenersatz des niedergelassenen Arztes bei stationärer Aufnahme des Patienten ausgeführt, dass die umstrittenen Auslagen für verwendete Materialien in Höhe von »DM 15.539,37« nicht zu den allgemeinen Krankenhausleistungen gehören. Allerdings bestand in dem entschiedenen Fall die Besonderheit, dass es sich um ein Belegkrankenhaus handelte und der BGH darauf abstellte, dass »die Hinzuziehung des [niedergelassenen Arztes] pflegesatzrechtlich als Leistung des Belegarztes anzusehen [sei] und somit nicht durch den Pflegesatz abgegolten [sei]. Darüber hinaus könne hier der Pflegesatz auch deshalb keine Kosten für die... Leistungen des [niedergelassenen] Arztes einschließlich der hierbei anfallenden Sachmittel enthalten, da das Krankenhaus gerade nicht über eine Abteilung bzw. entsprechende Einrichtungen verfüge, in der Leistungen aus dem Fachgebiet des [niedergelassenen Arztes] erbracht werden können«. Ob diese Entscheidung auf den Auslagenersatz des in einem Krankenhaus mit Vollabteilungen hinzugezogenen niedergelassenen Arztes vollständig übertragen werden darf, war lange zweifelhaft. Mit seiner Entscheidung vom 04.11.2010 – III ZR 323/09, VersR 2011, 502 hat der BGH jetzt klargestellt, dass externe Ärzte bei der Behandlung stationärer Wahlleistungspatienten berechtigt sind, neben den nach § 6a geminderten Gebühren die anfallenden Sachkosten nach § 10 abzurechnen. Der BGH begründet dies im Wesentlichen mit der vom Verordnungsgeber getroffenen Regelung des § 6a Abs. 2 Hs. 2, für die ansonsten im Grunde kein Anwendungsbereich mehr bliebe. 35

## § 7 Entschädigungen

**Als Entschädigungen für Besuche erhält der Arzt Wegegeld und Reiseentschädigung; hierdurch sind Zeitversäumnisse und die durch den Besuch bedingten Mehrkosten abgegolten.**

| Übersicht | Rdn. | | Rdn. |
|---|---|---|---|
| A. Regelungszweck | 1 | III. Entschädigung für Besuche | 4 |
| B. Tatbestandsmerkmale | 2 | 1. Besuch | 5 |
| I. Wegegeld – Begriff und zur Abrechnung | 2 | 2. Zeitversäumnis und Mehrkosten | 11 |
| II. Reiseentschädigung – Begriff und zur Abrechnung | 3 | | |

## A. Regelungszweck

1 Mit der GOÄ vom 12.11.1982 (BGBl. I, S. 1522) sind die Regelungen über Wegegeld, Wegepauschale und Reiseentschädigung, die in der GOÄ vom 18.03.1965 (BGBl. I, S. 89) noch im Gebührenverzeichnis enthalten waren, in den Paragraphenteil der GOÄ übernommen und inhaltlich an die wirtschaftliche Entwicklung angepasst worden. Die Gebührenspanne (1- bis 6-facher Steigerungssatz nach GOÄ 1965) findet seither auf die Entschädigungsregelungen keine Anwendung mehr. Die Entschädigung des Arztes für Besuche richtet sich nach festen Kilometersätzen. Bei der Reiseentschädigung nach § 9 können zusätzlich noch eine Abwesenheitspauschale sowie Übernachtungskosten berechnet werden.

## B. Tatbestandsmerkmale

### I. Wegegeld – Begriff und zur Abrechnung

2 s. Kommentierung zu § 8.

### II. Reiseentschädigung – Begriff und zur Abrechnung

3 s. Kommentierung zu § 9.

### III. Entschädigung für Besuche

4 Wegegeld und Reiseentschädigung können nur im Zusammenhang mit der Durchführung eines Besuches (Nrn. 48 ff. GOÄ) berechnet werden. Wann ein solcher Besuch vorliegt, kann im Einzelfall Schwierigkeiten bereiten.

#### 1. Besuch

5 Gebührenrechtlich liegt ein Besuch vor, wenn der Arzt den Patienten an einem anderen Ort als dem Praxisort oder dem Ort aufsucht, an dem der Arzt üblicherweise seine ärztliche Tätigkeit verrichtet. Durch die Regelung des § 8 Abs. 2 (s. dort Rdn. 8) wird ausdrücklich klargestellt, dass ein Besuch des Arztes nicht nur dann vorliegt, wenn der Arzt seine Praxisräume zum Zwecke des Aufsuchens des Patienten an dessen Wohnort oder sonstigem Aufenthaltsort verlässt, sondern auch dann, wenn der Besuch von der Wohnung des Arztes aus erfolgt.

6 Das Aufsuchen der **regelmäßigen Arbeitsstelle des Arztes** ist kein Besuch und kann daher nicht nach Nrn. 48 ff. GOÄ abgerechnet werden. Deshalb kann weder der angestellte Krankenhausarzt noch der Belegarzt die Nr. 50 GOÄ liquidieren, wenn sie Patienten im Krankenhaus aufsuchen. Denn für beide ist das Krankenhaus ihre regelmäßige Arbeitsstelle (*Lang* GOÄ-Kommentar, 2. Auflage, § 7 Rn. 6). Das Gleiche gilt, wenn der niedergelassene Arzt von zu Hause aus seine Praxis aufsucht, um Patienten zu behandeln, auch wenn dies außerhalb der üblichen Sprechstundenzeiten, nachts oder am Wochenende, erfolgt. (*Brück* Komm. GOÄ § 8 Rn. 1.2; *Hoffmann/Kleinken* GOÄ § 7 Rn. 4).

7 Ein niedergelassener **Anästhesist** übt seine berufliche Tätigkeit regelmäßig an mehreren Orten aus, da er die im Zusammenhang mit der Durchführung operativer Eingriffe erforderlichen Narkosen üblicherweise nicht in der eigenen Praxis erbringt, sondern in den Räumen des Operators. Jeder Ort, an dem der Anästhesist aufgrund einer Kooperation mit einem Operator Anästhesien erbringt, stellt den regelmäßigen Tätigkeitsort des Arztes dar. Das Aufsuchen der Räume des Operateurs zur Durchführung der Anästhesie kann deshalb den Ansatz der Besuchsgebühr und die Geltendmachung der Besuchsentschädigung nicht rechtfertigen. Etwas anderes kann allenfalls dann gelten, wenn der Anästhesist in einem Einzelfall von einem Operateur außerhalb der vertraglich geregelten Kooperation in Anspruch genommen wird (wie hier: *Wezel/Liebold*, Komm. EBM und GOÄ Teil 11 § 7, 8 –1 mit Verweis auf OVG Münster Urt. v. 18.12.1990 – 12 A 78/89; aus der jüngeren Rspr. s. Berufsgerichtshof für die Heilberufe Schleswig Urt. v. 16.03.2016 – 30 LB 2/15 BG II; das Gericht stellt für die Frage, ob ein Besuch vorliegt, auf die Sichtweise des Patienten

ab: Ein Besuch liegt mithin nur dann vor, wenn sich der Arzt zum Patienten begibt, also in der Regel dorthin, wo der Patient lebt. Kein Besuch ist gegeben, wenn sich der Patient erst zu dem Ort begeben muss, an dem die ärztliche Tätigkeit erbracht wird – hier: Gespräch des Patienten mit dem Anästhesisten in der Praxis des Operateurs).

Je nach Ausgestaltung der vertraglichen Beziehungen zwischen Krankenhausträger und niedergelassenem Arzt oder dem Arzt eines anderen Krankenhauses, der als **Konsiliararzt** zum Konsil oder zur Mitbehandlung angefordert wird, kann in dem Aufsuchen des Krankenhauses u. U. ein Besuch gesehen werden, der die Abrechnung der Besuchsgebühr nach Nr. 50 GOÄ und der Entschädigung nach §§ 8, 9 rechtfertigt. Ist vereinbart, dass der Konsiliararzt zu regelmäßigen Zeiten ins Krankenhaus kommt, um dort stationär aufgenommene Patienten zu untersuchen oder zu behandeln, kann für das Aufsuchen der Patienten in diesen Fällen keine Besuchsgebühr und damit auch kein Wegegeld oder die Reiseentschädigung verlangt werden. Ist hingegen vereinbart, dass der niedergelassene Arzt oder der Arzt eines anderen Krankenhauses nur auf Anforderung im Einzelfall zu den stationär aufgenommenen Patienten kommt, liegt nach hier vertretener Auffassung ein Besuch vor (ebenso *Hoffmann/Kleinken* § 7 Rn. 4; *Lang* GOÄ-Kommentar, 2. Auflage, § 7 Rn. 7). Dies gilt erst recht, wenn – losgelöst von vertraglichen Vereinbarungen – ein niedergelassener Arzt in einem konkreten Fall für einen bestimmten Patienten dringend angefordert wird (s. *Brück* § 8 Rn. 1.2).

Der lang anhaltende Streit, ob der Arzt einen Besuch nach Nr. 50 GOÄ abrechnen darf, wenn er zu einem Toten gerufen wird, um eine **Leichenschau** durchzuführen und einen Leichenschauschein auszustellen, ist durch die Fünfte Verordnung zur Änderung der GOÄ vom 21.10.2019, BGBl. I, S. 1470, in Kraft seit 01.01.2020, mit der die Durchführung der Leichenschau neu geregelt worden ist, geklärt. In den Allgemeinen Bestimmungen unter VII. 3 zu Abschnitt B der GOÄ ist jetzt geregelt, dass die Leistungen nach den Nrn. 48 bis 52 GOÄ und damit auch die Besuchsgebühr neben den Leichenschaugebühren nicht berechnungsfähig sind. Untermauert wird dies mittels des Textes der Leistungsziffern 100 und 101 GOÄ »gegebenenfalls einschließlich Aufsuchen« (*Wezel/Liebold*, Komm. EBM und GOÄ Teil 11 Seite B-78 – zur früheren Rechtslage vgl. Mitteilung Bundesärztekammer DÄBl. 2001, A 1711 und *Klakow-Franck* Trauer um die Leichenschau DÄBl. 2001, A 3228).

Wegegeld darf bei der Durchführung der Leichenschau berechnet werden. Dies folgt aus der Allg. Bestimmung B VII 1, wonach neben den für die Leichenschau anzusetzenden Nummern 100 bis 109 GOÄ Wegegeld berechnet werden darf, wenn die Todesfeststellung außerhalb der Arbeitsstätte des Arztes erfolgt (lex specialis zu § 7; vgl. auch *Lang* GOÄ-Kommentar, 2. Auflage, § 7 Rn. 11). Zur Abrechnung einer Reiseentschädigung nach § 9 bei Durchführung der Leichenschau s. § 9 Rdn. 9.

### 2. Zeitversäumnis und Mehrkosten

Mit der Besuchsgebühr und der Entschädigung gem. §§ 8, 9 wird auch die Zeitversäumnis für den Weg oder die Reise abgegolten. Der durch die Anreise zum Patienten entstandene Zeitaufwand darf deshalb weder gesondert berechnet werden, noch darf der Arzt bei der Nr. 50 GOÄ das 2,3-fache (§ 5 Abs. 2) mit der Begründung des durch die Anreise bedingten erhöhten Zeitaufwandes überschreiten. Unbenommen bleibt es ihm hingegen, einen deutlich erhöhten Zeitaufwand für die Beratung und symptombezogene Untersuchung des Patienten bei Durchführung eines Hausbesuches im Rahmen des § 5 Abs. 2 angemessen zu berücksichtigen (wohl abl. *Brück* § 7 Rn. 3, und *Hoffmann/Kleinken* § 7 Rn. 4, die die Geltendmachung eines erhöhten Zeitaufwandes im Zusammenhang mit Besuchen generell ausschließen).

Der mit einem Besuch verbundene Mehraufwand gegenüber der Sprechstundenpraxis ist ebenfalls mit dem Wegegeld und der Reiseentschädigung abgegolten. Möglich bleibt jedoch die Geltendmachung einer Abwesenheitspauschale und der Übernachtungskosten im Zusammenhang mit der Reiseentschädigung nach § 9.

# § 8 Wegegeld

(1) Der Arzt kann für jeden Besuch ein Wegegeld berechnen. Das Wegegeld beträgt für einen Besuch innerhalb eines Radius um die Praxisstelle des Arztes von

| 1. | bis zu zwei Kilometern | 3,58 € |
|---|---|---|
|    | bei Nacht (zwischen 20 und 8 Uhr) | 7,16 € |
| 2. | mehr als zwei Kilometern | |
|    | bis zu fünf Kilometern | 6,65 € |
|    | bei Nacht | 10,23 € |
| 3. | mehr als fünf Kilometern | |
|    | bis zu zehn Kilometern | 10,23 € |
|    | bei Nacht | 15,34 € |
| 4. | mehr als zehn Kilometern | |
|    | bis zu 25 Kilometern | 15,34 € |
|    | bei Nacht | 25,56 €. |

(2) Erfolgt der Besuch von der Wohnung des Arztes aus, so tritt bei der Berechnung des Radius die Wohnung des Arztes an die Stelle der Praxisstelle.

(3) Werden mehrere Patienten in derselben häuslichen Gemeinschaft oder in einem Heim, insbesondere in einem Alten- oder Pflegeheim besucht, darf der Arzt das Wegegeld unabhängig von der Anzahl der besuchten Patienten und deren Versichertenstatus insgesamt nur einmal und nur anteilig berechnen.

| Übersicht | Rdn. | | Rdn. |
|---|---|---|---|
| A. Regelungszweck | 1 | E. Sonderfälle | 10 |
| B. Besuch aus der Praxis (Abs. 1) | 2 | I. Wegegeld bei sonstigem Aufenthaltsort | 10 |
| I. Besuch | 2 | II. Kombination von Wohnort und Praxisort | 11 |
| II. Praxisstelle des Arztes | 3 | | |
| III. Wegegeldberechnung | 4 | F. Mehrere Patienten in derselben häuslichen Gemeinschaft oder in einem Heim (Abs. 3) | 12 |
| 1. Wegegeld | 4 | | |
| 2. Entfernungsabhängige Pauschale | 5 | | |
| C. Besuch von der Wohnung des Arztes (Abs. 2) | 8 | I. In derselben häuslichen Gemeinschaft oder in einem Heim | 13 |
| D. Besuch mehrerer Patienten | 9 | II. Unterschiedlicher Versichertenstatus | 14 |

## A. Regelungszweck

1 Seit Inkrafttreten der 4. Änderungsverordnung zur GOÄ am 01.01.1996 (BGBl 1995 I, S. 1861) enthält § 8 eine auf einen bestimmten Umkreis um den Praxissitz – unabhängig von den tatsächlich gefahrenen Kilometern – luftlinienbezogene entfernungsabhängige Wegepauschale für Besuche des Arztes. Die GOÄ trägt damit den Abrechnungsschwierigkeiten Rechnung, die mit der bis 31.12.1995 geltenden Regelung auftraten, wenn der Arzt mehrere Patienten auf einem Wege besuchte und er dann gem. § 8 GOÄ (alt) die zurückgelegten Entfernungskilometer in Rechnung stellen sollte.

## B. Besuch aus der Praxis (Abs. 1)

### I. Besuch

2 s. § 7 Rdn. 5 ff.

## II. Praxisstelle des Arztes

Praxisstelle ist der Ort der Niederlassung, also der Ort, an dem der Arzt seine Arztpraxis betreibt. Führt der Arzt neben seiner Hauptpraxis eine Zweit- oder Zweigpraxis, ggf. auch eine Drittpraxis (vgl. § 17 Abs. 2 MuBO), mit jeweils verschiedenen Einzugsbereichen, so ist für die Wegegeldberechnung die jeweilige Praxisstelle maßgebend, in der der Patient sonst regelmäßig behandelt wurde oder wird (so auch *Brück* Komm. GOÄ § 8 Rn. 3.1; *Hoffmann/Kleinken* GOÄ § 8 Rn. 2). Eröffnet der Arzt nach Übernahme einer reinen Besuchsbehandlung (bettlägeriger Patient) eine Zweit- oder Drittpraxis, kommt es für die Wegegeldberechnung darauf an, welcher der zum Wohnort des Patienten nächstgelegene Praxisort ist, unabhängig davon, von welchem Praxisort der Arzt die Besuchsfahrt beginnt.

## III. Wegegeldberechnung

### 1. Wegegeld

Das Wegegeld stellt eine Entschädigung (§ 7) dar, mit der dem Arzt die Auslagen, die ihm im Zusammenhang mit dem Besuch eines Patienten entstehen, ersetzt werden. Sie deckt auch den mit dem Aufsuchen des Patienten entstandenen Zeitaufwand ab und wird unabhängig von der Art des Verkehrsmittels, das der Arzt benutzt, als Pauschale gezahlt.

### 2. Entfernungsabhängige Pauschale

Maßgebend ist die Entfernung zwischen Praxisstelle des Arztes und dem Aufenthaltsort des Patienten, der aufgesucht wird. Das Wegegeld berechnet sich nach vier Stufen: bis zu einem Radius von 2 km zwischen Praxisstelle und Besuchsort sind 3,58 €, zwischen 2 und 5 km sind 6,65 €, zwischen 5 und 10 km sind 10,23 € und ab 10 km bis maximal 25 km sind 15,34 € abrechenbar. Bei Nacht (zwischen 20 und 8 Uhr) sind die in den Nrn. 1–4 der Vorschrift genannten erhöhten Wegegeldpauschalen berechenbar.

Eine Gebührenvereinbarung nach § 2, mit der der Arzt ein höheres Wegegeld geltend machen möchte, ist unzulässig. Abweichende Vereinbarungen sind hinsichtlich der Gebühren, nicht hinsichtlich der sonstigen Vergütungen des Arztes (Entschädigungen und Ersatz von Auslagen, vgl. § 3) möglich (so auch *Hoffmann/Kleinken* § 8 Rn. 1; abl. *Brück* § 8 Rn. 2 und *Wezel/Liebold* Komm. EBM und GOÄ Teil 11 § 7, 8–3).

Im Bereich der Gesetzlichen Krankenversicherung muss der Versicherte die Mehrkosten tragen, wenn er ohne zwingenden Grund einen anderen als einen der nächsterreichbaren, an der vertragsärztlichen Versorgung teilnehmenden Arzt in Anspruch nimmt (§ 76 Abs. 2 SGB V). Eine solche gesetzliche Regelung findet sich in der GOÄ nicht. Der Privatversicherte muss dennoch damit rechnen, dass die Versicherungsgesellschaft, bei der er krankenversichert ist, aus dem abgeschlossenen Versicherungsvertrag berechtigt sein kann, die Erstattung solcher Mehrkosten abzulehnen. Ob allerdings eine solche Versicherungsbedingung nach dem Recht der Allg. Geschäftsbedingungen (§§ 305 ff. BGB) zulässig ist, ist zweifelhaft, da der Privatpatient gerade beabsichtigt, immer wieder einmal auch einen ortsfremden Spezialisten aufzusuchen. Anderes gilt, wenn Beihilfevorschriften dem Beamten entsprechende Zusatzkosten auferlegen.

## C. Besuch von der Wohnung des Arztes (Abs. 2)

§ 8 Abs. 2 regelt ausdrücklich den Fall, dass der Besuch des Patienten nicht von der Praxis, sondern wie häufig, vor allem nachts und am Wochenende, von der Wohnung des Arztes aus erfolgt. Dann tritt für die Berechnung des Wegegeldes an die Stelle der Praxis der Wohnort des Arztes.

## D. Besuch mehrerer Patienten

Die rein entfernungsabhängige Wegegeldpauschale gilt im Unterschied zur Kilometerpauschale auch für den Besuch mehrerer Patienten auf einem Wege. Die Wegegeldpauschale fällt also für jeden Besuch gesondert an (Amtl. Begründung zu § 8, 4. Änderungsverordnung der GOÄ, BR-Drs. 211/94, 96).

## E. Sonderfälle
### I. Wegegeld bei sonstigem Aufenthaltsort

10 Wie sich das Wegegeld berechnet, wenn der Arzt den Besuch weder von seiner Praxis noch von seinem Wohnort aus durchführt, sondern er – während seiner Freizeit – von einem sonstigen Ort zu einem Patienten dringend angefordert wird, ist nicht explizit geregelt. Zu Recht stellt die Literatur darauf ab, dass auch in einem solchen Fall für die Berechnung des Wegegeldes nicht der aktuelle Aufenthaltsort des Arztes bei Anforderung des Besuches, sondern sein Wohnort maßgeblich ist (*Hoffmann/Kleinken* § 8 Rn. 3; *Wezel/Liebold* Teil 11 § 7, 8–3). Die Auslegung des Wortlauts des § 8 Abs. 1 und 2 sowie Sinn und Zweck der Regelung des § 8, die Wegegeldregelung insgesamt transparenter und aus der Sicht des Patienten nachvollziehbarer zu gestalten, lassen es nicht zu, dass sich das Wegegeld nach dem (zufälligen) Aufenthaltsort des Arztes während seiner Freizeit bemisst.

### II. Kombination von Wohnort und Praxisort

11 Führt der Arzt einen Hausbesuch vom Praxisort aus durch und fährt er anschließend nach Hause, ist für das Wegegeld der Radius zwischen Praxisstelle und Besuchsort maßgebend, weil der Arzt den Besuch von seiner Praxis aus antritt. Umgekehrt richtet sich das Wegegeld nach dem Radius zwischen Wohnort und Besuchsort, wenn der Besuch von der Wohnung des Arztes aus erfolgt und er anschließend in die Praxis fährt. Ein Abstellen etwa auf den Mittelwert beider Radien wäre mit der Regelung, dass die Wegepauschale beim Besuch mehrerer Patienten auf einem Weg jeweils gesondert anfällt, es also für die Berechnung der rein entfernungsabhängigen Wegepauschale keine Rolle spielt, wohin der Arzt nach dem Besuch des (ersten) Patienten fährt, nicht zu vereinbaren.

## F. Mehrere Patienten in derselben häuslichen Gemeinschaft oder in einem Heim (Abs. 3)

12 Das Wegegeld darf unter den in Abs. 3 genannten Voraussetzungen insgesamt nur einmal und nur anteilig berechnet werden, d.h., das entfernungsabhängige einmalige Wegegeld muss durch die Zahl der besuchten Patienten dividiert und jedem Patienten anteilig in Rechnung gestellt werden.

### I. In derselben häuslichen Gemeinschaft oder in einem Heim

13 Eine häusliche Gemeinschaft liegt nicht nur bei einer in einer Wohnung lebenden Familie vor, sondern auch bei einer Wohngemeinschaft (*Hoffmann/Kleinken* § 8 Rn. 4) und gegebenenfalls auch bei Angehörigen einer Familie, die in einem Haus in getrennten Wohnungen leben (zu weit geht *Brück* § 8 Rn. 5, der wohl noch ausgehend von der Formulierung in der GOÄ von 1988 »in einem Haus« auch bei Behandlungen in einem Vorderhaus und einem Hinterhaus und allen Nebengelassen von einer »häuslichen Gemeinschaft« spricht). Zu einem »Heim« gehören alle Gebäude des Heimkomplexes.

### II. Unterschiedlicher Versichertenstatus

14 Die einmalige und anteilige Wegegeldberechnung gilt auch für unterschiedlich krankenversicherte Personen, die in derselben häuslichen Gemeinschaft oder in einem Heim leben. Der Arzt, der vier Personen in einem Pflegeheim besucht, von denen drei gesetzlich krankenversichert sind und eine Person privat krankenversichert ist, darf daher dem privat Krankenversicherten nur ein Viertel der Wegegeldentschädigung, die sich aus § 8 Abs. 1 ergibt, in Rechnung stellen (*Narr* Ärztliches Berufsrecht Rn. B 732; abweig *Wezel/Liebold* Teil 11 § 7, 8–4, der die Formulierung »unterschiedlicher Versichertenstatus« nur auf GOÄ-Patienten bezieht, weil sich der Wortlaut der Vorschrift nicht auf unterschiedliche Versichertenstati bei privaten Krankenversicherungen beziehen kann; zu ihnen hat der liquidierende Arzt keinerlei Rechtsbeziehung. Außerdem läuft diese Auffassung der Intention

des Gesetzgebers zuwider, das Wegegeld bei Besuchen im Rahmen des Abs. 3 nur anteilig zu gewähren, vgl. die Amtl. Begründung zu § 8 GOÄ 1996, BR-Drs. 211/94, 96). Bei einer Entfernung von z.B. 15 km von der Praxis des Arztes bis zum Pflegeheim darf der Arzt dem Privatversicherten nur 1/4 von 15,34 € in Rechnung stellen, mithin 3,84 €. Zu Recht weist *Brück* (§ 8 Rn. 5.3) allerdings darauf hin, dass der Arzt berechtigt sein muss, dem PKV-Versicherten einen höheren Betrag in Rechnung zu stellen, wenn die GKV weniger als 11,50 € an Wegegeld für die 3 GKV-Versicherten erstatten würde, da der Arzt durch die Regelung des § 8 Abs. 3 nicht schlechter gestellt werden darf, als wenn er nur einen Patienten in einem Heim besucht.

## § 9 Reiseentschädigung

(1) Bei Besuchen über eine Entfernung von mehr als 25 Kilometern zwischen Praxisstelle des Arztes und Besuchsstelle tritt an die Stelle des Wegegeldes eine Reiseentschädigung.

(2) Als Reiseentschädigung erhält der Arzt
1. 26 Cent für jeden zurückgelegten Kilometer, wenn er einen eigenen Kraftwagen benutzt, bei Benutzung anderer Verkehrsmittel die tatsächlichen Aufwendungen,
2. bei Abwesenheit bis zu 8 Stunden 51,13 €, bei Abwesenheit von mehr als 8 Stunden 102,26 € je Tag,
3. Ersatz der Kosten für notwendige Übernachtungen.

(3) § 8 Abs. 2 und 3 gilt entsprechend.

| Übersicht | Rdn. | | Rdn. |
|---|---|---|---|
| A. Allgemeines | 1 | 3. Abwesenheitspauschale | 6 |
| B. Reiseentschädigung | 2 | 4. Kosten für notwendige Übernachtungen (Abs. 2) | 7 |
| I. Besuch eines Patienten | 2 | | |
| II. Berechnung | 3 | C. Verweis auf § 8 Abs. 2 und Abs. 3 | 8 |
| 1. Fahrten mit dem eigenen Pkw | 4 | D. Durchführung einer Leichenschau | 9 |
| 2. Benutzung eines anderen Verkehrsmittels | 5 | | |

## A. Allgemeines

§ 9 ergänzt die Regelungslücke in § 8 zum Wegegeld bei größeren Entfernungen. Ab 26 km zwischen Praxisstelle und Besuchsstelle muss anstelle des Wegegeldes eine Reiseentschädigung liquidiert werden, die sich nicht nach der Entfernung, sondern nach den tatsächlich gefahrenen Kilometern richtet. 1

## B. Reiseentschädigung

### I. Besuch eines Patienten

Auch die Reiseentschädigung fällt nur an, wenn der Arzt einen Patienten besucht (Berufsgerichtshof für die Heilberufe Schleswig, Urt. v. 16.03.2016 – 30 LB 2/15 BG II). Zum Besuch s. § 7 Rdn. 5 ff. 2

### II. Berechnung

Die Reiseentschädigung fällt erst an, wenn die Entfernung zwischen Arztpraxis und Besuchsort mehr als 25 km Luftlinie beträgt. In Verbindung mit der Formulierung »26 Cent für jeden zurückgelegten Kilometer« bedeutet das, dass ab 26 km Luftlinie (und nicht ab 25,1 km Luftlinie) pro zurückgelegtem Kilometer 26 Cent zu liquidieren sind. Hinzu kommt eine Abwesenheitspauschale, die in zwei Stufen gestaffelt ist (bis 8 Stunden 51,13 €, ab 8 Stunden 102,26 €/Tag). Ferner dürfen anfallende Übernachtungskosten liquidiert werden. Benutzt der Arzt ein anderes Verkehrsmittel als den eigenen Pkw, werden die tatsächlichen Aufwendungen für das Verkehrsmittel erstattet. 3

### 1. Fahrten mit dem eigenen Pkw

4 Erstattet werden, wenn die Luftlinienentfernung mehr als 26 km beträgt, die tatsächlich gefahrenen Kilometer. Zwar ist der Arzt grundsätzlich verpflichtet, die kürzeste Wegstrecke zu wählen. Im Einzelfall, z.B. bei einem Stau, ist es ihm aber nicht verwehrt, eine längere Fahrstrecke zu wählen, wenn absehbar ist, dass er den Patienten oder seine Praxis in kürzerer Zeit erreichen kann. In diesem Fall sind die zurückgelegten Kilometer für die längere Wegstrecke abrechenbar.

### 2. Benutzung eines anderen Verkehrsmittels

5 Erstattet werden die tatsächlichen Aufwendungen. Darunter fallen z.B. auch Taxikosten, wenn der Arzt keinen eigenen Pkw besitzt und/oder er im Interesse und zur möglichst zügigen Erreichbarkeit des Patienten keine öffentlichen Verkehrsmittel wählt. (krit. *Lang* GOÄ-Kommentar, 2. Auflage, § 9 Rn. 4, der Taxikosten nur in außergewöhnlich gelagerten Fällen oder nach entsprechender Vereinbarung mit dem Patienten für erstattungsfähig hält). Bei Fahrten mit der Deutschen Bahn darf der Arzt die Wagenklasse 1 wählen, weil die Landesreisekostengesetze für Beamte und Richter in bestimmten Fällen auch eine Erstattung der 1. Wagenklasse vorsehen (vgl. z.B. § 5 Landesreisekostengesetz BW; im Ergebnis so auch *Hoffmann/Kleinken* GOÄ § 9 Rn. 4).

### 3. Abwesenheitspauschale

6 Zeitversäumnisse des Arztes bei Besuchen in größerer Entfernung werden durch eine Abwesenheitspauschale entschädigt. Sie ist in zwei Stufen gestaffelt und beträgt für die ersten 8 Stunden 51,13/Tag, für eine Abwesenheit von mehr als 8 Stunden 102,26 €/Tag.

### 4. Kosten für notwendige Übernachtungen (Abs. 2)

7 Anspruch besteht auf Ersatz der tatsächlichen Übernachtungskosten in voller Höhe. Hierfür ist der Arzt gegenüber dem Patienten beweispflichtig, sodass empfohlen wird, der Liquidation zum Nachweis der Übernachtungskosten eine Kopie der Originalrechnung beizufügen (*Brück* Komm. GOÄ § 9 Rn. 6 und *Hoffmann/Kleinken* § 9 Rn. 6; vgl. auch § 12 Abs. 2 Nr. 4, wonach bei der Rechnungsstellung für den Ersatz von Auslagen nach § 10 bei einer einzelnen Auslage über 25,56 € ein Beleg beigefügt werden muss). Die Originalrechnung dient zum Nachweis gegenüber dem Finanzamt.

### C. Verweis auf § 8 Abs. 2 und Abs. 3

8 Soweit § 9 Abs. 2 auf eine entsprechende Anwendung der Regelungen des § 8 Abs. 2 und Abs. 3 verweist, bedeutet dies zunächst, dass sich für den Fall, dass der Besuch von der Wohnung des Arztes aus durchgeführt wird, die Entfernung und damit auch die Anwendbarkeit von § 9 nach der einfachen Wegstrecke zwischen der Wohnung und dem Besuchsort bestimmt. Ferner folgt aus dem Verweis auf § 8 Abs. 3, dass bei einem Besuch von mehreren Patienten, die in derselben häuslichen Gemeinschaft oder in einem Heim leben, auch die Reiseentschädigung nur anteilig liquidiert werden darf. Besucht der Arzt auf einem Weg mehrere Patienten, die alle mehr als 25 km entfernt von der Praxis oder der Wohnung des Arztes leben, aber nicht in häuslicher Gemeinschaft oder in einem gemeinsamen Heim leben, kann die Reiseentschädigung hingegen in voller Höhe gegenüber jedem der besuchten Patienten geltend gemacht werden (abl. *Brück* § 9 Rn. 7, obwohl die Voraussetzungen des § 8 Abs. 3 in diesem Fall gerade nicht vorliegen; zum Streitpunkt vgl. auch Berufsgerichtshof für Heilberufe Schleswig, Urt. v. 16.03.2016 – 30 LB 2/15 BG II).

### D. Durchführung einer Leichenschau

9 Bei Durchführung einer Leichenschau steht dem Arzt Wegegeld nach § 8 oder Reiseentschädigung nach § 9 zu. Mit der Fünften Verordnung zur Änderung der GOÄ vom 21.10.2019, BGBl. I, S. 1470, in Kraft seit 01.01.2020, ist dies in den Allgemeinen Bestimmungen unter VII. 1 zu Abschnitt B der GOÄ jetzt explizit geregelt worden, so dass der Arzt in den Fällen, in denen er zu

einem mehr als 25 km von seinem Wohn- oder Praxisort entfernten Leichenort gerufen wird, die Reiseentschädigung berechnen darf.

## § 10 Ersatz von Auslagen

(1) Neben den für die einzelnen ärztlichen Leistungen vorgesehenen Gebühren können als Auslagen nur berechnet werden
1. die Kosten für diejenigen Arzneimittel, Verbandmittel und sonstigen Materialien, die der Patient zur weiteren Verwendung behält oder die mit einer einmaligen Anwendung verbraucht sind, soweit in Absatz 2 nichts anderes bestimmt ist,
2. Versand- und Portokosten, soweit deren Berechnung nach Absatz 3 nicht ausgeschlossen ist,
3. die im Zusammenhang mit Leistungen nach Abschnitt O bei der Anwendung radioaktiver Stoffe durch deren Verbrauch entstandenen Kosten sowie
4. die nach den Vorschriften des Gebührenverzeichnisses als gesondert berechnungsfähig ausgewiesenen Kosten.

Die Berechnung von Pauschalen ist nicht zulässig.

(2) Nicht berechnet werden können die Kosten für
1. Kleinmaterialien wie Zellstoff, Mulltupfer, Schnellverbandmaterial, Verbandspray, Gewebeklebstoff auf Histoacrylbasis, Mullkompressen, Holzspatel, Holzstäbchen, Wattestäbchen, Gummifingerlinge,
2. Reagenzien und Narkosemittel zur Oberflächenanästhesie,
3. Desinfektions- und Reinigungsmittel,
4. Augen-, Ohren-, Nasentropfen, Puder, Salben und geringwertige Arzneimittel zur sofortigen Anwendung sowie für
5. folgende Einmalartikel: Einmalspritzen, Einmalkanülen, Einmalhandschuhe, Einmalharnblasenkatheter, Einmalskalpelle, Einmalproktoskope, Einmaldarmrohre, Einmalspekula.

(3) Versand- und Portokosten können nur von dem Arzt berechnet werden, dem die gesamten Kosten für Versandmaterial, Versandgefäße sowie für den Versand oder Transport entstanden sind. Kosten für Versandmaterial, für den Versand des Untersuchungsmaterials und die Übermittlung des Untersuchungsergebnisses innerhalb einer Laborgemeinschaft oder innerhalb eines Krankenhausgeländes sind nicht berechnungsfähig; dies gilt auch, wenn Material oder ein Teil davon unter Nutzung der Transportmittel oder des Versandweges oder der Versandgefäße einer Laborgemeinschaft zur Untersuchung einem zur Erbringung von Leistungen beauftragten Arzt zugeleitet wird. Werden aus demselben Körpermaterial sowohl in einer Laborgemeinschaft als auch von einem Laborarzt Leistungen aus den Abschnitten M oder N ausgeführt, so kann der Laborarzt bei Benutzung desselben Transportweges Versandkosten nicht berechnen; dies gilt auch dann, wenn ein Arzt eines anderen Gebiets Auftragsleistungen aus den Abschnitten M oder N erbringt. Für die Versendung der Arztrechnung dürfen Versand- und Portokosten nicht berechnet werden.

### Übersicht

| | Rdn. |
|---|---|
| A. Allgemeines | 1 |
| I. Abgrenzung zu § 4 Abs. 3 | 1 |
|    1. Praxiskosten | 2 |
|    2. Auslagen | 3 |
| II. Aufwendungsersatz nach § 670 BGB | 4 |
| B. Voraussetzungen des Auslagenersatzes | 5 |
| I. Systematik der Norm | 5 |
| II. »Sprechstundenbedarfsregelung« | 6 |
|    1. Kostenerstattung für Arzneimittel, Verbandmittel und sonstige Materialien (Abs. 1 Nr. 1) | 7 |
|       a) Verordnung von Arznei- und Verbandmitteln | 8 |
|       b) Sonstige Materialien | 9 |
|       c) Mittel/Materialien zur weiteren Verwendung oder bei einmaliger Anwendung verbraucht | 10 |
|    2. Kleinmaterialien und bestimmte Einmalartikel (Abs. 2) | 11 |
|       a) Kleinmaterialien (Nr. 1) | 12 |

# § 10 GOÄ  Ersatz von Auslagen

|   |   |   |   |   |   |   |   |
|---|---|---|---|---|---|---|---|
|   |   | b) | Reagenzien und Narkosemittel zur Oberflächenanästhesie (Nr. 2) sowie Desinfektions- und Reinigungsmittel (Nr. 3).. | 13 | V. | Ausgewiesene gesondert berechnungsfähige Kosten (Abs. 1 Nr. 4) ........ | 20 |
|   |   |   |   |   | VI. | Auslagenersatz für Laborleistungen nach Abschnitt M GOÄ ........... | 21 |
|   |   | c) | Tropfen, Puder, Salben und geringwertige Arzneimittel zur sofortigen Anwendung (Nr. 4) und Einmalartikel (Nr. 5) .... | 14 | VII. | Verbrauchte Materialien nach Abschnitt N GOÄ ................ | 22 |
|   |   |   |   |   | VIII. | Einzelfragen (Auswahl) ........... | 23 |
|   | III. | Versand- und Portokosten (Abs. 1 Nr. 2 i.V.m. Abs. 3) ................ | | 15 |   | 1. Fehlende Abrechnungsmöglichkeit der ärztlichen Leistung......... | 23 |
|   |   | 1. | Aufteilungsverbot nach § 10 Abs. 3 Satz 1 ................ | 16 |   | 2. Kosten für Lagerhaltung ........ | 24 |
|   |   |   |   |   |   | 3. Dialysesachkosten ............ | 25 |
|   |   | 2. | Versand innerhalb eines Krankenhausgeländes oder innerhalb einer Laborgemeinschaft (Abs. 3 Satz 2) . | 17 |   | 4. Verwendung und Abrechnung von Einmalartikeln............... | 26 |
|   |   |   |   |   | C. | Kostenerstattungsprinzip .......... | 27 |
|   |   |   |   |   | I. | Verbot der Pauschalierung ........ | 27 |
|   |   | 3. | Aufteilung des Untersuchungsmaterials..................... | 18 | II. | Kostennachweis................ | 28 |
|   |   |   |   |   | III. | Rabatte und Boni ............... | 29 |
|   | IV. | Kosten für radioaktive Stoffe (Abs. 1 Nr. 3) ....................... | | 19 | D. | Erstattung von Sachkosten ........ | 30 |

## A. Allgemeines

### I. Abgrenzung zu § 4 Abs. 3

1  § 10 steht im engen Zusammenhang mit § 4 Abs. 3. Gem. § 4 Abs. 3 sind mit den Gebühren für die ärztlichen Leistungen die Praxiskosten des Arztes abgegolten, es sei denn, in der GOÄ selbst ist etwas anderes bestimmt. Der Auslagenersatz gem. § 10 ist eine solche abweichende Bestimmung.

#### 1. Praxiskosten

2  Zum Begriff Praxiskosten vgl. § 4 Rdn. 53 f. Hierunter fallen im Wesentlichen die Betriebskosten wie Raumkosten einschließlich der Nebenkosten, Personalkosten, Einrichtungskosten, Wartungs- und Instandhaltungskosten, Bürobedarf, aber auch sonstige Sachkosten, soweit nicht die Regelung zum Auslagenersatz nach § 10 greift. Es handelt sich damit im Wesentlichen um Kosten, die zur Einrichtung und Aufrechterhaltung einer Arztpraxis erforderlich sind und nicht um Kosten, die aus der individuellen Behandlung eines Patienten entstehen.

#### 2. Auslagen

3  Auslagen i.S.v. § 10 sind Kosten, die im Zusammenhang mit der Erbringung einer ärztlichen Leistung stehen und keine Praxiskosten i.S.d. § 4 Abs. 3 sind *(Brück* Komm. GOÄ § 10 Rn. 1*)*. Welche Kosten hierunter fallen, ist in § 10 Abs. 1 Nr. 1 bis 4 näher bestimmt. Es handelt sich im Wesentlichen um Arzneimittel, Verbandmittel und sonstige Materialien, Versand- und Portokosten, Kosten, die bei der Anwendung radioaktiver Stoffe durch deren Verbrauch entstanden sind sowie sonstige Kosten, soweit sie im Gebührenverzeichnis ausdrücklich als gesondert berechenbar ausgewiesen sind.

### II. Aufwendungsersatz nach § 670 BGB

4  Die nach § 10 abrechenbaren Auslagen müssen strikt vom Aufwendungsersatzanspruch des Arztes gem. § 670 BGB im Rahmen eines Auftragsverhältnisses abgegrenzt werden. Letzterer greift nur dann, wenn es sich um Kosten handelt, die dem Arzt außerhalb der Erbringung ärztlicher Leistungen entstehen (vgl. amtl. Begründung zu § 10 GOÄ 1982, BR-Drs. 295/82, 15; BGH, Beschl. v. 25.01.2012 – 1 StR 45/11, MedR 2012, 388, 390). Hierunter fallen insbesondere Telefon- und *Telefax*kosten sowie Kopierkosten, aber auch Versand- und Portokosten, die nicht im Zusammenhang mit der Erbringung einer ärztlichen Leistung entstehen. Solche Kosten fallen

z.B. an, wenn der Arzt die umliegenden Krankenhäuser anruft, um ein Krankenbett zu organisieren, wenn er einen Krankentransport organisiert oder wenn er auf Verlangen des Patienten ohne Bezugnahme auf konkrete ärztliche Leistungen Krankenunterlagen fotokopiert und versendet (*Hoffmann/ Kleinken* GOÄ § 10 Rn. 2; dogmatisch abl. *Wezel/Liebold* Komm. EBM und GOÄ Teil 11 § 10 – 2, der Telefon- und Telefaxkosten als Versandkosten i.S.v. § 10 Abs. 1 Nr. 2 ansieht und als solche für abrechenbar hält.

### B. Voraussetzungen des Auslagenersatzes

#### I. Systematik der Norm

Abs. 1 definiert die vom Grundsatz her neben der ärztlichen Leistung gesondert berechenbaren Kosten des Arztes als Ausnahme vom Grundsatz des § 4 Abs. 3, wonach mit den Gebühren des Arztes sämtliche Kosten abgegolten sind. Als Ausnahme vom Grundsatz des § 10 Abs. 1 Nr. 1 regelt Abs. 2, welche Arzneimittel, Materialien und Artikel nicht gesondert berechnungsfähig sind. § 10 Abs. 3 enthält schließlich eine Sonderregelung zur Abrechenbarkeit von Versand- und Portokosten gem. § 10 Abs. 1 Nr. 2 (vgl. auch *Griebau* Sachkosten nach GOÄ und GOZ ZMGR 05/ 2004, 190, 192).

#### II. »Sprechstundenbedarfsregelung«

Bei den in Abs. 1 Nr. 1 i.V.m. Abs. 2 genannten Materialien handelt es sich im Wesentlichen um den sog. Sprechstundenbedarf.

#### 1. Kostenerstattung für Arzneimittel, Verbandmittel und sonstige Materialien (Abs. 1 Nr. 1)

In der vertragsärztlichen Versorgung von Kassenpatienten bezieht der Vertragsarzt den Sprechstundenbedarf aufgrund einer Sprechstundenbedarfsvereinbarung, die zwischen der jeweils zuständigen Kassenärztlichen Vereinigung und den Trägern der gesetzlichen Krankenversicherung abgeschlossen wird. Artikel, die der Patient zur weiteren Verwendung behält oder die mit einer einmaligen Anwendung bei der Behandlung verbraucht sind, verordnet der Vertragsarzt und löst sein Sprechstundenbedarfsrezept bei einem Lieferanten, z.B. einem Apotheker seiner Wahl ein, der mit den Kassen abrechnet oder bestellt der Arzt beim Großhändler und rechnet den Rechnungsbetrag über die KV mit den Kostenträgern ab (vgl. z.B. Sprechstundenbedarfsvereinbarung zwischen der KV Baden-Württemberg und den Kostenträgern der GKV (Verbänden) vom 01.01.2014, abrufbar über die Homepage der KV BW www.kvbawue.de (s.a. *Brück* § 10 Rn. 1.2 und *Hoffmann/Kleinken* § 10 Rn. 2). Voraussetzung für die in der privatärztlichen Versorgung neben die Abrechnung der ärztlichen Leistung tretende Kostenerstattung für die in Nr. 1 angeführten Arzneimittel, Verbandmittel und sonstigen Materialien ist daher ebenfalls, dass es sich um Artikel handelt, die der Patient zur weiteren Verwendung behält oder die mit einer einmaligen Anwendung bei der Behandlung verbraucht sind. Sie müssen dem Patienten in Rechnung gestellt werden.

#### a) Verordnung von Arznei- und Verbandmitteln

Ärzte dürfen in ihrer Praxis grundsätzlich keine Arzneimittel abgeben (Dispensierverbot nach § 40 AMG). Erforderlich ist eine Verordnung auf den Namen des Patienten, die der Patient in einer Apotheke seiner Wahl einreicht. Ist dies dem Arzt verwehrt, weil das Mittel seiner Art nach bei mehr als einem Patienten Anwendung findet (z.B. mehrere Impfseren in einer Packung) oder es sich um ein Mittel handelt, das in unmittelbarem Zusammenhang mit einem ärztlichen Eingriff angewandt werden muss (z.B. Narkosemittel) oder handelt es sich um ein Mittel für die sofortige Anwendung in einem Notfall, hat der Patient dem Arzt seine Auslagen zu ersetzen. Entsprechendes gilt für Verbandmittel. Auch diese müssen grundsätzlich auf den Namen des Patienten verordnet werden. Wird der Verband oder der Gips aber in der Arztpraxis angelegt, greift § 10.

### b) Sonstige Materialien

9 Hierunter fallen im wesentlich die Kosten für Wundversorgungsmittel wie Nahtmaterial, Klammern, Drähte, Haken, Schrauben etc., aber auch Endoprothesen, Knochenspan, Blutkonserven usw. Auch Kontaktlinsen, die der Arzt in seiner Praxis an den Patienten abgibt, fallen unter diese Bestimmung.

### c) Mittel/Materialien zur weiteren Verwendung oder bei einmaliger Anwendung verbraucht

10 Der Auslagenersatz betrifft nur die Mittel und/oder Materialien, die der Patient zur weiteren Verwendung behält oder die mit einer einmaligen Anwendung verbraucht sind. Daran fehlt es z.B. bei einer Metallschiene, auf der der Unterarm des Patienten zum Röntgen fixiert wird, weil der Patient sie nicht zur weiteren Verwendung behält und die Schiene durch die Anwendung auch nicht »verbraucht« ist. Berechnungsfähig ist hingegen die angefertigte Unterarmgipsschiene (mit Baumwollschlauchverband und Wattepolstern), da sie »mit der einmaligen Anwendung« verbraucht ist (weitere Beispiele bei *Pieritz* GOÄ-Ratgeber – Berechnungsfähige Auslagen (3) – Beispiele, DÄBl 2006, A 2660, und *Brück* § 10 Rn. 5 und 6).

## 2. Kleinmaterialien und bestimmte Einmalartikel (Abs. 2)

11 Als Ausnahme zu den nach § 10 Abs. 1 berechenbaren Arzneimitteln, Verbandmitteln und sonstigen Materialien bestimmt § 10 Abs. 2, dass Kleinmaterialien, aber auch Reagenzien und Narkosemittel zur Oberflächenanästhesie, Desinfektions- und Reinigungsmittel, sofort angewendete Tropfen für Augen, Ohren und Nase und geringwertige Arzneimittel zur sofortigen Anwendung sowie bestimmte Einmalartikel nicht berechnungsfähig sind.

### a) Kleinmaterialien (Nr. 1)

12 Die Aufzählung der in Abs. 2 Nr. 1 aufgelisteten nicht berechnungsfähigen Kleinmaterialien ist nicht abschließend. Nach überwiegender Auffassung handelt es sich um Materialien, deren Einzelpreis sich noch im Cent-Bereich bewegt (*Hoffmann/Kleinken* § 10 Rn. 3; *Wezel/Liebold* Teil 11 § 10 – 3). Das OLG Naumburg legt den Begriff dahin aus, dass es auf die Relation zwischen den konkreten Materialkosten und der Gebühr für die ärztliche Tätigkeit ankommt. Machen die Kosten für die Materialien einen erheblichen Anteil der ärztlichen Gebühr aus, ist eine Abrechnung zulässig (Urt. v. 26.06.2008 – 1U 9/08 – Auslagen für Titannadeln bei einer Implantat-Ohr-Akupunktur).

### b) Reagenzien und Narkosemittel zur Oberflächenanästhesie (Nr. 2) sowie Desinfektions- und Reinigungsmittel (Nr. 3)

13 Die Abgrenzung zu den nach Abs. 1 Nr. 1 abrechenbaren Kosten ist eindeutig. Anders als nach den Sprechstundenbedarfsvereinbarungen in der Kassenpraxis sind Desinfektions- und Reinigungsmittel im Anwendungsbereich der GOÄ generell nicht berechnungsfähig.

### c) Tropfen, Puder, Salben und geringwertige Arzneimittel zur sofortigen Anwendung (Nr. 4) und Einmalartikel (Nr. 5)

14 Während sich bei den Tropfen, dem Puder, den Salben und den geringwertigen Arzneimitteln zur sofortigen Anwendung wieder das unter Rdn. 12 angeführte Problem der Geringfügigkeitsgrenze stellt (Cent-Bereich) und die Regelung in Nr. 4 keine abschließende Auflistung der hierunter fallenden Artikel enthält, ist die Aufzählung in Nr. 5 abschließend. Alle in Nr. 5 nicht aufgelisteten Einmalartikel wie z.B. Einmalinfusionsnadeln, Einmalinfusionsbesteck, Einmalinfusionskatheter etc. sind gesondert berechnungsfähig (so auch VGH Baden-Württemberg, Beschl. v. 18.06.1996 – 4 S 1079/94).

### III. Versand- und Portokosten (Abs. 1 Nr. 2 i.V.m. Abs. 3)

Mit Inkrafttreten der 4. Änderungsverordnung der GOÄ am 01.01.1996 wurde die bis dahin geltende Beschränkung der Berechenbarkeit von Versand- und Portokosten auf Leistungen nach den Abschnitten M, N und O aufgehoben, sodass diese Kosten jetzt grundsätzlich neben allen Leistungen des Gebührenverzeichnisses berechnet werden können, z.B. auch für die Übermittlung eines Arztberichtes (*Wezel/Liebold* Teil 11 § 10 – 5; abl. *Hoffmann/Kleinken* § 10 Rn. 2). Explizit ausgeschlossen hat der Verordnungsgeber die Versand- und Portokosten für die Übersendung der Arztrechnung (§ 10 Abs. 3 Satz 4). Fallen Versand- und Portokosten an, die nicht in unmittelbarem Zusammenhang mit der ärztlichen Leistung stehen, wie z.B. die Übersendung von Krankenakten oder Röntgenunterlagen an einen anderen Arzt, greift nur der Aufwendungsersatzanspruch nach § 670 BGB (s.o. Rdn. 4). Weitere Einschränkungen zur Berechnung von Versand- und Portokosten ergeben sich aus Abs. 3.

15

#### 1. Aufteilungsverbot nach § 10 Abs. 3 Satz 1

Versand- und Portokosten können nur von dem Arzt berechnet werden, dem die gesamten Kosten für Versandmaterial, Versandgefäße sowie für den Versand oder Transport entstanden sind. In der Praxis wird dies regelmäßig dadurch sichergestellt, dass der Laborarzt, der Pathologe oder der Zytologe den einsendenden Ärzten die notwendigen Versandbehältnisse und -tüten zur Verfügung stellt und diese entweder schon entsprechend frankiert oder er jedenfalls im Innenverhältnis zum einsendenden Arzt die Kosten trägt und diese dann dem Patienten in Rechnung stellt.

16

#### 2. Versand innerhalb eines Krankenhausgeländes oder innerhalb einer Laborgemeinschaft (Abs. 3 Satz 2)

Kosten, die für den Versand innerhalb eines Krankenhausgeländes oder innerhalb einer Laborgemeinschaft entstehen, dürfen nicht liquidiert werden, da diese zu den Betriebskosten eines Krankenhauses gehören und eine Laborgemeinschaft einen Zusammenschluss von Ärzten darstellt, um gemeinsam die Entstehungskosten von Laboranalysen zu minimieren. Das Abrechnungsverbot erstreckt sich auf Versandkosten von der Laborgemeinschaft an einen Laborarzt, wenn hierbei Transportmittel, Versandwege oder Versandgefäße der Laborgemeinschaft mitgenutzt werden.

17

#### 3. Aufteilung des Untersuchungsmaterials

Der Abrechnungsausschluss greift auch dann, wenn sowohl die Laborgemeinschaft als auch der Laborarzt oder ein anderer beauftragter Arzt unter Nutzung der Transportmittel, Versandwege oder Versandgefäße der Laborgemeinschaft aus demselben Körpermaterial Leistungen des Abschnittes M oder N der GOÄ erbringen.

18

### IV. Kosten für radioaktive Stoffe (Abs. 1 Nr. 3)

Die Kosten, die bei der Anwendung radioaktiver Stoffe durch deren Verbrauch entstanden sind, können vom Arzt als Auslagen berechnet werden. Die Amtl. Begründung zur 4. Änderungsverordnung der GOÄ (BR-Drs. 211/94, 96) stellt allerdings klar, dass mit Inkrafttreten der GOÄ vom 01.01.1996 Kosten für die Anwendung radioaktiver Stoffe bei nuklearmedizinischen Laborleistungen nicht mehr berechnungsfähig sind. Die früheren in-vitro-Leistungen des Abschnitts O II A.2 wurden verordnungstechnisch in den Abschnitt M (Laboratoriumsuntersuchungen) übernommen wurden, um sie mit vergleichbaren Laboruntersuchungen gleichzustellen. Weitere Einschränkungen bei der Abrechnung der Kosten für radioaktive Stoffe ergeben sich aus den Allg. Bestimmungen Nr. 4 und Nr. 7a zum Abschnitt O II, wonach die Materialkosten für das Radiopharmazeutikum sowie die für den Patienten verbrauchte Menge an radioaktiven Stoffen berechnet werden dürfen, nicht jedoch die Kosten für die Beschaffung, Aufbereitung, Lagerung und Entsorgung der zur Untersuchung notwendigen radioaktiven Stoffen, die als Praxiskosten gelten.

19

### V. Ausgewiesene gesondert berechnungsfähige Kosten (Abs. 1 Nr. 4)

20 Im Gebührenverzeichnis als gesondert berechnungsfähig ausgewiesene Kosten können als Auslagenersatz liquidiert werden. Dazu gehören z.B. die Schreibgebühren nach Nr. 95 und 96 GOÄ bei Gutachtenleistungen nach den Nrn. 80, 85 und 90 GOÄ, des Weiteren die Kontrastmittelkosten bei strahlendiagnostischen Leistungen nach Abschnitt O I mit Ausnahme der Kosten für Kontrastmittel auf Bariumbasis (O I Allg. Bestimmungen Nr. 7). Einen umfassenden Überblick zu den weiteren, hiernach abrechnungsfähigen Kosten gibt *Brück* § 10 Rn. 12.

### VI. Auslagenersatz für Laborleistungen nach Abschnitt M GOÄ

21 Die Allgemeinen Bestimmungen Nr. 1 zu Abschnitt M GOÄ enthalten eine Sonderregelung zur Kostenerstattung im Labor, die im Wesentlichen der Auslagenregelung in § 10 entspricht. Mit der Gebühr für die Laboruntersuchung sind grundsätzlich alle bei der Erbringung entstandenen Kosten abgegolten. Von dieser Regelung ausgenommen sind nur Kosten für Arzneimittel im Zusammenhang mit Funktionstesten, die mit der einmaligen Anwendung verbraucht sind, und Versandkosten, die berechnungsfähig sind (s.o. Rdn. 15; s.a. *Pieritz* GOÄ-Ratgeber – Labor [2] – Auslagen berechnen? DÄBl 2005, A 848).

### VII. Verbrauchte Materialien nach Abschnitt N GOÄ

22 § 10 GOÄ 1996 schließt – anders als nach der GOÄ von 1988 – die Abrechnung von verbrauchten Materialien nach Abschnitt N nicht ausdrücklich aus. Aus der amtlichen Begründung zur GOÄ 1996 ergibt sich jedoch die Intention des Verordnungsgebers, den Verordnungstext lediglich im Hinblick auf die Berechnung von Versand- und Portokosten zu »bereinigen«, »übersichtlicher zu gestalten« und »inhaltlich im Wesentlichen an der bisherigen Abgrenzung zwischen berechnungsfähigen und nicht berechnungsfähigen Auslagen festzuhalten« (Amtl. Begründung zur GOÄ i.d.F. v. 01.01.1996, BR-Drs. 211/94, 96). Inhaltlich sollten zusätzlich nur die Kosten für die Anwendung radioaktiver Stoffe bei nuklearmedizinischen Laborleistungen nicht mehr gesondert berechenbar sein (s.o. Rdn. 19). Aus alledem folgt, dass auch nach der GOÄ 1996 verbrauchte Materialien bei Leistungen des Abschnitts N GOÄ grundsätzlich nicht berechenbar sind und den Praxiskosten zugeordnet werden müssen (so auch Stellungnahme BÄK vom 29.12.1998, Info-Nr. 47).

### VIII. Einzelfragen (Auswahl)

#### 1. Fehlende Abrechnungsmöglichkeit der ärztlichen Leistung

23 § 10 Abs. 1 regelt, dass Auslagen (für Arzneimittel, Verbandmittel und sonstige Materialien) **neben den für die ärztlichen Leistungen vorgesehenen Gebühren** berechnet werden können. Das bedeutet nicht, dass die Abrechnungsmöglichkeit der Auslage dann entfällt, wenn der Arzt die zugehörige ärztliche Leistung aus gebührenrechtlichen Gründen nicht abrechnen darf. Wenn der Arzt also die Nr. 200 GOÄ für das Anlegen eines Verbandes neben den Nr. 1 (Beratung) und/oder 5 (symptombezogene Untersuchung) wegen des Abrechnungsausschlusses nach Abschnitt B, Allgemeine Bestimmungen Nr. 2, bei einer zweiten Inanspruchnahme innerhalb eines Behandlungsfalles nicht abrechnen darf, darf er das Verbandsmaterial als Auslagenersatz neben den Nr. 1 und/oder 5 GOÄ berechnen (Stellungnahme *Rechtsabteilung BÄK*, Info-Nr. 42 vom 20.03.1997).

#### 2. Kosten für Lagerhaltung

24 Der langanhaltende Streit, ob Kosten für die Lagerung von Materialien neben den reinen Materialkosten nach § 10 berechnet werden können, ist durch BGH, Urt. v. 27.05.2004 – III ZR 264/03, MedR 2005, 92 entschieden. Die Kosten für die Bevorratung von Implantaten eines Zahnarztes gehören zu den nicht gesondert berechnungsfähigen Praxiskosten gem. § 4 Abs. 3 GOZ (ebenso AG Hannover, Urt. v. 31.01.2008 – 427 C 16 678/06). Diese Entscheidungen zu den Lagerhaltungskosten sind auf die GOÄ vollumfänglich übertragbar.

### 3. Dialysesachkosten

Zur privatärztlichen Liquidation von Dialyseleistungen hat das OLG Karlsruhe am 21.03.1990 – 1 U 367/88, MedR 1990, 198 entschieden, dass die Nrn. 790 ff. des Gebührenverzeichnisses der GOÄ sowohl von der Leistungsbeschreibung als auch von der Gebührenhöhe her eindeutig nicht die wesentlich höheren Sach- und Personalkosten der Dialysebehandlung berücksichtigen. Das Prinzip des § 4 Abs. 3, wonach Praxiskosten mit den Gebühren abgedeckt sind, würde hier dazu führen, dass der Arzt seine Leistung weit unter den Selbstkosten erbringen müsste. Das OLG Karlsruhe nimmt deshalb eine planwidrige Regelungslücke der GOÄ an, die interessengerecht zu schließen ist. So sind beispielsweise auch die Beihilfestellen des Landes Baden-Württemberg durch das Landesfinanzministerium angewiesen, eine angemessene Sachkostenpauschale als beihilfefähig zu berücksichtigen, die sich an den in der kassenärztlichen Versorgung maßgebenden Sätzen orientiert. Vor diesem Hintergrund hat das OLG Karlsruhe abweichend vom Grundsatz des § 4 Abs. 3 für eine im Rahmen eines stationären Krankenhausaufenthaltes notwendige Dialysebehandlung durch die Praxis eines niedergelassenen Arztes im Rahmen einer wahlärztlichen Behandlung die gesonderte Berechnung von Sachkosten ausdrücklich für zulässig erachtet, sofern diese Sachkosten nicht gleichzeitig in dem vom Krankenhaus erhobenen Pflegesatz berücksichtigt werden. (Zum grundsätzlichen Problem der Abrechnung von Sachkosten durch niedergelassene Ärzte im Rahmen einer wahlärztlichen Behandlung s.a. § 6a Rdn. 35).

### 4. Verwendung und Abrechnung von Einmalartikeln

Die Frage, welche Einmalartikel als Auslagen abgerechnet werden dürfen, ist mit der GOÄ 1988 und dem seitdem geregelten Abrechnungsausschluss bestimmter, enumerativ aufgeführter Einmalartikel grundsätzlich geklärt (s.o. Rdn. 14). In der Praxis stellen sich allerdings Abrechnungsschwierigkeiten, wenn vom Patienten oder einem Unternehmen der privaten Krankenversicherung oder der Beihilfe bezweifelt wird, dass die Verwendung von grundsätzlich abrechenbaren Einmalartikeln (wie z.B. Einmalabdecktücher, Einmaloperationskittel oder Einmaltuben) medizinisch indiziert ist oder wenn geltend gemacht wird, dass bei der Verwendung eines Einmalartikels eine Resterilisierungsmöglichkeit besteht. In Rechtsprechung und Literatur besteht weitgehend Einigkeit, dass Auslagenersatz für Einmalartikel wie Abdecktücher, OP-Kittel, Einmaltuben etc. jedenfalls dann verlangt werden kann, wenn die Verwendung eines Einmalartikels statt eines entsprechenden Mehrwegartikels medizinisch angezeigt ist, was durch Sachverständigengutachten im Einzelfall geklärt werden muss, oder wenn der Patient die Verwendung von Einmalartikeln ausdrücklich verlangt (VGH Baden-Württemberg, Beschl. v. 18.06.1996 – 4 S 1079/94; Stellungnahme BÄK vom 05.03.1998, Info-Nr. 46; *Wezel/Liebold*, Teil 11 § 10 – 3; s. zuletzt auch LSG Nordrh.-Westf., Urt. v. 16.01.2008 – L 11 KA 44/06, MedR 2010, 65, das die Kostenerstattungspflicht von Sachkosten für Einmalartikel durch die Kassenärztliche Vereinigung auch dann bejaht, wenn sie lediglich als Ersatz für eigentlich wiederverwendbare Materialien – hier: Steriltücher – zur Anwendung kommen). Die Frage, ob eine Resterilisationsmöglichkeit eines verwendeten Einmalartikels besteht, spielt hingegen für die Frage der Berechenbarkeit des Auslagenersatzes keine Rolle, denn ein Artikel, der vom Hersteller ausdrücklich als Einmalartikel hergestellt worden ist, darf schon aus berufs- und haftungsrechtlichen Gründen nicht resterilisiert werden. (so auch *Hoffmann/Kleinken* § 10 Rn. 2).

## C. Kostenerstattungsprinzip

### I. Verbot der Pauschalierung

§ 10 Abs. 1 Satz 2 verbietet eine Pauschalierung der dem Arzt entstandenen Auslagen. Der Arzt darf nur die nach § 10 abrechenbaren Kosten in der tatsächlich entstandenen Höhe abrechnen (LG Kempten, Urt. v. 07.05.2012 – 13 O 2311/11, VersR 2013, 571, 572). Umstritten ist, ob es dem Chefarzt eines Krankenhauses gestattet ist, bei seiner ihm in Nebentätigkeit gestatteten ambulanten privatärztlichen Behandlung, Sachkosten nach Spalte 4 des Nebenkostentarifs der Deutschen Krankenhausgesellschaft e. V. (DKG-NT), einem pauschalierten Nebenkostentarif, abzurechnen. Der Chefarzt ist im Innenverhältnis zum Krankenhausträger aufgrund seiner

Nebentätigkeitserlaubnis und des mit dem Krankenhausträger abgeschlossenen Nutzungsvertrages häufig verpflichtet, die Verbrauchsmaterialien, die er zur Ausübung seiner Tätigkeit aus den Beständen des Krankenhauses entnimmt, mit den Sätzen der Spalte 4 des DKG-NT Band I an das Krankenhaus zu bezahlen. Diese Tarife können im Einzelfall die tatsächlich entstandenen Materialkosten übersteigen, sie können aber auch darunter liegen. Da die Aufwendungen nach dem DKG-NT dem Chefarzt tatsächlich entstanden sind, wird überwiegend akzeptiert, dass der Arzt die nach diesem Tarif entstandenen Kosten dem Patienten gegenüber abrechnen kann (*Narr* Ärztliches Berufsrecht Rn. B 726 und *Pieritz* GOÄ-Ratgeber – Auslagen DÄBl 2005, A 2332, mit Darlegung der Auffassung der BÄK; abl. *Lang* GOÄ-Kommentar, 2. Auflage, § 10 Rn. 9). Der herrschenden Meinung ist zu folgen, wenn der Chefarzt dem Patienten gegenüber auch tatsächlich nur die Sachkosten abrechnet, die nach § 10 berechnungsfähig sind. Hat er hingegen auf der Grundlage des DKG-NT auch Kosten an den Krankenhausträger zu erstatten, die nach § 10 Abs. 2 oder nach § 4 Abs. 3 nicht berechnungsfähig sind, dürfen diese Kosten mit dem Patienten nicht abgerechnet werden.

## II. Kostennachweis

28 Bei der Rechnungsstellung für Auslagen gem. § 10 muss § 12 Abs. 2 Nr. 5 beachtet werden. In den Fällen, in denen der Betrag der einzelnen Auslage die Höhe von 25,56 € übersteigt, muss der Zahlungsbeleg für diese Auslage oder ein sonstiger Nachweis der Rechnung beigefügt werden muss. Dabei dürfen als Nachweis auch Belege beigefügt werden, die sich auf größere Liefermengen und damit auf zwangsläufig höhere Rechnungsbeträge belaufen. Aus dem Beleg muss dann allerdings die bezogene Menge hervorgehen. In der Liquidation des Arztes muss die bei der konkreten Behandlung verbrauchte Teilmenge angegeben werden (so auch *Brück* § 12 Rn. 2.3 – vgl. auch § 12 Rdn. 2 und zur Reiseentschädigung § 9 Rdn. 7).

## III. Rabatte und Boni

29 § 10 liegt das Kostenerstattungsprinzip zugrunde. Da der Arzt nur die ihm tatsächlich entstandenen Kosten nach dem sog. Echtkostenprinzip berechnen darf, muss er seine Auslagen konkret patientenbezogen abrechnen. Erhält der Patient aus einem größeren Gebinde nur eine Teilmenge wie bei der Verabreichung eines Kontrastmittels, muss der Arzt die ihm für die größere Menge entstandenen Kosten im Verhältnis der pro Patient aufgewandten Menge anteilsmäßig auf die einzelnen Patienten verteilen. Naturalrabatte und Boni muss der Arzt berücksichtigen und an den Patienten weitergeben. Dies hat auch das BVerwG in seinem obiter dictum in einem Verfahren, in dem es um die Frage der Zulässigkeit und Begründetheit einer Feststellungsklage gegen den Hinweis einer Landeszahnärztekammer zur rechtlichen Behandlung von Preisnachlässen ging, so gesehen. Das BVerwG hat in der Entscheidung vom 25.03.2009 – 8 C 1.09, MedR 2009, 747 herausgearbeitet, dass sich die Ungleichbehandlung von (Zahn-)ärzten mit anderen Wirtschaftsteilnehmern, denen es erlaubt ist, beim Sachkauf Preisnachlässe anzunehmen und zu behalten, im Hinblick auf das besondere Vertrauensverhältnis vom (Zahn-)arzt zum Patienten und das Berufsbild des (Zahn-)arztes rechtfertigt. Hat der Arzt z.B. 100 Impfstoffe für 5 € pro Stück eingekauft und 10 als Naturalrabatt zusätzlich erhalten, darf er pro Impfstoff nur 4,55 € liquidieren (*Wezel/Liebold* Teil 11 § 10 – 1; *Griebau* ZMGR 05/04, 190, 194). **Ärztemuster**, die der Arzt vom Hersteller kostenfrei erhält, dürfen dem Patienten nicht in Rechnung gestellt werden (*Narr* Rn. B 716). Sehr problematisch sind **Quersubventionierungen** durch getrennten Einkauf gleicher Materialien für GKV-Patienten und Privatpatienten und sog. **Koppelungsgeschäfte**, die darin bestehen, dass zwar Arzneimittel oder Materialien vom Hersteller ohne Nachlass geliefert werden, der Arzt jedoch für den Bezug dieser Leistungen sonstige Zuwendungen erhält. Wegen der Gefahr, dass sich der Arzt bei Nichtweitergabe dieser Vorteile einem Betrugsvorwurf und dem Vorwurf eines Verstoßes gegen die Vorgaben des Antikorruptionsgesetzes für das Gesundheitswesen aussetzt und er auch steuerrechtliche Probleme wegen des ihm entstandenen Gewinns bekommen kann, wird dringend empfohlen, von solchen Geschäften Abstand zu nehmen (im Einzelnen *Griebau* ZMGR 05/04, 190, 194). Die bloße kapitalmäßige **Beteiligung** des Arztes an einem Sanitätshaus, ggf. mit Gewinnausschüttung stellt allerdings keine Rabattierung dar, sodass der Arzt seinen Patienten den von ihm bezahlten

Einkaufspreis berechnen darf. Denn der Arzt könnte sich kapitalmäßig ja auch an jedem anderen Gewerbebetrieb beteiligen (abl. PKV und Recht – »Problematische Einkommensaufbesserung von Ärzten durch Hilfsmittelverkauf«, PKV Publik 4/00, 40).

### D. Erstattung von Sachkosten

Der BGH hat am 18.01.2006 – IV ZR 244/04, MedR 2007, 348 erstmals entschieden, dass ein Unternehmen der privaten Krankenversicherung die Erstattung (zahn-)ärztlicher Sachkosten auf Höchstgrenzen beschränken kann, indem einem bestimmten Versichertentarif eine Sachkostenliste angehängt wird, die die Leistungen des (Zahn-) Arztes abschließend als Sachkosten mit Preisobergrenzen bezeichnet, die im Rahmen des Versicherungsschutzes erstattungsfähig sind. Im zahnärztlichen Bereich scheint es zuzunehmen, dass private Krankenversicherungsgesellschaften in ihren Tarifbedingungen je nach Tarif die Erstattung von Sachkosten – teilweise unter Bezugnahme auf die für den Bereich der Gesetzlichen Krankenversicherung maßgeblichen Höchstgrenzen – begrenzen. Im Bereich der ärztlichen Behandlung ist dies bislang nicht üblich. Der BGH hat im Übrigen auch klargestellt, dass Regelungen aus der gesetzlichen Krankenversicherung, wie etwa das bundeseinheitliche Leistungsverzeichnis für zahntechnische Leistungen (BEL-Liste) gem. § 88 Abs. 1 SGB V für die Beschränkung der Erstattung von Sachkosten bei Privatpatienten nicht herangezogen werden dürfen, da private Krankenversicherungen nach ihren eigenen privatrechtlichen Regelungen und ihrem eigenen Vertragszweck zu beurteilen sind.

## § 11 Zahlung durch öffentliche Leistungsträger

(1) Wenn ein Leistungsträger im Sinne des § 12 des Ersten Buches Sozialgesetzbuch oder ein sonstiger öffentlich-rechtlicher Kostenträger die Zahlung leistet, sind die ärztlichen Leistungen nach den Gebührensätzen des Gebührenverzeichnisses (§ 5 Abs. 1 Satz 2) zu berechnen.

(2) Absatz 1 findet nur Anwendung, wenn dem Arzt vor der Inanspruchnahme eine von dem die Zahlung Leistenden ausgestellte Bescheinigung vorgelegt wird. In dringenden Fällen kann die Bescheinigung auch nachgereicht werden.

### Übersicht

| | Rdn. | | Rdn. |
|---|---|---|---|
| A. Anwendungsbereich | 1 | I. Unmittelbare Rechtsbeziehung zum Leistungs- oder Kostenträger | 7 |
| I. Fehlen einer gesetzlichen Sonderregelung | 2 | II. Beschränkung auf den Einfachsatz der GOÄ | 8 |
| II. Sondervereinbarungen | 3 | 1. Anwendung auf öffentlich-rechtliche Krankenhäuser | 9 |
| 1. Kollektivvereinbarungen | 3 | 2. Leistungen externer Ärzte bei Wahlleistungspatienten | 10 |
| 2. Individualvereinbarungen | 4 | | |
| B. Öffentliche Leistungsträger | 5 | | |
| I. Leistungsträger gem. § 12 SGB I | 5 | | |
| II. Sonstige öffentlich-rechtliche Kostenträger | 6 | D. Bescheinigung des Leistungspflichtigen (Abs. 2) | 11 |
| C. Zahlung durch den öffentlichen Kostenträger | 7 | | |

### A. Anwendungsbereich

§ 11 enthält eine Sonderregelung zur Zahlung durch öffentliche Leistungs- und Kostenträger. Abweichend von § 5 sind die Gebührensätze des Gebührenverzeichnisses, also der jeweilige Einfachsatz der GOÄ, anzusetzen, wenn ein öffentlicher Leistungs- oder Kostenträger die Zahlung leistet.

### I. Fehlen einer gesetzlichen Sonderregelung

§ 11 findet allerdings nur Anwendung, wenn sich die Höhe der Vergütung nicht bereits unmittelbar aufgrund einer bundesgesetzlichen Regelung bestimmt (vgl. § 1 Abs. 1). Keine Anwendung findet § 11 deshalb dann, wenn sich die Vergütungsansprüche des Arztes nach dem Einheitlichen

Bewertungsmaßstab für vertragsärztliche Leistungen (EBM), dem Justizvergütungs- und Entschädigungsgesetz (JVEG) oder der UV-GOÄ bestimmen. Zu weiteren gesetzlichen Sonderregelungen vgl. § 1 Abs. 1 Rdn. 3.

## II. Sondervereinbarungen

### 1. Kollektivvereinbarungen

3   Auch im Rahmen des Anwendungsbereichs des § 11 sind Sondervereinbarungen zwischen öffentlichen Kostenträgern und Ärzten zur Vergütung ärztlicher Leistungen möglich, die auf der Basis des § 2 vom Einfachsatz abweichende Vergütungsregelungen enthalten. Der Gesetzgeber hat dies in der amtl. Begründung zu § 11 GOÄ 1982 (BR-Drs. 295/82, 15) ausdrücklich vorgesehen. Zu nennen sind hier auf Bundesebene insbesondere der Vertrag zwischen der Kassenärztlichen Bundesvereinigung (KBV) und dem Vorstand der Krankenversorgung der Bundesbahnbeamten (KVB) über die ärztliche Versorgung der Mitglieder der Beitragsklassen I – III der Krankenversorgung der Bundesbahnbeamten oder der Vertrag zwischen der Deutschen Bundespost und der KBV über die Heilbehandlung der durch Dienstunfall verletzten Postbeamten – jetzt: Beamten der aus der ehemaligen Deutschen Bundespost hervorgegangenen Unternehmen und Dienststellen (zur Rechtsgültigkeit solcher kollektivvertraglicher Honorarvereinbarungen vgl. *Brück* Komm. GOÄ § 11 Rn. 3 und *Lang* GOÄ-Kommentar, 2. Auflage, § 11 Rn. 7 und 8). Auf Landesebene fallen hierunter vor allem Kollektivvereinbarungen zwischen der Landesärztekammer und einem Bundesland zur Durchführung von Blutentnahmen und/oder Untersuchungen zur Überprüfung der Gewahrsamsfähigkeit (sog. Haftfähigkeitsuntersuchungen) durch (niedergelassene) Ärzte für die Polizei. Im Rahmen einer solchen Kollektivvereinbarung können auch pauschal abweichende Regelungen zur Vergütungshöhe getroffen werden, die rechnerisch ggf. auch unter dem Einfachsatz der GOÄ liegen (Stellungnahme des Bundesministeriums für Gesundheit vom 28.08.1996, Az. 211–43 217 gegenüber dem Sozialministerium Baden-Württemberg). Normativ wird dies mit einer entsprechenden Anwendung von § 12 Abs. 5 begründet (*Lang* GOÄ-Kommentar § 11 Rn. 8; s. dazu § 12 Rdn. 31).

### 2. Individualvereinbarungen

4   Bei Fehlen einer Kollektivvereinbarung versuchen Behörden, wie z.B. einzelne Polizeidirektionen in Baden-Württemberg, individualvertragliche Dienstverträge mit einzelnen (niedergelassenen) Ärzten zu schließen, in denen die Verrichtung der ärztlichen Leistung sowie die dafür gewährte Vergütung abweichend von den Gebührensätzen der GOÄ geregelt wird und Pauschalvergütungen vereinbart werden, die unterhalb des Einfachsatzes der GOÄ liegen. Zur Rechtfertigung dieser Verträge wird häufig auf LG Mannheim, Urt. v. 12.05.2004 – 5 O 139/03 verwiesen. Vom Anwendungsbereich der GOÄ sei nur die Vergütung für berufliche Leistungen umfasst, die im Rahmen der ärztlichen Kunst für eine medizinisch notwendige ärztliche Versorgung erforderlich seien. Die GOÄ umfasse damit nur das Arzt-Patienten-Verhältnis im klassischen Sinne. Um ein solches Verhältnis handele es sich bei der Vornahme von Blutentnahmen oder der Untersuchung auf Haftfähigkeit für die Polizei nicht. Der Polizei sei es zwar unbenommen, durch Vertrag die GOÄ für anwendbar zu erklären, den Satz für die Erbringung der Leistung jedoch aufgrund besonderer vertraglicher Vereinbarung abweichend von den Vorgaben der GOÄ zu regeln (Stellungnahme des Ministeriums für Arbeit und Soziales Baden-Württemberg vom 04.08.2006–55–54d11.4. gegenüber der Landesärztekammer Baden-Württemberg unter Hinweis auf die gleichlautende Rechtsauffassung des Innenministeriums von Baden-Württemberg). Diese Auffassung ist nach wie vor umstritten. Gemäß § 1 Abs. 1 gilt die Gebührenordnung »für die beruflichen Leistungen der Ärzte«, soweit nicht durch Bundesgesetz etwas anderes bestimmt ist. Eine Beschränkung des Anwendungsbereichs der GOÄ auf das klassische Arzt-Patienten-Verhältnis kann dem Wortlaut des § 1 nicht entnommen werden. Eine Unterschreitung des GOÄ-Einfachsatzes ist in der Regel unzulässig und rechtswidrig (*Kamps/Kiesecker* Einfachsatz in der GOÄ – unterschreitungsfähig? MedR 2000, 72 ff.). Der BGH hat zwar mit Urt. v. 12.11.2009 – III ZR 110/09, MedR 2010, 555 die Anwendbarkeit der

GOÄ auf Verträge zwischen Krankenhaus und niedergelassenen Ärzten über die externe Behandlung von Kassenpatienten verneint. Zur Begründung hat der BGH wie auch das LG Mannheim darauf hingewiesen, dass die GOÄ zu dem Zweck geschaffen worden sei, einen Interessenausgleich zwischen Arzt und Patient herbeizuführen. Bei Vereinbarungen zwischen Krankenhausträgern und niedergelassenen Ärzten gehe es hingegen um die Vergütung einer ärztlichen Tätigkeit, die weder unmittelbar dem Patienten noch vertragsärztlich erbracht werde, sondern gleichsam zwischen diesen beiden Honorierungssystemen wirtschaftlich in die Finanzierung der Krankenhausleistungen eingepasst werden müsse. Dies im Einzelnen zu regeln sei Sache der jeweiligen Vertragsparteien. Nach hier vertretener Auffassung kann man aus dieser Entscheidung jedoch nicht folgern, dass die GOÄ nur das klassische Arzt-Patienten-Verhältnis regelt. Denn dann wäre § 11 jeglicher unmittelbare Anwendungsbereich entzogen. Dass der BGH diese Schlussfolgerung aus seiner Entscheidung nicht zieht, ergibt sich im Übrigen aus Rn. 9 der Entscheidungsgründe. Denn dort verdeutlicht der BGH, dass zum Anwendungsbereich der GOÄ auch die Frage gehört, für welche Leistungen und in welcher Höhe der Arzt von in § 11 Abs. 1 genannten Leistungsträgern, die für einen bestimmten Kreis von Patienten einstehen, die die Vergütung nicht selbst bezahlen müssen, Honorare verlangen kann. Nach hier vertretener Auffassung muss deshalb weiterhin davon ausgegangen werden, dass mit Ausnahme von gesetzlichen Sonderbestimmungen und den nach dem Willen des Verordnungsgebers zulässigen kollektiv-rechtlichen Vereinbarungen auch öffentlich-rechtliche Kostenträger an die GOÄ gebunden sind und die Pflicht haben, ärztliche Leistungen – wie die Blutentnahme oder Haftfähigkeitsuntersuchungen – nach dem GOÄ-Einfachsatz zu vergüten.

## B. Öffentliche Leistungsträger

### I. Leistungsträger gem. § 12 SGB I

Die Regelung in § 11 bezieht sich in erster Linie auf Leistungsträger i.S.d. § 12 SGB I. Wer hierunter fällt, wird durch Verweis des § 12 SGB I auf die in den §§ 18 bis 29 SGB I genannten Körperschaften, Anstalten und Behörden geklärt. Hierunter fallen insbesondere die Agenturen für Arbeit, die gesetzlichen Krankenkassen, die Pflegekassen, die Berufsgenossenschaften und Unfallkassen, die gesetzlichen Rentenversicherungsträger, die Sozialhilfeträger und die Versorgungsämter.

### II. Sonstige öffentlich-rechtliche Kostenträger

Unter den Anwendungsbereich des § 11 fallen ferner auch die sonstigen öffentlich-rechtlichen Kostenträger wie der Bund, die Länder, die Gemeinden und Gemeindeverbände sowie Körperschaften, Anstalten und Stiftungen des öffentlichen Rechts, soweit sie im Rahmen der Erbringung ärztlicher Leistungen zur Zahlung gegenüber dem Arzt unmittelbar verpflichtet sind. Häufig werden hier jedoch zwischen Kostenträgern und den ärztlichen Selbstverwaltungskörperschaften Kollektivvereinbarungen (s.o. Rdn. 3) geschlossen, sodass der Anwendungsbereich des § 11 für die Zahlungspflicht sonstiger öffentlich-rechtlicher Kostenträger äußerst gering ist.

## C. Zahlung durch den öffentlichen Kostenträger

### I. Unmittelbare Rechtsbeziehung zum Leistungs- oder Kostenträger

§ 11 findet nur Anwendung, wenn der Leistungs- oder Kostenträger »die Zahlung leistet«, d.h. eine auf Gesetz, Rechtsverordnung oder Satzung beruhende Rechtsbeziehung zwischen dem Kostenträger und dem Arzt besteht, nach der der Leistungs- oder Kostenträger zur Zahlung an den Arzt verpflichtet ist und der Arzt die Zahlung als Erfüllung dieser Verpflichtung entgegenzunehmen hat (*Goetz/Matzke/Schirmer* GOÄ, 2. Aufl. 1983, S. 80). Gebührenschuldner des Arztes muss also der öffentliche Kostenträger sein. Dies ist nicht der Fall, wenn der Patient dem Arzt gegenüber aufgrund des abgeschlossenen Behandlungsvertrages das Honorar schuldet und der Patient Kostenerstattung von einem öffentlich-rechtlichen Kostenträger, wie dem Träger der Beihilfe verlangt. Im Ergebnis bleiben für § 11 daher nur wenige Anwendungsbereiche. In der Literatur wird vorwiegend auf die nach den §§ 32 bis 35 und 42 des Jugendarbeitsschutzgesetzes durchzuführenden

Jugendarbeitsschutzuntersuchungen sowie auf die Blut-Alkohol-Untersuchungen auf Anordnung der Staatsanwaltschaft hingewiesen (Wenzel/*Hübner*/*Hess* Handbuch Fachanwalt Medizinrecht Kap. 11 Rn. 112; *Narr* Ärztliches Berufsrecht Rn. B 657).

## II. Beschränkung auf den Einfachsatz der GOÄ

8   § 11 Abs. 1 verpflichtet den Arzt, seine Leistungen nach den Gebührensätzen des Gebührenverzeichnisses (§ 5 Abs. 1 Satz 2), mithin nach dem Einfachsatz der GOÄ, zu berechnen.

### 1. Anwendung auf öffentlich-rechtliche Krankenhäuser

9   Die Frage, ob sich öffentlich-rechtlich organisierte Krankenhäuser, die sich zur Erbringung allgemeiner Krankenhausleistungen an nicht am Krankenhaus tätige, meist niedergelassene Ärzte wenden, auf § 11 und die Verpflichtung des (niedergelassenen) Arztes, seine Leistungen gegenüber dem Krankenhaus auf der Basis des Einfachsatzes der GOÄ abzurechnen, berufen dürfen oder ob umgekehrt niedergelassene Ärzte einen öffentlich-rechtlichen Krankenhausträger verpflichten können, keine Vergütung unterhalb des einfachen Gebührensatzes anzubieten, ist durch die bereits unter Rdn. 4 zitierte Rechtsprechung des BGH vom 12.11.2009 – III ZR 110/09 entschieden. Das Krankenhaus ist hiernach kein (öffentlich-rechtlicher) Leistungsträger, sondern ein Leistungserbringer, der dem Patienten die allgemeinen Krankenhausleistungen schuldet, zu denen auch die vom Krankenhaus veranlassten Leistungen niedergelassener Ärzte gehören. Der BGH stellt mit *Brück*, § 11 Rn. 3 und 7 allein auf die Rechtsnatur des Krankenhausbenutzerverhältnisses ab, das auch bei Krankenhäusern mit öffentlich-rechtlicher Trägerschaft – vom Sonderfall der öffentlich-rechtlichen Unterbringung nach den Unterbringungsgesetzen der Länder abgesehen – rein privatrechtlich ausgestaltet ist. Die GOÄ findet auf Verträge zwischen Krankenhaus und niedergelassenen Ärzten über die externe Behandlung von Kassenpatienten nach Auffassung des BGH keine Anwendung. Eine solche Vereinbarung muss sich deshalb schon grundsätzlich nicht an der GOÄ orientieren. Damit finden weder § 11 noch die in § 2 Abs. 1 i.V.m. § 5 Abs. 1 enthaltenen Regelungen zu im Rahmen einer Honorarvereinbarung ausgehandelten Mindest- und Höchstsätzen Anwendung. Zudem kann es nach Auffassung des BGH selbst im Anwendungsbereich der Gebührenordnung, insbesondere unter dem Gesichtspunkt der Berufsfreiheit, erforderlich sein, dem Arzt eine Unterschreitung des Einfachsatzes zu erlauben, wie es insbesondere für Laborärzte vertreten wird, die mit nicht ärztlich geleiteten Einrichtungen im Wettbewerb stehen. Im Ergebnis genießen deshalb Krankenhausträger und niedergelassene Ärzte bei der Vereinbarung konsiliarärztlicher Leistungen große Freiräume.

### 2. Leistungen externer Ärzte bei Wahlleistungspatienten

10   Bei Wahlleistungspatienten sind die vom Krankenhausträger veranlassten Leistungen, die Ärzte außerhalb des Krankenhauses erbringen, häufig von der sog. Wahlarztkette umfasst (§ 17 Abs. 3 KHEntgG – s. auch § 6a Rdn. 5). Mit dem Patienten wird die gesonderte Berechnung der Leistungen des externen Arztes vereinbart. Der Arzt rechnet dann seine Leistungen aufgrund des mit dem Patienten abgeschlossenen Behandlungsvertrages direkt mit dem Patienten auf der Basis der Gebührensätze nach § 5 ab. § 11 findet keine Anwendung.

## D. Bescheinigung des Leistungspflichtigen (Abs. 2)

11   Die Vergütungsregelung des § 11 kommt nur dann zur Anwendung, wenn dem Arzt vor der Behandlung eine Bescheinigung darüber vorgelegt wird, dass der Leistungs- oder Kostenträger die Kosten der Behandlung entsprechend den Vorschriften der GOÄ übernimmt. Legt der Patient diese Bescheinigung nicht vor, ist der Arzt nicht an den Einfachsatz der GOÄ gebunden. Von diesem Grundsatz macht § 11 Abs. 2 Satz 2 allerdings eine Ausnahme. In dringenden Fällen kann die Bescheinigung mit rückwirkender Wirkung nachgereicht werden. Wann ein dringender Fall in diesem Sinne gegeben ist und innerhalb welcher Frist die Bescheinigung nachgereicht werden kann, ist nicht definiert. Allgemein wird darauf abgestellt, dass eine Dringlichkeit in zeitlicher Hinsicht gegeben sein muss, mit der ärztlichen Behandlung also nicht zugewartet werden kann, bis die

Bescheinigung nachgereicht werden kann. Für die Angemessenheit des Nachreichens der Bescheinigung wird auf eine Frist von bis zu 10 Tagen abgestellt (*Brück* § 11 Rn. 6 und *Hoffmann/Kleinken* GOÄ § 11 Rn. 5). Dem ist zuzustimmen.

### § 12 Fälligkeit und Abrechnung der Vergütung; Rechnung

(1) Die Vergütung wird fällig, wenn dem Zahlungspflichtigen eine dieser Verordnung entsprechende Rechnung erteilt worden ist.

(2) Die Rechnung muss insbesondere enthalten:
1. das Datum der Erbringung der Leistung,
2. bei Gebühren die Nummer und die Bezeichnung der einzelnen berechneten Leistung einschließlich einer in der Leistungsbeschreibung gegebenenfalls genannten Mindestdauer sowie den jeweiligen Betrag und den Steigerungssatz,
3. bei Gebühren für vollstationäre, teilstationäre sowie vor- und nachstationäre privatärztliche Leistungen zusätzlich den Minderungsbetrag nach § 6a,
4. bei Entschädigungen nach den §§ 7 bis 9 den Betrag, die Art der Entschädigung und die Berechnung,
5. bei Ersatz von Auslagen nach § 10 den Betrag und die Art der Auslage; übersteigt der Betrag der einzelnen Auslage 25,56 €, ist der Beleg oder ein sonstiger Nachweis beizufügen.

(3) Überschreitet eine berechnete Gebühr nach Absatz 2 Nr. 2 das 2,3 fache des Gebührensatzes, ist dies auf die einzelne Leistung bezogen für den Zahlungspflichtigen verständlich und nachvollziehbar schriftlich zu begründen; das gleiche gilt bei den in § 5 Abs. 3 genannten Leistungen, wenn das 1,8 fache des Gebührensatzes überschritten wird, sowie bei den in § 5 Abs. 4 genannten Leistungen, wenn das 1,15 fache des Gebührensatzes überschritten wird. Auf Verlangen ist die Begründung näher zu erläutern. Soweit im Falle einer abweichenden Vereinbarung nach § 2 auch ohne die getroffene Vereinbarung ein Überschreiten der in Satz 1 genannten Steigerungssätze gerechtfertigt gewesen wäre, ist das Überschreiten auf Verlangen des Zahlungspflichtigen zu begründen; die Sätze 1 und 2 gelten entsprechend. Die Bezeichnung der Leistung nach Absatz 2 Nr. 2 kann entfallen, wenn der Rechnung eine Zusammenstellung beigefügt wird, der die Bezeichnung für die abgerechnete Leistungsnummer entnommen werden kann. Leistungen, die auf Verlangen erbracht worden sind (§ 1 Abs. 2 S. 2), sind als solche zu bezeichnen.

(4) Wird eine Leistung nach § 6 Abs. 2 berechnet, ist die entsprechend bewertete Leistung für den Zahlungspflichtigen verständlich zu beschreiben und mit dem Hinweis »entsprechend« sowie der Nummer und der Bezeichnung der als gleichwertig erachteten Leistung zu versehen.

(5) Durch Vereinbarung mit den in § 11 Abs. 1 genannten Leistungs- und Kostenträgern kann eine von den Vorschriften der Absätze 1 bis 4 abweichende Regelung getroffen werden.

### Übersicht

| | | Rdn. | | | Rdn. |
|---|---|---|---|---|---|
| A. | Regelungszweck | 1 | b) | Beginn der Verjährung, Verjährungsfrist | 12 |
| B. | Fälligkeit der Vergütung (§ 12 Abs. 1 bis 4) | 2 | c) | Hemmung der Verjährung | 13 |
| I. | Voraussetzungen der Fälligkeit | 2 | 2. | Verwirkung | 16 |
| | 1. Inhaltliche oder formale Voraussetzungen | 4 | C. | Verlust des fälligen Honoraranspruchs | 18 |
| | 2. Zugang der Arztrechnung | 5 | I. | Zahlungsverweigerungsrecht/Rückforderungsanspruch | 19 |
| II. | Rechnungsstellung durch Dritte | 6 | II. | Aufrechnung mit Gegenforderung | 21 |
| III. | Arztliquidation bei stationärer Chefarztbehandlung | 7 | D. | Weitere Angaben (Abs. 3 und 4) | 22 |
| IV. | Verjährung und Verwirkung | 8 | I. | Begründungspflicht | 22 |
| | 1. Verjährung | 11 | | 1. Begründung für das Überschreiten des Schwellenwertes | 22 |
| | a) Keine Verjährung vor Rechnungsstellung | 11 | | 2. Erweiterte Begründung auf Verlangen | 25 |

| | | | | |
|---|---|---|---|---|
| 3. | Begründung bei Abschluss einer Honorarvereinbarung (§ 12 Abs. 3 Satz 3) | 26 | G. Ausfallhonorar | 34 |
| | | | H. Ärztliches Honorar – Vorschuss | 36a |
| | | | I. Direktabrechnung zwischen Arzt und Versicherer | 37 |
| 4. | Hinweispflicht bei Überschreiten des Schwellenwertes | 27 | J. Eintreibung der Honorarforderung | 38 |
| II. | Stempel und Unterschrift und Angabe der Diagnose | 28 | I. Mahnverfahren | 38 |
| | | | II. Zahlungsklage | 39 |
| III. | Analogbewertungen (Abs. 4) | 30 | K. Pfändbarkeit ärztlicher Honorarforderungen | 40 |
| E. | Abweichende Vereinbarungen mit öffentlich-rechtlichen Kostenträgern (Abs. 5) | 31 | L. Ärztliche Honorarforderung und Berufsrechtsverstoß | 41 |
| F. | Steuerrechtliche Vorgaben | 32 | | |

## A. Regelungszweck

1 § 12 bestimmt die Voraussetzungen für die Fälligkeit einer ärztlichen Liquidation und legt deren Inhalte fest. Die Fälligkeit des Zahlungsanspruchs ist von der aufschiebenden Bedingung abhängig, dass der Arzt eine Rechnung stellt, die den in Abs. 2 bis 4 geregelten Anforderungen entspricht. Diese Voraussetzungen gehen über die Regelung des Bürgerlichen Gesetzbuches zur Fälligkeit eines Anspruches (§ 271 BGB) hinaus. Der Verordnungsgeber hat § 12 ursprünglich als Schuldnerschutzvorschrift konzipiert. Denn die Rechnung muss all die Angaben enthalten, die zur Nachprüfung der Rechnung durch den Zahlungspflichtigen erforderlich sind (vgl. amtl. Begründung zu § 12 GOÄ vom 12.11.1982, BR-Drs. 295/82, 15; s. auch LG Kempten, Urt. v. 07.05.2012 – 13 O 2311/11: Das LG stellt klar, dass der Krankenversicherer die Behandlungs- und Sachkosten einer Dialyse nicht erstatten muss, solange die Rechnung nicht den formalen Anforderungen der GOÄ genügt). Der Patient kann erst in Verzug geraten, wenn die Rechnung die in § 12 zwingend geforderten Angaben enthält und sie durch Zugang beim Zahlungspflichtigen fällig geworden ist (§§ 271, 286 BGB). Möglicherweise hat der Verordnungsgeber dabei aber übersehen, dass damit das Verhalten des Arztes als Gläubiger der Zahlungsforderung gleichzeitig den Beginn der Verjährung steuert. Da der Arzt den Zeitpunkt der Rechnungsstellung bestimmt, muss der Patient/der Zahlungspflichtige auch noch längere Zeit nach Abschluss der Behandlung damit rechnen, vom Arzt eine Rechnung zu erhalten. Die vom Verordnungsgeber beabsichtigte Kontrollmöglichkeit der Rechnung wird dem Patienten dadurch unter Umständen deutlich erschwert.

## B. Fälligkeit der Vergütung (§ 12 Abs. 1 bis 4)

### I. Voraussetzungen der Fälligkeit

2 Der Honoraranspruch des Arztes wird erst fällig, wenn er seinem Privatpatienten eine der GOÄ entsprechende Rechnung erteilt hat. Die Rechnung muss insbesondere die in Abs. 2 angeführten Angaben enthalten, nämlich:
– das Datum der Erbringung der Leistung,
– bei Gebühren die Nummer und die Bezeichnung der einzelnen Leistung einschließlich einer in der Leistungsbeschreibung ggf. genannten Mindestdauer sowie den jeweiligen Rechnungsbetrag und den Steigerungssatz,
– bei Gebühren für vollstationäre sowie vor- und nachstationäre Leistungen zusätzlich den Minderungsbetrag gemäß § 6a (i.d.R. 25 %, bei Belegärzten oder niedergelassenen anderen Ärzten 15 %),
– bei Wegegeld und Reiseentschädigungen den Betrag, die Art der Entschädigung und die Berechnung,
– bei Ersatz von Auslagen wie Arzneimitteln, Verbandmitteln und sonstigen Materialien den Betrag und die Art der Auslage (übersteigt der Betrag der Auslage 25,56 €, ist der Beleg oder ein sonstiger Nachweis beizufügen) sowie
– die Kennzeichnung von Leistungen, die auf Verlangen des Zahlungspflichtigen erbracht worden sind (§ 1 Abs. 2).

Die Bezeichnung der einzelnen Leistung in der Rechnung kann dadurch ersetzt werden, dass der Rechnung eine Zusammenstellung beigefügt wird, in der die abgerechneten Leistungsnummern bezeichnet sind (§ 12 Abs. 3 Satz 3). 2a

Die in § 12 Abs. 3 Satz 5 i. V. m. § 1 Abs. 2 Satz 2 geregelte Verpflichtung zur Kennzeichnung von Leistungen, die auf Verlangen des Zahlungspflichtigen erbracht worden sind, belegt, dass die GOÄ z.B. auch auf die Abrechnung medizinisch nicht indizierter kosmetischer Operationen anzuwenden ist (BGH MedR 2006, 424; vgl. auch § 1 Rdn. 6 und 6a). 3

### 1. Inhaltliche oder formale Voraussetzungen

Bis Dezember 2006 bestand Streit darüber, ob aus der Formulierung in Abs. 1, wonach die Liquidation des Arztes fällig wird, »wenn ... eine dieser Verordnung entsprechende Rechnung erteilt worden ist« folgt, dass sie erst dann fällig wird, wenn sie inhaltlich korrekt gestellt worden ist, oder ob die Fälligkeit schon dann gegeben ist, wenn die Rechnung die formalen Voraussetzungen des § 12 Abs. 2 bis 4 erfüllt. Der BGH hat den Streit am 21.12.2006, MedR 2007, 172 beendet und entschieden, dass die ärztliche Vergütung fällig wird, wenn die Rechnung die formellen Voraussetzungen in § 12 Abs. 2 bis 4 erfüllt; die Fälligkeit wird nicht dadurch beeinflusst, dass die Rechnung mit dem materiellen Gebührenrecht nicht übereinstimmt. Denn Zweck der komplexen Regelung über den notwendigen Inhalt der Rechnung sei es, dem Zahlungspflichtigen, von dem weder medizinische noch gebührenrechtliche Kenntnisse erwartet werden können, eine Grundlage für die Überprüfung der in Rechnung gestellten Leistungen zu geben. Hierzu gehöre insbesondere die Bezeichnung der einzelnen berechneten Leistungen, deren Zuordnung zu einer bestimmten Gebührennummer sowie der jeweilige Betrag und der Steigerungssatz. Für die Fälligkeit der Forderung und auch für den Eintritt des Zahlungsverzuges kommt es dagegen – weil die Prüffähigkeit der in Rechnung gestellten ärztlichen Leistung im Vordergrund steht – nicht darauf an, ob sich der vom Arzt gewählte Gebührentatbestand als berechtigt erweist. Hält der Zahlungspflichtige die Rechnung für nicht begründet, besteht kein Anlass, die Durchsetzung der Forderung im Rechtsweg etwa mit der Überlegung zu verzögern oder zu erschweren, der Arzt müsse zur Herbeiführung der Fälligkeit seinerseits die Berechtigung des von ihm gewählten Gebührentatbestandes überprüfen und ggf. einen anderen (neu) in Rechnung stellen (BGH MedR 2007, 172, 174). 4

Zu den Auswirkungen einer nicht dokumentierten Mindestdauer einer ärztlichen Leistung (hier: Mindestdauer von 100 Minuten bei der GOÄ-Nummer 862) auf die Abrechenbarkeit dieser Leistung s. OLG Stuttgart, Urt. v. 01.03.2018 – 7 U 62/16, MedR 2019, 307, 311. Das Gericht stellt insbesondere klar, dass die nicht eingehaltene Mindestdauer der Leistung (50 Minuten anstelle der geforderten 100 Minuten) nicht durch die Minderung des Gebührensatzes (hier: Reduzierung des Satzes von 2,3 auf 1,2) ausgeglichen werden kann. 4a

### 2. Zugang der Arztrechnung

Zivilrechtlich stellt der Umstand, dass eine Rechnung erteilt wurde, in der Regel keine Fälligkeitsvoraussetzung dar, auch dann nicht, wenn der Schuldner nach der Verkehrssitte einen Anspruch auf eine Rechnung hat und erst die Rechnung den Anspruch betragsmäßig festlegt. Der Anspruch ist bereits entstanden und fällig, wenn der Gläubiger die Rechnung hätte erteilen können. Etwas anderes gilt nur, wenn Sondervorschriften bestimmen, dass für die Fälligkeit die Rechnung zugegangen sein muss. So liegt es beim GOÄ-Honorar, beim Architektenhonorar und bei Werklohnforderungen, die auf der VOB/B 16 Nr. 3 beruhen (Palandt/*Heinrichs* BGB § 199 Rn. 6). 5

### II. Rechnungsstellung durch Dritte

Die Weitergabe von Abrechnungsunterlagen des Patienten in personenbezogener Form an eine Verrechnungsstelle, sei es eine berufsständische Einrichtung, sei es ein gewerbliches Unternehmen, zur Erstellung einer externen Abrechnung bedarf regelmäßig der schriftlichen Zustimmung des Patienten (*BÄK* Stellungnahme vom 27.01.1992, abgedr. in *Brück* Komm. GOÄ § 12 Rn. 1.2 und 6

*Narr* Ärztliches Berufsrecht Rn. B 740). Die ohne rechtswirksame Einwilligung des Patienten an eine privatärztliche Verrechnungsstelle abgetretene Honorarforderung des Arztes wird nicht fällig (OLG Köln Urt. v. 24.06.1996 – 5 U 117/94).

### III. Arztliquidation bei stationärer Chefarztbehandlung

7   Zur Fälligkeit des Chefarzthonorars bei Abschluss einer Wahlleistungsvereinbarung nach § 17 KHEntgG s. dort Rdn. 25 ff.

### IV. Verjährung und Verwirkung

8   Der Arzt entscheidet, wann er seinem Privatpatienten eine Rechnung stellt. Tut er dies jedoch über Monate oder Jahre hinweg nicht, kann die Rechnung verjähren (Einrede) oder der Honoraranspruch verwirkt sein (Einwendung). Eine konkrete Berufspflicht zur rechtzeitigen Erstellung einer Privatliquidation besteht allerdings nicht (vgl. § 12 MuBO).

9–10   *(unbesetzt)*

#### 1. Verjährung

##### a) Keine Verjährung vor Rechnungsstellung

11   Seit dem Inkrafttreten des Schuldrechtsmodernisierungsgesetzes ab 01.01.2002 ist die Rechtsprechung, wonach eine Rechnung auch dann verjähren kann, wenn ein Arzt die Rechnung nicht in »angemessener Frist« erstellt hat, obsolet geworden, da die Vorschriften der §§ 199, 200 BGB a.F. aufgehoben wurden und die früher diskutierte analoge Anwendung dieser Vorschriften auf den Verjährungsbeginn ausscheidet. Forderungen des Arztes können daher, solange keine Rechnung gestellt wird, nicht verjähren (LG München I MedR 2003, 222; Palandt/*Heinrichs* BGB § 199 Rn. 6, *Kamps* Verjährung von Honoraransprüchen DÄBl. 2006, A 3278).

##### b) Beginn der Verjährung, Verjährungsfrist

12   Die regelmäßige Verjährungsfrist für Arztforderungen beträgt seit 01.01.2002 drei Jahre (§ 195 BGB). Die Verjährungsfrist beginnt mit dem Schluss des Jahres, in dem der Anspruch entstanden ist (§ 199 Abs. 1 BGB). Voraussetzung für die Entstehung des Liquidationsanspruches ist, dass er fällig geworden ist. Eine Arztrechnung, die im Jahre 2007 gestellt worden ist, verjährt am 31.12.2010.

##### c) Hemmung der Verjährung

13   Der Arzt kann den Eintritt der Verjährung verhindern. Die Verjährung wird gehemmt, wenn der Arzt den Honoraranspruch nach Eintritt des Verzugs des Zahlungspflichtigen durch Antrag auf Erlass eines Mahnbescheids oder Erhebung der Klage gerichtlich geltend macht (§ 204 BGB). Erstellt der Arzt im Jahre 2007 eine Rechnung, muss er zur Vermeidung der Verjährung bis spätestens 31.12.2010 das gerichtliche Mahnverfahren gegen den Zahlungspflichtigen eingeleitet oder die Zahlungsklage erhoben haben. Zum Gerichtsstand siehe unten Rdn. 39.

14   Die Verjährung wird gemäß § 203 BGB auch dann gehemmt, wenn zwischen dem Schuldner und dem Gläubiger Verhandlungen über den Anspruch oder die den Anspruch begründenden Umstände schweben, bis der eine oder andere Teil die Fortsetzung der Verhandlungen verweigert. Ob von solchen Verhandlungen auch gesprochen werden kann, wenn der Patient oder der Arzt zur Klärung der Höhe der Rechnung eine gutachterliche Stellungnahme der Ärztekammer auf der Basis des § 12 MuBO einholt, ist fraglich (befürwortend *Kamps* DÄBl. 2006, A 3278).

15   Um den Eintritt der Verjährung zu hemmen, reicht es nicht aus, die Rechnung zu stellen und den Patienten ein oder mehrere Male zu mahnen. Die Mahnung bewirkt lediglich, dass der Patient in Schuldnerverzug gerät (§ 286 BGB). Der Verzug hat zur Folge, dass der Patient die Verzugszinsen

(§ 288 BGB) zu bezahlen und den Verzugsschaden zu ersetzen hat (incl. der Kosten, die mit der Eintreibung der Forderung verbunden sind, z. B. Anwaltskosten). Auch ohne Mahnung gerät der Patient spätestens dann in Verzug, wenn er die Rechnung nicht innerhalb von 30 Tagen nach Fälligkeit und Zugang bezahlt hat (§ 286 Abs. 3 BGB). Gegenüber der früheren Rechtslage hat der Gesetzgeber diese Verzugsregelung allerdings modifiziert, weil ein Schuldner, der Verbraucher ist, nunmehr auf den Eintritt des Verzuges durch Zeitablauf in der Rechnung hingewiesen werden muss. Die Rechnung des Arztes sollte daher folgenden Zusatz enthalten: »Ich weise Sie darauf hin, dass Sie in Zahlungsverzug kommen, wenn Sie nicht innerhalb von 30 Tagen nach Zugang dieser Rechnung den Rechnungsbetrag beglichen haben«.

## 2. Verwirkung

Die aus dem allgemeinen zivilrechtlichen Grundsatz von Treu und Glauben (§ 242 BGB) abgeleitete Regel, dass ein Gläubiger ein Recht verwirken kann, wenn er es längere Zeit nicht geltend gemacht und der Schuldner sich darauf eingerichtet hat, dass der Gläubiger sein Recht nicht mehr geltend macht, kann auch bei der Geltendmachung von Arztforderungen Anwendung finden (*Brück* § 12 Rn. 1.1; *Hoffmann/Kleinken* GOÄ § 12 Rn. 1). Ein zur Verwirkung erforderlicher Verstoß gegen Treu und Glauben gemäß § 242 BGB setzt aber neben dem Zeitablauf, innerhalb dessen der Arzt bis zur Erstellung seiner Rechnung untätig geblieben ist, voraus, dass auf dem Verhalten des Arztes beruhende Umstände hinzutreten müssen, die bei objektiver Betrachtungsweise das Vertrauen des Privatpatienten rechtfertigen, der Arzt werde seinen Zahlungsanspruch nicht mehr geltend machen. Die Rechtsprechung, dass der Arzt die Rechnung bei einer abgeschlossenen Behandlung bis zum Jahresende zu stellen hat, kann aus den oben dargelegten Gründen (s.o. Rdn. 11) nicht mehr angewendet werden (so auch *Wezel/Liebold* Komm. EBM und GOÄ Teil 11 § 12–2). Die bloße – auch langwährende – Untätigkeit des Berechtigten als solche schafft noch keinen Vertrauenstatbestand für den Verpflichteten, nicht mehr in Anspruch genommen zu werden (OLG Frankfurt, Urt. v. 22.10.2004 – 2 U 12/04; OLG Nürnberg, Urt. v. 18.09.2000 – 5 U 1991/00). Dass dies anders gesehen werden muss, wenn der Arzt die Rechnungsstellung länger hinausschiebt als die Verjährungsfrist dauert (z.B.: Abgeschlossene Behandlung im Jahre 2005, Rechnungsstellung durch den Arzt im Januar 2009) und der Patient dann eine Rechnung erhalten würde, die, wenn sie im Jahr der Leistungserbringung gestellt worden wäre, schon verjährt wäre, erscheint plausibel (*Palandt/Heinrichs* § 199 Rn. 6; *Kamps* DÄBl. 2006, A 3279). In der Rechtsprechung wird in einem solchen Fall jedenfalls dann von einer Verwirkung des Honoraranspruchs des Arztes ausgegangen, wenn über das Zeitmoment der Verwirkung hinaus der Patient den Arzt bei Beendigung/Abbruch der Behandlung unter Berufung auf deren angebliche Fehlerhaftigkeit und unter Androhung gerichtlicher Schritte aufgefordert hat, keine Rechnung zu stellen (OLG Nürnberg MedR 2008, 616). 16

Anders als bei der Verjährung, die im Prozess ausdrücklich geltend gemacht werden muss (Einrede), handelt es sich bei der Verwirkung um eine Einwendung, die das zuständige Gericht im Prozess von Amts wegen prüfen muss. Der Arzt sollte es deshalb in keinem Fall zu einer Verwirkung kommen lassen. 17

## C. Verlust des fälligen Honoraranspruchs

Der fällige Honoraranspruch des Arztes muss vom Zahlungspflichtigen erfüllt werden. Andernfalls gerät er durch Zeitablauf oder Mahnung des Arztes in Zahlungsverzug (s. oben Rdn. 15). Nur in Ausnahmefällen hat der Patient bzw. der Zahlungspflichtige ein Recht, die Bezahlung einer fälligen Honorarrechnung zu verweigern oder das bereits bezahlte Honorar zurückzufordern. 18

## I. Zahlungsverweigerungsrecht/Rückforderungsanspruch

Für ein Zahlungsverweigerungsrecht oder einen Rückforderungsanspruch des Patienten muss eine Pflichtverletzung oder ein vertragswidriges Verhalten des Arztes vorliegen, das einer Nichterfüllung gleichkommt. Dies ist erst dann der Fall, wenn die Dienstleistung aufgrund des ärztlichen Fehlverhaltens für den Patienten völlig unbrauchbar und damit wertlos geworden ist und die Erfüllung 19 des Vertrages für den Patienten ohne jedes Interesse ist (OLG Köln, Beschl. v. 29.08.2012 – 5 U 18/12, VersR 2013, 1004; LG Berlin MedR 2009, 98; OLG Köln MedR 1997, 273; OLG München VersR 1996, 233, das eine besonders grobe, in der Regel vorsätzliche oder sogar strafbare Pflichtverletzung verlangt; Laufs/Uhlenbruck/*Uhlenbruck* Handbuch des Arztrechts § 82 Rn. 15). In der Rechtsprechung ist ein solcher Rückforderungsanspruch z. B. anerkannt worden, wenn der Arzt seinem Patienten falsche Angaben über die Wirksamkeit eines Medikamentes macht, das zur Krebstherapie eingesetzt worden ist (OLG Hamm MedR 2001, 568) oder wenn der Patient durch Täuschung über die Qualifikation des Operateurs zu einer nicht indizierten, behandlungsfehlerhaften Schönheitsoperation bewegt wird (OLG Nürnberg VersR 2009, 786). Lässt der persönlich verpflichtete Chefarzt einer Privatklinik, der gleichzeitig deren Inhaber ist, eine kosmetische Operation vertragswidrig von einem angestellten Arzt durchführen, schuldet der Patient selbst dann keine Vergütung, wenn der Eingriff sachgemäß erfolgte. Es steht dem Chefarzt in diesem Fall auch kein Bereicherungsanspruch gegen den Patienten zu (OLG Koblenz MedR 2009, 158). In der Literatur wird ein Rückforderungsrecht des Patienten darüber hinaus anerkannt, wenn eine in Rechnung gestellte Leistung tatsächlich gar nicht erbracht worden ist. Der Patient kann sich außerdem auf eine ungerechtfertigte Bereicherung des Arztes berufen (*Hoffmann/Kleinken* § 12 Rn. 2). Strafrechtlich gesehen stellt die bewusste Inrechnungstellung einer Leistung in einer gemäß § 12 GOÄ zu spezifizierenden Liquidation, die tatsächlich nicht erbracht worden ist, eine Täuschungshandlung im Sinne des § 263 StGB dar (BGH, Beschl. v. 25.01.2012 – 1 StR 45/11, MedR 2012, 388, 389 f.).

20 Zu weit geht nach hier vertretener Auffassung das AG Bergheim in seiner Entscheidung vom 30.09.2008 – 28 C 515/07, VersR 2009, 684 (nicht rechtskräftig), das aus der Nebenpflicht des Arztes zur wirtschaftlichen Aufklärung schließt, der Patient müsse anteilig von den Behandlungskosten freigestellt werden, wenn dem Arzt bekannt sei, dass der Patient die Behandlungskosten für eine schulmedizinische Leistung selbst tragen müsse, Fehlvorstellungen des Patienten über die Höhe der Kosten erkennbar seien und der Patient nicht über die Mittel verfüge, die Kosten zu begleichen. Denn es ist grundsätzlich Sache des Patienten, mit seiner Versicherungsgesellschaft zu klären, ob und in welcher Höhe ihm Kosten erstattet werden.

### II. Aufrechnung mit Gegenforderung

21 Die Begleichung des Arzthonorares kann nicht deswegen verweigert werden, weil dem Arzt ein – ggf. auch grober – Behandlungsfehler oder Aufklärungsfehler unterlaufen ist. Denn aufgrund des dienstvertraglichen Charakters des Arztvertrages wird das Arzthonorar grundsätzlich auch dann geschuldet, wenn die erbrachte Leistung fehlerhaft ist (OLG Hamm MedR 2007, 649 und OLG München VersR 1996, 233). Der Patient hat aber im Honorarprozess ggf. die Möglichkeit, mit Schadensersatzforderungen gegen die Vergütung des Arztes aufzurechnen. Die Aufrechnung mit Schadensersatzansprüchen setzt allerdings voraus, dass das Arzthonorar noch nicht beglichen worden ist. Die Aufrechnung geht ins Leere und ist deshalb unwirksam, wenn zum Zeitpunkt der Erklärung der Aufrechnung kein gleichartiger Gegenanspruch gegenüber steht, weil dann der Vergütungsanspruch des Arztes durch die Zahlungen des Patienten bereits erloschen ist (LG Regensburg, Urt. v. 27.05.2014 – 4 O 910/11, MedR 2014, 772, 774).

## D. Weitere Angaben (Abs. 3 und 4)
### I. Begründungspflicht
#### 1. Begründung für das Überschreiten des Schwellenwertes

22 Überschreitet der Arzt in seiner Liquidation die Schwellenwerte (2,3; 1,8; 1,15), so muss er dies – bezogen auf die einzelne Leistung – für den Zahlungspflichtigen schriftlich begründen. Es handelt sich hierbei nicht um ein bloßes formales Rechnungskriterium, sondern um eine Fälligkeitsvoraussetzung (Amtl. Begründung zu § 12 GOÄ 1996, BR-Drs. 211/94, 97; s. auch BGH MedR 2007, 174). Zwar reicht eine »stichwortartige Kurzbegründung« aus (amtl. Begründung zu § 12 GOÄ 1982, BR-Drs. 295/82, 15). Diese muss sich jedoch an den Bemessungskriterien des

§ 5 Abs. 2 orientieren. Eine bloße Wiederholung dieser Kriterien wie »Schwierigkeit der Leistungserbringung« reicht nicht aus. Vielmehr muss dargelegt werden, warum im konkreten Fall wegen der Besonderheit des jeweiligen Kriteriums der erhöhte Steigerungsfaktor angewendet wird (s. § 5 Rdn. 12 ff.). So können u. a. die Kombination verschiedener Erkrankungen, eine während einer Operation plötzlich eintretende Störung der Vitalfunktionen, aber auch die erschwerten äußerlichen Umstände bei der Leistungserbringung wie die Versorgung eines Verletzten vor Ort nachts bei schlechten Lichtverhältnissen die Schwierigkeit der Leistungserbringung rechtfertigen (ausf. *Brück* § 5 Rn. 4 ff.). Wichtig ist, dass die Begründung hinreichende Anhaltspunkte für einen Vergleich mit dem Durchschnittsfall enthält, aus dem deutlich wird, dass die erbrachte Leistung überdurchschnittlich schwierig und/oder überdurchschnittlich zeitaufwendig war (Landesberufsgericht für Heilberufe Münster, Urt. v. 20.04.2016 – 6t A 2817/13.T).

Berücksichtigt bereits eine Leistungslegende im Gebührenverzeichnis ein Bemessungskriterium für den Ansatz eines erhöhten Steigerungsfaktors, so darf dieses Kriterium zur Begründung nur ausnahmsweise herangezogen werden. Z.B.: Die Erhebung der homöopathischen Erstanamnese nach Nr. 30 GOÄ setzt eine Mindestdauer von 1 Stunde voraus. Der Ansatz des erhöhten Steigerungsfaktors (bis max. 3,5) mit der Begründung »erhöhter Zeitaufwand« lässt sich bei dieser Leistung erst dann rechtfertigen, wenn der Zeitaufwand im Einzelfall erheblich, d.h. mehr als das Doppelte (2 Stunden) über der in Nr. 30 GOÄ festgelegten Mindestdauer liegt. 23

Begründungen wie hohe Praxiskosten oder ein hoher Sachkostenanteil rechtfertigen die Berechnung eines über dem Schwellenwert liegenden Steigerungsfaktors nicht, weil diese Kriterien in § 5 Abs. 2 keine Berücksichtigung gefunden haben. 24

Zu den strafrechtlichen Konsequenzen der Angabe einer Begründung für den Ansatz eines erhöhten Steigerungsfaktors wie »sehr umfangreiche und zeitintensive Leistung aufgrund persönlicher Befundung«, wenn die Befundung vom Arzt tatsächlich gar nicht durchgeführt worden ist, siehe BGH, Beschl. v. 25.01.2012 – 1 StR 45/11, MedR 2012, 388, 390, s. dazu auch oben Rdn. 19). 24a

### 2. Erweiterte Begründung auf Verlangen

§ 12 Abs. 3 Satz 2 regelt ausdrücklich, dass der Arzt auf Verlangen des Zahlungspflichtigen die bereits erteilte Begründung näher zu erläutern hat. Anders als bei der Begründungspflicht in Satz 1 handelt es sich hierbei jedoch nicht um eine Fälligkeitsvoraussetzung (ebenso *Brück* § 12 Rn. 3.5). Denn der Arzt muss seine Rechnung auf Verlangen erst erweitert begründen, wenn der Zahlungspflichtige die Rechnung zur Erstattung bei der Beihilfe oder beim Krankenversicherer einreicht und von dort zur Überprüfung der Erstattungspflicht nähere Ausführungen gewünscht werden. Die erweiterte Begründung darf dem Zahlungspflichtigen nicht gesondert in Rechnung gestellt werden, da es sich bei der Verpflichtung nach S. 2 um eine gesetzlich geregelte Verpflichtung des Arztes und nicht nur um eine Verpflichtung aus dem Behandlungsvertrag handelt. 25

### 3. Begründung bei Abschluss einer Honorarvereinbarung (§ 12 Abs. 3 Satz 3)

Hat der Patient eine Honorarvereinbarung akzeptiert, entfällt die »normale« Begründungspflicht, einerlei, ob sich die Honorarvereinbarung innerhalb (3,5-facher Satz) oder außerhalb (z.B. 5-facher Satz) des Gebührenrahmens der GOÄ bewegt (str., wie hier *Brück* § 12 Rn. 3.6 und § 5 Rn. 13 mit Darstellung des Meinungsstreites; *Hoffmann/Kleinken* § 12 Rn. 5). Der Arzt hat aber auf Verlangen des Patienten das Überschreiten des Schwellenwertes bis zur Grenze des Gebührenrahmens (3,5-facher Satz) zu begründen, um dem Patienten zu ermöglichen, einen Teilbetrag der Leistung von der Beihilfestelle oder der Krankenversicherungsgesellschaft erstattet zu erhalten (*Narr* Rn. B 669 und B 737). 26

### 4. Hinweispflicht bei Überschreiten des Schwellenwertes

Nach einer Entscheidung des OLG Köln vom 01.07.1996 – 5 U 195/95, MedR 1997, 273, dürfen für eine zahnärztliche Behandlung Gebühren mit einem Steigerungssatz über 2,3 nur dann in 27

Ansatz gebracht werden, wenn der Patient **vor** der Behandlung hierauf hingewiesen wird, es sei denn, dass die Erschwernis, die die Erhöhung rechtfertigt, nicht vorhersehbar war. Begründet wird diese Nebenverpflichtung mit den beträchtlichen Kosten, mit denen der Patient bei einer zahnärztlichen Behandlung zu rechnen und in seine private Lebensführung einzukalkulieren habe. Der Patient müsse daher wissen, welche Kosten voraussichtlich entstehen werden. Diese Rspr. kann nach hier vertretener Auffassung auf den ärztlichen Bereich nicht übertragen werden, da sich hier die Besonderheiten, die den Ansatz eines mehr als 2,3-fachen Steigerungsfaktors rechtfertigen, in der Regel erst bei der Leistungserbringung ergeben.

### II. Stempel und Unterschrift und Angabe der Diagnose

28 Die GOÄ selbst enthält bis heute keine Regelung, wonach Arztrechnungen den **Arztstempel**, seine **Unterschrift** und eine Diagnose enthalten müssen. Nach Auffassung des AG Hildesheim werden daher Arztrechnungen auch ohne Unterschrift des Arztes fällig (MedR 1997, 323). Da Beihilfevorschriften und Versicherungsbedingungen der Unternehmen der Privaten Krankenversicherung jedoch teilweise den Arztstempel und eine Unterschrift zwingend als Erstattungsvoraussetzung fordern, besteht in diesen Fällen eine Nebenpflicht des Arztes aus dem Behandlungsvertrag, seine Rechnung mit Stempel und Unterschrift zu versehen (*Wienke* Unterschrift und Stempel auf Arzt- und Zahnarztrechnungen MedR 1999, 217).

29 Die Angabe der **Diagnose** auf der Rechnung ist üblich, weil sie nahezu sämtliche Beihilfeträger und Unternehmen der Privaten Krankenversicherung – anders als Stempel und Unterschrift – als wesentliche Grundlage für die Überprüfung einer Arztrechnung fordern. Der Arzt braucht deshalb im Regelfall beim Patienten nicht rückzufragen, ob er mit der Angabe der Diagnose auf der Rechnung einverstanden ist. Ist der Patient ausnahmsweise nicht einverstanden, muss er dies dem Arzt noch vor Rechnungsstellung ausdrücklich mitteilen. Probleme mit der ärztlichen Schweigepflicht können sich allerdings in den Fällen stellen, in denen der Arzt erkennt, dass Patient und Zahlungspflichtiger nicht personenidentisch sind. Beispiel: Der Arzt behandelt die mitversicherte Ehefrau eines Privatversicherten und stellt seine Leistungen dem Ehemann als Zahlungspflichtigem in Rechnung. Hier wird dringend empfohlen, sich zu vergewissern, dass sein(e) Patient(in) mit der Angabe der Diagnose auf der Rechnung einverstanden ist (*Narr* Rn. B 736).

### III. Analogbewertungen (Abs. 4)

30 Siehe dazu § 6 Rdn. 15 f.

### E. Abweichende Vereinbarungen mit öffentlich-rechtlichen Kostenträgern (Abs. 5)

31 Abs. 5 lässt für öffentliche Leistungs- und Kostenträger zur Verwaltungsvereinfachung abweichende Abrechnungsvereinbarungen von den Vorgaben der Abs. 1 bis 4 zu. Dies gilt analog auch für pauschal abweichende Kollektivvereinbarungen zur Gebührenhöhe zwischen öffentlich-rechtlichen Kostenträgern und ärztlichen Körperschaften und Verbänden (*Lang* GOÄ-Kommentar, 2. Auflage, § 11 Rn. 7 und 8; *Hoffmann/Kleinken* § 12 Rn. 8; s. auch § 11 Rdn. 3). Mit der Honorarvereinbarungsregelung des § 2 lassen sich solche pauschalen Gebührenvereinbarungen seit der Neufassung des § 2 (4. Änderungsverordnung zur GOÄ vom 18.12.1995) hingegen nicht mehr begründen.

### F. Steuerrechtliche Vorgaben

32 Heilbehandlungen des Arztes sind gem. § 4 Nr. 14 UStG umsatzsteuerfrei, wenn die Tätigkeit des Arztes dem Diagnostizieren und/oder Behandeln von Krankheiten und sonstigen Gesundheitsstörungen dient, so dass auf der Rechnung keine Umsatzsteuer ausgewiesen werden muss. Anders ist dies, wenn der Arzt umsatzsteuerpflichtige Leistungen wie Gutachten in Rentenverfahren oder Versicherungsangelegenheiten erbringt und er sich nicht auf die Befreiungsregelung für Kleinunternehmer nach § 19 UStG berufen kann. Umsatzsteuerpflichtige Ärzte können die Vorsteuer für

Rechnungen, die sie selbst zu bezahlen haben, nur noch dann steuerlich geltend machen, wenn die Rechnung die in § 14 Abs. 4 UStG genannten Angaben enthält: Name und Anschrift des Arztes; Name und Adresse des Rechnungsstellers; Datum der Rechnung; Menge und Art der Leistung; die Steuernummer oder Umsatzsteuer-Identifikationsnummer des Rechnungsstellers; der Zeitpunkt der Leistung, falls dieser nicht mit dem Ausstellungsdatum identisch ist; fortlaufende Rechnungsnummer; das nach Umsatzsteuersätzen aufgeschlüsselte Nettoentgelt, der Bruttobetrag und die Umsatzsteuer in Prozent und in absoluten Beträgen.

Auch Ärzte, die **für Unternehmer** Leistungen erbringen (z.B. arbeitsmedizinische Gutachten) müssen sich bei ihrer eigenen Rechnungsstellung an die vorgenannten Regeln halten. Dabei spielt es keine Rolle, ob es sich um eine umsatzsteuerpflichtige Leistung des Arztes oder um eine steuerfreie Leistung handelt (Nr. 185 UStR zu § 14 UStG). 33

## G. Ausfallhonorar

Die bisher zu einem Ausfallhonorar des Arztes bei säumigen Privatpatienten ergangene Rechtsprechung ist uneinheitlich. Die Rechtsprechung geht mehrheitlich davon aus, dass der Patient, wenn er nicht erscheint, mit der Annahme von Diensten des Arztes unter normalen Umständen nicht in den sog. Annahmeverzug gerät. Da der Behandlungsvertrag zwischen Arzt und Patient ein Dienstvertrag sei, könne der Patient diesen ohne Folgen jederzeit auch noch unmittelbar vor der Behandlung kündigen. Erscheine der Patient nicht, so stelle dies eine solche Kündigung dar (ausf. dazu Heidelberger Kommentar/*Kiesecker* Stichwort: Verweildauer Rn. 4 mit Nachweisen). Etwas Anderes gilt allerdings dann, wenn ein Arzt mit längeren Terminvorläufen arbeitet und er nachweislich nur einen Patienten zu einer länger andauernden Behandlung mit individuell festgelegter Behandlungszeit einbestellt hat. In diesem Fall steht dem Arzt bei Nichterscheinen des Patienten oder bei nicht rechtzeitiger Absage ein Ausfallhonorar als Annahmeverzug gem. § 615 BGB oder ein Schadensersatzanspruch gem. §§ 280, 281, 252 BGB zu (aus der jüngeren Rechtsprechung OLG Stuttgart VersR 2007, 951, AG Berlin-Neukölln Urt. v. 07.10.2004 – C 179/04 und AG Meldorf MedR 2004, 274). 34

Streitig ist ein vorformulierter Satz »Reservierte, aber nicht spätestens 24 h vor dem Termin abgesagte Termine werden in Rechnung gestellt und zwar mit 35 € pro halbe Stunde«. Das LG Berlin MedR 2006, 63, sieht darin eine unangemessene Benachteiligung des Patienten, weil diese Formulierung dem Patienten nicht die Möglichkeit gibt, sich bei unverschuldetem Fernbleiben zu entlasten. Zu empfehlen ist deshalb, die Vereinbarung eines Ausfallhonorars mit dem Zusatz »es sei denn, das Nichterscheinen ist unverschuldet« zu ergänzen. 35

Zur Aufnahme von Stornogebühren bei Absage eines OP-Termins in Allgemeinen Geschäftsbedingungen vgl. AG München, Urt. v. 03.03.2016 – 213 C 27099/15. 35a

Zur Höhe des Ersatzanspruchs auf der Basis der tatsächlich entgangenen GOÄ-Vergütung ist zu beachten, dass der Arzt den tatsächlich entstandenen Verdienstausfall in Rechnung stellen kann und er die Vergütung für diejenigen Leistungen berechnen darf, die er voraussichtlich erbracht hätte. Er muss sich dabei allerdings die durch das Unterlassen seiner Tätigkeit ersparten Kosten anrechnen lassen, sofern ihm solche entstanden wären. Auch muss er sich die Nutzung seiner »Freizeit« zur möglichen Erledigung von Verwaltungstätigkeiten, Telefonaten und Schreibarbeiten anrechnen lassen. 36

## H. Ärztliches Honorar – Vorschuss

Ob auf ein ärztliches Honorar ein Vorschuss gefordert werden kann, ist sehr umstritten. Das Landesberufsgericht für Heilberufe beim OVG NRW konnte diese Frage offen lassen, hat aber entschieden, dass ein Vorschuss – wenn überhaupt – nur dann verlangt werden kann, wenn er auf der Grundlage einer formal den Vorschriften des § 12 genügenden Rechnung oder auch eines Kostenvoranschlages erfolgt (Beschl. v. 25.11.2015 – 6t E 441/13.T). 36a

**§ 12 GOÄ** Fälligkeit und Abrechnung der Vergütung; Rechnung

### I. Direktabrechnung zwischen Arzt und Versicherer

37 Seit dem 01.01.2008 hat der Arzt die Möglichkeit, Aufwendungen für medizinisch notwendige Heilbehandlungen und für sonstige vereinbarte Leistungen direkt mit dem Versicherungsunternehmen abzurechnen, wenn dies im Versicherungsvertrag mit dem Versicherten vereinbart ist (Gesetz zur Reform des Versicherungsvertragsrechts vom 23.11.2007, BGBl. I, S. 2631). Die Regelung lässt viele Fragen offen, insbesondere, ob und in welcher Form der Patient/Versicherungsnehmer hierüber vom Arzt oder vom Versicherungsunternehmen informiert werden muss. In der Abrechnungspraxis des niedergelassenen Arztes spielt diese Regelung jedoch bislang keine große Rolle. Zur Problemstellung der Direktabrechnung von Krankenhausträgern gegenüber verschiedenen Kostenträgern s. *Leber*, GKV, PKV und die Postbeamtenkrankenkasse, Das Krankenhaus 2019, 876.

### J. Eintreibung der Honorarforderung

#### I. Mahnverfahren

38 Zahlt der Patient trotz Mahnung nicht, muss der Arzt seinen Honoraranspruch gerichtlich geltend machen. Das geschieht in erster Linie durch Mahnverfahren. Vordrucke zum Antrag auf Erlass eines Mahnbescheids (§ 690 ZPO) sind mit den notwendigen Ausfüllhinweisen im Schreibwarenhandel oder bei den Amtsgerichten erhältlich, so dass der Arzt seinen Honoraranspruch auch ohne Einschaltung eines Rechtsanwaltes gerichtlich geltend machen kann. Zuständig ist grundsätzlich das Amtsgericht, in dessen Bezirk der Antragsteller, also der Arzt, seinen Wohnsitz hat (§ 689 Abs. 2, § 13 ZPO). Durch Rechtsverordnung der zuständigen Landesregierung kann jedoch einem Amtsgericht für die Bezirke mehrerer Amtsgerichte die Zuständigkeit für Mahnverfahren zugewiesen werden (§ 689 Abs. 3 ZPO). Von dieser Ermächtigung hat die Mehrzahl der Bundesländer Gebrauch gemacht. In Baden-Württemberg z. B. ist die Zuständigkeit für Mahnverfahren dem Amtsgericht Stuttgart für alle Gerichtsbezirke des Landes übertragen worden (§ 2 ZuständigkeitsVO Justiz). Legt der Zahlungspflichtige Widerspruch gegen den Mahnbescheid des Gerichts ein, gibt das Mahngericht das Verfahren an das zuständige Zivilgericht ab.

#### II. Zahlungsklage

39 Alternativ kann der Arzt, ohne das Mahnverfahren vorzuschalten, gegen den Patienten Zahlungsklage beim zuständigen Zivilgericht erheben. Nach den allgemeinen Gerichtsstandsregelungen ist in erster Linie das Gericht zuständig, in dessen Bezirk der Schuldner, also der Zahlungspflichtige, seinen Wohnsitz hat (§§ 12, 13 ZPO). Ob sich daneben aus § 29 ZPO, der den besonderen Gerichtsstand des Erfüllungsortes regelt, eine Zuständigkeit des Gerichts ergibt, in dessen Bezirk die Arztpraxis liegt, ist streitig. Die Befürworter der Anwendung des § 29 ZPO weisen darauf hin, dass Honoraransprüche am Praxisort zu erfüllen seien und der Praxisort der Erfüllungsort i.S.d. § 29 ZPO sei (OLG Düsseldorf MedR 2005, 723; AG Schöneberg MedR 2004, 694; OLG Karlsruhe MedR 2010, 508, *Hauser* Der besondere Gerichtsstand bei Zahlungsklagen des Krankenhauses, MedR 2006, 332). Diese Auffassung ist richtig, da sich aus der Natur des Behandlungsvertrages ein gemeinsamer Erfüllungsort für sämtliche Vertragsverpflichtungen beider Seiten ergibt. Denn regelmäßig muss der Behandlungsvertrag, der durch eine besondere Vertrauensbeziehung zwischen Arzt und Patient gekennzeichnet ist, vollständig am Ort der Praxis oder des Krankenhauses erfüllt werden. Bei der Krankenhausbehandlung kommt als vertragscharakteristischer Umstand, der es rechtfertigt, von einem einheitlichen Erfüllungsort auszugehen, hinzu, dass der Krankenhausträger wegen seiner bestehenden Aufnahmeverpflichtung (s. z.B. § 28 Abs. 3 LKHG Baden-Württemberg) keine Möglichkeit zur freien Disposition bei der Auswahl des Vertragspartners hat (OLG Karlsruhe MedR 2010, 508, 509). Die Gegenauffassung, die im Wesentlichen mit dem Schutzbedürfnis des schwächeren Patienten argumentiert (*Sonnentag* Der Gerichtsstand des Erfüllungsortes für ärztliche Honoraransprüche MedR 2005, 702, im Ergebnis ebenso LG Mannheim AZR 3/2009, 64; LG Mainz NJW 2003, 1612, das auf Unstimmigkeiten der hier vertretenen Auffassung hinweist, wenn die Leistungserbringung des Arztes in Form eines Hausbesuches erfolgt)

kann demgegenüber nicht überzeugen. Denn das Haus des Patienten ist nicht Regelerfüllungsort der Leistung des (Haus-)Arztes.

### K. Pfändbarkeit ärztlicher Honorarforderungen

Der BGH hat am 17.02.2005 – IX ZB 62/04, MedR 2005, 467, seine Rechtsprechung, wonach Honoraransprüche freiberuflich tätiger Personen in vollem Umfang pfändbar sind und ohne Abzüge in die Insolvenzmasse fallen, explizit auf privatärztliche Honorarforderungen erstreckt. Mit seiner Entscheidung vom 05.02.2009 – IX ZB 85/08, MedR 2009, 531 hat der BGH diesen Umgang mit privatärztlichen Honorarforderungen ausdrücklich auch auf Forderungen eines Facharztes für Psychiatrie, Psychotherapie, Psychoanalyse angewandt. Diese Rechtsprechung ist unter dem Blickwinkel der ärztlichen Schweigepflicht höchst problematisch. Der BGH nimmt jedoch einen Vorrang der Belange der Gläubiger jedenfalls insofern an, als die Angabe des Namens des Patienten und der Höhe der Forderung für die Durchsetzung der Gläubigerrechte erforderlich seien. Die ärztliche Schweigepflicht stehe einer Mitteilung des Schuldners an den Insolvenzverwalter nicht entgegen.

40

### L. Ärztliche Honorarforderung und Berufsrechtsverstoß

Eine fehlerhafte Abrechnung begründet nicht ohne weiteres einen Verstoß gegen die berufsrechtlichen Pflichten des Arztes. Die nach § 12 Abs. 1 MuBO geltende Pflicht zur Abrechnung (nur) »angemessener« Honorarforderungen ist nicht bereits bei jedem Abrechnungsfehler verletzt, sondern nur dann, wenn dieser Fehler aus einer nachlässigen Handhabung der GOÄ-Bestimmungen hervorgeht und geeignet ist, das Vertrauen zwischen Arzt und Patient oder das Ansehen des Arztes zu gefährden, weil sie eine »Honorarmehrungsabsicht« zum Ausdruck bringt. Die Klärung honorarrechtlicher Ansprüche ist vorrangig dem Rechtsverhältnis zwischen Arzt und Patient bzw. seinem Kostenträger vorbehalten (Berufsgerichtshof für die Heilberufe Schleswig, Urt. v. 16.03.2016 – 30 LB 2/15 BG II).

41

# Gesetz gegen Wettbewerbsbeschränkungen – GWB

In der Fassung der Bekanntmachung vom 26. Juni 2013 (BGBl. I S. 1750, 3245), zuletzt geändert durch Artikel 30 des Gesetzes vom 23. Juni 2021 (BGBl. I S. 1858)

Inhaltsverzeichnis

| | |
|---|---|
| § 1 | Verbot wettbewerbsbeschränkender Vereinbarungen |
| § 2 | Freigestellte Vereinbarungen (nicht kommentiert) |
| § 3 | Mittelstandskartelle |
| § 18 | Marktbeherrschung (nicht kommentiert) |
| § 19 | Verbotenes Verhalten von marktbeherrschenden Unternehmen |
| § 35 | Geltungsbereich der Zusammenschlusskontrolle |
| § 36 | Grundsätze für die Beurteilung von Zusammenschlüssen |
| § 37 | Zusammenschluss |
| § 38 | Berechnung der Umsatzerlöse, der Marktanteile und des Wertes der Gegenleistung |

Vorbemerkung vor §§ 97 ff.

| | |
|---|---|
| § 97 | Allgemeine Grundsätze |
| § 98 | Auftraggeber (nicht kommentiert) |
| § 99 | Öffentlicher Auftraggeber |
| § 103 | Öffentliche Aufträge |
| § 106 | Schwellenwerte |
| § 119 | Verfahrensarten |
| § 134 | Informations- und Wartepflicht |
| § 135 | Unwirksamkeit |
| § 186 | Übergangsbestimmungen |

## § 1 Verbot wettbewerbsbeschränkender Vereinbarungen

Vereinbarungen zwischen Unternehmen, Beschlüsse von Unternehmensvereinigungen und aufeinander abgestimmte Verhaltensweisen, die eine Verhinderung, Einschränkung oder Verfälschung des Wettbewerbs bezwecken oder bewirken, sind verboten.

*Artikel 101 AEUV*

*(1) Mit dem Binnenmarkt unvereinbar und verboten sind alle Vereinbarungen zwischen Unternehmen, Beschlüsse von Unternehmensvereinigungen und aufeinander abgestimmte Verhaltensweisen, welche den Handel zwischen Mitgliedstaaten zu beeinträchtigen geeignet sind und eine Verhinderung, Einschränkung oder Verfälschung des Wettbewerbs innerhalb des Binnenmarkts bezwecken oder bewirken, insbesondere*
   *a) die unmittelbare oder mittelbare Festsetzung der An- oder Verkaufspreise oder sonstiger Geschäftsbedingungen;*
   *b) die Einschränkung oder Kontrolle der Erzeugung, des Absatzes, der technischen Entwicklung oder der Investitionen;*
   *c) die Aufteilung der Märkte oder Versorgungsquellen;*
   *d) die Anwendung unterschiedlicher Bedingungen bei gleichwertigen Leistungen gegenüber Handelspartnern, wodurch diese im Wettbewerb benachteiligt werden;*
   *e) die an den Abschluss von Verträgen geknüpfte Bedingung, dass die Vertragspartner zusätzliche Leistungen annehmen, die weder sachlich noch nach Handelsbrauch in Beziehung zum Vertragsgegenstand stehen.*

(2) Die nach diesem Artikel verbotenen Vereinbarungen oder Beschlüsse sind nichtig.

(3) Die Bestimmungen des Absatzes 1 können für nicht anwendbar erklärt werden auf
- Vereinbarungen oder Gruppen von Vereinbarungen zwischen Unternehmen,
- Beschlüsse oder Gruppen von Beschlüssen von Unternehmensvereinigungen,
- aufeinander abgestimmte Verhaltensweisen oder Gruppen von solchen,
- die unter angemessener Beteiligung der Verbraucher an dem entstehenden Gewinn zur Verbesserung der Warenerzeugung oder -verteilung oder zur Förderung des technischen oder wirtschaftlichen Fortschritts beitragen, ohne dass den beteiligten Unternehmen
   a) Beschränkungen auferlegt werden, die für die Verwirklichung dieser Ziele nicht unerlässlich sind, oder
   b) Möglichkeiten eröffnet werden, für einen wesentlichen Teil der betreffenden Waren den Wettbewerb auszuschalten.

## Übersicht

| | Rdn. | | Rdn. |
|---|---|---|---|
| A. Einleitung | 1 | 2. Deutsches Kartellrecht | 37 |
| B. Unternehmen und Unternehmensvereinigungen | 3 | C. Vereinbarungen, Beschlüsse und aufeinander abgestimmte Verhaltensweisen | 47 |
| I. Generelles | 3 | I. Generell zu den Begriffsbestimmungen | 47 |
| II. Krankenkassen als Unternehmen | 6 | II. Vereinbarungen, Beschlüsse und aufeinander abgestimmte Verhaltensweisen im Gesundheitssektor | 50 |
| 1. Entwicklung von Legislative und Judikative bis zur 8. GWB-Novelle | 7 | 1. Nichtvorhaltung oder -weiterentwicklung bestimmter Leistungen | 50a |
| 2. Neuerungen durch die 8. GWB-Novelle | 13 | 2. Mindestmengen | 50b |
| 3. Bewertung von Judikative und Legislative | 14 | 3. Gemeinsame Nutzung medizinischer Geräte | 50e |
| a) Europäisches Kartellrecht | 15 | 4. Sonstiges | 50h |
| b) Deutsches Kartellrecht | 19 | D. Bezwecken oder Bewirken einer Verhinderung, Einschränkung oder Verfälschung des Wettbewerbs | 51 |
| c) Unterscheidung nach Tätigkeiten von Krankenkassen | 22 | E. Tatbestandsrestriktionen | 56 |
| aa) Verträge mit Leistungserbringern | 23 | F. Freistellung vom Kartellverbot | 56a |
| bb) Handeln gegenüber den Versicherten | 27 | I. Gruppenfreistellungsverordnungen | 56b |
| cc) Krankenkassen untereinander | 31 | II. Einzelfreistellung | 56d |
| 4. Neuerungen durch die 9. GWB-Novelle | 31a | 1. Effizienzen | 56e |
| 5. Neuerungen durch die 10. GWB-Novelle | 31r | 2. Angemessene Verbraucherpartizipation | 56i |
| 6. Bewertung | 31u | 3. Erforderlichkeit | 56l |
| III. Krankenhäuser als Unternehmen | 32 | 4. Keine Ausschaltung des Wettbewerbs | 56m |
| 1. Europäisches Kartellrecht | 35 | G. Rechtsfolgen | 57 |

## A. Einleitung

1 Die Vorschrift des § 1 regelt das Kartellverbot. Dieser wurde an § 101 Abs. 1 AEUV angeglichen. Aus diesem Grund ist eine inhaltliche Gleichausrichtung von deutscher und europäischer Auslegung zwingend, vgl. Art. 3 Abs. 2 Satz 1 VO 1/2003. Die herausragende Bedeutung des Kartellverbots lässt sich zunächst der systematischen Stellung am Anfang des GWB entnehmen. Darüber hinaus bildet es die Erste von drei Säulen des Wettbewerbsrechts. Daneben stehen als zweite und dritte Säule die Missbrauchsaufsicht (§§ 18 ff.) und die Fusionskontrolle (§§ 35 ff.).

2 Verboten sind nach § 1 GWB, Art. 101 AEUV sowohl horizontale als auch vertikale wettbewerbsbeschränkende Vereinbarungen zwischen Unternehmen (vgl. BGH Urt. v. 10.12.2008 – KZR 54/08, WuW/E DE-R 2554, Rn. 16 – Subunternehmervertrag II). Vertikale Wettbewerbsbeschränkungen

wurden durch die 7. GWB-Novelle ausdrücklich in den Anwendungsbereich des § 1 einbezogen. Eine horizontale Wettbewerbsbeschränkung liegt vor bei Vereinbarungen von Unternehmen einer Wirtschaftsstufe, also umgangssprachlich von »Konkurrenten« desselben Marktes. Vertikale Wettbewerbsbeschränkungen betreffen Vereinbarungen zwischen Unternehmen unterschiedlicher Wirtschaftsstufen, z.B. Produzent und Lieferant.

## B. Unternehmen und Unternehmensvereinigungen

### I. Generelles

Das Kartellverbot wendet sich nur gegen Unternehmen und Unternehmensvereinigungen, wobei  3
der Begriff des Unternehmens weder im GWB noch im AEUV gesetzlich definiert ist. Es gilt nach allgemeiner Auffassung ein funktionaler, entsprechend dem Zweck des GWB zu bestimmender Unternehmensbegriff (vgl. Langen/Bunte/*Krauß*, § 1 Rn. 32). Dieser muss nicht dem Unternehmensbegriff anderer Rechtsgebiete (z.B. dem des Steuer- oder Gewerberechts) entsprechen (vgl. Bechtold/*Bechtold*, § 1 Rn. 7). Der kartellrechtliche Unternehmensbegriff wird sehr weit verstanden. Nach der Rechtsprechung des EuGH ist ein Unternehmen im kartellrechtlichen Sinn »jede eine wirtschaftliche Tätigkeit ausübende Einheit, unabhängig von ihrer Rechtsform und ihrer Finanzierung« (grundlegend: EuGH Urt. v. 23.04.1991 – C-41/90, Slg. 1991, I-1979 Rn. 21 – Höfner/Macroton). Als wirtschaftliche Tätigkeit gilt nach europäischer Rechtsprechung das Anbieten (vgl. EuGH Urt. v. 18.06.1998 – C-35/96, Slg. 1998, I-3851 Rn. 36 – Kommission/Italien), nach deutscher Rechtsprechung auch jedes Nachfragen (BGH Urt. v. 23.10.1979 – ZR 22/78, WuW/ E BGH 1661, 1662 – Berliner Musikschule; a.A. EuGH Urt. v. 11.07.2006 – C-205/03 P, Slg. 2006 I-2695 – Fenin, wonach die Beurteilung der Tätigkeit von der späteren Verwendung der erworbenen Waren abhängen soll) von Gütern oder Dienstleistungen auf einem bestimmten Markt. Auf eine Gewinnerzielungsabsicht kommt es dabei nicht an (vgl. EuGH Urt. v. 21.09.1999 – C-219/97, Slg. 1999, I-6121, Rn. 67 ff. – Drijvende Bokken; BGH Urt. v. 29.10.1970 – KZR 3/70, GRUR 1971, 171 – Hamburger Volksbühne). Als wirtschaftliche Tätigkeit kann auch die Erbringung von im Allgemeininteresse liegenden Aufgaben angesehen werden (vgl. EuGH Urt. v. 25.10.2001 – C-475/99, Slg. 2001, I-8089, Rn. 21 – Ambulanz Glöckner). Auch allein der soziale Zweck einer Tätigkeit schließt dessen Wirtschaftlichkeit nicht aus (vgl. EuGH Urt. v. 12.09.2000 – C-180/98, Slg. 2000, I-06451 – Pavel Pavlov). Etwas anderes soll aber gelten für die bei der Verwaltung der öffentlichen Aufgabe der sozialen Sicherheit mitwirkenden Einrichtungen, die eine Aufgabe mit ausschließlich sozialem Charakter und eine Tätigkeit ohne Gewinnzweck erfüllen, die auf dem Grundsatz der nationalen Solidarität beruht (vgl. EuGH Urt. v. 17.02.1993 – C-159/91 u. C-160–91, Slg. 1993, I-637 – Poucet et Pistre). Krankenhäuser erfüllen den ihnen durch § 1 KHG zugewiesenen Auftrag, die Bevölkerung bedarfsgerecht zu versorgen. Diese öffentliche Aufgabe der sozialen Sicherheit steht danach aber einer Qualifikation als »Unternehmen« nicht entgegen, weil Krankenhäuser für ihre Leistungen gem. § 4 Nr. 2 KHG leistungsgerechte Erlöse aus den Pflegesätzen erhalten und die voll- und teilstationären Leistungen der DRG-Krankenhäuser nach dem KHEntG und dem KHG vergütet werden, § 1 Abs. 1 KHEntG.

Unternehmensvereinigungen sind Zusammenschlüsse von wirtschaftlich selbstständigen Unternehmen.  4
Für den Fall, dass die Vereinigung selbst wirtschaftliche Aktivitäten ausübt, stellt sie jedoch auch wiederum selbst ein Unternehmen dar. Durch die Erstreckung des Anwendungsbereichs auch auf Unternehmensvereinigungen soll sichergestellt werden, dass auch Vereinigungen, die keinen wirtschaftlichen Geschäftsbetrieb haben, dem Anwendungsbereich von § 1 unterliegen (Langen/ Bunte/*Krauß*, § 1 Rn. 60). Auf diese Weise sind insbesondere Verbände vom kartellrechtlichen Unternehmensbegriff umfasst. Deshalb wird teilweise auch von der Existenz eines »Verbandskartellrechts« gesprochen (so *Möhlenkamp* WuW 2008, 428 ff.; Saenger/Aderhold/Lenkaitis/Speckmann/ *Lotze*, Handels- und Gesellschaftsrecht, § 12, Rn. 17, S. 1390; speziell zu den kartellrechtlichen Restriktionen der Verbandstätigkeit s. *Lotze*, FIW-Schriftenreihe, Heft 201, S. 117 ff.).

Die Einordnung von Krankenkassen und Krankenhäusern unter den kartellrechtlichen Unternehmensbegriff  5
wird in Rechtsprechung und Literatur unterschiedlich bewertet. Dies gilt unabhängig

von der Organisation eines Krankenhauses als privat oder öffentlich-rechtlich oder der einer gesetzlichen Krankenkasse als öffentlich-rechtliche Körperschaft. Über § 185 Abs. 1 findet das GWB auch Anwendung auf Unternehmen der öffentlichen Hand (vgl. zum Regelungszweck des § 130 Abs. 1: FK/*Roth/Ackermann*, § 1 Rn. 65). Im Einzelnen bestimmt sich die Anwendbarkeit des GWB auf Institutionen im Gesundheitssektor nach § 69 Abs. 2 SGB V oder anhand der Einstufung als Unternehmen i.S.v. § 1.

## II. Krankenkassen als Unternehmen

6   Die Frage, ob Krankenkassen als Unternehmen i.S.d. Kartellrechts anzusehen sind, wird nach wie vor uneinheitlich beantwortet (bejahend heute: Langen/Bunte/*Bunte*, Sonderbereich Gesundheitswesen und Krankenhäuser, Rn. 9 ff.). Dies beruht nicht zuletzt auf diversen Änderungen des § 69 SGB V sowie einem unterschiedlichen Verständnis des Unternehmensbegriffs in der deutschen und europäischen Rechtsprechung. Die Vereinbarkeit der gegenläufigen Interessen des Kartellrechts, das den wettbewerblichen Rahmen der Wirtschaftsordnung schützt, und des Gesundheitssektors, der von einer enormen staatlichen Regelungsdichte zugunsten der Erbringung sozialstaatlicher Leistungen geprägt ist, gestaltet sich als schwierig. Richtigerweise stellen **Krankenkassen keine Unternehmen im kartellrechtlichen Sinne** dar. Im Einzelnen:

### 1. Entwicklung von Legislative und Judikative bis zur 8. GWB-Novelle

7   Die deutschen Gerichte behandelten das Nachfrageverhalten gesetzlicher Krankenkassen zunächst bis Ende 1999 als unternehmerisch (vgl. BGH Urt. v. 26.10.1961 – KZR 1/61, BGHZ 36, 91 (103) – Gummistrümpfe; BGH Urt. v. 12.05.1976 – KZR 14/75, WuW/E BGH 1423 – Sehhilfen; BGH Urt. v. 26.05.1987 – KZR 13/85, BGHZ 101, 72 – Krankentransporte). Die Öffnung des Gesundheitssektors für das Wettbewerbsrecht stellt damit kein Novum der letzten Jahre dar, sondern war ständige Praxis des Bundeskartellamtes und der Zivilgerichte. In der Leitentscheidung »Gummistrümpfe« aus dem Jahr 1961 verpflichtete der BGH Krankenkassen zur Zulassung von Lieferanten zur Belieferung der Versicherten mit Gummistrümpfen und nahm damit eine wettbewerbsrelevante Stellung der gesetzlichen Krankenkassen an (vgl. BGH Urt. v. 26.10.1961 – KZR 1/61, BGHZ 36, 91 [303] – Gummistrümpfe).

8   Durch das GKV-Gesundheitsreformgesetz 2000 (BGBl. I 2005, S. 2190) wurde dann eine kartellrechtliche Bereichsausnahme geschaffen (s. hierzu *Diekmann/Wildberger* NZS 2004, 15 ff.). Der mit Wirkung zum 01.01.2000 neugefasste § 69 SGB V ordnete die Rechtsbeziehungen zwischen Krankenkassen und Leistungserbringern abschließend dem Sozialrecht zu (vgl. BSG Urt. v. 11.10.2006 – B 6 KA 1/05 R, BSGE 97, 158; BGH Urt. v. 23.02.2006 – I ZR 164/03, WRP 2006, 747 ff. – Blutdruckmessungen). In der Gesetzesbegründung wird dazu aufgeführt, dass § 69 SGB V als Grundsatznorm des Leistungserbringungsrechts sozialversicherungsrechtlicher Natur sei, weil Krankenkassen in den dort genannten Rechtsbeziehungen ihren öffentlich-rechtlichen Versorgungsauftrag erfüllten und daher nicht als privatrechtliches und damit auch nicht als kartellrechtliches Unternehmen einzustufen seien (BT-Drs. 14/1245, S. 68). Der Umfang der Bereichsausnahme ist jedoch gering. Betroffen sind **allein die ausdrücklich genannten Rechtsbeziehungen**. Offen blieb damit weiter die generelle Unternehmenseigenschaft von Krankenkassen.

9   Zu dieser Frage hat der EuGH im Jahr 2004 Stellung bezogen: In der Rechtssache »AOK-Bundesverband« hat er die Unternehmenseigenschaft gesetzlicher Krankenkassen in Deutschland bei der Festsetzung von Festbeträgen für die Übernahme von Arzneimittelkosten verneint (EuGH Urt. v. 16.03.2004 – C 264/01, Slg. 2004, I 2493 – AOK Bundesverband). Dies wurde damit begründet, dass die Krankenkassen rein soziale Aufgaben wahrnähmen, sie unabhängig von der Beitragshöhe zur Erbringung gleicher Leistungen verpflichtet wären und zu einer Solidargemeinschaft zusammengeschlossen seien (EuGH Urt. v. 16.03.2004 – C 264/01, Slg. 2004, I 2493– AOK Bundesverband). Sie konkurrierten hinsichtlich der gesetzlich vorgeschriebenen Leistungen, die ihre Hauptaufgabe darstellt, daher weder untereinander noch mit anderen privaten Einrichtungen (EuGH Urt. v. 16.03.2004 – C 264/01, Slg. 2004, I 2493 – AOK Bundesverband). Aus diesem

Grund sei eine wirtschaftliche Tätigkeit zu verneinen (EuGH Urt. v. 16.03.2004 – C 264/01, Slg. 2004, I 2493 – AOK Bundesverband).

Ebenfalls verneint hat der EuGH die Unternehmenseigenschaft beim Einkauf gesetzlicher Krankenkassen in der Sache »Fenin« (kritisch: *Möschel* JZ 2007, 601 ff.). Fenin, ein spanischer Verband von Lieferanten für Medizinprodukte, rügte das Verhalten öffentlicher Einrichtungen, die im Rahmen des staatlichen Gesundheitssystems Krankenhäuser verwalteten und dafür u. a. Waren ihrer Mitglieder einkauften. Laut EuGH könne der Kauf eines Erzeugnisses nicht von seiner späteren Verwendung getrennt werden (EuGH Urt. v. 11.07.2006 – C-205/03 P, Slg. 2006 I-2695 – Fenin). Bei einer Verwendung für rein soziale Zwecke fehle es aber an einer wirtschaftlichen Tätigkeit (EuGH Urt. v. 11.07.2006 – C-205/03 P, Slg. 2006 I-2695 – Fenin). Die gesetzlichen Krankenkassen übten ihre Tätigkeit nach dem Solidaritätsgrundsatz aus, finanzierten sich durch Sozialversicherungsbeiträge und erbrächten ihre Leistungen aufgrund des Versicherungsschutzes (EuGH Urt. v. 11.07.2006 – C-205/03 P, Slg. 2006 I-2695 – Fenin). 10

Durch das GKV-Wettbewerbsstärkungsgesetz 2007 wurde der Gesundheitsmarkt zwar wiederum der Anwendung des Kartellrechts geöffnet. Der zum 01.04.2007 neu eingefügte § 69 Satz 2 SGB V sah eine entsprechende Anwendung der Vorschriften über den Missbrauch einer marktbeherrschenden Stellung in §§ 19 bis 21 auf die in § 69 SGB V genannten Rechtsbeziehungen vor. Eine Ausnahme sollte nach § 69 Satz 2 Hs. 2 SGB V lediglich für Verträge von Krankenkassen oder deren Verbänden mit Leistungserbringern gelten, zu deren Abschluss die Krankenkassen oder deren Verbände gesetzlich verpflichtet sind. Durch die Regelung der »entsprechenden« Anwendbarkeit wird allerdings deutlich, dass der Gesetzgeber selbst an einer direkten Anwendbarkeit des Kartellrechts zweifelte. Der Gesundheitsausschuss führte zur Begründung aus, dass gesetzliche Krankenkassen nicht unter den Unternehmensbegriff zu fassen seien und daher nur eine entsprechende Anwendung in Betracht käme (BT-Drs. 16/4247 S. 35). 11

Mit dem Koalitionsvertrag nach der Bundestagswahl 2009 wurden erneut Reformen im Verhältnis des Gesundheitssektors zum Wettbewerbsrecht angekündigt. Überprüfungsbedarf wurde »insbesondere bei Rabattverträgen, Fusionen von Krankenhäusern und Krankenkassen« gesehen (Koalitionsvertrag zur 17. Legislaturperiode, Wachstum, Bildung, Zusammenhalt, S. 87). Durch das AMNOG wurde zum 01.01.2011 zunächst die entsprechende Anwendbarkeit von Vorschriften des Kartellrechts auf die in § 69 SGB V geregelten Rechtsbeziehungen erweitert (zu den Voraussetzungen und Anwendungsproblemen der entsprechenden Geltung des GWB für gesetzliche Krankenkassen vgl. *Haus/Schaper* ZWeR 2011, 48 ff.). Auch die §§ 1 bis 3 sowie verfahrensrechtliche Vorschriften gelten durch die Neufassung von § 69 Abs. 2 nunmehr entsprechend. Zurückzuführen waren diese Änderungen in erster Linie auf die Handhabung von Arzneimittelrabattverträgen nach § 130a Abs. 8 SGB V (vgl. *Holzmüller* NZS 2011, 485 ff.). Kritiker sahen in der gemeinsamen Ausschreibung verschiedener Krankenkassen einen Verstoß gegen § 1 (a.A. BKartA Entsch. v. 22.11.2006 – B 3–552/06; LSG Baden-Württemberg Beschl. v. 23.01.2009 – L 11 WB 5971/08; so zitiert in *Holzmüller* NZS 2011, 485 ff.). Auch hier ging der Gesetzgeber also von der fehlenden Unternehmenseigenschaft von Krankenkassen aus. 12

### 2. Neuerungen durch die 8. GWB-Novelle

Durch das achte Gesetz zur Änderung des Gesetzes gegen Wettbewerbsbeschränkungen (8. GWB-Novelle) treten nun weitere Änderungen ein (für einen Überblick über die 8. GWB-Novelle s.: *Kahlenberg/Neuhaus* BB 2013, 131 ff.). Hintergrund war ein Urteil des Hessischen Landessozialgerichts vom 15.09.2011. Das Gericht war – im Gegensatz zum Bundeskartellamt – der Auffassung, dass das gemeinsame Handeln der gesetzlichen Krankenkassen im Hinblick auf die Erhebung von Zusatzbeiträgen nicht der Kartellaufsicht unterliegt (das BKartA prüfte im Jahr 2011 bis zum Urteil des LSG Hessen fünf Zusammenschlüsse von Krankenkassen, wobei alle Vorhaben in der ersten Phase freigegeben werden konnten; vgl. BKartA, Tätigkeitsbericht 2011/2012, 17. Wahlperiode/Nr. 13675, S. 76). Für die Anwendung der kartellrechtlichen Vorschriften sei eine gesetzliche Grundlage erforderlich. Das Gericht stufte damit gesetzliche Krankenkassen nicht als 13

Unternehmen ein (LSG Hessen Urt. v. 15.09.2011 – L 1 KR 89/10 KL, NZS 2012, 177; s. hierzu *Quack* KrV 2012, 25 ff.; *Bögemann* KrV 2012, 93 ff.). Ursprünglich sollte die Anwendung des Kartellrechts auf gesetzliche Krankenkassen daher durch die 8. GWB-Novelle umfassend erweitert werden: Das Bundeskartellamt sollte Krankenkassenfusionen und wettbewerbsbeschränkende Absprachen (z.B. über Zusatzbeiträge) überprüfen können (BT-Drs. 17/9852, S. 15, 16). Das Vorhaben stieß jedoch auf intensiven politischen und rechtlichen Widerstand. Der Bundesrat lehnte die Änderungen ab und rief den Vermittlungsausschuss an (BR-Drs. 641/12). In der Begründung verwies er auf die Rechtsprechung des EuGH. Laut Bundesrat bestünde die Gefahr, dass der EuGH infolge der 8. GWB-Novelle seine Rechtsprechung ändern würde und die Unternehmenseigenschaft deutscher gesetzlicher Krankenkassen bejahen könnte. Dadurch befürchtet der Bundesrat eine Verschlechterung der Versorgungssituation. Zudem würden »Rettungsfusionen« insolvenzgefährdeter Krankenkassen erschwert werden (BR-Drs. 641/12; s. hierzu auch *Steinmeyer* WuW 2013, 227). Überraschend wurde nach mehrmaliger Vertagung ein Kompromiss im Vermittlungsausschuss gefunden, der auch vom Bundestag und Bundesrat gebilligt wurde. Dieser sieht folgende Änderungen vor: Der freiwillige Zusammenschluss von Krankenkassen unterfällt nunmehr der Fusionskontrolle und ist beim Bundeskartellamt anzumelden. Einschränkungen ergeben sich aber insoweit, als eine Untersagung nur unter Einbeziehung der Aufsichtsbehörden erfolgen darf und die Sozialgerichte – und nicht wie üblich die Zivilgerichte – zuständig sind (BT-Drs. 475/13). Eine weitergehende Ausdehnung des Kartellrechts auf das Verhalten gesetzlicher Krankenkassen wurde abgelehnt (kritisch dazu: *Becker/Schweitzer* WRP 8/2013, Editorial; *Kessler* WRP 9/2013, 1116 ff.).

### 3. Bewertung von Judikative und Legislative

14 Bereits kurze Zeit nach Inkrafttreten der Neuregelungen zur 8. GWB-Novelle wurden weitere Reformbekundungen laut. Echter Wettbewerb wird nun auch für private Krankenversicherer gefordert (vgl. Handelsblatt v. 31.07.2013, S. 1, 4 f.). Dies soll Anlass für eine eigene Bewertung zur Unternehmenseigenschaft von Krankenkassen sein:

#### a) Europäisches Kartellrecht

15 Krankenkassen sind keine Unternehmen im Sinne des Europarechts. Das hat der EuGH in seiner Entscheidung »AOK Bundesverband« (EuGH Urt. v. 16.03.2004 – C-264/01, C-306/01, C-354/01 und C-355/01, Slg. 2004, I 2493) ausdrücklich entschieden. Die vom EuGH definierten Voraussetzungen werden von den deutschen gesetzlichen Krankenkassen erfüllt. Sie sind als Körperschaften des öffentlichen Rechts (§ 4 Abs. 1 SGB V) organisiert. Der Grundsatz der Solidarität ist für die gesetzlichen Krankenkassen ausdrücklich in §§ 1 und 3 SGB V normiert. Die Höhe der Beiträge ist gesetzlich vorgeschrieben: Sie richtet sich gem. § 3 Satz 2 SGB V nach der Höhe des Einkommens des Mitglieds der Krankenkasse und beträgt gem. § 241 SGB V 15,5 % der beitragspflichtigen Einnahmen der Mitglieder. Dieser feste allgemeine Beitragssatz von 15,5 % wurde mit dem GKV-FinG (Gesetz zur nachhaltigen und sozial ausgewogenen Finanzierung der Gesetzlichen Krankenversicherung, BGBl. 2010 I Nr. 68, S. 2309) mit Wirkung zum 01.01.2011 in das SGB V eingefügt. Der Leistungsumfang der gesetzlichen Krankenversicherungen wird im Dritten Kapitel des SGB V (§§ 11 bis 68) umfassend geregelt. Dies betrifft 96 % der Leistungen, die die gesetzlichen Krankenkassen erbringen. Die gesetzlichen Krankenkassen sind an diese Vorgaben gebunden und haben insoweit keinen Einfluss auf den Umfang dieses von ihnen anzubietenden Leistungsspektrums (EuGH Urt. v. 16.03.2004 – C-264/01, C-306/01, C-354/01 und C-355/01, Slg. 2004, I 2493 [Rn. 52]). Als eine der maßgeblichen Ausprägungen des Solidaritätsgrundsatzes kennt das SGB V keine Differenzierung des Leistungsangebots in Relation zur individuellen Beitragsleistung des Versicherungsmitglieds (ausführlicher zum Verhältnis zwischen Beitrags- und Leistungsrecht etwa Kasseler Kommentar Sozialversicherungsrecht, 114. EL. Mai 2021, § 220 SGB V Rn. 38 ff.). Vielmehr haben alle Mitglieder und Versicherten grundsätzlich dieselben Leistungsansprüche gegenüber der gesetzlichen Krankenversicherung.

Aus diesem Grund und weil die deutschen gesetzlichen Krankenkassen außerdem gem. § 12 Abs. 1 **16**
SGB V dem Grundsatz der Wirtschaftlichkeit und Sparsamkeit bei der Verwendung der ihr zur
Verfügung stehenden beitragsfinanzierten Mittel verpflichtet sind, handeln diese auch nicht mit
Gewinnerzielungsabsicht (EuGH Urt. v. 16.03.2004 – C-264/01, C-306/01, C-354/01 und C-
355/01, Slg. 2004, I 2493 (Rn. 53); *Byok/Jansen* NVwZ 2005, 53 [55]). Es ist vielmehr die Pflicht
der Krankenkassen, die ihr obliegenden Leistungen orientiert an den Bedürfnissen der Versicherten so zu erbringen und gem. § 4 Abs. 4 SGB V ihre Aufgaben so zu erfüllen, dass Beitragssatzerhöhungen ausgeschlossen werden. Diese sind nur dann ausnahmsweise zulässig, wenn auch die
Ausschöpfung aller Wirtschaftlichkeitsreserven nicht ausreicht, um die notwendige medizinische
Versorgung zu gewährleisten.

Ob die Einstufung von Krankenkassen generell für alle Tätigkeiten gesetzlicher Krankenkassen **17**
gelten soll, bleibt abzuwarten (vgl. nur *Sträter/Natz* PharmR 2007, 7, die die Unternehmenseigenschaft von Krankenkassen beim Abschluss von Rabattverträgen bejahen). Im Schrifttum
wird die Argumentation des EuGH teilweise mit der Begründung abgelehnt, dass auch im privaten Versicherungsmarkt gleiche Mindestleistungen festgelegt seien und zudem noch Wettbewerb im Hinblick auf die Beitragshöhe und freiwillige Zusatzleistungen bestünde, der bei der
Beurteilung der Unternehmenseigenschaft nicht außer Acht gelassen werden könne (vgl. *Gassner*
WuW 2004, 1028 ff.). Darüber hinaus wird auch aufseiten der Zulieferer teilweise ein Markt
gesehen, der eines Schutzes vor Behinderungen und Diskriminierungen bedürfe (vgl. *Möschel*
JZ 2007, 601 [602]).

Der EuGH stellt allerdings stets darauf ab, dass zwischen Krankenkassen kein Wettbewerb herrscht **18**
und die soziale Ausrichtung im Vordergrund ihrer Tätigkeit steht. Die bisherige Entwicklung seiner
Rechtsprechung zum Unternehmensbegriff im Hinblick auf das Gesundheitswesen legt eher nahe,
dass er den Grundsatz der Solidarität noch weiter ausdehnen würde.

### b) Deutsches Kartellrecht

Krankenkassen sind auch nach dem deutschen Kartellrecht keine Unternehmen (ganz aktuell: BT- **19**
Drs. 17/9852, S. 36; BR-Drs. 176/1/12, S. 31). Wegen der zwingenden gleichen Ausrichtung von
Art. 101 AEUV und § 1 (s. hierzu Rdn. 1) müssen europäisches und deutsches Kartellrecht von
demselben Unternehmensbegriff ausgehen (Sondergutachten des Sachverständigenrates zur Begutachtung der Entwicklung im Gesundheitswesen 2012, BT-Drs. 17/10323, S. 48; BT-Drs. 15/
3640, 7. GWB-Novelle, S. 44; FK/*Roth/Ackermann*, § 1 Rn. 59 ff.; a.A. Langen/Bunte/*Bunte*,
Sonderbereich Gesundheitswesen und Krankenhäuser, Rn. 26). Schon aus diesem Grund sind die
gesetzlichen Krankenkassen keine Unternehmen im Sinne des deutschen Kartellrechts. Die Frage,
ob Nachfragetätigkeit und spätere Verwendung einer Leistung gemeinsam als einheitlicher Vorgang (vgl. dazu noch *Kersting/Faust* WuW 2011, 6 ff.) oder getrennt voneinander hinsichtlich des
Vorliegens eines wirtschaftlichen Elements zu bewerten sind, stellt sich nach der aktuellen Rechtslage nicht.

Die gleiche Ausrichtung gilt aber selbst dann, wenn kein zwischenstaatlicher Bezug besteht, weil **20**
sich der Gesetzgeber entschlossen hat, in § 1 den Wortlaut des Art. 101 AEUV ohne die Begrenzung auf zwischenstaatlich relevante Vereinbarungen zu übernehmen (*Bechtold/Brinker/Holzmüller*,
Gutachten Rechtliche Grenzen zur Anwendung des Kartellverbots auf die Tätigkeit gesetzlicher
Krankenkassen, S. 12).

Selbst wenn man aber den Unternehmensbegriff noch immer im deutschen Kartellrecht ab- **21**
weichend definieren und die Anwendbarkeit der europäischen Definition nur bei Vorliegen
eines Zwischenstaatenbezuges bejahte und nur unter dieser Voraussetzung von einer Übertragbarkeit der Rechtsprechung des EuGH zu den gesetzlichen Krankenkassen in Deutschland
ausginge, dürfte dies nur wenig an dem Ergebnis ändern, das Krankenkassen keine Unternehmen sind.

### c) Unterscheidung nach Tätigkeiten von Krankenkassen

22 Zu unterscheiden wäre insoweit allenfalls nach der jeweiligen Tätigkeit der Krankenkassen zwischen Verträgen der Krankenkassen mit Versicherten, mit Leistungserbringern und mit anderen Krankenkassen.

#### aa) Verträge mit Leistungserbringern

23 Im Hinblick auf Verträge mit Leistungserbringern dürfte ein solches Differenzieren überwiegend ausgeschlossen sein, da diese Verträge regelmäßig einen Zwischenstaatenbezug aufweisen und daher letztlich doch eine Anwendung des europäischen Unternehmensbegriffs erforderlich ist. Dieser Zwischenstaatenbezug ergibt sich entweder direkt aus den Verträgen oder aus einer Marktabschottungswirkung vieler vergleichbarer Verträge. So betreffen insbesondere Verträge über die Lieferung von Arzneimitteln oder Medizinprodukten, die regelmäßig europaweit ausgeschrieben werden, den grenzüberschreitenden, innergemeinschaftlichen Handel, etwa weil die pharmazeutischen Unternehmer ihren Sitz in einem anderen Mitgliedsstaat haben. Weitere Beispiele für binnenmarktrelevante Verträge mit Leistungserbringern finden sich bei Parallelimporten oder dem Versandhandel mit Arzneimitteln.

24 Die Voraussetzung eines Zwischenstaatenbezugs dürfte jedoch auch in anderen typischen Vereinbarungen der Krankenkassen erfüllt sein, weil ein Zwischenstaatenbezug auch dann gegeben ist, wenn eine Vereinbarung oder eine Absprache entweder das gesamte staatliche Hoheitsgebiet oder einen wesentlichen Teil des Gebiets eines Mitgliedsstaates betrifft. Für Vereinbarungen, die diese Voraussetzung nicht erfüllen, kann sich der zwischenstaatliche Bezug nach der sog. Bündeltheorie ergeben (zur Bündeltheorie: EuGH Urt. v. 28.02.1991 – C-234/89, Slg. 1991, I-00935, Rn. 13; Immenga/Mestmäcker/*Zimmer*, § 1 Rn. 133). Danach darf die kartellrechtliche Prüfung auch bei einem Einzelvertrag nicht auf diesen beschränkt, sondern es muss geprüft werden, ob der einzelne Vertrag Teil eines »marktumspannenden Netzes gleichartiger Verträge« ist (*Bechtold/Brinker/Holzmüller*, S. 24; BGH Urt. v. 15.10.1991 – KZR 25/90, NJW 1992, 1456 [1457]). Wenn die Gesamtheit vergleichbarer Verträge letztlich ein System bildet, das geeignet ist, die Handelsströme zwischen Mitgliedstaaten zu beeinträchtigen, dann können diese Verträge zu einer Marktabschottung führen und sind aus diesem Grund binnenmarktrelevant (Dauses/*Ludwigs/Hoffmann*, Handbuch des EU-Wirtschaftsrechts, § 1 Rn. 35 ff.). Das Merkmal der Zwischenstaatlichkeitsrelevanz erfüllt dann auch der einzelne Vertrag, selbst wenn dieser allein die marktabschottende Wirkung nicht begründen würde (BGH Urt. v. 15.10.1991 – KZR 25/90 = NJW 1992, 1456 [1457]).

25 Zur Beurteilung der Marktabschottung kommt es zudem nicht nur auf das eigene Vertragsnetz des betroffenen Unternehmens an. Vielmehr muss geprüft werden, ob ein vergleichbares Vertragsnetz von Konkurrenzunternehmen besteht, das ebenfalls zur Marktabschottung beitragen kann. Diese Voraussetzung wird bei Verträgen, die die gesetzlichen Krankenkassen auf der Grundlage der Ermächtigung hierzu aus den verschiedenen Normen des SGB V abschließen, erfüllt. Denn selbst wenn insoweit Unterschiede im Leistungsspektrum zwischen den Verträgen der verschiedenen Krankenkassen und Leistungserbringer bestehen sollten, sind diese aufgrund der engen gesetzlichen Vorgaben nur marginal. Gerade diese Vorgaben führen zu einer Vergleichbarkeit der Verträge, die eine Marktabschottung gegenüber »ausländischen« Leistungserbringern bewirkt. Auch in diesen Fällen gilt damit der europäische Unternehmensbegriff, sodass die gesetzlichen Krankenkassen nicht als Unternehmen im Sinne des Kartellrechts einzustufen sind.

26 Völlig unabhängig von dem Vorliegen eines Zwischenstaatenbezugs hat aber auch der deutsche Gesetzgeber in § 69 Abs. 2 Satz 2 SGB V geregelt, dass auf Vereinbarungen zwischen Krankenkassen oder deren Verbänden und Leistungserbringern (Ärzte, Zahnärzte, Psychotherapeuten, Apotheken sowie sonstige Leistungserbringer) oder deren Verbänden, zu deren Abschluss die Krankenkassen oder deren Verbände gesetzlich verpflichtet sind, die Regelungen des GWB nicht anwendbar sind. Er ging daher davon aus, dass Krankenkassen in diesen Verhältnissen nicht als

Unternehmer wirtschaftlich tätig werden (s.a. BT-Drs. 16/4247, S. 35; Becker/Kingreen/*Becker/ Kingreen*, SGB V, 4. Aufl. 2014 § 69 Rn. 45). Erfasst werden hiervon die im SGB V näher bestimmten Verträge, etwa nach §§ 73b, 73c, 116b oder 127 SGB V. Da in allen anderen Fällen gem. § 69 Abs. 2 Satz 1 SGB V die §§ 1, 2, 3 Abs. 1, §§ 19, 20, 21, 32 bis 34a, 48 bis 80, 81 Abs. 2 Nr. 1, 2a und 6, Abs. 3 Nr. 1 und 2, Abs. 4 bis 10 und §§ 82 bis 95 für die in Abs. 1 genannten Rechtsbeziehungen entsprechend gelten, ging der Gesetzgeber auch hier davon aus, dass in diesen Fällen zwar ein Wettbewerb bestehen kann. Trotzdem führt dies nicht dazu, dass Krankenkassen als Unternehmen im Sinne des Kartellrechts tätig werden. Im Ergebnis fällt die Nachfragetätigkeit im Verhältnis zu Leistungserbringern nicht unter den Unternehmensbegriff. Es handelt sich nicht um eine wirtschaftliche Tätigkeit im Sinne des Kartellrechts, denn sie folgt akzessorisch der sozialen Aufgabe der Krankenkassen (LSG Hessen Urt. v. 15.09.2011 – L 1 KR 89/10 KL, juris, Rn. 81).

### bb) Handeln gegenüber den Versicherten

Keine wirtschaftliche Tätigkeit liegt auch in dem Handeln der gesetzlichen Krankenkassen gegenüber den Versicherten, denen die Krankenkassen ihre Leistungen anbieten. Diese Leistungen erbringen sie auf der Basis des Sach- und Dienstleistungsprinzips des § 2 Abs. 2 SGB V im »Dreiecksverhältnis«, d.h. dass sie ihren Versicherten Sachleistungen durch Dritte (Leistungserbringer) zur Verfügung stellen und hierfür die Kosten der Leistung der Dritten an die Versicherten tragen. Die Erbringung dieser Leistungen beruht somit auf den sozialrechtlichen Verpflichtungen der Kassen. Das gesamte Rechtsverhältnis ist öffentlich-rechtlich ausgestaltet und geprägt vom Grundsatz der Solidarität. 27

Daran hat sich auch durch die Einführung des Gesundheitsfonds nach den §§ 266 ff. SGB V nichts geändert. Denn dadurch fand keine Entsolidarisierung des Krankenkassenmarktes statt, wie das Bundeskartellamt unzutreffend angenommen hat (Vortrag des beklagten Bundeskartellamts, LSG Hessen Urt. v. 15.09.2011 – L 1 KR 89/10 KL, Rn. 50). Aufgrund der Einführung des Gesundheitsfonds und der Verlagerung des Risikostrukturausgleichs von einem internen Ausgleich zwischen den Krankenkassen untereinander hin zu einem Ausgleich zwischen diesem Fonds und den Krankenkassen ging das Bundeskartellamt davon aus, dass zwischen den Krankenkassen der Grundsatz der Solidarität nicht mehr gelte. Dies überzeugt nicht (Sondergutachten des Sachverständigenrates zur Begutachtung der Entwicklung im Gesundheitswesen 2012, BT-Drs. 17/10323, S. 50). 28

Soweit das Bundeskartellamt gegen die Absprache der Einführung von Zusatzbeiträgen vorgehen wollte, ist außerdem zu beachten, dass gerade die Entscheidung, von den Versicherten Zusatzbeiträge zu erheben, eindeutig zu den Aufgaben der Krankenkassen gehört, die ihnen als Sozialversicherungsträger obliegen. Sie betrifft die eigenverantwortliche Beitragserhebung gem. § 3 SGB V. Zudem verpflichtet § 242 Abs. 1 SGB V die gesetzlichen Krankenkassen dazu, den kassenindividuellen Zusatzbeitrag über eine Änderung ihrer Satzung einzuführen, wenn der Finanzbedarf einer Krankenkasse durch die Zuweisungen aus dem Gesundheitsfonds nicht gedeckt ist. Der Gesetzgeber gibt den Krankenkassen hier detailliert vor, unter welchen Voraussetzungen und in welcher Form der Zusatzbeitrag eingeführt werden muss, sowie welche Rechte die Kasse dem einzelnen Versicherten in diesem Fall einräumen muss. Von einer freien unternehmerischen Tätigkeit kann daher keine Rede sein. Vielmehr fallen diese Entscheidungen in das Selbstverwaltungsrecht der gesetzlichen Krankenkassen, die gem. § 29 Abs. 3 SGB IV ihre Aufgaben im Rahmen des Gesetzes und des sonstigen für sie maßgebenden Rechts in eigener Verantwortung erfüllen. Darüber hinaus sind auch Zusatzbeiträge zwar nicht vollständig vom Grundsatz der Solidarität geprägt, da jedenfalls innerhalb der Krankenkasse alle Versicherten diesen Beitrag leisten müssen, unabhängig von Einkommen und persönlichem Behandlungsbedarf. Der soziale Ausgleich im Hinblick auf die Leistungsstärke des Versicherten ist also eingeschränkt. Der Ausgleich im Hinblick auf gesundheitliche Risiken besteht jedoch weiter. Außerdem fallen Zusatzbeiträge auf dem Markt bisher nicht stark ins 29

Gewicht. Eine Entsolidarisierung lässt sich mit ihnen – jedenfalls zum gegenwärtigen Zeitpunkt – nicht begründen.

30 Eine andere Beurteilung folgt hier auch nicht aus einem »Wettbewerb um Versicherte«. Richtig ist zwar, dass zwischen den Krankenkassen insoweit ein gewisser Wettbewerb besteht. Sie müssen versuchen, Versicherte an sich zu binden oder neue Mitglieder zu gewinnen, etwa durch besondere gesetzlich nicht vorgeschriebene Zusatzleistungen, Wahltarife oder etwa den Ausschluss von Zusatzbeiträgen. Hier kann es zu einer gewissen Entsolidarisierung der Versicherten kommen (*Thüsing* NZS 2008, 449 [454]). Der Spielraum, der den gesetzlichen Krankenkassen für Differenzierungen durch Zusatzleistungen zur Verfügung steht, ist jedoch aufgrund der detaillierten gesetzlichen Vorgaben zu den Pflichtleistungen, insbesondere in den §§ 11 bis 68 SGB V, als gering einzustufen. Er umfasst nur 4 % der von den gesetzlichen Krankenkassen zu erbringenden Leistungen. Teilweise wurde hier jedoch in Betracht gezogen, dass es sich um eine wirtschaftliche Tätigkeit handeln könnte, für die sich Krankenkassen wie Unternehmen auf ihre Vereinbarkeit mit dem GWB überprüfen lassen müssten. Dagegen spricht allerdings bereits der Sinn und Zweck, den der Gesetzgeber mit der Einführung dieses Wettbewerbs zwischen den Krankenkassen erreichen wollte. Dieser Wettbewerb sollte von Anfang an nicht dazu führen, dass sich Krankenkassen dadurch einen Wettbewerbsvorteil verschaffen, dass sie »die eigene Marktposition zulasten der ›Konkurrenten‹ ausbauen« (Bruckenberger/Klaue/Schwintowski/*Schwintowski*, Krankenhausmärkte zwischen Regulierung und Wettbewerb, S. 123 unter Verweis auf BSG Urt. v. 24.01.2003 – B 12 KR 19/01 R, NZS 2003, 537 [541 f.]). Vielmehr war – und ist – Ziel der Einführung von mehr Wettbewerb die Stärkung des gesamten Systems der gesetzlichen Krankenversicherung (BSG Urt. v. 16.12.2003 – B 1 KR 12/02 R, Rn. 22 = SGb 2004, 174 [nur Kurzwiedergabe]). Der Wettbewerb dient daher allein als »Mittel zum Zweck«, die Aufgabenerfüllung durch die gesetzlichen Krankenkassen sicherzustellen (BVerfG Urt. v. 09.06.2004 – 2 BvR 1248/03, 2 BvR 1249/03, NZS 2005, 139 [141]). Darüber hinaus kann nach der oben dargestellten Rechtsprechung des EuGH gerade der durch Zusatzleistungen und Zusatzbeiträge ausgelöste Preiswettbewerb zwischen den Krankenkassen nicht dazu führen, Krankenkassen als Unternehmen einzuordnen (Sondergutachten des Sachverständigenrates zur Begutachtung der Entwicklung im Gesundheitswesen 2012, BT-Drs. 17/10323 S. 51).

### cc) Krankenkassen untereinander

31 Soweit zwischen den Krankenkassen untereinander ein Wettbewerb besteht, sollte dieser selbst nach der ursprünglich geplanten (zu) weit gehenden Neuregelung des § 4 Abs. 3 SGB V durch die 8. GWB-Novelle lediglich einer *entsprechenden* Anwendbarkeit einzelner Regelungen des GWB unterworfen werden. Auch bei diesen Tätigkeiten werden die Krankenkassen nicht als Unternehmen tätig. Unabhängig davon, dass diese Regelung nicht in die endgültige Fassung des Gesetzentwurfs zur 8. GWB-Novelle übernommen wurde, weil sie mit der Pflicht zur engen Zusammenarbeit der Krankenkassen unvereinbar war, war zumindest die Verneinung der Unternehmenseigenschaft rechtlich auch zwingend. Dieser Wettbewerb untereinander betrifft im Hinblick auf die Versicherten keine wirtschaftliche Tätigkeit (s.o. Rdn. 27 ff.). Soweit sich ein Wettbewerb um Vertragsabschlüsse mit Leistungserbringern entwickeln kann, werden die Krankenkassen auch mit diesen nur zur Erfüllung ihrer hoheitlichen Aufgaben tätig, zu denen sie sozialrechtlich verpflichtet sind. Diese beruhen auf dem Grundsatz der Solidarität und sind daher keine wirtschaftliche Tätigkeit im Sinne des Kartellrechts.

### 4. Neuerungen durch die 9. GWB-Novelle

31a Am 09.03.2017 wurde das Neunte Gesetz zur Änderung des Gesetzes gegen Wettbewerbsbeschränkungen (GWB; Kartellgesetz) verabschiedet; drei Monate später – am 09.06.2017 – trat es in Kraft. Unter anderem sollen Möglichkeiten von Schadensersatzklagen durch Kartellgeschädigte verbessert werden. Das hat wiederum einen europarechtlichen Hintergrund. Der EuGH hat in der

Rechtssache Courage (Urt. v. 20.09.2001, Rs. C-453/99) entschieden, dass »jedermann Ersatz des Schadens verlangen (kann), der ihm durch einen Vertrag, der den Wettbewerb beschränken oder verfälschen kann, oder durch ein entsprechendes Verhalten entstanden ist.«

Wer glaubt, von einem Kartell geschädigt worden zu sein und deshalb Schadensersatzansprüche zu haben, benötigt jedoch zunächst einmal Informationen. Denn nach allgemeinen Regeln der prozessualen Darlegungs- und Beweislast muss er genaue Tatsachen, die seine Ansprüche rechtfertigen, darlegen und ggf. beweisen. Darüber verfügt er aber i.d.R. nicht, da die Informationen der Unternehmenssphäre der Kartellanten entstammen und vielfach geschäftlich sensible Daten umfassen. 31b

Schon bisher enthielt der bereits durch die 7. GWB-Novelle (2005) neu gefasste § 33 a.F. deshalb wesentliche Erleichterungen der Durchsetzung privater Schadensersatzklagen: 31c

Das über Schadensersatzansprüche im Anschluss an ein kartellbehördliches Verfahren der Europäischen Kommission oder des Bundeskartellamts entscheidende Zivilgericht (sog. follow-on-Klage) ist an die bestandskräftige Feststellung des Kartellverstoßes durch die Kartellbehörde gebunden, so dass der Kläger auf deren Ermittlungsergebnisse zurückgreifen kann und diesen Verstoß nicht mehr darlegen bzw. beweisen muss. 31d

Aber dadurch ist nichts über die Auswirkungen des Kartells auf ihn und den dadurch verursachten Schaden erwiesen. Teile der Rechtsprechung helfen ihm mit einem sog. Anscheinsbeweis: Es sei nach der Lebenserfahrung zu vermuten, dass Kartelle zu einem Schaden führen. Allerdings muss der Schaden auch genau beziffert werden, denn man kann nur hinreichend bestimmte Forderungen einklagen und durchsetzen. Seine Höhe kann zwar nach den §§ 33 Abs. 3 Satz 3 GWB a.F., 287 ZPO richterlich geschätzt werden. Der geschädigte Kläger muss aber ausreichende Schätzgrundlagen vortragen und ggf. beweisen. Das ist nicht einfach, denn sein Schaden besteht im Wesentlichen aus der Differenz zwischen dem Kartellpreis und dem Preis, der sich – hypothetisch – unter Wettbewerbsbedingungen gebildet hätte. Dieser hypothetische Wettbewerbspreis lässt sich nur unter Zuhilfenahme wettbewerbsökonomischer Gutachten bestimmen, und selbst dazu bedarf der Kläger weiterer Informationen und Daten über den Kartellverstoß, über die i.d.R. nur die Kartellanten verfügen. Diese sog. Informationsasymmetrie ließ sich nach bisherigem Recht nur durch einen richterrechtlich entwickelten, wenig präzisen Auskunftsanspruch, den man aus der bürgerlich-rechtlichen Generalklausel des § 242 BGB ableitete, vermindern. 31e

In konsequenter Fortführung der Rechtssache Courage hatte der BGH ferner schon in der Rechtssache ORWI (Urt. v. 28.06.2011 – KZR 75/10, BGHZ 190, 145 ff. = NJW 2012, 928) im Jahre 2011 entschieden, dass nicht nur Abnehmer bzw. Vertragspartner der Kartellanten auf der ihnen unmittelbar folgenden Marktstufe, sondern auch indirekte Abnehmer auf nachgelagerten Marktstufen – eben jedermann – Schadensersatz fordern können, soweit die kartellbedingte Preiserhöhung in der Absatzkette auf sie abgewälzt wurde. Einer doppelten Inanspruchnahme der Kartellanten – also sowohl durch den direkten als auch den indirekten Abnehmer – begegnet man mit den Grundsätzen der sog. Vorteilsausgleichung. Sie gewährleistet, dass auf jeder Marktstufe nur der tatsächlich entstandene Schaden liquidiert wird: Der unmittelbar geschädigte Kartellabnehmer erleide zwar einen Schaden, aber insofern auch einen Vorteil, als er als Zwischenhändler möglicherweise seinerseits die Preise erhöhen und auf diese Weise den kartellbedingten Preisaufschlag ganz oder teilweise an seine eigenen Abnehmer weitergeben könne (sog. passing on). Dann hätten diese den Preiserhöhungsschaden zu tragen. Dem direkten Abnehmer verbleibe insoweit nur ein Schaden wegen entgangenen Gewinns infolge reduzierter Absatzmengen. 31f

Bereits nach § 33 Abs. 3 Satz 4 a.F. mussten Kartellanten Zinsen auf Schadensersatzforderungen schon mit Eintritt des Kartellschadens und nicht – wie nach allgemeinem Schadensersatzrecht – erst nach ihrer Mahnung und Verzug zahlen. Denn Geschädigte können Ansprüche i.d.R. erst erheben und sodann ggf. Zahlung anmahnen, wenn die Entscheidung einer Kartellbehörde ergangen ist. Diese Zinsforderungen, die einen erheblichen Umfang annehmen können, haben eine ebenso erhebliche, potentielle Kartellanten abschreckende Wirkung. In § 33 Abs. 5 a.F. schließlich war 31g schon vor der 9. Novelle angeordnet, dass die Verjährung eines Schadensersatzanspruchs während des Verfahrens einer Kartellbehörde gehemmt ist. Dadurch wurde die Durchsetzung kartellrechtlicher Schadensersatzansprüche gefördert und vermieden, dass diese aufgrund eines vorab durchgeführten, u.U. langwierigen Bußgeldverfahrens, dessen Beendigung abgewartet werden musste, bereits verjährt waren.

31h Mehrere Kartellanten hafteten schon nach bisherigem Recht als sog. Gesamtschuldner, so dass der Geschädigte Ersatz seines gesamten Schadens von jedem der Kartellbeteiligten, die sich untereinander ausgleichen müssen, verlangen konnte.

31i Aufgrund dieser Erleichterungen war es in Deutschland und in vielen anderen europäischen Ländern vermehrt zu zahlreichen Kartellschadensersatzklagen gekommen. Bei den Kartellbehörden griff die Erkenntnis Platz, dass sie zwar grundsätzlich zu begrüßen seien und zur Durchsetzung des Kartellrechts beitrügen, aber für die öffentliche Durchsetzung des Kartellrechts – d.h. für die Verfolgung und Bebußung von Kartellen mit hoheitlichen Mitteln – kontraproduktiven Wettbewerb bilden könnten. Diese Befürchtungen galten vor allem dem Begehren Kartellgeschädigter, Kronzeugenanträge sowie Einlassungen der Kartellanten im Rahmen von Vergleichsausführungen (sog. Settlement-Verhandlungen) einsehen zu wollen. Müssten Kartellanten damit rechnen, dass diese Dokumente, in denen sie ihre Beteiligung am Kartell teilweise sehr detailliert beschreiben, in die Hände der Kartellgeschädigten kommen, dann könne sie das davon abhalten, Kronzeugenanträge, auf die die Kartellbehörden zur Aufdeckung gerade von Hardcore-Kartellen dringend angewiesen sind, zu stellen und Settlement-Verhandlungen aufzunehmen. Vor diesem Hintergrund kann man den Erlass der Richtlinie des Europäischen Parlaments und des Rates v. 26.11.2014 über Vorschriften für Schadensersatzklagen wegen Zuwiderhandlungen gegen wettbewerbsrechtliche Bestimmungen (sog. Kartellschadensersatz-Richtlinie) verstehen: Einerseits sollen private Schadensersatzklagen erleichtert, andererseits die wirksame öffentliche Rechtsdurchsetzung geschützt werden.

31j Die deutschen Gesetzesverfasser mussten wegen der bereits bestehenden Erleichterungen zwar nicht alle Vorgaben der Kartellschadensersatz-Richtlinie umsetzen, aber einige wichtige: Durch den neu eingeführten Anspruch des Kartellgeschädigten auf Herausgabe von Beweismitteln und Erteilung von Auskünften, die als Beweismittel für eine Schadensersatzklage benötigt werden, wird die tatsächliche Grundlage privaten Rechtsschutzes gegen Kartelle geschaffen, § 33g. Der Anspruch besteht gegenüber jedem, der im Besitz von Beweismitteln ist, also nicht nur gegenüber Kartellanten, sondern z.B. auch gegenüber unmittelbar Geschädigten. Er ist nicht schrankenlos: Vor allem müssen die berechtigten Interessen des verpflichteten Kartellanten und dessen Kosten mit denen des informationsbedürftigen Anspruchstellers und seinem Nutzen abgewogen werden. Eine besondere Herausforderung für die juristische Praxis wird die rechtliche Behandlung möglicher Geschäftsgeheimnisse der Kartellanten bilden. Kronzeugenerklärungen und Vergleichsausführungen gegenüber einer Wettbewerbsbehörde werden von der Herausgabepflicht umfassend und in möglicherweise europarechtswidriger Weise ausgenommen, andere Unterlagen bis zum Abschluss des wettbewerbsbehördlichen Verfahrens privilegiert. Neu ist vor allem ein von der Richtlinie nicht geforderter Anspruch des Auskunftspflichtigen für seine Aufwendungen, dessen Europarechtskonformität ebenfalls sehr zweifelhaft ist: Er könnte Ausmaße annehmen, die viele Geschädigte von einer Klage abhalten, was der effektiven Durchsetzung der Wettbewerbsregeln sehr abträglich wäre. Die Auskunftspflicht wird andererseits durch eine Schadensersatzpflicht bei vorsätzlich oder grob fahrlässig falschen, unvollständigen oder verweigerten Auskünften abgesichert. Für Waffengleichheit ist gesorgt: Nicht nur Herausgabe- und Auskunftsansprüche Geschädigter, sondern auch solche derjenigen, die auf Schadensersatz in Anspruch genommen werden und bestimmte Beweismittel für ihre Verteidigung benötigen, z.B. für die Erhebung der passing on-defence sind vorgesehen.

31k Die bislang schon bestehende, widerlegbare Vermutung, dass Kartelle zu einem Schaden führen, ist in § 33a Abs. 2 Satz 1 in Gesetzesform gegossen worden. Der Schaden kann auch von Gerichten auf ökonomisch fundierter Tatsachengrundlage geschätzt werden, § 287 ZPO. Die Gesetzesverfasser haben sich dagegen nicht dazu entschließen können, einen Mindestschaden in einer bestimmten

Höhe – etwa 10 % der Gegenleistung – zu vermuten, wie es andere europäische Rechtsordnungen vorsehen.

Der Einwand der Schadensabwälzung wird nun gesetzlich in § 33c Abs. 1 geregelt; der Schädiger muss sie beweisen. Soweit ihm das gelingt, wird eine Klage des unmittelbaren Abnehmers bzw. Geschädigten abgewiesen. Dadurch werden Anreize des unmittelbar Geschädigten zu klagen in rechtspolitisch zweifelhafter Weise geschwächt, und es fragt sich, ob mittelbare Abnehmer, denen oft nur marginale Streuschäden entstanden sind, diese tatsächlich einklagen werden. Nur dann werden Kartellschäden vollständig kompensiert. Mittelbare Abnehmer müssen beweisen, dass Kartellschäden auf sie abgewälzt wurden. Um ihnen dies zu erleichtern, wird eine Schadensabwälzung zu ihren Lasten unter folgenden Voraussetzungen vermutet, vgl. § 33c Abs. 2: (i) Kartellverstoß; (ii) Preisaufschlag zu Lasten des unmittelbaren Abnehmers; (iii) Erwerb kartellbefangener Produkte oder Dienstleistungen durch mittelbare Abnehmer. Diese Vermutung kann der Schädiger erschüttern, § 33c Abs. 3. 31l

Die gesamtschuldnerische Haftung der Kartellanten ist inhaltlich ausdifferenziert worden: Sowohl im Innenverhältnis der Kartellanten als auch im Außenverhältnis zu den Geschädigten wurde die Haftung zugunsten von kleinen und mittleren Unternehmen (»KMU«) beschränkt, soweit (i) der Anteil dieses KMU im relevanten Markt während des Zeitraums des Verstoßes stets weniger als 5 % betrug und (ii) die regelmäßige Ersatzpflicht die wirtschaftliche Lebensfähigkeit unwiederbringlich gefährden und seine Aktiva jeden Wertes berauben würde. Unter diesen Voraussetzungen ist das KMU nur für den Schaden seiner eigenen unmittelbaren und mittelbaren Abnehmer oder Lieferanten haftbar. Andere Geschädigte müssen sich an die übrigen Kartellanten halten, es sei denn, bei diesen kann Ersatz nicht erlangt werden. Der erfolglose Versuch einer Zwangsvollstreckung wird zu fordern sein. 31m

Die Haftungsbeschränkung entfällt jedoch, wenn das KMU entweder (i) den Verstoß organisiert, (ii) andere Kartellanten zur Teilnahme gezwungen hat oder (iii) bereits in der Vergangenheit ein Verstoß des KMU gegen Kartellrecht behördlich oder gerichtlich festgestellt wurde. 31n

Zudem ist die Haftung entsprechend zugunsten von Kronzeugen, die ebenfalls nur für den Schaden ihrer eigenen unmittelbaren und mittelbaren Abnehmer oder Lieferanten haften, beschränkt. Andere Geschädigte müssen sich auch insoweit an die übrigen Kartellanten halten, wobei erneut eine Ausfallhaftung besteht. 31o

Kartellrechtliche Schadensersatzansprüche verjähren nunmehr in fünf Jahren, § 33h Abs. 1. Der Lauf der Frist beginnt mit dem Schluss des Jahres, in dem (i) der Anspruch entstanden ist, (ii) der Anspruchsberechtigte Kenntnis erlangt hat oder ohne grobe Fahrlässigkeit hätte erlangen müssen von (a) den anspruchsbegründenden Umständen und dem Resultat eines Kartellrechtsverstoßes, (b) der Identität des Rechtsverletzers und (iii) der Beendigung des den Anspruch begründenden Kartellverstoßes. Ohne Rücksicht auf die Kenntnis oder grob fahrlässige Unkenntnis verjähren die Ansprüche binnen zehn Jahren nach Entstehung des Anspruchs und Beendigung des Verstoßes, § 33h Abs. 3. Die Höchstfrist für die Verjährung beträgt dreißig Jahre nach dem Verstoß, § 33h Abs. 4. Der Anspruch gegen einen Kronzeugen oder ein KMU, der von der erfolglosen Inanspruchnahme der anderen Kartellanten abhängt, verjährt erst ab dem Zeitpunkt, in dem die Erfolglosigkeit der Inanspruchnahme der übrigen Kartellanten feststeht. 31p

Wie bislang, so ist die Verjährung nach § 33h Abs. 6 gehemmt, wenn darin näher bestimmte kartellbehördliche Verfahren eingeleitet werden. 31q

### 5. Neuerungen durch die 10. GWB-Novelle

Nach der grundlegenden Reform des Kartellschadensersatzes durch die 9. GWB-Novelle (vgl. zuvor Rdn. 31a ff.) ist dieser in der am 19.01.2021 in Kraft getretenen 10. GWB-Novelle nur punktuell nachjustiert worden. In Reaktion auf die Ablehnung von Anscheinsbeweisen für die Kartellbetroffenheit einzelner Rechtsgeschäfte durch die höchstrichterliche Rechtsprechung 31r

(Urt. v. 11.12.2018 – KZR 26/17, NZKart 2019, 101 – Schienenkartell; Urt. v. 28.01.2020 – KZR 24/17, NZKart 2020, 136 – Schienenkartell II) ist eine die Schadensvermutung ergänzende widerlegliche Vermutung dafür eingeführt worden, dass sachlich, zeitlich und räumlich in den Bereich eines Kartells fallende Rechtsgeschäfte mit kartellbeteiligten Unternehmen vom Kartell betroffen sind, § 33a Abs. 2 Satz 4. Die Vermutung gilt auch zugunsten mittelbarer Abnehmer dieser Waren. Sie erstreckt sich nicht auf Rechtsgeschäfte mit Kartellaußenseitern (sog. Preisschirmeffekte) und gilt nach allgemeinen Grundsätzen nur für nach Inkrafttreten des Gesetzes entstehende Schadensersatzansprüche. Ungeachtet der Tatsache, dass ihre dogmatische Verordnung noch offen ist, ist zweifelhaft, ob ein praktisches Bedürfnis für eine solche Regelung besteht, da schon vor Inkrafttreten der Novelle tatsächliche Vermutungen anerkannt waren, die – den ökonomischen Gegebenheiten entsprechend – zu einer differenzierten, die Anspruchsteller wohl nicht überfordernden Darlegungs- und Beweislastverteilung führen. Für die Einführung einer Regelung zur Bestimmung oder Vermutung der Schadenshöhe haben die Gesetzesverfasser weiterhin kein Bedürfnis erkannt, da Schäden nach § 287 ZPO geschätzt werden könnten.

Darüber hinaus enthält die 10. GWB-Novelle zahlreiche Änderungen insbesondere hinsichtlich des Rechts der Missbrauchsaufsicht (§§ 18 ff.) und der Fusionskontrolle (§§ 35 ff.; § 186 Abs. 9). Diese Änderungen werden in den Einzelkommentierungen dargestellt. Darüber hinaus sei hier jedoch allgemein auf Folgendes hingewiesen: Eine gewisse Bedeutung im Krankenhaussektor haben Ministererlaubnisverfahren erlangt. Untersagt das BKartA einen Zusammenschluss von Krankenhäusern, kann dies im Rahmen der Beschwerde vor dem OLG Düsseldorf (§§ 63 ff.) und eines Ministererlaubnisverfahrens (§ 42) angegriffen werden. Die Verfahren haben einen unterschiedlichen Prüfungsumfang: Während das OLG eine Prüfung anhand wettbewerblicher Kriterien durchführt, prüft der BMWi nur außerwettbewerbliche Aspekte, insbesondere ob Gemeinwohlgründe rein wettbewerbliche Aspekte überwiegen. Feststellungen des BKartA über den sachlichen und räumlichen Umfang des Markts sowie etwaiger Marktmacht allerdings binden den BMWi. Im Krankenhausbereich wurden mehrfach Ministererlaubnisverfahren mit unterschiedlichem Erfolg angestrengt (vgl. etwa für einen Überblick und m.w.N. Budzinski/Stöhr, Die Ministererlaubnis als Element der deutschen Wettbewerbsordnung: eine theoretische und empirische Analyse; *Mareck*, GesR 2008, 352; *dies.*, das krankenhaus 2020, 704, 706 f.). Nach § 42 Abs. 1 Satz 1 war der Zusammenschluss im Ministererlaubnisverfahren bislang zu erlauben, wenn die Wettbewerbsbeschränkung von gesamtwirtschaftlichen Vorteilen des Zusammenschlusses aufgewogen wird oder Zusammenschluss durch ein überragendes Interesse der Allgemeinheit gerechtfertigt ist.

31s Mit der 10. GWB-Novelle ist die Regelung des § 42 modifiziert worden: Eine Erlaubnis des BMWi setzt künftig voraus, dass die rechtliche Bewertung des BKartA zuvor – zumindest im Verfahren des einstweiligen Rechtsschutzes – gerichtlich bestätigt worden ist. Die nur ausnahmsweise zu erteilende Erlaubnis nach § 42 kommt durch diese Voraussetzung nur noch dann in Betracht, wenn die betroffenen Unternehmen nicht auf anderem Wege eine Freigabe des Zusammenschlusses erreichen können. In diesen Fällen besteht eine Gewähr dafür, dass die Entscheidung des Bundeskartellamts bei zumindest summarischer Würdigung nicht an erheblichen Fehlern leidet und die Befassung der Bundesministerin oder des Bundesministers für Wirtschaft und Energie nicht allein deswegen erfolgt, weil damit eine schnellere und ggf. kostengünstigere Entscheidung über den Zusammenschluss erlangt werden kann als bei der Erhebung des bei rechtswidriger Untersagung eigentlich vorgesehenen Rechtsbehelfs. Sodann wurde mit einer Änderung im Hinblick auf den materiellen Maßstab für die Erteilung einer Erlaubnis des Ministeriums für Wirtschaft und Energie nach § 42 klargestellt, dass eine solche Erlaubnis stets überragender Gründe des Allgemeininteresses bedarf. Die Voraussetzungen müssen nun also kumulativ erfüllt sein. Diese Neuerungen werden dazu führen, dass das Instrument der Ministererlaubnis auch bei Krankenhausfusionen noch weniger genutzt und weniger erfolgversprechend sein wird.

31t Eine weitere Änderung enthält § 32c, sie betrifft eine Vereinfachung des Verwaltungsverfahrens bei horizontalen Kooperaionen, d.h. zwischen solchen auf einer Marktstufe (etwa zwischen verschiedenen Krankenhausträgern). Sie gilt dagegen nicht bei vertikalen Kooperationen (z.B. zwischen

Krankenhaus und Medizinproduktehersteller). In Ausnahme vom Grundsatz der sog. kartellrechtlichen Selbstveranlagung (= Selbsteinschätzung kartellrechtlicher Rechtmäßigkeit einer Kooperation) sieht die Norm nun die Möglichkeit eines sog. Vorsitzendenschreibens vor. Darin teilt die Kartellbehörde mit, sie sehe im Rahmen ihres Aufgreifermessens von der Einleitung eines Verfahrens ab. Dies ist in der Praxis bislang schon regelmäßig geschehen, so dass diese nur auf eine neue rechtliche Grundlage gestellt wird. In der Praxis ist zunächst stets zu bestimmen, ob das Vorhaben der Krankenhausträger formal von der Landeskartell- oder der Bundeskartellbehörde (BKartA) zu prüfen ist. Die Beurteilung der Kooperationspartner ist vor allem aufgrund der schwierigen Marktabgrenzung unsicher, da sie jedenfalls nicht über Daten der Patientenströme der Wettbewerber verfügen. Das BKartA kann eine Einschätzung aufgrund bereits vorgenommener Prüfungen oder vorliegender Daten geben. Deshalb ist die Neuregelung zwar zu begrüßen. Allerdings bleibt abzuwarten, ob und wie die in der Gesetzesbegründung wiedergegebene Einschränkung, dass das Instrument vornehmlich auf neuartigen (insbesondere digitalen) Märkten zum Einsatz komme, umgesetzt und gehandhabt wird. Es wird sich jedenfalls unabhängig davon stets empfehlen, den Kontakt mit dem BKartA zu suchen.

### 6. Bewertung

Mit der 9. und 10. GWB-Novelle ist die Durchsetzung des Kartellrechts durch Private zwar erheblich gestärkt worden. Praxis und Wissenschaft stehen dennoch weiterhin vor schwierigen Aufgaben. Die Gesetzesverfasser haben auch nach der 10. GWB-Novelle einerseits darauf verzichtet, eine konzernweite Haftung der sog. wirtschaftlichen Einheit für Ansprüche Privater vorzusehen, obwohl dies von der Skanska-Rechtsprechung des EuGH gleichsam nahegelegt wird, andererseits aber die sog. »Wurstlücke« geschlossen und die Staatsfinanzen bußgeldrechtlich durch eine konzernweite Haftung gestärkt. Das ist wertungsjuristisch umso bedenklicher, als gerade Bußen dort wirken müssen, wo der Ursprung einer Zuwiderhandlung liegt. Sodann bestehen – trotz zahlreicher Erleicherungen – weiterhin erheblich Unklarheiten, welche Anforderungen an Darlegung und Beweis eines Kartellschadens zu stellen sind. Die Möglichkeiten und Grenzen der von § 287 ZPO eröffneten Schadensschätzung sind alles andere als geklärt: Eine neuere Rechtsprechung des LG Dortmund, in der es zu den Anknüpfungstatsachen u.a. heißt, »Art, Inhalt und Umfang der streitbefangenen Kartellabsprache sowie die Einzelheiten ihrer Umsetzung (könnten) hinreichende Anknüpfungspunkte für die Schätzung des kartellbedingten Preisaufschlags liefern, gepaart mit einer Gesamtschau weiterer Sachverhaltsaspekte«, wobei »die für eine Schadensschätzung nach § 287 Abs. 2 ZPO erforderlichen Anknüpfungstatsachen, namentlich die konkreten Umstände der Absprache und ihrer Umsetzung, regelmäßig schon im kartellbehördlichen Bußgeldbescheid« (LG Dortmund Urt. v. 30.09.2020 – 8 O 115/14 (Kart), NZKart 2020, 612, 613 ff.) gefunden werden könnten, ist obergerichtlich bislang nicht bestätigt worden und in der Literatur sehr umstritten (*Thole*, NZKart 2021, 5 ff.; *Hornkohl*, NZKart 2020, 661 ff.). Vor allem sind die Transmissionsriemen zwischen den maßgeblichen Tatsachen und den schadensquantifizierenden Größen nicht geklärt.

Künftig sollten darüber hinaus Regelungen gefunden werden, aufgrund derer sich die verschiedenen gerichtlichen Verfahren konzentrieren lassen: Kartellbeteiligte Unternehmen werden derzeit vor einer Vielzahl von Landgerichten und einer Vielzahl von – unmittelbaren oder mittelbaren – Abnehmern wegen ihrer Beteiligung an (einem) ein und demselben Kartell verklagt. Nach Art. 15 der Kartellschadens-Richtlinie muss aber gewährleistet sein, dass nationale Gerichte anderweitig anhängige Klagen oder ergangene Urteile, die denselben Kartellverstoß betreffen, »gebührend berücksichtigen« können. Gerichtsverfahren müssen verbunden werden können, damit eine mehrfache oder unzureichende Haftung von Kartellanten, die zu verhindern Aufgabe der GWB-Novellen ist, vermieden werden kann. Die derzeitigen Mittel der Zivilprozessordnung reichen dazu nicht aus.

### III. Krankenhäuser als Unternehmen

Krankenhäuser können als Unternehmen im Sinne des Kartellrechts tätig werden. Definiert wird der Begriff Krankenhaus in § 2 Nr. 1 KHG. Krankenhäuser sind danach Einrichtungen, in denen durch ärztliche und pflegerische Hilfeleistung Krankheiten, Leiden oder Körperschäden festgestellt, geheilt oder gelindert werden sollen oder Geburtshilfe geleistet wird und in denen die zu versorgenden Personen untergebracht und verpflegt werden können.

33 Nach der Art der von ihnen erbrachten Leistungen sind Krankenhäuser gem. § 107 SGB V von den Vorsorge- und Rehabilitationseinrichtungen abzugrenzen. Diese unterliegen im Hinblick auf ihre Zulassung zur stationären Versorgung der gesetzlich Versicherten und ihrer Finanzierung anderen Regelungen als Krankenhäuser.

34 Im Hinblick auf die Regelungen, denen Krankenhäuser unterliegen, ergeben sich außerdem Unterschiede danach, ob ein Patient privat oder gesetzlich krankenversichert ist. Die Krankenhäuser, die für die Versorgung der gesetzlich Versicherten zugelassen sind, lassen sich nach § 108 SGB V in Hochschulkliniken, Plankrankenhäuser und Vertragskrankenhäuser untergliedern. Krankenhäuser können sowohl öffentlich-rechtlich als auch privatrechtlich organisiert sein. Es gibt sowohl kommunale Einrichtungen als auch Eigeneinrichtungen der gesetzlichen Krankenkassen. Andererseits gibt es auch rein privatwirtschaftlich betriebene Krankenhäuser.

### 1. Europäisches Kartellrecht

35 Nach der europäischen Definition des Unternehmensbegriffs sind Krankenhäuser Unternehmen, da sie wirtschaftliche Einheiten sind, die Leistungen am Markt anbieten, die üblicherweise gegen ein Entgelt erbracht werden.

36 Die im Fall der Krankenkassen vom EuGH gebildete Ausnahme, dass die angebotenen Leistungen ausschließlich einem sozialen Zweck dienen oder nachgefragte Leistungen zumindest für einen sozialen Zweck verwendet werden, ist auf Krankenhäuser nicht übertragbar. Krankenhausleistungen werden nicht auf der Basis des Grundsatzes der Solidarität erbracht, sondern orientieren sich am konkreten Bedarf im Einzelfall. Daran orientiert sich auch das Entgelt, das für die erbrachten Leistungen an das Krankenhaus zu entrichten ist. Der Grundsatz der Solidarität greift in diesen Fällen nicht auf Ebene der Krankenhäuser, sondern erst auf der Ebene der gesetzlichen Krankenkassen, weil Empfänger teurer Behandlungsmethoden dem gleichen Beitragssatz unterliegen wie Versicherte, die keiner Behandlung bedürfen.

36a Gegenargumente ergeben sich nicht aus der Tatsache, dass bestimmte Krankenhäuser dem Krankenhausfinanzierungsgesetz unterfallen und in der Krankenhausplanung berücksichtigt werden. Zum einen betrifft dies nicht alle am Markt vorhandenen Krankenhäuser. Zum anderen ändert auch das nichts daran, dass die Leistungen entgeltlich angeboten werden. Das Krankenhausfinanzierungsgesetz verfolgt nach seinem § 1 Abs. 1 ausdrücklich den Zweck einer wirtschaftlichen Sicherung der Krankenhäuser, um eine bedarfsgerechte Versorgung der Bevölkerung mit leistungsfähigen, eigenverantwortlich wirtschaftenden Krankenhäusern zu gewährleisten und zu sozial tragbaren Pflegesätzen beizutragen. Anspruch auf die staatliche Förderung haben nur die in den Krankenhausplan aufgenommenen Krankenhäuser. Zwar werden durch die Förderung und die damit einhergehende wirtschaftliche Planung Marktzutritt, Marktbedingungen und Marktentfaltung dieser Krankenhäuser beeinflusst (BGH Beschl. v. 16.01.2008 – KVR 26/07, NZS 2008, 653 [654, Rn. 20] – Kreiskrankenhaus Bad Neustadt). Trotzdem geht es allein um die Kostentragung der von diesem Gesetz erfassten Krankenhäuser. Die Tatsache, dass eine Finanzierung öffentlich-rechtlich sichergestellt wird, schließt eine Wirtschaftlichkeit der Tätigkeit nicht aus (EuGH Urt. v. 03.03.2011 – C-437/09, Slg. 2011, I-973 (Rn. 41) – AG2R Prévoyance; Urt. v. 05.03.2009 – C-350/07, Slg. 2009, I-1513 (Rn. 34) – Kattner Stahlbau; Urt. v. 11.12.2007 – C-280/06, Slg. 2007, I-10893 (Rn. 38) – ETI u.a.; Urt. v. 17.02.1993 – C-159/91 und C-160/91, Slg. 1993, I-637 (Rn. 17) – Poucet und Pistre; Urt. v. 23.04.1991 – C-41/90, Slg. 1991, I-1979 (Rn. 21) – Höfner/Macroton).

### 2. Deutsches Kartellrecht

37 Aufgrund der Geltung des funktionalen Unternehmensbegriffs wird in der Diskussion differenziert nach der Art der Tätigkeit des Krankenhauses. Unterschieden wird insbesondere zwischen

Verträgen, die ein Krankenhaus mit Patienten und anderen Leistungserbringern eingeht. Grundsätzlich kann sich gemäß dem zwingenden Gebot der Gleichausrichtung von deutschem und europäischem Kartellrecht (s.o. Rdn. 1) keine andere Beurteilung ergeben. Auch nach dem deutschen Kartellrecht sind Krankenhäuser als Unternehmen einzustufen (BGH Beschl. v. 16.01.2008 – KVR 26/07, NZS 2008, 653 [654], Rn. 21) – Kreiskrankenhaus Bad Neustadt).

Diskutiert wird dennoch, ob Krankenhäuser im Verhältnis zu Patienten keine Unternehmen im Sinne des Kartellrechts sind. Infrage gestellt wird die Unternehmenseigenschaft insbesondere wegen des angeblichen Fehlens einer wirtschaftlichen Tätigkeit. 38

Zum einen wird auf die **Natur des Krankenhausvertrages** verwiesen. Dieser ist grundsätzlich zivilrechtlicher Natur mit überwiegend dienstvertraglichen Elementen (zu weiteren möglichen Formen des Krankenhausbehandlungsvertrages Laufs/Kern/Rehborn/*Stollmann/Wollschläger* § 88 Rn. 9 ff.). Regelmäßig verpflichtet sich das Krankenhaus in einem sog. Krankenhausaufnahmevertrag gegenüber dem Patienten, alle für die stationäre Behandlung erforderlichen Leistungen einschließlich der Versorgung durch Ärzte und Pflegepersonal zu erbringen. Trotz der zivilrechtlichen Natur des Krankenhausvertrages bestehen hinsichtlich seines Inhalts und des Umfangs der Krankenhausleistungen **umfangreiche öffentlich-rechtliche Vorgaben**, die eine wirtschaftliche Tätigkeit im Sinne des Unternehmensbegriffs ausschließen sollen (*Becker/Kingreen*, NZS 2010, 417 (421 f.); *Jansen/Johannsen*, PharmaR 2010, 576 (580); *Möller*, Das Krankenhaus, 2007, 306 [308 f.]). Entsprechende Regelungen finden sich neben dem KHG insbesondere in §§ 39, 115 ff. SGB V. Die Kritik verweist darauf, dass für die Vertragsparteien keine Möglichkeit bestünde, auf diesen Inhalt Einfluss zu nehmen und ihn zu ändern. Dies gelte auch für Vereinbarungen über die Höhe der Vergütung, die durch §§ 16, 17 KHG vorgegeben werde. Zudem sei im Gesundheitswesen für Krankenhäuser eine Tätigkeit mit Gewinnerzielungsabsicht aufgrund der gesetzlichen Vorgaben, die Einnahmen dem Prinzip der Kostendeckung unterwerfen, ausgeschlossen (*Becker/Kingreen*, NZS 2010, 417 (421 f.); *Jansen/Johannsen*, PharmaR 2010, 576 (580); *Möller*, Das Krankenhaus, 2007, 306 [308 f.]). 39

Weiter wird gegen eine Anwendbarkeit des GWB auf Krankenhäuser und insbesondere auf Krankenhausbehandlungsverträge eingewandt, dass diese Verträge dem **Sachleistungsprinzip und** dem **Wirtschaftlichkeitsgebot** (§§ 12, 13 SGB V) unterfielen (*Möller*, Das Krankenhaus, 2007, 306 [308 f.]; Bruckenberger/Klaue/Schwintowski/*Schwintowski*, Krankenhausmärkte zwischen Regulierung und Wettbewerb, S. 144). Tatsächlich beschränken diese das Leistungsangebot des Krankenhauses gegenüber gesetzlich versicherten Patienten insoweit, als die Krankenkassen nur für solche Leistungen die Kosten übernehmen, die ausreichend, zweckmäßig und wirtschaftlich sind. Die Leistungen dürfen zudem das Maß des Notwendigen nicht überschreiten und müssen erforderlich im Sinne von § 39 Abs. 1 SGB V sein. 40

Außerdem wird die Unternehmenseigenschaft von Krankenhäusern auch unter Verweis auf **§ 69 SGB V** abgelehnt, der auf diese Verträge ebenfalls anwendbar sein soll (*Möller*, Das Krankenhaus, 2007, 306 308 f. etwa stuft § 69 SGB V als Bereichsausnahme ein; Bruckenberger/Klaue/Schwintowski/*Schwintowski*, Krankenhausmärkte zwischen Regulierung und Wettbewerb, S. 144, S. 144). Diese Einordnung ist im Ergebnis allerdings nicht mit § 69 SGB V vereinbar. Dessen eindeutiger Wortlaut schließt eine Übertragung der Regelung des Verhältnisses zwischen Krankenkassen und Leistungserbringern auf Verträge zwischen Versicherten und Leistungserbringern aus (OLG Düsseldorf Beschl. v. 04.05.2011 – VI-Kart 7/10 V, WuW/E DE-R 3320 (Rn. 22) – Hörgeräteakustiker; BGH Beschl. v. 16.01.2008 – KVR 26/07, NZS 2008, 653 (654 Rn. 17) – Kreiskrankenhaus Bad Neustadt). Ein anderes Ergebnis lässt sich hier auch nicht mit der in § 69 Abs. 1 Satz 4 SGB V enthaltenen sog. Drittbetroffenheitsklausel begründen. Obwohl danach die sozialrechtlichen Regelungen der Rechtsbeziehungen zwischen Krankenkassen und Leistungserbringern auch für Dritte gelten sollen, wenn deren Rechte durch diese Rechtsbeziehungen betroffen sind und *diese Kriterien* auch von Patienten erfüllt werden, so ist zu berücksichtigen, dass Drittbetroffenheit im Sinne des Gesetzes eine Verletzung der Dritten in ihren Rechten gerade durch die Leistungsbeschaffungsverträge 41 der Krankenkasse mit den Leistungserbringern voraussetzt. Diese Voraussetzung lässt sich auch der Gesetzesbegründung entnehmen (BT-Drs. 14/1245, S. 68).

42 Die vorgetragenen Argumente schließen die Unternehmenseigenschaft von Krankenhäusern nicht aus. Trotz der tatsächlich bestehenden Regulierung und des teilweise nur geringen Spielraums für Verhandlungen zwischen Patient und Krankenhaus liegt eine wirtschaftliche Tätigkeit vor. Diese begründet sich in der Stellung des Patienten als Nachfrager der Krankenhausleistung. Als solcher hat er die Möglichkeit, zwischen verschiedenen Anbietern von Krankenhausleistungen zu wählen (ausführlich dazu *Jansen*, Zusammenschlusskontrolle im Krankenhaussektor, 2012, Viertes Kapitel, A I 1a, S. 80 ff.). Dies gilt selbst für gesetzlich versicherte Patienten, denen Krankenkassen nur ausnahmsweise ein konkretes Krankenhaus vorgeben, in dem sie sich behandeln lassen müssen, um eine Kostenübernahme durch die gesetzliche Krankenversicherung zu erhalten. Nur in diesem Ausnahmefall ist die gesetzliche Krankenkasse der Nachfrager der Krankenhausleistung, eine solche Weisungsbefugnis gegenüber den gesetzlich versicherten Personen besteht grundsätzlich aber nicht (OLG Düsseldorf, Beschl. v. 11.04.2007 – VI-Kart 6/05 V, WuW/E DE-R 1958, 1970 ff. – Rhön-Grabfeld).

43 Auch wenn zwischen Krankenkassen und Krankenhäusern Versorgungsverträge bestehen, regeln diese die Vergütungspflicht nach § 109 Abs. 4 Satz 3 SGB V i.V.m. § 17 KHG und begründen einen Kontrahierungszwang für die Krankenkassen mit zugelassenen Krankenhäusern (vgl. § 108 SGB V). Eine Beschränkung des Wettbewerbs dahingehend, dass die Krankenkassen ihren Versicherten durch vertragliche Regelungen die Behandlung in diesen Krankenhäusern vorschreiben könnten, ergibt sich darüber jedoch nicht. Vielmehr gilt auch in diesen Fällen im Verhältnis zwischen Krankenkasse und Versichertem das Recht des Patienten auf freie Arztwahl nach § 76 Abs. 1 SGB V. Dieses Recht wird auch durch Empfehlungen oder eine Überweisung durch einen Arzt nicht beeinträchtigt, zumal letztere ohnehin gem. § 73 Abs. 4 Satz 3 SGB V in der Form erfolgen soll, dass der Arzt die beiden nächsterreichbaren, für die vorgesehene Krankenhausbehandlung geeigneten Krankenhäuser angibt (*Bangard*, ZWeR 2007, 183 [214]).

44 Das Recht der Versicherten auf die freie Arztwahl wird auch nicht durch § 39 Abs. 2 SGB V eingeschränkt. Danach dürfen die Krankenkassen einem Versicherten Mehrkosten ganz oder teilweise auferlegen, wenn dieser ohne zwingenden Grund ein anderes als ein in der ärztlichen Einweisung genanntes Krankenhaus für seine Behandlung auswählt (Laufs/Kern/*Genzel/Degener-Hencke*, § 83 Rn. 24). Diese Regelung sieht zwar ihrem Wortlaut nach eine Beschränkung dieses Rechts vor. Tatsächlich machen die Krankenkassen nach Ermittlungen des Bundeskartellamts von dieser Möglichkeit aber wohl keinen Gebrauch (BKartA Beschl. v. 23.03.2005 – B 10–109/04, S. 18 – Rhön Klinikum); *Kirchhoff* GRUR 2009, 284 [285 f.]). Darüber hinaus mag dies zwar ein Entscheidungskriterium für den Versicherten sein, er bleibt in seiner Entscheidung aber weiterhin insoweit frei, als er gegen Übernahme der Mehrkosten trotzdem das Krankenhaus seiner Wahl aufsuchen kann. Auch dies spricht daher nicht gegen die Wirtschaftlichkeit der Tätigkeit von Krankenhäusern.

45 Erst recht sind Vereinbarungen zwischen Krankenhäusern und privat versicherten Patienten, für die die sozialrechtlichen Regelungen der gesetzlichen Krankenversicherungen nicht gelten, privat vereinbart und stellen eine wirtschaftliche Tätigkeit der Krankenhäuser dar.

46 Im Ergebnis unterliegen Verträge zwischen Krankenhäusern und Patienten daher zwar gewissen Beschränkungen, die auch den Wettbewerb unter den Krankenhäusern beeinflussen. Dieser wird dadurch jedoch nicht ausgeschlossen (zum Ausreichen eines Restwettbewerbs: OLG Düsseldorf Urt. v. 28.08.1998 – U Kart 19/98, NZS 1998, 567 [569 f.] – *Festbeträge*). Trotz der Beschränkungen werden Krankenhäuser daher im Sinne des funktionalen Unternehmensbegriffes wirtschaftlich tätig und sind als Unternehmen einzuordnen.

## C. Vereinbarungen, Beschlüsse und aufeinander abgestimmte Verhaltensweisen

### I. Generell zu den Begriffsbestimmungen

§ 1 GWB, Art. 101 AEUV verbieten Vereinbarungen, Beschlüsse und aufeinander abgestimmte Verhaltensweisen. 47

Eine **Vereinbarung** in diesem Sinne erfordert zunächst eine Willenseinigung, zu deren Feststellung auf die zivilrechtlichen Regelungen zum Vertragsschluss zurückgegriffen werden kann (vgl. Loewenheim/Meessen/Riesenkampff/*Nordemann*, § 1 Rn. 43). Erfasst werden darüber hinaus aber auch unverbindliche Absprachen (vgl. EuG Urt. v. 26.10.2000 – T-41/96, WuW/EU-R 367 [369 ff.] – Bayer AG), da die kartellrechtliche Definition weiter auszulegen ist als die nationalen vertragsrechtlichen Vorschriften. Der Tatbestand umfasst damit nach dem Sinn und Zweck der Vorschrift gerade auch solche Verhaltensweisen, die in dem Bewusstsein ihrer Rechtswidrigkeit geschlossen wurden (vgl. *Krauß*/Bunte/*Bunte*, § 1, Rn. 68). Auch sog. »gentlement's agreements« können hierzu zählen (vgl. Loewenheim/Meessen/Riesenkampff/*Nordemann*, § 1 Rn. 19). Keine Vereinbarungen stellen dagegen grundsätzlich einseitige Maßnahmen, bspw. ein Boykottaufruf, dar (Bechtold/Bosch/*Bechtold*, § 1 Rn. 16). Solche können allerdings von § 19 GWB, Art. 102 AEUV erfasst sein, wenn ein marktbeherrschendes oder marktstarkes Unternehmen dahinter steht. Einer besonderen Form bedarf die Vereinbarung nicht (vgl. Langen/Bunte/*Krauß*, § 1 Rn. 65). Insbesondere mündliche Abreden sind mithin erfasst. 47a

**Beschlüsse** von Unternehmensvereinigungen sind Entscheidungen, die z.B. durch Gremien verbandsmäßiger Organisationen getroffen werden (vgl. Loewenheim/Meessen/Riesenkampff/ *Nordemann*, § 1 Rn. 50). Die rechtliche Natur spielt auch hier keine Rolle; maßgeblich ist vielmehr, ob in der Entscheidung der Wille zum Ausdruck kommt, ein bestimmtes Verhalten zu koordinieren (vgl. EuGH Urt. v. 27.01.1987 – C-45/85, Slg. 1987, 405 [Rn. 32] – Verband der Sachversicherer). 48

Die Tatbestandsvariante der **aufeinander abgestimmten Verhaltensweisen** stellt einen Auffangtatbestand dar. Eine Abstimmung erfordert stets eine gewisse Koordination. Diese muss bewusst und mit einem »Minimum an gegenseitigem Kontakt« erfolgen (vgl. Bechtold/*Bechtold*, § 1 Rn. 23). Abzugrenzen davon ist das sog. Parallelverhalten, bei dem die Verhaltensmuster zweier Marktteilnehmer zwar übereinstimmen, was jedoch unbewusst oder rein zufällig bzw. jedenfalls auf eine autonome Entscheidung des Wettbewerbers zurückzuführen sein kann (vgl. Saenger/Aderhold/ Lenkaitis/Speckmann/*Lotze*, Handels- und Gesellschaftsrecht, § 12 Rn. 23, S. 1392). 49

### II. Vereinbarungen, Beschlüsse und aufeinander abgestimmte Verhaltensweisen im Gesundheitssektor

Zwischen Krankenhausträgern sind verschiedene Vereinbarungen denkbar, die wettbewerbsrechtlich bezogen auf das Kartellverbot relevant sein können. Hierunter fallen etwa Verträge zur Durchführung des strukturierten Behandlungsprogramms nach § 137f SGB V. Auch Vereinbarungen, durch die Krankenhausträger Absprachen über das Abteilungsspektrum treffen, indem sie bestimmte Abteilungen oder Schwerpunkte aufeinander abstimmen oder verlagern, spielen eine Rolle, wenn damit z.B. das Ziel verfolgt wird, parallele Leistungsstrukturen in demselben Einzugsgebiet zu vermeiden (vgl. *Bohle*, MedR 2006, 259 [263]). Damit sind nur beispielhaft zwei Kooperationsformen bezeichnet, die spätestens seit der im Mai 2006 vom BKartA initiierten Sektoruntersuchung im Krankenhausbereich (hierzu *Heyers/Lotze*, das Krankenhaus 2018, 717 ff.; *Krüger/Henschen*, das Krankenhaus 2018, 1046 ff.) in den Fokus gerückt sind (zu dieser Sektoruntersuchung s. ausführlich noch unten § 35 GWB Rdn. 2). Zwar zielt die Sektoruntersuchung vor allem darauf ab, fusionskontrollrechtliche Beurteilungskriterien weiterzuentwickeln. Das Amt weist jedoch anlässlich dieser Untersuchung sowie in einer Presseerklärung zu einem aktuellen Fusionskontrollverfahren (B3–122/18 – Stiftung der Cellitinnen zur heiligen Maria, Köln) darauf hin, dass das Verhalten der niedergelassenen Ärzte einen bedeutenden Wettbewerbsparameter darstelle, so dass ihr potentielles Einweisungsverhalten zukünftig auch im Rahmen der Prüfung von Kooperationsvereinbarungen 50 zwischen Krankenhäusern eine wichtige Rolle spielen werde. Im Einzelnen sind insbesondere folgende Kooperationsformen zu nennen:

### 1. Nichtvorhaltung oder –weiterentwicklung bestimmter Leistungen

50a Wenn sich benachbarte Krankenhäuser abstimmen, wie sie sich spezialisieren – z.B. dadurch, dass eine bestimmte Disziplin überhaupt nicht angeboten oder nicht ausgebaut wird – kommt eine »Aufteilung der Märkte oder Versorgungsquellen« in Betracht, wie sie das europäische Kartellverbot – im Gegensatz zum deutschen – gleichsam als Regelbeispiel einer besonders schweren Wettbewerbsbeschränkung formuliert. Versorgungsquellen stimmen zwar nur Nachfrager untereinander ab. Jedoch ist eine Marktaufteilung u.a. dann gegeben, wenn Unternehmen übereinkommen, bestimmte Leistungen auf einem Teil des Marktes gar nicht oder nur eingeschränkt vorzuhalten, so dass kein oder ein geringerer Qualitätswettbewerb zu Gunsten der Patienten als Nachfrager stattfindet. Die Patienten können nicht zwischen verschiedenen Krankenhäusern, die dadurch zu mehr Patientenzentrierung und medizinischer Qualität angetrieben werden, wählen. Dass diese Wettbewerbsverfälschung auch spürbar ist, wird wegen der engen Märkte und der deshalb typischerweise hohen Marktanteile der Kooperationspartner kaum je zweifelhaft sein, so dass die Frage, ob hier eine sog. Kernbeschränkung, für die das sog. Spürbarkeitserfordernis ohnehin nicht gilt, offen bleiben kann.

### 2. Mindestmengen

50b Für stationäre Leistungen in Gestalt planbarer, komplizierter Operationen müssen Krankenhäuser bestimmte Fallzahlen erreichen, damit sie einen Eingriff durchführen können. Wenn sie die geltende Mindestmenge bei einer bestimmten Indikation voraussichtlich unterschreiten, dürfen sie die jeweilige Leistung nicht mehr zu Lasten der gesetzlichen Krankenversicherung erbringen, § 136b Abs. 4 SGB V. Ziel dieser Mindestmengenregelung ist es, eine gute Behandlungsqualität zu sichern und Gelegenheitschirurgie zu vermeiden.

50c Im November 2017 hat der G-BA den Geltungsbereich von Mindestmengen und die allgemeinen Verfahrensnormen gemäß § 136b Abs. 1 Satz 1 Nr. 2 SGB V neu gefasst. Die Mindestmengenregelungen enthalten einen Katalog der planbaren Leistungen, bei denen die Qualität des Behandlungsergebnisses von der Menge der erbrachten Leistungen abhängt. Die Regelung kann angewendet werden, sofern nach Studienlage bei der jeweiligen Leistung ein wahrscheinlicher Zusammenhang zwischen der Qualität der Leistung und den Fallzahlen, die die Klinik hinsichtlich der jeweiligen Indikation vorweisen kann, besteht. Derzeit sind z.B. für folgende planbaren Leistungen Mindestmengen vorgesehen: Versorgung von Früh- und Neugeborenen, Knie-TEP, komplexe Eingriffe am Organsystem Ösophagus (Speiseröhre) und Pankreas (Bauchspeicheldrüse), Lebertransplantation, Nierentransplantation und Stammzelltransplantation. Krankenhäuser müssen Kassen jedes Jahr darlegen, dass sie im jeweils folgenden Kalenderjahr die erforderlichen Fallzahlen bzw. Mindestmengen erreichen werden; die Prognose gilt als plausibel, wenn die Leistungsmengen im zurückliegenden Kalenderjahr erreicht wurden. Werden die Zahlen im jeweils folgenden Kalenderjahr nicht erreicht, verlieren die Kliniken ihren Anspruch auf Vergütung der Leistung. Deshalb vereinbaren Kliniken untereinander, bestimmte Leistungen in einem bestimmten Umfang zu erbringen, um die nötigen Vorgaben zu erfüllen.

50d Dadurch beschränken sie Wettbewerb untereinander, der nach konventioneller kartellrechtlicher Ansicht dadurch geprägt ist, dass jedes Unternehmen seine Entscheidungen, ob und unter welchen Bedingungen es Leistungen erbringt, selbständig und ohne Fühlungnahme zu Wettbewerbern trifft. Dieses sog. Selbständigkeitspostulat ist hier verletzt, weil sich Krankenhäuser unmittelbar abstimmen, so dass Wettbewerb beschränkt wird.

### 3. Gemeinsame Nutzung medizinischer Geräte

50e Nicht nur im Verhältnis von niedergelassenen Ärzten und Krankenhäusern (integrierte Versorgung), sondern auch von Kliniken untereinander ist die gemeinsame Nutzung teurer Geräte ein alltägliches Phänomen. Der Trend zum Einsatz von Hochleistungstechnologie im Krankenhaus hält unvermindert an, so dass in modernen Krankenhäusern ein geradezu permanenter Neuinvestitionsbedarf für Großgeräte besteht. Einer Investition muss jedoch eine prozessorientierte Leistungsanalyse vorausgehen. Deshalb kann sich beispielsweise die gemeinsame Verwendung von Großgeräten als sinnvoll erweisen, z.B. von MRT oder CT mit einem anderen Krankenhaus.

Der Kartellverbotstatbestand wird schon immer dann nicht verletzt, wenn ein Krankenhaus allein zu einer Anschaffung derartiger Geräte nicht imstande wäre. Das kann man auf den sog. Arbeitsgemeinschaftsgedanken (s. hierzu auch sogleich E.) stützen. Danach wird Wettbewerb nicht beschränkt, weil es ohne die Kooperation keinen solchen gäbe. Reichen eigene finanzielle Ressourcen, wirtschaftliche Kapazitäten bzw. fachliche Kenntnisse jedes einzelnen Krankenhauses für sich genommen aus, so wird gegen das Kartellverbot auch dann nicht verstoßen, wenn eine doppelte Anschaffung wirtschaftlich nicht zweckmäßig und kaufmännisch nicht vernünftig wäre. Bei der Beurteilung, was wirtschaftlich zweckmäßig und kaufmännisch vernünftig ist, steht den Kliniken ein gewisser Beurteilungsspielraum zu, der jedoch auf der Grundlage objektiver Faktoren (z.B. finanzielle Ressourcen) nachvollziehbar sein muss. Der Arbeitsgemeinschaftsgedanke lässt sich verallgemeinern: Wenn Kooperationspartner jeweils nicht über die nötigen Kapazitäten verfügen, um eine bestimmte Fachdisziplin (nicht) erfolgreich ausüben zu können, wird Wettbewerb nicht beschränkt, weil die beteiligten Kliniken eigenständig nicht am Markt auftreten könnten. 50f

Ansonsten aber beschränken die beteiligten Unternehmen ihre Handlungsfreiheiten durch solche Kooperationen vielfach in wettbewerblich relevanter Weise, sofern z.B. die gemeinsame Gerätenutzung zu einer Angleichung von Techniken und Methoden führt und Geheimwettbewerb um Art und Qualität der Leistungserbringung ausgeschaltet wird. Wenn theoretisch jede Klinik zur eigenständigen Vorhaltung solcher Leistungen in der Lage wäre, ist ein solcher Qualitätswettbewerb die für Patienten bessere Alternative. 50g

### 4. Sonstiges

Mit Urt. v. 10.12.2014 hat das EuG zuletzt einen Bußgeldbeschluss der Kommission vom 08.12.2010 (außerdem) über 5 Mio. € gegen die französische Apothekenkammer weitgehend bestätigt. Diese setzte auf dem französischen Markt Mindestpreise für biomedizinische Analysen fest und verhinderte die Entwicklung von Laborgruppen auf diesem Markt. Damit verstieß sie gegen Art. 101 AEUV (vgl. EuG Urt. v. 10.12.2014 – T-90/11). 50h

### D. Bezwecken oder Bewirken einer Verhinderung, Einschränkung oder Verfälschung des Wettbewerbs

Verboten sind nach § 1 GWB, Art. 101 AEUV solche Verhaltensweisen, die eine Verhinderung, Einschränkung oder Verfälschung des Wettbewerbs bezwecken oder bewirken. Voranzustellen ist die Frage, wie der Begriff des Wettbewerbs zu definieren ist. Die Begriffsbestimmung wurde vom Gesetzgeber offen gelassen, weshalb eine Vielzahl unterschiedlicher Auslegungsvarianten besteht. Überwiegend wird auf den Schutz der Handlungsfreiheit bzw. der Wettbewerbsfreiheit der Marktteilnehmer abgestellt (vgl. Langen/Bunte/*Krauß*, § 1 Rn. 152 ff.). Nach Ansicht des EuGH kommt dem sog. Selbstständigkeitspostulat eine zentrale Bedeutung zu. Jeder Wirtschaftsteilnehmer hat danach selbst zu bestimmen, welche Politik er auf dem gemeinsamen Markt betreiben und welche Bedingungen er seiner Kundschaft gewähren will (EuGH Urt. v. 28.05.1998 – C-7/95 P, Slg. 1998 I-3111 – Landwirtschaftliche Zugmaschinen). 51

Im Gegensatz zu § 1, der lediglich allgemein von Verhinderung, Einschränkung und Verfälschung spricht, enthält Art. 101 AEUV Regelbeispiele für Wettbewerbsbeschränkungen. Hierbei handelt es sich um die unmittelbare oder mittelbare Festsetzung der An- und Verkaufspreise oder sonstiger Geschäftsbedingungen, die Einschränkung oder Kontrolle der Erzeugung, des Absatzes, der technischen Entwicklung oder der Investitionen, die Aufteilung der Märkte oder Versorgungsquellen, die Anwendung unterschiedlicher Bedingungen bei gleichwertigen Leistungen gegenüber 52

Handelspartnern, wodurch diese im Wettbewerb benachteiligt werden sowie die an den Abschluss von Verträgen geknüpfte Bedingung, dass die Vertragspartner zusätzliche Leistungen annehmen, die weder sachlich noch nach Handelsbrauch in Beziehung zum Vertragsgegenstand stehen.

53 Beide Normen erfassen sowohl horizontale als auch vertikale Vereinbarungen. Horizontale Wettbewerbsbeschränkungen betreffen alle tatsächlichen oder potentiellen Behinderungen oder Beeinträchtigungen von Wettbewerbern auf derselben Marktstufe (vgl. Leitlinien zur Anwendbarkeit von Art. 101 AEUV auf Vereinbarungen über horizontale Zusammenarbeit [Horizontal-Leitlinie], ABl. 2011, C 11/01). Vertikale Wettbewerbsbeschränkungen betreffen Vereinbarungen zwischen Unternehmen auf verschiedenen Marktstufen (vgl. Leitlinien für vertikale Beschränkungen [Vertikal-Leitlinie], ABl. 2010, C 130/01).

54 Die Wettbewerbsbeschränkung muss bezweckt oder bewirkt sein. Die Begriffe »Bezwecken« und »Bewirken« werden nicht einheitlich ausgelegt. Überwiegend wird der Begriff des Bezweckens anhand objektiver Umstände bestimmt, wobei neben dem Inhalt der Vereinbarung, des Beschlusses oder der abgestimmten Verhaltensweise auch die wirtschaftlichen Begleitumstände zu berücksichtigen sind (Langen/Bunte/*Krauß*, § 1 Rn. 156). Auf die subjektiven Absichten bzw. den Zweck der Beteiligten soll es nicht ankommen (Kommission, Entsch. v. 05.12.2001 – COMP/37800/F3, ABl. 2002, L 253/21 – Luxemburgische Brauereien). Sollte das Vorliegen eines wettbewerbsbeschränkenden Zwecks verneint werden, gilt es zu prüfen, ob eine wettbewerbsbeschränkende Wirkung vorliegt. Hierzu wird die tatsächliche mit der hypothetischen Marktsituation, also der ohne die infrage stehende Verhaltensweise, verglichen. Maßgeblich ist dabei nicht, ob die Parteien selbst eine Wettbewerbsbeschränkung hätten vorhersehen müssen, sondern ob diese objektiv vorhersehbar war (Loewenheim/Meessen/Riesenkampff/*Nordemann*, § 1 Rn. 127).

55 Die Wettbewerbsbeschränkung muss schließlich spürbar sein (vgl. zur Auslegung des Merkmals der Spürbarkeit EuGH Urt. v. 13.12.2012 – C-226/11 – Expedia). Das Merkmal der **Spürbarkeit** stellt ein ungeschriebenes Tatbestandsmerkmal dar. Damit sollen solche Verhaltensweisen vom Tatbestand ausgenommen werden, die aufgrund ihrer geringen faktischen Auswirkungen auf die Marktverhältnisse oder auf Dritte von untergeordneter Bedeutung sind. Das Bundeskartellamt geht davon aus, dass ein behördliches Einschreiten nicht erforderlich ist, wenn der von den an der horizontalen Vereinbarung beteiligten Unternehmen insgesamt gehaltene Marktanteil auf keinem der betroffenen Märkte 10 % überschreitet oder der von jedem an einer nicht-horizontalen Vereinbarung beteiligten Unternehmen gehaltene Marktanteil auf keinem der betroffenen Märkte 15 % überschreitet. Ist zweifelhaft, ob eine horizontale oder nicht-horizontale Vereinbarung getroffen wurde, so gilt die 10 %-Schwelle (vgl. BKartA, Bekanntmachung Nr. 18/2007 v. 13.03.2007).

### E. Tatbestandsrestriktionen

56 Trotz Vorliegens aller Tatbestandsvoraussetzungen besteht in der Praxis in Einzelfällen ein Bedürfnis, einen Verstoß gegen das Kartellverbot zu verneinen. Hierzu haben sich verschiedene Fallgruppen herausgebildet, bei denen eine relevante Wettbewerbsbeschränkung nicht vorliegt. Hierzu zählt u.a. die sog. »**rule of reason**« bzw. der **Immanenzgedanke**, bei dem darauf abgestellt wird, dass Vereinbarungen, Beschlüsse oder aufeinander abgestimmte Verhaltensweisen neben negativen Auswirkungen auch positive Effekte haben können (vgl. hierzu näher: Loewenheim/Meessen/Riesenkampff/*Nordemann*, § 1 Rn. 147).

### F. Freistellung vom Kartellverbot

56a Alle soeben (Rdn. 2, 50 ff.) beispielhaft genannten Wettbewerbsbeschränkungen lassen sich jedoch – wenngleich unter engen Voraussetzungen – rechtfertigen, Art. 101 Abs. 3 AEUV, § 2 GWB (s. zu den Freistellungsvoraussetzungen im Allgemeinen und ohne Bezug auf die hier referierten Kooperationsformen auch § 2 Rdn. 5 ff.). Das ist – vereinfacht formuliert – stets dann der Fall, wenn sich durch Kooperationen effizientere Ergebnisse erzielen lassen als ohne sie, wenn es also infolge der Kooperation zu einer Verbesserung der erbrachten Leistungen oder zu Innovation kommt. Indes müssen diese Vorteile den Patienten zugutekommen, die Wettbewerbsbeschränkungen im Einzelnen erforderlich sein, um die umschriebenen Effizienzen zu generieren, und der Wettbewerb darf nicht vollends ausgeschaltet werden.

## I. Gruppenfreistellungsverordnungen

Diese schwer zu handhabenden Voraussetzungen hat die Europäische Kommission in Verordnungen und Leitlinien, die über § 2 Abs. 2 auch im deutschen Recht gelten, konkretisiert. 56b

Einschlägig könnte in Fällen der Spezialisierung und abgestimmten Fokussierung auf bestimmte medizinische Leistungen durch die einzelnen Krankenhäuser (Rdn. 50a) beispielsweise zwar theoretisch die sog. Spezialisierungs-GVO 1218/2010 sein. Eine gegenseitige Spezialisierung setzt nämlich nicht nur voraus, dass die Vertragsparteien jeweils von der Erbringung bestimmter Leistungen zugunsten einer anderen Partei absehen, sondern auch, dass sie diese Leistung/en bei der jeweils anderen Partei/en bezieht/en, was zwischen Krankenhäusern jedoch zumindest vielfach nicht der Fall ist. Wenn es daran fehlt, kommt es zu genau jener Marktaufteilung, die kartellrechtlich sehr negativ bewertet wird. Es ist deshalb nicht mehr ausschlaggebend, dass Art. 4 lit. c Spezialisierungs-GVO Markt- bzw. Kundenaufteilungen ohne Ausnahme zur verbotenen Kernbeschränkung stempelt. Spezialisierungsvereinbarungen, die eine Patientenzuweisung zum Ziel haben, können nicht gruppenfreigestellt werden. 56c

## II. Einzelfreistellung

Demzufolge verbleibt in derartigen Fällen, in denen eine gruppenweise Freistellung nicht in Betracht kommt, stets nur die Möglichkeit einer Einzelfreistellung nach § 2 Abs. 1. 56d

### 1. Effizienzen

Sie setzt zunächst voraus, dass die Kooperation einen Beitrag zur Verbesserung der Krankenhausdienste leistet (sog. qualitative Effizienzgewinne). 56e

Das trifft z.B. auf die Vereinbarung bestimmter Mindestmengen je Krankenhaus zu. Sie werden festgelegt, sofern ein Zusammenhang zwischen der Menge planbarer Leistungen und der Leistungsqualität hinreichend wahrscheinlich ist. Aus kartellrechtlicher Sicht muss die Steigerung dieser Leistungsqualität mit hoher Wahrscheinlichkeit eintreten, damit sich diesbezügliche Absprachen zwischen Kliniken rechtfertigen lassen. 56f

Aber auch die Vereinbarung, bestimmte Leistungen zu Gunsten einer anderen Klinik gar nicht vorzuhalten (»Spezialisierung«), kann u.U. zu rechtfertigen sein. Die Kooperationspartner können z.B. darlegen und nachweisen, 56g
– dass sich langfristig rentabel nur auf diese Weise wirtschaften lasse;
– dass infolge einer Optimierung der Kapazitätsauslastung (Vergrößerung der Rentabilität) – günstigere Leistungen erbracht bzw. Skalenvorteile (geringere Fallkosten bei steigender Fallzahl) erzielt würden;
– dass zwar das quantitative Leistungsangebot zu Lasten der Patienten eingeschränkt werde, sofern eine Klinik bestimmte Leistungen nicht (mehr) erbringt, dies aber durch qualitativ bessere Leistungen wegen Spezialisierung und Erfahrung überkompensiert und der Qualitätswettbewerb mit anderen Kliniken intensiviert werde.

Ein weiterer anerkannter Vorteil liegt in der Erzielung von Synergieeffekten durch Zusammenlegung bestimmter Vermögenswerte, so dass z.B. auch eine Kooperation durch gemeinsame Nutzung medizinischer Großgeräte gerechtfertigt werden kann, wenn auch die weiteren Voraussetzungen erfüllt sind. Allerdings bleibt zu beachten, dass diese Kooperation niemals als Anlass zu einer weitergehenden Beschränkung des Wettbewerbs genommen werden darf, etwa durch Zuteilung von Patienten bzw. Patientengruppen. 56h

## 2. Angemessene Verbraucherpartizipation

56i  Zweitens müssen die Verbraucher an diesen Effizienzgewinnen angemessen beteiligt werden.

56j  Sie partizipieren z.B. von einer besseren Qualität der Dienstleistung. Der Qualitätssteigerungsaspekt ist im vergütungsreglementierten Krankenhausmarkt und im GKV- und DRV-dominierten Reha-Klinik-Bereich die wichtigste Form der Beteiligung der Verbraucher. Auch die Erleichterung des Bezugs der Leistung kann als Gewinn für sie qualifiziert werden. Z.B. kann bei einer Absprache zwischen Krankenhäusern zur Erbringung bestimmter Leistungen, die unter die Mindestmengenregelung fallen, ein Gewinn für den Verbraucher darin liegen, dass eine solche Absprache sowohl der Qualität als auch dem Erhalt der Bezugsmöglichkeit dieser Leistung von wenigstens einem dieser Häuser dienen könnte.

56k  Wenn es zu Kosteneinsparungen, die gleichermaßen Effizienzgewinne bilden, kommt, sind allerdings nicht die Patienten, sondern die Krankenkassen unmittelbar gewinnbeteiligt. Anerkannt ist indes, dass auch jede mittelbare Begünstigung – z.B. in Gestalt niedrigerer Versicherungsprämien – genügt. Die Patienten zahlen bei Kostenreduktion entsprechend geringere Prämien, so dass auch sie begünstigt werden.

## 3. Erforderlichkeit

56l  Die den beteiligten Unternehmen auferlegten Beschränkungen müssen für die Verwirklichung der Ziele der Verbesserung der Warenerzeugung bzw. -verteilung oder der Förderung des technischen oder wirtschaftlichen Fortschritts unerlässlich sein. An der Unerlässlichkeit der Beschränkungen fehlt es, wenn diese Effizienzsteigerungsziele auch durch weniger einschneidende Maßnahmen, d.h. durch weniger wettbewerbsschädliche Lösungen erreicht werden können. Nach den Leitlinien der Kommission zum nahezu wortgleichen Art. 101 Abs. 3 AEUV, die auch bei der Prüfung des § 2 Abs. 1 herangezogen werden können, ist zunächst zu untersuchen, ob die Vereinbarung als Ganzes vernünftigerweise überhaupt notwendig ist, um die Ziele zu erreichen. Sodann ist zu prüfen, inwieweit die einzelnen Wettbewerbsbeschränkungen, die sich aus der Vereinbarung ergeben, für die Erreichung der Ziele jeweils erforderlich sind. Dabei ist im jeweiligen Einzelfall zwischen der Schwere der Wettbewerbsbeeinträchtigung und der damit verbundenen Beeinträchtigung der Wettbewerbssituation in ihrer Gesamtheit sowie der angestrebten Verbesserung abzuwägen. Angesichts der Komplexität dieser Prüfung wird man die Unerlässlichkeit nur dann verneinen können, wenn sich ein offensichtliches Missverhältnis zwischen der Wettbewerbsbeschränkung und der Verbesserung ergibt. Allerdings verfügt die Kartellbehörde in diesem Punkt über erheblichen Beurteilungsspielraum.

## 4. Keine Ausschaltung des Wettbewerbs

56m  Schließlich darf den beteiligten Unternehmen durch die Vereinbarung keine Möglichkeit gegeben werden, für einen wesentlichen Teil der betreffenden Leistungen den Wettbewerb auszuschalten. Durch diese Voraussetzung wird zum Ausdruck gebracht, dass dem Wettbewerbsprozess im Zweifel stets Vorrang vor Effizienzerwägungen zukommt.

56n  Im Krankenhaussektor wird man zumindest dann, wenn der Krankenhausmarkt sachlich nach Fachabteilungen definiert wird, eine Ausschaltung des Wettbewerbs bei einer Abrede in Erwägung ziehen müssen, nach der eine Fachabteilung zur Stärkung der entsprechenden Abteilung des Konkurrenzkrankenhauses geschlossen werden soll. Aber auch dann, wenn es sich nicht um die Aufteilung ganzer Fachabteilungen handelt, sondern lediglich um bestimmte Leistungen – z.B. solche, die unter die Mindestmengenregelung fallen –, wird damit u.U. die Möglichkeit eröffnet, für einen wesentlichen Teil der Fälle des Fachgebiets den Wettbewerb auszuschalten. Nach der Kommissionspraxis ermöglicht eine Kooperation umso eher eine Ausschaltung des Wettbewerbs, je stärker der Wettbewerb vor ihr bereits geschwächt war. Es ist also zunächst die Ist-Situation des Wettbewerbs im *betreffenden* Krankenhausmarkt herauszuarbeiten; anschließend sind die möglichen Auswirkungen der Vereinbarung auf den Wettbewerb zu prüfen. Die Marktanteile sind dabei ein wichtiges Kriterium, aber nicht allein entscheidend. Von zentraler Bedeutung ist der tatsächlich herrschende

Wettbewerbsdruck in der Situation vor und nach der Kooperation. Auch hier kommt es auf die Gesamtwürdigung aller Umstände des jeweiligen Einzelfalls an.

## G. Rechtsfolgen

Zivilrechtlich gilt folgendes: § 1 stellt einen Verbotstatbestand i. S. v. § 134 BGB dar. Vereinbarungen, die gegen das Kartellverbot verstoßen und nicht zu rechtfertigen sind, § 2, sind damit nichtig. Eine Ausnahme bilden nach §§ 2, 3 freigestellte Vereinbarungen. Ist nur ein Teil des Rechtsgeschäfts betroffen, richtet sich die Beurteilung der Gesamtnichtigkeit nach § 139 BGB. 57

Im GWB selbst sind darüber hinaus verwaltungsrechtliche Rechtsfolgen in den §§ 32 ff. vorgesehen. In einem Untersagungsverfahren nach § 32 kann die Kartellbehörde ein Unternehmen verpflichten, eine Zuwiderhandlung abzustellen. Sie kann sowohl den Abschluss als auch die Durchführung des Vertrags untersagen (Langen/Bunte/*Krauß*, § 1 Rn. 357). Daneben können Bereicherungen der Unternehmen durch eine Vorteilsabschöpfung durch die Kartellbehörden nach § 34 ausgeglichen werden. 58

Der Verstoß gegen § 1 GWB, Art. 101 AEUV erfüllt zudem den Ordnungswidrigkeitentatbestand des § 81 Abs. 1 Nr. 1 bzw. Abs. 2 Nr. 1. Die Geldbuße kann bis zu € 1 Mio. betragen, § 81 Abs. 4 Satz 1. Gegen Unternehmen und Unternehmensvereinigungen kann darüber hinaus eine Geldbuße von bis zu 10 % des Gesamtumsatzes aus dem vorausgegangenen Geschäftsjahr verhängt werden, wobei der weltweite Umsatz aller als wirtschaftliche Einheit operierender natürlicher und juristischer Personen zugrunde gelegt wird, § 81 Abs. 4 Satz 2, 3 (vgl. zur Verfassungsmäßigkeit von § 81 Abs. 4 Satz 2: BGH Urt. v. 26.02.2013 – KRB 20/12, WuW 2013, 609 ff. – Grauzementkartell). Bei Submissionsabsprachen kommt ein Verstoß gegen §§ 263, 298 StGB in Betracht. 59

## § 2 Freigestellte Vereinbarungen

(1) Vom Verbot des § 1 freigestellt sind Vereinbarungen zwischen Unternehmen, Beschlüsse von Unternehmensvereinigungen oder aufeinander abgestimmte Verhaltensweisen, die unter angemessener Beteiligung der Verbraucher an dem entstehenden Gewinn zur Verbesserung der Warenerzeugung oder -verteilung oder zur Förderung des technischen oder wirtschaftlichen Fortschritts beitragen, ohne dass den beteiligten Unternehmen
1. Beschränkungen auferlegt werden, die für die Verwirklichung dieser Ziele nicht unerlässlich sind, oder
2. Möglichkeiten eröffnet werden, für einen wesentlichen Teil der betreffenden Waren den Wettbewerb auszuschalten.

(2) Bei der Anwendung von Absatz 1 gelten die Verordnungen des Rates oder der Europäischen Kommission über die Anwendung von Artikel 101 Absatz 3 des Vertrages über die Arbeitsweise der Europäischen Union auf bestimmte Gruppen von Vereinbarungen, Beschlüsse von Unternehmensvereinigungen und aufeinander abgestimmte Verhaltensweisen (Gruppenfreistellungsverordnungen) entsprechend. Dies gilt auch, soweit die dort genannten Vereinbarungen, Beschlüsse und Verhaltensweisen nicht geeignet sind, den Handel zwischen den Mitgliedstaaten der Europäischen Union zu beeinträchtigen.

## § 3 Mittelstandskartelle

Vereinbarungen zwischen miteinander im Wettbewerb stehenden Unternehmen und Beschlüsse von Unternehmensvereinigungen, die die Rationalisierung wirtschaftlicher Vorgänge durch zwischenbetriebliche Zusammenarbeit zum Gegenstand haben, erfüllen die Voraussetzungen des § 2 Abs. 1, wenn
1. dadurch der Wettbewerb auf dem Markt nicht wesentlich beeinträchtigt wird und
2. die Vereinbarung oder der Beschluss dazu dient, die Wettbewerbsfähigkeit kleiner oder mittlerer Unternehmen zu verbessern.

## § 3 Mittelstandskartelle

*Art. 101 Abs. 3 AEUV*

*(3) Die Bestimmungen des Absatzes 1 können für nicht anwendbar erklärt werden auf*
- *Vereinbarungen oder Gruppen von Vereinbarungen zwischen Unternehmen,*
- *Beschlüsse oder Gruppen von Beschlüssen von Unternehmensvereinigungen,*
- *aufeinander abgestimmte Verhaltensweisen oder Gruppen von solchen,*
- *die unter angemessener Beteiligung der Verbraucher an dem entstehenden Gewinn zur Verbesserung der Warenerzeugung oder -verteilung oder zur Förderung des technischen oder wirtschaftlichen Fortschritts beitragen, ohne dass den beteiligten Unternehmen*
  - *a) Beschränkungen auferlegt werden, die für die Verwirklichung dieser Ziele nicht unerlässlich sind, oder*
  - *b) Möglichkeiten eröffnet werden, für einen wesentlichen Teil der betreffenden Waren den Wettbewerb auszuschalten.*

| Übersicht | Rdn. | | Rdn. |
|---|---|---|---|
| A. Allgemein............................... | 1 | II. Angemessene Beteiligung der Verbraucher am Gewinn................. | 10 |
| B. § 2 Abs. 1 GWB ................... | 5 | III. Nr. 1 – Unerlässlichkeit ............. | 13 |
| I. Verbesserung der Warenerzeugung oder -verteilung oder Förderung des technischen oder wirtschaftlichen Fortschritts . | 6 | IV. Nr. 2 – Ausschaltung des Wettbewerbs.. | 16 |
| | | C. § 2 Abs. 2 GWB ................... | 17 |
| | | D. § 3 GWB.......................... | 23 |

### A. Allgemein

1 Die §§ 2 und 3 regeln Ausnahmen vom Kartellverbot. Die Generalklausel des § 2 Abs. 1 entspricht dabei im Wesentlichen Art. 101 Abs. 3 AEUV. § 2 Abs. 2 enthält eine dynamische Verweisung auf die Gruppenfreistellungsverordnungen des Gemeinschaftsrechts (zur umstrittenen Zulässigkeit von dynmischen Verweisungen s. MüKo/*Säcker*, § 2 Rn. 1 m.w.N.). § 3 sieht eine Einzelfreistellungsmöglichkeit für Mittelstandskartelle vor.

2 Bis zur 7. GWB-Novelle im Jahr 2005 enthielt das deutsche Kartellrecht eine Vielzahl von Freistellungsmöglichkeiten in den §§ 2 bis 7. Die Freistellung erfolgte durch das Bundeskartellamt oder durch die Landeskartellbehörden (vgl. Bechtold/*Bechtold*, § 2 Rn. 2). Im europäischen Recht lag das Freistellungsmonopol bis zum Jahr 2004 bei der Kommission, die sich nach und nach mit einer unüberschaubaren Anzahl von Freistellungsanträgen zu befassen hatte. Das Einzelfreistellungsverfahren funktionierte in der Praxis daher nicht. Die Arbeitsbelastung und der bürokratische Aufwand waren zu hoch (vgl. Saenger/Aderhold/Lenkaitis/Speckmann/*Lotze*, Handels- und Gesellschaftsrecht, § 12 Rn. 60, S. 1402). Daher wurde das Prinzip der Legalausnahme (vgl. zum Prinzip der Legalausnahme: Wiedemann/*Klawitter*, § 13 Rn. 12 ff.; Huster/*Bold*, Krankenhausrecht, § 9 Rn. 58) eingeführt. Eine Freistellung ergibt sich seitdem unmittelbar aus Art. 101 Abs. 3 AEUV. Dies regelt Art. 1 Abs. 2 VO 1/2003, der vorsieht, dass eine vorherige Entscheidung der Kommission für eine Ausnahme vom Kartellverbot nicht erforderlich ist. Entsprechendes gilt für die Vorschriften des GWB.

3 Damit findet heute das Prinzip der Selbstveranlagung Anwendung, d.h. die betroffenen Unternehmen müssen selbst beurteilen, ob sie unter den Freistellungstatbestand fallen oder nicht. Dafür tragen sie – im Gegensatz zu den Voraussetzungen für das Vorliegen des Kartellverbots nach § 1, welche von demjenigen zu beweisen sind, der einen Verstoß gegen das Kartellverbot behauptet – die Beweislast (vgl. Saenger/Aderhold/Lenkaitis/Speckmann/*Lotze*, Handels- und Gesellschaftsrecht, § 12, S. 1402, Rn. 61). Für § 2 Abs. 1 bedeutet dies, dass das Unternehmen oder die Unternehmensvereinigung beweisen muss, dass hinsichtlich der Wettbewerbsbeschränkung eine angemessene Beteiligung der Verbraucher vorliegt, eine Verbesserung der Warenerzeugung oder -verteilung oder eine Förderung des technischen oder wirtschaftlichen Fortschritts zu erwarten ist,

die Wettbewerbsbeschränkung unerlässlich ist und keine Möglichkeiten zur Ausschaltung des Wettbewerbs eröffnet werden. Im Rahmen von § 2 Abs. 2 muss das Unternehmen oder die Unternehmensvereinigung beweisen, dass die Voraussetzungen für eine Freistellungsfeststellung nach einer Gruppenfreistellungsverordnung vorliegen. In Zweifelsfällen kann ein Negativtest beim Bundeskartellamt nach § 32c beantragt werden (vgl. Saenger/Aderhold/Lenkaitis/Speckmann/*Lotze*, Handels- und Gesellschaftsrecht, § 12, S. 1423, Rn. 127). Für Mittelstandskartelle gilt: Unternehmen oder Unternehmensvereinigungen müssen beweisen, dass wirtschaftliche Vorgänge rationalisiert werden, dass keine wesentliche Beeinträchtigung des Marktes vorliegt und dass die Vereinbarung oder der Beschluss der Verbesserung der Wettbewerbsfähigkeit von kleinen und mittleren Unternehmen dient, § 3.

Das Prinzip der Selbstveranlagung hat zu einer größeren Rechtsunsicherheit für die Unternehmen geführt, die sich nunmehr nicht mehr auf die Entscheidungen der Kartellbehörden verlassen können, sondern das Risiko einer Fehleinschätzung selbst tragen. Ein Beurteilungsspielraum, wie zuvor den Kartellbehörden, wird den Unternehmen dabei nicht zugebilligt (vgl. *Schweda* WuW 2004, 1133 [1138]); vielmehr ist eine umfassende gerichtliche Überprüfung möglich (vgl. Langen/Bunte/*Schneider*, § 2 Rn. 8). Zur Orientierung können die Leitlinien und Bekanntmachungen der Kommission herangezogen werden (vgl. insb. Leitlinien zur Anwendung von Art. 81 Abs. 3 EGV, ABl. 2004, C 101 sowie Leitlinien zur Anwendbarkeit von Art. 101 AEUV auf Vereinbarungen über horizontale Zusammenarbeit, ABl. 2011, C 11; zur Bindungswirkung von Bekanntmachungen und Mitteilungen der Europäischen Kommission s. *Pohlmann* WuW 2005, 1005 ff., *Schweda* WuW 2004, 1133 ff.). Als Folge einer falschen Einschätzung drohen die zivilrechtliche Nichtigkeit der Vereinbarung und eventuell Bußgelder (vgl. § 1 GWB Rdn. 57 ff.). 4

## B. § 2 Abs. 1 GWB

Der Tatbestand des § 2 Abs. 1 enthält zwei positive und zwei negative Voraussetzungen, die kumulativ vorliegen müssen. Die Freistellung gilt nur so lange wie die Voraussetzungen vorliegen (vgl. Leitlinien zur Anwendung von Art. 81 Abs. 3 EGV, ABl. 2004 C 101/97; EuGH Urt. v. 27.09.2006 WuW/E EU-R 1151, 1159 ff. – GlaxoSmithKline/Kommission). Sie ist nicht von Bedingungen oder Auflagen abhängig (vgl. Bechtold/*Bechtold*, § 2 Rn. 5). Zur Auslegung der einzelnen Freistellungsvoraussetzungen können die Allgemeinen Leitlinien der Kommission zur Anwendung von Art. 81 Abs. 3 EGV aus dem Jahr 2004 herangezogen werden (vgl. Leitlinien zur Anwendung von Art. 81 Abs. 3 EGV, ABl. 2004 C 101/97). Ergänzend dazu enthalten die Leitlinien zur Anwendbarkeit von Art. 101 AEUV auf Vereinbarungen über horizontale Zusammenarbeit Erläuterungen zur Auslegung der in Art. 101 Abs. 3 AEUV genannten Kriterien speziell bei horizontalen Vereinbarungen (vgl. Leitlinien zur Anwendbarkeit von Art. 101 AEUV auf Vereinbarungen über horizontale Zusammenarbeit [Horizontal-Leitlinie], ABl. 2011 C 11/01, Rn. 11, 21 ff., 31 ff., 39 ff., 46 ff., 52 ff., 64 ff.). Zu den Voraussetzungen: 5

### I. Verbesserung der Warenerzeugung oder -verteilung oder Förderung des technischen oder wirtschaftlichen Fortschritts

Als erste Voraussetzung bestimmt § 2 Abs. 1, dass die Vereinbarung, der Beschluss oder die aufeinander abgestimmte Verhaltensweise zur Verbesserung der Warenerzeugung oder -verteilung oder zur Förderung des technischen oder wirtschaftlichen Fortschritts beitragen muss. Unternehmen, die einen gesamtwirtschaftlich positiven Beitrag leisten, sollen einen Rechtsvorteil durch die Freistellung vom Kartellverbot erlangen (vgl. Saenger/Aderhold/Lenkaitis/Speckmann/*Lotze*, Handels- und Gesellschaftsrecht, § 12, S. 1413, Rn. 94). 6

Erfasst werden nur solche Vorteile, die an den Verbraucher weitergegeben werden, nicht dagegen solche, die allein vorteilhaft für die an der Vereinbarung beteiligten Unternehmen sind (vgl. Bechtold/*Bechtold*, § 2 Rn. 12). Sie müssen die mit der Vereinbarung verbundenen Nachteile zumindest aufwiegen (EuG Rs T-65/98, Slg. 2003, II-4653 – van den Bergh Foods/Kommission; EuGH WuW/E EWG/MUV 125, 135 – Grundig-Consten). Die Vorteile müssen zudem wirtschaftlicher 7

Natur sein. So sieht die Leitlinie zu Art. 81 Abs. 3 EGV vor, dass »alle objektiven wirtschaftlichen Effizienzgewinne« erfasst werden. Die Kommission zählt dazu sowohl quantitative als auch qualitative Effizienzgewinne (vgl. Leitlinien zur Anwendbarkeit von Art. 101 AEUV auf Vereinbarungen über horizontale Zusammenarbeit [Horizontal-Leitlinie], ABl. 2011 C 11/01, Rn. 49 ff.).

8 Eine Verbesserung der Warenerzeugung oder -verteilung kann auf jeder Stufe der Wertschöpfungskette eintreten (vgl. Bechtold/*Bechtold*, § 2 Rn. 13). Bei der Warenerzeugung kommt in erster Linie eine Optimierung des Produktionsprozesses in Betracht. Dies kann etwa durch eine bessere Auslastung der Produktionsanlagen, durch eine Senkung der Stückkosten oder durch eine Steigerung der Qualität der Produkte erfolgen (vgl. Langen/Bunte/*Schneider* § 2 Rn. 31). Eine verbesserte Warenverteilung wird z.B. durch eine bessere Ausnutzung von Vertriebssystemen erzielt (vgl. Loewenheim/Meessen/Riesemkampff/*Nordemann*, § 2 Rn. 20).

9 Das Merkmal der »Förderung des technischen oder wirtschaftlichen Fortschritts« ist anhand wettbewerblicher Maßstäbe auszulegen (vgl. Langen/Bunte/*Schneider*, § 2 Rn. 38). Effizienzgewinne können auch hier durch eine Optimierung der Produktionstechniken, durch eine verstärkte Zusammenarbeit in Form von Forschungs- und Entwicklungskooperationen oder eine Herbeiführung von Synergieeffekten durch die gemeinsame Nutzung von know-how und Infrastruktur eintreten (vgl. Loewenheim/Meessen/Riesemkampff/*Nordemann*, § 2 Rn. 20). Die Tatbestandsalternativen können sich insoweit überschneiden.

### II. Angemessene Beteiligung der Verbraucher am Gewinn

10 Die Verbraucher müssen zudem angemessen am Gewinn beteiligt werden. Durch diese Voraussetzung wird sichergestellt, dass nur solche Vereinbarungen vom Kartellverbot ausgenommen werden, die dem Verbraucher zugute kommen.

11 Verbraucher in diesem Sinne sind alle potenziellen bzw. tatsächlichen Kunden der Parteien der Vereinbarung (vgl. Leitlinien zur Anwendbarkeit von Art. 101 AEUV auf Vereinbarungen über horizontale Zusammenarbeit [Horizontal-Leitlinie], ABl. 2011 C 11/01, Rn. 49). Der Begriff ist weit zu verstehen und umfasst nicht nur Endverbraucher, sondern ebenso Produzenten, Groß- und Einzelhändler (vgl. Langen/Bunte/*Schneider*, § 2 Rn. 41; Saenger/Aderhold/Lenkaitis/Speckmann/*Lotze*, Handels- und Gesellschaftsrecht, § 12, S. 1414, Rn. 96 m.w.N.).

12 Für die Annahme einer angemessenen Beteiligung ist nicht erforderlich, dass alle Vorteile an den Verbraucher weitergegeben werden; eine solche wird bereits dann angenommen, wenn die tatsächlichen oder voraussichtlichen negativen Auswirkungen zumindest ausgeglichen werden (vgl. Leitlinien zu Art. 81 Abs. 3 EG, ABl. 2004 C 101/97, 110 Rn. 85). Das Saldo von Vor- und Nachteilen muss also mindestens neutral sein (vgl. Langen/Bunte/*Schneider*, § 2 Rn. 45). Je größer die Nachteile für den Verbraucher sind, desto höher sind die Anforderungen an eine angemessene Beteiligung (vgl. Bechtold/*Bechtold*, § 2 Rn. 16). Eine Beteiligung am Gewinn kann sowohl finanzieller als auch nicht-finanzieller Natur sein. Er kann in einem geringeren Preis, einer höheren Qualität des Produktes bei gleichbleibendem Preis, einem technischen Fortschritt, einem erleichterten Zugang zu dem Angebot, einer verbesserten Service- oder Beratungsleistung, etc. gesehen werden (vgl. Langen/Bunte/*Schneider*, § 2 Rn. 44; Wiedemann/*Lübbig*, Kartellrecht, § 7 Rn. 75 m.w.N.).

### III. Nr. 1 – Unerlässlichkeit

13 Die Wettbewerbsbeschränkung muss darüber hinaus für die Verwirklichung der Ziele unerlässlich sein. Die Voraussetzung ist Ausfluss des Grundsatzes der Verhältnismäßigkeit (vgl. Saenger/Aderhold/Lenkaitis/Speckmann/*Lotze*, Handels- und Gesellschaftsrecht, § 12, S. 1414, Rn. 98). Zur Bestimmung der Unerlässlichkeit ist zunächst eine zweistufige Prüfung vorzunehmen: Auf einer ersten Stufe ist zu fragen, ob die wettbewerbsbeschränkende Vereinbarung insgesamt notwendig ist. Auf einer zweiten Stufe schließt sich die Frage an, ob jede einzelne Beschränkung notwendig ist (vgl. Leitlinien zur Anwendung von Art. 81 Abs. 3 EGV, ABl. 2004 C 101/97, Rn. 73). Maßgeblich sind die objektiven Umstände und nicht die subjektive Einschätzung der beteiligten Unternehmen

(vgl. Langen/Bunte/*Schneider*, § 2 Rn. 48). Es darf kein weniger einschneidendes Mittel geben, um den angestrebten Effizienzgewinn zu erreichen. Zu berücksichtigen sind allerdings nur solche Mittel, die tatsächlich in Betracht kommen, nicht auch hypothetische Alternativen, die etwa außerhalb der Unternehmensstrategie liegen (vgl. Loewenheim/Meessen/Riesemkampff/*Nordemann*, § 2 Rn. 28; s.a. Kommission, K (2001) 2672 (DSD), ABl. 2001 L 319/1, 19f Rn. 150 ff.).

Daneben ist zu prüfen, ob die wettbewerbsbeschränkende Vereinbarung, der Beschluss oder die abgestimmte Verhaltensweise angemessen ist. Hierzu sind die mit der Wettbewerbsbeschränkung verbundenen Vor- und Nachteile gegenüberzustellen und gegeneinander abzuwägen. Die Anforderungen an die Angemessenheit eines Mittels hängen maßgeblich von der Schwere der Wettbewerbsbeschränkung ab. Je einschneidender eine Maßnahme ist, desto höher sind die Anforderungen an eine Freistellung (vgl. Loewenheim/Meessen/Riesemkampff/*Nordemann*, § 2 Rn. 29). Bei Kernbeschränkungen bzw. sog. »schwarzen Klauseln« sieht die Kommission die Erfüllung des Merkmals der Unerlässlichkeit eher als unwahrscheinlich an (vgl. Leitlinien zur Anwendung von Art. 81 Abs. 3 EGV, Rn. 79). 14

Ist eine Kernbeschränkung nicht unerlässlich, kommt auch eine Freistellung der übrigen Vereinbarung nicht in Betracht. Aufgrund der Schwere des Verstoßes ist eine Aufrechterhaltung nicht geboten. In anderen Fällen bleiben die übrigen Klauseln einer Vereinbarung unberührt; insoweit ist eine Freistellung möglich (vgl. Immenga/Mestmäcker/*Fuchs*, § 2 Rn. 106). 15

### IV. Nr. 2 – Ausschaltung des Wettbewerbs

Schließlich darf den beteiligten Unternehmen durch die Vereinbarung nicht die Möglichkeit eröffnet werden, für einen wesentlichen Teil der betreffenden Waren den Wettbewerb auszuschalten (vgl. Leitlinien zur Anwendung von Art. 81 Abs. 3 EGV, ABl. 2004 C 101/97, Rn. 105 ff.). Durch dieses Merkmal wird der Erzielung von Effizienzgewinnen eine Grenze gesetzt. Ob ein Wettbewerbsausschluss vorliegt ist anhand einer Gesamtwürdigung aller für einen funktionierenden Wettbewerb relevanten Umstände zu bestimmen (vgl. Immenga/Mestmäcker/*Fuchs*, § 2 Rn. 111; Loewenheim/ Meessen/Riesemkampff/*Nordemann*, § 2 Rn. 36). Bei der Gesamtbetrachtung finden sowohl qualitative als auch quantitative Kriterien Berücksichtigung (Langen/Bunte/*Schneider*, § 2 Rn. 53; Loewenheim/Meessen/Riesemkampff/*Nordemann*, § 2 Rn. 38). Ausgangspunkt ist stets die Bestimmung des Marktanteils, von dem es wesentlich abhängt, ob auf dem räumlich und sachlich relevanten Markt noch Wettbewerb besteht oder nicht (vgl. Bechtold/*Bechtold*, § 2 Rn. 22; Saenger/ Aderhold/Lenkaitis/Speckmann/*Lotze*, Handels- und Gesellschaftsrecht, § 12, S. 1414, Rn. 99). Unproblematisch verneint werden kann das Bestehen eines Wettbewerbs bei einem Marktanteil von 100 %. Eine Freistellung kommt dann nicht in Betracht (vgl. Bechtold/*Bechtold*, § 2 Rn. 22). Schwieriger zu beantworten ist die Frage, welcher Marktanteil noch hinzunehmen ist. Überwiegend werden Marktanteile in einer Größenordnung von 20 % bzw. 30 % noch hingenommen, während Marktanteile ab 40 % kritischer zu betrachten sind (vgl. *Emmerich*, Kartellrecht, § 8 V 5, Rn. 26). Neben dem Marktanteil sind auch die sonstigen Marktverhältnisse, insbesondere die Möglichkeiten zu wettbewerblichen Reaktionen anderer Marktteilnehmer sowie der potentielle Wettbewerb von am Marktrand stehenden Unternehmen bei der Betrachtung zu berücksichtigen (vgl. Leitlinien zur Anwendung von Art. 81 Abs. 3 EGVE, Rn. 109). 16

### C. § 2 Abs. 2 GWB

§ 2 Abs. 2 sieht eine entsprechende Anwendbarkeit der Gruppenfreistellungsverordnungen im deutschen Kartellrecht vor. Auf der Grundlage von Art. 103 Abs. 2 Buchst. b und c AEUV sind vom Rat ganze Gruppen von Vereinbarungen vom Kartellverbot des Art. 101 Abs. 1 AEUV freigestellt worden, da bei ihnen grundsätzlich vom Vorliegen der Voraussetzungen für eine Freistellung i.S.v. Art. 101 Abs. 3 AEUV auszugehen ist. Auch hierbei handelt es sich um eine Legalausnahme, weshalb es auf die Voraussetzungen des Art. 101 Abs. 3 AEUV nicht mehr ankommt. Eine Einschränkung ergibt sich daraus, dass § 2 Abs. 2 die Gruppenfreistellungsverordnungen für »entsprechend« anwendbar erklärt, nicht. Die entsprechende Anwendbarkeit ist lediglich dem Umstand 17 geschuldet, dass die Gruppenfreistellungsverordnungen ausdrücklich nur nach Art. 101 Abs. 3 AEUV auf den Tatbestand des Art. 101 Abs. 1 AEUV Anwendung finden (vgl. Bechtold/*Bechtold*, § 2 Rn. 27). Der Verweis gilt dynamisch auf die jeweils geltende Fassung der Gruppenfreistellungsverordnungen (vgl. Saenger/Aderhold/Lenkaitis/Speckmann/*Lotze*, Handels- und Gesellschaftsrecht, § 12, S. 1423, Rn. 126). Nicht erfasst vom Verweis sind Leitlinien und Bekanntmachungen der Kommission, die aber als Auslegungshilfe herangezogen werden können (vgl. Langen/Bunte/*Schneider*, § 2 Rn. 79).

18 Folgende Gruppenfreistellungsverordnungen sind gegenwärtig in der Praxis relevant:
- Gruppenfreistellungsverordnung Nr. 330/2010 über die Anwendung von Art. 101 Abs. 3 AEUV auf Gruppen von vertikalen Vereinbarungen und abgestimmten Verhaltensweisen (ABl. 2010 L 102/1)
- Gruppenfreistellungsverordnung Nr. 267/2010 über die Anwendung von Art. 101 Abs. 3 AEUV auf Gruppen von Vereinbarungen, Beschlüssen und abgestimmten Verhaltensweisen im Versicherungssektor (ABl. 2010 L 83/1)
- Gruppenfreistellungsverordnung Nr. 461/2010 über die Anwendung von Art. 101 Abs. 3 AEUV auf Gruppen von vertikalen Vereinbarungen und abgestimmten Verhaltensweisen im Kraftfahrzeugsektor (ABl. 2010 L 129/52)
- Gruppenfreistellungsverordnung Nr. 772/2004 über die Anwendung von Art. 81 Abs. 3 EGV auf Gruppen von Technologietransfer-Vereinbarungen (ABl. 2004 L 123/11)
- Gruppenfreistellungsverordnung Nr. 1218/2010 über die Anwendung von Art. 101 Abs. 3 AEUV auf Gruppen von Spezialisierungsvereinbarungen (ABl. 2010 L 335/43)
- Gruppenfreistellungsverordnung Nr. 1217/2010 über die Anwendung von Art. 101 Abs. 3 AEUV auf Gruppen von Vereinbarungen über Forschung und Entwicklung (ABl. 2010 L 335/36)

18a Die größte praktische Bedeutung kommt dabei der sog. Vertikal-GVO zu, die eine Vielzahl vertikaler Vereinbarungen auf allen Wirtschaftsstufen erfasst (vgl. Saenger/Aderhold/Lenkaitis/Speckmann/*Lotze*, Handels- und Gesellschaftsrecht, § 12, S. 1404, Rn. 65).

19 Inhaltlich sind die Gruppenfreistellungsverordnungen alle ähnlich strukturiert. Sie enthalten zu Beginn Vorschriften zur Begriffsbestimmung. Daneben geben sie Marktanteilsschwellen vor. Diese beträgt in der Vertikal-GVO gem. Art. 3 Abs. 1 z.B. 30 % und schließt somit eine Freistellung für Vereinbarungen von Unternehmen mit einem höheren Marktanteil aus. Die Voraussetzungen für eine Freistellung sind ebenso definiert. Die Vertikal-GVO regelt in Art. 2 positiv, wann eine Vereinbarung freizustellen ist und enthält darüber hinaus Ausschlusstatbestände, bei deren Vorliegen eine Freistellung nicht in Betracht kommt (Art. 4 »Beschränkungen, die zum Ausschluss des Rechtsvorteils der Gruppenfreistellungsverordnung führen – Kernbeschränkungen«, sog. »Schwarze Klauseln«, und in Art. 5 »Nicht freigestellte Vereinbarungen«).

20 Für den Gesundheitssektor existieren keine speziellen Gruppenfreistellungsverordnungen. Es gelten die o.g. Gruppenfreistellungsverordnungen, soweit sie auf die konkrete Vereinbarung anwendbar sind.

21 Dies betrifft in erster Linie die **Gruppenfreistellungsverordnung Nr. 267/2010** über die Anwendung von Art. 101 Abs. 3 AEUV auf Gruppen von Vereinbarungen, Beschlüssen und abgestimmten Verhaltensweisen im Versicherungssektor. Diese kann für **Krankenversicherungen** relevant sein. Nach einer ausführlichen Überprüfung des Funktionierens der vorherigen Verordnung für die Versicherungswirtschaft hat die Kommission von den zuvor vier freigestellten Gruppen von Vereinbarungen im Jahr 2010 zwei aufrecht erhalten. Erstens wird eine erneute Freistellung für gemeinsame Erhebungen, Tabellen und Studien vorgesehen. Zweitens wird die gemeinsame Deckung bestimmter Arten von Risiken (Versicherungsgemeinschaften) unter bestimmten Voraussetzungen freigestellt. Die Freistellungen für Vereinbarungen über Allgemeine Versicherungsbedingungen (AVB) und für Vereinbarungen über Sicherheitsvorkehrungen wurden nicht beibehalten, da sie keine Besonderheit des Versicherungssektors darstellten und somit eine ungerechtfertigte Diskriminierung

gegenüber anderen Sektoren darstellen könnten (Kommission, Mitteilung der Kommission über die Anwendung von Art. 101 Abs. 3 AEUV auf Gruppen von Vereinbarungen, Beschlüssen und abgestimmten Verhaltensweisen im Versicherungssektor vom 30.03.2010, ABl. 2010 C 82/20; vgl. zu den Voraussetzungen, unter denen danach Musterversicherungsbedingungen kartellrechtskonform sind: *Pohlmann* WuW 2010, 1106 ff.). Insoweit kommt eine Freistellung für folgende Vereinbarungen in Betracht: für eine Zusammenarbeit betreffend den Zugang zu empirischen statistischen Daten, die für die Kostenkalkulation von Risiken benötigt werden sowie die Bildung und Tätigkeit von Mit-(Rück-)Versicherungsgemeinschaften mit dem Ziel der gemeinsamen Deckung sowohl neuartiger als auch bekannter Risiken (Kommission, Mitteilung der Kommission über die Anwendung von Art. 101 Abs. 3 AEUV auf Gruppen von Vereinbarungen, Beschlüssen und abgestimmten Verhaltensweisen im Versicherungssektor vom 30.03.2010, ABl. 2010 C 82/20).

Daneben können die **Gruppenfreistellungsverordnung Nr. 772/2004** für Technologietransfervereinbarungen auf dem Gesundheitsmarkt im Hinblick auf **Patent- und Know-how-Lizenzverträge** sowie die **Gruppenfreistellungsverordnung Nr. 1217/2000** für **Forschung und Entwicklung** von Bedeutung sein (vgl. ausführlich: *Lübbig/Klasse*, Kartellrecht im Pharma- und Gesundheitssektor, S. 138 ff., Rn. 38 ff.). 22

## D. § 3 GWB

§ 3 normiert einen Freistellungstatbestand für Mittelstandskartelle. Sinn und Zweck der Regelung ist die Förderung der Wettbewerbsfähigkeit kleiner und mittlerer Unternehmen. Es sollen nicht allgemein der Mittelstand geschützt oder eine Gegenmacht zu großen Unternehmen erschaffen werden. Die Vorteile anderer Unternehmen, die ihnen aufgrund ihrer Betriebsgröße z.B. bei der Forschung, Produktion oder dem Vertrieb zukommen, sollen vielmehr ausgeglichen werden (vgl. Immenga/Mestmäcker/*Fuchs*, § 3 Rn. 2). Ebenso wie § 2 führt § 3 zu einer Freistellung von Gesetzes wegen; einer Entscheidung darüber durch die Kartellbehörden bedarf es nicht. Durch die Angleichung des deutschen Kartellrechts an das europäische Wettbewerbsrecht wird der Anwendungsbereich von § 3 auf Fälle ohne Zwischenstaatlichkeitsbezug beschränkt. Anders als § 1, den der deutsche Gesetzgeber entsprechend den Vorgaben des Art. 3 VO 1/2003 an Art. 101 Abs. 1 AEUV angeglichen hat und § 2, der an Art. 101 Abs. 3 AEUV angeglichen wurde, findet sich für § 3 keine entsprechende Bestimmung im europäischen Wettbewerbsrecht. Daraus wird der Schluss gezogen, dass § 3 nur dann gelten soll, wenn Art. 101 AEUV nicht anwendbar ist (vgl. Langen/Bunte/*Schneider*, § 3 Rn. 3). 23

Der Anwendungsbereich von § 3 beschränkt sich auf horizontale Vereinbarungen. Dies ergibt sich aus dem Wortlaut der Vorschrift, wonach eine Freistellung nur für »Vereinbarungen zwischen miteinander im Wettbewerb stehenden Unternehmen« in Betracht kommt. Ein solches Wettbewerbsverhältnis kann – tatsächlich oder potentiell – nur zwischen Unternehmen bestehen, die nebeneinander auf demselben sachlichen und räumlichen Markt tätig sind (vgl. Bechtold/*Bechtold*, § 3 Rn. 6; Saenger/Aderhold/Lenkaitis/Speckmann/*Lotze*, Handels- und Gesellschaftsrecht, § 12, S. 1424, Rn. 131). Entsprechendes gilt für Beschlüsse von Unternehmensvereinigungen, auch wenn dies dem Wortlaut nicht unmittelbar zu entnehmen ist (vgl. Langen/Bunte/*Schneider*, § 3 Rn. 23). Eine Freistellung für vertikale Kooperationen kommt im Rahmen von § 3 nicht in Betracht. 24

Des Weiteren setzt § 3 voraus, dass wirtschaftliche Vorgänge durch eine zwischenbetriebliche Zusammenarbeit rationalisiert werden. Der Begriff der zwischenbetrieblichen Zusammenarbeit spielt bei der Anwendung eine untergeordnete Rolle. Es werden jegliche Kooperationsformen erfasst, die grundsätzlich den Tatbestand des Kartellverbots nach § 1 erfüllen können, wobei Form und Intensität der Zusammenarbeit letztlich von geringer Bedeutung sind (vgl. Langen/Bunte/*Schneider*, § 3 Rn. 29 f.). Erforderlich ist ein mindestens zweiseitiges Vorgehen, was sich aus dem Erfordernis der »Zwischenbetrieblichkeit« ergibt; hierauf ist der Anwendungsbereich jedoch nicht beschränkt, sodass auch eine Vielzahl an Unternehmen an der Zusammenarbeit beteiligt sein kann (vgl. Langen/Bunte/*Schneider*, § 3 Rn. 31 f.). Den Begriff der Rationalisierung definiert das GWB nicht. Allgemein kann darunter jede Verbesserung der wirtschaftlichen Vorgänge zwischen den beteiligten 24a

Unternehmen verstanden werden. Anders als im Anwendungsbereich von § 2 Abs. 1, der zwingend eine Verbesserung zugunsten der Verbraucher vorsieht, kommt es im Rahmen von § 3 allein auf innerbetriebliche Verbesserungen an (vgl. Loewenheim/Meessen/Riesenkampff/*Nordemann*, § 3 Rn. 38).

25 Als dritte Voraussetzung darf der Wettbewerb auf dem Markt nicht wesentlich beeinträchtigt werden. Zunächst muss also der relevante Markt sachlich und räumlich nach den allgemeinen Grundsätzen abgegrenzt werden. Wann eine wesentliche Beeinträchtigung vorliegt ist sodann anhand der mittelstandspolitischen Zielsetzung von § 3 zu bestimmen (vgl. Bechtold/*Bechtold*, § 3 Rn. 10). Hierfür ist eine Gesamtbetrachtung der Wettbewerbssituation vorzunehmen. Die Beeinträchtigung muss zum einen »spürbar« sein, da ansonsten der Tatbestand des § 1 nicht erfüllt wäre; zum anderen ist eine so weit gehende Beeinträchtigung, wie sie durch eine Marktbeherrschung i.S.v. § 18 erfolgt, nicht erforderlich (vgl. Loewenheim/Meessen/Riesenkampff/*Nordemann*, § 3 Rn. 54). Eine Beeinträchtigung kann sowohl durch eine qualitative als auch durch eine quantitative Reduzierung des Wettbewerbs vorliegen (vgl. Langen/Bunte/*Schneider*, § 3 Rn. 55). Inwiefern zur Bewertung Marktanteilsgrenzen herangezogen werden können, wird unterschiedlich bewertet. Teilweise wird dies strikt mit der Begründung abgelehnt, dass gerade keine starren Grenzen in das Gesetz aufgenommen wurden (vgl. Bechtold/*Bechtold*, § 3 Rn. 10), teilweise wird zumindest bei Marktanteilen von unter 10 bzw. 15 % davon ausgegangen, dass eine wesentliche Wettbewerbsbeschränkung im Regelfall zu verneinen sein wird (vgl. Langen/Bunte/*Schneider*, § 3 Rn. 62).

26 Viertens müssen die Vereinbarung oder der Beschluss dazu dienen, die Wettbewerbsfähigkeit kleiner oder mittlerer Unternehmen zu verbessern. Eine Definition oder starre Grenzen, wann ein Unternehmen als kleines oder mittleres Unternehmen anzusehen ist, existieren für den Anwendungsbereich von § 3 nicht (vgl. Langen/Bunte/*Schneider*, § 3 Rn. 40; Saenger/Aderhold/Lenkaitis/Speckmann/*Lotze*, Handels- und Gesellschaftsrecht, § 12, S. 1424, Rn. 132). Der Annahme, dass ein Unternehmen mit einem Umsatz von weniger als 10–25 Mio. €, zu den kleinen Unternehmen zu zählen ist, ebenso wie ein Unternehmen mit einem Umsatz von mehr als 500 Mio. € als großes Unternehmen zu betrachten ist, kann jedoch gefolgt werden (vgl. Bechtold/*Bechtold*, § 3 Rn. 11). Im Übrigen wird dem Merkmal der Verbesserung der Wettbewerbsfähigkeit ohnehin keine wesentliche Bedeutung beigemessen, da sich diese stets aus einer Rationalisierung wirtschaftlicher Vorteile ergeben soll (vgl. Loewenheim/Meessen/Riesenkampff/*Nordemann*, § 3 Rn. 64).

27 Für **Krankenkassen** und **Krankenhäuser** kann eine Freistellung nach § 3 in Betracht kommen, wenn sie als **kleines oder mittleres Unternehmen** anzusehen sind und bspw. **Einkaufskooperationen** eingehen.

## § 18 Marktbeherrschung

(1) Ein Unternehmen ist marktbeherrschend, soweit es als Anbieter oder Nachfrager einer bestimmten Art von Waren oder gewerblichen Leistungen auf dem sachlich und räumlich relevanten Markt
1. ohne Wettbewerber ist,
2. keinem wesentlichen Wettbewerb ausgesetzt ist oder
3. eine im Verhältnis zu seinen Wettbewerbern überragende Marktstellung hat.

(2) Der räumlich relevante Markt kann weiter sein als der Geltungsbereich dieses Gesetzes.

(2a) Der Annahme eines Marktes steht nicht entgegen, dass eine Leistung unentgeltlich erbracht wird.

(3) Bei der Bewertung der Marktstellung eines Unternehmens im Verhältnis zu seinen Wettbewerbern ist insbesondere Folgendes zu berücksichtigen:
1. sein Marktanteil,
2. seine Finanzkraft,
3. sein Zugang zu wettbewerbsrelevanten Daten,

4. sein Zugang zu den Beschaffungs- oder Absatzmärkten,
5. Verflechtungen mit anderen Unternehmen,
6. rechtliche oder tatsächliche Schranken für den Marktzutritt anderer Unternehmen,
7. der tatsächliche oder potenzielle Wettbewerb durch Unternehmen, die innerhalb oder außerhalb des Geltungsbereichs dieses Gesetzes ansässig sind,
8. die Fähigkeit, sein Angebot oder seine Nachfrage auf andere Waren oder gewerbliche Leistungen umzustellen, sowie
9. die Möglichkeit der Marktgegenseite, auf andere Unternehmen auszuweichen.

(3a) Insbesondere bei mehrseitigen Märkten und Netzwerken sind bei der Bewertung der Marktstellung eines Unternehmens auch zu berücksichtigen:
1. direkte und indirekte Netzwerkeffekte,
2. die parallele Nutzung mehrerer Dienste und der Wechselaufwand für die Nutzer,
3. seine Größenvorteile im Zusammenhang mit Netzwerkeffekten,
4. sein Zugang zu wettbewerbsrelevanten Daten,
5. innovationsgetriebener Wettbewerbsdruck.

(3b) Bei der Bewertung der Marktstellung eines Unternehmens, das als Vermittler auf mehrseitigen Märkten tätig ist, ist insbesondere auch die Bedeutung der von ihm erbrachten Vermittlungsdienstleistungen für den Zugang zu Beschaffungs- und Absatzmärkten zu berücksichtigen.

(4) Es wird vermutet, dass ein Unternehmen marktbeherrschend ist, wenn es einen Marktanteil von mindestens 40 Prozent hat.

(5) Zwei oder mehr Unternehmen sind marktbeherrschend, soweit
1. zwischen ihnen für eine bestimmte Art von Waren oder gewerblichen Leistungen ein wesentlicher Wettbewerb nicht besteht und
2. sie in ihrer Gesamtheit die Voraussetzungen des Absatzes 1 erfüllen.

(6) Eine Gesamtheit von Unternehmen gilt als marktbeherrschend, wenn sie
1. aus drei oder weniger Unternehmen besteht, die zusammen einen Marktanteil von 50 Prozent erreichen, oder
2. aus fünf oder weniger Unternehmen besteht, die zusammen einen Marktanteil von zwei Dritteln erreichen.

(7) Die Vermutung des Absatzes 6 kann widerlegt werden, wenn die Unternehmen nachweisen, dass
1. die Wettbewerbsbedingungen zwischen ihnen wesentlichen Wettbewerb erwarten lassen oder
2. die Gesamtheit der Unternehmen im Verhältnis zu den übrigen Wettbewerbern keine überragende Marktstellung hat.

(8) Das Bundesministerium für Wirtschaft und Energie berichtet den gesetzgebenden Körperschaften nach Ablauf von drei Jahren nach Inkrafttreten der Regelungen in den Absätzen 2a und 3a über die Erfahrungen mit den Vorschriften.

## § 19 Verbotenes Verhalten von marktbeherrschenden Unternehmen

(1) Der Missbrauch einer marktbeherrschenden Stellung durch ein oder mehrere Unternehmen ist verboten.

(2) Ein Missbrauch liegt insbesondere vor, wenn ein marktbeherrschendes Unternehmen als Anbieter oder Nachfrager einer bestimmten Art von Waren oder gewerblichen Leistungen

1. ein anderes Unternehmen unmittelbar oder mittelbar unbillig behindert oder ohne sachlich gerechtfertigten Grund unmittelbar oder mittelbar anders behandelt als gleichartige Unternehmen;
2. Entgelte oder sonstige Geschäftsbedingungen fordert, die von denjenigen abweichen, die sich bei wirksamem Wettbewerb mit hoher Wahrscheinlichkeit ergeben würden; hierbei sind

insbesondere die Verhaltensweisen von Unternehmen auf vergleichbaren Märkten mit wirksamem Wettbewerb zu berücksichtigen;

3. ungünstigere Entgelte oder sonstige Geschäftsbedingungen fordert, als sie das marktbeherrschende Unternehmen selbst auf vergleichbaren Märkten von gleichartigen Abnehmern fordert, es sei denn, dass der Unterschied sachlich gerechtfertigt ist;

4. sich weigert, ein anderes Unternehmen gegen angemessenes Entgelt mit einer solchen Ware oder gewerblichen Leistung zu beliefern, insbesondere ihm Zugang zu Daten, zu Netzen oder anderen Infrastruktureinrichtungen zu gewähren, und die Belieferung oder die Gewährung des Zugangs objektiv notwendig ist, um auf einem vor- oder nachgelagerten Markt tätig zu sein und die Weigerung den wirksamen Wettbewerb auf diesem Markt auszuschalten droht, es sei denn, die Weigerung ist sachlich gerechtfertigt;

5. andere Unternehmen dazu auffordert, ihm ohne sachlich gerechtfertigten Grund Vorteile zu gewähren; hierbei ist insbesondere zu berücksichtigen, ob die Aufforderung für das andere Unternehmen nachvollziehbar begründet ist und ob der geforderte Vorteil in einem angemessenen Verhältnis zum Grund der Forderung steht.

(3) Absatz 1 in Verbindung mit Absatz 2 Nummer 1 und Nummer 5 gilt auch für Vereinigungen von miteinander im Wettbewerb stehenden Unternehmen im Sinne der §§ 2, 3 und 28 Absatz 1, 30 Absatz 2a, 2b und 31 Absatz 1 Nummer 1, 2 und 4. Absatz 1 in Verbindung mit Absatz 2 Nummer 1 gilt auch für Unternehmen, die Preise nach § 28 Absatz 2 oder § 30 Absatz 1 Satz 1 oder § 31 Absatz 1 Nummer 3 binden.

### Art. 102 AEUV

*Mit dem Binnenmarkt unvereinbar und verboten ist die missbräuchliche Ausnutzung einer beherrschenden Stellung auf dem Binnenmarkt oder auf einem wesentlichen Teil desselben durch ein oder mehrere Unternehmen, soweit dies dazu führen kann, den Handel zwischen Mitgliedstaaten zu beeinträchtigen.*

*Dieser Missbrauch kann insbesondere in Folgendem bestehen:*
*a) der unmittelbaren oder mittelbaren Erzwingung von unangemessenen Einkaufs- oder Verkaufspreisen oder sonstigen Geschäftsbedingungen;*
*b) der Einschränkung der Erzeugung, des Absatzes oder der technischen Entwicklung zum Schaden der Verbraucher;*
*c) der Anwendung unterschiedlicher Bedingungen bei gleichwertigen Leistungen gegenüber Handelspartnern, wodurch diese im Wettbewerb benachteiligt werden;*
*d) der an den Abschluss von Verträgen geknüpften Bedingung, dass die Vertragspartner zusätzliche Leistungen annehmen, die weder sachlich noch nach Handelsbrauch in Beziehung zum Vertragsgegenstand stehen.*

| Übersicht | Rdn. | | Rdn. |
|---|---|---|---|
| A. Einleitung | 1 | C. Missbrauch | 13 |
| B. Marktbeherrschung | 5 | D. Missbrauch einer marktbeherrschenden Stellung im Gesundheitssektor | 15 |
| I. Marktabgrenzung | 7 | | |
|   1. Sachlich relevanter Markt | 7 | I. Marktbeherrschende Stellung und Missbrauch durch Krankenhäuser | 16 |
|   2. Räumlich relevanter Markt | 8 | | |
| II. Marktbeherrschung | 9 | II. Marktbeherrschende Stellung und Missbrauch durch Krankenkassen | 22 |
|   1. Marktbeherrschung eines Unternehmens | 10 | III. Marktbeherrschende Stellung und Missbrauch durch Pharmaunternehmen | 23 |
|   2. Marktbeherrschung mehrerer Unternehmen | 11 | IV. Sonstige Märkte | 29 |
|   3. Marktbeherrschungsvermutung | 12 | | |

## A. Einleitung

Als zweite Säule des Wettbewerbsrechts kommt der Missbrauchsaufsicht eine hohe Bedeutung zu. 1
Neben dem Kartellverbot und der Fusionskontrolle ist sie eine der zentralen Vorschriften des GWB.
Die §§ 18 ff. wurden zuletzt durch die 10. GWB-Novelle in erheblichem Umfang modifiziert bzw.
ergänzt.

Eine vom BMWi in Auftrag gegebene Studie zur »Modernisierung der Missbrauchsaufsicht für 1a
marktmächtige Unternehmen« hatte verschiedene Handlungsoptionen diskutiert, um die Missbrauchsaufsicht insbesondere im Bereich der digitalen Wirtschaft zu stärken. Im Ergebnis hatte die
Studie vier Handlungsempfehlungen zu den Vorschriften der Missbrauchsaufsicht und eine weitere
im Bereich der Fusionskontrolle ausgesprochen. Die Gesetzesverfasser der 10. GWB-Novelle griffen
diese und weitere Empfehlungen aus anderen Studien im Bereich der Missbrauchsaufsicht auf und
haben nun insbesondere die folgenden Änderungen vorgesehen: Erstens ist in § 18 Abs. 3b das
Konzept der sog. »Intermediationsmacht« etabliert worden, um der Vermittler-und Steuerungsfunktion von Plattformen Rechnung tragen zu können. Zweitens wurde die sog. »essential facilities
doctrine« in § 19 Abs. 2 Nr. 4 neu gefasst, um der Entwicklung in der europäischen Anwendungspraxis und Rechtsprechung Rechnung zu tragen. Drittens wurde ein neuer § 19a eingeführt, der
dem Bundeskartellamt eine effektivere Kontrolle derjenigen großen Digitalkonzerne ermöglichen
soll, denen eine überragende marktübergreifende Bedeutung für den Wettbewerb zukommt. Da
die Norm medizinrechtlich nicht von großer Bedeutung ist, wurde auf einen Abdruck verzichtet.
Viertens wurde der Schutzbereich des § 20 Abs. 1 auf große Unternehmen ausgeweitet, weil auch
solche Unternehmen von digitalen Plattformen abhängig sein können. Fünftens wurde in § 20
Abs. 1a ein kartellrechtlicher Anspruch auf Datenzugang in bestimmten Konstellationen geregelt,
in denen dem Zugang zu Daten aus wettbewerblicher Sicht eine besondere Bedeutung zukommt.
Sechstens wird in § 20 Abs. 3a ein neuer Eingriffstatbestand zur Verringerung der wettbewerblichen
Probleme durch das sog. »Tipping« von Märkten eingeführt.

Die §§ 18, 19 stehen neben Art. 102 AEUV. Deutsches und europäisches Kartellrecht sind inso- 2
weit weitestgehend identisch. Die Vorschriften sind von deutschen Kartellbehörden und Gerichten
parallel anzuwenden, wenn dessen Voraussetzungen vorliegen, Art. 3 Abs. 1 Satz 2 VO (EG) Nr. 1/
2003. Die Vorschriften enthalten kein generelles Monopolisierungsverbot, sondern verbieten lediglich die Ausnutzung einer bereits bestehenden marktbeherrschenden Stellung. Wächst ein Unternehmen also aus eigener Kraft zum Monopolisten, so wäre dies kartellrechtlich unbedenklich. Seine
Marktmacht dürfte das Unternehmen indes nicht missbräuchlich ausnutzen.

§ 18 enthält in Abs. 1 die Definition der Marktbeherrschung durch ein Unternehmen, in Abs. 3 Kri- 3
terien zur Bewertung der Marktstellung und in Abs. 4 eine Marktbeherrschungsvermutung. Abs. 5
definiert die Marktbeherrschung durch zwei oder mehr Unternehmen, Abs. 6 enthält hierfür wiederum eine Marktbeherrschungsvermutung, die unter den Voraussetzungen des Abs. 7 widerlegt werden
kann. § 19 verbietet in Abs. 1 die missbräuchliche Ausnutzung einer solchen marktbeherrschenden
Stellung. Abs. 2 zählt beispielhaft und nicht abschließend auf, wann ein Missbrauch vorliegt.

Für die Anwendbarkeit des § 19 GWB, Art. 102 AEUV auf Institutionen des Gesundheitssektors 4
gilt das Gleiche wie für § 1 GWB, Art. 101 AEUV: Für Rechtsbeziehungen zwischen gesetzlichen
Krankenkassen und ihren Leistungserbringern sieht § 69 Abs. 2 Satz 1 SGB V eine entsprechende
Anwendbarkeit von § 19 vor. Im Übrigen kommt es für die Anwendung auf die Einstufung der
jeweiligen Institution als Unternehmen an. Dabei entspricht der Unternehmensbegriff dem des § 1
GWB, Art. 101 AEUV (vgl. hierzu § 1 GWB Rdn. 3 ff.).

## B. Marktbeherrschung

Der Begriff der Marktbeherrschung wird im deutschen Kartellrecht in § 18 Abs. 1 für ein Unterneh- 5
men, in § 18 Abs. 5 für zwei oder mehr Unternehmen definiert. Im europäischen Kartellrecht wurde
die Definition demgegenüber der Entscheidungspraxis der Kommission und der Rechtsprechung des
Gerichtshofs überlassen. Die Ermittlung einer Marktbeherrschung setzt in beiden Fällen zunächst

eine Marktabgrenzung voraus. Dies betrifft sowohl den sachlich relevanten als auch den räumlich relevanten Markt. Der Begriff der Marktbeherrschung knüpft damit nicht an die Größe eines Unternehmens an, sondern ist stets in Bezug auf einen bestimmten Produktmarkt zu bestimmen.

6 Der Festlegung des relevanten Marktes kommt in der Praxis eine wichtige Bedeutung zu, da sich diese unmittelbar auf das Bestehen oder Nichtbestehen einer marktbeherrschenden Stellung auswirkt. Je größer der sachlich und räumlich relevante Markt gezogen wird, desto geringer sind die Chancen, dass ein Unternehmen als marktbeherrschend angesehen wird. Umgekehrt gilt: Wird der relevante Markt sachlich und örtlich sehr eng begrenzt, besteht eine größere Wahrscheinlichkeit, dass einem Unternehmen eine marktbeherrschende Stellung zukommt.

## I. Marktabgrenzung

### 1. Sachlich relevanter Markt

7 Die Abgrenzung des sachlich relevanten Marktes erfolgt nach dem Bedarfsmarktkonzept. Dabei gilt ein objektiver Maßstab. Ein eigener Markt liegt hinsichtlich solcher Produkte vor, die sich zur Befriedigung eines gleichbleibenden Bedarfs besonders eignen und die aus Sicht der Marktgegenseite ohne weiteres austauschbar sind (vgl. BGH Urt. v. 15.01.2007 – KVR 12/06, BGHZ 170, 299; BGH Urt. v. 09.11.1999 – KZR 35/97, WuW/E DE-R 357 ff. – Feuerwehrgeräte). Tritt bei der Auswahlentscheidung an die Stelle des Abnehmers ein sog. »Verbrauchsdisponent«, ist auf dessen Sicht abzustellen (BGH Urt. v. 27.04.1999 – KZRR 54/97, WuW/E DE-R 303 – Taxikrankentransporte; KG Beschl. v. 18.10.1995 – Kart 18/93, WuW 1996, 619 – Fresenius/Schiwa; BGH Beschl. v. 03.07.1976 – KVR 4/75, BGHZ 67/104 – Vitamin B12). Bei der Auswahl eines verschreibungspflichtigen Arzneimittels kommt es deshalb etwa auf die Sicht des Arztes, nicht auf die des Patienten an. Das Bedarfsmarktkonzept darf allerdings nicht starr angewendet werden, sondern bedarf im Einzelfall eines Korrektivs, um die Wettbewerbskräfte angemessen zu berücksichtigen (BGH Urt. v. 04.11.2003 – KZR 16/02, BGHZ 156, 379 – Strom und Telefon I; BGH Urt. v. 07.02.2006 – KVR 5/05, BGHZ 166, 165 – DB Regio/üstra; BGH Urt. v. 16.01.2007 – KVR 12/06, NJW 2007, 1823 – National Geographic II; BGH Beschl. v. 04.03.2008 – KVR 21/07, JuS 2009, 89 – Soda Club II). Dazu wird im Rahmen der europäischen Fusionskontrolle zunehmend der sog. Preisheraufsetzungstest SSNIP (»small but significant non-transitory increase in price«) angewendet, der die Marktzugehörigkeit eines Alternativprodukts davon abhängig macht, ob die Nachfrager bei einer geringen, aber nicht unerheblichen und nicht nur vorübergehenden Erhöhung des Preises für das Ausgangsprodukt (von 5 bis 10 %) zum Alternativprodukt wechseln (s. zur Marktabgrenzung auch Kommission, Bekanntmachung über die Definition des relevanten Marktes, ABl. 1997, C 372/03; Kommission, COMP/M.2187, WuW 2002, S. 201 ff. – CVC/Lenzing; kritisch zum SSNIP-Test: BGH Beschl. v. 04.03.2008 – KVR 21/07, JuS 2009, 89 – Soda Club II).

### 2. Räumlich relevanter Markt

8 Der räumlich relevante Markt wird ebenfalls anhand der Austauschbarkeit aus Sicht der Marktgegenseite bestimmt (so auch Bechtold/*Bechtold* § 18 Rn. 23; Langen/Bunte/*Bardong* § 18 Rn. 44). Er kann den gesamten Geltungsbereich des Gesetzes umfassen und über diesen hinausgehen (so zunächst entschieden durch BGH Beschl. v. 05.10.2004 – KVR 14/03, WuW/E DE-R 1355 – Staubsaugerbeutelmarkt; inzwischen gesetzlich geregelt in § 18 Abs. 2 GWB) oder sich im Einzelfall auf einen regionalen Teilmarkt beschränken (vgl. Bechtold/*Bechtold* § 18 Rn. 26 m.w.N.). Eine schematische Betrachtung verbietet sich ebenso wie bei Ermittlung des sachlich relevanten Marktes; maßgeblich ist vielmehr das tatsächliche Nachfrageverhalten im Einzelfall (vgl. FK/*Paschke* § 18 Rn. 121).

## II. Marktbeherrschung

9 § 18 unterscheidet zwischen der Marktbeherrschung nur eines Unternehmens (§ 18 Abs. 1) und der von zwei oder mehr Unternehmen (§ 18 Abs. 5).

## 1. Marktbeherrschung eines Unternehmens

Ein Unternehmen kann eine marktbeherrschende Stellung innehaben, weil es ohne Wettbewerber ist (§ 18 Abs. 1 Nr. 1), weil es keinem wesentlichen Wettbewerb ausgesetzt ist (§ 18 Abs. 1 Nr. 2) oder weil ihm eine überragende Marktstellung zukommt (§ 18 Abs. 1 Nr. 3). Die Nr. 1 stellt einen Spezialfall von Nr. 2 dar. Sie dient wohl nur der Verdeutlichung (vgl. FK/*Paschke* § 18 Rn. 158 ff.). Erfasst werden Vollmonopole, die auf rechtliche oder tatsächliche Gründe zurückzuführen sind (vgl. Immenga/Mestmäcker/Fuchs/*Möschel* § 18 Rn. 84). Rechtliche Vollmonopole wurden bspw. angenommen bei Autorufgenossenschaften von Taxiunternehmen (BGH Urt. v. 28.06.1977 – KVR 2/77, WuW 1978, 151 – Autoruf-Genossenschaft) oder bei der Übertragung von Pferderennen (BGH Urt. v. 10.02.2004 – NJW-RR 2004, 839 – Galopprennübertragung). Eine tatsächliche Monopolbildung wurde in der Vergangenheit beispielsweise bei Stromversorgungsunternehmen (BGH Beschl. v. 12.12.1978 – KVR 6/77, BGHZ 73, 65) oder bei Lokalzeitungen (LG Düsseldorf Urt. v. 21.09.1983 – 12 O 424/83 KartA WuW 1984, 412 – Wochenzeitung für Kleinanzeigen; LG Köln v. 11.10.1983 – 31 O 308/83, WuW 1984, 413 – Offertenblatt) bejaht. Die Feststellung eines geringen Wettbewerbs erfolgt anhand des Zwecks von § 18. Ein Unternehmen soll nicht durch seine »marktstrategischen Entscheidungen« das Verhalten der Konkurrenten derart beeinflussen können, dass der sich selbst steuernde Wettbewerb quasi ausgeschaltet wird (Langen/Bunte/*Bardong* § 18 Rn. 59). Ob das der Fall ist, erfolgt anhand einer Gesamtbetrachtung (vgl. nur BGH Beschl. v. 06.12.2011 – KVR 95/10, NJOZ 2012, 1152). In der Vorschrift selbst sind bereits Kriterien zur Bewertung der Marktstellung enthalten: sein Marktanteil, seine Finanzkraft, sein Zugang zu den Beschaffungs- und Absatzmärkten, Verflechtungen mit anderen Unternehmen, etc. Ausgangspunkt und zugleich das theoretisch und praktisch wichtigste Kriterium ist allerdings nach wie vor der Marktanteil, da sich ihm der Erfolg und die Leistungsfähigkeit eines Unternehmens sowie dessen wirtschaftliche Überlegenheit am einfachsten entnehmen lässt (vgl. OLG Düsseldorf Beschl. v. 14.03.2007 – Kart 8/06, WuW 2007, 635).

## 2. Marktbeherrschung mehrerer Unternehmen

Eine Marktbeherrschung kann nicht gleichzeitig durch ein Unternehmen und durch mehrere Unternehmen erfolgen; die Sätze 1 und 2 schließen sich nach allgemeiner Ansicht gegenseitig aus (BGH Beschl. v. 12.02.1980 – KVR 3/79, NJW 1980, 1164 – Valium II). Der Oligopoltatbestand ist darauf zurückzuführen, dass auch eine Mehrzahl von Unternehmen den Wettbewerb ausschalten kann (vgl. Langen/Bunte/*Bardong* § 18 Rn. 151; Loewenheim/Meessen/Riesenkampff/*Götting* § 19 Rn. 41). Das ist dann der Fall, wenn im Innenverhältnis zwischen den Unternehmen ein wesentlicher Wettbewerb nicht besteht und die Unternehmen im Außenverhältnis in ihrer Gesamtheit keinem wesentlichen Wettbewerb ausgesetzt sind oder eine überragende Marktstellung haben.

## 3. Marktbeherrschungsvermutung

Im Rahmen der 8. GWB-Novelle wurde der Marktanteil, ab dem eine Vermutung für die Marktbeherrschung eines Unternehmens besteht, von einem Drittel auf 40 % erhöht (§ 18 Abs. 4). Damit wird die Vorschrift der europäischen Praxis angeglichen, in der das Vorliegen einer marktbeherrschenden Stellung in der Regel bei wesentlich höheren Marktanteilen – mehr als 50 % – bewiesen ist (vgl. EuGH, Slg. 1991, I-3359; Bosch/*Fritzsche* NJW 2013, 2225). Für eine Gesamtheit von bis zu drei Unternehmen gilt diese Vermutung ab einem Marktanteil von mindestens 50 % (§ 18 Abs. 6 Nr. 1), bei bis zu fünf Unternehmen ab einem Marktanteil von zwei Dritteln (§ 18 Abs. 6 Nr. 2). Bei einer Gesamtheit von Unternehmen kann die Vermutung widerlegt werden, § 18 Abs. 7.

## C. Missbrauch

Die Vorschrift des § 19 Abs. 1 enthält eine Generalklausel für die missbräuchliche Ausnutzung einer marktbeherrschenden Stellung. Missbrauchstatbestände sind beispielhaft in § 19 Abs. 2 aufgeführt.

Letzteren kommt in der Praxis eine weitaus wichtigere Bedeutung zu (Loewenheim/Meessen/Riesenkampff/*Götting* § 19 Rn. 58).

14 Die im GWB enthaltenen Einzeltatbestände entsprechen inhaltlich den in Art. 102 AEUV enthaltenen Missbrauchstatbeständen (vgl. OLG Düsseldorf Beschl. v. 30.07.2003 – Kart 35/02 [V], WuW/E DE-R 1159, 1160/1161 – BASF/NEPG). Sie lassen sich in folgende Kategorien einteilen: § 19 Abs. 2 Nr. 1 regelt den Behinderungsmissbrauch. Dieser weit gefasste Tatbestand wird in der Praxis im Wesentlichen anhand von vier Fallgruppen konkretisiert: Ausschließlichkeitsbindungen, Kundenbindungssysteme, Kopplungsgeschäfte, Preisunterbietung. Die Ausbeutung der Marktgegenseite wird durch die Regelung in § 19 Abs. 2 Nr. 2 sanktioniert (Ausbeutungsmissbrauch) (s. hierzu bspw. OLG Düsseldorf WuW/E DE-R 1239 ff. – TEAG). Der Strukturmissbrauch in § 19 Abs. 2 Nr. 3 stellt einen Spezialfall des Ausbeutungsmissbrauchs dar (s. hierzu bspw. BGH WuW/E DE-R 375 ff. – Flugpreisspaltung). Der Zugang zu Netzen und Infrastruktureinrichtungen soll durch § 19 Abs. 2 Nr. 4 sichergestellt werden (Zugangsmissbrauch) (s. hierzu bspw. BGH WuW/E DE-R 1520 ff. – Arealnetz). Die Regelung in § 19 Abs. 2 Nr. 5 sanktioniert das ungerechtfertigte Fordern von Vorteilen.

## D. Missbrauch einer marktbeherrschenden Stellung im Gesundheitssektor

15 Den Schwerpunkt der Prüfung bildet auch im Gesundheitssektor stets die Marktabgrenzung als Vorstufe für die Feststellung einer Marktbeherrschung und eines Missbrauchs. Die Ausführungen konzentrieren sich daher auf diesen Aspekt.

### I. Marktbeherrschende Stellung und Missbrauch durch Krankenhäuser

16 Wettbewerbsrelevantes Verhalten von Krankenhäusern wird in erster Linie im Bereich von Krankenhausfusionen gesehen. Die hierzu von BKartA und BGH entwickelte Praxis ist jedoch aufgrund des generell bestehenden Spannungsverhältnisses zwischen sozialpolitischen Zielen und dem Wettbewerbsrecht auch bei der kartellrechtlichen Bewertung anderer Rechtsbeziehungen von Krankenhäusern von Bedeutung. Insbesondere können die im Rahmen der Fusionskontrolle entwickelten Maßstäbe zur Marktabgrenzung auf die Missbrauchsaufsicht übertragen werden. Der BGH hat in der Entscheidung »Kreiskrankenhaus Bad Neustadt« zur Marktabgrenzung Stellung bezogen (eine ausführliche Übersicht zur Entwicklung der Marktdefinition in Rechtsprechung und Literatur findet sich in *Lübbig/Klasse*, Kartellrecht im Pharma- und Gesundheitssektor, S. 100 ff., Rn. 144 ff.; die Praxis des BKartA wird ausführlich aufgezeigt in *Jansen*, Die Zusammenschlusskontrolle im Krankenhaussektor, S. 158 ff.).

17 Zum **sachlich relevanten Markt**: Mit Beschluss vom 16.01.2008 hat der BGH sich für einen sachlich relevanten Markt von akutstationären Krankenhausdienstleistungen durch **Allgemeinkrankenhäuser und Fachkliniken** ausgesprochen (vgl. BGH Beschl. v. 16.01.2008 – KVR 26/07, BGHZ 175, 333 – Kreiskrankenhaus Bad Neustadt). Dies soll jedenfalls bei einer Fusionskontrolle gelten, wenn das Zielobjekt ein Allgemeinkrankenhaus mit dafür typischen Fachabteilungen ist (vgl. BGH Beschl. v. 16.01.2008 – KVR 26/07, BGHZ 175, 333 – Kreiskrankenhaus Bad Neustadt). Die Entscheidung wird als Bestätigung der Praxis des Bundeskartellamtes angesehen (Langen/Bunte/*Bunte*, Sonderbereich Gesundheitswesen und Krankenhäuser, Rn. 29).

18 Davon abzugrenzen sind nach Ansicht des Bundeskartellamtes aber **Rehabilitationseinrichtungen sowie Alten- und Pflegeheime** (Vgl. BKartA Beschl. v. 27.05.2013 – B 3 – 86101 – Fa 17/13 – Kliniken Main-Taunus-Kreis/Klinikum Höchst). Eine Aufteilung des Marktes in Notfall- und planbare Behandlungen sei aufgrund des einheitlichen Behandlungsangebots ebenfalls nicht sachgerecht (vgl. BGH Beschl. v. 16.01.2008 – KVR 26/07, BGHZ 175, 333 – Kreiskrankenhaus Bad Neustadt). Auch **psychiatrische Fachkliniken** in Allgemein- oder Fachkrankenhäusern werden vom allgemeinen (somatischen) Krankenhausmarkt ausgenommen (vgl. BKartA, Beschl. v. 27.05.2013 – B 3 – 86101 – Fa 17/13 – Kliniken Main-Taunus-Kreis/Klinikum Höchst. So soll bereits die überwiegend räumliche und organisatorische Trennung zwischen den Fachabteilungen für somatische

Erkrankungen und denjenigen für psychische Erkrankungen als Indiz für einen eigenen sachlich relevanten Markt gelten. Zudem sei die Behandlungsstruktur von Psychiatrie-Patienten, die häufig chronisch krank sind und mehrmals jährlich stationär aufgenommen werden, von der bei sonstigen Erkrankungen zu unterscheiden. Auch die Möglichkeit einer Unterbringung nach dem PsychKG wird bei der Marktabgrenzung berücksichtigt (vgl. grundlegend: BKartA Beschl. v. 10.07.2007 – B 3 – 85110-Fa 587/06 – Region Hanover/NLKH Wunstorf).

Gleiches gilt für **reine Privatkliniken**, die nicht in die Krankenhauspläne der Länder aufgenommen sind und keine Verträge nach § 108 SGB V mit den Krankenkassen geschlossen haben; sie sollen einen eigenständigen Markt bilden. Da eine Erstattung durch die Krankenkassen nicht erfolgt, würden Privatkliniken von Patienten nicht als Alternative angesehen werden (vgl. BKartA Beschl. v. 27.05.2013 – B 3 – 86101 – Fa 17/13 – Kliniken Main-Taunus-Kreis/Klinikum Höchst). 19

Nicht sachgerecht soll schließlich eine Abgrenzung anhand medizinischer Fachabteilungen sein. Da sich diese häufig überschneiden und dieselbe Behandlung oft in unterschiedlichen Abteilungen durchgeführt wird, scheide bei einer Mehrzahl der Fachbereiche eine wettbewerbliche Eigenständigkeit aus. Denkbar wären eigenständige sachliche Märkte in den Abteilungen Gynäkologie, Geburtshilfe und Augenheilkunde, da eine Überschneidung hier gering sei. Jedenfalls bei den häufig bedeutendsten Abteilungen eines Krankenhauses, wie Chirurgie und Innere Medizin, betragen die Überschneidungen aber zwischen 25 und 50 %, sodass aus Sicht des Nachfragers (Patient oder Arzt) alternativ auf eine andere Fachabteilung zurückgegriffen werden könne (vgl. BGH Beschl. v. 16.01.2008 – KVR 26/07, BGHZ 175, 333 – Kreiskrankenhaus Bad Neustadt; s. dazu auch: *Bretthauser* NJW 2006, 2884 ff.; kritisch: *Bohle* MedR 2006, 259 [261]). 20

Zum **räumlich relevanten Markt**: Dieser richtet sich auch im Krankenhaussektor nach dem Bedarfsmarktkonzept. Es wird auf den Patienten, seine Angehörigen und gegebenenfalls den behandelnden Arzt als Nachfrager der Leistung abgestellt, da von diesen eine eigenständige Auswahlentscheidung getroffen werde. Patienten, die als Nachfrager der Leistung aufgrund der tatsächlichen Verhältnisse nicht in Betracht kommen sollen jedenfalls für den Markt akutstationärer Krankenhausdienstleistungen außer Betracht bleiben. Potentielle Ausweichmöglichkeiten sollen daher nicht zu berücksichtigen sein, wenn sie – unabhängig von den Gründen dafür – tatsächlich nicht wahrgenommen würden. Überwiegend wählen Patienten Krankenhäuser aus, die sich in enger räumlicher **Nähe zum Wohnort** befinden (vgl. BGH Beschl. v. 16.01.2008 – KVR 26/07, BGHZ 175, 333 – Kreiskrankenhaus Bad Neustadt; kritisch zu einer solchen räumlichen Marktabgrenzung: *Jansen*, Die Zusammenschlusskontrolle im Krankenhaussektor, Diss. 2012, S. 201 ff.). Medizinische Spezialbehandlungen, wie z.B. Organtransplantationen oder die Trennung siamesischer Zwillinge, und Zufallspatienten, z.B. Urlauber, werden aufgrund ihrer geringen zahlenmäßigen Relevanz nicht berücksichtigt (vgl. *Lübbig/Klasse*, Kartellrecht im Pharma- und Gesundheitssektor, S. 106, Rn. 153). 21

## II. Marktbeherrschende Stellung und Missbrauch durch Krankenkassen

Mit der Marktabgrenzung im Bereich von gesetzlichen Krankenkassen musste sich das Bundeskartellamt bisher nicht vertieft beschäftigen. Eine Prüfung soll in sachlicher Hinsicht aber in zwei Richtungen denkbar sein: dem Angebots- und dem Nachfragemarkt. Die Krankenkassen böten ihre Leistungen nämlich gegenüber den Versicherten an (Angebotsmarkt) und fragten bei den Leistungserbringern Leistungen nach (Nachfragemarkt). Das Bundeskartellamt sieht potentiell eine Vielzahl von sachlich relevanten Nachfragemärkten. Auch räumlich dürften unterschiedliche Räume bestehen. Bei der Nachfrage nach Arzneimitteln würde eine Krankenkasse bundesweit tätig werden, bei der Nachfrage nach ambulanter und stationärer Versorgung eher lokal oder regional (vgl. BKartA, TB 2007/2008, BT-Drs. 16/13500 S. 150). Räumlich können die Angebotsmärkte anhand der Tätigkeitsgebiete der Krankenkassen abgegrenzt werden, wobei die Tätigkeitsgebiete der mitgliedsstärksten Krankenkassen, der AOKen, als prägend angesehen werden (vgl. *Lübbig/Klasse*, Kartellrecht im Pharma- und Gesundheitssektor, S. 121, Rn. 186). 22

### III. Marktbeherrschende Stellung und Missbrauch durch Pharmaunternehmen

23 Mit einigen vielbeachteten Entscheidungen ist auch der Missbrauchstatbestand im Recht der Pharmaunternehmen ins Blickfeld der Fachöffentlichkeit gerückt. Problematisch können danach insbesondere Vereinbarungen hinsichtlich der Verbesserung eines bestehenden Herstellungsverfahrens für bereits eingeführte Arzneimittel sein, wenn dadurch die Markteinführung von Generika verzögert werden könnte (vgl. bereits Kommission, Horizontal-LL, Rn. 148). Dies kann beispielsweise durch sogenannte »**Pay-for-delay**«-Vereinbarungen herbeigeführt werden. Bei solchen Vereinbarungen bezahlt der etablierte Hersteller des Originalpräparats den Hersteller des Generikums dafür, dass er seine Pläne für einen Markteintritt aufgibt oder verzögert. Auf diese Weise erhält der Generikahersteller »ein Stück vom Kuchen«, der sich aus den künstlich hohen Preisen ergibt (Bericht der Kommission an den Rat und das Europäische Parlament, Durchsetzung des Wettbewerbsrechts im Arzneimittelsektor, 28.01.2019, KOM 2019, 17, S. 2, 30–33; *Klaus/Derra* PharmR 2020, 115, 122). Wenn die Vereinbarungen anlässlich von Patentstreitigkeiten getroffen werden, spricht man teilweise auch von einer »Settlement-« oder Vergleichsvereinbarung. Solche Vereinbarungen stellen regelmäßig eine bezweckte Wettbewerbsbeschränkung nach Art. 101 AEUV dar. Darüber hinaus kann aber auch ein Verstoß gegen das Missbrauchsverbot des Art. 102 AEUV vorliegen (vgl. zum Problemkreis zuletzt etwa EuGH Urt. v. 30.01.2020 – C-307/18, NZKart 2020, 131 ff. – Generics (UK); EuG Urt. v. 08.09.2016 – T-472/13 – Lundbeck; Kommission v. 26.11.2020, AT.39686, ABl. C 32/9 – *Cephalon*; *Langguth* NZKart 2021, 160 ff.; *Gschwindt* GRUR Int. 2021, 250 ff.; *Langguth* NZKart 2020, 235 ff.; *dies.*, Pay-for-Delay-Vereinbarungen im transatlantischen Vergleich [2018]; *Welge*, Die kartellrechtliche Zulässigkeit von Pay-for-Delay-Vereinbarungen in den USA und der EU [2017]). Das OLG München (Urt. v. 11.07.2019 – 29 U 2134/19, PharmR 2019, 553; vgl. auch zuvor bereits OLG Düsseldorf Urt. v. 15.10.2014 – VI-U 42/13, NZKart 2015, 109) hat ferner entschieden, wann eine Abschlusserklärung im einstweiligen Rechtsschutzverfahren kartellrechtlich zulässig ist. Die Abschlusserklärung ist eine im gewerblichen Rechtsschutz verbreitete Erklärung, mit der auf alle Rechtsbehelfe gegen eine einstweilige Verfügung verzichtet wird und dadurch die vorläufige Verfügung ohne weitere Durchführung des Hauptverfahrens zum endgültigen Titel wird. Während deren Befolgung mangels Entscheidungsspielraum stets kartellrechtsneutral sei, sei die Abgabe der Abschlusserklärung jedenfalls dann unbedenklich, wenn der Schuldner im Zeitpunkt der Abgabe objektiv gerechtfertigte Gründe hatte, ernstlich anzunehmen, auch im Hauptprozess zu unterliegen. Ähnliche Anforderungen dürften auch an außergerichtliche Vergleichsvereinbarungen zu stellen sein. Jedenfalls kann aber das Verbot kartellrechtswidriger Verhaltensabstimmung nicht durch einen Vergleich über offensichtlich unbegründete (Patent-)Ansprüche umgangen werden. Des Weiteren hat der EuGH entschieden, dass »die Absprache (...) über die Verbreitung irreführender Informationen zu den Nebenwirkungen (...) an die EMA, die Angehörigen der Heilberufe und die Öffentlichkeit in einem Kontext, der durch einen ungesicherten wissenschaftlichen Kenntnisstand gekennzeichnet ist, zu dem Zweck, den Wettbewerbsdruck zu verringern (...) eine »bezweckte« Wettbewerbsbeschränkung im Sinne dieser Bestimmung ist« (EuGH Urt. v. 23.01.2018 – C-179/16, Rn. 95 – F. Hoffmann-La Roche). Problematische Gestaltungen können auch »Early-Entry«-Vereinbarungen sein. Dabei erlaubt der Originalpräparateherstellern den Markteintritt eines Generikaanbieters bereits vor Patentauslauf, lässt sich dafür aber Lizenzgebühren einräumen (s.a. Fuhrmann/Klein/Fleischfresser/*Pautke*, § 48 Rn. 38).

24 Ausgangspunkt ist stets die Frage, von welchem Markt für pharmazeutische Produkte auszugehen ist. Während die Kommission bereits des Öfteren mit der Frage betraut war, haben EuG und EuGH sich kürzlich erstmals im Rahmen der Missbrauchsaufsicht damit befasst. Die europäische Kommission wendet in ständiger Praxis das sog. anatomisch-therapeutisch-chemische Klassifikationssystem (ATC-Klassifikation) zur Abgrenzung des sachlich relevanten Marktes an (vgl. Kommission, Entsch. v. 19.11.2004, Rn. 12 – COMP/M.3544, Bayer/Roche OTC; Vgl. Kommission, Entsch. v. 26.04.2004, Rn. 15 – COMP/M.3354, Sanofi-Synthelabo/Aventis; *Klaus/Derra* PharR 2020, 115, 124). Danach erfolgt eine Klassifizierung von Arzneimitteln auf fünf Ebenen: Auf der

ersten Ebene gibt es 14 Hauptgruppen (Beispielsfälle geordnet nach den Gruppen der ersten ATC-Ebene finden sich bei Lübbig/Klasse, Kartellrecht im Pharma- und Gesundheitssektor, S. 59 ff., Rn. 12 ff.) mit einer pharmakologischen/therapeutischen Untergruppe (zweite Ebene). Die dritte und vierte Ebene sind chemische/pharmakologische/therapeutische Untergruppen. Auf der fünften Ebene wird der chemische Wirkstoff benannt (vgl. *Fricke/Günther/Zawinell/Zeidan*, Anatomisch-therapeutisch-chemische Klassifikation mit Tagesdosen für den deutschen Arzneimittelmarkt, S. 17). Maßgeblich ist in der Regel die dritte Ebene, da es aus Sicht des Patienten bzw. Arztes auf die **therapeutische Indikation eines Medikaments** ankommt. Die Eignung des Arzneimittels zur Prävention oder Heilung steht damit im Vordergrund. Eine Beschränkung erfolgt allerdings aufgrund der pharmaökonomischen Rahmenbedingungen, d.h. durch Vorgaben der Krankenkassen bei gleicher therapeutischer Eignung ein kostengünstigeres Präparat zu verschreiben (vgl. *Lübbig/Klasse*, Kartellrecht im Pharma- und Gesundheitssektor, S. 57 f., Rn. 9 f. m.w.N.). Dem Preis wird demgegenüber teilweise eine nur untergeordnete Rolle beigemessen, da sich Ärzte und Patienten hiervon eher weniger leiten lassen (vgl. *Siebert/Pries* PharmR 2007, 147 [148]). Als weitere Abgrenzungskriterien werden die Verschreibungspflichtigkeit, patentgeschützte Arzneimittel bzw. Generika, die Indikation, die Wirkungsweise, der Wirkstoff, die Anwendungsform oder das Preisniveau vorgeschlagen (vgl. *Siebert/Pries* PharmR 2007, 147 [148 ff.]).

Zum **räumlich relevanten Markt**: Dieser wird von der Kommission trotz einer Entwicklung zu einem europäischen Standard **national** definiert (vgl. Kommission, Entsch. v. 19.11.2004 – COMP/M.3544, Rn. 31 – Bayer Healthcare/Roche [OTC Business]). Unterschiede in den nationalen Krankenkassensystemen und fehlende Ausweichmöglichkeiten auf ausländische Anbieter verhindern einen einheitlichen Markt (vgl. *Siebert/Pries* PharmR 2007, 147 [152 f.]). Im Bereich der Forschung und Entwicklung von Arzneimitteln kann dagegen von einem europaweiten bzw. weltweiten Markt ausgegangen werden (vgl. *Lübbig/Klasse*, Kartellrecht im Pharma- und Gesundheitssektor, S. 74 m.w.N.).

Zum **Missbrauch einer marktbeherrschenden Stellung im Arzneimittelsektor** hat das EuG erstmals mit Urteil vom 01.07.2010 Stellung bezogen (EuG Urt. v. 01.07.2010 – T-321/05, Slg. 2010, II-2805), welches jüngst vom EuGH mit Urt. v. 06.12.2012 bestätigt wurde (EuGH Urt. v. 06.12.2012 – C-457/10P, PharmR 2013, 8). Den Urteilen lag eine Entscheidung der Kommission aus Juni 2005 zugrunde (Kommission Entsch. v. 15.06.2005 – COMP/A.37.507/F3, ABl. 2005, L 332/24). Die Kommission stellte einen Verstoß gegen das Verbot des Missbrauchs einer marktbeherrschenden Stellung durch die Pharmaunternehmen AstraZeneca AB und AstraZeneca plc fest. Diese hatten bei Patentämtern verschiedener Länder zum einen eine Verlängerung des Patentschutzes für ihr Magengeschwür-Arzneimittel Losec beantragt und zum anderen den Widerruf der Zulassung.

Bei der Marktabgrenzung stellte die Kommission nicht, wie sonst auch im Rahmen von Fusionskontrollentscheidungen üblich (vgl. zur Marktabgrenzung durch die Kommission im Arzneimittelsektor z.B.COMP/M.1397 – Sanofi/Synthelabo), auf das anatomisch-therapeutisch-chemische Klassifikationssystem (**ATC-Klassifikation**) ab, sondern zog als Marktabgrenzungskriterium zusätzlich das Merkmal der »**therapeutischen Überlegenheit**« heran. Auch die Heranziehung von Preisindikatoren wurde für die Marktabgrenzung im Arzneimittelsektor als zulässig erachtet. Dem steht nach Ansicht des Gerichts nicht die weitreichende staatliche Regulierungsdichte entgegen, denn dadurch würde der Wettbewerb nicht gänzlich ausgeschlossen. Diese Auslegung wird in der Literatur befürwortet, da die Festlegung der Preise unter Berücksichtigung des therapeutischen Nutzens bzw. der Qualität eines Medikaments erfolgt, was ein entscheidendes Merkmal des Leistungswettbewerbs darstellt. Darüber hinaus wird der Einfluss der Hersteller auf die Preisbildung als nicht gering angesehen, da sie durch die Qualität ihres Produktes zu einer Preissteigerung beitragen können und ihr Einfluss auf die staatlichen Gesundheitsbehörden nicht zu unterschätzen ist (vgl. *Müller-Graff/Fischmann* GRUR Int 2010, 792).

28 Einen Missbrauch sah die Kommission in der systematisch irreführenden Darstellung von AstraZeneca gegenüber den Patentämtern. Dadurch habe das Unternehmen den Markteintritt von Generika verhindert bzw. hinausgezögert und den Parallelhandel erschwert (Kommission Entsch. v. 15.06.2005 – COMP/A.37.507/F3, ABlEU Nr. L 332 v. 30.11.2006). Die Entscheidung der Kommission wurde, mit Ausnahme der Feststellung zum Parallelhandel, gerichtlich bestätigt. Welche Folgen die Entscheidung in Zukunft für die Marktabgrenzung hat, bleibt abzuwarten; die Definition der therapeutischen Überlegenheit wird wohl der weiteren Entscheidungspraxis der Kommission sowie der Rechtsprechung vorbehalten bleiben (vgl. *Seitz* EuZW 2013, 377). Fest steht jedenfalls, dass sich Pharmaunternehmen in Zukunft immer weniger auf einen wettbewerbsfreien Raum aufgrund der hohen staatlichen Regulierungsdichte berufen können und ihr Handeln in Bezug auf den Marktzugang von Generika zunehmend kritisch betrachtet wird (vgl. *Müller-Graff/Fischermann* GRUR Int 2010, 792)..

### IV. Sonstige Märkte

29 Im Übrigen werden folgende Märkte im Gesundheitsbereich vom Bundeskartellamt anerkannt: Es besteht ein Markt für **vorbefüllbare Glas-Fertigspritzen** (vgl. BKartA Beschl. v. 21.12.2012 – B-3 113/12 – Becton Dickinson and Company). Anerkannt ist auch ein Markt für **Bluttransfusionstechnologie**, wobei teilweise von einem einheitlichen Markt ausgegangen wird und teilweise zwischen einem Markt für das manuelle Vollblutverfahren bzw. für Inline-Systeme für die Durchführung manueller Vollblutspenden sowie einem Markt für das Apherese-Verfahren getrennt wird (vgl. BKartA Beschl. v. 11.12.2012 – B3 – 32501 – Fa 127/12 – Fresenius Kabi AG). Es gibt einen gesonderten Markt für **human-medizinische Laborleistungen** (ohne den Betrieb von Krankenhauslaboren) (vgl. BKartA Beschl. v. 13.11.2009 – B3–88/09 – Sonic Healthcare/Labor Lademannbogen). Anerkannt ist ferner ein Markt für die Herstellung und den Vertrieb von **Hörgeräten** über den Hörgeräte-Akustikhandel (vgl. BKartA Beschl. v. 11.04.2007 – B 3 – 33101 – Fa 578/06 – Phonak Holding AG).

## § 35 Geltungsbereich der Zusammenschlusskontrolle

(1) Die Vorschriften über die Zusammenschlusskontrolle finden Anwendung, wenn im letzten Geschäftsjahr vor dem Zusammenschluss
1. die beteiligten Unternehmen insgesamt weltweit Umsatzerlöse von mehr als 500 Millionen Euro und
2. im Inland mindestens ein beteiligtes Unternehmen Umsatzerlöse von mehr als 50 Millionen Euro und ein anderes beteiligtes Unternehmen Umsatzerlöse von mehr als 17,5 Millionen Euro

erzielt haben.

(1a) Die Vorschriften über die Zusammenschlusskontrolle finden auch Anwendung, wenn
1. die Voraussetzungen des Absatzes 1 Nummer 1 erfüllt sind,
2. im Inland im letzten Geschäftsjahr vor dem Zusammenschluss
    a) ein beteiligtes Unternehmen Umsatzerlöse von mehr als 50 Millionen Euro erzielt hat und
    b) weder das zu erwerbende Unternehmen noch ein anderes beteiligtes Unternehmen Umsatzerlöse von jeweils mehr als 17,5 Millionen Euro erzielt haben,
3. der Wert der Gegenleistung für den Zusammenschluss mehr als 400 Millionen Euro beträgt und
4. das zu erwerbende Unternehmen nach Nummer 2 in erheblichem Umfang im Inland tätig ist.

(2) Absatz 1 gilt nicht für Zusammenschlüsse durch die Zusammenlegung öffentlicher Einrichtungen und Betriebe, die mit einer kommunalen Gebietsreform einhergehen. Die Absätze 1 und 1a gelten nicht, wenn alle am Zusammenschluss beteiligten Unternehmen
1. Mitglied einer kreditwirtschaftlichen Verbundgruppe im Sinne des § 8b Absatz 4 Satz 8 des Körperschaftssteuergesetzes sind,
2. im Wesentlichen für die Unternehmen der kreditwirtschaftlichen Verbundgruppe, deren Mitglied sie sind, Dienstleistungen erbringen und
3. bei der Tätigkeit nach Nummer 2 keine eigenen vertraglichen Endkundenbeziehungen unterhalten.

Satz 2 gilt nicht für Zusammenschlüsse von Zentralbanken und Girozentralen im Sinne des § 21 Absatz 2 Nummer 2 des Kreditwesengesetzes.

(3) Die Vorschriften dieses Gesetzes finden keine Anwendung, soweit die Europäische Kommission nach der Verordnung (EG) Nr. 139/2004 des Rates vom 20. Januar 2004 über die Kontrolle von Unternehmenszusammenschlüssen in ihrer jeweils geltenden Fassung ausschließlich zuständig ist.

| Übersicht | Rdn. | | Rdn. |
|---|---|---|---|
| A. Allgemeines | 1 | C. Abs. 2: Ausnahmen | 7 |
| B. Abs. 1, 1a: Geltungsbereich der Zusammenschlusskontrolle | 3 | D. Abs. 3: Ausschließliche Zuständigkeit der Kommission | 9 |

## A. Allgemeines

§ 35 regelt Voraussetzungen, unter denen die Vorschriften über die Zusammenschlusskontrolle Anwendung finden. Hierzu wird an die von den beteiligten Unternehmen erzielten Umsatzerlöse angeknüpft, § 35 Abs. 1. § 35 Abs. 2 normiert Ausnahmetatbestände, bei deren Vorliegen die Vorschriften über die Zusammenschlusskontrolle unanwendbar sind. Nach § 35 Abs. 3 findet das GWB insgesamt keine Anwendung, wenn die Kommission über die Kontrolle von Unternehmenszusammenschlüssen ausschließlich zuständig ist. Ferner sind die §§ 35 ff. nur anwendbar, wenn sich der Zusammenschluss nach § 130 Abs. 2 im Inland auswirkt (vgl. FK/*Paschke*, § 35 Rn. 16 m.w.N.). 1

Ingesamt ist die nationale Fusionskontrolle in einen formellen und einen materiellen Teil zu unterteilen. § 35 gehört dem formellen Teil an. Ohne dass eine Unternehmenstransaktion auf dem Krankenhausmarkt die formellen Voraussetzungen erfüllt, ist sie kartellrechtlich nicht bedeutsam. Ein Vorhaben ist dann nicht anmelde- und kontrollpflichtig. Auch eine Pflicht zur Vollzugsanzeige besteht nicht. Umgekehrt bilden die von § 35 statuierten Schwellenwerte bzw. Umsatzerlöse notwendige Bedingungen für eine Anmeldepflicht. Diese werden ergänzt durch § 37: Eine Anmeldepflicht besteht nur, wenn das Vorhaben auch einen Zusammenschlusstatbestand erfüllt. 2

Die Gründe für Krankenhausfusionen sind vielfältig: Infolge des wirtschaftlichen Drucks sollen sie Größen- und Rationalisierungsvorteile generieren. Außerdem können sie – im Rahmen der derzeitigen Diskussion besonders bedeutsam (s. hierzu die Kommentierung des § 186 Abs. 9) – Fallzahlaufkommen erhöhen und in besonderen Bereichen des Angebotsspektrums Expertise und Sachverstand vertiefen, Lernkurveneffekte bewirken, Spezialisierungen herbeiführen und die Auslastung medizinischer Fachabteilungen und Großgeräte verbessern. Das ist auch im Hinblick auf die Ergebnisqualität von Vorteil (vgl. Monopolkommission, 17. Hauptgutachten, BT-Drs. 16/10140 S. 316). Allerdings können neben der mit der Fusion oft verbundenen Reduzierung der Zahl der Marktakteure auch sog. Marktzutrittsschranken entstehen, die potentielle Markteintritte neuer Akteure verhindern.

§ 35 GWB  Geltungsbereich der Zusammenschlusskontrolle

Infolge des zunehmenden Effizienz- und Konsolidierungsdrucks – dem entweder durch Kooperation oder Konsolidierung begegnet werden kann – steht die Fusionskontrolle auf Krankenhausmärkten seit mehr als zwei Jahrzehnten im Blickpunkt eines großen fachöffentlichen Interesses (vgl. etwa *Mareck*, Fusionskontrolle im Krankenhausmarkt (2020); *Timmreck*, Mergers & Acquisitions im Krankenhaussektor: Privatisierung und Konsolidierung (2016); *Fürchtenkord*, Fusion von Krankenhausträgern aus Sicht der deutschen und europäischen Zusammenschlusskontrolle (2015); Monopolkommission, Sondergutachten 52 und 53: Zusammenschlussvorhaben der Asklepios-Kliniken Hamburg GmbH mit der Krankenhaus Mariahilf gGmbH (2008); *Badtke,* Die Anwendbarkeit der deutschen und europäischen Fusionskontrolle auf Zusammenschlüsse von Krankenhäusern (2008); *Hamann*, Ziele und Strategien der Krankenhausfusion (2000)). In der Praxis sind fusionskontrollrechtlich relevante Fusionen in der Vergangenheit insbesondere aufgrund von Privatisierungen bis dahin in öffentlich-rechtlicher Trägerschaft stehender Häuser, von Verhinderung wirtschaftlicher Defizite bzw. Belastungen öffentlicher Haushalte und von Bestrebungen von – vor allem freigemeinnützigen – Krankenhausträgern, ihre Marktposition zu stärken, aufgetreten. Einzelheiten dazu und aus der fortdauernden Diskussion werden in den folgenden Absätzen und Paragrafen dargestellt. Was private Krankenhausträger anbetrifft, so ist die grundlegende Entscheidung des BKartA v. 10.03.2005 (B10–123/04 – *Rhön-Klinikum AG/Landkreis Rhön-Grabfeld*), die schließlich durch den BGH bestätigt wurde (GesR 2008, 484 ff.; auch ein Ministererlaubnisverfahren war erfolglos, vgl.. BMWi, Vfg. v. 22.05.2006, I B 2–221410/2), nach wie vor maßstabsetzend. Besondere Beachtung fanden auch die Verfahren *LBK Hamburg/Krankenhaus Mariahilf* (BKartA, Beschl. v. 06.06.2007 – B 3–6/07, WuW/E DE-V 1407 ff.) und *Fresenius* (BKartA, Beschl. v. 19.02.2014 – B3–109/13 – *Helios Kliniken/Rhön*), wobei dieses an sich in die Zuständigkeit der Kommission fiel und nur infolge Verweisung vom BKartA nach über zweijähriger Dauer entscheiden wurde. Aus dem Bereich der öffentlich-rechtlichen Krankenhausträger sind v.a. die Fälle *Universitätsklinikum Greifswald/Kreiskrankenhaus Wolgast* (BGH, Beschl. v. 18.10.2011 – KVR 35/08, WuW/E DE-R 365; BMWi, Vfg. v. 17.04.2008, IB1–221410/03) und *Gesundheit Nordhessen Holding AG/Gesundheitsholding Werra-Meißner GmbH* (BKartA v. 18.06.2009 – B3–215/08, WuW/E DE-V 1734 ff.) zu nennen.

Das Interesse wurde infolge der jüngsten, im Mai 2016 eingeleiteten und auch derzeit – Stand: April 2021– noch nicht abgeschlossenen Sektoruntersuchung des BKartA noch befeuert: Das BKartA sucht vertiefte Erkenntnisse im Bereich der akutstationären Krankenhausbehandlung zu gewinnen. Hierzu hat es 500 Krankenhäuser in Deutschland durch einen umfangreichen Fragebogen um Auskunft gebeten. Später weitete es die Untersuchung aus und befragte niedergelassene Vertragsärzte, da sie als Einweisende eine wichtige Rolle für Krankenhäuser einnehmen und markt(abgrenzungs)relevante Angaben geben. Ziel der Sektoruntersuchung dürfte vor allem sein, die – vielfach umstrittenen – Beurteilungskriterien für die Fusionskontrolle weiterzuentwickeln und belastbar zu präzisieren. Das BKartA erwartet Erkenntnisse darüber, von welchen Erwägungen sich Patienten oder deren Ärzte bei der Wahl eines Krankenhauses leiten lassen und wie sich die Krankenhäuser durch ihr Leistungsangebot und Spezialisierungsverhalten oder durch ihr Qualitätsmanagement von ihren Wettbewerbern abzuheben suchen. Was die niedergelassenen Ärzte anbetrifft, so erweist sich ihre – fusionskontrollrechtlich umstrittene – Rolle schon z.B. an dem dem freigemeinnützigen Bereich zuzuordnenden Verfahren »Stiftung der Cellitinnen zur hl. Maria, Köln« (B3–122/18; Rücknahme am 17.12.2018; Fallbericht v. 04.04.2019) daran, dass neben den in Köln und Umland gelegenen Krankenhäusern auch rund 250 repräsentativ ausgewählte niedergelassene Ärzte in der Stadt Köln mit Auskunftsbeschluss über einen elektronischen Fragebogen befragt wurden. Damit sollten die Markt- und Wettbewerbsverhältnisse in der Region erhoben werden, um die relevanten Märkte abgrenzen und die wettbewerblichen Auswirkungen des Vorhabens beurteilen zu können. Die niedergelassenen Ärzte sollen aufgrund ihrer Kenntnisse über die Krankenhäuser in der Region Köln insbesondere Auskunft zu ihren Empfehlungen geben, die sie ihren Patienten geben, wenn diese eine stationäre Krankenhausbehandlung benötigen. Hinsichtlich der Konsequenzen dieser Sektoruntersuchung wird abzuwarten sein.

Schließlich liegt in der Neuregelung des § 186 Abs. 9 (s. dazu die gesonderte Kommentierung) eine legislative Reaktion auf eine als zu streng empfundene und den krankenhausplanerischen Zielen einer Zentralisierung und Spezialisierung widersprechende Praxis des BKartA, zunehmend Krankenhausfusionen zu untersagen.

### B. Abs. 1, 1a: Geltungsbereich der Zusammenschlusskontrolle

§ 35 **Abs.** 1 Nr. 1 sieht vor, dass die Vorschriften über die Zusammenschlusskontrolle Anwendung finden, wenn die Umsatzerlöse der beteiligten Unternehmen weltweit bei mehr als 500 Mio. € liegen. Nach § 35 Abs. 1 Nr. 2 muss ein Unternehmen im Inland mindestens 50 Mio. € und ein anderes mindestens 17,5 Mio. € Umsatzerlöse erzielen. Die Nummern 1 und 2 müssen kumulativ vorliegen. Die Norm hat ihre jetzt gültige Fassung durch die am 21.01.2021 in Kraft getretene 10. GWB-Novelle erhalten. Mit der Anhebung der Schwellen der Nr. 2 sollen vor allem die im internationalen Vergleich recht hohen Fusionskontrollfallzahlen gesenkt werden (vgl. RegBegr., BT-Drs. 19/23492 S. 90). Sodann dient sie dazu, die Fusionskontrolle auf gesamtwirtschaftlich bedeutende Zusammenschlussvorhaben zu beschränken und solche mit marginalen wettbewerblichen Auswirkungen von der Kontrolle auszuschließen. Durch die Verdopplung der umsatzbasierten Inlandsumsatzschwelle von 5 Mio. Euro auf 10 Mio. Euro soll jetzt die Fusionskontrolle auf Fälle fokussiert werden, die typischerweise eine höhere gesamtwirtschaftliche Bedeutung aufweisen. Diese Änderung soll einerseits die Unternehmen entlasten, andererseits dem BKartA mehr Ressourcen für komplexe Verfahren zur Verfügung stellen. Zwar schränkt dies die Möglichkeiten des BKartA zur Beobachtung der Marktkonzentration ein. Die Wahrscheinlichkeit, dass durch den geänderten § 35 Abs. 1 Nr. 2 wettbewerblich kritische Fälle der Fusionskontrolle entzogen werden, dürfte indes als gering zu bewerten sein.

Schon mit dem bisherigen Wert von 5 Mio. € eröffnete die sog. zweite Inlandsumsatzschwelle Krankenhausträgern vielfache Möglichkeiten, etwa kleinere Fachkliniken mit weniger Betten oder kleinere Betriebsstätten anderer Krankenhäuser zu erwerben. Die neue Schwelle wird den Erwerb eines Grund-, Regel- oder Maximalversorgers wohl auch grundsätzlich nicht fusionskontrollfrei stellen. Gleichwohl hat etwa die Monopolkommission zu erkennen gegeben, dass sie eine Erhöhung des Schwellenwerts gerade im Gesundheitssektor wettbewerblich für eher abträglich hält, weil hier grundsätzlich regionale, d.h. kleinere Märkte betroffen seien (Policy Brief 4/2020, S. 7). Für die Berechnung der relevanten Umsatzerlöse sollen statt der nationalen handelsbilanzrechtlichen Grundsätze (vgl. § 277 HGB) künftig auch international anerkannte Rechnungslegungsstandards (etwa IFRS) Anwendung finden können, § 38 Abs. 1 Satz 2.

Praktisch wird sich die Anhebung der zweiten Schwelle in Fällen des Erwerbs von Krankenhäusern eher selten auswirken, aber wohl Bedeutung bei Erwerben kleinerer Unternehmen, z.B. MVZ, erlangen können. Das BKartA wird die Schwellen genau prüfen, so dass im Zweifel eine Anmeldung vorzunehmen sein wird. Würde der Zusammenschluss ohne diese vollzogen, würde gegen das sog. Vollzugsverbot verstoßen, was u.U. ein Entflechtungsverfahren, jedenfalls aber ein Bußgeldverfahren nach sich ziehen wird, weil das Amt nachträgliche Anmeldungen grundsätzlich nicht akzeptiert.

Mit der 9. GWB-Novelle 2017 wurde für Zusammenschlüsse, die diese Umsatzschwellen nicht erreichen, in **Abs. 1a** eine sog. Vermögensschwelle geschaffen. Diese Aufgreifschwelle wurde durch Zusammenschlüsse wie jenen der Unternehmen Facebook/WhatsApp forciert. Im Allgemeinen geht es darum, die wettbewerbliche Prüfung von bestimmten Typen von Zusammenschlüssen, bei denen Unternehmen zu einem hohen Preis gekauft werden, aber nur Umsätze unterhalb der konventionellen Schwellen aufweisen, zu ermöglichen. Der hohe Kaufpreis ist in solchen Übernahmefällen häufig ein Zeichen für das Vorhandensein innovativer Geschäftsideen mit einem hohen wettbewerblichen Marktpotential. Sinn und Ziel der Regelung sehen die Gesetzesverfasser darin, dass die Fusionskontrolle »ihre Funktion auch in einer immer dynamischeren Wirtschaftswelt umfassend erfüllen kann. Es müsse, so hieß es, sichergestellt werden, dass die Fusionskontrolle mit den immer schnelleren wirtschaftlichen Zyklen auch vor dem Hintergrund der fortschreitenden Digitalisierung und Vernetzung von Wirtschaft und Gesellschaft Schritt halten kann« (BT-Drs. 18/

10207 S. 70). Die Norm ist sodann durch die 10. GWB-Novelle im Sinne einer Folgeänderung zu Abs. 1 angepasst worden.

4 Bei der Betrachtung der Umsatzerlöse sind alle diejenigen **Unternehmen** zu berücksichtigen, die an dem Zusammenschlussvorhaben beteiligt sind. Der Begriff des Unternehmens entspricht dem des § 1 (vgl. § 1 GWB Rdn. 3 ff.). Er ist nach allgemeiner Ansicht funktional, entsprechend dem Sinn und Zweck des GWB auszulegen. Erfasst wird jede selbstständige Tätigkeit im wirtschaftlichen Verkehr. Dabei kommt es weder auf die Rechtsform noch auf eine Gewinnerzielungsabsicht an. Die Tätigkeit muss auf den Austausch von Waren oder gewerblichen Leistungen gerichtet sein. Aufgrund der Fiktion des § 36 Abs. 3 – »Flick-Klausel« – sind auch natürliche Personen und Personenvereinigungen, die selbst nicht unmittelbar am Markt tätig sind, aber eine Mehrheitsbeteiligung an einem Unternehmen halten, als Unternehmen anzusehen. Auf Unternehmen der öffentlichen Hand findet das GWB nach § 185 Abs. 1 ebenso Anwendung.

5 Wann ein Unternehmen »**beteiligt**« ist, wird im GWB nicht definiert. Die Frage kann nicht losgelöst vom jeweiligen Zusammenschlusstatbestand betrachtet werden (vgl. MüKo/*Wessely*, Europäisches und Deutsches Wettbewerbsrecht, Bd. 2, § 35 Rn. 12). Es ist zwischen den vier Zusammenschlusstatbeständen des § 37 Abs. 1 zu unterscheiden:
- Beim Vermögenserwerb nach § 37 Abs. 1 Nr. 1 sind Veräußerer und Erwerber als beteiligte Unternehmen anzusehen (vgl. Langen/Bunte/*Kallfaß*, § 35 Rn. 20). Die Meinung, wonach nicht der Veräußerer, sondern der veräußerte Vermögensteil beteiligt sein soll, gilt als überholt (vgl. Langen/Bunte/*Kallfaß*, § 35 Rn. 20; so aber: Loewenheim/Meessen/Riesenkampff/*Bauer*, § 35 Rn. 4).
- Wenn die alleinige oder gemeinsame Kontrolle über ein Zielunternehmen nach § 37 Abs. 1 Nr. 2 erworben wird, sind die Unternehmen beteiligt, die eine Kontrolle ausüben können sowie das Unternehmen, das kontrolliert wird (vgl. Langen/Bunte/*Kallfaß*, § 35 Rn. 21).
- Beim Anteilserwerb nach § 37 Abs. 1 Nr. 3 sind nur der Erwerber und das Unternehmen, an dem die erworbenen Anteile bestehen, beteiligt, nicht dagegen der lediglich mitwirkende Veräußerer (vgl. Langen/Bunte/*Kallfaß*, § 35 Rn. 22)
- Bei sonstigen Unternehmensverbindungen nach § 37 Abs. 1 Nr. 4 wird unterschieden: Bei erheblichem Einfluss durch nur ein Unternehmen sind nur dieses und das beeinflusste Unternehmen beteiligt. Bei erheblichem Einfluss mehrerer Unternehmen liegen mehrere vertikale Zusammenschlüsse vor, an denen jeweils das den Einfluss ausübende Unternehmen und das diesem Einfluss unterworfene Unternehmen beteiligt sind (vgl. Loewenheim/Meessen/Riesenkampff/*Bauer*, § 35 Rn. 4).

6 Für die **Bestimmung der Umsatzerlöse** sind alle Tätigkeiten der beteiligten Unternehmen zu berücksichtigen. Dies betrifft auch die Tätigkeiten von verbundenen Unternehmen, die bei Anmeldung und geplantem Vollzug des Zusammenschlusses noch verbunden sind (vgl. Loewenheim/Meessen/Riesenkampff/*Bauer*, § 35 Rn. 5). Wie den Umsatzzahlen zu entnehmen ist, findet die Zusammenschlusskontrolle nur auf große Unternehmen Anwendung. Der Gesetzgeber hat dabei bewusst in Kauf genommen, dass auch Zusammenschlüsse kleiner Unternehmen die Wettbewerbsstrukturen verändern können bzw. Zusammenschlüsse großer Unternehmen ohne Auswirkungen bleiben können (vgl. Langen/Bunte/*Kallfaß*, § 35 Rn. 24). Maßgeblich sind die weltweit erzielten Umsätze des letzten Geschäftsjahres (vgl. MüKo/*Wessely*, Europäisches und Deutsches Wettbewerbsrecht, Bd. 2, § 35 Rn. 17 f.).

### C. Abs. 2: Ausnahmen

7 § 35 Abs. 2 normiert Ausnahmetatbestände. In diesen Fällen wird dem Zusammenschluss keine wettbewerbliche Relevanz beigemessen (vgl. Loewenheim/Meessen/Riesenkampff/*Bauer*, § 35 Rn. 6; MüKo/*Wessely*, Europäisches und Deutsches Kartellrecht, Bd. 2, § 35 Rn. 30).

8 Von der Zusammenschlusskontrolle ausgenommen sind Zusammenschlüsse durch die Zusammenlegung öffentlicher Einrichtungen und Betriebe, die mit einer kommunalen Gebietsreform

einhergehen. Diese Regelung wurde auf Anregung des Bundesrates aufgenommen. Da nach Auffassung des BKartA und des Bundesministeriums für Wirtschaft und Technologie kommunale Gebietsreformen eine Fusionskontrolle auslösten, sollte eindeutig klargestellt werden, dass dieser Auffassung nicht zu folgen ist (vgl. BT-Drs. 17/9852, S. 40 ff., Anlage 3).

### D. Abs. 3: Ausschließliche Zuständigkeit der Kommission

Die Regelung in § 35 Abs. 3 ist auf Art. 21 Abs. 3 VO 139/2004 zurückzuführen (vgl. VO 139/ 2004, ABl. 2004, L 24/01). Dieser besagt, dass die Mitgliedstaaten ihr innerstaatliches Wettbewerbsrecht nicht auf Zusammenschlüsse von gemeinschaftsweiter Bedeutung anwenden. Ausschließlich zuständig ist die Kommission dann, wenn ein Zusammenschluss von »gemeinschaftsweiter Bedeutung« i.S.v. Art. 1 Abs. 2, 3 VO 139/2004 vorliegt und ein Zusammenschlusstatbestand i.S.v. Art. 3 VO 139/2004 gegeben ist (vgl. Bechtold/*Bechtold*, § 35 Rn. 3; s. hierzu näher MüKo/*Koch*, Deutsches und Europäisches Wettbewerbsrecht, Bd. 1, S. 1878 ff.). Die Europäische Kommission prüfte vor diesem Hintergrund den **Erwerb der Helios Kliniken GmbH durch die Fresenius AG** (Kommission, COMP/M.4010 – Fresenius/Helios; vgl. hierzu *Jansen*, Die Zusammenschlusskontrolle im Krankenhaussektor, S. 156 f., *Bangard* ZWeR 2007, 183 [201]).

9

## § 36 Grundsätze für die Beurteilung von Zusammenschlüssen

(1) Ein Zusammenschluss, durch den wirksamer Wettbewerb erheblich behindert würde, insbesondere von dem zu erwarten ist, dass er eine marktbeherrschende Stellung begründet oder verstärkt, ist vom Bundeskartellamt zu untersagen. Dies gilt nicht, wenn

1. die beteiligten Unternehmen nachweisen, dass durch den Zusammenschluss auch Verbesserungen der Wettbewerbsbedingungen eintreten und diese Verbesserungen die Behinderung des Wettbewerbs überwiegen, oder
2. die Untersagungsvoraussetzungen ausschließlich auf Märkten vorliegen, auf denen seit mindestens fünf Jahren Waren oder gewerbliche Leistungen angeboten werden und auf denen im letzten Kalenderjahr im Inland insgesamt weniger als 20 Millionen Euro umgesetzt wurden, es sei denn, es handelt sich um Märkte im Sinne des § 18 Absatz 2a oder einen Fall des § 35 Absatz 1a, oder
3. die marktbeherrschende Stellung eines Zeitungs- oder Zeitschriftenverlags verstärkt wird, der einen kleinen oder mittleren Zeitungs- oder Zeitschriftenverlag übernimmt, falls nachgewiesen wird, dass der übernommene Verlag in den letzten drei Jahren jeweils in der Gewinn- und Verlustrechnung nach § 275 des Handelsgesetzbuchs einen erheblichen Jahresfehlbetrag auszuweisen hatte und er ohne den Zusammenschluss in seiner Existenz gefährdet wäre. Ferner muss nachgewiesen werden, dass vor dem Zusammenschluss kein anderer Erwerber gefunden wurde, der eine wettbewerbskonformere Lösung sichergestellt hätte.

(2) Ist ein beteiligtes Unternehmen ein abhängiges oder herrschendes Unternehmen im Sinne des § 17 des Aktiengesetzes oder ein Konzernunternehmen im Sinne des § 18 des Aktiengesetzes, sind die so verbundenen Unternehmen als einheitliches Unternehmen anzusehen. Wirken mehrere Unternehmen derart zusammen, dass sie gemeinsam einen beherrschenden Einfluss auf ein anderes Unternehmen ausüben können, gilt jedes von ihnen als herrschendes.

(3) Steht einer Person oder Personenvereinigung, die nicht Unternehmen ist, die Mehrheitsbeteiligung an einem Unternehmen zu, gilt sie als Unternehmen.

| Übersicht | Rdn. | | Rdn. |
|---|---|---|---|
| A. Allgemein | 1 | III. Kausalität | 8 |
| B. Tatbestand/Voraussetzungen | 3 | IV. Ausnahmen | 9 |
| I. Zusammenschluss | 4 | C. Fusionskontrolle im Gesundheitssektor | 10 |
| II. Erhebliche Behinderung wirksamen Wettbewerbs | 5 | I. Fusionskontrolle bei Krankenhausfusionen | 10 |

## § 36 GWB  Grundsätze für die Beurteilung von Zusammenschlüssen

| | |
|---|---|
| 1. Grundsätzliches ............... 10 | 3. SIEC-Test und marktbeherrschende Stellung ..................... 11k |
| 2. Marktabgrenzung im Krankenhaussektor ...................... 11 | II. Fusionskontrolle bei der freiwilligen Vereinigung von Krankenkassen....... 12 |
| a) Sachlich ............... 11a | |
| b) Räumlich .............. 11g | |

### A. Allgemein

**1** § 36 regelt die Grundsätze für die Beurteilung von Zusammenschlüssen. Sie ist die wichtigste Norm der §§ 35 ff., da sie die materiellen Untersagungsvoraussetzungen enthält. Die Zusammenschlusskontrolle stellt die dritte Säule des Wettbewerbsrechts neben dem Kartellverbot in § 1 und der Missbrauchsaufsicht in § 19 dar. Durch die 8. GWB-Novelle traten einige Änderungen ein: In Abs. 1 Satz 1 wurde das Merkmal einer »erheblichen Behinderung des Wettbewerbs« als Untersagungsvoraussetzung aufgenommen (vgl. hierzu *Bosch/Fritzsche* NJW 2013, 2225 [2226 f.]). Das deutsche Recht wurde damit stärker ökonomisch ausgerichtet (»more economic approach«) (vgl. *Lettl* WuW 2013, 706 [710]) und an das europäische Recht angeglichen. Dort wurde mit der Novellierung der FKVO im Jahr 2004 (Verordnung [EG] Nr. 139/2004 des Rates v. 20.01.2004 über die Kontrolle von Unternehmenszusammenschlüssen, ABl. L 24 v. 29.01.2004) das materielle Untersagungskriterium – der sog. SIEC-Test (significant impediment to effective competition) – eingeführt. Dieser ist mittlerweile sowohl im europäischen als auch im nationalen Recht das häufigste materielle Prüfkriterium. Nach Auswertung der Praxiserfahrungen mit dem SIEC-Test, wurde eine Übernahme in das deutsche Recht als vorteilhaft befunden, da so eine gleichlaufende Beurteilung von Fusionsvorhaben auf deutscher und europäischer Ebene erleichtert werde. Dies sei im Interesse der Unternehmen und diene auch einem wirksamen Wettbewerbsschutz (vgl. BR-Drs. 176/12 S. 36). Die Abwägungsklausel in § 36 Abs. 1 Satz 2 Nr. 1 wurde beibehalten. Sie hat sich in der Praxis bewährt (vgl. BR-Drs. 176/12 S. 37; vgl. hierzu näher *Lettl* WuW 2013, 706 [710]). Die Bagatellmarktklausel wurde in § 36 Abs. 1 Satz 2 Nr. 2 – wie vor der 6. GWB-Novelle – der materiellen Fusionskontrolle zugeordnet. Die Vorschrift war zuvor gleichlautend in § 35 Abs. 2 Satz 1 Nr. 2 enthalten. In der Gesetzesbegründung wird ausgeführt, dass die Voraussetzungen der Anmeldepflicht eindeutig und ohne größeren Ermittlungsaufwand anhand quantitativer Kriterien feststellbar sein sollen. Dies war bei der für die Bagatellmarktklausel erforderlichen Marktabgrenzung und der Ermittlung des Marktvolumens oft nicht der Fall (vgl. BR-Drs. 176/12 S. 23). Die Unternehmen mussten stets das Risiko einer Fehleinschätzung bezüglich einer Anmeldepflicht tragen (vgl. BR-Drs. 176/12 S. 38).

**2** Für Krankenkassen ist die Neuregelung in § 172a SGB V von Bedeutung. Damit sind die Vorschriften über die Zusammenschlusskontrolle seit dem Jahr 2013 auf freiwillige Vereinigungen von Krankenkassen entsprechend anwendbar. In den Jahren 2011 und 2012 beschäftigte sich das Bundeskartellamt – neben Krankenhausfusionen – u.a. mit Zusammenschlussvorhaben in folgenden Bereichen: Labordiagnostik, Bluttransfusionstechnologie, Krankenhausbetten, Strahlentherapie, Dentalkeramik sowie Nadelschutzvorrichtungen für Fertigspritzen (vgl. 17. Tätigkeitsbericht des BKartA, S. 78 ff.; s. hierzu auch §§ 18, 19 GWB Rdn. 29).

### B. Tatbestand/Voraussetzungen

**3** Der Wettbewerb müsste durch den Zusammenschluss erheblich behindert werden, § 36 Abs. 1 Satz 1.

#### I. Zusammenschluss

**4** Der Begriff des Zusammenschlusses ist in § 37 definiert (vgl. § 37 GWB Rdn. 2 ff.).

#### II. Erhebliche Behinderung wirksamen Wettbewerbs

**5** Das Merkmal der »erheblichen Behinderung wirksamen Wettbewerbs« stellt eine Generalklausel dar. Im Rahmen einer **Gesamtbetrachtung** sind alle relevanten Umstände des Einzelfalls zu berücksichtigen. Es kommt maßgeblich auf die **wirtschaftlichen Auswirkungen** des Zusammenschlusses an, wobei auch das Verhalten der beteiligten Unternehmen und der Verbraucher, z.B. durch höhere Preisflexibilität, zu berücksichtigen sind. Zu berücksichtigende Umstände sind zunächst die in Art. 2 Abs. 1 Unterabs. 2 FKVO genannten genannten (vgl. *Lettl* WuW 2013, 706 [710]). Nach Art. 2 Abs. 1 Unterabs. 2 Buchst. a FKVO berücksichtigt die Kommission die Notwendigkeit, wirksamen Wettbewerb aufrechtzuerhalten und zu entwickeln. Ergänzend wird in Art. 2 Abs. 1 Unterabs. 2 Buchst. b FKVO aufgeführt, dass bei der Prüfung die Marktstellung, die wirtschaftliche Macht und die Finanzkraft der beteiligten Unternehmen, die Wahlmöglichkeiten von Lieferanten und Abnehmern, ihr Zugang zu den Beschaffungs- und Absatzmärkten, rechtliche oder tatsächliche Marktzutrittsschranken, die Entwicklung von Angebot und Nachfrage bei den jeweiligen Erzeugnissen und Dienstleistungen, die Interessen der Zwischen- und Endverbraucher und die Entwicklung des technischen und wirtschaftlichen Fortschritts, der dem Endverbraucher dient, zu berücksichtigen sind. Vom Tatbestand erfasst werden ausweislich der Gesetzesbegründung sowohl komplexe Oligopolsachverhalte als auch nicht koordiniertes beziehungsweise unilaterales Verhalten einzelner Unternehmen (vgl. dazu Kommission, COMP/M 3916 – T-Mobile Austria/tele.ring, ABl. 2007, L 88/44). Als Beispiel werden Preissetzungsmöglichkeiten eines Unternehmens nach einem Zusammenschluss ohne gleichzeitige Innehabung einer marktbeherrschenden Stellung genannt (vgl. BR-Drs. 176/12, S. 36).

Mit der »**Begründung oder Verstärkung einer marktbeherrschenden Stellung**« wird in der Vorschrift selbst ein Regelbeispiel genannt, das bislang in der europäischen Praxis den Hauptanwendungsfall der Vorschrift bildete (vgl. BR-Drs. 176/12, S. 36 f.; zweifelnd: Monopolkommission, Die 8. GWB-Novelle aus wettbewerbspolitischer Sicht, Sondergutachten 63, 2012). Die Rechtsprechungspraxis der Gerichte zum Merkmal der »Begründung oder Verstärkung einer marktbeherrschenden Stellung« kann auch nach der Gesetzesänderung herangezogen werden (vgl. BR-Drs. 176/12 S. 37; zum Begriff der marktbeherrschenden Stellung s. §§ 18, 19 GWB Rdn. 9 ff.).  6

Nach dem Wortlaut »wenn zu erwarten ist« ist eine **Prognose** vorzunehmen. Dazu sind die Wettbewerbsbedingungen vor und nach dem Zusammenschluss zu vergleichen; die zu erwartenden Entwicklungen sind einzubeziehen (vgl. BGH Beschl. v. 06.10.1992 – KVR 24/91, WuW/E 2795, 2804 – Pinneberger Tageblatt; BGH WuW/E BGH 1501, 1507 – Kfz-Kupplungen).  7

### III. Kausalität

Der Zusammenschluss muss für die Wettbewerbsbehinderung schließlich kausal sein. Diese Voraussetzung ist in den meisten Zusammenschlussanmeldungen problemlos gegeben (vgl. MüKo/*C. Becker/Knebel/Christiansen* Europäisches und Deutsches Wettbewerbsrecht, Bd. 2, § 36 Rn. 197). Daran fehlt es allerdings, wenn ein Vergleich mit der hypothetischen Entwicklung ergibt, dass derselbe Erfolg auch ohne den Zusammenschluss eingetreten wäre (vgl. OLG Düsseldorf Beschl. v. 11.04.2007 – VI-Kart 6/05 V, WuW/E DE-R 1958, 1972 – Rhön Grabfeld; Langen/Bunte/*Kallfaß*, § 36 Rn. 126). Das ist insbesondere in Fällen von **Sanierungsfusionen** – auch im Krankenhaussektor – der Fall. Eine Sanierungsfusion setzt voraus, dass die Liquidation oder Schließung des Krankenhauses die einzige Alternative ist (vgl. OLG Düsseldorf Beschl. v. 11.04.2007 – VI-Kart 6/05 V, WuW/E DE-R 1958, 1972 – Rhön Grabfeld). Damit müssen drei Voraussetzungen vorliegen: Es muss die Schließung des Krankenhauses drohen. Es dürfen keine alternativen Bewerber in Betracht kommen. Die Marktanteile des zu schließenden Unternehmens würden sich nicht auf andere Krankenhäuser verteilen, sondern dem Marktbeherrscher ohnehin zufallen (vgl. *Bohle* MedR 2006, 259 [262]; s. auch BKartA Beschl. v. 05.09.2012 – B3–43/12 – Klinikum Worms/Hochstift Worms – in diesem Fall lagen die Voraussetzungen für eine Sanierungsfusion nicht vor; allgemein zu Sanierungsfusionen s. Kommission, COMP/M.4596, WuW 2007, 1328; BKartA Beschl. v. 11.04.2006 – B 6 – 142/05). Auf kommunale Krankenhausträger sind die Grundsätze der Sanierungsfusion nicht anzuwenden, soweit sie im Rahmen ihres landesgesetzlich geregelten Sicherstellungsauftrags  8 verpflichtet sind, in der Grenze ihrer Leistungsfähigkeit die erforderlichen Krankenhäuser zu errichten und zu unterhalten (vgl. OLG Düsseldorf Beschl. v. 11.04.2007 – VI-Kart 6/05 V, WuW/E DE-R 1958, 1972 – Rhön Grabfeld). Nicht notwendige Krankenhäuser werden kaum als Fusionsobjekt angesehen, da sie ihren Status als zugelassenes Krankenhaus ohnehin verlieren würden (vgl. *Bohle* MedR 2006, 259 [262]).

### IV. Ausnahmen

9 In § 36 Abs. 1 Satz 2 sind Ausnahmen vom Untersagungstatbestand geregelt (vgl. zur Anwendbarkeit bei Krankenhausfusionen: *Middelschulte/Zumschlinge* WuW 2006, 366 ff.). Mit der Abwägungsklausel in § 36 Abs. 1 Satz 2 Nr. 1 hat der Gesetzgeber berücksichtigt, dass den negativen Auswirkungen eines Zusammenschlusses auch Positive gegenüberstehen können (vgl. Langen/Bunte/*Kallfaß*, § 36 Rn. 120; MüKo/*C.Becker/Knebel/Christiansen* Europäisches und Deutsches Wettbewerbsrecht, Bd. 2, § 36 GWB Rn. 202). Der Zusammenschluss ist daher nicht zu untersagen, wenn die Verbesserungen die Behinderung des Wettbewerbs überwiegen. Eine gesamtwirtschaftliche Prüfung ist nicht vorzunehmen; vielmehr sind dieselben strukturellen Wettbewerbsfaktoren zu berücksichtigen, die bei der Gesamtbetrachtung der Untersagungsvoraussetzungen eine Rolle spielen (vgl. Langen/Bunte/*Kallfaß*, § 36 Rn. 121). Die abzuwägenden Verbesserungen und Behinderungen müssen – anders als die Untersagungsvoraussetzungen nach Satz 1, die lediglich zu erwarten sein müssen – nachgewiesen werden (vgl. Langen/Bunte/*Kallfaß*, § 36 Rn. 124). § 36 Abs. 1 Satz 2 Nr. 2 enthält eine Bagatellmarktklausel, die im Zuge der 10. GWB-Novelle 2021 modifiziert worden ist. Den Zusammenschlüssen auf Märkten mit einem Jahresumsatz von weniger als 20 Mio. € wird damit die wettbewerbliche Relevanz abgesprochen. Zusammenschlüsse auf solchen Bagatellmärkten sind keiner Fusionskontrolle unterworfen, sodass sie selbst dann nicht untersagt werden können, wenn Wettbewerb erheblich behindert wird. Denn entsprechende Märkte werden als gesamtwirtschaftlich unbedeutend angesehen. Fusionen in diesem Sinne müssen zwar angemeldet, können aber nicht untersagt werden (Immenga/Mestmäcker/*Thomas*, § 36 Rn. 748). Die Prüfung des BKartA erschöpft sich darin, den betroffenen Markt zu identifizieren und sein Volumen zu ermitteln (*Bechtold/Bosch*, § 36 Rn. 48).

Die Relevanz der Bagatellmarktklausel wird im Krankenhaussektor bezweifelt. Allenfalls soll sie in dünn besiedelten Gebieten oder bei der Abgrenzung eigenständiger sachlicher Fachabteilungen zur Anwendung kommen (vgl. *Jansen*, Die Zusammenschlusskontrolle im Krankenhaussektor, S. 156 m.w.N.). Um Bagatellmärkte soll es sich bei dem Markt für Sicherheitsvorrichtungen für Fertigspritzen mit fester Nadel sowie bei dem Markt für Sicherheitsvorrichtungen für Fertigspritzen mit Luer-Lock/Luer-Ansatz handeln (vgl. BKartA Beschl. v. 21.12.2012 – B-3 113/12 – Becton Dickinson and Company).

Zwar ist es richtig, dass der Bagatellmarktklausel theoretisch bei einer Marktabgrenzung, die auf die Unterschiedlichkeit von Fachabteilungen (z.B. Psychiatrie, Psychosomatik, psychotherapeutische Medizin) Rücksicht nimmt (hierzu *Mareck* das krankenhaus 2020, 704, 705), Bedeutung zukommen könnte. Allerdings ist nicht nur auf die mitunter bestehende Problematik der fehlenden Trennschärfe der Abgrenzbarkeit hinzuweisen. Jedenfalls ist mit der 10. GWB-Novelle 2021 die sog. **Bündeltheorie** gesetzlich anerkannt worden (vgl. RegBegr., BT-Drs. 19/23492 S. 92): Sachlich eng verwandte Produktmärkte sind danach zu einem relevanten Markt zusammenzufassen. Dafür kommt es u.a. darauf an, ob die Beteiligten eine einheitliche Unternehmenspolitik verfolgen, und die Wettbewerbsbedingungen dürfen auf den betroffenen Märkten nicht voneinander unabhängig betrachtet werden können. Indizien sind insoweit z.B. eine große Angebotsumstellungsflexibilität, die Identität der wesentlichen marktbestimmenden Nachfrager und Anbieter auf den sachlichen Bagatellmärkten, der Absatz der einzelnen Produkte bzw. Produktgruppen über einheitliche Vertriebswege oder ein Vertrieb im Sortiment, gemeinsame Investitions- und Finanzpläne für die benachbarten Märkte sowie eine produkt- und marktübergreifende Bedeutung für die Nachfrager (BKartA v. 16.12.2005 – B 10–70/05 Rn. 26 – Klinikum Nürnberg/Landkreis

Nürnberger Land). Fallen einzelne medizinische Krankenhausleistungen unter die Bagatellmarktklausel, bilden sie Teile eines einheitlichen Krankenhausgeschäfts, das wettbewerblich und wirtschaftlich übergreifend zu sehen ist. Eine Klinik präsentiert sich dem Markt als eine fachlich diversifiziert spezialisierte Einheit, die besondere fachliche und pflegerische Kompetenz auf vielen Ebenen vorweisen kann. Dies muss sich auch in der Bündelung einzelner disziplinsbezogener Bagatellmärkte niederschlagen. Darüber hinaus wäre zu bedenken, dass sachlich spezialisierte Einzelmärkte, die unter die Bagatellmarktklausel fallen könnten, regelmäßig einer wesentlich größeren räumlichen Marktabgrenzung korrespondieren (vgl. *Bangard* ZWeR 2007, 183, 212), so dass auch die Überschreitung des Schwellenwerts wahrscheinlicher wird. Der Gegenausnahmetatbestand, nach dem die Bagatellmarktklausel nicht auf Märkte anwendbar ist, auf denen Leistungen unentgeltlich erbracht zu werden pflegen (vgl. §§ 36 Abs. 1 Satz. 2 Nr. 1, 18 Abs. 2a), greift im Krankenhausbereich nicht, weil sich auch bei GKV-Patienten die Entgeltlichkeit im Rahmen des sog. sozialrechtlichen Dreiecks vollzieht (hierzu *Mareck*, Fusionskontrolle im Krankenhausmarkt, S. 57)

## C. Fusionskontrolle im Gesundheitssektor

### I. Fusionskontrolle bei Krankenhausfusionen

#### 1. Grundsätzliches

Lange Zeit wurde die Anwendbarkeit der Fusionskontrolle auf den Krankenhaussektor bezweifelt. 10 Als Grund wurden die regulatorischen Vorgaben im Bereich der Krankenhausplanung (s. hierzu §§ 6, 8 Krankenhausgesetz [KHG] sowie die Landeskrankenhausgesetze), der Krankenhausfinanzierung (s. hierzu insbesondere das KHG, das Krankenhausentgeltgesetz [KHEntgG] sowie die darauf gestützten Rechtsverordnungen) und des Leistungserbringungsrechts (s. hierzu die Regelungen im SGB V) im Rahmen der gesetzlichen Krankenversicherung aufgeführt (s. hierzu ausführlich *Jansen*, Die Zusammenschlusskontrolle im Krankenhaussektor, S. 23 ff.). Diese schließen das Bestehen eines Wettbewerbs und das Bedürfnis nach einer Überprüfung von Zusammenschlüssen jedoch nicht aus. Im Einzelnen: Die Beherrschung oder Monopolisierung eines räumlichen Gebiets durch einen Krankenhausträger birgt die Gefahr, dass potentielle Patienten von diesem abhängig werden. Der Krankenhausmarkt bestimmt sich nach wie vor weitestgehend nach Wohnortnähe und Erreichbarkeit, weshalb weiter entfernt liegende Krankenhäuser oft keine Alternative zum Marktbeherrscher einer Region darstellen (vgl. *Bangard* ZWeR 2007, 183 [187 f.]; *Lübbig/Klasse*, Kartellrecht im Pharma- und Gesundheitssektor, S. 105 ff., Rn. 151 ff.). Die Monopolkommission hat im Sondergutachten zum Fall Rhön Klinikum AG/Landkreis Grabfeld zudem ausgeführt, dass der Preiswettbewerb im Krankenhauswesen zwar nur eine marginale Rolle spiele, die Strukturen, die einen solchen ermöglichen, aber aufrecht zu erhalten seien (vgl. Monopolkommission, Sondergutachten 63, 2012, Rn. 124). Damit soll der Gefahr eines nachlassenden Qualitätswettbewerbs begegnet werden (vgl. *Bangard* ZWeR 2007, S. 183 [189 f.]). Mit der marktbeherrschenden Stellung von Krankenhäusern kann auch eine Einschränkung des Versorgungsangebots einhergehen, wenn diese ihr Angebot auf lukrative Leistungen beschränken (vgl. *Bangard* ZWeR 2007, S. 183 [189 f.]).

#### 2. Marktabgrenzung im Krankenhaussektor

Krankenhausfusionen unterliegen daher der Fusionskontrolle (vgl. hierzu bereits *Kirchhoff* 11 GRUR 2009, 284 ff.; *Ulshöfer* ZWeR 2009, 114 ff.), hinsichtlich derer die Beurteilung anhand der dort etablierten Beurteilungskriterien und –muster erfolgt. Sowohl die sachliche als auch die räumliche Marktabgrenzung etwa richtet sich primär nach dem konventionellen, am einfachsten zu handhabenden sog Bedarfsmarktkonzept. Im Gegensatz zum sog. Produktmarktkonzept sind danach die Bedürfnisse des Konsumenten maßgeblich. In sachlicher Hinsicht sind in den relevanten Markt Waren und Leistungen einzubeziehen, die sich nach ihren Eigenschaften, ihrem wirtschaftlichen Verwendungszweck und ihrer Preislage so nahe stehen, dass der verständige

Verbraucher sie für die Deckung eines bestimmten Bedarfs als gegeneinander austauschbar ansieht. Bei der räumlichen Marktabgrenzung wird das Bedarfsmarktkonzept dergestalt angewandt, dass das Verbraucherverhalten unter dem Aspekt der tatsächlichen räumlichen Gegebenheiten untersucht wird.

**a) Sachlich**

11a Auf Krankenhausmärkten ist der Patient Nachfrager nach stationärer Krankenhausbehandlung, nicht die gesetzliche Krankenkasse (OLG Düsseldorf, WuW/E DE-R 1958, 1966 f. – Rhön-Grabfeld; Huster/Kaltenborn/*Bold*, Krankenhausrecht, § 11 Rn. 30; *Dittmann*, Märkte für Krankenhausdienstleistungen, S. 12 – a.A. *Jaeger* ZWeR 2005, 31, 32 f.). Er wählt seine Klinik anhand der fachlichen bzw. menschlichen Qualifikation der Ärzte und des Pflegepersonals, der Ausstattung, der Organisation der Abläufe, der Unterbringung sowie der Verpflegung und schließt einen privatrechtlichen Krankenhausvertrag. Das jeweilige Krankenhaus ist Anbieter der Leistungen, so dass Wettbewerbskräfte, die nicht durch öffentlich-rechtliche Vorgaben reguliert werden, herrschen.

11b Reine Privatkliniken, Kliniken für Vorsorge und Rehabilitation sowie Alten- und Pflegeheime sind nicht zu berücksichtigen, wenn Krankenhausmärkte abgegrenzt werden. Sedes materiae sind also ausschließlich Märkte der Akutkliniken mit Zulassung zur Behandlung Versicherter für Rechnung der gesetzlichen Krankenversicherung, d.h. Plankrankenhäuser, Krankenhäuser mit Versorgungsvertrag i.S.d. § 109 SGB V oder Hochschulkliniken (vgl. § 108 SGB V). Umstritten ist dagegen, ob weiter nach Fachabteilungen differenziert werden muss, was vom Kartellsenat des BGH verneint wird (BGH, NZS 2008, 653, 654 f. – Kreiskrankenhaus Bad Neustadt – a.A. und ausführlich OLG Düsseldorf, WuW/E DE-R 1958, 1970 ff. – Rhön-Grabfeld). Das BKartA definiert einen einheitlichen Krankenhausmarkt (ausführlich BKartA, Beschl. v. 11.12.2006, B3 – 1002/06, Rn. 28 ff. – Universitätsklinikum Greifswald/Kreiskrankenhaus Wolgast anders etwa bei psychiatrischen Krankenhäusern, wo das Bundeskartellamt von einem Markt für psychiatrische Krankenhausleistungen ausgeht; BKartA, TB 2007/2008, S. 147 – Klinikum Hannover), so dass sich weniger große Marktanteile bilden.

11c Der BGH hat diese behördliche Abgrenzung eines allgemeinen Marktes der Erbringung akut stationärer Krankenhausdienstleistungen durch Allgemeinkrankenhäuser und Fachkliniken bekräftigt und einer Abgrenzung nach medizinischen Fachabteilungen, wie sie das OLG Düsseldorf favorisiert hatte, eine Absage erteilt. Eine solche Marktabgrenzung sei jedenfalls in einem Fall, in dem das Zielobjekt der Fusion ein Allgemeinkrankenhaus mit dafür typischen Fachabteilungen sei, nicht sachgerecht. Der BGH (WuW/E DE-R 2327, 2333 – Kreiskrankenhaus Bad Neustadt) hat damit zugleich das BKartA bestätigt, das auch nach der Kritik des OLG Düsseldorf (OLG Düsseldorf, Beschl. v. 11.04.2007 – VI Kart 6/05 [V] – Rhön/Kreiskrankenhaus Bad Neustadt) an seiner Rechtsauffassung festgehalten hatte (BKartA, Beschl. v. 11.12. 2006 – B3–1002/06 – Universitätsklinikum Greifswald; BKartA, Beschl. v. 18.06.2009 – WuW/E DE-V 1734 – Gesundheit Nordhessen/Gesundheitsholding Werra-Meißner: Sachlich relevanter Markt ist der für akut stationäre Krankenhausdienstleistungen, da es sich bei den zu erwerbenden Einrichtungen um allgemeine Krankenhäuser handelt; der Markt für akut stationäre Krankenhausdienstleistungen umfasst sämtliche stationären medizinischen Dienstleistungen, die die Krankenhäuser gegenüber ihren Patienten erbringen; BKartA, Beschl. v. 12.03.2013 – B3–132/12 – Rhön-Klinikum/Asklepios; BKartA, Beschl. v. 15.03.2013 – B3–129/12 – Universitätsklinikum Heidelberg/Kreiskrankenhaus Bergstraße; BKart, Beschl. v. 04.06.2013 – B3–17/13 – Kliniken Main-Taunus-Kreis/Klinikum Frankfurt-Hoechst. Vgl. auch BKartA, TB 2011/2012, S. 76 ff.). In den vom OLG Düsseldorf aufgegebenen umfangreichen Anschlussermittlungen hatte das BKartA die bayerischen Krankenhäuser danach befragt, in welchen Fachabteilungen sie welche Fälle behandelt haben. In diesen empirischen Erhebungen hat das Amt erhebliche Überschneidungen zwischen den

Fachabteilungen festgestellt. Fast 40 % aller DRGs – auf die gut $^2/_3$ aller Fälle entfallen –, hatten sich nicht einmal Fachabteilungen eindeutig zuordnen lassen, weil der Überschneidungsbereich mit anderen Fachabteilungen zu groß war (vgl. hierzu *Kirchhoff* GRUR 2009, 284, 286 f.; *Möller* das krankenhaus 2007, 306).

In einem anderen Fall, der stationäre psychiatrische Krankenhausleistungen zum Gegenstand hatte, hat das BKartA einen eigenständigen Markt für psychiatrische Krankenhausleistungen zugrunde gelegt (BKartA, Beschl. v. 10.05.2007 – B3–587/06 – Klinikum Region Hannover/Landeskrankenhaus Wunstorf; s. auch BKartA, Beschl. v. 14.05.2014 – B3–135/13, Tz. 62 – Kreiskliniken Esslingen/Klinikum Esslingen. Vgl. auch BKartA, TB 2007/2008, S. 147 – Klinikum Hannover; dem wohl zustimmend *Mareck* das Krankenhaus 2016, 984, 986). Psychiatrische Fachabteilungen in Allgemeinkrankenhäusern und psychiatrische Fachkliniken gehören damit nicht zum allgemeinen (somatischen) Krankenhausmarkt. 11d

Der BGH stellt bei der sachlichen Marktabgrenzung auf die typische abstrakte Verbrauchererwartung ab, also auf die Vorstellung, die dieser Verbraucher mit dem Leistungsangebot eines Allgemeinkrankenhauses verbindet. Das ist theoretisch nicht angreifbar (vgl. etwa § 73 Abs. 3 SGB V), praktisch jedoch diskutabel, weil der konkrete Bedarf eines Patienten an stationärer medizinischer Versorgung tatsächlich von der Diagnose des behandelnden Arztes und der danach gegebenen Erkrankung abhängt. Der Anteil der Patienten, die sich der Empfehlung einer Klinik durch den Arzt vertrauensvoll unterordnen, wird auf ca. 60–70 % aller Neuaufnahmen geschätzt; berücksichtigt man, dass von diesen 25–30 % Notfallpatienten sind (*Badtke*, Die Anwendbarkeit der deutschen und europäischen Fusionskontrolle auf Zusammenschlüsse von Krankenhäusern, S. 270), wird rasch deutlich, wie wenig von der theoretisch gegebenen Wahlfreiheit Gebrauch gemacht wird; in neuerer Zeit freilich zeigen sich Tendenzen (vgl. Tagesspiegel v. 08.05.2018, S. 4; *Kingreen/Kühling*, Rechtsfragen der externen Nutzung von Datensätzen aus der Leistungserbringung durch Vertragsärzte und Krankenhäuser), die nach mehr Transparenz und Wahlfreiheit rufen, wobei abzuwarten bleibt, inwieweit dies künftig eine abweichende Beurteilung gebieten wird. Der BGH verweist auch darauf, dass die sachliche Marktabgrenzung des BKartA praktikabel sei und es entbehrlich mache, bei jeder Krankenhausfusion eine Vielzahl sachlich relevanter Märkte zu prüfen, die jeweils auch räumlich unterschiedlich abzugrenzen sein könnten. Sie erscheint jedenfalls rechtspolitisch als sachgerecht, weil wegen der gesetzlichen und gesundheitspolitischen Vorgaben Spezialisierungen und Effizienzsteigerungen geboten sind, die durch eine unverhältnismäßig strenge Fusionskontrolle zunichte gemacht würden. Eine andere, nämlich eine Marktabgrenzung nach Fachabteilungen, könne aber geboten sein, wenn sich der Zusammenschluss in besonderer Weise auf einem bestimmten Fachgebiet auswirken würde. Dies könne Fachabteilungen mit geringen Überschneidungen bei den Behandlungszahlen mit anderen Fachabteilungen wie Gynäkologie und Geburtshilfe oder Augenheilkunde betreffen. 11e

Die insoweit angelegte Differenzierung je nach Zielobjekt – Allgemeinkrankenhaus und auf bestimmte Fachgebiete spezialisierte Krankenhäuser – erscheint insofern als überzeugend, als den Besonderheiten des jeweiligen Zusammenschlusses angemessen Rechnung getragen werden kann. Der für den Lebensmittelhandel entwickelte Sortimentsgedanke kann für die Marktabgrenzung im Krankenhaussektor jedenfalls nicht ohne erhebliche Anpassungen herangezogen werden, weil er auf die kontinuierliche Deckung eines Verbraucherbedarfs durch wenig essentielle, d.h. im Einzelnen ersetzbare Produkte ausgerichtet ist. Kliniken müssen Leistungen entsprechend der Krankenhausplanung vollständig vorhalten, Einzelhändler Waren nicht. Anders als im Lebensmitteleinzelhandel, wo der Verbraucher aus einem Sortiment unterschiedliche Produkte auswählen will, um seinen täglichen Bedarf an unterschiedlichsten Verbrauchsgütern decken zu können, erwartet ein typischer Patient dies angesichts seines spezifischen Krankheitsbildes in dem von ihm aufgesuchten Krankenhaus gerade nicht (zutr. *Ulshöfer* ZWeR 2009, 114, 127). Es wird abzuwarten sein, wie der BGH in einem Fusionsfall unter Beteiligung spezialisierter Fachkliniken entscheiden wird und unter welchen Voraussetzungen er die von ihm angesprochene besondere Auswirkung eines Zusammenschlusses auf bestimmte Fachgebiete bejahen wird. 11f

### b) Räumlich

**11g** In räumlicher Hinsicht wird anhand des tatsächlichen Verhaltens der Patienten abgegrenzt (OLG Düsseldorf, WuW/E DE-R 1958, 1967 – Rhön-Grabfeld –, unter Verweis auf KG, WuW/E 5364, 5371 – HaGE Kiel; vgl. ferner BGH Beschl. v. 13.07.2004 – KVR 2/03, WuW/E DE-R 1301, 1303 – Sanacorp/Anzag; Langen/Bunte/*Schneider*, Syst. V Rn. 62). Das BKartA ermittelt hierzu Patientenströme in Bezug auf die unmittelbar von der Fusion betroffenen Krankenhäuser sowie die Krankenhäuser aus benachbarten Gebieten. Anhand der bei den Krankenhäusern erhobenen Daten (insbes. Postleitzahlen des Wohnorts der Patienten) wird anbieterorientiert festgestellt, aus welchen räumlichen Gebieten die dort behandelten Patienten stammen, um auf diese Weise Rückschlüsse auf die Einzugsgebiete der unmittelbar von der Fusion betroffenen Krankenhäuser sowie der Krankenhäuser aus den benachbarten Gebieten ziehen zu können. Dabei tendiert man zur Abgrenzung räumlich eng begrenzter Regionalmärkte (zu BKartA, Beschl. v. 12.03.2013 – B3–132/12 – Rhön-Klinikum/Asklepios-, vgl. die Pressemitteilung vom 14.03.2013: »Krankenhausmärkte sind in erster Linie regionale Märkte. Das BKartA will sicherstellen, dass die Patienten vor Ort noch eine gewisse Auswahl zwischen verschiedenen Krankenhausträgern haben, um den Qualitätswettbewerb zwischen den Häusern zu erhalten«; BKartA, Beschl. v. 14.05.2014 – B3–135/13 Tz. 61 ff. – Kreiskliniken Esslingen/Klinikum Esslingen). Suchen die Patienten überwiegend Krankenhäuser des Gebiets auf, in dem sie selber wohnen (hoher Eigenversorgungsanteil), spricht dies für homogene Wettbewerbsbedingungen in diesem Gebiet und für die Annahme eines eigenständigen räumlich relevanten Marktes. Dagegen sprechen unterschiedliche Eigenversorgungsquoten infolge einer unterschiedlichen Verteilung der Marktanteile gegen die Annahme homogener Wettbewerbsbedingungen. Der BGH hat kein Eigenversorgungsquotenminimum festgesetzt und die Quote nur als ein Merkmal unter mehreren der räumlichen Marktabgrenzung bezeichnet. Daneben hat er die Einpendlerquote berücksichtigt; eine geringe Quote sei für die Marktabgrenzung unerheblich (BGH NZS 2012, 464 Rn. 22 – Gesundheit Nordhessen Holding).

**11h** Etwaige Ausweichmöglichkeiten und Behandlungsalternativen in anderen Krankenhäusern berücksichtigt der BGH bei der räumlichen Marktabgrenzung nicht, wenn sie von Nachfragern vor dem Zusammenschluss tatsächlich nicht oder kaum wahrgenommen worden sind (BGH WuW/E DE-R 2327, 2336 – Kreiskrankenhaus Bad Neustadt). Für den Markt akutstationärer Krankenhausdienstleistungen bleiben danach für die Bestimmung des räumlich relevanten Marktes Patienten unbeachtet, die Leistungen der am Zusammenschluss beteiligten Krankenhäuser im Hinblick auf die räumliche Entfernung tatsächlich nicht in Anspruch nehmen. Nach Auffassung des BGH genügt eine Eigenversorgungsquote von 58,1 % zur Annahme eines räumlich abgegrenzten Marktes nicht (BGH NZS 2012, 464 Rn. 10 – Gesundheit Nordhessen Holding). Dagegen hat die Monopolkommission (XVII. Hauptgutachten: Weniger Staat, mehr Wettbewerb – Gesundheitsmärkte und staatliche Beihilfen in der Wettbewerbsordnung (2008), S. 246, Tz. 548) ins Feld geführt, Patienten seien trotz ihrer körperlichen Disposition und etwaiger seelischer Bindung bereit, zusätzliche Wege und Kosten in Kauf zu nehmen, um besser behandelt zu werden. Patienten nutzten ein weiter entferntes Krankenhaus, sofern dessen Mehrwert die Grenzkosten übersteigt. Der Nutzenmehrwert von weiter entfernten Krankenhäusern müsse aber für den Patienten hinreichend transparent sein. Die Qualitätstransparenz im Krankenhaussektor nehme zu. Zugleich weite sich der räumlich relevante Markt entsprechend aus. Die Monopolkommission will demgemäß diese Entwicklung so vorweg nehmen, dass der Markt im Zweifel räumlich weiter abgesteckt wird.

**11i** Potentielle Ausweichmöglichkeiten der Nachfrager *außerhalb* des räumlich relevanten Marktes sollen nach höchstrichterlicher Rechtsprechung nicht bei der Marktabgrenzung, sondern der Prüfung der materiellen Untersagungsvoraussetzungen, § 36 Abs. 1, berücksichtigt werden, wenn sie die wettbewerblichen Verhaltensspielräume der durch die Zusammenschlüsse entstandenen Unternehmensverbindung beschränken: »Das ist etwa (...) der Fall, wenn zu erwarten ist, dass Patienten bei einer Verschlechterung der Behandlungsqualität des aufgesuchten Krankenhauses auf ein

Krankenhaus außerhalb des als räumlich relevant betrachteten Marktes ausweichen« (BGH WuW/E DE-R 2327, 2336 – Kreiskrankenhaus Bad Neustadt). Dem entspricht die Auffassung des BKartA, mögliche räumliche Ausweichmöglichkeiten seien bei der Prüfung der fusionskontrollrechtlichen Untersagungsvoraussetzungen zu berücksichtigen, wenn sie den wettbewerblichen Verhaltensspielraum der am Zusammenschluss beteiligten Unternehmen einschränken. Nach Auffassung mancher Autoren (z.B. Langen/Bunte/*Schneider*, Rn. 64) kann die Patientenflexibilität bei sinkender Qualität freilich in geeigneten Einzelfällen schon bei der Abgrenzung des räumlich relevanten Marktes zu berücksichtigen sein: Beide Ansätze schlössen sich nicht aus. Erreiche die Patientenflexibilität im Einzelfall eine gewisses Niveau – möglicherweise gerade in Fällen, in denen es um spezielle, aus Patientensicht u.U. überlebenswichtige Krankenhausdienstleistungen gehe, die eine am Markt selten präsente fachliche Expertise voraussetzten – so sei zu prüfen, ob der räumlich relevante Markt abweichend von anderen Einzelfällen größer definiert werden muss. Da die Patientenflexibilität bei sinkender Qualität einen erheblichen Wettbewerbsdruck erzeugen könne, sei sie in entsprechenden Fällen dann auch bei der materiellen Prüfung der Wettbewerbskräfte zu berücksichtigen, die die Verhaltensspielräume der Krankenhäuser kontrollieren. Denn die Freiheit und Fähigkeit des Patienten, das Krankenhaus über die Grenzen des jeweils räumlich relevanten Marktes hinaus zu wechseln, habe häufig Einfluss auf den Qualitätswettbewerb.

In einzelnen Fällen hat das BKartA tatsächlich auch materiell auf die Patientenflexibilität im Falle einer Verschlechterung der Angebotsqualität der Krankenhäuser abgestellt (BKartA, Beschl. v. 15.03.2013 – B3-129/12 – Universitätsklinikum Heidelberg/Kreiskrankenhaus Bergstraße: Würde nach dem geplanten Zusammenschluss die Angebotsvielfalt oder die Qualität im Kreiskrankenhaus Bergstraße nachlassen, könnten die Patienten verstärkt auf die bereits tatsächlich in Anspruch genommenen Kliniken in Mannheim und Darmstadt ausweichen; in allen Gebieten werden auch nach dem Zusammenschluss zahlreiche große Krankenhäuser mit einem umfassenden Fachangebot als Ausweichalternativen zur Verfügung stehen, so dass der Verhaltensspielraum der Beteiligten im Qualitätswettbewerb und beim Fachangebot hinreichend begrenzt wird).   11j

### 3. SIEC-Test und marktbeherrschende Stellung

Nach § 36 Abs. 1 ist ein Zusammenschluss zu untersagen, wenn durch ihn wirksamer Wettbewerb erheblich behindert würde, insbesondere wenn von ihm zu erwarten ist, dass er eine marktbeherrschende Stellung begründet oder verstärkt. Sofern diese Stellung vergrößert wird, ist stets auch eine erhebliche Wettbewerbsbeschränkung zu bejahen. In der Praxis kommt es deshalb regelmäßig darauf an.   11k

Bei der Frage, wann eine marktbeherrschende Stellung vorliegt, kann wiederum auf § 18 Abs. 1 zurückgegriffen werden. Danach ist ein Unternehmen marktbeherrschend, soweit es als Anbieter oder Nachfrager einer bestimmten Art von Waren oder gewerblichen Leistungen auf dem sachlich und räumlich relevanten Markt ohne Wettbewerber ist oder keinem wesentlichen Wettbewerb ausgesetzt ist oder eine im Verhältnis zu seinen Wettbewerbern überragende Marktstellung hat. Vor allem § 18 Abs. 4–7 enthalten wichtige Konkretisierungen.   11l

Dem zuvor Dargelegten entsprechend, stellt das Amt zunächst vor allem auf diese Marktanteile im sachlich und räumlich relevanten Markt ab. Sie werden auf der Grundlage von Fallzahlen akutstationärer Patienten errechnet (BKartA, Beschl. v. 15.03.2013 – B3–129/12, Tz. 60 – Universitätsklinikum Heidelberg/Kreiskrankenhaus Bergstraße). Im Fall »Kreiskrankenhaus Bad Neustadt« ergab sich selbst bei Annahme eines Marktanteilsverlustes für das Kreiskrankenhaus Bad Neustadt aufgrund der besseren Verkehrsanbindung nach Erfurt und Schweinfurt wegen der zwischenzeitlichen Schließung des Kreiskrankenhauses Mellrichstadt nach dem Zusammenschluss prognostisch ein Marktanteil der Rhön-Kliniken von mindestens 50 %. Der BGH hat allerdings betont, dass man nicht allein aus dem Marktanteil des Krankenhauses auf dessen marktbeherrschende Stellung und damit auf eine Erfüllung der Untersagungsvoraussetzungen schließen könne (BGH NZS 2012, 464 Tz. 16 – Gesundheit Nordhessen Holding). Vielmehr seien die materiellen Untersagungsvoraussetzungen auf Grund einer umfassenden Berücksichtigung aller entscheidungserheblichen Umstände   11m zu prüfen, etwa auch des Marktanteilsabstandes zu den Wettbewerbern. Für eine marktdominante Stellung gegenüber Wettbewerbern seien auch Faktoren wie die größere Breite und Qualität des Leistungsangebots, die bessere Verhandlungsposition gegenüber Krankenkassen, die überlegene Finanzkraft und die aus der Zugehörigkeit zu einem Großkonzern resultierenden Synergieeffekte zu berücksichtigen. Auch eine Prüfung des Wettbewerbsdrucks aufgrund der Patientenflexibilität bei sinkender Qualität kann – wie oben dargelegt – die materielle Beurteilung beeinflussen, weil durch benachbarte Krankenhäuser, die nicht zum selben räumlich relevanten Markt gehören, sehr wohl Einfluss auf den Wettbewerb um Patienten ausgeübt werden kann, auch wenn vor dem Zusammenschluss Ausweichmöglichkeiten nicht oder kaum wahrgenommen werden (vgl. BKartA, Beschl. v. 15.03.2013 – B3–129/12 – Universitätsklinikum Heidelberg/Kreiskrankenhaus Bergstraße). Denn kaum ein Krankenhaus kann es sich dauerhaft leisten, bei einem derart sensiblen Gut wie der Gesundheit schlechte medizinische Qualität anzubieten.

### II. Fusionskontrolle bei der freiwilligen Vereinigung von Krankenkassen

12 § 172a Abs. 1 SGB V sieht vor, dass die Vorschriften über die Zusammenschlusskontrolle bei der freiwilligen Vereinigung von Krankenkassen entsprechende Anwendung finden. Die Regelung wurde im Rahmen der 8. GWB-Novelle im Juli 2013 in das Sozialgesetzbuch aufgenommen. Die Frage, ob eine Marktbeherrschung vorliegt, kann nicht allein anhand einer Addition der durch die Vereinigung erzielten Marktanteile erfolgen. Es ist die Marktstellung unter Gesamtwürdigung aller relevanten Umstände, je nach relevantem Markt etwa gegenüber den Versicherten oder Leistungserbringern entscheidend. Als Beispiel wird in der Gesetzesbegründung angeführt, dass das Verhältnis von Krankenkassen und Leistungserbringern noch sehr stark von Kollektivverträgen geprägt sei, wodurch ein Kräftegleichgewicht regelmäßig sichergestellt sei. Dies soll sich durch die Möglichkeit des vermehrten Abschlusses von Selektivverträgen ändern können (vgl. BR-Drs. 176/12 S. 50).

13 Für die Umsatzschwellen sind ausweislich der Gesetzesbegründung die Einnahmen aus Zuweisungen und aus Zusatzbeiträgen als Umsätze heranzuziehen. Damit wird der Praxis des Bundeskartellamtes gefolgt, das eine Umsatzberechnung anhand der Zuweisungen aus dem Gesundheitsfonds nach § 266 SGB V, die durch Ausgleichszahlungen i.S.v. § 242b SGB V zu korrigieren sind, und der Einnahmen aus Zusatzbeiträgen nach § 242 SGB V durchführte (vgl. BR-Drs. 176/12 S. 51).

14 § 172a Abs. 2 enthält Einschränkungen, die auf die Besonderheiten im Zusammenspiel zwischen GWB und SGB V zurückzuführen sind: Mit § 172a Abs. 2 Satz 1 werden Fusionskontrollverfahren und Genehmigungsverfahren nach dem SGB V aufeinander abgestimmt. Erst nach Freigabe durch das Bundeskartellamt bzw. Freigabefiktion darf die zuständige Aufsichtsbehörde die freiwillige Vereinigung genehmigen. Dies gilt für Vereinigungen von Ortskrankenkassen gem. § 144 Abs. 3 SGB V; für Vereinigungen von Betriebskrankenkassen, Innungskrankenkassen, Ersatzkrankenkassen und kassenartübergreifende Vereinigungen gilt § 144 Abs. 3 SGB V gem. § 150 Abs. 2 Satz 1, 160 Abs. 1 Satz 3, 168a Abs. 1 Satz 3, 171a Abs. 1 Satz 3 SGB V ebenso. Die Regelung wurde vor dem Hintergrund aufgenommen, dass eine Untersagung durch das Bundeskartellamt nach Wirksamwerden der Vereinigung durch Genehmigung der Aufsichtsbehörde ins Leere liefe, vgl. § 144 Abs. 3, 4 SGB V.

15 § 172a Abs. 2 Satz 2 verkürzt die viermonatige Frist des § 40 Abs. 2 Satz 2 für Rettungsfusionen (Vereinigungen zur Vermeidung der Schließung oder Insolvenz einer Krankenkasse) auf 6 Wochen. Sie orientiert sich an der achtwöchigen Frist zwischen Erlass eines Schließungsbescheids durch die Aufsichtsbehörde und dem Wirksamwerden der Schließung nach § 146a Satz 2, § 153 Satz 2, § 163 Satz 2 und § 170 Satz 2 SGB V. So könne laut Gesetzesbegründung kurzfristig vor Erlass des Schließungsbescheids noch ein Verfahren eingeleitet und abgeschlossen werden, um die Schließung durch Vereinigung zu vermeiden (vgl. BR-Drs. 176/12 S. 51).

16 Nach § 172a Abs. 2 Satz 3 ist nicht nur den obersten Landesbehörden, sondern auch den für die Vereinigung nach dem SGB V zuständigen Aufsichtsbehörden, Gelegenheit zur Stellungnahme zu

geben. Aufsichtsbehörden der gesetzlichen Krankenkassen sind das Bundesversicherungsamt bzw. die zuständigen Landesbehörden, § 90 SGB IV (vgl. BR-Drs. 176/12 S. 51). Die Regelung tritt neben § 40 Abs. 4 bzw. § 42 Abs. 4 Satz 2.

Für eine Entflechtungsbefugnis besteht kein Bedürfnis, weshalb § 172a Abs. 2 Satz 4 SGB V die Regelung des § 41 Abs. 3 und 4 von der entsprechenden Anwendbarkeit der Vorschriften des GWB ausnimmt (vgl. BR-Drs. 176/12 S. 51). 17

## § 37 Zusammenschluss

(1) Ein Zusammenschluss liegt in folgenden Fällen vor:
1. Erwerb des Vermögens eines anderen Unternehmens ganz oder zu einem wesentlichen Teil; das gilt auch, wenn ein im Inland tätiges Unternehmen, dessen Vermögen erworben wird, noch keine Umsatzerlöse erzielt hat;
2. Erwerb der unmittelbaren oder mittelbaren Kontrolle durch ein oder mehrere Unternehmen über die Gesamtheit oder Teile eines oder mehrerer anderer Unternehmen. Die Kontrolle wird durch Rechte, Verträge oder andere Mittel begründet, die einzeln oder zusammen unter Berücksichtigung aller tatsächlichen und rechtlichen Umstände die Möglichkeit gewähren, einen bestimmenden Einfluss auf die Tätigkeit eines Unternehmens auszuüben, insbesondere durch
    a) Eigentums- oder Nutzungsrechte an einer Gesamtheit oder an Teilen des Vermögens des Unternehmens,
    b) Rechte oder Verträge, die einen bestimmenden Einfluss auf die Zusammensetzung, die Beratungen oder Beschlüsse der Organe des Unternehmens gewähren;
   das gilt auch, wenn ein im Inland tätiges Unternehmen noch keine Umsatzerlöse erzielt hat;
3. Erwerb von Anteilen an einem anderen Unternehmen, wenn die Anteile allein oder zusammen mit sonstigen, dem Unternehmen bereits gehörenden Anteilen
    a) 50 vom Hundert oder
    b) 25 vom Hundert
   des Kapitals oder der Stimmrechte des anderen Unternehmens erreichen. Zu den Anteilen, die dem Unternehmen gehören, rechnen auch die Anteile, die einem anderen für Rechnung dieses Unternehmens gehören und, wenn der Inhaber des Unternehmens ein Einzelkaufmann ist, auch die Anteile, die sonstiges Vermögen des Inhabers sind. Erwerben mehrere Unternehmen gleichzeitig oder nacheinander Anteile im vorbezeichneten Umfang an einem anderen Unternehmen, gilt dies hinsichtlich der Märkte, auf denen das andere Unternehmen tätig ist, auch als Zusammenschluss der sich beteiligenden Unternehmen untereinander;
4. jede sonstige Verbindung von Unternehmen, auf Grund deren ein oder mehrere Unternehmen unmittelbar oder mittelbar einen wettbewerblich erheblichen Einfluss auf ein anderes Unternehmen ausüben können.

(2) Ein Zusammenschluss liegt auch dann vor, wenn die beteiligten Unternehmen bereits vorher zusammengeschlossen waren, es sei denn, der Zusammenschluss führt nicht zu einer wesentlichen Verstärkung der bestehenden Unternehmensverbindung.

(3) Erwerben Kreditinstitute, Finanzinstitute oder Versicherungsunternehmen Anteile an einem anderen Unternehmen zum Zwecke der Veräußerung, gilt dies nicht als Zusammenschluss, solange sie das Stimmrecht aus den Anteilen nicht ausüben und sofern die Veräußerung innerhalb eines Jahres erfolgt. Diese Frist kann vom Bundeskartellamt auf Antrag verlängert werden, wenn glaubhaft gemacht wird, dass die Veräußerung innerhalb der Frist unzumutbar war.

| Übersicht | Rdn. | | Rdn. |
|---|---|---|---|
| A. Allgemein | 1 | III. Anteilserwerb | 9 |
| B. Zusammenschlusstatbestände | 2 | IV. Sonstiger wettbewerblich erheblicher | |
| I. Vermögenserwerb | 3 | Einfluss | 10 |
| II. Kontrollerwerb | 7 | C. Einschränkungen | 14 |

## A. Allgemein

1 In § 37 Abs. 1 werden die einzelnen Zusammenschlusstatbestände aufgezählt. Diese sind abschließend. Eine Erweiterung oder analoge Anwendung kommt bereits deshalb nicht in Betracht, weil die Tatbestände die Grundlage für die Bußgeldvorschriften des § 81 Abs. 2 Nr. 1 und § 81 Abs. 2 Nr. 4 bilden (vgl. Bechtold/*Bechtold*, § 37 Rn. 2; so auch MüKo/*Bach*, Europäisches und Deutsches Wettbewerbsrecht, Bd. 2, § 37 Rn. 2). Die Abs. 2 und 3 enthalten Einschränkungen des Zusammenschlussbegriffs.

## B. Zusammenschlusstatbestände

2 § 37 Abs. 1 sieht vier Zusammenschlusstatbestände vor, die nebeneinander anwendbar sind (Immenga/Mestmäcker/*Thomas*, § 37 Rn. 11; MüKo/*Bach*, Europäisches und Deutsches Wettbewerbsrecht, Bd. 2, § 37 Rn. 3). Alle kommen bei Zusammenschlussvorhaben von Krankenhäusern in Betracht (vgl. *Jansen*, Die Zusammenschlusskontrolle im Krankenhaussektor, S. 144 m.w.N.).

### I. Vermögenserwerb

3 Nach § 37 Abs. 1 Nr. 1 liegt ein Zusammenschluss vor, wenn das Vermögen eines anderen Unternehmens ganz oder zum Teil erworben wird (Vermögenserwerb).

4 Das Vermögen umfasst die geldwerten Rechte und Güter eines Unternehmens, einschließlich der subjektiven Rechte und Chancen, sofern sie nur im Verkehr gehandelt werden (vgl. KG Beschl. v. 22.05.1985 – Kart. 21/83, WuW/E OLG, 3591, 3593 – Coop Schleswig-Holstein/Deutscher Supermarkt; Loewenheim/Meessen/Riesenkampff/*Riesenkampff/Lehr*, § 37 Rn. 3; s. auch OLG Düsseldorf WuW/E DE-R 1504, 1505 – National Geographic). Ob es auf die Art, Verwendung und Verwertbarkeit der Vermögensanteile ankommt, wird unterschiedlich bewertet (so MüKo/*Bach*, Europäisches und Deutsches Wettbewerbsrecht, Bd. 2, § 37 Rn. 8; Loewenheim/Meessen/Riesenkampff/*Riesenkampff/Lehr*, § 37 Rn. 3; a.A. Saenger/Aderhold/Lenkaitis/Speckmann/*Lotze*, Handels- und Gesellschaftsrecht, § 12, S. 1445, Rn. 203). Teilweise wird nur auf unternehmerisch genutzte Vermögensgegenstände abgestellt, die bereits vor dem Erwerb unternehmerisch genutzt worden sind (vgl. Bechtold/*Bechtold*, § 37 Rn. 5; a.A. Immenga/Mestmäcker/*Thomas*, § 37 Rn. 14).

5 Von einem **wesentlichen Teil eines Vermögens** wird bei Vermögensteilen ausgegangen, die das Gesamtvermögen mit nur unwesentlichen Ausnahmen umfassen, die im Verhältnis zum Gesamtvermögen wesentlich sind oder die sich als betriebliche Teileinheiten qualitativ vom übrigen Vermögen unterscheiden (vgl. BGH, Urt. v. 10.10.2006 – KVR 32/05, WuW/E DE-R 1979, 1981 – National Geographic I; Langen/Bunte/*Kallfaß*, § 37 Rn. 8). Die Abgrenzung ist im Einzelnen umstritten (s. hierzu ausführlich MüKo/*Bach*, Europäisches und Deutsches Wettbewerbsrecht, Bd. 2, § 37 Rn. 23 ff.; BGH Urt. v. 07.07.1992 – KVR 14/91 – Warenzeichenerwerb, WuW/E BGH 2783, 2785; BGH Urt. v. 10.10.2006 – KVR 32/05 – National Geographic I, WuW/E DE-R 1979).

6 Vom Begriff des Vermögenserwerbs wird nur der **Erwerb des Vollrechts** erfasst. Eine Erstreckung des Begriffs auf die wirtschaftlich gleichwertige Einräumung von Nutzungsrechten wird abgelehnt, weil diese Erwerbsformen unter den Zusammenschlusstatbestand von § 37 Abs. 1 Nr. 2 Buchst. a fallen können (vgl. BGH Urt. v. 10.10.2006 – KVR 32/05, WuW/E DE-R 1979, 1981 – National Geographic I). Der Erwerb kann durch Gesamtrechtsnachfolge oder durch Einzelrechtsnachfolge eintreten (vgl. Bechtold/*Bechtold*, § 37 Rn. 4).

### II. Kontrollerwerb

7 Nach § 37 Abs. 1 Nr. 2 Satz 1 ist ein Zusammenschluss gegeben beim Erwerb der unmittelbaren oder mittelbaren Kontrolle durch ein oder mehrere Unternehmen über die Gesamtheit oder Teile eines oder mehrere anderer Unternehmen (Kontrollerwerb). Wie eine Kontrolle begründet

wird, wird sodann in Satz 2 ausgeführt: durch Rechte, Verträge und andere Mittel, die einzeln oder zusammen unter Berücksichtigung aller tatsächlichen und rechtlichen Umstände die Möglichkeit gewähren, einen bestimmenden Einfluss auf die Tätigkeit eines Unternehmens auszuüben. Die Ausübung bestimmenden Einflusses ist damit zentrales Merkmal des Kontrollbegriffs. Dieser muss nicht tatsächlich ausgeübt werden; ausreichend ist, dass die Möglichkeit dazu besteht (vgl. BGH Beschl. v. 30.09.1986 – KVR 08/85 WuW/E 2321, 2323 – Mischguthersteller; Bechtold/*Bechtold*, § 37 Rn. 10).

Erfasst werden sowohl die Einzelkontrolle als auch die gemeinsame Kontrolle durch mehrere Unternehmen. Eine gemeinsame Kontrolle liegt vor, wenn zwei oder mehr Unternehmen oder Personen die Möglichkeit haben, einen bestimmenden Einfluss in einem anderen Unternehmen auszuüben (vgl. Kommission, Berichtigung der Konsolidierten Mitteilung zu Zuständigkeitsfragen gemäß der VO [EG] Nr. 139/2004 des Rates über die Kontrolle von Unternehmenszusammenschlüssen, ABl. 2009, C 43/10, Rn. 62). Dies kann aufgrund gleicher Stimmrechte oder Besetzung der Entscheidungsgremien der Fall sein (vgl. Kommission, Berichtigung der Konsolidierten Mitteilung zu Zuständigkeitsfragen gemäß der VO [EG] Nr. 139/2004 des Rates über die Kontrolle von Unternehmenszusammenschlüssen, ABl. 2009, C 43/10, Rn. 64). Ebenso kommt eine gemeinsame Kontrolle in Betracht, wenn Minderheitsgesellschafter zusätzliche Rechte haben, die es ihnen ermöglichen, ein Veto einzulegen, gegen Entscheidungen, die wesentlich sind für das strategische Verhalten des Gemeinschaftsunternehmens (vgl. Kommission, Berichtigung der Konsolidierten Mitteilung zu Zuständigkeitsfragen gemäß der VO [EG] Nr. 139/2004 des Rates über die Kontrolle von Unternehmenszusammenschlüssen, ABl. 2009, C 43/10, Rn. 65 ff.).

### III. Anteilserwerb

§ 37 Abs. 1 Nr. 3 regelt den Anteilserwerb. Dieser stellt den **praktisch wichtigsten Anwendungsfall** der Zusammenschlusstatbestände dar (MüKo/*Bach*, Europäisches und Deutsches Wettbewerbsrecht, Bd. 1, § 37 Rn. 48). Er greift unabhängig vom Vorliegen einer Kontroll- oder Einflussmöglichkeit bereits bei Vorliegen der formalen Grenze von 25 % bzw. 50 % des Kapitals oder der Stimmrechte ein (vgl. Loewenheim/Meessen/Riesenkampff/*Riesenkampff/Lehr*, § 37 Rn. 20). Ebenso wie beim Vermögenserwerb i. S. v. § 37 Abs. 1 Nr. 1 ist grundsätzlich der Vollerwerb erforderlich; die Begründung beschränkt dinglicher Rechte ist nicht ausreichend (vgl. MüKo/*Bach*, Europäisches und Deutsches Wettbewerbsrecht, Bd. 2, § 37 Rn. 58; Immenga/Mestmäcker/*Thomas*, § 37 Rn. 280). Neben dem Kontrollerweb stellt der Anteilserwerb auch bei Zusammenschlüssen von Krankenhäusern den häufigsten Anwendungsfall dar (vgl. *Jansen*, Die Zusammenschlusskontrolle im Krankenhaussektor, S. 144 m.w.N.).

### IV. Sonstiger wettbewerblich erheblicher Einfluss

Der Zusammenschlusstatbestand des § 37 Abs. 1 Nr. 4 erfasst sonstige Verbindungen, durch die ein wettbewerblich erheblicher Einfluss auf ein anderes Unternehmen ausgeübt werden kann. Damit sollen solche Fälle erfasst werden, bei denen Anteile unterhalb der Schwelle von 25 % erworben werden und die somit nicht die Voraussetzungen der anderen Tatbestandsvarianten erfüllen (s. zur restriktiven Handhabung: BKartA WuW/E DE-V 831, 832f – RWE-Wuppertaler Stadtwerke; OLG Düsseldorf WuW/E DE-R 1639 ff. – Mainova/Aschaffenburger Versorgungs GmbH). Wie sich aus dem Begriff »sonstige Verbindungen« ergibt, ist der Tatbestand der Nr. 4 gegenüber den Nrn. 1 bis 3 **subsidiär** (vgl. Loewenheim/Meessen/Riesenkampff/*Riesenkampff/Lehr*, § 37 Rn. 26; MüKo/*Bach*, Europäisches und Deutsches Wettbewerbsrecht, Bd. 1, § 37 Rn. 103).

Erfasst wird nicht jeder wettbewerbliche Einfluss, sondern nur solche Fälle, in denen der wettbewerbliche Einfluss auf gesellschaftsrechtlichen Unternehmensverbindungen beruht (vgl. BT-Drs. 13/9720, S. 57; BGH WuW/E DE-R 607, 612 – Minderheitsbeteiligung im Zeitschriftenhandel). Es wird nicht verlangt, dass das Unternehmen, an dem die Beteiligung erworben wird beherrscht werden kann. Ausreichend ist vielmehr die gesellschaftsrechtlich vermittelte Möglichkeit einer Einflussnahme, die sich auch nicht auf das gesamte Wettbewerbspotential des Beteiligungsunternehmens beziehen muss. Es genügt, wenn dieses infolge der Beteiligung auch von dem Erwerber für die von ihm verfolgten wettbewerblichen Zwecke nutzbar gemacht und eingesetzt werden kann (BGH Beschl. v. 21.12.2004 – KVR 26/03, NJW-RR 2005, 474 – Deutsche Post/trans-o-flex; vgl. dazu auch BKartA Beschl. v. 26.10.2012 – B9–32/12; OLG Düsseldorf Beschl. v. 23.11.2005 – VI-2 Kart 14/04 [V], ZNER 2006, 47).

12 Als wettbewerblich erheblich ist der Einfluss anzusehen, wenn aufgrund des zwischen den Unternehmen bestehenden gesamten Beziehungsgeflechts zu erwarten ist, dass der Wettbewerb zwischen den beteiligten Unternehmen so wesentlich eingeschränkt ist, dass die Unternehmen nicht mehr unabhängig am Markt auftreten (BT-Drs. 11/4610, S. 20). In Betracht kommen sowohl horizontale als auch vertikale Zusammenschlüsse (vgl. Bechtold/*Bechtold*, § 37 Rn. 44; FK/*Paschke*, § 37 Rn. 77 f.).

13 Ein Beispiel stellt im Krankenhaussektor eine geplante Minderheitsbeteiligung eines privaten Klinikträgers an kommunalen Krankenhäusern dar (vgl. *Jansen*, Die Zusammenschlusskontrolle im Krankenhaussektor, S. 145).

## C. Einschränkungen

14 Die § 37 Abs. 2 und 3 enthalten zwei Einschränkungen der Zusammenschlusstatbestände.

15 In § 37 Abs. 2 wird zunächst klargestellt, dass der Zusammenschlusstatbestand grundsätzlich auch durch einen erneuten Zusammenschluss erfüllt werden kann. (Bedeutung kommt der Ausnahme zu) Ein Zusammenschluss ist zu verneinen, wenn die bestehende Unternehmensverbindung dadurch nicht wesentlich verstärkt wird. Eine wesentliche Verstärkung liegt vor, wenn die Entscheidungsfreiheit des Zielunternehmens und der Wettbewerb zwischen dem Zielunternehmen und dem erwerbenden Unternehmen verringert werden (vgl. Loewenheim/Meessen/Riesenkampff/*Riesenkampff/Lehr*, § 37 Rn. 35; s. auch MüKo/*Bach*, Europäisches und Deutsches Wettbewerbsrecht, Bd. 1, § 37 Rn. 143 ff., wonach eine dreistufige Prüfung zur Bestimmung einer wesentlichen Verstärkung vorzunehmen ist). In dem Fall ist eine vorherige Anmeldung erforderlich.

16 Die Vorschrift des § 37 Abs. 3 regelt eine Einschränkung für den Banken- und Versicherungssektor. Ein Zusammenschluss ist beim Anteilserwerb zum Zwecke der Veräußerung zu verneinen, wenn folgende Voraussetzungen vorliegen: keine Ausübung des Stimmrechts und Veräußerung innerhalb eines Jahres bzw. innerhalb der vom Bundeskartellamt verlängerten Frist. Fällt eine der Voraussetzungen weg, kommt es zu einem Zusammenschluss mit Wirkung ex nunc (vgl. Langen/Bunte/*Kallfaß*, § 37 Rn. 69).

## § 38 Berechnung der Umsatzerlöse, der Marktanteile und des Wertes der Gegenleistung

(1) Für die Ermittlung der Umsatzerlöse gilt § 277 Abs. 1 des Handelsgesetzbuchs. Verwendet ein Unternehmen für seine regelmäßige Rechnungslegung ausschließlich einen anderen international anerkannten Rechnungslegungsstandard, so ist für die Ermittlung der Umsatzerlöse dieser Standard maßgeblich. Umsatzerlöse aus Lieferungen und Leistungen zwischen verbundenen Unternehmen (Innenumsatzerlöse) sowie Verbrauchsteuern bleiben außer Betracht.

(2) Für den Handel mit Waren sind nur drei Viertel der Umsatzerlöse in Ansatz zu bringen.

(3) Für den Verlag, die Herstellung und den Vertrieb von Zeitungen, Zeitschriften und deren Bestandteilen ist das Vierfache der Umsatzerlöse und für die Herstellung, den Vertrieb und die Veranstaltung von Rundfunkprogrammen und den Absatz von Rundfunkwerbezeiten ist das Achtfache der Umsatzerlöse in Ansatz zu bringen.

(4) An die Stelle der Umsatzerlöse tritt bei Kreditinstituten, Finanzinstituten, Bausparkassen sowie bei externen Kapitalverwaltungsgesellschaften im Sinne des § 17 Absatz 2 Nummer 1 des Kapitalanlagegesetzbuchs der Gesamtbetrag der in § 34 Absatz 2 Satz 1 Nummer 1 Buchstabe a bis e der Kreditinstituts-Rechnungslegungsverordnung in der jeweils geltenden Fassung

genannten Erträge abzüglich der Umsatzsteuer und sonstiger direkt auf diese Erträge erhobener Steuern. Bei Versicherungsunternehmen sind die Prämieneinnahmen des letzten abgeschlossenen Geschäftsjahres maßgebend. Prämieneinnahmen sind die Einnahmen aus dem Erst- und Rückversicherungsgeschäft einschließlich der in Rückdeckung gegebenen Anteile.

(4a) Die Gegenleistung nach § 35 Absatz 1a umfasst
1. alle Vermögensgegenstände und sonstigen geldwerten Leistungen, die der Veräußerer vom Erwerber im Zusammenhang mit dem Zusammenschluss nach § 37 Absatz 1 erhält, (Kaufpreis) und
2. den Wert etwaiger vom Erwerber übernommener Verbindlichkeiten.

(5) Wird ein Zusammenschluss durch den Erwerb von Teilen eines oder mehrerer Unternehmen bewirkt, so ist unabhängig davon, ob diese Teile eigene Rechtspersönlichkeit besitzen, auf Seiten des Veräußerers nur der Umsatz oder der Marktanteil zu berücksichtigen, der auf die veräußerten Teile entfällt. Dies gilt nicht, sofern beim Veräußerer die Kontrolle im Sinne des § 37 Absatz 1 Nummer 2 oder 25 Prozent oder mehr der Anteile verbleiben. Zwei oder mehr Erwerbsvorgänge im Sinne von Satz 1, die innerhalb von zwei Jahren zwischen denselben Personen oder Unternehmen getätigt werden, werden als ein einziger Zusammenschluss behandelt, wenn dadurch die Umsatzschwellen des § 35 Absatz 1 erreicht oder die Voraussetzungen des § 35 Absatz 1a erfüllt werden; als Zeitpunkt des Zusammenschlusses gilt der letzte Erwerbsvorgang.

| Übersicht | Rdn. | | Rdn. |
|---|---|---|---|
| A. Allgemein .................. | 1 | B. Berechnung der Umsatzerlöse ........ | 3 |

## A. Allgemein

Die Vorschrift des § 38 gilt allgemein für die Umsatzberechnung im Rahmen der Zusammenschlusskontrolle (vgl. Loewenheim/Meessen/Riesenkampff/*Bauer*, § 38 Rn. 1; FK/*Paschke*, § 38 Rn. 1) bzw. mit Ausnahme der Sonderregelungen auch für die Bestimmung von Umsätzen im Rahmen von anderen Vorschriften des GWB (vgl. Langen/Bunte/*Kallfaß*, § 38 Rn. 2; MüKo/*Mäger*, Europäisches und Deutsches Wettbewerbsrecht, Bd. 2, § 38 Rn. 1). Zu der Berechnung von Marktanteilen enthält § 38 entgegen der Überschrift keine Regelungen (vgl. Bechtold/*Bechtold*, § 38 Rn. 1; Langen/Bunte/*Kallfaß*, § 38 Rn. 1). 1

Im Rahmen der 8. GWB-Novelle wurde § 38 Abs. 5 neugefasst. § 38 Abs. 5 Satz 1 sollte damit an die entsprechende europäische Vorschrift in Art. 5 Abs. 2 der FKVO angeglichen werden. Die zuvor für den Fall des Vermögenserwerbs geregelte Klarstellung, dass nur auf Umsätze und Marktanteile abzustellen ist, die auf den veräußerten Teil entfallen, sollte auf andere Zusammenschlusstatbestände, etwa den Anteilserwerb, erweitert werden (vgl. BT-Drs. 176/12 S. 38 f.). Durch die 9. GWB-Novelle wurde die Normüberschrift neu gefasst sowie Abs. 3, 5 Satz 3 geändert und Abs. 4a eingefügt. Mit der 10. GWB-Novelle wurden Änderungen an den Abs. 1, 3 und 5 vorgenommen. 2

## B. Berechnung der Umsatzerlöse

§ 38 Abs. 1 Satz 1 verweist zur Ermittlung der Umsatzerlöse auf § 277 Abs. 1 HGB. Dieser enthält Vorschriften zu einzelnen Posten der Gewinn- und Verlustrechnung. In sachlicher Hinsicht wird die gewöhnliche Geschäftstätigkeit aller Geschäftsbereiche, auch der von verbundenen Unternehmen, erfasst (vgl. MüKo/*Mäger*, Europäisches und Deutsches Wettbewerbsrecht, Bd. 2, § 38 Rn. 7; Immenga/Mestmäcker/*Thomas*, § 38 Rn. 4). Auch räumlich bestehen keine Einschränkungen; im In- und Ausland erzielte Umsätze werden gleichermaßen berücksichtigt (vgl. Bechtold/*Bechtold*, § 38 Rn. 3, 5; Loewenheim/Meessen/Riesenkampff/*Bauer*, § 38 Rn. 10; MüKo/*Mäger*, Europäisches und Deutsches Wettbewerbsrecht, Bd. 1, § 38 Rn. 19 f.). 3

## Vor §§ 97 ff. GWB

Neu ist die Regelung des § 38 Abs. 1 Satz 2. Deutsche Unternehmen erstellen ihre Jahresabschlüsse vermehrt nach den internationalen Rechnungslegungsvorschriften des International Financial Reporting Standards (IFRS). Dazu gehören auch Krankenhäuser. Soweit Unternehmen berechtigt sind, den Jahresabschluss ausschließlich auf Basis der IFRS-Standards zu erstellen, mussten Unternehmen nach bisheriger Rechtslage allein für die Zwecke der Umsatzermittlung in kartellrechtlichen Verfahren ihre Umsätze zusätzlich erneut nach den Vorschriften des Handelsgesetzbuches (HGB) bestimmen. Mit der Neuregelung wird auch für kartellrechtliche Verfahren die Ermittlung der Umsatzerlöse auf Basis der IFRS zugelassen. Gleiches gilt für Konzernabschlüsse, die bereits gemäß § 315e HGB nach IFRS-Vorgaben ausgestellt werden. Dies soll Unternehmen von einem relevanten Bürokratieaufwand entlasten (vgl. RegBegr., BT-Drs. 19/23492, S. 92).

§ 38 Abs. 1 Satz 3 nimmt lediglich Innenumsatzerlöse und Verbrauchssteuern von der Berechnung aus.

4   Die Abs. 2 bis 4 enthalten Sonderregelungen für spezielle Branchen: den Warenhandel, das Presse- und Rundfunkwesen sowie den Bank- und Versicherungssektor (vgl. Loewenheim/Meessen/Riesenkampff/*Bauer*, § 38 Rn. 2). In diesen Branchen soll dem Umsatz bei der Bewertung des wirtschaftlichen Gewichts eines Unternehmens eine geringere Bedeutung zukommen (vgl. Immenga/Mestmäcker/*Thomas*, § 38 Rn. 34). Für **Krankenkassen** sind nach § 38 Abs. 4 Satz 2 die **Prämieneinnahmen des letzten abgeschlossenen Geschäftsjahres** – und nicht die Umsatzerlöse – **maßgeblich**.

### Vorbemerkung zu §§ 97 ff.

Übersicht

| | Rdn. | | Rdn. |
|---|---|---|---|
| A. Einleitung | 1 | C. Berührungspunkte mit dem Beihilferecht | 8 |
| B. Die Vergaberechtsmodernisierung 2016 | 7a | | |

#### A. Einleitung

1   Unter »Vergaberecht« wird die Gesamtheit der Normen verstanden, die ein Träger öffentlicher Verwaltung bei der Beschaffung von sachlichen Mitteln (Bau- und Dienstleistungen) zu beachten hat (BVerfG Urt. v. 13.06.2006 – 1 BvR 1160/03, BVerfGE 116, 135). Die öffentliche Beschaffung unterliegt einer umfangreichen Regulierung auf europäischer und nationaler Ebene. Hinzu kommen in Deutschland Regelungen der einzelnen Bundesländer in ihren Landesvergabegesetzen und generell die Unterscheidung zwischen Normkomplexen, die oberhalb oder unterhalb von EU-Schwellenwerten gelten. Die Fülle an Regelungen macht das Vergaberecht mittlerweile für Laien fast unüberschaubar. Daran hat sich auch durch die zuletzt erfolgten Reformen im Vergaberecht sowohl oberhalb als auch unterhalb der EU-Schwellenwerte wenig geändert.

2   Ursprünglich entwickelte sich das Vergaberecht aus dem Haushaltsrecht, das eine möglichst wirtschaftliche, preisgünstige Beschaffung erreichen wollte (ausführlich zur Entwicklung des Vergaberechts Pünder/Schellenberg/*Fehling*, Vergaberecht, § 97 Rn. 5 ff.). So sollte der sparsame, verantwortungsvolle Umgang mit öffentlichen Mitteln sichergestellt werden. Dieses Ziel wird auch heute noch durch das Vergaberecht verfolgt (ausführlich zu den verschiedenen Funktionen des Vergaberechts, Burgi/Dreher/*Dörr*, Beck'scher Vergaberechtskommentar, Band 1 – GWB, Einleitung, Rn. 8 ff.). Daneben dürfen öffentliche Auftraggeber aber weitere Ziele verfolgen, solange diese mit dem Gegenstand der Ausschreibung vereinbar sind. Als solche benennt § 97 Abs. 3 soziale, umweltbezogene und innovative Aspekte. Das Vergaberecht verpflichtet den Auftraggeber daher nicht zur Annahme des günstigsten, sondern des wirtschaftlichsten Angebotes. Vergabefremde Aspekte dürfen mit einer Ausschreibung hingegen nicht verfolgt werden.

3   Aus Sicht des Europarechts wird das Vergaberecht zum einen von den Grundsätzen des AEUV beeinflusst. Maßgeblich sind hier vor allem alle Grundfreiheiten, insbesondere die Dienstleistungsfreiheit gem. Art. 56 AEUV, die Freiheit des Warenverkehrs und das Verbot mengenmäßiger

Einfuhrbeschränkungen nach Art. 34 AEUV sowie die Niederlassungsfreiheit nach Art. 49 AEUV. Neben den speziellen Grundfreiheiten beeinflusst auch das allgemeine Diskriminierungsverbot des Art. 18 AEUV die Durchführung von Vergabeverfahren (ausführlich zum Einfluss des Europarechts Langen/Bunte/*Wagner*, Vor §§ 97 Rn. 18 ff.). Weitere Grundsätze des Europarechts sind Transparenz, Verhältnismäßigkeit und gegenseitige Anerkennung (Mitteilung der Kommission zu Auslegungsfragen in Bezug auf das Gemeinschaftsrecht, das für die Vergabe öffentlicher Aufträge gilt, die nicht oder nur teilweise unter die Vergaberichtlinien fallen, 2006/C 179/02, Abschnitt 1.1; ausdrücklich für Vergaben im Sozialleistungsbereich: Commission Staff Working Document, 3rd Biennal Report on Social Services of General Interest vom 20.02.2013 – SWD[2013] 40 final, abrufbar unter: *http://www.ec.europa.eu/social/BlobServlet?docId=10183&langId=en*, S. 20). Neben dem AEUV sind weitere europäische Richtlinien und internationale Abkommen von besonderer Bedeutung. Hervorzuheben sind hier vor allem das GPA-Abkommen (Government Procurement Agreement, ein WTO-Vergabeabkommen, dem die EU mit Wirkung zum 01.01.1996 beigetreten ist, ABl. vom 03.09.1996, Nr. C 256/1), das Richtlinienpaket des Europäischen Parlaments und des Rates vom 26.02.2014, bestehend aus der Richtlinie 2014/24/EU über die öffentliche Auftragsvergabe und zur Aufhebung der Richtlinie 2004/18/EG (bisherige Vergabekoordinierungsrichtlinie), der Richtlinie 2014/25/EU über die Vergabe von Aufträgen durch Auftraggeber im Bereich der Wasser-, Energie- und Verkehrsversorgung sowie der Postdienste und zur Aufhebung der Richtlinie 2004/17/EG (bisherige Sektorenkoordinierungsrichtlinie) und der Richtlinie 2014/23/EU über die Konzessionsvergabe.

Darüber hinaus gelten die Rechtsmittelrichtlinien 89/665/EWG (Richtlinie des Rates vom 21.12.1989 zur Koordinierung der Rechts- und Verwaltungsvorschriften für die Anwendung der Nachprüfungsverfahren im Rahmen der Vergabe öffentlicher Liefer- und Bauaufträge, ABl. L 395 vom 30.12.1989, S. 33, geändert durch die Richtlinie 92/50/EWG, ABl. L 209 vom 24.07.1992, S. 1) und 92/13/EWG (Richtlinie des Rates vom 25.02.1992 zur Koordinierung der Rechts- und Verwaltungsvorschriften für die Anwendung der Gemeinschaftsvorschriften über die Auftragsvergabe durch Auftraggeber im Bereich der Wasser-, Energie- und Verkehrsversorgung sowie im Telekommunikationssektor ABl. L 76 vom 23.03.1992, S. 14, zuletzt geändert durch die Richtlinie 2006/97/EG, ABl. L 363 vom 20.12.2006, S. 107) in der Fassung der Richtlinie 2007/66/EG (Richtlinie des Europäischen Parlaments und des Rates vom 11.12.2007 zur Änderung der Richtlinien 89/665/EWG und 92/13/EWG des Rates im Hinblick auf die Verbesserung der Wirksamkeit der Nachprüfungsverfahren bezüglich der Vergabe öffentlicher Aufträge). Die Rechtsmittelrichtlinien räumen den Bietern die Möglichkeit ein, im sog. Nachprüfungsverfahren gegen Vergaberechtsverstöße der Vergabestelle vorzugehen und den Zuschlag an einen konkurrierenden Bieter zu verhindern. Die entsprechende Umsetzung dieser Richtlinien findet sich in den §§ 155 bis 184. Verstößt die Vergabestelle nach Ansicht eines am Vergabeverfahren beteiligten Bewerbers oder Bieters gegen die Vorgaben des Kartellvergaberechts, muss der Bewerber oder Bieter den Verstoß gegenüber der Vergabestelle innerhalt einer Frist von 10 Tagen rügen. Hilft die Vergabestelle der Rüge nicht ab, kann der Bewerber oder Bieter den angenommenen Verstoß im Wege des Nachprüfungsverfahrens nach den §§ 155 bis 184 vor einer Vergabekammer prüfen lassen. Zweite Instanz in Nachprüfungsverfahren sind die Kartellsenate der jeweils zuständigen Oberlandesgerichte. Nach Erteilung des Zuschlags kann der unterlegene Bieter nur noch Schadensersatzansprüche vor den ordentlichen Gerichten geltend machen. Eine Ausnahme hierzu ergibt sich aus § 134 Abs. 2. Danach kann eine von Anfang an nach § 134 Abs. 1 bestehende Unwirksamkeit des Vertrages im Nachprüfungsverfahren auch nach der Zuschlagserteilung innerhalb von 30 Kalendertagen ab Kenntnis des Vergabeverstoßes durch den Bieter, jedoch nicht später als 6 Monate nach Vertragsschluss geltend gemacht werden. Die Einzelheiten hierzu enthält die Kommentierung zu § 134.

Die §§ 97 ff. – das sog. Kartellvergaberecht – sind nur anwendbar, wenn die in den §§ 98 bis 106 geregelten Voraussetzungen erfüllt werden und keine der in den §§ 107 bis 109 sowie 115 bis 117, 137 – 140, 145, 149, 150 geregelten Ausnahmen eingreifen. Darüber hinaus muss der Nettowert des zu vergebenden Auftrags einen bestimmten Betrag erreichen oder überschreiten. Die jeweiligen Wertgrenzen sind für Bau-, Dienst- und Lieferaufträge unterschiedlich. Sie werden von der Europäischen Kommission durch eine regelmäßig, alle 2 Jahre erfolgende Anpassung der Vergaberichtlinien vorgegeben, zuletzt mit der delegierten Verordnung (EU) Nr. 2019/1828 der Kommission vom 30.10.2019 zur Änderung der Richtlinie 2014/24/EU des Europäischen Parlaments und des Rates im Hinblick auf die Schwellenwerte für die Vergabe öffentlicher Liefer-, Dienstleistungs- und Bauaufträge sowie für Wettbewerbe, durch die delegierte Verordnung (EU) 2019/1829 der Kommission vom 30.10.2019 zur Änderung der Richtlinie 2014/25/EU des Europäischen Parlaments und des Rates im Hinblick auf die Schwellenwerte für die Vergabe öffentlicher Liefer-, Dienstleistungs- und Bauaufträge sowie für Wettbewerbe sowie durch die delegierte Verordnung 2019/1827 der Kommission vom 30.10.2019 zur Änderung der Richtlinie 2014/23/EU des Europäischen Parlaments und des Rates im Hinblick auf den Schwellenwert für Konzessionen (ABl, L 279/23 ff.). Die Wertgrenzen betragen gegenwärtig für öffentliche Dienst- und Lieferaufträge 214.000 € und für öffentliche Bauaufträge und Konzessionen 5,350 Mio. €. Sonderwerte gelten für öffentliche Dienst- und Lieferaufträge oberer oder oberster Bundesbehörden (139.000 €) und von Sektorenauftraggebern (428.000 €). Die Schwellenwerte gelten über § 106, der in Abs. 2 Nr. 1 bis 4 dynamische Verweise auf die jeweils maßgebliche Richtlinienregelung enthält.

6  Werden die genannten Schwellenwerte nicht erreicht, gilt das sog. Unterschwellenvergaberecht. Die Regelungen dazu finden sich in den Haushaltsordnungen des Bundes, der Länder oder der Kommunen sowie für Bauleistungen im ersten Abschnitt der Vergabe- und Vertragsordnungen für Bauleistungen (VOB/A), soweit dessen Geltung durch die haushaltsrechtlichen Vorschriften verbindlich vorgeschrieben wird. Für Dienst- und Lieferleistungen unterhalb der EU-Schwellenwerte gilt nur noch in wenigen Bundesländern weiterhin der erste Abschnitt der Vergabe- und Vertragsordnung für Leistungen (VOL/A), wobei dessen Geltung regelmäßig durch die haushaltsrechtlichen Vorschriften lediglich zur Anwendung empfohlen ist. In den meisten Bundesländern (Hamburg, Bremen, Bayern, NRW, Brandenburg, Saarland, Schleswig-Holstein, Baden-Württemberg, Mecklenburg-Vorpommern, Thüringen, Niedersachsen, Berlin und voraussichtlich auch Hessen) sowie auf Bundesebene wurde hingegen zwischenzeitlich die Verfahrensordnung für die Vergabe öffentlicher Liefer- und Dienstleistungsaufträge unterhalb der EU-Schwellenwerte (Unterschwellenvergabeordnung – UVgO) eingeführt und die VOL/A außer Kraft gesetzt. Außerdem sind auch im Unterschwellenvergabebereich die Vorgaben des geltenden EU-Primärrechts, also insbesondere die Grundfreiheiten, das Transparenzgebot und das Diskriminierungsverbot zu beachten, wenn der Vorgang eine grenzüberschreitende Wirkung aufweist (st. Rspr., vgl. EuGH Urt. v. 04.04.2019 – C-699/17, NZBau 2019, 457 (459 Rn. 49) – Allianz Vorsorgekasse m.w.N.). Die Rechtsschutzmöglichkeiten der Bieter, die oberhalb der Schwellenwerte gelten, finden im Unterschwellenvergaberecht keine Anwendung (zur Verfassungsmäßigkeit dieser abweichenden Rechtswegregelungen: BVerfG Urt. v. 13.06.2006 – 1 BvR 1160/03, BVerfGE 116, 135). Von einer entsprechenden Regelung wie für den Oberschwellenvergabebereich hat der Gesetzgeber unter Verweis darauf, dass die Regelungen des Zivil- und Zivilprozessrechts ausreichend seien, ausdrücklich abgesehen (BT-Drs. 16/10117 S. 14). Im Bereich der Unterschwellenvergabe steht den Bietern daher kein Nachprüfungsverfahren zur Verfügung. Vergleichbare Rechtschutzmöglichkeiten wurden insbesondere auch mit der Einführung der UVgO nicht geschaffen. Vergaberechtsverstöße vor Zuschlagserteilung kann der Bieter nur im Wege des einstweiligen Rechtsschutzes geltend machen (OLG Düsseldorf Urt. v. 19.10.2011 – 27 W 1/11, IBR 2012, 280; OLG Düsseldorf Beschl. v. 15.10.2008 – I 27 W 2/08, 27 W 2/08, IBR 2009, 100 jeweils m. zust. Anm. *Krist*). Dabei sind seine Einwände nicht auf reine Willkürentscheidungen begrenzt, da zwischen dem ausschreibenden Auftraggeber, der den maßgeblichen Regelungen unterhalb der Schwellenwerte kraft Gesetzes oder freiwillig unterworfen ist, und dem Bieter ein (vorvertragliches) Schuldverhältnis entsteht, aus dem die Pflicht zur gegenseitigen Rücksichtnahme erwächst (BGH Urt. v. 09.06.2011 – X ZR 143/10, BGHZ 190, 89 [94 Rn. 15] – Rettungsdienstleistungen II; OLG Düsseldorf Urt. v. 19.10.2011 – 27 W 1/11, IBR 2012, 280). Zu beachten ist, dass keine mit § 134 Abs. 2 vergleichbare Vorabinformationspflicht über die beabsichtigte Erteilung des Zuschlags besteht (hinterfragt aber doch offengelassen vom OLG Düsseldorf Urt. v. 19.10.2011 – 27 W 1/11, IBR 2012, 280: angemessene Frist; EuG Urt. v. 20.09.2011 – T-461/08). Allerdings können Landesvergabegesetze eine solche

Vorabinformationspflicht vorsehen, so etwa § 16 Abs. 1, 2 NTVergG. Nach der Zuschlagserteilung ist der Rechtsweg zur Geltendmachung von Schadensersatzansprüchen zu den ordentlichen Gerichten eröffnet (BVerwG Beschl. v. 02.05.2007 – 6 B 10/07, BVerwGE 129, 9 ff.).

Im Gesundheitssektor hat sich die Anwendung des Vergaberechts in den letzten Jahren ständig weiterentwickelt. Während in den Jahren 2011/2012 der Anteil der Nachprüfungsverfahren gegen gesetzliche Krankenkassen in Verfahren der Ausschreibung von Rabattvereinbarungen nach § 130a Abs. 8 SGB V im Jahr 2011 26 % und im Jahr 2012 22 % aller Nachprüfungsverfahren der Vergabekammern des Bundes (Bundeskartellamt, BT-Drs. 17/13675, S. 118) betrug, führte das geänderte Ausschreibungsverhalten der gesetzlichen Krankenkassen 2016 zur sog. Open-House-Rechtsprechung des EuGH. Beruhigt hat sich die Vergabe von Rettungsdienstleistungen, seit der EuGH mit Urt. v. 21.03.2019 – C-465/17, zur Klärung der Reichweite der Bereichsausnahme des § 107 Abs. 1 Nr. 4 beigetragen hat. Neu ist die Diskussion um die Notwendigkeit der Vergabe von Leistungen der medizinischen Rehabilitation, die nach wiederholter Kritik des Bundesrechnungshofes vor allem im Bereich der Deutschen Rentenversicherung intensiv diskutiert und geprüft wird (dazu *Meyer-Hofmann/Bördner/Kruse* NZS 2018, 473 ff.). Kaum noch zu überblicken sind die Änderungen zur Beschaffung von Hilfsmitteln nach § 127 SGB V durch die gesetzlichen Krankenkassen, die sich zuletzt wiederholt geändert haben. 7

## B. Die Vergaberechtsmodernisierung 2016

Zum 18.04.2016 trat in Deutschland eine umfassende Reform des Rechtsrahmens für öffentliche Auftragsvergaben in Kraft. Erklärtes Ziel dieser Vergaberechtsreform war es, das Vergaberecht zu modernisieren, zu vereinfachen und anwenderfreundlicher zu gestalten. Umgesetzt werden sollte dies u.a. dadurch, dass Auftraggebern und Bietern mehr Flexibilität bei der Anwendung des Vergaberechts eingeräumt werden sollte. Anlass zu dieser Vergaberechtsmodernisierung gab das EU-Richtlinienpaket 2014 (s.o. Rdn. 5). 7a

Nach dem Inkrafttreten der drei neuen EU-Vergaberichtlinien begann das Gesetzgebungsverfahren in Deutschland zunächst mit der Veröffentlichung des s.g. Eckpunktepapiers am 07.01.2015. Darin wurden erstmals die wesentlichen Reformvorhaben für Deutschland vorgestellt. Im Anschluss daran veröffentlichte das Bundesministerium für Wirtschaft und Energie am 30.04.2014 einen Ersten Referentenentwurf zum GWB. Daraus ging bereits die später so auch umgesetzte Umstrukturierung des Vergaberechts hervor. Schwerpunkte waren hier die vollständige Neufassung des vierten Teils des GWB bei gleichzeitigem Wegfall des zweiten Abschnitts der Vergabe- und Vertragsordnung für Dienstleistungen und der Vergabeordnung für freiberufliche Leistungen (VOL/A EG und VOF). Vorgesehen war außerdem eine Neuregelung der Vergabeverordnung (VgV) sowie entsprechende Anpassung der Sektorenverordnung (SektVO) und der Verordnung über die Vergabe in den Bereichen Verteidigung und Sicherheit (VSVgV). Fest stand zu diesem Zeitpunkt bereits, dass der zweite Abschnitt der VOB/A erhalten bleiben sollte, nunmehr als VOB/A EU. 7b

Der Gesetzentwurf der Bundesregierung wurde im Herbst 2015 im Bundestag und Bundesrat eingebracht. Er wurde vom Bundestag nach drei Lesungen am 17.12.2015 angenommen (BT-Drs. 18/6281, 18/7086, s. Plenarprotokoll 18/146, S. 14428, r. Sp.). Nachfolgend stimmte auch der Bundesrat dem Gesetzentwurf zu. Im Vergleich zum ursprünglichen Gesetzentwurf enthält die finale Fassung des GWB nur einige Änderungen, die aus Änderungswünschen des Bundesrats sowie aus Änderungsvorschlägen der Ausschüsse resultierten. Neben dem GWB wurde eine Mantelverordnung erlassen. Diese umfasst die neue Vergabeverordnung, die neue Sektorenverordnung, die neue Konzessionsvergabeverordnung und die Vergabestatistikverordnung. 7c

Unter dem Blickwinkel von Vergaben im Bereich des Gesundheitswesens sind vor allem die Abschaffung der VOL/A-EG und die Einführung der UVgO von besonderer Bedeutung. Da ein großer Teil der Vergaben im Gesundheitswesen die Beschaffung von Dienstleistungen oder die Vergabe von Lieferaufträgen umfassen, wirken sich beide Reformen besonders stark in diesem Bereich aus. Nach dem Wegfall der Unterscheidung zwischen prioritären und nachrangigen Dienstleistungen, 7d erlangte für Vergaben im Gesundheitsrecht zudem § 130 besondere Bedeutung. Er regelt die Vergabe von öffentlichen Aufträgen über soziale und andere besondere Dienstleistungen. Hierunter fallen gemäß Anhang XIV zur Richtlinie 2014/24/EU Dienstleistungen des Gesundheits- und Sozialwesens und zugehörige Dienstleistungen, Administrative Dienstleistungen im Sozial- und Gesundheitswesen, Dienstleistungen der gesetzlichen Sozialversicherung sowie Rettungsdienste soweit diese nicht von der Bereichsausnahme des § 107 Abs. 1 Nr. 4 erfasst sind. Für Vergaben dieser Dienstleistungen gilt ein neuer Schwellenwert von 750.000 € gem. § 106 Abs. 2 Nr. 1 in Verbindung mit Art. 4 Buchstabe d Richtlinie 2014/24/EU. Darüber hinaus räumt § 130 Abs. 1 den Auftraggebern besondere Flexibilität ein, denn diese können frei wählen, welche Verfahrensart sie anwenden möchten. Zur Auswahl stehen das offene Verfahren, das nicht offene Verfahren, das Verhandlungsverfahren und der Wettbewerbliche Dialog. Zusätzlich wurde als neue Verfahrensart die Innovationspartnerschaft eingeführt. Diese Freiheit der Verfahrenswahl ist jedenfalls dort, wo die UVgO eingeführt wurde, nun auch bei Unterschwellenvergaben vorgesehen. Zudem darf in diesen Fällen eine Änderung des öffentlichen Auftrags ohne Durchführung eines neuen Vergabeverfahrens vorgenommen werden, wenn der Wert der Änderung nicht mehr als 20 % des ursprünglichen Auftragswertes beträgt, § 130 Abs. 2.

7e Die Neufassung des vierten Teils des GWB führte dazu, dass dieser wesentlich mehr Regelungen umfasst und auch gänzlich neu strukturiert wurde. Die §§ 97 bis 114 enthalten nunmehr Grundsätze, Definitionen und die Bestimmung des Anwendungsbereichs des Kartellvergaberechts. Weitere Bestimmung zum Anwendungsbereich finden sich in den §§ 115 bis 118. In den §§ 119 bis 135 finden sich sodann Regelungen über die Ausgestaltung des Vergabeverfahrens sowie zur Auftragsausführung, die zuvor vor allem in der VgV und den Vergabe- und Vertragsordnungen VOL/A-EG und VOF zu finden waren. Daran anschließend folgen Sonderregelungen für die Vergabe von Aufträgen durch Sektorenauftraggeber für Aufträge von verteidigungs- oder sicherheitsspezifischen öffentlichen Aufträgen sowie zur Vergabe von Konzessionen. Die Regelung der Nachprüfungsverfahren findet sich nunmehr in den §§ 155 bis 170. Daran schließen sich die Bestimmungen zur sofortigen Beschwerde in den §§ 171 bis 184 an. § 185 enthält eine Sonderregelung für Unternehmen der öffentlichen Hand. Das GWB schließt mit den Übergangsbestimmungen des § 186.

7f Die Neufassung der VgV führt auch bei dieser dazu, dass sie nunmehr wesentlich mehr Regelungen enthält. Sie untergliedert sich in sieben Abschnitte. Abschnitt 1 enthält Allgemeine Regelungen und solche zur Kommunikation. Abschnitt 2 besteht aus insgesamt sieben Unterabschnitten und enthält alle Bestimmungen zum Vergabeverfahren. Diese reichen von der Wahl der Verfahrensart über Regelungen zur Vorbereitung des Vergabeverfahrens, Anforderungen an die Eignung, die Prüfung und Wertung der Interessensbestätigungen, Teilnahmeanträge und Angebote bis hin zur Erteilung des Zuschlags. Von besonderer Bedeutung für Vergaben im Gesundheitswesen ist der Abschnitt 3. Dieser enthält besondere Vorschriften für die Vergabe von sozialen und anderen besonderen Dienstleistungen. Er umfasst drei Paragraphen. Abschnitt 4 enthält zwei Regelungen zur Beschaffung energieverbrauchsrelevanter Leistungen und von Straßenfahrzeugen. Abschnitt 5 enthält Vorgaben für Planungswettbewerbe, Abschnitt 6 sodann besondere Vorschriften für die Vergabe von Architekten- und Ingenieurleistungen. Diese wurden aus der früheren VOF übernommen und erweitert. Die Übergangs- und Schlussbestimmungen sind im 7. Abschnitt enthalten.

7g Weitere inhaltliche Neuerung aufgrund der Vergaberechtsmodernisierung ist für Vergaben im Gesundheitswesen die Aufhebung des Vorrangs des offenen Verfahrens hinsichtlich aller sonstigen Bau-, Dienst- und Lieferleistungen. Offenes und nicht offenes Verfahren sind gleichrangig nebeneinander zulässig, § 119 Abs. 2. Des Weiteren wurde mit § 124 Abs. 1 Nr. 7 die Möglichkeit des Ausschlusses von Bietern vom Vergabeverfahren auf Grund schlechter Vorerfahrung erstmals kodifiziert. Zudem müssen Auftraggeber als vorläufigen Beleg für die Eignung die Vorlage einer sogenannten Einheitlichen Europäischen Eigenerklärung akzeptieren, § 48 Abs. 3 in Verbindung mit § 50 VgV. Mit Blick auf die frühere strikte Trennung zwischen Eignungs- und Zuschlagskriterien regelt § 58 Abs. 2 Nr. 2 VgV nunmehr, dass auch die »Organisation, Qualifikation und Erfahrung das mit der Ausführung des auftragsbetrauten Personals« im Rahmen des Zuschlags berücksichtigt werden dürfen, »wenn die Qualität des eingesetzten Personals erheblichen Einfluss auf das Niveau der Auftragsausführung haben kann«. Entgegen der Rechtsprechung des BGH vom 07.01.2014 – X ZB 15/13 sind Nebenangebote auch dann wieder zulässig, wenn der Preis das einzige Zulässigkeitskriterium ist. Hinsichtlich des Rechtsschutzes im Vergabeverfahren erledigt hat sich die Diskussion darum, wann eine Rüge unverzüglich erfolgt. Dies wurde nunmehr in § 160 Abs. 3 Nr. 1 explizit geregelt. Danach muss eine Rüge innerhalb von 10 Kalendertagen erfolgen, nachdem der Vergaberechtsverstoß erkannt worden ist.

Eingeführt wurde die Pflicht zur elektronischen Übermittlung von Bekanntmachungen und Vergabeunterlagen sowie insbesondere langfristig die Pflicht zur ausschließlichen elektronischen Kommunikation in allen Verfahrensstufen (Stichwort E-Vergabe). Erhofft wird sich dadurch eine erhebliche Steigerung der Effizienz bei der Durchführung von Vergabeverfahren durch öffentliche Auftraggeber. Die besagte Pflicht zur vollständigen elektronischen Kommunikation einschließlich der Abgabe von Teilnahmeanträgen und Angeboten ausschließlich auf elektronischem Wege muss seit dem 18.10.2018 von allen öffentlichen Auftraggebern umgesetzt werden. 7h

## C. Berührungspunkte mit dem Beihilferecht

Das Vergaberecht weist eine relativ enge Verbindung zum Beihilfenrecht auf. Bildlich lassen sich beide Rechtsgebiete »als die beiden Seiten derselben Medaille« darstellen (so *Hertwig* VergabeR 2008, 589). Denn das Vergaberecht soll den noch nicht oder nur schwach entwickelten Wettbewerb anregen. Dafür gibt es dem öffentlichen Auftraggeber Mittel an die Hand, von der Wirtschaft die Umsetzung bestimmter sozialer, umweltbezogener und anderer Ziele zu verlangen. Erfüllen Wettbewerber diese Anforderungen nicht, dürfen sie im Vergabeverfahren schlechter gestellt werden als Konkurrenten, die die gewünschten Kriterien in ihren Angeboten umsetzen. Im Gegensatz dazu ist das Beihilfenrecht gerade darauf gerichtet zu verhindern, dass Mitgliedstaaten durch die Verfolgung verschiedener politischer Ziele auf die Wirtschaft Einfluss nehmen und dadurch den bereits vorhandenen Wettbewerb auf dem Gemeinsamen Markt beeinträchtigen (ausf. zum Verhältnis Vergaberecht – Beihilfenrecht: MüKoVergabeR/*Kühling/Huerkamp*, Vor §§ 97 ff. GWB Rn. 130 ff.; *Hertwig* VergabeR 2008, 589). Aus diesem Grund verbietet Art. 107 Abs. 1 AEUV staatliche Beihilfen an Unternehmen. Erfasst werden von diesem Verbot nicht nur reine Zahlungen an Wirtschaftsunternehmen, sondern jede Form der Zuwendung, die wirtschaftlich vorteilhaft ist. Voraussetzung einer unzulässigen Beihilfe ist aber immer, dass diese Zuwendung den Wettbewerb verzerrt (Zum Beihilfenrecht und Krankenhausfinanzierung ausführlich Huster/Kaltenborn/*Cremer*, Krankenhausrecht, § 3 Rn. 46 ff.; vgl. außerdem *Knütel/Schweda/Giersch* EWS 2008, 497; *Koenig/Vorbeck* GesR 2007, 347). 8

Zur Problematik unzulässiger Beihilfen im Gesundheitssektor entschied das EuG am 07.11.2012 in einem belgischen Fall, dass Verlustausgleiche für öffentliche belgische Krankenhäuser nur für die Erfüllung von Pflichten zulässig sind, die in den Bereich der »Krankenhaussonderaufgaben« fallen (EuG Urt. v. 07.11.2012 – T-137/10, ABl. 2012, C 399/18). Das Gericht betonte zunächst, dass die Mitgliedstaaten grundsätzlich im Hinblick auf Inhalt, Ausgestaltung und Form einen weiten Ermessensspielraum haben, wenn sie ein Krankenhaus mit einer Dienstleistung von allgemeinem Interesse betrauen (EuG Urt. v. 07.11.2012 – T-137/10, ABl. EU 2012, Nr. C 399/18 [= juris, Rn. 99, 102]). Im konkreten Fall lehnte das Gericht das Vorliegen einer unzulässigen Beihilfe ab. Allerdings scheiterte das Verfahren daran, dass nach Ansicht des Gerichts die Kommission für ihre Nichtigkeitsentscheidung nicht ausreichend ermittelt hatte, inwieweit die klagende Krankenhausgesellschaft »zusätzliche« Gemeinwohlverpflichtungen wahrnahm. Das Gericht kritisierte auch, dass Ausgleichsfinanzierungsparameter nicht ausreichend genau bestimmt wurden und die Kommission die Vorkehrungen zur Verhinderung einer Überkompensierung im Rahmen der Finanzierung der Sozialaufgaben unzulänglich beurteilte. 9

Die Kommission hatte die Finanzierung der Krankenhäuser für eine unzulässige Beihilfe erachtet. Nach der Entscheidung des Gerichts wird es für möglich gehalten, dass die Maßstäbe an Betrauungen 10 mit Dienstleistungen von allgemeinem Interesse, also auch mit Finanzierungen von Krankenhäusern, verschärft werden (*Soltész* EuZW 2013, 134 [138]). Trotzdem lässt sich aus dieser Entwicklung noch immer keine feste konkrete Praxis der Kommission oder der europäischen Gerichte im Hinblick auf ggf. unzulässige Beihilfen ablesen. Die bisherige Zurückhaltung der Kommission, gegen entsprechende Finanzierungspraktiken vorzugehen, dürfte auch darauf zurückzuführen sein, dass bei Feststellung unzulässiger Beihilfen die Gefahr droht, dass die flächendeckende medizinische Versorgung der Bevölkerung in den Mitgliedstaaten nicht mehr sichergestellt werden kann. So weist auch das EuG daraufhin, dass Sonderfinanzierungen auch »durch andere Erwägungen als diejenigen im Zusammenhang mit dem Bestehen ihrer Zusatzverpflichtungen gerechtfertigt« sein können. Auch die Kommission habe betont (Entscheidung der Kommission vom 28.10.2009, C [2009] 8120), dass sich »der Ausgleich der Defizite der öffentlichen Krankenhäuser insbesondere aus Gründen des Gesundheits- und Sozialwesens als notwendig erweisen [kann], um den Fortbestand und die Lebensfähigkeit des Krankenhaussystems sicherzustellen« (EuG Urt. v. 07.11.2012 – T-137/10, ABl. EU 2012, Nr. C 399/18 [= juris, Rn. 162]). Nachdem die EU-Kommission im Anschluss an die Entscheidung des EuG im Oktober 2014 eine eingehende Untersuchung der staatlichen Ausgleichszahlungen zugunsten von fünf öffentlichen Krankenhäusern in der Region Brüssel-Hauptstadt eingeleitet hatte, ist sie zwischenzeitlich zu der Einschätzung gelangt, dass diese keine unzulässigen Beihilfen seien (Pressemitteilung vom 05.07.2016, abrufbar unter: http://europa.eu/rapid/press-release_IP-16-2414_de.htm, letzter Abruf 10.10.2021).

11  In Deutschland hatte zuletzt der Bundesverband Deutscher Privatkliniken im Mai 2013 Klage gegen einen Landkreis eingereicht, der wiederholt den Betrieb kommunaler Krankenhäuser durch zusätzliche Zahlungen von Investitionszuschüssen gegen drohende Verluste unterstützte. Da diese Finanzierung nur kommunalen, nicht aber privaten Krankenhäusern gewährt werde und jeweils nicht von der Kommission genehmigt worden sei, handelte es sich nach Ansicht des Klägers um europarechtswidrige Beihilfen. Dies lehnten sowohl das LG Tübingen als auch das OLG Stuttgart als Berufungsinstanz ab (OLG Stuttgart Urt. v. 20.11.2014 – 2 U 11/14; ausführliche Besprechung hierzu: *Mager/Ganschow* in: Jaeger/Haslinger, Jahrbuch Beihilferecht, S. 520–526; LG Tübingen Urt. v. 23.12.2013 – 5 O72/13, MedR 2014, 401 m. krit. Anm. *Struß* MedR 2014, 405). Im weiteren Verlauf hielt der BGH die Revision des Klägers teilweise – für bestimmte Jahre – für begründet, so dass sich das OLG Stuttgart erneut mit diesem Sachverhalt auseinandersetzen musste. Nach Aufklärung des Sachverhalts hielt das OLG Stuttgart jedoch ausdrücklich auch vor den vom BGH aufgeworfenen Gründen daran fest, dass keine europarechtswidrigen Beihilfen vorlagen (OLG Stuttgart Urt. v. 23.03.2017 – 2 U 11/14c, NZBau 2017, 504 ff., hierzu *Jürschik* NZBau 2017, 472; vgl. auch *Heise* EUZW 2015, 739; Huster/Kaltenborn/*Prütting*, Krankenhausrecht, § 5 Rn. 45 ff.).

12  Weitere problematische Konstellationen finden sich im Betrieb medizinischer Versorgungszentren durch öffentliche Krankenhäuser, wenn diese staatliche Investitionszuschüsse erhalten (dazu bereits *Knütel/Schweda/Giersch* EWS 2008, 497; *Koenig/Paul* EuZW 2008, 359) sowie in der Gewährträgerhaftung zugunsten kommunaler und universitärer Krankenhäuser (*Knütel/Schweda/Giersch* EWS 2008, 497). Aktuell ist für Krankenhäuser und ihre Träger vor allem die Förderung nach dem Krankenhausstrukturfond und dem Krankenhauszukunftsgesetz von Bedeutung. Gerade für letztere soll das Vergaberecht grundsätzlich ohne Ausnahmen gelten(https://www.bundesgesundheitsministerium.de/krankenhauszukunftsgesetz/faq-khzg.html). Rein praktisch führt die aus der Förderung resultierende massive Nachfrage nach IT-Leistungen zu der Frage, inwieweit noch ein echter Wettbewerb stattfinden und insbesondere, ob dieser mit Blick auf die Preisentwicklung zu wirtschaftlichen Angeboten führen kann.

### § 97 Allgemeine Grundsätze

(1) Öffentliche Aufträge und Konzessionen werden im Wettbewerb und im Wege transparenter Verfahren vergeben. Dabei werden die Grundsätze der Wirtschaftlichkeit und der Verhältnismäßigkeit gewahrt.

(2) Die Teilnehmer an einem Vergabeverfahren sind gleich zu behandeln, es sei denn, eine Ungleichbehandlung ist aufgrund dieses Gesetzes ausdrücklich geboten oder gestattet.

(3) Bei der Vergabe werden Aspekte der Qualität und der Innovation sowie soziale und umweltbezogene Aspekte nach Maßgabe dieses Teils berücksichtigt.

(4) Mittelständische Interessen sind bei der Vergabe öffentlicher Aufträge vornehmlich zu berücksichtigen. Leistungen sind in der Menge aufgeteilt (Teillose) und getrennt nach Art oder Fachgebiet (Fachlose) zu vergeben. Mehrere Teil- oder Fachlose dürfen zusammen vergeben werden, wenn wirtschaftliche oder technische Gründe dies erfordern. Wird ein Unternehmen, das nicht öffentlicher Auftraggeber oder Sektorenauftraggeber ist, mit der Wahrnehmung oder Durchführung einer öffentlichen Aufgabe betraut, verpflichtet der öffentliche Auftraggeber oder Sektorenauftraggeber das Unternehmen, sofern es Unteraufträge vergibt, nach den Sätzen 1 bis 3 zu verfahren.

(5) Für das Senden, Empfangen, Weiterleiten und Speichern von Daten in einem Vergabeverfahren verwenden Auftraggeber und Unternehmen grundsätzlich elektronische Mittel nach Maßgabe der aufgrund des § 113 erlassenen Verordnungen.

(6) Unternehmen haben Anspruch darauf, dass die Bestimmungen über das Vergabeverfahren eingehalten werden.

## Übersicht

| | Rdn. | | Rdn. |
|---|---|---|---|
| A. Die Grundsätze des § 97 GWB | 1 | V. Mittelstandsschutz | 23 |
| B. Die einzelnen Grundsätze | 4 | C. Einbindung sozialer und anderer Kriterien, § 97 Abs. 3 GWB | 29 |
| I. Wettbewerbsgrundsatz | 4 | D. Elektronische Vergabe, § 97 Abs. 5 GWB | 31 |
| II. Transparenzgebot | 10 | E. Anspruch auf Einhaltung der Vergabevorschriften, § 97 Abs. 6 GWB | 35 |
| III. Wirtschaftlichkeits- und Verhältnismäßigkeitsgrundsatz | 17 | | |
| IV. Gleichbehandlungsgrundsatz | 19 | | |

## A. Die Grundsätze des § 97 GWB

§ 97 fasst wesentliche Grundsätze des Vergaberechts zusammen, die der Verwirklichung verschiedener Aspekte des Vergaberechts dienen und für dieses von grundlegender Bedeutung sind. Sie bestimmen als Auslegungsdirektiven die Anwendung und Auslegung der vergaberechtlichen Vorschriften des GWB, der Vergabeverordnung (VgV) und der Vergabe- und Vertragsordnungen (MüKoVergabeR I/*Knauff*, § 97 GWB Rn. 2; Gabriel/Krohn/Neun/*Weiner*, Handbuch Vergaberecht, § 1 Rn. 5; *Burgi* NZBau 2008, 29 (32); *Mager* NZBau 2013, 92 [95]). Nach weiter gehender Ansicht handelt es sich bei ihnen nicht nur um bloße Zielvorgaben, sondern sie entfalten unmittelbare Wirkung sowohl für die Durchführung des Vergabeverfahrens als auch für alle am Vergabeverfahren Beteiligten (Immenga/Mestmäcker/*Dreher*, Wettbewerbsrecht: GWB § 97 Rn. 2; Pünder/Schellenberg/*Fehling*, § 97 Rn. 44). Aufgrund dieser materiellen Wirkung sollen sich Verfahrensbeteiligte auch selbstständig, d.h. unabhängig von konkreten Vergaberechtsregelungen auf die Verletzung der Vergaberechtsgrundsätze berufen können (Immenga/Mestmäcker/*Dreher* § 97 Rn. 4).

Die Abs. 1 und 2 normieren den Wettbewerbsgrundsatz, den Transparenzgrundsatz und das Gleichbehandlungsgebot. Europarechtlich vorgegeben werden sie im ersten Erwägungsgrund der Richtlinie über die Vergabe öffentlicher Aufträge (RL 2014/24/EU) bzw. zweiten Erwägungsgrund der Richtlinie über die Vergabe von Aufträgen durch Auftraggeber im Bereich der Wasser-, Energie- und Verkehrsversorgung sowie der Postdienste (Sektorenrichtlinie, RL 2014/25/EU). Des Weiteren enthält § 97 in Abs. 4 das Gebot der Berücksichtigung mittelständischer Interessen. Abs. 3 enthält seit der Vergaberechtsreform eine eigenständige Regelung zur Berücksichtigung von Qualität und Innovation sowie von sozialen und umweltbezogenen Aspekten im Vergabeverfahren. Hingegen wurde die bisherige Regelung bestimmter Anforderungen an Eignungskriterien aus § 97 komplett gestrichen, ebenso wie die Aussage im früheren Abs. 5, wonach der Zuschlag auf das wirtschaftlichste Angebot zu erteilen ist. Stattdessen wurde in Abs. 5 nunmehr eine der wichtigsten und praxisrelevantesten Neuerungen der Vergaberechtsreform aufgenommen – der Grundsatz der E-Vergabe. Abs. 6 räumt Unternehmen einen Anspruch darauf ein, dass der Auftraggeber die Vorgaben zum Vergabeverfahren einhält (BT-Drs. 13/9340 S. 14 zum früheren nahezu gleichlautenden Abs. 7. Wegen zunächst nicht ausreichender Einräumung subjektiver Rechte wurde ein Vertragsverletzungsverfahren gegen die Bundesrepublik durchgeführt: EuGH Urt. v. 11.08.1995 – C-433/93, Slg. 1995, I-02303 ff.); er geht zurück auf das Urteil des EuGH in diesem Vertragsverletzungsverfahren.

3 Die Grundsätze des Wettbewerbs, der Nichtdiskriminierung und der Berücksichtigung der Interessen des Mittelstands beanspruchen auch im haushaltsrechtlichen Vergaberecht Geltung und wurden daher nicht erst durch das Europarecht in das deutsche Recht eingeführt (Immenga/Mestmäcker/*Dreher* § 97 Rn. 1). Sie finden sich auch in den Vergabe- und Vertragsordnungen VOB/A, VOL/A und UVgO wieder. Das gilt gleichermaßen auch für den Zuschlag auf das wirtschaftlichste Angebot, auch wenn er aus dem Grundsatzparagrafen gestrichen wurde.

## B. Die einzelnen Grundsätze

### I. Wettbewerbsgrundsatz

4 Der Wettbewerbsgrundsatz ist das tragende Prinzip des Vergaberechts (*Burgi* NZBau 2008, 29 (33); *Kulartz/Niebuhr* NZBau 2000, 6 (10); *Luber* VergabeR 2009, 14 [24]). Auch wenn der Grundsatz in den europäischen Vergaberichtlinien auch weiterhin nicht ausdrücklich normiert wird, wird dies aus der Rechtsprechung des EuGH (EuGH Urt. v. 07.10.2004 – C-247/02 – Sintesi, Slg. 2004, I-9215, 9244 Rn. 37) und der Erwähnung im nunmehr 1. Erwägungsgrund der RL 2014/24/EU abgeleitet (»..., *um die Wirksamkeit dieser Grundsätze und die Öffnung des öffentlichen Beschaffungswesens für den Wettbewerb zu garantieren.*«) (*Burgi* NZBau 2008, 29 (33); noch zu Erwägungsgrund 2 RL 2004/18/EG: *Luber* VergabeR 2009, 14 [24]). Inhaltlich eng mit dem Wettbewerbsgrundsatz verbunden sind das Transparenzgebot und der Gleichbehandlungsgrundsatz. Systematisch verdeutlicht wird das dadurch, dass beide ebenfalls ausdrücklich in § 97 Abs. 1 und 2 genannt werden.

5 Der Grundsatz des Wettbewerbs gilt sowohl für den Auftraggeber als auch die interessierten Bewerber und Bieter (Pünder/Schellenberg/*Fehling*, § 97 Rn. 54; Byok/Jaeger/*Hailbronner*, Kommentar zum Vergaberecht, § 97 Rn. 14). Er steht dafür, dass allen Unternehmen Zugang zu sie interessierenden Beschaffungsvorgängen erhalten (VK Bund, Beschl. v. 12.11.2012 – VK 1–109/12, juris, Rn. 54; Ziekow/Völlink/*Ziekow*, Vergaberecht, § 97 GWB Rn. 3). Insoweit trifft den Auftraggeber die Pflicht, den interessierten Unternehmen die erforderlichen Informationen bereitzustellen, ihnen die Möglichkeit einzuräumen, ein Angebot abzugeben und die abgegebenen Angebote in einem fairen Verfahren zu öffnen, zu prüfen und zu bewerten (Ziekow/Völlink/*Ziekow*, § 97 GWB Rn. 3). Umgekehrt folgt aus dem Wettbewerbsprinzip die Pflicht der Bieter, wettbewerbsverzerrende Absprachen zu unterlassen, keine Angebote abzugeben, deren Preise bewusst niedrig gehalten werden, um konkurrierende Unternehmen aus dem Wettbewerb bzw. vom Markt zu verdrängen. Korrespondierend zu den Pflichten der Bieter obliegt dem Auftraggeber eine entsprechende Pflicht, Angebote auf Anzeichen entsprechender Verstöße zu prüfen und im Fall eines Verstoßes von der Ausschreibung auszuschließen (OLG Düsseldorf Beschl. v. 16.09.2003 – VII-Verg 52/03, WuW/E Verg 879 [881]). Entsprechende Prüfpflichten sind in den §§ 123, 124 sowie den Vergabe- und Vertragsordnungen enthalten (z.B. § 31 UVgO, §§ 16 VOL/A, 16 VOB/A, 6e EU VOB/A).

6 Des Weiteren ist die Verpflichtung des Auftraggebers zur sogenannten produktneutralen Ausschreibung Ausfluss des Wettbewerbsgrundsatzes; auch diese verfolgt das Ziel, dass möglichst viele Bieter ihre Erzeugnisse anbieten können sollen (VK Südbayern, Beschl. v. 18.02.2020 – Z3-3-3194-1-42–10/19; OLG Düsseldorf Beschl. v. 07.06.2017 – Verg 53/16, ZfBR 2018, 193 ff.).

7 Eine weitere unverzichtbare Ausprägung des Wettbewerbsgrundsatzes ist die Gewährleistung eines Geheimwettbewerbs zwischen den an der Ausschreibung teilnehmenden Bietern. Echten

Wettbewerb kann es nur geben, wenn jeder Bieter die Erbringung der ausgeschriebenen Leistung in Unkenntnis der Angebote, Angebotsgrundlagen und Angebotskalkulation seiner Mitbewerber anbietet (VK Bund Beschl. v. 21.01.2015 – VK 1- 116/14, juris Rn. 62; OLG Düsseldorf Beschl. v. 04.02.2013 – VII-Verg 31/12, NZBau 2013, 321 (324) Rn. 46;). Eine Verletzung des Wettbewerbsgebots durch den Bieter liegt deshalb vor, wenn ein Unternehmen sowohl als Einzelbieter als auch als Mitglied einer Bietergemeinschaft ein Angebot abgibt und sowohl das Einzelangebot als auch das Angebot der Bietergemeinschaft in Kenntnis des konkurrierenden Angebots abgegeben werden (OLG Düsseldorf Beschl. v. 16.09.2003 – VII-Verg 52/03, WuW/E Verg 879 [881]). Den Bietern muss die Möglichkeit gegeben werden darzulegen, dass die Angebote unabhängig voneinander und daher ohne wettbewerbsverzerrende Einflüsse abgegeben wurden (EuGH Urt. v. 23.12.2009 – C-376/08, Slg. 2009, I-12169, Rn. 39 f. Zum Geheimwettbewerb bei konzernverbundenen Unternehmen: EuGH Urt. v. 17.05.2018 – C-531/16, NZBau 2018, 484; VK Bund Beschl. v. 23.01.2015 – VK 1–122/14, juris Rn. 52 ff.). Andernfalls würde der Wettbewerb unzulässig eingeschränkt, weil wiederum nicht alle interessierten Bieter teilnehmen könnten (EuGH Urt. v. 23.12.2009 – C-376/08, Slg. 2009, I-12169 Rn. 40 m.w.N.). Ein Verstoß liegt ausnahmsweise auch dann nicht vor, wenn es sich wegen unterschiedlicher Auftragsgegenstände nicht um konkurrierende Angebote handelt (Bechtold/*Otting*, § 97 Rn. 7), also etwa weil bei Rabattvertragsausschreibungen auf verschiedene Fachlose (Wirkstoffe) geboten wird (*Burgi* NZBau 2008, 29 [33] mit weiteren Beispielen und Nachweisen).

Für mit dem Wettbewerbsgrundsatz vereinbar hält die Rechtsprechung auch den Abschluss von 8 sog. Mehr-Partner-Modellen zwischen Krankenkassen und pharmazeutischen Unternehmen im Rahmen der Rabattvertragsausschreibungen, wenn diese Vereinbarungen und die darauf beruhenden Einzelverträge die Vorgaben des § 129 SGB V sowie der Rahmenvereinbarungen gem. § 129 Abs. 2 SGB V, in denen den Apothekern ein freies Auswahlrecht unter mehreren rabattbegünstigten Arzneimitteln eingeräumt wird, umsetzen (OLG Düsseldorf Beschl. v. 18.04.2018 – VII-Verg 56/17; Beschl. v. 24.11.2011 – VII-Verg 62/11, ZfBR 2012, 187 ff. – Anostrozol; VK Bund Beschl. v. 12.07.2016 – VK 2–49/16 Rn. 78). Geklärt ist die Frage, dass das sog. Open-House-Modell nicht dem Vergaberecht unterfällt, so dass an dieser Stelle der Umstand, dass die Erteilung der Aufträge nicht im Wettbewerb erfolgt, nicht an § 97 Abs. 1 zu messen ist (ausführlich zum Open-House-Modell: § 103 GWB Rdn. 11 ff.).

Unterbleibt eine Ausschreibung, obwohl diese nach den gesetzlichen Voraussetzungen durchgeführt 9 werden müsste, ist ebenfalls der Wettbewerbsgrundsatz verletzt. Denn es können sich ersichtlich nicht alle möglicherweise interessierten Unternehmen beteiligen. Die sog. de-facto Vergabe stellt daher eine typische Verhinderung des Wettbewerbs dar (EuGH Urt. v. 11.01.2005 – C-26/03, Slg 2005, I-00001–50 Rn. 51 – Stadt Halle; MüKoVergabeR I/*Knauff*, § 97 GWB Rn. 15). Der durch sie geschlossene Vertrag ist aus diesem Grund auch nach § 135 Abs. 1 Nr. 2 von Anfang an unwirksam, wenn dies in einem Nachprüfungsverfahren festgestellt wird. Beispiele der Rechtsprechung aus dem Gesundheitsrecht (*Gabriel* PharmR 2008, 577 ff.) finden sich bei Vergaben durch Krankenhäuser (OLG München Beschl. v. 24.03.2021 – Verg 12/20, VergabeR 2021, 596 ff.; VK Westfalen Beschl. v. 12.03.2020 – VK 1–01/20, VPRRS 2021, 0035 (Einkaufsgemeinschaft); VK Südbayern Beschl. v. 05.08.2019 – Z3–3-3194–1-14–05/19) und von Krankenkassen (VK Bund Beschl. v. 25.10.2018 – VK 2–92/18, VPRRS 2018, 0348) mittlerweile recht zahlreich.

## II. Transparenzgebot

Ebenso wie der Wettbewerbsgrundsatz gehört auch der Transparenzgrundsatz zu den tragenden 10 Grundsätzen des Vergaberechts, wie auch seine systematische Stellung im Abs. 1 von § 97 verdeutlicht. Nicht nur durch seine systematische Stellung, sondern auch inhaltlich ist der Transparenzgrundsatz eng mit dem Wettbewerbsgrundsatz verknüpft, denn nur ein transparentes Verfahren stellt sicher, dass es allen interessierten Unternehmen möglich ist, sich über eine Ausschreibung, ihren Auftragsgegenstand und das vorgesehene Verfahren zu informieren (Byok/Jaeger/*Hailbronner*, § 97 Rn. 25). Der Unternehmer soll erkennen können, welche Anforderungen an ihn gestellt werden und ob eine erfolgreiche Teilnahme am Verfahren für ihn in Betracht kommt (»ex ante-Transparenz«) (Gabriel/Krohn/Neun/*Ohlerich*, § 20 Rn. 2; *Höfler* NZBau 2010, 73 [76]). Die Vergabestelle muss sicherstellen, dass das Verfahren klar und verständlich dargestellt und durchgeführt wird, dadurch für die Bieter durchschaubar und nachvollziehbar ist und ihnen die für ihre Entscheidung maßgeblichen Kriterien bekannt sind (*Höfler* NZBau 2010, 73 [76]). Damit ist klar, dass sich der Transparenzgrundsatz grundsätzlich nur an den Auftraggeber richtet und diesen verpflichtet (Pünder/Schellenberg/*Fehling*, § 97 Rn. 64). Transparenz bewirkt eine Kontrolle seiner Entscheidungen durch die Öffentlichkeit. Sie soll willkürliche Entscheidungen oder Korruption aufseiten des öffentlichen Auftraggebers verhindern (EuGH Urt. v. 12.03.2015 – C-538/13, NZBau 2015, 306 [309] – eVigilo; Pünder/Schellenberg/*Fehling*, § 97 Rn. 65). Die Nachvollziehbarkeit der einzelnen Schritte im Vergabeverfahren ist daher unverzichtbare Voraussetzung für die Nachprüfbarkeit der Entscheidungen des Auftraggebers (»ex post-Transparenz«) (*Höfler* NZBau 2010, 73 [76]). Durch die Verpflichtung zu nachprüfbaren und anhand klarer Vorgaben getroffener Entscheidungen unterstützt das Transparenzgebot zugleich das Diskriminierungsverbot und den Gleichbehandlungsgrundsatz (EuGH Urt. v. 12.12.2002 – C-470/99, Slg 2002, I-11617, Rn. 91 f. – Universale Bau AG; Pünder/Schellenberg/*Fehling*, § 97 Rn. 65, Reidt/Stickler/Glahs/*Masing*, Vergaberecht, § 97 Rn. 25 betont daher die »dienende Funktion« des Transparenzgrundsatzes).

11 Umgesetzt wird der Transparenzgrundsatz im Wesentlichen durch die Herstellung der Öffentlichkeit des Verfahrens (EuGH Urt. v. 07.12.2000 – C-324/98, Slg. 2000, I-10745, Rn. 62 – Teleaustria). Er gilt in allen Vergabeverfahrensarten (Byok/Jaeger/*Hailbronner*, § 97 Rn. 36; Loewenheim/Meessen/Riesenkampff/*Bungenberg*, § 97 Rn. 14).

12 Ausfluss des Transparenzgrundsatzes ist es, dass der öffentliche Auftraggeber erst dann ausschreiben, d.h. die Bekanntmachung veröffentlichen soll, wenn alle Vergabeunterlagen fertig erstellt sind und die Leistung aus seiner Sicht innerhalb der angegebenen Frist ausgeführt werden kann, früher § 16 Nr. 1 VOL/A (sog. »Vergabereife«). Mit der Pflicht nach § 41 Abs. 1 VgV, bereits ganz zu Beginn des Vergabeverfahrens mit der Bekanntmachung oder der Aufforderung zur Angebotsabgabe den Bietern eine elektronische Adresse mitzuteilen, »unter der die Vergabeunterlagen unentgeltlich, uneingeschränkt, vollständig und direkt abgerufen werden können«, wurde dem Transparenzgrundsatz in besonderem Maße Rechnung getragen. Die Leistungsbeschreibung muss so genau und umfassend wie möglich sein, sodass vergleichbare Angebote zu erwarten sind (vgl. § 31 VgV) (vgl. Immenga/Mestmäcker/*Dreher* § 97 Rn. 65). Ausnahmsweise ist eine sog. funktionale Ausschreibung zulässig. Sie ist dadurch gekennzeichnet, dass der Auftraggeber lediglich den Zweck oder die Funktion beschreibt, die der Auftrag erfüllen soll (§ 31 Abs. 2 VgV; § 7c EU VOB/A).

13 Des Weiteren darf der öffentliche Auftraggeber die bekanntgemachten Wertungskriterien vor Angebotsabgabe nicht ändern, ohne alle interessierten Unternehmen darüber zu informieren. Nach Angebotsabgabe ist es ihm verwehrt, die Wertungskriterien und ihre Gewichtung nachträglich zu modifizieren (VK Sachsen-Anhalt Beschl.v. 27.02.2013 – 2 VK LSA 41/12, juris Rn. 120 – Krankenhauswäsche). Zur Wahrung der erforderlichen Transparenz muss der Auftraggeber daher den Bietern mit Übersendung oder Bekanntgabe der Vergabeunterlagen alle Zuschlagskriterien mitteilen, deren Verwendung er vorsieht. Zu den bekannt zu gebenden Kriterien zählen ebenso die im Voraus aufgestellten Unter- (oder Hilfs-) Kriterien und Gewichtungskriterien, die der Auftraggeber bei der Angebotswertung verwenden will, § 58 Abs. 3 VgV (Ziekow/Völling/*Steck*, § 58 VgV Rn. 32 f.; OLG Brandenburg Beschl. v. 29.01.2013 – Verg W 8/12, Juris Rn. 75;). Abweichend von der bis dahin weithin akzeptierten Rechtsprechung des OLG Düsseldorf (vgl. Beschl. v. 16.12.2015 – VII-Verg 25/15, NZBau 2016, 232) entschied der EuGH, dass der Auftraggeber nicht verpflichtet ist, die Bewertungsmatrix mitzuteilen (EuGH Urt. v. 14.07.2016 – C-6/15, NZBau 2016, 772 – TNS Dimarso NV). Legt der Auftraggeber Mindestkriterien fest, bei deren Nichterreichen ein Bieter bzw. Angebot vom Vergabeverfahren ausgeschlossen wird, müssen diese den Bietern ebenfalls entweder bereits in der Bekanntmachung (bezogen auf Eignungskriterien), spätestens jedoch mit den

Vergabeunterlagen (bezüglich Zuschlagskriterien) mitgeteilt werden (EuGH Urt. v. 20.09.2018 – C-546/16, NZBau 2018, 685 – Montte SL; OLG Düsseldorf Beschl. v. 22.11.2017 – VII-Verg 16/17, NZBau 2018, 248).

Eine weitere Auswirkung des Transparenzgrundsatzes ist die Pflicht des Auftraggebers zu lückenloser Dokumentation (Gabriel/Krohn/Neun/*Weiner*, § 1 Rn. 34; BeckOK Vergaberecht/*Fett*, § 8 VgV Rn. 2 ff.). Diese Pflicht wird in den Vergabeordnungen näher geregelt. So bestimmt etwa § 8 Abs. 2 VgV detailliert, welche Angaben enthalten sein müssen. Er regelt außerdem in seinem Absatz 1, dass die Dokumentation von Beginn an fortlaufend erstellt werden muss. Des Weiteren ist auch das Verbot der Vermischung von Eignungs- und Zuschlagskriterien Ausfluss des Transparenzgrundsatzes (»Kein Mehr an Eignung« BGH Urt. v. 08.09.1998 – X ZR 109/96, BGHZ 139, 273 [278], st. Rspr., vgl. ausführlich dazu und zu Änderungen aufgrund der neuen Richtlinie unten Rdn. 27). § 20 VOB/A EU verweist auf § 8 VgV. § 20 VOB/A verlangt hingegen eine »zeitnahe« Dokumentation. Aus beiden Begriffen folgt, dass bereits während des laufenden Vergabeverfahrens der Auftraggeber seine einzelnen Entscheidungen und die wesentlichen Gründe für diese dokumentiert. 14

Auch die – ehemals strikte, nunmehr durch § 58 Abs. 2 Nr. 2 VgV etwas aufgelockerte – Trennung zwischen Eignungsprüfung und Angebotswertung wird aus dem Grundsatz der Transparenz abgeleitet. Ziel ist es, dass der Auftraggeber bei der Angebotswertung ausschließlich die inhaltlichen Aspekte der Angebote bewertet und die Person des Bieters außen vor lässt, weil personengebundene Entscheidungen die größere Diskriminierungsgefahr bieten (Immenga/Mestmäcker/*Dreher* § 97 Rn. 64). Die Auflockerung dieses Prinzips resultiert aus Art. 67 Abs. 2 Satz 2 Buchst. b der Richtlinie 2014/24/EU. Dieser sieht bei den Zuschlagskriterien ausdrücklich die Berücksichtigung von »*Organisation, Qualifikation und Erfahrung des mit der Ausführung des Auftrags betrauten Personals, wenn die Qualität des eingesetzten Personals erheblichen Einfluss auf das Niveau der Auftragsausführung haben kann*« vor. Dies wurde in § 58 Abs. 2 Nr. 2 VgV übernommen. 15

Besonders stark wird auch durch die Vorabinformationspflicht, mit der die unterlegenen Bieter über die geplante Zuschlagsentscheidung und die Gründe ihrer Nichtberücksichtigung informiert werden, sowie die Stillhalte- und Wartefrist des § 134 dem Transparenzgebot Rechnung getragen.

Die Bieter werden von dem Transparenzgrundsatz nicht verpflichtet, sie unterliegen untereinander vielmehr dem Geheimwettbewerb (s. dazu oben Rdn. 7). Trotz Transparenzgebot steht den Bietern deshalb kein uneingeschränktes Recht auf Akteneinsicht zur Verfügung, § 165 Abs. 2 (ausführlich zu den Grenzen Burgi/Dreher/*Vavra* Beck'scher Vergaberechtskommentar, Band 1: GWB, § 165 Rn. 25). Schranken ergeben sich aus den Interessen der anderen Bieter und des Auftraggebers selbst (*Losch* VergabeR 2008, 739 [750]). Europarechtlich resultiert das aus dem Vertraulichkeitsgebot des Art. 21 Richtlinie 2014/24/EU. Danach darf ein Auftraggeber keine Informationen weitergeben, die die Bieter als vertraulich gekennzeichnet haben. Ausnahmsweise können aber auch Bieter vom Transparenzgebot betroffen werden. Mangels Klarheit über die Person des Bieters schließt dieses nämlich einen Wechsel in der Person des Bieters in der Angebotsphase in offenen und nicht offenen Verfahren in der Regel aus (OLG Hamburg Beschl. v. 31.03.2014 – 1 Verg 4/13, VergabeR 2014, 665 (672); OLG Düsseldorf Beschl. v. 03.08.2011 – VII-VERG 16/11, VergR 2012, 227 (231); zu einer möglichen Ausnahme EuGH Urt. v. 11.07.2019 – C-697/17, NZBau 2019, 654 – Telecom Italia; zu den Besonderheiten bei Bietergemeinschaften Gabriel/Krohn/Neun/*Gabriel*, § 17 Rn. 75 ff.). Von besonderer Bedeutung ist hier der Zeitpunkt des Wechsels der Bieteridentität. Erheblich ist dieser, wenn er nach Angebotsabgabe, aber vor Zuschlagserteilung erfolgt (VK Bund, Beschl. v. 26.02.2016 – VK 2–7/16, IBRRS 2016, 0936). 16

### III. Wirtschaftlichkeits- und Verhältnismäßigkeitsgrundsatz

Neuen Eingang in § 97 haben die Grundsätze der Wirtschaftlichkeit und Verhältnismäßigkeit gefunden. Tatsächlich sind beide Grundsätze für die Beschaffung der öffentlichen Hand jedoch nicht 17 neu. Der Grundsatz der Wirtschaftlichkeit und Sparsamkeit liegt jedem nationalen Haushaltsrecht in Deutschland zu Grunde (Art. 114 Abs. 2 GG, § 6 Abs. 1 HGrG, § 7 Abs. 1 BHO oder LHOen, § 69 Abs. 2 SGB IV). Wirtschaftlichkeit wird im Haushaltsrecht definiert als »günstigste Relation zwischen dem verfolgten Zweck und den einzusetzenden Mitteln«; dabei ist das Verhältnis dann optimiert, wenn mit den geringstmöglichen Mitteln das bestmögliche Ergebnis erzielt wird (Hattig/ Maibaum/*Maibaum*, § 97 Rn. 185 unter Verweis auf das Ministerialblatt des BMF von 1973).

Neu ist insoweit lediglich, dass er nun auch außerhalb des Haushaltsrechts verankert wurde (Überblick zur historischen Entwicklung bei *Hattenhauer/Butzert* VergabeR 2018, 229 ff.). Immanent ist dem Gebot der Wirtschaftlichkeit das Ziel der sparsamen Ausgabe öffentlicher Mittel. Auf die Kombination mit dem Gebot der Sparsamkeit wurde in § 97 Abs. 1 Satz 2 jedoch verzichtet. Letztlich äußerte sich das Gebot der Wirtschaftlichkeit schon bisher besonders deutlich in dem Gebot, dass der Zuschlag auf das wirtschaftlichste Angebot erteilt wird (Reidt/Stickler/Glahs/*Masing*, § 97 Rn. 35), das seit 2016 in § 127 Abs. 1 verankert ist. Danach ist das preisgünstigste Angebot nicht zwingend auch das wirtschaftlichste. Vielmehr stellt der Preis nur ein Kriterium bei der Bestimmung der Wirtschaftlichkeit eines Angebots dar. Außer bei der Festlegung der Zuschlagskriterien kommt das Wirtschaftlichkeitsgebot aber auch bei der Durchführung einer Markterkundung, der Wahl der Verfahrensart, der Entscheidung über die Nachforderung fehlender Unterlagen zum Tragen.

18 Ebenfalls nur in seiner schriftlichen Fixierung in § 97 Abs. 1 Satz 2, nicht aber seiner Geltung nach neu im Kartellvergaberecht ist der Grundsatz der Verhältnismäßigkeit. Denn es handelt sich um einen allgemeinen Grundsatz des Unionsrechts, der von allen handelnden öffentlichen Stellen zu beachten ist (EuGH Urt. v. 18.02.1982 – 77/81, Slg. 1982, 681 – Zuckerfabrik Franken; Ziekow/ Völlink/*Ziekow*, Vergaberecht, § 97 Rn. 56). Insofern dient § 97 Abs. 1 Satz 2 nur der Klarstellung. Der Grundsatz der Verhältnismäßigkeit gilt für jedes Handeln und jede Entscheidung des öffentlichen Auftraggebers im Vergabeverfahren (Reidt/Stickler/Glahs/*Masing*, § 97 Rn. 42). Von besonderer Bedeutung ist er bei der Entscheidung des Auftraggebers, einen Bieter vom Verfahren auszuschließen. Da es sich hierbei um die härteste, den Bieter am stärksten in seinen Rechten beeinträchtigende Entscheidung handelt, gebietet der Grundsatz der Verhältnismäßigkeit, dass der Auftraggeber ihn vor dem Ausschluss in aller Regel zur Aufklärung des Angebots anhört und genau prüft, ob die Voraussetzungen des Ausschlusses wirklich vorliegen oder ein milderes Mittel, wie z.B. die Nachforderung fehlender Unterlagen, eingreift (vgl. EuGH Urt. v. 02.06.2016 – C-27/15, ZfBR 2016, 815 [819]).

### IV. Gleichbehandlungsgrundsatz

19 § 97 Abs. 2 verpflichtet den öffentlichen Auftraggeber, alle am Vergabeverfahren teilnehmenden Unternehmen gleich zu behandeln, es sei denn, eine Ungleichbehandlung ist auf der Grundlage des GWB ausdrücklich geboten oder gestattet. § 97 Abs. 2 vereint die Gleichbehandlungsgebote des EU-Rechts, des GPA und der deutschen Verfassung (Burgi/Dreher/*Dörr*, Beck'scher Vergaberechtskommentar, § 97, Abs. 2 Rn. 3 f.). In Verbindung mit dem Wettbewerbsgrundsatz und dem Transparenzgebot soll der Gleichbehandlungsgrundsatz einen fairen Wettbewerb gewährleisten, der allen interessierten Unternehmen gleiche Chancen auf eine Teilnahme an der Vergabe und Berücksichtigung bei der Zuschlagserteilung einräumt (EuGH Urt. v. 12.03.2015 – C-538/13, NZBau 2015, 306 [309] – eVigilo).

20 Die daraus folgenden Anforderungen an das Vergabeverfahren und den Auftraggeber im Besonderen überschneiden sich zum Teil mit den bereits bei den Grundsätzen des § 97 Abs. 1 benannten Ausprägungen. So folgt die bereits erwähnte Pflicht zur produktneutralen Ausschreibung neben dem Wettbewerbsgrundsatz auch aus dem Gleichbehandlungsgebot, da im Fall der Ausschreibung eines konkreten Produkts einer bestimmten Marke naturgemäß deren Hersteller bevorzugt behandelt würde und andere Bieter nicht die Chance hätten, sich an der Ausschreibung zu beteiligen. Allerdings kann die Anforderung eines konkreten Produktes ausnahmsweise gerechtfertigt sein (EuGH Urt. v. 17.09.2002 – C-513/99, Slg. 2002, I-07213, Rn. 85. – Concordia Bus Finnland;

OLG Celle Beschl. v. 31.03.2020 – 13 Verg 13/19, NZBau 2021, 136 (139) Rn. 33 ff.; VK Sachsen-Anhalt Beschl. v. 19.03.2020 – 3 VK LSA 04/20; OLG Karlsruhe Beschl. v. 15.11.2013 – 15 Verg 5/13, NZBau 2014, 378 (381); Byok/Jaeger/*Hailbronner*, § 97 Rn. 46; Loewenheim/ Meessen/Riesenkampff/*Bungenberg*, § 97 Rn. 29; *Ohrtmann* VergabeR 2012, 376 ff.). Hier kollidiert der Grundsatz der produktneutralen Ausschreibung mit dem Recht des Auftraggebers, seinen Beschaffungsbedarf selbst zu bestimmen. Dies macht eine Ausschreibung nicht zwingend entbehrlich. Selbst wenn ein konkretes Produkt/eine bestimmte Marke gesucht wird, kann es möglich sein, dass mehrere Anbieter in der Lage sind, dieses Produkt zu liefern. Im Gesundheitsbereich kommt dies bei Ausschreibungen von Rabattverträgen für patentgeschützte Wirkstoffe/Arzneimittel in Betracht (ausführlich *Gabriel* NZBau 2013, 273 [277], s. § 103 GWB Rdn. 13 ff.). Obwohl hier an sich nur der Patentinhaber in der Lage ist, das Produkt rechtmäßig anzubieten, stellt sich die Frage, ob diese patentgeschützten Wirkstoffe nicht dennoch ausgeschrieben werden müssen. In Betracht gezogen wird hier, dass der Hersteller ggf. Lizenzen vergeben haben könnte oder Parallelimporteure die Wirkstoffe liefern könnten. Da somit nicht sicher sei, dass tatsächlich nur ein Unternehmen liefern könne, wird eine Vergabe in Form eines Verhandlungsverfahrens abgelehnt, vielmehr müsse öffentlich ausgeschrieben werden (OLG Düsseldorf Beschl. v. 18.12.2013 – VII-Verg 24/13; Beschl. v. 18.12.2013 – VII-Verg 21/13; Beschl. v. 11.12.2013 – VII-Verg 25/13). Insbesondere Parallelimporteure schieden bisher als Rabattvertragspartner regelmäßig aus, da sie Probleme mit dem von den Krankenkassen geforderten Nachweis ihrer Lieferfähigkeit hatten. Üblich war insoweit, dass Bieter regelmäßig die gesamte Lieferkette einschließlich Hersteller und Verblisterer/Abfüller nachweisen mussten. Solcher Unterauftragnehmer bedient sich ein Parallelimporteur aber nicht (ausführlich zu den Problemen des Parallelimporteurs *Jäkel/Wolf* PharmR 2011, 1 [5]). Das OLG Düsseldorf hat sich wiederholt gegen eine Diskriminierung von Arzneimittelimporteuren ausgesprochen und insbesondere auch den verbindlichen Nachweis der Lieferkette als Importeuren unzumutbar eingestuft (OLG Düsseldorf Beschl. v. 25.06.2014 – VII-Verg 38/13, VergabeR 2015, 71 ff.).

Weitere Beispiele aus dem Gesundheitssektor ergeben sich auch im Krankenhausbereich: So wurde in Anwendung des Prinzips der produktneutralen Ausschreibung im Hinblick auf Krankenhäuser etwa entschieden, dass ein Krankenhaus, das seinen Beschaffungsbedarfs mit sehr konkreten produktbezogenen Vorgaben bestimmt, trotzdem immer auch ein »gleichwertiges« Produkt akzeptieren und dies entsprechend angeben muss (VK Bremen Beschl. v. 15.11.2006 – Neubau eines MVZs; OLG Celle Beschl. v. 22.05.2008 – 13 Verg 1/08 – Neubeschaffung der medizinischen Ausstattung der Endoskopie). Die Ausschreibung einer produktspezifischen Rahmenvereinbarung für eine Vielzahl von Krankenhäusern lässt sich in der Regel ebenfalls nicht vergaberechtlich rechtfertigen, weil unwahrscheinlich ist, dass bei allen nur ein einziges Produkt in Betracht kommt (OLG Karlsruhe Beschl. v. 16.11.2012 – 15 Verg 9/12, juris Rn. 36 f.). Einen Fall der unzulässigen versteckten produktspezifischen Ausschreibung bei einem Lieferauftrag für eine Krankenhauscafeteria entschied zuletzt die VK Sachsen (Beschl. v. 23.11.2016 – 1/SVK/025–16, IBRRS 2017, 0180). Hier hatte der Auftraggeber in zahlreichen Positionen der Leistungsbeschreibung so detaillierte Vorgaben gemacht, dass richtigerweise jeweils nur ein Produkt in Betracht kam. Für Bieter, die diese Vorgaben vollständig erfüllten, führte dies zu deutlich höheren Preisen, so dass der Bieter erfolgreich eine Verletzung seines Rechts auf Gleichbehandlung rügte.   21

Ausfluss des Gleichbehandlungsgebots ist außerdem die sog. Projektantenproblematik. Ein Projektant ist eine Person oder ein Unternehmen, die oder das bereits vor der Ausschreibung mit dem Auftraggeber zusammenarbeitet und ihn bei der Vorbereitung (der Planung) der Ausschreibung unterstützt. Problematisch hieran ist, dass der Projektant Wissen über die Ausschreibung erlangt, das ihm gegebenenfalls einen Wissensvorsprung gegenüber anderen Teilnehmern an der Vergabe verschafft. Darin kann ein unzulässiger Verstoß gegen das Gleichbehandlungsgebot liegen, der dazu führt, dass der Projektant vom Vergabeverfahren ausgeschlossen werden muss. Dies ist allerdings nicht zwingend der Fall. Vielmehr ist ein genereller Ausschluss unzulässig (EuGH Urt. v. 03.03.2005 – C-21/ 03, C-34/03, Slg. 2005, I-1559, Rn. 31, 33 – Fabricom). Soweit dies möglich ist, muss der Auftraggeber eventuelle Wettbewerbsvorteile dadurch ausgleichen, dass er die dem Projektanten bekannten   22

Informationen allen anderen Teilnehmern ebenfalls zur Verfügung stellt (Burgi/Dreher/*Dörr*, § 97 Abs. 2 Rn. 20). Ausdrücklich geregelt ist dies in § 7 VgV, § 6 Abs. 3 Satz 1 Nr. 4, Sätze 2 und 3 VOB/A EU, § 6 Abs. 6 VOL/A, § 5 UVgO. Erfahrungen oder spezielle Kenntnisse aufgrund früherer Aufträge sind kein Ausschlussgrund und kein Verstoß gegen das Diskriminierungsverbot, da andernfalls der bisherige Auftragnehmer einen Auftrag nie erneut erhalten könnte (VK Bund Beschl. v. 10.03.2017 – VK 2 – 19/17; OLG Düsseldorf Beschl. v. 05.12.2012 – VII-Verg 29/12, VergabeR 2013, 614 [617]).

### V. Mittelstandsschutz

23 Der Schutz der Interessen des Mittelstandes ist kein haushaltsrechtliches, sondern ein wirtschaftspolitisches Ziel (Hattig/Maibaum/*Maibaum*, § 97 Rn. 122). Seine besondere Förderung im Vergaberecht soll einen Ausgleich zwischen leistungsschwächeren und leistungsstärkeren Unternehmen herstellen und die Erhaltung einer ausgewogenen Unternehmensstruktur von Klein-, Mittel- und Großunternehmen unterstützen (Immenga/Mestmäcker/*Dreher* § 97 Rn. 149).

24 Der Mittelstandsschutz ist bereits seit der Neufassung des § 97 im Jahr 2009 in diesem verankert. Mit der aktuellen Änderung des § 97 wechselte er lediglich aus dem bisherigen Abs. 3 in den neuen Abs. 4 Satz 1. Inhaltlich blieb er hingegen bis auf die Aufnahme der Sektorenauftraggeber in den Wortlaut der Norm unverändert. Danach trifft den Auftraggeber die Pflicht, mittelständische Interessen »vornehmlich« zu schützen. Er soll bei der Ausgestaltung der Vergabeverfahren darauf achten, die Anforderungen an die Bieter und den Auftrag so zu definieren, dass auch die mittelständische Wirtschaft die Möglichkeit hat, an der Ausschreibung teilzunehmen. Für diese ist eine Teilnahme häufig schwierig oder nicht möglich, wenn die Aufträge so groß sind, dass sie die Kapazitäten großer Unternehmen erfordern (zu den Problemen des Mittelstands unter der alten Rechtslage vor 2009: BT-Drs. 16/10117 S. 15). Die Mittelstandklausel wurde deshalb vom Gesetzgeber »verschärft« (BT-Drs. 16/10117 S. 15).

25 Die Berücksichtigung mittelständischer Interessen kann durch die Bildung von Fach- und Gebietslosen umgesetzt werden, § 97 Abs. 4 Satz 2. Die Losaufteilung ist jedoch keine ausschließliche Lösung, der Auftraggeber kann daher – sofern vorhanden – auch andere Wege zur Förderung des Mittelstands nutzen (Byok/Jaeger/*Hailbronner*, § 97 Rn. 7; Immenga/Mestmäcker/*Dreher* § 97 Rn. 166 mit Beispielen für Möglichkeiten der Mittelstandsförderung; a.A. *Kus* NZBau 2009, 21 [22]). Der Begriff Lose meint »Teile einer Gesamtleistung« (Loewenheim/Meessen/Riesenkampff/*Bungenberg*, § 97 Rn. 36). Die Aufteilung in Lose kann mengenmäßig oder räumlich vorgenommen werden. Dabei erfasst der Begriff Fachlos die Aufteilung anhand einer bestimmten Leistung, eines bestimmten Gewerkes usw., der Begriff Gebietslos bezieht sich auf die räumliche Aufteilung. Bei der Ausschreibung von Rabattverträgen durch die gesetzlichen Krankenkassen etwa bildet daher regelmäßig ein bestimmter Wirkstoff ein Fachlos.

26 Die Aufteilung in Lose war nach der alten Rechtslage unmittelbar mit dem Mittelstandsschutz verknüpft (BT-Drs. 16/10117, S. 15). Seit der Neuregelung 2009 steht das Gebot zur Losaufteilung hingegen selbstständig neben dem Gebot des Mittelstandsschutzes (MüKoVergabeR I/*Knauff*, § 97 GWB Rn. 243). Eine Vergabe ohne Losaufteilung ist nur noch ausnahmsweise zulässig, wenn wirtschaftliche oder technische Gründe dies erfordern, § 97 Abs. 4 Satz 3. Immer dann, wenn eine Losaufteilung im Hinblick auf Art und Umfang der nachgefragten Leistung möglich und zweckmäßig ist, hat der Auftraggeber die nachgefragte Gesamtleistung entsprechend aufzuteilen (OLG Düsseldorf Beschl. v. 25.06.2014 – VII-Verg 38/13, VergabeR 2015, 71 [76]; OLG Naumburg Beschl. v. 14.03.2013 – 2 Verg 8/12, juris Rn. 59; Loewenheim/Meessen/Riesenkampff/*Bungenberg*, § 97 Rn. 36). Seine Beschaffungs- und Nachfragehoheit wird insoweit beschränkt (Immenga/Mestmäcker/*Dreher* § 97 Rn. 145). Der Auftraggeber muss daher bei jeder geplanten Vergabe prüfen, ob eine Aufteilung möglich ist. Er muss außerdem umfassend dokumentieren, dass er diesen Aspekt bei der Ausgestaltung des Vergabeverfahrens berücksichtigt hat (BT-Drs. 16/10117 S. 15; MüKoVergabeR I/*Knauff*, § 97 GWB Rn. 200).

Mit den Grundsätzen des Wettbewerbs und der Gleichbehandlung ist der Mittelstandschutz vereinbar (Immenga/Mestmäcker/*Dreher* § 97 Rn. 149 f.). Es liegt keine Ungleichbehandlung im Sinne einer Bevorzugung kleiner und mittelständischer Unternehmen gegenüber Großunternehmen vor. Vielmehr werden die Teilnahme- und damit auch Zuschlagschancen dadurch auf ein gleiches Niveau gebracht (zu den Schwierigkeiten kleiner und mittlerer Unternehmen: *Dreher* NZBau 2005, 427 [432 f.]). Große Unternehmen werden dadurch nicht beeinträchtigt, da sie weiter die Möglichkeit haben, sich auf mehrere Lose zu bewerben (Reidt/Stickler/Glahs/*Masing*, § 97 Rn. 85; OLG Düsseldorf Beschl. v. 08.09.2004 – VII-Verg 38/04, NZBau 2004, 688 [689]). Der Wettbewerbsgrundsatz wird nicht beeinträchtigt, sondern bestärkt, weil der Kreis der Teilnehmer mit realistischen Chancen erweitert wird. Wie die anderen Grundsätze des § 97 gewährt auch das Gebot des Mittelstandsschutzes den Bietern ein subjektives Recht, sodass sie grundsätzlich die Möglichkeit haben, eine Losaufteilung oder eine andere Maßnahme zur Förderung kleiner und mittlerer Unternehmen einzuklagen (Immenga/Mestmäcker/*Dreher* § 97 Rn. 146; Byok/Jaeger/*Hailbronner*, § 97 Rn. 7). Kritisch gesehen wird die Möglichkeit der Loslimitierung durch den Auftraggeber. Diese kann sowohl angebotsbezogen als auch zuschlagsbezogen erfolgen. Als problematisch wird insbesondere bei der angebotsbezogenen Loslimitierung die darin liegende erhebliche Beschränkung des Wettbewerbs angesehen (vgl. hierzu Gabriel/Krohn/Neun/*Weiner*, § 1 Rn. 84 mit zahlreichen Nachweisen). Die VgV sieht in § 30 Abs. 1 allerdings die Möglichkeit für beide Alternativen vor, so dass sie trotz der berechtigten Einwände zulässig vorgesehen werden können.

27

Der Anwendungsbereich des Gebots des Mittelstandsschutzes gilt nicht nur für öffentliche Auftraggeber, die Aufträge oberhalb der Schwellenwerte vergeben. Zum einen ordnet § 97 Abs. 4 Satz 4 an, dass das Gebot der Mittelstandsförderung von Bietern auch bei der Vergabe von Unteraufträgen berücksichtigt werden muss. Zum anderen gilt der Grundsatz regelmäßig auch für Vergaben unterhalb der Schwellenwerte. Das liegt daran, dass die verschiedenen Vergabeordnungen (VOB/A, VOL/A, UVgO) das Gebot ebenfalls enthalten und zudem zahlreiche Bundesländer eine entsprechende Regelung in ihr Landesrecht aufgenommen haben.

28

### C. Einbindung sozialer und anderer Kriterien, § 97 Abs. 3 GWB

Mit der Vergaberechtsreform 2016 wurde die Stellung der Einbeziehung von Qualität und Innovation ebenso wie von sozialen und umweltbezogenen Aspekten zu Grundsätzen der Vergabe aufgewertet. Nach der Formulierung der Vorgängerregelung war die Ausrichtung noch auf die Ausführung des Auftrags ausgerichtet und erlaubte dem Auftraggeber, in den normativen Grenzen des § 97 Abs. 4 Satz 2 und 3 an die Bieter Anforderungen zu stellen, mit denen er nicht nur wirtschaftliche, sondern andere (vergabefremde) politische Ziele verfolgt. Nunmehr sind soziale, umweltbezogene, qualitative und innovative Anforderungen grundsätzlich bei jeder Vergabe zu beachten. Dadurch wird die dem Auftraggeber im Hinblick auf den Markt, an dem er die gesuchte Leistung nachfragt, zugestandene Verhaltenslenkungsfunktion noch gestärkt. Er kann verlangen, dass sich ein Unternehmen anders verhält als im rein privat dominierten Markt (BT-Drs. 16/10117 S. 16). Zudem sind die Aspekte wegen der Grundsatzstellung nunmehr strategische Ziele (Gesetzentwurf der Bundesregierung zur Modernisierung des Vergaberechts (Vergaberechtsmodernisierungsgesetz – VergRModG), BT-Drs. 18/6281 S. 68) und nicht mehr »vergabefremde« Aspekte (Reidt/Stickler/Glahs/*Masing*, § 97 Rn. 70; *Burgi* NZBau 2015, 597 [599]). Es bleibt allerdings weiterhin dabei dass der Auftraggeber nicht willkürlich jedes Verhalten verlangen, sondern die zusätzlichen Anforderungen müssen einen Bezug zu dem konkreten Auftragsgegenstand aufweisen. Dies ist jedenfalls Ausfluss des Verhältnismäßigkeitsgrundsatzes. Gleichzeitig muss der Auftraggeber sicherstellen, dass die Anforderungen nicht gegen europäisches oder deutsches Verfassungsrecht verstoßen (vgl. oben Rdn. 3). Als europarechtswidrig hat der EuGH eine gesetzliche Regelung eingestuft, nach der der Auftraggeber von den Bietern verlangen muss, dass diese sich dazu verpflichten, allen Arbeitnehmern einen bestimmten Tariflohn zu zahlen (EuGH Urt. v. 03.04.2008 – C-346/06, Slg. 2008, I-1989 – Rüffert). Andererseits verlangen gerade viele Landesgesetze die Abgabe einer Tariftreueerklärung; so fordert etwa § 4 TTG SH die Zahlung eines vergabespezifischen

29

Mindestlohnes an die Arbeitnehmer »bei der Ausführung des Auftrags«, d.h. im Rahmen der Tätigkeit für den öffentlichen Auftraggeber. Dies gilt jedoch nicht uneingeschränkt, sondern kann nur von in Deutschland ansässigen oder zumindest eingesetzten Nachunternehmern verlangt werden. Die Anforderung einer Verpflichtungserklärung zu dem vergleichbaren §§ 4i.V.m. 9 TVgG-NRW a.F. von einem Nachunternehmer, der im europäischen Ausland sitzt und seine Tätigkeit auch vollständig in diesem anderen Land erbringt, verstieß hingegen gegen die Dienstleistungsfreiheit (Art. 56 AEUV) und wurde aus diesem Grund vom EuGH als europarechtswidrig angesehen (EuGH Urt. v. 18.09.2014 – C-549/13, NZBau 2014, 647 – Bundesdruckerei, ausführlich dazu MüKoVergabeR I/*Kühnast*, § 97 Rn. 188 ff; *Mager/Ganschow* NZBau 2015, 79).

30 Kritisiert wird, dass gerade die Einbeziehung sozialer oder umweltbezogener Kriterien dem Ziel des § 97 Abs. 4 Satz 1, dem Mittelstandschutz, zuwiderläuft, obwohl der Schutz des Mittelstandes ebenfalls als Vergaberechtsgrundsatz und zudem von den Landesgesetzgebern als ein ganz wesentliches Ziel benannt wird. Es wird im Zweifel gerade für die kleinen und mittelständischen Unternehmen schwierig, die von den Landesgesetzgebern geforderten weiteren Kriterien zu erfüllen. Diese führen häufig zu höheren Kosten, die der Mittelstand nicht aufbringen kann (zur Kritik am Beispiel des früheren TVgG-NRW *Köster* DÖV 2012, 474 (480); *Meißner* ZfBR 2013, 20 [27]).

## D. Elektronische Vergabe, § 97 Abs. 5 GWB

31 Völlig neu ausgestaltet ist nunmehr § 97 Abs. 5. In diesen hat der Grundsatz der elektronischen Vergabe (E-Vergabe) Eingang gefunden. Danach sind sowohl von Auftraggebern als auch von den Bewerbern und Bietern nunmehr für das Senden, Empfangen, Weiterleiten und Speichern von Daten in einem Vergabeverfahren grundsätzlich elektronische Mittel zu verwenden. Gänzlich neu ist die Verwendung elektronischer Mittel durch die öffentliche Hand im Vergabeverfahren jedoch nicht. Die Anfänge reichen zurück in die 1996 in Kraft getretene Fassung des Government Procurement Agreements (GPA) von 1994. Es führte erstmals dazu, dass »moderne Kommunikationsmittel« zugelassen wurden. Konkret wurde nach Art. XIII Abs. 1a GPA 1994 das Telefax neben den zuvor nur zugelassenen Kommunikationsmitteln der Post, des Fernschreibens (Telex) und des Telegramms zugelassen (ausführlich zur Entwicklung MüKoVergabeR I/*Schäfer*, § 94 Rn. 296 ff.). Auch das Vergaberecht auf Grundlage der Richtlinie 2004/18/EG sah in Art. 42 vor, dass der Auftraggeber wählen konnte, ob er Mitteilungen »per Post, per Fax, auf elektronischem Wege« usw. versendet. Anreiz zur Nutzung elektronischer Mittel waren im Interesse der Beschleunigung des Verfahrens schon nach alter Rechtslage die Möglichkeiten der Fristverkürzung, etwa der Angebotsfrist bei elektronischer Übersendung der Bekanntmachung nach § 12 Abs. 6 VOL/A EG oder der Wartefrist vor Zuschlagserteilung nach § 101a Abs. 1 Satz 4 GWB a.F. bei elektronischer Versendung der Vorabinformation.

32 Vorgesehen ist, dass die elektronische Kommunikation im Vergabeverfahren zur Regel wird. Mit der Umstellung auf elektronische Mittel sollen die Verfahren vereinfacht, Bürokratie abgebaut und Haushaltsmittel gespart werden (BT-Drs. 16/6281, S. 56), insbesondere durch den geringeren Verbrauch von Ressourcen und die Reduzierung von Transportkosten. Daneben dürfte sich die Pflicht zur elektronischen Einreichung der Angebote umweltfreundlich auswirken (Reidt/Stickler/Glahs/*Masing*, § 97 Rn. 100), weil sich keine Post oder keine Boten mehr mit Angeboten in Papierform auf den Weg machen müssen. Zugleich ist es ein weiterer Schritt hin zur Digitalisierung der Verwaltung. Das Statistische Bundesamt hat zudem auch für die Wirtschaftsteilnehmer, die als Bieter an Vergabeverfahren teilnehmen, als Folge der Umstellung auf die E-Vergabe einen ersparten Erfüllungsaufwand in Höhe von ca. 1.063,3 Millionen € errechnet (BT-Drs. 16/6281 S. 4, 56).

33 Umgesetzt werden soll der Grundsatz der elektronischen Kommunikation im Vergabeverfahren für das Senden, Empfangen, Weiterleiten und Speichern von Daten zwischen Auftraggeber und Unternehmen dadurch, dass die Bekanntmachung ausschließlich auf elektronischem Weg erfolgt (vgl. § 40 Abs. 1 VgV, § 11 Abs. 2 EU VOB/A), die Vergabeunterlagen elektronisch abrufbar zur Verfügung stehen (vgl. § 41 Abs. 1 VgV, § 11 Abs. 3 EU VOB/A), sämtliche Kommunikation

auf elektronischem Weg stattfindet, die Angebotsabgabe und -annahme elektronisch erfolgt (§ 53 VgV, § 11 Abs. 4 EU VOB/A) und die Dokumentation und Archivierung ebenfalls papierlos vorgenommen werden (BT-Drs. 16/6281 S. 61). Durch die Nutzung von Vergabeplattformen und entsprechender Vergabemanagementsoftware lassen sich diese Punkte in der Praxis umsetzen. Die §§ 9–12 VgV, die für alle Oberschwellenvergaben gelten, enthalten umfassende Vorgaben für die Durchführung der elektronischen Kommunikation und die Anforderungen an die dafür eingesetzten Mittel. Auftraggeber werden jedoch nicht verpflichtet, ganz bestimmte Mittel einzusetzen, sondern sind in ihrer Entscheidung insoweit frei (Reidt/Stickler/Glahs/*Masing*, § 97 Rn. 101). Bietern stehen für die Einreichung ihrer Nachweise folgende Möglichkeiten zur Verfügung: die Einheitliche Europäische Eigenerklärung (EEE, § 50 VgV), das Virtual Company Dossiers und das Online-Dokumentenarchiv e-Certis (ausführlich zu allen MüKoVergabeR I/*Schäfer*, § 97 Rn. 329 ff.). Daneben gibt es besondere Formen und Instrumente der E-Vergabe: dynamische Beschaffungssysteme (§§ 22–24 VgV), elektronische Auktionen (§§ 25, 26 VgV) und elektronische Kataloge (§ 27 VgV). Die Mittel weisen für das Gesundheitsrecht keine Besonderheiten auf, so dass auf eine ausführliche Kommentierung an dieser Stelle verzichtet wird.

Zu erwarten ist, dass sowohl auf Auftraggeber- als auch auf Bieterseite neue vergaberechtliche Fragen im Zusammenhang mit der Umstellung und damit verbundenen Schwierigkeiten auftreten werden. Gezeigt hat sich bereits, dass die elektronische Angebotsabgabe zu ähnlichen Problemen führen kann, wie die Abgabe eines Angebots in Papierform. So haben sich Vergabekammern bereits mit der Frage der Tragung des Übermittlungsrisikos auseinandergesetzt. Lässt sich ein Angebot nicht auf die Vergabeplattform hochladen und liegt das in der Verantwortung des Auftraggebers, kann ein verspätetes Angebot nicht zurückgewiesen werden. Hat hingegen der Bieter versäumt, Updates an der im Unternehmen verwendeten Software durchzuführen und ist er deshalb nicht in der Lage, sein Angebot fristgemäß einzureichen, dann fällt dies in seinen Risikobereich und sein Angebot muss wegen nicht fristgemäßer Einreichung ausgeschlossen werden. Die VK Südbayern geht insoweit davon aus, dass »inzwischen von einem allgemeinen Kenntnisstand von Unternehmen, die an EU-weiten Vergabeverfahren teilnehmen, ausgegangen werden [könne], dass das Unterlassen von Updates an der im Unternehmen verwendeten Software durchzuführenden zu Funktionseinbußen bei Computerprogrammen führen kann. Dies gilt auch für lokal auf der Unternehmenshardware installierten Bieterclients von Vergabeplattformen« (VK Südbayern Beschl. v. 19.03.2018 – Z3-3-3194-1-54–11/17, Rn. 113). 34

### E. Anspruch auf Einhaltung der Vergabevorschriften, § 97 Abs. 6 GWB

§ 97 Abs. 6 entspricht wortgleich dem bisherigen § 97 Abs. 7. Nach der Gesetzesbegründung vermittelt Abs. 6 den Verfahrensteilnehmern »ein konstitutiv wirkendes subjektives Recht auf Einhaltung der Bestimmungen des Vergabeverfahrens« (BT-Drs. 16/6281, S. 69). § 97 Abs. 6 räumt somit den Bietern ein subjektives, einklagbares Recht darauf ein, vom Auftraggeber die Einhaltung der Vergabevorschriften zu verlangen. Nach der Intention des Gesetzgebers soll der Bieter aber nur insoweit klagebefugt sein, als durch den geltend gemachten Verstoß eine Verletzung seiner subjektiven Rechte in Betracht kommt. Auf die Verletzung von reinen Ordnungsvorschriften sollte er sich hingegen nicht berufen können (BT-Drs. 13/9340 S. 14). Dies wird jedoch stark kritisiert und überwiegend davon ausgegangen, dass der Anspruch aus § 97 Abs. 6 weit auszulegen ist (Pünder/Schellenberg/*Fehling*, § 97 Rn. 151, 163). Dafür spricht, dass die Mehrzahl der Vergabevorschriften bieterschützenden Charakter hat. Zudem kann ein Verstoß gegen Verfahrensvorschriften gegenüber einzelnen Bietern regelmäßig auch zu einer Verletzung der Grundsätze des § 97, insbesondere des Gleichbehandlungsgebots sowie des Wettbewerbs- und Transparenzgrundsatzes führen (Byok/Jaeger/*Hailbronner*, § 97 Rn. 152). 35

### § 98 Auftraggeber

**Auftraggeber im Sinne dieses Teils sind öffentliche Auftraggeber im Sinne des § 99, Sektorenauftraggeber im Sinne des § 100 und Konzessionsgeber im Sinne des § 101.**

## § 99 Öffentlicher Auftraggeber

Öffentliche Auftraggeber sind:
1. Gebietskörperschaften sowie deren Sondervermögen,
2. andere juristische Personen des öffentlichen und des privaten Rechts, die zu dem besonderen Zweck gegründet wurden, im Allgemeininteresse liegende Aufgaben nichtgewerblicher Art zu erfüllen, sofern
   a) sie überwiegend von Stellen nach Nummer 1 oder 3 einzeln oder gemeinsam durch Beteiligung oder auf sonstige Weise finanziert werden,
   b) ihre Leitung der Aufsicht durch Stellen nach Nummer 1 oder 3 unterliegt, oder
   c) mehr als die Hälfte der Mitglieder eines ihrer zur Geschäftsführung oder zur Aufsicht berufenen Organe durch Stellen nach Nummer 1 oder 3 bestimmt worden sind;
   dasselbe gilt, wenn diese juristische Person einer anderen juristischen Person des öffentlichen oder privaten Rechts einzeln oder gemeinsam mit anderen die überwiegende Finanzierung gewährt, über deren Leitung die Aufsicht ausübt oder die Mehrheit der Mitglieder eines zur Geschäftsführung oder Aufsicht berufenen Organs bestimmt hat,
3. Verbände, deren Mitglieder unter Nummer 1 oder 2 fallen,
4. natürliche oder juristische Personen des privaten Rechts sowie juristische Personen des öffentlichen Rechts, soweit sie nicht unter Nummer 2 fallen, in den Fällen, in denen sie für Tiefbaumaßnahmen, für die Errichtung von Krankenhäusern, Sport-, Erholungs- oder Freizeiteinrichtungen, Schul-, Hochschul- oder Verwaltungsgebäuden oder für damit in Verbindung stehende Dienstleistungen und Wettbewerbe von Stellen, die unter die Nummern 1, 2 oder 3 fallen, Mittel erhalten, mit denen diese Vorhaben zu mehr als 50 Prozent subventioniert werden.

### Übersicht

| | Rdn. | | Rdn. |
|---|---|---|---|
| A. Einleitung | 1 | D. Ärztekammern | 13 |
| B. Krankenkassen | 3 | E. Rettungsdienste | 16 |
| C. Krankenhäuser | 8 | | |

### A. Einleitung

1 Seit der Reform des Vergaberechts definiert § 98 allgemein den Begriff des Auftraggebers im Sinne des Vierten Teils des GWB, der ausdrücklich zwischen öffentlichen Auftraggebern, Sektorenauftraggebern und Konzessionsgebern differenziert und allen eigene Regelungen zuordnet. Sie sind jedoch alle Auftraggeber im Sinne des Kartellvergaberechts. § 98 bestimmt somit zugleich den subjektiven Anwendungsbereich des Kartellvergaberechts, also des vergaberechtlichen Regimes oberhalb der Schwellenwerte. Im Gegensatz dazu regelt § 103 mit dem öffentlichen Auftrag den objektiven Anwendungsbereich (Pünder/Schellenberg/*Pünder*, § 98 GWB Rn. 1).

1a Aufgrund der Neuregelung wird der Begriff des Öffentlichen Auftraggebers nunmehr in § 99 definiert. Insgesamt enthält § 99 nur noch vier unterschiedliche Gruppierungen möglicher öffentlicher Auftraggeber. Nr. 1 erfasst die Gebietskörperschaften einschließlich ihrer Sondervermögen. Es handelt sich um »klassische öffentliche Auftraggeber«, hier wird der Anwendungsbereich institutionell bestimmt (Pünder/Schellenberg/*Pünder*, §§ 98 Rn. 8, 99 Rn. 3). In Nr. 2 wurden die von den Auftraggebern der Nr. 1 überwiegend finanzierten, beaufsichtigten oder anderweitig kontrollierten juristischen Personen des öffentlichen oder privaten Rechts aufgenommen. Hier wird die Auftraggebereigenschaft funktionell bestimmt (Pünder/Schellenberg/*Pünder*, § 99 Rn. 14; ausführlich zum funktionalen Auftraggeberbegriff Pünder/Schellenberg/*Pünder*, § 98 Rn. 10 ff.). Eine funktionelle Bestimmung des Begriffs stellt nicht mehr nur auf die Organisationsform eines Auftraggebers ab, sondern rückt die Qualität der mit dem Auftrag zu verfolgenden Aufgabe in den Mittelpunkt der Bewertung (EuGH Urt. v. 20.09.1988 – C-31/87, Slg. 1988, 04635, stellte erstmals auf den konkreten Inhalt der Aufgabe und nicht auf die rein institutionelle Einordnung des Auftraggebers ab). Die weiteren Nummern erfassen Verbände der Auftraggeber aus Nr. 1 und 2 (Nr. 3) sowie natürliche und juristische Personen des privaten oder öffentlichen Rechts, die von Auftraggebern der Nr. 1 bis 3 bei der Verwirklichung bestimmter Bauvorhaben mit mehr als 50 % finanziert werden (Nr. 4).

Für den Gesundheitssektor sind vor allem die Nummern 1 und 2 des § 99 interessant. Diese sollen nachfolgend anhand der konkreten Auftraggeberbeispiele aus diesem Bereich näher definiert werden. Mit Blick auf verstärkt geförderte Bauvorhaben von Krankenhäusern ist Nummer 4 ebenfalls von Bedeutung.

## B. Krankenkassen

Im europäischen Recht hat der EuGH die Einstufung der Krankenkassen als öffentliche Auftraggeber anhand der Voraussetzungen des Art. 1 Abs. 9 Unterabs. 2 Buchst. c, RL 2004/18/EG bejaht. Nach Auffassung des EuGH sind die »gesetzlichen Krankenkassen juristische Personen des öffentlichen Rechts; sie wurden durch Gesetz zu dem besonderen Zweck gegründet, Aufgaben im Zusammenhang mit der Gesundheit der Bevölkerung zu erfüllen, die im Allgemeininteresse liegen, und diese Aufgaben sind nichtgewerblicher Art, da die genannten Kassen ihre Leistungen nicht in Gewinnerzielungsabsicht erbringen« (EuGH Urt. v. 11.06.2009 – C-300/07, Slg. 2009, I-4779, Rn. 49 – Oymanns). Des Weiteren prüfte und bejahte der EuGH, dass Krankenkassen überwiegend staatlich finanziert sind (noch im Sinne von Art. 1 Abs. 9 Unterabs. 2 Buchst. C, RL 2004/18/EG, neu: Art. 2 Abs. 1 Nr. 4 Buchst. c, RL 2014/24/EU). Hierfür betonte er, dass sie mit dem Schutz der Gesundheit der Bevölkerung eine der Grundaufgaben des Staates erfüllen, dass sie in den Staat eingegliedert seien und somit »der Sache nach Aufgaben in mittelbarer Staatsverwaltung wahrnehmen« (EuGH Urt. v. 11.06.2009 – C-300/07, Slg.2009, I-4779, Rn. 50). Zudem werden die Krankenkassen – auch nach Einrichtung des Gesundheitsfonds – überwiegend aus Beiträgen ihrer Mitglieder finanziert, die ohne spezifische Gegenleistung im Sinne der der Rechtsprechung des EuGH gezahlt werden müssen. Im Gegensatz zum Zeitpunkt der *Oymanns*-Entscheidung wird die Höhe der Beiträge heute auch nicht mehr durch die Krankenkassen selbst festgelegt, sondern ein fester Beitragssatz unmittelbar in § 241 SGB V festgesetzt. Sie werden aufgrund des dadurch gesunkenen Einflusses sowie durch die Ausgleichszahlungen direkt aus dem Gesundheitsfond unmittelbar staatlich finanziert (VK Bund Beschl. v. 26.05.2009 – VK 2 – 30/09, juris Rn. 78). Zudem werden die Beiträge direkt eingezogen, der Versicherte hat darauf keine Einflussmöglichkeit. Auf die Frage der staatlichen Aufsicht über die Krankenkassen (Art. 1 Abs. 9 Unterabs. 2 Buchst. c, 3. Alt. RL 2004/18/EG) kam es dem EuGH dann nicht mehr an (EuGH Urt. v. 11.06.2009 – C-300/07, Slg. 2009, I-4779, Rn. 58).

Für das deutsche Recht hat sich die Vergabekammer des Bundes dieser Auffassung angeschlossen und die Auftraggebereigenschaft dementsprechend nach dem gleichlautenden § 98 Nr. 2 GWB a.F. bejaht (VK Bund Beschl. v. 26.05.2009 – VK 2 – 30/09, juris Rn. 78 m.w.N.; bereits zuvor: OLG Düsseldorf Beschl. v. 23.05.2007 – VII-Verg 50/06, juris Rn. 16 ff.; OLG Düsseldorf Beschl. v. 17.01.2008 – VII-Verg 57/07, juris Rn. 31 f.). Nr. 2 definiert die Auftraggebereigenschaft ebenfalls darüber, dass eine juristische Person des öffentlichen oder privaten Rechts, die zu dem besonderen Zweck gegründet wurde, im Allgemeininteresse liegende Aufgaben nichtgewerblicher Art zu erfüllen, staatlich beherrscht oder finanziert wird. Problematisch im Hinblick auf die Krankenkassen könnten nur die staatliche Beherrschung und Finanzierung sein. Dabei lässt sich allerdings die staatliche Finanzierung, gegen die zum Zeitpunkt der EuGH-Rechtsprechung noch Kritik vorgebracht werden konnte, heute nicht mehr überzeugend ablehnen: Denn im Gegensatz zum Zeitpunkt der *Oymanns*-Entscheidung wird die Höhe der Beiträge heute nicht mehr durch die Krankenkassen selbst festgelegt, sondern ein fester Beitragssatz unmittelbar in § 241 SGB V festgesetzt (*Pruns*, in: Vergaben im Gesundheitsmarkt, S. 29, 34). Sie werden einerseits aufgrund des dadurch gesunkenen Einflusses sowie andererseits durch die Ausgleichszahlungen direkt aus dem Gesundheitsfond unmittelbar staatlich finanziert (VK Bund Beschl. v. 26.05.2009 – VK 2 – 30/09, juris Rn. 78; *Pruns*, in: Vergaben im Gesundheitsmarkt, S. 29, 34; *Roth* SGb 2009, 639 [640]). Darüber hinaus wird die Auftraggebereigenschaft nicht nur aufgrund der staatlichen Finanzierung, sondern auch aufgrund der engen staatlichen Überwachung bejaht (VK Lüneburg Beschl. v. 21.09.2004 – 203-VgK-42/2004, juris Rn. 38). Diese wurde vom BVerfG als so intensiv bewertet, dass den Krankenkassen dadurch »eine eigenverantwortliche Gestaltung des Satzungs-, Organisations-, Beitrags- und Leistungsrechts weitgehend verwehrt« sei (BVerfG Urt. v. 09.06.2004 – 2 BvR 1248/03, SozR 4–2500 § 266 Nr. 7 [Rn. 35]; VK Bund Beschl. v. 26.05.2009 – VK 2 – 30/09, juris Rn. 78 unter Verweis auf LSG Nordrhein-Westfalen Beschl. v. 26.03.2009 – L 21 KR 26/09 SFB, juris Rn. 44 sowie LSG Baden-Württemberg Beschl. v. 23.01.2009 – L 11 WB 5971/08, juris Rn. 147).

5  Eine Krankenkasse ist darüber hinaus auch dann öffentlicher Auftraggeber, wenn sie die Beschaffung durch einen privaten Dienstleister, im konkreten Fall eine Managementgesellschaft nach § 140b Abs. 1 SGB V a.F. durchführen lässt (VK Bund Beschl. v. 04.05.2012 – VK 2–130/11, ZfBR 2012, 817 [819]; bestätigt vom OLG Düsseldorf Beschl. v. 01.08.2012 – VII-Verg 15/12, ZfBR 2012, 814; Bundeskartellamt BT-Drs. 17/13675 S. 122). Auch wenn der private Dritte agiert, richtet sich die Auftraggebereigenschaft nach dem hinter der Ausschreibung stehenden öffentlichen Auftraggeber (MüKoVergabeR I/*Reider*, GWB, § 99 Rn. 25).

6  Soweit die Verbände der Krankenkassen, etwa der Spitzenverband Bund der Krankenkassen oder die Bundesverbände der einzelnen gesetzlichen Krankenkassen, eine Ausschreibung beabsichtigen, sind sie als öffentliche Auftraggeber i.S.d. Nr. 3 einzustufen (*Pruns*, in: Vergaben im Gesundheitsmarkt, S. 36), da ihre Mitglieder öffentliche Auftraggeber i.S.d. Nr. 2 sind.

7  Gemäß § 219 SGB V können Krankenkassen und ihre Verbände insbesondere mit Kassenärztlichen Vereinigungen und anderen Leistungserbringern sowie mit dem öffentlichen Gesundheitsdienst zur Förderung der Gesundheit, Prävention, Versorgung chronisch Kranker und Rehabilitation Arbeitsgemeinschaften (ARGE) zur Wahrnehmung der in § 94 Abs. 1a Satz 1 SGB X genannten Aufgaben bilden. Unabhängig von der konkreten gewählten Rechtsform sind diese ARGE juristische Personen des Zivilrechts, obwohl ihnen die Wahl der Rechtsform offensteht: BT-Drs. 15/4228 S. 32; *Sichert* NZS 2013, 129 (130); Krauskopf/*Krauskopf*, Soziale Krankenversicherung, Pflegeversicherung, 99. Erg.Lfg. 2018, § 219 Rn. 9). Soweit Krankenkassen sich an einer solchen ARGE beteiligen, hängt die Einordnung der ARGE als öffentlicher Auftraggeber im Wesentlichen vom gesamten Teilnehmerkreis und vom konkreten Anteil der Krankenkassen an der ARGE ab. Solange nur Krankenkassen beteiligt sind, bleibt es bei der Einstufung als öffentlicher Auftraggeber nach Nr. 2, denn die ARGE werden zur Erfüllung »der ihnen gesetzlich übertragenen Aufgaben« tätig und unterliegen staatlicher Aufsicht, § 94 Abs. 1a und 2 SGB X. Sie werden damit im allgemeinen Interesse tätig und sind über die Krankenkassen auch hoheitlich finanziert. Beteiligen sich hingegen andere Leistungserbringer oder die Kassenärztlichen Vereinigungen an der ARGE, hängt ihre Einordnung als öffentlicher Auftraggeber maßgeblich vom konkreten Einzelfall ab. Es erscheint überzeugend, sie nur dann als öffentlichen Auftraggeber anzusehen, wenn der Anteil der Krankenkasse(n) an der ARGE 50 % übersteigt (so ausführlich *Pruns*, in: Vergaben im Gesundheitsmarkt, S. 38).

## C. Krankenhäuser

8  Die Frage, unter welchen Voraussetzungen Krankenhäuser öffentliche Auftraggeber sind, ist noch nicht abschließend geklärt worden. In Betracht kommen § 99 Nr. 1 (Gebietskörperschaften und deren Sondervermögen) und Nr. 2 (andere juristische Personen des öffentlichen Rechts). Krankenhäuser in rein **öffentlicher Trägerschaft** sind unstreitig öffentliche Auftraggeber i. S. v. § 99 Nr. 2 (VK Düsseldorf Beschl. v. 30.10.2006 – VK 44/06, NZBau 2007, 808; OLG Naumburg Beschl. v. 17.02.2004 – 1 Verg 15/03, NZBau 2004, 403 – Krankenhaus-Catering; bejahend ohne Angabe der konkreten Nr.: OLG München Beschl. v. 19.07.2012 – Verg 8/12, NZBau 2012, 658 ff.; Beschl. v. 10.03.2011 – Verg 1/11, NZBau 2011, 445 ff.; OLG Saarbrücken Beschl. v. 25.07.2007 – 1 Verg 1/07, NZBau 2007, 807 – Labordiagnostik). Dies gilt auch dann, wenn das Krankenhaus in Form einer Krankenhaus AG als juristische Person des Privatrechts

organisiert ist (VK Lüneburg Beschl. v. 20.09.2011 – VgK-41/2011; *Kern* IBR 2012, 218; *Bulla/ Schneider* ZMGR 2012, 406 [407]).

Krankenhäuser erbringen Leistungen im Bereich der Versorgung der Allgemeinheit im Gesundheitswesen. Auch wenn der Begriff des Allgemeininteresses ein autonomer Rechtsbegriff aus dem Europarecht ist und mangels konkreter Definition im Wege der Auslegung ermittelt werden muss, ob ein **Allgemeininteresse** besteht (Immenga/Mestmäcker/*Dreher* § 99 Rn. 39 ff.; Loewenheim/Meessen/ Riesenkampff/*Bungenberg*, Kartellrecht, 2. Aufl. 2009, § 98 Rn. 20), dürfte die Antwort auf die Frage im Hinblick auf Gesundheitsleistungen recht eindeutig ausfallen (bejahend: OLG Naumburg Beschl. v. 17.02.2004 – 1 Verg 15/03, NZBau 2004, 403; VK Bremen Beschl. v. 15.11.2006 – VK 2/06, juris Rn. 32; Loewenheim/Meessen/Riesenkampff/*Bungenberg*, § 98 Rn. 22). Zwar wird die konkrete Maßnahme immer im Interesse einzelner Personen erbracht. Trotzdem besteht ein allgemeines Interesse daran, dass der Bevölkerung ausreichend allgemeine und spezialisierte Krankenhäuser zur Verfügung stehen.

Nicht überzeugend ist es allerdings, davon auszugehen, dass alle Krankenhäuser ihre Aufgaben in **nichtgewerblicher** Art und Weise erbringen (so aber VK Lüneburg Beschl. v. 20.09.2011, – VgK-42/2011, insoweit kritisch auch *Kern* IBR 2012, 218; ausführlich zur Frage der Nichtgewerblichkeit *Pruns*, in: Vergaben im Gesundheitsmarkt S. 41 f.). Gerade vor dem Hintergrund, dass Krankenhäuser regelmäßig als Unternehmen im Sinne des kartellrechtlichen Unternehmensbegriffs angesehen werden, die eine auf Gewinnerzielung abzielende Tätigkeit am Markt durch das Anbieten von Leistungen oder Gütern voraussetzt, erscheint die gegenteilige Auffassung kritikwürdig. Im Einzelfall mag eine nichtgewerbliche Tätigkeit vorliegen, verallgemeinern lässt sich das aber nicht. Die Nichtgewerblichkeit ist daher daran zu messen, ob das Krankenhaus mit Gewinnerzielungsabsicht am Markt unter Wettbewerbsbedingungen tätig wird (Immenga/Mestmäcker/*Dreher* § 99 Rn. 63 ff.). In der Beurteilung ist etwa zu berücksichtigen, ob das Krankenhaus konkretem Wettbewerb ausgesetzt ist oder ob es staatliche Unterstützung erhält, etwa durch Finanzausgleichszahlungen, Verlustübernahmen etc. (vgl. zur Finanzierung VK Lüneburg Beschl. v. 10.09.2015 – VgK-32/2015, IBR 2016, 35; Röwekamp/Kus/Portz/Prieß/ *Röwekamp*, Kommentar zum GWB-Vergaberecht, § 99 Rn. 95 ff. i.V.m. Rn. 186 (S. 180 f.); Immenga/Mestmäcker/*Dreher* § 99 Rn. 66 ff.). Wenn der Träger des Krankenhauses eine Gebietskörperschaft ist, ist eine staatliche Stelle gegeben, die das Krankenhaus beherrschen und finanzieren kann. Bei einer Haftung für die Verbindlichkeiten des Krankenhauses und bestehenden Aufsichts- und/oder Weisungsrechten des öffentlichen Trägers, ist auch das Krankenhaus selbst öffentlicher Auftraggeber (VK Lüneburg Beschl. v. 10.09.2015 – VgK-32/2015, IBR 2016, 35; VG München Urt. v. 17.10.2007 – M 7 K 05.5966, VergabeR 2008, 138, 143; VK Bremen Beschl. v. 15.11.2006 – VK 2/06, juris Rn. 32).

Krankenhäuser in **privater Trägerschaft** sind hingegen keine öffentlichen Auftraggeber und daher auch nicht an das Vergaberecht gebunden (*Pruns*, in: Vergaben im Gesundheitsmarkt, S. 43). § 99 Nr. 2 greift auch dann nicht ein, wenn neben privaten Trägern auch ein öffentlich-rechtlicher Träger beteiligt ist, aber als Minderheitsgesellschafter die Geschäftsführung nicht maßgeblich beaufsichtigt und das Krankenhaus nicht überwiegend öffentlich finanziert wird (VK Thüringen Beschl. v. 07.02.2019 – 250–4003-262/2019-E-001-EIC, VPRRS 2019, 0186). Etwas anderes kann aber gelten, wenn sie von Stellen nach Nr. 1 bis 3 staatliche Zuwendungen erhalten, mit denen sie zu mehr als 50 % finanziert werden. Dann sind sie für das konkrete Projekt öffentliche Auftraggeber im Sinne von § 99 Nr. 4. Die Anwendung des Vergaberechts ist zudem beim Erhalt von staatlichen Zuwendungen regelmäßig eine Nebenbestimmung, die zwingend zu beachten ist. Auch darüber kann ein privates Krankenhaus gezwungen sein, das Vergaberecht anzuwenden.

Dies gilt gleichermaßen für Krankenhäuser in **kirchlicher Trägerschaft**. Diese sind grundsätzlich ebenfalls keine öffentlichen Auftraggeber. Die Einstufung als öffentlicher Auftraggeber scheitert dabei regelmäßig daran, dass es an einer überwiegenden staatlichen Finanzierung fehlt (Huster/*Kaltenborn*/*Weiner*, Krankenhausrecht, § 15 Rn. 3; Burgi/Dreher/*Dörr*, Beck'scher

Vergaberechtskommentar, § 99 Rn. 90). Diese kann insbesondere nicht deshalb bejaht werden, weil Religionsgemeinschaften zur Erhebung der Kirchensteuer berechtigt sind (VK Lüneburg, Beschl. v. 25.04.2018 – VgK-07/2018; IBRRS 2018, 2154; Beschl. v. 28.07.2011 – VgK-27/2011; Burgi/Dreher/*Dörr*, § 99 Rn. 90; zweifelnd Gabriel/Krohn/Neun/*Krohn/Schneider*, Handbuch des Vergaberechts, § 3 Rn. 64). Auf die Frage, ob die Krankenhäuser in jedem Fall im Allgemeininteresse liegende Aufgabe nichtgewerblicher Art wahrnehmen, kommt es daher nicht an (OLG Celle Beschl. v. 25.08.2011 – 13 Verg 5/11, VergabeR 2012, 182 [183]; dazu Byok/Jaeger/*Werner*, § 99 GWB Rn. 138 f.). Auch die Fälle, in denen kirchliche Stiftungen als Träger des Krankenhauses der landesrechtlichen Stiftungsaufsicht unterliegen, sind aus diesem Grund nicht anders zu bewerten (vgl. *Pruns*, in: Vergaben im Gesundheitsmarkt, S. 41). Ebenso wie andere private Träger kann aber auch ein kirchliches Krankenhaus öffentlicher Auftraggeber sein, wenn es von Stellen nach Nr. 1 bis 3 staatliche Zuwendungen erhält, mit denen es zu mehr als 50 % finanziert werden. Dann sind sie für das konkrete, geförderte Projekt öffentliche Auftraggeber im Sinne von § 99 Nr. 4. Im Fall von Baumaßnahmen kommt es dann auf das Gesamtprojekt und nicht auf einzelne Positionen an (OLG Celle Beschl. v. 25.08.2011 – 13 Verg 5/11, VergabeR 2012, 182 [184]). Daneben kann die Beachtung vergaberechtlicher Bestimmungen auch als Nebenbestimmung beim Erhalt staatlicher Zuwendungen erforderlich sein. Hier kommt es jedoch stark auf die individuellen Förderbedingungen des jeweiligen Projekts an. Wird etwa bei einem privaten Zuwendungsempfänger nur ein Teil eines Neubaus gefördert, ein anderer Teil hingegen ausdrücklich nicht, dann wird die private Person auch nur für den geförderten Gebäudeteil öffentlicher Auftraggeber im Sinne des § 99 Nr. 4. Unterschreitet der geschätzte Auftragswert für den geförderten Gebäudeteil den einschlägigen EU-Schwellenwert, dann ist das Kartellvergaberecht nicht anwendbar (VK Bund Beschl. v. 16.11.2018 – VK 1–99/18).

### D. Ärztekammern

13  Nicht mehr offen ist die Frage, ob Ärztekammern öffentliche Auftraggeber i.S.d. § 99 Nr. 2 sind. Dies wurde früher regelmäßig bejaht, u.a. mit dem Hinweis darauf, dass die berufsständischen Kammern Pflichtbeiträge erheben und in Anhang III der Richtlinie 2004/18/EG genannt wurden (so VK Münster Beschl. v. 13.02.2008 – VK 29/07, juris Rn. 52 ff. Die Entscheidung wurde allerdings vom OLG Düsseldorf aufgehoben und die Frage nach der Auftraggebereigenschaft schon damals ausdrücklich offengelassen. S. auch *Wagner/Raddatz* NZBau 2010, 731 [732 f.]). Unter Hinweis auf die Finanzierung der Ärztekammer durch Erhebung der Beiträge von Kammerangehörigen, stellte das OLG Düsseldorf infrage, ob die Ärztekammer überwiegend vom Staat, von Gebietskörperschaften oder von anderen Einrichtungen des öffentlichen Rechts finanziert wird. Das Gericht legte die Frage dem EuGH zur Vorabentscheidung vor (OLG Düsseldorf Beschl. v. 05.10.2011 – VII-Verg 38/11, NZBau 2012, 188 sowie bereits zuvor: Beschl. v. 28.07.2011 – VII-Verg 38/11, juris Rn. 29 ff.).

14  Hintergrund der Frage ist, dass die Kammer zur Erhebung der Beiträge durch das HeilBerG NRW ermächtigt wird. Das HeilBerG NRW setzt aber weder die Höhe der zu erhebenden Beiträge fest, noch bestimmt es den Umfang oder die Art und Weise der Ausführung der ihr übertragenen Aufgaben. Die Kammer wird insoweit nicht dahingehend eingeschränkt, dass sie die Höhe der Beiträge nur in engem Rahmen festsetzen könnte. Tatsächlich steht der Kammer ein umfassender Entscheidungsspielraum bei der Erfüllung ihrer Aufgaben zu. Dieser erstreckt sich auch auf die Bestimmung ihres Finanzbedarfs und damit zugleich auf die Festsetzung der Beitragshöhe. Die vorgesehene Genehmigung der Beiträge durch die Aufsichtsbehörde soll nach Ansicht des Gerichts lediglich eine ausgeglichene Haushaltsführung der Ärztekammer sicherstellen. Da sich die Rechtslage bei den Ärztekammern in dieser Hinsicht von derjenigen, die für die Krankenkassen gilt, deutlich unterscheidet, muss die Beurteilung der Auftraggebereigenschaft hier anders ausfallen. In seinem Schlussantrag hatte der Generalanwalt *Mengozzi* dafür plädiert, das Ärztekammern keine öffentlichen Auftraggeber sind (Schlussantrag [EuGH] v. 30.01.2013 – C-526/11 – IVD/Ärztekammer Westfalen-Lippe).

Dies war auch stimmig: Bereits in der sog. *Oymanns*-Entscheidung hat der EuGH betont, 15
dass die bloße Nennung einer Stelle in Anhang III der Richtlinie 2004/18 – entgegen des entsprechenden Vortrags der Kommission – keine hinreichende Bedingung sei, um diese Stelle als Einrichtung des öffentlichen Rechts einzustufen. Eine solche Nennung beinhalte keine unwiderlegliche Vermutung für diese Einstufung. Sie lasse daher nicht jede weitere Prüfung der Art und der Merkmale der fraglichen Stelle überflüssig werden (EuGH Urt. v. 11.06.2009 – C-300/07, Slg 2009, I-4779, Rn. 42 ff. – Oymanns). Konsequenterweise hat der EuGH die öffentliche Auftraggebereigenschaft der Ärztekammern aus den genannten Gründen verneint (EuGH Urt. v. 12.09.2013 – C-526/11, VergabeR 2014, 20; dazu kritisch *Heyne* NVwZ 2014, 621 (624)).

### E. Rettungsdienste

Ob auf die Vergabe von bodengebundenen Rettungsdienstleistungen das Vergaberecht anzuwenden ist, ist erst dann zu prüfen, wenn der jeweilige öffentliche Träger (Stadt, Landkreis) private Dritte in die Leistungserbringung einbinden will (*Esch* VergabeR 2006, 193, 195; *Pruns*, in: Vergaben im Gesundheitsmarkt, S. 45). Die Träger der Rettungsdienste sind nach den landesgesetzlichen Regelungen immer Gebietskörperschaften oder von diesen gebildete Zweckverbände. Diese sind daher öffentliche Auftraggeber i.S.v. § 99 Nr. 1 oder 3. Anders stellt sich die Situation dar, wenn private Rettungsdienstleister und Hilfsorganisationen Leistungen beschaffen. Dann muss – wie bei den Krankenhäusern – im konkreten Einzelfall geprüft werden, ob die Voraussetzungen für das Vorliegen der Auftraggebereigenschaft (insbesondere Nichtgewerblichkeit, staatliche Finanzierung) gegeben sind (ausführlich dazu *Pruns*, in: Vergaben im Gesundheitsmarkt, S. 44 ff.). 16

## § 103 Öffentliche Aufträge

(1) Öffentliche Aufträge sind entgeltliche Verträge zwischen öffentlichen Auftraggebern oder Sektorenauftraggebern und Unternehmen über die Beschaffung von Leistungen, die die Lieferung von Waren, die Ausführung von Bauleistungen oder die Erbringung von Dienstleistungen zum Gegenstand haben.

(2) Lieferaufträge sind Verträge zur Beschaffung von Waren, die insbesondere Kauf oder Ratenkauf oder Leasing, Mietverhältnisse oder Pachtverhältnisse mit oder ohne Kaufoption betreffen. Die Verträge können auch Nebenleistungen umfassen.

(3) Bauaufträge sind Verträge über die Ausführung oder die gleichzeitige Planung und Ausführung

1. von Bauleistungen im Zusammenhang mit einer der Tätigkeiten, die in Anhang II der Richtlinie 2014/24/EU des Europäischen Parlaments und des Rates vom 26. Februar 2014 über die öffentliche Auftragsvergabe und zur Aufhebung der Richtlinie 2004/18/EG (ABl. L 94 vom 28.3.2014, S. 65) und Anhang I der Richtlinie 2014/25/EU des Europäischen Parlaments und des Rates vom 26. Februar 2014 über die Vergabe von Aufträgen durch Auftraggeber im Bereich der Wasser-, Energie- und Verkehrsversorgung sowie der Postdienste und zur Aufhebung der Richtlinie 2004/17/EG (ABl. L 94 vom 28.3.2014, S. 243) genannt sind, oder
2. eines Bauwerkes für den öffentlichen Auftraggeber oder Sektorenauftraggeber, das Ergebnis von Tief- oder Hochbauarbeiten ist und eine wirtschaftliche oder technische Funktion erfüllen soll.

Ein Bauauftrag liegt auch vor, wenn ein Dritter eine Bauleistung gemäß den vom öffentlichen Auftraggeber oder Sektorenauftraggeber genannten Erfordernissen erbringt, die Bauleistung dem Auftraggeber unmittelbar wirtschaftlich zugutekommt und dieser einen entscheidenden Einfluss auf Art und Planung der Bauleistung hat.

(4) Als Dienstleistungsaufträge gelten die Verträge über die Erbringung von Leistungen, die nicht unter die Absätze 2 und 3 fallen.

(5) Rahmenvereinbarungen sind Vereinbarungen zwischen einem oder mehreren öffentlichen Auftraggebern oder Sektorenauftraggebern und einem oder mehreren Unternehmen, die dazu dienen, die Bedingungen für die öffentlichen Aufträge, die während eines bestimmten Zeitraums vergeben werden sollen, festzulegen, insbesondere in Bezug auf den Preis. Für die Vergabe von Rahmenvereinbarungen gelten, soweit nichts anderes bestimmt ist, dieselben Vorschriften wie für die Vergabe entsprechender öffentlicher Aufträge.

(6) Wettbewerbe sind Auslobungsverfahren, die dem Auftraggeber aufgrund vergleichender Beurteilung durch ein Preisgericht mit oder ohne Verteilung von Preisen zu einem Plan oder einer Planung verhelfen sollen.

| Übersicht | Rdn. | | | Rdn. |
|---|---|---|---|---|
| A. Einleitung | 1 | V. | Ausschreibung von Verträgen zur integrierten Versorgung | 16 |
| B. Krankenkassen | 5 | VI. | Hausarztzentrierte Versorgung | 20 |
| I. Arzneimittelrabattverträge über generische Wirkstoffe | 5 | VII. | Ambulante ärztliche Versorgung | 23 |
| II. Arzneimittelrabattverträge über biologisch/biotechnologisch hergestellte Arzneimittel | 12 | C. | Krankenhäuser | 24 |
| | | D. | Rettungsdienst | 30 |
| | | I. | Die bisherige Rechtslage | 30 |
| III. Arzneimittelrabattverträge über Originalpräparate | 13 | II. | Die Rechtslage nach dem neuen Vergaberecht | 34 |
| IV. Ausschreibung von Hilfsmittelverträgen | 14 | | | |

## A. Einleitung

1 § 103 enthält Definitionen des Begriffs des öffentlichen Auftrags, getrennt nach Bau-, Liefer- und Dienstleistungsaufträgen. Dabei enthält Abs. 1 die Definition des Oberbegriffs des öffentlichen Auftrags, während die anschließenden Absätze die einzelnen Auftragsarten erfassen. Außerdem bestimmt § 103 die Begriffe der Rahmenvereinbarung sowie der Wettbewerbe näher. Nachfolgend werden die Erläuterungen in Anknüpfung an die verschiedenen in Betracht kommenden öffentlichen Auftraggeber (Krankenkassen, Krankenhäuser, Sonstige) dargestellt.

2 Allen Aufträgen gemeinsam ist, dass ein Vertrag zwischen dem öffentlichen Auftraggeber (§ 99) oder einem Sektorenauftraggeber (§ 100) und dem Auftragnehmer geschlossen werden muss. Nach der Begründung des Gesetzgebers sollten hiervon nur zivilrechtlich geschlossene Verträge erfasst werden (BT-Drs. 13/9340 [Vergaberechtsänderungsgesetz – VgRÄG], S. 15). Zustandekommen, Wirksamkeit, Durchführung und Beendigung des Vertrages richten sich nach den Vorschriften des BGB. Im GWB und auch im europäischen Recht, das das GWB umsetzt, ist eine Beschränkung auf privatrechtliche Verträge aber nicht vorgesehen. Öffentlicher Auftrag i.S.d. § 103 kann daher auch ein öffentlich-rechtlicher Vertrag sein (EuGH Urt. v. 12.07.2001 – C-399/98, NZBau 2001, 512 (516 Rn. 73); Röwekamp/Kus/Portz/Prieß/*Röwekamp*, Kommentar zum GWB-Vergaberecht, § 103 Rn. 273 ff.; *Dreher/Hoffmann*, in: Vergaben im Gesundheitsmarkt, S. 51, 54). Von Bedeutung ist das insbesondere für die zwischen Krankenkassen und Leistungserbringern geschlossenen Verträge, die nach § 69 Abs. 1 SGB V öffentlich-rechtliche Verträge sind. Nach Maßgabe des § 69 Abs. 1 Satz 3 SGB V finden auf diese Verträge ebenfalls die Regelungen des BGB entsprechende Anwendung. Betroffen sind zudem auch Verträge über Rettungsdienstleistungen, die nach einzelnen landesrechtlichen Regelungen ebenfalls öffentlich-rechtliche Verträge sind (z.B. § 5 NRettDG, dazu OLG Celle Beschl. v. 24.02.2015 – 13 Verg 1/15, VPR 2015, 116; BGH Beschl. v. 23.01.2012 – X ZB 5/11, NZBau 2012, 248 [250]).

3 Mit dem Vertrag muss der Auftraggeber eine Leistung bei Unternehmen auf dem Markt nachfragen. Leistungen, die er selbst auf dem Markt anbietet, fallen schon dem Wortsinne nach nicht

unter das öffentliche Beschaffungswesen. Der Auftraggeber fragt die Leistung zudem nur dann auf dem Markt nach, wenn er dafür seine internen Organisationsstrukturen verlässt und »mit einer Einrichtung, die sich formal von ihm unterscheidet und ihm gegenüber eigene Entscheidungsgewalt besitzt, einen schriftlichen entgeltlichen Vertrag« schließt, »wobei unerheblich ist, ob diese Einrichtung selbst ein öffentlicher Auftraggeber ist« (EuGH Urt. v. 18.11.1999 – C-107/98, Slg. 1999, I-08121 Rn. 51 – Teckal). Die Ausnahme ist nunmehr in § 108 detailliert geregelt.

Damit sind zugleich weitere Voraussetzungen des öffentlichen Auftrags benannt. Dieser muss eine entgeltliche Leistung zum Gegenstand haben und schriftlich vereinbart werden, wobei letzteres nicht zwingend ist. Entgeltlichkeit ist gegeben, wenn der Empfänger einer versprochenen Leistung seinerseits eine Gegenleistung zu erbringen hat (EuGH Urt. v. 10.09.2020 – C-367/19, Rn. 25). Der Begriff des Entgelts ist dabei funktional und weit auszulegen (*Dreher/Hoffmann*, in: Vergaben im Gesundheitsmarkt, S. 54; ausführlich zu den Begriffen der Entgeltlichkeit: Schlussantrag des Generalanwalts beim EuGH Bobek v. 28.05.2020 – C-367/19 – SchlussA, Rn. 32 ff. sowie der Gegenleistung: Rn. 52 ff.; OLG Celle Beschl. v. 08.09.2014 – 13 Verg 7/14, VPRRS 2014, 0515 (II.2.)). Die Voraussetzung einer schriftlichen Vereinbarung ist im GWB selbst nicht vorgesehen. Sie ergibt sich im europäischen Recht nunmehr aus Art. 2 Abs. 1 Nr. 5 i.V.m. Nr. 18 RL 2014/24/EU. Danach umfasst der Begriff schriftlich »jede aus Wörtern oder Ziffern bestehende Darstellung, die gelesen, reproduziert und anschließend mitgeteilt werden kann, einschließlich anhand elektronischer Mittel übertragener und gespeicherter Informationen.« Danach würde eine Übermittlung mittels moderner Medien ausreichen. Für den Zuschlag, der den Vertragsschluss markiert, ergibt sich im deutschen Vergaberecht aktuell ein Schriftformerfordernis aber aus einzelnen Vergabeordnungen, so z.B. § 38 UVgO oder § 18 VOL/A. Diese Regelungen knüpfen jeweils an elektronische Übermittlungen weitere Anforderungen, etwa die Unterzeichnung mittels fortgeschrittener elektronischer Signatur i.S.v. § 2 Nr. 2 SigG. Sinn und Zweck des Schriftformerfordernisses ist der Bieterschutz. Der Bieter kann so nachweisen, dass ihm der Zuschlag erteilt wurde (Müller-Wrede/*Roth*, VOL/A, § 21 EG Rn. 26). Dennoch ist die Schriftform keine zwingende Voraussetzung für eine Qualifizierung als öffentlicher Auftrag nach dem GWB (Ziekow/Völling/*Ziekow*, § 103 Rn. 37).

## B. Krankenkassen

### I. Arzneimittelrabattverträge über generische Wirkstoffe

Rechtsgrundlage für die sog. Arzneimittelrabattverträge ist § 130a Abs. 8 SGB V. Danach können die Krankenkassen oder ihre Verbände mit pharmazeutischen Unternehmern Rabatte für die zu ihren Lasten abgegebenen Arzneimittel vereinbaren. Dabei gewährt das Unternehmen einen Rabatt auf den bundesweit einheitlichen Apothekenabgabepreis des jeweiligen Arzneimittels. Von diesen Rabattverträgen werden jedoch nicht nur die genannten Vertragspartner berührt, sondern daneben auch Apotheker, Ärzte und Versicherte. Die Apotheken erwerben von den pharmazeutischen Unternehmen die Arzneimittel, die sie auf Verschreibung der Ärzte an die Versicherten abgeben. Die Bezahlung dafür übernehmen wiederum die Krankenkassen. Dabei kann ein Arzt auf der Verschreibung durch Ankreuzen des Kästchens »aut idem« vorgeben, dass ein ganz bestimmtes Arzneimittel von einem ganz bestimmten Hersteller an den Versicherten abgegeben werden soll. Setzt er dieses Kreuzchen nicht, darf der Apotheker dem Versicherten jedes Arzneimittel anbieten, das mit dem verschriebenen Medikament im Hinblick auf den Wirkstoff vergleichbar ist. Besteht für den konkret verordneten Wirkstoff ein Rabattvertrag der Krankenkasse des Versicherten, dann muss der Apotheker dem Versicherten dieses Arzneimittel abgeben. Die Pflicht der Apotheke ergibt sich aus § 11 Satz 1 des Rahmenvertrages zwischen dem Spitzenverband Bund der Krankenkassen und dem Deutschen Apothekerverband e. V. (in der aktuellen Fassung vom 01.04.2020, die aktuelle Version ist abrufbar unter https://www.gkv-spitzenverband.de/media/dokumente/krankenversicherung_1/arzneimittel/rahmenvertraege/apotheken/Rahmenvertrag_*nach_129_Abs.2_SGB_V_vom_01.04.2020.pdf*) (zum gesamten Netz aus Pflichten und Ansprüchen zwischen den Beteiligten *Dreher/Hoffmann*, in: Vergaben im Gesundheitsmarkt, S. 55; *Otting* NZBau 2010, 734 [735 f.]).

6 Rabattverträge sind Rahmenvereinbarungen i.S.v. § 103 Abs. 5. Die Krankenkasse ist öffentlicher Auftraggeber i.S.v. § 99 Nr. 2. Die pharmazeutischen Unternehmen sind Unternehmer i.S.v. § 103 Abs. 1, sodass die Krankenkasse deren Leistungen extern auf dem Markt nachfragt. Die Rechtsnatur des Vertrages ist nicht erheblich. Diskutiert wird aber, ob Auftragsgegenstand hier Dienstleistungen oder Lieferaufträge sind, ob also Leistungen oder Waren beschafft werden. Gegenstand der Ausschreibung von Rabattverträgen sind überwiegend generische Wirkstoffe und patentgeschützte Originalpräparate.

7 Unproblematisch ist insoweit, dass die gesuchten Arzneimittel letztlich von Apotheken an die Versicherten und nicht vom Unternehmer an die Krankenkasse übergeben werden. Das schließt den Beschaffungscharakter der Verträge nicht aus. Aufgrund des Sach- und Dienstleistungsprinzips des § 2 Abs. 2 SGB V leisten die Krankenkassen an ihre Versicherten regelmäßig dadurch, dass sie die Kosten für von den Versicherten benötigte Arzneimittel oder Behandlungen tragen. Sie sind trotzdem diejenigen, die als staatliche Stelle am Markt auftreten und die Arzneimittelrabatte nachfragen. Bei wirtschaftlicher Gesamtbetrachtung liegt daher eine Beschaffung der Krankenkassen vor (Gabriel/Krohn/Neun/*Gabriel*, Handbuch des Vergaberechts, § 78 Rn. 6 m.w.N.).

8 Fraglich ist, wie bereits erwähnt, ob die Vereinbarungen Lieferungen oder Dienstleistungen zum Gegenstand haben. Wichtig ist dies, weil Dienstleistungen im Gesundheitsbereich besondere Erwähnung in Anhang XIV zu Richtlinie 2014/24/EU finden und deshalb zu den sog. sozialen und anderen besonderen Dienstleistungen i.S.v. § 130 GWB, §§ 64 ff. VgV zählen (s. Vor §§ 97 ff. GWB Rdn. 7d). Für Lieferaufträge gelten diese Sonderregelungen nicht. Inhaltlich ist zu differenzieren zwischen der Vereinbarung der Rabatte einerseits und der Lieferung von Arzneimitteln andererseits. Geht es allein um die Vereinbarung von Rabatten, dann liegt nach Auffassung der VK Bund eine Dienstleistung i.S.v. § 103 Abs. 4 vor, da jedenfalls kein Bau- oder Lieferauftrag i.S.v. § 103 Abs. 2 oder 3 gegeben wäre (VK Bund Beschl. v. 15.11.2007 – VK 2–102/07, juris Rn. 89). Überzeugender erscheint es jedoch, bei einer bloßen Rabattgewährung mangels Beschaffung einer Leistung einen öffentlichen Auftrag insgesamt zu verneinen. Geht es hingegen um die Lieferung der Arzneimittel – wiederum im Dreiecksverhältnis nicht an die Kassen, sondern an die Apotheken – dann handelt es sich um einen Lieferauftrag i.S.v. § 103 Abs. 2. Das ist bei den meisten ausgeschriebenen Rabattvereinbarungen der Fall. Sie sind als Lieferaufträge zu bewerten, weil die Vereinbarungen Regelungen zur Sicherstellung der Lieferfähigkeit der pharmazeutischen Unternehmen während der Vertragslaufzeit, wie Mindestmengen, die bei Vertragsbeginn sofort verfügbar sein müssen, sowie Vertragsstrafen und Kündigungsrechte bei Lieferausfällen enthalten. Damit wird die Lieferleistung des pharmazeutischen Unternehmers eindeutig definiert (Gabriel/Krohn/Neun/ *Gabriel*, § 78 Rn. 9).

8a Die Vereinbarungen sind auch entgeltliche Verträge. Das gilt nicht für die Rabattvereinbarungen, die lediglich eine Rabattgewährung des Unternehmers festlegen, ohne dafür irgendeine Gegenleistung der Kasse vorzusehen. Das ist allerdings auch in den Rabattverträgen, die Lieferaufträge enthalten, nicht unmittelbar der Fall, denn in den ausgeschriebenen Rabattverträgen selbst werden keine Gegenleistungen der Krankenkassen vereinbart. Tatsächlich handelt es sich bei den Verträgen um Rahmenvereinbarungen, die die Konditionen für die Lieferung in allen erforderlichen Einzelfällen festlegen. Diese sind ausschreibungspflichtig (st. Rspr., OLG Düsseldorf Beschl. v. 11.01.2012 – VII-Verg 57/11, VergabeR 2012, 475 [477]; VK Bund Beschl. v. 14.02.2017 – VK 2–4/17, Rn. 30; VK Bund Beschl. v. 06.02.2017 – VK 2–6/17, VPRRS 2017, 88; VK Bund Beschl. v. 10.06.2011 – VK 3 – 59/11, juris Rn. 52 ff.). Die Rahmenvereinbarung muss dafür selbst nicht alle Tatbestandsmerkmale eines öffentlichen Auftrags i.S.v. § 99 erfüllen (OLG Düsseldorf Beschl. v. 11.01.2012 – VII-Verg 57/11, VergabeR 2012, 475 (478); VK Bund Beschl. v. 10.06.2011 – VK 3 – 59/11, juris Rn. 54 ff.; *Dulle/Brakalova* NZBau, 2013, 19 [19]). Vielmehr reicht es aus, wenn die Verträge, die durch die Rahmenvereinbarung inhaltlich bestimmt werden, alle Tatbestandsmerkmale eines öffentlichen Auftrags erfüllen (OLG Düsseldorf Beschl. v. 11.01.2012 – VII-Verg 57/11, VergabeR 2012, 475 [477 f.]). Das ergibt sich unmittelbar aus § 103 Abs. 5, wonach eine Rahmenvereinbarung nur dazu dient, »die Bedingungen für die öffentlichen Aufträge... festzulegen...«

(OLG Düsseldorf Beschl. v. 11.01.2012 – VII-Verg 57/11, VergabeR 2012, 475 [477 f.] noch mit einer Ableitung aus Art. 1 Abs. 5 der Richtlinie 2004/18/EG). Als wirtschaftlicher Vorteil wird es außerdem angesehen, dass der Absatz des rabattierten Arzneimittels erheblich gefördert wird (*Dreher/Hoffmann*, in: Vergaben im Gesundheitsmarkt, S. 59; *Byok* GesR 2007, 553 (556); *Stolz/Kraus* VergabeR 2008, 1 (3); *Weiner* GesR 2010, 237 [239]). Dies wird auf verschiedene Regelungen gestützt, die alle zu einer bevorzugten Abgabe des rabattierten Arzneimittels führen, insbesondere aber auf die Substitutionspflicht des Apothekers nach § 129 Abs. 1 Satz 3 SGB V (eine ausführliche Aufstellung einschließlich entsprechender Fundstellen aus der Rechtsprechung findet sich bei Gabriel/Krohn/Neun/*Gabriel*, § 78 Rn. 13 ff.). Im Übrigen ist es auch unschädlich, wenn ein Dritter (hier die Apotheke gegenüber dem pharmazeutischen Unternehmer oder dem Großhändler) die Bezahlung übernimmt, um Entgeltlichkeit zu begründen (EuGH Urt. v. 18.01.2007 – C-220/05, VergabeR 2007, 183 (185, Rn. 45); OLG Düsseldorf Beschl. v. 13.06.2007 – VII-Verg 2/07, VergabeR 2007, 634 (637); *Stolz/Kraus* VergabeR 2008, 1 [9]). Auch unter diesem Blickwinkel liegt also Entgeltlichkeit vor.

Da Vergaben von Generikarabattverträgen nun seit mehreren Jahren durchgeführt werden, mussten sich auch die Vergabekammern intensiv mit ihnen befassen. Viele Rechtsfragen wurden daher bereits mehrfach behandelt und entschieden. Dazu gehören Fragen zum Inhalt der Leistungsbeschreibung und zur Bestimmung des Beschaffungsbedarfs, zur Gestaltung der Eignungs- und der Wertungskriterien (ausführlich MüKoVergabeR I/*Gabriel*, 4. Teil. Vergaben durch Träger der Sozialversicherung; Rn. 62 ff.). 9

Rabattverträge werden nicht immer nur mit einzelnen Unternehmen pro Wirkstoff geschlossen. Verwendet wird häufig auch das sog. Mehr-Partner-Modell. Dieses wird für zulässig erachtet (OLG Düsseldorf Beschl. v. 18.04.2018 – VII-Verg 56/17, Rn. 19; Beschl. v. 30.01.2012 – VII-Verg 102 und 103/11, juris Rn. 13; Beschl. v. 24.11.2011, VII-Verg 62/11, ZfBR 2012, 187 – Anastrozol; VK Bund Beschl. v. 23.11.2017 – VK1 – 123/17, VPRRS, 382; *Meyer-Hofmann/Hahn* A & R 2010, 59 ff.; *Schneider* in: Fuhrmann/Klein/Fleischfresser, Arzneimittelrecht, § 49 Vergaberechtliche Rahmenbedingungen Rn. 24, 27). Hier wurde in der Vergangenheit verstärkt die – ohnehin immer wieder im Zusammenhang mit Rabattverträgen kritisierte – Problematik des ungewöhnlichen Wagnisses diskutiert, weil die Bieter im Vorhinein nicht wissen können, welche Wirkstoffmengen sie während der Vertragslaufzeit zur Verfügung stellen müssen. Diese Unsicherheit, die es schon beim Ein-Partner-Modell gibt, weil auch da Faktoren Einfluss haben, die das Unternehmen nicht beeinflussen kann, wird beim Mehr-Partner-Modell durch die konkurrierenden Unternehmen noch verschärft. Die Rechtsprechung hat mittlerweile allerdings wiederholt betont, dass mit der Streichung des ungewöhnlichen Wagnisses aus § 8 Nr. 1 Abs. 3 VOL/A a.F. dieses Kriterium abgeschafft wurde und nicht mehr geltend gemacht werden kann (OLG Düsseldorf Beschl. v. 06.09.2017 – VII-Verg 9/17, Rn. 48; Vorlagebeschl. v. 13.08.2014 – VII-Verg 13/14, NZBau 2014, 654 [658]; Beschl. v. 19.10.2011 – Verg 54/11, NZBau 2011, 762 ff.; VK Bund Beschl. v. 10.02.2017 – VK 1–3/17, IBRRS 2017, 1547). Es kann insbesondere auch nicht über den Vorwurf einer nicht eindeutigen und erschöpfenden Leistungsbeschreibung wieder eingeführt werden (OLG Düsseldorf Beschl. v. 20.02.2013 – VII-Verg 44/12, NZBau 2013, 392 (394); OLG Düsseldorf Beschl. v. 19.10.2011 – Verg 54/11, NZBau 2011, 762–765; OLG Düsseldorf Beschl. v. 24.11.2011, VII-Verg 62/11, ZfBR 2012, 187 (191) – Anastrozol; so zuvor aber VK Sachsen Beschl. v. 10.05.2011 – 1/SVK/009–11, juris Rn. 85 f.). Zudem stellen die Krankenkassen mittlerweile umfangreiche Verordnungsdaten aufgeschlüsselt nach Darreichungsform, abgerufenen Wirkstoffmengen und Packungsgrößen aus den entsprechenden Vorjahreszeiträumen zur Verfügung (die Verpflichtung zur Offenlegung dieser Daten wurde festgestellt vom LSG Baden-Württemberg Beschl. v. 27.02.2008 – L 5 KR 507/08 ER-B, MedR 2008, 309 (318); *v. Czettritz* PharmR 2008, 253 [254]), sodass in der Kalkulation als Unbekannte nur das Verhältnis der Verschreibung der alternativen rabattierten Arzneimittel untereinander verbleibt. Risiken – auch erhebliche – bei der Kalkulation der Angebotspreise müssen die Bieter aber in Kauf nehmen (OLG Düsseldorf Beschl. v. 18.04.2012 – VII-Verg 93/11, NZS 2012, 747 (750); OLG Düsseldorf 10

Beschl. v. 24.11.2011, VII-Verg 62/11, ZfBR 2012, 187 (191) – Anastrozol (konkret zum Mehr-Partner-Modell); kritisch dazu *Gabriel* VergabeR 2012, 490 ff.).

11 Abzugrenzen sind die Ausschreibungen der Rabattverträge von den sog. Open-House-Modellen. In diesem Fall schreibt die Krankenkasse bestimmte Wirkstoffe aus und schließt mit allen daran interessierten Unternehmen einen Vertrag ab. Die Bedingungen sind dann bereits in dem vorgegebenen Rabattvertrag enthalten und nicht verhandelbar. Eine Auswahlentscheidung zwischen den Unternehmen findet nicht statt.

11a Das OLG Düsseldorf hat das Open-House-Modell unter bestimmten Voraussetzungen für zulässig erachtet (OLG Düsseldorf Beschl. v. 11.01.2012 – VII-Verg 57/11, VergabeR 2012, 475 (478 f.): Demnach müsse das Verfahren hinreichend transparent sein, idealerweise umgesetzt durch eine EU-weite Bekanntmachung. Es dürfe zudem keine Nachverhandlungsmöglichkeiten mit einzelnen Bietern geben. Auch nach der Ausschreibung müsse jederzeit ein Beitritt zu einem Vertrag wie dem ausgeschriebenen möglich sein, die Bedingungen hierfür müssten transparent und nicht diskriminierend sein. Diese Art des Abschlusses von Rabattverträgen falle dann wegen des Fehlens einer Auswahlentscheidung nicht in den Anwendungsbereich des Vergaberechts (OLG Düsseldorf Beschl. v. 11.01.2012 – VII-Verg 57/11, VergabeR 2012, 475 (478 f.; Becker/Kingreen/*Becker/Kingreen*, SGB V, § 69 Rn. 55; kritisch *Csaki* NZBau 2012, 351 f. unter Verweis auf die VK Bund Beschl. v. 12.11.2009 – VK 3–193/09, juris Rn. 94, die betonte, dass das Vorliegen einer Auswahlentscheidung kein Merkmal des öffentlichen Auftrags sei, sondern nur die Rechtmäßigkeit der Vergabe infrage stelle). Da alle Unternehmen einen Vertrag abschließen könnten und der Auftraggeber keine Auswahlentscheidung unter den interessierten Unternehmen treffe, bestünde kein Wettbewerb, sodass auch für die Anwendung des Vergaberechts kein Bedarf bestünde. Mit dieser Argumentation hatte das OLG Düsseldorf die Frage der Zulässigkeit des Open-House-Modells dem EuGH zur Klärung vorgelegt (EuGH Verfahren C-410/14: OLG Düsseldorf Vorlagebeschl. v. 13.08.2014 – VII-Verg 13/14, NZBau 2014, 654).

11b Der EuGH ist der Auffassung des OLG Düsseldorf gefolgt und hat mit seiner Entscheidung vom 02.06.2016 (C-410/14, NZBau 2016, 441 – Dr. Falk Pharma; dazu *Neun* NZBau 2016, 681; *Hansen/Heilig* NZS 2017, 290) den Abschluss von Rabattvereinbarungen mit unbeschränkt vielen pharmazeutischen Unternehmen ohne Auswahlentscheidung für zulässig erachtet. Das Kartellvergaberecht finde auf diese Verträge keine Anwendung, wenn der Auftraggeber während der gesamten Vertragslaufzeit bereit sei, mit jedem Wirtschaftsteilnehmer zu im Vorhinein festgelegten Bedingungen ohne Auswahlentscheidung unter den interessierten Wirtschaftsteilnehmern einen Vertrag zu schließen und für die Unternehmen während der gesamten Vertragslaufzeit der Beitritt zum Vertrag gestattet bleibe. Obwohl gerade die letztgenannte Anforderung namensgebend für dieses Verfahren zu sein scheint, ist sie nach der Argumentation des EuGH eben doch nicht für jedes offene Zulassungssystem zwingend. Vielmehr hat der EuGH zwischenzeitlich betont, dass eine zeitliche Beschränkung des freien Zugangs zu einem bestimmten Vertrag – im konkreten Fall einer landwirtschaftlichen Betriebsberatung – auf eine »Eingangsphase, die im Zeitpunkt der Organisation der Prüfung oder spätestens mit der Bekanntmachung der endgültigen Vergabeentscheidung endet, und es folglich einem Berater ... nicht möglich ist, diesem System der landwirtschaftlichen Betriebsberatung beizutreten« nichts daran ändere, dass dieser Vertragsschluss mangels Auswahlentscheidung nicht dem Vergaberecht unterfalle (EuGH Urt. v. 01.03.2018 – C-9/17 – Maria Tirkkonen./.Finnland). Damit verschiebt sich der Schwerpunkt der Argumentation für eine Befreiung vom Vergaberecht nochmals hin zur Bedeutung der Auswahlentscheidung. Eine solche darf es nicht geben, dann kann auch eine nur vorübergehende Öffnung für alle geeigneten Bieter ausreichen. Es ist dann richtigerweise kein echtes »Open-House-Verfahren« mehr, sondern ein eigenes vergaberechtsfreies Zulassungsverfahren.

Auch wenn das Kartellvergaberecht nicht gilt, so unterliegen dennoch auch vergaberechtsfreie Open-House-Verfahren den Grundregeln des AEUV, wenn sie ein eindeutiges grenzüberschreitendes Interesse aufweisen. Zu beachten sind insbesondere die Gebote der Nichtdiskriminierung und Gleichbehandlung sowie der Transparenz. Deshalb ist auch in diesen Fällen eine EU-weite Bekanntmachung erforderlich.

Unabhängig von der vergaberechtlichen Zulässigkeit des Open-House-Modells stellt sich jedoch die Frage, inwieweit dieses mit der Pflicht der Krankenkassen, ihre Mittel wirtschaftlich und sparsam einzusetzen vereinbar ist. Insbesondere ist fraglich, ob dadurch, dass bei jeder Arzneimittelabgabe ein rabattiertes Arzneimittel abgegeben wird, tatsächlich das größte Einsparpotential erzielt wird (so *Meyer-Hofmann/Weng* PharmR 2010, 324 [329]). Tatsächlich verlieren die Krankenkassen durch den Wegfall des Preiswettbewerbs die Möglichkeit festzustellen, ob sie die gesuchten Leistungen wirtschaftlicher/günstiger erhalten können (Im Gegensatz hierzu halten *Schwintowski/Klaue* PharmR 2011, 469 [478] die Pflicht zur Vergabe der Rabattverträge sogar für wettbewerbshindernd). 11c

## II. Arzneimittelrabattverträge über biologisch/biotechnologisch hergestellte Arzneimittel

Gegenstand der Ausschreibung von Rabattverträgen sind neben generischen Wirkstoffen verstärkt auch biologisch/biotechnologisch hergestellte Arzneimittel. Soweit für biologisch hergestellte Arzneimittel der Patentschutz ausläuft, versuchen andere pharmazeutische Unternehmer, vergleichbare Produkte auf den Markt zu bringen. Davon sind auch mehrere der umsatzstärksten Biologika betroffen (*Zylka-Menhorn/Korzilius* Ärzteblatt 2014, 111). Zu unterscheiden ist zwischen aufgrund der Herstellung identischen und nicht identischen Biologika. Bei den sog. Bioidenticals sind Wirkstoff und Herstellungsprozess identisch, werden aber von verschiedenen Herstellern angeboten. Für sie gilt die Substitutionspflicht des § 129 Abs. 1 Satz 3 SGB V, § 9 Abs. 3 und Anlage 1 des Rahmenvertrags nach § 129 Abs. 2 SGB V, so dass sie betreffende Rabattverträge entgeltliche Verträge i.S.d. § 103 Abs. 5 sind. Mangels Wirkstoffgleichheit sind Biosimilars grundsätzlich auch nicht austauschbar mit dem Erst-Anmelderprodukt (Original) nach § 129 SGB V. Der Preiswettbewerb bei Biosimilars ist vergleichsweise gering, da der Zulassungs- und Produktionsaufwand für Biosimilars im Vergleich zu Generika relativ hoch ist und weniger Anbieter am Markt sind (Auskunft der Bundesregierung vom 26.03.2012, BT-Drs. 17/9115 [Rabattverträge und Wettbewerb], S. 5). Die zu Generikaausschreibungen dargelegten Grundsätze können auf Ausschreibungen von Biosimilars daher nicht ohne weiteres übertragen werden (ausführlich Gabriel/Krohn/Neun/*Gabriel*, § 78 Rn. 123 ff.; *Gaßner/Sauer* PharmR 2018, 288). 12

Trotzdem ist auch hier Bewegung in den Markt gekommen. Da die Produktionskosten biologisch/biotechnologisch hergestellter Arzneimittel wesentlich höher sind, fallen auch die von den gesetzlichen Krankenkassen zu tragenden Therapiekosten signifikant höher aus. Demzufolge besteht seitens der Kassen ein Interesse daran, hier Einsparpotenziale zu nutzen, während Unternehmen versuchen, sich den Markt zu erschließen. Argumentativ lässt sich eine Austauschbarkeit von Biosimilars bisher nicht über § 129 SGB V begründen (siehe nachfolgend Rdn. 12b). Dennoch ist es zum einen über die im Rahmen des Zulassungsverfahrens bei der Europäischen Arzneimittelbehörde (EMA) zu erbringenden Nachweise möglich. Denn dort wird dargestellt, dass das Biosimilar dem Referenzarzneimittel hinsichtlich Qualität, biologischer Aktivität, Sicherheit, Immunogenitätsprofil und Wirksamkeit zumindest in einem therapeutischen Äquivalenzbereich von ±15 % entspricht. Zum anderen bildet auch der GBA Festbetragsgruppen aus Originalpräparate und deren Biosimilars nach § 35 Abs. 1 Nr. 1 SGB V, indem er diese als denselben Wirkstoff oder Arzneimittel mit denselben Wirkstoffen definiert. In der Praxis umgesetzt wurde nun auch bereits die Beschaffung biosimilarer TNF-alpha-Inhibitoren (Infliximab) im Wettbewerb (OLG Düsseldorf Beschl. v. 27.05.2015 – VII-Verg 2/15, IBRRS 2015, 2980). Hier haben viele Krankenkassen schon kurz nach deren Einführung im Wege von Open-House-Verfahren Verträge mit mehreren Unternehmen abgeschlossen (ausführlich *Gaßner/Sauer* PharmR 2018, 288 (293) m.w.N.). 12a

Mit dem Gesetz für mehr Sicherheit in der Arzneimittelversorgung vom 09.08.2019 (BGBl. 2019 I S. 1202) wird zum 16.08.2022 (drei Jahre nach Inkrafttreten) ein neuer § 129 Abs. 1 Satz 9 SGB V eingeführt. Danach soll die gesetzliche Apotheken-Substitutionspflicht entsprechend für 12b

Biosimilars gelten: »Die Regelungen für preisgünstige Arzneimittel nach Satz 1 Nummer 1 und 2 und den Sätzen 2 bis 8 gelten entsprechend für im Wesentlichen gleiche biotechnologisch hergestellte biologische Arzneimittel, für die der Gemeinsame Bundesausschuss in den Richtlinien nach § 92 Absatz 1 Satz 2 Nummer 6 eine Austauschbarkeit in Bezug auf ein biologisches Referenzarzneimittel festgestellt hat.« Es ist zu erwarten, dass Rabattverträge über Biosimilars dann erheblich an Bedeutung gewinnen (ausführlich Gabriel/Krohn/Neun/*Gabriel*, § 78 Rn. 126 ff.).

### III. Arzneimittelrabattverträge über Originalpräparate

13 Bezüglich Ausschreibungen von patentgeschützten Arzneimitteln ist zu differenzieren zwischen solchen, die die Beschaffung patentgeschützter Wirkstoffe betreffen und solchen, bei denen ein Wirkstoff unterschiedliche Wirkungen aufweist, von denen auf einzelne kein Patentschutz (mehr) besteht, für andere hingegen schon (sog. Indikationspatente, Second-Medical-Use Patente).

Die Vergabe von Verträgen über vollständig patentgeschützte Arzneimittel führte in der Praxis häufiger nicht zu nennenswerten Erfolgen. Auf diesem Markt besteht kein echter Wettbewerb, der von den Krankenkassen gefördert werden könnte. Aus vergaberechtlicher Sicht stellte sich deshalb vor allem die Frage, ob aufgrund des Vorliegens eines Alleinstellungsmerkmals direkt mit dem Patentinhaber ein Verhandlungsverfahren ohne Teilnahmewettbewerb durchgeführt werden darf.

Das OLG Düsseldorf lehnte die Annahme eines Alleinstellungsmerkmals, das von Anfang an eine Beschränkung des Wettbewerbs durch Vornahme eines Verhandlungsverfahrens ohne Teilnahmewettbewerb erlaubt, ab und ging davon aus, dass auch patentgeschützte Wirkstoffe öffentlich ausgeschrieben werden müssen (OLG Düsseldorf Beschl. v. 20.10.2008 – Verg 46/08; ebenso OLG Karlsruhe Urt. v. 12.01.2013 – 15 Verg 6–8/13, juris Rn. 35 sowie Beschl. v. 20.12.2013 – 15 Verg 6–8/13, juris Rn. 31), auf die Besonderheiten hinsichtlich der tatsächlichen Lieferfähigkeiten anderer Unternehmer als der Originalhersteller (s. § 97 GWB Rdn. 18) ging das Gericht dabei nicht ein (ausführlich dazu Gabriel/Krohn/Neun/*Gabriel*, § 78 Rn. 76 ff.).

Die Schwierigkeit der diskriminierungsfreien Ausgestaltung der Leistungsbeschreibung besteht in der Einhaltung der Vorgaben der § 121 Abs. 1 Satz 1 GWB, 31 Abs. 1 VgV bzw. § 7 EU VOB/A. Danach muss die Leistungsbeschreibung so eindeutig und erschöpfend sein, dass die Bieter sie gleich verstehen und sie die Abgabe vergleichbarer Angebote ermöglicht. Schwierigkeiten bereitet das in den Fällen, in denen verschiedene Originalpräparate für unterschiedliche Indikationsbereiche zugelassen sind, die sich teilweise überschneiden. Hier ist bisher nicht geklärt, ob diese als vergleichbar einzustufen wären und im Wettbewerb beschafft werden können oder nicht.

Die Vergabe von Aufträgen über Arzneimittel mit abgelaufenem ursprünglichen Patentschutz, aber fortbestehendem Indikationspatentschutz hat in den vergangenen Jahren im Zusammenhang mit dem Wirkstoff Pregabalin zu mehreren Entscheidungen von Vergabekammern und -senaten geführt. Die rechtlichen Schwierigkeiten resultieren in diesen Fällen aus der Kollision von Patentrecht des Indikationspatentinhabers, Substitutionsrecht der Apotheker und Pflicht zur Anwendung des Vergaberechts durch die Krankenkassen. Jedenfalls eine undifferenzierte Ausschreibung seitens der Krankenkassen, bei der nicht zwischen dem nicht mehr patentgeschützten Wirkbereich und der weiter geschützten Indikation unterschieden wird, wurde als vergaberechtswidrig eingestuft (VK Bund Beschl. v. 16.03.2015 – VK 2–7/15 und nachfolgend OLG Düsseldorf Beschl. v. 01.12.2015 – VII-Verg 20/15; dazu Anm. *Conrad* NZS 2016, 687). Differenziert der Auftraggeber zwischen beiden Wirkbereichen und schreibt diese separat (in Losen oder getrennten Aufträgen) aus, läuft er jedoch Gefahr, den Patentinhaber zu diskriminieren, da dieser – anders als die Generikahersteller – in der Regel über eine Zulassung für den Wirkstoff verfügt, die sämtliche Indikationen abdeckt (OLG Düsseldorf Beschl. v. 14.09.2016 – VII-Verg 13/16). Das führte dazu, dass ausgerechnet der originale Patentinhaber aus beiden Verfahren ausgeschlossen hätte werden müssen. Vergaberechtskonform aufgehoben werden soll diese mögliche Diskriminierung des Patentinhabers durch ein Schreiben der Krankenkassen an die den Wirkstoff verordnenden Vertragsärzte, mit dem sie über die Patentsituation aufklärten und die Ärzte zur genauen Verordnung unter

Beachtung der patentrechtlichen Lage aufforderten (OLG Düsseldorf Beschl. v. 14.09.2016 – VII-Verg 1/16, ZfBR 2017, 178, kritisch hierzu *Csaki/Junge-Gierse* ZfBR 2017, 234 [237]). Ein Open-House-Verfahren einer Krankenkasse, in der ohne Trennung zwischen nicht patentgeschützten und patentgeschützten Indikationen mit allen Anbietern Verträge abgeschlossen werden sollten, ebenfalls unter Versendung entsprechender Informationsschreiben an Ärzte, erklärte die VK Bund für vergaberechtswidrig, da die Voraussetzungen für ein Open-House-Verfahren mangels gleichen Zugangs für alle Unternehmen nicht vorlägen (VK Bund Beschl. v. 06.02.2017 – VK 2–6/17, VPRRS 2017, 88).

### IV. Ausschreibung von Hilfsmittelverträgen

Krankenkassen können Hilfsmittelverträge nach § 127 SGB V abschließen. Hilfsmittel sind gem. § 33 Abs. 1 SGB V solche Mittel, die dazu dienen, den Erfolg der Krankenbehandlung zu sichern, einer drohenden Behinderung vorzubeugen oder eine Behinderung auszugleichen. Beispielhaft nennt das Gesetz Hörhilfen, Körperersatzstücke und orthopädische Hilfsmittel. Es handelt sich um ärztlich verordnete Sachen, die den Erfolg einer Heilbehandlung sichern oder die Folgen von Gesundheitsschäden abmildern (BSG Urt. v. 30.01.2001 – B 3 KR 6/00 R, NZS 2001, 532 [533]). Durch den Abschluss der Hilfsmittelverträge stellt die Krankenkasse sicher, mehrere Lieferanten verfügbar zu haben, die wiederum im Wege der Sachmittelleistung (Dreiecksverhältnis) den Versicherten die Hilfsmittel auf Kosten der Krankenkasse zur Verfügung stellen. Dabei handelt es sich häufig nicht nur um eine Lieferung, sondern durch die individuelle Anfertigung und Anpassung des Hilfsmittels auch um eine Dienstleistung (Nolte, in: Kasseler Kommentar zum Sozialversicherungsrecht, 85. Erg.Lfg. 2015, § 127 SGB V Rn. 7; *Otting* NZBau 2010, 734 (735 f.); *Zimmermann* NZBau 2010, 739 [740]). Welcher Auftrag im Einzelfall vorliegt, richtet sich nach § 110 Abs. 2 Nr. 2. Danach entscheidet der Wert des jeweiligen Anteils der Leistungen an dem Auftrag darüber, welcher den Hauptgegenstand des Auftrags bildet. Die Unterscheidung ist besonders wichtig im Hinblick auf die besonderen Regelungen für soziale und besondere andere Dienstleistungen nach den §§ 130 GBW, 64 ff. VgV, da eine Privilegierung nur für Dienstleistungen, nicht aber für Lieferleistungen gilt. Wenn tatsächlich die individuelle Anfertigung und somit die Dienstleistung überwiegt, kann zudem ggf. kein Hilfsmittel, sondern ein Heilmittel i.S.d. § 32 SGB V vorliegen (Becker/Kingreen/*Butzer*, § 32 Rn. 7; *Dreher/Hoffmann*, in: Vergaben im Gesundheitsmarkt, S. 63).

14

§ 127 SGB V wurde innerhalb eines relativ kurzen zeitlichen Rahmens von zwei Jahren erst durch das HHVG (2017) und sodann durch Art. 1 Nr. 68 TSVG vom 06.05.2019 (BGBl. I S. 646) mit Wirkung vom 11.05.2019 erneut wesentlich geändert. Die letzte Änderung sollte der Vermeidung negativer Auswirkungen auf die Qualität dienen. Mit dem vorherigen HHVG war eine Ausschreibungspflicht für Verträge nach § 127 Abs. 1 SGB V vorgesehen worden. Sie wurden als öffentliche Aufträge eingestuft und mussten von den Krankenkassen öffentlich ausgeschrieben werden, soweit dies zur Gewährleistung einer wirtschaftlichen und in der Qualität gesicherten Versorgung zweckmäßig war. Diese Ausschreibungspflicht unter Beachtung des Vergaberechts, die detailliert in den Abs. 1, 1a und 1b nomiert war, sollte an sich zur Qualitätsverbesserung beitragen, wurde dann aber mit derselben Begründung wieder gestrichen. Aus diesem Grund hat die EU-Kommission am 25.07.2019 ein Vertragsverletzungsverfahren gegen Deutschland eingeleitet. Nunmehr sind die Verträge nach Abs. 1 im Wege von Verhandlungen zu schließen. Wegen dieser Änderung des § 127 SGB V hat die Europäische Kommission ein Vertragsverletzungsverfahren gegen Deutschland eingeleitet. Verträge nach § 127 Abs. 2 SGB V sind nicht exklusiv. Vielmehr können gem. § 127 Abs. 2a SGB V andere interessierte Leistungserbringer diesen Verträgen nach § 127 Abs. 2 SGB V beitreten. Beim Vertragsschluss fehlt es daher an der Auswahlentscheidung der gesetzlichen Krankenkasse und der Exklusivität der Verträge (LSG Nordrhein-Westfalen Beschl. v. 14.04.2010 – L 21 KR 69/09 SFB, NZBau 2010, 653; *Zimmermann* NZBau 2010, 739 [741]). Bei Verträgen, die die Krankenkasse nach § 127 Abs. 1 SGB V abschließt, trifft sie die keine Auswahl mehr unter den Leistungserbringern, sondern verhandelt mit diesen. Eine Beitrittsmöglichkeit ist auch weiterhin nicht vorgesehen. Diese Verträge sollen nach der Intention des Gesetzgebers keine öffentlichen

15

Aufträge i.S.v. § 103 Abs. 5 sein. Zwischenzeitlich hatte das OLG Düsseldorf entschieden, dass Bieter geltend machen können, in ihren Bieterrechten verletzt zu sein, wenn die Ausschreibung entgegen § 127 Abs. 1 Satz 1 SGB V unzweckmäßig ist (OLG Düsseldorf Beschl. v. 24.09.2014 – VII-Verg 17/14, NZBau 2015, 314 [315]). Diese Rechtsprechung wurde jedoch bereits wieder aufgegeben (OLG Düsseldorf Beschl. v. 27.06.2018 – VII-Verg 59/17, NZBau 2018, 696).

### V. Ausschreibung von Verträgen zur integrierten Versorgung

16 Krankenkassen haben gem. § 140a Abs. 1 SGB V die Möglichkeit, mit den in § 140a Abs. 3 SGB V genannten Leistungserbringern Verträge abzuschließen, die eine verschiedene Leistungssektoren übergreifende Versorgung der Versicherten oder eine interdisziplinär-fachübergreifende Versorgung zum Gegenstand haben. Durch die Integration, d.h. die Überwindung der sektoralen und disziplinären Aufteilung sollen die Effizienz und die Qualität der Versorgung verbessert werden (Becker/Kingreen/*Huster*, SGB V, § 140a Rn. 2). Insbesondere typische Schnittstellenprobleme zwischen verschiedenen Versorgungsbereichen, wie Wartezeiten, Doppeluntersuchungen und Behandlungsdiskontinuitäten, sollen dadurch vermieden (BT-Drs. 15/1525 S. 130; Gabriel/Krohn/Neun/*Gabriel*, § 81 Rn. 1; *Goodarzi/Schmid* NZS 2008, 518 [519]) und eine bevölkerungsbezogen flächendeckende Versorgung ermöglicht werden, § 140a Abs. 1 Satz 2 SGB V.

16a Mit dem Gesetz zur Stärkung der Versorgung in der gesetzlichen Krankenversicherung (GKV-Versorgungsstärkengesetz – GKV-VSG) wurde Abschnitt 11 des 4. Abschnittes des SGB V erheblich geändert und neu strukturiert. Es trat am 23.07.2015 in Kraft. Die §§ 140b–140d SGB V wurden gestrichen. Dies begründete der Gesetzgeber im Wesentlichen damit, dass die bisherigen Regelungen zahlreiche »*Programmsätze ohne Regelungsgehalt*« und sich aus dem geltendem Recht ohnehin ergebende Klarstellungen enthielten, um die sie bereinigt werden sollten (BT-Drs. 18/4095, Entwurf eines Gesetzes zur Stärkung der Versorgung in der gesetzlichen Krankenversicherung, S. 126 f.). Die zur bisherigen Rechtslage vorgetragenen Argumente zur vergaberechtlichen Bewertung dieser Verträge zur integrierten Versorgung können daher weiterhin Berücksichtigung finden.

17 Gegenstand der Verträge sind sehr unterschiedliche Leistungen verschiedener Leistungserbringer, von der vertragszahnärztlichen Leistung, über die Versorgung mit Heil- und Hilfsmitteln, bis hin zu Krankenhausbehandlung, Rehabilitationsleistungen oder häuslicher Krankenpflege (weitere Beispiele bei Gabriel/Krohn/Neun/*Gabriel*, § 80 Rn. 3). Es stellt sich die Frage des Vorliegens eines öffentlichen Auftrags im Hinblick darauf, ob die Kassen mit dem Vertragsschluss eine Auswahlentscheidung treffen und eine Exklusivität der Verträge besteht. Dies ist differenziert zu betrachten. Die früher in § 140b Abs. 5 SGB V vorgesehene Beitrittsmöglichkeit Dritter wurde gestrichen ebenso wie die Regelung, dass ein Beitritt ausdrücklich nur mit Zustimmung aller Vertragspartner erlaubt sei. Ein Vertragsbeitritt gegen den Willen der Vertragspartner ist ausgeschlossen (BT-Drs. 15/1525 S. 130). Hier ist der Gesetzgeber ausdrücklich der Auffassung, dass sich inhaltlich durch die Streichung nichts ändere. Vielmehr folge dies unmittelbar aus der Vertragsfreiheit, die den Vertragsparteien den Inhalt und die Ausgestaltung der Verträge überlasse (BT-Drs. 18/4095 S. 127).

18 Weitere Schwierigkeiten ergeben sich daraus, dass zum Teil zwar die Krankenkassen die Verträge schließen und damit die beschriebene Auswahlentscheidung treffen. Andererseits hängt es sodann noch immer vom Willen der Versicherten (Recht auf freie Arztwahl) ab, welche konkrete Leistung sie in Anspruch nehmen wollen. Dies allein ist jedoch kein Argument gegen das Vorliegen eines öffentlichen Auftrags. Vielmehr wurde ein solcher im Zusammenhang mit dem sozialrechtlichen Dreiecksverhältnis wiederholt bejaht (vgl. nur EuGH Urt. v. 11.06.2009 – C-300/07, Slg. 2009, I-04779 – Oymanns). Dennoch muss in jedem Einzelfall geprüft werden, ob ein solcher vorliegt. Anknüpfungspunkt ist insoweit das Tatbestandsmerkmal der Entgeltlichkeit des Vertrags, denn dieser hätte bei Nichtinanspruchnahme durch den Versicherten keine wirtschaftliche Bedeutung. Zugleich fehlt eine Auswahlentscheidung der Krankenkasse im Sinne einer Exklusivität vermittelnden Vertragsposition (zu diesem Kriterium, allerdings im Zusammenhang mit hausarztzentrierter Versorgung, OLG Düsseldorf Beschl. v. 03.08.2011 – VII-Verg 6/11). Im GKV-OrgWG wurde

daher die Einstufung als öffentlicher Auftrag für den Regelfall verneint (BT-Drs. 16/10609, Beschlussempfehlung des Ausschusses für Gesundheit, S. 66). Etwas anderes gilt jedoch, wenn für die Entscheidungen der Versicherten, eine Leistung in Anspruch zu nehmen, von der Krankenkasse bestimmte Anreize geschaffen werden, etwa durch Bonusprogramme, Zusatzleistungen etc. Dann wird dieser Anreiz regelmäßig einflussreicher sein als das Recht auf freie Arztwahl. Bei Vorliegen einer solchen Lenkungswirkung wird ein öffentlicher Auftrag bejaht (Gabriel/Krohn/Neun/*Gabriel*, § 80 Rn. 8 f.). Im Ergebnis handelt es sich unter dieser Voraussetzung um entgeltliche öffentliche Aufträge und zwar in Form einer Rahmenvereinbarung i.S.v. § 103 Abs. 5, deren Einzelabrufe durch die Versicherten erfolgen.

Soweit Gegenstand der Verträge Dienstleistungen (zur Diskussion um Dienstleistungskonzessionen vgl. EuGH Urt. v. 11.06.2009 – C-300/07, Slg. 2009, I-04779, Rn. 73 – Oymanns; Gabriel/Krohn/Neun/*Gabriel*, § 81 Rn. 4 f.) sind, schien auch insoweit die Einführung der sozialen und anderen besonderen Dienstleistungen durch die Vergaberechtsreform relevant zu werden. Die ausschreibenden Krankenkassen sind hier jedoch nicht an die Vorgaben der §§ 130 GWB, 64 ff. VgV gebunden. Vielmehr erlaubt der kurz nach der Vergaberechtsreform eingeführte § 69 Abs. 4 SGB V eine noch weitergehende Befreiung der Krankenkassen von den vergaberechtlichen Vorgaben. So sind sie bei Verträgen nach § 140a SGB V nicht an die Vorgaben konkreter Vergabeverfahrensarten gebunden, sondern müssen lediglich »Verfahren vorsehen, die die Grundsätze der Transparenz und der Gleichbehandlung gewährleisten«. Abweichen dürfen sie auch von den Vorgaben der §§ 15 bis 36 und 42 bis 65 VgV, die unter anderen die Regelungen zu den Vergabeunterlagen, der Leistungsbeschreibung, Nebenangeboten, den Eignungskriterien und zur Prüfung der Angebote enthalten. Ausgenommen sind lediglich die §§ 53, 58, 60 und 63 VgV, von denen nicht abgewichen werden darf. 19

### VI. Hausarztzentrierte Versorgung

Das Konzept der hausarztzentrierten Versorgung ist geregelt in § 73b SGB V. Danach sind die gesetzlichen Krankenkassen verpflichtet, ihren Versicherten entsprechende Programme anzubieten. Sie haben zum Inhalt, dass dem Hausarzt eine zentrale Rolle eingeräumt wird: Er ist behandelnder Hausarzt des Versicherten und fungiert als »koordinierende Anlaufstelle«, d.h. eine ambulante fachärztliche Behandlung des Versicherten erfolgt grundsätzlich nur auf Überweisung des Hausarztes (Krauskopf/*Sproll*, Soziale Krankenversicherung, Pflegeversicherung, 110. EL März 2021, § 73b Rn. 7). Abzugrenzen ist die besondere hausarztzentrierte Versorgung nach § 73b SGB V von der allgemeinen hausärztlichen Versorgung (zu den Auswirkungen der hausarztzentrierten Versorgung auf die vertragsärztlichen Versorgungsstrukturen: *Kingreen/Temizel* ZMGR 2009, 134). Sie soll neben dieser als besonders qualitativ hochstehende Form der hausärztlichen Versorgung angeboten werden (Schnapp/Wigge/*Knieps*, Handbuch des Vertragsarztrechts, § 11 Rn. 33; Goodarzi/*Schmid* NZS 2008, 518 [518]). Die Teilnahme an der hausarztzentrierten Versorgung ist für die Versicherten nach § 73b Abs. 3 Satz 1 SGB V freiwillig. Zur flächendeckenden Sicherstellung der hausarztzentrierten Versorgung schließen Krankenkassen allein oder in Kooperation mit anderen Krankenkassen gem. § 73b Abs. 4 Satz 1 SGB V Verträge mit Gemeinschaften, die mindestens die Hälfte der an der hausärztlichen Versorgung teilnehmenden Allgemeinärzte des Bezirks der Kassenärztlichen Vereinigung vertreten. Weitere mögliche Vertragspartner benennt § 73b Abs. 4 Satz 3 SGB V. Für Vertragsschlüsse mit diesen regelt § 73b Abs. 4 Satz 5 2. Hs SGB V ausdrücklich, dass die Aufforderung zur Abgabe eines Angebots unter Bekanntgabe objektiver Auswahlkriterien auszuschreiben ist. Gegenstand der Verträge sind wegen des angestrebten Ziels der hausarztzentrierten Versorgung vor allem die Steuerungs- und Koordinierungsleistungen im Hinblick auf die Überweisungen der Patienten durch die Hausärzte an Fachärzte sowie Integrationsleistungen zwischen den verschiedenen Versorgungsebenen (Gabriel/Krohn/Neun/*Gabriel*, § 80 Rn. 15). 20

Da die weiteren Kriterien (Vertrag zwischen öffentlichem Auftraggeber und Unternehmen) vorliegen, stellt sich wieder nur die Frage, ob mit diesen Verträgen öffentliche Aufträge i.S.v. § 103 21 geschlossen werden. Da die Krankenkassen gesetzlich verpflichtet sind, die Verträge nach § 73b Abs. 4 Satz 1 SGB V abzuschließen, erfolgt der Vertragsabschluss als Beschaffung im Interesse der Krankenkasse (*Stolz/Kraus* MedR 2010, 86 [89]). Das Vorliegen eines öffentlichen Auftrags entscheidet sich auch hier danach, ob eine Auswahlentscheidung getroffen wird oder nicht (Der Gesetzgeber ging auch bei Verträgen nach §§ 73b und 73c SGB V zunächst noch davon aus, dass es sich nicht um öffentliche Aufträge handele, dies aber im Einzelfall anders sein könne. Vgl. BT-Drs. 16/10609 S. 66). Dabei ist – ähnlich wie bei der integrierten Versorgung – wiederum zu beachten, dass die Entscheidung für die Teilnahme an der hausarztzentrierten Versorgung von den Versicherten und nicht von der Krankenkasse getroffen wird. Dies ist jedoch unschädlich (OLG Düsseldorf Beschl. v. 03.08.2011 – VII-Verg 6/11). Ist die Entscheidung dafür gefallen, schreibt allerdings § 73b Abs. 4 SGB V vor, dass nur noch Vertragspartner der Krankenkasse ausgewählt werden dürfen. Eine Lenkungs-/Anreizwirkung ist also auch hier vorhanden. Eine Auswahlentscheidung der Krankenkasse ist daher zu bejahen (OLG Düsseldorf Beschl. v. 03.08.2011 – VII-Verg 6/11; *Becker/Kingreen/Becker/Kingreen*, § 69 Rn. 55; *Dulle/Brakalova* NZBau 2013, 19 [20]; a.A. LSG Nordrhein-Westfalen, Beschl. v. 03.11.2010 – L 21 SF 208/10 Verg, juris Rn. 34; krit. Anm. dazu *Csaki/Freundt* NZS 2011, 766). Die teilnehmenden Hausärzte haben zudem einen wirtschaftlichen Vorteil dadurch, dass Versicherte zu ihnen geleitet werden (*Dreher/Hoffmann*, in: Vergaben im Gesundheitsmarkt, S. 70). Die Entgeltlichkeit der Verträge ist daher gegeben.

22 Gegenstand der Verträge sind letztlich ärztliche Leistungen und somit Dienstleistungen im Sinne des Vergaberechts. Genauer handelt es sich um Dienstleistungen von praktischen Ärzten, die mit dem cpv-Code 85121100–4 von den in Anhang XIV zur Richtlinie 2014/24/EU genannten Dienstleistungen des Gesundheitswesens umfasst werden. Sie sind damit soziale und andere besondere Dienstleistungen i.S.d. §§ 130 GWB, 64 ff. VgV.

### VII. Ambulante ärztliche Versorgung

23 Krankenkassen können Verträge über die ambulante ärztliche Versorgung, die sich bis zum GKV-VSG nach § 73c Abs. 1 SGB V richteten, nunmehr nach § 140a SGB V abschließen, um ihren Versicherten die Sicherstellung der ambulanten ärztlichen Versorgung anzubieten (BT-Drs. 18/4095 S. 85). Gegenstand der Verträge können Versorgungsaufträge sein, die sowohl die versichertenbezogene gesamte ambulante ärztliche Versorgung als auch einzelne Bereiche der ambulanten ärztlichen Versorgung umfassen. Auf die Ausführungen zur Bejahung eines öffentlichen Auftrags bezüglich Verträgen nach § 140a SGB V (vgl. Rdn. 17 ff.) kann verwiesen werden. Soweit hier die Krankenkassen Anreize zur Teilnahme an der ambulanten ärztlichen Versorgung schaffen, ist davon auszugehen, dass die Versicherten die Vertragspartner der Krankenkasse in Anspruch nehmen. Somit liegt eine Auswahlentscheidung der Krankenkasse vor (MüKoVergabeR I/*Gabriel*, 4. Teil, Rn. 91; *Dreher/Hoffmann*, in: Vergaben im Gesundheitsmarkt, S. 71). Zugleich ist der Vertrag für die teilnehmenden Vertragspartner wirtschaftlich vorteilhaft, da die Versicherten ihnen bevorzugt »zugewiesen« werden. Folglich handelt es sich auch um einen »entgeltlichen« Vertrag. Die Ausschreibungspflicht ergibt sich unmittelbar nach § 69 Abs. 2 Satz 4 SGB V bzw. nunmehr § 69 Abs. 3 SGB V i.V.m. dem EU-Recht (BT-Drs. 18/4095 S. 126 sowie BT-Drs 18/8260 S. 6).

### C. Krankenhäuser

24 Krankenhäuser können als öffentliche Auftraggeber (s. §§ 98, 99 GWB Rdn. 8 ff.) ebenfalls mit unterschiedlichen Arten von öffentlichen Aufträgen in Berührung kommen. So müssen sie medizinische Geräte ebenso beschaffen wie Verwaltungsmaterial oder Gegenstände des täglichen Bedarfs. Des Weiteren können sie bei Neu- oder Umbauarbeiten des Krankenhauses Bauaufträge vergeben oder Dienstleistungen wie Reinigungs-, Wäsche- oder Hausmeisterservice nachfragen (EuGH Urt. v. 19.06.2014 – C-574/12, ZfBR 2014, 611 für Cateringleistungen). Hier ergeben sich regelmäßig keine sozialrechtlich bedingten Abweichungen vom allgemein gültigen Vergaberecht. Bei letzteren handelt es sich insbesondere nicht um soziale Dienstleistungen im Sinne des neuen § 130. Soweit ein Krankenhaus allerdings Dienstleistungen des Gesundheits- und Sozialwesens

oder damit verbundene Dienstleistungen beschafft, greifen die Besonderheiten der §§ 130 GWB, 64 ff. VgV ein.

Aktuelle Entscheidungen betreffen vor allem unzulässige De-facto-Vergaben, in denen Krankenhäuser ihre Stellung als öffentliche Auftraggeber nicht wahrgenommen und Beschaffungen, etwa im Wege der Zusammenarbeit mit anderen Krankenhäusern, ohne Ausschreibung vorgenommen haben (so im Fall des OLG München Beschl. v. 21.02.2013 – Verg 21/12, NZBau 2013, 458). Solche Vergaben sind gem. § 135 schwebend unwirksam (vgl. dazu die Kommentierung zu § 135). Die Krankenhäuser, die beide in öffentlicher Trägerschaft und daher unstreitig öffentliche Auftraggeber waren, konnten sich auch nicht auf eine vergaberechtsfreie Zusammenarbeit berufen. 25

Grundsätzlich unterfallen entgeltliche Dienstleistungsaufträge von öffentlichen Auftraggebern mit Dienstleistungserbringern, auch wenn diese selbst Körperschaften des öffentlichen Rechts sind, dem Anwendungsbereich des europäischen Vergaberechts. Ausgenommen hiervon sind nur zwei Arten von Verträgen. Bei diesen handelt es sich um die sog. In-House-Geschäfte (EuGH Urt. v. 19.12.2012 – C-159/11, VergabeR 2013, 195 – Lecce; EuGH Urt. v. 11.05.2006 – C -340/04, Slg. 2006, I-04137 – Carbotermo; EuGH Urt. v. 11.01.2006 – C-26/03, Slg. 2005, I-00001 – Stadt Halle; EuGH Urt. v. 18.11.1999 – C-107/98, Slg. 1999, I-08121 – Teckal) und um Verträge über die Zusammenarbeit öffentlicher Einrichtungen bei der Wahrnehmung einer ihnen allen obliegenden öffentlichen Aufgabe (sog. interkommunale oder interstaatliche Zusammenarbeit) (EuGH Urt. v. 09.06.2009 – C-480/06, Slg. 2009, I-004747 – Stadtreinigung Hamburg). Beide Konstellationen werden seit der Vergaberechtsreform in § 108 geregelt. 26

Die Voraussetzungen der In-House-Vergabe sind in § 108 Abs. 1 bis 5 ausführlich geregelt, aber dennoch im Detail nicht in allen Konstellationen abschließend rechtlich geklärt. Im vorliegenden Format können jedoch weder die weiter offenen Fragen noch die Feinheiten der Ausgestaltung von In-House-Vergaben dargestellt werden. Die nachfolgenden Ausführungen geben daher nur die wesentlichen Tatbestandsvoraussetzungen wieder. Eine In-House-Vergabe ist dadurch gekennzeichnet, dass ein Auftraggeber i.S.d. § 99 Nr. 1 bis 3 Leistungen durch eine oder mehrere juristische Personen erbringen lässt, die selbst öffentlicher Auftraggeber ist oder sind und an der oder denen privates Kapital nicht beteiligt ist, mit Ausnahme nicht beherrschender Formen der privaten Kapitalbeteiligung und Formen der privaten Kapitalbeteiligung ohne Sperrminorität, die durch gesetzliche Bestimmungen vorgeschrieben sind und die keinen maßgeblichen Einfluss auf die kontrollierte juristische Person vermitteln, § 108 Abs. 1 Nr. 3. Dabei bieten diese juristischen Personen die zu erbringende Leistung entweder überhaupt nicht auf dem Markt an oder sind im Wesentlichen für den beauftragenden oder weitere öffentliche Auftraggeber tätig (EuGH Urt. v. 18.11.1999 – C-107/98, Slg. 199 I-08121 – Teckal). Diese Voraussetzung wird gemäß § 108 Abs. 1 Nr. 2 erfüllt, wenn mehr als 80 % der Tätigkeiten der juristischen Person der Ausführung von Aufgaben dienen, mit denen sie von dem öffentlichen Auftraggeber oder von einer anderen juristischen Person, die von diesem kontrolliert wird, betraut wurde. Der Auftraggeber muss außerdem über die beauftragte Einheit eine Kontrolle ausüben wie über eine eigene Dienststelle. Eine solche Kontrolle wird gemäß § 108 Abs. 2 vermutet, wenn der Auftraggeber auf Entscheidungen der beauftragten Einheit sowohl hinsichtlich strategischer Ziele als auch auf wichtige operative Entscheidungen einwirken kann. Nicht möglich ist das bei einer – noch so kleinen – direkten privaten Beteiligung abgesehen von den genannten Ausnahmen. Bei einer Kontrolle durch mehrere öffentliche Auftraggeber greift § 108 Abs. 4 ein. In dieser Konstellation darf die Kontrolle nicht nur von dem Gesellschafter ausgeübt werden, der die Mehrheit der Anteile innehat. Es muss vielmehr jede beteiligte Stelle tatsächlich eine Kontrollmöglichkeit innehaben. Das ist der Fall, wenn sich die beschlussfassenden Organe der juristischen Person aus Vertretern sämtlicher teilnehmender öffentlicher Auftraggeber zusammensetzen, wobei ein einzelner Vertreter mehrere oder alle teilnehmenden öffentlichen Auftraggeber vertreten kann, § 108 Abs. 5 Nr. 1. Darüber hinaus müssen die öffentlichen Auftraggeber gemeinsam einen ausschlaggebenden Einfluss auf die strategischen Ziele und die wesentlichen Entscheidungen der juristischen Person ausüben können und die juristische Person darf keine Interessen verfolgen, die den Interessen der öffentlichen Auftraggeber zuwiderlaufen, § 108 Abs. 5 Nr. 2 27 und 3. Die Beteiligung muss sich also sowohl auf das Kapital als auch die Leitungsgremien der Gesellschaft erstrecken (Röwekamp/Kus/Portz/Prieß/*Portz*, Kommentar zum GWB-Vergaberecht, § 108 Rn. 188 f.). Ein bloß formaler Beitritt genügt nicht (noch zur alten Rechtslage: EuGH Urt. v. 29.11.2012 – C-182/11, C-183/11, VergabeR 2013, 202 [206] – Econord SpA). Seit der Vergaberechtsreform sind zudem auch die Vergaben von Tochtergesellschaften an die Muttergesellschaft sowie von Schwestergesellschaften untereinander ausdrücklich gesetzlich normiert, § 108 Abs. 3. Auch diese Fälle sind für Vergaben im Krankenhausbereich praxisrelevant.

28 Eine vergaberechtsfreie Zusammenarbeit zwischen öffentlichen Auftraggebern i.S.d. § 99 Nr. 1 bis 3 setzt voraus, dass öffentliche Stellen kooperativ zusammenarbeiten, um sicherzustellen, dass die von ihnen zu erbringenden öffentlichen Dienstleistungen im Hinblick auf die Erreichung gemeinsamer Ziele ausgeführt werden, § 108 Abs. 6 Nr. 1. Es muss sich daher um eine Aufgabe handeln, die allen, d.h. jeder beteiligten Stelle auch einzeln obliegt (EuGH Urt. v. 04.06.2020 – C-429/19, NZBau 2020, 457 (460, Rn. 25 ff.). Die gemeinsame Durchführung der Zusammenarbeit muss außerdem ausschließlich durch Überlegungen im Zusammenhang mit dem öffentlichen Interesse bestimmt werden, § 108 Abs. 6 Nr. 2. Zudem dürfen die öffentlichen Auftraggeber auf dem Markt weniger als 20 % der Tätigkeiten erbringen, die durch die Zusammenarbeit nach Nummer 1 erfasst sind, § 108 Abs. 6 Nr. 3. Zu diesem Zweck dürfen die beteiligten Stellen eine gemeinsame Stelle gründen, der sie diese Aufgabe übertragen. Diese Übertragung stellt dann keinen ausschreibungspflichtigen Vorgang dar. Mit der oben zitierten Entscheidung Stadtreinigung Hamburg hatte der EuGH diese Möglichkeiten der öffentlichen Auftraggeber bereits erweitert. Die Einrichtung einer gemeinsamen Stelle war schon seither nicht mehr zwingend erforderlich, vielmehr reichte auch es aus, die Zusammenarbeit vertraglich zu vereinbaren. Auch nach der Neuregelung gilt weiter, dass die übernommene Aufgabe eine den staatlichen Einheiten originär obliegende öffentliche Gemeinwohlaufgabe sein muss und bloße Hilfsgeschäfte nicht ausreichen (so bereits EuGH Urt. v. 13.06.2013 – C-386/11, EuZW 2013, 591 [592] – Piepenbrock). Zum anderen darf keinesfalls ein privater Wettbewerber durch den Auftrag besser gestellt werden. Die Heranziehung externen hochqualifizierten Personals wurde daher wegen Wettbewerbsverzerrung als unzulässig angesehen (EuGH VergabeR 2013, 195 (201) – Lecce; m. Anm. *Willenbruch* VergabeR 2013, 201; ebenso EuGH EuZW 2013, 591 (592) – Piepenbrock; m. Anm. *Brakalova* EuZW 2013, 593).

29 Im Fall von Krankenhäusern, die Arzneimittel über eine Krankenhausapotheke beschaffen wollen und die öffentliche Auftraggeber i.S.v. § 99 sind, kommt eine Zusammenarbeit nach den Grundsätzen der interkommunalen Zusammenarbeit zu diesem konkreten Zweck nicht in Betracht (OLG München Beschl. v. 21.02.2013 – Verg 21/12, NZBau 2013, 458 [462]). In anderen Fällen kann dies anders zu beurteilen sein. Der Betrieb einer gemeinsamen Krankenhausapotheke ist aber im ApoG nicht vorgesehen und Krankenhäuser sind auch nicht verpflichtet, ihre Arzneimittel über eine Krankenhausapotheke zu beziehen. Vielmehr können Arzneimittel auch von anderen Krankenhausapotheken oder Offizinapotheken beschafft werden. Der Betrieb einer gemeinsamen Krankenhausapotheke kann daher auch keine gemeinsame Gemeinwohlaufgabe mehrerer Krankenhäuser sein. Ob gegebenenfalls eine Beschaffung der Arzneimittel im Wege einer »In-House-Vergabe« möglich ist, muss im konkreten Einzelfall geprüft werden (*Kern* NZBau 2013, 463 [464]; vgl. VK Niedersachsen Beschl. v. 02.04.2009 – VgK-05/2009 – Lieferung von Röntgenkontrastmitteln). Im Übrigen sind Verträge des Krankenhauses für eine eigene Krankenhausapotheke mit pharmazeutischen Großhändlern oder Unternehmen als öffentliche Lieferaufträge ausschreibungspflichtig, wenn sie den maßgeblichen Schwellenwert überschreiten. Das gilt gleichermaßen für Versorgungsverträge gem. § 14 Abs. 3, 4 ApoG mit anderen Krankenhaus- oder Offizinapotheken (*Kern* NZBau 2013, 463 [464]).

## D. Rettungsdienst

### I. Die bisherige Rechtslage

30 Leistungen des bodengebundenen Rettungsdienstes und des Krankentransports können öffentliche Auftraggeber entweder selbst durchführen oder von Dritten durchführen lassen. In diesem Fall

stellt sich die Frage, ob diese Leistungen unter Anwendung des Kartellvergaberechts ausgeschrieben werden müssen. Dabei ist zwischen zwei verschiedenen Möglichkeiten der Vergabe der Leistungen zu differenzieren, dem sog. Submissionsmodell und dem Konzessionsmodell. Beim Submissionsmodell erhält der Rettungsdienstleister die Vergütung unmittelbar vom Auftraggeber. Der Auftraggeber refinanziert sich sodann bei den Kostenträgern, regelmäßig den gesetzlichen Krankenkassen (*Stolz/Kraus* in: Vergaben im Gesundheitsmarkt, S. 187 [188]). Dem Konzessionsmodell hingegen liegt ein »Dreiecksverhältnis« zugrunde. Dabei schließt der Auftraggeber mit dem Rettungsdienstleister einen öffentlich-rechtlichen Vertrag, der die Pflichten des Dienstleisters regelt. Die Vergütung wird dagegen separat zwischen dem Rettungsdienstleister und den Sozialversicherungsträgern vereinbart (*Stolz/Kraus*, in: Vergaben im Gesundheitsmarkt, S. 189).

Die Vergabe von Rettungsdienstleistungen wurde nach der Rechtsprechung der deutschen Vergabesenate lange als nicht ausschreibungspflichtig eingestuft, weil man davon ausging, dass damit die Ausübung öffentlicher Gewalt verbunden war (*Stolz/Kraus*, in: Vergaben im Gesundheitsmarkt, S. 189; Byok/Jaeger/*Haibronner*, § 99 GWB Rn. 137). Das hat sich jedoch mit der Entscheidung des BGH vom 01.12.2008 (BGH Beschl. v. 01.12.2008 – X ZB 31/08, BGHZ 179, 84 ff.) für nach dem Submissionsmodell gestaltete Verträge geändert. Darin hat der BGH klargestellt, dass es sich bei diesen Verträgen um entgeltliche Verträge handelt, die folglich Dienstleistungsaufträge i.S.v. § 99 sind (BGHZ 179, 84 [87]; VK Arnsberg Beschl. v. 06.02.2013 – VK 21/12, juris Rn. 95; VG Halle Urt. v. 22.03.2012 – 3 A 157/09 HAL; VK Lüneburg Beschl. v. 18.09.2014 – VgK-30/14; Pünder/Schellenberg/*Wegener*, § 99 GWB Rn. 6). Die im Vorhinein diskutierten Ausnahmetatbestände des § 100 Abs. 2 a.F. sowie die Bereichsausnahmen des Art. 62, 51 AEUV (zum Zeitpunkt der Entscheidung noch Art. 55, 45 EG) griffen nicht ein (BGHZ 179, 86 [89 ff.]; Bechtold/*Otting*, § 99 Rn. 5). Dieses Ergebnis wurde auch vom EuGH bestätigt (EuGH Urt. v. 29.04.2010 – C-160/08, Slg. 2010, I-03713 – Notfallkrankentransportleistungen in Österreich).

Ausschreibungspflichtige Rettungsdienstleistungen und Krankentransportleistungen waren nachrangige Dienstleistungen im Sinne der Kategorie Gesundheit von Anhang I B zur VOL/A-EG (OLG Celle Beschl. v. 12.01.2012 – 13 Verg 9/11, ZfBR 2012, 394 (395) – Rettungsdienstleistungen; OLG Düsseldorf Beschl. v. 07.03.2012 – VII-Verg 82/11, juris Rn. 22 – Krankentransport; a.A. für Krankentransporte *Braun* VergabeR 2011, 384 [386]) und sind nunmehr soziale und andere besondere Dienstleistungen i.S.v. §§ 130, 64 ff. VgV i.V.m. Anhang XIV der Richtlinie 2014/24/EU, soweit sie nicht unter die Bereichsausnahme des § 107 Abs. 1 Nr. 4 fallen (dazu sogleich Rdn. 34 unten). Krankentransport ist auch keine Transportleistung im Landverkehr, weil nach den landesrechtlichen Regelungen, z.B. nach § 2 Abs. 2 RettG NRW Kranken, Verletzten oder sonstigen hilfsbedürftigen Personen (die nicht einer Notfallrettung bedürfen) fachgerechte Hilfe geleistet werden muss und sie unter Betreuung durch qualifiziertes Personal mit Krankenkraftwagen in ein Krankenhaus befördert werden müssen. Ebenso unterliegen die einzusetzenden Krankenkraftwagen speziellen Ausstattungs-, Ausrüstungs- und Wartungsvorschriften (§ 3 Abs. 4 RettG NRW). Es überzeugt, dass die bloße Transportleistung dabei im Hintergrund steht. Im Hinblick auf die Berechnung des Wertes des Auftrags und die damit verbundene Frage des anzuwendenden Vergaberechtsregimes hat der EuGH festgestellt (im konkreten Fall ging es um die Bekanntmachung der Auftragsvergabe), dass es nicht auf das Verhältnis des Wertes der Verkehrsdienstleistungen und der medizinischen Leistungen zueinander ankomme, sondern die Vergaberechtskoordinierungsrichtlinie und mithin das Kartellvergaberecht – nach dem alten Recht – in jedem Fall anwendbar seien (EuGH Urt. v. 29.04.2010 – C-160/08, Slg. 2010, I-3713, Rn. 122).

Anders stellt sich die Rechtslage für die Konzessionsmodelle dar. Hier hat der EuGH nach Vorlage des OLG München (OLG München Beschl. v. 02.07.2009 – Verg 05/09, VergabeR 2009, 781) entschieden, dass es sich bei diesen Verträgen im Dreiecksverhältnis um Dienstleistungskonzessionen handelt (EuGH Urt. v. 10.03.2011 – C-274/09, Slg. 2011, I-1335 – Stadler). Dies sei der Fall, weil es an der Entgeltlichkeit der Verträge fehle. Vielmehr werde die Vergütung des ausgewählten Wirtschaftsteilnehmers vollumfänglich durch Personen sichergestellt, die vom öffentlichen Auftraggeber verschieden sind. Der Auftragnehmer werde dadurch, dass die Höhe der Benutzungsentgelte für die Rettungsdienstleistungen jährlich mit den Sozialversicherungsträgern verhandelt wird und er deshalb keine Gewähr für die vollständige Kostendeckung hat, zwar keinem erheblichen, aber doch einem eingeschränkten Betriebsrisiko ausgesetzt. Rettungsdienstleistungen im Konzessionsmodell mussten bisher also nicht nach Kartellvergaberecht ausgeschrieben werden.

### II. Die Rechtslage nach dem neuen Vergaberecht

34 Die Richtlinie 2014/24/EU sieht in Art 10 Buchst. h eine Bereichsausnahme für Rettungsdienstleistungen vor. Die Regelung besagt, dass Dienstleistungen des Katastrophenschutzes, des Zivilschutzes und der Gefahrenabwehr, die von gemeinnützigen Organisationen oder Vereinigungen erbracht werden, nicht dem Vergaberecht unterfallen sollen. Dies gilt aber nur, sofern die ausdrücklich genannten CPV-Nummern betroffen sind. Dabei handelt es sich um folgende CPV-Codes: 75250000–3: Dienstleistungen der Feuerwehr und von Rettungsdiensten, 75251000–0: Dienstleistungen der Feuerwehr, 75251100–1: Brandbekämpfung, 75251110–4: Brandverhütung, 75251120–7: Waldbrandbekämpfung, 75252000–7: Rettungsdienste, 75222000–8: Zivilverteidigung, 98113100–9: Dienstleistungen im Bereich der nuklearen Sicherheit. Außerdem erfasst ist der Einsatz von Krankenwagen bestehend in allgemeinen und fachspezifischen ärztlichen Dienstleistungen in einem Rettungswagen (85143000–3: Einsatz von Krankenwagen). Der deutsche Gesetzgeber hat sich in § 107 Abs. 1 Nr. 4 der Neufassung des GWB für eine vergleichbare Regelung entschieden. Auch danach sind Rettungsdienstleistungen sowie der Einsatz von Krankenwagen von der Anwendbarkeit des 4. Teils des GWB ausgeschlossen, wenn sie als Dienstleistungen des Katastrophenschutzes, des Zivilschutzes und der Gefahrenabwehr von gemeinnützigen Organisationen oder Vereinigungen erbracht werden. Wichtig ist, diese Beschränkung der Bereichsausnahme zu beachten. Im deutschen Recht versteht man unter Katastrophenschutz unterschiedliche staatliche Maßnahmen zum Schutz der Bevölkerung im Falle von Katastrophen, d.h. etwa bei gefährlichen Naturereignissen oder in ihrer Wirkung vergleichbaren sog. Großschadensereignissen. Zivilschutz erfasst hingegen alle nicht militärischen Maßnahmen im Verteidigungs- oder Spannungsfall, die dem Schutz der Bevölkerung und der Aufrechterhaltung der öffentlichen Infrastruktur dienen. Der Gefahrenabwehr dienen wiederum solche Maßnahmen, die zur Aufrechterhaltung der öffentlichen Sicherheit und Ordnung erforderlich sind. Im Ergebnis greift die Bereichsausnahme nur in den Fällen, in denen diese sowie kumulativ die weiteren in § 107 Abs. 1 Nr. 4 genannten Voraussetzungen vorliegen (so auch *Antweiler* VergabeR 2015, 275 [278]; vgl. die Begründung des Gesetzgebers in BT-Drs. 18/6281 S. 79).

34a Die Frage, unter welchen Voraussetzungen die Bereichsausnahme des § 107 Abs. 1 Nr. 4 bejaht werden und die Träger des Rettungsdienstes auf eine Vergabe der Rettungsdienstleistungen nach den kartellvergaberechtlichen Bestimmungen wirklich verzichten dürfen, war in Deutschland heftig umstritten und deshalb wiederholt Gegenstand der Entscheidung verschiedener Vergabekammern und Gerichte (vgl. VK Südbayern Beschl. v. 16.03.2017 – Z3-3-3-3194-1-54-12/16; VK Westfalen Beschl. v. 15.02.2017 – VK 1–51/16 (keine Anwendbarkeit der Bereichsausnahme auf den qualifizierten Krankentransport); VG Düsseldorf Beschl. v. 15.09.2016 – 7 L 2411/16; BGH Urt. v. 31.01.2017 – ZB 10/16, Rn. 24). Das im Hinblick auf die Klärung dieser Frage spannendste Verfahren war das gegen die Stadt Solingen gerichtete Nachprüfungsverfahren, das in erster Instanz von der VK Düsseldorf (Beschl. v. 19.08.2016 – VK D-14/2016-L VPRRS 2017, 215) entschieden wurde. Darin wurde das Eingreifen der Bereichsausnahme bejaht, weshalb sich der Bieter, ein privater Anbieter von Rettungsdienstleistungen im Wege der sofortigen Beschwerde an das OLG Düsseldorf wandte. Dieses setzte das Verfahren aus und legte dem EuGH vier Fragen vor (OLG Düsseldorf Beschl. v. 12.06.2017 – VII Verg 34/16, NZBau 2017, 761). Diese Fragen bezogen sich darauf, ob Leistungen des Regelrettungsdienstes und des Krankentransportes solche des Katastrophenschutzes, des Zivilschutzes und der Gefahrenabwehr im Sinne der Bereichsausnahme seien. Das OLG Düsseldorf bejahte hier, dass Dienstleistungen der Notfallrettung und des Krankentransports Dienstleistungen der Gefahrenabwehr seien. Dem Gericht reichte es insoweit aus, dass diese zur Abwehr drohender Gefahren für Leben und Gesundheit einzelner Personen aufgrund üblicher Risiken wie Feuer, Krankheit oder Unfällen erbracht werden. Es betonte zugleich den Aspekt, dass es sich hierbei gerade um Leistungen handelt, die typischerweise von den Hilfsorganisationen erbracht werden, einen Großteil ihrer Leistungen ausmachen und deshalb prägenden Charakter aufweisen. Als wesentlich spannender erwies sich die zweite Frage, wann die Voraussetzungen einer gemeinnützigen Organisation oder Vereinigung als erfüllt anzusehen seien. Hier wies das OLG auf zwei unterschiedliche Aspekte hin: Zum einen darauf, dass nach europäischem Recht Gemeinnützigkeit bedeute, dass die Organisationen nicht erwerbswirtschaftlich tätig werden und etwaige Gewinne reinvestieren. Zum anderen knüpfe die Anerkennung als Zivil- und Katastrophenschutzorganisation nach deutschem Recht nicht an eine Gemeinnützigkeit der Tätigkeit an, sondern daran, dass ein Antrag gestellt bzw. eine Erklärung zur Mitwirkung abgegeben werde und die oberste Aufsichtsbehörde die allgemeine Eignung zur Mitwirkung feststelle. Die vierte Vorlagefrage bezog sich hingegen darauf, welche Dienstleistungen von der Rückausnahme von der Bereichsausnahme, des »Einsatzes von Krankenwagen zur Patientenbeförderung«, erfasst seien. Hier ging das OLG Düsseldorf wegen Erwägungsgrund 28 der Richtlinie 2014/24/EU (Bereichsausnahme »sollte allerdings nicht über das notwendige Maß hinaus ausgeweitet werden«) davon aus, dass nur die reine Beförderung eines Patienten ohne medizinische Betreuung von der Rückausnahme erfasst und deshalb ausschreibungspflichtig sei. Der sog. qualifizierte Krankentransport wäre demnach ebenfalls von der Anwendung des Vergaberechts befreit. In seinen Schlussanträgen setzte sich Generalanwalt Manuel Campos Sanchez-Bordona mit diesen Anträgen intensiv auseinander. Dabei verzichtet er auf eine Definition der »Gefahrenabwehr«, ging aber mit dem OLG Düsseldorf davon aus, dass das Tatbestandmerkmal »Gefahrenabwehr« im Zusammenhang mit der für die Hilfsorganisationen typischen Tätigkeit gesehen werden müsse, zu denen nicht nur rein präventiv wirkende Einsätze gehörten (wie sie für Katastrophen- und Zivilschutz üblich sind), sondern auch solche zur Versorgung der Patienten im Notfall, aber bei bereits verwirklichter Gefahr (wie im Regelrettungsdienst). Dies falle unter den »Einsatz von Krankenwagen« (CPV-Code 85143000–3), weshalb die Bereichsausnahme eingreife. Zum Begriff der Gemeinnützige Organisationen oder Vereinigungen schloss sich der Generalanwalt ebenfalls dem OLG Düsseldorf an. Seiner Auffassung sind nur solche Organisationen oder Vereinigungen gemeint, die nicht auf Gewinnerzielung ausgerichtet sind und etwaige umständehalber erzielte Gewinne der Erfüllung ihrer sozialen Aufgabe widmen. Zur Erfüllung dieser Voraussetzung reiche es – entgegen der deutschen Regelung in § 107 Abs. 1 Nr. 4 – nicht aus, dass sie im innerstaatlichen Recht als Hilfsorganisation anerkannt sind. Notwendig ist demzufolge, dass Hilfsorganisationen tatsächlich und nachweislich gemeinnützig sind. Die Rückausnahme von der Bereichsausnahme, der »Transport eines Patienten in einem Krankenwagen« liege nur vor, wenn der Transport von Patienten keinen Notfall darstelle und in einem Krankentransportwagen durch einen Rettungssanitäter/Rettungshelfer erfolge. Diese Aufträge seien nach Maßgabe des Vergaberechts auszuschreiben. Der EuGH hat sich in seiner Entscheidung am 21.03.2019 – C-465/17 den Ausführungen des Generalanwalts weitestgehend angeschlossen. Kritisch bleibt nunmehr nur die deutsche Regelung bzgl. der reinen Anerkennung als Hilfsorganisation. Da die EU-Kommission deswegen bereits mit Schreiben vom 24.01.2019 ein Vertragsverletzungsverfahren gegen die Bundesrepublik Deutschland eingeleitet hat, das noch immer anhängig ist, wird in der Praxis mit einer Streichung dieses Passus gerechnet.

35 Liegen die Voraussetzungen der Bereichsausnahme nicht vor, sollen etwa private Anbieter an der Ausschreibung beteiligt werden (OLG Hamburg Beschl. v. 16.04.2020 – 1 Verg 2/20, VPRRS 2020, 0178), unterfällt die Vergabe von Rettungsdienstleistungen dem Vergaberecht. In diesem Fall ist weiter zu differenzieren. Handelt es sich um die Beschaffung von Rettungsdienstleistungen im Wege des Submissionsmodells, handelt es sich um die Vergabe eines öffentlichen Auftrags. In diesem Fall sind der 4. Teil des GWB und die VgV einschlägig. Es handelt sich dann gemäß § 130 Abs. 1 in Verbindung mit Anhang XIV der EU-Richtlinie 2014/24/EU um eine soziale Dienstleistung. Sie unterfällt den damit verbundenen Erleichterungen, d.h. insbesondere dem erhöhten Schwellenwert von 750.000 € und der freien Wahl der Verfahrensart.

36 Ist in dem jeweiligen Bundesland die Vergabe von Rettungsdienstleistungen hingegen im sogenannten Konzessionsmodell ausgestaltet, dann liegt kein öffentlicher Auftrag, sondern eine Dienstleistungskonzession vor. Ihre Vergabe richtet sich nach dem 4. Teil des GWB in Verbindung mit

der neuen Verordnung über die Vergabe von Konzessionen (Konzessionsvergabeverordnung – KonzVGV).

## § 106 Schwellenwerte

(1) Dieser Teil gilt für die Vergabe von öffentlichen Aufträgen und Konzessionen sowie die Ausrichtung von Wettbewerben, deren geschätzter Auftrags- oder Vertragswert ohne Umsatzsteuer die jeweils festgelegten Schwellenwerte erreicht oder überschreitet. § 114 Absatz 2 bleibt unberührt.

(2) Der jeweilige Schwellenwert ergibt sich
1. für öffentliche Aufträge und Wettbewerbe, die von öffentlichen Auftraggebern vergeben werden, aus Artikel 4 der Richtlinie 2014/24/EU in der jeweils geltenden Fassung; der sich hieraus für zentrale Regierungsbehörden ergebende Schwellenwert ist von allen obersten Bundesbehörden sowie allen oberen Bundesbehörden und vergleichbaren Bundeseinrichtungen anzuwenden,
2. für öffentliche Aufträge und Wettbewerbe, die von Sektorenauftraggebern zum Zweck der Ausübung einer Sektorentätigkeit vergeben werden, aus Artikel 15 der Richtlinie 2014/25/EU in der jeweils geltenden Fassung,
3. für verteidigungs- oder sicherheitsspezifische öffentliche Aufträge aus Artikel 8 der Richtlinie 2009/81/EG des Europäischen Parlaments und des Rates vom 13. Juli 2009 über die Koordinierung der Verfahren zur Vergabe bestimmter Bau-, Liefer- und Dienstleistungsaufträge in den Bereichen Verteidigung und Sicherheit und zur Änderung der Richtlinien 2004/17/EG und 2004/18/EG (ABl. L 216 vom 20.8.2009, S. 76) in der jeweils geltenden Fassung,
4. für Konzessionen aus Artikel 8 der Richtlinie 2014/23/EU des Europäischen Parlaments und des Rates vom 26. Februar 2014 über die Konzessionsvergabe (ABl. L 94 vom 28.3.2014, S. 1) in der jeweils geltenden Fassung.

(3) Das Bundesministerium für Wirtschaft und Energie gibt die geltenden Schwellenwerte unverzüglich, nachdem sie im Amtsblatt der Europäischen Union veröffentlicht worden sind, im Bundesanzeiger bekannt.

| Übersicht | Rdn. | | Rdn. |
|---|---|---|---|
| A. Einleitung | 1 | B. Schwellenwerte | 3 |

### A. Einleitung

1 § 106 definiert den Anwendungsbereich des Kartellvergaberechts allein im Hinblick auf die Erreichung der sog. EU-Schwellenwerte durch den geschätzten Auftragswert der zu vergebenden Leistungen. Andere Regelungen zur Eröffnung des Anwendungsbereichs ergeben sich aus zahlreichen weiteren Regelungen des GWB, etwa §§ 107, 108, 109, 115, 116, 117, 137–140, 145, 149, 150.

2 Für die Vorbereitung und Durchführung von Vergaben im Gesundheitswesen sind der überwiegende Teil der Ausnahmeregelungen nicht relevant (vgl. aber § 103 Rdn. 34 f.).

### B. Schwellenwerte

3 Wichtig ist hingegen die Regelung der Schwellenwerte. Die §§ 97 ff. sind nur anwendbar, wenn der geschätzte Nettowert des zu vergebenden Auftrags einen bestimmten Betrag erreicht oder überschreitet (Röwekamp/Kus/Portz/Prieß/*Röwekamp*, Kommentar zum GWB-Vergaberecht, § 106 Rn. 1). Die jeweiligen Wertgrenzen sind für Bau-, Dienst- und Lieferaufträge unterschiedlich. Sie werden von der Europäischen Kommission durch eine regelmäßige, alle 2 Jahre erfolgende Anpassung vorgegeben, zuletzt mit den delegierten Verordnungen vom 30.10.2019 (EU) Nr. 2019/1827 zur Änderung der Richtlinie 2014/23/EU (Konzessionsvergaberichtlinie), (EU) Nr. 2019/1828 zur

Änderung der Richtlinie 2014/24/EU (Allgemeine Vergaberichtlinie) und (EU) Nr. 2019/1829 zur Änderung der Richtlinie 2014/25/EU (Sektorenvergaberichtlinie) (ABl. L 279/23 ff.). Die Wertgrenzen betragen gegenwärtig für öffentliche Dienst- und Lieferaufträge 214.000 € und für öffentliche Bauaufträge sowie für Konzessionsvergaben 5,350 Mio. €. Sonderwerte gelten für öffentliche Dienst- und Lieferaufträge oberer oder oberster Bundesbehörden (139.000 €) und von Sektorenauftraggebern (428.000 €).

Die Schwellenwerte gelten über § 106, der in Abs. 2 Nr. 1 bis 4 dynamische Verweise auf die jeweils maßgebliche Richtlinienregelung enthält.

Im deutschen Kartellvergaberecht war die Bundesregierung nach § 127 Nr. 1 GWB a.F. ermächtigt, durch Rechtsverordnung mit Zustimmung des Bundesrates die vergaberechtlichen Schwellenwerte der Richtlinien der Europäischen Union in ihrer jeweils geltenden Fassung umzusetzen. Auf dieser Grundlage hatte die Bundesregierung die Vergabeverordnung (VgV) (Verordnung über die Vergabe öffentlicher Aufträge vom 11.02.2003 [BGBl. I S. 169]) erlassen. Die Schwellenwerte waren bisher im deutschen Kartellvergaberecht in § 2 VgV wiedergegeben. Mit dem Inkrafttreten der Siebten Verordnung zur Änderung der Verordnung über die Vergabe öffentlicher Aufträge im Oktober 2013 fiel diese ausdrückliche Angabe der Schwellenwerte weg und bereits § 2 VgV a.F. enthielt nur noch dynamische Verweise auf Art. 7 der Vergabekoordinierungsrichtlinie 2004/18/EG. Seit der Vergaberechtsreform sind die Schwellenwerte nunmehr in § 106 Abs. 1 geregelt. Dieser bedient sich ebenfalls dynamischer Verweise. § 106 Abs. 2 Nr. 1 verweist auf Art. 4 der Richtlinie 2014/24/EU, § 106 Abs. 2 Nr. 2 auf Art. 15 der Richtlinie 2014/25/EU, § 106 Abs. 2 Nr. 3 auf Art. 8 der Richtlinie 2009/81/EG und § 106 Abs. 2 Nr. 4 auf Art. 8 der Richtlinie 2014/23/EU. Alle Verweise richten sich auf die Artikel in ihrer jeweils aktuellen Fassung.

Der Berechnung des einschlägigen Schwellenwertes ist gem. § 3 Abs. 1 VgV der geschätzte Auftragswert ohne Umsatzsteuer zugrunde zu legen. Unter Auftragswert ist der Wert zu verstehen, den ein umsichtiger und sachkundiger öffentlicher Auftraggeber nach sorgfältiger Prüfung des relevanten Marktes und im Einklang mit den Erfordernissen betriebswirtschaftlicher Finanzplanung bei der Anschaffung der vergaberechtsgegenständlichen Sachen veranschlagen würde (OLG Karlsruhe Beschl. v. 12.11.2008 – 15 Verg 4/08, NZBau 2009, 403). Zur ordnungsgemäßen Schätzung gehören auch die ordentliche Ermittlung der Schätzungsgrundlage und insbesondere die Zugrundelegung von realistischen Mengen, d.h. der Ausschreibungsgegenstand muss dem der Schätzung entsprechen (OLG Düsseldorf, Beschl. v. 29.08.2018 – VII Verg 14/17, NZBau 2019, 195 (197); Beschl. v. 13.03.2019 – VII Verg 42/18, ZfBR 2020, 188 (190); VK Südbayern Beschl. v. 21.09.2020 – 3194.Z3–3_01–20-11). Die Schätzung ist unmittelbar vor Einleitung des Vergabeverfahrens am Tag der Absendung der Bekanntmachung vorzunehmen, § 3 Abs. 3 VgV (VK Lüneburg Beschl. v. 06.10.2020 – VgK-33/2020, VPRRS 2021, 0009). Es ist gem. § 3 Abs. 1 VgV von der Gesamtvergütung der vorgesehenen Leistung auszugehen.

Zeigt die Schätzung, dass die Schwellenwerte nicht erreicht oder überschritten werden, richtet sich das Vergabeverfahren nicht nach dem Kartellvergaberecht. Es gelten dann das jeweilige Landesrecht einschließlich des Haushaltsrechts, die neu eingeführte Unterschwellenvergabeordnung (UVgO) oder – soweit deren Einführung noch nicht erfolgt oder nicht geplant ist – der erste Abschnitt der Vergabe- und Vertragsordnung für Leistungen (VOL/A) für Dienst- und Lieferaufträge sowie der erste Abschnitte der Vergabe- und Vertragsordnung für Bauleistungen (VOB/A). Das unmittelbar geltende Europarecht und insbesondere die Grundfreiheiten gelten ebenfalls (s. Vorbemerkung Vor §§ 97 ff. GWB Rdn. 6), sofern ein grenzüberschreitendes Interesse am Auftrag zu bejahen ist (EuGH Urt. v. 04.04.2019 – C-699/17, NZBau 2019, 457 (459 Rn. 49) – Allianz Vorsorgekasse; Urt. v. 23.12.2009 – C-376/08, Slg. 2009, I-12169, Rn. 22 ff. – Serrantoni; BGH Urt. v. 30.08.2011 – X ZR 55/10, ZfBR 2012, 25 [26]; Gabriel/Mertens/Prieß/Stein/*Eichler* BeckOK Vergaberecht, § 106 GWB Rn. 5 f.). Auch wenn unter Berücksichtigung aller Vergaben ca. 80 – 90 % der Vergaben die Schwellenwerte nicht erreichen, dürfte es im Gesundheitssektor häufiger zu einem Überschreiten der Schwellenwerte kommen. Der medizinische Bedarf im Hinblick auf Arzneimittel und Geräte, der oft Dienst- oder Lieferleistungen betrifft, wird häufig höherpreisige Segmente betreffen. Zu beachten ist, dass für Vergaben von Dienstleistungen, die in Anhang XIV der Richtlinie 2014/24/EU aufgeführt werden, nach Art. 4d der Richtlinie ein besonderer Schwellenwert von 750.000,00 € gilt. Sie gehören zu der neu gebildeten Gruppe der sozialen und anderen besonderen Dienstleistungen. Für diese gelten aufgrund der besonderen Regelungen in §§ 130 GWB, 64 bis 66 VgV zudem weitere Verfahrenserleichterungen (siehe Vor §§ 97 ff. Rdn. 7d).

## § 119 Verfahrensarten

(1) Die Vergabe von öffentlichen Aufträgen erfolgt im offenen Verfahren, im nicht offenen Verfahren, im Verhandlungsverfahren, im wettbewerblichen Dialog oder in der Innovationspartnerschaft.

(2) Öffentlichen Auftraggebern stehen das offene Verfahren und das nicht offene Verfahren, das stets einen Teilnahmewettbewerb erfordert, nach ihrer Wahl zur Verfügung. Die anderen Verfahrensarten stehen nur zur Verfügung, soweit dies aufgrund dieses Gesetzes gestattet ist.

(3) Das offene Verfahren ist ein Verfahren, in dem der öffentliche Auftraggeber eine unbeschränkte Anzahl von Unternehmen öffentlich zur Abgabe von Angeboten auffordert.

(4) Das nicht offene Verfahren ist ein Verfahren, bei dem der öffentliche Auftraggeber nach vorheriger öffentlicher Aufforderung zur Teilnahme eine beschränkte Anzahl von Unternehmen nach objektiven, transparenten und nichtdiskriminierenden Kriterien auswählt (Teilnahmewettbewerb), die er zur Abgabe von Angeboten auffordert.

(5) Das Verhandlungsverfahren ist ein Verfahren, bei dem sich der öffentliche Auftraggeber mit oder ohne Teilnahmewettbewerb an ausgewählte Unternehmen wendet, um mit einem oder mehreren dieser Unternehmen über die Angebote zu verhandeln.

(6) Der wettbewerbliche Dialog ist ein Verfahren zur Vergabe öffentlicher Aufträge mit dem Ziel der Ermittlung und Festlegung der Mittel, mit denen die Bedürfnisse des öffentlichen Auftraggebers am besten erfüllt werden können. Nach einem Teilnahmewettbewerb eröffnet der öffentliche Auftraggeber mit den ausgewählten Unternehmen einen Dialog zur Erörterung aller Aspekte der Auftragsvergabe.

(7) Die Innovationspartnerschaft ist ein Verfahren zur Entwicklung innovativer, noch nicht auf dem Markt verfügbarer Liefer-, Bau- oder Dienstleistungen und zum anschließenden Erwerb der daraus hervorgehenden Leistungen. Nach einem Teilnahmewettbewerb verhandelt der öffentliche Auftraggeber in mehreren Phasen mit den ausgewählten Unternehmen über die Erst- und Folgeangebote.

### Übersicht

| | Rdn. | | Rdn. |
|---|---|---|---|
| A. Überblick: Die Verfahrensarten........ | 1 | B. Beispiele aus dem Gesundheitsbereich... | 5 |

### A. Überblick: Die Verfahrensarten

1 § 119 benennt die verschiedenen Arten der Vergabe. Es handelt sich um das offene Verfahren, das nicht offene Verfahren, das Verhandlungsverfahren, den wettbewerblichen Dialog und die Innovationspartnerschaft. Gem. Abs. 2 stehen dem öffentlichen Auftraggeber das offene Verfahren, bei dem eine unbeschränkte Anzahl von Unternehmen öffentlich zur Abgabe von Angeboten aufgefordert wird, und das nicht offene Verfahren, bei dem zunächst ein Teilnahmewettbewerb zur Ermittlung der geeigneten Bieter durchgeführt wird, indem eine unbeschränkte Anzahl von Unternehmen öffentlich zur Abgabe von Teilnahmeanträgen aufgefordert wird, als Regelfälle zur freien Auswahl zur Verfügung. Das heißt, dass der Auftraggeber grundsätzlich immer eines der beiden Verfahren anzuwenden hat. Ausnahmsweise darf ein Auftraggeber auf ein anderes Verfahren ausweichen, wenn das gesetzlich zugelassen ist. Spiegelbildlich hierzu ist in nationalen Verfahren in der

neuen UVgO und seit 2019 im 1. Abschnitt der VOB/A ein Wahlrecht des öffentlichen Auftraggebers zwischen der öffentlichen und der beschränkten Ausschreibung mit Teilnahmewettbewerb angelegt. Der erste Abschnitt der Vergabe- und Vertragsordnung für Leistungen (VOL/A) sieht hingegen weiterhin einen Vorrang der öffentlichen Ausschreibung vor. Öffentliche Ausschreibung und offenes Verfahren werden dadurch geprägt, dass allen interessierten Unternehmen die Möglichkeit offensteht, an dem Verfahren teilzunehmen und ein Angebot abzugeben. Dadurch werden der größtmögliche Wettbewerb und die größtmögliche Transparenz erzielt (Burgi/Dreher/*Jasper*, Beck'scher Vergaberechtskommentar, Band 1, § 119 GWB Rn. 20; Pünder/Schellenberg/*Pünder*, Vergaberecht, § 119 Rn. 26). Des Weiteren gilt, dass den Bietern zur Erstellung der Angebote eine vollständige Leistungsbeschreibung vorliegen muss und die Angebote bis zum bekanntgegebenen Eröffnungstermin der Geheimhaltung unterliegen. Verspätet eingehende Angebote müssen zur Wahrung der Gleichbehandlung zurückgewiesen werden. Der Zuschlag ist auf das wirtschaftlichste Angebot zu erteilen (Ziekow/Völlink/*Antweiler*, Vergaberecht, § 119 Rn. 15). Nachverhandlungen nach Angebotsabgabe sind nicht erlaubt.

Im nicht offenen Verfahren wird nach der Durchführung eines Teilnahmewettbewerbs nur eine 2 beschränkte Anzahl geeigneter Bewerber zur Abgabe eines Angebots aufgefordert. Dabei erfolgt die Eignungsprüfung vorgezogen nach Abgabe der Teilnahmeanträge (MüKoVergabeR I/*Fett/Eichler/Püstow*, § 119 Rn. 25 ff.). Unter den geeigneten Bietern werden sodann diejenigen ausgewählt, mit denen das Verfahren fortgeführt werden soll, d.h. die ein Angebot abgeben sollen. Im nationalen Vergaberecht entspricht dieses Verfahren der Beschränkten Vergabe mit Teilnahmewettbewerb (Langen/Bunte/*Wagner*, Kommentar zum deutschen und europäischen Kartellrecht, Bd. 1, § 119 Rn. 21). Im Gegensatz dazu wählt der Auftraggeber bei einer beschränkten Ausschreibung ohne Teilnahmewettbewerb aus den ihm bekannten, geeigneten Unternehmen diejenigen aus, die er zur Angebotsabgabe auffordert.

Der wettbewerbliche Dialog ist ein Verfahren, das dem Verhandlungsverfahren ähnelt und der Ver- 3 gabe von Aufträgen dient, für die der Auftraggeber das Verfahren gerade mit dem Ziel durchführt, die Mittel, mit denen die Bedürfnisse des öffentlichen Auftraggebers am besten erfüllt werden können, zunächst zu ermitteln und festzulegen. Diese kann der Auftraggeber allein in einer Leistungsbeschreibung nicht hinreichend beschreiben. Von der ursprünglich strengen Voraussetzung, dass der Auftrag sehr komplex und die Erstellung der Leistungsbeschreibung objektiv unmöglich sein müsse (so noch Loewenheim/Meessen/Riesenkampff/*Bungenberg*, § 101 Rn. 33), wurde Abstand genommen. Vielmehr kommt der wettbewerbliche Dialog grundsätzlich immer auch dann in Betracht, wenn ein Verhandlungsverfahren in Betracht kommen kann, weil die Erstellung der Leistungsbeschreibung anspruchsvoll ist. Insoweit haben sich die Voraussetzungen für die Anwendung des Verhandlungsverfahrens und des wettbewerblichen Dialogs weiter angenähert (Burgi/Dreher/*Jasper*, § 119 GWB Rn. 28). Der Auftraggeber kann erst im Rahmen der Verhandlung mit den Bietern seinen Bedarf genau konkretisieren. Am Ende soll jedoch nicht eine Leistungsbeschreibung für alle Bieter vorliegen, sondern die Bieter bieten die jeweils von ihnen ausgearbeitete Lösung an. Die Verhandlungen (»Dialogrunden«) finden daher beim wettbewerblichen Dialog nicht nach der Angebotsabgabe statt, sondern bereits davor (Ziekow/Völlink/*Antweiler*, § 119 GWB Rn. 29; Otting/Olgemöller NVwZ 2011, 1225 [1230]).

Es besteht eine Rangfolge zwischen den Ausschreibungsarten: Nur wenn weder das offene oder das 4 nicht offene Verfahren durchgeführt werden können, darf sich der Auftraggeber für den wettbewerblichen Dialog oder das Verhandlungsverfahren entscheiden. Dabei hat er zwischen den beiden letzteren ein Wahlrecht (Burgi/Dreher/*Jasper*, § 119 GWB Rn. 28; Pünder/Schellenberg/*Pünder*, § 119 Rn. 67). Bei beiden Verfahren wird ein Teilnahmewettbewerb vorgezogen durchgeführt. Die anschließenden Verhandlungen werden dann mit ausgewählten geeigneten Bewerbern fortgesetzt. Im nationalen Recht entspricht dem Verhandlungsverfahren die freihändige Vergabe bzw. die Verhandlungsvergabe. Für diese sind in den Vergabeordnungen (§§ 3 Abs. 5 VOL/A, 3 Abs. 5 VOB/A, § 12 UVgO) konkrete Ausnahmefälle normiert, in denen die Durchführung der freihändigen Vergabe bzw. der Verhandlungsvergabe zulässig ist.

### B. Beispiele aus dem Gesundheitsbereich

5 Im Gesundheitssektor werden ebenfalls die meisten Verträge offen bzw. seit der Vergaberechtsreform auch häufiger nicht offen ausgeschrieben. Beispielhaft sind die Rabattvertragsausschreibungen der Krankenkassen im Ein- und Mehr-Partner-Modell oder die Ausschreibung der Rettungsdienstleistungen im Submissionsmodell zu nennen (s. § 103 GWB Rdn. 5 ff., 31 f.). Für öffentliche Auftraggeber kann vor allem die Ausnahme relevant sein, dass für eine Leistung aus besonderen Gründen nur ein bestimmtes Unternehmen in Betracht kommt (z.B. § 3 Abs. 5 Buchst. l VOL/A, § 14 Abs. 4 Nr. 2 Buchst. a bis c VgV). In der Praxis sollten Auftraggeber von diesem Weg jedoch wirklich nur dann Gebrauch machen, wenn sie das Alleinstellungsmerkmal des ausgewählten Bieters begründen und nachweisen können. So hätte etwa bei der Suche nach Rabattvertragspartnern für Originalpräparate ein Alleinstellungsmerkmal des Patentinhabers in Betracht gezogen werden können. Dennoch verlangen die OLGs Düsseldorf und Karlsruhe hier eine öffentliche Ausschreibung, obwohl dies gut begründet kritisiert wurde, damit, dass die Eignung von Re- oder Parallelimporteuren jedenfalls zweifelhaft ist (s. § 103 GWB Rdn. 13). Krankenkassen würde dies unter Umständen den Aufwand für eine zunächst erfolglose offene Ausschreibung ersparen, die nach der Rechtsprechung jedoch notwendig ist, um anschließend das Verhandlungsverfahren nach § 14 Abs. 4 Nr. 1 VgV durchführen zu können (s. § 103 GWB Rdn. 13). Auch die Ausnahme der besonderen Dringlichkeit könnte als Grund für ein Verhandlungsverfahren heranzuziehen sein. Allerdings muss der Auftraggeber hiermit sehr vorsichtig sein: Die besondere Dringlichkeit wird nur angenommen, wenn die Leistung aufgrund von Umständen, die der Auftraggeber nicht zu vertreten hat und die er nicht voraussehen konnte, dringend ist. Dies wurde im Fall von Lieferausfällen von saisonalen Grippeimpfstoffen angenommen. Hier konnte der Rabattvertragspartner einer gesetzlichen Krankenkasse die vereinbarten Liefermengen nicht zur Verfügung stellen. Die VK Bund betonte in diesem Zusammenhang, dass ein solcher Lieferausfall einen Fall der vom Auftraggeber nicht vorhersehbaren Dringlichkeit begründe, aber auch in diesem Fall ein Verhandlungsverfahren über ersatzweise Lieferungen anderer Impfstoffe mit mehr Unternehmen als nur dem bisherigen Vertragspartner geführt werden müsse (VK Bund Beschl. v. 12.11.2012 – VK 1 – 109/12, IBRRS 2013, 0007). Besondere Bedeutung erlangte die unverschuldete Dringlichkeit in der Corona-Pandemie für alle Bereiche des Gesundheitswesens, weshalb diese Möglichkeit der Auftraggeber in der Mitteilung der Kommission vom 01.04.2020 noch einmal klar herausgestellt wurde (Leitlinien der Europäischen Kommission zur Nutzung des Rahmens für die Vergabe öffentlicher Aufträge in der durch die COVID-19-Krise verursachten Notsituation, 2020/C 108 I/01).

### § 134 Informations- und Wartepflicht

(1) Öffentliche Auftraggeber haben die Bieter, deren Angebote nicht berücksichtigt werden sollen, über den Namen des Unternehmens, dessen Angebot angenommen werden soll, über die Gründe der vorgesehenen Nichtberücksichtigung ihres Angebots und über den frühesten Zeitpunkt des Vertragsschlusses unverzüglich in Textform zu informieren. Dies gilt auch für Bewerber, denen keine Information über die Ablehnung ihrer Bewerbung zur Verfügung gestellt wurde, bevor die Mitteilung über die Zuschlagsentscheidung an die betroffenen Bieter ergangen ist.

(2) Ein Vertrag darf erst 15 Kalendertage nach Absendung der Information nach Absatz 1 geschlossen werden. Wird die Information auf elektronischem Weg oder per Fax versendet, verkürzt sich die Frist auf zehn Kalendertage. Die Frist beginnt am Tag nach der Absendung der Information durch den Auftraggeber; auf den Tag des Zugangs beim betroffenen Bieter und Bewerber kommt es nicht an.

(3) Die Informationspflicht entfällt in Fällen, in denen das Verhandlungsverfahren ohne Teilnahmewettbewerb wegen besonderer Dringlichkeit gerechtfertigt ist. Im Fall verteidigungs- oder sicherheitsspezifischer Aufträge können öffentliche Auftraggeber beschließen, bestimmte Informationen über die Zuschlagserteilung oder den Abschluss einer Rahmenvereinbarung nicht mitzuteilen, soweit die Offenlegung den Gesetzesvollzug behindert, dem öffentlichen

Interesse, insbesondere Verteidigungs- oder Sicherheitsinteressen, zuwiderläuft, berechtigte geschäftliche Interessen von Unternehmen schädigt oder den lauteren Wettbewerb zwischen ihnen beeinträchtigen könnte.

Übersicht

| | Rdn. | | Rdn. |
|---|---|---|---|
| A. Vorabinformation | 1 | C. Wegfall der Informationspflicht | 6 |
| B. Wartefrist | 3 | | |

## A. Vorabinformation

§ 134 regelt zum einen die sog. Vorabinformationspflicht des Auftraggebers. Danach müssen öffentliche Auftraggeber die unterlegenen Bieter, deren Angebot nicht berücksichtigt wird, über die beabsichtigte Zuschlagserteilung, den Namen des obsiegenden Bieters, den Grund ihrer Nichtberücksichtigung und den Zeitpunkt der frühestmöglichen Zuschlagserteilung informieren. Fehlen Angaben wie der Name des obsiegenden Bieters oder der frühestmögliche Zuschlagszeitpunkt, liegt ein Verstoß vor, der gem. § 135 Abs. 1 Nr. 1 zur Unwirksamkeit des mit dem Zuschlag geschlossenen Vertrags führt (OLG Koblenz Beschl. v. 25.09.2012 – 1 Verg 5/12, NZBau 2013, 63 [63] m.w.N.). Besonders wichtig, aber in der Praxis häufig eine Fehlerquelle, ist, dass in dem Schreiben die dem Angebot des jeweiligen Bieters zuzuordnenden Gründe für die Nichtberücksichtigung enthalten sein müssen (MüKoVergabeR I/*Fett*, § 134 Rn. 37; ausführlich zur Begründungspflicht *Lisch* CR 2012, 765). Diese dürfen nicht floskelhaft sein. Eine knappe, nachvollziehbare Begründung reicht. Maßgeblich ist, dass die Begründung so aussagekräftig ist, dass der unterlegene Bieter in die Lage versetzt wird, die Wertung seines Angebots nachzuvollziehen, um die Erfolgsaussichten einer Rüge und einer potentiellen Nachprüfung beurteilen zu können (vgl. BT-Drs. 16/11428 S. 33). Dass die Mitteilung ausreichen soll, das Angebot sei in allen Punkten schlechter als das des obsiegenden Bieters (so VK Berlin Beschl. v. 03.02.2017 – VK B2-40/16) überzeugt mit Blick auf die Wertung qualitativer Kriterien, insbesondere bei Konzepten, nicht, da es dem Bieter keinen Anhaltspunkt dazu liefert, was der Auftraggeber als Schwäche seines Angebots erachtet hat. Er kann die Begründung seiner Nichtberücksichtigung daher nicht nachvollziehen. Überzeugender ist es, dass der Grundsatz des fairen Wettbewerbs nach § 97 Abs. 1 den Auftraggeber verpflichtet, bei der Darlegung der Gründe der Nichtberücksichtigung eines Angebots jeweils auch den Aufwand zu berücksichtigen, den die Erstellung des Angebotes für den Bieter mit sich bringt. Insoweit spricht zum einen das Gebot der gegenseitigen Rücksichtnahme in der Vertragsanbahnung dafür, dass der Bieter die Vornahme der Bewertung und zumindest den tragenden Mangel seines Angebots nachvollziehen kann. Daneben sichert die Möglichkeit des Lernens für künftige Verfahren dem Auftraggeber den Eingang wirtschaftlicherer Angebote, so dass auch das Wirtschaftlichkeitsgebot für eine aussagekräftige Darstellung der Nichtberücksichtigungsgründe streitet (so Ziekow/Völlink/*Braun*, Vergaberecht, § 134 GWB Rn. 86). Auch erfolglose Bewerber (Teilnehmer am Teilnahmewettbewerb), die nicht über die Ablehnung ihres Teilnahmeantrags informiert wurden, müssen nach Abs. 1 Satz 2 ein Vorabinformationsschreiben erhalten (ausführlich zu Bewerbern: Burgi/Dreher/*Dreher/Hoffmann*, Beck'scher Vergaberechtskommentar, Band 1, § 134 GWB Rn. 25 ff.). Darüber hinaus sollen – entgegen dem Wortlaut – aber auch Bewerber, die eine Ablehnung erhalten hatten, förmlich vorab informiert werden, wenn an den Bewerber oder Bieter zwar bereits eine Mitteilung ihrer Ablehnung (z.B. des Ausschlusses mangels Eignung) versandt wurde, der Bewerber oder Bieter diese aber noch angreifen könnte. Auf die Vorabinformation kann deshalb nur dann verzichtet werden, wenn die Ablehnung bereits rechts- bzw. bestandskräftig ist (Burgi/Dreher/*Dreher/Hofmann*, § 134 GWB Rn. 14). Die Information muss in Textform übermittelt werden. Diese richtet sich nach § 126b BGB. Danach liegt Textform vor, wenn die Erklärung in einer Urkunde oder auf andere zur dauerhaften Wiedergabe in Schriftzeichen geeignete Weise abgegeben wurde, die Person des Erklärenden genannt und der Abschluss der Erklärung durch Nachbildung der Namensunterschrift oder anders erkennbar gemacht wurde. Die Information kann daher neben der Papierform auch auf einem Speichermedium (USB-Stick, CD-ROM) oder elektronisch, etwa per Fax, Computer-Fax oder E-Mail übersandt werden (Ziekow/Völlink/*Braun*, § 134 GWB Rn. 98; Burgi/

Dreher/*Dreher/Hofmann*, § 134 Rn. 70; Röwekamp/Kus/Portz/Prieß/*Maimann*, Kommentar zum GWB-Vergaberecht, § 134 Rn. 38). Jedenfalls muss das Schreiben vom Empfänger mit handelsüblichen Kommunikationsmitteln und -programmen zur Kenntnis genommen werden können (Röwekamp/Kus/Portz/Prieß/*Maimann*, § 134 Rn. 38; MüKoVergabeR I/*Fett*, § 134 Rn. 57). Eine lediglich mündliche oder fernmündliche Unterrichtung der betroffenen Bieter und Bewerber genügt den Anforderungen der Textform nicht (OLG München Beschl. v. 02.06.2016 – Verg 15/15, VergabeR 2016, 776, 781; Langen/Bunte/*Wagner*, Kartellrecht, § 134 Rn. 20). Umstritten ist, ob die Bereitstellung des Schreibens über eine Vergabeplattform den Anforderungen genügt (verneint von VK Südbayern Beschl. v. 29.03.2019 – Z3–3-3194–1-07–03/19, NZBau 2019, 751 (752 Rn. 38 f.)). Hier muss es maßgeblich darauf ankommen, ob die Textform i.S.d. § 134 Abs. 1 Satz 1 gewahrt wird, wozu auch die dauerhafte Bereitstellung auf einem Datenträger zählt. Wenn die Nachricht in einem nur für den Bieter zugänglichen Kommunikationsbereich auf Dauer abrufbar hinterlegt wird, dürfte diese Anforderung erfüllt sein (ausführlich Röwekamp/Kus/Portz/Prieß/*Maimann*, § 134 Rn. 39).

2 Die Vorabinformation ist unverzüglich, das heißt, ohne schuldhaftes Zögern, nachdem die Zuschlagsentscheidung intern wirksam getroffen wurde, zu erteilen (Ziekow/Völlink/*Braun*, § 134 Rn. 100; Burgi/Dreher/*Dreher/Hofmann*, § 134 Rn. 71). Sie ist zudem an alle Bieter und Bewerber möglichst zeitgleich zu versenden, um dem Grundsatz der Gleichbehandlung zu dienen. Werden die Schreiben nicht gleichzeitig versandt, ist für den Beginn des Fristlaufs der Wartefrist die Versendung des letzten Vorabinformationsschreibens maßgeblich (BGH Urt. v. 09.02.2004 – X ZB 44/03, VergabeR 2004, 201 ff.).

### B. Wartefrist

3 Zum anderen regelt § 134 Abs. 2 die Wartefrist zwischen dem Absenden der Vorabinformation und der tatsächlichen Vornahme der Zuschlagserteilung. Die Dauer der Frist hängt vom gewählten Kommunikationsmittel ab. So beträgt die Wartefrist 15 Tage, wenn das Vorabinformationsschreiben per Post oder auf sonstigem, nicht elektronischen Weg versandt wird. Wird die Vorabinformation hingegen per Fax oder auf elektronischem Weg versandt, dann dauert die Wartefrist 10 Tage. Die Frist beginnt mit dem Tag nach der Absendung des Vorabinformationsschreibens zu laufen. Auf den Zugang beim Bieter kommt es nicht an. Der Zuschlag kann erst nach Ablauf des 10. oder 15. Tages (Ziekow/Völlink/*Braun*, Vergaberecht, § 134 Rn. 102 ff.).also frühestens am 11. oder 16. Tag erteilt werden.

4 Die Wartepflicht schützt sowohl die Bieter als auch den Auftraggeber. Die Bieter erhalten so ausreichend Zeit zu prüfen, ob Vergabeverstöße in Betracht kommen, diese zu rügen und ggf. einen Nachprüfungsantrag zu stellen (VK Berlin Beschl. v. 03.02.2017 – VK B 2–40/16; VK Westfalen Beschl. v. 12.03.2015 – VK 1- 05/15, IBRRS 2015, 0911). Die Vergabestelle darf hingegen darauf vertrauen, dass keine Rügen mehr zu erwarten sind, wenn die Wartefrist rügelos verstrichen ist. Für den Schutzzweck zugunsten des Auftraggebers spricht zudem gerade der Umstand, dass es für den Fristbeginn nicht auf den Zugang des Informationsschreibens beim Bieter ankommt (OLG Naumburg Beschl. v. 25.01.2005 – 1 Verg 22/04, ZfBR 2005, 415 (417); Langen/Bunte/*Wagner*, § 134 Rn. 28).

5 Bei der Wartefrist nach § 134 Abs. 2 handelt es sich nicht um eine vom Antragsteller einzuhaltende Rechtsmittelfrist. Denn er ist mit einem Nachprüfungsantrag nicht grundsätzlich an die Einhaltung dieser Frist gebunden (Langen/Bunte/*Wagner*, § 134 Rn. 23). Für einen rechtzeitigen Nachprüfungsantrag gilt die 15-tägige Rechtsmittelfrist des § 160 Abs. 3 Nr. 4. Danach ist ein Nachprüfungsantrag unzulässig, wenn mehr als 15 Kalendertage nach Eingang der Mitteilung des Auftraggebers, der Rüge nicht abhelfen zu wollen, vergangen sind. Allerdings hat der Bieter ein erhebliches Interesse an der Einlegung des Nachprüfungsantrags innerhalb der Wartefrist. Denn nur der rechtzeitig vor Zuschlagserteilung eingereichte Nachprüfungsantrag führt zum Eingreifen des Zuschlagsverbots des § 169 Abs. 1. Nur so kann der Bieter also effektiven Primärrechtsschutz erlangen. Der

Bieter ist daher im eigenen Interesse gehalten, seinen Nachprüfungsantrag rechtzeitig vor Fristablauf zu stellen. Ausgeschlossen wird sein Nachprüfungsantrag durch den Ablauf der Wartefrist zwar nicht. Reicht er diesen jedoch erst nach Zuschlagserteilung ein, dann ist sein Antrag von Anfang an unzulässig (BT-Drs. 13/9340 S. 17 zu §§ 114, 117 GWB a.F.; VK Bund Beschl. v. 17.12.2010 – VK 1 – 121/10, juris Rn. 42; OLG Düsseldorf Beschl. v. 03.12.2003 – VII-Verg 37/03, WuW/E Verg 897 [898]). Er kann dann keinen Rechtsschutz mehr vor der Vergabekammer erlangen, denn gem. § 168 Abs. 2 kann ein wirksam erteilter Zuschlag nicht mehr aufgehoben werden. Bei verspäteter Einlegung ist dann auch keine Umstellung des Antrags in einen Antrag auf Feststellung eines Vergabeverstoßes nach § 168 Abs. 2 Satz 2 mehr möglich (BGH Beschl. v. 19.12.2000 – X ZB 14/00, BGHZ 146, 202).

### C. Wegfall der Informationspflicht

§ 134 Abs. 3 Satz 1 regelt eine Ausnahme von der Informationspflicht für den Fall, dass der öffentliche Auftraggeber ein Verhandlungsverfahren ohne Teilnahmewettbewerb wegen besonderer Dringlichkeit durchgeführt hat. Dieser Ausnahmetatbestand greift nur dann ein, wenn die Dringlichkeit nicht vom Auftraggeber selbst verursacht wurde (MüKoVergabeR I/*Fett*, § 134 Rn. 68 f.; Ziekow/Völlink/*Braun*, § 134 GWB Rn. 130). Die weitere Ausnahme des § 134 Abs. 3 Satz 2 betrifft den Sonderfall verteidigungs- oder sicherheitsspezifischer Aufträge. Sie ist für die vorliegende Kommentierung zum Bereich Gesundheit weniger von Interesse. 6

## § 135 Unwirksamkeit

(1) Ein öffentlicher Auftrag ist von Anfang an unwirksam, wenn der öffentliche Auftraggeber
1. gegen § 134 verstoßen hat oder
2. den Auftrag ohne vorherige Veröffentlichung einer Bekanntmachung im Amtsblatt der Europäischen Union vergeben hat, ohne dass dies aufgrund Gesetzes gestattet ist
und dieser Verstoß in einem Nachprüfungsverfahren festgestellt worden ist.

(2) Die Unwirksamkeit nach Absatz 1 kann nur festgestellt werden, wenn sie im Nachprüfungsverfahren innerhalb von 30 Kalendertagen nach der Information der betroffenen Bieter und Bewerber durch den öffentlichen Auftraggeber über den Abschluss des Vertrags, jedoch nicht später als sechs Monate nach Vertragsschluss geltend gemacht worden ist. Hat der Auftraggeber die Auftragsvergabe im Amtsblatt der Europäischen Union bekannt gemacht, endet die Frist zur Geltendmachung der Unwirksamkeit 30 Kalendertage nach Veröffentlichung der Bekanntmachung der Auftragsvergabe im Amtsblatt der Europäischen Union.

(3) Die Unwirksamkeit nach Absatz 1 Nummer 2 tritt nicht ein, wenn
1. der öffentliche Auftraggeber der Ansicht ist, dass die Auftragsvergabe ohne vorherige Veröffentlichung einer Bekanntmachung im Amtsblatt der Europäischen Union zulässig ist,
2. der öffentliche Auftraggeber eine Bekanntmachung im Amtsblatt der Europäischen Union veröffentlicht hat, mit der er die Absicht bekundet, den Vertrag abzuschließen, und
3. der Vertrag nicht vor Ablauf einer Frist von mindestens zehn Kalendertagen, gerechnet ab dem Tag nach der Veröffentlichung dieser Bekanntmachung, abgeschlossen wurde.

Die Bekanntmachung nach Satz 1 Nummer 2 muss den Namen und die Kontaktdaten des öffentlichen Auftraggebers, die Beschreibung des Vertragsgegenstands, die Begründung der Entscheidung des Auftraggebers, den Auftrag ohne vorherige Veröffentlichung einer Bekanntmachung im Amtsblatt der Europäischen Union zu vergeben, und den Namen und die Kontaktdaten des Unternehmens, das den Zuschlag erhalten soll, umfassen.

| Übersicht | Rdn. | | Rdn. |
|---|---|---|---|
| A. Einleitung | 1 | C. Fristen des Abs. 2 | 5 |
| B. Unwirksamkeitsvoraussetzungen des Abs. 1 | 2 | D. Ausnahmen des Abs. 3 | 11 |

## A. Einleitung

1 Mit dem neuen Vergaberecht ab dem 18.04.2016 wurde der bisherige § 101b GWB a.F. ersetzt durch § 135. Die Regelungen der Abs. 1 und 2 wurden zwar im Wortlaut stärker an die Richtlinie angepasst und dadurch leicht geändert. Inhaltlich bleiben sie aber weitestgehend identisch. Neu hinzugetreten ist Absatz 3, der mit der Möglichkeit einer Bekanntmachung zur Herbeiführung der sog freiwilligen Ex-ante-Transparenz eine Ausnahme zur Unwirksamkeitsregelung des Abs. 1 Nr. 2 enthält.

1a § 135 Abs. 1 sanktioniert zwei verschiedene Vergaberechtsverstöße: in Nr. 1 die Verletzung der Informations- und Wartepflicht des § 134 und in Nr. 2 die Vornahme von sog. De-facto-Vergaben. Beide Arten von Verstößen führen zur Unwirksamkeit der Vergaben, wenn sie in Nachprüfungsverfahren festgestellt werden, die nach den Voraussetzungen des Abs. 2 rechtzeitig eingeleitet wurden. Die Regelung dient vor allem dem Zweck, den Rechtsschutz für Bieter zu verbessern (BVerfG Urt. v. 13.06.2006 – 5 Verg 1160/03, NZBau 2006, 791 [792] zur Vorvorgängernorm § 13 VgV a.F.; Pünder/Schellenberg/*Mentzinis*, Vergaberecht, § 135 GWB Rn. 2). Dadurch, dass nach deutschem Recht mit dem Zuschlag der Vertrag zwischen Auftraggeber und Bieter (Auftragnehmer) zustande kommt und nachträglich gem. § 168 Abs. 2 nicht mehr aufgehoben werden kann, hat ein Bieter bei Rechtsverstößen grundsätzlich nur noch die Möglichkeit, Schadensersatz vor den ordentlichen Gerichten geltend zu machen. Die Vergabeentscheidung selbst bleibt unberührt. Durch § 135 besteht nun die Möglichkeit, auch diese Entscheidung an sich noch anzugreifen und von den Vergabekammern überprüfen zu lassen.

## B. Unwirksamkeitsvoraussetzungen des Abs. 1

2 Ein unter Verstoß gegen § 134 geschlossener Vertrag ist von Anfang an unwirksam, wenn der Auftraggeber gegen die Informations- und Wartepflicht verstoßen hat. Dabei ist es unerheblich, aus welchen Gründen er diese Pflichten verletzt hat. Ein Verstoß liegt nach Nr. 1 vor, wenn keine Information übermittelt wurde (MüKoVergabeR I/*Fett*, § 134 Rn. 9; Voppel/Osenbrück/Bubert/*Voppel*, VgV, § 135 GWB Rn. 53). Wird die Information nicht an alle unterlegenen Bieter übersandt, können sich auch nur diese Bieter auf die fehlende Information berufen (MüKoVergabeR I/*Fett*, § 134 Rn. 19). Das entspricht dem Schutzzweck, der den Bietern die Möglichkeit einräumen soll, Verstöße rechtzeitig vor der Zuschlagserteilung rügen und überprüfen lassen zu können. Diese Möglichkeit wird nur denen vorenthalten, die keine Information erhalten haben. Mit Blick auf die Rechtsprechung zur Vorgängernormen und dort zu De-facto-Vergaben stellt sich weiterhin die Frage, ob in einem Fall, in dem eine Ausschreibung aufgehoben wurde und anschließend nur mit einem Bieter weiterverhandelt und ein Vertrag geschlossen wird, die Bieter des aufgehobenen Verfahrens auch als Bieter des Nachfolgeverfahrens anzusehen sind und deshalb formell informiert werden müssten. Dies dürfte weiter zu bejahen sein (OLG Düsseldorf Beschl. v. 25.09.2008 – VII-Verg 57/08, juris Rn. 2; OLG Düsseldorf Beschl. v. 23.02.2005 – VII-Verg 78/04, NZBau 2005, 537 [537 f.]). Streitig ist, ob auch eine unvollständige, eine unzutreffende oder eine irreführende Information zur Nichtigkeit führt (dafür Gabriel/Krohn/Neun/*Freytag*, Handbuch des Vergaberechts, 3. Aufl. 2021, § 37 Rn. 42; Byok/Jaeger/*Kühnen*, Vergaberecht, § 135 Rn. 7; MüKoVergabeR I/*Fett*, § 134 Rn. 9 f.; dagegen: Hattig/Maibaum/*Hattig*, § 101b Rn. 8 f.). Vor dem Hintergrund des Zwecks der Einräumung einer rechtzeitigen Nachprüfungsmöglichkeit erscheint es vertretbar, dass diese nicht zu einer schwebenden Unwirksamkeit führen (so Heiermann/Zeiss/*Zeiss*, § 101b GWB a.F., Rn. 20, der zwischen der materiell-rechtlichen Unwirksamkeit und den prozessrechtlichen Folgen differenziert: bei Veranlassung des Nachprüfungsverfahrens aufgrund der unvollständigen Begründung müsse der Auftraggeber die Kosten des Verfahrens tragen). Allerdings kann das nicht verallgemeinert werden. Führt eine falsche oder irreführende erhaltene Information zu der irrtümlichen Annahme, dass keine Vergabeverstöße vorliegen, weil die Mängel der Information für den Bieter nicht erkennbar sind, wird dieser daran gehindert, die Nachprüfung zu veranlassen. In solchen Fällen spricht das Rechtsschutzinteresse der getäuschten Bieter dafür, hier eine schwebende Unwirksamkeit anzunehmen (Byok/Jaeger/*Kühnen*, § 135 Rn. 7 a.E.; Hattig/Maibaum/*Hattig*,

§ 101b Rn. 13). Gegen eine Berücksichtigung solcher subjektiver Elemente der Kenntnis bei der Feststellung, ob eine schwebende Unwirksamkeit des Vertrags vorliegt, spricht im Übrigen auch die Entstehung der Vorgängernorm § 101b. Deutschland hat sich bei der Umsetzung der Rechtsmittelrichtlinie (Richtlinie 89/665/EWG zur Koordinierung der Rechts- und Verwaltungsvorschriften für die Anwendung der Nachprüfungsverfahren i.R.d. Vergabe öffentlicher Liefer- und Bauaufträge i.d.F. der Richtlinie 2007/66/EG, Abl. 1989 L665, 1) dagegen entschieden, die in der Richtlinie vorgesehene Beschränkung aus Art. 2d Abs. 1 Buchst. b »*falls dieser Verstoß dazu führt, dass der Bieter, der eine Nachprüfung beantragt, nicht mehr die Möglichkeit hat, vor Abschluss des Vertrags Rechtsschutz zu erlangen*« zu übernehmen (so auch Gabriel/Krohn/Neun/*Freytag*, § 37 Rn. 42; MüKoVergabeR I/*Fett*, § 134 Rn. 10). Im Ergebnis spricht daher viel dafür, dass jeder Verstoß gegen die Vorabinformationsplicht zu einer schwebenden Unwirksamkeit des Vertrags führen soll.

Nach Nr. 2 liegt ein Vergaberechtsverstoß vor, wenn ein Auftrag direkt an ein Unternehmen vergeben wird, ohne dass zuvor eine Bekanntmachung veröffentlicht wird (sog. De-facto-Vergabe) und ohne dass dies aufgrund Gesetzes gestattet ist. Mit dieser Regelung trug der Gesetzgeber der Tatsache Rechnung, dass sich zur Vorgängernorm des § 13 VgV a.F., der eine solche Regelung nicht enthielt, eine umfangreiche Rechtsprechung entwickelt hatte, die eine analoge Anwendung des § 13 VgV a.F. auf De-facto-Vergaben befürwortete. Nach der aktuellen Rechtslage ist eine Vergabe ohne Wettbewerb nunmehr schwebend unwirksam und wird bei rechtzeitiger Nachprüfung (Abs. 2) von Anfang an nichtig. 3

Bei De-facto-Vergaben ist zu differenzieren zwischen unechten und echten De-facto-Vergaben. Bei unechten De-facto-Vergaben stand der Auftraggeber mit mehreren Unternehmen in Kontakt, führte aber keine Ausschreibung durch. Bei echten De-facto-Vergaben wurde der Vertrag direkt nur mit einem Unternehmen besprochen und abgeschlossen. Beide Konstellationen werden von § 134 Abs. 1 Nr. 2 erfasst und führen zu einem schwebend unwirksamen Vertrag (OLG Naumburg Beschl. v. 14.03.2014 – 2 Verg 1/14, VergabeR 2014, 787 [793]; OLG Düsseldorf Beschl. v. 03.08.2011 – VII-Verg 33/11, juris Rn. 34 f. unter Verweis auf Art. 2d Abs. 1 Buchst. a; Gabriel/Krohn/Neun/*Freytag*, § 37 Rn. 44, 47; zur neuen Rechtslage nun ausdrücklich auch Langen/Bunte/*Wagner*, Kommentar zum deutschen und europäischen Kartellrecht, Bd. 1., § 135b Rn. 4, der bei der alten Rechtslage nach § 101b wegen des abweichenden Gesetzeswortlauts unechte De-facto-Vergaben nicht erfasst sah; a.A. Pünder/Schellenberg/*Mentzinis*, § 135 Rn. 10). Auf die zur § 13 VgV a.F. noch diskutierte Frage nach dem Innehaben einer bieterähnlichen Stellung kommt es nicht mehr an (Hattig/Maibaum/*Hattig*, § 101b Rn. 22). Die Diskussion ging darauf zurück, dass § 13 VgV a.F. eine Information an Bieter vorsah. Diese Frage wurde auch zu § 101b Abs. 1 Nr. 2 noch weiter diskutiert, weil dieser zumindest ausdrücklich von der unterlassenen Beteiligung anderer Unternehmen sprach. Selbst § 101b Abs. 1 Nr. 2 setzte aber schon nicht mehr voraus, dass es vor der De-facto-Vergabe Interessenbekundungen anderer Unternehmen gegeben haben muss, insbesondere musste ein Unternehmen, das einen Nachprüfungsantrag stellte, nicht nachweisen, dass es vorher ein Interesse an der Ausschreibung bekundet hatte (MüKo-VergabeR I/*Reider*, 2015, § 101b Rn. 13). Mit dem Wortlaut des § 135 Abs. 1 Nr. 2 ist nunmehr endgültig klargestellt, dass es auf die Bieterposition nicht ankommen kann, da dieser unmittelbar an das Fehlen einer Bekanntmachung anknüpft. 4

### C. Fristen des Abs. 2

In Abs. 2 hat der Gesetzgeber definiert, in welchem Zeitraum Verstöße nach Abs. 1 geltend gemacht werden müssen. Nur eine rechtzeitige Anstrengung eines Nachprüfungsverfahrens kann dazu führen, dass ein schwebend unwirksamer Vertrag endgültig von Anfang an nichtig wird. Durch die Fristen wird einerseits die Möglichkeit eingeräumt, gegen rechtswidrige Vergaben vorzugehen, andererseits soll nach einer gewissen Zeit aber auch Rechtssicherheit für die am Vertrag beteiligten Personen herbeigeführt werden (Burgi/Dreher/*Dreher/Hoffmann*, Beck'scher Vergaberechtskommentar, § 135 Rn. 35; MühKoVergabeR I/*Fett*, § 135 Rn. 60; Punder/Schellenberg/*Mentzinis*, § 135 Rn. 22). 5

## § 135 GWB   Unwirksamkeit

6   Abs. 2 normiert verschiedene Fristen. Satz 1 regelt die Frist in Abhängigkeit von der Kenntnis des Unternehmens von dem Vergabeverstoß. Hier hat sich die Formulierung im Vergleich zur Vorgängernorm leicht geändert. Während § 101b Abs. 2 GWB a.F. noch ausdrücklich von der Kenntnis des Bieters sprach, stellt § 135 Abs. 2 auf die Information des Bieters ab. Damit wird klargestellt, dass eine zufällige Kenntniserlangung durch den Bieter, die nicht auf einer aktiven Information durch den Auftraggeber beruht, nicht ausreicht, um den Fristenlauf in Gang zu setzen (Gesetzentwurf der Bundesregierung zur Modernisierung des Vergaberechts (Vergaberechtsmodernisierungsgesetz – VergRModG), BT-Drs. 18/6281 S. 122; zur diese Rechtsauffassung herleitenden Entscheidung des OLG Düsseldorf s.u. Rdn. 8). Danach verbleiben dem Unternehmen ab Kenntnis des Verstoßes nach Erhalt der Information durch den Auftraggeber 30 Kalendertage, in denen es ein Nachprüfungsverfahren anstrengen und den Verstoß geltend machen muss. Auf die positive Kenntnis vom Verstoß kommt es somit für die Auslösung der Frist nicht mehr an. Maßgeblich ist stattdessen, ob der Auftraggeber das Unternehmen über einen erfolgten Vertragsschluss informiert hat (MüKoVergabeR I/*Fett*, § 135 Rn. 62).

7   Ein Beispiel für ein solches fristauslösendes Schreiben lag einer Entscheidung des OLG München (noch nach alter Rechtslage) zugrunde. Darin entschied das OLG München, dass ein Schriftsatz, mit dem ein öffentlicher Auftraggeber erklärt, dass er bestimmte Vereinbarungen abgeschlossen hat und deshalb keine öffentliche Ausschreibung mehr durchführt, die 30-Tage-Frist des § 101b Abs. 2 GWB a.F. auslöse (OLG München Beschl. v. 21.02.2013 – Verg 21/12, NZBau 2013, 458 [460]; ebenso für eine Schutzschrift: VK Bund Beschl. v. 23.03.2011 – VK1–12/11, juris Rn. 44; in diesem Punkt bestätigt durch OLG Düsseldorf Beschl. v. 03.08.2011 – VII-Verg 33/11, juris Rn. 39 ff.; Bundeskartellamt BT-Drs. 17/13675, Tätigkeitsbericht 2011/2012, S. 122). Gegenstand des Verfahrens war ein Kooperationsvertrag eines Krankenhauses mit einem anderen Krankenhaus, dessen Krankenhausapotheke die Versorgung der Auftraggeberin mit Arzneimitteln und anderen apothekenpflichtigen Waren (außer Zytostatika) versorgen sollte. Nach dem Inhalt des Versorgungsvertrages sollte die Krankenhausapotheke auch Beratungsfunktionen sowie Aufgaben der Bevorratung, Herstellung und Überwachung übernehmen. Eine Beauftragung anderer Apotheken wurde für beide Vertragsparteien grundsätzlich ausgeschlossen. Gegen diese Kooperation war die vorherige Vertragsinhaberin (eine Offizinapotheke) vorgegangen. Im Zuge ihrer Nachfragen, ob und wann ein neuer Versorgungsvertrag ausgeschrieben werde, teilte ihr die Auftraggeberin mit anwaltlichem Schreiben mit, dass ein neuer vergaberechtsfreier Vertrag bereits geschlossen worden sei. Ein solches Schreiben verschafft dem Unternehmen nach Auffassung des OLG München eine ausreichende Kenntnis und Gewissheit i.S.v. § 101b Abs. 2 Satz 1 GWB a.F. und löst daher den Lauf der 30-Tage-Frist aus. Das wäre auch nach § 135 Abs. 2 so zu beurteilen.

8   Zur Begründung der Aufnahme des Informationsschreibens nimmt der Gesetzgeber Bezug auf eine Entscheidung des OLG Düsseldorf zu Rabattverträgen einer gesetzlichen Krankenkasse. In dem Verfahren hielt das Gericht unter Berücksichtigung von Art. 2f Abs. 1 Buchst. a Richtlinie 2007/66/EG (Rechtsmittelrichtlinie) eine richtlinienkonforme, einschränkende Auslegung des § 101b Abs. 2 Satz 1 GWB a.F. für erforderlich. Danach setzte dieser für den Beginn der 30-Tage-Frist eine entsprechende Information des Auftraggebers voraus (OLG Düsseldorf Beschl. v. 01.08.2012 – VII-Verg 15/12, NZBau 2012, 791 – AOK Sachsen-Anhalt). Erforderlich sei insoweit eine Auftragsbekanntgabe im Amtsblatt der Europäischen Union i.S.v. § 101b Abs. 2 GWB a.F. oder eine Information nach § 101b Abs. 1 und 2 GWB a.F. Eine Kenntniserlangung aufgrund eigener Recherchen des Antragstellers oder ihm von dritter Seite bei Gelegenheit zugetragener Informationen genügte dem Gericht hingegen nicht (OLG Düsseldorf Beschl. v. 01.08.2012 – VII-Verg 15/12, NZBau 2012, 791 – AOK Sachsen-Anhalt).

9   Fristbeginn ist in allen Fällen des § 135 Abs. 2 an dem Tag, der auf den Tag des maßgeblichen Ereignisses folgt. Dies folgt aus Art. 2f Abs. 1 Buchst. a und b Rechtsmittelrichtlinie und entspricht zugleich § 187 Abs. 1 BGB (Burgi/Dreher/*Dreher/Hoffmann*, § 135 Rn. 63 i.V.m. 57). Darüber hinaus dürfen seit dem Vertragsschluss aber nicht mehr als 6 Monate verstrichen sein. D. h. erlangt

das Unternehmen erst nach 6 Monaten Kenntnis von dem möglichen Vergabeverstoß, kann es diesen nicht mehr geltend machen und ein Nachprüfungsverfahren ist ausgeschlossen (MüKo-VergabeR I/*Fett*, § 135 Rn. 18; Röwekamp/Kus/Portz/Prieß/*Maimann*, Kommentar zum GWB-Vergaberecht, § 135 Rn. 47). Abweichend davon gilt eine kürzere Frist, wenn der Auftraggeber die Auftragsvergabe im Amtsblatt der EU veröffentlicht hat. Dann endet die Frist zur Geltendmachung der Unwirksamkeit bereits 30 Kalendertage nach der Veröffentlichung. Es handelt sich um eine gesetzliche Ausschlussfrist. Auf die Kenntnis des Unternehmens hiervon kommt es nicht an (Byok/Jaeger/*Kühnen*, § 101b Rn. 19; Langen/Bunte/*Wagner*, § 135 Rn. 18, 19). Diskutiert wird, ob Unternehmen bei Kenntniserlangung nach Ablauf der 30-Tage-Frist eine Wiedereinsetzung in den vorherigen Stand beantragen können, wenn ohne Verschulden den Fristablauf versäumt haben (Ziekow/Völlink/*Braun*, Vergaberecht, § 135 GWB Rn. 85 ff.). Von der Rechtsprechung wird dies verneint (Röwekamp/Kus/Portz/Prieß/*Maimann*, Kommentar zum GWB-Vergaberecht, § 135 Rn. 37; OLG München Beschl. v. 10.03.2011 – Verg 1/11, NZBau 2011, 445 [447], das auch eine Berufung auf einen Verstoß gegen das Gebot des fairen Verfahrens ablehnt). Ebenfalls kritisiert wird zudem, dass sich aus § 135 Abs. 2 Satz 2 nicht ergebe, welchen Mindestinhalt die Bekanntmachung enthalten muss, um die 30-Tage-Frist auszulösen (Langen/Bunte/*Wagner*, § 135 Rn. 21; Röwekamp/Kus/Portz/Prieß/*Maimann*, Kommentar zum GWB-Vergaberecht, § 135 Rn. 43) § 135 Abs. 2 Satz 2 sei dahingehend **richtlinienkonform auszulegen**, dass die Bekanntmachung alle nach Maßgabe der Vergabeverordnungen erforderlichen Angaben enthalten müsse (Langen/Bunte/*Wagner*, § 135 Rn. 21 unter Verweis auf *Bulla/Schneider* VergabeR 2011, 664 [666] zur alten Rechtslage). Die Frist wird daher nicht in Gang gesetzt, wenn z.B. die Angabe der Nachprüfungsinstanz fehlt oder unrichtig ist (Röwekamp/Kus/Portz/Prieß/*Maimann*, § 135 Rn. 43).

Im Übrigen kann außerhalb des § 135 und unabhängig von den Ausschlussfristen in Abs. 2, d.h. trotz zivilrechtlicher Wirksamkeit eines vergaberechtswidrig geschlossenen Vertrags, die EU-Kommission weiterhin gegen vergaberechtswidrig geschlossene Verträge vorgehen. Die Unwirksamkeit könnte danach auch noch viele Jahre nach Auftragsvergabe festgestellt werden. So haben Urteile des EuGH schon in einem Langzeitvertragsverhältnis der Gemeinden Braunschweig und Bockhorn im Bereich der Abfallentsorgung, aber auch im Fall der Kölner Messe dazu geführt, dass die jeweiligen Vertragsverhältnisse rückabzuwickeln waren (vgl. EuGH Urt. v. 18.07.2007 – C-503/04, Slg. 2007, I-06153; EuGH Urt. v. 29.10.2009 – C-536/07, Slg. 2009, I-10355). Damit verbunden sind zum Teil erhebliche Abwicklungsschwierigkeiten. 10

## D. Ausnahmen des Abs. 3

Die neue Regelung des § 135 Abs. 3 dient der Umsetzung von Art. 2d der Richtlinien 89/665/EWG und 92/13/EWD in den Fassungen der Richtlinie 2007/66/EG. Danach ist ein Vertrag entgegen § 135 Abs. 1 Nr. 2 trotz fehlender Bekanntmachung eines Vergabeverfahrens im Amtsblatt der Europäischen Union und entsprechender Feststellung im Nachprüfungsverfahren dennoch wirksam, wenn der öffentliche Auftraggeber der Auffassung ist, dass der beabsichtigte Vertragsschluss keiner Bekanntmachung bedarf, er die Absicht, den Vertrag abschließen zu wollen, im Amtsblatt der Europäischen Union bekanntgemacht und anschließend eine Stillhaltefrist von 10 Tagen abgewartet hat, bevor er den Vertrag abschloss. Liegen diese Voraussetzungen vor, ist der Vertrag wirksam (EuGH Urt. v. 11.09.2014 – C-19/13, VergabeR 2015, 164 [170]). Im Einzelnen muss der öffentliche Auftraggeber also zunächst der Auffassung sein, dass in dem konkreten Fall keine Bekanntmachungspflicht besteht. Als problematisch wird insoweit erachtet, dass sich zwar das Bestehen oder Nichtbestehen einer Bekanntmachungspflicht objektiv nachprüfen lässt, nicht aber die Überzeugung des Auftraggebers. Insoweit wird dem öffentlichen Auftraggeber hier eine Möglichkeit eröffnet, missbräuchlich und wider besseren Wissens zu behaupten und ggf. auch zu dokumentieren, dass er von einer Befreiung von der Bekanntmachungspflicht ausgeht (Röwekamp/Kus/Portz/Prieß/*Maimann*, § 135 Rn. 56 ff.). Im Ergebnis werden die Nachprüfungsinstanzen in diesen Fällen prüfen müssen, ob die Voraussetzungen der vom Auftraggeber angenommenen Befreiung tatsächlich vorliegen und insbesondere vergaberechtsfehlerfrei ermittelt worden sind. So kann ein Auftraggeber vom Vorliegen der Voraussetzungen einer Unterschwellenvergabe ausgegangen 11 sein, die, sofern keine Binnenmarktrelevanz besteht, keine EU-weite Bekanntmachung erfordert. Die Vergabekammer würde in diesem Fall prüfen, ob der Auftragsgegenstand korrekt bestimmt und die Schätzung des Auftragswertes richtig vorgenommen wurde (Röwekamp/Kus/Portz/Prieß/*Maimann*, § 135 Rn. 58). Für die innere Tatsache seiner Überzeugung trägt der Auftraggeber die Darlegungs- und Beweislast (Ziekow/Völlink/*Braun*, § 135 GWB Rn. 92).

12 Zweite Voraussetzung des § 135 Abs. 3 ist, dass der Auftraggeber seine Absicht bekanntmacht, den Vertrag ohne vorherige Bekanntmachung und somit ohne Vergabeverfahren abschließen zu wollen. Die Angaben, die die Bekanntmachung dafür enthalten muss, listet Absatz 3 Satz 2 ausdrücklich auf: Notwendiger Inhalt sind Name und Kontaktdaten des öffentlichen Auftraggebers, die Beschreibung des Vertragsgegenstands, die Begründung der Entscheidung des Auftraggebers, den Auftrag ohne vorherige Veröffentlichung einer Bekanntmachung im Amtsblatt der Europäischen Union zu vergeben, sowie Name und Kontaktdaten des Unternehmens, das den Zuschlag erhalten soll. Ziel ist auch hier, dass die Bekanntmachung anderen Unternehmen ermöglichen soll zu prüfen, ob dieses Vorgehen vergaberechtskonform ist einschließlich einer Chance, diese Frage vor einer Nachprüfungsinstanz klären zu lassen (EuGH Urt. v. 11.09.2014 – C-19/13, VergabeR 2015, 164 [170]). Ist eine solche Prüfung anhand des Inhalts der Bekanntmachung nicht möglich, genügt diese nicht den Anforderungen des § 135 und kann daher auch nicht die Feststellung der Unwirksamkeit des geschlossenen Vertrags in einem Nachprüfungsverfahren nach § 135 Abs. 1 verhindern.

13 Abschließend erfordert § 135 Abs. 3 die Einhaltung einer zehntägigen Stillhaltefrist. Die Frist beginnt am Tag nach der Absendung der Bekanntmachung, so dass der Vertrag am elften Tag nach der Bekanntmachung geschlossen werden darf.

## § 186 Übergangsbestimmungen

[...]

(9) Die §§ 35 bis 41 sind nicht anzuwenden auf einen Zusammenschluss im Krankenhausbereich, soweit
1. der Zusammenschluss eine standortübergreifende Konzentration von mehreren Krankenhäusern oder einzelnen Fachrichtungen mehrerer Krankenhäuser zum Gegenstand hat,
2. dem Zusammenschluss keine anderen wettbewerbsrechtlichen Vorschriften entgegenstehen und dies das Land bei Antragstellung nach § 14 Absatz 2 Nummer 3 Buchstabe a der Krankenhausstrukturfonds-Verordnung bestätigt hat,
3. das Vorliegen der weiteren Voraussetzungen für eine Förderung nach § 12a Absatz 1 Satz 4 des Krankenhausfinanzierungsgesetzes in Verbindung mit § 11 Absatz 1 Nummer 2 der Krankenhausstrukturfonds-Verordnung in einem Auszahlungsbescheid nach § 15 der Krankenhausstrukturfonds-Verordnung festgestellt wurde und
4. der Zusammenschluss bis zum 31. Dezember 2027 vollzogen wird.

Ein Zusammenschluss im Sinne des Satzes 1 ist dem Bundeskartellamt nach Vollzug anzuzeigen. Für die Evaluierung dieser Regelung sind die §§ 32e und 21 Absatz 3 Satz 8 des Krankenhausentgeltgesetzes entsprechend anzuwenden. Für die Zwecke der Evaluierung und zur Untersuchung der Auswirkungen dieser Regelung auf die Wettbewerbsverhältnisse und die Versorgungsqualität können Daten aus der amtlichen Krankenhausstatistik zusammengeführt werden.

| Übersicht | Rdn. | | Rdn. |
|---|---|---|---|
| A. Hintergrund und Zielsetzung | 1 | C. Sonstiges | 16 |
| B. Voraussetzungen | 3 | | |

### A. Hintergrund und Zielsetzung

1 Die mit der am 19.01.2021 in Kraft getretenen 10. Novelle (hierzu bereits § 1 GWB Rdn. 31r ff.) in das GWB eingefügte Regelung soll der aus der medizinischen und juristischen Fachöffentlichkeit

geäußerten Kritik, die dringend erforderliche Konsolidierung des Krankenhaussektors drohe an der restriktiven Fusionskontrollpraxis des BKartA zu scheitern, Rechnung tragen. Sie statuiert keinen umfassenden, sondern nur einen eng umgrenzten Ausnahmebereich von der Fusionskontrolle für Krankenhäuser. Ob er überhaupt praktische Bedeutung erlangen wird, ist zweifelhaft, weil die restriktiven, z.T. unklaren Voraussetzungen der Norm wohl nur von einer Handvoll Kliniken erfüllt werden dürften. Die Norm bleibt weit hinter dem wünschenswerten Ziel eines qualifizierten Gesundheitsversorgungs-Sicherstellungsvorbehalts (vgl. *Heyers* WuW 2020, 237), der auch international anschlussfähig ist (hierzu *Heyers* NZKart 2021, 137), zurück.

§ 186 Abs. 9 befreit nämlich nur bestimmte Zusammenschlussvorhaben im Krankenhausbereich von einer fusionskontrollrechtlichen Prüfung durch das BKartA. Das bedeutet, dass diese speziellen Zusammenschlussvorhaben auch dann nicht beim Amt anzumelden sind, wenn sie die Anmeldevoraussetzungen erfüllen, insbesondere die relevanten Umsatzschwellen erreicht werden. Eine materielle Prüfung entfällt dann ausnahmsweise ebenso wie das Risiko einer Untersagung. 2

### B. Voraussetzungen

Die Regelung nimmt nur Krankenhausfusionen aus dem Anwendungsbereich der §§ 35 ff. heraus, die eine standortübergreifende Konzentration mehrerer akutstationärer Klinken – d.h. klassische Krankenhäuser im Sinne stationärer, akut therapeutischer Einrichtungen (im Gegensatz zu Tageskliniken oder einer Rehabilitationseinrichtungen) einschließlich der Vorhaltung einer Notfallambulanz sowie der prä-, post- und teil-stationären Betreuung – oder einzelner entsprechender Fachrichtungen zum Gegenstand haben (**Nr. 1**). Welche das sind, erschließt sich nur aus der Gesetzgebungsgeschichte und dem Verständnis des von der Norm in Bezug genommenen Regelwerks. 3

2015 wurde erstmalig vom Bund ein Fonds zur Förderung von Strukturveränderungen auf dem Krankenhausmarkt (folgend »Strukturfonds«) eingerichtet und in § 12 des Krankenhausfinanzierungsgesetz (folgend KHG) gesetzlich verankert. Dadurch sollten strukturverbessernde Maßnahmen auf dem Krankenhausmarkt gefördert werden. In § 12 Abs. 1 Satz 3 KHG heißt es dazu: »Zweck des Strukturfonds ist insbesondere der Abbau von Überkapazitäten, die Konzentration von stationären Versorgungsangeboten und Standorten sowie die Umwandlung von Krankenhäusern in nicht akutstationäre örtliche Versorgungseinrichtungen; palliative Versorgungsstrukturen sollen gefördert werden.« Zu diesem Zweck wurden in den Jahren 2016–2018 insgesamt 500 Mio. € aus der Liquiditätsreserve des Gesundheitsfonds der GKV bereitgestellt. Die Länder hatten die Möglichkeit, bestimmte Vorhaben zur Förderung vorzuschlagen, sofern sie gleichzeitig eine Co-Finanzierung in Höhe des gleichen Betrags und zusätzlich zur regulären Investitionskostenförderung bereitstellten. In Fortführung dessen werden dem Strukturfonds in den Jahren 2019–2022 weitere Mittel in Höhe von bis zu 500 Mio. € jährlich zugeführt (§ 12a KHG). Nur an diese zweite Förderperiode knüpft § 186 Abs. 9 an. 4

Die Verordnung, auf die §§ 12, 12a KHG verweisen und in der u.a. Kriterien der Förderung und der Mittel statuiert und Anforderungen an den Nachweis der Fördervoraussetzungen gestellt werden, ist die Krankenhausstrukturfondsverordnung (folgend »KHSFV«). Ihr 2. Teil ist der Förderung i.S.d. § 12a KHG gewidmet. Der dazu gehörende § 11 KHSFV lautet auszugsweise: 5

*(1) Ein Vorhaben wird nach § 12a Abs. 1 in Verbindung mit § 12a Abs. 2 S, 1 oder S. 4 des Krankenhausfinanzierungsgesetzes gefördert, wenn*
1. *ein Krankenhaus oder Teile von akutstationären Versorgungseinrichtungen eines Krankenhauses dauerhaft geschlossen werden, insbesondere wenn ein Standort, eine unselbständige Betriebsstätte oder eine Fachrichtung eines Krankenhauses geschlossen wird,*
2. *akutstationäre Versorgungskapazitäten, insbesondere Fachrichtungen mehrerer Krankenhäuser, in wettbewerbsrechtlich zulässiger Weise standortübergreifend konzentriert werden, insbesondere sofern*
   a) *Versorgungseinrichtungen betroffen sind, die von einem nicht universitären Krankenhaus an eine Einrichtung eines Hochschulklinikums verlegt werden, und für die*
      aa) *der Gemeinsame Bundesausschuss Mindestmengen festgelegt hat oder*
      bb) *in den Krankenhausplänen der Länder Mindestfallzahlen vorgesehen sind,*

b) es sich um Versorgungseinrichtungen zur Behandlung seltener Erkrankungen handelt, die von einem nicht universitären Krankenhaus an eine Einrichtung eines Hochschulklinikums verlegt werden, oder
c) die beteiligten Krankenhäuser eine dauerhafte Zusammenarbeit im Rahmen eines Krankenhausverbunds, etwa durch gemeinsame Abstimmung des Versorgungsangebots, vereinbart haben,
3. ein Krankenhaus oder Teile von akutstationären Versorgungseinrichtungen eines Krankenhauses, insbesondere ein Standort, eine unselbständige Betriebsstätte oder eine Fachrichtung, mindestens aber eine Abteilung eines Krankenhauses, umgewandelt werden in
   a) eine bedarfsnotwendige andere Fachrichtung oder
   b) eine nicht akutstationäre Versorgungseinrichtung, insbesondere in eine Einrichtung der ambulanten, der sektorenübergreifenden oder der palliativen Versorgung, in eine stationäre Pflegeeinrichtung oder in eine Einrichtung der stationären Rehabilitation; bei Umwandlung eines gesamten Krankenhauses in eine Einrichtung der sektorenübergreifenden Versorgung muss mindestens die Hälfte der stationären Versorgungskapazitäten des Krankenhauses von der Umwandlung betroffen sein,
4. die Beschaffung, Errichtung, Erweiterung oder Entwicklung informationstechnischer oder kommunikationstechnischer Anlagen, Systeme oder Verfahren oder bauliche Maßnahmen erforderlich sind, um
   a) die Informationstechnik der Krankenhäuser, die die Voraussetzungen des Anhangs 5 Teil 3 der BSI-Kritisverordnung erfüllen, an die Vorgaben von § BSIG § 8a des BSI-Gesetzes anzupassen oder
   b) telemedizinische Netzwerkstrukturen insbesondere zwischen Krankenhäusern der Schwerpunkt- und Maximalversorgung einschließlich der Hochschulkliniken einerseits und Krankenhäusern der Grund- und Regelversorgung andererseits zu schaffen; im Rahmen der geförderten telemedizinischen Netzwerkstrukturen sind Dienste und Anwendungen der Telematikinfrastruktur nach dem Fünften Buch Sozialgesetzbuch zu nutzen, sobald diese zur Verfügung stehen,
5. es die Bildung integrierter Notfallstrukturen insbesondere durch bauliche Maßnahmen zum Gegenstand hat oder
6. Ausbildungskapazitäten in mit den Krankenhäusern notwendigerweise verbundenen Ausbildungsstätten nach § 2 Nummer 1a Buchstabe e bis g des Krankenhausfinanzierungsgesetzes geschaffen oder erweitert werden.

6 Die Beschränkung des § 186 Abs. 9 auf Vorgänge i.S.d. § 11 Abs. 1 Nr. 2 KHSFV – d.h. die standortübergreifende Konzentration akutstationärer Versorgungseinrichtungen – wird in der Gesetzesbegründung noch einmal betont, weil diese Vorhaben »»gesundheitspolitisch besonders wünschenswert seien«. Gerade dadurch würden »die gesundheitspolitischen Ziele einer Spezialisierung und Zentrenbildung zugunsten einer patienten- und bedarfsgerechten wohnortnahen Versorgung der Bevölkerung mit leistungsfähigen und wirtschaftlichen Krankenhäusern« umgesetzt (RegBegr. X. GWB-Novelle, S. 170).

7 Diese Beschränkung führt nicht nur dazu, dass Erwerbe von Alten- und Pflegeheimen, Reha-Einrichtungen oder Medizinischen Versorgungszentren (MVZ) u.a.m. nicht von einer Fusionskontrolle freigestellt sind, was sich aus dem zuvor Ausgeführten ohnehin unmissverständlich ergibt (Allerdings werden sich hier zukünftig wegen der Anhebung der zweiten Inlandsumsatzschwelle des § 35 Abs. 1 bzw. Abs. 1a (hierzu ausführlich § 35 GWB Rdn. 3 ff.) mehr Spielräume ergeben). Sie ist insgesamt weder zweckmäßig noch sachlich überzeugend. Die Begründung der Regierung (a.a.O.), zwischen Krankenhausträgern bestehe »nicht unerheblicher Qualitätswettbewerb mit Blick auf Leistungsumfang und Qualität der Behandlung«, der »Anreize zur Qualitätssteigerung und zur Steigerung der wirtschaftlichen Effizienz« schaffe, und die These, »solange Ausweichoptionen zur Verfügung stehen, drohen Patientinnen und Patienten bei Qualitätseinbußen in ein anderes Krankenhaus abzuwandern«, tragen kaum: Die Qualität der Krankenhausleistungen wird gesetzlich vorgegeben, §§ 135a, 137 SGB V. Nur oberhalb dieser Standards könnte Qualitätswettbewerb effektiv stattfinden. Ob dieser funktionsfähig ist, ist aber zweifelhaft und wäre begründungsbedürftig, weil Ergebnisqualität auf dem immer noch recht intransparenten Krankenhausmarkt nur schwer messbar, jedenfalls aber die Kausalität zwischen Indikator und Ergebnisqualität zu bezweifeln ist. Dass sich hier erst sehr allmählich Methoden und Standards etablieren, erkennen auch jene Autoren an, die umfassenden, durch Fusionskontrollen zu sichernden Qualitätswettbewerb propagieren (vgl. *Mareck*, Fusionskontrolle im Krankenhausmarkt, S. 224;

*Eufinger* MedR 2021, 239 ff.) DRGs sind effizienzorientiert sowie qualitätsneutral und schaffen keine Anreize für Qualitätswettbewerb. Soweit der Gesetzgeber in der Begründung der Norm auf ausländische Studien verweist, ist hier nur auf solche hinzuweisen, die zeigen, dass Qualitätsberichte keine große Steuerungswirksamkeit für die Krankenhauswahl haben (hierzu *Badtke*, Die Anwendbarkeit der deutschen und europäischen Fusionskontrolle auf Zusammenschlüsse von Krankenhäusern, S. 169 f.). Das subjektiv wahrgenommene Qualitätsniveau muss auch nicht mit dem tatsächlichen übereinstimmen.

Wenn es wirklich zuträfe, dass Qualitätswettbewerb durch Trägervielfalt entfacht wird, dann hätte es nahegelegen, gerade andere Projekte als konzentrative zu fördern und von einer Fusionskontrolle freizustellen. Das betrifft z.B. Vorhaben wie die Bildung telemedizinischer Netzinfrastrukturen in Gestalt von Gemeinschaftsunternehmen (vgl. § 11 Abs. 1 Nr. 4 KHSFV), die – etwa bei der mobilen Diabeteskontrolle – die Patientenversorgung spürbar sichern und verbessern. Ohnehin bleibt offen, wie ein Vorhaben fusionskontrollfrei vollzogen werden soll, wenn komplementäre, notwendige Teile einer Gesamttransaktion (etwa Ambulanzen betreffend) von der Fusionskontrolle nicht befreit sind, während der andere Transaktionsteil theoretisch davon frei ist (hierzu etwa *Janssen/Sehy* KH 2020, 897, 900 ff.; *Burholt/Kresken* WuW 2021, 17 ff.). 8

Die zweite Voraussetzung – Vereinbarkeit mit wettbewerbsrechtlichen Vorschriften; Bestätigung durch das Land (**Nr. 2**) – zielt wohl insbesondere auf eine Vereinbarkeit des Vorhabens mit dem Kartellverbot. Bedeutung erlangt diese Anforderung z.B. bei der Gründung von Gemeinschaftsunternehmen (nachfolgend »GU«), z.B. dann, wenn zwei Unternehmensgruppen des Kliniksektors jeweils eines von mehreren ihrer Häuser zusammenlegen und weitere Häuser unabhängig voneinander im Wettbewerb zueinander betreiben. Erst recht trifft dies auf die Fusion einzelner Fachabteilungen zu, sofern die Häuser bei anderen Abteilungen im Wettbewerb verbleiben. Regelmäßig bezwecken derartige Fusionen eine Spezialisierung, durch die Wettbewerb eingeschränkt oder aufgehoben wird. Kartellrechtlich unbedenklich ist dies nur dann, wenn über die Spezialisierung hinaus keine weiteren Wettbewerbsbeschränkungen vereinbart werden, die für den Zusammenschluss nicht unbedingt erforderlich sind und den Patienten noch hinreichende Ausweichmöglichkeiten auf andere Krankenhäuser bzw. Einrichtungen verbleiben. 9

Die Regelung führt jedoch zu erheblichen Folgefragen. Bekanntlich kann die Feststellung von Spill-Over-Effekten ex post durch das BKartA (die oft auch praktisch erst im Nachhinein möglich ist) zur Unwirksamkeit der Gründung des GU (§§ 1 GWB, 134 BGB) und im Ergebnis zu einer Entflechtung führen (s. statt vieler *Bien* NZKart 2014, 247, 251). Welche Bedeutung hier der – ohnehin zweifelhaften – Feststellung der kartellrechtlichen Unbedenklichkeit durch das jeweilige Land zukommen soll, bleibt unklar, insbesondere, ob die Zusammenschlussparteien entsprechende Gutachten (deren Validität und Belastbarkeit fragwürdig bleibt) werden beibringen oder ob die Landeskartellbehörden tätig werden müssen. Selbst mit ihrer Expertise kann jedenfalls schwerlich ein Bestandsschutz des GU verbunden sein. 10

Die **Nr. 3** verdeutlicht, dass nur tatsächlich geförderte Vorhaben von einer Fusionskontrolle ausgenommen sind, nicht nur rein förderfähige. Das kann angesichts der begrenzten Fördermittel (grds. insgesamt 2 Mrd. € in vier Jahren) nicht nur ein Windhundrennen entfachen, sondern theoretisch auch Fragen materialer Gerechtigkeit aufwerfen, falls gesundheitspolitisch besonders wünschenswerte Vorhaben mangels finanzieller Kapazitäten nicht mehr gefördert werden können, weil die Töpfe gleichsam schon ausgeschöpft sind. 11

Ein solches Windhundrennen würde dadurch beschleunigt, dass eine Fusionskontrolle erst dann entbehrlich ist, wenn ein Auszahlungsbescheid vorliegt. Erst dann steht also fest, ob ein Fusionskontrollverfahren einzuleiten ist. Damit muss das Förderverfahren, dessen Vorbereitung schon zeit- und kostenintensiv wird, zuvor erfolgreich durchgeführt worden sein. Dies verzögert oft dringend erforderliche Verfahren nicht nur; sie stehen auch vor dem Hintergrund der folgenden Ziffer unter zeitlichem Restriktionsdruck: 12

13  Die fusionskontrollrechtliche Privilegierung ist gemäß **Nr. 4** auf Vorhaben beschränkt, die bis zum 31.12.2027 vollzogen werden. Dahinter steht die Überlegung, dass den wettbewerblichen Zweifeln an konzentrativen Vorhaben nur für eine begrenzte Zeit gegenüber Konsolidierungszielen Schweigen geboten wird. In Beschlussempfehlung und Bericht des Ausschusses für Wirtschaft und Energie ist hervorgehoben worden (BT-Drs. 19/25868, S. 123), dass eine Konzentration des Krankenhaussektors zwei gegenläufige Effekte nach sich ziehen könne: Zwar könne die Versorgungsqualität verbessert und die Kosteneffizienz gesteigert werden, wenn technologische, personelle oder administrative Synergien erzielt würden. Dem stünde jedoch eine Verringerung wettbewerblicher Anreize gegenüber, die negative Auswirkungen auf die Versorgungsqualität haben kann. Die vorgesehene zeitliche Beschränkung der Bereichsausnahme ist deshalb als notwendig empfunden worden, um den Krankenhaussektor nach der Frist analysieren und angemessen reagieren zu können.

14  Die Befristung korrespondiert mit der in § 12a KHG vorgesehenen Laufzeit des Strukturfonds, zu der eine angemessene Zeit für die Umsetzung der bewilligten Vorhaben hinzukommt. Durch die zeitliche Befristung soll u.U. auch die gesundheitspolitisch erwünschte strukturelle Veränderung forciert werden.

15  Um den soeben unter Rdn. 12 beschriebenen zeitlichen Druck abzumildern, sollte der Begriff »Vollzug« hier wie auch im übrigen Kartellrecht verstanden werden: Zwar beschreibt er grds. alle zusammenschluss*vollendenden* Maßnahmen (*Bechtold/Bosch*, GWB, § 41 Rn. 4). Aber er umfasst auch einzelne Maßnahmen, die wirtschaftliche Wirkungen des Zusammenschlusses vorwegnehmen, z.B. Aufnahme gemeinsamer Aktivitäten, die Zusammenlegung oder Abstimmung der Tätigkeiten, Rückzug aus bestimmten Geschäftsbereichen, Integration von EDV-Systemen, Austausch oder Zusammenlegung personeller Ressourcen oder u.U. der Austausch wettbewerbs- bzw. marktrelevanter Daten (Loewnheim/Meessen/Riesenkampff/*Riesenkampff/Steinbarth*, § 41 GWB Rn. 3). Schon einzelne dieser Maßnahmen sollten im hier gegebenen Kontext genügen, um von einem (fristgemäßen) »Vollzug« sprechen zu können.

### C. Sonstiges

16  Um die wettbewerblichen Wirkungen der Neuregelung zu bewerten, kann das BKartA eine Sektoruntersuchung i.S.d. § 32e – eine solche wird derzeit für den Krankenhaussektor durchgeführt – tätigen. Dazu stehen dem Amt vielfältige Instrumente zur Verfügung (Auskunftsverlangen, Nachprüfungen, ggf. Durchsuchungen). Die Krankenhäuser sind verpflichtet, privilegierte Zusammenschlüsse nach ihrem Vollzug anzuzeigen und Struktur- und Leistungsdaten (z.B. Fallzahlen) mitzuteilen, um dem Amt eine entsprechende Informationsbasis zu verschaffen.

# Gesetz über die Werbung auf dem Gebiet des Heilwesens (Heilmittelwerbegesetz – HWG)

In der Fassung der Bekanntmachung vom 19. Oktober 1994 (BGBl. I S. 3068), zuletzt geändert durch Artikel 6 des Gesetzes vom 12. Mai 2021 (BGBl. I S. 1087)

Inhaltsverzeichnis (nicht amtliche Überschriften)

Einführung und Grundlagen
§ 1     Anwendungsbereich
§ 2     Fachkreise
§ 3     Irreführende Werbung
§ 3a    Werbung für nicht zugelassene Arzneimittel
§ 4     Pflichtangaben
§ 4a    Werbung in der Packungsbeilage
§ 5     Homöopathische Arzneimittel
§ 6     Unzulässigkeit von Werbung
§ 7     Werbegaben
§ 8     Vertriebsformbezogene Werbung
§ 9     Werbung für Fernbehandlung
§ 10    Werbeverbote für bestimmte Arzneimittel
§ 11    [Unzulässige Formen der Publikumswerbung]
§ 12    [Weitere Werbeverbote]
§ 13    Werbung ausländischer Unternehmen
§ 14    Straftaten
§ 15    Ordnungswidrigkeiten
§ 16    Einziehung
§ 17    Verhältnis zum UWG

## Einführung und Grundlagen

| Übersicht | Rdn. |
|---|---|
| A. Rechtsrahmen für Heilmittelwerbung | 1 |
| I. Nationales Recht | 1 |
| II. Sekundäres Unionsrecht | 5 |
| III. Grundrechte und EU-Grundfreiheiten | 6 |
| B. Schutzzwecke des HWG | 7 |
| C. Rechtsdurchsetzung | 10 |
| D. Europarechtliche Vorgaben | 16 |
| I. Grundfreiheiten | 17 |
|    1. Innerstaatliche Sachverhalte | 18 |
|    2. Sekundärrechtlich (voll-) harmonisierte Bereiche | 19 |
|    3. Nationale Beschränkungen grenzüberschreitender Werbung | 22 |
| II. Gemeinschaftskodex für Humanarzneimittel (GK) | 26 |
|    1. Regelungsdiskrepanzen zwischen HWG und GK | 28 |
|    2. Auslegung und Anwendung des nationalen Rechts im Lichte des GK | 30 |
|     a) Unmittelbare Anwendung des GK | 31 |
|     b) Richtlinienkonforme Auslegung und Fortbildung des HWG | 35 |
|     c) Unionsrechts- und richtlinienorientierte Auslegung | 42 |
|     d) Loyalitätspflicht vor Ablauf der Umsetzungsfrist | 46 |
|    3. Konkretisierung der Generalklauseln des GK | 47 |
|    4. Richtlinie über unlautere Geschäftspraktiken (UGP-RL) | 51 |

| | | | |
|---|---|---|---|
| | 5. E-Commerce-Richtlinie | 54a | G. Internationaler Anwendungsbereich des HWG | 64 |
| III. | EU-Grundrechte | 55 | | |
| E. | Nationale Grundrechte | 59 | I. Hoheitliche Sanktionen (§§ 14 bis 16 HWG) | 65 |
| F. | Anwendungsbereich des HWG in Angelegenheiten der gesetzlichen Krankenversicherung (GKV) | 63 | II. Wettbewerbsrechtliche Ansprüche wegen HWG-Verletzungen | 68 |

## A. Rechtsrahmen für Heilmittelwerbung

### I. Nationales Recht

1 Heilmittel, vor allem Arzneimittel, sind eine Ware besonderer Art: Die unsachgemäße Selbstmedikation begründet erhebliche Gesundheitsrisiken. Selbst der sachgemäße Gebrauch kann aufgrund unerwünschter (Neben-) Wirkungen und des Suchtpotentials vieler Mittel die Gesundheit gefährden. Gleichzeitig verfügen die meisten Verbraucher nur über unzureichende Sachkenntnisse, um Werbeaussagen über Heilmittel qualifiziert zu bewerten. Viele Patienten sind überdies besonders jung oder alt, krankheitsbedingt kognitiv beeinträchtigt oder psychisch labil. Sie können deshalb geneigt sein, der Heilmittelwerbung unkritisch zu vertrauen und u. U. von einem Arztbesuch abzusehen, der zum rechtzeitigen Erkennen anderer, ernster Leiden geführt hätte. Um diesen besonderen Gefahren entgegenzuwirken (s. u. Rdn. 4 ff.), hat der Gesetzgeber im **HWG** spezifische öffentlich-rechtliche (*Seidl/Collier,* Das heilmittelwerberechtliche Wertreklameverbot, S. 50 ff.) Werbebestimmungen für Heilmittel erlassen, deren schuldhafte Verletzung als Straftat oder Ordnungswidrigkeit geahndet werden kann (§§ 14 ff.).

2 Die Werbung für Heilmittel unterliegt neben dem HWG auch dem **UWG**. Eigenständige Bedeutung haben die Tatbestände des UWG vor allem dann, wenn das HWG mangels Produktbezugs der Werbung nicht anwendbar ist (dazu § 1 HWG Rdn. 45 ff.). Besonders relevant sind das Verbot aggressiver Werbepraktiken gem. § 4a UWG, das teilweise an die Stelle von § 4 Nr. 1 UWG getreten ist (eingehend dazu *Mand* PharmR 2014, 275, 281 ff.; zur Neuregelung *Köber* A & R 2014, 262, 266 ff.) und die Irreführungstatbestände (§§ 5, 5a UWG). Auch bei fehlender Anwendbarkeit des HWG können dessen Wertungen bei Werbung für Heilmittel auf das allgemeine Wettbewerbsrecht durchschlagen und die Lauterkeitsstandards, z.B. bei irreführender Werbung oder bei Wertreklame, verschärfen (s. dazu § 17).

3 Parallel anwendbare Einschränkungen der Heilmittelwerbung sehen weiter das **Apothekenrecht, Arzneimittelpreisrecht** und das **Berufsrecht für Ärzte, Zahnärzte, Tierärzte, Apotheker und Psychotherapeuten** vor. §§ 7 ff. ApoG, die ApBetrO und die AMPreisV stellen äußerst rigide Vorgaben sowohl zum Schutz der unabhängigen Berufsausübung von Apothekern im Rahmen von Kooperationen mit Heilmittelherstellern als auch zur Werbung durch Apotheker auf. Für preisgebundene Arzneimittel determinieren die Preisvorschriften gem. § 78 AMG i.V.m. §§ 1 ff. AMPreisV sowie ergänzend im Bereich der gesetzlichen Krankenversicherung die das VOASG v. 14.12.2020 (BGBl. 2870) neugefassten § 129 Abs. 3–5c SGB V vorrangig die Spielräume für die Absatzförderung mittels Rabatten und anderen Zuwendungen gegenüber und durch Apotheken (*Mand* A & R 2014, 147 ff.; zum VOASG *Mand/Meyer* A & R 2020, 147 ff.). Die Berufsordnungen der Landesärzte- und Apothekerkammern sind – anders als die MBOÄ (BGH Urt. v. 29.06.2000 – I ZR 59/98, NJW 2000, 2745, 2746 – Verkürzter Versorgungsweg; OLG Köln Urt. v. 16.05.2008 – 6 W 38/08, GRUR-RR 2008, 446, 446 – All-inklusive Testwochen) – als öffentlich-rechtliche Satzungen für alle im jeweiligen Bundesland tätigen Ärzte und Apotheker aufgrund ihrer Zwangsmitgliedschaft verbindlich. Berufsrechtliche Sanktionen können neben die straf- und ordnungswidrigkeitenrechtliche Ahndung von HWG-Verstößen treten (BVerfG Urt. v. 29.10.1969 – 2 BvR 545/68, BVerfGE 27, 180, 185 ff. – ärztliche Ehrengerichtsbarkeit); wettbewerbsrechtlich begründen Verletzungen der Berufsordnungen und des HWG die Unlauterkeit i.S.v. § 3a UWG unabhängig voneinander (*Piper,* FS Brandner 1996, S. 449, 452, s.u. Rdn. 10).

Weiterhin enthalten die produktspezifischen Vertriebsbestimmungen für die einzelnen unter 4 das HWG fallenden Heilmittel auch ergänzende werberelevante Regelungen. Für das Feilhalten und -bieten von Arzneimitteln statuieren §§ 8 Abs. 1, 2 Abs. 17 AMG strafbewährte Irreführungsverbote, die mit Tatbeständen des HWG ideal konkurrieren können (*Rehmann,* AMG § 8 Rn. 5a; *Beuthien/Schmölz* GRUR 1999, 297, 298). Die §§ 10, 11 Abs. 1, Abs. 5 Satz 2, Abs. 6 AMG verbieten generell Werbung auf dem Etikett und in der Packungsbeilage von Arzneimitteln (s. § 1 Rdn. 24 ff.), eine Sanktion als Straftat oder Ordnungswidrigkeit ist aber nicht vorgesehen (§ 97 Abs. 2 Nr. 4, 5 AMG). Auch das Medizinprodukterecht statuiert in den am 26.05.2021 in Kraft getretenen **Art. 7, Art. 14 Abs. 1 und Abs. 2 Satz 4 der Verordnung (EU) 2017/745 des Europäischen Parlaments und des Rates über Medizinprodukte** Verbote, die einer Irreführung der Anwender und Patienten im Rahmen der Kennzeichnung, Gebrauchsanweisungen, Bereitstellung, Inbetriebnahme und auch **der Bewerbung** von Medizinprodukten entgegenwirken. Sie ersetzen die aufgehobenen §§ 4, 12 Abs. 3 MPG (dazu BGH Urt. v. 03.11.2016 – I ZR 227/14, GRUR 2017, 418 Rn. 26 ff. – Optiker-Qualität). Spezielle Irreführungsverbote für Kosmetika und Bedarfsgegenstände finden sich mittlerweile in unmittelbar anwendbaren, vollharmonisierenden Vorschriften des sekundären Unionsrechts (**Art. 20 VO EG Nr. 1223/2009 – Kosmetik-VO – und in der VO EU Nr. 655/2013 – sog. Kosmetik-Claims-VO**). Inwieweit daneben Raum für die in § 27 Abs. 2 LFBG angeordnete Anwendung des HWG bei irreführenden gesundheitsbezogenen Werbeaussagen verbleibt, ist zu bezweifeln (*Reinhart* in: Fezer/Büscher/Obergfell, UWG, § 4 Satz 4 Rn. 419a).

**Wettbewerbsregeln**, die sich zahlreiche private Wirtschaftskreise und Verbände selbst gegeben haben (z.B. »FSA-« und »AKG-Kodex«; »Kodex Medizinprodukte«), binden – auch wenn das Bundeskartellamt diese gem. § 24 Abs. 3 GWB als Wettbewerbsregeln i.S.d. § 24 Abs. 2 GWB kartellrechtlich anerkannt hat – nur Mitglieder. In Betracht kommen statutarische Sanktionen nach den Verfahrensordnungen der Vereine oder vertragliche Ansprüche (Bülow/Ring/Artz/Brixius/ *Bülow*, Heilmittelwerbegesetz, Einführung Rn. 72). Wettbewerbsrechtlich können die Kodizes im Rahmen einer Gesamtwürdigung u.U. ein Indiz für die (Un-) Lauterkeit einer Werbemaßnahme begründen (zurecht auch insoweit zurückhaltend BGH Urt. v. 09.09.2010 – I ZR 157/08, GRUR 2011, 431 Rn. 11 ff. – FSA Kodex, eingehend *Mand* in *Zumdick,* Healthcare Compliance, 105 ff.). Die freiwillige Selbstkontrolle kann aber weder die Anwendung des HWG ersetzen noch dessen Standards beeinflussen (vgl. Art. 97 Abs. 5 GK »zusätzlich«/»in addition«). 4a

## II. Sekundäres Unionsrecht

Im sekundären EU-Recht enthält die **Richtlinie 2001/83/EG zur Schaffung eines Gemein-** 5 **schaftskodexes für Humanarzneimittel (GK)** detaillierte Werbevorschriften. Der GK ist nur ausnahmsweise unmittelbar anwendbar; seine Hauptbedeutung liegt im Gebot der richtlinienkonformen Auslegung und Fortbildung des HWG und UWG. Außerhalb des durch den GK vollharmonisierten Bereichs der Humanarzneimittelwerbung existieren im sekundären Unionsrecht nur punktuelle produktspezifische Werbenormen für Heilmittel. Zu beachten ist vor allem die allgemeine **Richtlinie 2005/29/EG über unlautere Geschäftspraktiken (UGP-RL)** und im **Online-Vertrieb die E-Commerce Richtlinie 2000/31/EG.** Sowohl der GK als auch die UGP-Ril wirken grds. vollharmonisierend und determinieren i. E. weitgehend die nationalen Werbestandards (s. u. D. Rdn. 16 ff.).

## III. Grundrechte und EU-Grundfreiheiten

Gesetzliche Werberegelungen beschränken Grundrechte der Werbenden und Werbeadressaten. 6 Rein nationale Regeln sind an den **Grundrechten** des GG (s.u. Rdn. 59 ff.), durch EU-Richtlinien und -Verordnungen vorgegebene Regeln an den **Gemeinschaftsgrundrechten** zu messen und ggf. grundrechtskonform einschränkend auszulegen. Eine Liberalisierungswirkung können auch die **Grundfreiheiten** des **primären Unionsrechts** und der **allgemeine unionsrechtliche Grundsatz der Verhältnismäßigkeit** (s.u. Rdn. 16 ff.) entfalten.

## B. Schutzzwecke des HWG

7 Das HWG schützt in erster Linie die **Gesundheitsinteressen des Einzelnen** und **der Allgemeinheit** (RegE 1963 BT-Drs. IV/1867; *Doepner/Reese*, Einleitung HWG Rn. 146; *Gröning*, Heilmittelwerberecht Einleitung Rn. 1). Der Gesundheitsschutz trägt auch die Ge- und Verbote bei Werbung gegenüber Fachkreisen (§ 2 HWG): Angehörige der Fachkreise sollen Heilmittel nach medizinischer Indikation unter sorgfältiger Analyse ihres Nutzens verordnen und Verbraucher objektiv informieren und beraten. Daher sollen sie nicht mit Werbung konfrontiert werden, die irreführend ist oder einen unzweckmäßigen Heilmitteleinsatz fördert.

8 Durch das Verbot unsachlicher und irreführender Werbemethoden soll der Verbraucher zudem vor **wirtschaftlicher Übervorteilung** geschützt werden (BVerfG, Beschl. v. 20.03.2007 – 1 BvR 1226/06, GRUR 2007, 720, 721 – Geistheiler; BGH, Urt. v. 12.12.2013 – I ZR 83/12, GRUR 2014, 689 Rn. 11 – Testen Sie Ihr Fachwissen m. w. N.; *Doepner/Reese*, Einleitung HWG Rn. 147; a.A. *Gröning*/Mand/Reinhart, Heilmittelwerberecht § 3 HWG Rn. 8). Die Einbeziehung dieses Schutzzwecks entspricht dem GK (s.u. Rdn. 26).

9 Im Zuge mehrerer Gesetzesnovellen sind weitere Ziele hinzugekommen, die nur im weiteren Sinne der öffentlichen Gesundheit dienen. So schützen z.B. § 4a Abs. 2 und die neu gefassten Rabattverbote des § 7 Abs. 1 Satz 1 Nr. 1 und Nr. 2 primär die **finanzielle Stabilität der gesetzlichen Krankenversicherung (GKV)**, indem sie die Werbung mit der Erstattungsfähigkeit verbieten (s. § 4a HWG Rdn. 2, 9) und Rabatte innerhalb der Arzneimittelvertriebskette werberechtlich auf die in der AMPreisV normierten Handelsspannen begrenzen (*Mand* A & R 2006, 54, 55 f.; dazu § 7 Rdn. 4 ff.) sowie Zuwendungen an GKV-Versicherte ausschließen. § 10 ist im weiteren Sinne zumindest auch auf den Schutz der Wirtschaftlichkeit der Arzneimittelversorgung ausgerichtet (ebenso *Doepner/Reese*, Einleitung HWG Rn. 147, § 10 Rn. 20).

## C. Rechtsdurchsetzung

10 Das HWG zählt trotz seiner das Marktverhalten regelnden Ziele formal zum **Nebenstrafrecht**. Die straf- und ordnungswidrigkeitenrechtlichen Sanktionen sind in den Blankettnormen gem. §§ 14 bis 16 zusammengefasst (s. §§ 14 bis 16 HWG Rdn. 1 ff.).

11 In der Praxis dominiert die zivilrechtliche Durchsetzung klar: Über die Scharniernormen § 3a UWG und § 5a Abs. 4 UWG können Verstöße gegen die Werbebestimmungen des HWG lauterkeitsrechtliche Unterlassungs-, Beseitigungs-, Schadensersatz- und Gewinnabschöpfungsansprüche gem. §§ 3, 8 ff. UWG begründen (s. § 17 HWG Rdn. 4 ff.). Zusammengenommen genügen diese Rechtsdurchsetzungsmöglichkeiten den Anforderungen der Art. 97, 99 GK.

12 Ob Vorschriften des HWG zugleich Schutzgesetze i.S.v. § 823 Abs. 2 BGB sind, was über das Lauterkeitsrecht hinausgehend prinzipiell Abwehr- und Schadensersatzansprüche auch einzelner Verbraucher ermöglichte, ist bisher nicht abschließend geklärt (offen gelassen von OLG München Urt. v. 08.07.2010 – 1 U 2779/09 [zu § 3]; differenzierend *Fritzsch in:* Spickhoff, Medizinrecht, Vorb. HWG Rn. 6; bejahend *Greiff* in: Ratzel/Luxenburger, Handbuch Medizinrecht, 3. Aufl. 2015 § 34 Rn. 8; kritisch *Dietel* PharmR 2012, 386, 387 f.). Für eine Einordnung als Schutzgesetz spricht, dass das HWG vor allem dem Gesundheitsschutz und sekundär dem Vermögensschutz individueller Werbeadressaten dient (o. Rdn. 7 f.). Ebenso wie für zahlreiche produktspezifische Vertriebsbestimmungen des AMG und MPG bzw. der VO (EU) 2017/745, die dem Schutz vor Gesundheitsgefahren dienen (o. Rdn. 4, vgl. OLG Stuttgart Urt. v. 23.02.1989 – 14 U 19/86, VersR 1990, 633; Schutzgesetzcharakter von §§ 1, 8 ff. AMG; Deutsch/Spickhoff, Rn. 2059 ff., 2061 zum MPG), sollte die Schutzgesetzeigenschaft der Werberegeln gem. §§ 3 ff. deshalb zumindest zugunsten von Erwerbern und Verwendern der beworbenen Heilmittel bejaht werden (*Greiff* in: Ratzel/Luxenburger, Rn. 8; wohl auch *Fritzsche in:* Spickhoff, Vorb. HWG Rn. 6). Im Einzelfall bleibt allerdings sorgfältig zu prüfen, inwieweit erlittene Schäden noch vom Schutzzweck verletzter Werbenormen umfasst und daher ersatzfähig sind. Während dies bei Schäden aus dem durch verbotene Werbung induzierten

# Einf. HWG

Erwerb oder Gebrauch von Heilmitteln regelmäßig der Fall sein dürfte, ist überaus zweifelhaft, inwieweit auch noch das Vermögen von Ärzten geschützt ist, die sich ihrerseits infolge fehlerhafter Verordnungen Schadensersatzansprüchen der Patienten oder Regressansprüchen der Kostenträger ausgesetzt sehen (OLG München Urt. v. 08.07.2010 – 1 U 2779/09; *Dietel* PharmR 2012, 386, 387 f.).

*(unbesetzt)* 13–15

## D. Europarechtliche Vorgaben

Das primäre Unionsrecht – insbes. die **Grundfreiheiten des Vertrags über die Arbeitsweise der EU (AEUV)** – und das sekundäre Unionsrecht – insbes. der GK und die UGP-RL (s. hierzu und zu weiteren Richtlinien *Mand* JZ 2010, 337, 341 ff.) – genießen grundsätzlich Anwendungsvorrang vor dem gesamten nationalen Recht (EuGH Urt. v. 15.07.1964 – 6/64, Slg. 1964, 1251 Rn. 8 – Costa/Enel; Urt. v. 09.03.1978 – 106/77, Slg. 1978, 629 Rn. 17 f. – Simmenthal II; BVerfG Beschl. v. 22.10.1986 – 2 BvR 197/83, BVerfGE 73, 339, 378 ff. – Solange II; BVerfG Urt. v. 30.06.2009 – 2 BvE 2/08 u.a., NJW 2009, 2267 Rn. 331 ff. – Lissabon). Das voll harmonisierende Sekundärrecht ist – jenseits der vom BVerfG beanspruchten Reservekompetenz – nur anhand des übergeordneten Unionsrechts, insbes. der **EU-Grundrechte**, zu prüfen und auszulegen, nicht anhand der nationalen Grundrechte des GG (BVerfG Beschl. v. 06.11.2019 – 1 BvR 276/17, NJW 2020, 3014 (LS 2) und Rn. 42 ff. – Recht auf Vergessen II). Letztere gelten jedoch, wenn der deutsche Gesetzgeber von Öffnungsklauseln Gebrauch gemacht oder Regelungen außerhalb des harmonisierten Bereichs der Richtlinien getroffen hat (BVerfG Beschl. v. 06.11.2019 – 1 BvR 16/13, NJW 2020, 300 (LS 1) und Rn. 41 ff. – Recht auf Vergessen I). 16

### I. Grundfreiheiten

Die Grundfreiheiten des Vertrags über die Arbeitsweise der EU stellen Rechtfertigungsanforderungen an heilmittelwerberechtliche Regeln der Mitgliedstaaten, die den grenzüberschreitenden Waren- und Dienstleistungsverkehr tatsächlich oder potentiell beschränken. Primär einschlägig ist die Warenverkehrsfreiheit (Art. 34 AEUV, s. *Mand* WRP 2003, 192, 195 f.). Die Dienstleistungsfreiheit (Art. 56 AEUV) erlangt eigenständige Bedeutung mit Blick auf Werbedienstleister (EuGH Urt. v. 09.07.1997 – C-34/95 bis C-36/95, Slg. 1997, I-3843 Rn. 48 – De Agostini; Urt. v. 17.07.2008 – C-500/06, Slg. 2008, I- 5785 Rn. 33 – Corporación Dermoestética). 17

#### 1. Innerstaatliche Sachverhalte

Auf rein inländische Werbesachverhalte sind die Grundfreiheiten nicht direkt anwendbar (missverständlich BGH Urt. v. 09.10.2008 – I ZR 100/04, GRUR 2009, 509 Rn. 13 – Schoenenberger Artischockensaft). **Inländerdiskriminierungen**, die sich aus primärrechtlich bedingten, größeren Freiheiten für ausländische Heilmittelwerbung ergeben, werden von den Grundfreiheiten ebenso wenig erfasst, wie von Art. 3 GG. Sie lassen sich allenfalls durch eine **primärrechtsorientierte Auslegung des nationalen Rechts** oder verfassungskonforme Auslegung des nationalen Rechts im Licht von Art. 12 Abs. 1, 2 Abs. 1 GG vermeiden (s. BVerwG Urt. v. 09.07.2020 – 3 C 20/18, NJW 2021, 331 Rn. 19 ff. m. zust. Anm. *Mand*; BGH Urt. v. 06.06.2019 – I ZR 206/17, GRUR 2019, 1071 Rn. 31 ff. – Brötchen-Gutschein; BGH Urt. v. 27.09.1999 – II ZR 305/98, NJW 1999, 3552, 3554; Urt. v. 27.09.1999 – II ZR 377/98, NJW 2000, 1028, 1030; Riesenhuber/*Domröse*, Europäische Methodenlehre S. 139, 148 f.). 18

#### 2. Sekundärrechtlich (voll-) harmonisierte Bereiche

Auch für dem HWG unterfallende internationale Werbesachverhalte (s.u. Rdn. 64 ff.) determiniert primär das Richtlinienrecht die zulässigen Werbe-Standards. Soweit GK und UGP-RL die von den Grundfreiheiten erfassten Hemmnisse im grenzüberschreitenden Wirtschaftsverkehr durch eine verhältnismäßige Austarierung der Freiheits- und Gesundheitsschutzinteressen selbst beseitigen, 19

# Einf. HWG

scheidet eine zusätzliche Prüfung anhand der Grundfreiheiten aus (EuGH Urt. v. 13.01.2000 – C-254/98, Slg. 2000, I-151 Rn. 138 f. – TK-Heimdienst; Urt. v. 11.12.2003 – C-322/01, Slg. 2003 I – 14887 Rn. 68, 138 f. – Deutscher Apothekenverband).

**20** Inwieweit vollharmonisierende Richtlinien und die nationalen Umsetzungsnormen selbst an den Grundfreiheiten zu messen sind, ist str. (dafür Schwarze/*Becker*, EU-Kommentar Art. 28 Rn. 101 f.; *Lorz* GRUR Int 2005, 894, 904 f.; kritisch Calliess/Ruffert/*Kingreen*, EUV/EGV Art. 28–30 Rn. 110; s. a. EuGH Urt. v. 11.12.2003 – C-322/01, Slg. 2003, I-14 887 Rn. 64, 138 f. – Deutscher Apothekerverband). Anzuwenden sind allerdings – dies berücksichtigt die Rspr. des EuGH bisher zu wenig – die **Gemeinschaftsgrundrechte**, in deren Lichte die vollharmonisierenden Sekundärrechtsakte auszulegen sind (BVerfG Beschl. v. 06.11.2019 – 1 BvR 276/17, NJW 2020, 3014 Rn. 42 ff. – Recht auf Vergessen II). Auch der EuGH hat primäres und sekundäres Unionsrecht bereits wechselseitig bei der **Auslegung** berücksichtigt: Einerseits begründete der EuGH im Rahmen des Art. 30 EG (nun: Art. 36 AEUV) die Unverhältnismäßigkeit des deutschen Versandhandelsverbots für sämtliche Arzneimittel u. a. damit, dass der Gemeinschaftskodex die Arzneimittelwerbung nur für verschreibungspflichtige Arzneimittel generell untersage (EuGH Urt. v. 11.12.2003 – C-322/01, Slg. 2003, I-14 887 Rn. 107 – 110, 138 ff. – Deutscher Apothekerverband; zurecht kritisch zur »sekundärrechtskonformen Auslegung des Primärrechts« Riesenhuber/*Leible*, Europäische Methodenlehre S. 116, 125 f.). Andererseits hat der EuGH das Irreführungsverbot des Art. 6 Abs. 3 der vollharmonisierenden Kosmetikrichtlinie 76/768/EWG im Lichte der Warenverkehrsfreiheit und des Art. 30 EG (nun: Art. 36 AEUV) immanenten Grundsatzes der Verhältnismäßigkeit interpretiert (EuGH Urt. v. 24.10.2002 – C-99/01, Slg. 2002, I-9375 – Linhart und Biffl): Ob eine Werbung zur Irreführung geeignet sei, müsse danach am Maßstab des **durchschnittlich informierten, aufmerksamen und kritischen Durchschnittsverbrauchers** bewertet werden. Für den Aufdruck »dermatologisch getestet« auf antibakterieller Seife verneinte der EuGH hiernach eine tatbestandliche Irreführungsgefahr.

**21** Das Leitbild des Durchschnittsverbrauchers prägt die Rspr. des EuGH zu den Werbenormen und insbesondere den Irreführungsverboten in allgemeinen wie sektorspezifischen EU-Sekundärrechtsakten. Der EuGH hat die Anwendung des Leitbilds aber mehrfach explizit auf Sachverhalte beschränkt, in denen ein Irrtum über eine beworbene Produkteigenschaft »**nicht gesundheitsgefährdend ist**« (EuGH Urt. v. 13.01.2000 – C-220/98 Slg. 2000, I-117 Rn. 25 ff. – Estée Lauder; EuGH Urt. v. 24.10.2002 – C-99/01, Slg. 2002, I-9375 Rn. 31, 35 – Linhart und Biffl). Die Tragweite dieser Einschränkung ist bis heute nicht abschließend geklärt. Die h.M. wendet das Leitbild des Durchschnittsverbrauchers zwar auch im Rahmen des Arznei- und Heilmittelwerberechts an (BGH Urt. v. 06.05.2004 – I ZR 265/01, GRUR 2004, 799, 800 – Lebertrankapseln; BGH-Report 2006, 666 Rn. 21 – Ginseng-Präparat; Spickhoff/*Fritzsche*, § 3 HWG Rn. 5; Dieners/Reese/*Reese*/*Holtdorf* § 11 Rn. 68, 139), befürwortet aber in unterschiedlicher Form gewisse Modifikationen im Interesse des primär intendierten Gesundheitsschutzes (*Dettling*, Verbraucherleitbild und Patientenleitbild – Ein Vergleich, in: Voit, Der Patient im nationalen und europäischen Gesundheitswesen, S. 167, 175; *Mand* A & R 2013, 166, 170 ff.). a.A. Bülow/Ring/Artz/Brixius/*Artz*, Heilmittelwerbegesetz, 4. Aufl. 2012, § 3 HWG Rn. 4).

**21a** Richtigerweise ist auch im Heilmittelwerberecht ein **normatives Adressatenleitbild** zugrunde zu legen, das auf dem im Primärrecht verankerten Verhältnismäßigkeitsprinzip basiert. Der Höchstrang der vor allem geschützten Rechtsgüter Leben und Gesundheit verschiebt jedoch auch im Lichte der anzuwendenden Gemeinschaftsgrundrechte (vgl. zu deren Berücksichtigung durch die nationalen Gerichte und die vom BVerfG beanspruchte Prüfungskompetenz BVerfG Beschl. v. 06.11.2019.; 1 BvR 276/17, NJW 2020, 3014 (LS 2) und Rn. 42 ff. – Recht auf Vergessen II) die Abwägung gegenüber dem das europäische Lauterkeitsrecht sonst prägenden, rein wettbewerbsfunktionalen Leitbild des europäischen Durchschnittsverbrauchers. Darüber hinaus erfordern auch die leitbildrelevanten normativen Vorgaben des GK (insb. Art. 87 GK und Erwägungsgrund 45 GK) und die besondere Schutzwürdigkeit der Werbeadressaten eine Modifikation der üblichen Maßstäbe: Bei tatsächlich drohenden Gesundheitsgefahren gelten im Bereich von Heilmittelwerbung und speziell bei den Irreführungstatbeständen besonders strenge Anforderungen an die Objektivität, Klarheit und wissenschaftliche Absicherung von Werbeaussagen (s. insb. Art. 87 Abs. 1 und Abs. 2 GK). Das sog. Strengeprinzip, das die deutsche Rechtsprechung bei gesundheitsbezogener Werbung im Rahmen der Irreführungsverbote des HWG und UWG traditionell zugrunde legt (BGH Urt. v. 03.05.2001 – I ZR 318/98, GRUR 2002, 182, 185 – Das Beste jeden Morgen; Urt. v. 28.09.2011 – I ZR 96/10, GRUR 2012, 647 Rn. 33 – Injectio; Urt. v. 06.02.2013 – I ZR 62/11, GRUR 2013, 649 Rn. 15 – Basisinsulin mit Gewichtsvorteil) entspricht insoweit – trotz der damit implizit verbundenen Veränderung des üblichen Informationsmodells und letztlich des Verständnishorizonts des europäischen Durchschnittsverbrauchers – im Ergebnis weitgehend den unionsrechtlichen Vorgaben (*Mand* A & R 2013, 166, 170 ff.). Es gilt auch für Tatbestände, die – wie §§ 5, 11 – mittelbar und präventiv einer Irreführung vorbeugen sollen (BGH Urt. v. 28.09.2011 – I ZR 96/10, GRUR 2012, 647 Rn. 33 – Injectio zu § 5, s. § 5 Rdn. 4 ff., insb. 11). Für sonstige Tatbestände, die ausreichende Informationen der Verbraucher gewährleisten (z.B. § 4) oder unsachliche Beeinflussungen abschirmen sollen (z.B. § 7), müssen die besonderen Schutzzwecke und die Objektivitätsanforderungen des Heilmittelwerberechts ebenfalls beachtet werden.

### 3. Nationale Beschränkungen grenzüberschreitender Werbung

Unionsrechtlich maßgebend sind Art. 34 ff., 56 ff. AEUV vor allem, wenn nationale Vorschriften die grenzüberschreitende Heilmittelwerbung reglementieren, ohne auf zwingenden Richtlinienvorgaben zu beruhen oder gegen diese zu verstoßen. Bei den nicht durch den GK vollharmonisierten **Werbenormen für Humanarzneimittel** – also bei nationalen Vorschriften im Rahmen der **Öffnungsklauseln und außerhalb des durch den GK koordinierten Bereichs** (Art. 2–5 GK, s. EuGH GRUR 2008, 264 Rn. 20–23 – Ludwigs-Apotheke zu Art. 5 GK, § 8 HWG) – sowie bei **Werbebestimmungen für sonstige Heilmittel** ist dies der Fall, soweit das deutsche Recht im Einklang mit Art. 3 Abs. 3 UGP-RL Mindestanforderungen des GK und die Lauterkeitsanforderungen der UGP-RL zum Schutz der Gesundheit verschärft (s.u. Rdn. 53). 22

Bilden die Grundfreiheiten den Kontrollmaßstab, sind unterschiedslos anwendbare nationale Heilmittelwerbenormen nur selten zu beanstanden. Die meisten dieser Normen fallen als nicht diskriminierende Verkaufsmodalitäten nach der **Keck-Rspr. des EuGH** (EuGH Urt. v. 24.11.1993 – C-267/91 bis C-268/91, Slg. 1993, I-6097 Rn. 16 – Keck und Mithouard) schon tatbestandlich aus dem Anwendungsbereich der Warenverkehrsfreiheit heraus (EuGH Urt. v. 15.07.2021 – C-190/20, A & R 2021, 207 Rn. 34 ff. zum Wertreklameverbot des § 7 HWG m. Anm. *Mand*; BGH Urt. v. 09.10.2008 – I ZR 100/04, GRUR 2009, 509 – Schoenenberger Artischockensaft; *Mand* WRP 2003, 192, 196 ff.). Ausnahmen gelten nur für Werbeverbote, die – wie z.B. Restriktionen für Online-Werbung – den Marktzugang ausländischer Anbieter spezifisch behindern können (EuGH Urt. v. 09.07.1997 – C-34/95 bis C-36/95, Slg. 1997, I-3843 Rn. 42–44 – De Agostini; EuGH Urt. v. 11.12.2003 – C-322/01, Slg. 2003, I-14 887 Rn. 70 ff. – Deutscher Apothekerverband; EuGH [1. Kammer] Urt. v. 19.10.2016 – C-148/15, NJW 2016, 3771 – Deutsche Parkinson Vereinigung Rn. 22 ff.). Ebenso wie Werbeverbote, die allein den grenzüberschreitenden Arzneimittelverkehr betreffen (EuGH Urt. v. 08.11.2007 – C-143/06, GRUR 2008, 264 Rn. 30 – Ludwigs-Apotheke; Slg. 1994, I-5243 Rn. 9 – Ortscheit/Eurim-Pharm jeweils zu § 8; kritisch hierzu *Mand* WRP 2003, 192, 199), erfüllen sie dann die durch die Dassonville-Formel umschriebenen (EuGH Urt. v. 11.07.1974 – 8/74, Slg. 1974, 837 Rn. 5 – Dassonville) und durch die Keck-Formel konkretisierten tatbestandlichen Anforderungen des Art. 34 AEUV. 23

Bei der **Rechtfertigungsprüfung gem. Art. 36 AEUV** ist das Recht der Mitgliedstaaten zu beachten, das Niveau des Gesundheitsschutzes und die Art und Weise seiner Sicherstellung selbst festzulegen (Art. 168 Abs. 7 AEUV). Wegen der Charakteristika von Arzneimitteln (s. o. Rdn. 1) ist damit besonders im Bereich des Arzneimittelvertriebsrechts eine Einschätzungsprärogative der Mitgliedstaaten hinsichtlich der Wirkung und Wirksamkeit der gewählten Maßnahmen verbunden, welche die Anforderung an den Nachweis ihrer fehlenden Geeignetheit und i. E. auch Erforderlichkeit bei der gerichtlichen Verhältnismäßigkeitskontrolle deutlich erhöht (EuGH Urt. v. 01.10.2020 – C-649/18, GRUR 2020, 1219 Rn. 71, 110; EuGH Urt. v. 19.05.2009 – C-171/07 u. C-172/07, 24

NJW 2009, 2112 Rn. 18 f., 30 ff. – Apothekenkammer des Saarlandes; *Dettling* EuZW 519, 522 ff.; *Mand* WRP 2008, 906, 912 f. und *ders.* WRP 2010, 702, 703 f.). Die Kammerentscheidung des EuGH [1. Kammer] Urt. v. 19.10.2016 – C-148/15, NJW 2016, 3771 – Deutsche Parkinson Vereinigung Rn. 42 ff. scheint sich davon zu entfernen; sie blieb aber bisher ein »Ausreiser«, wie spätere Judikate zeigen (vgl. z.B. EuGH Urt. v. 01.10.2020 – C-649/18, GRUR 2020, 1219 Rn. 71, 110; EuGH Urt. v. 01.03.2018 – C-297/16, PharmR 2018, 170 Rn. 64 ff. – Tierärztekammer Rumänien; Urt. v. 01.10.2020 – C-649/18, GRUR 2020, 1219 Rn. 63 ff., 71).

25 Ein Verstoß gegen die Grundfreiheiten ist primär durch eine unionsrechtskonforme Auslegung abzuwenden (EuGH Urt. v. 04.02.1988 – Rs. 157/86, Slg. 1988, 673 – Murphy; *Höpfner/Rüthers* AcP 209 [2009], 1, 23 ff.). Soweit dies nach nationaler Methodenlehre nicht möglich ist, ist die Norm aufgrund des **Anwendungsvorrangs des Unionsrechts** auf grenzüberschreitende Werbesachverhalte nicht anzuwenden.

## II. Gemeinschaftskodex für Humanarzneimittel (GK)

26 Der GK (Richtlinie 2001/83/EG, zuletzt geändert durch die VO (EU) 2019/1243 v. 20.06.2019) übernimmt in den Art. 86 ff. weitgehend die Richtlinie 92/28/EWG v. 31.03.1992 über die Werbung für Arzneimittel und hebt diese auf. Primäres Schutzziel des GK ist die **öffentliche Gesundheit** (EuGH Urt. v. 02.04.2009 – C-421/07, EuZW 2009, 428, 429 Rn. 22 – Frede Damgaard). Daneben schützen die Werbenormen auch vor **wirtschaftlicher Übervorteilung**: Wie Art. 90 Buchst. c und d GK verdeutlichen, will der Kodex einem werbeinduzierten, unnötigen Arzneimittelgebrauch unabhängig von Gesundheitsgefahren im Einzelfall entgegenwirken. Durch einheitliches Austarieren dieser Schutzziele mit den wirtschaftlichen Freiheiten soll der Binnenmarkt gefördert werden (Art. 114 AEUV).

27 Ausgehend von der Kompetenzgrundlage des Art. 95 EG (Art. 114 AEUV) und im Gegenschluss zu einzelnen expliziten Ermächtigungen der Mitgliedstaaten, abweichende Standards zu setzen, hat der EuGH den Werbenormen des GK (Titel VIII GK) im Übrigen eine **vollharmonisierende Wirkung** zugesprochen (EuGH Urt. v. 08.11.2007 – C-374/05, GRUR 2008, 267 Rn. 19–32 – Gintec). Diese verbindliche (Art. 267 AEUV, ex. Art. 234 EG), wenngleich kompetenzrechtlich im Ergebnis zweifelhafte (vgl. nur Art. 168 Abs. 7 AEUV), Deutung ist auf die Vorschriften über die Etikettierung und Packungsbeilage (Titel V GK) übertragbar. In dem **harmonisierten Produktbereich bestimmter Humanarzneimittel** (Art. 2–5 GK) sind abweichende nationale Regeln demnach nur zulässig, soweit der Gemeinschaftskodex dies gestattet. Öffnungsklauseln für strengere Werbenormen enthalten Art. 88 Abs. 2, 89 Abs. 1 Buchst. b, 91 Abs. 1 Satz 2 (nicht Satz 1), 96 Abs. 2 GK. Die Art. 89 Abs. 2, 91 Abs. 2 GK erlauben Erleichterungen bei Pflichtangaben; Art. 94 Abs. 4 GK statuiert für die nationale Preisregulierung eine umfassende Ausnahme (§ 7 HWG Rdn. 9). Eng begrenzte Konkretisierungsspielräume folgen schließlich aus expliziten Regelungslücken im GK (z.B. Art. 96 Abs. 1 Buchst. a GK; s.u. Rdn. 47 f.).

### 1. Regelungsdiskrepanzen zwischen HWG und GK

28 Das HWG hat einen weiteren produktbezogenen Anwendungsbereich als der GK (§ 1 HWG Rdn. 54 ff.), es geht in zulässiger Weise auch hinsichtlich des Produktbezugs von Humanarzneimittelwerbung über den Werbebegriff des Art. 86 GK hinaus (§ 1 HWG Rdn. 2, 50a und § 7 HWG Rdn. 17, 38b ff.) und weicht auch im vollharmonisierten Bereich trotz der jüngsten »Harmonisierungs-Novelle« (2. AMGuaÄndG v. 19.10.2012, BGBl. I S. 2192) noch in unterschiedlicher Weise von diesem ab. Rigidere Standards enthalten z.B. §§ 4 Abs. 4, 7 Abs. 1. Die umfassendere Legaldefinition der Fachkreise (§ 2) führt zu ambivalenten Abweichungen. Die Rechtsfolgen dieser Divergenzen sind wegen der besonderen Normqualität von EU-Richtlinien komplex und bis heute nicht abschließend geklärt.

29 Gem. Art. 288 Abs. 3 AEUV setzen Richtlinien kein unmittelbar geltendes Recht, sondern enthalten nur einen Rechtsetzungsauftrag an die Mitgliedstaaten, der hinsichtlich des Ziels, nicht aber hinsichtlich der gewählten Umsetzungsformen und -mittel, verbindlich ist. In eng begrenzten

Ausnahmefällen ist nach Ablauf der Umsetzungsfrist dennoch eine unmittelbare Anwendung von Richtliniennormen anerkannt (s.u. Rdn. 31 ff.). Zudem sind alle Staatsorgane aus Art. 288 Abs. 3 AEUV, Art. 4 Abs. 3 EU-V und dem Richtlinienrecht selbst verpflichtet, dessen praktische Wirksamkeit im Rahmen ihrer jeweiligen Kompetenzen zu gewährleisten (EuGH Urt. v. 05.10.2004 – C-397/01 u.a., NJW 2004, 3547 Rn. 111 ff. – Pfeiffer; Urt. v. 04.07.2006 – C 212/04, NJW 2006, 2465 Rn. 108, 113 – Adeneler). De lege lata ist das HWG daher, auch soweit es älter ist als die im GK zusammengefassten Richtlinien (EuGH Urt. v. 13.11.1990 – C-106/89, Slg. 1990, I-4135 Rn. 8 – Marleasing; Urt. v. 04.07.2006 – C 212/04, NJW 2006, 2465 Rn. 108 – Adeneler), möglichst konform mit der Richtlinie zu interpretieren.

## 2. Auslegung und Anwendung des nationalen Rechts im Lichte des GK

Der konkrete Einfluss des GK auf divergentes nationales Recht variiert (s. *Mand* JZ 2010, 337, 343 ff.): Bei **unmittelbar anwendbaren Kodexnormen** (unten a) tritt das HWG hinter das Richtlinienrecht zurück, wenn eine dem GK genügende »**unionsrechtskonforme Auslegung**« unmöglich ist (vgl. *Höpfner/Rüthers* AcP 209 [2009], 1, 23 ff.; terminologisch abweichend EuGH Urt. v. 04.07.2006 – C 212/04, NJW 2006, 2465 Rn. 108 ff. – Adeneler: »Unionsrechtskonforme Auslegung« als Oberbegriff). Im Regelfall der fehlenden unmittelbaren Anwendbarkeit des GK sind Divergenzen zum nationalen Heilmittelwerberecht möglichst durch »**richtlinienkonforme Auslegung und Rechtsfortbildung**« des HWG (unten b) und ggf. des UWG zu überwinden. Dies vermeidet Staatshaftungsansprüche und u.U. Vertragsverletzungsverfahren gegen die Bundesrepublik Deutschland. Außerhalb des harmonisierten Bereichs kommt bei »überschießenden« Umsetzungsnormen des HWG eine »**unionsrechts- oder richtlinienorientierte Auslegung**« (unten c) in Betracht. Bei Novellierungen des GK folgt schließlich schon vor Ablauf der Umsetzungsfrist eine abgeschwächte »**Loyalitätspflicht**« (unten d) aus Art. 4 Abs. 3 EU-V (EuGH Urt. v. 22.11.2005 – C-144/04, NJW 2005, 3695 Rn. 67 – Mangold; Urt. v. 04.07.2006 – C 212/04, NJW 2006, 2465 Rn. 121 ff. – Adeneler). 30

### a) Unmittelbare Anwendung des GK

Richtlinien sind aufgrund des »effet-utile-« und des »Estoppel-Prinzips« (Treu und Glauben) im **Vertikalverhältnis Staat-Bürger** ausnahmsweise unmittelbar anwendbar, wenn sie unbedingt und hinreichend bestimmt sind und der Staat die Umsetzungsfrist versäumt hat (EuGH Urt. v. 19.11.1991 – C-6/90 und C-9/90, NJW 1992, 165 Rn. 11 – Frankovich; Urt. v. 05.10.2004 – C-397/01 u.a., NJW 2004, 3547 Rn. 103 ff. – Pfeiffer). Eine unmittelbare Wirkung kommt grds. **nur zugunsten des Bürgers** in Betracht; **strafbegründende oder -schärfende Richtlinienwirkungen sind ausgeschlossen** (EuGH Urt. v. 07.01.2004 – C-60/02, GRUR 2004, 501 Rn. 6 – X; Urt. v. 03.05.2005 – C-387/02 u.a., EuZW 2005, 369 Rn. 74 – Berlusconi unter Hinweis auf die Grundsätze der Rechtssicherheit und des Rückwirkungsverbots gem. Art. 7 EMRK; eingehend *Jarass/Beljin* EuR 2004, 714, 725 ff.). (Mindest-) Standards des GK, die strenger sind als das HWG, dürfen deshalb nicht unmittelbar strafrechtlich durchgesetzt werden (§§ 14 ff.). Das Verbot gilt auch für Geldbußen bei Ordnungswidrigkeiten, obgleich der EuGH diese anders als der EGMR vielfach nicht dem Straf-, sondern dem Verwaltungsrecht zurechnet (*Jarass/Beljin* EuR 2004, 714, 730). 31

Eine die Verbotsadressaten des HWG **im Vertikalverhältnis zum Staat begünstigende Wirkung** entfaltet der GK, soweit dieser abschließende Höchststandards vorgibt. Dies weist den Verbotsadressaten das unbedingte Recht zu, jenseits der im GK selbst statuierten Verbote nicht mit straf- oder ordnungswidrigkeitenrechtlichen Sanktionen belegt zu werden. Eine negative unmittelbare Wirkung in diesem Sinne ist im Bereich der abschließend harmonisierten Irreführungstatbestände (s.u. Rdn. 47) anzuerkennen, selbst wenn sich der Verbotsbereich des GK erst unter Berücksichtigung der auslegungsbedürftigen und -fähigen Generalklauseln des Art. 87 Abs. 3 GK ermitteln lässt (vgl. zu »allgemeinen« Richtlinien EuGH Urt. v. 19.01.1982 – C-8/81, Slg. 1982, 53, 71 Rn. 26 ff., insb. 29 f., 47 – Becker; Urt. v. 05.10.2004 – C-397/01 u.a., NJW 2004, 3547 Rn. 105 – Pfeiffer: »Bestimmbarkeit genügt«; a. A. jedenfalls insoweit *Gröning*, Heilmittelwerberecht Einleitung 32

RL 2001/83/EG Rn. 27 f., Art. 87 Rn. 8; *Doepner/Reese* GRUR 1998, 773 mit Fn. 102 »bloßer Programmsatz«). Die negative Richtlinienwirkung setzt auch hier keine weitere normative Konkretisierung durch den nationalen Gesetzgeber voraus. Das Recht, wegen irreführender Werbung jenseits der Verbote des GK nicht belangt zu werden, ist also hinreichend bestimmt. Bei Unklarheiten über die Auslegung des GK können bzw. müssen nationale Gerichte dem EuGH nach Maßgabe von Art. 267 Abs. 2 und 3 AEUV die Frage zur Vorabentscheidung (Art. 267 Abs. 1 Buchst. b AEUV) vorlegen.

33 Im **Horizontalverhältnis zwischen Bürgern** entfalten Richtlinien als solche regelmäßig keine – auch keine nur negative, zur Unanwendbarkeit nationaler Normen führende – unmittelbare Wirkung, weil dies notwendig eine Partei belastet (EuGH Urt. v. 05.10.2004 – C-397/01 u.a., NJW 2004, 3547 Rn. 108 f. – Pfeiffer). In bestimmten Ausnahmefällen hat der EuGH dennoch Richtliniennormen trotz reflexartiger Nachteile in Privatrechtsstreitigkeiten unmittelbar angewandt (eingehend *Jarass/Beljin* EuR 2004, 714, 718 ff.). Diesen Ausnahmefällen wird z.T. auch die **wettbewerbsrechtliche Durchsetzung** von HWG-Normen zugerechnet, die über die Höchststandards des GK hinausgehen (*Doepner/Reese* GRUR 1998, 761, 774 ff. zu § 1 UWG a.F.; s.a. OLG Hamburg Urt. v. 10.04.2008 – 3 U 182/07, PharmR 2009, 40, 48 – Nichts hilft schneller). Zwar handelt der private Kläger, anders als der die Umsetzungsfrist versäumende Staat, nicht treuwidrig, wenn er sich auf die richtlinienwidrige HWG-Norm beruft. Für eine unmittelbare negative Wirkung des GK in Wettbewerbsverfahren spricht indes, dass es mit dem »effet-utile«-Prinzip schwer in Einklang zu bringen wäre, die Anwendung der richtlinienwidrigen Ordnungsnorm davon abhängig zu machen, wer sich darauf beruft. Weil auch die über § 3a UWG vermittelte subjektive Rechtsposition des privaten Anspruchstellers gegen den Werbenden durch die Verwirklichung aller Tatbestandsmerkmale der das Marktverhalten regelnden öffentlich-rechtlichen Norm bedingt ist (BGH Urt. v. 08.11.2007 – I ZR 60/05, GRUR 2008, 530 Rn. 11 – Nachlass bei der Selbstbeteiligung), könnte dem GK bei der separaten Prüfung des HWG daher eine unmittelbar liberalisierende Wirkung zuzuerkennen sein. Der Nachteil des privaten Klägers, dessen Ansprüche gegen den Werbenden aus §§ 3, 4 Nr. 11 UWG wegen (vermeintlichen) Rechtsbruchs dadurch entfallen, wäre als Rechtsreflex hinzunehmen. Für die Unanwendbarkeit technischer Normen bei Verletzungen der Richtlinie 83/189/EG hat der EuGH auch im Rahmen von Wettbewerbsstreitigkeiten bereits in diesem Sinne entschieden (EuGH Urt. v. 26.09.2000 – C-443/98, Slg. 2000, I-7535 Rn. 45 ff. – Central Food zur Pflicht, den geografischen Ursprung von Lebensmitteln anzugeben; Urt. v. 30.04.1996 – C-194/94, EuZW 1996, 379 Rn. 40 ff., 54 – CIA Security International). Jedoch stellt der EuGH insoweit auf den bloßen Verfahrenscharakter der verletzten Meldepflichten ab. Diese sollten lediglich eine vorbeugende Kontrolle der Unionsrechtskonformität der erlassenen technischen Normen ermöglichen. Demgegenüber würde die Unanwendbarkeit strengerer HWG-Normen auf materiellen Vorgaben des GK beruhen. Obwohl die durch §§ 3, 4 Nr. 11 UWG vermittelte subjektive Rechtsposition die Werbebefugnisse und -grenzen ebenfalls nicht definiert, sondern nur ein Instrument ist, die Einhaltung der marktrelevanten Normen des HWG durchzusetzen, entspricht deshalb auch eine nur negative (liberalisierende) unmittelbare Anwendung des GK in Wettbewerbsverfahren letztlich nicht der aktuellen Rechtspraxis.

34 Neben der unmittelbaren Richtlinienwirkung in Wettbewerbsverfahren sind auch Ansätze zurückzuweisen, die Überschreitung verbindlicher Höchststandards des GK durch das HWG über eine richtlinienkonforme **Auslegung des UWG** zu korrigieren. So wird vorgeschlagen, die an sich durch den Verstoß gegen das HWG indizierte Unlauterkeit (heute § 3a UWG) in Einzelfällen im Lichte des GK zu verneinen (so OLG Hamburg Urt. v. 10.04.2008 – 3 U 182/07, PharmaR 2009, 40, 46 – Nichts hilft schneller; *Bülow* GRUR 2006, 952, 953). Hierfür lässt sich zwar anführen, dass der BGH die Unlauterkeit trotz Verwirklichung eines HWG-Tatbestandes auch mit Blick auf die Wertvorgaben des GG ausnahmsweise verneint hat (zum Gleichbehandlungsgrundsatz EuGH Urt. v. 05.10.2004 – C-397/01 u.a., NJW 2004, 3547 Rn. 116 – Pfeiffer; Urt. v. 07.01.2004 – C-60/02, GRUR 2004, 501 Rn. 60 ff. – X). Eine Übertragung dieser Rechtsprechung auf EU-Richtlinien übergünge jedoch ebenfalls die einschränkenden Anforderungen an eine richtlinienkonforme Fortbildung des Rechts: Wenn der GK nicht unmittelbar anwendbar

ist und das HWG auch nicht i.S.d. GK fortgebildet werden kann, gebieten es der Respekt vor dem Gesetzgeber und die Einheit der nationalen Rechtsordnung, die (richtlinienwidrigen) Normen des HWG auch wettbewerbsrechtlich durchzusetzen. Ähnliche Bedenken gelten für die umgekehrte Fallgestaltung, in denen das HWG Mindeststandards des GK unterschreitet. Sofern nicht ein besonderer Unlauterkeitstatbestand gem. §§ 4 ff. UWG einschlägig ist, sollten Verstöße gegen nicht umgesetzte Werbenormen des GK nicht direkt unter § 3 UWG subsumiert werden (ebenso *Doepner/Reese* GRUR 1998, 761, 777 f. und wohl auch BGH Urt. v. 20.11.2008 – I ZR 94/02, GRUR 2009, 179 Rn. 16 f. – Konsumentenbefragung II; dafür Köhler/Bornkamm/*Köhler* § 3 UWG Rn. 66).

### b) Richtlinienkonforme Auslegung und Fortbildung des HWG

Eine unmittelbare Anwendung des GK (o. Rn. 31 ff.) scheidet aus, wenn sich die Divergenzen zwischen GK und nationalem Heilmittelwerberecht durch eine richtlinienkonforme Auslegung des HWG selbst beheben lassen (Riesenhuber/*W.-H. Roth*, Europäische Methodenlehre S. 250, 255 f.: Subsidiarität der unmittelbaren Anwendbarkeit von EU-Richtlinien). Eine von der Indizwirkung des § 3a UWG abweichende richtlinienkonforme Lauterkeitswertung in Wettbewerbsverfahren (ablehnend dazu o. Rdn. 34) ist dann ebenfalls unnötig. Welche Spielräume nationale Gerichte und Behörden haben, um der vom EuGH (EuGH Urt. v. 05.10.2004 – C-397/01 u.a., NJW 2004, 3547 Rn. 103, 110 – Pfeiffer; Urt. v. 04.07.2006 – C 212/04, NJW 2006, 2465 Rn. 117 – Adeneler) postulierten unionsrechtlichen Pflicht nachzukommen, das nationale Recht so weit wie möglich i.S.d. Richtlinie »zu interpretieren«, determinieren **Art. 20 Abs. 3 GG** und letztlich **die nationale Methodenlehre**. 35

Im Rahmen der **Auslegung im engen Sinne** wirkt das Gebot richtlinienkonformer Interpretation als **interpretatorische Vorrangregel** (grundlegend *Canaris*, FS Bydlinski 2002 S. 47, 64 ff. u. 70 ff.): Erlaubt der Wortsinn im Lichte der Systematik und der – ggf. auch die Richtlinie berücksichtigenden (Riesenhuber/*W.-H. Roth*, Europäische Methodenlehre S. 247, 266) – historischen und teleologischen Auslegung mehrere Deutungen, so ist der richtlinienkonformen Auslegungsvariante zwingend der Vorrang einzuräumen. In Privatrechtsstreitigkeiten gilt dies unabhängig von der belastenden Wirkung für eine Partei (Riesenhuber/*W.-H. Roth*, Europäische Methodenlehre S. 251, 256 Fn. 35, 263 f.). Demgegenüber führte eine strengere Auslegung des HWG, die sich erst aus der Richtlinie herleiten lässt, bei der unmittelbar straf- und ordnungswidrigkeitenrechtlichen Durchsetzung (§§ 14 ff.) zu einer schon unionsrechtlich verbotenen strafbegründenden oder -schärfenden Wirkung (s. EuGH Urt. v. 07.01.2004 – C-60/02, GRUR 2004, 501 Rn. 61 – X; Urt. v. 03.05.2005 – C-387/02 u.a., EuZW 2005, 369 Rn. 74 – Berlusconi). 36

Die Pflicht zur gemeinschaftskonformen Interpretation schließt auch die nach nationalem Recht zulässige **Rechtsfortbildung** ein (BGH Urt. v. 26.11.2008 – VIII ZR 200/05-1, NJW 2009, 427, 428 Rn. 21 – Quelle; *Canaris*, FS Bydlinski 2002 S. 47, 81 ff.). Nur über eine **teleologische Reduktion** kann z.B. ein richtlinienkonformes Ergebnis erzielt werden, wenn Tatbestände des HWG Werbemaßnahmen untersagen, die nach dem GK nur bei Verwirklichung qualifizierender Tatbestandsmerkmale unzulässig sind. Ebenso kann der persönliche Anwendungsbereich einer Werbenorm des HWG, z.B. das nur außerhalb der Fachkreise (§ 2) geltende Werbeverbot des § 10 Abs. 2, nicht durch Auslegung i.e.S., sondern allenfalls durch Rechtsfortbildung an die Vorgaben des GK (Werbeverbot gegenüber allen, die nicht zur Verschreibung und Abgabe befugt sind, Art. 88 GK) angepasst und der Verbotsbereich damit **teleologisch** extendiert (s. dazu u. Rdn. 41) oder in anderen Fällen reduziert werden. 37

Eine Rechtsfortbildung setzt voraus, dass das HWG **planwidrig unvollständig** ist und die der Richtlinie entsprechende Fortbildung nicht **contra legem** erfolgt (BGH Urt. v. 26.11.2008 – VIII ZR 200/05-1, NJW 2009, 427, 429 Rn. 22 m.w.N. – Quelle). Der VIII. Zivilsenat des BGH hat für die Ermittlung einer planwidrigen Regelungslücke verlangt, dass die konkret nachweisbare Absicht des Gesetzgebers, eine bestimmte Richtlinienregelung korrekt umzusetzen, z.B. infolge eines Interpretationsfehlers fehlschlägt (BGH Urt. v. 26.11.2008 – VIII ZR 200/ 38

05–1, NJW 2009, 427, 429 Rn. 25 – Quelle; *Pfeiffer* NJW 2009, 412). Hiernach schiede bei vielen HWG-Normen eine richtlinienkonforme Rechtsfortbildung schon deshalb aus, weil sie älter sind als das im GK zusammengefasste Richtlinienrecht und weil auch bei späteren Gesetzesnovellen kein konkreter, **regelungsbezogener Umsetzungswille** nachweisbar ist (zust. *Doepner* PharmaR 2010, 560, 569).

39  Richtigerweise ist eine Fortbildung unabhängig von einem konkreten Umsetzungswillen schon dann möglich, wenn das nationale Recht (1.) **objektiv von der Richtlinie abweicht**, ohne dass die Divergenz fundamentale Strukturprinzipien und Wertentscheidungen betrifft, und (2.) der Gesetzgeber **nicht bewusst** eine **richtlinienwidrige Lösung** gewählt hat (ebenso *Canaris*, FS Bydlinski 2002 S. 47, 87 f.; Riesenhuber/*W.-H. Roth*, Europäische Methodenlehre S. 251, 261; a. A. *Schürnbrand* JZ 2007, 910, 913 ff. m.w.N.). Dies entspricht nicht nur der kompetenzrechtlich angreifbaren Rspr. des EuGH, wonach bei Umsetzungsakten die konkrete Zwecksetzung des nationalen Gesetzgebers hinter seinem zu vermutenden Willen, richtlinienkonform umzusetzen, zurückzutreten habe (EuGH Urt. v. 05.10.2004 – C-397/01 u.a., NJW 2004, 3547 Rn. 112 – Pfeiffer; Urt. v. 29.04.2004 – C-371/02, GRUR 2004, 682 Rn. 13 – Björnekulla Fruktindustrier AB »ungeachtet entgegenstehender Auslegungshinweise« in den Materialien). Die weitergehende Fortbildungsbefugnis vermeidet auch unnötige und kostspielige Staatshaftungsverfahren sowie evtl. auch Vertragsverletzungsverfahren, indem sie das nationale Gericht – an das der Umsetzungsbefehl des Art. 288 Abs. 3 AEUV ebenfalls adressiert ist – in die Lage versetzt, im Rahmen der integrierten Staatlichkeit der EU die systemkonforme Rechtsanwendung sicherzustellen (*Herresthal* EuZW 2007, 396, 398 ff.). Weil das Gericht nicht seine eigenen rechtspolitischen Erwägungen an die Stelle der Zwecksetzungen des Gesetzgebers setzt, sondern sich an einem Maßstab orientiert, der auch für den Gesetzgeber verbindlich ist, setzt es sich schließlich auch nicht über die Bindung an Recht und Gesetz hinweg (ähnlich BVerfGE 34, 269 – Soraya zu grundrechtlich motivierter Rechtsfortbildung).

39a Im Ansatz zutreffend hat der I. Zivilsenat des BGH § 11 Abs. 1 Satz 1 Nr. 11 HWG a.F. danach im Lichte der im Verbotsumfang liberaleren Richtlinienregelung in Art. 90 GK **teleologisch reduziert**, obwohl § 11 Abs. 1 Satz 1 Nr. 11 älter ist als das Richtlinienrecht (s. *Gröning*, Heilmittelwerberecht § 11 Abs. 11 HWG Rn. 1) und der Gesetzgeber – trotz der Hinweise auf die Diskrepanz zum Gemeinschaftskodex (*Gröning*, Heilmittelwerberecht § 11 Nr. 11 HWG Rn. 3) – auch bei späteren Novellen auf eine Anpassung verzichtet hat. Wegen der bis zur Gintec-Entscheidung des EuGH (Urt. v. 08.11.2007 – C-374/05, GRUR 2008, 267 – Gintec) bestehenden Unsicherheit über den Harmonisierungsgrad des GK kann nämlich nicht von einer bewussten Entscheidung gegen eine korrekte Richtlinienumsetzung ausgegangen werden, sondern allenfalls von einer **Fehlannahme des Gesetzgebers**, das über den GK hinausgehende Verbot wegen einer bloßen Mindestharmonisierungswirkung des GK als nationale Regelung aufrecht erhalten zu dürfen. Dies gilt für die meisten HWG-Normen. Der insoweit jeweils fehlende konkrete Umsetzungswille steht, wie dargelegt, der Fortbildung nicht entgegen. Entsprechendes gilt auch für die Entscheidung des BGH, § 47 Abs. 3 AMG entgegen dem Wortlaut und der Systematik nicht auf die Abgabe von OTC-Arzneimittelmustern anzuwenden, sondern im Lichte der Art. 94, 96 GK (dazu EuGH Urt. v. 11.06.2020 – C-786/18, GRUR 2020, 764 Rn. 29 ff., 40, 50 – Ratiopharm) die Abgabe (an Apotheken) ausschließlich an § 7 zu messen (BGH Urt. v. 17.12.2020 – I ZR 235–16, GRUR 2021, 628 Rn. 17 ff.– Apothekenmuster II; *Mand* A & R 2021, 130, 133 ff.).

40  Inhaltlich ist die Grenze des contra-legem Judizierens nicht verletzt, wenn sich die Rechtsfortbildung auf die Anpassung der divergierenden nationalen Werbenorm an die Richtlinienvorgaben – ggf. unter Einschluss eines überschießenden, nach dem unzweideutigen Willen des Gesetzgeber einheitlich mit erfassten Regelungsbereichs (s.u. Rdn. 44) – beschränkt (BGH Urt. v. 26.11.2008 – VIII ZR 200/05–1, NJW 2009, 427, 429 f. Rn. 26–31 – Quelle). Die **Lückenfüllung** ist materiell durch »Rückgriff auf die Regelung der Richtlinie selbst oder die dieser zugrunde liegenden Wertung vor[zu]nehmen« (*Canaris*, FS Bydlinski 2002 S. 47, 90). Eine teleologische Reduktion z.B. ist nur zulässig, soweit das HWG oder eine andere nationale Norm tatsächlich die Höchststandards des

Gemeinschaftskodexes überschreitet (so BGH Urt. v. 17.12.2020 – I ZR 235–16, GRUR 2021, 628 Rn. 17 ff.– Apothekenmuster II zu § 47 Abs. 3 AMG). Zu weit ging hingegen die teleologische Reduktion des § 11 Abs. 1 Satz 1 Nr. 11 HWG a.F. durch den BGH (Urt. v. 20.11.2008 – I ZR 94/02, GRUR 2009, 179 Rn. 12 ff. – Konsumentenbefragung II; zust. *Doepner* PharmaR 2010, 560, 569), der das darin normierte generelle Werbeverbot, mit Äußerungen Dritter zu werben, nicht anwandte, obwohl die konkrete Drittäußerung wegen ihres Inhaltes auch nach dem engeren, allerdings nicht umgesetzten Kodexrecht verboten war (Art. 90 Buchst. c GK, s. EuGH Urt. v. 08.11.2007 – C-374/05, GRUR 2008, 267 Rn. 49, 52 – Gintec). Das Ergebnis, eine nach HWG und GK gleichermaßen unzulässige Werbung mit Drittäußerungen zu erlauben, widerspricht der praktischen Wirksamkeit von nationalem und Unionsrecht. Der Gesetzgeber hat die entstandene Lücke inzwischen durch § 11 Abs. 1 Satz 1 Nr. 7 n.F. HWG geschlossen.

Für die teleologische Extension ist das Verbot einer richtlinienkonformen Lückenfüllung zu beachten, die sich strafbegründend oder -schärfend auswirkt (s.o. Rdn. 31, 36). Bedenklich weit geht daher die vom BGH befürwortete richtlinienkonforme Rechtsfortbildung von § 21 Abs. 2 Nr. 1 AMG, der Defekturarzneimittel vom nationalen Zulassungserfordernis für Humanarzneimittel ausnimmt, im Lichte der von Art. 3 GK hierfür zusätzlich aufgestellten Anforderungen (BGH Beschl. v. 16.04.2015 – I ZR 130/13, GRUR 2015, 705 Rn. 24 ff. – Weihrauch-Extrakt-Kapseln). Denn die Verbote, nicht zugelassene Arzneimittel in Verkehr zu bringen (§§ 96 Nr. 5, 21 Abs. 1 AMG) oder zu bewerben (§§ 3a, 15 Abs. 1 Nr. 1) sind strafbewehrt (s. § 3a HWG Rdn. 3d). Darüber hinaus scheidet auch nach hier vertretener Ansicht eine richtlinienkonforme Rechtsfortbildung aus, wenn das HWG verbindliche Standards des GK unterscheidet. Angesichts der angenommenen Mindestharmonisierung und zahlloser HWG-Novellen ist in solchen Fällen im Zweifel von einer bewussten Entscheidung gegen eine vollständige Umsetzung auszugehen (*Mand* JZ 2010, 337, 346). Praktisch bedeutsam ist dies z.B. bei der großzügigen Fassung der Fachkreise, die sich im Rahmen von § 10 Abs. 2 liberalisierend auswirkt (s. § 10 Rdn. 22 f.). Vielfach kann der Richtlinie jedoch durch eine einfache, richtlinienkonforme Auslegung der Generalklauseln des § 3 oder des UWG Rechnung getragen werden. 41

#### c) Unionsrechts- und richtlinienorientierte Auslegung

Der GK kann im Wege der unionsrechts- und richtlinienorientierten Auslegung auch die Interpretation »überschießender«, d.h. Sachverhalte außerhalb des harmonisierten Bereichs mit erfassender **Umsetzungsnormen** prägen. Relevant ist dies für die vom HWG mit geregelte Werbung für Arzneimittel, die nach Art. 3–5 aus dem Anwendungsbereich des GK fallen (z.B. Tierarzneimittel, Rezeptur- und Defekturarzneimittel, Einzelimporte i.S.v. § 73 Abs. 2 Nr. 6, 6a, Abs. 3 AMG) sowie für die Werbung für Medizinprodukte und andere Heilmittel. 42

Eine **unionsrechtliche Direktive**, überschießende Umsetzungsnormen innerhalb und außerhalb des harmonisierten Bereichs **einheitlich auszulegen**, besteht, wenn die abweichende Auslegung in nicht von der Richtlinie geregelten Sachverhalten auf den harmonisierten Bereich ausstrahlen und so die praktische Wirksamkeit der Richtlinie beeinträchtigen kann (s. EuGH Urt. v. 17.09.1996 – C-28/95, Slg. 1997, 4161 Rn. 27, 32 – Leur-Bloem; *Mand* JZ 2010, 337, 346 m.w.N.; kritisch *Habersack/Mayer* JZ 1999, 913, 919). Im Lichte der Qualität der Rechtsanwendung und der Sensibilität für das Unionsrecht in Deutschland dürfte dieser Gesichtspunkt nur selten greifen (a.A. *W.-H. Roth*, FG 50 Jahre BGH 2000, 847, 884). Im HWG ist daran nur bei überschießend erfassten Arzneimitteln sowie bei übergreifenden Grundbegriffen, insbes. dem Werbebegriff, zu denken, weil bei deren Auslegung evtl. nicht hinreichend zwischen harmonisiertem und nicht harmonisiertem Bereich getrennt wird (ähnlich *W.-H. Roth*, FS Löwenheim, 2009, S. 545, 546: einheitliche Auslegung unionsrechtlicher Begriffe zwingend geboten, abweichende Regelung und Interpretation im nationalen Recht nur bei formaler Abgrenzung – z.B. durch Anordnung einer explizit nur analogen Anwendung – zulässig). 43

Nach **nationalen Auslegungsgrundsätzen**, insbes. aufgrund des Willens des Gesetzgebers, kann auch weitergehend auf eine einheitliche Auslegung der HWG-Normen i.S.d. GK zu schließen 44 sein (*Franzen*, Privatrechtsangleichung durch die Europäische Gemeinschaft S. 303 ff.). Ein »Einheitlichkeitswille« des nationalen Gesetzgebers ist aber nur bei Normen denkbar, die nach Verabschiedung der Richtlinie erlassen oder an das Richtlinienrecht angepasst worden sind (*Langenbucher*, Europarechtliche Bezüge des Privatrechts § 1 Rn. 79). Überdies kann der Einheitlichkeitswille nicht unterstellt werden, wenn im Wege der richtlinienkonformen Auslegung gewonnene Auslegungsergebnisse erheblich vom traditionellen deutschen Rechtsverständnis abweichen. Denn hier beruht die Entscheidung zu einer einheitlichen Regelung auf abweichenden Prämissen.

**45** Demzufolge ist für **Arzneimittelwerbung** von einer einheitlichen, richtlinienkonformen Auslegung der einzelnen HWG-Tatbestände auszugehen, selbst wenn die Werbung für ein konkretes Arzneimittel nicht in den harmonisierten Bereich des GK fällt. Entsprechendes gilt im Grundsatz in Bezug auf den im HWG nicht legaldefinierten Grundbegriff der »**Werbung**«: Der deutsche Gesetzgeber hat den Werbebegriff durch Aufnahme von § 1 Abs. 5 und 6 nachträglich an Art. 86 Abs. 2 GK angepasst, ohne zwischen Arzneimitteln und sonstigen Heilmitteln zu unterscheiden. Unabhängig von einer eventuellen unionsrechtlichen Pflicht (o. Rdn. 43) führt in diesen Fällen also schon eine subjektiv-historische Auslegung nach nationalen Auslegungsgrundsätzen dazu, das HWG innerhalb und außerhalb des harmonisierten Bereichs des GK im Regelfall einheitlich zu deuten. Es gilt somit für alle Heilmittel im Ansatz der unionsrechtliche Werbebegriff gem. Art. 86 GK. Allerdings verfolgen einzelne Tatbestände des HWG explizit z.T. andere und weitergehende Zwecke als der GK, was im Rahmen der Öffnungsklauseln oder außerhalb des harmonisierten Bereichs des GK zulässig ist. Ein Beispiel bildet die Durchsetzung des Arzneimittelpreisrechts sowie allgemein die Regulierung der i.S.d. Unionsrechts nicht produktbezogenen Unternehmenswerbung von (Online-)Apotheken (dazu EuGH Urt. v. 01.10.2020 – C-649/18, GRUR 2020, 1219 Rn. 52; GA SaugmandsgaardØe, ECLI:EU:C:2020:134, Rn. 52 ff.) mittels Wertreklame im Rahmen von § 7. Da der Werbebegriff des GK insoweit keine negative Vollharmonisierung bewirkt (GA SaugmandsgaardØe, ECLI:EU:C:2020:134, Rn. 52 ff.), ist eine weitergehende Anwendung des deutschen Rechts möglich und geboten (§ 1 HWG Rdn. 2, 50a und § 7 HWG Rdn. 17, 38b ff.). Weil die verschiedenen Heilmittel innerhalb derselben Tatbestände differenzierten Anforderungen unterworfen werden (z.B. §§ 7, 11 f., s. § 1 HWG Rdn. 49), kann eine vom traditionellen Verständnis abweichende, richtlinienkonforme Auslegung eines konkreten Werbetatbestands im Fall von Humanarzneimitteln darüber hinaus in der Regel nicht auf Medizinprodukte und andere Heilmittel übertragen werden (ähnlich BGH Urt. v. 26.11.2008 – VIII ZR 200/05–1, NJW 2009, 427, 429 Rn. 27 f. – Quelle: richtlinienkonforme Reduktion des § 439 Abs. 4 BGB für alle Verbrauchsgüterkaufverträge, obwohl der Verbraucherbegriff des BGB über die Verbrauchsgüterkaufrichtlinie hinausgeht, nicht aber für sonstige Kaufverträge).

### d) Loyalitätspflicht vor Ablauf der Umsetzungsfrist

**46** **Nach Inkrafttreten** neuer Richtlinienbestimmungen, aber schon **vor Verstreichen der Umsetzungsfrist**, besteht eine Loyalitätspflicht der Mitgliedstaaten. Danach sind Auslegungen des geltenden nationalen Rechts zu vermeiden, welche die praktische Wirksamkeit des neuen Richtlinienrechts unterminieren. Bloße Richtlinienentwürfe entfalten eine solche Wirkung jedoch niemals (vgl. zu dem auch in der Rspr. viel zitierten, letztlich aber gescheiterten Richtlinienentwurf v. 10.12.2008 (KOM[2008] 663) u. § 10 HWG Rdn. 12).

### 3. Konkretisierung der Generalklauseln des GK

**47** Viele Werbenormen des GK sind sehr vage gefasst. Hieraus wird verbreitet gefolgert, der nationale Gesetzgeber könne die Generalklauseln des GK konkretisieren (*Gröning*, Heilmittelwerberecht Einleitung RL 2001/83/EG Rn. 27 f.) und etwaige Regelungslücken füllen (*Gröning*, jurisPR-WettbR 2/2009 Anm. 2 sub D). Die Gintec-Entscheidung des EuGH (Urt. v. 08.11.2007 – C-374/05, GRUR 2008, 267) lässt solche Regelungsspielräume indes jedenfalls hinsichtlich der **Irreführungstatbestände** nicht erkennen.

Weder die generalklauselartige Fassung von Art. 87 Abs. 3 Spiegelstrich 2 u. 3 GK noch der Verzicht auf eine nähere Definition der Irreführung begründen einen Gestaltungsspielraum der Mitgliedstaaten: Die Maßstäbe, wann eine Werbeaussage positiv oder durch Unterlassen gebotener Informationen zur Täuschung geeignet ist, folgen aus dem primärrechtlich im Kern vorgegebenen und sekundärrechtlich abschließend konkretisierten Adressatenleitbild (s.o. Rdn. 20 ff.; *Mand* JZ 2010, 337, 339). Spezifische Verbote potentiell irreführender Werbeaussagen sind in Art. 90 GK normiert; sie dürfen nicht ausgeweitet oder modifiziert werden (EuGH Urt. v. 08.11.2007 – C-374/05, GRUR 2008, 267 Rn. 20, 25, 36 f. – Gintec: Ein »uneingeschränktes und unbedingtes, in der Richtlinie nicht ausdrücklich vorgesehenes Verbot« ist unzulässig, wenn der GK die Praktik nur unter abweichenden bzw. qualifizierten Anforderungen verbietet). Ebenso wie in der UGP-RL bilden Spezialtatbestände und Generalklauseln in Art. 87 Abs. 3 GK **im Bereich der Irreführung** somit ein abschließendes **Gesamtsystem** (*Mand* A & R 2013, 166, 167 ff.). Damit ist auch die Rechtsprechung des EuGH zur UGP-Richtlinie (Urt. v. 23.04.2009 – C-299/07, GRUR 2009, 599 Rn. 55 ff., 65 ff. – Sanoma) auf den GK zu übertragen (*Mand* A & R 2013, 166, 170 ff.): Es ist den Gerichten vorbehalten, außerhalb der Spezialtatbestände die Maßstäbe der Generalklauseln im Einzelfall zu konkretisieren. Der Konkretisierungsprozess erfolgt arbeitsteilig: Der EuGH setzt die Maßstäbe, überlässt den nationalen Gerichten aber die Anwendung und die besonders wichtige Beurteilung der tatsächlichen Umstände im Einzelfall (EuGH Urt. v. 05.05.2011 – C-316/09 Rn. 33 – MSD Sharp & Dohme GmbH; EuGH Urt. v. 02.04.2009 – C-421/07, EuZW 2009, 428, 430 Rn. 29 – Frede Damgaard; vgl. a. EuGH Urt. v. 01.04.2004 – C-237/02, Slg. 2004, I-3403 Rn. 22 f. – Freiburger Kommunalbauten; BGH Urt. v. 11.03.2009 – I ZR 194/06, GRUR 2009, 1064, Rn. 19 f. – Geld-zurück-Garantie II sowie Erwägungsgrund 18 UGP-RL). Dem nationalen Gesetzgeber verbleibt bei Humanarzneimitteln zur Verbesserung des Irreführungsschutzes immerhin die Option, zusätzliche Pflichtangaben zu normieren (Art. 89 Abs. 1 Buchst. b GK) und zur Verdeutlichung die Rechtsprechung des EuGH zu kodifizieren. 47a

Laut Erwägungsgrund 45 GK soll auch »**übertriebene und unvernünftige Werbung**«, die sich »auf die öffentliche Gesundheit auswirken könnte«, generell verboten sein. Dennoch fehlt im GK mangels Generalklausel ein umfassender Regelungsrahmen für sämtliche Formen aggressiver oder sonstiger Werbepraktiken, die unabhängig von einer Irreführung einen unzweckmäßigen Arzneimittelgebrauch begünstigen können. Insbes. die in **Art. 87 Abs. 3 Spiegelstrich 1 GK** statuierte Anforderung, wonach Arzneimittelwerbung einen »zweckmäßigen Einsatz des Arzneimittels« zu fördern hat, kann nicht zu einer entsprechend umfassenden Generalklausel umfunktioniert werden (in dieser Richtung jedoch EuGH Urt. v. 08.11.2007 – C-374/05, GRUR 2008, 267 Rn. 51 – Gintec). Denn Mittel zur Erreichung dieses Zwecks (»indem«) ist die objektive Angabe der Arzneimittel-Eigenschaften ohne Übertreibung. Die Anforderung ist damit auf irreführende Eigenschaftsaussagen gemünzt (*Weiler* WRP 2008, 957, 959). **Art. 88 Abs. 2 GK** betrifft – wenn man darin überhaupt ein Werbeverbot sieht (so *Gröning*, Heilmittelwerberecht Art. 88 GK Rn. 7 f.; a.A. *Weiler* WRP 2006, 957, 959 f. unter Hinweis auf EuGH Urt. v. 11.12.2003 – C-322/01, Slg. 2003 I – 14887 Rn. 141 ff. – Deutscher Apothekerverband) – jedenfalls nur spezielle Formen der Öffentlichkeitswerbung für nicht verschreibungspflichtige Arzneimittel (s.u. § 10 HWG Rdn. 21). Auch die sonstigen Einzeltatbestände des GK formen keinen vollständigen Rahmen für alle Formen »unzweckmäßiger« Werbung. Vor diesem Hintergrund hat der EuGH das im GK nicht vorgesehene Verbot des § 11 Abs. 1 Nr. 13, mit aleatorischen Anreizen zu werben, als richtlinienkonform akzeptiert. 48

Auch daraus dürfte aber **kein allgemeiner Regelungsspielraum der Mitgliedstaaten für ergänzende oder konkretisierende Werbenormen** abgeleitet werden, **die einen »zweckmäßigen Arzneimittelgebrauch« absichern sollen** (a. A. *Gröning*, jurisPR-WettbR 2/2009 Anm. 2 sub D): Der GK enthält explizit konkretisierungsbedürftige Regelungen (z.B. Art. 96 Abs. 1 Buchst. a: Pflicht »die Anzahl von Mustern von jedem Arzneimittel pro Jahr und je Verschreiber« zu »begrenzen« verlangt eine Festlegung der Größenordnung), weshalb die vom EuGH bei Öffnungsklauseln verwendete »e-contrario-Argumentation« auch auf die Konkretisierung und Ergänzung des GK übertragbar ist. D.h. eine Konkretisierungsbefugnis besteht nur dann, wenn dies dem GK selbst durch 49

Auslegung zu entnehmen ist (s. allgemein dazu *Schmidt,* Konkretisierung von Generalklauseln im europäischen Privatrecht, S. 38 ff.). Für übertriebene oder unvernünftige Werbung kann hiervon – zumindest nach der Rechtsprechung des EuGH – grundsätzlich nicht ausgegangen werden. Insbesondere ist die Unbestimmtheit des Art. 87 oder des Art. 88 Abs. 2 GK nicht mit dem Fall gleichzusetzen, in dem eine explizit vorgesehene Konkretisierung durch den Gemeinschaftsgesetzgeber noch nicht erfolgt und die Konkretisierungskompetenz daher einstweilen noch bei den Mitgliedstaaten verbleibt (s. EuGH Urt.v. 29.04.2010 – C 446/08, Slg. 2010, I-3973 Rn. 24 – Solgar Vitamin's France zur Festlegung von Höchstmengen für Nahrungsergänzungsmittel nach der Richtlinie 2002/46/EG). Vielmehr interpretierte der EuGH Art. 87 Abs. 3 GK extrem weit und vom Wortlaut und der Systematik der Vorschrift kaum gedeckt (s. o. Rdn. 48), in einer Weise, die einer Generalklausel gegen »übertriebene und unvernünftige Heilmittelwerbung« zumindest nahe kommt (EuGH Urt. v. 08.11.2007 – C-374/05, GRUR 2008, 267 Rn. 51 – Gintec). So hat der EuGH die Vereinbarkeit des nationalen Verbots, mit aleatorischen Anreizen zu werben, mit einem gleichgerichteten Verbot des GK im konkreten Fall begründet. Dieses leitete er aus einer Gesamtanalogie zu einer Vielzahl ähnlicher Regelungen im GK (neben Art. 87 Abs. 3 auch 88 Abs. 6 und 96 Abs. 1) her und verwies besonders darauf, dass der in Aussicht gestellte Preis das Arzneimittel selbst war. Offensichtlich will der EuGH Regelungslücken des GK, die außerhalb der Irreführungstatbestände bestehen, auf der Basis von Art. 87 Abs. 3 und Erwägungsgrund 45 GK durch Analogien und Rechtsfortbildung selbst schließen und damit Regelungsspielräume der Mitgliedstaaten ausschließen. Die festgestellte Richtlinienkonformität von § 11 Abs. 1 Nr. 13 beruht also nicht auf einer Konkretisierungsbefugnis des nationalen Gesetzgebers, sondern schlicht darauf, dass der deutsche Gesetzgeber die verbindliche Wertung des GK für die konkrete Fallgestaltung zutreffend klargestellt hat. Inwieweit dies auch für die Öffentlichkeitswerbung mit Werbegaben gem. § 7 gilt ist Gegenstand einer aktuellen Vorlagefrage des BGH (Beschl. v. 20.02.2020 – I ZR 214/18, GRUR 2020, 659 – Gewinnspielwerbung), wobei allerdings zweifelhaft scheint, ob es sich überhaupt um eine produktbezogene Werbung i.S.d. GK handelt.

50 Im Ergebnis obliegt nach dem GK die Konkretisierung der Vorschriften über übertriebe und unvernünftige Werbung ebenso wie die Konkretisierung der Irreführungsverbote dem EuGH und den als Unionsgerichten handelnden nationalen Gerichten, die den Einzelfall zu bewerten haben (o. Rdn. 47). Zwingende nationale Regelungen, die den GK ohne Wertungsmöglichkeiten der Gerichte konkretisieren, sind richtlinienwidrig (s. für »per-se-Verbote« im UWG auch BGH Urt. v. 05.06.2008 – I ZR 4/06, GRUR 2008, 807 Rn. 21 – Millionen-Chance; anders bei Wertungsmöglichkeit im Einzelfall BGH Urt. v. 11.03.2009 – I ZR 194/06, GRUR 2009, 1064 Rn. 19 f. – Geld-zurück-Garantie II). Sie sind nach den allgemeinen Grundsätzen über die unmittelbare Anwendung von EU-Richtlinien und die Auslegung des nationalen Rechts gegebenenfalls unangewendet zu lassen oder richtlinienkonform fortzubilden (o. Rdn. 31 ff., 37 ff.). Ein derart weitgehendes Verständnis der Vollharmonisierung lässt sich mit dem zugrunde liegenden Ziel rechtfertigen, handelsbeschränkende Regelungsunterschiede in den Mitgliedstaaten so weit wie möglich zu beseitigen. Denn bei nationalen »Konkretisierungen« sind materielle Differenzierungen unausweichlich. Die vom EuGH faktisch beanspruchte Kompetenz, durch eigene Lückenfüllung das Niveau des Gesundheitsschutzes verbindlich festzulegen, beschwört aber die Gefahr eines ultra-vires-Handelns herauf (Art. 168 Abs. 7 AEUV, s. *Dettling* APR 2006, 1 ff.; *Mand* WRP 2008, 906, 912). Ein solches Vorgehen ist daher nur akzeptabel, wenn der Regelungskompetenz der Mitgliedstaaten durch eine weite Auslegung der **Öffnungsklauseln des GK** Rechnung getragen wird (s. z.B. § 7 HWG Rdn. 18).

### 4. Richtlinie über unlautere Geschäftspraktiken (UGP-RL)

51 Die UGP-RL harmonisiert zum Schutz der wirtschaftlichen Interessen der Verbraucher die Geschäftspraktiken der Unternehmen – einschließlich Werbung und Marketing (Art. 2 Buchst. c UGP-RL) – grundsätzlich vollständig (EuGH Urt. v. 23.04.2009 – C-299/07, GRUR 2009, 599 Rn. 51 f. – Sanoma unter Hinweis auf Art. 4 UGP-RL). Ungeachtet des missverständlichen Wortlauts der Binnenmarktklausel des Art. 4 UGP-RL bleibt die Wirkung der Richtlinie aber auf den koordinierten Bereich begrenzt (*Ohly* WRP 2006, 1401, 1409).

Folgende Einschränkungen des in Art. 3 definierten Anwendungsbereichs der UGP-RL sind für die 52
Heilmittelwerbung zu beachten: Die UGP-RL gilt nur für B2C-Werbung, also die Werbung eines
Unternehmens gegenüber Endverbrauchern (Art. 3 Abs. 1). Weiterhin unberührt bleiben die verbindlichen Vorgaben des Gemeinschaftskodexes und anderer Rechtsvorschriften der Gemeinschaft
(Art. 3 Abs. 4 und 5). D.h. diese Regelungen gehen als leges speciales der UGP-Ril vor (EuGH
Urt. v. 16.07.2015 – C-544 und 545/13, ECLI:EU:C:2015:481 Rn. 80 f. – Abcur). A priori verengt sich der Anwendungsbereich der UGP-RL damit auf die vom Gemeinschaftskodex nicht vollständig harmonisierte Publikumswerbung für Arzneimittel und sonstige Heilmittel.

Selbst insoweit gestattet die UGP-RL – unabhängig von der großzügigen Übergangsregelung in 53
Art. 3 Abs. 5 UGP – nationale heilmittelwerberechtliche Reglementierungen: Dies gilt nicht nur
in Bezug auf reglementierte (Heil-) Berufe (Art. 3 Abs. 8, Art. 2 Buchst. l), sondern generell für
die auf den **Gesundheitsschutz** gerichteten Normen des HWG (Art. 3 Abs. 3 und Erwägungsgrund 9). Die hieraus resultierende Befugnis der Mitgliedstaaten, nationale Rechtsvorschriften über
Gesundheitsaspekte von »Produkten«, d.h. von Dienstleistungen und Waren (Art. 2 Buchst. c) wie
Arznei- und Heilmittel (Erwägungsgrund 9), beizubehalten oder neu zu erlassen, ist weit auszulegen. Schon aus kompetenzrechtlichen Gründen (Art. 168 Abs. 7 AEUV) erstreckt sich die Befugnis auch auf Vorschriften, die – wie die Rabattbeschränkungen gem. § 7 – unabhängig von einer
möglichen Gesundheitsgefährdung im Einzelfall der Funktionsfähigkeit und finanziellen Stabilität
des deutschen Gesundheitssystems insgesamt dienen (BGH Urt. v. 09.09.2010 – I ZR 193/07,
NJW 2010, 3721 Rn. 13 – Unser Dankeschön für Sie zur AMPreisV). Keine Bedenken bestehen
schließlich, nationale gesundheitsbezogene Werberestriktionen über die Transformationsnorm
des § 3a UWG wettbewerbsrechtlich durchsetzbar zu machen (BGH Urt. v. 12.02.2015 – I ZR
213/13, GRUR 2015, 813 Rn. 11 – Fahrdienst zur Augenklinik; Urt. v. 15.01.2009 – I ZR 141/
06, GRUR 2009, 881 Rn. 16 – Überregionaler Krankentransport; BGH Urt. v. 10.12.2009 –
I ZR 189/07, MedR 2010, 783 Rn. 19 – Golly Telly; *Mand* NJW 2010, 3681, 3684; *Köhler*
GRUR 2008, 841, 848). Der missverständliche Wortlaut von Erwägungsgrund 15 UGP-RL kann
im Lichte von Art. 168 Abs. 7 AEUV die Kompetenz der Mitgliedstaaten zur Ausgestaltung geeigneter Sanktionen generell, d.h. auch bei Normierung von zusätzlichen Informationspflichten
z.B. im Rahmen der Pflichtangaben gem. § 4, nicht begrenzen (a.A. offenbar *Micklitz* in: MüKo-
Lauterkeitsrecht-EG, F Rn. 264).

Erhebliche Auswirkungen hat die UGP-RL dagegen auf rein nationale Regelungen zur Heilmittel- 54
werbung, die nicht (auch) dem Gesundheitsschutz dienen, sondern die wirtschaftlichen Interessen
der Verbraucher vor unlauteren Geschäftspraktiken schützen. Dieser Schutz ergibt sich in Deutschland primär aus dem UWG (s. o. Rdn. 2). Die Vollharmonisierung durch die UGP-RL statuiert
hier über den Gemeinschaftskodex hinaus verbindliche Standards (vgl. z.B. Anhang 1 Nr. 17 UGP-
RL/Anhang zu § 3 Abs. 3 UWG Nr. 18). Ihnen ist in gleicher Weise wie beim GK v. a. im Rahmen
der Auslegung und Fortbildung des nationalen Rechts Rechnung zu tragen.

### 5. E-Commerce-Richtlinie

Außerhalb der vollharmonisierenden Rechtsakte der EU ist schließlich die E-Commerce-Richtlinie 54a
2000/31 zu beachten. Den gem. Art. 2 lit. a, h der Richtlinie 2000/31 i.V.m. Art. 1 Abs. 1 Nr. 2
der Richtlinie 98/34 auf **Online-Sachverhalte** begrenzten Anwendungsbereich der Richtlinie hat der
EuGH bezogen auf Werbesachverhalte weit ausgelegt und – trotz des mit einzelnen »physischen«
Werbeelementen verbundenen Medienbruchs – auf den **Schwerpunkt der Tätigkeit** des Werbenden abgestellt (EuGH Urt. v. 01.10.2020 – C-649/18, GRUR 2020, 1219 Rn. 53 ff. für »Internet-
Apotheken«). Nach Art. 3 Abs. 2 der Ril 2000/31 darf ein Mitgliedstaat den freien Verkehr von
Diensten der Informationsgesellschaft aus einem anderen Mitgliedstaat nach Art. 3 II der RL 2000/
31 grundsätzlich nicht einschränken. Allerdings sieht Art. 3 lit a der Richtlinie den **Schutz der öffentlichen Gesundheit** als Rechtfertigungsgrund für Beschränkungen ausdrücklich vor. Für die Prüfung
greift der EuGH auf die Maßstäbe zu den Grundfreiheiten, namentlich der Warenverkehrs- und die
Dienstleistungsfreiheit gem. Art. 34, Art. 56 AEUV zurück (EuGH Urt. v. 01.10.2020 – C-649/18,

GRUR 2020, 1219 Rn. 53), so dass hierauf verwiesen werden kann (o. Rdn. 24). Insbes. erkennt der EuGH auch im Rahmen der E-Commerce-RL einen Wertungsspielraum der Mitgliedstaaten an, weshalb er weitreichende Werbebeschränkungen zum Schutz »der Würde regelmentierter Berufe« (Apotheker, Ärzte etc.) als geeignet und erforderlich akzeptiert hat, sofern die Geschäftstätigkeit dadurch nicht vollständig unmöglich gemacht wird (EuGH GRUR 2017, 627 Rn. 67 u. 68 – Vanderborght; Urt. v. 01.10.2020 – C-649/18, GRUR 2020, 1219 Rn. 66, 71 ff.; *Mand* A & R 2021, Heft 5).

### III. EU-Grundrechte

**55** Seit Inkrafttreten des Lissabon-Vertrags am 01.12.2009 erkennt Art. 6 Abs. 1 EU-Vertrag die Grundrechtecharta (GRC – ABl. 2007, C-303/1 ff.) als den Verträgen gleichrangig an. Damit hat der europäische Grundrechtsschutz eine neue Grundlage, die das bisherige Transparenzdefizit der EU-Grundrechte beseitigt. Neben der GRC achtet die Union gem. Art. 6 Abs. 3 EU-Vertrag aber auch weiterhin die sich aus den gemeinsamen Verfassungsüberlieferungen der Mitgliedstaaten ergebenden und vom EuGH in jahrzehntelanger Rechtsprechung spezifizierten Grundrechte »als allgemeine Grundsätze des Unionsrechts« (vgl. *Mand* JZ 2010, 337, 340).

**56** Die Gemeinschaftsgrundrechte, insbes. die Berufs- und Meinungsfreiheit, bilden den primären Prüfungs- und Auslegungsmaßstab sowohl für Werbenormen des GK wie auch für die nicht optionalen nationalen Umsetzungsnormen (Art. 51 GRC, s.a. BVerfG Beschl. v. 06.11.2019 – 1 BvR 276/17, NJW 2020, 3014 (LS 2) und Rn. 42 ff. – Recht auf Vergessen II; BGH Urt. v. 16.07.2009 – I ZR 23/06, WRP 2009, 1100 – Arzneimittelpräsentation im Internet; OLG Hamburg Urt. v. 30.06.2009 – 3U 13/09, MD 2009, 737, 748 Rn. 59 ff. – Warentest; überaus knapp und im Ergebnis vom OLG Hamburg abweichend OLG München Urt. v. 22.01.2009 – 29 U 4943/08, PharmaR 2009, 173, 174 – ÖKO-Test; näher *Mand* JZ 2010, 337, 340). Eine Prüfung anhand der Grundrechte des GG scheidet demgegenüber so lange aus, wie die Gemeinschaftsgerichte einen im Wesentlichen vergleichbaren Schutzstandard auf Gemeinschaftsebene gewährleisten und die Identität der deutschen Verfassung nicht verletzt ist (s.u. Rdn. 61).

**57** Die **Berufsfreiheit** und die **wirtschaftliche Betätigungsfreiheit** sind nach Art. 15 und 16 GRC garantiert. Der EuGH hatte sie als einen aus den gemeinsamen Verfassungsüberlieferungen der Mitgliedstaaten geschöpften Bestandteil des ungeschriebenen Unionsrechts, aber auch schon bisher als Grundrechte anerkannt (zur Berufsfreiheit EuGH Urt. v. 14.05.1974 – 4/73, NJW 1975, 518, 520 – Hauer; NJW 1987, 568, 569 – Keller; zur parallelen Auslegung der wirtschaftlichen Betätigungsfreiheit: EuGH Urt. v. 14.10.1999 – C-104/97 P, Slg. 1999, I-6983 Rn. 62 f. – Atlanta). Anders als Art. 12 GG im nationalen Recht spielt das Gemeinschaftsgrundrecht der Berufsfreiheit für die Auslegung und Prüfung des sekundären Unionsrechts nur eine untergeordnete Rolle. Soweit der EuGH überhaupt eine Beschränkung der Berufsfreiheit erkannt hat, rechtfertigte er diese im Rahmen einer unter dem Terminus der »Wesensgehaltsprüfung« durchgeführten Verhältnismäßigkeitsbetrachtung (Grabitz/Hilf/Nettesheim/*Pernice/Mayer* nach Art. 6 EUV Rn. 43, 130 f.) eher großzügig »durch die dem Gemeinwohl dienenden Ziele der Gemeinschaft« (EuGH Urt. v. 14.05.1974 – 4/73, NJW 1987, 568, 569 – Keller). Anstelle der Berufsfreiheit rekurriert der EuGH häufiger auf die **Grundfreiheiten des EG-Vertrags** (zur Herleitung des Verbraucherleitbild s.o. Rdn. 20). Teilweise, wie beim Schutz von Berufsgeheimnissen gegenüber Kennzeichnungspflichten bei Futtermitteln, hat der EuGH auch schlicht eine Prüfung anhand des »**unionsrechtlichen Grundsatzes der Verhältnismäßigkeit**« vorgenommen (EuGH Urt. v. 06.12.2005 – C-453/03, C-11/04, C-12/04, C-194/04, Slg. 2005, I-10423 Rn. 67 ff. – ABNA). Die unionsrechtlichen Kontrollmaßstäbe sind somit heterogen; das gewährleistete Schutzniveau weicht bisweilen erheblich von der ausdifferenzierten Rspr. des BVerfG zu Art. 12 GG ab (s. Grabitz/Hilf/Nettesheim/*Pernice/Mayer* nach Art. 6 EUV Rn. 141: »keine verlässlichen Aussagen« möglich; *Mand* JZ 2010, 337, 341).

**58** Ähnliches galt lange Zeit für den bisher primär im Lichte von Art. 10 EGMR hergeleiteten Schutz der **Meinungsfreiheit** (EuGH Urt. v. 02.04.2009 – C-421/07, EuZW 2009, 428, 430 Rn. 26 – Frede Damgaard). Insoweit hat der EuGH über Art. 10 Abs. 2 EMRK bei werblichen Äußerungen weitreichende gesetzliche Einschränkungen zugunsten legitimer Allgemeininteressen, wie dem Gesundheitsschutz, anerkannt. Hintergrund ist eine Verhältnismäßigkeitsprüfung, nach der der Eingriffsspielraum umso größer ist, je weniger in der fraglichen Äußerung eine Meinungsbekundung zu einem Thema allgemeinen Interesses zu sehen ist und je näher der Bezug zum Geschäftsverkehr ist (EuGH Urt. v. 25.03.2004 – C-71/02, Slg. 2004, I-3025 Rn. 50 f. – Karner; Urt. v. 02.04.2009 – C-421/07, EuZW 2009, 428, 430 Rn. 27 f. – Frede Damgaard; s.a. EGMR Urt. v. 17.10.2002– 37 928/97 Tz. 46 ff. – STAMBUK v. GERMANY). Während der EGMR auch der Werbung im Einzelfall zutreffend eine erhebliche Meinungsrelevanz zuspricht (EGMR Urt. v. 25.03.1985 – Nr. 10/1983/66/101, GRUR Int 1985, 468, 471 Rn. 58 – BARTHOLD v. GERMANY: Äußerungen eines Tierarztes zum tierärztlichen Notdienst; ebenso BGH Urt. v. 26.03.2009 – I ZR 213/06, GRUR 2009, 984, 986 Rn. 20 ff. – Festbetragsfestsetzung), hat der EuGH der (Heilmittel-) Werbung bisher recht undifferenziert eine den gesellschaftlichen Diskurs allgemein tangierende Wirkung abgesprochen. Weil die Vermittlung von gezielt absatzfördernden Informationen im Vordergrund stehe und die Werbeverbote daher lediglich »komplexe und wandelbare« kommerzielle Äußerungen beschränkten, hat er die Verbote nur sehr rudimentär auf eine offensichtliche Unverhältnismäßigkeit hin geprüft (EuGH Urt. v. 25.03.2004 – C-71/02, Slg. 2004, I-3025 Rn. 51 f. – Karner), selbst wenn die Äußerungen von unabhängigen Dritten stammten (EuGH Urt. v. 02.04.2009 – C-421/07, EuZW 2009, 428, 430 Rn. 27 f. – Frede Damgaard). Mehr noch als beim Schutz der wirtschaftlichen Betätigungsfreiheit droht diese Praxis den gebotenen (*Mand* JZ 2010, 337, 339, 347 f.; zurückhaltend *Doepner* PharmaR 2010, 560, 569 ff.) und in der Rechtsprechung des BVerfG und des BGH zu Art. 5 Abs. 1 GG anerkannten Schutz der Meinungsfreiheit unangemessen zu verkürzen (zur Reservekontrolle durch das BVerfG s.u. Rdn. 61). Ob sich durch die Kodifikation der Meinungsfreiheit in Art. 11 GRC die Rechtsprechung des EuGH künftig verändert, bleibt abzuwarten: Dagegen spricht, dass sich die Auslegung der GRC gem. Art. 53 Abs. 3 GRC an der EMRK orientieren soll, auf deren Art. 10 EMRK der EuGH den Schutz der Meinungsfreiheit schon in der Vergangenheit gestützt hat. Zudem stellen die als Auslegungsgesichtspunkt zu berücksichtigenden Erläuterungen zur GRC (ABl 2007, C-303/17, S. 21) explizit klar, dass sich Art. 11 GRC und Art. 10 EMRK inhaltlich entsprechen. Unabhängig davon sprach sich immerhin GA Trestenjak für eine weitergehende Beachtung der Meinungsfreiheit bei der Auslegung des GK aus (Schlussanträge v. 24.11.2010 C 316/09 Rn. 70 ff. – MSD Sharp & Dohme GmbH, s.a. § 10 HWG Rdn. 15 ff.). Die eklatante Zurückhaltung des EuGH bei der Gewährleistung der Grundrechtsstandards im Rahmen der Auslegung des EU-Sekundärrechts dürfte ein wesentlicher Grund dafür sein, dass das **BVerfG** nunmehr hinsichtlich der nationalen Umsetzungsakte eine **eigene Prüfungskompetenz** für sich in Anspruch nimmt (BVerfG Beschl. v. 06.11.2019 – 1 BvR 276/17, NJW 2020, 3014 (LS 2) und Rn. 50 ff. – Recht auf Vergessen II).

### E. Nationale Grundrechte

Heilmittelwerberechtliche Ver- und Gebote im nationalen Recht beschränken neben der allgemeinen Handlungsfreiheit (Art. 2 Abs. 1 GG) regelmäßig die Berufsausübungsfreiheit (Art. 12 Abs. 1 GG, s. BVerfG Urt. v. 22.05.1996 – 1 BvR 744/88 u.a.; BVerfGE 94, 372, 389 – Apothekenwerbung; BVerfG Beschl. v. 30.04.2004 – 1 BvR 2334/03, NJW 2004, 2660 – Botox), die Meinungs- und Pressefreiheit (Art. 5 Abs. 1 GG, s. BVerfG Beschl. v. 01.08.2001 – 1 BvR 1188/92, NJW 2001, 3403 – Therapeutische Äquivalenz; allg. BVerfG Urt. v. 01.12.2000 – 1 BvR 1762/95, BVerfGE 102, 347 – Benetton-Werbung) und vereinzelt die Religionsfreiheit (BVerfG Urt. v. 16.10.1968 – 1 BvR 241/66, NJW 1969, 31 – Kanzelwerbung). Aufseiten der Werbeadressaten kann die Informationsfreiheit gem. Art. 5 Abs. 1 GG tangiert sein. 59

Dem grundrechtlichen Schutz der Werbung ist sowohl bei der unmittelbaren straf- und ordnungswidrigkeitsrechtlichen Durchsetzung des HWG als auch im Rahmen von privaten Wettbewerbsstreitigkeiten Rechnung zu tragen, bei denen die Grundrechte mittelbar zum Tragen kommen: Die Einschränkung der Grundrechte infolge eines Werbeverbots muss im Lichte der mit dem HWG verfolgten legitimen Gemeinwohlbelange gerechtfertigt, insbesondere **im konkreten Fall** auch **verhältnismäßig**, sein. Bei Einschränkungen der Meinungsfreiheit sind HWG und UWG deshalb als allgemeine Gesetze so auszulegen und in ihrer grundrechtsbeschränkenden Wirkung selbst 60 wieder so einzuschränken, dass der besondere Gehalt von Art. 5 Abs. 1 GG zur Geltung kommt (grundlegend BVerfGE 7, 198, 206 ff. – Lüth). Entsprechendes gilt mutatis mutandis für die Berufsfreiheit (BVerfG Beschl. v. 30.04.2004 – 1 BvR 2334/03, NJW 2004, 2660 – Botox; BGH Urt. v. 01.03.2007 – I ZR 51/04, GRUR 2007, 809 – Krankenhauswerbung).

61 Die verfassungsrechtlich geprägte Auslegung des HWG hat das Heilmittelwerberecht zuletzt erheblich liberalisiert. Das Unionsrecht und speziell der GK setzen dieser Rspr. jedoch zu wenig beachtete Grenzen: Der **Anwendungsvorrang des Unionsrechts**, einschließlich des Sekundärrechts, besteht nicht nur gegenüber dem einfachen Gesetzesrecht der Mitgliedstaaten, sondern grds. auch **gegenüber** deren **Verfassungen**. Verletzungen von Grundrechten des GG durch sekundäres Unionsrecht und der dadurch zwingend vorgegebenen nationalen Umsetzungsnormen (BVerfG Beschl. v. 09.01.2001 – 1 BvR 1036/99, NJW 2001, 1267, 1268) können nicht geltend gemacht werden, »wenn nicht die europäische Rechtsentwicklung einschließlich der Rspr. des EuGH unter den erforderlichen Grundrechtsstandard abgesunken ist« (BVerfG Urt. v. 09.06.2004 – 1 BvR 63/02, NVwZ 2004, 1346, 1346 f. unter Hinweis auf BVerfG Beschl. v. 22.10.1986 – 2 BvR 197/83, BVerfGE 73, 339, 376 ff. – Solange II; 89, 155, 174 f. – Maastricht; 102, 147, 161 ff. – Bananenmarktordnung; BVerfG Urt. v. 30.06.2009 – 2 BvE 2/08 u.a., NJW 2009, 2267 ff. – Lissabon; *Masing* NJW 2006, 264, 265). Wenn HWG und UWG nur die im GK normierten (Mindest-)Standards umsetzen, scheiden eine grundrechtliche Kontrolle anhand des GG und eine verfassungskonform einschränkende Auslegung demnach grds. aus (BVerfG Beschl. v. 06.11.2019 – 1 BvR 276/17, NJW 2020, 3014 (LS 2) und Rn. 42 ff. – Recht auf Vergessen II; vgl. auch OLG Hamburg Urt. v. 30.06.2009 – 3U 13/09, MD 2009, 737, 748 Rn. 42 ff.; *Doepner/Reese*, Einl. HWG Rn. 76, 134 ff.; *Mand* JZ 2010, 337, 347 m.w.N.; a.A. BGH Urt. v. 06.05.2004 – I ZR 265/01, GRUR 2004, 799, 799 f. – Lebertrankapseln; Urt. v. 26.03.2009 – I ZR 213/06, GRUR 2009, 984, 986 Rn. 19 ff. – Festbetragsfestsetzung, aber mit knappem Hinweis auf angeblich gleiche Standards der EMRK; *Bülow* GRUR 2005, 482, 482; die Richtlinienproblematik übergehend BVerfG Beschl. v. 30.04.2004 – 1 BvR 2334/03, NJW 2004, 2660 – Botox). Diese Einschränkung ist wegen der bisher unzureichenden Berücksichtigung der Unionsgrundrechte durch den EuGH zwar bedauerlich, sie wird aber durch die vom BVerfG neuerdings beanspruchte eigene Prüfungskompetenz ausgeglichen (Rdn. 58 a.E.).

62 Im Anwendungsbereich des GK (o. Rdn. 26) bleibt die verfassungsrechtlich geprägte Auslegung des HWG bedeutsam, soweit der deutsche Gesetzgeber **Öffnungsklauseln** für strengere Standards genutzt oder auf die Option weniger strenger Standards verzichtet hat (BVerfG Beschl. v. 06.11.2019 – 1 BvR 16/13, NJW 2020, 300 (LS 1) und Rn. 41 ff. – Recht auf Vergessen I). Gleiches gilt **außerhalb des durch den GK harmonisierten Bereichs**, soweit das deutsche Heilmittelwerberecht die Standards der UGP-RL zum Schutz der Gesundheit verschärft. Erhebliche Auswirkungen ergeben sich hier vor allem für abstrakte Gefährdungstatbestände (z.B. Art. 11): Je weniger diese unmittelbar bestimmten Gesundheitsgefahren entgegenwirken, desto weniger rechtfertigen es die Gesichtspunkte der rechtssicheren, zweckmäßigen und kostengünstigen Rechtsanwendung, auf eine konkrete Feststellung der Gesundheitsgefahren und eine Abwägung mit den beschränkten Freiheitspositionen der Werbenden im Einzelfall zu verzichten. Abstrakte Gefährdungstatbestände, die nur in einem entfernteren Sinne indirekt Gesundheitsgefahren minimieren, sind daher anhand des typisierenden Tatbestandsmerkmals der **zumindest mittelbaren Gesundheitsgefährdung** verfassungskonform einschränkend auszulegen (BGH Urt. v. 06.05.2004 – I ZR 265/01, GRUR 2004, 799, 800 – Lebertrankapseln; Urt. v. 01.03.2007 – I ZR 51/04, GRUR 2007, 809, 810 – Krankenhauswerbung; kritisch *Doepner* PharmaR 2010, 560, 569 ff.). Liegt selbst eine mittelbare Gefährdung in der konkreten Fallgestaltung fern (BGH Urt. v. 06.05.2004 – I ZR 265/01, GRUR 2004, 799, 800 – Lebertrankapseln »nicht nur als geringfügig einzustufende Gefahr«), ist das Verbot nicht anzuwenden; fehlt generell jeder plausible Wirkungszusammenhang zwischen dem Werbeverbot und dem intendierten Schutzziel, ist die betreffende Norm des HWG insgesamt verfassungswidrig und vom BVerfG für nichtig zu erklären (eingehend *Bülow* GRUR 2005, 482, 483 ff.).

Eine verfassungsrechtlich einschränkende Auslegung von Werbeverboten kann auch außerhalb von 62a
§ 11 – insbesondere bei Informationen über passive Werbeplattformen wie dem Internet (BVerfG Beschl. v. 30.04.2004 – 1 BvR 2334/03, NJW 2004, 2660, 2661 – Botox) – geboten sein. Anknüpfungspunkt ist hier vor allem das Tatbestandsmerkmal der Produktwerbung (s. § 1 HWG Rdn. 6, § 10 HWG Rdn. 7). Die Rabatt- und Zuwendungsbeschränkungen des § 7 sind in der Publikumswerbung, soweit sie nicht der werberechtlichen Absicherung der deutschen Arzneimittelpreisregulierung dienen, dahin einzuschränken, dass ein Verbot nur bei Verkaufsfördermaßnahmen greift, welche die konkrete Gefahr eines unzweckmäßigen, potenziell gesundheits- oder vermögensgefährdenden Heilmitteleinsatzes begründen (s. § 7 HWG Rdn. 29 ff.).

## F. Anwendungsbereich des HWG in Angelegenheiten der gesetzlichen Krankenversicherung (GKV)

Gem. §§ 69 Abs. 1 Satz 1 und 4 SGB V regeln das 4. Kapitel (§§ 69 bis 140 h) sowie die §§ 63 und 63
64 SGB V »abschließend« die Rechtsbeziehungen der gesetzlichen Krankenkassen zu den Leistungserbringern und zwar auch »soweit durch diese Rechtsbeziehungen Rechte Dritter betroffen sind«. Ausgeschlossen ist damit die Anwendung des allgemein dem Privatrecht zugeordneten Wettbewerbsrechts im Leistungserbringungsrecht der GKV (BSGE 87, 95, 98; BGH Urt. v. 23.02.2006 – I ZR 164/03, GRUR 2006, 517 ff. – Blutdruckmessungen). Über diese vom Gesetzgeber intendierte (BT-Drs. 14/1245 S. 68) Bereichsausnahme hinaus scheint der Gesetzeswortlaut prinzipiell auch alle öffentlich-rechtlichen Verhaltensdeterminanten im Leistungserbringungsrecht der GKV zu derogieren, zumal § 69 Abs. 1 Satz 2 SGB V im Verhältnis zu den Krankenhäusern zusätzlich zu den genannten Vorschriften des SGB V explizit und allein das Krankenhausfinanzierungs- und Krankenhausentgeltgesetz samt zugehöriger RechtsVOen für anwendbar erklärt. Schließlich sieht § 69 Abs. 2 SGB V hinsichtlich der den Wettbewerb regelnden Normen ausdrücklich eine prinzipielle Anwendung (nur) des Kartellvergaberechts sowie eine entsprechende Anwendung des Kartellverbots und der kartellrechtlichen Missbrauchsaufsicht vor. Damit könnte das HWG unanwendbar sein.

Eine solch extensive Derogationswirkung führte jedoch zu rechtsstaatlich inakzeptablen Regelungslücken. Sie ist überdies mit den materiellen Regelungen im SGB V und im HWG selbst 63a
unvereinbar: So sanktioniert § 7 Abs. 1 Satz 1 Nr. 1 und Nr. 2 ausdrücklich Verstöße gegen die neuen sozialrechtlichen Preisregelungen in § 129 Abs. 3 SGB V, weshalb von einer Anwendung des HWG auch in Angelegenheiten der GKV auszugehen ist (i.E. ebenso *Reese/Stallberg* PharmaR 2008, 221, 225). Speziell für das HWG wäre die generelle Annahme einer Bereichsausnahme auch unionsrechtlich zweifelhaft, weil der GK Arzneimittelwerbung unabhängig von ihrer Beziehung zum Leistungserbringungsrecht der GKV und sogar unabhängig davon erfasst, ob die Werbung von »unabhängigen Dritten außerhalb ihrer kaufmännischen oder gewerblichen Tätigkeit ausgeht« (EuGH Urt. v. 02.04.2009 – C-421/07, EuZW 2009, 428, 429 Rn. 22 – Frede Damgaard; unklar EuGH Urt. v. 22.04.2010 – C-62/09, PharmaR 2010, 283 Rn. 34–36 – Association of the British Pharmaceutical Industry). Allerdings ist, soweit sich Krankenkassen im Rahmen ihrer Kompetenzen äußern, in der Regel der Werbecharakter zu verneinen (EuGH Urt. v. 22.04.2010 – C-62/09, PharmaR 2010, 283 Rn. 32 f. – Association of the British Pharmaceutical Industry; s.u. § 1 HWG Rdn. 15 ff.). Sofern ausnahmsweise eine Heilmittelwerbung vorliegt wird man § 69 SGB V bei fehlenden straf- und ordnungswidrigkeitenrechtlichen Sanktionen im Lichte der Art. 97, 99 GK allerdings richtlinienkonform einschränken und betroffenen Privaten auch ein Klagerecht nach § 3a UWG einräumen müssen. Dasselbe Ergebnis lässt sich z.T. schon aus der Rspr. des BGH zur Mitgliederwerbung der GKV ableiten: Werbemaßnahmen der Kassen sind hiernach keine reine »Angelegenheit der GKV«, bei denen allein nach § 69 SGB V das private Wettbewerbsrecht ausgeschlossen ist (BGH Urt. v. 09.06.2011 – I ZR 28/06, GRUR 2007, 535, 536 – Gesamtzufriedenheit; BGH Vorlagebeschl. v. 18.01.2012 – I ZR 170/10, GRUR 2012, 288 – Betriebskrankenkasse I; Urt. v. 30.04.2014 – I ZR 170/10, GRUR 2014, 1120 Rn. 27 f. – Betriebskrankenkasse II).

## G. Internationaler Anwendungsbereich des HWG

**64** Das HWG enthält keine **einseitige Kollisionsnorm**, die regelt, wann deutsches Heilmittelwerberecht bei einer Auslandsberührung anzuwenden ist. Auch § 13, welcher die hoheitliche Durchsetzung des HWG bei Auslandssachverhalten erleichtern soll, setzt die Anwendbarkeit des HWG voraus (s. § 13 HWG Rdn. 1, 4).

### I. Hoheitliche Sanktionen (§§ 14 bis 16 HWG)

**65** Für die **straf- und ordnungswidrigkeitenrechtlichen Sanktionen**, die an HWG-Verstöße anknüpfen (§§ 14 ff.), gilt das Internationale Strafrecht (§§ 3 ff. StGB, 5 OWiG). Dieses baut, anknüpfend an den Tatort, auf dem Territorialitätsprinzip auf (§ 3 StGB). Nach § 9 StGB gehört zum Tatort allerdings nicht nur der Handlungsort, sondern auch der Ort, an dem der »zum Tatbestand gehörende Erfolg eingetreten ist«. Bei **Distanzwerbung**, die vom Ausland ausgeht, hängt die Anwendbarkeit der §§ 14 ff. folglich davon ab, inwieweit ein solcher Erfolg im Tatbestand vorausgesetzt wird und im Inland eintritt.

**66** Die erste Voraussetzung, d.h. die **Erfolgsbezogenheit des Tatbestands**, ist praktisch bei allen von den §§ 14 ff. in Bezug genommenen Werbebeschränkungen des HWG zu bejahen, obwohl einige Normen auf den ersten Blick als abstrakte Gefährdungstatbestände formuliert sind. Denn aufgrund der gebotenen unionsrechts- und grundrechtskonformen Auslegung ist zumindest eine Prüfung erforderlich, ob die Heilmittelwerbung bei genereller Betrachtung geeignet ist, die Gesundheit oder – soweit geschützt – die wirtschaftliche Handlungsfreiheit der Werbeadressaten zu beeinträchtigen (s.o. Rdn. 30 ff., 55 ff., 59 ff.). Für die unionsrechtlichen Vorgaben im GK hat der EuGH eine solche Einzelfallprüfung wiederholt vorausgesetzt und die Tatbestände daher in der Terminologie des BGH als »abstrakt konkrete Gefährdungsdelikte« bzw. »potenzielle Gefährdungsdelikte« gedeutet (s. z.B. EuGH Urt. v. 22.04.2010 – C-62/09, PharmaR 2010, 283 Rn. 34 – Association of the British Pharmaceutical Industry; vgl. auch *Doepner* PharmaR 2010, 560, 567 f.). Die deutschen Gerichte haben die abstrakten Gefährdungsdelikte des HWG im Lichte der Grundrechte sogar teilweise zu konkreten Gefährdungsdelikten uminterpretiert (o. Rdn. 62, Dieners/Reese/*Reese/Holtdorf*, Hdb. des PharmaR § 11 Rn. 296; *Doepner* PharmaR 2010, 360, 563 ff.). Bereits die bei abstraktkonkreten Gefährdungsdelikten vorausgesetzte Gefährlichkeit für das im Tatbestand umschriebene Rechtsgut genügt nach der Rechtsprechung als Erfolg i.S.d. § 9 StGB (BGH Urt. v. 12.12.2000 – 1 StR 184/00, NStZ 2001, 305, 308 f. – Ausschwitzlüge; *Sieber* ZRP 2001, 97, 100); für die bei konkreten Gefährdungsdelikten erforderliche konkrete Gefahr ist dies heute allgemein anerkannt (MüKo-StGB-*Ambos/Ruegenberg*, § 9 Rn. 27 ff.; *Fischer*, StGB, § 9 StGB Rn. 5 ff.).

**67** Die zweite Voraussetzung, d.h. der Eintritt des Erfolgs bzw. der **Gefährdungslage im Inland**, richtet sich danach, ob die Werbung bestimmungsgemäß im Inland wahrgenommen werden kann (ähnlich *Sieber* NJW 1999, 2065, 2068). Es kann insoweit auf die Kriterien zurückgegriffen werden, die auch im Rahmen der wettbewerbsrechtlichen Durchsetzung des HWG gem. §§ 3, 4 Nr. 11, 8 f. UWG gelten (s. im Folgenden Rdn. 68 ff.). Das z.T. verlangte einschränkende Erfordernis einer Strafandrohung auch am Tatort (i.E. *Bülow/Ring*, § 1 HWG Rn. 9; s.a. § 7 Abs. 1 StGB) ist zurückzuweisen. Das Erfordernis einer identischen Tatortnorm soll völkerrechtlich das beim reinen passiven Personalitätsprinzip gegenüber dem Realprinzip (z.B. Sicherung der nationalen Bestandsschutzinteressen durch die Staatsschutzdelikte, § 5 Nr. 1–5 StGB) schwächere Verfolgungsinteresse ausgleichen und etwaige Friktionen mit dem Schuldgrundsatz vermeiden, wenn Tätern im Ausland die Kenntnis von der deutschen Staatsangehörigkeit des Opfers und damit von der (zusätzlichen) Anwendbarkeit deutschen Strafrechts fehlt (*Ambos*, Internationales Strafrecht, § 3 Rn. 59 ff.). Es greift folgerichtig nicht bei einer zielgerichteten Bewerbung auch des deutschen Marktes aus dem Ausland. Hier bleibt es infolge der Einbeziehung des Erfolgsorts in das Territorialitätsprinzip (§ 9 StGB, »Ubiquitätsprinzip«) nach § 3 StGB bei der Anwendbarkeit auch der §§ 14 ff..

## II. Wettbewerbsrechtliche Ansprüche wegen HWG-Verletzungen

Der internationale Anwendungsbereich des HWG im Rahmen von **Wettbewerbsstreitigkeiten** 68
richtet sich nach dem **Marktortprinzip**. Für wettbewerbsrechtliche Abwehr- und Schadensersatzansprüche ergibt sich dies ab dem 11.01.2009 für schadensbegründende Ereignisse nach dem Inkrafttreten der Rom-II-VO am 20.08.2007 (Art. 31, 32 Rom-II-VO, 296 Abs. 2 Satz 2 AEUV, ex 254 Abs. 1 Satz 2 EG, vgl. *Glöckner* IPRax 2009, 121,122 f.) direkt aus Art. 6 Rom-II-VO (KG Urt. v. 27.11.2015 – 5 U 20/14, juris Rn. 45 ff.), davor aus einer im Einzelnen umstrittenen Auslegung der Art. 40, 41 EGBGB a.F. (BGH Urt. v. 30.03.2006 – I ZR 24/03, WRP 2006, 736, 738 f.; *Gellißen,* Arzneimittelwerbung im Internet S. 15 ff., 32 ff.). Selbst wenn man das HWG aufgrund seiner auf den Gesundheitsschutz bezogenen Schutzrichtung und der strafrechtlichen Sanktionsmöglichkeiten als öffentliches Eingriffsrecht (Art. 16 Rom-II-VO) einordnete und im Rahmen von § 3a UWG gesondert anknüpfte (*Mankowski* GRUR 2006, 609, 612), gälte nicht das Territorialitätsprinzip. Vielmehr gelangte man wegen der wettbewerbsregelnden Tendenz des HWG auch dann – ebenso wie bei der Sonderanknüpfung des Arzneimittelpreisrechts (§ 78 AMG, AMPreisV) (s. dazu BGH Beschl. v. 09.09.2010 – I ZR 72/08, NJW 2010, 3724 Rn. 11 ff. – Sparen Sie beim Medikamentenkauf!; *Mand* NJW 2010, 3681, 3685 f.; *ders.* GRUR Int 2005, 637, 638 ff.) – zum Marktortprinzip als Kollisionsregel (*Mand* MMR 2003, 77, 79; *Mankowski* GRUR 2006, 609, 612).

Nach der Definition des Marktortprinzips in Art. 6 Abs. 1 Rom-II-VO ist für unlauteres Wett- 69
bewerbsverhalten das Recht des Staates anwendbar, in dessen Gebiet die »Wettbewerbsbeziehungen« oder die »kollektiven Interessen der Verbraucher« (wahrscheinlich) beeinträchtigt werden. Diese Formulierung weicht terminologisch von der überkommenen Definition in Deutschland ab, stimmt bei Werbung aber inhaltlich mit der Rspr. des BGH (Urt. v. 30.03.2006 – I ZR 24/03, WRP 2006, 736, 738 – Arzneimittelwerbung im Internet; GRUR 2004, 1035, 1036 – Rotpreis-Revolution) überein: Wenn sich Absatzbemühungen **bestimmungsgemäß** auf einem territorialen Markt **auswirken**, ist dessen Marktortrecht anzuwenden.

Wirkt die Werbung auf mehre Staaten ein (**Multistate-Werbung**), gilt das HWG für den deutschen 70
Teilmarkt. Die »Beeinträchtigung« der Interessen auf dem Inlandsmarkt muss aber eine gewisse Erheblichkeit haben, obwohl in Art. 6 Rom-II-VO das in der Entwurfsfassung noch enthaltene **Spürbarkeitskriterium** am Ende fallen gelassen wurde (zutreffend *Leible/Lehmann* RIW 2007, 721, 729). Die Eingriffsschwelle ist dem jeweiligen Werbemedium anzupassen. Bei der ubiquitär abrufbaren Internet-Werbung ist maßgebend, ob sich die Angebote bestimmungsgemäß zumindest auch an Abnehmer im Inland richten (KG Urt. v. 27.11.2015 – 5 U 20/14, juris Rn. 47). Starke Indizien sind z.B. der Gebrauch deutscher Sprache, eine deutsche Service-Hotline und ein Domain-Name mit der Top-Level-Domain ».de« für Deutschland (BGH Urt. v. 30.03.2006 – I ZR 24/03, WRP 2006, 736, 738 f. – Arzneimittelwerbung im Internet; *Mand* EuR 2007, 59, 65 m.w.N.). Ein Hinweis, das Online-Angebot gelte nicht für den deutschen Markt (sog. **Disclaimer**), steht der Annahme einer Interessenkollision im Inland nur entgegen, wenn der Disclaimer auch eingehalten wird (BGH Urt. v. 30.03.2006 – I ZR 24/03, WRP 2006, 736, 738 f. – Arzneimittelwerbung im Internet; *Mand* MMR 2003, 77, 78 m.w.N.).

Bei **reinen Online-Sachverhalten**, z.B. bei Internet-Werbung, nicht aber bei Vertragsschlüssen, 71
die ein schriftliches Rezept voraussetzen (EuGH Urt. v. 15.07.2021 – C-190/20, A & R 2021, 207 Rn. 26 f.; OLG München Urt. v. 02.07.2009 – 29 U 3992/08, A & R 2009, 184, 185 f.), ist zusätzlich das **Herkunftslandprinzip** gem. § 3 Abs. 1 u. 2 TMG zu beachten. Die Vorschrift setzt Art. 3 Abs. 1 u. 2 E-Commerce-Richtlinie (Richtlinie 2000/31/EG) insoweit identisch wie die Vorläufernorm in § 4 TDG (dazu *Mand* GRUR Int 2005, 637, 642 ff.) um. Außerhalb des Online-Bereichs statuiert die Binnenmarktklausel in Art. 4 UGP-RL – anders als noch die Entwurfsfassungen – kein allgemeines lauterkeitsrechtliches Herkunftslandprinzip, sondern unterstreicht nur die voll harmonisierende Wirkung der Richtlinie (EuGH Urt. v. 23.04.2009 – C-299/07, GRUR 2009, 599 Rn. 52 u. 63 – Sanoma).

Die **Wirkungen des Herkunftslandprinzips** hängen davon ab, ob man es kollisionsrechtlich 72
oder primär sachrechtlich deutet: Entweder ist das nationale Heilmittelwerberecht zugunsten des

Herkunftslandrechts nicht anwendbar oder sachlich so zu beschneiden, dass es die Standards des Herkunftslandrechts nicht übersteigt. Nach der Rechtsprechung des EuGH sind die Mitgliedstaaten nicht zu einer kollisionsrechtlichen Umsetzung von Art. 3 Abs. 1 u. 2 der E-Commerce-Richtlinie verpflichtet (Urt. v. 25.10.2011 – C-509/09 und C-161/10, Rn. 53 ff. – eDate AdvertisingGmbH). Der BGH hat die nationalen Umsetzungsnormen in § 3 TMG daher überzeugend lediglich als sachrechtliches Korrektiv ausgelegt (BGH Urt. v. 08.05.2012 – VI ZR 217/08, NJW 2012, 2197 Rn. 23 ff.) Trotz der sachrechtlichen Deutung ist das Herkunftsrecht im Prozess festzustellen und als verbindlicher Höchstmaßstab zu beachten (*Ohly* GRUR Int 2001, 899, 901; *Spindler* ZHR 165 [2001], 324, 335 f.: kollisionsrechtlicher Mindestgehalt). Das Herkunftslandprinzip bleibt daher nach Art. 27 i.V.m. Erwägungsgrund 35 Rom-II-VO (weiter anzuwenden sind hiernach neben speziellen unionsrechtlichen Kollisionsregeln auch »andere Rechtsakte«, »die zum reibungslosen Funktionieren des Binnenmarkts beitragen sollen, soweit sie nicht in Verbindung mit dem Recht angewendet werden können, auf das die Regeln dieser VO verweisen«) von einer Marktortanknüpfung gem. Art. 6 Rom-II-VO in jedem Fall unberührt.

73 Das Herkunftslandprinzip gilt nicht, soweit das HWG zum Schutz der Gesundheit **verbindliche Werbestandards des GK** umsetzt. Die **Ausnahme gem. § 3 Abs. 5 Satz 1 Nr. 2 TMG** greift hier ohne die an sich vorgesehene Einzelfallprüfung und die Informationspflicht gegenüber der Kommission (zur Vorgängernorm im TDG: BGH Urt. v. 30.03.2006 – I ZR 24/03, WRP 2006, 736, 739 f. – Arzneimittelwerbung im Internet). Anstelle der ggf. richtlinienkonform auszulegenden (Riesenhuber/*W.-H. Roth*, Europäische Methodenlehre S. 251, 252 f.; *ders.*, FG 50 Jahre BGH 2000, 847, 879 f.) Werbestandards im Herkunftslandrecht ist die Richtlinie direkt als Kontrollmaßstab heranzuziehen. Dies dient, da eine Einzelfallprüfung ohnehin zu keinem anderen Ergebnis führen kann, der Prozessökonomie und der effektiven Durchsetzung des Richtlinienrechts (*Mand* WRP 2003, 192, 201). Zwar kann die Anwendung des HWG gem. § 3 Abs. 5 TMG wegen der Kontrollpflicht auch des Herkunftslandes (Art. 3 Abs. 1 E-commerce-Richtlinie, § 3 Abs. 1 TMG) zu einer Doppelkontrolle mit je unterschiedlichen Rechtsfolgen führen – ein Ergebnis, das das Herkunftslandprinzip gerade ausschließen will (sehr weit daher *Ohly* WRP 2006, 1401, 1406 f., der voll harmonisiertes Recht immer nur an der Richtlinie messen will). Jedenfalls für § 3 Abs. 5 Nr. 2 TMG greift dieses Argument aber nicht durch: Schon weil den Kontrollbehörden im Herkunftsland notwendige Informationen z.B. über den Zulassungsstatus oder die Verschreibungspflicht eines Arzneimittel im Bestimmungsland fehlen, senkte der Verzicht auf eine Kontrolle im Bestimmungsland entgegen Art. 1 Abs. 3, Erwägungsgrund 11 E-Commerce-Richtlinie das durch den GK vorgegebene Schutz- und Sanktionsniveau (s. Art. 97, 99 GK). Ferner ist die effektive Kontrolle des Gesundheitsschutzes zu den Regelungs- und Organisationskompetenzen der Mitgliedstaaten zu zählen, die gem. Art. 168 Abs. 7 AEUV auch gegenüber dem Unionsrecht gewährleistet sind (*Mand* WRP 2010, 702, 703 ff.; *ders.* WRP 2008, 906, 912 f.; vgl. a. EuGH Urt. v. 19.05.2009 – C-171/07 u. C-172/07, NJW 2009, 112 Rn. 18 f. – Apothekenkammer Saarland; BVerfG Urt. v. 30.06.2009 – 2 BvE 2/08 u.a., NJW 2009, 2267, 2284 ff. – Lissabon). Die eher theoretische Gefahr einer Doppelsanktionierung ist dagegen hinzunehmen, weil das Herkunftslandprinzip nicht das Vertrauen auf Milde gegenüber Rechtsverstößen schützt und im Herkunftsland bereits verhängte Sanktionen zumindest im Rahmen von § 10 Abs. 2 UWG bei der Gewinnabschöpfung berücksichtigt werden können (*Ohly* WRP 2006, 1401, 1407 f.).

74 **Rein nationale Werbebeschränkungen** außerhalb des vollharmonisierten Richtlinienrechts können grds. nicht unter pauschaler Berufung auf den Gesundheitsschutz gem. § 3 Abs. 5 Satz 1 Nr. 2 TMG vom Herkunftslandprinzip ausgenommen werden (BGH Urt. v. 30.03.2006 – I ZR 24/03, WRP 736, 739 – Arzneimittelwerbung im Internet). Etwas anderes gilt aber wegen des Gebots effektiven Rechtsschutzes **in Gerichtsverfahren** (§ 3 Abs. 5 Satz 2 TMG), wenn sich die Beschränkung im Einzelfall als verhältnismäßig erweist und die Diensterbringung nicht vollständig unmöglich macht (EuGH GRUR 2017, 627 Rn. 67 u. 68– Vanderborght; Urt. v. 01.10.2020 – C-649/18, GRUR 2020, 1219 Rn. 66, 71 ff.; OLG Frankfurt Urt. v. 31.05.2001 – 6 U 240/00, MMR 2001, 751, 753). Auch die besonders umstrittenen Rabatt- und Wertreklamebeschränkungen

gegenüber Endverbrauchern (§ 7 Abs. 1) können – soweit sie von Art. 94 Abs. 4 GK gedeckt sind (s. § 7 HWG Rdn. 11 f.) – mit Blick auf die nationale Regelungskompetenz für das Arzneimittelpreisrecht (Art. 168 Abs. 7 AEUV) gem. § 3 Abs. 5 Satz 1 Nr. 2 TMG gegenüber ausländischen (Versand-) Apotheken durchgesetzt werden (s.a. EuGH Urt. v. 01.10.2020 – C-649/18, GRUR 2020, 1219 Rn. 64 ff.; BGH Beschl. v. 09.09.2010 – I ZR 72/08, NJW 2010, 3724 Rn. 11 ff. – Sparen Sie beim Medikamentenkauf!; GmS-OGB, Beschl. v. 22.08.2012 – GmS-OGB 1/10, NJW 2013, 1425 Rn. 21 ff.; *Mand* NJW 2010, 3681, 3685 f.). Dies gilt selbst dann, wenn das Herkunftslandprinzip nicht infolge eines »Medienbruchs« (z.B. postalische Zusendung des Rezepts als Bedingung für den Vertragsschluss) mangels eines reinen Online-Sachverhalts unanwendbar ist (eingehend *Mand* PharmaR 2008, 582, 583 ff.; *ders.* EuR 2007, 59, 83 ff.). Für die anzustellende Verhältnismäßigkeitsprüfung gelten die Maßstäbe der Grundfreiheiten (o. Rdn. 54a und § 7 Rdn. 23a).

## § 1 Anwendungsbereich

(1) Dieses Gesetz findet Anwendung auf die Werbung für
1. Arzneimittel im Sinne des § 2 des Arzneimittelgesetzes,
1a. Medizinprodukte im Sinne von Artikel 2 Nummer 1 der Verordnung (EU) 2017/745 des Europäischen Parlaments und des Rates vom 5. April 2017 über Medizinprodukte, zur Änderung der Richtlinie 2001/83/EG, der Verordnung (EG) Nr. 178/2002 und der Verordnung (EG) Nr. 1223/2009 und zur Aufhebung der Richtlinie 90/385/EWG und 93/42/EWG des Rates (ABl. L 117 vom 5.5.2017, S. 1; L 117 vom 3.5.2019, S. 9; L 334 vom 27.12.2019, S. 165), die durch die Verordnung (EU) 2020/561 (ABl. L 130 vom 24.4.2020, S. 18) geändert worden ist, in der jeweils geltenden Fassung und im Sinne des § 3 Nummer 4 des Medizinproduktegesetzes in der bis einschließlich 25. Mai 2021 geltenden Fassung,
2. andere Mittel, Verfahren, Behandlungen und Gegenstände, soweit sich die Werbeaussage auf die Erkennung, Beseitigung oder Linderung von Krankheiten, Leiden, Körperschäden oder krankhaften Beschwerden bei Mensch oder Tier bezieht, sowie operative plastisch-chirurgische Eingriffe, soweit sich die Werbeaussage auf die Veränderung des menschlichen Körpers ohne medizinische Notwendigkeit bezieht.

(2) Andere Mittel im Sinne des Absatzes 1 Nr. 2 sind kosmetische Mittel im Sinne des Artikels 2 Absatz 1 Buchstabe a der Verordnung (EG) Nr. 1223/2009 des Europäischen Parlaments und des Rates vom 30. November 2009 über kosmetische Mittel (ABl. L 342 vom 22.12.2009, S. 59), die zuletzt durch die Verordnung (EU) 2015/1298 (ABl. L 199 vom 29.7.2015, S. 22) geändert worden ist. Gegenstände im Sinne des Absatzes 1 Nr. 2 sind auch Gegenstände zur Körperpflege im Sinne des § 2 Absatz 6 Nummer 4 des Lebensmittel- und Futtermittelgesetzbuches.

(3) Eine Werbung im Sinne dieses Gesetzes ist auch das Ankündigen oder Anbieten von Werbeaussagen, auf die dieses Gesetz Anwendung findet.

(3a) Teleshopping im Sinne dieses Gesetzes ist die Sendung direkter Angebote an die Öffentlichkeit für den Absatz von Arzneimitteln gegen Entgelt oder die Erbringung von ärztlichen, zahnärztlichen und tierärztlichen Behandlungen und Verfahren gegen Entgelt.

(4) Dieses Gesetz findet keine Anwendung auf die Werbung für Gegenstände zur Verhütung von Unfallschäden.

(5) Das Gesetz findet keine Anwendung auf den Schriftwechsel und die Unterlagen, die nicht Werbezwecken dienen und die zur Beantwortung einer konkreten Anfrage zu einem bestimmten Arzneimittel erforderlich sind.

(6) Das Gesetz findet ferner keine Anwendung beim elektronischen Handel mit Arzneimitteln auf das Bestellformular und die dort aufgeführten Angaben, soweit diese für eine ordnungsgemäße Bestellung notwendig sind.

# § 1 HWG Anwendungsbereich

(7) Das Gesetz findet ferner keine Anwendung auf Verkaufskataloge und Preislisten für Arzneimittel, wenn die Verkaufskataloge und Preislisten keine Angaben enthalten, die über die zur Bestimmung des jeweiligen Arzneimittels notwendigen Angaben hinausgehen.

(8) Das Gesetz findet ferner keine Anwendung auf die auf Anforderung einer Person erfolgende Übermittlung der nach den §§ 10 bis 11a des Arzneimittelgesetzes für Arzneimittel vorgeschriebenen vollständigen Informationen und des öffentlichen Beurteilungsberichts für Arzneimittel nach § 34 Absatz 1a Satz 1 Nummer 2 des Arzneimittelgesetzes und auf die Bereitstellung dieser Informationen im Internet.

## Übersicht

| | Rdn. |
|---|---|
| **A. Handlungsbezogener Anwendungsbereich** | 1 |
| **I. Werbung** | 1 |
|   1. Identität des Werbebegriffs in § 1 Abs. 1 HWG und Art. 86 Abs. 1 GK | 2 |
|     a) Absatzfördernde Wirkung | 5 |
|     b) Absatzförderungsabsicht | 7 |
|   2. Einzelfälle | 8 |
|     a) Äußerungen des Herstellers und von Vertriebsunternehmen | 8 |
|     b) Äußerungen unabhängiger Privatpersonen | 9 |
|     c) Redaktionelle Berichterstattung, getarnte Werbung und Product Placement | 10 |
|     d) Sponsoring | 14 |
|     e) Äußerungen der öffentlichen Hand und insbes. der gesetzlichen Krankenversicherungen | 15 |
|     f) Äußerungen durch Ärzte und Apotheker, Patientenmerkblätter | 19 |
|     g) Wissenschaftliche Beiträge und populärwissenschaftliche Darstellungen | 20 |
|     h) Geschäftsberichte; Finanzinformationen | 22 |
|     i) Pflichtangaben (§ 4 HWG) | 23 |
|     j) Teleshopping (§ 1 Abs. 3a) | 23a |
| **II. Negative Abgrenzung (Art. 86 Abs. 2 GK, § 1 Abs. 4 – Abs. 8 HWG)** | 24 |
|   1. Etikettierung, Packungsbeilage und Fachinformation (Art. 86 Abs. 2 Spiegelstrich 1 GK, § 1 Abs. 8 HWG) | 28 |
|     a) Etikett und Packungsbeilage mit »werblichem Überschuss« | 30 |
|     b) Werbliche Präsentation von Etikett und Packungsbeilage | 32 |
|     c) Unveränderte Übermittlung bzw. Bereitstellung von Umhüllung, Packungsbeilage oder Fachinformation (§ 1 Abs. 8 HWG) | 33 |
|   2. Unterlagen zur Beantwortung konkreter Einzelanfragen (Art. 86 Abs. 2 Spiegelstrich 2 GK, § 1 Abs. 5 HWG) | 34 |
|     a) Form der Anfragen und Antworten | 35 |
|     b) Beantwortung konkreter Anfragen zu bestimmten Arzneimitteln | 36 |
|     c) Erforderliche Angaben ohne Werbezweck | 38 |
|   3. Verkaufskataloge, Preislisten sowie elektronische Bestellformulare (Art. 86 Abs. 2 Spiegelstrich 3 GK, § 1 Abs. 6 und Abs. 7 HWG) | 39 |
|   4. Allgemeine Gesundheits- und Krankheitsinformationen (Art. 86 Abs. 2 Spiegelstrich 4 GK) | 44 |
|   5. Gegenstände zur Verhütung von Unfallschäden (§ 1 Abs. 4 HWG) | 44a |
| **III. Produkt- und Leistungsbezug der Werbung** | 45 |
| **IV. Ankündigen und Anbieten von Werbeaussagen (§ 1 Abs. 3 HWG)** | 51 |
| **B. Produktbezogener Anwendungsbereich** | 54 |
| **I. Arzneimittel (§ 1 Abs. 1 Nr. 1 HWG)** | 55 |
| **II. Medizinprodukte (§ 1 Abs. 1 Nr. 1a HWG)** | 56 |
| **III. Andere Mittel, Verfahren, Behandlungen und Gegenstände (§ 1 Abs. 1 Nr. 2 Hs. 1 HWG)** | 58 |
| **IV. Operative plastisch-chirurgische Eingriffe (§ 1 Abs. 1 Nr. 2 Hs. 2 HWG)** | 62 |

## A. Handlungsbezogener Anwendungsbereich

### I. Werbung

1 Das HWG ist nur anwendbar auf Werbung für Arzneimittel und bestimmte andere Heilmittel (§ 1 Abs. 1). Der Werbebegriff determiniert somit die Grenzen des Anwendungsbereichs des HWG.

Trotz dieser Bedeutung fehlt eine Legaldefinition: § 1 Abs. 3 weitet den Anwendungsbereich auf das »Ankündigen oder Anbieten« von Heilmittelwerbung aus, ohne diesen Begriff selbst zu präzisieren. Die Gesetzesmaterialien konkretisieren den Begriff nur unwesentlich durch den Hinweis, es müsse sich um »Wirtschaftswerbung« handeln (BT-Drs. IV/1867 Anlage 1, S. 5).

### 1. Identität des Werbebegriffs in § 1 Abs. 1 HWG und Art. 86 Abs. 1 GK

Die Rechtsprechung hat den Werbebegriff noch in den 1970er Jahren eng ausgelegt und von sachlichen Informationen abgegrenzt (BGH Urt. v. 05.11.1971 – I ZR 85/69, GRUR 1972, 372, edd. – Pflanzensäfte). Anschließend kam es zu einer extremen Ausweitung. Die Rspr. bezog selbst die arzneimittelrechtlich vorgeschriebenen Gebrauchsinformationen in der Packungsbeilage oder auf dem Etikett in den Werbebegriff ein (KG Urt. v. 31.10.1994 – 25 U 5213/94, GRUR 1995, 684, 686 ff. – Zervikalsyndrom; tendenziell auch BGH Urt. v. 29.05.1991 – I ZR 284/89, GRUR 1991, 860, 861 – Katovit; enger jetzt BGH Urt. v. 19.03.1998 – I ZR 173/95, GRUR 1998, 959, 960 – Neurotrat forte; Urt. v. 13.03.2008 – I ZR 95/05, GRUR 2008, 1014, 1015 Rn. 21 – Amlodipin). Eine mittlere Lösung folgt – teilweise verbindlich – aus der Legaldefinition des Art. 86 GK. Der in HWG und GK gleichermaßen verwendete Begriff »Werbung für Heilmittel« ist im harmonisierten Bereich des GK (Art. 2–5 GK) mangels anderweitiger Spezifizierung durch den deutschen Gesetzgeber nach Maßgabe der interpretatorischen Vorrangregel (Einf. Rdn. 36) **grundsätzlich einheitlich im Sinne der Richtlinie auszulegen** (BGH Urt. v. 13.03.2008 – I ZR 95/05, GRUR 2008, 1014, 1015 Rn. 21 – Amlodipin; *Doepner/Reese*, § 1 HWG Rn. 44, 59). Dies ist zwingend für Werbung, die in den harmonisierten Bereich des GK fällt, d.h. für Werbung für Humanarzneimittel, die nicht gem. Art. 2 ff. GK vom Anwendungsbereich ausgenommen ist. Im Wege der **richtlinienorientierten Auslegung** gilt die Werbedefinition des GK im Interesse aber grundsätzlich auch für die durch den GK nicht harmonisierte, aber vom HWG z.T. »überschießend« mit erfasste Werbung für andere Heilmittel (Einf. Rdn. 43 f.). Da der GK die reine »**Unternehmenswerbung**« **i.S.d. Unionsrechts** auch bei Humanarzneimitteln weder positiv noch negativ harmonisiert (EuGH Urt. v. 01.10.2020 – C-649/18, GRUR 2020, 1219 Rn. 50; GA Saugmandsgaardøe, ECLI:EU:C:2020:134, Rn. 52 ff.) ist ein gegenüber dem Unionsrecht weitergehendes Verständnis des **Produktbezugs** im Rahmen einzelner Tatbestände des HWG jedoch möglich, durch die teils rein nationalen Zwecken dienenden Weiterungen dieser Tatbestände vorgegeben und von der bisherigen Rechtsprechung des BGH auch anerkannt (u.Rdn. 50 f. und § 7 HWG Rdn. 17, 38b ff.).

Dem Werbebegriff des Art. 86 GK trägt die neuere Rspr. Rechnung, indem sie Werbung für Arzneimittel i.S.v. § 1 definiert als »alle produkt- oder leistungsbezogenen Aussagen, die darauf angelegt sind, den Absatz des beworbenen Arzneimittels zu fördern« (BGH Urt. v. 26.03.2009 – I ZR 213/06, GRUR 2009, 984 – Festbetragsfestsetzung m.w.N., *Doepner/Reese*, § 1 HWG Rn. 52). Dies stimmt weitgehend mit Art. 86 Abs. 1 GK überein, der Arzneimittelwerbung umschreibt als »alle Maßnahmen zur Information, zur Marktuntersuchung und zur Schaffung von Anreizen mit dem Ziel, die Verschreibung, die Abgabe, den Verkauf oder den Verbrauch von Arzneimitteln zu fördern«.

Für die weitere Konkretisierung kann nicht an den Werbebegriff der Richtlinie 84/450/EG oder den Begriff der Geschäftspraktik i.S.d. UGP-Richtlinie 2005/29/EG angeknüpft werden. Der GK trifft für Arzneimittelwerbung eine speziellere Regelung (EuGH Urt. v. 16.07.2015 – C-544 und 545/13, ECLI:EU:C:2015:481 Rn. 80 f. – Abcur) und übernimmt bewusst nicht bereits existierende Definitionen anderer Richtlinien (GA Colomer, Schlussanträge v. 18.11.2008, C-421/07 Rn. 58 ff. – Frede Damgaard). Vielmehr strahlt umgekehrt die speziellere Werbedefinition für Arzneimittelwerbung gem. Art. 86 GK auf die Auslegung des allgemeinen (EU-) Lauterkeitsrechts aus (GA Szpunar, Schlussanträge v. 03.03.2015, C-544/13 Rn. 88 – Abcur: Auslegung der Richtlinie 84/450/EG im Lichte des GK, *Doepner/Reese*, § 1 HWG Rn. 33). Konstituierend für Heilmittelwerbung sind danach objektiv die absatzfördernde Wirkung, funktional die Absatzförderungsabsicht und normativ ein hinreichender Produktbezug.

## a) Absatzfördernde Wirkung

5 Der heilmittelwerberechtliche Werbebegriff ist **objektiv weit** zu fassen. **Unabhängig von einem bestimmten Werbemedium** (Printmedien, Rundfunk, Fernsehen, Internet, Vorträge etc.) kommt es allein auf die absatzfördernde Wirkung an. Wie der Beispielskatalog des Art. 86 Abs. 1 GK verdeutlicht, sind insbesondere mittelbare Formen der Absatzförderung eingeschlossen, z.B. finanzielle Anreize zur Verschreibung oder Abgabe von Arzneimitteln oder das Sponsern von wissenschaftlichen Kongressen. Orientiert am hohen Schutzgut der öffentlichen Gesundheit steht auch ein niedriger **Grad an Werbewirksamkeit** allein der Qualifizierung als Werbung nicht entgegen (BGH Urt. v. 26.03.2009 – I ZR 213/06, GRUR 2009, 984, 986 Rn. 18 – Festbetragsfestsetzung). **Art und Zielrichtung der Werbewirkungen** entscheiden aber sehr wohl mit darüber, ob eine Mitteilung die Schutzzwecke der Werbenormen tangiert und deshalb unter den Werbebegriff fällt: Je weniger konkret und produktspezifisch eine Mitteilung ist, desto eher ist schon ihre Werbeeigenschaft zu verneinen (EuGH Urt. v. 08.11.2007 – C-143/06, GRUR 2008, 264, 266 Rn. 39 – Ludwigs-Apotheke: Versendung von Arzneimittel-Preislisten an Apotheken ohne Angaben zu therapeutischen Wirkungen hat keine relevante Werbewirkung; BGH Urt. v. 26.03.2009 – I ZR 213/06, GRUR 2009, 984, 986 Rn. 18 – Festbetragsfestsetzung: Reine Unternehmenswerbung tangiert Schutzzwecke nicht; näher dazu u. Rdn. 45 ff.; *Doepner/Reese*, § 1 HWG Rn. 62 f., 136).

6 **Sachliche Produktinformationen** sind typischer Bestandteil der Absatzwerbung (*Doepner/Reese*, § 4 HWG Rn. 55, 58, 60. Sie können das Verhalten der Verbraucher beeinflussen und »**je nach ihrem Kontext**« die von den Werbenormen primär geschützte öffentliche Gesundheit beeinträchtigen (EuGH Urt. v. 02.04.2009 – C-421/07, EuZW 2009, 428, 429 Rn. 19 – Frede Damgaard: Informationen über nicht zugelassene Arzneimittel). Selbst wenn sie den kritischen Durchschnittsverbraucher zu einer informierten Kauf- oder Gebrauchsentscheidung befähigen, sind sachliche Informationen grundsätzlich nicht vom Anwendungsbereich der Werbenormen auszuklammern. Unter Berücksichtigung aller Umstände des Einzelfalls kann allerdings der Werbecharakter zu verneinen sein. So fehlt es bei der passiven und neutralen Bereitstellung der vollständigen Packungsbeilage und der Fachinformationen im Internet, die im Rahmen des Zulassungsverfahrens behördlich geprüft wurden, am Werbecharakter (EuGH Urt. v. 05.05.2011 – C-316/09, GRUR 2011, 1160, 1162 f. Rn. 43, 48 – MSD Sharp & Dohme GmbH; GA Trstenjak, Schlussanträge v. 24.11.2010, C 316/09 Rn. 68 ff. – MSD Sharp & Dohme GmbH; BGH Beschl. v. 16.07.2009 – I ZR 223/06 Rn. 10 ff., GRUR 2009, 988, 989 – Arzneimittelpräsentation im Internet; ebenso bereits *Mand* WRP 2003, 192, 195 ff.; *Lorz* GRUR Int 2005, 894, 898 f.; *Gellißen*, Arzneimittelwerbung im Internet, S. 153 ff.). § 1 Abs. 8 HWG n.F. stellt dies nunmehr explizit klar (dazu u. Rdn. 33 ff.).

## b) Absatzförderungsabsicht

7 Zentrales Definitions- und Abgrenzungskriterium des Werbebegriffs ist das Ziel der Absatzförderung (EuGH Urt. v. 02.04.2009 – C-421/07, EuZW 2009, 428, 429 f. Rn. 20, 23 f. – Frede Damgaard; BGH Urt. v. 26.03.2009 – I ZR 213/06, GRUR 2009, 984, 985 Rn. 13 f. – Festbetragsfestsetzung; *Gröning*, § 1 HWG Rn. 15 ff.; a.A. Spickhoff/*Fritzsche*, § 1 HWG Rn. 11). Hiermit ist nicht der Nachweis bestimmter subjektiver Vorstellungen des Werbenden gefordert (darin ist Spickhoff/*Fritzsche*, § 1 HWG Rn. 11 beizupflichten). Ob eine »Absatzförderungsabsicht« vorliegt, hat das nationale Gericht vielmehr aus einer wertenden **Gesamtbetrachtung der fraglichen Äußerungen im Lichte der Schutzziele des Heilmittelwerberechts** zu ermitteln (EuGH Urt. v. 05.05.2011, C-316/09, GRUR 2011, 1160, 1162 Rn. 33 – MSD Sharp & Dohme GmbH; EuGH Urt. v. 22.04.2010 – C-62/09, PharmaR 2010, 283, 286 Rn. 29 ff. – Association of the British Pharmaceutical Industry; EuGH Urt. v. 02.04.2009 – C-421/07, EuZW 2009, 428, 430 Rn. 23 f. – Frede Damgaard, *Doepner/Reese*, § 1 HWG Rn. 39, 64 f.). Zu berücksichtigende Faktoren sind die »Natur der Tätigkeit«, der »Inhalt der Botschaft«, insbesondere das Erwähnen des Produktnamens (BGH Urt. v. 26.03.2009 – I ZR 213/06, GRUR 2009, 984, 986 Rn. 18 – Festbetragsfestsetzung), und das Verhältnis des Verfassers zu dem Unternehmen, das es herstellt oder vertreibt. Ein kommerzielles Eigeninteresse des Werbenden am Absatz ist ein Indiz für eine Absatzförderungsabsicht, für den Werbecharakter i.S.d.

Anwendungsbereich § 1 HWG

Art. 86 GK, § 1 HWG aber ebenso wenig essentiell wie ein unternehmerisches bzw. gewerbliches Handeln (EuGH Urt. v. 02.04.2009 – C-421/07, EuZW 2009, 428, 429 Rn. 21 f. – Frede Damgaard; anders insoweit der Werbebegriff in Art. 2 Abs. 1 der Richtlinie 84/450/EG). Ausreichend ist zudem, dass die betreffende Maßnahme **neben anderen Zwecken** zumindest auch auf den Absatz von Heilmitteln gerichtet ist, weil schon dann die spezifischen Gefahren drohen, denen die Werbenormen begegnen wollen (GA Colomer, Schlussanträge v. 18.11.2008, C-421/07 Rn. 38 – Frede Damgaard; BGH Urt. v. 26.03.2009 – I ZR 213/06, GRUR 2009, 984 – Festbetragsfestsetzung). Weil »Heilmittelwerbung« als Begriff des Unionsrechts autonom auszulegen ist, können schließlich Wertungen der Grundrechte des GG im Bereich des vollharmonisierenden Unionsrechts, namentlich also bei Humanarzneimittelwerbung i.S.d. GK, nicht unmittelbar einschränkend in die Gesamtbetrachtung einfließen (BVerfG Beschl. v. 06.11.2019 – 1 BvR 276/17, NJW 2020, 3014 (LS 2) und Rn. 42 ff. – Recht auf Vergessen II). Die anwendbaren Gemeinschaftsgrundrechte zieht der EuGH bisher nur zögerlich als Auslegungsmaßstab heran (Einf. Rdn. 57 f.).

## 2. Einzelfälle

### a) Äußerungen des Herstellers und von Vertriebsunternehmen

Bei absatzbezogenen Geschäftspraktiken, die vom **Hersteller, Vertriebsunternehmen** oder von beauftragten **Werbeagenturen und Werbemittlern** ausgehen, spricht eine **tatsächliche Vermutung für eine Absatzförderungsabsicht** (vgl. auch GA Trstenjak, Schlussanträge v. 24.11.2010, C 316/09 Rn. 90 – MSD Sharp & Dohme GmbH: »starke Indizwirkung«, *Doepner/Reese*, § 1 HWG Rn. 79). Nur in Ausnahmefällen kann das Vorliegen von Heilmittelwerbung – insbesondere mit Blick auf die Meinungs- und Berufsfreiheit – bei bestimmten sachlichen Informationen zu verneinen sein (EuGH Urt. v. 05.05.2011 – C-316/09, GRUR 2011, 1160, 1162 Rn. 34 f. – MSD Sharp & Dohme GmbH; GA Trstenjak, Schlussanträge v. 24.11.2010, C-316/09, Rn. 93 ff. – MSD Sharp & Dohme GmbH). Wichtigstes Beispiel ist die vollständige Bereitstellung der Packungsbeilage und der Fachinformationen auf konkrete Anfrage oder im Internet (dazu u. Rdn. 33 ff.).

8

### b) Äußerungen unabhängiger Privatpersonen

Bei Äußerungen unabhängiger Privatpersonen in der Öffentlichkeit muss die Absatzförderungsabsicht im Rahmen einer wertenden **Gesamtanalyse** positiv festgestellt werden. Eine fehlende Beziehung zum vertreibenden oder herstellenden Unternehmen steht der Qualifizierung als Heilmittelwerbung dabei nicht per se entgegen. Dies gilt selbst dann, wenn die Aussage außerhalb einer kaufmännischen oder gewerblichen Tätigkeit gemacht wird (EuGH Urt. v. 02.04.2009 – C-421/07, EuZW 2009, 428, 429 Rn. 22 – Frede Damgaard). Schon mit Blick auf die Meinungsfreiheit (Art. 11 GRC, Art. 5 Abs. 1 GG) **fehlt** allerdings **im Zweifel die Absatzförderungsabsicht** und damit der Werbecharakter (BGH Urt. v. 20.02.2020 – I ZR 193/18, GRUR 2020, 543 Rn. 32 – Kundenbewertungen auf Amazon; *von Hoff* PharmaR 2010, 49, 51 ff. für Wikipedia-Einträge). Einen Grenzfall, in dem eine Person, die früher Werbematerialien für den Hersteller erstellt hatte, Informationen über ein nicht zugelassenes Arzneimittel im Internet veröffentlichte, verwies der EuGH zur abschließenden Klärung an das nationale Gericht zurück (EuGH Urt. v. 02.04.2009 – C-421/07, EuZW 2009, 428, 430 Rn. 23 f. – Frede Damgaard). Gegen einen Werbecharakter spräche, wenn der Inhaber der Website die Informationen tatsächlich, wie behauptet, als freier Journalist im Bereich alternativer Gesundheitskost ohne finanzielle Gegenleistung in das Internet gestellt hätte. Dagegen wäre die Angabe kommerziell relevanter Informationen (Bezugsquellen im Ausland, Preis, Herstellerlogo, Handelsmarke), deren Vorenthaltung unmittelbares Schutzziel von § 3a HWG bzw. Art. 87 Abs. 1 GK ist, ein Indiz für das Vorliegen von Heilmittelwerbung (ähnlich *GA Colomer*, Schlussanträge v. 18.11.2008, C-421/07, Rn. 37, 56, 65 f. – Frede Damgaard).

9

### c) Redaktionelle Berichterstattung, getarnte Werbung und Product Placement

Eine positive redaktionelle Berichterstattung über ein Heilmittel kann dessen Absatz wegen des **Glaubwürdigkeitsvorsprungs** einer neutralen Redaktion oft stärker steigern als kommerzielle Werbung.

10

Trotz dieses Effekts ist der Werbecharakter nicht anders als bei Äußerungen von Privatpersonen zumeist zu verneinen, weil redaktionelle Beiträge in der Regel nicht mit dem Ziel der Absatzförderung erstellt und veröffentlicht werden (BGH Urt. v. 10.03.1994 – I ZR 51/92, GRUR 1994, 445, 446 – Beipackzettel; s.a. Urt. v. 03.02.1994 – I ZR 321/91, GRUR 1994, 441, 443 – Kosmetikstudio). Rechtlich und auf der Basis der freiwilligen Selbstkontrolle sind grundsätzlich auch alle Medien verpflichtet, die redaktionelle Berichterstattung von Werbung zu trennen. Bei Öffentlichkeitswerbung für Arzneimittel verleihen Art. 89 Abs. 1 Buchst. a GK, § 3 Satz 2 Nr. 2 Buchst. c HWG dieser Verpflichtung zusätzliches Gewicht. Abgrenzungsprobleme für den Anwendungsbereich des HWG können entstehen, wenn das **Trennungsgebot** nicht bzw. unzureichend beachtet wird.

11 Ohne Weiteres als Heilmittelwerbung einzustufen sind **redaktionell gestaltete Anzeigen bzw. Werbesendungen**. Die Missachtung des Trennungsgebots befreit nicht von den Vorgaben des HWG (Arg. e. Art. 89 Abs. 1 Buchst. a GK, § 3 Satz 2 Nr. 2 Buchst. c HWG).

12 Schwieriger gestaltet sich die Abgrenzung bei Berichten, die im **Anschein redaktioneller Neutralität** ein Heilmittel lobend hervorheben. Während eine finanzielle Gegenleistung des Herstellers oder Vertriebsunternehmens insoweit klar für eine Absatzförderungsabsicht und damit Heilmittelwerbung spricht, gilt dies für sonstige Unterstützungen (z.B. Bereitstellung von Fachangaben und weiteren Informationen) nicht ohne Weiteres. Anstelle der schwer nachweisbaren direkten finanziellen Gegenleistungen kann auch ein enger räumlich-zeitlicher Zusammenhang zwischen entgeltlichen Werbeanzeigen oder -sendungen und lobender Berichterstattung auf eine Absatzförderungsabsicht und damit auf Werbung hinweisen (BGH Urt. v. 03.02.1994 – I ZR 321/91, GRUR 1994, 441, 443 – Kosmetikstudio unter zweifelhafter und jedenfalls überholter Anknüpfung an verbotene Zugaben; *Köhler* WRP 1998, 349, 357). Im Übrigen bleibt für die Ermittlung der Absatzförderungsabsicht nur eine Analyse des äußeren Erscheinungsbildes der Berichterstattung. Zentraler Maßstab ist, ob das Mittel übermäßig werbend herausgestellt wird, ohne dass hierfür ein publizistischer Anlass besteht (BGH Urt. v. 12.10.1989 – I ZR 29/88, GRUR 1990, 373, 375 – Schönheitschirurgie; zu Recht sehr zurückhaltend *Köhler* WRP 1998, 349, 353). Indizien für einen Werbecharakter sind eine nicht fundierte, kritiklose, gänzlich einseitige Darstellung, die Vergleichspräparate nicht nennt und sich phänomenologisch an typischen Werbeaussagen orientiert. Mit Blick auf die Meinungsfreiheit (Art. 11 GRC, Art. 10 EMRK) sind aber strenge Anforderungen an den Nachweis zu stellen (s. zur grundrechtskonformen Auslegung Einführung HWG Rdn. 58).

13 Ähnlich ist die Abgrenzung beim **Product Placement**: Bei finanziellen Gegenleistungen für die scheinbar zufällige Abbildung oder Nennung bestimmter Heilmittel in Rundfunk, Fernsehen und Multimediadiensten ist an der Absatzförderungsabsicht nicht zu zweifeln. Dagegen fehlt es mangels Absatzförderungsabsicht an einer Heilmittelwerbung, wenn die Platzierung des Produkts Teil der dargestellten Lebenswirklichkeit ist und künstlich ausgespart werden müsste (BGH Urt. v. 22.02.1990 – I ZR 78/88, GRUR 1990, 611, 614 – Werbung im Programm; Dieners/Reese/*Reese/Holtdorf*, Hdb. des PharmaR § 11 Rn. 109, *Doepner/Reese*, § 1 HWG Rn. 125).

### d) Sponsoring

14 Beim Sponsoring tritt ein Werbepartner anders als bei getarnter Werbung offen in Erscheinung. Die Absatzförderungsabsicht lässt sich daher ohne Weiteres bejahen. Im Kontext von wissenschaftlichen Tagungen und Verkaufsförderungsveranstaltungen nennt Art. 86 Abs. 1 Spiegelstrich 6 und 7 GK das Sponsoring sogar explizit als Form der Heilmittelwerbung. Zweifelhaft kann lediglich sein, inwieweit das Sponsoring die Anforderungen an den Produktbezug von Heilmittelwerbung erfüllt (s.u. Rdn. 45 ff. und § 7 HWG Rdn. 95, *Doepner/Reese*, § 1 HWG Rn. 123).

### e) Äußerungen der öffentlichen Hand und insbes. der gesetzlichen Krankenversicherungen

15 Dem nicht unternehmerischen Handeln der **öffentlichen Hand** fehlt regelmäßig der Werbecharakter. Insbesondere **Informationen**, die von staatlichen Behörden **bei Ausbruch einer Epidemie oder Pandemie** verbreitet werden, sind nicht als Heilmittelwerbung zu qualifizieren (s. EuGH

Urt. v. 22.04.2010 – C-62/09, Rn. 31, PharmaR 2010, 283, 286 – Association of the British Pharmaceutical Industry unter Hinweis auf Art. 88 Abs. 4 GK, eingehend dazu *Mand* A & R 2011, 147 ff. und 195 ff., ebenso *Doepner/Reese*, § 1 HWG Rn. 109 f.). Ebenso wenig handelt es sich bei den Fachinformationen, die das Deutsche Institut für Medizinische Dokumentation und Information (DIMDI) gem. § 67a Abs. 2 AMG in einer Internet-Datenbank öffentlich bereitstellt, um Heilmittelwerbung (§ 1 Abs. 8 dazu unten Rdn. 33 ff.). Auch Informationen, die von den zuständigen Stellen – insbesondere also durch das Institut für Qualität und Wirtschaftlichkeit im Gesundheitswesen (IQWiG) – über die **Kosten und** den **Nutzen von Arzneimitteln verbreitet werden,** gefährden den Schutzzweck des Heilmittelwerberechts nicht. Vielmehr gewährleisten sie eine stabile und sichere Arzneimittelversorgung und dienen damit selbst dem Gesundheitsschutz. Folgerichtig stellen sie nach der Rechtsprechung des EuGH auch keine Werbemaßnahmen i.S.d. Gemeinschaftskodex dar (EuGH Urt. v. 22.04.2010 – C-62/09, PharmaR 2010, 283, 286 Rn. 32 – Association of the British Pharmaceutical Industry). Da der Werbebegriff des HWG dem des GK entspricht (o. Rdn. 2 ff.), gilt Entsprechendes für das HWG.

Weil auch die **gesetzlichen Krankenkassen** bei der Nachfrage nach Arzneimitteln nicht unternehmerisch handeln (s. zum Kartellrecht EuGH Urt. v. 11.07.2006 – C-205/03 P, Slg. 2006, I-6295 Rn. 25 f. – Fenin), sind diese Grundsätze auf deren Handlungen zu erstrecken. Von Kassen ausgehende Informationen über Arzneimittel und Bezugsquellen von Arzneimitteln sowie **finanzielle Anreize für die Verschreibung bestimmter, zumeist preisgünstiger Arzneimittel** (z.B. vertragliche Bonus- und Anreizmodelle, s. dazu für den staatlichen englischen Gesundheitsdienst NHS EuGH Urt. v. 22.04.2010 – C-62/09, PharmaR 2010, 283, 286 Rn. 32 – Association of the British Pharmaceutical Industry) sind also per se nicht als Werbung zu qualifizieren und aus dem Anwendungsbereich des HWG auszunehmen (Voit/*Mand*, Anreize für die Verschreibung und Abgabe von Arzneimitteln, S. 103 ff.; *Reese* PharmaR 2010, 287, 289). 16

Die Rechtsprechung des EuGH zum fehlenden Werbecharakter verordnungslenkender Anreize staatlicher Kostenträger überzeugt nicht (*Mand* A & R 2011, 147, 150 ff.). Entsprechend der Auslegung des überkommenen Merkmals der Wettbewerbsabsicht im UWG (BGH Urt. v. 18.10.2001 – I ZR 193/99, GRUR 2002, 550, 554 – Elternbriefe) sollte die Absatzförderungsabsicht im Heilmittelwerberecht richtigerweise bereits dann bejaht werden, wenn die öffentliche Hand – wie bei Incentivierungsvereinbarungen der Krankenkassen mit Ärzten (zutreffend *Reese/Stallberg* PharmaR 2008, 221, 225) – gezielt bestimmte Anbieter fördert und diese Förderung nicht völlig hinter das primäre Einsparinteresse zurücktritt (Voit/*Mand*, Anreize für die Verschreibung und Abgabe von Arzneimitteln, S. 103). Denn die vom Heilmittelwerberecht primär geschützten Gesundheitsinteressen des Einzelnen und der Allgemeinheit können gerade auch dadurch beeinträchtigt werden, dass gesetzliche Krankenkassen mit dem alleinigen Ziel von Einsparungen versuchen, den Arzneimittelabsatz durch gezielte und womöglich irreführende Anpreisungen auf bestimmte Arzneimittel zu fokussieren (*Mand* A & R 2011, 147, 148 ff.). Aufgrund der einheitlichen Auslegung des Werbebegriffs im GK und im HWG (o. Rdn. 2) ist die gegenteilige Auslegung des EuGH allerdings verbindlich. Der deutsche Gesetzgeber ist daher aufgefordert, z.B. durch Anordnung einer entsprechenden Geltung des HWG auf verordnungslenkende Anreize der Kassen, Rechtsschutzlücken zu schließen. Weil die Entscheidung des EuGH gerade dem Schutz der mitgliedstaatlichen Regelungskompetenzen im Gesundheitswesen (Art. 168 Abs. 7 AEUV) dient, können gegen eine solche nationale Regelung auch keine EU-rechtlichen Bedenken erhoben werden (eingehend zum Ganzen Voit/*Mand*, Anreize für die Verschreibung und Abgabe von Arzneimitteln, S. 103; *Mand* A & R 2011, 195). 17

Unberührt vom HWG bleibt jedenfalls die Befugnis der Kassen, sachlich und **nicht produktbezogen** (s.u. Rdn. 45 ff.) zu informieren – z.B. über die Einsparmöglichkeiten und die Gewährleistung der äquivalenten Wirksamkeit von rabattierten Generika bei Rabattverträgen gem. § 130a Abs. 8 SGB V. Zudem ist es möglich, **konkrete Einzelanfragen** zu individuellen Arzneimitteln zu beantworten (§ 1 Abs. 5, s.u. Rdn. 34 ff.) und auf diese Informationsmöglichkeit auch hinzuweisen (§ 1 Abs. 3 s. u. Rdn. 51). 18

#### f) Äußerungen durch Ärzte und Apotheker, Patientenmerkblätter

19  **Empfehlungen spezifischer Heilmittel** durch Ärzte, Apotheker oder sonstige Heilkundige sind in der Regel nicht von einer Absatzförderungsabsicht getragen und daher keine Heilmittelwerbung. Etwas anderes gilt, wenn – z.B. aufgrund versprochener Zuwendungen – ein besonderes wirtschaftliches Eigeninteresse am Absatz besteht (*Doepner/Reese*, § 1 HWG Rn. 100, 108; HK-AKM/*Mand*, 60. Erg.Lfg. 2015, 2440 Rn. 26). Abgrenzung und Nachweis fallen aber schwer. Für eine Absatzförderungsabsicht sprechen insbes. finanzielle Zuwendungen, die z.B. der Hersteller bei einer Abgabe oder Verschreibung des empfohlenen Heilmittels gewährt. Verteilt ein Heilberufler **Informationsblätter oder Patientenmerkblätter** eines Arzneimittelherstellers an Patienten, wirbt er selbst oder leistet zumeist Beihilfe zu fremder Heilmittelwerbung, wenn in den Blättern bestimmte Heilmittel individualisierbar erwähnt oder umschrieben werden (s. BGH Urt. v. 03.12.1998 – I ZR 119/96, GRUR 1999, 1128, 1130 – Hormonpräparate; OLG Hamburg PharmaR 1996, 2, 3 – Patienten-Informationsblätter).

#### g) Wissenschaftliche Beiträge und populärwissenschaftliche Darstellungen

20  Wissenschaftliche sowie populärwissenschaftliche Äußerungen in Monographien, Aufsätzen, Gutachten, Vorträgen etc. sind mangels Absatzförderungsabsicht selbst dann, wenn darin individualisierbare Heilmittel positiv diskutiert werden, als solche in der Regel keine Heilmittelwerbung (Spickhoff/*Fritzsche*, § 1 HWG Rn. 16). Etwas anderes gilt hingegen, wenn herstellende oder vertreibende Unternehmen Teile dieser Äußerungen weiterverbreiten (OLG Hamburg Urt. v. 21.12.1995 – 3 U 193/95, PharmR 1996, 212 ff. – Werbung für nicht zugelassene Indikation). Eine Weiterverbreitung liegt aber noch nicht in der fachlichen Instruktion des Pharma-Außendienstes, sondern erst in der Weitergabe der Informationen durch diesen an Ärzte und andere Dritte, wobei sich die Verantwortlichkeit des Pharmaunternehmens hierfür nach den allgemeinen Grundsätzen richtet (*Doepner/Reese*, § 1 HWG Rn. 58, 103 f.).

21  Analog zur redaktionellen Werbung ist auch **Absatzwerbung im wissenschaftlichen oder populärwissenschaftlichen Gewand** möglich. Eine Absatzförderungsabsicht und damit Heilmittelwerbung liegt nahe, wenn der Verfasser ein unmittelbares Eigeninteresse am Absatz hat, insbesondere wenn gleichzeitig die gebotene wissenschaftliche Auseinandersetzung durch ein effekthascherisches Anpreisen substituiert wird (BVerfG Beschl. v. 12.07.2007 – I BvR 99/03, *Doepner/Reese*, § 1 HWG Rn. 106, NJW-RR 2007, 1680, 1681 – Vitaminpräparate im Internet: Therapieempfehlung eines Arztes in Büchern, Broschüren und im Internet für Arzneimittel, an deren Herstellerunternehmen er maßgeblich beteiligt ist, KG Urt. v. 30.11.2004 – 5 U 55/04, GRUR-RR 2005, 162, 163 – Krebs ist heilbar!). Entsprechendes gilt, wenn Experten gegen Entgelt in Publikationen oder Vorträgen bestimmte Heilmittel anpreisen, ohne das Auftragsverhältnis offen zu legen. Auch die in jüngster Zeit bekannt gewordene Praxis, dass Experten Beiträge nahezu vollständig übernehmen und unter eigenem Namen publizieren, die das Pharmaunternehmen oder Dritte im Auftrag des Pharmaunternehmens vorformuliert haben, kann u.U. Heilmittelwerbung i.S.d. § 1 sein.

#### h) Geschäftsberichte; Finanzinformationen

22  Die Erwähnung von Produktnamen in Geschäftsberichten, z.B. im Lagebericht von Kapitalgesellschaften (§§ 264 Abs. 1, 289 HGB), ist trotz ihrer Indizwirkung nicht als Heilmittelwerbung zu qualifizieren, wenn dies zu einer **sachlichen und objektiven Beschreibung der aktuellen und künftigen wirtschaftlichen Lage der Gesellschaft** notwendig ist. Fehlt eine werbliche Präsentation der Produkteigenschaften (s. BGH Urt. v. 26.03.2009 – I ZR 213/06, Rn. 15, 17, GRUR 2009, 984, 985 Rn. 15, 17 – Festbetragsfestsetzung, *Doepner/Reese*, § 1 HWG Rn. 92), handelt es sich um Angaben, die im Handelsverkehr Transparenz herstellen, nicht aber zur Verschreibung, Abgabe oder zum Verbrauch des Heilmittels anreizen sollen. Es fehlt also die Absatzförderungsabsicht (i.E. *Doepner/Reese*, WRP 2001, 1115, 1123 ff.; *Fulda* PharmaR 2010, 225, 229 f.; *Gröning*, § 1 HWG Rn. 31a mit nicht überzeugendem Hinweis auf die fehlende Unlauterkeit i.S.v. § 3 UWG, s. dazu Einf. Rdn. 14). Dagegen liegt Werbung vor, wenn anpreisende Elemente

vorhanden sind und die Angaben auch über die wertpapierrechtlichen Pflichtpublikationen hinaus verbreitet werden (OLG Hamburg Urt. v. 10.08.2017 – 3 U 53/17, GRUR-RS 2017, 128758, Rn. 37).

### i) Pflichtangaben (§ 4 HWG)

Pflichtangaben i.S.v. § 4 sind entgegen einer verbreiteten Ansicht im Schrifttum (*Gröning* WRP 1994, 355, 366; *Weihe-Gröning* WRP 1997, 409, 412 ff.: wegen der Angabe von Nebenwirkungen, Warnhinweisen oder Gegenanzeigen fehle objektiv der Werbewirkung und wegen des Zwangs zum Abdruck subjektiv die Absatzförderungsabsicht) als Werbung zu qualifizieren (st. Rspr. BGH Urt. v. 20.01.1983 – I ZR 183/80, GRUR 1983, 333 ff. – Grippewerbung II; BGH Urt. v. 29.05.1991 – I ZR 284/89, WRP 1993, 469 – Katovit; *Beuthien/Schmölz* GRUR 1999, 297, 302 f.). Der Wortlaut von § 4 Abs. 3 Satz 1 und Abs. 4 (»von den **übrigen** Werbeaussagen deutlich abgesetzt«) lässt den Rückschluss zu, dass der Gesetzgeber Pflichtangaben selbst als integralen Teil der Werbeaussage ansieht und den Werbeverboten des HWG unterstellen will. Art. 89 Abs. 1 Buchst. b GK bestätigt dies. Danach »muss jede Öffentlichkeitswerbung für ein Arzneimittel (…) mindestens folgende Angaben **enthalten** (…).« Eine entsprechende Regelung für Fachkreise trifft Art. 91 Abs. 1 des GK. Hinter diesen Regelungen steht die Erkenntnis, dass sachliche Informationen heute als typische Bestandteile von Absatzwerbung anzusehen sind und auch dafür eingesetzt werden. Trotz der im deutschen Recht angeordneten räumlichen Trennung (§ 4 Abs. 4), die keinen Anhalt im GK hat (s. dazu § 4 Rdn. 8, 13), ist Werbung daher nicht in den Absatz förderliche und nicht förderliche, von Absatzförderungsabsicht getragene oder nicht getragene Elemente aufzuspalten (*Doepner/*Reese, § 4 HWG Rn. 58 f., 99). Die infolge der Qualifizierung als Werbung mögliche Kollision von Pflichtangaben und Werbeverboten ist im Einzelfall zu lösen (s. § 4 Rdn. 31 ff.). 23

### j) Teleshopping (§ 1 Abs. 3a)

Abs. 3a wurde durch das Vierte Gesetz zur Änderung arzneimittelrechtlicher und anderer Vorschriften vom 20.12.2016 eingefügt (BGBl. I 2016 S. 3048), um Teleshopping als besondere Ausprägung der Werbung zu regeln. Die Definition setzt Art. 1 Abs. 1 lit. l der Richtlinie 2010/13/EU über audiovisuelle Mediendienste um. Insoweit beschränkt sich ihr Anwendungsbereich auf den entgeltlichen Absatz von Arzneimitteln sowie die entgeltliche Erbringung von Behandlungen und Verfahren durch Ärzte, Zahnärzte und Tierärzte. Von der für § 8a relevanten Definition erfasst ist nur die direkte Sendung von Angeboten an die Öffentlichkeit, weshalb ein konkretes Angebot im Rahmen eines audiovisuellen Mediendienstes erforderlich ist (Begr. BT-Drs. 18/8034 v. 06.04.2016, S. 55). Unter dieser Voraussetzung ist nunmehr allerdings die gesamte Sendung als »Werbung« i.S.d. HWG anzusehen. Dies war bei der gebotenen weiten, richtlinienkonformen Auslegung von § 8a aber schon bisher der Fall (s. § 8 Rdn. 4). 23a

Teleshopping ist eine besondere Form des Fernabsatzes (*Bülow/Arzt* NJW 2000, 2049, 2053). Art. 1 Buchst. l der Richtlinie 2010/13/EU über audiovisuelle Mediendienste definiert Teleshopping als »Sendungen direkter Angebote an die Öffentlichkeit für den Absatz von Waren (…) gegen Entgelt«. Eine Sendung ist nach Art. 1 Buchst. b) der Richtlinie eine »Abfolge von bewegten Bildern mit oder ohne Ton, die Einzelbestandteil eines von einem Mediendiensteanbieter erstellten Sendeplans oder Katalogs ist und deren Form und Inhalt mit der Form und dem Inhalt von Fernsehsendungen vergleichbar sind.« Nicht unter Teleshopping fallen daher z.B. klassische, rundfunkferne Online-Angebote. 23b

### II. Negative Abgrenzung (Art. 86 Abs. 2 GK, § 1 Abs. 4 – Abs. 8 HWG)

Nach Art. 86 Abs. 2 GK »betrifft« das Werberecht des GK nicht »die Etikettierung und die Packungsbeilage, die den Bestimmungen des Titels V unterliegen« sowie unter bestimmten Voraussetzungen »den Schriftwechsel« und »Unterlagen« zur Beantwortung konkreter Anfragen, »Verkaufskataloge und Preislisten« sowie nicht produktbezogene »Informationen über die Gesundheit«. 24

Entgegen verbreiteter Ansicht (EU-Kommission, wiedergegeben von EuGH Urt. v. 08.11.2007 – C-143/06, GRUR 2008, 264, 265 Rn. 17 – Ludwigs-Apotheke in Bezug auf Preislisten; *Bülow/ Ring*, § 1 HWG Rn. 3a) handelt es sich bei dieser Regelung nicht um einen Harmonisierungsverzicht, der es den Mitgliedstaaten gestattete, die betreffenden Sachverhalte – in den Grenzen der Grundfreiheiten und des sonstigen Unionsrechts – nach eigenem Ermessen den nationalen Werbenormen zu unterstellen. Vielmehr handelt es sich um eine **negative Vollharmonisierung**. D.h. Art. 86 Abs. 2 GK schränkt den materiellen Anwendungsbereich der Werbenormen verbindlich auf Konstellationen ein, die nicht in Art. 86 Abs. 2 GK erwähnt sind (GA Szpunar, Schlussanträge v. 03.03.2015, C-544/13 Rn. 87 f. – Abcur). Hierfür spricht neben der Entstehungsgeschichte (eingehend *Gröning*, Art. 1 Richtlinie 92/28/EWG Rn. 12 m.w.N.) der systematische Zusammenhang zur Bestimmung des Anwendungsbereichs der Werbenormen in Art. 86 Abs. 1 GK (»im Sinne dieses Titels gelten als Werbung« vs. »dieser Titel betrifft nicht«).

25 Der Regelungszusammenhang zwischen Titel V und VIII GK bestätigt die negative Abgrenzungsfunktion von Art. 86 Abs. 2 Spiegelstrich 1 GK: Die zulässigen Inhalte in der Packungsbeilage und auf dem Etikett sind in Art. 54 ff. GK abschließend und voll harmonisierend (Einf. HWG Rdn. 27) geregelt. Weitere Angaben, »die Werbecharakter haben«, sind darin unzulässig (Art. 62 GK). Folgerichtig können die den Kennzeichnungspflichten entsprechenden **Angaben in der Packungsbeilage und auf dem Etikett** nicht den materiellen Anforderungen des Heilmittelwerberechts unterliegen: Wie der BGH unter Hinweis auf Art. 86 Abs. 2 Spiegelstrich 1 GK und die deutschen Umsetzungsnormen zutreffend betont, kann nicht als Heilmittelwerbung verboten sein, was arzneimittelrechtlich vorgeschrieben ist (BGH Urt. v. 26.03.2009 – I ZR 213/06, GRUR 2009, 984 – Festbetragsfestsetzung; Beschl. v. 16.07.2009 – I ZR 223/06, Rn. 9, GRUR 2009, 988, 989 – Arzneimittelpräsentation im Internet; Urt. v. 21.09.2000 – I ZR 12/98, GRUR 2001, 176, 177 – Myalgien; für Etikett: Urt. v. 13.03.2008 – I ZR 95/05, GRUR 2008, 1014, 1015 Rn. 21 – Amlodipin).

26 Nicht zuletzt aufgrund der Gesetzessystematik ist dieses Ergebnis auf die in den weiteren Spiegelstrichen des Art. 86 Abs. 2 GK genannten Ausnahmen zu übertragen. Zwar fehlt es insoweit an einer anderweitigen Vollharmonisierung. Jedoch sind die weiteren Ausnahmesachverhalte durch qualifizierte Anforderungen (keine »Werbezwecken dienenden« Antworten; »keine Produktinformationen« bei Verkaufskatalogen, Preislisten und Gesundheitsinformationen) so eng gefasst, dass eine die öffentliche Gesundheit gefährdende Werbewirkung sehr unwahrscheinlich ist. Wie die jüngste Rspr. des EuGH zu **Arzneimittel-Preislisten ohne Angaben zum Arzneimittel** zeigt, wäre die Subsumtion der Angaben unter die Werbenormen daher unverhältnismäßig: Der EuGH folgte nicht der Argumentation der EU-Kommission zur fehlenden Harmonisierungswirkung des Art. 86 Abs. 2 Spiegelstrich 3 GK, sondern nahm die deutsche Regelung zu einzeln eingeführten Arzneimitteln (§ 73 Abs. 3 AMG, § 8 HWG) per se vom GK aus (Art. 5 GK). Anschließend verneinte er im Rahmen der Prüfung der Art. 28, 30 EG die Verhältnismäßigkeit des vom LG Hamburg angenommenen Werbeverbots für solche »reinen« Preislisten unter expliziter Bezugnahme auf die Wertung des Art. 86 Abs. 2 Spiegelstrich 3 GK, weil solche Preislisten den Absatz nicht förderten (EuGH Urt. v. 08.11.2007 – C-143/06, GRUR 2008, 264, 266 Rn. 38 f. – Ludwigs-Apotheke, eingehend § 8 Rdn. 7 ff.). Konsequenterweise kann im Anwendungsbereich des GK ein entsprechendes Werbeverbot erst recht nicht aufrechterhalten werden. Weil es an einer expliziten Umsetzung von Art. 86 Abs. 2 Spiegelstrich 3 GK im HWG fehlt (zu Bestelllisten im elektronischen Handel s.u. Rdn. 42 f.), sind die darin genannten Angaben ebenso wie die arzneimittelrechtlich vorgeschriebenen Informationen richtlinienkonform aus dem Werbebegriff selbst auszuklammern (eingehend u. Rdn. 28 ff.).

27 Inzwischen hat der deutsche Gesetzgeber die Ausnahme zu konkreten Anfragen (Art. 86 Spiegelstrich 2 GK) in § 1 Abs. 5 (s. Rdn. 34 ff.) und die Ausnahme zugunsten von Verkaufskatalogen und Preislisten (Art. 86 Spiegelstrich 23 GK) in § 1 Abs. 7 umgesetzt (s. Rdn. 34 ff.). Für die weiteren Tatbestände des Art. 86 Abs. 2 GK fehlen explizite Umsetzungsnormen. Der grundsätzlich fehlende Werbecharakter von Etikettierung und Packungsbeilage (Art. 86 Spiegelstrich 1 GK) folgt aber ohne Weiteres aus systematischen Erwägungen (s. Rdn. 28 ff.). Entsprechendes gilt aufgrund des

fehlenden Produktbezugs auch für allgemeine Gesundheits- und Krankheitsinformationen (Art. 86 Spiegelstrich 4 GK, s. Rdn. 44 f.). Umgekehrt kodifiziert die neue Ausnahme des § 1 Abs. 8 im Kern die Rechtsprechung des EuGH zum fehlenden Werbecharakter der unveränderten Bereitstellung von Packungsbeilage und Fachinformationen im Internet (s. Rdn. 28 ff.). Die überkommene Ausnahme für Gegenstände zur Verhütung von Unfallschäden (§ 1 Abs. 4) hat demgegenüber praktisch kaum Bedeutung (s. Rdn. 27a).

1. **Etikettierung, Packungsbeilage und Fachinformation (Art. 86 Abs. 2 Spiegelstrich 1 GK, § 1 Abs. 8 HWG)**

Anknüpfend an Art. 86 Abs. 2 Spiegelstrich 1 GK qualifiziert die Rspr. die durch §§ 10 f. AMG verlangten **Angaben** auf dem Etikett (s. BGH Urt. v. 13.03.2008 – I ZR 95/05, GRUR 2008, 1014, 1015 Rn. 21 – Amlodipin; OLG Frankfurt a. M. Urt. v. 24.05.2018 – 6 U 46/17, GRUR-RR 2018, 374 – unbeschwerte Atmung) und in der Packungsbeilage (s. BGH Urt. v. 21.09.2000 – I ZR 12/98, GRUR 2001, 176, 177 – Myalgien) auch ohne umfassende Ausnahmebestimmung im HWG (zu § 1 Abs. 8 s.u. Rdn. 33 ff.) schon begrifflich nicht als Heilmittelwerbung. Denn als Heilmittelwerbung kann nicht verboten sein, was arzneimittelrechtlich vorgeschrieben ist (BGH Urt. v. 26.03.2009 – I ZR 213/06, GRUR 2009, 984 – Festbetragsfestsetzung; Beschl. v. 16.07.2009 – I ZR 223/06, GRUR 2009, 988, 989 Rn. 9 – Arzneimittelpräsentation im Internet; Urt. v. 21.09.2000 – I ZR 12/98, GRUR 2001, 176, 177 – Myalgien; für Etikett: Urt. v. 13.03.2008 – I ZR 95/05, GRUR 2008, 1014, 1015 Rn. 21 – Amlodipin). Allerdings unterliegen die Angaben, einschließlich der Fachinformationen, dem »allgemeinen Werberecht«, insbes. den arzneimittel- und lauterkeitsrechtlichen Irreführungsverboten gem. §§ 5 UWG, 8 AMG (s. BGH Urt. v. 19.03.1998 – I ZR 173/95, GRUR 1998, 959, 961 – Neurotrat forte; Urt. v. 07.05.2015 – I ZR 29/14, PharmR 2016, 15 Rn. 17 ff. – Äquipotenzangabe in Fachinformation: Anwendung sämtlicher Irreführungsverbote, d.h. auch von § 3). Die Irreführungsprüfung erstreckt sich dabei auch auf die Existenz hinreichender wissenschaftlicher Belege für die dargestellten Wirkungen des Heilmittels (BGH Urt. v. 07.05.2015 – I ZR 29/14, PharmR 2016, 15 Rn. 17 ff. – Äquipotenzangabe in Fachinformation). Dem steht die Tatbestandswirkung des in Form eines Verwaltungsaktes ergangenen Zulassungsbescheids (dazu § 17 HWG Rdn. 9) nicht entgegen: Auch wenn die Zulassung voraussetzt, dass der Nachweis der Qualität, Wirksamkeit und Sicherheit des Arzneimittels vom Antragsteller geführt worden ist (vgl. §§ 1, 25 Abs. 1 AMG), handelt es sich dabei nur um einen Umstand, dessen Vorliegen durch die Arzneimittelzulassung nicht mit regelnder Wirkung verbindlich festgestellt wird (BGH Urt. v. 07.05.2015 – I ZR 29/14, PharmR 2016, 15 Rn. 37 f. – Äquipotenzangabe in Fachinformation). Einwände gegen die Fachinformation können in einem wettbewerbsrechtlichen Verfahren jedoch nur aufgrund neuer oder der Zulassungsbehörde unbekannt gebliebener wissenschaftlicher Erkenntnisse erhoben werden (§ 3 HWG Rdn. 56 f.). 28

Keine Heilmittelwerbung sind ferner die **zulässigen freiwilligen Angaben** gem. §§ 10 Abs. 1 Satz 5, 11 Abs. 1 Satz 5, Abs. 5 Satz 2 AMG (BGH Urt. v. 13.03.2008 – I ZR 95/05, GRUR 2008, 1014, 1015 Rn. 2 – Amlodipin; *Doepner/Reese*, § 1 HWG Rn. 141, 148). Diese Angaben, einschließlich von Bildzeichen (OLG Köln, Urt. v. 12.06.2015 – 6 U 188/14 U), müssen aber den Anforderungen der genannten Vorschriften genügen. Erlaubt sind nur solche Angaben, die (1.) mit der Anwendung des Arzneimittels in Zusammenhang stehen, (2.) für die gesundheitliche Aufklärung der Patienten wichtig sind und (3.) den Angaben in der Fachinformation nicht widersprechen (dazu BGH Urt. v. 05.02.2009 – I ZR 124/07, GUR 2009, 990 Rn. 18 – Metoprolol). Außerdem dürfen freiwillige Zusatzangaben keinen Werbecharakter, d.h. keinen »werblichen Überschuss« haben (BGH Urt. v. 13. 12.2012 – I ZR 161/11, GRUR 2013, 548 Rn. 13 ff. – Voltaren; OLG Frankfurt a.M. Urt. v. 24.05.2018 – 6 U 46/17, GRUR-RR 2018, 374 – unbeschwerte Atmung; *Gröning*, § 1 HWG Rn. 51 ff.). Diese Auslegung entspricht der Gesetzesbegründung (BT-Drs. 12/6480 S. 18) und ist durch Art. 62 Hs. 2 GK vorgegeben (»nicht zulässig sind Angaben, die Werbecharakter haben können«). Die strikte Begrenzung zusätzlicher Angaben auf der Packung und in der Packungsbeilage dient dem Zweck zu verhindern, dass Verbraucher von den 29

§ 1 HWG  Anwendungsbereich

Pflichtinformationen abgelenkt werden (BGH Urt. v. 13.12.2012 – I ZR 161/11, GRUR 2013, 548 Rn. 15 – Voltaren). Geboten ist deshalb eine grundsätzlich strenge Auslegung (s. OVG NRW Beschl. v. 05.08.2013 – 13 A 2862/12, PharmR 2013, 463 Bio-Siegel; Beschl. v. 26.10.2015 – 13 A 2597/14, A & R 2015, 277 – firmeneigene Bio-Kennzeichen), die sich nicht in einer Irreführungsprüfung erschöpft (nicht überzeugend insoweit OLG Köln Urt. v. 12.06.2015 – 6 U 188/14 U). Bei den §§ 10, 11 AMG handelt es sich um Marktverhaltensnormen i.S.d. § 3a UWG, deren Verletzung bereits für sich genommen – unabhängig von der Anwendung von Vorschriften des HWG – die Unlauterkeit gem. § 3 UWG indiziert (BGH Urt. v. 13.12.2012 – I ZR 161/11, GRUR 2013, 548 Rn. 10 – Voltaren).

### a) Etikett und Packungsbeilage mit »werblichem Überschuss«

30  Enthält das Etikett oder die Packungsbeilage neben den in §§ 10, 11 AMG vorgeschriebenen oder danach zulässigen Angaben einen werblichen Überschuss, sind zusätzlich die Werbeverbote des HWG zu beachten (st. Rspr. BGH Urt. v. 21.09.2000 – I ZR 12/98, GRUR 2001, 176, 177 – Myalgien; zuletzt BGH Urt. v. 13.03.2008 – I ZR 95/05, GRUR 2008, 1014, 1015 Rn. 21 – Amlodipin; ebenso *Doepner/Reese*, § 4 HWG Rn. 29, 152). Dies folgt unmittelbar aus einem Gegenschluss zu § 4a Abs. 1. Die Absatzförderungseignung und -absicht sind auch bei verschreibungspflichtigen Arzneimitteln zu bejahen. Zwar können Packungsbeilage und -aufschrift nicht direkt zu Nachkäufen oder – bei Weiterempfehlungen des Arzneimittels – zu Käufen Dritter führen. Wie bei § 10 Abs. 1 kann der Absatz aber mittelbar gefördert werden, indem der Arzt zur Verschreibung des Mittels gedrängt wird (BGH Urt. v. 13.03.2008 – I ZR 95/05, GRUR 2008, 1014, 1015 Rn. 21 – Amlodipin; kritisch *Gröning*, § 1 HWG Rn. 57 ff.).

31  Diese Auslegung steht im Einklang mit der Deutung des Art. 86 Abs. 2 Spiegelstrich 1 GK als negative Anwendungsnorm (dazu o. Rdn. 24 ff.). Zwar nimmt der Wortlaut Etikettierungen und Packungsbeilagen generell von den Werbenormen der Art. 86 ff. GK aus (»die den Bestimmungen des Titels V unterliegen«) und nicht nur dann, wenn sie den Anforderungen des Titels V über die Etikettierung und Packungsbeilage »genügen«. Der durch Art. 62 Hs. 2 GK gesetzte, abschließende Maßstab, nach dem Angaben mit Werbecharakter auf der äußeren Umhüllung nicht zulässig sind, ermöglicht jedoch die Anwendung der Verbote des nationalen Heilmittelwerberechts. Denn die Subsumtion von nach Titel V GK/§§ 10 ff. AMG unzulässigen Angaben unter den Werbebegriff und ihre Unterstellung unter die Heilmittelwerbeverbote ändert am materiellen Maßstab der Unzulässigkeit nichts. Verschärft werden lediglich die Sanktionsmöglichkeiten. Ein Verstoß gegen das Werbeverbot des § 11 Abs. 1 Satz 5 AMG begründet zwar selbst die Unlauterkeit gem. § 3a UWG. Im Gegensatz zu vielen Tatbeständen des HWG sind Verstöße aber nicht bußgeldbewährt. Die Verschärfung der Sanktionen ist gerechtfertigt, weil nicht einzusehen ist, warum verbotene Werbung milder zu sanktionieren ist, nur weil sie an einem Ort erscheint, an dem Werbung generell unzulässig ist (insoweit überzeugend BGH Urt. v. 21.09.2000 – I ZR 12/98, GRUR 2001, 176, 177 – Myalgien). Unionsrechtlich nicht zu rechtfertigen ist aber, dass bei generell unzulässigen werblichen Angaben (Art. 62 GK) auch § 4 anwendbar sein soll, wonach zusätzlich noch Pflichtangaben abzudrucken sind (BGH Urt. v. 21.09.2000 – I ZR 12/98, GRUR 2001, 176, 177 – Myalgien).

### b) Werbliche Präsentation von Etikett und Packungsbeilage

32  Schon nach dem GK zwingend um Werbung handelt es sich, wenn Etikett und Packungsbeilage aus der arzneimittelrechtlichen Kennzeichnungsform herausgelöst und in werblicher Form präsentiert werden (*Rieß*, Publikumswerbung für verschreibungspflichtige Arzneimittel, S. 54; *Sodan/Zimmermann*, Das Spannungsfeld zwischen Patienteninformierung und dem Werbeverbot für verschreibungspflichtige Arzneimittel, S. 105). Nur die eigentliche Verpackung des Arzneimittels und die beigefügte Packungsbeilage unterliegen abschließend dem Titel V GK. Nicht erfasst ist die Verwendung in anderem kommunikativen Kontext. Konsequenterweise ist eine werbliche Präsentation insoweit auch nicht nach dem AMG verboten. Ob eine Präsentation von Umhüllung,

Packungsbeilage oder Fachinformationen z.B. in Zeitschriften oder im Internet Werbecharakter hat, ist im Rahmen einer Gesamtbetrachtung nach allgemeinen Grundsätzen zu ermitteln (BGH Beschl. v. 16.07.2009 – I ZR 223/06, GRUR 2009, 988, 989 Rn. 9 – Arzneimittelpräsentation im Internet I, s.o. Rdn. 5, 7). Dabei kommt es vor allem darauf an, ob die Informationen vollständig sind, ausschließlich in Pull-Medien wie dem Internet präsentiert werden und nicht – z.B. über Hyperlinks – mit weiterführenden, werbenden Angaben verknüpft sind (EuGH Urt. v. 05.05.2011 – C-316/09, GRUR 2011, 1160, 1162 Rn. 33 ff. – MSD Sharp & Dohme GmbH; BGH Urt. v. 19.10.2011 – I ZR 223/06, GRUR-RR 2012, 259 Rn. 12 f. – Arzneimittelpräsentation im Internet II, *Doepner/Reese*, § 1 HWG Rn. 149).

c) **Unveränderte Übermittlung bzw. Bereitstellung von Umhüllung, Packungsbeilage oder Fachinformation (§ 1 Abs. 8 HWG)**

Mit dem 2. AMGuaÄndG v. 19.10.2012, BGBl. I S. 2192 hat der deutsche Gesetzgeber die Übermittlung bzw. Bereitstellung von Etikettierung, Packungsbeilage und Fachinformationen explizit aus dem Anwendungsbereich des HWG genommen, wenn dies auf »Anforderung einer Person« (Alt. 1) bzw. »im Internet« (Alt. 2) geschieht. Die Regelung soll die Rechtsprechung des EuGH in der Rs. »MSD Sharp & Dohme« (Urt. v. 05.05.2011 – C-316/09, GRUR 2011, 1160 ff.) in nationales Recht transformieren (BT-Drs. 17/9341 S. 70). Überdies seien die vom Ausnahmetatbestand erfassten Informationen gem. § 67a Abs. 2 AMG über die im Internet abrufbare Datenbank des Deutschen Instituts für Medizinische Dokumentation und Information (DIMDI) ohnehin öffentlich zugänglich (BT-Drs. 17/9341 v. 26.04.2012, passim).

33

Der im Wortlaut knapp und eher offen formulierte § 1 Abs. 8 ist bereits nach der Gesetzesbegründung **richtlinienkonform auszulegen**. Nachdem die Vorschläge der Kommission v. 10.12.2008 (KOM [2008] 663) und v. 11.10.2011 (KOM [2011] 633), mit denen durch Änderung des GK weitergehende objektive Informationsmöglichkeiten auch über verschreibungspflichtige Arzneimittel geschaffen werden sollten, inzwischen endgültig gescheitert sind, führt dies vor allem für die Bereitstellung der Etikettierung, Packungsbeilage oder Fachinformationen im Internet zu einer restriktiven Deutung des Ausnahmetatbestands: Die Präsentation ist nur dann aus dem Anwendungsbereich des HWG auszunehmen, wenn sie nach den vom EuGH herausgearbeiteten Kriterien nicht als Heilmittelwerbung i.S.d. Art. 86 GK anzusehen ist.

33a

Zunächst kommt es darauf an, dass die »Informationen nur demjenigen zugänglich sind, der sich selbst um sie bemüht« (EuGH Urt. v. 05.05.2011 – C-316/09, GRUR 2011, 1160 u. 1163 (LS) und Rn. 45 ff. – MSD Sharp & Dohme GmbH). Bei der Übermittlung »auf Anforderung einer Person« (Alt. 1) ist dies ohne Weiteres der Fall. Die »Bereitstellung im Internet« (Alt. 2) ist entsprechend auf »**Pull-Dienste**« zu beschränken, bei denen der Internetnutzer einen aktiven Suchschritt unternehmen muss, um die Informationen abzurufen. Eine unaufgeforderte Präsentation fällt im Internet dagegen unter das HWG.

33b

Weiterhin muss die Präsentation »**vollständig**« sein. Dies gilt auch für die 2. Alt., also die Bereitstellung im Internet (»Bereitstellung dieser [scil.: vollständigen] Informationen«, vgl. auch EuGH Urt. v. 05.05.2011 – C-316/09, GRUR 2011, 1160 (LS) – MSD Sharp & Dohme GmbH; BGH Urt. v. 19.10.2011 – I ZR 223/06, GRUR-RR 2012, 259, 260 Rn. 13 – Arzneimittelpräsentation im Internet II). Zulässig ist damit grundsätzlich nur eine getreue und umfassende Wiedergabe der Umhüllung des Arzneimittels, der Packungsbeilage oder der von der zuständigen Arzneimittelbehörde genehmigten Fachinformation. Wählt der Hersteller oder ein Dritter einzelne Angaben aus oder gestaltet er die Informationen um, so ist dies im Einklang mit dem Unionsrecht jedenfalls dann als eine unter das HWG fallende Werbung zu qualifizieren, wenn dadurch das Heilmittel in ein positiveres Licht gerückt wird. Denn dies lässt sich nur durch ein Werbeziel erklären.

33c

Schließlich ist das HWG nur dann gem. § 1 Abs. 8 unanwendbar, wenn die Informationen in **neutraler Form** übermittelt bzw. im Internet bereitgestellt werden. D.h. es dürfen keine weiteren werblichen Informationen auf der betreffenden Webseite abrufbar oder verlinkt sein,

33d

welche bei der gebotenen Gesamtbetrachtung zur Annahme von Heilmittelwerbung führen (BGH Urt. v. 19.10.2011 – I ZR 223/06, GRUR-RR 2012, 259, 260 Rn. 13 – Arzneimittelpräsentation im Internet II). Ebenso wenig nimmt § 1 Abs. 8 Internetseiten aus dem Anwendungsbereich des HWG aus, bei denen gerade die Verlinkung der vollständigen behördlichen Produktinformationen einen Produktbezug vermittelt und so einen Werbeeffekt generiert.

### 2. Unterlagen zur Beantwortung konkreter Einzelanfragen (Art. 86 Abs. 2 Spiegelstrich 2 GK, § 1 Abs. 5 HWG)

34 § 1 Abs. 5 setzt Art. 86 Abs. 2 Spiegelstrich 2 GK im Wesentlichen wortgleich in nationales Recht um. Die Norm erfasst die Beantwortung konkreter Anfragen zu bestimmten Arzneimitteln unabhängig von ihrer Verschreibungspflicht.

#### a) Form der Anfragen und Antworten

35 Die Begriffe »Schriftwechsel« und »Unterlagen« sollen, wie die Gesetzesmaterialien verdeutlichen (BT-Drs. 15/1525 S. 164), neben schriftlichen auch elektronische Anfragen und Antworten via **E-Mail** einschließen. Darüber hinaus wird z.T. auch das **Einstellen von Informationen, z.B. der Packungsbeilage, in das Internet** darunter subsumiert (*Gröning*, § 1 HWG Rn. 344; s.a. GA Trstenjak, Schlussanträge v. 24.11.2010, C-316/09 Rn. 107 – MSD Sharp & Dohme GmbH; BR-Drs. 237/05 S. 107; nicht diskutiert von BGH Beschl. v. 16.07.2009 – I ZR 223/06, GRUR 2009, 988, 989 Rn. 9 – Arzneimittelpräsentation im Internet). Das aktive Suchen der Internet-Seite kann aber nicht als »konkrete« Anfrage, die im Internet vorgehaltene Information nicht als »erforderliche« Unterlage zu deren antizipierter Beantwortung qualifiziert werden (s.u. Rdn. 37 f.).

#### b) Beantwortung konkreter Anfragen zu bestimmten Arzneimitteln

36 § 1 Abs. 5 gestattet nur solche Angaben, die zur Beantwortung einer **konkreten Frage** zu einem **bestimmten Arzneimittel** erforderlich sind. In diesem Rahmen (z.B. Frage nach Wechselwirkungen) darf auch auf andere Erzeugnisse Bezug genommen werden. Der Umfang der zulässigen Informationen über das Arzneimittel selbst hängt ebenfalls von der konkreten Fragestellung ab. Um die von § 1 Abs. 5 geschützte Befriedigung legitimer Informationsinteressen zu ermöglichen und einer aufgrund drohender Prozessrisiken übervorsichtigen Beantwortungspraxis vorzubeugen, sind an die Konkretheit der Anfrage aber keine allzu hohen Anforderungen zu stellen (OLG München Urt. v. 15.03.2012 – 29 U 3438/11, Rn. 65 f.; *Doepner/Reese*, § 1 HWG Rn. 129, 132). Individuelle Anfragen, die sich pauschal auf ein bestimmtes Arzneimittel beziehen, können demnach nicht zuletzt wegen der bei Laien zu erwartenden Unschärfen regelmäßig mit den Gebrauchsinformationen beantwortet werden (*Gröning*, § 1 HWG Rn. 341 f.). Die Vorschrift überschneidet sich insoweit teilweise mit § 1 Abs. 8, 1. Alt..

37 Eine bloße Internet-Recherche ist dagegen keine konkrete Anfrage zu »bestimmten Arzneimitteln«: Moderne Suchdienste ermöglichen das leichte Auffinden der Seite selbst anhand sehr allgemeiner Suchbegriffe (z.B. Anwendungsgebiete aus der Packungsbeilage). Auch wenn den Suchenden die Informationen in der internettypischen »Pull-Situation« nicht unvorbereitet treffen, geht die permanente Internet-Präsentation daher über die Anforderungen von § 1 Abs. 5 hinaus (i.E. EuGH Urt. v. 05.05.2011 – C-316/09, GRUR 2011, 1160, 1161 Rn. 29 – MSD Sharp & Dohme GmbH). Die Unanwendbarkeit von § 1 Abs. 5 in diesen Fällen folgt auch aus der Neuregelung des § 1 Abs. 8, 2. Alt., die als Spezialnorm die Präsentation der Arzneimittelumhüllung oder die Bereitstellung der Packungsbeilage sowie der Fachinformationen im Internet abschließend regelt (o. Rdn. 33 ff.).

#### c) Erforderliche Angaben ohne Werbezweck

38 Die Angaben müssen zur Beantwortung **erforderlich** sein und dürfen nach dem Gesetzeswortlaut **nicht Werbezwecken** dienen. Letzteres ist angesichts der Definition des Werbebegriffs (o. Rdn. 3, 7)

eine Tautologie (Bülow/Ring/Artz/Brixius/*Brixius*, Heilmittelwerbegesetz, § 1 HWG Rn. 6; *Doepner/Reese*, § 1 HWG Rn. 131). Zwar mag eine Vermutung dafür sprechen, dass die zur Beantwortung erforderlichen Angaben keinen Werbezweck haben, also keine Heilmittelwerbung i.S.d. HWG darstellen (so *Gröning*, § 1 HWG Rn. 339). Dies verlagert das Abgrenzungsproblem aber nur auf den nicht weniger unbestimmten Begriff der »Erforderlichkeit«. Letztlich kommt es auch hier auf eine Gesamtabwägung aller Umstände an (o. Rdn. 7), wobei im Lichte der konkreten Anfragesituation zumindest die Übermittlung der Packungsbeilage und der Fachinformationen zumeist als erforderlich und zulässig anzusehen ist.

### 3. Verkaufskataloge, Preislisten sowie elektronische Bestellformulare (Art. 86 Abs. 2 Spiegelstrich 3 GK, § 1 Abs. 6 und Abs. 7 HWG)

In § 1 Abs. 7 hat der Gesetzgeber durch das 2. AMGuaÄndG v. 19.10.2012 (BGBl. I S. 2192) Art. 86 Abs. 2 Spiegelstrich 3 GK in Bezug auf **Verkaufskataloge und Preislisten** richtlinienkonform in nationales Recht umgesetzt. Danach sind Preislisten, Verkaufskataloge und weitere Angaben mangels Werbecharakters nicht den Heilmittelwerbenormen zu unterstellen, wenn sie »keine Angaben über das Arzneimittel enthalten« (o. Rdn. 24, 26). Die letztgenannte Qualifizierung (engl.: »no product claims«) bezieht sich nach dem Regelungskontext auf medizinisch-pharmakologische Angaben (Indikationen etc.), die über die in Preislisten, Verkaufskatalogen etc. zur Bestimmung des Arzneimittels zwingend nötigen Angaben hinausgehen (*Doepner/Reese*, § 1 HWG Rn. 136). Ihre Angabe führt also zu einer Qualifikation als Heilmittelwerbung. Diese Einschränkung greift § 1 Abs. 7 zutreffend auf (»zur Bestimmung... notwendige Angaben«). 39

Verkaufskataloge und Preislisten sind überdies nur gegenüber den Fachkreisen, insbes. innerhalb der Handelsstufen, vom Werbebegriff auszunehmen, **nicht in der Öffentlichkeitswerbung**. Der systematische Kontext zu den weiteren in Art. 86 Abs. 2 Spiegelstrich 3 GK genannten »Angaben und Unterlagen« (»Verkaufskataloge«, »Änderungen der Verpackung«, »Warnungen vor unerwünschten Nebenwirkungen im Rahmen der Arzneimittelüberwachung«) verdeutlicht, dass die Ausnahmebestimmung nicht auf die Öffentlichkeitswerbung zugeschnitten ist und insoweit nicht passt. Die Bereitstellung von Preislisten für verschreibungspflichtige Arzneimittel in der Öffentlichkeit – womöglich mit der Angabe von Sonderkonditionen – kann durchaus erhebliche Werbewirkungen entfalten und unterliegt daher auch dem Werbeverbot des § 10. Die vom Wortlaut her auch für die Publikumswerbung geltende Vorschrift des § 1 Abs. 7 ist entsprechend teleologisch zu reduzieren (i. E. ebenso bereits *Doepner/Reese*, § 1 HWG Rn. 136). In systematischer Hinsicht spricht hierfür auch die fortbestehende Regelung für elektronische Bestelllisten von Versandapotheken in § 1 Abs. 6. Gälte § 1 Abs. 7 ebenso wie Abs. 6 auch für die Publikumswerbung, bedürfte es dieser Regelung nicht mehr. Schließlich wollte der Gesetzgeber mit § 1 Abs. 7 der Rechtsprechung des EuGH in der Rs. Ludwigs-Apotheke Rechnung tragen, die ausschließlich den Versand von Preislisten an Apotheken betraf (EuGH Urt. v. 08.11.2007 – C-143/06, GRUR 2008, 264, 265 Rn. 17 ff., eingehend dazu unter Rdn. 26 und § 8 HWG Rdn. 7 ff.). 40

Auch innerhalb der Fachkreise dürfen Preislisten und Verkaufskataloge nicht inkorrekt und irreführend sein. Anderenfalls ist eine Beanstandung nach §§ 3 HWG, 5 UWG möglich (s. BGH Urt. v. 19.03.1998 – I ZR 173/95, GRUR 1998, 959, 961 – Neurotrat forte zu grundsätzlich zulässigen Angaben in der Packungsbeilage). 41

Der deutsche Gesetzgeber hat in § 1 Abs. 6 weiterhin **elektronische Bestellformulare** aus dem Anwendungsbereich des HWG ausgeklammert, um den Onlinehandel mit Arzneimitteln durch Versandapotheken zu ermöglichen (BT-Drs. 15/1525 S. 164). Die praktische Bedeutung dieser im GK so nicht vorgesehenen, auf die Öffentlichkeitswerbung zugeschnittenen Ausnahme ist eher gering. Bestellformulare von Versandapotheken sind heute vielfach so konzipiert, dass der Besteller entweder schlicht ein Rezept einreicht oder das OTC-Arzneimittel selbst elektronisch in die Liste einträgt. Mangels Produktbezugs sind solche Bestelllisten unabhängig von § 1 Abs. 5 keine Werbung (auch *Doepner/Reese*, § 1 HWG Rn. 24, 134). 42

43 Bestellformulare, die bereits Angaben zu bestimmten Arzneimitteln enthalten, können dagegen je nach Art der Präsentation Werbung i.S.d. GK sein, auch wenn sich die Angaben auf die Bezeichnung des Arzneimittels (Name, Packungsgröße, Preis, ggf. Darreichungsform und Stärke) und des pharmazeutischen Unternehmens beschränkt. Die bei einer Herausnahme auch solcher Bestellformulare aus dem Anwendungsbereich des HWG drohende Kollision des § 1 Abs. 6 mit dem GK ist durch Auslegung zu vermeiden, indem man werbewirksame Bestellformulare wegen der bestehenden neutralen Gestaltungsalternativen nicht als i.S.d. § 1 Abs. 6 »notwendig« qualifiziert (i.E. ebenso OLG Naumburg Beschl. v. 12.10.2006 – 10 W 65/06, PharmaR 2007, 427; *Doepner/Reese*, § 1 HWG Rn. 134).

### 4. Allgemeine Gesundheits- und Krankheitsinformationen (Art. 86 Abs. 2 Spiegelstrich 4 GK)

44 Nach Art. 86 Abs. 2 Spiegelstrich 4 GK betreffen die Werbevorschriften keine »Informationen über die Gesundheit oder Krankheiten des Menschen, sofern darin nicht, auch nicht in indirekter Weise, auf ein Arzneimittel Bezug genommen wird.« Für allgemeine Gesundheitsinformationen grenzt Spiegelstrich 4 heilmittelwerberechtlich relevante Werbung mithin anhand des Produktbezugs ab. Dies entspricht der generellen Auslegung des HWG (s.u. Rdn. 45 ff.). Die auf Gesundheitsinformationen beschränkte Regelung erlaubt auch nicht den Umkehrschluss, dass im Übrigen, insbes. für Unternehmenswerbung, gerade kein Produktbezug nötig ist; sie weist aber auf die Notwendigkeit einer differenzierten Schutzzweckanalyse hin (u. Rdn. 47 ff.).

### 5. Gegenstände zur Verhütung von Unfallschäden (§ 1 Abs. 4 HWG)

44a § 1 Abs. 4 nimmt Gegenstände zur Verhütung von Unfallschäden (Sturzhelme, Kindersitze, Airbags etc.) explizit aus dem Anwendungsbereich des HWG aus. Dieses Ergebnis folgt bereits aus § 1 Abs. 1 Nr. 2, der Werbung mit einem »Verhüten« von Krankheiten etc. bei Gegenständen ohnehin nicht erfasst (*Doepner/Reese*, § 1 HWG Rn. 154 m.w.N.).

### III. Produkt- und Leistungsbezug der Werbung

45 Der Begriff »Werbung für Heilmittel« verlangt nach traditionellem deutschem Verständnis im Lichte der Schutzzwecke des HWG einen qualifizierten **Produktbezug**: Heilmittelwerbung kann einen Fehl- bzw. Missbrauch von Heilmitteln oder einen gesundheitsgefährdenden Verzicht auf eine heilkundliche Beratung nur dann induzieren, wenn sie sich auf **individuelle oder individualisierbare Heilmittel** bezieht. Zwar kann und soll v.a. im Rahmen des Substitutionswettbewerbs mit äquivalenten Produkten anderer Hersteller auch eine bloße Imagewerbung, die die Aufmerksamkeit des Publikums allgemein auf die Leistungsfähigkeit des Unternehmens lenkt, den Absatz der Unternehmensprodukte fördern. Es ist aber eher unwahrscheinlich, dass infolge einer solchen Werbung unnötig Arzneimittel gebraucht oder nötige Konsultationen von Heilberuflern unterlassen werden. Im Ansatz überzeugend beschränkt die Rspr. daher den Anwendungsbereich des HWG auf produktbezogene Werbung und klammert reine Unternehmens- oder Imagewerbung aus (grundlegend BGH Urt. v. 15.12.1994 – I ZR 154/92, NJW 1995, 1617 – Pharma-Hörfunkwerbung; Urt. v. 17.06.1992 – I ZR 221/90, NJW 1992, 2964 – Pharma-Werbespot; BGH Urt. v. 26.03.2009 – I ZR 213/06, GRUR 2009, 984 – Festbetragsfestsetzung; BGH Urt. v. 09.09.2010 – I ZR 193/07, Rn. 24, NJW 2010, 3721, 3723 Rn. 24 – Unser Dankeschön für Sie; *Mand* A & R 2006, 54, 56 m.w.N *Doepner/Reese*, § 1 HWG Rn. 70, 73 f.). Abzugrenzen ist hiernach im Rahmen einer normativen Gesamtbetrachtung anhand des Schwerpunkts der Werbewirkung (BGH Urt. v. 24.11.2016 – I ZR 163/15, GRUR 2017, 635 Rn. 30 ff – Freunde werben Freunde; Urt. v. 12.02.2015 – I ZR 213/13, GRUR 2015, 813 Rn. 16 – Fahrdienst zur Augenklinik; Urt. v. 26.03.2009 – I ZR 213/06, GRUR 2009, 984 – Festbetragsfestsetzung; Urt. v. 06.07.2006 – I ZR 145/03, GRUR 2006, 949 – Kunden werben Kunden).

46 In aller Regel liegt ein Produktbezug vor, wenn ein oder mehrere konkrete Heilmittel in der Werbung explizit benannt werden. Es genügt aber nach ganz herrschender Ansicht, wenn sich der Bezug zu einem bestimmten Heilmittel aus den Gesamtumständen ergibt und der Verkehr dadurch

zur Entscheidung für eine Behandlung mit einem Mittel dieser Art verleitet werden kann. Diese Auslegung ist verfassungsrechtlich nicht zu beanstanden (BVerfG Beschl. v. 12.07.2007 – 1 BvR 99/03, NJW-RR 2007, 1680, 1681 – Dr. R's Vitaminprogramm).

Diese schutzzweckorientierte Einschränkung des Anwendungsbereichs steht im Einklang mit GK, da der GK mit der »öffentlichen Gesundheit« identische Schutzzwecke verfolgt (EuGH Urt. v. 01.10.2020 – C-649/18, GRUR 2020, 1219 Rn. 52; GA SaugmandsgaardØe, ECLI:EU:C:2020:134, Rn. 52 ff.; Einf. Rdn. 25). Sie ist im Gegensatz zum HWG sogar im Wortlaut der Einzeltatbestände des GK selbst verankert (Art. 87, 89, 90, 91, 92: Werbung für »ein« Arzneimittel/»a« medicinal product). Auch die Negativabgrenzung des Art. 86 Abs. 2 GK nimmt einzelne Informationen von den Werbenormen aus, wenn und soweit sich diese nicht auf ein bestimmtes Arzneimittel beziehen (Spiegelstriche 3 und 4). 46a

Deutungsversuche der Literatur, die das einschränkende Kriterium des Produktbezugs von der Schutzzweckbetrachtung, auf dem es beruht, trennen und als ungeschriebenes Tatbestandsmerkmal gleichförmig und losgelöst vom Einzelfall interpretieren, sind abzulehnen. Zwar kann ein solches Vorgehen die Rechtssicherheit fördern, die Justiziabilität erleichtern sowie wohlfahrts-ökonomisch dem Ziel niedrigerer regulierungsbedingter Kosten dienen. Einer von den Besonderheiten der jeweiligen Werbemaßnahme abstrahierten Festlegung der inhaltlichen Anforderungen des Produktbezugs steht aber bereits Art. 86 Abs. 2 GK entgegen, der den Produktbezug nur bei spezifischen Informationen (Preislisten, allgemeine Gesundheitsinformationen etc.) als negatives Abgrenzungskriterium zur Arzneimittelwerbung anführt. Auch die differenzierte Wortwahl des GK und die vom EuGH postulierte Gesamtbetrachtung des Werbecharakters (EuGH Urt. v. 02.04.2009 – C-421/07, EuZW 2009, 428, 430 Rn. 24 – Frede Damgaard) legen eine Einzelfallanalyse nahe. Entscheidend gegen eine einheitliche Betrachtung sprechen aber vor allem die z. T. neuen Schutzziele einzelner Werbetatbestände, die nur mittelbar den Gesundheitsinteressen des Einzelnen und der Allgemeinheit dienen. 47

So verbietet der GK für verschreibungspflichtige bzw. psychotrope (Art. 88 Abs. 1 GK) und optional für erstattungsfähige Arzneimittel (Art. 88 Abs. 3 GK) pauschal jede Werbung, während sich nahezu alle anderen Werbeverbote auf die Werbung für »ein« Arzneimittel/»a« medicinal product beziehen. Diese auf eine Lockerung des Produktbezugs hindeutende Differenzierung im Wortlaut findet sich in den einschlägigen Normen des HWG (§§ 4a Abs. 2, 10) zwar nicht. Im Gegenteil verlangt das auf die Verordnungsfähigkeit selbst abstellende Verbot § 4a Abs. 2 auch im Wortlaut (»eines Arzneimittels«) einen direkten Produktbezug. Im Lichte des GK liegt es jedoch nahe, zumindest für § 10 weniger rigide Anforderungen an den Produktbezug zu stellen: Neben der Abwendung von Gesundheitsgefahren, die bereits durch die Gatekeeper-Funktion des verschreibenden Arztes minimiert sind (BGH Beschl. v. 16.07.2009 – I ZR 223/06, GRUR 2009, 988, 989 Rn. 13 – Arzneimittelpräsentation im Internet; *Gellißen*, Arzneimittelwerbung im Internet, S. 254 f.), verfolgt auch das Werbeverbot für verschreibungspflichtige Arzneimittel eine wirtschaftliche Zielrichtung (s.u. § 10 HWG Rdn. 5). Es sollen »unnötige« Kosten verhindert werden, die aufgrund fehlender Sparanreize zu erwarten sind, weil Werbeadressaten und unmittelbare Kostenträger auseinander fallen (vgl. Voit/*Mand*, Strukturveränderung und Gestaltungsspielräume im Arzneimittelvertrieb, S. 9, 14 f.). Solche Kosten können schon dann entstehen, wenn der Absatz ohne Gesundheitsgefahr für den Betroffenen von einem preisgünstigen Konkurrenzpräparat auf irgendein verschreibungspflichtiges und damit erstattungsfähiges Medikament des werbenden Unternehmens umgelenkt wird. Angesichts dieses sekundären Schutzzwecks sollte insoweit im Rahmen von § 10 Abs. 1 eine gattungsmäßige Bezeichnung der verschreibungs- und erstattungspflichtigen Mittel für den Produktbezug ausreichen (a.A. wohl BGH Vorlagebeschl. v. 20.02.2020 – I ZR 214/18, GRUR 2020, 659 Rn. 38 ff. – Gewinnspielwerbung; Urt. v. 26.03.2009 – I ZR 213/06, GRUR 2009, 984, 986 Rn. 18 – Festbetragsfestsetzung; BGH Urt. v. 09.09.2010 – I ZR 193/07, NJW 2010, 3721, 3723 Rn. 24 – Unser Dankeschön für Sie). 48

Jedenfalls ist kein enger Produktbezug erforderlich, um die Schutzzwecke der Rabattbeschränkungen und in der Fachkreiswerbung auch der Zuwendungsverbote (Art. 94 Abs. 1 bis 3, 95 GK, 49

§ 7 HWG) zu durchkreuzen. Während die Zuwendungsverbote in der Publikumswerbung in erster Linie vor unsachlichen, gesundheitsgefährdenden Beeinflussungen schützen sollen (BGH Urt. v. 09.09.2010 – I ZR 193/07, NJW 2010, 3721, 3723 Rn. 21 – Unser Dankeschön für Sie) und damit eine Heranziehung der allgemeinen Grundsätze zum Produktbezug nahe legen (dafür wohl BGH Urt. v. 09.09.2010 – I ZR 193/07, NJW 2010, 3721, 3723 Rn. 24 – Unser Dankeschön für Sie; s.a. § 7 HWG Rdn. 3, 40 f.), dienen die Zuwendungsverbote gegenüber den Fachkreisen und speziell in den Handelsstufen der Arzneimittelvertriebskette vor allem dem Schutz der guten medizinischen und pharmazeutischen Praxis, sowie ergänzend auch dem Schutz der Wirtschaftlichkeit und der Funktionsfähigkeit der Heil- bzw. Arzneimittelversorgung. Die nur für apothekenpflichtige Arzneimittel geltenden, werberechtlichen Beschränkungen für Barrabatte sichern überdies die Einhaltung der nationalen Preisregulierung für Arzneimittel und teilen damit auch deren sozialpolitischen Zwecke (eingehend § 7 HWG Rdn. 3 ff. *Gröning/Reinhart*, § 7 HWG Rn. 12; *Mand* NJW 2010, 3681, 3683 f.; *ders.* EuR 2007, Beiheft 2, 59, 74 ff.; *ders.* A & R 2006, 54, 46). Diese Ziele können schon dadurch gefährdet werden, dass der Absatz irgendeines Heil- bzw. Arzneimittels eines Herstellers oder Vertriebsunternehmers infolge von Zuwendungen zulasten preisgünstigerer Alternativen gesteigert wird. Eine großflächige, sortimentsbreite Werbung tangiert diese Schutzzwecke sogar besonders intensiv (zutreffend BGH Urt. v. 26.03.2009 – I ZR 99/07, WRP 2009, 1385, 1387 – DeguSmiles & more; BGH Urt. v. 24.11.2016 – I ZR 163/15, GRUR 2017, 635 Rn. 30 ff. – Freunde werben Freunde). Eine offenere Bestimmung des Produktbezugs erscheint schließlich auch deshalb unerlässlich, weil Art. 94 GK »finanzielle oder materielle Vorteile« in der Fachkreiswerbung ebenfalls sehr allgemein »**im Rahmen der Verkaufsförderung für Arzneimittel**« verbietet (näher § 7 Rdn. 31 ff., 38b. ff.).

50 Richtet man das Kriterium des Produktbezugs auf den Schutzzweck der Norm aus, führt dies folgerichtig zu Differenzierungen zwischen den verschiedenen Tatbeständen des HWG (so nun auch explizit BGH Vorlagebeschl. v. 20.02.2020 – I ZR 214/18, GRUR 2020, 659 Rn. 16 ff. einerseits und Rn. 38 ff. andererseits – Gewinnspielwerbung; *Mand* A & R 2006, 54, 56; *Gröning/Mand/Reinhart*, 5. Erg.Lfg. 2015, § 7 HWG Rn. 78 ff.). Eine differenzierte Bewertung spiegelt sich auch in der neuen Rspr. wider, die stark am Einzelfall anknüpft: Im Rahmen der §§ 4, 10 setzt die Anwendung des HWG danach weiterhin einen engen Produktbezug der Werbung voraus (BGH Urt. v. 26.03.2009 – I ZR 213/06, GRUR 2009, 984, 986 Rn. 18 – Festbetragsfestsetzung). Eine großzügigere Betrachtung wird dagegen im Gefolge der neueren BGH-Judikatur (Vorlagebeschl. v. 20.02.2020 – I ZR 214/18, GRUR 2020, 659 Rn. 16 ff. – Gewinnspielwerbung; Urt. v. 24.11.2016 – I ZR 163/15, GRUR 2017, 635 Rn. 30 ff – Freunde werben Freunde; Urt. v. 26.03.2009 – I ZR 99/07, WRP 2009, 1385, 1387 – DeguSmiles & more; Urt. v. 06.07.2006 – I ZR 145/03, GRUR 2006, 949, 952 Rn. 24 – Kunden werben Kunden: Herstellerunabhängige Optikerwerbung für Gleitsichtgläser ist »produktbezogen«; Urt. v. 12.02.2015 – I ZR 213/13, GRUR 2015, 813 Rn. 16 – Fahrdienst zur Augenklinik) – nach den vorstehenden Erwägungen folgerichtig – bei der Wertreklame von Herstellern (§ 7) befürwortet (s. § 7 HWG Rdn. 32 ff.).

50a Unionsrechtliche Bedenken an der Berücksichtigung spezifisch nationaler Schutzzwecke bei der Bestimmung des Anwendungsbereichs des HWG und der daraus folgenden z.T. weiten Fassung des Prdouktbezugs bestehen nicht. Soweit der EuGH den Produktbezug enger auslegt und z.B. unternehmensbezogene Wertreklame von Apotheken aus dem Anwendungsbereich des GK ausklammert (EuGH Urt. v. 01.10.2020 – C-649/18, GRUR 2020, 1219 Rn. 50; GA SaugmandsgaardØe, ECLI:EU:C:2020:134, Rn. 52 ff.), zwingt dies mangels negativer Vollharmonisierung der »Unternehmenswerbung« i.S.d. Unionsrechts nicht zu einer gleichgerichteten Auslegung des nationalen Heilmittelwerberechts. Das gilt insbesondere dann, wenn dieses, wie § 7, teilweise weitergehende Schutzziele verfolgt als der GK (o. Rdn. 2 und § 7 HWG Rdn. 17, 38b ff.).

### IV. Ankündigen und Anbieten von Werbeaussagen (§ 1 Abs. 3 HWG)

51 § 1 Abs. 3 erweitert den Anwendungsbereich des HWG auf das Ankündigen und Anbieten von Werbeaussagen (z.B. Versenden von Einladungskarten zu Werbevorträgen und Gutscheinen für

Werbeprospekte, Ankündigung von Inseraten, s. *Doepner/Reese*, § 1 HWG Rn. 154 f.). Die Vorverlagerung ist akzessorisch, ein Verbot also nur möglich, wenn die angekündigten bzw. angebotenen Werbeaussagen ihrerseits nach dem HWG unzulässig sind.

Der GK kennt keine § 1 Abs. 3 entsprechende Norm. Im Lichte der Durchsetzungskompetenz der 52
Mitgliedstaaten (Art. 99 GK) greifen unionsrechtliche Bedenken aber letztlich nicht durch, wenn lediglich die einzelnen Werbenormen durch eine Kontrolle bereits der »Ausgangswerbung« effektiviert werden. Schutzwürdige Interessen des Werbenden, verbotene Werbung ankündigen zu dürfen, sind grundsätzlich nicht erkennbar.

§ 1 Abs. 3 regelt im Übrigen auch nicht die Verantwortlichkeit (*Doepner/Reese*, § 1 HWG Rn. 154, 53
156 f.). Werbende und Werbehandlungen, die dem HWG unterfallen, folgen bereits aus dem Werbebegriff und den Negativabgrenzungen sowie den allgemeinen Regeln des Wettbewerbs- und Strafrechts (BGH Urt. v. 20.02.2020 – I ZR 193/18, GRUR 2020, 543 Rn. 14 ff. – Kundenbewertungen auf Amazon; *Doepner/Reese*, § 1 HWG Rn. 79). Nur indirekt erweitert § 1 Abs. 3 den Kreis der Verantwortlichen, weil auch die (nur) an den genannten Vorbereitungshandlungen Beteiligten erfasst werden. Besondere Sorgfaltsanforderungen, etwa in Form umfassender Kontrollpflichten, sind insoweit aber bereits im Lichte des Unionsrechts nicht zu stellen. Für die strafrechtliche Verfolgung ist die Vorverlagerung des § 1 Abs. 5 allgemein verfassungsrechtlich nicht zu rechtfertigen (*Gröning*, § 1 HWG Rn. 334).

### B. Produktbezogener Anwendungsbereich

Das HWG gilt nur für Heilmittel-Werbung. Der im deutschen Recht unterschiedlich verwendete 54
Begriff des Heilmittels ist für das Werberecht aus der differenzierten Aufzählung des § 1 Abs. 1 zu erschließen: Pauschal fallen darunter die Produktgruppen der **Arzneimittel** (Nr. 1) und **Medizinprodukte** (Nr. 1a). Weitere **Mittel, Verfahren, Behandlungen** und **Gegenstände** werden nach Nr. 2 nur dann erfasst, wenn sich die Werbeaussage auf die **Erkennung, Beseitigung oder Linderung von Krankheiten** bezieht. Die meisten Vorschriften gelten nicht für sämtliche der angeführten Heilmittel. §§ 3a, 4, 4a, 5, 8, 10 beziehen sich ausschließlich auf Arzneimittel.

### I. Arzneimittel (§ 1 Abs. 1 Nr. 1 HWG)

Der Arzneimittelbegriff folgt aus § 2 AMG. Mit der 15. AMG-Novelle ist der Begriff auch im 55
Wortlaut an die Art. 1 Nr. 2, 2 des GK und der Richtlinie 2001/82/EG (Gemeinschaftskodex für Tierarzneimittel) angeglichen worden. Damit trägt der Gesetzgeber für Funktions- und Präsentationsarzneimittel der im Prinzip vollen unionsrechtlichen Harmonisierung Rechnung (vgl. BGH Urt. v. 26.06.2008 – I ZR 61/05, GRUR 2008, 830, 831 Rn. 14 – L-Carnitine II; BGH Urt. v. 30.03.2006 – I ZR 24/03, BGHZ 167, 91 Rn. 33 – Arzneimittelwerbung im Internet für Humanarzneimittel). Die Werbevorschriften des HWG gelten grundsätzlich für alle Arzneimittel, auch für die nicht unter Art. 86 ff. GK fallenden Tier-, Rezeptur- und Defekturarzneimittel (Art. 3 GK), sowie Einzelimporte (§§ 73 Abs. 2 Nr. 6, 6a, Abs. 3 AMG, Art. 5 GK).

### II. Medizinprodukte (§ 1 Abs. 1 Nr. 1a HWG)

Medizinprodukte fallen seit der 2. MPG-Novelle v. 13.12.2001 (BGBl. I S. 3586) als Produktgruppe 56
unabhängig von der Werbeaussage unter das HWG. Zuvor waren sie nur teilweise als Gegenstände i.S.v. § 1 Abs. 1 Nr. 2 erfasst (*Reinhart* PharmaR 2002, 16, 17a). Soweit das Gesetz heute noch von Gegenständen spricht, sind Medizinprodukte nicht mehr darunter zu subsumieren (RegE BT-Drs. 14/6281 S. 39; BGH Urt. v. 01.02.2018 – I ZR 82/17, GRUR 2018, 627 Rn. 26; *Gassner* NJW 2002, 863, 865). Viele Einzelvorschriften des HWG sind nicht oder nur partiell (§§ 11 Abs. 1 Satz 2; 12 Abs. 1 Satz 2) auf Medizinprodukte anwendbar. Sofern Medizinprodukte im Rahmen einer Behandlung mitbeworben werden, können allerdings krankheitsbezogene Werbeaussagen unzulässig sein (u. Rdn. 58, 60). Die Abgrenzung zwischen Medizinprodukte- und Behandlungswerbung richtet sich danach, welche Werbeaussage bei einer Gesamtwürdigung des Einzelfalls den

Schwerpunkt bildet (BGH Urt. v. 01.02.2018 – I ZR 82/17, GRUR 2018, 627 Rn. 31 ff. – Gefäßgerüst; KG Urt. v. 17.02.2017 – 5 U 78/16, GRUR-RR 2018, 36 Rn. 38 ff. – Butulinumtoxin).

57 Der Medizinproduktebegriff folgt seit dem verzögerten Inkrafttreten der Medizinprodukte-Regulierung der EU am 26.05.2021 aus Art. 2 Abs. 1 der in Kraft getretenen **Verordnung (EU) 2017/745 über Medizinprodukte**. Aus diesem Grund hat der dt. Gesetzgeber § 1 Abs. 1a durch Art. 5 MPDGuaÄndG vom 12.05.2021 (BGBl. I S. 1087) angepasst. Für In-vitro-Diagnostika gilt bis zum Inkrafttreten der **Verordnung (EU) 2017/746 des Europäischen Parlaments und des Rates über In-vitro-Diagnostika** am 26.05.2022 einstweilen noch § 3 Nr. 4 MPG a.F., der die erst zu diesem Zeitpunkt außer Kraft tretende In-vitro-Diagnostika-Richtlinie 98/79/EG umgesetzt hatte. Medizinprodukte unterscheiden sich von Arzneimitteln durch ihre bestimmungsgemäße Hauptwirkung (§ 3 Nr. 1 MPG), die gerade nicht durch Metabolismus oder durch pharmakologisch bzw. immunologisch wirkende Mittel erreicht, sondern nur durch solche (Arznei-) Mittel unterstützt werden darf (zur schwierigen Abgrenzung BGH Urt. v. 10.12.2009 – I ZR 189/07, MedR 2010, 783 ff. – Golly Telly m. Anm. *Mand*).

**III. Andere Mittel, Verfahren, Behandlungen und Gegenstände (§ 1 Abs. 1 Nr. 2 Hs. 1 HWG)**

58 Auf andere Heilmittel findet das HWG nicht schlechthin, sondern nur in **Abhängigkeit von der Werbeaussage** Anwendung. Die Aussage muss sich auf die Erkennung, Beseitigung oder Linderung von Krankheiten, Leiden, Körperschäden oder krankhaften Beschwerden beziehen. Maßstab ist, wie ein durchschnittlicher Werbeadressat die Werbung in ihrer Gesamtheit beurteilt. So können z.B. auch Adipositas und andere ausgeprägte Formen der Fettleibigkeit eine Krankheit i.S.d. § Abs. 1 Nr. 2 darstellen (BGH Urt. v. 19.12.1980 – I ZR 157/78, GRUR 1981, 435– 56 Pfund abgenommen; LG Bonn Urt. v. 11.03.2015 – 30 O 33/14, juris Rn. 29 – Stoffwechseltherapie). Die Werbeaussagen müssen zudem nicht zwingend auf konkrete Krankheiten oder Krankheitsbilder abzielen. Eine Bewerbung diverser »medizinischer Geräte« mit der Aussage: »Sie neutralisieren die schädlichen Informationen hochfrequenter Strahlung und elektromagnetischer Felder, minimieren elektrostatische Aufladung, ionisieren die Raumluft und renaturieren das Wasser. (…). Unangenehme Begleiterscheinungen wie Stressgefühl und ein schwerer Kopf sind für immer Vergangenheit« kann ebenfalls unter § 1 Abs. 1 Nr. 2 fallen (OLG München Urt. v. 12.02.2015 – 6 U 3700/13, juris Rn. 156). Eine Verhütung von Erkrankungen (z.B. Werbung mit Schutz vor Sonnenbrand) genügt allerdings nicht, wohl aber Aussagen, die sich auf das vorbeugende Unterdrücken von krankhaften Beschwerden beziehen (Creme kann nach der Werbung Beschwerden eines Sonnenbrands lindern; zu dieser Differenzierung bereits BGH Urt. v. 17.09.1965 – Ib ZR 11/64, NJW 1966, 393, 396). Die wegen der unbestimmten, medizinisch geprägten Begriffe häufig schwierige Abgrenzung ist unter besonderer Berücksichtigung der Schutzzwecke des HWG (Einf. Rdn. 7 ff.) vorzunehmen und vielfach nur mithilfe eines Sachverständigen möglich (BGH Urt. v. 26.09.2002 – I ZR 101/00, GRUR 2003, 255, 256 Rn. 16 ff. – Anlagebedingter Haarausfall).

59 Mittel sind nach der Definition des § 1 Abs. 2 Satz 1 **kosmetische Mittel**. Für die Definition wird nunmehr die unmittelbar geltende Verordnung (EG) Nr. 1223/2009 in Bezug genommen (4. AM-GuaÄndG v. 20.12.2016, BGBl. I-3048). Damit kommen sonstige Stoffe und Zubereitungen aus Stoffen wie Lebensmittel, Tabakerzeugnisse, Futtermittel, aber auch Tierkosmetika nicht als »Mittel« i.S.d. HWG in Betracht (Bülow/Ring/Artz/Brixius/*Brixius*, Heilmittelwerbegesetz, § 1 HWG Rn. 132 f.).

60 **Verfahren und Behandlungen** umschreiben weitgehend synonym Dienstleistungen am oder im Menschen bzw. Tier, einschließlich der Anleitungen hierzu. Sachlich umfassen die weit auszulegenden Begriffe (OLG Düsseldorf MD 1998, 1028, 1032; LG Bonn Urt. v. 11.03.2015 – 30 O 33/14, juris Rn. 28 – Stoffwechseltherapie) sowohl prophylaktische, diagnostische, als auch therapeutische Maßnahmen, die auf heilkundlichen Erkenntnissen basieren, z.B. Kuren, Frischzellentherapien und Krankengymnastik bis hin zu Saunabaden, Fastenanleitungen und sogar Gesundheits-Sport (*Doepner*/Reese, § 1 HWG Rn. 382 f.; Bülow/Ring/Artz/Brixius/*Brixius* § 1 HWG Rn. 134 ff.). Eine

wichtige Abgrenzungsfunktion übernimmt insoweit erst die Zweckbestimmung der begleitenden Werbeaussage i.S.v. § 1 Abs. 1 Nr. 2.

**Gegenstände** sind Sachen, die im Gegensatz zu einem Mittel nicht verbraucht, sondern – unbeschadet einer Abnutzung und eines Verschleißes – wiederholt gebraucht werden können; hierzu zählen insbes. auch Bedarfsgegenstände i.S.v. § 2 Abs. 6 LFGB (eingehend *Zipfel/Rathke*, Lebensmittelrecht § 1 HWG Rn. 36). Nicht als Gegenstände anzusehen sind Medizinprodukte, die lediglich unter § 1 Abs. 1a fallen und dementsprechend auch nur dann unter die Verbots- und Gebotsnormen des HWG fallen, wenn diese explizit auf Medizinprodukte oder generell auf Heilmittel Bezug nehmen (BGH Urt. v. 01.02.2018 – I ZR 82/17, GRUR 2018, 627 Rn. 26 – Gefäßgerüst). 61

### IV. Operative plastisch-chirurgische Eingriffe (§ 1 Abs. 1 Nr. 2 Hs. 2 HWG)

Mit der 14. AMG-Novelle v. 29.08.2005 (BGBl. I S. 2570) hat der Gesetzgeber **operative plastisch-chirurgische Eingriffe** explizit dem HWG unterstellt, soweit sich die Werbeaussage auf die Veränderung des menschlichen Körpers ohne medizinische Notwendigkeit bezieht. Damit sollen wegen der erheblichen Gesundheitsrisiken solcher Eingriffe suggestive oder irreführende Werbeformen weitergehend unterbunden werden. Durch den Zusatz »operativ« wird klargestellt, dass andere Verfahren mit Auswirkungen auf den Körper, wie z.B. Ohrlochstechen, Piercen und Tätowieren, nicht unter das HWG fallen (BR-Drs. 15/4117 S. 7). 62

## § 2 Fachkreise

*Fachkreise im Sinne dieses Gesetzes sind Angehörige der Heilberufe oder des Heilgewerbes, Einrichtungen, die der Gesundheit von Mensch oder Tier dienen, oder sonstige Personen, soweit sie mit Arzneimitteln, Medizinprodukten, Verfahren, Behandlungen, Gegenständen oder anderen Mitteln erlaubterweise Handel treiben oder sie in Ausübung ihres Berufes anwenden.*

| Übersicht | Rdn. | | Rdn. |
|---|---|---|---|
| A. Normzweck | 1 | III. Der Gesundheit von Mensch oder Tier dienende Einrichtungen | 11 |
| B. Diskrepanzen zum GK. | 3 | | |
| C. Begriff der Fachkreise | 8 | IV. Mit Heilmitteln erlaubterweise handelnde oder diese anwendende Personen | 12 |
| I. Heilberufe | 9 | | |
| II. Heilgewerbe | 10 | D. Abgrenzung zwischen Fachkreis- und Publikumswerbung | 14 |

### A. Normzweck

§ 2 definiert den Begriff »Fachkreise« und legt damit den Anwendungsbereich vieler Einzeltatbestände des HWG fest: Eine Reihe von Werbebeschränkungen sind nur auf Werbung außerhalb der Fachkreise, einzelne Normen auch nur auf Fachkreiswerbung anwendbar. Zudem modifiziert das HWG die Anforderungen an Pflichtangaben in Abhängigkeit von den Werbeadressaten. Das Werbeverbot für verschreibungspflichtige Arzneimittel (§ 10 Abs. 1) gilt nur außerhalb der dort abschließend genannten Personen (»eingeschränkter Fachkreisbegriff«), weshalb im Übrigen HWG grds. von einem einheitlichen Fachkreisbegriff auszugehen ist (s. aber Rdn. 6). 1

Die Differenzierungen im persönlichen Anwendungsbereich vieler Werbenormen beruhen zum einen auf der **unterschiedlichen Sachkunde** von Laien und Fachkreisen (*Doepner/Reese*, § 2 HWG Rn. 9, 10; Bülow/Ring/Artz/Brixius/*Ring* § 2 HWG Rn. 1): Fachkreise sind eher in der Lage, die Werbeaussage qualifiziert zu bewerten. Zudem benötigen sie für die sachgerechte Ausübung ihres Berufs weitergehende Informationen. Deshalb gelten die Werbeverbote der §§ 4a Abs. 2, 10 Abs. 2, 11, 12 nicht für reine Fachkreiswerbung, während die Pflichtangaben gegenüber den Fachkreisen ausführlicher sein müssen (z.B. § 4 Abs. 3). Zum anderen berücksichtigt die Differenzierung die Stellung eines Teils der Fachkreise als **Nachfragedisponenten** für viele Heilmittel sowie als **Vertreter der gesetzlichen Krankenversicherungen**. Um eine Korrumpierung 2 und ungerechtfertigte Kostenbelastungen für die gesetzlich Versicherten zu vermeiden, gelten in Bezug auf Wertreklame daher spezifische Einschränkungen gegenüber den Fachkreisen (§ 7 Abs. 1 Satz 1, 4. Alt.: Verbot »Werbegaben... als Angehöriger der Fachkreise anzunehmen...«, § 7 Abs. 1 Satz 2).

**B. Diskrepanzen zum GK**

3 Nur im Ansatz mit dem HWG übereinstimmend statuiert der GK unterschiedliche Vorgaben für Öffentlichkeitswerbung (engl.: »advertising to the general public«) sowie für Werbung gegenüber Personen, die zur Verschreibung oder zur Abgabe von Humanarzneimitteln befugt sind (Art. 91 Abs. 1 Satz 1, Abs. 2, 92 Abs. 1, 94 Abs. 1, 3 GK). Dieser Personenkreis ist insbesondere hinsichtlich der Heilhilfsberufe (s. u. Rdn. 9) **deutlich enger** als der Begriff der Fachkreise gem. § 2 und identisch mit den eingeschränkten Fachkreisen i.S.v. § 10 Abs. 1 (OLG Frankfurt a.M. Urt. v. 08.01.2015 – 6 U 152/14; *Doepner/Reese*, § 10 HWG Rn. 121). Insbesondere sind bei teleologischer Auslegung und unter Berücksichtigung der englischen Richtlinienfassung (»persons qualified to prescribe **or supply** such products«) auch die in § 10 Abs. 1 genannten Handeltreibenden (s. Rdn. 12) als i.S.d. GK zur »Abgabe von Arzneimitteln befugt« anzusehen (ebenso *Gröning*, Heilmittelwerberecht Vor Art. 6 RL 92/28/EWG – Rn. 6).

4 Weil der Begriff der Fachkreise in § 2 den persönlichen Anwendungsbereich zahlreicher Werbenormen des HWG für alle Heilmittel, inkl. Humanarzneimittel i.S.d. GK, einheitlich festlegt, führt der Unterschied zum engeren Begriffsverständnis des GK zu zahlreichen Abweichungen in beide Richtungen. Für Arzneimittelwerbeverbote, die nur außerhalb der Fachkreise gelten (Publikumswerbeverbote gem. §§ 4a Abs. 2, 10 Abs. 2, 11, 12) ist das deutsche Recht liberaler. Bei den für die Öffentlichkeitswerbung geltenden Erleichterungen hinsichtlich des Umfangs der Pflichtangaben (§ 4 Abs. 3 Satz 3) und bei den spezifisch für Fachkreise geltenden Werbeverboten (§ 7 Abs. 1 Satz 1, 4. Alt. und Satz 2, Abs. 2) führt der weitere Fachkreisbegriff des § 2 zu Verschärfungen (*Doepner/Reese*, § 2 HWG Rn. 9).

5 Ob die Divergenzen im persönlichen Anwendungsbereich einzelner HWG-Tatbestände mit dem Unionsrecht vereinbar sind, hängt davon ab, ob die sachlich entsprechenden Normen des GK voll harmonisierend wirken oder im Rahmen von expliziten Öffnungsklauseln strengere, liberalere bzw. in beide Richtungen abweichende nationale Normen zulassen (s. dazu Einf. Rdn. 27). Soweit dies mit der Richtung der Öffnungsklausel vereinbar ist, wird man auch Differenzierungen im Adressatenkreis, die letztlich nur zu einer partiellen Nutzung der Öffnungsklausel führen, als unionsrechtskonform anzusehen haben (z.B. strengere Pflichtangaben für alle Angehörigen der Fachkreise i.S.d. § 2, aber auch nur für diese; für jede Öffentlichkeitswerbung weitere Pflichtangaben gestattend Art. 89 Abs. 1 GK: »mindestens folgende Angaben«).

6 Außerhalb der Öffnungsklauseln können Regelungsdiskrepanzen zwischen GK und HWG infolge der Legaldefinition des § 2 nicht im Wege einfacher Auslegung, sondern wegen des eindeutigen Wortlauts des deutschen Rechts allenfalls im Wege einer Rechtsfortbildung behoben werden (Einf. Rdn. 37). Dabei ist zu differenzieren: Soweit der weitere Begriff der Fachkreise in gemeinschaftswidriger Weise den Adressatenkreis von Werbenormen ausweitet (zur Unionsrechtskonformität von § 7 Abs. 1 Satz 1 Vor. 4, Satz 2 s. § 7 Rdn. 9 f., 59), ist ebenso wie bei inhaltlichen Verschärfungen des Werberechts eine teleologische Reduktion des Fachkreisbegriffs und damit der Werbenormen möglich und geboten (zutreffend OLG Frankfurt a.M. Urt. v. 08.01.2015 – 6 U 152/14, zu § 11 Abs. 1 Satz 1 Nr. 2; a.A. *Fritzsche* in: Spickhoff, Medizinrecht, § 11 HWG Rn. 9). Wegen der in der Vergangenheit bestehenden Unklarheit über die vollharmonisierende Wirkung des GK kann insbes. nicht von einer bewussten Abweichung von den nach der Richtlinie zulässigen Anforderungen ausgegangen werden (Einf. Rdn. 39). Allerdings ist diese Rechtsfortbildung strikt auf den harmonisierten Bereich (Art. 2–5 GK) zu beschränken (s. zur Reichweite der richtlinienkonformen Rechtsfortbildung Einf. Rdn. 40, 45). Denn § 10 Abs. 1 hat im nationalen Recht für verschreibungspflichtige Arzneimittel die Kodexregelungen exakt übernommen und den Fachkreisbegriff qualifiziert, nicht dagegen bei den sonstigen Werbetatbeständen. Zudem besteht ein

direkter sachlicher Zusammenhang zwischen dem auf bestimmte Humanarzneimittel beschränkten Geltungsbereich des GK und der engen Umschreibung der im Gesundheitswesen tätigen Personen in Art. 91 ff. GK (hierauf verweisend auch *Doepner/Reese*, HWG § 2 Rn. 6, 8, 31). Für sonstige Heilmittel, die das HWG mit erfasst, erscheint die engere, allein auf Arzneimittel bezogene Begriffsbestimmung des GK unpassend.

Sofern die weite Legaldefinition des § 2 liberalisierende Wirkungen entfaltet und das Werberecht dadurch hinter den Mindeststandards des GK zurückfällt, ist eine richtlinienkonforme Rechtsfortbildung ausgeschlossen. Für die straf- und ordnungswidrigkeitenrechtliche Durchsetzung gem. §§ 14 ff. folgt dies bereits aus dem Verbot einer strafbegründenden Richtlinienwirkung (Einf. Rdn. 31, 36, 41). Im Rahmen der wettbewerbsrechtlichen Durchsetzung des HWG scheitert die Rechtsfortbildung dagegen am entgegenstehenden Regelungswillen des deutschen Gesetzgebers. Dieser hat einzig in § 10 Abs. 1 den Fachkreisbegriff eingeschränkt. Trotz Inkrafttretens des Richtlinienrechts des GK verzichtete er bei späteren HWG-Novellen hingegen in Kenntnis von dessen mindestharmonisierender Wirkung auf eine Umsetzung und hielt stattdessen an der im Wortlaut eindeutig weiteren Legaldefinition der Fachkreise in § 2 fest (s. *Doepner/Reese*, § 10 HWG Rn. 3 f.). Hierin liegt eine bewusste Entscheidung gegen die Umsetzung des Kodexrechts, die wegen des Verbots des contra-legem Judizierens (s. Einf. Rdn. 39) nicht nur eine richtlinienkonforme Auslegung i.e.S. (ebenso *Doepner/Reese*, § 2 HWG Rn. 29 f; a.A. Heilmittelwerberecht/*Gröning*, § 2 HWG Rn. 5), sondern auch eine rechtsfortbildende, teleologische Reduktion des Fachkreisbegriffs und damit eine Extension der Werbeverbote der §§ 4a Abs. 2, 10 Abs. 2, 11, 12 ausschließt. 7

## C. Begriff der Fachkreise

§ 2 zählt zu den Fachkreisen vier sich z.T. überschneidende Personengruppen: Angehörige der Heilberufe und des Heilgewerbes, der Gesundheit von Mensch und Tier dienende Einrichtungen sowie sonstige Personen, soweit sie mit Heilmitteln erlaubterweise Handel treiben oder diese beruflich anwenden. Die letztgenannte Qualifizierung gilt grammatikalisch zwingend nur für die »sonstigen Personen« (*Doepner/Reese*, § 2 HWG Rn. 22; *Gröning*, Heilmittelwerberecht § 2 HWG Rn. 14). 8

### I. Heilberufe

§ 2 liegt ein weiter Begriff des Heilberufs zugrunde. Darunter fallen alle Personen, die im Dienst der Gesundheit nicht gewerblich tätig sind, insbesondere Ärzte, Zahnärzte, Tierärzte, Apotheker, Psycho- und Verhaltenstherapeuten, Heilpraktiker (*Doepner/Reese*, § 2 HWG Rn. 11). Nicht erforderlich ist, dass die Ausübung der Heilkunde von einer Approbation oder besonderen Erlaubnis abhängt (Bülow/Ring/Artz/Brixius/*Ring* § 2 HWG Rn. 7 f.; a.A. *Doepner/Reese*, § 2 HWG Rn. 12). Ebenfalls erfasst sind die **Heilhilfsberufe** wie Hebammen, Krankenschwestern, Krankenpfleger, medizinisch- und pharmazeutisch-technische Assistenten, Krankengymnasten, Physiotherapeuten, med. Bademeister (Bülow/*Ring*/Artz/Brixius § 2 HWG Rn. 7). Nicht darunter fallen Mitarbeiter, die nur **Verwaltungstätigkeiten** erledigen (z.B. kaufm. Arztsekretärin; *Doepner/Reese*, § 2 HWG Rn. 9, 11). 9

### II. Heilgewerbe

Der ergänzende Begriff des Heilgewerbes dient nicht der exakten Abgrenzung zum Heilberuf, sondern der vollständigen Erfassung aller Personen, die Gesundheitsdienstleistungen erbringen. Als Differenzierungskriterium für die Einordnung als Heilgewerbe bietet sich die »selbständige gewerbliche Berufsausübung« an, sodass hierunter Orthopäden, Bandagisten und Optiker zu subsumieren sind (*Gröning*, Heilmittelwerbung § 2 HWG Rn. 12). 10

### III. Der Gesundheit von Mensch oder Tier dienende Einrichtungen

Einrichtungen i.S.v. § 2 sind neben einschlägigen staatlichen Ämtern, wie z.B. Gesundheitsämtern, Veterinärämtern, Chemischen Untersuchungsanstalten, Medizinaluntersuchungsanstalten, 11

Impfanstalten, insbesondere Krankenanstalten, also Kliniken und Sanatorien, nicht aber Kuranstalten ohne Konzession gem. § 30 GewO (Bülow/Ring/Artz/Brixius/*Ring* § 2 HWG Rn. 12). Auch zentrale Beschaffungsstellen für Arzneimittel i.S.d. § 47 Abs. 1 Satz 1 Nr. 5, Abs. 2 Satz 2 AMG sowie die Ausbildungsstätten für Heilberufe gem. § 47 Abs. 3 Satz 1 Nr. 3 AMG, inkl. der dort auszubildenden Medizinstudenten (*Doepne/Reese*, § 2 HWG Rn. 17; Bülow/Ring/Artz/Brixius/ *Ring* § 2 HWG Rn. 6, 12; *Gröning*, Heilmittelwerberecht § 2 HWG Rn. 11; a.A. *Zipfel/Rathke*, C 510 § 2 Rn. 7) sind Einrichtungen i.S.d. § 2.

### IV. Mit Heilmitteln erlaubterweise handelnde oder diese anwendende Personen

12 **1. Handel treibende** Personen sind pharmazeutische Unternehmer, Großhändler (§ 47 Abs. 1 AMG), Apotheken (EuGH Urt. v. 11.06.2020 – C-786/18, GRUR 2020, 764 Rn. 38 – Ratiopharm) und für freiverkäufliche Arznei- und andere Heilmittel auch Drogisten, Reformhäuser, Einzelhändler sowie Handelsvertreter. Auch Tierärzte i.R. ihres Dispensierrechts (§§ 43 Abs. 4, 5, 56a AMG) und sog. Mischfutterbetriebe (*Doepner/Reese*, § 2 HWG Rn. 18 f.; Bülow/Ring/Artz/ Brixius/*Ring* § 2 HWG Rn. 18), die nach § 56 Abs. 5 AMG Fütterungsarzneimittel abgeben dürfen, zählen hierzu.

13 **2. Heilmittel anwendende** Personen sind Kosmetiker, Diätassistenten, Zahntechniker, Optiker, Fußpfleger und Personen, die berufsmäßig Tiere halten (*Gröning*, Heilmittelwerberecht § 2 HWG Rn. 15 unter Hinweis auf die Gesetzesbegründung). Für verschreibungspflichtige Tierarzneimittel darf jedoch nur gegenüber den in § 10 Abs. 1 genannten Personen (s. Rdn. 3) geworben werden, weshalb Landwirte, Züchter etc. keine zulässigen Werbeadressaten sind (eingehend *Doepner/Reese*, § 2 HWG Rn. 20 f., § 10 HWG Rn. 52).

### D. Abgrenzung zwischen Fachkreis- und Publikumswerbung

14 Werbung, die sich nicht auf Fachkreise beschränkt, muss die Beschränkungen und Verbote der §§ 4a Abs. 2, 10 Abs. 2, 11, 12 beachten. Ob sich Werbung an Fachkreise richtet, ist nicht allein anhand der Zielrichtung des Werbenden oder des Werbemediums, sondern – ähnlich wie der internationale Anwendungsbereich des HWG – unter Berücksichtigung aller Umstände des Falles (Form, Art und Inhalt der Werbung, benutztes Medium) anhand der »**objektiven Zweckbestimmung**« zu ermitteln (ähnlich Bülow/Ring/Artz/Brixius/*Ring* § 2 HWG Rn. 3; *Gröning*, Heilmittelwerberecht § 2 HWG Rn. 9: »gemischt subjektiv-objektiven Kriterien«, *Doepner/Reese*, § 2 HWG Rn. 23). Eine Kenntnisnahme außerhalb der Fachkreise (z. B. durch Verwaltungsangestellte medizinischer Einrichtungen, Familienangehörige) ist unschädlich, soweit dies voraussichtlich nicht in einem **spürbaren** Umfang geschieht.

15 **Ärztliche oder medizinische Fachzeitschriften** sind in der Regel nur an die Fachkreise gerichtet, weshalb die darin enthaltene Werbung als auf die Fachkreise beschränkt gilt. Die Möglichkeit für Laien, z.B. in Bibliotheken oder als Familienangehöriger Einblick in die Zeitschrift zu erlangen, ändert hieran nichts. Die Bewertung ändert sich jedoch, wenn die Zeitschrift erhebliche, nicht fachbezogene Zusätze enthält, z.B. auch für andere Familienangehörige nutzbare Verbraucherinformationen (Touristik, Fernsehprogramm, Kapitalanlage etc.) (*Doepner*/Reese, § 2 HWG Rn. 23 f.).

16 Werbung im **Fernsehen, Rundfunk** oder in **Tages- und Wochenzeitungen** sowie in **Publikumszeitschriften** ist stets Öffentlichkeitswerbung (ebenso Dieners/Reese/*Reese/Holtdorf*, Hdb. des PharmaR § 11 Rn. 129).

17 Bei **Internetwerbung** ist – unbeschadet verbleibender Missbrauchsgefahren – bei einem qualifizierten Zugangsschutz der betreffenden Internet-Seiten (z.B. in Form einer kontrollierten Passwortvergabe an Fachkreisangehörige) von Fachkreiswerbung auszugehen (*Gelliβen*, Arzneimittelwerbung im Internet S. 252 f.; s.a. *Gounalakis/Mand*, Rechtshandbuch Electronic Business § 24 Rn. 73 je m.w.N.). Welche Anforderungen an die Passwortvergabe zu stellen sind, um von reiner Fachkreiswerbung auszugehen, ist noch nicht abschließend geklärt. Eine Passwortvergabe durch den Außendienst von Pharmaunternehmen genügt sicher. Ausreichend ist auch eine Legitimationsprüfung

durch besondere Service-Unternehmen (z.B. nach dem Vorbild des DocCheck-Systems). Demgegenüber führt ein Verzicht auf jede Legitimationsprüfung – insbesondere im Rahmen von § 10 – nicht zur Qualifikation als reine Fachkreiswerbung (zutreffend *Doepner/Reese*, § 2 HWG Rn. 25 f. zur Aufforderung »das Passwort entnehmen sie bitten den Fachanzeigen oder senden Sie uns eine E-Mail«). Mit Blick auf die Einschränkung grundrechtlich geschützter Freiheitsbereiche und den Verhältnismäßigkeitsgrundsatz legte die instanzgerichtliche Rspr. speziell für § 11 aber teilweise liberale Maßstäbe an und deutet damit eine Differenzierung zwischen den verschiedenen Publikumswerbeverboten an (s. OLG München Urt. v. 13.01.2005 – 6 U 2773/04, GRUR 2005, 695, 696). Dies begegnet schon mit Blick auf die Rechtssicherheit erheblichen Zweifeln. Der GK harmonisiert die Publikumswerbeverbote für Humanarzneimittel zudem vollständig. Der Verbotsumfang ist daher durch Rückgriff auf die Richtlinie zu ermitteln, die ihrerseits vom EuGH im Lichte der EU-Grundrechte zu interpretieren ist. Ein Rückgriff auf die nationalen Grundrechte scheidet insoweit aus (Einf. HWG Rdn. 26 ff., 55 ff.; *Mand* JZ 2010, 337, 339 ff., 347 f.).

## § 3 Irreführende Werbung

Unzulässig ist eine irreführende Werbung. Eine Irreführung liegt insbesondere dann vor,
1. wenn Arzneimitteln, Medizinprodukten im Sinne des § 3 Nummer 4 des Medizinproduktgesetzes in der bis einschließlich 25. Mai 2021 geltenden Fassung, Verfahren, Behandlungen, Gegenständen oder anderen Mitteln eine therapeutische Wirksamkeit oder Wirkungen beigelegt werden, die sie nicht haben,
2. wenn fälschlich der Eindruck erweckt wird, daß
    a) ein Erfolg mit Sicherheit erwartet werden kann,
    b) bei bestimmungsgemäßem oder längerem Gebrauch keine schädlichen Wirkungen eintreten,
    c) die Werbung nicht zu Zwecken des Wettbewerbs veranstaltet wird,
3. wenn unwahre oder zur Täuschung geeignete Angaben
    a) über die Zusammensetzung oder Beschaffenheit von Arzneimitteln, Medizinprodukten im Sinne des § 3 Nummer 4 des Medizinproduktgesetzes in der bis einschließlich 25. Mai 2021 geltenden Fassung, Gegenständen oder anderen Mitteln oder über die Art und Weise der Verfahren oder Behandlungen oder
    b) über die Person, Vorbildung, Befähigung oder Erfolge des Herstellers, Erfinders oder der für sie tätigen oder tätig gewesenen Personen
gemacht werden.

| Übersicht | Rdn. | | Rdn. |
|---|---|---|---|
| A. Anwendungsbereich und Zweck | 1 | IV. Richtlinie 2006/114/EG über irreführende und vergleichende Werbung | 24 |
| B. Vereinbarkeit mit dem Unionsrecht | 7 | V. Verhältnis zwischen GK, UGP-RL und der Richtlinie 2006/114/EG | 25 |
| I. GK | 7 | | |
| 1. Regelungskonzept | 7 | C. **Allgemeine Grundsätze** | 26 |
| 2. Ziele | 8 | I. Irreführende Angaben | 26 |
| 3. Rechtsnatur | 9 | II. Leitbild der Werbeadressanten und Strengeprinzip | 27 |
| 4. Verhältnis von Art. 89, 90 GK und Art. 87 Abs. 3 GK | 13 | 1. Allgemeines EU-Lauterkeitsrecht | 27 |
| 5. Vollharmonisierung | 14 | 2. Arznei- und Heilmittelwerberecht | 29 |
| 6. Richtlinienkonformität von § 3 HWG | 15 | a) Gruppenspezifische Ausdifferenzierung | 30 |
| a) Generalklausel (§ 3 Satz 1 HWG) | 15 | b) Verschärfung der normativen Maßstäbe | 33 |
| b) § 3 Satz 1 Nr. 1 HWG | 16 | 3. Strengeprinzip | 45 |
| c) § 3 Satz 2 Nr. 2 HWG | 17 | a) Anwendungsbereich und Vereinbarkeit mit dem Unionsrecht | 45 |
| d) § 3 Satz 2 Nr. 3 HWG | 21 | | |
| II. UGP-RL | 22 | | |
| III. Medizinprodukteregulierung der EU | 23a | b) Inhalt | 48 |

| | | | | |
|---|---|---|---|---|
| III. | Entscheidungsrelevanz | 49 | II. § 3 Satz 2 Nr. 2 HWG | 66 |
| IV. | Blickfangwerbung | 51 | 1. Allgemeines | 66 |
| V. | Darlegungs- und Beweislast bei Wirkungsangaben über Arzneimittel | 52 | 2. Erfolgversprechen und Ausbleiben schädlicher Wirkungen (§ 3 Satz 2 Nr. 2 Buchst. a und Nr. 2 Buchst. b HWG) | 69 |
| | 1. Grundlagen | 52 | a) Öffentlichkeitswerbung | 70 |
| | 2. Darlegung und Beweis einer wissenschaftlichen Umstrittenheit | 53 | b) Fachkreiswerbung | 74 |
| | 3. Nachweis der Richtigkeit gesundheitsbezogener Aussagen | 55 | 3. Getarnte Werbung (§ 3 Satz 2 Nr. 2 Buchst. c) | 76 |
| | 4. Konformitätsbewertung und CE-Kennzeichen von Medizinprodukten | 58a | III. Beschaffenheits- und Herstellerangaben (§ 3 Satz 2 Nr. 3 HWG) | 79 |
| D. | Generalklausel (§ 3 Satz 1 HWG) | 59 | 1. Allgemeines | 79 |
| E. | Gesetzliche Regelbeispiele für irreführende Heilmittelwerbung | 61 | 2. Beschaffenheitsangaben (§ 3 Satz 2 Nr. 3 Buchst. a) | 80 |
| I. | § 3 Satz 2 Nr. 1 HWG | 61 | 3. Herstellerangaben (§ 3 Satz 2 Nr. 3 Buchst. b) | 84 |
| | 1. Allgemeines | 61 | F. Rechtsfolgen und Konkurrenzen | 86 |
| | 2. Therapeutische Wirkung und Wirksamkeit | 62 | | |
| | 3. Einzelfälle | 63 | | |

## A. Anwendungsbereich und Zweck

1 Die Irreführungsverbote gelten für alle Heilmittel mit Ausnahme von Medizinprodukten. Diese sind mit dem MPDGuaÄndG vom 12.05.2021 (BGBl. I S. 1087) aus dem Anwendungsbereich von § 3 ausgenommen worden, weil die am 26.05.2021 in Kraft getretene VO (EU) 2017/745 insbes. in Art. 7 insoweit abschließende, unmittelbar anwendbare Irreführungstatbestände statuiert. Für In-vitro-Diagnostika i.S.d. § 4 Nr. 4 MPG gilt § 3 noch ein Jahr länger, weil die insoweit voll-harmonisierende VO (EU) 2017/746 über In-vitro-Diagnostika erst am 26.05.2022 in Kraft treten wird. Wie alle Werbenormen des HWG dienen die Irreführungsverbote des § 3 vorrangig dem **Gesundheitsschutz**: Bei irreführender Heilmittelwerbung besteht die Gefahr einer falschen und unkontrollierten Anwendung unter Umständen schädlicher Heilmittel. Zudem kann der Patient verleitet werden, wirkungslose Mittel zur Heilung oder Linderung einzusetzen oder von rechtzeitiger Anwendung anderer, geeigneter Heilmittel abzusehen (BVerwG Urt. v. 04.03.1954 – I C 2/53, NJW 1954, 1133; BGH Beschl. v. 25.06.1953 – 3 StR 80/53, NJW 1953, 1802). Daneben schützt § 3 Patienten und Kostenträger auch vor **wirtschaftlicher Übervorteilung** (Doepner/*Reese*, § 3 HWG Rn. 17 f.; BGH Urt. v. 26.09.2002 – I ZR 101/00, NJW-RR 2003, 478, 479; OLG Hamburg Urt. v. 02.07.2009 – 3 U 221/08, PharmR 2009, 528, 530 f.; LG Frankfurt Urt. v. 06.07.2011 – 2–06 O 102/11 juris Rn. 50 f.). Die Gefahr entscheidungsrelevanter, die wirtschaftliche Dispositionsfreiheit beeinträchtigender Fehlvorstellung ist speziell bei Öffentlichkeitswerbung für Heilmittel gegenüber anderen Konsumprodukten deutlich erhöht, weil viele Patienten nicht ohne Weiteres in der Lage sind, den Inhalt einer Werbeaussage über Heilmittel kritisch-rational zu würdigen (s. Rdn. 36).

2 Die Irreführungsverbote des GK wollen den erhöhten Gefahren von Heilmittelwerbung in einem umfassenden Sinne vorbeugen. Sie wenden sich folglich gegen alle Irreführungen, die sich auf den Absatz, aber auch die Verwendung von Heilmitteln auswirken und so die Gesundheits- oder Vermögensinteressen der Werbeadressaten schädigen können. Ein spezifischer Gesundheitsbezug der Werbeaussage ist – entsprechend den Vorgaben des Unionsrechts (s. Rdn. 8) – nicht erforderlich (Doepner/*Reese*, § 3 HWG Rn. 24; unklar BGH Urt. v. 06.02.2013 – I ZR 62/11, GRUR 2013, 649, 651 Rn. 15 – Basisinsulin mit Gewichtsvorteil; Bülow/Ring/Artz/Brixius/*Artz*, § 3 HWG Rn. 4; a.A. *Gröning*/Mand/Reinhart, § 3 Rn. 8; *Riegger* PharmR 2012, 293, 293).

3 § 3 differenziert formal nicht zwischen Öffentlichkeits- und Fachkreiswerbung. Allerdings ist im Rahmen der Auslegung – nicht zuletzt mit Blick auf die Vorgaben des Unionsrechts – zwischen den verschiedenen Adressatengruppen zu differenzieren.

§ 3 Satz 1 statuiert eine Generalklausel. Sie enthält einen eigenen Verbotstatbestand, der richtlinienkonform als konkretes Gefährdungsdelikt auszulegen ist (Rdn. 9, 15 f.). Konkrete Gefährdungsdelikte sanktionieren im Vorfeld und unabhängig von einer späteren Rechtsgutverletzung solche Verhaltensweisen, die im Einzelfall feststellbare Gefahren für das geschützte Rechtsgut begründen. Bezogen auf die Irreführungs-Generalklausel heißt dies, dass ein Irrtum tatsächlich nicht entstehen muss. Es genügt die konkrete Eignung einer Werbeaussage, die Adressaten zu täuschen und dadurch zu einer ihre Gesundheits- oder Vermögensinteressen gefährdenden Entscheidung zu veranlassen, die sie ohne die Täuschung nicht getroffen hätten (s. Rdn. 26 ff.).

§ 3 Satz 2 enthält einen nicht abschließenden, wenig befriedigenden (Doepner/*Reese*, § 3 HWG Rn. 22 f.) Beispielskatalog typischerweise irreführender Werbepraktiken. Hinsichtlich der Rechtsnatur der Beispielstatbestände ist im Lichte des Unionsrechts zu differenzieren (a.A. Bülow/Ring/Artz/Brixius/*Artz*, § 3 HWG Rn. 5, 34: generell konkrete Gefährdungsdelikte): Bei sämtlichen Tatbeständen, die im GK keine nähere Ausformung gefunden haben, die aber dennoch unionsrechtskonform sind, weil sie aus der Generalklausel des Art. 87 Abs. 3 GK abgeleitet werden können, handelt es sich ebenfalls um konkrete Gefährdungsdelikte. (Doepner/*Reese*, § 3 HWG Rn. 21.) Das betrifft insbesondere alle Formen irreführender Werbung gegenüber Fachkreisen. Etwas anderes gilt hingegen im Rahmen von Publikumswerbung für die Tatbestände gem. § 3 Satz 2 Nr. 2 Buchst. a, b und c. Die darin normierten Regelbeispiele typischerweise irreführender Werbepraktiken hat der Unionsgesetzgeber in speziellen Tatbeständen für die Öffentlichkeitswerbung verboten (Art. 89 Abs. 1 Buchst. a, 90 Buchst. b GK). Bei richtlinienkonformer Auslegung handelt es sich hier um sog. potenzielle Gefährdungsdelikte (s. dazu BGH Urt. v. 25.03.1999 – 1 StR 493/98, NJW 1999, 2129; Urt. v. 12.12.2000 – 1 StR 184/00, NJW 2001, 624, 626; Schönke/Schröder/*Heine*, Vorbem. §§ 306 ff. StGB Rn. 3). Sie setzen nicht voraus, dass das Gericht die konkrete Gefährdung im Einzelfall feststellt. Jedoch muss die fragliche Werbemaßnahme ihrer Art und Aufmachung nach im Allgemeinen geeignet sein, durch Irreführung oder sonstige unsachliche Beeinflussung der Werbeadressaten die Gesundheit oder die Vermögensinteressen der Verbraucher zu gefährden (i.E. ebenso Doepner/*Reese*, § 3 HWG Rn. 21, der allerdings von konkreten Gefährdungsdelikten mit abstrakten Schutzelementen ausgeht, s.a. Rdn. 10 ff.).

Richtet sich die Werbung an Fachkreise und an das Publikum, reicht es aus, wenn die Werbung geeignet ist, einen der Adressatenkreise in die Irre zu führen (OLG Oldenburg Urt. v. 01.09.2005 – 1 U 51/05, GRUR-RR 2006, 243, 244 – IgG-Antikörpertest; *Doepner*/Reese, § 3 HWG Rn. 82 f. m.w.N.; näher Rdn. 30 ff.).

## B. Vereinbarkeit mit dem Unionsrecht

### I. GK

#### 1. Regelungskonzept

Für Humanarzneimittel statuiert der GK/EWG die Irreführungsverbote in Artt. 87, 90 GK: Art. 87 Abs. 3 GK untersagt sowohl für Fachkreiswerbung, d.h. für Werbung gegenüber den zur Abgabe und Verschreibung von Arzneimitteln befugten Personen (§ 2 HWG Rdn. 3), als auch für Öffentlichkeitswerbung generalklauselartig jede Irreführung. Art. 90 GK statuiert nur für Öffentlichkeitswerbung eine Reihe spezieller Irreführungstatbestände.

#### 2. Ziele

Nicht anders als die sonstigen Werbenormen des GK dienen die Irreführungsverbote vorrangig dem Gesundheitsschutz (EuGH Urt. v. 02.04.2009 – C-421/07, EuZW 2009, 428, 429 Rn. 22 – Frede Damgaard; EuGH Urt. v. 05.05.2011 – C-316/90, GRUR 2011, 1160, 1162 Rn. 31 – MSD Sharp & Dohme GmbH. Vgl. auch Erwägungsgrund 45 GK). Daneben schützen sie Patienten und Kostenträger auch vor wirtschaftlicher Übervorteilung (Einführung HWG Rdn. 26). Deutlich wird dies nicht zuletzt an Art. 90 Buchst. c und d GK. Danach sind Werbeaussagen verboten, die nahe legen, dass die normale gute Gesundheit des Patienten durch die Verwendung eines Arzneimittels verbessert oder ohne dessen Verwendung beeinträchtigt werden könnte.

### 3. Rechtsnatur

9 **Art. 87 Abs. 3 Spiegelstrich 2 GK** ist ein konkretes Gefährdungsdelikt. Die Einstufung als konkretes Gefährdungsdelikt folgt aus der Gesetzessystematik und der gebotenen primärrechtskonformen Auslegung (Einführung HWG Rdn. 20 f., 55 f.): Während Art. 90 GK einzelne Werbepraktiken typisiert, denen ein besonderes Irreführungspotenzial innewohnt (Rdn. 10 f.), hat der Unionsgesetzgeber im Rahmen des Art. 87 Abs. 3 GK pauschal jede Irreführung verboten. Die Irreführungseignung und die Entscheidungsrelevanz müssen deshalb situativ und einzelfallbezogen festgestellt werden (*Buß*, Irreführende Heilmittelwerbung, S. 86 ff.). Nur so kann der mit der Generalklausel verbundene Eingriff in die wirtschaftlichen Freiheitsrechte des Werbenden als verhältnismäßige Maßnahme zum Schutz der Gesundheits- und Vermögensinteressen der Werbeadressaten gerechtfertigt werden.

10 **Art. 90 GK** statuiert für die Öffentlichkeitswerbung verschiedene Werbeverbote, die teilweise typische Fälle irreführender Werbepraktiken erfassen und teilweise einer sonstigen unsachlichen Beeinflussung der Patienten entgegenwirken sollen. Eine trennscharfe Abgrenzung ist kaum möglich (*Gröning*, Heilmittelwerberecht Art. 5 Richtlinie 92/28/EWG Rn. 1). Vielmehr ist gerade die Kumulation von Irreführung und sonstiger unsachlicher Beeinflussung tragender Grund für viele der in Art. 90 GK aufgelisteten Werbeverbote. Zu den Tatbeständen, die einen direkten Bezug zum Irreführungsschutz aufweisen, zählen Art. 90 Buchst. b, c, d, f, g und h GK. Zudem schützen die Regelungen des Art. 90 Buchst. i und k GK vor bestimmten bildlichen Darstellungen und Genesungsbescheinigungen, soweit sie einen irreführenden Charakter aufweisen.

11 Die auf bestimmte, potenziell irreführende Handlungen bezogenen Tatbestände des Art. 90 GK werden vielfach pauschal als abstrakte Gefährdungsdelikte qualifiziert (OLG Hamburg Urt. v. 30.06.2009 – 3 U 13/09, PharmR 2009, 519, 523 ff. – Stiftung Warentest; OLG-Frankfurt Urt. v. 22.05.2014 – 6 U 24/GRUR-RR 2014, 410, 411 – Ciclopoli; Bülow/Ring/Artz/Brixius/*Bülow*, § 11 HWG Rn. 2; Doepner/*Reese*, § 3 HWG Rn. 389 f.). Art. 90 Buchst. a–j GK enthalten jedoch zahlreiche ausfüllungsbedürftige Tatbestandsmerkmale, welche die verbotenen Werbepraktiken unter Bezugnahme auf das jeweilige Patientenverständnis eingrenzen. So muss nach Art. 90 Buchst. b GK die Werbung das Fehlen von Nebenwirkungen etc. »nahe legen«. Dies deutet auf die Notwendigkeit hin, das Irreführungspotenzial im Einzelfall zumindest pauschal zu prüfen. Hierfür spricht auch Erwägungsgrund 45 des GK, der die Werbebeschränkungen in der Öffentlichkeitswerbung explizit mit den möglichen negativen Auswirkungen begründet, die »übertriebene« oder »unvernünftige« Werbung auf die öffentliche Gesundheit haben kann. Schließlich folgt eine einschränkende Interpretation des Art. 90 GK aus dem Gebot der primärrechtskonformen Auslegung: Regelungen, die zum Schutz vor Gesundheitsbeeinträchtigungen sowie wirtschaftlichen Übervorteilungen irreführende Werbung verbieten, müssen ihrerseits im Lichte der Grundfreiheiten des AEUV und der Unionsgrundrechte ausgelegt werden (Einführung HWG Rdn. 19 ff., 55 ff.). Bei den lediglich teilkonkretisierten Tatbeständen in Art. 90 GK ist die Gefahr zu weitgehender Einschränkungen der Werbefreiheiten insoweit durch eine stärker auf die konkrete Rechtsgutsgefährdung fokussierte Auslegung zu minimieren: Es handelt sich um **potenzielle Gefährdungsdelikte**, bei denen im Einzelfall zumindest die allgemeine Eignung zur Irreführung festzustellen ist (zum Begriff Rdn. 5).

12 **Art. 89 Abs. 1 Buchst. a GK** fordert, dass der Werbecharakter in der Öffentlichkeitswerbung deutlich zum Ausdruck kommt und das Produkt klar als Arzneimittel dargestellt wird. Diese »Gebotsnorm« verschärft das allgemeine Schleichwerbungsverbot. Sofern sie, wie in § 3 Satz 2 Nr. 2, als Irreführungsverbot in nationales Recht umgesetzt wird, sind besonders strenge Anforderungen an die Klarheit und Eindeutigkeit zu stellen. Dies impliziert eine Auslegung zumindest als potenzielles oder sogar abstraktes Irreführungsverbot.

## 4. Verhältnis von Art. 89, 90 GK und Art. 87 Abs. 3 GK

Die Generalklausel des Art. 87 Abs. 3 GK bildet zusammen mit den für die Öffentlichkeitswerbung geregelten Beispielen typischerweise irreführender bzw. unsachlich beeinflussender Werbepraktiken gem. Art. 89 Abs. 1, 90 GK ein Gesamtsystem, das irreführende Arzneimittelwerbung lückenlos und erschöpfend regelt (Einführung HWG Rdn. 47; Doepner/*Reese*, § 3 HWG Rn. 10.): Zunächst ist zu klären, ob eine Werbemaßnahme zu untersagen ist, weil sie unter einen Spezialtatbestand fällt. Nur wenn dies nicht der Fall ist, kommt unmittelbar die Generalklausel in Art. 87 Abs. 3 GK zur Anwendung.

## 5. Vollharmonisierung

Als Richtlinie ist der Gemeinschaftskodex gem. Art. 288 Abs. 3 AEUV für die Mitgliedstaaten hinsichtlich des zu erreichenden Ziels verbindlich, überlässt es jedoch den innerstaatlichen Stellen, die Form und Mittel der Umsetzung selbst zu wählen. In diesem Rahmen kann die Harmonisierungswirkung von EU-Richtlinien stark variieren. Vollharmonisierende Richtlinien wie der GK, die grundsätzlich weder mildere noch strengere Standards zulassen, beschränken die Regelungsfreiheiten der Mitgliedstaaten vor allem auf Öffnungsklauseln, die ausnahmsweise von der Richtlinie materiell abweichende oder diese ergänzende nationale Vorschriften gestatten (Einführung HWG Rdn. 27). Daneben können Gestaltungsfreiheiten zur Konkretisierung von unbestimmten Rechtsbegriffen und Generalklauseln bestehen (Einführung HWG Rdn. 47 f.). Wie weit diese Spielräume reichen ist im Einzelfall durch Auslegung zu ermitteln (Gsell/Herresthal/*Riehm*, Umsetzungsspielräume der Mitgliedstaaten bei vollharmonisierenden Richtlinien, S. 83, 106 ff.).

Entgegen teilweise vertretener Ansicht (*Gröning*, Heilmittelwerberecht Art. 87 Richtlinie 2001/83/EG Rn. 8; *ders.* jurisPR-WettbR 2/2009 Anm. 2) ist im Rahmen der Irreführungstatbestände von einem umfassenden Verständnis der Vollharmonisierung durch den GK auszugehen (Einführung HWG Rdn. 47; *Mand* A & R 2013, 166, 170 ff., Doepner/*Reese*, § 3 HWG Rn. 12, 388 f.). Die Mitgliedstaaten müssen die Regelungsstruktur der dortigen Irreführungstatbestände übernehmen. D.h. sie haben eine dem Art. 87 Abs. 3 GK entsprechende Irreführungs-Generalklausel sowie die einzelnen Spezialtatbestände insbes. des Art. 90 GK im nationalen Recht nachzubilden. Die inhaltliche Ausfüllung der Generalklausel obliegt dem EuGH und den nationalen Gerichten gemeinsam: Während der EuGH iterativ vor allem Leitbilder und allgemeine Beurteilungsmaßstäbe zu Art. 87 Abs. 3 GK formuliert, wenden die nationalen Gerichte diese Maßstäbe bei der Anwendung der nationalen Generalklauseln im Einzelfall an und präzisieren diese weiter (Einführung HWG Rdn. 47). Dem nationalen Gesetzgeber bleibt nur die Möglichkeit, zusätzlich zu einer Art. 87 Abs. 3 GK entsprechenden Irreführungs-Generalklausel und den Spezialtatbeständen gem. Art. 89 f. GK die interpretierende Rechtsprechung des EuGH – z.B. durch exemplarische Fallgruppen – zu kodifizieren.

## 6. Richtlinienkonformität von § 3 HWG

### a) Generalklausel (§ 3 Satz 1 HWG)

Das Regelungskonzept von § 3 mit einer als selbstständiges Irreführungsverbot ausgestalteten Generalklausel in Satz 1 und einzelnen, nicht abschließenden Regelbeispielen in Satz 2 entspricht konzeptionell den Anforderungen des GK und ist insoweit richtlinienkonform. Bereits mit Blick auf Art. 87 Abs. 3 Spiegelstrich 2 GK ist auch § 3 Satz 1 bei Werbung für Humanarzneimittel richtlinienkonform zwingend als konkretes Gefährdungsdelikt auszulegen. Kraft richtlinienorientierter Auslegung (Einführung HWG Rdn. 42 ff.) gilt entsprechendes bei Werbung für andere unter das HWG fallende Heilmittel.

### b) § 3 Satz 1 Nr. 1 HWG

Das Regelbeispiel von § 3 Satz 2 Nr. 1 hat im GK kein direktes Pendant. Die Regelung fällt im Lichte der konkretisierenden Regelungen der Art. 87 Abs. 3 Spiegelstrich 1 GK und Art. 87 Abs. 2 GK aber vollumfänglich unter die Generalklausel des Art. 87 Abs. 3 Spiegelstrich 2 GK: Gem. Art. 87 Abs. 3 Spiegelstrich 1 GK muss die Werbung den zweckmäßigen Einsatz eines Arzneimittels fördern, indem sie dessen Eigenschaften objektiv und ohne Übertreibungen darstellt. Erwägungsgrund 45 GK unterstreicht dies, indem er auf die drohenden Gesundheitsgefahren von Öffentlichkeitswerbung hinweist, die »übertrieben und unvernünftig« sind. Zusammen folgt daraus ein dem Gesundheitsschutz dienendes Objektivitätsgebot, das als zentraler Programmsatz die Auslegung der Irreführungsverbote des GK anleitet (*Gröning*, Heilmittelwerberecht Art. 87 Richtlinie 2001/83/EG Rn. 7). Weiterhin sieht Art. 87 Abs. 2 GK vor, dass alle werblichen Angaben mit der Zusammenfassung der Merkmale des Arzneimittels i.S.d. Art. 11 GK – im nationalen Recht entspricht dem die Fachinformation gem. § 11a AMG – übereinstimmen müssen. Hiermit erklärt Art. 87 Abs. 2 GK die in den Fachinformationen genannten Produktmerkmale und -eigenschaften, die den aktuellen Zulassungsstatus und den dem pharmazeutischen Unternehmen bekannten Studienstand zu therapierelevanten Eigenschaften des Arzneimittels enthalten, zum zentralen Orientierungspunkt für die Irreführungsprüfung (s. EuGH Urt. v. 05.05.2011 – C-249/09, PharmR 2011, 287, 291 Rn. 42 – Novo Nordisk; Urt. v. 08.11.2007 – C-374/05, GRUR 2008, 267, 270 Rn. 47 – Gintec Art. 90 Buchst. j GK; OLG Nürnberg Beschl. v. 14.09.2018 – 3 U 1138/18).

§ 3 Satz 2 Nr. 1 setzt diese Vorgabe im Kern richtlinienkonform in nationales Recht um. Trotz der Rechtsnatur als konkretes Gefährdungsdelikt gelten aufgrund von Art. 87 Abs. 2 und Abs. 3 Spiegelstrich 1 GK aber besonders strikte Anforderungen an Objektivität, Klarheit und wissenschaftliche Fundierung wirkungsbezogener Aussagen (s. Rdn. 33 ff., 45 ff.) und für die Verteilung der Darlegungs- und Beweislast im Wettbewerbsprozess (Rdn. 52 ff.).

c) § 3 Satz 2 Nr. 2 HWG

17 Für § 3 Satz 2 Nr. 2 finden sich weitgehend entsprechende Regelungen im GK für die **Öffentlichkeitswerbung**:

17a § 3 Satz 2 Nr. 2 Buchst. b hat eine direkte Entsprechung in Art. 90 Buchst. b GK. Gem. Art. 90 Buchst. b, 1. Alt. GK darf die Öffentlichkeitswerbung keine Elemente enthalten, die nahe legen, dass die Wirkung des Arzneimittels ohne Nebenwirkungen garantiert wird. Dahinter steht die Erkenntnis, dass Nebenwirkungen im individuellen Fall nie völlig auszuschließen sind, mögen sie auch bisher nicht bekannt sein (Doepner/*Reese*, § 3 HWG Rn. 310 f. m.w.N.). Nebenwirkungen sind nach der neugefassten, weiten Definition in Art. 1 Nr. 11 GK – unabhängig vom bestimmungsgemäßen Gebrauch – alle schädlichen und unbeabsichtigten Reaktionen auf das Arzneimittel (so nun auch §§ 4 Abs. 1, 3 Satz 1 AMG). § 3 Satz 2 Nr. 2 Buchst. b ist im Lichte dieser Regelung weit auszulegen: Das Tatbestandsmerkmal »fälschlicherweise« ist bei Publikumswerbung zu vermuten; es genügt, wenn die konkrete Werbung den Eindruck von Unschädlichkeit erweckt und so potenziell in die Irre führt (Rdn. 71). Zudem sind die Wertungen der Norm im Rahmen von § 3 Satz 1 zu berücksichtigen, wenn nicht nur zeitliche Abweichungen vom bestimmungsgemäßen Gebrauch als unschädlich deklariert werden, sondern auch andere Abweichungen (z.B. höhere Dosierungen, Rdn. 72).

18 § 3 Satz 2 Nr. 2 Buchst. a beruht ebenfalls auf Art. 90 Buchst. b, 1. Alt. GK: Entgegen der missverständlichen deutschen Übersetzung verbietet Art. 90 Buchst. b, 1. Alt. GK auch sonstige positive Garantieversprechen, wie u.a. die englische Fassung verdeutlicht (advertising shall not contain any material which suggests that the effects of taking the medicine are guaranteed, are unaccompanied by adverse reactions, or). Potenziell in die Irre führende Werbung mit Erfolgsversprechen ist daher in der Öffentlichkeitswerbung unzulässig.

19 § 3 Satz 2 Nr. 2 Buchst. c setzt Art. 89 Abs. 1 Buchst. a GK in nationales Recht um, wonach in der Öffentlichkeitswerbung der Werbecharakter »klar zum Ausdruck« kommen muss. Wie auch die anderen Tatbestände in § 3 Satz 2 Nr. 2 ist die Vorschrift hiernach als potenzielles Gefährdungsdelikt auszulegen. Angesichts von Art. 89 Abs. 1 Buchst. a GK ist ohne klar erkennbarem Werbecharakter regelmäßig von einer tatbestandlichen Irreführung auszugehen. Da § 3 Satz 2 Nr. 2 Buchst. c

keinen Unterschied zwischen den verschiedenen Heilmitteln macht, ist diese Auslegung auf alle Heilmittel i.S.d. § 1 zu erstrecken (Einführung HWG Rdn. 42 ff.)

Für die **Fachkreiswerbung** fehlen analoge Regelungen im GK. Die Tatbestände können aber als Konkretisierung der Generalklausel gem. Art. 87 Abs. 3 Spiegelstrich 2 GK aufrechterhalten werden. Zwar wissen Fachkreise regelmäßig, dass ein Erfolg von Heilmitteln niemals sicher vorhergesagt und schädliche Wirkungen nicht vollkommen ausgeschlossen werden können. Angesichts des auch für die Fachkreiswerbung geltenden Objektivitätsgebots (Art. 87 Abs. 3 Spiegelstrich 1 GK) rechtfertigt dies aber keine unrichtige Darstellung. Entsprechendes gilt auch für das Verbot der getarnten Werbung, das als allgemeiner Rechtsgrundsatz das gesamte EU-Lauterkeitsrecht prägt.

#### d) § 3 Satz 2 Nr. 3 HWG

§ 3 Satz 2 Nr. 3 Buchst. a und Buchst. b erweisen sich als richtlinienkonforme Umsetzung von Art. 87 Abs. 3 Spiegelstrich 2 i.V.m. Art. 87 Abs. 2 GK. Wenn die Angaben mit den behördlich geprüften Fachinformationen übereinstimmen müssen, sind unrichtige Angaben über Zusammensetzung, Hersteller etc. ausgeschlossen. Darüber hinaus entspricht die Vorschrift den Wertungen von Art. 1 Nr. 33 GK i.V.m. zahlreichen im GK angelegten Ver- und Gebotstatbeständen im Zusammenhang mit gefälschten Arzneimitteln, u.a. Art. 46b Abs. 1, 52b Abs. 1 GK und Erwägungsgrund 27 der Richtlinie 2011/62/EG. Die Regelung ist als konkretes Gefährdungsdelikt zu deuten.

### II. UGP-RL

Die UGP-RL harmonisiert zum Schutz der wirtschaftlichen Interessen der Verbraucher die Geschäftspraktiken der Unternehmen, einschließlich Werbung und Marketing (Art. 2 Buchst. c UGP-RL), im Verhältnis zu Endverbrauchern grundsätzlich vollständig (Einführung HWG Rdn. 51 ff.). Sie gestattet aber – auch und gerade im Bereich des Irreführungsschutzes – strengere nationale Regeln zumindest zum Schutz der Gesundheit (Einführung HWG Rdn. 53 f.; *Mand* JZ 2010, 337, 342). Zudem bleiben die spezielleren Irreführungs-Standards des GK von der UGP-RL unberührt (Art. 3 Abs. 4 und 5 UGP-RL, s.u. Rdn. 25). Die Bedeutung der UGP-Richtlinie für den Irreführungsschutz insbes. bei gesundheitsbezogener Heilmittelwerbung ist daher begrenzt (*Mand* JZ 2010, 337, 342 f.).

Dies gilt auch für die Liste per se verbotener Verhaltensweisen laut Anh. 1 der UGP-RL. Einige der dort aufgelisteten Per-se-Verbote, wie das in Nr. 9 statuierte Verbot, den Eindruck zu erwecken, ein Produkt könne rechtmäßig verkauft werden, obgleich dies nicht der Fall ist, oder das in Nr. 17 normierte Verbot falscher Behauptungen, ein Produkt könne Krankheiten, Funktionsstörungen oder Missbildungen heilen, sind zwar auch und gerade im Kontext irreführender Heilmittelwerbung relevant. Die Art. 87 Abs. 1 bzw. 90 Buchst. b GK und die nationalen Umsetzungsnormen in §§ 3, 3a statuieren für diese Sachverhalte jedoch exaktere und weitergehende Verbote. Darüber hinaus fallen die betreffenden Konstellationen ohne weiteres unter die Generalklausel des Art. 87 Abs. 3 GK (s.a. *Fezer/Peifer*, Anhang zu UWG Nr. 18 Rn. 6; *Leible* GRUR 2010, 183, 189; *v. Jagow* GRUR 2010, 190, 191: »wenig Neues«).

### III. Medizinprodukteregulierung der EU

Für Medizinprodukte und In-vitro-Diagnostika hat die EU mit der VO (EU) 2017/745 bzw. der VO (EU) 2017/746 unmittelbar anwendbare, prinzipiell voll harmonisierende Regelungen getroffen, die infolge der Corona-Pandemie mit einjähriger Verzögerung am 26.05.2021 bzw. 26.05.2022 in Kraft treten bzw. getreten sind. Die Verordnungen enthalten in Art. 7 jeweils voll harmonisierende Irreführungstatbestände auch für die Werbung. Aus der konkreten Fassung von Art 7 lit. a und lit. d lassen sich keine abschließenden Aussagen zu der in Deutschland zuletzt höchst umstrittenen Frage gewinnen, welcher Grad an Evidenz für Aussagen zu den Funktionen und (therapeutischen) Wirkungen der Medizinprodukte vorliegen muss, um diese (uneingeschränkt) bewerben zu können, und inwieweit die im Rahmen des Konformitätsbewertungsverfahrens zugrunde gelegte Zweckbestimmung als solche in jedem Fall beworben werden kann (vgl. dazu OLG Karlsruhe Urt. v. 14.10.2020 – 6 U 59/20, MPR 2021, 94 m. Anm. *Giesen*; OLG Hamburg Urt. v. 12.12.2019 – 3 U 14/1, MPR 2020, 28; OLG Stuttgart Urt. v. 08.06.2017 – 2 U 154/16, GRUR-RR 2017, 448; KG Urt. v. 02.06.2017 – 5 U 196/16, MPR 2017, 188). Indem Art. 7 lit d der VO (EU) 2017/745 allerdings Empfehlungen mit anderen Verwendungsmöglichkeiten als den von der Zweckbestimmung erfaßten als irreführend verbietet, deutet dies entgegen der bisherigen Linie der deutschen Rechtsprechung auf eine besondere Aussagekraft der Konformitätsbewertung hinsichtlich der Zweckbestimmung auch in positiver Hinsicht hin, wenngleich der Umfang der diesbezüglichen Prüfungen sehr unterschiedlich ausgestaltet sein kann. Zumindest ein generelles Werbeverbot für die bei der Konformitätsbewertung zugrunde gelegte Zweckbestimmung dürfte danach ausscheiden. Die abschließende Vorgabe der Entscheidungsmaßstäbe bei der Auslegung von Art. 7 der VO fällt in die Letztentscheidungskompetenz des EuGH, die Konkretisierung und Anwendung im Einzelfall obliegt den nationalen Gerichten (Einf. HWG Rdn. 47a).

### IV. Richtlinie 2006/114/EG über irreführende und vergleichende Werbung

24 Die RL 2006/114/EWG ersetzt aus Gründen der besseren Übersichtlichkeit die mehrfach novellierte RL 84/450/EWG über irreführende und vergleichende Werbung. Seit Erlass der UGP-RL sind gem. Art. 1 allein die Gewerbetreibenden, nicht die Verbraucher geschützt. Art. 8 limitiert den Anwendungsbereich zusätzlich: Im Bereich der Irreführung erlaubt Art. 8 Abs. 1 allgemein strengere nationale Vorschriften; die Richtlinie gibt also lediglich Mindeststandards vor. Zudem gehen gem. Art. 8 Abs. 2 Werbenormen in sektorspezifischen Richtlinien, insbesondere im GK, der Richtlinie vor (näher dazu *Mand* JZ 2010, 337, 342 f.).

### V. Verhältnis zwischen GK, UGP-RL und der Richtlinie 2006/114/EG

25 Nach Erwägungsgrund 42 GK darf »die Anwendung der aufgrund der Richtlinie 450/84/EG über irreführende und vergleichende Werbung getroffenen Maßnahmen (...) durch die vorliegende Richtlinie nicht berührt werden«. Entgegen teilweise vertretener Ansicht (Bülow/Ring/Artz/Brixius/ *Artz*, Heilmittelwerbegesetz, § 3 Rn. 4; wohl auch Spickhoff/*Fritzsche*, § 3 HWG Rn. 3) folgt hieraus nicht, dass die Richtlinie 450/84/EG und die spätere Regelung irreführender Verbraucherwerbung in der UGP-RL die Auslegung der Irreführungstatbestände im GK prägen und insbes. »für die Auslegung des Irreführungsbegriffs« im Arzneimittelwerberecht abschließend »Maß geben«. Denn Art. 3 Abs. 4 sowie Erwägungsgrund 10 der UGP-RL ordnen umgekehrt die Vorrangigkeit des GK an. Den potenziellen Konflikt zwischen den Vorschriften hat der EuGH, ausgehend von der Annahme der vollharmonisierenden Wirkung der Werbenormen des GK, bereits zugunsten der Spezialität des GK aufgelöst (EuGH Urt. v. 08.11.2007 – C-374/05, GRUR 2008, 267, 269 Rn. 30 f. – Gintec; Urt. v. 16.07.2015 – C-544 und 545/13, ECLI:EU:C:2015:481 Rn. 80 f. – Abcur; vgl. auch Schlussanträge v. 03.03.2015, Rs. C-544/13 Rn. 88 – Abcur). D.h., innerhalb ihres Anwendungsbereichs gehen die sektorspezifischen Sonderregelungen für Humanarzneimittel bei grundsätzlich paralleler Anwendbarkeit aller Richtlinien den produkt- und medienübergreifenden Richtlinien über unlautere Geschäftspraktiken bzw. irreführende und vergleichende Werbung vor (EuGH Urt. v. 16.07.2015 – C-544 und 545/13, ECLI:EU:C:2015:481 Rn. 72 ff., insb. 80 ff. – Abcur; GA Maciej Szpurnar, Schlussanträge v. 03.03.2015 – C-544/13 Rn. 57 ff.- Abcur, Doepner/*Reese*, § 3 HWG Rn. 12.). Dies gilt auch und gerade im Bereich der Irreführungstatbestände, wo die Richtlinie 2006/114/EG und die UGP-Richtlinie ohnehin nur Mindeststandards vorgeben bzw. strengere nationale Regeln zumindest zum Schutz der Gesundheit gestatten (s. Rdn. 22, Einführung HWG Rdn. 51 ff.). Erwägungsgrund 42 des GK kann die Mindeststandards der genannten Richtlinien folglich auch nicht zur verbindlichen Vorgabe für die Auslegung der vollharmonisierenden Irreführungsverbote im spezielleren EU-Arzneimittelwerberecht erklären. Bedeutung hat dies insbesondere für das sog. Strengeprinzip bei gesundheitsbezogener Werbung (s. Rdn. 27 ff., 45 ff.). Bei Arzneimitteln, die nicht in den harmonisierten Bereich des GK fallen (Art. 2–5 GK) sind dagegen die UGP-RL bzw. die Richtlinie 2006/114/EG als allgemeine Rechtsnormen heranzuziehen, wobei für die Auslegung der GK mit zu berücksichtigen ist (GA Maciej Szpurnar,

Schlussanträge v. 03.03.2015 – C-544/13 Rn. 86 ff.- Abcur: GK als Maximalstandard, vgl. auch EuGH Urt. v. 16.07.2015 – C-544 und 545/13, ECLI:EU:C:2015:481 Rn. 72 ff., insb. 78 – Abcur).

## C. Allgemeine Grundsätze

### I. Irreführende Angaben

Da es sich um ein Gefährdungsdelikt handelt (o. Rdn. 7 ff.), liegen irreführende Angaben nicht nur dann vor, wenn eine Täuschung des Verkehrs oder gar ein Schaden bereits eingetreten ist. Vielmehr genügt es, dass eine Angabe geeignet ist, die Umworbenen irrezuführen und sie zu falschen Entscheidungen zu beeinflussen. Konzeptionell stimmt § 3 insoweit mit § 5 UWG überein: Der Aussageinhalt einer Angabe bestimmt sich nach der Auffassung der angesprochenen Verkehrskreise, an die sich die Werbung richtet (Werbeadressaten). Irreführend ist eine Angabe, wenn sie bei den Adressaten eine Vorstellung erzeugt, die mit den wirklichen Verhältnissen nicht im Einklang steht. Allerdings führen der intendierte Gesundheitsschutz, die normativen Vorgaben des GK und die besondere Schutzbedürftigkeit vieler Patienten zu einem gegenüber dem allgemeinen Lauterkeitsrecht strikteren Irreführungsschutz (Strengeprinzip; s. Rdn. 27 ff.). Der weitergehende Schutz zeigt sich auch bei der erforderlichen Entscheidungsrelevanz der Irreführung (Rdn. 49 ff.), teilweise bei einer Blickfangwerbung (Rdn. 51) und insbesondere bei der Verteilung der Darlegungs- und Beweislast in Wettbewerbsstreitigkeiten (Rdn. 52 ff.).

26

### II. Leitbild der Werbeadressanten und Strengeprinzip

#### 1. Allgemeines EU-Lauterkeitsrecht

Der EuGH hat in der Entscheidung »Gut Springenheide« (EuGH Urt. v. 16.07.1998 – C-210/96, Slg. 1998, I-4657 Rn. 37 – Gut Springenheide) für das EU-Lauterkeitsrecht auf das (fiktive) Verkehrsverständnis eines durchschnittlich informierten, in vernünftiger Weise, aufmerksamen und umsichtigen/kritischen Verbrauchers abgestellt, um die Irreführungseignung festzustellen. Spezifizierend hat sich der Gerichtshof später für eine gruppenbezogene Betrachtung ausgesprochen: Wendet sich eine geschäftliche Handlung an eine bestimmte Verbrauchergruppe, ist auf ein durchschnittliches Mitglied dieser Gruppe abzustellen (EuGH Urt. v. 16.05.1989 – 382/87, Slg. 1989, 1235, Rn. 13 f. – Buet). Für geschäftliche Handlungen gegenüber Endverbrauchern kodifiziert und akzentuiert die UGP-Richtlinie inzwischen diese Rechtsprechung (Art. 5 Abs. 2 Buchst. b und Abs. 3 sowie Erwägungsgründe 18 und 19 der UGP-Richtlinie (vgl. auch GA Trstenjak, Schlussanträge v. 14.03.2010, C-540/08 Rn. 131 – Mediaprint Zeitungs- und Zeitschriftenverlag). Sie gilt aber nicht nur im Fall von Endverbrauchern im allgemeinen Lauterkeitsrecht, sondern im Rahmen diverser Irreführungsverbote des EU-Sekundärrechts (s. EuGH Urt. v. 13.01.2000 –C-220/98, Slg. 2000. I-117 Rn. 27 – Estée Lauder zu Art. 6 Abs. 3 RL 76/768/EWG; Urt. v. 04.04.2000, C-465/98, Slg 2000, I-2297 Rn. 20 – Darbo zu Art. 2 Abs. 1 Buchst. a RL 79/112/EWG; Urt. v. 12.10.2000 – C-3/99, Slg. 2000, I-8749 Rn. 53 – Cidrerie Ruwet/Cidre Stassen: RL 75/106/EWG) und auch gegenüber Unternehmen als Werbeadressaten (EuGH Urt. v. 25.10.2001 – C-112/91, Slg. 2001, I-7945 Rn. 52 – Toshiba/Katun zur Werbung gegenüber Fachhändlern).

27

Übergeordnet liegt dem Leitbild des Durchschnittsverbrauchers im Lauterkeitsrecht eine Abwägung zwischen den wirtschaftlichen Freiheiten im Binnenmarkt auf der einen Seite und dem Verbraucherschutz sowie der Lauterkeit des Handelsverkehrs auf der anderen Seite zugrunde. Das Leitbild basiert damit auf dem primärrechtlichen Grundsatz der Verhältnismäßigkeit: Werbe- und Vertriebsbeschränkungen sind nur insoweit gerechtfertigt, als sie geeignet, notwendig und angemessen sind, um Beeinträchtigungen des wirtschaftlichen Verhaltens der Verbraucher im Binnenmarkt abzuwehren (GA Trstenjak, Schlussanträge v. 14.03.2010, C-540/08, Slg 2010, I-10909 Rn. 102 – Mediaprint Zeitungs- und Zeitschriftenverlag; *Köhler*/Bornkamm, § 1 UWG Rn. 22; *Lettl*, Der lauterkeitsrechtliche Schutz vor irreführender Werbung in Europa, S. 71). Wie ein

28

Durchschnittsverbraucher eine Werbebotschaft versteht, ist demnach in erster Linie eine **normative Rechtsfrage**, die regelmäßig anhand aller Umstände des Einzelfalls durch die nationalen Gerichte zu klären ist. (EuGH Urt. v. 16.07.1998 – C-210/96, Slg. 1998, I-4657 Rn. 31 – Gut Springenheide; *Lettl*, Der lauterkeitsrechtliche Schutz vor irreführender Werbung in Europa, S. 92 ff.). Zwar hat der EuGH **Verkehrsbefragungen** als Mittel zur Bestimmung des Verbraucherverständnisses nicht ausgeschlossen (EuGH Urt. v. 16.07.1998 – Slg. 1998, I-4657 Rn. 35 – Gut Springenheide). Allerdings hat er den Bedeutungsgehalt von Werbeaussagen in zahllosen Entscheidungen anhand eines normativ geprägten Vorverständnisses ermittelt, ohne auf tatsächliche Feststellungen zurückgreifen zu können (Köhler/*Bornkamm*, § 5 UWG Rn. 1.49). Sozialempirische Erhebungen über die real existierende Verkehrsanschauung, die mit hohen Kosten verbunden sind und zudem – z.B. aufgrund latent suggestiver Befragung – systematisch verzerrte Ergebnisse liefern können, spielen nach der Rechtsprechung des EuGH also allenfalls eine untergeordnete Rolle. Sie bilden nur einen meist nicht erforderlichen Anhalt für die Ermittlung des »Verkehrsverständnisses«, der überdies noch einer normativen Überprüfung bedarf (*Leible* EuZW 1998, 528, 529; *Lettl*, Der lauterkeitsrechtliche Schutz vor irreführender Werbung in Europa, S. 94 ff. und 111 f.; kritisch *Doepner*/Reese, § 3 HWG Rn. 57 f.). Zeichnet sich eine Verkehrsbefragung durch ein »zielgerichtetes«, d.h. nicht neutrales Vorgehen aus, sind selbst vermeintlich eindeutige Ergebnisse für die Ermittlung des Verständnisses nicht aussagekräftig und damit irrelevant (OLG Hamburg Urt. v. 16.07.2015 – 3 U 215/14, WRP 2015, 337 Rn. 70 ff. – OtopiControl).

28a In der jüngerer Rspr. erkennt der EuGH durchaus an, dass Verbraucher nicht immer rational agieren und Werbemaßnahmen, die den Verbraucher dazu verleiten wollen, sich rational zu verhalten, durchaus verbotswürdig sein können (EuGH Urt. v. 04.06.2015 – C-195/14, GRUR 2015, 701 Rn. 36 – Himbeer-Vanille-Abenteuer; dem folgend BGH Urt. v. 02.12.2015 – I ZR 45/13 GRUR 2016, 738 ff. – Himbeer-Vanille-Abenteuer II). Dies stellt aber keine Abkehr vom jetzigen Verbraucherleitbild dar, sondern akzentuiert lediglich die bereits im Leitbild angelegten Differenzierungen nach der Art der Werbung, dem Schutzzweck der Norm und der Schutzwürdigkeit der Adressatengruppen (*Köhler* GRUR 2012, 1211 ff.; *Steinbeck* ZLR 2014, 302 ff.; Doepner/*Reese*, § 3 HWG Rn. 64).

### 2. Arznei- und Heilmittelwerberecht

29 Da der EuGH zu der Interpretation und den Schutzstandards der Irreführungsverbote des GK noch nicht näher Stellung genommen hat, bestehen erhebliche Unsicherheiten, inwieweit die allgemeinen lauterkeitsrechtlichen Maßstäbe auch für Arznei- und Heilmittelwerbung gelten. Insbesondere in Deutschland haben Rechtsprechung und Literatur unter Berufung auf das Unionsrecht das Leitbild des durchschnittlich informierten, aufmerksamen und verständigen Werbeadressaten im Heilmittelwerberecht zwar inzwischen praktisch einhellig übernommen (BGH Urt. v. 06.05.2004 – I ZR 265/01, GRUR 2004, 799, 800 – Lebertrankapseln; BGH Urt. v. 21.07.2005 – I ZR 94/02; BGH-Report 2006, 666 Rn. 21 – Ginseng-Präparat; BGH Urt. v. 11.09.2008 – I ZR 58/06, GRUR 2009 Rn. 17 -Fußpilz; OLG Hamburg Urt. v. 09.02.2006 – 3 U 121/05, NJOZ 2007, 5162, 5164 f.; OLG Hamburg Urt. v. 02.07.2009 – 3 U 221/08, PharmR 2009, 528, 530 f.; OLG München Urt. v. 25.02.2010 – 29 U 5347/09, PharmR 2010, 233, 234; aus der Literatur: Bülow/Ring/Artz/Brixius/*Artz*, § 3 HWG Rn. 4; Spickhoff/*Fritzsche*, § 3 HWG Rn. 5, Doepner/*Reese*, § 3 HWG Rn. 57, 66 ff.). Hinter der einheitlichen Terminologie verbergen sich bei näherer Betrachtung aber substanzielle Divergenzen über die damit verbundenen Maßstäbe.

#### a) Gruppenspezifische Ausdifferenzierung

30 Einigkeit besteht zurecht in Bezug auf die notwendige gruppenspezifische Ausdifferenzierung: Nicht anders als im Bereich des sonstigen EU-Lauterkeitsrechts hängt die Feststellung der Irreführungseignung und Entscheidungsrelevanz einer werblichen Aussage entscheidend von der korrekten Bestimmung der beteiligten Verkehrskreise ab (Köhler/*Bornkamm*, § 5 UWG Rn. 2.75 f.; Piper/Ohly/*Sosnitza*, § 5 UWG Rn. 117 ff.). Im Rahmen von § 3 ist dabei primär zwischen Fachkreisen

und allgemeinem Publikum zu differenzieren (dazu bereits Rdn. 6). Beide Gruppen sind nicht nur in unterschiedlichem Maße für irreführende Geschäftspraktiken empfänglich. Wegen ihrer unterschiedlichen Sachkunde und Erfahrung sowie differenzierten Informationsbedürfnissen normieren das Unions- und nationale Werberecht auch selbst separate Werbeanforderungen für Fachkreis- und Öffentlichkeitswerbung (s. Rdn. 38 ff.).

Bei reiner **Fachkreiswerbung** ist prinzipiell der Verständnishorizont eines durchschnittlich informierten, aufmerksamen und kritischen Angehörigen der angesprochenen Fachkreise maßgebend (BGH Urt. v. 05.11.2020 – I ZR 204/19, GRUR 2021, 51 Rn. 11 f. – Sinupret). Das Verständnis kann – auch ohne Verkehrsbefragung – vom Gericht selbst ermittelt werden, wenn dieses seine eigene besondere Sachkunde darlegt oder geeignete Fachliteratur auswertet (BGH Urt. v. 11.09.2008 – I ZR 58/06, GRUR 2009 Rn. 23-Fußpilz; OLG Hamburg Urt. v. 19.01.2015 – 3 U 81/14, WRP 2015, 1021 Rn. 41 – Werbung mit Ergebnissen einer Anwendungsbeobachtung) oder wenn keine Anhaltspunkte dafür bestehen, dass sich das Verständnis der angesprochenen speziellen Verkehrskreise von dem der Mitglieder des Gerichts unterscheiden könnte (BGH Urt. v. 05.11.2020 – I ZR 204/19, GRUR 2021, 51 Rn. 13 f. – Sinupret). Zu berücksichtigen ist in diesem Zusammenhang zum einen, dass das Heilmittelwerberecht auch für die Fachkreiswerbung besondere Anforderungen an die Objektivität, Exaktheit und Absicherung werblicher Aussagen stellt, auf deren Einhaltung Fachkreisangehörige berechtigterweise vertrauen dürfen. Dies führt zu teilweise rigideren Irreführungsstandards als im allgemeinen Lauterkeitsrecht (zutreffend BGH Urt. v. 11.09.2008 – I ZR 58/06, GRUR 2009 Rn. 24 – Fußpilz; OLG Hamburg Urt. v. 26.04.2018 – 3 U 96/17, GRUR-RR 2018, 479 – kausale Therapie; s. Rdn. 39 ff., 45 ff.). Teilweise ist im Lichte der zu unterstellenden Vorkenntnisse aber auch eine Erläuterung verwendeter Begriffe entbehrlich, was die Werbemöglichkeiten erweitert (vgl. LG Hamburg Urt. v. 20.04.2018 – 416 HK O 8/18, GRUR-RS 2018, 16427 Rn. 19 ff. zur Angabe »verträglich«). Zum anderen variiert der Ausbildungs- und Kenntnisstand auch innerhalb der Fachkreise stark. Es ist deshalb gegebenenfalls eine weitere Ausdifferenzierung angezeigt. Wendet sich eine Werbung selektiv an subspezialisierte Fachkreise – z.B. Gynäkologen oder Urologen – ist von einem umfassenderen Vorwissen auf dem jeweiligen Fachgebiet auszugehen, als wenn die Werbung an die Ärzteschaft insgesamt adressiert ist (OLG Hamburg Urt. v. 28.09.2006 – 3 U 259/05, NJOZ 2007, 5153, 5157 – Werbung mit Zulassungsstudien: »Erkenntnishorizont eines durchschnittlich informierten und durchschnittlich verständigen Herztransplantations-Spezialisten«; OLG Hamburg Urt. v. 19.01.2015 – 3 U 81/14, WRP 2015, 1021 Rn. 41 – Werbung mit Ergebnissen einer Anwendungsbeobachtung: Durchschnitts-Apotheker und Apothekenpersonal, d.h. in der Apotheke tätige pharmazeutisch-technische Assistenten, bei Werbung in der »Deutschen Apotheker Zeitung«; OLG Hamburg Urt. v. 20.06.2019 – 3 U 137/17, PharmR 2019, 604, 607: Ärzte, die sich mit MS-Behandlung befassen, bei Bewerbung in der Zeitschrift »Nervenarzt«; Doepner/Reese, § 3 HWG Rn. 87).

Richtet sich die Werbung auch an Patienten, gelten besonders strenge Anforderungen an die Klarheit und Verständlichkeit jeder Werbeaussage (s. Rdn. 36 f., 43 ff.). D.h. der Tatbestand von § 3 ist ausgehend von einer gespaltenen Verkehrsauffassung bereits erfüllt, wenn die Täuschungsmöglichkeit innerhalb einer Gruppe besteht (vgl. mit Blick auf das UWG *Sosnitza* WRP 2014, 1136, 1140 f.). Auch in der **Publikumswerbung** setzt jedoch nicht der besonders Leichtgläubige die Maßstäbe. Vielmehr sind die Irreführungsstandards im Einzelfall unter Beachtung der tatsächlichen Gefahren für die Gesundheit, den Informationswert der fraglichen Aussage und den berechtigten Informationsinteressen der Werbenden zu bestimmen (*Mand* A & R 2013, 166, 176 ff. u. 182 ff.). Dabei kann im Einklang mit den Wertungen des Art. 90 GK auch innerhalb der Patientengruppen eine weitere Differenzierung angezeigt sein. So sind z.B. viele stabilisierte Chroniker (z.B. Diabetiker) durchaus gut über ihre Krankheit und die Vor- und Nachteile einzelner Behandlungsoptionen informiert (*Kühn* VSSR 1999, 197, 200), während die Fähigkeit z.B. psychisch Kranker oder Kinder, Werbeaussagen über Heilwirkungen differenziert und kritisch rational zu würdigen, in aller Regel massiv eingeschränkt sind (Doepner/*Reese*, § 3 HWG Rn. 82 f.). Im Interesse der Rechtssicherheit können solche Subdifferenzierungen aber nur in Betracht kommen, wenn die Werbung ihrer objektiven Zweckbestimmung nach tatsächlich nur an eine bestimmte, abgrenzbare Patientengruppe adressiert ist (BGH Urt. v. 12.12.2013 – I ZR 192/12, GRUR 2014, 686 Rn. 20 ff. – Goldbärenbarren). Entsprechend der Abgrenzung zwischen Fachkreis- und Öffentlichkeitswerbung ist dabei neben der Art und Aufmachung der Werbung vor allem das Medium zu berücksichtigen, in dem die Werbung platziert ist (s. § 2 HWG Rdn. 14 ff.).

### b) Verschärfung der normativen Maßstäbe

33 Umstritten ist, inwieweit bei gesundheitsbezogenen Werbeaussagen striktere Irreführungsmaßstäbe anzulegen sind. Richtigerweise sind bei gesundheitsbezogener Werbung speziell im Heilmittelwerberecht gegenüber dem europäischen Durchschnittsverbraucher zusätzliche (normative) Wertungen bei der Konkretisierung des Adressatenleitbilds zu berücksichtigen; auch die sonstigen Anforderungen an eine tatbestandliche Irreführung sind teilweise zu modifizieren. Dies verschiebt die Maßstäbe der Irreführungsverbote teilweise.

34 Aufgrund umfassender Vollharmonisierung des Irreführungsrechts (Rdn. 14) gibt der GK bei Arzneimittelwerbung die Standards der Irreführungsprüfung abschließend vor. Danach ist bei richtlinienkonformer Auslegung im Arzneimittelwerberecht – und bei richtlinienorientierter Auslegung auch im übrigen Heilmittelwerberecht (Einführung HWG Rdn. 42 ff.) – zwar ebenfalls von einem normativ geprägten, auf einer Verhältnismäßigkeitsabwägung beruhenden Adressatenleitbild auszugehen. Allerdings sind die Maßstäbe gegenüber dem allgemeinen Lauterkeitsrecht in verschiedener Hinsicht zu verschärfen (*Mand* A & R 2013, 166, 176 ff.; a.A. Bülow/Ring/Artz/Brixius/*Artz*, § 3 HWG Rn. 4).

35 Nach ständiger Rechtsprechung des EuGH kommt dem Schutz von Leben und Gesundheit, zu dem Art. 168 Abs. 1 AEUV alle Unionsorgane verpflichtet, innerhalb der Werteordnung der EU der **Höchstrang** zu (EuGH Urt. v. 07.03.1989 – 215/87 Slg. 1989, 617 Rn. 17 – Schumacher; Urt. v. 11.12.2003 – C-322/01 Slg. 2003, I-14887 Rn. 103 – Deutscher Apothekerverband; Urt. v. 19.05.2009 – C-171 und C-172/07 Slg. I-4171 Rn. 19, 27 – Apothekerkammer des Saarlandes). Vor diesem Hintergrund hat der EuGH den Grundsatz, dass das »Leitbild des Durchschnittsverbrauchers« die Auslegung und die Reichweite von Irreführungsverboten in allgemeinen wie sektorspezifischen EU-Sekundärrechtsakten durchgehend bestimmt, qualifiziert: Er gelte nur dann, wenn ein Irrtum über eine beworbene Produkteigenschaft »nicht gesundheitsgefährdend ist« (EuGH Urt. v. 13.01.2000 – C-220/98, Slg. 2000, I-117 Rn. 25 ff. – Estée Lauder; EuGH Urt. v. 24.10.2002 – C-99/01, Slg. 2002, I-9375 Rn. 31, 35 – Linhart und Biffl; vgl. auch Voit/*Dettling*, Verbraucherleitbild und Patientenleitbild – Ein Vergleich, S. 167, 175). Diese missverständliche Aussage schließt ein normatives, am üblichen europäischen Durchschnittsverbraucher orientiertes Verbraucherleitbild nicht generell aus. Sie zwingt jedoch zu einer den Irreführungsschutz verstärkenden, zusätzlichen Berücksichtigung des Gesundheitsschutzes. Im Gegensatz z.B. zur UGP-Richtlinie bedarf es also nicht nur eines verhältnismäßigen Ausgleichs zwischen den geschützten wirtschaftlichen Interessen der Verbraucher und der Freiheit des Wirtschaftsverkehrs. Auch der Schutz der Gesundheit ist als materiales Ziel zu berücksichtigen, sei es durch eine Modifikation des Verbraucherleitbilds, sei es durch ergänzende Auslegungsprinzipien oder eine zusätzliche Interessenabwägung.

36 Die Bedeutung des Gesundheitsschutzes als zusätzliches Schutzziel wird dadurch gesteigert, dass viele Patienten **für Irreführungen besonders anfällig** sind. Sehr viele Patienten verfügen nur über unzureichende Kenntnisse und Hintergrundinformationen über ihre Krankheit und die Behandlungsoptionen, weshalb es ihnen schwer fällt, werbliche Aussagen zu Qualität, Wirkungsweise und Risiken bestimmter Arzneimittel (und möglicher Substitutionspräparate) zutreffend zu bewerten (Spickhoff/*Fritzsche*, § 3 HWG Rn. 4). Wegen der Komplexität der anzustellenden Abwägungen sind die Informationskosten vielfach auch so hoch, dass unter den gegebenen Restriktionen kein Raum für eine optimale, sondern allenfalls für eine satisfizierende Entscheidungsfindung verbleibt (Voit/*Mand*, Strukturveränderungen und Gestaltungsspielräume im Arzneimittelvertrieb, S. 14, 18 ff.). D.h., im Lichte der tatsächlichen Entscheidungskosten ist der Verzicht auf

vollständige Information für viele Patienten durchaus »rational«. Damit erweisen sich in der Öffentlichkeitswerbung objektive, klar verständliche und wissenschaftlich fundierte Informationen als elementar, um informierte Auswahlentscheidungen der Verbraucher überhaupt erst zu ermöglichen (Voit/*Mand*, Strukturveränderungen und Gestaltungsspielräume im Arzneimittelvertrieb, S. 19 f.).

Hinzu kommt, dass nicht wenige Patienten schwer krank und besonders jung oder alt sind. Sie befinden sich in einer psychischen Ausnahmesituation oder sie sind in ihren kognitiven Fähigkeiten eingeschränkt. Gleichzeitig besitzt die eigene Gesundheit für sie einen überragenden Stellenwert. Daher sind Patienten für Irreführungen und sonstige unsachliche Beeinflussung oft besonders empfänglich (Voit/*Dettling*, Verbraucherleitbild und Patientenleitbild – Ein Vergleich, S. 167, 180; *Doepner*/Reese, § 3 HWG Rn. 74; Voit/*Mand*, Strukturveränderungen und Gestaltungsspielräume im Arzneimittelvertrieb, S. 9, 14 ff.; *Mand* JZ 2010, 337, 338; *Wuttke* WRP 2007, 119, 127). Da sich krankheits- oder altersbedingte Rationalitätsdefizite allenfalls sehr eingeschränkt abstellen lassen, kann im Bereich der Öffentlichkeitswerbung für Arzneimittelwerbung auch nicht argumentiert werden, ein abgesenkter Irreführungsschutz zwinge langfristig zu einem sorgfältigeren und rationaleren Umgang mit werblichen Informationen (pointiert dazu *Buchner* MedR 2010, 1, 4.). Selbst aus heuristischen Gründen sollte deshalb im Bereich der Öffentlichkeitswerbung für Arzneimittel nicht an der Rationalitätsannahme festgehalten werden, die auch dem allgemeinen Leitbild des Durchschnittsverbrauchers zugrunde liegt. Vielmehr ist die Objektivität, Klarheit und wissenschaftliche Absicherung werblicher Informationen besonders zu gewährleisten. 37

Der GK unterstreicht und verfeinert die am Schutzzweck und dem Primärrecht orientierte Anpassung bzw. Ergänzung des Verbraucherleitbilds: Der GK normiert selbst eine Reihe von »**Leitlinien**«, an denen sich jede Arzneimittelwerbung zu orientieren hat. Zudem enthalten die speziellen Werbenormen des GK, insbesondere die Irreführungsverbote in Art. 90 GK, Wertentscheidungen, die für die Auslegung der Irreführungs-Generalklausel gem. Art. 87 Abs. 3 GK heranzuziehen sind. Die Einhaltung dieser positivierten Werbestandards dürfen die Werbeadressaten erwarten. Sie stehen insoweit nicht separat neben dem Verbraucherleitbild, sondern konkretisieren dieses in normativer Hinsicht (normierte, berechtigte Verbrauchererwartung). 38

Gemäß Art. 87 Abs. 3 Spiegelstrich 1 GK muss die Werbung den zweckmäßigen Einsatz eines Arzneimittels fördern, indem sie dessen Eigenschaften **objektiv und ohne Übertreibungen** darstellt. Erwägungsgrund 45 GK unterstreicht dies, indem er auf die drohenden Gesundheitsgefahren von Öffentlichkeitswerbung hinweist, die »übertrieben und unvernünftig« sind. Zusammen folgt daraus ein dem Gesundheitsschutz dienendes **Objektivitätsgebot**, das als zentraler Programmsatz die Auslegung der Irreführungsverbote des GK anleitet und den Irreführungsschutz vor allem im Rahmen der Öffentlichkeitswerbung auch im Interesse von einzelnen besonders schutzwürdigen Personen ausweitet: Im allgemeinen Lauterkeitsrecht sind – selbst gegenüber besonders leichtgläubigen Verbrauchergruppen (Art. 5 Abs. 3 Satz 2 UGP-RL) – z.B. Übertreibungen, die mittels Superlativen oder behaupteter Alleinstellung die eigene Leistung besonders herausstellen, inzwischen häufig unproblematisch. Denn der durchschnittlich informierte, aufmerksame und umsichtige Verbraucher wird sich dadurch meist nicht unsachlich beeinflussen lassen, sondern die Aussage als reklamehafte Übertreibung identifizieren (BGH Urt. v. 06.07.2006 – I ZR 145/03, GRUR 2006, 949, 950 f. Rn. 16 – Kunden werben Kunden; Köhler/*Bornkamm*, § 5 UWG Rn. 2.125 ff., insb. 231). Demgegenüber verschärft das Objektivitätsgebot des Art. 87 Abs. 3 Spiegelstrich 1 GK die Maßstäbe: Um gesundheitlichen Risiken vorzubeugen, sind übertreibende Anpreisungen im Heilmittelwerberecht regelmäßig als irreführend zu charakterisieren, auch wenn sie möglicherweise nur eine kleine Gruppe der Patienten beeinflussen können, die z.B. aufgrund der Art oder Schwere ihrer Erkrankung für solche Werbeaussagen empfänglich sind. 39

Weiterhin sieht Art. 87 Abs. 2 GK vor, dass alle werblichen Angaben mit der Zusammenfassung der Merkmale des Arzneimittels i.S.d. Art. 11 GK – im nationalen Recht entspricht dem die Fachinformation gem. § 11a AMG – übereinstimmen müssen. Hiermit erklärt Art. 87 Abs. 2 GK die in den **Fachinformationen** genannten Produktmerkmale und -eigenschaften, die den aktuellen Zulassungsstatus und den dem pharmazeutischen Unternehmen bekannten Studienstand zu therapierelevanten 40

Eigenschaften des Arzneimittels enthalten, zum zentralen Orientierungspunkt für die Irreführungsprüfung (EuGH Urt. v. 05.05.2011 – C-249/09, PharmR 2011, 287, 291 Rn. 42 – Novo Nordisk; vgl. auch EuGH Urt. v. 08.11.2007 – C-374/05, GRUR 2008, 267, 270 Rn. 47 – Gintec Art. 90 zu Buchst. j GK; *Gröning*, Heilmittelwerberecht Art. 87 Richtlinie 2001/83/EG Rn. 6: Fachinformationen als »Eckwert einer lauteren und sachlichen Arzneimittelwerbung«). Neben den Angaben der Arzneimittelzulassung zur Indikation und Dosierung, aber auch zu weitergehenden Wirkungen und pharmakologischen Eigenschaften (vgl. BGH Urt. v. 06.02.2013 – I ZR 62/11, GRUR 2013, 649, 653 Rn. 35 – Basisinsulin mit Gewichtsvorteil), sollen diese qualifizierten Informationen, die im Zulassungsverfahren ebenfalls Gegenstand behördlicher Prüfung waren (Vgl. §§ 22 Abs. 7 Satz 1, 25 Abs. 5 Satz 1 AMG und § 37 Abs. 1 AMG i.V.m. Art. 12 Abs. 1 der VO [EG] 726/2004), grundsätzlich den Maßstab bilden, welche Merkmale die beworbenen Arzneimittel tatsächlich besitzen und in der Werbung ohne Verstoß gegen das Irreführungsverbot angeführt werden dürfen (EuGH Urt. v. 05.05.2011 – C-249/09, PharmR 2011, 287, 291 Rn. 42 – Novo Nordisk).

41 Aus Art. 87 Abs. 2 GK folgt allerdings nicht, dass alle Werbeaussagen in den Fachinformationen enthalten oder daraus direkt ableitbar sein müssen. Werbung kann diese vielmehr auch präzisieren, sofern das nicht in verfälschender Weise geschieht (EuGH Urt. v. 05.05.2011 – C-249/09, PharmR 2011, 287, 291 Rn. 42 – Novo Nordisk m. Anm. *Merx* GRUR-Prax 2011, 245). Im Lichte der einschlägigen Berufsausübungs- und Meinungsfreiheit (Einführung HWG Rdn. 17; *Mand* JZ 2010, 337, 338 ff.) sind zudem ergänzende und weiterführende Aussagen grundsätzlich möglich.

42 Nicht anders als bei Präzisierungen (dazu EuGH Urt. v. 05.05.2011 – C-249/09, PharmR 2011, 287, 291 Rn. 42 – Novo Nordisk), müssen in solchen Fällen aber das Objektivitätsgebot gem. Art. 87 Abs. 2 GK sowie – bei Werbematerialien für Fachkreisangehörige – die strikten Anforderungen an Inhalt und Zitierweise gem. Art. 92 Abs. 2 und 3 GK beachtet werden. Dies impliziert auch die **Nachweisbarkeit** der in der Werbung erwähnten Produktmerkmale (s. bereits Entschließung des Rats v. 19.05.1981, ABl. C 133, S. 1 und dessen Bekräftigung durch Entschließung des Rats v. 23.06.1986, ABl. C 167, S. 1 unter Nr. 28 Nr. 4: wer werbe, müsse in der Lage sein, »die Richtigkeit seiner Behauptungen entsprechend nachzuweisen«). Erwägungsgrund 47 GK bekräftigt dies, indem er einerseits die Bedeutung von Werbung als Informationsquelle der Fachkreise herausstellt, dafür andererseits aber die strikte Einhaltung der geltenden wissenschaftlichen Standards im Rahmen der kommerziellen Kommunikation anmahnt. Darüber hinaus ist nach Erwägungsgrund 7 GK die Bedeutung des Begriffs der therapeutischen Wirksamkeit generell nach Maßgabe des Standes der Wissenschaft zu beurteilen. Dementsprechend müssen alle Werbeaussagen durch Fakten unterlegt sein, wobei besonders hohe Nachweisanforderungen für Angaben zu Wirkungen und Nebenwirkungen von Arzneimitteln bestehen: Einzuhalten sind die aktuell geltenden wissenschaftlichen **Standards der evidenzbasierten Medizin** (s. dazu *Feddersen* GRUR 2013, 127, 132 ff.). Damit können die Werbeadressaten grundsätzlich erwarten, dass die angepriesenen Wirkungen durch randomisierte und Placebo kontrollierte Doppelblindstudien (s. EMEA Note for Guidance On Statistical Principles For Clinical Trials [ICH-Richtlinie 9], CMPH/ICH/363/96, S. 10 ff.) belegt sind (BGH Urt. v. 06.02.2013 – I ZR 62/11, GRUR 2013, 649, 652 (LS 2) und Rn. 19; Dieners/Reese/*Reese/Holtorf*, Handbuch des Pharmarechts § 11 Rn. 148; *Riegger*, § 3 HWG Rn. 33 ff.). Fehlt eine solche wissenschaftliche Absicherung der Evidenzklassen I a oder I b oder sind in der Wissenschaft Zweifel an der Tragfähigkeit vorhandener Wirkungsnachweise geäußert worden, schließt dies eine Bewerbung der betreffenden Wirkung bzw. Wirkungsweise zumindest in der Fachkreiswerbung nicht schlechterdings aus. Allerdings besteht dann in Verbindung mit dem Objektivitätsgebot des Art. 87 Abs. 3 Spiegelstrich 1 GK zumindest eine Obliegenheit der Werbenden, die Studienlage zu verdeutlichen und die strikten Anforderungen an die Zitatwahrheit zu beachten. Stets ist zudem auf einen bestehenden Meinungsstreit hinzuweisen (ähnlich *Reese* PharmR 2002, 237, 243; *Riegger*, § 3 HWG Rn. 33 ff.).

Weiterhin normiert Art. 92 GK für die Fachkreiswerbung sehr strikte Anforderungen an die Quali- 43
tät werblicher Informationen. Nach Abs. 2 müssen alle »enthaltenen Informationen genau, aktuell,
überprüfbar und vollständig genug sein, um dem Empfänger die Möglichkeit zu geben, sich persönlich ein Bild von dem therapeutischen Wert des Arzneimittels zu machen.« Nach Abs. 3 müssen
»**Zitate, Tabellen und sonstige Illustrationen**« aus medizinischen Zeitschriften oder wissenschaftlichen Werken »wortgetreu übernommen werden; dabei ist die genaue Quelle anzugeben.«

Für Öffentlichkeitswerbung findet die gebotene Modifikation der üblichen Irreführungsstandards 44
im Rahmen des Art. 90 GK ihren sinnfälligen Ausdruck insbesondere in Buchst. b. Die Norm, die
der deutsche Gesetzgeber in § 3 Satz 2 Nr. 2 umgesetzt hat, untersagt nicht nur weitergehend als
das Lauterkeitsrecht Garantieversprechen in Bezug auf Arzneimittelwirkungen (s. Rdn. 17 ff.). Sie
statuiert zusammen mit Art. 90 Buchst. g GK auch ein Verbot vergleichender Werbung. Gerade
mit Blick auf die Interessen der Verbraucher an umfassenden, auch vergleichenden Informationen
und ihrer unterstellten Kompetenz zu deren sachgerechter Bewertung sind Art. 4 der Richtlinie
2006/114/EG über vergleichende und irreführende Werbung und Art. 6 Abs. 2 Buchst. a UGP-RL
insoweit deutlich liberaler (Erwägungsgründe 6, 8 f. der Richtlinie 2006/114/EG).

### 3. Strengeprinzip

#### a) Anwendungsbereich und Vereinbarkeit mit dem Unionsrecht

Der intendierte Gesundheitsschutz, die besondere Anfälligkeit vieler Patienten für Irreführungen 45
bei gesundheitsbezogenen Aussagen und vor allem die sekundärrechtlichen Werbe-Leitlinien des
GK stellen hohe Anforderungen an die Objektivität, Klarheit und faktische Absicherung arznei-
mittelwerberechtlicher Aussagen. Im Rahmen des normativen Leitbilds durchschnittlicher Werbeadressaten kann dem durch eine entsprechende, »berechtigte« Erwartungshaltung der angesprochenen Verkehrskreise Rechnung getragen werden. Die deutsche Rechtsprechung hat – mit weitgehend gleichen Ergebnissen – bei gesundheitsbezogener Werbung dem Verbraucherleitbild das
sog. »**Strengeprinzip**« als zusätzliches und eigenständiges normatives Korrektiv zur Seite gestellt, um
dem intendierten Schutz der Gesundheit Rechnung zu tragen. Die hiernach zu stellenden rigiden
Anforderungen an die Richtigkeit, Eindeutigkeit und Klarheit gesundheitsbezogener Werbeaussagen erweisen sich – bei einer Konkretisierung im Lichte der Vorgaben des GK – bei **Arzneimittelwerbung** nicht nur als unionsrechtskonform (zweifelnd *Reese* PharmR 2002, 237, 238 ff.). Sie sind
vielmehr sogar zwingend durch das Unionsrecht vorgegeben.

Nach der Rechtsprechung gilt das Strengeprinzip sowohl im Rahmen der Irreführungs- 46
verbote des HWG als auch des UWG für alle **gesundheitsbezogenen Angaben** (BGH
Urt. v. 03.05.2001 – I ZR 318/98, GRUR 2002, 182, 185 – Das Beste jeden Morgen;
Urt. v. 28.09.2011 – I ZR 96/10, GRUR 2012, 647, 650 Rn. 33 – Injectio; Urt. v. 06.02.2013 –
I ZR 62/11, GRUR 2013, 649, 651 Rn. 15 – Basisinsulin mit Gewichtsvorteil; OLG-Frankfurt
Urt. v. 22.05.2014 – 6 U 24/14, GRUR-RR 2014, 410, 412 – Ciclopoli; KG Urt. v. 27.11.2015 –
5 U 20/14, juris Rn. 53 f.; Doepner/*Reese*, § 3 HWG Rn. 72; Dieners/Reese/*Reese/Holtorf*, Hand-
buch des Pharmarechts § 11 Rn. 140; Spickhoff/*Fritzsche*, § 3 HWG Rn. 4; *Feddersen* GRUR
2013, 649, 651), nicht jedoch für werbetypische pauschale Anpreisungen ohne konkreten Inhalt,
wie etwa »Starke Aussichten« (zur Abgrenzung OLG Hamburg Beschl. v. 22.06.2020 – 3 W 37/
20, PharmR 2021, 29, 31). Diese Ausweitung der strikteren Irreführungsmaßstäbe über das im
GK vollharmonisierte Arzneimittelrecht hinaus auf die Werbung für andere Heilmittel und andere
Produkte steht angesichts der Öffnungsklauseln in der UGP-Richtlinie und der Richtlinie über
irreführende und vergleichende Werbung (Rdn. 22 ff.) mit dem sekundären Unionsrecht im Einklang. Insbesondere ist es den Mitgliedstaaten unbenommen, Ziele des Gesundheitsschutzes auch
mit den Mitteln des allgemeinen Wettbewerbsrechts zu verfolgen, obgleich die Kernbestimmungen
des Lauterkeitsrechts der EU strikt wettbewerbsfunktional auszulegen sind. Die Ausprägung des
Strengeprinzips als eigenständiges normatives Korrektiv stellt dabei sicher, dass die Wertungen des
EU-Lauterkeitsrechts nicht verwischt und dessen effektive und gleichförmige Anwendung im Übrigen nicht gefährdet werden.

47 Soweit das Strengeprinzip nicht durch den GK vorgegeben ist, also außerhalb von Arzneimittelwerbung, unterliegt es der Überprüfung anhand des primären Unionsrechts, insbes. der Warenverkehrsfreiheit (Einführung HWG Rdn. 19 f., 22 ff.). Grundsätzliche Bedenken bestehen auch insoweit nicht: Das Strengeprinzip wird vielfach bereits als bestimmte, nicht diskriminierende Verkaufsmodalität aus dem Anwendungsbereich von Art. 34 AEUV fallen (s. Einführung HWG Rdn. 23). Jedenfalls hält es sich im Rahmen des den Mitgliedstaaten nach Art. 168 Abs. 7 AEUV zustehenden Wertungsspielraums, den Gesundheitsschutz durch eine dem Strengeprinzip entsprechende, strikte Auslegung der werbe- und lauterkeitsrechtlichen Irreführungstatbestände zu fördern (s. dazu Einführung HWG Rdn. 24). Die Anwendung des Prinzips erweist sich daher im Grundsatz zumindest als gem. Art. 36 AEUV gerechtfertigt. In seiner einschlägigen Rspr. (EuGH Urt. v. 13.01.2000 – C-220/98, Slg. 2000, I-117 Rn. 25 ff. – Estée Lauder; EuGH, Urt. v. 24.10.2002 – C-99/01, Slg. 2002, I-9375 Rn. 31, 35 – Linhart und Biffl) hat der EuGH den Bezugspunkt einer Modifikation der Irreführungstatbestände aus Gründen des Gesundheitsschutzes allerdings enger gewählt als die deutsche Rechtsprechung: Danach genügt nicht, dass die Werbung nur einen Gesundheitsbezug aufweist. Vielmehr muss ein Irrtum über die Eigenschaften des Produkts im Einzelfall tatsächlich **konkret oder zumindest potenziell gesundheitsgefährdend** sein (Harte-Bavendamm/Henning-Bodewig/*Dreyer*, § 5 HWG Rn. 198). Da produktbezogene Heilmittelwerbung, welche die Werbeadressaten in die Irre führt, nahezu immer auch die Gesundheit konkret gefährdet, spielt dies zumindest im Anwendungsbereich des HWG jedoch praktisch keine Rolle.

### b) Inhalt

48 Das Strengeprinzip wirkt sich in zweifacher Hinsicht aus: Bei drohenden Gesundheitsgefahren sind einerseits schon **geringere Irreführungspotenziale** als erheblich anzusehen (Dieners/Reese/*Reese/Holtorf*, Handbuch des Pharmarechts § 11 Rn. 141 m.w.N.; Spickhoff/*Fritzsche*, § 3 HWG Rn. 4; *Zipfel*/Rathke, § 3 HWG Rn. 11: »Oberflächlichkeit und Leichtgläubigkeit der Umworbenen zu berücksichtigen«.) Andererseits folgen aus dem Strengeprinzip erhöhte Anforderungen an die **Objektivität, Exaktheit** und **faktische Absicherung** gesundheitsbezogener Werbeaussagen auch und gerade gegenüber Fachkreisen (BGH Urt. v. 11.09.2008 – I ZR 58/06, GRUR 2009 Rn. 24 – Fußpilz; s. dazu für Arzneimittelwerbung Rdn. 38 ff. und allgemein Rdn. 52 ff.). Darüber hinaus folgt aus dem Strengeprinzip richtigerweise auch das Gebot der **Widerspruchsfreiheit**. Stehen innerhalb einer Werbung zwei werbliche Angaben zu den Eigenschaften eines Arzneimittels in ihrem Aussagegehalt im Widerspruch, dann kann der Irreführungsgehalt der einen Angabe durch die weitere Angabe nicht beseitigt werden (zutreffend OLG Hamburg Urt. v. 26.04.2018 – 3 U 96/17, GRUR-RR 2018, 479 für die Angaben »einzige kausale Therapie« und »Dauersubstitution«).

### III. Entscheidungsrelevanz

49 Der hohe Rang des Schutzguts Gesundheit, die normierten Werbestandards des GK und der vor allem in der Öffentlichkeitswerbung bestehende besondere Schutzbedarf der Werbeadressaten zwingen auch zu einer über das allgemeine Lauterkeitsrecht hinausgehenden Auslegung der geforderten Entscheidungsrelevanz etwaiger Fehlvorstellungen. Je nach Art und Wirkung der Irreführung ist die Erheblichkeitsgrenze eher niedrig anzusetzen. Die Kriterien zur Feststellung der Irreführungseignung gelten also sinngemäß auch für die Ermittlung der Entscheidungsrelevanz, die am Ende die Eingriffsschwelle determiniert (vgl. zur Spürbarkeit i.S.d. § 3a UWG, 3a HWG auch BGH Urt. v. 16.07.2008 – VIII ZR 348/06 Rn. 34, GRUR 2008, 1010, 1013 – Amlodipin).

50 Das Kriterium der Entscheidungsrelevanz ist schutzzweckbezogen auch sachlich weit auszulegen: Da GK und HWG nicht nur die wirtschaftliche Handlungsfreiheit schützen, sondern in erster Linie die Gesundheitsinteressen der Patienten und der Allgemeinheit, gehören zu den relevanten Entscheidungen der Werbeadressaten im Rahmen des HWG nicht nur der Kaufentschluss, sondern auch vorgelagerte Verordnungs- und Auswahlentscheidungen von Ärzten oder Apothekern, unabhängig davon, inwieweit diese ohnehin als maßgebende Nachfragedisposition zu begreifen sind. Gesundheitsgefahren drohen weiterhin, wenn Verbraucher infolge von irreführender

Werbung falsche Entscheidungen über die Anwendung bereits zuvor erworbener und z.B. in der »Hausapotheke« gelagerter Arzneimittel treffen. Auch diese Gefahr produktbezogener Heilmittelwerbung will § 3 im Einklang mit dem GK (s. dazu EuGH Urt. v. 05.05.2011 – C-316/09, GRUR 2011, 1160, 1162 Rn. 39 – MSD Sharp & Dohme GmbH) abwenden. Die im allgemeinen Lauterkeitsrecht verbreitet vertretene, vor allem auf Art. 2 Buchst. e und k, Art. 5 Abs. 2 Buchst. b, Art. 6 Abs. 1, Art. 7 Abs. 1 UGP-RL gestützte Forderung, dass sich die irrtumsbedingte Fehlvorstellung gerade auf für den Einkaufsentschluss wesentliche Umstände beziehen muss (Piper/Ohly/Sosnitza, § 4 UWG Rn. 11.25, 11.59 f. und 11.65 m.w.N.), kann daher nicht auf die Irreführungsverbote des GK und des § 3 erstreckt werden (a.A. Bülow/Ring/Artz/Brixius/*Artz*, § 3 HWG Rn. 34). Es genügt, wenn Patienten irrtumsbedingt Arzneimittel anwenden, die medizinisch nicht indiziert sind, oder von einem erforderlichen Arztbesuch absehen (Doepner/*Reese*, § 3 HWG Rn. 184 f.).

## IV. Blickfangwerbung

Das Verkehrsverständnis ist grundsätzlich mit Blick auf den **Gesamtzusammenhang der Heilmittelwerbung** einschließlich der Besonderheiten des für die Werbung verwendeten Kommunikationsmediums zu ermitteln (BGH Urt. v. 03.04.2003 – I ZR 203/00, GRUR 2003, 631, 632 – L-Glutamin; BGH Urt. v. 11.09.2008 – I ZR 58/06, GRUR 2009 Rn. 17 – Fußpilz; OLG Hamburg Urt. v. 12.04.2012 – 3 U 19/11, NJOZ 2012, 2115; *Riegger*, Heilmittelwerberecht Kap. 3 Rn. 12). Handelt es sich um – z.B. in der Überschrift – besonders hervorgehobene Angaben, sind die Grundsätze der sog. Blickfangwerbung zu beachten (dazu Köhler/*Bornkamm*, § 5 UWG Rn. 2.95 ff.): Ein unrichtiger Blickfang kann durch eine im Fließtext enthaltene oder eine einem »Sternchenhinweis« folgende Aufklärung nicht richtiggestellt werden; Halbwahrheiten in den hervorgehobenen Angaben können nur durch einen in gleicher Weise hervorgehobenen, klaren und unmissverständlichen Hinweis korrigiert werden (Köhler/*Bornkamm*, § 5 UWG Rn. 2.97 f.; speziell zum Heilmittelwerberecht OLG Hamburg MD 2007, 1189 – Überlebensvorteil in der Adjuvanz; *Riegger*, Heilmittelwerberecht Kap. 3 Rn. 12 f.; *Feddersen* GRUR 2013, 127, 129).

## V. Darlegungs- und Beweislast bei Wirkungsangaben über Arzneimittel

### 1. Grundlagen

Für den Erfolg wettbewerbsrechtlicher Klagen und Anträge im einstweiligen Rechtsschutzverfahren ist die Darlegungs- und Beweis- bzw. Glaubhaftmachungslast häufig ausschlaggebend. Ihre Verteilung folgt von den allgemeinen Regeln teilweise abweichenden Grundsätzen: Der Angreifer muss zwar grundsätzlich darlegen und beweisen bzw. glaubhaft machen, dass für die beworbene Wirkungsangabe eine wissenschaftliche Grundlage fehlt (Doepner/*Reese*, § 3 HWG Rn. 134, 146 m.w.N.). Trägt er aber substantiiert vor und kann er gegebenenfalls beweisen bzw. glaubhaft machen, dass die angegriffene werbliche Behauptung wissenschaftlich umstritten ist (BGH Urt. v. 28.02.1958 – I ZR 185/56, GRUR 1958, 485, 486 – Odol; Fezer/*Reinhart*, § 4 Satz 4 UWG Rn. 452) oder dass der Behauptung jede wissenschaftliche Grundlage fehlt (BGH Urt. v. 07.03.1991 – I ZR 127/89, GRUR 1991, 848, 849 – Rheumalind II, BGH Urt. v. 06.02.2013 – I ZR 62/11, GRUR 2013, 649, 651 Rn. 16 – Basisinsulin mit Gewichtsvorteil), kehrt sich die Darlegungs- und Beweislast nach h.A. um. Die Rechtsprechung verweist zur Begründung dieser Grundsätze auf die vom Werbenden übernommene Verantwortung für die Richtigkeit von Angaben, die er objektiv als richtig darstellt, ohne auf vorhandene Gegenstimmen hinzuweisen (BGH Urt. v. 23.10.1970 – I ZR 86/69, GRUR 1971, 153, 155 – Tampax; BGH Urt. v. 06.02.2013 – I ZR 62/11, GRUR 2013, 649, 651 Rn. 3 – Basisinsulin mit Gewichtsvorteil; vgl. auch Bülow/Ring/Artz/Brixius/*Artz*, § 3 HWG Rn. 52 zu § 3 Satz 2 Nr. 1). Richtigerweise führt die vorbehaltlose Werbung mit einer umstrittenen Angabe jedoch über den objektiv und korrekt anzugebenden Grad der wissenschaftlichen Absicherung in die Irre (Doepner/*Reese*, § 3 HWG Rn. 134, 146; Dieners/Reese/*Reese/Holtorf*, Handbuch Pharmarecht § 11 Rn. 140; vgl. auch OLG Hamburg Urt. v. 18.09.2003 – 3 U 70/02, GRUR-RR 2004, 88, 90 – Chitosan; *Feddersen*

GRUR 2013, 1257, 129). Unionsrechtlich folgt dieses Objektivitätsgebot aus Art. 87 Abs. 2 und Abs. 3 Spiegelstrich 1 GK (Rdn. 38 ff.). Diese Vorschriften stützen dementsprechend auch die hergebrachte Verteilung der Darlegungs- und Beweislast in Deutschland.

## 2. Darlegung und Beweis einer wissenschaftlichen Umstrittenheit

53 Stützt der Werbende die streitige Wirkungsaussage auf eine Studie, trifft ihn die volle Beweislast der Richtigkeit nicht schon dann, wenn der Angreifer deren Aussagekraft lediglich anzweifelt (OLG Hamburg Urt. v. 03.07.2003 – 3 U 218/02, GRUR-RR 2004, 91 – OTC-Analgetika). Der Anspruchsteller muss vielmehr eine ernsthafte wissenschaftliche Kontroverse darlegen und gegebenenfalls nachweisen (OLG Frankfurt a.M. Urt. v. 21.06.2018 – 6 U 74/17, GRUR-RR 2018, 483, Rn. 24, 27 ff.: Wikipedia-Auszüge und einzelne nicht fachwissenschaftliche Zeitschriftenartikel unzureichend). Dafür genügt jedenfalls eine andere Studie, die unter gleichen Versuchsbedingungen zu einem anderen Ergebnis gekommen ist (OLG Hamburg Urt. v. 03.06.2003 – 3 U 218/02, PharmR 2003, 330). Ausreichend sind darüber hinaus aber auch wissenschaftlich seriöse – insbes. in Fachzeitschriften mit »peer review« publizierte – Zweifel an den Ergebnissen der Studie (OLG Hamburg Urt. v. 03.07.2003 – 3 U 218/02, GRUR-RR 2004, 91 – OTC-Analgetika). Hierzu zählen auch Bedenken, die in- und ausländische Zulassungsbehörden mit anerkannter fachlicher Expertise geäußert haben (OLG Hamburg Urt. v. 20.09.2012 – 3 U 53/11zur US-amerikanischen FDA).

54 Ergibt sich die Umstrittenheit einer Werbeaussage aus der zum Beleg angeführten Studie selbst – sei es, dass sie explizit die fraglichen Aussagen relativiert, sei es, dass sie kommentarlos abweichende Ergebnisse anderer Studien zitiert (BGH Urt. v. 06.02.2013 – I ZR 62/11, GRUR 2013, 649, 651 Rn. 17 – Basisinsulin mit Gewichtsvorteil; *Feddersen* GRUR 2013, 127, 130), verstößt dies bereits für sich genommen gegen das durch Art. 92 GK untermauerte Gebot der **Zitierwahrheit**. Entsprechendes gilt, wenn die angeführte Studie den Anforderungen an einen hinreichenden wissenschaftlichen Beleg (s. Rdn. 55 ff.) nicht genügt (BGH Urt. v. 06.02.2013 – I ZR 62/11, GRUR 2013, 649, 651 Rn. 17 – Basisinsulin mit Gewichtsvorteil). In diesem Fall ist die Werbung bereits wegen Verletzung des Gebots der Zitierwahrheit irreführend, selbst wenn es dem Werbenden gelingen sollte, die Richtigkeit der streitigen Wirkungsaussage z.B. durch andere Studien zu belegen (BGH Urt. v. 06.02.2013 – I ZR 62/11, GRUR 2013, 649, 651 Rn. 16 – Basisinsulin mit Gewichtsvorteil). Diese strikte Auslegung des Gebots der Zitierwahrheit entspricht den Vorgaben von Art. 92, 87 Abs. 2 und Abs. 3 Spiegelstrich 1 GK und ist damit unionsrechtlich abgesichert.

## 3. Nachweis der Richtigkeit gesundheitsbezogener Aussagen

55 Im Lichte von Art. 87 Abs. 2 GK (Rdn. 40 ff.) kann der Werbende den Nachweis einer bestimmten Wirkung seines Arzneimittels insbesondere durch die Inhalte der **Arzneimittelzulassung** und der **Fachinformationen** führen. Angaben über die therapeutische Wirksamkeit, die der Zulassung des Arzneimittels wörtlich oder sinngemäß entsprechen, gelten im Zeitpunkt der Zulassung grundsätzlich als wissenschaftlich gesichert (BGH Urt. v. 06.02.2013 – I ZR 62/11, GRUR 2013, 649, 651 Rn. 35 – Basisinsulin mit Gewichtsvorteil; BGH Urt. v. 07.05.2015 – I ZR 29/14, PharmR 2016, 15 Rn. 16 ff. – Äquipotenzangabe in Fachinformation; OLG Hamburg Urt. v. 30.01.2014 – 3 U 133/12, PharmR 2014, 153, 155 f.; OLG Köln Urt. v. 20.01.2017 – I-6 U 65/16, WRP 2017, 723; s. *Gröning*, § 3 HWG Rn. 15; *Riegger*, Heilmittelwerberecht 3. Kap. Rn. 27; zurückhaltend Doepner/*Reese*, § 3 HWG Rn. 170, 272). Entsprechendes ist auch für Wirkungen und pharmakologische Eigenschaften anzunehmen, die über das zugelassene Anwendungsgebiet hinausgehen und nach §§ 22 ff. AMG für die Zulassung einzureichen sowie nach § 25 Abs. 2 Satz 1 Nr. 2 AMG von der Zulassungsbehörde zu prüfen sind oder die als Angaben in den ebenfalls behördlich gem. §§ 22 Abs. 7 Satz 2, 25 Abs. 5 Satz 1 AMG zu prüfenden sog. **Fachinformationen** (§ 11a) enthalten sind (BGH Urt. v. 06.02.2013 – I ZR 62/11, GRUR 2013, 649, 651 Rn. 35 f. – Basisinsulin mit Gewichtsvorteil; sehr weitgehend OLG Hamburg Urt. v. 26.04.2018 – 3 U 96/

17, PharmR 2017, 456: Hat die Zulassungsbehörde trotz der im Verlauf einer Studie im Studiendesign vorgenommenen Änderungen eine darauf gestützte post-hoc-Analyse einer Subgruppe von Patienten für hinreichend valide erachtet, muss die Werbung mit den Ergebnissen der Studie auch nicht erneut auf die Limitationen der Zulassungsstudie hinweisen). Anderes gilt jedoch dann, wenn die Fachinformationen die begrenzte Evidenz für einzelne Wirkaussagen ihrerseits erwähnen. Dann muss diese Einschränkung auch in der Werbung verdeutlich werden (BGH Urt. v. 05.11.2020 – I ZR 204/19, GRUR 2021, 51 Rn. 29 – Sinupret: Werbung mit entzündungshemmenden bzw. antiviralen Wirkungen, wenn hierfür keine human-pharmakologischen, sondern nur Tier- und In-vitro-Studien angeführt werden). Für zentral zugelassene Arzneimittel folgen übereinstimmende Grundsätze aus Art. 12 Abs. 1 Verordnung (EG) Nr. 726/2004.

Die Beweiskraft der Zulassung und der Fachinformationen kann ein Kläger nur entkräften, indem er darlegt und gegebenenfalls beweist, dass der Zulassungsbehörde bei der Zulassung bestimmte wissenschaftliche Erkenntnisse nicht vorlagen oder dass **nach dem Zulassungszeitpunkt** neue Erkenntnisse bekannt geworden sind (BGH Urt. v. 06.02.2013 – I ZR 62/11, GRUR 2013, 649, 651 Rn. 43 – Basisinsulin mit Gewichtsvorteil; Urt. v. 07.05.2015 – I ZR 29/14, PharmR 2016, 15 Rn. 40 ff., 54 – Äquipotenzangabe in Fachinformation; *Gröning*, in: Gröning/Mand/Reinhart, § 3 HWG Rn. 15). Diese Einschränkung der wettbewerbsrechtlichen Überprüfung folgt zwar nicht bereits aus der Legitimationswirkung des Verwaltungsakts über die Zulassung des Arzneimittels, weil der Zulassungsbescheid den Nachweis der Qualität, Wirksamkeit und Sicherheit des Arzneimittels nicht mit regelnder Wirkung verbindlich feststellt (BGH Urt. v. 07.05.2015 – I ZR 29/14, PharmR 2016, 15 Rn. 17 ff. – Äquipotenzangabe in Fachinformation; a.A. OLG Hamburg Urt. v. 30.01.2014 – 3 U 133/12, PharmR 2014, 157, 159 f.; s.a. § 1 HWG Rdn. 28 und § 17 HWG Rdn. 9). Sie ergibt sich aber aus der Entscheidung des Gesetzgebers, einer mit besonderer Fachkompetenz ausgestatteten Arzneimittelzulassungsbehörde die wissenschaftliche Prüfung der im Rahmen des Zulassungsverfahrens vorgelegten Unterlagen zu übertragen. Trotz des fehlenden Drittschutzes gegen Zulassungsentscheidungen (OVG Münster 30.08.2012 – 13 B 733/12, PharmR 2012, 490, 491 ff.) gebieten es auch die berechtigten Interessen der Wettbewerber nicht, ihnen zu ermöglichen, Aussagen der Fachinformation mit der Begründung anzugreifen, die Zulassungsbehörde habe auf der Grundlage der ihr vorgelegten Unterlagen fehlerhaft angenommen, diese Angaben entsprächen dem gesicherten Stand der Wissenschaft. Denn die Behörden sind zur objektiven Prüfung verpflichtet, wenn ein Wettbewerber auf unrichtige oder unvollständige Angaben in der Fachinformation aufmerksam macht. Zudem müssen der pharmazeutische Unternehmer ebenso wie die Behörden neue relevante Erkenntnisse auch nachträglich berücksichtigen, was zu einer Korrektur der Fachinformationen und im Einzelfall sogar zu einem Widerruf der Zulassung führen kann. Könnten Wettbewerber die Entscheidung der Zulassungsbehörde darüber hinaus in Wettbewerbsstreitigkeiten umfassend in Frage stellen, müssten Zivilgerichte ihre Beurteilung – mit oder ohne sachverständige Unterstützung – an die Stelle derjenigen Fachbehörde setzen, die der Gesetzgeber dafür eingesetzt hat. Dies widerspräche nicht zuletzt auch dem berechtigten Interesse der Arzneimittelhersteller, durch die Zulassung eines Arzneimittels Rechtssicherheit hinsichtlich von Werbeaussagen zu gewinnen, die der von der Zulassungsbehörde geprüften Fachinformation entnommen sind (BGH Urt. v. 07.05.2015 – I ZR 29/14, PharmR 2016, 15 Rn. 54 – Äquipotenzangabe in Fachinformation; kritisch *Kostuch/Tillmanns* PharmR 2013, 408, 416; Doepner/*Reese*, § 3 HWG Rn. 171 f.). 56

Spätere Änderungen der Fachinformationen lassen die Zulässigkeit einer während der Geltung der alten Fachinformationen durchgeführten Werbung, die sich dort auf belegte Aussagen bezieht, unberührt. Denn für die (weitere) Verwendung einer Werbung, die nach der Neufassung der Fachinformation ein Zitat aus der veralteten Version beinhaltet, besteht weder Wiederholungs- noch Erstbegehungsgefahr (OLG Hamburg Urt. v. 30.01.2014 – 3 U 133/12, PharmR 2014, 153, 156). 56a

Allerdings können – auch wenn die wirkungsbezogene Werbeaussage in den Fachinformationen eine hinreichende Grundlage findet – Art und Form der Präsentation durchaus mit (anderen) heilmittelwerberechtlichen Vorgaben kollidieren. Die behördliche Überprüfung erstreckt sich grundsätzlich nicht auf werbe- und wettbewerbsrechtliche Regeln. Deshalb kann z.B. auch 57 die Packungsgestaltung mit dem HWG unvereinbar sein, obwohl sie ebenfalls mit dem Zulassungsantrag zur behördlichen Kontrolle einzureichen ist (BGH Urt. v. 13.03.2008 – I ZR 95/05, GRUR 2008, 1014, 1016 Rn. 32, 36 – Amlodipin zu § 3a).

58 Der Werbende ist andererseits auch im Lichte von Art. 87 Abs. 2 GK nicht zwingend darauf beschränkt, nur die in den Fachinformationen enthaltenen Angaben zu bewerben (Rdn. 40 ff.). Konkretisierende und vor allem ergänzende sowie zusätzliche Angaben bedürfen aber regelmäßig eines Nachweises der Evidenzklasse I b, also **mindestens einer qualitativ hochwertigen randomisierten, Placebo kontrollierten Doppelblindstudie** (BGH Urt. v. 06.02.2013 – I ZR 62/11, GRUR 2013, 649, 651 Rn. 19 – Basisinsulin mit Gewichtsvorteil). Denn hierauf bezieht sich regelmäßig die berechtigte Erwartung der Adressaten (Rdn. 42). Bleibt das Studiendesign hinter diesen Anforderungen zurück, ist eine Bewerbung von Arzneimitteleigenschaften daher nur dann nicht irreführend, wenn der Werbende die Studienlage und den Grad der Absicherung klar verdeutlicht (BGH Urt. v. 06.02.2013 – I ZR 62/11, GRUR 2013, 649, 651 Rn. 19 – Basisinsulin mit Gewichtsvorteil; OLG Hamburg MD 2007, 1189, 1195; *Riegger*, Heilmittelwerberecht Kap. 3 Rn. 40). Dies kann auch in Fußnoten geschehen, von deren umfassender Wahrnehmung in der Fachkreiswerbung grundsätzlich auszugehen ist (OLG Hamburg Urt. v. 19.01.2015 – 3 U 81/14, WRP 2015, 1021 Rn. 42 – Werbung mit Ergebnissen einer Anwendungsbeobachtung). Allerdings ist auf Limitationen eindeutig hinzuweisen (OLG Hamburg Beschl. v. 17.08.2020 – 3 W 45/2, A & R 2021, 40: Werbung mit Überlegenheit eines Arzneimittels). Zudem muss der Hinweis auch sonst klar und allgemein verständlich sein. Die nicht erläuterte Abkürzung »AWB« vor den in der Fußnote angegebenen Verfassern einer Anwendungsbeobachtung genügt z.B. nicht, um dem Apothekenpersonal als Werbeadressat das Fehlen eines Belegs in Form klinischer Studien zu verdeutlichen (OLG Hamburg Urt. v. 19.01.2015 – 3 U 81/14, WRP 2015, 1021 Rn. 43 ff. – Werbung mit Ergebnissen einer Anwendungsbeobachtung). Zudem muss die zitierte Untersuchung im Hinblick auf die werbliche Angabe, deren Beleg sie erbringen soll, ihrerseits methodisch tragfähig sein (OLG Hamburg Urt. v. 19.01.2015 – 3 U 81/14, WRP 2015, 1021 Rn. 49 ff. – Werbung mit Ergebnissen einer Anwendungsbeobachtung). Eine Anwendungsbeobachtung sollte dafür zumindest den Standards genügen, die sich aus den »Empfehlungen des Bundesinstituts für Arzneimittel und Medizinprodukte und des Paul-Ehrlich-Instituts zur Planung, Durchführung und Auswertung von Anwendungsbeobachtungen« vom 07.07.2010 ergeben.

### 4. Konformitätsbewertung und CE-Kennzeichen von Medizinprodukten

58a Inwieweit aus der **CE-Kennzeichnung eines Medizinprodukts** ähnlich weitreichende Konsequenzen für den zulässigen Umfang gesundheitsbezogener Werbeaussagen gezogen werden können wie aus den Fachinformationen bei Arzneimitteln erscheint zweifelhaft (s. Rdn. 45), da der Umfang der Prüfung der angegebenen Zweckbestimmung im Konformitätsbewertungsverfahren unterschiedlich ausgestaltet ist (vgl. Rdn. 23a).

### D. Generalklausel (§ 3 Satz 1 HWG)

59 Wichtigster Anwendungsfall der Irreführungsverbote des § 3 sind Täuschungen über die (Heil-) Wirkungen von Arzneimitteln. Diese sind auch Bezugspunkt praktisch aller Regelbeispiele in § 3 Satz 2. Im Lichte der Vorgaben des GK, der einen umfassenden und in sich geschlossenen Irreführungsschutz gewährleisten will, ist der Anwendungsbereich der Generalklausel gem. § 3 Satz 1 aber weiter zu fassen. In erster Linie fallen darunter täuschende Aussagen, die spezifisch die Funktion des Arzneimittels als Heilmittel betreffen (Bülow/Ring/Artz/Brixius/*Artz*, § 3 HWG Rn. 4; Dieners/Reese/*Reese/Holtorf*, Handbuch des Pharmarechts § 11 Rn. 136; *Riegger* PharmR 2012, 293, 293). So handelt es sich z.B. um eine Irreführung i.S.d. § 3 Satz 1, wenn eine werblich hervorgehobene Dosierungsempfehlung mit der Zulassung nicht im Einklang steht (OLG Hamburg Urt. v. 30.07.2015 – 3 U 93/14, WRP 2015 Rn. 45 ff. – Nicht zulassungskonforme *Dosisempfehlung*). Irreführend ist es zudem, wenn mit Studienergebnissen geworben wird, ohne deutlich zu machen, dass die Studie (noch) nicht publiziert wurde (OLG Köln

Urt. v. 06.02.2015 – 6 U 110/14, PharmR 2015, 309, 312 – NACT-Studie II, s. dazu und den Zitieranforderungen nach § 6 auch § 6 HWG Rdn. 14). Die Bewerbung eines Arzneimittels gegen Nagelpilz mit dem Siegel »ÖKO-TEST Gesamturteil sehr gut« ist irreführend, weil sie eine umfassende Prüfung auch der Wirksamkeit des Produkts suggeriert, während Öko-Test in Wahrheit allenfalls die Unbedenklichkeit der Zusatzstoffe selbst getestet hat (OLG-Frankfurt Urt. v. 22.05.2014 – 6 U 24/14, GRUR-RR 2014, 410, 412 – Ciclopoli).

Ratioorientiert ausgelegt erfasst § 3 Satz 1 aber jegliche irreführende Angaben über Eigenschaften von Arzneimitteln, bei denen eine Fehlvorstellung entweder die Gesundheits- oder die Vermögensinteressen der Werbeadressaten gefährdet (OLG Hamburg Urt. v. 02.07.2009 – 3 U 221/08, PharmR 2009, 528, 530 f.; *Doepner/Reese*, § 3 HWG Rn. 19; a.A. Bülow/Ring/Artz/Brixius/*Artz*, § 3 HWG Rn. 4; Dieners/Reese/*Reese/Holtorf*, Handbuch des Pharmarechts § 11 Rn. 136). Von § 3 Satz 1 erfasst sind deshalb – nicht anders als nach Art. 6 Abs. 1 Buchst. d der UGP-RL – auch Täuschungen über den Preis (OLG Hamburg Urt. v. 31.10.2002 – 3 U 21/02, PharmR 2003, 126, 127 f.: »Werbung mit 28 % günstiger, obwohl das beworbene Arzneimittel höher dosiert werden musste als das Referenzmittel«), die Erstattungsbedingungen in den sozialen Sicherungssystemen und weitere die Wirtschaftlichkeit von Heilmitteln betreffende Umstände, wie z.B. die Einordnung in bestimmte für Wirtschaftlichkeitsprüfungen relevante Arzneimittelgruppen (OLG Hamburg Urt. v. 02.07.2009 – 3 U 221/08, PharmR 2009, 528, 530 f.). 60

### E. Gesetzliche Regelbeispiele für irreführende Heilmittelwerbung

#### I. § 3 Satz 2 Nr. 1 HWG

#### 1. Allgemeines

Der Tatbestand von § 3 Satz 2 Nr. 1, der im Wortlaut § 8 Abs. 1 Nr. 2 Buchst. a AMG ähnelt, statuiert gegenüber der Generalklausel keine relevanten weitergehenden Verbote: Wie § 3 Satz 1 handelt es sich um ein konkretes Gefährdungsdelikt (s. Rdn. 19). Der geregelte Fall unwahrer Aussagen über die therapeutische Wirkung oder Wirksamkeit normiert das klarste Beispiel irreführender Werbeaussagen, statuiert selbst für diesen aber keine Umkehr der Beweislast (zutreffend *Doepner/Reese*, § 3 HWG Rn. 260; Bülow/Ring/Artz/Brixius/*Artz*, § 3 HWG Rn. 51 f.). D.h., die dargestellte, dem Unionsrecht entsprechende Verteilung der Darlegungs- und Beweislast (Rdn. 52 ff.) gilt neben § 3 Satz 1 auch für § 3 Satz 2 Nr. 1. 61

#### 2. Therapeutische Wirkung und Wirksamkeit

Während die Beilegung therapeutischer Wirkungen Aussagen über die tatsächlichen oder gewünschten Folgen der Anwendung von Heilmitteln i.S.v. § 1 Abs. 1 betrifft (BGH Urt. v. 05.11.2020 – I ZR 204/19, GRUR 2021, 51 Rn. 9 – Sinupret), bezieht sich die therapeutische Wirksamkeit auf den Heilerfolg, der aufgrund des angestrebten therapeutischen Effekts eintreten soll und anhand des angestrebten Ziels der Therapie zu beurteilen ist, d.h. auf die Ursächlichkeit der Anwendung des Heilmittels für den Heilungserfolg (BVerwG Urt. v. 14.10.1993 – 3 C 21/91 Rn. 30; BGH Urt. v. 05.11.2020 – I ZR 204/19, GRUR 2021, 51 Rn. 9 – Sinupret; Spickhoff/*Fritzsche,* § 3 HWG Rn. 8). Eine trennscharfe Abgrenzung ist insoweit weder möglich noch erforderlich. Nicht unter § 3 Satz 2 Nr. 1 fallen irreführende Aussagen zu Nebenwirkungen (Dieners/Reese/*Reese/Holtorf,* Handbuch des Pharmarechts § 11 Rn. 142), die jedoch von § 3 Satz 2 Nr. 2 Buchst. b und im Übrigen – ebenso wie täuschende Aussagen zu diagnostischen Wirkungen (OLG Oldenburg Urt. v. 01.09.2005 – 1 U 51/05, GRUR-RR 2006, 243, 244 – IgG-Antikörpertest, Doepner/*Reese*, § 3 HWG Rn. 266) – von § 3 Satz 1 erfasst sind. Ein Hinweis auf den fehlenden wissenschaftlichen Nachweis therapeutischer Wirkungen hebt die Irreführungseignung objektiv unrichtiger Wirkungsaussagen nicht auf, weil die Wirkungsaussage weiterhin aufrechterhalten wird. Anderenfalls wäre die Werbung in sich widersprüchlich. Jedenfalls unerheblich sind Hinweise auf den fehlenden wissenschaftlichen Nachweis, die klein gedruckt, an versteckter Stelle platziert, unklar formuliert oder aus sonstigen Gründen nicht geeignet sind, den Werbeadressaten die fehlende wissenschaftliche 62

Absicherung der Werbeaussagen klar vor Augen zu führen (OLG München Urt. v. 12.02.2015 – 6 U 3700/13 juris Rn. 189).

### 3. Einzelfälle

63 Als irreführend zu qualifizieren sind insbesondere Wirkungsaussagen, denen eine hinreichende wissenschaftliche Absicherung fehlt (zu den Anforderungen Rdn. 55 ff.). Beispiele bilden: die Werbung gegenüber Ärzten für eine **Kernspinresonanztherapie** unter Hinweis auf wissenschaftliche Zweifel bei gleichzeitiger Behauptung von Besonderheiten des eigenen Verfahrens, die zu einer Patentanmeldung geführt hätten (OLG Frankfurt Urt. v. 24.05.2007 – 6 U 5/06); die gesundheitsbezogene Werbung für **Osteopathie**, weil evidenzbasierte wissenschaftliche Erkenntnisse hierzu fehlen (OLG Celle Urt. v. 31.07.2018 – 13 U 26/18); die Werbung für diverse nicht belegte oder umstrittene bzw. von der Zulassung nicht umfasste Wirkungen eines **homöopathischen Grippemittels** (OLG Celle Urt. v. 31.07.2008 – 13 U 69/08, PharmR 2009, 32, 34 ff.); die öffentliche Bewerbung eines pflanzlichen Arzneimittels als »pflanzliches Antibiotikum« gegen Bakterien und Viren, wenn der eingeschränkte Wirkungsgrad und Anwendungsbereich nicht verdeutlicht und das Mittel nicht ausreichend zu »herkömmlichen Antibiotika« abgegrenzt wird (OLG Celle Urt. v. 09.07.2015 – 13 U 17/15, WRP 2015, 1115 Rn. 17 ff.); die Werbung mit der Aussage »unübertroffen«, wenn dies durch Studien nicht be- und durch den Inhalt der Fachinformation an sich bereits widerlegt ist (OLG Hamburg Urt. v. 22.03.2007 – 3 U 243/06, PharmR 2008, 261, 263 f.); die Werbung für eine **Massagematte als Medizinprodukt**, deren Wirkung nicht wissenschaftlich belegt ist (OLG Thüringen Urt. v. 20.07.2011 – 2 U 211/11 juris Rn. 18 ff.); die Werbung für eine **Softlasertherapie** ohne Hinweis auf fehlende allgemeine wissenschaftliche Anerkennung der Wirksamkeit (LG Karlsruhe Urt. v. 31.07.2009 – 15 O 63/09, MD 2009, 996, 998); die Werbung mit »**dauerhaften Therapieerfolgen**« gegen Cellulite, wenn wenig belastbare Studien allenfalls eine wenige Monate währende Verbesserung nahelegen, weil die beworbene, aufwendige Behandlung mit größeren Apparaten zusammen mit der Werbeaussage beim Verbraucher die berechtigte, aber nicht belegte Erwartung begründet, der Behandlungserfolg bleibe über mindestens ein Jahr hinaus erhalten (KG Urt. v. 27.11.2015 – 5 U 20/14 juris Rn. 60 ff.); die Werbung für ein stiftähnliches Gerät unter der Bezeichnung »PAIN GONE – der Schmerzblocker« ohne Nachweis einer therapeutischen Wirkung (LG Leipzig Urt. v. 30.09.2009 – 02 HK O 2717/09, MD 2009, 1191, 1192); die Werbung mit Geräten, die der Neutralisierung von »Schadstoffinformationsschwingungen« dienen sollen, weil insbesondere die Verwendung wissenschaftlich anmutender Begriffe, wie Interferenzprinzip bzw. Polarisationsprinzip, denen eine konkrete Wirkung, nämlich die Einflussnahme auf Schadstoffinformationen beigelegt wird, dem Verbraucher wissenschaftlich fundierte Wirkungen suggerieren, die jedoch nicht belegt sind (OLG München Urt. v. 12.02.2015 – 6 U 3700/13 juris Rn. 162).

64 Fehlt es an jeglichem Nachweis einer Wirksamkeit der Therapie, so wird die Irreführungseignung nicht durch einen Hinweis ausgeräumt, die Methode sei »schuldmedizinisch nicht gesichert«, weil dadurch die Behauptung einer Wirksamkeit nicht entfällt (Spickhoff/*Fritzsche*, § 3 HWG Rn. 10; LG Hildesheim Urt. v. 04.11.2009 – 11 O 19/09). Auch relativierende Hinweise, wie die Aussage »Die Chinesen glauben, dass Panax Ginseng C. A. Meyer Krebs bekämpfen kann«, lässt die Irreführung nicht entfallen. Denn der Werbende macht sich diesen Glauben zum Zwecke der Absatzförderung zu eigen (BGH Urt. v. 21.07.2005 – I ZR 94/02 juris Rn. 16 ff. – Ginseng-Präparat I).

65 Eine Irreführung wurde verneint in folgenden Fällen: für die Bezeichnung »Dental Gel« für Zahncreme, da der lateinische Ausdruck *dental* lediglich einen allgemeinen Bezug zu den Zähnen und keine wirkspezifische Aussage zum Gegenstand hat (OLG Köln Urt. v. 31.08.2001 – 6 U 21/01, GRUR-RR 2002, 175, 176 – Corsodyl); für die Angabe »gegen Schnupfen« für Erkältungsmittel, das zu einer Abschwellung der Nasenschleimhäute führt (OLG Karlsruhe PharmR 1995, 101); für die Bezeichnung akut für ein Mittel mit einem Wirkungsbeginn binnen 2 Stunden (OLG München Urt. v. 25.02.2010 – 29 U 5347/09, GRUR-Prax 2010, 160 m. Anm. *Fischer*; zustimmend *Brixius/Frohn* PharmR 2010, 234 ff.; zurecht a.A. VG Köln Urt. v. 05.02.2013 – 7 K 6575/10 juris

Rn. 49 ff., denn die Bezeichnung verstößt gegen das Objektivitätsgebot, weil ca. 80 % der Arzneimittel einen Wirkungseintritt innerhalb von 2 Stunden haben und die Bezeichnung akut – demnach unzutreffend – eine besonders schnelle oder zumindest schnellere Wirkung als andere Arzneimittel impliziert).

## II. § 3 Satz 2 Nr. 2 HWG

### 1. Allgemeines

Die umschriebene Tathandlung »fälschlich den Eindruck erwecken« ist synonym mit dem Begriff der Irreführung zu deuten (Doepner/*Reese*, § 3 HWG Rn. 311, *Gröning*, § 3 HWG Rn. 28). 66

§ 3 Satz 2 Nr. 2 ist in der Öffentlichkeitswerbung richtlinienkonform insgesamt als potenzielles Gefährdungsdelikt auszulegen (s.Rdn. 17 ff.): Nur wenn im Einzelfall Anhaltspunkte vorliegen, dass die beschriebenen Werbeaussagen und Werbeformen keine Fehlvorstellungen hervorrufen können, entfällt eine tatbestandliche Irreführung. Aufgrund des Strengeprinzips sind dabei besonders rigide Anforderungen an die Klarheit und Objektivität der Werbeaussagen zu stellen. 67

Im Bereich der Fachkreiswerbung handelt es sich hingegen um ein konkretes Gefährdungsdelikt (Rdn. 5, 9, 13). Da von Fachkreisangehörigen zu erwarten ist, dass sie um die fehlende Sicherheit des Eintritts positiver und des Ausbleibens schädlicher Wirkungen von Heilmitteln wissen, ist eine solche konkrete Irreführungsgefahr bei Nr. 2a und Nr. 2b eher selten. Entsprechendes gilt auch für Nr. 2c, weil Fachkreisangehörige den wettbewerblichen Charakter von Heilmittelwerbung meist nicht verkennen werden. 68

### 2. Erfolgversprechen und Ausbleiben schädlicher Wirkungen (§ 3 Satz 2 Nr. 2 Buchst. a und Nr. 2 Buchst. b HWG)

Es ist nicht erforderlich, dass der beworbene Erfolg i.S.d. Nr. 2 Buchst. a ausdrücklich garantiert oder die Freiheit von schädlichen Wirkungen i.S.d. Nr. 2 Buchst. b explizit versprochen wird (Doepner/*Reese*, § 3 HWG Rn. 312 f., *Gröning*, § 3 HWG Rn. 40). Der mittelbar hervorgerufene Anschein genügt (BGH Urt. v. 01.12.1983 – I ZR 164/81, NJW 1984, 1407, 1407 – THX-Injektionen; *Doepner/Reese*, § 3 HWG Rn. 312 f.). Ob eine Werbeaussage einen solchen Anschein begründet, ist für die Öffentlichkeits- und Fachkreiswerbung nach unterschiedlichen Maßstäben zu bewerten. 69

#### a) Öffentlichkeitswerbung

Aufgrund des Strengeprinzips und des Charakters der Nr. 2 Buchst. a und Nr. 2 Buchst. b als potenzielle Gefährdungsdelikte sind in der Öffentlichkeitswerbung strenge Maßstäbe anzulegen: Bloße Wirkungsaussagen oder Wendungen wie »positive Wirkung bei« enthalten zwar auch in der Öffentlichkeitswerbung noch kein Erfolgsversprechen (zu weit daher KG Urt. v. 08.02.1993 – 23/27 U 6331/92, PharmR 1994, 13: »mit diesem Extrakt kann das Mittel… den labilen Kreislauf regulieren«; OLG Köln Urt. v. 18.08.1995 – 6 U 10/95, MD 1995, 1266, 1274: »Schmerzlinderung und Besserung bei Arthritis, Muskelschmerzen, Verspannung, Zerrungen und Rückenschmerzen«). Im Einklang mit § 3 Abs. 1 Buchst. g der aufgehobenen HWVO ist aber eine umfassende »Geld-Zurück-Garantie« bei Nichterfolg nach wie vor als unzulässiges Erfolgsversprechen zu werten (BGH Urt. v. 28.04.1972 – I ZR 140/69, GRUR 1972, 663, 664 – Vibrations-Massagekissen). Auch generalisierende Anpreisungen als Allheil- oder Wundermittel verstoßen gegen das Objektivitätsgebot und sind regelmäßig als irreführende Erfolgsversprechen zu werten (BGH Urt. v. 01.12.1983 – I ZR 164/81, NJW 1984, 1407, 1407 – THX-Injektionen: »Hoffnung für Millionen auch unheilbar Erkrankter«, beispielsweise bei »Allergien, Asthma, Rheuma, Migräne, Gelenkleiden, grauem Star und Krebs«; OLG München Urt. v. 12.02.2015 – 6 U 3700/13 juris Rn. 162: Sie bleiben »unbeschwert und entspannt, der Kopf bleibt frei und klar. Unangenehme Begleiterscheinungen wie Stressgefühl und ein schwerer Kopf sind für immer Vergangenheit«; LG Konstanz Urt. v. 13.09.1968 – HO 250/68: »Weil die N.-Methode auf diesem Wissen aufgebaut ist, deshalb 70 versagt sie nie«; Bewerbung eines Hustensaftes als »antiviral«; LG Frankfurt PharmR 2018, 547, 548 f.).

71 Bei umfassenden Erfolgsversprechen oder der Garantie ausbleibender schädlicher Wirkungen ist ein Nachweis der Unrichtigkeit regelmäßig entbehrlich. Aufgrund der Imponderabilien jeder Heilmittelanwendung am lebenden Organismus kann niemals von vollkommener Sicherheit eines Erfolgseintritts ausgegangen werden, weshalb entsprechende Aussagen nicht objektiv, sondern stets irreführend sind (Rdn. 17; dennoch auf den fehlenden Nachweis abstellend OLG Celle Urt. v. 09.07.2015 – 13 U 17/15, WRP 2015, 1115 Rn. 26 ff.; OLG Bamberg Urt. v. 28.03.2007 – 3 U 252/06 juris Rn. 17: Sichere Gewichtsabnahme durch »Bauchkurs« binnen 8 Wochen).

72 Nr. 2 Buchst. b bezieht sich explizit nur auf Werbung mit dem Ausbleiben schädlicher Wirkungen bei einem – grundsätzlich nach den Herstellerangaben zu ermittelnden (Dieners/Reese/*Reese/Holtorf*, Handbuch des Pharmarechts § 11 Rn. 173) – bestimmungsgemäßen Gebrauch oder einem zeitlich darüber hinausgehenden, insbesondere gewohnheitsmäßigen Gebrauch. Wird generell, d.h. auch bei höherer Dosierung oder anderen Abweichungen vom bestimmungsgemäßen Gebrauch das Ausbleiben schädlicher Wirkungen postuliert, kann nichts anderes gelten. Anzuwenden ist hier die im Lichte von Art. 90 Buchst. b GK und § 3 Satz 2 Nr. 2 Buchst. b strikt zu interpretierende Generalklausel gem. § 3 Satz 1 (Rdn. 17).

73 Wird ein Erfolgsversprechen eingeschränkt, z.B. durch Prozentangaben, oder werden schädliche Wirkungen relativiert, handelt es sich regelmäßig nicht um unbedingte Zusagen i.S.d. Nr. 2 Buchst. a und Nr. 2 Buchst. b (s. OLG Hamburg Urt. v. 09.02.2006 – 3 U 121/05, PharmR 2007, 162, 164: zur Werbeangabe »n... wirkt sehr schonend, n... kommt mit wenig Wirkstoff aus. Und: »n... ist gut verträglich.« Anwendbar bleibt aber die Generalklausel des § 3 Satz 1, die im Lichte der Wertungen von § 3 Satz 2 Nr. 2 lit. c auszulegen ist (vgl. KG Urt. v. 27.02.1991 – 27 U 3291/89, NJW-RR 1992, 301, 302: Hinweis »Sehr gut verträglich« trotz Nebenwirkungen laut Fachinformation«; OLG Hamburg Urt. v. 09.02.2006 – 3 U 121/05, PharmR 2007, 162, 164 ff.). In jedem Fall gelten für den Nachweis der Richtigkeit die allgemeinen Grundsätze zur Verteilung der Darlegungs- und Beweislast für wirkungsbezogene Aussagen (Rdn. 52 ff., vgl. auch OLG Bamberg Urt. v. 28.03.2007 – 3 U 252/06, juris Rn. 15 f.; OLG Köln Urt. v. 17.02.2006 – 6 U 138/05, juris Rn. 10 ff.: auf Magnetfeldern basierende »Kernspin-Resonanz-Therapie« eines Heilpraktikers).

### b) Fachkreiswerbung

74 Bei reiner Fachkreiswerbung bedarf es mangels einer speziellen unionsrechtlichen Vorgabe und der zwingenden Auslegung der Nr. 2 Buchst. a, Nr. 2 Buchst. b als konkrete Gefährdungsdelikte des Nachweises einer konkreten Irreführungsgefahr. Diese ist im Regelfall nur bei expliziten Garantie- und Erfolgszusagen anzunehmen. Dass viele Fachkreisangehörige auch solche Garantien anzweifeln und entscheidungsrelevante Fehlvorstellungen deshalb eher selten sein werden, ist aufgrund des Objektivitätsgebots der Heilmittelwerbung irrelevant.

75 Die Annahme mittelbarer und impliziter Erfolgsversprechen gem. Nr. 2 Buchst. a und Nr. 2 Buchst. b kommt dagegen nur in besonders gelagerten Ausnahmefällen in Betracht. Dies gilt auch für die bei Öffentlichkeitswerbung in der Regel irreführenden Anpreisungen als »Allheilmittel« oder »Geld-zurück-Garantien«. So handelt es sich z.B. bei einer als »Rabattgewährung« bezeichneten Beteiligung am Risiko des Behandlungserfolgs, die der Hersteller eines Antibiotikums gegenüber einem Krankenhaus anbietet, nicht um ein unbedingtes Erfolgsversprechen i.S.v. § 3 Satz 2 Nr. 2 Buchst. a (zutreffend OLG Köln Urt. v. 20.08.1999 – 6 U 102/97, GRUR 2000, 156, 157 f.).

### 3. Getarnte Werbung (§ 3 Satz 2 Nr. 2 Buchst. c)

76 Eine positive Berichterstattung über ein Arzneimittel im redaktionellen Teil von Medienveröffentlichungen oder im Rahmen wissenschaftlicher Vorträge steigert den Heilmittelabsatz wegen

des Glaubwürdigkeitsvorsprungs neutraler Personen meist stärker als kommerzielle Werbung (§ 1 HWG Rdn. 10). Erweist sich die Neutralität dagegen als unzutreffend und steht hinter den vermeintlich redaktionellen, wissenschaftlichen oder populärwissenschaftlichen Aussagen in Wahrheit ein Werbezweck (§ 1 HWG Rdn. 10 ff., 19, 20 ff.), führt dies zu einer besonders gravierenden und regelmäßig als entscheidungsrelevant anzusehenden Irreführung (ebenso Spickhoff/*Fritzsche*, § 3 HWG Rn. 17). Ergänzend zum allgemeinen lauterkeitsrechtlichen Verbot getarnter geschäftlicher Handlungen gem. Nr. 11 des Anhangs zu § 3 Abs. 3 UWG und den analogen Schleichwerbungsverboten in allen Rundfunk- und Pressegesetzen verbietet § 3 Satz 2 Nr. 2 Buchst. c derartige Irreführungen in produktbezogener Heilmittelwerbung.

Eigenständige Bedeutung entfaltet § 3 Satz 2 Nr. 2 Buchst. c vor allem im Bereich der Öffentlichkeitswerbung: Im Lichte des Art. 89 Abs. 1 Buchst. a GK und des Strengeprinzips sind besonders rigide Anforderungen an die Klarheit des Wettbewerbscharakters zu stellen. Handelt es sich um Heilmittelwerbung i.S.v. § 1 erweist sich bereits die fehlende Offenlegung einer potenziellen Interessenkollision (z.B. infolge einer vertraglichen Beziehung, der Annahme eines Honorars oder einer Spende etc.) als irreführend. 77

In der Fachkreiswerbung ist § 3 Satz 2 Nr. 2 Buchst. c im Wesentlichen anhand der allgemeinen Maßstäbe auszulegen. Allerdings verlangen insoweit auch die Kodizes der Heilmittelindustrie (zur Bedeutung für die Auslegung Einführung HWG Rdn. 3) ein besonders hohes Transparenzniveau. So ist z.B. bei Veröffentlichungen Dritter und ihrem Gebrauch eine Finanzierung durch die Industrie offenzulegen (s. § 8 Abs. 3 FSA-Kodex; § 8 Abs. 3 AKG-Kodex; eingehend dazu *Mand*, Healthcare Compliance, S. 98, 101) 78

### III. Beschaffenheits- und Herstellerangaben (§ 3 Satz 2 Nr. 3 HWG)

#### 1. Allgemeines

§ 3 Satz 2 Nr. 3 entspricht in seinen Tatbestandsalternativen teilweise dem neu gefassten, auf die Arzneimittelkennzeichnung bezogenen Fälschungsverbot des § 8 Abs. 2 AMG i.V.m. § 4 Nr. 40 AMG, der seinerseits auf Art. 1 Nr. 33 GK i.V.m. Art. 46b Abs. 1, 52b Abs. 1 GK und Erwägungsgrund 27 der Richtlinie 2011/62/EG zurückgeht. Es handelt sich um ein konkretes Gefährdungsdelikt (Rdn. 21). 79

#### 2. Beschaffenheitsangaben (§ 3 Satz 2 Nr. 3 Buchst. a)

Die Beschaffenheit von Heilmitteln schließt als Oberbegriff die Zusammensetzung ein. Sie ist weit auszulegen (Doepner/*Reese*, § 3 HWG Rn. 346). Es fallen darunter alle dem Heilmittel innewohnenden tatsächlichen und rechtlichen Eigenschaften (OLG Köln Urt. v. 19.02.1988 – 6 U 141/87, WRP 1988, 483, 484). 80

Zur Beschaffenheit zählt auch die »**Neuheit**« eines Präparats. Von Neuheit kann regelmäßig nur innerhalb des ersten Jahres nach der Vermarktung ausgegangen werden (ebenso § 7 Abs. 7 FSA-Kodex; § 7 Abs. 7 AKG-Kodex; Spickhoff/*Fritzsche*, § 3 HWG Rn. 18). Abzustellen ist auf das konkret vermarktete Produkt, weshalb dieses auch bei einer früheren Verfügbarkeit einzelner Bestandteile noch »neu« sein kann (OLG Hamburg Urt. v. 16.02.2006 – 3 U 192/05, PharmR 2007, 294, 295 ff.). 81

Auch Angaben zur Wirkstärke bzw. Wirkstoffmenge fallen unter Nr. 3 Buchst. a. Die Bezeichnung »**forte**« suggeriert eine höhere Dosierung; ihre Verwendung ist deshalb irreführend, wenn nahezu alle Vergleichspräparate ähnliche Dosierungen besitzen (OVG Münster Beschl. v. 19.12.2007 – 13 A 1178/05, PharmR 2008, 383 f.; Spickhoff/*Fritzsche*, § 3 HWG Rn. 18; a.A. OLG Hamburg, Urt. v. 12.07.2007 – 3 U 39/07, GRUR-RR 2008, 100, 101 f. – ALLERSLIT forte). Angegebene und beworbene (zur Abgrenzung geschäftlicher Handlungen gem. § 2 Abs. 1 UWG gegenüber schlichten Schlechtleistungen s. BGH Urt. v. 10.12.2013 – I ZR 190/11 Rn. 17 ff. – Standardisierte Mandatsbearbeitung) Wirkstoffmengen müssen im Präparat auch tatsächlich enthalten sein 82

(OLG Karlsruhe Urt. v. 22.02.2006 – 6 U 86/05, GRUR-RR 2006, 241, 242 – Extra-Stark: produktionsbedingte Unterschreitung der Wirkstoffmenge um bis zu 50 %).

83 Pflanzliche Abbildungen können in die Irre führen, wenn Extrakte etc. der betreffenden Pflanzen nicht oder nur in unbedeutendem Umfang Bestandteil des Heilmittels sind (OLG Frankfurt Beschl. v. 17.02.1995 – 6 W 1/95, NJW-RR 1996, 33, 34 f.). Pflanzliche Bestandteile müssen zudem objektiv und ohne Übertreibung dargestellt werden (s. LG Frankfurt a.M. Urt. v. 01.06.2011 – 2–06 O 203/11: Werbeaussage »mit der Kraft des Arznei-Efeus« ist irreführend, wenn das Mittel schlicht Efeublättertrockenextrakt enthält).

### 3. Herstellerangaben (§ 3 Satz 2 Nr. 3 Buchst. b)

84 Wird der Eindruck erweckt, ein bestimmter Hersteller stehe hinter dem Produkt oder eine bestimmte Person habe an deren Entwicklung mitgewirkt, kann ein besonderes Vertrauen in die Kompetenz, Zuverlässigkeit und Qualität begründet werden. Ist der erweckte Eindruck falsch, wird dieses Vertrauen enttäuscht und die werbliche Angabe erweist sich als irreführend.

85 Getäuscht werden kann insbesondere durch die unberechtigte Verwendung geschützter Berufsbezeichnungen und Abschlüsse (z.B. Arzt, Apotheker etc.) (Dieners/Reese/*Reese*/*Holtorf*, Handbuch des Pharmarechts § 11 Rn. 183). Auch die Verwendung tatsächlich fehlender oder einem anderen Fachgebiet zugehöriger akademischer Grade und Titel kann irreführend sein (BGH Urt. v. 09.04.1992 – I ZR 240/90, NJW 1992, 2358 f. – Professorenbezeichnung in der Arztwerbung II). Wird in der Heilmittelwerbung ein Professorentitel verwendet, ohne zu verdeutlichen, dass er aus einem anderen Fach als der Medizin stammt, ist dies aber jedenfalls dann nicht irreführend, wenn das jeweilige Fachgebiet für die Entwicklung des beworbenen Mittels von Bedeutung ist (BGH Urt. v. 27.04.1995 – I ZR 116/93, NJW 1995, 3054, 3044 – Scherstoff-Mehrschritt-Therapie). Auch die Verwendung nicht geschützter und nicht verwechslungsfähiger Bezeichnungen begründet keine tatbestandliche Irreführung (BGH Urt. v. 22.04.1999 – I ZR 108/97, NJW 2000, 870, 871 f. – Tierheilpraktiker).

### F. Rechtsfolgen und Konkurrenzen

86 Ein Verstoß gegen § 3 ist bei Vorsatz strafbar (§ 14), bei Fahrlässigkeit als Ordnungswidrigkeit zu ahnden (§ 15 Abs. 2). § 3 ist eine das Marktverhalten regelnde Norm i.S.d. § 3a UWG, weshalb die gem. § 8 Abs. 3 UWG Berechtigten bei Verletzungen wettbewerbsrechtliche Ansprüche stellen können.

87 § 3 ist neben § 5 UWG anwendbar. Die Auslegung folgt weitgehend identischen Grundsätzen (s.Rdn. 46 f.). Für das Inverkehrbringen von Arzneimitteln, zu dem auch das Feilhalten und Feilbieten zählen (§ 4 Abs. 17 AMG), statuiert § 8 AMG ein spezifisch arzneimittelrechtliches Irreführungsverbot, das mit § 3 ideal konkurrieren kann (zutreffend Doepner/*Reese*, § 3 HWG Rn. 25). Für Medizinprodukte greift Art. 7 der VO (EU) 2017/745 bzw. der VO (EU) 2017/746 (Rdn. 23a). Für irreführende Werbung über Kosmetika gilt in erster Linie Art. 20 Abs. 1 Kosmetik-VO (s. dazu mit Blick auf die Belegbarkeit von Werbeaussagen BGH Urt. v. 28.01.2016 – I ZR 36/14, PharmR 2016, 239). Inwieweit daneben Raum für eine Anwendung von § 3 bei krankheitsbezogenen Werbeaussagen bleibt, erscheint mehr als fraglich (Einf. HWG Rdn. 4).

88 Aufgrund der weiterreichenden Voraussetzungen und Sanktionen besteht Idealkonkurrenz zu dem abstrakten Irreführungstatbestand des § 5 und zu § 3a. Entsprechendes gilt für Verstöße gegen § 11.

### § 3a Werbung für nicht zugelassene Arzneimittel

Unzulässig ist eine Werbung für Arzneimittel, die der Pflicht zur Zulassung unterliegen und die nicht nach den arzneimittelrechtlichen Vorschriften zugelassen sind oder als zugelassen gelten. Satz 1 findet auch Anwendung, wenn sich die Werbung auf Anwendungsgebiete oder Darreichungsformen bezieht, die nicht von der Zulassung erfasst sind.

| Übersicht | Rdn. | | Rdn. |
|---|---|---|---|
| A. Normzweck und Übereinstimmung mit GK ........................ | 1 | II. Persönlicher Anwendungsbereich ...... | 4 |
| B. Anwendungsbereich ............... | 3 | C. Produktbezogene Werbung........... | 5 |
| I. Sachlicher Anwendungsbereich ........ | 3 | D. Fehlende arzneimittelrechtliche Zulassung (§ 3a Satz 1 HWG) .......... | 8 |
| 1. Zulassungspflichtige Arzneimittel ... | 3 | E. Fehlende Zulassung für beworbene Indikation (§ 3a Satz 2 HWG).......... | 10 |
| 2. Rezeptur- und Defekturarzneimittel . | 3a | | |
| 3. Andere Heilmittel ............... | 3b | F. Konkurrenzen und Durchsetzung...... | 11 |

## A. Normzweck und Übereinstimmung mit GK

§ 3a flankiert die durch die Zulassungspflicht für Arzneimittel präventiv geschützte Sicherheit 1 des Arzneimittelverkehrs werberechtlich. Es soll jede Werbung unterbunden werden, welche die durch das Zulassungserfordernis vermittelte Sicherheit abschwächen und eine Umgehung der nationalen oder gemeinschaftsrechtlichen Zulassungsverfahren erleichtern könnte (EuGH Urt. v. 08.11.2007 – C-143/06, GRUR 2008, 264 Rn. 33, 35 – Ludwigs-Apotheke; *Mand* WRP 2003, 192, 192 f.). Daher sind in Form eines abstrakten Gefährdungstatbestands alle werblichen Informationen über das Arzneimittel verboten (s. EuGH Urt. v. 02.04.2009 – C-421/07, EuZW 2009, 428 Rn. 19 – Frede Damgaard zu Art. 87 GK; *Doepner/Reese*, § 3a HWG Rn. 13 f.; *Fezer/Reinhart*, § 4 UWG Satz 4 Rn. 399). Auf eine Irreführung kommt es nicht an (BGH Urt. v. 13.03.2008 – I ZR 95/05, GRUR 2008, 1014 Rn. 30 – Amlodipin). Im Gegensatz zu Nr. 9 des Anhangs zu § 3 Abs. 3 UWG ändert also auch ein expliziter Hinweis auf die fehlende Zulassung nichts am Verbot des § 3a.

§ 3a setzt Art. 87 Abs. 1 GK richtlinienkonform in nationales Recht um (*Fezer/Reinhart*, § 4 UWG 2 Satz 4 Rn. 399; *Mand* WRP 2003, 192, 192 f.; s. zu fiktiv zugelassenen Arzneimitteln Rdn. 8, *Doepner/Reese*, § 3a HWG Rn. 60). Hiernach ist Werbung für Arzneimittel i.S.d. GK zu untersagen, für deren Inverkehrbringen keine »Genehmigung nach den Rechtsvorschriften der Gemeinschaft erteilt worden ist«. Unionsrechtlich nicht zwingend einer Genehmigung bedürfen Arzneimittel, die gem. Art. 2–5 nicht in den Anwendungsbereich des GK fallen (dazu Rdn. 3 ff.); für sie gelten auch die Werbebestimmungen der Art. 86 ff. GK und damit das Werbeverbot des Art. 87 Abs. 1 GK nicht (Einf. HWG Rn. 22; so jetzt auch BGH Beschl. v. 16.04.2015 – I ZR 130/13, GRUR 2015, 705 Rn. 15 – Weihrauch-Extrakt-Kapseln). Mit den »Rechtsvorschriften der Gemeinschaft« zur Genehmigung waren zunächst nur die durch den GK harmonisierten nationalen Zulassungsnormen (§§ 22 ff. AMG) gemeint. Erfasst ist aber auch das später eingeführte zentrale Zulassungsverfahren nach der Verordnung (EWG) 2309/93, heute Verordnung (EG) Nr. 726/2004 (Art. 6 Abs. 1 GK).

## B. Anwendungsbereich

### I. Sachlicher Anwendungsbereich

#### 1. Zulassungspflichtige Arzneimittel

§ 3a gilt nur für die Werbung für **zulassungspflichtige Arzneimittel**. Zulassungspflichtig sind gem. 3 § 21 Abs. 1 AMG Fertigarzneimittel i.S.d. § 4 Abs. 1 i.V.m. § 2 Abs. 1 oder Abs. 2 Nr. 1 AMG, die nicht gem. § 21 Abs. 2 AMG von der Zulassungspflicht ausgenommen worden sind. Diese Regelungen zur Zulassungspflicht stimmen inhaltlich, wenn auch nicht terminologisch sehr weitgehend mit dem Unionsrecht überein: Dem Zulassungsbegriff des AMG entspricht unionsrechtlich der Begriff »Genehmigung für das Inverkehrbringen« gem. Art. 6 RL 2001/83/EG. Eine solche Genehmigung ist für Humanarzneimittel erforderlich, die gem. Art. 2 Abs. 1 GK gewerblich zubereitet werden oder bei deren Zubereitung ein industrielles Verfahren zur Anwendung kommt und die nicht nach Art. 3–5 GK aus dem Anwendungsbereich des GK ausgenommen sind. Auch wenn das Unionsrecht den Begriff des Fertigarzneimittels nicht kennt, deckt sich dessen Definition in § 4 Abs. 1 AMG und die daran anknüpfende Konkretisierung der Zulassungspflicht mit einzelnen

Ausnahmetatbeständen in § 21 Abs. 2 AMG im Wesentlichen mit den laut GK genehmigungspflichtigen Arzneimitteln.

## 2. Rezeptur- und Defekturarzneimittel

3a Nicht zulassungspflichtig sind im nationalen Recht u.a. von Apotheken hergestellte Rezeptur- und Defekturarzneimittel (sog. verlängerte Rezeptur, § 21 Abs. 2 Nr. 1 AMG, zur Abgrenzung s. *Mand* A & R 2012, 99, 100 f.; *Kieser* A & R 2011, 260, 262). Die Befreiung von der Zulassungspflicht für Rezepturarzneimittel, die auf individuelle Verschreibung für einen bestimmten Patienten hergestellt werden (*Mand* A & R 2012, 99, 100 f.), ist unionsrechtlich jedenfalls von der Ausnahmebestimmung des Art. 3 Abs. 1 GK gedeckt. Ob auch die Ausnahme für Defekturarzneimittel mit dem Unionsrecht vereinbar ist (*Winnands* in Kügel/Müller/Hofmann, AMG, § 21 Rn. 12, 17; *Saalfrank/Wesser* A & R 2008, 168, 176; bei einschränkender Auslegung auch BGH Beschl. v. 16.04.2015 – I ZR 130/13, GRUR 2015, 705 Rn. 25 ff. – Weihrauch-Extrakt-Kapseln) oder nicht (*Anker* in Deutsch/Lippert, AMG, § 21 Rn. 24; Meier/v. Czettritz/Gabriel/Kaufmann/*Meier*, Pharmarecht, 2014, § 3 Rn. 73 in Fn. 239), war str. Der BGH hat die Frage dem EuGH zur Vorabentscheidung vorgelegt (BGH Beschl. v. 16.04.2015 – I ZR 130/13, GRUR 2015, 705 – Weihrauch-Extrakt-Kapseln). Der EuGH hat im Einklang mit der in den Voraufl. vertretenen Ansicht entschieden, dass Defekturarzneimittel i.S.d. § 21 Abs. 2 Nr. 1 AMG bereits nach **Art. 2 Abs. 1 GK**, der den Anwendungsbereich des GK anhand der Merkmale der »gewerblichen Zubereitung« von Humanarzneimitteln bzw. der »Zubereitung mittels industrieller Verfahren« positiv definiert (EuGH Urt. v. 13.03.2014 – C-512/12, EU:C:2014:149 Rn. 29 f., 38 – Octapharma France), nicht unter den GK fallen (EuGH Urt. v. 26. 10. 2016 – C-276/15, PharmR 2017, 17 Rn. 40 ff. – Hohenzollern Apotheke). Die Wendungen »gewerblich zubereitet« oder »[Zubereitung unter Anwendung] ein[es] industrielle[n] Verfahren[s]« sind mangels Definition im GK und mangels Anhaltspunkten für eine am nationalen Recht orientierte Auslegung in der gesamten EU autonom, einheitlich und im Interesse des intendierten Gesundheitsschutzes »nicht eng« auszulegen (EuGH Urt. v. 16.07.2015 – C-544 und 545/13, ECLI:EU:C:2015:481 Rn. 44 ff. – Abcur). Charakteristisch für eine »gewerbliche Zubereitung« wie auch den Einsatz »industrieller Verfahren« ist nach Ansicht des EuGH die »standardisierte Herstellung bedeutender Mengen eines Arzneimittels auf Vorrat und für den Verkauf im Großhandel ebenso wie die extemporane Zubereitung von Chargen in großem Maßstab oder in Serienproduktion« (EuGH Urt. v. 16.07.2015 – C-544 und 545/13, ECLI:EU:C:2015:481 Rn. 50 f. – Abcur). Defekturarzneimittel haben diese Eigenschaften nicht. Die Erlaubnis zur zulassungsfreien Herstellung gem. § 21 Abs. 2 Nr. 1 AMG ist auf die Herstellung von maximal hundert abgabefertigen Packungen an einem Tag im Rahmen des üblichen Apothekenbetriebs beschränkt, wobei die Arzneimittel zusätzlich zur Abgabe im Rahmen der bestehenden Apothekenbetriebserlaubnis bestimmt sein müssen. Weder dürfen also »bedeutende Mengen« hergestellt werden noch darf ein dem Großhandelsvertrieb vergleichbarer Absatz stattfinden. Dass Apotheker nach deutschem Recht Kaufleute sind, weil sie ein Handelsgewerbe i.S.d. § 1 betreiben, genügt für eine »gewerbliche Zubereitung« i.S.d. Art. 2 Abs. 1 GK dagegen nicht. Mangels Zulassungspflicht unterfallen Defekturarzneimittel damit auch nicht dem Werbeverbot des § 3a. Andererseits fallen Fertigarzneimittel, die nicht unter die Defekturregelung des § 21 Abs. 2 Nr. 1 AMG fallen, auch dann unter § 3a, wenn sie in der Apotheke hergestellt werden (zutreffend OLG Köln Urt. v. 22.02.2017 – 6 U 101/16, PharmR 2017, 357, 360 f.).

## 3. Andere Heilmittel

3b Bei anderen Heilmitteln als Arzneimitteln ist § 3a nicht anwendbar. Ebenso wie bei zulassungspflichtigen Arzneimitteln auch (s.Rdn. 12 f.) wird ihr Inverkehrbringen unter Verstoß gegen produkt- oder absatzbezogene Regelungen selbst aber regelmäßig gem. § 3a UWG unlauter und die Werbung unter Umständen gem. §§ 3 HWG, 5, 5a UWG irreführend sein (BGH Urt. v. 10.12.2009 – I ZR 189/07, MedR 2010, 783 – Golly Telly mit insoweit zust. Anm. *Mand*; OLG Dresden Urt. v. 15.01.2019 – 14 U 941/18, PharmR 2019, 394, 395). Werden z.B. **Medizinprodukte** unter Verstoß gegen die Zertifizierungsvorschriften des MPG, d.h. ohne korrekte

CE-Kennzeichen, in Verkehr gebracht (§ 3 Nr. 10 MPG, dazu Einführung HWG Rdn. 4), begründet bereits der Verstoß gegen § 6 Abs. 1 MPG die Unlauterkeit gem. § 3a UWG (BGH, GRUR 2010, 169 Rn. 13 – CE-Kennzeichnung; BGH Urt. v. 12.05.2010 – I ZR 185/07, MedR 2011, §§ 98 ff. Rn. 8 f. m. Anm. *Mand* – One Touch Ultra). Die Werbung für solche Medizinprodukte führt vielfach über die Verkehrsfähigkeit in die Irre und verstößt damit gegen §§ 3 HWG, 5, 5a UWG sowie ggf. gegen § 3 Abs. 3 UWG i.V.m. Nr. 9 des Anh. zu § 3 Abs. 3 UWG (s. aber BGH Urt. v. 10.12.2009 – I ZR 189/07, MedR 2010, 783 Rn. 23 – Golly Telly).

## II. Persönlicher Anwendungsbereich

Hinsichtlich der **Werbeadressaten** gilt § 3a gleichermaßen bei Publikums- und Fachkreiswerbung (OLG Frankfurt a.M. Urt. v. 12.12.2019 – 6 U 189/18, PharmR 2020, 408, 409; BGH Urt. v. 13.03.2008 – I ZR 95/05, GRUR 2008, 1014 Rn. 29 – Amlodipin m.w.N.). Das Verbot kann selbst in Bezug auf die Fachkreiswerbung gegenüber Ärzten und Apotheken nicht unter Berufung auf Art. 12 Abs. 1 oder 5 Abs. 1 u. 3 GG eingeschränkt werden. Zwar können Ärzte unter bestimmten Voraussetzungen nicht zugelassene Arzneimittel auch außerhalb klinischer Studien, u.U. sogar zulasten der GKV, verordnen, während Apotheker solche Arzneimittel nach § 73 Abs. 3. AMG einzeln importieren können. Die mit § 3a identischen Vorgaben in Art. 87 Abs. 1 GK schließen einen Rückgriff auf nationale Grundrechte aber a priori aus (Einführung HWG Rdn. 61; *Mand* JZ 2010, 337, 347 f.). Im Lichte der Gemeinschaftsgrundrechte ist das Verbot auch in diesen Fällen nicht unverhältnismäßig. Selbst wenn infolge einer verantwortlichen Abwägungsentscheidung des Heilkundigen im konkreten Einzelfall die Gesundheit nicht gefährdet sein sollte, schützt das Werbeverbot doch davor, dass das Zulassungsverfahren umgangen oder verzögert wird (EuGH Urt. v. 08.11.2007 – C-143/06, GRUR 2008, 264 Rn. 33, 35 – Ludwigs-Apotheke; *Mand* WRP 2003, 192, 192 f.). Überdies bleibt das Schutzniveau, das der für die Auslegung des GK zuständige EuGH aus den Gemeinschaftsgrundrechten ableitet, z.T. deutlich hinter den Vorgaben des BVerfG zurück (Einführung HWG Rdn. 57 f. und zur neuerdings praktizierten Kontrolle der nationalen Umsetzungsnormen durch das BVerfG – ggf. auch anhand des GG – Einführung HWG Rdn. 58, 61).

## C. Produktbezogene Werbung

Die weite und abstrakte Fassung des Verbotstatbestands erfährt in einigen Fällen Einschränkungen über den Werbebegriff. Ebenso wie Art. 87 Abs. 1 GK (Werbung für »ein« Arzneimittel) verlangt § 3a einen **unmittelbaren Produktbezug** (§ 1 HWG Rdn. 45 f.). Hieran fehlt es, wenn ein Pharmaunternehmen über den Forschungs- oder Entwicklungsstand eines **neuen Wirkstoffes** berichtet, der noch nicht – auch nicht im Ausland – als Arzneimittel in Verkehr gebracht worden ist. Bei im Ausland, aber nicht im Inland verkehrsfähigen Arzneimitteln gelten dagegen strenge Anforderungen, weil eine Individualisierung des Arzneimittels heute leicht möglich und damit auch der Schutzzweck von § 3a tangiert ist. Dies gilt erst recht bei der Bewerbung neuer, noch **nicht zugelassener Indikationen** eines im Inland bereits verkehrsfähigen Arzneimittels (zutreffend OLG Frankfurt a.M. Urt. v. 12.12.2019 – 6 U 189/18, PharmR 2020, 408, 409, s. Rdn. 10). Anders mag es in Ausnahmefällen liegen, wenn bei einem Bericht der Namen des Präparats nicht genannt und auch sonst – etwa anhand von Arzneimittellisten – eine Identifikation mangels Publikation des Produktnamens nicht möglich ist (OLG München PharmInd 1999, 225, 226, das allerdings andere Informationskanäle neben Arzneimittellisten nicht in Betracht zieht; *Doepner/Reese*, § 3a HWG Rn. 24).

Bei **wissenschaftlichen Beiträgen**, z.B. auf internationalen Kongressen, wird man einen Werbecharakter im Rahmen der gebotenen Gesamtbetrachtung (§ 1 HWG Rdn. 7, 20 f.) aufgrund fehlender Absatzförderungsabsicht selbst bei der Nennung des (ausländischen) Produktnamens verneinen können, wenn die Informationen in wissenschaftlicher Form, vollständig und ohne werblichen Überhang dargelegt und diskutiert werden (*Bülow*/Ring, § 3a HWG Rn. 3a; a.A. *Doepner/Reese*, § 3a HWG Rn. 23; s.a. BGH Urt. v. 26.03.2009 – I ZR 213/06, GRUR 2009, 984,

Rn. 15 – Festbetragsfestsetzung). Die Ansprache von Fachkreisen als solche führt jedoch nicht zur Qualifikation als »wissenschaftlicher Beitrag« (OLG Frankfurt a.M. Urt. v. 12.12.2019 – 6 U 189/18, PharmR 2020, 408, 409).

7 Reine **Preislisten** i.S.d. Art. 86 Abs. 2 Spiegelstrich 3 GK sind generell, d.h. auch außerhalb des Anwendungsbereichs des GK (Art. 3–5 GK), nicht mehr als Heilmittelwerbung i.S.d. HWG einzustufen (§ 1 HWG Rdn. 26, 39 ff.). Unabhängig davon verstieße ein werberechtliches Verbot, solche Listen mit Preisen von nur im EU-Ausland, nicht aber im Inland zugelassenen Arzneimitteln grenzüberschreitend an deutsche Apotheken zu versenden, gegen die Warenverkehrsfreiheit gem. Art. 34 AEUV (EuGH Urt. v. 08.11.2007 – C-143/06, GRUR 2008, 264 Rn. 39 ff. – Ludwigs-Apotheke).

### D. Fehlende arzneimittelrechtliche Zulassung (§ 3a Satz 1 HWG)

8 Zugelassen ist ein Arzneimittel, wenn nach Abschluss des nationalen Zulassungsverfahrens ein wirksamer Zulassungsbescheid gem. § 25 Abs. 1 AMG vorliegt, die von einem anderen EU-Mitgliedsstaat erteilte Zulassung gem. § 25b Abs. 2 AMG anerkannt (sog. mutual recognition procedure) oder der Referenzzulassung eines anderen Mitgliedstaaten gem. § 25b Abs. 3 AMG zugestimmt wurde (decentralized procedure). Der nationalen bzw. dezentralen Zulassung steht eine zentrale Zulassung nach Art. 3, 10 der Verordnung (EG) Nr. 726/2004 gleich (eingehend zu den verschiedenen Zulassungsverfahren § 21 AMG). Die Problematik der – z.T. im Widerspruch zum GK – fiktiv als zugelassen geltenden Altarzneimittel ist heute weitgehend überwunden und werberechtlich nur noch für Altfälle relevant (s. dazu § 3a Rdn. 10). Für Rezeptur- und Defekturarzneimittel gilt § 3a nicht (Rdn. 3).

9 Ein Verstoß gegen § 3a kommt in Betracht bei Werbung vor Abschluss des Zulassungsverfahrens oder nachdem die Zulassung widerrufen, zurückgenommen oder erloschen ist (**illegales Postmarketing**). Häufiger sind Fälle, in denen der Werbende sein vermarktetes Produkt irrtümlich **falsch** z.B. als Lebensmittel, Medizinprodukt oder Kosmetikum **klassifiziert** und von einem arzneimittelrechtlichen Zulassungsverfahren von vornherein Abstand nimmt (s. zuletzt OLG Köln Urt. v. 23.12.2020 – 6 U 18/20, PharmR 2021, 144, 146 f.; vgl. auch bereits BGH Urt. v. 26.06.2008 – I ZR 112/05, GRUR Int 2009, 438 Rn. 10 ff. – HMB-Kapseln; GRUR 2009, 442 Rn. 12 ff. – L-Carnitin II zu den Änderungen des Arzneimittelbegriffs durch die Richtlinie 2004/27/EG). Auf ein Verschulden des Unternehmens kommt es für wettbewerbsrechtliche Unterlassungsansprüche dabei nicht an (Rdn. 14).

9b § 3a erfasst auch Werbung mit **Darreichungsformen** und **Dosierungen**, die nicht der Zulassung entsprechen. Denn auch dann fehlt es nicht anders als bei insgesamt nicht zugelassenen Arzneimitteln an der gem. § 22 Abs. 1 Nr. 10 AMG für die Verkehrsfähigkeit des Mittels erforderlichen medizinisch-pharmakologischen Überprüfung durch die Zulassungsbehörde (OLG Hamburg Urt. v. 30.07.2015 – 3 U 93/14, WRP 2015, 1143 Rn. 23 ff. – Nicht zulassungskonforme Dosisempfehlung; Urt. v. 16.01.2003 – 3 U 130/02, juris Rn. 13 = GRUR 2003, 354, 355 – Bruchrillen; Reese/Dieners/*Reese*/*Holtorf*, Handbuch des PharmaR, § 11 Rn. 196; *Doepner*/*Reese*, § 3a HWG Rn. 57). Hierfür spricht unionsrechtlich nicht zuletzt 87 Abs. 2 GK, wonach alle Elemente der Arzneimittelwerbung mit den Angaben in der Zusammenfassung der Merkmale des Arzneimittels vereinbar sein müssen. D. h. die Werbung darf keine Merkmale suggerieren, die im Widerspruch zur Zusammenfassung der Merkmale des Arzneimittels stehen, die von der zuständigen Behörde bei der Erteilung der Genehmigung für das Inverkehrbringen des entsprechenden Arzneimittels genehmigt wurde (vgl. EuGH Urt. v. 05.05.2011 – C-249/09, PharmR 2011, 287 Rn. 42 f. – Novo Nordisk). Dies ist bei der Bewerbung nicht zugelassener Dosierungen und Darreichungen aber stets der Fall, weil es insoweit an einer verlässlichen und gesetzlich für notwendig erachteten Risiko-Nutzen-Bewertung durch die Zulassungsbehörden fehlt. D.h. von der zugelassenen »Zusammenfassung der Merkmale des Arzneimittels« (Fachinformationen) abweichende Dosierungsangaben konkretisieren die geprüften Arzneimittelmerkmale nicht, sondern modifizieren diese in einer Weise, die mit dem Umfang der behördlichen Prüfung unvereinbar ist.

### E. Fehlende Zulassung für beworbene Indikation (§ 3a Satz 2 HWG)

Das Verbot gilt nach § 3a Satz 2 auch für die Bewerbung eines Indikationsgebiets, für die das Arzneimittel nicht zugelassen ist. Vor der Einfügung von Satz 2 durch die 14. AMG-Novelle v. 29.08.2005 (BGBl. I S. 2570, 2599) waren derartige Fälle bereits unter die dem heutigen Satz 1 entsprechende alte Fassung des § 3a subsumierbar (BGH Urt. v. 13.03.2008 – I ZR 95/05, GRUR 2008, 1014 Rn. 29 – Amlodipin m.w.N.). Der Begriff des »Anwendungsgebiets« ist dabei gleichbedeutend mit dem in der medizinischen Wissenschaft gebräuchlichen Begriff der Indikation und bezeichnet die dem Arzneimittel gegebene Zweckbestimmung, insbesondere die körperlichen und seelischen Zustände, die durch das betreffende Arzneimittel beeinflusst werden sollen (OLG Stuttgart Urt. v. 08.06.2017 – 2 U 127/16, GRUR-RR 2018, 86 Rn. 28 m.w.N.). Satz 2 ist nicht nur einschlägig, wenn für ein nicht von der Zulassung erfasstes Anwendungsgebiet explizit geworben wird, sondern auch dann, wenn der Anwendungsbereich mit Oberbegriffen beschrieben wird, die neben den Anwendungsgebieten, für die das Mittel zugelassen ist, auch ein Anwendungsgebiet einschließen, für das es an einer Zulassung fehlt (BGH Urt. v. 13.03.2008 – I ZR 95/05, GRUR 2008, 1014 Rn. 28 – Amlodipin; KG Urt. v. 13.03.2013 – 5 U 96/11 juris Rn. 15 m.w.N.). Enthält die Werbung Hinweise nicht nur auf Arzneimittelwirkungen, sondern auf konkrete Anwendungsgebiete, für die das Arzneimittel nicht zugelassen ist, steht einem Verbot gem. 3a nicht entgegen, dass die Pflichtangaben die Anwendungsgebiete korrekt bezeichnen (OLG Hamburg Urt. v. 19.07.2007 – 3 U 292/06, GRUR-RR 2008, 97, 98 f. – Schutz für MS-Patienten von Anfang an; s. zu weiteren Fällen auch Dieners/Reese/*Reese*/*Holtorf*, Handbuch des PharmaR § 11 Rn. 193).

Nicht mehr von § 3a Satz 2 erfasst sind dagegen Fälle, in denen – ohne den Zusammenhang mit der zugelassenen Indikation zu verlassen – **Wirkmechanismen, Wirkungen, weitergehende Symptome und Folgekrankheiten** diskutiert oder auch werblich präsentiert werden. Ob unzulässigerweise ein weiteres Anwendungsgebiet genannt oder lediglich auf zusätzliche Wirkungen hingewiesen wird, ist nach den Umständen des Einzelfalls und dem Verständnis des von der Werbung angesprochenen Verbrauchers zu entscheiden (Instruktiv OLG Stuttgart Urt. v. 08.06.2017 – 2 U 127/16, GRUR-RR 2018, 86 Rn. 32 ff.). Abgesehen vom Zusammenhang mit der zugelassenen Indikation muss insoweit allerdings richtigerweise auch das Fehlen einer eigenständigen Indikation verdeutlicht werden, um einen Verstoß gegen § 3 und § 3a auszuschließen (OLG Celle Urt. v. 09.07.2015 – 13 U 17/15, WRP 2015, 1115 Rn. 33; OLG Hamburg Urt. v. 04.08.2006 – 3 U 22/06, PharmR 2007, 127 Rn. 21; *Doepner/Reese*, § 3a HWG Rn. 36 ff.).

### F. Konkurrenzen und Durchsetzung

§ 8, 2. Alt. ist lex specialis zu § 3a: Die in § 8, 2. Alt. genannten Bezugsquellen (Einzeleinfuhren gem. § 73 Abs. 2 Nr. 6a und Abs. 3 AMG) beziehen sich inzwischen ebenfalls nur noch auf nicht zugelassene Arzneimittel, weil der neu eingefügte § 73 Abs. 1 Satz 1 Nr. 1a AMG die Einfuhr zugelassener Arzneimittel durch ausländische Versandapotheken abschließend regelt (zur vorherigen Erfassung dieser Fälle durch § 73 Abs. 2 Nr. 6a AMG *Mand* WRP 2003, 192, 193 f., wo deshalb die Spezialität von § 8, 2. Alt. verneint wurde). Die genannten Einzelimporte nicht zugelassener Arzneimittel fallen trotz ihrer eingeschränkten Verkehrsfähigkeit auch unter § 3a (Bülow/Ring/Artz/Brixius/*Brixius*, Heilmittelwerbegesetz, § 3a HWG Rn. 39; *Mand* WRP 2003, 192, 196). Zudem ist der Werbebegriff in §§ 3a, 8 identisch. § 8, 2. Alt. setzt aber Werbung speziell für die Bezugsform dieser Arzneimittel voraus, enthält also alle Tatbestandsmerkmale des § 3a und zusätzlich ein weiteres Merkmal. § 3a tritt mithin hinter die speziellere Norm des § 8, 2. Alt. zurück.

Dagegen kann § 3a aufgrund anderer Schutzrichtung ideal mit dem Irreführungstatbestand des § 3 konkurrieren, z.B. wenn in der Werbung nicht auf die fehlende Zulassung hingewiesen wird (zutreffend OLG Köln Urt. v. 28.08.1998 – 6 U 170/98, PharmaR 1998, 420, 425 f.).

Häufig ist nach § 3a verbotene Werbung auch als ein Feilhalten oder Feilbieten und damit als ein gem. § 21 AMG verbotenes Inverkehrbringen (**4 Abs. 17 AMG**) nicht zugelassener Arzneimittel zu werten. Dies ist gem. §§ 21, 96 Nr. 5 AMG bußgeldbewährt und i.S.v. § 3a UWG wettbewerbswidrig. Die Begehungsformen des Feilhaltens und -bietens setzen aber einen engen räumlichen Zusammenhang mit dem zu erwerbenden Gegenstand voraus (OLG Stuttgart Urt. v. 27.02.1998 – 2 U 182/97, PharmaR 1998, 290, 293; *Kloesel/Cyran*, § 4 AMG Abs. 17 Rn. 54 f., 55), der bei § 3a nicht zwingend erforderlich ist. Auch soweit nur § 3a verletzt ist, liegt bei fahrlässigem oder vorsätzlichem Handeln inzwischen eine Ordnungswidrigkeit vor (§ 15 Abs. 1 Nr. 1). Ist die Werbung zugleich als Feilhalten oder -bieten i.S.d. § 4 Abs. 17 AMG zu qualifizieren, besteht Idealkonkurrenz zu §§ 21, 96 Nr. 5 AMG; wettbewerbsrechtlich ist die Unlauterkeit dann gem. § 3a UWG doppelt begründet (BGH Urt. v. 26.06.2008 – I ZR 61/05, GRUR 2008, 830 ff. – L-Carnitin II).

14 Für wettbewerbsrechtliche Unterlassungsansprüche ist unerheblich, ob der Verstoß gegen § 3a auf einem – ggf. durch die Bewertung der zuständigen Behörden verstärkten – unvermeidbaren Irrtum des Werbenden beruht. Maßgebend ist die objektive Rechtslage. Gerade bei falscher Klassifikation des beworbenen Produkts kann es aber an dem für Schadensersatzansprüche (§ 9 UWG) erforderlichen Verschulden fehlen (Einführung HWG Rdn. 15). Allerdings prüfen die Zulassungsbehörden Packungsbeilage und Etikett in der Regel nicht auf etwaige Verstöße gegen Wettbewerbsregeln (vgl. *Kloesel/Cyran*, § 25 AMG Anm. 63; *Sander*, ArzneimittelR § 25 AMG Erl. 11). Ohne besondere Anhaltspunkte darf aus einer fehlenden Beanstandung also nicht auf die heilmittelwerberechtliche Zulässigkeit der Angaben geschlossen werden (BGH Urt. v. 13.03.2008 – I ZR 95/05, GRUR 2008, 1014 Rn. 36 – Amlodipin: zu weitgehende Bezeichnung der Anwendungsgebiete auf Verpackung).

## § 4 Pflichtangaben

(1) Jede Werbung für Arzneimittel im Sinne des § 2 Abs. 1 oder Abs. 2 Nr. 1 des Arzneimittelgesetzes muß folgende Angaben enthalten:
1. den Namen oder die Firma und den Sitz des pharmazeutischen Unternehmers,
2. die Bezeichnung des Arzneimittels,
3. die Zusammensetzung des Arzneimittels gemäß § 11 Abs. 1 S. 1 Nr. 6 Buchstabe d des Arzneimittelgesetzes,
4. die Anwendungsgebiete,
5. die Gegenanzeigen,
6. die Nebenwirkungen,
7. Warnhinweise, soweit sie für die Kennzeichnung der Behältnisse und äußeren Umhüllungen vorgeschrieben sind,
7a. bei Arzneimitteln, die nur auf ärztliche, zahnärztliche oder tierärztliche Verschreibung abgegeben werden dürfen, der Hinweis »Verschreibungspflichtig«,
8. die Wartezeit bei Arzneimitteln, die zur Anwendung bei Tieren bestimmt sind, die der Gewinnung von Lebensmitteln dienen. Eine Werbung für traditionelle pflanzliche Arzneimittel, die nach dem Arzneimittelgesetz registriert sind, muss folgenden Hinweis enthalten: »Traditionelles pflanzliches Arzneimittel zur Anwendung bei... (spezifiziertes Anwendungsgebiet/spezifizierte Anwendungsgebiete) ausschließlich auf Grund langjähriger Anwendung«.

(1a) Bei Arzneimitteln, die nur einen Wirkstoff enthalten, muß der Angabe nach Absatz 1 Nr. 2 die Bezeichnung dieses Bestandteils mit dem Hinweis: »Wirkstoff:« folgen; dies gilt nicht, wenn in der Angabe nach Absatz 1 Nr. 2 die Bezeichnung des Wirkstoffs enthalten ist.

(2) Die Angaben nach den Absätzen 1 und 1a müssen mit denjenigen übereinstimmen, die nach § 11 oder § 12 des Arzneimittelgesetzes für die Packungsbeilage vorgeschrieben sind. Können die in § 11 Abs. 1 S. 1 Nr. 3 Buchstabe a und Nr. 5 des Arzneimittelgesetzes vorgeschriebenen Angaben nicht gemacht werden, so können sie entfallen.

(3) Bei einer Werbung außerhalb der Fachkreise ist der Text »Zu Risiken und Nebenwirkungen lesen Sie die Packungsbeilage und fragen Sie Ihren Arzt oder Apotheker« gut lesbar und von den

übrigen Werbeaussagen deutlich abgesetzt und abgegrenzt anzugeben. Bei einer Werbung für Heilwässer tritt an die Stelle der Angabe »die Packungsbeilage« die Angabe »das Etikett« und bei einer Werbung für Tierarzneimittel an die Stelle »Ihren Arzt« die Angabe »den Tierarzt«. Die Angaben nach Absatz 1 Nr. 1, 3, 5 und 6 können entfallen. Satz 1 findet keine Anwendung auf Arzneimittel, die für den Verkehr außerhalb der Apotheken freigegeben sind, es sei denn, daß in der Packungsbeilage oder auf dem Behältnis Nebenwirkungen oder sonstige Risiken angegeben sind.

(4) Die nach Absatz 1 vorgeschriebenen Angaben müssen von den übrigen Werbeaussagen deutlich abgesetzt, abgegrenzt und gut lesbar sein.

(5) Nach einer Werbung in audiovisuellen Medien ist der nach Absatz 3 Satz 1 oder 2 vorgeschriebene Text einzublenden, der im Fernsehen vor neutralem Hintergrund gut lesbar wiederzugeben und gleichzeitig zu sprechen ist, sofern nicht die Angabe dieses Textes nach Absatz 3 Satz 4 entfällt. Die Angaben nach Absatz 1 können entfallen.

(6) Die Absätze 1, 1a, 3 und 5 gelten nicht für eine Erinnerungswerbung. Eine Erinnerungswerbung liegt vor, wenn ausschließlich mit der Bezeichnung eines Arzneimittels oder zusätzlich mit dem Namen, der Firma, der Marke des pharmazeutischen Unternehmers oder dem Hinweis: »Wirkstoff:« geworben wird.

## Übersicht

| | | Rdn. | | | Rdn. |
|---|---|---|---|---|---|
| A. | Anwendungsbereich und Regelungszweck | 1 | VII. | Verschreibungspflichtigkeit (§ 4 Abs. 1 Satz 1 Nr. 7a) | 28 |
| B. | Vereinbarkeit mit GK und primärem Unionsrecht | 3 | VIII. | Wartezeit bei Tierarzneimittel (§ 4 Abs. 1 Nr. 8) | 29 |
| I. | Öffentlichkeitswerbung | 4 | E. | Übereinstimmungsgebot (§ 4 Abs. 2) | 30 |
| II. | Werbung gegenüber den zur Abgabe und Verschreibung befugten Personen | 10 | I. | Regelungszweck und Anwendungsbereich | 30 |
| C. | Verfassungskonformität | 14 | II. | Übereinstimmung und Normkollision | 31 |
| D. | Pflichtangaben im Einzelnen | 15 | III. | Entbehrlichkeit von Pflichtangaben (§ 4 Abs. 2 Satz 2) | 37 |
| I. | Name oder Firma und Sitz des pharmazeutischen Unternehmers (§ 4 Abs. 1 Satz 1 Nr. 1) | 15 | F. | Besonderheiten bei Publikumswerbung (§ 4 Abs. 3) | 40 |
| II. | Arzneimittel-Bezeichnung (§ 4 Abs. 1 Satz 1 Nr. 2) und Wirkstoffangabe (§ 4 Abs. 1a) | 17 | G. | Formale Ausgestaltung (§ 4 Abs. 4) | 46 |
| | | | H. | Einschränkungen bei audiovisuellen Medien (§ 4 Abs. 5) | 51 |
| III. | Zusammensetzung des Arzneimittels (§ 4 Abs. 1 Satz 1 Nr. 3) | 19 | I. | Fernsehwerbung | 53 |
| IV. | Anwendungsgebiete (§ 4 Abs. 1 Satz 1 Nr. 4 und Abs. 1 Satz 2 HWG) | 20 | II. | Hörfunkwerbung | 57 |
| | | | III. | Elektronische Werbung in Datennetzwerken | 58 |
| V. | Gegenanzeigen und Nebenwirkungen (§ 4 Abs. 1 Satz 1 Nr. 5 und 6) | 24 | J. | Einschränkung bei Erinnerungswerbung (§ 4 Abs. 6) | 61 |
| VI. | Warnhinweise (§ 4 Abs. 1 Satz 1 Nr. 7) | 27 | K. | Rechtsverfolgung und Konkurrenzen | 65 |

## A. Anwendungsbereich und Regelungszweck

§ 4 fordert in der **produktbezogenen Werbung** (s. § 1 Rdn. 45 f.) für **Arzneimittel i.S.d. § 2 Abs. 1 o. Abs. 2 Nr. 1 AMG** (dazu § 2 AMG) bestimmte Pflichtangaben, wobei die Anforderungen in der Fachkreiswerbung am strengsten sind. Der dort verlangte vollständige Pflichtangabenkatalog (§ 4 Abs. 1 und 1a) umfasst den **Informationskern** aus **der arzneimittelrechtlichen Gebrauchsanweisung** (§§ 10, 11 AMG). Werden »Pflichtangaben« oder der Warnhinweis gem. § 4 Abs. 3 anderen Heilmitteln als Arzneimitteln oder auch Nahrungsergänzungsmitteln, bilanzierten Diäten oder Lebensmitteln beigefügt, kann dies über die Produktqualität in die Irre führen (§ 5 Abs. 1 UWG, OLG Dresden Urt. v. 15.01.2019 – 14 U 941/18, PharmR 2019, 394). Andererseits können für andere Heilmittel und Produkte inhaltlich strengere Kennzeichnungspflichten auch aus dem allgemeinen Irreführungsverbot des § 5a UWG folgen (OLG Karlsruhe Urt. v. 26.09.2018 – 6 U 84/17, PharmR 2019, 66, 71).

2 § 4 dient dazu, in der Werbung ein möglichst vollständiges und objektives Gesamtbild insbesondere über die medizinisch-relevanten Merkmale des beworbenen Arzneimittels sicherzustellen: Die Pflichtangaben sollen Fachkreisen und Endverbrauchern die notwendigen Informationen vermitteln, um Vor- und Nachteile eines Arzneimittels abzuwägen, die Werbeaussagen richtig einzuordnen und, ggf. nach Einholung weiterer kompetenter Beratung, eine fundierte Entscheidung über dessen Verschreibung, Kauf oder Gebrauch treffen zu können. (GRUR 1998, 591 – Monopräparate; BGH Urt. v. 03.12.1998 – I ZR 119/96; BGHZ 140, 134, 141 – Hormonpräparate; BGH WRP 2010, 1030, 1033 – Erinnerungswerbung im Internet; BGH GRUR 1987, 301, 302 – &-Punkt-Schrift; BGHZ 114, 354, 356 f. – Katovit; BGH WRP 2014, 65 Rn. 5 – Pflichtangaben im Internet; *Doepner/Reese*, § 4 HWG Rn. 20). § 4 unterstreicht damit die Bedeutung von Werbung als Informationsquelle und trägt dem neuen Leitbild kritischer Werbeadressaten Rechnung (Einführung HWG Rdn. 20 f.). Weil die Pflichtangaben selbst integraler Teil der Heilmittelwerbung sind (§ 1 Rdn. 23; *Doepner/Reese*, § 4 HWG Rn. 59 f.), steht dieser informatorische Ansatz in einem Spannungsverhältnis zum Verbotsprinzip der anderen HWG-Tatbestände (zu den Regelungskonflikten Rdn. 31 ff.; *Doepner/Reese*, § 4 HWG Rn. 58 ff.). Nicht zuletzt deshalb ist die Geschichte des HWG von den Reformen des Pflichtangabenrechts geprägt; bis heute zählt § 4 zu den rechtspolitisch umstrittensten Vorschriften des HWG (*Gröning*, Heilmittelwerberecht § 4 HWG Rn. 4: »größte Zweifel« am Aufwand-Nutzen-Verhältnis).

## B. Vereinbarkeit mit GK und primärem Unionsrecht

3 Der GK regelt die Pflichtangaben in der Öffentlichkeitswerbung (Art. 89 GK) und in der Werbung gegenüber den zur Abgabe und Verschreibung von Arzneimitteln befugten Personen (Art. 91 ff. GK) separat.

### I. Öffentlichkeitswerbung

4 Nach Art. 89 Abs. 1 Buchst. b GK muss die Öffentlichkeitswerbung »mindestens« folgende Angaben enthalten: (1.) den Namen (Art. 1 Nr. 20 GK) und bei Monopräparaten zusätzlich die gebräuchliche Bezeichnung (Art. 1 Nr. 21 GK) des Arzneimittels, (2.) die für seine »sinnvolle Verwendung« »unerlässlichen Informationen« sowie (3.) die »ausdrückliche und gut erkennbare Aufforderung«, die Hinweise auf der Packungsbeilage oder, in Ermangelung einer solchen, auf der Umverpackung »aufmerksam zu lesen« (BGH GRUR 2009, 509 Rn. 13 –Schoenenberger Artischockensaft; GRUR 2009, 984 Rn. 31 – Festbetragsfestsetzungen; OLG Köln MD 2009, 155, 156). Zudem gestattet Art. 89 Abs. 2 GK den Mitgliedstaaten für die Erinnerungswerbung nur die Namensangabe zu verlangen, was der deutsche Gesetzgeber in § 4 Abs. 6 richtlinienkonform umgesetzt hat. Insbes. ist es nach Art. 89 Abs. 2 GK zulässig, im Rahmen der von Pflichtangaben freigestellten Erinnerungswerbung auch Angaben zu gestatten, die über die bloße Identifikation des Arzneimittels hinausgehen (BGH WRP 2010, 1030, 1033 – Erinnerungswerbung im Internet; s. dazu Rdn. 62 f.).

5 **Art. 4 Abs. 3 Satz 3** bleibt hinter den geforderten Mindeststandards nicht zurück, wenn danach in der **Publikumswerbung** die Anwendungsgebiete (§ 4 Abs. 1 Nr. 1), Zusammensetzung (Nr. 3) und Nebenwirkungen (Nr. 6) des Arzneimittels nicht angegeben werden müssen. Denn diese Angaben können schon mit Blick auf audiovisuelle Werbung, für die im GK keine Sonderregeln enthalten sind, nicht zu den »unerlässlichen Informationen« (Art. 89 Abs. 1 Buchst. b Spiegelstrich 2) gerechnet werden (*Gröning*, Heilmittelwerberecht Art. 4 RL 92/28/EWG Rn. 14–16). Wegen der abzudruckenden (personenbezogenen) Warnhinweise (Nr. 7, s. Rdn. 27) gilt Gleiches letztlich auch für Gegenanzeigen (Nr. 5, a.A. *Gröning*, Heilmittelwerberecht Art. 4 RL 92/28/EWG Rn. 17). Die Beschränkung der Pflichtangaben auf die Bezeichnung des Arzneimittels (Nr. 2), die Warnhinweise

(Nr. 7) und u.U. die Wirkstoffangabe (Abs. 1a) sowie in Ausnahmefällen die Verschreibungspflicht (Nr. 7a, s. Rdn. 28) ist also richtlinienkonform.

Bei **audiovisueller Werbung** findet der vollständige Verzicht auf Pflichtangaben (Art. 4 Abs. 5 Satz 2) hingegen keine Grundlage im GK, da dieser nicht zwischen den verschiedenen Werbemedien differenziert. Für die zwingende Bezeichnung des Arzneimittels und die Wirkstoffangaben (Art. 89 Abs. 1 Buchst. b Spiegelstrich 1 GK, § 4 Abs. 1 Satz 1 Nr. 2, Abs. 1a HWG) ist eine richtlinienkonforme Auslegung möglich und geboten. Hinsichtlich der Warnhinweise, die zu den »unerlässlichen Informationen« i.S.d. Art. 89 Abs. 1 Buchst. b Spiegelstrich 2 GK zählen, besteht hingegen ein Umsetzungsdefizit (Rdn. 55 f.). 6

Hinsichtlich des Pflichthinweises in der Publikums- und audiovisuellen Werbung (§ 4 Abs. 3 Satz 1, Abs. 5 Satz 1) geht das HWG über Art. 89 GK hinaus (*Gröning*, Heilmittelwerberecht Art. 4 RL 28/92/EWG Rn. 13 ff., 18). Wie sich bereits aus dem in Art. 89 GK, nicht aber in Art. 91 GK enthaltenen Wort »mindestens« ergibt, sieht der GK für die Öffentlichkeitswerbung nur eine **Mindestharmonisierung vor** (EuGH Urt. v. 08.11.2007 – C-374/05, GRUR 2008, 267 Rn. 22 – Gintec; a.A. noch *Gröning*, Heilmittelwerberecht Art. 4 RL 92/28/EWG Rn. 5), welche den Erlass der **inhaltlich strengeren deutschen Regeln gestattet** (BGH Urt. v. 09.10.2008 – I ZR 100/04, GRUR 2009, 509, 509, Rn. 13 – Schoenenberger Artischockensaft zu Art. 4 Abs. 3). Ebenfalls von der Öffnungsklausel gedeckt sind die weitergehenden Anforderungen für solche Angehörigen des weiten Fachkreisbegriffs in § 2, die nicht zum engeren Personenkreis der Art. 91 ff. GK zählen, auch wenn dies zu differenzierten Anforderungen innerhalb der »Öffentlichkeitswerbung« i.S.d. GK führt (§ 2 HWG Rdn. 5). 7

In **formeller Hinsicht** sind § 4 Abs. 3 Satz 1, Abs. 4 und Abs. 5 Satz 1 wesentlich strenger als der GK. Dieser stellt nur in Art. 89 Abs. 1 Buchst. b Spiegelstrich 3 und 93 Abs. 2 formelle Anforderungen auf. Ein Änderungsantrag des EP (ABl. C Nr. 183 v. 15.07.1991, S. 220) der § 4 Abs. 4 ähnelnde Formvorgaben in den GK aufnehmen wollte, wurde hingegen verworfen (zur Entstehungsgeschichte *Gröning*, Heilmittelwerberecht Art. 4 RL 92/98/EWG Rn. 18). Nur die formellen Anforderungen an den Pflichthinweis in der Publikumswerbung (§ 4 Abs. 3 Satz 1: »gut lesbar und von den übrigen Werbeaussagen deutlich abgesetzt und abgegrenzt«) und grundsätzlich auch in der audiovisuellen Werbung (§ 4 Abs. 5 Satz 1, dazu Rdn. 54) sind danach im Lichte von Art. 89 Abs. 1 Buchst. b Spiegelstrich 3 GK (»ausdrücklich und gut erkennbar«) noch als richtlinienkonform anzuerkennen. Dagegen kollidieren die formellen Anforderungen an die Pflichtangaben (§ 4 Abs. 4) mit dem GK (ebenso bereits *Gröning*, PharmaR 2001, 111, 121; Bülow/Ring/Artz/Brixius/*Brixius*, § 4 Rn. 8 f.; *Meyer* PharmR 2008, 407, 412; a.A. OLG Koblenz Urt. v. 14.12.2016 – 9 U 941/16, GRUR-RR 2017, 284 Rn. 16 – Passionsblume; *Doepner*/Reese, § 4 HWG Rn. 200 f.; MüKoUWG/*Köber*, 2. Aufl., Anhang §§ 1–7 E, § 4 HWG Rn. 26). Denn die »Mindestklausel« in Art. 89 Abs. 1 Satz 1 GK gestattet schon nach ihrem Wortlaut und im Gegenschluss zu Art. 89 Abs. 1 Buchst. b Spiegelstrich 3, 93 Abs. 2 GK nur, weitere inhaltliche Angaben zu verlangen, nicht hingegen zusätzliche Anforderungen an deren Präsentation zu stellen. Das aus § 4 Abs. 4 resultierende, rechtspolitisch zweifelhafte Gebot eines separaten Pflichtangabenblocks (s.a. *Gröning* PharmaR 2001, 111, 121: »unter Verbraucherschutzgesichtspunkten ist ihm keine einzige Träne nachzuweinen«) ist daher richtlinienkonform einzuschränken (teleologische Reduktion der Kriterien abgesetzt und abgegrenzt, s. Rdn. 48 f.). 8

Die nach dem GK zulässigen, strengeren Anforderungen des HWG verstoßen bei grenzüberschreitenden Sachverhalten auch nicht gegen die **Warenverkehrs- oder Dienstleistungsfreiheit** (Art. 34, 56 AEUV, zum jeweiligen Anwendungsbereich und den Anforderungen Einführung HWG Rdn. 16 ff.). Dies gilt letztlich auch für den vorformulierten Pflichthinweis, kumulativ zur Beachtung der Gebrauchsinformationen den Arzt oder Apotheker zu befragen (§ 4 Abs. 3 Satz 1, Abs. 5 Satz 1). Obwohl diese Pflicht den grenzüberschreitenden Waren- und Dienstleistungsverkehr nicht unerheblich einschränkt, kann sie im Lichte der mitgliedstaatlichen Kompetenz zur Festlegung des Schutzniveaus zumindest aus Gründen des Gesundheitsschutzes gerechtfertigt werden (Art. 30, 46 EG, vgl. EuGH Slg. 2004, I-6569 Rn. 33 ff. – Kommission-Frankreich. Sogar für eine 9 tatbestandliche Ausnahme aus Art. 28 nach der Keck-Formel BGH Urt. v. 09.10.2008 – I ZR 100/04, GRUR 2009, 509, 509, Rn. 13 – Schoenenberger Artischockensaft, s. dazu Einführung HWG Rdn. 23).

### II. Werbung gegenüber den zur Abgabe und Verschreibung befugten Personen

10 Nach **Art. 91 Abs. 1 Satz 1 GK** muss die Werbung gegenüber den zur Abgabe und Verschreibung Befugten weitergehend als in Öffentlichkeitswerbung (1.) »die wesentlichen Informationen im Einklang mit der Zusammenfassung der Merkmale des Arzneimittels« (Art. 21 Abs. 1 i.V.m. 8 Abs. 3, 11 GK) und (2.) dessen Einstufung für die Abgabe (Art. 70 GK) enthalten. **Fakultativ** können die Mitgliedstaaten nach Satz 2 zusätzlich die Angabe des Preises und der Erstattungsbedingungen in der Sozialversicherung verlangen und nach Abs. 2 Erleichterungen bei der Erinnerungswerbung vorsehen. Letzteres ist in § 4 Abs. 6 umgesetzt.

11 **Art. 92 GK** behandelt den Spezialfall einer Werbung durch eine Gesamtheit von Unterlagen (also insbes. Direktwerbung). Zusätzlich zu den Angaben nach Art. 91 Abs. 1 Satz 1 GK ist hier zwingend der Zeitpunkt der letzten Änderung dieser Informationen anzugeben (Art. 92 Abs. 1 GK). Im Übrigen statuieren Art. 92 Abs. 2 und 3 GK Anforderungen an die Exaktheit, Korrektheit und Vollständigkeit freiwilliger Zusatzangaben des Werbenden (ähnlich *Gröning*, Heilmittelwerberecht Art. 6 und 7 RL 92/98/EWG Rn. 2). Bei Besuchen von Arzneimittelvertretern verlangt **Art. 93 Abs. 2 GK** schließlich die Vorlage der kompletten Zusammenfassung der Arzneimittelmerkmale und nicht nur der wesentlichen Informationen daraus.

12 Art. 91–93 GK wirken **voll harmonisierend**. Dies folgt im Gegenschluss aus der beschränkten Öffnungsklausel in Art. 91 Abs. 1 Satz 2 GK und dem abweichenden Wortlaut in Art. 89 Abs. 1 GK, der anders als Art. 91 GK explizit von Mindestangaben spricht. Es fragt sich nur, ob die Mitgliedstaaten mit Blick auf Erwägungsgrund 52 GK zur weiteren **inhaltlichen Konkretisierung** berechtigt sind. Hierfür lässt sich anführen, dass Art. 91 Abs. 1 Spiegelstrich 1, 92 Abs. 1 GK die Pflichtangaben in der Werbung gegenüber den zur Abgabe und Verschreibung befugten Personen auf ein konkretisierungsbedürftiges Exzerpt aus der Zusammenfassung der Merkmale des Arzneimittels (Art. 11 Abs. 1 GK) beschränken, nämlich auf die »wesentlichen Informationen« daraus. Im Lichte des Zwecks der Vollharmonisierung und der Rspr. des EuGH (Urt. v. 08.11.2007 – C-374/05, GRUR 2008, 267 Rn. 25, 55, 58 f. – Gintec) wird man eine Befugnis der Mitgliedstaaten, die »wesentlichen Informationen« verbindlich auszuwählen, aber **verneinen** müssen (Einführung HWG Rdn. 47 ff.). Bis zu einer Entscheidung des EuGH über diese Frage verbleiben somit Rechtsunsicherheiten. Immerhin enthalten die § 4 Abs. 1 und 1a i.V.m. Abs. 2 insoweit ein überzeugendes, (*Gröning*, Heilmittelwerberecht Art. 6 und 7 RL 92/98/EWG Rn. 6) und vom deutschen Gesetzgeber als abschließend gewolltes Umsetzungsmodell. Dessen Beachtung schließt daher sowohl hoheitliche Sanktionen (s. Einführung HWG Rdn. 31) als auch wettbewerbsrechtliche Ansprüche aus (Einführung HWG Rdn. 41), weil das HWG insoweit nicht strenger ausgelegt bzw. fortgebildet werden darf. Sollte der EuGH weniger Angaben aus dem Katalog des § 11 GK als »wesentlich« einstufen, wären die Anforderungen des HWG hingegen teleologisch zu reduzieren (Einführung HWG Rdn. 39 f.); jedoch nur hinsichtlich der zur Abgabe und Verschreibung Berechtigten, nicht gegenüber anderen Angehörigen der Fachkreise (§ 2 HWG Rdn. 6).

13 Für die im Gesundheitswesen tätigen Personen trifft der GK nur für die Werbung durch Pharmavertreter eine **Formvorgabe** (Vorlage der vollständigen Zusammenfassung der Arzneimittelmerkmale, Art. 93 Abs. 2 GK, hieraus ein allgemeines Schriftformerfordernis ableitend *Doepner*, § 4 HWG Rn. 27). Im Gegenschluss zu dieser Sonderregelung und zu Art. 89 Abs. 1 Buchst. b Spiegelstrich 3 GK sowie im Lichte der Entstehungsgeschichte (s. *Gröning*, Heilmittelwerberecht Art. 4 RL 28/92/EWG Rn. 18) ist die vollharmonisierende Wirkung des GK auch auf die formellen Anforderungen zu erstrecken. Die in § 4 Abs. 4 verankerten allgemein strengeren Formvorgaben sind daher richtlinienwidrig und teleologisch zu reduzieren, soweit sie über die aus dem Regelungszweck der Art. 89 ff. GK herzuleitende gute Erkennbarkeit hinaus eine strikte Abgrenzung der Pflichtangaben verlangen (Rdn. 48 f.).

## C. Verfassungskonformität

Verfassungsrechtliche Zweifel an § 4 (Art. 12 Abs. 1, 5 Abs. 1 und/oder Art. 3 Abs. 1 GG, vgl. *Forstmann* WRP 1977, 691; *Albrecht/Wronka* GRUR 1977, 72) sind jedenfalls nach der Liberalisierung durch die 8. AMG-Novelle vom 07.09.1998 (BGBl. I S. 2649) unbegründet (BGH GRUR 2009, 509 Rn. 15 – Schoenenberger Artischockensaft; GRUR 2009, 984 Rn. 31 ff. – Festbetragsfestsetzung; *Doepner*/Reese, § 4 HWG Rn. 74). A priori beschränkt sich die verfassungsrechtliche Prüfung auf die durch den GK nicht verbindlich vorgegebenen, aber optional zugelassenen Pflichtangaben (Einführung HWG Rdn. 61 f.; *Doepner*/Reese, § 4 HWG Rn. 73). Auch soweit die Anforderungen in zulässiger Weise über den GK hinausgehen, wie insbes. die Vorformulierung und inhaltliche Ausweitung des Pflichttexts in der Öffentlichkeitswerbung (§ 4 Abs. 3), sind diese aus Gründen des Gesundheitsschutzes gerechtfertigt (BGH Urt. v. 09.10.2008 – I ZR 100/04, GRUR 2009, 509 Rn. 15 ff. – Schoenenberger Artischockensaft; Urt. v. 26.03.2009 – I ZR 213/06, GRUR 2009, 984 Rn. 31 –Festbetragsfestsetzung): Die Standardisierung des Pflichthinweises verdeutlicht zumindest, dass es sich um ein für die Gesundheit besonders sensibles Produkt handelt. Die Entscheidung des Gesetzgebers, diese Wirkung gegenüber der potentiell abstumpfenden Wirkung einer Vorformulierung in den Vordergrund zu stellen, ist zulässig, zumal teuren Streitigkeiten darüber vorgebeugt wird, ob individuell gewählte Formulierungen tatsächlich als »ausdrückliche und gut erkennbare Aufforderung« i.S.d. Art. 89 Abs. 1 Buchst. b GK zu werten sind. Der vollständige Pflichthinweis bei freiverkäuflichen Arzneimitteln, bei denen in der Gebrauchsinformation Nebenwirkungen oder sonstigen Risiken angegeben sind (§ 4 Abs. 3 Satz 4 a.E.), schafft einen Ausgleich für die Freigabe für den Verkehr außerhalb von Apotheken (BGH Urt. v. 09.10.2008 – I ZR 100/04, GRUR 2009, 509 Rn. 18 ff. – Schoenenberger Artischockensaft).

## D. Pflichtangaben im Einzelnen

### I. Name oder Firma und Sitz des pharmazeutischen Unternehmers (§ 4 Abs. 1 Satz 1 Nr. 1)

**Pharmazeutischer Unternehmer** ist der **Inhaber der Zulassung oder Registrierung** und außerdem – abgesehen von Humanarzneimitteln, die zur klinischen Prüfung bestimmt sind – derjenige, der das Arzneimittel i.S.d. § 4 Nr. 17 AMG **unter seinem Namen in Verkehr bringt** (§ 4 Abs. 18 AMG). Hersteller ist demgegenüber jeder, der das Arzneimittel gewinnt, anfertigt, zubereitet etc. (§ 4 Abs. 14 AMG). Dies können vom pharmazeutischen Unternehmen verschiedene Unternehmen sein. Im Gegensatz zur Gebrauchsinformation (§ 11 Abs. 1 Nr. 6 Buchst. g AMG) sind Herstellerangaben in den heilmittelwerberechtlichen Pflichtangaben entbehrlich.

Im Regelfall sind pharmazeutische Unternehmer Kaufleute (§§ 1, 6 HGB), die eine **Firma** führen (§ 17 Abs. 1 HGB). Geben sie ihre **Firma** an, sind analog § 10 Abs. 9 Satz 2 AMG Abkürzungen erlaubt, wenn das Unternehmen erkennbar bleibt (*Gröning*, Heilmittelwerberecht § 4 HWG Rn. 42; *Doepner*/Reese, § 4 HWG Rn. 79). Zudem ist der **Ort des Sitzes**, im Gegensatz zum AMG (§§ 10 Abs. 1 Nr. 1, 11 Abs. 1 Nr. 5) aber nicht die exakte Anschrift anzugeben, es sei denn, Verwechslungsgefahr droht (*Doepner*/Reese, § 4 HWG Rn. 78). Alternativ ist der **Name** i.S.d. § 12 **BGB** anzugeben, insbes. wenn es an der Kaufmannseigenschaft fehlt (s. z.B. Bülow/Ring/Artz/Brixius/*Brixius* § 4 HWG Rn. 44: nicht gewerbliche, karitative Abgabe; *Doepner*/Reese, § 4 HWG Rn. 78).

### II. Arzneimittel-Bezeichnung (§ 4 Abs. 1 Satz 1 Nr. 2) und Wirkstoffangabe (§ 4 Abs. 1a)

Die Bezeichnung des Arzneimittels kann der Unternehmer weitgehend frei wählen. Sie kann sich beziehen auf die Anwendungsart, Indikation oder Inhaltsstoffe; sogar Phantasiebezeichnungen sind zulässig. Die grundsätzliche Zulässigkeit von Bezeichnungen, die auf eine Indikation hindeuten, bietet die Möglichkeit zu »informativer Erinnerungswerbung« (s. Rdn. 63). Allgemeine Grenzen bei der Wahl der Bezeichnung setzen insbes. das Markenrecht sowie das arzneimittelrechtliche Irreführungsverbot (§ 8 Abs. 1 Nr. 2 AMG).

18 Die Arzneimittel-Bezeichnung in der Werbung muss identisch sein mit der Bezeichnung, unter der das Arzneimittel in Verkehr gebracht worden ist (§ 4 Abs. 1 Satz 1 Nr. 2, Abs. 2 HWG i.V.m. § 11 Abs. 1 Nr. 1 Buchst. a, § 10 Abs. 1 Nr. 2 AMG, s.a. OLG Hamburg PharmaR 1998, 173, 175 f.; *Doepner*/Reese, § 4 HWG Rn. 81). Bei Monopräparaten ist zusätzlich der Bezeichnung folgend, d.h. in engem räumlichen Zusammenhang zu dieser (OLG Naumburg Urt. v. 24.03.2006 – 10 U 58/05 [Halbs.], MMR 2006, 467, 468), der Wirkstoff anzugeben und mit dem Hinweis »Wirkstoff:« einzuleiten. Wenn der Wirkstoff bereits in der Bezeichnung »enthalten« ist und keine Zweifel über dessen Identität aufkommen, kann dessen Angabe und konsequenterweise auch der Hinweis »Wirkstoff:« entfallen (KG MD 2010, 1188 Rn. 71; *Gröning*, Heilmittelwerberecht § 4 HWG Rn. 49; *Doepner*/Reese, § 4 HWG Rn. 85). Die Novelle des § 4 Abs. 1a durch das 2. AMGuaÄndG 2012, die den Begriff »arzneilich wirksamer Bestandteil« durch den Begriff »Wirkstoff« ersetzt hat, dient ausweislich der Gesetzesbegründung der redaktionellen Anpassung an GK und AMG. Der damit in Bezug genommene Wirkstoffbegriff des § 4 Nr. 19 AMG erwähnt – anders als Art. 1 Nr. 3a GK in der durch RL 2011/62/EU geänderten Fassung – keine Stoffgemische. Der im Plural gehaltene Wortlaut des § 4 Nr. 10 AMG ist aber einer richtlinienkonformen Auslegung zugänglich, weshalb auch Stoffgemische als »arzneilich wirksame Bestandteile« einen einzigen, nach § 4 Abs. 1a anzugebenden Wirkstoff bilden können.

### III. Zusammensetzung des Arzneimittels (§ 4 Abs. 1 Satz 1 Nr. 3)

19 Die Zusammensetzung des Arzneimittels i.S.d. § 4 Abs. 1 Satz 1 Nr. 3 bezieht sich auf die Angaben nach § 11 Abs. 1 Satz 1 Nr. 6 AMG, also die Angaben der arzneilich wirksamen Bestandteile nach der Art (die empfohlenen internationalen Freinamen der WHO, s. *Sander*, § 10 AMG Anm. 15) und Menge (SI-Einheiten, s. *Kloesel/Cyran*, § 10 AMG Rn. 28) und der sonstigen Bestandteile nach der Art. Dabei werden die Angaben über die Zusammensetzung zwingend für den Bereich der Fachwerbung verlangt, für den Bereich der Publikumswerbung steht es hingegen im Belieben des Werbetreibenden, ob er diese Angaben machen will oder nicht (*Doepner*/Reese, § 4 HWG Rn. 87).

### IV. Anwendungsgebiete (§ 4 Abs. 1 Satz 1 Nr. 4 und Abs. 1 Satz 2 HWG)

20 Der Begriff Anwendungsgebiete steht synonym für den medizinischen Begriff »**Indikationen**«(BVerwG PharmR 2007, 472, 475; OLG Hamburg PharmR 2007, 127, 128; *Doepner*/Reese, § 4 HWG Rn. 91). Darunter fällt die Zweckbestimmung des Präparats, konkret die körperlichen und seelischen Zustände, die durch das Präparat beeinflusst werden sollen (OLG Hamburg GRUR-RR 2008, 97, 98–Schutz für MS-Patienten von Anfang an; OLG Hamburg PharmR 2007, 127, 128; OLG Köln MD 2010, 82, 85; OLG Stuttgart MD 2006, 631, 632; s. zur Abgrenzung zum Anwendungsbereich OLG Köln MD 2000, 1133, 1138 F.).

21 Die Angaben müssen mit den Indikationen übereinstimmen, für die das Arzneimittel zugelassenen oder registriert ist (s.a. § 3a HWG Rdn. 10; *Doepner*/Reese, § 4 HWG Rn. 92). Ergänzende Mitteilungen sind nur im engen Rahmen des § 10 Abs. 1 Satz 5 AMG zulässig, wenn sie klar und präzise sind, mit der Verwendung des Arzneimittels in direktem Zusammenhang stehen, für die gesundheitliche Aufklärung wichtig sind und den Fachinformationen (§ 11a AMG) nicht widersprechen. Bei **homöopathischen Arzneimitteln** ist das Verbot nach § 5 zu beachten, das jegliche Angaben zu Anwendungsgebieten – auch im Rahmen von Pflichtangaben – ausschließt.

22 Grundsätzlich müssen die Anwendungsgebiete **vollständig** genannt werden (*Doepner*/Reese, § 4 HWG Rn. 95; *Gröning*, Heilmittelwerberecht § 4 HWG Rn. 59; a.A. BGH Urt. v. 20.01.1983 – I ZR 183/80, GRUR 1983, 333, 334 f. – Grippewerbung II; Bülow/Ring/Artz/Brixius/*Brixius* § 4 HWG Rn. 67; *Kleist/Hess/Hoffmann*, HWG § 4 Rn. 41: bei Mehrzweckpräparaten Angabe nur der beworbenen Indikationen). Im Fall von Normkollisionen mit §§ 10 Abs. 2, 12 gelten für die Öffentlichkeitswerbung allerdings Einschränkungen (eingehend Rdn. 32 ff.).

23 Nur registrierte Arzneimittel dürfen als traditionelle pflanzliche Arzneimittel (Art. 1 Nr. 29, 16a GK) in Verkehr gebracht werden (§ 39a Satz 1 AMG). Korrespondierend zu §§ 10 Abs. 4a Satz 1

Nr. 1, 11 Abs. 3b AMG verlangt § 4 Abs. 1 Satz 2 in der Werbung dann den Hinweis: »Traditionelles pflanzliches Arzneimittel zur Anwendung bei... (spezifiziertes Anwendungsgebiet/spezifizierte Anwendungsgebiete) ausschließlich auf Grund langjähriger Anwendung«.

### V. Gegenanzeigen und Nebenwirkungen (§ 4 Abs. 1 Satz 1 Nr. 5 und 6)

Nebenwirkungen sind nach der novellierten und im Lichte des Unionsrechts erweiterten Legaldefinition in § 4 Abs. 13 Satz 1 AMG bei Humanarzneimitteln »schädliche und unbeabsichtigte Reaktionen auf das Arzneimittel«. Bei Tierarzneimitteln bleiben Nebenwirkungen auf schädliche und unbeabsichtigte Begleiterscheinungen beschränkt, die trotz bestimmungsgemäßen Gebrauchs auftreten (§ 4 Abs. 13 Satz 2 AMG). Unter Gegenanzeigen versteht die Rspr. körperliche oder seelische Zustände, bei denen das Arzneimittel trotz an sich gegebener Indikation nicht oder nur nach besonders sorgfältiger Nutzen-Risiko-Abwägung anzuwenden ist (BGH Urt. v. 28.04.1994 – I ZR 107/92, GRUR 1994, 839 – Kontraindikationen; BVerwG PharmR 2007, 472, 175). Diese Definition kann zu Überschneidungen mit den Warnhinweisen nach Nr. 7 führen, weshalb es in der Fachkreiswerbung, bei der beide Angaben zu machen sind, zu Zuordnungsproblemen kommen kann (s. dazu *Gröning*, Heilmittelwerberecht § 4 HWG Rn. 61, 64 f.; *Doepner*/Reese, § 4 HWG Rn. 106). Nicht zu den Gegenanzeigen zählen Wechselwirkungen mit anderen Mitteln (BGH Urt. v. 28.04.1994 – I ZR 107/92, GRUR 1994, 839, 841 – Kontraindikationen); schädliche Wechselwirkungen sind bei Humanarzneimitteln aber Nebenwirkungen i.S.v. § 4 Abs. 13 Satz 1 AMG n.F. Sind keine Gegenanzeigen oder Nebenwirkungen bekannt, gilt § 4 Abs. 2 Satz 2 (s. Rdn. 37 f.). 24

Nebenwirkungen und Gegenanzeigen, die **später bekannt werden**, sind anzugeben (*Gröning*, Heilmittelwerberecht § 4 HWG Rn. 63, 69; *Kleist/Hess/Hoffmann*, § 4 HWG Rn. 45; *Doepner*/Reese, § 4 HWG Rn. 105). Bekannt sind solche Wirkungen, wenn daran wissenschaftlich keine vernünftigen Zweifel mehr bestehen, nach a.A. schon dann, wenn trotz kontroverser Stimmen das Forschungsmaterial mit überwiegender Wahrscheinlichkeit auf solche Wirkungen hinweist (*Gröning*, Heilmittelwerberecht § 4 HWG Rn. 63, 69). 25

Gegenanzeigen und Nebenwirkungen sind in der Fachkreiswerbung immer **vollständig** anzugeben (*Doepner*/Reese, § 4 HWG Rn. 103; *Gröning*, Heilmittelwerberecht § 4 HWG Rn. 62, 67 f.). Auch in der Öffentlichkeitswerbung ist Vollständigkeit geboten, wenn trotz fehlender Verpflichtung überhaupt Angaben in diese Richtung gemacht werden (zu diesem Grundsatz BGH Urt. v. 03.12.1998 – I ZR 119/96, GRUR 1999, 1128, 1130 –Hormonpräparate; *Gröning*, Heilmittelwerberecht § 4 HWG Rn. 24–26, 50 sowie Rdn. 32). In einem solchen Fall entstehen auch keine Konflikte zu §§ 10 Abs. 2, 12 (s. Rdn. 35). 26

### VI. Warnhinweise (§ 4 Abs. 1 Satz 1 Nr. 7)

Warnhinweise dienen dem Schutz vor typischen Risiken der Anwendung bestimmter Inhaltsstoffe (z.B. Beeinträchtigung des Reaktionsvermögens im Straßenverkehr) oder dem Schutz bestimmter Risikogruppen (zur Überschneidung mit den Gegenanzeigen Rdn. 24). Sie sind in der Werbung anzugeben, soweit sie gem. § 10 AMG auf den äußeren Umhüllungen und Behältnissen vorgeschrieben sind (nicht, wenn sie nur in der Packungsbeilage enthalten sein müssen). Weil Warnhinweise zu den unerlässlichen Informationen zählen, ist diese Einschränkung unionsrechtlich angreifbar (s. Rdn. 5, 12). 27

### VII. Verschreibungspflichtigkeit (§ 4 Abs. 1 Satz 1 Nr. 7a)

Die Verschreibungspflichtigkeit ist wegen des sonst greifenden, generellen Werbeverbots in § 10 Abs. 1 grundsätzlich nur bei Werbung gegenüber den dort genannten Personen anzugeben. Richtigerweise kann im Lichte von Art. 88 GK ein fehlender Hinweis auf die Verschreibungspflichtigkeit auch dann nicht gerügt werden, wenn unter Verstoß gegen § 10 Abs. 1 doch gegenüber anderen Adressaten für verschreibungspflichtige Arzneimittel geworben wird. Vielmehr ist die Werbung hier 28 selbst zu unterlassen (s. zu unzulässiger Werbung in der Packungsbeilage § 1 Rdn. 31, a.A. insoweit BGH Urt. v. 21.09.2000 – I ZR 12/98, GRUR 2001, 176 – Myalgien). Erforderlich ist die Angabe hingegen in den seltenen Ausnahmefällen zulässiger Öffentlichkeitswerbung für verschreibungspflichtige Arzneimittel (s. Rdn. 40).

**VIII. Wartezeit bei Tierarzneimittel (§ 4 Abs. 1 Nr. 8)**

29 Die Wartezeit ist in § 4 Abs. 12 AMG legal definiert.

**E. Übereinstimmungsgebot (§ 4 Abs. 2)**

**I. Regelungszweck und Anwendungsbereich**

30 Fachkreise und Endverbraucher sollen von der werblichen Ansprache bis zum Gebrauch des Arzneimittels inhaltlich gleiche Informationen erhalten. Daher ordnet § 4 Abs. 2 an, dass die **einzelnen heilmittelwerberechtlichen Pflichtangaben**, die ein Exzerpt aus den arzneimittelrechtlichen Pflichtangaben (§ 11 AMG) in der Packungsbeilage (bzw. auf der Umverpackung) sind, mit den letztgenannten Angaben **übereinstimmen** müssen. Die sonstigen in § 11 AMG vorgeschriebenen oder dort zulässigen Angaben, die von § 4 nicht gefordert werden, können in der Werbung innerhalb der Pflichtangaben **freiwillig** ergänzt werden (Doepner/Reese, § 4 HWG Rn. 127; Gröning, Heilmittelwerberecht § 4 HWG Rn. 90), soweit Werbeverbote des HWG nicht entgegenstehen (s. Rdn. 34 ff.). Das Übereinstimmungsgebot des § 4 Abs. 2 gilt insoweit analog.

**II. Übereinstimmung und Normkollision**

31 Nach der Rspr. ist eine **wörtliche Übereinstimmung** der einzelnen Pflichtangaben mit der Packungsbeilage **nicht geboten, sondern nur eine sinngemäße**. Kollidiert die Übernahme der Angaben aus der Packungsbeilage mit Werbebeschränkungen (§§ 10 Abs. 2, 11 Abs. 1 Satz 1 Nr. 6, 12), was auch bei gesetzeskonformen Gebrauchsinformationen möglich ist, weil allein die Pflichtangaben gem. § 4, nicht aber die Pflichtangaben der Packungsbeilage Heilmittelwerbung sind (§ 1 Rdn. 25, 28 ff.), scheidet eine solche Übereinstimmung sogar zwingend aus, da einzelne Pflichtangaben in der Werbung entfallen müssen (Rdn. 34 ff.).

32 Hintergrund dieser Rspr. ist die Annahme, dass das Publikum oftmals durch eine nur sinngemäße Übereinstimmung der Pflichtangaben besser aufgeklärt wird als durch eine Übernahme des Wortlauts der Packungsbeilage (BGH Urt. v. 29.05.1991 – I ZR 284/89, WRP 1993, 469, 471 –Katovit; Urt. v. 28.04.1994 – I ZR 107/92, GRUR 1994, 839 ff. – Kontraindikationen; Urt. v. 20.01.1983 – I ZR 183/80, GRUR 1983, 333, 335–Grippewerbung II; Doepner/Reese, § 4 HWG Rn. 122). Welche konkreten rechtlichen Anforderungen an eine Übereinstimmung zu stellen sind, lässt sich danach nur im konkreten Fall ermitteln. Regelmäßig beugt aber eine vollständige Übereinstimmung Missverständnissen und Haftungsansprüchen am zuverlässigsten vor (Doepner/Reese, § 4 HWG Rn. 123; Schnorbus GRUR 1995, 21, 22). Mit Blick auf den Zweck des § 4 Abs. 1 und Abs. 2 (Rdn. 1 f. und 30) ist daher prinzipiell eine Kongruenz des Wortlauts zu verlangen, wenn diese Anforderung nicht mit Werbeverboten kollidiert. Ein solcher Maßstab fördert zugleich die Rechtssicherheit. Als **Leitlinie** gilt hiernach die Formel: **Der Verbraucher ist vollständig über die einzelnen Pflichtangaben zu unterrichten, wenn die Werbung überhaupt Angaben in dieser Richtung enthält und enthalten darf.** Das Vollständigkeitspostulat gilt, vorbehaltlich einer Kollision mit Werbeverboten, auch für die Anwendungsgebiete, selbst wenn nur mit einer Indikation geworben wird (Doepner/Reese, § 4 HWG Rn. 95; Gröning, Heilmittelwerberecht § 4 HWG Rn. 59; a.A. BGH Urt. v. 20.01.1983 – I ZR 183/80, GRUR 1983, 333, 334 f. – Grippewerbung II, der deshalb auch eine Kollision mit § 12 verneint; KG MD 2010, 1188 Rn. 79; Bülow/Ring/Artz/Brixius/Brixius § 4 HWG Rn. 66 f.).

33 Fremd- und fachsprachliche Begriffe aus der Packungsbeilage dürfen auch im Rahmen der Publikumswerbung in die Pflichtangaben ohne Erläuterung übernommen werden, nachdem der Gesetzgeber das Verbot fremd- und fachsprachlicher Bezeichnungen in **§ 11 Abs. 1 Satz 1**

Nr. 6 gestrichen hat (Zweites Gesetz zur Änderung arzneimittelrechtlicher und anderer Vorschriften vom 19.10.2012, BGBl. I S. 2192). Eine Verpflichtung zur Erläuterung besteht allerdings schon für die Packungsbeilage (§ 11 Abs. 1 Satz 1 AMG: »allgemein verständlich in deutscher Sprache«, ebenso Art. 56 GK). Aufgrund des Übereinstimmungsgebots gem. § 4 Abs. 2 wirkt sich dies auch auf die Pflichtangaben aus.

Sofern die Pflichtangabe von einzelnen **Anwendungsgebieten** in der Öffentlichkeitswerbung mit den **Werbeverboten aus §§ 10 Abs. 2, 12** kollidiert, sind jene Anwendungsgebiete nicht anzugeben, auch wenn dies zu einer Divergenz zur Packungsbeilage führt (BGH GRUR 1996, 806, 807 – HerzASS; Urt. v. 20.01.1983 – I ZR 183/80, GRUR 1983, 333, 334 f. – Grippewerbung II; *Doepner*/Reese, § 4 HWG Rn. 67 ff., 95; a.A. *Gröning* PharmaR 2001, 1111, 1113 f.). Ist die Elimination allein der unzulässigen Indikation in den Pflichtangaben nicht möglich (neben Monopräparaten auch bei fehlender medizinisch-pharmakologischer Trennbarkeit), muss die Werbung ganz unterbleiben (*Doepner*/Reese, § 4 HWG Rn. 67 ff., der aber zu weit gehend fordert, auch bei Dominanz der zu eliminierenden Indikation die Werbung zu unterlassen): Die Werbeverbote in §§ 10 Abs. 2, 12 beruhen auf der Annahme, dass bei bestimmten Krankheitsbildern auch verschreibungsfreie Arzneimittel nicht ohne vorherige Konsultation eines Arztes angewandt werden sollten. Diesen Zielen liefe eine Angabe der betreffenden Indikation in den Pflichtangaben zuwider. 34

Demgegenüber sind **Warnhinweise** und – sofern sie in der Öffentlichkeitswerbung überhaupt angegeben werden (vgl. § 4 Abs. 3) – **Nebenwirkungen und Gegenanzeigen** stets vollständig aufzunehmen (Rdn. 30, 32). Derartige Angaben fallen bei ratio-orientierter Auslegung des Werbebegriffs weder unter das Verbot des § 12, noch unter § 10 Abs. 2. Die unterschiedliche Behandlung von Anwendungsgebieten einerseits und Gegenanzeigen, Nebenwirkungen und Warnhinweisen andererseits ist daher nicht inkonsistent und liefert auch kein Argument für einen generellen Vorrang vollständiger Informationen (so aber *Gröning*, Heilmittelwerberecht § 4 HWG Rn. 33 f.). 35

Bei **Fachkreiswerbung** drohen keine Konflikte mit den Publikumswerbebeschränkungen gem. §§ 10 Abs. 2, 12, selbst wenn die Angaben der Packungsbeilage vollständig und wörtlich in die heilmittelwerberechtlichen Pflichtangaben übernommen werden. Eine solche Übernahme ist daher ohne weiteres zulässig. Weil Fachkreise nicht schutzwürdiger sind als die Öffentlichkeit, besteht andererseits kein Grund, strengere Anforderungen an die Übereinstimmung zwischen Gebrauchsanweisung und Pflichtangaben zu stellen als bei Öffentlichkeitswerbung. Auch hier sind also Abweichungen zu akzeptieren, insbes. erläuternde Zusätze und eine bloß inhaltlich sinngemäße Übereinstimmung (ebenso *Gröning*, Heilmittelwerberecht § 4 HWG Rn. 86; *Doepner*/Reese, § 4 HWG Rn. 125). 36

### III. Entbehrlichkeit von Pflichtangaben (§ 4 Abs. 2 Satz 2)

Können Angaben zu Gegenanzeigen oder Nebenwirkungen i.S.v. § 11 Abs. 1 Satz 1 Nr. 3a oder Nr. 5 AMG nicht »gemacht« werden, so können sie entfallen. Nicht gemacht werden können diese Angaben, wenn sie entweder nicht bestehen oder dem Werbenden weder bekannt sind noch hätten bekannt sein müssen (*Doepner*/Reese, § 4 HWG Rn. 130). Wechselwirkungen sind in der Aufzählung in § 4 Abs. 2 Satz 2 nicht mehr enthalten, zählen aber ohnehin nicht selbstständig zu den Pflichtangaben (BGH Urt. v. 28.04.1994 – I ZR 107/92, GRUR 1994, 839, 841 – Kontraindikationen; *Gröning*, Heilmittelwerbegesetz § 4 HWG Rn. 70, a.A. *Wudy/Pohl* WRP 2012, 388, 390). Schädliche Wechselwirkungen fallen dafür nach der erweiterten Legaldefinition des § 4 Abs. 13 Satz 1 AMG unter den Begriff der Nebenwirkungen (a.A. *Doepner*/Reese, § 4 HWG Rn. 130). 37

§ 4 Abs. 2 Satz 2. verbietet Angaben wie »keine Nebenwirkungen« oder »nebenwirkungsfrei« nicht ausdrücklich (a.A. *Reinhart*, in: Fezer, UWG, § 4 Satz 4 Rn. 479). Solche Angaben sind aber nach § 11 Abs. 5 Satz 1 AMG i.V.m. § 4 Abs. 2 Satz 1 HWG nicht zu verwenden. Da Gegenanzeigen und Nebenwirkungen erst nach vielen Jahren auftreten können, begründen solche Angaben überdies Irreführungsgefahren (§ 3 Nr. 2b) und Haftungsrisiken (BGH NJW 1972, 2217 – Estil). 38

Daher sind entweder gar keine Angaben zu machen oder es ist der Hinweis »nicht bekannt« anzugeben (*Doepner*/Reese, § 4 HWG Rn. 129; *Gröning*, Heilmittelwerberecht § 4 HWG Rn. 92).

39 Soweit eine Wartezeit i.S.d. § 4 Abs. 1 Nr. 8 nicht erforderlich ist, kann diese Angabe entfallen. Zulässig ist aber auch der ausdrückliche Hinweis »Keine Wartezeit erforderlich« (§§ 11 Abs. 4 Satz 1 Nr. 6 Hs. 2, 10 Abs. 5 Satz 1 Nr. 2 Hs. 2 AMG i.V.m. § 4 Abs. 2 HWG).

### F. Besonderheiten bei Publikumswerbung (§ 4 Abs. 3)

40 § 4 Abs. 3 modifiziert in der Publikumswerbung die Anforderungen an Pflichtangaben: Einerseits ist nach Satz 1 zusätzlich der Text (»zu Risiken und Nebenwirkungen lesen Sie...«) aufzunehmen. Dieser Text ist keine Pflichtangabe i.S.v. § 4 Abs. 1, 1a und unterliegt auch eigenständigen Formvorgaben. Um diese Unterschiede zu verdeutlichen, wird der Text hier als **Pflichthinweis** bezeichnet. Andererseits können nach Satz 3 einige **Pflichtangaben** (§ 4 Abs. 1 Nr. 1, 3, 5, 6) ganz entfallen. Nicht erwähnt ist § 4 Abs. 1 Nr. 7a, weil für verschreibungspflichtige Arzneimittel ohnehin nur gegenüber Fachkreisen geworben werden darf. Sofern allerdings die Öffentlichkeitswerbung für verschreibungspflichtige Arzneimittel ausnahmsweise gerechtfertigt ist, ist diese Pflichtangabe zu machen (BGH Urt. v. 26.03.2009 – I ZR 213/06, GRUR 2009, 984 – Festbetragsfestsetzung, Rdn. 28; *Doepner*/Reese, § 4 HWG Rn. 115). Werden sonstige Angaben freiwillig gemacht, müssen sie ebenfalls vollständig und korrekt sein (OLG Schleswig-Holstein MD 2008, 816, 816 f.; s. Rdn. 30, 32; *Doepner*/Reese, § 4 HWG Rn. 131).

41 Der **Pflichthinweis** ist **inhaltlich richtlinienkonform**; die Vorformulierung und die im Vergleich zu Art. 89 Abs. 1 Buchst. b GK zusätzlich vorgeschriebene Angabe »und fragen sie Ihren Arzt oder Apotheker« ist von der Öffnungsklausel (»mindestens folgende Angaben«) gedeckt und auch primärrechts- sowie verfassungskonform (eingehend Rdn. 7, 14). Nicht anzugeben ist der Pflichthinweis für freiverkäufliche Arzneimittel (§§ 44 f. AMG). Die Rückausnahme, wenn bei solchen Arzneimitteln Nebenwirkungen oder sonstige Risiken in der Packungsbeilage oder auf dem Behältnis angegeben sind (§ 4 Abs. 3 Satz 4), ist hinsichtlich des Verweises auf die Packungsbeilage schon durch den GK vorgegeben. Der ergänzende Verweis auf Arzt oder Apotheker ist auch insoweit primärrechts- und verfassungskonform (Rdn. 7, 14).

42 Die **formelle Anforderung**, den **Pflichthinweis** »gut lesbar und von den übrigen Angaben deutlich abgesetzt und abgegrenzt anzugeben« (§ 4 Abs. 3 Satz 1), ist hingegen im Lichte von Art. 89 Abs. 1 Buchst. b Spiegelstrich 3 GK (»ausdrücklich und gut erkennbar«) auszulegen. Weil sich die Öffnungsklausel nicht auf die formellen Anforderungen bezieht (Rdn. 8), bestehen insoweit unionsrechtliche Zweifel an der bisher rigiden Interpretation des § 4 Abs. 3 Satz 1 (Bülow/Ring/Artz/Brixius/*Brixius* § 4 HWG Rn. 6 ff., 125 ff.; offengelassen von BGH Urt. v. 06.06.2013 – I ZR 2/12, GRUR 2014, 94 Rn. 17 – Adwords-Anzeige für Arzneimittel; a.A. *Reinhart*, in: Fezer, UWG, § 4 Satz 4 Rn. 482 ff.; *Doepner*/Reese, § 4 HWG Rn. 200 f.). Um die bezweckte sachliche Information der Werbeadressaten sicherzustellen, darf die Wahrnehmung der Pflichtangaben dem Leser aber keinen zusätzlichen Aufwand oder besonderen Einsatz abfordern (so überzeugend BGH Urt. v. 06.06.2013 – I ZR 2/12, GRUR 2014, 94 Rn. 15 – Adwords-Anzeige für Arzneimittel). Bei der Bestimmung dessen, was ohne besondere Konzentration und Anstrengung wahrgenommen werden kann, kommt es auf die jeweiligen Umstände des Einzelfalls an, vor allem auf das jeweils gewählte Werbemediums (BGH Urt. v. 06.06.2013 – I ZR 2/12, GRUR 2014, 94 Rn. 17 – Adwords-Anzeige für Arzneimittel; OLG Bamberg Beschl. v. 19.03.2013 – 3 U 23/13 m.w.N.; OLG Oldenburg Urt. v. 31.07.2015 – 6 U 64/15).

43 Als Mindeststandard können unbeschadet vom GK auch weiterhin die von der Rspr. zu § 4 Abs. 4 HWG a.F. entwickelten Maßstäbe zur »Erkennbarkeit« herangezogen werden, weil der Maßstab von Art. 89 GK (»gut erkennbar«) noch darüber hinaus geht. Die Rspr. zum neuen Merkmal der »**guten Lesbarkeit**«, das die qualitativen Standards des GK für **Printwerbung** umsetzt, bleibt ebenfalls maßgebend. Demnach muss der Text so gedruckt sein, dass ein durchschnittlich normalsichtiger Leser sie ohne besondere Konzentration lesen kann. Dies erfordert im Normalfall eine

»6-Punkt-Schrift« als Mindestgröße, die nur bei Einsatz kompensierender Gestaltungselemente unterschritten werden kann (OLG Bamberg v. 27.07.2011, – 3 U 81/11 Rn. 7; vgl. auch BGH WRP 1987, 378–6-Punkt-Schrift; WRP 1989, 482, 483–Lesbarkeit IV zur »guten Lesbarkeit«). Anzustellen ist eine relative Betrachtung, d.h. die Schriftgröße der Pflichtangaben muss im Verhältnis zur gesamten Anzeige in einem adäquaten Verhältnis stehen. Plakate und Schaufensterwerbung müssen aus der üblichen Entfernung ohne weiteres lesbar sein. Auch sonstige gestalterische Elemente können die Lesbarkeit beeinträchtigen, z.B. die Angabe entgegen der Leserichtung (KG Urt. v. 24.09.2013 – 5 U 82/12, Rn. 27 ff.), insb. wenn dies in kleinen Buchstaben erfolgt (BGH Urt. v. 26.03.2009 – I ZR 213/06, GRUR 2009, 984 Rn. 30 – Festbetragsfestsetzung), oder der Abdruck in weißer Schrift auf blauem Untergrund (OLG Frankfurt WRP 2007, 111, 112).

Im **Internet** können die einzelnen Pflichtangaben über direkte Links zugänglich gemacht werden (Rn. 50a). Inwieweit dies für den Pflichthinweis in der Publikumswerbung (§ 4 Abs. 3 Satz 1 HWG/Art. 89 Abs. 1 Buchst. b GK) gilt, erscheint indes fraglich, weil dieser erst auf den Informationsbedarf selbst aufmerksam machen soll. Der Hinweis sollte daher im Regelfall gut erkennbar auf derselben Internetseite wie die Werbeaussagen angegeben werden. Bei Google AdWords-Anzeigen hat es der BGH allerdings genügen lassen, dass die Anzeige einen als solchen klar erkennbaren elektronischen Verweis enthält, der unzweideutig darauf hinweist, dass der Nutzer über den Link zu den Pflichtangaben gelangt (BGH Urt. v. 06.06.2013 – I ZR 2/12, GRUR 2014, 94 Rn. 18 – Adwords-Anzeige für Arzneimittel). Dazu muss der Begriff »Pflichtangaben« oder eine entsprechend eindeutige Formulierung in der Anzeige selbst verwendet werden (BGH Urt. v. 06.06.2013 – I ZR 2/12, GRUR 2014, 94 Rn. 20 – Adwords-Anzeige für Arzneimittel). Ein solch »abgekürzter« Hinweis auf den Pflichthinweis kann indes nur aufgrund der Besonderheiten bei Google-Adwords-Anzeigen, auf die auch der BGH seine Entscheidung maßgebend stützt, ausreichen. Denn Google-Adwords-Anzeigen enthalten regelmäßig nur schlagwortartige werbliche Kurzangaben, die – ähnlich einer Überschrift – lediglich dazu einladen, den in der Anzeige enthaltenen Link zu benutzen, um ausführlichere Informationen zu erhalten (vgl. dazu auch BGH Urt. v. 12.05.2011 – I ZR 119/10, GRUR 2012, 81 Rn. 14 f.– Innerhalb 24 Stunden). 43a

Die **abgesetzte und abgegrenzte Angabe** dient nach dem Willen des deutschen Gesetzgebers dazu, Pflichthinweis und -angaben als sachlich-informativen Teil der Gesamtwerbung herauszustellen (BT-Drs. 7/3060 S. 67 zu § 4 Abs. 4). Diese Verpflichtung findet in Art. 89 Abs. 1 Buchst. b Spiegelstrich 3 GK allenfalls bei sehr großzügiger Auslegung teilweise eine Grundlage. Die zu den entsprechenden Merkmalen in § 4 Abs. 4 ergangene Rspr. nach der die Angaben als abgegrenzte Einheit wahrgenommen werden müssen (BGH NJWE-WettR 1996, 265–Lesbarkeit V; OLG Schleswig-Holstein MD 2008, 816, 817), ist insoweit unionsrechtsrechtlich angreifbar, wenn der Pflichthinweis trotz einer nicht abgesetzten und abgegrenzten Angabe gut les- und erkennbar ist (ebenso Bülow/Ring/Artz/Brixius/*Brixius* § 4 HWG Rn. 6 ff., 125 ff.; a.A. *Reinhart*, in: Fezer, UWG, § 4 Satz 4 Rn. 479). Allerdings muss der vorgeschriebene Text in jedem Fall noch als der Werbung für das betreffende Arzneimittel zugeordnet erscheinen (KG MD 2010, 1188 Rn. 85: Angabe nur auf der linken Hälfte eines doppelseitigen Prospekts nicht hinreichend). 44

Die in der Publikumswerbung auch bei freiverkäuflichen Arzneimitteln erforderlichen **Pflichtangaben** (Bezeichnung und Wirkstoff, Anwendungsgebiete, ggf. Warnhinweise, vgl. § 4 Abs. 3 Satz 3) unterliegen formell dem richtlinienkonform einschränkend zu interpretierenden § 4 Abs. 4 (Rdn. 49 f.). 45

### G. Formale Ausgestaltung (§ 4 Abs. 4)

Die in Abs. 4 genannten Formerfordernisse gelten nach dem Wortlaut sachlich für alle Pflichtangaben (§ 4 Abs. 1 und 1a) und damit konsequenterweise auch für die innerhalb der Pflichtangaben zulässigen freiwilligen Zusatzinformationen aus dem Katalog des § 11 AMG (dazu Rdn. 30). Adressatenbezogene Unterschiede zwischen Fachkreisen und Publikum sind nicht vorgesehen (BGH NJWE-WettbR 1996, 265 f. – Lesbarkeit V; OLG München GRUR-RR 2002, 206; *Doepner/* 46

Reese, § 4 HWG Rn. 133). Hinsichtlich des Werbemittels ist § 4 auf Werbung in Printmedien ausgerichtet, für Werbung in audiovisuellen Medien gelten Erleichterungen nach Abs. 5.

47 Die Formvorgaben in § 4 Abs. 4 sollen es den Werbeadressaten ermöglichen, die Pflichtangaben als sachlich informativen Teil der Gesamtwerbung zu erkennen und ohne Konzentration und Anstrengung wahrnehmen zu können (OLG Köln Urt. v. 26.06.2020 – 6 U 17/20, GRUR-RS 2020, 19905 Rn. 16; OLG Koblenz Urt. v. 14.12.2016 – 9 U 941/16 GRUR-RR 2017, 284 Rn. 14 – Passionsblume). Zweck dieser Präsentationsform ist es zu verhindern, dass die werbliche Wahrnehmung einseitig auf den »vom Werbenden ausgesuchten, regelmäßig leichter lesbar gestalteten und positive Aspekte herausstellenden Teil der Werbung« beschränkt (BGH GRUR 1987, 301, 302 – 6-Punkt-Schrift; BGH NJWE-WettbR 1996, 265 f. – Lesbarkeit V; *Doepner/Reese*, § 4 HWG Rn. 133).

48 Diese formellen Vorgaben finden keinen Anhalt im GK. Der GK sieht bewusst nur in Art. 89 Abs. 1 Buchst. b Spiegelstrich 3 und Art. 93 Abs. 2 GK Formerfordernisse vor. Weder für die Öffentlichkeitswerbung noch für die Werbung gegenüber den zur Verschreibung und Abgabe Befugten ist daher eine Befugnis der Mitgliedstaaten anzuerkennen, weitergehende formelle Anforderungen zu definieren (Einführung HWG Rdn. 47 ff., § 4 Rdn. 8). Das in § 4 Abs. 4 aufgestellte Erfordernis eines »separaten Pflichtangabenblocks« ist **richtlinienwidrig** (zutreffend *Gröning*, Heilmittelwerberecht Art. 4 RL 92/28/EWG Rn. 1; *ders.*, PharmaR 2001, 111, 121; i.E. auch Bülow/Ring/Artz/Brixius/*Brixius* § 4 HWG Rn. 6 ff., 125 ff.; offengelassen von BGH Urt. v. 06.06.2013 – I ZR 2/12, GRUR 2014, 94 Rn. 17 – Adwords-Anzeige für Arzneimittel). Der GK lässt es vielmehr ausreichen, wenn die Werbung diese Angaben in nicht irreführender, leicht wahrnehmbarer Art enthält.

49 Eine unmittelbar liberalisierende Wirkung könnte diese Vorgabe nur in Bezug auf die hoheitliche Durchsetzung entfalten (eingehend Einführung HWG Rdn. 31 ff.). Allerdings hat der deutsche Gesetzgeber ohnehin auf eine Bußgeldbewehrung von § 4 Abs. 4 verzichtet. In Wettbewerbsverfahren ist nach den dargelegten Anforderungen (Einführung HWG Rdn. 39) – trotz des klaren Wortlauts von § 4 Abs. 4 und des gesetzgeberischen Willens für einen separaten Pflichtangabenblock (BT-Drs. 7/3060 S. 67) – eine teleologische Reduktion möglich: Es besteht eine objektive Diskrepanz zwischen HWG und GK und wegen der vor dem Gintec-Urteil des EuGH fehlenden Klarheit über die vollharmonisierende Wirkung des GK sind auch keine Anhaltspunkte erkennbar, dass sich der deutsche Gesetzgeber mit der Statuierung strengerer Anforderungen bewusst gegen eine korrekte Umsetzung der Richtlinie entschieden hat (vgl. Einführung HWG Rdn. 39). Schließlich steht ein eventueller Bedeutungsverlust des Merkmals »deutlich abgegrenzt« der Rechtsfortbildung durch teleologische Reduktion nicht entgegen (s. dazu *Herresthal* EuZW 2007, 396, 400). Praktisch entfallen damit die Anforderungen an die Blockbildung. Die Streitfrage, inwieweit Pflichtangaben aufgeteilt werden können (dafür OLG Frankfurt MD 1997, 850, 851) hat sich erledigt. Eine Integration von Pflichtangaben in die Werbung selbst ist möglich (i.E. ebenso Bülow/Ring/Artz/Brixius/*Brixius* § 4 HWG Rn. 125 ff., 130 f.; a.A. KG MD 2010, 1188 Rn. 75; *Doepner/Reese*, § 4 HWG Rn. 139 ff.).

50 Mit Blick auf den verfolgten Informationszweck müssen Pflichtangaben aber auch nach dem GK ausreichend gut erkennbar, d.h. ohne besondere Konzentration und Anstrengung wahrnehmbar sein, wofür insbesondere ein räumlicher Zusammenhang bestehen muss (OLG Köln Urt. v. 26.06.2020 – 6 U 17/20, GRUR-RS 2020, 19905 Rn. 17 f.). Dabei kommt es auf die jeweiligen Umstände des Einzelfalls an, vor allem auf das jeweils gewählte Werbemedium (BGH Urt. v. 06.06.2013 – I ZR 2/12, GRUR 2014, 94 Rn. 17 – Adwords-Anzeige für Arzneimittel). Bei **Printmedien** gilt die im Rahmen von § 4 Abs. 3 angeführte Rechtsprechung zur Erkennbarkeit und zur »guten Lesbarkeit« (Rdn. 42 f.) daher auch im Rahmen von Abs. 4 fort. Im Ansatz übertragbar ist auch die Rechtsprechung zur Werbung für mehrere Arzneimittel in einer Anzeige (OLG Schleswig-Holstein MD 2008, 816, 817: Zusammenfassung aller Pflichtangaben in Basisinformationen am Ende einer Broschüre führt nicht zu hinreichender Zuordnung; vgl. a. KG MD 2010, 1188 Rn. 85 ff.; OLG Frankfurt WRP 2001, 1111, 1113). Allerdings genügt es, Angaben, die für alle Arzneimittel gelten, nur einmal zu nennen, wenn die Zuordnung zu den einzelnen

beworbenen Arzneimitteln deutlich erkennbar bleibt (*Doepner*/Reese, § 4 HWG Rn. 138; zweifelnd *Gröning*, Heilmittelwerberecht § 4 HWG Rn. 96).

Im **Internet** können die einzelnen Pflichtangaben mit sonstigen Werbeaussagen durch sog. »Links« verknüpft, d.h. die Darstellung von einem Anklicken des »Links« abhängig gemacht werden. Ein solches Nachschalten erfüllt aber nur dann die geforderte leichte Erkennbarkeit ohne zusätzlichen Aufwand oder besonderen Einsatz, wenn ein direkter Link an prominenter Stelle, welcher mit dem Begriff »Pflichtangaben« oder einer entsprechend eindeutige Formulierung gekennzeichnet ist, und nicht erst mehrere Zwischenschritte zum Aufrufen der entsprechenden Informationen führen (BGH Urt. v. 06.06.2013 – I ZR 2/12, GRUR 2014, 94 Rn. 16 f., 20 – Adwords-Anzeige für Arzneimittel; OLG Hamburg Urt. v. 03.05.2002 – 3 U 355/01, GRUR-RR 2003, 121, 122; *Gellißen*, Arzneimittelwerbung im Internet S. 192 f.). Auf einer Internetseite sind Pflichtangaben dagegen nicht »gut lesbar«, wenn sich der zu ihnen führende Link am unteren Ende der Seite mit der Bezeichnung »Pflichttext« neben weiteren Links wie »Impressum« und »Datenschutz« ohne besondere Hervorhebung befindet, sodass das Interesse des Verbrauchers nicht geweckt wird (OLG Köln Urt. v. 18.09.2009 – 6 U 49/09, MMR 2010, 409 – versteckte Pflichtangaben). Auch im Internet ist der Grundsatz leitend, dass Pflichtangaben dort auftauchen müssen, wo der Verbraucher mit ihnen rechnet, was – auch bei Arzneimittelfamilien – eine räumliche Zuordnung zum jeweiligen Produkt erfordert (OLG Köln Urt. v. 13.03.2020 – 6 U 201/19, PharmR 2020, 356, 3607). 50a

Befinden sich auf der **verlinkten Internetseite** allein die Pflichtangaben, ist es unschädlich, wenn die Pflichtangaben wegen der Größe des vom Verbraucher benutzten Bildschirms nur durch Scrollen vollständig wahrgenommen werden können. Enthält die Internetseite dagegen noch weitere Inhalte, ist das Unmittelbarkeitskriterium nur dann erfüllt, wenn der elektronische Verweis den Verbraucher direkt zu der Stelle der Seite führt, wo sich die Pflichtangaben befinden. Nicht ausreichend ist es dagegen, wenn der Verbraucher lediglich die Möglichkeit hat, auf der verlinkten Seite durch Scrollen die Pflichtangaben aufzusuchen (BGH Urt. v. 06.06.2013 – I ZR 2/12, GRUR 2014, 94 Rn. 17 – Adwords-Anzeige für Arzneimittel). 50b

## H. Einschränkungen bei audiovisuellen Medien (§ 4 Abs. 5)

Mehr noch als in der Printwerbung, bei der nach einer kommunikationswissenschaftlichen Studie nur 3 % der Leser die Pflichtangaben tatsächlich lesen und überdies das Gelesene schnell wieder vergessen (*Kepplinger*, Sinn und Wirkung der Pflichtangaben von Arzneimitteln; zusammengefasst von LG Hamburg PharmR 1997, 51, 52) drohen detaillierte Pflichtinformationen bei audiovisueller Werbung den Verbraucher zu überfordern und so letztlich ihren Sinn zu verlieren. Gleichzeitig ist aus Zeit-, Kapazitäts- und Kostengründen gerade in Rundfunk und Fernsehen nur eine sehr kurze Werbung möglich, weshalb umfassende Pflichtangaben in diesen Medien zu einem faktischen Werbeverbot führen könnten (BT-Drs. 7–3060 S. 67). Aus diesem Grund hat der deutsche Gesetzgeber für audiovisuelle Werbung bereits 1990 im Zuge der 4. AMG-Novelle lediglich den Pflichthinweis »Zu Risiken und Nebenwirkungen…« eingefordert und auf Pflichtangaben verzichtet. Dies bleibt noch hinter den Anforderungen des § 4 Abs. 3 für die Publikumswerbung zurück. Hieraus resultiert zusätzliches unionsrechtliches Konfliktpotenzial, weil die Werbeanforderungen des GK undifferenziert für alle Medienformen gelten (s. Rdn. 6 und Rdn. 55). 51

Die heutige Regelung in § 4 Abs. 5 ist auf Fernsehwerbung (I.) zugeschnitten, gilt aber grundsätzlich auch für Hörfunkwerbung (II.). Inwieweit Online-Werbung (III.) als audiovisuelle Werbung i.S.d. HWG einzustufen ist, hängt vom Einzelfall ab. 52

### I. Fernsehwerbung

Bei Fernsehwerbung ist der Pflichthinweis ebenso wie bei anderen Formen der Publikumswerbung (§ 4 Abs. 3 Satz 1 und 4) anzugeben, wenn nicht freiverkäufliche Arzneimittel beworben werden, in deren Packungsbeilage oder auf deren Behältnis keine Nebenwirkungen oder sonstigen Risiken angegeben sind (Abs. 5 Satz 1 a.E.). Formell soll der Pflichthinweis unmittelbar auf den Werbeblock 53 folgend auf neutralem Hintergrund gut lesbar eingeblendet und gleichzeitig gesprochen werden (Abs. 5 Satz 1 a.E.).

54 Die inhaltlichen Vorgaben an den Pflichthinweis für Fernsehwerbung sind mit Art. 89 Abs. 1 Buchst. b Spiegelstrich 3 GK vereinbar (Rdn. 5). Formell geht § 4 Abs. 5 Satz 1 hingegen trotz gleicher Zielrichtung über Art. 89 GK (»ausdrücklich und gut erkennbar«) jedenfalls insoweit hinaus, als er zwingend einen neutralen Hintergrund verlangt. Sofern dies die Erkennbarkeit nicht beeinträchtigt und die Aufmerksamkeit nicht vom Pflichthinweis ablenkt, sind daher z.B. bildliche Darstellungen zulässig (so bereits unabhängig vom GK *Bülow*/Ring, § 4 HWG Rn. 117). Darüber hinaus wird man unter den gleichen Voraussetzungen im Wege einer teleologischen Reduktion des Abs. 5 Satz 1 auch die Einblendung von Firmen- oder Markenlogos, Unternehmensfarben etc. zulassen müssen (a.A. OLG Frankfurt WRP 1993, 490, 491; *Doepner*/Reese, § 4 HWG Rn. 161).

55 Die **Pflichtangaben gem. § 4 Abs. 1** können in audiovisueller Werbung ganz entfallen (Abs. 5 Satz 2). Diese Liberalisierung geht weit über Art. 89 GK hinaus, der mangels medialer Differenzierung auch für audiovisuelle Arzneimittelwerbung zumindest die Arzneimittelbezeichnung, bei Monopräparaten den Wirkstoff und als unerlässliche Information mindestens die Warnhinweise verlangt (Rdn. 5, 27). Für die Warnhinweise lässt sich dieses Ergebnis auch nicht durch Gesetzesinterpretation korrigieren: Der Wortlaut von Abs. 5 Satz 2 ist eindeutig und der Gesetzgeber hat in Kenntnis der mindestharmonisierenden Wirkung des GK an der liberaleren Regelung von Abs. 5 festgehalten, obwohl er zur Umsetzung der Richtlinie 28/92/EWG nachträglich Abs. 1a eingefügt hat. Eine Rechtsfortbildung i.S.d. Richtlinie scheitert daher am gegensätzlichen Willen des Gesetzgebers (Einführung HWG Rdn. 39, 41).

56 Dagegen besteht eine Pflicht, bei Monopräparaten die **Wirkstoffbezeichnung** anzugeben: § 4 Abs. 5 Satz 2 erklärt nur die Angaben nach Abs. 1, nicht hingegen die Wirkstoffangabe nach Abs. 1a für entbehrlich. Im Lichte des GK kann insoweit nicht eingewendet werden, dass die Wirkstoffangabe der Pflichtangabe der Arzneimittelbezeichnung (Abs. 1 Nr. 2) folgen muss, die jedoch nach Abs. 5 Satz 2 gerade nicht anzugeben ist. Vielmehr ist auch eine Auslegung möglich, nach der die Wirkstoffangabe gleichsam die Angabe der Arzneimittelbezeichnung fordert. Dieser Auslegungsvariante ist nach Maßgabe der interpretatorischen Vorrangregel (Einführung HWG Rdn. 36) aufgrund von Art. 89 GK zu bevorzugen. Besondere Erschwernisse folgen hieraus im Übrigen nicht, weil beide Angaben auch in den Werbetext integriert werden können (vgl. Rdn. 49 f.).

## II. Hörfunkwerbung

57 Hier gelten die Anforderungen an die Fernsehwerbung entsprechend. Für die Erkennbarkeit des Pflichthinweises ist aber allein auf die Hörbarkeit, also die Lautstärke und Sprechgeschwindigkeit, abzustellen. Unionsrechtliche Bedenken an diesen Formvorgaben bestehen nicht. Im Lichte von Art. 89 GK ist inhaltlich auch in die Hörfunkwerbung die Bezeichnung des Arzneimittels und bei Monopräparaten zusätzlich des Wirkstoffs aufzunehmen.

## III. Elektronische Werbung in Datennetzwerken

58 Der Streit, ob Internetwerbung unter print- oder audiovisuelle Werbung zu subsumieren ist, wirkt sich wegen der Angleichung von § 4 Abs. 3 und 5 und der gebotenen einschränkenden Auslegung von Abs. 5 Satz 2 (Rdn. 55 f.) in der Publikumswerbung nur wenig aus (zusätzliche Angabe von Warnhinweisen und ggf. Anwendungsgebieten). Deutliche Diskrepanzen ergeben sich indes in der Fachkreiswerbung, obwohl die formellen Anforderungen des § 4 Abs. 4 an die Angabe der Pflichtangaben richtlinienkonform einzuschränken sind (Rdn. 48 ff.).

59 Während Online-Werbung vom Wortlaut her ohne weiteres als audiovisuell einzustufen ist (*v. Czettritz* PharmaR 1007, 88, 90; *Marwitz* MMR 1999, 83, 85), sprechen Sinn und Zweck der Pflichtangaben und der Erleichterungen für audiovisuelle Medien gegen eine pauschale Subsumtion unter Abs. 5 (BGH WRP 2010, 1030, 1034 – Erinnerungswerbung im Internet; OLG Hamburg GRUR-RR 2003, 121, 122; OLG München GRUR-RR 2002, 206; OLG Naumburg GRUR-RR 2007,

114, 115; *Schmidt-Felzmann* PharmaR 1998, 87, 90): Das Internet kennt keine Kapazitätsprobleme und die Werbung ist kostengünstig; Pflichtangaben bereiten der Werbung daher keine wirtschaftlich oder faktisch unüberwindbaren Hindernisse (zur Möglichkeit von Hyperlinks Rdn. 60). Die Präsentation weiterführender Hinweise ist für die Nutzer auch nicht flüchtig (*Doepner*/Reese, § 4 HWG Rn. 54), vielmehr können die Informationen gezielt gesucht, beliebig lange und auch wiederholt betrachtet, verarbeitet und sogar ausdruckt werden (eingehend *Gellißen*, Arzneimittelwerbung im Internet S. 188). Dies gilt entgegen der h.A. auch im Kontext einer »fernsehnahen« Arzneimittelwerbung über Video-Clips im Internet (für eine Differenzierung anhand der jeweiligen Online-Präsentationsform hingegen BGH WRP 2010, 1030, 1034 – Erinnerungswerbung im Internet; *Doepner*, § 4 HWG Rn. 165; *Gröning*, Heilmittelwerberecht § 4 HWG Rn. 20). Im Lichte des GK, der per se keine Erleichterung für bestimmte Medien vorsieht, ist die Online-Werbung daher ratio-orientiert aus der Ausnahmenorm des Abs. 5 auszuklammern (i.E. ebenso BGH Urt. v. 06.06.2013 – I ZR 2/12, GRUR 2014, 94 Rn. 18 – Adwords-Anzeige für Arzneimittel; *Gellißen*, Arzneimittelwerbung im Internet S. 189).

(unbesetzt) 60

## J. Einschränkung bei Erinnerungswerbung (§ 4 Abs. 6)

Werbung die keine medizinisch-pharmakologischen Aussagen trifft, sondern sich nur auf die Bezeichnung des Arzneimittels sowie ggf. zusätzlich auf den Namen, die Firma und Marke des pharmazeutischen Unternehmens und einen Wirkstoffhinweis beschränkt (Erinnerungswerbung, § 4 Abs. 6 Satz 2), spricht nur Verbraucher an, die den gesundheitlichen und ökonomischen Nutzen des Präparates bereits kennen. Sie benötigen keine Unterrichtung durch Pflichtangaben. Auch der Pflichthinweis erscheint weitgehend als Förmelei. Aus diesen Gründen stellt § 4 Abs. 6 Erinnerungswerbung im Einklang mit dem GK (Rdn. 4, 10) vom Gebot zur Angaben von Pflichtangaben und des Pflichthinweises frei (BGH WRP 2010, 1030, 1033 – Erinnerungswerbung im Internet; BGH Urt. v. 26.03.2009 – I ZR 213/06, GRUR 2009, 984 Rn. 33 – Festbetragsfestsetzung; BGH Urt. v. 03.12.1998 – I ZR 119/96, BGHZ 140, 134, 141 – Hormonpräparate; *Doepner*/Reese, § 4 HWG Rn. 169). 61

Obgleich ein Ausnahmetatbestand, ist Erinnerungswerbung ratio-orientiert über den Wortlaut von Abs. 6 Satz 2 hinaus auch dann zu bejahen, wenn mit weitergehenden Angaben geworben wird, die – wie Packungsgrößen, Mengen und Preise – keinerlei Gesundheitsbezug aufweisen (BGH WRP 2010, 1030, 1033 – Erinnerungswerbung im Internet; BGH WRP 1983, 617, 618 – Ginseng-Präparate; BGH WRP 1982, 645, 646–Arzneimittelpreisangaben; OLG Hamburg WRP 2008, 1263, 1265 – Nystatin-Spray; *Doepner*/Reese, § 4 HWG Rn. 173). Gleiches gilt für den Hinweis, Arzneimittel hätten die bekannte Qualität des Herstellers (»B-Qualität«, vgl. BGH WRP 1983, 393, 394–Novodigal): Wenn die Unternehmens-Marke und der darin verkörperte gute Ruf des Herstellers in der Erinnerungswerbung als Absatzinstrument genutzt werden können, müssen ähnliche Marketingformen, die allgemein auf der erworbenen Glaubwürdigkeit des Unternehmens basieren, ebenfalls zulässig sein. Diese erweiternde Auslegung der Erinnerungswerbung ist auch mit dem GK vereinbar (Rdn. 4). Nicht mehr als Erinnerungswerbung zu privilegieren sind hingegen zusätzliche, spezifisch produktbezogene Informationen und Attribute (BGH Urt. v. 26.03.2009 – I ZR 213/06, GRUR 2009, 984 Rn. 33 – Festbetragsfestsetzung). Insoweit kann auch die allgemeine Bezeichnung »erstklassig« diese Grenze überschreiten (zutreffend KG MD 1994, 530 ff.; OLG Stuttgart MD 1994, 683; kritisch *Gröning*, Heilmittelwerberecht § 4 HWG Rn. 106). 62

Weitere Erweiterungen folgen aus der in der Erinnerungswerbung zulässigen Arzneimittelbezeichnung, ohne deren Angabe die Werbemaßnahme mangels Produktbezugs oft schon nicht als Heilmittelwerbung i.S.d. HWG einzuordnen ist (§ 1 Rdn. 7, 45 ff.). Vielfach deutet die Bezeichnung ein Anwendungsgebiet des Arzneimittels bereits an oder enthält dieses sogar. Dies stellt die Qualität als Erinnerungswerbung nicht infrage (BGH GRUR 1996, 806, 807 – HerzASS; OLG Stuttgart ES-HWG § 4 VI/Nr. 22: »ratiopharm ASS. Schmerztabletten«; *Schnorbus* GRUR 1995, 21, 24; 63

zweifelnd KG MD 1998, 584, 586). Die damit nach § 4 Abs. 6 verbundene Freistellung von den Pflichtangaben schließt aber die Anwendung anderer Werbeverbote (§§ 10 Abs. 2, 12) nicht aus; Abs. 6 ist also kein allgemeiner, sondern nur ein Erlaubnistatbestand, der § 4 Abs. 1, 1a, 3 und 5 vorgeht (BGH GRUR 1996, 806, 807 – HerzASS).

64 Zulässig ist es auch, grafische und andere stilistische Elemente – in den Grenzen der sonstigen Werbeverbote (z.B. § 11 Abs. 1 Satz 1 Nr. 4) – in die Erinnerungswerbung einzubeziehen. Ob dies auch für verkleinerte Abbildungen der Umverpackung gilt, wenn der darauf abgedruckte Anwendungsbereich nur bei großer Anstrengung gerade noch lesbar ist (OLG Oldenburg Urt. v. 13.12.2007 – 1 U 94/07, GRUR-RR 2008, 201 ff.) erscheint eher zweifelhaft (OLG Köln Urt. v. 15.08.2008 – 6 U 63/08, GRUR-RR 2008, 445, 446 – Flyer-Werbung). Als Abgrenzungsmaßstab dient auch hier, dass Angaben, die lediglich das Arzneimittel in Erinnerung rufen und zusätzlich auf den erworbenen guten Ruf des Herstellers abstellen, erlaubt, produktbezogene medizinisch-pharmazeutische Informationen aber unzulässig sind. Letzteres ist etwa anzunehmen bei der Darstellung eines abgeblühten Löwenzahnstengels (»Pusteblume«) bei einem Arzneimittel gegen Pollenallergie (OLG Frankfurt WRP 1997, 338 ff.).

### K. Rechtsverfolgung und Konkurrenzen

65 Verstöße gegen § 4 Abs. 1, 1a sowie das Übereinstimmungsgebot gem. § 4 Abs. 2 sind bußgeldbewehrt (§ 15 Abs. 1 Nr. 2). Verstöße gegen Abs. 3, 4, 5 können hingegen nicht gem. §§ 14 ff. sanktioniert werden. Es bleibt hier nur die wettbewerbsrechtliche Durchsetzung über § 3a UWG bzw., bei gemeinschaftsrechtlicher Grundlage, gem. § 5a Abs. 4 UWG (s. Einführung HWG Rdn. 13 f.; *Doepner/Reese*, § 4 HWG Rn. 192 f.).

## § 4a Werbung in der Packungsbeilage

(1) Unzulässig ist es, in der Packungsbeilage eines Arzneimittels für andere Arzneimittel oder andere Mittel zu werben.

(2) Unzulässig ist es auch, außerhalb der Fachkreise für die im Rahmen der vertragsärztlichen Versorgung bestehende Verordnungsfähigkeit eines Arzneimittels zu werben.

| Übersicht | Rdn. | | Rdn. |
|---|---|---|---|
| A. Entstehungsgeschichte und Normzweck | 1 | II. Verbot der Werbung mit Erstattungs- | |
| B. Vereinbarkeit mit dem GK | 3 | fähigkeit | 8 |
| C. Tatbestand | 4 | D. Sanktionen | 10 |
| I. Verbot der Werbung in der Packungsbeilage (§ 4a Abs. 1 HWG) | 4 | | |

### A. Entstehungsgeschichte und Normzweck

1 § 4a Abs. 1 ist mit der 5. AMG-Novelle eingefügt worden, um Art. 7 Abs. 3 RL 92/27/EWG umzusetzen und **keine ablenkende Absatzwerbung in der Packungsbeilage** mehr zuzulassen, gleichgültig für welches Werbeobjekt (BT-Drs. 12/6480 S. 25). Die Vorschrift steht in einem regelungstechnisch unklaren Wechselwirkungsverhältnis zu § 11 Abs. 1 Satz 7, Abs. 5 Satz 2 AMG, der freiwillige »weitere Angaben« in der Gebrauchsinformation nur erlaubt, soweit sie mit der Anwendung des Arzneimittels im Zusammenhang stehen, für die gesundheitliche Aufklärung der Patienten wichtig sind, den Angaben nach § 11a AMG (Fachinformation) nicht widersprechen und von den Pflichtangaben deutlich abgesetzt sind. Deshalb wird eingewandt, § 4a Abs. 1 dupliziere **überflüssigerweise** den Normbefehl des § 11 AMG (*Gröning* Heilmittelwerberecht § 4a HWG Rn. 3; *Doepner/Reese* § 4a HWG Rn. 8).

2 § 4a Abs. 2 ist durch die 14. AMG-Novelle in das HWG eingefügt worden, um das Arzt-Patienten-Verhältnis nicht durch eine Bewerbung mit der Verordnungsfähigkeit eines Arzneimittels zu belasten (BT-Drs. 15/5316 S. 47).

## B. Vereinbarkeit mit dem GK

§ 4a Abs. 1 beruht auf Art. 62 letzter Hs. Gemeinschaftskodex (GK, Richtlinie 2001/83/EG). Abs. 2 basiert auf Art. 88 Abs. 3 GK. 3

## C. Tatbestand

### I. Verbot der Werbung in der Packungsbeilage (§ 4a Abs. 1 HWG)

Untersagt ist jede produktbezogene **Absatzwerbung in der Packungsbeilage** (§ 1 HWG Rdn. 28 ff.), die auf das erworbene oder auf sonstige Arzneimittel i.S.d. § 2 AMG oder auf »andere Mittel«, d.h. kosmetische Mittel i.S.d. § 2 Abs. 5 LFGB (vgl. *Zipfel/Rathke* § 1 HWG Rn. 36), Bezug nimmt. 4

**Umstritten** ist die Auslegung des Begriffs »**Packungsbeilage**«. Nach vorherrschender Auffassung (BGH Beschl. v. 05.04.2001 – I ZR 78/00; OLG Schleswig WRP 2001, 1359 ff.; OLG Celle WRP 2000, 1197 f.; *Meisterernst* PharmR 2002, 171 ff.) ist unter dem Begriff der Packungsbeilage **alles** zu verstehen, was dem Arzneimittel in der Packung **beigelegt** ist, d.h. auch gesonderte Beilagen. Auch über eine zugesteckte Papplasche mit der Arzneimittelverpackung verbundene Werbung soll untersagt sein (LG Nürnberg-Fürth PharmR 2013, 503 ff.). 5

Das OLG Hamburg (PharmR 2000, 323 f.) und Literaturvertreter (*Doepner/Reese* § 4a HWG Rn. 19 f.; *Stallberg* PharmR 2010, 214, 219), sehen als Packungsbeilage **nur die Gebrauchsinformation i.S.v. § 11 AMG** an. Nicht erfasst seien **weitere, getrennte Beilagen** in der Arzneimittelpackung. Für diese Auslegung spricht insbesondere die Legaldefinition in Art. 1 Nr. 26 GK, der zufolge »Packungsbeilage: Der dem Arzneimittel beigefügte Beipackzettel für den Verbraucher« ist – d. h. nicht der gesamte Verpackungsinhalt. Allerdings muss die Gebrauchsinformation gegenüber Werbebeilagen im Hinblick auf § 8 Abs. 1 Nr. 2 AMG, § 3 Satz 1 HWG stets das **bestimmende Schriftstück** in der Verpackung bleiben (*Stallberg* PharmR 2010, 214, 219). 6

Nicht von dem Verbot des Abs. 1 erfasst sind die freiwilligen »weiteren Angaben« in der Gebrauchsinformation i.S.v. § 11 Abs. 1 Satz 7, Abs. 5 Satz 2 AMG (§ 1 HWG Rdn. 29). Ferner muss sich die Werbung auf ein »anderes Arzneimittel« beziehen, was bei einem Arzneimittel anderer Stärke oder Darreichungsform bei gleichbleibender Indikation regelmäßig nicht der Fall ist. 7

### II. Verbot der Werbung mit Erstattungsfähigkeit

§ 4a Abs. 2 verbietet nur die Werbung mit der Verordnungsfähigkeit, nicht hingegen die allgemeine Produktwerbung, die für verschreibungspflichtige Arzneimittel ohnehin bereits durch § 10 untersagt wird. Die Norm gilt daher vor allem für ausnahmsweise erstattungsfähige, nicht verschreibungspflichtige Arzneimittel gem. § 34 Abs. 1 Satz 2 SGB V. 8

Dagegen wird die Werbung mit der Verordnungsfähigkeit für sonstige Heilmittel (inkonsequent) nicht durch § 4a Abs. 2 untersagt. 9

## D. Sanktionen

Ein Verstoß gegen § 4a wird durch das HWG nicht sanktioniert. Es handelt sich aber um unlauteres Marktverhalten gem. § 3a UWG. 10

## § 5 Homöopathische Arzneimittel

Für homöopathische Arzneimittel, die nach dem Arzneimittelgesetz registriert oder von der Registrierung freigestellt sind, darf mit der Angabe von Anwendungsgebieten nicht geworben werden.

| Übersicht | Rdn. | | Rdn. |
|---|---|---|---|
| A. Anwendungsbereich und Normzweck | 1 | D. Werbung mit Anwendungsgebiet | 11 |
| B. Vereinbarkeit mit dem Unionsrecht | 5 | E. Sanktionen und Konkurrenzen | 14 |
| C. Registriertes homöopathisches Arzneimittel | 8 | | |

## § 5 HWG Homöopathische Arzneimittel

### A. Anwendungsbereich und Normzweck

1 Die **Homöopathie** zählt zusammen mit der Phytotherapie und Anthroposophie zu den sogenannten besonderen bzw. alternativen Therapierichtungen. Ihre Lehren basieren auf den ab 1796 publizierten Vorstellungen des deutschen Arztes Samuel Hahnemann. Zur Herstellung der Arzneimittel werden die Grundsubstanzen einer sogenannten Potenzierung unterzogen. D.h., sie werden wiederholt mit Wasser, Ethanol oder Milchzucker verdünnt, meist im Verhältnis 1:10 oder 1:100. Heute sind zum Teil sog. Hochpotenzen gebräuchlich, bei denen die Ausgangsstoffe so stark verdünnt sind, dass sie nicht mehr nachweisbar sind. Ein über den Placeboeffekt oder positive Effekte der vertrauensvollen therapeutischen Zusammenarbeit hinausgehender naturwissenschaftlicher Wirkungsnachweis lässt sich bei homöopathischen Arzneimitteln und insbesondere bei Hochpotenzen zumeist nicht führen. Deshalb verwarf der Fachbereich Humanmedizin der Philipps-Universität Marburg die Homöopathie 1992 als »Irrlehre« (*Marburger Erklärung: Homöopathie als »Irrlehre« und Täuschung des Patienten, Deutsche Apothekerzeitung*, Nr. 11/1993). Dennoch wurden im Jahr 2018 in Deutschland Homöopathika für 670 Mio. € umgesetzt. Das entspricht gut 7 % aller OTC-Arzneimittel.

2 Das Verbot der Bewerbung homöopathischer Arzneimittel mit Anwendungsgebieten, die gem. § 4 Abs. 1 Nr. 4 sonst sogar zu den Pflichtangaben zählen, erklärt sich aus dem häufig fehlenden Wirkungsnachweis und den besonderen Anforderungen an die Verkehrsfähigkeit von Homöopathika. Hierfür kommen zwei Wege in Betracht: Zum einen kann der pharmazeutische Unternehmer die Arzneimittel nach § 21 Abs. 1 AMG zulassen. Dieser Weg der Zulassung erfordert Nachweise und Unterlagen insbesondere zu Wirksamkeit und Anwendungsgebieten des Präparats (§ 22 AMG; vgl. BT-Drs. 7/3060 S. 53; BGH Urt. v. 28.09.2011 – I ZR 96/10, GRUR 2012, 647, 649 Rn. 31 – Injectio; *Gröning* in: Gröning/Mand/Reinhart, Stand: 5. Ergänzungslieferung 2015, § 5 HWG Rn. 6). Für zugelassene homöopathische Arzneimittel ist das Werbeverbot nicht anwendbar (s. Rdn. 9 f.). Kann der pharmazeutische Unternehmer die für eine Zulassung notwendigen Nachweise und Unterlagen dagegen nicht beibringen, bleibt zum anderen die Möglichkeit, über eine bloße Registrierung gem. Art. 14 GK, §§ 38 ff. AMG dennoch die Verkehrsfähigkeit des Arzneimittels zu erreichen. Mangels nachgewiesener Angaben über die Wirkungen und die Anwendungsgebiete – einschließlich fehlender Unterlagen und Gutachten über die klinische Prüfung – darf mit diesen Angaben auch nicht geworben werden. Dies entspricht dem **Objektivitätsgebot** für Arzneimittelwerbung (Art. 87 Abs. 3 Spiegelstriche 1 und 2 GK) und dient den Gesundheitsinteressen des Einzelnen und der Allgemeinheit, indem es einer **unsachgemäßen Selbstmedikation** vorbeugt.

3 Das Verbot gilt nach dem unzweideutigen Wortlaut und im Gegenschluss zu § 10 für die Öffentlichkeits- und Fachkreiswerbung gleichermaßen (OLG Stuttgart Urt. v. 30.01.2014 – 2 U 32/13, WRP 2014, 731 Rn. 24 ff. – Historische Anwendungsgebiete; Spickhoff/*Fritzsche*, § 5 HWG Rn. 2). Dass jedenfalls durchschnittlich informierte Ärzte und andere Fachkreisangehörige um den regelmäßig fehlenden naturwissenschaftlichen Wirkungsnachweis homöopathischer Arzneimittel wissen, ist – auch wenn sich die Werbung nur an diese (eingeschränkten) Fachkreise wendet – irrelevant. An dem expliziten Verbot auch in diesen Fällen zeigt sich gerade der Charakter als **abstrakter Gefährdungstatbestand**, bei dem es auf den Nachweis einer konkreten Irreführungsgefahr und einer darauf beruhenden (zumindest mittelbaren) Gesundheitsgefährdung im Einzelfall nicht ankommt (BGH Urt. v. 28.09.2011 – I ZR 96/10, GRUR 2012, 647, 649 f. Rn. 29 ff., 40 – Injectio; s. zum Unionsrecht auch Rdn. 5 f.). Es genügt die abstrakte Irreführungsgefahr, die von Anwendungsangaben bei lediglich registrierten Homöopathika aufgrund der nicht hinreichenden wissenschaftlichen Absicherung von Wirksamkeitsbehauptungen ausgeht (zutreffend BGH Urt. v. 28.09.2011 – I ZR 96/10, GRUR 2012, 647, 649 Rn. 30, 32 – Injectio). Kommen im Einzelfall eine konkrete Irreführungs- und Gesundheitsgefahr hinzu, bestehen weitergehende Sanktionen u.a. gem. §§ 3, 14 (s. Rdn. 15).

4 Die Ausgestaltung von § 5 als abstrakter Gefährdungstatbestand steht im Einklang mit den zwingenden Vorgaben des Unionsrechts (Rdn. 5 ff.) und ist auch im Lichte der grundrechtlich geschützten Freiheit zur beruflichen Außendarstellung nicht zu beanstanden: Wegen der vollharmonisierenden

Vorgaben des GK scheiden die nationalen Grundrechte als Prüfungsmaßstab aus (Einführung HWG Rdn. 55 ff., 59 ff.; *Mand* JZ 2010, 337 [347 f.]; offen gelassen von BGH Urt. v. 28.09.2011 – I ZR 96/10, GRUR 2012, 647, 650 Rn. 39 – Injectio). Selbst im Fall ihrer Anwendbarkeit verletzte die Auslegung von § 5 als abstrakter Gefährdungstatbestand weder Art. 5 GG noch **Art. 12 Abs. 1, 2 Abs. 1 GG** (zutreffend BGH Urt. v. 28.09.2011 – I ZR 96/10, GRUR 2012, 647, 650 Rn. 39 – Injectio). Die als Prüfungsmaßstab dienenden Unionsgrundrechte stehen einem Per-se-Verbot der werblichen Präsentation von Anwendungsgebieten bei homöopathischen Arzneimitteln ebenfalls nicht entgegen (Rdn. 6).

### B. Vereinbarkeit mit dem Unionsrecht

Nach **Art. 100 Satz 2 GK** dürfen in der Werbung für homöopathische Arzneimittel (Art. 14 Abs. 1 GK) nur Angaben gem. Art. 69 Abs. 1 GK verwendet werden. Während viele Werbenormen des GK zwischen Öffentlichkeitswerbung und Werbung gegenüber den zur Abgabe und Verschreibung befugten Personen differenzieren, gilt dies nicht für Art. 100 GK. D.h., die Beschränkung auf Angaben gem. Art. 69 Abs. 1 GK bezieht sich – ebenso wie die Werbebeschränkung des § 5 – uneingeschränkt auch auf die Fachkreiswerbung.

Art. 100 Satz 2, 69 Abs. 1 GK schreiben die zulässigen Angaben in der Werbung für homöopathische Arzneimittel abschließend vor. Im Umkehrschluss sind alle dort nicht genannten Angaben zwingend verboten (EuGH [8. Kammer] Urt. v. 23.04.2020 – C-101/19, C-102/19, GRUR 2020, 658 Rn. 39 – Deutsche Homöopathie-Union DHU für Packungsbeilage und Ettiket). Dieses weitgehende, als abstrakter Gefahrenabwehrtatbestand konzipierte Verbot greift zwar nicht unerheblich in die Unionsgrundrechte der Werbenden ein (der EuGH [8. Kammer], Urt. v. 23.04.2020 – C-101/19, C-102/19, GRUR 2020, 658 Rn. 39 ff. – Deutsche Homöopathie-Union DHU spricht dies nicht an, vgl. zur ergänzenden Prüfung durch das BVerfG aber Einf. HWG Rdn. 58, 61). Es ist jedoch im Ansatz gerechtfertigt, um die hochrangigen Rechtsgüter »Gesundheit und Leben« zu schützen. Da homöopathische Arzneimittel regelmäßig keine naturwissenschaftlich gesicherte Wirksamkeit haben, die über einen Placebo-Effekt hinausgeht, ist es insbesondere geboten oder zumindest gerechtfertigt, jedwede potenziell missverständliche Aussage über therapeutische Effekte dieser Arzneimittel zu unterbinden. Dies lässt sich am besten durch eine positive Regelung bestimmter zulässiger Angaben erreichen. Das Regelungskonzept des Art. 100 Satz 2 GK und vor allem die daraus folgende Unzulässigkeit aller Angaben zu Indikationen ist insoweit mit den **Unionsgrundrechten** und dem sonstigen Primärrecht (Grundfreiheiten, Verhältnismäßigkeitsprinzip) vereinbar.

§ 5 setzt Art. 100 Satz 2 GK bezogen auf die verbotene Angabe von Anwendungsgebieten richtlinienkonform um (i.E. Spickhoff/*Fritzsche*, § 5 HWG Rn. 8). Sie bleibt aber in Bezug auf andere in Art. 69 Abs. 1 GK ebenfalls nicht genannten Angaben hinter Art. 100 Satz 2 GK zurück. Soweit homöopathische Arzneimittel entgegen dem Unionsrecht mit nicht explizit gestatteten Angaben beworben werden, kommt nur eine Anwendung des allgemeinen Irreführungsverbots gem. § 3 Satz 1 HWG bzw. § 5 UWG in Betracht. Die unionsrechtlichen Vorgaben zum zulässigen Inhalt werblicher Informationen gem. Art. 100 Satz 2, 69 Abs. 1 GK können hier bei der Ermittlung der Irreführungseignung berücksichtigt werden. Denn sie definieren normativ die berechtigte Verbrauchererwartung an zulässige Werbeinhalte.

### C. Registriertes homöopathisches Arzneimittel

Ein **Homöopathisches Arzneimittel** ist nach der Legaldefinition in § 4 Abs. 26 AMG ein Arzneimittel, das »nach einem im Europäischen Arzneibuch oder, in Ermangelung dessen, nach einem in den offiziell gebräuchlichen Pharmakopöen der Mitgliedstaaten der Europäischen Union beschriebenen homöopathischen Zubereitungsverfahren hergestellt worden ist«.

Das Werbeverbot gilt bereits nach seinem Wortlaut nur für gem. Art. 14 GK, §§ 38 ff. AMG **registrierte** oder nach § 29 Abs. 3 AMG von der **Registrierung freigestellte** Homöopathika. Hat der pharmazeutische Unternehmer die Wirksamkeit seines nach den Lehren der Homöopathie hergestellten Arzneimittels nachgewiesen und nach nationalem oder Unionsrecht eine Zulassung erlangt, findet § 5 keine Anwendung. Die Angabe von Anwendungsgebieten in der Werbung ist dann zulässig (BGH Urt. v. 28.09.2011 – I ZR 96/10, GRUR 2012, 647, 650 Rn. 34 – Injectio; *Gröning*, § 5 HWG Rn. 6; *Fezer/Reinhart*, § 4 Satz 4 UWG Rn. 495) und gem. § 4 Abs. 1 Nr. 4 im Rahmen der Pflichtangaben sogar geboten.

10 Die Werbung für **zugelassene Homöopathika** unterliegt nur den allgemeinen Einschränkungen der Irreführungsverbote gem. §§ 3 HWG, 5 UWG. Die Bewerbung als »homöopathisches Arzneimittel« erweist sich dabei nicht per se als irreführend (*Doepner/Reese*, § 5 HWG Rn. 24; a.A. Spickhoff/*Fritzsche*, § 5 HWG Rn. 7). Denn die fehlende Zulassung und der fehlende wissenschaftliche Wirkungsnachweis sind nach dem HWG kein normativ vorgegebener Inhalt des Begriffs »homöopathisch«. Auch wenn die Angabe »homöopathisches Arzneimittel« bei lediglich registrierten Arzneimitteln zwingend ist (§ 10 Abs. 4 Hs. 1 AMG) und der pharmazeutische Unternehmer sich alternativ zwischen dem Weg der Zulassung und der Registrierung entscheiden muss, um die Verkehrsfähigkeit seines Homöopathikums zu erlangen (vgl. § 39 Abs. 2 Nr. 8 AMG), ist die Bezeichnung »homöopathisches Arzneimittel« nicht exklusiv registrierten Arzneimitteln vorbehalten. Maßgebend ist vielmehr allein, dass das Arzneimittel nach den Lehren der Homöopathie hergestellt ist. In diesem Fall ist die Angabe »homöopathisches Arzneimittel« korrekt und auch bei einer arzneimittelrechtlichen Zulassung nicht gem. § 3 irreführend.

### D. Werbung mit Anwendungsgebiet

11 Der Begriff des Anwendungsgebiets in § 5 deckt sich prinzipiell mit § 4 Abs. 1 Nr. 4 und stimmt mit dem medizinischen Begriff der Indikation überein (§ 4 HWG Rdn. 20). Ob ein Anwendungsgebiet angegeben ist, muss unter Berücksichtigung aller Umstände des Einzelfalls ermittelt werden. Im Lichte des **strikten Objektivitätsgebots** des Unionsrechts (Art. 87 Abs. 3 Spiegelstriche 1 und 2 GK) sowie des korrespondierenden **Strengeprinzips** im nationalen Recht (§ 3 HWG Rdn. 45 ff.), das auch für § 5 maßgebend ist (zutreffend BGH Urt. v. 28.09.2011 – I ZR 96/10, GRUR 2012, 647, 650 Rn. 33 – Injectio), sind strenge Maßstäbe anzulegen (LG Bielefeld Urt. v. 23.01.2019 – 16 O 19/18, BeckRS 2019, 8283 Rn. 30 ff. und Urt. v. 18.11.2015 – 16 O 58/15; LG Köln Urt. v. 21.02.2017 – 81 O 87/16, GRUR-RS 2017, 108186 Rn. 37 ff.). So muss sich die Aussage zum Anwendungsgebiet nicht explizit auf das konkrete Arzneimittel beziehen. Es genügt regelmäßig, wenn übergreifend die betreffenden Indikationen und Anwendungsgebiete der enthaltenen Wirkstoffe genannt werden. Denn bei verständiger Würdigung des Gesamtzusammenhangs ist anzunehmen, dass mit der Angabe der Wirkstoffe und ihrer Anwendungsgebiete auch die Anwendungsgebiete des Arzneimittels selbst beschrieben werden (BGH Urt. v. 28.09.2011 – I ZR 96/10, GRUR 2012, 647, 648 Rn. 18 – Injectio; OLG Stuttgart Urt. v. 30.01.2014 — 2 U 32/13 WRP 2014, WRP 2014, 731,733). Auch der einleitende Hinweis: »Historie«, verbunden mit der Angabe, dass die fraglichen Anwendungsgebiete bis 2005 angegeben worden seien, führt nicht aus dem Anwendungsbereich des § 5 heraus. Denn diese Angabe hebt aus der maßgeblichen Perspektive durchschnittlicher Werbeadressaten die Zuordnung des Arzneimittels zu den genannten Anwendungsgebieten nicht auf (s. zur Fachkreiswerbung OLG Stuttgart Urt. v. 30.01.2014 – 2 U 32/13, WRP 2014, 731 Rn. 30 f. – Historische Anwendungsgebiete). Wirkungsbezogene Aussagen, die sich auf die **positive Beeinflussung von allgemein umschriebenen Stoffwechselvorgängen**, insbesondere auf die Behebung etwaiger Störungen, beziehen, fallen ebenfalls unter § 5. Eine Bezugnahme auf konkret umschriebene, in der Schulmedizin anerkannte Krankheitsbilder ist nicht erforderlich (LG Bielefeld Urt. v. 23.01.2019 – 16 O 19/18, BeckRS 2019, 8283 Rn. 30 ff. und Urt. v. 18.11.2015 – 16 O 58/15: Werbung mit »Umstimmung, Entsäuerung und Regulation des Stoffwechsels« unzulässig; LG Köln Urt. v. 21.02.2017 – 81 O 87/16, GRUR-RS 2017, 108186). Auch bei solch allgemein gehaltenen Aussagen zu körperlichen und seelischen Zuständen, die durch das betreffende Arzneimittel angeblich positiv beeinflusst werden, fehlt es an einem hinreichenden wissenschaftlichen Wirkungsnachweis; zudem besteht insoweit ebenfalls die Gefahr einer unsachgemäßen (Selbst-)Medikation.

Bei werblicher Nennung der Anwendungsgebiete steht auch die im Übrigen **ordnungsgemä-** 12
**ße Kennzeichnung**, insbesondere die Angabe »Registriertes homöopathisches Arzneimittel, daher ohne Angabe einer therapeutischen Indikation« (§ 10 Abs. 4 Satz 1 Nr. 9, § 11 Abs. 3 Satz 1 AMG) der Anwendung von § 5 nicht entgegen (BGH Urt. v. 28.09.2011 – I ZR 96/10, GRUR 2012, 647, 649 Rn. 23 f. – Injectio). Der abstrakte und formelhafte Inhalt der »Pflichtangaben« kann die zuvor ausdrücklich und konkret gemachten Sachaussagen zu einzelnen Anwendungsgebieten nicht wieder aufheben oder auch nur einschränken (OLG Hamburg Urt. v. 01.02.2007 – 3 U 117/06, Rn. 66 – zu § 3a Satz 2; OLG Stuttgart Urt. v. 30.01.2014 – 2 U 32/13, WRP 2014, 731 Rn. 33 f. – Historische Anwendungsgebiete). Darüber hinaus ist die Werbung in solchen Fällen zumindest widersprüchlich. Dies ist im Rahmen des strikt auszulegenden, abstrakten Gefährdungstatbestands von § 5, der zur Vermeidung von Unklarheiten jedwede Angabe von Anwendungsgebieten untersagt, nicht hinzunehmen.

Sofern die Bezeichnung des homöopathischen Arzneimittels selbst ein Anwendungsgebiet sug- 13
geriert, ist dies – trotz der Pflichtangabe der Arzneimittel-Bezeichnung gem. § 4 Abs. 1 Nr. 2 – ebenfalls unzulässig (a.A. Bülow/Ring/Artz/Brixius/*Artz*, § 5 HWG Rn. 7; wie hier *Doepner/Reese*, § 5 HWG Rn. 26). Die fehlende Beanstandung zumindest potenziell irreführender Arzneimittel-Bezeichnungen durch die zuständigen Behörden entfaltet – unbeschadet des hohen Stellenwertes der behördlich geprüften Fachinformationen in Bezug auf die Wirkungen eines Arzneimittels (s. § 3 HWG Rdn. 40 ff., 55 ff.) – keine rechtfertigende Wirkung. Denn die Prüfung der Behörden erstreckt sich regelmäßig nicht auf wettbewerbsrechtliche Fragestellungen (BGH GRUR 2008, 1014, 1016 Rn. 34 – Amlodipin zu § 3a). Voraussetzung für ein Verbot gem. § 5 ist allerdings das Vorliegen von **Heilmittelwerbung i.S.d. § 1** (dazu § 1 HWG Rdn. 23 und 24 ff.). Soweit es daran fehlt, kann ein Verbot im Lichte von Art. 69 Abs. 1 GK vielfach unmittelbar auf §§ 8 Abs. 1 Nr. 2, 96 Nr. 3 AMG bzw. §§ 10 Abs. 3, 11 Abs. 3 Satz 1, 97 Abs. 2 Nr. 4 und 5 AMG gestützt werden (vgl. a. BVerwG Urt. v. 10.08.2020 – 3 C 10.20).

### E. Sanktionen und Konkurrenzen

Verstöße gegen § 5 können gem. § **15 Abs. 1 Nr. 2** als Ordnungswidrigkeiten geahndet werden. 14
Darüber hinaus ist § 5 dazu bestimmt, im Interesse der Marktteilnehmer das Marktverhalten zu regeln. Verstöße indizieren also gem. § **3a UWG** die Unlauterkeit (BGH Urt. v. 28.09.2011 – I ZR 96/10, GRUR 2012, 647 Rn. 10 – Injectio).

Verletzungen von §§ 3 ff. HWG, 5 UWG, insbes. § 3 Satz 2 Nr. 1 und § 3a, konkurrieren ideal mit 15
§ 5. Anders als im Rahmen von § 5 kommt es im Rahmen von §§ 3 Satz 1 HWG, 5 UWG aber auf den Nachweis einer konkreten und im Rahmen von § 3 Satz 2 zumindest auf den Nachweis einer potenziellen Irreführungsgefahr an (§ 3 Rdn. 4 ff.). Idealkonkurrenz kann auch zu § 8 Abs. 1 Nr. 2 AMG bestehen, sofern das Inverkehrbringen mit einer Heilmittelwerbung gem. § 1 einhergeht (vgl. dazu auch Einführung HWG Rdn. 4). Die zusätzliche Verletzung dieser konkreten bzw. potenziellen Irreführungsverbote führt unter Umständen zu weitergehenden, auch strafrechtlichen Sanktionen (§§ 14 HWG, 96 Nr. 3 AMG).

## § 6 Unzulässigkeit von Werbung

Unzulässig ist eine Werbung, wenn
1. Gutachten oder Zeugnisse veröffentlicht oder erwähnt werden, die nicht von wissenschaftlich oder fachlich hierzu berufenen Personen erstattet worden sind und nicht die Angabe des Namens, Berufes und Wohnortes der Person, die das Gutachten erstellt oder das Zeugnis ausgestellt hat, sowie den Zeitpunkt der Ausstellung des Gutachtens oder Zeugnisses enthalten,
2. auf wissenschaftliche, fachliche oder sonstige Veröffentlichungen Bezug genommen wird, ohne dass aus der Werbung hervorgeht, ob die Veröffentlichung das Arzneimittel, das Verfahren, die Behandlung, den Gegenstand oder ein anderes Mittel selbst betrifft, für die

geworben wird, und ohne dass der Name des Verfassers, der Zeitpunkt der Veröffentlichung und die Fundstelle genannt werden;
3. aus der Fachliteratur entnommene Zitate, Tabellen oder sonstige Darstellungen nicht wortgetreu übernommen werden.

## Übersicht

| | | Rdn. | | | Rdn. |
|---|---|---|---|---|---|
| A. | Anwendungsbereich | 1 | E. | Bezugnahme auf Wissenschaftliche und fachliche Veröffentlichungen (§ 6 Nr. 2) | 16 |
| B. | Zweck | 3 | | | |
| C. | Vereinbarkeit mit dem Gemeinschaftskodex | 4 | I. | Wissenschaftliche und fachliche Veröffentlichungen | 16 |
| I. | Fachkreiswerbung | 4 | | | |
| II. | Öffentlichkeitswerbung | 6 | II. | Bezugnahme | 17 |
| D. | Gutachten- und Zeugniswerbung (§ 6 Nr. 1) | 9 | III. | Erforderliche Angaben | 18 |
| I. | Gutachten und Zeugnisse | 9 | F. | Übernahme von Zitaten, Tabellen oder Darstellungen | 19 |
| II. | Fehlende wissenschaftliche oder fachliche Berufung | 11 | G. | Rechtsfolgen | 21 |
| III. | Veröffentlichung oder Erwähnung | 12 | H. | Abgrenzung und Konkurrenzen zu § 11 HWG | 22 |
| IV. | Persönliche Angaben | 15 | | | |

## A. Anwendungsbereich

1 Die Werbebeschränkungen des § 6 gelten für produktbezogene Absatzwerbung für **alle Heilmittel** (*Gröning*/Mand/Reinhart, Heilmittelwerbegesetz, § 6 Rn. 6; Bülow/Ring/Artz/Brixius/*Ring*, § 6 HWG Rn. 4; *Reinhart* in: Fezer, § 4 Satz 4 UWG Rn. 496; *Doepner/Reese*, § 6 HWG Rn. 10). Da Medizinprodukte nicht (mehr) zu den »Gegenständen« i.S.d. HWG zählen (RegE BT-Drs. 14/6281 S. 39; *Gassner* NJW 2002, 863, 865), umfasst die Aufzählung von Werbeobjekten in § 6 Nr. 2 Medizinprodukte zwar nicht. Dies ist jedoch als Redaktionsversehen einzustufen. Der Gesetzgeber hat es schlicht übersehen, § 6 Nr. 2 zu ändern, als er Medizinprodukte in § 1 Abs. 1 Nr. 1a als Produktgruppe dem Anwendungsbereich des HWG unterstellte. Insoweit ist eine analoge Anwendung von § 6 Nr. 2 auch auf Medizinprodukte geboten (OLG Frankfurt a.M. Urt. v. 10.08.2017 – 6 U 63/17, PharmR 2017, 505, 510). Keinesfalls kann aus § 6 Nr. 2 eine einschränkende Auslegung des Anwendungsbereichs von § 6 Nr. 1 und Nr. 3 hergeleitet werden (*Gassner* NJW 2002, 863, 865).

2 Der Gesetzeswortlaut differenziert nicht zwischen **Publikums- und Fachkreiswerbung**. Da etwaige Einschränkungen im persönlichen Anwendungsbereich von HWG-Tatbeständen stets explizit angegeben sind, gilt § 6 entgegen einer verbreiteten Ansicht (OLG Hamburg Urt. v. 27.06.2002 – 3 U 136/00, GRUR-RR 2002, 365 – Quellenangaben; Bülow/Ring/Artz/Brixius/*Ring*, § 6 HWG Rn. 4; Spickhoff/*Fritzsche*, Medizinrecht, § 6 Rn. 1; Zipfel/Rathke/*Sosnitza*, § 6 HWG Rn. 8) nicht nur für die Fachkreiswerbung, sondern auch für die Publikumswerbung (HK-AKM/*Mand*, 86. Aktualisierung August 2021, Erl. 2440 Rn. 76; *Reinhart* in: Fezer, § 4 UWG Satz 4 Rn. 496; *Doepner*/Reese, § 6 HWG Rn. 15; *Reese* WRP 2013, 283, 285). Aus den speziellen Werbebestimmungen des § 11 folgt in systematischer Hinsicht nichts anderes: Der Gesetzgeber hat das Publikumswerbeverbot des § 11 Abs. 1 Nr. 1 HWG a.F. (Gutachten, Zeugnisse und Fachveröffentlichungen) aufgehoben (2. AMRuaÄndG v. 19.10.2012, BGBl. I S. 2192, s. Rdn. 22). Weil nunmehr auch außerhalb der Fachkreise für Heilmittel grundsätzlich mit Gutachten, Zeugnissen, wissenschaftlichen oder fachlichen Veröffentlichungen sowie mit Hinweisen darauf geworben werden darf, kommt § 6 praktisch nicht mehr nur für die Fachkreiswerbung Bedeutung zu. Die weiteren Publikumswerbeverbote nach § 11 Abs. 1 Satz 1 Nr. 2, Nr. 3 und Nr. 11 können in bestimmten Fällen zwar ebenfalls einer Werbung mit Gutachten, Zeugnissen, wissenschaftlichen, fachlichen und sonstigen Veröffentlichungen entgegenstehen. Dies schließt die Anwendung von § 6 auf die Publikumswerbung aber nicht aus. Vielmehr handelt es sich gegebenenfalls um ein Konkurrenzproblem (*Reinhart* in: Fezer, § 4 Satz 4 UWG, u. Rn. 496, s. Rdn. 22 f.).

## B. Zweck

§ 6 Nr. 1 und Nr. 2 umschreiben im Lichte des an Heilmittelwerbung zu stellenden Objektivitätsgebots (*Mand* A & R 2013, 166, 179 f.) die berechtigten Mindesterwartungen der Werbeadressaten an die Reliabilität und Validität der in Werbeaussagen in Bezug genommenen Gutachten, Zeugnisse und wissenschaftlichen, fachlichen oder sonstigen Veröffentlichungen. Die Missachtung dieser Mindesterwartungen führen – nicht zuletzt aufgrund der hohen Glaubwürdigkeit und Beweiskraft, die selbst Fachkreisangehörige Gutachten, Fachpublikationen etc. beizumessen pflegen – regelmäßig zu einer unzulässigen irreführenden Werbung. § 6 Nr. 1 und Nr. 2 statuieren damit letztlich **abstrakte Gefährdungsdelikte**, die Werbepraktiken typisieren, welche unzulässig sind, weil sie über den objektiv anzugebenden Grad der wissenschaftlichen Absicherung in die Irre führen und eine Überprüfung sowie sachgerechte Bewertung der Werbeangaben erschweren. § 6 Abs. 3 verschärft ergänzend das auch im Irreführungsrecht relevante Gebot der »Zitierwahrheit« (BGH Urt. v. 06.02.2013 – I ZR 62/11, GRUR 2013, 649, 651 Rn. 17 – Basisinsulin mit Gewichtsvorteil; o. § 3 HWG Rdn. 54), indem eine wortgetreue Übernahme von Zitaten, Tabellen und sonstigen Darstellungen verlangt wird. Auch dies dient dazu, die Absatzwerbung für Heilmittel mit (vermeintlich) wissenschaftlichen Erkenntnissen leichter überprüfbar zu machen (OLG Frankfurt a.M. Urt. v. 10.08.2017 – 6 U 63/17, PharmR 2017, 505, 510).

## C. Vereinbarkeit mit dem Gemeinschaftskodex

### I. Fachkreiswerbung

Eine explizite Grundlage im GK hat § 6 nur für die Fachkreiswerbung. Art. 92 Abs. 2 GK verlangt, das alle in »Unterlagen enthaltenen Informationen [...] genau, aktuell, überprüfbar und vollständig genug sein [müssen], um dem Empfänger die Möglichkeit zu geben, sich persönlich ein Bild von dem therapeutischen Wert des Arzneimittels zu machen.« Inwieweit diese Regelung Spielraum für eine mitgliedstaatliche Konkretisierung lassen, erscheint fraglich (zum Problem Einf. HWG Rdn. 47 ff.). Zumindest die von **§ 6 Nr. 1 und Nr. 2** gestellten Anforderungen erweisen sich aber als unerlässlich, um die therapeutische Wirksamkeit von Arzneimitteln verlässlich zu bewerten (*Doepner/Reese*, § 6 HWG Rn. 65, 69). Sie sind daher auch in der Fachkreiswerbung für Humanarzneimittel **unionsrechtskonform**, jedenfalls soweit es um Werbematerialien geht, welche den Fachkreisangehörigen überlassen werden (Bülow/Ring/Artz/Brixius/*Ring*, § 6 HWG Rn. 5; *Reinhart* in: Fezer, § 4 Satz 4 UWG Rn. 496; Zipfel/Rathke/*Sosnitza*, § 6 HWG Rn. 4; a.A. Spickhoff/*Fritzsche*, § 6 HWG Rn. 2: Richtlinienkonformität »nicht feststellbar«). Für eine generelle Vereinbarkeit mit dem GK spricht darüber hinaus Art. 87 Abs. 3 Spiegelstrich 1, wonach jede Arzneimittelwerbung einen zweckmäßigen Einsatz des Arzneimittels fördern muss, indem sie seine Eigenschaften objektiv und ohne Übertreibung darstellt. Daraus folgt ein striktes »Objektivitätsgebot«, das sich auch und gerade auf die Nachweisbarkeit und Nachvollziehbarkeit werblicher Aussagen erstreckt (*Mand* A & R 2013, 166, 179 f., s.a. § 3 HWG Rdn. 39 f.). Schließlich stellt Erwägungsgrund 47 GK einerseits die Bedeutung von Werbung als Informationsquelle der Fachkreise heraus, mahnt andererseits aber die strikte Einhaltung der geltenden wissenschaftlichen Standards im Rahmen der kommerziellen Kommunikation an. Alle Produktinformationen müssen deshalb in einer Weise präsentiert werden, die wissenschaftlich seriös und transparent ist und eine Überprüfung ermöglicht.

**§ 6 Abs. 3** setzt Art. 92 Abs. 3 GK mit Blick auf Werbeunterlagen, die Fachkreisangehörigen überlassen wurden, **richtlinienkonform** in nationales Recht um (Bülow/Ring/Artz/Brixius/*Ring* § 6 HWG Rn. 5; Spickhoff/*Fritzsche*, § 6 HWG Rn. 2). Danach müssen »[d]ie aus medizinischen Zeitschriften oder wissenschaftlichen Werken entnommenen Zitate, Tabellen und sonstige Illustrationen [...] wortgetreu übernommen werden«. Im Übrigen folgen entsprechende Zitierstandards aus dem allgemeinen Irreführungsverbot.

## II. Öffentlichkeitswerbung

6 Für die Öffentlichkeitswerbung fehlt eine entsprechende Regelung im GK. Die herrschende Ansicht wendet insoweit aber Art. 92 GK analog an und begründet diese mit einem »Erst-recht-Schluss« (*Gröning*/Mand/Reinhart, Heilmittelwerbegesetz, § 6 Rn. 17; *Reinhart* in: Fezer, UWG, § 4 Satz 4 Rn. 496; a.A. Spickhoff/*Fritzsche*, § 6 HWG Rn. 2: § 6 Nr. 1 und Nr. 2 allenfalls teilweise als Irreführungsverbote rechtfertigbar). Dies erscheint zweifelhaft, weil spezielle Regelungen im GK für die Fachkreiswerbung im Normalfall nicht auf die Publikumswerbung übertragbar sind und die Informationsbedürfnisse von Fachkreisen und Patienten teilweise divergieren können (*Mand* A & R 2013, 166, 180 f.).

7 Die von § 6 aufgestellten Transparenz- und Objektivitätsgebote finden **materiell** aber jedenfalls eine hinreichende Grundlage in **Art. 87 Abs. 2 und Abs. 3 Spiegelstrich 1 GK**. Nach dessen Spiegelstrich 1 muss Arzneimittelwerbung »einen zweckmäßigen Einsatz des Arzneimittels fördern, indem sie seine Eigenschaften objektiv und ohne Übertreibung darstellt.« Das hierin zum Ausdruck kommende und für die Öffentlichkeitswerbung durch Erwägungsgrund 45 GK bekräftigte »Objektivitätsgebot« hat der EuGH explizit als Verbotstatbestand interpretiert (EuGH Urt. v. 08.11.2007 – C-374/05, GRUR 2008, 267 Rn. 51 – Gintec). Es steht aufgrund seiner systematischen Stellung in engem Zusammenhang mit dem Irreführungsverbot gem. Art. 87 Abs. 3 Spiegelstrich 2 GK (Einf. HWG Rdn. 48) und prägt nicht zuletzt die berechtigten Erwartungen der Werbeadressaten an die Richtigkeit, Verlässlichkeit und Nachweisbarkeit werblicher Aussagen, die sich auf (vermeintliche) Eigenschaften von Arzneimitteln beziehen (*Mand* A & R 2013, 166, 180 ff.). Wird mit Gutachten und Zeugnissen geworben, die von fachlich hierzu nicht berufenen Personen stammen (§ 6 Nr. 1), oder wird ein unzutreffend enger Zusammenhang zwischen Veröffentlichungen und dem beworbenen Heilmittel hergestellt (§ 6 Nr. 2), sind diese berechtigten Mindesterwartungen der Verbraucher stets verletzt. § 6 stellt daher keine über den GK hinausgehenden materiellen Hürden für die Publikumswerbung auf.

8 Die in § 6 verlangten **Formalkriterien** (Angaben über Autor und Zeitpunkt der Ausstellung bei Gutachten bzw. Zeugnissen i.S.d. § 6 Nr. 1 und Angaben von Autor, Zeitpunkt der Veröffentlichung sowie Fundstelle bei Veröffentlichung i.S.d. § 6 Nr. 2) können demgegenüber auf Art. 89 Abs. 1 Buchst. b GK gestützt werden. Dieser räumt den Mitgliedstaaten das Recht ein, weitergehende (Pflicht-) Angaben in der Publikumswerbung zu fordern (§ 4 HWG Rdn. 7). Erlaubt ist hiermit auch eine konditionale Regelung der Mitgliedstaaten, die, wie § 6, einzelne Angaben nur bei bestimmten Werbeinhalten zur Pflicht macht. § 6 erweist sich somit im Rahmen der Publikumswerbung insgesamt als richtlinienkonform.

## D. Gutachten- und Zeugniswerbung (§ 6 Nr. 1)

### I. Gutachten und Zeugnisse

9 § 6 Nr. 1 untersagt die Veröffentlichung und Erwähnung von Gutachten oder Zeugnissen, die nicht von wissenschaftlich oder fachlich hierzu berufenen Personen erstattet worden sind »und« (s. dazu Rdn. 15) die nicht die Angabe des Namens, Berufes und Wohnortes des Gutachters oder Ausstellers des Zeugnisses sowie den Zeitpunkt der Ausstellung des Gutachtens oder Zeugnisses enthalten. **Gutachten wie Zeugnisse** sind Stellungnahmen mit einem wissenschaftlich-fachlichen Gehalt. Beide enthalten meist einen deskriptiven und einen wertenden Teil, wobei das Gutachten durch einen höheren wissenschaftlichen Anspruch charakterisiert ist. Mit Blick auf den Schutzzweck der Norm, irreführende Aussagen zum »Informationswert« von Publikationen auszuschließen, denen die Werbeadressaten eine hohe Glaubwürdigkeit und Verlässlichkeit zuschreiben, kommt es nicht darauf an, ob die Darstellungen tatsächlich wissenschaftlichen (Mindest-) Anforderungen entsprechen, insbes. von Personen stammen, welche die hierfür nötige Qualifikation aufweisen. Entscheidend ist, ob die Verkehrskreise, an die sich die Publikation richtet, den **Eindruck** haben, die Äußerung sei eine von fachlich qualifizierter Seite ausgestellte Bescheinigung (*Gröning*/Mand/Reinhart, Heilmittelwerbegesetz, § 6 Rn. 11; *Doepner*/Reese, § 6 HWG Rn. 22, 29; Zipfel/Rathke/

*Sosnitza*, HWG § 6 Rn. 9; a.A. Bay ObLG Urt. v. 10.01.1963 – 4 St 253/2, NJW 1963, 402; vgl. auch BGH Urt. v. 26.06.1970 – I ZR 14/69, NJW 1970, 1967, 1968 – Sanatorium zu § 11 Nr. 1 HWG a.F.). Diese Anforderung gilt auch für Zeugnisse, obgleich der Wortlaut von § 6 insoweit nicht eindeutig ist. D.h. § 6 erfasst nur (vermeintlich) fachliche Zeugnisse (*Gröning*/Mand/Reinhart, Heilmittelwerbegesetz, § 6 Rn. 12; *Doepner*/Reese, § 6 HWG Rn. 29). Eine exakte Abgrenzung zwischen Gutachten und Zeugnissen ist dabei weder möglich noch erforderlich (*Doepner*/Reese, § 6 HWG Rn. 26).

**Klinischen Studien** i.S.d. § 4 Abs. 23 Satz 1 AMG, Feldstudien, Compliance-Studien und andere **nicht-interventionelle Studien** i.S.d. § 4 Abs. 23 Satz 3 AMG fallen zumindest unter den Begriff Zeugnisse, da es sich um systematisch und statistisch ausgewertete Sammlungen von Behandlungsergebnissen handelt (OLG Hamburg Urt. v. 27.06.2002 – 3 U 136/00, GRUR-RR 2002, 365 – Quellenangaben; Bülow/Ring/Artz/Brixius/*Ring* § 6 HWG Rn. 9, 11; *Reinhart* in: Fezer, § 4 Satz 4 UWG Rn. 497). Eine Arzneimittelwerbung mit einer »hohen Anzahl klinischer Studien« (LG Baden-Baden Urt. v. 28.01.2004 – 4 O 129/03 KfH, MD 2004, 433, 435) oder die Werbung mit dem Hinweis »Der Goldstandard: Als Positivkontrolle in klinischen Studien eingesetzt« (LG Baden-Baden Urt. v. 04.04.2007 – 4 O 13/07 KfH) verpflichten deshalb dazu, die fachlichen Anforderungen des § 6 Nr. 1 an die Verfasser einzuhalten und die geforderten Mindestangaben zu machen. 10

## II. Fehlende wissenschaftliche oder fachliche Berufung

Welche Personen wissenschaftlich oder fachlich zur Erstattung von Gutachten oder Ausstellung von Zeugnissen berufen sind, richtet sich in erster Linie nach der Themenstellung des Gutachtens bzw. Zeugnisses und hängt daher stark vom Einzelfall ab (*Doepner*/Reese, § 6 HWG Rn. 35). Allgemein soll nur mit solchen Gutachten oder Zeugnissen geworben werden, bei denen ein bestimmter **qualitativer Mindeststandard** erwartet werden kann (*Reinhart* in: Fezer, § 4 Satz 4 UWG Rn. 497). Dies ist in der Regel bei Angehörigen der Fachkreise i.S.d. § 2 zu erwarten. Auf eine akademische Ausbildung kommt es – insbesondere bei Zeugnissen oder empirischen Gutachten – nicht zwingend an (*Doepner*/Reese, § 6 HWG Rn. 35). Die betreffende Person muss auf dem jeweiligen Fachgebiet aber über weit überdurchschnittliche Kenntnisse verfügen, die auf einer systematischen und umfassenden Bearbeitung beruhen. Inwieweit ein renommierter Medizinjournalist diese Anforderungen erfüllt, hängt vor allem von der Art der Fragestellung ab und kann nur im Einzelfall beantwortet werden (s. LG Berlin Urt. v. 02.11.1987 – 97 O 400/87; *Gröning*/Mand/Reinhart, Heilmittelwerbegesetz, 5. Ergänzungslieferung 2015, § 6 Rn. 15; Zipfel/Rathke/*Sosnitza*, HWG § 6 Rn. 12). 11

## III. Veröffentlichung oder Erwähnung

Gutachten und Zeugnisse werden **veröffentlicht**, wenn sie der Öffentlichkeit, also einem größeren, nicht individuell bestimmten Personenkreis zugänglich gemacht werden (*Doepner*/Reese, § 6 HWG Rn. 32). Die Zusendung an einzelne Interessenten genügt nicht. 12

**Erwähnen** ist jeder Hinweis und jede Bezugnahme auf ein Gutachten oder Zeugnis, ohne es – zumindest teilweise – zu zitieren. Die Bezugnahme muss nicht ausdrücklich erfolgen. Es genügt, wenn in der Werbung eine Verbindung zwischen einzelnen Werbeaussagen und dem Gutachten bzw. Zeugnis hergestellt wird. Ein Bsp. bildet die Wendung: »Dr. X hat in seinem Gutachten festgestellt (…)« (*Gröning*/Mand/Reinhart, Heilmittelwerbegesetz, 5. Ergänzungslieferung 2015, § 6 Rn. 14). 13

§ 6 Nr. 1 erfasst auch das Erwähnen von Gutachten und Zeugnissen, die **nicht veröffentlicht** sind (Zipfel/Rathke/*Sosnitza*, § 6 HWG Rn. 12). Eine solche Werbung ist mit dem Irreführungsverbot des § 3 grundsätzlich vereinbar, wenn auf die fehlende Publikation ausdrücklich hingewiesen wird (*Gröning*/Mand/Reinhart, Heilmittelwerbegesetz, 5. Ergänzungslieferung 2015, § 6 Rn. 8, 21). Zusätzliche sind aber die nach § 6 notwendigen, formalen Angaben zu machen (Rdn. 15). Denn auch wenn die fehlende Publikation bekannt ist, besteht dennoch ein dringendes Informationsbedürfnis über die Herkunft, Qualität und Aussagekraft der angeführten Belege. Anderenfalls sind 14 die Angaben nicht i.S.d. Art. 92 GK »überprüfbar und vollständig genug (…), um dem Empfänger die Möglichkeit zu geben, sich persönlich ein Bild von dem therapeutischen Wert des Arzneimittels zu machen.« In der Praxis hat sich die Angabe »**data on file**« mit oder ohne den Zusatz »unpublished« etabliert, um eine fehlende Publikation von Studien darzulegen. Diese auf einen »Datenbestand« beim betreffenden Unternehmen hinweisende Angabe ist im Verhältnis zu Ärzten geeignet, eine Irreführung über den Publikationsstatus i.S.d. §§ 3 HWG, 5 f. UWG auszuschließen (OLG Hamburg Urt. v. 26.08.2010 – 3 U 158/09, PharmR 2011, 24, 29). In der Publikumswerbung und u.U. auch bei anderen Fachkreisangehörigen ist der Zusatz dafür hingegen nicht ausreichend (OLG Köln Urt. v. 06.02.2015 – 6 U 110/14, PharmR 2015, 309, 312 – NACT-Studie II). Bezieht sich die werbliche Aussage auf klinische oder nicht-interventionelle Studien, die als Zeugnisse i.S.d. § 6 Nr. 1 einzuordnen sind (Rdn. 10), genügt der Hinweis darüber hinaus nicht den formalen Mindestanforderungen des § 6 Nr. 1 (Rdn. 15).

### IV. Persönliche Angaben

15 § 6 Nr. 1 fordert in formeller Hinsicht bestimmte **Mindestangaben** (Name, Beruf, Wohnort und Ausstellungszeitpunkt). Dadurch sollen die Werbeadressanten die Herkunft des Gutachtens bzw. Zeugnisses und die Qualifikation des Gutachters bzw. Ausstellers überprüfen können. Entgegen dem Wortlaut »und« statt »oder« müssen die fachlichen und formellen Anforderungen des § 6 Nr. 1 beide vorliegen (*Doepner*/Reese, § 6 HWG Rn. 38 f.; *Reinhart* in: Fezer, UWG, § 4 Satz 4 Rn. 497). Anderenfalls ist die Werbung unzulässig.

## E. Bezugnahme auf Wissenschaftliche und fachliche Veröffentlichungen (§ 6 Nr. 2)

### I. Wissenschaftliche und fachliche Veröffentlichungen

16 § 6 Nr. 2 verbietet es, in der Werbung auf wissenschaftliche, fachliche oder sonstige Veröffentlichungen Bezug zu nehmen, ohne dass aus der Werbung hervorgeht, ob die (schriftliche) Veröffentlichung das beworbene Heilmittel selbst betrifft »und« ohne dass der Name des Verfassers, der Zeitpunkt der Veröffentlichung und die Fundstelle genannt werden. Es muss sich um **schriftliche, publizierte** (OLG Köln Beschl. v. 11.03.2014 – 6 W 217/13, GRUR 2014, 1032), d.h. einem größeren Personenkreis zugänglich gemachte, **Stellungnahmen** wissenschaftlich-fachlicher (z.B. in medizinischen Fachzeitschriften) oder nicht fachlicher (z.B. populärwissenschaftliche Bücher) Art handeln (*Doepner*/Reese, § 6 HWG Rn. 42 ff.; Bülow/Ring/Artz/Brixius/*Ring* § 6 HWG Rn. 15 ff.). Auch schriftlich publizierte Gutachten und Zeugnisse i.S.d. § 6 Nr. 1 zählen zu den Veröffentlichungen i.S.d. Nr. 2. Bei § 6 Nr. 2 handelt es sich insoweit um die speziellere Regelung, weshalb in diesen Fällen lediglich die Formerfordernisse der Nr. 2 und nicht beider Bestimmungen einzuhalten sind (*Doepne*r/Reese, § 6 HWG Rn. 34, 49; *Reinhart* in: Fezer, § 4 Satz 4 UWG Rn. 498; a.A. Zipfel/Rathke/*Sosnitza*, HWG § 6 Rn. 14). Für Humanarzneimittel folgt diese Auslegung auch aus Art. 92 Abs. 2 GK. Weil bei publizierten Gutachten und Zeugnissen die Angaben nach Nr. 2 hinreichen, um die Werbeaussagen zu überprüfen und sich ein vollständiges Bild vom therapeutischen Wert des Heilmittels zu machen, können den Werbenden keine weitergehenden Verpflichtungen auferlegt werden.

### II. Bezugnahme

17 Das Merkmal der Bezugnahme setzt wie das Erwähnen in § 6 Nr. 1 einen Hinweis oder ein sich aus sonstigen Umständen ergebendes »Junktim« zwischen beworbenem Heilmittel und Veröffentlichung voraus (Dieners/Reese/*Reese*/*Holtorf*, Handbuch des Pharmarechts, § 11 Rn. 244).

### III. Erforderliche Angaben

18 Um ausreichend über die **Beziehung** zwischen der Veröffentlichung und dem beworbenen Heilmittel aufzuklären, muss aus der Werbung hervorgehen, ob sich die Veröffentlichung auf das konkrete Heilmittel oder ein ähnliches Mittel, einen ähnlichen Wirkstoff oder nur auf die betreffende Frage

im Allgemeinen bezieht (*Gröning*/Mand/Reinhart, Heilmittelwerbegesetz, 5. Ergänzungslieferung 2015, § 6 Rn. 19; *Reinhart* in: Fezer, § 4 UWG Satz 4 Rn. 498). Trotz des unglücklichen Wortlauts (»und«), müssen außerdem sämtliche in § 6 Nr. 2 angeführten weiteren **Mindestangaben** (Name, Veröffentlichungszeitpunkt und Fundstelle) in der Werbung in räumlichem Zusammenhang und ohne größere Anstrengung erkennbar enthalten sein, um dem Adressaten eine leichte und eindeutige Prüfung zu ermöglichen. Es genügt nicht, wenn die Angaben räumlich abgegrenzt an versteckter Stelle in kleiner Schrift enthalten sind. Wird der vollständige Nachweis an anderer Stelle abgedruckt, muss zumindest ein deutlicher Sternchenhinweis vorhanden sein, der ohne weiteres zur Fundstellenangabe führt (OLG Frankfurt a.M. Urt. v. 10.08.2017 – 6 U 63/17, PharmR 2017, 505, 510).

### F. Übernahme von Zitaten, Tabellen oder Darstellungen

Werden Zitate, Tabellen oder sonstige Darstellungen aus der Fachliteratur übernommen, muss dies nach § 6 Nr. 3 wortgetreu geschehen. Voraussetzung ist, dass die Wiedergabe überhaupt als »Zitat« bzw. »Übernahme« kenntlich gemacht wird und dadurch der Eindruck einer unveränderten Übernahme der Angaben vermittelt wird (OLG Hamburg Urt. v. 18.04.2013 – 3 U 142/11, PharmR 2013, 321, 323 – Antimykotikum). Hieran fehlt es z.B., wenn die Angabe mangels Anführungszeichen und aufgrund einer grafisch-inhaltlichen Einbettung in das Werbemittel **als eigene Werbebehauptung des werbenden Unternehmens** und die durch eine Fußnote hergestellte Bezugnahme auf eine wissenschaftliche Studie lediglich als Nennung des wissenschaftlichen Belegs erscheinen (OLG Hamburg Urt. v. 18.04.2013 – 3 U 142/11, PharmR 2013, 321, 323 – Antimykotikum). Auch eine **modifizierte Wiedergabe** von Fachliteratur ist möglich und fällt nicht unter § 6 Nr. 3, wenn deutlich herausgestellt wird, dass es sich nicht um eine Originalwiedergabe handelt (z.B. »modifiziert nach«) (*Doepner*/Reese, § 6 HWG Rn. 57, 59, 61; Zipfel/Rathke/*Sosnitza*, § 6 HWG Rn. 14). Der nicht konkretisierte Hinweis »nach« reicht dafür jedoch nicht (LG Hamburg Urt. v. 06.06.1995 – 312 O 149/95, PharmR 1995, 412, 413 ff.). 19

Um das Vertrauen der Werbeadressaten in die Übereinstimmung der Zitate mit den jeweiligen Originalstellen zu schützen, ist das Merkmal der »**wortgetreuen**« Übernahme strikt auszulegen: inhaltliche Veränderungen, wie Ergänzungen oder (nicht eindeutig gekennzeichnete) Auslassungen sind verboten. Wird ein Originalzitat lediglich aus dem Zusammenhang gerissen, ist nicht § 6 Nr. 3, sondern § 3 einschlägig. Eine inhaltliche Änderung liegt noch nicht vor, wenn ein fremdsprachiger Text originalgetreu in deutscher **Übersetzung** in der Werbung verwendet wird (*Doepner*/Reese, § 6 HWG Rn. 61; *Reinhart* in: Fezer, UWG, § 4 Satz 4 Rn. 498). Bei Tabellen oder sonstigen Darstellungen ist das Gebot zur wortgetreuen Übernahme sinngemäß dahin zu verstehen, dass sie inhaltlich mit dem Original übereinstimmen und vollständig sowie maßstabsgerecht sein müssen (*Doepner*/Reese, § 6 HWG Rn. 61). 20

### G. Rechtsfolgen

Verstöße gegen § 6 Nr. 1 und Nr. 2 begründen Ordnungswidrigkeiten nach § 15 Abs. 1 Nr. 3. Entgegen einer teilweise vertretenen Ansicht (*Gröning*/Mand/Reinhart, Heilmittelwerberecht, 5. Ergänzungslieferung 2015, § 6 Rn. 32) erfasst diese Vorschrift auch Zuwiderhandlungen gegen § 6 Nr. 3 (*Doepner*/Reese, § 6 HWG Rn. 64). Denn das Gebot zur wortgetreuen Zitierung steht in untrennbaren Zusammenhang mit der Gutachtenwerbung, weshalb bei Verstößen ebenfalls i.S.d. § 15 Abs. 1 Nr. 3 in »unzulässiger Weise mit Gutachten, Zeugnissen oder Bezugnahmen auf Veröffentlichungen geworben wird«. Lauterkeitsrechtlich handelt es sich bei § 6 um eine Marktverhaltensnorm, die i.S.d. § 3a UWG auch dazu bestimmt ist, das Marktverhalten im Interesse von Verbrauchern und Mitbewerbern zu regeln. 21

### H. Abgrenzung und Konkurrenzen zu § 11 HWG

Werbung mit Gutachten, Zeugnissen, wissenschaftlichen oder fachlichen Veröffentlichungen sowie mit Hinweisen darauf ist auch in der Publikumswerbung nicht mehr generell gem. § 11 verboten. Der Gesetzgeber hat das zuvor geltende umfassende Verbot des § 11 Abs. 1 22

Nr. 1 HWG a.F. gestrichen, weil es über das verbindliche Verbotsniveau des GK hinausging, der in Art. 90 Buchst. f lediglich »empfehlende« Darstellungen von Wissenschaftlern, im Gesundheitswesen tätigen Personen oder Prominenten untersagt. Solche »Empfehlungen« sind in Deutschland jetzt nach der novellierten Regelung des § 11 Abs. 1 Nr. 2 unzulässig. Dieses Verbot gilt allerdings – zumindest im Fall der Prominentenwerbung – nur für Arzneimittelwerbung, nicht für die Werbung für andere Heilmittel (HK-AKM/*Mand*, 86. Aktualisierung August 2021, Erl. 2440 Rn. 132; *Bülow* PharmR 2014, 497, 498; *Burk* GRUR 2012, 1097, 1099). Im Anwendungsbereich von § 11 Abs. 1 Satz 1 Nr. 2, d.h. für Empfehlungen für Arzneimittel durch die dort genannten Personen, ist diese Norm lex spezialis zu § 6. Für nicht empfehlende Darstellungen, wie etwa bloße Angaben zur fachlichen Prüfung und Anwendung des Arzneimittels (BT-Drs. 91/12 S. 115), und soweit das Verbot des § 11 Abs. 1 Satz 1 Nr. 2 für andere Heilmittel als Arzneimittel nicht gilt, bleibt § 6 dagegen auch in der Publikumswerbung zu beachten (zutreffend *Reese* WRP 2013, 283, 285).

23 Die sog. Testimonialwerbung mit Dank-, Anerkennungs- oder Empfehlungsschreiben durch andere Personen als Wissenschaftler, im Gesundheitswesen tätigen Personen oder Prominente (Dritte) ist in § 11 Abs. 1 Satz 1 Nr. 11 für alle Heilmittel nur noch untersagt, wenn die Werbung »in missbräuchlicher, abstoßender oder irreführender Weise erfolgt.« Weil Testimonialwerbung in allen anderen Fällen grundsätzlich zulässig ist, kann nicht mehr von einer Spezialität des § 11 Abs. 1 Satz 1 Nr. 11 gegenüber § 6 ausgegangen werden (*Doepner*/Reese, § 6 HWG Rn. 15). Bei fachlichen Äußerungen und »sonstigen Veröffentlichungen« Dritter, die sowohl unter § 11 Abs. 1 Satz 1 Nr. 11 als auch unter den Tatbestand des § 6 fallen können, müssen also auch dessen Anforderungen beachtet werden. Sehr oft wird es dabei zu einem Gleichklang in der Bewertung kommen, weil der Verstoß gegen § 6 vielfach zugleich die Irreführung i.S.d. § 11 Abs. 1 Satz 1 Nr. 11 indiziert. Zusätzlich bleiben die formalen Anforderungen des § 6 zu beachten.

24 § 6 konkurriert ideal mit dem Irreführungsverbot gem. § 3. Dieser erfasst über § 6 hinausgehend auch inhaltlich unzutreffende oder nicht hinreichend abgesicherte Werbeaussagen. Entsprechendes gilt, wenn fälschlicherweise der Eindruck erweckt wird, ein Gutachten sei neutral oder unabhängig vom Werbenden erstellt worden. Verstöße gegen § 3 ziehen erweiterte ordnungswidrigkeitenrechtliche Sanktionen gem. §§ 14, 15 Abs. 2 nach sich. Daneben können direkte lauterkeitsrechtliche Ansprüche gem. §§ 5, 5a UWG treten. In Einzelfällen kommt auch eine Anwendung von Nr. 2 oder Nr. 4 des Anhangs zu § 3 Abs. 3 UWG in Betracht.

## § 7 Werbegaben

(1) Es ist unzulässig, Zuwendungen und sonstige Werbegaben (Waren oder Leistungen) anzubieten, anzukündigen oder zu gewähren oder als Angehöriger der Fachkreise anzunehmen, es sei denn, dass

1. es sich bei den Zuwendungen oder Werbegaben um Gegenstände von geringem Wert, die durch eine dauerhafte und deutlich sichtbare Bezeichnung des Werbenden oder des beworbenen Produktes oder beider gekennzeichnet sind, oder um geringwertige Kleinigkeiten handelt; Zuwendungen oder Werbegaben sind für Arzneimittel unzulässig, soweit sie entgegen den Preisvorschriften gewährt werden, die aufgrund des Arzneimittelgesetzes oder des Fünften Buches Sozialgesetzbuch gelten;
2. die Zuwendungen oder Werbegaben in
    a) einem bestimmten oder auf bestimmte Art zu berechnenden Geldbetrag oder
    b) einer bestimmten oder auf bestimmte Art zu berechnenden Menge gleicher Ware gewährt werden; Zuwendungen oder Werbegaben nach Buchstabe a sind für Arzneimittel unzulässig, soweit sie entgegen den Preisvorschriften gewährt werden, die aufgrund des Arzneimittelgesetzes oder des Fünften Buches Sozialgesetzbuch gelten; Buchstabe b gilt nicht für Arzneimittel, deren Abgabe den Apotheken vorbehalten ist.
3. die Zuwendungen oder Werbegaben nur in handelsüblichem Zubehör zur Ware oder in *handelsüblichen* Nebenleistungen bestehen; als handelsüblich gilt insbesondere eine im Hinblick auf den Wert der Ware oder Leistung angemessene teilweise oder vollständige

Erstattung oder Übernahme von Fahrtkosten für Verkehrsmittel des öffentlichen Personennahverkehrs, die im Zusammenhang mit dem Besuch des Geschäftslokals oder des Orts der Erbringung der Leistung aufgewendet werden darf;
4. die Zuwendungen oder Werbegaben in der Erteilung von Auskünften oder Ratschlägen bestehen oder
5. es sich um unentgeltlich an Verbraucherinnen und Verbraucher abzugebende Zeitschriften handelt, die nach ihrer Aufmachung und Ausgestaltung der Kundenwerbung und den Interessen der verteilenden Person dienen, durch einen entsprechenden Aufdruck auf der Titelseite diesen Zweck erkennbar machen und in ihren Herstellungskosten geringwertig sind (Kundenzeitschriften).

Werbegaben für Angehörige der Heilberufe sind unbeschadet des Satzes 1 nur dann zulässig, wenn sie zur Verwendung in der ärztlichen, tierärztlichen oder pharmazeutischen Praxis bestimmt sind. § 47 Abs. 3 des Arzneimittelgesetzes bleibt unberührt.

(2) Absatz 1 gilt nicht für Zuwendungen im Rahmen ausschließlich berufsbezogener wissenschaftlicher Veranstaltungen, sofern diese einen vertretbaren Rahmen nicht überschreiten, insbesondere in Bezug auf den wissenschaftlichen Zweck der Veranstaltung von untergeordneter Bedeutung sind und sich nicht auf andere als im Gesundheitswesen tätige Personen erstrecken.

(3) Es ist unzulässig, für die Entnahme oder sonstige Beschaffung von Blut-, Plasma- oder Gewebespenden zur Herstellung von Blut- und Gewebeprodukten und anderen Produkten zur Anwendung bei Menschen mit der Zahlung einer finanziellen Zuwendung oder Aufwandsentschädigung zu werben.

| Übersicht | Rdn. | | Rdn. |
|---|---|---|---|
| A. Regelungsgegenstand und Normzweck | 1 | I. Werbung von Heilmittelherstellern | 36 |
| B. Vereinbarkeit mit dem GK und dem primären Unionsrecht | 10 | II. Werbung des voll sortierten (Einzel-) Handels | 39 |
| I. Werbung gegenüber Personen, die zur Abgabe und Verschreibung von Arzneimitteln befugt sind | 11 | E. Anbieten, Ankündigen oder Gewähren von Zuwendungen und sonstigen Werbegaben | 43 |
| II. Öffentlichkeitswerbung | 15 | I. Werbegaben als Oberbegriff | 44 |
| 1. Kein generelles Wertreklameverbot in der Öffentlichkeitswerbung | 16 | II. Weite Auslegung | 45 |
| 2. Keine Konkretisierungsbefugnis des deutschen Gesetzgebers | 19 | III. Fehlen einer vollwertigen Gegenleistung | 46 |
| | | 1. Endverbraucher | 47 |
| 3. Analoge Anwendung der Öffnungsklausel gem. Art. 94 Abs. 4 GK bei preisgebundenen Arzneimitteln | 20 | 2. Ärzte, Zahnärzte und andere Heilberufler | 49 |
| | | 3. Vertriebskette | 51 |
| 4. Richtlinienkonforme teleologische Reduktion von § 7 Abs. 1 HWG | 21 | IV. Wirtschaftliches Interesse an der Empfehlung, Verordnung oder Abgabe von Heilmitteln | 56a |
| 5. Vereinbarkeit mit der E-Commerce-RL und primärem Unionsrecht | 21a | F. Ausnahmen vom Verbot der Wertreklame | 57 |
| a) Sortimentsweite, unternehmensbezogene Wertreklame | 21a | I. Geringwertige Reklamegegenstände und Kleinigkeiten (§ 7 Abs. 1 Satz 1 Nr. 1 HWG) | 58 |
| b) Preisgebundene Arzneimittel | 22 | 1. Abgrenzung zu § 7 Abs. 1 Satz 1 Nr. 2 – 5 HWG | 59 |
| c) Nicht preisgebundene, apothekenpflichtige Arzneimittel | 24 | 2. Geringwertigkeit | 60 |
| d) Sonstige Heilmittel | 25 | a) Geringwertige Kleinigkeiten (Alt. 2) | 61 |
| C. Verfassungsrechtliche Vorgaben | 26 | b) Geringwertige Reklamegegenstände (Alt. 1) | 64 |
| I. Rabatt- und Zuwendungsbeschränkungen für preisgebundene und apothekenpflichtige Arzneimittel | 27 | 3. Rückausnahme für preisgebundene Arzneimittel (§ 7 Abs. 1 Satz 1 Nr. 1 letzter Hs. HWG) | 64a |
| II. Zuwendungsbeschränkungen in der Öffentlichkeitswerbung für nicht preisgebundene Heilmittel | 29 | | |
| D. Produktbezogene Werbung | 33 | II. Rabatte (§ 7 Abs. 1 Satz 1 Nr. 2 HWG) | 65 |

# § 7 HWG  Werbegaben

| | | |
|---|---|---|
| 1. Geldzuwendungen (§ 7 Abs. 1 Satz 1 Nr. 2 Buchst. a HWG) | | 68 |
| a) Begriff | | 68 |
| aa) Nachlässe auf den Normalpreis | | 68 |
| bb) Mengen- und Zielrabatte | | 68a |
| cc) Skonti | | 68b |
| dd) Verzicht auf Zuzahlung gesetzlich Versicherter | | 69 |
| ee) Gewährung von Gutscheinen | | 70 |
| ff) Einlösung von Gutscheinen | | 74 |
| b) Zulässigkeit | | 76 |
| aa) Nicht apothekenpflichtige Arzneimittel, Medizinprodukte, sonstige Heilmittel | | 76 |
| bb) Apothekenpflichtige, aber nicht preisgebundene Arzneimittel | | 77 |
| cc) Erstattungsfähige OTC-Arzneimittel (OTCx) und Zubereitungen aus Fertigarzneimitteln | | 78 |
| dd) Preisgebundene Arzneimittel | | 80 |
| 2. Naturalrabatte | | 81 |
| III. Handelsübliches Zubehör/handelsübliche Nebenleistungen (§ 7 Abs. 1 Satz 1 Nr. 3 HWG) | | 84 |
| IV. Auskünfte oder Ratschläge (§ 7 Abs. 1 Satz 1 Nr. 4 HWG) | | 85 |
| V. Kundenzeitschriften (§ 7 Abs. 1 Satz 1 Nr. 5 HWG) | | 86 |
| G. Qualifizierte Anforderungen für Wertreklame in der Fachkreiswerbung | | 89 |
| I. Werbegaben für die berufliche Praxis | | 90 |
| II. Muster | | 92 |
| 1. Arzneimittelmuster | | 92 |
| 2. Medizinproduktemuster | | 93a |
| III. Repräsentationsaufwand bei Verkaufsförderungsveranstaltungen und wissenschaftlichen Tagungen (§ 7 Abs. 2 HWG) | | 94 |
| H. Werbeverbot für finanzielle Zuwendungen und Aufwandsentschädigungen für Blut-, Plasma- oder Gewebespenden (§ 7 Abs. 3 HWG) | | 98 |
| I. Umsetzung von Art. 20 Abs. 1 der Richtlinie 2002/98/EG | | 99 |
| II. Einschränkende Auslegung | | 100 |
| I. Durchsetzung | | 103 |
| J. Konkurrenzen | | 104 |
| I. Arzneimittelpreisrecht | | 104 |
| II. UWG | | 109 |
| III. § 128 SGB V | | 110 |

## A. Regelungsgegenstand und Normzweck

1 Infolge der Aufhebung des RabattG sowie der ZugabeVO und wegen der liberaleren Fassung und Deutung des allgemeinen Wettbewerbsrechts können Unternehmen ihren Absatz mittlerweile in erheblichem Umfang auch mittels Zugaben und Rabatten fördern (BGH Urt. v. 22.09.2005 – I ZR 28/03, GRUR 2006, 161, 162 – Zeitschrift mit Sonnenbrille; Urt. v. 26.10.2006 – I ZR 33/04, GRUR 2007, 247, 249 – Regenwaldprojekt I). Dahinter steht einerseits das veränderte Leitbild des angemessen kritischen und aufmerksamen Durchschnittsverbrauchers, dessen freie und informierte Kaufentscheidung durch Werbegaben normalerweise nicht beeinträchtigt wird. Andererseits hilft der »Nebenleistungswettbewerb« gerade in Märkten, die für eine oligopolistische Verhaltensabstimmung anfällig sind, unzulässige Kartellabsprachen zu untergraben und neuen Unternehmen den Zutritt zum Markt zu eröffnen. Demgegenüber verbietet § 7 – angelehnt an den Wortlaut der aufgehobenen ZugabeVO – die Wertreklame für Heilmittel nach wie vor weitgehend. Damit möchte der Gesetzgeber den besonderen Gesundheitsgefahren von Heilmitteln und den erheblichen Informationsasymmetrien auf den Märkten für Gesundheitsprodukte Rechnung tragen (Rdn. 2 ff.). Das Verbot gilt mit gewissen Unterschieden sowohl gegenüber der Öffentlichkeit als auch gegenüber den Fachkreisen. Es bezieht sich nicht nur auf das Ankündigen oder Anbieten von Zuwendungen und sonstigen Werbegaben, einschließlich von Rabatten. Erfasst sind explizit auch das Gewähren und, hinsichtlich der Fachkreise (§ 2), die Annahme der Zuwendungen selbst. Unterschiedlich weitreichende und in sich nicht konsistente Ausnahmen vom Verbot sind im Katalog des § 7 Abs. 1 Satz 1, Abs. 2 normiert. Die Verbotstatbestände des § 11 Abs. 1 Nr. 13, 14 und 15 ergänzen und konkretisieren § 7 für die Öffentlichkeitswerbung.

2 Durch die weitgehende Eindämmung der Wertreklame im Bereich der Heilmittel soll § 7 nach überkommener Auffassung der abstrakten Gefahr **unsachlicher Beeinflussung** von Endverbrauchern und Fachkreisen begegnen und so die **Gesundheitsinteressen der Verbraucher** schützen (so

bereits BT-Drs. 4/1867; BGH Urt. v. 12.02.2015 – I ZR 213/13, GRUR 2015, 813 Rn. 18 – Fahrdienst zur Augenklinik; Urt. v. 06.11.2014 – I ZR 26/13, GRUR 2015, 504 Rn. 9, 24 – Kostenlose Zweitbrille; Urt. v. 25.04.2012 – I ZR 105/10; GRUR 2012, 1279 Rn. 24, 29 – DAS GROSSE RÄTSELHEFT; Urt. v. 09.09.2010 – I ZR 193/07, NJW 2010, 3721 Rn. 21 – Unser Dankeschön für Sie; Urt. v. 30.01.2003 – I ZR 142/00, GRUR 2003, 624, 625 – Kleidersack; Bülow/Ring/Artz/Brixius/*Brixius*, § 7 HWG Rn. 7; *Riegger*, Heilmittelwerberecht, Kap. 7 Rn.). Diese einheitliche Schutzzweckbestimmung erweist sich jedoch als missverständlich und verkürzend. Zum einen hat sich der Schutzzweck in der Fachkreiswerbung in Richtung »Korruptionsbekämpfung« verschoben; zum anderen dient § 7 heute auch der Durchsetzung des Arzneimittelpreisrechts. Für eine präzise Schutzzweckbetrachtung ist daher zwischen der Fachkreis- und Publikumswerbung zu differenzieren; ergänzend sind bei preisgebundenen Arzneimitteln zudem die Zwecke von § 78 AMG bzw. der AMPreisV zu berücksichtigen (Gröning/Mand/Reinhart, Heilmittelwerberecht, 5. Aufl. 2015, § 7 HWG Rn. 14 ff.; s.a. *Doepner/Reese* § 7 HWG Rn. 18 ff.).

**In der Publikumswerbung** hält § 7 an den überkommenen Wertungen der aufgehobenen ZugabeVO fest: Der an der Preiswürdigkeit der Hauptware orientierte »Leistungswettbewerb« soll durch ein formales Verbot von Werbegaben mit oft intransparentem Wert gefördert und die potenziell flüchtigen Adressaten der Wertreklame vor »übereilten« Kaufabschlüssen geschützt werden (BGH Vorlagebeschl. v. 20.02.2020 – I ZR 214/18, GRUR 2020, 659 Rn. 13 – Gewinnspielwerbung; Urt. v. 06.06.2019 – I ZR 206/17, GRUR 2019, 1071 Rn. 12 – Brötchen-Gutschein; Urt. v. 12.02.2015 – I ZR 213/13, GRUR 2015, 813 Rn. 19 – Fahrdienst zur Augenklinik; Urt. v. 06.11.2014 – I ZR 26/13, GRUR 2015, 504 Rn. 24 – Kostenlose Zweitbrille; *Doepner/Reese*, § 7 HWG Rn. 11 f.; Bülow/Ring/Artz/Brixius/*Brixius*, § 7 HWG, Rn. 53; Gröning/Mand/Reinhart, Heilmittelwerberecht, 5. Aufl. 2015, § 7 HWG Rn. 14; *Riegger*, Heilmittelwerberecht, Kap. 7 Rn. 3). Dahinter steht bei § 7 weniger ein wettbewerbspolitisches, denn ein gesundheitspolitisches Anliegen: Der umworbene Laie soll Heilmittel nur nach Bedarf anwenden; ein durch Werbegeschenke induzierter, häufig gesundheitsgefährdender Zuviel- oder Fehlgebrauch von Heilmitteln soll verhindert werden. Das allgemeine Verbot von Werbegaben mit sehr restriktiven und abschließend formulierten Ausnahmen in § 7 Abs. 1 Satz 1 Nr. 1–5 ist jedoch rechtspolitisch überholt (Gröning/Mand/Reinhart, Heilmittelwerberecht, 5. Aufl. 2015, § 7 HWG Rn. 16; *Mand* A & R 2015, 3, 6; Dieners/Reese/*Reese*/Holtorf, Pharmarecht, § 11 Rn. 249; *Schmid*, FS Bornkamm, 2014, S. 477, 482 ff., 487, differenzierend *Doepner/Reese*, § 7 HWG Rn. 12) und mit Blick auf die Einschränkung der Wettbewerbs- und Warenverkehrsfreiheit auch verfassungs- und europarechtlich angreifbar (Rdn. 25, 29 ff.). Für nicht preisgebundene Arzneimittel verstößt es überdies gegen die Vorgaben des GK und ist richtlinienkonform einzuschränken (s. Rdn. 15 ff.).

**Die Zuwendungsbeschränkungen in der Fachkreiswerbung**, einschließlich der Regelung für Zuwendungen im Rahmen wissenschaftlicher Tagungen (§ 7 Abs. 2), wirken hingegen Versuchen entgegen, bei den Angehörigen der Gesundheitsberufe ein wirtschaftliches Interesse an der Verschreibung und Abgabe bestimmter Heilmittel zu wecken (ebenso nun BGH Urt. v. 25.04.2012 – I ZR 105/10; GRUR 2012, 1279 Rn. 29 – DAS GROSSE RÄTSELHEFT; Urt. v. 12.12.2013 – I ZR 83/12, GRUR 2014, 689 Rn. 14 ff. – Testen Sie Ihr Fachwissen). Dies soll eine den berufsrechtlichen und -ethischen Regeln entsprechende medizinische bzw. pharmazeutische Praxis sicherstellen (s. für die unionsrechtliche Vorgabe für Humanarzneimittel in Art. 94 Abs. 1 GK EuGH Urt. v. 22.04.2010 – C-62/09, PharmR 2010, 283 Rn. 29 – Association of the British Pharmaceutical Industry; *Mand* A & R 2011, 1147 ff.). D.h. § 7 schützt nicht die auf die persönliche Nutzenmaximierung ausgerichtete »Entscheidungsfreiheit« der Werbeadressaten, sondern primär deren drittbezogene Interessenwahrnehmungspflichten insbes. gegenüber ihren Patienten (*Mand* A & R 2015, 3, 8).

**Die heilmittelwerberechtlichen Rabattregelungen** sind in jüngster Zeit mehrfach novelliert worden, zuletzt durch das Gesetz zur Verbesserung der Wirtschaftlichkeit in der Arzneimittelversorgung (AVWG v. 26.04.2006, BGBl. I S. 984). Die Gewährung von Bar- und Naturalrabatten ist nunmehr einheitlich gegenüber Endverbrauchern wie Fachkreisen **nur bei**

apothekenpflichtigen Arzneimitteln beschränkt (§ 7 Abs. 1 Satz 1 Nr. 2 Hs. 2). Für diese Arzneimittel verbietet die schwer verständliche Norm Naturalrabatte (s. Rdn. 81 ff.). Dagegen erlaubt sie Barrabatte in dem durch das Arzneimittelpreisrecht gesteckten Rahmen. Verboten sind Barrabatte nur, wenn sie »entgegen den Preisvorschriften (...) aufgrund des AMG« gewährt werden (s. Rdn. 76 ff.).

5 Die letztlich durch das Arzneimittelpreisrecht vorgegebenen Beschränkungen für **Barrabatte auf preisgebundene Arzneimittel** (§ 7 Abs. 1 Satz 1 Nr. 2 Hs. 2) sind nicht mehr darauf gerichtet, **Gesundheitsgefahren entgegenzuwirken, die durch einen werbeinduziert unnötigen oder fehlerhaften Heilmittelgebrauch** entstehen können. Denn die Neuregelung begrenzt auch die vom Gesetzgeber selbst zuvor unter Gesundheitsschutzgesichtspunkten als unbedenklich eingestuften Preisnachlässe **in den Handelsstufen** (s. zur ursprünglichen Regelung BT-Drs. 14/6469 S. 9). Dabei macht sie die Zulässigkeit von Barrabatten davon abhängig, ob der Hersteller ausschließlich direkt an die Apotheken liefert (keine Rabatte) oder ob die Arzneimittel auch über den Großhandel beziehbar sind (Barrabatte bis zur Höhe der disponiblen Großhandelshöchstzuschläge erlaubt, s. Rdn. 80). Eine solche Differenzierung kann schlechterdings nicht auf unterschiedliche Gesundheitsgefahren zurückgeführt werden. In der **Publikumswerbung** verbietet § 7 Abs. 1 Satz 1 Nr. 2 Barrabatte auf die allein preisgebundenen, verschreibungspflichtigen Arzneimittel gegenüber Endverbrauchern, obwohl deren Auswahl und Abgabe von der Verschreibung des Arztes abhängt. Gleichzeitig sind Rabatte auf nicht preisgebundene OTC-Arzneimittel, die der Verbraucher selbstständig erwerben kann und bei denen eine unsachliche Beeinflussung deshalb viel leichter möglich erscheint, in praktisch unbegrenztem Umfang gestattet. Auch diese Regelung ist mit dem Schutz vor gesundheitsgefährdenden, unsachlichen Beeinflussungen nicht zu begründen.

6 Der Gesetzgeber hat die werberechtlichen Schranken von Barrabatten auch nicht (allein) deshalb neu geregelt, weil er diesen – anders als sonstigen Zuwendungen – jede Eignung zur unsachlichen Beeinflussung absprechen wollte (so der Rechtsgedanke von § 1 Abs. 2 Buchst. b ZugabeVO a.K., den der historische Gesetzgeber mit dem Erlass des inzwischen ebenfalls aufgehobenen RabattG korrigierte, s. *Kisseler* WRP 1975, 129, 130 f.) und die verbliebenen Rabattbeschränkungen für preisgebundene Arzneimittel nur noch deshalb für erforderlich hielt, um Heilmittelwerbe- und Preisrecht aufeinander abzustimmen (sowohl BGH Urt. v. 09.09.2010 – I ZR 193/07, NJW 2010, 3721 Rn. 24 – Unser Dankeschön für Sie). Wie die amtliche Begründung klarstellt, sollte die Neufassung von § 7 Abs. 1 Nr. 2 vielmehr sicherstellen, »dass die Vorschriften der AMPreisV eingehalten werden und die Apotheken diejenigen Handelszuschläge erhalten, die ihnen aufgrund der in dieser Verordnung festgesetzten Handelszuschläge zustehen« (BT-Drs. 16/194 S. 11). Dem Gesetzgeber ging es mit der **Verquickung von Heilmittelwerbe- und Arzneimittelpreisrecht** also gerade darum, Verstöße gegen das Preisrecht speziell innerhalb der Handelsstufen auch heilmittelwerberechtlich sanktionieren zu können. Anlässlich der jüngsten Verschärfung von § 7 Abs. 1 Satz 1 Nr. 1 durch das 3. AMRÄndG 2013 hat der Gesetzgeber dies nochmals bekräftigt (S. BT-Drs. 17/13770 S. 21 [Hennrich]: Sie diene der »Klarstellung« zur Geltung der Preisvorschriften des Arzneimittelrechts sowohl für Barrabatte als auch verzögerte geldwerte Rabatte (sog. Boni). Damit übernehmen § 7 Abs. 1 Satz 1 Nr. 1 letzter Hs. und Nr. 2 notwendig die Schutzziele des Preisrechts (so jetzt auch BGH Urt. v. 06.06.2019 – I ZR 206/17, GRUR 2019, 1071 Rn. 12 – Brötchen-Gutschein). Diese in der Gesetzesbegründung wie auch im Wortlaut des Gesetzes selbst zum Ausdruck kommende und für die Rechtsanwendung bedeutsame Zwecksetzung ist zu respektieren, mag sie im HWG auch systemwidrig erscheinen (s. Rdn. 9).

7 Das mithilfe von § 7 Abs. 1 Satz 1 Nr. 1 letzter Hs. und Nr. 2 auch heilmittelwerberechtlich sanktionierte Arzneimittelpreisrecht verfolgt mit der Anordnung eines einheitlichen Apothekenabgabepreises der meisten verschreibungspflichtigen Arzneimittel (§ 78 Abs. 2 AMG) den Zweck, den Wettbewerb zwischen Apotheken auf Qualitätsgesichtspunkte zu fokussieren und eine flächendeckende, gleichmäßige und hochwertige Versorgung der Bevölkerung mit lebenswichtigen Arzneimitteln

auch im ländlichen Raum sicherzustellen (GmS-OGB Beschl. v. 22.08.2012 – GmS-OGB 1/10, NJW 2013, 1425 Rn. 25; BGH Urt. v. 06.06.2019 – I ZR 206/17, GRUR 2019, 1071 Rn. 12 – Brötchen-Gutschein; Urt. v. 09.09.2010 – I ZR 193/07, NJW 2010, 3721 Rn. 16 – Unser Dankeschön für Sie; *Mand* WRP 2015, 950 Rn. 5 ff.). Das Einheitspreissystem erspart zudem Transaktionskosten und dient als Anknüpfungspunkt unterschiedlichster Kostendämpfungsmaßnahmen (*Mand* EuR 2007, Beiheft 2, 59, 70). Die Festsetzung der Handelsmargen von Großhändlern und Apotheken und die hierfür notwendige Einheitlichkeit der Abgabepreise pharmazeutischer Unternehmen (§ 78 Abs. 3 AMG, §§ 2, 3 AMPreisV) soll eine wirtschaftliche und leistungsfähige Arzneimittelversorgung gewährleisten (RegE AMNOG, BT-Drs. 17/2413, S. 36; *Mand* A & R 2014, 147, 148). Es war das primäre und erklärte Ziel des Gesetzgebers bei der Neufassung von § 7 Abs. 1 Satz 1 Nr. 2 Buchst. b, die verbreitete Missachtung dieser Handelsspannen mit werberechtlichen Sanktionen zu belegen (BT-Drs. 16/194 S. 11). Pharmazeutische Unternehmen hatten zuvor Rabatte gegenüber Großhändlern und Apotheken mit Blick auf die Preisbindung der zweiten Hand exzessiv und wirkungsvoll als absatzpolitisches Instrument eingesetzt, ohne dass dies den Endverbrauchern zu Gute kam. Im Gegenteil: Rabatte weiteten die Gewinnspannen insbes. der Apotheken aus. Diese hatten also einen Anreiz, ihr Substitutionsrecht nicht zugunsten der wirtschaftlichsten, sondern zugunsten der am höchsten rabattierten Arzneimittel auszuüben. Gleichzeitig preisten die Hersteller die Rabatte in die von ihnen grundsätzlich frei festzulegenden Abgabepreise ein (zum Ganzen *Mand* EuR 2007, Beiheft 2, 59, 73 ff.). Wie vom Gesetzgeber bei Erlass des AVWG erhofft, (BT-Drs. 16/194 S. 6 Erschließen von »Rationalisierungsreserven« und S. 11: »Spielräume für den Preiswettbewerb der Hersteller«) ist es nicht zuletzt durch die heilmittelwerberechtlichen und später durch Art. 78 Abs. 3 AMG ergänzten Rabattbeschränkungen in den Handelsstufen tatsächlich gelungen, die Bereitschaft der Hersteller zum Abschluss von Rabattverträgen mit den Krankenkassen zu steigern und Einsparungen für die Träger der Krankenversicherungen zu generieren.

Anders als für die Beschränkung von Barrabatten lässt sich für das generelle Verbot der in den Handelsstufen zuvor dominierenden **Naturalrabatte** bei apothekenpflichtigen Arzneimitteln immerhin in der Öffentlichkeitswerbung der Gesundheitsschutz anführen: Werbung wie »2 + 1 Packung gratis« kann mehr noch als nicht (zwingend) an größere Abnahmemengen geknüpfte Barrabatte zum unnötigen Arzneimittelkonsum verleiten (vgl. a. *Gellißen*, Arzneimittelwerbung im Internet, S. 203). Der Gesetzgeber sieht jedoch im Naturalrabattverbot primär ein Mittel, um **Preis-Transparenz** zu schaffen, **Dumpinggeschäfte** zu unterbinden und eine **Umgehung der AMPreisV auszuschließen** (BT-Drs. 16/194 S. 12). Demzufolge dienen die verbleibenden Rabattbeschränkungen insgesamt der Sicherstellung der mit dem Preisrecht verfolgten Ziele, also der **finanziellen Stabilität der GKV** und der **Funktionsfähigkeit der Arzneimittelversorgung**. Nur mittelbar dient dies wiederum den Gesundheitsinteressen der Allgemeinheit. 8

Die preis- bzw. sozialpolitischen Ziele der Rabattbeschränkungen in § 7 erscheinen, gemessen an den traditionellen, unmittelbar auf den Gesundheitsschutz gerichteten Zwecken des HWG, **systemwidrig** (GRUR Fachausschuss GRUR 2008, 592, 594; *Mand* A & R 2006, 54, 56; *Reinhart* in: Fezer UWG, § 4 Satz 4 Rn. 505). Allerdings lagen ähnliche wirtschaftliche und sozialpolitische Zielsetzungen auch früheren Fassungen des § 7 zugrunde (*Doepner/Reese*, § 7 HWG Rn. 7 ff.). Ihre heilmittelwerberechtliche Verfolgung ist, nachdem der Gesetzgeber das Preisrecht für Arzneimittel (§ 78 Abs. 2, 3 AMG i.V.m. AMPreisV) präzisiert sowie teilweise erweitert und der BGH dessen selbstständige wettbewerbsrechtliche Durchsetzung über § 4 Nr. 11 UWG anerkannt hat (BGH Urt. v. 10.09.2010 – I ZR 193/07, NJW 2010, 3721 Rn. 21 – Unser Dankeschön für Sie; *Mand* NJW 2010, 3681, 3683 f.), vor allem für die **Reichweite der Sanktionen** relevant: Schuldhafte Verstöße gegen § 7 begründen Ordnungswidrigkeiten (§ 15 Abs. 1 Nr. 4, 4a); gewährte Werbegaben können eingezogen werden (§ 16, s. Rdn. 108 und §§ 14 bis 16 HWG Rdn. 5). Die sozial- und gesundheitspolitischen Schutzziele der Rabattbeschränkungen sind dabei für die Auslegung des § 7 Abs. 1 Satz 1 Nr. 2, insbes. hinsichtlich der **Anforderungen an den Produktbezug** der Werbung, bedeutsam (s. Rdn. 35 ff., 42). 9

## B. Vereinbarkeit mit dem GK und dem primären Unionsrecht

10  Im Gegensatz zu § 7 statuiert der GK Schranken für die Gewährung von Preisnachlässen und anderen wirtschaftlichen Vorteilen nur in Bezug auf die eingeschränkten Fachkreise.

### I. Werbung gegenüber Personen, die zur Abgabe und Verschreibung von Arzneimitteln befugt sind

11  Art. 94 Abs. 1 GK untersagt es, den zur Verschreibung oder Abgaben von Arzneimitteln berechtigten Personen »im Rahmen der Verkaufsförderung von Arzneimitteln« »**Prämien, finanzielle oder materielle Vorteile**« zu gewähren, anzubieten oder zu versprechen, es sei denn, sie sind geringwertig und für die medizinische oder pharmazeutische Praxis von Belang. Nach Art. 94 Abs. 3 GK dürfen diese Personen auch keine solchen »Anreize« verlangen oder annehmen. Abs. 2 und Art. 95 GK begrenzen den zulässigen Repräsentationsaufwand bei »Verkaufsveranstaltungen« und wissenschaftlichen Tagungen. Diese Beschränkungen lassen die auf die »Korruptionsbekämpfung« (*Gröning*, Heilmittelwerberecht Art. 4 RL 92/28/EG Rn. 1) gerichtete Zielsetzung der Art. 94 f. GK erkennen (s.a. EuGH Urt. v. 22.04.2010 – C-62/09, PharmR 2010, 283 Rn. 29 – Association of the British Pharmaceutical Industry: Sicherung der guten ärztlichen und pharmazeutischen Praxis). Abs. 4 normiert schließlich eine Ausnahme zugunsten der nationalen Preisregulierung für Arzneimittel: Maßnahmen oder Handelspraktiken der Mitgliedstaaten hinsichtlich der Preise, Gewinnspannen und Rabatte sind unbeschadet von Art. 94 Abs. 1 bis 3 GK zulässig. Die Öffnungsklausel gestattet sowohl strengere als auch offenere Preisregelungen (*Mand/Rektorschek* WRP 2015, 429 Rn. 15 f.).

12  § 7 Abs. 1 setzt Art. 94 GK in Bezug auf die zur Abgabe und Verschreibung von Arzneimitteln befugten Personen angesichts der Erweiterung des Verbotsbereichs (§ 7 Abs. 1 Satz 1, 4. Alt.) und der Einengung der Ausnahmen (Abs. 1 Satz 2) im Wesentlichen **richtlinienkonform** in nationales Recht um. Es fehlt eine Umsetzung der Tatbestandsvariante »Verlangen« von Vorteilen. Eine erweiternde, richtlinienkonforme Interpretation des Verbotstatbestands scheidet insoweit aus (Einführung HWG Rdn. 36 ff.; *Mand* JZ 2010, 337, 346). Der weit gefasste Anwendungsbereich von Art. 94 GK (»finanzielle und materielle Vorteile«) und seine primär auf die Einhaltung der guten pharmazeutischen und ärztlichen Praxis gerichtete Zielrichtung bedingen darüber hinaus eine erweiternde Auslegung des Begriffs »Werbegabe« insbes. bei Kopplungsgeschäften (Rdn. 46). Zudem sollte im Lichte der weiten Formulierung des GK »im Rahmen der Verkaufsförderung« die Anwendung von § 7 nicht von einem eng verstandenen »Produktbezug« der Werbung abhängig gemacht werden (s. Rdn. 33 ff.).

13  Die **Rabatt- und Zuwendungsbeschränkungen für preisgebundene bzw. apothekenpflichtige Arzneimittel** gem. § 7 Abs. 1 Satz 1 Nr. 1 letzter Hs. und Nr. 2 fallen hinsichtlich der Fachkreise unmittelbar unter die Öffnungsklausel in Art. 94 Abs. 4 GK sowie – allgemeiner – auch unter die Ausnahme vom harmonisierten Bereich der Richtlinie gem. Art. 4 Abs. 3 GK (BVerwG Urt. v. 09.07.2020 – 3 C 20/18, NJW 2021, 331 Rn. 39 m. Anm. *Mand*, Unzulässige Arzneimittelwerbung einer Apotheke; BGH Urt. v. 06.06.2019 – I ZR 206/17, GRUR 2019, 1071 Rn. 20 – Brötchen-Gutschein). Durchgreifende Bedenken gegen die Beschränkung von Barrabatten und Zugaben in der Fachkreiswerbung, die sich aus dem Arzneimittelpreisrecht ergeben, bestehen nach hiesiger Auffassung auch nicht mit Blick auf die Warenverkehrsfreiheit (Art. 34 AEUV) und das sonstige primäre Unionsrecht: Das Preisrecht für Arzneimittel gem. § 78 AMG i.V.m. AMPreisV ist auf die von Art. 34 AEUV erfassten grenzüberschreitenden Arzneimittellieferungen an Apotheken und Großhändler nach der Streichung von § 78 Abs. 1 Satz 4 AMG bereits nicht mehr anwendbar, auch wenn unmittelbar für den deutschen Endverbraucher bestimmte Arzneimittel abgegeben werden (*Mand/Meyer* A & R 2020, 147, 149 ff.). Anwendbar sind allerdings – trotz des Fehlens einer expliziten einseitigen Kollisionsnorm (kritisch insoweit *Mand/Meyer* A & R 2020, 147, 153 ff.) – mit Blick auf den Willen des Gesetzgebers sowie den systematischen Kontext die Neuregelungen in § 129 Abs. 3 Satz 2 SGB V (*Mand* NJW 2021, 338). Danach sind die Preisregeln einschließlich des einheitlichen Apothekenabgabepreises gem. § 78 Abs. 2 AMG zumindest **im Rahmen des**

Sachleistungsprinzips für **GKV-Versicherte** unabhängig davon maßgebend, ob eine inländische oder ausländische Versandapotheke liefert. Diese Regelung ist nach hier vertretener Auffassung auch mit der Warenverkehrsfreiheit gem. Art. 34 AEUV vereinbar. Zwar gilt Art. 34 AEUV auch im Bereich des Sozialrechts. Zudem kann die werberechtliche Begrenzung der Barrabatte das Volumen des grenzüberschreitenden Arzneimittelverkehrs potentiell beschränken. Es erscheint aber denkbar, die Vorgaben der AMPreisV als bestimmte Verkaufsmodalitäten i.S.d. Keck-Rspr. einzuordnen und bereits tatbestandlich von Art. 34 AEUV auszunehmen (vgl. dazu Einführung HWG Rdn. 23; zur früheren Rechtslage einer umfassenden Preisbindung auch ausländischer Versandapotheken und Großhändler § 78 Abs. 1 Satz 4 AMG a.F. GmS-OGB Beschl. v. 22.08.2012 – GmS-OGB 1/10, NJW 2013, 1425 Rn. 41 ff.; *Mand* A & R 2013, 60, 63). Jedenfalls ist die Begrenzung der Preisspannen innerhalb der Handelsstufen als integraler Bestandteil des regulierten Wettbewerbs in der Arzneimittelversorgung gem. Art. 36 AEUV gerechtfertigt, weil sie die Wirtschaftlichkeit und Funktionsfähigkeit der Arzneimittelversorgung verbessert (zur früheren umfassenden Preisbindung GmS-OGB Beschl. v. 22.08.2012 – GmS-OGB 1/10, NJW 2013, 1425 Rn. 45 ff.; BGH Beschl. v. 09.09.2010 – I ZR 72/08, NJW 2010, 3724 Rn. 21 f. – Sparen Sie beim Medikamentenkauf!; *Mand* PharmR 2008, 582, 587). Für die Zulässigkeit einer werberechtlichen Absicherung dieser Ziele spricht nicht zuletzt, dass Art. 94 GK sogar ein umfassendes Verbot »finanzieller und materieller Zuwendungen« im Verhältnis zu den »zur Abgabe von Arzneimitteln befugten Personen« anordnet, zu denen auch die Handelsstufen zählen (§ 2 HWG Rdn. 3). Ob sich aus der Entscheidung des EuGH zur Unvereinbarkeit des einheitlichen Apothekenabgabepreises mit der Warenverkehrsfreiheit (EuGH [1. Kammer] Urt. v. 19.10.2016 – C-148/15, NJW 2016, 3771 – Deutsche Parkinson Vereinigung Rn. 28 ff.) etwas anderes ergibt, ist allerdings offen (eingehend zum Problem Rdn. 23 ff.).

Gegen das generelle **Naturalrabattverbot** des § 7 Abs. 1 Satz 1 Nr. 2 Buchst. a für Arzneimittel, das vom Arzneimittelpreisrecht unabhängig ist und auch bei grenzüberschreitenden Lieferungen gilt, bestehen ebenfalls unionsrechtliche Bedenken. Der deutsche Gesetzgeber hat sich im Rahmen seines Spielraums gem. Art. 94 Abs. 4 GK für eine liberalere Regelung bei Barrabatten entschieden. Dies eröffnet auch hinsichtlich des Naturalrabattverbots den Anwendungsbereich der Warenverkehrsfreiheit, da die im Verhältnis zum GK partiell liberalere Regelung spezifisch den grenzüberschreitenden Warenverkehr beeinträchtigen könnte. Sofern man nicht von einer nichtdiskriminierenden Verkaufsmodalität i.S.d. Keck-Rspr. ausgeht, sondern eine Maßnahme gleicher Wirkung befürwortet (Einführung HWG Rdn. 23), verstößt das Naturalrabattverbot auch gegen Art. 34 AEUV. Denn der Differenzierung zwischen Bar- und Naturalrabatten liegt eine inkonsistente Gefahrenprognose zugrunde (a.A. *Doepner/Reese*, § 7 HWG Rn. 137: zwar inkonsistente Regelung, aber dennoch kein Verstoß gegen Unionsrecht). 14

## II. Öffentlichkeitswerbung

Der GK enthält keine Art. 94 GK entsprechende Parallelnorm für die Öffentlichkeitswerbung, während § 7 die Wertreklame auch insoweit stark einschränkt. Diese weitergehende Beschränkung der Wertreklame ist **teilweise richtlinienwidrig**. 15

### 1. Kein generelles Wertreklameverbot in der Öffentlichkeitswerbung

Art. 94 Abs. 1 GK ist weder analog auf die Öffentlichkeitswerbung anwendbar (so aber *Gröning*, Heilmittelwerberecht Art. 9 u. 10 RL 92/28/EWG) noch kann ein generelles Wertreklameverbot in der Öffentlichkeitswerbung auf die Generalklausel des Art. 87 GK gestützt werden (so aber OLG Hamburg Urt. v. 19.02.2009 – 3 U 225/06, A & R 2009, 87, 92 f. – Rabattwerbung ausländischer Versandapotheken, *Gröning*, JurisPR-WettbR 2/2009, Anm. 2; ähnlich nun auch BGH Vorlagebeschl. v. 20.02.2020 – I ZR 214/18, GRUR 2020, 659 Rn. 37 ff. – Gewinnspielwerbung). Gegen eine analoge Anwendung spricht bereits der primär auf die Sicherung der berufsethischen und -rechtlichen Standards der Heilberufler gerichtete Regelungszweck von Art. 94 Abs. 1 GK (Rdn. 3, 11), der für die Öffentlichkeitswerbung nicht passt. Überdies hat der GK 16 hinsichtlich der Pflichtangaben jeweils eigenständige Regelungen für die Öffentlichkeits- und die Fachkreiswerbung getroffen (Art. 89 u. 91 f. GK, s. zu dieser systematischen Auslegung EuGH PharmR 2011, 287 Rn. 22 – Novo Nordisk). Das Fehlen eines Art. 94 Abs. 1 GK entsprechenden Wertreklameverbots in der Öffentlichkeitswerbung spricht daher gegen eine Analogie zu Art. 94 GK und für einen **Gegenschluss**, nach dem die Wertreklame hier zumindest grundsätzlich zulässig sein soll.

17 Aufgrund dieser Wertungen kann ein generelles Wertreklameverbot in der Öffentlichkeit auch nicht aus der Generalklausel des Art. 87 Abs. 3 GK abgeleitet werden. Der EuGH hat diese Generalklausel zwar in fragwürdiger Weise aus dem systematischen und funktionalen Kontext der Irreführung gelöst (s. dazu Einführung HWG Rdn. 8) und daraus im Lichte von Erwägungsgrund 45 GK, nach dem die Öffentlichkeitswerbung nicht übertrieben und unvernünftig sein soll, ein allgemeines Gebot abgeleitet, dass die Werbung für Arzneimittel deren zweckmäßigen Einsatz zu fördern habe (EuGH Urt. v. 08.11.2007 – C-374/05, GRUR 2008, 270 Rn. 55 – Gintec). Die Wertreklame kann aber auch bei Heilmitteln gerade nicht als eine in diesem Sinne per se unvernünftige Werbeform verstanden werden (OLG Düsseldorf Urt. v. 15.01.2013 – I-20 U 93/12, GRUR-RR 2013, 309, 310 – Versandapotheke macht Gewinner; *Bülow*/Ring, § 7 HWG Rn. 10c; Gröning/Mand/Reinhart, Heilmittelwerberecht, 5. Ergänzungslieferung 2015, § 7 HWG Rn. 51; *Mand/Rektorschek* WRP 2015, 429 Rn. 20; i.E. auch Bülow/Ring/Artz/Brixius, § 7 HWG Rn. 50 f.; a.A. *Gröning*/Reinhart/Mand, Heilmittelwerberecht Art. 9 u. 10 RL 92/28/EWG Rn. 2; *Gröning*, JurisPR-WettbR 2/2009, Anm. 2, unklar jüngst EuGH Urt. v. 01.10.2020 – C-649/18, GRUR 2020, 1219 Rn. 68 ff.). Darin unterscheidet sie sich signifikant von der konkreten Werbung mit aleatorischen Reizen, über die der EuGH in der Gintec-Entscheidung zu befinden hatte. Eine pauschale Gleichsetzung übersähe insbesondere, dass der EuGH die Unzweckmäßigkeit der aleatorischen Werbung sachverhaltsbezogen unter Hinweis darauf hergeleitet hat, dass unter den Teilnehmern einer Befragung das Arzneimittel selbst als möglicher Gewinn verlost wurde (EuGH Urt. v. 08.11.2007 – C-374/05, GRUR 2008, 270 Rn. 56 f. – Gintec). Insoweit könne der Gewinner von einer sachlichen Prüfung der Frage abgelenkt werden, ob die Einnahme des betreffenden Arzneimittels erforderlich ist. Dieselbe Wertung folge auch aus anderen Normen des GK, welche die Gratisabgabe von Arzneimitteln an die Öffentlichkeit verbieten (Art. 88 Abs. 6, 96 Abs. 1 GK). Demgegenüber gefährdet die Wertreklame in vielen anderen Fällen auch jenseits der rigiden Grenzen des § 7 gerade nicht den zweckmäßigen Einsatz von Arzneimitteln. Dies wird durch das Fehlen einer Art. 94 Abs. 1 GK entsprechenden Norm in der Öffentlichkeitswerbung bestätigt: Der Gemeinschaftsgesetzgeber hält ein allgemeines Wertreklameverbot für die Öffentlichkeitswerbung, das zugleich den Wettbewerb im Interesse der Verbraucher beschränkt, gerade nicht für geboten. Nach der jüngsten Rechtsprechung des EuGH dürften die Werbenormen des GK in vielen Fällen **sortimentsweiter Wertreklame** allerdings mangels Produktbezugs gar nicht anwendbar sein (Urt. v. 01.10.2020 – C-649/18, GRUR 2020, 1219 Rn. 50; GA SaugmandsgaardØe, ECLI:EU:C:2020:134, Rn. 52 ff. s. Rdn. 38b, 41a), so dass sich die Vereinbarkeit des § 7 Abs. 1 mit dem GK im Bereich der Öffentlichkeitswerbung nur noch in begrenztem Umfang, nämlich bei direkt auf einzelne Arzneimittel bezogener Wertreklame, stellt. Im Übrigen ist die Anwendung von § 7 Abs. 1 nur an der E-Commerce-Ril sowie subsidiär an der Warenverkehrsfreiheit gem. Art. 34 AEUV zu messen (Urt. v. 01.10.2020 – C-649/18, GRUR 2020, 1219 Rn. 51 ff., s. Rdn. 21a).

18 Im Anwendungsbereich des GK sprechen aber gewichtige Gründe dafür, dass der GK Wertreklame für Arzneimittel in der Öffentlichkeit prinzipiell toleriert, auch wenn diese über die engen Ausnahmen gem. § 7 Abs. 1 Satz 1 Nr. 1, 3–5 hinausgeht (a.A. BGH Vorlagebeschl. v. 20.02.2020 – I ZR 214/18, GRUR 2020, 659 Rn. 37 ff. – Gewinnspielwerbung; *Doepner/Reese*, § 7 HWG Rn. 212 ff.). Von einer Unzulässigkeit ist nur im Einzelfall auszugehen, wenn die Reklame sich gleichwohl aufgrund ihrer konkreten Ausgestaltung als i.S.d. Erwägungsgrundes 45 GK übertrieben und unvernünftig darstellt und insoweit entgegen Art. 87 Abs. 3 GK einen unzweckmäßigen Arzneimitteleinsatz begünstigt.

## 2. Keine Konkretisierungsbefugnis des deutschen Gesetzgebers

Die Einzelfallprüfung des EuGH, inwieweit eine aleatorische Werbung unvernünftig und daher nach Art. 87 Abs. 3 i.V.m. Erwägungsgrund 45 GK verboten ist (EuGH Urt. v. 08.11.2007 – C-374/05, GRUR 2008, 270 Rn. 55–59–Gintec), verdeutlicht, dass der EuGH die vollharmonisierende Wirkung des GK umfassend versteht. Ein Spielraum der Mitgliedstaaten zur Konkretisierung der Generalklausel des Art. 87 GK ist daher – ebenso wie bei der UGP-RL (dazu EuGH GRUR 2009, 599 Rn. 55 ff., 65 ff. – Sanoma) – nicht anzuerkennen (Einführung HWG Rdn. 47 ff.; *Mand* JZ 2010, 337, 343). Das Wertreklameverbot des § 7 Abs. 1 ist also hinsichtlich der Öffentlichkeitswerbung grundsätzlich richtlinienwidrig, soweit es nur wenige, eng begrenzte und zudem abschießend definierte Ausnahmen statuiert, im Übrigen aber auf die Einzelfallprüfung verzichtet, ob die konkrete Werbeform einem unzweckmäßigen und gesundheitsgefährdenden Arzneimitteleinsatz Vorschub leistet.

## 3. Analoge Anwendung der Öffnungsklausel gem. Art. 94 Abs. 4 GK bei preisgebundenen Arzneimitteln

Ein begrenzter Regelungsspielraum der Mitgliedstaaten folgt lediglich aus ihrer durch Art. 168 Abs. 7 AEUV, Art. 4 Abs. 3 GK abgesicherten Kompetenz zur Regulierung der Arzneimittelpreise. Bei der gem. Art. 94 Abs. 1 bis 3, 95 GK harmonisierten Wertreklame gegenüber den zur Abgabe und Verschreibung von Arzneimitteln befugten Personen trägt die Öffnungsklausel des Art. 94 Abs. 4 GK als Spezialnorm dieser mitgliedstaatlichen Kompetenz explizit Rechnung, ergänzend nimmt Art. 4 Abs. 3 GK das Arzneimittelpreisrecht allgemein aus dem harmonisierten Bereich aus (hierauf verweisend BVerwG Urt. v. 09.07.2020 – 3 C 20/18, NJW 2021, 331 Rn. 39 m. Anm. *Mand*, Unzulässige Arzneimittelwerbung einer Apotheke; BGH Urt. v. 06.06.2019 – I ZR 206/17, GRUR 2019, 1071 Rn. 20 – Brötchen-Gutschein). Für die Öffentlichkeitswerbung, die im Gegenschluss zu Art. 94 Abs. 1 bis 3, 95 GK prinzipiell erlaubt und nur den allgemeinen Schranken der Generalklausel des Art. 87 Abs. 3 GK unterworfen ist (Rdn. 16 ff.), kann nichts anderes gelten. Im Lichte von Art. 168 Abs. 7 AEUV, Art. 4 Abs. 3 GK müssen analog Art. 94 Abs. 4 GK auch insoweit die »in den Mitgliedstaaten bestehenden Maßnahmen oder Handelspraktiken hinsichtlich der Preise, Gewinnspannen und Rabatte vom GK unberührt« bleiben (*Mand* PharmR 2014, 275, 278; *Rektorschek*, Preisregulierung und Rabattverbote für Arzneimittel, S. 236 ff.). Damit sind die aus § 7 Abs. 1 Satz 1 Nr. 1 letzter Hs. und Nr. 2 resultierenden, auf die Einhaltung des Arzneimittelpreisrechts gerichteten (Rdn. 3 und 4 ff.) Rabattbeschränkungen auch in der Öffentlichkeitswerbung richtlinienkonform (BVerwG Urt. v. 09.07.2020 – 3 C 20/18, NJW 2021, 331 Rn. 39 m. Anm. *Mand*, Unzulässige Arzneimittelwerbung einer Apotheke; BGH Urt. v. 06.06.2019 – I ZR 206/17, GRUR 2019, 1071 Rn. 20 – Brötchen-Gutschein; *Mand* PharmR 2014, 275, 278). Obwohl Ausnahmebestimmungen wie Art. 94 Abs. 4 GK im Interesse der angestrebten Vollharmonisierung eng auszulegen sind, deckt die Vorschrift bei preisgebundenen Arzneimitteln schließlich auch die nationalen Wertreklameverbote gem. § 7 Abs. 1 Satz 1 Nr. 1 und Nr. 3–5. Diese Vorschriften sind zwar weder inhaltlich noch ihrer primären Zielrichtung nach Preisregelungen im engeren Sinne (Rdn. 3). Sie sichern das Preisrecht aber indirekt ab, indem sie beliebte Umgehungsstrategien, etwa die Gewährung von Gutscheinen statt von Barrabatten, ebenfalls verbieten bzw. einschränken. Dem nationalen Gesetzgeber muss es gestattet sein, die praktische Wirksamkeit des Arzneimittelpreisrechts durch derartige ergänzende Regelungen abzusichern. Eine engere, dem Wortlaut verhaftete Auslegung von Art. 4 Abs. 3, 94 Abs. 4 GK widerspräche Art. 168 Abs. 7 AEUV, der als Auslegungsdirektive dient (Einführung HWG Rdn. 19 f.).

## 4. Richtlinienkonforme teleologische Reduktion von § 7 Abs. 1 HWG

Aufgrund der objektiven Regelungsdiskrepanz zwischen GK und § 7 und mangels Anhaltspunkten, dass sich der deutsche Gesetzgeber gegen eine richtlinienkonforme Umsetzung entschieden hätte, kann und muss § 7 für die Publikumswerbung richtlinienkonform fortgebildet, d.h. teleologisch reduziert werden: Das Verbot des § 7 Abs. 1 Satz 1 gilt nur, wenn die konkrete Wertreklame übertrieben und unvernünftig ist und deshalb einen unzweckmäßigen Arzneimitteleinsatz begünstigt (Art. 87 Abs. 3, Erwägungsgrund 45 GK; Gröning/Mand/Reinhart, Heilmittelwerberecht, 5. Aufl. 2015, § 7 HWG Rn. 50 ff.; *Mand/Rektorschek* WRP 2015, 429 Rn. 20, 47; i.E. ebenso OLG Düsseldorf Urt. v. 15.01.2013 – I-20 U 93/12, GRUR-RR 2013, 309, 310 – Versandapotheke macht Gewinner, wenn auch unter unzutreffender Berufung auf die nationalen Grundrechte, a.A. *Doepner/Reese*, § 7 HWG Rn. 215 f.). Eine solche Einzelfallprüfung ist nur hinsichtlich sortimentsweiter, unternehmensbezogener Wertreklame, die nicht unter den GK, aber unter § 7 Abs. 1 fällt (u. Rdn. 21a) sowie hinsichtlich der Rabatt- und Zuwendungsbeschränkungen gem. § 7 Abs. 1 Satz 1 Nr. 1 letzter Hs. und Nr. 2 entbehrlich, die analog Art. 94 Abs. 4 GK vom GK bzw. gem. Art. 4 Abs. 3 GK unberührt bleiben. Soweit hiernach bei preisgebundenen Arzneimitteln generell keine Rabatte gewährt werden dürfen, trägt dieser Gesichtspunkt auch das prinzipielle Verbot sonstiger Werbegaben (Rdn. 20).

### 5. Vereinbarkeit mit der E-Commerce-RL und primärem Unionsrecht

#### a) Sortimentsweite, unternehmensbezogene Wertreklame

21a Für **sortimentsweite, unternehmensbezogene Wertreklame** von Online-Apotheken ist als Prüfungsmaßstab vorrangig die E-Commerce-Richtlinie 2000/31/EG maßgebend (dazu Einf. HWG Rdn. 54a). In deren harmonisierten Bereich fällt ungeachtet des »Medienbruchs« in der weiten Auslegung des EuGH auch solche Werbung, die nicht ausschließlich »online« erfolgt, sondern teilweise mittels physischer Werbeträger, sofern sie nur darauf abzielt, bei potenziellen Kunden Aufmerksamkeit für die Website einer Apotheke zu erregen und den Online-Verkauf der Produkte der Apotheke zu fördern (EuGH Urt. v. 01.10.2020 – C-649/18, GRUR 2020, 1219 Rn. 54 ff.). Die Maßstäbe der E-Commerce-Richtlinie entsprechen insoweit allerdings – mangels Konkretisierungen zum Rechtfertigungsgrund des Gesundheitsschutzes gem. Art. 3 IV lit. a der RL – denen der Warenverkehrsfreiheit gem. Art. 34 AEUV (EuGH Urt. v. 01.10.2020 – C-649/18, GRUR 2020, 1219 Rn. 64), die bei grenzüberschreitenden Sachverhalten außerhalb des Anwendungsbereichs der E-Commerce-Richtlinie ohnehin direkt gelten. Diesbezüglich vertritt der EuGH zuletzt unter Betonung auf den Wertungsspielraum der Mitgliedstaaten wieder eine großzügige Linie (Urt. v. 01.10.2020 – C-649/18, GRUR 2020, 1219 Rn. 68 ff.). Selbst weitreichende Beschränkungen nicht produktbezogener, sortimentsweiter Wertreklame dürften insoweit mit dem Unionsrecht vereinbar sein, weil sie in verhältnismäßiger Weise dem Schutz der Würde des Berufs des Apothekers und allgemein der öffentlichen Gesundheit dienen (Urt. v. 01.10.2020 – C-649/18, GRUR 2020, 1219 Rn. 69 f.). Lediglich ein generelles Werbeverbot sei unzulässig (Rn. 72 ff.).

#### b) Preisgebundene Arzneimittel

22 Soweit § 7 auch bei produktbezogener Publikumswerbung für Arzneimittel nicht richtlinienkonform einschränkend auszulegen ist, d.h. hinsichtlich der Rabatt- und Zuwendungsbeschränkungen für preisgebundene Arzneimittel, verstößt § 7 grundsätzlich auch nicht gegen die E-Commerce-RL und primäres Unionsrecht. Rabatte für preisgebundene verschreibungspflichtige Arzneimittel dürfen bereits aufgrund des generellen Werbeverbots für verschreibungspflichtige Arzneimittel in Art. 88 Abs. 1 Buchst. a GK in der produktbezogenen Öffentlichkeitswerbung nicht für Werbezwecke genutzt werden. Primärrechtliche Einwände gegen dieses sekundärrechtliche Verbot greifen nicht durch (s. § 10 HWG Rdn. 13 ff.). Deutschland bleibt es zudem unbenommen, solche Werbepraktiken nicht nur nach § 10, der der Umsetzung von Art. 88 Abs. 1 GK dient, sondern zusätzlich auch nach § 7 zu verbieten und damit die Sanktionsmöglichkeiten zu erweitern (insb. § 16).

23 Auch wenn man an den Produktbezug der Werbung im Rahmen von § 7 schutzzweckbezogen niedrigere Anforderungen stellt als im Rahmen von § 10 HWG/Art. 88 Abs. 1 GK, insbes. soweit es darum geht, die Einhaltung des Arzneimittelpreisrechts werberechtlich abzusichern (s. Rdn. 4 ff., zu den unterschiedlichen Anforderungen an den Produktbezug § 1 HWG Rdn. 42 ff. und unten Rdn. 33 ff.) und auch, wenn man die Ausnahmevorschrift für Preisangaben gem. § 1 Abs. 7 auf die Öffentlichkeitswerbung nicht für anwendbar hält, sondern lediglich § 1 Abs. 6 (§ 1 HWG

Rdn. 39 ff.) verletzten die bisher geltenden Rabatt- und Zuwendungsbeschränkungen in der Publikumswerbung die E-Commerce-Richtlinie und die Warenverkehrsfreiheit (Art. 34 AEUV) nach hiesiger Auffassung nicht. Es galt hier nichts anderes als für die unmittelbare Durchsetzung des Preisrechts auch (s. dazu Rdn. 104 ff.): Entsprechendes war damit auch für die korrespondierenden heilmittelwerberechtlichen Rabatt- und Zuwendungsverbote anzunehmen (eingehend *Mand* EuR 2007 Beiheft 2, 59, 74 ff.).

Der **EuGH** ist der hier vertretenen Ansicht in Bezug auf die alte Regelung des Preisrechts jedoch nicht gefolgt und hat zumindest im konkreten Verfahren keine genügenden Belege für die Eignung und Erforderlichkeit des einheitlichen Apothekenverkaufspreises gem. § 78 Abs. 2 AMG gesehen (EuGH [1. Kammer] Urt. v. 19.10.2016 – C-148/15, NJW 2016, 3771 – Deutsche Parkinson Vereinigung Rn. 28 ff.). Der einheitliche Apothekenverkaufspreis gem. § 78 Abs. 2 i.V.m. § 1, 3 AMPreisV war daher mit Blick auf die Letztentscheidungskompetenz des EuGH auf den **grenzüberschreitenden Versandhandel** mit preisgebundenen Arzneimitteln vorläufig nicht mehr anwendbar (BGH Urt. v. 26.04.2018 – I ZR 121/17, GRUR 2018, 1271 Rn. 25 ff. – Applikationsarzneimittel). Entsprechendes galt auch für § 7, soweit die Vorschrift der Durchsetzung des Preisrechts diente (*Mand* A & R 2017, 3 ff.). Diese Rechtsprechung des EuGH hat der deutsche Gesetzgeber zum Anlass genommen, das Preisrecht zu reformieren (Gesetz zur Stärkung der Vor-Ort-Apotheken – VOSG – v. 29.10.2020 (BGBl. I S. 2870)). Nach der darin erfolgten Streichung von § 78 Abs. 1 Satz 4 AMG gilt der einheitliche Abgabepreis preisgebundener Arzneimittel nicht mehr direkt für ausländische Versandapotheken, selbst wenn sie Kunden in Deutschland beliefern (*Mand/Meyer* A & R 2020, 147, 150 f.). Ein unmittelbarer Verstoß ausländischer Versandapotheken gegen das Arzneimittelpreisrecht und auch gegen § 7, soweit dieser der Durchsetzung des Preisrechts dient, kommt insoweit nicht mehr in Betracht. Etwaige unionsrechtliche Bedenken mit Blick auf die Warenverkehrsfreiheit entfallen folgerichtig ebenfalls. Stattdessen hat der deutsche Gesetzgeber im VOASG aber eine **sozialrechtliche Preisregulierung in § 129 Abs. 3 SGB V** neu eingeführt, die nach der Anpassung von § 7 Abs. 1 Satz 1 Nr. 1 a.E. und Nr. 2 auch heilmittelwerberechtlich durchsetzbar ist. Danach gilt das Preisrecht und insbes. der einheitliche Apothekenverkaufspreis generell im Bereich des Sachleistungsprinzips der GKV; zudem besteht ein umfassendes Zuwendungsverbot gegenüber Versicherten der gesetzlichen Krankenversicherungen. Diese Neuregelung ist, trotz gewisser Bedenken aufgrund der fehlenden einseitigen Kollisionsnorm (s. dazu *Mand/Meyer* A & R 2020, 147, 152 ff.), auch auf ausländische Versandapotheken anwendbar. Unionsrechtliche Bedenken dagegen greifen letztlich nicht durch: Die eingeschränkte Anwendbarkeit des Preisrechts im GKV-Sektor schränkt zwar ausgehend von der Rechtsprechung der 1. Kammer des EuGH (Urt. v. 19.10.2016 – C-148/15, NJW 2016, 3771 – Deutsche Parkinson Vereinigung Rn. 28 ff.) die Warenverkehrsfreiheit ebenfalls ein. Sie ist im Lichte des Wertungsspielraums der Mitgliedstaaten aber jedenfalls gerechtfertigt. Zusätzlich zu den bisher für die Preisregulierung ins Feld geführten Argumenten fällt mit Blick auf § 129 Abs. 2 SGB V n.F. ins Gewicht, dass Zuwendungen nicht den gesetzlichen Krankenversicherungen als Kostenträgern, sondern den Endverbrauchern zugutekommen, womit es zu Fehlanreizen, »schlimmstenfalls einem Geldverdienen auf Rezept« kommen kann. Soweit Versandapotheken entgegen § 129 Abs. 3 SGB V auf die Zuzahlung der Versicherten gem. § 31 SGB V verzichten, wird die damit intendierte Stärkung der Eigenverantwortung und des Kostenbewusstseins der Versicherten konterkariert (vgl. zu den besonderen Rechtfertigungsgründen im Bereich der GVK bereits *Mand* WRP 2015, 950 Rn. 19, 26 f.). Ein Verbot solcher Fehlanreize stellt ein erforderliches und verhältnismäßiges Mittel zum Schutz der öffentlichen Gesundheitsversorgung dar. Auch wenn die EU-Kommission aus diesen Gründen keine Bedenken gegen die Neuregelung erhoben hat, dürfte das letzte Wort erneut dem EuGH vorbehalten sein (*Mand* NJW 2021, 338). Davon unabhängig bleiben jedenfalls die allgemeinen Einschränkungen der Wertreklame gem. § 7 von der vergangenen und einer etwaigen künftigen EuGH-Entscheidung zum Preisrecht unberührt (eingehend *Mand* A & R 2017, 3 ff.).

23a

Uneingeschränkte Anwendung finden der einheitliche Apothekenabgabepreis und § 7, soweit er der Durchsetzung des Preisrechts dient, hingegen für **inländische Sachverhalte.** Der mögliche Verstoß gegen die Warenverkehrsfreiheit führt nur zu einer Unanwendbarkeit im

23b

grenzüberschreitenden Warenverkehr, nicht zu einer Unwirksamkeit des deutschen Preisrechts; eine dadurch bedingte **Inländerdiskriminierung** kann nicht mithilfe des Unionsrechts angegriffen werden (EuGH Urt. v. 22.10.1992 – C-206/91, Slg. 1992, I- 6685 Rn. 11 ff. – Koua Poirrez, Einf. Rdn. 18, 25). Die Inländerdiskriminierung selbst ist auch nicht durch die nationalen Grundrechte untersagt; bei der vorzunehmenden Prüfung anhand der Berufsfreiheit und der wirtschaftlichen Betätigungsfreiheit (Einf. Rdn. 59 ff.) können aufgrund der Inländerdiskriminierung zwar strengere Maßstäbe gelten (BVerfG Beschl. v. 05.12.2005 – 1 BvR 1730/02, NJOZ 2006, 446, 448; BVerwG Urt. v. 24.02.2005 – 3 C 5/04, NJW 2005, 1736). Im Lichte des Wertungsspielraums des deutschen Gesetzgebers ist allerdings nicht von einer Verfassungswidrigkeit auszugehen (BVerwG Urt. v. 09.07.2020 – 3 C 20/18, NJW 2021, 331 Rn. 19 ff. m. zust. Anm. *Mand*; BGH Urt. v. 06.06.2019 – I ZR 206/17, GRUR 2019, 1071 Rn. 31 ff. – Brötchen-Gutschein; vgl. zur Verfassungskonformität des einheitlichen Apothekenabgabepreises zuvor bereits BVerfG Beschl. v. 01.09.1999 – 1 BvR 1836/93, Rn. 10; BVerfG Beschl. v. 04.11.2015 – 2 BvR 282/13, 2 BvQ 56/12, NJW 2016, 1436).

### c) Nicht preisgebundene, apothekenpflichtige Arzneimittel

24 Problematisch ist unter dem Gesichtspunkt der **Konsistenz der Gefahrenabschätzung** dagegen das generelle Verbot von Naturalrabatten bei apothekenpflichtigen Arzneimitteln, deren Apothekenabgabepreis nicht reguliert ist, die also weder der AMPreisV noch der rein sozialrechtlichen Preisregulierung gem. 129 Abs. 5 SGB V für ausnahmsweise erstattungsfähige OTC-Arzneimittel unterfallen (dazu Rdn. 78 f.). Da Barrabatte auch dann gestattet sind, wenn sie als Mengenrabatte angeboten werden, erscheint das gleichzeitige generelle Naturalrabattverbot nicht konsistent. Schließlich sind mengenbezogene Barrabatt (bei drei Packungen 1/3 Nachlass) und ein gleichwertiger Naturalrabatt (2 + 1 Packung gratis) funktional austauschbar. Allerdings kann die Abgabe zusätzlicher »Gratispackungen« einem nicht bedarfsgerechten und potenziell gesundheitsgefährdenden Arzneimittelgebrauch Vorschub leisten (EuGH Urt. v. 08.11.2007 – C-374/05, GRUR 2008, 267, 270 Rn. 56 f. – Gintec; s.a. Art. 88, 96 GK und Rdn. 8). Deshalb begründet weniger das Verbot von Naturalrabatten als die unbegrenzte Zulässigkeit von mengenbezogenen Barrabatten unionsrechtliche Bedenken, auch wenn die Regelung der Preisaufschläge und Rabatte im Einzelhandel nach Art. 94 Abs. 4, Art. 4 Abs. 3 GK Sache der Mitgliedstaaten ist.

### d) Sonstige Heilmittel

25 Für sonstige Heilmittel fehlen zwingende sekundärrechtliche Werbevorgaben weitgehend, weil der GK nicht einschlägig ist, andere produktspezifische Regelungen zur Wertreklame fehlen (BGH Urt. v. 01.02.2018 – I ZR 82/17, GRUR 2018, 627 Rn. 37 f. – Gefäßgerüst; Urt. v. 06.11.2014 – I ZR 26/13, GRUR 2015, 504 Rn. 10 = NJW 2015, 1960 – Kostenlose Zweitbrille m. Anm. *Mand* [für Medizinprodukte]; Urt. v. 12.02.2015 – I ZR 213/13, GRUR 2015, 813 Rn. 12 f. – Fahrdienst zur Augenklinik [für Heilmittel i.S.d. § 1 Abs. 1 Nr. 2]; Gröning/Mand/Reinhart, § 7 HWG Rn. 60 ff.) und die UGP-RL strengere mitgliedstaatliche Regelungen aus Gründen des Gesundheitsschutzes akzeptiert (Einführung HWG Rdn. 27, 51). Dagegen kann die Warenverkehrsfreiheit (Art. 34 AEUV) ungeachtet der Keck-Rspr. anwendbar sein, weil ausländische Anbieter zur Kundenakquise und -bindung u.U. in stärkerem Maße auf Wertreklame gegenüber Verbrauchern angewiesen sind als inländische Anbieter, die vor Ort einen Kundenstamm aufbauen können (vgl. *Mand* PharmR 2008, 582, 587). Sofern Art. 34 AEUV beim grenzüberschreitenden Handel tatbestandlich betroffen ist, dürfte eine Rechtfertigung der in § 7 normierten Beschränkungen von Wertreklame gem. Art. 36 AEUV trotz des weiten Ermessensspielraums der Mitgliedstaaten (dazu *Mand* WRP 2010, 702, 703 ff.) in vielen Fällen scheitern: § 7 unterscheidet zwischen unbegrenzt erlaubten Bar- und Naturalrabatten und – abgesehen von engen Ausnahmefällen – allgemein verbotenen sonstigen Werbegaben, ohne dass hierfür sachliche, auf dem Gesundheitsschutz basierende Gründe angeführt werden können. Eine solch inkonsistente Gefahrenprognose spricht gegen die Erforderlichkeit des generellen Verbots für Wertreklame in der Öffentlichkeitswerbung (eingehend Rdn. 29 ff. zur Vereinbarkeit mit Art. 12 GG). Hinzu kommt, dass der GK selbst für

Humanarzneimittel weitergehende Spielräume für Werbegaben eröffnet als § 7 Abs. 1 (Rdn. 16 ff.). Strengere Vorgaben für andere Heilmittel, deren Gebrauch meist mit geringeren Gesundheitsgefahren verbunden ist, erscheinen vor diesem Hintergrund unverhältnismäßig, wenn sie nicht im Einzelfall einem unzweckmäßigen Heilmitteleinsatz Vorschub leisten. Letzteres dürfte am ehesten bei aleatorischer Wertreklame anzunehmen sein.

## C. Verfassungsrechtliche Vorgaben

§ 7 Abs. 1 ist an den Grundrechten zu messen, soweit die Vorschrift nicht zwingende Vorgaben des GK umsetzt (Einführung HWG Rdn. 62). Verfassungsrechtliche Zweifel fokussieren sich daher vor allem auf die »Rabattbeschränkungen« (§ 7 Abs. 1 Satz 1 Nr. 1 letzter Hs. und Nr. 2 HWG, Art. 94 Abs. 4 GK) und das für sämtliche Heilmittel geltende, im GK aber selbst für Humanarzneimittel nicht vorgesehene weitreichende Wertreklameverbot in der Öffentlichkeitswerbung. 26

### I. Rabatt- und Zuwendungsbeschränkungen für preisgebundene und apothekenpflichtige Arzneimittel

Soweit § 7 Abs. 1 Barrabatte und bestimmte Werbegaben auf Arzneimittel von der Zulässigkeit nach § 78 AMG und der AMPreisV abhängig macht, ist der darin liegende Eingriff in Art. 12 Abs. 1, 2 Abs. 1 GG schon zur Gewährleistung der Ziele der Arzneimittelpreisregulierung, insbesondere zur Sicherung der finanziellen Stabilität der sozialen Sicherungssysteme gerechtfertigt (BVerfG Beschl. v. 04.11.2015 – 2 BvR 282/13, 2 BvQ 56/12, NJW 2016, 1436; BVerwG Urt. v. 09.07.2020 – 3 C 20/18, NJW 2021, 331 Rn. 19 ff. m. zust. Anm. *Mand*; Rdn. 7, 23b). Gleiches gilt grundsätzlich auch für die ergänzenden Wertreklameverbote, soweit sie Rabattbeschränkungen vor Umgehungsstrategien absichern. Das Fehlen einer darüber hinaus gehenden (**mittelbaren**) **Gesundheitsgefährdung** stellt die Grundrechtskonformität nicht in Zweifel und rechtfertigt deshalb auch keine verfassungsrechtlich einschränkende Auslegung von § 7 Abs. 1 (*Mand* A & R 2015, 51, 52, a.A. OLG Frankfurt WRP 2008, 969, 974 – Bonussystem ausländischer Versandapotheken; s.a. Gröning/Mand/Reinhart/*Mand*, 5. Ergänzungslieferung 2015, § 7 HWG Rn. 29, 40). 27

Verfassungsrechtlich bedenklich ist das generelle Verbot von Naturalrabatten für apothekenpflichtige Arzneimittel. Zwar kann ein **Naturalrabatt** Endverbraucher evtl. zum unnötigen Kauf eines Heilmittels reizen. Gleiches gilt jedoch auch für andere Mengenrabatte. Da das Gesetz Barrabatte in Form von Mengenrabatten in den Grenzen des Arzneimittelpreisrechts erlaubt, ist kein Grund erkennbar, gleichwertige Naturalrabatte weitergehend zu verbieten. Ein Verbot von Naturalrabatten verbessert insbesondere bei nicht preisgebundenen Arzneimitteln auch nicht die Transparenz der Preisbildung (*Meyer* A&R 2006, 10, 16). Jedenfalls fördert es den Wettbewerb nicht zugunsten der Endverbraucher (Gröning/Mand/Reinhart, Heilmittelwerberecht, 5. Aufl., § 7 HWG Rn. 24, 28; a.A. *Doepner/Reese*, § 7 HWG Rn. 137 f.: zwar inkonsistente Regelung, aber dennoch kein Verfassungsverstoß). 28

### II. Zuwendungsbeschränkungen in der Öffentlichkeitswerbung für nicht preisgebundene Heilmittel

Die durch das Verbot von Werbegaben mit abschließend definierten, engen Ausnahmen (§ 7 Abs. 1 Satz 1 Nr. 1, 3–5) in der Öffentlichkeitswerbung einhergehende Beschränkung der Berufsfreiheit (Art. 12 GG) ließ sich bis zur Novellierung von § 7 Abs. 1 durch das AVWG im Lichte des weiten Ermessensspielraums des Gesetzgebers – abgesehen von Ausnahmefällen (*Bülow/Ring*, § 7 HWG Rn. 7; BGH Urt. v. 26.03.2009 – I ZR 99/07, 2009, 1385, 1387 – DeguSmiles & more) – wohl noch aus vernünftigen Erwägungen des Gemeinwohls verfassungsrechtlich rechtfertigen. Nunmehr erlaubt § 7 Abs. 1 Satz 1 Nr. 2 Barrabatte, soweit ihre Gewährung bei preisgebundenen Arzneimitteln nicht gegen zwingende Bestimmungen der AMPreisV verstößt; Naturalrabatte sind allgemein zulässig, außer bei apothekenpflichtigen Arzneimitteln; sonstige Zuwendungen und Werbegaben sind hingegen allgemein verboten und nur ausnahmsweise bei Geringfügigkeit nach Maßgabe der abschließenden, d.h. keine Wertungsmöglichkeit im Einzelfall lassenden 29

§ 7 HWG   Werbegaben

Tatbestände der § 7 Abs. 1 Satz 1 Nr. 1, 3–5 erlaubt. Diese Differenzierungen sind ungeachtet der z.T. unterschiedlichen Schutzrichtung inkonsistent. Das prinzipielle Verbot von Werbegaben in der Öffentlichkeitswerbung kann deshalb auch verfassungsrechtlich keinen Bestand mehr haben (OLG Düsseldorf Urt. v. 15.01.2013 – I-20 U 93/12, WRP 2013, 533, 535 Rn. 10 – Pkw-Verlosung; OLG Frankfurt Urt. v. 29.11.2007 – 6 U 26/07 WRP 2008, 969, 971 – Bonussystem ausländischer Versandapotheken; Gröning/Mand/Reinhart, Heilmittelwerberecht, 5. Aufl., § 7 HWG Rn. 75 ff.; *Mand* A & R 2015, 51, 53 f.; a.A. offenbar BGH Urt. v. 06.11.2014 – I ZR 26/13, GRUR 2015, 504 Rn. 18, 24 – Kostenlose Zweitbrille; Urt. v. 12.02.2015 – I ZR 213/13, GRUR 2015, 813 Rn. 18 f. – Fahrdienst zur Augenklinik: abstrakte Gefahr der unsachlichen Beeinflussung ausreichend; *Doepner/Reese*, Vor § 7 HWG Rn. 145 ff., § 7 HWG Rn. 12).

30  Wenn § 7 Abs. 1 Satz 1 Nr. 2 die Werbung mit Bar- und Naturalrabatten gestattet, um den (Preis-) Wettbewerb zu intensivieren (Rdn. 6 f.), ist kein Grund ersichtlich, warum sonstige Formen der Wertreklame allenfalls bei besonderer Geringwertigkeit (s. Rdn. 58 ff.) zulässig sein sollen (*Mand* A & R 2015, 3, 6 und *ders.* A & R 2015, 51, 53 f.; *Schmid* A & R 2015, 147, 150 ff.). Ökonomisch betrachtet ist der Nutzen eines Barrabatts größer als der sonstiger Werbegaben mit einem identischen Verkehrswert: Der Barrabatt eröffnet die Möglichkeit, die Werbegabe zu kaufen; er kann aber auch darüber hinaus für andere Zwecke eingesetzt werden. Abweichendes gilt lediglich in Ausnahmefällen, in denen gerade von einer Werbegabe besondere Lockwirkungen ausgehen. Dies ist z.B. denkbar, wenn die Werbegabe nicht frei erworben werden kann oder aus sonstigen Gründen ausnahmsweise einen besonders großen Nutzen hat, der über den Verkehrswert des Heilmittels hinausgeht. Sind aber jenseits dieser Sonderfälle, die schon unter §§ 3, 4a UWG fallen, der ökonomische Nutzen und damit die Beeinflussungseignung bei einem Barrabatt am größten, kann der Gesetzgeber ausgehend vom Leitbild des angemessen kritischen Durchschnittsverbrauchers bei konsistenter Gefahreneinschätzung nicht Barrabatte erlauben, sonstige Werbegaben dagegen prinzipiell nach § 7 Abs. 1 verbieten, um eine unsachliche Beeinflussung abzuwehren.

31  Insbesondere lassen sich hierfür keine wettbewerbspolitischen Argumente anführen: Die leichte Erkennbarkeit des Wertes eines Bar- oder Naturalrabatts (hierauf abstellend u.a. OLG Frankfurt GRUR-RR 2007, 299) rechtfertigt es nicht, sonstige Wertreklame abstrakt-generell auf geringwertige Kleinigkeiten zu beschränken. Aufgrund der Übernahme des europäischen Verbraucherleitbilds und der konsequenter auf den funktionsfähigen Wettbewerb ausgerichteten Interpretation des UWG sind nach der Aufhebung von RabattG und ZugabeVO neben Geldrabatten auch Zugaben bei anderen Waren nur in Ausnahmefällen unlauter (*Köhler*/Bornkamm, § 4 UWG Rn. 1.100 ff.; *Köhler* GRUR 2010, 767, 770 ff.). Die Spezifika von Heilmitteln rechtfertigen keine strengere Handhabung: Diese wäre nur zugunsten des Gesundheitsschutzes, nicht aber zur allgemeinen Wettbewerbsregulierung möglich. Der Gesundheitsschutz kann jedoch nicht angeführt werden, wenn Bar- und Naturalrabatte heilmittelwerberechtlich erlaubt sind, welche die angemessen kritischen Durchschnittsverbraucher noch stärker beeinflussen. Die Sondersituation vieler Patienten (Einführung HWG Rdn. 1), rechtfertigt insoweit ebenfalls keine abweichende Bewertung. Auch wenn Patienten für Heilung verheißende Werbeaussagen u.U. besonders empfänglich sind, ist ihre Fähigkeit, den wirtschaftlichen Wert von Werbegaben sachgerecht zu bewerten, in aller Regel nicht eingeschränkt (*Mand* A & R 2013, 166, 178 ff.; s.a. Spickhoff/Fritzsche, Medizinrecht, § 7 HWG Rn. 1; Dieners/Reese/*Reese*/*Holtorf*, Pharmarecht, § 11 Rn. 249).

32  Das Verbot von Werbegaben mit engen, abstrakt-generell formulierten Ausnahmen in der Öffentlichkeitswerbung ist nach allem mit Art. 12 GG unvereinbar. Verfassungskonform ausgelegt ist ein Verbot nur gerechtfertigt, wenn Werbegaben im konkreten Fall die Entscheidungsfreiheit der Verbraucher ausnahmsweise stärker beeinträchtigen als zulässige Bar- oder Naturalrabatte und dadurch deren Gesundheits- oder Vermögensinteressen gefährden. Die verfassungsrechtliche Prüfung bestätigt damit im Kern die für nicht preisgebundene Humanarzneimittel bereits aus der richtlinienkonformen Interpretation im Lichte von Art. 94 GK gewonnenen Ergebnisse (Rdn. 21). Sie zwingt zugleich zu ihrer Verallgemeinerung auch für andere, nicht preisgebundene Heilmittel.

## D. Produktbezogene Werbung

33 Die für das HWG insgesamt prägende Abgrenzung zwischen heilmittelwerberechtlich unbedenklicher Imagewerbung des Unternehmens und dem HWG unterfallender Werbung für konkrete oder zumindest individualisierbare Heilmittel gilt nach bisher allgemeiner Ansicht auch für § 7 Abs. 1 (BGH Vorlagebeschl. v. 20.02.2020 – I ZR 214/18, GRUR 2020, 659 Rn. 16 ff. – Gewinnspielwerbung; Urt. v. 12.02.2015 – I ZR 213/13, GRUR 2015, 813 Rn. 16 – Fahrdienst zur Augenklinik; Urt. v. 25.04.2012 – I ZR 105/10; GRUR 2012, 1279 Rn. 22 – DAS GROSSE RÄTSELHEFT; Urt. v. 26.03.2009 – I ZR 99/07, WRP 2009, 1385, 1387 – DeguSmiles & more; *Doepner/Reese*, § 7 HWG Rn. 31 f.; *Gröning*, Heilmittelwerberecht § 7 HWG Rn. 17 ff.). § 7 Abs. 1 Satz 1 verbietet die Wertreklame also nur im Zusammenhang mit **produktbezogener Wirtschaftswerbung i.S.v. § 1 Abs. 1** (BGH Urt. v. 06.07.2006 – I ZR 145/03, GRUR 2006, 949, 952 Rn. 23 – Kunden werben Kunden; BGH Urt. v. 26.03.2009 – I ZR 99/07, WRP 2009, 1385, 1387 – DeguSmiles & more; Urt. v. 09.09.2010 – I ZR 193/07, NJW 2010, 3721 Rn. 24 – Unser Dankeschön für Sie). Die Abgrenzung zu bloßer Imagewerbung erfordert nach st. Rspr. eine wertende Analyse, welche Merkmale der Werbung nach ihrem Gesamterscheinungsbild im Vordergrund stehen (BGH GRUR 1992, 873 – Pharma-Werbespot; BGH GRUR 2002, 1088, 1091 – Zugabenbündel; Urt. v. 06.07.2006 – I ZR 145/03, GRUR 2006, 949, 952 Rn. 23 – Kunden werben Kunden; BGH Urt. v. 26.03.2009 – I ZR 99/07, WRP 2009, 1385, 1387 – DeguSmiles & more; Urt. v. 09.09.2010 – I ZR 193/07, NJW 2010, 3721 Rn. 24 – Unser Dankeschön für Sie; BGH Urt. v. 24.11.2016 – I ZR 163/15, GRUR 2017, 635 Rn. 30 – Freunde werben Freunde). Ob sich aus der zuletzt engen Auslegung des Produktbezugs im Rahmen des Werbebegriffs des GK eine abweichende Auslegung des § 7 ergibt, bleibt abzuwarten (s. dazu Rdn. 38b, 41a).

34 Lange Zeit hat sich **keine klare Abgrenzungslinie** herausgebildet. Jüngere Entscheidungen des BGH deuten allerdings klar auf eine großzügige Bejahung des Produktbezugs speziell bei Prämienversprechen hin, die an den Umsatz mit dem ganzen oder mit Teilen des Sortiments anknüpfen (BGH Vorlagebeschl. v. 20.02.2020 – I ZR 214/18, GRUR 2020, 659 Rn. 16 ff.; Urt. v. 24.11.2016 – I ZR 163/15, GRUR 2017, 635 Rn. 29 ff. – Freunde werben Freunde; Urt. v. 12.02.2015 – I ZR 213/13, GRUR 2015, 813 Rn. 16 – Fahrdienst zur Augenklinik; Urt. v. 26.03.2009 – I ZR 99/07, WRP 2009, 1385, 1387 – DeguSmiles & more; Urt. v. 06.07.2006 – I ZR 145/03, GRUR 2006, 949, 952 Rn. 23 – Kunden werben Kunden). Zwischenzeitlich hatte der BGH bei ähnlichen Bonussystemen von Apotheken zumindest implizit eine restriktivere Abgrenzung befürwortet (BGH Urt. v. 09.09.2010 – I ZR 193/07, NJW 2010, 3721 Rn. 24 – Unser Dankeschön für Sie; Beschl. v. 09.09.2010 – I ZR 72/08, NJW 2010, 3724 Rn. 7 – Sparen Sie beim Medikamentenkauf!; diese Rspr. relativierend zuletzt BGH Urt. v. 24.11.2016 – I ZR 163/15, GRUR 2017, 635 Rn. 33 – Freunde werben Freunde; Vorlagebeschl. v. 20.02.2020 – I ZR 214/18, GRUR 2020, 659 Rn. 16 ff.). Die Instanzgerichte und die Literatur haben die höchstrichterlichen Entscheidungen sehr unterschiedlich interpretiert und vielfach zwischen Hersteller- und Einzelhandelswerbung unterschieden (OLG Frankfurt A & R 2005, 173, 174 – Jubiläumsrabatt: hinreichender Produktbezug auch bei Wertreklame für das ganze oder Teile des ganzen Sortiments einer Apotheke; ähnlich OLG Hamburg A & R 2009, 87, 92 – Rabattverbot ausländischer Versandapotheken: engere Fassung des Produktbezugs nur bei Herstellerwerbung; ebenso OLG München GRUR-RR 2007, 297, 299; vgl. auch OLG Nürnberg WRP 2009, 106; *Bülow/Ring/Artz/Brixius/Brixius*, § 7 HWG Rn. 12 ff.; *Schmid*, FS Ullmann 2006, S. 875, 885 f.; kein hinreichender Produktbezug: OLG Düsseldorf WRP 2005, 135, 136 – Joker-Coupons; OLG Rostock GRUR-RR 2005, 391 ff.; OLG Naumburg A & R 2006, 28, 30 ff. – 5 Euro-Einkaufsgutschein mit insoweit zustimmender Anm. *Wille* A & R 2006, 34, 35; *Kieser* PharmR 2004, 129).

35 Nach hier vertretener Auffassung hat sich die wertende Abgrenzung zwischen Imagewerbung und produktbezogener Heilmittelwerbung direkt am **Schutzzweck der betroffenen Werbebeschränkungen** zu orientieren. Das in besonderer Weise auslegungs- und ausfüllungsbedürftige Merkmal des »Produktbezugs« der Heilmittelwerbung fungiert also, ebenso wie der Werbebegriff selbst, als ein Mittel, um die Restriktionen des HWG auf Konstellationen zu beschränken, in denen die

Schutzzwecke der einzelnen Tatbestände tatsächlich tangiert und die Beschränkungen verhältnismäßig sind (s. § 1 HWG Rdn. 45 ff.). Dies führt zu einer differenzierten Betrachtung: Zu unterscheiden ist in erster Linie zwischen der Werbung von Herstellern einerseits und der Werbung von (Einzel-) Händlern mit einem herstellerneutralen Sortiment andererseits sowie zwischen preisgebunden Arzneimitteln und nicht preisgebundenen Heilmitteln (Rdn. 3 ff.). Hiermit lassen sich auch die scheinbar divergierenden neueren Urteile des BGH zu sortimentsbezogenen Bonussystemen erklären.

### I. Werbung von Heilmittelherstellern

36 Der BGH hat sich in einer Grundsatzentscheidung dafür ausgesprochen, den Produktbezug einer **Werbung mit umsatzbezogenen Prämien- und Bonusversprechen eines Heilmittelherstellers** weit zu fassen (BGH Urt. v. 26.03.2009 – I ZR 99/07, WRP 2009, 1385, 1387 – DeguSmiles & more). Dies folge aus der besonderen Schutzrichtung von § 7 Abs. 1: es gebe keinen überzeugenden Grund, den nach § 7 als unerwünscht anzusehenden Anreiz einer Wertreklame gerade dann hinzunehmen, »wenn diese Form der Reklame für eine besonders große Zahl von Heilmitteln eingesetzt wird; denn die Eignung einer Zuwendung, den Absatz eines Heilmittels unsachlich zu beeinflussen, hängt nicht davon ab, ob die Zuwendung allein für genau benannte Heilmittel, eine noch näher eingegrenzte Vielzahl von Heilmitteln oder sogar für das gesamte, neben Heilmitteln auch andere Produkte umfassende Sortiment angekündigt und gewährt wird.« (BGH Urt. v. 26.03.2009 – I ZR 99/07, WRP 2009, 1385, 1387 – DeguSmiles & more; ähnlich bereits BGH Urt. v. 06.07.2006 – I ZR 145/03, GRUR 2006, 949, 952 Rn. 23 – Kunden werben Kunden). Zuletzt hat der BGH diese Rechtsprechung im Fall einer Publikumswerbung einer Augenklinik bestätigt, die für diverse Operationen und diagnostische Maßnahmen einen kostenlosen Fahrservice angeboten hatte (BGH Urt. v. 12.02.2015 – I ZR 213/13, GRUR 2015, 813 Rn. 16 – Fahrdienst zur Augenklinik). Denn der Fahrdienst diene aus der maßgeblichen Sicht des angesprochenen Verkehrs in erster Linie der Förderung des Absatzes ihrer Dienstleistungen i.S.d. § 1 Abs. 2 Nr. 2 und nicht dazu, die allgemeine Serviceorientierung der Klinik herauszustellen.

37 Diese Rechtsprechung überzeugt mit Blick auf die Zwecke der Zuwendungsbeschränkungen insbesondere in der Fachkreiswerbung vollauf. Die betreffenden Werbebeschränkungen sollen verhindern, dass Heilberufler, die als Sachwalter und Agenten für die Endverbraucher und Kostenträger handeln (*Mand* A & R 2011, 147, 148 f.; Voit/*Mand*, Strukturveränderungen im Arzneimittelvertrieb, S. 9, 18; s.a. BGH Urt. v. 24.06.2010 – I ZR 182/08, GRUR 2010, 850, 851 Rn. 16 f. – Brillenversorgung II: »Interessenwahrungspflicht«), durch das Versprechen oder Gewähren wirtschaftlicher Vorteile ein **gesteigertes Eigeninteresse an der Abgabe bestimmter Heilmittel** haben. Damit möchte § 7 die gute heilberufliche Praxis gewährleisten und Heilberufler insbs. davon abhalten, die Interessen der Verbraucher und der (gesetzlichen) Krankenversicherungen der eigenen Gewinnmaximierung hintanzustellen. Letztlich sichern die Rabatt- und Zuwendungsbeschränkungen so gute medizinische bzw. pharmazeutische Praxis (ausführlich Rdn. 3, 5 ff.). Das Potential von Rabatten und anderen akzessorischen Werbegaben, Heilberufler unsachlich, d.h. in einer diesen Zielen zuwider laufenden Weise zu beeinflussen, erweist sich aber für die Herstellerwerbung als umso größer, je breiter die Werbeaktion angelegt ist und je mehr Artikel aus dem eigenen, mit den Angeboten anderer Hersteller im Wettbewerb stehenden Sortiment davon erfasst sind. Eine Beschränkung des Anwendungsbereichs auf einzelne bestimmte, womöglich konkret benannte Heilmittel ist daher im Lichte dieser Schutzziele nicht angezeigt. Für Humanarzneimittel kollidierte eine weite Auslegung des Produktbezugs auch nicht mit den Vorgaben des GK (s. Rdn. 38b und § 1 HWG Rdn. 46 ff.).

38 Ein hinreichender Produktbezug der Fachkreiswerbung von Herstellern liegt demnach schon dann vor, wenn ausgelobte Rabatte oder Sachprämien in einem **Zusammenhang mit dem Absatz von Heilmitteln** stehen, z.B. weil die Gewährung der Prämien vom Erreichen bestimmter Umsätze abhängt. Es reicht sogar aus, dass die Werbegaben nicht vom Umsatz mit (zumindest gattungsmäßig bestimmten) Heilmitteln abhängen, sondern von dem Umsatz mit dem gesamten

angebotenen Sortiment unterschiedlicher Waren, von denen nur einige Heilmittel sind (BGH Urt. v. 26.03.2009 – I ZR 99/07, WRP 2009, 1385, 1387 – DeguSmiles & more). Daher weisen z.B. Mengenrabatte in der Fachkreiswerbung einen hinreichenden heilmittelwerberechtlichen Produktbezug auf, selbst wenn sie in Form von **Monats- und Jahresendboni** gewährt werden. In der Arzneimittelvertriebskette stellen auch Monats- oder Quartalsboni auf das nicht preisgebundene OTC-Segment, deren Höhe (auch) vom Umsatz mit preisgebundenen Arzneimitteln abhängt, produktbezogene Absatzwerbung für die preisgebundenen Arzneimittel dar (s. zur Zuordnung solcher Rabatte zum [Erst-]Kauf der preisgebundenen Arzneimittel *Mand* NJW 2010, 3681, 3682; zur Bestimmtheit von sog. Zielrabatten u. Rdn. 68a).

In Einzelfällen vertreiben Heilmittelhersteller ihre Waren und Dienstleistungen auch direkt an Endverbraucher. Ein Beispiel bildet die Werbung von Kliniken für ihre Heilbehandlungen (dazu BGH Urt. v. 12.02.2015 – I ZR 213/13, GRUR 2015, 813 Rn. 16 – Fahrdienst zur Augenklinik). Auch wenn bei Publikumswerbung tendenziell striktere Anforderungen an den Produktbezug zu stellen sind (Rdn. 39 ff.), fallen in solchen Ausnahmefällen in der Regel selbst breit angelegte Verkaufsfördermaßnahmen ebenfalls in den Anwendungsbereich des § 7. Zumindest wenn im Zusammenhang mit der werblichen Ankündigung von Vergünstigungen (Rabatten, unentgeltlichen Fahrdiensten, Geschenken) mehrere Heilmittel (z.B. Behandlungsverfahren) in der Werbung konkret benannt werden, ist von einer produktbezogenen Heilmittelwerbung auszugehen. Denn bei wertender Betrachtung steht dann die Absatzförderung der eigenen Heilmittel, die mit denen anderer Hersteller konkurrieren, im Vordergrund (BGH Urt. v. 12.02.2015 – I ZR 213/13, GRUR 2015, 813 Rn. 16 – Fahrdienst zur Augenklinik). Eine unsachliche Beeinflussung zur Bevorzugung bestimmter Heilmittel erscheint also möglich. 38a

Die hier befürwortete weite Auslegung des Produktbezugs bei Herstellerwerbung widerspricht auch nicht dem GK. Allerdings hat der EuGH – für einen Fall der Öffentlichkeitswerbung einer Versandapotheke – angenommen, die Werbenormen des GK erfassten »die Werbung für bestimmte Arzneimittel (Inhalt der Werbebotschaft, Ausgestaltung der Werbung), nicht aber die Werbung für Dienstleistungen des Online-Verkaufs von Arzneimitteln« (EuGH Urt. v. 01.10.2020 – C-649/18, GRUR 2020, 1219 Rn. 52; GA SaugmandsgaardØe, ECLI:EU:C:2020:134, Rn. 52 ff.). Diese Auslegung steht einem weiten Verständnis des Produktbezugs zumindest bei Herstellerwerbung aber nicht entgegen. Zum einen bezieht sich eine Werbung des Herstellers niemals auf produktunabhängige bzw. herstellerneutrale Verkaufsdienstleistungen, sondern nach Inhalt und Ausgestaltung regelmäßig allein auf die Waren aus dem eigenen Produktsortiment. Dies gilt selbst dann, wenn sich die Wertreklame auf sämtliche Waren des eigenen Sortiments erstreckt. Zum anderen ist es zumindest unionsrechtlich nicht ausgeschlossen, den Werbebegriff des § 1 beschränkt auf den Produktbezug der Werbung weiter zu fassen als in Art. 86 ff. GK und bestimmte Formen der nicht unter den GK fallenden »Unternehmenswerbung« in den Anwendungsbereich des HWG insgesamt oder zumindest des § 7 einzubeziehen. Denn hinsichtlich des Produktbezugs der Werbung kommt es gerade nicht zu einer negativen Vollharmonisierung durch den GK. Vielmehr findet der GK auf Formen der Unternehmenswerbung gar keine Anwendung. Maßgebend ist daher aus unionsrechtlicher Perspektive nur, ob eine etwaige, weitergehende Anwendung des HWG oder einzelner Normen des HWG nicht gegen andere EU-Sekundärrechtsakte oder das EU-Primärrecht verstößt (vgl. GA SaugmandsgaardØe, ECLI:EU:C:2020:134, Rn. 53, näher Einf. HWG Rdn. 45, § 1 HWG Rdn. 2 und 50a). 38b

## II. Werbung des voll sortierten (Einzel-) Handels

Für Werbeaktionen des voll sortierten Handels, insbesondere für die Publikumswerbung von Apotheken, erscheint eine weite Auslegung des Produktbezugs für nicht preisgebundene Heilmittel bei teleologischer und richtlinienorientierter Auslegung zweifelhaft. Andererseits entspricht sie den Schutzzielen der strikteren Beschränkungen von Werbegaben i.S.d. jüngst novellierten und erweiterten § 7 Abs. 1 Satz 1 Nr. 1 und Nr. 2 für preisgebundene Arzneimittel. Auch widerspricht eine weite Auslegung nicht zwingenden Vorgaben des Unionsrechts. 39

40 Die **Zuwendungsbeschränkungen** für nicht preisgebundene Heilmittel im Einzelhandel sollen einer potentiell gesundheitsgefährdenden, unsachlichen Beeinflussung der Endverbraucher entgegenwirken (Rdn. 3). Dies spricht für eine tendenziell engere Fassung des Produktbezugs: Bezieht sich die Wertreklame von Einzelhändlern, die – wie z.B. Apotheken – ein herstellerunabhängiges Sortiment führen, auf sämtliche oder große Teile der angebotenen Heilmittel, verwässert dies die Eignung zur unsachlichen Beeinflussung hinsichtlich eines konkreten Produkts und damit die potenzielle Gesundheitsgefährdung nämlich besonders stark. Schließlich wird der Absatz gerade nicht auf bestimmte Heilmittel gelenkt, sondern allgemein auf das herstellerunabhängige Gesamtsortiment. Neben der Konzentration des Warenabsatzes auf den werbenden Einzelhändler führt sortimentsbreite Wertreklame mit Zugaben allenfalls zu einem Mehrabsatz aller angebotenen Produkte. Ein solcher Mehrabsatz eines Unternehmens mit attraktiven Angeboten ist aber – wie die heilmittelwerberechtlich unbegrenzte Zulässigkeit von Bar- und Naturalrabatten bei nahezu allen Heilmitteln zeigt – selbst dann vom Gesetzgeber toleriert, wenn nicht sogar zur Förderung des Wettbewerbs gewünscht, wenn der Gesamtabsatz des Heilmittels in Deutschland insgesamt steigt. Entsprechende Grundsätze gelten auch für den voll sortierten Großhandel, soweit Werbeaktionen unterschiedslos auf das gesamte Sortiment bezogen sind.

41 Hiermit lässt sich auch erklären, dass der BGH **Bonussysteme von Apotheken**, die die Gewährung von Werbegaben von einer bestimmten Anzahl eingereichter Rezepte abhängig machen – anders als ähnliche Kundenbindungssysteme von Heilmittelherstellern (Rdn. 36) – offenbar schon nicht als produktbezogene Werbung, sondern als heilmittelwerberechtlich irrelevante **Imagewerbung** gewertet hat (BGH Urt. v. 09.09.2010 – I ZR 193/07, NJW 2010, 3721 Rn. 24 – Unser Dankeschön für Sie; Beschl. v. 09.09.2010 – I ZR 72/08, NJW 2010, 3724 Rn. 7 – Sparen Sie beim Medikamentenkauf!; *Kieser* A & R 2012, 105, 106 f., a.A. BGH Vorlagebeschl. v. 20.02.2020 – I ZR 214/18, GRUR 2020, 659 Rn. 16 ff. – Gewinnspielwerbung; Urt. v. 24.11.2016 – I ZR 163/15, GRUR 2017, 635 Rn. 33 – Freunde werben Freunde). Das Problem, inwieweit das generelle Verbot von Werbegaben mit engen Ausnahmen gem. § 7 Abs. 1 Satz 1 Nr. 1, 3–5 in der Öffentlichkeitswerbung für nicht preisgebundene Heilmittel unionsrechts- bzw. verfassungskonform einschränkend auszulegen ist (s. Rdn. 16 ff., 29 ff.), verliert bei entsprechend höheren Anforderungen an den Produktbezug der Werbung an Schärfe.

41a Für die engere Fassung des Produktbezugs des (herstellerneutralen) Handels spricht auch der Gleichklang mit dem GK. Nach der Rspr. des EuGH regelt der GK nicht die Werbung für die Dienste einer Apotheke auch im Zusammenhang mit dem Verkauf von Arzneimitteln, weshalb es sich bei sortimentsweiter Rabatt- und Bonuswerbung einer Online-Apotheke nicht um produktbezogene Absatzwerbung gem. Art. 86 GK handelt (EuGH Urt. v. 01.10.2020 – C-649/18, GRUR 2020, 1219 Rn. 52; GA Saugmandsgaard Øe, ECLI:EU:C:2020:134, Rn. 52 ff.). Zwar steht der GK einer weitergehenden Auslegung des Produktbezugs im Rahmen des HWG nicht entgegen (Rdn. 38a, § 1 HWG Rdn. 2). Der Einheitlichkeitswille des deutschen Gesetzgebers, der auch im Fehlen einer eigenen Definition des Werbebegriffs zum Ausdruck kommt, legt aber prinzipiell eine an der Richtlinie orientierte, einheitliche Auslegung des Werbebegriffs nahe (§ 1 HWG Rdn. 2).

42 Auf eine weite, teilweise auch über den GK hinausgehende Fassung des Produktbezugs bei sortimentsweiter Wertreklame weisen allerdings die spezifischen Beschränkungen für Rabatte und rabattäquivalente Zuwendungen bei preisgebundenen Arzneimitteln (§ 7 Abs. 1 Satz 1 Nr. 1 letzter Hs. und Nr. 2 Hs. 2 und Hs. 3) hin. Sie dienen auch in der Öffentlichkeitswerbung nicht mehr der Abwehr potentiell gesundheitsgefährdender, unsachlicher Beeinflussungen, sondern der Einhaltung des Arzneimittelpreisrechts (Rdn. 5 f.). Der Schutzzweck des einheitlichen Apothekenabgabepreises für bestimmte verschreibungspflichtige Arzneimittel besteht darin, durch Ausschaltung des Preiswettbewerbs auf Apothekenebene die flächendeckende, qualitativ hochwertige Akutversorgung mit besonders wirksamen Arzneimitteln sicherzustellen (Rdn. 7 f.). Dieses Ziel ist durch eine breit angelegte, womöglich das ganze Sortiment preisgebundener Arzneimittel betreffende Wertreklame *von Apotheken* nicht weniger, sondern stärker gefährdet als bei der Rabattgewährung nur auf einzelne bestimmte Arzneimittel. Die vollständige Durchsetzung der durch das VOASG v. 29.10.2020

(BGBl. I S. 2780) jüngst novellierten und auf § 129 Abs. 3–5c SGB V erstreckten preisbezogenen Regelungen gem. § 7 Abs. 1 Satz 1 Nr. 1 und Nr. 2 sprechen daher für eine – ggf. auch vom GK unabhängige – weitere Fassung des Produktbezugs, die auch sortimentsweite Verstöße gegen das nationale Preisrecht erfasst (so i.E. auch BGH Vorlagebeschl. v. 20.02.2020 – I ZR 214/18, GRUR 2020, 659 Rn. 16 ff. – Gewinnspielwerbung; Urt. v. 24.11.2016 – I ZR 163/15, GRUR 2017, 635 Rn. 29 ff. – Freunde werben Freunde; Bülow/Ring/*Bülow*, 4. Aufl. 2012, § 7 HWG Rn. 8; *Mand* A & R 2006, 54, 56; a.A. wohl Bülow/Ring/Artz/Brixius/*Brixius* § 7 HWG Rn. 14; kritisch auch Gröning/Mand/Reinhart, Heilmittelwerberecht, 5. Aufl. 2015, § 7 HWG Rn. 98 ff.). Denn Wortlaut, Entstehungsgeschichte und Systematik von § 7 geben keine Hinweise darauf, dass der Produktbezug im Rahmen von § 7 unterschiedlich zu fassen ist, je nachdem, ob es sich um preisgebundene Arzneimittel handelt oder nicht. Die praktischen Konsequenzen einer engen Auslegung des § 7 wären jedoch auch für die Durchsetzung des Preisrechts nicht mehr sehr groß. Denn die von einem Produktbezug i.S.d. HWG unabhängige Verletzung des Preisrechts durch Bar- oder Naturalrabatte begründet neben berufsrechtlichen Sanktionen selbst wettbewerbsrechtliche Ansprüche gem. § 3a UWG (s. Rdn. 104 ff.).

### E. Anbieten, Ankündigen oder Gewähren von Zuwendungen und sonstigen Werbegaben

Das Wertreklameverbot gem. § 7 Abs. 1 Satz 1 gilt nach dem Wortlaut sowohl für die Öffentlichkeitswerbung (zur Einschränkung aufgrund höherrangigen Rechts Rdn. 15 ff.) als auch für die Fachkreiswerbung. Selbstständig verboten sind sowohl das Anbieten und Ankündigen als auch das Gewähren. Angebotene Werbegaben müssen also nicht gewährt werden, gewährte Werbegaben nicht zuvor angeboten oder angekündigt worden sein, um gegen § 7 zu verstoßen (OLG München Urt. v. 15.01.2015, WRP 2015, 642, 646 Rn. 35; Gröning/Mand/Reinhart, Heilmittelwerberecht, 5. Aufl. 2015, Rn. 103; Dieners/Reese/*Reese/Holtorf*, Pharmarecht, § 11 Rn. 253). 43

#### I. Werbegaben als Oberbegriff

§ 7 Abs. 1 bezieht sich auf »Zuwendungen und sonstige Werbegaben«. **Werbegabe** ist grammatikalisch also der Oberbegriff (BGH Urt. v. 30.01.2003 – I ZR 142/00, GRUR 2003, 624, 625 – Kleidersack; Bülow/Ring/Artz/Brixius, § 7 HWG Rn. 16; *Doepner/Reese*, § 7 HWG Rn. 58; a.A. *Riegger*, Kap. 7 Rn. 5. Er lehnt sich sprachlich an den Zugabebegriff an. Allerdings hat der Gesetzgeber dem Begriff »Werbegaben« im Zuge der 5. AMG Novelle 1994 nachträglich den Begriff »Zuwendungen« als Beispielsfall zur Seite gestellt. Damit wollte er die weitergehenden Vorgaben des Art. 9 RL 92/28/EW (heute Art. 94 GK) umsetzen, deren korrespondierende Vorschrift in Art. 9 (heute Art. 94 GK) grundsätzlich alle finanziellen und sachlichen Vorteile verbietet (RegE BT-Drs. 12/6480 S. 17, 24 f.). Unter anderem sollten die in § 7 Abs. 2 (Art. 9 Abs. 2 RL 92/28/EWG bzw. Art. 94 Abs. 2, Art. 95 GK) genannten Zuwendungen (Bewirtungs- und Repräsentationsaufwand bei Fortbildungsveranstaltungen) prinzipiell unter den Verbotstatbestand des § 7 Abs. 1 fallen, obwohl die Einordnung als Zugabe mehr als zweifelhaft schien (*Doepner/Reese*, § 7 HWG Rn. 23; *Rathke* in: Zipfel/Rathke, Lebensmittelrecht, § 7 HWG Rn. 12). Dies weist auf eine Emanzipation des § 7 vom Zugabebegriff der aufgehobenen ZugabeVO hin (*Doepner*, § 7 HWG Rn. 52): Der Begriff »Zuwendungen« wird in zahlreichen nationalen Gesetzen verwendet, welche die Gewährung wirtschaftlicher Vorteile im Gesundheitswesen begrenzen. Er wird durchgehend weit ausgelegt und erfasst jede wirtschaftliche Besserstellung (*Mand* in: BPI Service GmbH [Hrsg.], Healthcare Compliance, 2013, S. 17, 23 ff.; vgl. zum Zuwendungsverbot des § 128 Abs. 2, Abs. 6 SGB V auch *ders.* PharmR 2014, 275, 284 f.). 44

#### II. Weite Auslegung

Der Begriff Werbegabe ist nicht nur wegen der innertatbestandlichen Konkretisierung durch den offenen Zuwendungsbegriff, sondern auch wegen des intendierten Schutzes der guten medizinischen bzw. pharmazeutischen Praxis von Fachkreisangehörigen und des Schutzes der Verbraucher vor unsachlicher Beeinflussung **weit auszulegen** (BGH Urt. v. 30.01.2003 – I ZR 142/00, 45

GRUR 2003, 624, 624 f. – Kleidersack; Urt. v. 25.04.2012 – I ZR 105/10, GRUR 2012, 1279 Rn. 22 – DAS GROSSE RÄTSELHEFT; Urt. v. 06.11.2014, GRUR 2015, 504 Rn. 14 – Kostenlose Zweitbrille; *Doepner*, § 7 HWG Rn. 22; *Mand/Rektorschek* WRP 2015, 429 Rn. 27 ff.). Er erfasst grundsätzlich jede zur Absatzförderung von Heilmitteln gewährte (unentgeltliche) Vergünstigung (BGH Urt. v. 25.04.2012 – I ZR 105/10, GRUR 2012, 1279 Rn. 22 – DAS GROSSE RÄTSELHEFT). Neben akzessorischen Zugaben, die im Zusammenhang mit einem Geschäftsabschluss gewährt werden, fallen insbesondere auch abstrakte Zuwendungen, die unabhängig von Vertragsabschlüssen über Heilmittel getätigt werden, unter § 7. Wie der neu gefasste § 7 Abs. 1 Nr. 2 bestätigt, schließt der Begriff Werbegabe auch **Preisnachlässe** ein, die früher als Rabatte unter das RabattG fielen (*Kieser* PharmR 2004, 129, 130 f.). Bei Rabatten wird dem Abnehmer für ein Wirtschaftsgut zwar nichts gewährt; der Vertreibende verzichtet aber teilweise auf ein von ihm an sich gefordertes Entgelt.

### III. Fehlen einer vollwertigen Gegenleistung

46 Unverzichtbares Merkmal aller Werbegaben i.S.v. § 7 Abs. 1 ist nach h.A., dass diese »**unentgeltlich**« (BGH Urt. v. 30.01.2003 – I ZR 142/00, GRUR 2003, 624 – Kleidersack; Urt. v. 25.04.2012 – I ZR 105/10, GRUR 2012, 1279 Rn. 22 – DAS GROSSE RÄTSELHEFT; *Dieners/Reese/Reese/Holtorf*, Pharmarecht, § 11 Rn. 255; *Reinhart* in: Fezer, § 4 Satz 4 Rn. 501; zum Zugabebegriff: *Köhler*/Bornkamm, § 4 UWG Rn. 1.46) oder für ein bloßes Scheinentgelt (OLG Nürnberg Urt. v. 10.06.2008 – 3 U 224/07, WRP 2009, 106, 107: Abgabe von Produkten mit einem Verkehrswert von 2.400 € bzw. 2.990 € für 49 €, vgl. zur ZugabeVO auch BGH Urt. v. 21.04.1978 – I ZR 165/76, GRUR 1978, 547, 550 – Automatentruhe) gewährt werden. Der Begriff der »Unentgeltlichkeit« ist richtigerweise jedoch weit auszulegen (Gröning/Mand/Reinhart, Heilmittelwerberecht, 5. Aufl. 2015, § 7 HWG Rn. 108 ff.; *Mand/Rektorschek* WRP 2015, 429 Rn. 25 ff.; *Doepner*, § 7 HWG Rn. 25). Darunter ist jeder zur Absatzförderung gewährte ökonomische Vorteil zu verstehen, dem keine äquivalente, rechtlich anerkannte Gegenleistung gegenübersteht (Bülow/Ring/Artz/Brixius, § 7 HWG Rn. 17; *Doepner*, § 7 HWG Rn. 25; Gröning/Mand/Reinhart, Heilmittelwerberecht, 5. Aufl. 2015, § 7 HWG Rn. 108 ff.; *Mand/Rektorschek* WRP 2015, 429 Rn. 25 ff.; *Riegger*, Heilmittelwerberecht, Kap. 7 Rn. 5 ff.). Da auch Bar- und Naturalrabatte auf die erworbenen Heilmittel Zuwendungen bzw. Werbegaben i.S.d. neu gefassten § 7 Abs. 1 darstellen, ist entgegen der Rspr. (BGH Urt. v. 30.01.2003 – I ZR 142/00, GRUR 2003, 624 – Kleidersack; Urt. v. 06.11.2014 – I ZR 26/13, GRUR 2015, 504 Rn. 14 ff. – Kostenlose Zweitbrille: Durchschnittsverbraucher muss Werbegabe als »Geschenk« ansehen; OLG Hamm Urt. v. 06.08. 2015 – I U 137/17 juris Rn. 60; OLG Nürnberg Urt. v. 11.12.2018 – 3 U 881/18) insbes. kein Grund ersichtlich, bei sonstigen Werbegaben die Tatbestandsmäßigkeit schon dann zu verneinen, wenn dafür überhaupt ein – wenn auch gemessen am Verkehrswert der Werbegabe extrem günstiges – Entgelt gezahlt wird (Gröning/Mand/Reinhart, Heilmittelwerberecht, 5. Aufl. 2015, § 7 HWG Rn. 108 ff.; *Mand/Rektorschek* WRP 2015, 429 Rn. 25 ff.; vgl. auch *Doepner/Reese*, § 7 HWG Rn. 60, die für eine Anwendung von § 7 allerdings fordern, dass das Entgelt so niedrig ist, dass es als Scheinentgelt anzusehen ist). Insbesondere gebietet der Wortsinn von »Zuwendungen und sonstigen Werbegaben« eine solch enge Auslegung des § 7 Abs. 1 nicht. Gegen sie spricht vor allem, dass Art. 94 Abs. 1 GK neben Geschenken (engl.: »gifts«) zusätzlich explizit auch jedweden »materiellen oder finanziellen Vorteil« im Rahmen der Verkaufsförderung von Arzneimitteln verbietet. Hierzu gehört z.B. auch die verbilligte Abgabe sonstiger Produkte anlässlich des Kaufs von Heilmitteln (Kopplungsgeschäfte z.B. in Form von Gesamtangeboten) oder eine überhöhte Vergütung bei Austauschverträgen, die im Zusammenhang mit der Absatzförderung von Arzneimitteln geschlossen werden. Eine richtlinienkonforme Auslegung bei Humanarzneimitteln und eine richtlinienorientierte Auslegung (Einführung HWG Rdn. 43 f.) bei sonstigen Heilmitteln muss dies berücksichtigen, zumal es das erklärte Ziel des Gesetzgebers war, § 7 Abs. 1 mit dem nachträglich eingefügten, konkretisierenden Tatbestandsmerkmal »Zuwendungen« an die Vorgaben des GK anzupassen (Rdn. 44). Der bei enger Auslegung des Begriffs der Werbegabe in diesen Fällen allein mögliche Rückgriff auf das allgemeine Lauterkeitsrecht (dafür BGH Urt. v. 30.01.2003 – I ZR

142/00, GRUR 2003, 624 – Kleidersack: Anwendung von § 1 UWG 1909) – d.h. auf § 4a UWG oder die Generalklausel des § 3 UWG (s. dazu Köhler/Bornkamm, UWG, § 4 Rn. 1.103 ff.; *Köber* A & R 2014, 262, 266 ff. *Mand* PharmR 2014, 275, 280 ff.; *Mand* GRUR 2016, 556 ff.) – genügt nach den vom EuGH gestellten Anforderungen an die Bestimmtheit, Klarheit und Transparenz (s. EuGH Urt. v. 10.04.2003 – C-65/01, Slg. 2003, I–3655 Rn. 20 ff. – Kommission/Italien; Urt. v. 09.12.2004 – C-177/03, Slg. 2004, I–11671 Rn. 19, 23 ff. – Kommission/Frankreich) nicht für eine richtlinienkonforme Umsetzung des Art. 94 GK. Schließlich führt eine engere Auslegung des Merkmals der »Entgeltlichkeit« auch zu schwierigen Abgrenzungsfragen bei sog. verschleierten Zugaben und Scheinentgelten, insbes. wenn bei Kopplungsgeschäften der Gesamtpreis nur unwesentlich über dem Preis des Heilmittels selbst liegt (vgl. BGH Urt. v. 02.07.1971 – I ZR 43/70, GRUR 1971, 582, 583 – Kopplung im Kaffeehandel; BGH Urt. v. 13.02.1961 – I ZR 134/59, GRUR 1961, 588 – Ein-Pfennig-Süßwaren) oder wenn identische Waren »gratis« zugegeben werden (dazu BGH Urt. v. 06.11.2014 – I ZR 26/13, GRUR 2015, 504 Rn. 17 f. – Kostenlose Zweitbrille: Bezeichnung als »kostenlos« trägt »für sich allein noch nicht die Annahme einer unentgeltlichen Vergünstigung«). Eine Werbegabe i.S.d. § 7 ist daher bei wirtschaftlichen Vergünstigungen, die zur Absatzförderung von Heilmitteln eingeräumt werden, nur dann aufgrund des Merkmals der »Unentgeltlichkeit« zu verneinen, wenn der Empfänger bei wirtschaftlicher Betrachtung tatsächlich **eine adäquate Gegenleistung** erbringt.

### 1. Endverbraucher

Endverbraucher zahlen in aller Regel nur den einheitlichen und nicht verhandelbaren Kaufpreis, erbringen aber **keine eigenen Vertriebs- oder sonstigen Gegenleistungen**. Etwaige Werbegaben sind also unentgeltlich. Im Einzelfall kann dies jedoch anders sein, z.B. wenn Teilnehmer eines Medizinprodukte-Tests eine Wochenendreise gewinnen können, für diese Chance durch ihre Mitwirkung am Test und die Bereitstellung ausführlicher, zusätzlicher Informationen aber eine adäquate Gegenleistung erbringen (OLG Köln Beschl. v. 16.05.2008 – 6 W 38/08, WRP 2008, 1478 – All-inclusive Testwochen; Bülow/Ring/Artz/Brixius, § 7 HWG Rn. 26; Gröning/Mand/Reinhart, Heilmittelwerberecht, 5. Aufl. 2015, § 7 HWG Rn. 157 f.). 47

Die Gewährung eines **Skontos** kann eine adäquate Gegenleistung für vorfällige (Bar-) Zahlungen sein. Dann handelt es sich von vornherein nicht um Rabatte oder sonstige Werbegaben i.S.d. § 7 Abs. 1 (s. Rdn. 53). Im Einzelhandel ist allerdings sorgfältig zu prüfen, ob eine Barzahlung des Endkunden tatsächlich die Voraussetzungen für eine Skonto-Gewährung erfüllt (generell ablehnend OLG Stuttgart Urt. v. 25.08.2011 – 2 U 21/11). Dies ist jedenfalls dann zu verneinen, wenn Apotheken dem Endkunden im Rahmen des Sachleistungsprinzips der GKV Skonti i.H.v. 3 % auf den Kaufpreis des Arzneimittels gewähren, obwohl der Kunde selbst keine oder nur eine wesentlich geringere Zuzahlung zu leisten hat. Derartige »Skonti« sind in Wahrheit Barrabatte oder Geldzuwendungen, deren Zulässigkeit sich nach § 7 Abs. 1 Nr. 2 richtet. Die **Valuta-Gewährung** gegenüber Endverbrauchern kann eine Werbegabe darstellen, sofern sie über einen Monat hinausgeht (s. Rdn. 54). Zumindest wenn sie auf einen faktischen Zahlungsverzicht hinausläuft, ist sie einem Barrabatt bzw. einer Geldzuwendung gleichzustellen (OVG Lüneburg A & R 2008, 283, 283 f.: über einjähriger Zuzahlungsverzicht einer Apotheke bis zur gerichtlichen Klärung). 48

### 2. Ärzte, Zahnärzte und andere Heilberufler

Ärzte, Zahnärzte und andere Heilberufler sind Agenten ihrer Patienten und unter Umständen auch der Kostenträger (GKV/PKV). Sie agieren in der Regel als Nachfragedisponenten, ohne selbst die verordneten Mittel zu finanzieren oder zu konsumieren. Insoweit stehen sie vielfach nicht in vertraglichen Austauschbeziehungen mit Herstellern oder Vertriebsunternehmen von Heilmitteln und erbringen gegenüber diesen keine eigenen Leistungen. Zuwendungen sind dann »unentgeltlich« i.S.v. § 7. Soweit sie dagegen, wie z.B. sehr oft Zahnärzte, Ausgangsmittel zur Anwendung selbst beziehen, gelten die Ausführungen zur Heilmittelvertriebskette entsprechend (s. Rdn. 51). Eine vorrangige Spezialregelung, die gem. § 7 Abs. 1 Satz 3 den Werbeverboten des Abs. 1 Satz 1 vorgeht, gilt 49 für die Abgabe von Arzneimittelmustern an die dort normierten Werbeadressaten. Eine nach dieser Norm zulässige Musterabgabe ist also auch nach § 7 nicht verboten (BGH Beschl. v. 31.10.2018 – I ZR 235/16, GRUR 2019, 97 Rn. 41 – Apothekenmuster I; Gröning/*Mand*/Reinhart, § 7 HWG Rn. 251; *Doepner/Reese*, § 7 HWG Rn. 173, s. Rdn. 92).

50 Komplexe Abgrenzungsfragen entstehen, soweit Hersteller oder Vertriebsunternehmen den Heilberufler für seine Dienstleistungen (Informationssammlung und -weitergabe, Vermittlung von Patienten etc.) vergüten oder soweit sie sich an der Finanzierung von Praxisräumen, Praxisgeräten, Schulungsmaßnahmen etc. beteiligen (eingehend dazu Gröning/*Mand*/Reinhart, Heilmittelwerberecht, 5. Aufl. 2015, § 7 HWG Rn. 152 ff.). Werbegaben i.S.d. § 7 Abs. 1 sind hier nur dann mit Blick auf das Erfordernis der Unentgeltlichkeit ausgeschlossen, wenn der Heilberufler tatsächlich eine adäquate Gegenleistung erbringt. Dies gilt für die Teilnahme an Gewinnspielen, für die Markennamen, Werbeslogans etc. zu erfinden oder Produkt- oder Marktinformationen zu sammeln sind (OLG Köln Urt. v. 10.12.2010 – 6 U 85/10, PharmR 2011, 63, 64; vgl. a. OLG Hamburg Urt. v. 27.06.2013 – 3 U 26/12, WRP 1203, 1205; *Reinhart* in: Fezer, UWG § 4 S. 4 Rn. 501) genauso wie für Aufwandsentschädigungen bzw. medizinische Geräte, die für den Dokumentationsaufwand bei nicht interventionellen Studien gezahlt bzw. überlassen werden (s. dazu Gröning/*Mand*/Reinhart, Heilmittelwerberecht, 5. Aufl. 2015, § 7 HWG Rn. 152 ff.; Bülow/Ring/Artz/Brixius, § 7 HWG Rn. 22). Mit Blick auf die von § 7 Abs. 1 in der Fachkreiswerbung bezweckte Sicherung der guten pharmazeutischen und heilberuflichen Praxis (Rdn. 3, 11) ist bei der Adäquanz der Gegenleistung zu berücksichtigen, ob die **Kooperation** und die **Leistungsverpflichtung des Heilberuflers** auch **rechtlich zulässig** sind (Gröning/Mand/Reinhart, Heilmittelwerberecht, 5. Aufl. 2015, § 7 HWG Rn. 155; i.E. ebenso *Reese/Stallberg* PharmR 2008, 221, 226; a.A. wohl *Burk* A & R 2010, 243, 244). Denn Verstöße gegen gesetzliche Verbote der Zusammenarbeit führen in aller Regel jedenfalls dann zur Nichtigkeit selbst vertraglicher Folgevereinbarungen, wenn dadurch Dritte geschädigt werden (§§ 134, 138 BGB, vgl. BGH NJW 1999, 2266, 2267). Damit entsteht schon gar keine Gegenleistungspflicht, eine adäquate Gegenleistung fehlt.

50a Wegen der strikten Fassung und Auslegung der Korruptionsdelikte bzw. Kooperationsbeschränkungen sind wirtschaftliche Vorteile insoweit oft als Werbegaben i.S.d. § 7 Abs. 1 einzuordnen. Z.B. entfällt im Rahmen der §§ 331 ff., 299a ff. StGB (s. dazu und zur kontroversen Qualifizierung von niedergelassenen Kassenärzten als Amtsträger i.S.v. §§ 331 ff. StGB BGH Beschl. v. 29.03.2012 – GSSt 2/11, NJW 2012, 2530 Rn. 8 ff.; *Mand*, Healthcare Compliance, 29 ff.) der strafrechtlich relevante Vorteil nicht schon durch die vereinbarte Gegenleistung; vielmehr kann bereits die Möglichkeit, einen für den Heilberufler lohnenden Vertrag abzuschließen, als solche einen relevanten Vorteil begründen (BGHSt 31, 264, 280). Rigide spezialgesetzliche Grenzen der Zusammenarbeit mit Ärzten normieren auch § 128 SGB V und § 11 ApoG. Selbst wenn man entgegen der hier vertretenen Auffassung im Rahmen von § 7 Abs. 1 von einer strikt wirtschaftlichen Betrachtung ausgehen wollte und der Heilberufler danach eine vollwertige Gegenleistung erbringt, ist die Vergütung oder die Gewährung wirtschaftlicher Vorteile jedenfalls als unangemessene aggressive geschäftliche Handlung i.S.d. § 4a UWG zu werten, wenn dadurch die Interessenwahrungspflicht der Heilberufler gegenüber ihren Patienten und u.U. den Kostenträgern gefährdet wird (BGH Urt. v. 24.06.2010 – I ZR 182/08, GRUR 2010, 850 Rn. 17 f. – Brillenversorgung II zu § 4 Nr. 1 UWG a.F.: 80 € Zuwendung eines Herstellers an Augenarzt pro bestellter/vermittelter Brille unlauter; eingehend dazu *Köber* A & R 2014, 262 ff.; *Mand* PharmR 2014, 275, 281 ff.).

### 3. Vertriebskette

51 Ob übliche Formen des sog. »Nebenleistungswettbewerbs« **innerhalb der Handelsstufen** (Skonto- oder Valuta-Gewährung, Retouren, Lagerwertausgleich, Werbekostenzuschüsse, Zuwendungen von Werbematerialien bzw. Präsentationshilfen, Marketingdienstleistungen, Informationseinkauf etc.) als Werbegaben i.S.d. § 7 zu werten und auf eine Freistellung gem. § 7 Abs. 1 Satz 1 Nr. 1–5 hin zu prüfen sind, richtet sich ebenfalls prinzipiell danach, ob der Nebenleistung des Anbietenden bei wirtschaftlicher Betrachtung eine **adäquate Gegenleistung** des Empfängers gegenübersteht.

Das Erfordernis einer fehlenden adäquaten Gegenleistung schränkt die Anwendung des § 7 innerhalb der Vertriebskette ein: Eine zuverlässige Ermittlung der »objektiven Äquivalenz« von Leistung und Gegenleistung ist speziell bei einer aus vielen Teilelementen bestehenden Leistungsbeziehung in einer Marktwirtschaft, bei der sich Preise durch Angebot und Nachfrage bilden und situativ stark schwanken, kaum möglich. Sofern ein freier Preiswettbewerb besteht, lässt sich daher auch die Tatbestandsmäßigkeit anderer »Nebenleistungen« nur schwer nachweisen (Ebenso Doepner/ Reese, § 7 HWG Rn. 74). Bedeutung haben die werberechtlichen Schranken des § 7 innerhalb der Handelsstufen insoweit in erster Linie bei preisgebundenen Produkten, insbes. also bei verschreibungspflichtigen Arzneimitteln. 52

Der Höhe nach angemessene **echte Skonti** fallen nicht als Rabatt oder Zugabe unter das Verbot der Wertreklame gem. § 7 Abs. 1 (Gröning/Mand/Reinhart, Heilmittelwerberecht, 5. Aufl. 2015, § 7 HWG Rn. 142 f.; *Mand/Rektorschek* WRP 2015, 429 Rn. 38 ff.; *Doepner/Reese*, § 7 HWG Rn. 85; vgl. auch OLG Celle Urt. v. 19.12.2019 – 13 U 87/18, GRUR-RR 2020, 407 Rn. 30 ff.; a.A. OLG Stuttgart Urt. v. 25.08.2011 – 2 U 21/11; OLG Bamberg Urt. v. 29.06.2016 – 3 U 216/ 15, WRP 2016, 1151, 1156; OLG Saarbrücken Beschl. v. 31.8.2016 – 1 U 150/15, GRUR-RR 2017, 80, 81 ff.). Echte Skonti werden bei einem Zahlungseingang vor Fälligkeit der Rechnung bzw. vor einem handelsüblich längeren Zahlungsziel gewährt, um die Liquidität zu sichern. Sie stellen also eine »echte Gegenleistung« für vertraglich nicht geschuldete Leistungen des Käufers dar, die mit dem Kaufpreis aufgerechnet werden kann. D.h. echte Skonti führen auch nicht zur Unterschreitung der gesetzlichen Fest- und Mindestpreise für preisgebundene, verschreibungspflichtige Arzneimittel (*Mand* A & R 2014, 147, 153; a.A. v. *Czettritz/Thewes* PharmR 2014, 460 ff.). Dies kommt in der amtlichen Begründung zum AVWG, die die Begriffe Skonti und Rabatte synonym gebraucht, nicht deutlich zum Ausdruck (BT-Drs. 16/194 S. 11). Eine Klarstellung findet sich im Bericht des Ausschusses für Gesundheit (BT-Drs. 16/691 S. 13, unklar demgegenüber zuletzt RegE TSVG, BT-Drs. 19/6337 S. 155 f. einerseits und Beschlussempfehlung und Bericht des Ausschusses für Gesundheit, BT-Drs. 19/8351 S. 197). 53

Welche Gegenleistungen vorfälliger Barzahlungen angemessen sind, hängt in erster Linie vom marktüblichen Zinsniveau ab. Denn in der möglichen Verzinsung des Kapitals liegt auch der wirtschaftliche Wert der Kaufpreisstundung (BGH GRUR 1992, 552, 553 – Stundung ohne Aufpreis). Das eigene wirtschaftliche Interesse des Verkäufers, den Inkassoaufwand niedrig zu halten und womöglich sogar die Verkäufe auszuweiten, rechtfertigt mangels einer Gegenleistung des Käufers dagegen keine Skontoausweitung (*Mand/Rektorschek* WRP 2015, 429 Rn. 42). Jede andere Auslegung öffnete Durchbrechungen des Arzneimittelpreisrechts und der Zuwendungsverbote gem. § 7 Tür und Tor. Unmaßgeblich sind auch die inzwischen aufgehobenen Regelungen des RabattG, das in § 2 Abs. 1 RabattG Skonti bis 3 % erlaubte. 53a

Im Gegensatz zu echten Skonti, handelt es sich bei **unechten Skonti** um Werbegaben. Unechte Skonti sind Preisnachlässe oder sonstige Vergünstigungen, welche die ordnungsgemäße Erfüllung des Vertrags, d.h. die pünktliche Zahlung durch den Käufer honorieren (BGH, Urt. v. 15.02.1962 – KVR 1/61, BGHZ 36, 370 – juris Rn. 6 – Rollfilme). Unechte Skonti verändern damit das Äquivalenzverhältnis: Der Käufer erhält, gemessen an den vertraglich festgelegten Leistungspflichten, einen zusätzlichen wirtschaftlichen Vorteil. Ungeachtet des eigenen wirtschaftlichen Interesses des Verkäufers, durch positive Anreize zur schnellen Rechnungsbegleichung Inkassokosten wegen Zahlungsverzögerungen zu reduzieren und den Käufer zu weiteren Bestellungen zu motivieren, sind sie nicht anders zu behandeln als sonstige Barrabatte. D.h. unechte Skonti sind bei preisgebundenen Arzneimitteln nur im Rahmen der vom Gesetzgeber eröffneten Spielräume für einen Preiswettbewerb zulässig (OLG Celle Urt. v. 19.12.2019 – 13 U 87/ 18, GRUR-RR 2020, 407 Rn. 32; *Mand* A & R 2014, 147, 153, dazu Rdn. 80 ff.); heilmittelwerberechtlich handelt es sich um Werbegaben i.S.v. § 7, die nur unter den Voraussetzungen von § 7 Abs. 1 Satz 1 Nr. 2 Buchst. a erlaubt sind (Gröning/Mand/Reinhart, Heilmittelwerberecht, 5. Aufl. 2015, § 7 HWG Rn. 144; *Mand/Rektorschek* WRP 2015, 429 Rn. 42; *Doepner/Reese*, § 7 HWG Rn. 85; s. Rdn. 68). 53b

54 Keine i.S.v. § 7 relevante Werbegabe ist auch die angemessene und handelsübliche **Valuta-Gewährung innerhalb der Vertriebsstufen** (eingehend Gröning/Mand/Reinhart, Heilmittelwerberecht, 5. Aufl. 2015, § 7 HWG Rn. 136 ff.). Nach der Rechtsprechung zum RabattG handelt es sich bei kürzeren Zahlungsfristen um eine »kundenfreundliche Zahlungsmodalität im Rahmen eines wirtschaftlich rationellen Abrechnungssystems« (BGH WRP 1991, 711 – Goldene Kundenkarte; BGH GRUR 1994, 389 – Versandhandelspreis II). Zeitlich ist mit Blick auf § 286 Abs. 3 BGB und die frühere Regelung in § 3 RabattG ein Zahlungsziel von einem Monat unbedenklich (Beschlussempfehlung und Bericht des Ausschusses für Gesundheit, BT-Drs. 16/691 S. 13 [Volkmer]). Erst wenn die Übernahme der Kapitalkosten hierüber hinausgeht, ist an eine Zuwendung zu denken (OVG Lüneburg A & R 2008, 283, 283 f.). Der Preisnachlass besteht in einem solchen Fall in dem Vermögensvorteil, der sich aus einer zinsbringenden Anlage der Kaufpreissumme während der gestundeten Zeit ergeben kann (BGH GRUR 1992, 552, 553 – Stundung ohne Aufpreis: 6 Monate Zahlungsaufschub; BGH WRP 1991, 711 – Goldene Kundenkarte).

55 **Retouren** sind von vornherein keine Zuwendung, falls ein gesetzliches Rücktrittsrecht bzw. gesetzliche Mängelbeseitigungsansprüche bestehen. Demgegenüber wird ein Rückgaberecht bei Ablauf des Verfalldatums ebenso wie ein **Lagerwertverlustausgleich** vielfach als wirtschaftlicher Vorteil gewertet, weil das Risiko des (wirtschaftlichen) Weiterverkaufs vom Erwerber auf den Verkäufer verlagert wird. Jedoch sind die Lager- und Weiterverkaufsrisiken in der Vertriebskette nicht von vornherein einer bestimmten Partei zugewiesen. Vorstellungen über die generelle Nachteiligkeit bestimmter Formen des Nebenleistungswettbewerbs und die klare Zuordnungsmöglichkeit einzelner Vertriebsleistungen oder -risiken an bestimmte Stufen der Vertriebskette sind heute überholt. Reglementierungen können eine dynamische Weiterentwicklung und Optimierung der Vertriebsfunktionen verhindern und begründen ein erhebliches Risiko für Effizienzverluste. Vor diesem Hintergrund sind Retouren und Lagerwertausgleiche meist als Mittel zur effizienten Verteilung der Kosten und Risiken der Lagerhaltung einzustufen und nicht als relevante Zuwendung i.S.v. § 7 zu werten. Jedenfalls werden sie regelmäßig als handelsübliche Nebenleistungen unter die Ausnahme gem. § 7 Abs. 1 Satz 1 Nr. 3 fallen (Gröning/*Mand*/Reinhart, Heilmittelwerberecht, 5. Aufl. 2015, § 7 HWG Rn. 239, dem folgend *Doepner/Reese*, § 7 HWG Rn. 74, 83).

56 Die **Bereitstellung von Werbematerial, Werbekostenzuschüssen sowie weiteren Marketing-Leistungen** können nach der Rechtsprechung zur aufgehobenen ZugabeVO Zugabecharakter haben, wenn sie neben dem innerbetrieblichen einen privaten oder betrieblichen Zweitnutzen aufweisen (BGH GRUR 1972, 611 – Cognac-Portionierer). Entscheidend ist aber in erster Linie, ob der Empfänger – trotz der rigiden wettbewerbs- und berufsrechtlichen Grenzen (z.B. § 10 ApoG) – eine echte Gegenleistung durch werbliche Sonderaktionen etc. zu erbringen hat (ebenso Doepner/Reese, § 7 HWG Rn. 88). In diesem Fall fehlt es – ungeachtet der potenziellen Umsatzsteigerung auch für den Empfänger – schon an einer Werbegabe i.S.d. § 7. Stellt der Hersteller der Apotheke oder anderen Einzelhändlern Verkaufshilfen bereit, die für die Endkunden einen Zweitnutzen haben (z.B. Werbebroschüre mit Denksportaufgaben), handelt es sich ebenfalls nicht um eine Werbegabe, wenn sich die Verkaufshilfe aus Kundensicht nicht als eigenständige Leistung der Apotheke darstellt, sondern als Werbemaßnahme des Herstellers (BGH Urt. v. 25.04.2012 – I ZR 105/10, GRUR 2012, 1279 Rn. 24 – DAS GROSSE RÄTSELHEFT). Nur wenn Werbehilfen dem Einzel- oder Zwischenhändler einen über die Werbung gegenüber dem Endverbraucher oder Nächstabnehmer hinausgehenden gewichtigen Zweitnutzen bieten, der geeignet ist, den Kaufentschluss des Einzel- oder Zwischenhändlers zu beeinflussen, handelt es sich um Werbegaben i.S.v. § 7 Abs. 1 (BGH Urt. v. 25.04.2012 – I ZR 105/10, GRUR 2012, 1279 Rn. 24 – DAS GROSSE RÄTSELHEFT). Besonderheiten gelten für die Musterabgabe an Apotheken (s. Rdn. 92 f.).

### IV. Wirtschaftliches Interesse an der Empfehlung, Verordnung oder Abgabe von Heilmitteln

56a Die Rechtsprechung hat in jüngster Zeit das Merkmal der »Werbegabe« in der Fachkreiswerbung zusätzlich teleologisch reduziert: Nur solche Zuwendungen seien als Werbegaben zu qualifizieren, die nachweisbar oder »ersichtlich« geeignet sind, bei den Fachkreisangehörigen ein wirtschaftliches Interesse an der Empfehlung, Verschreibung oder Abgabe von Heilmitteln zu wecken (BGH Urt. v. 17.08.2011 – I ZR 13/10, GRUR 2011, 1163 Rn. 15 ff. – Arzneimitteldatenbank; Urt. v. 25.04.2012 – I ZR 105/10, GRUR 2012, 1279, Rn. 24, 28 f. – DAS GROSSE RÄTSELHEFT; Urt. v. 12.12.2013 – I ZR 83/12, GRUR 2014, 689 Rn. 14 ff. – Testen Sie Ihr Fachwissen; Urt. v. 17.12.2020 – I ZR 235–16, GRUR 2021, 628 Rn. 31 ff. – Apothekenmuster II). Fehle im Einzelfall eine solche Eignung, komme es auf die gesetzlich normierten Ausnahmen vom Zuwendungsverbot nicht mehr an (BGH Urt. v. 12.12.2013 – I ZR 83/12, GRUR 2014, 689 Rn. 14 ff. – Testen Sie Ihr Fachwissen). Daher hat der BGH die Überlassung von durch Drittwerbung finanzierten Werbezeitschriften (BGH Urt. v. 25.04.2012 – I ZR 105/10, GRUR 2012, 1279, Rn. 24, 28 f. – DAS GROSSE RÄTSELHEFT) und Arzneimitteldatenbanken (BGH Urt. v. 17.08.2011 – I ZR 13/10, GRUR 2011, 1163 Rn. 15 ff. – Arzneimitteldatenbank), aber auch die Auslobung einer Damen-Geldbörse als Gewinn für ein Preisausschreiben für Apothekenbedienstete a priori vom Verbot von Werbegaben gem. § 7 Abs. 1 ausgenommen (BGH Urt. v. 12.12.2013 – I ZR 83/12, GRUR 2014, 689 Rn. 14 ff. – Testen Sie Ihr Fachwissen). Für die Bereitstellung von Arzneimittelmustern an Apotheken sah der BGH dies als naheliegend, prüfte aber vorrangig den geschriebenen Ausnahmetatbestand gem. § 7 Abs. 1 Satz 1 Nr. 1 (BGH Urt. v. 17.12.2020 – I ZR 235–16, GRUR 2021, 628 Rn. 30 und Rn. 31 ff. – Apothekenmuster II).

Die vom BGH befürwortete teleologisch Einschränkung des positiven Tatbestandsmerkmals »Zuwendungen und sonstige Werbegaben« ist vom erkennbaren Bemühen getragen, den überkommenen Wortlaut von § 7 sachgerecht auf Konstellationen zu begrenzen, in denen die heutigen Schutzzwecke der Norm tatsächlich tangiert sind (dem folgend *Doepner/Reese*, § 7 HWG Rn. 56 f.). Ob die restriktive Auslegung des Merkmals »Werbegabe« hierfür der geeignete Ansatz ist, muss jedoch bezweifelt werden. Dessen teleologische Reduktion auf Zuwendungen, die ein gesteigertes Abgabe- oder Verordnungsinteresse begründen, droht nicht nur die enumerativen Ausnahmetatbestände in § 7 Abs. 1 Nr. 1–5 weitgehend obsolet zu machen. Denn diese gestatten unter bestimmten Bedingungen insbesondere geringwertige Zuwendungen und erfassen daher Konstellationen, die nach der neuen Rechtsprechung des BGH womöglich schon nicht mehr unter den Verbotstatbestand gem. § 7 Abs. 1 Satz 1 fallen (s. *Schmid* A & R 2015, 147, 149). Vor allem deutet der BGH entgegen den eigenen Beteuerungen § 7 in der Fachkreiswerbung faktisch auch in ein konkretes Gefährdungsdelikt um (ebenso *Doepner-Thiele* GRUR-Prax 2014, 286). Für eine solche richterrechtliche Korrektur des § 7 besteht in der Fachkreiswerbung weder Raum noch Anlass: Eine abstrakte Begrenzung von Zuwendungen an Ärzte und andere Heilberufler im Rahmen der Absatzförderung von Heilmitteln ist gesundheits- und wettbewerbspolitisch sinnvoll, verfassungsrechtlich unbedenklich und unionsrechtlich durch Art. 94 GK bei Humanarzneimittelwerbung zwingend vorgegeben (eingehend Gröning/Mand/Reinhart, Heilmittelwerberecht, 5. Aufl. 2015, § 7 HWG Rn. 19, 115 ff.). Sie sorgt für einen effektiven Korruptionsschutz, weil tatsächlich wie normativ äußerst schwierig festzustellen ist, inwieweit Zuwendungen im Einzelfall ein gesteigertes »Verordnungs- oder Abgabeinteresse« begründen und daher geeignet sind, Fachkreisangehörige zu verleiten, ihre Pflicht zur unabhängigen Beratung und Therapie der Patienten zu missachten. Auch um das Vertrauen der Bevölkerung in die Unabhängigkeit von Ärzten, Apothekern und anderen Angehörigen der Fachkreise zu unterstützen, sollte eine teleologische Einschränkung von § 7 in der Fachkreiswerbung absoluten Ausnahmekonstellationen vorbehalten bleiben, in denen der Normzweck von § 7 ersichtlich niemals tangiert sein kann (*Doepner/Reese*, § 7 HWG Rn. 57). Das ungeschriebene Tatbestandsmerkmal eines »besonderen wirtschaftlichen Interesses« zur Verordnung oder zur Abgabe von Heilmitteln, geht insoweit zu weit. Es schafft erhebliche diskretionäre Spielräume für den Rechtsanwender und lädt wegen der damit verbundenen Rechtsunsicherheiten dazu ein, die Grenzen von § 7 Abs. 1 neu auszuloten (*Doepner-Thiele* GRUR-Prax 2014, 286). Die besseren Argumente sprechen deshalb dafür, im Rahmen der Fachkreiswerbung in Grenzfällen lediglich die ökonomische Vorteilhaftigkeit für den Empfänger als zentrales Element des Tatbestandsmerkmals »Werbegabe« sorgfältig zu prüfen (Rdn. 56 ff.). Der Schutzzweck, zuwendungsbedingte Einflüsse auf die Beratung und die Disposition von Ärzten, Apothekern und Fachkreisangehörigen zu verhindern, sollte hingegen

56b

erst im Rahmen der teleologischen Auslegung der gesetzlichen Ausnahmetatbestände maßgebend berücksichtigt werden (Gröning/Mand/Reinhart, Heilmittelwerberecht, 5. Aufl. 2015, § 7 HWG Rn. 120). Allenfalls sollte das werbende Unternehmen die Möglichkeit haben, darzulegen und gegebenenfalls zu beweisen, dass eine zuwendungsbedingte Beeinträchtigung der heilberuflichen Unabhängigkeit aufgrund aller Umstände des Einzelfalls ausgeschlossen ist, obwohl ein geschriebener Ausnahmetatbestand nicht greift (ähnlich nunmehr BGH Urt. v. 17.12.2020 – I ZR 235–16, GRUR 2021, 628 Rn. 31 ff. – Apothekenmuster II).

**56c** Sofern man ein gesteigertes ökonomisches Interesse an der Empfehlung, Verordnung oder Abgabe von Heilmitteln als zwingendes Erfordernis für Werbegaben gegenüber Fachkreisen ansieht, sind an die Darlegungs- und Beweislast im Prozess jedenfalls niedrige Anforderungen zu stellen: Bei akzessorischen Zuwendungen ist regelmäßig von einem gesteigerten Interesse an der bevorzugten Abgabe der rabattierten oder sonst günstiger verkauften Heilmittel auszugehen. Schließlich ist die Vergünstigung dazu bestimmt und geeignet, den Bezug der betreffenden Heilmittel durch den Abnehmer und – wegen der höheren Margen oder möglicher Umsatzsteigerungen bei einer (partiellen) Weitergabe der Vorteile – auch deren Weiterverkauf zu fördern. Ein relevantes Eigeninteresse fehlt bei akzessorischen Zuwendungen allenfalls bei geringwertigen Kleinigkeiten, für die jedoch bereits die geschriebene Ausnahme nach § 7 Abs. 1 Satz 1 Nr. 1 gilt. Bei nicht akzessorischen Zuwendungen, die im Vordergrund der beschriebenen Rechtsprechung des BGH standen, ist insbesondere gegenüber Ärzten ebenfalls im Zweifel von einer Beeinträchtigung der Unabhängigkeit auszugehen. Dies gilt aufgrund des Unionsrechts zwingend für die Humanarzneimittelwerbung. Denn gem. Erwägungsgrund 50 GK müssen »die zur Verschreibung von Arzneimitteln berechtigten Personen (…) ihre Aufgabe absolut objektiv erfüllen können, ohne direkten oder indirekten finanziellen Anreizen ausgesetzt zu sein.« Sofern Zuwendungen an Ärzte nicht i.S.d. Art. 94 GK geringwertig und für die medizinische Praxis von Belang sind, ist die Eignung zu einer Beeinflussung des Beratungs- und Verordnungsverhaltens daher zu vermuten. Auf einen besonders vereinbarten Zusammenhang der Zuwendung mit konkreten Dispositionen oder auch nur auf deren Nachvollziehbarkeit durch das werbende Unternehmen kommt es nicht an. Innerhalb der Vertriebskette für Heilmittel mögen nicht akzessorische Zuwendungen dagegen tatsächlich die Schutzziele des § 7 häufig nicht tangieren. Insoweit kann das Erfordernis eines gesteigerten Abgabeinteresses hier zu einer sachgerechten Beschränkung des § 7 beitragen (BGH Urt. v. 17.12.2020 – I ZR 235–16, GRUR 2021, 628 Rn. 31 ff. – Apothekenmuster II; *Mand* A & R 2021, 130, 136).

### F. Ausnahmen vom Verbot der Wertreklame

**57** § 7 Abs. 1 statuiert fünf Ausnahmen von dem grundsätzlichen Verbot des § 7 Abs. 1 Satz 1, die sowohl für die Öffentlichkeits- als auch für die Fachkreiswerbung gelten. § 7 Abs. 1 Satz 2 und Satz 3 und Abs. 2 enthalten Sonderregelungen für Angehörige der Heilberufe.

#### I. Geringwertige Reklamegegenstände und Kleinigkeiten (§ 7 Abs. 1 Satz 1 Nr. 1 HWG)

**58** Während »Reklamegegenstände« nur Sachen (§ 90 BGB) sind, ist der Begriff der »Kleinigkeit« unspezifisch und denkbar weit. Er umfasst neben Waren auch Dienstleistungen jedweder Art (Bülow/Ring/Artz/Brixius/*Brixius*, § 7 HWG Rn. 64). Entscheidendes Prüfungsmerkmal ist vor allem die Geringwertigkeit (u. Rdn. 60 ff.). Die Notwendigkeit zur sachlichen Abgrenzung von anderen Werbegaben folgt aber aus unterschiedlich weitreichenden Grenzen der Wertreklame innerhalb der einzelnen Ausnahmetatbestände des § 7 Abs. 1 BGB.

##### 1. Abgrenzung zu § 7 Abs. 1 Satz 1 Nr. 2 – 5 HWG

**59** Die Ausnahmetatbestände gem. § 7 Abs. 1 Satz 1 Nr. 3–5 konkretisieren und erweitern die Freistellungsmöglichkeiten gegenüber der Nr. 1 teilweise. Die betreffenden Vorschriften sind als leges speziales zu § 7 Abs. 1 Satz 1 Nr. 1 einzuordnen. Soweit eine spezielle Form der Werbegabe darunter fällt, ist § 7 Abs. 1 Satz 1 Nr. 1 nicht anwendbar. Die **Spezialität** wirkt sich vor allem mit Blick auf die neue Rückausnahme bei preisgebundenen Arzneimitteln aus (s. Rdn. 64a).

Bar- und Naturalrabatte sind entweder gem. § 7 Abs. 1 Satz 1 Nr. 2 generell, d.h. unabhängig von 59a
der Geringwertigkeit, zulässig oder aber aufgrund von Rückausnahmen bei preisgebundenen bzw.
apothekenpflichtigen Arzneimitteln generell, d.h. selbst bei Geringwertigkeit verboten. Die Abgrenzung zu Zuwendungen i.S.d. § 7 Abs. 1 Satz 1 Nr. 1, für die ein allgemeiner Geringwertigkeitsvorbehalt gilt, erweist sich vor allem bei rabattäquivalenten Zuwendungen wie Geldgutscheinen als schwierig (eingehend dazu u. Rdn. 70 ff.). Die Neuregelung des § 7 Abs. 1 Satz 1 Nr. 1 letzter Hs., die für preisgebundene Arzneimittel eine § 7 Abs. 1 Satz 1 Nr. 2a analoge Rückausnahme statuiert, entschärft die Abgrenzungsschwierigkeiten teilweise (s. Rdn. 71). Nach hier vertretener Auffassung ist bei rabattäquivalenten Werbegaben (dazu Rdn. 64a) auf nicht preisgebundene Arzneimittel zudem nicht § 7 Abs. 1 Satz 1 Nr. 1 sondern § 7 Abs. 2 Satz 1 Nr. 2 Buchst. a anwendbar (s. Rdn. 73). Danach kommt es für Rabatte und rabattäquivalente Zugaben zu identischen Einschränkungen.

## 2. Geringwertigkeit

Der Wert einer Werbegabe bemisst sich nicht nach den Beschaffungskosten für den Verkäufer, 60
sondern nach dem **objektiven Verkehrswert** für den Kunden (BGH Urt. v. 25.04.2012 – I ZR 105/10, GRUR 2012, 1279 Rn. 27 – DAS GROSSE RÄTSELHEFT). Werden für sich allein als geringwertig anzusehende Zuwendungen gebündelt gewährt, ist regelmäßig auf den Summeneffekt abzustellen (BGH GRUR 2012, 1279 Rn. 27 – DAS GROSSE RÄTSELHEFT).

Für das **Maß der Geringwertigkeit** schreibt das HWG keine absoluten Grenzen vor. Entgegen 60a
der h.A. (Bülow/Ring/Artz/Brixius, § 7 HWG Rn. 56; Gröning/Reinhart 4. Erg.Lfg. 2011, § 7 HWG Rn. 34; Dieners/Reese/*Reese*/*Holtorf*, Pharmarecht, § 11 HWG Rn. 255; ebenso auch noch Vorauflage) ist nicht zwischen der ersten (»Gegenstände von geringem Wert«) und zweiten Alternative (»geringwertige Kleinigkeiten«) zu differenzieren. Bei den Reklamegegenständen von geringem Wert ist zusätzlich eine dauerhafte und deutlich sichtbare Kennzeichnung des Werbenden oder des beworbenen Produktes oder beider erforderlich. Die Kennzeichnung eines Gegenstandes mit einer Reklameaufschrift mindert in der Regel den Verkehrswert (BGH Urt. v. 25.04.2012 – I ZR 105/10, GRUR 2012, 1279 Rn. 27 – DAS GROSSE RÄTSELHEFT; Urt. v. 17.12.2020 – I ZR 235–16, GRUR 2021, 628 Rn. 30 – Apothekenmuster II; s. zur damaligen ZugabeVO auch BGH GRUR 1957, 40 ff.), sodass insoweit einheitliche Höchstwerte für Alt. 1 und Alt. 2 anzusetzen sind (*Doepner/Reese* § 7 HWG Rn. 109; *Riegger*, Heilmittelwerberecht, Kap. 7 Rn. 20).

### a) Geringwertige Kleinigkeiten (Alt. 2)

Nach Sinn und Zweck muss eine geringwertige Kleinigkeit einen so geringen Wert haben, dass eine 61
relevante unsachliche Beeinflussung des Werbeadressaten ausgeschlossen erscheint (OLG Oldenburg, WRP 2006, 913, 915 – Einkaufsgutschein).

Um geringwertige Kleinigkeiten handelt es sich bei kleineren Zugaben, die als Ausdruck allgemeiner 62
Kundenfreundlichkeit zu interpretieren sind, z.B. Bonbons, Taschentücher, Luftballons. Zuwendungen bis 1 € stellen in der Regel geringwertige Kleinigkeiten dar (BGH GRURG 2010, 1133 Rn. 18 – Bonuspunkte), 5 € überschreiten die Geringwertigkeitsschwelle (BGH Urt. v. 09.09.2010 – I ZR 193/07, NJW 2010, 3724 Rn. 25 – Unser Dankeschön für Sie). Im Zwischenbereich liegt die Schwelle bei preisgebundenen Arzneimitteln bei 1 € (BGH GRUR 2013, 1264 Rn. 18 ff., 20 – RezeptBonus unter Hinweis auf *Mand* NJW 2010, 3681, 3685; *Meeser* PharmR 2011, 113, 116; BGH Urt. v. 23.05.2013 – I ZR 90/12, GRUR 2013, 1262 Rn. 7 ff. – Rezept-Prämie m. Anm. v. *Mand*). Denn bei völlig ausgeschaltetem Preiswettbewerb treten selbst kleine Zuwendungen leicht ins Bewusstsein der Verbraucher und veranlassen diese zu nutzenmaximierenden Marktreaktionen, d.h. zu einem Wechsel der Apotheke (*Mand* NJW 2010, 3681, 3685). Bei Wertreklame für nicht preisgebundene Heilmittel gelten richtigerweise abweichende Geringwertigkeitsgrenzen (BGH Urt. v. 12.02.2015 – I ZR 213/13, GRUR 2015, 813 Rn. 21 – Fahrdienst zur Augenklinik; Gröning/Mand/Reinhart, Heilmittelwerberecht, 5. Aufl. 2015, § 7 HWG Rn. 185). Aufgrund der Fähigkeit des Durchschnittsverbrauchers, übliche Werbegaben sachgerecht zu bewerten und sich

davon nicht zu unüberlegten Dispositionen hinreißen zu lassen, liegt die Grenze insoweit eher bei 5 € (*Mand* A & R 2021, 130, 135; Gröning/Mand/Reinhart, Heilmittelwerberecht, 5. Aufl. 2015, § 7 HWG Rn. 185; wohl auch BGH Urt. v. 12.02.2015 – I ZR 213/13, GRUR 2015, 813 Rn. 21 – Fahrdienst zur Augenklinik). Beim selbstfinanzierten Einkauf sehr hochpreisiger Heilmittel ist wegen der gebotenen relativen Betrachtung (OLG Köln Urt. v. 07.12.2018 – 6 U 95/18, PharmR 2019, 256; *Doepner/Reese*, § 7 HWG Rn. 109; Dieners/Reese/*Reese*/*Holtorf*, Pharmarecht, § 11 HWG Rn. 255; Gröning/Mand/Reinhart, Heilmittelwerberecht, 5. Aufl. 2015, § 7 HWG Rn. 183; a.A. OLG Stuttgart Urt. v. 22. 02. 2018 – 2 U 39/17, PharmR 2018, 179; OLG Hamm Urt. v. 22.09.2020 – I 4 U 38/20, GRUR RS 2020, 35922 Rn. 34) u.U. auch eine noch höherwertige Zuwendung nicht geeignet, den Verbraucher unsachlich zu beeinflussen.

63 Bei Fachkreisen können andere, teils höhere Wertgrenze gelten (BGH Urt. v. 09.09.2010 – I ZR 193/07, NJW 2010, 3724 Rn. 25 – Unser Dankeschön für Sie; *Doepner/Reese*, § 7 HWG Rn. 112 f.; a.A. *Bülow*/Ring, § 7 HWG Rn. 16; Bülow/Ring/Artz/Brixius/*Brixius*, § 7 HWG Rn. 59 f., 117: generelle Schwelle von 5 €, strikter OLG Stuttgart Urt. v. 22. 02. 2018 – 2 U 39/17, PharmR 2018, 179 [1 Euro]; OLG Hamm Urt. v. 22.09.2020 – I 4 U 38/20, GRUR RS 2020, 35922 Rn. 34 [4,89 € nicht geringwertig]). Entsprechend großzügiger waren die Vorgaben der freiwilligen Selbstkontrolle der pharmazeutischen Industrie. So ging Ziff. 9.2 der Leitlinien des Vorstands der FSA, die den FSA Kodex ergänzen, noch bei 5 € generell von einer »Geringwertigkeit« aus. Richtigerweise sind höherwertige Zuwendungen allerdings nur innerhalb der Vertriebskette für Heilmittel im Interesse eines effektiven Wettbewerbs als unbedenklich anzusehen. Für eine höhere Wertgrenze spricht hier nicht nur die grundsätzlich unbegrenzte Zulässigkeit von Barrabatten, sondern auch die gebotene relative Betrachtungsweise: Bei hohen Einkaufsvolumina erweist sich eine akzessorische Zuwendung auch bei einem größeren Wert vielfach nicht als geeignet, ein gesteigertes Interesse zu begründen, die betreffenden Heilmittel bevorzugt zu beziehen, anzupreisen oder abzugeben (Gröning/Mand/Reinhart, Heilmittelwerberecht, 5. Aufl. 2015, § 7 HWG Rn. 186). Gegenüber Ärzten und anderen Heilberuflern, die Heilmittel nicht selbst beziehen, sondern nur empfehlen oder auf Kosten Dritter verordnen, sind hingegen striktere Zuwendungsgrenzen anzulegen. So intensivieren Zuwendungen an Ärzte zu Werbezwecken den Wettbewerb nicht, sondern drohen ihn zu verfälschen, weil neben dem Wohl der Patienten oder der Wirtschaftlichkeit der Heilmittel zusätzlich auch noch mögliche wirtschaftliche Eigenvorteile in die Beratung und Verordnungsentscheidungen einfließen können. Diese Wertung spiegelt sich auch im Unionsrecht wieder: Gem. Erwägungsgrund 50 GK müssen Ärzte ihre Aufgabe absolut objektiv erfüllen können, ohne direkten oder indirekten finanziellen Anreizen ausgesetzt zu sein. Gleichzeitig gestattet Art. 94 Abs. 4 GK liberalere Regelungen der Mitgliedstaaten in Bezug auf Rabatte, Preisspannen und Preise in der Vertriebskette. Diese Unterscheidung legt eine strikte Auslegung des Geringwertigkeitskriteriums bei Personen, die Heilmittel lediglich verordnen, jene aber nicht erwerben, nahe. Der neu gefasste § 21 FSA-Kodex-Fachkreise, der in erster Linie Ärzte im Blick hat, trägt dem bereits durch ein generelles Verbot aller Geschenke Rechnung – unabhängig davon, ob die Zuwendung geringwertig ist und ob sie im Rahmen produktbezogener Werbung gewährt wird oder nicht (s. dazu und zur abweichenden Regelung im AKG-Kodex *Mand* PharmR 2014, 393, 395). Auch wenn diese Selbstverpflichtung das Gesetzesrecht bewusst verschärft und deshalb nicht zur Konkretisierung des Gesetzesrechts herangezogen werden kann (BGH Urt. v. 09.09.2010 – I ZR 157/08, GRUR 2011, 431 – FSA-Kodex I; BGH Beschl. v. 16.06.2011 – I ZR 200/09 – FSA-Kodex II; *Mand* PharmR 2014, 393, 396) spiegelt sich darin der besondere Schutzbedarf der ärztlichen Unabhängigkeit. Eine Zuwendung von 5 € ist gegenüber Ärzten daher nicht mehr als geringwertig anzusehen (*Doepner/Reese*, § 7 HWG Rn. 113). Bei einem **Gleitsichtglas** im Wert von 90 € ist der Geringwertigkeitsbereich in jedem Fall weit verlassen (OLG Stuttgart Urt. v. 24.02.2005 –2 U 143/04, GRUR-RR 2005, 235 f. – Gratis-Brillenglas).

**b) Geringwertige Reklamegegenstände (Alt. 1)**

64 Da eine Reklameaufschrift i.d.R. als Makel und somit wertmindernd angesehen wird, besteht in diesem Fall ein größerer Werbe-Spielraum für Reklamegegenstände. Ihr Einkaufswert kann über

dem Verkehrswert und damit auch dem Schwellenwert für geringwertige Kleinigkeiten liegen (Bülow/Ring/Artz/Brixius/*Brixius*, § 7 HWG Rn. 56). Erforderlich ist hierfür, dass die werbliche Bezeichnung dauerhaft und deutlich sichtbar angebracht ist. Die Reklame darf nicht leicht entfernt werden können, z.B. durch Wegwischen, Abschneiden oder Abziehen, oder sich an versteckter Stelle befinden, etwa auf der Unterseite einer Tasse (OLG Hamm Urt. v. 03.07.1979 – 4 U 121/79 GRUR 1979, 863, 864 – LKW-Vermietung; OLG Hamburg Urt. v. 06.09.1962 – 3 U 155/62, WRP 1962, 414, 415 – Plastik-Becher). Allerdings ist nicht erforderlich, dass die Reklame auffallend ist; hinreichend ist, wenn sie bei gewöhnlicher Betrachtung **unschwer zu lesen** ist (*Doepner/Reese*, § 7 HWG Rn. 106; zur ZugabeVO BGH Urt. v. 08.06.1956 – I ZR 175/54, GRUR 1957, 40, 43 – Zugaberechtlich erlaubte Werbegabe). Die Reklameaufschrift kann je nach Einzelfall für den Wert der Werbegabe unterschiedliche Bedeutung haben. Sie braucht nicht immer wertmindernd zu sein (zur damaligen ZugabeVO BGH Urt. v. 15.12.1953 – I ZR 146/52, GRUR 1954, 167, 168 – Kundenzeitschrift). Maßgeblich für die Beurteilung ist die Auffassung eines wirtschaftlich denkenden Erwachsenen, der als Kunde geworben werden soll (vgl. zu Kinderspielzeug und zur damaligen ZugabeVO: BGH Urt. v. 08.06.1956 – I ZR 175/54, GRUR 1957, 40, 43).

### 3. Rückausnahme für preisgebundene Arzneimittel (§ 7 Abs. 1 Satz 1 Nr. 1 letzter Hs. HWG)

**64a** Mit dem 3. AMRÄndG 2013 hat der Gesetzgeber eine § 7 Abs. 1 Satz 1 Nr. 2a entsprechende Rückausnahme in das Gesetz aufgenommen. Nach der amtlichen Begründung dient die Neuregelung der »Klarstellung zur Geltung der Preisvorschriften des Arzneimittelrechts sowohl für Barrabatte als auch verzögerte geldwerte Rabatte (sogen. Boni)« (BT-Drs. 17/13770 S. 23 [Hennrich]). Da Werbegaben im Rahmen des Arzneimittelpreisrechts bei wirtschaftlicher Betrachtung unmittelbaren Preisnachlässen gleichstehen (Rdn. 105), soll sich künftig auch die heilmittelwerberechtliche Zulässigkeit von Zuwendungen i.S.d. § 7 Abs. 1 Satz 1 Nr. 1 zusätzlich nach dem Arzneimittelpreisrecht richten. D.h. ebenso wie unmittelbare Preisnachlässe dürfen sie nur dann gewährt werden, wenn das Preisrecht einen »Rabattspielraum« eröffnet (s. dazu unten Rdn. 76 ff., insb. 80). Bedeutung hat diese Einschränkung auch für die eigenständige wettbewerbsrechtliche Durchsetzung des Arzneimittelpreisrechts gem. §§ 3, 4 Nr. 11 UWG, welche die Rechtsprechung in zweifelhafter Weise im Lichte des § 7 Abs. 1 Satz 1 Nr. 1 HWG a.F. eingeschränkt hatte (s. Rdn. 106 und 107). Im Zuge des VOASG hat der Gesetzgeber die Rückausnahme auch auf die neu eingefügten sozialrechtlichen Preisvorschriften in § 129 Abs. 3 SGB V erstreckt, um auf diesem Weg auch ausländische Versandapotheken – trotz der Streichung von § 78 Abs. 1 Satz 3 AMG a.F. – zumindest im Rahmen des Sachleistungsprinzips der GKV an das deutsche Preisrecht zu binden (eingehend dazu *Mand/Meyer* A & R 2020, 147 ff., s. zu den unionsrechtlichen Hintergründen auch o. Rdn. 23a).

**64b** Nach dem Gesetzeswortlaut gilt die neue Einschränkung für den gesamten Ausnahmetatbestand, also für alle geringwertigen Kleinigkeiten und Reklamegegenstände i.S.v. § 7 Abs. 1 Satz 1 Nr. 1. Das widerspricht indes der Gesetzesbegründung. Danach sollten nur »verzögerte geldwerte Rabatte (sogen. Boni)«, die nach der Rechtsprechung unter § 7 Abs. 1 Satz 1 Nr. 1 fallen (Rdn. 70), echten Rabatten i.S.d. § 7 Abs. 1 Satz 1 Nr. 2 gleichgestellt werden (Rdn. 64a). Bereits dies spricht für eine teleologische Reduktion der Einschränkung auf **rabattäquivalente Vergünstigungen**, d.h. auf Geldgutscheine und vergleichbare Zuwendungen, die von den Begünstigen als »Geldersatz« zum Erwerb einer Vielzahl von Gegenständen eingesetzt werden können. Darüber hinaus ist eine solche einschränkende Auslegung auch verfassungs- und unionsrechtlich geboten: Der Gesetzgeber hat die Zuwendungen nach § 7 Abs. 1 Satz 1 Nr. 3–5 (u.a. handelsübliche Nebenleistungen, Kundenzeitschriften) explizit nicht von den Vorgaben des Preisrechts abhängig gemacht, sondern nur die Werbegaben gem. § 7 Abs. 1 Satz 1 Nr. 1–2. Angesichts der Betroffenheit von Art. 12 Abs. 1, 2 Abs. 1 GG und im grenzüberschreitenden Warenverkehr auch des Art. 34 AEUV bedarf diese Differenzierung eines sachlichen Grundes. Anderenfalls erweist sich die Regelung trotz des an sich weiten Regelungsspielraums des Gesetzgebers aufgrund einer inkonsistenten Gefahrenabschätzung als unionsrechts- und verfassungswidrig (s. *Mand* WRP 2010, 702, 706). Eine Differenzierung ist jedoch nur zwischen Sachzuwendungen (Tassen, Tragetaschen, Kalender, etc.) und geldäquivalenten Vorteilen (Rabatte, Rabattmarken, Geldgutscheine etc.) nachvollziehbar (a.A. auch insoweit

*Leible* GRUR 2010, 1138, 1139), nicht aber zwischen einzelnen Formen von Sachzuwendungen (z.B. Kalender i.S.d. Nr. 1 und Kundenzeitschriften i.S.d. Nr. 5). Denn Sachzuwendungen haben einen gegenüber geldäquivalenten Zuwendungen eingeschränkten Nutzen (s. bereits Rdn. 30). Ihre Anreizwirkung für die Verbraucher ist deshalb geringer, der Druck, Werbeaktionen von Konkurrenten zu kontern, für die Wettbewerber entsprechend niedriger. Sachzuwendungen konterkarieren die (völlige bzw. teilweise) gesetzliche Ausschaltung des Preiswettbewerbs bei preisgebundenen Arzneimitteln, zu deren Absicherung die Rückausnahme des § 7 Abs. 1 Satz 1 Nr. 1 Hs. 2 dient (Rdn. 4 ff.), also weniger als geldäquivalente Zuwendungen. Wenn der Gesetzgeber in § 7 Abs. 1 Satz 1 Nr. 3–5 verschiedene Sachzuwendungen unabhängig vom Arzneimittelpreisrecht heilmittelwerberechtlich erlaubt, kann für vergleichbare Sachzuwendungen i.S.d. Grundtatbestands nach Nr. 1 (Rdn. 59) aber nichts anderes gelten. Im Einklang mit der Gesetzesbegründung ist die neu eingefügte Rückausnahme deshalb auch aus verfassungsrechtlichen Gründen teleologisch auf geldäquivalente Zuwendungen (Geldgutscheine, Rabattmarken etc.) zu beschränken.

### II. Rabatte (§ 7 Abs. 1 Satz 1 Nr. 2 HWG)

65 Mit dem Gesetz zur Verbesserung der Wirtschaftlichkeit in der Arzneimittelversorgung (AVWG v. 26.04.2006, BGBl. I S. 984) modifizierte der Gesetzgeber die **Rabattmöglichkeiten** für Heilmittel durch eine Neufassung der Ausnahme in § 7 Abs. 1 Satz 1 Nr. 2. Die Neuregelung differenziert anhand der Art der beworbenen Heilmittel und der Form des Rabatts. Zudem übernimmt sie bei Barrabatten mit dem Verweis auf die Preisvorschriften, die aufgrund des AMG gelten (§ 78 AMG), auch die Differenzierungen der AMPreisV.

66 Nach der Ausnahmenorm in § 7 Abs. 1 Satz 1 Nr. 2 sind Rabatte jeder Art auf **nicht apothekenpflichtige (und damit nicht preisgebundene) Arzneimittel, Medizinprodukte** (§ 1 Abs. 1 Nr. 1a) und **sonstige Heilmittel** (§ 1 Abs. 1 Nr. 2) heilmittelwerberechtlich erlaubt. Diese Regelungen sollen dazu beitragen, den Preiswettbewerb zum Wohl der Endverbraucher zu intensivieren (Gröning/Mand/Reinhart, Heilmittelwerberecht, 5. Aufl. 2015, § 7 HWG Rn. 25). § 7 behandelt Rabatte insoweit deutlich liberaler als sonstige Zuwendungen und Werbegaben. Die vom UWG abweichende (s. dazu Ohly/Sosnitza, § 4 UWG Rn. 1/88 f.), sehr rigide Haltung gegenüber anderen Werbegaben als Rabatten ist mit dem Leitbild angemessen aufmerksamer und informierter Durchschnittspatienten (Einführung HWG Rdn. 20 f.) jedoch unvereinbar, aufgrund der gleichzeitigen allgemeinen Erlaubnis von Rabatten wertungsmäßig inkonsistent und verfassungs- und europarechtlich angreifbar (Rdn. 16 ff., 29 ff.).

67 Bei **apothekenpflichtigen Arzneimitteln** gelten demgegenüber auch für Rabatte Rückausnahmen nach § 7 Abs. 1 Satz 1 Nr. 2 Hs. 2 und 3. Hiernach sind Bar- und Naturalrabatte sogar teilweise strikter eingeschränkt als andere Werbegaben. Diese Regelung ist nur scheinbar widersprüchlich: Sie beruht auf den abweichenden Schutzzwecken der Rabattbeschränkungen, die nicht in der Verhinderung unsachlicher, gesundheitsgefährdender Beeinflussungen liegen, sondern in der Absicherung des Arzneimittelpreisrechts (Rdn. 5 ff.). Aufgrund identischer wirtschaftlicher Funktionen und gleicher Anreizwirkungen ist aber die unterschiedliche Behandlung von Bar- und Naturalrabatten durch § 7 Abs. 1 Satz 1 Nr. 2 Buchst. a und Buchst. b in sich unstimmig und verfassungs- sowie europarechtlich bedenklich (Rdn. 14, 24, 28).

#### 1. Geldzuwendungen (§ 7 Abs. 1 Satz 1 Nr. 2 Buchst. a HWG)

a) **Begriff**

aa) **Nachlässe auf den Normalpreis**

68 § 7 Abs. 1 Satz 1 Nr. 2 Buchst. a erfasst Zuwendungen, die in »einem bestimmten oder auf bestimmte Art zu berechnenden Geldbetrag« bestehen. Hierzu zählen in erster Linie klassische Barrabatte, d.h. **Preisnachlässe in absoluter, prozentualer oder sonst einfach zu ermittelnder Höhe, die beim Kauf auf den Normalpreis** gewährt werden. Die Geldzuwendungen müssen zusammen mit einem Heilmittel angeboten oder gewährt werden (OLG Hamburg Urt. v. 27.06.2013 – 3 U

26/12, WRP 20013, 1203, 1205; Gröning/Mand/Reinhart, Heilmittelwerberecht, 5. Aufl. 2015, § 7 HWG Rn. 217; *Rathke* in: Zipfel/Rathke, Lebensmittelrecht, § 7 HWG Rn. 24). Dies folgt aus dem Zweck der Ausnahme, den (Preis-) Wettbewerb in der Vertriebskette zu intensivieren (Rdn. 66). D.h. die Ausnahmevorschrift ist trotz des missverständlichen, pauschal auf »Geldzuwendungen« abstellenden Wortlauts, teleologisch auf Preisnachlässe anlässlich des Erwerbs der beworbenen Heilmittel zu reduzieren; sie gestattet keine Zuwendungen an Ärzte, die Heilmittel lediglich verordnen (Gröning/Mand/Reinhart, Heilmittelwerberecht, 5. Aufl. 2015, § 7 HWG Rn. 218 f.).

### bb) Mengen- und Zielrabatte

Gestaffelte, von der Abnahmemenge abhängige Rabatte (echte Mengenrabatte) fallen unter § 7 Abs. 1 Satz 1 Nr. 2 Buchst. a. Dies gilt auch bei apothekenpflichten Arzneimitteln, obgleich § 7 Abs. 1 Satz 2 Nr. 2 Buchst. b insoweit funktional äquivalente Naturalrabatte generell untersagt. Denn die Höhe des Barrabatts steht beim Abschluss des Kaufvertrags in transparenter Weise fest oder lässt sich jedenfalls ohne große Mühe errechnen. An der hinreichenden Bestimmbarkeit im Kaufzeitpunkt fehlt es dagegen bei den in der Vertriebskette teilweise vereinbarten Zielrabatten. Darunter versteht man Preisnachlässe, deren Verfügbarkeit oder Höhe davon abhängen, dass der Kunde individuell für ihn festgesetzte Kaufziele bei bestimmten Produkten innerhalb festgelegter künftiger Zeiträume erreicht. In diesen Fällen steigt am Ende des Referenzzeitraums der Druck auf den Abnehmer, die für die nächste Rabattstufe notwendige Abnahmemenge zu erreichen. Er kann deshalb dazu verleitet werden, an womöglich veralteten Heilmitteln festzuhalten, für welche die Zielrabattvereinbarung gilt, statt seine Dispositionen am therapeutischen Bedarf zu orientieren sowie die jeweils aktuellsten medizinischen bzw. pharmazeutischen Standards einzuhalten (Gröning/Mand/Reinhart, Heilmittelwerberecht, 5. Aufl. 2015, § 7 HWG Rn. 221).

68a

### cc) Skonti

Zu den Barrabatten, und nicht zu den handelsüblichen Nebenleistungen zählt nach der Gesetzessystematik und dem Willen des Gesetzgebers auch die Gewährung unechter oder unangemessen hoher echter Skonti, bei denen es sich um Werbegaben i.S.d. § 7 Abs. 1 handelt (Rdn. 53 f.) (BT-Drs. 16/194 S. 11: »Barrabatte an die Apotheken, insbesondere Skonti, [...]«. s. auch OLG Stuttgart Urt. v. 25.08.2011 – 2 U 21/11, GRUR-RR 2012, 266; zur Buchpreisbindung BGH NJW 2004, 2525, 2527: »Skonti [sind] keine handelsübliche Nebenleistung i.S.d. § 7 Abs. 3 Nr. 4 BuchpreisbindG«; a.A. Bülow/Ring/Artz/Brixius, § 7 HWG Rn. 102).

68b

### dd) Verzicht auf Zuzahlung gesetzlich Versicherter

Ebenfalls unter § 7 Abs. 1 Satz 1 Nr. 2 Buchst. a fällt der Verzicht einer Apotheke auf die Zuzahlung des gesetzlich Versicherten (§§ 31 Abs. 3, 61 SGB V bzw. für Hilfsmittel § 33 Abs. 8 SGB V, s. dazu OLG Stuttgart Urt. v. 09.07.2015 – 2 U 83/14, WRP 2015, 1133 Rn. 32) oder die Zuwendung von Bargeld an diesen, selbst wenn der gesetzlich Versicherte aufgrund des Sachleistungsprinzips nicht selbst Vertragspartner der Apotheke wird und keine Zuzahlung leisten muss (BGH Urt. v. 09.09.2010 – I ZR 193/07, NJW 2010, 3721 Rn. 20 – Unser Dankeschön für Sie; OVG Lüneburg NJW 2008, 3451, 3452; *Mand* NJW 2010, 3681, 3682 f.). Hierfür spricht nicht nur der klare Wortlaut der Vorschrift (Zuwendung eines Geldbetrags), sondern auch deren Ratio: Wegen der freien Apothekenwahl beeinträchtigen derartige Zuwendungen auf preisgebundene Arzneimittel an gesetzlich Versicherte die von § 7 Abs. 1 Satz 1 Nr. 2 Hs. 2 abgesicherte gesetzliche Ausschaltung des Preiswettbewerbs unter Apotheken nicht anders als Preisnachlässe gegenüber privat bezahlenden Endkunden.

69

### ee) Gewährung von Gutscheinen

Nicht als Geldzuwendung i.S.d. § 7 Abs. 1 Satz 1 Nr. 2, sondern als Werbegabe i.S.d. Nr. 1 anzusehen sind dagegen **Gutscheine für bestimmte andere Waren oder Leistungen** (s. bereits BGHZ 11, 274, 278), die anlässlich eines Erwerbsgeschäfts (sog. Erstkauf) ohne Gegenleistung

70

ausgegeben werden und bei einem weiteren Erwerbsgeschäft (sog. Zweitkauf) eingelöst werden können. Bezugspunkt der Werbegabe ist dabei der Erstkauf. Denn aus der maßgebenden Sicht des Kunden lässt die Gutscheinausgabe bereits diesen Kauf günstiger erscheinen (BGH Urt. v. 09.09.2010 – I ZR 193/07, NJW 2010, 3721 Rn. 17 – Unser Dankeschön für Sie).

70a Gleiches soll nach der Rechtsprechung auch für »**Geldgutscheine**« gelten, die gegen ein Sortiment unterschiedlicher Waren und Leistungen eingelöst werden können. Die neuere Rechtsprechung weicht damit von einer verbreiteten Auffassung zum wortlautgleichen § 1 Abs. 2 Buchst. b der aufgehobenen ZugabeVO ab, die anhand des im Gutschein verbrieften Rechts differenzierte und Gutscheine, die in bar einzulösen, d.h. gegen eine beliebige Ware oder Leistung einzutauschen oder auf deren Kaufpreis anzurechnen waren, als Barzahlungsnachlass wertete (vgl. dazu *Baumbach/Hefermehl*, Wettbewerbsrecht 22. Aufl. 2001 § 1 ZugabeVO Rn. 75b, 77 m.w.N.). Betrachtet man nicht den Gutschein bzw. den in ihm verkörperten Geldwert als Zuwendung, sondern die darin verbriefte Ware oder Leistung (BGHZ 11, 274, 278; *Baumbach/Hefermehl*, Wettbewerbsrecht 22. Aufl. 2001 § 1 ZugabeVO Rn. 75b), gilt anderes allenfalls bei solchen Gutscheinen, die spezifisch zum nochmaligen Bezug desselben Arzneimittels berechtigen. Ein derartiger Gutschein entspricht einem Mengenrabatt in Form des Naturalrabatts (vgl. a. *Baumbach/Hefermehl*, Wettbewerbsrecht 22. Aufl. 2001 § 1 ZugabeVO Rn. 77), der in § 7 Abs. 1 Satz 1 Nr. 2 Buchst. b geregelt ist (dazu Rdn. 81 f.).

71 Mit der Subsumtion von »Geldgutscheinen« unter § 7 Abs. 1 Satz 1 Nr. 1 akzentuiert die Rechtsprechung die heilmittelwerberechtliche Differenzierung zwischen den nur bei Geringwertigkeit erlaubten Werbegaben i.S.d. Nr. 1 und den nach Maßgabe des Preisrechts bei nicht preisgebundenen Heilmitteln generell erlaubten bzw. bei preisgebundenen Arzneimitteln teilweise generell verbotenen Barrabatten i.S.d. Nr. 2. Die daraus ursprünglich resultierende großzügigere Behandlung von Gutscheinen gegenüber Barrabatten bei **preisgebundenen Arzneimitteln**, für die Preisnachlässe verboten sind (s. Rdn. 80, zur Kritik *Mand* MedR 2011, 285, 286), hat der Gesetzgeber mit der Neufassung von § 7 Abs. 1 Satz 1 Nr. 1 letzter Hs. korrigiert (Rdn. 64 f.).

72 *(unbesetzt)*

73 Weiterhin nicht überzeugende Folgen hat die Einordnung von Geldgutscheinen und ähnlichen rabattäquivalenten Vorteilen unter § 7 Abs. 1 Satz 1 Nr. 1 allerdings bei nicht preisgebundenen Heilmitteln. Eine produktbezogene Werbung mit Gutscheinen und Prämienversprechen, die anlässlich des Kaufs **nicht preisgebundener Heilmittel** gewährt werden, kann sich konsequenterweise selbst dann nicht auf die generelle Zulässigkeit von Bar- und Naturalrabatten stützen, sondern unterliegt dem Geringwertigkeitsvorbehalt des § 7 Abs. 1 Satz 1 Nr. 1, wenn die Gutscheine gegen beliebige andere Waren eingetauscht bzw. auf deren Kaufpreis angerechnet werden können. Diese Einschränkung der Wertreklame mit Geldgutscheinen ist wertungsmäßig in besonderer Weise inkonsistent und mit dem Leitbild informierter Durchschnittspatienten schlechterdings unvereinbar. Schon im Rahmen der aufgehobenen ZugabeVO war man insoweit um eine großzügigere Auslegung bemüht (*Baumbach/Hefermehl*, Wettbewerbsrecht 22. Aufl. 2001 § 1 ZugabeVO Rn. 75b, 77; *Godin/Hoth*, Wettbewerbsrecht, § 1 ZugabeVO Rn. 59). Die gegenüber § 1 Abs. 2 Buchst. b ZugabeVO noch striktere Auslegung des § 7 untermauert die festgestellte Unionsrechts- und Verfassungswidrigkeit des prinzipiellen Verbots von Werbegaben mit engen und abschließend definierten Ausnahmen bei nicht preisgebundenen Heilmitteln in der Öffentlichkeitswerbung (Rdn. 16 ff., 29 ff.). Analog § 7 Abs. 1 Satz 1 Nr. 2a sind solche rabattäquivalenten Vorteile in der Öffentlichkeitswerbung daher als erlaubt anzusehen.

### ff) Einlösung von Gutscheinen

74 Von einer an den Kauf von Heilmitteln gekoppelten Gutscheingewährung ist die Einlösung von Gutscheinen zu unterscheiden. Hier ist zu differenzieren: Wurde der Gutschein unmittelbar vor dem Kauf von dem werbenden Unternehmen verschenkt – z.B. als Begrüßungsgeschenk beim ersten Besuch einer Internet-Apotheke – handelt es sich richtigerweise schlicht um einen Preisnachlass

i.S.d. § 7 Abs. 1 Nr. 2 Buchst. a (*Mand/Rektorschek* WRP 2015, 429 Rn. 36; *Doepner/Reese*, § 7 HWG Rn. 72; vgl. auch BGH Urt. v. 22.05.2003 – I ZR 8/01, GRUR 2003, 1057 – Einkaufsgutschein; *Köhler*/Bornkamm, § 4 UWG Rn. 1.92). Ein solcher Nachlass ist nur zulässig, wenn er nicht gegen das Preisrecht für Arzneimittel verstößt, im Beispiel also nur bei einer Einlösung für nicht preisgebundene Arzneimittel der Apotheke (Rdn. 76 ff.).

Wurde der zu verrechnende Gutschein dagegen vom Kunden zuvor bei einem weiteren Geschäft erworben, ist seine Einlösung bzw. Verrechnung beim Kauf überhaupt nicht als Rabatt oder Werbegabe zu werten (*Mand/Rektorschek* WRP 2015, 429 Rn. 34 f.). Der Gutschein stellt ein kleines Inhaberpapier i.S.d. § 807 BGB dar (BGHZ 11, 274, 278), das zu einer Leistung an den Inhaber verpflichtet. Übergibt der Inhaber den (Geld-) Gutschein (§§ 807, 797 BGB) anstatt in bar an den Aussteller zu zahlen, erlischt sein Recht und er erbringt eine vollwertige Gegenleistung, die der Annahme einer Werbegabe entgegensteht (Rdn. 46). Seine eigene Leistung ist auch dann vollwertig, wenn er den Gutschein nicht käuflich erworben, sondern anlässlich des Kaufs anderer Heilmittel ganz oder teilweise unentgeltlich vom Aussteller erhalten hat (zutreffend OLG Stuttgart WRP 2011, 366 Rn. 67, 70 ff. – Preisnachlass-Coupon zur Buchpreisbindung; a.A. offenbar *Leible* GRUR 2010, 1138, 1139): Der Gutschein ist als wirtschaftlicher Vorteil dem Erstgeschäft zuzuordnen; seine Gewährung auf preisgebundene Arzneimittel durch Apotheken verstößt beim Verkauf also gegen das Gebot einheitlicher Apothekenabgabepreise (s. Rdn. 105). Weil der Wert dem Käufer aber nur einmal zufließt, kann der Gutschein nicht gleichzeitig auch noch als Rabatt oder Zugabe beim Zweitkauf gewertet werden, mit der Folge eines erneuten Verstoßes gegen das Preisrecht. 75

### b) Zulässigkeit

#### aa) Nicht apothekenpflichtige Arzneimittel, Medizinprodukte, sonstige Heilmittel

§ 7 Abs. 1 Satz 2 Buchst. a gestattet Geldzuwendungen (Barrabatte) auf die meisten Heilmittel i.S.v. § 1 Abs. 1 Nr. 2 in prinzipiell unbegrenzter Höhe (zur Abgrenzung gegenüber Naturalrabatten u. Rdn. 83). Eine einschränkende Rückausnahme gilt nach Hs. 2 nur für **apothekenpflichtige Arzneimittel**. Die vereinzelt vertretene teleologische Reduktion der Ausnahmevorschrift, wenn eine Rabattgewährung nach anderen Bestimmungen unzulässig ist, etwa weil sie in Form eines unzulässigen Verzichts auf sozialgesetzliche Zuzahlungen gewährt wird (so OLG Stuttgart Urt. v. 09.07.2015 – 2 U 83/14, WRP 2015, 1133 Rn. 35 zu § 33 Abs. 8 SGB V) überzeugt nicht. Sie reichert § 7 zusätzlich um die diversen Ziele sonstiger Zuwendungsverbote an. Nach dem expliziten Wortlaut der Norm sind jedoch nur die Vorgaben des Arzneimittelpreisrechts (§ 78 AMG i.V.m. AMPreisV) sowie die **Preisvorschriften** aufgrund des SGB V, d.h. § 129 Abs. 3 SGB V, einschränkend zu berücksichtigen. Die Zuzahlungsregelungen für verschiedene medizinische Güter und Leistungen gehören dazu nicht. 76

#### bb) Apothekenpflichtige, aber nicht preisgebundene Arzneimittel

Für apothekenpflichtige Arzneimittel richtet sich die heilmittelwerberechtliche Zulässigkeit von Barrabatten unmittelbar nach dem Arzneimittelpreisrecht: Barrabatte sind verboten, soweit sie »entgegen den Vorschriften gewährt werden, die aufgrund des AMG oder des Fünften Buches Sozialgesetzbuch gelten«. Positiv gewendet sollte damit ursprünglich die auf der Grundlage von § 78 Abs. 1 AMG erlassene AMPreisV für Arzneimittel, die die Handelsspannen von Apotheken und Großhändlern regelt, den Rahmen erlaubter Barrabatte abstecken. Sprachlich und vom Zweck her spricht jedoch nichts dagegen, auch die später eingefügten Rabattbeschränkungen für pharmazeutische Unternehmen in § 78 Abs. 3 Satz 1 AMG selbst als Preisvorschriften einzustufen, die i.S.d. § 7 Abs. 1 Satz 1 Nr. 2 »aufgrund des AMG gelten«. Denn diese Beschränkungen effektivieren die AMPreisV, indem sie für die dort festgelegten Preisspannen einen einheitlichen Ausgangspreis sicherstellen. Mit den sozialrechtlichen Preisregeln ist in erster Linie § 129 Abs. 3 SGB V gemeint, der seinerseits auf § 78 AMG und die AMPreisV rekurriert. Bedeutung erlangt die Bezugnahme in § 7 auf diese Norm für ausländische Versandapotheken, die nach der Streichung von § 78 Abs. 1 Satz 4 77

AMG durch das VOASG zwar nicht mehr an das allgemeine Preisrecht gebunden sind, bei der Belieferung an Versicherte der gesetzlichen Krankenkassen im Rahmen des Sachleistungsprinzips aber sozialrechtlich ebenfalls einen einheitlichen Abgabepreis gewährleisten müssen (s. Rdn. 23a, 105). Ausgenommen von der Preisregulierung sowohl gem. § 78 AMG als auch nach der AMPreisV sind apothekenpflichtige Arzneimittel, die in den Ausnahmetatbeständen gem. § 1 Abs. 3 und Abs. 4 AMPreisV aufgeführt sind (BGH Urt. v. 05.03.2015 – I ZR 185/13, A & R 2015, 178 Rn. 14 – Patientenindividuell zusammengestellte Arzneimittelblister m. abl. Anm. *Meyer*). Dazu zählen insbes. OTC-Arzneimittel (§ 1 Abs. 4 AMPreisV) und Arzneimittel für die Krankenhausversorgung (§ 1 Abs. 3 Nr. 1 und Nr. 2 AMPreisV). Bei diesen nicht preisgebundenen Arzneimitteln bestehen hiernach grundsätzlich keine heilmittelwerberechtlichen Beschränkungen für Barrabatte. Dies gilt bei OTC-Arzneimitteln auch in der Öffentlichkeitswerbung. Der mögliche Preiswettbewerb über Barrabatte ist hier auch gegenüber Patienten ausdrücklich erwünscht (vgl. Begr. zu Art. 2 RegE AVWG, BT-Drs. 16/194 S. 12).

### cc) Erstattungsfähige OTC-Arzneimittel (OTCx) und Zubereitungen aus Fertigarzneimitteln

78 Heilmittelwerberechtlich unzulässig sind seit der Neufassung von § 7 Abs. 1 Satz 1 Nr. 1 und Nr. 2 durch das VOASG Barrabatte gegenüber Endkunden auch auf OTC-Arzneimittel, die gem. § 31 Abs. 1 SGB V ausnahmsweise von der GKV erstattet werden. Für diese gilt gem. **§ 129 Abs. 5a SGB V** ein einheitlicher Abgabepreis in Höhe des Herstellerabgabepreises »zuzüglich der Zuschläge nach den §§ 2 und 3 der AMPreisV in der am 31. Dezember 2003 gültigen Fassung« (AMPreisV 2003). Auch wenn nicht verschreibungspflichtige Arzneimittel nach dem AMG (§ 78 Abs. 2 Satz 3) und der geltenden Fassung der AMPreisV (§ 1 Abs. 4) von der Preisregulierung generell ausgenommen sind und die Gesetzesbegründung zum VOASG nichts zu OTCx und § 129 Abs. 5a SGB V sagt, handelt es sich bei § 129 Abs. 5a SGB V i.V.m. AMPreisV 2003 doch um Preisvorschriften, die i.S.d. § 7 Abs. 1 Satz 1 Nr. 1 und 2 aufgrund des SGB V gelten. Zudem können Verletzungen des einheitlichen Verkaufspreises für erstattungsfähige OTC-Präparate durch Apotheken nach der Rspr. des BGH zu eigenständigen wettbewerbsrechtlichen Ansprüchen führen (BGH Urt. v. 09.09.2010 – I ZR 193/07, NJW 2010, 3721 Rn. 16 – Unser Dankeschön für Sie). D.h. § 129 Abs. 5a SGB V i.V.m. AMPreisV 2003 stellt ebenso wie das allgemeine Preisrecht für Arzneimittel (dazu Rdn. 104) eine Marktverhaltensnorm i.S.d. § 4 Nr. 11 UWG dar.

79 Auf Herstellerebene statuiert **§ 78 Abs. 3 Satz 1 Hs. 2 AMG** bei OTC-Arzneimitteln, die durch die GKV erstattet werden, zudem eine Verpflichtung der pharmazeutischen Unternehmen, einen einheitlichen Preis anzugeben, von dem (nur) im Einzelfall abgewichen werden darf. Die Vorschrift möchte sicherstellen, dass der angegebene Listenpreis nicht künstlich überhöht und die Gewinnmargen der Handelsstufen durch dauerhafte und exzessive Rabatte der Hersteller nicht ausgeweitet werden. Das Verbot lediglich »exzessiver« Rabattgewährung dürfte jedoch zu unbestimmt sein, um daran die Sanktionen des Nebenstrafrechts gem. § 15 Abs. 1 Nr. 4, 4a zu knüpfen. Bei den Empfängern fehlt es mangels Kenntnis der kompletten Preispolitik der Hersteller häufig auch an einem Verschulden. Rechtspolitisch ist eine partielle Einschränkung der Rabattmöglichkeiten im OTC-Bereich innerhalb der Vertriebskette bei durch die GKV erstattungsfähigen Arzneimitteln überdies mit unverhältnismäßigem Aufwand verbunden, denn beim Verkauf der Arzneimittel durch Hersteller und Großhändler lässt sich ohne komplette Trennung des Vertriebswegs nicht vorhersagen, ob ein Arzneimittel zulasten der GKV abgegeben wird oder nicht.

79a Bei Zubereitungen aus Fertigarzneimitteln und insbesondere bei parenteralen Zubereitungen gelten im Bereich der gesetzlichen Krankenversicherungen darüber hinaus Preisvorgaben gem. § 129 Abs. 5c SGB V nach dem Rahmenvertrag gem. § 129 Abs. 2 SGB V (sogen. Hilfstaxe) im Verhältnis zur Krankenkasse. Auch wenn die Gesetzesmaterialien zum VOASG nur auf § 129 Abs. 3 SGB V Bezug nehmen und Arzneimittel für parenterale Zubereitungen ebenso wie OTC-Arzneimittel von der allgemeinen Preisregulierung ausgenommen sind (§ 1 Abs. 3 Nr. 8 AMPreisV), verstößt nach dem Wortlaut von § 7 Abs. 1 Satz 1 Nr. 1 und Nr. 2 ein Abweichen von den Preisen gem. § 129

Abs. 5c SGB V doch gegen § 7 Abs. 1. Entsprechendes gilt auch für die Preisregeln gem. § 129 Abs. 5d SGB V.

**dd) Preisgebundene Arzneimittel**

Bei den nach § 78 AMG i.V.m. der AMPreisV preisgebundenen Arzneimitteln, d.h. bei den meisten verschreibungspflichtigen Fertigarzneimitteln, ist zwischen der Öffentlichkeitswerbung gegenüber Endverbrauchern und den einzelnen Lieferbeziehungen in der Vertriebskette zu differenzieren. 80

Für preisgebundene Arzneimittel sind in der **Öffentlichkeitswerbung** Rabatte verboten, weil diese Arzneimittel nach der AMPreisV von den Apotheken zwingend zu einem einheitlichen Preis abzugeben sind (§ 78 Abs. 2 Satz 2 AMG). 80a

Innerhalb der Handelsstufen sind Rabatte im **Verhältnis zwischen Großhandel und Apotheken** in eingeschränktem Umfang erlaubt. Durch die Neuregelung in § 2 AMPreisV durch das TSVG (v. 06.05.2019, BGBl. I S. 646) hat der Gesetzgeber nunmehr auch im Wortlaut durch eine imperative Formulierung (»sind ...zu erheben«) unzweideutig klargestellt, dass der Großhandel verpflichtet ist, gegenüber den Apotheken mindestens einen festen Sockelbetrag von 70 Eurocent (§ 2 Abs. 1 Satz 1 a.E. AMPreisV) auf den einheitlichen Abgabepreis der pharmazeutischen Unternehmen aufzuschlagen. Mit dieser Neuregelung hat der Gesetzgeber auf die gegenteilige Auslegung der am 01.01.2012 in Kraft getretenen früheren Fassung von § 2 AMPreisV durch den BGH (Urt. v. 05.10.2017 – I ZR 172/16, GRUR 2017, 1281 Rn. 23 ff. – Großhandelszuschläge, a.A. *Mand* A & R 2014, 147, 149 f.; *Meyer* PharmR 2013, 39, 39 f.) reagiert (RegE TSVG, BT-Drs. 19/6337 S. 155 f.). Nach wie vor disponibel ist demgegenüber der weitere, auf 37,80 € gedeckelte Höchstzuschlag des Großhandels von 3,15 % auf den Abgabepreis des pharmazeutischen Unternehmens (§ 2 Abs. 1 AMPreisV). D.h. auf der Großhandelsstufe normiert das Preisrecht eine sehr eng begrenzte Preisspanne, innerhalb derer ein eingeschränkter Preiswettbewerb – auch über Rabatte – stattfinden darf (zu den Konditionenspielräumen, einschließlich der Skontogewährung *Mand* A & R 2014, 147, 151 ff.; *Czettritz/Thewes* PharmR 2014, 460 ff.). 80b

Im **Verhältnis zwischen pharmazeutischen Unternehmen und Apotheken** ist zu differenzieren: Bei einem ganz seltenen, **ausschließlichen Direktvertrieb** (§ 52b Abs. 2 Satz 3 AMG) haben pharmazeutische Unternehmen keinen Rabattspielraum, sondern müssen ihren einheitlichen Abgabepreis (§ 78 Abs. 3 Satz 1 AMG) gegenüber Apotheken einhalten. Sehr häufig kommt es hingegen zu einem **Direktvertrieb von auch über den Großhandel ausgelieferten Arzneimitteln** an Apotheken, die diese für die Abgabe an Endverbraucher beziehen. Hier haben die pharmazeutischen Unternehmen nach der klarstellenden Regelung in § 78 Abs. 1 Satz 3 AMG dieselben Rabattspielräume wie Großhändler, weil sie funktional als Großhändler agieren. D.h. sie müssen den Großhandelsmindestpreis (inkl. des Sockelzuschlags von 70 Eurocent gem. § 2 Abs. 1 AMPreisV,) verlangen und dürfen maximal den Höchstzuschlag des Großhandels aufschlagen. Innerhalb dieser Grenzen sind Rabatte zulässig. 80c

**2. Naturalrabatte**

Um einen **Naturalrabatt** handelt es sich gem. § 7 Abs. 1 Satz 1 Nr. 2 Buchst. b, wenn Zuwendungen in »einer bestimmten oder auf bestimmte Art zu berechnenden Menge gleicher Ware gewährt werden«. Um eine gleiche Ware handelt es sich nur dann, wenn Gattung und Qualität identisch sind (BGH Urt. v. 06.11.2014 – I ZR 26/13, GRUR 2015, 504 Rn. 27 – Kostenlose Zweitbrille; *Rathke* in: Zipfel/Rathke, Lebensmittelrecht, § 7 HWG Rn. 28). Es muss sich also um eine Drauf- oder Dreingabe vollkommen identischer Leistungen handeln, eine mehr oder weniger große funktionelle Austauschbarkeit reicht nicht (BGH Urt. v. 06.11.2014 – I ZR 26/13, GRUR 2015, 504 Rn. 27 – Kostenlose Zweitbrille; *Doepner* WRP 1976, 217, 218; *Doepner/Reese*, § 7 HWG Rn. 136; Gröning/Mand/Reinhart, Heilmittelwerberecht, 5. Aufl. 2015, § 7 HWG Rn. 226 ff.). Auch beim Erwerb eines Einzelstücks ist ein Naturalrabatt (1 + 1 gratis) möglich 81

(BGH Urt. v. 06.11.2014 – I ZR 26/13, GRUR 2015, 504 Rn. 27 – Kostenlose Zweitbrille; Gröning/Mand/Reinhart, Heilmittelwerberecht, 5. Aufl. 2015, § 7 HWG Rn. 229).

82 Naturalrabatte sind bei Medizinprodukten (§ 1 Abs. 1 Nr. 1a) und sonstigen Heilmitteln (§ 1 Abs. 1 Nr. 2) generell erlaubt. Bei Arzneimitteln ist die Rückausnahme gem. § 7 Abs. 1 Satz 1 Nr. 2 Hs. 3 zu beachten, die für alle apothekenpflichtige Arzneimittel Naturalrabatte per se verbietet. Im Übrigen, d.h. für freiverkäufliche Arzneimittel, sind Naturalrabatte nach dem Gesetzeswortlaut – auch gegenüber Endverbrauchern – zulässig (*Meyer* A & R 2006, 60, 66). Dies gilt nach dem eindeutigen Wortlaut unabhängig von der Preisbindung der betreffenden Arzneimittel. Zumindest bei nicht preisgebundenen Arzneimitteln erweist sich das Verbot aber als verfassungs- und unionsrechtlich bedenklich (Rdn. 24, 28).

83 Problematisch ist die Unterscheidung zwischen Bar- und Naturalrabatt unter Umgehungsgesichtspunkten, wenn extreme Barrabatte in Form von Mengenrabatten gewährt werden. Das gesetzgeberische Ziel, nicht nur Preistransparenz zu schaffen, sondern auch »Dumpingpreise« zu unterbinden, spricht dafür, derartige Geschäfte als **Umgehungsgeschäfte** dem Verbot des § 7 Abs. 1 Satz 1 Nr. 2 Buchst. b zu unterwerfen (ebenso LG München Beschl. v. 18.01.2008 – 33 O 11741/06, WRP 2008, 681 ff.). Ein solches unzulässiges Umgehungsgeschäft liegt vor, wenn Arzneimittel zu einem symbolischen Preis abgegeben werden. Mengenrabatte dürfte diese Schwelle jedenfalls bei einem Preisnachlass von 97 % erreichen.

### III. Handelsübliches Zubehör/handelsübliche Nebenleistungen (§ 7 Abs. 1 Satz 1 Nr. 3 HWG)

84 § 7 Abs. 1 Satz 1 Nr. 3 nimmt Bezug auf handelsübliche Nebenleistungen i.S.v. § 1 Abs. 2 Buchst. d der aufgehobenen ZugabeVO (BT-Drs. 14/6469 S. 9). Anders als bei Werbegaben i.S.d. Nr. 1 und Rabatten i.S.d. Nr. 2 hängt die Zulässigkeit solcher Nebenleistungen nach der Nr. 3 nicht von der Vereinbarkeit mit dem Arzneimittelpreisrecht ab. Bei preisgebundenen Arzneimitteln führt dies zu einer heilmittelwerberechtlichen Privilegierung. Mit Blick auf die ZugabeVO dominiert aber eine restriktive Auslegung: Zu den handelsüblichen Nebenleistungen zählt kraft expliziter Erwähnung im Gesetzestext z.B. die **Fahrtkostenerstattung** für Verkehrsmittel des öffentlichen Nahverkehrs (s. OLG Hamburg Urt. v. 26.02.2004 – 3 U 142/03, GRUR-RR 2004, 219 f. – Air View I), nicht jedoch das Angebot eines privaten Fahrdienstes (BGH Urt. v. 12.02.2015 – I ZR 213/13, GRUR 2015, 813 Rn. 22 – Fahrdienst zur Augenklinik). Die Skontogewährung ist ein Barrabatt und keine Nebenleistung i.S.d. Nr. 3 (Rdn. 68b). Nicht unter die Ausnahme fallen generell **Gegenstände für den privaten Gebrauch** (BGH Urt. v. 26.03.2009 – I ZR 99/07, WRP 2009, 1385, 1388 –DeguSmiles & more; OLG Frankfurt a.M. Urt. v. 31.05.2007 – 6 U 157/06, GRUR-RR 2007, 299, 300 – Dental-Bonusprogramm). Wegen der Möglichkeit der Wiederverwendung zu weiteren Einkäufen hat der BGH z.B. eine **Stofftragetasche** beim Einkauf in einer Apotheke, auf der die Bezeichnung der Apotheke hinter einem mehrfarbig herausgestellten Motiv zurücktritt, nicht als handelsübliches Zubehör angesehen (BGH Urt. v. 10.03.1994 – I ZR 166/92, GRUR 1994, 656, 657 – Stofftragetasche). Werden Stofftragetaschen hingegen in einer gebräuchlichen Größe und erkennbar als Werbeträger dienend abgegeben, können sie als handelsüblich eingestuft werden (zu § 1 Abs. 2 Buchst. d ZugabeVO: OLG Bremen Urt. v. 20.07.1995 –2 U 142/94, WRP 1995, 835, 837 – Stofftragebeutel).

### IV. Auskünfte oder Ratschläge (§ 7 Abs. 1 Satz 1 Nr. 4 HWG)

85 Nr. 4 entspricht dem früheren § 1 Abs. 2 Buchst. f ZugabeVO und soll diese Vorschrift für das Heilmittelwerberecht aufrechterhalten (BT-Drs. 14/6469 S. 9). Ihre Bedeutung ist aber limitiert: Auskünfte und Ratschläge stellen, insbesondere wenn sie auf eine konkrete Anfrage hin erteilt werden, vielfach bereits keine Heilmittelwerbung dar (§ 1 HWG Rdn. 29, 34 ff.). Auf die Ausnahme nach Nr. 4 kommt es dann nicht an. Erlaubte Auskünfte und Ratschläge müssen andererseits einen Bezug zu den vom Unternehmen vertriebenen Heilmitteln aufweisen (Gröning/Mand/Reinhart, Heilmittelwerberecht, 5. Aufl. 2015, § 7 HWG Rn. 240). Nicht unter die Ausnahme fällt daher z.B. das Angebot eines pharmazeutischen Unternehmens an Ärzte, eine Beratung

durch eine Unternehmensberatung in Anspruch zu nehmen, wenn die Beratung sich nicht auf pharmakologische Fragestellungen bezieht, sondern auf solche des Praxismanagements (LG München I Urt. v. 30.01.2008 – 1 HK O 13279/07 – Unternehmensberatung). Auch Beratungen, die üblicherweise nur entgeltlich gewährt werden, sollen nach der Rspr. keine erlaubten Ratschläge sein. Dies gilt etwa für eine **fachärztliche Beratung** in Bezug auf das werblich präsentierte Leistungsangebot. Eine solche Beratung ist nach der Gebührenordnung für Ärzte kostenpflichtig. Sie stellt einen Teil der Hauptleistung dar und ergänzt diese nicht. Daher soll sie auch kein tauglicher Gegenstand einer erlaubten Werbegabe nach Nr. 4 sein (OLG München Urt. v. 15.01.2015 – 6 U 1186/14, WRP 2015, 642, 646 Rn. 35; OLG Hamburg Beschl. v. 09.11.2017 – 3 U 183/15, GRUR-RR 2018, 217 – Brustvergrößerung; OLG Hamburg Beschl. v. 03.03.2008 – 3 W 28/08, MD 2008, 463, 464 – Beratungsgespräch). Diese Rechtsprechung überzeugt aber – selbst wenn man § 7 Abs. 1 nicht wie hier (Rdn. 19 ff., 27 ff.) generell richtlinien- bzw. verfassungskonform einschränkt – nur bei Werbung für erstattungsfähige Heilmittel: Es kann nicht Ziel des HWG sein, den Verbrauchern sachliche Informationen über die von ihnen selbst zu finanzierenden Heilmittel vorzuenthalten, weil diese die Verbraucher »unsachlich beeinflussen« könnten (ähnlich *Doepner/Reese*, § 7 HWG Rn. 156).

### V. Kundenzeitschriften (§ 7 Abs. 1 Satz 1 Nr. 5 HWG)

§ 7 Abs. 1 Satz 1 Nr. 5 ist § 1 Abs. 2 Buchst. e ZugabeVO entlehnt. Auch hier können Sachverhalte, die scheinbar von der Ausnahme erfasst werden, mangels Heilmittelwerbung i.S.v. §§ 1, 7 von vornherein nicht unter das Wertreklameverbot fallen. So liegt es u.U. aufgrund fehlenden Produktbezugs, wenn die Zeitschrift unabhängig vom Erwerb von Heilmitteln abgegeben wird (Bülow/Ring/Artz/Brixius/*Brixius*, § 7 HWG Rn. 108). Auf die Ausnahme nach Nr. 5 kommt es dann nicht an. 86

Eigenständige Bedeutung gegenüber der Nr. 1 entfaltet die Nr. 5, zum einen aufgrund der fehlenden Einschränkung bei preisgebundenen Arzneimitteln. Zum anderen bezieht sich die geforderte Geringwertigkeit auf die Herstellungskosten und nicht wie bei Nr. 1 auf den Verkehrswert. Weil die Aufmachung und Ausgestaltung der Zeitschrift in ihrer Gesamtwirkung den Werbezweck erkennen lassen müssen (OLG Düsseldorf Urt. v. 10.07.1997 – 2 U 9/97, WRP 1997, 968, 971 – TV-Apotheke; überaus streng BGH Urt. v. 29.09.1965 – Ib ZR 100/63, GRUR 1966, 338, 340 – Drogisten-Illustrierte; Urt. v. 22.02.1967 – Ib ZR 1/65, GRUR 1967, 665, 668 – Fernsehprogramm), wird eine Kundenzeitschrift gegenüber dem Endverbraucher gleichwohl die Geringwertigkeitsschwelle selten überschreiten. Innerhalb der Handelsstufen ist bei der Bereitstellung einer Vielzahl von Heften aber auf den Summeneffekt abzustellen (Rdn. 60). D.h. es kommt auf die Summe der insgesamt ersparten Kosten an (BGH Urt. v. 25.04.2012 – I ZR 105/10, GRUR 2012, 1279 Rn. 27 – DAS GROSSE RÄTSELHEFT). 87

Die Nr. 5 befreit hinsichtlich der Kundenzeitung überdies nicht von den allgemeinen wettbewerbs-, presse- und heilmittelwerberechtlichen Verpflichtungen: Auch in Kundenzeitschriften müssen also insbes. Werbung und redaktionelle Berichterstattung getrennt und die Beschränkungen des HWG beachtet werden (Bülow/Ring/Artz/Brixius/*Brixius*, § 7 HWG Rn. 109). 88

### G. Qualifizierte Anforderungen für Wertreklame in der Fachkreiswerbung

§ 7 Abs. 1 Satz 2 stellt für die Fachkreiswerbung qualifizierte Anforderungen an die Ausnahmen vom Wertreklameverbot. Abs. 1 Satz 3 und Abs. 2 normieren spezifisch auf die Fachkreiswerbung zugeschnittene Erlaubnistatbestände. 89

### I. Werbegaben für die berufliche Praxis

Werbegaben für Angehörige der Heilberufe fallen nach Abs. 1 Satz 2 nur dann unter die Ausnahmebestimmungen nach § 7 Abs. 1 Satz 1 Nr. 1–6, wenn sie für die berufliche Praxis bestimmt sind. Das HWG engt die Ausnahmen vom Wertreklameverbot in der Fachkreiswerbung im Einklang 90 mit den entsprechenden Vorgaben des Art. 94 Abs. 1 GK zusätzlich ein, d.h. für die Zulässigkeit muss neben der Bestimmung für die berufliche Praxis ein Ausnahmefall von § 7 Abs. 1 Satz 1 gegeben sein.

91 Der Begriff »bestimmt sind« ist einheitlich und richtlinienkonform i.S.v. Art. 94 Abs. 1 GK auszulegen (Einführung HWG Rdn. 36, 43 ff.). Es kommt also darauf an, ob die Werbegabe »für die medizinische oder pharmazeutische Praxis von Belang« ist. Erfasst sind damit alle Werbegaben, die sich objektiv zum Gebrauch in der Praxis eignen. Hierzu zählen z.B. **Kugelschreiber, Kalender und Notizblöcke**, auch soweit sie lediglich als **Werbegeschenk** dienen (BGH Urt. v. 25.04.2012 – I ZR 105/10, GRUR 2012, 1279 Rn. 33 – DAS GROSSE RÄTSELHEFT). Fehlt hingegen ein funktionaler Bezug zur Berufsausübung, kann die bloße Verwendbarkeit eines Gegenstands auch in den Praxis-/Verkaufsräumen den notwendigen Zusammenhang mit der medizinischen oder pharmazeutischen Praxis nicht vermitteln (z.B. Deckenlampen, Gemälde oder Werkzeuge, vgl. OLG Hamburg Urt. v. 20.03.2014 – 3 U 96/13 – juris Rn. 68 ff.: Hammer für Reparaturarbeiten).

## II. Muster

### 1. Arzneimittelmuster

92 Gem. § 7 Abs. 1 Satz 3 bleibt § 47 Abs. 3 AMG unberührt. Diese Vorschrift stellt klar, dass Arzneimittelmuster sowohl unter die Abgaberegelungen der § 47 Abs. 3 und Abs. 4 AMG, als auch, da es sich um Werbegaben handelt, unter das Verbot des § 7 fallen können (OLG Hamburg Urt. v. 24.09.2014 – 3 U 193/13 juris Rn. 23, 26 ff.; *Doepner/Reese*, § 7 HWG Rn. 173). Der Verweis auf § 47 Abs. 3 AMG ist zudem als selbstständige Schranke des Zuwendungsverbots gem. § 7 zu werten. D.h. eine Musterabgabe durch pharmazeutische Unternehmen, die arzneimittelrechtlich zulässig ist, ist auch nicht gem. § 7 verboten (BGH Beschl. v. 31.10.2018 – I ZR 235/16 Rn. 41; *Doepner/Reese*, § 7 HWG Rn. 173; *Reinhart* in: Fezer, UWG § 4 Satz 4 Rn. 514). Obgleich § 7 Abs. 1 Satz 3 nur auf § 47 Abs. 3 AMG verweist, müssen für eine Freistellung aber sämtliche Vorgaben des § 47 AMG beachtet werden, einschließlich der in Abs. 4 AMG niedergelegten Einschränkungen der Musterabgabe (*Doepner/Reese*, § 7 HWG Rn. 173; Gröning/Mand/Reinhart, Heilmittelwerberecht, 5. Aufl. 2015, § 7 HWG Rn. 251; *Reinhart* in: Fezer, UWG § 4 Satz 4 Rn. 514). Andererseits bleibt ein Verbot gem. § 47 AMG auch dann bestehen, wenn die Zuwendung gem. § 7 – z.B. aufgrund der Geringwertigkeit i.S.d. § 7 Abs. 1 Satz 1 Nr. 1 – erlaubt wäre (OLG Hamburg Urt. v. 27.02.2015 – 3 U 16/13, WRP 2015, 907 Rn. 26).

93 Nach 47 Abs. 3 AMG dürfen pharmazeutische Unternehmer Muster eines Fertigarzneimittel nur an die in der Vorschrift benannten Empfänger – Ärzte, Zahnärzte oder Tierärzte (Nr. 1); andere Personen, die die Heilkunde oder Zahnheilkunde berufsmäßig ausüben, soweit es sich nicht um verschreibungspflichtige Arzneimittel handelt (Nr. 2); Ausbildungsstätten für Heilberufe (Nr. 3) – abgeben, wobei dies gem. Abs. 4 der Vorschrift nur auf schriftliche Anforderung und nach Maßgabe der dort genannten Mengenbeschränkungen geschehen darf. Da § 43 Abs. 3 AMG die Abgabe von Arzneimittelmustern als lex specialis zu § 43 Abs. 1 AMG abschließend regelt, folgt daraus ein Verbot, Muster an andere als in der Vorschrift genannte Personenkreise abzugeben. In § 47 Abs. 3 AMG sind Apotheken nicht genannt. Eine Musterabgabe an Apotheken wäre danach unzulässig (so in der Tat OLG Hamburg Urt. v. 24.09.2014 – 3 U 193/13 juris Rn. 23; Urt. v. 27.02.2015 – 3 U 16/13, WRP 2015, 907 Rn. 17 ff.; *Kloesel/Cyran*, Arzneimittelrecht, § 47 Anm. 52; *Müller* in: Kügel/Müller/Hofmann, § 47 AMG Rn. 65; *Doepner/Reese*, § 7 HWG Rn. 184; *v. Czettritz/Strelow* PharmR 2014, 188, 189, a.A. *Kozianka/Dietel* PharmR 2014, 5 f.; *Kieser* A & R 2014, 285, 286; Gröning/*Mand*/Reinhart, Heilmittelwerberecht, 5. Aufl. 2015, § 7 HWG Rn. 253 mit Blick auf das Unionsrecht). Diese Auslegung verstößt allerdings nach der maßgebenden Auslegung des EuGH (Urt. v. 11.06.2020 – C-786/18, GRUR 2020, 764 – Ratiopharm) gegen Art. 96 GK i.V.m. Erwägungsgrund 51 GK. Danach gilt die Beschränkungen der Musterabgabe an Personen, die zur Verschreibung von Arzneimitteln befugt sind, nur für verschreibungspflichtige Arzneimittel. Im Übrigen, d.h. für OTC-Arzneimittelmuster richtet sich die Zulässigkeit hingegen allein nach Art. 94 GK (EuGH Urt. v. 11.06.2020 – C-786/18,

GRUR 2020, 764 Rn. 29 ff., 40, 50 – Ratiopharm). In konsequenter Umsetzung dieser Rechtsprechung hat der BGH § 47 Abs. 3 AMG teleologisch reduziert und auf Rx-Arzneimittelmuster begrenzt (BGH Urt. v. 17.12.2020 – I ZR 235–16, GRUR 2021, 628 Rn. 17 ff.– Apothekenmuster II; *Mand* A & R 2021, 130, 133 ff.). Die Zulässigkeit der Abgabe von OTC-Mustern richtet sich hingegen nach der Umsetzungsvorschrift von Art. 94 GK, d.h. nach § 7 (BGH Urt. v. 17.12.2020 – I ZR 235–16, GRUR 2021, 628 Rn. 17 ff., 23 ff. – Apothekenmuster II; *Mand* A & R 2021, 130, 133 ff.). Sofern die Voraussetzungen des § 47 III AMG hinsichtlich der Art, Aufmachung und Anzahl von Mustern eingehalten werden, bei denen selbst eine Abgabe an Ärzte erlaubt ist, erweist sich hiernach aber auch eine Abgabe an Apotheken als zulässig, sei es weil die Zuwendung i.S.d. § 7 Abs. 1 Satz 1 Nr. 1 als geringwertig anzusehen ist, sei es, weil es an dem in der jüngeren Rechtsprechung (s. Rdn. 56a) geforderten gesteigerten Interesse der Apotheker fehlt, die mit den Mustern beworbenen Arzneimittel bevorzugt abzugeben (*Mand* A & R 2021, 130, 136).

## 2. Medizinproduktemuster

Eine analoge Anwendung von § 7 Abs. 1 Satz 3 auf Medizinproduktemuster scheidet aus. Die Ausnahmebestimmung des § 47 AMG ist auf die spezifischen Gegebenheiten des Arzneimittelvertriebs zugeschnitten und grundsätzlich eng auszulegen (Gröning/Mand/Reinhart, Heilmittelwerberecht, 5. Aufl. 2015, § 7 HWG Rn. 160; GRUR Fachausschuss, GRUR 2008, 592, 594; a.A. WiKo-Medizinprodukterecht § 7 HWG Rn. 11). Für Medizinprodukte bleibt es deshalb bei den allgemeinen Grenzen des § 7; eine teleologische Reduktion der Zuwendungsbeschränkungen, wenn Quantität und Qualität von Warenproben vom Erprobungszweck gedeckt sind (Bülow/Ring/Artz/Brixius, § 7 HWG Rn. 65; differenzierend: *Doepner/Reese*, § 7 HWG Rn. 189) scheidet aus (Gröning/Mand/Reinhart, Heilmittelwerberecht, 5. Aufl. 2015, § 7 HWG Rn. 161 f.). 93a

## III. Repräsentationsaufwand bei Verkaufsförderungsveranstaltungen und wissenschaftlichen Tagungen (§ 7 Abs. 2 HWG)

§ 7 Abs. 2 setzt Art. 95 GK in nationales Recht um. Die Vorschrift nimmt Zuwendungen im Rahmen ausschließlich berufsbezogener wissenschaftlicher Veranstaltungen vom Wertreklameverbot des § 7 Abs. 1 aus, wenn diese sich in vertretbarem Rahmen bewegen. 94

Ausgehend von dem in der Literatur für eine Anwendung von § 7 Abs. 1 verbreitet verlangten engen Produktbezug käme der Vorschrift keine Bedeutung zu. Hat eine Tagung einen »konkreten Bezug zum Vertriebsprogramm des fördernden Pharmaunternehmens« (dies fordernd Fezer/*Reinhart*, § 4 UWG Satz 4 Rn. 433) handelt es sich schon nicht mehr um eine wissenschaftliche Veranstaltung i.S.d. § 7 Abs. 2 HWG/Art. 95 GK, sondern um eine Verkaufsförderungsveranstaltung i.S.d. Art. 94 Abs. 2 GK (zur Differenzierung *Gröning/MandReinhart*, Heilmittelwerberecht Art. 9 und 10 RL 92/28/EWG Rn. 10 und Rdn. 67). Damit fehlten auch die Voraussetzungen für die Ausnahmebestimmung. Bereits die Existenz der Ausnahmebestimmung des § 7 Abs. 2 verdeutlicht insoweit, dass die einheitlich enge und vom Schutzzweck gelöste Definition des Produktbezugs nicht überzeugt. Vielmehr ist im Rahmen von § 7 der Produktbezug teilweise weiter zu fassen (§ 1 HWG Rdn. 45 ff. und o. Rdn. 33 ff.). Das weite Verständnis des Produktbezugs folgt speziell für das Fördern von wissenschaftlichen Tagungen überdies zwingend aus dem GK (Art. 86 Abs. 1 Spiegelstrich 7 GK), dessen Verständnis von Heilmittelwerbung im Wege der interpretatorischen Vorrangregel auch im HWG zugrunde zu legen ist (Einführung HWG Rdn. 2 ff., § 1 HWG Rdn. 36). Demnach kommt es nicht auf ein »produktbezogenes Sponsoring« an. Bereits die den Teilnehmern zu Gute kommende und **nach außen erkennbare Finanzierung** wissenschaftlicher Tagungen durch ein pharmazeutisches Unternehmen, insbesondere die Übernahme der Reise- und Aufenthaltskosten, fällt unter § 7 (a.A. *Doepner/Reese*, § 7 HWG Rn. 195 ff.). 95

Für wissenschaftliche Tagungen gestatten § 7 Abs. 2 HWG/Art. 95 GK weitergehende Zuwendungen an die Fachkreise als § 7 Abs. 1 Satz 1 Nr. 1, 3–5, weshalb es nicht zwingend auf die »Geringwertigkeit« ankommt. Erlaubt ist insbesondere die Übernahme einer »**bedarfsgerechten** 96

Verköstigung« (Arg. e. Art. 95 GK) und die Übernahme der **Aufenthalts- und Reisekosten** der Teilnehmer (Arg. e. Art. 86 Abs. 1 6. Spiegelstrich GK). Der »vertretbare Rahmen« (§ 7 Abs. 2) bzw. »der strenge Bezug zum wissenschaftlichen Hauptzweck« (Art. 95 GK) wird dagegen nach dem expliziten Wortlaut der Ausnahmevorschrift überschritten, wenn die Zuwendungen auch anderen als den im Gesundheitswesen tätigen Personen (z.B. **Ehegatten**) zu Gute kommen. Was im Übrigen als vertretbar bzw. streng dem Hauptzweck dienend anzusehen ist, kann in Anlehnung an das Berufsrecht ermittelt werden (*Bülow*/Ring, § 7 HWG Rn. 62; *Fezer/Reinhart*, § 4 UWG Satz 4 Rn. 433). Auch ein indizieller Rückgriff auf die Verbandskodizes (AKG, FSG, s. aber Einf. HWG Rdn. 3) ist möglich.

97 Eine gesonderte Regelung zu **Verkaufsförderungsveranstaltungen** trifft das HWG im Gegensatz zum GK (Art. 94 Abs. 2 GK) nicht. Darunter sind Veranstaltungen zu verstehen, zu denen (pharmazeutische) Unternehmen Angehörige der Fachkreise einladen, um ihnen ihre Erzeugnisse und produktbezogene Forschungsergebnisse vorzustellen (*Gröning,* Heilmittelwerberecht Art. 9 und 10 RL 92/28/EWG Rn. 10). Anders als wissenschaftliche Tagungen setzen sie also produktbezogene Werbung im engeren Sinne voraus. Zuwendung im Rahmen solcher Tagungen fallen unter § 7 (s. *Riegger,* Heilmittelwerberecht Kap. 7 Rn. 48: Anwendung von § 7 Abs. 1). Auch insoweit gelten aber nicht die engen Grenzen der Ausnahmen gem. § 7 Abs. 1 Nr. 1, 3–5. Vielmehr ist das Fehlen einer Art. 94 Abs. 2 GK entsprechenden Norm im Wege der richtlinienkonformen Rechtsfortbildung durch eine Analogie zu § 7 Abs. 2 zu beheben (dazu Einführung HWG Rdn. 40). Für den zulässigen Umfang der Zuwendung gelten ähnlich Grundsätze wie bei wissenschaftlichen Tagungen, allerdings mit der Maßgabe, dass unter dem Hauptzweck der Tagung nicht die Verkaufsförderung, sondern die Information zu verstehen ist. Trotz des engeren Wortlauts von Art. 94 Abs. 2 GK gegenüber Art. 95 GK ist in vertretbarem Rahmen auch eine Verköstigung der Angehörigen der Fachkreise erlaubt. Da Art. 86 Abs. 1 7. Spiegelstrich GK im Gegensatz zu Art. 86 Abs. 1 6. Spiegelstrich GK die Reise- und Aufenthaltskosten der Teilnehmer nicht explizit als zulässigen Repräsentationsaufwand benennt, spricht anders als bei wissenschaftlichen Kongressen i.S.d. Art. 95 GK jedoch eine Vermutung gegen die Erforderlichkeit solcher Aufwendungen (Gröning/Mand/Reinhart, Heilmittelwerberecht, 5. Aufl. 2015, § 7 HWG Rn. 259; noch strikter: Gröning/Reinhart/Mand/*Mand* Heilmittelwerberecht, Art. 9 und 10 RL 92/28/EWG Rn. 11: Zulässig nur Verköstigung).

## H. Werbeverbot für finanzielle Zuwendungen und Aufwandsentschädigungen für Blut-, Plasma- oder Gewebespenden (§ 7 Abs. 3 HWG)

98 § 7 Abs. 3 verbietet pauschal die »Werbung« mit finanziellen Entschädigungen für Blut-, Plasma- oder Gewebespenden. Das Verbot gilt nur, soweit die Spenden zur Herstellung von Blut- und Gewebeprodukten und anderen Produkten zur Anwendung bei Menschen bestimmt sind.

### I. Umsetzung von Art. 20 Abs. 1 der Richtlinie 2002/98/EG

99 § 7 Abs. 3 dient der Umsetzung von Art. 20 Abs. 1 der RL 2002/98/EG, wonach die Bundesrepublik Deutschland die notwendigen Maßnahmen zu ergreifen hat, um freiwillige, unbezahlte Blutspenden zu fördern. Es soll vermieden werden, dass wegen eines finanziellen Anreizes unerwünschte Spendenwillige angelockt werden, nämlich Personen, die zu Risikogruppen gehören (z.B. Drogenabhängige) und bei denen die Gefahr besteht, dass sie ihre Zugehörigkeit zu einer derartigen Gruppe verschweigen, weil sie dringend auf das Geld aus der Blutspende angewiesen sind (BT-Drs. 13/9594 S. 20).

### II. Einschränkende Auslegung

100 Der Wortlaut von § 7 Abs. 3 verbietet Werbung »mit der Zahlung einer finanziellen Zuwendung oder Aufwandsentschädigung«. Allerdings kann gem. § 10 Satz 2 TFG bzw. § 17 Abs. 1 Satz 2 TPG der spendenden Person eine Aufwandsentschädigung gewährt werden, die sich an dem unmittelbaren Aufwand je nach Spendenart orientieren soll. Weil auch sachliche Informationen

prinzipiell Werbung i.S.d. HWG sind (§ 1 HWG Rdn. 6), schließt § 7 Abs. 3 bei weiter Auslegung jede Informationen über diese Aufwandsentschädigung aus.

Dies ist jedoch nicht bezweckt. Nach der Gesetzesbegründung zum TFG entspricht die Gewährung einer Aufwandsentschädigung »legitimen Interessen der spendenden Personen«. Sie »dient der Gewinnung von und der Versorgung der Bevölkerung mit Blut. (...) Sie verfolgt keinen kommerziellen Zweck.« (Beschlussempfehlung 1. TFG-ÄndG zu Art. 2a, BT-Drs. 15/4174 S. 14). Gleichwohl sei »die Aufwandsentschädigung für Werbezwecke ungeeignet. Es darf nicht der Eindruck entstehen, dass der menschliche Körper oder seine Teile bloße Handelsobjekte sind.« 101

Das Verbot wendet sich also gegen eine Anpreisung der **Aufwandsentschädigung**, welche die Blutspende oder die Spende von Gewebe gerade als **Mittel zum Geldverdienen** erscheinen lassen könnte (OLG Düsseldorf Urt. v. 30.05.2006 – 20 U 30/06, GRUR-RR 2007, 117; BGH Urt. v. 30.04.2009 – I ZR 117/07, GRUR 2009, 1189 Rn. 23 – Blutspendedienst). Derart gestaltete Werbung wäre besonders geeignet, Anreize für Risikogruppen zu schaffen, Blut und Gewebe zu spenden und dadurch die öffentliche Gesundheit zu gefährden. Hingegen soll die Spendenbereitschaft der Bevölkerung durchaus durch einen Ausgleich des erforderlichen Aufwands der Spender erhöht werden, um gesundheitsgefährdende Engpässe an Blut-, Plasma- und Gewebeprodukten zu vermeiden. Dies ist nur möglich, wenn die Spender auch über die Möglichkeit der Aufwandsentschädigung informiert werden können. Um auch dieser widerstreitenden Zielsetzung Rechnung zu tragen, ist das Werbeverbot des § 7 Abs. 3 daher einschränkend auszulegen: Verboten ist nur die »reklamehafte, anpreisende, die Aufwandsentschädigung als Anlockmittel in den Vordergrund stellende oder gar reißerische Werbung«, nicht hingegen die sachliche Information über die Kompensation (OLG Düsseldorf Urt. v. 30.05.2006 – 20 U 30/06, GRUR-RR 2007, 117 – Blutspendereklame; BGH Urt. v. 30.04.2009 – I ZR 117/07, GRUR 2009, 1189 Rn. 23, 25 – Blutspendedienst). 102

### I. Durchsetzung

Vorsätzliche oder fahrlässige Verstöße gegen § 7 stellen gem. § 15 Abs. 1 Nr. 4, 4a **Ordnungswidrigkeiten** dar; gewährte Werbegaben können gem. § 16 eingezogen werden (s. Einführung HWG Rdn. 10 f.). Praktisch steht jedoch die **wettbewerbsrechtliche Durchsetzung** über § 4 Nr. 11 UWG im Vordergrund (Einführung HWG Rdn. 12 ff.). 103

### J. Konkurrenzen

#### I. Arzneimittelpreisrecht

Verstöße gegen das **Arzneimittelpreisrecht** können selbst die Unlauterkeit begründen. § 78 Abs. 2 und 3 AMG sowie § 78 Abs. 1 AMG i.V.m. AMPreisV sind Marktverhaltensnormen i.S.v. § 4 Nr. 11 UWG (BGH Urt. v. 09.09.2010 – I ZR 193/07, NJW 2010, 3721 Rn. 22 – Unser Dankeschön für Sie). Der eigenständigen Geltendmachung wettbewerbsrechtlicher Ansprüche bei Verstößen gegen das Preisrecht für Arzneimittel steht nicht entgegen, dass § 7 Abs. 1 Nr. 2 Rabatte »entgegen« dem Preisrecht werberechtlich verbietet (in dieser Richtung noch OLG Hamburg Urt. v. 26.07.2007 – 3 U 21/07, NJW-RR 2008, 61, 62); vielmehr sind beide Vorschriften **nebeneinander anwendbar** (BGH Urt. v. 09.09.2010 – I ZR 193/07, NJW 2010, 3721 Rn. 21 – Unser Dankeschön für Sie; *Mand* NJW 2010, 3681, 3684 f.; klarstellend zuvor bereits OLG Hamburg Urt. v. 19.02.2009 – 3 U 225/06, A&R 2009, 87, 92). 104

Das Arzneimittelpreisrecht statuiert für preisgebundene Arzneimittel i.S.d. § 78 Abs. 2 und Abs. 3 Satz 1 Hs. 1 AMG einen **einheitlichen Abgabepreis des pharmazeutischen Unternehmens**, eine **verbindliche Preisspanne des pharmazeutischen Großhandels** und einen **Einheitspreis der Apotheken** (Rdn. 80 ff.). Diese Preisgrenzen werden nicht nur bei Preisnachlässen unterschritten, sondern auch dann, wenn anlässlich des Erwerbs der Arzneimittel wirtschaftliche Vorteile (insb. Gutscheine und andere Zuwendungen i.S.v. § 7 Abs. 1) gewährt werden, die den Erwerb wirtschaftlich günstiger erscheinen lassen (BGH Urt. v. 09.09.2010 – I ZR 193/07, NJW 2010, 3721 Rn. 17 – Unser Dankeschön für Sie; *Mand* NJW 2010, 3681, 3683 f.; zu den verschiedenen Verletzungsformen 105 *ders.* A & R 2014, 147, 151 ff.). Unabhängig von den Anforderungen an produktbezogene Heilmittelwerbung i.S.d. § 7 und prinzipiell unabhängig von der konkreten Form der Zuwendung verstoßen an den Erwerb preisgebundener Arzneimittel gekoppelte Werbegaben (s. dazu *Mand* NJW 2010, 3681, 3682 f.) also gegen das Preisrecht. Im grenzüberschreitenden Versandhandel soll der einheitliche Apothekenverkaufspreis gem. 78 Abs. 2 AMG allerdings nach Ansicht des EuGH gegen die Warenverkehrsfreiheit (Art. 34 AEUV) verstoßen; er ist deshalb insoweit nicht anwendbar (EuGH [1. Kammer] Urt. v. 19.10.2016 – C-148/15, NJW 2016, 3771 – Deutsche Parkinson Vereinigung Rn. 28 ff., eingehend Rdn. 23 ff.). In Reaktion auf diese Rechtsprechung hat der deutsche Gesetzgeber § 78 Abs. 1 Satz 4 AMG gestrichen, der eine allgemeine Preisbindung auch ausländischer Versandapotheken anordnete, sofern diese Kunden in Deutschland belieferten. Dafür hat er in § 129 Abs. 2 SGB V eine rein sozialrechtliche Preisregulierung eingeführt, die auch ausländische Versandapotheken im Rahmen des Sachleistungsprinzips der GKV an das Preisrecht binden soll (eingehend dazu *Mand/Meyer* A & R 2020, 147 ff., vgl. auch Rdn. 23a, 78). Es spricht viel für die Vereinbarkeit dieser Regelung mit der Warenverkehrsfreiheit, eine Entscheidung des EuGH steht aber noch aus (Rdn. 23a).

106 Die Rechtsprechung begrenzt wettbewerbsrechtliche Ansprüche bei Verletzungen des Preisrechts allerdings auf i.S.d. § 3 UWG »spürbare« Verstöße. Die **Spürbarkeitsgrenze bei Werbegaben** soll dabei – unabhängig von der Produktbezogenheit der Werbegaben – anhand der Wertungen des § 7 Abs. 1 Nr. 1–5 zu konkretisieren sein: Werbegaben, die heilmittelwerberechtlich bei produktbezogener Werbung ausnahmsweise gestattet sind, führten trotz Verletzung des Preisrechts nicht zu wettbewerbsrechtlichen Ansprüchen (BGH Urt. v. 09.09.2010 – I ZR 193/07, NJW 2010, 3721 Rn. 23 ff. – Unser Dankeschön für Sie; BGH GRUR 2010, 1133 Rn. 18 – Bonuspunkte). Diese Übertragung der Wertung des § 7 Abs. 1 Satz Nr. 1, 3–5 auf die Frage der wettbewerbsrechtlichen Durchsetzbarkeit des Arzneimittelpreisrechts überzeugt aufgrund der unterschiedlichen Schutzzwecke des Preis- und Heilmittelwerberechts nicht (*Mand* NJW 2010, 3681, 3684 f.). Der Gesetzgeber hat die Rechtsprechung aber zum Anlass genommen, § 7 Abs. 1 Satz 1 Nr. 1 zu ändern, um die Durchsetzung des Preisrechts mit Blick auf Geldgutscheine und Boni zu effektivieren (Rdn. 4, 64a f.). Überträgt man im Einklang mit dem Willen des Gesetzgebers und der Rechtsprechung des BGH die Wertungen von § 7 auf die lauterkeitsrechtliche Durchsetzung des Preisrechts, führen geldäquivalente Werbegaben i.S.d. § 7 Abs. 1 Satz 1 Nr. 1 künftig auch unterhalb der Geringwertigkeitsschwelle zu spürbaren Wettbewerbsbeschränkungen (so konsequent nun auch BGH Urt. v. 06.06.2019 – I ZR 206/17, GRUR 2019, 1071 Rn. 52 ff. Brötchen-Gutschein, vgl. auch Gröning/Mand/Reinhart, Heilmittelwerberecht, 5. Aufl. 2015, § 7 HWG Rn. 259).

107 Möglich ist zudem die **berufs- und aufsichtsrechtliche Sanktionierung** auch von geringfügigen Verletzungen des Preisrechts. Zwar statuiert das AMG hierfür keinen eigenen Bußgeldtatbestand. §§ 69 Abs. 1 Satz 1, 78 AMG gestatten aber Untersagungsverfügungen durch die Aufsichtsbehörden (OVG Lüneburg Beschl. v. 20.06.2008 – 1 ME 61/08, NJW 2008, 3451, 3451 und OVG Lüneburg Beschl. v. 22.07.2008 – 13 A 184/06, A & R 2008, 283, 283 f.). Zudem können Apothekenkammern, insbesondere wenn sie selbst nach Landesrecht für das Preisrecht keine aufsichtsrechtlichen Befugnisse haben, gegen Apotheken berufsrechtliche Verfahren anstrengen. Die hoheitliche Verfolgung selbst geringer Verletzungen des Preisrechts verstößt nicht gegen die Berufsfreiheit (Art. 12 Abs. 1 GG), weil es sich insoweit lediglich um eine die Apotheken nur gering tangierende Berufsausübungsregel handelt, welche wichtige übergeordnete Gemeinwohlbelange absichert (Rdn. 7, vgl. auch OVG Sachsen-Anhalt Beschl. v. 13.07.2011 – 1 M 95/11; LG Berlin – Berufsgericht für Heilberufe Urt. v. 16.04.2013 – 90 K 4.11 T, juris Rn. 28 ff.; LG München – Berufsgericht für Heilberufe Urt. v. 29.03.2012 – BG-Ap 6/11; *Mand* MedR 2012, 203, 207 ff.).

108 Die wettbewerbsrechtliche Bedeutung von § 7 Abs. 1 Satz 1 Nr. 2 Hs. 2 neben dem Arzneimittelpreisrecht liegt bei preisgebundenen Arzneimitteln vor allem in dem verfassungs- und europarechtlich zweifelhaften (Rdn. 28), generellen Verbot von Naturalrabatten. Soweit auch bei

preisgebundenen Arzneimitteln Rabatte von Herstellern und Großhändlern gegenüber Apotheken preisrechtlich erlaubt sind (Rdn. 80), verbieten § 7 Abs. 1 Nr. 1, 3–5 Werbegaben u.U. weitergehend als das Preisrecht (vgl. Rdn. 31). Schließlich eröffnet § 7 allgemein **zusätzliche, strafrechtliche Sanktionsmöglichkeiten** (§ 15 Abs. 1 Nr. 4, 4a und § 16).

## II. UWG

Neben § 7 bleibt auch §§ 3, 4a UWG anwendbar, die an die Stelle von § 4 Nr. 1 UWG a.F. getreten sind. Speziell Zuwendungen an Fachkreise begründen nach str. Rspr. häufig eine unangemessene unsachliche Einflussnahme i.S.d. § 4 Nr. 1 UWG a.F. (vgl. hierzu und für einen Vorrang von § 7 *Mand* GRUR 2016, 556). Denn Heilberufler trifft eine Interessenwahrungspflicht gegenüber Patienten sowie u.U. gegenüber (gesetzlichen) Krankenversicherungen. Die Erfüllung dieser drittbezogenen Pflicht wird durch die Gewährung wirtschaftlicher Vorteile gefährdet, weil die hiermit verbundenen finanziellen Anreize die unabhängige, leistungsorientierte Auswahlentscheidung des Behandelnden infrage stellen (BGH Urt. v. 24.06.2010 – I ZR 182/08, GRUR 2010, 850 Rn. 17 f. – Brillenversorgung II: 80 € Zuwendung an Augenarzt pro bestellter Brille unlauter; eingehend *Mand* PharmR 2014, 275, 281 ff.). Die allgemeinen lauterkeitsrechtlichen Maßstäbe sind dabei im Lichte von Art. 94 GK und § 7 und des ärztlichen Berufsrechts zu verschärfen (BGH Urt. v. 21.04.2005 – I ZR 201/02, GRUR 2005, 1059, 1060 Rn. 21 – Quersubventionierung von Laborgemeinschaften I; Urt. v. 23.02.2012 – I ZR 231/10, GRUR 2012, 1050 Rn. 24 – Dentallaborleistungen; s.a. Rdn. 46 und § 17 HWG Rdn. 3), zumal der Behandelnde im Gesundheitssektor gegenüber den Patienten sehr oft über außergewöhnlich große und vielfach behebbare Informationsvorsprünge verfügt (*Mand* A & R 2011, 147 f.). Im Zuge der 2. UWG-Novelle ist § 4 Nr. 1 UWG gestrichen worden. An der Rechtsprechung dürfte dies jedoch wenig ändern. Entweder kann die Fallgruppe von Zuwendungen an drittverantwortlich handelnde Personen unter das neue Verbot aggressiver Geschäftspraktiken gem. § 4a UWG-E subsumiert werden oder auf die Generalklausel zurückgegriffen werden (vgl. *Scherer* WRP 2015, 148 Rn. 21 f., 31; *Köber* A & R 2014, 262, 267).

109

## III. § 128 SGB V

**Sozialrechtliche Sanktionen** können sich bei finanziellen oder materiellen Zuwendungen an Ärzte, aber auch an Apotheker, pharmazeutische Großhändler und sonstige Anbieter von Gesundheitsleistungen weiter aus § 128 Abs. 1, 2 und 6 i.V.m. Abs. 3 SGB V ergeben. Die Reichweite der in § 128 Abs. 6 SGB V angeordneten, »entsprechenden« Anwendung der Verbote gem. § 128 Abs. 1 und 2 SGB V auf die Arzneimittelvertriebskette ist im Einzelnen höchst unklar (näher *Burk* PharmR 2010, 89 ff.; *Dieners/Stallberg* A & R 2009, 243 ff.; *Mand* PharmR 2014, 275, 285). Unberührt von etwaigen zusätzlichen Verboten bleiben jedenfalls die Freiräume, die sich aus § 78 AMG, der AMPreisV und aus den Ausnahmetatbeständen des § 7 Abs. 1 Satz 1 Nr. 1–5 für die Wertreklame und Preisnachlässe ergeben (*Mand* PharmR 2014, 275, 285). Denn insoweit ist i.S.d. § 128 Abs. 6 SGB V »gesetzlich... anderes bestimmt«. Die spezifischen Schutzzwecke des § 128 SGB, insbes. die Gewährleistung einer Kontrolle durch die gesetzlichen Krankenversicherungen, rechtfertigen auch keine weiteren Einschränkungen. Die Ausnahmen vom Verbot der Wertreklame in § 7 Abs. 1 Satz 1 Nr. 1–5 gelten im Rahmen von § 128 Abs. 6 SGB V dabei auch dann entsprechend, wenn die Werbung mangels Produktbezugs gar nicht unter § 7 Abs. 1 fällt: Bleibt eine produktbezogene Werbung in diesen Fällen erlaubt, kann für nicht produktbezogene Werbemaßnahmen nichts anderes gelten.

110

## § 8 Vertriebsformbezogene Werbung

Das Teleshopping im Sinne des § 1 Absatz 3a sowie die Werbung für das Teleshopping sind unzulässig. Die Werbung für das Beziehen bestimmter Arzneimittel im Wege der Einzeleinfuhr nach § 73 Absatz 2 Nummer 6a oder Absatz 3 des Arzneimittelgesetzes ist unzulässig. Die Übersendung von Listen nicht zugelassener oder nicht registrierter Arzneimittel, deren

Einfuhr aus einem anderen Mitgliedstaat oder aus einem anderen Vertragsstaat des Abkommens über den Europäischen Wirtschaftsraum nur ausnahmsweise zulässig ist, an Apotheker oder Betreiber einer tierärztlichen Hausapotheke ist zulässig, soweit die Listen nur Informationen über die Bezeichnung, die Packungsgrößen, die Wirkstärke und den Preis dieses Arzneimittels enthalten.

| Übersicht | Rdn. | | Rdn. |
|---|---|---|---|
| A. Normzweck und Übereinstimmung mit Unionsrecht . . . . . . . . . . . . . . . . | 1 | C. Einzeleinfuhren nicht zugelassener Arzneimittel (§ 73 Abs. 2 Nr. 6a, Abs. 3 AMG) . . . . . . . . . . . . . . . . . . . | 5 |
| B. Teleshopping . . . . . . . . . . . . . . . . . . | 2 | I. Hintergrund . . . . . . . . . . . . . . . . . . . . | 5 |
| I. Definition . . . . . . . . . . . . . . . . . . . . . | 2 | II. Vereinbarkeit mit dem Unionsrecht . . . . | 7 |
| II. Vereinbarkeit mit dem Unionsrecht . . . . | 3 | III. Verbotsumfang . . . . . . . . . . . . . . . . . . | 10 |
| III. Verbotsumfang . . . . . . . . . . . . . . . . . . | 4 | D. Konkurrenzen . . . . . . . . . . . . . . . . . . | 11 |

## A. Normzweck und Übereinstimmung mit Unionsrecht

1 § 8 verbietet Werbung für zwei Vertriebsformen: das Teleshopping für Arzneimittel und die Einzeleinfuhr nicht zugelassener ausländischer Arzneimittel. Im erstgenannten Fall soll die **Vertriebsform** des Teleshoppings generell unterbunden sein, um einem unzweckmäßigen Arzneimittelgebrauch entgegenzuwirken. Im zweiten Fall ist nur die Werbung für eine als solche zulässige Vertriebsform untersagt, um ihren Ausnahmecharakter zu sichern und eine systematische Umgehung der nationalen Zulassungsvorschriften zu verhindern (s. BT-Drs. 11/5373 S. 30 zu Nr. 45; *Doepner/Reese* § 8 HWG Rn. 37). Die früheren Verbote, Versandhandel mit Arzneimittel zu betreiben (§ 43 AMG a.F.) oder dafür zu werben (§ 8 Abs. 1 HWG a.F.), sind durch das GMG zum 01.01.2004 insgesamt aufgehoben worden. Der (Internet-) Versandhandel ist nunmehr eine erlaubnispflichtige und streng reglementierte Vertriebsform (§ 43 AMG, § 11a ApoG, § 17 ApBetrO), für die innerhalb der allgemeinen Grenzen auch geworben werden darf.

## B. Teleshopping

### I. Definition

2 Teleshopping ist inzwischen in § 1 Abs. 3a im Einklang mit Art. 1 Buchst. l der Richtlinie 2010/13/EU über audiovisuelle Mediendienste legaldefiniert (§ 1 HWG Rdn. 23a f.).

### II. Vereinbarkeit mit dem Unionsrecht

3 Für Arzneimittel, die einer Genehmigungspflicht für das Inverkehrbringen nach dem GK unterliegen, ist Teleshopping nach Art. 21 der Richtlinie über audiovisuelle Mediendienste untersagt. Das Verbot gilt nach Art. 88 Abs. 5 GK »unbeschadet« von Art. 88 Abs. 1 GK (Werbeverbot für verschreibungspflichtige Arzneimittel und psychotrope Substanzen). Gemeint ist, wie Erwägungsgrund 44 GK verdeutlicht, dass das Verbot für Teleshopping neben dem GK weiter anwendbar sein soll und auch ein entsprechendes Werbeverbot für diese Vertriebsform zulässig ist. § 8 Satz 1 kollidiert also nicht mit dem GK, soweit er die Vorgaben der Richtlinie über audiovisuelle Mediendienste umsetzt. Allerdings geht § 8 Satz 1 darüber hinaus, weil er Werbung für Teleshopping für alle Arzneimittel, unabhängig von ihrer Genehmigungspflicht, verbietet (s. BR-Drs. 1029/97 S. 40). Diese **überschießende Umsetzung** der Richtlinie über audiovisuelle Medien ist mit dem GK, der allein die in dieser Richtlinie angeordneten Verbote anerkennt, nur dann vereinbar, wenn sich das überschießende Werbeverbot aus anderen Normen des GK herleiten lässt. Das ist oft der Fall: Teleshopping ist in der Regel durch übertreibende und nicht objektive Anpreisungen charakterisiert und leistet daher entgegen 87 Abs. 3 Spiegelstrich 2 GK einem unzweckmäßigen Arzneimitteleinsatz Vorschub. Wenn das Teleshopping keine anderen Werbenormen des GK verletzt, ist § 8 Satz 1 bei den nicht nach dem GK genehmigungspflichtigen Arzneimitteln aber teleologisch auf diesen Maßstab zu reduzieren (Einführung HWG Rdn. 39 f.).

### III. Verbotsumfang

Begrifflich verbietet § 8 Satz 1 nunmehr sowohl das Teleshopping selbst wie auch die Werbung für das Teleshopping für Arzneimittel. Diese Änderung durch das 4. AMGuaÄndG v. 20.12.2016 (BGBl. 2016 I S. 3048, 3064) führt jedoch lediglich zu einer Klarstellung. Denn eine Fernsehsendung, die Teleshopping zum Gegenstand hat, kann auch als Werbung für das Teleshopping selbst angesehen werden. Das heilmittelwerberechtliche Verbot des § 8 betrifft insoweit die Sendung, unabhängig von entsprechenden Verboten in den Rundfunkstaatsverträgen und -gesetzen, auch selbst (Bülow/Ring/Artz/Brixius/*Ring*, Heilmittelwerbegesetz, § 8 HWG Rn. 10).  4

## C. Einzeleinfuhren nicht zugelassener Arzneimittel (§ 73 Abs. 2 Nr. 6a, Abs. 3 AMG)

### I. Hintergrund

§ 73 Abs. 1 AMG enthält ein Importverbot für zulassungs-, genehmigungs- oder registrierpflichtige, aber nicht zugelassene, genehmigte oder registrierte Arzneimittel. Abs. 2 und 3 statuieren hiervon verschiedene Ausnahmen, von denen die folgenden zwei nach § 8 nicht beworben werden dürfen, um einer Unterminierung der nationalen Zulassungsvorschriften vorzubeugen:  5

Nach § 73 Abs. 2 Nr. 6a AMG gilt das Importverbot nicht für Arzneimittel, die »im Herkunftsland in Verkehr gebracht werden dürfen und ohne gewerbs- oder berufsmäßige Vermittlung in einer dem üblichen persönlichen Bedarf entsprechenden Menge aus einem Mitgliedstaat der Europäischen Union oder einem anderen Vertragsstaat des Abkommens über den Europäischen Wirtschaftsraum bezogen werden.« Jedenfalls im Lichte des neu eingefügten § 73 Abs. 1 Satz 1 Nr. 1a AMG sind die bisher äußerst umstrittenen Merkmale der »gewerbs- oder berufsmäßigen Vermittlung« bzw. des »Beziehens« eng auszulegen (vgl. hierzu bereits *Mand* WRP 2003, 37, 38 ff.). Ein Versandhandel durch ausländische Apotheken ist danach nur mit zugelassenen, registrierten oder freigestellten Arzneimitteln und nur unter den weiter angeführten Voraussetzungen zulässig. Diese Anforderungen können nicht unter Berufung auf die Ausnahme des Abs. 2 Nr. 6a umgangen werden.  6

Nach § 73 Abs. 3 AMG gilt das Importverbot des Abs. 1 weiter nicht für Fertigarzneimittel, wenn  6a
»*1. sie von Apotheken auf vorliegende Bestellung einzelner Personen in geringer Menge bestellt und von diesen Apotheken im Rahmen der bestehenden Apothekenbetriebserlaubnis abgegeben werden,*
*2. sie in dem Staat rechtmäßig in Verkehr gebracht werden dürfen, aus dem sie in den Geltungsbereich dieses Gesetzes verbracht werden, und*
*3. für sie hinsichtlich des Wirkstoffs identische und hinsichtlich der Wirkstärke vergleichbare Arzneimittel für das betreffende Anwendungsgebiet im Geltungsbereich des Gesetzes nicht zur Verfügung stehen (....).*«

Durch die 15. AMG-Novelle ist in Nr. 3 nunmehr klargestellt, dass die Einfuhrmöglichkeit nur bei einer Versorgungslücke im Inland greift. Diese Anforderung ist unionsrechtlich zweifelhaft.  6b

### II. Vereinbarkeit mit dem Unionsrecht

Der GK verbietet an sich generell das Inverkehrbringen von und die Werbung für nicht zugelassene Arzneimittel (Art. 6 Abs. 1, 87 Abs. 1 GK). Eine § 73 Abs. 2 Nr. 6a und Abs. 3 AMG oder § 8, 2. Alt. entsprechende Regelung, welche die Einfuhr von nur in anderen EU-Mitgliedstaaten verkehrsfähigen Arzneimitteln in einer dem persönlichen Bedarf entsprechenden Menge gestattet, findet sich nicht. Vielmehr enthält der GK allein Regeln über die gegenseitige Anerkennung von nationalen Arzneimittel-Zulassungen, um eine Zulassung sehr schnell auf andere EU-Mitgliedstaaten ausdehnen zu können. Allerdings erlaubt **Art. 5 GK** den Mitgliedstaaten, »in besonderen Bedarfsfällen« und unter weiteren, die Verwendung einschränkenden Voraussetzungen Arzneimittel von den Vorgaben des GK auszunehmen, wenn diese auf eine individuelle Bestellung hin geliefert werden, »für die nicht geworben wurde« (eingehend zur engen Auslegung von Art. 5 GK EuGH Urt. v. 29.03.2012 – C-185/10, EU:C:2012:181, Rn. 29 ff., 36 – Kommission/Polen; Urt. v. 11.04.2013 – C 535/11, PharmR 2013, 367 Rn. 45 f. – Apozyt; Urt. v. 16.07.2015 – C-544 und 545/13, ECLI:EU:C:2015:481 Rn. 55 f. – Abcur). Hierauf gestützt hat der EuGH auch  7 die zulässige Einzeleinfuhr gem. Art. 73 Abs. 3 AMG und das korrespondierende Werbeverbot des § 8 **vom Anwendungsbereich des GK ausgenommen**, ohne auf die deutlich engeren Anforderungen des Art. 5 GK näher einzugehen (EuGH GRUR 2008, 264 Rn. 22 f. – Ludwigs-Apotheke). Weil Art. 5 GK auf der einschlägigen früheren Judikatur des EuGH zur Warenverkehrsfreiheit (EuGH C-320/93 – Eurim-Pharm, Slg. 1994, I-5243 Rn. 19 ff.; C-62/90 – Kommission/Deutschland, Slg. 1992, I-2575 und 215/87 – Schumacher, Slg. 1989, 617) beruht (Erwägungsgrund 30 GK), kann man dies als eine primärrechtskonforme Auslegung des Art. 5 GK werten. Entgegen dem Wortlaut von Art. 5 GK ist damit konsequenterweise von einer fortbestehenden Verpflichtung der Mitgliedstaaten auszugehen, zumindest die in § 73 Abs. 2 Nr. 6a AMG normierte Einfuhr zuzulassen.

7a Obgleich der GK die beschriebenen Bezugsformen nicht positiv vorschreibt, macht er ihre Zulässigkeit in Art. 5 GK im Einklang mit der angeführten älteren Rechtsprechung des EuGH von einem **impliziten Werbeverbot** abhängig (»für die nicht geworben wurde«), um einer systematischen Umgehung des grundsätzlich bestehenden Zulassungserfordernisses für Arzneimittel vorzubeugen. Damit lässt sich § 8 direkt auf Art. 5 GK stützen. Die unionsrechtlichen Grenzen des Werbeverbots ergäben sich dann ohne weiteres aus dem Werbebegriff und seinen Ausnahmen in Art. 86 Abs. 1, 2 GK.

8 Der EuGH hat aber Art. 5 GK übergangen und § 8 direkt anhand von **Art. 28, 30 EG** (nun: Art. 34, 36 AEUV) geprüft (EuGH GRUR 2008, 264 Rn. 24 ff. – Ludwigs-Apotheke). Weil § 8 als spezifisch einfuhrbezogene Norm nicht unter die Keck-Ausnahme falle (Einführung HWG Rdn. 23) und potenziell die Einfuhren nicht zugelassener Arzneimittel reduziere, beschränke § 8 tatbestandlich die Warenverkehrsfreiheit. Das Werbeverbot des § 8 sei jedoch grundsätzlich gem. Art. 30 EG (nun: Art. 36 AEUV) gerechtfertigt, soweit es den Ausnahmecharakter der Einzeleinfuhr von nicht zugelassenen Arzneimitteln gem. § 73 Abs. 3 AMG stärke (EuGH GRUR 2008, 264 Rn. 30 ff. – Ludwigs-Apotheke). Unplausibel ist dann aber die weitere Feststellung, die Subsumtion der streitigen Zusendung reiner Preislisten an deutsche Apotheken unter das Werbeverbot des § 8 sei unverhältnismäßig, weil sie sich auf den Umfang der Einzeleinfuhren nicht zugelassener Arzneimittel nicht auswirke (EuGH GRUR 2008, 264 Rn. 40 – Ludwigs-Apotheke). Warum die mit erheblichem finanziellen Aufwand verschickten Preislisten das Volumen der Einzel-Einfuhren »wahrscheinlich« nicht erhöhen können (EuGH GRUR 2008, 264 Rn. 40 – Ludwigs-Apotheke) und warum angesichts der Freiheit der Mitgliedstaaten zur Festlegung des Schutzniveaus nicht auch bei geringen Gefährdungslagen ein Verbot gerechtfertigt sein soll, bleibt offen. Der zur Begründung angeführte Hinweis auf Art. 86 Abs. 2 Spiegelstrich 3 GK überzeugt als sekundärrechtsorientierte Auslegung des Primärrechts nicht (Einführung HWG Rdn. 20). Vor allem leuchtet nicht ein, wie einerseits das Verbot, Preislisten für nicht zugelassene Arzneimittel an deutsche Apotheken zu verschicken, das Volumen der Einfuhren dieser Mittel beschränken können soll, andererseits die Rechtfertigung des just deshalb erfüllten Tatbestandes der Warenverkehrsfreiheit dann aber am Verhältnismäßigkeitsgrundsatz scheitern soll, weil ein solches Verbot die Einfuhren angeblich gerade nicht reduziert (während eine effektive Beschränkung der Einfuhren ohne weiteres gerechtfertigt wäre, sic!, vgl. EuGH GRUR 2008, 264 Rn. 35 – Ludwigs-Apotheke).

9 Offenbar verfolgt der EuGH das Ziel, Informationen zu erlauben, welche für die primärrechtlich geforderte Möglichkeit der Einzeleinfuhr von im EU-Ausland, nicht aber in Deutschland zugelassenen Arzneimitteln unabdingbar sind, ohne der Gefahr einer werbeinduzierten systematischen Umgehung der Zulassungsverfahren Vorschub zu leisten. Eine solch differenzierte Lösung ergibt sich aus der direkten Anwendung von Art. 5 i.V.m. Art. 86 Abs. 2 Spiegelstrich 3 und Erwägungsgrund 30 GK. Nach hier vertretener Auffassung verlor die Problematik schon deshalb ihre Entscheidungsrelevanz, weil reine Preislisten schon nach bisherigem Recht generell, d.h. auch außerhalb des durch den GK harmonisierten Bereichs, nicht als Heilmittelwerbung i.S.d. HWG zu qualifizieren waren. Für konkrete Anfragen zu bestimmten Arzneimitteln galt § 1 Abs. 5 (s. 4. Aufl. 2016, § 8 HWG Rdn. 9, § 1 HWG Rdn. 39 ff.). Inzwischen hat der Gesetzgeber diese Auslegung in § 1 Abs. 7 explizit kodifiziert (2. AMGuaÄndG v. 19.10.2012, BGBl. I S. 2192, s. § 1 HWG Rdn. 39 ff.).

9a Zusätzlich hat der Gesetzgeber mit demselben Gesetz in § 8 einen zweiten Satz eingefügt, der speziell die Übersendung reiner Preislisten für bestimmte, nicht zugelassene Arzneimittel an Apotheken und an Betreiber einer tierärztlichen Hausapotheke für zulässig erklärt. Die Vorschrift hat heilmittelwerberechtlich keinen Anwendungsbereich: § 8 Satz 1 gilt explizit nur für »Werbung«; die in Satz 2 genannten und vom Verbot nach Satz 1 ausgenommenen Preislisten stellen im Verhältnis zu Fachkreisangehörigen (s. zu dieser einschränkenden Auslegung von § 1 Abs. 7, o. § 1 HWG Rdn. 40, *Doepner/Reese*, § 8 HWG Rn. 41) aber keine Werbung dar (s. § 1 HWG Rdn. 39 ff.). Mangels eines Verbots kommt es auf die nach dem Wortlaut nur gegenüber Apotheken und Betreibern tierärztlicher Hausapotheken bestehende »neue« Befugnis des § 8 Satz 2 deshalb heilmittelwerberechtlich nicht mehr an.

### III. Verbotsumfang

§ 8 2. Alt. gilt sowohl für die Fachkreis- als auch die Publikumswerbung und gegenüber allen Werbetreibenden. Produktbezogen bezieht er sich nur auf Arzneimittel, die aufgrund fehlender Zulassung, Registrierung oder Genehmigung nach § 73 Abs. 1 Satz 1 AMG an sich nicht ins Inland verbracht werden dürften. Zusätzlich muss die Werbung zumindest indirekt auf die Möglichkeit der Einzeleinfuhr hinweisen. 10

## D. Konkurrenzen

§ 8 1. Alt. steht in Idealkonkurrenz zu den Teleshoppingverboten für Arzneimittel in den Rundfunkgesetzen und -staatsverträgen. Das Merkmal der Einzeleinfuhr i.S.d. § 73 Abs. 2 Nr. 6a, Abs. 3 AMG qualifiziert § 8 2. Alt. bei zulassungspflichtigen, aber nicht zugelassenen Arzneimitteln als lex specialis zu § 3a (s. § 3a HWG Rdn. 11; *Doepner/Reese*, § 8 HWG Rn. 38). 11

## § 9 Werbung für Fernbehandlung

Unzulässig ist eine Werbung für die Erkennung oder Behandlung von Krankheiten, Leiden, Körperschäden oder krankhaften Beschwerden, die nicht auf eigener Wahrnehmung an dem zu behandelnden Menschen oder Tier beruht (Fernbehandlung). Satz 1 ist nicht anzuwenden auf die Werbung für Fernbehandlungen, die unter Verwendung von Kommunikationsmedien erfolgen, wenn nach allgemeinen anerkannten fachlichen Standards ein persönlicher ärztlicher Kontakt mit dem zu behandelnden Menschen nicht erforderlich ist.

### Übersicht

| | Rdn. | | Rdn. |
|---|---|---|---|
| A. Regelungsgegenstand und Schutzzweck | 1 | I. Fernbehandlung | 8 |
| B. Vereinbarkeit mit dem Unionsrecht und Verfassungsrecht | 4 | II. Werbung | 10 |
| | | D. Ausnahmen nach Satz 2 | 11a |
| C. Fernbehandlung und Werbung | 8 | E. Rechtsfolgen | 12 |

### A. Regelungsgegenstand und Schutzzweck

Behandlungen ohne unmittelbaren eigenen Eindruck und ohne eingehende persönliche Untersuchung des Arztes gewährleisten in der Regel keine exakte Diagnose und ermöglichen keine auf die individuellen Besonderheiten des Patienten zugeschnittene Beratung. Sie bergen daher ein besonderes Gefahrenpotenzial für die Gesundheit. Aus diesem Grund waren individuelle ärztliche Behandlungen oder Beratungen, die nicht auf eigener Wahrnehmung an dem zu behandelnden Menschen oder Tier beruhen, nach ärztlichem Berufsrecht grundsätzlich ausgeschlossen (§ 7 Abs. 4 MBO-Ä in der bis zum 09.05.2018 geltenden Fassung, s. dazu Spickhoff/*Scholz*, Medizinrecht, MBO-Ä § 7 Rn. 14 und Rn. 17). Moderne digitale Fernkommunikationsmittel ermöglichen heute allerdings eine Übermittlung von Ton und Bild sowie weiteren Gesundheitsdaten (z.B. Puls, Bewegung etc. durch Smartphones, Smartwatches etc.) in sehr guter Qualität. Die moderne Technik reduziert die vormals bestehenden Risiken reiner Fernbehandlungen. Zugleich können neue Fernbehandlungsformate (z.B. Videosprechstunden) dazu beitragen, die aufgrund des zunehmenden Ärztemangels speziell in ländlichen Gegenden bestehenden Versorgungslücken teilweise zu schließen. Vor diesem Hintergrund liberalisierte der Deutsche Ärztetag 2018 in Erfurt das bisherige arztberufsrechtliche Verbot der ausschließlichen Fernbehandlung. Zwar hält § 7 Abs. 3 Satz 1 MBO-Ä am persönlichen Kontakt zwischen Arzt und Patient als Regelstandard fest (Beschlussprotokoll des 121. Deutschen 1

Ärztetags, S. 293 f.), was letztlich mit den Standards im Arzthaftungsrecht übereinstimmt (vgl. *Katzenmeier* NJW 2019, 1769 m.w.N.) und gegen Primärarztmodelle spricht (dezidiert Beschlussprotokoll des 121. Deutschen Ärztetags, S. 293 f.). Abweichend von diesem Goldstandard ist eine ausschließliche Beratung oder Behandlung über Kommunikationsmedien aber »im Einzelfall erlaubt, wenn dies **ärztlich vertretbar** ist und die **erforderliche ärztliche Sorgfalt** insbesondere durch die Art und Weise der Befunderhebung, Beratung, Behandlung sowie Dokumentation **gewahrt** wird und die Patientin oder der Patient auch über die Besonderheiten der ausschließlichen Beratung und Behandlung über Kommunikationsmedien aufgeklärt wird« (§ 7 Abs. 4 Satz 3 MBO-Ä, Hervorhebung nur hier). Da die ausschließliche Fernbehandlung nur »*im Einzelfall*« erlaubt wird, sind Geschäftsmodelle, bei denen Ärzte durchgängig ausschließlich im Wege der Fernbehandlung beraten oder behandeln, weiterhin unzulässig. Der Verweis auf die »ärztliche Vertretbarkeit« und die »ärztliche Sorgfalt« sowie die Aufklärung über die Risiken bilden berufsrechtlich weitere strikte Grenzen der Fernbehandlung. Die nähere Konkretisierung liegt grundsätzlich im Verantwortungsbereich der ärztlichen Profession (*Eichelberger* WRP 2020, 1504 Rn. 2). Die für die Ärzte verbindlichen Berufsordnungen auf Länderebene haben § 7 Abs. 3 MBO-Ä n.F. z.T. sehr unterschiedlich umgesetzt. Allgemein anerkannte Maßstäbe und Leitlinien liegen nur teilweise vor.

**1a** § 9 flankiert die berufsrechtlichen Regeln zur Fernbehandlung und zur berufswidrigen Werbung gem. § 27 Abs. 3 MBO-Ä bei Ärzten. § 9 ist dabei entgegen einer teilweise vertretenen Ansicht (noch zu § 7 Abs. 4 MBO-Ä a.F. und § 9 HWG a.F.: *Fritzsche* in: Spickhoff, Medizinrecht, HWG, § 9 Rn. 1; *Spickhoff*, MedR 2018, 535, 542) nicht *»akzessorisch«* zu der Regelung zur Durchführung einer Fernbehandlung in § 7 Abs. 4 MBO-Ä oder zu den Werberegeln in § 27 Abs. 3 MBO-Ä (KG Urt. v. 03.12.2019 – 5 U 45/19, juris Rn. 27; OLG München Endurt. v. 09.07.2020 – 6 U 5180/19, GRUR-RR 2020, 461 Rn. 44). Die Abhängigkeit einer parlamentarischen Gesetzesnorm auf Bundesebene von einer satzungsrechtlichen Vorschrift auf Länderebene wäre nicht verfassungsgemäß, da eine solche Akzessorietät die Gesetzgebungskompetenz unterliefe und höherrangiges Recht durch Satzungsrecht ausgehebelt würde. Dementsprechend heißt es in § 27 Abs. 3 Satz 5 MBO-Ä, dass Werbeverbote aufgrund anderer gesetzlicher Bestimmungen, wie § 9, von den berufsrechtlichen Regeln unberührt bleiben. Gegen eine Akzessorietät spricht auch, dass der persönliche Anwendungsbereich des § 7 Abs. 4 MBO-Ä auf Ärzte beschränkt und damit von vornherein enger als derjenige von § 9 ist, der sich an alle Werbetreibenden richtet. Daneben begründet § 9 einen eigenständigen Schutz dort, wo – wie bei Heilpraktikern – allgemein verbindliche berufsrechtliche Regelungen fehlen.

**1b** § 9 HWG a.F. statuierte ein generelles Werbeverbot für Fernbehandlungen. Damit sollten werbliche Anreize für diese grundsätzlich bedenkliche Behandlungsform umfassend, d.h. auch gegenüber anderen Berufsgruppen und Unternehmen, ausgeschlossen werden (Bülow/Ring/Artz/Brixius/*Bülow*, Heilmittelwerbegesetz, § 9 Rn. 1, 3). Im Lichte der Liberalisierung des ärztlichen Berufsrechts hat der Bundesgesetzgeber mit dem Digitale-Versorgung-Gesetz v. 09.12.2019 (BGBl. I S. 2562) das generelle Werbeverbot gem. § 9 Satz 1 durch Einfügung eines Satz 2 ebenfalls eingeschränkt. Satz 1 gilt fortan nicht mehr für Fernbehandlungen, »wenn nach allgemein anerkannten fachlichen Standards ein persönlicher ärztlicher Kontakt mit dem zu behandelnden Menschen nicht erforderlich ist«. § 9 orientiert sich insoweit in der Regelungsstruktur am ärztlichen Berufsrecht: Eine Werbung für Fernbehandlungen ist regelhaft verboten und nur im Ausnahmefall erlaubt, wobei sich die Zulässigkeit am (fach-)ärztlichen Standard orientiert. Mit dieser eingeschränkten Liberalisierung des Werbeverbots hat sich der Gesetzgeber – anders als im Falle der Einzeleinfuhr nicht zugelassener Arzneimittel (§ 8 Satz 2) oder der »Pille danach« (§ 10 Abs. 2 Satz 2) – gegen eine weitreichende Werbebeschränkung der neuen medizinischen Versorgungsform entschieden, um eine flächendeckende Einführung telemedizinischer Anwendungen nicht zu behindern (RegE, BT-Drs. 19/13438 S. 77). Das Werberecht sichert mit dem in § 9 Satz 1 und 2 angelegten Regel-Ausnahme-Verhältnis aber weiterhin den auch im ärztlichen Berufsrecht fortbestehenden Goldstandard des persönlichen Patientenkontakts werberechtlich ab und dämmt aggressive Werbepraktiken jenseits berufsrechtlicher Bindungen ein. Damit trägt § 9 auch den eigenständen Gefahren einer bedenklichen Fernbehandlungswerbung Rechnung, die sich an eine unbestimmte Vielzahl an Personen richtet und diesen die Möglichkeit einer mit einer persönlichen Beratung oder Behandlung prinzipiell gleichwertigen Fernbehandlung ohne Rücksicht auf den Einzelfall und insbesondere die individuelle Erkrankung und gesundheitliche Beschaffenheit des Einzelnen in Aussicht stellt und Patienten – womöglich um eines dabei versprochenen Vorteils Willen – davon abhalten könnte, sich im Bedarfsfall unverzüglich in persönliche ärztliche Beratung zu begeben (vgl. Doepner/Reese, § 9 HWG, Rn. 13; LG Hamburg ES-HWG § 9/Nr. 4). Darüber hinaus wirkt § 9 auf der vorgelagerten Ebene der Gefahr entgegen, dass Beratungs- oder Behandlungsformen beworben werden, deren Durchführung sich im konkreten Fall später, nach ärztlicher Prüfung des individuellen Behandlungsfalls, als unzulässig erweisen kann.

Bei § 9 handelt es sich nach wie vor um ein potenzielles Gefährdungsdelikt (s. zum Begriff § 3 HWG Rdn. 5). D.h. der Nachweis einer konkreten Gesundheitsgefährdung im Einzelfall ist nicht erforderlich (a.A. trotz letztlich identischer Maßstäbe offenbar OLG München Urt. v. 09.07.2020 – 6 U 5180/19, MMR 2021, 343 Rn. 45: Konkretes Gefährdungsdelikt). Aufgrund der typischerweise mit Fernbehandlungen verbundenen Gesundheitsgefahren ist eine dahingehende Werbung vielmehr schon dann verboten, wenn nicht ausnahmsweise nach allgemein professionellen Standards die beworbene Fernbehandlung fachgerecht ist. Im Gegensatz zum ärztlichen Berufsrecht kann insoweit allerdings nicht der konkrete, individuelle Behandlungsfall herangezogen werden, da zum Zeitpunkt der Werbung der konkrete Einzelfall gerade noch nicht bekannt ist. Vielmehr ist eine abstrakt-generelle Betrachtung anzustellen (ebenso RegE BT-Drs. 19/13438, S. 78; näher *Eichelberger* in: FS Harte-Bavendamm, 2020, S. 289, 298 ff.). Sie hat sich in erster Linie an der MBO-Ä sowie anderen bundesweiten Leitlinien, insbes. den sog. evidenzbasierten Konsens-Leitlinien (S 3) der medizinischen Fachgesellschaften (z.B. Praxis der Teledermatologie der Deutschen Dermatologischen Gesellschaft und des Berufsverbandes der Deutschen Dermatologen (DDG, BVDD)), zu orientieren (vgl. auch OLG Hamburg Urt. v. 05.11.2020 – 5 U 175/19, MMR 2021, 336 Rn. 39 ff.). Bei Arzneimittelwerbung steht diese Auslegung im Einklang mit dem GK (Rdn. 4), im Übrigen entspricht sie auch den Anforderungen des Unions- und Verfassungsrechts (Rdn. 5 f.).

Praktisch relevant wurde das Werbeverbot des § 9 in der Vergangenheit insbesondere bei Therapie- und Diagnoseberatungen anlässlich produktbezogener Werbung für Arznei- und andere Heilmittel. In jüngerer Zeit stehen dagegen (werbefinanzierte) Internet-Plattformen, auf denen sich Patienten nicht nur austauschen, sondern teilweise auch gezielt Fragen an Ärzte oder andere Fachkreisangehörige richten können, im Mittelpunkt gerichtlicher Verfahren (OLG Köln Urt. v. 10.08.2012 – 6 U 224/11; OLG München Urt. v. 02.08.2012 – 29 U 1471/12, GRUR-RR 2012, 435 – Unsere Experten sind für Sie da!). Zuletzt gab es bedenkliche Erscheinungsformen im Bereich der Männergesundheit und der Erstellung von Arbeitsunfähigkeitsbescheinigungen, bei denen – vermittelt durch einen Telemediendienst –Ärzte im Ausland ohne jede Möglichkeit eines ergänzenden persönlichen Kontakts die ärztlichen Leistungen erbracht und z.T. mit anderen Leistungserbringern wie Versandapotheken zusammengearbeitet haben (OLG München Urt. v. 09.07.2020 – 6 U 5180/19, MMR 2021, 343; OLG Hamburg Urt. v. 05.11.2020 – 5 U 175_19, MMR 2021, 336; *Tillmanns* PharmR 2020, 247, 249).

## B. Vereinbarkeit mit dem Unionsrecht und Verfassungsrecht

§ 9 a.F. HWG deckte sich bei **Öffentlichkeitswerbung für ein Arzneimittel**, also einem traditionell häufigen Anwendungsfall von § 9 (Rdn. 3), mit Art. 90 lit. a GK. Danach darf Arzneimittelwerbung keine Elemente enthalten, die »eine ärztliche Untersuchung oder einen chirurgischen Eingriff als überflüssig erscheinen lassen, insbesondere dadurch, dass sie eine Diagnose anbieten oder eine Behandlung auf dem Korrespondenzwege empfehlen.« Diese Vorschrift ist, wie die sonstigen Tatbestände des Art. 90 GK (s. § 3 HWG Rdn. 10 ff.), im Einklang mit dem primären Unionsrecht als potenzielles Gefährdungsdelikt auszulegen. Die Umsetzung in § 9 entspricht diesen vollharmonisierenden Vorgaben sowohl konzeptionell (Rdn. 2) als auch inhaltlich. Zwar hat der deutsche Gesetzgeber § 9 Satz 1 durch den neu eingefügten Satz 2 eingeschränkt, während Art. 90 lit. a GK auf näher formulierte Ausnahmen verzichtet. Der Ausnahmecharakter des Satz 2 und die strikte Begrenzung erlaubter Werbung durch die allgemein anerkannten fachlichen Standards gewährleisten jedoch, dass Patienten nicht von tatsächlich erforderlichen, persönlichen ärztlichen Untersuchungen und chirurgischen Eingriffe abgehalten werden. Dieses im Wortlaut von Art. 90 lit. a GK zum Ausdruck kommende Ziel bleibt von § 9 also unberührt. Im Lichte der allein anwendbaren Unionsgrundrechte (Einführung HWG Rdn. 59 ff.; *Mand* JZ 2010, 337, 347 f.) dürfte § 9 daher zumindest bei der gebotenen strikten Auslegung (Rdn. 11c) auch im Bereich von Arzneimittelwerbung den unionsrechtlichen Anforderungen genügen.

5 § 9 gilt auch außerhalb der Öffentlichkeitswerbung und darüber hinaus unabhängig von einer Verbindung mit Arzneimittelwerbung i.S.d. GK. Die Erstreckung auf Fachkreiswerbung für Arzneimittel erscheint angesichts der Vollharmonisierung durch den GK unionsrechtlich zweifelhaft. Sie hat aber zum einen kaum jemals Bedeutung. Zum anderen kann ein entsprechendes Verbot in der **Fachkreiswerbung**, wenn es im konkreten Fall einem unzweckmäßigen Arzneimitteleinsatz Vorschub leistet, nach der Rechtsprechung des EuGH unter Art. 87 Abs. 3 Spiegelstrich 1 GK subsumiert werden (Einführung HWG Rdn. 48). Dies impliziert jedoch eine einschränkende Auslegung als konkretes Gefährdungsdelikt. Die Ausweitung des Werbeverbots über den Bereich produktbezogener Arzneimittelwerbung hinaus ist dagegen unionsrechtlich unbedenklich: Der GK harmonisiert diesen Bereich nicht, die UGP-Richtlinie wie auch die E-Commerce-Richtlinie erlauben striktere Regeln der Mitgliedstaaten aus Gründen des Gesundheitsschutzes (Einführung HWG Rdn. 51 ff.). Eine etwaige Einschränkung der Dienstleistungsfreiheit (Art. 56 AEUV) wäre gleichfalls aus Gründen des Gesundheitsschutzes gerechtfertigt.

6 Auch soweit die nationalen Grundrechte anwendbar sind, d.h. außerhalb des durch den GK vollharmonisierten Bereichs, griffen verfassungsrechtliche Einwände gegen das als potenzielles Gefährdungsdelikt ausgestaltete Werbeverbot des § 9 HWG a.F. nicht durch. Aufgrund der Auslegung als potenzielles – und nicht abstraktes – Gefährdungsdelikt waren Fälle, in denen es an einer zumindest mittelbaren Gesundheitsgefahr infolge (ausschließlicher) Fernbehandlungen fehlt, praktisch ausgeschlossen (OLG München Urt. v. 02.08.2012 – 29 U 1471/12, GRUR-RR 2012, 435, 436 – Unsere Experten sind für Sie da!; Urt. v. 09.07.2020 – 6 U 5180/19, MMR 2021, 343 Rn. 45). Entsprechendes gilt erst recht nach der Einschränkung des bisherigen strikten Werbeverbots durch § 9 Satz 2 HWG n.F.

7 Ein **internettypischer Hinweis**, wonach Fern-Informationen keine persönliche ärztliche Beratung und Behandlung ersetzen und der Nutzer sich im Zweifelsfall persönlich an seinen behandelnden Arzt wenden möge, schließt die potenzielle Gefährdung regelmäßig nicht aus (zutreffend OLG Köln, Urt. v. 10.08.2012 – 6 U 224/11 Rn. 25 – juris). Denn ein solcher Hinweis wird den Nutzer nicht davon abhalten, die beworbene Fernbehandlung als ernstgemeinte (z.B. ärztliche) Diagnose aufzufassen, was sein Verhalten entsprechend beeinflussen wird. In keinem Fall stellen unscheinbare oder lediglich auf den Zweifelsfall ausgerichtete Hinweise die potenzielle Gesundheitsgefährdung infrage. Denn für eine Fernbehandlung darf auch und gerade deshalb nicht geworben werden, weil durch sie subjektiv Zweifel an der Notwendigkeit eines Arztbesuchs ausgeräumt werden können (OLG Köln, Urt. v. 10.08.2012 – 6 U 224/11 Rn. 25 – juris).

## C. Fernbehandlung und Werbung

### I. Fernbehandlung

8 Der Begriff der Fernbehandlung i.S.d. § 9 bezieht sich entweder auf eine Diagnose (»Erkennung«) oder eine Therapie (»Behandlung«), die nicht auf eigener Wahrnehmung des Arztes oder sonstigen Behandelnden beruht. Dies ist der Fall, wenn der Behandelnde allein aufgrund der schriftlichen, fernmündlichen, über andere Medien oder durch Dritte auf Distanz vermittelten Informationen **konkrete Diagnosen** erstellt oder **konkrete Behandlungsvorschläge** für eine bestimmte Person unterbreitet (OLG Köln Urt. v. 10.08.2012 – 6U 235/11 juris Rn. 22; OLG München Urt. v. 08.10.2015 – 6 U 1509/15; *Gröning*, Heilmittelwerberecht, § 9 Rn. 10 f.). Damit fällt in den Anwendungsbereich auch jede Werbung, die sich auf eine Diagnose oder Behandlung bezieht, die zwar eine teilweise Wahrnehmung des Patienten durch den Arzt, z.B. durch Videotelefonie, ermöglicht, aber eben keine vollumfängliche Wahrnehmung in physischer Präsenz. Beispiele bilden die Aufforderung, eigene Krankenakten schriftlich mitzuteilen, in Kombination mit der Ankündigung einer Beratung auf dieser Grundlage (OLG München

PharmR 1979, 27; Spickhoff/*Fritzsche*, § 9 HWG Rn. 2) oder die Beteiligung an einem Internetportal, das den Nutzern die Möglichkeit eröffnet, einzelfallbezogene Antworten auf zugesandte Gesundheitsfragen zu bekommen (OLG Köln Urt. v. 10.08.2012 – 6U 235/11, juris Rn. 23 ff.; OLG München Urt. v. 02.08.2012 – 29 U 1471/12, GRUR-RR 2012, 435 – Unsere Experten sind für Sie da!).

Nicht unter § 9 Satz 1 fallen **allgemein gehaltene Ratschläge**. Die Abgrenzung kann im Einzelfall schwierig sein. Bloße Anregungen für ein späteres Gespräch mit dem therapierenden Arzt etc. sind keine Fernbehandlung. Entsprechendes gilt für Empfehlungen eines bestimmten Mittels gegenüber einem nicht näher konkretisierten Personenkreis. Ob der Hinweis von Heilberuflern auf eine Telefon- bzw. Videosprechstunde ohne ausdrückliche Bewerbung konkreter Beratungs- und Behandlungsgebiete – sei es persönlich, sei es in Werbemedien oder auf der eigenen Homepage im Internet – unter § 9 Satz 1 fällt, ist zweifelhaft (*Tillmanns* A & R 2020, 11, 14 f.). Aufgrund der zurecht weiten Auslegung des Produktbezugs durch den BGH (Urt. v. 12.02.2015 – I ZR 213/13, GRUR 2015, 813 Rn. 16 – Fahrdienst zur Augenklinik zu § 7, s.a. Rdn. 11) und der gerade auf der Homepage vieler Heilberufler häufig angegebenen Behandlungsschwerpunkte ist § 9 bei der gebotenen Gesamtbetrachtung aber in vielen Fällen in Betracht zu ziehen. Einschlägig ist in diesen Fällen zumindest bei sachlicher Darstellung der offerierten Tele-Sprechstunden in der Regel jedenfalls die Ausnahme nach Satz 2, weil diese telemedizinischen Anwendungen im Grundsatz und in dem beworbenen Umfang fachlich allgemein durch § 7 Abs. 3 MBO-Ä anerkannt sind und gem. § 9 Satz 2 auch beworben werden können (i.E. *Tillmanns* A & R 2020, 11, 15).

## II. Werbung

Nach § 9 verboten ist lediglich die Werbung für eine Fernbehandlung, nicht hingegen die eigentliche Durchführung, welche ausschließlich nach ärztlichem Standesrecht zu bewerten ist. Auch eine etwaige Irreführung ist im Rahmen von § 9 ohne Relevanz. Ob eine Fernbehandlung beworben wird, die später nicht durchgeführt wird oder deren Durchführung von vornherein nicht beabsichtigt war, kann unter Irreführungsgesichtspunkten im Rahmen des § 3 eine Rolle spielen, nicht aber im Rahmen des § 9 (OLG Hamburg Urt. v. 05.11.2020 – 5 U 175/19, juris Rn. 36).

Bezugspunkt der Werbung ist die angebotene Diagnose oder Therapie, d.h. die medizinische Leistung, mag auch mittelbar das jeweilige Online-Portal durch höhere Nutzer-Zahlen oder die Zeitung durch eine höhere Auflage wirtschaftlich von der Werbung profitieren (OLG München Urt. v. 02.08.2012 – 29 U 1471/12, GRUR-RR 2012, 435, 435 f. – Unsere Experten sind für Sie da!; Bülow/Ring/Artz/Brixius/*Bülow/Ring*, Heilmittelwerbegesetz, § 9 Rn. 9). »Der Werbende muss die Fernbehandlung als Absatzinstrument für eines der in § 1 definierten Werbeobjekte einsetzen« (*Doepner/Reese*, § 9 HWG Rn. 15; ebenso Reese/Dieners/*Reese/Holtorf*, § 11 Rn. 276; a.A. *Gröning*/Mand/Reinhart, § 9 HWG Rn. 16). Diese Voraussetzung ist jedoch regelmäßig erfüllt, weil es ausreicht, wenn der Werbende eine fremde Fernbehandlung fördern will, an der er ein mittelbares Eigeninteresse hat. Das Verbot richtet sich also an alle Werbetreibenden, die an der Verbreitung einer als Werbung im Sinne des HWG einzuordnenden Aussage beteiligt bzw. hierfür verantwortlich sind und gilt damit auch für Unternehmen, die lediglich eine Vermittlung von Fernbehandlungsangeboten Dritter anbieten und anpreisen z.B. über Internetseiten, -plattformen oder -foren (OLG München Endurt. v. 09.07.2020 – 6 U 5180/19, GRUR-RR 2020, 461 Rn. 38 ; OLG Hamburg Urt. v. 05.11.2020 – 5 U 175/19, GRUR-RS 2020, 37127 Rn. 42; LG Berlin Urt. v. 01.04.2019 – 101 O 62/17 juris Rn. 42, 48). Daneben kommt auch eine Haftung als Teilnehmer an einer fremden Werbung bzw. eine Verantwortlichkeit für fremde Werbeinhalte nach allgemeinen wettbewerbsrechtlichen Grundsätzen in Betracht (BGH Urt. v. 20.02.2020 – I ZR 193/18, GRUR 2020, 543 Rn. 32 – Kundenbewertungen auf Amazon, § 1 HWG, Rdn. 9, 53).

## D. Ausnahmen nach Satz 2

§ 9 Satz 2 enthält eine Ausnahmevorschrift, deren Voraussetzungen im Wettbewerbsprozess von dem Werbenden darzulegen und gegebenenfalls zu beweisen sind. Das Abstellen auf Fernbehandlungen,

»*die unter Verwendung von Kommunikationsmedien erfolgen*«, engt den Ausnahmetatbestand nicht gegenüber § 9 Satz 1 ein, sondern knüpft an den Wortlaut von § 7 Abs. 4 MBO-Ä an und erfasst damit alle Kommunikationsmedien i.S.d. § 312c Abs. 2 BGB (vgl. a. BT-Drs. 19/13438 S. 34 ff., 77 f.). Nach seinem Wortlaut gilt § 9 Satz 2 im Gegensatz zu Satz 1 zudem nur für Fernbehandlungen an Menschen. Eine analoge Anwendung auf Tierbehandlungen ist jedoch möglich und geboten, da es sich insoweit um ein Redaktionsversehen handeln dürfte (planwidrige Regelungslücke) und eine striktere Regelung für Tierbehandlungen nicht begründbar ist (vergleichbare Interessenlage). Dass § 9 Satz 2 darauf abstellt, ob nach allgemein anerkannten fachlichen Standards ein persönlicher *ärztlicher* Kontakt mit dem zu Behandelnden erforderlich ist oder nicht, bedeutet ebenfalls nicht, dass von Satz 2 nur eine Werbung für Fernbehandlungen erfasst werden soll, die von Ärzten durchgeführt wird. Auch insoweit ist von einem Redaktionsversehen auszugehen, bedingt wohl durch den Umstand, dass der Gesetzgeber die Änderung der §§ 7 Abs. 3, 27 Abs. 3 MBO-Ä zum Anlass genommen hat, um § 9 anzupassen, und den Umstand, dass die Bewerbung einer ärztlichen Fernbehandlung in der Praxis den häufigsten Fall darstellt. D.h. § 9 Satz 2 gilt zumindest analog auch für Zahnärzte, Tierärzte sowie andere Heilberufe.

11b Nach § 9 Satz 2 gilt das Verbot nicht, wenn ein persönlicher ärztlicher Kontakt nach allgemein anerkannten fachlichen Standards (vgl. § 630a Abs. 2 BGB, § 2 Abs. 3 MBO-Ä) nicht erforderlich ist. Da der konkrete, individuelle Krankheitsfall im Zeitpunkt der Werbung unbekannt ist, bedarf es anders als im Berufsrecht einer abstrakt-generellen Konkretisierung dieser Maßstäbe (RegE, BT-Drs. 19/13438 S. 78; OLG München Urt. v. 09.07.2020 – 6 U 5180/19, MMR 2021, 343 Rn. 47; *Eichelberger* WRP 2020, 1504 Rn. 3; *Tillmanns* A & R 2020, 11, 14). Im Sinne einer liberalen Deutung könnte darauf abzustellen sein, ob Behandlungen beworben werden, deren Erbringung ohne persönlichen Kontakt wenigstens potenziell, d.h. in einzelnen Fällen, dem anerkannten medizinischen Stand entsprechen kann. In diese Richtung weist die Gesetzesbegründung, wenn sie darauf abstellt, ob »nach dem anerkannten medizinischen Stand der Erkenntnisse eine ordnungsgemäße Behandlung und Beratung unter Einsatz von Kommunikationsmedien grundsätzlich möglich ist« (BT-Drs. 19/13438 S. 78). Ein restriktiver Ansatz forderte demgegenüber, dass die jeweilige Fernbehandlung im Regelfall anerkannten fachlichen Standards der Ärzteschaft entspricht. Auf diese Auslegung deutet die Formulierung in der Begründung hin, es dürften »nur solche Fernbehandlungen bei Menschen beworben werden, bei denen die Einhaltung anerkannter fachlicher Standards gesichert ist« (BT-Drs. 19/13438 S. 78). Die konträren Formulierungen in der Gesetzesbegründung sind nicht zuletzt Ausdruck der unterschiedlichen Auffassungen der am Gesetzgebungsverfahren beteiligten Akteure, weshalb sich den Gesetzesmaterialien keine verlässlichen Anhaltspunkte entnehmen lassen, wie die Maßstäbe im Rahmen des § 9 Satz 2 zu konkretisieren sind. Angesichts des Primats der objektiven Auslegung könnten sie die Auslegung des Gesetzes ohnehin nicht entscheidend anleiten (BGH Urt. v. 05.10.2017 – I ZR 172/16, GRUR 2017, 1281 Rn. 23 ff., 40 – Großhandelszuschläge).

11c Teile der Literatur treten dafür ein, die Anforderungen an die Zulässigkeit der Werbung für ärztliche Fernbehandlungen niedrig zu halten, um die Liberalisierung des ärztlichen Berufsrechts nicht werberechtlich zu konterkarieren und die gewünschte Verbreitung telemedizinischer Anwendungen in der Fläche nicht zu behindern (*Eichelberger* in: FS Harte-Bavendamm, 2020, S. 289, 297 ff.; *ders.* WRP 2020, 1504 Rn. 7; *Braun* MedR 2021, 159 ff.; vgl. auch *Spickhoff* MedR 2018, 535, 542 – »Akzessorietät des Werbeverbots nach § 9 zum standesrechtlichen Fernbehandlungsverbot; *ders.* Parteigutachten Spickhoff v. 12.12.2017). Es solle genügen, wenn für die zu bewerbende Fernbehandlung ernsthaft praktisch relevante Anwendungsfälle bestehen oder bestehen können, zumal von den Ärzten die Begrenzungen des Berufsrechts zu beachten und Haftungsrisiken zu gewärtigen seien. Damit werde auch die Werbung für innovative, noch nicht bereits praktizierte Fernbehandlungen ermöglicht.

11d Die überzeugenderen Argumente sprechen indes für die Gegenauffassung, wonach ein tendenziell strenger Maßstab an die Zulässigkeit der beworbenen Fernbehandlung zu stellen ist (OLG München Urt. v. 09.07.2020 – 6 U 5180/19, MMR 2021, 343; OLG Hamburg Urt. v. 05.11.2020 – 5

U 175/19, MMR 2021, 336; *Tillmanns* PharmR 2020, 247, 249; *ders.* A & R 2020, 11, 14 ff.). Hierfür spricht bereits der Gesetzeswortlaut, der einen »*allgemein anerkannten* fachlichen Standard« fordert. Ausreichend sind insoweit z.B. evidenzbasierte Leitlinien der Ärztekammern oder Fachgesellschaften. Eine ausschließlich auf unternehmensinternen Evaluationen bzw. nur auf individuelle Einschätzungen der jeweiligen Heilberufler beruhende Einschätzung erfüllt diese Voraussetzung hingegen nicht. Die von § 7 Abs. 3 MBO-Ä abweichende Formulierung bestätigt zudem den eigenständigen, von der Einzelfallbetrachtung im Berufsrecht abstrahierenden Regelungsgehalt des § 9. In systematischer Hinsicht wird eine eingrenzende Auslegung weiterhin dadurch untermauert, dass § 9 Satz 2 als Ausnahmetatbstand im Zweifel eng auszulegen ist (vgl. EuGH Urt. v. 12.10.2017 – C-289/16 Rn. 20 m.w.N.). Ließe man es genügen, wenn überhaupt ein Fall denkbar ist, in dem eine Fernbehandlung mit den fachärztlichen Standards vereinbar ist, bliebe von dem fortgeltenden Verbot des § 9 Satz 1 praktisch nichts mehr übrig. Der gebotene Schutz vor aggressiven Werbepraktiken unter Beteiligung diverser für die Werbegestaltung verantwortlicher Intermediäre wäre nicht gewährleistet. Insbes. bietet das ärztliche Berufs- und Haftungsrecht insoweit keinen ausreichenden Schutz, da es andere Heilberufler, wie etwa Heilpraktiker, nicht vollständig erfasst und eine effektive Rechtsdurchsetzung nicht in gleicher Weise gewährleistet wie der bundeseinheitlich geltende § 9. Eine nennenswerte Behinderung telemedizinischer Anwendungen in der Fläche steht durch eine strikte Auslegung nicht zu besorgen. So bleibt es Heilberuflern unbenommen, ohne konkreten Therapie- bzw. Diagnosebezug ihre (auch innovativen) telemedizinischen Anwendungen zu bewerben und bekannt zu machen (Rdn. 9).

## E. Rechtsfolgen

Ein schuldhafter Verstoß gegen § 9 ist gem. § 15 Abs. 1 Nr. 5 ordnungswidrig, unabhängig davon, ob sich eine Gesundheitsgefahr im Einzelfall realisiert hat (Bülow/Ring/Artz/Brixius/*Bülow/Ring*, Heilmittelwerbegesetz, § 9 Rn. 14). 12

§ 9 ist zudem dazu bestimmt, im Interesse der Marktteilnehmer das Marktverhalten zu regeln; ein Verstoß gegen sie stellt einen Rechtsbruch i.S.d. § 3a UWG dar (OLG München Urt. v. 02.08.2012 – 29 U 1471/12, GRUR-RR 2012, 435, 437 – Unsere Experten sind für Sie da!; Urt. v. 09.07.2020 – 6 U 5180/19, MMR 2021, 343 Rn. 50). Die Anwendung des UWG erfordert eine geschäftliche Handlung i.S.d. § 2 Abs. 1 UWG. Diese wird sich regelmäßig aus der Förderung des Absatzes der (eigenen oder fremden) medizinischen Leistungen ergeben, die – auch wenn sie freiberuflicher Natur sind – ein unternehmerisches Angebot i.S.d. UWG darstellen. 13

## § 10 Werbeverbote für bestimmte Arzneimittel

(1) Für verschreibungspflichtige Arzneimittel darf nur bei Ärzten, Zahnärzten, Tierärzten, Apothekern und Personen, die mit diesen Arzneimitteln erlaubterweise Handel treiben, geworben werden.

(2) Für Arzneimittel, die psychotrope Wirkstoffe mit der Gefahr der Abhängigkeit enthalten und die dazu bestimmt sind, bei Menschen die Schlaflosigkeit oder psychische Störungen zu beseitigen oder die Stimmungslage zu beeinflussen, darf außerhalb der Fachkreise nicht geworben werden. Dies gilt auch für Arzneimittel, die zur Notfallkontrazeption zugelassen sind.

| Übersicht | Rdn. | | Rdn. |
|---|---|---|---|
| A. Regelungsgegenstand und Normzweck . | 1 | 2. Vereinbarkeit mit dem primären Gemeinschaftsrecht . . . . . . . . . . . . . . . | 13 |
| B. Einschränkungsansätze für § 10 Abs. 1 HWG . . . . . . . . . . . . . . . | 6 | II. Publikumswerbeverbot für bestimmte Arzneimittel gegen Schlaflosigkeit, psychische Störungen oder zur Beeinflussung der Stimmungslage, § 10 Abs. 2 Satz 1 HWG . . . . . . . . . . . . . . . . . . | 20 |
| C. Unionsrechtliche Vorgaben . . . . . . . . | 10 | | |
| I. Werbeverbot für verschreibungspflichtige Arzneimittel (§ 10 Abs. 1 HWG) . . . . | 11 | | |
| 1. Richtlinienkonforme Umsetzung von Art. 88 Abs. 1 GK . . . . . . . . . . | 11 | 1. Fehlende Grundlage im GK . . . . . . | 20 |

| | | | | |
|---|---|---|---|---|
| 2. Primäres Gemeinschaftsrecht | 24 | F. | § 10 Abs. 2 HWG | 31 |
| III. Publikumswerbeverbot für Notfall-Kontrazeptiva, § 10 Abs. 2 Satz 2 HWG | 24a | I. | Psychotrope Substanzen, Abhängigkeit und Indikationen (§ 10 Abs. 2 Satz 1 HWG) | 31 |
| D. Verfassungsrechtliche Vorgaben | 25 | II. | Notfallkontrazeptiva | 35a |
| E. § 10 Abs. 1 HWG | 26 | III. | Werbeadressaten | 36 |
| I. Produktbezogene Werbung | 26 | G. | Durchsetzung und Konkurrenzen | 37 |
| II. Verschreibungspflicht | 28 | | | |
| III. Werbung außerhalb der zur Abgabe und Verschreibung befugten Personen | 29 | | | |

## A. Regelungsgegenstand und Normzweck

**1** § 10 Abs. 1 beschränkt die Werbung für verschreibungspflichtige Arzneimittel auf Ärzte, Apotheker und Personen, die mit diesen Arzneimitteln erlaubterweise Handel treiben. Außerhalb dieser **eingeschränkten Fachkreise** (dazu § 2 HWG Rdn. 3) darf für verschreibungspflichtige Arzneimittel nicht geworben werden. Dies gilt auch für Tierarzneimittel (OLG Köln Urt. v. 12.01.2018 – 6 U 92/17, PharmR 2018, 144 ff. – Werbung für Tierarzneimittel nach Shitstorm). § 10 Abs. 2 Satz 1 statuiert ergänzend ein Verbot der **Publikumswerbung** (dazu § 2 HWG Rdn. 8 ff., 14) für Arzneimittel mit psychotropen, d.h. die Psyche und das Bewusstsein eines Menschen verändernden Wirkstoffen, die dazu bestimmt sind, Schlaflosigkeit oder psychische Störungen zu beseitigen oder die Stimmungslage zu beeinflussen. Obgleich der Wortlaut auf ein indikationsbezogenes Verbot hindeutet, ist § 10 Abs. 2 Satz 1 nicht zuletzt im Lichte des Unionsrechts wie Abs. 1 als produktspezifisches Verbot auszulegen (BGH WRP 2000, 502, 504 ff. – Johanniskraut-Präparat; *Doepner* PharmaR 2010, 560, 561; *Doepner/Reese*, § 10 HWG Rn. 27; a.A. *Dieners/Reese/Reese/Holtdorf*, Hdb. des PharmaR § 11 Rn. 287: »indikationsbezogenes Werbeverbot«). Mit dem 5. SGB IV-ÄndG (BGBl. I. S. 583) hat der Gesetzgeber zum 22.04.2015 in § 10 Abs. 2 Satz 2 ergänzend auch die Werbung für Arzneimittel verboten, die zur Notfallkontrazeption zugelassen sind (sog. »Pille danach«). Hintergrund ist die Entscheidung der EU-Kommission v. 07.01.2015, das zentral zugelassene Präpart ellaOne® mit dem Wirkstoff Ulipristalacetat aus der Verschreibungspflicht zu entlassen (näher *Schütz* WRP 2016, 24 f.). Mit Ablauf des Unterlagenschutzes gilt die Rezeptfreiheit für alle Arzneimittel mit besagtem Wirkstoff (s. *Weidner* PharmR 2015, 286). In der Folge hat der deutsche Gesetzgeber zum 14.03.2015 auch die AMVV geändert und aus Gründen der Gleichbehandlung den verschreibungsfreien Bezug anderer Notfallkontrazeptiva in Apotheken ebenfalls erlaubt (BR-Drs. 28/15 S. 6).

**2** Das Werbeverbot des § 10 Abs. 1 außerhalb der eingeschränkten Fachkreise erklärt sich primär aus den Gesundheitsgefahren verschreibungspflichtiger Arzneimittel. Nach Art. 71 GK sind Arzneimittel der Verschreibungspflicht zu unterstellen, wenn ihr Gebrauch ärztlicher Kontrolle bedarf, wenn ein Fehlgebrauch nahe liegt, wenn die Wirkungen noch nicht hinreichend erforscht sind oder, von Ausnahmen abgesehen, wenn die Arzneimittel zur parenteralen Ernährung eingesetzt werden sollen. Die Einnahme dieser hoch wirksamen und vielfach mit Nebenwirkungen sowie Kontraindikationen verbundenen Mittel kann selbst bei bestimmungsgemäßem Gebrauch und ärztlicher Überwachung die Gesundheit schädigen. Die Gefahren einer Selbstmedikation und eines Fehlgebrauchs sind immens.

**3** *(unbesetzt)*

**4** Bei verschreibungspflichtigen Arzneimitteln wirkt bereits die Verschreibungspflicht den Gefahren unkontrollierter Selbstmedikation entgegen. § 10 Abs. 1 **ergänzt** insoweit lediglich den Schutz. Relevant ist dies insbesondere für bereits früher verordnete Arzneimittel (BGH GRUR 2009, 988, 989 Rn. 12 – Arzneimittelpräsentation im Internet): Hat der Patient noch ein verschreibungspflichtiges Arzneimittel vorrätig, besteht die Gefahr einer unerwünschten »**werbeinduzierten« Selbstmedikation**, weil der Patient meint, er könne das Mittel erneut anwenden und vom gebotenen Gang zum Arzt absehen (BGH GRUR 2009, 988, 989 f. Rn. 14 – Arzneimittelpräsentation im Internet; *Gellißen*, Arzneimittelwerbung im Internet S. 255; a.A. *Lorz* GRUR Int 2005, 894, 897).

Zudem schränkt § 10 Abs. 1 »Wunschverordnungen« ein. Die Norm schützt hiermit auch die **Arzt-** **Patienten-Beziehung** und die **Wirtschaftlichkeit der Arzneimittelversorgung** (im Ansatz ebenso Dieners/Reese/*Reese/Holtdorf*, Hdb. des PharmaR § 11 Rn. 278–280, kritisch *Doepner/Reese*, § 10 HWG Rn. 19). Zwar steht die werberechtliche Abwehr entsprechender Gefahren in einem Spannungsfeld zum »Leitbild informierter Patienten« (*Reese*, FS Axel Sander, S. 289) und zur »zentralen Lenkungsaufgabe« der Ärzte (*Lorz* GRUR Int 2005, 894, 896). Diese Gesichtspunkte entziehen den genannten Schutzzwecken aber nicht per se die Grundlage (zweifelnd Dieners/Reese/*Reese/ Holtdorf*, Hdb. des PharmaR § 11 Rn. 278 f.; *Doepner/Reese*, § 10 HWG Rn. 19). Unabhängig von den rechtlichen Anforderungen an die Patientenaufklärung bestehen begründete Zweifel, dass Ärzte ihre Patienten tatsächlich durchgehend nicht nur über medizinische Bedenken gegen die Verordnung eines aufgrund von Werbemaßnahmen gewünschten Arzneimittels informieren, sondern ihnen auch noch verständlich erläutern, dass dessen Verschreibung im Lichte der von den Ärzten verlangten latenten Rationierung von Gesundheitsleistungen unter Kosten-Nutzen-Gesichtspunkten nicht vertretbar ist: Entziehen sich Ärzte den Verordnungswünschen ihrer Patienten, drohen die Patienten zu anderen Ärzten zu wechseln (*Mintzes*/et. al., 169 Canadian Medical Association Journal 405 ff. [2003]). Zudem fehlt bei knapp kalkulierten Gebührensätzen aus ökonomischen Gründen schlicht die Zeit, den Patienten die Kosten-Nutzen-Abwägung transparent zu erklären. Schließlich haben Patienten wie Ärzte aufgrund der hohen Wertschätzung des Gutes Gesundheit und der weitgehenden Kostenübernahme durch die Krankenkassen nur sehr eingeschränkte eigene Anreize zu sparsamem Verhalten (§ 1 HWG Rdn. 48). Der Gesetzgeber sah sich daher veranlasst, durch vielfältige regulatorische Eingriffe ein wirtschaftlicheres Verordnungsverhalten zu gewährleisten. Vor diesem Hintergrund kann speziell emotionale und einseitige Werbung das Vertrauensverhältnis des zur Rationierung gezwungenen Arztes zum Patienten belasten und die regulatorischen Kostendämpfungsbemühungen konterkarieren. Das präventive Werbeverbot minimiert diese Gefahren. Neben dem Schutz vor einer die Gesundheit gefährdenden Selbstmedikation sind daher die Vertrauensbeziehung zwischen Arzt und Patient sowie die Wirtschaftlichkeit der Arzneimittelversorgung als weitere grundsätzlich legitime Schutzziele der Norm anzuerkennen. Insoweit flankiert § 4a Hs. 2 den Schutz des § 10.

Das Publikumswerbeverbot gem. **§ 10 Abs. 2 Satz 1** knüpft wie § 10 Abs. 1 primär an die Gesundheitsgefahren der von der Norm erfassten Arzneimitteltypen an: Bei Arzneimitteln mit psychotropen Wirkstoffen gegen Schlaflosigkeit oder psychische Störungen oder zur Beeinflussung der Stimmungslage besteht vielfach die Gefahr psychischer und physischer Abhängigkeit (BGH WRP 2000, 502, 505 – Johanniskraut-Präparat; *Doepner* WRP 1978, 611, 617 f.; *Doepner/Reese*, § 10 HWG Rn. 23). Diese Abhängigkeitsgefahr und das Erfordernis psychotroper Wirkstoffe hat der Gesetzgeber im Zuge des 2. AMGuaÄndG v. 19.10.2012 (BGBl. I S. 2192) auch explizit zu Tatbestandsmerkmalen erhoben. Zudem sind die genannten Krankheitsbilder komplex. Die Indikation für eine medikamentöse Behandlung mit den im Wesentlichen symptomatisch wirkenden Arzneimitteln ist deshalb schwierig zu stellen und sorgfältig gegen andere Therapieoptionen abzuwägen. Bei einer Selbsttherapie ohne vorherige Konsultation eines Arztes läuft der medizinische Laie deshalb Gefahr, von einer kausalen und erforderlichen Behandlung der zugrunde liegenden gesundheitlichen Störungen abgelenkt zu werden (BGH WRP 2000, 502, 505 – Johanniskraut-Präparat; OLG Hamburg MD 1997, 990, 995 f.). Schließlich steigert eine Erkrankung an einer der in § 10 Abs. 2 genannten Störungen die unkritische Empfänglichkeit für Abhilfe verheißende Arzneimittel. Aufgrund dieser Sondersituation besteht ein gruppenspezifisch erhöhter Schutzbedarf (zu dessen Maßgeblichkeit im Rahmen des Verbraucherleitbilds *Mand* JZ 2010, 337, 339 mit Fn. 24) insbesondere vor einseitigen und emotionalen Werbemaßnahmen. Dieser Schutzbedarf ist bei den von § 10 Abs. 2 erfassten, nicht verschreibungspflichtigen Arzneimitteln sogar besonders akut, weil Verbraucher ihre Kaufwünsche hier unmittelbar umsetzen können.

Mit dem Verbot des **§ 10 Abs. 2 Satz 2** soll nach dem Willen des Gesetzgebers ebenfalls »der Gefahr der Verleitung zur unsachgemäßen Selbstmedikation entgegengewirkt werden« (BT-Drs. 18/4114 S. 34). Eine kommerzielle Bewerbung von Notfallkontrazeptive berge das Risiko wiederholter Anwendung innerhalb eines Menstruationszyklus mit derzeit nicht kalkulierbaren Gesundheitsrisiken.

Außerdem bestehe die Gefahr einer Bevorratung, welche die Beratung durch Apotheker im Einzelfall erschwere. Schließlich könnte das hohe Schutzniveau bei der Standardprävention u.a. gegen sexuell übertragbare Krankheiten, das auf der Verwendung von Kondomen als Verhütungsmittel beruhe, beeinträchtigt werden (BT-Drs. 18/4114 S. 34; teilweise kritisch dazu *Tillmanns* A & R 2015, 74, 77 f.).

### B. Einschränkungsansätze für § 10 Abs. 1 HWG

6 Das ausnahmslose Werbeverbot des § 10 Abs. 1 verschließt den Unternehmen bei verschreibungspflichtigen Arzneimitteln eine direkte Ansprache der Endverbraucher. Es hat daher eine große wirtschaftliche Tragweite und schränkt die wirtschaftlichen und kommunikativen Freiheiten der Hersteller und Apotheken massiv ein (dazu Rdn. 14 ff.; s.a. *Doepner* PharmaR 2010, 260, 262: »weitreichendste[s] Publikumswerbeverbot«). Weil Werbung eine wichtige Informationsquelle ist, schränkt es zugleich die Möglichkeiten der Patienten ein, sich zu informieren. Dies konfligiert mit dem zunehmenden Stellenwert des **Selbstbestimmungsrechts des Patienten** auch bei der Entscheidung über die Arzneimitteltherapie. Haftungsrechtlich wird diese Verantwortung des Patienten sogar vorausgesetzt, wenn allein seine informierte Einwilligung die Rechtswidrigkeit der wirksamen Arzneimittelbehandlungen entfallen lässt (BGHZ 162, 320, 323 f.; BGH NJW 2007, 2771 Rn. 17). Daher wird das umfassende Werbeverbot des § 10 Abs. 1 in jüngster Zeit rechtspolitisch mehr und mehr infrage gestellt (vgl. *Wasem/Mass/Greß*, FS Eberhard Wille, 2007, S. 635, 636 ff., 650 ff., vgl. auch *Doepner/Reese*, § 10 HWG Rn. 19 ff.).

7 De lege lata hält man § 10 Abs. 1 und die weitgehend gleichlautende Vorgabe in Art. 88 Abs. 1 GK teilweise sogar für verfassungs- bzw. primärrechtswidrig, da die Vorschriften insbesondere die Berufs- und Meinungsfreiheit der Werbenden und die Informationsfreiheit der Werbeadressaten unverhältnismäßig beschränkten (s. *Lorz* GRUR Int 2005, 894, 901 ff., 904 ff.). Diese Einwände greifen letztlich nicht durch (s. Rdn. 10 ff.). Im Einzelfall ist aber eine primärrechtskonform einschränkende Auslegung der Norm möglich und geboten: So kann bei sachlicher Informationsvermittlung bereits die **Erfüllung des Werbebegriffs** i.S.v. § 1 oder jedenfalls das Vorliegen von Öffentlichkeitswerbung i.S.v. § 10 zweifelhaft sein (dazu § 1 HWG Rdn. 24 ff., vgl. zur Werbung in einem Domainnamen und im Internetauftritt OLG Stuttgart Urt. v. 27.09.2018 – 2 U 41/18). Weiterhin ist an eine **grundrechtskonform einschränkende Auslegung des § 10 Abs. 1** oder sogar an eine direkt **auf die Unionsgrundrechte gestützte Rechtfertigung** zu denken, wenn ein Verbot der konkreten Werbemaßnahme wegen der nur geringen Gefährdung der Schutzziele der Norm oder wegen eines besonders dringenden, legitimen Informationsinteresses des Werbenden unverhältnismäßig wäre (dazu Rdn. 14 ff.). Als Anknüpfungspunkt für eine Einschränkung kommt schließlich eine **teleologische Reduktion des § 10 Abs. 1** selbst in Betracht, wenn eine informative Werbung im Einzelfall die legitimen Schutzziele der Norm schlechterdings nicht tangiert (ebenso Doepner/Reese, § 10 HWG Rn. 21). Dagegen ist es nicht möglich, in diesen Fällen lediglich die Unlauterkeit i.S.v. §§ 3, 3a UWG zu verneinen (*Mand* JZ 2010, 337, 345; Einführung HWG Rdn. 14).

8 Die Gefahr einer die Gesundheit gefährdenden, unsachgemäßen Selbstmedikation mit Arzneimitteln, die der Patient aufgrund früherer Verordnungen vorrätig hat, ist bei **emotionaler oder einseitiger Werbung** akut. Bei ausgewogenen und womöglich kontrollierten Sachinformationen erscheint sie hingegen gering. Beschränkt sich die Information auf die *wörtliche* und *vollständige Bereitstellung* der behördlich genehmigten **Packungsbeilage oder der Zusammenfassung der Merkmale des Arzneimittels zum Download im Internet**, wird – jedenfalls wenn auf die Notwendigkeit einer ärztlichen Konsultation hingewiesen wird – bereits der Werbecharakter zu verneinen sein (EuGH GRUR 2011, 1160 Rn. 32 f., 43, 48 – MSD Sharp & Dohme GmbH; GA *Trstenjak* v. 24.11.2010 C 316/09 Rn. 123 – MSD Sharp & Dohme GmbH; näher § 1 HWG Rdn. 24 ff.). Bejaht man eine Heilmittelwerbung, erscheint unter dem Gesichtspunkt der Gesundheitsgefahr zumindest eine teleologische Einschränkung des Werbeverbots gerechtfertigt, weil dem Patienten ohnehin die Packungsbeilage vorliegt und – falls nicht – die Bereitstellung der Beilage noch gefährlicheren Informationsdefiziten entgegenwirken kann (BGH GRUR 2009, 988, 989 f.

Rn. 14 – Arzneimittelpräsentation im Internet; *Gellißen,* Arzneimittelwerbung im Internet S. 255; *Stoll* PharmaR 2004, 101, 105).

Eine ähnliche Differenzierung gilt für die sonstigen Schutzziele der Norm: Verordnungswünsche der Patienten können die Arzt-Patienten-Beziehung beeinträchtigen und ein unwirtschaftliches Verschreibungsverhalten begünstigen, wenn sie auf einseitigen oder emotionalen Werbemaßnahmen für hochpreisige Arzneimittel beruhen. Auch unter Berücksichtigung dieser Schutzzwecke ist aber eine teleologische Reduktion des § 10 Abs. 1 denkbar, wenn sichergestellt ist, dass die in der Werbung bereitgestellten Informationen umfassend, ausgewogen und sachlich sind (in diese Richtung auch *Doepner/Reese,* § 10 HWG Rn. 21). Dies ist vor allem bei einer einfachen Publikation der gesamten, behördlich geprüften Packungsbeilage im Internet der Fall. Hier ist also auch mit Blick auf den Schutz der Arzt-Patienten-Beziehung und der Wirtschaftlichkeit der Arzneimittelversorgung eine teleologische Reduktion des § 10 möglich. Jedenfalls erscheint eine liberale Auslegung im Lichte der Unionsgrundrechte geboten (dazu Rdn. 13 ff.). 9

## C. Unionsrechtliche Vorgaben

Eine unmittelbare sekundärrechtliche Grundlage im GK existiert nur für § 10 Abs. 1. § 10 Abs. 2 findet im GK keine direkte Entsprechung. 10

### I. Werbeverbot für verschreibungspflichtige Arzneimittel (§ 10 Abs. 1 HWG)

#### 1. Richtlinienkonforme Umsetzung von Art. 88 Abs. 1 GK

Art. 88 Abs. 1 Buchst. a GK verbietet jede Öffentlichkeitswerbung für Arzneimittel, die nur auf ärztliche Verschreibung abgegeben werden dürfen. § 10 Abs. 1 setzt diese Anforderung – auch mit Blick auf die zulässigen Adressaten der Werbung (§ 2 HWG Rdn. 3) – **richtlinienkonform** um (EuGH NJW 2004, 131 Rn. 139 – Doc Morris; BGH, GRUR 2009, 988 Rn. 6 – Arzneimittelpräsentation im Internet; Bülow/Ring/Artz/Brixius/*Ring*, Heilmittelwerbegesetz, § 2 HWG Rn. 3, § 10 HWG Rn. 11). 11

Die Kommission hat bereits am 10.12.2008 einen ersten liberalisierenden **Reformvorschlag** unterbreitet (KOM [2008] 663). Durch ergänzende Regelungen in Art. 101a ff. GK sollten unbeschadet des fortbestehenden Werbeverbots in Art. 88 Abs. 1 GK auch über verschreibungspflichtige Arzneimittel bestimmte sachliche Informationen in bestimmten Medien verbreitet werden dürfen. Nach heftigem Widerstand der Mitgliedstaaten legte die Kommission am 11.10.2011 einen restriktiveren Richtlinienentwurf vor (KOM [2011] 633). Auch dieser fand jedoch keine Mehrheit. Die EU-Kommission zog deshalb die Liberalisierungsvorschläge zurück (ABl EU v. 21.05.2014, C 153/03, S. 3 ff.). Gespräche im Rat hätten »gezeigt, dass zu diesem Vorschlag keine Einigung erzielt werden kann« (1 COM[2013] 739 final). Das Liberalisierungsvorhaben ist damit endgültig gescheitert. 12

#### 2. Vereinbarkeit mit dem primären Gemeinschaftsrecht

Art. 88 Abs. 1 Spiegelstrich 1 GK und die nationale Umsetzungsnorm des § 10 Abs. 1 sind in dem durch den GK harmonisierten Bereich (Art. 2–4 GK) anhand der **EU-Grundrechte** auf ihre Rechtmäßigkeit hin zu überprüfen und in deren Lichte auszulegen (Einf. HWG Rdn. 55 ff.; *Mand* JZ 2010, 337, 339, 340 f.). Inwieweit daneben eine Prüfung anhand der **Grundfreiheiten des AEUV** und des allgemeinen **Rechtsgrundsatzes der Verhältnismäßigkeit** in Betracht kommt (s. dazu Einführung HWG Rdn. 19 f.), kann dahinstehen. Denn hieraus ergeben sich gleichlautende, jedenfalls aber keine weitergehenden Rechtfertigungsanforderungen für das Werbeverbot. Nationale Grundrechte gelten nur außerhalb der Vollharmonisierung (Rdn. 25). 13

Das Verbot, außerhalb der engen Fachkreise für verschreibungspflichtige Arzneimittel zu werben, schränkt vor allem die Grundrechte der **Meinungs- und Berufsfreiheit** ein (Einführung HWG Rdn. 55 ff.). Die Einschränkungen sind jedoch mit Blick auf die legitimen 14

Schutzziele – »Abwendung der Gefahren einer Selbstmedikation« und »Sicherstellung einer funktionsfähigen und wirtschaftlichen Arzneimittelversorgung« (s. Rdn. 2 ff.) – aus Gründen des Gesundheitsschutzes prinzipiell gerechtfertigt (*Gellißen*, Arzneimittelwerbung im Internet S. 261 f.; *Mand* WRP 2003, 192, 197 zu Art. 28, 30 EG = Art. 34, 35 AEUV). Auch EuGH und BGH hegen **keine grundsätzlichen primärrechtlichen Bedenken** gegen Art. 88 Abs. 1 Spiegelstrich 1 GK und § 10 (EuGH GRUR 2011, 1160 Rn. 30 [ungeachtet von Rn. 24] – MSD Sharp & Dohme GmbH; EuGH GRUR 2008, 267 Rn. 19, 26 – Gintec; EuGH NJW 2004, 131 Rn. 147 – Doc Morris; BGH GRUR 2009, 988, 989 Rn. 6 – Arzneimittelpräsentation im Internet).

15 Die Grundrechte sind jedoch bei der Auslegung des Richtlinienrechts und der nationalen Umsetzungsnormen zu berücksichtigen (GA *Trstenjak* v. 24.11.2010 C 316/09 Rn. 70 ff. – MSD Sharp & Dohme GmbH; *Mand* JZ 2010, 337, 339, 347 f.; OLG Köln PharmR 2018, 144, 147 f. – Zulässigkeit einer heilmittelwerberechtlich zu beanstandenden Verbraucherinformation in sozialen Medien zur Abwehr einer negativen Kampagne gegen ein Tierarzneimittel allerdings mit unrichtiger Bezugnahme auf die nationalen Grundrechte; zurückhaltend EuGH GRUR 2011, 1160, Rn. 27– MSD Sharp & Dohme GmbH; *Doepner* PharmaR 2010, 560, 569 ff.): Je weniger die angeführten legitimen Schutzzwecke der Norm tangiert sind und je mehr die fragliche Werbemaßnahme dem Informationsbedürfnis der Verbraucher Rechnung trägt oder als Beitrag zu einem öffentlichen Diskurs zu verstehen ist, desto sorgfältiger ist zu untersuchen, ob das pauschale Verbot der Öffentlichkeitswerbung für verschreibungspflichtige Arzneimittel im Einzelfall unverhältnismäßig und eine **primärrechtskonform einschränkende Auslegung** erforderlich ist. Im Lichte der starken Zurückhaltung des EuGH bei der grundrechtskonformen Auslegung des sekundären Unionsrechts hat das BVerfG entschieden, die Gewährleistung der Wertungen der GRCh bei der Auslegung und Anwendung nationaler Normen, die vollharmonisierende EU-Sekundärrechtsakte umsetzen, eigenständig zu prüfen (Einf. HWG Rdn. 58, 61). Diese vom BVerfG beanspruchte Prüfungskompetenz dürfte ebenso wie die Aufforderung des BVerfG an die Fachgerichte, den Schutz nicht nur der Grundrechte des GG, sondern auch der GRCH sicherzustellen (BVerfG Beschl. v. 06.11.2019 – 1 BvR 276/17, NJW 2020, 3014 Rn. 50 ff., 62 – Recht auf Vergessen II), bei § 10 Abs. 1 große Bedeutung erlangen.

16 Die legitimen Zwecke von Art. 88 Abs. 1 Spiegelstrich 1 GK, § 10 Abs. 1 HWG rechtfertigen ein Verbot jedenfalls bei einseitiger oder emotionaler Werbung. Bei sachlicher, umfassender und ausgewogener Information über ein Arzneimittel sind die Schutzziele hingegen allenfalls marginal berührt, während die Informationsinteressen der Verbraucher sowie die Kommunikationsinteressen der Hersteller hoch einzustufen sind. Dies gilt insbesondere dann, wenn die Informationen zusammen mit einem Hinweis, vor der Behandlung einen Arzt zu konsultieren, nur zum Download im Internet bereitgestellt werden (»Pull-Situation«). Insoweit muss man jedenfalls bei der vollständigen Bereitstellung der behördlich geprüften **Packungsbeilage im Internet** – sofern man hier überhaupt von Heilmittelwerbung ausgeht und das Verbot auch nicht teleologisch reduziert (Rdn. 8 f.) – zu einer grundrechtskonformen Einschränkung von Art. 88 Abs. 1 GK/§ 10 Abs. 1 HWG gelangen (GA *Trstenjak* v. 24.11.2010 C 316/09 Rn. 70 ff. – MSD Sharp & Dohme GmbH; vgl. auch BGH GRUR 2009, 988, 989 Rn. 15 – Arzneimittelpräsentation im Internet »Zweifel an Erforderlichkeit«). Allerdings bedarf es jeweils einer Prüfung aller maßgeblichen Umstände des Einzelfalls (EuGH GRUR 2011, 1160 Rn. 33 – MSD Sharp & Dohme GmbH). Deshalb kann selbst die vollständige und unveränderte Bereitstellung der Packungsbeilage im Internet gegen § 10 verstoßen, wenn der Hinweis auf die Packungsbeilage selbst werbliche Elemente enthält oder über verlinkte Seiten zusätzliche Informationen geboten werden (BGH GRUR-RR 2012, 259 Rn. 13). Auch die Sachlichkeit der Information rechtfertigt für sich noch keine Einschränkung des Werbeverbots, weil (sachliche) Informationen Kernbestandteil jeder Werbung sind und eine Differenzierung zwischen Information und Werbung nicht möglich erscheint (EuGH GRUR 2011, 1160 Rn. 32 – MSD Sharp & Dohme GmbH).

17 Nur im Einzelfall kann außerhalb des Internets eine Herstellerwerbung durch das Grundrecht auf Meinungsfreiheit (Art. 11 GRC, Art. 10 EMRK) gedeckt sein, wenn das pharmazeutische

Unternehmen ein über das übliche Interesse an der Absatzförderung hinausgehendes, **besonderes Kommunikationsinteresse** hat. Dies ist z.B. bei öffentlicher Kritik am Nutzen oder an den Kosten eines Arzneimittels denkbar (BGH GRUR 2009, 984, 986 Rn. 19 ff. – Festbetragsfestsetzung; OLG Köln PharmR 2018, 144, 147 f. – Shitstorm über ein Tierarzneimittel). Entscheidend ist insoweit, ob die konkrete werbliche Äußerung tatsächlich erforderlich ist, um die legitimen Interessen des Unternehmens zu wahren. Dies ist nur bei einer sachlichen Darstellung ohne »werblichen Überhang« denkbar. Zudem komme es darauf an, ob die werbliche Kommunikation die öffentliche Kritik selbst adressiert bzw. darauf Bezug nimmt oder nicht (zutreffend OLG Köln PharmR 2018, 144, 147 f.).

Besonders sorgfältig zu prüfen sind die Grundrechte auch dann, wenn die fragliche **werbliche Äußerung von Dritten** stammt. Das BVerfG hat mit Blick auf die Berufsfreiheit z.B. das Recht auf berufliche Selbstdarstellung von Ärzten und Heilberuflern betont und in diesem Rahmen sogar Hinweise auf bestimmte verschreibungspflichtige Arzneimittel gerechtfertigt (BVerfG NJW 2004, 2660 – Botox). Der zur verbindlichen Auslegung des GK berufene EuGH (zur Unanwendbarkeit der nationalen Grundrechte Rdn. 25) bleibt in Bezug auf den Grundrechtsschutz speziell von Drittäußerungen allerdings bisher hinter der Rechtsprechung des BVerfG zurück (EuGH EuZW 2009, 428, 430 Rn. 27 f. – Frede Damgaard; kritisch dazu *Mand* JZ 2010, 337, 341 f.; zum Erstellen eines Wikipedia-Eintrags durch einen Dritten s. *von Hoff* PharmaR 2010, 49 ff.). Im Lichte des maßgebenden Unionsrechts erscheint deshalb sehr zweifelhaft, ob die Nennung einzelner verschreibungspflichtiger Arzneimittel z.B. auf der Homepage einer Klinik zumindest dann generell vom Verbot des § 10 Abs. 1 ausgenommen werden kann, wenn das Mittel nicht besonders werblich hervorgehoben wird (so Dieners/Reese/*Dieners/Holtdorf*, Hdb. des PharmaR § 11 Rn. 285; erwogen auch von OLG Stuttgart WRP 2002, 131, 132 unter Hinweis auf die nationalen Grundrechte). 18

Bei Unverhältnismäßigkeit ist das Werbeverbot – ebenso wie bei der verfassungskonformen Auslegung im nationalen Recht – primärrechtskonform einschränkend auszulegen. Als Bezugspunkt der einschränkenden Auslegung kann insbes. der **Werbebegriff** dienen (GA *Trstenjak* v. 24.11.2010 C 316/09 Rn. 70 ff. – MSD Sharp & Dohme GmbH; *Mand* WRP 2003, 192, 196 f.). Alternativ kommt auch eine unmittelbare Rechtfertigung des Verstoßes in Betracht (BGH GRUR 2009, 984, 986 Rn. 19 ff. – Festbetragsfestsetzung, aber mit Blick auf die nationalen Grundrechte). 19

## II. Publikumswerbeverbot für bestimmte Arzneimittel gegen Schlaflosigkeit, psychische Störungen oder zur Beeinflussung der Stimmungslage, § 10 Abs. 2 Satz 1 HWG

### 1. Fehlende Grundlage im GK

§ 10 Abs. 2 hat keine direkte Entsprechung im GK. **Art. 88 Abs. 1 Spiegelstrich 2 GK** enthält lediglich ein produktbezogenes Werbeverbot für psychotrope Substanzen und Suchtstoffe im Sinne internationaler Übereinkommen. Demgegenüber verbietet § 10 Abs. 2 Werbemaßnahmen für Arzneimitteltypen mit drei vage konturierten Indikationen, nämlich die Beseitigung der Schlaflosigkeit (Alt. 1) und psychischer Störungen (Alt. 2) und die Beeinflussung der Stimmungslage (Alt. 3). Durch das 2. AMGuaÄndG 2012 (BGBl. I S. 2192) hat der Gesetzgeber die Vorschrift durch zwei zusätzliche Merkmale eingeschränkt und dadurch den unionsrechtlichen Vorgaben zumindest angenähert: Die Arzneimittel müssen nunmehr psychotrope Wirkstoffe enthalten, welche die Gefahr der Abhängigkeit begründen. 20

Die bisherige Fassung fand nur hinsichtlich des harten Verbotskerns eine Grundlage in Art. 88 Abs. 1 Spiegelstrich 2 GK (Prütting, Medizinrecht Kommentar, 4. Aufl. 2016, § 10 HWG Rn. 20; *Doepner,* § 10 HWG Rn. 122 ff.; s. zu § 10 Abs. 2 Alt. 3 auch BGH WRP 2000, 502, 506 – Johanniskraut-Präparat). Für die praktisch relevanten Grenzbereiche der Vorschrift, in denen die beworbenen Mittel zumeist nicht verschreibungspflichtig waren und daher nicht schon unter das Verbot des § 10 Abs. 1 fielen, konnte das Verbot zumindest im Regelfall auch nicht auf Art. 88 Abs. 2 GK gestützt werden (4. Aufl, § 10 HWG Rn. 21, a.A. *Doepner,* § 10 HWG Rn. 51 ff.; *ders.* GRUR 2000, 490, 492; zust. *Riegger,* Kap. 10 Heilmittelwerberecht Rn. 7). Es musste 21 dementsprechend in dem überschießenden Verbotsbereich richtlinienkonform teleologisch reduziert werden (4. Aufl., § 10 HWG Rn. 23).

22 Die Einschränkung des § 10 Abs. 2 durch das 2. AMGuaÄndG 2012 begründet erneut Diskrepanzen zum GK: Art. 88 Abs. 1 Spiegelstrich 2 GK verbietet Werbung für Arzneimittel, die entweder psychotrope Stoffe *oder* Suchtstoffe i.S.d. internationalen Übereinkommen enthalten. § 10 Abs. 2 fordert dagegen kumulativ psychotrope Wirkstoffe und eine »Abhängigkeitsgefahr« und darüber hinaus auch noch drei spezifische Indikationen der betreffenden Arzneimittel (s.a. die Gesetzesbegründung, BR-Drs. 91/12 S. 114). Soweit § 10 Abs. 2 sachlich mit Art. 88 Abs. 1 Spiegelstrich 2 GK übereinstimmt, erweist sich die Vorschrift auch mit Blick auf die **Werbeadressaten** als liberaler als das Unionsrecht: § 10 Abs. 2 erlaubt Werbung gegenüber allen Angehörigen der Fachkreise i.S.d. § 2. Demgegenüber geht Art. 88 Abs. 1 Spiegelstrich 2 GK, ebenso wie das Werbeverbot für verschreibungspflichtige Arzneimittel in Spiegelstrich 1, von einem eingeschränkten Fachkreisbegriff aus (§ 2 HWG Rdn. 3 ff.).

23 Die Diskrepanzen zwischen dem GK und § 10 Abs. 2 müssen im Rahmen der Rechtsanwendung so weit wie möglich beseitigt werden: Dies kann hinsichtlich der sachlichen Reichweite nur durch eine entsprechend weite Auslegung des Kriteriums der »Abhängigkeitsgefahr« und der genannten »Indikationen« erfolgen, während eine teleologische Extension des Wortlauts im Übrigen regelmäßig ausscheidet (s. Einführung HWG Rdn. 41). Soweit die weite Legaldefinition des § 2 hinsichtlich des Adressatenkreises der Werbung liberalisierend wirkt, ist weder im Wege der Auslegung noch durch eine Rechtsfortbildung ein richtlinienkonformes Ergebnis zu erzielen. D.h. auch eine nach dem GK an sich unzulässige Werbung für psychotrope Substanzen bzw. Suchtstoffe i.S.v. Art. 88 Abs. 1 Spiegelstrich 2 GK z.B. gegenüber nichtärztlichen Psychotherapeuten oder Hebammen bleibt nach § 10 Abs. 2 gestattet (§ 2 HWG Rdn. 7; *Mand* JZ 2010, 337, 345, 348). Die praktischen Auswirkungen dieser Umsetzungsdefizite halten sich freilich in sehr engen Grenzen. Denn die von Art. 88 Abs. 1 Spiegelstrich 2 GK erfassten Präparate sind in aller Regel verschreibungspflichtig und unterliegen daher bereits dem hinsichtlich des Adressatenkreises strikteren Werbeverbot nach § 10 Abs. 1 oder sie sind als Arzneimittel überhaupt nicht verkehrsfähig (*Weihe-Gröning* WRP 1997, 667, 672). Auch hinsichtlich der sachlichen Reichweite wirkt sich die scheinbar engere Fassung des Verbots in § 10 Abs. 2 kaum aus: Denn die in § 10 Abs. 2 genannten Indikationen lassen sich weit auslegen und psychotrope, d.h. die Psyche und das Bewusstsein eines Menschen verändernde Stoffe begründen nahezu immer »Abhängigkeitsgefahren«, während Suchtstoffe umgekehrt praktisch immer psychotrop wirken.

### 2. Primäres Gemeinschaftsrecht

24 In den durch den GK gesteckten Grenzen ist **§ 10 Abs. 2 Satz 1 primärrechtskonform** (ebenso *Gellißen*, Arzneimittelwerbung im Internet S. 258 ff.). Bei fehlender Verschreibungspflicht erscheint das Werbeverbot insbesondere erforderlich und angemessen, um den Gefahren einer Selbstmedikation entgegenzuwirken. Dies gilt grundsätzlich auch bei sachlichen Informationen. Lediglich bei vollständiger Bereitstellung der Packungsbeilage im Internet ist ebenso wie bei § 10 Abs. 1 eine primärrechtskonform einschränkende Auslegung möglich (enger wohl *Gellißen*, Arzneimittelwerbung im Internet S. 258 f.: »jeglicher Anreiz zur Selbstmedikation« ist »zu vermeiden«). Um den Gefahren entgegenzuwirken, die sich aus der Aufnahme der medikamentösen Therapie ohne vorhergehende Konsultation eines Arztes ergeben, genügt ein deutlich erkennbarer Hinweis vor der Anzeige der Packungsbeilage.

### III. Publikumswerbeverbot für Notfall-Kontrazeptiva, § 10 Abs. 2 Satz 2 HWG

24a Die Werbung für Humanarzneimittel ist – auch was zentral zugelassene Arzneimittel nach der VO 726/2004 EG angeht – im GK abschließend sekundärrechtlich harmonisiert. Ein generelles Publikumswerbeverbot für Notfall-Kontrazeptiva ist in dieser Richtlinie nicht vorgesehen. Ob sich Deutschland für dessen Einführung auf eine Ausnahmebestimmung im GK berufen kann, erscheint fraglich (Rdn. 24b). Schließlich handelt es sich bei § 10 Abs. 2 Satz 2 nicht um eine zulässige Konkretisierung des Verbots unzweckmäßiger Werbung gem. Art. 87 Abs. 3 Spiegelstrich 1 i.V.m. Erwägungsgrund 45 GK (u. Rdn. 24c). Viel spricht deshalb dafür, § 10 Abs. 2 Satz 2 in seiner aktuellen Fassung richtlinienkonform einschränkend auszulegen (Rdn. 24d).

Art. 2–5 GK regeln den Anwendungsbereich des GK einschließlich der Werbebestimmungen in Titel VIII (EuGH Urt. v. 08.11.2007 – C-143/06, EuZW Rn. 22 f. – Ludwigsapotheke; Urt. v. 16.07.2015 – C-544 und 545/13, ECLI:EU:C:2015:481 Rn. 37 ff. – Abcur; BGH Beschl. v. 16.04.2015 – I ZR 130/13, GRUR 2015, 705 Rn. 15 – Weihrauch-Extrakt-Kapseln; unzutreffend *Weidner* PharmR 2015, 286, 288 f.). Die Werbung für verkehrsfähige, nicht verschreibungspflichtige Kontrazeptiva fällt hiernach in den Anwendungsbereich der Richtlinie. Es handelt sich um industriell gefertigte Humanarzneimittel gem. Art. 2 GK, für die letztlich keine Ausnahmebestimmung in Art. 3 ff. GK greift. Gem. Art. 4 Abs. 4 GK lässt die Richtlinie zwar die Anwendung nationaler Rechtsvorschriften unberührt, die den Verkauf, die Lieferung und den Gebrauch von empfängnisverhütenden oder schwangerschaftsunterbrechenden Arzneimitteln verbieten oder einschränken. Die Zulässigkeit eines generellen nationalen Werbeverbots für nicht verschreibungspflichtige, verkehrsfähige Kontrazeptiva kann hierauf aber nicht unmittelbar gestützt werden (a.A. *Doepner/Reese*, § 10 HWG Rn. 119). Als Ausnahmebestimmung ist Art. 4 Abs. 4 GK prinzipiell eng auszulegen (vgl. EuGH Urt. v. 16.07.2015 – C-544 und 545/13, ECLI:EU:C:2015:481 Rn. 54 – Abcur zu Art. 3 GK). Nach dem Wortlaut erfasst die Vorschrift die Werbung nicht, was systematisch durch einen Vergleich mit der weiteren Ausnahmebestimmung des Art. 5 Abs. 1 GK unterstrichen wird, der es den Mitgliedstaaten weitergehend als Art. 4 Abs. 3 GK gestattet, bestimmte Arzneimittel vom Anwendungsbereich der Richtlinie insgesamt auszunehmen (*Tillmanns* A & R 2015, 74, 75). Allerdings ist die Werbung ein Minus zum Verkauf, weshalb trotz der grundsätzlich engen Auslegung von Ausnahmebestimmungen und des scheinbar entgegenstehenden Wortlauts von Art. 4 Abs. 4 GK neben einem Verkaufsverbot auch ein ergänzendes nationales Werbeverbot als zulässig anzusehen ist (vgl. EuGH Urt. v. 11.03.2003 – C-322/01, GRUR 2004, 174 Rn. 147 – Deutscher Apothekerverband). Entscheidet sich ein Mitgliedstaat wie Deutschland jedoch dafür, den Vertrieb von Notfall-Kontrazeptiva nicht zu untersagen und entsprechende Arzneimittel sogar aus der Verschreibungspflicht zu entlassen (zur problematischen Regelungskompetenz bei zentral zugelassen Arzneimitteln gem. Art. 13 Abs. 1 der VO 726/004 s. *Tillmanns* A & R 2015, 74, 74 f.), erweist es sich als wertungswidersprüchlich, die Werbung dafür gleichzeitig umfassend zu untersagen. Denn auch sachliche Informationen, welche der Absatzförderung dienen, stellen Werbung dar (§ 1 HWG Rdn. 6). Ein generelles Werbeverbot nimmt den Anbietern daher die Möglichkeit, den Durchschnittsverbraucher über eine zulässige und (gesundheits-)politisch als akzeptabel eingestufte Bezugsmöglichkeit sachlich zu informieren.

§ 10 Abs. 2 Satz 2 konkretisiert auch nicht in unionsrechtskonformer Weise das generalklauselartige Verbot »unzweckmäßiger Werbung« gem. Art. 87 Abs. 3 i.V.m. Erwägungsgrund 4 GK. Eine allgemeine Konkretisierungskompetenz steht den Mitgliedstaaten nicht zu; diese können lediglich die vom EuGH spezifizierten Grenzen kodifizieren, nicht aber eigene Wertungen hinzufügen (Einf. HWG Rdn. 49 f.). Werbliche Informationen über Notfall-Kontrazeptiva sind auch nicht per se als »unvernünftig« und geeignet anzusehen, die öffentliche Gesundheit zu beeinträchtigen. Zwar mögen einzelne Werbemaßnahmen einen unzweckmäßigen Einsatz von Notfallkontrazeptiva begünstigen. Dies ist jedoch unter umfassender Abwägung aller Umstände des Einzelfalls zu klären. Ein generelles Werbeverbot, wie es § 10 Abs. 2 Satz 2 vorsieht, kann auf Art. 87 Abs. 3 GK hingegen nicht gestützt werden.

Nach allem ist der Gesetzgeber de lege ferenda zu einer Nachjustierung aufgefordert. De lege lata ist § 10 Abs. 2 Satz 2 richtlinienkonform einschränkend auszulegen: Ein Werbeverbot kann auf diese Norm nur dann gestützt werden, wenn eine Werbemaßnahme im Einzelfall die konkrete Gefahr eines unzweckmäßigen, potenziell gesundheits- oder vermögensgefährdenden Arzneimittelbezugs oder – gebrauchs begründet.

## D. Verfassungsrechtliche Vorgaben

25 Die Werbeverbote des § 10 Abs. 1 und des richtlinienkonform interpretierten § 10 Abs. 2 Satz 1 beruhen auf verbindlichen Vorgaben des GK. Diese gehen dem gesamten nationalen Recht, einschließlich des Verfassungsrechts, vor. Damit scheiden die nationalen Grundrechte als Prüfungs- und Auslegungsmaßstab in dem durch den GK harmonisierten Bereich der **Humanarzneimittelwerbung** aus (Einführung HWG Rdn. 61; BVerfG Beschl. v. 06.11.2019 – 1 BvR 276/17, NJW 2020, 3014 (LS 2) und Rn. 50 ff. – Recht auf Vergessen II; übergangen noch von BVerfG NJW 2004, 2660 – Botox; a.A. BGH GRUR 2009, 984, 986 Rn. 19 ff. – Festbetragsfestsetzung). Heranzuziehen ist insoweit vielmehr allein das primäre Unionsrecht, insbes. die EU-Grundrechte (so nun auch Doepner/Reese, § 10 HWG Rn. 123 f. und Einl Rn. 68 ff.). Der EuGH ist allerdings aufgefordert, die EU-Grundrechte wesentlich stärker als bisher bei der Interpretation des GK (beispielhaft zu Art. 88 Abs. 1 GK/§ 10 Abs. 1 HWG: EuGH GRUR 2011, 1160 Rn. 22 ff. – MSD Sharp & Dohme GmbH) zu berücksichtigen (dazu Einführung HWG Rdn. 58; *Mand* JZ 2010, 337, 347 f.; a.A. *Doepner* PharmaR 2010, 560, 574 f.); eine eigene Kontrollkompetenz beansprucht inzwischen auch das BVerfG für sich (Einf. HWG Rdn. 58). Außerhalb des durch den GK harmonisierten Bereichs, also insbesondere für **Tierarzneimittel** (dazu OLG Köln PharmR 2018, 144, 147 f.) und **Rezeptur- sowie Defekturarzneimittel** (§ 21 Abs. 2 Nr. 1 AMG), bilden demgegenüber die deutschen Grundrechte, namentlich Art. 5 Abs. 1, 12 Abs. 1, 2 Abs. 1 GG den Prüfungsmaßstab. Soweit man § **10 Abs. 2 Satz 2** – entgegen hier vertretener Ansicht (Rdn. 24b) – von der Ausnahmebestimmung des Art. 4 Abs. 4 GK vollständig gedeckt sieht, bilden allerdings die nationalen Grundrechte den Prüfungsmaßstab (Einf. HWG Rdn. 62). Trotz des prinzipiell weiten gesundheitspolitischen Gestaltungsspielraums des Gesetzgebers, begegnete das generelle Werbeverbot für Notfallkontrazeptiva in diesem Fall ebenfalls Bedenken mit Blick auf die Berufs- und Wettbewerbsfreiheit der werbenden Unternehmen (Art. 12 Abs. 1 GG). Weil der Gesetzgeber sich an seinen eigenen Wertungen festhalten lassen muss, erweist sich ein generelles Werbeverbot nach der Entlassung von Notfall-Kontrazeptiva aus der Verschreibungspflicht nämlich als widersprüchlich und unverhältnismäßig (ebenso *Tillmanns* A & R 2015, 74, 77 f.), was eine verfassungskonform einschränkende Auslegung gebietet, wonach lediglich eine Werbung verboten ist, die einen unzweckmäßigen Einsatz von Notfallkontrazeptiva fördert (s. dazu auch Rdn. 24d).

## E. § 10 Abs. 1 HWG

### I. Produktbezogene Werbung

26 Ein Verstoß gegen § 10 Abs. 1 setzt eine produktbezogene Werbung voraus (§ 1 HWG Rdn. 1 ff.). Wegen des unmissverständlichen Wortlauts der Norm, der jede Werbung für verschreibungspflichtige Arzneimittel untersagt, bietet vor allem der **Werbebegriff** Raum für eine gegebenenfalls erforderliche einschränkende Auslegung (s. Rdn. 7 ff.). Dies gilt speziell bei Äußerungen Dritter, aber auch bei der Präsentation der Packungsbeilage durch den Hersteller im Internet (§ 1 HWG Rdn. 9, 28 ff.; OLG Stuttgart Urt. v. 27.09.2018 – 2 U 41/18, MMR 2019, 388).

27 Besondere Bedeutung für die Reichweite des § 10 hat die Feststellung des **Produktbezugs** der Heilmittelwerbung. Die allgemein hieran gestellten Anforderungen gelten nach der Rechtsprechung auch für § 10 Abs. 1 (BGH GRUR, 2009, 984 Rn. 18 – Festbetragsfestsetzung). Abzugrenzen ist also zwischen einer reinen Imagewerbung und produktbezogener Absatzförderung für bestimmte Arzneimittel (§ 1 HWG Rdn. 45 ff.), wobei es im Rahmen einer normativen Gesamtbetrachtung des konkreten Einzelfalls auf den Schwerpunkt der Werbewirkung ankommt (§ 1 Rdn. 45 ff.). Wird der Name des Arzneimittels genannt, indiziert dies den Produktbezug. Aber auch ein mittelbarer Produktbezug genügt. Dieser liegt vor, wenn die angesprochenen Verkehrskreise der werblichen Präsentation aufgrund sonstiger Umstände, wie beispielsweise der Angabe des Indikationsgebiets oder ihrer Kenntnisse der Marktverhältnisse, entnehmen können, es solle für bestimmte einzelne Arzneimittel geworben werden, selbst wenn deren Bezeichnung nicht ausdrücklich genannt wird (OLG Frankfurt PharmR 2013, 49, 50). Diese eher weite Auslegung des Produktbezugs gilt insbesondere für die Werbung des herstellenden Unternehmens. Denn der von § 10

auch bezweckte Schutz der Wirtschaftlichkeit der Arzneimittelversorgung (Rdn. 5) kann bereits dann tangiert sein, wenn der Absatz von einem preisgünstigen Konkurrenzprodukt auf irgendein verschreibungspflichtiges Mittel des werbenden Unternehmens umgelenkt wird (§ 1 HWG Rdn. 48; s.a. § 7 HWG Rdn. 33 ff.; LG Hamburg Urt. v. 10.08.2017 – 327 O 389/16). Bei **herstellerneutraler, sortimentsweiter Werbung von Handeltreibenden** ist hingegen ein grundsätzlich strengerer Maßstab anzulegen (BGH Vorlagebeschl. v. 20.02.2020 – I ZR 214/18, GRUR 2020, 659 Rn. 38 ff. – Gewinnspielwerbung; EuGH Urt. v. 01.10.2020 – C-649/18, GRUR 2020, 1219 Rn. 52; GA SaugmandsgaardØe, ECLI:EU:C:2020:134, Rn. 52 ff.). Erforderlich ist hier regelmäßig die konkrete Erwähnung eines oder mehrerer bestimmter Arzneimittel. Der allgemeine Hinweis auf eine (günstige) Bezugsmöglichkeit von Arzneimitteln, zu denen auch verschreibungspflichtige Präparate zählen, genügt nicht (BGH Vorlagebeschl. v. 20.02.2020 – I ZR 214/18, GRUR 2020, 659 Rn. 38 ff. – Gewinnspielwerbung; zu weitgehend daher OLG Hamm Urt. v. 18.06.2019 – I-4 U 18/19, PharmR 2019, 462, 464: indirekte Medikamentenwerbung eines Supermarktes produktbezogen). In Einzelfällen kann sich jedoch auch bei der Werbung einer Apotheke der Produktbezug aus den Umständen ergeben, insbes. wenn sie selbst die Arzneimittel herstellt und bereits der Domain-Name ihrer Homepage partiell mit den vertriebenen Arzneimittelnamen übereinstimmt (OLG Stuttgart Urt. v. 27.09.2018 – 2 U 41/18, MMR 2019, 388 Rn. 78 ff.).

## II. Verschreibungspflicht

§ 10 Abs. 1 erfasst nur Arzneimittel, die entsprechend den Maßstäben des Art. 70 GK vom nationalen Gesetzgeber als verschreibungspflichtig eingestuft worden sind. Deutschland hat diese Richtlinienvorgabe in § 48 AMG umgesetzt. Welche Stoffe im Einzelnen verschreibungspflichtig sind, regelt die laufend aktualisierte **AMVV** (Verordnung über verschreibungspflichtige Arzneimittel v. 30.08.1990, BGBl. I S. 1866). Sie enthält in Anlage 1 unter Verwendung der **INN-Nomenklatur** eine alphabetisch geordnete Auflistung aller Stoffe und Stoffzubereitungen, die die Verschreibungspflicht eines Arzneimittels begründen. § 10 gilt dabei nicht nur für Fertigarzneimittel, sondern auch für die der Verschreibungspflicht unterliegenden Rezeptur- und Defekturarzneimittel (OLG Stuttgart Urt. v. 27.09.2018 – 2 U 41/18, PharmR 2019, 127, 129 f.). 28

## III. Werbung außerhalb der zur Abgabe und Verschreibung befugten Personen

§ 10 Abs. 1 erlaubt die Werbung nur gegenüber den zur **Abgabe und Verschreibung befugten Personen** (§ 2 HWG Rdn. 3). Unzulässig ist die Werbung daher nicht nur gegenüber dem allgemeinen Publikum, sondern auch gegenüber sonstigen Angehörigen der Fachkreise i.S.v. § 2 (z.B. gegenüber medizinischen Bademeistern, MTA, Heilpraktikern, nichtärztlichen Psychotherapeuten, Krankenpflegern, Hebammen, beruflichen Tierhaltern). 29

Ob sich Werbung nur an die eingeschränkten Fachkreise oder auch an weitere Personen richtet, ist anhand aller Umstände des Falles (Form, Art und Inhalt der Werbung, benutztes Werbemedium) mit Blick auf ihre »**objektive Zweckbestimmung**« zu ermitteln (zust. *Doepner*, § 10 HWG Rn. 47). Die bloße Möglichkeit einer Kenntnisnahme durch Dritte im Einzelfall ist unschädlich, wenn eine Kenntnisnahme im Normalfall nicht zu erwarten ist (ebenso *Doepner*, § 10 HWG Rn. 47). Im Internet ist ein qualifizierter Zugangsschutz (z.B. mittels kontrollierter Passwortvergabe) erforderlich (näher zur Abgrenzung § 2 HWG Rdn. 14 ff.). 30

## F. § 10 Abs. 2 HWG

### I. Psychotrope Substanzen, Abhängigkeit und Indikationen (§ 10 Abs. 2 Satz 1 HWG)

Die **psychotrope Wirkung** ist der neue Zentralbegriff des § 10 Abs. 2 Satz 1. Pharmaka mit psychotroper Wirkung wirken auf die Empfindungen und das Verhalten des Menschen ein. Sie können in drei große Untergruppen eingeteilt werden, nämlich in dämpfende (Neuroleptika), anregende (Psychotonika) oder störende (Psychotomimetika/Halluzinogene) Mittel (eingehend *Doepner*, § 10 HWG Rn. 114 ff. m.w.N.). Im Einzelnen ist zur Bestimmung der psychotropen Stoffe i.S.d. Art. 88 Abs. 1 31

Spiegelstrich 2 GK/§ 10 Abs. 2 Satz 1 HWG vor allem auf das Übereinkommen der Vereinten Nationen vom 21.02.1991 über psychotrope Stoffe (abrufbar unter http://www.admin.ch/ch/d/sr/c0_812_121_02.html) abzustellen (BGH WRP 2000, 502, 506 – Johanniskraut-Präparat; *Gröning*, Heilmittelwerberecht Art. 88 GK Rn. 4). Dieses zählt die Stoffe in vier dem Abkommen in Listen beigefügten Anhängen auf, die nach der Gefährlichkeit und dem therapeutischen Nutzen der Stoffe abgestuft sind. Der deutsche Gesetzgeber hat das Übereinkommen 1976 ratifiziert (BGBl. II S. 1477). Darüber hinaus sind auch Suchtstoffe i.S. internationaler Übereinkommen (Rdn. 32) als psychotrope Wirkstoffe einzuordnen, wenn sie sich auf das Bewusstsein und die Psyche von Menschen auswirken (Rdn. 22).

32 Die sich aus dem zusätzlichen Kriterium der psychotropen Wirkung ergebenden Einschränkungen entsprechen vielfach bereits der von der herrschenden Ansicht befürworteten restriktiven Auslegung von § 10 Abs. 2 Satz 1. So hat der BGH die 1. Alt. (Beseitigung von Schlaflosigkeit) auf Schlafmittel im pharmakologischen Sinn begrenzt und Sedativa (Beruhigungsmittel), die meist mithilfe pflanzlicher Wirkstoffe wie Baldrian oder Hopfen beruhigend und damit schlaffördernd wirken, ausgenommen (BGH GRUR 1979, 646 – Klosterfrau Melissengeist). Auch für die 3. Alt. (Beeinflussung der Stimmungslage) hat der BGH einen nicht unerheblichen »toxikologischen bzw. pharmakologischen Wirkungsgrad« des beworbenen Arzneimittels verlangt (BGH WRP 2000, 502, 504 f. – Johanniskraut-Präparat).

33 Nach dem Gesetzeswortlaut müssen die psychotropen Wirkstoffe die »Gefahr der Abhängigkeit« begründen. Hiermit knüpft das Gesetz an den von Art. 88 Abs. 1 Buchst. b GK – im Rahmen eines selbstständigen Verbotstatbestands – gebrauchten Begriff der **Suchtstoffe i.S. internationaler Übereinkommen** an. Der GK verweist insoweit insbes. auf das Einheitsübereinkommen der Vereinten Nationen vom 30.03.1961 (Single Convention on Narcotic Drugs, abrufbar unter http://www.admin.ch/ch/d/sr/c0_812_121_0.html). Deutschland hat diese Konvention 1993 ratifiziert (BGBl. II S. 1353). Das Einheitsabkommen listet Drogen in vier kontinuierlich aktualisierten Tabellen auf, die die Verkehrsfähigkeit in unterschiedlichem Maß einschränken. Sofern ein Stoff dort gelistet ist, indiziert dies ohne weiteres die Abhängigkeitsgefahr. Bei psychotropen Substanzen, deren Bewerbung nach dem GK unabhängig von weiteren Voraussetzungen verboten ist, muss das weitere Merkmal der »Abhängigkeitsgefahr« aber weit ausgelegt werden (Rdn. 22).

34 § 10 Abs. 2 Satz 1 nennt drei **Indikationen**, die nach dem Wortlaut jeweils eigenständige und gleichwertige Tatbestände darstellen (BGH WRP 2000, 502, 505 – Johanniskraut-Präparat; *Weihe-Gröning* WRP 1997, 667, 672) und bei systematischer Auslegung eine Reihe schwieriger Abgrenzungsprobleme hervorrufen (*Doepner*, § 10 HWG Rn. 61 ff.). Diese Indikationen verengen das Verbot des § 10 Abs. 2 gegenüber den Vorgaben des Art. 88 Abs. 1 Buchst. b GK. Sie sind dementsprechend richtlinienkonform möglichst weit auszulegen. Im Fokus der Prüfung steht nach der Neufassung des Gesetzeswortlauts jetzt die psychotrope Wirkung bzw. die Abhängigkeitsgefahr. Dagegen nimmt die Bedeutung der Indikationsgebiete für die Gesetzesanwendung ab. Auch die bisher komplexe Abgrenzung zwischen den Schlaf »erzwingenden« Mitteln und bloßen Sedativa verliert ihre Brisanz teilweise (ebenso *Doepner*, § 10 HWG Rn. 60; a.A. *Wudy* WRP 2012, 388, 391): Sedativa fallen bei gebotener richtlinienkonformer Auslegung ebenfalls unter § 10 Abs. 2 Satz 1, sofern sie im Einzelfall psychotrope Stoffe oder Suchtstoffe i.S.d. Art. 88 Abs. 1 Buchst. b GK enthalten (vgl. auch Gesetzesbegründung, BR-Drs. 91/12 S. 114: psychotrope und potenziell abhängig machende Wirkstoffe als Gegenbegriff zu »mild wirkenden pflanzlichen Arzneimitteln«).

35 Preist die Werbung ein Arzneimittel lediglich als ein Mittel mit psychotroper Wirkung (z.B. zur Beeinflussung der Stimmungslage) an, obwohl eine solche Wirkung nicht besteht, ist die Werbung regelmäßig irreführend und daher auch gemeinschaftsrechtlich untersagt (Art. 87 Abs. 3 GK). Insoweit steht nicht nur eine Anwendung von § 3, sondern auch eine weite, allein auf die Werbeaussage abstellende Auslegung des Merkmals »**dazu bestimmt**« gem. § 10 Abs. 2 Satz 1 (BGH GRUR 1979, 646, 647 f. – Klosterfrau Melissengeist) mit dem Gemeinschaftsrecht im Einklang. Allerdings kann eine Irreführung über das Vorhandensein einer psychotropen pharmakologischen Wirkung bzw. ein »subjektives Bestimmtsein« i.S.v. § 10 Abs. 2 nur bei einer **spezifischen Wirkungsaussage** angenommen werden. Abzustellen ist dabei auf den Gesamtzusammenhang, in dem

eine Werbeaussage steht. Allgemeine Hinweise auf positive Effekte des Arzneimittels enthalten regelmäßig keine hinreichend konkrete Wirkungsaussage. In diesem Sinne hat der BGH im Rahmen von § 10 Abs. 2 Satz 1 Alt. 3 zu Recht z.B. die Angaben »Seelenruhig durch die Wechseljahre«, »Gegen die seelische Krise«, »Bringt die Seele ins Gleichgewicht« sowie »Lässt Sie wieder positiv denken« im Rahmen der Werbung für den Wirkstoff Johanniskraut für zulässig angesehen (BGH WRP 2000, 502, 506 – Johanniskraut-Präparat).

## II. Notfallkontrazeptiva

§ 10 Abs. 2 Satz 2 verbietet die Werbung für sämtliche Notfallkontrazeptiva (sog. »Pille danach«). Notfallkontrazeptiva wirken nach heutiger Erkenntnis nicht abortiv, das heißt sie beeinflussen in der zugelassenen Dosis nicht das Endometrium und die Einnistung einer befruchteten Eizelle. Vielmehr verschieben die Wirkstoffe den Eisprung um einige Tage und verhindern so das Zusammentreffen von Eizelle und Spermium. 35a

Bedeutung hat das Werbeverbot gem. § 10 Abs. 2 Satz 2 nur für solche Notfallkontrazeptiva, die nicht der Verschreibungspflicht und damit bereits dem Werbeverbot des § 10 Abs. 1 unterliegen. Seit 14.03.2015 sind dies national zugelassene Arzneimittel mit dem Wirkstoff Levonorgestrel und das zentral zugelassene Arzneimittel ellaOne® mit dem Wirkstoff Ulipristalacetat (s. Art. 1 und 3 Abs. 1 der 14. VO zur Änderung der AMVV v. 06.03.2015, BGBl. I S. 278). Nach Ablauf des von der EU-Kommission aufgrund von Art. 74a GK gewährten einjährigen Unterlagenschutzes für ellaOne® fallen zum 08.01.2016 auch alle sonstigen Notfallkontrazeptiva mit dem Wirkstoff Ulipristal und seiner Ester in einer Konzentration bis zu 30 mg Wirkstoff aus der Verschreibungspflicht (Art. 2 und Art. 3 Abs. 2 der 14. VO zur Änderung der AMVV v. 06.03.2015 (BGBl. I S. 278). 35b

## III. Werbeadressaten

Das Werbeverbot gilt – wie sich aus dem Wortlaut und im Gegenschluss zu § 10 Abs. 1 ergibt – nur außerhalb der Fachkreise i.S.v. § 2. Es kann nicht im Wege der Auslegung oder Rechtsfortbildung auf die Öffentlichkeitswerbung i.S.d. GK, d.h. auf alle Personen, die nicht zur Abgabe oder Verschreibung von Arzneimitteln befugt sind, erweitert werden (§ 2 HWG Rn. 7). 36

## G. Durchsetzung und Konkurrenzen

Ein Verstoß gegen § 10 ist gem. § 15 Abs. 1 Nr. 7 als **Ordnungswidrigkeit** bußgeldbewehrt. Wettbewerbsrechtlich indiziert er die **Unlauterkeit** gem. § 3a UWG (OLG Stuttgart, Urt. v. 27.09.2018 – 2 U 41/18, MMR 2019, 388 Rn. 63). 37

§ 10 Abs. 2 fungiert als subsidiärer **Auffangtatbestand**, wenn die betreffenden Arzneimittel mangels Verschreibungspflicht nicht unter das engere, da auch gegenüber eingeschränkten Teilen der Fachkreise geltende Werbeverbot des § 10 Abs. 1 fallen (*Gröning*, Heilmittelwerberecht § 10 HWG Rn. 13; *Doepner*, § 10 HWG Rn. 25; s.a. *Rieß*, Publikumswerbung für verschreibungspflichtige Arzneimittel S. 42). 38

## § 11 Unzulässige Formen der Publikumswerbung

(1) Außerhalb der Fachkreise darf für Arzneimittel, Verfahren, Behandlungen, Gegenstände oder andere Mittel nicht geworben werden
  1. *[aufgehoben]*
  2. mit Angaben oder Darstellungen, die sich auf eine Empfehlung von Wissenschaftlern, von im Gesundheitswesen tätigen Personen, von im Bereich der Tiergesundheit tätigen Personen oder anderen Personen, die auf Grund ihrer Bekanntheit zum Arzneimittelverbrauch anregen können, beziehen,
  3. mit der Wiedergabe von Krankengeschichten sowie mit Hinweisen darauf, wenn diese in missbräuchlicher, abstoßender oder irreführender Weise erfolgt oder durch eine ausführliche Beschreibung oder Darstellung zu einer falschen Selbstdiagnose verleiten kann,
  4. *[aufgehoben]*

5. mit einer bildlichen Darstellung, die in missbräuchlicher, abstoßender oder irreführender Weise Veränderungen des menschlichen Körpers auf Grund von Krankheiten oder Schädigungen oder die Wirkung eines Arzneimittels im menschlichen Körper oder in Körperteilen verwendet,
6. *[aufgehoben]*
7. mit Werbeaussagen, die nahelegen, dass die Gesundheit durch die Nichtverwendung des Arzneimittels beeinträchtigt oder durch die Verwendung verbessert werden könnte,
8. durch Werbevorträge, mit denen ein Feilbieten oder eine Entgegennahme von Anschriften verbunden ist,
9. mit Veröffentlichungen, deren Werbezweck mißverständlich oder nicht deutlich erkennbar ist,
10. *[aufgehoben]*
11. mit Äußerungen Dritter, insbesondere mit Dank-, Anerkennungs- oder Empfehlungsschreiben, oder mit Hinweisen auf solche Äußerungen, wenn diese in missbräuchlicher, abstoßender oder irreführender Weise erfolgen,
12. mit Werbemaßnahmen, die sich ausschließlich oder überwiegend an Kinder unter 14 Jahren richten,
13. mit Preisausschreiben, Verlosungen oder anderen Verfahren, deren Ergebnis vom Zufall abhängig ist, sofern diese Maßnahmen oder Verfahren einer unzweckmäßigen oder übermäßigen Verwendung von Arzneimitteln Vorschub leisten,
14. durch die Abgabe von Arzneimitteln, deren Muster oder Proben oder durch Gutscheine dafür,
15. durch die nicht verlangte Abgabe von Mustern oder Proben von anderen Mitteln oder Gegenständen oder durch Gutscheine dafür.

Für Medizinprodukte gilt Satz 1 Nr. 7 bis 9, 11 und 12 entsprechend. Ferner darf für die in § 1 Absatz 1 Nummer 2 genannten operativen plastisch-chirurgischen Eingriffe nicht wie folgt geworben werden:
1. mit der Wirkung einer solchen Behandlung durch vergleichende Darstellung des Körperzustandes oder des Aussehens vor und nach dem Eingriff oder
2. mit Werbemaßnahmen, die sich ausschließlich oder überwiegend an Kinder und Jugendliche richten.

(2) Außerhalb der Fachkreise darf für Arzneimittel zur Anwendung bei Menschen nicht mit Angaben geworben werden, die nahe legen, dass die Wirkung des Arzneimittels einem anderen Arzneimittel oder einer anderen Behandlung entspricht oder überlegen ist.

## Übersicht

| | Rdn. | | Rdn. |
|---|---|---|---|
| A. Entstehungsgeschichte – Grundlegende Novellierung durch das 2. AMG-ÄndG und Notwendigkeit verfassungs- und unionsrechtskonformer Auslegung von § 11 HWG | 1 | II. Verbot der Werbung durch Bezugnahme auf fachliche Empfehlung oder Empfehlung Prominenter (§ 11 Abs. 1 Satz 1 Nr. 2) | 15 |
| I. Verfassungskonforme Einschränkung: Zumindest mittelbare Gesundheitsgefährdung | 2 | 1. Normzweck | 15 |
| | | 2. Vereinbarkeit mit dem GK | 16 |
| | | 3. Tatbestand | 17 |
| II. Zwingende unionsrechtskonforme Auslegung der für Arzneimittel geltenden Verbotstatbestände | 5 | III. Verbot der Werbung mit Krankengeschichten (§ 11 Abs. 1 Satz 1 Nr. 3 HWG) | 22 |
| B. Sanktionierung von Verstößen | 7 | 1. Normzweck | 22 |
| C. Die Publikumswerbeverbote des § 11 Abs. 1 HWG im Einzelnen: | 8 | 2. Vereinbarkeit mit dem GK | 23 |
| | | 3. Tatbestand | 24 |
| I. Verbot der Werbung mit Gutachten, Zeugnissen und Veröffentlichungen (§ 11 Abs. 1 Satz 1 Nr. 1 HWG) | 8 | IV. Verbot bildlicher Darstellungen mit Berufskleidung oder bei Ausübung heilberuflicher Tätigkeit (§ 11 Abs. 1 Satz 1 Nr. 4 HWG) | 26c |

| | | | | |
|---|---|---|---|---|
| V. | Werbeverbot krankheits- und wirkungsillustrierender Darstellungen (§ 11 Abs. 1 Satz 1 Nr. 5 HWG) | 33 | 3. Tatbestand | 64 |
| | | | XII. Verbot der an Kinder gerichteten Heilmittelwerbung (§ 11 Abs. 1 Satz 1 Nr. 12 HWG) | 66 |
| | 1. Normzweck | 33 | 1. Normzweck | 66 |
| | 2. Vereinbarkeit mit dem GK | 34 | 2. Vereinbarkeit mit dem GK | 67 |
| | 3. Tatbestand | 35 | 3. Tatbestand | 68 |
| VI. | Verbot fremd- und fachsprachlicher Bezeichnungen (§ 11 Abs. 1 Satz 1 Nr. 6 HWG) | 41a | XIII. Verbot der Heilmittelwerbung mit Preisausschreiben, Verlosungen und anderen zufallsabhängigen Verfahren (§ 11 Abs. 1 Satz 1 Nr. 13 HWG) | 69 |
| VII. | Verbot von Werbeaussagen, welche die Verwendung eines Arzneimittels zur Krankheitsprävention oder zur Gesundheitsverbesserung nahelegen (§ 11 Abs. 1 Satz 1 Nr. 7 HWG) | 46 | 1. Normzweck | 69 |
| | | | 2. Vereinbarkeit mit dem GK | 70 |
| | 1. Normzweck | 46 | 3. Tatbestand | 71 |
| | 2. Vereinbarkeit mit dem GK | 47 | XIV. Abgabeverbot für Arzneimittelmuster, -proben oder Gutscheine hierfür (§ 11 Abs. 1 Satz 1 Nr. 14 HWG) | 72 |
| | 3. Tatbestand | 48 | 1. Normzweck | 72 |
| VIII. | Verbot des Feilbietens von Heilmitteln bei Werbevorträgen (§ 11 Abs. 1 Satz 1 Nr. 8 HWG) | 49 | 2. Vereinbarkeit mit dem GK | 73 |
| | 1. Normzweck | 49 | 3. Tatbestand | 74 |
| | 2. Vereinbarkeit mit dem GK | 50 | XV. Abgabeverbot für Muster und Proben von anderen Mitteln oder Gegenständen sowie von Gutscheinen hierfür (§ 11 Abs. 1 Satz 1 Nr. 15 HWG) | 76 |
| | 3. Tatbestand | 51 | 1. Normzweck | 76 |
| IX. | Verbot von Veröffentlichungen mit verschleiertem Werbezweck (§ 11 Abs. 1 Satz 1 Nr. 9 HWG) | 54 | 2. Tatbestand | 77 |
| | | | XVI. Ausnahmen für die Publikumswerbung für Medizinprodukte (§ 11 Abs. 1 Satz 2 HWG) | 78 |
| | 1. Normzweck | 54 | |
| | 2. Vereinbarkeit mit dem GK | 55 | |
| | 3. Tatbestand | 56 | XVII. Verbot vergleichender Darstellung für plastisch-chirurgische Eingriffe (§ 11 Abs. 1 Satz 3 HWG) | 80 |
| X. | Verbot der Werbung mit Anleitungen zur Selbstdiagnose und -behandlung (§ 11 Abs. 1 Satz 1 Nr. 10 HWG) | 58a | |
| XI. | Verbot der Werbung mit Äußerungen Dritter (§ 11 Abs. 1 Satz 1 Nr. 11 HWG) | 62 | D. **Verbot vergleichender Arzneimittelwerbung (§ 11 Abs. 2 HWG)** | 83 |
| | | | I. Normzweck | 83 |
| | 1. Normzweck | 62 | II. Vereinbarkeit mit dem GK | 84 |
| | 2. Vereinbarkeit mit dem GK | 63 | III. Tatbestand | 85 |

## A. Entstehungsgeschichte – Grundlegende Novellierung durch das 2. AMG-ÄndG und Notwendigkeit verfassungs- und unionsrechtskonformer Auslegung von § 11 HWG

§ 11 besteht aus verschiedenen Einzeltatbeständen, die gegenüber dem Laienpublikum unsachliche Werbeaussagen unterbinden sollen, von denen die Gefahr einer unsachlichen Beeinflussung oder Irreführung des Verkehrs ausgehen kann. Die Vorschrift wurde durch das Zweite Gesetz zur Änderung arzneimittelrechtlicher und anderer Vorschriften vom 19.10.2012 (BGBl. I S. 2192) grundlegend novelliert, da die Verbote in der früheren Fassung in weiten Teilen gegen die Vorgaben des GK (Gemeinschaftskodex für Humanarzneimittel, RL 2001/83/EG) verstießen (BT-Drs. 17/9341 S. 39, 70 f.; eingehend *Burk* GRUR 2012, 1097 ff.). Die unionrechtskonforme Auslegung wird infolge der Änderungen erleichtert, wiewohl weiterhin ergänzend für die Arzneimittelwerbung der Richtlinientext und die EuGH-Rechtsprechung bei der Auslegung der Verbotsvorschriften zu berücksichtigen sind. Die Änderungen des 2. AMG-ÄndG betreffen zudem nicht nur die Werbung für Arzneimittel, sondern modifizieren auch die Werbevorgaben für die von § 11 grundsätzlich ebenfalls erfassten Verfahren, Behandlungen, Gegenstände oder anderen Mittel, obwohl insofern kein unionsrechtlicher Anpassungsbedarf bestand (vgl. zum produktbezogenen Anwendungsbereich des HWG, § 1 HWG Rdn. 54 ff.; zur Entstehungsgeschichte des § 11, *Gröning*/Mand/Reinhart § 11 HWG Rn. 1). Zuletzt wurde die Vorschrift durch Art. 3b des Masernschutzgesetzes geändert, durch den in § 11 Abs. 1 Satz 3 über das bereits bestehende Verbot der Werbung für operative plastisch-chirurgische Eingriffe hinaus zum Schutz von Kindern und Jugendlichen ein Werbeverbot für operative plastisch-chirurgische Eingriffe ohne medizinische Notwendigkeit eingeführt wurde.

## I. Verfassungskonforme Einschränkung: Zumindest mittelbare Gesundheitsgefährdung

2   Mit Rücksicht auf die Meinungs- und Berufsfreiheit der Heilmittelanbieter (Art. 5 Abs. 1, 12 Abs. 1 GG) hatte bis zum 2. AMG-ÄndG die Notwendigkeit der verfassungskonformen Auslegung der Publikumswerbeverbote des § 11 durch das ungeschriebene Erfordernis einer der beanstandeten Werbemaßnahme zumindest mittelbar immanenten Gesundheitsgefahr erhebliche praktische Bedeutung.

Eine **mittelbare Gesundheitsgefährdung** besteht, wenn die Werbung die nicht nur als geringfügig einzustufende Gefahr begründet, dass ihre Adressaten aufgrund der Werbung glauben, sie könnten sich von einer Krankheit durch Selbstmedikation heilen und deshalb von einem Arztbesuch absehen, der zum noch rechtzeitigen Erkennen anderer, ernster Leiden geführt hätte (BGH GRUR 2004, 799, 800 – *Lebertrankapseln*; BGH GRUR 2001, 1170, 1171 – *Optometrische Leistungen II*).

Von einer **unmittelbaren Gesundheitsgefahr** ist auszugehen, wenn der durch die Werbung zur Einnahme des Präparats veranlasste Verbraucher hierdurch einen Schaden erleiden könnte (BGH GRUR 2004, 799, 800 – *Lebertrankapseln*).

Zwar hat der BGH die Notwendigkeit zur verfassungskonformen Auslegung lediglich für die nunmehr aufgehobenen § 11 Abs. 1 Satz 1 Nr. 4 (BGH GRUR 2007, 809 f. – *Krankenhauswerbung* unter Aufgabe von BGH GRUR, 2001, 453 ff. – *TCM-Zentrum*) und § 11 Abs. 1 Satz 1 Nr. 10 festgestellt (BGH GRUR 2004, 799 f. – *Lebertrankapseln*). Das OLG München und das OLG Hamburg haben diese Rechtsprechung jedoch auf die – zwischenzeitlich ebenfalls aufgehobenen – § 11 Abs. 1 Satz 1 Nr. 1 und 2 übertragen (OLG München PharmR 2009, 173; OLG Hamburg GRUR-RR 2010, 74, 76 – *Läusemittel*), sodass viel dafür sprach, die **verfassungskonforme Einschränkung** der abstrakten Gefährdungstatbestände des § 11 durch das Erfordernis der zumindest mittelbaren Gesundheitsgefahr **generell** bei den Werbeverboten des § 11 anzuwenden, soweit es sich nicht um per se unerwünschte Werbemaßnahmen handelte, wie z.B. an Kinder unter 14 Jahren gerichtete Werbung (§ 11 Abs. 1 Satz 1 Nr. 12) oder die Werbemaßnahme auch lauterkeitsrechtlich untersagt wäre, etwa weil es sich um irreführende Werbung handelt (z.B. § 11 Abs. 1 Satz 1 Nr. 9). Der BGH hat allerdings in einer Entscheidung eine Übertragung seiner Rechtsprechung auf § 5 abgelehnt und offen gelassen, ob er an den zu § 11 Abs. 1 Satz 1 Nr. 4 und 10 entwickelten Auslegungsgrundsätzen weiter festhält (BGH GRUR 2012, 647 Rn. 38 f. – *INJECTIO*).

Angesichts der Neuregelung zum 26.10.2012 ist fraglich, ob bzw. in welchem Umfang zukünftig eine verfassungskonforme Einschränkung vorzunehmen ist. Grundsätzlich gilt auch weiterhin, dass die Publikumswerbeverbote des HWG in ihrer grundrechtsbeschränkenden Wirkung durch das Schutzgut der Gesundheit gerechtfertigt sind (BGH GRUR 2009, 984, 986 Rn. 20 – *Festbetragsfestsetzung*; *Tillmanns* PharmaR 2010, 382, 386). Birgt eine tatbestandlich unzulässige Werbemaßnahme deshalb nicht einmal mittelbar das Risiko einer Gesundheitsgefährdung, ist der mit dem Verbot verbundene Eingriff in die Meinungs- und Berufsausübungsfreiheit der Heilmittelanbieter nicht zu rechtfertigen (*Degenhart* PharmR 2010, 261, 269). Deshalb dürfte insbesondere bei den durch das 2. AMG-ÄndG nicht oder kaum veränderten Werbeverboten der Nr. 8 und 15 zur Verhältnismäßigkeitskontrolle weiterhin auf das Kriterium der zumindest mittelbaren Gesundheitsgefährdung zurückzugreifen sein. Dagegen besteht insbesondere für die Werbeverbote der Nr. 5, 11, 13, welche durch das 2. AMG-ÄndG nunmehr auf abstoßende, irreführende oder missbräuchliche bzw. konkret unnötigem Arzneimittelkonsum Vorschub leistende Werbemaßnahmen beschränkt wurden, keine Notwendigkeit mehr für eine zusätzliche verfassungskonforme Auslegung durch das Kriterium der zumindest mittelbaren Gesundheitsgefährdung (so im Ergebnis zu § 11 Abs. 1 Satz 1 Nr. 13 n.F. bereits OLG Düsseldorf Urt. v. 15.01.2013 – I-20 U 93/12 juris Rn. 18). Ob für das Kriterium der mittelbaren Gesundheitsgefährdung allerdings auch im Rahmen der Abgabe von Arzneimitteln, deren Mustern und Proben kein Anwendungsbereich wegen genereller »Sozialschädlichkeit« besteht (Nr. 14, so *Bülow* GRUR 2005, 482, 486 f.; *Zimmermann* § 11 HWG Rn. 2), erscheint zumindest im Fall nicht verschreibungspflichtiger Arzneimittel, die üblicherweise als bedarfsunabhängiger Bestandteil einer Hausapotheke vorrätig gehalten werden, diskutabel. Auch Art. 88 Abs. 6 GK untersagt nur die Direktabgabe von Arzneimitteln zum Zwecke der Verkaufsförderung durch die Industrie, nicht aber durch Apotheken.

*(unbesetzt)* 3–4

## II. Zwingende unionsrechtskonforme Auslegung der für Arzneimittel geltenden Verbotstatbestände

Soweit § 11 Restriktionen für die **Arzneimittelwerbung** vorsieht, sind die Vorgaben der Art. 86 ff. 5 GK, insbesondere von **Art. 90 GK** zu beachten, seit der EuGH festgestellt hat, mit Titel VIII des GK sei eine **vollständige Harmonisierung** des Bereichs der Arzneimittelwerbung erfolgt (EuGH GRUR 2008, 267 ff. – *Gintec*). Verschiedene Publikumswerbeverbote des GK sind dabei auch nach dem 2. AMG-ÄndG nicht ausdrücklich im HWG enthalten (z.B. Art. 90 Buchst. a, Buchst. b, 1. Alt., Buchst. g und Buchst. h). Diese sind ggf. im Rahmen von § 3, aber auch bei der Anwendung von § 11 zu berücksichtigen, sofern der Wortlaut des betroffenen Publikumswerbeverbotes eine unionsrechtskonforme Interpretation im Sinne der nicht umgesetzten Vorgaben zulässt (EuGH GRUR 2008, 267 Rn. 38 – *Gintec*). Die nicht umgesetzten Richtlinienbestimmungen entfalten jedoch **keine unmittelbare (horizontale) Wirkung** (EuGH NJW 1994, 2473 Rn. 22 ff. – *Faccini Dori/Recreb Srl*), auch nicht in wettbewerbsrechtlichen Streitigkeiten, denen richtlinienwidriges nationales Recht zu Grunde liegt (*Mand* JZ 2010, 337, 344). Geht die nationale Vorschrift über die GK-Vorgaben hinaus und ist eine richtlinienkonforme Auslegung nicht möglich, darf ein nach dem GK zulässiges Verhalten im **Vertikalverhältnis** Staat/Bürger nicht gem. §§ 14 ff. sanktioniert werden (Einführung HWG Rdn. 32).

Dabei ist die Frage aufgeworfen worden, ob die höchstrichterlich vorgegebene verfassungskonfor- 6 me Auslegung der Publikumswerbeverbote bei Arzneimitteln mit der vom EuGH vorgegebenen unionsrechtskonformen Auslegung **kollidiert**. Das OLG Hamburg (GRUR-RR 2010, 74 ff. – *Läusemittel*) sah sich bei der Anwendung von § 11 Abs. 1 Satz 1 Nr. 2 HWG a.F. wegen Art. 90 Buchst. f GK daran gehindert, weil ein Vorbehalt der mittelbaren Gesundheitsgefährdung dem abstrakten Gefährdungstatbestand des GK nicht zu entnehmen sei (so auch OLG Frankfurt GRUR-RR 2014, 410, 412). Das OLG München (PharmR 2009, 173, 174) stützte sich dagegen maßgeblich auf den 45. Erwägungsgrund des GK und verlangte auch für Art. 90 Buchst. f GK, dass die Werbung eine Auswirkung auf die öffentliche Gesundheit i. S. einer zumindest mittelbaren Gesundheitsgefährdung haben müsse. Der BGH (GRUR 2009, 984 ff. – *Festbetragsfestsetzung*) stellte zwischenzeitlich fest, **die grundrechtliche Abwägung** werde durch die **unionsrechtskonforme Auslegung nicht berührt**, da die durch Art. 10 EMRK garantierte Meinungsfreiheit nach ständiger Rechtsprechung des EuGH zu den von der Unionsordnung geschützten Grundrechten gehöre (vgl. dazu EuGH EuZW 2009, 428 Rn. 27 – *Frede Damgaard*; Einführung HWG Rdn. 58). Es sei daher auch bei der Auslegung der Art. 86 ff. GK zu beachten, dass sie nicht mit dem Recht auf Meinungsäußerung kollidierten (BGH GRUR 2009, 984, 986 – *Festbetragsfestsetzung*). Dem ist – auch im Hinblick auf unverhältnismäßige Beschränkungen der als Unionsgrundrecht geschützten Berufsfreiheit (Einführung HWG Rdn. 57; *Mand* JZ 2010, 337, 340 f.) – zuzustimmen. Eine andere Rechtsanwendung würde verkennen, dass der GK den Schutz der öffentlichen Gesundheit nur mit Mitteln erreichen will, die die Entwicklung der pharmazeutischen Industrie und den Handel mit Arzneimitteln innerhalb der Union **nicht unnötig hemmen** (exemplarisch: Erwägungsgründe 2 und 3 des GK). Im praktischen Ergebnis dürfte deshalb zumeist **kein Widerspruch zwischen der verfassungs- und der unionsrechtskonformen Auslegung** der Verbotstatbestände des § 11 bestehen. Das Problem einer **gesetzeswidrigen Nichtanwendung** eines über die GK-Vorgaben hinausgehenden nationalen Werbeverbotes (zu § 11 HWG a.F. vgl. OLG Hamburg PharmR 2009, 40, 45) dürfte sich angesichts der umfangreichen Anpassungen aufgrund des 2. AMG-ÄndG praktisch kaum noch stellen. Sollten verfassungs- und unionsrechtskonforme Auslegung jedoch ausnahmsweise nicht in Einklang zu bringen sein, haben die Vorgaben des GK grundsätzlich Vorrang vor dem nationalen Verfassungsrecht (eingehend: Einführung HWG Rdn. 61; *Doepner* PharmR 2010, 560, 570).

Für die Medizinproduktwerbung enthält Art. 7 der VO (EU) 2017/745 ein besonderes Werbeverbot, welches aber erst ab dem 26.05.2020 unmittelbar in allen Mitgliedstaaten gilt. Für In-Vitro-Diagnostika gilt die wörtlich übereinstimmende Regelung in Art. 7 der VO (EU) 2017/746 ab dem 26.05.2022.

## B. Sanktionierung von Verstößen

7 Vorsätzliche oder fahrlässige Verstöße gegen § 11 stellen gem. § 15 Abs. 1 Nr. 8 eine **Ordnungswidrigkeit** dar, die nach § 15 Abs. 3 mit einer Geldbuße bis zu 50.000 € geahndet werden kann. Gleichzeitig erfüllt ein Verstoß gegen eine **Marktverhaltensregelung**, die wie § 11 dem Schutz von Verbrauchern dient, die Voraussetzungen von § 4 Nr. 11 UWG a.F. (BGH GRUR 2010, 749, 753 – *Erinnerungswerbung im Internet*) bzw. von § 3a UWG n.F. (der allgemeine Rechtsbruchtatbestand aus § 4 Nr. 11 UWG wurde in § 3a UWG neu geregelt, vgl. BT-Drs. 18/6571 S. 6, 14), wobei die Spürbarkeitsgrenze des § 3 Abs. 1 UWG regelmäßig überschritten ist. Im Fall von einem Verstoß gegen § 11 Abs. 1 Nr. 2, 5, 7 und 13, die – wohl aufgrund eines redaktionellen Versehens – nach ihrem Wortlaut infolge der Novellierung von § 11 nur noch für Arzneimittel, nicht aber für sonstige dem HWG unterliegende Heilmittel Anwendung finden, ist jedenfalls eine Sanktionierung als Ordnungswidrigkeit nach dem Analogieverbot ausgeschlossen (vgl. eingehend Rdn. 21b, *Burk* GRUR 2012, 1097, 1099 ff.; *Reese* WRP 2013, 283, 285; *Bülow* PharmR 2014, 497, 489 f.).

## C. Die Publikumswerbeverbote des § 11 Abs. 1 HWG im Einzelnen:

### I. Verbot der Werbung mit Gutachten, Zeugnissen und Veröffentlichungen (§ 11 Abs. 1 Satz 1 Nr. 1 HWG)

8 *(aufgehoben, Kommentierung in der 2. Aufl., Rn. 8 ff.)*

9–14 *(unbesetzt)*

### II. Verbot der Werbung durch Bezugnahme auf fachliche Empfehlung oder Empfehlung Prominenter (§ 11 Abs. 1 Satz 1 Nr. 2)

#### 1. Normzweck

15 Der durch das 2. AMG-ÄndG neu gefasste § 11 Abs. 1 Satz 1 Nr. 2 soll der besonderen Werbewirkung von Angaben entgegenwirken, die sich auf eine (angebliche) Empfehlung von Wissenschaftlern, von im Gesundheitswesen oder im Bereich der Tiergesundheit tätigen Personen oder von Prominenten beziehen und den aus der fehlenden Nachprüfbarkeit resultierenden Irreführungsgefahren entgegenwirken (vgl. BGH GRUR 1997, 936, 937 – *Naturheilmittel*). Infolge der Aufhebung sind die bisher von § 11 Abs. 1 Satz 1 Nr. 1 HWG a.F. untersagten Werbemaßnahmen mit (vermeintlichen) wissenschaftlichen Expertisen nur noch an dem neuen § 11 Abs. 1 Satz 1 Nr. 2 zu messen.

#### 2. Vereinbarkeit mit dem GK

16 § 11 Abs. 1 Satz 1 Nr. 2 übernimmt vollständig den Wortlaut von Art. 90 Buchst. f GK. Die Regelung des § 11 Abs. 1 Satz 1 Nr. 2 ist somit richtlinienkonform.

#### 3. Tatbestand

17 § 11 Abs. 1 Satz 1 Nr. 2 setzt voraus, dass mit schriftlichen oder wörtlichen **Angaben** oder bildlichen oder graphischen **Darstellungen**, die sich auf eine **Empfehlung** von Wissenschaftlern, von im

Gesundheitswesen tätigen Personen, von im Bereich der Tiergesundheit tätigen Personen oder von Prominenten beziehen, für Heilmittel geworben wird. Eine ausdrückliche Empfehlung ist dabei nicht notwendig; vielmehr genügt es, wenn sie dem Werbeadressaten in verdeckter – sinngemäßer oder unterschwelliger – Form suggeriert wird (vgl. BGH GRUR 1998, 498, 499 – *Fachliche Empfehlung III*; BGH GRUR 2012, 1058 Rn. 14 – *Euminz*; LG Frankfurt Urt. v. 05.06.2014 – 2–03 O 18/14 juris Rn. 43).

Eine »**Empfehlung**« eines Arzneimittels liegt vor, wenn die in einer werblichen Anpreisung enthaltene Aussage geeignet ist, bei ihren Adressaten eine den Arzneimittelverbrauch anregende Wirkung zu erzeugen (BGH Urt. v. 01.02.2018 – I ZR 82/17, juris Rn. 14 – *Gefäßgerüst*; BGH GRUR 2012, 1058 Rn. 15 – *Euminz*; BGH GRUR 1998, 498, 500 – *Fachliche Empfehlung III*). Nicht ausreichend ist die jeder Arzneimittelwerbung immanente positive Darstellung, die den Verbraucher zum Erwerb und zur Einnahme des beworbenen Präparates anregt, vielmehr muss die Empfehlung nach Auffassung des OLG Köln den weitergehenden, ggf. sinngemäßen oder unterschwelligen Rat beinhalten, das Präparat zur Behandlung eines Leidens zu verwenden (OLG Köln Urt. v. 22.03.2013 – 6 U 12/13 juris Rn. 13. Die Verwendung einer von der Stiftung Warentest verliehenen Kennzeichnung eines Fiebermedikaments, wonach das Arzneimittel »gut geeignet« ist, bewertete der BGH (NJW 1998, 818 ff. – *Warentest für Arzneimittel*) als Verstoß gegen Nr. 2 a.F. Dagegen sind das OLG München (PharmR 2009, 173, 174) wie auch das OLG Hamburg (GRUR-RR 2010, 74, 76 – *Läusemittel*) zu dem Ergebnis gelangt, bei der Bezugnahme auf Empfehlungen durch veröffentlichte Warentests fehle die mittelbare Gesundheitsgefährdung, weil die Verbraucher nicht veranlasst würden, die Hinweise zu Nebenwirkungen und Dosierung weniger zu beachten oder mehr Arzneimittel zu konsumieren (zu dem insoweit aufgeworfenen Problem der Kollision von verfassungs- und unionsrechtskonformer Auslegung vgl. Rdn. 6). Das OLG Frankfurt erkennt demgegenüber in dem Testurteil des Magazins Öko-Test »Gesamturteil sehr gut« (OLG Frankfurt GRUR-RR 2014, 410, 411 f. – *Ciclopoli*) ebenso wie in der Angabe »Erkältungsmedikament des Jahres 2014 – Gewählt vom Bundesverband Deutscher Apotheker« sowie dem Siegel »Medikament des Jahres 2014« des Bundesverbands Deutscher Apotheker (OLG Frankfurt A&R 2015, 90, 91) unzulässige Empfehlungen (kritisch hierzu *Straszewski* A&R 2015, 90, 93).

*(unbesetzt)* 19–20

Zudem muss die in Bezug genommene Empfehlung von Wissenschaftlern, von im Gesundheitswesen tätigen Personen, von im Bereich der Tiergesundheit tätigen Personen oder anderen Personen, die aufgrund ihrer Bekanntheit zum Arzneimittelverbrauch anregen können, stammen. Erfasst sind Ärzte, Zahnärzte, Tierärzte, Apotheker und Personen, die mit Arzneimitteln erlaubterweise Handel treiben, nach Auffassung des OLG Frankfurt jedoch keine »Firmenexperten« (GRUR-RR 2015, 453 Rn. 11 – *Firmenexpertin*; OLG Koblenz GRUR-RR 2017, 284, 285). Zwischen den Begriffen »Wissenschaftlern« und »im Gesundheitswesen tätigen Personen« dürften praktisch oftmals Überschneidungen bestehen; jedenfalls zählen zu diesem Personenkreis weiterhin die in § 2 aufgeführten Fachkreise (vgl. zum Begriff § 2 HWG Rdn. 8 ff.). Darüber hinaus sind Äußerungen des BfArM (BGH GRUR 1997, 936, 937 – *Naturheilkunde*) bzw. von dessen Mitarbeitern und von besonders fachkundigen Medizinjournalisten erfasst (*Gröning*/Mand/Reinhart § 11 Nr. 2 HWG Rn. 4). Der Bundesverband der Apotheker gehört zu den im Gesundheitswesen tätigen Personen (OLG Frankfurt A&R 2015, 90). Ob die Stiftung Warentest zu diesem Kreis zählt, ist allerdings zweifelhaft (bejahend zur früheren Fassung BGH NJW 1998, 818, 819 – *Warentest für Arzneimittel*). Empfehlungen der Stiftung Warentest könnten allerdings von der Alternative als Empfehlungen »bekannter Personen« im Sinne der dritten Variante erfasst sein. Das OLG Frankfurt (GRUR-RR 2014, 410, 411 – *Ciclopoli*) entschied, dass dem Verbraucher gut bekannte Testinstitutionen wie die »Öko-Test-Verlag-GmbH« in den Personenkreis der Nr. 2 fallen. Es ist unerheblich, ob die die Empfehlung aussprechende Person tatsächlich Wissenschaftler oder im Gesundheitswesen bzw. im Bereich der Tiergesundheit tätig ist, solange der durchschnittliche Verbraucher von einer solchen Funktion aufgrund der Gestaltung der Werbung ausgehen kann (OLG Frankfurt GRUR-RR 2015, 453, Rn. 14 – *Firmenexpertin*).

Das OLG Karlsruhe (NJW-RR 2016, 111, 114 Rn. 39) urteilte, eine Werbung für Schüßler-Salze mit Abbildungen der Schauspielerin Ursula Karven und der Aussage »Für die Balance zwischen Beruf und Familie bin ich selbst verantwortlich – auch für meine Gesundheit« könne aufgrund ihrer Bekanntheit zum Arzneimittelverbrauch anregen und verstoße gegen Nr. 2, denn es werde nicht nur die Werbung mit »Superstars« untersagt (OLG Karlsruhe NJW-RR 2016, 111, 112 Rn. 22). Die Werbung mit Empfehlungen nicht prominenter Personen oder Anwender (sogenannte Testimonial-Werbung) verstößt nicht gegen § 11 Abs. 1 Satz 1 Nr. 2 (*Reese* WRP 2013, 283, 285 und Rdn. 65 zu Nr. 11).

21a Umstritten ist, ob die Empfehlung von einer konkret benannten oder zumindest individualisierbaren Person oder einem derartigen Personenkreis ausgehen muss und somit ein Hinweis auf »institutionalisierte« Empfehlungen wie »die moderne Medizin setzt... immer öfter...« untersagt ist (BGH GRUR 2012, 1058, 1060 – *Euminz*) oder ob mangels Suggestivwirkung derartig allgemeiner Aussagen ein konkreter Personenbezug für ein Verbot erforderlich ist (*Reese* WRP 2013, 283, 285). Insofern erscheint die nicht nachprüfbare Behauptung, es bestehe eine allgemeine medizinische oder wissenschaftliche Überzeugung der Eignung eines Heilmittels, jedoch zumindest nicht von geringerer Suggestivkraft als personenbezogene Einzelmeinungen, die der Adressat als solche erkennen kann (in diesem Sinne auch *Vohwinkel* GRUR 2012, 1060). Nicht ausreichend ist demgegenüber die Aussage »belegte Wirksamkeit« unter Bezugnahme auf eine in einer Fußnote der Werbung im Internet abrufbare Studienzusammenfassung (OLG Köln Urt. v. 22.03.2013 – 6 U 12/13 juris Rn. 16 ff.).

21b Durch die Übertragung des nur für Arzneimittel geltenden Richtlinientextes ist jedoch die konsumfördernde Prominentenempfehlung nur untersagt, wenn die Personen »auf Grund ihrer Bekanntheit zum *Arzneimittelverbrauch* anregen können.«

Zwar lautet die Einleitung von § 11 Abs. 1 Satz 1 immer noch, dass »für Arzneimittel, Verfahren, Behandlungen, Gegenstände oder andere Mittel« nicht mit den in den Nr. 1–15 genannten Maßnahmen geworben werden darf. Allerdings enthalten die einzelnen Verbotstatbestände dann nähere Differenzierungen zwischen den jeweils erfassten Heilmitteln (vgl. exemplarisch Nr. 14 und 15), sodass eine übergreifende Anwendung der Verbotstatbestände auf alle einleitend genannten Heilmittel systematisch und entstehungsgeschichtlich unzulässig ist. Vielmehr ist davon auszugehen, dass der Gesetzgeber bei der Ausgestaltung des Verbotskataloges – jedenfalls bis zu den Änderungen des 2. AMG-ÄndG – bewusst nach einzelnen Heilmitteln unterschieden hat. Dies hat zur Folge, dass konsumfördernde Prominentenempfehlungen für die bislang ebenfalls von § 11 Abs. 1 Satz 1 Nr. 2 HWG a.F. erfassten sonstigen Verfahren, Behandlungen, Gegenstände und anderen Mittel i.S.v. § 1 Abs. 1 Nr. 2 ausgehend vom Wortlaut zulässig sind. Ob aus der Konkretisierung des Werbeverbotes mit Prominentenempfehlungen auch folgt, dass die Werbung mit Empfehlungen von Wissenschaftlern oder im Gesundheitswesen tätigen Personen ebenfalls nur für Arzneimittel, nicht aber für sonstige Heilmittel untersagt wird, ist nach dem Wortlaut nicht eindeutig. Weshalb allein der Unterfall des Verbotes der Werbung mit Prominentenempfehlungen auf Arzneimittel beschränkt werden sollte, ist jedoch nicht ersichtlich. Die Tatsache, dass der Wortlaut des nur für Arzneimittel geltenden Art. 90 Buchst. f) GK übernommen wurde, spricht dafür, dass die gesamte Nr. 2 nunmehr ausschließlich für die Arzneimittelwerbung gilt. Mangels eines Hinweises auf eine entsprechende Freistellungsabsicht in den Gesetzesmaterialien spricht viel dafür, dass diese Beschränkung auf einem redaktionellen Versehen des Gesetzgebers infolge der Übertragung des Richtlinientextes von Art. 90 Buchst. f) GK beruht (*Burk* GRUR 2012, 1097, 1099). Dessen Konsequenzen sind jedoch erheblich, da insbesondere im Hinblick auf die Ahndung von Verstößen im Ordnungswidrigkeitenrecht im Rahmen von § 15 Abs. 1 Nr. 8 gem. § 3 OWiG das Analogieverbot gilt, sodass eine wortlauterweiternde teleologische oder historische Auslegung von vornherein unzulässig ist (*Burk* GRUR 2012, 1097, 1099; ebenso *Punga* Das Krankenhaus 2013, 283, 284; *Bülow* PharmR 2014, 497, 498). Ob dies – wie *Bülow* PharmR 2014, 497, 498 f. und *Punga* das Krankenhaus 2013, 283, 284 Fn. 10, unter Bezugnahme auf BGH NZG 2011, 1147 Rn. 33 meinen – auch zur Folge hat, dass eine vom Wortlaut abweichende lauterkeitsrechtliche Korrektur des Redaktionsversehens ausgeschlossen ist, bleibt einer abschließenden Klärung durch die Rechtsprechung vorbehalten (für eine erweiternde Auslegung in Bezug auf die Nr. 13 wohl KG Beschl. v. 22.05.2017 – 5 W 94/17 juris Rn. 13 ff., s. auch die Nachweise in Rdn. 71).

Für die nicht (mehr) von § 11 Abs. 1 Satz 1 Nr. 2 erfassten Heilmittel findet aber § 11 Abs. 1 Satz 1 Nr. 11 unverändert Anwendung. Grundsätzlich ist das Verbot der Nr. 2 lex specialis gegenüber der Nr. 11 (OLG Karlsruhe NJW-RR 2016, 111, 114 Rn. 39).

### III. Verbot der Werbung mit Krankengeschichten (§ 11 Abs. 1 Satz 1 Nr. 3 HWG)

#### 1. Normzweck

Durch die Werbung mit der Wiedergabe von realen oder fiktiven Krankengeschichten besteht die Gefahr einer besonderen Identifikation der angesprochenen Verkehrskreise mit dem in der Werbung beschriebenen Krankheitsverlauf, was zu einer nicht sachgerechten Übertragung der Diagnose und Selbstmedikation führen kann. § 11 Abs. 1 Satz 1 Nr. 3 gilt für Arzneimittel und sonstige Heilmittel, gem. § 11 Abs. 1 Satz 2 jedoch nicht für Medizinprodukte. 22

#### 2. Vereinbarkeit mit dem GK

§ 11 Abs. 1 Satz 1 Nr. 3 beruht auf den Vorschriften Art. 90 Buchst. j und i GK. Abweichend von der Richtlinie knüpft das Verbot in § 11 Abs. 1 Satz 1 Nr. 3 an das Tatbestandsmerkmal der »Krankengeschichte« an. Art. 90 Buchst. j GK verwendet demgegenüber den im deutschen Sprachgebrauch unüblichen Begriff der Genesungsbescheinigung. Dabei handelt es sich um eine Aussage, nach der die Verwendung eines bestimmten Arzneimittels zu einer Genesung, d.h. der Wiederherstellung der Gesundheit eines Kranken geführt hat (EuGH GRUR 2008, 267 Rn. 43 – *Gintec*). Die insoweit zwischen den Begriffen Krankengeschichte und Genesungsbescheinigung bestehenden Diskrepanzen – die Krankengeschichte erfordert nicht zwingend die Schilderung eines Heilungserfolgs, umgekehrt setzt die Genesungsbescheinigung nicht die für eine Kranken*geschichte* bislang für notwendig erachtete epische Komponente voraus – sind durch richtlinienkonforme Auslegung des Begriffs »Krankengeschichte« auszugleichen. Auch die unterbliebene Übertragung des in Art. 90 Buchst. i verwendeten Begriffs der Anamnese ist wohl unschädlich, da eine ausführliche Anleitung zu einer falschen Selbstdiagnose im Normalfall stets auch die Darstellung der Anamnese beinhaltet. Allerdings besteht ein Umsetzungsdefizit hinsichtlich der Verkoppelung des Begriffs der »Krankengeschichte« mit dem Wortlaut von Art. 90 Buchst. i GK. Denn dieser untersagt unabhängig von der Art und Weise der kommunikativen Einbettung alle Elemente in der Arzneimittelwerbung, die zu einer falschen Selbstdiagnose verleiten können. § 11 Abs. 1 Satz 1 Nr. 3 klammert jedoch alle Werbemaßnahmen aus, die weder eine Krankengeschichte noch einen Hinweis hierauf enthalten, aber gleichwohl zu einer falschen Selbstdiagnose verleiten können. Insoweit ist das allgemeine Irreführungsverbot des § 3 heranzuziehen. 23

#### 3. Tatbestand

Der Begriff der **Krankengeschichte** umfasste bislang insbesondere die patientenbezogenen Aufzeichnungen der behandelnden Ärzte über den Stand und Verlauf einer Krankheit, wie sie Kliniken und ärztliche Praxen anlegen und verwenden (KG GRUR-RR 2005, 166 – *Arzneimitteleigenschaften kraft Präsentation*), gleich ob wahr oder erfunden. Daneben können medizinische **Laien**, d.h. der Betroffene selbst, seine Angehörigen oder Journalisten (BGH GRUR 1981, 435, 437 – *56 Pfund abgenommen*; OLG Bamberg Urt. v. 28.03.2007 – 3 U 252/06 juris Rn. 19) Urheber von Krankengeschichten sein. Nicht ausreichend waren bislang die Wiedergabe punktueller Symptome oder des Krankheitszustands. Tatbestandsmäßig waren vielmehr nur geordnete Darstellungen eines Krankheits- oder Behandlungsverlaufs (*Gröning*/Mand/Reinhart § 11 Nr. 3 HWG Rn. 7). Angesichts des der Richtlinie zugrundeliegenden Begriffs der Genesungsbescheinigung, welcher lediglich eine Aussage verlangt, nach der die Verwendung des Arzneimittels zu einer Wiederherstellung der Gesundheit eines Kranken geführt hat, sollten an die bislang geforderte »epische« Komponente der Krankengeschichte keine strengen Anforderungen gestellt werden, sodass auch Kurzschilderungen des Eintritts einer Krankheit und deren erfolgreicher Heilung ausreichen (s. Rdn. 23). Die Krankengeschichte muss allerdings auch bei richtlinienkonformer Auslegung stets **personenbezogen** sein, weil eine lediglich abstrakte Darstellung eines Krankheitsverlaufs kein durch Identifikation mit der Krankengeschichte bedingtes Risiko der Selbstmedikation auslöst. Eine vollständige Nennung von Namen ist jedoch nicht erforderlich. 24

25 Die »**Wiedergabe**« i.S.d. Nr. 3 bezeichnet die teilweise oder vollständige unmittelbare Zugänglichmachung der Krankengeschichte, gleich in welcher Form (*Gröning*/Mand/Reinhart § 11 Nr. 3 HWG Rn. 9).

26 Mit **Hinweisen** auf eine Krankengeschichte wird geworben, wenn die Darstellung der Krankengeschichte nicht unmittelbarer Bestandteil der Werbung ist, aber darauf außerhalb der direkten Wiedergabe Bezug genommen wird. Auch bei der Werbung mit Hinweisen muss der Personenbezug gewahrt bleiben.

Die Werbung unter Wiedergabe von oder mit Hinweis auf die Krankengeschichte muss entweder »in **missbräuchlicher, abstoßender** oder **irreführender** Weise« erfolgen oder »durch eine ausführliche Beschreibung oder Darstellung zu einer **falschen Selbstdiagnose verleiten**« können.

26a Missbräuchlich, abstoßend oder irreführend ist eine Werbemaßnahme für Arzneimittel nach der Rechtsprechung des EuGH insbesondere, wenn die heilende Arzneimittelwirkung übertrieben dargestellt wird, sodass sie geeignet ist, den Arzneimittelverbrauch zu erhöhen, wenn Angst vor den Folgen einer Nichtverwendung geweckt werden könnte oder wenn Arzneimitteln Merkmale zugesprochen werden, die sie nicht besitzen, und der Verbraucher dadurch in Bezug auf ihre Wirkweise und ihre therapeutischen Wirkungen in die Irre geführt würde (EuGH GRUR 2008, 267 Rn. 47 – *Gintec*). Kennzeichnend für eine **missbräuchliche** Verwendung der Krankengeschichte dürfte deshalb eine Dramatisierung oder Übertreibung der Beschwerden bzw. der Krankheit und der positiven Wirkungen des Heilmittels sein (so auch OLG Celle Urt. v. 30.05.2013 – 13 U 160/12 juris Rn. 20), sodass letztlich das Ausnutzen oder Hervorrufen von unspezifischer Sorge um die Gesundheit oder von Angstgefühlen den Missbrauchsvorwurf begründet. **Abstoßend** ist eine Bezugnahme auf Krankengeschichten, wenn der Werbende gerade mit schockierenden, ekel- oder Unwohlsein erregenden oder sonstigen objektiv verstörenden Darstellungen zum Konsum des Arzneimittels veranlasst werden soll. Insofern dürfte die abstoßende Werbung oftmals als Spezialfall der missbräuchlichen Werbung zu klassifizieren sein. Eine darüber hinausgehende Einschränkung des Verbotes der Werbung mit missbräuchlichen oder abstoßenden Krankengeschichten durch das Erfordernis einer konkreten Gesundheitsgefahr in Form der Veranlassung zur unsachgemäßen Selbstmedikation erscheint bei systematischer Betrachtung im Hinblick auf die zweite Alternative der Nr. 3 (Verleitung zur falschen Selbstdiagnose) fraglich (so aber *Reese* WRP 2013, 283, 286). Hinsichtlich des Kriteriums der **Irreführung** einer Werbung mit Krankengeschichten kann auf die im Rahmen von § 3 und § 5 UWG geltenden Maßstäbe zurückgegriffen werden.

26b Die Werbung mit Krankengeschichten ist nach der zweiten Alternative der Nr. 3 unzulässig, wenn die Krankengeschichte durch eine ausführliche Beschreibung oder Darstellung zu einer **falschen Selbstdiagnose verleiten** kann. Der Verbotstatbestand ist an den Text von Art. 90 Buchst. i GK angelehnt (zur richtlinienwidrigen Beschränkung derartiger Anleitungen ausschließlich auf Krankengeschichten Rdn. 23) und ähnelt dem bislang in § 11 Abs. 1 Satz 1 Nr. 10 normierten Verbot, welches durch das 2. AMG-ÄndG aufgehoben wurde (vgl. dazu die 4. Aufl. Rn. 59). Im Unterschied zu dem Verbot der missbräuchlichen, abstoßenden und irreführenden Werbung mit Krankengeschichten ist nach der zweiten Alternative insbesondere eine Werbung untersagt, die den Adressaten durch eine eingehende, (pseudo-) wissenschaftliche schriftliche Beschreibung oder illustrierende Darstellung (vermeintlich) in die Lage versetzt, selbst eine gesundheitliche Diagnose bei sich vorzunehmen und ihn damit von dem eigentlich erforderlichen Arztbesuch abhält oder zu unnötigem Arzneimittelkonsum veranlasst. **Unerheblich** ist auch weiterhin, ob die Beschreibung oder Darstellung objektiv **zutreffend** oder medizinisch **vollständig** ist (OLG Schleswig PharmR 2002, 263, 265 zu § 11 Abs. 1 Satz 1 Nr. 10 HWG a.F.), da eine Selbstdiagnose durch Laien stets mit Risiken behaftet ist.

Fraglich ist daneben, ob unter »Selbstdiagnose« nur die Eigentherapie zu verstehen ist, oder ob – etwa im familiären Bereich – auch Laiendiagnosen gegenüber Dritten (z.B. Kindern) erfasst sind, sofern der Adressat der Maßnahme über die Therapie selbst (mit) zu entscheiden hat. Ausgehend vom Schutzzweck der Vorschrift ist die Einbeziehung derartiger »Familiendiagnosen« naheliegend und mit dem Wortlaut noch vereinbar.

Sofern es an einer ausführlichen Schilderung fehlt und die Werbung »nur« zur falschen Selbstdiagnose verleitet, sind regelmäßig der Missbrauchs- und Irreführungstatbestand der ersten Alternative von Nr. 3 zu berücksichtigen. Das Gleiche würde auch für Selbstdiagnosen gegenüber Dritten gelten, sofern man der hier vorgeschlagenen teleologischen Einbeziehung von »Familiendiagnosen« in das Verbot der Anleitung von Selbstdiagnosen nicht folgt.

### IV. Verbot bildlicher Darstellungen mit Berufskleidung oder bei Ausübung heilberuflicher Tätigkeit (§ 11 Abs. 1 Satz 1 Nr. 4 HWG)

(aufgehoben, Kommentierung in der 2. Aufl. Rn. 27 ff.) 26c

*(unbesetzt)* 27–32

### V. Werbeverbot krankheits- und wirkungsillustrierender Darstellungen (§ 11 Abs. 1 Satz 1 Nr. 5 HWG)

#### 1. Normzweck

§ 11 Abs. 1 Satz 1 Nr. 5 verbietet die bildliche Darstellung, die in missbräuchlicher, abstoßender oder irreführender Weise Veränderungen des menschlichen Körpers aufgrund von Krankheiten oder Schädigungen oder die Wirkung eines Arzneimittels im menschlichen Körper oder in Körperteilen verwendet. Die erste Tatbestandsalternative ergänzt visuell das Verbot der Wiedergabe von Krankengeschichten gem. § 11 Abs. 1 Satz 1 Nr. 3. Demgegenüber soll das Verbot der Darstellung der Wirkung der besonderen Irreführungsgefahr entgegenwirken, die mit der werbewirksam vereinfachten Darstellung der Wirkungen eines Arzneimittels verbunden ist (vgl. Bülow/Ring/Artz/Brixius/*Bülow/Ring* § 11 Abs. 1 Nr. 5c HWG Rn. 1). Der Gesetzgeber hat die zweite Alternative der Vorschrift infolge der Übernahme des Wortlautes von Art. 90 Buchst. k GK erneut ausschließlich auf die Werbung mit Arzneimittelwirkungen beschränkt. Bis zum Inkrafttreten des 2. AMG-ÄndG am 26.10.2012 wurde durch § 11 Abs. 1 Satz 1 Nr. 5 HWG a.F. allerdings auch die Darstellung der Wirkung eines »Verfahrens, einer Behandlung, eines Gegenstandes oder eines anderen Mittels« untersagt. Insofern ist wie schon im Rahmen von § 11 Abs. 1 Satz 1 Nr. 2 von einem redaktionellen Versehen auszugehen (*Burk* GRUR 2012, 1097, 1100; ebenso *Reese* WRP 2013, 283, 287; zu dessen rechtlichen Konsequenzen Rdn. 21b). 33

#### 2. Vereinbarkeit mit dem GK

§ 11 Abs. 1 Satz 1 Nr. 5 übernimmt vollständig den Wortlaut von Art. 90 Buchst. k GK, sodass eine richtlinienkonforme Anwendung der Vorschrift ermöglicht wird. 34

#### 3. Tatbestand

Der Begriff der bildlichen Darstellung **des Körpers** umfasst neben fotografischen Darstellungen alle visuell wahrnehmbaren Illustrierungen wie Fotos, Grafiken oder Filme (OLG Hamburg PharmR 2009, 40, 43). Es muss sich um eine **erkennbare** Darstellung des menschlichen Körpers handeln. Unter körperlichen Veränderungen sind dabei wie schon bisher alle äußerlich wahrnehmbaren gesundheitlichen Abweichungen im Erscheinungsbild eines gesunden oder kranken Menschen zu verstehen (*Doepner/Reese* § 11 Nr. 5 HWG Rn. 11). 35

Die in der Literatur zur früheren Fassung der Nr. 5 vertretene Differenzierung, Abbildungen von **inneren Organen, Knochen sowie Körpersubstanzen wie Blut oder Stoffwechselprodukten** seien mangels Identifikationsgefahr nicht erfasst (vgl. *Doepner* § 11 Nr. 5 HWG Rn. 10; Bülow/Ring/Artz/Brixius/*Bülow/Ring* § 11 Abs. 1 Satz 1 Nr. 5a HWG Rn. 5 Fn. 12), ist auch nach der Neufassung abzulehnen. Denn die Darstellung von inneren menschlichen Organfunktionen kann auf den Werbeadressaten eine ebenso starke Werbe- bzw. Identifikationswirkung entfalten und aus der **weitgehend fehlenden Nachprüfbarkeit** resultiert gleichzeitig eine besondere **Irreführungsgefahr**. Gleichzeitig wird unverhältnismäßigen Verboten durch die Beschränkung auf missbräuchliche, 36 abstoßende oder irreführende Werbemaßnahmen (zur Auslegung der Begriffe Rdn. 26a) vorgebeugt. Zudem spricht der Wortlaut der Nr. 5 (»Darstellung des menschlichen Körpers«) gegen eine Beschränkung auf die äußerliche Darstellung.

37 Die dargestellten körperlichen Veränderungen müssen **aufgrund einer Krankheit oder einer Schädigung** eingetreten sein. Nicht ausreichend sind allgemeine Folgen des Alterns (z.B. Falten, Altersflecken) oder von Ermüdung (z.B. Gähnen, Augenringe). Die in der Literatur unter Verweis auf die Entstehungsgeschichte vertretene Ausnahme für sog. **krankhafte Beschwerden** (Sonnenbrand, Rasierschäden, Hühneraugen etc., Dieners/Reese/*Reese/Holtorf* Hdb. des PharmaR § 11 HWG Rn. 328) ist nicht mehr mit dem Wortlaut der Vorschrift zu vereinbaren. Demzufolge ist jede Darstellung von Veränderungen des menschlichen Körpers aufgrund von Krankheiten oder Schädigungen schlechthin unzulässig, sofern sie missbräuchlich, abstoßend oder irreführend ist.

38–40 *(unbesetzt)*

41 Die zweite Tatbestandsalternative untersagt die bildliche Darstellung (zum Begriff vgl. Rdn. 35) der Wirkung eines Arzneimittels, d.h. (wie bisher) wo und wie das Arzneimittel am menschlichen Körper oder an dessen Bestandteilen seine (vermeintliche) Wirkung entfaltet (vgl. *Gröning/*Mand/*Reinhart* § 11 Nr. 5 HWG Rn. 13).

Die Eingrenzung auf missbräuchliche, abstoßende oder irreführende Werbemaßnahmen (zur Bestimmung dieser Begriffe Rdn. 26) gilt auch für ein Verbot bildlicher Darstellungen der Arzneimittelwirkung.

Vom Wortlaut der Vorschrift ist ein Verbot missbräuchlicher, abstoßender, irreführender Darstellungen für sonstige Heilmittel nicht mehr erfasst. Insoweit sind § 3 und §§ 3, 5 UWG zu beachten.

**VI. Verbot fremd- und fachsprachlicher Bezeichnungen (§ 11 Abs. 1 Satz 1 Nr. 6 HWG)**

41a (aufgehoben, für die frühere Fassung vgl. die Kommentierung der Vorauflage, Rn. 42 ff.)

42–45 *(unbesetzt)*

**VII. Verbot von Werbeaussagen, welche die Verwendung eines Arzneimittels zur Krankheitsprävention oder zur Gesundheitsverbesserung nahelegen (§ 11 Abs. 1 Satz 1 Nr. 7 HWG)**

**1. Normzweck**

46 § 11 Abs. 1 Satz 1 Nr. 7 untersagt Werbeaussagen, die nahelegen, dass die Gesundheit durch die Nichtverwendung des Arzneimittels beeinträchtigt oder durch die Verwendung verbessert werden könnte. Solche Aussagen sind besonders geeignet, die Verbraucher zu verunsichern und dadurch irrationalen bzw. übermäßigen Arzneimittelkonsum aus Sorge um die Gesundheit zu erzeugen.

**2. Vereinbarkeit mit dem GK**

47 Der Nr. 7 des § 11 Abs. 1 Satz 1 liegen die Regelungen Art. 90 Buchst. c und d GK zugrunde. Art. 90 Buchst. c GK verbietet Elemente, die nahelegen, dass die **normale gute Gesundheit** des Patienten durch die **Verwendung** des Arzneimittels **verbessert** werden könnte. Art. 90 Buchst. d GK untersagt Elemente in der Arzneimittelwerbung, die nahelegen, dass die **normale gute Gesundheit** des Patienten im Fall der **Nichtverwendung** des Arzneimittels **beeinträchtigt** werden könnte. Derartige Werbung zielt gerade darauf ab, dass der Werbeadressat aus Sorge vor den kommunizierten Gesundheitsbeeinträchtigungen das beworbene »Gegenmittel« anwendet (*Nawroth/Sandrock* FS Doepner 2008, S. 284). § 11 Abs. 1 Satz 1 Nr. 7 kombiniert den Inhalt dieser beiden unionsrechtlichen Verbotstatbestände. Allerdings wurde eine im Referentenentwurf des 2. AMG-ÄndG noch vorgesehene wesentliche Einschränkung der Richtlinienverbote nicht in den Regierungsentwurf und auch nicht in den Gesetzestext übernommen. Die Verbote der Nr. 7 untersagen nämlich nicht lediglich Werbeaussagen, die eine Verbesserung bzw. Beeinträchtigung der »normalen guten Gesundheit« suggerieren, sondern lassen jegliche in der Werbeaussage kommunizierte

Gesundheitsverbesserung oder -beeinträchtigung für ein Verbot genügen. Dadurch erhält der Verbotstatbestand der Nr. 7 einen sehr viel weitergehenden Anwendungsbereich als die Art. 90 Buchst. c und d GK, sodass trotz der beabsichtigten Anpassung an das Unionsrecht eine restriktive unionsrechtskonforme Auslegung vorzunehmen ist.

### 3. Tatbestand

§ 11 Abs. 1 Satz 1 Nr. 7 erfasst infolge der Änderungen des AMG-ÄndG nur noch Werbeaussagen 48 im Zusammenhang mit der Arzneimittelwerbung und nicht länger auch Werbeaussagen für Verfahren, Behandlungen, Gegenstände oder andere Mittel. Auch insoweit ist mangels einer dokumentierten Absicht in den Gesetzesmaterialien wie schon bei den Verboten der Nr. 2 und 5 von einem redaktionellen Versehen des Gesetzgebers auszugehen (s. Rdn. 21 b).

Eine Werbemaßnahme ist nach Nr. 7, 1. Alt. unzulässig, wenn dem Adressaten nahe gelegt wird, 48a ohne die Verwendung des Arzneimittels könne seine Gesundheit beeinträchtigt werden. Bei wortlautgetreuer Anwendung dieses Verbotstatbestandes wäre jede Werbeaussage mit dem Inhalt, die Einnahme eines Arzneimittels könne ein Krankheitsrisiko reduzieren, die Auswirkungen einer bereits eingetretenen Erkrankung gegenüber der Nichteinnahme des Arzneimittels verringern oder die Heilung beschleunigen, untersagt, da mit jeder dieser Aussagen eine zusätzliche oder zeitlich verlängerte Gesundheitsbeeinträchtigung für den Fall der Nichteinnahme kommuniziert wird. Das Verbot der Nr. 7 geht insoweit über die Vorgaben von Art. 90 Buchst. d GK hinaus, der nur Aussagen untersagt, nach denen die »**normale gute Gesundheit**« im Fall der Nichtverwendung des Arzneimittels beeinträchtigt werden könnte.

Diese aus dem GK selbst folgende Einschränkung ist im Wege richtlinienkonformer Auslegung in das Verbot hineinzulesen; unzulässig sind danach von vornherein nur Werbemaßnahmen, die einem **gesunden** Menschen nahelegen, seine **vorhandene** Gesundheit sei gefährdet, wenn er ein Arzneimittel nicht einnehme. Dagegen sind Werbemaßnahmen, die sich auf die Linderung eines **bereits eingetretenen** Krankheitszustandes richten, nicht gemäß Nr. 7, 1. Alt. untersagt (*Burk* GRUR 2012, 1097, 1101).

Doch auch bei richtlinienkonformer Auslegung bleibt der Anwendungsbereich des Verbotstatbestandes im Vergleich zu dem bisherigen, überwiegend für unionsrechtskonform erachteten Verbot der Angstwerbung (vgl. *Nawroth/Sandrock* FS Doepner 2008, S. 284; *Doepner-Thiele/Ruess* GRUR-Prax 2012, 293, 295) sehr weit. Gleichzeitig ist zu bedenken, dass die Meinungsfreiheit der Werbenden nicht nur verfassungsrechtlich geschützt wird, sondern durch Art. 10 EMRK auch zu den von der Unionsordnung geschützten Grundrechten zählt (EuGH EuZW 2009, 428 Rn. 27 – *Frede Damgaard*) und deshalb auch bei der Auslegung des GK zu berücksichtigen ist (BGH GRUR 2009, 984, 986 Rn. 20 – *Festbetragsfestsetzung*; Einf. HWG Rdn. 58), sodass auch die unionsrechtlich vorgegebenen Tatbestandsmerkmale des § 11 Abs. 1 Satz 1 Nr. 7 unter Beachtung der Meinungsfreiheit restriktiv auszulegen sind.

**Nahe gelegt** wird eine Beeinträchtigung der Gesundheit für den Fall der Nichteinnahme deshalb 48b bei der gebotenen restriktiven Auslegung der Nr. 7 nur dann, wenn die Werbung die **konkrete Gefahr** in sich trägt, den Anwender zum Schutz vor einer möglichen Gesundheitsbeeinträchtigung zur Einnahme des Arzneimittels zu veranlassen. Beurteilungsmaßstab ist – wie schon bisher im Rahmen der Angstwerbung – das Durchschnittsempfinden des angesprochenen Verkehrskreises (*Dieners/Reese/Reese/Holtorf* Hdb. des PharmaR § 11 HWG Rn. 349 zu Nr. 7 a.F.). Die Werbung muss dazu bei dem Anwender bei objektiver Betrachtung das Gefühl hervorrufen, dass ohne die Einnahme des Arzneimittels die gute Gesundheit nicht hinreichend vor bestimmten, nicht ganz unerheblichen Krankheiten, Leiden, Beschwerden oder Körperschäden geschützt wird (so im Ergebnis übereinstimmend bereits BGH NJW-RR 1999, 1565, 1566 – *Vitalkost* zu Nr. 7 a.F.).

§ 11 Abs. 1 Satz 1 Nr. 7, 2. Alt. untersagt Werbeaussagen, die nahelegen, dass die Gesundheit 48c durch die Anwendung des Arzneimittels **verbessert** wird. Auch insoweit ist entsprechend des engeren Wortlautes von Art. 90 Buchst. c GK eine richtlinienkonforme Einschränkung des Verbotes auf Werbemaßnahmen vorzunehmen, die eine zusätzliche Verbesserung der »normalen guten

Gesundheit« im Fall der Einnahme des Arzneimittels nahelegen (*Burk* PharmInd 2012, 1800, 1802; zur restriktiven Auslegung des »Nahelegens« Rdn. 48b). Auch § 11 Abs. 1 Satz 1 Nr. 7, 2. Alt. erfasst deshalb keine Werbeaussagen, die auf Verbesserung eines **bereits eingetretenen** Krankheitszustands gerichtet sind. Abgrenzungsprobleme ergeben sich jedoch im Hinblick auf grundsätzlich zulässige Werbeaussagen, in denen die präventive Schutzfunktion des Arzneimittels weder zur zusätzlichen Gesundheitsverbesserung noch zur konkreten Krankheitsprävention, sondern lediglich zum Erhalt der normalen gesunden Körperfunktionen beworben wird.

### VIII. Verbot des Feilbietens von Heilmitteln bei Werbevorträgen (§ 11 Abs. 1 Satz 1 Nr. 8 HWG)

#### 1. Normzweck

49 § 11 Abs. 1 Satz 1 Nr. 8 untersagt Werbevorträge **für Heilmittel**, mit denen ein **Feilbieten** (Alt. 1) oder eine **Entgegennahme von Anschriften** (Alt. 2) verbunden ist. Dies beruht auf der Annahme, dass gewandte Redner ihre Zuhörer durch Ausübung psychologischen Drucks zu Impulskäufen veranlassen können, wobei dem Zuhörer regelmäßig nicht genügend Zeit zur kritischen Reflexion über die Vortragsinhalte und seine Kaufentscheidung belassen wird. Die Nr. 8 wurde durch das 2. AMG-ÄndG nicht verändert, obwohl erheblicher unionsrechtlicher Anpassungsbedarf besteht.

#### 2. Vereinbarkeit mit dem GK

50 Der GK normiert **kein allgemeines Verbot für Werbevorträge**. Werbevorträge im Zusammenhang mit dem Feilbieten von Arzneimitteln i.S.v. § 11 Abs. 1 Satz 1 Nr. 8, 1. Alt. enthalten allerdings regelmäßig Elemente von Art. 90 Buchst. a, b, c, d, f, i und j GK. Die unionsrechtskonforme Anwendung von § 11 Abs. 1 Satz 1 Nr. 8, 1. Alt. erfordert deshalb eine einzelfallbezogene Überprüfung des Werbevortrages anhand aller potenziell einschlägigen Verbotstatbestände des GK. Die weiteren tatbestandlichen Anforderungen von Nr. 8, 1. Alt. (vgl. Rdn. 51 f.) bleiben davon unberührt. **Keine Übereinstimmung** mit den Vorgaben des GK hat dagegen das **Verbot der Entgegennahme von Anschriften** im Zusammenhang mit Werbevorträgen gem. § 11 Abs. 1 Satz 1 Nr. 8, 2. Alt.. Der früher erhobene Einwand, mit der Entgegennahme von Anschriften werde ein Verstoß gegen das Versandhandelsverbot für Arzneimittel vorbereitet, ist seit Erlaubnis des Arzneimittelversandhandels obsolet und vermochte auch nicht das Verbot für die übrigen Heilmittel, welche keinem Versandverbot unterlagen, zu erklären. § 11 Abs. 1 Satz 1 Nr. 8, 2. Alt. sollte deshalb nicht mehr angewendet werden, zumal auch das **Erfordernis der zumindest mittelbaren Gesundheitsgefährdung** (Rdn. 2 f.) allein durch die Entgegennahme von Anschriften kaum jemals erfüllt sein wird.

#### 3. Tatbestand

51 **Werbevorträge** sind gesprochene Ausführungen einer oder mehrerer Personen zu einem bestimmten Thema vor aufgrund einer Ankündigung zusammengekommenem Publikum (*Gröning*/Mand/Reinhart § 11 Nr. 8 HWG Rn. 4), wobei sich Vortragender und Zuhörer nicht zwingend am gleichen Ort aufhalten müssen. Allerdings muss die situative Einflussnahme eines Vortragenden auf die Zuhörer mit Blick auf das tatbestandsspezifische Gefährdungspotenzial stets möglich sein, sodass die alleinige Vorführung eines aufgezeichneten Werbevideos schwerlich genügt (a.A. *Doepner/Reese* § 11 Nr. 8 HWG Rn. 10; *Gröning*/Mand/Reinhart § 11 Nr. 8 HWG Rn. 4). Werblichen Charakter erhält ein Vortrag, wenn er der Förderung des Heilmittelabsatzes dient, wobei dies weder der einzige noch der überwiegende Zweck des Vortrags sein muss. Nicht erfasst ist das individuelle Beratungsgespräch.

52 **Feilgeboten** werden Heilmittel nur dann, wenn sie mit Verkaufsabsicht in räumlichem Zusammenhang zum Vortragsort vorhanden sind und durch Bargeschäft veräußert werden können (*Gröning*/Mand/Reinhart § 11 Nr. 8 HWG Rn. 5). Die **Verkaufsabsicht** kann aufgrund des Vor- und Bereithaltens der Ware (widerlegbar) **vermutet** werden (Bülow/Ring/Artz/Brixius/*Bülow/Ring* § 11 Abs. 1 Nr. 8 HWG Rn. 10).

Die **Entgegennahme von Anschriften** bezieht sich in Abgrenzung zum Feilbieten auf Konstellationen, in denen es zunächst bei der **Anbahnung des Geschäfts** oder dem schuldrechtlichen Vertragsabschluss verbleibt und der Leistungsaustausch noch aussteht (z.B. bei Behandlungen oder Verfahren). Die Entgegennahme muss dabei für ein Verbot in räumlicher und zeitlicher Nähe, gleichsam noch unter dem Eindruck des Vortrages, stattfinden (z.B. in den Vorräumen der Veranstaltung, Bülow/Ring/Artz/Brixius/*Bülow/Ring* § 11 Abs. 1 Nr. 8 HWG Rn. 11). 53

### IX. Verbot von Veröffentlichungen mit verschleiertem Werbezweck (§ 11 Abs. 1 Satz 1 Nr. 9 HWG)

#### 1. Normzweck

§ 11 Abs. 1 Satz 1 Nr. 9 verbietet Veröffentlichungen, deren Werbezweck **missverständlich** oder **nicht deutlich erkennbar** ist. Die Werbeadressaten sollen sich stets bewusst sein, dass sie nicht objektiv-sachliche, sondern werblich-absatzorientierte Informationen erhalten. 54

#### 2. Vereinbarkeit mit dem GK

Nr. 9 setzt Art. 89 Abs. 1 Buchst. a GK um, demzufolge die Öffentlichkeitswerbung für Arzneimittel so gestaltet sein muss, dass der Werbecharakter einer Mitteilung deutlich zum Ausdruck kommt und das Produkt klar als Arzneimittel dargestellt wird. Der von Art. 89 Abs. Buchst. a GK verwendete Begriff der »**Mitteilung**« ist dabei umfassender als derjenige der »**Veröffentlichung**«, welcher nur Printmedien umfasst. Ein Umsetzungsdefizit besteht gleichwohl nicht, da § 3 Nr. 2c generell Heilmittelwerbung untersagt, welche fälschlicherweise den Eindruck erweckt, sie werde nicht zu Zwecken des Wettbewerbs veranstaltet. 55

#### 3. Tatbestand

**Veröffentlichungen** sind an eine bestimmte oder unbestimmte Personenmehrheit gerichtete Informationsträger in gedruckter oder elektronischer Form, unabhängig davon, ob sie regelmäßig erscheinen, kostenlos sind oder nur gegen Entgelt bezogen werden können. Daher sind auch Emails, frei oder nur einem bestimmten Nutzerkollektiv zugängliche Internetbeiträge sowie Flugblätter als Veröffentlichungen einzustufen. Für audiovisuelle Sendebeiträge werden unterschiedliche Auffassungen in der Literatur dazu vertreten, ob sie dem Veröffentlichungsbegriff unterfallen, was in der Sache wegen der fehlenden Perpetuierung abzulehnen ist (näher: *Doepner/Reese*, § 11 Nr. 9 HWG Rn. 17). 56

Ferner müssen die Werbeadressaten über den werblichen Charakter der Veröffentlichung dadurch **irregeführt** werden, dass ihr Werbezweck **missverständlich** oder **nicht deutlich erkennbar** ist. Die beiden Tatbestandsalternativen haben dabei keine eigenständige Bedeutung, sondern beschreiben auf unterschiedliche Weise den Begriff der **Verschleierung** (Bülow/Ring/Artz/Brixius/*Bülow/Ring* § 11 Abs. 1 Nr. 9 HWG Rn. 6). Der Absatzförderungszweck ist verschleiert, wenn er einem erheblichen Teil der angesprochenen Verkehrskreise **verborgen** bleibt. Zur Beurteilung ist auf einen **durchschnittlich aufmerksamen und verständigen** Werbeadressaten abzustellen (*Doepner* § 11 Nr. 9 HWG Rn. 10). Der Werbezweck kann jedoch durch deutliche Hinweise auf dem Titelblatt der Veröffentlichung oder in engem räumlichen Zusammenhang mit der jeweiligen Werbeangabe **kenntlich gemacht** werden (z.B. mit Überschriften »Werbeinformation aus Ihrer Apotheke« oder »Anzeige«, BGH NJW 1996, 2580 – *Editorial II*). 57

Sind die Voraussetzungen von Nr. 9 erfüllt, ist regelmäßig auch ein Verstoß gegen § 3 Nr. 2c gegeben. 58

### X. Verbot der Werbung mit Anleitungen zur Selbstdiagnose und -behandlung (§ 11 Abs. 1 Satz 1 Nr. 10 HWG)

*(aufgehoben, zur Kommentierung vgl.* Rn. 59 ff. *der 4. Aufl.)* 58a

*(unbesetzt)* 59–61

### XI. Verbot der Werbung mit Äußerungen Dritter (§ 11 Abs. 1 Satz 1 Nr. 11 HWG)

#### 1. Normzweck

62 § 11 Abs. 1 Satz 1 Nr. 11 verbietet Publikumswerbung mit Äußerungen Dritter, speziell mit Dank-, Anerkennungs- oder Empfehlungsschreiben oder mit entsprechenden Hinweisen darauf, wenn diese in missbräuchlicher, abstoßender oder irreführender Weise erfolgen. Hintergrund ist die besondere Irreführungsgefahr, welche aus der Identifikation mit vermeintlichen »Leidensgenossen« resultiert (*Doepner* § 11 Nr. 11 HWG Rn. 5) sowie der damit einhergehende Anschein von Objektivität und Neutralität, weil der Verkehr davon ausgeht, dass der Dritte keine eigenen wirtschaftlichen Interessen verfolgt (OLG Nürnberg Urt. v. 10.09.2013 – 3 U 1071/13 juris Rn. 17 ff. – *Totes-Meer-Salzgrotte*). Durch das 2. AMG-ÄndG wurde das insofern bislang geltende generelle Verbot ebenfalls auf missbräuchliche, abstoßende oder irreführende Ausführungen beschränkt.

#### 2. Vereinbarkeit mit dem GK

63 Die Einschränkung von § 11 Abs. 1 Satz 1 Nr. 11 auf missbräuchliche, abstoßende oder irreführende Äußerungen Dritter führt zur grundsätzlichen Unionsrechtskonformität des Verbotstatbestandes, wenngleich es dieses Verbotes zur Umsetzung der Verbotsnormen des GK (Nr. 11 enthält Elemente von Art. 90 Buchst. f, Buchst. j und Art. 87 Abs. 3 GK) nicht bedurft hätte.

#### 3. Tatbestand

64 § 11 Abs. 1 Satz 1 Nr. 11 gilt nicht nur für Arzneimittel sondern auch für sonstige Heilmittel einschließlich Medizinprodukte.

Entscheidendes Tatbestandsmerkmal sind **positive Äußerungen Dritter** über Heilmittel. Die ausdrücklich erwähnten Dank-, Anerkennungs- und Empfehlungsschreiben beschreiben lediglich **Unterfälle**. Die Äußerung stammt von einem Dritten, wenn sie weder von dem Werbenden noch von einer ihm offensichtlich zurechenbaren Person abgegeben wird (*Dieners/Reese/Reese/Holtorf* Hdb. des PharmaR § 11 HWG Rn. 378). Irrelevant ist, ob sich der Dritte tatsächlich in diesem Sinne geäußert hat; auch **erfundene Äußerungen Dritter** sind untersagt.

Die Äußerungen müssen in missbräuchlicher, abstoßender oder irreführender Weise erfolgen. Zur Definition dieser Begriffe s. Rdn. 26a.

Der BGH hat im Zusammenhang mit Kundenrezensionen in Bezug auf über Amazon angebotene Kinesiologie-Tapes entschieden, dass es für eine Werbung i.S.d. § 11 Abs. 1 Satz 1 Nr. 11 nicht genüge, dass das Angebot auf Amazon für die irreführenden Kundenbewertungen adäquat kausal war. Erforderlich sei vielmehr, dass es der Verkäufer darauf angelegt habe, mit den irreführenden Kundenbewertungen seinen Absatz zu fördern. Dies sei bei den Kundenbewertungen zu den Kinesiologie-Tapes jedoch nicht der Fall. Die Kundenbewertungen seien dem Verkäufer auch nicht deswegen als eigene Werbehandlung zuzurechnen, weil er sich diese zu eigen gemacht habe. Denn die Kundenbewertungen seien als solche gekennzeichnet, fänden sich bei Amazon getrennt vom Angebot und würden von den Nutzern nicht der Sphäre des Verkäufers zugerechnet. Die einer Werbung für Heilmittel mit Äußerungen Dritter innewohnende spezifische Gesundheitsgefahr, der die Vorschrift des § 11 Abs. 1 Satz 1 Nr. 11 entgegenwirken wolle, entfalle bei Äußerungen Dritter, die der Verkehr nicht als Werbung wahrnehme, weil der Verkäufer sich die Angaben nicht zu eigen mache (BGH Urt. v. 20.02.2020 – I ZR 193/18 juris Rn. 13 ff. – *Kundenbewertungen auf Amazon*).

65 Allerdings ist die Vorschrift von den anderen durch das 2. AMG-ÄndG geänderten Verbotstatbeständen abzugrenzen. Insofern stellt § 11 Abs. 1 Satz 1 Nr. 2 für Arzneimittel hinsichtlich des Verbotes der Werbung mit Empfehlungen von Wissenschaftlern, Angehörigen der Gesundheitsberufe und Prominenter eine Spezialregelung zur Nr. 11 dar (OLG Karlsruhe WRP 2015, 893 Rn. 30 – *Ursula Karven*). Auch das Verbot der Werbung mit Krankengeschichten nach § 11 Abs. 1 Satz 1 Nr. 3 geht insoweit als speziellere Regelung vor. Dies gilt allerdings nicht im Hinblick auf die Medizinproduktwerbung, für diese Verbote gem. § 11 Abs. 1 Satz 2 von vornherein nicht gelten.

Die Testimonialwerbung für Heilmittel ist infolge der Änderungen des 2. AMG-ÄndG daher weitgehend zulässig, soweit sie nicht in missbräuchlicher, abstoßender oder irreführender Weise erfolgt.

### XII. Verbot der an Kinder gerichteten Heilmittelwerbung (§ 11 Abs. 1 Satz 1 Nr. 12 HWG)

#### 1. Normzweck

§ 11 Abs. 1 Satz 1 Nr. 12 untersagt die Heilmittelwerbung mit Werbemaßnahmen, die sich ausschließlich oder überwiegend an Kinder unter 14 Jahren richten, weil dieser Adressatenkreis wegen unzureichenden Urteilsvermögens in besonderem Maße schutzbedürftig ist. 66

#### 2. Vereinbarkeit mit dem GK

Nr. 12 setzt Art. 90 Buchst. e GK, welcher hauptsächlich oder überwiegend an Kinder gerichtete Werbemaßnahmen untersagt, richtlinienkonform um. Dies gilt auch für die zeitliche Konkretisierung des unionsrechtlich unbestimmten Kindesbegriffs auf unter 14 Jahre (Dieners/Reese/*Reese*/*Holtorf* Hdb. des PharmaR § 11 HWG Rn. 384; *Nawroth*/*Sandrock* FS Doepner 2008, S. 288). 67

#### 3. Tatbestand

Ob eine Werbemaßnahme sich **ausschließlich** oder **überwiegend an Kinder** richtet, ist anhand der **objektiv angesprochenen Verkehrskreise** zu bestimmen. Die Werbung ist objektiv an Kinder gerichtet, wenn gezielt in Medien geworben wird, die typischerweise von Kindern unter 14 Jahren wahrgenommen werden, wie etwa Comics, wohl auch Teenager-Zeitschriften (»BRAVO«), Kinderfernsehsendungen oder Internetseiten für Kinder (*Gröning*/Mand/Reinhart § 11 Nr. 12 HWG Rn. 5). Daneben kann die objektive Ausrichtung auch aus Form und Inhalt der Werbung folgen, z.B. durch die Verwendung simplifizierter Kindersprache oder durch die werbliche Ansprache durch Kinder (*Doepner* § 11 Nr. 12 HWG Rn. 9). Dabei soll es auch unschädlich sein, wenn die Werbung in Erwachsenenmedien kommuniziert wird (LG Potsdam Urt. v. 30.08.2017 – 2 O 73/17 juris Rn. 21 ff.), sofern die Werbung auch von Kindern unter 14 Jahren wahrgenommen wird. Unerheblich ist, ob die umworbenen Kinder als Käufer in Betracht kommen, da gerade auch die Eltern vor »unsachlichem« Druck durch ihre Kinder geschützt werden sollen (*Zimmermann* § 11 HWG Rn. 19). 68

### XIII. Verbot der Heilmittelwerbung mit Preisausschreiben, Verlosungen und anderen zufallsabhängigen Verfahren (§ 11 Abs. 1 Satz 1 Nr. 13 HWG)

#### 1. Normzweck

§ 11 Abs. 1 Satz 1 Nr. 13 verbietet die Publikumswerbung mit Preisausschreiben, Verlosungen oder anderen Verfahren, deren Ergebnis vom Zufall abhängig ist, sofern diese Maßnahmen oder Verfahren einer unzweckmäßigen oder übermäßigen Verwendung von Arzneimitteln Vorschub leisten (aleatorische Werbemaßnahmen). Der Sofern-Halbsatz wurde durch das 2. AMG-ÄndG zum 26.10.2012 eingefügt und stellt eine Einschränkung des zuvor grundsätzlich geltenden Verbots von außerhalb der Fachkreise stattfindender Arzneimittelwerbung mit Preisausschreiben etc. dar (OLG Düsseldorf Urt. v. 15.01.2013 – I-20 U 93/12, 20 93/12 juris Rn. 18). Die Spielleidenschaft soll nicht zum Absatz von Heilmitteln ausgenutzt werden (Bülow/Ring/Artz/Brixius/*Bülow*/*Ring* § 11 Abs. 1 Nr. 13 HWG Rn. 2). 69

#### 2. Vereinbarkeit mit dem GK

Der EuGH hat festgestellt, aus dem 45. Erwägungsgrund sowie Art. 87 Abs. 3, 88 Abs. 6 und Art. 96 Abs. 1 GK folge ein Verbot von Gewinnspielen, bei denen das ausgelobte **Arzneimittel selbst der Gewinn** ist (EuGH GRUR 2008, 267 Rn. 56 ff. – *Gintec*), weil damit der unzweckmäßigen und übermäßigen Verwendung dieses Arzneimittels Vorschub geleistet werde. Die Neufassung der Nr. 13 knüpft an den Wortlaut dieser Entscheidung an. 70

### 3. Tatbestand

71 Infolge der Übertragung des Wortlauts der EuGH-Entscheidung gilt das neu gefasste Verbot ausdrücklich nur für die Arzneimittelwerbung, nicht aber – wie bisher – auch für sonstige Heilmittelwerbung mit Ausnahme von Medizinprodukten (*Burk* GRUR 2012, 1097, 1102). Auch insofern liegt die Annahme eines redaktionellen Versehens nahe, angesichts des eindeutigen Wortlautes erscheint eine abweichende Auslegung jedoch kaum möglich (s. dazu bereits Rdn. 21b, so – in Bezug auf § 2 AMPreisV – BGH Urt. v. 05.10.2017 – I ZR 172/16, juris Rn. 28 ff. – »*Zuschläge für pharmazeutischen Großhandel*«; a.A. wohl KG Beschl. v. 22.05.2017 – 5 W 94/17 juris Rn. 32 f. – *Arno zahlt deine Schönheits-OP!* in Bezug auf Schönheitsoperationen; *Laoutoumai* WRP 2018, 283, 285).

Verboten ist die Arzneimittelwerbung mit Verfahren, deren Ergebnis vom **Zufall** und nicht überwiegend von den Leistungen der Teilnehmer abhängt. Die geläufigsten Erscheinungsformen sind Preisausschreiben und Verlosungen. **Preisausschreiben** ist in Anlehnung an § 661 Abs. 1 BGB eine Auslobung, die an eine Preisbewerbung in Form einer Handlung des Teilnehmers geknüpft ist, z.B. der Lösung und Einsendung eines Rätsels. Demgegenüber ist bei der **Verlosung** die Preisauslobung allein von der bloßen Teilnahmeerklärung abhängig (Bülow/Ring/Artz/Brixius/*Bülow/Ring* § 11 Abs. 1 Nr. 13 HWG Rn. 11).

Nach Auffassung des BGH (Urt. v. 12.12.2013 – I ZR 83/12 juris Rn. 10 – *Testen Sie Ihr Fachwissen*) kann § 11 Abs. 1 Satz 1 Nr. 13 nicht im Umkehrschluss entnommen werden, dass Preisausschreiben innerhalb von Fachkreisen generell erlaubt sind (a.A. Bülow/Ring/Artz/Brixius/*Bülow/ Ring* § 7 HWG Rn. 23).

71a Die Maßnahmen oder Verfahren müssen einer **unzweckmäßigen** oder **übermäßigen** Verwendung von Arzneimitteln Vorschub leisten. **Unzweckmäßig** ist die Verwendung, wenn die Adressaten durch die aleatorischen Werbemaßnahmen zur Anwendung von Arzneimitteln veranlasst werden, obwohl diese Anwendung medizinisch nicht indiziert ist. Unzweckmäßig ist die Anwendung unter Beachtung der Rechtsprechung des EuGH deshalb stets dann, wenn das Arzneimittel selbst der Preis ist, da dann ein Anreiz zum bedarfsunabhängigen Konsum geschaffen wird, um den Gewinn »auszunutzen« (EuGH GRUR 2008, 267 Rn. 56 ff. – *Gintec*). **Übermäßig** ist die Verwendung, wenn mehr Arzneimittel als benötigt verwendet werden (vgl. OLG Düsseldorf Urt. v. 15.01.2013 – I-20 U 93/12, 20 U 93/12 juris Rn. 18). Nach zutreffender Auffassung des OLG Düsseldorf soll einer unzweckmäßigen oder übermäßigen Verwendung nicht Vorschub geleistet werden, wenn die Besteller von vier verschiedenen Arzneimitteln, die üblicherweise bedarfsunabhängig oder aufgrund wiederholt auftretender Beschwerden in einer Hausapotheke vorrätig gehalten werden, mit einer Gewinnchance auf einen Kleinwagen dazu angereizt werden, eine Bestellung vorzunehmen.

Mit Beschluss vom 20.02.2020 hat der BGH die Rechtsauffassung des OLG Frankfurt a.M. bestätigt, dass die Werbeaktion einer niederländischen Versandapotheke mit einem Gewinnspiel, bei dem Teilnahmebedingung die Einsendung eines Rezeptes für ein verschreibungspflichtiges Arzneimittel war, keinen Verstoß gegen § 11 Abs. 1 Nr. 13 darstelle (BGH EuGH Vorlage v. 20.02.2020 – I ZR 214/18 juris Rn. 8 ff. – *Gewinnspielwerbung*). Denn die Werbeaktion leiste nicht der unzweckmäßigen oder übermäßigen Verwendung von Arzneimitteln Vorschub, da es wenig wahrscheinlich sei, dass ein Kunde einen Arzt veranlassen könne, ein nicht benötigtes Arzneimittel zu verschreiben, um an dem Gewinnspiel teilnehmen zu können. Dies gelte insbesondere, da die meisten gesetzlich versicherten Patienten dafür eine Rezeptgebühr entrichten müssten.

71b Nach der zutreffenden Auffassung des OLG Düsseldorf (Urt. v. 15.01.2013 – I-20 U 93/12, Rn. 19) stellt der neugefasste § 11 Abs. 1 Nr. 13 eine Spezialregelung gegenüber § 7 Abs. 1 dar, da die mit einem Preisausschreiben ausgelobten Preise fast immer erheblich die Geringwertigkeitsgrenze des § 7 Abs. 1 übersteigen und mithin per se verboten wären. Gewinnspiele gegenüber Fachkreisen sind nicht generell im Umkehrschluss zur Nr. 13 erlaubt (BGH Urt. v. 12.12.2013 – I ZR 83/12, juris Rn. 10 –»Testen Sie Ihr Fachwissen«). Ein Gewinnspiel im Rahmen der Heilmittelwerbung ist möglich, soweit hierdurch nicht gegen andere heilmittelwerberechtliche oder allgemeine wettbewerbsrechtliche Vorgaben verstoßen wird. In Bezug auf § 7 bestünde allerdings ein schwer zu erklärender Wertungswiderspruch zur Nr. 13, wenn Fachkreis- oder publikumsbezogene Gewinnspiele für nicht von der Nr. 13 erfasste Heilmittel (etwa Medizinprodukte) der dortigen Geringwertigkeitsgrenze unterlägen und damit – anders als nach Nr. 13 in der Publikumswerbung für Arzneimittel – praktisch immer ausgeschlossen wären.

### XIV. Abgabeverbot für Arzneimittelmuster, -proben oder Gutscheine hierfür (§ 11 Abs. 1 Satz 1 Nr. 14 HWG)

#### 1. Normzweck

§ 11 Abs. 1 Satz 1 Nr. 14 untersagt die nicht verlangte Abgabe von Arzneimitteln, deren Muster oder Proben oder von Gutscheinen hierfür, um übermäßigen Arzneimittelkonsum infolge unveranlasster Abgabe vorzubeugen (Bülow/Ring/Artz/Brixius/*Bülow/Ring* § 11 Abs. 1 Nr. 14 HWG Rn. 2). Nr. 14 enthält eine **Sonderregelung für Arzneimittel**, weil bis zur 5. AMG-Novelle die Abgabe von Arzneimittelproben oder -mustern auf Verlangen erlaubt war. Zur Umsetzung von Art. 3 Abs. 6 RL 92/28/EWG wurde diese Ausnahme für Arzneimittel aufgehoben (BT-Drs. 12/6480 S. 25). Dagegen können Muster und Proben der von Nr. 15 erfassten anderen Mittel oder Gegenstände auf Verlangen auch weiterhin abgegeben werden.

72

#### 2. Vereinbarkeit mit dem GK

Für die Richtlinienkonformität von Nr. 14 wird auf Art. 88 Abs. 6 GK i.d.F. von Art. 3 Abs. 6 RL 92/28/EWG abgestellt, welcher die direkte Abgabe von Arzneimitteln an die Öffentlichkeit zum Zwecke der Verkaufsförderung untersagte (*Doepner/Reese* § 11 Nr. 14 HWG Rn. 23; *Nawroth/Sandrock* FS Doepner 2008, S. 289). Allerdings wurde Art. 88 Abs. 6 GK durch Art. 1 Nr. 62 RL 2004/27/EG um die Worte »durch die Industrie« ergänzt und untersagt seitdem nur den praktisch nicht vorkommenden **Sonderfall** der Arzneimitteldirektabgabe durch die Industrie, nicht jedoch die **Direktabgabe von Arzneimitteln durch Apotheken** oder von **frei verkäuflichen Arzneimitteln durch den Einzelhandel**. Insofern betrifft Art. 88 Abs. 6 GK für apothekenpflichtige Arzneimittel einen Fall, der in Deutschland durch die Apothekenpflicht nach § 43 Abs. 1 AMG ohnehin ausgeschlossen ist und nach § 97 Abs. 2 Nr. 1 AMG als Ordnungswidrigkeit geahndet werden kann. Eine Gratisabgabe verschreibungspflichtiger Arzneimittel scheidet zudem bereits nach § 10 Abs. 1 aus. Die Unionsrechtskonformität eines Verbotes der Gratisabgabe von OTC-Arzneimitteln soll sich im Umkehrschluss der Gintec-Entscheidung des EuGH (GRUR 2008, 267 Rn. 56 – *Gintec*) entnehmen lassen, da es wertungsmäßig keinen Unterschied darstelle, ob ein Arzneimittel als Gegenstand einer Verlosung gratis abgegeben oder direkt vom Arzt oder Apotheker »als Geschenk« ausgehändigt werde. In beiden Fällen wird unnötigem Arzneimittelkonsum gleichermaßen Vorschub geleistet (*Gröning* jurisPR-WettbR 2/2008 Anm. 1). Ob dies auch im Fall von Arzneimitteln gilt, die einen üblichen und oftmals bedarfsunabhängig vorgehaltenen Bestandteil einer Hausapotheke bilden (z.B. Bepanthen, Voltaren), leuchtet jedenfalls im Hinblick auf den Schutzzweck, einem übermäßigen oder irrationalen Arzneimittelkonsum vorzubeugen, nicht unmittelbar ein.

73

Ein eigenständiger Anwendungsbereich von § 11 Abs. 1 Satz 1 Nr. 14 verbleibt jedenfalls hinsichtlich des Verbots der Gratisabgabe von freiverkäuflichen Arzneimitteln durch den Einzelhandel (vgl. für freiverkäufliche Arzneimittel die Verordnung über apothekenpflichtige und freiverkäufliche Arzneimittel v. 24.11.1988 [BGBl. I S. 2150], s. zur Zulässigkeit nach § 7: § 7 HWG Rdn. 66).

#### 3. Tatbestand

§ 11 Abs. 1 Satz 1 Nr. 14 soll **jegliche Abgabe** von Arzneimitteln ungeachtet der Modalitäten ihrer Darreichung an Verbraucher zum Zweck der Erprobung verbieten. Das im Zuge des 2. AMG-ÄndG ergänzte Verbot der »Abgabe von Arzneimitteln« soll dabei klarstellen, dass nicht nur die Abgabe spezieller Muster- oder Probepackungen von Arzneimitteln, sondern auch die Gratisabgabe von Arzneimitteln in regulären Packungsgrößen unzulässig ist (BT-Drs. 17/9341 S. 71). **Muster** – oft auch als Ärztemuster bezeichnet – sind in § 47 Abs. 3 und 4 AMG geregelt und werden regelmäßig

74

in den im Handel verwendeten Packungsgrößen an die in § 47 Abs. 3 AMG genannten Empfänger abgegeben. Dabei sind sie zumeist mit dem Hinweis »Unverkäufliches Muster« versehen. Demgegenüber sind Arzneimittelproben im AMG nicht speziell geregelt und werden in der Regel in kleineren als den zugelassenen Packungsgrößen zu Werbezwecken unentgeltlich abgegeben (Kügel/Müller/Hofmann/*Miller* AMG § 47 Rn. 66). Eine exakte Abgrenzung der Begriffe »Muster« und »Probe« ist heilmittelwerberechtlich jedoch unverändert **nicht notwendig** (*Gröning*/Mand/Reinhart § 11 Nr. 14 HWG Rn. 3). Auf die **Unentgeltlichkeit** der Abgabe kommt es nicht entscheidend an, sodass auch die Abgabe gegen Entgelt erfasst ist, solange der Werbezweck etwa durch Forderung eines Werbe- oder Probierpreises erfüllt wird.

75 **Gutscheine** i.S.d. Nr. 14 stellen urkundliche Verkörperungen eines Leistungsversprechens gem. § 807 BGB dar. Die Werbung ist unzulässig, sofern die Gutscheine einen unmittelbaren Anspruch des jeweiligen Inhabers auf den Erhalt von Arzneimitteln, deren Muster oder Proben gegen den Aussteller verbriefen (vgl. Dieners/Reese/*Reese*/*Holtorf* Hdb. des PharmaR § 11 HWG Rn. 397).

### XV. Abgabeverbot für Muster und Proben von anderen Mitteln oder Gegenständen sowie von Gutscheinen hierfür (§ 11 Abs. 1 Satz 1 Nr. 15 HWG)

#### 1. Normzweck

76 § 11 Abs. 1 Satz 1 Nr. 15 verbietet in Abgrenzung zu Nr. 14 nicht generell die Erprobung von Heilmitteln, sondern lediglich die nicht verlangte Abgabe von Mustern oder Proben für **andere Mittel, Gegenstände oder Gutscheine** hierfür. Die Frage nach der Vereinbarkeit mit dem GK stellt sich nicht, da der GK lediglich die Arzneimittelwerbung, nicht aber die Werbung für die von Nr. 15 erfassten Heilmittel regelt (vgl. Rdn. 5).

#### 2. Tatbestand

77 Die Begriffe **Muster**, **Probe** und **Gutschein** haben dieselbe Bedeutung wie in § 11 Abs. 1 Satz 1 Nr. 14 (vgl. oben Rdn. 74 f.). Eine Abgabe von Mustern oder Proben ist »**nicht verlangt**«, wenn ihr keine ausdrückliche mündliche oder schriftliche Anforderung durch den Empfänger vorausgeht (*Doepner* § 11 Nr. 15 HWG Rn. 5). Eine Werbung, die dazu auffordert, Muster und Proben zu verlangen ist nach dem Wortlaut zulässig (zweifelnd jedoch Dieners/Reese/*Reese*/*Holtorf* Hdb. des PharmaR § 11 HWG Rn. 398; *Zimmermann* § 11 HWG Rn. 22; dafür Bülow/Ring/Artz/Brixius/ *Bülow*/*Ring* § 11 Abs. 1 Nr. 15 HWG Rn. 6), wobei im Wege verfassungskonformer Auslegung zusätzlich eine zumindest mittelbare Gesundheitsgefahr für ein Verbot erforderlich ist (Rdn. 2 f.). Da die Nr. 15 gemäß § 11 Abs. 1 Satz 2 für Medizinprodukte nicht gilt, ist die in der Praxis übliche Mustergabe im Umfang des Erprobungszwecks (etwa bei Kontaktlinsen) zulässig und verstößt nicht gegen § 7 (Bülow/Ring/Artz/Brixius/*Brixius*, Rn. 89; noch etwas weitergehender Hill/Schmidt, WiKo, Medizinprodukterecht, Stand 09/2017, § 7 HWG, Rn. 11: Grenze sei das Verbot des übertriebenen Anlockens bzw. »Marktverstopfung«; ähnlich *Kieser/Köbler* MPJ 2017, 131, 134). Dies gilt auch in Bezug auf die Abgabe von Mustern an Fachkreise. Ansonsten bestünde ein sachlich nicht zu erklärender Widerspruch gegenüber der gemäß § 7 Abs. 1 Satz 3 HWG i.V.m. § 47 Abs. 3 AMG an Fachkreise ausdrücklich zulässigen Arzneimittelmustergabe.

### XVI. Ausnahmen für die Publikumswerbung für Medizinprodukte (§ 11 Abs. 1 Satz 2 HWG)

78 § 11 Abs. 1 Satz 2 (eingefügt durch Art. 2 Nr. 4 des 2. MPG-ÄndG v. 13.12.2001, BGBl. I S. 3586) nimmt die **Werbung für Medizinprodukte** (zur Begriffsbestimmung s. § 1 HWG Rdn. 56 f.) von zahlreichen Verbotstatbeständen des § 11 Abs. 1 Satz 1 aus. Lediglich **Werbemaßnahmen gem. § 11 Abs. 1 Satz 1 Nr. 7 bis 9, 11 und 12** sind für Medizinprodukte untersagt. Der Gesetzgeber hielt das Gefahrenpotenzial von Medizinprodukten in Laienhand nicht generell mit dem von Arzneimitteln für vergleichbar, da der Adressat weniger vor komplexen Wechsel- und Nebenwirkungen geschützt, als über die technische Anwendung des Medizinproduktes informiert werden müsse. Neben den Ärzten sollte deshalb auch dem Hersteller des Medizinproduktes die Sachinformation

des Anwenders ermöglicht werden (BT-Drs. 14/6281 S. 39; kritisch zu dieser Differenzierung *Doepner* PharmR 2010, 560, 562). Die Regelung gilt sowohl für gegenständliche als auch für stoffliche Medizinprodukte (BGH Urt. v. 01.02.2018 – I ZR 82/17, juris Rn. 23 – *Gefäßgerüst*.

Das Erfordernis der **zumindest mittelbaren Gesundheitsgefährdung** (Rdn. 2 f.) ist auch bei den für Medizinprodukte geltenden Publikumswerbeverboten zu berücksichtigen. Mangels unionsrechtlicher Harmonisierung des Werberechts für Medizinprodukte sind die Tatbestände der Nr. 7 bis 9, 11 und 12 daneben **ohne Rücksicht** auf die GK-Vorgaben auszulegen. Ab dem 26.05.2020 ist für Medizinprodukte mit Ausnahme von In-Vitro-Diagnostika Art. 7 der VO (EU) 2017/745 zu beachten. Für letztere enthält Art. 7 der VO (EU) 2017/746 eine wortgleiche Regelung, welche aber erst ab dem 26.05.2022 gilt. 79

### XVII. Verbot vergleichender Darstellung für plastisch-chirurgische Eingriffe (§ 11 Abs. 1 Satz 3 HWG)

§ 11 Abs. 1 Satz 3 hat infolge des 2. AMG-ÄndG ein besonderes Werbeverbot für medizinisch nicht indizierte Schönheitsoperationen erhalten. Dieses Werbeverbot wurde durch § 3b des Masernschutzgesetzes (BGBl. Teil I 2020 S. 148) m.W.v. 01.03.2020 geändert. Danach darf »für die in § 1 Absatz 1 Nummer 2 genannten operativen plastisch-chirurgischen Eingriffe nicht wie folgt geworben werden: 1. mit der Wirkung einer solchen Behandlung durch vergleichende Darstellung des Körperzustandes oder des Aussehens vor und nach dem Eingriff oder 2. mit Werbemaßnahmen, die sich ausschließlich oder überwiegend an Kinder und Jugendliche richten.« 80

Zum Begriff des operativen plastisch-chirurgischen Eingriffs i.S.d. § 1 Nr. 2 s. § 1 HWG Rdn. 62 und OLG Celle Urt. v. 30.05.2013 – 13 U 160/12 juris Rn. 15 ff.; *Meyer* GRUR 2006, 1007. Die Einführung des besonderen Werbeverbots wurde mit der Aufhebung des Verbotes der Werbung mit Vorher-/Nachher-Bildern in § 11 Abs. 1 Nr. 5 Buchst. b HWG a.F. begründet (BT-Drs. 17/9341 S. 71). Damit soll der suggestiven Wirkung derartiger Werbung entgegengewirkt und vermieden werden, dass sich Personen unnötigerweise Risiken aussetzen, die ihre Gesundheit gefährden können (BT-Drs. 15/5316, S. 46).

Durch Art. 3b des Masernschutzgesetzes wurde über das bereits bestehende Verbot der Werbung für operative plastisch-chirurgische Eingriffe hinaus zum Schutz von Kindern und Jugendlichen ein Werbeverbot für operative plastisch-chirurgische Eingriffe ohne medizinische Notwendigkeit eingeführt. Dies hat der Gesetzgeber damit begründet, dass gerade Kinder und Jugendliche sehr empfänglich für Themen wie Schönheitsideal und Aussehen seien und diese daher vor Werbemaßnahmen geschützt werden sollen, die eine Veränderung des Körpers mittels operativer plastisch-chirurgischer Eingriffe ohne medizinische Notwendigkeit zum Gegenstand haben. Dies gelte für jegliche Werbemaßnahmen und mithin auch für die Werbung in sozialen Netzwerken (BT-Drs. 19/15164 S. 62 f.).

Durch die Darstellung muss unverändert eine bestimmte **erfolgsbezogene Wirkung** einer solchen Behandlung auf den Körperzustand oder das Aussehen illustriert werden (vgl. Bülow/Ring/Artz/Brixius/*Bülow/Ring* § 11 Abs. 1 Nr. 5 Buchst. b HWG Rn. 1, 3). Der Behandlungserfolg muss sich nicht allein aus den vergleichenden Bildern ergeben, sondern kann z.B. auch anhand des Begleittextes erkennbar werden (vgl. Dieners/Reese/*Reese/Holtorf* Hdb. des PharmaR § 11 HWG Rn. 331 zur insoweit übertragbaren Nr. 5 a.F.). Mit der Veränderung des Aussehens ist insbesondere die äußerliche Darstellung ohne Bezugnahme auf einen krankhaften Körperzustand gemeint, z.B. die Vorher-/Nachher-Darstellungen dick/dünn oder untrainiert/muskulös. Die Veränderung muss allerdings durch einen operativen Eingriff herbeigeführt worden sein. Die Übergänge zwischen der Darstellung von Körperzuständen und dem Aussehen sind fließend. 81

Die Neuregelung hat einen unerwünschten systematischen Nebeneffekt. Bislang wurde unter Verweis auf die in der Gesetzesbegründung der 14. AMG-Novelle zweifelsfrei zum Ausdruck kommende Absicht des Gesetzgebers argumentiert, Schönheitsoperationen seien auch ohne die – versehentlich unterbliebene – ausdrückliche Erwähnung in den Anwendungsbereich von § 11 Abs. 1 Satz 1 82 einzubeziehen (vgl. die ausdrückliche Erwähnung von § 11 in BT-Drs. 15/5316 S. 46 und *Meyer* GRUR 2006, 1008). Auch die Gesetzesmaterialien des 2. AMG-ÄndG belegen, dass der Gesetzgeber davon ausging, dass das nunmehr aufgehobene Werbeverbot mit Vorher-/Nachher-Bildern auch für operative plastisch-chirurgische Eingriffe galt, obwohl diese nicht ausdrücklich in § 11 Abs. 1 Satz 1 Nr. 5b erwähnt waren (BT-Drs. 17/9341 S. 71).

Diese Argumentation wird angesichts der neuen Spezialregelung in § 11 Abs. 1 Satz 3 unter systematischen Gesichtspunkten erschwert. Ausgehend vom Wortlaut liegt vielmehr der Umkehrschluss nahe, dass für Schönheitsoperationen zukünftig nur noch der spezielle Satz 3 und nicht zugleich auch der Verbotskatalog von § 11 Abs. 1 Satz 1 gilt, soweit er nicht ausdrücklich auf Arzneimittel beschränkt ist (a.A. wohl KG Beschl. v. 22.05.2017 – 5 W 94/17 juris Rn. 13 ff. – *Arno zahlt Deine Schönheits-OP!*). Insbesondere eine ordnungswidrigkeitenrechtliche Sanktionierung im Rahmen von § 15 Abs. 1 Nr. 8 ist ausgeschlossen (vgl. Rdn. 21b), ebenso *Laoutoumai* WRP 2018, 283, 285.

### D. Verbot vergleichender Arzneimittelwerbung (§ 11 Abs. 2 HWG)

#### I. Normzweck

83 § 11 Abs. 2 enthält eine Sonderregelung für Arzneimittel, welche die Werbung gegenüber dem medizinischen Laien mit Angaben untersagt, die nahelegen, dass die Wirkungen des Arzneimittels einem anderen Arzneimittel entsprechen oder überlegen sind. Derartige Aussagen können von Verbrauchern zumeist nicht ausreichend nachvollzogen werden und bergen besonderes Irreführungspotenzial.

#### II. Vereinbarkeit mit dem GK

84 § 11 Abs. 2 wird als unionsrechtskonforme Umsetzung von Art. 90 Buchst. b, 2. Alt. GK angesehen (Bülow/Ring/Artz/Brixius/*Bülow/Ring* § 11 Abs. 2 HWG Rn. 2; *Zimmermann* § 11 HWG Rn. 23), demzufolge Öffentlichkeitswerbung für Arzneimittel nicht nahelegen darf, dass das Arzneimittel einer anderen Behandlung oder einem anderen Arzneimittel entspricht oder überlegen ist.

#### III. Tatbestand

85 Untersagt ist nur die **vergleichende Werbung für Humanarzneimittel**, nicht für sonstige Heilmittel und auch nicht für Tierarzneimittel (*Bülow* PharmR 2000, 138, 139). Die Angabe muss sich auf **die therapeutische Äquivalenz oder Überlegenheit** des beworbenen Humanarzneimittels gegenüber einem oder mehreren erkennbaren Konkurrenzarzneimitteln oder Behandlungen beziehen (OLG Hamburg PharmR 2009, 40, 41). Das »andere Arzneimittel« muss **konkret einbezogen** oder zumindest **indirekt individualisierbar** sein. Zu abstrakt ist daher die Werbeangabe »Nichts hilft schneller« (OLG Hamburg PharmR 2009, 40, 42, siehe auch OLG Celle Beschl. v. 29.06.2017 – 13 U 44/17, juris Rn. 26 ff.). Auch wenn lediglich ein Preisvergleich gezogen wird, ist Abs. 2 nicht einschlägig (BT-Drs. 14/2959 S. 13).

## § 12 Weitere Werbeverbote

(1) Außerhalb der Fachkreise darf sich
1. die Werbung für Arzneimittel nicht beziehen auf die Erkennung, Verhütung, Beseitigung oder Linderung der
    a) in Abschnitt A der Anlage aufgeführten Krankheiten oder Leiden bei Menschen,
    b) in Abschnitt B der Anlage aufgeführten Krankheiten oder Leiden bei Tieren,
2. die Werbung für Medizinprodukte nicht beziehen auf die Erkennung, Verhütung, Beseitigung oder Linderung der in Abschnitt A Nummer 1, 3 und 4 der Anlage aufgeführten Krankheiten oder Leiden bei Menschen.

Satz 1 Nummer 2 gilt nicht für die Werbung für In-vitro-Diagnostika gemäß Anlage 3 zu § 3 Absatz 4 der Medizinprodukte-Abgabeverordnung, die sich auf die Erkennung der in Abschnitt A Nummer 1 der Anlage aufgeführten Krankheiten oder Leiden bei Menschen beziehen.

(2) Die Werbung für andere Mittel, Verfahren, Behandlungen oder Gegenstände außerhalb der Fachkreise darf sich nicht auf die Erkennung, Beseitigung oder Linderung der in der Anlage aufgeführten Krankheiten oder Leiden beziehen. Dies gilt nicht für die Werbung für Verfahren oder Behandlungen in Heilbädern, Kurorten und Kuranstalten.

Anlage Krankheiten und Leiden, auf die sich die Werbung gemäß § 12 nicht beziehen darf

A. Krankheiten und Leiden beim Menschen
1. Nach dem Infektionsschutzgesetz vom 20. Juli 2000 (BGBl. I S. 1045) meldepflichtige Krankheiten oder durch meldepflichtige Krankheitserreger verursachte Infektionen,
2. bösartige Neubildungen,
3. Suchtkrankheiten, ausgenommen Nikotinabhängigkeit,
4. krankhafte Komplikationen der Schwangerschaft, der Entbindung und des Wochenbetts.

B. Krankheiten und Leiden beim Tier
1. Nach der Verordnung über anzeigepflichtige Tierseuchen und der Verordnung über meldepflichtige Tierkrankheiten in ihrer jeweils geltenden Fassung anzeige- oder meldepflichtige Seuchen oder Krankheiten,
2. bösartige Neubildungen,
3. bakterielle Eutererkrankungen bei Kühen, Ziegen und Schafen,
4. Kolik bei Pferden und Rindern.

## Übersicht

| | Rdn. | | Rdn. |
|---|---|---|---|
| A. Normzweck | 1 | entsprechend der Anlage zu § 12 | |
| B. Verfassungs- und Richtlinienkonformität | 2 | (§ 12 Abs. 1 HWG) | 4 |
| C. Tatbestand | 4 | II. Publikumswerbung betreffend andere Mittel, Verfahren, Behandlungen oder Gegenstände (§ 12 Abs. 2 HWG) | 9 |
| I. Publikumswerbung unter Bezugnahme auf Arzneimittel oder Medizinprodukte | | III. Sanktion | 11 |

## A. Normzweck

§ 12 verbietet die Publikumswerbung für nicht verschreibungspflichtige Arzneimittel, andere Mittel, Verfahren, Behandlungen und Gegenstände, die sich auf die in der Anlage zu § 12 aufgeführten, gravierenden Krankheiten und Leiden beim Menschen oder Tier beziehen (zur Entstehungsgeschichte vgl. *Gröning/Mand/Reinhart*, § 12 HWG Rn. 1) und ist lex specialis zu § 11. Zweck des § 12 ist es, die Behandlung dieser schwerwiegenden Krankheiten der Ärzteschaft vorzubehalten sowie den einzelnen Patienten vor den Folgen einer unsachgemäßen Selbstbehandlung zu schützen, die insbesondere bei meldepflichtigen Infektionskrankheiten auch Gefahren für Dritte und die Allgemeinheit mit sich bringen kann (BT-Drs. 15/4117 S. 9; BT-Drs. 15/5316 S. 47; vgl. BGH NJW 1972, 339, 341 – *Pflanzensäfte*; BGH NJW 1995, 3054, 3056 – *Sauerstoff-Mehrschnitt-Therapie*); Bülow/Ring/Artz/Brixius/*Ring* § 12 HWG Rn. 2). Dies gilt auch in Bezug auf den Schutz der Gesundheit von Nutztieren (*Gröning/Mand/Reinhart*, § 12 HWG Rn. 3). 1

## B. Verfassungs- und Richtlinienkonformität

§ 12 stellt einen Eingriff in Art. 12 Abs. 1 GG dar, weshalb es in manchen Fällen mit Blick auf die besondere Bedeutung der Berufsfreiheit für die Wirtschaftsordnung einer einschränkenden Auslegung bedarf. So ist es Ärzten, die Kliniken und Sanatorien betreiben, unter Herausstellung der Arztnamen und -bezeichnung auch unter Angabe der von Anlage A erfassten Indikationsgebiete und Behandlungsmethoden zu werben (BGH GRUR 2003, 353, 355 f.). 2

Ein mit der Anlage zu § 12 vergleichbarer Krankheitskatalog, auf den sich Werbung nicht beziehen darf, ist im GK nicht vorgesehen. Von der Europarechtskonformität des § 12 und der Anlage ist aber aufgrund Art. 87 Abs. 3 GK (Werbung muss zweckmäßigen Einsatz von Arzneimitteln 3 fördern) und Art. 88 Abs. 2 GK (Erlaubnis der Öffentlichkeitswerbung nur für Arzneimittel, die aufgrund ihrer Zusammensetzung und Zweckbestimmung ohne Tätigwerden eines Arztes verwendet werden können) auszugehen, denn Arzneimittel zur Behandlung der in der Anlage aufgeführten Erkrankungen eignen sich nach ihrer Zweckbestimmung regelmäßig nicht zur Selbstmedikation.

## C. Tatbestand

### I. Publikumswerbung unter Bezugnahme auf Arzneimittel oder Medizinprodukte entsprechend der Anlage zu § 12 (§ 12 Abs. 1 HWG)

4 § 12 wurde durch Artikel 16 des Gesetzes für mehr Sicherheit in der Arzneimittelversorgung (BGBl. Teil I 2019 S. 1202) novelliert. Mit dieser Änderung wurde ein neuer § 12 Abs. 1 Satz 2 in die Vorschrift eingefügt, nach dem die in § 12 Abs. 1 Satz 1 Nr. 2 vorgesehenen Werbebeschränkungen nicht für die Werbung für In-vitro-Diagnostika gemäß Anlage 3 zu § 3 Absatz 4 der Medizinprodukte-Abgabeverordnung gelten, die sich auf die Erkennung der in Abschnitt A Nummer 1 der Anlage aufgeführten Krankheiten oder Leiden bei Menschen beziehen. Daneben wurde § 12 Abs. 1 im Zuge der Gesetzesänderung neu strukturiert. Untersagt ist nach § 12 Abs. 1 Satz 1 Nr. 1 lit. a jede produktbezogene Absatzwerbung (zum Begriff vgl. § 1 HWG Rdn. 3 ff.) für Arzneimittel (vgl. § 2 AMG Rdn. 1 ff.) außerhalb der Fachkreise (§ 2 HWG Rdn. 8), die sich auf die Erkennung, Verhütung, Beseitigung oder Linderung der in Abschnitt A der Anlage zu § 12 bezeichneten (heilbaren) Krankheiten oder (länger anhaltender, ggf. unheilbarer) Leiden bei Menschen »bezieht«. Gleiches gilt gem. § 12 Abs. 1 Satz 1 Nr. 1 lit. b auch für die Werbung für Arzneimittel bezüglich der in Abschnitt B der Anlage zu § 12 genannten Krankheiten und Leiden beim Tier. Zudem ist nach § 12 Abs. 1 Satz 1 Nr. 2 auch die Werbung für Medizinprodukte (vgl. § 3 MPG; § 2 AMG Rdn. 30) außerhalb der Fachkreise untersagt, die sich auf die Erkennung, Verhütung, Beseitigung oder Linderung der in Abschnitt A Nummer 1, 3 und 4 der Anlage aufgeführten Krankheiten oder Leiden bei Menschen bezieht. Die Werbung für die in Abschnitt A Nummer 2 der Anlage genannten bösartigen Neubildungen ist folglich nicht untersagt. § 12 greift auch ein, wenn eine Anzeige die Voraussetzungen einer Erinnerungswerbung i.S.d. § 4 Abs. 6 Satz 2 erfüllt, weil beide Vorschriften verschiedene Zweckbestimmungen haben (BGH GRUR 1996, 806, 807 – *HerzASS*).

5 Der Begriff der **Bezugnahme** ist weit zu verstehen. Neben einer namentlichen Nennung des Produkts oder des Herstellers und einer in der Anlage zu § 12 genannten Krankheit reichen auch umschreibende Angaben, durch die der Verkehr zur Entscheidung für eine Behandlung mit einem gerade für diese Behandlung bestimmten Arzneimittel verleitet werden kann (BGH GRUR 1985, 305, 306 – *THX-Krebsvorsorge*). Daneben sollen auch die Angabe von Symptomen (OLG München WRP 1969, 497) oder Äußerungen Dritter ausreichen (OLG Frankfurt PharmR 2002, 222, 227 – *Roter Ginseng*), die dem durchschnittlichen Verbraucher/Laien einen Rückschluss auf die nicht zu bewerbende Krankheit ermöglichen. Da im herkömmlichen Sprachgebrauch das Wort »Grippe« nicht nur den nicht meldepflichtigen grippalen Infekt, sondern primär die durch Influenzaviren i.S.v. § 7 Abs. 1 Nr. 25 IfSG ausgelöste Krankheit erfasst, reicht die Verwendung des Worts »Grippe« für einen Verstoß gegen § 12 bereits aus (BGH NJW 1981, 2517, 2518 – *Grippewerbung*; BGH NJW 1983, 2087, 2088 – *Grippewerbung II*; BGH NJW 1983, 2633, 2634 – *Grippewerbung III*). Zweifel gehen zulasten des Werbenden (BGH NJW 1972, 339, 341 – *Pflanzensäfte*).

5a Der neue § 12 Abs. 1 Satz 2 hat jüngst vor allem im Zusammenhang mit Antigen-Tests zur Eigenanwendung für den Nachweis von SARS-CoV-2 Bedeutung erlangt. Die Vorschrift sieht vor, dass die Werbebeschränkungen für Medizinprodukte nach § 12 Abs. 1 Satz 1 Nr. 2 nicht für die Werbung für In-vitro-Diagnostika gemäß Anlage 3 zu § 3 Absatz 4 der Medizinprodukte-Abgabeverordnung (MPAV) gelten, die sich auf die Erkennung der in Abschnitt A Nummer 1 der Anlage aufgeführten Krankheiten oder Leiden bei Menschen beziehen. Ursprünglich wurde § 12 Abs. 1 Satz 2 ausweislich *der Gesetzesbegründung* eingefügt, um das Werbeverbot für In-vitro-Diagnostika für die Eigenanwendung, die für den Nachweis einer HIV-Infektion bestimmt sind, aufzuheben (BT-Drs. 19/8753 S. 70). In diesem Zusammenhang hatte der Gesetzgeber aber bereits betont, dass künftig auch für weitere Selbsttests, die in die Anlage 3 zu § 3 Absatz 4 MPAV aufgenommen werden, geworben werden kann. Durch Art. 1 der Dritten Verordnung zur Änderung der Medizinprodukte-Abgabeverordnung im Rahmen der epidemischen Lage von nationaler Tragweite, welche am 03.02.2021 in Kraft getreten ist, wurde der Anlage 3 zu § 3 Abs. 4 MPAV sodann ein weiterer Spiegelstrich zu In-vitro-Diagnostika für die Eigenanwendung, die für den direkten Erregernachweis des Coronavirus SARS-CoV-2 bestimmt sind, angefügt. Diese In-vitro-Diagnostika beziehen sich demnach, wie von § 12 Abs. 1 Satz 2 gefordert, auf die Erkennung von nach dem Infektionsschutzgesetz vom 20. Juli 2000 (BGBl. I S. 1045) meldepflichtige Krankheiten oder durch meldepflichtige Krankheitserreger verursachte Infektionen (§ 6 Abs. 1 Nr. 1 lit. t IfSG: »Coronavirus-Krankheit-2019 (COVID-19)«, § 7 Abs. 1 Nr. 44a IfSG). Für solche Antigen-Tests, die zur Eigenanwendung für den Nachweis des SARS-CoV 2-Erregers zertifiziert sind, darf in der Öffentlichkeit folglich geworben werden. Ausweislich der Verordnungsbegründung kann durch Antigen-Tests zur Eigenanwendung eine noch breitere und schnellere Testung der Bevölkerung erfolgen, was schließlich zu einer Verlangsamung der Ausbreitung von SARS-CoV-2 führen kann (BMG, Referentenentwurf, S. 8).

Unter den Begriff der »**Bösartigen Neubildungen**« nach Nr. 2 fallen Krebserkrankungen (BT-Drs. 15/5316 S. 47). Dementsprechend ist die Bewerbung von Nahrungsergänzungsmitteln und Vitaminprodukten »gegen Krebs« (KG PharmR 2005, 196, 203 – *Dr. Rath*), für THX-Kuren/Zelltherapien (BGH GRUR 1985, 305, 305 f. – *THX-Krebsvorsorge*) oder THX-Injektionen (BGH GRUR 1984, 292, 293 – *THX-Injektionen*) untersagt. Denn weder sollen bei Verdacht auf eine Krebserkrankung unspezifisch Arzneimittel ohne fachärztliche Behandlung angewendet werden noch sollen mögliche Wechselwirkungen eine bereits begonnene Behandlung gefährden. Mit der Ausnahme für die in Abschnitt A Nr. 2 der Anlage aufgeführten bösartigen Neubildungen in § 12 Abs. 1 Satz 1 Nr. 2 soll, wie auch bereits vor der Gesetzesänderung, klargestellt werden, dass Aufklärungsaktionen z.B. im Bereich der Krebsvorsorge, bei denen die Öffentlichkeit mit dem Hinweis auf bestimmte In-vitro-Diagnostika sensibilisiert werden soll, möglich sind (BT-Drs. 15/5728 S. 84). 6

Suchtkrankheiten nach Anlage A Nr. 3 zeichnen sich durch das für die Betroffenen unabweisbare Verlangen nach einem bestimmten Erlebniszustand aus. Hierunter fallen also z.B. Alkoholabhängigkeit, Spielsucht oder Drogenabhängigkeit, jedoch ausdrücklich nicht die Nikotinabhängigkeit. 7

**Krankhafte Komplikationen der Schwangerschaft, der Entbindung und des Wochenbetts** nach Nr. 4 erfassen nicht die Schwangerschaft, die Entbindung und das Wochenbett selber, da es sich hierbei nicht um Krankheiten handelt (Spickhoff/*Fritzsche* MedizinR § 12 HWG Rn. 6). 8

**II. Publikumswerbung betreffend andere Mittel, Verfahren, Behandlungen oder Gegenstände (§ 12 Abs. 2 HWG)**

§ 12 Abs. 2 bezieht sich in Abgrenzung zu Arzneimitteln und Medizinprodukten auf die Werbung für andere Mittel, Verfahren, Behandlungen und Gegenstände (vgl. zu den Begriffen § 1 HWG Rdn. 58–61). Das Werbeverbot des Abs. 2 bezieht sich – anders als das Verbot des Abs. 1 – nicht auf die Verhütung. 9

Ferner gilt das Werbeverbot nach § 12 Abs. 2 Satz 2 nicht für Werbung *in* Heilbädern, Kurorten und Kuranstalten. Das heißt, die Werbung muss sich räumlich auf die Behandlung etc. im Kurort, Heilbad oder in der Kuranstalt beziehen. Unter Heilbädern, Kurorten und Kuranstalten sind »Orte oder Ortsteile, also bestimmte räumliche Gebiete, mit natürlichen, wissenschaftlich anerkannten und durch Erfahrung bewährten Heilmitteln des Bodens, mit überprüftem Lage- und Witterungsklima, mit entsprechenden Kureinrichtungen, einem entsprechenden Kurortcharakter« zu verstehen, die regelmäßig nach den jeweiligen landesrechtlichen Anerkennungsregelungen berechtigt sind, ein entsprechendes Prädikat zu tragen. Bei einer Kuranstalt handelt es sich um eine einzelne Einrichtung (OLG Düsseldorf GRUR 1985, 306, 309 – *Arzneimittelwerbung durch Heilpraktiker*). Dass sich die Einrichtung dabei selbst wörtlich als »Kuranstalt« bezeichnet, ist nicht erforderlich, auch ein »Sanatorium« ist als Kuranstalt i.S.d. § 12 anzusehen (BGH NJW 1970, 1967, 1968 – *Sanatorium I*). 10

**10a** Bedeutung hat diese Vorschrift zuletzt insbesondere im Zusammenhang mit der Werbung für Corona-Virus PCR-Test-Kits gewonnen. Mit Urt. v. 17.11.2020 hat das Landgericht Hamburg die Werbung für Corona-Virus PCR-Test-Kits bestehend aus einem Probennahme- und Einsendeset und einer Laboranalyse außerhalb von Fachkreisen auf der Internetplattform Amazon im Wege einstweiliger Verfügung untersagt (LG Hamburg Urt. v. 17.11.2020 – 116 HKO 144/20). Das LG Hamburg ordnete das Angebot auf der Internetplattform Amazon als unzulässige Werbung i.S.d. § 12 Abs. 2 i.V.m. dem Abschnitt A Nr. 1 der Anlage zu § 12 ein. Dabei qualifizierte das Gericht die auf Amazon als Teil des Test-Kits gleichwertig mit den anderen Bestandteilen beworbene Laboranalyse als Verfahren i.S.v. § 12 Abs. 2 und vertrat einen weiten Werbebegriff, der nicht nur anpreisende produkt- und leistungsbezogene Aussagen, sondern auch nüchterne, objektiv sachliche Informationen umfasse, wenn diese den Verkauf des Produkts fördern. Daher darf für Corona-Tests, die eine Laboranalyse umfassen, im Unterschied zu Antikörpertests zur Eigenanwendung, nicht in der Öffentlichkeit geworben werden. Es stellt sich durchaus die Frage, ob die Differenzierung zwischen dem Werbeverbot für Laboranalyseverfahren nach § 12 Abs. 2 und der gem. § 12 Abs. 1 Satz 2 i.V.m. Anlage 3 zu § 3 Abs. 4 MPAV zulässigen Werbung für Antikörpertests zur direkten Anwendung auch vor dem Hintergrund der (Stand Oktober 2021) deutlich geringeren Fehleranfälligeit der PCR-Tests, sachgerecht ist.

### III. Sanktion

**11** Verstöße gegen § 12 stellen gem. § 15 Nr. 9 eine Ordnungswidrigkeit dar, die mit einer Geldbuße mit bis zu 50.000 € geahndet werden kann. Zudem kommt ein wettbewerbsrechtliches Vorgehen gestützt auf § 4 Nr. 11 UWG a.F., nunmehr § 3a UWG sowie § 3 UWG in Betracht, ohne dass es des Hinzutretens weiterer objektiver und subjektiver Merkmale bedarf (BGH GRUR 1996, 806, 807 – *HerzAss*; OLG Sachsen-Anhalt Urt. v. 09.12.2005 – 10 U 13/05 juris Rn. 58 f.).

## § 13 Werbung ausländischer Unternehmen

Die Werbung eines Unternehmens mit Sitz außerhalb des Geltungsbereichs dieses Gesetzes ist unzulässig, wenn nicht ein Unternehmen mit Sitz oder eine natürliche Person mit gewöhnlichem Aufenthalt im Geltungsbereich dieses Gesetzes oder in einem anderen Mitgliedstaat der Europäischen Union oder in einem anderen Vertragsstaat des Abkommens über den Europäischen Wirtschaftsraum, die nach diesem Gesetz unbeschränkt strafrechtlich verfolgt werden kann, ausdrücklich damit betraut ist, die sich aus diesem Gesetz ergebenden Pflichten zu übernehmen.

### Übersicht

| | Rdn. | | Rdn. |
|---|---|---|---|
| A. Sinn und Zweck | 1 | D. Unter das HWG fallende Werbung | 4 |
| B. Vereinbarkeit mit dem Unionsrecht | 2 | E. Rechtsfolgen | 5 |
| C. Wirksame Betrauung | 3 | | |

### A. Sinn und Zweck

**1** § 13 statuiert ein Werbeverbot für Unternehmen mit Sitz im Ausland, wenn kein strafrechtlich Verantwortlicher im Geltungsbereich des HWG oder der EU oder des EWiR damit betraut ist, »die sich aus diesem Gesetz ergebenden Pflichten zu übernehmen«. Diese eigentümliche, rechtspolitisch zweifelhafte Norm soll die strafrechtliche Rechtsverfolgung erleichtern (BT-Drs. 4/1847 S. 3), indem sie sicherstellt, dass im Inland die straf- und ordnungswidrigkeitenrechtlichen Sanktionen zumindest gegenüber dem »betrauten« inländischen oder aus einem Staat der EU oder des EWiR stammenden Unternehmen durchgesetzt werden können. Teilweise wird aus § 13 auch eine weitergehende Störer-Verantwortlichkeit von Medienunternehmen und anderen Intermediären abgeleitet (vgl. aber Rdn. 7). Die praktische Relevanz und Wirksamkeit der Norm ist gering (ebenso Doepner/Reese, § 13 Rn. 6).

## B. Vereinbarkeit mit dem Unionsrecht

Die Sanktionierung von Verstößen gegen das HWG ist Sache der Mitgliedstaaten. Aufgrund der Gleichbehandlung von Personen bzw. Unternehmen aus dem Inland und aus der EU bestehen keine grundsätzlichen unionsrechtlichen Bedenken gegen § 13. Inwieweit die Anwendung auf Unternehmen außerhalb der EU und des EWiR mit Internationalen Handelsabkommen vereinbar ist, erscheint wegen der damit verbundenen zusätzlichen Aufwendungen durchaus fraglich und muss im Einzelfall geprüft werden (vgl. *Gröning* Heilmittelwerberecht § 13 HWG Rn. 20).

## C. Wirksame Betrauung

Für die »Betrauung« ist eine **wirksame Vereinbarung** (str., vgl. *Spickhoff/Fritzsche* § 13 HWG Rn. 8) mit einem Unternehmen oder einer natürlichen Person erforderlich, die ihren Sitz bzw. ihren Wohnort in Deutschland, der EU oder dem EWiR haben. Der Betraute muss in der Werbung aber nicht genannt werden.

## D. Unter das HWG fallende Werbung

§ 13 enthält **keine einseitige Kollisionsnorm**, die regelt, wann deutsches Heilmittelwerberecht bei einer Auslandsberührung überhaupt anzuwenden ist. Dies richtet sich nach allgemeinen Grundsätzen. Für die Straf- und ordnungswidrigkeitenrechtliche Durchsetzung gelten die Grundsätze des Internationalen Strafrechts. Für die in der Praxis dominierenden wettbewerbsrechtlichen Ansprüche gilt das Marktortprinzip des Internationalen Wettbewerbsrechts (*Mand* MMR 2003, 77 ff.). Wesentliche Unterschiede bestehen insoweit nicht (eingehend Einführung HWG Rdn. 64 ff.).

## E. Rechtsfolgen

Ist das HWG anwendbar, ist Heilmittelwerbung von Personen oder Unternehmen außerhalb des EWiR ohne eine wirksame Betrauung inländischer bzw. gleichgestellter Personen oder Unternehmen aus dem EWiR **verboten**. Dennoch betriebene Werbung ist gem. § 15 Abs. 1 Nr. 10 ordnungswidrig. Zudem stellt § 13 eine Marktverhaltensnorm i.S.d. § 3a UWG dar.

Der **Betraute** haftet aufgrund der Vereinbarung als Garant, wenn es gleichwohl zu Gesetzesverstößen kommt, gem. §§ 14 ff.. Auch zivil- und wettbewerbsrechtlich ist er als Störer aufgrund der Verletzung der übernommenen Verkehrssicherungspflichten verantwortlich (§§ 1004 BGB, 8 ff. UWG).

Die Haftung von **Intermediären**, insbes. von Medienunternehmen, welche die Werbung lediglich verbreiten oder an der Verbreitung mitwirken, richtet sich nach allgemeinen Grundsätzen. Die von der Rechtsprechung hierfür einschränkend entwickelten allgemeinen Zumutbarkeitsgrenzen gelten auch bei Verstößen gegen das Heilmittelwerberecht. Welche Verhaltens- und Prüfpflichten bestehen, hängt davon ab, inwieweit dem als Störer in Anspruch Genommenen im Einzelfall unter Berücksichtigung seiner Funktion und Aufgabenstellung sowie mit Blick auf die Eigenverantwortung desjenigen, der selbst den Rechtsverstoß begangen hat, eine Prüfung zuzumuten ist (st. Rspr. BGH Urt. v. 30.06.2009 – VI ZR 210/08, GRUR 2009, 1093 Rn. 13 ff., 18 ff. – Focus Online; Urt. v. 27.03.2012 – VI ZR 144/11, GRUR 2012, 751 Rn. 17 ff. – RSS-Feeds). Eine weitergehende Prüfpflicht – etwa in Bezug auf die wirksame Betrauung inländischer Personen oder Unternehmen durch EWR-ausländische Werbetreibende – ist entgegen verbreiteter Ansicht (KG Urt. v. 21.04.1987 – 5 U 6870/86, NJW-RR 1988, 489, 490; *Bülow/Ring/Artz/Brixius/Ring*, § 13 HWG Rn. 4; *Spickhoff/Fritzsche* § 13 HWG Rn. 1) auch aus § 13 nicht abzuleiten (vgl. bereits BGH Urt. v. 19.03.1992 – I ZR 166/90, GRUR 1993, 53 – Ausländischer Inserent; *Gröning* Heilmittelwerberecht § 13 HWG Rn. 12). Im Regelfall kommen Unterlassungsansprüche gegen Intermediäre deshalb erst dann in Betracht, wenn diese *nach* einer Information über die Rechtswidrigkeit die Werbung weiter verbreiten oder an der Verbreitung mitwirken.

## § 14 Straftaten

Wer dem Verbot der irreführenden Werbung (§ 3) zuwiderhandelt, wird mit Freiheitsstrafe bis zu einem Jahr oder mit Geldstrafe bestraft.

## § 15 Ordnungswidrigkeiten

(1) Ordnungswidrig handelt, wer vorsätzlich oder fahrlässig
1. entgegen § 3a eine Werbung für ein Arzneimittel betreibt, das der Pflicht zur Zulassung unterliegt und das nicht nach den arzneimittelrechtlichen Vorschriften zugelassen ist oder als zugelassen gilt,
2. eine Werbung betreibt, die die nach § 4 vorgeschriebenen Angaben nicht enthält oder entgegen § 5 mit der Angabe von Anwendungsgebieten wirbt,
3. in einer nach § 6 unzulässigen Weise mit Gutachten, Zeugnissen oder Bezugnahmen auf Veröffentlichungen wirbt,
4. entgegen § 7 Abs. 1 und 3 eine mit Zuwendungen oder sonstigen Werbegaben verbundene Werbung betreibt,
4a. entgegen § 7 Abs. 1 als Angehöriger der Fachkreise eine Zuwendung oder sonstige Werbegabe annimmt,
5. entgegen § 8 Satz 1 oder Satz 2 Teleshopping oder eine dort genannte Werbung betreibt,
6. entgegen § 9 für eine Fernbehandlung wirbt,
7. entgegen § 10 für die dort bezeichneten Arzneimittel wirbt,
8. auf eine durch § 11 verbotene Weise außerhalb der Fachkreise wirbt,
9. entgegen § 12 eine Werbung betreibt, die sich auf die in der Anlage zu § 12 aufgeführten Krankheiten oder Leiden bezieht,
10. eine nach § 13 unzulässige Werbung betreibt.

(2) Ordnungswidrig handelt ferner, wer fahrlässig dem Verbot der irreführenden Werbung (§ 3) zuwiderhandelt.

(3) Die Ordnungswidrigkeit nach Absatz 1 kann mit einer Geldbuße bis zu fünfzigtausend Euro, die Ordnungswidrigkeit nach Absatz 2 mit einer Geldbuße bis zu zwanzigtausend Euro geahndet werden.

## § 16 Einziehung

Werbematerial und sonstige Gegenstände, auf die sich eine Straftat nach § 14 oder eine Ordnungswidrigkeit nach § 15 bezieht, können eingezogen werden. § 74a des Strafgesetzbuches und § 23 des Gesetzes über Ordnungswidrigkeiten sind anzuwenden.

1 Das HWG zählt trotz seiner das Marktverhalten regelnden Ziele formal zum **Nebenstrafrecht**: Ein Verstoß gegen § 3 ist bei Vorsatz strafbar (§ 14: Freiheitsstrafe bis 1 Jahr oder Geldstrafe), bei Fahrlässigkeit ordnungswidrig (§§ 15 Abs. 2, 3: Geldbuße bis 20.000 €). Die vorsätzliche oder fahrlässige Verletzung nahezu jeder anderen Norm (§§ 3a bis 13) begründet eine Ordnungswidrigkeit (§ 15 Abs. 1, 3: Geldbuße bis 50.000 €).

2 Nach Art. 99 GK steht die Wahl der Sanktionen bei Verstößen gegen die Werbenormen des GK im Ermessen der Mitgliedstaaten. Gegen die §§ 14 ff. bestehen insoweit **keine unionsrechtlichen Bedenken**.

3 Bei den §§ 14 ff. handelt es sich um sog. einfache Blankettnormen, da die Sanktionsandrohung vom Verstoß gegen die genannten gesetzlichen Bestimmungen abhängt. Dies ist **verfassungsrechtlich zulässig** (MüKo-StGB/*Freund*, Vorbemerkung §§ 95 ff. AMG Rn. 61 f.). In Einzelfällen kann eine Tatbegehung wegen fehlender Erfassung im Katalog des § 15 (§§ 3a Satz 2, 4 Abs. 4, 4a, 6 Nr. 3) oder wegen der Unbestimmtheit der Tatbestände (Art. 103 Abs. 2 GG, Bülow/Ring/Artz/Brixius/*Ring* § 15 HWG Rn. 4 zu § 7 Abs. 1 i.V.m. Abs. 2) aber nicht geahndet werden (*Doepner/Reese*, Vor §§ 14,15 Rn. 5 ff.).

Für das **Ordnungswidrigkeitenverfahren** gilt das OWiG. Prägendes Kennzeichen ist das Opportu- 4
nitätsprinzip (§ 47 OWiG), das die Rechtsverfolgung in das pflichtgemäße Ermessen der zuständigen Behörde (§§ 35 ff. OWiG) stellt. Mögliche Rechtsfolgen sind neben dem Bußgeld (§§ 65 f. OWiG) auch bloße Verwarnungen (§§ 56 ff. OWiG) oder eine Verfolgungsandrohung für den Fall eines wiederholten Verstoßes (*Göhler* § 47 OWiG Rn. 3).

§ 16 sieht eine gegenüber §§ 74 ff. StGB, §§ 22 ff. OWiG erweiterte **Einziehungsmöglichkeit** von 5
Werbematerialien und sonstigen Gegenständen vor. Diese sonstigen Gegenstände müssen Mittel der Tat sein (vgl. dazu BGH NJW 1957, 351). Besondere Relevanz hat die Vorschrift für **Zuwendungen**, die entgegen § 7 Abs. 1 gewährt bzw. von Fachkreisen angenommen werden (§ 15 Abs. 1 Nr. 4a). Wie die Gesetzesbegründung bestätigt (BT-Drs. 15/1170 S. 138) sind solche erlangten Zuwendungen gem. § 16 einziehbar. Die Entscheidung zur Einziehung liegt im pflichtgemäßen Ermessen des Gerichts bzw. der Behörde (§ 87 OWiG); dabei ist der Verhältnismäßigkeitsgrundsatz zu wahren (§§ 74b StGB, 24 OwiG).

Der **internationale Anwendungsbereich** der §§ 14 ff. richtet sich mangels einer speziellen einseiti- 6
gen Anwendungsnorm nach den allgemeinen Grundsätzen des Internationalen Strafrechts (s. Einführung HWG Rdn. 65 ff.).

## § 17 Verhältnis zum UWG

**Das Gesetz gegen den unlauteren Wettbewerb bleibt unberührt.**

| Übersicht | Rdn. | | Rdn. |
|---|---|---|---|
| A. Eigenständige Anwendung des UWG .. | 2 | C. Rechtsfolgen...................... | 10 |
| B. Zivilrechtliche Durchsetzung des HWG über §§ 3a, 5a Abs. 4 UWG........... | 4 | D. Andere Vorschriften ............... | 12 |

§ 17 stellt klar, dass die Vorschriften des UWG neben dem HWG anwendbar bleiben. Das allge- 1
meine Lauterkeitsrecht ergänzt den Schutz des HWG insbes. in Bezug auf die wirtschaftliche Übervorteilung der Verbraucher (Rdn. 2 f.). Zudem dient das UWG der zivilrechtlichen Verfolgung von Verstößen gegen das HWG (Rdn. 4 ff.). Die zivilrechtliche Durchsetzung des HWG dominiert in der Praxis bei Weitem. Prinzipiell möglich sind aber auch Straf- oder OWi-Anzeigen. Andere die Heilmittelwerbung regelnde Verhaltensdeterminanten (AMG, Berufsrecht) gelten ebenfalls neben dem HWG (Rdn. 12).

### A. Eigenständige Anwendung des UWG

Selbstständige Bedeutung haben die Tatbestände des UWG vor allem dann, wenn das HWG man- 2
gels Produktbezugs der Werbung nicht anwendbar ist (dazu § 1 HWG Rdn. 45 ff.). Besonders relevant sind die **Irreführungstatbestände** (§§ 5, 5a UWG). Ergänzend verbieten § 3 Abs. 3 UWG i.V.m. Anhang zu § 3 Abs. 3 UWG Nr. 9 und 18 per se Täuschungen über die Verkehrsfähigkeit und die Heilungswirkung von Produkten. Die §§ 3, 3a, 11 statuieren bei produktbezogener Werbung für diese Sachverhalte jedoch exaktere und weitergehende Verbote (s. *Leible* GRUR 2010, 183 ff.).

Darüber hinaus hat die Rechtsprechung vielfach auf das **Verbot unangemessener unsachlicher** 2a
**Beeinflussung** gem. § 4 Nr. 1 UWG a.F. zurückgegriffen, um die Absatzförderung mit Rabatten, Werbegeschenken und anderen geldwerten Vorteilen gegenüber Fachkreisangehörigen wie Verbrauchern zu beschränken. Hintergrund ist die teilweise enge Auslegung des an sich besser passenden Tatbestandes gem. § 7, die aus den teilweise hohen Anforderungen an den Produktbezug (§ 7 HWG Rdn. 33 ff.) und dem Festhalten am Unentgeltlichkeitsparadigma für Werbegaben i.S.d. § 7 (§ 7 HWG Rdn. 46) resultiert. Um das UWG noch stringenter an die voll harmonisierende Richtlinie 2005/29/EG über unlautere Geschäftspraktiken (UGP-RL) anzupassen, hat der Gesetzgeber diese Regelung allerdings gestrichen und stattdessen ein neues Verbot aggressiver Werbepraktiken gem. § 4a UWG eingeführt (RegE v. 1.4.2015, BT-Drs. 18/4535 Art. 1 Nr. 2). Unter

dieses neue Verbot lässt sich Wertreklame aber allenfalls in atypischen Sonderfällen subsumieren, da Rabatte und andere Werbegaben die Wahlfreiheit des Erwerbers normalerweise nicht durch belastenden Druck beschränken, wie es die korrespondierenden Vorgaben in Art. 8 und 9 UGP-RL verlangen (*Köhler* GRUR 2010, 767, 772). Auch die Gewährung geldwerter Vorteile an drittverantwortliche Absatzmittler wie z.B. Ärzte und Apotheker fällt schwerlich unter § 4a UWG (*Scherer* WRP 2015, 148 Rn. 21 f., 31; *Köber* A & R 2014, 262, 267). Der Gesetzgeber wollte aufgrund dieser Fallkonstellation sogar zunächst von der geplanten Streichung von § 4 Nr. 1 UWG absehen (BT-Drs. 18/4535 S. 15). Gegenüber Verbrauchern wie Unternehmen verbleibt bei enger Auslegung von § 7 daher vielfach nur der Rückgriff auf die Generalklausel des § 3 UWG (für einen Rückgriff auf die Generalklausel anstelle von § 4 Nr. 1 UWG a.F. bereits nach altem Recht *Köhler* GRUR 2010, 767, 772; *Haberkamm* WRP 2011, 296, 299).

3 Die Rspr. überträgt die **Wertungen des HWG** vielfach auf die Tatbestände des UWG und legt diese bei gesundheitsbezogener Werbung deshalb strenger aus – und zwar auch dann, wenn das HWG den konkreten (vermeintlichen) Lauterkeitsverstoß gar nicht erfasst (z.B. BGH Urt. v. 06.07.2006 – I ZR 145/03, GRUR 2006, 949 Rn. 22 ff. – Kunden werben Kunden zu § 4 Nr. 1 UWG; kritisch *Möller* WRP 2007, 6, 9 f.). Im Lichte von § 7 und des Berufsrechts von Ärzten und anderen Heilberuflern hat der BGH vor allem Zuwendungen an Angehörige reglementierter Heilberufe, welche die Gesundheitsinteressen ihrer Patienten bzw. Kunden zu wahren haben, gem. § 4 Nr. 1 UWG a.F. strikten Grenzen unterworfen (BGH GRUR 2010, 850 Rn. 17 – Brillenversorgung II; GRUR 2011, 431 Rn. 16 – FSA-Kodex; GRUR 2012, 1050 Rn. 26 – Dentallaborleistungen, eingehend dazu und zur teils harschen Kritik in der Literatur *Mand* PharmR 2014, 275, 281 ff.). Auch das sog. **Strengeprinzip** für irreführende Werbung (s. § 3 HWG Rdn. 45 ff.) bezieht der BGH pauschal auf gesundheitsbezogenen Aussagen, unabhängig davon, ob diese anhand der Irreführungsverbote des HWG oder des UWG überprüft werden (BGH Urt. v. 03.05.2002 – I ZR 318/98, GRUR 2002, 182, 185 – Das Beste jeden Morgen; Urt. v. 28.09.2011 – I ZR 96/10; GRUR 2012, 647 Rn. 33 – Injectio; Urt. v. 06.02.2013- I ZR 62/11, GRUR 2013, 649 Rn. 15 – Basisinsulin mit Gewichtsvorteil). Diese Praxis ist wegen der Öffnungsklauseln zugunsten strikterer nationaler Gesundheitsschutzstandards mit der UGP-RL und der Richtlinie über irreführende und vergleichende Werbung vereinbar (Einführung HWG Rdn. 53, *Mand* JZ 2010, 337, 341 ff.); im Einzelfall können durch die strikte Auslegung des allgemeinen Lauterkeitsrechts bei Heilmittelwerbung sogar Defizite bei der Umsetzung des GK im HWG überwunden oder abgemildert werden (vgl. z.B. § 7 HWG Rdn. 46). Es bestehen grundsätzlich auch keine Bedenken mit Blick auf die Grundfreiheiten (Einführung HWG Rdn. 17 ff., 22 ff., *Mand* JZ 2010, 337, 338 ff., vgl. im Einzelnen § 3 HWG Rdn. 35, 47). Allerdings ist sorgfältig zu prüfen, ob die Übertragung der Wertungen des HWG auf Tatbestände im UWG oder in anderen Werbe- und Marketingregelungen nicht bewusste Eingrenzungen des HWG übergeht (im Ansatz zutreffend *Möller* WRP 2007, 6, 9 f.) und inwieweit die jeweiligen Schutzzwecke eine gleichförmige Wertung rechtfertigen (*Mand* NJW 2010, 3681, 3684 f. zum Arzneimittelpreisrecht).

### B. Zivilrechtliche Durchsetzung des HWG über §§ 3a, 5a Abs. 4 UWG

4 § 3a UWG ermöglicht die privatrechtliche Durchsetzung des HWG. Bei den Tatbeständen des HWG handelt es sich um Normen, die i.S.v. **§ 3a UWG** dazu bestimmt sind, im Interesse der Marktteilnehmer das Marktverhalten zu regeln (BGH Urt. v. 23.06.2005 – I ZR 194/02, BGHZ 163, 265, 274– Atemtest; BGH Urt. v. 09.10.2008 – I ZR 100/04, GRUR 2009, 509 Rn. 24 – Schönenberger Artischockensaft; BGH Urt. v. 24.11.2016 – I ZR 163/15, GRUR 2017, 635 Rn. 27 – Freunde werben Freunde, s.a. die Kommentierung der Rechtsfolgen zu den einzelnen Normen des HWG).

5 Die Durchsetzung des HWG über § 3a UWG entspricht den Anforderungen der Art. 97, 99 GK und ist ohne weiteres mit der UGP-RL vereinbar (Art. 3 Abs. 3 der RL, Einführung HWG Rdn. 53; *Mand* JZ 2010, 337, 342). Einschränkungsversuche, wonach die Verletzung von Marktverhaltensnormen eine zwar notwendige, nicht aber eine hinreichende Voraussetzung für wettbewerbsrechtliche Ansprüche gem. § 3a UWG (bzw. 4 Nr. 11 UWG a.F.) ist (Ohly/Sosnitza, Gesetz gegen den

unlauteren Wettbewerb § 3a UWG 21 ff. m.w.N.: über § 3a UWG könnten nur solche Normen in das Lauterkeitsrecht transformiert werden, die unmittelbar informierte, wettbewerbsrelevante Verbraucherentscheidungen gewährleisten), sind zurückzuweisen. Vielmehr begründen auch Zuwiderhandlungen gegen andere dem Gesundheitsschutz dienende Normen, etwa gegen produktbezogene Absatzverbote und -beschränkungen oder gegen Informationspflichten, die den Umgang mit erworbenen Produkten betreffen, regelmäßig ohne weiteres die Unlauterkeit gem. § 3a UWG (BGH Urt. v. 10.12.2009 – I ZR 189/07, MedR 2010, 783 Rn. 21 ff. – Golly Telly; zust. *Mand* MedR 2010, 786 f.). Für Arzneimittelwerbung bedarf es einer Rechtsdurchsetzung des HWG über § 3a UWG bereits mit Blick auf Art. 97 GK. Davon abgesehen schützen die meisten HWG-Tatbestände ohnehin (auch) die »freie« und informierte Entscheidung der Verbraucher, weshalb sich der Streit über die Auslegung von § 3a UWG für das HWG kaum auswirkt.

Werden **Informationspflichten** des HWG verletzt, die durch den GK unionsrechtlich vorgegeben sind (s. z.B. zu den Pflichtangaben § 4 HWG Rdn. 4 ff., 10 ff.), ergibt sich die Unlauterkeit direkt aus **§ 5a Abs. 4 UWG** (Vgl. Art. 7 Abs. 5 i.V.m. Anhang II UGP-RL). Soweit der deutsche Gesetzgeber im HWG lediglich die im GK vorgesehenen Optionen für strengere Informationspflichten im nationalen Recht genutzt hat (s. § 4 HWG Rdn. 7, 10), begründen Verletzungen dagegen nur über § 3a UWG wettbewerbsrechtliche Ansprüche (Erwägungsgrund 15, Art. 3 Abs. 3 UGP-RL). Inwieweit neben den spezialgesetzlichen Kennzeichnungspflichten und den Pflichtangaben nach § 4 weitere Informationspflichten aus dem allgemeinen Lauterkeitsrecht gem. § 5a Abs. 1 und 2 UWG folgen können (s. dazu für das Lebensmittelrecht *Fezer* WRP 2010, 577, 582 ff.), erscheint für Heilmittel zweifelhaft (vgl. für Kosmetika OLG Karlsruhe Urt. v. 26.09.2018 – 6 U 84/17, PharmR 2019, 66). Für Humanarzneimittel sind die detaillierten Vorgaben des GK und die Pflichtangaben im nationalen Recht mit Blick auf die angestrebte Vollharmonisierung jedenfalls insoweit als abschließend anzusehen, als es um gesundheitsrelevante Informationen über die Zusammensetzung, Wirkung und Anwendung der Mittel geht. Wegen der detaillierten gesetzlichen Anforderungen können weitere diesbezügliche Informationen überdies kaum als »wesentlich« i.S.v. § 5a Abs. 2 UWG eingestuft werden. 6

Verstöße gegen das HWG führen im Regelfall zu »**spürbaren**« **Interessenbeeinträchtigungen** gem. § 3a UWG; die Rspr. zum weitgehend entsprechenden (*Schöttle* GRUR 2009, 546, 547) bisherigen Bagatellkriterium der »nicht nur unerheblichen« Beeinträchtigung (dazu BGH Urt. v. 23.06.2005 – I ZR 194/02, BGHZ 163, 265, 274 – Atemtest) gilt fort (BGH Urt. v. 26.03.2009 – I ZR 213/06, GRUR 2009, 984, 988 Rn. 34 – Festbetragsfestsetzung). Verletzt die Heilmittelwerbung eine HWG-Norm, die **zwingende Vorgaben des GK** umsetzt, ist sie stets wettbewerbsrechtlich unzulässig. Für die Verletzung unionsrechtlicher Informationspflichten folgt dies unmittelbar aus § 5a Abs. 4 UWG, Art. 7 Abs. 5 UGP-RL (*Bergmann* FS Krämer, 2009, S. 167, 169 f.: »unwiderlegliche Vermutung«); im Übrigen also im Rahmen von § 3a UWG aus einer teleologischen Reduktion des Gesetzeswortlauts. Die spürbare Interessenbeeinträchtigung (Art. 3a UWG) fließen im Rahmen der Verhältnismäßigkeitskontrolle schon in die Auslegung des GK und der nationalen Umsetzungsnormen selbst ein (vgl. z.B. § 10 HWG Rdn. 6 ff., näher *Mand* JZ 2010, 337, 345). Für den Bereich des HWG geht die Rechtsprechung zurecht dementsprechend regelmäßig auf die Spürbarkeit der Interessenbeeinträchtigung nicht mehr näher ein (zur Kritik an dieser Praxis im Übrigen Ohly/Sosnitza, Gesetz gegen den unlauteren Wettbewerb, § 3a Rn. 30a). 7

Die zu § 1 UWG a.F. begründete (s. bzgl. Arzneimittel BGH Urt. v. 03.09.1998 – I ZR 119/96, BGHZ 140, 134, 138 ff. – Hormonpräparate; Urt. v. 06.10.1999 – I ZR 46/97, WRP 2000, 170 – Giftnotruf-Box) und auf § 3a UWG prinzipiell übertragbare Rspr., nach der im Einzelfall trotz Verletzung einer wertbezogenen Norm im Rahmen einer Gesamtbetrachtung – insbes. im Lichte der **Grundrechte** – der Vorwurf der Unlauterkeit entfallen kann, ist nicht auf Verletzungen von HWG-Normen übertragbar, die vollharmonisierende Standards des GK umsetzen, welche ihrerseits mit höherrangigem Unionsrecht vereinbar sind (s. zur Überprüfung des GK anhand der Grundfreiheiten und der Unionsgrundrechte Einführung HWG Rdn. 19 ff., 55 ff.). Weil die Grundrechte des GG hier nicht anwendbar sind (s. Einführung HWG Rdn. 61), scheidet nicht nur eine einschränkende 8

Auslegung oder eine Rechtfertigung des Werbetatbestandes im Lichte der Verfassung selbst aus (so aber BGH Urt. v. 06.05.2004 – I ZR 265/01, GRUR 2004, 799, 799 f. – Lebertrankapseln; Urt. v. 26.03.2009 – I ZR 213/06, GRUR 2009, 984, 986 Rn. 19 ff. – Festbetragsfestsetzung, jedoch mit ergänzendem Hinweis auf die EMRK; offen lassend BGH Urt. v. 03.09.1998 – I ZR 119/96, BGHZ 140, 134, 138–Hormonpräparate), sondern auch eine einschränkende Auslegung des § 3a UWG. Der GK (Art. 97, 99 GK) und die Richtlinie 2009/22/EG über Unterlassungsklagen (Art. 2 ff., 1 Abs. 1, Anhang 1 Nr. 9) verlangen wirksame Sanktionen und Rechtsdurchsetzungsmöglichkeiten für die Betroffenen. Wollte man bei Verstößen gegen unionsrechtlich vorgegebene Schutzstandards im HWG gleichwohl den nach § 3a UWG indizierten Vorwurf der Unlauterkeit entfallen lassen, bliebe allein die z.T. lückenhafte, verschuldensabhängige straf- und ordnungswidrigkeitenrechtliche Sanktionierung. Der Wegfall der Unlauterkeit im Wettbewerbsrecht führte insoweit zu Wertungswidersprüchen und besonders bei fehlenden hoheitlichen Sanktionen auch zu einem Konflikt mit Art. 97 Abs. 1 u. 3, 99 GK und u.U. der Richtlinie 2009/22/EG.

9 Dulden die zuständigen Behörden Normverstöße, steht dies wettbewerbsrechtlichen Ansprüchen nicht entgegen, sofern kein **Verwaltungsakt mit Tatbestandswirkung** die Zulässigkeit der Werbung begründet (BGH Urt. v. 23.06.2005 – I ZR 194/02, BGHZ 163, 265, 269–Atemtest; Urt. v. 07.05.2015 – I ZR 29/14, PharmR 2016 Rn. 22 ff. – Äquipotenzangabe in Fachinformation; *Doepner* GRUR 2003, 825, 831 m.w.N.). **Vertrauensschutz** hinsichtlich der Normauslegung der Verwaltungsbehörden und Fachgerichte kommt bei Unterlassungsansprüchen (§ 8 UWG) nicht in Betracht, weil für § 3a UWG allein der objektive Verstoß gegen Marktverhaltensnormen genügt. Vertraut der in Anspruch Genommene ohne Fahrlässigkeit auf die Richtigkeit von Behördenauskünften, entfallen jedoch mangels Verschuldens Schadensersatzansprüche gem. § 9 UWG (BGH Urt. v. 23.06.2005 – I ZR 194/02, BGHZ 163, 265, 270 f. – Atemtest; Urt. v. 13.03.2008 – I ZR 95/05, GRUR 2008, 1014 Rn. 31 ff. – Amlodipin).

## C. Rechtsfolgen

10 Betroffene Mitbewerber, bestimmte Wirtschafts- u. Verbraucherverbände sowie Industrie-, Handels- u. Handwerkskammern (§§ 8 Abs. 3 UWG, 4 UKlaG) können wettbewerbsrechtliche **Beseitigungs- u. Unterlassungsansprüche** gem. § 8 Abs. 1 UWG geltend machen.

11 Mitbewerbern stehen – unabhängig davon, ob die verletzte HWG-Norm auch ihrem Schutz dient (vgl. BGH MedR 2010, 783 Rn. 25 – Golly Telly; kritisch dazu *Mand* MedR 2010, 786, 787) – zudem **Schadensersatzansprüche** gem. § 9 UWG zu. § 10 UWG sieht die Möglichkeit einer **Gewinnabschöpfung** vor. Die Anforderungen an die Substantiierung eines Schadens bzw. Verletzergewinns sind jedoch so hoch, dass Schadensersatzansprüche gem. § 9 UWG und eine Gewinnabschöpfung nach § 10 UWG nur sehr selten zum Tragen kommen.

## D. Andere Vorschriften

12 § 17 regelt nur das Verhältnis zum UWG. Andere die Heilmittelwerbung direkt oder indirekt regelnden Verhaltensdeterminanten (AMG, Berufsrecht) gelten neben dem HWG ebenfalls weiter (Einführung HWG Rdn. 3 ff.).

13 Soweit das sekundäre Unionsrecht, insbesondere der GK, das Heilmittelwerberecht vollständig angleicht, müssen auch die sonstigen einschlägigen staatlichen Bestimmungen – einschließlich des öffentlich-rechtlichen Berufsrechts – im Lichte dieser Vorgaben ausgelegt und gegebenenfalls fortgebildet werden. Es gelten hierfür dieselben Grundsätze wie für das HWG (Einführung HWG Rdn. 30 ff.).

14 Im Übrigen sind Normkonflikte in jedem Einzelfall im Lichte der allgemeinen Grundsätze zur Gesetzeskonkurrenz aufzulösen (s. zu § 7 und §§ 78 AMG, 128 SGB V z.B. § 7 Rdn. 104 ff., 110).

# Gesetz zur Verhütung und Bekämpfung von Infektionskrankheiten beim Menschen (Infektionsschutzgesetz – IfSG)

In der Fassung der Bekanntmachung vom 20. Juli 2000 (BGBl. I S. 1045),
zuletzt geändert durch Artikel 24 Abs. 8 des Gesetzes vom 27. September 2021 (BGBl. I S. 4530)

## Inhaltsverzeichnis

Vorbemerkungen

| | |
|---|---|
| §§ 1–2 | Zweck des Gesetzes, Begriffsbestimmungen |
| § 5 | Epidemische Lage von nationaler Tragweite |
| §§ 6–10 | Meldepflichtige Krankheiten, Meldepflichtige Nachweise von Krankheitserregern, Zur Meldung verpflichtete Personen, Namentliche Meldung, Nichtnamentliche Meldung |
| § 15a | Durchführung der infektionshygienischen und hygienischen Überwachung |
| § 16 | Allgemeine Maßnahmen zur Verhütung übertragbarer Krankheiten |
| § 17 | Besondere Maßnahmen zur Verhütung übertragbarer Krankheiten, Verordnungsermächtigung |
| § 18 | Behördlich angeordnete Maßnahmen zur Desinfektion und zur Bekämpfung von Gesundheitsschädlingen, Kratzmilben und Kopfläusen, Verordnungsermächtigungen |
| § 20 | Schutzimpfungen und andere Maßnahmen der spezifischen Prophylaxe |
| § 28 | Schutzmaßnahmen |
| §§ 29–31 | Beobachtung, Absonderung, berufliches Tätigkeitsverbot |
| § 56 | Entschädigung |
| § 65 | Entschädigung bei behördlichen Maßnahmen |

## Vorbemerkungen

Das Infektionsschutzgesetz ist im Jahr 2001 auf eine neue, moderne Grundlage gestellt worden. Der Begriff »Seuchenrecht« wurde eliminiert. Die modernen Formen der Hygiene und des Infektionsschutzes haben verhindert, dass die Bevölkerung über Jahrzehnte von Seuchen geplagt war. Pandemische Geschehen hat es zuletzt mit der Spanischen Grippe in den Jahre 2018 bis 2020 gegeben, die eine Vielzahl von Todesopfern gefordert hat. Der Globalisierung zollen die Menschen heute Tribut, wenn man die COVID-19-Pandemie betrachtet, ein Infektionsgeschehen das Wissenschaft, Forschung, die gesundheitliche Versorgungsinfrastruktur und die zuständigen Ordnungsbehörden im Gesundheitswesen bis an ihre Grenzen belastet hat. Die wirtschaftlichen Auswirkungen werden in den Folgejahren noch massiv zu spüren sein. 1

Das Gesetz hat zum Ziel, durch Prävention Schäden durch Erreger zu verhindern und im Falle vorliegender Infektionen diese wirksam zu bekämpfen. Dabei dient es in erster Linie dem Schutz der Allgemeinheit, der öffentlichen Gesundheit, und erst in zweiter Linie dem Schutz des Einzelnen. Es basiert auf der Inanspruchnahme juristischer und natürlicher Personen, die am gesellschaftlichen Leben teilnehmen. Es nimmt vulnerable Gruppen besonders in den Blick, befasst sich mit Unternehmen, Verbänden, Organisationen, Einrichtungen des öffentlichen und privaten Rechts und nimmt sich besonders aller Gemeinschaftseinrichtungen an. Sie gehören besonders zum öffentlichen Leben und sind aufgrund der engen Kommunikation der Menschen auch besonders infektionsanfällig. 2

Mit dem Infektionsschutz sind grundsätzlich Eingriffe in die Rechte Betroffener und Dritter wie Handlungs-, Freiheits-, Eigentums-, Datenschutzrechte u.a. verbunden. Die gesetzlichen Grundlagen dazu gewährt das Infektionsschutzrecht im Wesentlichen. Verordnungsermächtigungen, die 3 der Exekutive breiten Handlungsspielraum einräumen, ohne dass das Parlament mitwirkt, müssen daher grundsätzlich restriktiv gewährt und gehandhabt werden.

4 Intelligente Melde- und Kooperationssysteme wurden als effiziente und strukturierte Hilfsmittel der Infektionsbekämpfung erkannt und etabliert.

## § 1 Zweck des Gesetzes

(1) Zweck des Gesetzes ist es, übertragbaren Krankheiten beim Menschen vorzubeugen, Infektionen frühzeitig zu erkennen und ihre Weiterverbreitung zu verhindern.

(2) Die hierfür notwendige Mitwirkung und Zusammenarbeit von Behörden des Bundes, der Länder und der Kommunen, Ärzten, Tierärzten, Krankenhäusern, wissenschaftlichen Einrichtungen sowie sonstigen Beteiligten soll entsprechend dem jeweiligen Stand der medizinischen und epidemiologischen Wissenschaft und Technik gestaltet und unterstützt werden. Die Eigenverantwortung der Träger und Leiter von Gemeinschaftseinrichtungen, Lebensmittelbetrieben, Gesundheitseinrichtungen sowie des Einzelnen bei der Prävention übertragbarer Krankheiten soll verdeutlicht und gefördert werden.

## § 2 Begriffsbestimmungen

Im Sinne dieses Gesetzes ist

1. Krankheitserreger
   ein vermehrungsfähiges Agens (Virus, Bakterium, Pilz, Parasit) oder ein sonstiges biologisches transmissibles Agens, das bei Menschen eine Infektion oder übertragbare Krankheit verursachen kann,
2. Infektion
   die Aufnahme eines Krankheitserregers und seine nachfolgende Entwicklung oder Vermehrung im menschlichen Organismus,
3. übertragbare Krankheit
   eine durch Krankheitserreger oder deren toxische Produkte, die unmittelbar oder mittelbar auf den Menschen übertragen werden, verursachte Krankheit,
3a. bedrohliche übertragbare Krankheit
   eine übertragbare Krankheit, die auf Grund klinisch schwerer Verlaufsformen oder ihrer Ausbreitungsweise eine schwerwiegende Gefahr für die Allgemeinheit verursachen kann,
4. Kranker
   eine Person, die an einer übertragbaren Krankheit erkrankt ist,
5. Krankheitsverdächtiger
   eine Person, bei der Symptome bestehen, welche das Vorliegen einer bestimmten übertragbaren Krankheit vermuten lassen,
6. Ausscheider
   eine Person, die Krankheitserreger ausscheidet und dadurch eine Ansteckungsquelle für die Allgemeinheit sein kann, ohne krank oder krankheitsverdächtig zu sein,
7. Ansteckungsverdächtiger
   eine Person, von der anzunehmen ist, dass sie Krankheitserreger aufgenommen hat, ohne krank, krankheitsverdächtig oder Ausscheider zu sein,
8. nosokomiale Infektion
   eine Infektion mit lokalen oder systemischen Infektionszeichen als Reaktion auf das Vorhandensein von Erregern oder ihrer Toxine, die im zeitlichen Zusammenhang mit einer stationären oder einer ambulanten medizinischen Maßnahme steht, soweit die Infektion nicht bereits vorher bestand,
9. Schutzimpfung
   die Gabe eines Impfstoffes mit dem Ziel, vor einer übertragbaren Krankheit zu schützen,
10. andere Maßnahme der spezifischen Prophylaxe

die Gabe von Antikörpern (passive Immunprophylaxe) oder die Gabe von Medikamenten (Chemoprophylaxe) zum Schutz vor Weiterverbreitung bestimmter übertragbarer Krankheiten,
11. Impfschaden
die gesundheitliche und wirtschaftliche Folge einer über das übliche Ausmaß einer Impfreaktion hinausgehenden gesundheitlichen Schädigung durch die Schutzimpfung; ein Impfschaden liegt auch vor, wenn mit vermehrungsfähigen Erregern geimpft wurde und eine andere als die geimpfte Person geschädigt wurde,
12. Gesundheitsschädling
ein Tier, durch das Krankheitserreger auf Menschen übertragen werden können,
13. Sentinel-Erhebung
eine epidemiologische Methode zur stichprobenartigen Erfassung der Verbreitung bestimmter übertragbarer Krankheiten und der Immunität gegen bestimmte übertragbare Krankheiten in ausgewählten Bevölkerungsgruppen,
14. Gesundheitsamt
die nach Landesrecht für die Durchführung dieses Gesetzes bestimmte und mit einem Amtsarzt besetzte Behörde,
15. Leitung der Einrichtung
die Person, die mit den Leitungsaufgaben in der jeweiligen Einrichtung beauftragt ist; das betrifft auch
a) die selbständig tätige Person für ihren Zuständigkeitsbereich selbst,
b) die Person, die einrichtungsübergreifend mit den Leitungsaufgaben beauftragt ist,
16. personenbezogene Angabe
Name und Vorname, Geschlecht, Geburtsdatum, Anschrift der Hauptwohnung oder des gewöhnlichen Aufenthaltsortes und, falls abweichend, Anschrift des derzeitigen Aufenthaltsortes der betroffenen Person sowie, soweit vorliegend, Telefonnummer und E-Mail-Adresse,
17. Risikogebiet
ein Gebiet außerhalb der Bundesrepublik Deutschland, für das vom Bundesministerium für Gesundheit im Einvernehmen mit dem Auswärtigen Amt und dem Bundesministerium des Innern, für Bau und Heimat ein erhöhtes Risiko für eine Infektion mit einer bestimmten bedrohlichen übertragbaren Krankheit festgestellt wurde; die Einstufung als Risikogebiet erfolgt erst mit Ablauf des ersten Tages nach Veröffentlichung der Feststellung durch das Robert Koch-Institut im Internet unter der Adresse https://www.rki.de/risikogebiete.

| Übersicht | Rdn. | | Rdn. |
|---|---|---|---|
| A. Normzweck und Regelungsgegenstand | 1 | B. Tatbestand | 3 |

## A. Normzweck und Regelungsgegenstand

Ziel des Gesetzes ist es, im Zusammenwirken mit allen relevanten Beteiligten in der Gesundheitsversorgung übertragbare Krankheiten bereits in der Entstehungsphase zu bekämpfen. Die Eindämmung dieser Krankheiten erfordert durch die Eigenart der verursachenden Mikroorganismen besondere Strategien und Länder- und ggf. auch Bundesgrenzen übergreifende Maßnahmen. Vor diesem Hintergrund setzt das Gesetz drei Schwerpunkte, die Erkennung von Krankheitserregern und Krankheiten, die Vorbeugung vor Infektionen und Krankheitsausbrüchen sowie deren Verbreitung und die Bekämpfung vorhandener Krankheitserreger und bereits ausgebrochener Krankheiten. 1

Nach *Kiel*, S. 74, umfasst der **Infektionsschutz** »medizinische, administrative, organisatorisch-technische und rechtliche Maßnahmen sowie Verhaltensempfehlungen«, die das Ziel haben und dazu geeignet sind, vor Infektionen zu schützen. Sie sollen dem Verlauf von Infektionskrankheiten positiv entgegenwirken und schädliche Folgen vermeiden. Der Infektionsschutz umfasst individualmedizinische und bevölkerungsmedizinische Aspekte. 2

## B. Tatbestand

3  § 1 Abs. 2 enthält zwar keine »einklagbare« Aufgabenbeschreibungen, setzt aber deutlich auf zwei notwendige Bausteine eines effektiven Infektionsschutzes: die Zusammenarbeit der am Gesundheitswesen beteiligten Organisationen und Institutionen sowie die Eigenverantwortung der einzelnen Betroffenen und mit ihnen im Kontakt stehenden Personen. Die Aufgabe, sich bei behördlichen Maßnahmen darauf zu stützen, werden insbesondere in den Befugnissen der Abschnitte 4 und 5 konkretisiert.

4  Für die im Gesetz gewählten Regelungsschwerpunkte **Vorbeugung, Erkennung und Verhinderung** von Infektionskrankheiten sind Aufgabenbeschreibungen und zum Vorgehen in der Überwachung und Bekämpfung des Infektionsgeschehens definierte Eingriffsbefugnisse erforderlich. Dazu gehört auch die Festlegung von Eingriffsgrenzen. Der Bundesgesetzgeber gesteht den Verordnungsgebern auf Bundes- und Landesebene erweiterte Regelungskompetenzen insbesondere für Krisensituationen zu. Neben dem Zusammenwirken von Entscheidungsträgern und Versorgern im Gesundheitswesen bleibt die Eigenverantwortung der Träger von Gemeinschaftseinrichtungen und lebensnotwendigen Betrieben unberührt. Auch die Bevölkerung muss als Element ihrer sozialen Verantwortung sorgsames und vorsorgendes Verhalten an den Tag legen. VG Köln, Urt. v. 18.12.2018 – 5 O 286/18 und *Kießling*, IfSG, § 1 Rn. 4, sehen in der Prävention den

> »Leitgedanken
>
> « des gesamten Infektionsschutzgesetzes.

5  Das Infektionsschutzrecht zählt zum **Ordnungsrecht** und lehnt sich daher an die Regelungen des Polizei- und Ordnungsrechts lediglich an, ohne dieses in vollem Umfang zu adaptieren. So ist es z.B. hinsichtlich des Gefahrenbegriffs in § 16 Abs. 1 offener formuliert, vgl. *Eckart/Winkelmüller*, BeckOK, Stand 01.01.2021, § 16 Rn. 11.

6  Im Infektionsschutzgesetz werden zahlreiche **Fachbegriffe** vorausgesetzt, die der Gesetzgeber in § 2 legaldefiniert hat. Für die Befugnisnormen des 4. und 5. Abschnitts sind besonders die Definitionen des § 2 Nr. 1, 3 f., 5 bis 8 relevant.

7  Hinter den **Krankheitserregern** i.S.d. § 2 Nr. 1 verbergen sich vermehrungsfähige Mikroorganismen verschiedener Art und Größe. Sie können sowohl pflanzlicher als auch tierischer Herkunft sein. Sie benutzen den menschlichen Organismus als Wirt, greifen ihn an, zerstören ihn oder beeinträchtigen ihn mit hohem Krankheitswert. Dazu zählen Viren, Bakterien, Pilze, sonstige Parasiten und biologisch transmissible Agenzien wie Biostoffe, die in der BiostoffV niedergelegt sind. Krankheitserreger können auch selbst nicht in Erscheinung treten, vgl. *Kiel*, S. 70 f., und allein durch Intoxikationen wirken.

8  Auch wenn es sich dabei ebenfalls um Krankheitserreger handelt, erwähnt das Gesetz in § 2 Nr. 8 die **nosokomialen Infektionen** gesondert. Es wird auf lokale und den gesamten Organismus betreffende systemische Reaktionen abgestellt, die auf das Vorhandensein von Erregern und ihren Toxinen schließen lassen. Auch fakultativ pathogene Erreger werden einbezogen. Kennzeichnend ist, dass die Erreger den menschlichen Organismus parasitisch als Wirt nutzen, ohne ihm eine Gegenleistung zu gewähren. Die besondere epidemiologische Bedeutung besteht in dem zeitlichen Zusammenhang zwischen ihrem Auftreten und vorangegangenen stationären oder ambulanten medizinischen Eingriffen. Eine Verbreitung in medizinischen Einrichtungen ist aufgrund der kranken und immungeschwächten Patienten in Krankenhäusern besonders gefährlich. Für die Betrachtung ist die bereits vor der Behandlung bestehende und eingeschleppte Infektion nicht relevant.

9  Eine **übertragbare Krankheit** gemäß § 2 Nr. 3 gelangt durch Krankheitserreger oder toxische Produkte auf andere Menschen. Dabei kann der erkrankte oder auch infizierte Mensch die Krankheit unmittelbar auf einen anderen Menschen übertragen. Ist dies der Fall, spricht man von einer unmittelbaren Übertragung. Wenn ein infizierter Mensch oder ein kontaminiertes Produkt den Erreger überträgt, der die Krankheit erst auslöst, liegt eine mittelbare Übertragung vor. Die Definition

umfasst nur menschliche und nicht tierische Organismen, die ebenfalls infiziert sein und Krankheiten übertragen können. Dies ist z.B. der Fall bei FSME, die durch mit dem FSME-Virus ausgelöste Zeckenbisse auf den Menschen übertragen wird.

**Bedrohlich** im Sinne des § 2 Nr. 3a ist eine **übertragbare Krankheit**, die eine besonders schwere klinische Verlaufsform und massiv gefährdende Ausbreitungsweisen und -geschwindigkeiten zeigt. Beispiele sind Ebolaseuchen, Choleraausbrüche, die COVID-19-Virus-Verbreitung mit ihren verschiedenen Mutanten und die unterschiedlichen Pestarten, die infolge effizienter Impfstrategien allerdings ihren größten Schrecken verloren haben. Diese Krankheiten und ihre Erreger führen zu Epi- und Pandemien, breiten sich also über große Gebiete (Epidemie) oder sogar weltweit (Pandemie) aus. Sie sind besonders schwer zu bekämpfen, weil die Viren sehr aggressiv sind und zu gravierenden Schäden der menschlichen Organismen führen. Die Abwehr gelingt nur unter höchstem Einsatz von Medizin und Technik. 10

Die Einstufung von **Krankheitsverdächtigen** i.S.d. § 2 Nr. 5 ist nicht unproblematisch; denn diese Personen haben grundsätzlich nur Symptome, die man Krankheiten zuordnen kann, deren zugrundeliegende Krankheit aber nicht bestätigt ist. Daher kann eine Gefahr für die öffentliche Gesundheit bestehen, muss aber nicht tatsächlich gegeben sein. Die Vermutung, dass diese Gefahr besteht, muss daher hinreichend dringend sein und gleichsam keinen anderen Schluss als das Vorliegen einer Krankheit zulassen. Belastende Eingriffe gegen Krankheitsverdächtige sind besonders sorgfältig unter dem Aspekt der Verhältnismäßigkeit zu prüfen, wenn Maßnahmen nach dem 4. bis 6. Abschnitt dieses Gesetz verhängt werden sollen. 11

Bei **Ausscheidern** sind Krankheitserreger nachweisbar, ohne dass die betroffenen Personen selbst krank sind oder sich krank fühlen. Die Ansteckungsquelle für die Allgemeinheit besteht in der Ausscheidung der Erreger, die sich auf der Ausscheidung befinden können und bei Kontakt mit anderen Menschen diese zu infizieren in der Lage sind. Diese kann auf jedem Weg der körperlichen Ausscheidung geschehen, über die Atemwege, die Haut, die Blutgefäße bei Verletzungen und Operationen, Geschlechtsverkehr oder das Verdauungssystem. Husten, Niesen, Atmen (Tröpfchenverteilung), Auswurf, Blutkontakte, Austausch von Körperflüssigkeiten, Schwitzen und Verdauungsexkremte können besonders mit Ausscheidungen verbunden sein. Soweit Ausscheider krank sind, fallen sie nicht mehr unter die Definition des § 2 Nr. 5. 12

Im Gegensatz zu Ausscheidern sind **Ansteckungsverdächtige** Personen, die andere infizieren können. Sie selbst sind nicht oder noch nicht krank, krankheitsverdächtig oder Ausscheider. Bei ihnen sind auch noch keine Erreger nachweisbar. Durch ihre räumliche Nähe zu Infizierten und Kranken, die gemeinsame Wohnung, das Zusammenleben und Benutzen derselben Gegenstände, das Zusammensitzen in engen Räumen wie Flugzeugen oder anderen Transportmitteln liegt die Vermutung einer Ansteckung nahe. Angesprochen sind Kontaktpersonen zu Kranken und Infizierten. Dabei wird nach der Definition des RKI zwischen Kontaktpersonen ersten und zweiten Grades unterschieden. Im ersten Fall besteht der Kontakt unmittelbar zu den Kranken oder Infizierten, im zweiten Fall besteht er zu den Kontaktpersonen der Kategorie 1, vgl. z.B. RKI, Kontaktpersonen-Nachverfolgung bei SARS-CoV-2-Infektionen, Stand 05.03.2021, https://www.rki.de/DE/Content/InfAZ/N/Neuartiges_Coronavirus/Kontaktperson/Management.html, zuletzt abgerufen am 21.03.2021. Bei entsprechenden Maßnahmen müssen die zuständigen Behörden den Grundsatz der Verhältnismäßigkeit wahren und die Zweck-Mittel-Relation umso strenger prüfen, bewerten und begründen; je weiter die Kontaktperson vom Kranken und Infizierten entfernt ist, je niedriger ist also der Grad der Vermutung der Ansteckungsgefahr. 13

## § 5 Epidemische Lage von nationaler Tragweite

(1) Der Deutsche Bundestag kann eine epidemische Lage von nationaler Tragweite feststellen, wenn die Voraussetzungen nach Satz 6 vorliegen. Der Deutsche Bundestag hebt die Feststellung der epidemischen Lage von nationaler Tragweite wieder auf, wenn die Voraussetzungen nach Satz 6 nicht mehr vorliegen. Die Feststellung nach Satz 1 gilt als nach Satz 2 aufgehoben, sofern

der Deutsche Bundestag nicht spätestens drei Monate nach der Feststellung nach Satz 1 das Fortbestehen der epidemischen Lage von nationaler Tragweite feststellt; dies gilt entsprechend, sofern der Deutsche Bundestag nicht spätestens drei Monate nach der Feststellung des Fortbestehens der epidemischen Lage von nationaler Tragweite das Fortbestehen erneut feststellt. Die Feststellung des Fortbestehens nach Satz 3 gilt als Feststellung im Sinne des Satzes 1. Die Feststellung und die Aufhebung sind im Bundesgesetzblatt bekannt zu machen. Eine epidemische Lage von nationaler Tragweite liegt vor, wenn eine ernsthafte Gefahr für die öffentliche Gesundheit in der gesamten Bundesrepublik Deutschland besteht, weil

1. die Weltgesundheitsorganisation eine gesundheitliche Notlage von internationaler Tragweite ausgerufen hat und die Einschleppung einer bedrohlichen übertragbaren Krankheit in die Bundesrepublik Deutschland droht oder
2. eine dynamische Ausbreitung einer bedrohlichen übertragbaren Krankheit über mehrere Länder in der Bundesrepublik Deutschland droht oder stattfindet.

Solange eine epidemische Lage von nationaler Tragweite festgestellt ist, unterrichtet die Bundesregierung den Deutschen Bundestag regelmäßig mündlich über die Entwicklung der epidemischen Lage von nationaler Tragweite.

(2) Das Bundesministerium für Gesundheit wird im Rahmen der epidemischen Lage von nationaler Tragweite unbeschadet der Befugnisse der Länder ermächtigt, [...].

## Übersicht

| | Rdn. | | Rdn. |
|---|---|---|---|
| A. Normzweck und Regelungsgegenstand | 1 | II. Rechtsverordnungsermächtigungen | 8 |
| B. Tatbestand | 4 | III. Finanzhilfen | 12 |
| I. Einzelanordnungen | 4 | | |

## A. Normzweck und Regelungsgegenstand

1 Der **Normzweck** des § 5 besteht darin, die Grundlage für den Erlass von Rechtsverordnungen, Anordnungs- und Eingriffsbefugnissen für die Bundesregierung und die Oberste Bundes-Gesundheitsbehörde in einem ganz besonderen gesundheitlichen Krisenfall von nationaler und gleichzeitig internationaler Tragweite zu schaffen. Dieser muss durch den Bundestag ausdrücklich festgestellt (Parlamentsvorbehalt) bzw. nach § 5 Abs. 1 Satz 2 wieder aufgehoben werden. Mittels gesetzlicher Fiktion erfolgt die Aufhebung spätestens nach drei Monaten gemäß § 5 Abs. 1 Satz 3, wenn der Fortbestand der pandemischen Lage nicht ausdrücklich parlamentarisch bestätigt wird. § 5 trifft keine abschließenden Regelungen. Weitere Ausnahmen, Verordnungsermächtigungen und Anordnungsbefugnisse finden sich z.B. in den §§ 5a, 28a, 36 Abs. 8 und 10. Der Gesetzgeber hält ein schnelles, möglichst wenig bürokratisches und von Vorgaben befreites bzw. reduziertes Vorgehen der Behörden zur Krisenbewältigung für notwendig und lässt der Exekutive einen befristeten definierten Spielraum. Dieser Zustand bedarf des parlamentarischen Rückhalts und ist daher nur zu prolongieren, wenn das Parlament damit einverstanden ist.

2 **Schutzgut** ist die öffentliche Gesundheit. Dass damit auch die Gesundheit Einzelner geschützt wird, ist ein begleitendes, aber kein vorrangiges Ziel, so dass Individualinteressen nach Güterabwägung ggf. zurückstehen müssen. Die Maßnahmen können zu massiven, existenzbedrohenden und sogar existenzvernichtenden Auswirkungen führen und betreffen insbesondere die Freiheitsrechte der Bevölkerung. Dazu zählen vor allem die Handlungs- und Bewegungsfreiheit im privaten und öffentlichen Raum wie etwa die unternehmerische Freiheit des Handels, der Restaurants, von Sport-, Kultur- und Freizeiteinrichtungen. Auch das Recht der körperlichen Unversehrtheit wird durch § 5a Abs. 5 grundsätzlich eingeschränkt.

3 Der Begriff »epidemische Lage von nationaler Tragweite« ist in § 5 Abs. 1 Satz 4 legaldefiniert. Die entscheidenden Merkmale sind (1) ernsthafte Gefahr für die öffentliche Gesundheit, (2) Betroffenheit der gesamten Bundesrepublik oder mehrerer Länder, (3) bestehend nach oder gleichzeitig mit der Ausrufung einer weltweiten gesundheitlichen Notlage durch die WHO, (4a) Gefahr der

Einschleppung einer bedrohlichen infektiösen Krankheit oder (4b) Gefahr ihrer dynamischen Ausbreitung. Bei den zuletzt genannten Merkmalen reicht eine Komponente aus. Als nicht geschriebenes Tatbestandsmerkmal ist (5) die fehlende Beherrschbarkeit der Infektion mit Vorortmaßnahmen zusätzlich zu berücksichtigen.

## B. Tatbestand

### I. Einzelanordnungen

**Einzelanordnungsbefugnisse** sind in § 5 Abs. 2 Nr. 5 und 6 geregelt. Sie haben den Charakter von Verwaltungsakten und Allgemeinverfügungen i.S.d. § 35 Sätze 1 und 2 VwVfG, *Kießling*, § 5 Rn. 11. Erlasse und Verfügungen reichen nur in der Behördenhierarchie der Bundesbehörden untereinander aus. Sie entfalten gegenüber Dritten wie den Ländern keine Außenwirkung. Für die Ausführung der Bundesgesetze durch die Landesbehörden gelten Art. 83, 84 GG, sodass für unmittelbare Zugriffe des Bundes auf Länderbehörden trotz der erweiterten Exekutivkompetenzen der Bundesregierung grundsätzlich kein Raum besteht. Einzelanordnungsbefugnisse richten sich insoweit unmittelbar gegen die Bevölkerung und nicht gegen Landesbehörden. 4

§ 5 Abs. 2 Nr. 5 konkretisiert die Regelung des **Patentgesetzes** im Hinblick auf Produkte, die für die Infektionsbekämpfung relevant sind und lässt die Delegation der Anordnungsbefugnis auf die zuständige Bundesoberbehörde DPMA zu. Im Katalog des § 5 Abs. 2 Nr. 4 können auch Ausgangs- und Hilfsstoffe enthalten sein, die nicht dem PatG unterfallen, deren Bedeutung in der Pandemiebekämpfung aber so hoch ist, dass sie in die Versorgung im Krisenfall einbezogen werden müssen. Regelungen kann insoweit eine Rechtsverordnung nach § 5 Abs. 2 Nr. 4c, 4d und 6 treffen. 5

Die **Geltungsdauer** der Einzelanordnungsbefugnisse ist an die Dauer der festgestellten besonderen epidemischen Lage gebunden. Sie endet mit einem Aufhebungsbeschluss des Parlaments nach § 5 Abs. 1 Satz 2 vorzeitig oder durch gesetzliche Fiktion gemäß § 5 Abs. 1 Satz 3 nach drei Monaten. Das Parlament kann die Fortdauer erneut feststellen. Damit stellt es sich seiner verfassungsrechtlichen Kontrollaufgabe vor dem Hintergrund der Übertragung von Parlamentsbefugnissen auf die Exekutive und den damit gewährten weitreichenden Eingriffsmöglichkeiten der Verwaltung in die Rechte der Bevölkerung. Keine der Regelungen, die durch den Krisenfall des § 5 Abs. 1 ausgelöst sind, dürfen im Alltagsgeschehen nach Aufhebung der besonderen Lage i.S.d. § 5 Abs. 1 in der Infektionsprävention und -bekämpfung weiterhin in Anspruch genommen oder fortgeführt werden, wenn dies nicht gesetzlich ausdrücklich angeordnet ist. Dabei reichen Rechtsverordnungen der Verwaltung nicht aus. 6

Die Prüfung der **Verhältnismäßigkeit** der Anordnungen ist besonders vor dem Hintergrund von Einschränkungen der Grundrechte von hoher Bedeutung, wenn Menschen weder selbst Krankheitssymptome zeigen noch erkrankt sind, aber als Kontaktpersonen zu Kranken und Ausscheidern potenzielle Gefährder sein können. Eine Infektiosität kann bereits unerkannt in der Inkubationszeit vor einem Krankheitsausbruch gegeben sein. Entsprechend einschränkende Maßnahmen erfordern einen erhöhten Begründungsaufwand. Sie können bereits auf der Grundlage der §§ 24 ff. getroffen werden und werden durch die möglichen Grundrechtseinschränkungen nach § 28 Abs. 1 Satz 4 rechtlich abgesichert. § 5 Abs. 5 schränkt das Grundrecht auf körperliche Unversehrtheit im Hinblick auf Anordnungen nach § 5 Abs. 2 darüber hinaus ein. 7

### II. Rechtsverordnungsermächtigungen

**Rechtsverordnungen** ohne Zustimmung des Bundesrates sind in §§ 5 Abs. 2 Nr. 4, 7, 8 und 10, 36 Abs. 8 und 10 vorgesehen. Während in § 5 das zuständige Bundesministerium ermächtigt wird, legitimiert § 36 die Bundesregierung. Der Gesetzgeber hat zur Einführung dieser Kompetenzen den Bundesrat beteiligt, so dass die diesbezügliche Änderung des IfSG mit seiner Zustimmung am 18.11.2020 (BGBl. I S. 2397) geändert worden ist. Dem Erlass der einzelnen Rechtsverordnungen muss er nicht mehr zustimmen, wenn dies nicht ausdrücklich in der Ermächtigungsgrundlage vorgesehen ist. *Kingreen* in Huster, Handbuch IfSG, Kap. 1 Rn. 101, 110 ff. sieht in den 8 vielfältigen Ermächtigungen eine verfassungsrechtlich nicht haltbare »Entparlamentarisierung der Rechtsetzung« und betont das Recht und die daraus resultierende Pflicht des Parlaments, seine gesetzgeberischen Aufgaben wahrzunehmen. Dieser Auffassung wird durch die Gesetzesänderung vom 31.03.2021 (BGBl. I S. 370) begegnet, mit der die laufende parlamentarische Kontrolle über die Feststellung der besonderen epidemischen Lage im Dreimonatsturnus eingeführt wird. Der Gesetzgeber wollte andererseits mit der Verdichtung von Befugnissen der Exekutive für eine extreme Gefahrensituation bewusst schnelle Handlungsmöglichkeiten schaffen, die ansonsten im parlamentarischen Verfahren nicht hinnehmbare Verzögerungen erzwingen. Wie sich eine Epidemie bzw. Pandemie tatsächlich entwickelt, kann im Voraus nicht mit Sicherheit prognostiziert werden. Daher hilft eine ex-post-Betracht dahingehend nicht, dass die Ereignisse doch bisher stets Zeit gelassen hätten, das Parlament zu beteiligen.

9   Die Vorgaben des Art. 80 GG, der eine hinreichende **Bestimmtheit** der Ermächtigungsnorm verlangt, sind – vorbehaltlich einer umfassenden Prüfung – im Hinblick auf die Verordnungsermächtigungen der §§ 5, 5a, 36 Abs. 8 und 10 gegeben, vgl. auch *Kingreen* in Huster, IfSG, Kap. 1 Rn. 110. Dies kann z.B. an § 5 Abs. 2 Nr. 4 belegt werden. Die Norm ist so konkret gefasst, dass die angesprochenen Paragraphen der Gesetze, von denen Abweichungen im Krisenfall durch die Exekutive vorgenommen werden dürfen, unmittelbar ablesbar sind. Eine derartige Regelung wurde durch das BVerfGE 8, 155 als zulässige Abweichung von einem formellen Gesetz durch eine Rechtsverordnung als zulässig eingestuft. Dagegen ist eine Änderung von formellen Gesetzen durch Rechtsverordnungen nicht zulässig. Insoweit würde die Kompetenz des Gesetzgebers ausgehöhlt. Gleiches gilt, wenn der Gesetzgeber eine Ermächtigung erteilte, BVerfGE 150, 1 (100), die entgegen Art. 80 GG keine Konkretisierung nach Art, Inhalt und Zweck des Verordnungsinhalts vornähme. Eine Rechtsverordnung darf allerdings ergänzen, wenn die verfassungsrechtlichen Grenzen eingehalten werden. Grundsätzlich sind auch – vgl. *Kingreen* in Huster, IfSG, Kap. 1 Rn. 111 f. m.w.N. – gesetzesvertretende Regelungen zulässig.

10  Zwar ist die **Geltungsdauer** von **Rechtsverordnungen** grundsätzlich unabhängig von den ihnen zugrunde liegenden Gesetzen, so dass sie bis zur Aufhebung fortgelten. Dies berücksichtigt der Gesetzgeber jedoch in § 5 Abs. 4 und hebt sie grundsätzlich mit dem Ende der besonderen Gefahrenlage auf. Ausgenommen sind ausbildungsbezogene Rechtsverordnungen, für die Befristungen in Kraft treten. Auch **Anordnungen**, die auf der Grundlage pandemischer Sonderbestimmungen des § 5 Abs. 2 Nr. 4–6 ergangen sind, gelten kraft gesetzlicher Fiktion gemäß § 5 Abs. 4 Satz 4 nach drei Monaten als aufgehoben, wenn die Feststellungen der epidemischen Lage nicht perpetuiert werden.

11  § 5 Abs. 2 Satz 1 regelt, dass die **Befugnisse der Landesbehörden** »unbeschadet« der Kompetenzzuweisungen an Bundesbehörden weitergelten. Diese Aussage bezieht sich auf die nicht auf § 5 beruhenden Kompetenzregelungen dieses Gesetzes. Das IfSG wird als Bundesgesetz von den Ländern gem. Art. 84 GG ausgeführt. Damit regeln die Länder auch die Umsetzung. Insbesondere die Einzelfallregelungen werden durch die Gesundheitsämter nach §§ 24 ff. vorgenommen. Die Rechtsverordnungen erlassen die Landesregierungen nach §§ 28 Abs. 5 und 32. Die Verordnungsermächtigungen zur Pandemie COVID-19 hat sich der Bund jedoch in § 28a vorbehalten. Nur im Falle einer Feststellung nach § 5 Abs. 1 und sich daraus ergebender eventueller einander widersprechender Regelungen zwischen Bundes- und Landesbehörden, wollte der Gesetzgeber den Vorrang bundesrechtlicher Kompetenz festlegen.

### III. Finanzhilfen

12  Soweit **Finanzhilfen** nach § 5 Abs. 2 Nr. 9 i.V.m. Art. 104b GG in Betracht kommen, können sie konkret und zweckgebunden für definierte Aufgaben der Länder, Gemeinden und im Einzelfall sogar einzelner Gesundheitsämter durch den Bund gewährt werden, so dass sie zwar die Auswirkung von Einzelanordnungen haben, selbst aber nicht diesen Charakter tragen. Sie beruhen auf der Gesetzgebung nach Art. 104b Abs. 2 GG i.V.m. mit Bundesgesetzen einschließlich des Bundeshaushaltsgesetzes und dazu explizit geschlossenen Verwaltungsvereinbarungen.

## § 6 Meldepflichtige Krankheiten

(1) Namentlich ist zu melden:
1. der Verdacht einer Erkrankung, die Erkrankung sowie der Tod in Bezug auf die folgenden Krankheiten:
    a) Botulismus, b) Cholera, c) Diphtherie, d) humane spongiforme Enzephalopathie, außer familiär-hereditärer Formen, e) akute Virushepatitis, f) enteropathisches hämolytisch-urämisches Syndrom (HUS), g) virusbedingtes hämorrhagisches Fieber, h) Keuchhusten, i) Masern, j) Meningokokken-Meningitis oder -Sepsis, k) Milzbrand, l) Mumps, m) Pest, n) Poliomyelitis, o) Röteln einschließlich Rötelnembryopathie, p) Tollwut, q) Typhus abdominalis oder Paratyphus, r) Windpocken, s) zoonotische Influenza, t) Coronavirus-Krankheit-2019 (COVID-19),
1a. die Erkrankung und der Tod in Bezug auf folgende Krankheiten:
    a) behandlungsbedürftige Tuberkulose, auch wenn ein bakteriologischer Nachweis nicht vorliegt,
    b) Clostridioides-difficile-Infektion mit klinisch schwerem Verlauf; ein klinisch schwerer Verlauf liegt vor, wenn aa) der Erkrankte zur Behandlung einer ambulant erworbenen Clostridioides-difficile-Infektion in eine medizinische Einrichtung aufgenommen wird, bb) der Erkrankte zur Behandlung der Clostridioides-difficile-Infektion oder ihrer Komplikationen auf eine Intensivstation verlegt wird, cc) ein chirurgischer Eingriff, zum Beispiel Kolektomie, auf Grund eines Megakolons, einer Perforation oder einer refraktären Kolitis erfolgt oder dd) der Erkrankte innerhalb von 30 Tagen nach der Feststellung der Clostridioides-difficile-Infektion verstirbt und die Infektion als direkte Todesursache oder als zum Tode beitragende Erkrankung gewertet wurde,
2. der Verdacht auf und die Erkrankung an einer mikrobiell bedingten Lebensmittelvergiftung oder an einer akuten infektiösen Gastroenteritis, wenn a) eine Person betroffen ist, die eine Tätigkeit im Sinne des § 42 Abs. 1 ausübt, b) zwei oder mehr gleichartige Erkrankungen auftreten, bei denen ein epidemischer Zusammenhang wahrscheinlich ist oder vermutet wird,
3. der Verdacht einer über das übliche Ausmaß einer Impfreaktion hinausgehenden gesundheitlichen Schädigung,
4. die Verletzung eines Menschen durch ein tollwutkrankes, -verdächtiges oder -ansteckungsverdächtiges Tier sowie die Berührung eines solchen Tieres oder Tierkörpers,
5. der Verdacht einer Erkrankung, die Erkrankung sowie der Tod, in Bezug auf eine bedrohliche übertragbare Krankheit, die nicht bereits nach den Nummern 1 bis 4 meldepflichtig ist.

Die Meldung nach Satz 1 hat gemäß § 8 Absatz 1 Nummer 1, 3 bis 8, § 9 Absatz 1, 2, 3 Satz 1 oder 3 zu erfolgen.

(2) Dem Gesundheitsamt ist über die Meldung nach Absatz 1 Satz 1 Nummer 1 Buchstabe i hinaus zu melden, wenn Personen an einer subakuten sklerosierenden Panenzephalitis infolge einer Maserninfektion erkranken oder versterben. Dem Gesundheitsamt ist über die Meldung nach Absatz 1 Satz 1 Nummer 1a Buchstabe a hinaus zu melden, wenn Personen, die an einer behandlungsbedürftigen Lungentuberkulose erkrankt sind, eine Behandlung verweigern oder abbrechen. Die Meldung nach den Sätzen 1 und 2 hat gemäß § 8 Absatz 1 Nummer 1, § 9 Absatz 1 und 3 Satz 1 oder 3 zu erfolgen.

(3) Nichtnamentlich ist das Auftreten von zwei oder mehr nosokomialen Infektionen zu melden, bei denen ein epidemischer Zusammenhang wahrscheinlich ist oder vermutet wird. Die Meldung nach Satz 1 hat gemäß § 8 Absatz 1 Nummer 1, 3 oder 5, § 10 Absatz 1 zu erfolgen.

## § 7 Meldepflichtige Nachweise von Krankheitserregern

(1) Namentlich ist bei folgenden Krankheitserregern, soweit nicht anders bestimmt, der direkte oder indirekte Nachweis zu melden, soweit die Nachweise auf eine akute Infektion hinweisen: 1. Adenoviren; Meldepflicht nur für den direkten Nachweis im Konjunktivalabstrich 2. Bacillus anthracis 3. Bordetella pertussis, Bordetella parapertussis 3a. humanpathogene Bornaviren Meldepflicht nur für den direkten Nachweis 4. Borrelia recurrentis 5. Brucella sp. 6. Campylobacter sp., darmpathogen 6a. Chikungunya-Virus 7. Chlamydia psittaci 8. Clostridium botulinum oder Toxinnachweis 9. Corynebacterium spp., Toxin bildend 10. Coxiella burnetii 10a. Dengue-Virus 11. humanpathogene Cryptosporidium sp. 12. Ebolavirus 13. a) Escherichia coli, enterohämorrhagische Stämme (EHEC) b) Escherichia coli, sonstige darmpathogene Stämme 14. Francisella tularensis 15. FSME-Virus 16. Gelbfiebervirus 17. Giardia lamblia 18. Haemophilus influenzae Meldepflicht nur für den direkten Nachweis aus Liquor oder Blut 19. Hantaviren 20. Hepatitis-A-Virus 21. Hepatitis-B-Virus; Meldepflicht für alle Nachweise 22. Hepatitis-C-Virus Meldepflicht für alle Nachweise 23. Hepatitis-D-Virus Meldepflicht für alle Nachweise 24. Hepatitis-E-Virus 25. Influenzaviren Meldepflicht nur für den direkten Nachweis 26. Lassavirus 27. Legionella sp. 28. humanpathogene Leptospira sp. 29. Listeria monocytogenes Meldepflicht nur für den direkten Nachweis aus Blut, Liquor oder anderen normalerweise sterilen Substraten sowie aus Abstrichen von Neugeborenen 30. Marburgvirus 31. Masernvirus 31a. Middle-East-Respiratory-Syndrome-Coronavirus (MERS-CoV) 32. Mumpsvirus 33. Mycobacterium leprae 34. Mycobacterium tuberculosis/africanum, Mycobacterium bovis Meldepflicht für den direkten Erregernachweis sowie nachfolgend für das Ergebnis der Resistenzbestimmung, vorab auch für den Nachweis säurefester Stäbchen im Sputum 35. Neisseria meningitidis Meldepflicht nur für den direkten Nachweis aus Liquor, Blut, hämorrhagischen Hautinfiltraten oder anderen normalerweise sterilen Substraten 36. Norovirus 37. Poliovirus 38. Rabiesvirus 39. Rickettsia prowazekii 40. Rotavirus 41. Rubellavirus 42. Salmonella Paratyphi Meldepflicht für alle direkten Nachweise 43. Salmonella Typhi Meldepflicht für alle direkten Nachweise 44. Salmonella, sonstige 44a. Severe-Acute-Respiratory-Syndrome-Coronavirus (SARS-CoV) und Severe-Acute-Respiratory-Syndrome-Coronavirus-2 (SARS-CoV-2) 45. Shigella sp. 45a. Streptococcus pneumoniae Meldepflicht nur für den direkten Nachweis aus Liquor, Blut, Gelenkpunktat oder anderen normalerweise sterilen Substraten 46. Trichinella spiralis 47. Varizella-Zoster-Virus 48. Vibrio spp., humanpathogen, soweit ausschließlich eine Ohrinfektion vorliegt, nur bei Vibrio cholerae 48a. West-Nil-Virus 49. Yersinia pestis 50. Yersinia spp., darmpathogen 50a. Zika-Virus und sonstige Arboviren 51. andere Erreger hämorrhagischer Fieber 52. der direkte Nachweis folgender Krankheitserreger a) Staphylococcus aureus, Methicillin-resistente Stämme; Meldepflicht nur für den Nachweis aus Blut oder Liquor b) Enterobacterales bei Nachweis einer Carbapenemase-Determinante oder mit verminderter Empfindlichkeit gegenüber Carbapenemen außer bei natürlicher Resistenz; Meldepflicht nur bei Infektion oder Kolonisation c) Acinetobacter spp. bei Nachweis einer Carbapenemase-Determinante oder mit verminderter Empfindlichkeit gegenüber Carbapenemen außer bei natürlicher Resistenz, Meldepflicht nur bei Infektion oder Kolonisation.

Die Meldung nach Satz 1 hat gemäß § 8 Absatz 1 Nummer 2, 3, 4 oder Absatz 4, § 9 Absatz 1, 2, 3 Satz 1 oder 3 zu erfolgen.

(2) Namentlich sind in Bezug auf Infektionen und Kolonisationen Nachweise von in dieser Vorschrift nicht genannten Krankheitserregern zu melden, wenn unter Berücksichtigung der Art der Krankheitserreger und der Häufigkeit ihres Nachweises Hinweise auf eine schwerwiegende Gefahr für die Allgemeinheit bestehen. Die Meldung nach Satz 1 hat gemäß § 8 Absatz 1 Nummer 2, 3 oder Absatz 4, § 9 Absatz 2, 3 Satz 1 oder 3 zu erfolgen.

(3) Nichtnamentlich ist bei folgenden Krankheitserregern der direkte oder indirekte Nachweis zu melden: 1. Treponema pallidum 2. HIV 3. Echinococcus sp. 4. Plasmodium sp. 5.

Toxoplasma gondii; Meldepflicht nur bei konnatalen Infektionen 6. Neisseria gonorrhoeae mit verminderter Empfindlichkeit gegenüber Azithromycin, Cefixim oder Ceftriaxon.

Die Meldung nach Satz 1 hat gemäß § 8 Absatz 1 Nummer 2, 3 oder Absatz 4, § 10 Absatz 2 zu erfolgen.

(4) (weggefallen)

### § 8 Zur Meldung verpflichtete Personen

(1) Zur Meldung sind verpflichtet:
1. im Falle des § 6 der feststellende Arzt sowie bei der Anwendung patientennaher Schnelltests bei Dritten die feststellende Person, wenn sie nach § 24 Satz 2 oder aufgrund einer Rechtsverordnung nach § 24 Satz 3 Nummer 1 zu solchen Schnelltests befugt ist; in Einrichtungen nach § 23 Absatz 5 Satz 1 ist für die Einhaltung der Meldepflicht neben dem feststellenden Arzt auch der leitende Arzt, in Krankenhäusern mit mehreren selbständigen Abteilungen der leitende Abteilungsarzt, in Einrichtungen ohne leitenden Arzt der behandelnde Arzt verantwortlich,
2. im Falle des § 7 die Leiter von Medizinaluntersuchungsämtern und sonstigen privaten oder öffentlichen Untersuchungsstellen einschließlich von Arztpraxen mit Infektionserregerdiagnostik und Krankenhauslaboratorien sowie Zahnärzte und Tierärzte, wenn sie aufgrund einer Rechtsverordnung nach § 24 Satz 3 Nummer 2 befugt sind, im Rahmen einer Labordiagnostik den direkten oder indirekten Nachweis eines Krankheitserregers zu führen,
3. im Falle der §§ 6 und 7 die Leiter von Einrichtungen der pathologisch-anatomischen Diagnostik,
4. im Falle des § 6 Absatz 1 Satz 1 Nr. 4 und im Falle des § 7 Absatz 1 Satz 1 Nummer 38 bei Tieren, mit denen Menschen Kontakt gehabt haben, auch der Tierarzt,
5. im Falle des § 6 Absatz 1 Satz 1 Nr. 1, 2 und 5 und Abs. 3 Angehörige eines anderen Heil- oder Pflegeberufs, der für die Berufsausübung oder die Führung der Berufsbezeichnung eine staatlich geregelte Ausbildung oder Anerkennung erfordert,
6. (weggefallen)
7. im Fall des § 6 Absatz 1 Satz 1 Nummer 1, 2 und 5 die Leiter von den in § 36 Absatz 1 Nummer 1 bis 7 genannten Einrichtungen und Unternehmen,
8. im Falle des § 6 Absatz 1 Satz 1 der Heilpraktiker.

(2) Die Meldepflicht besteht nicht für Personen des Not- und Rettungsdienstes, wenn der Patient unverzüglich in eine ärztlich geleitete Einrichtung gebracht wurde. Die Meldepflicht besteht für die in Absatz 1 Nr. 5 bis 7 bezeichneten Personen nur, wenn ein Arzt nicht hinzugezogen wurde.

(3) Die Meldepflicht besteht nicht, wenn dem Meldepflichtigen ein Nachweis vorliegt, dass die Meldung bereits erfolgte und andere als die bereits gemeldeten Angaben nicht erhoben wurden. Eine Meldepflicht besteht ebenfalls nicht für Erkrankungen, bei denen der Verdacht bereits gemeldet wurde und andere als die bereits gemeldeten Angaben nicht erhoben wurden.

(4) Absatz 1 Nr. 2 gilt entsprechend für Personen, die die Untersuchung zum Nachweis von Krankheitserregern außerhalb des Geltungsbereichs dieses Gesetzes durchführen lassen.

(5) (weggefallen)

### § 9 Namentliche Meldung

(1) Die namentliche Meldung durch eine der in § 8 Absatz 1 Nummer 1 und 4 bis 8 genannten Personen muss, soweit vorliegend, folgende Angaben enthalten:
1. zur betroffenen Person: a) Name und Vorname, b) Geschlecht, c) Geburtsdatum, d) Anschrift der Hauptwohnung oder des gewöhnlichen Aufenthaltsortes und, falls abweichend: Anschrift

des derzeitigen Aufenthaltsortes, e) weitere Kontaktdaten, f) Tätigkeit in Einrichtungen und Unternehmen nach § 23 Absatz 3 Satz 1 oder nach § 36 Absatz 1 und 2 mit Namen, Anschrift und weiteren Kontaktdaten der Einrichtung oder des Unternehmens, g) Entnahmedatum oder Eingangsdatum des Untersuchungsmaterials, h) Betreuung oder Unterbringung in oder durch Einrichtungen oder Unternehmen nach § 23 Absatz 5 Satz 1 oder § 36 Absatz 1 oder Absatz 2 mit Name, Anschrift und weiteren Kontaktdaten der Einrichtungen oder Unternehmen sowie der Art der Einrichtung oder des Unternehmens, i) Diagnose oder Verdachtsdiagnose, j) Tag der Erkrankung, Tag der Diagnose, gegebenenfalls Tag des Todes und wahrscheinlicher Zeitpunkt oder Zeitraum der Infektion, k) wahrscheinlicher Infektionsweg, einschließlich Umfeld, in dem die Übertragung wahrscheinlich stattgefunden hat, mit Name, Anschrift und weiteren Kontaktdaten der Infektionsquelle und wahrscheinliches Infektionsrisiko, l) in Deutschland: Landkreis oder kreisfreie Stadt, in dem oder in der die Infektion wahrscheinlich erworben worden ist, ansonsten Staat, in dem die Infektion wahrscheinlich erworben worden ist, m) bei Tuberkulose, Hepatitis B und Hepatitis C: Geburtsstaat, Staatsangehörigkeit und gegebenenfalls Jahr der Einreise nach Deutschland, n) bei Coronavirus-Krankheit-2019 (COVID-19): Angaben zum Behandlungsergebnis und zum Serostatus in Bezug auf diese Krankheit, o) Überweisung, Aufnahme und Entlassung aus einer Einrichtung nach § 23 Absatz 5 Satz 1, gegebenenfalls intensivmedizinische Behandlung und deren Dauer, p) Spender für eine Blut-, Organ-, Gewebe- oder Zellspende in den letzten sechs Monaten, q) bei impfpräventablen Krankheiten Angaben zum diesbezüglichen Impfstatus, r) Zugehörigkeit zu den in § 54a Absatz 1 Nummer 1 bis 5 genannten Personengruppen,
2. Name, Anschrift und weitere Kontaktdaten der Untersuchungsstelle, die mit der Erregerdiagnostik beauftragt ist,
3. Name, Anschrift und weitere Kontaktdaten sowie die lebenslange Arztnummer (LANR) und die Betriebsstättennummer (BSNR) des Meldenden sowie Zuordnungsmerkmale für weitere Untersuchungen und
4. bei einer Meldung nach § 6 Absatz 1 Satz 1 Nummer 3 die Angaben zur Schutzimpfung nach § 22 Absatz 2.

(2) Die namentliche Meldung durch eine in § 8 Absatz 1 Nummer 2 und 3 genannte Person muss, soweit vorliegend, folgende Angaben enthalten:
1. zur betroffenen Person: a) Name und Vorname, b) Geschlecht, c) Geburtsdatum, d) Anschrift der Hauptwohnung oder des gewöhnlichen Aufenthaltsortes und, falls abweichend: Anschrift des derzeitigen Aufenthaltsortes, e) weitere Kontaktdaten, f) Art des Untersuchungsmaterials, g) Entnahmedatum oder Eingangsdatum des Untersuchungsmaterials, h) Nachweismethode, i) Untersuchungsbefund, einschließlich Typisierungsergebnissen, und j) erkennbare Zugehörigkeit zu einer Erkrankungshäufung,
2. Name, Anschrift und weitere Kontaktdaten des Einsenders und
3. Name, Anschrift und weitere Kontaktdaten sowie die lebenslange Arztnummer (LANR) und die Betriebsstättennummer (BSNR) des Meldenden sowie Zuordnungsmerkmale für weitere Untersuchungen.

Der Einsender hat den Meldenden bei dessen Angaben nach Satz 1 zu unterstützen und diese Angaben gegebenenfalls zu vervollständigen. Bei einer Untersuchung auf Hepatitis C hat der Einsender dem Meldenden mitzuteilen, ob ihm eine chronische Hepatitis C bei der betroffenen Person bekannt ist.

(3) Die namentliche Meldung muss unverzüglich erfolgen und dem zuständigen Gesundheitsamt nach Absatz 4 spätestens 24 Stunden, nachdem der Meldende Kenntnis erlangt hat, vorliegen. Eine Meldung darf wegen einzelner fehlender Angaben nicht verzögert werden. Die Nachmeldung oder Korrektur von Angaben hat unverzüglich nach deren Vorliegen an das Gesundheitsamt zu erfolgen, das die ursprüngliche Meldung erhalten hat. Das Gesundheitsamt ist befugt, von dem Meldenden Auskunft über Angaben zu verlangen, die die Meldung zu

enthalten hat. Der Meldende hat dem Gesundheitsamt unverzüglich anzugeben, wenn sich eine Verdachtsmeldung nicht bestätigt hat.

(4) Meldungen nach den Absätzen 1 und 2 haben an das Gesundheitsamt zu erfolgen, in dessen Bezirk sich die betroffene Person derzeitig aufhält oder zuletzt aufhielt. Sofern die betroffene Person in einer Einrichtung gemäß Absatz 1 Nummer 1 Buchstabe h betreut oder untergebracht ist, haben Meldungen nach Absatz 1 an das Gesundheitsamt zu erfolgen, in dessen Bezirk sich die Einrichtung befindet. Abweichend von Satz 1 haben Meldungen nach Absatz 2 an das Gesundheitsamt zu erfolgen, in dessen Bezirk die Einsender ihren Sitz haben, wenn den Einsendern keine Angaben zum Aufenthalt der betroffenen Person vorliegen.

(5) Die verarbeiteten Daten zu meldepflichtigen Krankheiten und Nachweisen von Krankheitserregern werden jeweils fallbezogen mit den Daten der zu diesem Fall geführten Ermittlungen und getroffenen Maßnahmen sowie mit den daraus gewonnenen Erkenntnissen auch an das Gesundheitsamt übermittelt,
1. in dessen Bezirk die betroffene Person ihre Hauptwohnung hat oder zuletzt hatte oder
2. in dessen Bezirk sich die betroffene Person gewöhnlich aufhält, falls ein Hauptwohnsitz nicht feststellbar ist oder falls die betroffene Person sich dort gewöhnlich nicht aufhält.

(6) Die verarbeiteten Daten zu meldepflichtigen Krankheiten und Nachweisen von Krankheitserregern werden jeweils fallbezogen mit den Daten der zu diesem Fall geführten Ermittlungen und getroffenen Maßnahmen sowie mit den daraus gewonnenen Erkenntnissen auch an die zuständigen Stellen der Bundeswehr übermittelt, sofern die betroffene Person einer Personengruppe im Sinne des § 54a Absatz 1 Nummer 1 bis 5 angehört.

## § 10 Nichtnamentliche Meldung

(1) Die nichtnamentliche Meldung nach § 6 Absatz 3 Satz 1 muss unverzüglich erfolgen und dem Gesundheitsamt, in dessen Bezirk sich die Einrichtung befindet, spätestens 24 Stunden nach der Feststellung des Ausbruchs vorliegen. Die Meldung muss, soweit vorliegend, folgende Angaben enthalten:
1. Name, Anschrift und weitere Kontaktdaten a) der betroffenen Einrichtung, b) des Meldenden, c) der mit der Erregerdiagnostik beauftragten Untersuchungsstelle und
2. folgende einzelfallbezogene Angaben zu den aufgetretenen nosokomialen Infektionen sowie zu allen damit wahrscheinlich oder vermutlich in epidemischem Zusammenhang stehenden Kolonisationen:
    a) Geschlecht der betroffenen Person, b) Monat und Jahr der Geburt der betroffenen Person, c) Untersuchungsbefund, einschließlich Typisierungsergebnissen, d) Diagnose, e) Datum der Diagnose, f) wahrscheinlicher Infektionsweg, einschließlich Umfeld, in dem die Übertragung wahrscheinlich stattgefunden hat, mit Name, Anschrift und weiteren Kontaktdaten der Infektionsquelle und wahrscheinliches Infektionsrisiko.

§ 9 Absatz 3 Satz 2 bis 4 gilt entsprechend.

(2) Die nichtnamentliche Meldung nach § 7 Absatz 3 Satz 1 muss innerhalb von zwei Wochen, nachdem der Meldende Kenntnis erlangt hat, an das Robert Koch-Institut erfolgen. Das Robert Koch-Institut bestimmt die technischen Übermittlungsstandards. Die Meldung muss folgende Angaben enthalten:
1. in den Fällen des § 7 Absatz 3 Satz 1 Nummer 2 eine fallbezogene Pseudonymisierung nach Absatz 3,
2. Geschlecht der betroffenen Person,
3. Monat und Jahr der Geburt der betroffenen Person,
4. die ersten drei Ziffern der Postleitzahl der Hauptwohnung oder des gewöhnlichen Aufenthaltsortes,
5. Untersuchungsbefund einschließlich Typisierungsergebnissen,

6. Monat und Jahr der Diagnose,
7. Art des Untersuchungsmaterials,
8. Nachweismethode,
9. wahrscheinlicher Infektionsweg und wahrscheinliches Infektionsrisiko,
10. Staat, in dem die Infektion wahrscheinlich erfolgt ist,
11. bei Malaria Angaben zur Expositions- und Chemoprophylaxe,
12. Name, Anschrift und weitere Kontaktdaten des Einsenders und
13. Name, Anschrift und weitere Kontaktdaten des Meldenden.

Der Einsender hat den Meldenden bei den Angaben nach Satz 3 zu unterstützen und diese Angaben gegebenenfalls zu vervollständigen. § 9 Absatz 3 Satz 2 bis 4 gilt entsprechend.

(3) Die fallbezogene Pseudonymisierung besteht aus dem dritten Buchstaben des ersten Vornamens in Verbindung mit der Anzahl der Buchstaben des ersten Vornamens sowie dem dritten Buchstaben des ersten Nachnamens in Verbindung mit der Anzahl der Buchstaben des ersten Nachnamens. Bei Doppelnamen wird jeweils nur der erste Teil des Namens berücksichtigt; Umlaute werden in zwei Buchstaben dargestellt. Namenszusätze bleiben unberücksichtigt. § 14 Absatz 3 bleibt unberührt. Angaben nach den Sätzen 1 bis 3 und die Angaben zum Monat der Geburt dürfen vom Robert Koch-Institut lediglich zu der Prüfung, ob verschiedene Meldungen sich auf denselben Fall beziehen, verarbeitet werden. Sie sind zu löschen, sobald nicht mehr zu erwarten ist, dass die damit bewirkte Einschränkung der Prüfung nach Satz 5 eine nicht unerhebliche Verfälschung der aus den Meldungen zu gewinnenden epidemiologischen Beurteilung bewirkt.

| Übersicht | Rdn. | | Rdn. |
|---|---|---|---|
| A. Normzweck................ | 1 | B. Tatbestände........................ | 2 |

### A. Normzweck

1 Notwendige Voraussetzungen für Infektionsprävention und -bekämpfung sind wissenschaftliche epidemiologische Untersuchungen, die ausreichende Erkenntnisse über die Entstehung und Entwicklung von Erregern, ihre Verbreitung, das Verhalten der Bevölkerung, die sozialen Folgen von Erkrankungen, zeittypische Massenerkrankungen und Schäden für den menschlichen Alltag vermitteln. Darauf basieren auch sog. Sentinel-Erhebungen nach § 2 Nr. 13. Die Erkenntnisse sind die **Grundlage für Präventions- und Bekämpfungsstrategien.** Kuration leistet das öffentliche Gesundheitswesen grundsätzlich nicht. Gesammelte aggregierte und individuelle Meldedaten werden gesichert und ausgewertet. Definierte Krankheitserreger und Erkrankungen sind in dem regelmäßig nachzuhaltenden gesetzlichen Katalog der §§ 6 und 7 aufgenommen. Der Aufnahme liegen insbesondere Kriterien wie Geschwindigkeit der Verbreitung, Gefährlichkeit und Intensität von Erregern und Schädigungen zugrunde. Daher hat der Gesetzgeber für die Überwachung des Infektionsgeschehens die Meldepflichten für bestimmte Krankheitserreger und Krankheiten in den §§ 6 bis 15 umfassend geregelt.

### B. Tatbestände

2 § 6 befasst sich mit den **meldepflichtigen Krankheiten** gemäß § 2 Nr. 3 und 3a. Diese sind besonders gefährlich und führen regelmäßig zu schweren Schädigungen oder oft in nur kurzer Zeit zum Tod. Sie verbreiten sich zudem besonders schnell. Daher sind nicht nur Krankheit und Tod zu melden, sondern bereits der Verdacht einer Erkrankung i.S.d. § 2 Nr. 5. Diese Regelung findet z.B. bei Erkrankungen mit COVID-19-Erregern Anwendung, da auch hier ein besonders hohes Verbreitungsrisiko gegeben ist. Der Verdacht ist bereits meldepflichtig, selbst wenn er noch nicht bestätigt ist und der Ausbruch der Krankheit aus Indizien vermutet wird. Andererseits ist auch zur Aufhebung des Verdachts von Infektionen unverzüglich eine Meldung abzugeben, § 9 Abs. 3 Satz 5.

Die Meldepflicht eines **Nachweises von Krankheitserregern**, die noch nicht zwingend zu einer 3
Erkrankung geführt haben, wird durch § 7 geregelt. Eine Legaldefinition des Begriffs Krankheitserreger findet sich in § 2 Nr. 1.

Die **Meldepflicht** besteht nach § 8 für die Verantwortlichen der genannten therapeutischen, pfle- 4
genden und analysierenden Berufsangehörigen, die mit den in § 6 genannten Krankheiten bzw. den
in § 7 aufgelisteten Krankheitserregern durch ihre Tätigkeit Berührungspunkte haben, von ihnen
Kenntnis erlangen oder dazu selbst Nachweise geführt haben. Die Meldepflicht besteht innerbetrieblich bei jedem Berufsangehörigen gegenüber den Vorgesetzten, nach außen gegenüber dem
Gesundheitsamt aber nur für die Verantwortlichen in den jeweiligen Betrieben. Die Meldepflicht
richtet sich nach den innerbetrieblichen Organisationen, so dass insbesondere abteilungsleitende
Ärztinnen und Ärzte, die einschlägige Feststellungen treffen, persönlich zur Meldung verpflichtet
sind. Dies gilt auch für Laborleitungen, Medizinaluntersuchungsämter und Pflegedienstleitungen
ambulanter Pflegedienste oder die ärztlichen Leitungen von MZV, Praxisleitungen oder Heilpraktikerniederlassungen. Ausnahmen von der Meldepflicht bestehen für den Rettungsdienst nach § 8
Abs. 2, wenn infizierte oder erkrankte Personen unmittelbar der ärztlichen Obhut zugeführt werden. Ist dies nicht der Fall, greift die Ausnahmeregelung nicht. Doppelte Meldungen sind nach § 8
Abs. 3 nicht erforderlich.

**Meldeadressaten** sind die Gesundheitsämter nach §§ 9 Abs. 4, 10 Abs. 1, die für den gegenwärti- 5
gen oder zuletzt genommenen Aufenthaltsort der erkrankten bzw. infizierten Person zuständig sind.
Bei Personen aus stationären Einrichtungen ist das Belegenheitsgesundheitsamt Meldeadressat. Ein
weiterer Meldungsadressat ist nach §§ 10 Abs. 2 und 11 das RKI als zuständige Bundesoberbehörde
nach §§ 4, 11 zur Verarbeitung epidemiologischer Daten. Ferner übermitteln die Gesundheitsämter den Landesbehörden Informationen nach § 12, die diese wiederum dem RKI zuleiten. Dieses
hat ggf. internationale Gremien vor einem Infektionsgeschehen von internationaler Bedeutung auf
der Basis der Internationalen Gesundheitsvorschriften zu warnen.

Man unterscheidet zwei **Meldearten,** die namentliche Meldung nach den §§ 6 und 9 und die nicht- 6
namentliche nach §§ 6 Abs. 3, 7 und 10. Im ersten Fall ist die Krankheit im konkreten Bezug zur
erkrankten Person mit deren persönlichen Daten anzugeben, die explizit nach Art und Umfang in
den zitierten Vorschriften genannt sind. Im zweiten Fall reicht eine nichtnamentliche oder pseudonymisierte Meldung i.S.d. § 10 Abs. 3. Die namentliche Meldung tangiert den Schutzbereich
des Art. 9 Abs. 1 DSGVO, die als Verordnung der EU unmittelbar in Deutschland gilt. Die Norm
regelt die Verarbeitung besonderer Kategorien personenbezogener Daten, zu denen die Gesundheitsdaten gehören. § 2 Nr. 16 soll keine davon abweichende eigene Definition personenbezogener
Daten für das IfSG geben, sondern lediglich Art und Umfang der zu meldenden personenbezogenen Einzelheiten nennen, die für den Infektionsschutz relevant sind, a.A. *Kießling*, IfSG, § 9 Rn. 2,
die die Definition im Ergebnis jedoch als rechtmäßig ansieht.

Die **Meldefrist** namentlicher Meldungen folgt aus § 9 Abs. 3, nichtnamentlicher aus § 10 Abs. 1. 7
Beide Meldungen sind grundsätzlich unverzüglich vorzunehmen. Im ersten Fall müssen sie jedoch
bereits spätestens 24 Stunden nach Kenntnis der Meldeverpflichteten vorliegen. Im zweiten Fall
beträgt die Frist längstens zwei Wochen nach Feststellung des Ausbruchs. Sind die Meldedaten zum
letztmöglichen Meldezeitpunkt nicht vollständig, muss die Meldung unvollständig abgegeben und
müssen fehlende Daten nachgeliefert werden, § 9 Abs. 3 Satz 3.

## § 15a Durchführung der infektionshygienischen und hygienischen Überwachung

(1) Bei der Durchführung der folgenden infektionshygienischen oder hygienischen Überwachungen unterliegen Personen, die über Tatsachen Auskunft geben können, die für die jeweilige
Überwachung von Bedeutung sind, den in Absatz 2 genannten Pflichten und haben die mit der
jeweiligen Überwachung beauftragten Personen die in Absatz 3 genannten Befugnisse:
1. infektionshygienische Überwachung durch das Gesundheitsamt nach § 23 Absatz 6 und 6a,

2. infektionshygienische Überwachung durch das Gesundheitsamt nach § 36 Absatz 1 und 2,
3. hygienische Überwachung durch das Gesundheitsamt nach § 37 Absatz 3 und
4. infektionshygienische Überwachung durch die zuständige Behörde nach § 41 Absatz 1 Satz 2.

(2) Personen, die über Tatsachen Auskunft geben können, die für die Überwachung von Bedeutung sind, sind verpflichtet, den mit der Überwachung beauftragten Personen auf Verlangen die erforderlichen Auskünfte insbesondere über den Betrieb und den Betriebsablauf einschließlich dessen Kontrolle zu erteilen und Unterlagen einschließlich dem tatsächlichen Stand entsprechende technische Pläne vorzulegen. Der Verpflichtete kann die Auskunft auf solche Fragen verweigern, deren Beantwortung ihn selbst oder einen der in § 52 Absatz 1 der Strafprozessordnung bezeichneten Angehörigen der Gefahr aussetzen würde, wegen einer Straftat oder einer Ordnungswidrigkeit verfolgt zu werden; Entsprechendes gilt für die Vorlage von Unterlagen.

(3) Die mit der Überwachung beauftragten Personen sind, soweit dies zur Erfüllung ihrer Aufgaben erforderlich ist, befugt,
1. Betriebsgrundstücke, Betriebs- und Geschäftsräume, zum Betrieb gehörende Anlagen und Einrichtungen sowie Verkehrsmittel zu Betriebs- und Geschäftszeiten zu betreten und zu besichtigen,
2. sonstige Grundstücke sowie Wohnräume tagsüber an Werktagen zu betreten und zu besichtigen,
3. in die Bücher oder sonstigen Unterlagen Einsicht zu nehmen und hieraus Abschriften, Ablichtungen oder Auszüge anzufertigen,
4. sonstige Gegenstände zu untersuchen oder
5. Proben zur Untersuchung zu fordern oder zu entnehmen.

Der Inhaber der tatsächlichen Gewalt ist verpflichtet, den Beauftragten der zuständigen Behörde oder des Gesundheitsamtes die Grundstücke, Räume, Anlagen, Einrichtungen und Verkehrsmittel sowie sonstigen Gegenstände zugänglich zu machen. Das Grundrecht der Unverletzlichkeit der Wohnung (Artikel 13 Absatz 1 des Grundgesetzes) wird insoweit eingeschränkt.

(4) Weitergehende Pflichten und Befugnisse, insbesondere unter den Voraussetzungen der §§ 16 oder 17 oder nach den Vorschriften des 5. Abschnitts, bleiben unberührt.

| Übersicht | Rdn. | | Rdn. |
|---|---|---|---|
| A. Normzweck und Regelungsgegenstand | 1 | I. Aufgaben | 1 |
| B. Tatbestand | 1 | II. Befugnisse | 9 |

## A. Normzweck und Regelungsgegenstand

1 Die Norm gehört zu den allgemeinen Vorschriften des IfSG, die für alle nachfolgenden Sonderbereiche gelten und befasst sich mit der **Überwachung** in zwei zentralen Querschnittsbereichen des Infektionsschutzes, der **Hygiene** und der **Infektionshygiene**. Während die Hygiene einen primärpräventiven Beitrag im Wechselbezug Mensch/Umwelt leistet (s. *Kiel*, Infektionsschutz und Infektionsepidemiologie, 2015), wobei sowohl die öffentliche als auch die individuelle Gesundheit geschützt werden sollen, befasst sich die Infektionshygiene mit Infektionserregern, dem Umgang mit ihnen, den Übertragungswegen und -modalitäten, der Verhinderung ihrer Verbreitung sowie potenziellen Schutzmaßnahmen für besonders vulnerable Gruppen. Sie ist schwerpunktmäßig auf die öffentliche Gesundheit ausgerichtet und nicht auf den Individualschutz.

2 **Ziel** des Gesetzes ist es, durch Meldepflichten bestimmter Personen in den in § 15a Abs. 1 enumerativ aufgezählten Einrichtungen die Wahrnehmung von Überwachungsaufgaben zu ermöglichen, zu konkretisieren und zu verbessern. Dabei werden technische und betriebliche Abläufe in den aufgeführten Einrichtungen als unter Hygieneaspekten besonders gefahrengeneigt angesehen.

## B. Tatbestand

### I. Aufgaben

Hygiene- und Infektionshygieneüberwachung dienen der Prävention. Sie sollen Entstehung und Ausbreitung von Infektionsgeschehen möglichst verhindern oder nach erfolgten Ausbrüchen eindämmen. Sie gehören damit zu den **essentiellen Aufgaben** des öffentlichen Gesundheitsdienstes. § 15a konkretisiert den Gesetzeszweck des § 1 zum einen in Überwachungspflichten der zuständigen Behörden und zum anderen in Mitwirkungspflichten der überwachten Einrichtungen. 1

Der Überwachung unterworfen sind die konkret in §§ 15a Abs. 1 Satz 1 Nr. 1 bis 4, 23 Abs. 6, 6a, 36 Abs. 1, 2, 37 Abs. 3 und 41 Abs. 1 Satz 2 **benannten Einrichtungen und Angebote**. Es handelt sich grundsätzlich um Einrichtungen, in denen Menschen mit anderen auf engem Raum zusammentreffen, zusammenleben, zusammen behandelt, betreut und versorgt werden – vgl. im Einzelnen dazu unter den zitierten Vorschriften. 2

**Adressaten** des § 15a Abs. 1 sind – entgegen des Wortlauts – die verantwortlichen Leitungen der Einrichtungen, die ihrerseits konkrete Personen benennen müssen, die über überwachungsrelevante Tatsachen Auskunft geben können. Der Gesetzgeber wollte mit der Formulierung von »Personen, die [...] Auskunft geben können«, nicht die Verantwortung der Einrichtungsleitungen in Unternehmen per Gesetz auf Dritte delegieren und damit in die Hoheit der Unternehmensleitungen eingreifen. Er macht jedoch deutlich, dass im Rahmen der Organisationsverantwortung der Einrichtungsleitungen sichergestellt werden muss, dass der Überwachung nur solche Kräfte Auskünfte geben können, die die fachliche Kompetenz in Betriebs- und technischen Abläufen haben. 3

**Auskunftsgegenstände** sind alle Einrichtungssegmente, auf die sich die Überwachung beziehen kann. Grundsätzlich gehören dazu alle internen Einrichtungen, Einrichtungsgegenstände wie insbesondere Geräte, Räume, Vorrichtungen, Funktionen von Personen, Bedienungsanleitungen, Verfahrensanweisungen, Beschaffungs- und Wartungsunterlagen. Unter Hygieneaspekten sind vor allem Bäder, Küchen, Reinigungspläne, Kühlgeräte, Heizungsvorrichtungen und Sanitäranlagen mit großer Genauigkeit zu überprüfen. Hygienekonzepte und die dafür verantwortlichen Personen sind in die Überprüfung einzubeziehen. Mängellisten und ihre Beseitigung aus vorangegangenen Begehungen sind ebenfalls überwachungsrelevant. 4

Der Umfang der **Auskunftsverpflichtung** folgt aus § 15a Abs. 2, der allerdings nur beispielhaft Gegenstände benennt, die der Auskunftspflicht unterliegen können. Grundsätzlich sind mündliche und schriftliche Erläuterungen zu den Gegenständen der Überwachung zu geben. Die dazu gehörenden Unterlagen einschließlich aktueller technischer Pläne müssen ausgehändigt werden. 5

Die **Mitwirkung** an der Überwachung nach § 15a kann in einer Duldung der Überwachungsmaßnahmen bestehen. Sie muss grundsätzlich nicht proaktiv, sondern auf Verlangen geleistet werden – *Müllmann* in Kießling, § 15a Rn. 10, auch wenn § 15a Abs. 3 den zuständigen Behörden weitgehende Befugnisse einräumt – vgl. dazu unten § 15a Rdn. 8. 6

Der Gesetzgeber geht in § 15a Abs. 2 Satz 2 im Übrigen davon aus, dass von Einrichtungen benannte verantwortliche Personen i.S.d. Vorschrift einer **persönlichen ordnungsrechtlichen Verantwortung** unterliegen können. Auskunftsverweigerungen und Behinderungen der Überwachungskräfte bei der Betretung von Grundstücken können durch Geldbußen nach § 73 Abs. 1a Nr. 3 und 5 als Ordnungswidrigkeiten geahndet werden. 7

Die **zuständigen Behörden** werden nach § 54 durch die Länder bestimmt, soweit dieses Gesetz keine abweichenden Verordnungskompetenzen insbesondere i.S.d. § 5a für Bundesbehörden vorsieht. Von ihrer Ermächtigung haben die Länder ausnahmslos – z.T. befristet – Gebrauch gemacht: 8
– Baden-Württemberg, IfSGZustV BW v. 19. Juli 2007 (GBl. 2007, 361) in der bis 01. Oktober 2021 geltenden Fassung (GBl. S. 245)
– Bayern, ZuständigkeitsVO v. 16. Juni 2015 (GVBl. S. 184)

**§ 15a IfSG** Durchführung der infektionshygienischen und hygienischen Überwachung

- Berlin, § 4 Abs. 1 AZG BE v. 22. Juli 1996 (GVBl. S. 302, 472), zuletzt geändert durch Gesetz v. 12. Oktober 2020 (GVBl. S. 807), Allgemeiner Zuständigkeitskatalog Nr. 13 Abs. (6)
- Brandenburg, IfSZV v. 27. November 2007 (GVBl. II/07, [Nr. 27] S. 488), zuletzt geändert durch VO v. 07. Mai 2020 (GVBl.II/20, [Nr. 31])
- Bremen, Verordnung über die zuständigen Behörden nach dem Infektionsschutzgesetz v. 19. September 2018 (Brem.GBl. 2018, S. 425), zuletzt geändert durch Geschäftsverteilung v. 20. Oktober 2020 (Brem.GBl. S. 1172)
- Hamburg, Anordnung über Zuständigkeiten im Infektionsschutzrecht v. 27. März 2001 (Amtl. Anz. 2001, S. 1113)
- Hessen, § 5 Hessisches Gesetz über den öffentlichen Gesundheitsdienst v. 07. September 2012 (GliederNr. 350–94), zuletzt geändert am 15. Mai 2020 (gültig bis 31.12.2021)
- Mecklenburg-Vorpommern, § 2 Abs. 1 Nr. 1 Infektionsschutzausführungsgesetz v. 03. Juli 2006 (GVOBl. M-V 2006, S. 524), zuletzt geändert durch Gesetz v. 16. Mai 2018 (GVOBl. M-V S. 183, 184)
- Niedersachsen, VO über Zuständigkeiten auf den Gebieten Gesundheit und Soziales v. 09. Oktober 2018, zuletzt geändert durch VO v. 03. Juli 2020 (GliederNr. 20120)
- Nordrhein-Westfalen, Infektionsschutz- und Befugnisgesetz v. 14. April 2020 (GV. NRW. S. 218b)
- Rheinland-Pfalz, Landesverordnung zur Durchführung des Infektionsschutzgesetzes v. 10. März 2010 GVBl. 2010, 55), zuletzt geändert durch Gesetz v. 15. Oktober 2012 (GVBl. S. 341)
- Saarland, VO über Zuständigkeiten nach dem IfSG v. 12. September 2016 (ABl. I v. 22.09.2016 S. 856)
- Sachsen-Anhalt, Verordnung über die Zuständigkeiten nach dem Infektionsschutzgesetz v. 01. März 2017 (GVBl. Nr. 3 v. 10.03.2017 S. 37)
- Schleswig-Holstein, Landesverordnung über die Zuständigkeiten des Landesamtes für soziale Dienste des Landes Schleswig-Holstein nach dem Infektionsschutzgesetz v. 22. Februar 2001 (GliedNr. B 2126–13-3)
- Thüringen, Thüringer Verordnung zur Regelung von Zuständigkeiten und zur Übertragung von Ermächtigungen nach dem Infektionsschutzgesetz v. 02. März 2016 (GVBl. Nr. 3 v. 30.03.2016 S. 155), zuletzt geändert durch Verordnung v. 09. Juni 2020 (GV.Bl. S. 269 20).

## II. Befugnisse

9 § 15a Abs. 3 weist den zuständigen Behörden nicht nur Aufgaben zu, sondern verleiht ihnen auch die zur Aufgabenerfüllung notwendigen **Befugnisse**, die zu Eingriffen in die Rechte der Überwachten berechtigen. Dies sind Begehungs- und Betretungsrechte, Einsichtnahme-, Sicherstellungs- und Kopierrechte bei relevanten Unterlagen sowie Probenahmen und Untersuchungsrechte. Bei Probenahmen müssen die Einrichtungen in Kauf nehmen, dass die Proben zur weiteren Verwendung unbrauchbar gemacht und nicht zurückgegeben werden. Alle Befugnisse sind grundsätzlich zu den üblichen Tageszeiten und nicht an Sonn- und Feiertagen auszuüben, es sei denn es bestehe Gefahr im Verzug. Konkrete Angaben zu Uhrzeiten macht das IfSG nicht. Insoweit darf auf die allgemeinen prozessualen Vorschriften der §§ 758a ZPO, 104 Abs. 3 StPO, 287 Abs. 4 AO zurückgegriffen werden, die sich mit der Umsetzung von Durchsuchungs- und Zwangsvollstreckungsanordnungen befassen. Die üblicherweise nicht in Anspruch zu nehmende Nachtzeit reicht in den Monaten April bis September von 21.00 h bis 4.00 h morgens, in den übrigen Monaten von 21.00 h bis 6.00 h morgens. Der Tageszeitbegriff, der ermittlungsrichterlichen Bereitschaftsdiensten nach der Entscheidung BVerfG, Beschl. v. 12.03.2019 – 2 BvR 675/14 zugrundezulegen ist, könnte ebenfalls analog herangezogen werden. Er liegt ganzjährig in der Zeit von 6.00 h bis 21.00 h und deckt sich weitgehend mit den zitierten gesetzlichen Bestimmungen.

10 Neben die **Befugnisse** nach § 15a Abs. 3 können gemäß § 15a Abs. 4 weitere nach §§ 16 und 17 treten. Dies gilt vor allem dann, wenn nicht nur die routinemäßige präventive Hygieneüberwachung

ansteht, sondern **Verhütungsmaßnahmen** erforderlich werden, um übertragbare Krankheiten einzudämmen oder bereits vorhandene Infektionsketten zu unterbrechen. Derartige Maßnahmen kommen insbesondere bei gefährlichen Kinderkrankheiten wie Masern durch die Anordnung von Riegelungsimpfungen, Quarantänemaßnahmen, Berufsverboten, oder KiTa-Schließungen in Betracht.

## § 16 Allgemeine Maßnahmen zur Verhütung übertragbarer Krankheiten

(1) Werden Tatsachen festgestellt, die zum Auftreten einer übertragbaren Krankheit führen können, oder ist anzunehmen, dass solche Tatsachen vorliegen, so trifft die zuständige Behörde die notwendigen Maßnahmen zur Abwendung der dem Einzelnen oder der Allgemeinheit hierdurch drohenden Gefahren. Im Rahmen dieser Maßnahmen können von der zuständigen Behörde personenbezogene Daten erhoben werden; diese dürfen nur von der zuständigen Behörde für Zwecke dieses Gesetzes verarbeitet werden.

(2) In den Fällen des Absatzes 1 sind die Beauftragten der zuständigen Behörde und des Gesundheitsamtes zur Durchführung von Ermittlungen und zur Überwachung der angeordneten Maßnahmen berechtigt, Grundstücke, Räume, Anlagen und Einrichtungen sowie Verkehrsmittel aller Art zu betreten und Bücher oder sonstige Unterlagen einzusehen und hieraus Abschriften, Ablichtungen oder Auszüge anzufertigen sowie sonstige Gegenstände zu untersuchen oder Proben zur Untersuchung zu fordern oder zu entnehmen. Der Inhaber der tatsächlichen Gewalt ist verpflichtet, den Beauftragten der zuständigen Behörde und des Gesundheitsamtes Grundstücke, Räume, Anlagen, Einrichtungen und Verkehrsmittel sowie sonstige Gegenstände zugänglich zu machen. Personen, die über die in Absatz 1 genannten Tatsachen Auskunft geben können, sind verpflichtet, auf Verlangen die erforderlichen Auskünfte insbesondere über den Betrieb und den Betriebsablauf einschließlich dessen Kontrolle zu erteilen und Unterlagen einschließlich dem tatsächlichen Stand entsprechende technische Pläne vorzulegen. Der Verpflichtete kann die Auskunft auf solche Fragen verweigern, deren Beantwortung ihn selbst oder einen der in § 383 Abs. 1 Nr. 1 bis 3 der Zivilprozessordnung bezeichneten Angehörigen der Gefahr strafrechtlicher Verfolgung oder eines Verfahrens nach dem Gesetz über Ordnungswidrigkeiten aussetzen würde; Entsprechendes gilt für die Vorlage von Unterlagen.

(3) Soweit es die Aufklärung der epidemischen Lage erfordert, kann die zuständige Behörde Anordnungen über die Übergabe von in Absatz 2 genannten Untersuchungsmaterialien zum Zwecke der Untersuchung und Verwahrung an Institute des öffentlichen Gesundheitsdienstes oder andere vom Land zu bestimmende Einrichtungen treffen.

(4) Das Grundrecht der Unverletzlichkeit der Wohnung (Artikel 13 Abs. 1 Grundgesetz) wird im Rahmen der Absätze 2 und 3 eingeschränkt.

(5) Wenn die von Maßnahmen nach den Absätzen 1 und 2 betroffenen Personen geschäftsunfähig oder in der Geschäftsfähigkeit beschränkt sind, hat derjenige für die Erfüllung der genannten Verpflichtung zu sorgen, dem die Sorge für die Person zusteht. Die gleiche Verpflichtung trifft den Betreuer einer von Maßnahmen nach den Absätzen 1 und 2 betroffenen Person, soweit die Erfüllung dieser Verpflichtung zu seinem Aufgabenkreis gehört.

(6) Die Maßnahmen nach Absatz 1 werden auf Vorschlag des Gesundheitsamtes von der zuständigen Behörde angeordnet. Kann die zuständige Behörde einen Vorschlag des Gesundheitsamtes nicht rechtzeitig einholen, so hat sie das Gesundheitsamt über die getroffene Maßnahme unverzüglich zu unterrichten.

(7) Bei Gefahr im Verzuge kann das Gesundheitsamt die erforderlichen Maßnahmen selbst anordnen. Es hat die zuständige Behörde unverzüglich hiervon zu unterrichten. Diese kann die Anordnung ändern oder aufheben. Wird die Anordnung nicht innerhalb von zwei Arbeitstagen nach der Unterrichtung aufgehoben, so gilt sie als von der zuständigen Behörde getroffen.

(8) Widerspruch und Anfechtungsklage gegen Maßnahmen nach den Absätzen 1 bis 3 haben keine aufschiebende Wirkung.

| Übersicht | Rdn. | | Rdn. |
|---|---|---|---|
| A. Normzweck | 1 | C. Verwaltungszwang, Bewehrung, Ent- | |
| B. Tatbestand | 4 | schädigung | 15 |

## A. Normzweck

1 Die **Gesetzessystematik** sieht in Abschnitt 3 allgemeine Regeln zur Überwachung als Grundlagen für die folgenden Abschnitte 4 bis 8 vor. Darauf aufbauend werden Aufgaben in § 16 Abs. 1 und Befugnisse zur Durchführung des Infektionsschutzes in § 16 Abs. 2 adressatenorientiert geregelt. Sie reichen von der Prävention über die Bekämpfung bis zu entsprechenden Bestimmungen bei infrastrukturrelevanten, existenziellen Versorgungsunternehmen und besonders vulnerablen Gruppen in Gemeinschaftseinrichtungen.

2 Die Maßnahmen der **Prävention** sollen das Entstehen von Krankheiten von vornherein vermeiden. Soweit Krankheiten bereits ausgebrochen sind und der Versuch unternommen werden soll, ihre Weiterverbreitung zu verhindern, sind die Maßnahmen auf die Normen des 5. Abschnittes §§ 24 ff. zu stützen.

3 **Schutzgüter** des § 16 sind die öffentliche und die individuelle Gesundheit. Der Begriff der **öffentlichen Gesundheit** wird durch die drei strategischen Ziele der EU-Gesundheitspolitik umschrieben, die ihre Grundlage in Art. 168, 114 AEUV haben: (1) Förderung der somatischen und psychischen Gesundheit durch Krankheitsvorbeugung, gesunde Lebensweisen, Vermeidung negativer Einflüsse wie Mangel- und Schlechternährung, erlaubte und unerlaubte Drogen, Umweltrisiken, Bewegungsmangel und weiteren Noxen; (2) Gesundheitsschutz vor Epidemien, Bioterrorismus, Klimaschäden und ähnlichen Großereignissen; (3) Förderung dynamischer Gesundheitssysteme insbesondere zur Bewältigung des demographischen Wandels und der Mobilität von Patienten und Gesundheitspersonal. Bei der **individuellen Gesundheit** sind Lebensschutz und köperliche Unversehrtheit angesprochen. Eine Rangfolge zwischen dem Schutz der öffentlichen und der individuellen Gesundheit hat das Gesetz nicht aufgestellt.

## B. Tatbestand

4 § 16 Abs. 1 Satz 1 ist als **Generalklausel** formuliert. Das bedeutet, dass sie grundsätzlich zurückzustehen hat, wenn speziellere Regelungen vorhanden sind. Da sich die Normen der §§ 16 bis 23a mit der Verhütung von Krankheiten vor ihrer Manifestation befassen, die nachfolgenden Regelungen des 5. Abschnitts jedoch mit der Bekämpfung übertragbarer, bereits ausgebrochener Krankheiten, sind letztere grundsätzlich keine vorgehenden Normen, sondern regeln andere Sachverhalte. Ein Zusammentreffen der Vorschriften kommt aber dann in Betracht, wenn bei lokalen Krankheitsausbrüchen für angrenzende, noch nicht betroffene Gebiete präventive Maßnahmen erforderlich sind, während in der Region der Krankheitsausbrüche Bekämpfungs- und Schutzmaßnahmen durchgeführt werden müssen. Diese Problematik erörtert *Zwanziger*, Beck OK § 16 Rn. 5.3 m.w.N. unter dem Begriff des »Exklusivverhältnisses« und zitiert die Rechtsprechung, die sich auf den Wortlaut der §§ 16 und 28 stütze, die nur das »Ob« des Infektions- und Krankheitsgeschehens betrachte und nicht auf örtliche Verhältnisse eingehe. In der Praxis macht ein infektiöses Krankheitsgeschehen an Grenzen gerade nicht halt, so dass eine Gesamtbewertung erforderlich ist und die spezielleren und effizienteren Maßnahmen nach dem Grundsatz der Geeignetheit und Verhältnismäßigkeit der Mittel vorrangig eingesetzt werden müssen. In Epidemien oder Pandemien können präventive, bekämpfende und Schutzmaßnahmen nebeneinander zum Tragen kommen. § 16 ermöglicht die Umsetzung allgemeiner Maßnahmen zur Abwehr von Gesundheitsgefahren, *Mers*, Kap. 5.2. S. 107. Dieser Begriff eröffnet breiten Handlungsspielraum und hat unter dem Aspekt der Bestimmtheit verfassungsrechtliche Zweifel entstehen lassen, vgl. zur kontroversen Diskussion

*Mers* in Kießling, IfSG, § 16 Rn. 8 m.w.N. und *Mers*, Infektionsschutz im liberalen Rechtsstaat, Kap. 5.2.1.2.1. S. 122 ff. *Mers* kommt unter Berufung auf BVerfGE 54, 143 ff. und BVerwG. DVBl. 2010, S. 199 zum Ergebnis, dass zum einen die Rechtsprechung hinreichende Konkretisierungen vorgenommen hat und zum anderen die Zielsetzung der Norm so klar definiert ist, dass dem Bestimmtheitsgrundsatz genüge getan wird.

Die Norm kennt zwei **Tatbestände**, die zu behördlichem Handeln berechtigen und verpflichten. 5
Zum einen müssen **Tatsachen festgestellt** worden sein, die zum Auftreten einer übertragbaren Krankheit führen können, also eine konkrete Gefahr bedeuten. Letztere ist dann anzunehmen, wenn bei weiterem Verlauf ohne Hindernisse oder Abweichungen mit hinreichender Wahrscheinlichkeit ein Schaden eintreten wird. Um Tatsachen im Sinne der Vorschrift handelt es sich insbesondere bei positiven Befunden meldepflichtiger Krankheiten und Krankheitserreger nach §§ 6 und 7. Sie werden bei einzelnen Personen, Personengruppen oder in einem abgegrenzten Raum bzw. Gebiet diagnostiziert. Für die Meldepflicht nach §§ 6 und 7 ist es nicht relevant, wo die Befunde erhoben wurden, ob in Gemeinschaftseinrichtungen, Unternehmen oder dem häuslichen Umfeld, sondern dass sie vorliegen und welche Verbreitung sie bereits gefunden haben.

Der zweite alternative Tatbestand des § 16 Abs. 1 Satz 1 lässt bereits die **Annahme** ausreichen, dass 6
solche **Tatsachen** vorliegen. Dies wäre z.B. der Fall, wenn eine definitive ärztliche Diagnose zwar noch aussteht, aber alle typischen Begleitmerkmale einer Erkrankung bereits vorhanden sind. Diese Alternative trägt dem Umstand Rechnung, dass die Infektiosität bei den meldepflichtigen Krankheiten und Krankheitserregern so hoch ist, dass – soweit möglich – im Vorfeld einer potenziellen Krankheitsausbreitung Abwehrmaßnahmen ergriffen werden können. Dabei reicht die reine Vermutung nicht aus. Es müssen konkrete Anhaltspunkte vorliegen, die kausal für eine Infektion sein können. Auch die Behauptung eines Hygieneverstoßes, selbst wenn er tatsächlich vorliegt, ist nicht automatisch ursächlich für eine Infektion, BGH Urt. v. 19.02.2019 – VI ZR 505/17.

Die **Tatsachenfeststellung** muss nicht durch eine zuständige Behörde erfolgen, sondern kann auch 7
durch Meldungen Dritter an die Behörden herangetragen werden. Diese müssen sich allerdings vor Eingriffsmaßnahmen von dem Vorliegen der Tatsachen oder den die Annahme des Vorliegens rechtfertigenden Umstände ein eigenes Bild machen. Einen Rechtsanspruch auf Einschreiten der zuständigen Behörde haben Meldende nicht.

Davon zu unterscheiden ist, dass der Behörde bei Vorliegen eines der Tatbestandsmerkmale des § 16 8
Abs. 1 kein Entschließungsermessen zusteht, sondern lediglich ein **Auswahlermessen**. Im Rahmen des § 16 sind sowohl Massenschutz- also auch individualpräventive Maßnahmen möglich. Dazu können grundsätzlich allgemeine und vorübergehende Betretungsverbote von Gemeinschaftseinrichtungen wie Schulen, KiTas und Badeanstalten gehören, wenn dort besondere Infektionsherde aufgetreten sind. Das Auswahlermessen kann im Einzelfall auf Null reduziert sein, wenn nur bestimmte Vorgehensweisen in konkreten Situationen zum Erfolg führen können. Damit wird aber der Anspruch Dritter auf behördliches Einschreiten dennoch nicht begründet.

Die Behörde muss prüfen, ob sie ihre Maßnahmen auf §§ 16 f. oder §§ 28 ff. zu stützen hat, ob 9
also präventive oder Bekämpfungsmaßnahme zu treffen sind und ob die beabsichtigte Maßnahme **verhältnismäßig** ist. Die Eingriffstiefe in die Rechte Dritter darf nicht außer Verhältnis zu dem Schaden stehen, der ohne Eingriff entstehen würde. Eine ausgewogene Zweck-Mittel-Relation muss gegeben sein, das Mittel also erforderlich und geeignet sein, um den befürchteten Schaden abzuwenden.

Die zur Aufgabendurchführung erforderlichen **Befugnisse** verleihen die Abs. 2 bis 4. Zusätzliche 10
richterliche Genehmigungen sind nicht erforderlich. Es handelt sich in Abs. 2 um Betretungs-, Ermittlungs-, Einsichtnahmerechte, das Recht von Probenahmen und der Fertigung von Abschriften. Überwachungsobjekte sind im Rahmen der Ausübung dieser Rechte alle Unterlagen, Einrichtungen und Gegenstände, die sich in den betroffenen Einrichtungen einschließlich der dazu gehörenden Grundstücke und Freiflächen befinden. Daher wird nicht zwischen privaten, höchstpersönlichen und betrieblichen Unterlagen und Gegenständen unterschieden. Der Begriff

»entnehmen« in Abs. 2 Satz 1 umfasst nicht die Mitnahme von Geschäftsunterlagen. In Abs. 3 kommen Anordnungsbefugnisse zur Übergabe und zum Umgang mit entnommenen Proben hinzu. Die dazu erforderlichen Grundrechtseinschränkungen regelt Abs. 4, der mit Art. 13 Abs. 7 GG korrespondiert und das Seuchenrecht als Eingriffsgrund ausdrücklich normiert. Das Ermittlungsrecht umfasst keine Durchsuchungen. Dies folgt aus Art. 13 Abs. 2 GG, wonach es dazu besonderer gerichtlicher Anordnungen bedarf. Durchsuchungen sind nach den Polizeigesetzen der Länder, z.B. §§ 39 ff. PolG NRW, als gezielte Maßnahmen zur Auffindung von Beweismitteln definiert. Der Ermittlungsbegriff erlaubt zwar, alle Gegenstände, die anlässlich einer Begehung angetroffen werden, weil sie z.B. unverschlossen und offen zutage liegen, in die Ermittlungen einzubeziehen, aber nicht gezielt, ggf. sogar unter Verletzung von Verschlussrechten danach zu suchen. Ob und in welchem Umfang die Überwachungsbehörde von diesen Befugnissen Gebrauch macht, liegt in ihrem Ermessen. Sie hat darauf zu achten, dass die eingesetzten Überwachungsmethoden effizient sind und die Rechte der Betroffenen möglichst wenig beschnitten oder verletzt werden. Die Auskünfte Erkrankter über Symptome versprechen grundsätzlich höhere Erkenntnisgewinne als die Aussagen pflegender und beobachtender Angehöriger. Begehungen und persönliche Inaugenscheinnahmen müssen grundsätzlich Betriebsschließungen vorausgehen, da nur berichtete Probleme keine überzeugende Aussagekraft haben.

11 Zu den Überwachungsmaßnahmen erforderliche **Mitwirkungspflichten** richten sich an alle Personen, die in betroffenen Einrichtungen die tatsächliche Gewalt ausüben und zu Auskünften über den Betrieb und seine Abläufe in der Lage sind. Das bedeutet, dass es sich auch um Personen handeln kann, die keine Aufsichts- und Entscheidungsbefugnisse haben. Sie müssen auch den Zugang zu betrieblichen Unterlagen gewähren, soweit ihre innerbetrieblichen Kompetenzen reichen.

12 **Adressaten** von Maßnahmen sind in § 16 Abs. 2 nicht konkret benannt. Daher darf grundsätzlich auf den allgemeinen Störerbegriff der landesrechtlichen Polizei- und Ordnungsvorschriften zurückgegriffen werden, BVerwG Beschl. v. 16.06.2005 – 3 B 129/04. Danach können Handlungs-, Zustandsstörer und nicht beteiligte Dritte in gestufter Reihenfolge nach Verhältnismäßigkeitsgesichtspunkten in Anspruch genommen werden. § 16 Abs. 2 Satz 2 und 3 nimmt sowohl den Inhaber der tatsächlichen Gewalt im Hinblick auf Zutrittsrechte und Personen mit Auskunftsmöglichkeiten aufgrund ihrer betrieblichen Stellung und bestehender Verantwortlichkeiten als Auskunftspflichtige in Anspruch, vgl. auch BVerwG Urt. v. 22.03.2012 – 3 C 16.11, VG Mainz Urt. v. 29.11.2017 – 1 K 1430/16.MZ. So verletzen Praxisinhaber ihre berufliche Schweigepflicht nicht, wenn Mitglieder einer ärztlichen Praxis oder einer anwaltlichen Kanzlei in Verdacht geraten, sich mit dem COVID-19-Virus infiziert zu haben, und dies dem zuständigen Gesundheitsamt gemeldet wird. Analoges gilt für die namentliche Meldung von Kontaktpersonen, gestützt auf § 16 Abs. 2 Satz 3. Weder andere Patientinnen und Patienten noch Mandanten sind insoweit geschützt. Im Rahmen der Güterabwägung zwischen der Gesundheit der Bevölkerung und dem Verschwiegenheitsinteresse der Klienten und Patienten überwiegt ersteres. Die Auskunftspflicht ist beschränkt auf die notwendigen Identitätsdaten, um die Kontaktpersonen ausfindig zu machen. Jede weitere Auskunft, z.B. zum Anlass des Praxis- oder Kanzleibesuchs, ist nicht erlaubt.

13 **Zuständige Behörden** sind die Ordnungsbehörden. Insoweit besteht bei den Gesundheitsämtern eine Zwitterstellung. In einigen Bundesländern sind sie als Gesundheits- und Ordnungsbehörden unmittelbar zu ordnungsrechtlichen Maßnahmen selbst befugt, in anderen arbeiten sie eng mit den Ordnungsämtern der Kommunen zusammen, die für sie die ordnungsrechtlichen Befugnisse ausüben, vgl. dazu die Landesregelungen unter § 5a Rdn. 8. Grundsätzlich sind die örtlichen Ordnungsbehörden in den Ländern zuständig. Soweit dieses Gesetz die Gesundheitsämter allerdings auch ordnungsrechtlich für zuständig erklärt, können die Länder dennoch abweichende Zuständigkeitsregelungen treffen, da sie die Bundesgesetze in eigener Verwaltungshoheit umsetzen. Abs. 6 bestimmt für § 16 lediglich, dass die Gesundheitsämter beteiligt sind, dass sie also mindestens Vorschlagsberechtigte für ordnungsrechtliche Maßnahmen sind. Damit soll die medizinfachliche, infektiologische Sachkunde eingebracht werden. Allerdings ist auch diese Bestimmung vor dem Hintergrund der Organisationshoheit der Länder nicht zwingend, *Eckart/Winkelmüller*, BeckOK

Infektionsschutzrecht, § 16 Rn. 55. Bei Gefahr im Verzug darf das Gesundheitsamt nach Abs. 7 unmittelbar tätig werden. Ein derartiges »Selbsteintrittsrecht« kennen nahezu alle landesrechtlichen Regelungen, um das Maßnahmenziel nicht zu verfehlen. Soweit der Eingriff vom Ordnungsamt nicht korrigiert wird, fingiert das Gesetz ihn nach zwei Arbeitstagen als von ihm erlassen und rechtswirksam.

Soweit Betroffene sich gegen Anordnungen nach § 16 zur Wehr setzen, haben Widerspruch und 14
Anfechtungsklage gem. § 16 Abs. 8 keine **aufschiebende Wirkung**. Die Vollziehung der Anordnung kann nach § 80 Abs. 2 Nr. 3, Abs. 4 Satz 1 VwGO durch die Widerspruchsbehörde ausgesetzt oder die aufschiebende Wirkung des Rechtsbehelfs bzw. des Rechtsmittels nach § 80 Abs. 5 Satz 1 VwGO durch das Gericht der Hauptsache wieder hergestellt werden.

### C. Verwaltungszwang, Bewehrung, Entschädigung

**Verwaltungszwang** zur Durchsetzung von Handlungen, Duldungen und Unterlassungen nach § 16 15
kann nur vorbeugend eingesetzt werden. Die Festsetzungen richten sich nach den in den Landesgesetzen geregelten Voraussetzungen. Grundsätzlich ist Verwaltungszwang wiederholt anwendbar, da er zwar repressiv wirkt, aber keine Sanktion im Sinne des Straf- und Ordnungsrechts darstellt.

Nach § 73 Abs. 1a Nr. 3 bis 5 sind Auskunftsverweigerung, die Verweigerung der Herausgabe von 16
Unterlagen und des Zutritts zu Einrichtungen nach § 16 Abs. 2 Sätze 2 und 3 **bußgeldbewehrt**. Nach § 73 Abs. 2, 2. Hs. kann das Bußgeld bis zu 25.000 € betragen.

**Strafmaßnahmen** sieht das Gesetz bei Verstößen gegen § 16 nicht vor. 17

**Entschädigungsregelungen** können in Sonderfällen nach § 65 in Betracht kommen, vgl. dort. 18

### § 17 Besondere Maßnahmen zur Verhütung übertragbarer Krankheiten, Verordnungsermächtigung

(1) Wenn Gegenstände mit meldepflichtigen Krankheitserregern behaftet sind oder wenn das anzunehmen ist und dadurch eine Verbreitung der Krankheit zu befürchten ist, hat die zuständige Behörde die notwendigen Maßnahmen zur Abwendung der hierdurch drohenden Gefahren zu treffen. Wenn andere Maßnahmen nicht ausreichen, kann die Vernichtung von Gegenständen angeordnet werden. Sie kann auch angeordnet werden, wenn andere Maßnahmen im Verhältnis zum Wert der Gegenstände zu kostspielig sind, es sei denn, dass derjenige, der ein Recht an diesem Gegenstand oder die tatsächliche Gewalt darüber hat, widerspricht und auch die höheren Kosten übernimmt. Müssen Gegenstände entseucht (desinfiziert), von Gesundheitsschädlingen befreit oder vernichtet werden, so kann ihre Benutzung und die Benutzung der Räume und Grundstücke, in denen oder auf denen sie sich befinden, untersagt werden, bis die Maßnahme durchgeführt ist.

(2) Wenn Gesundheitsschädlinge festgestellt werden und die Gefahr begründet ist, dass durch sie Krankheitserreger verbreitet werden, so hat die zuständige Behörde die zu ihrer Bekämpfung erforderlichen Maßnahmen anzuordnen. Die Bekämpfung umfasst Maßnahmen gegen das Auftreten, die Vermehrung und Verbreitung sowie zur Vernichtung von Gesundheitsschädlingen.

(3) Erfordert die Durchführung einer Maßnahme nach den Absätzen 1 und 2 besondere Sachkunde, so kann die zuständige Behörde anordnen, dass der Verpflichtete damit geeignete Fachkräfte beauftragt. Die zuständige Behörde kann selbst geeignete Fachkräfte mit der Durchführung beauftragen, wenn das zur wirksamen Bekämpfung der übertragbaren Krankheiten oder Krankheitserreger oder der Gesundheitsschädlinge notwendig ist und der Verpflichtete diese Maßnahme nicht durchführen kann oder einer Anordnung nach Satz 1 nicht nachkommt oder nach seinem bisherigen Verhalten anzunehmen ist, dass er einer Anordnung nach Satz 1 nicht rechtzeitig nachkommen wird. Wer ein Recht an dem Gegenstand oder die tatsächliche Gewalt darüber hat, muss die Durchführung der Maßnahme dulden.

**§ 17 IfSG** Besondere Maßnahmen zur Verhütung übertragbarer Krankheiten, Verordnungsermächtigung

(4) Die Landesregierungen werden ermächtigt, unter den nach § 16 sowie nach Absatz 1 maßgebenden Voraussetzungen durch Rechtsverordnung entsprechende Gebote und Verbote zur Verhütung übertragbarer Krankheiten zu erlassen. Sie können die Ermächtigung durch Rechtsverordnung auf andere Stellen übertragen.

(5) Die Landesregierungen können zur Verhütung und Bekämpfung übertragbarer Krankheiten Rechtsverordnungen über die Feststellung und die Bekämpfung von Gesundheitsschädlingen, Krätzmilben und Kopfläusen erlassen. Sie können die Ermächtigung durch Rechtsverordnung auf andere Stellen übertragen. ...

(6) § 16 Abs. 5 bis 8 gilt entsprechend.

(7) Die Grundrechte der Freiheit der Person (Artikel 2 Abs. 2 Satz 2 Grundgesetz), der Freizügigkeit (Artikel 11 Abs. 1 Grundgesetz), der Versammlungsfreiheit (Artikel 8 Grundgesetz) und der Unverletzlichkeit der Wohnung (Artikel 13 Abs. 1 Grundgesetz) werden im Rahmen der Absätze 1 bis 5 eingeschränkt.

| Übersicht | Rdn. | | Rdn. |
|---|---|---|---|
| A. Normzweck und Regelungsgegenstand.. | 1 | C. Verwaltungszwang, Bewehrung, Entschädigung | 17 |
| B. Tatbestand | 2 | | |

## A. Normzweck und Regelungsgegenstand

1 § 17 bietet die Grundlage für spezielle **präventive Anordnungen**, soweit **Gegenstände** kontaminiert sind. Haben die Kontaminationen bereits zu Krankheiten geführt, sind Maßnahmen nach §§ 24 ff. zu treffen.

## B. Tatbestand

2 Der **Gegenstandsbegriff** umfasst nach der amtlichen Begründung (BT-Drs. 8/2468 v. 15.01.1979, S. 20 zu Nr. 11) zur identischen Vorgängerregelung des § 10a BSeuchG sowohl bewegliche als auch unbewegliche Gegenstände. Dazu gehören »Grundstücke, Räume, Anlagen, Schiffe, aber z.B. auch Ausscheidungen«. § 17 erfasst somit grundsätzlich sämtliche sächlichen mobilen und immobilen Gegenstände, die sich außerhalb des menschlichen Körpers befinden.

3 Die **Eingriffszeitpunkte** der §§ 16 und 17 sind unterschiedlich. Bei vorbeugenden Maßnahmen nach § 17 wird die Feststellung der Kontaminierung von Gegenständen vorausgesetzt. Sie muss bereits getroffen worden sein, so dass mit der Maßnahme die Weiterverbreitung zu verhindern ist. Im Gegensatz dazu sind präventive Eingriffe nach § 16 zeitlich vorher möglich. Schon bei der Annahme von gefährdenden Infizierungen – mit hinreichender Wahrscheinlichkeit – und erst recht bei der Feststellung der sie begründenden Tatsachen muss die zuständige Behörde handeln.

4 Die Norm kennt in § 17 Abs. 1 und 2 **drei Tatbestände**, die aus je zwei zwingend miteinander verbundenen Merkmalen bestehen: (1) Die Behaftung von Gegenständen mit meldepflichtigen Krankheitserregern, (2) die Annahme der Behaftung mit diesen Erregern und (3) die Feststellung des Vorhandenseins von Gesundheitsschädlingen. In allen Fällen muss zusätzlich eine Krankheitsverbreitung befürchtet werden.

5 Unter einer **Behaftung** von Gegenständen ist eine Kontaminierung derart zu verstehen, dass eine Berührung oder – je nach Verbreitungsart der Erreger – das Einatmen der Umgebungsluft der Gegenstände eine so große Virus-, Bakterien- und Schädlingslast aufweist, dass eine Infizierung mit hoher Wahrscheinlichkeit zu erwarten ist.

6 Die **Befürchtung einer Krankheitsverbreitung** ist aber nur dann relevant, wenn sie aus wissenschaftlichen, insbesondere epidemiologischen Studien und Erkenntnissen abgeleitet ist und ausdrücklich medizinisch begründet wurde. Es reicht nicht aus, dass vermehrungsfähige Erreger nach § 7 Abs. 1 und 2 festgestellt werden und bereits aus der Tatsache, dass diese »üblicherweise« als

hochinfektiös gelten, entnommen wird, dass sie auch im konkreten Fall zu Ansteckungen führen werden. Umso größer ist der Begründungszwang bei Fallgruppe (2) (s. Rdn. 4), bei der sogar nur die Annahme eines Befalls für Eingriffe in die Rechte Dritter ausreichen muss.

**Meldepflichtig** sind **Krankheitserreger**, wenn sie in § 7 Abs. 1 und 2 aufgelistet sind. Der Katalog wird nach wissenschaftlichen Erkenntnissen angepasst. Die Meldungen müssen namentlich erfolgen, also Krankheitserreger und betroffene Personen sind mit ihren Identitätsdaten anzugeben. Dazu gehören insbesondere die Namen, Geschlecht, Alter und Adressen von Wohnung und Arbeitsplatz. Die namentliche Meldungsart ist im Gegensatz zur nicht namentlichen erforderlich, wenn die Krankheitserreger in § 7 Abs. 1 und 2 entweder direkt als Antigene oder indirekt durch die im menschlichen Körper gebildete Immunantwort als Antikörper nachgewiesen werden. In diesen Fällen ist ein sofortiges behördliches Einschreiten erforderlich. Soweit lediglich epidemiologisches oder sonstiges wissenschaftliches Interesse und keine akute Gefährdung der Bevölkerung vorliegen, genügen nicht namentliche Meldungen nach § 7 Abs. 3. Krankheitserreger können neben Bakterien und Viren auch tierische Lebewesen sein, die grundsätzlich dem Schädlingsbegriff unterfallen.

§ 17 Abs. 1 und 2 benennt nicht nur die Gefahrenabwehraufgaben bei einer Kontamination von Gegenständen, sondern regelt auch, dass die dazu **notwendigen Eingriffsbefugnisse** der Behörde zustehen. Die Befugnisse werden nicht aufgelistet, sondern grundsätzlich dem behördlichen Ermessen anheimgestellt. Unter Wahrung der rechtsstaatlichen Grundsätze, insbesondere des Verhältnismäßigkeitsgrundsatzes bei der Wahl von Art und Umfang der Mittel (Zweck-Mittel-Relation) und der Pflicht, Schäden so gering wie möglich zu halten, ist die Ermessensausübung begrenzt. Sie schließt nach § 17 Abs. 1 Satz 2 aber im besonderen Fall auch die Vernichtung behafteter Gegenstände oder Betretungsverbote für Berechtigte ein.

Die Behaftung mit infektiösen Krankheitserregern erfordert spezielle **Desinfektions- bzw. Entwesungsmaßnahmen**. Dabei kommen Stoffe zum Einsatz, die weder den allgemeinen Haushalten zugänglich sind noch von ihnen aufgrund ihrer brisanten Handhabbarkeit eingesetzt werden können, vgl. zur Art der Mittel § 18 Abs. 1. Der Einsatz von Fachpersonal ist regelhaft notwendig. Das entsprechende Know-how über die Methoden der Beseitigung wird auf diese Weise gewährleistet. Den zuständigen Behörden steht ein großer Ermessensspielraum hinsichtlich der einzusetzenden Mittel und Fachkräfte zu. Er wird insbesondere begrenzt durch die Komponenten Geeignetheit, Effizienz, Verhältnismäßigkeit im Hinblick auf eventuelle Beschädigungen der Gegenstände und Kosten des Einsatzes.

Die **fachliche Kompetenz** für die Vornahme von Maßnahmen nach § 17 Abs. 1 und 2 kann auf unterschiedlichen Wegen, für die gesamte Aufgabe und auch für Teilbereiche erworben werden. Die staatlich anerkannte duale Berufsausbildung zum Schädlingsbekämpfer/zur Schädlingsbekämpferin basiert auf der Verordnung v. 15. Juli 2004 (BGBl. I S. 1638). Eine spezielle und ebenfalls für § 17 einschlägige Ausbildung vermittelt die Desinfektorenausbildung. Sie wird z.B. in Desinfektorenschulen angeboten für Personen, die beruflich mit Gefahrstoffen umgehen wie Ärzte, Apotheker, Chemikalienhersteller, Laborpersonal und etliche andere Berufsgruppen. Sie können daher grundsätzlich eingesetzt werden. § 17 Abs. 3 verlangt keine spezielle Ausbildung, sondern eine geeignete Fachkompetenz. Dabei ist zu berücksichtigen, dass der Untersuchungsvorgang bei gefährlichen Stoffen im Labor nicht automatisch die Kompetenz vermittelt, infektiöse Krankheitserreger unschädlich zu machen. Die zuständigen Behörden müssen sich entsprechend beraten lassen.

Bei einer vorgesehenen **Vernichtung** von Gegenständen nach § 17 Abs. 1 Satz 1 und 2 ist eine Güterabwägung zwischen dem Wert des zur Vernichtung vorgesehenen Gegenstandes und dem Aufwand für die Entseuchungsmaßnahme zu treffen. Personen mit Rechten an diesem Gegenstand können der Vernichtung widersprechen, müssen allerdings bei einem Missverhältnis zu Lasten des zu vernichtenden Gegenstandes der Übernahme von erhöhten Kosten zum Erhalt zustimmen.

Bei der Bekämpfung von **Gesundheitsschädlingen**, also tierischen Lebewesen, muss zwingend festgestellt worden sein, dass sie vorhanden sind. Die Annahme ihres Vorhandenseins reicht nicht aus. Zusätzlich muss eine konkrete Gesundheitsgefährdung von ihnen ausgehen. Dann darf zu ihrer Bekämpfung nach § 17 Abs. 2 Satz 2 in alle Stadien des Auftretens, der Vermehrung und der Verbreitung vernichtend eingegriffen werden. Gesundheitsschädlinge können selbst Krankheiten übertragen oder an einer Krankheitsübertragung beteiligt sein. Sie können Keime wie z.B. Salmonellen eintragen. Oft und vor allem bei stärkerem Vorkommen sind Ausscheidungen von Insekten, Nagern, Käfern, Ameisenarten, verwilderten Tauben und anderen Tieren geeignet, Krankheitserreger zu verbreiten. Stechmücken und Wespen, die zwar beim Einstich Allergien hervorrufen können, zählen nicht zu den Gesundheitsschädlingen. Sie führen beim einzelnen Menschen zwar zu Krankheiten oder Krankheitssymptomen, tragen aber in der Regel nicht zu einer Weiterbreitung von Erregern und Krankheiten bei. Gesundheitsschädlinge können sich auch im Zusammenhang mit bestimmten Örtlichkeiten entwickeln. Ihre Ausscheidungen auf Frischfleisch- oder Lebendtiermärkten, vgl. Hessischer VGH Urt. v. 01.09.2011 – 8 A 396/10, können bei geringem Vorkommen noch ungefährlich, in der Masse aber äußerst gesundheitsschädlich sein. Das bedeutet, dass stets auch die äußeren Rahmenbedingungen mit beobachtet und bewertet werden müssen, in denen Gesundheitsschädlinge auftreten.

13 **Grundrechtseinschränkungen** sieht die Norm in § 17 Abs. 7 vor, um den Ordnungsbehörden die Durchführung ihrer Überwachungsaufgaben zu ermöglichen.

14 Vgl. zu den **prozessualen Regelungen** § 16 Rdn. 13 f.

15 Analog zu § 16 benennt auch § 17 die **Adressaten** von Maßnahmen nicht. Vergleiche im Einzelnen dazu § 16 Rdn. 12.

16 Die **Verordnungsermächtigungen** des § 17 Abs. 4 und 5 sind nicht abgedruckt. Die Länder haben insbesondere in der COVID-19-Pandemie zum Teil davon Gebrauch gemacht. § 10 IfSBG-NRW hat dem Gesundheitsministerium NRW die Verordnungskompetenz dazu übertragen, § 17 Abs. 4. Bei der Bekämpfung spezieller Gesundheitsschädlinge können auch bestimmte Adressaten zur Mitwirkung in Form von Handlungs- und Duldungspflichten explizit verpflichtet werden.

### C. Verwaltungszwang, Bewehrung, Entschädigung

17 Vgl. z. **Verwaltungszwang** § 16 Rdn. 15.

18 Ein **Bußgeld** kommt nach § 73 Abs. 1a Nr. 3–6 in Betracht, wenn gegen die Pflichten auf Auskunft, Vorlage von Unterlagen, das Zugänglichmachen zu nach § 17 betroffenen Gegenständen oder in diesem Kontext erlassene Rechtsverordnungen verstoßen wird. Gleiches gilt, wenn bestandskräftige, vollziehbare Anordnungen von Maßnahmen nach § 17 nicht umgesetzt werden. Gemäß § 77 Abs. 2 2. Hs. können Bußgelder bis zu 25.000 € verhängt werden.

19 Einen **Straftatbestand** formuliert das Gesetz zu Verstößen gegen § 17 und auf seiner Grundlage erlassene Rechtsverordnungen nicht.

20 Vgl. zu **Entschädigungsregelungen** § 65.

### § 18 Behördlich angeordnete Maßnahmen zur Desinfektion und zur Bekämpfung von Gesundheitsschädlingen, Krätzmilben und Kopfläusen, Verordnungsermächtigungen

*- Auszug -*

(1) Zum Schutz des Menschen vor übertragbaren Krankheiten dürfen bei behördlich angeordneten Maßnahmen zur
1. Desinfektion und
2. Bekämpfung von Gesundheitsschädlingen, Krätzmilben oder Kopfläusen
nur Mittel und Verfahren verwendet werden, die von der zuständigen Bundesoberbehörde anerkannt worden sind. Bei Maßnahmen nach Satz 1 Nummer 2 kann die anordnende Behörde mit Zustimmung der zuständigen Bundesoberbehörde zulassen, dass andere Mittel oder Verfahren als die behördlich anerkannten verwendet werden.

(2) Die Mittel und Verfahren werden von der zuständigen Bundesoberbehörde auf Antrag oder von Amts wegen nur anerkannt, wenn sie hinreichend wirksam sind und keine unvertretbaren Auswirkungen auf die menschliche Gesundheit und die Umwelt haben.

(3) Zuständige Bundesoberbehörde für die Anerkennung von Mitteln und Verfahren zur Desinfektion ist das Robert Koch-Institut. [...]

(4) Zuständige Bundesoberbehörde für die Anerkennung von Mitteln und Verfahren zur Bekämpfung von Gesundheitsschädlingen, Krätzmilben und Kopfläusen ist das Umweltbundesamt. [...] Sofern Mittel Wirkstoffe enthalten, die in zugelassenen Pflanzenschutzmitteln oder in der Zulassungsprüfung befindlichen Pflanzenschutzmitteln enthalten sind, erfolgt die Anerkennung zusätzlich im Benehmen mit dem Bundesamt für Verbraucherschutz und Lebensmittelsicherheit. [...]

| Übersicht | Rdn. | | Rdn. |
|---|---|---|---|
| A. Normzweck und Regelungsgegenstand | 1 | C. Bewehrung | 11 |
| B. Tatbestand | 2 | | |

## A. Normzweck und Regelungsgegenstand

Die Regelung ist im Kontext zu § 17 Abs. 1 Satz 3 zu verstehen, die von behördlich angeordneten Entseuchungsmaßnahmen spricht und die Verwendung geeigneter, geprüfter und anerkannter Entwesungs- und Desinfektionsmittel voraussetzt. Die dazu notwendigen Verfahren und Zuständigkeiten regelt § 18. **Ziel der Norm** ist es, ausschließlich Mittel und Verfahren zum Einsatz zu bringen, die dem Gesundheits- und Umweltschutz gleichermaßen dienen und möglichst geringe negative Auswirkungen auf beide Schutzgüter entfalten. 1

## B. Tatbestand

§ 18 Abs. 1 befasst sich mit zwei **Anwendungsbereichen**, der Desinfektion und der Bekämpfung von Gesundheitsschädlingen. Unter einer **Desinfektion** ist nach der Definition des DAB ein Vorgang zu verstehen, mit dem lebendes und totes organisches Material so behandelt wird, dass es nicht mehr infizieren kann. Mikroorganismen wie Bakterien und Viren werden unschädlich gemacht bzw. vollständig vernichtet. Bei der **Bekämpfung von Gesundheitsschädlingen**, vgl. zu den Begriffen auch § 17 Rdn. 12, kommen unterschiedliche Produktgruppen zur Anwendung wie Arzneimittel, Medizinprodukte, Biozidprodukte und nach diesem Gesetz oder dem Tierseuchengesetz zugelassene oder anerkannte Mittel und Verfahren. § 18 Abs. 1 ist Grundlage für die Bekämpfung krankheitsübertragender Parasiten. Sie sind dadurch gekennzeichnet, dass sie Bakterien und Viren durch ihre Bisse in die Blutbahn von Menschen einspülen. Spezielle Parasiten sind die in § 18 Abs. 1 genannten Krätzmilben (Skabies i.S.d. § 34 Abs. 1 Satz 1 Nr. 17) und Kopfläuse (§ 34 Abs. 1 Satz 1 Hs. 2). Hinter beiden Bezeichnungen verbirgt sich eine Artenvielfalt. Zu ihrer Bekämpfung können neben den nach den Abs. 4 ff. ausdrücklich anerkannten Mitteln und Verfahren gem. § 18 Abs. 1 Satz 2 ausnahmsweise auch durch Landesbehörden anerkannte Mittel zum Einsatz kommen. Dieses Verfahren ist allerdings nur im Einvernehmen mit den zuständigen Bundesoberbehörden anerkannt. 2

Die Initiative für ein Anerkennungsverfahren kann nach § 18 Abs. 2 auf **Antrag** oder **von Amts wegen** erfolgen. 3

**Voraussetzungen** für eine **Anerkennung** sind der Nachweis einer hinreichenden Wirksamkeit der Mittel und Verfahren für den beabsichtigten Zweck sowie nicht unvertretbare Auswirkungen auf die Gesundheit der Hersteller, Anwender und Dritten, die damit in Kontakt kommen können. 4

Der Begriff der **hinreichenden Wirksamkeit** ist vor allem daran zu messen, ob die Schädlinge sich weiter vermehren können, absterben oder weiterhin zu Ansteckungen führen bzw. entsprechende Risiken enthalten. Eine vollständige und optimale Wirksamkeit verlangt das Gesetz nicht. Eine 5 derartige Forderung könnte bei besonders resistenten Organismen dazu führen, dass es keinerlei geeignete Bekämpfungsmittel gäbe. Daher ist der Grad der Wirksamkeit in Relation zu den vorhandenen Marktangeboten zu bewerten.

6 Bei der Gesundheits- und Umweltbelastung, die der Gesetzgeber gleich zu bewerten scheint – vgl. die entsprechenden Formulierungen – dürfen die **Auswirkungen nicht unvertretbar** sein. Die Vorsicht, die darin zum Ausdruck kommt, verdeutlicht nicht nur den hohen Stellenwert beider Güter, sondern berücksichtigt auch die notwendigerweise sehr stark wirkenden Mittel und Verfahren, ohne die eine Bekämpfung von Mikroorganismen und Parasiten nicht möglich wäre.

7 Das RKI ist für die Anerkennung von Desinfektionsmitteln nach § 18 Abs. 3 im Einvernehmen mit BfArM und UBA **zuständig**. Die Anerkennung von Schädlingsbekämpfungsmitteln nach § 18 Abs. 4 erteilt grundsätzlich das UBA im Einvernehmen mit den für Arzneimittel, Pflanzenschutzmittel, Verbraucherschutz und Lebensmittel, Risikobewertung sowie Arbeitsschutz zuständigen Behörden je nach Aufgabenbereich. Die Vielfalt der Angriffsmöglichkeiten dieser Mittel berührt die Zuständigkeit mehrerer Bundesoberbehörden. Eine Anordnung zum Einsatz von Mitteln und Verfahren nach § 18 trifft die zuständige Landesbehörde auf der Grundlage der Rechtsverordnungen nach § 54. Im Übrigen vgl. zu den zuständigen Behörden § 5a Rdn. 8.

8 Das Anerkennungsverfahren gipfelt in der Aufnahme der anerkannten Mittel und Verfahren in der bei der jeweils abschließend entscheidenden Bundesoberbehörde geführten **Liste** nach § 18 Abs. 7 Satz 3. Diese ist zur sachgerechten Nutzung regelmäßig zu aktualisieren. Das RKI macht die Liste der geprüften und nach § 18 anerkannten Desinfektionsmittel und -verfahren amtlich bekannt, vgl. Bundesgesundheitsblatt Nr. 60, S. 1274–1297 (2017). § 18 Abs. 1 Satz 2 lässt von dieser Liste keine Ausnahmen zu.

9 Da Parasiten in der Regel zu massiven Beeinträchtigungen der befallenen Personen führen und die Auswirkungen wie Bisse und Stiche behandlungsbedürftig sind, zudem die Übertragbarkeit in Gemeinschaftseinrichtungen wie Schulen, KiTas oder Pflegeeinrichtungen hoch ist, besteht nach § 34 eine **Meldepflicht** der Sorgeberechtigten, der Betroffenen und der Verantwortlichen der Einrichtungen.

10 **Meldeadressaten** sind die zuständige Behörde, soweit Mittel und Verfahren Auffälligkeiten zeigen, und das Gesundheitsamt nach § 34, wenn Schädlinge auftreten.

## C. Bewehrung

11 Werden nicht anerkannte Mittel und Verfahren i.S.d. § 18 Abs. 1 Satz 1 vorsätzlich oder fahrlässig angewendet, kann dieser Verstoß nach § 23 Abs. 1 Nr. 7, Abs. 2 mit einer **Geldbuße** bis zu 25.000 € geahndet werden. Um einen **Straftatbestand** i.S.d. § 74 handelt es sich, wenn diese Handlung vorsätzlich begangen wird und dadurch gefährliche Krankheiten nach § 6 Abs. 1 Nr. 1 oder Krankheitserreger nach § 7 Abs. 1 übertragen werden. Gleiches gilt bei entsprechenden Verstößen nach Rechtsverordnungen auf der Grundlage des § 15 Abs. 1 oder Abs. 3 für die dort genannten Krankheitserreger und Krankheiten. Die Tat ist nach § 12 Abs. 1 StGB als Vergehen einzustufen und wird mit Geld- oder Freiheitsstrafe geahndet.

## § 20 Schutzimpfungen und andere Maßnahmen der spezifischen Prophylaxe

– Auszug –

(2) Beim Robert Koch-Institut wird eine Ständige Impfkommission eingerichtet. [...]

(2a) Empfehlungen der Ständigen Impfkommission [...] gegen das Coronavirus SARS-CoV-2 haben sich an [...] Impfzielen auszurichten: [...]

(3) Die obersten Landesgesundheitsbehörden sollen öffentliche Empfehlungen für Schutzimpfungen oder andere Maßnahmen der spezifischen Prophylaxe auf der Grundlage der jeweiligen Empfehlungen der Ständigen Impfkommission aussprechen.

(4) Zur Durchführung von Schutzimpfungen ist jeder Arzt berechtigt. Fachärzte dürfen Schutzimpfungen unabhängig von den Grenzen der Ausübung ihrer fachärztlichen Tätigkeit durchführen. Die Berechtigung zur Durchführung von Schutzimpfungen nach anderen bundesrechtlichen Vorschriften bleibt unberührt.

(5) Die obersten Landesgesundheitsbehörden können bestimmen, dass die Gesundheitsämter unentgeltlich Schutzimpfungen oder andere Maßnahmen der spezifischen Prophylaxe gegen bestimmte übertragbare Krankheiten durchführen. Die zuständigen Behörden können mit den Maßnahmen nach Satz 1 Dritte beauftragen. […]

(8) Folgende Personen, die nach dem 31. Dezember 1970 geboren sind, müssen entweder einen nach den Maßgaben von Satz 2 ausreichenden Impfschutz gegen Masern oder ab der Vollendung des ersten Lebensjahres eine Immunität gegen Masern aufweisen:
1. Personen, die in einer Gemeinschaftseinrichtung nach § 33 Nummer 1 bis 3 betreut werden,
2. Personen, die bereits vier Wochen
    a) in einer Gemeinschaftseinrichtung nach § 33 Nummer 4 betreut werden oder
    b) in einer Einrichtung nach § 36 Absatz 1 Nummer 4 untergebracht sind, und
3. Personen, die in Einrichtungen nach § 23 Absatz 3 Satz 1, § 33 Nummer 1 bis 4 oder § 36 Absatz 1 Nummer 4 tätig sind.

Ein ausreichender Impfschutz gegen Masern besteht, wenn ab der Vollendung des ersten Lebensjahres mindestens eine Schutzimpfung und ab der Vollendung des zweiten Lebensjahres mindestens zwei Schutzimpfungen gegen Masern bei der betroffenen Person durchgeführt wurden. Satz 1 gilt auch, wenn zur Erlangung von Impfschutz gegen Masern ausschließlich Kombinationsimpfstoffe zur Verfügung stehen, die auch Impfstoffkomponenten gegen andere Krankheiten enthalten. Satz 1 gilt nicht für Personen, die auf Grund einer medizinischen Kontraindikation nicht geimpft werden können.

(9) Personen, die in Gemeinschaftseinrichtungen nach § 33 Nummer 1 bis 3 betreut oder in Einrichtungen nach § 23 Absatz 3 Satz 1, § 33 Nummer 1 bis 4 oder § 36 Absatz 1 Nummer 4 tätig werden sollen, haben der Leitung der jeweiligen Einrichtung vor Beginn ihrer Betreuung oder ihrer Tätigkeit folgenden Nachweis vorzulegen:
1. eine Impfdokumentation nach § 22 Absatz 1 und 2 oder ein ärztliches Zeugnis, auch in Form einer Dokumentation nach § 26 Absatz 2 Satz 4 des Fünften Buches Sozialgesetzbuch, darüber, dass bei ihnen ein nach den Maßgaben von Absatz 8 Satz 2 ausreichender Impfschutz gegen Masern besteht,
2. ein ärztliches Zeugnis darüber, dass bei ihnen eine Immunität gegen Masern vorliegt oder sie aufgrund einer medizinischen Kontraindikation nicht geimpft werden können oder
3. eine Bestätigung einer staatlichen Stelle oder der Leitung einer anderen in Absatz 8 Satz 1 genannten Einrichtung darüber, dass ein Nachweis nach Nummer 1 oder Nummer 2 bereits vorgelegen hat.

Die oberste Landesgesundheitsbehörde oder die von ihr bestimmte Stelle kann bestimmen, dass der Nachweis nach Satz 1 nicht der Leitung der jeweiligen Einrichtung, sondern dem Gesundheitsamt oder einer anderen staatlichen Stelle gegenüber zu erbringen ist. Die Behörde, die für die Erteilung der Erlaubnis nach § 43 Absatz 1 des Achten Buches Sozialgesetzbuch zuständig ist, kann bestimmen, dass vor dem Beginn der Tätigkeit im Rahmen der Kindertagespflege der Nachweis nach Satz 1 ihr gegenüber zu erbringen ist. Wenn der Nachweis nach Satz 1 von einer Person, die aufgrund einer nach Satz 8 zugelassenen Ausnahme oder nach Satz 9 in Gemeinschaftseinrichtungen nach § 33 Nummer 1 bis 3 betreut oder in Einrichtungen nach § 23 Absatz 3 Satz 1, § 33 Nummer 1 bis 4 oder § 36 Absatz 1 Nummer 4 beschäftigt oder tätig werden darf, nicht vorgelegt wird oder wenn sich ergibt, dass ein Impfschutz gegen Masern erst zu einem späteren Zeitpunkt möglich ist oder vervollständigt werden kann, hat
1. die Leitung der jeweiligen Einrichtung oder
2. die andere Stelle nach Satz 2 oder Satz 3

unverzüglich das Gesundheitsamt, in dessen Bezirk sich die Einrichtung befindet, darüber zu benachrichtigen und dem Gesundheitsamt personenbezogene Angaben zu übermitteln. Eine Benachrichtigungspflicht besteht nicht, wenn der Leitung der jeweiligen Einrichtung oder der anderen Stelle nach Satz 2 oder Satz 3 bekannt ist, dass das Gesundheitsamt über den Fall bereits informiert ist. Eine Person, die ab der Vollendung des ersten Lebensjahres keinen Nachweis nach Satz 1 vorlegt, darf nicht in Gemeinschaftseinrichtungen nach § 33 Nummer 1 bis 3 betreut oder in Einrichtungen nach § 23 Absatz 3 Satz 1, § 33 Nummer 1 bis 4 oder § 36 Absatz 1 Nummer 4 beschäftigt werden. Eine Person, die über keinen Nachweis nach Satz 1 verfügt oder diesen nicht vorlegt, darf in Einrichtungen nach § 23 Absatz 3 Satz 1, § 33 Nummer 1 bis 4 oder § 36 Absatz 1 Nummer 4 nicht tätig werden. Die oberste Landesgesundheitsbehörde oder die von ihr bestimmte Stelle kann allgemeine Ausnahmen von den Sätzen 6 und 7 zulassen, wenn das Paul-Ehrlich-Institut auf seiner Internetseite einen Lieferengpass zu allen Impfstoffen mit einer Masernkomponente, die für das Inverkehrbringen in Deutschland zugelassen oder genehmigt sind, bekannt gemacht hat; parallel importierte und parallel vertriebene Impfstoffe mit einer Masernkomponente bleiben unberücksichtigt. Eine Person, die einer gesetzlichen Schulpflicht unterliegt, darf in Abweichung von Satz 6 in Gemeinschaftseinrichtungen nach § 33 Nummer 3 betreut werden.

(10) Personen, die am 1. März 2020 bereits in Gemeinschaftseinrichtungen nach § 33 Nummer 1 bis 3 betreut werden oder in Einrichtungen nach § 23 Absatz 3 Satz 1, § 33 Nummer 1 bis 4 oder § 36 Absatz 1 Nummer 4 tätig sind, haben der Leitung der jeweiligen Einrichtung einen Nachweis nach Absatz 9 Satz 1 bis zum Ablauf des 31. Dezember 2021 vorzulegen. Absatz 9 Satz 2 bis 5 findet mit der Maßgabe entsprechende Anwendung, dass eine Benachrichtigung des zuständigen Gesundheitsamtes und eine Übermittlung personenbezogener Angaben immer zu erfolgen hat, wenn der Nachweis nach Absatz 9 Satz 1 nicht bis zum Ablauf des 31. Dezember 2021 vorgelegt wird.

(11) Personen, die bereits vier Wochen in Gemeinschaftseinrichtungen nach § 33 Nummer 4 betreut werden oder in Einrichtungen nach § 36 Absatz 1 Nummer 4 untergebracht sind, haben der Leitung der jeweiligen Einrichtung einen Nachweis nach Absatz 9 Satz 1 wie folgt vorzulegen:
1. innerhalb von vier weiteren Wochen oder,
2. wenn sie am 1. März 2020 bereits betreut werden oder untergebracht sind, bis zum Ablauf des 31. Dezember 2021.

Absatz 9 Satz 2, 4 und 5 findet mit der Maßgabe entsprechende Anwendung, dass eine Benachrichtigung des zuständigen Gesundheitsamtes und eine Übermittlung personenbezogener Angaben immer zu erfolgen hat, wenn der Nachweis nach Absatz 9 Satz 1 nicht bis zu dem in Satz 1 Nummer 1 oder Nummer 2 genannten Zeitpunkt vorgelegt wird.

(12) Folgende Personen haben dem Gesundheitsamt, in dessen Bezirk sich die jeweilige Einrichtung befindet, auf Anforderung einen Nachweis nach Absatz 9 Satz 1 vorzulegen:
1. Personen, die in Gemeinschaftseinrichtungen nach § 33 Nummer 1 bis 3 betreut werden,
2. Personen, die bereits acht Wochen
   a) in Gemeinschaftseinrichtungen nach § 33 Nummer 4 betreut werden oder
   b) in Einrichtungen nach § 36 Absatz 1 Nummer 4 untergebracht sind und
3. Personen, die in Einrichtungen nach § 23 Absatz 3 Satz 1, § 33 Nummer 1 bis 4 oder § 36 Absatz 1 Nummer 4 tätig sind.

Wenn der Nachweis nach Absatz 9 Satz 1 nicht innerhalb einer angemessenen Frist vorgelegt wird oder sich aus dem Nachweis ergibt, dass ein Impfschutz gegen Masern erst zu einem späteren Zeitpunkt möglich ist oder vervollständigt werden kann, kann das Gesundheitsamt die zur Vorlage des Nachweises verpflichtete Person zu einer Beratung laden und hat diese zu einer Vervollständigung des Impfschutzes gegen Masern aufzufordern. Das Gesundheitsamt kann einer Person, die trotz der Anforderung nach Satz 1 keinen Nachweis innerhalb einer angemessenen

Frist vorlegt, untersagen, dass sie die dem Betrieb einer in Absatz 8 Satz 1 genannten Einrichtung dienenden Räume betritt oder in einer solchen Einrichtung tätig wird. Einer Person, die einer gesetzlichen Schulpflicht unterliegt, kann in Abweichung von Satz 3 nicht untersagt werden, die dem Betrieb einer Einrichtung nach § 33 Nummer 3 dienenden Räume zu betreten. Einer Person, die einer Unterbringungspflicht unterliegt, kann in Abweichung von Satz 3 nicht untersagt werden, die dem Betrieb einer Gemeinschaftseinrichtung nach § 33 Nummer 4 oder einer Einrichtung nach § 36 Absatz 1 Nummer 4 dienenden Räume zu betreten. Widerspruch und Anfechtungsklage gegen ein vom Gesundheitsamt nach Satz 3 erteiltes Verbot haben keine aufschiebende Wirkung.

(13) Wenn eine nach den Absätzen 9 bis 12 verpflichtete Person minderjährig ist, so hat derjenige für die Einhaltung der diese Person nach den Absätzen 9 bis 12 treffenden Verpflichtungen zu sorgen, dem die Sorge für diese Person zusteht. Die gleiche Verpflichtung trifft den Betreuer einer von Verpflichtungen nach den Absätzen 9 bis 12 betroffenen Person, soweit die Erfüllung dieser Verpflichtungen zu seinem Aufgabenkreis gehört.

(14) Durch die Absätze 6 bis 12 wird das Grundrecht der körperlichen Unversehrtheit (Artikel 2 Absatz 2 Satz 1 des Grundgesetzes) eingeschränkt.

| Übersicht | Rdn. | | Rdn. |
|---|---|---|---|
| A. Normzweck und Regelungsgegenstand | 1 | II. Masernschutz | 6 |
| B. Tatbestand | 3 | C. Bewehrung, Entschädigung | 13 |
| I. Schutzimpfungen | 3 | | |

## A. Normzweck und Regelungsgegenstand

Mit Impfungen und weiteren Maßnahmen der **Prophylaxe** befassen sich die §§ 20 bis 22. Dabei liegt der Fokus auf dem Impfschutz, der für den Zugang zu Gemeinschaftseinrichtungen relevant ist. 1

Die dauerhafte Elimination von **Masern** mittels einer hohen Durchimpfungsrate ist Ziel der WHO. Vor diesem Hintergrund regelt § 20 Abs. 8 ff. die Prophylaxe in Gemeinschaftseinrichtungen umfangreich. 2

## B. Tatbestand

### I. Schutzimpfungen

Die beim RKI eingerichtete **Ständige Impfkommission** gibt mit ihrer Fachkompetenz insbesondere Empfehlungen zur Durchführung von Impfungen. Sie benennt Erkrankungen und die zu ihrer Vorbeugung nach dem Stand der medizinischen Wissenschaft geeigneten spezifischen Prophylaxen. Dazu gehört auch die Befassung mit Fragen der Impfreaktion. Ihre Empfehlungen sind zwar nicht verbindlich, haben aber in der Praxis einen so hohen Stellenwert, dass sie den öffentlichen Impfempfehlungen der Länder unmittelbar oder modifiziert zugrunde gelegt werden. Das RKI veröffentlicht sie tagesaktuell. 3

Zu **öffentlichen Impfempfehlungen** werden die Landesbehörden in § 20 Abs. 3 verpflichtet. Kommen sie dem Anliegen nicht nach, hat dies wegen der fehlenden Bindung der STIKO-Empfehlungen keine rechtlichen Konsequenzen. Die Länder haben sich der Aufgabe allerdings flächendeckend gestellt, so dass bei Impfschäden auf der Basis öffentlicher Impfempfehlungen ein Entschädigungsanspruch Betroffener nach § 60 in Betracht kommt. Dies gilt nicht, wenn eine Person nach ärztlicher Aufklärung und Einwilligung ohne öffentliche Impfempfehlung geimpft worden ist. Die Zulassung des Impfstoffs nach den Vorgaben der §§ 21 ff. AMG begründet keinen Entschädigungsanspruch und steht auch nicht der öffentlichen Impfempfehlung gleich. Die Aufklärungspflicht des Arztes umfasst bei Impfungen ohne öffentliche Impfempfehlung auch den grundsätzlichen Ausschluss des Versorgungsanspruchs nach § 60. Das Land Sachsen nimmt neben den Impfempfehlungen der 4

STIKO durch eine eigene Kommission zusätzliche Bewertungen vor, bevor es eine Impfempfehlung abgibt. Die fachlichen Empfehlungen der STIKO können von den Ländern abgewandelt, ergänzt oder reduziert werden.

5 Eine **Impfberechtigung** hat grundsätzlich jeder Arzt nach § 20 Abs. 4. Damit sind grundsätzlich alle ärztlich approbierten oder mit einer diese Aufgabe umfassenden Berufserlaubnis ausgestatteten Mediziner legitimiert. Es kommt nicht auf eine Facharztqualifikation, sondern auf die gültige Berufsausübungsberechtigung zum Zeitpunkt der Impfung an, vgl. insoweit *Seebohm/Rompf*, BÄO, §§ 3, 5, 10 ff. Schutzimpfungen können nach § 20 Abs. 3 daher auch die Ärzte der Gesundheitsämter durchführen oder Dritte dazu beauftragen. Dies geschieht in der Regel im Rahmen besonderer Programme der Prophylaxe.

### II. Masernschutz

6 Da das Masernvirus als vollständig bekämpfbar gilt und bei Infizierung zu massiven, irreversiblen Schäden führen kann, hat der Gesetzgeber **Betretungsverbote** für Gemeinschaftseinrichtungen in § 20 Abs. 9 Satz 6 und 7 erlassen. Wer daher Gemeinschaftseinrichtungen in Anspruch nehmen oder dort tätig sein will, zu denen er ein Zugangsrecht, aber keine Zugangspflicht hat, muss sich einer entsprechenden Impfung unterziehen, wenn nicht Ausnahmetatbestände greifen. Damit ist keine Impfpflicht eingeführt worden, auch wenn die Wirkung für Betroffene ähnlich sein kann; denn sie können andernfalls die Einrichtungen weder betreten noch darin tätig sein.

7 **Adressaten** der Spezialregelung sind nach § 20 Abs. 8 nur Personen, die nach dem 31.12.1970 geboren sind. Ältere sind nicht angesprochen. Der Gesetzgeber geht davon aus, dass die Durchimpfungsraten bzw. durchlaufenen Infektionen in der älteren Bevölkerung zu einer grundsätzlich dauerhaften Immunisierung geführt haben, sodass von diesen Personen eine geringere oder gar keine Infektionsgefahr ausgeht. Eine zweite Maserninfektion ist in der Regel ausgeschlossen oder hat einen weniger schädlichen Verlauf. Von einem Masernschutz geht der Gesetzgeber auch bei Kleinkindern und Säuglingen unter einem Jahr aus, § 20 Abs. 8 Satz 1.

8 **Ausgenommen** sind Personen, die einen Impfschutz ablehnen, wenn sie der Schulpflicht oder einer Unterbringungspflicht nach § 20 Abs. 8 Satz 4 und Abs. 9 Satz 9 unterliegen. Zudem kann nach § 20 Abs. 8 Satz 4 eine medizinische Kontraindikation vorliegen. Dies ist z.B. bei Schwangeren und immunsuppressiven Personen möglich. Gemäß § 20 Abs. 9 Satz 8 sind auch allgemeine Ausnahmen durch die obersten Landesbehörden oder von ihnen beauftragten Stellen zulässig, wenn Lieferengpässe bei Masernimpfstoffen bestehen.

9 Einen **ausreichenden Masernschutz** definiert § 20 Abs. 8 Satz 2 und stellt rechtlich auf die Vornahme der Impfung ab, nicht dagegen auf den tatsächlichen Impferfolg. Die Aussage basiert auf dem unbestimmten Rechtsbegriff des Standes der Medizinischen Wissenschaft und wird durch Epidemiologische Bulletins des RKI und des PEI untermauert und laufend aktualisiert. Diese fachliche Expertise der obersten zuständigen Behörden pflegen auch die Erkenntnisse aus den Impfstoffzulassungsverfahren nach §§ 21 ff. AMG in den Begriff des Standes der Medizinischen Wissenschaft ein. In diesem Kontext in § 20 Abs. 8 Satz 3 darauf zu verweisen, dass auch der Einsatz und die Duldung von Kombinationsimpfstoffen gefordert werden darf, wenn keine anderen Impfstoffe zur Verfügung stehen, wird unter verfassungsrechtlichen Aspekten diskutiert, *Aligbe*, BeckOK Rn. 206, *Rixen*, NJW 2020, 647, da insoweit auch Impfstoffe verabreicht werden können, für die kein »legitimer Zweck« des Grundrechtseingriffs ersichtlich sei. Dies gelte insbesondere vor dem Hintergrund, dass nicht für jeden Impfstoff z.B. ein hohes Schutzziel wie etwa eine Herdenimmunität erreichbar sei. Sie gewährt durch eine Durchimpfungsrate auch denjenigen Schutz, die sich nicht impfen lassen können und dient damit der öffentlichen Gesundheit. Im Rahmen einer Güterabwägung wird eine Impfung mit einem Kombinationsimpfstoff allerdings im Vergleich zu einer nicht möglichen Impfung verhältnismäßig sein; denn sowohl der Grundrechtseingriff durch Impfung infolge fehlenden besonders hochrangigen Ziels als auch der Schaden durch Nichtimpfung wird in der Regel ungleich höher ausfallen als der durch Impfung mit einem Kombinationsimpfstoff zu

erwartende. Insoweit müssen allerdings auch die kombinierten Impfstoffe und ihre Wirkkomponenten mitbewertet werden. Sie müssen ebenfalls der gesundheitlichen Gefahrenabwehr dienen, auch wenn sie nicht zur Herdenimmunität führen. Auch die Aussage, die Herdenimmunität sei bei Masern bereits erreicht, *Kießling,* § 20 Rn. 47, führt zu keinem anderen Ergebnis. Dieses Ziel ist ein Etappenziel und nicht die angestrebte Ausrottung der Maserninfektionen. Die besonders leichte Ansteckungsgefahr und der sehr schwere Krankheitsverlauf bei Masernerkrankungen rechtfertigen unter Verhältnismäßigkeitsaspekten auch die Ausrottung der Krankheit mit den damit verbundenen Eingriffen in die körperliche Unversehrtheit.

**Gemeinschaftseinrichtungen** i.S.d. Vorschrift sind die in §§ 20 Abs. 8 Satz 1 Nr. 1–3, 33 Nr. 1– 10 5 genannten Einrichtungen für überwiegend Minderjährige, vgl. *Aligbe,* BeckOK § 20 Rn. 184. Dazu zählen Kindertageseinrichtungen, Kinderhorte, erlaubte Kinderschutzpflegestätten, Schulen, Ausbildungsstätten, Heime, Ferienlager und gemeinschafliche Unterbringungseinrichtungen für Asylbewerber, Flüchtlinge und Spätaussiedler nach § 36 Abs. 1 Nr. 4. Erwachsenenbildungseinrichtungen sind nicht erfasst. Für Heiminsassen gilt nach § 8 Satz 1 Nr. 2 eine vierwöchige Übergangsfrist. Ohne sie könnte im Einzelfall die unverzügliche Aufnahme in die Einrichtung gefährdet sein (BT-Drs. 19/13452). Gemeinschaftseinrichtungen sind nicht die in § 23 Abs. 3 aufgelisteten Organisationen. Dabei handelt es sich ausschließlich um Therapie- bzw. Betreuungsangebote. Sie können zwar grundsätzlich von vielen Menschen in Anspruch genommen werden, deren Zugangsrecht basiert aber auf der sozialversicherungsrechtlichen Absicherung, die private Einrichtungen und Unternehmen vertraglich umsetzen. Hochschulen und Universitäten sind aufgrund der Nutzung durch überwiegend Erwachsene ebenfalls keine Gemeinschaftseinrichtungen im Sinne der Vorschrift.

§ 20 Abs. 8 bis 12 unterscheiden zwischen Besuchern und Bewohnern einerseits sowie Lehrenden 11 bzw. Betreuenden andererseits, behandeln in der Folge aber die beiden Gruppen zusammen. Diese unterliegen grundsätzlich den gleichen **Nachweispflichten**. Sie müssen entweder den Einrichtungsleitungen nach § 20 Abs. 9 Satz 1 oder nach § 20 Abs. 9 Satz 2 den zuständigen Gesundheitsämtern bzw. landesseitig vorgegebenen anderen Stellen die im Gesetz konkret aufgelisteten Nachweise vorlegen. Sollten Nachweise nicht vorgelegt werden, nicht vorhanden sein oder verweigert werden, besteht eine **Benachrichtigungspflicht** der Einrichtungen an das zuständige Gesundheitsamt. Dies gilt nicht, wenn der Vorgang dort schon bekannt ist, § 20 Abs. 9 Satz 5. Bei Versäumnis einer behördlich gesetzen Frist zur Vorlage von Nachweisen nach § 20 Abs. 12 Satz 2 soll das Gesundheitsamt zum Beratungsgespräch laden, um über die Notwendigkeit der Vorlage und des Impfschutzes zu beraten.

Die **Impfdokumentation** unterliegt den Vorgaben des § 22 und ist Pflicht des impfenden Arztes. 12 Nachträge in Impfbescheinigungen dürfen grundsätzlich von allen Ärzten nach § 22 Abs. 2 Satz 2 bei Vorlage früherer Impfdokumentationen vorgenommen werden.

## C. Bewehrung, Entschädigung

Verstöße gegen die in § 20 enthaltenen Betretungsverbote, Benachrichtigungs- und Nachweis- 13 pflichten können als Ordnungswidrigkeiten nach § 77 Abs. 1a Nr. 7a bis 7d mit Geldbuße gemäß § 77 Abs. 2 bis zu 2.500 € **geahndet** werden. Änderungen oder Ergänzungen der Impfdokumentation durch Dritte wie insbesondere den Inhaber der Impfbescheinigung sind unzulässig und stellen ein Vergehen der Urkundenfälschung nach §§ 267 Abs, 1, 12 Abs. 2 StGB dar.

**Impfschäden** können auf der Grundlage der §§ 60, 61 und der entsprechenden Länderregelungen 14 bei öffentlich empfohlenen Impfungen geltend gemacht werden. Dabei lässt der Gesetzgeber zugunsten Geschädigter zur Anerkennung eines Gesundheitsschadens bereits die »Wahrscheinlichkeit des ursächlichen Zusammenhangs« als Folge einer Schädigung nach § 60 Abs. 1 Satz 1 genügen.

## § 28 Schutzmaßnahmen

(1) Werden Kranke, Krankheitsverdächtige, Ansteckungsverdächtige oder Ausscheider festgestellt oder ergibt sich, dass ein Verstorbener krank, krankheitsverdächtig oder Ausscheider war, so trifft die zuständige Behörde die notwendigen Schutzmaßnahmen, insbesondere die in § 28a Absatz 1 und in den §§ 29 bis 31 genannten, soweit und solange es zur Verhinderung der Verbreitung übertragbarer Krankheiten erforderlich ist; sie kann insbesondere Personen verpflichten, den Ort, an dem sie sich befinden, nicht oder nur unter bestimmten Bedingungen zu verlassen oder von ihr bestimmte Orte oder öffentliche Orte nicht oder nur unter bestimmten Bedingungen zu betreten. Unter den Voraussetzungen von Satz 1 kann die zuständige Behörde Veranstaltungen oder sonstige Ansammlungen von Menschen beschränken oder verbieten und Badeanstalten oder in § 33 genannte Gemeinschaftseinrichtungen oder Teile davon schließen. Eine Heilbehandlung darf nicht angeordnet werden. Die Grundrechte der körperlichen Unversehrtheit (Artikel 2 Absatz 2 Satz 1 des Grundgesetzes), der Freiheit der Person (Artikel 2 Absatz 2 Satz 2 des Grundgesetzes), der Versammlungsfreiheit (Artikel 8 des Grundgesetzes), der Freizügigkeit (Artikel 11 Absatz 1 des Grundgesetzes) und der Unverletzlichkeit der Wohnung (Artikel 13 Absatz 1 des Grundgesetzes) werden insoweit eingeschränkt.

(2) Wird festgestellt, dass eine Person in einer Gemeinschaftseinrichtung an Masern erkrankt, dessen verdächtig oder ansteckungsverdächtig ist, kann die zuständige Behörde Personen, die weder einen Impfschutz, der den Empfehlungen der Ständigen Impfkommission entspricht, noch eine Immunität gegen Masern durch ärztliches Zeugnis nachweisen können, die in § 34 Absatz 1 Satz 1 und 2 genannten Verbote erteilen, bis eine Weiterverbreitung der Krankheit in der Gemeinschaftseinrichtung nicht mehr zu befürchten ist.

(3) Für Maßnahmen nach den Absätzen 1 und 2 gilt § 16 Abs. 5 bis 8, für ihre Überwachung außerdem § 16 Abs. 2 entsprechend.

| Übersicht | Rdn. | | Rdn. |
|---|---|---|---|
| A. Normzweck und Regelungsgegenstand | 1 | C. Zwang, Sanktionen, Entschädigungen | 14 |
| B. Tatbestand | 3 | | |

### A. Normzweck und Regelungsgegenstand

1 Die Norm bietet die Grundlage für **gezielte Einzelmaßnahmen** der zuständigen Behörden zur Prävention, zum Schutz und zur Bekämpfung von Infektionskrankheiten und erlaubt ihr, Gefahrenabwehr und Gesundheitsschutz passgenau, effizient und mit umfassenden Eingriffen in die Rechte Betroffener umzusetzen, soweit dies erforderlich und verhältnismäßig ist. Damit sind grundsätzlich Eingriffe in Grundrechte verbunden.

2 **Schutzgüter** der Norm sind die öffentliche und die individuelle Gesundheit.

### B. Tatbestand

3 § 28 ist die **Generalklausel** für Eingriffe zur Bekämpfung von bereits vorhandenen Krankheitserregern bzw. aufgetretenen hochinfektiösen Krankheiten. § 28a basiert auf dieser Vorschrift und regelt den Spezialfall einer nach § 5a parlamentarisch festgestellten Pandemie ausschließlich bezogen auf den Erreger COVID-19. Leges speciales sind auch die §§ 29 bis 31. Die in § 28 genannten Einschränkungsmöglichkeiten bedeuten keine enumerative Aufzählung, sondern lediglich Beispiele. Damit dürfen grundsätzlich auch Maßnahmen im Einzelfall getroffen werden, die in den §§ 28 bis 31 nicht genannt sind, aber deren Wesensgehalt betreffen und sich als notwendig und geeignet erweisen, auch wenn sie nicht in den Vorschriften genannt sind. Die Beispiele des § 28 grenzen vorrangig den Bewegungsradius der Betroffenen durch Ausgeh- und Kontaktverbote, Veranstaltungs-, Ansammlungs- und Betretungsverbote insbesondere von Gemeinschaftseinrichtungen i.S.d. § 33 und Badeanstalten ein. Im Gegensatz zu § 16 befasst sich § 28 mit repressiven Eingriffen. Dies

schließt nicht aus, dass Maßnahmen nach § 28 zusätzliche präventive Wirkungen entfalten, *Johann/ Gabriel*, BeckOK § 28 Rn. 1 m.w.N., ohne dass weitere Maßnahmen nach § 16 ergriffen werden müssten.

**Adressaten** der Norm sind in erster Linie Personen, die unmittelbar andere anstecken können, sei es durch Krankheit, Krankheits- und Ansteckungsverdacht oder durch Ausscheidungen, vgl. die Legaldefinitionen in § 2 Nr. 4–7. Geht diese Gefahr auch von Verstorbenen aus, richten sich die geeigneten Maßnahmen gegen sie. Darüber hinaus können Nichtstörer, BVerwG Urt. v. 22.03.2012 – 3 C 16/11, in Anspruch genommen werden, wenn sie z.B. als Kontaktpersonen in die Bekämpfungsmaßnahmen einbezogen werden müssen. Dies kann insbesondere im Rahmen des § 29 von Bedeutung sein. Die genannten Adressaten sind nicht enumerativ aufgezählt, OVG Weimar Beschl. v. 10.04.2020 – 3 EN 248/20, OVG Lüneburg Beschl. v. 14.04.2020 – 13 MN 63/20. Auch juristische Personen können Adressaten sein, selbst wenn sie selbst nicht ansteckungsfähig sind, VG Hamburg Urt. v. 08.09.2020 – 19 K 1761/20. Es müssen die Adressaten in Anspruch genommen werden, die als Handlungs- und Zustandsstörer den erfolgversprechendsten Eingriff erwarten lassen. Nach Verhältnismäßigkeitsgrundsätzen können auch Nichtstörer betroffen sein. Adressatin der §§ 28, 28a kann auch die Allgemeinheit sein, wenn dies zur Infektionsbekämpfung notwendig ist. Damit können sich Verbote insbesondere auf Kontakte in Restaurants der unterschiedlichsten Arten, Begegnungsstätten im Rahmen von Sport- und Freizeitveranstaltungen sowie im Einkaufsgeschehen erstrecken.

Die **Feststellung**, dass Personen i.S.d. §§ 28 Abs. 1, 2 i.V.m. 2 Nr. 4–7 akut Kranke, Krankheitsverdächtige, Ansteckungsverdächtige oder Ausscheider sind oder Verstorbene dies waren, muss ausdrücklich getroffen werden. Das Gesetz macht weder Vorgaben, wer die Feststellung zu treffen noch in welcher Form dies zu geschehen hat. Damit ist grundsätzlich das Gesundheitsamt oder der behandelnde Arzt dazu legitimiert. Eine Schriftform dürfte zu Nachweiszwecken unverzichtbar, aber auch ausreichend sein. Ein förmlicher Bescheid muss nicht ergehen, kann aber von Betroffenen insbesondere vom Gesundheitsamt erbeten werden, wenn sie sich dagegen wenden wollen. I.d.R. wird ein von Ärzten beauftragtes Labor Analysenergebnisse vorlegen, die der jeweilige Arzt als Befund feststellt, den Patienten mitteilt und in seinen Patientenakten dokumentiert. Soweit es sich um epidemische und pandemische Geschehen handelt, können die zuständigen Behörden die notwendigen Feststellungen auf der Grundlage von Einzelmeldungen bei den Gesundheitsämtern treffen.

An die Feststellungen nach § 28 Abs. 1 Satz 1 knüpft sich eine **gebundene Entscheidung**. Den zuständigen Behörden steht kein Entscheidungsermessen zu, ob sie einschreiten wollen, sondern nur das Recht der Adressaten- und der Mittelauswahl (BT-Drs. 14/2530, 74).

Die **Eingriffsmittel** müssen nach ihrer objektiven Geeignetheit und Notwendigkeit eingesetzt werden. Damit wird der behördliche Eingriffsrahmen beschränkt. Folgt man den Vorgaben der BVerwGE 142, 205, müssen die Maßnahmen sowohl zur Verhinderung der Weiterverbreitung von Krankheiten und Erregern möglichst gut geeignet als auch im eingesetzten Umfang zeitlich und inhaltlich erforderlich sein. In gleichen Situationen müssen sie gleich, in ungleichen entsprechend angepasst an die abweichenden Gegebenheiten ausgewählt werden, Art. 3 Abs. 1 GG. Besonders wichtig ist die Darstellung der Abwägungsprozesse zu solchen Entscheidungen in den jeweiligen Anordnungen sowie ihre Begründung mit Sachargumenten, OVG NRW Beschl. v. 29.06.2020 – 13 B 911/20.NE. Insbesondere die zu kurz und nur summarisch dargestellten Entscheidungsgründe und -prozesse führen immer wieder zur Beanstandung und Aufhebung behördlicher Anordnungen durch die Gerichte. Bei dynamischen Geschehen wie der COVID-19-Pandemie können allerdings überholende Ereignisse dazu führen, dass Sachverhalte neu bewertet und damit Eingriffsszenarien notwendig werden, die am Vortag noch gegen die dargestellten Grundsätze verstoßen hätten. Insoweit gesteht die Rechtsprechung den Behörden im Einzelfall auch Verstöße gegen die Folgerichtigkeit von Differenzierungen zu, *Johann/Gabriel*, BeckOK § 28 Rn. 28 m.w.N. zur einschlägigen Rechtsprechung.

8  **Eingriffsdauer und -tiefe** von Maßnahmen unterliegen ebenfalls der Abwägungspflicht unter Verhältnismäßigkeitsaspekten, OVG Thüringen Beschl. v. 25.02.2021 – 3 EN 88/21. Der Eingriff darf Betroffene nur so kurz und so geringfügig wie möglich belasten. Insoweit ist allerdings der Ermessensspielraum der Behörden weit und gewinnt in der Regel erst dann, wenn aufgetretene Schäden auf Vermeidbarkeit geprüft werden. Eingriffsmaßnahmen nach § 28 sind daher grundsätzlich zu befristen und je nach Dauer mit regelmäßigen Überprüfungsszenarien zu begleiten.

9  Tragfähige **Begründungen** für Eingriffe in die Rechte der gesamten Bevölkerung können Retardierungsziele bei der Infektionsausbreitung, Schutz der gesundheitlichen Versorgungseinrichtungen vor Überlastung und Zusammenbruch sowie besonders vulnerabler Gruppen sein.

10  Bei Infektionsgeschehen wird in der Regel schnell auf **Anhörungen** verzichtet, um bei Gefahr in Verzug schnellstmöglich zu handeln. Bei dieser Einschätzung wird oftmals vergessen, dass eine Kontaktaufnahme zur Sachverhaltsermittlung mit dem Adressatenkreis, gegen den die jeweilige Maßnahme zum Einsatz kommen soll, zwangsläufig erforderlich ist. Die konkreten Umstände, die persönlichen räumlichen und sächlichen Verhältnisse, die Zahl und Art der betroffenen weiteren Personen und die Lebensbedingungen müssen geklärt werden. Mit den unterschiedlichen Anhörungsvarianten, der fernmündlichen, der schriftlichen, der aufsuchenden etc. kann grundsätzlich in nahezu allen Fällen daher kurzfristig eine Anhörung durchgeführt werden. Dies gilt umso mehr, als die Umsetzung von Maßnahmen ohne die Mitwirkung der Betroffenen i.d.R. weder denkbar ist noch effizient funktionieren kann. Daher sind die Sachverhaltsaufklärungsgespräche unmittelbar als Anhörungen nutzbar. Die Betroffenen müssen auf diesen Tatbestand hingewiesen werden.

11  Ggf. erforderliche **Grundrechtseinschränkungen** durch dieses Gesetz regelt § 28 Abs. 1 Satz 3. Sie gelten nicht für Heilbehandlungen, die das Gesetz in § 28 Abs. Satz 3 ausdrücklich ausschließt. Der BGH beschreibt Heilbehandlung in ständiger Rechtsprechung mit folgenden Kriterien: grundsätzliche ärztliche Behandlung, durch Krankheit verursacht, auf Heilung, Linderung oder Besserung ausgerichtet. Insoweit können z.B. Einweisungen in Krankenhäuser zur Behandlung von Krankheiten nicht vorgenommen werden. Impfungen stellen keine Heilbehandlungen, sondern prophylaktische Maßnahmen dar. Sie können auf der Grundlage des § 28 ebenfalls nicht angeordnet werden.

12  Zur Bekämpfung von **Masern** nach den notwendigen Feststellungen gemäß § 28 Abs. 1, vgl. Rdn. 5 sind in Ergänzung des § 20 Abs. 8 ff. zusätzliche Schutzmaßnahmen möglich, wenn die dort verlangten Nachweise nicht zu erbringen sind. Der Verweis auf § 34 Abs. 1 Satz 1 konkretisiert zum einen Betretungsverbote i.S.d. § 28 Abs. 1 Satz 1 und ergänzt sie um Lehr-, Erziehungs-, Pflege-, Aufsichtsverbote und sonstige entsprechende Tätigkeiten, die eine Nähe zu Personen in Gemeinschaftseinrichtungen erfordern. Auch diese Anordnungen haben repressiven und gleichzeitig präventiven Charakter.

13  Die **zuständigen Behörden** für die Anordnungen nach § 28 sind grundsätzlich die örtlichen Gesundheitsämter. Die Zuständigkeiten richten sich nach den jeweiligen Landesregelungen, vgl. § 5a Rdn. 8. Bundeszuständigkeiten gibt es insoweit nicht.

## C. Zwang, Sanktionen, Entschädigungen

14  Die Weigerung, Anordnungen der Infektionsschutzbehörden zu befolgen, können durch **Vollstreckungsmaßnahmen** wie z.B. die Festsetzung von Zwangsgeldern oder unmittelbaren Zwang nach Verhältnismäßigkeitsgrundsätzen auf der Grundlage der Verwaltungsvollstreckungsgesetze der Länder durchgesetzt werden.

15  **Ordnungswidrigkeiten- und Straftatbestände** kommen nach §§ 28 Abs. 1 Satz 1 und 2, 75 Abs. 1 Nr. 1, 73 Abs. 1a Nr. 6 in Betracht. Der Gesetzgeber stellt hinsichtlich des Unrechtsgehalts auf die Schädigung Dritter durch Weiterverbreitung von Erregern und Krankheiten ab. Insoweit ist auch der Bußgeldrahmen nach § 73 Abs. 2 mit bis zu 25.000 € weit.

Mögliche **Entschädigungen** für angeordnete Schutzmaßnahmen nach §§ 28 ff. richten sich nach § 56 und kommen auf dieser Grundlage für Handlungs- und Zustandsstörer in Betracht, nicht dagegen für die Gruppe der Nichtstörer.

16

Der **Rechtsschutz** hängt von der Rechtsnatur der angegriffenen Maßnahme ab. Unter den Aspekten des Infektionsschutzes werden sowohl individuelle Verwaltungsakte i.S.d. § 35 Satz 1 VwGO als auch in Form von Allgemeinverfügungen gemäß § 35 Satz 2 VwGO besonders in epidemischen Zeiten erlassen. Gegen diese Verwaltungsakte sind grundsätzlich Widerspruch und Anfechtungsklage statthaft, soweit Landesgesetze nicht auf die Durchführung von Vorverfahren verzichtet haben. Dies ist z.B. in NRW nach § 110 JustG NRW oder in Niedersachsen nach § 80 Abs. 1, 2 Nds. JustG der Fall. Für Verfahren gegen Verwaltungsakte auf der Grundlage des § 28 IfSG ist kein Vorverfahren i.S.d. § 68 VwGO bundesrechtlich vorgeschrieben. Wegen fehlender Einzelzustellung von Allgemeinverfügungen und lediglich öffentlicher Bekanntmachungen in Form von Aushängen, Internetveröffentlichungen o.ä. müssen sich die Bürger laufend selbst über eventuelle Anordnungen kundig machen. Die Fristen für die Einlegung von Rechtsbehelfen und Rechtsmitteln folgen aus den Rechtsbehelfsbelehrungen, die den Anordnungen beizufügen sind. Fehlen sie, gilt anstelle der üblichen Monatsfrist eine Jahresfrist nach § 58 Abs. 2 VwGO. Auf der Grundlage des § 28 Abs. 1 haben Verwaltungsakte gemäß §§ 28 Abs. 3, 16 Abs. 8 keine aufschiebende Wirkung. Für die Wiederherstellung der aufschiebenden Wirkung steht das Verfahren nach § 80 Abs. 5 VwGO zur Verfügung, so dass Anordnungen bis zu ihrer Aufhebung zu befolgen sind. Sind Maßnahmen von den zuständigen Behörden aufgrund des § 32 als Rechtsverordnungen getroffen worden, so können in nahezu allen Bundesländern Normenkontrollverfahren nach § 47 VwGO angestrengt werden. In NRW ist dies mit § 109a JustG NRW im Jahr 2019 ermöglicht worden. Die Klage ist vor dem zuständigen Oberverwaltungsgericht bzw. Verwaltungsgerichtshof innerhalb der Frist von einem Jahr zu erheben. Soweit diese Nachprüfungsmöglichkeit nicht besteht, ist eine Feststellungsklage nach § 43 VwGO vor dem zuständigen Verwaltungsgericht statthaft.

17

## § 29 Beobachtung

(1) Kranke, Krankheitsverdächtige, Ansteckungsverdächtige und Ausscheider können einer Beobachtung unterworfen werden.

(2) Wer einer Beobachtung nach Absatz 1 unterworfen ist, hat die erforderlichen Untersuchungen durch die Beauftragten des Gesundheitsamtes zu dulden und den Anordnungen des Gesundheitsamtes Folge zu leisten. § 25 Absatz 3 gilt entsprechend. Eine Person nach Satz 1 ist ferner verpflichtet, den Beauftragten des Gesundheitsamtes zum Zwecke der Befragung oder der Untersuchung den Zutritt zu seiner Wohnung zu gestatten, auf Verlangen ihnen über alle seinen Gesundheitszustand betreffenden Umstände Auskunft zu geben und im Falle des Wechsels der Hauptwohnung oder des gewöhnlichen Aufenthaltes unverzüglich dem bisher zuständigen Gesundheitsamt Anzeige zu erstatten. Die Anzeigepflicht gilt auch bei Änderungen einer Tätigkeit im Lebensmittelbereich im Sinne von § 42 Abs. 1 Satz 1 oder in Einrichtungen im Sinne von § 23 Absatz 5 oder § 36 Absatz 1 sowie beim Wechsel einer Gemeinschaftseinrichtung im Sinne von § 33. § 16 Abs. 2 Satz 4 gilt entsprechend. Die Grundrechte der körperlichen Unversehrtheit (Artikel 2 Abs. 2 Satz 1 Grundgesetz), der Freiheit der Person (Artikel 2 Abs. 2 Satz 2 Grundgesetz) und der Unverletzlichkeit der Wohnung (Artikel 13 Abs. 1 Grundgesetz) werden insoweit eingeschränkt.

## § 30 Absonderung

(1) Die zuständige Behörde hat anzuordnen, dass Personen, die an Lungenpest oder an von Mensch zu Mensch übertragbarem hämorrhagischem Fieber erkrankt oder dessen verdächtig sind, unverzüglich in einem Krankenhaus oder einer für diese Krankheiten geeigneten Einrichtung abgesondert werden. Bei sonstigen Kranken sowie Krankheitsverdächtigen, Ansteckungsverdächtigen und Ausscheidern kann angeordnet werden, dass sie in einem geeigneten

Krankenhaus oder in sonst geeigneter Weise abgesondert werden, bei Ausscheidern jedoch nur, wenn sie andere Schutzmaßnahmen nicht befolgen, befolgen können oder befolgen würden und dadurch ihre Umgebung gefährden.

(2) Kommt der Betroffene den seine Absonderung betreffenden Anordnungen nicht nach oder ist nach seinem bisherigen Verhalten anzunehmen, dass er solchen Anordnungen nicht ausreichend Folge leisten wird, so ist er zwangsweise durch Unterbringung in einem abgeschlossenen Krankenhaus oder einem abgeschlossenen Teil eines Krankenhauses abzusondern. Ansteckungsverdächtige und Ausscheider können auch in einer anderen geeigneten abgeschlossenen Einrichtung abgesondert werden. Das Grundrecht der Freiheit der Person (Artikel 2 Abs. 2 Satz 2 Grundgesetz) kann insoweit eingeschränkt werden. Buch 7 des Gesetzes über das Verfahren in Familiensachen und in den Angelegenheiten der freiwilligen Gerichtsbarkeit gilt entsprechend.

(3) Der Abgesonderte hat die Anordnungen des Krankenhauses oder der sonstigen Absonderungseinrichtung zu befolgen und die Maßnahmen zu dulden, die der Aufrechterhaltung eines ordnungsgemäßen Betriebs der Einrichtung oder der Sicherung des Unterbringungszwecks dienen. Insbesondere dürfen ihm Gegenstände, die unmittelbar oder mittelbar einem Entweichen dienen können, abgenommen und bis zu seiner Entlassung anderweitig verwahrt werden. Für ihn eingehende oder von ihm ausgehende Pakete und schriftliche Mitteilungen können in seinem Beisein geöffnet und zurückgehalten werden, soweit dies zur Sicherung des Unterbringungszwecks erforderlich ist. Die bei der Absonderung erhobenen personenbezogenen Daten sowie die über Pakete und schriftliche Mitteilungen gewonnenen Erkenntnisse dürfen nur für Zwecke dieses Gesetzes verarbeitet werden. Postsendungen von Gerichten, Behörden, gesetzlichen Vertretern, Rechtsanwälten, Notaren oder Seelsorgern dürfen weder geöffnet noch zurückgehalten werden; Postsendungen an solche Stellen oder Personen dürfen nur geöffnet und zurückgehalten werden, soweit dies zum Zwecke der Entseuchung notwendig ist. Die Grundrechte der körperlichen Unversehrtheit (Artikel 2 Abs. 2 Satz 1 Grundgesetz), der Freiheit der Person (Artikel 2 Abs. 2 Satz 2 Grundgesetz) und das Grundrecht des Brief- und Postgeheimnisses (Artikel 10 Grundgesetz) werden insoweit eingeschränkt.

(4) Der behandelnde Arzt und die zur Pflege bestimmten Personen haben freien Zutritt zu abgesonderten Personen. Dem Seelsorger oder Urkundspersonen muss, anderen Personen kann der behandelnde Arzt den Zutritt unter Auferlegung der erforderlichen Verhaltensmaßregeln gestatten.

(5) Die Träger der Einrichtungen haben dafür zu sorgen, dass das eingesetzte Personal sowie die weiteren gefährdeten Personen den erforderlichen Impfschutz oder eine spezifische Prophylaxe erhalten.

(6) Die Länder haben dafür Sorge zu tragen, dass die nach Absatz 1 Satz 1 notwendigen Räume, Einrichtungen und Transportmittel zur Verfügung stehen.

(7) Die zuständigen Gebietskörperschaften haben dafür zu sorgen, dass die nach Absatz 1 Satz 2 und Absatz 2 notwendigen Räume, Einrichtungen und Transportmittel sowie das erforderliche Personal zur Durchführung von Absonderungsmaßnahmen außerhalb der Wohnung zur Verfügung stehen. Die Räume und Einrichtungen zur Absonderung nach Absatz 2 sind nötigenfalls von den Ländern zu schaffen und zu unterhalten.

## § 31 Berufliches Tätigkeitsverbot

Die zuständige Behörde kann Kranken, Krankheitsverdächtigen, Ansteckungsverdächtigen und Ausscheidern die Ausübung bestimmter beruflicher Tätigkeiten ganz oder teilweise untersagen. Satz 1 gilt auch für sonstige Personen, die Krankheitserreger so in oder an sich tragen, dass im Einzelfall die Gefahr einer Weiterverbreitung besteht.

| Übersicht | Rdn. | | Rdn. |
|---|---|---|---|
| A. Normzwecke und Regelungsgegenstände ................ | 1 | III. Absonderungen ................ | 13 |
| B. Tatbestände .................... | 3 | IV. Tätigkeitsverbote ................ | 21 |
| I. Allgemeines .................... | 3 | C. Vollziehbarkeit, Zwangsmaßnahmen, Rechtsbehelfe und -mittel, Bewehrung . | 25 |
| II. Beobachtungen................. | 8 | | |

## A. Normzwecke und Regelungsgegenstände

§§ 29 bis 31 legen spezielle Eingriffsmaßnahmen im Rahmen der **Infektionsbekämpfung** fest. Dies sind Beobachtungen, Absonderungen und berufliche Tätigkeitsverbote. Dabei stellen die Beobachtungsanordnungen i.d.R. Begleitmaßnahmen zu Absonderungsanordnungen und Tätigkeitsverboten dar. 1

Die Normen verfolgen den **Zweck**, durch Separierung der unterschiedlichen infektiösen Gruppen von Gesunden eine Eindämmung der Infektionsausbreitung und eine Unterbrechung von Infektionsketten zu erreichen und gleichzeitig Erkenntnisse zum epidemiologischen Geschehen zu erzielen. Sie sollen ständig sich verbessernde Grundlagen für Mittel und Methoden der Infektionsbekämpfung sein. 2

## B. Tatbestände

### I. Allgemeines

§§ 29 bis 31 sind **leges speciales** zur Generalklausel des § 28, BayVGH Beschl. v. 03.12.2020 – 20 NE 20.2749, so dass sie grundsätzlich § 28 vorgehen. Wenn allerdings im Rahmen der Anwendung des § 28a Absonderungsmaßnahmen z.B. für aus dem Ausland einreisende Personen festgesetzt werden, stellt das OVG NRW Beschl. v. 05.06.2020 –13 B 776/20.NE m.w.N., auf den unterschiedlichen Wesensgehalt der Absonderungsanordnungen nach § 28a und § 30 ab und lässt in diesem Fall die Anwendung des § 28 zusätzlich zu. Allerdings stellt es lediglich negativ fest, dass zu einer Anordnung nach § 30 keine Unterschiede erkennbar seien, aber nicht positiv, worin sie zu bestehen hätten. *Johann/Gabriel*, BeckOK § 30 Rn. 5.1, 15.1 arbeiten verdienstvoll Merkmale für die Unterscheidung heraus. Konkret müssten Inhalt und Tragweite der Maßnahmen unterschiedlich beschrieben werden, so dass die Dauer der Anordnung, die Festlegung des Bewegungsradius, Zugangsrechte und Ausnahmebestimmungen zu definieren seien. Hinzu kommen die Kriterien der OVG-Entscheidung Krankheitssymptome, Meldepflichten und häuslicher Kontakt. 3

**Normadressaten** sind nach §§ 29 Abs. 2 Satz 1, 30 Abs. 1 Satz 2 und 31 Satz 1 gleichermaßen als **Störer** identifizierte Kranke, Krankheitsverdächtige, Ansteckungsverdächtige und Ausscheider i.S.d. §§ 2 Nr. 4–7 i.V.m. §§ 6 und 7. Zusätzlich richtet sich § 30 Abs. 1 Satz 1 explizit an durch Lungenpest und alle Formen von hämorraghischem Fieber, die von Mensch zu Mensch übertragbar sind, Erkrankte und Krankheitsverdächtige. 4

**Nichtstörer** dürfen nach § 29 nicht beobachtet werden, VG Mainz Beschl. v. 29.04.2020 – 1 L 273/20.MZ. Sie werden vom Wortlaut nicht erfasst. Absonderungsmaßnahmen sind nach dem Wortlaut zunächst ebenfalls nur gegen Störer zu richten, allerdings können Kontaktpersonen zu Kranken und Infizierten als Ansteckungsverdächtige eingestuft werden. Damit sind sie Störer und keine Nichtstörer mehr, vgl. zu dieser Frage § 30 Rdn. 22. 5

Bei allen Maßnahmen nach §§ 29 – 31 ist insbesondere unter dem Aspekt der Angemessenheit einer Maßnahme, *Johann/Gabriel*, BeckOK § 30 Rn. 21.1 m.w.Nw., das **Verhältnismäßigkeitsprinzip** zu beachten. Es muss in der Formulierung einer Anordnung zum Ausdruck kommen. Die dafür und dagegen sprechenden Argumente sind aufzulisten und gegeneinander abzuwägen. 6

**Zuständig** für die Anordnung von Beobachtungen, Absonderungsmaßnahmen und Tätigkeitsverboten sind die nach § 28 zuständigen Behörden, vgl. Länderregelungen § 15a Rdn. 8. Sie handeln 7 auf Vorschlag des Gesundheitsamtes, das bei nicht rechtzeitiger Erreichbarkeit unmittelbar nach der jeweiligen Anordnung zu unterrichten ist, §§ 29, 30 Abs. 1 Satz 1, 31 Satz 1, 28 Abs. 3, 16 Abs. 6. Die Vorhaltung der notwendigen räumlichen und sächlichen Infrastruktur im Rahmen des § 30 bedeutet insbesondere bei spezialisierten Isolierstationen einen sehr hohen Kostenfaktor, der von den Kommunen in der Regel nicht getragen werden kann. Dies gilt umso mehr, als stationäre Spezialeinheiten grundsätzlich überregional versorgen. Daher besteht insoweit eine Länderzuständigkeit nach § 30 Abs. 6 und Abs. 7 Satz 2, wenn Gebietskörperschaften, Kreise und kreisfreie Städte zur Vorhaltung nicht in der Lage sind. Das rettungsdienstliche Personal stellen die Kommunen. Das pflegerische, technische und ärztliche Personal unterliegt grundsätzlich der Betriebskostenfinanzierung der Krankenhäuser.

## II. Beobachtungen

8   Beobachtungen i.S.d. Vorschrift sind als **wissenschaftliche Methoden** zu verstehen und von der subjektiven Alltagsbeobachtung zu unterscheiden. Insofern muss ihnen ein planvolles und organisiertes Vorgehen zugrundeliegen. Die Erkenntnisse sind zu dokumentieren, im Prozess den Erfordernissen der jeweiligen Infektionsgefahr regelmäßig anzupassen und auszuwerten.

9   Mit Beobachtungen sind grundsätzlich keine Bewegungseinschränkungen verbunden, wenn sie nicht zusätzlich gesondert angeordnet sind. Der Persönlichkeitsbereich ist allerdings empfindlich eingeschränkt. Zugangs- und Begehungsrechte von Wohnungen sowie **Duldungs-, Melde- und Auskunftspflichten** regelt § 29 Abs. 2. Den Anordnungen ist Folge zu leisten. Auskünfte können nur dann verweigert werden, wenn Betroffene sich oder Angehörige, vgl. zum Angehörigenbegriff § 11 StGB, nach §§ 29 Abs. 2 Satz 5, 16 Abs. 2 Satz 4 der Verfolgung von Straf- oder Ordnungsbehörden aussetzen würden.

10  Gestützt auf §§ 29 Abs. 2 Satz 2, 25 Abs. 3, 16 Abs. 2 Satz 2 und 3 kann das Gesundheitsamt **Vorladungen** aussprechen. Diese können sich sowohl an die nach § 29 verpflichteten Normadressaten als auch darüber hinaus an Auskunftsverpflichtete nach § 16 Abs. 2 richten. Nur auf diese Weise kann das Gesundheitsamt einen umfassenden Überblick über das vorhandene Gefährdungspotenzial und Kontaktpersonen gewinnen, die Überträger werden können.

11  Es dürfen im Kontext des § 29 grundsätzlich nur **äußerliche Untersuchungen** vorgenommen werden, die durch die Formulierung des § 25 Abs. 3 näher konkretisiert sind. Insoweit sind Abstriche von Haut und Schleimhaut, »Röntgenuntersuchungen, Tuberkulintestungen sowie Blutentnahmen« auch ohne Einwilligung der Betroffenen erlaubt. Dies gilt ausdrücklich nicht für Eingriffe, die nur unter Betäubung möglich sind.

12  Die erhobenen personenbezogenen **Gesundheitsdaten** sind eingeschränkt geschützt; denn sie dürfen für die Zwecke dieses Gesetzes verarbeitet werden, § 25 Abs. 3 Satz 3. Die gesetzliche Erlaubnis kann nur durch Berechtigte selbst aufgehoben werden.

## III. Absonderungen

13  **Absonderungsmaßnahmen** können unterschiedliche Qualität und Eingriffstiefe in die Rechte der Betroffenen haben und basieren auf § 30 oder auf Rechtsveordnungen nach § 31. Sie sind streng einzuhaltende Kontaktverbote, die bei Kranken als Isolierung und bei Ansteckungsverdächtigen als Quarantäne bezeichnet werden. Sie können in Krankenhäusern, sonstigen Isoliereinheiten oder im eigenen Hausstand (häusliche Quarantäne) durchgeführt werden. § 30 Abs. 1 Satz 2 eröffnet zu den Methoden weitere Spielräume mit der inhaltlichen Aussage der geeigneten Absonderungsweisen. Maßgebend sind Grad und Schwere der Erkrankung und die Trennungsnotwendigkeit von gesunden Personen sowie die zur Verfügung stehenden technischen bzw. räumlichen Abschottungsmöglichkeiten. Kontakte sind ausschließlich zu den Personen erlaubt, die im Anordnungsbescheid ausdrücklich oder konkludent zugestanden sind. Das bedeutet auch, dass ein Verlassen der Wohnung verboten ist. Dazu zählt bereits das Aufsuchen des Treppenhauses oder des Kellers in einem Mehrfamilienhaus bzw. ein Einkauf. Dabei kommt es nicht darauf an, ob das Zusammentreffen mit

Dritten unwahrscheinlich ist. Ein Besuch von Haushaltshilfen, Lieferanten und Pflegekräften kann untersagt sein. Für eine notwendige Pflege und Betreuung muss gezielt gesorgt werden. Quarantänemaßnahmen sind nicht mit Ausgehbeschränkungen oder Besuchsverboten zu verwechseln. Diese sind in der Regel in Form von Allgemeinverfügungen oder Rechtsverordnungen erlassene Vorgaben, die beschränkte Konktakte erlauben und keine strenge Isolierung erfordern. Einen besonderen schriftlichen Darstellungs- und Begründungsaufwand erfordern Absonderungsanordnungen gegenüber Kontaktpersonen, die sich in unterschiedlicher Nähe zu Infizierten aufgehalten haben, vgl. RKI- Kontaktpersonen-Nachverfolgung bei SARS-CoV-2-Infektionen, Stand 15.09.2021.

§ 30 unterscheidet zwischen **zwingenden und fakultativen Absonderungsanordnungen**. Die zuständige Behörde hat kein Ermessen, auf eine Absonderung im Fall des § 30 Abs. 1 Satz 1 oder den dort zitierten Krankheits- bzw. Verdachtsfällen zu verzichten. In allen anderen Konstellationen steht ihr sowohl ein Entschließungs- als auch ein Auswahlermessen hinsichtlich des Absonderungsmittels und der Eingriffstiefe zu. 14

Nach der Amtlichen Begründung, BT-Drs. 14/2530, dürfen Absonderungsrechte und -pflichten nicht mit der Frage der **Freiwilligkeit** der Unterwerfung unter eine Absonderunsanordnung verwechselt werden. Der Gesetzgeber geht bei § 30 Abs. 1 grundsätzlich davon aus, dass der Störer i.S.d. Vorschrift die Notwendigkeit der Absonderung einsieht und sie befolgt. Dies schließt den Erlass eines Verwaltungsakts allerdings nicht aus, der der Anordnung durch Form und Rechtsfolgen Nachdruck verleiht. Straf- oder bußgeldbewehrte Konsequenzen ziehen allein Verstöße gegen vollziehbare Anordnungen nach sich. Die mit dem Verwaltungsakt umgesetzte freiheitsbeschränkende Anordnung berühre den Schutzzweck der Art. 2 Abs. 2 Satz 2, Art. 104 GG, so dass das Zitiergebot des Art. 19 Abs. 1 Satz 2 GG verletzt sei, vgl. die verfassungsrechtliche Diskussion *Mers*, S. 232 ff.; *Kießling*, § 30 Rn. 30, 32. Dem widerspricht die Rechtsprechung, z.B. OVG NRW Beschl. v. 13.07.2020 – 13 B 968/20.NE, Niedersächsisches OVG Beschl. v. 29.04.2020 – 13 MN 117/20, die den genannten verfassungsrechtlichen Schutzbereich durch ein psychologisches Zwangsmoment eines Verwaltungsakts nicht als verletzt ansieht, wenn dieser wie in § 30 Abs. 1 Freiwilligkeit voraussetzt. Erst ein physischer Zwang könne in diesem Kontext einen Eingriff in das Grundrecht auf körperliche Bewegungsfreiheit bewirken. 15

Für **Ausscheider** ist eine Absonderung nach § 30 Abs. 1 Satz 2 Hs. 2 nur dann erlaubt, wenn sie andere durch ihr Verhalten absichtlich oder unfreiwillig gefährden. Die Gründe für ihr Verhalten sind unerheblich. 16

Die **Beobachtung** ist besonders relevant, wenn Absonderungsmaßnahmen in häuslicher Quarantäne durchgeführt werden, um Krankheitsverschlimmerungen und Ausbruchsgeschehen möglichst frühzeitig zu erkennen. Die Entwicklung schwerwiegender Erkrankungen, die stationär behandelt werden müssen, wird im Interesse der Epidemiologie von Krankenhäusern mitverfolgt und den Gesundheitsämtern gemeldet. Beobachtungen dienen naturgemäß auch der Kontrolle der Einhaltung angeordneter Maßnahmen. 17

§ 30 Abs. 3 berücksichtigt den Widerstand abgesonderter Personen und unterwirft sie Pflichten zur **Befolgung und Duldung** von Regeln der Sicherung und Aufrechterhaltung des Einrichtungsbetriebs. In Analogie zum Betreuungs- und Unterbringungsrecht nach dem 3. Buch FamFG wird der Bewegungsradius eingeschränkt, dürfen Gegenstände, die ein Entweichen begünstigen, weggenommen und Postsendungen geöffnet werden. Ausgenommen sind insoweit alle Maßnahmen, die der Wahrung der Rechte der Betroffenen durch Justiz und Rechtsanwaltschaft dienen. Abgenommene Gegenstände werden öffentlich – grundsätzlich in den Einrichtungen – verwahrt. Weitere rechtmäßige Anordnungen können sich aus dem Recht der Einrichtungen ergeben (Anstaltsrecht). Rechtswidrige Maßnahmen müssen Betroffene nicht dulden. Daraus folgt auch, dass weder Zwangsbehandlungen noch die Anwendung von Zwangsmaßnahmen zur Durchsetzung der Duldungspflichten zulässig sind, a.A. zur Durchsetzung von Duldungsmaßnahmen *Erdle*, § 30 Rn. 6. Die Grundrechtseinschränkungen beziehen sich ausschließlich auf die in Abs. 3 erlaubten Maßnahmen. § 30 Abs. 3 gilt gleichermaßen für freiwillige und damit von den Betroffenen akzeptierte 18

Absonderungen, *Johann/Gabriel* BeckOK, § 30 Rn. 39 f., wie für unfreiwillige. Die Freiwilligkeit entbindet Abgesonderte indessen nicht von den Vorgaben der Anstaltsordnungen zur Aufrechterhaltung eines reibungslosen Betriebs.

19 Unbeschränktes **Zutrittsrecht** hat nach § 30 Abs. 4 für die Betroffenen zuständiges ärztliches und pflegerisches Personal. Grundsätzlich gilt dies auch für Seelsorger und Urkundspersonen. Insoweit muss jedoch ein geeigneter infektiologischer Schutz sowohl für diese als auch für die Untergebrachten sichergestellt werden. Nach einer Nutzen-Risiko-Abwägung und weiteren Vorsorgemaßnahmen kann zusätzlich Dritten der Zutritt durch ärztliche Entscheidung gewährt werden.

20 Absonderungsregelungen nach § 30 sind zwar Mittel der Wahl zur Durchbrechung von durch Kontakt ausgelöste Infektionsketten, stellen aber auch einen massiven Eingriff in die Freiheitsrechte der Betroffenen dar. Insoweit ist der besonders kritische Umgang mit der Norm nachvollziehbar, vgl. *Kießling*, § 30 Rn. 3. Eine Verletzung des **Zitiergebots** des Art. 19 Abs. 1 Satz 3 GG sieht indessen das OVG des Saarlandes Beschl. v. 13.05.2020 – 2 B 175/20, nicht. Es gelte nur für echte »Eingriffsvorbehalte«, nicht jedoch für grundrechtlich besonders vorgesehene Befugnisse des Normgebers zur Inhaltsbestimmung in Form von Schranken- oder Ausgestaltungsvorbehalten.

### IV. Tätigkeitsverbote

21 Die Norm ist sehr allgemein gefasst und dient als **Auffangtatbestand**. Die Verbote sind weder auf bestimmte Tätigkeiten noch auf bestimmte Einrichtungen fokussiert, wie dies in den §§ 34, 33 bei Gemeinschaftseinrichtungen und § 42 bei mit Lebensmitteln umgehende Betriebe der Fall ist. Sie sollen vielmehr generell von einen bei der Berufsausübung für Schutz sorgen, § 31 Satz 1, bei der eine besondere Nähe der Beschäftigten üblich ist. Zum anderen sollen sie auch Einzelfälle abdecken in Situationen, in denen Personen Krankheitserreger an oder in sich tragen (Carrier) und eine Weiterverbreitung zu befürchten ist. Sie berechtigt zu Maßnahmen gegen Störer, bei denen die Infektionsgefahr positiv festgestellt ist.

22 § 31 richtet Tätigkeitsverbote ausschließlich gegen Störer und ist insoweit lex specialis zu § 28. Soweit auch **Nichtstörer** einbezogen werden müssen, darf nach den Vorgaben der Rechtsprechung auf § 28 zurückgegriffen werden, OVG-Berlin-Brandenburg Beschl. v. 23.04.2020 – OVG 11 S 25/20; OVG NRW Beschl. v. 15.04.2020 – 13 B 440/20.NE.

23 **Unheilbare Infektionen** können zu vollständigen Berufsverboten führen, *Mers*, S. 262 ff. Aus Gründen der Verhältnismäßigkeit besteht eine Abwägungsverpflichtung dahingehend, dass ggf. Tätigkeitsverbote nur für Teilbereiche ausgesprochen werden, in denen eine herabgesetzte oder keine Infektionsgefahr besteht, *Johann/Gabriel* BeckOK, § 31 Rn. 11 ff. m.w.N.

24 **Entschädigungsansprüche** können grundsätzlich nach § 56 Abs. 1 Satz 1 geltend gemacht werden.

### C. Vollziehbarkeit, Zwangsmaßnahmen, Rechtsbehelfe und -mittel, Bewehrung

25 **Vollziehbar** sind Anordnungen grundsätzlich mit Erlass, da eine aufschiebende Wirkung nach §§ 28 Abs. 3, 16 Abs. 8 nicht besteht. Sie kann nach § 80 Abs. 5 VwGO jedoch wiederhergestellt werden.

26 Vollziehbare Anordnungen auf der Grundlage der §§ 28 bis 30 können grundsätzlich mit **Verwaltungsvollstreckungsmaßnahmen** durchgesetzt werden. So sind insbesondere Zwangsgelder mehrfach wiederholbar, da sie keine Strafen im rechtlichen Sinn darstellen. Allerdings verdrängt § 30 Abs. 2 bei Absonderungsmaßnahmen die Regelungen des Verwaltungsvollstreckungsrechts und sieht stattdessen die zwangsweise Unterbringung nach den Vorgaben der §§ 415 ff. FamFG als lex specialis vor. Es handelt sich um eine Variante des unmittelbaren Zwangs in Form einer Freiheitsentziehung. *Kießling*, § 30 Rn. 36, betont den Charakter der »ultima ratio«- Anforderung. Die Abwägung von öffentlichem und privatem Interesse muss zwingend zu einer Unterbringungsentscheidung führen. Diese hat die zuständige Verwaltungsbehörde nach §§ 417 Abs. 1, 2 ff. FamFG beim zuständigen Gericht zu beantragen. Die bestehenden Verfahrensvorschriften des 7. Buches

z.B. zur Anhörung nach § 420 FamFG sind einzuhalten. Nach § 422 Abs. 3 FamFG vollzieht die zuständige Verwaltungsbehörde nach diesem Gesetz die Unterbringungsanordnung.

Das statthafte **Rechtsmittel** gegen Unterbringungsanordnungen nach § 30 Abs. 2 i.V.m. §§ 415 ff. FamFG ist die Beschwerde nach §§ 58 ff., 70 ff., 429 FamFG, die zu den Gerichten einzulegen ist, die die Entscheidung getroffen haben. Gegen Verwaltungsakte nach § 30 Abs. 1 sind Widerspruch und Anfechtungsklage im Verwaltungs- und Verwaltungsgerichtsverfahren die geeigneten Rechtsbehelfe und Rechtsmittel. 27

Nach § 73 Abs. 1a Nr. 3, 6, 12 und 13, Abs. 2 wird mit einem **Bußgeld** belegt, wer entgegen § 29 Abs. 2 Satz 3 weder den Zutritt zu seiner Wohnung gestattet noch die dort genannten Anzeigepflichten nicht, nicht richtig oder nicht rechtzeitig erfüllt bzw. einer entsprechenden vollziehbaren Anordnung zuwiderhandelt. Das Bußgeld kann bis zu 25.000 € betragen. Als Vergehen **strafbar** wird das Verhalten gem. §§ 74, 73 Abs. 1a Nr. 3,6, 12 und 13, wenn es vorsätzlich begangen wird und dadurch Krankheiten i.S.d. § 6 Abs. 1 Satz 1 Nr. 1 oder Krankheitserreger i.S.d. § 7 weiterverbreitet werden. Eine Freiheitsstrafe von 2 Jahren oder Geldstrafe droht gemäß § 75, wenn Lungenpest oder hämorrhagisches Fieber durch Kranke oder Infizierte übertragen werden kann und betroffene Personen sich einer vollziehbaren Absonderungsanordnung nach § 30 Abs. 1 Satz 1 widersetzen. 28

### § 56 Entschädigung

(1) Wer auf Grund dieses Gesetzes als Ausscheider, Ansteckungsverdächtiger, Krankheitsverdächtiger oder als sonstiger Träger von Krankheitserregern im Sinne von § 31 Satz 2 Verboten in der Ausübung seiner bisherigen Erwerbstätigkeit unterliegt oder unterworfen wird und dadurch einen Verdienstausfall erleidet, erhält eine Entschädigung in Geld. Das Gleiche gilt für eine Person, die nach § 30, auch in Verbindung mit § 32, abgesondert wird oder sich auf Grund einer nach § 36 Absatz 8 Satz 1 Nummer 1 erlassenen Rechtsverordnung absondert. Eine Entschädigung in Geld kann auch einer Person gewährt werden, wenn diese sich bereits vor der Anordnung einer Absonderung nach § 30 oder eines beruflichen Tätigkeitsverbots nach § 31 vorsorglich abgesondert oder vorsorglich bestimmte berufliche Tätigkeiten ganz oder teilweise nicht ausgeübt hat und dadurch einen Verdienstausfall erleidet, wenn eine Anordnung einer Absonderung nach § 30 oder eines beruflichen Tätigkeitsverbots nach § 31 bereits zum Zeitpunkt der vorsorglichen Absonderung oder der vorsorglichen Nichtausübung beruflicher Tätigkeiten hätte erlassen werden können. Eine Entschädigung nach den Sätzen 1 und 2 erhält nicht, wer durch Inanspruchnahme einer Schutzimpfung oder anderen Maßnahme der spezifischen Prophylaxe, die gesetzlich vorgeschrieben ist oder im Bereich des gewöhnlichen Aufenthaltsorts des Betroffenen öffentlich empfohlen wurde, oder durch Nichtantritt einer vermeidbaren Reise in ein bereits zum Zeitpunkt der Abreise eingestuftes Risikogebiet ein Verbot in der Ausübung seiner bisherigen Tätigkeit oder eine Absonderung hätte vermeiden können. Eine Reise ist im Sinne des Satzes 4 vermeidbar, wenn zum Zeitpunkt der Abreise keine zwingenden und unaufschiebbaren Gründe für die Reise vorlagen.

(1a) Sofern der Deutsche Bundestag nach § 5 Absatz 1 Satz 1 eine epidemische Lage von nationaler Tragweite festgestellt hat, erhält eine erwerbstätige Person eine Entschädigung in Geld, wenn
1. Einrichtungen zur Betreuung von Kindern, Schulen oder Einrichtungen für Menschen mit Behinderungen zur Verhinderung der Verbreitung von Infektionen oder übertragbaren Krankheiten auf Grund dieses Gesetzes vorübergehend geschlossen werden oder deren Betreten, auch aufgrund einer Absonderung, untersagt wird, oder wenn von der zuständigen Behörde aus Gründen des Infektionsschutzes Schul- oder Betriebsferien angeordnet oder verlängert werden, die Präsenzpflicht in einer Schule aufgehoben oder der Zugang zum Kinderbetreuungsangebot eingeschränkt wird oder eine behördliche Empfehlung vorliegt, vom

Besuch einer Einrichtung zur Betreuung von Kindern, einer Schule oder einer Einrichtung für Menschen mit Behinderungen abzusehen,
2. die erwerbstätige Person ihr Kind, das das zwölfte Lebensjahr noch nicht vollendet hat oder behindert und auf Hilfe angewiesen ist, in diesem Zeitraum selbst beaufsichtigt, betreut oder pflegt, weil sie keine anderweitige zumutbare Betreuungsmöglichkeit sicherstellen kann, und
3. die erwerbstätige Person dadurch einen Verdienstausfall erleidet.

Anspruchsberechtigte haben gegenüber der zuständigen Behörde, auf Verlangen des Arbeitgebers auch diesem gegenüber, darzulegen, dass sie in diesem Zeitraum keine zumutbare Betreuungsmöglichkeit für das Kind sicherstellen können. Ein Anspruch besteht nicht, soweit eine Schließung ohnehin wegen der Schul- oder Betriebsferien erfolgen würde. Im Fall, dass das Kind in Vollzeitpflege nach § 33 des Achten Buches Sozialgesetzbuch in den Haushalt aufgenommen wurde, steht der Anspruch auf Entschädigung den Pflegeeltern zu.

(2) Die Entschädigung bemisst sich nach dem Verdienstausfall. Für die ersten sechs Wochen wird sie in Höhe des Verdienstausfalls gewährt. Vom Beginn der siebenten Woche an wird die Entschädigung abweichend von Satz 2 in Höhe von 67 Prozent des der erwerbstätigen Person entstandenen Verdienstausfalls gewährt; für einen vollen Monat wird höchstens ein Betrag von 2.016 Euro gewährt. Im Fall des Absatzes 1a wird die Entschädigung von Beginn an in der in Satz 3 bestimmten Höhe gewährt. Für jede erwerbstätige Person wird die Entschädigung nach Satz 4 für die Dauer der vom Deutschen Bundestag nach § 5 Absatz 1 Satz 1 festgestellten epidemischen Lage von nationaler Tragweite unabhängig von der Anzahl der Kinder für längstens zehn Wochen pro Jahr gewährt, für eine erwerbstätige Person, die ihr Kind allein beaufsichtigt, betreut oder pflegt, längstens für 20 Wochen pro Jahr.

(3) Als Verdienstausfall gilt das Arbeitsentgelt, das dem Arbeitnehmer bei der für ihn maßgebenden regelmäßigen Arbeitszeit zusteht, vermindert um Steuern und Beiträge zur Sozialversicherung sowie zur Arbeitsförderung oder entsprechende Aufwendungen zur sozialen Sicherung in angemessenem Umfang (Netto-Arbeitsentgelt). Bei der Ermittlung des Arbeitsentgelts sind die Regelungen des § 4 Absatz 1, 1a und 4 des Entgeltfortzahlungsgesetzes entsprechend anzuwenden. Für die Berechnung des Verdienstausfalls ist die Netto-Entgeltdifferenz in entsprechender Anwendung des § 106 des Dritten Buches Sozialgesetzbuch zu bilden. Der Betrag erhöht sich um das Kurzarbeitergeld und um das Zuschuss-Wintergeld, auf das der Arbeitnehmer Anspruch hätte, wenn er nicht aus den in Absatz 1 genannten Gründen an der Arbeitsleistung verhindert wäre. Satz 1 gilt für die Berechnung des Verdienstausfalls bei den in Heimarbeit Beschäftigten und bei Selbständigen entsprechend mit der Maßgabe, dass bei den in Heimarbeit Beschäftigten das im Durchschnitt des letzten Jahres vor Einstellung der verbotenen Tätigkeit oder vor der Absonderung verdiente monatliche Arbeitsentgelt und bei Selbständigen ein Zwölftel des Arbeitseinkommens (§ 15 des Vierten Buches Sozialgesetzbuch) aus der entschädigungspflichtigen Tätigkeit zugrunde zu legen ist.

(4) Bei einer Existenzgefährdung können den Entschädigungsberechtigten die während der Verdienstausfallzeiten entstehenden Mehraufwendungen auf Antrag in angemessenem Umfang von der zuständigen Behörde erstattet werden. Selbständige, deren Betrieb oder Praxis während der Dauer einer Maßnahme nach Absatz 1 ruht, erhalten neben der Entschädigung nach den Absätzen 2 und 3 auf Antrag von der zuständigen Behörde Ersatz der in dieser Zeit weiterlaufenden nicht gedeckten Betriebsausgaben in angemessenem Umfang.

(5) Bei Arbeitnehmern hat der Arbeitgeber für die Dauer des Arbeitsverhältnisses, längstens für sechs Wochen, die Entschädigung für die zuständige Behörde auszuzahlen. Abweichend von Satz 1 hat der Arbeitgeber die Entschädigung nach Absatz 1a für die in Absatz 2 Satz 5 genannte Dauer auszuzahlen. Die ausgezahlten Beträge werden dem Arbeitgeber auf Antrag von der zuständigen Behörde erstattet. Im Übrigen wird die Entschädigung von der zuständigen Behörde auf Antrag gewährt.

(6) Bei Arbeitnehmern richtet sich die Fälligkeit der Entschädigungsleistungen nach der Fälligkeit des aus der bisherigen Tätigkeit erzielten Arbeitsentgelts. Bei sonstigen Entschädigungsberechtigten ist die Entschädigung jeweils zum Ersten eines Monats für den abgelaufenen Monat zu gewähren.

(7) Wird der Entschädigungsberechtigte arbeitsunfähig, so bleibt der Entschädigungsanspruch in Höhe des Betrages, der bei Eintritt der Arbeitsunfähigkeit an den Berechtigten auszuzahlen war, bestehen. Ansprüche, die Entschädigungsberechtigten wegen des durch die Arbeitsunfähigkeit bedingten Verdienstausfalls auf Grund anderer gesetzlicher Vorschriften oder eines privaten Versicherungsverhältnisses zustehen, gehen insoweit auf das entschädigungspflichtige Land über.

(8) Auf die Entschädigung sind anzurechnen
1. Zuschüsse des Arbeitgebers, soweit sie zusammen mit der Entschädigung den tatsächlichen Verdienstausfall übersteigen,
2. das Netto-Arbeitsentgelt und das Arbeitseinkommen nach Absatz 3 aus einer Tätigkeit, die als Ersatz der verbotenen Tätigkeit ausgeübt wird, soweit es zusammen mit der Entschädigung den tatsächlichen Verdienstausfall übersteigt,
3. der Wert desjenigen, das der Entschädigungsberechtigte durch Ausübung einer anderen als der verbotenen Tätigkeit zu erwerben böswillig unterlässt, soweit es zusammen mit der Entschädigung den tatsächlichen Verdienstausfall übersteigt,
4. das Arbeitslosengeld in der Höhe, in der diese Leistung dem Entschädigungsberechtigten ohne Anwendung der Vorschriften über das Ruhen des Anspruchs auf Arbeitslosengeld bei Sperrzeit nach dem Dritten Buch Sozialgesetzbuch sowie des § 66 des Ersten Buches Sozialgesetzbuch in der jeweils geltenden Fassung hätten gewährt werden müssen. Liegen die Voraussetzungen für eine Anrechnung sowohl nach Nummer 3 als auch nach Nummer 4 vor, so ist der höhere Betrag anzurechnen.

(9) Der Anspruch auf Entschädigung geht insoweit, als dem Entschädigungsberechtigten Arbeitslosengeld oder Kurzarbeitergeld für die gleiche Zeit zu gewähren ist, auf die Bundesagentur für Arbeit über. Das Eintreten eines Tatbestandes nach Absatz 1 oder Absatz 1a unterbricht nicht den Bezug von Arbeitslosengeld oder Kurzarbeitergeld, wenn die weiteren Voraussetzungen nach dem Dritten Buch Sozialgesetzbuch erfüllt sind.

(10) Ein auf anderen gesetzlichen Vorschriften beruhender Anspruch auf Ersatz des Verdienstausfalls, der dem Entschädigungsberechtigten durch das Verbot der Ausübung seiner Erwerbstätigkeit oder durch die Absonderung erwachsen ist, geht insoweit auf das zur Gewährung der Entschädigung verpflichtete Land über, als dieses dem Entschädigungsberechtigten nach diesem Gesetz Leistungen zu gewähren hat.

(11) Die Anträge nach Absatz 5 sind innerhalb einer Frist von zwei Jahren nach Einstellung der verbotenen Tätigkeit, dem Ende der Absonderung oder nach dem Ende der vorübergehenden Schließung, der Untersagung des Betretens, der Schul- oder Betriebsferien, der Aufhebung der Präsenzpflicht, der Einschränkung des Kinderbetreuungsangebotes oder der Aufhebung der Empfehlung nach Absatz 1a Satz 1 Nummer 1 bei der zuständigen Behörde zu stellen. Die Landesregierungen werden ermächtigt, durch Rechtsverordnung zu bestimmen, dass der Antrag nach Absatz 5 Satz 3 und 4 nach amtlich vorgeschriebenem Verfahren durch Datenfernübertragung zu übermitteln ist und das nähere Verfahren zu bestimmen. Die zuständige Behörde kann zur Vermeidung unbilliger Härten auf eine Übermittlung durch Datenfernübertragung verzichten. Dem Antrag ist von Arbeitnehmern eine Bescheinigung des Arbeitgebers und von den in Heimarbeit Beschäftigten eine Bescheinigung des Auftraggebers über die Höhe des in dem nach Absatz 3 für sie maßgeblichen Zeitraum verdienten Arbeitsentgelts und der gesetzlichen Abzüge, von Selbständigen eine Bescheinigung des Finanzamtes über die Höhe des letzten beim Finanzamt nachgewiesenen Arbeitseinkommens beizufügen. Ist ein solches Arbeitseinkommen

noch nicht nachgewiesen oder ist ein Unterschiedsbetrag nach Absatz 3 zu errechnen, so kann die zuständige Behörde die Vorlage anderer oder weiterer Nachweise verlangen.

(12) Die zuständige Behörde hat auf Antrag dem Arbeitgeber einen Vorschuss in der voraussichtlichen Höhe des Erstattungsbetrages, den in Heimarbeit Beschäftigten und Selbständigen in der voraussichtlichen Höhe der Entschädigung zu gewähren.

Übersicht

| | Rdn. | | Rdn. |
|---|---|---|---|
| A. Normzweck und Regelungsgegenstand | 1 | B. Tatbestand | 3 |

## A. Normzweck und Regelungsgegenstand

1 Der **Normzweck** besteht in der Gleichstellung von sozialversicherungsrechtlich abgesicherten, erkrankten Erwerbstätigen mit einer definierten Gruppe nicht abgesicherter, nicht erkrankter Erwerbstätiger, die durch Verbote auf der Grundlage dieses Gesetzes einen Verdienstausfall erleiden. Sie weisen ein Gefährdungspotenzial i.S.d. § 56 Abs. 1 Satz 1 i.V.m. § 2 Nr. 1, 5–8 auf. Ihnen wird mit den Verboten und Anordnungen ein besonderer Beitrag zur öffentlichen Gesundheit abverlangt.

2 **Regelungsgegenstand** ist eine staatliche Entschädigungsleistung mit Lohnersatzfunktion in drei Anwendungsfällen: dem Verdienstausfall wegen eines Tätigkeitsverbots, einer Absonderungsanordnung oder der Übernahme von alternativlosen Betreuungspflichten nach § 56 Abs. 1 Satz 1 und Abs. 1a Satz 1. Rechtsprechung und Literatur sehen in der Norm keine Realisierung eines verfassungsrechtlichen Auftrags aus einer Verletzung des Art. 12 GG, sondern eine **Billigkeitsregelung**, vgl. zur Diskussion Staatshaftung aus Aufopferungsgesichtspunkten bzw. Inanspruchnahme als Störer BeckOK IfSchR/*Kruse*, § 56 Rn. 2 m.w.N., Rn. 10 f. und *Kießling/Kümper*, Vor §§ 56 ff. Rn. 6; *Kümper*, DÖV 2020, 904; *Becker* in *Huster/Kingreen*, Kap. 9.

## B. Tatbestand

3 **Normadressaten** sind im Erwerbsleben stehende, nicht erkrankte, aber potenziell Dritte gefährdende Personen, denen die Tätigkeitsausübung untersagt ist, weil sie Ausscheider, ansteckungs- oder krankheitsverdächtig oder Träger von Krankheitserregern sind. Adressaten sind ferner Personen, die Betreuungspflichten haben, die durch die Schließung von Betreuungseinrichtungen zur Infektionsbekämpfung alternativlos auf sie zurückfallen und ihnen die Erwerbstätigkeit unmöglich machen. Dabei kommt es nicht darauf an, ob sie im Angestellten-, Arbeiterverhältnis, in Heimarbeit stehen oder Selbstständige sind. Beamte sind aufgrund des für sie geltenden Alimentationsprinzips nicht betroffen. Da § 56 keine abweichenden Regelungen trifft und sie nicht ausschließt, können Auszubildende Arbeitnehmern vorliegend gleichgestellt sein, vgl. auch *Pepping/Günther*, NZA 2020, 1694. Juristische Personen sind nicht entschädigungsberechtigt. Nur natürliche Personen können Merkmale nach § 56 Abs. 1 Satz 1 aufweisen.

4 Der Gesetzgeber hat **unterschiedliche Entschädigungsansprüche** vorgesehen. Zum einen basieren sie auf unmittelbaren gesetzlichen Tätigkeitsverboten nach § 31 Abs. 1 bis 3. Durch behördliche Einzelanordnungen ausgesprochene Tätigkeitsverbote können zum anderen auf den Vorgaben des 5. Abschnitts des Gesetzes beruhen. Ferner lösen Absonderungen nach §§ 30, 56 Abs. 1 Satz 2, im Kontext mit Rechtsverordnungen nach §§ 32 und 36 Entschädigungsansprüche aus. Hinzukommen ist mit der Gesetzesänderung vom 29.03.2021 (BGBl. I S. 370) ein Entschädigungsanspruch aufgrund selbst vorgenommener präventiver Absonderung bzw. präventiven Nichttätigkeitwerdens im Vorgriff notwendiger behördlicher Anordnungen nach §§ 30, 31. Die letze Variante bezieht sich auf Verdienstausfälle aufgrund von Betreuungspflichten nach § 56 Abs. 1a.

5 **Gesetzliche Tätigkeitsverbote** folgen aus § 31 Abs. 1 bis 3. Krankheiten, Verlausungen und sonstige Infektionsgefahren werden ärztlicherseits ohne oder mit behördlicher Mitwirkung festgestellt. Die Tatsachenfeststellung löst bereits die Tätigkeitsverbote aus.

Behördlich **angeordnete Tätigkeitsverbote** können ihre Grundlage in den §§ 28, 30, 31, 34, 42, 56 Abs. 1 Satz 1 und 2 sowie Abs. 1a haben. Das Gefahrenpotenzial der jeweiligen Personengruppen nach § 56 Abs. 1 Satz 1 muss ausdrücklich ärztlich festgestellt werden. Dies kann durch frei praktizierende Ärzte oder Ärzte des Gesundheitsamtes geschehen. Die zuständige Behörde muss sich darüberhinaus diese Feststellungen in ihrer Anordnung des Tätigkeitsverbotes zu eigen machen. Damit wird die Feststellung Teil der Verbotsanordnung. Sie kann aber auch isoliert angefochten werden, wenn sie den Betroffenen gegenüber bekannt gegeben wird, ohne dass bereits ein Tätigkeitsverbot damit verbunden worden ist. **6**

Vgl. zu **Absonderungsmaßnahmen** § 30 Rdn. 23 ff. **7**

Die **präventive Selbstisolierung** bzw. das präventive Selbstverbot der Erwerbstätigkeit i.S.d. § 56 Abs. 1 Satz 3 kommt einer notwendigen behördlichen Anrodnung nach §§ 30, 31 zuvor. Der Gesetzgeber belohnt damit nicht nur die hohe, in dem Verhalten zum Ausdruck kommende Verantwortung, die er andernfalls durch eine Anordnung erzwingen müsste, sondern berücksichtigt auch, dass ein Entschädigungsanspruch durch eine behördliche Anordnung entstehen würde. Wäre diese Konstellation nicht entschädigungsfähig, würden beide Personengruppen ungleich behandelt, obwohl gleiche Sachverhalte zugrundeliegen. Besonders verantwortungsbewusste Personen würden sogar benachteiligt. Die Merkmale des § 56 Abs. 1 Satz 1 müssen positiv ärztlich festgestellt worden sein. Ihre Behauptung reicht nicht. Die Behörde muss unmittelbar Kenntnis von der Feststellung erlangen, um auch den zeitlichen Rahmen des Entschädigungszeitraums nach § 56 Abs. 2 Satz 2 bestimmen zu können. **8**

§ 56 gewährt nur bei **unmittelbaren Tätigkeitsverboten** entweder durch das Gesetz oder durch behördliche Verbotsanordnungen in Form von Verwaltungsakten Entschädigungsansprüche, nicht dagegen bei mittelbaren, Kießling/*Kümper*, § 56 Rn. 18; BeckOK IfSchR/*Kruse*, § 56 Rn. 25. Unmittelbar sind konkrete Einzelanordnungen für Kontaktpersonen Erkrankter, denen nach § 30 Abs. 1 Satz 2 eine Quarantänevorgabe gemacht worden ist, weil sie aufgrund ihrer Nähe zu Kranken als ansteckungsverdächtig eingestuft worden sind. Sie dürfen die angegebene Isolierungseinheit nicht verlassen, sodass damit ein Tätigkeitsverbot impliziert ist. Mittelbare Auswirkungen ergeben sich insbesondere aus generellen Regelungen auf der Grundlage von Rechtsverordnungen. Dabei kann es sich um Ausgangssperren handeln, die den Besuch der Arbeitsstelle unmöglich machen. Betriebsschließungen verursachen nur mittelbare Tätigkeitsverbote, so dass § 56 weder direkt noch analog anwendbar ist, vgl. dazu ausführlich BeckOK IfSchR/*Kruse*, § 56 Rn. 31 ff. m.w.N. Entsprechend sind die Folgen von Veranstaltungsabsagen durch Rechtsverordnungen zu bewerten. § 56 sieht für diese Fälle ebenfalls keine gesonderten Entschädigungsleistungen vor. Das LG München I Endurt. v. 01.10.2020 – 12 O 5895/20 (nicht rechtskräftig) hat nunmehr Betriebsschließungen aber als Versicherungsfall eingestuft und dem Versicherten die Versicherungsleistungen zugesprochen. **9**

Systematisch passen die Entschädigungsansprüche nach § 56 Abs. 1a nicht in die Reihe der Ansprüche nach § 56 Abs. 1. Der Gesetzgeber berücksichtigt damit, dass Antragssteller durch die behördliche Schließung von Betreuungseinrichtungen selbst **Betreuungspflichten** übernehmen müssen und dadurch ihrer Erwerbstätigkeit nicht mehr nachgehen können. Der Entschädigungstatbestand wurde aus Billigkeitserwägungen in das Gesetz aufgenommen. Es ist zur Realisierung des Anspruchs zum einen der Nachweis erforderlich, dass die behördliche Schließungsanordnung für Schulen, Kindertagesstätten oder Einrichtungen für Behinderte im Entschädigungszeitraum vorlag. Hat die Behörde sie selbst erlassen oder hatte sie davon bereits Kenntnis, darf sie den Nachweis nicht erneut verlangen. Des Weiteren muss nicht nur die Betreuungsverpflichtung der Antragsteller gemäß § 56 Abs. 1a Satz 1 Nr. 2 belegt werden, sondern auch die nicht zumutbare oder fehlende alternative Betreuungsmöglichkeit. **10**

Die Maßnahmen ergehen als behördliche **Anordnungen** in **Form** von Verwaltungsakten. Sie müssen hinreichend bestimmt sein, die Einzelfallregelung deutlich formulieren und das temporäre Erwerbstätigkeitsverbot bzw. die Absonderungsanordnung beinhalten. Allgemeinverfügungen i.S.d. § 35 Satz 2 VwVfG reichen aus, wenn eine größere Zahl gleich gelagerter Fälle zu regeln ist. **11**

## § 56 IfSG   Entschädigung

12  Eine **rechtmäßige Anordnung** setzt das Gesetz nicht voraus, sondern nur eine wirksame, so auch *Kießling/Kümper*, § 56 Rn. 20. Andernfalls liefe der Betroffene Gefahr, keine Entschädigung geltend machen zu können, wenn ohne sein Verschulden die Behörde rechtswidrig gehandelt hätte, vgl. insoweit BeckOK IfSchR/*Kruse*, § 56 Rn. 34 m.w.N. Damit können insbesondere gegen das Verhältnismäßigkeitsprinzip verstoßende Anordnungen zu Entschädigungsansprüchen führen.

13  Die verbotene Erwerbstätigkeit muss eine **tatsächliche Tätigkeit** mit entsprechenden Einkünften im Anordnungszeitraum sein und darf nicht nur geplant sein. Sie ist mit den in § 56 Abs. 11 Satz 2 benannten Nachweisen zu belegen. Dazu geeignet sind insbesondere Arbeitgeberbescheinigungen bei abhängig Beschäftigten, Auftragsbestätigungen bei Heimarbeitern oder Arbeitseinkommensbescheinigungen des Finanzamts bei Selbstständigen. Alternative Belege kommen nach § 56 Abs. 11 Satz 3 in Betracht.

14  Die behördlichen **Anordnungen** müssen **kausal** für den Verdienstausfall sein. Die für die Entgeltfortzahlung entwickelten Grundsätze zu § 3 EntGFG gelten auch hier. Insoweit muss Monokausalität bestehen. Bei mehreren Gründen für den Verdienstausfall kommen ggf. unterschiedliche Entschädigungsverpflichtete unter Aufteilung von Zahlungsverpflichtungen bzw. dem Wegfall der Ansprüche nach § 56 in Betracht.

15  Die Entschädigung bemisst sich nach dem **Verdienstausfall**, § 56 Abs. 2. Der Begriff ist in § 56 Abs. 3 Sätze 1 und 2 mit dem Netto-Arbeitsentgelt legal definiert. Kurzarbeitergeld und Zuschuss-Wintergeld zählen nach § 56 Abs. 2 Satz 4 dazu. Der Gesetzgeber hat für die Berechung §§ 4 Abs. 1, 1a und 4 EntgFG und 106 SGB III für entsprechend anwendbar erklärt. Damit ist Grundlage das regelmäßige Arbeitsentgelt, das durch zu berücksichtigende tarifvertragliche Regelungen modifiziert sein kann. Bei erfolgsabhängigen Entgelten wird der Durchschnittsverdienst in der maßgeblichen regelmäßigen Arbeitszeit zugrundegelegt, Überstundenentgelte entfallen. Insoweit wird eine Berechnung der Nettoentgeltdifferenz analog § 106 SGB III vorgenommen. Anrechnungstatbestände folgen aus § 56 Abs. 8. Dabei handelt es sich um Arbeitgeberzuschüsse, Netto-Arbeitsentgelt aus Ersatztätigkeiten, berechnete Werte aus böswillig unterlassener Tätigkeit und Arbeitslosenentgelt. Betroffene unterliegen einer Schadensminderungspflicht, wie sich aus der Anrechnung böswillig unterlassener Tätigkeiten ergibt. Nach § 56 Abs. 8 Satz 2 sind die jeweils höheren Beträge zum Nachteil des Erwerbstätigen anzusetzen, wenn sich diese nicht an der Schadensminderung beteiligen, § 56 Abs. 8 Satz 2, Satz 1 Nr. 3 und 4. Vorrang hat stets eine Entgeltfortzahlung, da Entschädigungsansprüche grundsätzlich subsidiär sind. Für die Berechnung des Verdienstausfalls sind, soweit die üblichen sozialversicherungsrechtlichen Methoden nicht greifen, für Heimarbeiter und Selbstständige die Parameter des § 56 Abs. 3 Satz 4 maßgebend. Besondere Anstrengungen bei einer Existenzgefährdung wie z.B. Kosten für Kreditaufnahmen können mit ihren besonderen Kosten nach § 56 Abs. 4 Satz 1 entschädigt werden. Der Verdienstausfall ist nachzuweisen. Die Höhe der Entschädigungsleistungen wird gemäß § 56 Abs. 2 Satz 2 ff. bezogen auf die Dauer der notwendigen Leistungen abgestuft. Die Entschädigung wird als Geldleistung erbracht. Alternative Angebote kommen nicht in Betracht. Vorschüsse können im Einzelfall nach § 56 Abs. 12 auf Antrag gewährt werden.

16  **Keine Entschädigung** erhalten Erwerbstätige nach den Vorgaben des § 56 Abs. 1 Satz 4 und 5. Dies gilt bei der abgelehnten Inanspruchnahme von gesetzlich vorgeschriebenen oder öffentlich empfohlenen Schutzimpfungen und vermeidbaren Reisen in bekannte Risikogebiete, wenn dieses Verhalten Tätigkeitsverbote und Absonderungen nachsichzieht. Bei der Bewertung des **Urlaubs** von Beschäftigten sind verschiedene Konstellationen zu unterscheiden: (1) Werden behördliche Einzelanordnungen gegen den Arbeitgeber nach §§ 28, 30, 31, 34, 42, 56 Abs. 1 Satz 1 und 2 sowie Abs. 1a in dieser Zeit getroffen, die einem Erwerbstätigen bei Anwesenheit den Zugang zu seiner Arbeitsstelle verwehrt hätten, wäre der Entgeltfortzahlungsanspruch gegen den Arbeitgeber und damit nach §§ 1, 11 BUrlG auch der Urlaubsanspruch entfallen. Sie wären allerdings in einen Entschädigungsanspruch nach § 56 Abs. 1 gemündet, vgl. BeckOK IfSchR/*Kruse*, § 56 Rn. 37.2, der auf *Eufinger*, DB 2020, 1121; *Hohenstatt/Krois*, NZA 2020, 413 verweist. (2) Soweit Erwerbstätige sich in eine ausdrücklich zum Risikogebiet erklärte Region begeben und dort erkranken,

entfallen der Urlaubs- und auch der Entgeltfortzahlungsanspruch, weil der Erwerbstätige entgegen § 3 Abs. 1 Satz 1 EntgFG seine Erkrankung jedenfalls mit bedingtem Vorsatz in Kauf genommen und damit verschuldet hat. Für § 56 ist nach Abs. 1 Satz 1, 4 und 5 dementsprechend auch kein Raum mehr. Die Regelung ist ein Ausfluss des Gedankens des § 254 BGB, des Mitverschuldens. (3) Wird nach dem Urlaub noch eine Quarantäne erforderlich, die zu einem Ausfall der Erwerbstätigkeit nach Urlaubsende führt, so entfallen ebenfalls sowohl die Entgeltfortzahlung als auch die Entschädigungsmöglichkeit nach § 56 Abs. 1 Satz 3 und 4. (4) Wird ein Gebiet erst während des dortigen Aufenthalts zum Risikogebiet erklärt, liegt kein Verschulden i.S.d. § 3 EntgFG vor, weil zumindest die Anreise nicht vorwerfbar ist. Entgeltfortzahlung oder Entschädigungsleistung kommen in Betracht.

Die **Entschädigungsregelungen** sind in diesem Gesetz nicht abschließend geregelt. Durch die Einstufung als besonderes **Gefahrenabwehr- und Ordnungsrecht** darf zusätzlich auf die allgemeinen polizei- und ordnungsrechtlichen Vorschriften zurückgegriffen werden, *Engels*, DÖV 2014, 464, 465 m.w.N., BT-Drs. 3/1888. Insoweit können sich aus landesrechtlichen Vorschriften weitere Ersatzansprüche ergeben. Ansprüche auf eine **Verletzung von Amtspflichten** zu stützen und einen Schadensersatzanspruch nach § 839 BGB i.V.m. Art. 34 GG geltend zu machen, ist nur dann erfolgversprechend, wenn ein Verschulden eines Amtsträgers vorliegt. Staatshaftungsansprüche aus **enteignendem Eingriff** kommen bei Eigentumsverletzungen in Betracht, wenn rechtmäßiges staatliches Handeln zu einer unbeabsichtigten Verletzung einer Eigentumsposition führt. Auch wenn dieser Eingriff hingenommen werden muss, übersteigt er die Grenzen der Zumutbarkeit und Sozialbindung des Eigentums. Dem Eigentümer wird ein Sonderopfer im Interesse der Allgemeinheit abverlangt. Dieses wird bei einem **enteignungsgleichen Eingriff**, bei dem der Staat rechtswidrig handelt, indiziert. Das Sonderopfer ist auszugleichen. Im Rahmen des Infektionsschutzrechts kommen diese Tatbestände, die sich nicht auf die Gesetzgebung, sondern auf Einzelanordnungen stützen, grundsätzlich in geringerem Umfang in Betracht. Der Aufwand, Infektionen einzudämmen, rechtfertigt in der Regel die eingesetzten Mittel. Auch der **Aufopferungsanspruch**, der auf ein Sonderopfer abstellt, als Grundlage für eine Entschädigung wird grundsätzlich dann wenig Aussicht auf Erfolg haben, wenn eine gleichmäßige Inanspruchnahme Betroffener i.S.d. § 65 Abs. 1 und Abs. 1a erfolgt. Entscheidende Kriterien bei der Prüfung von Ansprüchen sind die von den Behörden vorgenommenen und dargestellten Anordnungen und ihre Erwägungsgründe. Fehlende Begründungen insbesondere von Ermessensentscheidungen führen zur Anfechtbarkeit der Anordnungen. 17

Die **Entschädigungsdauer** in § 56 Abs. 2 ist analog zur sozialversicherungsrechtlichen Ausgleichsleistung im Krankheitsfall konzipiert und betont damit den Lohnausgleichscharakter, wie er Kranken im Übrigen zusteht. Dies bedeutet für die ersten sechs Wochen einen vollen Ausgleich des Verdienstausfalls, danach eine Abstufung. 18

Voraussetzung für eine Entschädigungsleistung ist ein Antrag gemäß § 56 Abs. 5 Satz 4, Abs. 11. Die **Antragsfrist** beträgt nach § 56 Abs. 11 Satz 1 zwei Jahre. Sie ist keine Ordnungsfrist, sondern eine gesetzliche Ausschlussfrist, a.A. *Kießling/Kümper* Rn. 48. Sie beginnt nach dem Wortlaut der Norm für die Tatbestände allerdings unterschiedlich zu laufen. Bei Tätigkeitsverboten beginnt sie »nach Einstellung der verbotenen Tätigkeit« zu laufen. Die Formulierung ist missverständlich. Sie kann bedeuten, dass Tag eins der Tätigkeitseinstellung infolge des Tätigkeitsverbots gemeint ist. Denkbar wäre auch die Lesart, dass die Frist nach Ablauf des Tätigkeitsverbots in Lauf gesetzt werden soll. Die zweite Variante korrespondiert mit der Fristberechnung bei einer Absonderung oder Betreuungsverpflichtung, bei der sie erst am Ende der Absonderungsmaßnahme bzw. Betreuungszeit zu laufen beginnt. Bei der ersten Lesart ist sie dagegen deutlich verkürzt worden. Im Zweifel sollte der Entschädigungsantrag zügig gestellt werden und die erste Auslegung zugrunde gelegt werden, um keine Nachteile zu erleiden. Die amtliche Begründung geht auf das Problem nicht ein. In der Antragsfrist müssen die notwendigen Unterlagen nach § 56 Abs. 11 Satz 4 und 5 beschafft werden. Ein Antrag ohne diese Nachweise kann nicht fristwahrend gestellt werden. 19

Die **zuständigen Behörden** nach §§ 54, 56 Abs. 1 Satz 2, Abs. 4, Abs. 5 Satz 1 und 3, Abs. 11 Satz 1 und 3 sowie Abs. 12 werden durch Landesrecht bestimmt, vgl. insoweit § 15a Rdn. 8. 20

## § 65 Entschädigung bei behördlichen Maßnahmen

(1) Soweit auf Grund einer Maßnahme nach den §§ 16 und 17 Gegenstände vernichtet, beschädigt oder in sonstiger Weise in ihrem Wert gemindert werden oder ein anderer nicht nur unwesentlicher Vermögensnachteil verursacht wird, ist eine Entschädigung in Geld zu leisten; eine Entschädigung erhält jedoch nicht derjenige, dessen Gegenstände mit Krankheitserregern oder mit Gesundheitsschädlingen als vermutlichen Übertragern solcher Krankheitserreger behaftet oder dessen verdächtig sind. § 254 des Bürgerlichen Gesetzbuchs ist entsprechend anzuwenden.

(2) Die Höhe der Entschädigung nach Absatz 1 bemisst sich im Falle der Vernichtung eines Gegenstandes nach dessen gemeinem Wert, im Falle der Beschädigung oder sonstigen Wertminderung nach der Minderung des gemeinen Wertes. Kann die Wertminderung behoben werden, so bemisst sich die Entschädigung nach den hierfür erforderlichen Aufwendungen. Die Entschädigung darf den gemeinen Wert nicht übersteigen, den der Gegenstand ohne die Beschädigung oder Wertminderung gehabt hätte. Bei Bestimmung des gemeinen Wertes sind der Zustand und alle sonstigen den Wert des Gegenstandes bestimmenden Umstände in dem Zeitpunkt maßgeblich, in dem die Maßnahme getroffen wurde. Die Entschädigung für andere nicht nur unwesentliche Vermögensnachteile darf den Betroffenen nicht besserstellen, als er ohne die Maßnahme gestellt sein würde. Auf Grund der Maßnahme notwendige Aufwendungen sind zu erstatten.

| Übersicht | Rdn. | | Rdn. |
|---|---|---|---|
| A. Normzweck und Regelungsgegenstand | 1 | I. Rechtmäßige Eingriffe | 12 |
| B. Tatbestand | 2 | II. Rechtswidrige Eingriffe | 15 |
| C. Staatshaftungsansprüche | 12 | | |

### A. Normzweck und Regelungsgegenstand

1 Die Vorschrift hat das Ziel, Entschädigungen zu gewähren, wenn durch präventive Maßnahmen nach §§ 16 und 17 nicht unerhebliche Vermögensnachteile bei Dritten entstanden sind.

### B. Tatbestand

2 Der **Geltungsbereich** der Norm ist durch die Begrenzung der Entschädigung auf die Folgen von Maßnahmen nach §§ 16, 17, die Vermögensschäden ausschließlich von Nichtstörern und die fehlenden Analogiemöglichkeiten auf Folgeschäden nach den Vorschriften der Abschnitte 5 und 6 stark eingeschränkt, *Kruse,* BeckOK § 65 Rn. 12, 13 m.w.N.

3 **Normadressat** und Anspruchsberechtigter ist der Nichtstörer, da ihm als unbeteiligtem Dritten und nicht Verantwortlichen ein Sonderopfer abverlangt wird. Handlungs- und Zustandsstörer sind nicht Adressaten der Vorschrift. Eine Entschädigung für die zerstörende Behandlung ihrer schädlingsbehafteten oder infizierten Gegenstände kommt nicht in Betracht. Der Nichtstörer muss durch Maßnahmen nach §§ 16 oder 17 in seinen Vermögenspositionen verletzt worden sein. Ihm muss der betroffene Gegenstand oder die gesamtwirtschaftliche Vermögensposition zugerechnet werden. Dies ist insbesondere der Fall, wenn Eigentum an bestimmten Gegenständen besteht oder wenn vertraglich Besitzverhältnisse eine Vermögensposition eingeräumt haben, die der Besitzer bei Beschädigung ausgleichen muss, vgl. z.B. die Einstandspflicht des Entleihers für Leihgaben von Kunstwerken bei Untergang. Damit können nur sog. Kollateralschäden Dritter entschädigt werden, die nicht beabsichtigt und nicht Ziel der Maßnahme waren. Das Gesetz lässt nur in Ausnahmefällen Entschädigungsansprüche zu, LG Köln Urt. v. 12.01.2021 – 5 O 215/20. Die Vorschrift knüpft an die Sozialbindung des Eigentums an. Sie will keinen privaten Vermögensausgleich leisten.

4 § 65 regelt vier **Entschädigungstatbestände**: Vernichtung, Beschädigung, Wertminderung von Gegenständen und andere nicht nur unwesentliche Vermögensnachteile. Die drei erstgenannten Situationen betreffen den befallenen Gegenstand selbst, *Kümper* in *Kießling,* § 65 Rn. 3, 10, der vierte Fall ist gegenstandsunabhängig auf das gesamte Vermögen bezogen, *Kruse,* BeckOK § 65 Rn 20.

Bei der Vernichtung ist der Gegenstand nicht mehr vorhanden, bei der Beschädigung kommt es auf den Grad an, der im Extremfall einer Vernichtung gleichkommen kann. Eine Wertminderung hat ebenfalls eine große Spannbreite, die insbesondere bei Kunstgegenständen von scheinbar minimalen Beschädigungen zu großen negativen Auswirkungen und damit der Wertlosigkeit führen kann. Der vierte Entschädigungstatbestand ist ein Auffangtatbestand, BT-Drs. 6/1568, 10; *Kümper* in *Kießling*, § 65 Rn. 3.

Der Entschädigungsanspruch ist auf Schäden durch Maßnahmen nach §§ 16, 17, also **präventive** **Maßnahmen** beschränkt. Dabei ist die Unterscheidung von präventiven und bekämpfenden Eingriffen im Einzelfall nicht einfach zu treffen. Die Rechtsprechung hat in einstweiligen Verfahren auf Ziel und Zweck der Maßnahmen abgestellt, die aus der Anordnung deutlich werden müssen. So hat sie z.B. bei Maßnahmen zur Bekämpfung der COVID-19-Pandemie die Rechtsgrundlage für Betriebsschließungen in § 28 gesehen, so dass § 65 keine Anwendung finden kann, LG Heilbronn Beschl. v. 29.04.2020 – I 4 O 82/20, Bay. VGH Beschl. v. 30.03.2020 – 20 CS 20.611; OVG NRW Beschl. v. 06.04.2020 – 13 B 398/20.NE; VG Hamburg Beschl. v. 20.03.2020 – 10 E 1380/20.

Die Rechtsprechung zu der Vorgängernorm des BSeuchG hat einen Entschädigungsanspruch nicht nur bei rechtmäßigen, sondern auch bei **rechtswidrigen** und unverhältnismäßigen **Eingriffen** zugelassen, BGH NJW 1971, 239. *Kruse*, BeckOK § 65, Rn. 15 f. vertritt die Übertragbarkeit auf das aktuelle Gesetz. Dem widersprechen *Kießling/Kümper*, § 65 Rn. 9 m.w.N. mit dem überzeugenden Argument, dass bei rechtswidrig enstandenen Schäden nach §§ 249 ff. BGB Schadensersatz und nicht nur Entschädigung zu leisten ist, der für Geschädigte günstiger ist.

Ein **Mitverschulden** an den negativen Auswirkungen auf das Vermögen kann nach § 254 BGB, § 65 Abs. 1 Satz 2 zu einer Anspruchsminderung bzw. einem völligen Ausschluss führen.

Die Realisierung eines Entschädigungsanspruchs ist weder an einen **Antrag** noch eine **Antragsfrist** gebunden. Er unterliegt allerdings der regelmäßigen **Verjährung** nach §§ 195, 199 BGB nach drei Jahren. Nach § 204 Abs. 1 Nr. 1 BGB hemmt eine Klage die Verjährung.

**Entschädigungsart, -umfang und -höhe** bestehen nach § 65 Abs. 2 in Ersatz des »gemeinen« Wertes (Verkehrswert) nach § 9 Abs. 2 BewG. Diesen Preis ist ein Dritter im Moment der Zerstörung oder Beschädigung des Gegenstandes zu zahlen bereit. § 65 Abs. 2 Satz 4 enthält das Besserstellungsverbot, nach dem bei einer reinen Vermögensentschädigung der Betroffene nicht bessergestellt werden darf, als er ohne die Maßnahme gestanden hätte.

Eine **Subsidiaritätsklausel** gegenüber anderen Ansprüchen enthält die Norm nicht, so dass sie grundsätzlich neben anderen potenziellen Ansprüchen zum Tragen kommen kann. Als lex speciales für Entschädigungsansprüche von Nichtstörern nach schädigenden behördlichen Eingriffen auf der Grundlage der §§ 16, 17 schließt sie aber auf das gleiche Ziel gerichtete Ansprüche auf anderen rechtlichen Grundlagen aus wie z.B. dem allgemeinen Gefahrenabwehrrecht und der Haftung nach Polizei- und Ordnungsrecht für rechtswidrige Eingriffe, so auch *Kruse*, BeckOK § 65 Rn. 15, 33. Amtshaftungsansprüche bleiben von dieser Vorschrift unberührt. Dies gilt auch für etwaige Ansprüche aus den Staatshaftungsgesetzen der Länder, vgl. § 65 Rdn. 12 ff.

Der **Rechtsweg** ist für Verfahren nach §§ 56 und 65 zu den Verwaltungsgerichten gemäß § 68 eröffnet, da die Streitigkeiten über Entschädigungen nach diesem Gesetz als öffentlich-rechtliche eingestuft werden. Für die neben diesen Ansprüchen geltend zu machenden eventuellen Staatshaftungsansprüche – vgl. § 65 Rdn. 12 ff. – gilt i.d.R. der Rechtsweg zur ordentlichen Gerichtsbarkeit.

## C. Staatshaftungsansprüche
### I. Rechtmäßige Eingriffe

12 Ob Folgen von Anordnungen nach §§ 16 und 17 aufgrund von Entschädigungsansprüchen nach **Staatshaftungskriterien** in Betracht kommen, hängt von unterschiedlichen Voraussetzungen ab. Bei rechtmäßigen behördlichen Maßnahmen, die auf ordnungsgemäß zustande gekommenen Gesetzen, rechtmäßigen Rechtsverordnungen oder rechtmäßigen Verwaltungsakten beruhen und zu Schäden geführt haben, können nachfolgend genannte Rechtsgrundlagen geprüft werden.

13 Ein **Aufopferungsanspruch** scheitert, weil er keine wirtschaftlichen, sondern nur immaterielle Schäden ausgleicht.

14 Ein Anspruch aus **enteignendem Eingriff** setzt die Verletzung einer Eigentumsposition aus Art. 14 GG in der Form voraus, dass der Betroffene mit der Einschränkung ein Sonderopfer erbracht haben muss. Dies ist bei reinen Umsatzeinbußen jedoch nicht der Fall. Zudem liegt kein Sonderopfer vor, wenn nicht dauerhaft, besonders intensiv und unerträglich schwer in die geschützte Eigentumsposition eingegriffen worden ist. Dies ist unter dem Aspekt des Art. 3 GG im Vergleich zu anderen betroffenen Betrieben zu ermitteln. Soweit diese gleichermaßen eingeschränkt oder geschädigt sind und nicht ein Unternehmen allein besonderen Restriktionen unterworfen worden ist, kann nicht von einem Sonderopfer gesprochen werden. Eine Einzelfallprüfung ist zur Ermittlung eines sachgerechten Ergebnisses insoweit unumgänglich.

### II. Rechtswidrige Eingriffe

15 Bei rechtswidrigen staatlichen Eingriffen kommt ein Anspruch aus **enteignungsgleichem Eingriff** in Betracht. Die Kriterien gelten analog zum enteignenden Eingriff. Neben der Eigentumsbeeinträchtigung i.S.d. Art. GG, der das Eigentum und nicht rein wirtschaftliche Positionen schützt, muss ein Sonderopfer vorliegen. Dies ist einzelfallgerecht an Gleichbehandlungs- und Verhältnismäßigkeitskriterien zu prüfen, die dem Eingriff zugrunde lagen.

16 Verschulden der Verwaltung muss vorliegen, wenn ein **Amtshaftungsanspruch** gemäß Art. 34 GG i.V.m. § 839 BGB tragen soll. Das Verschulden kann an verschiedenen Stellen des Anordnungsprozesses ansetzen. Neben den gesetzlichen Kriterien angewendeter Vorschriften sind insbesondere Ermessensentscheidungen zu überprüfen, bei denen sich durch Ermessensfehlgebrauch- oder Ermessensmissbrauch ebenso Fehler einschleichen können wie in Abwägungsprozesse im Rahmen von Verhältnismäßigkeitsprüfungen. Die Gerichte, BVerfG Beschl. v. 10.12.2009 – 1 BvR 3151/07 m.w.N., gestehen der Verwaltung insbesondere bei prognostischen Entscheidungen aufgrund der unklaren Sachlage einen weiten Gestaltungsspielraum zu.

# Insolvenzordnung – InsO

In der Fassung der Bekanntmachung vom 05. Oktober 1994 (BGBl. I S. 2866),
zuletzt geändert durch Artikel 2 und 6 des Gesetzes vom 22. Dezember 2020 (BGBl. I S. 3328)

## Inhaltsverzeichnis

| | |
|---|---|
| § 1 | Ziele des Insolvenzverfahrens |
| § 2 | Amtsgericht als Insolvenzgericht |
| § 3 | Örtliche Zuständigkeit |
| § 4 | Anwendbarkeit der Zivilprozessordnung |
| § 5 | Verfahrensgrundsätze |
| § 6 | Sofortige Beschwerde |
| § 7 | Rechtsbeschwerde |
| § 11 | Zulässigkeit des Insolvenzverfahrens |
| § 12 | Juristische Personen des öffentlichen Rechts |
| § 35 | Begriff der Insolvenzmasse |
| § 36 | Unpfändbare Gegenstände |
| § 80 | Übergang des Verwaltungs- und Verfügungsrechts |
| § 103 | Wahlrecht des Insolvenzverwalters |

## § 1 Ziele des Insolvenzverfahrens

Das Insolvenzverfahren dient dazu, die Gläubiger eines Schuldners gemeinschaftlich zu befriedigen, indem das Vermögen des Schuldners verwertet und der Erlös verteilt oder in einem Insolvenzplan eine abweichende Regelung insbesondere zum Erhalt des Unternehmens getroffen wird. Dem redlichen Schuldner wird Gelegenheit gegeben, sich von seinen restlichen Verbindlichkeiten zu befreien.

| Übersicht | Rdn. | | Rdn. |
|---|---|---|---|
| A. Begriff und Bedeutung des Insolvenzrechts | 1 | D. Die Ziele der InsO | 7 |
| B. Die aktuelle Gesetzeslage | 4 | E. Unternehmens- und Verbraucherinsolvenz | 14 |
| C. Sachlicher und räumlicher Geltungsbereich | 6 | F. Medizinrechtliche Aspekte der Insolvenz | 17 |

### A. Begriff und Bedeutung des Insolvenzrechts

Als Insolvenzrecht bezeichnet man alle materiell-rechtlichen und alle verfahrensrechtlichen Rechtsnormen, die in einem staatlichen Verfahren der gemeinschaftlichen Verwirklichung der Vermögenshaftung eines Schuldners dienen. Ausgangspunkt ist die Tatsache, dass dieser Schuldner zur vollen Befriedigung aller Gläubiger nicht mehr in der Lage ist, sei es wegen Zahlungsunfähigkeit (§ 17) oder wegen Überschuldung (§ 19). Die Verwirklichung der Haftung im Insolvenzverfahren erfasst dabei alle Verwertungsmöglichkeiten und alle Verwertungsarten. Neben einer Zwangsverwertung des Vermögens durch **Liquidation** kommt also auch die planmäßige Verwertung der Insolvenzmasse für **Sanierungszwecke** in Betracht. Die Abwicklung der Verbindlichkeiten erstreckt sich auch auf die sogenannten nachrangigen Verbindlichkeiten und auf die Eigenkapitalbeträge der am Schuldnerunternehmen beteiligten Personen.

1

2  Das Insolvenzrecht ergreift in seinem materiellen Teil alle vermögensrechtlichen Positionen des Schuldners und ist daher Teil des Privatrechts (Zivilrechts). Im Bereich des Insolvenzverfahrensrechts ist das Insolvenzrecht im Wesentlichen kein Erkenntnisverfahren, sondern vor allem eine Form der Zwangsvollstreckung. Im Gegensatz zur Einzelzwangsvollstreckung nach der ZPO wird das Insolvenzverfahren wegen seines umfassenden Ansatzes auch als Gesamtvollstreckung bezeichnet. Diese Gesamtvollstreckung führt dazu, dass sämtliche Gläubiger eines Schuldners zu einer Verlustgemeinschaft zusammengeführt sind und im Grundsatz gleich zu behandeln sind. Grundlage der Insolvenz ist also das Prinzip der **par conditio creditorum** (Gläubigergleichbehandlung).

3  Die Existenz eines funktionsfähigen Insolvenzrechts ist von ausschlaggebender Bedeutung für das Funktionieren einer modernen Volkswirtschaft und seines wettbewerbsregelnden Charakters. Das wirtschaftliche Scheitern eines Unternehmens oder einer natürlichen Person zeigt sich am deutlichsten darin, dass ein sogenannter Insolvenzgrund entsteht (also Zahlungsunfähigkeit oder Überschuldung). Liegt ein solcher Insolvenzgrund vor, muss darin (jedenfalls auch) das Ergebnis einer unternehmerischen Fehlleistung gesehen werden. Volkswirtschaftlich notwendige Folge einer solchen Fehlleistung muss es sodann sein, dass im Normalfall das Ausscheiden dieses Unternehmers aus dem Markt erfolgt. Hätte dagegen ein unternehmerisches Scheitern keinerlei rechtliche oder volkswirtschaftliche Konsequenzen, so würde dies die Marktteilnehmer zu einem volkswirtschaftlich unvernünftigen Verhalten verleiten und würde zwangsläufig zu ökonomischen Fehlallokationen führen. Dies hat sich beispielsweise in der Vergangenheit in sogenannten sozialistischen Wirtschaftsformen sehr deutlich erwiesen.

3a  Im Unternehmensbereich tritt allerdings immer stärker der Gedanke der Sanierung und Restrukturierung hervor. Der deutsche Gesetzgeber hat in Umsetzung der EU-Richtlinie 2019/1023 über präventive Restrukturierungsmaßnahmen am 22.12.2020 das Sanierungs- und Insolvenzrechtsfortentwicklungsgesetz (SanInsFoG) verabschiedet, das am 01.01.2021 in Kraft getreten ist. Es hat in Art. 1 ein vollkommen neues Unternehmensstabilisierungs- und -restrukturierungsgesetz (StaRUG) gebracht sowie in Art. 5 erhebliche Änderungen der InsO, vor allem im Bereich der Eigenverwaltung.

### B. Die aktuelle Gesetzeslage

4  Das deutsche Recht kannte seit 1877 eine sogenannte Konkursordnung und später zusätzlich eine Vergleichsordnung. Aus Gründen der Modernisierung und der Rechtsvereinheitlichung sowie im Hinblick auf die Wiedervereinigung Deutschlands hat der Gesetzgeber am 05.10.1994 eine vollkommen neue Insolvenzordnung (InsO) als Gesetz erlassen. Dieses neue Gesetz ist am 01.01.1999 in Kraft getreten und hat zu diesem Zeitpunkt die frühere Konkursordnung, die Vergleichsordnung und die Gesamtvollstreckungsordnung der neuen Bundesländer abgelöst. Die InsO wurde vor ihrem Inkrafttreten in der Zeit zwischen 1994 und 1998 bereits neunmal geändert. Seit ihrem Inkrafttreten am 01.01.1999 bis Ende 2020 hat der Gesetzgeber die InsO mehr als fünfzigmal novelliert.

5  Die InsO findet gem. Art. 104 EGInsO auf alle Verfahren Anwendung, deren Eröffnung nach dem 31.12.1998 beantragt worden ist. Es gibt also auch heute noch Verfahren, die vor dem 01.01.1999 eröffnet worden sind und für die weiterhin die alte Konkursordnung anwendbar ist.

### C. Sachlicher und räumlicher Geltungsbereich

6  Die InsO regelt im Gegensatz zum französischen Recht den Universalkonkurs. Das Insolvenzrecht ist also auf alle natürlichen und juristischen Personen anwendbar, ferner auf alle sonstigen Gesellschaften und Gemeinschaften ohne Rechtspersönlichkeit. Darüber hinaus gilt das Insolvenzrecht im Einzelfall auch für Sondervermögen wie den Nachlass oder das Gesamtgut einer Gütergemeinschaft (zu den Einzelheiten vgl. u. § 11 und § 12). Nicht insolvenzfähig ist dagegen die Wohnungseigentümergemeinschaft gem. § 9a Abs. 5 WEG. Nicht insolvenzfähig sind ferner alle

Bruchteilsgemeinschaften gem. § 741 BGB. Zu weiteren Ausnahmen von der Insolvenzfähigkeit bei juristischen Personen des öffentlichen Rechts vgl. § 12.

### D. Die Ziele der InsO

Der Gesetzestext erfasst die Ziele und die Normzwecke des neuen Insolvenzrechts nur im Ansatz. Insgesamt baut die InsO auf dem früheren Konkursrecht auf und nimmt gewisse Veränderungen und Neuakzentuierungen vor. 7

Vordergründig war es zunächst ein zentrales Ziel des neuen Gesetzes, die **innerdeutsche Rechtseinheit** auf dem Gebiet des Insolvenzrechts herzustellen. 8

Ein weiteres wichtiges Verfahrensziel war die **Überwindung der früheren Zweispurigkeit** insolvenzrechtlicher Verfahren. Der absolut zentrale Zweck jedes Insolvenzrechts ist der **Grundsatz der gemeinschaftlichen und gleichmäßigen Gläubigerbefriedigung**. 9

(unbesetzt) 10

Besonders wichtig war dem Gesetzgeber eine **erhöhte Flexibilität im Rahmen der Entscheidung über Sanierung oder Liquidation** des Unternehmens. Das Gesetz versucht hier zu einer gewissen **Deregulierung** zu gelangen, damit die Beteiligten abweichend von einer vollständigen Zerschlagung und Liquidation des Unternehmens zu anderen und möglicherweise geeigneteren Formen der Masseverwertung gelangen können. Durch das Gesetz zur weiteren Erleichterung der Sanierung von Unternehmen (ESUG) vom 07.12.2011 (BGBl. I S. 2582), in Kraft seit 01.03.2012, wurden vor allem das Insolvenzplanverfahren und die Eigenverwaltung ausgebaut, um eine frühzeitige Sanierung von insolvenzgefährdeten Unternehmen zu ermöglichen. In diesem Zusammenhang wurde insbesondere der Gläubigereinfluss im Verfahren gestärkt und das sog. Schutzschirmverfahren in das Gesetz eingefügt (§ 270b InsO a.F., nunmehr § 270d). Das SanInsFoG hat weitere Änderungen der Eigenverwaltung gebracht, die auf den Erfahrungen mit dem ESUG beruhen. Zu den Sanierungsstrategien bei Krankenhäusern vgl. in diesem Zusammenhang *Schmitz/Emmrich*, KSI 2011, 69. 11

Bemüht hat sich der Gesetzgeber ferner um eine **rechtzeitige und erleichterte Verfahrenseröffnung**, um damit den masselosen Verfahren entgegenzuwirken. 12

Schließlich bringt die neue Insolvenzordnung erstmals die Möglichkeit einer **Restschuldbefreiung** für den redlichen Schuldner (§ 1 Satz 2 i.V.m. §§ 286 ff.). Das Gesetz zur Verkürzung des Restschuldbefreiungsverfahrens und zur Stärkung der Gläubigerrechte vom 15.07.2013 (BGBl. I S. 2379) hat dabei gewisse Erleichterungen gebracht. Weitere Erleichterungen sind durch das Gesetz zur weiteren Verkürzung des Restschuldbefreiungsverfahrens vom 22.12.2020 (BGBl. I S. 3328) erfolgt. So kann eine Restschuldbefreiung nunmehr bereits nach 3 Jahren erreicht werden. 13

### E. Unternehmens- und Verbraucherinsolvenz

Der Gesetzgeber hat im neuen Insolvenzrecht die Zusammenhänge von Regelinsolvenzverfahren und Sonderverfahren grundsätzlich verändert. Der Gesetzesaufbau des geltenden Rechts geht davon aus, dass der Regelfall eines Insolvenzverfahrens die Unternehmensinsolvenz ist (§§ 1 bis 216). Daran schließen sich Sonderverfahren an, so insbesondere das sogenannte Insolvenzplanverfahren (§§ 217 bis 269), die Eigenverwaltung (§§ 270 bis 285) sowie die Restschuldbefreiung (§§ 286 bis 303). Erst danach wird in einem sogenannten »Verbraucherinsolvenzverfahren« ausschließlich auf natürliche Personen abgestellt (§§ 304 bis 314). Abschließend gibt es noch Sonderregelungen für das Nachlassinsolvenzverfahren und das Insolvenzverfahren über das Gesamtgut einer Gütergemeinschaft (§§ 315 bis 334). 14

Bereits dieser Gesetzesüberblick macht deutlich, dass das deutsche Recht durch den Gedanken des Universalkonkurses und der Vollabwicklung des Schuldnervermögens geprägt ist. Anders als in vielen romanischen Ländern beschränkt sich das deutsche Recht also nicht auf den Kaufmannskonkurs. Eröffnet werden kann ein Insolvenzverfahren über jedes Rechtssubjekt unabhängig von seiner 15 gewerblichen, freiberuflichen oder rein privaten Tätigkeit. Aus diesem universellen Insolvenzverfahren ergibt sich zugleich die Erkenntnis, dass es keine einheitliche Insolvenzursache geben kann.

16 Speziell im Bereich von **Insolvenzverfahren über Ärzte** lässt sich sagen, dass die Notwendigkeit erheblicher Investitionen bei der Gründung einer ärztlichen Praxis mit hohem technischem Ausstattungsgrad heute die Insolvenzgefahr naheliegender Weise fördert (*Uhlenbruck*, Insolvenzrechtliche Probleme der vertragsärztlichen Praxis, ZVI 2002, 49). Allerdings beruhen Liquiditätsschwierigkeiten, die im Rahmen der ärztlichen Praxis zu beobachten sind, teilweise auch auf unangemessen hohen Privatentnahmen und Verbindlichkeiten, die Ärzte unter dem Gesichtspunkt von steuerlich motivierten Anlagen getätigt haben. In jüngster Zeit ist darüber hinaus die Insolvenz von gesetzlichen Krankenkassen ein besonderes Thema (s.u. § 12 Rdn. 3).

### F. Medizinrechtliche Aspekte der Insolvenz

17 Die bisherigen Erwägungen haben gezeigt, dass die einzelnen Verfahren des modernen deutschen Insolvenzrechts jegliche wirtschaftliche Tätigkeit erfassen können, auch jede medizinisch orientierte Tätigkeit. Von wesentlicher Bedeutung im Rahmen des Medizinrechts ist daher zunächst die Frage, welches Rechtssubjekt im Einzelnen in wirtschaftliche Liquiditätsschwierigkeiten gerät. Zu trennen sind also zunächst insbesondere die verschiedenen möglichen Schuldner. Dies können einmal natürliche Personen sein (Arzt, Apotheker), dies können aber auch selbstständige Rechtsträger im Rahmen einer Praxisgemeinschaft sein (Gemeinschaftspraxis als Gesellschaft bürgerlichen Rechts oder als Partnerschaftsgesellschaft). Darüber hinaus kommen insbesondere im Fall einer Insolvenz eines Krankenhausträgers auch juristische Personen als Schuldner in Betracht (Aktiengesellschaften, GmbH, Verein, Genossenschaft, Stiftung). Gerät ein medizinisches Versorgungszentrum in wirtschaftliche Schwierigkeiten, so ist also insbesondere nach der rechtlichen Struktur eines solchen Zentrums zu fragen. Alle diese Unterteilungen von Insolvenzverfahren nach der Art des Schuldners sind im Lichte von § 11 zu prüfen (s. dort unter Rdn. 11).

18 Eine Sonderregelung für juristische Personen des öffentlichen Rechts beinhaltet in diesem Zusammenhang § 12. Dort ist daher insbesondere der Frage nachzugehen, ob und in welchem Umfang gesetzliche Krankenkassen einem Insolvenzverfahren unterliegen können. Dort ist auch die Frage geregelt, ob über das Vermögen des Bundes, eines Bundeslandes, einer Kommune oder einer Kammer ein Insolvenzverfahren möglich ist.

19 Im Rahmen der ärztlichen Insolvenz ist es eine weitere wichtige Frage, ob und in welchem Umfang die Arztpraxis als solche Teil der Insolvenzmasse im Sinne von § 35 sein kann. Damit zusammenhängend ist gerade auch bei medizinischer Tätigkeit zu prüfen, welche Gegenstände gem. § 36 unpfändbar sind und daher nicht der Insolvenzmasse angehören.

20 Darüber hinaus sind insolvenzrechtliche Besonderheiten, die generell für frei beruflich tätige Personen bedeutsam sind, im Rahmen der vorliegenden Kommentierung näher zu beachten (vgl. § 35 Rdn. 3).

21 Die große Bedeutung insolvenzrechtlicher Fragen im Apothekenrecht hat sich im September 2020 durch das Insolvenzverfahren der AvP Deutschland GmbH gezeigt, eines unabhängigen Dienstleistungsunternehmens zur finanziellen Abrechnung von Rezepten für Apotheker. Das AG Düsseldorf hat am 16.09.2020 das Insolvenzverfahren eröffnet. Die AvP schuldet ca. 3.500 deutschen Apotheken einen Gesamtbetrag von 420 Millionen Euro. Diese Forderungen sind beim Insolvenzverwalter als Aussonderungsrechte gemäß § 47 geltend gemacht worden, da es sich für den formalen Forderungsinhaber AvP um Fälle einer uneigennützigen Treuhand handelt.

22 Wird über ein Unternehmen ein Antrag auf Eröffnung des Insolvenzverfahrens gestellt und ist dieser Schuldner verpflichtet, Sozialversicherungsbeiträge (also Kranken-, Renten- und Arbeitslosenversicherung) abzuführen, so sind die öffentlich-rechtlichen Gläubiger verpflichtet, alle Forderungen rechtzeitig und vollständig einzuziehen. Dazu gehört auch das zeitnahe Stellen eines Insolvenzantrags. Zu den sich daraus ergebenden sozialrechtlichen Fragen siehe *Kollbach*, NZI 2020, 1088.

## § 2 Amtsgericht als Insolvenzgericht

(1) Für das Insolvenzverfahren ist das Amtsgericht, in dessen Bezirk ein Landgericht seinen Sitz hat, als Insolvenzgericht für den Bezirk des Landgerichts ausschließlich zuständig.

(2) Die Landesregierungen werden ermächtigt, zur sachdienlichen Förderung oder schnelleren Erledigung der Verfahren durch Rechtsverordnung andere oder zusätzliche Amtsgerichte zu Insolvenzgerichten zu bestimmen und die Bezirke der Insolvenzgerichte abweichend festzulegen. Die Landesregierungen können die Ermächtigung auf die Landesjustizverwaltungen übertragen.

(3) Rechtsverordnungen nach Absatz 2 sollen je Bezirk eines Oberlandesgerichts ein Insolvenzgericht bestimmen, an dem ein Gruppen-Gerichtsstand nach § 3a begründet werden kann. Die Zuständigkeit des bestimmten Insolvenzgerichts kann innerhalb eines Landes auch über den Bezirk eines Oberlandesgerichts erstreckt werden.

| Übersicht | Rdn. | | Rdn. |
|---|---|---|---|
| A. Normzweck | 1 | B. System der Zuständigkeit | 2 |

### A. Normzweck

Die Norm enthält eine Teilregelung der Zuständigkeit, nämlich Fragen der sachlichen und der funktionellen Zuständigkeit. Sie weist insolvenzrechtliche Fragen generell den Amtsgerichten zu und will darüber hinaus eine Konzentration auf bestimmte Amtsgerichte erreichen. 1

### B. System der Zuständigkeit

Insolvenzrecht als dem Zivilrecht zugeordnete Materie ist verfahrensmäßig der ordentlichen Gerichtsbarkeit zugewiesen (**Rechtswegfrage** gem. § 13 GVG). Gerichtsorganisatorisch ist daher das Gerichtsverfassungsgesetz (GVG) einschlägig. Innerhalb der ordentlichen Gerichtsbarkeit regelt § 2 zunächst die **sachliche Zuständigkeit** und weist die Insolvenztätigkeit dem Amtsgericht zu. Zugleich wird damit die vielfältige Aufspaltung im Bereich der Tätigkeit der Amtsgerichte auf unterschiedliche Funktionen (**funktionelle Zuständigkeit**) verdeutlicht. Das Amtsgericht ist also nicht nur Zivilgericht, Strafgericht, Grundbuchamt, Nachlassgericht usw., sondern auch Insolvenzgericht. Die weitere Frage nach der **örtlichen Zuständigkeit** ist in § 3 geregelt. 2

Die sachliche Zuständigkeit der Amtsgerichte nach § 2 ist eine **ausschließliche**. Dies bedeutet, dass eine abweichende Zuständigkeit durch Parteivereinbarung nicht möglich ist. 3

Die einzelnen Tätigkeiten des Insolvenzgerichts sind gem. § 18 RPflG im Wesentlichen dem Rechtspfleger zugewiesen. Dem Richter sind vorbehalten das Verfahren bis zur Entscheidung über den Eröffnungsantrag sowie die Ernennung des Insolvenzverwalters und einzelne Entscheidungen im Rahmen der Restschuldbefreiung. 4

## § 3 Örtliche Zuständigkeit

(1) Örtlich zuständig ist ausschließlich das Insolvenzgericht, in dessen Bezirk der Schuldner seinen allgemeinen Gerichtsstand hat. Liegt der Mittelpunkt einer selbständigen wirtschaftlichen Tätigkeit des Schuldners an einem anderen Ort, so ist ausschließlich das Insolvenzgericht zuständig, in dessen Bezirk dieser Ort liegt.

(2) Hat der Schuldner in den letzten sechs Monaten vor der Antragstellung Instrumente gemäß § 29 des Unternehmensstabilisierungs- und -restrukturierungsgesetzes in Anspruch genommen, ist auch das Gericht örtlich zuständig, das als Restrukturierungsgericht für die Maßnahmen zuständig war.

(3) Sind mehrere Gerichte zuständig, so schließt das Gericht, bei dem zuerst die Eröffnung des Insolvenzverfahrens beantragt worden ist, die Übrigen aus.

## § 4 InsO  Anwendbarkeit der Zivilprozessordnung

### Übersicht

| | Rdn. | | Rdn. |
|---|---|---|---|
| A. Normzweck | 1 | C. Mittelpunkt einer selbstständigen wirtschaftlichen Tätigkeit | 3 |
| B. Allgemeiner Gerichtsstand | 2 | | |

### A. Normzweck

1 Die Norm regelt die örtliche Zuständigkeit und legt damit fest, welches Insolvenzgericht anzurufen ist. Entscheidend ist der allgemeine Gerichtsstand des Schuldners. Abs. 1 Satz 2 macht allerdings deutlich, dass im Rahmen einer selbstständigen wirtschaftlichen Tätigkeit an die Stelle des allgemeinen Gerichtsstandes der Mittelpunkt dieser Tätigkeit treten soll. Dabei macht der Begriff der wirtschaftlichen Tätigkeit deutlich, dass es nicht nur um eine gewerbliche Niederlassung im Sinne des Gewerberechts geht, sondern dass auch jede freiberufliche Tätigkeit hier relevant ist. Der neu eingefügte Abs. 2 hat einen zusätzlichen örtlichen Gerichtsstand gebracht, soweit in den letzten sechs Monaten vor Antragstellung ein Instrument gemäß § 29 StaRUG in Anspruch genommen wurde.

### B. Allgemeiner Gerichtsstand

2 Der Begriff des allgemeinen Gerichtsstandes ist in §§ 12 bis 19 ZPO näher bestimmt. Allgemeiner Gerichtsstand ist danach bei natürlichen Personen der Wohnsitz des Schuldners (§§ 12, 13 ZPO). Bei juristischen Personen sowie bei sonstigen Gesellschaften, Vereinen, Stiftungen und Gemeinschaften ist der allgemeine Gerichtsstand ihr Sitz (vgl. § 17 ZPO).

### C. Mittelpunkt einer selbstständigen wirtschaftlichen Tätigkeit

3 Bei einer gewerblichen oder freiberuflichen selbstständigen wirtschaftlichen Tätigkeit tritt an die Stelle des allgemeinen Gerichtsstands dasjenige Insolvenzgericht, in dessen Bezirk dieser Ort der selbstständigen Tätigkeit liegt. Hierher gehören also alle auf Gewinnerzielung ausgerichteten nachhaltigen Tätigkeiten. Die örtliche Zuständigkeit für die Insolvenz eines Arztes ist damit der Ort seiner Praxis. Für die Insolvenz eines Inhabers einer Apotheke ist entscheidender Ort also der Sitz der Apotheke. Im Fall von verschiedenen Orten, an denen eine Niederlassung vorhanden ist, kommt es regelmäßig auf die Hauptniederlassung an.

## § 4 Anwendbarkeit der Zivilprozessordnung

Für das Insolvenzverfahren gelten, soweit dieses Gesetz nichts anderes bestimmt, die Vorschriften der Zivilprozessordnung entsprechend. § 128a der Zivilprozessordnung gilt mit der Maßgabe, dass bei Gläubigerversammlungen sowie sonstigen Versammlungen und Terminen die Beteiligten in der Ladung auf die Verpflichtung hinzuweisen sind, wissentliche Ton- und Bildaufzeichnungen zu unterlassen und durch geeignete Maßnahmen sicherzustellen, dass Dritte die Ton- und Bildübertragung nicht wahrnehmen können.

### Übersicht

| | Rdn. | | Rdn. |
|---|---|---|---|
| A. Normzweck | 1 | B. Anwendbare Vorschriften der ZPO | 2 |

### A. Normzweck

1 Die Insolvenzordnung ist zwar ein Gesetz, das das Verfahren in Insolvenzsachen mit dem materiellen Insolvenzrecht verbindet. Das Gesetz enthält freilich keine in sich geschlossene Verfahrensordnung. Dies wirkt sich in zweifacher Weise aus. Zum einen nehmen spezielle Normen der InsO auf Regelungen der ZPO Bezug und integrieren diese einzelnen Normen damit in die Insolvenzordnung (vgl. z.B. §§ 36 Abs. 2, 64 Abs. 3, 98 Abs. 1, Abs. 3). Zum anderen verweist § 4 generell auf die Verfahrensregeln der ZPO und hat damit die Funktion eines Auffangtatbestandes. Soweit also spezielle Regelungen des Insolvenzverfahrens nicht existieren, sind die Normen der ZPO entsprechend heranzuziehen.

## B. Anwendbare Vorschriften der ZPO

Im einzelnen anwendbar sind die Normen über den allgemeinen Gerichtsstand im Rahmen der 2 örtlichen Zuständigkeit (§§ 13 bis 19 ZPO), die Normen über die Ausschließung und Ablehnung von Gerichtspersonen (§§ 41 bis 49 ZPO), die Regelungen von Parteifähigkeit, Prozessfähigkeit und Vertretung vor Gericht (§§ 50 bis 58, 78 bis 90 ZPO), die Grundlagen der Prozesskostenhilfe, die im Insolvenzverfahren Insolvenzkostenhilfe genannt werden (§§ 114 bis 127 ZPO), einzelne Vorschriften über Fristen (§§ 222, 224, 225 ZPO), die Regelung der Zustellung (§§ 166 ff. ZPO), die Wiedereinsetzung in den vorigen Stand im Fall bestimmter Fristversäumnisse (§§ 233 ff. ZPO), die grundlegenden Vorschriften über den Beweis (§§ 284 bis 294, 355 ff., 371 ff. ZPO) sowie grundlegende Normen über den Ablauf des allgemeinen Verfahrens erster Instanz (§§ 128 bis 165, 240, 281, 299, 319, 322 ZPO). Der neu eingefügte Satz 2 bringt eine wichtige Einschränkung für § 128a ZPO. Die Norm eröffnet die Möglichkeit einer Videokonferenz. Bei Gläubigerversammlungen oder anderen Terminen muss sichergestellt werden, dass keine Aufzeichnungen erfolgen und Dritte keinen Zugang haben.

Darüber hinaus gelten auch im Insolvenzverfahren die allgemeinen Verfahrensgrundsätze wie sie 3 insbesondere im Rahmen des Zivilprozesses systematisiert worden sind (im Einzelnen s.u. § 5 Rdn. 3, 9, 16).

## § 5 Verfahrensgrundsätze

(1) Das Insolvenzgericht hat von Amts wegen alle Umstände zu ermitteln, die für das Insolvenzverfahren von Bedeutung sind. Es kann zu diesem Zweck insbesondere Zeugen und Sachverständige vernehmen.

(2) Sind die Vermögensverhältnisse des Schuldners überschaubar und die Zahl der Gläubiger oder die Höhe der Verbindlichkeiten gering, so kann das Insolvenzgericht anordnen, dass das Verfahren oder einzelne seiner Teile schriftlich durchgeführt werden. Es kann diese Anordnung jederzeit aufheben oder abändern. Die Anordnung, ihr Aufhebung oder Abänderung sind öffentlich bekannt zu machen.

(3) Die Entscheidungen des Gerichts können ohne mündliche Verhandlung ergehen. Findet eine mündliche Verhandlung statt, so ist § 227 Abs. 3 Satz 1 der Zivilprozessordnung nicht anzuwenden.

(4) Tabellen und Verzeichnisse können maschinell hergestellt und bearbeitet werden. Die Landesregierungen werden ermächtigt, durch Rechtsverordnung nähere Bestimmungen über die Führung der Tabellen und Verzeichnisse, ihre elektronische Einreichung sowie die elektronische Einreichung der dazugehörigen Dokumente und deren Aufbewahrung zu treffen. Dabei können sie auch Vorgaben für die Datenformate der elektronischen Einrichtung machen. Die Landesregierungen können die Ermächtigung auf die Landesjustizverwaltungen übertragen.

(5) Insolvenzverwalter sollen ein elektronisches Gläubigerinformationssystem vorhalten, mit dem jedem Insolvenzgläubiger, der eine Forderung angemeldet hat, alle Entscheidungen des Insolvenzgerichts, alle an das Insolvenzgericht übersandten Berichte, welche nicht ausschließlich die Forderung anderer Gläubiger betreffen, und alle die eigenen Forderungen betreffenden Unterlagen in einem gängigen Dateiformat zur Verfügung gestellt werden können. Hat der Schuldner im vorangegangenen Geschäftsjahr mindestens zwei der drei in § 22a Absatz 1 genannten Merkmale erfüllt, muss der Insolvenzverwalter ein elektronisches Gläubigerinformationssystem vorhalten und die in Satz 1 genannten Dokumente unverzüglich zum elektronischen Abruf zur Verfügung stellen. Den Einsichtsberechtigten stellt der Verwalter die für den Zugang erforderlichen Daten unverzüglich zur Verfügung.

## § 5 InsO  Verfahrensgrundsätze

**Übersicht**

| | Rdn. | | | Rdn. |
|---|---|---|---|---|
| A. Normzweck | 1 | C. | Verfassungsrechtlich garantierte Verfahrensgrundsätze | 9 |
| B. Insolvenzrechtliche Verfahrensgrundsätze | 3 | D. | Allgemeine Verfahrensgrundsätze | 16 |
| I. Gläubigerautonomie | 3 | I. | Dispositionsmaxime | 16 |
| II. Gleichmäßige Gläubigerbefriedigung | 4 | II. | Untersuchungsgrundsatz | 17 |
| III. Gläubigeruniversalität | 5 | III. | Mündlichkeit | 18 |
| IV. Geldliquidation | 6 | IV. | Unmittelbarkeit | 19 |
| V. Sanierung | 7 | V. | Öffentlichkeit | 20 |
| VI. Restschuldbefreiung | 8 | | | |

## A. Normzweck

1 Die Norm spricht die Fragen des Untersuchungsgrundsatzes und des Verhältnisses von Mündlichkeit und Schriftlichkeit im Verfahren näher an. Damit greift die Norm zwei Verfahrensgrundsätze heraus, ohne zu vielen anderen Maximen etwas auszuführen. Allerdings wird § 5 durch die Verweisung gem. § 4 auf die ZPO und die dort geregelten zivilprozessualen Verfahrensgrundsätze ergänzt. Hinzu kommt die Einwirkung verfassungsrechtlicher Grundsätze. Der neu eingefügte Abs. 5 bringt Vorschriften für den Insolvenzverwalter, um ein elektronisches Verfahren und Informationssystem voranzubringen.

2 (unbesetzt)

## B. Insolvenzrechtliche Verfahrensgrundsätze

### I. Gläubigerautonomie

3 Der Reformgesetzgeber des Insolvenzrechts hat besonderen Wert auf die Betonung des Grundsatzes der Gläubigerautonomie und seine verstärkte Durchsetzung gelegt. Im engen Zusammenhang mit einer möglichst marktkonformen Insolvenzabwicklung und einer Verstärkung der Verteilungsgerechtigkeit im Insolvenzverfahren sowie einer Verbesserung der Sanierungsmöglichkeiten erhofft sich der Gesetzgeber positive Einflüsse dadurch, dass der Ablauf des Verfahrens vielfach von Gesichtspunkten der autonomen Gläubigerentscheidungen bestimmt wird. Im Einzelnen enthält das Gesetz Mitwirkungs- und Mitspracherechte der Gläubiger durch die Gläubigerversammlung (§ 74) und den Gläubigerausschuss (§ 67). Ein zentrales Mittel zur autonomen Abwicklung von Insolvenzen ist die Aufstellung eines Insolvenzplans. Zur Ausarbeitung eines solchen Plans kann die Gläubigerversammlung den Insolvenzverwalter beauftragen (§ 218 Abs. 2). Die Gläubiger stimmen dann über die Annahme des Plans ab (§ 235). Bedeutsam ist weiterhin die Bestimmung des Insolvenzverwalters durch die Gläubiger in der ersten Gläubigerversammlung (§ 57). Diese Tendenz wurde durch das ESUG (s. § 1 Rdn. 11) mit Wirkung zum 01.03.2012 noch deutlich verstärkt und durch das SanInsFoG vom 22.12.2020 konkretisiert (vgl. §§ 56a, 21 Abs. 2, 270d, 274).

### II. Gleichmäßige Gläubigerbefriedigung

4 Der Grundsatz der gleichmäßigen Gläubigerbefriedigung (par conditio creditorum) wird im Insolvenzrecht als tragendes und beherrschendes Prinzip angesehen. Damit wird zum Ausdruck gebracht, dass im Fall der Insolvenz eine gemeinschaftliche Befriedigung nach Art einer Gesamtvollstreckung durchgeführt wird und diese Befriedigung gleichmäßig und anteilig erfolgt, weil eine volle Befriedigung in aller Regel nicht möglich ist. Mit diesem Grundsatz ist zugleich der zentrale Unterschied des Insolvenzverfahrens zur Einzelzwangsvollstreckung gekennzeichnet, wo das Prioritätsprinzip gilt.

## III. Gläubigeruniversalität

Das Insolvenzrecht geht vom Grundsatz der personellen Universalität, also der Gläubigeruniversalität aus. Damit kommt zum Ausdruck, dass alle Gläubiger ohne Rücksicht auf ihre jeweilige Rangstellung am Insolvenzverfahren teilnehmen müssen und ihnen eine isolierte Befriedigung durch Einzelzwangsvollstreckung verwehrt ist (§§ 87, 89).

## IV. Geldliquidation

Im Rahmen der Einzelzwangsvollstreckung nach dem 8. Buch der ZPO wird jeder berechtigte Anspruch nach seinem genauen Inhalt durchgesetzt. Es gibt also Ansprüche auf Herausgabe, auf ein Tun oder ein Unterlassen. Dies ist der Grundsatz der **Naturalvollstreckung**. Einem solchen Grundsatz kann das Insolvenzrecht nicht folgen, wenn es das Grundprinzip einer gleichmäßigen und anteiligen Befriedigung aller Gläubiger konsequent durchführen will. Daher folgt das Insolvenzrecht dem Grundsatz der **Geldliquidation**, der eine Umwandlung aller Gläubigeransprüche in Zahlungsansprüche voraussetzt. Daher müssen Forderungen, die nicht auf einen bestimmten Geldbetrag lauten, umgerechnet werden (§ 45). Ebenso müssen nicht fällige Forderungen, auflösend bedingte Forderungen oder Forderungen auf wiederkehrende Leistungen in fällige, unbedingte und betragsmäßig festgelegte Forderungen umgewandelt werden (§§ 41, 42, 46).

## V. Sanierung

Nach ihrem Grundgedanken ist die Insolvenz eine Form der Gesamtvollstreckung, die letztlich eine Verwertung des Schuldnervermögens voraussetzt. Ausgangspunkt jeder Insolvenz ist also der Gedanke der **Liquidation**. Demgegenüber will das Insolvenzrecht aber auch gleichrangig die **Sanierung** oder Reorganisation von Unternehmen als Möglichkeit eröffnen. Dies ergibt sich bereits aus § 1. Sanierung kann in diesem Zusammenhang sowohl die Fortführung des schuldnerischen Unternehmens bedeuten als auch die übertragende Sanierung, also den Übergang des Vermögens auf einen anderen Rechtsträger. Zur Verstärkung des Sanierungsgedankens durch das ESUG und das SanInsFoG vgl. § 1 Rdn. 11.

## VI. Restschuldbefreiung

Schließlich ist es neben der Liquidation und der Sanierung ein weiterer zentraler Grundsatz des neuen Insolvenzrechts, dass natürliche Personen eine Restschuldbefreiung erlangen können (§ 286). Damit wird dem Schuldner die Chance eingeräumt, wirtschaftlich einen Neubeginn zu wagen. Der Schuldner muss nicht zwangsläufig nach Durchlaufen eines Insolvenzverfahrens im Schuldturm verbleiben mit der Konsequenz, dass weitere wirtschaftliche Aktivitäten des Schuldners in der Rechtswirklichkeit meist in einer Grauzone stattfinden. Zur Erweiterung der Restschuldbefreiung in den Jahren 2013 und 2020 vgl. § 1 Rdn. 13.

## C. Verfassungsrechtlich garantierte Verfahrensgrundsätze

Als verfassungsrechtlich garantierte Verfahrensgrundsätze können auch im Bereich des Insolvenzrechts genannt werden: Das Rechtsstaatsprinzip (Art. 20 Abs. 3, 28 Abs. 1 GG), aus dem der Grundsatz der Gesetzesbindung der Gerichte abgeleitet wird, ebenso die Justizförmigkeit des Verfahrens, also die Forderung nach Rechtssicherheit und Berechenbarkeit jedes Verfahrens, weiterhin das Gebot des effektiven Rechtsschutzes und des fairen Verfahrens, schließlich auch der Grundsatz der prozessualen Waffengleichheit. Zu nennen sind ferner der Grundsatz des rechtlichen Gehörs (Art. 103 Abs. 1 GG), der Grundsatz des gesetzlichen Richters (Art. 101 Abs. 1 Satz 2 GG), die Rechtsschutzgarantie, das Willkürverbot (Art. 3 Abs. 1 GG) sowie das Recht auf informationelle Selbstbestimmung.

(unbesetzt)

## D. Allgemeine Verfahrensgrundsätze

### I. Dispositionsmaxime

16 Die Grundsatzfrage jedes Verfahrens, wer die Einleitung des Verfahrens veranlasst und wer im weiteren Verlauf des Verfahrens durch die Dispositionsakte über den Verfahrensgegenstand verfügen kann oder das Verfahrensende herbeiführt, wird zunächst durch § 13 Abs. 1 geregelt. Danach kann ein **Insolvenzverfahren nur auf Antrag** der Gläubiger oder des Schuldners eröffnet werden. Es gilt also die Dispositionsmaxime. Eine Verfahrenseröffnung von Amts wegen gibt es nicht. Ist allerdings ein Insolvenzverfahren eingeleitet worden, so ist der Einfluss der Parteien auf den Verfahrensgegenstand deutlich eingeschränkt. Insbesondere wird der Umfang der Insolvenzmasse vom Gesetz festgelegt (§§ 35 ff.). Demgegenüber wird die Passivmasse dadurch ermittelt, dass die Gläubiger ihre Forderungen zur Tabelle anmelden (§§ 174, 175). Dabei ist den Gläubigern der Umfang und die Höhe der Anmeldung freigestellt.

### II. Untersuchungsgrundsatz

17 Wie in Abs. 1 der Norm ausdrücklich festgelegt, gilt im Insolvenzverfahren der Untersuchungsgrundsatz. Das Insolvenzverfahren ist also durch Elemente der Aufsicht und der Fürsorge geprägt. Das Insolvenzgericht ist zur Amtsermittlung verpflichtet, soweit es solche Ermittlungen für erforderlich hält. Allerdings ist in der Praxis die Aufsichtsfunktion des Gerichts nach § 58, 59 begrenzt. Die umfassende Rechtsmacht zur Verwaltung, zur Verfügung und zur Prozessführung über das schuldnerische Vermögen ist dem **Insolvenzverwalter** übertragen (§ 80). Er ist die zentrale Person des Verfahrens.

### III. Mündlichkeit

18 Der im Zivilprozess geltende Grundsatz der Mündlichkeit (§ 128 Abs. 1 ZPO) ist im insolvenzrechtlichen Verfahren durch Abs. 2 ausdrücklich eingeschränkt. Darüber hinaus gilt nach Abs. 3 eine fakultative Mündlichkeit. Der Gesetzgeber hat also deutlich gemacht, dass es ausreicht, wenn die von einer gerichtlichen Entscheidung betroffenen Verfahrensbeteiligten im Insolvenzrecht in irgendeiner Form Kenntnis und Gelegenheit zur Stellungnahme erhalten. Abs. 2 ist durch Gesetz vom 15.07.2013 (BGBl. I S. 2379) mit Wirkung zum 01.07.2014 in der Weise geändert worden, dass nunmehr die Schriftlichkeit zum Regelfall und die Mündlichkeit zur Ausnahme wird.

### IV. Unmittelbarkeit

19 Der Grundsatz der Unmittelbarkeit im Zivilprozess bedeutet, dass die mündliche Verhandlung und insbesondere die Beweisaufnahme unmittelbar vor dem erkennenden Gericht durchzuführen sind. Demgegenüber kennt das insolvenzrechtliche Verfahren eine zwingende Mündlichkeit nicht. Daher kann auch der Grundsatz der Unmittelbarkeit nicht streng durchgeführt sein.

### V. Öffentlichkeit

20 Der im Zivilprozess geltende Grundsatz der Öffentlichkeit (vgl. § 169 GVG) setzt zugleich eine notwendige mündliche Verhandlung voraus. Da im Insolvenzrecht freilich der Grundsatz der fakultativen Mündlichkeit gem. Abs. 3 gilt, kann auch die Öffentlichkeit insoweit nur fakultativ eingeräumt sein. Außerdem bezieht sich der Grundsatz der Öffentlichkeit nur auf das gerichtliche Verfahren im engeren Sinn. Nicht öffentlich sind daher Gläubigerversammlungen oder Besprechungen des Gläubigerausschusses.

## § 6 Sofortige Beschwerde

(1) Die Entscheidungen des Insolvenzgerichts unterliegen nur in den Fällen einem Rechtsmittel, in denen dieses Gesetz die sofortige Beschwerde vorsieht. Die sofortige Beschwerde ist bei dem Insolvenzgericht einzulegen.

(2) Die Beschwerdefrist beginnt mit der Verkündung der Entscheidung oder wenn diese nicht verkündet wird, mit deren Zustellung.

(3) Die Entscheidung über die Beschwerde wird erst mit der Rechtskraft wirksam. Das Beschwerdegericht kann jedoch die sofortige Wirksamkeit der Entscheidung anordnen.

| Übersicht | Rdn. | | Rdn. |
|---|---|---|---|
| A. Normzweck | 1 | C. Weitere Rechtsbehelfe | 3 |
| B. Die sofortige Beschwerde | 2 | | |

## A. Normzweck

§ 6 regelt die Statthaftigkeit des Rechtsmittelzuges in Insolvenzsachen. Dabei ist die sofortige Beschwerde gem. § 6 gegen Entscheidungen des Insolvenzgerichts in der Weise vom Gesetzgeber eingeschränkt worden, dass im **Grundsatz von der Unanfechtbarkeit** insolvenzrechtlicher Entscheidungen auszugehen ist und nur dort, wo dies das Gesetz ausdrücklich regelt, solche Entscheidungen anfechtbar sind. Damit wird ein zügiges Insolvenzverfahren gefördert. 1

## B. Die sofortige Beschwerde

Entscheidungen des Insolvenzgerichts können ausschließlich mit der sofortigen Beschwerde angegriffen werden. Die Berufung ist damit generell ausgeschlossen. Die sofortige Beschwerde hängt davon ab, dass eine Entscheidung des Insolvenzgerichts vorliegt und dass diese Entscheidung nach dem ausdrücklichen Willen des Gesetzgebers anfechtbar ist. Für das Verfahren der sofortigen Beschwerde im Einzelnen gilt gem. § 4 die Regelung der §§ 567 bis 573 ZPO. 2

## C. Weitere Rechtsbehelfe

Gegen die Entscheidung des Beschwerdegerichts hatte der Gesetzgeber ursprünglich in § 7 eine Rechtsbeschwerde vorgesehen. Generell ausgeschlossen ist also die Möglichkeit einer Revision. Trotz der Streichung von § 7 im Jahr 2011 gibt es aber weiterhin die Möglichkeit einer Rechtsbeschwerde zum BGH unter den Voraussetzungen der §§ 574 ff. ZPO. Entscheidungen des Rechtsbeschwerdegerichts (also des BGH) sind nicht mehr angreifbar. Eine Gegenvorstellung käme allenfalls dann in Betracht, wenn die angegriffene Entscheidung nicht in materielle Rechtskraft erwachsen ist. Die früher von der Rechtsprechung zugelassene sogenannte außerordentliche Beschwerde wird heute von der Rechtsprechung generell abgelehnt. Im Fall des insolvenzrechtlichen Instanzenzuges ist sie darüber hinaus ausgeschlossen, weil über die Rechtsbeschwerde gem. § 133 GVG generell der BGH entscheidet. 3

Als besonderer Rechtsbehelf gegen Entscheidungen über die Rechtsbeschwerde in Insolvenzsachen kommt dagegen die Verfassungsbeschwerde in Betracht. 4

## § 7 Rechtsbeschwerde
(aufgehoben)

Seit dem 01.01.1999 enthielt § 7 die Möglichkeit einer sofortigen Beschwerde zum jeweiligen Oberlandesgericht. Seit 01.01.2002 wurde § 7 in der Weise umgestaltet, dass nunmehr eine Rechtsbeschwerde zum BGH eröffnet war. Durch Gesetz vom 21.10.2011 (BGBl. I S. 2082) wurde § 7 sodann ersatzlos aufgehoben. Dennoch gibt es weiterhin eine Rechtsbeschwerde. Durch die Verweisung des § 4 InsO sind nämlich die §§ 574 ff. ZPO anwendbar. Allerdings bedarf heute die Rechtsbeschwerde in jedem Fall einer Zulassung durch das Landgericht als Beschwerdegericht. 1

## § 11 Zulässigkeit des Insolvenzverfahrens

(1) Ein Insolvenzverfahren kann über das Vermögen jeder natürlichen und jeder juristischen Person eröffnet werden. Der nicht rechtsfähige Verein steht insoweit einer juristischen Person gleich.

(2) Ein Insolvenzverfahren kann ferner eröffnet werden:
1. Über das Vermögen einer Gesellschaft ohne Rechtspersönlichkeit (offene Handelsgesellschaft, Kommanditgesellschaft, Partnerschaftsgesellschaft, Gesellschaft des Bürgerlichen Rechts, Partenreederei, Europäische wirtschaftliche Interessenvereinigung);
2. Nach Maßgabe der §§ 315 bis 334 über einen Nachlass, über das Gesamtgut einer fortgesetzten Gütergemeinschaft oder über das Gesamtgut einer Gütergemeinschaft, das von den Ehegatten gemeinschaftlich verwaltet wird.

(3) Nach Auflösung einer juristischen Person oder einer Gesellschaft ohne Rechtspersönlichkeit ist die Eröffnung des Insolvenzverfahrens zulässig, so lange die Verteilung des Vermögens nicht vollzogen ist.

### Übersicht

| | Rdn. | | Rdn. |
|---|---|---|---|
| A. Normzweck | 1 | D. Die Gesellschaften ohne Rechtspersönlichkeit (Abs. 2 Nr. 1 und Abs. 3) | 6 |
| B. Begriff der Insolvenzfähigkeit | 2 | E. Sondervermögen (Abs. 2 Nr. 2) | 10 |
| C. Die Personen (Abs. 1 und Abs. 3) | 3 | F. Medizinrechtliche Besonderheiten | 11 |

### A. Normzweck

1 Die Norm fasst alle diejenigen Rechtsträger und Vermögensmassen zusammen, die Gegenstand eines Insolvenzverfahrens sein können. Es geht also um eine Aufzählung aller denkbaren Insolvenzschuldner, wobei die Norm über die Frage der Rechtsfähigkeit und damit der Rechtssubjektivität keine Aussage trifft. Kerngedanke der Norm ist somit die Feststellung der Insolvenzfähigkeit (s.u. Rdn. 2), die als Begriff allerdings vom Gesetz vorausgesetzt wird und nicht näher erläutert ist. Die Aufzählung in Abs. 2 der Norm entbindet den Rechtsanwender von der Entscheidung über schwierige Fragen der Einordnung einzelner Gesellschaften und Gemeinschaften in das Gesellschaftsrecht. Abs. 2 ist insofern auch der wesentliche Teil der gesetzlichen Regelung.

### B. Begriff der Insolvenzfähigkeit

2 Die InsO enthält keine eigenständige Regelung und keine Legaldefinition des Begriffs der Insolvenzfähigkeit. Vielmehr gibt § 11 nur eine genaue Zusammenfassung aller Personen und Vermögensmassen, die das Gesetz als insolvenzfähig ansieht. Aus dieser Aufzählung und aus dem allgemeinen Zusammenhang lässt sich entnehmen, dass Insolvenzfähigkeit als die formelle Voraussetzung der Insolvenzeröffnung die rechtliche Möglichkeit bedeutet, Schuldner eines Insolvenzverfahrens sein zu können. Diese Insolvenzfähigkeit als die Fähigkeit, Schuldner eines Verfahrens zu sein, stellt insoweit einen Teilaspekt der allgemeinen verfahrensrechtlichen Beteiligtenfähigkeit dar. Die Schuldnerrolle des Vollstreckungsschuldners in der Einzelzwangsvollstreckung nach der ZPO ist strukturell derjenigen des Schuldners einer Gesamtvollstreckung gleichartig. Man kann also die Insolvenzfähigkeit mit der **passiven Parteifähigkeit** gleichsetzen, wie sie in den §§ 735, 736, 740, 747 und im früheren § 50 Abs. 2 ZPO geregelt ist. Soweit § 11 Abs. 2 Nr. 2 für den Nachlass und das Gesamtgut einer Gütergemeinschaft über die passive Parteifähigkeit hinausgeht und eine Sonderregelung enthält, erweitert diese Spezialregelung den allgemeinen Grundsatz und schafft eine eigene Insolvenzmöglichkeit über Sondervermögen. Diese Ausweitung lässt sich zwanglos aus der bereits im materiellen Recht angelegten Möglichkeit einer Nachlasssonderung und aus gesetzgeberischer Zweckmäßigkeit erklären.

## C. Die Personen (Abs. 1 und Abs. 3)

Abs. 1 erklärt jede natürliche und jede juristische Person für insolvenzfähig. Dies bedeutet im Einzelnen, dass insolvenzfähig in jedem Fall eine **natürliche Person** ist, unabhängig von ihrem Alter, ihrem Status, ihrem Beruf und anderen Einordnungen. Die Insolvenzfähigkeit im deutschen Recht bezieht sich also nicht etwa nur auf Kaufleute oder auf Unternehmer. Die Insolvenzfähigkeit ist auch nicht mit der Geschäftsfähigkeit des Bürgerlichen Rechts verknüpft. Insolvenzfähig können also auch geschäftsunfähige Personen sein. 3

**Juristische Personen** sind diejenigen von der Rechtsordnung als selbstständige Rechtsträger anerkannten und normierten Personenvereinigungen oder Vermögensmassen, denen der Gesetzgeber Rechtsfähigkeit zumisst. Darunter fallen insbesondere der eingetragene Verein, die Aktiengesellschaft, die Kommanditgesellschaft auf Aktien, die GmbH, die eingetragene Genossenschaft, der Versicherungsverein auf Gegenseitigkeit und die selbstständige Stiftung. Ausgenommen sind gem. § 12 von der Insolvenzfähigkeit aber weitgehend die juristischen Personen des öffentlichen Rechts. 4

Nicht zu den juristischen Personen gehören die in Abs. 2 Nr. 1 aufgeführten **Gesamthandsgemeinschaften**. Nicht hierher gehört auch die stille Gesellschaft. Dagegen wird der nicht rechtsfähige Verein gem. Abs. 1 Satz 2 den juristischen Personen gleichgestellt. Diese Regelung ist eine Konsequenz aus § 50 Abs. 2 ZPO, wonach auch der nicht rechtsfähige Verein aktiv und passiv parteifähig ist. Dem entspricht im Rahmen der Einzelzwangsvollstreckung die Norm des § 735 ZPO, wonach auch gegen den nicht rechtsfähigen Verein als solchen ein Titel zur Zwangsvollstreckung genügt. Damit hat der nicht rechtsfähige Verein in der Insolvenz die Stellung eines rechtsfähigen Vereins. 5

## D. Die Gesellschaften ohne Rechtspersönlichkeit (Abs. 2 Nr. 1 und Abs. 3)

Das Gesetz zählt in Abs. 2 Nr. 1 die offene Handelsgesellschaft, die Kommanditgesellschaft, die Gesellschaft des bürgerlichen Rechts, die Partenreederei und die europäische wirtschaftliche Interessenvereinigung als insolvenzfähige Schuldner auf. Diese Aufzählung hat der Gesetzgeber später durch die Partnerschaftsgesellschaft ergänzt, weil sie gem. § 7 PartGG auf § 124 HGB und damit auf die Regelung der OHG verweist. Die gesetzliche Regelung ist, soweit die einzelnen aufgezählten Gesamthandsgemeinschaften parteifähig sind, im Grunde eine Selbstverständlichkeit. Die wichtigste Klarstellung betrifft die Gesellschaft bürgerlichen Rechts. 6

Im Einzelnen ist die OHG gem. § 124 HGB parteifähig und bereits deshalb insolvenzfähig. Ebenso ist die Kommanditgesellschaft gem. § 161 Abs. 2 HGB, der auf die OHG-Regelung verweist, parteifähig und damit insolvenzfähig. Diese rechtliche Einordnung gilt auch dann, wenn es sich um eine GmbH und Co. KG handelt. Unproblematisch ist weiterhin die Insolvenzfähigkeit der Partenreederei, die in § 489 HGB ausdrücklich wiederholt wird. Schließlich ergibt sich auch für die Europäische Wirtschaftliche Interessenvereinigung im Gesetz die Zuordnung zur normativen Regelung der OHG. 7

**Nicht insolvenzfähig** sind demgegenüber die Bruchteilsgemeinschaft gem. § 741 BGB sowie die stille Gesellschaft als eine reine Innengesellschaft. Auch die Gesellschaft bürgerlichen Rechts ist dann nicht insolvenzfähig, wenn es sich um eine Innengesellschaft handelt. Nicht insolvenzfähig ist ferner gemäß ausdrücklicher Anordnung die Wohnungseigentümergemeinschaft nach § 9a Abs. 5 WEG. 8

Eine grundlegende Rechtsänderung hat § 11 Abs. 2 Nr. 1 bezüglich der **Gesellschaft bürgerlichen Rechts** vorgenommen, wenn er diese ausdrücklich für insolvenzfähig erklärt. Diese Gesellschaft war mit Inkrafttreten des Gesetzes im Jahr 1999 nicht rechts- und parteifähig gewesen. Sie war nach damals weithin anerkannter Auffassung nicht unter § 50 ZPO zu subsumieren. Diese Regelung bestätigte in der Einzelzwangsvollstreckung die Norm des § 736 ZPO, wenn dort zur Vollstreckung in das Vermögen der Gesellschaft ein gegen alle Gesellschafter gerichteter Titel erforderlich war und ist. Mit dem berühmten Grundsatzurteil vom 29.01.2001 hat allerdings der BGH die Gesellschaft Bürgerlichen Rechts, soweit es sich um eine Außengesellschaft handelt, ausdrücklich für rechts- und 9 parteifähig erklärt (BGHZ 146, 341 = NJW 2001, 1056). Mit dieser Rechtsprechung ist bei der Gesellschaft bürgerlichen Rechts nunmehr ein Gleichklang zwischen Parteifähigkeit und Insolvenzfähigkeit hergestellt. Dem steht allerdings bis heute § 736 ZPO entgegen. Da aber durch die Rechtsprechung seit dem Jahre 2001 die Gesellschaft selbst zu einem parteifähigen und insolvenzfähigen Rechtssubjekt erklärt worden ist, muss man die Norm des § 736 ZPO als derogiert ansehen.

### E. Sondervermögen (Abs. 2 Nr. 2)

10 Der Gesetzgeber hat bestimmte Sondervermögen ausdrücklich für insolvenzfähig erklärt, obgleich sie unzweifelhaft weder rechtsfähig noch parteifähig sind. Dies gilt für den Nachlass, für das Gesamtgut an einer fortgesetzten Gütergemeinschaft sowie für das Gesamtgut an einer gemeinschaftlich verwalteten Gütergemeinschaft. Wird allerdings im Rahmen einer Gütergemeinschaft das Gesamtgut von einem Ehegatten allein verwaltet, greift die Regelung des Abs. 2 Nr. 2 nicht ein. In diesem Fall wird, wie sich aus § 37 ergibt, das Gesamtgut dem allein verwaltenden Ehegatten zugerechnet. Wird über seine Person ein Insolvenzverfahren eröffnet, so erstreckt sich dieses Verfahren auch auf das Gesamtgut. Ein selbstständiges und abgetrenntes Insolvenzverfahren über das Gesamtgut ist in diesem Fall nicht möglich. Wird eine Gütergemeinschaft beendet, so fällt der Anteil jedes Ehegatten in dessen Insolvenzmasse.

### F. Medizinrechtliche Besonderheiten

11 Nunmehr müssen im Einzelnen in das oben dargelegte System der insolvenzfähigen Personen, Gesellschaften und sonstiger Vermögen die speziellen medizinrechtlichen Tatbestände eingefügt werden:

1) **Apotheke mit einem Inhaber:** Eine Apotheke mit einem Inhaber kann nicht in Form einer Gesellschaft geführt werden. Daher ist nicht die Apotheke, sondern der selbstständige Apotheker (als natürliche Person) der Insolvenzschuldner. Er ist daher nach Abs. 1 Satz 1 insolvenzfähig. Im Einzelnen s.: Apotheker, selbstständig.

2) **Apotheke mit mehreren Inhabern:** Nach § 8 ApoG kann eine Apotheke von mehreren selbstständigen Apothekern gemeinschaftlich betrieben werden. Möglich ist dies nach dem Gesetz freilich nur als Gesellschaft bürgerlichen Rechts oder als OHG. In beiden Fällen ist im Insolvenzfalle die jeweilige Personengesellschaft die Insolvenzschuldnerin gem. Abs. 2 Nr. 1, nicht die einzelnen natürlichen Personen.

3) **Apotheke mit einem Pächter:** Der (alleinige) Pächter einer Apotheke steht insolvenzrechtlich dem (alleinigen) Inhaber einer Apotheke gleich. Für ihn gelten daher die dort genannten Grundsätze.

4) **Apotheker, angestellt:** Er ist als Arbeitnehmer wie jede natürliche Person insolvenzfähig gem. Abs. 1 Satz 1. Die Insolvenz bezieht sich ausschließlich auf sein persönliches Einkommen und Vermögen. Nicht betroffen davon ist der jeweilige Betrieb, in dem er tätig ist (Krankenhaus, Apotheke). Dies gilt auch dann, wenn der Schuldner die Krankenhausapotheke oder die Filialapotheke fachlich selbstständig leitet.

5) **Apotheker, selbstständig:** Unabhängig davon, ob er (alleiniger) Eigentümer oder Pächter einer Apotheke ist und ob er eine Apotheke führt oder zusätzliche Filialapotheken gem. §§ 1 Abs. 2, 2 Abs. 4 und Abs. 5 ApoG betreibt, gelten für ihn zunächst die Grundsätze der Apotheke mit einem Inhaber. Er ist also als natürliche Person nach Abs. 1 Satz 1 insolvenzfähig. Insolvenzschuldner ist nicht die Apotheke, sondern die Person des Apothekers mit seinem gesamten privaten und beruflichen Vermögen. Eine Trennung oder Aufspaltung dieser beiden Vermögensbereiche ist nicht möglich.
Zur Fortführung der Apotheke in der Insolvenz s.u. § 35 Rdn. 6 ff. Im Einzelnen dazu *Bunzel*, Die Insolvenz des Apothekers, 2013; *Keramati/Hölken*, NZI 2019, 833.

6) **Apotheker, Pächter:** Es gelten die Grundsätze des selbstständigen Apothekers.

7) **Arzt, angestellt:** Er ist als Arbeitnehmer wie jede natürliche Person insolvenzfähig gem. Abs. 1 Satz 1. Die Insolvenz bezieht sich ausschließlich auf sein persönliches Einkommen und

Vermögen. Nicht betroffen davon ist der jeweilige Betrieb, in dem er tätig ist (Krankenhaus, Arztpraxis).
8) **Arzt, niedergelassen:** Als eine natürliche Person ist er nach Abs. 1 Satz 1 insolvenzfähig. Insolvenzschuldner ist nicht die Arztpraxis, sondern die Person des Arztes mit ihrem gesamten privaten und beruflichen Vermögen. Eine Trennung oder Aufspaltung dieser beiden Vermögensbereiche ist nicht möglich.
Besonderheiten können sich im Rahmen der freiberuflichen Tätigkeit des Arztes dann ergeben, wenn die Praxis verwertet werden soll oder wenn die Frage ihrer Fortführung ansteht (s.u. § 35 B und C; im Einzelnen dazu *Mai*, Die Insolvenz des Freiberuflers, 2009; *Prütting*, Festschrift Jaeger, 2014, S. 87; zur Problematik beim freiberuflich tätigen Rechtsanwalt s. *Koch*, Die Insolvenz des selbstständigen Rechtsanwalts, 2008). Grundlegend zur Freiberuflichkeit des Arztes *Lauf, N.*, Die Arztpraxis in der Insolvenz, 2019; *Laufs/Kern*, Handbuch des Arztrechts, 4. Aufl. 2010, § 3. Zur Insolvenz freier Berufe *Jaeger/Henckel*, InsO, 1. Aufl. 2004, § 35 Rn. 14 ff.; MüKo-InsO/*Peters*, 3. Aufl. 2013, § 35 Rn. 507 ff.; *Grau*, Die Insolvenz des selbstständigen Freiberuflers aus der Sicht des Verwalters, 2010; *Kühne*, Die Insolvenz des selbständig tätigen Schuldners, 2013. Zum Vergütungsanspruch des Arztes als Kassenarzt siehe unten Nr. 15.
9) **Ärztekammer:** Die Ärztekammern und die weiteren im Gesundheitsbereich angesiedelten Kammern sind Ausdruck einer funktionalen Selbstverwaltung. Die Kammern sind die Träger einer solchen wirtschaftlichen oder berufsständigen Selbstverwaltung. Sie sind daher Körperschaften öffentlichen Rechts. Als solche ist ihre Insolvenzfähigkeit im Rahmen von § 12 zu behandeln (s.u. § 12 Rdn. 8).
10) **Belegarzt:** Der Belegarzt ist nicht Angestellter eines Krankenhauses. Er ist vielmehr ein niedergelassener und damit selbstständiger Arzt, der aufgrund eines vertraglichen Verhältnisses zum Krankenhaus berechtigt ist, die klinische Infrastruktur zu nutzen. Seine Insolvenz richtet sich damit nach den oben unter Nr. 8 dargelegten Grundsätzen des niedergelassenen Arztes. In der Insolvenz des Krankenhauses gehört seine Rechtssphäre nicht zur Insolvenzmasse.
11) **Berufsausübungsgemeinschaft:** Siehe Gemeinschaftspraxis.
12) **Chefarzt:** Trotz seiner medizinisch und organisatorisch hervorgehobenen Stellung ist der Chefarzt ein Angestellter und damit Arbeitnehmer des Krankenhausträgers. Insolvenzrechtlich ist er daher den allgemeinen Regeln des angestellten Arztes (s.o. Nr. 7) gleichzusetzen.
13) **Gemeinschaftspraxis von Ärzten:** Die Bildung einer Gemeinschaftspraxis mehrerer Ärzte ist gem. §§ 18 ff. MBOÄ ausdrücklich zulässig (Berufsausübungsgemeinschaft). Kennzeichnend ist die gemeinsame Nutzung von Räumen, Einrichtungen, Personal und Organisation sowie die gemeinsame Patientenbehandlung. Daher kommt ein Vertragsschluss in der Regel mit allen Ärzten zustande (Haftung der Gemeinschaft im Außenverhältnis). Für die Insolvenzfähigkeit ist allerdings zu beachten, dass eine solche Gemeinschaftspraxis in sehr unterschiedlichen rechtlichen Formen zulässig ist. So ist es möglich, dass die Gemeinschaftspraxis eine Gesellschaft bürgerlichen Rechts darstellt. Möglich ist auch eine Partnerschaftsgesellschaft oder eine GmbH. Je nach der von den beteiligten Ärzten gewollten und durchgeführten gesellschaftsrechtlichen Form ist eine solche Gemeinschaftspraxis in jedem Fall insolvenzfähig, sei es nach Abs. 1 oder nach Abs. 2 Nr. 1, nicht die natürliche Person isoliert. Grundlegend *Lauf, N.*, Die Arztpraxis in der Insolvenz, 2019, S. 19 ff., 37 ff.
14) **Gesetzliche Krankenkasse:** Die gesetzlichen Krankenkassen sind als Träger der gesetzlichen Krankenversicherung gem. § 4 SGB V rechtsfähige Körperschaften des öffentlichen Rechts (*Quaas/Zuck*, Medizinrecht, 2. Aufl. 2008, § 7 II; *Spickhoff/Nebendahl*, Medizinrecht, 2011, § 4 SGB V Rn. 2 ff.). Unabhängig von ihrer Einteilung als Primärkassen oder als Ersatzkassen sind sie daher besonderen rechtlichen Einordnungen nach § 12 InsO sowie nach dem SGB V unterworfen. Im Einzelnen s. dazu § 12 Rdn. 3 ff. Sind gesetzliche Krankenkassen im Insolvenzverfahren als Gläubiger beteiligt, ergeben sich durch die rasch fortschreitende Digitalisierung neue Entwicklungen der Insolvenzbearbeitung; dazu insbesondere *Kollbach/Lodyga/Zanthoff*, ZInsO 2017, 2529.

15) **Kassenarzt:** Er ist ein niedergelassener Arzt (siehe Nr. 8), der seine Honoraransprüche vor allem von der kassenärztlichen Vereinigung (KV) erhält. Dabei ist umstritten, zu welchem Zeitpunkt diese Vergütungsansprüche entstehen. Denn anders als beim Entstehen von Honoraransprüchen aus privatärztlicher Tätigkeit hat der Kassenarzt gegenüber der KV keinen betragsmäßig im voraus definierten Vergütungsanspruch, sondern lediglich Anspruch auf Teilnahme an der Honorarverteilung durch die KV. Die Leistungen werden vom Kassenarzt nach Quartalsende abgerechnet. Anschließend erlässt die KV einen Honorarbescheid. Das BSG und zuletzt das OLG Hamm gehen überzeugend davon aus, dass die Honorarforderung des Kassenarztes erst mit dem Erlass des Honorarbescheids durch die KV entsteht (BSG NZI 2015, 620 Rn. 31; OLG Hamm NZI 2017, 525; so auch *Kayser*, ZIP 2015, 1083). Demgegenüber stellt der BGH auf den Zeitpunkt der Leistungserbringung ab (BGH NZI 2006, 457 Rn. 7; BGH NZI 2013, 641 Rn. 19).

16) **Krankenhaus:** Der Begriff des Krankenhauses ist vielfältig und sehr weit gezogen. Unter einem Krankenhaus kann sowohl eine bauliche Einheit wie eine lokale Einrichtung verstanden werden. Gemeint sein kann auch der Krankenhausträger oder allgemein eine Einrichtung, die Gegenstand einer bestimmten normativen Zuordnung ist. Für das Insolvenzrecht sind alle diese Einordnungen ohne Bedeutung. Allein entscheidend ist die Frage, welche **Rechtspersönlichkeit der Krankenhausträger** darstellt. Allein von dieser rechtlichen Trägerschaft hängt die insolvenzrechtliche Einordnung ab. Lokale Gegebenheiten oder sachliche Zuordnungen oder Ausdehnungen sind insolvenzrechtlich ohne Bedeutung. Krankenhäuser werden in Deutschland von kommunalen, kirchlichen und privaten Trägern sowie von Bundesländern betrieben. Diese Trägervielfalt ist insolvenzrechtlich zu beachten (zu Einzelheiten der Trägervielfalt vgl. *Huster/Kaltenborn*, Krankenhausrecht, 2010, S. 513 ff., § 16 A bis § 16 C). Ist das Krankenhaus mit seiner Trägerschaft etwa als GmbH oder als Aktiengesellschaft oder als Verein organisiert, so ergibt sich die Insolvenzfähigkeit unmittelbar aus Abs. 1, da der Rechtsträger in diesen Fällen eine juristische Person darstellt. Handelt es sich bei dem Krankenhausträger dagegen um eine Gesellschaft bürgerlichen Rechts, eine offene Handelsgesellschaft oder eine Kommanditgesellschaft sowie eine diesen gleichgestellte ausländische Gesellschaft, so ist die Insolvenzfähigkeit gem. Abs. 2 Nr. 1 zu bejahen. Besonderheiten können sich ergeben, wenn der Krankenhausträger eine Körperschaft, eine Anstalt oder eine Stiftung des Öffentlichen Rechts ist. In diesen Fällen sind die Sonderregeln von § 12 zu beachten. Dagegen werden die frei gemeinnützigen Krankenhausträger in einer privatrechtlichen Form betrieben und sind daher nach § 11 Abs. 1 oder Abs. 2 insolvenzfähig. Werden kommunale Krankenhäuser in einer privatrechtlichen Form betrieben, gelten die o.g. Anknüpfungspunkte von § 11 Abs. 1 und Abs. 2. Zu den Einzelheiten der Insolvenz von Krankenhäusern s. *Bornheimer*, Festschrift für Görg, 2010, S. 71; *Ringstmeier*, InsBüro 2018, 106; *Vallender*, ZInsO 2016, 773.
Rechtlich nicht möglich ist es dagegen, ein Krankenhaus in der Rechtsform einer reinen Innengesellschaft oder einer Bruchteilsgemeinschaft zu betreiben. Eine Ablehnung der Insolvenzfähigkeit wegen einer besonderen rechtlichen Einordnung ist also bei einem Krankenhausträger nicht möglich.

17) **Krankenhausarzt:** Unabhängig von der Einstufung im Einzelnen ist der Krankenhausarzt ein Angestellter und damit ein Arbeitnehmer des Krankenhausträgers. Er ist also insolvenzrechtlich wiederum allen angestellten Ärzten gleichzusetzen (s.o. Nr. 7).

18) **Krankenhausträger:** s. Krankenhaus.

19) **Medizinische Kooperationsgemeinschaft:** Sie ist gem. § 23b MBOÄ ein Zusammenschluss von Ärzten mit Angehörigen anderer Fachberufe. Prägend ist die rechtlich selbstständige Ausübung der Tätigkeit. Die medizinische Kooperationsgemeinschaft kann als Gesellschaft bürgerlichen Rechts, als Partnerschaftsgemeinschaft, als GmbH oder als AG betrieben werden. Sie ist damit als solche gem. § 11 Abs. 1 bzw. Abs. 2 Nr. 1 insolvenzfähig.

20) **Medizinisches Versorgungszentrum (MVZ):** Ein medizinisches Versorgungszentrum stellt eine fachübergreifende, ärztlich geleitete Einrichtung dar, in der selbstständige Ärzte oder Angestellte tätig sind. Rechtsgrundlage für ein MVZ ist § 95 SGB V (*Quaas/Zuck*, Medizinrecht, 2. Aufl. 2008, § 47). Ein solches MVZ kann von jedem Leistungserbringer gegründet werden.

Voraussetzung ist allerdings eine gesellschaftsvertragliche Einrichtung an einem bestimmten Standort. Damit ist die jeweilige Rechtsform eines MVZ auf das private Gesellschaftsrecht festgelegt. Im Einzelnen kann ein MVZ als GmbH (vgl. Hess. LSG MedR 2012, 834) oder Aktiengesellschaft geführt werden, es kann aber auch als Partnerschaftsgesellschaft, als nicht rechtsfähiger Verein oder Gesellschaft bürgerlichen Rechts geführt werden. Je nach dieser Einordnung der zugrundeliegenden gesellschaftsrechtlichen Rechtsform ist ein MVZ nach Abs. 1 oder nach Abs. 2 Nr. 1 insolvenzfähig. Zur Literatur vgl. *Dumoulin*, FLF 2012, 8; *Ziegler* ZInsO 2014, 1577. Die einem MVZ zugeordnete Arztanstellung fällt wie eine vertragsärztliche Zulassung nicht in die Insolvenzmasse (BSG, Urt. v. 11.10.2017 – B 6 KA 27/16 R, NZI 2018, 616).

21) **Praxisgemeinschaft**: Es handelt sich gem. § 18 MBOÄ um eine Organisationsgemeinschaft, also einen Zusammenschluss von mindestens zwei Arztpraxen zur gemeinsamen Nutzung von Räumen, Personal und Geräten. Es liegt aber keine gemeinsame Berufsausübung vor. Jede (rechtlich selbstständige) Arztpraxis verfügt über ihren eigenen Patientenstamm. Ein Vertragsschluss erfolgt nur mit dem behandelnden Arzt. Die Praxisgemeinschaft kann als Gesellschaft bürgerlichen Rechts oder als GmbH geführt werden und ist insoweit insolvenzfähig. Eine mögliche Insolvenz dieser Praxisgemeinschaft kann aber nur eintreten, wenn sie selbst als Schuldnerin zahlungsunfähig wird (z.B. Lieferung teurer Apparate an die Praxisgemeinschaft). Die mögliche Schuldnereigenschaft des behandelnden Arztes ist dabei ohne Bedeutung. Daher kommt eine isolierte Insolvenz einer solchen Organisationsgemeinschaft in der Praxis kaum in Betracht.

22) **Praxisverbund**: Es handelt sich gem. § 23d MBOÄ um eine Kooperation selbstständiger Einzelpraxen. Die Ausübung der Tätigkeit erfolgt rechtlich selbstständig. Der Praxisverbund kann also kein Subjekt eines Insolvenzverfahrens sein.

23) **Private Krankenkasse**: Das System der Krankenversicherung stützt sich in Deutschland auf private Krankenkassen einerseits und auf gesetzliche Krankenkassen andererseits. Die privaten Krankenkassen sind (wie schon der Name andeutet) privatrechtlich organisiert. Ihre Trägerschaft steht damit außerhalb des Bereichs der gesetzlichen Krankenversicherung. Unabhängig von der Einordnung der privaten Krankenkassen als juristische Personen oder als Gesellschaft ohne Rechtspersönlichkeit ist damit ihre Insolvenzfähigkeit nach § 11 Abs. 1 bzw. Abs. 2 Nr. 1 gegeben.
In der Praxis sind private Krankenkassen als Versicherungsvereine auf Gegenseitigkeit organisiert. Diese Rechtsform ist speziell für das private Versicherungsgeschäft entwickelt worden. Dabei handelt es sich um eine Form des wirtschaftlichen Vereins im Sinne von § 22 BGB und damit letztlich um eine juristische Person des Privatrechts. Unabhängig von den Einzelregelungen dieser Versicherungsvereine auf Gegenseitigkeit im VAG ist damit klar, dass die privaten Krankenkassen gem. Abs. 1 insolvenzfähig sind.

24) **Vertragsarzt**: Er ist wie ein Belegarzt nicht Angestellter eines Krankenhauses. Seine Insolvenz richtet sich daher nach den oben in Nr. 8 dargelegten Grundsätzen für niedergelassene Ärzte. In der Insolvenz des Krankenhauses gehört seine Rechtssphäre nicht zur Insolvenzmasse.

## § 12 Juristische Personen des öffentlichen Rechts

(1) Unzulässig ist das Insolvenzverfahren über das Vermögen
1. des Bundes oder eines Landes;
2. einer juristischen Person des öffentlichen Rechts, die der Aufsicht eines Landes untersteht, wenn das Landesrecht dies bestimmt.

(2) Hat ein Land nach Absatz 1 Nr. 2 das Insolvenzverfahren über das Vermögen einer juristischen Person für unzulässig erklärt, so können im Falle der Zahlungsunfähigkeit oder der Überschuldung dieser juristischen Person deren Arbeitnehmer von dem Land die Leistungen verlangen, die sie im Falle der Eröffnung eines Insolvenzverfahrens nach den Vorschriften des Dritten Buches Sozialgesetzbuch über das Insolvenzgeld vom Arbeitsamt und nach den Vorschriften des

Gesetzes zur Verbesserung der betrieblichen Altersversorgung vom Träger der Insolvenzsicherung beanspruchen könnten.

**Übersicht**

| | Rdn. | | Rdn. |
|---|---|---|---|
| A. Grundgedanke der Norm | 1 | III. Die Neuregelung zum 01.01.2010 | 5 |
| B. Gesetzliche Krankenkassen | 3 | IV. Regelungsinhalt | 6 |
| I. Rechtsnatur | 3 | C. Kammern | 8 |
| II. Grundsatz | 4 | | |

## A. Grundgedanke der Norm

1 Der Bund, die Bundesländer, die Kommunen sowie alle sonstigen öffentlich-rechtlichen Körperschaften, Anstalten oder Stiftungen sind juristische Personen. Als solche juristischen Personen fallen sie zunächst unter § 11 Abs. 1 und sind damit generell insolvenzfähig. § 12 stellt also für einzelne juristische Personen des öffentlichen Rechts eine Ausnahme vom Grundsatz des § 11 Abs. 1 dar. Diese Ausnahme gilt zunächst generell für den Bund und die Bundesländer gem. Abs. 1 Nr. 1. Darüber hinaus gilt sie für alle sonstigen juristischen Personen des Öffentlichen Rechts, wenn dies das Landesrecht im Einzelnen bestimmt. Tatsächlich ist die Insolvenzfähigkeit der Gemeinden und der sonstigen Körperschaften, Anstalten und Stiftungen des öffentlichen Rechts im Landesrecht vielfach ausgeschlossen worden. Zu den landesrechtlichen Regelungen im Einzelnen vgl. *Kübler/Prütting/Bork*, § 12 Rn. 4.

2 Für den Bereich des Medizin- und Gesundheitsrechts sind hier insbesondere die Insolvenzfähigkeit gesetzlicher Krankenkassen (s.u. Rdn. 3 ff.) sowie die Insolvenzfähigkeit von Kammern (s.u. Rdn. 8) zu erörtern.

## B. Gesetzliche Krankenkassen

### I. Rechtsnatur

3 Gesetzliche Krankenkassen als die Träger der gesetzlichen Krankenversicherung werden üblicherweise in Primärkassen (AOK, BKK) und Ersatzkassen eingeteilt. Darüber hinaus gibt es im Bereich der GKV auch Zusammenschlüsse und von den Krankenkassen getragene Arbeitsgemeinschaften. Alle diese Einrichtungen der gesetzlichen Krankenversicherung sind der rechtlichen Struktur nach Körperschaften des Öffentlichen Rechts (vgl. § 4 SGB V).

### II. Grundsatz

4 Körperschaften des Öffentlichen Rechts unterfallen der Regelung des § 11 Abs. 1. Sie sind also grundsätzlich insolvenzfähig. Ein Ausschluss der Insolvenzfähigkeit bedarf besonderer normativer Regelung. Eine solche Regelung hat es vor 2010 für gesetzliche Krankenkassen gegeben (§ 155 SGB V alter Fassung). Der Gesetzgeber hat allerdings diese grundsätzliche Rechtsstruktur geändert (s.u. Rdn. 5).

### III. Die Neuregelung zum 01.01.2010

5 Der Gesetzgeber hat im Rahmen der Gesundheitsreform das Gesetz zur Weiterentwicklung der Organisationsstrukturen in der gesetzlichen Krankenversicherung vom 15.12.2008 erlassen (BGBl. I, S. 2426). Gemäß § 171b SGB V findet danach ab dem 01.01.2010 § 12 Abs. 1 Nr. 2 auf gesetzliche Krankenkassen keine Anwendung mehr. Ab diesem Zeitpunkt soll für gesetzliche Krankenkassen die Insolvenzordnung in einer eingeschränkten Form gelten. Hintergrund ist der Versuch des Gesetzgebers, Transparenz und Effizienz des Gesundheitswesens zu verbessern. Bei genauerer Prüfung ist allerdings festzustellen, dass die speziellen insolvenzrechtlichen Regelungen der §§ 171b bis 172 SBG V in umfangreicher Weise von einem Regelinsolvenzverfahren nach der InsO abweichen. Es ist daher kaum zu erwarten, dass es in der Praxis zu echten Insolvenzverfahren über gesetzliche Krankenkassen kommen wird.

## IV. Regelungsinhalt

Bevor es im Fall von gesetzlichen Krankenkassen zu einem Insolvenzeröffnungsverfahren oder zu einem Insolvenzverfahren nach der InsO kommen kann, sind zunächst drei verschiedene rechtliche Schritte zu unterscheiden. In einem **ersten Schritt** hat der Gesetzgeber gem. § 172 SGB V eine Reihe von Maßnahmen zur **Vermeidung der Insolvenz** gesetzlicher Krankenkassen vorgesehen. Hierzu sind insbesondere verschiedene Informations- und Auskunftspflichten gesetzlich geregelt. Darüber hinaus sind finanzielle Hilfen für die in Schwierigkeit geratene Krankenkasse bis hin zu einer zwangsweisen Fusion gesetzlich vorgesehen (vgl. § 172 Abs. 3 SGB V). Unabhängig von solchen Maßnahmen zur Vermeidung einer Insolvenz ist es Aufgabe des Vorstandes der jeweiligen Krankenkasse, die zuständige Aufsichtsbehörde unverzüglich zu informieren (**zweiter Schritt**). In diesem Zusammenhang nennt das Gesetz als Insolvenzgründe die Zahlungsunfähigkeit, die drohende Zahlungsunfähigkeit sowie die Überschuldung. Das Gesetz knüpft in § 171b Abs. 2 SGB V also an die allgemeinen Regelungen der §§ 17 bis 19 an. Diese Insolvenzgründe hat der Vorstand zu prüfen, bevor er die **Anzeige an die Aufsichtsbehörde** macht.

In einem **dritten Schritt** nach den Maßnahmen zur Vermeidung der Insolvenz und der Anzeige des Vorstandes an die Aufsichtsbehörde ist nach allgemeinen Regeln ein schriftlicher **Antrag** auf Eröffnung des Insolvenzverfahrens erforderlich (§ 13). Ein solcher Antrag ist im Fall gesetzlicher Krankenkassen ausschließlich durch die jeweilige **Aufsichtsbehörde** rechtlich möglich (§ 171b Abs. 3 SGB V). Ein solcher Antrag setzt freilich voraus, dass von der Aufsichtsbehörde das Vorliegen eines Insolvenzgrundes geprüft ist und dass vorrangig die Möglichkeiten einer Schließung der Krankenkasse erwogen sind. Entschließt sich die Aufsichtsbehörde zu einem Insolvenzantrag, so hat sie den Spitzenverband Bund der Krankenkassen darüber unverzüglich zu unterrichten. Ferner bedarf es der Anhörung der Aufsichtsbehörde, bevor vom Insolvenzgericht ein Insolvenzverwalter bestellt wird. Schließlich ist kraft Gesetzes die Krankenkasse mit dem Tag der Eröffnung des Insolvenzverfahrens geschlossen. Der weitere Fortgang des Insolvenzverfahrens lehnt sich dann an die allgemeinen Regeln der InsO an. Zu weiteren Einzelheiten vgl. *Bultmann*, MedR 2009, 25; *Lundberg/Sänger*, ZInsO 2010, 1211 und 1905 sowie ZInsO 2012, 1556; *Heeg/Kehbel*, ZIP 2009, 302; *Groß*, Gesetzliche Krankenkassen in der Krise und Insolvenz, 2013; *Hengst*, Insolvenzfähigkeit von Krankenkassen, 2012; *Pitschas*, Kassenwettbewerb und Insolvenz, 2010; *Jabornegg/Resch/Seewald*, Insolvenz von Krankenkassen, Wien 2011 (zur deutschen Rechtslage die Beiträge von *Uwer*, *Vieß*, *Müller*); ferner der Beitrag in Festschrift für Siegfried Beck, 2016.

Allerdings ist seit 01.01.2010 kein einziges Insolvenzverfahren über eine gesetzliche Krankenkasse eröffnet worden. Es handelt sich daher wohl eher um eine symbolische Gesetzgebung. Bei näherer Prüfung zeigt sich, dass die InsO an vielen Stellen nicht zur Abwicklung gesetzlicher Krankenkassen geeignet ist (vgl. dazu insb. *Groß*, Gesetzliche Krankenkassen in der Krise und Insolvenz, 2013, passim).

## C. Kammern

Das Kammersystem als eine Trägerschaft berufsständischer und wirtschaftlicher Selbstverwaltung ist in Deutschland stark verankert. Dahinter steht die Idee einer gewissen Distanz und Eigenverantwortlichkeit gegenüber staatlichen Behörden. Kammern sind **Körperschaften des öffentlichen Rechts** und damit juristische Personen. Als solche unterliegen sie § 11 Abs. 1 und sind damit grundsätzlich insolvenzfähig. Teilweise hat freilich das Landesrecht gem. § 12 Abs. 1 Nr. 2 die Insolvenzfähigkeit gesetzlich ausgeschlossen. Das BVerfG hat auf der Basis des im Jahr 1983 geltenden Landesrechts die Insolvenzfähigkeit von Ärztekammern bejaht (BVerfG, Urt. v. 06.12.1983 – 2 BvL 1/82, BVerfGE 65, 359, 365; vgl. ferner BVerwG, BB 1982, 373). Für die Kammern der Heilberufe (Ärzte, Zahnärzte, Tierärzte, Apotheker, Psychotherapeuten) ist also die grundsätzliche Möglichkeit einer Insolvenz zu beachten. Freilich ist bisher in Deutschland eine Insolvenz einer solchen Kammer noch nicht praxisrelevant geworden. Käme es allerdings zur Insolvenz einer Kammer, so wären grundsätzlich die Regeln der InsO anzuwenden. Zu den Einzelheiten vgl. *Rieger*, Kammern in der Insolvenz, Baden-Baden 2010.

## § 35 Begriff der Insolvenzmasse

(1) Das Insolvenzverfahren erfasst das gesamte Vermögen, das dem Schuldner zur Zeit der Eröffnung des Verfahrens gehört und das er während des Verfahrens erlangt (Insolvenzmasse).

(2) Übt der Schuldner eine selbständige Tätigkeit aus oder beabsichtigt er, demnächst eine solche Tätigkeit auszuüben, hat der Insolvenzverwalter ihm gegenüber zu erklären, ob Vermögen aus der selbständigen Tätigkeit zur Insolvenzmasse gehört und ob Ansprüche aus dieser Tätigkeit im Insolvenzverfahren geltend gemacht werden können. § 295a gilt entsprechend. Auf Antrag des Gläubigerausschusses oder, wenn ein solcher nicht bestellt ist, der Gläubigerversammlung ordnet das Insolvenzgericht die Unwirksamkeit der Erklärung an.

(3) Der Schuldner hat den Verwalter unverzüglich über die Aufnahme oder Fortführung einer selbständigen Tätigkeit zu informieren. Ersucht der Schuldner den Verwalter um die Freigabe einer solchen Tätigkeit, hat sich der Verwalter unverzüglich, spätestens nach einem Monat zu dem Ersuchen zu erklären.

(4) Die Erklärung des Insolvenzverwalters ist dem Gericht gegenüber anzuzeigen. Das Gericht hat die Erklärung und den Beschluss über ihre Unwirksamkeit öffentlich bekannt zu machen.

| Übersicht | Rdn. | | Rdn. |
|---|---|---|---|
| A. Der Begriff der Insolvenzmasse | 1 | IV. Honorarforderungen | 3c |
| B. Die Insolvenz des Freiberuflers | 3 | C. Freigabe | 4 |
| I. Grundsatz | 3 | D. Verfügungen des Arztes | 5 |
| II. Die Arztpraxis | 3a | E. Insolvenz eines selbstständigen Apothekers und Fortführung der Apotheke | 6 |
| III. Die Patientenkartei | 3b | | |

### A. Der Begriff der Insolvenzmasse

1 Die Norm geht zunächst davon aus, dass das gesamte Vermögen des Schuldners Teil der Insolvenzmasse ist. Dabei wird sowohl das zum Zeitpunkt der Insolvenzeröffnung vorhandene Vermögen erfasst als auch dasjenige Vermögen, das nach Insolvenzeröffnung erworben wird (sogenannter Neuerwerb). Dieser umfassende Begriff der Insolvenzmasse im Sinne der Gesamtheit aller Vermögensgegenstände des Schuldners dient letztlich dem zentralen Ziel des Insolvenzverfahrens, die Gläubiger gemeinschaftlich zu befriedigen. Eine genauere Abgrenzung des Umfangs der Insolvenzmasse ist allerdings nur unter Hinzuziehung von § 36 möglich.

2 Im Einzelnen wird der Umfang der Insolvenzmasse durch den Begriff des Vermögens begrenzt. Nicht in die Insolvenzmasse fallen also **höchstpersönliche Rechte des Schuldners**, die keine Vermögensrechte sind (Namensrecht, allgemeines Persönlichkeitsrecht). Hierher gehören auch die kassenärztliche Zulassung sowie die Zulassung als Vertragsarzt (BVerfG ZIP 2013, 986 = ZInsO 2013, 1028). Umstritten ist dies für einen privaten Krankenversicherungsvertrag des Schuldners (dazu OLG Hamm, KTS 2013, 78 m. Anm. *Koch*; weitergehend AG Kiel NZI 2012, 30). Weiterhin nicht in die Insolvenzmasse fallen alle unpfändbaren Gegenstände, die § 36 Abs. 1 von der Insolvenzmasse ausnimmt. Schließlich sind diejenigen Vermögensgegenstände frei und nicht zur Insolvenzmasse gehörig, die der Insolvenzverwalter frei gibt. Die Freigabe durch den Insolvenzverwalter liegt insbesondere der Befugnis nach Abs. 2 zugrunde.

### B. Die Insolvenz des Freiberuflers

#### I. Grundsatz

3 Im Fall der Insolvenz eines Arztes oder eines anderen Freiberuflers gehört zur Insolvenzmasse neben dem privaten Vermögen des Schuldners und den einzelnen Gegenständen der Praxiseinrichtung auch die freiberufliche Praxis als solche. Zu den Besonderheiten des selbstständigen Apothekers s.u. Rdn. 6. Diese Praxis ist nach heute allgemeiner Ansicht im Rahmen eines Praxisverkaufs oder eines

Tauschs grundsätzlich veräußerbar (BGH, NJW 1997, 2453). Eine solche Verwertung der Praxis durch Verkauf wird auch nicht dadurch verhindert, dass der schuldnerische Arzt grundsätzlich berechtigt ist, seine freiberufliche Tätigkeit fortzusetzen. Lediglich im Rahmen der Veräußerung der gesamten Praxis muss beachtet werden, dass insolvenzfreies Vermögen innerhalb der jeweiligen ärztlichen Praxis nicht veräußert wird. Da allerdings bei einem Arzt die persönliche Dienstleistung im Vordergrund steht, muss im Rahmen von § 811 Abs. 1 Nr. 5 und Nr. 7 ZPO der Umfang der Gegenstände näher bestimmt werden, die zur Fortsetzung der Erwerbstätigkeit bzw. zur Ausübung des Berufs erforderlich sind. Dazu gehören zweifellos notwendige medizinische Geräte, nicht aber zur Ausschmückung der Arztpraxis vorhandene Kunstgegenstände, wertvolle Teppiche, antikes Mobiliar und ähnliches. Zur Literatur vgl. oben § 11 Rdn. 11 Nr. 8.

## II. Die Arztpraxis

Für den in seiner Arztpraxis tätigen einzelnen Arzt bedeutet dies, dass nicht nur sein gesamtes persönliches Eigentum und alle ihm zustehenden Rechtspositionen in die Insolvenzmasse fallen, sondern dass auch der gesamte Praxisbetrieb des Arztes vom Insolvenzbeschlag erfasst wird (*Mönning*, Betriebsfortführung in der Insolvenz, 2. Aufl. 2014, S. 872; *Lauf, N.*, Die Arztpraxis in der Insolvenz, 2019). Im Einzelnen bedeutet dies, dass zunächst sämtliche in der Arztpraxis vorhandenen Einzelgegenstände vom Insolvenzbeschlag erfasst sind. Da nach heute anerkannter Rechtsprechung und Literatur auch die Praxis eines Freiberuflers als solche veräußert werden kann (BGH, NJW 1997, 2453; BGHZ 16, 74; BGHZ 43, 47), geht aber der Insolvenzbeschlag weit über den reinen Substanzwert der Arztpraxis hinaus und erfasst auch den eigentlichen inneren Wert einer solchen Praxis als solchen (good will). Dieser good will wird vor allem geprägt durch den Patientenstamm des Arztes, der sich in der Patientenkartei sowie den Patientenunterlagen dokumentiert. Der good will einer Arztpraxis, also ihr immaterieller Wert, stellt nicht selten den zentralen Bestandteil des vorhandenen Vermögens dar. Dies gilt auch unter Berücksichtigung der Tatsache, dass in einer Arztpraxis nicht selten eine wertvolle medizinische Ausstattung vorhanden sein wird. Will also ein Insolvenzverwalter den Gesamtwert einer solchen Arztpraxis realisieren, so muss er versuchen, jedenfalls auch den immateriellen Wert der Arztpraxis zur Befriedigung der Gläubiger heranzuziehen. Dies ist ihm in den meisten Fällen praktisch nur durch eine Betriebsfortführung möglich.

3a

## III. Die Patientenkartei

Eine weitere Frage zum Insolvenzbeschlag stellt sich für die Patientenkartei, die Krankenblätter und die weiteren Krankenunterlagen. Auch diese stellen zweifellos einen eigenständigen wirtschaftlichen Wert dar. Sie dürfen aber ohne Einwilligung des Patienten nicht veräußert und anderen Personen übertragen werden (*Kluth*, NJW 2002, 186). Andererseits werden die Geschäftsbücher des Schuldners gem. § 36 Abs. 2 Nr. 1 ausdrücklich vom Insolvenzbeschlag erfasst. Es ist anerkannt, dass unter den Begriff der Geschäftsbücher nicht nur die handels- und steuerrechtlich vorgeschriebenen Aufzeichnungen fallen, sondern auch alle sonstigen Geschäftsunterlagen, also auch die Patientenunterlagen. Andererseits muss der Insolvenzverwalter das Recht der Patienten auf Geheimhaltung ihrer Daten beachten. Trotz Massezugehörigkeit der Patientenunterlagen ist es daher dem Insolvenzverwalter verwehrt, über sie ohne Zustimmung der Betroffenen zu verfügen. Er muss insoweit das Berufsgeheimnis wahren. Die Möglichkeiten zur Veräußerung einer Praxis sind daher erheblich eingeschränkt; zum Ganzen *Lauf, N.*, Die Arztpraxis in der Insolvenz, 2019.

3b

## IV. Honorarforderungen

Sonderfragen ergeben sich für die Honorarforderungen des schuldnerischen Arztes gegenüber seinen Patienten. Grundsätzlich sind Forderungen des Schuldners dann Bestandteil der Insolvenzmasse, wenn sie gem. § 35 Abs. 1 i.V.m. § 851 Abs. 1 ZPO pfändbar sind. Die Pfändbarkeit setzt Übertragbarkeit voraus. Soweit also gegen die Übertragbarkeit von Honorarforderungen Bedenken bestehen, könnte eine Ausnahme von der Massezugehörigkeit zu erwägen sein. Allerdings hat die Rechtsprechung seit Langem die Massezugehörigkeit von Honorarforderungen freiberuflich

3c

Tätiger trotz Unabtretbarkeit bejaht, soweit der Geheimnisschutz und der Schutz der Persönlichkeitsrechte des Patienten gewahrt sind (BGH ZIP 2005, 722, 723; vgl. für Steuerberater ebenso BGHZ 141, 173). Der insolvente Arzt ist also trotz des Schutzes des ärztlichen Geheimnisses befugt, dem Insolvenzverwalter die offenen Honorarforderungen gegen Patienten zu offenbaren. Diese Offenbarung einer Honorarforderung als solche ist nach der Auffassung des BGH nicht geeignet, Rückschlüsse auf die jeweilige Krankheit des Patienten zu ziehen und damit seine Intimsphäre zu verletzen (BGH, ZIP 2005, 722; bestätigt durch BGH, Urt. v. 21.02.2019 – IX ZR 246/17, NZI 2019, 374 = KTS 2019, 351 = ZInsO 2019, 687; dazu *Gehrlein*, NZI 2020, 503).). Insgesamt unterliegen Honorarforderungen damit dem Insolvenzbeschlag (*Lauf, N.*, Die Arztpraxis in der Insolvenz, 2019, S. 70 ff.). Auch die Honorarforderung des Arztes gegen einen Privatpatienten gehört zum Vermögen des Schuldners und unterliegt dem Insolvenzbeschlag, sobald die Leistung erbracht und ein Gebührentatbestand erfüllt ist (BGH, Urt. v. 21.02.2019 – IX ZR 246/17, NZI 2019, 374 = KTS 2019, 351; dazu *Gehrlein*, NZI 2020, 503). Das gilt auch dann, wenn der Arzt diese Forderung nicht selbst einzieht, sondern den Einzug einer privaten Abrechnungsstelle übertragen hat. Auch dann kommt es auf den Zeitpunkt der ärztlichen Leistungserbringung an, nicht auf den Zeitpunkt des Vertragsschlusses mit der Abrechnungsstelle.

**3d** Soweit der schuldnerische Arzt eine kassenärztliche Zulassung aufweist, stehen ihm für seine Tätigkeit regelmäßig vierteljährliche Ansprüche gegen die kassenärztliche Vereinigung zu. Es handelt sich dabei um Vergütungsansprüche gegen die jeweils zuständige gesetzliche Krankenkasse. Diese zahlt die entstandenen Vergütungsansprüche mit befreiender Wirkung an die kassenärztliche Vereinigung, die wiederum mit dem Kassenarzt abrechnet. Die bereits entstandenen und dem schuldnerischen Arzt zustehenden Ansprüche gegen die kassenärztliche Vereinigung sind also Teil der Insolvenzmasse. Die Honorarforderung des Arztes gegen eine kassenärztliche Vereinigung gehört also mit Abschluss des Quartals, in dem der Schuldner die vertragliche Leistung erbracht hat, und der Vorlage der entsprechenden Abrechnung zum Vermögen des Schuldners und unterliegt dem Insolvenzbeschlag (BGH, Urt. v. 21.02.2019 – IX ZR 246/17, NZI 2019, 374 = KTS 2019, 351; dazu *Gehrlein*, NZI 2020, 503). Zu beachten ist freilich, dass die kassenärztliche Vereinigung regelmäßig Vorauszahlungen auf die im jeweiligen Quartal entstandenen Arzthonorare bezahlt. Für die Zuordnung solcher Abschlagszahlungen kommt es auf den Zeitpunkt der Zahlung an den Arzt an. Sie sind als vorzeitige Erfüllung des Honoraranspruchs zu werten. Dieser Rechtsprechung des BSG (BSGE 118, 30 Rn. 31, 34) hat sich der BGH ausdrücklich angeschlossen (BGH, Urt. v. 21.02.2019 – IX ZR 246/17, NZI 2019, 374 = KTS 2019, 351; dazu *Gehrlein*, NZI 2020, 503). Stellt sich heraus, dass dabei eine bereits überwiesene Abschlagszahlung insgesamt höher ist als das tatsächlich später entstandene Honorar, so kann die kassenärztliche Vereinigung im Wege der Aufrechnung die bereits bezahlten Abschläge verrechnen. Ein Problem entsteht hierbei dann, wenn nach der Überzahlung durch die kassenärztliche Vereinigung und vor endgültiger Abrechnung des Quartals das Insolvenzverfahren eröffnet wird. In diesem Fall würde einer möglichen Aufrechnung das insolvenzrechtliche Aufrechnungsverbot des § 96 Abs. 1 Nr. 1 entgegenstehen. Denn die konkreten ärztlichen Honoraransprüche gegen die Kasse können erst konkretisiert und abgerechnet werden, wenn das jeweilige Quartal beendet ist. Mit diesem Zeitpunkt entstehen damit erst die einzelnen Ansprüche, sodass eine Aufrechnung nur insoweit in Betracht kommt, als ältere Forderungen des schuldnerischen Arztes vorhanden wären.

## C. Freigabe

**4** Wie sich aus § 35 Abs. 2 ergibt, kann der Insolvenzverwalter im Fall einer selbstständigen Tätigkeit des Schuldners Ansprüche aus dieser Tätigkeit zur Insolvenzmasse ziehen oder sie freigeben (dazu *Gehrlein*, NZI 2020, 503). Hintergrund dieser Regelung ist die verfassungsrechtliche Garantie des Art. 12 Abs. 1 GG, wonach auch der insolvente Schuldner das Recht hat, eine selbstständige Tätigkeit grundsätzlich weiterzuführen. Im Fall der Fortsetzung der selbstständigen Tätigkeit nach Insolvenzeröffnung gehören allerdings die Einkünfte aus dieser Tätigkeit in vollem Umfang als sogenannter Neuerwerb zur Insolvenzmasse. Dem steht entgegen, dass bei vollständiger Zuordnung von Neuerwerb zur Insolvenzmasse jegliche selbstständige Tätigkeit unmöglich gemacht werden kann. Das Recht zur Freigabe durch den Insolvenzverwalter soll also zugleich zwischen den berechtigten Interessen der Gläubiger und des Schuldners einen vernünftigen Kompromiss finden. Auch haftungsrechtlich ermöglicht ein solcher Schritt der Freigabe durch den Insolvenzverwalter, dass der Arzt seine Praxis allein und selbstständig fortführt und dadurch Haftungsrisiken für den Insolvenzverwalter vermieden werden. Eine solche vollkommen selbstständige Fortführung der Praxis durch den Schuldner ist möglich, wenn der Insolvenzverwalter die selbstständige Tätigkeit des Schuldners gem. Abs. 2 in einem umfassenden Sinne freigibt. Dem könnte die Gefahr gegenüberstehen, dass damit der Neuerwerb des Schuldners vollständig aus der Insolvenzmasse herausfällt. Allerdings ist zu beachten, dass das Gesetz ausdrücklich die Anwendung von § 295 Abs. 2 vorschreibt. Nach dieser Norm muss der selbstständig Tätige aus seinem Neuerwerb Zahlungen an die Insolvenzmasse leisten, wie wenn er im Rahmen eines Angestelltenverhältnisses angemessene Einnahmen aus nicht selbstständiger Tätigkeit hätte (vgl. dazu AG Duisburg NZI 2010, 905). Zur Literatur vgl. oben § 11 Rdn. 11 Nr. 8 sowie *Harder*, NZI 2013, 521; *Lauf, N.*, Die Arztpraxis in der Insolvenz, 2019). Der Insolvenzverwalter muss daher eine Prognose aufstellen, ob die selbstständige Tätigkeit des Schuldners die Masse mehrt (vgl. die kritischen Überlegungen von *Andres/Pape*, NZI 2005, 145; *Grote/Pape*, ZInsO 2004, 997; *Runkel*, ZVI 2007, 53).

Hat der Insolvenzverwalter die selbstständige Tätigkeit freigegeben, so erfasst diese Freigabe Forderungen des Schuldners nicht, wenn sie auf die bisherige selbstständige Tätigkeit zurückgehen. Die nach der Insolvenzeröffnung auf dem Girokonto des Schuldners eingegangenen Zahlungen aus selbstständiger Tätigkeit sind als Neuerwerb Teil der Insolvenzmasse. Ist der Girovertrag mit Insolvenzeröffnung gemäß §§ 115, 116 erloschen und wird das Konto auf Grund eines neuen Girovertrags nach Freigabe der selbstständigen Tätigkeit zwischen Bank und Schuldner fortgeführt, so sind die auf das Konto eingehenden Zahlungen nur dann insolvenzfrei, wenn sich die Freigabeerklärung des Insolvenzverwalters ausdrücklich auch auf den neuen Girovertrag bezieht (BGH, Urt. v. 21.02.2019 – IX ZR 246/17, NZI 2019, 374 = KTS 2019, 351; dazu *Gehrlein*, NZI 2020, 503). Unklar geblieben ist die Frage, ob ein auf dem freigegebenen Girokonto eingegangener Gewinn zum Neuerwerb mit Insolvenzbeschlag wird, wenn das pfandfreie Vermögen durch Umlagerung verändert wird (dazu *Grothe*, ZInsO 2018, 1541 und KTS 2019, 360, 364).

### D. Verfügungen des Arztes

Soweit der Insolvenzverwalter die selbstständige Tätigkeit des Schuldners durch Freigabeerklärung ermöglicht hat, stellt sich weiterhin das Problem, ob Vorausabtretungen von Ansprüchen des Schuldners gegen Krankenkassen oder kassenärztliche Vereinigungen wirksam sind. Der BGH hat stets betont, dass solche Abtretungen oder Verpfändungen wegen der damit verbundenen umfassenden Offenbarungspflicht gemäß § 402 BGB nach § 134 BGB mit § 203 Abs. 1 Nr. 3 StGB nichtig sind (BGH, Urt. v. 06.06.2019 – IX ZR 272/17, NJW 2019, 2156 = ZIP 2019, 1291 = NZI 2019, 745). Allerdings hält der BGH eine solche Forderungsabtretung für zulässig und damit wirksam, soweit die umfassenden Informationsrechte des Zessionars vertraglich abbedungen sind. Dies kann ausdrücklich oder stillschweigend geschehen. Damit ist die Offenbarung sensibler Patientendaten ausgeschlossen.

Wird eine Vorausabtretung durch den Schuldner vor Insolvenzeröffnung vereinbart und wird nach Insolvenzeröffnung die Freigabe der selbstständigen Tätigkeit des Schuldners erklärt, so ist die Abtretung zunächst wirksam. Mit Eröffnung des Insolvenzverfahrens hindert allerdings das Erwerbsverbot des § 91 den Übergang der Forderung auf den Zessionar. Im Rahmen der Freigabe verbleibt daher die Forderung gegen die Krankenkasse oder die kassenärztliche Vereinigung beim Schuldner (BGH, Urt. v. 06.06.2019 – IX ZR 272/17, NJW 2019, 2156 = ZIP 2019, 1291 = NZI 2019, 745 in ausdrücklicher Abweichung von BGH, Urt. v. 18.04.2013 – IX ZR 165/12, NZI 2013, 641 = ZIP 2013, 1181; vgl. zu diesem Problem auch BSG NZI 2020, 576). Damit wird durch die Freigabe eine von der Insolvenzmasse getrennte, allein den Neugläubigern vorbehaltene Haftungsmasse geschaffen (*Gehrlein*, NZI 2020, 503, 506). Im Rahmen dieser schuldnereigenen Haftungsmasse wäre sogar ein gesondertes zweites Insolvenzverfahren, das allein der Befriedigung der Neugläubiger dient, zulässig und rechtlich möglich (*Gehrlein,* NZI 2020, 503, 506).

Wird das Insolvenzverfahren beendet und entfällt damit die Verfügungssperre des § 91, erlangt die vor der Insolvenzeröffnung erklärte Abtretung ihre volle Wirksamkeit zurück (BGH, Urt. v. 06.06.2019 – IX ZR 272/17, NJW 2019, 2156 = ZIP 2019, 1291 = NZI 2019, 745).

### E. Insolvenz eines selbstständigen Apothekers und Fortführung der Apotheke

6  Anders als die Freigabemöglichkeit durch den Insolvenzverwalter im Rahmen einer selbstständigen Tätigkeit gem. § 35 Abs. 2 ist es zu beurteilen, wenn ein selbstständiger Apotheker insolvent wird. Denn es fehlt an einem besonderen Vertrauensverhältnis zwischen Apotheker und Kunden, das dazu führen könnte, dass die Apotheke insgesamt freizugeben wäre (vgl. *Uhlenbruck,* Festschrift für Henckel, 1995, S. 877, 881; *Gerhardt,* Festschrift für Gaul, 1997, S. 139, 147). Teilweise wird dennoch eine Freigabe für möglich erachtet, allerdings erst nach vorläufiger Schließung des Betriebs durch den Insolvenzverwalter (so *Keramati/Hölken,* NZI 2019, 837). Nicht einmal die zum Betrieb einer Apotheke unentbehrlichen Geräte, Gefäße und Waren, die unzweifelhaft nach § 811 Nr. 9 ZPO unpfändbar sind, werden vom Gesetzgeber von der Insolvenzmasse ausgenommen. Vielmehr bestimmt nunmehr § 36 Abs. 2 Nr. 2 ausdrücklich, dass auch diese Gegenstände zur Insolvenzmasse gehören. Damit wird es dem Insolvenzverwalter möglich, die Apotheke als Gesamtheit zu verwerten (Jaeger/*Henckel,* InsO, § 36 Rn. 8).

6a  Für die Frage der **Fortführung der Apotheke** bei Insolvenz des Apothekers ist zu unterscheiden. Wie bereits dargestellt, geht mit der Eröffnung eines Insolvenzverfahrens über den Apotheker sein gesamtes Vermögen gem. § 80 Abs. 1 in die Verwaltung und Verfügung des Insolvenzverwalters über. Durch diesen vollständigen Insolvenzbeschlag der Apotheke ist eine Fortführung der Apotheke für den Inhaber nicht möglich. Ebenso wenig kommt eine Fortführung der Apotheke aber für den Insolvenzverwalter in Betracht, da ihm die apothekenrechtlichen Voraussetzungen zum Betrieb einer Apotheke fehlen. Insbesondere ist hier § 7 ApoG zu beachten, wonach der jeweilige Apotheker als Inhaber einer Personalkonzession zur persönlichen Leitung der Apotheke in eigener Verantwortung verpflichtet ist. Daraus ergibt sich weiterhin, dass auch eine Fortführung der Apotheke unter gemeinsamer Verwaltung und Leitung durch Insolvenzverwalter und Apotheker nicht zulässig wäre (VG Berlin ZVI 2004, 618; bestätigt durch OVG Berlin ZVI 2004, 620; vgl. dazu *Graff/Wunsch,* ZVI 2005, 105; *Keramati/Hölken,* NZI 2019, 833). Da das Apothekenrecht die eigenverantwortliche Führung und Leitung einer Apotheke in fachlicher wie in wirtschaftlicher Hinsicht in einer Hand verlangt, wäre es auch unzulässig, wenn der Apotheker die alleinige fachliche Führung übernähme und der Insolvenzverwalter nur in wirtschaftlicher Hinsicht die Betriebsführung zu verantworten hätte.

6b  Als Ausweg aus den Schwierigkeiten bei der Fortführung einer Apotheke kommen nur zwei Wege in Betracht. Möglich ist die Fortführung, wenn der Insolvenzverwalter sich zu einer vollständigen Freigabe des gesamten Apothekenbetriebs im Sinne von § 35 Abs. 2 entschließt. Daneben wäre eine Fortführung möglich, wenn das Insolvenzgericht den insolventen Schuldner im Rahmen einer Eigenverwaltung (§ 270) zur weiteren Tätigkeit ermächtigt (zu den einzelnen Voraussetzungen vgl. *Keramati/Hölken,* NZI 2019, 833, 835 f.). Andere Wege zu einer Fortführung der Apotheke sind nicht zulässig. Zwar wird in der Praxis manchmal erwogen, ob die Verpachtung gem. § 9 ApoG als ein Ausweg zu bejahen wäre (so Uhlenbruck/*Hirte,* InsO, 14. Aufl. 2015, § 35 Rdn. 297; *d'Avoine,* ZInsO 2015, 1725 ff.). Nach dem Sinn und Zweck der engen Ausnahmen für eine Verpachtungsmöglichkeit wird man dies verneinen müssen (wie hier *Keramati/Hölken,* NZI 2019, 833, 835). Keinesfalls in Betracht kommt die Verwaltung einer Apotheke nach § 13 ApoG, da deren Voraussetzungen nicht vorliegen. Auch die in Rechtsprechung und Literatur erwogene treuhänderische Fortführung der Apotheke wird man nicht für zulässig erachten können. Dem steht wiederum das Erfordernis der Personalkonzession und der persönlichen Leitung in eigener Verantwortung durch den Apotheker entgegen. Ein Treuhänder bedürfte also einer eigenen neuen Personalkonzession.

Ihm müsste sodann die gesamte Apotheke im Wege einer übertragenen Sanierung übereignet werden. Darin liegt keine Fortführung der Apotheke, sondern eine Neueröffnung.

Wird die Apotheke von einem Insolvenzverwalter geschlossen, müssen die noch vorhandenen Werte veräußert werden. Die Veräußerung des Warenlagers übernimmt der Insolvenzverwalter als Herr des gesamten Verfahrens. Wenn der Insolvenzverwalter das Warenlager an den Großhandel oder den pharmazeutischen Unternehmer zurückgibt, betreibt er selbst keinen Großhandel, sondern lediglich sein insolvenzrechtliches Abwicklungsgeschäft. Im Fall einer Eigenverwaltung könnte daher auch der Apotheker selbst das Warenlager zurückgeben. Auch er würde in diesem Fall keinen Großhandel betreiben, weil seine Rückgabe nicht als eine Fortsetzung seines ursprünglichen Geschäfts anzusehen ist, sondern als eine Beendigung der Teilnahme am Arzneimittelverkehr. Die Rückgabe von Arzneimitteln kann durch die zuständige Behörde angeordnet werden. Auch in einem solchen Fall wird die Behörde nicht zum Großhändler. Sie nimmt nicht am Arzneimittelhandel teil und hat auch nicht die Absicht dazu. Dies gilt selbst dann, wenn durch den Akt der Rückgabe verkehrsfähige Arzneimittel wieder in die Handelskette eingebracht werden. 7

## § 36 Unpfändbare Gegenstände

(1) Gegenstände, die nicht der Zwangsvollstreckung unterliegen, gehören nicht zur Insolvenzmasse. Die §§ 850, 850a, 850c, 850e, 850 f Absatz 1, 850g bis 850l, 851c, 851d, 899 bis 904, 905 Satz 1 und 3 sowie 906 Absatz 2 bis 4 der Zivilprozessordnung gelten entsprechend. Verfügungen des Schuldners über Guthaben, das nach den Vorschriften der Zivilprozessordnung über die Wirkungen des Pfändungsschutzkontos nicht von der Pfändung erfasst wird, bedürfen zu ihrer Wirksamkeit nicht der Freigabe dieses Kontoguthabens durch den Insolvenzverwalter.

(2) Zur Insolvenzmasse gehören jedoch
1. die Geschäftsbücher des Schuldners; gesetzliche Pflichten zur Aufbewahrung von Unterlagen bleiben unberührt;
2. die Sachen, die nach § 811 Absatz 1 Nr. 4 und 9 der Zivilprozessordnung nicht der Zwangsvollstreckung unterliegen.

(3) Sachen, die zum gewöhnlichen Hausrat gehören und im Haushalt des Schuldners gebraucht werden, gehören nicht zur Insolvenzmasse, wenn ohne weiteres ersichtlich ist, dass durch ihre Verwertung nur ein Erlös erzielt werden würde, der zu dem Wert außer allem Verhältnis steht.

(4) Für Entscheidungen, ob ein Gegenstand nach den in Absatz 1 Satz 2 genannten Vorschriften der Zwangsvollstreckung unterliegt, ist das Insolvenzgericht zuständig. An Stelle eines Gläubigers ist der Insolvenzverwalter antragsberechtigt. Für das Eröffnungsverfahren gelten die Sätze 1 und 2 entsprechend.

| Übersicht | Rdn. | | Rdn. |
|---|---|---|---|
| A. Normzweck | 1 | B. Der Katalog des § 811 ZPO | 2 |

### A. Normzweck

§ 36 ergänzt die Regelung der Insolvenzmasse in § 35 und ermöglicht dadurch erst die Abgrenzung des in § 35 umfassend gebrauchten Begriffs der Insolvenzmasse. Diese Masse wird durch § 36 in der Weise eingeengt, dass die vom Insolvenzbeschlag betroffenen Gegenstände der Zwangsvollstreckung unterliegen müssen. Damit regelt § 36 in ähnlicher Form wie die §§ 811, 811c und 812 ZPO die Tatsache, dass auch das grundsätzliche Interesse der Gläubiger an einer möglichst umfassenden Befriedigung im Rahmen der Insolvenz seine Grenze an der aus dem Verfassungsrecht resultierenden Abwägung mit den jeweiligen schutzwürdigen Interessen des Schuldners findet. Diese Eingrenzung und Abwägung ist vor dem Hintergrund von großer Bedeutung, dass nach heutigem Recht § 35 auch den Neuerwerb für die Insolvenzmasse erfasst. 1

### B. Der Katalog des § 811 ZPO

**2** Die Bezugnahme auf unpfändbare Gegenstände im Sinne von § 811 ZPO führt dazu, dass insbesondere die dem persönlichen Gebrauch und dem Haushalt dienenden Sachen nicht zur Insolvenzmasse gehören (§ 811 Abs. 1 Nr. 1), ferner die zur Fortsetzung einer Erwerbstätigkeit erforderlichen Gegenstände im Rahmen körperlicher oder geistiger Arbeit (§ 811 Abs. 1 Nr. 5 ZPO), schließlich die Dienstbekleidung sowie eine für selbstständig Tätige angemessene Kleidung (§ 811 Abs. 1 Nr. 7 ZPO). Dagegen ist die Unpfändbarkeit einer Apothekenausstattung (§ 811 Abs. 1 Nr. 9 ZPO) sowie von Geschäftsbüchern (§ 811 Abs. 1 Nr. 11 ZPO) im Rahmen des § 36 Abs. 2 insolvenzrechtlich wiederum zurückgenommen.

## § 80 Übergang des Verwaltungs- und Verfügungsrechts

(1) Durch die Eröffnung des Insolvenzverfahrens geht das Recht des Schuldners, das zur Insolvenzmasse gehörende Vermögen zu verwalten und über es zu verfügen, auf den Insolvenzverwalter über.

(2) Ein gegen den Schuldner bestehendes Veräußerungsverbot, das nur den Schutz bestimmter Personen bezweckt (§§ 135, 136 des Bürgerlichen Gesetzbuchs), hat im Verfahren keine Wirkung. Die Vorschriften über die Wirkung einer Pfändung oder einer Beschlagnahme im Wege der Zwangsvollstreckung bleiben unberührt.

**Übersicht**

| | Rdn. | | Rdn. |
|---|---|---|---|
| A. Grundgedanke | 1 | II. Krankenhausfortführung | 3c |
| B. Pflichten im Krankenhaus | 2 | III. Einstellung des Krankenhausbetriebs | 3d |
| C. Aufbewahrung von Krankenunterlagen | 3 | IV. Sanktionen | 4 |
| I. Aufbewahrungspflicht | 3a | | |

### A. Grundgedanke

**1** Die Norm des § 80 Abs. 1 stellt den zentralen Grundsatz für die Position und das Verhalten des Insolvenzverwalters dar. Mit der Eröffnung des Insolvenzverfahrens geht die gesamte Insolvenzmasse mit allen Rechten und Pflichten bezüglich der Verwaltung und der Verfügung auf den Insolvenzverwalter über. Der Schuldner bleibt formal Eigentümer, ohne noch irgendein Verfügungsrecht zu haben. Der Insolvenzverwalter wird bei Fortführung eines Unternehmens also selbst zum Unternehmer. Damit soll ein die Masse schmälerndes Einwirken des Schuldners verhindert werden. Dem Insolvenzverwalter ist durch diese Norm vollständige Handlungsfreiheit bezüglich der Insolvenzmasse gegeben.

### B. Pflichten im Krankenhaus

**2** Wird der rechtliche Träger eines Krankenhauses insolvent, so tritt auch in diesem Fall der Insolvenzverwalter vollständig an die Stelle des Rechtsträgers. Führt der Insolvenzverwalter in diesem Fall den Betrieb des Krankenhauses fort, so muss er in vielfältiger Weise die Rechte und Pflichten beachten, die vor Eröffnung des Insolvenzverfahrens den Krankenhausträger betrafen. So muss der Insolvenzverwalter grundsätzlich alle privatrechtlichen Pflichten des Schuldners übernehmen. Nur im Fall gegenseitiger Verträge, die von beiden Seiten noch nicht vollständig erfüllt sind, schafft § 103 eine Ausnahme. Der Insolvenzverwalter muss auch wettbewerbsrechtliche und kartellrechtliche Normen beachten. Darüber hinaus gehen alle öffentlich-rechtlichen Pflichten auf ihn über. Er übt nunmehr die Arbeitgeberfunktion aus und muss daher alle arbeitsrechtlichen Pflichten beachten. Ebenso treffen den Insolvenzverwalter im Zusammenhang mit den im Krankenhaus tätigen Angestellten die Sozialversicherungspflichten, ferner Melde- und Nachweispflichten. Schließlich unterliegt der Insolvenzverwalter wie ein Arbeitgeber den steuerrechtlichen Verpflichtungen. Zum Ganzen vgl. *Vallender*, ZInsO 2016, 773.

Zu beachten hat der Insolvenzverwalter insbesondere die §§ 630a ff. BGB. Denn Behandelnder und damit Vertragspartner des Patienten i.S.v. § 630a Abs. 1 BGB ist entgegen dem Wortlaut beim Krankenhausvertrag der Krankenhausträger, also die jeweilige juristische Person, deren Rechte und Pflichten im Insolvenzfall auf den Insolvenzverwalter übergehen. 2a

## C. Aufbewahrung von Krankenunterlagen

Im Zusammenhang mit der Fortführung von Krankenhäusern durch Insolvenzverwalter haben sich Probleme ergeben, soweit über den Zeitpunkt der Fortführung hinaus Krankenunterlagen aufzubewahren und vor dem Zugriff Dritter zu sichern sind. Aufgrund der umfassenden Stellung des Insolvenzverwalters als dem allein Verwaltungs- und Verfügungsbefugten treffen ihn auch all diejenigen Verpflichtungen zur Aufbewahrung und zum Schutz von Unterlagen, die sich aus dem Pflichtenprogramm des Krankenhausträgers ergeben (vgl. dazu *Vallender*, NZI 2013, 1001; *Zipperer*, Festschrift für Vallender, 2015, S. 843; *Vallender*, ZInsO 2016, 779). 3

### I. Aufbewahrungspflicht

Im Zusammenhang mit ärztlicher Behandlung entsteht gem. § 630f BGB eine umfassende Dokumentationspflicht (Patientenakte). Diese Patientenakte ist für die Dauer von 10 Jahren nach Abschluss der Behandlung aufzubewahren (§ 630f Abs. 3 BGB). Nach einzelnen spezielleren Vorschriften (RöntgenVO, StrahlenSchVO; GenDG) kann sich eine Aufbewahrungsfrist von bis zu 30 Jahren ergeben. Der Patient (und im Fall seines Todes der Erbe oder Angehörige) hat gem. § 630g BGB das Recht auf vollständige Einsicht in die Original-Patientenakte. 3a

Im Insolvenzfall muss der Insolvenzverwalter sämtliche Geschäftsunterlagen in Besitz nehmen. Dabei sind die Geschäftsbücher trotz Unpfändbarkeit (vgl. § 811 Abs. 1 Nr. 11 ZPO) gem. § 36 Abs. 2 Teil der Insolvenzmasse. Zu diesen Geschäftsunterlagen zählen auch die Patientenakten (*Ziegler*, ZInsO 2014, 1586; *Vallender*, NZI 2013, 1002). Diese Unterlagen darf der Insolvenzverwalter weder vernichten noch weitergeben (vgl. § 36 Abs. 2 Nr. 1 Hs. 2). 3b

### II. Krankenhausfortführung

Im Fall der Fortführung des Krankenhauses ergeben sich bereits aus § 80 InsO die umfassenden Pflichten des Insolvenzverwalters zur Übernahme der Verwaltungs- und Verfügungsbefugnis. Nunmehr muss also der Einsicht begehrende Patient sein Gesuch an den Insolvenzverwalter richten. Dieser muss für Aufbewahrung und Möglichkeit der Einsichtnahme sorgen. Will der Insolvenzverwalter das Krankenhaus veräußern (übertragende Sanierung), so muss die Übernahme der Patientenakten einschließlich der erforderlichen Zustimmung durch die Patienten (im Hinblick auf die bestehende ärztliche Schweigepflicht) besonders geregelt werden (vgl. BGH ZIP 1993, 923; im Einzelnen dazu *Ziegler*, ZInsO 2014, 1577, 1587). 3c

### III. Einstellung des Krankenhausbetriebs

Im Fall der Schließung eines Krankenhauses oder beim Erlöschen des Krankenhausträgers als juristischer Person muss der Insolvenzverwalter durch Vereinbarung mit Dritten dafür Sorge tragen, dass Pflichten zur Aufbewahrung von Krankenunterlagen weiterhin gewährleistet sind. Eine Lösung von privatrechtlichen, arbeitsrechtlichen, öffentlich-rechtlichen oder steuerrechtlichen Pflichten kommt nur insoweit in Betracht, als der Insolvenzverwalter den jeweiligen Betrieb vollständig freigibt oder ihn im Wege übertragender Sanierung an einen neuen Rechtsträger übereignet. 3d

Fraglich ist, ob sich der Insolvenzverwalter von der Pflicht zur Aufbewahrung der Patientenakten durch Freigabe lösen kann. Grundsätzlich ist ein Insolvenzverwalter befugt, einzelne Massegegenstände freizugeben (BGH NZI 2005, 387). Dem steht im Fall der Patientenakten entgegen, dass mit deren Aufbewahrung sowohl der Schutz öffentlich-rechtlicher Pflichten (Datenschutz, Ordnungsrecht) wie auch privatrechtlicher Pflichten (allgemeines Persönlichkeitsrecht) und ferner strafrechtlich gesicherter Güter (ärztliche Schweigepflicht gem. § 203 StGB) bezweckt wird. Aus 3e dem speziellen Zweck und Schutzgut von Patientenakten ist daher eine isolierte Freigabe abzulehnen (a.A. wohl *Vallender*, NZI 2013, 1006; wie hier Uhlenbruck/*Sinz*, InsO, 14. Aufl. 2015 § 60 Rn. 86: keine Freigabe von Handlungsstörung durch den Insolvenzverwalter; als Handlungsstörer kommt der Insolvenzverwalter hier durchaus in Betracht, vgl. *Ziegler*, ZInsO 2014, 1588).

## IV. Sanktionen

4 Führt das Verhalten des Insolvenzverwalters dazu, dass Patientenunterlagen für den Patienten nicht mehr greifbar sind oder in unbefugte Hände gelangen, so kommen aus zivilrechtlicher Sicht Schadensersatzansprüche gem. § 823 Abs. 1 BGB (wegen Verlegung des allgemeinen Persönlichkeitsrechts) gegen den Insolvenzverwalter persönlich in Betracht. Aus öffentlich-rechtlicher Sicht käme hier ein behördliches Einschreiten gegen den Insolvenzverwalter auf der Grundlage des Datenschutzrechts (§§ 4 Abs. 2, 4a Abs. 1, 5, 9 BDSG) oder des Ordnungsrechts (Gefahr für die öffentliche Sicherheit und Ordnung) in Betracht. Auch ein Insolvenzverwalter kann grundsätzlich Verhaltens- oder Zustandsstörer sein (BVerwG, ZIP 2004, 1766). Allerdings ist die bloße Lagerung von Patientenakten eines stillgelegten Krankenhauses keine Datenverarbeitung i.S.d. Art. 4 Nr. 2 DSGVO (OVG Hamburg NZI 2021, 191).

## § 103 Wahlrecht des Insolvenzverwalters

(1) Ist ein gegenseitiger Vertrag zur Zeit der Eröffnung des Insolvenzverfahrens vom Schuldner und vom anderen Teil nicht oder nicht vollständig erfüllt, so kann der Insolvenzverwalter anstelle des Schuldners den Vertrag erfüllen und die Erfüllung vom anderen Teil verlangen.

(2) Lehnt der Verwalter die Erfüllung ab, so kann der andere Teil eine Forderung wegen der Nichterfüllung nur als Insolvenzgläubiger geltend machen. Fordert der andere Teil den Verwalter zur Ausübung seines Wahlrechts auf, so hat der Verwalter unverzüglich zu erklären, ob er die Erfüllung verlangen will. Unterlässt er dies, so kann er auf der Erfüllung nicht bestehen.

| Übersicht | Rdn. | | Rdn. |
|---|---|---|---|
| A. Normzweck...................... | 1 | C. Ausübung der Erfüllungswahl.......... | 4 |
| B. Anwendungsbereich der Norm........ | 2 | | |

### A. Normzweck

1 Mit der Eröffnung eines Insolvenzverfahrens ist es nahezu zwangsläufig verbunden, dass der Schuldner mit dritten Personen gegenseitige Verträge geschlossen hat, die von beiden Seiten noch nicht erfüllt sind. Hier bedarf es einer besonderen Regelung, um einerseits solche Verträge abzuwickeln und andererseits dem Insolvenzverwalter Spielräume zu eröffnen, um nicht jeden ungünstigen Vertrag noch vollständig erfüllen zu müssen.

### B. Anwendungsbereich der Norm

2 Das im Gesetz vorgesehene Wahlrecht des Insolvenzverwalters setzt zunächst voraus, dass vom Schuldner mit einer dritten Person ein **gegenseitiger Vertrag** geschlossen worden ist. Gemeint ist damit ein Vertrag, bei dem sich Hauptleistungspflichten gegenüber stehen, die nach dem Willen der beiden Vertragsparteien jeweils voneinander abhängig sein sollen. Klassische Beispiele hierfür sind Kaufverträge, Miet- und Pachtverträge, Dienst- und Werkverträge.

3 Weitere Voraussetzungen für das Wahlrecht des Insolvenzverwalters ist es, dass ein solcher gegenseitiger Vertrag **von beiden Seiten noch nicht vollständig erfüllt** ist. Im Einzelnen bedeutet dies, dass der jeweils vertraglich vereinbarte Leistungserfolg im Sinne von § 362 BGB noch nicht eingetreten ist.

## C. Ausübung der Erfüllungswahl

Die Ausübung der Erfüllungswahl erfolgt durch eine einseitige und empfangsbedürftige Willenserklärung des Insolvenzverwalters. Eine Form ist hierfür nicht vorgesehen. Die Wahl kann also auch konkludent erfolgen. Bei Schweigen des Insolvenzverwalters kann der andere Vertragsteil ihn zur Ausübung des Wahlrechts auffordern. Wird auf diese Aufforderung hin eine Erklärung unterlassen, so ist dies als Wahl der Nichterfüllung anzusehen. 4

Besonders umkämpft ist die Frage, welche Wirkungen mit der Erklärung des Insolvenzverwalters verbunden sind, er wähle Nichterfüllung. Früher sind Rechtsprechung und Literatur davon ausgegangen, damit sei in einer rechtsgestaltenden Weise der Vertrag zum Erlöschen gebracht worden und es blieben den Beteiligten lediglich Schadensersatzansprüche (**Erlöschenstheorie**). Diese Auffassung haben BGH und überwiegende Meinung in der Literatur aufgegeben. Sie weisen der Erfüllungsablehnung keine rechtsgestaltende Wirkung zu. Vielmehr befinde sich der gegenseitige Vertrag schon durch die Insolvenzeröffnung in einer Schwebelage, in der die Erfüllungsansprüche nicht mehr durchsetzbar seien. Eine Erfüllungswahl bezieht sich nach dieser Auffassung also auf die bereits vorhandenen und fortbestehenden Ansprüche. Andernfalls verliert der Insolvenzverwalter das Recht, die Erfüllung des Vertrags zu verlangen. Damit bleiben die gegenseitigen Erfüllungsansprüche für die Dauer des Insolvenzverfahrens endgültig undurchsetzbar. Neben den theoretisch fortbestehenden, aber nicht durchsetzbaren Erfüllungsanspruch tritt damit für die Gegenseite die Berechtigung, eine Forderung wegen Nichterfüllung des Vertrags geltend zu machen. Dies ist eine Schadensersatzforderung und sie muss als normale Insolvenzforderung geltend gemacht werden. 5

# Gesetz über die Entgelte für voll- und teilstationäre Krankenhausleistungen (Krankenhausentgeltgesetz – KHEntgG)

In der Fassung der Bekanntmachung vom 23. April 2002 (BGBl. I S. 1412, 1422), zuletzt geändert durch Art. 2 des Gesetzes vom 22. Dezember 2020 (BGBl. I S. 3299)

Inhaltsverzeichnis

| | |
|---|---|
| § 3 | Grundlagen |
| § 4 | Vereinbarung eines Erlösbudgets |
| § 5 | Vereinbarung und Abrechnung von Zu- und Abschlägen |
| § 6 | Vereinbarung sonstiger Entgelte |
| § 6a | Vereinbarung eines Pflegebudgets |
| § 7 | Entgelte für allgemeine Krankenhausleistungen |
| § 8 | Berechnung der Entgelte |
| § 16 | Gesondert berechenbare ärztliche und andere Leistungen (aufgehoben) |
| § 17 | Wahlleistungen |
| § 18 | Belegärzte |
| § 19 | Kostenerstattung der Ärzte |

## § 3 Grundlagen

Die voll- und teilstationären allgemeinen Krankenhausleistungen werden vergütet durch
1. ein von den Vertragsparteien nach § 11 Abs. 1 gemeinsam vereinbartes Erlösbudget nach § 4,
2. eine von den Vertragsparteien nach § 11 Abs. 1 gemeinsam vereinbarte Erlössumme nach § 6 Abs. 3 für krankenhausindividuell zu vereinbarende Entgelte,
3. Entgelte nach § 6 Abs. 2 für neue Untersuchungs- und Behandlungsmethoden,
3a. ein Pflegebudget nach § 6a,
4. Zusatzentgelte für die Behandlung von Blutern,
5. Zu- und Abschläge nach § 7 Abs. 1.

§ 3 gibt einen Überblick über die verschiedenen Elemente der Finanzierung von voll- und teilstationären allgemeinen Krankenhausleistungen. Dies sind nach den Nr. 1,2 und 3a des § 3 das Erlösbudget, Erlössumme für krankenhausindividuell zu vereinbarende Entgelte und ab 2020 das Pflegebudget. Hinzu kommen nach den Nr. 3, 4 und 5 des § 3 die außerbudgetären Finanzierungselemente: Die Entgelte für neue Untersuchungs- und Behandlungsmethoden, die Zusatzentgelte für die Behandlung von Blutern und die Zu- und Abschläge nach § 7 Abs. 1. 1

Bemerkenswert ist, dass nicht alle Entgelte nach § 7 Abs. 1 in der Aufzählung des § 3 Erwähnung finden: Es fehlen die Fallpauschalen und Zusatzentgelte nach dem Entgeltkatalog, die krankenindividuell zu vereinbarenden Entgelte nach § 6 Abs. 1 und die tagesbezogenen Pflegeentgelte zur Abzahlung des Pflegebudgets. Diese Diskrepanz zwischen den abzurechnenden Entgelten und den Finanzierungsbestandteilen ist Ausdruck der Differenzierung zwischen Budgetebene und Abrechnungsebene. Beide Ebenen wirken wechselseitig aufeinander ein, sind aber getrennt voneinander zu betrachten (vgl. BVerwGE 159, 15–26). 2

Inhaltlich ist aus § 3 Nr. 1 und 2 zu entnehmen, dass das Krankenhaus für die vereinbarten Leistungen eine Vergütung in Höhe des Erlösbudgets bzw. der Erlössumme zu beanspruchen hat. Die vereinbarte Gegenleistung wird in diesen Entgeltbereichen nicht durch die konkret abzurechnenden 3

Entgelte definiert. Ihnen kommt ebenso wie den tagesgleichen Pflegesätzen im Geltungsbereich der BPflV die Funktion von Abschlagszahlungen zu, über die das Budget bzw. die Erlössumme realisiert wird (vgl. *Tuschen/Quaas* § 10 S. 265).

## § 4 Vereinbarung eines Erlösbudgets

(1) Das von den Vertragsparteien nach § 11 Abs. 1 zu vereinbarende Erlösbudget umfasst für voll- und teilstationäre Leistungen die Fallpauschalen nach § 7 Abs. 1 Satz 1 Nr. 1 und die Zusatzentgelte nach § 7 Abs. 1 Satz 1 Nr. 2. Es umfasst nicht die krankenhausindividuell zu vereinbarenden Entgelte nach § 6 Abs. 1 bis 2a, nicht die Zusatzentgelte für die Behandlung von Blutern, nicht die Zu- und Abschläge nach § 7 Absatz 1, nicht die Entgelte für Modellvorhaben nach § 63 des Fünften Buches Sozialgesetzbuch und nicht die Vergütung nach § 140a des Fünften Buches Sozialgesetzbuch für die integrierte Versorgung.

(2) Das Erlösbudget wird leistungsorientiert ermittelt, indem für die voraussichtlich zu erbringenden Leistungen Art und Menge der Entgelte nach Absatz 1 Satz 1 mit der jeweils maßgeblichen Entgelthöhe multipliziert werden. Die Entgelthöhe für die Fallpauschalen wird ermittelt, indem diese nach den Vorgaben des Entgeltkatalogs und der Abrechnungsbestimmungen mit den effektiven Bewertungsrelationen und mit dem Landesbasisfallwert nach § 10 bewertet werden. Bei Patientinnen und Patienten, die über den Jahreswechsel im Krankenhaus stationär behandelt werden (Überlieger), werden die Erlöse aus Fallpauschalen in voller Höhe dem Jahr zugeordnet, in dem die Patientinnen und Patienten entlassen werden.

(2a) Abweichend von Absatz 2 Satz 2 ist für mit Fallpauschalen bewertete Leistungen, die im Vergleich zur Vereinbarung für das laufende Kalenderjahr zusätzlich im Erlösbudget berücksichtigt werden, ein jeweils für drei Jahre zu erhebender Vergütungsabschlag von 35 Prozent (Fixkostendegressionsabschlag) anzuwenden. Abweichend von Satz 1 ist der Fixkostendegressionsabschlag, der für die Jahre ab dem Jahr 2022 vereinbart wird, jeweils auf die mit Fallpauschalen bewerteten Leistungen anzuwenden, die im Vergleich zur Vereinbarung für das Jahr 2019 zusätzlich im Erlösbudget berücksichtigt werden. Satz 9 findet keine Anwendung, sobald für das jeweilige Vorjahr mehr Leistungen, die mit Fallpauschalen bewertet werden, im Erlösbudget vereinbart wurden als für das Jahr 2019. Der für das Krankenhaus anzuwendende Abschlag nach Satz 1 gilt
1. nicht bei
    a) Transplantationen, Polytraumata, schwer brandverletzten Patientinnen und Patienten, der Versorgung von Frühgeborenen und bei Leistungen der neurologischneurochirurgischen Frührehabilitation nach einem Schlaganfall oder einer Schwerstschädelhirnverletzung der Patientin oder des Patienten,
    b) Leistungen mit einem Sachkostenanteil von mehr als zwei Dritteln,
    c) zusätzlich bewilligten Versorgungsaufträgen, für die bislang keine Abrechnungsmöglichkeit bestand,
    d) Leistungen von nach § 2 Absatz 2 Satz 4 krankenhausplanerisch ausgewiesenen Zentren sowie
    e) Leistungen, deren Bewertung nach § 9 Absatz 1c abgesenkt oder abgestuft wurde,
    f) Leistungen zur Behandlung von Patientinnen und Patienten mit einer SARS-CoV-2-Infektion oder mit Verdacht auf eine SARS-CoV-2-Infektion,
    g) Leistungen, die von den Vertragsparteien nach § 11 Absatz 1 von der Erhebung des Abschlags ausgenommen werden, um unzumutbare Härten zu vermeiden,
2. hälftig für Leistungen, die in dem Katalog nicht mengenanfälliger Leistungen nach § 9 Absatz 1 Nummer 6 aufgeführt sind.

Abweichend von Satz 1 ist für Leistungen, die durch eine Verlagerung von Leistungen zwischen Krankenhäusern begründet sind, die nicht zu einem Anstieg der Summe der effektiven *Bewertungsrelationen* im Einzugsgebiet des Krankenhauses führt, der für das Krankenhaus anzuwendende Abschlag nach Satz 1 in halber Höhe anzuwenden; diese Leistungsverlagerungen zwischen Krankenhäusern sind vom Krankenhaus auf der Grundlage von Informationen, die den

Beteiligten nach § 18 Absatz 1 Satz 2 des Krankenhausfinanzierungsgesetzes im Einzugsgebiet des Krankenhauses vorliegen, glaubhaft darzulegen. Der Vergütungsabschlag ist durch einen einheitlichen Abschlag auf alle mit dem Landesbasisfallwert vergüteten Leistungen des Krankenhauses umzusetzen. Ein während der maßgeblichen Abschlagsdauer vereinbarter Rückgang der mit Fallpauschalen bewerteten Leistungen ist bei der Ermittlung der Grundlage der Bemessung des Abschlags mindernd zu berücksichtigen. Für die Umsetzung des Fixkostendegressionsabschlags sind die Vorgaben, die die Vertragsparteien auf Bundesebene nach § 9 Absatz 1 Nummer 6 vereinbaren, anzuwenden. Der Fixkostendegressionsabschlag gilt nicht für die Vereinbarung des Erlösbudgets für das Jahr 2020. Abweichend von Satz 1 ist der Fixkostendegressionsabschlag, der
1. für das Jahr 2018 vereinbart wurde, nur in den Jahren 2018 und 2019 zu erheben,
2. für das Jahr 2019 vereinbart wurde, nur in den Jahren 2019 und 2021 zu erheben,
3. sich auf die für das Jahr 2020 gegenüber dem Jahr 2019 zusätzlich im Erlösbudget berücksichtigten Leistungen bezieht, die mit Fallpauschalen bewertet werden, nur in den Jahren 2021 und 2022 zu erheben,
4. für das Jahr 2021 vereinbart wurde, auf die mit Fallpauschalen bewerteten Leistungen anzuwenden, die im Vergleich zur Vereinbarung für das Jahr 2019 zusätzlich im Erlösbudget berücksichtigt werden.

(3) Das nach den Absätzen 1 und 2 vereinbarte Erlösbudget und die nach § 6 Abs. 3 vereinbarte Erlössumme werden für die Ermittlung von Mehr- oder Mindererlösausgleichen zu einem Gesamtbetrag zusammengefasst. Weicht die Summe der auf das Kalenderjahr entfallenden Erlöse des Krankenhauses aus den Entgelten nach § 7 Abs. 1 Satz 1 Nr. 1 und 2 und nach § 6 Abs. 1 Satz 1 und Abs. 2a von dem nach Satz 1 gebildeten Gesamtbetrag ab, werden die Mehr- oder Mindererlöse nach Maßgabe der folgenden Sätze ausgeglichen. Mindererlöse werden ab dem Jahr 2007 grundsätzlich zu 20 vom Hundert ausgeglichen; Mindererlöse aus Zusatzentgelten für Arzneimittel und Medikalprodukte werden nicht ausgeglichen. Mehrerlöse aus Zusatzentgelten für Arzneimittel und Medikalprodukte und aus Fallpauschalen für schwerverletzte, insbesondere polytraumatisierte oder schwer brandverletzte Patienten werden zu 25 vom Hundert, sonstige Mehrerlöse zu 65 vom Hundert ausgeglichen. Für Fallpauschalen mit einem sehr hohen Sachkostenanteil sowie für teure Fallpauschalen mit einer schwer planbaren Leistungsmenge, insbesondere bei Transplantationen oder Langzeitbeatmung, sollen die Vertragsparteien im Voraus einen von den Sätzen 3 und 4 abweichenden Ausgleich vereinbaren; für Mehr- oder Mindererlöse, die auf Grund einer Epidemie entstehen, können die Vertragsparteien auch nach Ablauf des Vereinbarungszeitraums einen von den Sätzen 3 und 4 abweichenden Ausgleich vereinbaren. Mehr- oder Mindererlöse aus Zusatzentgelten für die Behandlung von Blutern sowie auf Grund von Abschlägen nach § 8 Abs. 4 werden nicht ausgeglichen. Zur Ermittlung der Mehr- oder Mindererlöse hat der Krankenhausträger eine vom Jahresabschlussprüfer bestätigte Aufstellung über die Erlöse nach § 7 Absatz 1 Satz 1 Nummer 1, 2 und 5 vorzulegen. Der nach diesen Vorgaben ermittelte Ausgleichsbetrag wird im Rahmen des Zu- oder Abschlags nach § 5 Abs. 4 abgerechnet. Steht bei der Budgetverhandlung der Ausgleichsbetrag noch nicht fest, sind Teilbeträge als Abschlagszahlung auf den Ausgleich zu berücksichtigen.

(4) Auf Verlangen des Krankenhauses werden Leistungen für ausländische Patienten, die mit dem Ziel einer Krankenhausbehandlung in die Bundesrepublik Deutschland einreisen, sowie Leistungen für Empfänger von Gesundheitsleistungen nach dem Asylbewerberleistungsgesetz nicht im Rahmen des Erlösbudgets vergütet.

(5) Die Vertragsparteien nach § 11 sind an das Erlösbudget gebunden. Auf Verlangen einer Vertragspartei ist bei wesentlichen Änderungen der der Vereinbarung des Erlösbudgets zu Grunde gelegten Annahmen das Erlösbudget für das laufende Kalenderjahr neu zu vereinbaren. Die Vertragsparteien können im Voraus vereinbaren, dass in bestimmten Fällen das Erlösbudget nur teilweise neu vereinbart wird. Der Unterschiedsbetrag zum bisherigen Erlösbudget ist im Rahmen des Zu- oder Abschlags nach § 5 Abs. 4 abzurechnen.

(6) Solange die Vertragsparteien auf Bundesebene nach § 9 für die Nichtteilnahme von Krankenhäusern an der Notfallversorgung dem Grunde nach einen Abschlag nach § 17b Absatz 1a

Nummer 1 des Krankenhausfinanzierungsgesetzes vereinbart, diesen jedoch in der Höhe nicht festgelegt haben, oder solange ein Zu- oder Abschlag durch Rechtsverordnung nach § 17b Abs. 7 des Krankenhausfinanzierungsgesetzes nicht festgelegt wurde, ist ein Betrag in Höhe von 50 Euro je vollstationärem Fall abzuziehen.

(7) Werden von der Anwendung des DRG-Vergütungssystems bisher ausgenommene besondere Einrichtungen nach § 6 Abs. 1 im Vereinbarungszeitraum in das Erlösbudget einbezogen, wird die Differenz zwischen dem Anteil dieser Leistungen an der zuletzt vereinbarten Erlössumme nach § 6 Abs. 3 und dem neuen im Rahmen des Erlösbudgets vereinbarten Vergütungsanteil in einem Zeitraum von drei Jahren schrittweise abgebaut. War der bisher nach § 6 Abs. 3 vereinbarte Vergütungsanteil höher, wird das Erlösbudget nach Absatz 2 im ersten Jahr um zwei Drittel und im zweiten Jahr um ein Drittel der für das jeweilige Jahr ermittelten Differenz erhöht; war der bisher vereinbarte Vergütungsanteil niedriger, wird das Erlösbudget nach Absatz 2 entsprechend vermindert. Die Fallpauschalen werden mit dem Landesbasisfallwert bewertet und in entsprechender Höhe in Rechnung gestellt. Die sich hierdurch ergebende Unter- oder Überdeckung des vereinbarten Erlösbudgets wird durch einen Zu- oder Abschlag auf die abgerechnete Höhe der DRG-Fallpauschalen und die Zusatzentgelte (§ 7 Abs. 1 Satz 1 Nr. 1 und 2) sowie auf die sonstigen Entgelte nach § 6 Abs. 1 Satz 1 und Abs. 2a finanziert und gesondert in der Rechnung ausgewiesen. Die Höhe des Zuschlags ist anhand eines Prozentsatzes zu berechnen, der aus dem Verhältnis des Unter- oder Überdeckungsbetrags einerseits sowie des Gesamtbetrags nach Absatz 3 Satz 1 andererseits zu ermitteln und von den Vertragsparteien zu vereinbaren ist. Ausgleiche für Vorjahre und für einen verspäteten Beginn der Laufzeit nach § 15 sind über die Zuschläge nach § 5 Abs. 4 zu verrechnen.

(8) (aufgehoben)

(8a) Mit dem Ziel, Neueinstellungen oder Aufstockungen vorhandener Teilzeitstellen von ausgebildetem Pflegepersonal oder von Hebammen und Entbindungspflegern zusätzlich zu fördern, werden für die Jahre 2019 bis 2024 geeignete Maßnahmen zur Verbesserung der Vereinbarkeit von Pflege, Familie und Beruf zu 50 Prozent finanziell gefördert. Zu diesem Zweck vereinbaren die Vertragsparteien nach § 11 auf Verlangen des Krankenhauses einen zusätzlichen Betrag, der im Jahr 2019 0,1 Prozent und in den Jahren 2020 bis 2024 jährlich 0,12 Prozent des Gesamtbetrags nach Absatz 3 Satz 1 nicht überschreiten darf. Wurde für ein Kalenderjahr ein Betrag nicht vereinbart, so kann für das Folgejahr ein zusätzlicher Betrag bis zur Summe der für beide Jahre geltenden Beträge vereinbart werden. Voraussetzung für diese Förderung ist, dass das Krankenhaus nachweist, dass es aufgrund einer schriftlichen oder elektronischen Vereinbarung mit der Arbeitnehmervertretung Maßnahmen zur Verbesserung der Vereinbarkeit von Pflege, Familie und Beruf ergreift. Der dem Krankenhaus nach den Sätzen 2 bis 4 insgesamt zustehende Betrag wird durch einen Zuschlag auf die abgerechnete Höhe der DRG-Fallpauschalen nach § 7 Absatz 1 Satz 1 Nummer 1 und auf die Zusatzentgelte nach § 7 Absatz 1 Satz 1 Nummer 2 sowie auf die sonstigen Entgelte nach § 6 Absatz 1 Satz 1 und Absatz 2a finanziert und gesondert in der Rechnung des Krankenhauses ausgewiesen; für die Ermittlung der Höhe des Zuschlags, für die Konfliktlösung durch die Schiedsstelle nach § 13 und für die Vorgaben zur Rückzahlung von nicht in Anspruch genommenen Mitteln oder die Minderung von nur zeitweise in Anspruch genommenen Mitteln gilt Absatz 8 Satz 6 bis 8 entsprechend. Der Krankenhausträger hat den anderen Vertragsparteien eine Bestätigung des Jahresabschlussprüfers vorzulegen, aus der hervorgeht, inwieweit die zusätzlichen Mittel zweckentsprechend für die geförderten Maßnahmen nach Satz 1 verwendet wurden. Der Spitzenverband Bund der Krankenkassen berichtet dem Bundesministerium für Gesundheit jährlich bis zum 30. Juni, erstmals im Jahr 2020, über die Art und die Anzahl der geförderten Maßnahmen nach Satz 1 sowie über den Umfang von Neueinstellungen und Aufstockungen vorhandener Teilzeitstellen, zu denen es aufgrund der geförderten Maßnahmen kommt. Die Vorgaben nach Absatz 8 Satz 11 zur Übermittlung von Informationen für die Berichterstattung des Spitzenverbandes Bund der Krankenkassen sowie nach § 5 Absatz 4 Satz 5 zum vollständigen Ausgleich von entstehenden Mehr- oder Mindererlösen gelten entsprechend.

(9) Die folgenden Maßnahmen zur Erfüllung von Anforderungen des Infektionsschutzgesetzes an die personelle Ausstattung werden finanziell gefördert, wenn die Maßnahmen die Anforderungen zur Qualifikation und zum Bedarf einhalten, die in der Empfehlung der Kommission für Krankenhaushygiene und Infektionsprävention zu personellen und organisatorischen Voraussetzungen zur Prävention nosokomialer Infektionen (Bundesgesundheitsblatt 2009, S. 951) sowie der Empfehlung zum Kapazitätsumfang für die Betreuung von Krankenhäusern und anderen medizinischen Einrichtungen durch Krankenhaushygieniker/innen (Bundesgesundheitsblatt 2016, S. 1183) genannt sind:

1. Neueinstellungen, interne Besetzungen neu geschaffener Stellen oder Aufstockungen vorhandener Teilzeitstellen:
   a) von Hygienefachkräften: in Höhe von 90 Prozent der zusätzlich entstehenden Personalkosten für die Jahre 2013 bis 2019,
   b) von Krankenhaushygienikerinnen oder Krankenhaushygienikern mit abgeschlossener Weiterbildung zur Fachärztin oder zum Facharzt für Hygiene und Umweltmedizin oder für Mikrobiologie, Virologie und Infektionsepidemiologie: in Höhe von 75 Prozent der zusätzlich entstehenden Personalkosten für die Jahre 2013 bis 2022,
   c) von Krankenhaushygienikerinnen oder Krankenhaushygienikern mit strukturierter curricularer Fortbildung Krankenhaushygiene und mit Fortbildung im Bereich der rationalen Antibiotikatherapieberatung in Anlehnung an die Fortbildung der Deutschen Gesellschaft für Infektiologie, sofern die Neueinstellung, interne Besetzung neu geschaffener Stellen oder Aufstockung bis zum 31. Dezember 2019 vorgenommen worden ist: in Höhe von 50 Prozent der zusätzlich entstehenden Personalkosten für die Jahre 2013 bis 2022,
   d) von Krankenhaushygienikerinnen oder Krankenhaushygienikern mit strukturierter curricularer Fortbildung Krankenhaushygiene, sofern die Neueinstellung, interne Besetzung neu geschaffener Stellen oder Aufstockung nach dem 31. Dezember 2019 vorgenommen worden ist: in Höhe von 50 Prozent der zusätzlich entstehenden Personalkosten für die Jahre 2020 bis 2022 und
   e) von hygienebeauftragten Ärztinnen oder Ärzten: in Höhe von 10 Prozent der zusätzlich entstehenden Personalkosten für die Jahre 2013 bis 2016,
2. Fort- oder Weiterbildungen für die Jahre 2013 bis 2022:
   a) Weiterbildung zur Fachärztin oder zum Facharzt für Hygiene und Umweltmedizin für die Dauer von maximal fünf Jahren durch einen pauschalen Zuschuss in Höhe von jährlich 30.000 Euro, ab dem Jahr 2020 in Höhe von jährlich 40.000 Euro, auch über den Eigenbedarf des jeweiligen Krankenhauses hinaus; spätestens im Jahr 2022 begonnene Weiterbildungen werden auch über das Jahr 2022 hinaus gefördert,
   b) Weiterbildung zur Fachärztin oder zum Facharzt für Mikrobiologie, Virologie und Infektionsepidemiologie zur Befähigung und zum Einsatz in der klinisch-mikrobiologischen Beratung im Krankenhaus für die Dauer von maximal fünf Jahren durch einen pauschalen Zuschuss in Höhe von jährlich 15.000 Euro, auch über den Eigenbedarf des jeweiligen Krankenhauses hinaus; spätestens im Jahr 2022 begonnene Weiterbildungen werden auch über das Jahr 2022 hinaus gefördert,
   c) Fortbildung zur Krankenhaushygienikerin oder zum Krankenhaushygieniker durch strukturierte curriculare Fortbildung Krankenhaushygiene für die Dauer von maximal zwei Jahren durch einen pauschalen Zuschuss in Höhe von jährlich 5.000 Euro; spätestens im Jahr 2022 begonnene Fortbildungen werden auch über das Jahr 2022 hinaus gefördert und
   d) strukturierte curriculare Fortbildung »Antibiotic Stewardship (ABS)« von Ärztinnen, Ärzten, Krankenhausapothekerinnen und Krankenhausapothekern durch einen pauschalen Zuschuss in Höhe von 5.000 Euro,
3. vertraglich vereinbarte externe Beratungsleistungen durch Krankenhaushygienikerinnen oder Krankenhaushygieniker mit abgeschlossener Weiterbildung zur Fachärztin oder zum Facharzt für Hygiene und Umweltmedizin oder für Mikrobiologie, Virologie und Infektionsepidemiologie pauschal in Höhe von 400 Euro je Beratungstag für die Jahre 2013 bis 2026.

Unabhängig von den in Satz 1 genannten Voraussetzungen werden die folgenden Maßnahmen finanziell gefördert:
1. nach dem 31. Dezember 2019 vorgenommene Neueinstellungen, interne Besetzungen neu geschaffener Stellen oder Aufstockungen vorhandener Teilzeitstellen von
    a) Fachärztinnen oder Fachärzten für Innere Medizin und Infektiologie in Höhe von 75 Prozent der zusätzlich entstehenden Personalkosten für die Jahre 2020 bis 2022,
    b) Fachärztinnen und Fachärzten mit Zusatz-Weiterbildung Infektiologie in Höhe von 75 Prozent der zusätzlich entstehenden Personalkosten für die Jahre 2020 bis 2022,
    c) Fachärztinnen und Fachärzten als Expertinnen oder Experten für Antibiotic Stewardship mit strukturierter curricularer Fortbildung »Antibiotic Stewardship (ABS)« in Höhe von 50 Prozent der zusätzlich entstehenden Personalkosten für die Jahre 2020 bis 2022,
2. die in den Jahren 2016 bis 2022 begonnene Weiterbildung zur Fachärztin oder zum Facharzt für Innere Medizin und Infektiologie sowie Zusatz-Weiterbildung Infektiologie für Fachärztinnen und Fachärzte durch einen pauschalen Zuschuss in Höhe von einmalig 30.000 Euro,
3. vertraglich vereinbarte externe Beratungsleistungen im Bereich Antibiotic Stewardship durch Fachärztinnen und Fachärzte für Innere Medizin und Infektiologie oder mit abgeschlossener Zusatz-Weiterbildung Infektiologie pauschal in Höhe von 400 Euro je Beratungstag für die Jahre 2016 bis 2026.

Kosten im Rahmen von Satz 1 Nummer 1, die ab dem 1. August 2013 entstehen, werden auch übernommen für nach dem 4. August 2011 vorgenommene erforderliche Neueinstellungen oder Aufstockungen zur Erfüllung der Anforderungen des Infektionsschutzgesetzes. Voraussetzung für die Förderung nach Satz 2 Nummer 1 ist eine schriftliche oder elektronische Bestätigung der Leitung des Krankenhauses, dass die Person klinisch und zu mindestens 50 Prozent ihrer Arbeitszeit im Bereich Antibiotic Stewardship oder Infektiologie tätig ist, sowie ein Nachweis, dass das Personal im Förderzeitraum über das bestehende Beratungsangebot im Bereich Antibiotic Stewardship informiert wurde. Für Maßnahmen nach den Sätzen 1 bis 3 haben die Vertragsparteien jährlich einen zusätzlichen Betrag als Prozentsatz des Gesamtbetrags nach Absatz 3 Satz 1 zu vereinbaren. Neueinstellungen, interne Besetzungen neu geschaffener Stellen oder Aufstockungen vorhandener Teilzeitstellen, die nach Satz 1 Nummer 1 Buchstabe a und e vorgenommen wurden, sind bei der Ermittlung des Betrags nach Satz 5 unter Beachtung von Tariferhöhungen zu berücksichtigen. Der dem Krankenhaus nach den Sätzen 5 und 6 insgesamt zustehende Betrag wird durch einen Zuschlag auf die abgerechnete Höhe der DRG-Fallpauschalen und die Zusatzentgelte nach § 7 Absatz 1 Satz 1 Nummer 1 und 2 sowie auf die sonstigen Entgelte nach § 6 Absatz 1 Satz 1 und Absatz 2a finanziert; der Zuschlag wird gesondert in der Rechnung ausgewiesen. Absatz 8 Satz 3 und 6 bis 11 in der am 31. Dezember 2020 geltenden Fassung sowie § 5 Absatz 4 Satz 5 gelten entsprechend, wobei der Nachweis über die Stellenbesetzung und die zweckentsprechende Mittelverwendung berufsbildspezifisch zu erbringen ist. Der Betrag nach den Sätzen 5 und 6 darf keine Pflegepersonalkosten enthalten, die über das Pflegebudget finanziert werden.

(10) Die Personalkosten, die bei der Neueinstellung oder Aufstockung vorhandener Teilzeitstellen von Hebammen mit einer Erlaubnis zum Führen der Berufsbezeichnung nach § 5 Absatz 1 auch in Verbindung mit den §§ 73 und 74 Absatz 1 des Hebammengesetzes in der Versorgung von Schwangeren in Fachabteilungen für Geburtshilfe und Gynäkologie von Krankenhäusern in den Jahren 2021, 2022 und 2023 zusätzlich entstehen, werden bis zur Höhe der Kosten für 0,5 Vollzeitstellen pro 500 Geburten in einem Krankenhaus finanziert. Die Anzahl der Geburten wird für jedes Krankenhaus einmalig auf Grundlage der durchschnittlichen Anzahl an jährlichen Geburten in den Jahren 2017 bis 2019 bestimmt. Zur Entlastung von Hebammen werden die Personalkosten, die für zusätzliche Personalstellen für Hebammen unterstützendes Fachpersonal in Fachabteilungen für Geburtshilfe und Gynäkologie in den Jahren 2021, 2022 und 2023 entstehen, finanziert, wobei die Gesamtzahl der geförderten Personalstellen für Hebammen unterstützendes Fachpersonal auf bis zu 25 Prozent der in Vollzeitkräfte umgerechneten Gesamtzahl der zum 1. Januar 2020 beschäftigten Hebammen begrenzt ist. Zum Hebammen unterstützenden Fachpersonal gehören

1. medizinische Fachangestellte, die eine Ausbildung nach der Verordnung über die Berufsausbildung zum Medizinischen Fachangestellten/zur Medizinischen Fachangestellten abgeschlossen haben und
2. Fachangestellte, die eine Ausbildung nach der Verordnung über die Berufsausbildung zum Fachangestellten für Medien- und Informationsdienste/zur Fachangestellten für Medien- und Informationsdienste in der Fachrichtung Medizinische Dokumentation abgeschlossen haben.

Zur Umsetzung der Sätze 1 und 3 vereinbaren die Vertragsparteien nach § 11 jährlich einen zusätzlichen Betrag. Voraussetzung für die Finanzierung ist, dass im Vergleich zum 1. Januar 2020 zusätzliche Stellen für Hebammen oder für Hebammen unterstützendes Fachpersonal geschaffen oder dass entsprechende Teilzeitstellen aufgestockt werden. Die Schaffung neuer Stellen im Sinne von Satz 6 hat das Krankenhaus durch eine schriftliche Vereinbarung mit der Arbeitnehmervertretung zu belegen. Zudem ist zu belegen, dass das neue oder aufgestockte Personal entsprechend der schriftlichen Vereinbarung mit der Arbeitnehmervertretung beschäftigt wird und nicht in der unmittelbaren Patientenversorgung auf bettenführenden Stationen tätig ist. Der dem Krankenhaus nach den Sätzen 5 und 6 insgesamt zustehende Betrag wird durch einen Zuschlag auf die abgerechnete Höhe der DRG-Fallpauschalen nach § 7 Absatz 1 Satz 1 Nummer 1 und auf die Zusatzentgelte nach § 7 Absatz 1 Satz 1 Nummer 2 sowie auf die sonstigen Entgelte nach § 6 Absatz 1 Satz 1 und Absatz 2a finanziert und gesondert in der Rechnung des Krankenhauses ausgewiesen. Die Höhe des Zuschlags ist anhand eines Prozentsatzes zu berechnen, der aus dem Verhältnis des nach Satz 5 für die Neueinstellungen oder Aufstockungen vorhandener Teilzeitstellen insgesamt vereinbarten Betrags einerseits sowie des Gesamtbetrags nach Absatz 3 Satz 1 andererseits zu ermitteln und von den Vertragsparteien zu vereinbaren ist. Bei der Vereinbarung sind nur Löhne und Gehälter bis zur Höhe tarifvertraglich vereinbarter Vergütungen zu berücksichtigen; Maßstab für die Ermittlung ist jeweils diejenige tarifvertragliche Vereinbarung, die in dem Krankenhaus für die meisten Beschäftigten maßgeblich ist. Kommt eine Vereinbarung nicht zustande, entscheidet die Schiedsstelle nach § 13 auf Antrag einer Vertragspartei. Soweit die mit dem zusätzlichen Betrag finanzierten Neueinstellungen oder Aufstockungen vorhandener Teilzeitstellen nicht in der Versorgung von Schwangeren in Fachabteilungen für Geburtshilfe und Gynäkologie umgesetzt werden, ist der darauf entfallende Anteil der Finanzierung zurückzuzahlen; wird die zum 1. Januar 2020 festgestellte Stellenbesetzung in dem nach Satz 1 geförderten Bereich gemindert, ist der zusätzliche Betrag entsprechend dem darauf entfallenden Anteil der Finanzierung zu mindern. Für die Prüfung einer notwendigen Rückzahlung oder Minderung hat der Krankenhausträger den anderen Vertragsparteien folgende Bestätigungen des Jahresabschlussprüfers vorzulegen:
1. einmalig eine Bestätigung über die Anzahl der Geburten in den Jahren 2017 bis 2019,
2. einmalig eine Bestätigung über die zum 1. Januar 2020 festgestellte Stellenbesetzung auf Stationen für Geburtshilfe insgesamt und unterteilt nach Hebammen und den in Satz 4 genannten Berufsgruppen, jeweils differenziert in Voll- und Teilzeitkräfte und umgerechnet in Vollzeitkräfte,
3. eine Bestätigung über die im jeweiligen Förderjahr zum 31. Dezember festgestellte jahresdurchschnittliche Stellenbesetzung auf Stationen für Geburtshilfe, unterteilt nach Hebammen und den in Satz 4 benannten Berufsgruppen, jeweils differenziert in Voll- und Teilzeitkräfte und umgerechnet in Vollzeitkräfte, und
4. eine Bestätigung über die zweckentsprechende Verwendung der Mittel.

Werden die Bestätigungen nach Satz 14 nicht oder nicht vollständig vorgelegt, ist der zusätzliche Betrag vollständig zurückzuzahlen. Die Vorlage der Bestätigungen nach Satz 14 hat durch das Krankenhaus gegenüber den Vertragspartnern bis zum 28. Februar des jeweiligen Folgejahres zu erfolgen. Der Spitzenverband Bund der Krankenkassen berichtet dem Bundesministerium für Gesundheit jährlich, erstmals zum 30. Juni 2022 über die Zahl der Vollzeitkräfte und den Umfang der aufgestockten Teilzeitstellen gesondert für Hebammen und für das Hebammen unterstützende Fachpersonal, die auf Grund der Finanzierung nach den Sätzen 1 und 3 in den

Jahren 2021, 2022 und 2023 neu eingestellt oder deren vorhandene Teilzeitstellen aufgestockt wurden. Die Krankenkassen sind verpflichtet, dem Spitzenverband Bund der Krankenkassen die für die Berichterstattung nach Satz 17 erforderlichen Informationen über die Vereinbarungen der Vertragsparteien zur Neueinstellung oder Aufstockung vorhandener Teilzeitstellen von nach den Sätzen 1 und 3 finanziertem Personal zu übermitteln. Der Spitzenverband Bund der Krankenkassen legt das Verfahren für die Übermittlung fest. ...

| Übersicht | | Rdn. | | | Rdn. |
|---|---|---|---|---|---|
| A. | Allgemeines | 1 | II. | Gesamtbetrag | 25 |
| B. | Gegenstand des Erlösbudgets (Abs. 1) | 2 | III. | Gesamtsummenvergleich | 26 |
| C. | Ermittlung des Erlösbudgets (Abs. 2) | 3 | IV. | Ausgleichssätze für Mehr- oder Mindererlöse | 30 |
| I. | Art und Menge der Entgelte × Entgelthöhe | 3 | V. | Rangfolge der Ausgleichssätze | 34 |
| | 1. Leistungsorientierung | 4 | VI. | Bestätigung des Jahresabschlussprüfers | 36 |
| | 2. Entgelte für die voraussichtlich zu erbringenden Leistungen | 5 | VII. | Vorläufige und endgültige Ausgleichsvereinbarung | 37 |
| II. | Überlieger | 9 | F. | Leistungen für ausländische Patienten und Asylbewerber (Abs. 4) | 39 |
| D. | Fixkostendegressionsabschlag (Abs. 2a) | 21c | G. | Neuvereinbarung des Erlösbudgets (Abs. 5) | 44 |
| I. | Gegenstand des Abschlags | 21d | H. | Nichtteilnahme an der Notfallversorgung (Abs. 6) | 51 |
| II. | Abschlagshöhe und -dauer | 21f | | | |
| III. | Abschlagsfreie Leistungen | 21h | I. | Konvergenz bisheriger besonderer Einrichtungen (Abs. 7) | 52 |
| IV. | Hälftige Abschlagshöhe | 21n | | | |
| V. | Leistungsrückgang während der Abschlagsdauer | 22 | J. | Förderung von Pflege, Familie und Beruf (Abs. 8a) | 72a |
| VI. | Abschlagsmodifikationen im Hinblick auf die Corona-Pandemie | 22a | K. | Hygiene-Förderprogramm (Abs. 9) | 73 |
| E. | Erlösausgleiche (Abs. 3) | 23 | L. | Hebammenstellen-Förderprogramm (Abs. 10) | 84 |
| I. | Allgemeines | 23 | | | |

## A. Allgemeines

1 Die Vereinbarung eines Erlösbudgets besitzt trotz zunehmender Erosion, insbesondere im Bereich der Pflegepersonalkosten (siehe § 6a), nach wie vor eine zentrale Bedeutung für die Budgetverhandlungen nach § 11 Abs. 1. Es errechnet sich im Kern aus zwei Komponenten, der Leistungsmenge und dem Preis. Der Preis wird durch den jeweiligen Landesbasisfallwert nach § 10 Abs. 1 Satz 1 vorgegeben. Der Grundsatz der Beitragssatzstabilität bezieht sich nicht auf das Erlösbudget, sondern allein auf den Landesbasisfallwert (§ 10 Abs. 4; BT-Drs. 14/6893, S. 41).

## B. Gegenstand des Erlösbudgets (Abs. 1)

2 Gegenstand des Erlösbudgets sind die bundeseinheitlich bepreisten DRG-Fallpauschalen und Zusatzentgelte, wie § 4 Abs. 1 Satz 1 eingangs klarstellt. § 4 Abs. 1 Satz 2 enthält dagegen eine Auflistung von Entgelten, die nicht Gegenstand des Erlösbudgets sind. Die negative Aufzählung in § 4 Abs. 1 Satz 2 hat einen klarstellenden, aber keinen abschließenden Charakter. Abschließend und maßgeblich ist § 4 Abs. 1 Satz 1. Nur die dort genannten bundeseinheitlichen DRG-Fallpauschalen und Zusatzentgelte bilden den Gegenstand des Erlösbudgets.

## C. Ermittlung des Erlösbudgets (Abs. 2)

### I. Art und Menge der Entgelte × Entgelthöhe

3 Das Erlösbudget wird seit 2009 ermittelt, indem die bundeseinheitlichen DRG-Fallpauschalen und Zusatzentgelte nach § 4 Abs. 1 für die voraussichtlich zu erbringenden Leistungen mit der jeweils maßgeblichen Entgelthöhe multipliziert werden. Bei DRG-Fallpauschalen wird die Entgelthöhe gem. § 4 Abs. 2 Satz 2 anhand des Landesbasisfallwerts und der effektiven Bewertungsrelationen,

d.h. einschließlich der Vergütungsregelungen zur oberen und unteren Grenzverweildauer und zu Verlegungen, ermittelt. Die Entgelthöhe der Zusatzentgelte ergibt sich unmittelbar als Euro-Betrag aus den Entgeltkatalogen.

## 1. Leistungsorientierung

Die Ermittlung des Erlösbudgets nach § 4 Abs. 2 entspricht im Wesentlichen der Ermittlung des Zielbudgets nach § 4 Abs. 5 in der bis zum 31.12.2008 geltenden Fassung. Im Rahmen der Neufassung des § 4 Abs. 2 durch das KHRG sah sich der Gesetzgeber zu der ausdrücklichen Vorgabe veranlasst, dass das Erlösbudget »leistungsorientiert« zu ermitteln ist. § 4 Abs. 5 in der bis zum 31.12.2008 geltenden Fassung enthielt einen solchen Hinweis nicht. Die Leistungsorientierung schließt eine Maßgeblichkeit von Kosten grundsätzlich aus. Auf Kostenaspekte ist nur ausnahmsweise und nur dort abzustellen, wo der Gesetzgeber dies vorgibt. 4

## 2. Entgelte für die voraussichtlich zu erbringenden Leistungen

Die Prognoseentscheidung nach § 4 Abs. 2 Satz 1 erstreckt sich nicht nur auf die Leistungen des Krankenhauses, sondern auch auf die dafür abrechenbaren Fallpauschalen und Zusatzentgelte. Im Regelfall ist davon auszugehen, dass das Krankenhaus die Abrechnungsvoraussetzungen für die von ihm voraussichtlich zu erbringenden Leistungen erfüllen wird. Diese Annahme entspricht nicht nur den allgemeinen Erfahrungswerten, sondern lässt sich rechtlich auch auf die positiv abgeschlossenen Eignungsprüfung stützen, die der Zulassung eines jeden Krankenhauses zugrunde liegt, vgl. §§ 107, 108, 109 Abs. 2 SGB V. Ist zwischen den Vertragsparteien streitig, ob das Krankenhaus beispielsweise die Strukturvoraussetzungen nach dem OPS-Katalog für die Kodierung einer Komplexbehandlung erfüllt, muss die Schiedsstelle dieser Frage nicht nachgehen. Sie wird unter dem Gesichtspunkt des Beschleunigungsgrundsatzes regelmäßig gehalten sein, die betreffenden Leistungen ohne inhaltliche Entscheidung über das Vorliegen der Kodiervoraussetzungen zu berücksichtigen, sofern die Leistung vom Versorgungsauftrag des Krankenhauses umfasst ist (vgl. BVerwGE 159, 15–26; OVG Rheinland-Pfalz, Urt. v. 25.02.2010 – 7 A 10976/09; BVerwG, Beschl. v. 19.08.2010 – 3 B 40/10). Steht hingegen zweifelsfrei fest, dass eine bestimmte Leistung nicht abgerechnet werden kann, darf sie im Erlösbudget keine Berücksichtigung finden (vgl. OVG Rheinland/Pfalz, Urt. v. 24.06.2014 – 7 A 11124/13; VG Mainz Urt. v. 31.03.2009 – 6 K 578/08 MZ). 5

§ 4 Abs. 2 Satz 1 stellt auf die »voraussichtlich« zu erbringenden Leistungen ab. Die Vertragsparteien haben also eine Leistungsprognose zu stellen, nicht anders als unter der Geltung der BPflV. Hierzu entschied das BVerwG mit Beschl. v. 20.05.2008 – 3 B 96/07: »Es versteht sich von selbst, dass diese Prognose sämtliche absehbare Behandlungsfälle erfassen muss«. Ergänzend stellte das BVerwG mit Urt. v. 26.02.2009 (MedR 2010, 199) klar, dass es den Sozialleistungsträgern im Fall einer Fallzahlsteigerung nicht frei stehe, »nur eine Veränderung geringeren Ausmaßes zu vereinbaren«. Die Vorauskalkulation der Leistungen ist Bestandteil des Grundsatzes der Prospektivität, der sich auch auf den Abschluss der Entgeltvereinbarung nach § 11 bezieht und zusätzlich in den §§ 17 Abs. 1 Satz 2 und 18 Abs. 3 Satz 1 KHG verankert ist. Abweichend von der gesetzgeberischen Idealvorstellung ist der prospektive Budgetabschluss in der Realität eine sehr seltene Ausnahmeerscheinung. In aller Regel wird das Budget im Laufe des Vereinbarungszeitraums oder sogar erst danach vereinbart bzw. festgesetzt (vgl. Tuschen/Quaas § 3 S. 182). Ein solcher »verspäteter« Budgetabschluss führt nicht zur Rechtswidrigkeit der Entgeltvereinbarung (BVerwGE 159, 15–26). Die einzige frühere Sanktion, der Ausschluss von Mindererlösen infolge der Weitererhebung von bisherigen Entgelten bei krankenhausseitig zu vertretenden Verspätungen nach § 15 Abs. 2 Satz 2 KHEntgG a.F. ist durch das KHRG ersatzlos entfallen. Beide Vertragsseiten sind vor Verzögerungen der jeweiligen Gegenseite hinreichend dadurch geschützt, dass nach Ablauf der Sechs-Wochen-Frist des § 18 Abs. 4 Satz 1 KHG die Schiedsstelle angerufen werden kann. 6

Kommt es zum prospektiven Abschluss einer Entgeltvereinbarung, so sind die Leistungen zur Ermittlung des Erlösbudgets selbstverständlich im Voraus zu kalkulieren. Erfolgt die Vereinbarung oder Festsetzung der Erlösbudgets hingegen wie üblich im Laufe des Vereinbarungszeitraums, so 7 müssen die verfügbaren Ist-Daten in die Leistungsermittlung einbezogen werden. Nur für den Rest des Vereinbarungszeitraums ist eine Prognose durchzuführen. Sind zum Zeitpunkt der Vereinbarung oder Festsetzung bereits die ganzjährigen Ist-Daten verfügbar, sind diese dem Erlösbudget zugrunde zu legen (BVerwGE 159, 15–26). Es entfällt dann jede Vorausschau (unzutreffend: VGH Baden-Württemberg, Urt. v. 19.09.2006 – 9 S 1383/04). *Dietz/Bofinger* (§ 3 BPflV 2012 Anm. II. 5.) weisen zutreffend darauf hin, dass die Vorauskalkulation nicht Selbstzweck ist und kein Wirtschaftsunternehmen »im Voraus« kalkuliert, soweit Ist-Ergebnisse bereits vorliegen.

8   Für die mit dem Grundsatz der Prospektivität verbundene Ablehnung eines Kostenerstattungssystems ist von entscheidender Bedeutung, dass Korrekturen der Leistungsmenge nach dem Zeitpunkt einer Vereinbarung oder Festsetzung grundsätzlich ausgeschlossen sind. Eine Ausnahme regelt § 4 Abs. 5 Satz 2 und bestätigt mittelbar die Budgetrelevanz der verfügbaren Ist-Daten des Vereinbarungszeitraums. Nach § 4 Abs. 5 Satz 2 kann bei wesentlichen Änderungen der dem Erlösbudget zugrunde gelegten Annahmen eine Neuvereinbarung des Budgets verlangt werden. Die Neuvereinbarung eines Budgets erfolgt daraufhin auf der Basis von aktuellen Ist-Daten des Vereinbarungszeitraums. Die Zulässigkeit ihrer Berücksichtigung wird von § 4 Abs. 5 Satz 2 zugrunde gelegt. Das neu zu vereinbarende Budget ist einschließlich der Leistungsmenge nach denselben Kriterien zu ermitteln wie das ursprüngliche Budget. Es gibt insoweit keine unterschiedlichen gesetzlichen Vorgaben, auch nicht zur Berücksichtigung von Ist-Daten des Vereinbarungszeitraums. Allein die aktuellere Datenbasis macht den Unterschied bei der Ermittlung des neuen Budgets aus. Sofern bereits bei Abschluss der ursprünglichen Vereinbarung Ist-Daten des Vereinbarungszeitraums vorliegen, sind sie folglich ebenso zu berücksichtigen, wie dies im Fall einer Neuvereinbarung der Fall wäre. Zum Anspruch auf eine Neuvereinbarung des Budgets entschied das BVerwG (Urt. v. 16.11.1995 – KRS 95.141): »Eine wesentliche Änderung der der Kalkulation des Budgets zugrunde gelegten Annahmen liegt nicht vor, wenn die belastete Partei die tatsächlich eingetretene Entwicklung vorhergesehen hat und feststeht, dass sie die Vereinbarung auch auf dieser Grundlage abgeschlossen haben würde.« Nach der Rechtsprechung des BVerwG ist also der Anspruch auf eine Neuvereinbarung ausgeschlossen, wenn schon bei Abschluss der ursprünglichen Vereinbarung anhand der bis dahin verfügbaren Ist-Daten des Vereinbarungszeitraums bekannt war, dass die tatsächliche Leistungsentwicklung von der ursprünglichen Kalkulation erheblich abweichen würde. Die Berücksichtigung von verfügbaren Ist-Daten des Vereinbarungszeitraums ist demnach schon im Rahmen der ursprünglichen Vereinbarung nicht nur zulässig, sondern auch geboten, um einen etwaigen Rechtsverlust zu vermeiden.

## II. Überlieger

9   § 4 Abs. 2 Satz 4 ordnet die Erlöse aus Fallpauschalen für die Behandlung von Überliegern in voller Höhe dem Entlassungsjahr zu. Überlieger sind Patientinnen und Patienten, die über den Jahreswechsel im Krankenhaus stationär behandelt werden. Eine Beurlaubung des Patienten über den Jahreswechsel steht der Qualifikation als Überlieger nicht entgegen. Ein Überliegerfall kann indes nicht durch eine Fallzusammenführung über den Jahreswechsel entstehen. Ein Krankenhausaufenthalt mit Aufnahme nach dem Jahreswechsel kann nicht mit einem anderen Krankenhausaufenthalt, dessen Aufnahmedatum vor dem Jahreswechsel liegt, zu einem Fall zusammengefasst werden.

10  Bei der Bewertung der Überliegerfälle muss differenziert werden. Der maßgebliche Fallpauschalenkatalog ist der des Aufnahmejahres. Das folgt aus § 4 Abs. 2 Satz 1 u. 2, wonach sich die effektiven Bewertungsrelationen für die Ermittlung des Erlösbudgets nach den Abrechnungsbestimmungen richten. Den Abrechnungsbestimmungen (vgl. § 1 Abs. 1 Satz 1 FPV 2019) ist zu entnehmen, dass für die zeitliche Anwendbarkeit des Fallpauschalenkataloges das Aufnahmedatum maßgeblich ist. Dementsprechend erscheint es sachgerecht, auf der Abrechnungsebene den Landesbasisfallwert für das neue Jahr nur auf Fälle mit einem Aufnahmedatum ab dem 01.01. des neuen Jahres anzuwenden.

11  Der maßgebliche Basisfallwert für die Bewertung der Überlieger auf der Budgetebene ist hingegen der Landesbasisfallwert des Entlassungsjahres. Die Heranziehung des Landesbasisfallwerts für das Vorjahr ist mit dem Wortlaut des Gesetzes nicht in Einklang zu bringen. § 4 Abs. 2 Satz 2 ordnet

die Bewertung der effektiven Bewertungsrelationen »mit dem Landesbasisfallwert nach § 10« an. Die Heranziehung von zwei Landesbasisfallwerten getrennt nach Jahresliegern und Überliegern wird der gesetzlichen Formulierung im Singular nicht gerecht. Zur Eindeutigkeit des Gesetzeswortlauts trägt auch das Formblatt B2 als Anlage 1 zum KHEntgG bei. Nach B2 Nr. 1 und Nr. 2 i.V.m. der Fußnote 1 ist die »Summe der effektiven Bewertungsrelationen für alle im Kalenderjahr entlassenen Fälle, einschließlich der Überlieger am Jahresbeginn« mit dem Landesbasisfallwert zu multiplizieren. Eine Bewertung der Überliegerfälle mit dem Landesbasisfallwert des Aufnahmejahres wäre im gesetzlich vorgegebenen B2 nicht abbildbar.

Erlösdifferenzen, die sich aus der Abrechnung von Überliegerfällen mit dem Landesbasisfallwert des Aufnahmejahres und ihrer budgetären Berücksichtigung mit dem Landesbasisfallwert des Entlassungsjahres ergeben, sind analog § 15 Abs. 3 in voller Höhe auszugleichen. 12

(unbesetzt) 13–21b

### D. Fixkostendegressionsabschlag (Abs. 2a)

Der Fixkostendegressionsabschlag gemäß § 4 Abs. 2a wurde mit dem Krankenhausstrukturgesetz eingeführt. Er ersetzte den Mehrleistungsabschlag nach dem früheren § 4 Abs. 2a für zusätzliche Leistungen im Jahr 2017. Eine weitere Konkretisierung zur Umsetzung des Fixkostendegressionsabschlags wurde auf Bundesebene durch die Vereinbarungen nach § 9 Abs. 1 Nr. 6 zur Umsetzung des Fixkostendegressionsabschlags vom 23.09.2016 getroffen. 21c

### I. Gegenstand des Abschlags

Gegenstand des Fixkostendegressionsabschlags sind vereinbarte zusätzliche Leistungen ab dem Jahr 2017, die mit bepreisten DRG-Fallpauschalen nach § 7 Abs. 1 Nr. 1 bewertet sind. Bezugsgröße ist grundsätzlich die jeweilige Vorjahresvereinbarung. Sinkt das vereinbarte Leistungsniveau im zweiten Abschlagsjahr ab und steigt im dritten Jahr wieder an, ist das maßgebliche Bezugsjahr für die Erhebung eines neuen Fixkostendegressionsabschlags nicht das unmittelbare Vorjahr (also das zweite Jahr), sondern das erste Abschlagsjahr (vgl. BT-Drs. 18/6586, S. 91). Da der Fixkostendegressionsabschlag nach seinem gesetzlichen Sinn und Zweck ein Instrument der Mengensteuerung ist (BT-Drs. 18/5272, S. 59), muss bei der Ermittlung des abschlagsrelevanten Casemix eine Bereinigung um leistungsfremde Effekte erfolgen. Das sind in erster Linie die Effekte der Katalogwechsel. Gleiches gilt für Leistungen, die ein Krankenhaus bislang bereits erbringt und anderweitig vergütet erhält, z.B. als Leistungen einer Belegabteilung (vgl. VG Würzburg, Urt. v. 22.10.2018 – W 8 K 16.1284) oder als Leistungen im Rahmen eines IV-Vertrages nach § 140a SGB V, wenn diese ohne Leistungszuwachs in das Erlösbudget eingehen (vgl. *Vollmöller* in: Dettling/Gerlach, § 4 KHEntgG Rn. 16). 21d

Der Fixkostendegressionsabschlag bezieht sich ausschließlich auf die mit bepreisten DRG-Fallpauschalen bewerteten Leistungen. Anders als beim Mehrleistungsabschlag sind Zusatzentgelte damit generell nicht mehr abschlagsrelevant. 21e

### II. Abschlagshöhe und -dauer

Der Fixkostendegressionsabschlag beläuft sich nach Satz 1 auf 35 Prozent bei einer Abschlagsdauer von drei Jahren. Die Möglichkeit der Vereinbarung eines höheren Abschlags oder eine längere Abschlagsdauer (§ 4 Abs. 2b Satz 2 a.F.) besteht seit 2019 nicht mehr. 21f

(unbesetzt) 21g

### III. Abschlagsfreie Leistungen

§ 4 Abs. 2b Satz 2 Nr. 1 bestimmt fünf Ausnahmetatbestände für Leistungen, die dem Fixkostendegressionsaschlag nicht unterliegen. Transplantationen und Leistungen mit einem Sachkostenanteil von mehr als zwei Dritteln gemäß Satz 2 Nr. 1a und b waren auch schon vom Mehrleistungsabschlag kraft Gesetzes ausgenommen. Zusätzlich benennt das Gesetz unter Buchstabe a) 21h

§ 4 KHEntgG   Vereinbarung eines Erlösbudgets

Polytraumata, schwer brandverletzte Patienten und die Versorgung von Frühgeborenen sowie Leistungen der neurologisch-neurochirurgischen Frührehabilitation nach einem Schlaganfall oder einer Schwersthirnschädelverletzung. Diese Leistungen konnten vom Mehrleistungsabschlag im Regelfall nur über den Ausnahmetatbestand der Vermeidung unzumutbarer Härten ausgenommen werden.

21i Zusätzlich bewilligte Versorgungsaufträge, für die bislang keine Abrechnungsmöglichkeit bestand (Satz 2 Nr. 1c), kommen insbesondere in inhaltlicher (neue Abteilung), geographischer (neuer Standort) und nach zutreffender, aber streitiger Auffassung auch in quantitativer (zusätzliche Betten) Hinsicht in Betracht (*Vollmöller* in: Dettling/Gerlach § 4 KHEntgG Rn. 42 m.w.N.). Gemäß der Rechtsprechung des Bundesverwaltungsgerichts (BVerwG, Urt. v. 20.12.2007 – 3 C 53/06) werden die Versorgungsaufträge der Krankenhäuser durch die Festlegung der Bettenzahlen ebenso definiert wie durch den Ausweis von Abteilungen. Ergänzend weist das BMG in einer Stellungnahme vom 27.07.2016 darauf hin, dass mit der Ablösung des früheren Ausnahmetatbestandes der »zusätzlichen Kapazitäten aufgrund der Krankenhausplanung« für Mehrleistungsabschläge nach § 4 Abs. 2a Satz 3 a.F. keine Verschärfung der Befreiungsmöglichkeiten beabsichtigt gewesen sei, sondern lediglich eine Klarstellung der Tatbestandsvoraussetzungen auf der Grundlage des bundesverwaltungsgerichtlichen Urt. v. 16.09.2015 (3 C 9/14). Es sei dem Gesetzgeber um eine Verdeutlichung des – zuvor umstrittenen – Erfordernisses der planerischen Billigung gegangen. Dem steht die BT-Drs. 18/5372 S. 67 nicht entgegen. Zwar haben die Regierungsfraktionen im ursprünglichen Entwurf eines Krankenhausstrukturgesetzes vom 30.06.2015 die Auffassung vertreten, dass eine Erweiterung des Versorgungsauftrags durch eine Erhöhung der Bettenzahl keine Befreiung vom Fixkostendegressionsabschlag begründen solle. Diese Regelungsabsicht wurde jedoch im weiteren Gesetzgebungsverfahren verworfen. Die Ausführungen der BT-Drs. 18/5372 S. 67 zum ursprünglich beabsichtigten § 9 Abs. 1 Nr. 6 geben daher den abschließend kodifizierten und damit maßgeblichen Willen des Gesetzgebers nicht wieder. Vielmehr spricht die Abkehr von der ursprünglichen Regelungsabsicht für den Standpunkt des BMG, wonach sich der Gesetzgeber im Ergebnis gegen eine Verschärfung des früheren Befreiungstatbestandes bei krankenhausplanerischen Maßnahmen nach § 4 Abs. 2a Satz 3 a.F. entschied.

21j Die Abschlagsfreiheit nach Satz 2 Nr. 1d bezieht sich nicht auf die »besonderen« Zentrumsleistungen, sondern auf die DRG-Leistungen krankenhausplanerisch ausgewiesener Zentren. Anderenfalls würde die Regelung vollständig ins Leere gehen. Denn die besonderen Zentrumsleistungen sind über Zuschläge nach § 5 Abs. 3 abzubilden. Sie unterliegen dem Fixkostendegressionsabschlag von vornherein nicht.

21k Zur Vermeidung einer doppelten Abwertung sind nach Satz 2 Nr. 1e Leistungen abschlagsfrei, deren Bewertung durch die Bundesvertragsparteien nach § 9 Abs. 1c abgestuft wurde.

21l Gemäß § 4 Abs. 2a Satz 2 Nr. 1f sind Leistungen abschlagsfrei, die zur Behandlung von Patientinnen und Patienten mit einer SARS-CoV-2-Infektion oder mit Verdacht auf eine SARS-CoV-2-Infektion erbracht werden. Die Vorschrift wurde durch das COVID-19-Krankenhausentlastungsgesetz vom 27.03.2020 eingefügt. Eine eigenständige Bedeutung besitzt der Ausnahmetatbestand ab dem Jahr 2021. Für den Vereinbarungszeitraum 2020 ist die Erhebung eines Fixkostendegressionsabschlags gem. § 4 Abs. 2a Satz 7 generell ausgeschlossen. Allerdings gilt für Mehrleistungen des Jahres 2020 gem. Satz 7 Nr 3 ein zweijähriger Abschlag, der in den Jahren 2021 und 2022 zu erheben ist.

21m § 4 Abs. 2a Satz 2 Nr. 1g eröffnet den Vertragsparteien und ersatzweise der Schiedsstelle, Leistungen von der Erhebung des Abschlags auszunehmen, um unzumutbare Härten zu vermeiden. Der Tatbestand wurde anlässlich der COVID-19-Pandemie neu eingefügt, ist aber weder inhaltlich noch zeitlich auf die Pandemiebekämpfung beschränkt (BT-Drs 19/18112, S. 31). Wann eine unzumutbare Härte vorliegt, hat der Gesetzgeber nicht definiert. Allein das Vorliegen einer Härte genügt nach den gesetzlichen Vorgaben nicht; erforderlich ist vielmehr, dass die Härte für das Krankenhaus unzumutbar sein muss. Nach einer Entscheidung des OVG NRW (Urt. v. 08.09.2017 – 13 A 1238/16) zum fast wortgleich formulierten § 4 Abs. 2a Satz 3 2. Hs. KHEntgG a.F. ist der Ausnahmetatbestand der unzumutbaren Härten unter Beachtung des Verhältnismäßigkeitsgrundsatzes eng auszulegen und auf atypische Sonderkonstellationen zu beschränken.

## IV. Hälftige Abschlagshöhe

Gem. § 9 Abs. 1 Nr. 6 vereinbaren die Bundesvertragsparteien einen Katalog nicht mengenanfälliger Leistungen, bei deren zusätzlicher Vereinbarung ein hälftiger Fixkostendegressionsabschlag anfällt (§ 4 Abs. 2b Satz 2 Nr. 2). Gleiches gilt für zusätzliche Leistungen eines Krankenhauses, die auf einer bloßen Leistungsverlagerung von einem anderen Krankenhaus beruhen. Steigt der Casemix im Einzugsgebiet des Krankenhauses an, ist nicht allein von einer Leistungsverlagerung auszugehen. In einem solchen Fall muss eine anteilige Leistungsmenge ermittelt werden, die dem hälftigen Fixkostendegressionsabschlag unterliegt. Auf die weitergehenden zusätzlichen Leistungen findet die volle Abschlagshöhe Anwendung. 21n

Die Darlegungslast für die Anwendung des hälftigen Abschlags trägt das Krankenhaus. Es kann dazu nach § 4 Abs. 2b Satz 3 Hs. 2 Informationen über die aggregierten Leistungsdaten in seinem Einzugsgebiet einholen. Es kann sich zu diesem Zweck an die Landeskrankenhausgesellschaft oder die Kassenverbände einschließlich PKV als Beteiligte am Pflegesatzverfahren gemäß § 18 Abs. 1 Satz 2 KHG wenden. Nach den Gesetzesmaterialien (BT-Drs. 18/5372, S. 60) gilt dabei folgende Vermutung: »Sofern bei den Krankenhäusern im Einzugsgebiet ein Leistungsrückgang eingetreten ist, der dem Leistungszuwachs bei dem aufnehmenden Krankenhaus weitgehend entspricht, ist von einer Leistungsverlagerung auszugehen. Entsprechendes gilt für glaubhaft dargelegte Leistungsverlagen, die bei Krankenhausschließungen eintreten.« 21o

Reklamieren mehrere Krankenhäuser eine hälftige Abschlagshöhe aufgrund einer Leistungsverlagerung und ist gleichzeitig ein Anstieg des Casemix im Einzugsgebiet festzustellen, wird die privilegierte Leistungsmenge bei verfügbaren Ist-Daten des Vereinbarungszeitraums auf der Grundlage einer Einzugsgebietestatistik zu ermitteln sein. Im Falle einer prospektiven Verhandlung dürfte hier erhebliches Streitpotential liegen. Wohin werden sich die früheren Patienten einer geschlossenen Abteilung oder eines geschlossenen Krankenhauses wenden und welcher Casemix wird im gesamten Einzugsgebiet des Krankenhauses voraussichtlich vereinbart? Man wird es den Vertragsparteien nicht verübeln können, wenn sie sich mit prospektiven Festlegungen zu diesen Fragen schwer tun. 21p

## V. Leistungsrückgang während der Abschlagsdauer

§ 4 Abs. 2b Satz 6 stellt klar, dass ein vereinbarter Leistungsrückgang während der Abschlagsdauer mindernd zu berücksichtigen ist. Eine Minderung tritt hingegen nicht ein, wenn lediglich die Ist-Leistungen hinter den vereinbarten zusätzlichen Leistungen zurück bleiben. 22

Keine ausdrückliche gesetzliche Regelung findet sich zu dem Fall einer inhaltlichen Veränderung der zusätzlich vereinbarten Leistungen. So mögen z. B. im ersten Jahr 100 zusätzliche Bewertungsrelationen für nicht privilegierte Leistungen mit dem vollen Abschlag belegt werden. Im zweiten Jahr mag der Casemix unverändert sein, jedoch die Hälfte der 100 zusätzlichen Punkte auf privilegierte Leistungen (z. B. Transplantationen und Polytraumata) entfallen. Nach dem Rechtsgedanken des § 4 Abs. 2b Satz 6 erscheint es sachgerecht, auch in diesem Fall eine Anpassung der Abschlagshöhe vorzunehmen.

## VI. Abschlagsmodifikationen im Hinblick auf die Corona-Pandemie

Durch das Krankenhauszukunftsgesetz vom 23.10.2020 wurden die Abschlagsregelungen im Hinblick auf das Coronajahr 2020 grundlegend modifiziert. Satz 7 schließt die Erhebung eines Fixkostendegressionsabschlags im Vereinbarungszeitraum 2020 generell aus. Der Ausschluss umfasst auch die Vereinbarung eines weitergeltenden Abschlags für Mehrleistungen der Jahre 2018 oder 2019. Die Geltungsdauer der Abschläge für Mehrleistungen der Jahre 2018, 2019 und 2020 wird durch Satz 8 auf zwei Jahre verkürzt. Zusätzlich ordnet Satz 8 Nr. 4 an, dass für die Ermittlung der Mehrleistungen des Jahres 2021 nicht auf die vereinbarten Leistungen des Jahres 2020, sondern auf das Erlösbudget 2019 als Basis abzustellen ist. Der Fixkostendegressionsabschlag für Mehrleistungen des Jahres 2021 ist wieder dreijährig (2021, 2022 und 2023) zu erheben. 22a

Durch das Gesundheitsversorgungsweiterentwicklungsgesetz vom 11.07.2021 wurden die coronaspezifischen Modifikationen des Fixkostendegressionsabschlags erweitert. Durch die Sätze 9 und 10 wird vorgegeben, dass die Vereinbarung für das Jahr 2019 solange als Vergleichsgröße für die 22b

Ermittlung eines künftigen Fixkostendegressionsabschlags heranzuziehen ist, bis eine Vorjahresvereinbarung mit einem höheren Leistungsniveau als 2019 vorliegt. Wird also das Leistungsniveau 2019 erstmals im Jahr 2023 überschritten, ist ein etwaiger Fixkostendegressionsabschlag 2024 nach Maßgabe der Mehrleistungen im Vergleich zur Vereinbarung 2023 zu ermitteln. Für Mehrleistungen der Jahre 2021, 2022 und 2023 wäre im Beispielsfall auf die Vereinbarung 2019 als Vergleichsgröße abzustellen. Um einen kongruenten Vergleich mit der Vereinbarung 2019 zu ermöglichen, muss eine Bereinigung um leistungsfremde Effekte erfolgen (s.a. Rdn. 21d). Dies betrifft neben den üblichen Katalogeffekten und den Veränderungen des Landesbasisfallwerts insbesondere die Ausgliederung der Pflegepersonalkosten in das Pflegebudget nach § 6a zum Vereinbarungszeitraum 2020.

### E. Erlösausgleiche (Abs. 3)

#### I. Allgemeines

23  § 4 Abs. 3 wurde durch das KHRG neu gefasst. Die Vorschrift gilt für Mehr- und Mindererlöse, die ab dem Jahr 2009 erzielt werden. Für Mehr- und Mindererlöse aus den Jahren 2008 und davor gilt die alte Rechtslage des betreffenden Jahres.

24  Gegenstand der Ausgleichsregelungen nach § 4 Abs. 3 sind Abweichungen der Ist-Leistungen von den vereinbarten Leistungen. In aller Regel entstehen darüber hinaus aber auch Mehr- oder Mindererlöse, die nicht in den Anwendungsbereich des § 4 Abs. 3 fallen, sondern nach § 15 sowie § 5 Abs. 4 Satz 3–5 auszugleichen sind. Dabei geht es um die Folgen einer verspäteten Abrechenbarkeit von Entgelten. Ziel dieser Vorschriften ist es im Kern, das Krankenhaus so zu stellen, als wären alle Entgelte prospektiv vereinbart worden und zur Abrechnung gelangt. Die Umsetzung der hierfür erforderlichen Ausgleiche legt § 4 Abs. 3 zugrunde. Das folgt aus der gesetzgeberischen Idealvorstellung einer vollständig prospektiven Entgeltvereinbarung ohne Verzögerungen bei der Abrechenbarkeit von Entgelten. Die Ermittlung eines korrekten Erlösausgleichs nach § 4 Abs. 3 setzt daher voraus, dass zunächst die Folgen einer verspäteten Abrechenbarkeit von Entgelten eliminiert werden (vgl. *Tuschen/Braun* KH 2003, 774, 778: Eine Vermischung der Berechnung des Erlösausgleichs nach § 3 Abs. 6 (jetzt: § 4 Abs. 3), der auf die Folgen von Leistungsveränderungen gerichtet ist, mit dem rein zahlungstechnisch begründeten Ausgleich nach § 15 widerspricht der Gesamtsystematik der Erlösausgleichsberechnung; die Ausgleiche sollten deshalb – wie vom Gesetzgeber vorgesehen – getrennt ermittelt werden.). Die in § 4 Abs. 3 einzubeziehenden Erlöse sind also in aller Regel nicht die tatsächlich erzielten Erlöse, sondern fiktive Erlöse, die unter der Annahme einer vollständigen Prospektivität abzurechnen gewesen wären.

#### II. Gesamtbetrag

25  § 4 Abs. 3 Satz 1 ordnet für die Ermittlung von Mehr- oder Mindererlösausgleichen die Bildung eines Gesamtbetrages an. Er setzt sich zusammen aus dem Erlösbudget nach § 4 Abs. 1 (bundeseinheitlich bepreiste Fallpauschalen und Zusatzentgelte) und der Erlössumme nach § 6 Abs. 3 Satz 1 (krankenhausindividuelle Entgelte für 1. Leistungen, die noch nicht mit DRGs oder Zusatzentgelten sachgerecht vergütet werden können, 2. für besondere Einrichtungen und 3. Fallpauschalen und Zusatzentgelte ohne bundeseinheitliche Bepreisung). Das ist eine abschließende Aufzählung. Weitere Entgelte sind in den Gesamtbetrag nicht einzubeziehen.

#### III. Gesamtsummenvergleich

26  § 4 Abs. 3 Satz 2 ordnet einen Gesamtsummenvergleich an. Übersteigen die auf das Kalenderjahr entfallenden Erlöse des Krankenhauses den Gesamtbetrag nach § 4 Abs. 3 Satz 1, findet ein Mehrerlösausgleich statt. Unterschreiten sie ihn, kommt es zu einem Mindererlösausgleich. Liegen also beispielsweise die krankenhausindividuellen Entgelte unterhalb der vereinbarten Erlössumme, scheidet ein Mindererlösausgleich trotzdem aus, wenn per Saldo unter Einbeziehung der im Erlösbudget abgebildeten Entgelte ein Mehrerlös erzielt wurde.

27  Maßgeblich sind die auf das Kalenderjahr entfallenden Erlöse. Das sind in aller Regel nicht die tatsächlich abgerechneten und vereinnahmten Beträge. Wie bereits oben (Rdn. 24) ausgeführt, geht

es um die Erlöse, die das Krankenhaus erzielt hätte, wenn sämtliche Entgelte prospektiv vereinbart und von Anfang an abrechenbar gewesen wären. Bei Überliegern ist insoweit der Landesbasisfallwert des Entlassungsjahres anzusetzen (Rdn. 11).

Erlöse, die das Krankenhaus durch Leistungen außerhalb seines Versorgungsauftrags erzielt, fließen in die Ermittlung des Erlösausgleichs nach § 4 Abs. 3 nicht ein (BVerwG NVwZ-RR 2008, 472). Da bei der Ermittlung des Erlösbudgets nach § 4 Abs. 1 und der Erlössumme nach § 6 Abs. 3 ausschließlich Entgelte im Rahmen des Versorgungsauftrags – unbeschadet von Notfallbehandlungen – berücksichtigt werden dürfen, muss dasselbe zur Herstellung der erforderlichen Kongruenz auch für die Ist-Erlöse gelten. Die Bestimmungen über den Erlösausgleich haben keinen Sanktionscharakter (BVerwG NVwZ-RR 2008, 472). Erlöse für Leistungen außerhalb des Versorgungsauftrags werden somit im Rahmen des Erlösausgleichs aus Sicht des Krankenhauses besser gestellt, als versorgungsauftragskonforme Erlöse. Das erscheint zunächst kurios, auch im Sinne eines Fehlanreizes. Wird aber die Abrechnungsebene in die Betrachtung einbezogen, ändert sich die Bewertung. Denn für Leistungen außerhalb des Versorgungsauftrags kann das Krankenhaus keine Vergütung beanspruchen. Bereits gezahlte Erlöse können von den Krankenkassen grundsätzlich in voller Höhe zurück verlangt werden. Auf den Einwand der Bereicherung kann sich das Krankenhaus nicht berufen (BSG KHR 2008, 74) 28

Krankenhausleistungen, die von den Krankenkassen (noch) nicht vergütet wurden, sind bei der Ermittlung der Ist-Erlöse nicht zu berücksichtigen. Sie erhöhen also einen etwaigen Mehrerlösausgleich nicht und führen auch nicht zur Reduzierung eines etwaigen Mindererlösausgleichs. Werden die Leistungen – z.B. nach Durchführung eines sozialgerichtlichen Verfahrens – später durch die Krankenkasse bezahlt, erhöhen sich die Ist-Erlöse, sodass grundsätzlich der Erlösausgleich zu korrigieren ist (BVerwG GesR 2009, 317). Das gilt indes nicht, wenn der Erlösausgleich für das betreffende Jahr bereits endgültig vereinbart und genehmigt worden ist (vgl. Rdn. 38). 29

### IV. Ausgleichssätze für Mehr- oder Mindererlöse

Mehr- oder Mindererlöse seit dem Jahr 2009 sind nach den folgenden Sätzen auszugleichen: 30

|  | Entgeltart | Rechtsgrundlage | Ausgleichssätze Mindererlöse | Ausgleichssätze Mehrerlöse |
|---|---|---|---|---|
| Grundsatz | Bewertete Fallpauschalen, bundeseinheitlich bewertete Zusatzentgelte und krankenhausindividuelle Entgelte | § 4 Abs. 3 Satz 1– 4 KHEntgG | 20 % | 65 % |
| Vorrangige besondere Regelungen | Bewertete und unbewertete Fallpauschalen für schwerverletzte, insbesondere polytraumatisierte oder schwer brandverletzte Patienten | § 4 Abs. 3 Satz 3 u. 4 KHEntgG | 20 % | 25 % |
| Vorrangige besondere Regelungen | Zusatzentgelte für Arzneien und Medikalprodukte | § 4 Abs. 3 Satz 3 u. 4 KHEntgG | kein Ausgleich | 25 % |
| Vorrangige besondere Regelungen | Bewertete und unbewertete Fallpauschalen mit sehr hohem Sachkostenanteil oder mit einer schwer planbaren Leistungsmenge | § 4 Abs. 3 Satz 5 KHEntgG | Individuell | individuell |

Für Fallpauschalen mit einem sehr hohen Sachkostenanteil und für teure Fallpauschalen mit einer schwer planbaren Leistungsmenge, insbesondere bei Transplantation oder Langzeitbeatmung, 31 sollen die Vertragsparteien im Voraus individuelle Ausgleichssätze vereinbaren. Die Vorgabe »sollen« ist ein grundsätzlich bindender Auftrag. Können sich die Vertragsparteien nicht einigen, kann die Schiedsstelle angerufen werden. Das Tatbestandsmerkmal »im Voraus« besagt, dass die abweichenden Ausgleichssätze im Rahmen der Entgeltvereinbarung für den Vereinbarungszeitraum zu vereinbaren sind. Das muss nicht prospektiv geschehen. Haben die Vertragsparteien aber eine Entgeltvereinbarung ohne abweichende Ausgleichssätze abgeschlossen, so ist ein Nachholen etwa bei der Durchführung des Erlösausgleichs für das betreffende Jahr, nicht zulässig.

32 Für die Höhe abweichender Ausgleichssätze bei Mehrerlösen aus Fallpauschalen mit einem sehr hohen Sachkostenanteil liegt eine Orientierung an der Festsetzung der Bundesschiedsstelle vom 18.10.1998 zum Erlösausgleich nach § 11 Abs. 8 BPflV a.F. nahe. Festgesetzt wurde bei einem Sachkostenanteil von über 50 % bis 60 % ein Ausgleichssatz von 70 %, bei einem Sachkostenanteil von über 60 % bis 70 % ein Ausgleichssatz von 65 %, bei einem Sachkostenanteil von über 70 % bis 80 % ein Ausgleichssatz von 60 %, bei einem Sachkostenanteil von über 80 % bis 90 % ein Ausgleichssatz von 55 % und bei einem Sachkostenanteil von über 90 % bis 100 % ein Ausgleichssatz von 50 %.

33 § 4 Abs. 3 Satz 5 sieht die Vereinbarung abweichender Ausgleichssätze dem Wortlaut nach nur für Fallpauschalen, nicht aber auch für tagesgleiche Pflegesätze vor. Das ist nicht sachgerecht. Denn gerade für die in § 4 Abs. 3 Satz 5 ausdrücklich benannte Langzeitbeatmung werden oftmals tagesbezogene Entgelte nach § 6 Abs. 1 Satz 1 vereinbart. Diese Möglichkeit bietet der Gesetzgeber gleichrangig neben der Vereinbarung von Fallpauschalen an. Würden nur Fallpauschalen den Weg zu einer Vereinbarung abweichender Ausgleichssätze eröffnen, wäre das insbesondere für den Bereich der Langzeitbeatmung ein Fehlanreiz. Die Gesetzesmaterialien bieten keinen Anhaltspunkt dafür, dass der Gesetzgeber eine bewusste Entscheidung gegen die Möglichkeit getroffen hat, auch für tagesbezogene Entgelte, etwa bei Langzeitbeatmung, abweichende Ausgleichssätze zu vereinbaren. Diese Fallgestaltung wurde offenkundig übersehen. Nach dem Sinn und Zweck der Regelung müssen tagesbezogene Entgelte in den Anwendungsbereich des § 4 Abs. 2 Satz 5 einbezogen werden. Denn nur so lässt sich insbesondere im Bereich der Langzeitbeatmung die vom Gesetzgeber beabsichtigte Gewährleistung sachgerechter Ausgleichssätze realisieren.

## V. Rangfolge der Ausgleichssätze

34 Die Geltung des Gesamtsummenvergleichs nach § 4 Abs. 3 Satz 2 wirft die Frage nach der Rangfolge der verschiedenen Ausgleichssätze auf. Richtigerweise sind bei Mehrerlösen die Ausgleichssätze in aufsteigender Reihenfolge, bei Mindererlösen die Ausgleichssätze in absteigender Reihenfolge maßgeblich (vgl. *Tuschen/Braun/Rau* KH 2005, 955). Zum Verständnis eine Beispielsrechnung:

| Entgeltart | Ausgleichssatz Mehrerlös | Vereinbarung | Ist-Erlöse | Differenz |
|---|---|---|---|---|
| ZE für Arzneimittel und Medikalprodukte | 25 % | 300.000 | 400.000 | 100.000 |
| FP für schwerverletzte Patienten | 25 % | 200.000 | 150.000 | – 50.000 |
| Sonstige FP, ZE und tagesbezogene Entgelte | 65 % | 20.000.000 | 21.000.000 | 1.000.000 |
| Erlösbudget und Erlössumme gesamt | | 20.500.000 | 21.550.000 | 1.050.000 |

35 Da das Krankenhaus insgesamt Mehrerlöse erzielt hat, kommen ausschließlich die Vorschriften zum Mehrerlösausgleich zum Ansatz. Ein Mindererlösausgleich für den Teilbereich der Fallpauschalen für schwerverletzte Patienten scheidet aus. Die Gesamtsumme der Mehrerlöse i.H.v. 1.050.000,00 € ist in aufsteigende Reihenfolge der Ausgleichssätze auszugleichen. Das bedeutet, dass zuerst der Mehrerlös aus den Zusatzentgelten für Arzneimittel und Medikalprodukte i.H.v. 100.000,00 € mit 25 %,

also mit 25.000,00 € anzusetzen ist. Anschließend kommt der Mehrerlös aus den sonstigen Fallpauschalen, Zusatzentgelten und tagesbezogenen Entgelten zum Ansatz, für die der reguläre Ausgleichssatz von 65 % gilt. Auszugleichen ist hier indes nicht die volle Erlösdifferenz i.H.v. 1 Mio. €, sondern nur die verbleibende Differenz zur Gesamtsumme der Mehrerlöse. Das sind 950.000 €. An dieser Stelle wirken sich die Mindererlöse aus den Fallpauschalen für schwerverletzte Patienten i.H.v. – 50.000,00 € aus. Bei einem Ausgleichssatz von 65 % auf 950.000,00 € errechnet sich ein Betrag i.H.v. 617.500,00 €. Insgesamt hat das Krankenhaus demnach einen Mehrerlösausgleich i.H.v. 642.500,00 € (25.000,00 € + 617.500,00 €) zu zahlen.

### VI. Bestätigung des Jahresabschlussprüfers

Zur Ermittlung der Mehr- oder Mindererlöse hat der Krankenhausträger seinen Vertragspartnern nach § 18 Abs. 2 KHG eine vom Jahresabschlussprüfer bestätigte Aufstellung vorzulegen. Inhalt der Aufstellung müssen die Erlöse nach § 7 Abs. 1 Nr. 1,2 und 5 sein, also die bundeseinheitlich bepreisten Fallpauschalen und Zusatzentgelte sowie die Entgelte der besonderen Einrichtungen. Auf andere Entgelte muss sich die Aufstellung nicht beziehen. 36

### VII. Vorläufige und endgültige Ausgleichsvereinbarung

Der endgültige Ausgleich von Mehr- oder Mindererlösen wird nach den Vorstellungen des Gesetzgebers erst dann durchgeführt, wenn der Ausgleichsbetrag feststeht, weitere Veränderungen also ausgeschlossen sind. Bis dahin haben die Vertragsparteien Teilbeträge als Abschlagszahlung auf den Erlösausgleich zu berücksichtigen. Der vorläufige Erlösausgleich wird regelmäßig mit einem Abschlag (z.B. 10 %) auf die bis dahin erzielten fiktiven Erlöse berechnet. 37

Wie lange nach dem Ablauf eines Kalenderjahres noch Erlösveränderungen eintreten können, lässt sich nicht einheitlich durch die Angabe eines bestimmten Zeitraums beantworten. Die vierjährige Verjährungsfrist für Vergütungs- und etwaige Rückzahlungsansprüche bildet keine feste zeitliche Obergrenze, da die Verjährung durch verschiedene Maßnahmen, insbesondere durch sozialgerichtliche Klagen über viele Jahre gehemmt sein kann. Grundsätzlich empfiehlt sich, den Erlösausgleich so lange nicht endgültig zu vereinbaren, wie Erlösveränderungen noch eintreten können. Davon abweichend werden in der Praxis häufig vorzeitige endgültige Erlösausgleiche vereinbart und genehmigt. Kommt es in einem solchen Fall etwa durch Vergütungs- oder Rückzahlungsklagen zu nachträglichen Erlösveränderungen, stellt sich die Frage, ob die Veränderungen im Rahmen eines späteren Erlösausgleichs, gewissermaßen als periodenfremde Erträge oder periodenfremde Ertragsminderungen, zu berücksichtigen sind. Die Frage ist zu verneinen. Das ergibt sich einerseits aus der Bindungswirkung der endgültigen Erlösausgleiche, soweit diese bestandskräftig genehmigt sind. Die Endgültigkeit eines Erlösausgleichs wäre gegenstandslos, wenn nachträgliche Erlösveränderungen in einen späteren Erlösausgleich einbezogen würden. Zudem nimmt das KHEntgG über § 4 Abs. 2 Satz 4 und § 15 Abs. 1 eine strenge Erlöszuordnung nach Maßgabe des Entlassungstages vor. Angesichts dieser strengen und spezifisch budgetrechtlichen Periodizität der Erlöse und damit auch der Erlösausgleiche wäre die Einbeziehung periodenfremder Erträge in einen späteren Erlösausgleich systemwidrig. 38

## F. Leistungen für ausländische Patienten und Asylbewerber (Abs. 4)

§ 4 Abs. 4 räumt dem Krankenhaus ein einseitiges Wahlrecht ein, Leistungen für ausländische Patienten, die mit dem Ziel einer Krankenhausbehandlung nach Deutschland einreisen, außerhalb des Erlösbudgets vergütet zu erhalten. Ziel der Regelung ist die Schaffung von Anreizen, die internationale Nachfrage nach deutschen Krankenhausleistungen besser zu nutzen und auf diesem Wege vorhandene Kapazitäten besser auszulasten, Arbeitsplätze zu sichern und neue Finanzquellen zu erschließen. Der vorrangige wirtschaftliche Effekt einer Ausübung des Wahlrechts besteht darin, dass die Erlöse aus der Behandlung ausländischer Patienten ausgleichsfrei erzielt werden. Es entfällt insoweit ein Mehrerlösausgleich zugunsten der Krankenkassen, aber auch ein Mindererlösausgleich zugunsten des Krankenhauses. 39

§ 4 KHEntgG   Vereinbarung eines Erlösbudgets

40 Die Option kann für den Anwendungsbereich des KHEntgG nur einheitlich ausgeübt werden. Verfügt ein Krankenhaus aber neben somatischen Betten auch über psychiatrische oder psychosomatische Betten, sodass neben dem KHEntgG auch die BPflV unmittelbare Anwendung findet, kann die Option auf einen der beiden Bereiche beschränkt werden.

41 Die Option muss rechtzeitig vor dem Abschluss der Entgeltvereinbarung ausgeübt werden. Sie muss sich auf den Vereinbarungszeitraum beziehen und kann auch weitere, künftige Vereinbarungszeiträume umfassen. Die Ausübung der Option ist grundsätzlich bindend. Die Wiedereingliederung von Erlösen für ausländische Patienten ist nur für künftige Vereinbarungszeiträume, für die die Option bislang nicht ausgeübt wurde, möglich.

42 § 4 Abs. 4 bezieht sich nur auf Ausländer, die mit dem Ziel einer Krankenhausbehandlung nach Deutschland einreisen. Die Krankenhausbehandlung muss also bereits bei der Einreise beabsichtigt sein. Dass daneben auch andere Ziele verfolgt werden, ist unschädlich. Keine Anwendung findet die Vorschrift hingegen auf die Behandlung von Ausländern, die z.B. während einer Geschäftsreise oder eines Urlaubs erkranken oder die in der Bundesrepublik wohnen oder versichert sind.

43 Auch nach Ausübung des Optionsrechts gilt für die Behandlung ausländischer Patienten, dass gem. § 17 Abs. 1 Satz 1 KHG die Entgelte für alle Benutzer des Krankenhauses einheitlich zu berechnen sind (a.A. *Dietz/Bofinger/Geiser* § 3 KHEntgG Anm. VII.). Hiergegen bestehen erhebliche verfassungsrechtliche Bedenken. Die Zulässigkeit einer Reglementierung der Entgelte für die Krankenhausbehandlung durch die Vorschriften des KHEntgG ergibt sich nach Art. 12 Abs. 1 GG aus ihrem Zweck, zu einer bedarfsgerechten Krankenhausversorgung der Bevölkerung mit sozial tragbaren Pflegesätzen beizutragen, § 1 KHG (*Tuschen/Trefz* § 4 S. 244). Der Begriff der Bevölkerung i.S.d. § 1 KHG erstreckt sich nicht auf ausländische Patienten, die mit dem Ziel einer Krankenhausbehandlung nach Deutschland einreisen.

43a Das Optionsrecht des § 4 Abs. 4 wurde durch das Krankenhausstrukturgesetz auf die Ausgliederung von Leistungen für Empfänger von Gesundheitsleistungen nach dem Asylbewerberleistungsgesetz erweitert. Ziel der Regelung ist die Verhinderung von Mehrerlösausgleichen durch die Erbringung von Leistungen nach dem Asylbewerberleistungsgesetz und die Entlastung der Krankenhäuser von administrativem Aufwand (BT-Drs. 18/6586, S. 102 der Vorabfassung). Für die Ausgliederung von Leistungen nach dem Asylbewerberleistungsgesetz gelten die gleichen Grundsätze wie für die Ausgliederung von Leistungen für ausländische Patienten, die mit dem Ziel einer Krankenhausbehandlung nach Deutschland einreisen. Insoweit wird auf die Rdn. 40, 41 und 43 verwiesen.

43b Zu den Grundsätzen der Ausgliederung zählt, dass die Ausübung der Option alle Leistungen nach dem Asylbewerberleistungsgesetz umfasst. Eine Ausnahme von diesem Grundsatz regelt § 4 Abs. 4 Satz 2 für die auf 2015 bezogene nachträgliche Optionsausübung. Nach dem insoweit eindeutigen Gesetzeswortlaut kann sich das Verlangen der Ausgliederung nur auf die im Jahr 2015 »zusätzlich« erbrachten Leistungen nach dem Asylbewerberleistungsgesetz beziehen, die in einem nachfolgenden Vereinbarungszeitraum zu Mehrerlösen führen. Wurden z.B. 2015 Leistungen nach dem Asylbewerberleistungsgesetz in einem Umfang von 300 Bewertungsrelationen erbracht und fallen inklusive dieser Leistungen Mehrleistungen in einem Umfang von 200 Bewertungsrelationen an, können nur Leistungen im Umfang von 200 Bewertungsrelationen ausgegliedert werden.

## G. Neuvereinbarung des Erlösbudgets (Abs. 5)

44 Die Vertragsparteien sind grundsätzlich an das Erlösbudget nach § 11 gebunden. Das stellt § 4 Abs. 5 Satz 1 klar. Die Bindungswirkung in diesem Sinne besagt, dass ab der Vereinbarung des Erlösbudgets Änderungen gegen den Willen der anderen Vertragspartei ausgeschlossen sind. Einvernehmliche Änderungen sind hingegen noch länger möglich. Da die Vertragsparteien nicht gezwungen sind, eine Genehmigung der Entgeltvereinbarung zu beantragen und den einmal gestellten *Antrag* auch noch bis zum Abschluss des Genehmigungsverfahrens zurücknehmen können, scheidet eine einvernehmliche Änderung des vereinbarten Erlösbudgets erst mit der Erteilung der Genehmigung aus.

§ 4 Abs. 5 Satz 2 regelt eine Ausnahme zur grundsätzlichen Bindung an das Erlösbudget. Bei wesentlichen Änderung der der Vereinbarung zugrunde gelegten Annahmen kann eine Neuvereinbarung des Erlösbudgets für das laufende Kalenderjahr verlangt werden. Es genügt das Verlangen einer Vertragspartei. Lehnt die andere Vertragspartei das Verlangen ab oder kann über die konkrete Ausgestaltung des neuen Erlösbudgets keine Einigung erzielt werden, kann hierzu die Schiedsstelle angerufen werden. Für die Neuvereinbarung des Erlösbudgets gelten grundsätzlich die gleichen Vorschriften wie für die erstmalige Vereinbarung. Dazu gehört auch die Einhaltung der Sechs-Wochen-Frist nach § 18 Abs. 4 KHG vor Anrufung der Schiedsstelle (a.A. *Heinze/Wagner* Die Schiedsstelle des Krankenhausfinanzierungsgesetzes 1989, 52). 45

Die Neuvereinbarung kann nur für das laufende Kalenderjahr verlangt werden. Das Verlangen nach einer Neuvereinbarung muss also noch im laufenden Kalenderjahr geltend gemacht werden. In *Dietz/Bofinger/Geiser* (§ 12 BPflV Anm. III. 5.) wird darüber hinaus gefordert, dass das Verlangen so frühzeitig geäußert werden muss, dass eine Neuvereinbarung innerhalb des laufenden Pflegesatzzeitraums noch möglich ist. Das ist abzulehnen. § 4 Abs. 4 Satz 2 setzt keine Neuvereinbarung »im« laufenden Kalenderjahr, sondern »für« das laufende Kalenderjahr voraus. Richtigerweise ist der Anspruch auf Neuvereinbarung durch Zeitablauf nur dann ausgeschlossen, wenn das Verlangen nach Ablauf des Kalenderjahres geltend gemacht wird. Die Gegenauffassung wäre auch mit der notwendigen Klarheit von Stichtags- und Fristenregelungen nicht zu vereinbaren. Denn welcher Zeitraum für die Möglichkeit einer Neuvereinbarung des Erlösbudgets veranschlagt werden muss, lässt sich dem Gesetz nicht entnehmen. Nach § 11 Abs. 3 Satz 2 sollen die Verhandlungen maximal 6 Wochen dauern. Die Ausgestaltung der Sechs-Wochen-Frist als grundsätzliche zeitliche Obergrenze impliziert die Annahme des Gesetzgebers, dass auch schnellere Einigungen möglich sind. Tatsächlich entspricht diese Annahme, wenn auch nur in Ausnahmefällen, der Verhandlungsrealität. 46

Der Anspruch auf Neuvereinbarung setzt voraus, dass sich die Grundlagen der Vereinbarung des Erlösbudgets wesentlich geändert haben. Die Regelung folgt damit dem Gedanken des Wegfalls der Geschäftsgrundlage. Wesentlich ist eine Änderung dann, wenn sie einer Vertragspartei das Festhalten am bisherigen Erlösbudget unzumutbar macht. Gegenüber den bei der Entgeltvereinbarung zugrunde gelegten Annahmen muss eine so schwerwiegende Abweichung eingetreten sein, dass das Austauschverhältnis zwischen Leistung und Gegenleistung in einer dem Gerechtigkeitsgedanken nicht mehr akzeptablen Weise gestört ist (BVerwG KH 1997, 29). Hauptanwendungsfälle für Neuvereinbarungen des Budgets sind große Leistungsabweichungen. In der Verhandlungs- und Schiedsstellenpraxis wird die Wesentlichkeitsgrenze nicht selten bei 5 % – 10 % des Leistungsvolumens angenommen, das dem Erlösbudget zugrunde gelegt wurde. Objektiv große und schwerwiegende Abweichungen sind indes nicht immer als wesentlich anzusehen. Nach der Rechtsprechung des BVerwG (KH 1997, 29) scheidet die Wesentlichkeit einer Änderung aus, wenn die belastete Partei die tatsächlich eingetretene Entwicklung vorhergesehen hat und feststeht, dass sie die Vereinbarung auch auf dieser Grundlage abgeschlossen haben würde. Eine Neuvereinbarung ist danach insbesondere dann ausgeschlossen, wenn das Krankenhaus anhand der verfügbaren Ist-Daten des Vereinbarungszeitraums bis zur Unterzeichnung der Entgeltvereinbarung erkennen musste, dass das dem Erlösbudget zugrunde gelegte Leistungsvolumen in einem wesentlichen Umfang überschritten wird. 47

Der Anspruch auf Neuvereinbarung eines Erlösbudgets kann auch dann bestehen, wenn das ursprüngliche Erlösbudget nicht vereinbart, sondern durch Schiedsspruch festgesetzt wurde. Dort, wo das Krankenhausfinanzierungsrecht von »vereinbaren« spricht, ist im Regelfall auch die ersatzweise Festsetzung durch die Schiedsstelle gemeint. Diese grundsätzliche Systematik gilt auch für § 4 Abs. 5. Da ein Schiedsspruch die fehlende Vereinbarung ersetzen soll und die Schiedsstelle grundsätzlich an dieselben Vorschriften gebunden ist wie die Vertragsparteien, ist kein Grund dafür ersichtlich, warum ein Schiedsspruch eine größer Bindungswirkung entfalten soll als eine Entgeltvereinbarung. Die Anwendbarkeit des § 4 Abs. 5 Satz 2 auf Entscheidungen der Schiedsstelle wird mittelbar bestätigt durch die Regelung des § 323 Abs. 1 ZPO. Danach kann jede Partei die Abänderung eines Urteils verlangen, wenn im Fall der Verurteilung zu künftig fällig werdenden 48 wiederkehrenden Leistungen eine wesentliche Änderung derjenigen Verhältnisse eintritt, die für die Bestimmung der Höhe der Leistungen maßgebend waren.

49  Bei einem berechtigten Verlangen nach § 4 Abs. 5 ist das Erlösbudget grundsätzlich in vollem Umfang neu zu vereinbaren. Ist die Hürde der wesentlichen Änderung an einer Stelle überwunden, so können im Rahmen der Neuvereinbarung also auch andere Korrekturen vorgenommen werden, die für sich betrachtet nicht wesentlich sind. Nach § 4 Abs. 5 Satz 3 können die Vertragsparteien indes im Voraus Einschränkungen mit dem Inhalt vereinbaren, dass in bestimmten Fällen das Erlösbudget nur teilweise neu vereinbart wird.

50  Die Abrechnung des Unterschiedsbetrags zwischen dem bisherigen Erlösbudget und dem neuen Erlösbudget wird im Rahmen des Zu- oder Abschlags nach § 5 Abs. 4 abgerechnet.

### H. Nichtteilnahme an der Notfallversorgung (Abs. 6)

51  Nach § 4 Abs. 6 ist für die Nichtteilnahme eines Krankenhauses an der Notfallversorgung ein Betrag i.H.v. 50,00 € je vollstationärem Fall abzuziehen, solange nicht ein Abschlagsbetrag auf Bundesebene vereinbart oder durch eine Rechtsverordnung festlegt ist. Mit Wirkung zum 01.01.2019 wurde auf Bundesebene durch die Notfallstufenvergütungsvereinbarung vom 10.12.2018 ein Abschlag für die Nichtteilnahme an der Notfallversorgung i.H.v. 60,00 € je vollstationärem Fall vereinbart.

### I. Konvergenz bisheriger besonderer Einrichtungen (Abs. 7)

52  Krankenhäuser oder Teile von Krankenhäusern, deren Leistungen insbesondere aus medizinischen Gründen wegen einer Häufung von schwerkranken Patienten oder aus Gründen der Versorgungsstruktur mit den Entgeltkatalogen noch nicht sachgerecht vergütet werden, können als besondere Einrichtungen nach § 17b Abs. 1 Satz 15 KHG zeitlich befristet von der Anwendung des DRG-Vergütungssystems ausgenommen werden. Die Anerkennung als besondere Einrichtung hat u.a. zur Folge, dass die Leistungen über krankenhausindividuell zu vereinbarende Entgelte gem. § 6 Abs. 1 Satz 1 abgerechnet werden.

53  Sobald die Leistungen bisheriger besonderer Einrichtungen über die in den Entgeltkatalogen bewerteten Fallpauschalen und Zusatzentgelte vergütet werden, muss eine Eingliederung in das Erlösbudget nach § 4 Abs. 1 durchgeführt werden. Im Regelfall wird die Eingliederung dazu führen, dass sich anhand der Entgeltkataloge und des Landesbasisfallwerts eine niedrigere Vergütung errechnet als die krankenhausindividuelle Vergütung der bisherigen besonderen Einrichtung. Um eine zu starke und plötzliche Anpassung des Erlösanteils der bisherigen besonderen Einrichtung an das landeseinheitliche Preisniveau zu vermeiden, gibt § 4 Abs. 7 Satz 1 für solche Fälle eine Konvergenzphase von 3 Jahren vor. Der Erlösanteil der bisherigen besonderen Einrichtung ist in drei gleichen Schritten an das landeseinheitliche Preisniveau anzugleichen:

54  Die Ermittlung des bisherigen Vergütungsanteils der besonderen Einrichtung wird in aller Regel unproblematisch sein. Schwieriger wird sich die Identifizierung der entsprechenden Leistungen im Erlösbudget für den Vereinbarungszeitraum gestalten. Zum einen wird nicht in allen Fällen auf einen Überleitungsgrouper zurückgegriffen werden können. Zudem stellt sich die Frage, wie mit Leistungsveränderungen umzugehen ist. Das Gesetz schweigt dazu. Richtigerweise werden Leistungsveränderungen in Bezug auf die Konvergenzberechnung zu eliminieren sein. Anderenfalls würden bei der typischen Konstellation einer Konvergenz nach unten Leistungsrückgänge zu einer unsachgemäßen Erhöhung des Konvergenzbetrages und Leistungssteigerungen zu einer ebenso unsachgemäßen Reduzierung des Konvergenzbetrages führen.

55  Beispiel: Bisher wurden als besondere Einrichtung 100 Leistungen für einen Vergütungsanteil i.H.v. 400.000,00 € erbracht. Im Vereinbarungszeitraum erfolgt ein drastischer Rückgang der Leistungsmenge auf zehn Leistungen zu einem angenommenen Leistungsentgelt i.H.v. 3.000,00 € je Leistung. Ohne Eliminierung der Leistungsveränderung wäre dem bisher vereinbarten

Vergütungsanteil für die besondere Einrichtung i.H.v. 400.000,00 € ein neuer Vergütungsanteil am Erlösbudget i.H.v. 30.000,00 € gegenüberzustellen. Die Differenz i.H.v. 370.000,00 € wäre im ersten Jahr zu einem Drittel auszugleichen, sodass sich ein Konvergenzzuschlag i.H.v. 123.333,00 € errechnen würde. Effektiv würde auf die 10 im Erlösbudget angesetzten Leistungen damit ein Vergütungsanteil i.H.v. 15.333,00 € je Leistung (3.000,00 € nach landesweiter Entgelthöhe zuzüglich 12.333,00 € anteiliger Konvergenzzuschlag) entfallen. Aus der vermeintlichen Konvergenz nach unten würde ein exorbitanter Preisanstieg. Bei einem Leistungsanstieg würde der gegenteilige Effekt eintreten, sodass aus einem vermeintlichen Zuschlag ein Abschlag werden könnte. Derartige Ergebnisse würden dem Sinn und Zweck des § 4 Abs. 7 offenkundig widersprechen. Der Gesetzgeber will eine schrittweise Angleichung des Vergütungsniveaus gewährleisten. Das lässt sich nur bei Zugrundelegung kongruenter Leistungsmengen bewerkstelligen. Sachgerecht und praktikabel erscheint es, bei einer Leistungssteigerung nur die Leistungsmenge in die Konvergenz einzubeziehen, die im Vorjahr für die besondere Einrichtung vereinbart war. Für den Fall eines Leistungsrückgangs muss hingegen der Ausgangswert des Vorjahres korrigiert werden. Dazu ist der Vergütungsanteil der bisherigen besonderen Einrichtung entsprechend der im Vereinbarungszeitraum wegfallenden Leistungen zu kürzen.

Die Konvergenzschritte werden durch die Abrechnung eines Zu- oder Abschlags auf die Fallpauschalen und Zusatzentgelte nach § 7 Abs. 1 Satz 1 Nr. 1 u. 2 sowie auf die sonstigen Entgelte nach § 6 Abs. 1 Satz 1 u. Abs. 2a umgesetzt. Sie sind in der Rechnung gesondert auszuweisen. Die Höhe des Zu- oder Abschlags ist anhand eines Prozentsatzes zu ermitteln, der sich aus dem Verhältnis des Unter- oder Überdeckungsbetrages zum Gesamtbetrag nach § 4 Abs. 3 Satz 1 (Erlösbudget zuzüglich Erlössumme) errechnet. 56

(unbesetzt) 57–72

### J. Förderung von Pflege, Familie und Beruf (Abs. 8a)

Das Förderprogramm nach Abs. 8a zur verbesserten Vereinbarkeit von Pflege, Familie und Beruf wurde im Rahmen des Pflegepersonal-Stärkungsgesetzes in das KHEntgG aufgenommen. Hintergrund ist die nachvollziehbare Einschätzung des Gesetzgebers, dass der hohe Bedarf an Pflegefachkräften durch das Angebot auf dem Arbeitsmarkt nicht ausreichend gedeckt werden kann und dass sich diese Situation aufgrund des demographischen Wandels noch weiter verschärfen wird. 72a

Nach Abs. 8a werden für die Jahre 2019 bis 2024 Maßnahmen zur Verbesserung der Vereinbarkeit von Pflege, Familie und Beruf zu 50 % gefördert. Geeignete Maßnahmen sind nach der Gesetzesbegründung (BT-Drs. 19/4453, Seite 83) z. B. mitarbeiterorientierte Arbeitszeitmodelle, Maßnahmen für eine größere Dienstplanstabilität oder die Förderung von individuellen oder gemeinschaftlichen Betreuungsangeboten, die den Anforderungen von Schicht-, Wochenend- und Feiertagsarbeit Rechnung tragen. 72b

Der zu vereinbarende Förderbetrag ist für das Jahr 2019 auf 0,1 % des Gesamtbetrages und in den Jahren 2020 bis 2024 auf 0,12 % des Gesamtbetrages begrenzt. Die Anhebung des Prozentsatzes nach 2019 erfolgt vor dem Hintergrund einer Ausgliederung der Pflegepersonalkosten aus dem Gesamtbetrag ab dem Jahr 2020. Die Anhebung des Prozentsatzes ist daher erforderlich, um eine weitgehend gleichhohe Fördersumme zu ermöglichen (BT-Drs. 19/4453, S. 83). 72c

Das Förderprogramm nach Abs. 8a entspricht in seiner Struktur den älteren Förderprogrammen, z.B. dem Pflegestellen-Förderprogramm nach Abs. 8 oder dem Hygiene-Förderprogramm nach Abs. 9. Auf die dortigen Ausführungen zur Regelungsstruktur wird verwiesen. 72d

### K. Hygiene-Förderprogramm (Abs. 9)

Das 2013 begonnene Hygieneförderprogramm wurde im Rahmen des MDK-Reformgesetzes vom 14.12.2019 durch eine Neufassung des § 4 Abs. 9 in modifizierter Form verlängert. Zu den wichtigsten inhaltlichen Änderungen gehört ein neuer Förderschwerpunkt im Bereich der 73

Antibiotika-Therapieberatung. Die Verlängerung des Hygieneförderprogramms beruht auf der Erkenntnis des Gesetzgebers, dass trotz der bisherigen Fördermaßnahmen eine adäquate Ausstattung der Krankenhäuser mit qualifiziertem Hygienepersonal noch nicht erreicht werden konnte (BT-Drs 19/14871 S 115). Die Förderung wird gezielt in denjenigen Bereichen fortgesetzt, in denen auf dem Arbeitsmarkt weiterhin ein Mangel an qualifiziertem Personal besteht, beziehungsweise erwartet wird.

74 Gegenstand einer Förderung nach Satz 1 können grundsätzlich nur erforderliche Maßnahmen zur Deckung des krankenhausindividuellen Bedarfs sein. Eine weitergehende Förderung findet bei einzelnen Weiterbildungsmaßnahmen statt (Satz 1 Nr. 2a und b), die explizit »auch über den Eigenbedarf des jeweiligen Krankenhauses hinaus« zuschlagsfähig sind. Der grundsätzlich zu beachtende Bedarf des einzelnen Krankenhauses ist gemäß Satz 1 aus der Empfehlung der Kommission für Krankenhaushygiene und Infektionsprävention zu personellen und organisatorischen Voraussetzungen zur Prävention nosokomialer Infektionen (Bundesgesundheitsblatt 2009, S. 951) sowie der Empfehlung zum Kapazitätsumfang für die Betreuung von Krankenhäusern und anderen medizinischen Einrichtungen durch Krankenhaushygieniker/innen (Bundesgesundheitsblatt 2016, S. 1183) zu ermitteln.

75 Abweichend von den Fördertatbeständen nach Satz 1 sind die Fördertatbestände nach Satz 2 grundsätzlich nicht an den krankenhausindividuellen Bedarf nach Maßgabe der KRINKO-Empfehlungen geknüpft. Hier liegt der Schwerpunkt der Fördermaßnahmen in den Bereichen der Infektiologie und der Antibiotikatherapie.

76 Soweit das Gesetz keine pauschalierten Förderbeträge vorsieht, bemisst sich die Höhe der Förderung an den individuell zu ermittelnden »zusätzlich entstehenden Personalkosten«. Eine Beschränkung auf Tarifgehälter sieht das Gesetz – anders als z.B. beim Hebammenstellen-Förderprogramm nach Abs. 10 – nicht vor. Es gilt allerdings der Grundsatz der wirtschaftlichen Betriebsführung. Unwirtschaftlich hohe Personalkosten können bei der Zuschlagsermittlung keine Berücksichtigung finden.

77 Satz 3 gewährleistet, dass die noch nicht abgelaufenen Förderungen nach Satz 1 Nr. 1 fortgeführt werden können (BT-Drs. 19/14871, S. 118). Die Förderfähigkeit neuer Maßnahmen kann auf Satz 3 nicht gestützt werden.

78 Eine Förderung von Maßnahmen nach Satz 2 Nr. 1 ist gemäß Satz 4 an zwei zusätzliche Voraussetzungen geknüpft. Zum einen bedarf es einer schriftlichen oder elektronischen Bestätigung der Krankenhausleitung, dass die Person klinisch und zu mindestens 50 % ihrer Arbeitszeit im Bereich Antibiotic Stewardship beziehungsweise Infektiologie tätig ist. Zweitens muss der Krankenhausträger einen Nachweis beibringen, dass das Personal im Förderzeitraum über das bestehende Beratungsangebot im Bereich Antibiotic Stewardship informiert wurde. Der Nachweis kann beispielsweise durch Vorlage entsprechender Hausinformationen und des Organigramms der Einrichtung mit entsprechenden Informationen erbracht werden (BT-Drs. 19/14871, S. 118).

79 Gem. Satz 6 wird die zum Jahresende 2019 ausgelaufene 90 prozentigen Förderung der zusätzlichen Personalkosten von Hygienefachkräften und die zum Jahresende 2016 ausgelaufene 10 prozentige Förderung der zusätzlichen Personalkosten von hygienebeauftragten Ärztinnen und Ärzten bis zur Überführung der Beträge in den Landesbasisfallwert weiterhin über den Hygienezuschlag finanziert werden. Zugleich stellt Satz 6 klar, dass die Berücksichtigung »unter Beachtung von Tariferhöhungen« zu erfolgen hat. Das setzt nicht zwingend eine Tarifbindung voraus. Auch eine individualvertragliche Gehaltserhöhung inflge einer Tarifsteigerung ist tatbestandlich.

80 Die Förderung von Maßnahmen des Hygiene-Förderprogramms erfolgt gem. Satz 5 und 7 durch die jährliche Vereinbarung eines zusätzlichen Betrages als Prozentsatz des Gesamtbetrages. Der Prozentsatz ergibt sich aus dem Verhältnis der aufsummierten Förderbeträge eines Jahres und dem Gesamtbetrag. Nach Maßgabe des so zu ermittelnden Prozentsatzes ist ein Zuschlag auf die DRG-Fallpauschalen und Zusatzentgelte (§ 7 Abs. 1 Satz 1 Nr. 1 und 2) sowie auf die sonstigen Entgelte nach § 6 Abs. 1 Satz 1 und Abs. 2a abzurechnen. Der Zuschlag ist gesondert in der Rechnung auszuweisen.

Die dem Krankenhaus zur Verfügung gestellten Mittel müssen für die geförderten Zwecke verwendet werden. Geschieht dies nicht oder kann dies nicht in der geforderten Art und Weise nachgewiesen werden, sieht § 4 Abs. 9 Satz 8 i.V.m. Abs. 8 Satz 9 (a.F.) eine Rückzahlungspflicht vor. Die Rückzahlung ist über einen Ausgleich im Rahmen einer nachfolgenden Entgeltvereinbarung vorzunehmen. Der Nachweis der Stellenbesetzung und der zweckentsprechenden Mittelverwendung ist über eine Bestätigung des Jahresabschlussprüfers zu führen. 81

Nach § 4 Abs. 9 Satz 8 i.V.m. Abs. 8 Satz 11 (a.F.) berichtet der Spitzenverband Bund der Krankenkassen dem Bundesministerium für Gesundheit jährlich über die im Rahmen des Hygiene-Förderprogramms neu geschaffenen und aufgestockten Stellen, die in Anspruch genommenen externen Beratungsleistungen sowie die geförderten Fort- und Weiterbildungen. 82

Satz 9 stellt zur Vermeidung einer Doppelfinanzierung klar, dass die Förderung nach Abs. 9 keine Personalkosten enthalten darf, die über das Pflegebudget finanziert werden. 83

### L. Hebammenstellen-Förderprogramm (Abs. 10)

Das Hebammenstellen-Förderprogramm nach Abs. 10 wurde durch das Gesundheitsversorgungs- und Pflegeverbesserungsgesetz vom 22.12.2020 in das KHEntgG aufgenommen. Ziel der Regelung ist eine verbesserte Versorgung von Schwangeren in der stationären Geburtshilfe und eine Entlastung von Hebammen. Es wird eine Betreuungsrelation von Hebammen zu Schwangeren angestrebt, die im Regelfall bei 1:2 und unter optimalen Bedingungen bei 1:1 liegen soll (BT-Drs. 19/23483, S. 38). 84

Gefördert werden nach Satz 1 die zusätzlich entstehenden Personalkosten, die bei der Neueinstellung oder Aufstockung vorhandener Teilzeitstellen von Hebammen in den Jahren 2021, 2022 und 2023 entstehen. Als Qualifikationserfordernis ist eine Erlaubnis zum Führen der Berufsbezeichnung Hebamme nach § 5 Abs. 1 i.V.m. §§ 73 und 74 Abs. 1 Hebammengesetz erforderlich. Quantitativ ist die Förderung begrenzt auf 0,5 Vollzeitstellen pro 500 Geburten. Wann eine Geburt i.S.d. Regelung vorliegt, definiert das Gesetz nicht. Nach dem Regelungszweck ist auf den spezifischen Aufwand einer geburtshilflichen Versorgung abzustellen. Dieser entsteht auch dann, wenn eine Geburt eingeleitet wird, aber nicht abgeschlossen werden kann. Derartige Fälle sind für Hebammen häufig betreuungsintensiver als komplikationslos abgeschlossene Geburten. 85

Die maßgebliche Bezugsgröße zur Ermittlung der förderungsfähigen Vollzeitstellen ist gem. Satz 2 die jahresdurchschnittliche Anzahl an Geburten in den Jahren 2017 bis 2019. Eine Anpassung des Wertes bei veränderten Fallzahlen ist nicht vorgesehen. Das gilt auch für gravierende Fallzahlanstiege aufgrund struktureller Veränderungen. Die gesetzliche Regelung ist insoweit eindeutig und lässt auch unter Berücksichtigung der Gesetzesmaterialien keine planwidrige Regelungslücke erkennen. 86

Satz 3 sieht eine Förderung zusätzlicher Personalstellen für Hebammen unterstützendes Fachpersonal in Fachabteilungen für Geburtshilfe und Gynäkologie vor. Auch dieser Fördertatbestand ist auf die zusätzlichen Personalkosten in den Jahren 2021, 2022 und 2023 bezogen. Anders als bei den Hebammen bedarf es beim unterstützendem Fachpersonal nicht zwingend einer Neueinstellung oder einer Aufstockung vorhandener Teilzeitstellen. Auch die interne Besetzung einer neu geschaffenen Stelle ist tatbestandlich. Quantitativ ist der Förderumfang auf 25 % der in Vollzeitkräfte umgerechneten Gesamtzahl beschäftigter Hebammen zum 01.01.2020 begrenzt (eine unterstützende Fachkraft auf 4 Hebammen). Beschäftigte Hebammen sind nicht nur angestellte, sondern auch freiberuflich im Krankenhaus tätige Hebammen. 87

Das Hebammen unterstützende Fachpersonal wird in Satz 4 abschließend definiert. Dies sind medizinische Fachangestellte mit einer abgeschlossenen Ausbildung nach der Verordnung über die Berufsausbildung zum Medizinischen Fachangestellten/zur Medizinischen Fachangestellten sowie Fachangestellte mit einer abgeschlossenen Ausbildung nach der Verordnung über die Berufsausbildung zum Fachangestellten für Medien- und Informationsdienste/zur Fachangestellten für Medien- und Informations-dienste in der Fachrichtung Medizinische Dokumentation. Während 88 der Gesetzentwurf (BT-Drs. 19/23483, S. 15 f.) auch qualifiziertes Pflegepersonal als mögliche unterstützende Fachkräfte vorsah, veranlasste der Bundesrat eine Beschränkung auf die aktuelle Gesetzesfassung. Gegenstand der Entlastung sollen vor allem administrative und sonstige nichtmedizinische Aufgaben sein. Der Einsatz von examiniertem Pflegepersonal als unterstützendes Personal im Kreißsaal ist angesichts des erheblichen Mangels an Fachpersonal in der Kranken- und Altenpflege nicht förderfähig.

89 Die Umsetzung des Hebammenstellen-Förderprogramms durch die Vereinbarung eines jährlich zusätzlichen Betrages obliegt gemäß Satz 5 den örtlichen Vertragsparteien nach § 11. Kommt eine Vereinbarung nicht zustande, entscheidet die Schiedsstelle auf Antrag einer Vertragspartei, wie Satz 12 klarstellt.

90 Stichtag für die Zusätzlichkeit der förderfähigen Stellenbesetzungen ist gem. Satz 6 der 01.01.2020. Die Schaffung der neuen Stellen muss gem. Satz 7 durch eine schriftliche Vereinbarung mit der Arbeitnehmervertretung belegt werden. Zu belegen ist außerdem gem. Satz 8, dass das neue oder aufgestockte Personal entsprechend der schriftlichen Vereinbarung mit der Arbeitnehmervertretung beschäftigt wird und nicht in der unmittelbaren Patientenversorgung auf bettenführenden Stationen tätig ist.

91 Die Umsetzung der Förderung erfolgt wie bei älteren Förderprogrammen (z.B. Hygieneförderprogramm) gem. Satz 9 und 10 durch einen gesondert auszuweisenden prozentualen Zuschlag auf DRG-Fallpauschalen, Zusatzentgelte und sonstige Entgelte.

92 Die Höhe der förderfähigen Personalkosten ist gem. Satz 11 auf die tarifvertraglich vereinbarten Vergütungen begrenzt. Berücksichtigungsfähig sind die Bruttopersonalkosten einschließlich der Sozialversicherungsbeiträge des Arbeitgebers (Arbeitgeberbrutto). Abzustellen ist auf die tarifvertragliche Vereinbarung, die in dem Krankenhaus für die meisten Beschäftigten maßgeblich ist (Satz 11, 2. Hs.). Was für Krankenhäuser ohne einen Tarifvertrag gilt, regelt das Gesetz nicht ausdrücklich. Da eine Tarifbindung nicht zu den Fördervoraussetzungen zählt, bietet sich an, bei tariflich nicht gebundenen Krankenhäusern auf diejenige tarifliche Vereinbarung abzustellen, die für die meisten Krankenhäuser des Bundeslandes maßgeblich ist.

93 Nach den Sätzen 13 bis 16 hat das Krankenhaus eine zweckentsprechende Verwendung der Fördermittel vorzunehmen, die Verwendung bis zum 28.02. des Folgejahres durch Bestätigungen des Wirtschaftsprüfers zu belegen und bei Nichterfüllung Rückzahlungen zu leisten. Werden die Mittel nicht vollständig zweckentsprechend verwendet, erfolgt eine anteilige Rückzahlung i.H.d. nicht zweckentsprechend verwendeten Mittel. Wird die Vorlagefrist für die Bestätigung des Jahresabschlussprüfers zum 28.02. des Folgejahres nicht eingehalten, sieht das Gesetz in Satz 15 die außergewöhnlich strenge Rechtsfolge einer vollständigen Rückzahlung vor. Die vollständige Rückzahlung greift auch bei einer unvollständigen Bestätigung innerhalb der Frist.

94 Die Sätze 17 bis 19 regeln die jährliche Berichterstattung über den Fortgang des Hebammenstellen-Förderprogramms an den Spitzenverband, Bund der Krankenkassen und das Bundesministerium für Gesundheit.

## § 5 Vereinbarung und Abrechnung von Zu- und Abschlägen

(1) Die nach § 9 Abs. 1 Satz 1 Nr. 3 vereinbarten Regelungen für bundeseinheitliche Zu- und Abschläge nach § 17b Absatz 1a des Krankenhausfinanzierungsgesetzes sind für die Vertragsparteien nach § 11 verbindlich. Auf Antrag einer Vertragspartei ist zu prüfen, ob bei dem Krankenhaus die Voraussetzungen für einen Zu- oder Abschlag vorliegen. Wurde für einen Tatbestand ein bundeseinheitlicher Zu- oder Abschlagsbetrag festgelegt, der für die Zwecke der Berechnung gegenüber den Patienten oder den Kostenträgern auf eine krankenhausindividuelle Bezugsgröße, beispielsweise die Fallzahl oder eine Erlössumme, umgerechnet werden muss, so vereinbaren

die Vertragsparteien gemäß den bundeseinheitlichen Vereinbarungen den sich daraus ergebenden krankenhausindividuellen Abrechnungsbetrag oder -prozentsatz.

(2) Zur Sicherstellung einer für die Versorgung der Bevölkerung notwendigen Vorhaltung von Leistungen, die auf Grund des geringen Versorgungsbedarfs mit den auf Bundesebene vereinbarten Fallpauschalen und Zusatzentgelten nicht kostendeckend finanzierbar ist, vereinbaren die Vertragsparteien nach § 11 bei Erfüllung der Vorgaben nach den Sätzen 2, 4 und 5 sowie der Vorgaben des Gemeinsamen Bundesausschusses nach § 136c Absatz 3 des Fünften Buches Sozialgesetzbuch Sicherstellungszuschläge nach § 17b Absatz 1a Nummer 6 des Krankenhausfinanzierungsgesetzes. Die Landesregierungen werden ermächtigt, durch Rechtsverordnung ergänzende oder abweichende Vorgaben zu erlassen, insbesondere um regionalen Besonderheiten bei der Vorhaltung der für die Versorgung notwendigen Leistungseinheiten Rechnung zu tragen; dabei sind die Interessen anderer Krankenhäuser zu berücksichtigen. Die Landesregierungen können diese Ermächtigung durch Rechtsverordnung auf oberste Landesbehörden übertragen. Voraussetzung für die Vereinbarung eines Sicherstellungszuschlags ist zudem, dass das Krankenhaus für das Kalenderjahr vor der Vereinbarung ein Defizit in der Bilanz ausweist. Die zuständige Landesbehörde prüft auf Antrag einer Vertragspartei nach § 11, ob die Vorgaben für die Vereinbarung eines Sicherstellungszuschlags nach Satz 1 erfüllt sind, und entscheidet, ob ein Sicherstellungszuschlag zu vereinbaren ist; sie hat dabei auch zu prüfen, ob die Leistung durch ein anderes geeignetes Krankenhaus, das diese Leistungsart bereits erbringt, ohne Zuschlag erbracht werden kann. Im Falle einer Krankenhausfusion erfolgt bei Krankenhäusern mit unterschiedlichen Betriebsstätten die Prüfung der Weitergewährung eines Sicherstellungszuschlags durch die zuständige Landesbehörde betriebsstättenbezogen, sofern folgende Kriterien erfüllt sind:
1. die Betriebsstätte ist im Krankenhausplan als gesonderter Standort ausgewiesen,
2. an diesem gesonderten Standort werden mindestens drei im Krankenhausplan ausgewiesene, organisatorisch selbständig bettenführende Fachgebiete betrieben und
3. das negative wirtschaftliche Ergebnis der Betriebsstätte ist aus der Bilanz des Krankenhauses eindeutig ersichtlich und wird von einem Jahresabschlussprüfer im Auftrag der Krankenkassen bestätigt;

der Sicherstellungszuschlag kann in diesem Fall für bis zu drei Jahre weiter vereinbart werden. Klagen gegen das Ergebnis der Prüfung nach den Sätzen 5 oder 6 haben keine aufschiebende Wirkung.

(2a) Ein Krankenhaus, das in die Liste nach § 9 Absatz 1a Nummer 6 aufgenommen wurde, hat für das der Auflistung folgende Jahr Anspruch auf eine zusätzliche Finanzierung in Höhe von 400 000 Euro jährlich; hält ein Krankenhaus mehr als zwei Fachabteilungen vor, die die Vorgaben des Gemeinsamen Bundesausschusses gemäß § 136c Absatz 3 Satz 2 des Fünften Buches Sozialgesetzbuch erfüllen, hat das Krankenhaus darüber hinaus Anspruch auf eine zusätzliche Finanzierung in Höhe von 200 000 Euro jährlich je weiterer vorgehaltener Fachabteilung, die die Vorgaben des Gemeinsamen Bundesausschusses nach § 136c Absatz 3 Satz 2 des Fünften Buches Sozialgesetzbuch erfüllt. Die Berechnung gegenüber den Patientinnen oder Patienten oder den Kostenträgern erfolgt, indem der jährliche Betrag nach Satz 1 durch die voraussichtliche Summe der voll- und teilstationären Fälle des Krankenhauses geteilt wird. Der Betrag nach Satz 2 ist erstmals bei Patientinnen oder Patienten abzurechnen, die ab dem 1. Januar 2020 zur Behandlung in das Krankenhaus aufgenommen wurden. Ist ein Krankenhaus nicht mehr in die Liste nach § 9 Absatz 1a Nummer 6 aufgenommen, so ist der Betrag nach Satz 2 letztmalig bei Patientinnen oder Patienten abzurechnen, die vor dem 1. Januar des auf die letztmalige Auflistung folgenden Jahres zur Behandlung in das Krankenhaus aufgenommen wurden.

(3) Die Vertragsparteien nach § 11 vereinbaren die Zuschläge für besondere Aufgaben von Zentren und Schwerpunkten nach § 2 Absatz 2 Satz 2 Nummer 4 auf der Grundlage der Vorgaben des Gemeinsamen Bundesausschusses nach § 136c Absatz 5 des Fünften Buches Sozialgesetzbuch.

(3a) (aufgehoben)

(3b) Für klinische Sektionen ist bei Erfüllung der Anforderungen nach § 9 Absatz 1a Nummer 3 ein Zuschlag je voll- und teilstationären Fall zu vereinbaren; hierbei ist Absatz 1 Satz 3 anzuwenden. Bei der Ermittlung des durch den Zuschlag zu finanzierenden Betrages sind die für den Vereinbarungszeitraum vom Institut für das Entgeltsystem im Krankenhaus nach § 9 Absatz 1a Nummer 3 kalkulierten Kosten einer klinischen Sektion in voller Höhe zugrunde zu legen.

(3c) Bis zu einer Berücksichtigung bei der Kalkulation der Fallpauschalen und Zusatzentgelte vereinbaren die Vertragsparteien nach § 11 unter Berücksichtigung der Vorgaben nach § 9 Absatz 1a Nummer 1 befristete Zuschläge für die Finanzierung von Mehrkosten, die durch Mindestanforderungen an die Struktur- oder Prozessqualität in Richtlinien des Gemeinsamen Bundesausschusses zur Qualitätssicherung nach § 92 Absatz 1 Satz 2 Nummer 13 in Verbindung mit § 136 Absatz 1 Satz 1 Nummer 2 des Fünften Buches Sozialgesetzbuch entstehen. Die Vereinbarung von Zuschlägen ist für Krankenhäuser, die die zusätzlichen Anforderungen des Gemeinsamen Bundesausschusses nicht erfüllen, insoweit zulässig, als der Gemeinsame Bundesausschuss keine entsprechenden zeitlichen und inhaltlichen Einschränkungen vorgegeben hat. Zuschläge sind auch für Mehrkosten zu vereinbaren, wenn diese dem Krankenhaus ab dem 5. November 2015 auf Grund von Maßnahmen zur Erfüllung der zum 1. Januar 2014 in Kraft getretenen zusätzlichen Anforderungen der Qualitätssicherungs-Richtlinie Früh- und Reifgeborene des Gemeinsamen Bundesausschusses entstehen und die Maßnahmen nach dem 1. Januar 2014 vorgenommen wurden. Die Finanzierung der in den Sätzen 1 und 3 genannten Mehrkosten erfolgt bei besonderen Einrichtungen nach § 17b Absatz 1 Satz 10 des Krankenhausfinanzierungsgesetzes durch eine Berücksichtigung in den krankenhausindividuellen Entgelten. Die Begrenzung des Anstiegs der Erlössumme nach § 9 Absatz 1b Satz 1 in Verbindung mit § 6 Absatz 3 Satz 4 gilt insoweit nicht. Bei einer Vereinbarung von Zuschlägen auf Grund einer Rahmenvereinbarung nach § 137i Absatz 6 des Fünften Buches Sozialgesetzbuch sind die Sätze 1, 4 und 5 entsprechend anzuwenden.

(3d) Für implantatbezogene Maßnahmen im Sinne des § 2 Nummer 4 des Implantateregistergesetzes vereinbaren die Vertragsparteien nach § 11 auf der Grundlage der Vereinbarung nach § 9 Absatz 1a Nummer 7 die Abrechnung eines Zuschlags.

(3e) Die Vertragsparteien nach § 11 vereinbaren für die Zeit ab dem 1. Januar 2022 einen Abschlag in Höhe von 1 Prozent des Rechnungsbetrags für jeden voll- und teilstationären Fall, sofern ein Krankenhaus seiner Verpflichtung zum Anschluss an die Telematikinfrastruktur nach § 341 Absatz 7 Satz 1 des Fünften Buches Sozialgesetzbuch nicht nachkommt. Das Nähere zur Umsetzung des Abschlages nach Satz 1 regeln der Spitzenverband Bund der Krankenkassen und die Deutsche Krankenhausgesellschaft bis zum 30. September 2021 in der Vereinbarung nach § 377 Absatz 3 Satz 1 des Fünften Buches Sozialgesetzbuch; Zu- und Abschläge nach § 7 Absatz 1 Satz 1 Nummer 4 sind bei der Berechnung des Abschlags nicht zu berücksichtigen.

(3f) Sind die Voraussetzungen für die nach § 9 Absatz 1a Nummer 8 vereinbarten Abschläge erfüllt, ist der Abschlagsbetrag vom Krankenhaus in der Rechnung mindernd auszuweisen oder, wenn keine Rechnungsminderung durch das Krankenhaus erfolgt, von der Krankenkasse einzubehalten.

(3g) Ein Krankenhaus hat für jeden voll- und jeden teilstationären Fall, für den es im Rahmen der Krankenhausbehandlung entstandene Daten in der elektronischen Patientenakte nach § 341 des Fünften Buches Sozialgesetzbuch speichert, Anspruch auf einen Zuschlag in Höhe von 5 Euro. Ausschließlich im Jahr 2021 hat ein Krankenhaus einen Anspruch auf einen weiteren Zuschlag in Höhe von 10 Euro für jeden voll- oder teilstationären Fall, für den es eine Unterstützung des Versicherten leistet bei der erstmaligen Befüllung der elektronischen Patientenakte im aktuellen Behandlungskontext gemäß § 346 Absatz 3 Satz 1 des Fünften Buches Sozialgesetzbuch. Zur Berechnung gegenüber den Patientinnen und Patienten oder anderen Kostenträgern vereinbaren die Vertragsparteien nach § 11 jährlich ein Zuschlagsvolumen und einen Zuschlagsbetrag. Das Zuschlagsvolumen ist die Summe aus
1. der Multiplikation
   a) der Höhe des Zuschlags nach Satz 1 und
   b) der voraussichtlichen Anzahl der Zuschläge nach Satz 1 für das Vereinbarungsjahr und
2. der Multiplikation
   a) der Höhe des Zuschlags nach Satz 2 und
   b) der voraussichtlichen Anzahl der Zuschläge nach Satz 2 für das Vereinbarungsjahr.

Der Zuschlagsbetrag ist das Zuschlagsvolumen, dividiert durch die voraussichtliche Anzahl aller voll- und teilstationären Fälle in dem Krankenhaus für das Vereinbarungsjahr. Das Krankenhaus stellt den Zuschlagsbetrag in allen voll- und teilstationären Fällen in Rechnung.

(3h) Die Vertragsparteien nach § 11 vereinbaren für die Zeit ab dem 1. Januar 2025 einen Abschlag in Höhe von bis zu 2 Prozent des Rechnungsbetrags für jeden voll- und teilstationären Fall, sofern ein Krankenhaus nicht sämtliche in § 19 Absatz 1 Satz 1 Nummer 2 bis 6 der Krankenhausstrukturfonds-Verordnung aufgezählten digitalen Dienste bereitstellt. Zu- und Abschläge nach § 7 Absatz 1 Satz 1 Nummer 4 sind bei der Berechnung des Abschlags nicht zu berücksichtigen. Das Nähere zur Umsetzung des Abschlags nach Satz 1 regeln der Spitzenverband Bund der Krankenkassen und die Deutsche Krankenhausgesellschaft in der Vereinbarung nach § 291a Absatz 7a Satz 3 des Fünften Buches Sozialgesetzbuch. Dabei haben sie auch Regelungen zu vereinbaren, die die konkrete Höhe des Abschlags danach festlegen, wie viele der in § 19 Absatz 1 Satz 1 Nummer 2 bis 6 der Krankenhausstrukturfonds-Verordnung aufgezählten digitalen Dienste nicht bereitgestellt sind und wie oft die bereitgestellten digitalen Dienste tatsächlich genutzt werden.

(3i) Für die Finanzierung von nicht anderweitig finanzierten Mehrkosten, die auf Grund des Coronavirus SARS-CoV-2 im Rahmen der voll- oder teilstationären Behandlung von Patientinnen und Patienten entstehen, die vom 1. Oktober 2020 bis einschließlich 31. Dezember 2021 in das Krankenhaus aufgenommen werden, vereinbaren die Vertragsparteien nach § 11 unter Berücksichtigung der Vereinbarung nach § 9 Absatz 1a Nummer 9 einen Zuschlag je voll- oder teilstationären Fall.

(4) Die Erlösausgleiche nach § 4 Abs. 3 und § 15 Abs. 3 sowie ein Unterschiedsbetrag nach § 4 Abs. 5 werden über einen gemeinsamen Zu- und Abschlag auf die abgerechnete Höhe der DRG-Fallpauschalen und die Zusatzentgelte (§ 7 Abs. 1 Satz 1 Nr. 1 und 2) sowie auf die sonstigen Entgelte nach § 6 Abs. 1 Satz 1 und Abs. 2a verrechnet und unter der Bezeichnung »Zu- oder Abschlag für Erlösausgleiche« gesondert in der Rechnung ausgewiesen. Die Höhe des Zu- oder Abschlags ist anhand eines Prozentsatzes zu berechnen, der aus dem Verhältnis des zu verrechnenden Betrags einerseits sowie des Gesamtbetrags nach § 4 Abs. 3 Satz 1 andererseits zu ermitteln und von den Vertragsparteien zu vereinbaren ist; wird die Vereinbarung erst während des Kalenderjahres geschlossen, ist ein entsprechender Prozentsatz bezogen auf die im restlichen Kalenderjahr zu erhebenden Entgelte zu vereinbaren. Würden die voll- und teilstationären Entgelte durch einen Zuschlag nach Satz 1 insgesamt um mehr als 15 Prozent erhöht, sind übersteigende Beträge in nachfolgenden Vereinbarungszeiträumen mit Hilfe des Zu- oder Abschlags

nach Satz 1 bis jeweils zu dieser Grenze zu verrechnen; für die Jahre 2020, 2021 und 2022 gilt abweichend eine Grenze von 30 Prozent. In seltenen Ausnahmefällen können die Vertragsparteien nach § 11 einen höheren Zuschlag vereinbaren, wenn dies erforderlich ist, um eine ansonsten hierdurch entstehende wirtschaftliche Gefährdung des Krankenhauses abzuwenden. Weicht die Summe der für das Kalenderjahr tatsächlich abgerechneten Zu- oder Abschlagsbeträge von dem zu verrechnenden Betrag nach Satz 2 ab, werden die Mehr- oder Mindererlöse vollständig ausgeglichen, indem sie über die Gesamtsumme und den Zu- oder Abschlag für das nächstmögliche Kalenderjahr verrechnet werden; dabei sind die Verrechnungen in die Grenze nach Satz 3 einzubeziehen.

(5) Kann ein Zu- oder Abschlag nach Absatz 4 wegen der Schließung des Krankenhauses nicht oder nicht im notwendigen Umfang abgerechnet werden, wird der auf die gesetzliche Krankenversicherung entfallende Anteil des noch auszugleichenden Betrags den gesetzlichen Krankenkassen, deren Versicherte im Vorjahr im Krankenhaus voll- und teilstationär behandelt wurden, gesondert in Rechnung gestellt oder an diese zurückgezahlt. Auf die einzelne Krankenkasse entfällt davon der Teilbetrag, der ihrem entsprechenden Anteil an der Summe der Entgelte im Vorjahr entspricht. Die Vertragsparteien nach § 11 können eine abweichende Vereinbarung schließen.

...

| Übersicht | Rdn. | | Rdn. |
|---|---|---|---|
| A. Allgemeines | 1 | I. Allgemeines | 28h |
| B. Bundeseinheitliche Zu- und Abschläge (Abs. 1) | 2 | II. Finanzierung von Mehrkosten | 28j |
| C. Sicherstellungszuschlag (Abs. 2) | 4 | III. Nichterfüllung zusätzlicher Anforderungen des GBA | 28k |
| I. Allgemeines | 4 | IV. Richtlinie Früh- und Reifgeborene | 28l |
| II. Konkretisierende Vorgaben | 7 | H. Implantatebezogene Maßnahmen (Abs. 3d) | 28n |
| III. Defizit des Krankenhauses | 9 | | |
| IV. Prüfung der Landesbehörde | 11 | I. Anschluss an die Telematikinfrastruktur (Abs. 3e) | 28o |
| V. Vereinbarung der Zuschlagshöhe | 15b | | |
| VI. Fusion | 17 | J. Beatmung (Abs. 3f) | 28p |
| D. Zusätzliche Sicherstellungspauschale (Abs. 2a) | 18 | K. Elektronische Patientenakte (Abs. 3g) | 28q |
| | | L. Krankenhausstrukurfonds (Abs. 3h) | 28u |
| E. Zentren und Schwerpunkte (Abs. 3) | 19a | M. Corona-Mehrkosten (Abs. 3i) | 28v |
| I. Allgemeines | 19a | N. Erlösausgleiche (Abs. 4) | 29 |
| II. Besondere Aufgaben | 19c | I. Gemeinsamer Zu- oder Abschlag für Erlösausgleiche | 29 |
| III. Höhe | 19g | | |
| F. Klinische Sektionen (Abs. 3b) | 28g | II. Obergrenze für Zuschläge | 31 |
| G. Mehrkosten durch GBA-Beschlüsse (Abs. 3c) | 28h | III. Erlösausgleich für Zu- und Abschläge | 33 |
| | | O. Krankenhausschließung (Abs. 5) | 35 |

## A. Allgemeines

1   Für die Vergütung der allgemeinen Krankenhausleistungen von DRG-Krankenhäusern sieht § 17b Abs. 1 Satz 1 KHG grundsätzlich ein durchgängiges, leistungsorientiertes und pauschaliertes Vergütungssystem vor, das über Fallpauschalen und Zusatzentgelte abgebildet wird. Zu- und Abschläge bilden eine Ausnahme von diesem System. Mit ihnen soll Sachverhalten Rechnung getragen werden, die in Fallpauschalen und Zusatzentgelte nicht einbezogen werden können, weil der Finanzierungstatbestand nicht in allen Krankenhäusern vorliegt. § 17b Abs. 1a KHG verpflichtet die Vertragsparteien auf Bundesebene, Regelungen für Zu- oder Abschläge zu vereinbaren.

## B. Bundeseinheitliche Zu- und Abschläge (Abs. 1)

Der Regelungsgehalt des § 5 Abs. 1 hat lediglich klarstellende Bedeutung. Die Verbindlichkeit der auf der Bundesebene vereinbarten Zu- und Abschlagsregelungen für die Vertragsparteien nach § 11 ergibt sich bereits unmittelbar und ausdrücklich aus § 9 Abs. 1 Satz 1. Der Prüfungsauftrag nach § 5 Abs. 1 Satz 2 formuliert eine Selbstverständlichkeit. Da Zu- und Abschläge Bestandteile der Vereinbarung nach § 11 Abs. 1 sind, obliegt es den Vertragsparteien, die entsprechenden Voraussetzungen zu überprüfen. Sie haben dies in gleicher Weise zu tun wie bei anderen Entgeltformen. Einen weitergehenden, besonderen Prüfauftrag im Hinblick auf Zu- und Abschläge wollte der Gesetzgeber mit § 5 Abs. 1 Satz 3 nicht erteilen.

Aus § 5 Abs. 1 Satz 3 ergibt sich – ebenfalls klarstellend –, dass die Vertragsparteien nach § 11 die Regelungen für bundeseinheitliche Zu- oder Abschlagsbeträge um krankenhausindividuelle Regelungen dort zu ergänzen haben, wo eine krankenhausindividuelle Bezugsgröße vorgesehen ist. Das kann beispielsweise die Fallzahl oder eine Erlössumme sein. In einem solchen Fall obliegt es den Vertragsparteien vor Ort, gemäß den bundeseinheitlichen Vorgaben den sich daraus ergebenden krankenhausindividuellen Abrechnungsbetrag oder Prozentsatz zu vereinbaren.

## C. Sicherstellungszuschlag (Abs. 2)

### I. Allgemeines

§ 5 Abs. 2 wurde durch das Krankenhausstrukturgesetz weitgehend neu gefasst. Die bisherigen Vorgaben für die Vereinbarung eines Sicherstellungszuschlags beließen weite Auslegungsspielräume. Die gesetzlich vorgesehene Konkretisierung durch Empfehlungen der Selbstverwaltungspartner auf Bundesebene war nur rudimentär umgesetzt worden. Es konnte lediglich eine Grundvereinbarung abgeschlossen werden, in der mögliche allgemeine Kriterien für die Vereinbarung eines Sicherstellungszuschlags aufgeführt waren. Die unterbliebene Konkretisierung hatte eine große Anwendungsunsicherheit und Streitbefangenheit des Sicherstellungszuschlags zur Folge (vgl. VGH Hessen, Urt. v. 15.07.2015 – 5 A 1839/13). Um diesen Missständen abzuhelfen, sieht die aktuelle Fassung des § 5 Abs. 2 konkrete gesetzliche Vorgaben und eine weitergehende Konkretisierung durch den GBA anstelle der bislang vorgesehenen Empfehlungen durch die Selbstverwaltungspartner auf Bundesebene vor.

(unbesetzt)

### II. Konkretisierende Vorgaben

Gem. § 136c Abs. 3 SGB V beschließt der GBA erstmals bis zum 31.12.2016 bundeseinheitliche Vorgaben für die Vereinbarung von Sicherstellungszuschlägen. Die Vorgaben erstrecken sich insbesondere auf maximale Fahrzeiten für die Erreichbarkeit anderer geeigneter Krankenhäuser, Konkretisierungen zur Feststellung eines geringen Versorgungsbedarfs und eine Benennung der Leistungen, deren notwendige Vorhaltung Gegenstand eines Sicherstellungszuschlags sein kann. Die bundeseinheitlichen Vorgaben des GBA können auf Landesebene durch eine Rechtsverordnung ergänzt oder modifiziert werden, insbesondere um regionalen Besonderheiten Rechnung zu tragen.

(unbesetzt)

### III. Defizit des Krankenhauses

Abweichend von der früheren Rechtslage (s. dazu: OVG NRW, Urt. v. 25.05.2012 – 13 A 469/11) verlangt § 5 Abs. 2 seit der Neufassung durch das Krankenhausstrukturgesetz ein Gesamtdefizit des Krankenhauses. Das Gesamtdefizit muss zur Unterfinanzierung der Leistungen, für die ein geringer Versorgungsbedarf besteht, hinzutreten. Auf dieses Weise soll insbesondere vermieden werden, dass Kosten gezielt einzelnen Leistungen bzw. Abteilungen zugeordnet werden und trotz bestehender Überschüsse des Krankenhauses durch einen Sicherstellungszuschlag vergemeinschaftet werden (BT-Drs. 18/5372, S. 63).

Ein Defizit des Krankenhauses ist nicht gleichbedeutend mit einem Defizit des Krankenhausträgers. Maßgeblich ist die Bilanz nach der Krankenhaus-Buchführungsverordnung (KHBV). Betreibt der Krankenhausträger mehrere Krankenhäuser oder auch sonstige Einrichtungen, spielt deren wirtschaftliche Lage für den Sicherstellungszuschlag keine Rolle. Die Voraussetzungen eines Sicherstellungszuschlags können auch dann erfüllt sein, wenn die Konzernbilanz des Krankenhausträgers positiv ist. Das folgt aus der gesetzgeberischen Entscheidung für ein krankenhausbezogenes Defizit anstelle eines trägerbezogenen Defizits und ist sachgerecht, da anderenfalls die Wahrscheinlich zunehmen würde, dass wirtschaftlich sinnvolle Verbundlösungen beendet oder gar nicht erst zustande kommen würden.

10  *(unbesetzt)*

### IV. Prüfung der Landesbehörde

11  Abweichend von der früheren Rechtslage fällt die tatbestandliche Prüfung des Sicherstellungszuschlags nicht mehr primär in die Zuständigkeit der örtlichen Vertragsparteien, sondern ist auf die zuständige Landesbehörde verlagert. Bewilligt sie auf Antrag des Krankenhauses einen Sicherstellungszuschlag dem Grunde nach, ist die Höhe von den Vertragsparteien nach § 11 zu vereinbaren. Lehnt die Landesbehörde den Antrag des Krankenhauses ab, ist der Klageweg zur Verwaltungsgerichtsbarkeit eröffnet. Die Klage hat keine aufschiebende Wirkung, § 5 Abs. 2 Satz 7.

12  Abweichend von der früheren Rechtslage fällt die tatbestandliche Prüfung des Sicherstellungszuschlags nicht mehr primär in die Zuständigkeit der örtlichen Vertragsparteien, sondern ist auf die zuständige Landesbehörde verlagert. Bewilligt sie auf Antrag des Krankenhauses einen Sicherstellungszuschlag dem Grunde nach, ist die Höhe von den Vertragsparteien nach § 11 zu vereinbaren. Lehnt die Landesbehörde den Antrag des Krankenhauses ab, ist der Klageweg zur Verwaltungsgerichtsbarkeit eröffnet. Die Klage hat keine aufschiebende Wirkung, § 5 Abs. 2 Satz 7. Die Prüfung der Landesbehörde beschränkt sich nicht allein auf die Feststellung eines geringen Versorgungsbedarfs und einer Notwendigkeit der Leistungsvorhaltung. Sie hat sich auch auf die Frage zu erstrecken, ob eine Unterdeckung des Krankenhauses auf den geringen Versorgungsbedarf zurückzuführen ist (BVerwG, Beschl. v. 12.10.2016 – 3 B 66/15). Der Prüfungsumfang der Landesbehörde bezüglich der Gründe einer Unterdeckung ist aber begrenzt. Es muss lediglich ausgeschlossen sein, dass die Kostenunterdeckung ausschließlich aufgrund einer unwirtschaftlichen Betriebsführung eingetreten ist (VG Oldenburg, Urt. v. 23.10.2018 – 7 A 8276/17; *Dietz/Bofinger*, § 5 KHEntgG Anm. III 3.). Denn auch in dem Fall, dass ein Krankenhaus ein Defizit sowohl aufgrund eines geringen Versorgungsbedarfs als auch wegen unwirtschaftlicher Betriebsführung aufweist, kann das Krankenhaus einen Sicherstellungszuschlag vereinbaren (BT-Drs. 18/5372, S. 91; vgl. auch § 7 Abs. 7 Satz 1 GBA-Beschluss). In welchem Umfang eine Unterdeckung durch den geringen Versorgungsbedarf und in welchem Umfang sie durch eine unwirtschaftliche Betriebsführung begründet ist, muss im Streitfall durch die Schiedsstelle entschieden werden.

13–15a  *(unbesetzt)*

### V. Vereinbarung der Zuschlagshöhe

15b  Liegt die Bewilligung eines Sicherstellungszuschlags durch die zuständige Landesbehörde vor, haben die örtlichen Vertragsparteien die Höhe des Zuschlags zu vereinbaren. Nach den Gesetzesmaterialien zu § 5 Abs. 2 (BT-Drs. 18/5372, S. 63) bemisst sich die Höhe des Zuschlags nach dem Bedarf für eine kostendeckende Finanzierung der Leistungseinheiten bzw. Abteilungen, die zur Sicherstellung der notwendigen Versorgung erforderlich sind, und nicht nach dem Gesamtdefizit des Krankenhauses.

16  *(unbesetzt)*

### VI. Fusion

17  Erfüllt ein Krankenhaus die Voraussetzungen eines Sicherstellungszuschlags, kann das Kriterium eines krankenhausbezogenen Defizits den Anspruch bei Durchführung einer Fusion zu einem

Verbundkrankenhaus entfallen lassen. Um wirtschaftlich sinnvolle und planerisch gewollte Zusammenschlüsse nicht über Gebühr zu erschweren, sieht § 5 Abs. 2 Satz 6 eine befristete Privilegierung fusionierter Krankenhäuser vor. Ein bislang berechtigter Sicherstellungszuschlag kann für bis zu drei Jahre weiter beansprucht werden, wenn die betreffende Betriebsstätte im Krankenhausplan als gesonderter Standort ausgewiesen ist, dort mindestens drei im Krankenhausplan ausgewiesene organisatorisch selbständige bettenführende Fachabteilungen betrieben werden und das negative wirtschaftliche Ergebnis der Betriebsstätte (anstelle des Gesamtkrankenhauses) aus der Bilanz des Krankenhauses eindeutig ersichtlich ist und von einem Jahresabschlussprüfer im Auftrag der Krankenkassen bestätigt wird.

### D. Zusätzliche Sicherstellungspauschale (Abs. 2a)

Gem. Abs. 2a haben Krankenhäuser, die in die Liste nach § 9 Abs. 1a Nr. 6 aufgenommen werden, für das Folgejahr einen Anspruch auf eine pauschale Zusatzfinanzierung. Die Liste nach § 9 Abs. 1 Nr. 6 wird jährlich von den Bundesvertragsparteien vereinbart. Aufzunehmen sind Krankenhäuser, die mit zwei oder mehr als zwei Fachabteilungen die Vorgaben des GBA gem. § 136c Abs. 3 Satz 2 SGB V erfüllen. Dass sind die Voraussetzungen für die Gewährung eines Sicherstellungszuschlags mit Ausnahme des Vorjahresdefizits. **18**

Die pauschale Finanzierung nach § 5 Abs. 2a Satz 1 soll eine Stärkung der bedarfsnotwendigen Krankenhäuser im ländlichen Raum bewirken (BT-Drs. 19/5593, S. 126). Es handelt sich nach dem ausdrücklichen Gesetzeswortlaut um »eine zusätzliche Finanzierung«, die einen etwaigen Sicherstellungszuschlag nach Abs. 2 ergänzt. Eine Anrechnung der pauschalen Finanzierung auf den Sicherstellungszuschlag nach Abs. 2 findet nicht statt. Die Zusätzlichkeit der pauschalen Finanzierung nach Abs. 2a wird rechtssystematisch durch den Verzicht auf das Kriterium eines Vorjahresdefizits (in Abweichung von Abs. 2) unterstrichen. **18a**

Die Höhe der pauschalen Zusatzfinanzierung war ursprünglich auf 400.000 € jährlich beschränkt. Durch das Gesundheitsversorgungs- und Pflegeverbesserungsgesetz vom 01.01.2021 wurde der Finanzierungsanspruch erweitert. Erfüllt ein Krankenhaus in mehr als zwei Fachabteilungen die Vorgaben des GBA nach § 136c Abs. 3 Satz 2 SGB V, hat es für jede dieser weiteren Fachabteilungen einen Anspruch i.H.v. 200.000 € jährlich. Die Abrechnung der pauschalen Finanzierung erfolgt nach den Sätzen 2 und 3, indem der Jahresbeitrag durch die voraussichtliche Summe der voll- und teilstationären Fälle des Krankenhauses geteilt wird und begann bei Patienten, die ab dem 01.01.2020 aufgenommen wurden. **18b**

Wird ein Krankenhaus nicht mehr in die Liste nach § 9 Abs. 1a Nr. 6 aufgenommen, endet die Förderung gem. Satz 4 zum Jahresende. Wird ein Krankenhaus beispielsweise in die 2021 vereinbarte Liste aufgenommen, nicht jedoch in die 2022 vereinbarte Liste, ist der Betrag nach Satz 2 letztmalig bei Patienten abzurechnen, die bis zum 31.12.2022 aufgenommen werden. **18c**

*(unbesetzt)* **19**

### E. Zentren und Schwerpunkte (Abs. 3)

#### I. Allgemeines

Der Zuschlag für die besonderen Aufgaben von Zentren und Schwerpunkten war in der Vergangenheit in hohem Maße streitbefangen (vgl. OVG Lüneburg, Urt. v. 15.4.2015 – 13 LC 284/12 m.w.N. zum Streitstand). Das BVerwG führte mit Urt. v. 22.05.2014 (3 C 8/13) eine partielle Klärung der Streitfragen herbei. So legte es unter anderem die materiellen Anforderungen an ein Zentrum fest und entschied, dass nicht nur (aber auch) unmittelbare Behandlungsleistungen Gegenstand eines Zentrumszuschlags sein können. Das Bundesverwaltungsgericht ließ offen, ob eine Zuschlagsfinanzierung nach § 5 Abs. 3 eine krankenhausplanerische Ausweisung der besonderen Aufgaben voraussetzt. Im konkret entschiedenen Fall war eine solche Ausweisung erfolgt. **19a**

**19b** Vor dem Hintergrund der zahlreichen Streitfragen erfolgte zu § 5 Abs. 2 KHEntgG a.F. eine grundlegende Neuregelung des Zentrumszuschlags durch das Krankenhausstrukturgesetz vom 10.12.2015. Dabei folgte der Gesetzgeber im Wesentlichen der Rechtsprechung des BVerwG (Urt. v. 22.05.2014 – 3 C 8/13) und verankerte als zusätzliches Tatbestandsmerkmal besonderer Aufgaben deren Ausweisung und Festlegung im Krankenhausplan oder eine gleichartige Festlegung durch die Planungsbehörde gegenüber dem Krankenhaus, § 2 Abs. 2 Satz 4. Ferner wurde den Bundesvertragsparteien gem. § 9 Abs. 1a Satz 2 aufgegeben, bis zum 31.03.2016 eine Konkretisierung der besonderen Aufgaben zu vereinbaren. Da eine solche Zentrumsvereinbarung nicht erzielt werden konnte, erfolgte am 08.12.2016 eine ersatzweise Festsetzung durch die Bundesschiedsstelle. Die Zentrumsvereinbarung wurde 2020 durch die Zentrums-Regelungen des GBA vom 05.12.2019 abgelöst.

### II. Besondere Aufgaben

**19c** Die besonderen Aufgaben von Zentren und Schwerpunkten waren in der Vergangenheit oft landesspezifisch oder regional ausgeprägt. Durch die Zentrumsvereinbarung vom 08.12.2016 wurden bundeseinheitliche Kriterien definiert, auf die die Zentrums-Regelung des GBA aufsetzten und nunmehr abschließend festlegen, welche besonderen Aufgaben in welchen Zentren und Schwerpunkten zuschlagsfähig sind. Eine (nochmalige) Prüfungskompetenz der Vertragsparteien vor Ort, ob und inwieweit die vom GBA definierten Aufgaben die gesetzlichen Kriterien für besondere Aufgaben erfüllen, besteht nicht. Ebenso wenig steht den Bundesländern eine Erweiterung des Katalogs der besonderen Zentrumsaufgaben zu.

**19d** Zu den Anforderungen an eine Zuschlagsrelevanz zählt die Ausweisung und Festlegung der besonderen Aufgaben im Krankenhausplan des Landes oder eine gleichartige Festlegung durch die zuständige Landesbehörde im Einzelfall gegenüber dem Krankenhaus, § 2 Abs. 2 Satz 4. Eine gleichartige Festlegung liegt beispielsweise vor, wenn der planerische Ausweis eines Zentrums mit der Erfüllung eines Aufgabenkataloges verknüpft wird, auf den der maßgebliche Feststellungsbescheid Bezug nimmt (vgl. BVerwG, Urt. v. 22.05.2014 – 3 C 8/13).

**19e** *(unbesetzt)*

**19f** Die Zuschläge nach § 5 Abs. 3 dürfen nicht zu einer Doppelfinanzierung führen. Deshalb bestimmt § 2 Abs. 2 Satz 5 erste Hs., dass die besonderen Aufgaben nur Leistungen umfassen, die nicht bereits durch DRG-Fallpauschalen, nach sonstigen Regelungen des KHEntgG oder nach Regelungen des SGB V vergütet werden. Liegen im Rechtssinne besonderen Aufgaben vor, gilt allerdings die Vermutung, dass eine Doppelfinanzierung durch andere, reguläre Entgelte nicht erfolgt (vgl. OVG NRW, Urt. v. 27.10.2017 – 13 A 673/16).

### III. Höhe

**19g** Grundlage für die Ermittlung der Zuschlagshöhe sind die Kosten, die für die Erbringung der besonderen Leistungen des Zentrums oder Schwerpunkts bei wirtschaftlicher Betriebsführung erforderlich sind. Für die nähere Berechnung des Zuschlags existieren keine gesetzlichen oder sonstigen bundeseinheitlichen Vorgaben. Es liegt im Ermessen der Vertragsparteien bzw. der Schiedsstelle, den Zuschlag auf alle abzurechnenden Entgelte des Krankenhauses zu verteilen (analog § 5 Abs. 4 Satz 1) oder auf diejenigen Entgelte zu konzentrieren, die den Benutzern des Zentrums oder Schwerpunkts in Rechnung gestellt werden.

**20–28f** *(unbesetzt)*

### F. Klinische Sektionen (Abs. 3b)

**28g** Klinische Sektionen dienen insbesondere der Feststellung der Todesursache eines verstorbenen Patienten und stellen damit eine Qualitätssicherungsmaßnahme dar, von der alle Patientinnen und Patienten eines Krankenhauses profitieren (BT-Drs. 18/5372, S. 65). Für die Erhebung eines entsprechenden Zuschlags bestimmen die Bundesvertragsparteien gem. § 9 Abs. 1a Nr. 3 die Höhe der Durchschnittskosten einer klinischen Sektion und machen Vorgaben für die Berechnung des Zuschlags. Auf örtlicher Ebene ist der Zuschlag auf alle voll- und teilstationären Behandlungsfälle des Krankenhauses umzurechnen. Die vom InEK kalkulierten Kosten einer klinischen Sektion sind dem Zuschlag gemäß Satz 2 in voller Höhe zugrunde zu legen. Eine Abweichungsbefugnis der Vertragsparteien nach § 11 besteht insoweit nicht.

## G. Mehrkosten durch GBA-Beschlüsse (Abs. 3c)

### I. Allgemeines

Für einen zunehmenden Kreis von Leistungen legt der GBA gem. § 136 Abs. 1 Satz 1 Nr. 2 SGB V Mindestanforderungen an die Struktur- und Prozessqualität fest. Der daraus folgende personelle und sächliche Behandlungsaufwand geht nicht selten über den bisherigen Versorgungsstandard hinaus und zielt zum Teil sogar auf eine Konzentration der Leistungserbringung auf bestimmte Krankenhäuser ab (BT-Drs. 18/5372, S. 65). § 5 Abs. 3c ermöglicht den Krankenhäusern eine befristete Refinanzierung von Zusatzkosten, die zur Erfüllung von Mindestanforderungen des GBA erforderlich sind und die dem Grunde oder der Höhe nach noch nicht über pauschalierende Entgelte, insbesondere über DRG-Fallpauschalen vergütet werden. Dabei ist für eine DRG-Finanzierung zweierlei erforderlich. Der Mehraufwand muss zum einen in der Kalkulation der DRG-Bewertungsrelationen abgebildet und zum zweiten bei der Vereinbarung des Landesbasisfallwerts erhöhend berücksichtigt werden, § 10 Abs. 3 Satz 1 Nr. 7. 28h

Näherer Vorgaben zur Vereinbarung eines Zuschlags nach § 5 Abs. 3c, insbesondere zur Dauer der befristeten Zuschläge werden gem. § 9 Abs. 1a Nr. 1 von den Bundesvertragsparteien getroffen. Auch weitergehende Vorgaben sind zulässig, z.B. zur zweckgebundenen Verwendung der Zuschläge (BT-Drs. 18/5372, S. 68). 28i

### II. Finanzierung von Mehrkosten

Die Ermittlung der Zuschlagshöhe erfolgt krankenhausindividuell. Die Zuschläge sollen die aufgrund der Vorgaben des GBA zusätzlich aufgewendeten personellen und sächlichen Mittel des Krankenhauses abbilden (BT-Drs. 18/5372, S. 65). Der Mehraufwand muss sich aus den Mindestanforderungen des GBA an die Struktur- oder Prozessqualität im Krankenhaus ergeben. Für die Einhaltung sonstiger Festlegungen zur Qualität, z.B. zu planungsrelevanten Indikatoren oder für Anforderungen an das einrichtungsinterne Qualitätsmanagement, findet die Zuschlagsregelung keine Anwendung (Rau, Das Krankenhaus 2015, S. 1121, 1131). Auch die Richtlinie des GBA zur Festlegung eines Stufensystems bei der Notfallversorgung wird keine Grundlage von Zuschlägen nach § 5 Abs. 3c sein können. Der Beschluss zielt nicht auf die verpflichtende Erfüllung qualitativer Mindestvorgaben ab, sondern auf eine differenziertere und aufwandsgerechtere Vereinbarung von Notallzu- und -abschlägen (BT-Drs 18/5372, S. 66). 28j

### III. Nichterfüllung zusätzlicher Anforderungen des GBA

Gem. § 5 Abs. 3c Satz 2 ist die Vereinbarung von Zuschlägen für Krankenhäuser, die die zusätzlichen Anforderungen des GBA nicht erfüllen, »insoweit zulässig, als der Gemeinsame Bundesausschuss keine entsprechenden zeitlichen und inhaltlichen Einschränkungen vorgegeben hat«. Der Tatbestand ist etwas unglücklich formuliert. Gemeint ist ausweislich der Gesetzesbegründung (BT-Drs. 18/5372, S. 65), dass ein Zuschlag auch dann beansprucht werden kann, wenn die betreffenden Mindestanforderungen noch nicht erfüllt werden, es sei denn, der GBA hat eine abweichende Regelung getroffen. Unter Zugrundelegung einer prospektiven Verhandlungssituation wird regelmäßig davon auszugehen sein, dass neue GBA-Vorgaben, die einen Zusatzaufwand auslösen, noch nicht umgesetzt sind. Sofern die Nichterfüllung gleichwohl einen Ausschluss des Zuschlags begründen soll, ist eine hinreichend klare Regelung des GBA erforderlich. Möglich ist insoweit zum einen, dass die Zuschlagsberechtigung von der Erfüllung bestimmter Mindestanforderungen abhängig gemacht wird. Die zweite Möglichkeit besteht in der Regelung einer Übergangsfrist. Werden 28k

Mindestanforderungen nach Ablauf einer Übergangsfrist noch nicht erfüllt, scheidet insoweit eine Zuschlagsfinanzierung aus.

### IV. Richtlinie Früh- und Reifgeborene

28l Für die Qualitätssicherungs-Richtlinie Früh- und Reifgeborene gilt gem. § 5 Abs. 3c Satz 3eine Sonderregelung. Die Richtlinie wurde mit Beschl. v. 20.06.2013 grundlegend überarbeitet. Zu den Neuregelungen zählen Mindestanforderungen an die Struktur- und Prozessqualität (Fachkraftquoten, Pflegepersonalschlüssel etc.), deren Erfüllung erhebliche Mehrkosten in den Krankenhäusern verursachen. Soweit die zusätzlichen Anforderungen bereits vor Inkrafttreten des § 5 Abs. 3c zum 01.01.2016 erfüllt wurden, bestünde für die Mehrkosten, die vor diesem Stichtag anfielen, nach den allgemeinen Regelungen des § 5 Abs. 3c kein Refinanzierungsanspruch. Davon macht § 5 Abs. 3c Satz 3 eine Ausnahme. Die ab dem 05.11.2015 (Zeitpunkt der zweiten/dritten Lesung des Krankenhausstrukturgesetzes) angefallenen Mehrkosten können in die Berechnung des Zuschlags für das Jahr 2016 einbezogen werden, wenn die zugrunde liegenden Maßnahmen nach dem 01.01.2014 vorgenommen wurden und erforderlich waren, um die modifizierten Mindestanforderungen des GBA zur Versorgung von Früh- und Reifgeborenen zu erfüllen.

28m Für Krankenhäuser, die die zusätzlichen Anforderungen der Qualitätssicherungs-Richtlinie Früh- und Reifgeborene in der Fassung vom 01.01.2014 noch nicht erfüllen, sind Mehrkosten nur bis zum 31.12.2016 zuschlagsrelevant. Zu diesem Datum enden die maßgeblichen Übergangsfristen. Damit greift ab 2017 die Ausschlussregelung des § 5 Abs. 3c Satz 2.

## H. Implantatebezogene Maßnahmen (Abs. 3d)

28n Versorgt ein Krankenhaus Patienten mit Implantaten oder erbringt es andere implantatbezogene Maßnahmen nach § 2 Nr. 4 Implantateregistergesetz kann es gem. § 5 Abs. 3d die Vereinbarung eines krankenhausindividuell zu ermittelnden Zuschlags beanspruchen. Dabei sind die auf der Bundesebene vereinbarten Vorgaben nach § 9 Abs. 1a Nr. 7 zu beachten.

## I. Anschluss an die Telematikinfrastruktur (Abs. 3e)

28o Gem. § 341 Abs. 7 SGB V haben sich Krankenhäuser zum 01.01.2021 mit den für den Zugriff auf die elektronische Patientenakte erforderlichen Komponenten und Diensten auszustatten und sich an die Telematikinfrastruktur nach § 306 SGB V anzuschließen. Wird dieser Verpflichtung nicht fristgerecht entsprochen, ist der Zeitraum bis zum 31.12.2021 als Übergangszeitraum sanktionsfrei. Für die anschließende Zeit ab dem 01.01.2022 haben die örtlichen Vertragsparteien gem. § 5 Abs. 3e einen Abschlag i.H.v. 1 % des Rechnungsbetrages für jeden voll- und teilstationären Fall zu vereinbaren. Bezugsgröße ist der Rechnungsbetrag ohne Zu- und Abschläge. Eine Konkretisierung der Vorgabe wird auf der Bundesebene im Rahmen einer Vereinbarung nach § 377 Abs. 3 Satz 1 SGB V geregelt.

## J. Beatmung (Abs. 3f)

28p Gem. § 9 Abs. 1a Nr 8 haben die Bundesvertragsparteien bis zum 31.03.2021 das Nähere zu den Voraussetzungen, zur Höhe und zur Ausgestaltung von Abschlägen für Krankenhäuser zu vereinbaren, die entgegen § 39 Abs. 1 Satz 6 SGB V keine Einschätzung des Beatmungsstatus vornehmen oder im Falle einer erforderlichen Anschlussversorgung zur Beatmungsentwöhnung entgegen § 39 Abs. 1a Satz 7 SGB V keine Verordnung vornehmen. Erfüllt ein Krankenhaus die Voraussetzungen eines Abschlagstatbestandes, ist der Abschlagsbetrag gem. § 5 Abs. 3f grundsätzlich in der Rechnung mindernd auszuweisen. Für den Fall, dass keine Rechnungsminderung durch das Krankenhaus erfolgt, werden die Krankenkassen durch Abs. 3f ermächtigt und verpflichtet, den Minderungsbetrag einzubehalten. § 5 Abs. 3f wurde im Rahmen des Intensivpflege- und Rehabilitationsstärkungsgesetz vom 23.10.2020 (BT-Drs. 19/20720) in das KHEntgG eingefügt.

### K. Elektronische Patientenakte (Abs. 3g)

§ 5 Abs. 3g wurde durch das Patientendaten-Schutz-Gesetz vom 14.10.2020 in das KHEntgG aufgenommen. Die gesetzlichen Krankenkassen sind seit dem 01.01.2021 verpflichtet, jedem Versicherten, der dies beantragt, eine elektronische Patientenakte zur Verfügung zu stellen. Mit ihr sollen den Versicherten auf Verlangen Informationen, insbesondere zu Befunden, Diagnosen, durchgeführten und geplanten Therapiemaßnahmen sowie zu Behandlungsberichten, insbesondere zur disziplinen- und sektorenübergreifenden Unterstützung von Anamnese und Befunderhebung, bereitgestellt werden. Nutzt ein Patient die elektronische Patientenakte, sind die Leistungserbringer einschließlich der Krankenhäuser zur Unterstützung verpflichtet. 28q

Für die Speicherung der in § 341 Abs. 2 SGB V genannten Daten hat ein Krankenhaus nach § 5 Abs. 3g Satz 1 einen Anspruch auf einen Zuschlag i.H.v. 5 € für jeden voll- und jeden teilstationären Fall. Der Zuschlag soll nicht nur den Aufwand des Krankenhauses kompensieren, sondern zugleich einen Anreiz setzen, die elektronische Patientenakte einzuführen und zu nutzen (BT-Drs. 19/18793, S. 138). 28r

Gem. § 346 Abs. 3 SGB V haben Krankenhausärzte und andere Krankenhausmitarbeiter die Versicherten auf deren Verlangen bei der erstmaligen Befüllung der elektronischen Patientenakte zu unterstützen. Die Unterstützungsleistung bezieht sich auf die originären Informationspflichten der Krankenkassen nach § 343 SGB V und umfasst die Übermittlung von medizinischen Daten in die elektronische Patientenakte. Der Unterstützungsanspruch des Versicherten ist auf medizinische Daten aus der konkreten aktuellen Behandlung beschränkt. Durch die Unterstützung bei der erstmaligen Befüllung der elektronischen Patientenakte im aktuellen Behandlungskontext erwirkt das Krankenhaus gem. § 5 Abs. 3g Satz 2 einen Anspruch auf einen weiteren Zuschlag i.H.v. 10 € für jeden voll- oder teilstationären Fall. Der Anspruch ist befristet auf die Unterstützungsleistungen des Jahres 2021. Für die erstmalige Befüllung sollen ausschließlich Behandlungsdaten in die elektronische Patientenakte übertragen werden, die dem Leistungserbringer, der die elektronische Patientenakte erstmals befüllt, bereits vorliegen (BT-Drs. 19/18793, S. 118). Die Befüllung ist erstmalig, wenn die elektronische Patientenakte des Versicherten bislang in dem konkreten Krankenhaus noch nicht befüllt wurde. Ob die elektronische Patientenakte zuvor von einem anderen Leistungserbringer und somit in einem anderen Behandlungskontext befüllt wurde, ist unerheblich. 28s

Gem. § 5 Abs. 3g Satz 3–6 ermitteln die örtlichen Vertragsparteien ein jahresbezogenes Zuschlagsvolumen, das durch einen Zuschlagsbetrag über alle voll- und teilstationären Fälle abgerechnet wird. Die Ermittlung des Zuschlagsvolumens verlangt eine Ermittlung der (voraussichtlichen) Zuschläge. Soweit Ist-Daten des Vereinbarungszeitraums vorliegen, sind sie zu berücksichtigen (vgl. zu § 4 Abs. 2: BVerwGE 159, 15–26). Einen Ausgleich für Fehlschätzungen sieht das Gesetz nicht vor. Eine planwidrige Regelungslücke lässt sich insoweit nicht feststellen. Daher scheidet eine analoge Anwendung des § 4 Abs. 3 zu den Mehr- und Mindererlösausgleichen im Rahmen des Gesamtbetrags aus. Die Geltung des Zahlbetragsausgleichs nach § 15 Abs. 2 und 3 ist davon unberührt. 28t

### L. Krankenhausstrukturfonds (Abs. 3h)

§ 5 Abs. 3h wurde durch das Krankenhauszukunftsgesetz vom 23.10.2020 in das KHEntgG aufgenommen. Für die Zeit ab dem 01.01.2025 werden die örtlichen Vertragsparteien einen Abschlag i.H.v. bis zu 2 % des jeweiligen Rechnungsbetrages für jeden voll- und teilstationären Fall zu vereinbaren haben, sofern das Krankenhaus nicht sämtliche digitalen Dienste nach § 19 Abs. 1 Satz 1 Nr. 2 bis 6 Krankenhausstrukturfonds-Verordnung bereitstellt. Die näheren Einzelheiten sind einer bundesvertraglichen Regelung vorbehalten. 28u

### M. Corona-Mehrkosten (Abs. 3i)

§ 5 Abs. 3i wurde durch das Krankenhauszukunftsgesetz vom 23.10.2020 in das KHEntgG aufgenommen. Die Regelung gewährt einen Anspruch auf einen krankenhausindividuellen Zuschlag zur 28v

Finanzierung von nicht anderweitig finanzierten Mehrkosten, die aufgrund des Coronavirus SARS-CoV-2 im Rahmen der voll- oder teilstationären Behandlung entstehen. Der Zuschlag erstreckt sich zeitlich auf Aufnahmen vom 01.10.2020 bis zum 31.12.2021. Bei der Vereinbarung des Zuschlags ist die jeweilige Vereinbarung auf Bundesebene nach § 9 Abs. 1a Nr. 9 zu berücksichtigen.

28w  Die Corona-Mehrkostenzuschlagsvereinbarung nach § 9 Abs. 1a Nr. 9 für den Zeitraum vom 01.10.2020 bis zum 31.12.2020 wurde am 12.10.2020 abgeschlossen. Sie sieht für jede voll- oder teilstationären Aufnahme einen vorläufigen Zuschlag i.H.v. 50 € und bei einer nachgewiesenen Infektion des Patienten mit dem Coronavirus SARS-CoV-2 einen vorläufigen Zuschlag i.H.v. 100 € vor. Diese Beträge sollen gem. § 1 der Corona-Mehrkostenzuschlagsvereinbarung von den örtlichen Vertragsparteien als Zuschläge nach § 5 Abs. 3i Berücksichtigung finden. Eine zwingende Vorgabe liegt darin nicht. Dem Krankenhaus bleibt unbenommen, höhere coronabedingte Mehrkosten darzulegen. Umgekehrt können die Kostenträger durch den Gleichbehandlungsgrundsatz nach Art. 3 GG gehindert sein, einem Krankenhaus die umfassende Darlegung seiner coronabedingten Mehrkosten aufzuerlegen, wenn es entsprechend der bundesvertraglichen Empfehlung verfahren will und die Kostenträger in vergleichbaren Fällen der Empfehlung gefolgt sind.

28x  Die 2. Corona-Mehrkostenzuschlagsvereinbarung für den Zeitraum vom 01.01.2021 bis 31.12.2021 wurde am 18.12.2020 abgeschlossen. Sie sieht vorläufige Zuschläge für das 1. Quartal 2021 i.H.v. 40 € je Fall und davon abweichend i.H.v. 80 € je Fall bei einer nachgewiesenen Infektion des Patienten mit dem Coronavirus SARS-CoV-2 vor. Für das 2. Quartal 2021 ist eine Reduzierung des allgemeinen vorläufigen Zuschlags von 40 € auf 20 € je Fall vorgesehen. Im Frühjahr 2021 soll eine weitere Vereinbarung auf Bundesebene zu den Regelungstatbeständen nach § 9 Abs. 1a Nr. 9 sowie zu den Ausgleichen von Mehr- oder Mindererlösen infolge der vorläufigen Zahlung von Zuschlägen verhandelt werden.

### N. Erlösausgleiche (Abs. 4)

#### I. Gemeinsamer Zu- oder Abschlag für Erlösausgleiche

29  Die Vertragsparteien nach § 11 haben seit dem Jahr 2009 einen gemeinsamen Zu- oder Abschlag für Erlösausgleiche zu vereinbaren. Der zu verrechnende Betrag setzt sich aus folgenden Teilbeträgen zusammen, die je nach Vorzeichen des jeweiligen Teilbetrages addiert oder abgezogen werden:
1) Saldo der Mehr- oder Mindererlöse nach § 4 Abs. 3 (Belegungsausgleich),
2) Saldo der Mehr- oder Mindererlöse nach § 15 Abs. 3 (Verzögerungsausgleich),
3) Unterschiedsbetrag nach § 4 Abs. 5 und
4) Ausgleich nach § 5 Abs. 6 Satz 4.

30  Der Zu- oder Abschlag ist, wie bei Zu- oder Abschlägen üblich, auf alle Entgelte zu erheben, die im Gesamtbetrag nach § 4 Abs. 3 Satz 1 zusammengefasst werden. Seine Höhe errechnet sich aus dem Verhältnis des zu verrechnenden Betrages einerseits sowie des Gesamtbetrags nach § 4 Abs. 3 Satz 1 andererseits. Für den üblichen Fall einer unterjährigen Entgeltvereinbarung sieht § 5 Abs. 4 Satz 2 eine sachgerechte Modifikation vor. Der Prozentsatz für die Berechnung des Zu- oder Abschlags wird dann nicht anhand des Gesamtbetrags nach § 4 Abs. 3 Satz 1 in voller Höhe, sondern nach dem Teilbetrag ermittelt, der im restlichen Vereinbarungszeitraum ab Inkrafttreten der Entgeltvereinbarung voraussichtlich noch zur Abrechnung gelangen wird. Der zu verrechnende Betrag muss also in einem kürzeren Zeitraum realisiert werden. Unabhängig davon, ob es sich um einen Zuschlag oder einen Abschlag handelt, führt die Unterjährigkeit der Entgeltvereinbarung damit zu einem höheren Zu- oder Abschlag als bei einer prospektiven Vereinbarung.

#### II. Obergrenze für Zuschläge

31  Die Abrechnung eines Zuschlags für Erlösausgleiche führt zu einer Preiserhöhung aus Gründen, die außerhalb des konkreten Abrechnungsfalles liegen. Auf diese Weise wird letztlich vermieden, dass

neue Untersuchungs- oder Behandlungsmethode die Gabe eines noch nicht zugelassenen Arzneimittels enthält, soll eine Vereinbarung nach Satz 1 getroffen werden, die ab dem Zeitpunkt der Zulassung des Arzneimittels gilt; das Institut für das Entgeltsystem im Krankenhaus hat dafür seine Information nach Satz 3 anzupassen.

(2a) In eng begrenzten Ausnahmefällen können die Vertragsparteien nach § 11 für Leistungen, die den Fallpauschalen und Zusatzentgelten aus den Entgeltkatalogen nach § 7 Satz 1 Nr. 1 und 2 zwar zugeordnet, mit ihnen jedoch nicht sachgerecht vergütet werden, im Rahmen der Erlössumme nach Absatz 3 ein gesondertes Zusatzentgelt vereinbaren, wenn
1. diese Leistungen auf Grund einer Spezialisierung nur von sehr wenigen Krankenhäusern in der Bundesrepublik Deutschland mit überregionalem Einzugsgebiet erbracht werden,
2. auf Grund der Komplexität der Behandlung die Behandlungskosten, die um die vom Pflegebudget nach § 6a erfassten Kosten zu mindern sind, die Höhe der DRG-Vergütung einschließlich der Zusatzentgelte um mindestens 50 vom Hundert überschreiten und
3. das Krankenhaus sich an den Maßnahmen nach den §§ 136 und 136b des Fünften Buches Sozialgesetzbuch beteiligt.

Nach Vereinbarung des Zusatzentgelts melden die an der Vereinbarung beteiligten gesetzlichen Krankenkassen Art und Höhe des Entgelts an das Institut für das Entgeltsystem im Krankenhaus. Dabei haben sie auch die der Vereinbarung zu Grunde liegenden Kalkulationsunterlagen und die vom Krankenhaus vorzulegende ausführliche Begründung zu den Voraussetzungen nach Satz 1 zu übermitteln. Soweit für die palliativmedizinische Versorgung durch Palliativdienste noch kein Zusatzentgelt nach § 7 Absatz 1 Satz 1 Nummer 2 kalkuliert werden kann, ist hierfür ab dem Jahr 2017 unter Beachtung der nach § 17b Absatz 1 des Krankenhausfinanzierungsgesetzes für Palliativdienste entwickelten Kriterien ein gesondertes krankenhausindividuelles Zusatzentgelt zu vereinbaren; Satz 2 gilt entsprechend. Solange für eine längerfristige Beatmungsentwöhnung noch kein Zusatzentgelt nach § 7 Absatz 1 Satz 1 Nummer 2 kalkuliert werden kann, ist hierfür ab dem Jahr 2021 ein gesondertes krankenhausindividuelles Zusatzentgelt zu vereinbaren; Satz 2 gilt entsprechend.

(3) Werden krankenhausindividuelle Entgelte für Leistungen oder besondere Einrichtungen nach Absatz 1 Satz 1 und Absatz 2a vereinbart, ist für diese Entgelte eine Erlössumme zu bilden. Sie umfasst nicht die Entgelte nach Absatz 2 und die Zusatzentgelte für die Behandlung von Blutern. Für die Vereinbarung der Entgelte und der Erlössumme sind Kalkulationsunterlagen nach Absatz 1 Satz 2 vorzulegen. Für besondere Einrichtungen oder Einrichtungen, deren Leistungen weitgehend über krankenhausindividuell zu vereinbarende Entgelte abgerechnet werden, gelten darüber hinaus die Vorschriften zur Vereinbarung des Gesamtbetrags nach § 6 und zu den vorzulegenden Unterlagen nach § 17 Abs. 4 in Verbindung mit den Anlagen 1 und 2 der Bundespflegesatzverordnung in der am 31. Dezember 2012 geltenden Fassung entsprechend, wobei anstelle der Veränderungsrate als maßgebliche Rate für den Anstieg der Erlössumme der Veränderungswert nach § 9 Absatz 1b Satz 1 gilt; die Unterlagen sind nur bezogen auf den Bereich der Einrichtung und nur insoweit vorzulegen, wie die anderen Vertragsparteien nach § 11 nicht darauf verzichten. Wird eine Erhöhungsrate für Tariferhöhungen nach § 9 Absatz 1 Nummer 7 vereinbart, so ist die von den Vertragsparteien vereinbarte Erlössumme um die nach § 9 Absatz 1 Nummer 7 vereinbarte anteilige Erhöhungsrate nach § 10 Absatz 5 Satz 5 zu erhöhen, erstmals für das Jahr 2020, wobei der Erhöhungsbetrag über das Budget des nächstmöglichen Pflegesatzzeitraums abzuwickeln ist; für diese Erhöhung der Erlössumme gilt keine Begrenzung durch den Veränderungswert nach § 9 Absatz 1b Satz 1. Weichen die tatsächlich eintretenden Erlöse von der vereinbarten Erlössumme ab, sind die Mehr- oder Mindererlöse nach den Vorgaben des § 4 Abs. 3 zu ermitteln und auszugleichen. Die Erlössumme ist insoweit zu vermindern, als sie Pflegepersonalkosten umfasst, die über das Pflegebudget nach § 6a finanziert werden.

(4) Auf Verlangen der besonderen Einrichtung werden Leistungen für ausländische Patientinnen und Patienten, die mit dem Ziel einer Krankenhausbehandlung in die Bundesrepublik

## § 6 KHEntgG   Vereinbarung sonstiger Entgelte

Deutschland einreisen, sowie Leistungen für Empfängerinnen und Empfänger von Gesundheitsleistungen nach dem Asylbewerberleistungsgesetz nicht im Rahmen der Erlössumme vergütet.
...

### Übersicht

| | | Rdn. | | | Rdn. |
|---|---|---|---|---|---|
| A. | Allgemeines | 1 | 2. | Berücksichtigung der bundesvertraglichen Information | 19 |
| B. | Krankenhausindividuelle Entgelte gem. bundesvertraglicher Feststellung (Abs. 1) | 4 | V. | Vorzeitige Vereinbarung | 20 |
| | | | VI. | Meldung und Bewertung | 22 |
| I. | Einzelleistungen | 4 | VII. | Schiedsstellenverfahren | 23 |
| II. | Besondere Einrichtungen | 5 | D. | Spezialisierte Leistungen (Abs. 2a) | 25 |
| III. | Entgeltarten | 8 | I. | Allgemeines | 25 |
| IV. | Kalkulation der Entgelte | 9 | II. | Spezialisierte Leistungen | 27 |
| C. | Vergütung neuer Untersuchungs- und Behandlungsmethoden (Abs. 2) | 11 | III. | 50-%-Grenze | 28 |
| | | | IV. | Maßnahmen nach § 137 SGB V | 29 |
| I. | Allgemeines | 11 | V. | Rechtsfolgen | 30 |
| II. | Neue Untersuchungs- und Behandlungsmethoden | 12 | VI. | Palliativ-medizinische Versorgung | 31a |
| | | | VII. | Beatmungsentwöhnung | 31b |
| | 1. Neue Methoden | 12 | E. | Erlössumme und Beitragssatzstabilität (Abs. 3) | 32 |
| | 2. Noch keine sachgerechte pauschalierte Vergütung | 13 | I. | Erlössumme | 32 |
| | 3. Kein Finanzierungsausschluss | 14 | II. | Besondere Einrichtungen | 34 |
| | 4. Rechtsfolgen | 15 | III. | Unterlagen | 35 |
| III. | Kalkulation der Entgelte | 17 | IV. | Weitergehende Abrechnung krankenhausindividueller Entgelte | 36 |
| IV. | Information der Bundesvertragsparteien | 18 | | | |
| | 1. Inhalt und Fristen | 18 | F. | Ausländische Patienten und Asylbewerber (Abs. 4) | 37 |

### A. Allgemeines

1 Das ambitionierte gesetzgeberische Ziel eines durchgängig pauschalierenden Vergütungssystems gem. § 17b Abs. 1 Satz 1 KHG konnte bislang nicht vollständig umgesetzt und wird wohl auch in Zukunft nicht ausnahmslos zu realisieren sein. Seit der Einführung des DRG-Systems zeigt sich mit zunehmender Deutlichkeit, dass nicht alle allgemeinen Krankenhausleistungen einer Pauschalierung zugänglich sind. Ein gänzlicher Ausschluss krankenhausindividueller Entgelte würde namentlich zulasten seltener, hochspezialisierter und neuartiger Behandlungsleistungen gehen.

2 Dass in einem bestimmten Umfang krankenhausindividuelle Entgelte unverzichtbar bleiben werden, scheint inzwischen auch der Gesetzgeber akzeptiert zu haben. Zwar bleibt die Zielvorgabe eines durchgängig pauschalierenden Vergütungssystems unberührt. Die Umsetzung durch das KHEntgG lässt indes eine gewisse Relativierung dieses Ziels erkennen. So war die Vereinbarung sonstiger Entgelte nach § 6 Abs. 1 für »noch nicht« von pauschalierenden Entgelten erfasste Leistungen ursprünglich auf die Jahre 2003 und 2004 befristet. Zwischenzeitlich erfolgte eine Verlängerung für die Jahre 2005 und 2006 bezogen auf Leistungen, die »noch nicht« sachgerecht pauschaliert vergütet werden konnten, bevor schließlich auf eine befristete Jahresangabe gänzlich verzichtet wurde. In § 6 Abs. 2a, eingeführt durch das Zweite Fallpauschalenänderungsgesetz, hat die hoffnungsvolle Formulierung einer »noch nicht« sachgerechten pauschalierenden Vergütung schon keinen Eingang mehr gefunden. Dort wird stattdessen tendenzfrei darauf abgestellt, dass Leistungen den pauschalierenden Entgelten zwar zugeordnet sind, »mit ihnen jedoch nicht sachgerecht vergütet werden«.

3 § 6 ist die zentrale Vorschrift zur Vereinbarung von krankenhausindividuellen Entgelten. Sie besitzt indes keinen abschließenden Charakter. Weitere krankenhausindividuelle Entgelte für allgemeine Krankenhausleistungen kommen z. B. in der Form von Zuschlägen für die besonderen Aufgaben von Zentren und Schwerpunkten nach § 5 Abs. 3 sowie von Sicherstellungszuschlägen nach § 5 Abs. 2 in Betracht.

## B. Krankenhausindividuelle Entgelte gem. bundesvertraglicher Feststellung (Abs. 1)

### I. Einzelleistungen

Welche Leistungen i.S.d. § 6 Abs. 1 noch nicht mit DRG-Fallpauschalen und Zusatzentgelten sachgerecht vergütet werden können, ist abschließend der jeweiligen Fallpauschalenvereinbarung bzw. der ersatzweise erlassenen Fallpauschalenverordnung zu entnehmen. Im vollstationären Bereich unterfallen der Regelung jene Leistungen, für die in den Entgeltkatalogen nicht bewertete DRGs oder nicht bewertete Zusatzentgelte definiert sind. Dies sind Ausnahmen zum Regelfall der bewerteten vollstationären Leistungen. Im teilstationären Bereich gilt ein umgekehrtes Regel-Ausnahme-Verhältnis. Für teilstationäre Leistungen sind – nach Maßgabe aller bisherigen Fallpauschalenvereinbarungen bzw. -verordnungen – im Regelfall krankenhausindividuelle Entgelte nach § 6 Abs. 1 zu vereinbaren. Bewertete DRGs bilden im teilstationären Bereich die Ausnahme von der Regel.

### II. Besondere Einrichtungen

Besondere Einrichtungen sind gem. § 17b Abs. 1 Satz 10 KHG Krankenhäuser oder Teile von Krankenhäusern, deren Leistungen insbesondere aus medizinischen Gründen, wegen einer Häufung von schwerkranken Patienten oder aus Gründen der Versorgungsstruktur mit den Entgeltkatalogen noch nicht sachgerecht vergütet werden. Die weiteren Tatbestandsvoraussetzungen für die Anerkennung einer Besonderen Einrichtung ergeben sich aus der jeweiligen Vereinbarung oder Verordnung zur Bestimmung von Besonderen Einrichtungen.

Erfüllt ein Krankenhaus die tatbestandlichen Voraussetzungen einer Besonderen Einrichtung, so steht es ihm frei, die daraus folgenden Rechte geltend zu machen oder alternativ im DRG-System zu verbleiben. Lehnen die Vertragsparteien nach § 11 Abs. 2 die beantragte Anerkennung als Besondere Einrichtung ab, so kann grundsätzlich die Schiedsstelle nach § 13 angerufen werden, soweit nicht ausnahmsweise für die betreffende Sachverhaltskonstellation ein Ausschluss der Schiedsstellenfähigkeit durch die Vereinbarung oder Verordnung zur Bestimmung von Besonderen Einrichtungen angeordnet ist, vgl. § 1 Abs. 5 Satz 2 VBE 2010.

Ist eine Besondere Einrichtung anerkannt, werden alle dort erbrachten Leistungen krankenhausindividuell bewertet und abgerechnet, also auch jene Leistungen, denen in den Entgeltkatalogen bewertete DRGs und Zusatzentgelte zugeordnet sind. Das ist der Hauptunterschied der Besonderen Einrichtung als zweite Tatbestandsalternative des § 6 Abs. 1 Satz 1 zur ersten Tatbestandsalternative, nach der lediglich einzelne Leistungen von der Anwendung des pauschalierenden Vergütungssystems ausgenommen werden.

### III. Entgeltarten

Liegen die Voraussetzungen für die Vereinbarung eines krankenhausindividuellen Entgelts nach § 6 Abs. 1 vor, steht es den Vertragsparteien auf örtlicher Ebene grundsätzlich frei, fall- oder tagesbezogen Entgelte zu vereinbaren. In vielen Fällen ergibt sich allerdings aus den Vorgaben der Bundesvertragsparteien eine verbindliche Festlegung auf eine der beiden Entgeltformen, in aller Regel auf ein fallbezogenes Entgelt. Die Vereinbarung eines Zusatzentgelts ist nur in begrenzten Ausnahmefällen zulässig. Diese Fälle werden auf Bundesebene im Rahmen der Fallpauschalenvereinbarung bzw. -verordnung vorgegeben.

### IV. Kalkulation der Entgelte

Die sonstigen Entgelte nach § 6 Abs. 1 sind sachgerecht und unter Beachtung der Empfehlungen nach § 9 Abs. 1 Satz 1 Nr. 4 zu kalkulieren. Die so kalkulierten Entgelte sind selbstverständlich auch zu vereinbaren bzw. im Streitfall durch die Schiedsstelle nach § 13 festzusetzen. Eine sachgerecht kalkulierte Vergütung muss mindestens die Kosten der Leistungserbringung bei wirtschaftlicher Betriebsführung decken. Defizitäre Entgelte unterhalb der Herstellungskosten sind nicht sachgerecht. Das gilt für jedes Wirtschaftsunternehmen, auch für Krankenhäuser.

10  Die Empfehlungen der Bundesvertragsparteien nach § 9 Abs. 1 Satz 1 Nr. 4 helfen bei der Kalkulation der Entgelte nach § 6 Abs. 1 nur begrenzt weiter. Denn die Hinweise betreffen ausschließlich die Kalkulation von Zusatzentgelten nach § 6 Abs. 1 und Abs. 2, nicht aber die Kalkulation von fall- oder tagesbezogenen Entgelten.

## C. Vergütung neuer Untersuchungs- und Behandlungsmethoden (Abs. 2)

### I. Allgemeines

11  Die Vereinbarung von Entgelten für neue Untersuchungs- und Behandlungsmethoden kann von jedem Krankenhaus beansprucht werden, das solche Leistungen voraussichtlich erbringen wird, soweit darin keine Überschreitung des Versorgungsauftrags nach § 8 Abs. 1 Satz 4 liegt. Entgegen einer ursprünglichen Absicht des Gesetzgebers sind Entgelte für neue Untersuchungs- und Behandlungsmethoden nicht den Krankenhäusern der Spitzenversorgung vorbehalten und nicht von einem selektiven Kontrahieren der örtlichen Vertragsparteien auf Kassenseite abhängig. Die ursprünglich beabsichtigte »Begrenzung auf ausgesuchte Schwerpunktkrankenhäuser« (BT-Drs. 14/6893, S. 43) sollte durch einen Ausschluss der Schiedsstellenfähigkeit gewährleistet werden. Dazu kam es letztlich nicht. Auf Initiative des Bundesrates (BT-Drs. 14/7862, S. 10) wurde die Schiedsstellenfähigkeit der Regelung hergestellt (§ 6 Abs. 2 Satz 9) und damit der ursprünglich beabsichtigten Beschränkung auf ausgesuchtes Krankenhäuser der Spitzenversorgung eine Absage erteilt.

### II. Neue Untersuchungs- und Behandlungsmethoden

#### 1. Neue Methoden

12  Eine Vergütung nach § 6 Abs. 2 kommt nur dann in Betracht, wenn die Untersuchungs- und Behandlungsmethode neu ist. Ist die Leistung nicht mehr neu, kann ein krankenhausindividuelles Entgelt nur noch nach § 6 Abs. 1 oder Abs. 2a vereinbart werden. Wie lange eine Untersuchungs- und Behandlungsmethode als neu i.S.d. § 6 Abs. 2 anzusehen ist, muss nach finanzierungsrechtlichen Erwägungen bewertet werden. Einerseits darf der medizinische Fortschritt nicht durch eine zu kurze Befristung behindert werden. Andererseits soll eine längerfristige Möglichkeit zur Vereinbarung krankenhausindividueller Entgelte auf die Tatbestände nach § 6 Abs. 1 und Abs. 2a beschränkt bleiben. Die dort aufgestellten Voraussetzungen dürfen nicht unterlaufen werden. Unter diesen Prämissen wird eine neue Untersuchungs- und Behandlungsmethode solange als neu anzusehen sein, bis die Vertragsparteien auf Bundesebene über hinreichende Kalkulationsdaten verfügen, um erstmalig für diese Leistung über die Aufnahme in den Fallpauschalen-Katalog oder den Zusatzentgelte-Katalog zu entscheiden. Diese Phase ist häufig nach 2 Jahren abgeschlossen (vgl. *Tuschen/Trefz* § 6 Seite 261), kann aber auch bei einer langsamen Verbreitung der Untersuchungs- und Behandlungsmethode erheblich länger dauern. Eine feste zeitliche Obergrenze lässt sich aus dem Gesetz nicht ableiten.

#### 2. Noch keine sachgerechte pauschalierte Vergütung

13  Die neue Untersuchungs- und Behandlungsmethode darf mit den pauschalierten Entgelten noch nicht sachgerecht vergütet werden können. Das ist einmal dann der Fall, wenn die neue Untersuchungs- und Behandlungsmethode zusätzlich zu einem ansonsten gleich bleibenden Behandlungsaufwand erbracht wird, also keine Ersetzung stattfindet. Wird hingegen ein bisheriges Leistungselement durch eine neue Untersuchungs- und Behandlungsmethode ersetzt, muss geprüft werden, ob und inwieweit die Ersetzung zu einem zusätzlichen, bislang nicht über eine DRG oder ein Zusatzentgelt abgebildeten Aufwand führt.

#### 3. Kein Finanzierungsausschluss

14  Die Vergütung einer neuen Untersuchungs- und Behandlungsmethode scheidet aus, wenn durch den Gemeinsamen Bundesausschuss gem. § 137c Abs. 1 SGB V ein Ausschluss von der Finanzierung durch die GKV im Wege einer Richtlinie beschlossen wird. Sobald die Richtlinie gem. § 94

Abs. 1 SGB V wirksam wird, darf die Leistung ab dem Folgetag nicht mehr erbracht werden, vgl. § 137c Abs. 2 Satz 2 SGB V. Die Vereinbarung eines entsprechenden Entgelts nach § 6 Abs. 2 läuft also in einem solchen Fall ins Leere. Sie vermittelt keinen Vertrauensschutz für den Vereinbarungszeitraum.

Gegenstand der Entgelte nach § 6 Abs. 2 sind nicht zuletzt innovative Methoden, die noch nicht dem medizinischen Standard entsprechen. 14a

Gem. § 137c Abs. 3 SGB V dürfen Untersuchung- und Behandlungsmethoden, zu denen der GBA noch keine Entscheidung nach § 137c Abs. 1 SGB V getroffen hat, im Rahmen einer Krankenhausbehandlung angewandt werden, »wenn sie das Potential einer erforderlichen Behandlungsalternative bieten und ihre Anwendung nach den Regeln der ärztlichen Kunst erfolgt, sie also insbesondere medizinisch indiziert und notwendig ist.« Die Gesetzesmaterialien (BT-Drs. 18/4095, S. 121) wenden sich ausdrücklich gegen die anderslautende Rechtsprechung des BSG (z.B. Urt. v. 21.03.2013 – B 3 KR 2/12 R) und bekräftigen die Geltung der grundsätzlichen Erlaubnis mit Verbotsvorbehalt in der Krankenhausversorgung. Das Erfordernis, wonach eine Leistungserbringung nur im Rahmen einer Studie zulasten der Krankenkassen möglich ist, gilt nach § 137c Abs. 2 Satz 2 SGB V nur für den Fall, dass der GBA eine Ausschlussentscheidung nach § 137c Abs. 1 Satz 2 SGB V getroffen hat. 14b

### 4. Rechtsfolgen

Liegen die tatbestandlichen Voraussetzungen nach § 6 Abs. 2 vor, »sollen« die Vertragsparteien nach § 11 zeitlich befristete, fallbezogene Entgelte oder Zusatzentgelte vereinbaren. Die Sollvorgabe ist ein grundsätzlich bindender gesetzlicher Auftrag (vgl. *Tuschen/Trefz* § 6 Seite 261; *Vollmöller* in: Dettling/Gerlach, § 6 KHEntgG Rn. 7 m.w.N.). 15

Die krankenhausindividuellen Entgelte nach § 6 Abs. 2 Satz 1 können fallbezogene Entgelte oder Zusatzentgelte sein. Anders als nach § 6 Abs. 1 scheiden tagesbezogene Entgelte aus. Die krankenhausindividuellen Entgelte für neue Untersuchungs- und Behandlungsmethoden werden außerhalb des Erlösbudgets nach § 6 Abs. 2 und der Erlössumme nach § 4 Abs. 3 vereinbart. Dies bedeutet, dass mengenbedingte Mehr- oder Mindererlöse nicht ausgeglichen werden, § 4 Abs. 3. Anwendung finden hingegen die Ausgleichsvorschriften für Mehr- oder Mindererlöse nach § 15 Abs. 2 und Abs. 3. Danach sind Mehr- oder Mindererlöse, die auf einer verzögerten Abrechenbarkeit krankenhausindividueller Entgelte beruhen, vollständig auszugleichen. 16

### III. Kalkulation der Entgelte

Die Entgelte sind sachgerecht zu kalkulieren. Insoweit kann auf die Ausführungen zu § 6 Abs. 1 Satz 2, Rdn. 9 f. verwiesen werden. Die Empfehlungen der Bundesvertragsparteien nach § 9 Abs. 1 Satz 1 Nr. 4 sind zu beachten. Die Empfehlungen nehmen Bezug auf die Informationen des InEK zur Kalkulation neuer Untersuchungs- und Behandlungsmethoden, die im Auftrag der Bundesvertragsparteien jährlich veröffentlicht werden. 17

### IV. Information der Bundesvertragsparteien

#### 1. Inhalt und Fristen

Vor der Vereinbarung eines krankenhausindividuellen Entgelts nach § 6 Abs. 2 hat das Krankenhaus bis spätestens zum 31.10. von den Bundesvertragsparteien eine Information einzuholen, ob die neue Methode mit den bereits vereinbarten Fallpauschalen und Zusatzentgelten sachgerecht abgerechnet werden kann. Das Erfordernis einer Information durch die Bundesvertragsparteien entfällt, wenn bei fristgerechter Anfrage bis zum Abschluss der Budgetvereinbarung keine Antwort vorliegt. Dies gilt indes nur dann, wenn die Budgetvereinbarung im laufenden Vereinbarungszeitraum, also ab dem 01.01., abgeschlossen wird. Fehlt eine rechtzeitige Information der Bundesvertragsparteien, so fingiert § 6 Abs. 2 Satz 5 keine positive Beantwortung der Anfrage. Vielmehr 18 haben die Vertragsparteien vor Ort in einem solchen Fall eigenverantwortlich zu prüfen, ob die neue Methode mit den bereits existierenden Fallpauschalen und Zusatzentgelten sachgerecht abgerechnet werden kann.

18a  Enthält die neue Methode eine Gabe von Arzneimitteln für eine neuartige Therapie i.S.d. § 4 Abs. 9 AMG kann die Anfrage beim InEK auch zum 30.04. eines Jahres gestellt werden. Dem Krankenhaus wird damit eine zusätzliche Möglichkeit neben der Anfrage zum 31.10. eines Jahres eingeräumt. Im Falle einer fristgerechten Anfrage zum 30.04. eines Jahres kann ab dem 01.07. des Jahres eine krankenhausindividuelle Vereinbarung über Arzneimittel für neuartige Therapien abgeschlossen werden, auch wenn bis dahin eine Information des InEK nicht vorliegt. Ist die Vereinbarung eines NUB-Entgelts nach der Information des InEK nur deshalb nicht zulässig, weil die neue Untersuchungs- oder Behandlungsmethode die Gabe eines noch nicht zugelassenen Arzneimittels enthält, soll gemäß Abs. 2 Satz 10 eine Vereinbarung getroffen werden, die ab dem Zeitpunkt der Zulassung des Arzneimittels gilt. Die amtliche Begründung (BT-Drs. 19/30560 S. 86) spricht davon, dass nach dem Zulassungszeitpunkt eine NUB-Vereinbarung geschlossen werden kann. Zulässig ist nach dem Regelungswortlaut sowie dem Sinn und Zweck der Regelung auch ein vorzeitiger Vereinbarungsabschluss mit der aufschiebenden Bedingung, dass die Vereinbarung ab der Zulassung des Arzneimittels gilt. Dieser Weg ist grundsätzlich vorzugswürdig, da allein so eine unverzügliche Abrechenbarkeit des neu zugelassenen Arzneimittels für eine neuartige Therapie ermöglicht wird und zusätzlich der Konzentrationsmaxime für die Vereinbarung und Genehmigung von Entgeltvereinbarungen Rechnung getragen wird.

**2. Berücksichtigung der bundesvertraglichen Information**

19  Die Information durch die Bundesvertragsparteien nach § 6 Abs. 2 Satz 3 ist bei der Entgeltvereinbarung zu berücksichtigen. Der Begriff »berücksichtigen« wird vom Gesetzgeber im Regelfall im Sinne einer Verpflichtung zur Kenntnisnahme und zur Würdigung verwendet. Seltener ist eine weitergehende, inhaltliche Bindung, also ein »Beachten« gemeint. Im Rahmen des § 6 Abs. 2 Satz 3 scheint indes ein »Berücksichtigen« im Sinne einer inhaltlichen Bindung gemeint zu sein. Hierfür spricht vor allem die amtliche Begründung (BT-Drs. 14/7862, S. 10) zu § 6 Abs. 2. Dort heißt es: »Voraussetzung für die Vereinbarung solcher Entgelte ist, dass die Selbstverwaltungspartner auf der Bundesebene oder ihr DRG-Institut bestätigen, dass die neue Methode mit dem DRG-Fallpauschalen-Katalog noch nicht vergütet werden kann.« Das erscheint sachgerecht. Denn namentlich das InEK als DRG-Institut der Bundesvertragsparteien ist fachlich am qualifiziertesten, um die Frage einer sachgerechten Vergütung durch Fallpauschalen und Zusatzentgelte zu beantworten.

**V. Vorzeitige Vereinbarung**

20  Gem. § 6 Abs. 2 Satz 6 sollen krankenhausindividuelle Entgelte für neue Untersuchungs- und Behandlungsmethoden möglichst frühzeitig, auch unabhängig von der Vereinbarung des Erlösbudgets nach § 4 Abs. 1 vereinbart werden. Die Regelung wurde mit Wirkung zum 01.01.2009 durch das KHRG in das Gesetz aufgenommen. Ist die Finanzierungsfrage in Bezug auf eine neue Untersuchungs- und Behandlungsmethode bis zur Vereinbarung eines Erlösbudgets, d.h. häufig bis in die zweite Jahreshälfte, ungeklärt, wirkt sich dies zweifellos hemmend auf die Verbreitung medizinischer Innovationen aus. Diesem Hemmnis entgegenzuwirken ist das Ziel des § 6 Abs. 2 Satz 6. Der zweite Effekt, die Vermeidung eines Liquiditätsnachteils aufseiten des Krankenhauses, hat demgegenüber eine nachrangige Bedeutung.

21  Die Vereinbarung nach § 6 Abs. 2. Satz 6ist eine spezialgesetzlich vorgesehene Teilvereinbarung nach § 11 Abs. 1 Satz 1. Das Zustimmungserfordernis der Verbände nach § 18 Abs. 1 KHG gilt ebenso wie das Genehmigungserfordernis nach § 14 Abs. 1. Richtigerweise ist daher auch die Anrufung der *Schiedsstelle* als zulässig anzusehen, wenn eine Vereinbarung nach § 6 Abs. 2 Satz 6nicht innerhalb von 6 Woche nach schriftlicher Aufforderung zustande kommt, § 18 Abs. 4 Satz 1 KHG i.V.m. § 13 Abs. 1.

Die Möglichkeit der vorzeitigen Vereinbarung nach § 6 Abs. 2 Satz 6 rechtfertigt keinen Ausschluss 21a
von NUB-Entgelten aus dem Zahlbetragsausgleich gem. oder in analoger Anwendung des § 15
Abs. 3 (OVG NRW, Urt. v. 27.10.2017 – 13 A 2563/17). Durch den Zahlbetragsausgleich sollen
die Vertragsparteien einer nicht prospektiven Vereinbarung so gestellt werden, als seien die Entgelte
zu Beginn des Vereinbarungszeitraums in Kraft getreten. Von dieser Regelung sind NUB-Entgelte
nicht ausgeschlossen. Ihre Vorabvereinbarkeit nach § 6 Abs. 2 Satz 6 zielt allein auf eine verbesserte
Liquidität bei der Erbringung der oftmals sehr teuren neuen Untersuchungs- und Behandlungsmethoden.

## VI. Meldung und Bewertung

Um eine möglichst baldige Aufnahme neuer Untersuchungs- und Behandlungsmethoden in die 22
Entgeltkataloge zu ermöglichen, sind die an der Vereinbarung beteiligten Gesetzlichen Krankenkassen verpflichtet, Art und Höhe der Entgelte an die Bundesvertragsparteien zu melden. Beizufügen sind die zugrunde gelegten Kalkulationsunterlagen und die vom Krankenhaus vorzulegende ausführliche Beschreibung der Methode. Die Bundesvertragsparteien können sodann eine Bewertung der Untersuchungs- und Behandlungsmethode nach § 137c SGB V durch den Gemeinsamen Bundesausschuss veranlassen. Gegenstand der Bewertung ist nicht die Frage einer sachgerechten Vergütung über die bereits existierenden Fallpauschalen und Zusatzentgelte, sondern die Erforderlichkeit der neuen Untersuchungs- und Behandlungsmethode für eine ausreichende, zweckmäßige Versorgung der Versicherten unter Berücksichtigung des allgemein anerkannten Standes der medizinischen Erkenntnisse.

## VII. Schiedsstellenverfahren

Durch § 6 Abs. 2 Satz 9 ist klargestellt, dass die Schiedsstelle nach § 13 angerufen werden kann, 23
sofern sich die örtlichen Vertragsparteien über die Vereinbarung eines krankenhausindividuellen
Entgelts für eine neue Untersuchungs- und Behandlungsmethode nicht einigen können. Die Anrufung der Schiedsstelle ist auch dann möglich, wenn eine Vorabeinigung nach § 6 Abs. 2 Satz 6
scheitert, vgl. Rdn. 21.

Für das Schiedsstellenverfahren kann eine Stellungnahme des Gemeinsamen Bundesausschusses 24
nach § 137c SGB V eingeholt werden. Wer eine solche Stellungnahme einholen kann, sagt das
Gesetz nicht ausdrücklich. Gemeint ist wohl die Schiedsstelle bzw. deren Vorsitzender im Rahmen
seiner Verfahrensleitung. Völlig unklar ist indes, was die Schiedsstelle mit einer Stellungnahme des
Gemeinsamen Bundesausschusses anfangen soll. Gelangt der Gemeinsame Bundesausschuss nach
den Kriterien des § 137c Abs. 1 SGB V zu dem Ergebnis, dass die neue Untersuchungs- oder Behandlungsmethode negativ bewertet wird, so hat dieses Ergebnis nur dann eine rechtlich bindende
Wirkung, wenn eine entsprechende Richtlinie beschlossen wird und nach § 94 SGB V in Kraft
tritt. Eine formlose Stellungnahme des Gemeinsamen Bundesausschusses kann eine Richtlinie
nicht ersetzen. Bis zum Vorliegen einer wirksamen Richtlinie darf die Schiedsstelle also von einem
Finanzierungsausschluss nicht ausgehen. Wird die Erforderlichkeit der neuen Untersuchungs- und
Behandlungsmethode vom Gemeinsamen Bundesausschuss bestätigt, hat auch diese Information
keine entscheidungserhebliche Bedeutung. Hierdurch würde lediglich die grundsätzliche Abrechenbarkeit nicht ausgeschlossener Leistungen deklaratorisch bestätigt.

## D. Spezialisierte Leistungen (Abs. 2a)

### I. Allgemeines

§ 6 Abs. 2a wurde durch das 2. Fallpauschalenänderungsgesetz in das KHEntgG eingefügt und 25
durch das Intensivpflege- und Rehabilitationsstärkungsgesetz um Satz 5 erweitert.

Im Unterschied zu den Regelungen nach § 6 Abs. 1 und Abs. 2 können die örtlichen Vertragsparteien 26
en über die Vereinbarung eines krankenhausindividuellen Zusatzentgelts nach § 6 Abs. 2a eigenverantwortlich entscheiden. Eine Mitwirkung der Bundesvertragsparteien ist hier nicht erforderlich.

Die Entscheidungsfreiheit der örtlichen Vertragsparteien wird indes durch hohe tatbestandliche Hürden eingeschränkt.

## II. Spezialisierte Leistungen

27  Ein krankenhausindividuelles Zusatzentgelt nach § 6 Abs. 2a setzt eine spezialisierte Leistung voraus, die von sehr wenigen Krankenhäusern mit überregionalem Einzugsgebiet erbracht wird. Gegenstand der spezialisierten Leistungen werden zum einen die Diagnostik und Therapie seltener Erkrankungen sein können (vgl. auch § 116b SGB V). Zum anderen kommen Leistungen in Betracht, die sich zwar auf verbreitete Erkrankungen beziehen, die ihrer konkreten diagnostischen oder therapeutischen Ausgestaltung nach aber so spezialisiert sind, dass sie aus diesem Grunde nur von sehr wenigen Krankenhäusern mit überregionalem Einzugsgebiet erbracht werden.

## III. 50-%-Grenze

28  Für ein Zusatzentgelt nach § 6 Abs. 2a müssen die Behandlungskosten der spezialisierten Leistung die Höhe der DRG-Vergütung einschließlich der Zusatzentgelte um mindestens 50 % überschreiten. Die Überschreitung muss auf der Komplexität der Behandlung beruhen. Mehrkosten, die auf einer unwirtschaftlichen Leistungserbringung beruhen, können selbstverständlich keinen Anspruch auf ein Zusatzentgelt nach § 6 Abs. 2a begründen. Zu berücksichtigen sind hingegen hohe Sachkosten, z.B. für seltene und auch daher teure Medikalprodukte.

## IV. Maßnahmen nach § 137 SGB V

29  § 6 Abs. 2a verlangt auf Tatbestandsebene schließlich, dass sich das Krankenhaus an den Maßnahmen nach den §§ 136 und 136 b SGB V beteiligt. Nach diesen Vorschriften erlässt der Gemeinsame Bundesausschuss Richtlinien und Beschlüsse zur Qualitätssicherung für die vertragsärztliche Versorgung und für zugelassene Krankenhäuser. Allerdings wird nicht jeder Verstoß gegen eine Maßnahme des GBA geeignet sein, einen Anspruch nach § 6 Abs. 2a auszuschließen. Hier wird zu verlangen sein, dass ein inhaltlicher Bezug zu der spezialisierten Leistung bestehen muss.

## V. Rechtsfolgen

30  § 6 Abs. 2 stellt die Vereinbarung eines krankenhausindividuellen Zusatzentgelts in das – pflichtgemäß auszuübende – Ermessen der Vertragsparteien. Im Streitfalle kann die Schiedsstelle angerufen werden, der dann das gleiche Ermessen zusteht wie den Vertragsparteien. Einen Maßstab für die Höhe des Zusatzentgelts gibt die Vorschrift nicht vor. Analog § 6 Abs. 1 Satz 2 und Abs. 2 Satz 2 wird eine sachgerechte Kalkulation des Zusatzentgelts zu verlangen sein. Insoweit wird auf die Erläuterung unter Rdn. 9 f. verwiesen.

31  Kommt es zur Vereinbarung eines krankenhausindividuellen Entgelts nach § 6 Abs. 2a, muss das InEK umfassend informiert werden. Die Informationspflicht umfasst die Art und Höhe des Entgelts, die zugrunde gelegten Kalkulationsunterlagen und die vom Krankenhaus vorzulegende ausführliche Begründung zu den Tatbestandsvoraussetzungen der Norm. Die Übermittlung an das InEK erfolgt durch die Krankenkassen, die an der Vereinbarung des Zusatzentgelts beteiligt waren.

## VI. Palliativ-medizinische Versorgung

31a  § 6 Abs. 2a Satz 4 wurde durch das Hospiz- und Palliativgesetz vom 01.12.2015 in das KHEntgG eingefügt. Für die palliativ-medizinische Versorgung durch Palliativdienste war für die Jahre 2017 und 2018 ein gesondertes krankenhausindividuelles Zusatzentgelt zu vereinbaren. Seit 2019 existiert mit dem ZE60.01 ein bundeseinheitliche Zusatzentgelt für die palliativmedizinische Komplexbehandlung. Gem. § 6 Abs. 2a Satz 4, Hs. 1 besteht damit seit 2019 für die Vereinbarung eines krankenhausindividuellen Zusatzentgelts kein Raum mehr.

## VII. Beatmungsentwöhnung

§ 6 Abs. 2a Satz 5 wurde durch das Intensivpflege- und Rehabilitationsstärkungsgesetz vom 23.10.2020 in das KHEntgG eingefügt. Für die längerfristige Beatmungsentwöhnung ist ein gesondertes krankenhausindividuelles Zusatzentgelt zu vereinbaren, bis ein bundeseinheitliches Zusatzentgelt nach § 7 Abs. 1 Satz 1 Nr. 2 abgerechnet werden kann. Die Gesamtheit der voraussichtlichen Entgelte nach § 6 Abs. 2a Satz 5 ist in die Erlössumme nach § 6 Abs. 3 einzubeziehen. Für die Meldepflichten der Krankenkassen gilt § 6 Abs. 2a Satz 2 entsprechend. 31b

Eine Beatmungsentwöhnung (Weaning) ist gemäß OPS 8–718 der Prozess der strukturierten Modifikation von Beatmungsparametern ggf. in Kombination mit akutmedizinischen und weiteren spezifischen Behandlungsmaßnahmen mit dem Ziel der Beendigung einer Beatmung zur Wiedererlangung der selbstständigen Atmung ohne maschinelle Beatmung. Die längerfristige Beatmungsentwöhnung (prolongiertes Weaning) wurde erstmals im OPS 2021 unter den Ziffern 8–718.9 und 8–718.9 abgebildet. 31c

## E. Erlössumme und Beitragssatzstabilität (Abs. 3)
### I. Erlössumme

Die krankenhausindividuellen Entgelte nach § 6 Abs. 1 und Abs. 2a sind zu einer Erlössumme zusammenzufassen. Von der Erlössumme ausgenommen sind die Entgelte nach § 6 Abs. 2 und die Zusatzentgelte für die Behandlung von Blutern. Die Errechnung der Erlössumme erfolgt vergleichbar der Berechnung nach § 4 Abs. 2 Satz 1, indem für die voraussichtlich zu erbringenden Leistungen Art und Menge der nicht ausgeschlossenen krankenhausindividuellen Entgelte multipliziert werden. 32

Für die Leistungen, deren Entgelte in die Erlössumme einzubeziehen sind, gilt gem. § 4 Abs. 3 der mengenabhängige Ausgleich von Mehr- oder Mindererlösen. Die Vereinbarung einer Erlössumme ist hier nicht gleichbedeutend mit der Bildung einer Obergrenze. Der Grundsatz der Beitragssatzstabilität in der Form einer Obergrenze findet nur unter den Voraussetzungen des § 6 Abs. 3 Satz 4 Anwendung auf die Erlössumme, d.h. bei Besonderen Einrichtungen und Einrichtungen, deren Leistungen weitgehend über krankenhausindividuell zu vereinbarende Entgelte abgerechnet werden. 33

Um eine vollständige Tarifrefinanzierung beim Pflegepersonal auch im Entgeltbereich der Erlössumme zu gewährleisten, wurde im Rahmen des Pflegepersonal-Stärkungsgesetzes § 6 Abs. 3 Satz 5modifiziert. Wird demnach eine Erhöhungsrate für Tariferhöhungen nach § 9 Abs. 1 Nr. 7vereinbart, ist die Erlössumme erstmals für 2018 im Rahmen der Entgeltvereinbarung 2019 um 40 % der Erhöhungsrate zu erhöhen. Die Begrenzung auf den Veränderungswert gilt insoweit nicht. 33a

Ab 2020 werden die Pflegepersonalkosten (nahezu) vollständig über das Pflegebudget nach § 6a vereinbart und abgerechnet. Zur Vermeidung einer doppelten Finanzierung stellt § 6 Abs. 3 Satz 7 klar, dass die Erlössumme um Pflegepersonalkosten zu vermindern ist, die nach § 6a finanziert werden. 33b

### II. Besondere Einrichtungen

§ 6 Abs. 3 Satz 4 ordnet für Besondere Einrichtungen die entsprechende Geltung der Vorschriften zur Vereinbarung eines Gesamtbetrages nach § 6 BPflV an. Nach dieser Vorschrift darf der Gesamtbetrag für den Vereinbarungszeitraum den um die Veränderungsrate erhöhten Gesamtbetrag des Vorjahres grundsätzlich nicht überschreiten. An die Stelle der Veränderungsrate tritt gem. § 6 Abs. 3 Satz 4 der Veränderungswert nach § 9 Abs. 1b Satz 1. Hinzu tritt eine erhöhende Berichtigung der erlössumme um 1/3 der Erhöhungsrate nach § 9 Abs. 1 Nr. 7 in entsprechender Anwendung des § 18 Abs. 3 BPflV. Die weiteren Ausnahmetatbestände, die eine Erhöhung der Erlössumme ermöglichen, sind in § 6 BPflV geregelt. 34

## III. Unterlagen

35 Zur Verhandlung über die Vereinbarung eines Gesamtbetrages nach § 6 BPflV haben Besondere Einrichtungen eine Forderungs-LKA nach § 17 Abs. 4 i.V.m. den Anlagen 1 und 2 BPflV vorzulegen. Diese Vorschrift wurde zu Recht in ihrer Absolutheit kritisiert (vgl. *Dietz/Bofinger/Geiser* § 6 KHEntgG Anm. VI. 3.). Denn bei Weitem nicht alle Inhalte einer LKA werden zur Vereinbarung eines Gesamtbetrages für eine Besondere Einrichtung benötigt. Auf diese Kritik hat der Gesetzgeber mit einer vorsichtigen Flexibilisierung reagiert. Im Rahmen des KHRG hat er mit Wirkung zum 01.01.2009 die Vorlageverpflichtung auf solche Unterlagen konzentriert, auf die die kassenseitigen Vertragsparteien nach § 11 nicht verzichten. Versäumt das Krankenhaus die Übermittlung der LKA und liegt ein Verzicht der Kostenträger nicht vor, ist ein Schiedsstellenantrag auf Festsetzung von Entgelten, die in der Erlössumme zu berücksichtigen sind, unbegründet (OVG NRW, Urt. v. 27.10.2017 – 13 A 673/16). Dabei ist unerheblich, ob die Kostenträger die Übermittlung einer LKA gefordert haben oder nicht (wie vor).

## IV. Weitgehende Abrechnung krankenhausindividueller Entgelte

36 Einrichtungen, deren Leistungen weitgehend über krankenhausindividuell zu vereinbarende Entgelte abgerechnet werden, haben in gleicher Weise einen Gesamtbetrag zu bilden und eine Forderungs-LKA zu übermitteln wie die Besonderen Einrichtungen. Die Vorschrift bietet erhebliches Streitpotential. Unklar ist zum einen, was weitgehend bedeutet. Mit *Dietz/Bofinger/Geiser* (§ 5 KHEntgG Anm. V. 3.) wird davon auszugehen sein, dass weitgehend weniger ist als überwiegend. Ob aber ein Anteil von z.B. 25 % oder 30 % zu fordern ist, lässt sich dem Gesetz nicht klar entnehmen. Erschwerend kommt hinzu, dass die Bezugsgröße unklar ist. Das Gesetz spricht von »Einrichtung«. Der Begriff könnte sich ebenso auf das gesamte Krankenhaus wie auf eine einzelne Abteilung beziehen. Vorzugswürdig erscheint eine vermittelnde Auffassung, wonach Einrichtung den grundsätzlich DRG-finanzierten, somatischen Teil eines Krankenhauses bezeichnet. Die damit vorzunehmende Abgrenzung gegenüber den Bereichen Psychiatrie und Psychosomatik sowie Ausbildung entspricht den finanzierungsrechtlichen Grenzen nach den §§ 17a, 17b und 17d KHG. Demgegenüber erschiene eine abteilungsbezogene Betrachtung zu eng, systematisch schwer zu begründen und kaum praktikabel.

## F. Ausländische Patienten und Asylbewerber (Abs. 4)

37 Nach § 4 Abs. 4 sind auf Verlangen des Krankenhauses Leistungen für ausländische Patienten, die mit dem Ziel einer Krankenhausbehandlung nach Deutschland einreisen, und Leistungen für Empfängerinnen und Empfänger von Gesundheitsleistungen nach dem Asylbewerberleistungsgesetz außerhalb des Erlösbudgets zu vergüten. Eine entsprechende Regelung für den Anwendungsbereich der Erlössumme nach § 6 Abs. 3 existierte bis einschließlich 2018 nicht. Dies wurde vom Gesetzgeber im Rahmen des Pflegepersonal-Stärkungsgesetzes zutreffend als ein sachlich nicht begründetes Regelungsdefizit erkannt (BT-Drs. 19/4453, S. 84 f.). Die Möglichkeit einer Ausgliederung entsprechend des § 4 Abs. 4 wurde daher durch eine Neufassung des § 6 Abs. 4 mit Wirkung zum 01.01.2019 auch für den Geltungsbereich der Erlössumme ins Gesetz aufgenommen.

## § 6a Vereinbarung eines Pflegebudgets

(1) Die Vertragsparteien nach § 11 vereinbaren zur Finanzierung der Pflegepersonalkosten nach § 17b Absatz 4 des Krankenhausfinanzierungsgesetzes, die dem einzelnen Krankenhaus entstehen, ein Pflegebudget. Das Pflegebudget umfasst nicht
1. die Entgelte, die im Erlösbudget nach § 4 oder in der Erlössumme nach § 6 Absatz 3 berücksichtigt werden,
2. die Zu- und Abschläge nach § 7 Absatz 1 Satz 1 Nummer 4,
3. die Entgelte nach § 6 Absatz 2 und
4. die Zusatzentgelte für die Behandlung von Blutern.

Das Pflegebudget ist zweckgebunden für die Finanzierung der Pflegepersonalkosten nach Satz 1 zu verwenden. Nicht zweckentsprechend verwendete Mittel sind zurückzuzahlen.

(2) Ausgangsgrundlage für die Ermittlung des Pflegebudgets ist die Summe der im Vorjahr für das jeweilige Krankenhaus entstandenen Pflegepersonalkosten; abweichend hiervon können die Vertragsparteien nach § 17b Absatz 2 Satz 1 des Krankenhausfinanzierungsgesetzes in der Vereinbarung nach § 17b Absatz 4 Satz 2 des Krankenhausfinanzierungsgesetzes bestimmen, dass die Anzahl der Vollkräfte ohne pflegerische Qualifikation des Jahres 2018 zugrunde zu legen ist. Bei der Ermittlung sind weiterhin die für das Vereinbarungsjahr zu erwartenden Veränderungen gegenüber dem Vorjahr zu berücksichtigen, insbesondere bei der Zahl und der beruflichen Qualifikation der Pflegevollkräfte sowie bei der Kostenentwicklung; soweit dies in der Vereinbarung nach § 17b Absatz 4 Satz 2 des Krankenhausfinanzierungsgesetzes bestimmt ist, sind bei der Zahl und der beruflichen Qualifikation der Vollkräfte ohne pflegerische Qualifikation stattdessen die für das Vereinbarungsjahr zu erwartenden Veränderungen gegenüber dem Jahr 2018 zu berücksichtigen. Weichen die tatsächlichen Pflegepersonalkosten von den vereinbarten Pflegepersonalkosten ab, sind die Mehr- oder Minderkosten bei der Vereinbarung der Pflegebudgets für das auf das Vereinbarungsjahr folgende Jahr zu berücksichtigen, indem das Pflegebudget für das Vereinbarungsjahr berichtigt wird und Ausgleichszahlungen für das Vereinbarungsjahr geleistet werden. Das Pflegebudget ist in seiner Entwicklung nicht durch den Veränderungswert nach § 9 Absatz 1b Satz 1 begrenzt. Die Wirtschaftlichkeit der dem einzelnen Krankenhaus entstehenden Pflegepersonalkosten wird nicht geprüft und § 275c Absatz 6 Nummer 1 des Fünften Buches Sozialgesetzbuch ist zu beachten; die Bezahlung von Gehältern bis zur Höhe tarifvertraglich vereinbarter Vergütungen gilt als wirtschaftlich, für eine darüber hinausgehende Vergütung bedarf es eines sachlichen Grundes. Sofern das Krankenhaus ab dem Jahr 2020 Maßnahmen ergreift oder bereits ergriffene Maßnahmen fortsetzt, die zu einer Entlastung von Pflegepersonal in der unmittelbaren Patientenversorgung auf bettenführenden Stationen führen, ist von den Vertragsparteien nach § 11 zu vereinbaren, inwieweit hierdurch ohne eine Beeinträchtigung der Patientensicherheit Pflegepersonalkosten eingespart werden. Die Höhe der eingesparten Pflegepersonalkosten ist im Pflegebudget in einer Höhe von bis zu 4 Prozent des Pflegebudgets erhöhend zu berücksichtigen. Die Pflegepersonalkosten einsparende Wirkung von Maßnahmen nach Satz 6 ist vom Krankenhaus zu begründen und die Durchführung der Maßnahmen ist nachzuweisen. Bei Beschäftigung von Pflegepersonal ohne direktes Arbeitsverhältnis mit dem Krankenhaus, insbesondere von Leiharbeitnehmern im Sinne des Arbeitnehmerüberlassungsgesetzes, ist der Teil der Vergütungen, der über das tarifvertraglich vereinbarte Arbeitsentgelt für das Pflegepersonal mit direktem Arbeitsverhältnis mit dem Krankenhaus hinausgeht, und damit auch die Zahlung von Vermittlungsentgelten, nicht im Pflegebudget zu berücksichtigen.

(3) Der Krankenhausträger hat vor der Vereinbarung des jeweiligen Pflegebudgets den anderen Vertragsparteien nach § 11 Absatz 1 die jahresdurchschnittliche Stellenbesetzung in Pflegevollkräften, gegliedert nach Berufsbezeichnungen, sowie die Pflegepersonalkosten nachzuweisen. Dazu hat der Krankenhausträger jeweils die entsprechenden Ist-Daten des abgelaufenen Jahres, die Ist-Daten des laufenden Jahres sowie die Forderungsdaten für den Vereinbarungszeitraum vorzulegen; zusätzlich sind Daten und Nachweise für das Jahr 2018 vorzulegen, sofern diese nach der Vereinbarung nach § 17b Absatz 4 Satz 2 des Krankenhausfinanzierungsgesetzes für die Zuordnung von Kosten von Pflegepersonal zugrunde zu legen sind. Das vereinbarte Pflegebudget einschließlich der jahresdurchschnittlichen Stellenbesetzung der Pflegevollkräfte, gegliedert nach Berufsbezeichnungen, ist von den Vertragsparteien nach § 11 Absatz 1 zu dokumentieren; aus der Dokumentation müssen die Höhe des Pflegebudgets sowie die wesentlichen Rechengrößen zur Herleitung der vereinbarten, im Pflegebudget zu berücksichtigenden Kosten und der Höhe des Pflegebudgets hervorgehen. Nach Ablauf des Vereinbarungsjahres hat der Krankenhausträger den anderen Vertragsparteien nach § 11 Absatz 1 und dem Institut für das Entgeltsystem im Krankenhaus für die Weiterentwicklung des Entgeltsystems nach § 17b des Krankenhausfinanzierungsgesetzes jährlich jeweils bis zum 30. September eine Bestätigung des Jahresabschlussprüfers für das Vereinbarungsjahr vorzulegen über

1. die jahresdurchschnittliche Stellenbesetzung der Pflegevollkräfte insgesamt, gegliedert nach Berufsbezeichnungen,

2. die Pflegepersonalkosten insgesamt,
3. die Überprüfung der nach den Vorgaben der Vereinbarung nach § 17b Absatz 4 Satz 2 des Krankenhausfinanzierungsgesetzes und der Vereinbarung nach Absatz 1 Satz 1 im Pflegebudget
   a) zu berücksichtigenden jahresdurchschnittlichen Stellenbesetzung der Pflegevollkräfte, gegliedert nach Berufsbezeichnungen, und
   b) zu berücksichtigenden Pflegepersonalkosten,
4. eine geprüfte Aufstellung der Summe der auf das Vereinbarungsjahr entfallenden Erlöse des Krankenhauses aus den tagesbezogenen Pflegeentgelten nach § 7 Absatz 1 Satz 1 Nummer 6a und
5. die Überprüfung der zweckentsprechenden Verwendung der Mittel im Sinne des Absatzes 1 Satz 3.

Für die Vorlage der Daten nach Satz 2, die Dokumentation nach Satz 3 und die nach Satz 4 vorzulegende Bestätigung sind die Vorgaben der Vereinbarung nach § 9 Absatz 1 Nummer 8 zu beachten. Die Krankenkassen, die Vertragsparteien nach § 11 sind, übermitteln dem Institut für das Entgeltsystem im Krankenhaus unverzüglich nach der Vereinbarung des Pflegebudgets die Daten nach Satz 2 und die Dokumentation nach Satz 3 elektronisch; das Institut für das Entgeltsystem im Krankenhaus veröffentlicht die in den Sätzen 3 und 4 Nummer 1 bis 3 und 5 genannten Angaben krankenhausbezogen barrierefrei auf seiner Internetseite. Die näheren Einzelheiten zur Übermittlung der Angaben nach Satz 6 und zu Maßnahmen im Falle der nicht oder nicht unverzüglich erfolgenden Übermittlung sowie einer nicht fristgerechten Vorlage der Bestätigung des Jahresabschlussprüfers nach Satz 4 legt das Institut für das Entgeltsystem im Krankenhaus im Benehmen mit dem Spitzenverband Bund der Krankenkassen fest.

(4) Die Abzahlung des Pflegebudgets erfolgt über einen krankenhausindividuellen Pflegeentgeltwert. Der krankenhausindividuelle Pflegeentgeltwert wird berechnet, indem das für das Vereinbarungsjahr vereinbarte Pflegebudget dividiert wird durch die nach dem Pflegeerlöskatalog nach § 17b Absatz 4 Satz 5 des Krankenhausfinanzierungsgesetzes ermittelte voraussichtliche Summe der Bewertungsrelationen für das Vereinbarungsjahr. Der für das jeweilige Jahr geltende krankenhausindividuelle Pflegeentgeltwert ist der Abrechnung der mit Bewertungsrelationen bewerteten tagesbezogenen Pflegeentgelten nach § 7 Absatz 1 Satz 1 Nummer 6a für voll- und teilstationäre Belegungstage zugrunde zu legen. Ist der krankenhausindividuelle Pflegeentgeltwert für das Jahr 2020 niedriger als der nach § 15 Absatz 2a Satz 1 für den Zeitraum vom 1. April 2020 bis zum 31. Dezember 2020 geltende Pflegeentgeltwert in Höhe von 185 Euro, ist für den Zeitraum vom 1. April 2020 bis zum 31. Dezember 2020 der Pflegeentgeltwert in Höhe von 185 Euro bei der Abrechnung der tagesbezogenen Pflegeentgelte nach § 7 Absatz 1 Satz 1 Nummer 6a zugrunde zu legen; die für das Jahr 2020 in § 15 Absatz 2a Satz 3 Nummer 2 getroffenen Regelungen gelten entsprechend.

(5) Weicht die Summe der auf das Vereinbarungsjahr entfallenden Erlöse des Krankenhauses aus den tagesbezogenen Pflegeentgelten nach § 7 Absatz 1 Satz 1 Nummer 6a von dem vereinbarten Pflegebudget ab, so werden Mehr- oder Mindererlöse vollständig ausgeglichen. § 4 Absatz 3 Satz 7 und 9 ist entsprechend anzuwenden. Der ermittelte Ausgleichsbetrag ist über das Pflegebudget für den nächstmöglichen Vereinbarungszeitraum abzuwickeln.

(6) Abweichend von Absatz 1 Satz 1 gehen bei der Vereinbarung des Pflegebudgets für das Jahr 2020 die Summe der krankenhausindividuell vereinbarten Mittel nach § 4 Absatz 8 und die Mittel nach § 4 Absatz 9 in dem Pflegebudget für das Jahr 2020 auf. Die Mittel nach § 4 Absatz 9 gehen nur dann in dem Pflegebudget für das Jahr 2020 auf, soweit diese den Pflegepersonalkosten nach Absatz 1 Satz 1 zuzuordnen sind und es sich um laufende Kosten handelt. Ist die für das Jahr 2020 zu vereinbarende Summe aus dem Gesamtbetrag nach § 4 Absatz 3 Satz 1 und dem zu vereinbarenden Pflegebudget um mehr als 2 Prozent und für das Jahr 2021 um mehr als 4 Prozent niedriger als der jeweils vereinbarte Vorjahreswert, ist für diese Jahre das Pflegebudget so zu erhöhen, dass damit die Minderung der Summe aus Gesamtbetrag und Pflegebudget für das Jahr 2020 auf 2 Prozent und für das Jahr 2021 auf 4 Prozent begrenzt wird. Diese Erhöhung

des Pflegebudgets unterliegt nicht der Pflicht zur Rückzahlung für nicht zweckentsprechend verwendete Mittel nach der Vereinbarung nach § 9 Absatz 1 Nummer 8. Satz 3 findet keine Anwendung bei einer Minderung der Summe aus Gesamtbetrag und Pflegebudget auf Grund von Leistungsrückgängen.

(7) Sofern die Vertragsparteien nach § 11 bis zum 20. Juli 2021 noch kein Pflegebudget nach Absatz 1 Satz 1 für das Jahr 2020 vereinbart haben, legen sie hierfür die nach § 17b Absatz 4 Satz 2 des Krankenhausfinanzierungsgesetzes vereinbarte Definition der auszugliedernden Pflegepersonalkosten und der Zuordnung von Kosten von Pflegepersonal für das Vereinbarungsjahr 2021 zugrunde.

**Übersicht**

| | | Rdn. | | | Rdn. |
|---|---|---|---|---|---|
| I. | Gegenstand des Pflegebudgets (Abs. 1) .................. | 1 | IV. | Umsetzung des Pflegebudgets (Abs. 4 und 5) ................ | 13 |
| II. | Ermittlung, Berichtigung und Ausgleich des Pflegebudgets (Abs. 2)..... | 4 | V. | Sonderregelungen für 2020 und 2021 (Abs. 6 und 7) ................ | 16 |
| III. | Dokumentations- und Nachweispflichten (Abs. 3) .................. | 10 | VI. | Instandhaltungspauschale ........... | 19 |

### I. Gegenstand des Pflegebudgets (Abs. 1)

Seit 2020 haben die Vertragsparteien nach § 11 ein krankenhausindividuelles Pflegebudget zu vereinbaren. Gegenstand des Pflegebudgets sind die Pflegepersonalkosten nach § 17b Abs. 4 KHG. Eine Definition der in das Pflegebudget einzubeziehenden Kosten war von den Bundesvertragsparteien nach § 17b Abs. 2 Satz 1 KHG zu vereinbaren. Dem Auftrag kamen die Bundesvertragsparteien mit der Pflegepersonalkostenabgrenzungsvereinbarung vom 18.02.2019 nach. Ziel der Vereinbarung ist die Sicherstellung der größtmöglichen Kongruenz zwischen der Ausgliederung der Pflegepersonalkosten auf Bundesebene und der Abgrenzung der Pflegepersonalkosten auf der Ebene der Krankenhäuser (Ortsebene). 1

Das Pflegebudget umfasst nicht nur die Kosten des examinierten Pflegepersonals. Auch Mitarbeiter der Rubriken »sonstige Berufe« und »ohne Berufsabschluss« sind grundsätzlich bei der Ermittlung des Pflegebudgets anteilig zu berücksichtigen, soweit das Personal in der unmittelbaren Patientenversorgung auf bettenführenden Stationen tätig ist. Die Zuordnung gilt allerdings mit der Einschränkung, dass für die Berücksichtigungsfähigkeit von Mitarbeitern der Rubriken »sonstige Berufe« und »ohne Berufsabschluss« eine Obergrenze gilt, die durch die Anzahl der entsprechenden Vollkräfte im Jahresdurchschnitt 2018 gezogen wird; Personal oberhalb der Obergrenze ist bei den pflegeentlastenden Maßnahmen in Höhe der hierdurch eingesparten Pflegepersonalkosten zu berücksichtigen. Dies folgt aus der Änderungsvereinbarung vom 18.12.2020 zur Pflegepersonalkostenabgrenzungsvereinbarung für den Vereinbarungszeitraum 2021. Für den Vereinbarungszeitraum 2020 wurde eine inhaltliche entsprechende, jedoch unverbindliche Empfehlung der Bundesvertragsparteien vereinbart. Von einer verbindlichen Regelung für das Jahr 2020 nahmen die Vertragsparteien auf Bundesebene aus (verfassungs-)rechtlichen Bedenken Abstand. Diese Bedenken wurden vom Bundesgesetzgeber nicht geteilt. Er gab daher im Rahmen des Gesundheitsversorgungsweiterentwicklungsgesetzes vom 11.07.2021 durch Abs. 7 vor, dass die für 2021 vereinbarte Definition (Änderungsvereinbarung vom 18.12.2020 zur Pflegepersonalkostenabgrenzungsvereinbarung für den Vereinbarungszeitraum 2021) bereits für den Vereinbarungszeitraum 2020 Verbindlichkeit entfaltet, sofern bis zum 20.07.2021 noch keine Vereinbarung über das Pflegebudget 2020 abgeschlossen war (s. Rdn. 18a). 1a

Ergänzend zur positiven Definition der Pflegepersonalkosten durch die Bundesvertragsparteien tritt nach § 6a Abs. 1 Satz 2 eine negative Aufzählung von Entgelten hinzu, die nicht Gegenstand des Pflegebudgets sind. Dazu gehören nach Nr. 1 zunächst die Entgelte, die nach der Ausgliederung der Pflegepersonalkosten im Erlösbudget nach § 4 oder in der Erlössumme nach § 6 Abs. 3 2

# § 6a KHEntgG  Vereinbarung eines Pflegebudgets

verbleiben. Die Regelung besitzt insoweit lediglich klarstellenden Charakter. Anders verhält es sich mit dem Ausschluss von Zu- und Abschlägen nach § 7 Abs. 1 Satz 1 Nr. 4, von Entgelten für neue Untersuchungs- und Behandlungsmethoden nach § 6 Abs. 2 und von Zusatzentgelten für die Fachbehandlung von Blutern. In diesen Entgelten können weiterhin Pflegepersonalkosten enthalten sein.

3 Das Pflegebudget ist gem. § 6a Abs. 1 Satz 3 zweckgebunden für die Finanzierung der Pflegepersonalkosten im Sinne der bundeseinheitlichen Definition nach § 17b Abs. 4 KHG zu verwenden. Eine Verwendung für investive oder sonstige Zwecke ist grundsätzlich unzulässig, soweit nicht nach § 6a Abs. 1 Satz 7 ein Erhöhungsbetrag für Entlastungsmaßnahmen vereinbart wurde. Nicht zweckentsprechend verwendete Mittel sind gem. Satz 4 zurückzuzahlen (mit beachtlichen Argumenten kritisch zur weitgehenden Wiedereinführung einer Selbstkostendeckung: *Rüter* in: das krankenhaus 2018, S. 1128). Die Rückzahlung erfolgt über eine Verrechnung mit dem Pflegebudget des nächstmöglichen Vereinbarungszeitraums.

3a Gem. § 15 Abs. 2a Satz 3 Nr. 2 verbleiben Mittel aus den vorläufigen Pflegeentgeltwerten des Jahres 2020 (bis zum 31.03. 146,55 €, ab dem 01.04. 163,09 €) dem Krankenhaus, auch wenn eine Überdeckung der Pflegepersonalkosten zu verzeichnen ist. Die Bestimmung ist eine Sonderregelung aufgrund der COVID-19-Pandemie. Sie schränkt die Rückzahlungsverpflichtung nach § 6a Abs. 1 Satz 4 für das Jahr 2020 ein (s.a. Rdn. 15a).

## II. Ermittlung, Berichtigung und Ausgleich des Pflegebudgets (Abs. 2)

4 § 6a Abs. 2 legt die normativen Grundlagen zur Ermittlung des Pflegebudgets fest. Die Regelung sieht eine Durchbrechung des pauschalierenden Vergütungssystems zugunsten einer Kostendeckung vor.

5 Ausgangsgrundlage der Budgetermittlung sind nach § 6a Abs. 2 Satz 1 grds. die »im Vorjahr« entstandenen Pflegepersonalkosten. Während das Vorjahr in der finanzierungsrechtlichen Terminologie grundsätzlich auf eine prospektive Vereinbarung bezogen ist und somit zwei Jahre vor dem Vereinbarungszeitraum liegt, ist der Bedeutungsgehalt i.S.d. § 6a Abs. 2 Satz 1 wohl ein anderer. Denn nach Satz 2 sind bei der Budgetermittlung die »für das Vereinbarungsjahr zu erwartenden Veränderungen gegenüber dem Vorjahr« zu berücksichtigen. Das Vorjahr scheint also das Jahr unmittelbar vor dem Vereinbarungszeitraum zu sein. Unter dieser Prämisse legt der Begriff Vorjahr eine Verhandlung und Vereinbarung des Pflegebudgets während des bereits laufenden Vereinbarungszeitraums zugrunde (in diesem Sinne auch: § 2 Abs. 1 Satz 2 Pflegebudget Verhandlungsvereinbarung vom 25.11.2019).

5a Abweichend von der grundsätzlichen Vorjahresanknüpfung stellen die Änderungsvereinbarungen zur Pflegepersonalkostenabgrenzungsvereinbarung für die Vereinbarungszeiträume 2020 und 2021 für die Berücksichtigungsfähigkeit von Mitarbeitern der Rubriken »sonstige Berufe« und »ohne Berufsabschluss« eine Obergrenze auf, die durch die Anzahl der entsprechenden Vollkräfte im Jahresdurchschnitt 2018 gezogen wird. Zur nachträglichen Legitimation dieser Abgrenzungsregelungen wurden die Sätze 1 und 2 durch das Gesundheitsversorgungsweiterentwicklungsgesetz vom 11.07.2021 dahin erweitert, dass spezifisch für die Mitarbeiter der Rubriken »sonstige Berufe« und »ohne Berufsabschluss« eine Anknüpfung an die Verhältnisse des Jahres 2018 zulässig ist.

6 Ebenso wie bei der Ermittlung des Erlösbudgets nach § 4 Abs. 2 sind auch bei der Ermittlung des Pflegebudgets möglichst aktuelle Daten zu verwenden. Eine Vorausschau ist generell nur dann berechtigt, wenn sie notwendig ist. Die Verwendung veralteter, durch Zeitablauf überholter Daten widerspricht dem Gebot der realistischen Budgetermittlung. Soweit nach Satz 2 im Rahmen einer prospektiven oder teilprospektiven Budgetermittlung die voraussichtlichen Veränderungen der Pflegepersonalkosten zu berücksichtigen sind, ist eine umfassende Einschätzung vorzunehmen. Zu nennen sind insbesondere die Anzahl der Pflegekräfte, ihre beruflichen Qualifikationen und die Gehaltsentwicklungen, z.B. durch Tariferhöhungen.

7 Weichen die tatsächlichen Pflegepersonalkosten des Vereinbarungszeitraums von der Höhe des Pflegebudgets ab, sind die Mehr- oder Minderkosten gem. Satz 3 vollständig über eine Berichtigung und

einen Ausgleich im Rahmen des Folgebudgets zu berücksichtigen. Diese Regelung und die Suspendierung der Begrenzung durch den Veränderungswert durch Satz 4 bilden den Kern der Kostendeckung des Pflegebudgets. Soweit kostenwirksame Maßnahmen, insbesondere eine Ausweitung des Personalbestandes in der Pflege am Bett eine Steigerung des Pflegebudgets erfordern, haben diese nach der Entscheidung des Gesetzgebers Vorrang vor dem Grundsatz der Beitragssatzstabilität. Maßgeblich für die Höhe der Berichtigung und des Ausgleichs sind die vom Jahresabschlussprüfer bestätigten Pflegepersonalkosten (BT-Drs. 19/30560 S. 88). Das Gesetz räumt den Vertragsparteien keine Befugnis ein, bei der Berichtigung und beim Ausgleich nach Satz 3 von den testierten Pflegepersonalkosten abzuweichen. Einen Gestaltungsspielraum haben die Vertragsparteien hingegen bei den pflegeentlastenden Maßnahmen, da diese von der Bestätigung des Jahresabschlussprüfers ausgenommen sind.

Gem. § 6a Abs. 2 Satz 5 wird die Wirtschaftlichkeit der dem einzelnen Krankenhaus entstehenden Personalkosten nicht geprüft. Damit geht indes keine Suspendierung des Wirtschaftlichkeitsgebots nach § 12 Abs. 1 SGB V einher. Das Wirtschaftlichkeitsgebot ist vom Krankenhaus zu beachten, wie sich den Gesetzesmaterialien (BT-Drs. 19/4453, S. 85) ausdrücklich entnehmen lässt. Dies lässt auch der zweite Halbsatz des § 6a Abs. 2 Satz 5 erkennen. Danach gilt die Bezahlung von Gehältern bis zur Höhe tarifvertraglich vereinbarter Vergütungen als wirtschaftlich, während eine darüber hinausgehende Vergütung eines sachlichen Grundes bedarf. Die beiden Halbsätze stehen zueinander in einem Regel-Ausnahme-Verhältnis. Der grundsätzliche Ausschluss einer Wirtschaftlichkeitsprüfung in Bezug auf Pflegepersonalkosten wird durchbrochen, wenn und soweit es um die Berücksichtigung von Gehältern oberhalb tarifvertraglich vereinbarter Vergütungen geht. Das explizite Erfordernis eines sachlichen Grundes für eine übersteigende Vergütung wäre sinnentleert, wenn seine Beachtung keiner Prüfung durch die Kostenträger bzw. im Streitfalle durch die Schiedsstelle zu unterziehen wäre. 8

§ 6a Abs. 2 Satz 5 stellt ergänzend klarer, dass § 275c Abs. 6 Nr. 1 SGB V zu beachten ist. Danach ist eine einzelfallbezogene Prüfung nach § 275c Abs. 1 Satz 1 SGB V bei der Abrechnung von tagesbezogenen Pflegeentgelten unzulässig. Prüfergebnisse aus anderweitigen Prüfanlässen werden insoweit umgesetzt, dass in Fällen, in denen es nach einer Prüfung bei der Abrechnung von voll- oder teilstationären Entgelten verbleibt, für die Ermittlung der tagesbezogenen Pflegeentgelte die ursprünglich berücksichtigten Belegungstage beibehalten werden und in Fällen, in denen eine Prüfung zur Abrechnung einer ambulanten oder vorstationären Vergütung nach § 8 Abs. 3 führt, die Abrechnung tagesbezogener Pflegeentgelte entfällt. 8a

Mit den Regelungen nach § 6a Abs. 2 Satz 6 bis Satz 8 werden in eingeschränktem Umfang Optionen und Anreize für pflegeentlastende Maßnahmen mit kostensenkenden Effekten geschaffen. Dabei geht es z.B. um den Einsatz von Hilfspersonal oder von Robotik (BT-Drs. 19/4453, S. 86). Voraussetzung für die Berücksichtigung pflegeentlastender Maßnahmen ist, dass keine Beeinträchtigung oder Gefährdung der Patientensicherheit eintreten darf. Die eingesparten bzw. einzusparenden Personalkosten sind bei der Ermittlung des Pflegebudgets bis zu einer Höhe von 4 % des Pflegebudgets erhöhend zu berücksichtigen. Diese Regelung impliziert zwingend eine Modifikation der Vorgaben zur zweckentsprechenden Mittelverwendung. Denn die Erhöhung des Pflegebudgets um eingesparte Pflegepersonalkosten zugunsten pflegeentlastender Maßnahmen würde keinen Sinn ergeben, wenn insoweit eine Rückzahlung mangels zweckentsprechender Mittelverwendung erfolgen müsste. Für Erhöhungsbeträge nach § 6a Abs. 2 Satz 7 tritt daher an die Stelle der Zweckbindung zur Finanzierung von Pflegepersonalkosten die Verpflichtung des Krankenhauses gem. Satz 8, die kostensenkende Wirkung der betreffenden Maßnahmen zu begründen und die Durchführung der Maßnahmen nachzuweisen. Wird eine Maßnahme nicht durchgeführt, ist der darauf entfallende Erhöhungsbetrag vom Krankenhaus zurückzuzahlen. 9

Wann eine pflegeentlastende Maßnahme begonnen wurde, ist unerheblich. § 6a sieht hierfür keinen Stichtag vor, anders als beispielsweise § 4 Abs. 9 Satz 3. Auch die Gesetzesmaterialien beinhalten keinen Anhaltspunkt für einen gesetzgeberisch gewollten Stichtag. Im Gegenteil: Ausweislich der BT-Drs. 19/4453 war ursprünglich beabsichtigt, den Kreis der pflegeentlastenden Maßnahmen auf solche zu beschränken, die »das Krankenhaus ab dem Jahr 2020« ergreift. Aufgrund der 9a

Beschlussempfehlung des Ausschusses für Gesundheit (BT-Drs. 19/5593) wurde die erweiternde Formulierung aufgenommen, wonach § 6a Abs. 2 Satz 6 neben den ab 2020 ergriffenen Maßnahmen auch den Fall erfasst, dass das Krankenhaus »bereits ergriffene Maßnahmen fortsetzt«. Gem. der amtlichen Begründung (BT-Drs. 19/5593, S. 125) soll die Erweiterung des Tatbestandes gewährleisten, dass Krankenhäuser, die bereits vor dem Jahr 2020 ergriffene pflegeentlastende Maßnahmen fortsetzen und denen hieraus im Geltungsjahr des Pflegebudgets Kosten entstehen, nicht benachteiligt werden.

9b  Gehen die Personalkosten von Pflegepersonal ohne direktes Arbeitsverhältnis mit dem Krankenhaus über das tarifvertraglich vereinbarte Arbeitsentgelt für das Pflegepersonal mit direktem Arbeitsverhältnis hinaus, sind gem. § 6a Abs. 2 Satz 9 die überschießenden Vergütungsanteile im Pflegebudget nicht zu berücksichtigen. Die Regelung zielt darauf ab, Fehlentwicklungen im Hinblick auf die Höhe des Arbeitsent-gelts und die Zahlung von Vermittlungsentgelten für die Beschäftigung insbesondere von Leiharbeitnehmern entgegenzuwirkt; daher sind Kosten für die Zahlung von Vermittlungsentgelten und weiteren Entgelten für die Vermittlung (z.B. Provisionen) im Pflegebudget nicht berücksichtigungsfähig (BT-Drs. 19/14871, S. 118). Die (entsprechende) Anwendung des § 6a Abs. 2 Satz 5 Hs. 2, wonach auch Gehälter oberhalb der tariflich vereinbarten Vergütung bei Vorliegen eines sachlichen Grundes im Pflegebudget zu berücksichtigen sind, wird durch § 6a Abs. 2 Satz 9 nicht ausgeschlossen.

### III. Dokumentations- und Nachweispflichten (Abs. 3)

10  § 6a Abs. 3 wurde im Rahmen des Gesundheitsversorgungsweiterentwicklungsgesetzes vom 11.07.2021 neu gefasst. Die Vorschrift legt die Dokumentations- und Nachweispflichten der örtlichen Vertragsparteien fest. Eine ergänzende Konkretisierung erfolgt durch die Bundesvereinbarung nach § 9 Abs. 1 Nr. 8.

11  Die Sätze 1 und 2 des § 6a Abs. 3 definieren die Vorlagepflichten in Bezug auf die Ermittlung eines Pflegebudgets. Für eine Berücksichtigung von Personalkosten für Mitarbeiter der Rubriken »sonstige Berufe« und »ohne Berufsabschluss« sind zusätzlich Daten und Nachweise des Jahres 2018 vorzulegen, aus denen sich die hierbei zu beachtende Obergrenze ergibt. Diese Verpflichtung gilt für das Pflegebudget des Jahres 2020 nicht, sofern eine entsprechende Vereinbarung bis zum 20.07.2021 abgeschlossen war (s. Abs. 7, Rdn. 18a–c). Gegenstand der Unterlagen sind primär die jahresdurchschnittlichen Stellenbesetzungen in Pflegevollkräften, gegliedert nach Berufsbezeichnungen, sowie die Pflegepersonalkosten. Nach dem Wortlaut des Gesetzes sind die betreffenden Daten »nachzuweisen«. Ein Nachweis im engeren Sinne ist jedoch nur im Hinblick auf die Ist-Daten des abgelaufenen Jahres, die verfügbaren Ist-Daten des laufenden Jahres, des Jahres 2018 und ggf. die verfügbaren Ist-Daten des Vereinbarungszeitraums möglich. Soweit sich die Forderung auf einen künftigen Zeitraum bezieht, ist der »Nachweis« naturgemäß eine Vorauskalkulation.

11a Die Pflegebudgetverhandlungsvereinbarung vom 25.11.2019 beinhaltet eine normative Konkretisierung der Vorlagepflichten des Krankenhauses. Der Mindestumfang ergibt sich danach aus den Anlagen 1, 2 und 3 zur Pflegebudgetverhandlungsvereinbarung. Einschränkend folgt aus § 2 Abs. 2 Satz 3 Pflegebudgetverhandlungsvereinbarung, dass für die Vereinbarung des Pflegebudgets 2020 die Anlage 1.1 (Ist-Daten des Jahres 2018) nicht vorzulegen ist. Soweit das Krankenhaus die anteilige Berücksichtigung von Personal der Kategorien »sonstige Berufe« und »ohne Berufsabschluss« fordert, müssen geeignete Unterlagen für die Abgrenzung von nicht pflegebudgetrelevanten Tätigkeiten und Kosten vorgelegt werden. Das können insbesondere Tätigkeitsbeschreibungen sein, aber auch Dienstpläne, Stellenpläne/Stellenübersichten, Dienstpläne, Zeiterfassung und Leistungsstatistiken. Für die Vereinbarung und den Nachweis pflegeentlastender Maßnahmen hat das Krankenhaus gem. § 5 Abs. 3 Pflegebudgetverhandlungsvereinbarung vorzulegen: a. Beschreibung der konkreten Entlastung des Pflegepersonals durch die Maßnahme im Vereinbarungszeitraum (inkl. Anzahl entlasteter Pflegekräfte in VK), b. Kurzbeschreibung der Maßnahme und der betroffenen Organisationseinheit/-en, c. Startpunkt und Laufzeit der Maßnahme und d. Einsparung in Euro und VK durch die Maßnahme pro Jahr.

Eine weitergehende Vorlageverpflichtung des Krankenhauses kann aus § 11 Abs. 4 Satz 3 und 4 resultieren. Danach hat das Krankenhaus auf gemeinsames Verlangen der Kostenträger zusätzliche Unterlagen vorzulegen und Angaben zu machen, wenn und soweit dies zur Beurteilung der Leistungen des Krankenhauses im Einzelfall erforderlich ist, wobei der zu erwartende Nutzen den voraussichtlichen Aufwand deutlich übersteigen muss. Die gesetzlich verlangte Veranlassung »im Einzelfall« schließt eine regelhafte, standardisierte Anforderung zusätzlicher Unterlagen über die normativen Vorlagepflichten hinaus aus. Erforderlich ist ein konkreter Anlass, den die Kostenträger auf Verlangen des Krankenhauses darlegen müssen. 11b

Gemäß § 6a Abs. 3 Satz 3 haben die Vertragsparteien das vereinbarte Pflegebudget einschließlich der jahresdurchschnittlichen Stellenbesetzung der Pflegevollkräfte, gegliedert nach Berufsbezeichnungen, zu dokumentieren. Die Dokumentation muss sich insbesondere auf die wesentlichen Rechengrößen erstrecken. Dazu zählen unter anderem die Anzahl der nach Berufsbezeichnungen gegliederten Vollkräfte, die Pflegepersonalkosten, die pflegeentlastenden Maßnahmen, die Ausgleiche für Mehr- oder Minderkosten nach Abs. 2 Satz 3 und die Mehr- oder Mindererlösausgleiche nach Abs. 5 Satz 1 sowie eventuelle Rückzahlungen von nicht zweckentsprechend verwendeten Mitteln (BT-Drs. 19/30560 S. 88). Die Dokumentationspflicht dient der Herstellung von Transparenz und soll den Vertragsparteien auf Bundesebene ermöglichen, ihrer Berichtspflicht mit dem Ziel einer Weiterentwicklung des Vergütungssystems nachzukommen (BT-Drs. 19/30560 S. 88). 11c

Zum 30.09. des jeweiligen Folgejahres hat der Krankenhausträger den anderen Vertragsparteien nach § 11 und dem InEK eine Bestätigung des Jahresabschlussprüfers vorzulegen. Die Bestätigung des Jahresabschlussprüfers ist ein »Nachweis« im engeren Sinne des Wortes. Sie ist die verbindliche Grundlage, aus der sich ersehen lässt, ob und ggf. in welcher Höhe Berichtigungen, Ausgleiche und Rückzahlungen hinsichtlich der Pflegepersonalkosten vorzunehmen sind (BT-Drs. 19/30560 S. 88). Abweichungsmöglichkeiten räumt das Gesetz den Vertragsparteien nicht ein. § 6a Abs. 3 Satz 4 listet im Einzelnen auf, worauf sich die Bestätigung des Jahresabschlussprüfers zu erstrecken hat. Nach den Gesetzesmaterialien (BT-Drs. 19/30560 S. 88) sollen Maßstab für die Prüfung neben den gesetzlichen und untergesetzlichen Vorgaben auch die Regelungen der krankenhausindividuellen Vereinbarung des Pflegebudgets sein. Diese Aussage findet im Wortlaut des Gesetzes keine Stütze. Die Vertragsparteien vor Ort besitzen keine Befugnis, von den gesetzlichen oder untergesetzlichen Vorgaben zur Abgrenzung der pflegebudgetrelevanten Kosten abzuweichen oder die Vorgaben mit Wirkung für den Jahresabschlussprüfer verbindlich zu konkretisieren. Die Einbeziehung der krankenhausindividuellen Vereinbarung des Pflegebudgets in die Prüfung nach § 6a Abs. 3 Satz 4 kann daher nur einen informatorischen Charakter besitzen. 12

Die vom Krankenhaus vorgelegten Daten zu den pflegebudgetrelevanten Kosten sowie die Dokumentation und die Bestätigung des Jahresabschlussprüfers sind gem. § 6a Abs. 3 Satz 5 und 6 von den kassenseitigen Vertragsparteien in elektronischer Form an InEK zu übermitteln. Dort werden die Angaben (mit Ausnahme der auf das Vereinbarungsjahr entfallenden Erlöse aus den Pflegeentgelten) barrierefrei im Internet veröffentlicht. Mit der Datenübermittlung wird das Ziel verfolgt, das Entgeltsystem weiterzuentwickeln, insbesondere um Doppelfinanzierungen zu verhindern (BT-Drs. 18/14871 S. 119). Zu den näheren Einzelheiten veröffentlichte das InEK auf seiner Homepage die Festlegungen gemäß § 6a Abs. 3 Satz 7 im Benehmen mit dem Spitzenverband Bund der Krankenkassen vom 09.09.2021. 12a

## IV. Umsetzung des Pflegebudgets (Abs. 4 und 5)

Abs. 4 und 5 des § 6a betreffen die Umsetzung des vereinbarten und genehmigten Pflegebudgets. Nach Abs. 4 erfolgt die Abzahlung des Pflegebudgets über einen krankenhausindividuellen Pflegeentgeltwert. Die Bestimmungen zu seiner Ermittlung entsprechen im Wesentlichen den Vorschriften, nach denen der krankenhausindividuelle Basisfallwert in den frühen Jahren des DRG-Systems (budgetneutrale Phase und Konvergenzzeitraum) ermittelt wurde. Die Vertragsparteien haben nach dem Gebot einer realistischen Leistungsprognose die voraussichtliche Summe der Bewertungsrelationen auf der Grundlage des Pflegeerlöskatalogs nach § 17b Abs. 4 Satz 5 KHG zu vereinbaren. 13

Der krankenhausindividuelle Pflegeentgeltwert errechnet sich, indem das Pflegebudget durch die voraussichtliche Summe der Bewertungsrelationen dividiert wird. Zur gesetzlich vorgesehenen Prospektivität gelten dieselben Grundsätze wie im Rahmen des § 4 Abs. 2. Auf die dortigen Ausführungen (Rdn. 7) wird insoweit verwiesen.

14 Das Pflegebudget wird erlöst durch die Abrechnung tagesbezogener Pflegeentgelte. Ihre Abrechnung erfolgt für alle Benutzer des Krankenhauses einheitlich als Vergütungsbestandteil für voll- und teilstationäre pflegerische Versorgungsleistungen.

15 Durch § 6a Abs. 5 wird gewährleistet, dass das vereinbarte Pflegebudget dem Krankenhaus vollständig zur Verfügung gestellt wird. Nach Satz 1 werden Mehr- oder Minderlöse zwischen dem Erlösbudget und den Pflegeentgelten vollständig ausgeglichen. Auf die Ursachen der Erlösdifferenzen kommt es nicht an (BT-Drs. 19/4453, S. 87). Dies umfasst insbesondere Abrechnungskürzungen, z.B. infolge einer Fehlbelegung. Ein Mindererlösausgleich kann hingegen nicht gefordert werden, soweit für einen abgelaufenen Vereinbarungszeitraum eine absenkende Berichtigung nach § 6a Abs. 2 Satz 3 vorzunehmen ist. Eine solche Berichtigung ist durchzuführen, wenn die tatsächlichen Pflegepersonalkosten von den vereinbarten Pflegepersonalkosten eines Vereinbarungszeitraums abweichen. Der daraus resultierende Ausgleich und der gegenläufige Mindererlösausgleich nach § 6a Abs. 5 sind gem. dem Rechtsgedanken der Aufrechnungsbestimmungen nach § 387 ff. BGB miteinander zu saldieren.

15a Bedingt durch die COVID-19-Pandemie gibt § 6a Abs. 4 Satz 4 Sonderregelungen zum Pflegeentgeltwert für das Jahr 2020 vor. Zur Stärkung der Liquidität der Krankenhäuser wurde der vorläufig anzuwendende Pflegeentgeltwert für den Zeitraum vom 01.04. bis 31.12.2020 von 146,55 € auf 185 € angehoben. Um eine Benachteiligung von Krankenhäusern zu vermeiden, die beim unterjährigen Inkrafttreten des § 6a Abs. 4 Satz 4 am 23.05.2020 bereits ein Pflegebudget vereinbart hatten, tritt der gesetzliche Pflegeentgeltwert von 185 € an die Stelle eines geringeren krankenhausindividuellen Pflegeentgeltwerts. Dagegen bleibt es beim krankenhausindividuellen Pflegeentgeltwert, wenn dieser oberhalb von 185 € liegt. Erhält ein Krankenhaus aufgrund der vorläufigen Abrechnung des gesetzlich vorgegebenen Pflegeentgeltwerts von 185 € insgesamt im Jahr 2020 einen Mittelzufluss oberhalb seiner pflegebudgetrelevanten Kosten, ist gem. § 15 Abs. 2a Satz 3 Nr. 2 eine Rückzahlung der übersteigenden Mittel ausgeschlossen (BT-Drs. 19/19216, S. 102).

### V. Sonderregelungen für 2020 und 2021 (Abs. 6 und 7)

16 § 6a Abs. 6 enthält weitere Sonderregelungen für die Jahre 2020 und 2021. Gem. Satz 1 gehen die (für 2019) krankenhausindividuell vereinbarten Mittel aus dem Pflegestellen-Förderprogramm nach § 4 Abs. 8 im ersten Pflegebudget für das Jahr 2020 auf. Hinzu treten nach § 6a Abs. 1 und Abs. 2 die (für 2019) krankenhausindividuell vereinbarten Mittel des Hygieneförderprogramms nach § 4 Abs. 9, soweit diese den Pflegepersonalkosten nach § 6a Abs. 1 Satz 1 zuzuordnen sind und es sich um laufende Kosten handelt. Mittel des Hygieneförderprogramms, die z.B. auf Fortbildungskosten entfallen, sind nach den Gesetzesmaterialien (BT-Drs. 19/4453, S. 87) nicht in das Pflegebudget einzubeziehen.

17 Die Sätze 3 bis 5 des § 6a Abs. 6 begrenzen für die Jahre 2020 und 2021 einen möglichen Erlösrückgang im Zuge der Einführung des Pflegebudgets. Liegt die Summe aus dem Gesamtbetrag nach § 4 Abs. 3 Satz 1 und dem Pflegebudget für das Jahr 2020 unter dem entsprechenden Vorjahreswert, ist das Pflegebudget so zu erhöhen, dass die Abweichung auf 2 % begrenzt wird. Für 2021 beläuft sich der maximale Rückgang auf 4 %. § 6a Abs. 6 Satz 4 stellt klar, dass der Erhöhungsbetrag nach Satz 3 nicht der Pflicht zur Rückzahlung für zweckwidrig verwendete Mittel unterliegt. Das ist folgerichtig. Anderenfalls würde die Erhöhung aufgrund der Rückzahlungspflicht für nicht zweckentsprechend verwendete Mittel weitgehend ins Leere laufen.

18 Eine Erhöhung des Pflegebudgets nach § 6a Abs. 6 Satz 3 ist gem. Satz 5 nicht vorzunehmen, wenn und soweit Leistungsrückgänge ursächlich für die verminderte Summe aus Gesamtbetrag

und Pflegebudget sind. Geltung beansprucht der Schutzmechanismus hingegen, wenn und soweit die Minderung auf rückläufige Kosten, z.B. infolge eines Personalrückgangs, zurückzuführen ist.

Im Rahmen des Gesundheitsversorgungsweiterentwicklungsgesetzes vom 11.07.2021 wurde § 6a um Abs. 7 erweitert. Danach ist die auf der Bundesebene vereinbarte Definition der auszugliedernden Pflegepersonalkosten und der Zuordnung von Kosten von Pflegepersonal für das Vereinbarungsjahr 2021 bereits für den Vereinbarungszeitraum 2020 maßgeblich, sofern bis zum 20.07.2021 noch kein Pflegebudget für das Jahr 2020 vereinbart wurde. Eine verfassungsrechtlich unzulässige echte Rückwirkung der Regelung nach Abs. 7 wird in den Gesetzesmaterialien (BT-Drs. 19/30560 S. 89) zutreffend mit der Begründung verneint, dass bis zur Vereinbarung eines Pflegebudgets ein abgeschlossener Sachverhalt noch nicht vorliegt. 18a

Das Kriterium der Vereinbarung eines Pflegebudgets für 2020 nach Abs. 7 verlangt eine Entgeltvereinbarung unter Beachtung der Schriftform. Diese Voraussetzung ist erfüllt, sobald das Unterschriftenverfahren abgeschlossen ist. Dagegen muss die (nach § 18 Abs. 1 Satz 4 KHG fingierte) Zustimmung der Kassenverbände und die Genehmigung der Vereinbarung nicht bis zum 11.07.2021 vorgelegen haben. § 18 KHG gibt ein gestuftes Verfahren vor mit einer Differenzierung zwischen 1. der Vereinbarung zwischen den Vertragsparteien, 2. der (fingierten) Zustimmung der Kassenverbände und 3. der Genehmigung. Abs. 7 stellt nach seinem insoweit eindeutigen Wortlaut darauf ab, ob die Vertragsparteien nach § 11 zum Stichtag ein Pflegebudget für 2020 vereinbart haben (1. Stufe). Neben einer endgültigen Vereinbarung nach § 11 ist auch eine vorläufige Vereinbarung nach § 12 tatbestandlich, soweit sich die Vorläufigkeit nicht auf das Pflegebudget erstreckt. Ist das Pflegebudget 2020 insgesamt vorläufig gestellt, findet die Änderungsvereinbarung zur Abgrenzungsvereinbarung für 2021 im Schiedsstellenverfahren uneingeschränkte Anwendung. 18b

Das Gesetz enthält keine explizite Regelung zu der Frage, wie es um die zeitliche Anwendbarkeit der Neuregelungen durch das Gesundheitsversorgungsweiterentwicklungsgesetz vom 11.07.2021 auf die Bestätigungen des Jahresabschlussprüfers (WP-Bestätigungen) für 2020 bestellt ist. Liegt eine WP-Bestätigung zum 20.07.2021 (Tag des Inkrafttretens des Gesundheitsversorgungsweiterentwicklungsgesetzes) noch nicht vor, sind die Neuregelungen grundsätzlich anzuwenden. Eine Ausnahme gilt allerdings für den Fall, dass das Pflegebudget vor dem 20.07.2021 vereinbart wurde. Wie aus § 6a Abs. 7 ersichtlich ist, sollen Krankenhäuser in dieser Konstellation »Vertrauensschutz auf den Bestand der vorherigen Rechtslage« genießen (BT-Drs. 19/30560 S. 89). Dieser Vertrauensschutz würde ins Leere gehen, wenn der Jahresabschlussprüfer im Nachgang zur geschützten Vereinbarung die neue Rechtslage anwenden müsste und dadurch Rückzahlungen über die Berichtigung nach § 6a Abs. 3 ausgelöst würden. Lag eine WP-Bestätigung zum Stichtag bereits vor, war der Sachverhalt für den Jahresabschlussprüfer bei Inkrafttreten des Gesundheitsversorgungsweiterentwicklungsgesetzes abgeschlossen. Eine nachträgliche gesetzliche Abänderung der Prüfungsmodalitäten wäre in einem solchen Fall aus der Perspektive des Jahresabschlussprüfers eine verfassungsrechtlich unzulässige echte Rückwirkung. Dieser Aspekt ist als Bestandteil der systematischen Auslegung (verfassungskonforme Auslegung) zu berücksichtigen. WP-Bestätigungen, die vor dem 20.07.2021 nach der damaligen Rechtslage gefertigt wurden, behalten daher ihre Verbindlichkeit nach § 6a Abs. 3. 18c

## VI. Instandhaltungspauschale

Gem. § 17 Abs. 4b Satz 3 KHG werden Instandhaltungskosten pauschal i.H.e. Betrages von 1,1 % der für die allgemeinen Krankenhausleistungen vereinbarten Vergütung finanziert. Die Instandhaltungspauschale ist auch beim Pflegebudget zu berücksichtigen, da es sich hierbei gem. § 3 Nr. 3a um eine Vergütung für allgemeine Krankenhausleistungen handelt, die nach § 6a Abs. 1 Satz 1 einer Vereinbarung unterliegt. Dem steht die Zweckbindung des Pflegebudgets nicht entgegen. Die Anbindung der Instandhaltungspauschale an die Vereinbarung von Finanzierungsmitteln, die ihrerseits zweckgebunden für Personalkosten zu verwenden sind, ist kein rechtliches Neuland. Auch in K5 Nr. 9 der früheren LKA waren häufig in erheblichem Umfang zweckgebundene Finanzierungsmittel enthalten, etwa gem. § 6 Abs. 1 Satz 4 Nr. 4 BPflV a.F. oder gem. § 10 Abs. 4 19

Psychiatrie-Personalverordnung für Psych-PV-Personal. Die Zweckbindung stand der Berechnung einer Instandhaltungspauschale auch auf diese Finanzierungsmittel unstreitig nicht entgegen. Für das Pflegebudget lassen sich insoweit keine abweichenden normativen Vorgaben erkennen. Die Verknüpfung mit der Vergütung ist nicht nur beim Pflegebudget, sondern generell bei jeder Vergütung lediglich technischer Natur zur Ermöglichung einer auf 1,1 % pauschalierten Abrechnung. Die Instandhaltungspauschale ist sachlich/inhaltlich unabhängig vom konkreten Gegenstand der Vergütung, an die sie angehängt wird. Auf das Ziel des Pflegebudgets, Pflegepersonalkosten in der Patientenversorgung besser und unabhängig von Fallpauschalen zu vergüten, hat eine Berücksichtigung der Instandhaltungspauschale keine Auswirkungen. Es muss lediglich beim Nachweis der zweckentsprechenden Mittelverwendung eine Neutralisierung der Instandhaltungspauschale vorgenommen werden. Der dafür erforderliche Rechenschritt ist denkbar simpel und lässt kein Potenzial erkennen, die gesetzlich angestrebte Transparenz der Mittelverwendung zu beeinträchtigen.

## § 7 Entgelte für allgemeine Krankenhausleistungen

(1) Die allgemeinen Krankenhausleistungen werden gegenüber den Patienten oder ihren Kostenträgern mit folgenden Entgelten abgerechnet:
1. Fallpauschalen nach dem auf Bundesebene vereinbarten Entgeltkatalog (§ 9),
2. Zusatzentgelte nach dem auf Bundesebene vereinbarten Entgeltkatalog (§ 9),
3. gesonderte Zusatzentgelte nach § 6 Abs. 2a,
4. Zu- und Abschläge nach § 17b Absatz 1a des Krankenhausfinanzierungsgesetzes und nach diesem Gesetz sowie nach § 33 Absatz 3 Satz 1 des Pflegeberufegesetzes,
5. Entgelte für besondere Einrichtungen und für Leistungen, die noch nicht von den auf Bundesebene vereinbarten Fallpauschalen und Zusatzentgelten erfasst werden (§ 6 Abs. 1),
6. Entgelte für neue Untersuchungs- und Behandlungsmethoden, die noch nicht in die Entgeltkataloge nach § 9 Abs. 1 Satz 1 Nr. 1 und 2 aufgenommen worden sind (§ 6 Abs. 2),
6a. tagesbezogene Pflegeentgelte zur Abzahlung des Pflegebudgets nach § 6a,
7. Pflegezuschlag nach § 8 Absatz 10.

Mit diesen Entgelten werden alle für die Versorgung des Patienten erforderlichen allgemeinen Krankenhausleistungen vergütet. Darüber hinaus werden der DRG-Systemzuschlag nach § 17b Abs. 5 des Krankenhausfinanzierungsgesetzes, der Systemzuschlag für den Gemeinsamen Bundesausschuss und das Institut für Qualität und Wirtschaftlichkeit im Gesundheitswesen nach § 91 Abs. 3 Satz 1 in Verbindung mit § 139c des Fünften Buches Sozialgesetzbuch und der Telematikzuschlag nach § 377 Absatz 1 und 2 des Fünften Buches Sozialgesetzbuch abgerechnet.

(2) Die Höhe der Entgelte nach Absatz 1 Satz 1 wird wie folgt ermittelt:
1. Fallpauschalen nach Absatz 1 Satz 1 Nr. 1; die sich aus dem bundeseinheitlichen Entgeltkatalog ergebende Bewertungsrelation einschließlich der Regelungen zur Grenzverweildauer und zu Verlegungen (effektive Bewertungsrelation) wird mit dem Landesbasisfallwert multipliziert;
2. Zusatzentgelte nach Absatz 1 Satz 1 Nr. 2; die bundeseinheitliche Entgelthöhe wird dem Entgeltkatalog entnommen;
3. Fallpauschalen, Zusatzentgelte und tagesbezogene Entgelte nach Absatz 1 Satz 1 Nummer 3, 5, 6 und 6a; die Entgelte sind in der nach den §§ 6 und 6a krankenhausindividuell vereinbarten Höhe abzurechnen;
4. Zu- und Abschläge nach Absatz 1 Satz 1 Nr. 4; die Zu- und Abschläge werden krankenhausindividuell vereinbart.

Die auf der Bundesebene vereinbarten Abrechnungsbestimmungen nach § 9 Abs. 1 Satz 1 Nr. 3 sind anzuwenden.

| Übersicht | Rdn. | | Rdn. |
|---|---|---|---|
| A. Entgeltarten............................ | 1 | III. Zu- und Abschläge................. | 5 |
| I. Fallpauschalen ...................... | 3 | IV. Sonstige Entgelte .................. | 6 |
| II. Zusatzentgelte ...................... | 4 | B. Ermittlung der Entgelthöhe........ | 8 |

## A. Entgeltarten

Gem. § 7 Abs. 1 Satz 1 werden die allgemeinen Krankenhausleistungen mit den in Nr. 1 bis 7 genannten Entgelten gegenüber den Patienten oder deren Kostenträgern abgerechnet. Bei den in § 7 Abs. 1 Satz 3 geregelten System- und Telematikzuschlägen handelt es sich dagegen nicht um Entgelte für allgemeine Krankenhausleistungen (BT-Drs. 14/10807, S. 31). 1

§ 7 Abs. 1 Satz 1 benennt die Entgelte nach dem KHEntgG abschließend: die Fallpauschale (Nr. 1), Zusatzentgelte (Nr. 2 und 3), Zu- und Abschläge (Nr. 4 und 7, Satz 3) und (besondere) Entgelte (Nr. 5, 6 und 6a). Die Vereinbarung weiterer Entgelte ist vorbehaltlich spezialgesetzlich Regelungen (z.B. §§ 63, 140b SGB V) unzulässig. § 7 hat insoweit nicht bloß eine Ordnungsfunktion, sondern Verbotscharakter. Verbotswidrig abgeschlossene Vereinbarungen sind gem. § 134 BGB unwirksam. Unberührt bleibt die Zulässigkeit von Wahlleistungsentgelten, da Wahlleistungen keine allgemeinen Krankenhausleistungen sind. 2

### I. Fallpauschalen

Seit der Einführung des DRG-Systems nach § 17b KHG wird jeder Behandlungsfall grundsätzlich mit einer Fallpauschale abgerechnet, die als Vergütung für alle erforderlichen Leistungen des Krankenhauses von der Aufnahme des Patienten bis zu seiner Entlassung dienen soll (§ 7 Abs. 1 Satz 2). Definiert und bewertet werden die Fallpauschalen in dem jährlich auf Bundesebene zu vereinbarenden Entgeltkatalog, § 9 Abs. 1 Satz 1 Nr. 1. 3

### II. Zusatzentgelte

Nach dem Wortlaut des § 17b Abs. 1 Satz 12 KHG können die Bundesvertragsparteien in eng begrenzten Ausnahmefällen zur Ergänzung der Fallpauschalen Zusatzentgelte für Leistungen, Leistungskomplexe oder Arzneimittel vereinbaren. Als gesetzliche Beispiele sind die Behandlung von Blutern und die Dialyse, soweit die Hauptleistung nicht die Behandlung eines Nierenversagens ist, genannt. Die vom Gesetz beabsichtigte enge Begrenzung von Zusatzentgelten hat sich in der Praxis nicht umsetzen lassen. In den Anlagen zur Fallpauschalenvereinbarung (FPV) werden in umfangreichen Katalogen bundeseinheitlich bepreiste Zusatzentgelte (Anlagen 2 und 5) sowie krankenhausindividuell zu bewertende Zusatzentgelte (Anlagen 3a, 3b, 4 und 6) erfasst und jährlich aktualisiert. Neben diesen Katalogzusatzentgelten können auf der Ortsebene unter den Voraussetzungen des § 6 Abs. 2a Satz 1 Nr. 1–3 besondere Zusatzentgelte für hochspezialisierte und seltene, nicht sachgerecht vergütete Leistungen vereinbart werden. 4

### III. Zu- und Abschläge

Zu- und Abschläge haben ebenso wie Zusatzentgelte eine ergänzende Finanzierungsfunktion für Sachverhalte, die über die Fallpauschalen nicht abgebildet sind. Während sich Zusatzentgelte stets unmittelbar auf Behandlungsleistungen (einschließlich Arzneimittel) beziehen, sind die Gegenstände der Zu- und Abschläge vielfältiger und im Regelfall nicht unmittelbar auf eine Behandlungsleistung bezogen. 5

### IV. Sonstige Entgelte

Den sonstigen Entgelten nach § 6 ist gemein, dass sie krankenhausindividuell vereinbart werden. Ansonsten ist das Erscheinungsbild uneinheitlich. § 6 sieht sowohl tagesbezogene Entgelte als auch fallbezogene Entgelte und Zusatzentgelte vor. Das gem. § 6a zu vereinbarende Pflegebudget wird durch ein tagesbezogenes Pflegeentgelt abgezahlt (§ 6 Abs. 1 Satz 1 Nr. 6a). 6

Gem. § 7 Abs. 1 Satz 1 Nr. 5 werden für besondere Einrichtungen, deren Leistungen insbesondere aus medizinischen Gründen – z.B. wegen einer Häufung von schwerkranken Patienten oder aus Gründen der Versorgungsstruktur – mit den Entgeltkatalogen nicht sachgerecht vergütet werden können (§ 17b Abs. 1 Satz 15 KHG), sowie für Leistungen, die noch nicht von 7 den auf Bundesebene vereinbarten Fallpauschalen und Zusatzentgelten erfasst werden, krankenhausindividuell sonstige fall- oder tagesbezogene Entgelte vereinbart (§ 6 Abs. 1). Für neue Untersuchungs- und Behandlungsmethoden können unter den Voraussetzungen des § 6 Abs. 2 krankenhausindividuelle fallbezogene Entgelte oder Zusatzentgelte vereinbart werden (§ 7 Abs. 1 Satz 1 Nr. 6).

**B. Ermittlung der Entgelthöhe**

8   § 7 Abs. 2 enthält Vorgaben zur Ermittlung der Höhe der Entgelte nach § 7 Abs. 1 der Vorschrift. Die sich danach ergebenden Beträge sind für alle Benutzer des Krankenhauses einheitlich zu berechnen, § 17 Abs. 1 Satz 1 KHG und § 8 Abs. 1 Satz 1. Das heißt, es handelt sich um Festpreise, die weder überschritten noch unterschritten werden dürfen.

9   Zusätzlich zu den in § 7 Abs. 2 genannten Faktoren für die Ermittlung der jeweiligen Entgelthöhe muss stets die Erforderlichkeit der abzurechnenden Leistung treten. Dieser aus § 2 Abs. 1 und § 39 Abs. 1 Satz 3 SGB V folgende Grundsatz wird nicht durch die Regelungen zur Grenzverweildauer (§ 1 FPV), auf die § 7 Abs. 2 Bezug nimmt, durchbrochen. Unterschreitet die medizinisch notwendige Verweildauer die untere Grenzverweildauer nach dem Fallpauschalenkatalog, so ist ein Abschlag von der Fallpauschale auch dann zu bilden, wenn die tatsächliche Verweildauer des Patienten oberhalb der unteren Grenzverweildauer lag (BSG, Beschl. v. 30.06.2009 – B 1 KR 24/08 R; a.A. LSG Rheinland-Pfalz KH 2009, 567).

## § 8 Berechnung der Entgelte

(1) Die Entgelte für allgemeine Krankenhausleistungen sind für alle Benutzer des Krankenhauses einheitlich zu berechnen; § 17 Abs. 5 des Krankenhausfinanzierungsgesetzes bleibt unberührt. Bei Patienten, die im Rahmen einer klinischen Studie behandelt werden, sind die Entgelte für allgemeine Krankenhausleistungen nach § 7 zu berechnen; dies gilt auch bei klinischen Studien mit Arzneimitteln. Die Entgelte dürfen nur im Rahmen des Versorgungsauftrags berechnet werden; dies gilt nicht für die Behandlung von Notfallpatienten. Der Versorgungsauftrag des Krankenhauses ergibt sich
1. bei einem Plankrankenhaus aus den Festlegungen des Krankenhausplans in Verbindung mit den Bescheiden zu seiner Durchführung nach § 6 Abs. 1 in Verbindung mit § 8 Abs. 1 Satz 3 des Krankenhausfinanzierungsgesetzes sowie einer ergänzenden Vereinbarung nach § 109 Abs. 1 Satz 4 des Fünften Buches Sozialgesetzbuch,
2. bei einer Hochschulklinik aus der Anerkennung nach den landesrechtlichen Vorschriften, dem Krankenhausplan nach § 6 Abs. 1 des Krankenhausfinanzierungsgesetzes sowie einer ergänzenden Vereinbarung nach § 109 Abs. 1 Satz 4 des Fünften Buches Sozialgesetzbuch,
3. bei anderen Krankenhäusern aus dem Versorgungsvertrag nach § 108 Nr. 3 des Fünften Buches Sozialgesetzbuch.

(2) Fallpauschalen werden für die Behandlungsfälle berechnet, die in dem Fallpauschalen-Katalog nach § 9 Abs. 1 Satz 1 Nr. 1 bestimmt sind. Für die Patienten von Belegärzten werden gesonderte Fallpauschalen berechnet. Zusätzlich zu einer Fallpauschale dürfen berechnet werden:
1. Zusatzentgelte nach dem Katalog nach § 9 Abs. 1 Satz 1 Nr. 2 oder nach § 6 Abs. 1 bis 2a, insbesondere für die Behandlung von Blutern mit Blutgerinnungsfaktoren sowie für eine Dialyse, wenn die Behandlung des Nierenversagens nicht die Hauptleistung ist,
2. Zu- und Abschläge nach § 17b Absatz 1a des Krankenhausfinanzierungsgesetzes und nach diesem Gesetz,
3. nachstationäre Behandlung nach § 115a des Fünften Buches Sozialgesetzbuch, soweit die Summe aus den stationären Belegungstagen und den vor- und nachstationären Behandlungstagen die Grenzverweildauer der Fallpauschale übersteigt; eine vorstationäre Behandlung ist *neben der Fallpauschale* nicht gesondert berechenbar; dies gilt auch für eine entsprechende Behandlung von Privatpatienten als allgemeine Krankenhausleistung,

4. Zuschläge nach den §§ 139c, 91 Abs. 2 Satz 6 und § 377 Absatz 1 und 2 des Fünften Buches Sozialgesetzbuch,
5. tagesbezogene Pflegeentgelte nach § 6a je voll- oder teilstationären Belegungstag.

(3) Hat nach dem Ergebnis einer Prüfung nach § 275c Absatz 1 des Fünften Buches Sozialgesetzbuch eine vollstationäre Behandlungsbedürftigkeit nicht vorgelegen, sind die vom Krankenhaus erbrachten Leistungen nach den für vorstationäre Behandlungen nach § 115a des Fünften Buches Sozialgesetzbuch getroffenen Vereinbarungen zu vergüten, soweit keine andere Möglichkeit zur Abrechnung der erbrachten Leistung besteht.

(4) Hält das Krankenhaus seine Verpflichtungen zur Qualitätssicherung nicht ein, sind von den Fallpauschalen und Zusatzentgelten Abschläge nach § 137 Absatz 1 oder Absatz 2 oder nach § 137i Absatz 5 des Fünften Buches Sozialgesetzbuch vorzunehmen. Entgelte dürfen für eine Leistung nicht berechnet werden, wenn ein Krankenhaus die Vorgaben für Mindestmengen nach § 136b Absatz 1 Satz 1 Nummer 2 des Fünften Buches Sozialgesetzbuch nicht erfüllt, soweit kein Ausnahmetatbestand nach § 136b Absatz 5a des Fünften Buches Sozialgesetzbuch geltend gemacht werden kann oder keine berechtigte mengenmäßige Erwartung nach § 136b Absatz 5 des Fünften Buches Sozialgesetzbuch nachgewiesen wird. Ferner dürfen Entgelte für Leistungen nicht berechnet werden, wenn die Prüfung nach § 275d des Fünften Buches Sozialgesetzbuch ergibt, dass die für die Leistungserbringung maßgeblichen Strukturmerkmale nicht erfüllt werden.

(5) Werden Patientinnen oder Patienten, für die eine Fallpauschale abrechenbar ist, wegen einer Komplikation im Zusammenhang mit der durchgeführten Leistung innerhalb der oberen Grenzverweildauer wieder aufgenommen, hat das Krankenhaus eine Zusammenfassung der Falldaten zu einem Fall und eine Neueinstufung in eine Fallpauschale vorzunehmen. Näheres oder Abweichendes regeln die Vertragsparteien nach § 17b Abs. 2 Satz 1 des Krankenhausfinanzierungsgesetzes oder eine Rechtsverordnung nach § 17b Abs. 7 des Krankenhausfinanzierungsgesetzes. In anderen als den vertraglich oder gesetzlich bestimmten Fällen ist eine Fallzusammenführung insbesondere aus Gründen des Wirtschaftlichkeitsgebots nicht zulässig.

(6) Werden die mit einer Fallpauschale vergüteten Leistungen ohne Verlegung des Patienten durch mehrere Krankenhäuser erbracht, wird die Fallpauschale durch das Krankenhaus berechnet, das den Patienten stationär aufgenommen hat.

(7) Das Krankenhaus kann eine angemessene Vorauszahlung verlangen, wenn und soweit ein Krankenversicherungsschutz nicht nachgewiesen wird. Ab dem achten Tag des Krankenhausaufenthalts kann das Krankenhaus eine angemessene Abschlagszahlung verlangen, deren Höhe sich an den bisher erbrachten Leistungen in Verbindung mit der Höhe der voraussichtlich zu zahlenden Entgelte zu orientieren hat. Die Sätze 1 bis 2 gelten nicht, soweit andere Regelungen über eine zeitnahe Vergütung der allgemeinen Krankenhausleistungen in für das Krankenhaus verbindlichen Regelungen nach den §§ 112 bis 114 des Fünften Buches Sozialgesetzbuch oder in der Vereinbarung nach § 11 Abs. 1 getroffen werden.

(8) Das Krankenhaus hat dem selbstzahlenden Patienten oder seinem gesetzlichen Vertreter die für ihn voraussichtlich maßgebenden Entgelte so bald wie möglich schriftlich oder in Textform bekannt zu geben, es sei denn, der Patient ist in vollem Umfang für Krankenhausbehandlung versichert. Im Übrigen kann jeder Patient verlangen, dass ihm unverbindlich die voraussichtlich abzurechnende Fallpauschale und deren Höhe sowie voraussichtlich zu zahlende, ergänzende Entgelte mitgeteilt werden. Stehen bei der Aufnahme eines selbstzahlenden Patienten die Entgelte noch nicht endgültig fest, ist hierauf hinzuweisen. Dabei ist mitzuteilen, dass das zu zahlende Entgelt sich erhöht, wenn das neue Entgelt während der stationären Behandlung des Patienten in Kraft tritt. Die voraussichtliche Erhöhung ist anzugeben.

(9) Die Rechnungen des Krankenhauses für selbstzahlende Patientinnen oder selbstzahlende Patienten sind in einer verständlichen und nachvollziehbaren Form zu gestalten. Dabei sind

die Fallpauschalen und Zusatzentgelte mit der Nummerierung und den vollständigen Texten aus dem jeweils anzuwendenden Entgeltkatalog, den maßgeblichen Diagnose- und Prozedurenschlüsseln sowie bei Fallpauschalen den effektiven Bewertungsrelationen und dem Landesbasisfallwert auszuweisen. Zu den Diagnose- und Prozedurenschlüsseln sind außerdem die entsprechenden Textfassungen anzugeben. Weitere Entgelte sowie Zu- oder Abschläge sind mit kurzen verständlichen Texten zu bezeichnen. Die Zuschläge nach § 7 Abs. 1 Satz 3 werden in der Rechnung zusammengefasst und gemeinsam als »Systemzuschlag« ausgewiesen. Die Deutsche Krankenhausgesellschaft gibt zur Gestaltung der Rechnung eine entsprechende Empfehlung im Benehmen mit dem Verband der privaten Krankenversicherung ab. Das Verfahren nach § 301 des Fünften Buches Sozialgesetzbuch bleibt unberührt.

(10) Zur Förderung der pflegerischen Versorgung ist bei Patientinnen oder Patienten, die zur vollstationären Behandlung in das Krankenhaus aufgenommen werden, für Aufnahmen ab dem 1. Januar 2017 ein Pflegezuschlag abzurechnen und gesondert in der Rechnung auszuweisen. Die Höhe des Pflegezuschlags ist zu ermitteln, indem die jährliche Fördersumme für das Krankenhaus durch die vollstationäre Fallzahl geteilt wird, die für den Vereinbarungszeitraum des Erlösbudgets und der Erlössumme vereinbart oder festgesetzt wurde. Die jährliche Fördersumme für das Krankenhaus ist von den Vertragsparteien nach § 11 zu ermitteln, indem der Anteil der Personalkosten des Krankenhauses für das Pflegepersonal an den Personalkosten für das Pflegepersonal aller Krankenhäuser im Anwendungsbereich dieses Gesetzes errechnet wird und dieser krankenhausindividuelle Anteil auf die jährlich bundesweit zur Verfügung stehende Fördersumme von 500 Millionen Euro bezogen wird. Grundlage für die Personalkosten für das Pflegepersonal aller Krankenhäuser nach Satz 3 sind jeweils die vom Statistischen Bundesamt in der Fachserie 12 Reihe 6.1 ausgewiesenen Vollzeitstellen in der Pflege mit und ohne direktem Beschäftigungsverhältnis mit dem Krankenhaus. Von diesen Vollzeitstellen sind die ausgewiesenen Vollzeitstellen in Einrichtungen der Psychiatrie und der Psychosomatik sowie in Krankenhäusern ohne Versorgungsvertrag abzuziehen. Die nach den Sätzen 4 und 5 ermittelte Zahl der Vollzeitstellen ist zu multiplizieren mit den in der Fachserie 12 Reihe 6.3 ausgewiesenen bundesdurchschnittlichen Kosten pro Pflegekraft jeweils für das Jahr, das zwei Jahre vor dem Jahr liegt, in dem der Pflegezuschlag für das Folgejahr zu vereinbaren ist. Grundlage für die Personalkosten für Pflegepersonal des einzelnen Krankenhauses sind die Vollzeitstellen in der Pflege mit und ohne direktem Beschäftigungsverhältnis mit dem Krankenhaus, die für dasselbe Jahr vom Krankenhaus an das Statistische Landesamt übermittelt wurden und die Eingang in die Statistik gefunden haben. Von diesen Vollzeitstellen sind die ausgewiesenen Vollzeitstellen in seinen Fachabteilungen der Psychiatrie und der Psychosomatik abzuziehen. Die nach den Sätzen 7 und 8 ermittelte Zahl der Vollzeitstellen ist zu multiplizieren mit den in der Fachserie 12 Reihe 6.3 ausgewiesenen durchschnittlichen Kosten pro Pflegekraft im jeweiligen Land. 10§ 5 Absatz 4 Satz 5, § 11 Absatz 4 Satz 3 und 4 sowie § 15 Absatz 2 gelten entsprechend. [1]Der Pflegezuschlag ist bei Patientinnen oder Patienten abzurechnen, die vor dem 1. Januar 2020 zur vollstationären Behandlung in das Krankenhaus aufgenommen werden.

(11) Das Krankenhaus berechnet bei Patientinnen und Patienten, die im Zeitraum vom 1. Mai 2020 bis zum 31. Dezember 2020 zur voll- oder teilstationären Krankenhausbehandlung in das Krankenhaus aufgenommen werden, einen Zuschlag in Höhe von 0,42 Prozent des Rechnungsbetrags und weist diesen gesondert in der Rechnung aus. Der Zuschlag wird bei der Ermittlung der Erlösausgleiche nicht berücksichtigt.

## Übersicht

| | Rdn. | | Rdn. |
|---|---|---|---|
| A. Regelungen für alle Entgeltarten (Abs. 1) .................. | 1 | 3. Fachabteilungen ............... | 6 |
| I. Einheitliche Berechnung der Entgelte... | 1 | 4. Die Bettenzahl ................ | 10 |
| II. Klinische Studien ............ | 2 | 5. Die Versorgungsstufe ......... | 13 |
| III. Versorgungsauftrag ............ | 3 | 6. Vertragliche Vereinbarungen zum Versorgungsauftrag ............ | 14 |
| 1. Allgemeines ................. | 3 | 7. Verbleibende Unklarheiten des Feststellungsbescheides .......... | 15 |
| 2. Plankrankenhäuser ............ | 4 | | |

|  | Rdn. |  | Rdn. |
|---|---|---|---|
| IV. Notfälle | 19 | I. Wiederaufnahme | 27 |
| B. Abrechenbarkeit von Fallpauschalen und zusätzlichen Entgelten (Abs. 2) | 20 | II. Beurlaubung | 29 |
| | | F. Verbringung (Abs. 6) | 31 |
| I. Fallpauschalen für Hauptabteilungen und Belegabteilungen | 20 | G. Voraus- und Abschlagszahlungen (Abs. 7) | 33 |
| II. Zusatzentgelte, Zu- und Abschläge | 22 | H. Kostenvoranschlag (Abs. 8) | 36 |
| III. Vor- und nachstationäre Leistungen | 23 | I. Inhalt und Gestaltung der Krankenhausrechnung (Abs. 9) | 41 |
| C. Mindestvergütung für stationäre Leistungen (Abs. 3) | 24 | J. Pflegezuschlag (Abs. 10) | 43 |
| D. Abschläge wegen mangelhafter Qualitätssicherung (Abs. 4) | 26 | K. Pauschalausgleich für nicht refinanzierte Tarifsteigerungen (Abs. 11) | 46 |
| E. Fallzusammenfassung (Abs. 5) | 27 | | |

## A. Regelungen für alle Entgeltarten (Abs. 1)

### I. Einheitliche Berechnung der Entgelte

§ 8 Abs. 1 Satz 1 normiert den allgemeinen Grundsatz des Krankenhausfinanzierungsrechts (vgl. § 17 Abs. 1 Satz 1 KHG), wonach die Entgelte für die allgemeinen Krankenhausleistungen für alle Benutzer des Krankenhauses einheitlich zu berechnen sind. § 8 Abs. 1 Satz 1 erfasst allerdings im Gegensatz zu § 17 Abs. 1 KHG keine Wahlleistungen. Versicherungsstatus und die Vermögensverhältnisse des Patienten sind für die Entgeltberechnung unerheblich. Zur Geltung des Einheitlichkeitsgrundsatzes bei der Behandlung ausländischer Patienten wird auf die Kommentierung zu § 4, Rdn. 43 verwiesen Ein freies Aushandeln der Preise oder Rabattverträge mit Krankenkassen für allgemeine Krankenhausleistungen sind unzulässig. § 17 Abs. 5 KHG bleibt vom Grundsatz der einheitlichen Berechnung unberührt. Nach dieser Vorschrift können nicht öffentlich geförderte Krankenhäuser von Sozialleistungsträgern und sonstigen öffentlich-rechtlichen Kostenträgern keine höheren Pflegesätze fordern, als sie für die Leistungen vergleichbarer, öffentlich geförderter Krankenhäuser entrichten müssen. 1

### II. Klinische Studien

Nach § 8 Abs. 1 Satz 2 ist die Abrechenbarkeit allgemeiner Krankenhausleistungen unabhängig davon, ob die Krankenhausbehandlung in eine klinische Studie eingebettet ist. Dies gilt uneingeschränkt auch für Arzneimittelstudien. Dies hatte das BSG (MedR 2005, 305) basierend auf der bis zum 05.09.2005 geltenden Gesetzesfassung anders entschieden. 2

Die Regelung des § 8 Abs. 1. Satz 2 schließt Zusatzentgelte für Arzneimittel und Medikalprodukte ein. Sie sind daher auch dann abzurechnen, wenn das betreffende Arzneimittel oder Medikalprodukt dem Krankenhaus im Rahmen der klinischen Studie unentgeltlich zur Verfügung gestellt wurde (vgl. *Pflüger*, GKV-Kostentragung für Medizinprodukte in klinischen Prüfungen, in: Medizin und Haftung, Festschrift 2009, 405–414). Der über die Entgelte nach § 7 nicht abgebildete Zusatzaufwand einer klinischen Studie muss durch Finanzmittel für Forschung und Lehre oder durch Drittmittel finanziert werden (BT-Drs. 14/6893, S. 44). 2a

### III. Versorgungsauftrag

#### 1. Allgemeines

Soweit keine Notfallbehandlung vorliegt, dürfen Entgelte für allgemeine Krankenhausleistungen nur im Rahmen des Versorgungsauftrags berechnet werden. Das gilt gleichermaßen für Plankrankenhäuser, Hochschulkliniken und Vertragskrankenhäuser. Die Bestimmung der Reichweite des Versorgungsauftrags ist daher von ganz erheblicher Bedeutung. 3

### 2. Plankrankenhäuser

4 Der Versorgungsauftrag eines Plankrankenhauses ergibt sich gem. § 8 Abs. 1 Satz 4 aus dem Krankenhausplan i.V.m. den Feststellungsbescheiden nach § 8 Abs. 1 Satz 3 KHG sowie (etwaigen) ergänzenden Versorgungsverträgen nach § 109 Abs. 1 Satz 4 SGB V. Ergänzende Versorgungsverträge sind in den meisten Bundesländern sehr selten.

5 Nach st. Rspr. des BVerwG stellt der Krankenhausplan ein Verwaltungsinternum dar (BVerwG NJW 1987, 2318). Rechtswirkung nach außen entfaltet allein der den Plan umsetzende Feststellungsbescheid. Allein er kann verwaltungsgerichtlich geprüft werden (§ 8 Abs. 1 Satz 4 KHG; BVerwG NJW 1987, 2318). Daraus folgt für die Auslegung von Versorgungsaufträgen zweierlei: Zum einen »sticht« der Feststellungsbescheid bei etwaig divergierenden Inhalten den Krankenhausplan. Zweitens: Da der Versorgungsauftrag durch einen Verwaltungsakt festgelegt wird, ist bei seiner Auslegung § 133 BGB entsprechend anzuwenden (OVG NRW, Beschl. v. 11.03.2011 – 13 A 1745/10). Abzustellen ist auf den wirklichen Willen der Behörde, wie er nach Treu und Glauben und unter Berücksichtigung der Verkehrssitte zu verstehen ist (BVerwG VersR 200, 705).

### 3. Fachabteilungen

6 Durch den Feststellungsbescheid werden die Fachabteilungen eines Krankenhauses festgelegt. Die Abteilungsgliederung orientiert sich in allen Bundesländern an den ärztlichen Weiterbildungsordnungen. Nach dem BSG orientieren sich die der Planung zugrunde liegenden Fachrichtungen auch ohne ausdrückliche Verweisung nach der in der im Zeitpunkt der jeweiligen Leistungserbringung gültigen Fassung (BSG, Urt. v. 09.04.2019 – B 1 KR 17/18 R). Die Weiterbildungsordnungen bilden daher eine wichtige Erkenntnisquelle bei der Auslegung der Feststellungsbescheide.

7 Ist für ein Krankenhaus ein Gebiet oder ein Teilgebiet ausgewiesen, gehören unzweifelhaft diejenigen Leistungen zu seinem Versorgungsauftrag, die zum Weiterbildungsinhalt des Gebietes oder Teilgebietes (Facharzt- oder Schwerpunktkompetenz) zählen. Der Umkehrschluss gilt hingegen nicht. Findet eine Leistung im Weiterbildungsinhalt keine Erwähnung, folgt daraus keineswegs zwingend, dass die Leistung außerhalb des Versorgungsauftrags liegt. Denn die Weiterbildungsordnungen regeln nur Mindestinhalte für die ärztliche Weiterbildung. Aufgabe der Krankenhausplanung und der einzelnen Versorgungsaufträge ist es hingegen, eine vollständige Versorgung der Bevölkerung mit den erforderlichen Krankenhausleistungen zu gewährleisten. Abzustellen ist daher auf die Gebietsgrenzen, nicht auf die Mindestinhalte der Weiterbildung (OVG NRW, Beschl. v. 11.03.2011 – 13 A 1745/10).

8 Das LSG NRW vertrat mit Urt. v. 26.06.2008 (L 5 KR 19/07) die Auffassung, große rekonstruktive Gefäßeingriffe seien nach der Weiterbildungsordnung nicht der Chirurgie, sondern ausschließlich der Gefäßchirurgie zuzuordnen. Zu dieser unzutreffenden Wertung gelangte das LSG NRW, weil es nicht auf die Gebietsgrenzen, sondern auf die Weiterbildungsinhalte abstellte (ähnlich: VG Saarland Urt. v. 09.03.2010 – 3 K 506/08). Maßgeblich für die Gebietszugehörigkeit als Grenze für die Ausübung der fachärztlichen Tätigkeit ist aber die Gebietsdefinition. Das legt § 2 Abs. 2 Satz 2 der Muster-Weiterbildungsordnung (MWBO) ausdrücklich fest. Ergänzend stellen die § 2 Abs. 2 Satz 4 und Abs. 3 Satz 3 MWBO klar, dass die in den Facharztkompetenzen und Schwerpunktkompetenzen vorgeschriebenen Weiterbildungsinhalte die Ausübung der fachärztlichen Tätigkeiten im Gebiet nicht beschränken (OVG Lüneburg, Urt. v. 12.06.2013 – 13 LC 173/10). Die Auslegung von Landeskrankenhausplanungsrecht und Feststellungsbescheiden ist grundsätzlich nicht revisibel (BSG, Urt. v. 19.06.2018 – B 1 KR 32/17 R).

9 Nach herrschender und zutreffender Auffassung vermittelt der Ausweis eines Teilgebiets im Feststellungsbescheid kein ausschließliches Recht auf die Erbringung von Teilgebietsleistungen. Diese Leistungen dürfen auch erbracht werden, wenn »nur« das betreffende Hauptgebiet ausgewiesen ist. Soll etwas anderes gelten, muss sich das aus dem Feststellungsbescheid, respektive aus dem Krankenhausplan hinreichend deutlich ergeben. Die bloße Existenz einer Teilgebieteplanung reicht dafür nicht aus (vgl. OVG NRW, Beschl. v. 11.03.2011 – 13 A 1745/10; OVG NRW GesR 2008, 215;

VG Arnsberg, Urt. v. 28.01.2011 – 3 K 107/09; VG Hannover, Urt. v. 22.07.2010 – 7 A 3161/08; VG Hannover, Urt. v. 22.07.2010 – 7A 1629/09; VG Dresden, Urt. v. 27.08.2008 – 7 K 1314/06; SG Gelsenkirchen, Urt. v. 30.04.2009 – S 17 KR 77/08).

Maßgeblich für die Einhaltung des Versorgungsauftrags ist die kurative Krankenhausbehandlung. Soweit begleitende Maßnahmen zur Frührehabilitation medizinisch erforderlich sind und die tatsächliche Leistungsfähigkeit des Krankenhauses nicht übersteigen, sind sie vom Leistungsanspruch eines jeden Patienten umfasst, § 39 Abs. 1 Satz 3 2. Hs. SGB V. Das gilt nicht nur, aber insbesondere für alte Patienten. Die Abrechenbarkeit einer geriatrisch frührehabilitativen Komplexbehandlung setzt daher keinen Versorgungsauftrag Geriatrie voraus. Es genügt, dass die kurative Krankenhausbehandlung vom generellen Versorgungsauftrag des Krankenhauses umfasst ist und die entsprechenden Strukturvoraussetzungen nach dem OPS erfüllt werden (OVG NRW, Urt. v. 22.11.2012 – 13 A 2379/11; VG Münster, Urt. v. 23.06.2010 – 9 K 249/09; BSG, Urt. v. 23.06.2015 – B 1 KR 21/14 R). 9a

### 4. Die Bettenzahl

Die im Feststellungsbescheid ausgewiesene Gesamtbettenzahl ist grundsätzlich verbindlich und darf nicht überschritten werden. Soweit keine krankenhausplanerische Ausnahmeregelung greift, liegt nach dem BVerwG (GesR 2008, 632) eine Überschreitung des Versorgungsauftrags vor, wenn ein Krankenhaus zusätzliche Betten aufstellt und seine Leistungsmenge einen Auslastungsgrad der Planbetten i.H.v. mehr als 100 % erreicht. Die Entscheidung ist nicht unproblematisch. Liegt die Belegung eines Krankenhauses über 100 %, mag dies an von dem Krankenhaus nicht beinflussbaren Umständen liegen, z.B. umfangreiche Bauarbeiten an einem benachbarten Krankenhaus. Die im Feststellungsbescheid ausgewiesene Bettenzahl beruht auf einer vergangenheitsbezogenen Bedarfsermittlung. Sie gibt keinen präzisen Aufschluss über den aktuellen Versorgungsbedarf. Es wäre sachlich nicht zu rechtfertigen, ein Krankenhaus, das beispielsweise zum Ende des Monats November bereits eine auf das gesamte Jahr gerechnete 100-prozentige Belegung erreicht hat, allein aus diesem Grund für den Rest des Jahres zu schließen. Das aber wäre die wirtschaftlich notwendige Folge, wenn für alle weiteren Leistungen kein Versorgungsauftrag mehr bestehen würde und daher keine Vergütung mehr beansprucht werden könnte. 10

(unbesetzt) 11

Vor diesem Hintergrund erscheint es sachgerecht, wenn die Krankenhausplanung den Ausweis der Gesamtbettenzahl nicht als starre Obergrenze ausgestaltet. So ist beispielsweise in Nordrhein-Westfalen durch eine Verwaltungsvorschrift geregelt, dass eine vorübergehende, im Regelfall nicht länger als zwei Jahre andauernde Nutzung zusätzlicher Betten nicht als Überschreitung des Versorgungsauftrags anzusehen ist, wenn die Nutzung der zusätzlichen Betten zur Versorgung der Patienten erforderlich ist. 12

### 5. Die Versorgungsstufe

Ist für ein Krankenhaus im Feststellungsbescheid eine Versorgungsstufe ausgewiesen, z.B. die Grundversorgung, so folgt daraus nach wohl h.A. eine Beschränkung des Versorgungsauftrags (OVG Rheinland-Pfalz KRS 04.018; VG Arnsberg KRS 98.027; LSG Bayern, Urt. v. 18.07.2017 – L 5 KR 102/14; kritisch dazu *Quaas/Zuck* § 23 Rn. 77 m.w.N.). Maßgeblich sind insoweit die Festlegungen des Krankenhausplans zur Bedeutung der Versorgungsstufe. 13

### 6. Vertragliche Vereinbarungen zum Versorgungsauftrag

Den Vertragsparteien wird durch § 11 Abs. 5 aufgegeben, wesentliche Fragen zum Versorgungsauftrag frühzeitig gemeinsam zu klären, um eine zügige Budgetverhandlung zu ermöglichen. Eine Befugnis, den Versorgungsauftrag auf diesem Wege verbindlich zu konkretisieren, ihn einzuschränken oder zu erweitern, steht ihnen indes nicht zu (BSG GesR 2003, 382). Vereinbarungen zum Versorgungsauftrag eines Plankrankenhauses können lediglich in den engen Grenzen des § 109 Abs. 1 14

Satz 4 und 5 SGB V zwischen dem Krankenhausträger und den Verbänden der Krankenkassen sowie den Ersatzkassen abgeschlossen werden.

### 7. Verbleibende Unklarheiten des Feststellungsbescheides

15 Verbleiben nach der Auslegung eines Verwaltungsakts Unklarheiten, gehen diese im Zweifel zu Lasten der Behörde (BVerwG NJW 1989, 53; BSG NVwZ 1987, 927). Das gilt auch für Feststellungsbescheide nach § 8 Abs. 1 Satz 3 KHG. Die Anwendung der Unklarheitenregelung zugunsten des Krankenhauses ist sachgerecht. Denn einerseits ist das Krankenhaus nach § 109 Abs. 4 Satz 2 SGB V verpflichtet, Patienten im Rahmen seines Versorgungsauftrages zu behandeln. Lehnt es im Zweifelsfall eine Behandlung ab, die objektiv dem Versorgungsauftrag entspricht, liegt eine Pflichtverletzung vor. Andererseits hat das Krankenhaus keine Möglichkeit, einseitig eine präzisere Definition seines Versorgungsauftrags herbeizuführen. Dazu ist allein die Planungsbehörde befugt. Macht sie von dieser Befugnis keinen Gebrauch, können die im Rahmen der Auslegung verbleibenden Unklarheiten nicht dem Krankenhaus angelastet werden.

16 Die Anwendung der Unklarheitenregel ist auch unter Berücksichtigung der Interessen der Sozialleistungsträger sachgerecht. Jede Krankenkasse erhält für das von ihr zu zahlende Entgelt eine entsprechende Gegenleistung, so dass ihr kein Nachteil entsteht. Dagegen würde dem Krankenhausträger ein Schaden entstehen, wenn er aufgrund von Unklarheiten des Versorgungsauftrags sächlichen und personellen Aufwand ohne Gegenleistung erbringt. Da Unklarheiten des Versorgungsauftrags typischerweise eine Vielzahl gleichgelagerter Fälle betreffen, bedeuten diese typischerweise ein erhebliches wirtschaftliches Risiko für den Krankenhausträger.

17 Die Anwendung der Unklarheitenregel korreliert mit den ungleichen Rechtsschutzmöglichkeiten bei Änderungen eines Versorgungsauftrags. Krankenkassen können einen neuen Feststellungsbescheid nicht anfechten, da ihre Rechte weder durch eine Erweiterung noch durch eine Einschränkung eines Versorgungsauftrags verletzt werden können (BVerwG DVBl 1995, 793). Die Anwendung der Unklarheitenregel widerspricht nicht der Ordnungsfunktion der Feststellungsbescheide. Sie greift nur dort, wo unklar ist, welchen Inhalt die gewollte Ordnung hat.

18 (unbesetzt)

### IV. Notfälle

19 Eine Notfallbehandlung ist unabhängig von dem Versorgungsauftrag zu vergüten (§ 8 Abs. 1 Satz 3 2. Hs.). Aus Gründen des Patientenwohls und auch mit Blick auf eine mögliche straf- und zivilrechtliche Haftung muss ein Krankenhaus eine Notfallversorgung durchführen können, ohne um seine Vergütung bangen zu müssen. Mangels Definition im KHEntgG kann in Anlehnung an die Rettungsdienstgesetze der Länder von einem Notfall dann ausgegangen werden, wenn sich ein Patient in Folge von Verletzung, Krankheit oder sonstigen Umständen entweder in Lebensgefahr befindet oder dessen Gesundheitszustand in kurzer Zeit eine wesentliche Verschlechterung besorgen lässt, sofern nicht unverzüglich medizinische Hilfe eingreift.

## B. Abrechenbarkeit von Fallpauschalen und zusätzlichen Entgelten (Abs. 2)

### I. Fallpauschalen für Hauptabteilungen und Belegabteilungen

20 In den Fallpauschalenkatalogen wird zwischen Behandlungen in Hauptabteilungen und Belegabteilungen differenziert. Das legt § 8 Abs. 2 Satz 2 zwingend fest. Dies ist sachgerecht, da der Belegarzt (§ 18 Abs. 1 Satz 1) seine ärztlichen Leistungen gesondert abrechnet. Das Krankenhaus ist grundsätzlich nur für Unterkunft und Verpflegung sowie allgemeine Pflegeleistungen verantwortlich.

21 Seit 2009 können Krankenhäuser mit belegärztlichen Betten zur Vergütung der belegärztlichen Leistungen Honorarverträge mit ihren Belegärzten abschließen, § 121 Abs. 5 SGB V. Dies hat zur Folge, dass für das Krankenhaus nicht mehr die Fallpauschalen für Belegabteilungen, sondern die

Fallpauschalen für Hauptabteilungen i.H.v. 80 % abrechenbar sind, § 18 Abs. 3. Das Krankenhaus hat seinerseits den Belegarzt zu vergüten, der seine Leistungen nicht mehr gegenüber der kassenärztlichen Vereinigung gesondert abrechnen kann.

### II. Zusatzentgelte, Zu- und Abschläge

Besonderheiten der Behandlung, die nicht bereits durch die Fallpauschale abgedeckt werden, können gem. § 8 Abs. 2 Satz 3 neben der Fallpauschale durch die in Nr. 1, 2, 4 und 5 genannten (Zusatz-)Entgelten und Zu- und Abschlägen bei der Abrechnung berücksichtigt werden. 22

### III. Vor- und nachstationäre Leistungen

§ 8 Abs. 2 Satz 3 Nr. 3 schränkt die Abrechenbarkeit nachstationärer Leistungen gem. § 115a SGB V ein. Grundsätzlich schließt die Fallpauschale den gesamten Behandlungsfall, also auch die vor- und nachstationäre Behandlung ein. § 115a SGB V sieht davon abweichend eine gesonderte Vergütung der nachstationären Behandlung vor, die jedoch gem. Nr. 3 nur dann zusätzlich berechnet werden kann, wenn die Summe aus den stationären Belegungstagen und den vor- und nachstationären Behandlungstagen die Grenzverweildauer der Fallpauschale übersteigt. Vorstationäre Behandlungen werden nicht gesondert abgerechnet. Dies gilt auch für Privatpatienten, soweit es um die Vergütung der allgemeinen Krankenhausleistungen geht. 23

### C. Mindestvergütung für stationäre Leistungen (Abs. 3)

Wenn nach dem Ergebnis einer Abrechnungsprüfung gem. § 275c SGB V keine vollstationäre Behandlungsbedürftigkeit vorgelegen hat, erhält ein Krankenhaus zumindest die Vergütung, die bei einer vorstationären Behandlung anfiele. In der Vergangenheit erhielt ein Krankenhaus in solchen Fällen bei (nichtoperativen) Behandlungen häufig keine Vergütnug. Die Regelung bezweckt eine Besserstellung. Der Umstand einer negativen Beurteilung des MD allein rechtfertigt keine Kürzung unabhängig von der Richtigkeit der Beurteilung. Steht eine primäre Fehlbelegung im Raum, ist eine vollständige Zahlungsverweigerung unzulässig. Die Mindestvergütung greift nur bei voll-, nicht dagegen bei teilstationären Leistungen. Kommt eine (höhere) anderweitige Vergütung (z.B. nach § 115b oder 116b SGB V) in Betracht, ist diese maßgeblich – etwa die Vergütung einer stationär durchgeführten Operation als ambulante Operation (BSG, Urt. v. 18.09.2008 – B 3 KR 22/07 R; LSG Essen, Urt. v. 19.04.2021 – L 10 KR 448/20). 24

(unbesetzt) 25

### D. Abschläge wegen mangelhafter Qualitätssicherung (Abs. 4)

Die Vergütungsabschläge gem. § 8 Abs. 4 dienen als Sanktion, wenn ein Krankenhaus den vom Gemeinsamen Bundesausschuss (GBA) gem. § 137 Abs. 1 oder 2 SGB V durch Richtlinien bestimmten Maßnahmen zur Qualitätssicherung nicht nachkommt oder die verbindlichen Pflegepersonaluntergrenzen gem. § 137i SGB V nicht einhält. Nach § 8 Abs. 4 Satz 2 dürfen für Leistungen keine – also auch keine reduzierten – Entgelte abgerechnet werden, wenn diese Leistungen unter Verstoß gegen die Vorgaben der Mindestmengenregelungen erbracht wurden. Die Regelung ist das Pendant zu § 136b Abs. 4 Satz 2 SGB V und regelt auch für Nicht-GKV-Patienten einen Vergütungsausschluss. Die erst 2016 eingeführte Regelung zu den Qualitätsabschlägen nach § 5 Abs. 3a (a.F.) wurde wieder aufgehoben. Die Entwicklungsaufträge des GBA an das IQTIG haben kein überzeugendes Konzept für eine in den nächsten Jahren umsetzbare Einführung von Qualitätszuschlägen und -abschlägen ergeben. Eine rechtssichere Umsetzung und die zu erzielenden Qualitätsverbesserungen erschienen ungewiss und der erforderliche Aufwand zu groß (BT-Drs. 19/26822 S. 90). 26

## E. Fallzusammenfassung (Abs. 5)

### I. Wiederaufnahme

27 Nach § 8 Abs. 5 Satz 1 trägt ein Krankenhaus das Risiko, dass ein Patient, für den eine Fallpauschale abgerechnet wird, nach seiner Entlassung aus dem Krankenhaus wegen einer Komplikation im Zusammenhang mit der durchgeführten Leistung innerhalb der oberen Grenzverweildauer wieder aufgenommen werden muss. Für beide Behandlungen fällt nur eine Fallpauschale an, die nach der Zusammenfassung der Falldaten der Behandlungen zu einem Fall neu bestimmt wird. Im DRG-System besteht der Anreiz, Patienten möglichst früh zu entlassen. Führt eine (zu) frühe Entlassung dazu, dass im Zusammenhang mit der durchgeführten Leistung innerhalb der oberen Grenzverweildauer eine Wiederaufnahme nötig wird, soll dies nicht zu einer Erlössteigerung führen.

28 Nähere Regelungen zur Fallzusammenfassung enthalten die jeweilige Fallpauschalenvereinbarungen (FPV). § 8 Abs. 5 Satz 3 stellt klar, dass die FPV abschließende Konkretisierungen des allgemeinen Wirtschaftlichkeitsgebots (§ 12 Abs. 1 SGB V) darstellen. Jede FPV gilt nur für den Zeitraum eines Kalenderjahres. Eine Fallzusammenfassung findet daher nicht bei Jahresüberliegern statt, wenn sie im Entlassungsjahr wiederaufgenommen werden.

28a Mit der Regelung in § 8 Abs. 5 Satz 3 reagierte der Gesetzgeber auf die jüngere Rechtsprechung des BSG zum Wirtschaftlichkeitsgebot. Danach kann ein Krankenhaus bei unwirtschaftlicher Behandlung lediglich die Vergütung für ein fiktives wirtschaftliches Alternativverhalten beanspruchen (vgl. BSG, Urt. v. 01.07.2014 – B 1 KR 62/12 R). Ist statt zweier Krankenhausaufenthalte lediglich ein gegebenenfalls längerer Aufenthalt gleichermaßen zweckmäßig, sind die Aufenthalte regelmäßig wie ein zusammengeführter Fall zu vergüten. Dies führte faktisch zu einem ungeschriebenen Fallzusammenführungstatbestand von erheblicher praktischer Bedeutung. Neben der damit verbundenen Schwächung der Selbstverwaltung ist kritikwürdig, dass die Behandlungsplanung naturgemäß »ex ante« erfolgt, die Wirtschaftlichkeitsprüfung jedoch »ex post«, da die Höhe der Vergütung erst nach Ende der Behandlung feststeht. Der behandelnde Arzt kann nur den voraussichtlichen Ressourcenbedarf einschätzen. Das BSG stellt bei der Behandlungsplanung letztlich monetäre über medizinische Aspekte. Zudem fordert § 39 SGB V, der selbst Ausdruck des Wirtschaftlichkeitsgebots ist, Patienten zu entlassen, sobald sie keiner Krankenhausbehandlung mehr bedürfen. Trotz seines laut Gesetzesbegründung (BT-Drs. 19/5593, S. 125) klarstellenden Charakters (s.o. Rdn. 28) misst das BSG § 8 Abs. 5 Satz 3 keine Bedeutung für die Zeit vor dem Inkrafttreten zum 01.01.2019 bei (BSG, Urt. v. 27.10.2020 – B 1 KR 9/20 R).

### II. Beurlaubung

29 Im Fall einer Beurlaubung liegen (abrechnungsrechtliche) keine zwei Behandlungsfälle, sondern ein einheitlicher Behandlungsfall vor. Das Gesetz definiert den Begriff der Beurlaubung nicht. Richtigerweise ist unter einer Beurlaubung eine vorübergehende, kurzzeitige Freistellung von der Krankenhausbehandlung zu verstehen. Der Begriff impliziert schon sprachlich, dass während der Zeit der Beurlaubung Krankenhausbehandlungspflichtigkeit gem. § 39 Abs. 1 SGB V vorliegt, von der der Patient beurlaubt wird (LSG Hamburg, Urt. v. 15.11.2018 – L 1 KR 68/18 und 25.02.2021 – L 1 KR 114/19). Nach dem BSG (zuletzt: Urt. v. 27.20.2020 – B 1 KR 9/20 R) scheint jedoch jede Entlassung, bei der eine Wiederaufnahme möglich erscheint, durch eine Beurlaubung ersetzt werden zu können, wodurch nach den Grundsätzen des fiktiven wirtschaftlichen Alternativverhaltens regelmäßig nur eine Vergütung für einen zusammengefassten Fall anfällt. Das BSG-Urteil (B 1 KR 9/20 R) enthält keine klare Aussage dazu, ob das BSG mit Blick auf § 8 Abs. 5 Satz 3 zukünftig an dieser Rechtsprechung festhält.

30 (unbesetzt)

## F. Verbringung (Abs. 6)

Wirken mehrere Krankenhäuser an einer Behandlung mit, ohne dass eine Verlegung vorliegt, rechnet allein das verbringende Krankenhaus eine Fallpauschale ab, § 8 Abs. 6. Bei einer Verlegung rechnen die Krankenhäuser jeweils – ggf. unter Berücksichtigung eines Verlegungsabschlags gem. § 3 Abs. 1 bzw. 2 FPV – eine Fallpauschale ab.

Keine Verbringung, sondern eine Verlegung liegt vor, wenn der Patient vollständig aus dem Behandlungs- und Verantwortungsbereich des einen Krankenhauses entlassen und in den des anderen Krankenhaus aufgenommen wird. Der Patient wird vollständig in den Krankenhausbetrieb des aufnehmenden Krankenhaurses eingegliedert und somit quasi allein zum Patienten des aufnehmenden Krankenhauses. Dies ist regelmäßig der Fall, wenn der Aufenthalt in dem aufnehmenden Krankenhaus länger als 24 Stunden dauert (LSG Rheinland-Pfalz, Urt. v. 18.05.2006 – L 5 KR 149/05), aber auch bei kürzeren Aufenthalten, wenn die Gesamtverantwortung vollständig auf das aufnehmende Krankenhaus übergeht (BSG, Urt. v. 28.02.2007 – B 3 KR 17/06 R).

## G. Voraus- und Abschlagszahlungen (Abs. 7)

Weist ein Patient keinen Krankenversicherungsschutz nach, kann ein Krankenhaus zur Sicherung seiner Interessen vor der Behandlung eine angemessene Vorauszahlung verlangen. Das gilt jedoch nicht für Notfallpatienten.

Gem. § 8 Abs. 7 Satz 2 können Krankenhäuser ab dem achten Tag des Krankenhausaufenthalts eine angemessene Abschlagszahlung verlangen. Das gilt auch für die Behandlung von GKV-Patienten, wobei dann die Krankenkasse zahlungspflichtig ist. Die Höhe der Abschlagzahlung hat sich an den bisher erbrachten Leistungen und der Höhe der voraussichtlich zu zahlenden Entgelte zu orientieren. Die Regelung soll zur Liquiditätssicherung des Krankenhauses beitragen.

Die gesetzlichen Vorgaben des § 8 Abs. 7 Satz 1 und 2 werden größtenteils gem. § 8 Abs. 7 Satz 3 durch andere Regelungen über eine zeitnahe Vergütung in den Landesverträgen nach §§ 112 ff. SGB V oder in den Vereinbarungen für das einzelne Krankenhaus gem. § 11 verdrängt. Diese Regelungen reichen von der Abrechnung eines bestimmten Prozentsatzes des voraussichtlich abzurechnenden Entgeltes ab einem bestimmten Behandlungstag bis hin zum grundsätzlichen Verzicht auf Zwischenrechnungen.

## H. Kostenvoranschlag (Abs. 8)

Die Unterrichtungspflicht gem. § 8 Abs. 8 betrifft lediglich Rechnungen über allgemeine Krankenhausleistungen. Für Wahlleistungen sieht § 17 Abs. 2 eine eigene Regelung vor. Die Regelung soll den Verbraucherschutz im Krankenhaus erhöhen. Da die Unterrichtung jedoch erst nach der Aufnahme erfolgen muss, ist der tatsächliche Nutzen zweifelhaft.

Nach § 8 Abs. 8 Satz 1 sind gegenüber Selbstzahlern, die nicht im vollen Umfang für eine Krankenhausbehandlung versichert sind, bzw. deren gesetzlichen Vertretern sobald wie möglich die für die Behandlung zu erwartenden Entgelte bekanntzugeben. Als in vollem Umfang versichert gilt auch ein Beihilfeberechtigter mit zusätzlichem privatem Versicherungsschutz.

Unabhängig vom Umfang des Versicherungsschutzes sind jedem Patienten – also auch dem gesetzlich versicherten – auf Verlangen unverbindlich die voraussichtlich abzurechnenden Entgelte mitzuteilen (§ 8 Abs. 8 Satz 2). Die letztendlich abzurechnenden Entgelte stehen naturgemäß bei der Aufnahme noch nicht fest, sondern können sich im Verlauf der Behandlung – insbesondere durch erst später gestellte Nebendiagnosen oder Komplikationen – noch (erheblich) ändern. Hierauf ist ein Selbstzahler gem. § 8 Abs. 8 Satz 3 ausdrücklich hinzuweisen.

Die Folgen eines Verstoßes gegen die Informations- und Mitteilungspflichten regelt § 8 Abs. 8 nicht. Da § 8 Abs. 8 Satz 2 nur eine »unverbindliche« Mitteilung verlangt, hat eine fehlerhafte Mitteilung keine Folgen für den Vergütungsanspruch. Das Gleiche gilt für eine fehlerhafte Mitteilung nach § 8

Abs. 8 Satz 1 (BT-Drs. 14/6893, S. 44). Maßgeblich für die Abrechnung der Krankenhausleistung ist die tatsächlich erbrachte und nicht die dem Selbstzahler mitgeteilte Leistung. In Betracht kommt allenfalls ein zivilrechtlicher Schadensersatzanspruch für den Fall, dass ein Krankenhaus einen Selbstzahler im Vorfeld einer Behandlung falsch über die zu erwartenden Entgelte informiert hat. Der Patient wird allerdings nachweisen müssen, dass er bei Kenntnis der wahren Umstände von einer Behandlung in dem Krankenhaus abgesehen und ein anderes Krankenhaus aufgesucht hätte.

40 (unbesetzt)

### I. Inhalt und Gestaltung der Krankenhausrechnung (Abs. 9)

41 § 8 Abs. 9 enthält Vorgaben zum Inhalt und zur Gestaltung der Krankenhausrechnungen für Selbstzahler. Der Gesetzgeber sah sich zu einer gesetzlichen Regelung veranlasst, da die Krankenhausrechnungen insbesondere für Selbstzahler kaum verständlich waren. Nach § 8 Abs. 9 Satz 1 sind Krankenhausrechnungen für selbstzahlende Patienten in einer verständlichen und nachvollziehbaren Form zu gestalten. Gem. § 8 Abs. 9 Satz 2 sind in den Rechnungen die Fallpauschalen und Zusatzentgelte mit der Nummerierung und den vollständigen Texten aus dem jeweils anzuwendenden Entgeltkatalog, den maßgeblichen Diagnose- und Prozedurenschlüsseln sowie bei Fallpauschalen den effektiven Bewertungsrelationen und dem Landesbasisfallwert auszuweisen. Die Diagnosen und Prozeduren sind dabei nicht nur anhand des OPS-Schlüssels, sondern auch der entsprechenden Textfassungen anzugeben (§ 8 Abs. 9 Satz 3). Weitere Entgelte einschließlich Zu- und Abschläge sind mit kurzen verständlichen Texten zu bezeichnen (§ 8 Abs. 9 Satz 4). Die Zuschläge nach § 7 Abs. 1 Satz 3 sind zusammenzufassen und gemeinsam als »Systemzuschlag« auszuweisen (§ 8). Ergänzend wird auf die Empfehlungen der DKG zur Rechnungsgestaltung verwiesen, die diese im Einvernehmen mit dem Verband der privaten Krankenversicherung gem. § 8 Abs. 9 Satz 6 abgegeben hat (im Internet abrufbar unter www.dkgev.de). § 8 Abs. 9 Satz 7 stellt klar, dass diese Vorgaben das Datenübermittlungsverfahren nach § 301 SGB V unberührt lassen.

42 Wie § 8 Abs. 8 Satz 1 und 2 stellt auch § 8 Abs. 9 lediglich eine Ordnungsvorschrift dar. Ihre Nichtbeachten hat keinen Einfluss auf die Höhe der abzurechnenden Vergütung.

### J. Pflegezuschlag (Abs. 10)

43 Mit Wirkung zum 01.01.2017 lösten die Regelungen zum Pflegezuschlag in § 8 Abs. 10 zwecks Förderung einer guten pflegerischen Versorgung und als Anreiz für eine angemessene Pflegeausstattung (BT-Drs. 18/6586, S. 97) den früheren Versorgungszuschlag ab. Der Pflegezuschlag ergänzt das Pflegestellen-Förderprogramm (§ 4 Abs. 8). Der Pflegezuschlag wird nur für vor dem 01.01.2020 aufgenommenen Patienten erhoben (Satz 11). Ab 2020 sollen die Mittel des Pflegezuschlags gem. § 10 Abs. 12 beim Basisfallwert berücksichtigt werden.

44 Satz 2 bis 9 enthalten Vorgaben zur Ermittlung der Fördersumme und des Pflegezuschlags für das jeweilige Krankenhaus. Diese obliegt den Vertragsparteien nach § 11. Die Fördersumme wird über den für vollstationäre Behandlungen gesondert in der Rechnung auszuweisenden Pflegezuschlag im Jahresverlauf ausgezahlt. Aus der Abrechnung des Pflegezuschlags folgende Mehr- oder Mindererlöse sind entsprechend § 5 Abs. 4 auszugleichen. Bis zur Genehmigung eines neu vereinbarten Pflegezuschlags ist entsprechend § 15 Abs. 2 der bisher geltende Pflegezuschlag weiter zu erheben.

45 Nach Einführung des Pflegezuschlags war umstritten, ob der Pflegezuschlag nur allgemeinen (somatischen) Krankenhäusern oder auch sonstigen Krankenhäusern (insbes. Psychiatrien) zugutekommt. Satz 3 und die Gesetzesbegründung (BT-Drs. 18/6586, S. 97 und 98) sprachen von allgemeinen Krankenhäusern. Mit nicht genehmigtem Beschluss vom 21.09.2017 kam die Schiedsstelle Hessen zu dem Ergebnis, dass nur allgemeine Krankenhäuser einen Anspruch auf Pflegezuschlag hätten. § 8 Abs. 10 Satz 3 stellt nunmehr auf alle Krankenhäuser im Anwendungsbereich des KHEntgG ab.

## K. Pauschalausgleich für nicht refinanzierte Tarifsteigerungen (Abs. 11)

Mit dem PpSG erfolgte eine verbesserte Refinanzierung von Tarifsteigerungen. Zudem konnten durch nicht geltende Obergrenzen 2018 und 2019 im Durchschnitt bestehende Tarifsteigerungen im Landesbasisfallwert berücksichtigt werden. Für gleichwohl möglicherweise nicht refinanzierte Tarifsteigerungen für Pflegepersonal für 2018 und 2019 wurde ein pauschaler Zuschlag für 2020 mit einem Geamtvolumen von rund 250 Millionen Euro eingeführt (BT-Drs. 19/15662, S. 119 und 120). Aufgrund des unterjährigen Inkrafttretens der Regelung wurde der Zuschlag – unter Anpassung der Höhe – nur noch für den Rest des Jahres erhoben. Die Einnahmen aus dem Zuschlag sind bei der Ermittlung von Erlösausgleichen nicht zu berücksichtigen (Satz 2). 46

## V. Abschnitt Gesondert berechenbare ärztliche und andere Leistungen

| Übersicht | Rdn. | | Rdn. |
|---|---|---|---|
| A. Anwendungsbereich | 1 | C. Privatkliniken | 4 |
| B. Voll- und teilstationäre Krankenhausleistungen | 3 | | |

### A. Anwendungsbereich

(unbesetzt) 1

Der Anwendungsbereich des fünften Abschnitts ist begrenzt auf die vollstationären und teilstationären Leistungen eines Krankenhauses, für die nach §§ 1 Abs. 1, 1 Abs. 1 BPflV Krankenhausentgelte vereinbart werden. Dies gilt auch für die belegärztliche Behandlung nach § 18. Nicht in den Anwendungsbereich des fünften Abschnitts (insb. die Kostenerstattungsregelung des § 19) fallen daher die vor- und nachstationäre Behandlung nach § 115a SGB V (dazu § 1 Abs. 3 Satz 1), die Durchführung ambulanter Operationen und stationsersetzender Eingriffe nach § 115b SGB V (dazu § 1 Abs. 3 Satz 2), die ambulante spezialfachärztliche Versorgung im Krankenhaus nach § 116b SGB V, die ambulante Behandlung durch Krankenhäuser bei Unterversorgung nach § 116a sowie alle anderen in § 120 SGB V angesprochenen Leistungsbereiche (§§ 117 bis 119 SGB V). Auch die Kostenerstattung von zur Teilnahme an der vertragsärztlichen Versorgung nach §§ 116 SGB V, 31a Ärzte-ZV ermächtigten Krankenhausärzten gegenüber dem Krankenhaus erfolgt nicht nach § 19, sondern für sozialversicherte Patienten nach § 120 SGB V (vgl. insb. die wortidentische Regelung in § 19 Abs. 5 und § 120 Abs. 5 SGB V) und für selbstzahlende Patienten nach Maßgabe der vertraglichen Vereinbarung in den Verträgen mit leitenden Krankenhausärzten. Insoweit handelt es sich nicht um Krankenhausleistungen i.S.d. § 2. 2

### B. Voll- und teilstationäre Krankenhausleistungen

Insbesondere die Liberalisierung der ärztlichen Organisations- und Kooperationsformen durch das VÄndG und das GKV-OrgG hat bei der Erbringung von Krankenhausleistungen zu einer wesentlichen Erweiterung der Kooperationsmöglichkeiten der Krankenhäuser mit an der vertragsärztlichen Versorgung teilnehmenden Ärzten in MVZ, deren Beteiligungsmöglichkeit an ärztlichen Berufsausübungsgemeinschaften oder in Form der Teilzeitbeschäftigungen von Krankenhausärzten neben einer Teilzulassung zur vertragsärztlichen Versorgung nach § 20 Ärzte-ZV geführt. Die im fünften Abschnitt angesprochenen Vorschriften der wahlärztlichen Behandlung und der belegärztlichen Behandlung werden dadurch insoweit tangiert, als in der wahlärztlichen Versorgung bei Beauftragung externer Leistungserbringer Liquidationsansprüche der mit dem Krankenhaus auch im Rahmen der allgemeinen Krankenhausleistung kooperierenden Vertragsärzte entstehen (dazu § 17 Rdn. 40). Das LSG Sachsen (MedR 2009, 114 Rn. 19) hatte zur Vermeidung von Strategien zur Umgehung niedrigerer Vergütungssätze für vergleichbare vertragsärztliche operative Leistungen einen Vergütungsanspruch des Krankenhauses gegenüber der Krankenkasse ausgeschlossen, 3 wenn es die Hauptleistung (ambulante Operation) durch einen Arzt durchführen lässt, der nicht Beschäftigter des Krankenhauses, sondern ein niedergelassener Vertragsarzt ist. Nach dem Urt. des BSG v. 23.03.2011 (BSG 108, 35 = SozR 2500 § 115b Nr. 3 [Rn. 74]) war der Rahmen des § 115b SGB V i.V.m. einem AOP-Vertrag nur eingehalten, wenn entweder sowohl der Operator als auch der Anästhesist Ärzte des Krankenhauses oder der Operator ein an dem Krankenhaus tätiger Belegarzt und der Anästhesist ein Arzt des Krankenhauses ist (bestätigt für die stationäre Behandlung durch Chefärzte BSG, Urt. v. 17.11.2015 – B1 KR 12/15 R, BSGE 120,69). §§ 115a Abs. 1 Satz 2, 115b Abs. 1 Satz 4 SGB V i.d.F. VStG haben diese Einschränkungen gesetzlich aufgehoben (BT-Drs. 17/8005; einschränkend dazu LSG BW NZS 2013, 501). Gleichzeitig hat § 2 Abs. 2 i.d.F. VStG die Krankenhäuser verpflichtet, bei einer Einbindung nicht fest am Krankenhaus angestellter Ärzte in die Erbringung allgemeiner Krankenhausleistungen, diese denselben Anforderungen zu unterwerfen. Eine Übertragung dieser Regelung auf die wahlärztliche Behandlung nach § 17 scheitert an dem insoweit in § 17 Abs. 3 Satz 1 abgeschlossen festgelegten Kreis der liquidationsberechtigten Wahlärzte (BGH, Urt. v. 16.10.2014 – III ZR 85/14, BGHZ 202, 365; bestätigt durch Beschl. des BVerfG v. 03.03.2015 – 1 BvR 3226/14). Der BGH schließt in seinem Urt. v. 19.04.2018 – III ZR 255/17, NJW 2018, 2117, Honorar-, Beleg- und Konsiliarärzte aus, wenn sich die Wahlleistungsvereinbarung auf leitende Ärzte des Krankenhauses beschränkt. Das Urt. des BGH v. 10.01.2019 – III ZR 325/17 bekräftigt diese Rspr. und die Nichtigkeit von Wahlleistungsvereinbarungen, indem der Honorararzt als Wahlarzt benannt ist. Eine weitere wesentliche Einschränkung in der Möglichkeit von Krankenhäusern, Honorarärzte freiberuflich tätig werden zu lassen, ergibt sich aus der Rspr. des BSG zur Annahme eines sozialversicherungspflichtigen Beschäftigungsverhältnisses einer dienstvertraglich freiberuflich als Honorarärztin tätigen Anästhesistin wegen ihrer organisatorischen und dienstlichen Eingliederung in den Krankenhausbetrieb (BSG, Urt. v. 04.06.2019 – B 12 R 11/18 R, BSGE 128, 191–205, SozR 4-2400 § 7 Nr 42; bestätigt durch BSG, Beschl. v. 18.08.2020 – B 12 R 10/20 B).

**C. Privatkliniken**

4 Die Regelungen des fünften Abschnitts wenden sich auch nicht an Privatkrankenhäuser, die gem. §§ 20 Satz 2 KHG, 1 Abs. 2 Nr. 2, 1 Abs. 2. Nr. 2 BPflV nicht dem Anwendungsbereich des KHEntgG unterliegen. Dies gilt auch für die von dem Träger eines Plankrankenhauses als Alleingesellschafter errichtete GmbH, die auf dem Gelände des Plankrankenhauses eine Privatkrankenanstalt für Privatpatienten betreibt, weil es an einer öffentlichen Förderung nach § 5 Abs. 1 Nr. 2 KHG fehlt (BGH, Beschl.v. 21.04.2011 – III ZR 114/10 Rn. 3, GesR 2011, 492 = MedR 2011, 716). Dies soll auch dann gelten, wenn solche Privatkrankenhäuser von Trägern von Plankrankenhäusern in einer eigenständigen Rechtsform betrieben und sowohl die Ärzte in beiden Bereichen tätig werden, als auch Einrichtungen gemeinsam genutzt und die Räume des Privatkrankenhauses von dem Trägern des Plankrankenhauses angemietet werden (OLG München, Urt. v. 14.01.2010 – 29 U 5136/09). § 17 Abs. 1 Satz 5, 6 KHG bindet in diesen Fällen die Höhe der von den Privatpatienten für eine der allgemeinen Krankenhausleistung entsprechenden Behandlung in der Privatklinik zu zahlenden Entgelte an die dafür nach dem KHEntgG und der BPlV zu leistenden Entgelte als Obergrenze (Verfassungsmäßigkeit bejaht BVerfG, Nichtannahmebeschl. v. 20.08.2013 – 1 BvR 2402/12, 1 BvR 2684/12, GesR 2013, 603). Soweit eine mit einer Privatklinik geschlossene Vergütungsvereinbarung die Zahlung höherer als die nach § 17 Abs. 1 Satz 5 KHG pflegesatzfähigen Beträge vorsieht, ist sie gemäß § 134 BGB nichtig, weil sie gegen ein gesetzliches Verbot verstößt (OLG Karlsruhe, Urt. v. 19.07.2017 – 10 U 2/17; BGH, Beschl. v. 20.09.2018 – III ZR 374/17 B; BGH, Urt. v. 17.05.2018 – III ZR 195/17 R, BGHZ 219, 1–25).

## § 17 Wahlleistungen

(1) Neben den Entgelten für die voll- und teilstationäre Behandlung dürfen andere als die *allgemeinen Krankenhausleistungen* als Wahlleistungen gesondert berechnet werden, wenn die allgemeinen Krankenhausleistungen durch die Wahlleistungen nicht beeinträchtigt werden

und die gesonderte Berechnung mit dem Krankenhaus vereinbart ist. Diagnostische und therapeutische Leistungen dürfen als Wahlleistungen nur gesondert berechnet werden, wenn die Voraussetzungen des Satzes 1 vorliegen und die Leistungen von einem Arzt oder bei psychotherapeutischen Leistungen von einer Psychotherapeutin oder einem Psychotherapeuten, von einer Psychologischen Psychotherapeutin oder einem Psychologischen Psychotherapeuten oder von einer Kinder- und Jugendlichenpsychotherapeutin oder einem Kinder- und Jugendlichenpsychotherapeuten erbracht werden. Die Entgelte für Wahlleistungen dürfen in keinem unangemessenen Verhältnis zu den Leistungen stehen. Die Deutsche Krankenhausgesellschaft und der Verband der privaten Krankenversicherung können Empfehlungen zur Bemessung der Entgelte für nichtärztliche Wahlleistungen abgeben. Verlangt ein Krankenhaus ein unangemessen hohes Entgelt für nichtärztliche Wahlleistungen, kann der Verband der privaten Krankenversicherung die Herabsetzung auf eine angemessene Höhe verlangen; gegen die Ablehnung einer Herabsetzung ist der Zivilrechtsweg gegeben.

(2) Wahlleistungen sind vor der Erbringung schriftlich zu vereinbaren; der Patient ist vor Abschluss der Vereinbarung schriftlich über die Entgelte der Wahlleistungen und deren Inhalt im Einzelnen zu unterrichten. Abweichend von Satz 1 können Wahlleistungen vor der Erbringung auch in Textform vereinbart werden, wenn der Patient zuvor in geeigneter Weise in Textform über die Entgelte der Wahlleistung und deren Inhalt im Einzelnen informiert wird. Die Art der Wahlleistungen ist der zuständigen Landesbehörde zusammen mit dem Genehmigungsantrag nach § 14 mitzuteilen.

(3) Eine Vereinbarung über wahlärztliche Leistungen erstreckt sich auf alle an der Behandlung des Patienten beteiligten angestellten oder beamteten Ärzte des Krankenhauses, soweit diese zur gesonderten Berechnung ihrer Leistungen im Rahmen der vollstationären und teilstationären sowie einer vor- und nachstationären Behandlung (§ 115a des Fünften Buches Sozialgesetzbuch) berechtigt sind, einschließlich der von diesen Ärzten veranlassten Leistungen von Ärzten und ärztlich geleiteten Einrichtungen außerhalb des Krankenhauses; darauf ist in der Vereinbarung hinzuweisen. Ein zur gesonderten Berechnung wahlärztlicher Leistungen berechtigter Arzt des Krankenhauses kann eine Abrechnungsstelle mit der Abrechnung der Vergütung für die wahlärztlichen Leistungen beauftragen oder die Abrechnung dem Krankenhausträger überlassen. Der Arzt oder eine von ihm beauftragte Abrechnungsstelle ist verpflichtet, dem Krankenhaus umgehend die zur Ermittlung der nach § 19 Abs. 2 zu erstattenden Kosten jeweils erforderlichen Unterlagen einschließlich einer Auflistung aller erbrachten Leistungen vollständig zur Verfügung zu stellen. Der Arzt ist verpflichtet, dem Krankenhaus die Möglichkeit einzuräumen, die Rechnungslegung zu überprüfen. Wird die Abrechnung vom Krankenhaus durchgeführt, leitet dieses die Vergütung nach Abzug der anteiligen Verwaltungskosten und der nach § 19 Abs. 2 zu erstattenden Kosten an den berechtigten Arzt weiter. Personenbezogene Daten dürfen an eine beauftragte Abrechnungsstelle außerhalb des Krankenhauses nur mit Einwilligung der betroffenen Person übermittelt werden. Für die Berechnung wahlärztlicher Leistungen finden die Vorschriften der Gebührenordnung für Ärzte oder der Gebührenordnung für Zahnärzte entsprechende Anwendung, soweit sich die Anwendung nicht bereits aus diesen Gebührenordnungen ergibt.

(4) Eine Vereinbarung über gesondert berechenbare Unterkunft darf nicht von einer Vereinbarung über sonstige Wahlleistungen abhängig gemacht werden.

(5) Bei Krankenhäusern, für die die Bundespflegesatzverordnung gilt, müssen die Wahlleistungsentgelte mindestens die dafür nach § 7 Abs. 2 S. 2 Nr. 4, 5 und 7 der Bundespflegesatzverordnung in der am 31. Dezember 2012 geltenden Fassung abzuziehenden Kosten decken.

| Übersicht | Rdn. | | Rdn. |
|---|---|---|---|
| A. Systematische Einordnung . . . . . . . . . . | 1 | 1. Gesonderte Unterbringung . . . . . . . | 5 |
| I. Wahlleistungen . . . . . . . . . . . . . . . . | 2 | a) Nicht-Beeinträchtigung allgemeiner Krankenhausleistung . | 6 |
| II. Leistungsarten . . . . . . . . . . . . . . . . . | 3 | | |

# § 17 KHEntgG  Wahlleistungen

|   |   |
|---|---|
| b) Weitere Unterbringungsleistungen ... 8 | 3. Beanstandungen ... 29 |
| 2. Diagnostische und therapeutische Leistungen ... 10 | IV. Schriftliche Vereinbarung ... 00 |
|  | 1. Unterrichtungspflicht des Patienten ... 32 |
| a) Arzt-/Psychotherapeutenvorbehalt ... 11 | 2. Wahlleistungsvereinbarung ... 34 |
| b) Nicht-Beeinträchtigung allgemeiner Krankenhausleistung ... 14 | 3. Unterrichtungspflicht der Landesbehörde ... 36 |
| c) Andere medizinische Zusatzleistungen ... 17 | V. Wahlärztliche Leistungen ... 37 |
| d) Persönliche Behandlungspflicht ... 19 | 1. Liquidationskette ... 38 |
| e) Zulässige Vertretung ... 21 | 2. Inkasso oder Abtretung ... 41 |
| aa) Die unvorhersehbare Vertretungsnotwendigkeit ... 22 | a) Beauftragung einer Abrechnungsstelle ... 44 |
| bb) Vorhersehbare Vertretungsnotwendigkeit ... 23 | b) Abtretung an das Krankenhaus ... 46 |
|  | c) Eigene Abrechnung ... 47 |
| III. Entgelte für Wahlleistungen ... 25 | VI. Abrechnungsgrundlage ... 48 |
| 1. Angemessenheit ... 26 | VII. Fälligkeit der Abrechnung ... 49 |
| 2. Empfehlungen ... 28 | B. Unzulässige Koppelung von Wahlleistungen ... 50 |
|  | C. Mindestwahlleistungsentgelte ... 51 |

## A. Systematische Einordnung

1 Abs. 1 Satz 1 basiert auf §§ 1 Abs. 1, 2 Abs. 1 Satz 1. Danach werden alle Leistungen der voll- und teilstationären Behandlung, die unter Berücksichtigung der Leistungsfähigkeit des Krankenhauses nach Art und Schwere der Erkrankung medizinisch notwendig und zweckmäßig sind, durch die nach § 3 vorgesehenen Entgelte abgegolten. Daraus folgt die Regelung in Abs. 1 Satz 1: zusätzliche Entgelte bzw. dahinter stehende Leistungsangebote dürfen diese allgemeinen Krankenhausleistungen nicht beeinträchtigen; es darf auch keine Doppelbezahlung derselben Leistung verlangt werden; zusätzliche Leistungen müssen vom Zahlungspflichtigen gesondert in Anspruch genommen und mit dem Krankenhaus vereinbart werden, denn auch diese zusätzlichen Leistungen sind nach Abs. 1 Satz 1 Krankenhausleistungen. Aus dieser Abgrenzung ergibt sich m.E. nicht, dass es sich bei Leistungen nach Abs. 1 Satz 1 um »nicht notwendige« Leistungen handelt oder dass sie gegenüber den allgemeinen Krankenhausleistungen nur als »Restgröße« definierbar sind (*Quaas* FA-MedR Kap. 14 Rn. 107, 108). Der Schwerpunkt der Abgrenzung liegt auf der Nichtbeeinträchtigung der allgemeinen Krankenhausleistung; für den Patienten, der sie wählt, können sie einen erheblichen zusätzlichen Stellenwert haben und auch notwendig sein (z.B. Einzelzimmer zur Fortsetzung der beruflichen Kommunikation); für das Krankenhaus sind sie ein wichtiger Bestandteil des Leistungsangebotes und der Gesamtfinanzierung.

## I. Wahlleistungen

2 Die Einordnung zusätzlich berechenbarer Leistungen als Wahlleistungen geht von einem systematisierten Zusatz-Leistungsangebot des Krankenhausträgers an den Patienten oder Zahlungspflichtigen aus. Dies ergibt sich auch aus Abs. 2 Satz 2 und die dort verankerte Verpflichtung zur Unterrichtung der zuständigen Landesbehörde über die Art der angebotenen Wahlleistungen. Dem entspricht die Aufnahme eines Wahlleistungskataloges in die Allgemeinen Aufnahmebedingungen eines Krankenhauses, aus dem der Patient unter gleichzeitiger Information über das Entgelt seine Wahl durch Ankreuzen treffen kann (dazu Musterverträge der DKG: Allgemeine Vertragsbedingungen [AVB], Behandlungsverträge und Wahlleistungsvereinbarungen für Krankenhäuser, 12. Aufl. 2018, DKVG; im Folgenden M-AVB-DKG genannt). Die individuelle Vereinbarung von Wahlleistungen ist dadurch rechtlich nicht ausgeschlossen (Rdn. 17), tritt aber gegenüber den als AGB ausgestalteten AVB deutlich in den Hintergrund.

## II. Leistungsarten

Aus Abs. 1 Satz 1 und Satz 2 ergibt sich bereits eine grundsätzliche rechtliche Unterscheidung des Wahlleistungsangebots in ein zusätzliches Angebot an Unterbringung, Verpflegung oder Ausstattung einerseits und das zusätzliche Angebot diagnostischer oder therapeutischer Leistungen insbesondere als wahlärztliche Behandlung andererseits (dazu Rdn. 10 ff.). Dem entsprechend unterscheiden die heute üblichen Wahlleistungsangebote zwischen dem Angebot einer Unterbringung in einem Ein- oder Zwei-Bettzimmer mit jeweils differenziertem Leistungsstandard, Unterbringung und Verpflegung einer Begleitperson und der wahlärztlichen Behandlung. 3

Dieser Differenzierung bedarf es auch deswegen, weil nach Abs. 4 das Wahlleistungsangebot der gesondert berechenbaren Unterkunft nicht von der Inanspruchnahme anderer Wahlleistungen abhängig gemacht werden darf (Rdn. 50). Dies gilt insbesondere für die wahlärztliche Behandlung, die nicht von der Inanspruchnahme einer gesondert berechenbaren Unterbringung in einem Ein- oder Zwei-Bettzimmer abhängig gemacht werden darf (so ausdrücklich § 2 Abs. 2 Satz 2 KHGG NRW). 4

### 1. Gesonderte Unterbringung

Die gesonderte Unterbringung in einem Ein- oder Zweibettzimmer bezeichnet eine Wahlleistung, die neben der Unterkunft je nach Ausrichtung der Abteilung, Ausstattung der betreffenden Räume und Service-Möglichkeiten des Krankenhauses weitere Leistungen umfasst (Fernseher, Telefon, Wahlverpflegung, Komfortbett, separates WC etc.). Der Bedarf an bestimmten Komfortleistungen kann in einer gynäkologischen Abteilung ein anderer sein als in einer inneren oder chirurgischen Abteilung (vgl. M-AVB-DKG Wahlleistungsvereinbarung). 5

#### a) Nicht-Beeinträchtigung allgemeiner Krankenhausleistung

In dem Ausmaß, in dem der Standard der Unterbringung in der allgemeinen Krankenhausleistung angehoben wird, kann eine darin enthaltene Ausstattung nicht mehr Gegenstand eines Wahlleistungsangebotes sein, da dann für dieselbe Leistung doppelt gezahlt werden müsste (Rdn. 1). Bietet ein Krankenhaus als Standard der allgemeinen Krankenhausleistung daher die Unterbringung in Zweibettzimmern an, kann nur noch die Unterbringung in einem Einbettzimmer Wahlleistungsangebot sein. Nicht ausgeschlossen ist, dass dann bestimmte Ausstattungen, die nicht im Standard der allgemeinen Krankenhausleistung enthalten sind (z.B. ISDN-Anschluss), auch bei Unterbringung in einem Zweibettzimmer als Wahlleistung angeboten werden können (M-AVB-DKG 12. Aufl. 2018, Erläuterung Fn. 144, 145). 6

Zu einer Beeinträchtigung der allgemeinen Krankenhausleistung kann es aber insbesondere dann kommen, wenn durch das Wahlleistungsangebot die Versorgung von Patienten mit Anspruch auf die allgemeine Krankenhausbehandlung beeinträchtigt wird. Dies ist insbesondere dann der Fall, wenn aus medizinischen Gründen ein Einzelzimmer benötigt wird, das von einem Wahlleistungspatienten belegt ist. Das Muster einer Wahlleistungsvereinbarung sieht deswegen zu Recht eine Vertragsklausel vor, wonach die Erbringung einer Wahlleistung sofort vorübergehend eingestellt oder mit Tagesfrist bzw. im Notfall (aus wichtigem Grund) sofort gekündigt werden kann, wenn sonst die medizinische Versorgung von Patienten mit allgemeinen Krankenhausleistungen gefährdet ist. Insoweit muss die Wahlleistung gegenüber dem Anspruch auf eine notwendige medizinische Versorgung zurücktreten. 7

#### b) Weitere Unterbringungsleistungen

Als Wahlleistung im Bereich der Unterbringung wird je nach den räumlichen Möglichkeiten eines Krankenhauses auch die Unterbringung von Begleitpersonen angeboten. Dabei kann insbesondere bei schwer Behinderten die Aufnahme einer in der Pflege dieses behinderten Patienten erfahrenen Begleitperson dann Voraussetzung für dessen erfolgreiche Behandlung sein, wenn die Pflegkräfte des Krankenhauses sich dazu nicht in der Lage sehen. In diesem Fall einer medizinisch notwendigen Begleitung muss die Unterbringung der Begleitperson über die allgemeine Krankenhausleistung 8 abgedeckt werden. § 2 Abs. 2 Satz 2 Nr. 3 ordnet deswegen konsequent die Unterbringung einer medizinisch notwendigen Begleitung eines stationär behandelten Patienten der allgemeinen Krankenhausleistung zu.

9 Nach den M-AVB-DKG können auch sämtliche Leistungen, für die GKV-Versicherte nach § 53 Abs. 3 SGB V Wahltarife abgeschlossen haben, vom Krankenhaus angeboten und als Wahlleistungen vereinbart werden. Bei Wahltarifen der Krankenkassen nach § 53 Abs. 3 SGB V und Wahlleistungsangeboten eines Krankenhauses nach § 17 handelt es sich aber um getrennte Rechtskreise, die jeweils eigenständigen Gesetzmäßigkeiten unterliegen. Die stationäre Aufnahme z.B. eines sozialversicherten Diabetikers, der sich in das Disease-Management-Programm (DMP) Diabetes als Wahltarif seiner Krankenkasse eingeschrieben hat, kann selbstverständlich nicht von der Inanspruchnahme einer Wahlleistung nach § 17 abhängig gemacht werden, da er Anspruch auf die allgemeine Krankenhausleistung hat. Eine mittelbare Verbindung zwischen beiden Rechtskreisen schafft aber § 53 Abs. 4 SGB V. Danach kann eine Krankenkasse in ihrer Satzung vorsehen, dass Mitglieder für sich und ihre mitversicherten Familienangehörigen Tarife für Kostenerstattung wählen können. Die Inanspruchnahme solcher nach § 53 Abs. 4 Satz 2 SGB V durch spezielle Prämienzahlungen der Versicherten zu finanzierenden Wahltarife kann zur Inanspruchnahme von Wahlleistungen bei stationärer Unterbringung führen, die dann von der Krankenkasse des Versicherten zu zahlen wären. Die Begründung zu § 53 Abs. 4 SGB V (FraktE-GKV-WSG BT-Drs. 16/3100 zu § 53 Abs. 4) enthält Hinweise zur Erstattungsmöglichkeit von GOÄ/GOZ Leistungen und damit insbesondere auf die Möglichkeit der Inanspruchnahme wahlärztlicher Leistungen nach Abs. 3 (dazu Rdn. 37).

### 2. Diagnostische und therapeutische Leistungen

10 Abs. 1 Satz 2 beinhaltet für das Wahlleistungsangebot des Krankenhauses an ärztlichen und psychotherapeutischen Leistungen über die Anforderungen nach Abs. 1 Satz 1 hinaus, einen berufsrechtlichen Arzt- oder Psychotherapeutenvorbehalt. Die berufsrechtliche Berechtigung zur Leistungserbringung im Rahmen von Wahlleistungsangeboten der Krankenhäuser ergibt sich dabei für Ärzte aus §§ 2, 2a BÄO und für Psychotherapeuten aus §§ 1 Abs. 1, 26 i.d.F. PsychThAusbRefG.

#### a) Arzt-/Psychotherapeutenvorbehalt

11 In beiden Gesetzen beschränkt sich diese Leistungsberechtigung nicht auf die deutsche staatliche Approbation als Arzt oder Psychotherapeut. Sie umfasst auch die Anerkennung vergleichbarer Diplome aus den EU-Mitgliedsstaaten nach Maßgabe der EU-Richtlinie des Rates vom 07.09.2005 über die Anerkennung von Berufsqualifikationen (ABl. EU Nr. L 255 S. 18). Die Berechtigung zur ärztlichen Berufsausübung als »Arzt« oder »Ärztin« bzw. als »Psychotherapeut« oder »Psychotherapeutin« kann auch durch eine vorübergehende Erlaubnis nach § 1 Abs. 2 BÄO und § 3 PsychThG erlangt werden. Diese vorübergehende Erlaubnis ist für den Anwendungsbereich von Abs. 1 allerdings irrelevant, da sie der Weiterbildung bzw. Spezialisierung ausländischer Ärzte und Psychotherapeuten in Deutschland dient. Die Leistungserbringung in einem Wahlleistungsangebot des Krankenhauses nach Abs. 1 setzt aber über die berufsrechtliche Zulassungsvoraussetzung hinaus einen »Facharztstandard« voraus (dazu unten Rdn. 19).

12 Die M-AVB-DKG enthält derzeit ein Wahlleistungsangebot nur für ärztliche Leistungen, da die Ergänzung in Abs. 1 Satz 2 um Psychotherapeuten erst durch das KHRG m.W.v. 25.03.2009 erfolgt ist. In der Praxis dürften Wahlleistungen von Psychotherapeuten bisher nur vereinzelt angeboten worden sein. Abs. 1 Satz 2 i.d.F. d. Art. 4 PsychThAusbRefG erlaubt aber unter den Voraussetzungen von Abs. 1 Satz 1 ein solches Wahlangebot psychotherapeutischer Behandlung durch Psychotherapeuten i.S.d. §§ 1, 26 PsychThG i.d.F. d. PsychThAusbRefG (BT-Drs. 19/9770 zu Art. 4 PsychThAusbRefG).

13 Die Leistungsberechtigung nach Abs. 1 Satz 2 umfasst jedenfalls nicht unmittelbar die Approbation als Zahnarzt, obwohl Zahnärzte ebenfalls aufgrund einer staatlichen Approbation als akademischer

Heilberuf diagnostische und therapeutische Leistungen erbringen (§ 13 ZHG). Die eine zahnärztliche Behandlung umfassenden Krankenhausabteilungen für Mund-Kiefer- und Gesichtschirurgie werden jedoch von doppelapprobierten Fachärzten für Mund-Kiefer- und Gesichtschirurgie geleitet, die aufgrund ihrer ärztlichen Approbation die Voraussetzung des Abs. 1 Satz 2 erfüllen.

### b) Nicht-Beeinträchtigung allgemeiner Krankenhausleistung

Die medizinisch notwendige ärztliche Behandlung eines Patienten ist Kernbestandteil der allgemeinen Krankenhausleistung nach § 2 Abs. 1, 2. Ihre Erbringung darf durch die Inanspruchnahme ärztlicher Wahlleistungen nicht beeinträchtigt werden. Dies kann jedoch nicht bedeuten, dass das ärztliche Wahlleistungsangebot des Krankenhauses nur medizinisch nicht notwendige ärztliche Zusatzleistungen beinhalten darf (s.a. *Quaas* FA-MedR Kap. 14 Rn 108; kritisch insoweit OLG Frankfurt, Urt. v. 24.07.1996 – 19 U 137/95, wonach als Wahlleistungen nur solche ärztlichen Leistungen angesehen werden, die nicht vom Versorgungsauftrag des betreffenden Krankenhauses umfasst werden). Schon das Wahlleistungsangebot des Krankenhauses wäre rechtlich auf einer solchen Grundlage inhaltlich nicht definierbar, da medizinisch nicht notwendige diagnostische oder therapeutische Leistungen ohne ausdrückliche Zustimmung des Patienten zur Erbringung der einzelnen Maßnahme vom Krankenhaus nicht angeboten werden dürften. Auch nach der für die Liquidation ärztlicher Wahlleistungen maßgebenden GOÄ (Rdn. 20) darf der Arzt Vergütungen nur für Leistungen berechnen, die nach den Regeln der ärztlichen Kunst für eine medizinisch notwendige Behandlung erforderlich sind. Leistungen, die über das Maß des Notwendigen hinausgehen darf er nur berechnen, wenn sie nach Aufklärung über die fehlende medizinische Notwendigkeit ihrer Anwendung auf (ausdrückliches) Verlangen des Zahlungspflichtigen erbracht worden sind (§ 1 Abs. 2 GOÄ).

14

Die in Abs. 1 Satz 1 vorgeschriebene inhaltliche Abgrenzung zwischen allgemeiner Krankenhausleistung und Wahlleistung kann für die ärztliche Behandlung sinnvoll nur in der Weise erfolgen, dass im Rahmen der wahlärztlichen Behandlung die ansonsten bestehende Delegationsbefugnis von Untersuchungs- und Behandlungsmaßnahmen auf nachgeordnete Ärzte nicht oder nur sehr eingeschränkt besteht, da die ärztliche Behandlung als solche Kernbestandteil der allgemeinen Krankenhausleistung ist. Es ist demgegenüber nicht möglich, eine Abgrenzung zwischen Regel- und Wahlleistung nach dem jeweiligen Inhalt der medizinischen Behandlung vorzunehmen oder gar zwischen der Regelleistung als der jeweils notwendigen und der Wahlleistung als medizinisch überflüssiger Luxusbehandlung zu differenzieren. Inhaltlich ist die Wahlleistung keine »Anstattleistung« gegenüber der Regelleistung, da auch die Wahlleistung an das Gebot der medizinischen Notwendigkeit der Leistungserbringung gebunden ist (zur begrifflichen Abgrenzung BGH, Urt. v. 14.01.2016 – III ZR 107/15, NJW 2016, 3027).

15

Gerade weil sich die medizinische Behandlung im Rahmen einer wahlärztlichen Behandlung im Wesentlichen nur durch die persönliche Übernahme der Behandlung durch den Wahlarzt auszeichnet, muss gewährleistet sein, dass die Qualität der ärztlichen Behandlung in der allgemeinen Krankenhausleistung nicht beeinträchtigt wird. In der Regelversorgung besteht für den Patienten kein Anspruch auf Behandlung durch einen bestimmten Arzt; die Krankenhausbehandlung erfolgt vielmehr durch die Ärzte des Krankenhauses nach Maßgabe der jeweiligen Organisations- und Dienstpläne. Die in das Wahlleistungsangebot eines Krankenhauses einbezogenen liquidationsberechtigten Ärzte sind aber die leitenden Ärzte, die auch für die Organisation ihrer Abteilung oder ihres Spezialbereiches und die ordnungsgemäße Behandlung aller dort stationär oder teilstationär aufgenommenen bzw. behandelten Patienten verantwortlich sind. Die Chefarztverträge der Krankenhäuser unterstreichen daher zu Recht diese Verantwortung für die ordnungsgemäße Versorgung aller Patienten und räumen das Liquidationsrecht gegenüber Wahlleistungs-Patienten (dazu Rdn. 20) nur unter dieser Maßgabe ein. Dies umfasst auch die Verpflichtung des liquidationsberechtigten Arztes zur persönlichen Behandlung eines Regelleistungs-Patienten, wenn dies medizinisch notwendig ist (s.a. *Quaas* FA-MedR Kap. 14 Rn 110).

16

## § 17 KHEntgG  Wahlleistungen

### c) Andere medizinische Zusatzleistungen

17 Die M-AVB-DKG gehen im Nr. 146 der Erläuterungen allerdings davon aus, dass Krankenhäuser über die wahlärztliche Behandlung hinaus auch medizinische Wahlleistungen anbieten können, die nicht zu einer nach §§ 1, 2 medizinisch notwendigen Behandlung gehören (medizinisch nicht notwendige Schönheitsoperationen und Sterilisationen, Fettabsaugen etc.) oder als nicht notwendige aber erwünschte Leistungen neben einer medizinisch gebotenen Behandlung angeboten werden (erweiterte Labordiagnostik, Massagen, alternative Behandlungsmethoden; innovative Behandlungsalternativen, die im DRG nicht enthalten sind, die allerdings im DRG vergütete Leistungsbestandteile auch nicht ersetzen dürfen). Zunächst dürfte auch für das Krankenhaus, das derartige Leistungen anbietet, die Vorgabe des § 1 Abs. 2 GOÄ hinsichtlich der Aufklärungspflicht und dem »ausdrücklichen Verlangen« sinngemäß gelten (so ausdrücklich auch M-AVB-DKG) Soweit solche Leistungen Grund für die stationäre Aufnahme sind (Schönheitschirurgie), findet § 17 jedenfalls keine unmittelbare Anwendung, da hier keine Wahlleistung neben einem für eine notwendige Krankenhausbehandlung berechneten Entgelt angeboten wird. Nach dem M-AVB-DKG ist deswegen insoweit die Vergütung frei vereinbar; bei Liquidationen für die ärztliche Behandlung besteht aber nach der GOÄ die Bindung an das Leistungsverzeichnis; Pauschalvereinbarungen sind insoweit unzulässig (§ 2 GOÄ). Für die anlässlich einer notwendigen stationären oder teilstationären Krankenhausbehandlung erbrachten, nicht damit notwendig verbundenen medizinischen Wahlleistungen gilt Abs. 1 dagegen uneingeschränkt. Wird ein Patient ohne Abschluss einer Wahlleistungsvereinbarung im Rahmen der allgemeinen Krankenhausleistung stationär behandelt, ist eine private Vereinbarung zwischen dem Patienten und nicht am Krankenhaus angestellten aber auch nicht belegärztlich tätigen Operateuren über eine privat zu liquidierende Mastektomie wegen Verstoßes gegen §§ 1 Abs. 1, 2 Abs. 1, 2 und § 7 nach § 134 BGB rechtsunwirksam (LSG Berlin Brandenburg, Urt. v. 28.07.2010 – L 9 KR 534/06).

18 In Entbindungsfällen erstreckt sich die Inanspruchnahme von Wahlleistungen durch die Mutter nicht auf das Neugeborene. Für das Neugeborene bedarf es daher ggf. einer gesonderten Wahlleistungsvereinbarung. Sie kann sich grundsätzlich nur auf die ärztliche Betreuung des gesunden Neugeborenen beziehen, die vom Anspruch der Mutter auf notwendige ärztliche Betreuung nicht umfasst wird. Besteht bei einem Neugeborenen eine Erkrankung oder die ernsthafte Gefahr ihres Eintritts müsste es bei stationärer oder teilstationärer Behandlungsbedürftigkeit selbst als Patient aufgenommen werden.

### d) Persönliche Behandlungspflicht

19 Das Angebot eines Krankenhauses für wahlärztliche Leistungen ist mit der persönlichen Qualifikation derjenigen leitenden Ärzte verbunden, deren Behandlung der Patient in Anspruch nehmen will. Der Patient, der die Wahlleistung »ärztliche Behandlung« wählt, vertraut daher auf die besonderen Erfahrungen und die herausgehobene fachliche Kompetenz des betreffenden leitenden Arztes und ist grundsätzlich nur unter der Bedingung einer persönlichen Behandlung durch ihn bereit, ein zusätzliches Honorar zu zahlen (BGH, Urt. v. 20.12.2007 – III ZR 144/0, BGHZ 175, 76 = NJW 2008, 987 = MedR 2008, 155). Deswegen muss der Arzt im Rahmen einer wahlärztlichen Behandlung seine Leistung grundsätzlich selbst erbringen (§ 613 BGB). Die Verpflichtung der »Wahlärzte« zur persönlichen Leistungserbringung zeichnet daher die wahlärztliche Behandlung aus und grenzt sie gegenüber der allgemeinen Krankenhausleistung ab (Rdn. 15). In der Abrechnung wahlärztlicher Leistungen nach der GOÄ ergeben sich aber immer wieder Auseinandersetzungen um das zulässige Ausmaß einer möglichen Delegation einzelner Verrichtungen an ärztliche oder nicht ärztliche Mitarbeiter.

20 Durch § 4 Abs. 2 GOÄ i.d.F. d. 4. ÄndVO ist deswegen die Liquidationsberechtigung für wahlärztliche Leistungen erheblich eingeschränkt worden (dazu auch BGHZ 175, 76):
– abweichende Vergütungsvereinbarungen sind gem. § 2 Abs. 3 Satz 2 GOÄ nur für vom Wahlarzt höchstpersönlich erbrachte Leistungen zulässig;

- für die in § 4 Abs. 2 Satz 3 GOÄ genannten Leistungen – Grundleistungen nach Nr. 1–62 GOÄ innerhalb des ersten Tages (24 Stunden) nach der Aufnahme und des letzten Tages (24 Stunden) vor der Entlassung – besteht ein Liquidationsrecht nur bei Leistungserbringung durch den Wahlarzt selbst oder durch den vor Abschluss des Wahlarztvertrages dem Patienten benannten persönlichen ärztlichen Vertreter;
- für andere als in § 4 Abs. 2 Satz 3 GOÄ genannte Leistungen reduziert sich gem. § 5 Abs. 5 GOÄ der zulässige Steigerungssatz bei einer Delegation auf andere Ärzte als den ständigen Vertreter auf die jeweilige Begründungsschwelle (2,3/1,8/1,3);
- für die in § 4 Abs. 2 Satz 4 GOÄ genannten Leistungen der physikalischen Therapie (Abschnitt E GOÄ) besteht ein Liquidationsrecht bei Delegation an Physiotherapeuten nur dann, wenn der Wahlarzt oder dessen ständiger ärztlicher Vertreter durch die Zusatzbezeichnung »Physikalische Therapie« oder durch die Gebietsbezeichnung »Facharzt für Physikalische und Rehabilitative Medizin« qualifiziert ist und die Leistungen nach fachlicher Weisung unter deren Aufsicht erbracht werden.

Unabhängig von den gesetzlichen Einschränkungen einer Delegation bestimmter ärztlicher Leistungen ergibt sich unmittelbar aus dem Abschluss eines Behandlungsvertrages über eine wahlärztliche Behandlung (dazu Rdn. 42) grundsätzlich die Verpflichtung des liquidationsberechtigten Krankenhausarztes, die Kernleistungen höchstpersönlich zu erbringen und nur bei unvorhergesehener Verhinderung durch den vorher benannten persönlichen ständigen ärztlichen Vertreter erbringen zu lassen. Dies gilt insbesondere für operative Eingriffe, da davon auszugehen ist, dass der Patient den leitenden Arzt gerade wegen seiner fachlichen Kapazität als Wahlarzt in Anspruch nimmt und deswegen nicht damit einverstanden ist, dass dieser die Operation oder die Anästhesie einem anderen Arzt überlässt (LG Flensburg NJW 1978, 2342; OLG Celle NJW 1982, 2129; LG Fulda MDR 1988, 317; *Hahn*, NJW 1981, 1977). Weiß der Chefarzt bereits bei Abschluss des Behandlungsvertrages, dass er zum vorgesehenen Termin wegen Urlaubes etc. verhindert sein wird, die Behandlung selbst zu übernehmen, muss er den Patienten hierüber aufklären und seine ausdrückliche Zustimmung zu einer Vertretung durch einen anderen, namentlich zu benennenden Arzt einholen. Anderenfalls ist der Behandlungsvertrag über die wahlärztliche Behandlung wegen bei Abschluss des Vertrages bereits feststehender Nichterfüllbarkeit der persönlichen Leistungserbringung rechtsunwirksam (OLG Stuttgart MedR 2002, 411; OLG Hamm NJW 1995, 794, OLG Düsseldorf NJW 1995, 2421; *Taupitz*, MedR 1996, 533, 537; *Kuhla*, NJW 2000, 841). Die Abrechnung ärztlicher Leistungen unter Verstoß gegen § 4 Abs. 2 GOÄ durch einen zur Privatliquidation berechtigten Chefarzt kann einen Grund für eine außerordentliche Kündigung seines Arbeitsvertrages i.S.v. § 626 Abs. 1 BGB darstellen. Der Chefarzt muss die Patienten vor Abschluss einer Vertretervereinbarung entsprechend der Rechtsprechung des BGH (BGHZ 175, 76) umfassend aufklären. Bei Verletzung der Aufklärungspflicht steht dem Honoraranspruch der Einwand der unzulässigen Rechtsausübung entgegen. Eine vorherige Abmahnung vor Ausspruch einer außerordentlichen Kündigung ist insbesondere dann entbehrlich, wenn der Chefarzt durch den Arbeitgeber mehrfach auf den Grundsatz der persönlichen Leistungserbringung hingewiesen wurde und er weiterhin unter Verstoß gegen § 4 Abs. 2 GOÄ abrechnet (LArbG NS, Urt. v. 17.04.2013 – 2 Sa 179/12).

### e) Zulässige Vertretung

Unabhängig von der in § 4 Abs. 2 GOÄ geregelten Liquidationsberechtigung eines vom liquidationsberechtigten Arzt benannten ständigen Vertreters, stellt sich die Frage, wann und unter welchen Bedingungen eine solche Vertretung zulässig ist. Der BGH hat dazu mit seinem bereits zitierten Urt. v. 20.12.2007 (BGHZ 175, 76; bestätigt durch BGH, Urt. v. 16.10.2014 – III ZR 85/14, BGHZ 202, 365) entscheidende Weichen gestellt:

### aa) Die unvorhersehbare Vertretungsnotwendigkeit

Klauseln in einer formularmäßigen Wahlleistungsvereinbarung, durch die die einem Wahlarzt obliegende Leistung im Fall seiner Verhinderung durch einen Vertreter erbracht werden darf, sind nur wirksam, wenn sie auf Fälle beschränkt sind, in denen die Verhinderung im Zeitpunkt des Abschlusses der Wahlleistungsvereinbarung nicht bereits feststeht (unvorhersehbare Erkrankung) und wenn als Vertreter der namentlich benannte ständige ärztliche Vertreter i.S.d. § 4 Abs. 2 Satz 3 und 4, § 5 Abs. 5 GOÄ bestimmt ist.

– Die Stellvertretervereinbarung in AGB nach § 308 Nr. 4 BGB ist nur wirksam, wenn darin der ständige ärztliche Vertreter namentlich bestimmt ist, der nach Dienststellung und medizinischer Kompetenz kontinuierlich in engem fachlichem Kontakt mit dem Wahlarzt steht und deshalb vermutlich jederzeit in die Behandlungsgestaltung des Wahlarztes eingebunden ist.

– Der Patient ist so früh wie möglich über die Verhinderung des in der Wahlleistungsvereinbarung genannten Wahlarztes zu unterrichten und ihm das Angebot zu unterbreiten, dass an dessen Stelle ein bestimmter Vertreter zu den vereinbarten Bedingungen die wahlärztliche Behandlung übernimmt.

– In einer Individualvereinbarung mit dem Patienten kann die Vertretung auch einem anderen Arzt als dem ständigen Vertreter namentlich übertragen werden; vor einer solchen Vereinbarung ist jedoch der sich häufig in einer bedrängten Situation befindende Patient über die Vor- und Nachteile einer solchen Vertretung besonders aufzuklären. Ihm ist die Option einzuräumen, auf die Inanspruchnahme wahlärztlicher Leistungen zu verzichten und sich von dem jeweiligen diensthabenden Arzt behandeln zu lassen. Ist diese Aufklärung unzureichend, kommt eine Individualvereinbarung nicht rechtswirksam zustande.

– Die individuelle Vertretervereinbarung muss schriftlich geschlossen werden, da sie eine ebenfalls schriftlich abgeschlossene Wahlleistungsvereinbarung ändert.

#### bb) Vorhersehbare Vertretungsnotwendigkeit

23 Im Umkehrschluss aus dieser Begründung des BGH im Urt. v. 20.12.2007 zur Handhabung unvorhersehbarer Verhinderungen des Wahlarztes folgt, dass bei einer vorhersehbaren Verhinderung der Patient vor Abschluss der Wahlarztvereinbarung hierüber zu informieren ist. Dies eröffnet ihm die Optionen der Inanspruchnahme eines anderen Krankenhauses, der ausdrücklichen Wahlentscheidung für den ständigen Vertreter, des Abschlusses einer Individualvereinbarung oder des Verzichtes auf die Inanspruchnahme einer wahlärztlichen Behandlung. Die Wahlleistungsvereinbarung wäre in diesem Fall bei entsprechender Option des Patienten von vorneherein auf den namentlich benannten ständigen Vertreter des Wahlarztes auszurichten.

24 Die Benennung eines ständigen ärztlichen Vertreters muss vor Abschluss des Wahlarztvertrages erfolgen, da ein nachträglicher Wechsel in der Vertretung grundsätzlich nicht zulässig ist. Als Folge der »Liquidationskette« nach Abs. 3 Satz 1 erfordert dies die namentliche Benennung aller leitenden Ärzte und deren ständigen ärztlichen Vertreter zumindest in dem Umfang, in dem deren Beteiligung an der Behandlung nicht auszuschließen ist. Schwierigkeiten ergeben sich, wenn aufgrund der funktionalen Schwerpunktbildung oder Arbeitsteilung einer Krankenhausabteilung ständige ärztliche Vertreter jeweils für einzelne Funktions- oder Arbeitsbereiche bestehen. Bei Ausscheiden eines ständigen ärztlichen Vertreters aus dem bisherigen Arbeitsverhältnis muss allerdings eine Nachbenennung des Funktionsnachfolgers möglich sein (s.a. Bekanntmachungen der BÄK, DÄ 1996, A – 2720 [2722]). Mit der Neuregelung ist es aber nicht vereinbar, wechselnde Vertreter zur Behandlung eines bestimmten Wahlleistungspatienten zu benennen, da dies die vom Gesetzgeber geforderte durchgehende Betreuung dieses Patienten entweder durch den Chefarzt selbst oder – bezogen auf diesen Patienten – seinen ständigen Vertreter nicht gewährleisten würde. Die Übernahme der Behandlung durch einen anderen als den ständigen Vertreter führt zum Wegfall der Liquidationsberechtigung für die in Abs. 2 Satz 3 genannten ärztlichen Leistungen und zur Absenkung des Gebührenrahmens für die übrigen Leistungen.

24a Der BGH hat mit Urt. v. 16.10.2014 – III ZR 85/14, BGHZ 202, 365 f. die abschließende Festlegung des Kreises der liquidationsberechtigten Wahlärzte in § 17 Abs. 3 bestätigt; das BVerfG hat die Verfassungsbeschwerde gegen dieses Urteil mit Beschl. v. 03.03.2015 – 1 BvR 32226/14 zurückgewiesen. Als zwingende preisrechtliche Schutzvorschrift zugunsten des Patienten steht § 17 Abs. 3

Satz 1 nicht nur einer Honorarvereinbarung entgegen, die der Honorararzt unmittelbar mit dem Patienten abschließt, sondern verbietet sie auch. Derartige Vereinbarungen sind gemäß § 134 BGH nichtig (BGH, Urt. v. 10.01.2019 – III ZR 325/17).

### III. Entgelte für Wahlleistungen

Nach Abs. 1 Satz 3 dürfen die Entgelte für Wahlleistungen in keinem unangemessenen Verhältnis zu den Leistungen stehen. § 2 Abs. 2 KHG NRW fordert für Wahlleistungen ein zumindest kostendeckendes Entgelt. Für Krankenhäuser, die nach der BundespflegesatzVO abrechnen, schreibt Abs. 5 ein Mindestwahlleistungsentgelt für die gesondert berechenbare Unterbringung/Verpflegung und für die wahlärztliche Behandlung i.H.d. nach § 7 BPflV bei der Ermittlung der pflegesatzfähigen Kosten abzuziehenden Beträge vor. Zur Bewertung von Angemessenheit bzw. Unangemessenheit von Wahlleistungsentgelten für die gesondert berechenbare Unterbringung/Verpflegung bestanden je nach Interessenlage unterschiedliche Auffassungen der Krankenhausträger (Ausprägung des allgemeinen Wucherverbotes nach § 138 Abs. 2 BGB) und der privaten Krankenversicherung (angemessene Relation zwischen Leistung und Entgelt). Durch das Grundsatzurteil des BGH vom 04.08.2000 (BGHZ 145, 66 = NJW 2001, 892 = MedR 2000, 592) wurden diese Auseinandersetzungen beigelegt und die rechtliche Basis für den Abschluss einer gemeinsamen Empfehlung zur Bemessung der Entgelte für die Wahlleistung Unterbringung geschaffen (dazu Rdn. 28). 25

#### 1. Angemessenheit

Der BGH sieht in der mit Abs. 1 Satz 3 identischen Vorgängerregelung des § 22 Abs. 1 Satz 3 BPflV eine Regelung zum Schutz des Patienten und der seine Leistung insoweit abdeckenden privaten Krankenversicherung vor überhöhten Entgeltforderungen der Krankenhäuser. Dieser Schutz wäre unzureichend und irrelevant, wenn er nur bei einer dann gem. § 138 BGB ohnehin rechtswidrigen wucherigen Preisgestaltung greifen würde. Die Entscheidung basiert auf den nur eingeschränkten und häufig gar nicht bestehenden Wahlmöglichkeiten des sich ohnehin in einer schwierigen persönlichen Situation befindlichen Patienten und auf der rechtlichen Verpflichtung der Krankenhäuser, einheitliche Entgelte festzusetzen. Als Bewertungsmaßstab für eine angemessene Preisfestsetzung durch die Krankenhäuser für die Wahlleistung Unterkunft legt der BGH das gesetzlich vor Einführung der DRG noch allen Krankenhäusern für die Ermittlung der pflegesatzfähigen Kosten als Abzug vorgeschriebene Mindestwahlleistungsentgelt zugrunde. Es beträgt bei Einbettzimmern 65 % oder, falls Zweibettzimmer die Regelleistung darstellen, 35 % und bei Zweibettzimmern 25 % des Basispflegesatzes (Abs. 4 i.V.m. § 7 Abs. 2 Satz 2 Nr. 7 BPflV). Als unabhängig vom jeweiligen Standard der Unterbringung den Krankenhäusern einzuräumender Gestaltungsspielraum sieht der BGH eine Marge von ca. 20 % an. Danach ist davon auszugehen, dass als regelmäßige untere Angemessenheitsgrenze ohne Rücksicht auf irgendwelche Komfortvorteile im Allgemeinen ein Wahlleistungsentgelt i.H.v. 80 bzw. 45 % bei Einbettzimmern und von 30 % bei Zweibettzimmern des Basispflegesatzes als noch angemessen angesehen werden kann. 26

Für ärztliche Wahlleistungen stellt sich die Frage nach der Angemessenheit zur Bewertungsgrundlage deswegen nicht, weil die GOÄ/GOZ als amtliche Gebührentaxe auf der Grundlage von § 11 BÄO Anwendung findet. Außerdem enthält die GOÄ selbst für wahlärztliche Leistungen spezifische Abrechnungsmodalitäten und Einschränkungen im Gebührenrahmen (Rdn. 20). Hinzu tritt die Minderungspflicht nach § 6a GOÄ, die zur Vermeidung von Doppelbelastungen des Patienten eine verpflichtende Absenkung der Gebühren um 25 % vorschreibt (§ 19 Rdn. 2). 27

#### 2. Empfehlungen

Auf der Grundlage von Abs. 1 Satz 4 haben die Deutsche Krankenhausgesellschaft und der Verband der privaten Krankenversicherung m.W.v. 01.08.2002 eine gemeinsame Empfehlung zur Bemessung der Entgelte für die Wahlleistung »Unterkunft« abgeben. Sie basiert auf der Entscheidung des BGH, übernimmt in Anlage 1 als Basispreis die regelmäßige untere Angemessenheitsgrenze auch für den Anwendungsbereich des KHEntgG und enthält in Anlage 2 gegliedert nach 28

Sanitärzone, sonstige Ausstattung, Größe und Lage, Verpflegung und Service Preisempfehlungen in Form von Preisspannen für die jeweiligen Komfortelemente. Nach § 2 der Empfehlung ist eine jährliche Anpassung dieser Preisempfehlungen an den Gesamtindex Deutschland für Beherbergungs- und Gaststättenleistungen vorzunehmen, ohne dass es einer Kündigung der Vereinbarung bedarf (zur Rechtsgeltung dieser Vereinbarung LG Münster GesR 2008, 390; LG Itzehoe, Urt. v. 22.08.2012 – 6O 6/12; VGH BW, Urt. v. 17.04.2012 – 2 S 1730/11). Auf der Grundlage der Regelung in § 6a Abs. 1 Nr. 3 BVO (auch BhV BW) hat die rechtliche Überprüfung der Beihilfefähigkeit von Wahlleistungen nach denselben Kriterien zu erfolgen, die auch für die privatrechtliche Beziehung des Patienten zum Krankenhaus gelten. Danach beurteilt sich die Angemessenheit des Entgelts für die Wahlleistung Unterkunft – hier Zweibettzimmer – allein nach § 17 Abs. 1 Satz 3. Die Frage, ob ein Beihilfeberechtigter auf Grundlage der zivilrechtlichen Wahlleistungsvereinbarung das Entgelt für die Wahlleistung Unterkunft im Hinblick auf dessen Angemessenheit zu bezahlen hat, und die Frage, ob er für diese Aufwendungen Beihilfe erhält, kann danach nur einheitlich entschieden werden. Etwas Anderes könnte nur dann gelten, wenn der Verordnungsgeber im Beihilferecht ausdrücklich eine abweichende Regelung getroffen und die Beihilfefähigkeit über die Regelung in § 17 hinaus beschränkt hätte. An einer solchen eindeutigen Bestimmung fehlt es jedoch.

### 3. Beanstandungen

29 Nicht nur der einzelne Patient oder Zahlungspflichtige, sondern auch der Verband der privaten Krankenversicherung kann nach Abs. 1 Satz 5 Hs. 1 die Herabsetzung eines unangemessen hohen Entgeltes für nichtärztliche Wahlleistung auf eine angemessene Höhe verlangen. Die inhaltlichen und rechtlichen Grundlagen für ein solches Verlangen ergeben sich für die Wahlleistung Unterkunft aus dem Urteil des BGH (Rdn. 26) und der auf seiner Grundlage getroffenen gemeinsamen Empfehlung von DKG und PKV (Rdn. 28). Für andere nichtärztliche Wahlleistungen dürfte entsprechend der Rechtsprechung des BGH auch nur die Festlegung eine Angemessenheitsgrenze zu erwarten sein, innerhalb der das Krankenhaus seinen Preis festsetzen kann.

30 Abs. 1 Satz 5 Hs. 2 eröffnet dem Verband der privaten Krankenversicherer die Möglichkeit einer Verbandsklage gegen aus seiner Sicht überhöhte Entgeltforderungen eines Krankenhauses für nichtärztliche Wahlleistungen vor den Zivilgerichten. Die gemeinsame Empfehlung zu Abs. 1 Satz 4 bildet den von der PKV selbst mit geschaffenen inhaltlichen Rahmen für solche Klagen bezogen auf die Wahlleistung Unterkunft. Klagevoraussetzung ist die trotz Abmahnung fortbestehende Weigerung des Krankenhauses sein Entgelt herabzusetzen. Der Verband ist selbst aktiv legitimiert und nicht auf die Bevollmächtigung durch einen betroffenen Patienten angewiesen.

## IV. Schriftliche Vereinbarung

31 Abs. 2 Satz 1 schreibt sowohl eine schriftliche Vereinbarung der Wahlleistung zwischen Krankenhausträger und Patienten/Zahlungspflichtigen vor ihrer Erbringung vor, als auch eine schriftliche Unterrichtung des Patienten/Zahlungspflichtigen über die Entgelte der Wahlleistungen und deren Inhalt im Einzelnen vor Abschluss der Vereinbarung. Aus der unterschiedlichen zeitlichen Anforderung ergibt sich zunächst die schriftliche Unterrichtung über die Entgelte, der dann die schriftliche Vereinbarung folgen kann, die ihrerseits aber vor der Erbringung der Wahlleistung abgeschlossen sein muss. Eine Wahlleistungsvereinbarung, die ohne hinreichende Unterrichtung des Patienten abgeschlossen wurde, ist unwirksam (BGH, Urt. v. 13.10.2005 – III ZR 400/04, NJW 2005, 3633; BVerwG, Urt. v. 09.10.2014 – 5 C 26/13, NVWZ-RR 2015, 46). Der in Abs. 2 Satz 2 i.d.F. d. Art. 3 DVG alternativ eröffnete Abschluss einer Vereinbarung in »Textform« muss es nach § 126b BGB dem Empfänger ermöglichen, eine auf einem Datenträger befindliche, an ihn persönlich gerichtete Erklärung so aufzubewahren oder zu speichern, dass sie ihm während eines für ihren Zweck angemessenen Zeitraums zugänglich ist, und geeignet ist, die Erklärung unverändert wiederzugeben (BT-Drs 19/14867 zu Art. 3 Nr. 3 DVG).

## 1. Unterrichtspflicht des Patienten

Sie ist in schriftlicher Form zu erteilen. Die M-AVB-DKG (Nr. 110) empfehlen aus Gründen der Rechtssicherheit auch diese schriftliche Information durch Unterschriften eines Mitarbeiters des Krankenhauses und des Patienten vertraglich abzusichern. Ausreichen müsste es, in der schriftlich abzuschließenden Wahlleistungsvereinbarung die Kenntnisnahme der vorher ausgehändigten schriftlichen Unterrichtung zu bestätigen. Die Aufklärungs- und Informationspflichten über die vorgesehene medizinische Behandlung nach §§ 630c–g BGB i.d.F. PatientenrechteG bleiben unberührt. 32

Die Unterrichtung des Patienten über nichtärztliche Wahlleistungen kann in Form einer Übersicht über die angebotenen Unterbringungsmöglichkeiten und zusätzlichen Komfortleistungen mit jeweiliger Angabe der hierfür festgesetzten Preise erfolgen. Für ärztliche Wahlleistungen hat der BGH durch zwei Grundsatzurteile vom 27.03.2003 (BGHZ 157, 87 = NJW 2004, 684 = MedR 2004, 264) und vom 08.01.2004 (NJW 2004, 686 = MedR 2004, 442) eine jahrelange Auseinandersetzung um die rechtlich gebotene Form der Unterrichtung beseitigt. Die M-AVB-DKG enthalten einen Formulierungsvorschlag, der diesen gerichtlichen Anforderungen entspricht (BGH NJW 2004, 686). 33

## 2. Wahlleistungsvereinbarung

Sie bedarf der Schriftform und kommt deswegen nur mit der Unterschrift sowohl des Krankenhausträgers als auch des Patienten rechtsgültig zustande (§ 126 Abs. 2 Satz 1 BGB; BGHZ 138, 91 = NJW 1998, 582 = MDR 1998, 361). Für den Krankenhausträger kann jeder von ihm beauftragte Mitarbeiter die Wahlleistungsvereinbarung unterschreiben. Der Patient kann sich ebenfalls vertreten lassen; das Krankenhaus geht insoweit jedoch ein Risiko ein, wenn der Unterzeichner keine Vertretungsmacht hatte und der Patient die Vertretung durch ihn nicht im Nachhinein genehmigt. Eine Wahlleistungsvereinbarung ist dann nicht rechtsgültig zustande gekommen. In diesen Fall haftet der Unterzeichner als Vertreter ohne Vertretungsmacht nach § 179 BGB für die dem Krankenhaus bis zur Erlangung der Kenntnis von der Ungültigkeit des Vertrages entstandenen Kosten. 34

Auch die rechtsgültig abgeschlossene Wahlleistungsvereinbarung wirkt nicht rückwirkend auf den Tag der Krankenhausaufnahme; mit der Erbringung der Wahlleistung darf vielmehr erst nach deren Abschluss begonnen werden. Erfolgt zum Beispiel die Aufnahme des Patienten als Notfall und wird nach einer durchgeführten Notfalloperation eine Wahlleistungsvereinbarung abgeschlossen, kann die Operation, auch wenn sie von dem später ausgewählten Arzt durchgeführt wurde, nicht als Wahlleistung gesondert abgerechnet werden. 35

## 3. Unterrichtspflicht der Landesbehörde

Das Krankenhaus hat die zuständige Landesplanungsbehörde nach Abs. 2 Satz 2 über die Art der von ihm angebotenen Wahlleistungen zu unterrichten. Diese Unterrichtung hat zwar zusammen mit dem nach § 14 für den Basisfallwert und Zu- und Abschläge zu stellenden Genehmigungsantrag zu erfolgen. Der vorzulegende Wahlleistungskatalog wird dadurch aber nicht genehmigungspflichtig und kann vonseiten der Behörde nur unter dem Gesichtspunkt einer möglichen Beeinträchtigung der allgemeinen Krankenhausleistung oder einer Unterschreitung der des Mindestwahlleistungsentgeltes (Abs. 4) beanstandet werden. 36

## V. Wahlärztliche Leistungen

Abs. 3 regelt Modalitäten der wahlärztlichen Leistungen und deren Abrechnung. Dabei wird der Begriff »wahlärztliche Leistungen« nicht inhaltlich definiert und auch nicht von den in Abs. 1 Satz 2 genannten diagnostischen und therapeutischen Leistungen begrifflich abgegrenzt. Aus der historischen Entwicklung der Chefarztverträge und aus der in Satz 1 definierten Liquidationskette ergibt sich jedoch die begriffliche Definition: Wahlärztliche Leistungen beinhalten ein Angebot des Krankenhausträgers an die Patienten, die von ihm wegen ihrer besonderen Erfahrung und 37

Qualifikation im jeweiligen Fachgebiet berufenen leitenden Ärzte eines Krankenhauses mit der persönlichen Behandlung (dazu Rdn. 19) als Wahlleistung zu beauftragen, und zwar über den primär verantwortlichen leitenden Arzt der bettenführenden Abteilung hinaus, soweit eine Beteiligung anderer Fachgebiete medizinisch geboten ist. Daneben kann es unter den Voraussetzungen nach Abs. 1 Satz 1 (Rdn. 14) weitere Wahlleistungsangebote für diagnostische und therapeutische Leistungen geben, die jedoch nicht wie die wahlärztliche Behandlung in ihrem medizinischen Inhalt mit der allgemeinen Krankenhausleistung weitgehend identisch sind, sondern außerhalb des in § 2 Abs. 2 definierten Versorgungsauftrages liegende Leistungen umfassen können (Rdn. 17).

### 1. Liquidationskette

38 Sie umfasst nach Abs. 3 Satz 1 alle an der ärztlichen Behandlung eines Patienten beteiligten Ärzte eines Krankenhauses, die nach den Verträgen mit dem Krankenhausträger als leitende Ärzte ein Liquidationsrecht im Rahmen der stationären, teilstationären sowie vor- und nachstationären Behandlung haben, einschließlich der von ihnen veranlassten Leistungen anderer Ärzte und ärztlich geleiteter Einrichtungen außerhalb des Krankenhauses. Der Patient, der eine wahlärztliche Behandlung in Anspruch nehmen will, kann demnach nicht den für seine Behandlung unmittelbar verantwortlichen leitenden Arzt isoliert auswählen. Er muss seine Wahlentscheidung auf alle liquidationsberechtigten Ärzte erstrecken, häufig nicht wissend, ob und wie sie an seiner Behandlung ggf. beteiligt werden. Deswegen muss der Patient in der Wahlleistungsvereinbarung nach Abs. 3 Satz 1 Hs. 2 ausdrücklich auf diese Folge seiner Wahlentscheidung hingewiesen werden und ihm eine Liste aller liquidationsberechtigten Ärzte des Krankenhauses und deren jeweiligen ständigen Vertreter zur Kenntnis gegeben werden, damit der Kreis der persönlich zur Behandlung verpflichteten Ärzte im Zeitpunkt des Vertragsabschlusses feststeht (dazu Rdn. 24). Eine Klausel, wonach sich die Wahlleistungsvereinbarung auf alle an der Behandlung beteiligten liquidationsberechtigten »Ärzte des Krankenhauses« erstreckt, ist dahingehend auszulegen, dass nur solche Ärzte erfasst werden, die in einem (festen) Anstellungs- oder Beamtenverhältnis zum Krankenhausträger stehen, und Honorar-, Beleg- oder Konsiliarärzte nicht darunter fallen (BGH, Urt v. 19.04.2018 – III ZR 255/17, NJW 2018, 2117; Urt. v. 16.10.2014 – IIIZR 85/14, BGHZ 202, 365). Gegen die »Bündelung« der Liquidationsberechtigung wird eingewandt, dass sie das Recht des Patienten, den Arzt individuell wählen zu können, ohne zwingenden Grund einschränkt (so Stellungnahme des Bundesrates zum FPG BR-Drs. 701/01 zu Art. 5 [§ 17 Abs. 3 Satz 1 KHEntgG]). Die nach Abs. 1 Satz 1 bei einer medizinisch identischen Behandlung zwingend notwendige Abgrenzung zwischen Regel- und Wahlleistung würde jedoch ohne die Gesamtzuordnung der Behandlung in den einen oder anderen Bereich erheblich erschwert werden. Die Aufhebung der Liquidationskette würde auch die unter medizinischen Gesichtspunkten notwendig differenzierte Abteilungsstruktur der Krankenhäuser tangieren. Je nach Zuordnung z.B. des Labors oder der Röntgenabteilung zu einer bettenführenden Abteilung oder als eigenständige Abteilung würde die Wahlentscheidung des Patienten für den leitenden Arzt der bettenführenden Abteilung die betreffenden Leistungsbereiche umfassen oder ausschließen.

39 Die wahlärztliche Behandlung umfasst auch die vor- und nachstationäre Behandlung, die nicht Bestandteil der mit dem DRG vergüteten allgemeinen Krankenhausleistung ist (§ 1 Abs. 1). Sie wird als Krankenhausleistung gem. § 1 Abs. 3 für alle Benutzer einheitlich nach § 115a SGB V vergütet. Als Teil der wahlärztlichen Behandlung erfolgt die Vergütung der ärztlichen Leistungen nach der GOÄ.

40 Die wahlärztliche Behandlung umfasst auch die von den liquidationsberechtigten leitenden Ärzten im Rahmen der Behandlung veranlassten Leistungen anderer Ärzte und ärztlich geleiteter Einrichtungen. Insoweit schreibt aber § 4 Abs. 5 GOÄ verpflichtend auch für die wahlärztliche Behandlung vor, dass der verantwortliche Krankenhausarzt den Patienten über die notwendige Leistungserbringung eines niedergelassenen Arztes (auch zur Erbringung von Laborleistungen), eines anderen Krankenhauses (Untersuchung mit einem am Krankenhaus nicht verfügbaren Gerät) oder einer anderen ärztlich geleiteten Einrichtung (Dialysezentrum) vorher unterrichtet. Der Belegarzt

am selben Krankenhaus ist auch nur über diese Regelung zuziehbar, da er nicht angestellter oder beamteter Arzt des Krankenhauses ist (§ 18 Rdn. 1). Wird ein niedergelassener Arzt zur Erbringung von Leistungen im Rahmen der wahlärztlichen Behandlung zugezogen, muss er seinen Liquidationsanspruch zur Vermeidung einer Doppelbelastung des Patienten nach § 6a GOÄ mindern (BGHZ 151, 102), behält aber den Anspruch auf Erstattung der ihm aus der Leistungserbringung entstehenden nach § 10 GOÄ gesondert berechenbaren Sachkosten (BGH, Urt. v. 04.11.2010 – III ZR 323/09; BGHZ 187, 279 Rn. 14 = MedR 2011, 89 = VersR 2011, 5020 = GesR 2011, 102).

## 2. Inkasso oder Abtretung

Abs. 3 Satz 2–6 eröffnen gesetzlich mehrere Möglichkeiten der Abrechnung wahlärztlicher Leistungen. Dabei ergibt sich zunächst aus Abs. 3 Satz 1, dass der Gesetzgeber von einer Berechtigung der Ärzte zur Berechnung ihrer Leistungen im Rahmen der wahlärztlichen Behandlung ausgeht. Da aber auch die Wahlleistung ärztliche Behandlung als Krankenhausleistung nach Abs. 1 Satz 1 mit dem Krankenhaus zu vereinbaren ist, kann die Liquidationsberechtigung des Arztes ihre Rechtsgrundlage nur im Anstellungsvertrag des Arztes mit dem Krankenhaus bzw. einer Nebentätigkeitsgenehmigung als beamteter Arzt und soweit es die konkrete Behandlung betrifft in der Wahlleistungsvereinbarung eines Patienten mit dem Krankenhaus haben. 41

Die strittige Diskussion über die Einordnung des Liquidationsrechts leitender Krankenhausärzte bei stationären Patienten als rechtliche Konsequenz eines gespaltenen Krankenhausaufnahmevertrages, eines Krankenhausaufnahmevertrages mit Arztzusatzvertrag oder eines totalen Krankenhausaufnahmevertrages (dazu BGHZ 138, 91 = NJW 1998, 582 = MedR 1998, 361; BGH, Urt. v. 14.01.2016 – III ZR 107/15, NJW 2016, 3027) ist durch die insoweit wortidentische Vorgängerregelung des § 22 BPflV weitgehend entschieden worden: Ein gespaltener Krankenhausaufnahmevertrag, wie in der belegärztlichen Versorgung, ist wegen der Einordnung aller Wahlleistungen als Krankenhausleistungen nicht mehr zulässig. § 22 BPflV alt/§ 17 neu gehen erkennbar von einem Krankenhausaufnahmevertrag mit Arztzusatzvertrag aus, dessen Abschluss an keine Rechtsform gebunden ist (so BGHZ 138, 91 u. BGH Urt. v. 14.01.2016 – III ZR 107/15). Der formlose Abschluss eines Arzt-Zusatzvertrages entspricht auch den realen Gegebenheiten, soweit es die Wahlentscheidung des Patienten für den primär für seine Behandlung zuständigen leitenden Arzt betrifft. Je mehr jedoch die leitenden Ärzte in der Liquidationskette nur noch ergänzende diagnostische Leistungen ohne notwendigen persönlichen Kontakt zum Patienten (Labor, Pathologie) erbringen, wird der Abschluss eines Arztzusatzvertrages zur reinen Fiktion. Der Verfasser neigt daher auch für wahlärztliche Leistungen zur Annahme eines totalen Krankenhausaufnahmevertrages. Auch insoweit lässt sich durch Abschluss eines Vertrages (Wahlleistungsvereinbarung) zugunsten Dritter (liquidationsberechtigter Arzt) nach § 328 BGB in der Person des leitenden Arztes einer Abteilung eine eigene Liquidationsberechtigung begründen. 42

Abs. 3 Satz 2 lässt neben der Beauftragung einer Abrechnungsstelle die Abtretung des Liquidationsrechts an den Krankenhausträger auch ausdrücklich zu und ermöglicht ihm den Einbehalt von Kosten, Abgaben und Nutzungsentgelt; im Ergebnis kann er das Liquidationsrecht selbst gestalten, ist dem liquidationsberechtigten Arzt aber rechenschaftspflichtig. Letztlich entscheidet daher der Anstellungsvertrag mit dem Arzt bzw. die beamtenrechtliche Nebentätigkeitsgenehmigung über die Ausgestaltung des Liquidationseinzuges. Das Chefarztvertragsmuster der DKG (DKVG-Verlag) geht von einem originären Liquidationsrecht des Krankenhausträgers und einer Beteiligungsvergütung der leitenden Ärzte aus. Für die Frage der Liquidationsberechtigung bei einem sogenannten totalen Krankenhausvertrag mit Arztzusatzvertrag, der bei der stationären Behandlung von Patienten, die eine Wahlleistungsvereinbarung mit einem liquidationsberechtigten Chefarzt abschließen, die Regel ist, kommt es auf die Absprachen der Beteiligten an. Die (sekundäre) Darlegungslast zu den internen Vereinbarungen trifft den Anspruchsteller, da der Patient in der Regel keinen Einblick hat, wie das Krankenhaus, die Abrechnungsstelle und der behandelnde Arzt die Honorarabwicklung handhaben. Fehlt es an abweichenden Vereinbarungen, verbleibt es 43 bei dem Liquidationsrecht des Krankenhauses (OLG München, Urt. v. 04.03.2010 – 1 U 3696/2009; KHE 2010, 235).

### a) Beauftragung einer Abrechnungsstelle

44 In diesem Fall besteht für den Arzt primär das Problem, dass nach Abs. 3 Satz 6 patientenbezogene Daten an eine externe Abrechnungsstelle nur mit Einwilligung der betroffenen Patienten übermittelt werden dürfen und diese Einwilligung zudem jederzeit widerrufbar ist (basierend auf BGH NJW 1991, 2955 = MedR 1991, 327). Satz 6 i.d.F. d. 2. DSAnpUG-EU hat zwar das jederzeitige Widerrufsrecht formal gestrichen, es ergibt sich jedoch nach wie vor aus Art. 7 Abs. 3 der Verordnung (EU) 2016/679 (BT-Drs. 19/4674 zu Art. 124 DSAnpUG-EU). Für die Erteilung der Einwilligung ist zwar in Satz 6 keine Rechtsform vorgeschrieben. Schon zu Beweiszwecken muss sie und ein etwaiger Widerruf jedoch dokumentiert werden. Soweit Patienten ihre Einwilligung nicht erteilen oder widerrufen muss der Arzt selbst die Abrechnung übernehmen, wenn nicht das Krankenhaus auch zu einer partiellen Abrechnungsübernahme bereit ist.

45 Da in diesem Fall der Krankenhausträger keine Abrechnungsdaten hat, ist der Arzt oder die beauftragte Abrechnungsstelle nach Abs. 3 Satz 3 verpflichtet, dem Krankenhausträger jeweils »umgehend« die zur Ermittlung der nach § 19 Abs. 2 von ihm zu erstattenden Kosten erforderlichen Unterlagen einschließlich einer Auflistung aller erbrachten Leistungen vollständig zur Verfügung zu stellen. Zusätzlich muss er nach Abs. 3 Satz 4 dem Krankenhaus die Möglichkeit einer Überprüfung der Rechnungslegung einräumen. Damit kann er die Abrechnungsstelle beauftragen.

### b) Abtretung an das Krankenhaus

46 In diesem Fall können die für die Abrechnung erforderlichen Daten unmittelbar von der Krankenhausverwaltung erhoben werden. Datenschutzrechtliche Bedenken ergeben sich insoweit nicht, weil der Wahlleistungs-Patient ein Patient des Krankenhauses bleibt und mit diesem den Krankenhausaufnahmevertrag und die Wahlleistungsvereinbarung abgeschlossen hat. Dem Krankenhausträger steht nach Abs. 3 Satz 5 das Recht zu, von den eingehenden Rechnungsbeträgen seine anteiligen Verwaltungskosten und die ihm zustehende Kostenerstattung einzubehalten (dazu § 19 Rdn. 10).

### c) Eigene Abrechnung

47 Abs. 3 Satz 2 schließt die Abrechnung durch den jeweiligen leitenden Arzt mithilfe seiner ihm vom Krankenhausträger zur Verfügung gestellten Bürokräfte nicht aus. Für den Fall der Weigerung eines Patienten, seine Daten einer beauftragten Abrechnungsstelle zur Verfügung zu stellen, muss ohnehin die Abrechnung über das Büro des leitenden Arztes erfolgen. Die eigene Abrechnung ist wegen der Komplexität des ärztlichen Gebührenrechts und des erheblichen Aufwandes einer Bereitstellung der erforderlichen Daten an das Krankenhaus ohne Hilfestellung einer Abrechnungsstelle jedoch zur Ausnahme geworden. Auch die Chefarztvertragsmuster der Krankenhäuser verlangen zunehmend entweder die Beauftragung einer Abrechnungsstelle oder die Übertragung der Abrechnung an das Krankenhaus. Das Vertragsmuster der DKG überträgt das Liquidationsrecht für Wahlleistungen auf den Krankenhausträger und räumt den leitenden Ärzten nur noch eine Beteiligungsvergütung aus dem Liquidationserlös ein (DKVG-Verlag).

## VI. Abrechnungsgrundlage

48 Nach Abs. 3 Satz 7 ist die auf der Grundlage von § 11 BÄO als Rechtsverordnung der Bundesregierung mit Zustimmung des Bundesrates erlassene amtliche Gebührenordnung für Ärzte (GOÄ) vom 12.11.1982, BGBl. I S. 1582, letzte Änderung durch Art. 7 VÄndG vom 22.12.2006, BGBl. I. S. 3439, verpflichtende Abrechnungsgrundlage für wahlärztliche Leistungen. Innerhalb der GOÄ findet gem. § 6 Abs. 1 GOÄ für zahnmedizinische Leistungen der Mund-, Kiefer- und Gesichtschirurgen, HNO-Ärzte und Chirurgen ergänzend das Leistungsverzeichnis der amtlichen

Gebührenordnung für Zahnärzte (GOZ) vom 05.12.2011, BGBl. I S. 2661, m.W.v. 01.01.2012 Anwendung. Die GOÄ gilt als Abrechnungsgrundlage unmittelbar, soweit der liquidationsberechtigte Arzt selbst Träger der Abrechnung ist (§ 1 GOÄ); sie gilt mittelbar, soweit der Krankenhausträger sie aufgrund einer Übertragung der Abrechnung nach Abs. 3 Satz 2 anwendet. Der Streit, ob dem Krankenhausträger ein eigenständiges Liquidationsrecht nach der GOÄ zustehen kann, ist daher als Folge von Abs. 3 Satz 7 für die Rechtmäßigkeit der Abrechnung der wahlärztlichen Leistungen irrelevant.

### VII. Fälligkeit der Abrechnung

Die in § 12 GOÄ niedergelegten Anforderungen an die Fälligkeit der Arztliquidation gelten auch für die Abrechnung wahlärztlicher Leistungen. Dies gilt auch dann, wenn die GOÄ bei einer Abrechnung durch das Krankenhaus nach Abs. 3 Satz 7 nur mittelbar gilt. Die Fälligkeit der Vergütung tritt nach § 12 Abs. 1 GOÄ erst dann ein, »wenn dem Zahlungspflichtigen eine dieser Verordnung entsprechende Rechnung erteilt worden ist.« Abs. 2 konkretisiert diese Anforderungen durch eine Auflistung insbesondere zu berücksichtigender Vorgaben. Für voll-, teil-, vor- und nachstationäre privatärztliche Leistungen ist danach insbesondere der Minderungsbetrag nach § 6a GOÄ anzugeben. § 4 GOÄ stellt für die Abrechnung wahlärztlicher Leistungen teilweise besondere Anforderungen auf (Rdn. 20), die – soweit relevant – auch in die Abrechnung eingehen müssen, um deren Fälligkeit zu begründen. Die ärztliche Vergütung wird fällig, wenn die Rechnung die formellen Voraussetzungen in § 12 Abs. 2 bis 4 GOÄ erfüllt; die Fälligkeit wird nicht davon berührt, dass die Rechnung mit dem materiellen Gebührenrecht nicht übereinstimmt (BGH, Urt. v. 21.12.2006 – III ZR 117/06 Rn. 12, 14, BGHZ 170, 252 = GesR 2007, 117 = VersR 2007, 499).

49

## B. Unzulässige Koppelung von Wahlleistungen

Abs. 5 schließt die Anbindung einer Vereinbarung über die gesondert berechenbare Unterkunft an Vereinbarungen über andere Wahlleistungen aus. Dem Patienten soll damit die freie Auswahl unter dem Wahlleistungsangebot des Krankenhauses gesichert werden. Dies gilt insbesondere für die wahlärztliche Behandlung, die nicht mit der Unterkunft in einem Ein- oder Zweibettzimmer gekoppelt angeboten werden darf. Eine Rückkehr zur alten »Privatstation« ist damit gesetzlich ausgeschlossen. Die Landeskrankenhausgesetze unterstreichen dieses spezifische Koppelungsverbot (z.B. § 2 Abs. 2 KHGG NRW). Unzulässig dürfte auch die Koppelung der Wahlleistung Unterkunft für den Patienten mit der Wahlleistung Unterbringung einer Begleitperson sein. Zulässig ist aber eine differenzierte Ausgestaltung der Wahlleistung Unterkunft mit verschiedenen Komfortstufen, wie sie in der Empfehlung nach Abs. 1. Satz 4 vorgesehen ist.

50

## C. Mindestwahlleistungsentgelte

Die Entgelte der Krankenhäuser für die allgemeine Krankenhausleistung müssen grundsätzlich um die Kosten bereinigt werden, die für andere Leistungen anfallen und von anderen Kostenträgern finanziert werden. § 7 BPflV sah vor Einführung des DRG-Systems für alle Krankenhäuser entsprechende Mindestentgelte als verbindliche Abzugsposten vom Basispflegesatz für die aufgrund von § 22 BPflV vergleichbar der jetzigen Regelung des § 17 angebotenen Wahlleistungen vor (vgl. § 16). Nach der Neustrukturierung der Krankenhausfinanzierung durch das KHEntgG tritt für Krankenhäuser, die Fallpauschalen (DRG) abrechnen, an die Stelle des Basispflegesatzes der Basisfallwert, der für alle Krankenhäuser eines Landes nach einheitlichen Kriterien ermittelt wird. Das Fallpauschalsystem der DRG basiert auf einer nach Diagnosen und deren Schweregrade kalkulierten pauschalierten Abgeltung aller Kosten eines Krankenhauses für einen Krankenhausaufenthalt und soll durch gleiche Beträge für alle Krankenhäuser den Wettbewerb um effiziente Strukturen fördern. Die Bereinigung des Basisfallwertes um krankenhausbezogen unterschiedlich anfallende Einnahmen aus den Wahlleistungsentgelten ist damit nicht vereinbar. Deswegen regelt Abs. 5 i.d.F. d. PsychEntgG für die Pflegesätze berechnenden Krankenhäuser einen verpflichtenden Abzug eines Mindestentgeltes nach § 19 vom Basispflegesatz.

51

## § 18 Belegärzte

(1) Belegärzte im Sinne dieses Gesetzes sind nicht am Krankenhaus angestellte Vertragsärzte, die berechtigt sind, ihre Patienten (Belegpatienten) im Krankenhaus unter Inanspruchnahme der hierfür bereitgestellten Dienste, Einrichtungen und Mittel stationär oder teilstationär zu behandeln, ohne hierfür vom Krankenhaus eine Vergütung zu erhalten. Leistungen des Belegarztes sind
1. seine persönlichen Leistungen,
2. der ärztliche Bereitschaftsdienst für Belegpatienten,
3. die von ihm veranlassten Leistungen nachgeordneter Ärzte des Krankenhauses, die bei der Behandlung seiner Belegpatienten in demselben Fachgebiet wie der Belegarzt tätig werden,
4. die von ihm veranlassten Leistungen von Ärzten und ärztlich geleiteten Einrichtungen außerhalb des Krankenhauses.

(2) Für Belegpatienten werden gesonderte Fallpauschalen und Zusatzentgelte nach § 17 Abs. 1a des Krankenhausfinanzierungsgesetzes vereinbart, für das Entgeltsystem nach § 17d des Krankenhausfinanzierungsgesetzes frühestens für das Jahr 2017. Soweit für Belegpatientinnen und –patienten gesonderte Entgelte nach Satz 1 nicht oder noch nicht vereinbart wurden, werden gesonderte sonstige Entgelte nach § 6 oder nach § 6 der Bundespflegesatzverordnung vereinbart.

(3) Krankenhäuser mit Belegbetten, die nach § 121 Abs. 5 des Fünften Buches Sozialgesetzbuch zur Vergütung der belegärztlichen Leistungen mit Belegärzten Honorarverträge schließen, rechnen für die von Belegärzten mit Honorarverträgen behandelten Belegpatientinnen und -patienten die Fallpauschalen für Hauptabteilungen in Höhe von 80 Prozent ab. Bei diesen Krankenhäusern ist bei der Vereinbarung sonstiger Entgelte nach § 6 oder nach § 6 der Bundespflegesatzverordnung die Vergütung des Belegarztes einzubeziehen.

| Übersicht | Rdn. | | Rdn. |
|---|---|---|---|
| A. Belegärzte | 1 | C. Honorarverträge | 17 |
| I. Anerkennung als Belegarzt | 2 | I. Belegarztanerkennung | 19 |
| II. Einrichtung einer Belegabteilung | 8 | II. Auswirkung auf die Krankenhausentgelte | 20 |
| III. Belegarztvertrag – Behandlungsvertrag | 11 | | |
| IV. Belegärztliche Leistungen | 15 | III. Behandlungsvertrag | 21 |
| B. Beleg-Fallpauschalen, Beleg-Pflegesätze | 16 | | |

### A. Belegärzte

1 Drei rechtliche Kriterien kennzeichnen nach der mit § 121 Abs. 2 SGB V wortidentischen Definition in Abs. 1. Satz 1 den Status des Belegarztes:
- er ist freiberuflicher Vertragsarzt mit einer Kassenzulassung nach § 95 Abs. 1 SGB V;
- er hat einen Vertrag mit einem Krankenhaus (Belegarztvertrag), der ihm gestattet, eine bestimmte Zahl von Betten zur stationären und teilstationären Behandlung seiner Patienten unter Inanspruchnahme von Einrichtungen und Personal des Krankenhauses zu nutzen;
- er erhält dafür vom Krankenhaus keine Vergütung (abweichend Abs. 3), sondern rechnet die Behandlung seiner Patienten entweder mit der KÄV oder gegenüber dem selbstzahlenden Patienten ab.

1a Die belegärztliche Tätigkeit eines Vertragsarztes am Krankenhaus erfordert jedoch darüber hinaus die Einhaltung folgender spezifischer Rahmenbedingungen.

### I. Anerkennung als Belegarzt

2 Die Kassenzulassung allein berechtigt nicht zur belegärztlichen Tätigkeit in der vertragsärztlichen Versorgung. Hierfür bedarf es vielmehr einer gesonderten Belegarztanerkennung die auf der Grundlage von §§ 38 bis 41 Bundesmantelvertrag i.d.F. vom 01.10.2020 (www.kbv.de) erteilt wird.

Zuständig für die Anerkennung als Belegarzt ist nach Maßgabe von § 40 Abs. 2 BMV primär die KÄV, die jedoch das Einvernehmen mit den Krankenkassenverbänden einholen muss.

Eine Anerkennung als Belegarzt kann nur erhalten, wer folgende objektive Voraussetzungen erfüllt: 3
- das Krankenhaus muss nach § 108 SGB V zur Versorgung sozialversicherter Patienten zugelassen sein (§ 38 Nr. 1 BMV);
- an dem betreffenden Krankenhaus muss eine Belegabteilung des betreffenden Gebietes eingerichtet sein (§ 40 Abs. 1 BMV);
- die Berechnung der Krankenhausleistungen muss mit dem für Belegabteilungen reduzierten DRG bzw. dem »kleinen Pflegesatz«, sprich um die Belegarztkosten reduziertes Krankenhausentgelt erfolgen (§ 38 Nr. 3 BMV; Ausnahme Abs. 3);
- der Krankenhausträger muss einer Belegarztbestellung als Grundlage für den Abschluss eines Belegarztvertrages unter Benennung der Zahl zur Verfügung gestellter Betten zustimmen (§ 40 Abs. 3 BMV);
- soweit der betreffende Planungsbereich für Neuzulassungen gesperrt ist, muss der Krankenhausträger nach § 103 Abs. 7 SGB V die Belegarztstelle ausschreiben und einen Bewerber auswählen.
- eine Anerkennung als Belegarzt kann nicht ohne Vorlage – und somit auch nicht vor Abschluss – des Vertrages zwischen Krankenhausträger und Belegarzt erteilt werden (BSG, Urt. v. 02.09.2009 – B 6 KA 44/08 Rn. 31; LSG Berlin-Brandenburg, Urt. v. 27.01.2010 – L 7 KA 142/09).

Zusätzlich definiert der BMV in § 39 Abs. 5 BMV subjektive Anforderungen an die räumliche 4 Nähe des Vertragsarztsitzes bzw. Wohnortes zum betreffenden Krankenhaus zur Gewährleistung der Erreichbarkeit und an die als Vertragsarzt im Vordergrund stehende Verpflichtung zur Wahrnehmung des vertragsärztlichen Versorgungsauftrages (dazu BSG, Urt. v. 23.03.2011 – B 6 KA 15/10 R Rn. 20, 23) sowie der Verpflichtung zur Vorhaltung eines Bereitschaftsdienstes für die Belegabteilung. Auf der Grundlage von § 121 Abs. 3 Satz 2 Nr. 1 SGB V regelt § 39 Abs. 6 BMV die Anforderungen an die Vergütung eines vom Belegarzt vorgehaltenen Bereitschaftsdienstes durch die Krankenkassen.

Die Anerkennung als Belegarzt ist streng akzessorisch zur Kassenzulassung. Sie ruht und endet mit 5 dem Ruhen und Enden der Zulassung als Vertragsarzt und muss auch bei Wechsel an ein anderes Krankenhaus neu beantragt werden; sie muss von der KV zurückgenommen oder widerrufen werden, wenn die Voraussetzungen für ihre Erteilung nicht mehr vorliegen oder der Vertragsarzt seine Pflichten gröblich verletzt (§ 40 Abs. 4 bis 6 BMV).

§ 103 Abs. 7 SGB V sieht in Planungsbereichen mit Zulassungsbeschränkungen eine Zulassung 6 eines Belegarztes vor, wenn der Krankenhausträger das Angebot zum Abschluss eines Belegarztvertrages ausgeschrieben hat und ein Belegarztvertrag mit einem im Planungsbereich niedergelassenen Vertragsarzt nicht zustande kommt (dazu und zur ggf. notwendigen Begründung einer niedrigen Bettenzahl BSG, Urt. v. 02.09.2009 – B 6 KA 44/08 R Rn. 45–48, SozR 4–2500 § 103 Nr. 6). In diesem Fall erhält der Arzt, mit dem der Krankenhausträger einen Belegarztvertrag abschließt, eine auf die Dauer der belegärztlichen Tätigkeit beschränkte Zulassung. Diese »vinkulierte« Zulassung wandelt sich bei Aufhebung der Zulassungsbeschränkung, spätestens nach Ablauf von 10 Jahren in eine Vollzulassung um (§ 103 Abs. 7 SGB V).

Das Verfahren auf Anerkennung als Belegarzt ist ein Verwaltungsverfahren nach Maßgabe der Vor- 7 schriften des SGB X.

## II. Einrichtung einer Belegabteilung

Folge der Definition des Belegarztes in Abs. 1 Satz 1 ist, dass die allgemeine Krankenhausleistung 8 um die Leistungen des Belegarztes (dazu Abs. 1 Satz 2) bereinigt werden muss, da sie vom Belegarzt außerhalb der Krankenhausleistungen als eigene Leistungen berechnet werden (§ 2 Abs. 1 Satz 2). Für Belegabteilungen und für Belegkrankenhäuser ist als Krankenhausentgelt gegenüber

## § 18 KHEntgG  Belegärzte

dem Patienten daher das DRG nach § 8 Abs. 2 Satz 2 und ein reduzierter Pflegesatz nach § 13 Abs. 2 Satz 2 BPflV zu berechnen.

9  Das Krankenhaus kann die Entscheidung zur Errichtung einer Belegabteilung aber nicht alleine treffen, da die Art der Fachabteilungen nach § 6 KHG durch die Krankenhausplanung des Landes für das Krankenhaus verbindlich vorgegeben wird (z.B. § 16 Abs. 1 KHG NRW). Die Aufnahme einer Belegabteilung oder die Anerkennung eines Belegkrankenhauses erfolgt daher über den Krankenhausplan nach Maßgabe des jeweiligen LKHG. Ein zur vertragsärztlichen wie zur vertragszahnärztlichen Versorgung zugelassener Mund-, Kiefer- und Gesichtschirurg, der von der Kassenärztlichen Vereinigung als Belegarzt anerkannt ist, kann seine Leistungen in stationären Behandlungsfällen nur gegenüber der Kassenärztlichen Vereinigung und nicht gegenüber der Kassenzahnärztlichen Vereinigung abrechnen. Eine belegzahnärztliche Tätigkeit ist derzeit gesetzlich ausgeschlossen (BSG SozR 4–2500 § 121 Nr. 7).

10  Nach § 121 Abs. 1 i.V.m. § 115 Abs. 1 und 2 SGB V sollen die (Landes-) Verbände der Kranken- und Ersatzkassen, KV und Krankenhausträgervereinigungen mit Krankenkassen und zugelassenen Krankenhäusern auf eine leistungsfähige und wirtschaftliche belegärztliche Behandlung der Versicherten hinwirken und den Belegärzten die Möglichkeit geben, ihre Patienten gemeinsam zu behandeln (kooperatives Belegarztwesen). Dazu gibt es gemeinsam von der DKG mit der KBV und der BÄK erarbeitete Belegarztvertragsgrundsätze (3. Aufl. 1996).

### III. Belegarztvertrag – Behandlungsvertrag

11  Sind die Rahmenbedingungen der belegärztlichen Behandlung durch Belegarztanerkennung und Errichtung einer Belegabteilung erfüllt, ergeben sich für die Ausgestaltung der Rechtsbeziehungen zwischen Belegarzt und Krankenhaus und Patient folgende Rechtsbeziehungen.

12  Der Belegarztvertrag zwischen Krankenhaus und Belegarzt regelt die Berechtigung und Verpflichtung des Belegarztes, im Krankenhaus eine Belegabteilung zu führen und stellt ihm hierfür Einrichtungen, Personal und Material zur Erbringung der in Abs. 1 Satz 2 genannten belegärztlichen Leistungen zur Verfügung. Die Unterbringung, medizinische und pflegerische Betreuung des Patienten – mit Ausnahme der belegärztlichen Leistungen – bleibt Teil der allgemeinen Krankenhausleistung, die Gegenstand des Krankenhausaufnahmevertrages ist und mit dem nach Abs. 2 Satz 1 gesondert kalkulierten DRG für Belegabteilungen bzw. dem nach Abs. 2 Satz 2 um die Kosten für belegärztliche Leistungen reduzierten Pflegesatz zu vergüten ist. Der Belegarzt schließt mit dem Patienten einen Behandlungsvertrag nach § 611 BGB über die stationäre oder teilstationäre ärztliche Behandlung in dem betreffenden Krankenhaus (gespaltener Krankenhausaufnahmevertrag).

13  Die stationäre oder teilstationäre Behandlung sozialversicherter Patienten rechnet der Belegarzt mit der KÄV als Vertragsarzt nach Maßgabe des zwischen KBV und GKV-Spitzenverband vereinbarten Einheitlichen Bewertungsmaßstabes für vertragsärztliche Leistungen (EBM) ab (§ 121 Abs. 3 Satz 3 i.V.m. § 87a SGB V). Gegenüber selbstzahlenden Patienten berechnet der Belegarzt seine Leistungen auf der Grundlage der GOÄ. Auch die Beihilfefähigkeit von in Privatkliniken erbrachten belegärztlichen Leistungen richtet sich nach den beihilferechtlichen Regelungen über ärztliche Leistungen und nicht nach denen für die wahlärztliche Behandlung (BVerwG, Urt. v. 23.04.2015 – 5 C 2/14). Vereinbart ein sozialversicherter Patient mit dem Belegarzt Privatbehandlung für die stationäre Behandlung, besteht für den Vertragsarzt insoweit kein Vergütungsanspruch im Rahmen der vertragsärztlichen Versorgung (§ 41 Abs. 4 BMV); er liquidiert dann nach der GOÄ. Nimmt ein sozialversicherter Patient nach § 17 Abs. 1 Satz 1 als Wahlleistungen Unterbringung und/oder Verpflegung in Anspruch, ohne dass eine Vereinbarung nach § 41 Abs. 4 BMV abgeschlossen wurde, verbleibt es beim Vergütungsanspruch aus vertragsärztlicher Tätigkeit (§ 41 Abs. 5 BMV).

14  Die Rechtsbeziehungen zwischen Krankenhausträger, Belegarzt und selbstzahlendem Patienten sind nicht vergleichbar mit der wahlärztlichen Behandlung, da die belegärztliche Behandlung keine Krankenhausleistung ist, sondern immer auf einer eigenständigen Rechtsbeziehung zwischen dem Belegarzt und dem Patienten basiert (dazu auch BVerwG, Urt. v. 23.04.2015 – 5 C 2/14). Der

selbstzahlende Patient kann den Belegarzt daher nicht alternativ zur allgemeinen Krankenhausleistung als Wahlarzt nach Abs. 1 Satz 2 in Anspruch nehmen; vielmehr tritt bei der Behandlung des Patienten auf einer Belegabteilung der Behandlungsvertrag mit dem Belegarzt immer neben den um belegärztliche Leistungen reduzierten Krankenhausaufnahmevertrag über die allgemeinen Krankenhausleistungen. Hat der auf einer Hauptabteilung behandelte Patient die wahlärztliche Behandlung in Anspruch genommen, ist der Belegarzt allerdings in die Wahlarztkette eingeschlossen.

### IV. Belegärztliche Leistungen

Abs. 1 Satz 2 definiert mit Ausnahme von Nr. 4 identisch mit § 121 Abs. 3 Satz 3 SGB V die belegärztlichen Leistungen wie folgt:
1) seine persönlichen Leistungen;
2) der ärztliche Bereitschaftsdienst für Belegpatienten;
3) die von ihm veranlassten Leistungen nachgeordneter Ärzte des Krankenhauses, die bei der Behandlung seiner Belegpatienten in demselben Fachgebiet, wie der Belegarzt tätig werden;
4) die von ihm veranlassten Leistungen von Ärzten und ärztlich geleiteten Einrichtungen außerhalb des Krankenhauses.

15

Diese belegärztlichen Leistungen dürfen nicht aus Krankenhausentgelten finanziert werden. Deswegen gibt es pauschaliert um entsprechende Arztkosten bereinigte Fallpauschalen und Pflegesätze (§ 18 Abs. 2). Die in Nr. 4 genannten veranlassten Leistungen von Ärzten und Einrichtungen außerhalb des Krankenhauses bedurften keiner Nennung in § 121 SGB V, weil in der vertragsärztlichen Versorgung und in der privaten Behandlung die auf Veranlassung des Belegarztes tätigen Leistungserbringer eigenständig abrechnen, also nicht der belegärztlichen Behandlung zuzurechnen sind. Vom Belegarzt durchgeführte Entbindungen sind als belegärztliche Leistungen abzurechnen; von ihm im Rahmen der Neugeborenenerstuntersuchung veranlasste Laboruntersuchungen sind bei einer Erbringung durch eine nach § 117 Abs. 1 SGB V ermächtigte Hochschulambulanz über § 120 Abs. 2 Satz 1 SGB V mit der Krankenkasse abzurechnen (BSG, Urt. v. 16.05.2018 – B 6 KA 45/16, SozR 4–2500 § 120 Nr. 6). Vom Belegarzt gegenüber Neugeborenen außerhalb des Kreißsaals erbrachte stationäre Leistungen sind auch dann nicht als belegärztliche Leistungen vergütungsfähig, wenn das (Beleg-) Krankenhaus über keine kinderärztliche Station verfügt (BSG SozR 4–2500 § 121 Nr. 5).

15a

### B. Beleg-Fallpauschalen, Beleg-Pflegesätze

Die Festlegung besonderer Krankenhausentgelte für die Behandlung von Belegpatienten nach Abs. 2 ist die logische Konsequenz aus der Belegarzt-Definition des Abs. 1. Wenn die in Abs. 1 Satz 2 genannten belegärztlichen Leistungen nicht Teil der Krankenhausleistung sein dürfen, müssen die Entgelte der Krankenhäuser für die allgemeinen Krankenhausleistungen entsprechend bereinigt werden. Sonst würde der Patient mit denselben Kosten doppelt belastet werden. Zur Vermeidung einer solchen Doppelbelastung hat auch der Belegarzt bei stationärer Behandlung seinen Honoraranspruch um 15 % zu mindern (§ 6a GOÄ). Der in Abs. 2 Satz 1 zitierte § 17 Abs. 1a KHG legt die allgemeinen Grundsätze für die Einführung des DRG-Systems fest, enthält aber keine spezifischen Regelungen zu Belegabteilungen. Für Belegabteilungen und für Belegkrankenhäuser regeln § 8 Abs. 2 Satz 2 die Einführung gesonderter Fallpauschalen und Zusatzentgelte und § 8 Abs. 2 Satz 6 BPflV die Festlegung reduzierter Pflegesätze.

16

Abs. 2 i.d.F. d. Art. 3 Nr. 7 PsychEntgG v. 21.07.2012, BGBl. I S. 1613, berücksichtigt insbesondere in Satz 2 die Neuregelung des Krankenhausentgeltsystems für psychiatrische und psychosomatische Einrichtungen. Für die belegärztliche Versorgung hat diese Neuregelung nur geringe Bedeutung, weil in diesem Versorgungsbereich kaum Belegarztabteilungen bestehen und weil § 8 Abs. 2 Satz 6 BPflV mit der Verpflichtung zur Reduzierung der Pflegesätze um einen Belegarztkostenanteil fortgilt.

16a

## C. Honorarverträge

17 Abs. 3 i.V.m. § 121 Abs. 5 SGB V, beide i.d.F. d. KHRG, durchbrechen m.W.v. 25.03.2009 die zu Abs. 1 dargestellte Vergütungsstruktur der belegärztlichen Behandlung. Gem. § 121 Abs. 5 SGB V können Krankenhäuser mit Belegbetten abweichend von der mit § 18 Abs. 3 identischen Vergütungsregelung in § 121 Abs. 2 bis 4 SGB V mit Belegärzten Honorarverträge zur Vergütung der belegärztlichen Leistungen abschließen. Begründet wird diese Öffnung mit der Notwendigkeit gleicher Wettbewerbschancen zwischen Krankenhäusern mit Hauptabteilungen und solchen mit Belegabteilungen (FraktE KHRG, BT-Drs. 16/11429).

18 Art und Höhe der vom Krankenhaus dem Belegarzt zu zahlenden Vergütung sind gesetzlich nicht geregelt. Die Vergütung ist demnach frei vereinbar, allerdings in ihrer Höhe durch die dem Krankenhaus nach Abs. 3 zusätzlich verfügbaren – auf 80 % des Hauptabteilungs-DRG reduzierten – Mittel begrenzt. Sie muss als Abzugsposition von der erhöhten Fallpauschale und vom Pflegesatz in der Aufstellung der Entgelte und Budgetermittlungen nach AEB ausweisbar sein und damit einen Bezug zum jeweiligen Behandlungsfall haben.

### I. Belegarztanerkennung

19 Für die vertragsärztliche Versorgung bleibt zunächst die Anforderungen an die Vertragsarztzulassung und die Belegarztanerkennung bestehen (Rdn. 3), da sich Abs. 3 und § 121 Abs. 5 SGB V auf eine Vergütungsregelung beschränken, im Übrigen aber die Voraussetzungen nach Abs. 1 bzw. § 121 Abs. 2 SGB V i.V.m. §§ 38 bis 41 BMV und § 105 Abs. 7 SGB V erfüllt sein müssen (s.a. BSG, Urt. v. 23.03.2011 – B 6 KA 11/10 R Rn. 68, BSGE 108, 35 = SozR 4-2500 § 115 Nr. 3). Der Belegarzt erhält aber die Vergütung seiner belegärztlichen Leistungen nicht mehr aus der vertragsärztlichen Gesamtvergütung, sondern nach Maßgabe von Abs. 3 vom Krankenhausträger.

### II. Auswirkung auf die Krankenhausentgelte

20 Für das Krankenhaus entfällt die Reduzierung des DRG und der Pflegesätze um die Kosten der belegärztlichen Leistungen. Dies führt aber nur zur Berechnungsfähigkeit von 80 % der Fallpauschalen für Hauptabteilungen, da die DRG auf unterschiedlichen Kalkulationen für Hauptabteilungen und Belegabteilungen basieren. Die mit dem Belegarzt unmittelbar vereinbarte, aus dieser Fallpauschale zu finanzierende Vergütung ist nach Abs. 3 Satz 2 als sonstiges vereinbartes Entgelt nach § 6 in die entsprechende Aufstellung der Entgelte und Budgetermittlungen (AEB; E3) einzubeziehen. Soweit das Krankenhaus bei belegärztlicher Behandlung in psychiatrischen oder psychosomatischen Abteilungen einen tagesgleichen Pflegesatz berechnet, ist nach Abs. 3 Satz 2 für die Vergütung des Belegarztes durch das Krankenhaus der nicht reduzierte Pflegesatz zugrunde zu legen.

### III. Behandlungsvertrag

21 Auch zwischen dem aufgrund eines Honorarvertrages nach § 121 Abs. 5 SGB V tätigen Belegarzt und dem sozialversicherten Patienten kommt ein Behandlungsvertrag nach § 611 BGB zustande, weil der Belegarzt nicht Angestellter des Krankenhauses wird, sondern Vertragsarzt mit Belegarztanerkennung bleibt. Der Leistungsanspruch des Versicherten richtet sich im Sachleistungssystem der Regelversorgung ohnehin gegen seine Krankenkasse, die ihn im Falle des § 121 Abs. 5 SGB V, auch soweit es die belegärztliche Behandlung betrifft, nicht durch die KÄV, sondern durch den Krankenhausträger erfüllen lässt, der deswegen hierfür auch die Vergütung über die DRG bzw. Pflegesätze erhält.

## § 19 Kostenerstattung der Ärzte

(1) Soweit Belegärzte zur Erbringung ihrer Leistungen nach § 18 Ärzte des Krankenhauses in Anspruch nehmen, sind sie verpflichtet, dem Krankenhaus die entstehenden Kosten zu erstatten; dies gilt nicht in den Fällen des § 18 Absatz 3. Die Kostenerstattung kann pauschaliert werden. Soweit vertragliche Regelungen der Vorschrift des Satzes 1 entgegenstehen, sind sie anzupassen.

(2) Soweit ein Arzt des Krankenhauses wahlärztliche Leistungen nach § 17 Abs. 3 gesondert berechnen kann, ist er, soweit in Satz 2 nichts Abweichendes bestimmt ist, verpflichtet, dem Krankenhaus die auf diese Wahlleistungen entfallenden, nach § 7 Abs. 2 S. 2 Nr. 4 der Bundespflegesatzverordnung in der am 31.12.2012 geltenden Fassung nicht pflegesatzfähigen Kosten zu erstatten. Beruht die Berechtigung des Arztes, wahlärztliche Leistungen nach § 17 Abs. 3 gesondert zu berechnen, auf einem mit dem Krankenhausträger vor dem 1. Januar 1993 geschlossenen Vertrag oder einer vor dem 1. Januar 1993 auf Grund beamtenrechtlicher Vorschriften genehmigten Nebentätigkeit, ist der Arzt abweichend von Satz 1 verpflichtet, dem Krankenhaus die auf diese Wahlleistungen entfallenden, nach § 7 Abs. 2 S. 2 Nr. 5 der Bundespflegesatzverordnung in der am 31.12.2012 geltenden Fassung nicht pflegesatzfähigen Kosten zu erstatten.

(3) Soweit Ärzte zur Erbringung sonstiger vollstationärer oder teilstationärer ärztlicher Leistungen, die sie selbst berechnen können, Personen, Einrichtungen oder Mittel des Krankenhauses in Anspruch nehmen, sind sie verpflichtet, dem Krankenhaus die auf diese Leistungen entfallenden Kosten zu erstatten. Absatz 1 Satz 2 und 3 gilt entsprechend.

(4) Soweit ein Krankenhaus weder nach dem Krankenhausfinanzierungsgesetz noch nach den landesrechtlichen Vorschriften für den Hochschulbau gefördert wird, umfasst die Kostenerstattung nach den Absätzen 1 bis 3 auch die auf diese Leistungen entfallenden Investitionskosten.

(5) Beamtenrechtliche oder vertragliche Regelungen über die Entrichtung eines Entgelts bei der Inanspruchnahme von Einrichtungen, Personal und Material des Krankenhauses, soweit sie ein über die Kostenerstattung hinausgehendes Nutzungsentgelt festlegen und sonstige Abgaben der Ärzte werden durch die Vorschriften der Absätze 1 bis 4 nicht berührt.

Übersicht

| | | Rdn. | | | Rdn. |
|---|---|---|---|---|---|
| A. | Vorbemerkung | 1 | III. | Auswirkungen | 9 |
| B. | Kostenerstattung des Belegarztes | 3 | D. | Kostenerstattung in sonstigen Fällen | 10 |
| C. | Kostenerstattung bei wahlärztlichen Leistungen | 6 | E. | Einbeziehung von Investitionskosten | 11 |
| | | | F. | Nutzungsentgelte | 12 |
| I. | Altverträge (abgeschlossen vor dem 01.01.1993) | 7 | I. | Weitergehende Nutzungsentgelte | 13 |
| II. | Neuverträge (abgeschlossen ab 01.01.1993) | 8 | II. | Beamtenrechtliche Nebentätigkeitsgenehmigungen | 14 |
| | | | III. | Sonstige Abgaben | 15 |

## A. Vorbemerkung

§ 19 ist im Wesentlichen wortgleich mit dem bisherigen § 24 BPflV aus dem 5. Abschnitt der BPflV in das KHEntgG übernommen worden. Dabei regelt § 17 Abs. 5, dass die Mindestentgelte für gesondert berechenbare Unterkunft und wahlärztliche Leistungen nur für Krankenhäuser verpflichtend sind, die nach der BPflV Pflegesätze abrechnen. Durch Art. 3 Nr. 8 PsychEntgG wurde durch Verweis auf die am 31.12.2012 geltende Fassung der BPflV an der bisherigen Regelung festgehalten. 1

Die nach Abs. 1 bis 3 verpflichtend vom Krankenhausträger zu erhebende Kostenerstattung für belegärztliche, wahlärztliche und sonstige stationäre oder teilstationäre Leistungen korreliert mit der Honorarminderungspflicht des § 6a GOÄ. Sie beträgt für vollstationäre, teilstationäre, vor- und nachstationäre privatärztliche Leistungen 25 % und abweichend davon für belegärztliche Leistungen 15 %. Die gesetzliche Honorarminderungspflicht dient der Entlastung des Patienten von Einrichtungs-, Personal- und Sachkosten, die in der Bewertung der ärztlichen Leistung nach der GOÄ enthalten sind, die dem Arzt bei einer Leistungserbringung im Krankenhaus selbst aber nicht entstehen. Diese Kosten sind daher als Krankenhauskosten in der Fallpauschale oder im Pflegesatz enthalten und hierüber vom Patienten zu bezahlen. Die Reduktion der Honorarminderung für Belegärzte und niedergelassene Ärzte resultiert aus einem geringeren Umfang der Inanspruchnahme von Krankenhauseinrichtungen etc. Die Kostenerstattung des liquidationsberechtigten Arztes resultiert insbesondere aus der Inanspruchnahme des ärztlichen Dienstes des Krankenhauses zur Erbringung als eigene Leistung abrechenbarer GOÄ-Positionen. 2

## B. Kostenerstattung des Belegarztes

3 Die belegärztlichen Leistungen nach § 18 Abs. 1 Satz 2 sind nicht Bestandteil der allgemeinen Krankenhausleistung. Teil der belegärztlichen Leistungen sind aber nach § 18 Abs. 1 Satz 2 der ärztliche Bereitschaftsdienst und die Inanspruchnahme nachgeordneter Ärzte des Krankenhauses, soweit sie demselben Fachgebiet wie der Belegarzt angehören. Auch die hierfür entstehenden Kosten dürfen nicht in die Berechnung von Krankenhausentgelten eingehen (§ 7 Abs. 2. Nr. 3 BPflV a.F.). Deswegen werden in der Anlage 1 E 1 und E 2 spezifische belegärztliche Fallpauschalen und Zusatzentgelte definiert. Für Belegabteilungen ist gem. § 18 Abs. 2 jeweils ein eigener Abteilungspflegesatz zu vereinbaren, der keine Kosten für belegärztliche Leistungen enthalten darf. Nimmt der Belegarzt zur Erbringung belegärztlicher Leistungen angestellte Ärzte des Krankenhauses in Anspruch, so muss er dem Krankenhausträger hierfür die anteiligen Personalkosten erstatten. Die für Belegärzte auf 15 % reduzierte Minderungspflicht des § 6a GOÄ findet ihre Begründung daher nicht in der Inanspruchnahme des ärztlichen Dienstes eines Krankenhauses, sondern ausschließlich in den sonstigen Sach- und Personalkosten (Räume, Pflegekräfte), die im Belegabteilungspflegesatz bzw. in den Belegfallpauschalen und Belegzusatzentgelten verbleiben. Soweit im Zeitpunkt des Inkrafttretens des FPG bestehende Belegarztverträge eine entsprechende Kostenerstattungsregelung nicht enthielten, waren sie nach Abs. 1 Satz 3 ggf. durch Änderungskündigung hieran anzupassen. Die Kostenerstattung kann pauschaliert werden (Abs. 1 Satz 2).

4 Vergütet der Krankenhausträger den Belegarzt nach § 18 Abs. 3 aus der Fallpauschale oder dem Pflegesatz, entfällt die Kostenerstattungspflicht des Belegarztes. Die Kosten des ärztlichen Dienstes gehen dann wie bei Hauptabteilungen in die Fallpauschale oder den Pflegesatz ein. Nur die persönlichen Leistungen des Belegarztes sind dem Belegarzt vom Krankenhausträger zu vergüten.

5 Werden niedergelassene Ärzte für stationär, teilstationär oder vor- bzw. nachstationär belegärztlich behandelte Patienten tätig, ist ihre Leistung der belegärztlichen Behandlung und nicht der Krankenhausleistung zuzurechnen (§ 18). Diese Leistungen sind pflegesatzrechtlich »Leistungen des Belegarztes«. Damit werden sie zwar außerhalb des Pflegesatzes liquidiert. Entgegen der Auffassung von *Henkel*, MedR 2002, 573 folgt daraus allein aber noch nicht die Freistellung von der Honorarminderungspflicht, die dann ja auch dem Belegarzt selbst zugute kommen müsste. Entscheidend ist vielmehr, ob bei der Berechnung des »kleinen« Pflegesatzes für Belegabteilungen auch diejenigen Sach- und Personalkosten ausgegliedert wurden, die nach BGH, Urt. v. 13.06.2002 –III ZR 186/01 (BGHZ 151, 102 = NJW 2002, 2948) zur Begründung einer Doppelbelastung herangezogen werden (so insb. bei reinen Belegkrankenhäusern; zur Minderungspflicht für extern erbrachte Laborleistungen BayVGH MedR 2001, 423).

## C. Kostenerstattung bei wahlärztlichen Leistungen

6 Die Abgabenregelung der BPflV i.d.F d. GSG und ihr folgend Abs. 2 unterscheiden nach wie vor zwischen Altverträgen oder beamtenrechtlichen Nebentätigkeitsgenehmigungen, die vor dem 01.01.1993 abgeschlossen bzw. erteilt worden waren, und nach diesem Stichtag abgeschlossenen Neuverträgen bzw. erteilten Nebentätigkeitsgenehmigungen. In Anbetracht des Stichtages für den Besitzstand von Altverträgen dürfte sich das Schwergewicht der Abgabenregelung aber auf die Auswirkungen für Neuverträge verschoben haben.

### I. Altverträge (abgeschlossen vor dem 01.01.1993)

7 Die Regelung der BPflV und ihr folgend des KHEntgG gehen von einem Besitzstand des vertraglich vereinbarten Nutzungsentgeltes gegenüber der gesetzlichen Neuregelung der Abgaben für wahlärztliche Leistungen aus. Allerdings sollte durch Einführung einer zusätzlichen Abgabe von 10 % der Bruttoliquidationseinnahmen aus diesen Leistungen ein Ausgleich für die Beibehaltung der damaligen Honorarminderungspflicht von 15 % (statt 25 %) erfolgen. § 7 Abs. 2 Satz 2 Nr. 5 BPflV a.F. in der durch das FPG bestätigten Fassung modifiziert diese Altvertragsregelung dahingehend, dass als Kosten 85 % des für diese Leistungen vor dem 01.01.1993 zwischen dem Krankenhaus und dem Arzt vereinbarten oder aufgrund beamtenrechtlicher Vorschriften zu entrichtenden Nutzungsentgelts abzuziehen sind, höchstens jedoch ein dem Abzug für Neuverträge nach § 7 Abs. 2 Satz 3 Nr. 4 BPflV a.F. entsprechender Betrag. Der Ausgleich nicht pflegesatzfähiger Kosten wahlärztlicher Leistungen ist daher

in seiner Höhe für Altverträge vom jeweils vertraglich vereinbarten Nutzungsentgelt abhängig. Dieses variiert von Krankenhaus zu Krankenhaus und ist sogar häufig innerhalb eines Krankenhauses je nach Zeitpunkt des Vertragsabschlusses unterschiedlich. Sachlich ist ein solcher Ansatz für einen Kostenausgleich ungeeignet und führt zu willkürlichen Ergebnissen. Grundsätzlich wird aber der Rahmen des billigen Ermessens nicht überschritten, wenn eine vollständige Anpassung der Verträge an die neue Rechtslage erfolgt, BAG, Urt. v. 22.07.1997 – 5 AZR 441/99 (MedR 1997, 327), da anders das gesetzliche Ziel, dem Krankenhausträger diese Abgabe für die Zeit der aufgeschobenen Absenkung der GOÄ-Honorare zugute kommen zu lassen, nicht zum Tragen gekommen wäre. Bei bereits bestehender sehr hoher vertraglicher Abgabenverpflichtung war jedoch individuell zu prüfen, inwieweit die Vertragsgrundlage der Abgabenvereinbarung durch die gesetzliche Zusatzabgabe dadurch tangiert wurde, dass dem Chefarzt keine wesentlichen Einkommensanteile mehr verblieben (BAG MedR 1997, 327, BAG, Urt. v. 20.01.1998 – 9 AZR 547/96, MedR 1998, 424). Maßstab der Prüfung ist nach § 7 Abs. 2 Satz 3 Nr. 5 BPflV a.F. eine Vergleichsberechnung mit der für Neuverträge getroffenen Abgabenregelung, zumal § 7 Abs. 2 Nr. 5 BPflV 1994 ab 01.01.1996 ohnehin für den Kostenabzug vom Pflegesatz die Höhe der Abgabe für Neuverträge als Obergrenze für die Abgabe bei Altverträgen festgelegt hat.

## II. Neuverträge (abgeschlossen ab 01.01.1993)

Für nach dem 31.12.1993 abgeschlossene Verträge oder erteilte beamtenrechtliche Nebentätigkeitsgenehmigungen hat bereits die BPflV i.d.F. des GSG den Kostenabzug vom Pflegesatz für wahlärztliche Leistungen auf einen Prozentsatz der GOÄ-Liquidation (§ 11 Abs. 3 BPflV i.d.F. des GSG = § 7 Abs. 2 Nr. 4 BPflV 1994) umgestellt. Als Kosten waren 8
- 40 % der Gebühren für die in Abschnitten A, E, M, O und Q des Gebührenverzeichnisses der GOÄ genannten Leistungen und
- 20 % für die in den übrigen Abschnitten des Gebührenverzeichnisses der GOÄ und die im Gebührenverzeichnis der GOZ genannten Leistungen

abzuziehen, wobei der Abzug von den Bruttoliquidationseinnahmen, d.h. vor Gebührenminderung nach § 6a GOÄ, zu erfolgen hat.

Unter Berücksichtigung dieser Gebührenminderung von 25 % für Neuverträge führt dies zu einer Belastung der Bruttoliquidation bei Leistungen nach Abschnitten A, E, M, O und Q von 65 % und bei den übrigen Leistungen von 45 % Dies entspricht in etwa dem prozentualen Betriebskostenanteil der in freier Praxis niedergelassenen Kassenärzte von ca. 50 % bei Allgemeinärzten und durchschnittlich 60 % bei Fachärzten. Nach § 7 Abs. 2 BPflV a.F. mindert die Kostenerstattung als nicht pflegesatzfähige Kosten das jeweilige Krankenhausbudget und damit auch die Abteilungspflegesätze; im DRG-System ist der für jedes Krankenhaus zu vereinbarende Gesamtbetrag um diese nicht pflegesatzfähigen Kosten nach § 19 Abs. 2 zu mindern mit entsprechender Auswirkung auf die Höhe der daraus abgeleiteten Fallpauschalen. Eine Interessenquote des Krankenhauses besteht insoweit daher nicht mehr. Der Krankenhausträger hat allerdings nach wie vor (vgl. § 11 Abs. 6 BPflV i.d.F. des GSG, § 19 Abs. 5) die Möglichkeit, über die Kostenerstattung hinausgehende Nutzungsentgelte zu vereinbaren. 8a

## III. Auswirkungen

Die gesetzlichen Regelungen von GOÄ und BPflV zur Gebührenminderung und zum Kostenabzug nicht pflegesatzfähiger Kosten wahlärztlicher Leistungen sind zwingend und vertraglich nicht abdingbar. Sie erstrecken sich auch auf stationäre privatärztliche Leistungen in Einrichtungen, die nicht dem Anwendungsbereich der BPflV unterliegen, wie z.B. Krankenhäuser oder Vorsorge- und Reha-Einrichtungen, und sie gilt nach § 6a Abs. 1 Satz 2 GOÄ ausdrücklich auch dann, wenn niedergelassene Ärzte vollstationäre, teilstationäre oder vor- und nachstationäre privatärztliche Leistungen erbringen. Dabei kann nicht eingewandt werden, dass im Einzelfall dem Krankenhaus Kosten in der zu mindernden Höhe nicht entstanden sind, da Abs. 1 keine Ausnahmen zulässt und eine generalisierende Regelung der Minderungshöhe zulässig ist (BGH, Urt. v. 13.06.2002 – III ZR 186/01, BGHZ 151, 102 = NJW 2002, 2948, bestätigt durch BVerfG, Beschl. v. 19.03.2004 – 1 BvR 1319/02, NJW 2004, 3172). 9

### D. Kostenerstattung in sonstigen Fällen

10 Abs. 3 bezieht sich auf Ärzte, die außerhalb von wahlärztlichen Leistungen berechtigt sind, unter Inanspruchnahme von Einrichtungen, Personal und sächlichen Mittel eines Krankenhauses stationäre und teilstationäre ärztliche Leistungen zu erbringen und zu liquidieren (z.B. § 17 Rdn. 17). Auch sie sind verpflichtet, dem Krankenhaus, die auf diese Leistungen entfallenden Kosten zu erstatten. Dabei kann die Kostenerstattung entsprechend Abs. 1 Satz 2 pauschaliert werden.

### E. Einbeziehung von Investitionskosten

11 Investitionskosten von Krankenhäusern (§ 2 Nr. 2, 3 KHG) werden im geltenden dualen System der Krankenhausfinanzierung durch die Bundesländer getragen (§ 6 KHG). Es gibt jedoch Ausnahmen (§ 5 KHG). Insoweit muss das Krankenhaus selbst die Investitionskosten tragen und kann sie nur begrenzt dem Zahlungspflichtigen in Rechnung stellen (§ 17 Abs. 5 KHG). Nimmt ein liquidationsberechtigter Arzt Einrichtungen, Personal und Material eines solchen nicht geförderten Krankenhauses oder einer Hochschulklinik in Anspruch, umfasst der Kostenerstattungsanspruch nach Abs. 1 bis 3 jeweils auch die entsprechenden Investitionskosten.

### F. Nutzungsentgelte

12 Abs. 1–4 regeln gesetzlich vorgegebene Entgelte insbesondere als Grundlage eines Erlösabzuges vom Basispflegesatz oder individuellen Basisfallwert eines Krankenhauses. Abs. 5 lässt daneben bestehende beamtenrechtliche oder vertragliche Regelungen ausdrücklich unberührt, soweit sie über die Kostenerstattungen nach Abs. 1 bis 4 hinausgehende Nutzungsentgelte festlegen. Unberührt durch Abs. 1 bis 4 bleiben aber auch »sonstige Abgaben der Ärzte« (Rdn. 15).

#### I. Weitergehende Nutzungsentgelte

13 Über die Kostenerstattung hinausgehende Nutzungsentgelte werden insbesondere unter dem Gesichtspunkt des »Vorteilsausgleichs« vereinbart. Die Begründung hierfür ist, dass der liquidationsberechtigte Arzt ohne eigenen Investitionsaufwand und ohne entsprechendes Risiko die Einrichtungen des Krankenhauses zur Erzielung eigener Einnahmen nutzen kann. Der Vorteilsausgleich wird i.d.R. als Prozentsatz der Bruttoliquidationseinnahmen vereinbart.

#### II. Beamtenrechtliche Nebentätigkeitsgenehmigungen

14 Sie wird beamteten leitenden Krankenhausärzten i.d.R. für die Erbringung wahlärztlicher Leistungen unter den Bedingungen von Abs. 1 erteilt (z.B. § 8 NTV-NRW). In Abweichung zu den unter Abs. 3 Satz 2 vorgesehenen Abrechnungsmodalitäten ist die Leistungserbringung und die Liquidationsberechtigung aber an die Person des leitenden Arztes gebunden. Eine Vertretung ist nur aus zwingenden Gründen zulässig und hat eine Verpflichtung zur Honorarbeteiligung des Vertreters zur Folge (dazu allerdings § 4 GOÄ und die darauf basierende Ausgestaltung der KH-AVB). Bei ärztlicher Nebentätigkeit im stationären Bereich wird neben den Kostenerstattungen nach Abs. 2 bis 4 ein Nutzungsentgelt erhoben, das als Vorteilsausgleich in Höhe eines Prozentsatzes der Liquidationseinnahmen definiert ist (z.B. § 18 NTV-NRW). Der Vorteilsausgleich muss angesichts des wirtschaftlichen Nutzens, den der Chefarzt durch die Bereitstellung der Infrastruktur einer Klinik zieht, sachlich gerechtfertigt sein und darf die Grenze der Zumutbarkeit nicht überschreiten (BVerwG, Urt. v. 27.02.2008 – 2 C 27/06, BVerwGE 130, 252 = DÖV 2008, 685). Ein Vorteilsausgleich in Höhe von 20 % der Bruttoeinnahmen für die Nebentätigkeit an einer Universitätsklinik wurde als angemessen angesehen (BVerwGE a.a.O. Ls. 2).

#### III. Sonstige Abgaben

15 Sie beziehen sich insbesondere auf die Beteiligung ärztlicher Mitarbeiter am Liquidationserlös des liquidationsberechtigten leitenden Arztes. Grundgedanke dieser nach § 29 Abs. 3 M-BO auch berufsrechtlich vorgeschriebenen Beteiligung ist die für den liquidationsberechtigten Arzt ohne Entlastung durch seine ärztlichen Mitarbeiter im Bereich der allgemeinen Krankenhausleistung nicht mögliche persönliche Behandlung von Wahlleistungspatienten. Zum Teil sehen die Landeskrankenhausgesetze entsprechende Regelungen vor (z.B. §§ 34 bis 37 LKG-BW).

# Gesetz zur wirtschaftlichen Sicherung der Krankenhäuser und zur Regelung der Krankenhauspflegesätze (Krankenhausfinanzierungsgesetz – KHG)

In der Fassung der Bekanntmachung vom 10. April 1991 (BGBl. I S. 886),
zuletzt geändert durch Artikel 5 des Gesetzes vom 11. Juli 2021 (BGBl. I S. 2754)

## Inhaltsverzeichnis

| | |
|---|---|
| § 1 | Grundsatz |
| § 2 | Begriffsbestimmungen |
| § 3 | Anwendungsbereich |
| § 4 | Wirtschaftliche Sicherung der Krankenhäuser |
| § 5 | Nicht förderungsfähige Einrichtungen |
| § 6 | Krankenhausplanung und Investitionsprogramme |
| § 7 | Mitwirkung der Beteiligten |
| § 8 | Voraussetzungen der Förderung |
| § 18 | Pflegesatzverfahren |

## § 1 Grundsatz

(1) Zweck dieses Gesetzes ist die wirtschaftliche Sicherung der Krankenhäuser, um eine qualitativ hochwertige, patienten- und bedarfsgerechte Versorgung der Bevölkerung mit leistungsfähigen digital ausgestatteten, qualitativ hochwertig und eigenverantwortlich wirtschaftenden Krankenhäusern zu gewährleisten und zu sozial tragbaren Pflegesätzen beizutragen.

(2) Bei der Durchführung des Gesetzes ist die Vielfalt der Krankenhausträger zu beachten. Dabei ist nach Maßgabe des Landesrechts insbesondere die wirtschaftliche Sicherung freigemeinnütziger und privater Krankenhäuser zu gewährleisten. Die Gewährung von Fördermitteln nach diesem Gesetz darf nicht mit Auflagen verbunden werden, durch die die Selbständigkeit und Unabhängigkeit von Krankenhäusern über die Erfordernisse der Krankenhausplanung und der wirtschaftlichen Betriebsführung hinaus beeinträchtigt werden.

| Übersicht | Rdn. | | Rdn. |
|---|---|---|---|
| A. Vorbemerkungen | 1 | 2. Leistungsfähigkeit | 17 |
| B. Zweckbestimmung (Abs. 1) | 2 | 3. Qualität | 22b |
| I. Wirtschaftliche Sicherung der Krankenhäuser | 2 | 4. Wirtschaftlichkeit | 23 |
| | | 5. Sozial tragbare Pflegesätze | 25 |
| II. Qualifikationsmerkmale | 6 | C. Grundsatz der Trägervielfalt (Abs. 2 Satz 1 und 2) | 26 |
| 1. Patienten- und Bedarfsgerechte der Bevölkerung | 8 | D. Nebenbestimmungen (Abs. 2 Satz 3) | 32 |

### A. Vorbemerkungen

Die Vorschrift gibt allgemeine Grundsätze für die Durchführung des Gesetzes sowie dessen Ziele vor. Die Grundsätze werden für die Rechtsunterworfenen mit Gesetzesbindung festgelegt; sie sind **unmittelbar geltendes Recht** und maßgebend für die Krankenhausplanung, die Investitionsplanung und -förderung sowie die Pflegesatzregelungen. Die einzelnen Vorschriften des KHG sind im Lichte dieser Grundsätze auszulegen und anzuwenden. Besondere Bedeutung erlangen sie im Rahmen der §§ 6 und 8 (vgl. § 6 Rdn. 12 f.; § 8 Rdn. 7 f.). Der Rechtsprechung zufolge handelt es sich um unbestimmte Rechtsbegriffe, die gerichtlich vollständig nachprüfbar sind (BVerwG E 62, 86).  1

Dabei dürfen innerhalb dieses Zweckbündels durchaus noch weitere Zwecke verfolgt werden, wenn sie sich als Teil- oder Unterziele ausweisen lassen (vgl. dazu *Rennert*, DVBl 2010, 936, 937; *Burgi*, NVwZ 2010, 601, 606 f.). Durch das Krankenhausstrukturgesetz vom 10.12.2015 (BGBl. I S. 2229) ist der Zielkatalog des § 1 um zwei neue Aspekte erweitert worden: Qualität und Patientengerechtigkeit gehören nunmehr ebenfalls kraft normativer Anordnung zu den gesetzlichen Anforderungen an alle Beteiligten. Das Krankenhauszukunftsgesetz vom 23.10.2020 (KHZG; vgl. BGBl. I S. 2208) hat dem noch das Merkmal der digitalen Ausstattung hinzugefügt (unten Rdn. 18).

## B. Zweckbestimmung (Abs. 1)

### I. Wirtschaftliche Sicherung der Krankenhäuser

2 **Zielvorgabe** des KHG ist die wirtschaftliche Sicherung der Krankenhäuser. Der konkrete Inhalt dieser Vorgabe kann indes aus § 1 Abs. 1 nicht abgeleitet werden; eine Anreicherung ist nur den einzelnen Bestimmungen des Gesetzes zu entnehmen. Grundlagen sind das bundesweit geltende Krankenhausfinanzierungsgesetz als Rahmenvorgabe und die jeweiligen Landeskrankenhausgesetze. Zu diesem Zweck wurden die Krankenhäuser zum weitaus größten Teil in ein staatliches Planungs- und Zulassungssystem mit öffentlicher Förderung der Investitionskosten und gesetzlich vorgegebener Finanzierung der notwendigen laufenden Betriebs- und Behandlungskosten über die Pflegesätze einbezogen. Als weiteres Mittel tritt die staatliche Krankenhausplanung hinzu, die ihrerseits Voraussetzung und Grundlage der Investitionskostenförderung und die Bestimmung des Versorgungsauftrages des Krankenhauses ist, der festlegt, welche Leistungen das Krankenhaus erbringen und gegenüber den Kostenträgern abrechnen darf (vgl. § 8 Rdn. 2 f.).

3 Dem Grundgedanken des KHG zufolge ist die Vorhaltung von Krankenhäusern eine öffentliche Aufgabe, die vom Staat zu finanzieren oder deren Finanzierung vom Staat zu gewährleisten ist. Die wirtschaftliche Sicherung der Krankenhäuser erfolgt daher nach der gesetzlichen Konstruktion auf zwei Wegen (**duales Finanzierungssystem**; dazu BT-Drs. VI/1874, S. 9 f.; *Quaas/Zuck* § 26 Rn. 11 f.):
– Die **Investitionskosten** (§ 2 Nr. 2 und 3) der Krankenhäuser werden von den Ländern entsprechend den bundesrechtlichen Vorgaben und den näheren landesrechtlichen Detailregelungen öffentlich gefördert (vgl. § 4 Nr. 1). Die Krankenhausgesetze der Länder enthalten zu diesem Zweck ins Einzelne gehende Vorschriften über die Förderung von Plankrankenhäusern.
– Zur Deckung der **Betriebskosten** erhalten die Krankenhäuser leistungsgerechte Erlöse aus den Pflegesätzen (§ 2 Nr. 4, § 4 Nr. 2, §§ 16 ff.).

4 Im Grundsatz **förderfähige Investitionsmaßnahmen** sind die Errichtung eines Krankenhauses nebst den notwendigen Anlagen und die Wiederbeschaffung von Anlagegütern, die nicht bereits Teil des Krankenhausgebäudes (nicht notwendig in einem gebäudetechnischen Sinne) sind, sodass unterschieden werden muss zwischen Errichtungskosten und Wiederbeschaffungskosten. Handelt es sich weder um Errichtungs- noch um Wiederbeschaffungskosten, sondern um Kosten der Erhaltung des Krankenhausgebäudes oder des Anlagegutes, sind diese Instandhaltungskosten (Erhaltungsaufwand) als sog. Selbstkosten nicht förderfähig, wohl aber pflegesatzfähig. Der wesentliche Schritt bei der Qualifizierung einer Maßnahme als Herstellungs- oder Erhaltungsaufwand ist demzufolge die Bestimmung des Wirtschaftsgutes, dem die Maßnahme dienen soll (vgl. BVerwG NJW 1993, 2391 f.; *Stollmann*, NZS 2004, 350, 356 f.; im Einzelnen § 2 Rdn. 17 f.).

5 Ungeachtet seiner normativen Verankerung besteht das duale Finanzierungssystem in der **Realität** jedoch aus **drei Kostenblöcken**, die unterschiedlichen Finanzierungsträgern zuzuordnen sind (vgl. *Quaas/Zuck* § 26 Rn. 23 ff.; zum aktuellen Stand der Krankenhausfinanzierung vgl. *Stollmann*, GuP 2021, 90, 99 f.):
– **Finanzierung** durch die Krankenhausnutzer bzw. ihre **Kostenträger**:
   – Laufende Betriebskosten einschließlich der Kosten für Instandhaltung (Pflegesätze bzw. DRG);
   – nicht oder nur teilweise geförderte Investitionskosten;

- **öffentliche Förderung** durch die **Länder**:
  - Investitionskosten;
  - Wiederbeschaffung kurzfristiger Anlagegüter;
  - Nutzungsentgelte, Kapitalkosten;
  - Anlauf-, Umstellungs- und Schließungskosten;
- **Finanzierung** durch die **Krankenhausträger**:
  - Kosten des Grundstücks und der Grundstückserschließung;
  - Anlauf- und Umstellungskosten, soweit der Betrieb dadurch nicht gefährdet wird;
  - Defizitausgleich.

## II. Qualifikationsmerkmale

Mit der den konkreten Einzelbestimmungen vorgeschalteten Zielvorgabe des § 1 Abs. 1 verbindet der Gesetzgeber bestimmte Vorstellungen, die einerseits Anforderungen an die Krankenhäuser stellen, andererseits einen Gewährleistungsauftrag des Staates beinhalten. Es sind dies die nachfolgend genannten Qualifikationsmerkmale, die vor allem im Rahmen der Krankenhausplanung und der Aufstellung der Investitionsprogramme Beachtung finden (§ 8 Abs. 2; vgl. § 8 Rdn. 7 f.). Dies gilt sowohl für die Ebene der Aufstellung der Pläne und Programme als auch diejenige der Vollziehung dieser Instrumente (vgl. dazu § 8 Rdn. 1; zu den diesbezüglichen Verschränkungen *Rennert*, DVBl 2010, 936, insb. 942; *Burgi*, KrV 2019, 181 f.). 6

Bei allen Kriterien handelt es sich der Rechtsprechung zufolge um **unbestimmte Rechtsbegriffe**, die im Streitfall durch die Verwaltungsgerichte voll überprüft und ggf. korrigiert werden können. Die betreffende Entscheidung ist »gesetzesakzessorisch« und erfordert keine besonderen Fachkenntnisse der dafür zuständigen Behörden. Durch keines der aufgeführten Kriterien soll den Behörden ein Handlungsermessen oder ein Beurteilungsspielraum eingeräumt werden (vgl. nur BVerwGE 62, 86, 91; 72, 38, 50; vgl. auch *Burgi*, KrV 2019, 181, 182; *Rennert*, DVBl 2010, 936, 943). 7

### 1. Patienten- und Bedarfsgerechte Versorgung der Bevölkerung

Durch das Krankenhausstrukturgesetz vom 10.12.2015 (BGBl. I S. 2229) ist der Gesetzeszweck in § 1 Abs. 1 um das Ziel der patientengerechten Versorgung erweitert worden. Als **patientengerecht** wird vom Gesetzgeber eine Versorgung angesehen, die sich an den Wünschen der Patienten orientiert, auch für die Dauer ihrer Eingliederung in die Krankenhausorganisation und während ihrer medizinischen Behandlung als Personen mit individuellen Bedürfnissen wahrgenommen zu werden (vgl. BR-Drs. 277/15, S. 55). Es handelt sich dabei um selbstverständliche humanitäre und ethische Maßstäbe, die auf den Persönlichkeits- und Selbstbestimmungsrechten der Patienten basieren. Im Fall des Konflikts mit zwingenden organisatorischen Vorgaben oder medizinisch notwendigen Maßnahmen bedarf es der Abwägung im Einzelfall (weiterführend Huster/Kaltenborn/*Stollmann* Krankenhausrecht, § 4 Rn. 35). In dieser Allgemeinheit dürfte die gesetzliche Forderung daher – losgelöst von konkreteren gesetzlichen Bestimmungen – in Konfliktsituationen kaum hilfreich sein. 8

Bei der Beurteilung, welche Versorgung bedarfsgerecht ist, stellt sich das Problem, dass das KHG die Frage, was unter **Bedarf** konkret zu verstehen ist, unbeantwortet lässt. Normative Regelungen zur Feststellung des notwendigen Bedarfs fehlen ebenfalls. Auch die Landeskrankenhausgesetze enthalten hierüber keine Regelungen (dazu explizit OVG Münster MedR 2012, 470, 471 sowie Urt. v. 05.10.2010 – 13 A 2070/09). Dabei ist gerade die »Bedarfsfrage« von besonderer Relevanz sowohl für die Planaufstellung (unter dem Stichwort »Bedarfsermittlung«, vgl. auch § 6 Rdn. 12 f.) als auch für die Planvollziehung (unter dem Aspekt »Bedarfsgerechtigkeit bezogen auf das einzelne Krankenhaus«, vgl. § 8 Rdn. 7 f.; zu beiden Aspekten zuletzt etwa *Burgi*, KrV 2019, 181, 184 f.; *Clemens*, KrV 2021, 1, 3 f.; *Wollenschläger*, VSSAR 2020, 87, 90, 96 f.). 8a

**Bedarfsgerecht** ist der Rechtsprechung zufolge eine Versorgung, die unter Berücksichtigung des allgemein anerkannten Standes der medizinischen Kenntnisse und Entwicklungen sowie des medizinischen Fortschritts den angemessenen Versorgungsbedürfnissen der Bürger Rechnung trägt. Dabei 9

ist es angesichts der damit verbundenen Unwägbarkeiten (Therapiefreiheit, medizin[technischer] Fortschritt, gesetzliche Rahmenbedingungen usw.) äußerst schwierig, allgemeingültige Bedarfsmaßstäbe zu entwickeln. Hinzu kommen die Erweiterung des Aufgabenspektrums der Krankenhäuser durch teilstationäre und ambulante Versorgungsformen sowie die zunehmende »Verzahnung« des ambulanten mit dem stationären Sektor, welche die Bestimmung und Beurteilung des jeweiligen örtlichen oder regionalen Versorgungsbedarfs zunehmend erschwert.

10 Maßstab für den Bedarf ist der Rechtsprechung zufolge der in dem betreffenden Einzugsbereich tatsächlich vorhandene und zu versorgende Bedarf – also der objektiv zu ermittelnde Bedarf – und nicht ein mit dem tatsächlichen Bedarf nicht übereinstimmender durchschnittlicher oder erwünschter Bedarf (vgl. etwa BVerwG NJW 1987, 2318, 2320; zuletzt OVG Münster MedR 2012, 470, 471 sowie Urt. v. 05.10.2010 – 13 A 2070/09; zur Bedarfsermittlung und -planung im Krankenhausrecht allgemein *Thomae* Krankenhausplanungsrecht, S. 69 ff.; aus der Rechtsprechung zuletzt etwa BVerwG KRS 2018, 345; BVerwGE 139, 309 = DVBl 2011, 895; OVG Münster, Beschl. v. 24.08.2020 – 13 A 1861/19; VGH Mannheim, Urt. v. 16.04.2015 – 10 S 96/13; OVG Saarlouis NZS 2015, 344; OVG Lüneburg DÖV 2015, 581).

11 Der der Bedarfsermittlung zu Grunde zu legende räumlich-personale Bereich, die zu versorgende »**Bevölkerung**« i.S.d. § 1 Abs. 1, ist in erster Linie die Personengruppe, die in dem maßgebenden Versorgungsgebiet ständig lebt. Daraus folgt, dass jegliche Bedarfsermittlung sich mit der Altersstruktur und Bevölkerungszahl einer bestimmten Region beschäftigen muss. Dabei ist es ohne Bedeutung, ob es sich um in- oder ausländische Bewohner handelt; sie müssen lediglich ihren gewöhnlichen Aufenthalt in der Region haben. Ohne Bedeutung ist schließlich auch, ob sich die Bevölkerung aus gesetzlich oder privat versicherten Patienten zusammensetzt.

12 Hinsichtlich der Bedarfsgerechtigkeit bezogen auf die einzelnen Einrichtungen ist ein Krankenhaus als bedarfsgerecht anzusehen, wenn es nach seinen **objektiven Gegebenheiten** in der Lage ist, einen **vorhandenen Bedarf** zu **befriedigen**. Bedarf in diesem Sinne ist die objektive Nachfrage nach stationärer Versorgung. Dies ist einmal der Fall, wenn das zu beurteilende Krankenhaus und die von ihm angebotenen Leistungen notwendig sind, um den in seinem Einzugsbereich vorhandenen Bettenbedarf zu decken, weil anderenfalls ein Bettenfehlbestand gegeben wäre. Es genügt aber auch, wenn das Krankenhaus neben anderen geeignet ist, an der Versorgung der Bevölkerung mit Krankenhausleistungen mitzuwirken (BVerwG NJW 1987, 2318, 2320 f.; VGH Mannheim MedR 2003, 107, 108).

13 Indiz für die Bedarfsgerechtigkeit einer Klinik kann vor diesem Hintergrund etwa deren Belegungsgrad sein (BVerfG NJW 1990, 2306, 2307). Örtliche oder regionale Gegebenheiten und Bedarfsstrukturen sind zu berücksichtigen (OVG Lüneburg MedR 2000, 93; OVG Münster, Urt. v. 05.10.2010 – 13 A 2070/09; zu Aspekten der Regionalität/Überregionalität vgl. auch VGH Mannheim, Urt. v. 12.02.2013 – 9 S 1968/11; OVG Magdeburg, Beschl. v. 21.12.2012 – 1 L 24/12; vgl. auch § 6 Rdn. 12). Andererseits werden das Patientenverhalten, qualitativ oder quantitativ nicht messbare Zeiterscheinungen oder eine bessere medizinische Betreuung nicht grundsätzlich als bedarfsbestimmende Umstände anzuerkennen sein (VGH Mannheim MedR 1996, 196).

14 Die vom BVerwG in ständiger Rechtsprechung (BVerwG, Urt. v. 14.04.2011 – 3 C 17/10) angenommene Bedeutungslosigkeit der Bedarfsdeckung durch die bereits planaufgenommenen Krankenhäuser hat das BVerfG (vgl. BVerfG GesR 2004, 296; so auch VGH Mannheim NVwZ-RR 2002, 504, 506; 507, 508; OVG Münster NVwZ 2003, 630, 631; OVG Lüneburg, Beschl. v. 22.09.2008 – 13 ME 90/08 = DVBl 2008, 1399 [Ls.]) ebenfalls betont (kritisch dazu *Stollmann*, GesR 2004, 299, 300). Die Berufsfreiheit eines die Aufnahme in den Krankenhausplan begehrenden Krankenhauses werde in verfassungswidriger Weise eingeschränkt, wenn das Kriterium der Bedarfsgerechtigkeit auf die Frage eines derzeit ungedeckten Bedarfs reduziert werde

und keine Prüfung der objektiven Eignung zur Bedarfsdeckung stattfinde. Eine Einrichtung ist folglich nicht nur dann bedarfsgerecht, wenn die von ihr vorgehaltenen Betten zusätzlich notwendig sind, um den vorhandenen Bedarf zu decken, sondern auch in den Fällen, in denen ein Krankenhaus neben oder an Stelle eines anderen Krankenhauses geeignet wäre, den fiktiv vorhandenen Bedarf zu decken. Ausweislich der Rechtsprechung würde es den Grundintentionen des Krankenhausrechts widersprechen, einer Einrichtung die Planaufnahme zu versagen, nur weil es bei der Erstaufstellung des Krankenhausplans noch nicht existiert hat (so ausdrücklich BVerwG NJW 1987, 2318; OVG Lüneburg MedR 2000, 93). Vorhandenen Plankrankenhäusern kommt demnach kein gesetzlicher Vorrang gegenüber hinzutretenden Konkurrenten zu (vgl. OVG Münster, Urt. v. 05.10.2010 – 13 A 2070/09).

Die Bedarfsgerechtigkeit eines Krankenhauses verlangt eine **ganzjährige Verfügbarkeit** (vgl. *Rasche-Sutmeier*, GesR 2004, 272, 275). Die Bereitschaft und Eignung eines Krankenhauses zur Versorgung der Bevölkerung mit Krankenhausleistungen muss über den gesamten Jahreszeitraum gewährleistet sein, weil die Krankenhausplanung auf das ganzjährig verfügbare Bett im ganzjährig betriebenen Krankenhaus ausgelegt ist. Es genügt nicht, wenn eine Klinik nur während gewisser Betriebszeiten eine dem Stand der medizinischen Erkenntnis im jeweiligen Spezialgebiet entsprechende Versorgung gewährleistet und die regelmäßigen Betriebsschließungszeiten bei der Terminvergabe für Eingriffe berücksichtigt werden. 15

Die **Bedarfsanalyse** als solche ist **kein Planungsinstrument** (vgl. VGH Mannheim, Urt. v. 16.04.2015 – 10 S 96/13; OVG Saarlouis NZS 2015, 344; unter Bezug u.a. auf BVerwG DVBl 2000, 1634). Notwendig sind dabei Feststellungen und Schätzungen, die ausschließlich auf tatsächlichem Gebiet liegen und bei denen den Behörden kein »Beurteilungsspielraum« zusteht. Etwas Anderes ergibt sich nach der Rechtsprechung auch nicht aus dem Umstand, dass die Ermittlung des gegenwärtigen und zukünftigen Bedarfs an Krankenhausleistungen Bedarfskriterien erfordert, in die planerische Elemente einfließen. So muss die Bedarfsfeststellung fachlich und räumlich strukturiert und gegliedert werden. Örtliche oder regionale Gegebenheiten und Bedarfsstrukturen (vgl. OVG Münster, Urt. v. 05.10.2010 – 13 A 2070/09) sind zu berücksichtigen, z.B. Patientenzu- und -abwanderungen. 16

Mit Urt. v. 16.05.2012 (B 3 KR 9/11 R) bestätigt das BSG die bisherige Tendenz der Rechtsprechung, dass **Plankrankenhäusern** grundsätzlich vor Versorgungsvertragshäusern ein faktischer **Vorrang** zu geben ist (vgl. bereits BSGE 78, 233; 78, 243; 81, 182; 82, 261; 87, 25; 88, 111). Und auch die bisherige verwaltungsgerichtliche Rechtsprechung geht davon aus, dass die Behörde bei ihrer Entscheidung über eine Planaufnahme nicht durch einen möglicherweise bestehenden Versorgungsvertrag präjudiziert wird (vgl. BVerwGE 139, 309; VGH Mannheim VBlBW 2010, 350, 352 f.; Urt. v. 12.02.2013 – 9 S 1968/11). Reichen die kraft Gesetzes zugelassenen Hochschulkliniken und Plankrankenhäuser zur Bedarfsdeckung aus, bleibt kein Raum für die Prüfung, ob der Bedarf durch den Abschluss des begehrten Versorgungsvertrages besser gedeckt werden kann (BSGE 78, 233, 241; 78, 243, 251). Der Bindung hieran können sich die Krankenkassen auch nicht ohne Weiteres durch die Möglichkeit der Kündigung des Versorgungsvertrages von Plankrankenhäusern nach § 110 SGB V entziehen (BSGE 81, 182, 185; 78, 233, 241). **Vertragskrankenhäuser** nach § 108 Nr. 3 SGB V sind daher **ergänzende Krankenhäuser** aufgrund koordinierender Planung (so BSGE 101, 177). Im Weiteren legt das BSG im o.g. Urt. v. 16.05.2012 detailliert dar, wie im Einzelnen die **Bedarfsprüfung durch die Kassen** nach Maßgabe des § 108 Nr. 3, § 109 Abs. 2 SGB V vorzunehmen ist. Zunächst ist der fachliche Vergleichsbereich festzulegen. Anschließend ist der räumliche Einzugsbereich des Krankenhauses festzustellen. Schließlich ist zu ermitteln, wie hoch der tatsächliche Bettenbedarf bezogen auf den fachlichen Vergleichsbereich in dem räumlichen Einzugsbereich des Krankenhauses ist und in welchem Umfang dieser tatsächliche Bedarf bereits gedeckt ist. Dazu ist festzustellen, welche Bettenkapazität die bereits über eine Zulassung (§ 108 SGB V) verfügenden Krankenhäuser in diesem Einzugsgebiet für jene stationären Leistungen vorhalten, die dem von dem Bewerber angebotenen Leistungskatalog ganz oder teilweise entsprechen (vgl. dazu auch *Quaas*, f&w 2012, 683, 686 f.). 16a

## 2. Leistungsfähigkeit

17 Ein Krankenhaus ist im Grundsatz **leistungsfähig**, wenn das Leistungsangebot die Anforderungen erfüllt, die nach dem Stand der Kenntnisse der medizinischen Wissenschaft und dem Auftrag aus dem Feststellungsbescheid, mit dem das Krankenhaus in den Krankenhausplan aufgenommen werden soll, an ein Krankenhaus dieser Art zu stellen ist (BVerfGE 82, 209, 226; BVerwG DVBl 1993, 1218; VGH Mannheim, Urt. v. 16.04.2015 – 10 S 100/13; OVG Münster GesR 2014, 474). Dies führt zunächst zu der Differenzierung nach der Art des zu beurteilenden Krankenhauses, ob es sich also um ein Allgemeinkrankenhaus, ein Fachkrankenhaus oder um ein Sonderkrankenhaus handelt. Es gibt keine abstrakt zu beurteilende Leistungsfähigkeit, sie ist bestimmt und begrenzt durch die Aufgabenstellung der jeweiligen Einrichtung (vgl. OVG Münster, Beschl. v. 22.09.2010 – 13 A 2146/09). Das Maß der erforderlichen Leistungsfähigkeit muss stets in Bezug auf die Art der Versorgung, der das Krankenhaus dienen soll, gesehen werden (vgl. BVerwG Buchholz 451.74 § 8 KHG Nr. 8; zur Leistungsfähigkeit bzgl. neurologischer Erkrankungen vgl. VG Köln, Urt. v. 04.08.2009 – 7 K 3532/06, bzgl. psychosomatischer Erkrankungen VG Saarlouis, Urt. v. 09.03.2010, 3 K 737/08, und bzgl. der krankenhausspezifischen Akutversorgung hinsichtlich der Frührehabilitation der Phase B nach dem Phasenmodell der Neurologischen Rehabilitation OVG Münster, Beschl. v. 22.09.2010 – 13 A 2146/09; VGH Mannheim, Urt. v. 16.04.2015 – 10 S 96/13). Während für die Leistungsfähigkeit eines Allgemeinkrankenhauses auch die Zahl und der Umfang der Fachabteilungen von Bedeutung sein kann, kommt es bei einem Fachkrankenhaus vor allem auf die Zahl der Fachärzte und Fachkräfte im Verhältnis zur Bettenzahl an. Die im Einzelfall notwendigen medizinischen und pflegerischen Angebote sind in ausreichender Qualität und Quantität (auf Dauer) wirtschaftlich vorzuhalten und den Patienten zur Verfügung zu stellen; eine momentane Leistungsfähigkeit zu einem bestimmten Stichtag ist nicht ausreichend (vgl. BVerwG DVBl 1993, 1218; dazu aktuell auch OVG Münster KRS 2020, 361, 363). Vor allem muss der die Aufnahme einer Klinik in den Krankenhausplan begehrende Krankenhausträger nachweisen, dass das Krankenhaus die Gewähr für die Dauerhaftigkeit der zu erbringenden angebotenen pflegerischen und ärztlichen Leistungen erbringt (OVG Lüneburg, Urt. v. 03.02.2011 – 13 LC 125/08; OVG Münster GesR 2014, 474). Unsicherheiten über die personelle Ausstattung gehen dabei zulasten des Krankenhauses (VG Düsseldorf, Beschl. v. 23.06.2015 – 13 L 1469/15).

18 Für die Leistungsfähigkeit ist entscheidend, ob die nach medizinischen Erkenntnissen erforderliche **personelle, räumliche und medizinische Ausstattung** vorhanden ist (vgl. BVerfGE 82, 209, 226; NJW 1990, 2306; BVerwGE 62, 86, 106). Das Krankenhauszukunftsgesetz vom 23.10.2020 (KHZG; vgl. BGBl. I S. 2208) hat dem in § 1 Abs. 1 noch das Merkmal der **digitalen Ausstattung** hinzugefügt (dazu hinsichtlich der entsprechenden Fördermöglichkeiten § 4 Rdn. 9). Fehlt es in Bezug auf die vorgehaltenen Betten an einer ausreichenden Zahl geschulter Pflegekräfte und an zur ärztlichen Fachbetreuung geeigneten Ärzten, ist die Leistungsfähigkeit nicht gegeben (BVerwG NJW 1993, 3008, 3009). Hingegen ist es unerheblich, wenn die beschäftigten Ärzte nicht fest angestellt sind, sondern aufgrund von Honorarverträgen tätig werden (OVG Berlin NVwZ-RR 1998, 41 f.; demgegenüber a.A. LSG Chemnitz GesR 2008, 548, 550, wonach nicht die Beschaffung der einzelnen Leistungen einer Krankenhausbehandlung, sondern deren Erbringung in ihrer eigenen Betriebsorganisation als Komplexleistung als die Aufgabe eines Krankenhauses angesehen wird). Dem BVerwG zufolge kann ein Krankenhaus die personelle Leistungsfähigkeit auch mit ärztlichem Personal sicherstellen, das von einem anderen Krankenhaus zur Verfügung gestellt wird. Voraussetzung ist, dass die jederzeitige Verfügbarkeit des zur Erfüllung des Versorgungsauftrags notwendigen ärztlichen Personals im Krankenhaus auf Dauer rechtlich gesichert ist. Außerdem muss gewährleistet sein, dass dieselben Qualitätsstandards eingehalten werden wie bei der Erbringung der Krankenhausleistungen durch eigenes ärztliches Personal (BVerwG, Urt. v. 26.02.2020 – 3 C 14/18, juris Rn. 24; die obergerichtliche Rspr. ist dem bereits gefolgt, vgl. OVG Münster KRS 2020, 361, 363). Schließlich muss die Einrichtung auch über eine geeignete Organisationsstruktur verfügen.

19 Die Rechtsprechung geht in Bezug auf die Leistungsfähigkeit regelmäßig von »**medizinischen Mindeststandards**« aus (vgl. BVerfGE 82, 209, 227). Ausgehend von dem Ziel des Gesetzes, zu

sozial tragbaren Pflegesätzen beizutragen, also geringe Gesundheitskosten zu verursachen, werden besonders gut ausgestattete und eingerichtete Kliniken als kontraproduktiv angesehen (BVerwG NJW 1987, 2318, 2321; BVerfG NJW 2004, 1648). Daher können auch sinnvolle gesundheitspolitische Fernziele, die den aktuellen allgemeinen Standard der Krankenhausversorgung übersteigen, nicht mithilfe zwingender Mindestvoraussetzungen für die Aufnahme in den Krankenhausplan unter dem Gesichtspunkt der Leistungsfähigkeit durchgesetzt werden (so BVerfGE 82, 209, 232).

Zweifelhaft ist indes, ob bei vergleichsweise geringen Fallzahlen noch gewährleistet ist, dass alle das Fachgebiet betreffenden medizinischen Leistungen in einem ausreichenden Umfang anfallen, um die ärztliche Routine sicherzustellen. Insoweit dürfte es auch ein legitimes Ziel der Krankenhausplanung sein, die Leistungsfähigkeit von **Mindestfallzahlen** abhängig zu machen und Krankenhäuser mit entsprechend größeren Fallzahlen zu favorisieren (VG Freiburg, Urt. v. 20.02.2002 – 1 K 148/00; zu Mindestmengen als Kriterium der Leistungsfähigkeit vgl. auch OVG Münster, Beschl. v. 20.11.2006 – 13 B 2081/06; VG Arnsberg, Urt. v. 28.04.2008 – 3 K 2403 u. 2404/05; VG Gelsenkirchen, Urt. v. 25.06.2008 – 7 K 2526, 2527 u. 2528/06; so auch *Stollmann/Hermanns*, DVBl 2007, 475, 479). Die Rechtsprechung weist in diesem Zusammenhang darauf hin, dass mit der Durchführung einer gewissen Anzahl von Operationen i.d.R. eine qualitätssichernde operative Routine sowie der Erwerb einer breitgefächerten Erfahrung einher geht (vgl. OVG Münster, Beschl. v. 20.11.2006 – 13 B 2081/06; zur Problematik auch *Burgi*, NVwZ 2010, 601, 608; *Bohle*, GesR 2010, 587 f.). Dabei sollte allerdings ein Zusammenhang bestehen zwischen einer bestimmten, ggf. innerhalb eines gewissen Rahmens liegenden Fallzahl und der (fachlich belegbaren) medizinischen Qualität der spezifischen Leistungserbringung (so auch *Burgi*, NVwZ 2010, 601, 608). 20

Medizinische Leistungsfähigkeit bedeutet aber nach Ansicht des BVerfG nicht, Routine für jedes theoretisch denkbare Beschwerdebild einer Fachrichtung aufzuweisen. Nicht alle Krankenhäuser müssten über den gleichen medizinischen Standard in technischer und personeller Hinsicht verfügen. Entscheidend sei vielmehr, dass die tatsächlich auftretenden Fälle aufgrund der sachlichen und personellen Ausstattung entsprechend dem Stand der medizinischen Wissenschaft ausreichend versorgt werden können, wofür es in erster Linie auf den Bestand an sachlichen Mitteln und an medizinischem Personal im ärztlichen und pflegerischen Bereich ankomme. Anderenfalls entstünde ein Automatismus, der im Ergebnis allen kleineren Krankenhäusern die Leistungsfähigkeit in pauschalierender und damit unzulässiger Weise abspreche (hierzu BVerfG GesR 2004, 296 m. Anm. *Stollmann*). 21

Bei entsprechender fachlicher Unbedenklichkeit können Vorgaben der Leistungsfähigkeit auch durch **Kooperationen** erreicht werden (zu derartigen Kooperationen im Krankenhausbereich vgl. OVG Münster, Beschl. v. 25.01.2008 – 13 A 2932 u. 2933/07; VG Arnsberg, Urt. v. 28.04.2008 – 3 K 2403 u. 2404/05; VG Gelsenkirchen, Urt. v. 11.06.2008 – 7 K 1640/06; zu einer solchen Konstellation im Hinblick auf die Ausweisung einer Stroke Unit vgl. OVG Münster GesR 2014, 474). 22

Selbst bei Vorlage eines bloßen Konzepts ist die Leistungsfähigkeit nach Ansicht der Rechtsprechung beurteilbar (dazu und zum Folgenden OVG Münster KRS 2021, 7; VGH Mannheim, Urt. v. 16.04.2015 – 10 S 96/13; OVG Lüneburg, Urt. v. 03.02.2011 – 13 LC 125/08). Es kann einem Krankenhausträger nicht verwehrt werden, schon vor Beginn des Betriebs eines Krankenhauses um dessen Aufnahme in den Krankenhausplan nachzusuchen. Voraussetzung für die Aufnahme eines lediglich als Entwurf existierenden Krankenhauses in den Krankenhausplan ist das Vorliegen eines hinsichtlich seines Inhalts und seiner Realisierbarkeit hinreichend konkretisierten schlüssigen und prüffähigen Konzepts. Dieses Konzept muss eine an § 2 Nr. 1 ausgerichtete Beschreibung des Krankenhauses wie auch die Beurteilung seiner Leistungsfähigkeit anhand seiner personellen, räumlichen und medizinischen Ausstattung ermöglichen und erkennen lassen, dass die Finanzierung des Vorhabens hinreichend gesichert ist. Dabei müssen in einem solchen Fall hinreichend konkretisierte Pläne vorgelegt werden, aus denen sich insbesondere die Zahl der zu beschäftigenden Fachärzte und anderen Ärzte im Verhältnis zur geplanten Bettenzahl und die weitere personelle sowie räumliche und medizinisch-technische Ausstattung ergeben, wobei die abschließende Klärung 22a von Einzelfragen noch ausstehen kann. Die damit verbundene tendenziell größere Unsicherheit bei der Beurteilung u.a. der Leistungsfähigkeit des neuen Krankenhauses geht jedoch zu dessen Lasten.

### 3. Qualität

22b Durch das Krankenhausstrukturgesetz vom 10.12.2015 (BGBl. I S. 2229) ist der Gesetzeszweck in § 1 Abs. 1 um das Ziel der qualitativ hochwertigen Versorgung erweitert und erstmals bundesrechtlich »Qualität« als Parameter für staatliche Entscheidungen im Rahmen des Krankenhauswesens eingeführt worden. Ausweislich der Gesetzesbegründung soll damit insbesondere für die Krankenhausplanung als Steuerungsinstrument für eine bedarfsgerechte Versorgung der Bevölkerung mit Krankenhäusern ein zusätzliches gesetzliches Zielkriterium zur Gewährleistung einer qualitätsgesicherten Versorgung der Bevölkerung mit Krankenhäusern aufgenommen werden. Mit der Verankerung des Zielkriteriums der patientengerechten und qualitativ hochwertigen Versorgung werden die Planungsinhalte erweitert und damit die Anforderungen an leistungsfähige Krankenhäuser erhöht (vgl. BR-Drs. 277/15, S. 55; dazu auch *Rau*, das Krankenhaus 2015, 1121, 1122 f.). Die weiteren konkreten Einzelheiten regeln die ebenfalls neugefassten §§ 6 und 8 (vgl. die dortigen Erläuterungen).

22c (unbesetzt)

22d Zweifelhaft ist indes bei alledem die Vereinbarkeit mit der grundgesetzlichen Kompetenzordnung. Der Bund hat nur eingeschränkte krankenhausplanerische Befugnisse, jedenfalls keine Zuständigkeit für strukturelle Eingriffe in das Krankenhauswesen oder eine umfassende Bedarfsplanung (vgl. Art. 74 Abs. 1 Nr. 19a GG). Seine konkurrierende Zuständigkeit erstreckt sich auf das Planungsrecht nur insofern, als es um die »wirtschaftliche Sicherung der Krankenhäuser« geht. Dem haben die Regelungen des KHG bislang insofern Rechnung getragen, als zwar grundlegende Planungsvorgaben für den Zugang zum Versorgungssystem aufgenommen sind, die weitere Ausgestaltung aber eindeutig den Ländern überlassen bleibt, vgl. § 6 Abs. 4 KHG (mit dieser Tendenz auch *Schillhorn*, ZMGR 2011, 352, 356; vgl. auch OVG Münster, Beschl. v. 17.01.2013 – 13 A 1196/12). Auf diesem schmalen Grat bewegen sich nunmehr die Änderungen durch das KHSG.

### 4. Wirtschaftlichkeit

23 Bei der Einschätzung der **Wirtschaftlichkeit** eines Krankenhauses kommt es nicht allein auf die Höhe des Pflegesatzes (dazu unten Rdn. 25), sondern auch auf die Höhe der Fallkosten unter besonderer Berücksichtigung der Aufgabenstellung des Krankenhauses an. Dabei muss berücksichtigt werden, dass nur eine solche personelle und operative Ausstattung als wirtschaftlich angesehen werden kann, die im Hinblick auf den Versorgungsauftrag der Klinik angemessen ist. Die Forderung nach einem wirtschaftlichen Krankenhausbetrieb reduziert sich im Kern auf die Forderung nach einer **sparsamen** und **eigenverantwortlichen Wirtschaftsführung**. Die Gewähr für eine wirtschaftliche Betriebsführung wird als nicht gegeben erachtet, wenn eine unwirtschaftliche Betriebsführung schon wiederholt festgestellt worden oder nicht behebbar ist (VG Minden, Urt. v. 29.08.2001 – 3 K 3280/97).

23a Die Planungsbehörden dürfen eine Steigerung der Gesamtkosten durch die Aufnahme neuer Krankenhäuser nicht ohne entsprechende tatsächliche Feststellungen annehmen (so ausdrücklich VGH Mannheim, Urt. v. 16.04.2015 – 10 S 96/13). Vielmehr müssen sie berücksichtigen, dass die Neuaufnahme eines wirtschaftlicheren Krankenhauses teurere Planbetten entbehrlich machen kann. Erforderliche Nachbesserungen können bei den Pflegesatzverhandlungen Berücksichtigung finden (OVG Lüneburg, Urt. v. 03.02.2011 – 13 LC 125/08). Bei einem geringen Umfang der zur Verteilung anstehenden Planbetten ist der Aspekt der wirtschaftlichen Sicherung einer Einrichtung sogar vernachlässigbar (OVG Münster, Beschl. v. 19.04.2013 – 13 A 1206/12).

24 Ob dem Kriterium der Wirtschaftlichkeit durch die Einführung des **Fallpauschalensystems**, das seit 2003 von den Krankenhäusern optional eingeführt werden konnte und mit Beginn des Jahres 2004 für sie verpflichtend ist, überhaupt noch Bedeutung zukommt, hat das BVerfG (GesR 2004, 296)

bejaht. Eine Abwägung, welches Krankenhaus den Zielen des KHG am besten gerecht werde, insbes. welches Krankenhaus leistungsfähiger und wirtschaftlicher sei, müsse auch nach Einführung des DRG-Systems stattfinden, um weiterhin neuen Krankenhäusern die Möglichkeit der Planaufnahme zu geben, wenn sie deutlich sparsamer wirtschafteten als die derzeitigen Plankrankenhäuser. Das BVerfG bevorzugt hier ganz eindeutig eine gesamtsystematische Betrachtung der krankenhausrechtlich relevanten Vorschriften gegenüber der isolierten Betrachtung allein der Gesetzesänderungen im Zuge der Einführung des DRG-Systems (zustimmend *Stollmann/Hermanns*, DVBl 2007, 475, 479).

### 5. Sozial tragbare Pflegesätze

Zielsetzung im Rahmen des § 1 ist es nicht, einen sozial tragbaren Pflegesatz zu gewährleisten, sondern hierfür einen **Beitrag** zu leisten. Darunter ist zu verstehen, dass die Entgelte der Benutzer – d.h. die Gesamtbelastung aller Benutzer – für notwendige Krankenhausleistungen so niedrig wie möglich zu halten sind. Das Begriffsbild »sozial tragbarer Pflegesätze« ist der Rechtsprechung zufolge so zu verstehen, dass ein niedrigerer Pflegesatz sozial tragbarer ist als ein höherer Pflegesatz (vgl. BVerwGE 62, 86). 25

## C. Grundsatz der Trägervielfalt (Abs. 2 Satz 1 und 2)

Die Vielfalt der Trägerschaft ist bei der »**Durchführung** des Gesetzes« zu beachten. Die Geltung des Rechtssatzes erstreckt sich damit sowohl auf die Planung als auch auf die Finanzierung durch die Länder und durch die Kostenträger. Gleichwohl dürften Planung und Investitionsförderung durch die Länder primär angesprochen sein. In diesem Zusammenhang kommt dem Gebot daher besondere Beachtung im Rahmen der Auswahlentscheidung nach § 8 Abs. 2 zu (vgl. § 8 Rdn. 15), dies allerdings durch die jüngste Novellierung durch das KHSG deutlich relativiert. Sämtliche Ländergesetze greifen das Gebot der Trägervielfalt auf und bekräftigen es (deklaratorisch), vgl. etwa § 1 Abs. 3 Satz 1 KHGG NRW, § 1 Abs. 2 LKHG-BW. 26

Mit der **Vielfalt der Krankenhausträger** ist Bezug genommen auf die historisch gewachsene Dreiteilung in die verschiedenen Trägergruppen (ausführlich dazu *Thomae* Krankenhausplanungsrecht, S. 49 f.): öffentliche, private und freigemeinnützige Krankenhäuser. **Öffentliche Krankenhäuser** sind die von Gebietskörperschaften sowie von sonstigen Körperschaften, Stiftungen und Anstalten des öffentlichen Rechts – ausgenommen kirchliche und vergleichbare Einrichtungen – betriebenen Krankenhäuser. Dazu gehören etwa auch die von öffentlich-rechtlichen Institutionen beherrschten Krankenhäuser in privatrechtlichen Gesellschaftsformen (z.B. die kommunale Krankenhaus-GmbH). **Private Krankenhäuser** sind die mit Gewinnerzielungsabsicht betriebenen Kliniken, wobei Anknüpfungspunkt für das Merkmal »privat« das gewerbliche Handeln des Klinikträgers ist, nicht die Organisationsform der Einrichtungen selbst. **Freigemeinnützige Krankenhäuser** sind die übrigen Krankenhäuser, also insbes. solche kirchlicher oder weltanschaulich neutraler Träger, der Hilfsorganisationen, privater Stiftungen etc. 27

Die **Beachtenspflicht** dürfte der Rechtsprechung zufolge als **Optimierungsgebot** aufzufassen sein. Demnach verlangt ein Optimierungsgebot eine möglichst weitgehende Beachtung des betreffenden Belanges. Der darin enthaltenen Zielvorgabe ist m. a. W. ein besonderes Gewicht beizumessen. Soll dieser Belang in der konkreten Planungssituation dennoch gegenüber einfachen Abwägungsbelangen zurücktreten, bedarf es eines ganz besonderen und auch besonders zu begründenden Gewichts der anderen Belange, die ihm vorgehen sollen (vgl. BVerwGE 71, 163; 90, 329, 331). In der praktischen Umsetzung läuft dies auf ein Diskriminierungs- und Bevorzugungsverbot hinaus, jedenfalls aber nicht auf einen grundsätzlichen Priorisierungsauftrag zugunsten privater und freigemeinnütziger Träger (so aber *Quaas/Zuck* § 25 Rn. 77 f.). 28

Vor diesem Hintergrund hat die Rechtsprechung dem in § 1 Abs. 2 Satz 1 u. 2 enthaltenen Gebot der **Beachtung der Trägervielfalt** (dazu auch OVG Weimar, 03.11.2016 – 3 KO 578/13; OVG Münster MedR 2012, 470, 472; VGH Mannheim VBlBW 2010, 350, 352 f., Urt. v. 12.02.2013 – 9 S 1968/ 29

11; *Wollenschläger*, VSSAR 2020, 87, 100 f.) eine Verpflichtung der Behörde entnommen, innerhalb des jeweiligen Versorgungsgebietes bei der Auswahlentscheidung zwischen mehreren Krankenhäusern neben den öffentlichen auch die freigemeinnützigen und privaten Krankenhäuser angemessen zu berücksichtigen. Die Behörde könne im Einzelfall auch gehalten sein, einem weniger leistungsfähigen privaten Krankenhaus den Vorzug vor einem leistungsfähigeren öffentlichen Krankenhaus zu geben (vgl. BVerwG Buchholz 451.74 § 8 KHG Nr. 8). Daraus ist aber nicht zu folgern, dass in einer bedarfsplanerischen Konkurrenzsituation zwischen mehreren gleich geeigneten Einrichtungen freigemeinnützige Träger gegenüber öffentlichen Krankenhäusern generell zu bevorzugen seien (so OVG Münster, Beschl. v. 19.04.2013 – 13 A 1206/12).

30 Wird der Aspekt der Trägervielfalt von der Behörde bei der Abwägung vernachlässigt, liegt nach Ansicht des BVerfG ein unverhältnismäßiger Eingriff in die Berufsfreiheit nach Art. 12 Abs. 1 GG i.V.m. Art. 3 Abs. 1 GG vor (BVerfG GesR 2004, 296, 298 f.). Das BVerfG vertrat die Auffassung, dass die strukturelle Benachteiligung privater Krankenhäuser mit spezialisiertem Angebot gegenüber einer breitbasigen Allgemeinversorgung mit Not- und Unfallversorgung die privaten Krankenhäuser im Verhältnis zu großen kommunalen oder freigemeinnützigen Häusern benachteilige. Ein genereller Grundsatz, dass größere Häuser mit umfangreichem Leistungsangebot zu bevorzugen seien, lasse sich verfassungsrechtlich nicht rechtfertigen. Damit würde größeren Versorgungseinheiten ohne sachlichen Grund Priorität eingeräumt. Dieser Ansatz vernachlässige auch, dass das KHG auf dem Prinzip der abgestuften Krankenhausversorgung beruhe. Nicht alle Krankenhäuser müssten über den gleichen medizinischen Standard in technischer und personeller Hinsicht verfügen.

31 Allerdings wirkt der Grundsatz der Trägervielfalt nicht unbegrenzt. Aus ihm ergibt sich **keine Bestandsgarantie**; es werden nicht etwa die vorhandenen Krankenhäuser der einzelnen Trägergruppen nach Anzahl und/oder Bettenkapazitäten festgeschrieben. Dies wäre mit Wesen und Auftrag der Krankenhausplanung unvereinbar (vgl. dazu oben Rdn. 14). Auch ein strikt paritätisches Verhältnis kann dem Gebot nicht entnommen werden; aufgrund der historischen und regionalen Entwicklungen sind vielmehr die landesspezifischen Besonderheiten angemessen zu berücksichtigen. Bei den krankenhausrechtlichen Entscheidungen ist zu berücksichtigen, in welchem Verhältnis zueinander **in der Region** die verschiedenen Trägergruppen vertreten sind (BVerwG NJW 1987, 2318; zur Trägervielfalt in der betroffenen Planungsregion VGH Mannheim, Urt. v. 16.04.2015 – 10 S 96/13). Der Grundsatz der Trägerpluralität verpflichtet nicht zu einer unveränderten Beibehaltung der Krankenhausstrukturen und bedeutet nicht tatsächliche Gleichgewichtigkeit in der Versorgung, sondern Gleichwertigkeit öffentlicher, freigemeinnütziger und privater Krankenhausträger in Erfüllung ihres Versorgungsauftrages (vgl. OVG Schleswig, Urt. v. 12.05.1999 – 2 L 29/98; VG Aachen, Urt. v. 06.04.2011 – 8 K 548/07). Dabei ist Trägervielfalt auch nicht in jeder Disziplin herzustellen (OVG Münster, Beschl. v. 19.04.2013 – 13 A 1206/12), wobei aber die Relationen in Bezug auf Planbetten und Behandlungsplätze der streitbefangenen Fachrichtung »zu berücksichtigen« sind (OVG Lüneburg, Beschl. v. 28.04.2014 – 13 ME 170/13, KHE 2013/33).

## D. Nebenbestimmungen (Abs. 2 Satz 3)

32 Die Gewährung von Fördermitteln darf nach Abs. 2 Satz 3 nur eingeschränkt mit Auflagen verbunden werden. Mit dem Begriff der **Auflage** nimmt der Gesetzgeber Bezug auf die Nebenbestimmungen nach § 36 Abs. 2 Nr. 4 VwVfG, wenngleich sich daraus auch gewisse Einschränkungen für die Ländergesetzgebung ergeben dürften. Es stellt eine gleichsam »vor die Klammer gezogene« Beschränkung der relativ weit gefassten Ermächtigung für die Länder nach § 11 Satz 1 dar. Obwohl die Regelung unmittelbar nur für die Fördermittelgewährung gilt, hat sie doch auch eine gewisse Bedeutung für die Krankenhausplanung (vgl. § 8 Rdn. 19). Denn die bundesrechtliche Einschränkung der behördlichen Handlungsspielräume ist im Zusammenhang mit dem in § 1 Abs. 1 aufgenommenen Ziel des eigenverantwortlich wirtschaftenden Krankenhauses zu sehen.

33 Die Regelung schließt jedoch nicht generell aus, dass Verantwortlichkeiten des Krankenhausträgers in den Bewilligungsbescheiden näher konkretisiert werden. Dies sieht auch das Landesrecht weithin vor. Die Bewilligung kann etwa nach § 22 Abs. 3 Satz 1 LKHG-BW oder § 19 Abs. 2

Satz 2 KHGG NRW mit **Nebenbestimmungen** versehen werden, die zur Verwirklichung des Gesetzeszwecks und zur Erreichung der Ziele des Krankenhausplans erforderlich sind. Nebenbestimmungen nach § 36 VwVfG – also bspw. Auflagen oder Bedingungen – bleiben also auch demnach möglich, müssen allerdings unmittelbar der Verwirklichung allein der krankenhausplanerischen und -wirtschaftlichen Zielsetzungen dienen. Zudem dürfen sie keinesfalls den bestehenden Förderanspruch zunichte machen oder einschränken.

Von den rechtsgestaltenden Nebenbestimmungen sind indes bloße **Hinweise** auf die ohnehin geltende Rechtslage zu unterscheiden (zur Abgrenzung von [isoliert anfechtbaren] Nebenbestimmungen und bloßen Hinweisen vgl. VG Aachen, Urt. v. 27.04.2015 – 7 K 271/14 und 625/14; VG Minden, Urt. v. 20.02.2015 – 6 K 912/14 und 913/14; VG Düsseldorf, Urt. v. 08.05.2015 – 13 K 8720/13). Einen bloßen Hinweis auf die Rechtslage stellt der allgemeine Verweis auf die geltenden **vergaberechtlichen Bestimmungen** dar (vgl. auch § 22 Abs. 4 LKHG-BW). Soweit also die einschlägigen Vorschriften des Vergaberechts (Verdingungsordnung für Leistungen [VOL/A], Vergabe- und Vertragsordnung für Bauleistungen [VOL/B], Verdingungsordnung für freiberufliche Leistungen [VOF]) Anwendung finden, muss der Krankenhausträger diese in eigener Verantwortung beachten. 34

## § 2 Begriffsbestimmungen

Im Sinne dieses Gesetzes sind
1. Krankenhäuser
   Einrichtungen, in denen durch ärztliche und pflegerische Hilfeleistung Krankheiten, Leiden oder Körperschäden festgestellt, geheilt oder gelindert werden sollen oder Geburtshilfe geleistet wird und in denen die zu versorgenden Personen untergebracht und verpflegt werden können,
1a. mit den Krankenhäusern notwendigerweise verbundene Ausbildungsstätten
    staatlich anerkannte Einrichtungen an Krankenhäusern zur Ausbildung für die Berufe
    a) Ergotherapeut, Ergotherapeutin,
    b) Diätassistent, Diätassistentin,
    c) Hebamme, Entbindungspfleger,
    d) Krankengymnast, Krankengymnastin, Physiotherapeut, Physiotherapeutin,
    e) Gesundheits- und Krankenpflegerin, Gesundheits- und Krankenpfleger,
    f) Gesundheits- und Kinderkrankenpflegerin, Gesundheits- und Kinderkrankenpfleger,
    g) Krankenpflegehelferin, Krankenpflegehelfer,
    h) medizinisch-technischer Laboratoriumsassistent, medizinisch-technische Laboratoriumsassistentin,
    i) medizinisch-technischer Radiologieassistent, medizinisch-technische Radiologieassistentin,
    j) Logopäde, Logopädin,
    k) Orthoptist, Orthoptistin,
    l) medizinisch-technischer Assistent für Funktionsdiagnostik, medizinisch-technische Assistentin für Funktionsdiagnostik,
    wenn die Krankenhäuser Träger oder Mitträger der Ausbildungsstätte sind,
2. Investitionskosten
   a) die Kosten der Errichtung (Neubau, Umbau, Erweiterungsbau) von Krankenhäusern und der Anschaffung der zum Krankenhaus gehörenden Wirtschaftsgüter, ausgenommen der zum Verbrauch bestimmten Güter (Verbrauchsgüter),
   b) die Kosten der Wiederbeschaffung der Güter des zum Krankenhaus gehörenden Anlagevermögens (Anlagegüter);
   zu den Investitionskosten gehören nicht die Kosten des Grundstücks, des Grundstückserwerbs, der Grundstückserschließung sowie ihrer Finanzierung sowie die in § 376 Satz 1 des Fünften Buches Sozialgesetzbuch genannten Ausstattungs- und Betriebskosten für die Telematikinfrastruktur,

3. für die Zwecke dieses Gesetzes den Investitionskosten gleichstehende Kosten
    a) die Entgelte für die Nutzung der in Nummer 2 bezeichneten Anlagegüter,
    b) die Zinsen, die Tilgung und die Verwaltungskosten von Darlehen, soweit sie zur Finanzierung der in Nummer 2 sowie in Buchstabe a bezeichneten Kosten aufgewandt worden sind,
    c) die in Nummer 2 sowie in den Buchstaben a und b bezeichneten Kosten, soweit sie gemeinschaftliche Einrichtungen der Krankenhäuser betreffen,
    d) Kapitalkosten (Abschreibungen und Zinsen) für die in Nummer 2 genannten Wirtschaftsgüter,
    e) Kosten der in Nummer 2 sowie in den Buchstaben a bis d bezeichneten Art, soweit sie die mit den Krankenhäusern notwendigerweise verbundenen Ausbildungsstätten betreffen und nicht nach anderen Vorschriften aufzubringen sind,
4. Pflegesätze
    die Entgelte der Benutzer oder ihrer Kostenträger für stationäre und teilstationäre Leistungen des Krankenhauses,
5. pflegesatzfähige Kosten:
    die Kosten des Krankenhauses, deren Berücksichtigung im Pflegesatz nicht nach diesem Gesetz ausgeschlossen ist.

| Übersicht | Rdn. | | Rdn. |
|---|---|---|---|
| A. Vorbemerkungen | 1 | II. Ausbildungsberufe | 12 |
| B. Krankenhausbegriff (§ 2 Nr. 1) | 2 | III. Einrichtung »an« einem Krankenhaus | 13 |
| I. Ärztliche und pflegerische Hilfeleistungen | 3 | IV. Trägerschaft oder Mitträgerschaft von Krankenhäusern | 14 |
| II. Feststellung, Heilung oder Linderung von Krankheiten, Leiden oder Körperschäden | 5 | D. Investitionskosten (Nr. 2, 3) | 17 |
| | | I. Originäre Investitionskosten (Nr. 2 Satz 1) | 18 |
| III. Möglichkeit der Unterbringung und Verpflegung | 6 | II. Fiktive Investitionskosten (Nr. 3) | 24 |
| IV. Krankenhaus und Krankenhausträger | 7 | III. Negativkatalog (Nr. 2 Satz 2) | 25 |
| C. Ausbildungsstätten (§ 2 Nr. 1a) | 9 | E. Pflegesätze (Nr. 4) | 26 |
| I. Staatliche Anerkennung der Einrichtung | 11 | F. Pflegesatzfähige Kosten (Nr. 5) | 28 |

## A. Vorbemerkungen

1 Die Vorschrift enthält die für das KHG maßgeblichen **Legaldefinitionen**. Beachtenswert ist dabei vor allem, dass diese nicht für das gesamte Gesundheits- und Sozialrecht gelten, sondern durchaus voneinander abweichen können. Besonders augenfällig ist dies hinsichtlich des Krankenhausbegriffs in § 107 Abs. 1 SGB V. Der **sozialversicherungsrechtliche Krankenhausbegriff** knüpft einerseits erkennbar an die Definition des KHG an, erweist sich aber andererseits als **enger**, da er ihn um organisatorische und fachliche Voraussetzungen ergänzt (vgl. BT-Drs. 11/2237, S. 196; im Einzelnen *Prütting* KHGG NRW, § 1 Rn. 9 ff.; umfassend zum Krankenhausbegriff *Kaltenborn*, GesR 2006, 538 ff.; zum Verhältnis zwischen § 2 KHG und § 107 SGB V vgl. Dietz/Bofinger/*Stollmann* KHG, § 2 Erl. I.7; zur körperschaftsteuerlichen Zuordnung von Leistungen zum Zweckbetrieb oder zum wirtschaftlichen Geschäftsbetrieb eines Krankenhauses vgl. BFH, Urt. v. 06.06.2019 – V R 39/17, BFHE 264, 411, BStBl II 2019, 651). Während mit dem Rechtsbegriff »Krankenhaus« die bauliche und betrieblich-organisatorische Einrichtung als solche gemeint ist (vgl. *Thomae* Krankenhausplanungsrecht, S. 49; *Quaas/Zuck* Medizinrecht, § 25 Rn. 34 f.), ist als **Träger** eines Krankenhauses – und damit als Adressat des entsprechenden Feststellungs- oder Fördermittelbescheides – diejenige natürliche oder juristische Person zu bezeichnen, die ein Krankenhaus betreibt (vgl. unten Rdn. 7 f.). Rechtliche Konsequenzen hat diese Differenzierung zum einen beim Gebot der **Trägervielfalt** (vgl. § 1 Abs. 2 Satz 1 sowie dort Rdn. 26 f.). Zum anderen kann ein **Wechsel** des Krankenhausträgers planungs- und förderrechtliche Konsequenzen haben

(vgl. dazu etwa Huster/Kaltenborn/*Stollmann* Krankenhausrecht, § 4 Rn. 26; Huster/Kaltenborn/ *Lambrecht/Vollmöller* Krankenhausrecht, § 14 Rn. 20).

## B. Krankenhausbegriff (§ 2 Nr. 1)

§ 2 Nr. 1 definiert den Krankenhausbegriff. Dieser setzt voraus, dass in einer Einrichtung 2
- ärztliche und pflegerische Hilfeleistungen erbracht werden,
- die Feststellung, Heilung oder Linderung von Krankheiten, Leiden oder Körperschäden erfolgt, und
- die Möglichkeit der Unterbringung und Verpflegung besteht.

Entscheidend ist bei alledem, dass die Begriffsmerkmale kumulativ erfüllt sind. 2a

### I. Ärztliche und pflegerische Hilfeleistungen

Die ärztliche Tätigkeit (vgl. § 2 BÄO) ist ein bestimmendes Begriffsmerkmal. Für den weiten 3
Krankenhausbegriff des KHG genügt es, dass die ärztliche Leistung nicht von ganz untergeordneter Bedeutung ist (BVerwG DÖV 1989, 275). Es wird nicht vorausgesetzt, dass die ärztliche Hilfeleistung beständig zur Verfügung steht, auch nicht, dass hauptamtlich tätige Ärzte verfügbar sind (str., so etwa OVG Lüneburg GesR 2013, 495; a.A. LSG Stuttgart NZS 2013, 501; vgl. dazu auch *Prütting*, GesR 2012, 332, 335 f.; *Stollmann/Hermanns*, DVBl 2011, 599, 607 ff.). Hingegen muss die ärztliche Hilfeleistung planmäßig erfolgen. Soweit die Krankenhausgesetze der Länder restriktivere Anforderungen stellen (vgl. etwa § 31 KHGG NRW), berührt dies nicht den Krankenhausbegriff, sondern die strukturellen Anforderungen an das Krankenhaus (vgl. dazu *Stollmann*, GuP 2011, 48, 50 f.). Bei einer Geburtshilfe leistenden Einrichtung (»Hebammenhaus«) handelt es sich nur dann um ein Krankenhaus, wenn auch ärztliche Hilfeleistungen erbracht werden (vgl. VGH München GesR 2012, 242).

Mit den **pflegerischen Hilfeleistungen** werden nicht alle Heilhilfsberufe (etwa i.S.d. § 2 Nr. 1a) angesprochen, sondern nur diejenigen, die sich der Pflege des Patienten widmen. Logopäden, MTA, Ergotherapeuten o.ä., die in diesem Sinne nicht pflegen, sondern in der Diagnostik und Therapie eingeschaltet sind, müssen also nicht vorhanden sein. Bei alledem wird nicht auf eine bestimmte Quantität pflegerischer Leistungen abgestellt (VG München ESK 09/KHG/04). 4

### II. Feststellung, Heilung oder Linderung von Krankheiten, Leiden oder Körperschäden

Weitere Voraussetzung ist, dass durch ärztliche und pflegerische Hilfeleistung Krankheiten, Leiden 5
oder Körperschäden festgestellt, geheilt oder gelindert werden sollen oder Geburtshilfe geleistet wird. Einerseits muss also eine gesundheitliche Beeinträchtigung vorliegen, andererseits muss das Ziel sein, diese festzustellen, zu heilen oder zu lindern. Mit diesem Merkmal unterscheidet sich das Krankenhaus von anderen stationären Einrichtungen, wie zum Beispiel Alten- und Pflegeheimen. Nach der Rechtsprechung kommt es nicht auf die Art, die Dauer und das Stadium der Krankheit an, die in der Einrichtung behandelt werden soll. Unerheblich ist, ob es sich um eine somatische oder psychische bzw. psychiatrische Erkrankung handelt. Auch Suchterkrankungen von einer gewissen Intensität stellen eine Krankheit dar (BSGE 28, 114; BVerwG NJW 1989, 2963).

### III. Möglichkeit der Unterbringung und Verpflegung

Es muss des Weiteren die Möglichkeit der Unterbringung und Verpflegung in der Einrichtung gegeben sein. Bei einer **Unterbringung** begibt sich vom Wortsinn her der Betroffene in die Obhut einer Einrichtung, in der er zumindest auf einige Dauer (in der Regel Tag und Nacht) verbleibt und versorgt wird. Die Unterbringung ist daher von einem bloßen Aufenthalt abzugrenzen (vgl. BSG GesR 2004, 382). Wer sich also nur einige Stunden – etwa zur Diagnose oder Therapie – aufhält, wird nicht untergebracht. Im Regelfall ist daher zu fordern, dass Betten zur Verfügung stehen (dazu umfassend Dietz/Bofinger/*Stollmann* KHG, § 2 Erl. I.5.). 6

6a Gegen eine Erstreckung des Krankenhausbegriffs etwa auf psychiatrische Tageskliniken spricht nicht, dass Letztere regelmäßig nachts und an Wochenenden geschlossen sind und nicht vollstationär behandeln. Auch die nur **teilstationär** arbeitende psychiatrische Tagesklinik fällt bereits unter den engeren Krankenhausbegriff des § 107 Abs. 1 SGB V (BSG MedR 2010, 58). Entsprechendes muss daher sinngemäß auch im Rahmen des für die Aufnahme in den Krankenhausplan maßgeblichen Krankenhausbegriffs des KHG gelten. Begründen lässt sich dies damit, dass die Krankenhausbehandlung i.S.d. § 107 Abs. 1 Nr. 1 SGB V gem. § 39 Abs. 1 SGB V auch die teilstationäre Behandlung umfasst. Vor diesem Hintergrund sind daher die Kriterien »ständige ärztliche Leitung«, »jederzeit verfügbar« sowie die Möglichkeit der Unterbringung (§ 107 Abs. 1 Nr. 2–4 SGB V) dahingehend auszulegen, dass im Fall teilstationärer Einrichtungen die ärztliche Leitung und das Personal nur in den üblichen Betriebszeiten verfügbar sein muss und die Möglichkeit einer Unterbringung tagsüber ausreicht (BSG MedR 2010, 58). Denn ein Krankenhaus hat die Zweckbestimmung, den Patienten in sein spezifisches Versorgungssystem einzugliedern und damit neben der rein medizinischen Hilfeleistung regelmäßig ergänzende Obhuts- und Versorgungsleistungen zu erbringen (*Quaas/Zuck* Medizinrecht, § 25 Rn. 67).

6b Ferner kann der Krankenhausbegriff auch Einrichtungen erfassen, die **ambulante Leistungen** erbringen. Dies lässt sich daraus entnehmen, dass § 107 Abs. 1 Nr. 4 SGB V nur auf die Möglichkeit zur Unterbringung abstellt (Spickhoff/*Szabados* Medizinrecht, § 107 SGB V Rn. 7). Diese Möglichkeit muss aber prägend für das Krankenhaus sein *(Wahl* jurisPK-SGB V, § 107 Rn. 36). Lediglich Einrichtungen, die bestimmungsgemäß **ausschließlich** ambulante Leistungen erbringen, fallen nicht unter den Krankenhausbegriff (BVerwGE 70, 201, 201). Der BFH (GesR 2017, 774) hat dies etwa für ein Dialysezentrum entschieden, in welchem die Dialysepatienten ambulant behandelt werden.

### IV. Krankenhaus und Krankenhausträger

7 Das Krankenhausrecht stellt vielfach auf das »Krankenhaus« ab, ohne exakt zu differenzieren, ob damit das Krankenhaus als bauliche oder betriebliche Einheit, der dahinter stehende Rechtsträger oder die Betriebsform gemeint ist, in welcher ein Krankenhaus geführt wird (vgl. *Quaas* f&w 2011, 322 f.). So ist in § 1 Abs. 1 – ebenso wie in § 4 – von der wirtschaftlichen Sicherung der *Krankenhäuser* die Rede. Nach § 8 haben die *Krankenhäuser* Anspruch auf Förderung, soweit und solange sie in den Krankenhausplan eines Landes aufgenommen sind. Demgegenüber ist nach § 1 Abs. 2 Satz 1 bei der Durchführung des Gesetzes die Vielfalt der *Krankenhausträger* zu beachten. Nach § 9 Abs. 1 fördern die Länder auf Antrag des *Krankenhausträgers* Investitionskosten und gem. § 18 Abs. 1 werden die Pflegesätze mit dem *Krankenhausträger* vereinbart. § 8 Abs. 1 Satz 2 sieht Vereinbarungen mit dem *Krankenhausträger* über die teilweise Förderung der Krankenhausinvestitionen vor; § 28 normiert die Auskunftspflicht der Krankenhäuser auch über ihre *Trägerschaft*.

8 Auch die **Landesgesetze** sprechen den Krankenhausträger in erster Linie als Vertragspartner, gleichsam als gesetzlichen Vertreter der Institution Krankenhaus an: Die Vorschriften zur Krankenhausplanung legen den Krankenhausträger als Adressaten der Feststellungsbescheide fest; alle Landesgesetze bestimmen, dass der Krankenhausträger im Feststellungsbescheid genannt wird. Ansprüche, Rechte und Pflichten aber hat der Krankenhausträger im Krankenhausrecht nicht als abstraktes Rechtssubjekt, sondern eben nur insoweit, als das Krankenhaus und seine für die Gesetzliche Krankenversicherung notwendige Versorgungsleistung angesprochen sind. Der Krankenhausträger muss nicht gleichbedeutend sein mit dem Eigentümer – weder des Krankenhauses, noch seiner Einzelteile oder seiner Immobilien: es sind Konstellationen denkbar, in denen der Krankenhaus-»Träger« nur der Betreiber ist, weder das Haus noch die Ausstattung müssen ihm im zivilrechtlichen Sinne »gehören«. Dementsprechend ist als **Träger** eines **Krankenhauses** – und damit als Adressat des entsprechenden Feststellungsbescheides und etwaiger Fördermittelbescheide – diejenige **natürliche oder juristische Person** zu bezeichnen, die ein **Krankenhaus betreibt**; das Landesrecht stellt dies teilweise ausdrücklich klar (vgl. etwa § 2a LKHG-BW). Demgegenüber meint der Begriff »Krankenhaus« die bauliche und betriebliche Einrichtung als solche.

## C. Ausbildungsstätten (§ 2 Nr. 1a)

Die mit den Krankenhäusern verbundenen Ausbildungsstätten sind in das duale Finanzierungssystem (vgl. § 1 Rdn. 2) einbezogen. Neben § 2 Nr. 1a wird dies durch § 8 Abs. 3 und § 17a gewährleistet. Das Krankenhausrecht verlangt weder, dass die Ausbildungsstätten für sich genommen Krankenhauscharakter haben noch dieselbe Rechtsform wie das Krankenhaus, mit dem sie verbunden sind (zur Bescheiderteilung in diesen Fällen vgl. § 8 Rdn. 73 f.). Um die Begriffsbestimmung der mit einem Krankenhaus »notwendigerweise verbundenen Ausbildungsstätte« zu erfüllen, muss es sich vielmehr um staatlich anerkannte Einrichtungen an Krankenhäusern zur Ausbildung für bestimmte Berufe handeln, bei denen die Krankenhäuser Träger oder Mitträger der Ausbildungsstätte sind (§ 2 Nr. 1a).

Gefordert sind demnach folgende Merkmale:
- staatliche Anerkennung der Einrichtung
- zur Ausbildung von enumerativ aufgezählten Berufen
- »an« Krankenhäusern
- Träger- oder Mitträgerschaft von Krankenhäusern an der Ausbildungsstätte.

### I. Staatliche Anerkennung der Einrichtung

Die Ausbildungsstätte muss als solche **staatlich anerkannt** sein. Dies richtet sich nach den einschlägigen ausbildungsrechtlichen Bestimmungen. Wird einer Ausbildungsstätte die staatliche Anerkennung versagt, so liegen die Voraussetzungen des § 2 Nr. 1a – und damit etwa auch für eine Förderung nach Krankenhausrecht – nicht vor (*Dietz/Bofinger* KHG, § 2 Erl. II. 5). Komplizierter kann sich die Rechtslage bei einer Rücknahme oder einem Widerruf nach den §§ 48, 49 VwVfG gestalten. Wird die Aufhebung der zunächst erteilten Anerkennung von dem Adressaten mit Widerspruch (§§ 68 VwGO) und Anfechtungsklage (§ 42 VwGO) angefochten, so tritt im Hinblick auf den belastenden Verwaltungsakt die aufschiebende Wirkung gem. § 80 Abs. 1 Satz 1 VwGO ein. Rücknahme oder Widerruf als solche führen also noch nicht unmittelbar dazu, dass die begünstigenden Wirkungen der staatlichen Anerkennung rechtlich obsolet sind. Erst die Bestandskraft der Aufhebung oder die Anordnung der sofortigen Vollziehung (vgl. § 80 Abs. 2 Nr. 4 VwGO) können dazu führen, nicht (länger) von einer staatlichen Anerkennung der betreffenden Einrichtung auszugehen.

### II. Ausbildungsberufe

In § 2 Nr. 1a werden die in Betracht kommenden **Ausbildungsberufe** und damit die Art der Ausbildungsstätte abschließend und bindend festgelegt. In diesem Zusammenhang ist es irrelevant, ob die jeweiligen Ausbildungsvorschriften tatsächlich die Verbindung mit einem Krankenhaus vorschreiben. Zugleich können weitere Ausbildungsberufe und Ausbildungsstätten nicht einbezogen werden, selbst wenn künftige Ausbildungsvorschriften die Verbindung mit einem Krankenhaus vorschreiben würden. Hierzu bedürfte es der Änderung des KHG (Dietz/Bofinger/*Stollmann* KHG, § 2 Erl. II. 2).

### III. Einrichtung »an« einem Krankenhaus

Weiterhin muss es sich um eine **Einrichtung »an« einem Krankenhaus** handeln. »Krankenhaus« in diesem Sinne können jedenfalls nicht die in § 3 Satz 1 genannten Einrichtungen sein, da auf diese das KHG schon grundsätzlich keine Anwendung findet. Zur Auslegung des unbestimmten Begriffes »an« wird herkömmlicherweise auf den Gesetzeszweck – die wirtschaftliche Sicherung des Krankenhauses – zurückgegriffen. Zwar ist eine unmittelbare räumliche Beziehung – etwa als Teil des Krankenhauses oder als »Anbau« in baulicher Hinsicht – nicht erforderlich. Eine enge betriebliche, organisatorische und finanzielle Verbindung mit einem Krankenhaus wird aber zu Recht als unerlässlich angesehen. Es muss sich im Ergebnis um eine Krankenhauseinrichtung handeln. Nicht ausreichend ist etwa, dass es sich um eine Einrichtung eines Trägers handelt, der auch ein

Krankenhaus betreibt. Und auch wenn von einem Dritten aufgrund eines Nutzungsverhältnisses lediglich in Räumlichkeiten des Krankenhausgebäudes auf eigene Kosten eine Ausbildungsstätte betrieben wird, so wird nicht i.S.d. KHG »an« einem Krankenhaus, sondern in einem Gebäude des Krankenhauses eine Ausbildungsstätte betrieben (Dietz/Bofinger/*Stollmann* KHG, § 2 Erl. II. 3; vgl. auch *Prütting* KHGG NRW, § 12 Rn. 53).

### IV. Trägerschaft oder Mitträgerschaft von Krankenhäusern

14 Schließlich muss eine **Trägerschaft** oder **Mitträgerschaft** von Krankenhäusern an der Ausbildungsstätte gegeben sein. Die alleinige Trägerschaft eines Krankenhauses ist insoweit unproblematisch. Betreiben zwei, drei und mehr Krankenhäuser eine Ausbildungsstätte gemeinsam, ist eine proportionale Beteiligung ausreichend. Ausbildungsstätten, deren *ausschließliche* Träger etwa Spitzenverbände der freien Wohlfahrtspflege, Schwesternschaften oder ähnliche Einrichtungen sind, fallen jedenfalls nicht unter den Anwendungsbereich des § 2 Nr. 1a und sind daher nicht in die Krankenhausplanung und -förderung einzubeziehen. Die Gründung einer neuen Rechtsperson in einer Gesellschaftsform, wie z.B. einer GmbH, in der Krankenhausträger nur Gesellschafter aber nicht die Rechtsperson selber darstellen, ist demgegenüber zulässig (VG Gera, Urt. v. 30.01.2002 – 1 K 116/02 GE).

15 Problematisch ist, wann man (noch) von einer **Mitträgerschaft** eines Krankenhauses ausgehen kann. Stellt ein Krankenhaus lediglich seine Räumlichkeiten zur Verfügung, wird es dadurch noch nicht zum Mitträger. Vielmehr muss es gemeinsam mit dem oder den Dritten als mitverantwortlicher Schulträger die Ausbildungsstätte betreiben (vgl. Dietz/Bofinger/*Stollmann* KHG, § 2 Erl. II. 4). Die notwendige Verbindung der Ausbildungsstätte mit dem Krankenhaus kann auf verschiedene Weise ausgestaltet sein. Intention des Gesetzgebers war es zunächst, auf diese Weise die fachliche Nähe sicherzustellen. Durch die weitergehende Formulierung der Mitträgerschaft sollten indes bloße Verträge zwischen fachfremden Trägern und Krankenhäusern zur Führung von Ausbildungsstätten als nicht ausreichend qualifiziert werden. Die notwendige Verbindung ist daher darin zu sehen, dass die beruflichen Aspekte an den Krankenhäusern, mit denen die notwendige Verbindung besteht, berücksichtigt werden und Ausbildungskapazitäten dort vorgehalten werden. Dies rechtfertigt sich schon aus dem Verhältnis der ausbildungsrelevanten zu den krankenhausrechtlichen Vorschriften. Da die »Mitwirkung« von Krankenhäusern schon im Rahmen der Ausbildungsvorschriften regelmäßig unerlässlich ist, bedarf es eben für eine Mit»träger«schaft einer darüber hinausgehenden besonderen rechtlichen Einbindung des Krankenhausträgers (vgl. auch *Prütting* KHGG NRW, § 12 Rn. 53).

16 Da das Gesetz keine Angaben zur Größenordnung der Mitträgerschaft macht, könnte auch eine lediglich geringfügige Mitträgerschaft ausreichend sein. Jedoch ist zu berücksichtigen, dass der Gesetzgeber die Mitträgerschaft an der Ausbildungsstätte der alleinigen Trägerschaft in seinen rechtlichen Konsequenzen gleichgestellt hat. Dies könnte dafür sprechen, einen der alleinigen Trägerschaft eines Krankenhauses zumindest angenäherten Rechtsstatus zu verlangen. Überdies dürfte der übergeordnete Gesetzeszweck der wirtschaftlichen Sicherung der Krankenhäuser voraussetzen, dass das Krankenhaus – oder die Krankenhäuser insgesamt – auch tatsächlich eine Trägerfunktion innehat, die eine wirtschaftliche Förderung begründet. Dies würde bedeuten, dass die Voraussetzung der Mitträgerschaft i.S.d. § 2 Nr. 1a nur dann erfüllt sein kann, wenn das Krankenhaus auch tatsächlich die wirtschaftlichen Risiken, d.h. die Betriebs- und Investitionskosten der Ausbildungsstätte zu einem *wesentlichen Teil* trägt. Es darf gerade nicht ein nur formaler Anteil an der jeweiligen Schule zu verzeichnen sein, vielmehr muss ein Krankenhaus »tatsächlich wirtschaftlich und personell derart in die Ausbildungsstätte involviert« sein, das von einer Mitträgerschaft auszugehen ist (VG Gera, Urt. v. 30.01.2002 – 1 K 116/02 GE). Vor diesem Hintergrund begegnet es Bedenken, beispielsweise eine – wenn auch vertraglich festgelegte – überwiegende Einflussnahme eines Krankenhausträgers auf die Gestaltung des Lehrplans bzw. die Ausbildung ausreichen zu lassen. Stattdessen kann von einer Mitträgerschaft nur dann gesprochen werden, wenn ein oder mehrere Krankenhäuser zu mehr als 50 % an der Ausbildungsstätte beteiligt sind (zu dieser Problematik vgl. auch *Nayebagha/Kubella* in Dettling/Gerlach, Krankenhausrecht, § 2 KHG Rn. 29).

## D. Investitionskosten (Nr. 2, 3)

Die Definition der Investitionskosten ist von zentraler Bedeutung für das KHG und das ihm zu Grunde liegende duale Finanzierungssystem (vgl. § 1 Rdn. 2). Aus der Zusammenschau aller finanzierungsrelevanten Vorschriften lässt sich dabei der Grundsatz entnehmen, dass alle Herstellungs- und Anschaffungskosten nach handels- und steuerrechtlichen Grundsätzen als Investitionskosten i.S.d. KHG zu behandeln sind. Dem steht der pflegesatzfähige Erhaltungsaufwand (= Instandhaltungskosten) gegenüber (im Einzelnen und umfassend dazu Dietz/Bofinger/*Stollmann* KHG, § 2 Erl. III.; *Quaas/Zuck* Medizinrecht, § 26 Rn. 27 ff.). 17

### I. Originäre Investitionskosten (Nr. 2 Satz 1)

Die **förderfähigen Investitionskosten** und ihnen gleichstehende Kosten sind in § 2 Nr. 2 und 3 abschließend geregelt (dazu BVerwGE 91, 363 = NJW 1993, 2391; BVerwGE 62, 18). Danach sind Investitionskosten insbesondere die Kosten der Errichtung (Neubau, Umbau, Erweiterungsbau) von Krankenhäusern und der Anschaffung der zum Krankenhaus gehörenden Wirtschaftsgüter (Verbrauchsgüter ausgenommen) sowie die Kosten der Wiederbeschaffung der Güter des zum Krankenhaus gehörenden Anlagevermögens (Anlagegüter), § 2 Nr. 2 Buchst. a und b). 18

Im Einzelnen: 19

Im Grundsatz **förderfähige Investitionsmaßnahmen** sind die Errichtung eines Krankenhauses nebst den notwendigen Anlagen und die Wiederbeschaffung von Anlagegütern, die nicht bereits Teil des Krankenhausgebäudes (nicht notwendig in einem gebäudetechnischen Sinne) sind, sodass unterschieden werden muss zwischen Errichtungskosten und Wiederbeschaffungskosten. Handelt es sich weder um Errichtungs- oder Wiederbeschaffungskosten, sondern um Kosten der Erhaltung des Krankenhausgebäudes oder des Anlagegutes, sind diese Instandhaltungskosten (Erhaltungsaufwand) als sog. Selbstkosten nicht förderfähig, wohl aber pflegesatzfähig. Der wesentliche Schritt bei der Qualifizierung einer Maßnahme als Herstellungs- oder Erhaltungsaufwand ist demzufolge die Bestimmung des Wirtschaftsgutes, dem die Maßnahme dienen soll. Danach richtet sich, ob ein bereits vorhandenes, als solches abschreibungsfähiges und deshalb nicht zusätzlich förderfähiges Gut lediglich in seiner Gesamtheit bspw. durch Austausch einzelner Teile erhalten oder etwas Neues hergestellt bzw. angeschafft wird. 19a

Aufwendungen für die Erneuerung von bereits in den Herstellungskosten eines Gebäudes enthaltenen Teilen, Einrichtungen oder Anlagen sind grundsätzlich als nicht förderfähiger **Erhaltungsaufwand** anzusehen. Dies gilt insbesondere, wenn unselbstständige Teile einer baulichen Einheit lediglich ersetzt oder modernisiert werden, ohne dabei ihre Funktion zu ändern. Beispiele in diesem Zusammenhang sind insbesondere die Modernisierung etwa von Brandschutzeinrichtungen, die Auswechselung von Fenstern u.ä. 20

Davon muss der **förderfähige Herstellungsaufwand** abgegrenzt werden, der sich wiederum in erstmaligen oder nachträglichen Herstellungsaufwand unterteilen lässt. Neubau, Umbau oder Erweiterungsbau, also Errichtungsmaßnahmen, werden zum **erstmaligen Herstellungsaufwand** gerechnet. **Nachträglicher Herstellungsaufwand** entsteht – ausgehend von den Grundsätzen der Rechtsprechung – i.d.R. dann, wenn etwas Neues, bisher nicht Vorhandenes geschaffen wird und wenn das Anlagegut Gebäude in seiner Substanz vermehrt, seinem Wesen erheblich verändert oder – von der üblichen Modernisierung abgesehen – über seinen bisherigen Zustand hinaus deutlich verbessert wird. 21

Ferner ist **Herstellungsaufwand** auch dann anzunehmen, wenn etwas so Artverschiedenes gebaut wird, dass die Baumaßnahme nach der Verkehrsanschauung nicht mehr in erster Linie dazu dient, das Gebäude in seiner bestimmungsgemäßen Nutzungsmöglichkeit zu erhalten, sondern etwas bisher nicht Vorhandenes zu schaffen. Davon ausgehend ist eine Substanzvermehrung etwa dann anzunehmen, wenn eine gegenständliche Vermehrung des Anlagegutes erfolgt. Wesensänderungen werden in der Regel angenommen, wenn nach der (erheblichen) Veränderung andere Anlagegüter 22 entstehen. Von einer deutlichen Verbesserung der Nutzung kann gesprochen werden, wenn in der Substanz einer Einrichtung ein Nutzungsgrad erreicht wird, der bisher nicht vorhanden war und dem gesamten Gebäude einen entscheidenden Nutzungsvorteil bringt.

23 Die Rechtsprechung hat etwa folgende Konstellationen entschieden (vgl. auch mit weiteren Beispielen vgl. auch *Nayebagha/Kubella* in Dettling/Gerlach, Krankenhausrecht, § 9 KHG Rn. 27 f.):
- Sanierungsbedingte Verbesserung einer Außenmauer eines Krankenhausgebäudes: **Erhaltungsaufwand**, nicht förderfähig (BVerwGE 91, 363 = NJW 1993, 2391; zu Fassadensanierungen vgl. auch VG Arnsberg, Urt. v. 05.02.1988 – 3 K 1419/87; VG Karlsruhe, Urt. v. 06.10.1989 – 8 K 145/89; VGH Mannheim, Urt. v. 06.06.1990 – 9 S. 290/90).
- Prämien einer Bauwesenversicherung, die der Krankenhausträger aus Anlass einer von ihm geplanten Baumaßnahme abgeschlossen hat: **förderfähige** Investitionskosten (BVerwG, Urt. v. 22.12.1994 – 3 C 35/93).
- Sanierung des Funktionstraktes eines Bettenhauses durch Entfernung von Böden, Decken, Heizung, Lüftung, Elektrik und Sanitäreinrichtungen sowie deren Erneuerung nach Ablauf einer 30-jährigen Nutzungszeit: **Erhaltungsaufwand**, nicht förderfähig (OVG Koblenz, Urt. v. 01.10.1996 – 7 A 13 157/95).
- Ersetzung einer Druckluft- und Vakuumstation im Keller eines Krankenhauses als Teil der Gesamtanlage bestehend aus besagter Station, Leitungen zu den Patientenzimmern und Anschlussstücken mit Absaug- und Luftzuführgerät nach 30-jähriger Abschreibungsfrist wegen unzureichender technischer Funktionsfähigkeit und Sterilität: **Erhaltungsaufwand**, nicht förderfähig (OVG Münster, Urt. v. 06.05.1999 – 13 A 327/98).
- Das völlige Ersetzen einer Heizungsanlage oder Energiezentrale ebenso wie deren Reparatur: **Erhaltungsaufwand** und nicht förderfähig, es sei denn, die neue Anlage ist aufgrund gestiegener Bedarfszahlen oder sonstiger Gesichtspunkte krankenhausplanerisch geboten (Fall nachträglichen Herstellungsaufwandes; dazu OVG Münster, Urt. v. 05.12.1996 – 13 A 72/95).

### II. Fiktive Investitionskosten (Nr. 3)

24 Die in § 2 Nr. 3 enthaltene Begriffsbestimmung stellt bestimmte enumerativ aufgeführte Kosten den Investitionskosten gleich; sie wären danach **wie Investitionskosten förderfähig** (vgl. zu den Einzelheiten Dietz/Bofinger/*Stollmann* KHG, § 2 Erl. III. 13; *Quaas/Zuck* Medizinrecht, § 26 Rn. 65 ff.). Es handelt sich dabei um Nutzungsentgelte (§ 2 Nr. 3a), Darlehenslasten (§ 2 Nr. 3b; vgl. dazu VG Koblenz, Urt. v. 15.05.2012 – 7 K 1193/11.KO, mit dem zutreffenden Hinweis, dass das fragliche Darlehen nachweisbar zur Finanzierung von Investitionskosten aufgenommen worden sein muss), Kosten für gemeinschaftliche Einrichtungen (§ 2 Nr. 3c), Kapitalkosten (§ 2 Nr. 3d) sowie Kosten für Ausbildungsstätten (§ 2 Nr. 3e).

### III. Negativkatalog (Nr. 2 Satz 2)

25 Von entscheidender praktischer Bedeutung sind zudem die in § 2 Nr. 2 Satz 2 enthaltenen **Einschränkungen** der Förderfähigkeit. Demnach gehören zu den Investitionskosten nicht die Kosten des Grundstücks, des Grundstückserwerbs, der Grundstückserschließung sowie ihrer Finanzierung (dazu im Einzelnen Dietz/Bofinger/*Stollmann* KHG, § 2 Erl. III. 11; *Quaas/Zuck* Medizinrecht, § 26 Rn. 84) sowie die in § 376 Satz 1 SGB V genannten Ausstattungs- und Betriebskosten für die Telematikinfrastruktur. Diese Kosten sind – abgesehen von den Telematikinfrastruktur-Kosten – nach § 17 Abs. 4 Nr. 2 auch nicht pflegesatzfähig (zu den damit verbundenen Fragen vgl. Dietz/Bofinger/*Stollmann* KHG, § 2 Erl. III. 12).

## E. Pflegesätze (Nr. 4)

26 Nach der weiten Legaldefinition in § 2 Nr. 4 sind Pflegesätze die »Entgelte der Benutzer oder ihrer Kostenträger für stationäre und teilstationäre Leistungen«. Dementsprechend sind auch die im Krankenhausentgeltgesetz geregelten **Entgelte**, insbesondere die DRG-Fallpauschalen, Pflegesätze.

Der Begriff des Pflegesatzes umfasst demnach nicht nur die Entgelte für allgemeine Krankenhausleistungen (§ 2 Abs. 2 i.V.m. § 7 KHEntgG, § 2 Abs. 2 i.V.m. § 10 BPflV) für alle Krankenhauspatienten, sondern auch die Wahlleistungen (§ 17 KHEntgG, § 22 BPflV). Gesondert und zusätzlich berechnete Wahlleistungsentgelte werden allerdings in keiner Vorschrift des Krankenhausfinanzierungsrechts als Pflegesätze bezeichnet. Es ist jeweils im Einzelfall zu prüfen, ob die Regelungen über Pflegesätze auch für die Wahlleistungen gelten.

Die Pflegesätze sind Teil des dualen Finanzierungssystems, das zum einen den Anspruch der Plankrankenhäuser auf Förderung der Investitionskosten durch das jeweilige Land und zum anderen den Anspruch der zugelassenen Krankenhäuser auf »leistungsgerechte Erlöse aus den Pflegesätzen« umfasst (vgl. § 4). Das Pflegesatzrecht gilt daher vom Grundsatz her für alle Krankenhäuser, die nicht gem. § 3 aus dessen Geltungsbereich ausgenommen und die nicht gem. § 20 Satz 1 i.V.m. § 5 Abs. 1 Nr. 2, Nr. 4 oder 7 vom Pflegesatzrecht ausgenommen sind (s.a. § 1 Abs. 2 Satz 2 Nr. 1 u. 2 KHEntgG und § 1 Abs. 2 BPflV). 27

### F. Pflegesatzfähige Kosten (Nr. 5)

Der sprachlich verunglückten Formulierung in § 2 Nr. 5 zufolge sind pflegesatzfähige Kosten diejenigen Kosten, die die grundsätzliche Fähigkeit haben, im Pflegesatz berücksichtigt zu werden, die damit aber nicht zwingend auch berücksichtigt werden (müssen). In einer für die Krankenhäuser positiveren Deutung lässt sich dem Rechtssatz zugleich aber auch die Wertung entnehmen, dass alle Kosten, die nicht ausdrücklich ausgeschlossen sind, pflegesatzfähig sind (im Einzelnen Dietz/Bofinger/*Stollmann* KHG, § 2 Erl. III. 15). 28

## § 3 Anwendungsbereich

**Dieses Gesetz findet keine Anwendung auf**
1. (weggefallen)
2. Krankenhäuser im Straf- oder Maßregelvollzug,
3. Polizeikrankenhäuser,
4. Krankenhäuser der Träger der allgemeinen Rentenversicherung und, soweit die gesetzliche Unfallversicherung die Kosten trägt, Krankenhäuser der Träger der gesetzlichen Unfallversicherung und ihrer Vereinigungen; das gilt nicht für Fachkliniken zur Behandlung von Erkrankungen der Atmungsorgane, soweit sie der allgemeinen Versorgung der Bevölkerung mit Krankenhäusern dienen.

**§ 28 bleibt unberührt.**

Die in § 3 Satz 1 abschließend aufgeführten Krankenhausarten werden vom Anwendungsbereich des KHG ausgenommen. Bei diesen in § 3 aufgelisteten Einrichtungen handelt es sich um Krankenhäuser, die nicht der allgemeinen Versorgung, sondern nur einem bestimmten Benutzerkreis zur Verfügung stehen oder bei denen durch eine bestimmte Trägerschaft die wirtschaftliche Sicherheit als gewährleistet anzusehen ist. Es gelten somit weder die planungsrechtlichen noch die förder- oder pflegesatzrechtlichen Vorgaben. Anwendung findet nach § 3 Satz 2 allein § 28, der auch für die in § 3 genannten Krankenhäuser Auskunftspflichten begründet. Der Gesetzgeber wollte damit zum Ausdruck bringen, dass die in § 28 Abs. 2 Satz 1 vorgesehene KHStatV auch die Krankenhäuser erfasst, auf die das KHG im Übrigen keine Anwendung findet (weiterführend *Würtenberger/Altschwager* in Dettling/Gerlach, Krankenhausrecht, § 3 KHG Rn. 15 f.). 1

Satz 1 der Vorschrift nimmt die dort aufgeführten Krankenhäuser vom KHG aus (weiterführend *Würtenberger/Altschwager* in Dettling/Gerlach, Krankenhausrecht, § 3 KHG Rn. 8 f.). Für die Maßregelvollzugskliniken (§ 3 Satz 1 Nr. 2) etwa gilt ausschließlich das einschlägige Landesrecht, so für Nordrhein-Westfalen das Maßregelvollzugsgesetz des Landes (zur Planung und Finanzierung entsprechender Einrichtungen vgl. die §§ 29 ff. MRVG NRW; vgl. dazu etwa *Prütting* MRVG NRW, 2004, § 29 Rn. 5 ff.). Dies ist unabhängig von der Trägerschaft, sodass etwa auch beliehene 2 private Träger (vgl. § 29 Abs. 4 MRVG NRW; grds. zur Übertragung von Aufgaben des Maßregelvollzuges auf formell privatisierte Träger BVerfGE 130, 76 = NJW 2012, 1563; dazu *Schladebach/ Schönrock*, NVwZ 2012, 1011; *Wiegand*, DVBl 2012, 1134) nicht dem Anwendungsbereich des KHG unterfallen.

2a Von größerer praktischer Relevanz sind die in Nr. 4 genannten Einrichtungen. Krankenhäuser der Träger der allgemeinen Rentenversicherung sind stationäre Einrichtungen der Deutschen Rentenversicherung Bund, der Deutschen Rentenversicherung Knappschaft-Bahn-See und ihrer Regionalträger (vgl. § 126 SGB VI); die Krankenhäuser der Träger der gesetzlichen Unfallversicherung und ihrer Vereinigungen sind die Krankenhäuser in Trägerschaft der in § 114 Abs. 1 SGB VII definierten Unfallversicherungsträger.

3 Krankenhäuser der in Nr. 4 genannten Träger sind dann nicht vom KHG ausgenommen, wenn es sich um Fachkliniken zur Behandlung von Erkrankungen der Atmungsorgane handelt und diese der allgemeinen Versorgung der Bevölkerung dienen (vgl. eingehend *Dietz/Bofinger* KHG, § 3 Erl. 2, § 5 Erl. 4; vgl. auch § 5 Abs. 1 Nr. 4). Die in § 3 Satz 1 Nr. 4 aufgeführten Krankenhäuser der Träger der gesetzlichen Unfallversicherung (zu »Umgehungstatbeständen« vgl. BSG, Urt. v. 13.03.2002 – B 6 KA 4/01 R, NZS 2003, 89) sind nur insoweit aus dem Anwendungsbereich des KHG ausgenommen, als die gesetzliche Unfallversicherung die Kosten trägt. Allerdings wird weitergehend die Förderung von Investitionskosten durch § 5 Abs. 2 Nr. 11 ausdrücklich ausgeschlossen, ungeachtet der Frage, ob die gesetzliche Unfallversicherung die Kosten trägt (vgl. § 5 Rdn. 5). Zu den entgeltrechtlichen Folgen, wenn ein »Unfallkrankenhaus« mit einem »Plankrankenhaus« eine Vereinbarung schließt, wonach das »Plankrankenhaus« im Namen und im Auftrag des Unfallkrankenhauses sowie auf dessen Rechnung Unfallpatienten in einer »Kooperationsabteilung« nach den Standards des Unfallkrankenhauses behandelt, ohne hierfür »Planbetten« einzusetzen, vgl. VG Hannover, Urt. v. 17.11.2010 – 7 A 667/09.

3a Nach Ansicht des SG Braunschweig (Urt. v. 29.02.2008 – S 22 U 64/06) ist es rechtlich nicht möglich, die gesetzlichen und vertraglichen Regelungen, die in den Rechtsbeziehungen von Krankenhäusern gegenüber den Trägern der gesetzlichen Krankenversicherung gelten, auf das Rechtsverhältnis zwischen einem Krankenhausträger und dem Unfallversicherungsträger anzuwenden. Wegen des Fehlens vertraglicher Regelungen zur Fälligkeit von Forderungen eines Krankenhausträgers gegenüber dem Unfallversicherungsträger gilt insoweit allgemeines Zivilrecht (vgl. auch SG Braunschweig, Beschl. v. 14.02.2008 – S 14 U 10/07).

## § 4 Wirtschaftliche Sicherung der Krankenhäuser

Die Krankenhäuser werden dadurch wirtschaftlich gesichert, daß
1. ihre Investitionskosten im Wege öffentlicher Förderung übernommen werden und sie
2. leistungsgerechte Erlöse aus den Pflegesätzen, die nach Maßgabe dieses Gesetzes auch Investitionskosten enthalten können, sowie Vergütungen für vor- und nachstationäre Behandlung und für ambulantes Operieren erhalten.

1 Die Vorschrift ist Ausdruck der durch das KHG vorgegebenen dualen Finanzierung im Krankenhausbereich (vgl. § 1 Rdn. 2; zur Abgrenzung der förderfähigen Herstellungskosten von den nicht förderungsfähigen Erhaltungskosten vgl. § 2 Rdn. 17 f.). Spätere Versuche des Bundesgesetzgebers, die monistische Finanzierung (Finanzierung der Krankenhäuser aus einer Hand durch die Krankenkassen) einzuführen – bereits beginnend mit den Beratungen zum Gesundheitsstrukturgesetz im Jahr 1992, später im Rahmen der GKV-Gesundheitsreform 2000 und letztlich auch im Rahmen der Beratungen zum KHRG – scheiterten am Widerstand der Länder (näher dazu *Tuschen/Trefz* KHEntG, Einführung 3.7, S. 44; *Tuschen*, f&w 2009, 12 f.).

2 In den aktuellen Diskussionen spielt – neben betriebswirtschaftlichen Nachteilen durch die Trennung der Finanzierungsverantwortung – die negative Entwicklung der Investitionsfinanzierung durch die Länder eine maßgebliche Rolle (vgl. auch *Kamp/Nayebagha* in Dettling/Gerlach,

Krankenhausrecht, § 9 KHG Rn. 3 f.). Während von 1973 bis 1993 die KHG-Fördermittel kontinuierlich von 1,636 Mrd. € über 2,331 Mrd. € im Jahr 1983 auf 3,903 Mrd. € im Jahr 1993 gestiegen sind, geht die KHG-Förderung seitdem kontinuierlich zurück. Zwischen 1994 und 2007 z.B. ist die Summe der KHG-Fördermittel um rund 1 Mrd. € bzw. ein gutes Viertel reduziert worden. Die zunehmende **Schwäche** der **staatlichen Investitionsförderung** betrifft vor allem die Einzelförderung, also in erster Linie die baulichen Investitionen gem. § 9 Abs. 1 Nr. 1. Die dafür bereit gestellten Fördermittel wurden von 1994 bis 2007 um rund 800 Mio. € reduziert, das macht rund 80 % des gesamten Rückgangs aus. Die Pauschalförderung kurzfristiger Anlagegüter (vgl. § 9 Abs. 3) blieb dagegen nominell vergleichsweise stabil, bleibt damit aber deutlich hinter der Preissteigerung um nahezu 10 % seit Mitte der 90er Jahre zurück (dazu umfassend *Ebert/Wöhrmann*, Die Ersatzkasse 2008, 336, 337; *Rau*, das Krankenhaus 2008, 1293, 1298).

Als **Vorteile** eines **monistischen Finanzierungssystems** werden dabei gemeinhin angesehen (vgl. zum Folgenden DKG, das Krankenhaus 2007, 927, 935 f.; *Ebert/Wöhrmann*, Die Ersatzkasse 2008, 336, 337):   3

– Das Krankenhaus hätte die Verantwortung für den Einsatz der zur Verfügung stehenden Mittel; insofern könnte sich ein größerer Anreiz für die Krankenhäuser zu einem rationellen und wirtschaftlichen Mitteleinsatz ergeben.
– Da die Krankenhäuser zunehmend Aufgaben aus dem Bereich der ambulanten Versorgung übernehmen (Medizinische Versorgungszentren, integrierte Versorgung, ambulantes Operieren usw.) und die entsprechenden Maßnahmen nach dem KHG nicht förderfähig sind, entfiele die für die Verwaltungspraxis schwierige Abgrenzung zwischen den förderfähigen und den nicht förderfähigen Kosten bei Investitionsmaßnahmen.
– Gemeinhin wird mit der Einführung eines monistischen Finanzierungssystems die Hoffnung auf eine bundeseinheitliche, länderübergreifende Mittelverteilung verbunden.
– Investitionsentscheidungen eines Krankenhauses könnten im Rahmen einer Gesamtkostenbetrachtung getroffen werden, was betriebswirtschaftlich sinnvoll sei.
– Durch die Ausgliederung grundsätzlich förderfähiger Betriebsteile (etwa Küche, Apotheke, Wäscherei) erfolge eine Verlagerung der Finanzierung von den Investitions- zu den Betriebskosten; bei einer Finanzierung »aus einer Hand« könnte dies aufgefangen werden.

Als **Vorteile** eines **dualen Finanzierungssystems** – bzw. korrespondierend damit als Nachteile der Monistik – werden demgegenüber angesehen (vgl. zum Folgenden DKG, das Krankenhaus 2007, 927, 935 f.; *Knorr*, KV 2007, 336, 337; *Stolz*, Die Ersatzkasse 2007, 186, 188):   4

– Über die Krankenhausinvestitionsförderung könnten die Länder ihren Gewährleistungsauftrag für die stationäre Versorgung durchsetzen, zugleich aber auch struktur- und arbeitsmarktpolitische Ziele berücksichtigen und Impulse für Bauwirtschaft, Medizintechnik usw. geben.
– Die Mittelverteilung erfolge in den Ländern durch in der Praxis bewährte Verfahren, die sich an Kriterien der Bedarfsnotwendigkeit, Sparsamkeit und Wirtschaftlichkeit orientieren.
– Das duale Finanzierungssystem leiste einen Beitrag zur Entlastung der Beitragssätze in der gesetzlichen Krankenversicherung; eine Finanzierung der Investitionskosten durch die GKV hätte dort Mehrkosten zur Folge, würde voraussichtlich zu einer Erhöhung der Beitragssätze führen und damit die Lohnnebenkosten erhöhen. In der Konsequenz könnten auch Auswirkungen auf den Arbeitsmarkt nicht ausgeschlossen werden.
– Der Einfluss der Länder auf Standorte und Versorgungsangebote würde sich bei einem monistischen System verringern; die Kostenträger könnten demgegenüber die Möglichkeit zur Durchsetzung kassenspezifischer Interessen nutzen.
– Die Forderung nach Sicherstellung einer angemessenen Krankenhausversorgung werde sich selbst bei Veränderungen im Sicherstellungsauftrag politisch immer – insbesondere im Bereich der Notfallversorgung – an die Länder richten.
– Eine Mittelverteilung über eine einheitliche Erhöhung der Entgelte berücksichtige nicht den unterschiedlichen baulichen Standard der Krankenhäuser; so erhielten neu gebaute oder sanierte Kliniken die gleichen Zuschläge wie Krankenhäuser mit dringenderem Bedarf.

5 Demzufolge wird vonseiten der **Krankenhäuser** ganz überwiegend ein Übergang von der dualen zur monistischen Finanzierung abgelehnt, wenn die Unterfinanzierung beibehalten und der Einfluss des Landes auf die Krankenhäuser lediglich durch den Einfluss der Krankenkassen abgelöst wird. Seitens der **Krankenkassen** wird einer monistischen Finanzierung überwiegend u. a. unter der Voraussetzung zugestimmt, dass auch die Krankenhausplanung in ihre Verantwortung übergeht (vgl. dazu *Wöhrmann*, Die Ersatzkasse 2007, 369, 372).

6 Den Rahmen des § 4 gleichsam überschreitend hat der Bund in 2015 das Gesetz zur Reform der Strukturen der Krankenhausversorgung (Krankenhausstrukturgesetz – KHSG) verabschiedet (vgl. BGBl. I S. 2229). Entsprechend den Ergebnissen einer Bund-Länder-Arbeitsgruppe aus 2014 wollen Bund und Länder demzufolge über einen **Strukturfonds** – neben der herkömmlichen Investitionsförderung durch die Länder – vor allem den Abbau von Überkapazitäten, die Konzentration von Krankenhausstandorten sowie die Umwandlung von Krankenhäusern in nicht-akutstationäre lokale Versorgungseinrichtungen fördern (vgl. § 12 Abs. 1 Satz 3). In rechtspolitischer Hinsicht wird darin bereits ein erster Schritt in die so definierte Teilmonistik gesehen, bei der Bund und Krankenkassen einen Teil der Investitionsmittel übernehmen – die Länder tolerieren dies i.S. eines »goldenen Zügels« unter Inkaufnahme verstärkter Mitwirkungs- und Beteiligungsrechte.

7 Mit den neuen §§ 12 bis 15 wurde auf Bundesebene ein Fonds errichtet (Strukturfonds; vgl. dazu *Rau*, das Krankenhaus 2015, 1121, 1136 f.; *Sichert*, KrV 2017, 186 f.; *Stollmann*, ZMGR 2017, 368), aus dem strukturverbessernde Maßnahmen der Länder mit dem Ziel einer bedarfsgerechten Krankenhausversorgung gefördert werden konnten. Um die Länder bei dem anstehenden Umstrukturierungsprozess zu unterstützen, wurden in dem Strukturfonds einmalig Mittel von 500 Millionen € aus der Liquiditätsreserve des Gesundheitsfonds der GKV bereitgestellt. Die Maßnahmen wurden nur finanziert, wenn die Länder den gleichen Beitrag zusätzlich leisten. So steht für die strukturverbessernden Maßnahmen insgesamt ein Betrag von bis zu 1 Milliarde € zur Verfügung. Die Länder müssen im Übrigen im Zeitraum von 2016 bis 2018 die durchschnittliche Höhe ihrer Mittel zur Investitionsförderung der Jahre 2012 bis 2014 beibehalten und sie um die Landesmittel für das Sonderinvestitionsprogramm erhöhen (§ 12 Abs. 2 Satz 1). Die Entscheidung über die Mittelvergabe soll – entgegen den bisherigen Vorgaben (vgl. § 7 Abs. 1 Satz 2; dazu unten § 7 Rdn. 12 f.) – im Einvernehmen mit den Krankenkassen erfolgen (§ 13 Satz 1). Auch wenn es mannigfache Überschneidungen geben kann, sind die bisherigen Fördermöglichkeiten nach § 4 (i.V.m. § 9) nur teilweise deckungsgleich mit dem Strukturfonds nach den §§ 12 bis 15. Vor allem dürften die genannten Neuregelungen nicht den i.d.R. restriktiveren Voraussetzungen des § 9 unterliegen.

8 Um die Länder bei der Anpassung der Krankenhausstrukturen zu unterstützen, hat der Bund den Strukturfonds durch das 2018 verabschiedete Gesetz zur Stärkung des Pflegepersonals (Pflegepersonal-Stärkungsgesetz – PpSG vom 11.12.2018, BGBl. I S. 2394) fortgesetzt und ausgebaut. Die Änderungen sind als § 12a in das KHG eingefügt worden. Der Fonds wird ab 2019 für vier Jahre mit einem Volumen von 1 Mrd. € jährlich fortgesetzt. Die Finanzierung erfolgt wie bisher im Wesentlichen aus der Liquiditätsreserve des Gesundheitsfonds und aus Mitteln der Länder. Entsprechend den Fördergrundsätzen des bisherigen Fonds werden die Länder verpflichtet, das in den Haushaltsplänen der Jahre 2015–2017 durchschnittlich veranschlagte Fördervolumen mindestens in den Jahren 2019 bis 2022 aufrechtzuerhalten und um den von ihnen zu tragenden Kofinanzierungsanteil zu erhöhen (vgl. § 12a Abs. 1 und 2). Mit den Mitteln des Strukturfonds soll auch weiterhin die Anpassung bestehender Versorgungskapazitäten an den tatsächlichen Versorgungsbedarf sowie die Verbesserung der Wirtschaftlichkeit und Qualität der Krankenhausversorgung gefördert werden. Insgesamt wird der Krankenhausstrukturfonds stärker darauf ausgerichtet, die Struktur der akutstationären Versorgung durch die Bildung von **Zentren** mit besonderer medizinischer Kompetenz für seltene oder schwerwiegende Erkrankungen, von zentralisierten Notfallstrukturen und von telemedizinischen Netzwerken zu verbessern. Daneben kann aus Mitteln des Krankenhausstrukturfonds aber auch z.B. der **Einsatz digitaler Anwendungen** gefördert werden (bspw. die telemedizinische Vernetzung von Krankenhäusern) sowie die Schaffung neuer **Ausbildungskapazitäten** für **Pflegepersonal** (vgl. § 12a Abs. 1 Satz 4).

Schließlich ist zum 29.10.2020 das neue Krankenhauszukunftsgesetz (KHZG; vgl. BGBl. I S. 2208) 9
in Kraft getreten. Es trifft u.a. wesentliche Neuerungen zur Förderung von Investitionen in **Digitalisierungsprojekte** sowie zur Verlängerung des bestehenden Krankenhausstrukturfonds. Der Bund stellt ab dem 01.01.2021 den sog. **Krankenhauszukunftsfonds** (KHZF) im Volumen von 3 Milliarden € bereit. Insgesamt sollen hierfür 4,3 Milliarden € aufgebracht werden, soweit die Länder bzw. Krankenhausträger ihre dafür erforderlichen Eigenanteile an den Investitionen bereitstellen. Die Länder können die Bundesmittel aus dem KHZF nur abrufen, wenn die Krankenhausträger und/oder sie selbst eigene Mittel i.H.v. 30 % der Bundesmittel bereitstellen. Mit dem Gesetz soll dem Investitions- und Digitalisierungsstau von Krankenhäusern entgegengetreten werden. Dabei werden die Mittel des Krankenhauszukunftsfonds – anders als beim Krankenhausstrukturfonds – nicht aus der Liquiditätsreserve des Gesundheitsfonds, sondern aus **Bundesmitteln** aufgebracht (vgl. § 14a Abs. 1). Da das Zukunftsprogramm durch eine Erweiterung des Krankenhausstrukturfonds umgesetzt werden soll, orientieren sich die Regelungen weitestgehend an den bestehenden Regelungen zum Krankenhausstrukturfonds. Allerdings sind auch diverse Besonderheiten gegenüber der bisherigen **Fondssystematik** zu verzeichnen (dazu umfassend *Stollmann*, GuP 2021, 90, 96 f.; *Stollmann/Halbe*, MedR 2021, 785, 790 ff.): dies betrifft zum einen die Höhe der Landesbeteiligung, die gegenüber den bisherigen Fondsstrukturen niedriger ausfallen kann, zum anderen den noch umfassenderen Einbezug der Hochschulkliniken in die Förderung. Schließlich ist auch die Beteiligung der Kostenträger weniger verbindlich angelegt als beim bisherigen Krankenhausstrukturfonds. Für die Krankenhausträger wichtig ist zudem ein mit der Novelle verbundener Pönalisierungseffekt: entsprechende Regelungen im KHEntgG, die ab 2025 »scharf« geschaltet sind, können für bestimmte Fallgestaltungen zu Abschlägen von bis zu 2 % je Fall führen. Ein besonders relevanter Unterschied zur bisherigen Krankenhausstrukturfonds-Förderung liegt darin begründet, dass es sich bei den Fördermaßnahmen im Wesentlichen um solche handeln dürfte, die nach der bisherigen KHG-Systematik nicht als Investitionskosten von den Ländern zu fördern wären (vgl. die §§ 2, 4, 9 Abs. 1). Vielmehr wären sie wohl als Erhaltungs- oder Modernisierungsmaßnahmen über die Betriebskosten zu finanzieren (dazu *Stollmann*, GuP 2021, 90, 96; a.A. offenbar *Reckel/Dettling*, KU-Gesundheitsmanagement 1/2021, 23, 24).

## § 5 Nicht förderungsfähige Einrichtungen

(1) Nach diesem Gesetz werden nicht gefördert
1. Krankenhäuser, die nach den landesrechtlichen Vorschriften für den Hochschulbau gefördert werden; dies gilt für Krankenhäuser, die Aufgaben der Ausbildung von Ärzten nach der Approbationsordnung für Ärzte vom 27. Juni 2002 (BGBl. I S. 2405), zuletzt geändert durch Artikel 71 des Gesetzes vom 21. Juni 2005 (BGBl. I S. 1818), erfüllen, nur hinsichtlich der nach den landesrechtlichen Vorschriften für Hochschulen förderfähigen Maßnahmen,
2. Krankenhäuser, die nicht die in § 67 der Abgabenordnung bezeichneten Voraussetzungen erfüllen,
3. Einrichtungen in Krankenhäusern,
   a) soweit die Voraussetzungen nach § 2 Nr. 1 nicht vorliegen, insbesondere Einrichtungen für Personen, die als Pflegefälle gelten,
   b) für Personen, die im Maßregelvollzug auf Grund strafrechtlicher Bestimmungen untergebracht sind,
4. Tuberkulosekrankenhäuser mit Ausnahme der Fachkliniken zur Behandlung von Erkrankungen der Atmungsorgane, soweit sie nach der Krankenhausplanung des Landes der allgemeinen Versorgung der Bevölkerung mit Krankenhäusern dienen,
5. Krankenhäuser, deren Träger ein nicht bereits in § 3 S. 1 Nr. 4 genannter Sozialleistungsträger ist, soweit sie nicht nach der Krankenhausplanung des Landes der allgemeinen Versorgung der Bevölkerung mit Krankenhäusern dienen,
6. Versorgungskrankenhäuser,
7. Vorsorge- oder Rehabilitationseinrichtungen nach § 107 Abs. 2 des Fünften Buches Sozialgesetzbuch, soweit die Anwendung dieses Gesetzes nicht bereits nach § 3 Satz 1 Nr. 4 ausgeschlossen ist,

8. die mit den Krankenhäusern verbundenen Einrichtungen, die nicht unmittelbar der stationären Krankenversorgung dienen, insbesondere die nicht für den Betrieb des Krankenhauses unerläßlichen Unterkunfts- und Aufenthaltsräume,
9. Einrichtungen, die auf Grund bundesrechtlicher Rechtsvorschriften vorgehalten oder unterhalten werden; dies gilt nicht für Einrichtungen, soweit sie auf Grund des § 30 des Infektionsschutzgesetzes vom 20. Juli 2000 (BGBl. I S. 1045) vorgehalten werden,
10. Einrichtungen, soweit sie durch die besonderen Bedürfnisse des Zivilschutzes bedingt sind,
11. Krankenhäuser der Träger der gesetzlichen Unfallversicherung und ihrer Vereinigungen.

(2) Durch Landesrecht kann bestimmt werden, daß die Förderung nach diesem Gesetz auch den in Absatz 1 Nr. 2 bis 8 bezeichneten Krankenhäusern und Einrichtungen gewährt wird.

1   Im Gegensatz zu § 3, der bestimmte Krankenhäuser insgesamt vom Geltungsbereich des KHG ausnimmt, benennt § 5 nur die **nicht förderungsfähigen** Einrichtungen (Einzelheiten zu sämtlichen in § 5 Abs. 1 aufgeführten Einrichtungen bei *Würtenberger/Altschwager* in Dettling/Gerlach, Krankenhausrecht, § 5 KHG Rn. 3 f.; *Dietz/Bofinger*, KHG, § 5 Erl. II.). § 5 Abs. 1 enthält eine **abschließende Auflistung** derjenigen Einrichtungen, auf die das KHG zwar grundsätzlich anwendbar ist, die aber keine öffentliche Krankenhausförderung erhalten (zu den Gründen vgl. *Würtenberger/Altschwager* in Dettling/Gerlach, Krankenhausrecht, § 5 KHG Rn. 1; BT-Drs. VI/1874, S. 12). Für die aufgeführten Krankenhäuser gilt aber grundsätzlich das Pflegesatzrecht des KHG (§§ 16 ff.), der BPflV und des KHEntgG, wobei das Entgeltrecht wiederum bestimmte Einrichtungen von seiner Anwendung ausschließt (vgl. § 20 sowie § 1 Abs. 1 BPflV, § 1 Abs. 2 KHEntgG; vgl. dazu BSG, Urt. v. 11.09.2012 – B 1 KR 3/12 R sowie OLG Karlsruhe, Urt. v. 11.12.2015 – 10 U 32/13). So gilt das Entgeltrecht gem. § 1 Abs. 2 Satz 2 Nr. 2 KHEntgG u.a. nicht für Krankenhäuser, die nach § 5 Abs. 1 Nr. 2 nicht gefördert werden (zum Status der Privatkrankenanstalten nach KHG vgl. OVG Lüneburg, Beschl. v. 20.09.2021 – 11 ME 175/21; zu den Fragen der Preisgestaltung bei nach § 30 GewO konzessionierten Privatkrankenanstalten vgl. BGH GesR 2011, 492; BGHZ 154, 154, 158). Das KHG ist aber grundsätzlich auch auf Krankenhäuser anwendbar, die nach § 5 Abs. 1 Nr. 2 nicht gefördert werden. Die nicht geförderten Krankenhäuser sind vom Anwendungsbereich des KHG nicht ausgeschlossen (§ 3). § 20 Satz 1 schränkt den Anwendungsbereich des 3. Abschnitts des KHG über Krankenhauspflegesätze für diese Krankenhäuser indes auf die Regelung des § 17 Abs. 5 ein.

1a  Im Hinblick auf die für die Praxis wichtige Frage der Privatkliniken hat die Rechtsprechung folgende Maßstäbe entwickelt: Eine von dem Träger eines Plankrankenhauses als Alleingesellschafter errichtete GmbH, die auf dem Gelände des Plankrankenhauses eine Privatkrankenanstalt für Privatpatienten betreibt (§ 30 GewO), unterliegt nicht den Bestimmungen des Krankenhausentgeltrechts, weil es an einer öffentlichen Förderung nach § 5 Abs. 1 Nr. 2 fehlt (vgl. BGH NZS 2011, 699). Dies gilt auch dann, wenn die Privatklinik ihre Patienten mithilfe der apparativen Ausstattung und unter Einsatz von Ärzten des Plankrankenhauses behandelt (so BGH MedR 2011, 801 m. Anm. *Schillhorn*; vgl. auch OLG Köln MedR 2011, 369).

2   Besondere praktische Bedeutung kommt den in § 5 Abs. 1 **Nr. 1** aufgeführten **Universitätskliniken** zu. Diese sind einerseits Einrichtungen von Forschung und Lehre, andererseits nehmen sie als Krankenhäuser der Maximalversorgung staatliche Versorgungsaufgaben wahr. In dieser Funktion wirken sie bei der allgemeinen stationären Versorgung der Bevölkerung mit. Die Einbindung der Universitätskliniken in die stationäre Versorgung erfolgt *dem Grunde nach* über die bundesgesetzlichen Vorgaben (§§ 108 Nr. 1, 109 Abs. 1 Satz 2, Abs. 4 SGB V). Von der staatlichen Förderung nach dem KHG sind sie grundsätzlich ausgeschlossen, an dessen Stelle tritt die Finanzierung nach den hochschulbaurechtlichen Bestimmungen (vgl. VG Köln, Urt. v. 15.04.2008 – 7 K 3870/06, GesR 2008, 323). Ausnahmen gelten nunmehr allerdings nach Maßgabe der §§ 12a, 14 (vgl. § 4 Rdn. 9 sowie umfassend *Stollmann*, GuP 2021, 90, 97). Das Pflegesatzrecht des KHG, der BPflV und des KHEntgG hingegen sind uneingeschränkt anwendbar. Ungeachtet der bundesrechtlich abschließend geregelten krankenhausförderrechtlichen (vgl. § 5 Abs. 1 Nr. 1, Abs. 2) sowie pflegesatzrechtlichen Konsequenzen (vgl. § 109 Abs. 4 Satz 3, Abs. 1 Satz 2 SGB V) dieser Einordnung enthält das Bundesrecht hinsichtlich der Krankenhausplanung keine weiteren oder gar abschließenden Vorgaben. Vielmehr

bestimmt § 6 Abs. 4 ausdrücklich, dass das Nähere (u.a. zur Krankenhausplanung) durch die Länder bestimmt wird. Dies erstreckt sich auch auf die Universitätskliniken (vgl. OVG Lüneburg, Beschl. v. 23.09.2021 – 13 LB 314/19; VG Greifswald, Urt. v. 22.03.2018 – 3 A 1307/16 HGW).

Dementsprechend werden die Universitätskliniken in der Landesgesetzgebung auch bei der staatlichen **Krankenhausplanung** berücksichtigt (vgl. exemplarisch § 5 Abs. 1 Satz 2 LKHG BW). Alle Landeskrankenhausgesetze – mit Ausnahme von Bremen – sehen ausdrücklich eine Berücksichtigung der Hochschulkliniken vor, soweit sie der allgemeinen Versorgung der Bevölkerung dienen. Insoweit bestimmt etwa auch das nordrhein-westfälische Landesrecht ganz eindeutig, dass die Universitätskliniken in die Krankenhausplanung einbezogen werden. Gem. § 12 Abs. 3 Satz 2 KHGG NRW werden die Festlegungen nach § 14 KHGG NRW, soweit sie durch Bescheid nach § 16 KHGG NRW festgestellt sind, Bestandteil des Krankenhausplans. Die Aufgaben aus Forschung und Lehre sind zu berücksichtigen, § 12 Abs. 3 Satz 3 KHGG NRW. Dementsprechend werden die Universitätskliniken in den Krankenhausplänen der Länder regelmäßig als Krankenhäuser der überregionalen Versorgung definiert. Die Wertung, dass die Universitätskliniken »nur nachrichtlich im Krankenhausplan aufgeführt« sind (vgl. dazu *Prütting* KHGG NRW, § 12 Rn. 67; *Thomae* Krankenhausplanungsrecht, S. 54), verdeutlicht vor diesem Hintergrund lediglich, dass – was im Übrigen dem Bundesrecht widersprechen würde – Universitätskliniken keinen Anspruch auf Mittel der Krankenhausförderung haben. Die bindende Wirkung für die Krankenhausplanung ist davon jedoch unbenommen (vgl. auch § 36 Abs. 4 KHGG NRW). Dementsprechend kommt den Universitätskliniken ein autonomes Bestimmungsrecht im Rahmen der Krankenhausplanung nicht zu (a.A. *Quaas*, MedR 2010, 149; vgl. auch VG Köln, Urt. v. 15.04.2008 – 7 K 3870/06, GesR 2008, 323). 3

§ 5 Abs. 1 Nr. 7 schließt (Vorsorge- oder) **Rehabilitationseinrichtungen** nach § 107 Abs. 2 SGB V von der Förderung nach dem KHG aus, diese Einrichtungen können auch nicht nach § 8 in den Krankenhausplan des Landes aufgenommen werden (so BVerwG MedR 2017, 644). Bei der Zuordnung zu einer der beiden in § 107 SGB V geregelten Einrichtungsarten kann die sozialgerichtliche Rechtsprechung auch im Krankenhausfinanzierungsrecht bei der Anwendung von § 8 i.V.m. § 5 Abs. 1 Nr. 7 zugrunde gelegt werden (BVerwG MedR 2017, 644). Nach der Rechtsprechung des Bundessozialgerichts ist die Abgrenzung anhand des Behandlungskonzepts vorzunehmen, das der Einrichtungsträger dem Betrieb seiner Einrichtung zugrunde legt. Dieses Konzept muss die Art der zu behandelnden Erkrankungen, die vorgesehene Therapie sowie die personelle und sachliche Ausstattung der Einrichtung erkennen lassen, um eine zutreffende rechtliche Einordnung zu ermöglichen (BSGE 81, 189, 193 f.). Weil Rehabilitationseinrichtung und Krankenhaus in ihrer Zielsetzung beide auf die Behandlung von Krankheiten gerichtet sind, kann eine Unterscheidung im Wesentlichen nur im Rahmen einer Gesamtschau nach der Art der Einrichtung, den Behandlungsmethoden und dem Hauptziel der Behandlung getroffen werden, die sich auch in der Organisation der Einrichtung widerspiegeln (BSG MedR 1998, 482, 483 und BSGE 94, 139 Rn. 12). Für eine Rehabilitationseinrichtung ist insbesondere kennzeichnend, dass die Behandlungsziele vorwiegend durch Anwendung von Heilmitteln verfolgt werden sollen. Demgegenüber ist ein Krankenhaus darauf ausgelegt, die Behandlung vorwiegend durch ärztliche und pflegerische Hilfeleistungen zu erbringen (BSG GesR 2008, 599, 602). 3a

Nach § 5 Abs. 1 **Nr. 8** werden die mit den Krankenhäusern **verbundenen Einrichtungen** nicht gefördert, die nicht unmittelbar der stationären Krankenhausversorgung dienen. Von der Bundesregelung unmittelbar angesprochen werden nur die mit den Krankenhäusern verbundenen Einrichtungen, nicht die Krankenhäuser als solche. Die zum Anlagegut Krankenhaus »gehörenden« Bestandteile (wie eine Feuerwehrzufahrt, ein Besucherparkplatz, eine Bäckerei oder Wäscherei) dienen zwar nicht unmittelbar der Krankenversorgung, sind aber gleichwohl nach Bundesrecht förderfähig, solange es sich nicht lediglich um verbundene Einrichtungen handelt (zu dieser Unterscheidung vgl. *Dietz/Bofinger* KHG, § 5 Erl. 8). Abzugrenzen ist anhand der Umstände des Einzelfalles nach Zweckbestimmung und Verkehrsanschauung zwischen der förderfähigen Krankenhauseinrichtung und sonstigen nicht förderfähigen, mit dem Krankenhaus nur verbundenen Einrichtungen (so auch 4

*Würtenberger/Altschwager* in Dettling/Gerlach, Krankenhausrecht, § 5 KHG Rn. 22). Der ambulante Bereich nimmt überdies eine Sonderstellung ein und wird von Nr. 8 unmittelbar dann erfasst, wenn es sich um eine eigenständige Einrichtung handelt (Arztpraxis mit eigenen Räumen im Krankenhaus). Die Länder haben – über § 5 Abs. 1 Nr. 8 hinaus – zudem regelmäßig bekräftigt, dass es bei der Krankenhausförderung immer um die stationäre Krankenhausversorgung gehen muss; andere Versorgungsbereiche sind von der Förderung nach den Länderregelungen regelmäßig ausgeschlossen (vgl. etwa § 21 Abs. 2 Satz 1 KHGG NRW; dazu etwa *Prütting* KHGG NRW, § 21 Rn. 14 f.).

4a Zu den pflegesatzfähigen Vorhaltekosten einer bei einem Krankenhaus geschaffenen Hochisolierstation zur Absonderung hochkontagiöser Personen (vgl. § 5 Abs. 1 **Nr. 9**) vgl. VGH Mannheim, Urt. v. 17.11.2009 – 9 S 323/07; VG Stuttgart, Urt. v. 21.12.2006 – 4 K 2529/06.

5 Die Regelung des § 5 Abs. 1 **Nr. 11** steht im Zusammenhang mit § 3 Nr. 4. Demnach werden Krankenhäuser von **Unfallversicherungsträgern** nur noch aus dem Anwendungsbereich des KHG ausgenommen, soweit der Träger der Unfallversicherung die Behandlungskosten trägt. Soweit die Einrichtung aber andere Patienten stationär versorgt, findet das KHG Anwendung. § 1 Abs. 2 KHEntgG bezieht deshalb diese Krankenhäuser insoweit in das Pflegesatzrecht ein. Weitere Folge wäre an sich, dass derjenige Bereich derartiger Einrichtungen, der der Versorgung der anderen Patienten dient, auch unter die Investitionsförderung des KHG fällt. Dies wird durch Nr. 11 ausdrücklich ausgeschlossen.

6 Die durch § 5 Abs. 2 zugelassenen **Ausnahmen durch Landesrecht** beinhalten einen abschließenden Katalog. Damit ist ausdrücklich ausgeschlossen, dass ein Land etwa für eine der in § 5 Abs. 1 Nr. 9 bis 11 genannten Einrichtungen eine KHG-Förderung vorsehen kann. Die Länder haben von den durch Bundesrecht eingeräumten Möglichkeiten allerdings bislang überhaupt keinen Gebrauch gemacht.

## § 6 Krankenhausplanung und Investitionsprogramme

(1) Die Länder stellen zur Verwirklichung der in § 1 genannten Ziele Krankenhauspläne und Investitionsprogramme auf; Folgekosten, insbesondere die Auswirkungen auf die Pflegesätze, sind zu berücksichtigen.

(1a) Die Empfehlungen des Gemeinsamen Bundesausschusses zu den planungsrelevanten Qualitätsindikatoren gemäß § 136c Absatz 1 des Fünften Buches Sozialgesetzbuch sind Bestandteil des Krankenhausplans. Durch Landesrecht kann die Geltung der planungsrelevanten Qualitätsindikatoren ganz oder teilweise ausgeschlossen oder eingeschränkt werden und können weitere Qualitätsanforderungen zum Gegenstand der Krankenhausplanung gemacht werden.

(2) Hat ein Krankenhaus auch für die Versorgung der Bevölkerung anderer Länder wesentliche Bedeutung, so ist die Krankenhausplanung insoweit zwischen den beteiligten Ländern abzustimmen.

(3) Die Länder stimmen ihre Krankenhausplanung auf die pflegerischen Leistungserfordernisse nach dem Elften Buch Sozialgesetzbuch ab, insbesondere mit dem Ziel, Krankenhäuser von Pflegefällen zu entlasten und dadurch entbehrlich werdende Teile eines Krankenhauses nahtlos in wirtschaftlich selbständige ambulante oder stationäre Pflegeeinrichtungen umzuwidmen.

(4) Das Nähere wird durch Landesrecht bestimmt.

| Übersicht | Rdn. | | Rdn. |
|---|---|---|---|
| A. Vorbemerkungen | 1 | III. Rechtsnatur des Krankenhausplans | 6 |
| B. Krankenhausplanung | 2 | IV. Abstimmungspflichten | 7 |
| I. Funktion der Krankenhausplanung | 2 | 1. unter den Ländern (Abs. 2) | 7 |
| II. Rechtspflicht zur Planaufstellung durch die Länder | 5 | 2. nach SGB XI (Abs. 3) | 8 |

| | | | | |
|---|---|---|---|---|
| V. | Planungsrelevante Qualitätsindikatoren (Abs. 1a) .................... | 8a | I. Funktion der Investitionsprogramme ... | 20 |
| | 1. Empfehlungen des G-BA ........ | 8b | II. Rechtspflicht zur Programmaufstellung durch die Länder ................ | 21 |
| | 2. Handlungsmöglichkeiten der Länder | 8d | III. Rechtsnatur des Investitionsprogramms . | 24 |
| VI. | Inhalt des Krankenhausplans ......... | 9 | IV. Inhalt der Investitionsprogramme...... | 26 |
| | 1. Krankenhauszielplanung ......... | 11 | **D. Folgekosten** ..................... | 28 |
| | 2. Bedarfsanalyse ................ | 12 | **E. Landesrecht** ..................... | 29 |
| | 3. Krankenhausanalyse ............ | 18 | I. Krankenhausplanung .............. | 30 |
| | 4. Versorgungsentscheidung ........ | 19 | II. Investitionsprogramme............. | 38 |
| C. | Investitionsprogramme ............ | 20 | | |

## A. Vorbemerkungen

Die Vorschrift enthält – neben § 8 – die wesentlichen bundesrechtlichen Vorgaben für die Krankenhausplanung und die Investitionsprogramme. Dabei erfolgt eine Orientierung an den in § 1 enthaltenen Zielvorgaben, wobei der Bundesgesetzgeber die Norm insgesamt in Bezug nimmt und nicht lediglich die Qualifikationsmerkmale in § 1 Abs. 1. Die Abs. 2 u. 3 enthalten überdies formale Abstimmungspflichten. Das materielle Verhältnis der Krankenhauspläne benachbarter Länder zueinander, das »Abgestimmtsein« der Pläne, regelt sich nach den §§ 1, 8 Abs. 2 und den Landes-Krankenhausgesetzen. 1

## B. Krankenhausplanung

### I. Funktion der Krankenhausplanung

Die Krankenhausplanung ist eine **Bedarfsfeststellungs- und Versorgungsplanung**, bei der die Krankenhauspläne die für eine bedarfsgerechte Versorgung der Bevölkerung erforderlichen Krankenhäuser nach Standort, Bettenzahl, Behandlungsplätzen und Fachrichtungen sowie Versorgungsstufen auszuweisen haben. Sie ist zugleich das **zentrale Investitionslenkungs- und Steuerungsinstrument** zur Verwirklichung des in § 1 genannten Zieles, eine bedarfsgerechte Versorgung der Bevölkerung mit leistungsfähigen, digital ausgestatteten, eigenverantwortlich wirtschaftenden Krankenhäusern sicher zu stellen. In der Konstruktion des KHG folgt die Krankenhausförderung der vorgeschalteten Planung der Krankenhausstrukturen, der insoweit inzidenter auch eine wirtschaftslenkende Funktion zukommt (vgl. BVerwGE 62, 86, 94). Demgegenüber ist die Krankenhausplanung grundsätzlich kein Instrumentarium der Wettbewerbssteuerung oder des Konkurrentenschutzes (so ausdrücklich OVG Münster DVBl 2009, 203). 2

Bei den Vorschriften über die Krankenhausplanung handelt es sich überdies um Marktzugangsregelungen, nicht um Marktverhaltensregelungen (OLG Saarbrücken, Urt. v. 18.09.2013 – 1 U 222/12 – 66, 1 U 222/12, GesR 2013, 754). Durch die §§ 6 ff. solle nicht das Marktverhalten der einzelnen Krankenhausträger zueinander geregelt werden, sondern dies diene allein öffentlichen Zwecken. Ein wirtschaftlich gesundes Krankenhauswesen sei nämlich Voraussetzung für die bedarfsgerechte Krankenversorgung der Bevölkerung und für sozial tragbare Krankenhauskosten. 2a

Die Krankenhausplanung der Länder beinhaltet herkömmlicher Weise die Vorgabe der Standorte von Krankenhäusern, deren Fachabteilungen und darin vorzuhaltender Bettenzahlen. Gesetzgeberische Grundüberzeugung ist dabei, dass die Krankenhäuser ohne Einflussnahme auf die Krankenhausstruktur und ohne sinnvolle Planung des Bedarfs nicht wirtschaftlich gesichert werden können. Die Planung vollzieht sich i.d.R. auf der Basis einer Bettenbedarfsermittlung (dazu § 1 Rdn. 8 f. sowie unten Rdn. 12 f.; zu einem neuen Ansatz in NRW vgl. *Stollmann*, GuP 2021, 90, 100 f.), deren Ergebnisse sich im jeweiligen Landes-Krankenhausplan niederschlagen. Dabei unterscheiden sich – was durchaus bundesrechtskonform ist – die Verfahren zur Krankenhausplanung in den einzelnen Ländern teilweise ganz erheblich (dazu unten Rdn. 30 f.). 3

Den bundesrechtlichen Intentionen gemäß hat der Krankenhausplan die **Aufgabe**, die bedarfsgerechte Versorgung der Bevölkerung mit Krankenhäusern mittels staatlicher Planung zu realisieren. 4

Entsprechend den Gepflogenheiten staatlicher Planung handelt es sich dabei nicht um eine statische Festschreibung, sondern um einen kontinuierlichen **Prozess der Fortschreibung** (zum Problem »fehlender« Planung vgl. *Rennert*, DVBl 2010, 936, 940). Bei jeder Auswahlentscheidung steht die in der Vergangenheit bereits erfolgte und fortbestehende Aufnahme anderer Krankenhäuser grundsätzlich wieder zur Disposition. Vorhandenen Plankrankenhäusern kommt demnach kein gesetzlicher Vorrang gegenüber hinzutretenden Konkurrenten zu (vgl. OVG Münster, Urt. v. 05.10.2010 – 13 A 2070/09). Nur auf diese Weise wird ermöglicht, dass den Zielen des § 1 gemäß auch neue Krankenhäuser eine Chance auf Aufnahme in den Krankenhausplan erhalten und damit einer »Versteinerung der Krankenhauslandschaft« vorgebeugt wird (BVerfG GesR 2004, 296; BVerwG, Urt. v. 14.04.2011 – 3 C 17/10; OVG Lüneburg, Urt. v. 03.02.2011 – 13 LC 125/08; dazu auch VGH Mannheim, Urt. v. 16.04.2015 – 10 S 96/13; OVG Münster NZS 2016, 23).

## II. Rechtspflicht zur Planaufstellung durch die Länder

5 Während sich in einigen Ländern die Planung in einem z.T. unregelmäßigen Mehrjahresrhythmus vollzieht, schreiben andere Länder ihre **Krankenhauspläne** jährlich fort. Bundesrechtlich ist dies unbedenklich, da § 6 Abs. 1 nur eine generelle Aufstellungspflicht begründet und keine konkreten Intervalle vorgibt (vgl. BVerwG, Urt. v. 14.04.2011 – 3 C 17/10). Zudem differiert die inhaltliche Ausgestaltung der Krankenhauspläne ganz beträchtlich; während einige Länder in die Details der Krankenhausstrukturen gehen, betreiben andere Länder lediglich eine Art »Rahmenplanung« (dazu auch *Prütting*, GesR 2012, 332, 333 f.). Überhaupt ist im Rahmen der Krankenhausplanung insgesamt der Trend erkennbar, staatliche Vorgaben möglichst zurückzunehmen und den Partnern vor Ort (Leistungserbringer und Kostenträger) mehr Spielräume zu geben (vgl. *Fritz*, MedR 2008, 355, 356 f.; *Roth*, das Krankenhaus 2008, 704 f.; *Kaltenborn/Stollmann*, NWVBl. 2008, 449, 450 f.). Sämtlichen Ländern gemeinsam – weil bundesrechtlich (vgl. § 8 Abs. 1 Satz 3) vorgegeben – ist jedoch, dass die Aufnahme des jeweiligen Krankenhauses/der Krankenhausabteilung durch Bescheid festzustellen ist (**Feststellungsbescheid**; dazu § 8 Rdn. 6 f.).

## III. Rechtsnatur des Krankenhausplans

6 Der **Krankenhausplan** ist nach ständiger Rechtsprechung der Verwaltungsgerichte lediglich eine **verwaltungsinterne Maßnahme** ohne unmittelbare Rechtswirkung gegenüber den Betroffenen (Krankenhäusern, Kostenträgern; BVerwGE 62, 86, 95 f.; 72, 38, 44 f.; 132, 64; 139, 309; VGH Mannheim, Urt. v. 12.02.2013 – 9 S 1968/11; BVerfGE 82, 209, 228; OVG Münster MedR 2012, 470; OVG Weimar, Urt. v. 03.11.2016 – 3 KO 578/13; OVG Lüneburg DÖV 2015, 581; dazu auch *Kaltenborn/Stollmann*, NWVBl. 2008, 449, 451). Dementsprechend ist auch für das Wettbewerbsrecht entschieden worden, dass einem Krankenhausplan kein Rechtsnormcharakter i.S.d. § 4 Nr. 11 UWG zukommt. Zuwiderhandlungen gegen die Festlegungen eines Krankenhausplans und des auf dieser Grundlage ergangenen Feststellungsbescheides stellen daher keinen Verstoß gegen eine Marktverhaltensregel dar (OLG Saarbrücken, Urt. v. 18.09.2013 – 1 U 222/12 – 66, 1 U 222/12, GesR 2013, 754).

6a Nach der Konzeption des KHG ist der Krankenhausplan als räumliche, fachliche, qualitative und quantitative Konkretisierung der in § 1 verankerten Zielvorstellungen eines bedarfsgerechten und leistungsfähigen Krankenhauswesens anzusehen. Das BVerwG (Urt. v. 14.04.2011 – 3 C 17/10) weist in diesem Zusammenhang darauf hin, dass mit der Detailgenauigkeit und Aktualität des Plans dessen steuernde Wirkung einhergehe; bei gröberen oder veralteten Plänen sei die Wirkung geringer, bei fehlerhafter Planung fehle sie ggf. ganz (so auch VGH Mannheim Urt. v. 12.02.2013 – 9 S 1968/11; Urt. v. 16.04.2015 – 10 S 96/13; OVG Bautzen, Urt. v. 14.05.2013 – 5 A 820/11, DÖV 2013, 860).

6b Der Krankenhausplan hat damit im Sinne eines **influenzierenden Planes** eine gesetzlich vorgesehene Konkretisierungsfunktion. Er ergeht nicht in der Form einer Rechtsverordnung, auch wenn regelmäßig die Veröffentlichung im landesspezifischen amtlichen Mitteilungsorgan vorgeschrieben ist (vgl. § 4 Abs. 3 LKHG-BW, Art. 5 Abs. 5 BayKrG). Es handelt sich auch nicht um eine Allgemeinverfügung i. S. einer Zusammenfassung einer Vielzahl von Verwaltungsakten (in Gestalt der einzelnen Feststellungsbescheide). Vielmehr hat der Krankenhausplan wie eine binnenorganisatorische Weisung die Anordnung zum Inhalt, dem Plan entsprechende positive oder negative Einzelentscheidungen vorzubereiten (grdl. BVerwG NJW 1995, 1628, 1629; vgl. auch BVerwG GesR 2009, 27; OVG Münster, Beschl. v. 17.01.2013 – 13 A 1196/12). Die nachgeordnete Behörde muss sich an die im Plan enthaltenen Vorgaben – regelmäßig die Planungsziele und -grundsätze – halten, wenn sie ihrerseits rechtmäßig sind, sofern nicht Einzelfallerwägungen eine Abweichung erlauben oder sogar fordern (vgl. VGH Mannheim, Urt. v. 12.02.2013 – 9 S 1968/11 m.w.N.). Diese Funktion des Krankenhausplans erfordert aber nicht, dass er zwischen dem KHG und den Landeskrankenhausgesetzen einerseits und den in § 8 Abs. 1 vorgesehenen, den einzelnen Krankenhäusern zugehenden Bescheiden andererseits eine Rechtsaktebene mit eigenständiger normativer Außenwirkung bildet. Einen Planbefolgungsanspruch vermittelt dem einzelnen Krankenhausträger vielmehr das aus Art. 3 GG abgeleitete Recht auf eine gleichmäßige Verwaltungspraxis (so ausdrücklich BVerwGE 139, 309; *Rennert*, DVBl 2010, 936, 943).

### IV. Abstimmungspflichten

#### 1. unter den Ländern (Abs. 2)

Nach § 6 Abs. 2 muss die Krankenhausplanung länderübergreifend abgestimmt sein, soweit ein Krankenhaus auch zur Versorgung der Bevölkerung anderer Länder wesentliche Bedeutung hat. Eine derart »wesentliche Bedeutung« hat die Rechtsprechung etwa für die Versorgung mit Herzkliniken angenommen (vgl. OVG Berlin NVwZ-RR 1998, 41). Ein bedarfsgerecht gegliedertes Krankenhausangebot kann deshalb in einem Versorgungsgebiet auch durch verfügbare Bettenkapazitäten außerhalb dieses Gebietes sichergestellt werden, sofern diese leicht erreichbar und einer überörtlichen Aufgabenerfüllung zugeordnet sind (VGH Kassel KRS. 02.048; OVG Schleswig NVwZ-RR 2005, 483). Im Ergebnis darf also die Planungsbehörde bei ihrer Bedarfsanalyse die Inanspruchnahme von Krankenhäusern im Nachbarland durch die Bewohner des eigenen Landes bedarfsmindernd berücksichtigen (BVerwG KRS. 00.0740; BVerwGE 83, 363, 386). Da die ausreichende Versorgung der Versicherten nur durch zugelassene inländische Krankenhäuser sicherzustellen ist, hat allerdings die Versorgungslage im benachbarten Ausland bei der Bedarfsanalyse außer Betracht zu bleiben (LSG Baden-Württemberg, Urt. v. 18.10.2002 – 4 KR 4262/00).

7

#### 2. nach SGB XI (Abs. 3)

Nach der Regelung in § 6 Abs. 3 stimmen die Länder ihre Krankenhausplanung auf die pflegerischen Leistungserfordernisse nach dem SGB XI ab und verfolgen dabei insbesondere das Ziel, Krankenhäuser von Pflegefällen zu entlasten und dadurch entbehrlich werdende Teile eines Krankenhauses nahtlos in wirtschaftlich selbstständige ambulante oder stationäre Pflegeeinrichtungen umzuwidmen. Das mit der Norm angesprochene Thema der Fehlbelegungen betrifft der Sache nach aber weniger die Krankenhausplanung sondern die Krankenhauspraxis. Die Krankenhausplanung kann zur Problemlösung nur einen kleinen Beitrag leisten, indem keine Anreize gesetzt werden, Patienten ohne medizinische Notwendigkeit stationär in Krankenhäusern zu versorgen (vgl. umfassend *Dietz/Bofinger* § 6 KHG Anm. VI.).

8

### V. Planungsrelevante Qualitätsindikatoren (Abs. 1a)

Die Novellierung durch das KHSG (vgl. dazu § 1 Rdn. 1 und 22b) beinhaltet einen gesetzlichen Auftrag an den G-BA, Qualitätsindikatoren zur Struktur-, Prozess- und Ergebnisqualität zu entwickeln (zur Definition von Qualität und der Konkretisierung der Begriffe Struktur-, Prozess- und Ergebnisqualität vgl. *Pütter*, in: Dettling/Gerlach, Krankenhausrecht, vor § 137 SGB V Rn. 3 f.; *Becker*, in: Becker/Kingreen, SGB V, § 113 Rn. 3, § 137 Rn. 6 f.), die geeignet sind, rechtssichere Kriterien und Grundlagen für Planungsentscheidungen der Länder zu sein (planungsrelevante Indikatoren). Die Empfehlungen des G-BA zu den planungsrelevanten Qualitätsindikatoren gem. § 136c Abs. 1 SGB V sind Bestandteil des Krankenhausplanes (§ 6 Abs. 1a Satz 1). Die Länder

8a

bleiben jedoch befugt, alternativ oder ergänzend auch eigene Indikatoren zu erarbeiten und zu verwenden; durch Landesrecht kann nämlich die Geltung der planungsrelevanten Qualitätsindikatoren ganz oder teilweise ausgeschlossen oder eingeschränkt werden und können weitere Qualitätsanforderungen zum Gegenstand der Krankenhausplanung gemacht werden (§ 6 Abs. 1a Satz 2).

### 1. Empfehlungen des G-BA

8b  Der G-BA soll nach § 136c Abs. 1 SGB V planungsrelevante Qualitätsindikatoren zur Struktur-, Prozess- und Ergebnisqualität beschließen und die Beschlüsse zu diesen Qualitätsindikatoren als Empfehlungen an die zuständigen Landesbehörden für die Krankenhausplanung übermitteln. Der Gesetzgeber hat den G-BA in § 136c Abs. 1 Satz 3 SGB V verpflichtet, einen ersten Beschluss zu den planungsrelevanten Qualitätsindikatoren bis zum 31.12.2016 zu fassen (vgl. *Ricken*, KrV 2018, 89 f.). Ebenso werden den zuständigen Landesbehörden nach § 136c Abs. 2 SGB V durch den G-BA regelmäßig einrichtungsbezogen Auswertungsergebnisse der einrichtungsübergreifenden stationären Qualitätssicherung zu den planungsrelevanten Qualitätsindikatoren sowie Maßstäbe und Kriterien zur Bewertung der Qualitätsergebnisse von Krankenhäusern zur Verfügung gestellt. Mit der Einbeziehung der Empfehlungen des G-BA in die Krankenhauspläne sollen die Länder in der Zielausrichtung hin zu qualitätsorientierten Entscheidungen in der Krankenhausplanung unterstützt werden. Ungeachtet eines notwendigen Einstiegs beinhaltet dies den gesetzlichen Auftrag, mittel- bis langfristig umfassende planungsrelevante Qualitätsindikatoren zur Struktur-, Prozess- und Ergebnisqualität zu entwickeln, die die Länder nachhaltig in die Lage versetzen, Qualitätselemente nicht nur punktuell in der Krankenhausplanung und -aufsicht zu verwenden, sondern flächendeckend in einer stärker qualitätsorientierten Krankenhausplanung einzusetzen (umfassend dazu *Burgi*, KrV 2019, 181, 185 f.; *Clemens* in: Düsseldorfer Krankenhausrechtstag 2015, S. 19 (20 f.); *Pitschas*, VSSR 2017, 343; *Ricken*, KrV 2018, 89; *Stollmann*, NZS 2016, 201, 202 f.; *ders.*, in: Katzenmeier/Ratzel, FS Dahm, 2017, S. 485, 488 f.; *Ternick*, NZS 2017, 770; *Wollenschläger/Schmidt*, GesR 2016, 542 ff.).

8c  Durch eine Unberührtheitsklausel in § 136c Abs. 1 Satz 2 Hs. 2 SGB V weist der Gesetzgeber darauf hin, dass § 91 Abs. 6 SGB V mit der darin enthaltenen Verbindlichkeitsklausel Geltung beansprucht. Dies stellt klar, dass die Bezeichnung als »Empfehlung« keinen Einfluss auf die Verbindlichkeit von Qualitätsanforderungen des G-BA insbesondere für die Leistungserbringer – in diesem Fall die Krankenhäuser – hat. Der empfehlende Charakter der vom G-BA zu beschließenden Qualitätsindikatoren soll ausschließlich im Verhältnis zu den für die Krankenhausplanung zuständigen Ländern gelten. Damit aber werden die planungsrelevanten Qualitätsindikatoren des G-BA zur Struktur-, Prozess- und Ergebnisqualität für die Länder und deren Planungsbehörden zu kaum mehr als antizipierten Sachverständigengutachten (*Stollmann*, NZS 2016, 201, 202 f.; *Ternick*, NZS 2017, 770, 773 f.).

### 2. Handlungsmöglichkeiten der Länder

8d  Empfehlungen des G-BA zu den planungsrelevanten Qualitätskriterien sind »Bestandteil des Krankenhausplans« (vgl. § 6 Abs. 1a Satz 1, § 136c Abs. 1 Satz 1 SGB V). In Anbetracht der oben unter Rdn. 8c dargestellten zumindest teilweisen Verbindlichkeit der G-BA-Empfehlungen stellt sich daher die Frage, ob es für den Krankenhausplan bei der bisherigen einhelligen rechtssystematischen Einstufung (oben Rdn. 6) bleiben kann. Die Länder haben im Rahmen ihrer Gesetzgebungsbefugnis und der damit einhergehenden Planungskompetenzen allerdings die Möglichkeit, durch Landesrecht die Geltung der planungsrelevanten Qualitätsindikatoren entweder generell auszuschließen oder einen Ausschluss nur einzelner Qualitätsindikatoren vorzusehen (§ 6 Abs. 1a Satz 2 Hs. 1). Im Fall eines generellen Ausschlusses entfalten sämtliche vom G-BA empfohlenen planungsrelevanten Qualitätsindikatoren keine Rechtsverbindlichkeit in dem jeweiligen Land. Bei einem teilweisen Ausschluss gilt Entsprechendes naturgemäß ausschließlich für die jeweils ausgeschlossenen Indikatoren. Das betreffende Land kann aber in Bezug auf jeden einzelnen vom G-BA beschlossenen Qualitätsindikator entscheiden, ob und gegebenenfalls in welcher Form er Bestandteil des Krankenhausplans werden soll (vgl. BR-Drs. 277/15, S. 56).

Landesseitig bestehen damit die unterschiedlichsten Reaktionsmöglichkeiten: Diese reichen von einer dynamischen Verweisung im jeweiligen Landeskrankenhausgesetz über eine statische Verweisung bis hin zur Möglichkeit einer Art dynamischer Delegation. Der Landesgesetzgeber hätte im letztgenannten Fall die Möglichkeit, die G-BA-Beschlüsse zu den planungsrelevanten Qualitätsindikatoren angesichts ihrer Wirkung als antizipierte sachverständige Empfehlungen nicht generell zu akzeptieren oder pauschal abzulehnen. Vielmehr besteht auch die Möglichkeit, im Landeskrankenhausgesetz z.B. vorzusehen, dass diese Entscheidung im Einzelfall der Exekutive als Plangeber überantwortet wird. Die konkrete Übernahme oder der Ausschluss planungsrelevanter Qualitätsindikatoren würde also im jeweiligen Landes(rahmen)plan erfolgen (zu den Länderbefugnissen vgl. *Stollmann*, in: Katzenmeier/Ratzel, FS Dahm, 2017, S. 485, 492 f.). 8e

Außerdem haben die Länder die Möglichkeit, weiter gehende Qualitätsanforderungen in ihrer Krankenhausplanung zu verankern (§ 6 Abs. 1a Satz 2 Hs. 2). So können sie etwa festlegen, dass die Nichtbeachtung der für ein Krankenhaus geltenden Qualitätskriterien des SGB V planungsrechtliche Konsequenzen haben kann. Schon vor der KHG-Novelle haben einige Länder die Möglichkeit in Anspruch genommen, auf Vorgaben des G-BA vollinhaltlich zu verweisen und diese zum Gegenstand der eigenen Planung zu machen (dazu *Stollmann*, GuP 2011, 48 f.). Diese Möglichkeiten bleiben auch nach Inkrafttreten des neuen Bundesrechts unberührt und werden erst recht bekräftigt. 8f

### VI. Inhalt des Krankenhausplans

Der **Inhalt des Krankenhausplans** ist hinsichtlich seines Gegenstandes und seiner Einzelaussagen bundesrechtlich nicht näher bestimmt. Es ist Aufgabe der Länder, die Einzelfestlegungen des Plans, dessen grundlegende Zielaussagen, die Bestimmung der Versorgungsgebiete und die Struktur der Versorgung zu regeln (dazu unten Rdn. 30 f.). Jedoch beschreibt die Verpflichtung, den Plan zur Verwirklichung der in § 1 genannten Ziele aufzustellen (vgl. § 6 Abs. 1 Hs. 1), nicht nur den Planungszweck, sondern beeinflusst auch maßgeblich dessen Inhalt. Der Krankenhausplan muss daher die **materiellen Planungskriterien** des KHG erfüllen, d.h. zu einer bedarfsgerechten Versorgung der Bevölkerung führen, die Leistungsfähigkeit der Krankenhäuser ermöglichen und durch das System bedarfsgerecht und leistungsfähiger Krankenhäuser zu einem sozial tragbaren Pflegesatz beitragen (vgl. auch OVG Münster MedR 2012, 470, 471). 9

Ausweislich der Rechtsprechung steht es mit § 1 Abs. 1, § 6 Abs. 1 in Einklang, wenn in Bezug auf die **fachliche Gliederung** an den Fachgebieten der ärztlichen Weiterbildungsordnung der Landesärztekammer angeknüpft wird (BVerwG NZS 2012, 464). Eine vollständige und ausnahmslose Übernahme der Fachgebiete der ärztlichen Weiterbildungsordnung im Krankenhausplan ist indes nicht in jedem Fall zwingend geboten und es kann der Planungsbehörde grundsätzlich nicht verwehrt sein, im Krankenhausplan unter fachlichen Gesichtspunkten eine von der Weiterbildungsordnung in Teilbereichen abweichende Strukturierung vorzunehmen (VG Meiningen ThürVBl 2014, 97; VG Saarlouis, Urt. v. 09.03.2010 – 3 K 737/08). Darüber hinaus gibt es auch keine rechtliche Verpflichtung, Subdisziplinen der Fachgebiete oder einzelne Krankheitsbilder zu beplanen (VGH Kassel, Urt. v. 29.09.2010 – 5 A 346/09). Dies gilt auch dann, wenn ein Land insoweit von einer ständigen Planungs- und Verwaltungspraxis abweicht. Wenn ein Land sich mit dem Ziel, den Krankenhaus- und den Kostenträgern mehr Gestaltungsfreiheit und Eigenverantwortlichkeit zu geben, zu einer Straffung der Krankenhausplanung und einem weitgehenden Rückzug aus der Detailplanung entschlossen hat, ohne dabei die planerische Letztverantwortung aufzugeben, und dies auch im Krankenhausplan deutlich äußert, sieht die Rechtsprechung dies als unbedenklich an (OVG Münster NZS 2016, 23; vgl. auch *Stollmann/Hermanns*, NZS 2015, 881, 883). 9a

Die Anforderungen an die Aufstellung von Krankenhausplänen sind seit der grundlegenden Entscheidung des BVerwG vom 25.07.1985 (vgl. BVerwGE 72, 38 = NJW 1986, 796; BVerwG, Urt. v. 25.09.2008 – 3 C 35/07, E 132, 64 [67] = GesR 2009, 27; VGH Mannheim, Urt. v. 12.02.2013 – 9 S 1968/11; OVG Bautzen, Urt. v. 14.05.2013 – 5 A 820/11, DÖV 2013, 860; dazu auch *Möller*, VSSR 2007, 263, 267 f.; *Stollmann/Hermanns*, DVBl 2007, 475, 476) 10

höchstrichterlich akzentuiert und in der Verwaltungspraxis anerkannt. Krankenhauspläne müssen im Wesentlichen folgenden Inhalt haben:
- Eine **Krankenhauszielplanung**, die im Rahmen des durch die KHG-Vorschriften begrenzten Gestaltungsspielraumes die Ziele festlegt, auf deren Verwirklichung der Plan ausgerichtet ist.
- Eine **Bedarfsanalyse**, die eine Beschreibung des zu versorgenden Bedarfs der Bevölkerung enthält.
- Eine **Krankenhausanalyse (Ist-Analyse)**, die eine Beschreibung der Versorgungsbedingungen bei den in den Plan aufgenommenen Krankenhäusern enthält.
- Die Festlegung der durch die späteren Feststellungsbescheide zu treffenden (eigentlichen) **Versorgungsentscheidung** darüber, mit welchen Krankenhäusern der festgestellte Bedarf der Bevölkerung versorgt werden soll.

### 1. Krankenhauszielplanung

11 Aus § 8 Abs. 2 folgt, dass der Krankenhausplan eine Festlegung der **Ziele** enthalten muss, die das Land mit seiner Bedarfsplanung verfolgt und an denen sich bei einer notwendigen Auswahl zwischen mehreren Krankenhäusern die zuständige Landesbehörde zu orientieren hat. Unter Beachtung des Grundsatzes einer differenzierten Trägerlandschaft ist ein koordiniertes System bedarfsgerecht gegliederter, leistungsfähiger und wirtschaftlich agierender Krankenhäuser festzulegen (vgl. *Möller*, VSSR 2007, 263, 268 m.w.N.). In diesem Zusammenhang müssen die gesetzlichen Grundlagen beachtet und die relevanten öffentlichen und privaten Belange unter- und gegeneinander abgewogen werden. Auch die örtlichen Gegebenheiten und regionalen Strukturen sind in die Abwägung einzustellen. Eine Zielplanung, wonach Krankenhäuser, die eine breit angelegte Allgemeinversorgung und flächendeckende Not- und Unfallversorgung sicherstellen, gegenüber speziellen Leistungsangeboten *generell* bevorzugt würden, wäre mit diesen Zielsetzungen unvereinbar (BVerfG GesR 2004, 296, 299 m. zust. Anm. von *Stollmann*, S. 301). Desgleichen sieht die Rechtsprechung etwa auch eine Krankenhauszielplanung, Belegbetten vorzugsweise in Allgemeinkrankenhäusern mit flächendeckender Notfallversorgung zu führen und nicht in reinen Belegkliniken, als rechtswidrig an (so OVG Berlin-Brandenburg GesR 2007, 32, 34). Hingegen können die Landesbehörden mit ihrer Krankenhausplanung durchaus gestaltende Planungsziele verfolgen. Hierzu dürfen und sollen sie Versorgungskonzepte entwickeln, namentlich die Anbieter der verschiedenen Versorgungsstufen in ihr Raumordnungssystem der zentralen Orte einpassen, eher Allgemeinversorger oder eher Fachkliniken bevorzugen, Versorgungsschwerpunkte bilden, Kooperationen benachbarter Kliniken fördern, auch besondere Strategien zur Steigerung der Trägervielfalt verfolgen, u.a.m. (vgl. BVerwGE 139, 309 = DVBl 2011, 895). Mit der Krankenhauszielplanung soll erreicht werden, dass sich die richtigen Krankenhäuser am richtigen Platz befinden. Die Bestimmung der Ziele der Krankenhausplanung ist eine Maßnahme mit überwiegend **planerischem Charakter**, die gerichtlich nur auf ihre Vereinbarkeit mit dem Gesetzeszweck des KHG überprüft werden kann (vgl. BVerwGE 72, 38, 49; BVerfGE 82, 209 = NJW 1990, 2306; OVG Schleswig NVwZ 2005, 483).

### 2. Bedarfsanalyse

12 Im Rahmen der Bedarfsanalyse wird der **landesweite stationäre Versorgungsbedarf** in räumlicher, fachlicher und struktureller Gliederung beschrieben (vgl. VGH Mannheim, Urt. v. 12.02.2013 – 9 S 1968/11). Die Bedarfsanalyse hat Feststellungen und Schätzungen zum Gegenstand, die ausschließlich auf tatsächlichem – nicht auf planerischem – Gebiet liegen (BVerwGE 72, 38, 47 f.; vgl. auch VGH Mannheim VBlBW 2010, 350; OVG Münster KRS 09.021; *Stollmann/Hermanns*, DVBl 2011, 599, 600). Die Bedarfsanalyse ist die **Beschreibung des zu versorgenden Bedarfs** der Bevölkerung an Krankenhausbetten. Sie erfordert zum einen die Ermittlung des gegenwärtigen zu versorgenden Bedarfs, zum anderen die Feststellung des zukünftigen Bedarfs an Krankenhausleistungen (Bedarfsprognose), vgl. dazu BVerwG DVBl 2018, 1621; OVG Münster, Beschl. v. 24.08.2020 – 13 A 1861/19. Dabei darf der Krankenhausplan kein höheres Angebot

an Krankenhauskapazitäten ausweisen, als es seinen Prognosen entspricht, aber auch kein niedrigeres (st. Rspr., vgl. BVerwGE 72, 38, 47; bestätigt durch BVerfGE 82, 209, 225; aktuell etwa OVG Münster MedR 2012, 470, 471). Bei alldem hat sich die Krankenhausplanung an dem tatsächlich zu versorgenden Bedarf zu orientieren und nicht an einem mit dem tatsächlichen Bedarf nicht übereinstimmenden erwünschten Bedarf. Ebenfalls kein Bedarf i.S.d. Gesetzes ist ein mit dem tatsächlichen Bedarf nicht übereinstimmender bundeseinheitlicher Durchschnittsbedarf (BVerwG Buchholz 451.74 § 8 KHG Nr. 11). Denn die **örtlichen Gegebenheiten** und **regionalen Bedarfsstrukturen** müssen berücksichtigt werden (OVG Münster NWVBl. 2011, 106, 107; weiterführend *Möller*, VSSR 2007, 263, 269; zu Aspekten der regionalen Verteilung auch OVG Münster, Beschl. v. 19.04.2013 – 13 A 1206/12; umfassend zur Judikatur der Bedarfsgerechtigkeit *Stollmann/Hermanns*, NZS 2015, 881, 884 f.; NZS 2017, 851, 853 sowie akt. *Wollenschläger*, VSSR 2020, 87, 90, 96 f.).

Zentraler Aspekt der Bedarfsanalyse ist die **Bedarfsermittlung**; materiell-rechtliche Vorgaben zur Bedarfsermittlung enthalten aber weder das KHG noch sonstiges Bundesrecht und auch nicht das Landesrecht; sie müssen sich aus dem jeweiligen Krankenhausplan ergeben (vgl. OVG Münster NWVBl. 2011, 106, 107). Die Länder haben in diesem Zusammenhang den Auftrag, im Zuge der Krankenhausplanung unter Berücksichtigung der medizinischen, gesundheitspolitischen und -ökonomischen Faktoren den Bedarf an Krankenhausleistungen zu ermitteln. Bei der gem. § 1 Abs. 1 zu versorgenden und damit der Bedarfsermittlung zugrunde zu legenden Bevölkerung handelt es sich um die Menschengruppe, die in einem bestimmten Bereich ständig lebt. Die Bedarfsplanung hat sich daher mit der Alters- und Bevölkerungsstruktur eines bestimmten Gebietes zu beschäftigen. Es ist daher üblich (und bundesrechtlich zulässig), die zu versorgende Bevölkerung unterhalb der Landesebene räumlich einzugrenzen, also so genannte Versorgungsgebiete zu bilden (vgl. etwa § 17 Abs. 3 u. 4 HessLKHG; § 6 Abs. 1 LKHG BW; § 16 Abs. 1 Satz 2 Nr. 4 KHGG NRW; dazu auch unten Rdn. 34). 13

Die Bedarfsermittlung basiert im Wesentlichen auf einer **analytischen** und **formelhaften Berechnung**, wobei sich der Bettenbedarf aus verschiedenen Faktoren ergibt. Eine der bekanntesten und in der Planungspraxis fast ausschließlich verwandte Methode ist die Hill-Burton-Formel, nach der anhand der Eingangsgrößen Einwohnerzahl, Plan-Verweildauer, Krankenhaushäufigkeit und dem normativ festzulegenden Bettennutzungsgrad (Auslastungsgrad) die formelmäßige Ermittlung des Planbettenbedarfs für eine definierte Versorgungsregion erfolgt. Dabei ist dieses Verfahren der Bedarfsermittlung auch in der Rechtsprechung anerkannt (vgl. OVG Münster MedR 2012, 470, 471; Beschl. v. 17.09.2012 – 13 A 814/12; Urt. v. 05.10.2010 – 13 A 2070/09; VGH Mannheim MedR 2002, 408; VG Saarlouis, Urt. v. 26.06.2007 – 3 K 342/06). 14

Die **Einwohnerzahl** basiert auf der amtlichen Bevölkerungsprognose zum festzulegenden Planungshorizont. Die **Krankenhaushäufigkeit** ist die Relation der in einem bestimmten Gebiet wohnenden Patienten, die im Laufe des Jahres *stationär* behandelt werden, zu der Einwohnerzahl des betreffenden Gebietes. Bei der **Verweildauer** handelt es sich um die durchschnittliche Anzahl der Tage, die ein Patient stationär im Krankenhaus verbringt. Die Landesplanungsbehörden gehen dabei regelmäßig von der fachgebietsspezifischen durchschnittlichen Verweildauer aus, unter Berücksichtigung der Auswirkungen der §§ 115a, 115b SGB V. Dabei sollte die Prognose der Verweildauer durch eine Trendanalyse ermittelt werden. Der Bettennutzungs- oder auch **Auslastungsgrad** schließlich ist eine normative Vorgabe; er basiert als einzige Größe der Bettenformel nicht auf empirischen Daten, sondern wird von der Krankenhausplanung vorgegeben (OVG Münster MedR 2012, 470, 472; Beschl. v. 17.09.2012 – 13 A 814/12). Der Auslastungsgrad drückt aus, zu wie viel Prozent des Jahres ein Krankenhausbett bestimmungsgemäß genutzt werden soll bzw. an wie viel Tagen des Jahres ein Krankenhausbett zur Erreichung der Normnutzung belegt sein muss (zu alldem *Thomae* Krankenhausplanungsrecht, § 29 Rn. 64 f.; *Quaas/Zuck* § 26 Rn. 461 f.). 15

Die Bedarfsermittlung muss nicht nach einzelnen Krankheitsbildern erfolgen, sondern darf sich an die **Fachgebiete** anlehnen, die etwa in den Weiterbildungsordnungen der Landesärztekammern aufgeführt sind (vgl. VGH Mannheim MedR 2003, 107; VG Karlsruhe GesR 2005, 210 sowie oben 16

Rdn. 9a). Weist ein Krankenhausplan in Anpassung an eine veränderte ärztliche Weiterbildungsordnung ein Fachgebiet aus, dessen Versorgung bislang anderen Gebieten zugeordnet war, bedarf es für das neue Fachgebiet einer nachprüfbaren und methodisch einwandfreien Berechnung (so VGH Mannheim MedR 2002, 408 für die psychotherapeutische Medizin).

17 Ungeachtet aller fachlichen Schwierigkeiten, die mit der Bedarfsermittlung zwangsläufig verbunden sind (Etablierung des DRG-Systems, integrierte Versorgungsformen, medizinischer Fortschritt usw., vgl. etwa Huster/Kaltenborn/*Stollmann* Krankenhausrecht, § 4 Rn. 18 f.), hält die Rechtsprechung daran fest, dass die Bedarfsermittlung gerichtlich vollständig überprüfbar und kein Planungsinstrument ist (vgl. nur BVerwG DVBl 2000, 1634; VGH Mannheim MedR 2002, 408; OVG Münster, Beschl. v. 17.09.2012 – 13 A 814/12). Vor diesem Hintergrund hat etwa der VGH Mannheim (Urt. v. 12.02.2013 – 9 S 1968/11) mit Blick auf die außerordentlich unterschiedliche Verweildauer in psychotherapeutisch genutzten und somatisch genutzten Betten die Vorgabe des Krankenhausplans, dass der Bedarf im Fachgebiet Psychotherapeutische Medizin nach Möglichkeit durch Umwidmung von Planbetten an Psychiatrischen Krankenhäusern sowie an Allgemeinkrankenhäusern gedeckt werden solle, als rechtsfehlerhaft eingestuft.

17a Bislang haben sich auch Überlegungen in Richtung einer vollständigen oder teilweisen Abkehr vom »Bett« als Planungsparameter und Ersetzung durch andere alternative mess- und objektivierbare Kriterien nicht realisieren lassen (zu entsprechenden Ansätzen in NRW vgl. *Stollmann*, GuP 2021, 90, 100 f.). Auch wenn das »Bett« in Planungspraxis und -recht weniger eine reale Bezugsgröße als vielmehr ein weithin verlässlicher Planungsrichtwert für alle Beteiligten ist, ist es bislang trotz mannigfaltiger Bemühungen nicht gelungen, eine handhabbare **Alternative** zur **Planungsgröße »Bett«** zu finden. Im Rahmen der Weiterentwicklung der Krankenhausplanung wird etwa diskutiert, eine stärker morbiditätsorientierte Krankenhausplanung zu betreiben. Dabei sind freilich allgemeine rechtliche Grenzen aus dem Verfassungs- oder Bundesrecht zu beachten, zumal die Abkehr von der bisherigen (Betten)Kapazitätsplanung hin zu einer Leistungsplanung teilweise für (bundes)rechtswidrig erachtet wird (so etwa *Thier*, in: FS 10 Jahre Arbeitsgemeinschaft Medizinrecht im DAV, 2008, S. 629 f. m.w.N; vgl. auch *Stollmann*, NWVBl. 2018, 353, 356).

### 3. Krankenhausanalyse

18 Die Krankenhausanalyse ist die **Beschreibung der tatsächlichen Versorgungsbedingungen** in den einzelnen Krankenhäusern, die bereits in den Krankenhausplan aufgenommen worden sind bzw. werden sollen. Dabei muss der Plangeber sämtliche Krankenhäuser in den Blick nehmen, die zur Bedarfsdeckung geeignet und bereit sind. In diesem Zusammenhang sind auch Versorgungsvertragskrankenhäuser nach §§ 108 Nr. 3, 109 SGB zu berücksichtigen, ohne dass aus dem Status als Versorgungsvertragsklinik automatisch ein Anspruch auf Aufnahme in den Krankenhausplan erwachsen würde (vgl. BVerwG, Urt. v. 14.04.2011 – 3 C 17/10; VGH Mannheim, Urt. v. 12.02.2013 – 9 S 1968/11). Diese ebenfalls auf rein tatsächlichem Gebiet liegende Krankenhausbeschreibung insbesondere nach Standort, Bettenzahl und Fachrichtungen erfordert die Ermittlung der gegenwärtigen Einrichtungen und Ausstattungen in den betreffenden Krankenhäusern. Das Land ist hierbei an die tatsächliche Verteilung der Betten auf die Fachabteilungen gebunden. Es kann im Krankenhausplan keine andere Verteilung vorschreiben. Die Krankenhausanalyse kann allerdings auch eine Prognostizierung der zukünftigen Entwicklung der Versorgungsbedingungen enthalten (grundlegend BVerwGE 72, 38, 49; weiterführend *Rasche-Sutmeier*, GesR 2004, 272, 274; *Möller*, VSSR 2007, 263, 271 f.).

18a Im Rahmen des Abgleichs zwischen Bedarfs- und Krankenhausanalyse hat der Plangeber auch das – regionale bzw. überregionale – **Einzugsgebiet** des Krankenhauses zu ermitteln, dessen Aufnahme in den Krankenhausplan festgestellt werden soll (vgl. BVerwG, Urt. v. 14.04.2011 – 3 C 17.10, BVerwGE 139, 309). Dabei müssen die der Krankenhausplanung zugrunde liegenden Kriterien für die Differenzierung zwischen Krankenhäusern mit regionalem und Krankenhäusern mit überregionalem Einzugsgebiet klar und nachvollziehbar sein (so ausdrücklich VGH Mannheim, Urt. v. 12.02.2013 – 9 S 1968/11). Der VGH hat dies jedenfalls für die Annahme, eine kleinere

Einrichtung habe eher einen regionalen Einzugsbereich, bei Einrichtungen des Fachgebiets Psychotherapeutische Medizin (grundsätzlich geplante Aufenthalte und viele Patienten wollten »wohnortfern« behandelt werden) verneint.

### 4. Versorgungsentscheidung

Auf der Grundlage der Zielplanung, der Bedarfsanalyse und der Krankenhausanalyse ist im Krankenhausplan letztlich festzulegen, mit welchen Krankenhäusern der festgestellte Bedarf versorgt werden soll (BVerwGE 62, 86; *Möller*, VSSR 2007, 263, 272). Hinsichtlich der zu treffenden Versorgungsentscheidung ist etwa in § 12 Abs. 2 Satz 1 KHGG NRW in Einklang mit § 1 Abs. 1 bestimmt, dass der Krankenhausplan den Stand und die vorgesehene Entwicklung der für eine ortsnahe, bedarfsgerechte, leistungsfähige und wirtschaftliche Versorgung der Bevölkerung erforderlichen Krankenhäuser und Ausbildungsstätten gem. § 2 Nr. 1a auszuweisen hat. Die Versorgungsentscheidung im Krankenhausplan ist **kein Verwaltungsakt** i.S.v. § 35 Satz 1 VwVfG. Die Versorgungsplanung stellt zunächst nur eine **zusammenfassende Aufstellung** derjenigen Krankenhäuser dar, die zur Versorgung der Bevölkerung geeignet und deshalb in Aussicht genommen sind, öffentlich gefördert zu werden (vgl. BVerwG DVBl 1981, 263). 19

## C. Investitionsprogramme

### I. Funktion der Investitionsprogramme

Die Investitionsprogramme sollen – ähnlich wie die Krankenhauspläne – den geförderten Krankenhausbau in einer den Zielen des § 1 entsprechenden Weise steuern. Dabei hat das Investitionsprogramm eine **zweifache Funktion**: die haushaltswirtschaftliche Funktion sowie eine Steuerungs- und Verteilungsfunktion. Im Rahmen der haushaltswirtschaftlichen Funktion geht es im Kern um die Mittelfestlegung und -begrenzung, dem durch die globale Festlegung des Fördervolumens im Landeshaushalt entsprochen wird. Im Grunde wird dadurch der Haushaltsvorbehalt konkretisiert, der landesgesetzlich vorgegeben ist (vgl. etwa § 17 Satz 1 KHGG NRW). Angesichts der damit verbundenen Begrenzung der zur Verfügung stehenden Haushaltsmittel kommt die zweite Funktion der Investitionsprogramme zum Tragen: in der sachgerechten und an den Zielen des § 1 orientierten Auswahl der Fördermaßnahmen liegt die angesprochene Steuerungsfunktion begründet. 20

### II. Rechtspflicht zur Programmaufstellung durch die Länder

Lässt sich § 6 Abs. 1 **dem Grunde nach** eine Aufstellungspflicht entnehmen (»Die Länder stellen [...] auf;«), so ist fraglich, ob dies jährlich zu geschehen hat. Eine derartige objektivrechtliche Verpflichtung enthält das Bundesrecht indes weder ausdrücklich noch lässt sich dies dem KHG durch Auslegung entnehmen (vgl. dazu OVG Münster, Urt. v. 17.06.2010 – 13 A 2749/08). Infolgedessen ist – gleichsam spiegelbildlich – auch ein entsprechender subjektivrechtlicher Anspruch nicht anzuerkennen (vgl. OVG Münster, Urt. v. 17.06.2010 – 13 A 2749/08). § 6 lässt offen, für welchen Zeitraum und zu welchen Zeitpunkten Investitionsprogramme aufzustellen sind. Damit ist es möglich, neben Jahresprogrammen auch mehrjährige Programme aufzustellen. § 8 Abs. 1 ist nur zu entnehmen, dass für Errichtungsmaßnahmen vor ihrer Bewilligung ein Investitionsprogramm bestehen muss (vgl. nur *Dietz/Bofinger* § 6 KHG Anm. III 4). Auch an anderer Stelle ist ausdrücklich darauf hingewiesen, dass es Ländersache sei, »den Turnus von Investitionsprogrammen festzulegen« (*Jung* Krankenhausfinanzierungsgesetz, 2. Aufl. 1985, S. 100). 21

(unbesetzt) 22

Soweit nicht das jeweilige Landesrecht die Notwendigkeit jährlicher Investitionsprogramme statuiert (wie etwa § 11 Abs. 1 Satz 1 LKHG BW), bestätigen landesrechtliche Betrachtungen die bundesrechtlichen Rahmenvorgaben. So enthält das einschlägige Landesrecht im Wesentlichen Verfahrensvorgaben, förmliche Vorgaben und materielle Rahmenbedingungen, nach denen die Förderung von Investitionsmaßnahmen auf der Grundlage eines Investitionsprogramms erfolgt, nicht aber die Intervalle, nach denen derartige Programme aufzustellen sind. Ebenso wie § 6 Abs. 1 23 ist daher mangels ausdrücklicher Regelung offen, ob Investitionsprogramme nur für ein oder für mehrere Jahre aufzustellen sind (vgl. auch *Prütting* KHGG NRW, § 19 Rn. 10). Zudem sind die Auswirkungen des Haushaltsvorbehalts (vgl. etwa § 17 Satz 1 KHGG NRW) auf die Verpflichtung zur Aufstellung eines Investitionsprogramms ebenfalls in die Gesamtbewertung einzubeziehen. Insoweit sind Ausnahmen aufgrund der besonderen Haushaltslage oder ähnlicher Gesichtspunkte gleichsam systemimmanent.

### III. Rechtsnatur des Investitionsprogramms

24 Das Investitionsprogramm ist wie der Krankenhausplan weder eine Rechtsnorm noch ein Verwaltungsakt in Form der Allgemeinverfügung, sondern eine innerdienstliche Regelung ohne verbindliche Außenwirkung (vgl. nur OVG Münster, Urt. v. 30.08.1993 – 13 A 2834/92). Das Investitionsprogramm ist seinem Charakter als gesundheits- und haushaltspolitischer Absichtserklärung entsprechend ein Verwaltungsinternum. Aus ihm können daher vom Krankenhausträger keine unmittelbaren oder mittelbaren Rechte weder auf Aufnahme in ein konkretes Investitionsprogramm noch gar auf eine konkrete Förderung hergeleitet werden (vgl. OVG Münster, Urt. v. 17.06.2010 – 13 A 2749/08). Es handelt sich um einen **verwaltungsinternen Verwendungsplan**, der – ebenso wie z.B. der Haushaltsplan – die Verwaltung zu Ausgaben ermächtigt (s. *Prütting* KHGG NRW, § 19 Rn. 17).

25 Erst mit der Aufnahme des Vorhabens in das Programm und der Bewilligung der Fördermittel liegt im Außenverhältnis eine verbindliche Entscheidung vor (BVerwG Buchholz 451.731 KHG Nr. 5; OVG Münster, Urt. v. 17.06.2010 – 13 A 2749/08). Ein **Rechtsanspruch** auf Förderung entsteht nach den Regelungen im Landesrecht daher erst **mit dem Bescheid** auf Bewilligung der Fördermittel (so z.B. Art. 10 Abs. 1 Satz 2 BayKrG, § 15 Abs. 1 Satz 3 LKGBbg, § 9 Abs. 2 SächsKHG).

### IV. Inhalt der Investitionsprogramme

26 Bislang wurden bei der Aufstellung der Programme allgemeine planungsrechtliche Grundsätze unter Beachtung des Abwägungsgebotes nach § 8 Abs. 2 Satz 2 und der Berücksichtigung auch freigemeinnütziger und privater Krankenhausträger nach § 1 Abs. 2 Satz 2 zur Anwendung gebracht (vgl. *Stollmann*, NZS 2004, 350, 357). Dabei besteht weithin Übereinstimmung und ist auch von der Rechtsprechung anerkannt, dass die Länder im Gesamtzusammenhang der §§ 6 Abs. 1, 8 u. 1 erhebliche Spielräume zur Ausgestaltung der Investitionskostenfinanzierung haben. Dieser bezieht sich nicht nur darauf, ob der Investitionsbedarf eines Krankenhauses überhaupt im Investitionsprogramm berücksichtigt wird, sondern auch darauf, in welchem Umfang dies geschehen soll. Das KHG gewähre – so das BVerfG – keinen nach Zeit und Höhe bestimmten Förderanspruch, sondern eine Art »Anwartschaftsrecht« auf künftige Förderung. Das Gericht spricht in diesem Zusammenhang von der »Befugnis des Landes, erforderliche und vorgesehene Investitionen der bedarfsdeckenden Krankenhäuser nach Maßgabe der verfügbaren Haushaltsmittel auf mehrere Haushaltsjahre zu verteilen und so nach Prioritäten zu ordnen und zeitlich zu strecken« (vgl. BVerfGE 83, 363, 388; dazu auch *Dietz/Bofinger* § 6 KHG Erl. III. 3.).

27 In den bisherigen – klassischen – Investitionsprogrammen sind regelmäßig die in dem jeweiligen Haushaltsjahr und zulasten dieses Jahresprogramms zu fördernden Errichtungsmaßnahmen (Neubau, Umbau, Erweiterungsbau) i.S.v. § 9 Abs. 1 Nr. 1 i.V.m. § 2 Nr. 2a ausgewiesen; in der Regel werden auch die in den vorausgegangenen Jahren bewilligten Maßnahmen aufgeführt, und zwar mit Jahresraten für die einzelnen Vorhaben. Diese Errichtungsmaßnahmen sind zwar im Bundesrecht nicht weiter konkretisiert, umfassen aber herkömmlicher Weise in allen Ländern auch alle baulichen Maßnahmen, die in einem ursächlichen, insbesondere baulich-technischen Zusammenhang mit einer der Einzelförderung unterliegenden Investition stehen oder Voraussetzung für die Durchführung einer solchen Investition sind oder im Rahmen eines abgestimmten Gesamtplanungsprozesses auf der Grundlage einer durchgeführten Zielplanung in mehreren Teilschritten zur Sanierung eines Krankenhauses oder Teilen eines Krankenhauses führen (so ausdrücklich § etwa 7 Abs. 1 LKHG Berlin; zu weiteren landesrechtlichen Einzelfragen vgl. *Quaas/Zuck* § 26 Rn. 123 ff.).

## D. Folgekosten

Nach § 6 Abs. 1 Hs. 2 müssen sowohl die Krankenhauspläne als auch die Investitionsprogramme die Folgekosten berücksichtigen. Mit der besonderen Hervorhebung der Berücksichtigung der Auswirkungen auf die **Benutzerkosten** ist zugleich die Bezugnahme zu § 1, dem Beitrag zum sozial tragbaren Pflegesatz, gegeben. Im Ergebnis erfordert dies eine Krankenhaus- und Investitionsplanung, die auch wirtschaftliche Aspekte einbezieht. Bei jeder Entscheidung müssen die finanziellen Auswirkungen in diesem Bereich bedacht und mit den übrigen Belangen abgewogen werden. Dabei geht es im Ergebnis nicht um die kostengünstigste Lösung, sondern um eine solche, die zu einer leistungsfähigen Krankenhausversorgung zu möglichst niedrigen Kosten führt. 28

## E. Landesrecht

§ 6 Abs. 4 gibt den Ländern die Möglichkeit, »das Nähere« durch Landesgesetz zu regeln. Die Länder haben davon umfassend Gebrauch gemacht. Bezogen auf die Investitionsförderung wird die Befugnis zur ergänzenden Rechtssetzung noch komplettiert durch § 11 Satz 1, wonach die Länder das Nähere zur Förderung bestimmen dürfen. Im Einzelnen: 29

### I. Krankenhausplanung

Die Einzelheiten der Krankenhausplanung unterscheiden sich in den einzelnen Ländern teilweise ganz beträchtlich (vgl. *Thomae* Krankenhausplanungsrecht, S. 163 f.). § 6 Abs. 4 gibt die dazu erforderlichen Spielräume. Die einschlägigen Rechtsvorschriften im Landesrecht finden sich in den §§ 4 ff. LKHG-BW; Art. 3 ff. BayKrG; § 4 LKG Berlin; §§ 12 ff. LKGBbg; §§ 5 ff. BremKHG; §§ 15 ff. HmbKHG; §§ 17 ff. HKHG (dazu *Stollmann*, GuP 2011, 48 f.); §§ 23 ff. LKHG M-V; § 3 Nds. KHG; §§ 12 ff. KHGG NW; §§ 6 ff. LKG RhPf; §§ 7 ff. SKHG; §§ 3 ff. SächsKHG; § 3 KHG LSA; §§ 2 ff. AG-KHG-SchlH.; §§ 4 ff. ThürKHG. 30

(unbesetzt) 31–33

In den meisten Ländern wird durch Landesrecht angeordnet, dass im Land verschiedene **Versorgungsgebiete** gebildet werden (vgl. etwa § 6 Abs. 1 Satz 1 LKHG-BW, § 17 Abs. 3, 4 HessLKHG; § 16 Abs. 1 Satz 2 Nr. 4 KHGG NRW). Diese bilden dann den räumlichen Bezugsrahmen, in dem Bedarfs- und Krankenhausanalyse sowie konkrete Versorgungsentscheidung erfolgen. Sind Versorgungsgebiete festgelegt, darf im Rahmen der Bedarfsanalyse nicht mit Landesdurchschnittswerten gearbeitet werden, sondern es muss der konkrete Bedarf vor Ort berücksichtigt werden (vgl. BVerwG NJW 1987, 2318, 2320; VG Karlsruhe GesR 2005, 210). Muss der konkrete Bedarf vor Ort mangels Daten anhand landesweiter Werte geschätzt werden, sind jedenfalls Strukturabweichungen nach dem Charakter des Versorgungsgebietes (städtisch/ländlich) vorzunehmen (so VGH Mannheim MedR 2002, 408). 34

Relativ weit verbreitet ist zudem die **Bildung verschiedener Leistungsstufen** unter den Krankenhäusern (vgl. etwa Art. 4 Abs. 2 bis 6 BayKrG; § 4 Abs. 2 SächsKHG; § 1 Abs. 3 ThürKHG), also ein so genanntes gegliedertes Versorgungssystem. Dabei reichen unterschiedliche Leistungs- oder Versorgungsstufen von Allgemeinkrankenhäusern mit örtlich ausgerichteten Einrichtungen der Grund- oder Regelversorgung über durchaus überörtlich ausgerichtete Krankenhäuser der Schwerpunktversorgung, die weitere Fachrichtungen umfassen, bis hin zu Krankenhäusern der Maximalversorgung, die entsprechend hochdifferenzierte medizinisch-technische Systeme vorhalten (zur Ausweisung von Brustzentren als Fortschreibung des Krankenhausplans vgl. OVG Münster, Beschl. v. 13.08.2007 – 13 A 1067/07; VG Gelsenkirchen GesR 2008, 584 m. Anm. *Thomae*). Der Rechtsprechung zufolge muss in einem gegliederten Versorgungssystem auch der Bedarf stufenbezogen ermittelt werden (OVG Koblenz NVwZ-RR 1990, 573, 576). Zudem hat der Plangeber im Rahmen des Abgleichs zwischen Bedarfs- und Krankenhausanalyse auch das – regionale bzw. überregionale – Einzugsgebiet des Krankenhauses zu ermitteln, dessen Aufnahme in den Krankenhausplan festgestellt werden soll. Dabei müssen die der Krankenhausplanung zugrunde 35 liegenden Kriterien für die Differenzierung zwischen Krankenhäusern mit regionalem und Krankenhäusern mit überregionalem Einzugsgebiet klar und nachvollziehbar sein (vgl. VGH Mannheim, Urt. v. 12.02.2013 – 9 S 1968/11).

36 Wenn damit sachliche oder gar rechtliche Unterschiede nicht verbunden sind, so weisen die Ländergesetze hinsichtlich der **Begriffsbestimmungen** der Krankenhauspläne doch starke begriffliche Unterschiede auf. Die Landeskrankenhausgesetze sprechen nämlich sowohl von Ausweisungen (so etwa Art. 5 Abs. 4 BayKrG, § 12 Abs. 2 Satz 1 KHGG NRW, § 4 Abs. 1 SächsKHG) oder Festsetzungen (vgl. § 6 Abs. 2 LKHG-BW) als auch von Darstellungen (z.B. § 4 Abs. 2 ThürKHG). Anders als im Bauplanungsrecht existieren aber im Krankenhausplanungsrecht keine Vorgaben, die etwa Darstellungen den Charakter nur vorbereitender Regelungen und Festsetzungen den Rechtscharakter verbindlicher Vorgaben zumessen würden (zur Auslegung planerischer Festsetzungen vgl. VGH Mannheim, Urt. v. 12.02.2013 – 9 S 1968/11).

37 Im Hinblick auf die **Zuständigkeiten** haben die Länder die Planung entweder auf die Landesregierung insgesamt (vgl. § 4 Abs. 3 LKHG-BW, § 18 Abs. 4 Satz 3 HessLKHG) oder das jeweilige Fachressort übertragen (vgl. Art. 22 Abs. 1 BayKrG, § 12 Abs. 1 Satz 1 KHGG NRW, § 3 Satz 1 SächsKHG). Die (Plan-) Vollzugsebene hingegen ist regelmäßig auf die staatlichen Mittelbehörden delegiert, in NRW etwa gem. § 1 Abs. 1 KHZVV auf die Bezirksregierungen (vgl. dazu und zu den diesbzgl. Verschränkungen *Rennert*, DVBl 2010, 936, 940 f.).

### II. Investitionsprogramme

38 Die weitaus meisten Länder haben in den Landesgesetzen nach wie vor die »**klassische**« **Programmförderung** institutionalisiert (dazu bereits oben Rdn. 26 f.). In dem Investitionsprogramm wird – in Umsetzung verwaltungsintern erarbeiteter **Prioritätenlisten** – die vorgesehene Verwendung der in dem betreffenden Haushaltsjahr zur Verfügung stehenden Fördermittel für Baumaßnahmen dargestellt. Welche Fördermittel das Land in welcher Höhe in dem betreffenden Haushaltsjahr zur Verfügung stellt, ergibt sich aus dem Haushaltsplan des jeweiligen Landes. Das Investitionsprogramm enthält diejenigen Fördermittel, die im Landeshaushaltsplan zum Zwecke der Förderung von Investitionsvorhaben bei Krankenhäusern enthalten sind, insbesondere deren Verwendungszweck.

39 Einen anderen Weg ist demgegenüber Nordrhein-Westfalen gegangen (zu vergleichbaren Ansätzen im Hessischen Krankenhausgesetz 2011 vgl. *Stollmann*, GuP 2011, 48, 52; zur Investitionspauschale nach §§ 15 ff. BbgKHG vgl. GVBl. Bbg. I 2012, Nr. 44). Mit dem Krankenhausgestaltungsgesetz des Landes Nordrhein-Westfalen (KHGG NRW) vom 11.12.2007 (GV.NRW. S. 702, ber. GV.NRW. 2008 S. 157) hat das Land unter anderem (zu den Neuerungen insgesamt *Kaltenborn/Stollmann*, NWVBl. 2008, 449 ff.) die Krankenhausinvestitionsförderung neu geregelt (umfassend dazu Klauber/Robra/Schellschmidt/*Winterer* Krankenhausreport 2008/2009, S. 143 ff.). § 17 KHGG NRW (Förderungsgrundsätze) sieht in eher allgemeiner und an den bisherigen Förderungsgrundsätzen orientierter Form vor, dass die Investitionskosten von Krankenhäusern auf Antrag im Rahmen der zur Verfügung stehenden Haushaltsmittel durch Zuschüsse und Zuweisungen gefördert werden (§ 17 Satz 1 KHGG NRW). Bereits in den §§ 18, 19 KHGG NRW ist aber die grundlegende Umstellung der Krankenhausförderung in eine **Pauschalförderung** sowohl der Investitionskosten nach § 2 Nr. 2a KHG als auch nach § 2 Nr. 2b KHG geregelt (zur tlw. Wiedereinführung einer Einzelförderung in NRW vgl. *Stollmann*, NWVBl. 2018, 353, 356 f.).

40 Demnach wird gem. § 18 Abs. 1 Nr. 1 KHGG NRW die Errichtung von Krankenhäusern (Neubau, Umbau, Erweiterungsbau) einschließlich der Erstausstattung mit den für den Krankenhausbetrieb notwendigen Anlagegütern sowie die Wiederbeschaffung von Anlagegütern mit einer durchschnittlichen Nutzungsdauer von mehr als 15 Jahren (Baupauschale) und gem. § 18 Abs. 1 Nr. 2 KHGG NRW die Wiederbeschaffung von Anlagegütern mit einer durchschnittlichen Nutzungsdauer von mehr als 3 Jahren bis zu 15 Jahren (kurzfristige Anlagegüter) durch **jährliche Pauschalbeträge**, mit denen das Krankenhaus im Rahmen der Zweckbindung der Fördermittel wirtschaften kann, gefördert.

Zugleich wird das zuständige Ministerium ermächtigt, durch **Rechtsverordnung** die Bemessungs- 41
grundlagen, die Zahlungsmodalitäten, die Höhe der Pauschalbeträge nach Abs. 1 sowie für einen
Übergangszeitraum die Reihenfolge der Berechtigten zu bestimmen (vgl. § 18 Abs. 2 Nr. 1 KHGG
NRW). Beweggrund für eine derartige Vorgehensweise (allgemeine Vorgaben durch das Parlament
und Ausgestaltung durch das Ministerium) war vor allem das Bestreben, auf sich verändernde
Rahmenbedingungen besser reagieren zu können und ein flexibles Handeln zu ermöglichen. Zu
der auf dieser Rechtsgrundlage erlassenen Verordnung über die pauschale Krankenhausförderung
(PauschKHFVO) vom 18.03.2008 vgl. GV.NRW. S. 347, geänd. durch VO vom 12.05.2009 (GV.
NRW. 2009 S. 323). Davon ausgehend bestimmt § 19 Abs. 1 KHGG NRW, dass das zuständige
Ministerium auf der Grundlage des Krankenhausplans und der Vorschriften dieses Gesetzes sowie
der Rechtsverordnung nach § 18 Abs. 2 KHGG NRW Investitionsprogramme gem. §§ 6, 8 aufstellt.

Gegen das neue Landesrecht ist teilweise vorgebracht worden, die Neuregelung verstieße gegen 42
höherrangiges Recht. Dem ist die bisherige Verwaltungsrechtsprechung dezidiert entgegen getreten und hat im Einzelnen dargelegt, dass das neue Landesrecht weder gegen Art. 70 Satz 2
LVerf NRW (entspricht Art. 80 Abs. 1 GG) noch gegen die Art. 3 Abs. 1, 14 Abs. 1 GG verstößt
(BVerwG, Urt. v. 30.08.2012 – 3 C 17/11; OVG Münster DVBl 2011, 637 f.; VG Düsseldorf,
Urt. v. 05.02.2010 – 13 K 8815/08, ZMGR 2010, 159, 161 f. = MedR 2010, 796 m. Anm. *Schillhorn*; vgl. auch VG Düsseldorf, Urt. v. 28.05.2010 – 13 K 4238/09).

Rechtliche Vorbehalte gegen pauschale Länderförderungen lassen sich nach Maßgabe des BVerwG 42a
nicht länger aufrechterhalten. Den Ländern bleibt demgemäß nach § 11 Satz 1 grundsätzlich ein
weiter Spielraum für eigenständige Regelungen, der insbesondere die Freiheit zur Wahl der Förder-
methode beinhalte. Dem jeweiligen Landesgesetzgeber sei es durch Bundesrecht jedenfalls nicht
verwehrt, die Investitionskosten aller Plankrankenhäuser zur Wiederbeschaffung ihrer langfristig
nutzbaren Anlagegüter durch jährliche (Bau-) Pauschalen – anstatt durch ausgewählte konkrete
Einzelbewilligungen – zu fördern. Einer solchen Pauschalierung ist dem Gericht zufolge auch nicht
die Eignung zur Zielerreichung abzusprechen. Dies könnte nur angenommen werden, wenn jegliche Investitionskosten vollständig aus öffentlichen Mitteln gedeckt werden müssten. Dem BVerwG
zufolge verpflichte das KHG aber nur dazu, Krankenhausträger in die Lage zu versetzen, eine vollständige Deckung ihrer notwendigen Investitionskosten herbeizuführen. Dazu biete die Möglichkeit mit Pauschalbeträgen zu wirtschaften eine prinzipiell taugliche Grundlage. Es fehle insoweit jeder Anhaltspunkt dafür, dass der Pauschalförderung aus der Sicht des Bundesrechts die Eignung zur
Finanzierung großer Vorhaben fehle (vgl. zu alternativen Methoden der Finanzmittelbeschaffung
für Krankenhäuser jüngst *Maier/Sidki* KU Gesundheitsmanagement 11/2012, S. 59 f.). Einschränkend weist das Gericht aber darauf hin, dass eine die Leistungsfähigkeit von Krankenhäusern schädigende Unterfinanzierung notwendiger Investitionen untersagt und eine im Einzelfall gleichwohl
eintretende Gefährdung gegebenenfalls mithilfe von Sonderbeträgen abgefangen werden muss.
§ 23 Abs. 1 KHGG NRW enthält die zu diesem Zweck erforderliche Rechtsgrundlage.

Auch der Vorwurf, die in § 19 Abs. 1 KHGG NRW noch genannten Investitionsprogramme seien 42b
angesichts der ausnahmslosen Pauschalförderung jedenfalls keine Investitionsprogramme im Sinne
des Bundesrechts (dazu und zum folgenden *Degener-Hencke*, NZS 2009, 6, 11; ähnlich *Quaas/
Zuck* § 26 Rn. 152 f.), überzeugt nicht. Die Kritik lässt unberücksichtigt, dass das Bundesrecht
eine konkrete Vorgabe für die Länder in Gestalt zwingender und unabdingbarer Anforderungen
an die Ausgestaltung des Landesrechts sowie an Investitionsprogramme und -entscheidungen im
Krankenhaussektor nicht enthält (vgl. *Winter* Krankenhausrechtstag 2008, S. 7, 13). In den §§ 6
Abs. 1, 8 Abs. 1 geht der Bund relativ unbestimmt von der Aufstellung von »Investitionsprogrammen« aus. Daraus wurde bislang gefolgert, dass Art und Inhalt der Investitionsprogramme bundesrechtlich nicht näher festgelegt, weitere Vorgaben nicht gemacht werden (vgl. *Quaas/Zuck* § 26
Rn. 123). Auch der Regelung des § 4 Nr. 1 lässt sich nur der allgemeine Hinweis entnehmen, dass
die Investitionskosten der Krankenhäuser im Wege öffentlicher Förderung übernommen werden.
Damit hat der Landesgesetzgeber einen relativ weit gefassten Handlungsspielraum (so ausdrücklich

*Kaltenborn/Stollmann*, NWVBl. 2008, 449, 453); freilich hat er dabei die dem (Bundes-) Krankenhausrecht immanenten Grenzen zu beachten, etwa die Grundsätze nach § 1.

**43–44** *(unbesetzt)*

**45** Der Vorwurf, die völlige Umstellung der Einzelförderung der Errichtungskosten in eine Pauschalförderung sei mit dem Fördersystem des KHG nicht zu vereinbaren, das Land regele im Rahmen seiner ihm durch § 11 KHG eingeräumten Kompetenz nicht etwa »Näheres« zur Förderung, sondern etwas vom Bundesrecht Abweichendes (so *Degener-Hencke*, NZS 2009, 6, 12; ähnlich *Quaas/Zuck* § 26 Rn. 157), geht ebenfalls fehl (so im Ergebnis auch BVerwG, Urt. v. 30.08.2012 – 3 C 17/11). Diese Einschätzung basiert letztlich auf dem klassischen System der bisherigen Förderung, welches historisch gewachsen ist und weitgehend auf einer ständigen Verwaltungspraxis beruht. Auch die als Beleg herangezogenen Länderregelungen gehen letztlich von einem solchen Verwaltungshandeln aus, ohne es normativ festzuschreiben.

**46** Zwar könnte § 9 Abs. 3 Satz 1 der Schluss entnommen werden, die ausdrückliche Erwähnung einer pauschalen Förderung für diese besondere Fallgruppe entfalte eine Art Sperrwirkung für andere Förderarten, m.a.W. eine Pauschalierung der Landesförderung sei ausschließlich bei der Wiederbeschaffung kurzfristiger Anlagegüter gestattet. Indes lässt sich einem denklogisch möglichen Umkehrschluss kein gesetzlich bestimmtes Verbot entnehmen, zumal die weitere Ausgestaltung des Förderrechts ausdrücklich dem Landesrecht vorbehalten bleibt (vgl. § 11 Satz 1). Mangels konkreten Verbotstatbestandes schließt die Bundesregelung für die Wiederbeschaffung kurzfristiger Anlagegüter nicht aus, dass der Landesgesetzgeber auch andere Fördertatbestände durch pauschale Zuweisungen an die Förderberechtigten ausgestalten kann. Daran ändert auch der Umstand nichts, dass sich angesichts der grundsätzlich geringeren Wertigkeit kurzfristiger Anlagegüter ein pauschales Fördersystem – anders als bei der klassischen Investitionsförderung – eher aufdrängen mag. Auf die landesgesetzlichen Handlungsspielräume wirkt sich dies nicht beschränkend aus (vgl. *Stollmann*, GesR 2007, 348, 351; *Winter* Krankenhausrechtstag 2008, S. 7, 14).

## § 7 Mitwirkung der Beteiligten

(1) Bei der Durchführung dieses Gesetzes arbeiten die Landesbehörden mit den an der Krankenhausversorgung im Lande Beteiligten eng zusammen; das betroffene Krankenhaus ist anzuhören. Bei der Krankenhausplanung und der Aufstellung der Investitionsprogramme sind einvernehmliche Regelungen mit den unmittelbar Beteiligten anzustreben.

(2) Das Nähere wird durch Landesrecht bestimmt.

### Übersicht

| | Rdn. | | Rdn. |
|---|---|---|---|
| A. Vorbemerkungen | 1 | D. Bemühen um Einigung | |
| B. Pflicht zur Zusammenarbeit | | (Abs. 1 Satz 2) | 12 |
| (Abs. 1 Satz 1 Hs. 1) | 2 | E. Ausgestaltung durch Landesrecht | |
| C. Anhörungspflicht (Abs. 1 Satz 1 Hs. 2) | 3 | (Abs. 2) | 13 |

### A. Vorbemerkungen

**1** Die Vorschrift gibt – neben § 6 Abs. 2, 3 – formalrechtlich den Rahmen für die nähere Ausgestaltung der Mitwirkungs- und Beteiligungsrechte im Krankenhauswesen. Während auch hier der bundesrechtliche Rahmen eher rudimentär ist, obliegt die nähere Ausgestaltung dem Landesrecht. Dabei ist zu berücksichtigen, dass es sich nach der Grundkonzeption des KHG beim Planungsverfahren selbst um ein objektives Verfahren handelt, durch das subjektive Rechte von Krankenhausträgern noch nicht berührt sind. Die Beteiligung Dritter dient daher lediglich der in der Regel kollektiven Interessenvertretung i.S.d. Geltendmachung partikulärer Aspekte des Gemeinwohls, nicht der Wahrnehmung subjektiver Rechte (vgl. BVerwG NJW 1995, 1628). Es gilt also auch bei der Beteiligung einzelner Krankenhäuser zwischen Planung und Planvollzug zu differenzieren (im Einzelnen *Rennert*, DVBl 2010, 936, insb. 940 f.). Dies kommt – allerdings systematisch eher unscharf – in § 7 Abs. 1 geradezu idealtypisch zum Ausdruck: während Abs. 1 Satz 1 Hs. 1 sich gleichsam auf die übergeordneten Planungsebenen und die Beteiligung aller (unmittelbar und mittelbar) Betroffenen bezieht, konkretisiert Abs. 1 Satz 2 dies für bestimmte Teilbereiche (Planung und Investitionsförderung) mit konkreteren Vorgaben (Einvernehmen anstreben) für einen eingeschränkten Adressatenkreis (unmittelbar Beteiligte). § 7 Abs. 1 Satz 1 Hs. 2 hat dann nur noch lediglich das durch konkrete Vollzugsmaßnahmen betroffene Krankenhaus im Blick.

### B. Pflicht zur Zusammenarbeit (Abs. 1 Satz 1 Hs. 1)

Bei der »**Durchführung** des Gesetzes« besteht kraft gesetzlicher Anordnung eine Verpflichtung zur engen Zusammenarbeit. Die Geltung des Rechtssatzes erstreckt sich damit sowohl auf das Planungsrecht als auch auf die staatliche Finanzierung und das Pflegesatzrecht – freilich mit den bereits angedeuteten (oben Rdn. 1) Differenzierungen zwischen Planungs- und Vollzugsebene. Die vom Bundesrecht geforderte »**enge Zusammenarbeit**« dürfte sich in dem Erfordernis einer vorherigen Abstimmung in den zentralen Gestaltungsfragen ausdrücken. Aus Gründen der Praktikabilität ist damit nicht jede Einzelentscheidung gemeint, sondern letztlich nur bedeutsame Grundsatzentscheidungen (*Würtenberger/Altschwager* in Dettling/Gerlach, Krankenhausrecht, § 7 Rn. 3; *Szabados* in Spickhoff, Medizinrecht, § 7 KHG Rn. 1). Mit den »**im Lande Beteiligten**« nimmt der Bundesgesetzgeber Bezug sowohl auf die unmittelbar als auch auf die mittelbar Beteiligten (vgl. dazu auch LSG Hamburg GesR 2008, 212; SG Hamburg GesR 2007, 536; *Würtenberger/Altschwager* in Dettling/Gerlach, Krankenhausrecht, § 7 Rn. 7 sowie unten Rdn. 14). 2

### C. Anhörungspflicht (Abs. 1 Satz 1 Hs. 2)

Als gleichsam spezialgesetzliche Ausprägung des § 28 VwVfG sieht § 7 Abs. 1 Satz 1 Hs. 2 vor, dass das betroffene Krankenhaus anzuhören ist; es ist betroffen von behördlichen Entscheidungen, die seine Belange unmittelbar berühren (umfassend zur Anhörung im Krankenhausrecht OVG Münster KRS 2020, 361 f.). Angesichts des Vorrangs der krankenhausrechtlichen Vorschrift verbietet sich das Absehen von der Anhörung nach § 28 Abs. 2 VwVfG (so auch *Würtenberger/Altschwager* in Dettling/Gerlach, Krankenhausrecht, § 7 Rn. 9). 3

Nun können Entscheidungen gegenüber einem anderen Krankenhaus ausnahmsweise auch das Nachbarkrankenhaus (zumindest mittelbar) betreffen. Ausgehend von den Beschlüssen des BVerfG zum Drittschutz im Recht der Krankenhausplanung (vgl. § 8 Rdn. 38 f.) sind im Interesse einer rechtsfehlerfreien und zügigen Umsetzung der getroffenen planerischen Entscheidungen **verfahrensmäßige Anpassungen** vorzunehmen (vgl. *Burgi*, NZS 2005, 169, 174; *Kuhla*, NZS 2007, 567, 571; *Stollmann*, GesR 2005, 385, 387 f.; *Rennert*, DVBl 2010, 936, 941 f.). Dies betrifft neben der grundsätzlich bestehenden Pflicht, betroffene Krankenhäuser **anzuhören** (vgl. etwa § 14 Abs. 4 KHGG NRW sowie § 28 Abs. 1 VwVfG) vor allem die **Bekanntgabe** der Entscheidung an den Kreis potenziell drittbetroffener Krankenhausträger, um eine zügige Bestandskraft der Entscheidungen zu erreichen. 4

Grundsätzlich ist davon auszugehen, dass die »Mindest-Widerspruchsfrist« bei Bekanntgabe der Entscheidung auch an den Konkurrenten *und* korrekter Rechtsmittelbelehrung nach § 70 Abs. 1 Satz 1 VwGO einen Monat beträgt. Fehlt eine Rechtsmittelbelehrung oder ist diese rechtsfehlerhaft, hätte der potenziell drittbetroffene Krankenhausträger eine Widerspruchsfrist von grundsätzlich einem Jahr (§§ 70 Abs. 2, 58 Abs. 2 VwGO). Soweit es im Einzelfall an einer Bekanntgabe des Bescheides an den Konkurrenten überhaupt fehlen sollte, ist eine Orientierung an den herkömmlichen Rechtsgrundsätzen bei Konkurrentenrechtsstreitigkeiten angezeigt: Wird dem Dritten danach eine behördliche Entscheidung nicht amtlich bekannt gegeben, dann läuft für diesen die Jahresfrist zur Einlegung des Widerspruchs (Rechtsgedanke der §§ 68 Abs. 1 Satz 1, 70 Abs. 1, 58 Abs. 2 VwGO) frühestens von dem Zeitpunkt an, zu dem er sichere Kenntnis von der Erteilung der Genehmigung erlangt hat oder hätte erlangen können; denn nach Treu und Glauben kann er sich nicht darauf berufen, dass ihm die Genehmigung nicht amtlich mitgeteilt worden sei (BVerwGE 78, 85; 5

st. Rspr). Der Dritte ist in diesem Zusammenhang auch gehalten, sich in geeigneter Weise über das Vorliegen einer behördlichen Zulassung o.ä. zu unterrichten, wenn sich dafür Anhaltspunkte ergeben. Solche Anhaltspunkte können etwa der Erhalt des eigenen Ablehnungsbescheides, Stellenausschreibungen für die streitbefangene Abteilung o.ä. sein. Unterlässt er in einem solchen Fall entsprechende Nachfragen, muss er sich so behandeln lassen, als hätte er zu dem fraglichen Zeitpunkt Kenntnis erlangt, sodass es ebenfalls zur Anwendung der Jahresfrist kommt.

6  Die Möglichkeit einer **öffentlichen Bekanntgabe** mit der Rechtsfolge einer Frist von einem Monat wäre nur dann gegeben, wenn diese durch Rechtsvorschrift zugelassen ist (§ 41 Abs. 3 Satz 1 VwVfG). Die Krankenhausgesetze der Länder sehen dies zu Recht nicht vor. Gegen eine entsprechende Regelung im Landeskrankenhausrecht sprechen letztlich verfassungsrechtliche Bedenken. Für die Zulassung der öffentlichen Bekanntgabe durch eine Rechtsvorschrift müssen nach dem Rechtsstaatsprinzip triftige Gründe vorliegen, etwa die Vielzahl oder die Schwierigkeit der Ermittlung der Betroffenen oder die besondere Eilbedürftigkeit einer Anordnung (vgl. BVerfG NJW 1985, 729; BVerwG NJW 1984, 188). Allein Vereinfachungs- oder Praktikabilitätserwägungen reichen nicht aus, Grund der Zulassung muss immer die Bewältigung erheblicher Schwierigkeiten sein, die bei einer Einzelbekanntgabe auftreten würden. Derart schwerwiegende Aspekte sind im Fall der Krankenhausplanung mit einer relativ überschaubaren Anzahl betroffener Krankenhausträger nicht zu erkennen, auch sind die potenziell betroffenen Rechtsträger unschwer zu ermitteln.

7  Die **Bekanntmachung** des **Feststellungsbescheides** muss sich folglich an § 41 Abs. 1 Satz 1, 2. Alt. VwVfG orientieren. Als Anhaltspunkt, wann eine **Betroffenheit** i.S.d. Norm vorliegt, kann § 42 Abs. 2 VwGO herangezogen werden. Der Kreis drittbetroffener Krankenhausträger, dem gegenüber Anhörung, Bekanntgabe usw. erfolgen muss, ist nach räumlich-funktionellen Kriterien ausgehend von den Besonderheiten des Einzelfalles zu bestimmen. Maßgebliche Bedeutung – exemplarisch für NRW – kommt dabei der »Region« gem. § 14 KHGG NRW zu (zur »Vorbildfunktion« der Regelungen zum nordrhein-westfälischen Krankenhausplanungsrecht für eine konkurrentenadäquate Verfahrensgestaltung vgl. *Burgi* Düsseldorfer Krankenhausrechtstag 2004, S. 19, 43 f.). Von Planausweisungen betroffene und damit für den Versorgungsauftrag in Betracht kommende Krankenhäuser sind bereits in das Verfahren zur Erarbeitung regionaler Planungskonzepte einzubeziehen. Dabei muss im weiteren Verfahren von der zuständigen Behörde geprüft werden, ob eine geeignete Planungsregion vereinbart worden ist und die potenziell betroffenen Krankenhäuser beteiligt worden sind. Bezirks- und kommunale Grenzen sind in diesem Zusammenhang unbeachtlich.

8  Den dergestalt einbezogenen Krankenhausträgern ist auch die positive Entscheidung für den Begünstigten – nicht unbedingt für das gesamte Krankenhaus, sondern ggf. nur für die offenkundig relevanten Abteilungen/Teilgebieten (zur Teilbarkeit des Feststellungsbescheides vgl. § 8 Rdn. 22) – bekannt zu geben. Dabei kann – ungeachtet der Möglichkeit weiterer Fallgruppen – wie folgt differenziert werden:

9  Dem Krankenhausträger mit einem (nahezu) identischen Konkurrenzantrag wird die Ablehnung seines Antrages möglichst zeitgleich mit der positiven Entscheidung zugunsten des Konkurrenten bekannt gegeben. Zur Vereinfachung kann auf die eingehende Begründung der Ablehnung des eigenen Antrages verwiesen werden.

10  Dem räumlich und/oder funktionell betroffenen Krankenhausträger ohne eigenen Antrag im bisherigen Verfahren kann die positive Entscheidung ohne vertiefte Begründung mit Rechtsmittelbelehrung bekannt gegeben werden.

11  Sonstigen möglicherweise funktionell betroffenen Krankenhausträgern wird ebenfalls lediglich die positive Entscheidung ohne vertiefte Begründung mit Rechtsmittelbelehrung bekannt gegeben. Damit kann zusätzlich der Hinweis auf die Durchführung eines eigenen Planungsverfahrens einhergehen, insbesondere wenn dieses Krankenhaus nicht um einen identischen Einzugsbereich konkurriert.

### D. Bemühen um Einigung (Abs. 1 Satz 2)

§ 7 Abs. 1 Satz 2 verpflichtet die Länder, bei der Krankenhausplanung und der Aufstellung der Investitionsprogramme **einvernehmliche Regelungen** mit den unmittelbar Beteiligten (dazu unten Rdn. 14) **anzustreben**. »Einvernehmen« meint eine sehr weitgehende Form der Mitwirkung, mehr als bloßes Anhören und mehr als Benehmen; es ist das ernsthafte Bemühen, sich mit den Beteiligten zu einigen (BT-Drs. 10/2565, S. 28). Ein solches kann etwa dann angenommen werden, wenn die Landesbehörde alles Erforderliche (mehrfache Beratungen, wechselseitige Kompromissvorschläge usw.) unternommen hat, um eine Zustimmung aller Beteiligten zu erreichen (vgl. auch *Würtenberger/Altschwager* in Dettling/Gerlach, Krankenhausrecht, § 7 Rn. 14 f.). Allerdings gibt es kein Vetorecht einzelner Beteiligter. 12

Das Land hat das **Letztentscheidungsrecht**, soweit Einvernehmen über die Bestimmung von Krankenhäusern zur Leistungserbringung nicht erzielt wird (VG Osnabrück KRS. 95.056; *Rennert*, DVBl 2010, 936, 940). Dies wird im Landesrecht teilweise (deklaratorisch) bekräftigt (vgl. etwa § 15 Abs. 3 Satz 4 KHGG NRW). Gerechtfertigt ist aber – ungeachtet dieser Länderkompetenz – keinesfalls die Bildung einer neuen, von dem jeweiligen Krankenhausträger nicht beantragten Kooperationsstruktur (so ausdrücklich VG Gelsenkirchen, Urt. v. 25.06.2008 – 7 K 2526, 2527 u. 2528/06). Mit § 7 wohl ebenfalls nicht zu vereinbaren ist die Einrichtung einer Schiedskommission mit der Übertragung von Entscheidungsgewalt (so aber *Würtenberger/Altschwager* in Dettling/Gerlach, Krankenhausrecht, § 7 Rn. 16), da das Letztentscheidungsrecht des Landes insoweit nicht disponibel ist. Dies spricht nicht gegen vorbereitende Empfehlungen o.ä. 12a

In einem Verwaltungsstreitverfahren betreffend die Feststellung der Aufnahme von Betten in den Krankenhausplan sind die Verbände der gesetzlichen Krankenkassen weder notwendig beizuladen noch besteht im Regelfalle Veranlassung für deren fakultative **Beiladung** (vgl. VG Osnabrück NJW 1995, 3072; zur Beiladung konkurrierender Krankenhäuser vgl. VGH Mannheim VBl. BW 2006, 241). 12b

### E. Ausgestaltung durch Landesrecht (Abs. 2)

Gemäß § 7 Abs. 2 wird »das Nähere« durch Landesrecht bestimmt. Angesichts der relativ weiten Vorgaben durch das Bundesrecht sind den Ländern damit **großzügige Handlungsspielräume** eingeräumt. Dementsprechend ist die weitere Ausgestaltung und die Bestimmung der Beteiligten in den einzelnen Ländern entsprechend vielfältig und unterschiedlich (einen Überblick bietet *Thomae* Krankenhausplanungsrecht, S. 163 ff.). Die meisten Länder haben zur Wahrung der Mitwirkungsrechte der unmittelbar Beteiligten Krankenhaus(Planungs-) Ausschüsse institutionalisiert (vgl. etwa Art. 7 Abs. 1 LKHG Bayern, § 9 LKHG BW, § 9 Abs. 1 LKHG Nds.; zur Situation nach dem HKHG 2011 vgl. *Stollmann*, GuP 2011, 48, 51 f.). 13

Beispielhaft sei in diesem Zusammenhang die Regelung in Nordrhein-Westfalen angeführt. So bestimmt etwa § 15 Abs. 3 Satz 1 KHGG NRW, dass der Landesausschuss insbesondere die Empfehlungen, die zur Neuaufstellung, Fortschreibung und Umsetzung der Rahmenvorgaben für den Krankenhausplan notwendig sind, erarbeitet. Bei der Erarbeitung der Rahmenvorgaben und bei der Aufstellung des Investitionsprogramms sind mit den unmittelbar Beteiligten einvernehmliche Regelungen anzustreben (§ 15 Abs. 3 Satz 2 KHGG NRW). Die mittelbar Beteiligten sind zu den Planungsmaßnahmen und der Aufstellung des Investitionsprogramms lediglich zu hören (§ 15 Abs. 3 Satz 3 KHGG NRW). Im Landesausschuss mit Stimmrechten **unmittelbar beteiligt** sind vor allem Vertreter der Krankenhausgesellschaft Nordrhein-Westfalen, der Verbände der Krankenkassen, der kommunalen Spitzenverbände, der Katholischen Kirche und der Evangelischen Landeskirchen, der Ärztekammern Nordrhein und Westfalen-Lippe, des Verbandes der privaten Krankenversicherung und, soweit psychiatrische Einrichtungen betroffen sind, von den Landschaftsverbänden (vgl. § 15 Abs. 1 KHGG NRW). Die lediglich **mittelbar** (im schriftlichen Verfahren und ohne Stimmrecht) **zu beteiligenden Verbände** sind in § 15 Abs. 2 KHGG NRW aufgeführt. 14

## § 8 Voraussetzungen der Förderung

(1) Die Krankenhäuser haben nach Maßgabe dieses Gesetzes Anspruch auf Förderung, soweit und solange sie in den Krankenhausplan eines Landes und bei Investitionen nach § 9 Abs. 1 Nr. 1 in das Investitionsprogramm aufgenommen sind. Die zuständige Landesbehörde und der Krankenhausträger können für ein Investitionsvorhaben nach § 9 Abs. 1 eine nur teilweise Förderung mit Restfinanzierung durch den Krankenhausträger vereinbaren; Einvernehmen mit den Landesverbänden der Krankenkassen, den Ersatzkassen und den Vertragsparteien nach § 18 Abs. 2 ist anzustreben. Die Aufnahme oder Nichtaufnahme in den Krankenhausplan wird durch Bescheid festgestellt. Gegen den Bescheid ist der Verwaltungsrechtsweg gegeben.

(1a) Krankenhäuser, die bei den für sie maßgeblichen planungsrelevanten Qualitätsindikatoren nach § 6 Absatz 1a auf der Grundlage der vom Gemeinsamen Bundesausschuss nach § 136c Absatz 2 Satz 1 des Fünften Buches Sozialgesetzbuch übermittelten Maßstäbe und Bewertungskriterien oder den im jeweiligen Landesrecht vorgesehenen Qualitätsvorgaben nicht nur vorübergehend eine in einem erheblichen Maß unzureichende Qualität aufweisen, dürfen insoweit ganz oder teilweise nicht in den Krankenhausplan aufgenommen werden. Die Auswertungsergebnisse nach § 136c Absatz 2 Satz 1 des Fünften Buches Sozialgesetzbuch sind zu berücksichtigen.

(1b) Plankrankenhäuser, die nach den in Absatz 1a Satz 1 genannten Vorgaben nicht nur vorübergehend eine in einem erheblichen Maß unzureichende Qualität aufweisen oder für die in höchstens drei aufeinanderfolgenden Jahren Qualitätsabschläge nach § 5 Absatz 3a des Krankenhausentgeltgesetzes erhoben wurden, sind insoweit durch Aufhebung des Feststellungsbescheides ganz oder teilweise aus dem Krankenhausplan herauszunehmen; Absatz 1a Satz 2 gilt entsprechend.

(1c) Soweit die Empfehlungen des Gemeinsamen Bundesausschusses nach § 6 Absatz 1a Satz 2 nicht Bestandteil des Krankenhausplans geworden sind, gelten die Absätze 1a und 1b nur für die im Landesrecht vorgesehenen Qualitätsvorgaben

(2) Ein Anspruch auf Feststellung der Aufnahme in den Krankenhausplan und in das Investitionsprogramm besteht nicht. Bei notwendiger Auswahl zwischen mehreren Krankenhäusern entscheidet die zuständige Landesbehörde unter Berücksichtigung der öffentlichen Interessen und der Vielfalt der Krankenhausträger nach pflichtgemäßem Ermessen, welches Krankenhaus den Zielen der Krankenhausplanung des Landes am besten gerecht wird; die Vielfalt der Krankenhausträger ist nur dann zu berücksichtigen, wenn die Qualität der erbrachten Leistungen der Einrichtungen gleichwertig ist.

(3) Für die in § 2 Nr. 1a genannten Ausbildungsstätten gelten die Vorschriften dieses Abschnitts entsprechend.

| Übersicht | Rdn. | | Rdn. |
|---|---|---|---|
| A. Vorbemerkungen | 1 | c) Begründung und Nebenbestimmungen | 18 |
| B. Krankenhausplanung | 2 | d) Trägerwechsel | 20 |
| I. Rechtswirkungen der Planaufnahme | 2 | e) Teilbarkeit des Feststellungsbescheides | 22 |
| II. Feststellungsbescheid | 6 | | |
| 1. Rechtsnatur | 6 | 4. Herausnahme aus dem Krankenhausplan | 23 |
| 2. Voraussetzungen der Planaufnahme | 7 | | |
| a) Tatbestandsvoraussetzungen | 7 | 5. Qualitätsinduzierte Planaufnahme und -herausnahme | 26a |
| b) Erste Stufe der Aufnahmeentscheidung | 9 | III. Rechtsschutz | 27 |
| c) Zweite Stufe der Aufnahmeentscheidung | 10 | 1. Rechtsschutz gegen den Krankenhausplan | 27 |
| 3. Inhalt des Bescheides | 17 | 2. Rechtsschutz des unmittelbar betroffenen Krankenhausträgers | 29 |
| a) Ausgestaltung durch Landesrecht | 17 | a) Verpflichtungssituation | 30 |
| b) Bestimmtheit | 17a | | |

| | | |
|---|---|---|
| b) Anfechtungssituation ......... 33 | I. Voraussetzungen der Förderung ....... 52 |
| c) Fortsetzungsfeststellungsklage... 34 | II. Rechtscharakter der Förderung........ 55 |
| 3. Rechtsschutz der Kostenträger und sonstiger Beteiligter ............ 35 | III. Bewilligungsbescheid ............. 56 |
| | 1. Rechtsnatur ............... 56 |
| 4. Rechtsschutz konkurrierender Krankenhausträger ................ 37 | 2. Inhalt des Bescheides ........... 57 |
| | 3. Widerruf und Rücknahme der Förderung................ 58 |
| a) Offensive Konkurrentenklage... 38 | |
| b) Defensive Konkurrentenklage... 41 | IV. Rechtsschutz................. 60 |
| c) Vorbeugender Rechtsschutz .... 45 | 1. Rechtsschutz bei der »klassischen« Investitionsförderung ......... 61 |
| d) Anordnung der sofortigen Vollziehung und vorläufiger Rechtsschutz............. 46 | |
| | 2. Rechtsschutz bei der Baupauschale.. 65 |
| C. Investitionsförderung.............. 52 | D. Ausbildungsstätten ............. 73 |

## A. Vorbemerkungen

Die Vorschrift verkörpert – im Zusammenwirken mit den §§ 1 und 6 – das **Zwei-Ebenen-Modell** des Krankenhausrechts – und zwar sowohl für die Krankenhausplanung als auch für die Investitionsförderung durch die Länder. Das BVerwG hat dies erst jüngst wieder betont (vgl. BVerwGE 139, 309; NVwZ 2009, 525 f.; so auch VGH Mannheim, Urt. v. 16.04.2015 – 10 S 100/13; OVG Lüneburg, Urt. v. 03.02.2011 – 13 LC 125/08; DÖV 2015, 581; OVG Münster Beschl. v. 17.01.2013 – 13 A 1196/12; zu Planung und Planvollzug im Krankenhausrecht auch *Rennert*, DVBl 2010, 936 f.; *Burgi*, NVwZ 2010, 601, 602 f.; *Steiner*, NVwZ 2009, 486, 487 f.): Gemäß § 8 Abs. 1 Satz 1 haben die Krankenhäuser nach Maßgabe des Krankenhausfinanzierungsgesetzes Anspruch auf Förderung, soweit und solange sie in den Krankenhausplan eines Landes aufgenommen sind. Das der Aufnahme zu Grunde liegende Verfahren gliedert sich in zwei Ebenen (zuletzt etwa BVerwG, Urt. v. 26.04.2018 – 3 C 11/16, juris Rn. 23 f.; VGH Mannheim, Urt. v. 16.04.2015 – 10 S 100/13; OVG Schleswig DÖV 2015, 581; *Stollmann/Hermanns*, NZS 2017, 851 f. m.w.N.). Auf der **ersten Ebene** stellt die nach Landesrecht zuständige Behörde – regelmäßig das zuständige Ministerium als oberste Landesbehörde (vgl. etwa § 12 Abs. 1 Satz 1 KHGG NRW; § 4 Abs. 2 u. 3 LKHG BW) – den Krankenhausplan des Landes auf (§ 6 Abs. 1). Darin legt sie die Ziele der Krankenhausplanung fest (Krankenhauszielplanung), beschreibt räumlich, fachlich und nach Versorgungsstufen gegliedert den bestehenden und den zu erwartenden Bedarf an Krankenhausversorgung (Bedarfsanalyse), stellt dem eine Aufstellung der zur Bedarfsdeckung geeigneten Krankenhäuser gegenüber (Krankenhausanalyse) und legt fest, mit welchen dieser Krankenhäuser der Bedarf gedeckt werden soll (Versorgungsentscheidung; dazu BVerwGE 72, 38, 46 ff.; vgl. § 6 Rdn. 9 f.). Auf der **zweiten Ebene** wird dem einzelnen Krankenhaus gegenüber festgestellt, ob es in den Krankenhausplan aufgenommen wird oder nicht (§ 8). Diese Feststellung ergeht durch Bescheid (§ 8 Abs. 1 Satz 3); zuständig ist in aller Regel eine nachgeordnete Behörde. Diese entscheidet danach, ob das Krankenhaus bedarfsgerecht und leistungsfähig ist sowie, ob es eigenverantwortlich wirtschaftet und zu sozial tragbaren Pflegesätzen beiträgt (vgl. § 1 Abs. 1). Hierzu muss es den im Einzugsgebiet des Krankenhauses bestehenden Bedarf ermitteln, diesem Bedarf das Versorgungsangebot des Krankenhauses gegenüberstellen und dieses Angebot mit dem Versorgungsangebot konkurrierender Krankenhäuser vergleichen (§ 8 Abs. 2 Satz 2). Diese zweite Ebene besteht wiederum aus einer ersten und zweiten Stufe der Aufnahmeentscheidung (dazu unten Rdn. 10 f. sowie OVG Saarlouis NZS 2015, 344; VGH Mannheim, Urt. v. 12.02.2013 – 9 S 1968/11; OVG Münster GesR 2014, 474). Das Ebenenmodell gilt in vergleichbarer Art und Weise für das Verhältnis von (vorgeschaltetem) Investitionsprogramm zu (anspruchsbegründendem) Bewilligungsbescheid.

## B. Krankenhausplanung

### I. Rechtswirkungen der Planaufnahme

Die sog. **Plankrankenhäuser** sind als zugelassene Krankenhäuser (§ 108 SGB V) aufgrund eines **fingierten Versorgungsvertrages** (§ 109 Abs. 1 Satz 2 SGB V) zur Leistungserbringung zugelassen

## § 8 KHG  Voraussetzungen der Förderung

und haben einen Rechtsanspruch auf Abschluss einer Pflegesatzvereinbarung mit leistungsgerechten Pflegesätzen (§ 109 Abs. 4 Satz 3 SGB V). Das Plankrankenhaus hat damit Anspruch auf leistungsgerechte Erlöse und eine (gewisse) Garantie wirtschaftlicher Sicherheit. Zudem sind die Krankenhauspläne Grundlage für staatliche Steuerungsmaßnahmen insbesondere im investiven Bereich. Die Aufnahme eines Krankenhauses in den Krankenhausbedarfsplan hat für den einzelnen Träger also eine existenzentscheidende Bedeutung. Andererseits ist der Krankenhausplan für das planaufgenommene Krankenhaus nicht mit einer Erfüllungsverpflichtung verbunden. Durch den Krankenhausplan kann dem Krankenhausträger nicht vorgeschrieben werden, die im Plan aufgeführten Kapazitäten auch tatsächlich vorzuhalten. Es handelt sich insoweit um eine **Angebotsplanung**, nicht um einen imperativen Plan. Dies wird auch durch die Vorschriften des Krankenhausentgeltrechts gestützt, namentlich etwa durch § 8 Abs. 1 Satz 3 KHEntgG (» [...] *im Rahmen des Versorgungsauftrages* [...]«).

3 Der **Versorgungsauftrag** eines Plankrankenhauses ergibt sich dabei gem. § 8 Abs. 1 Satz 4 Nr. 1 KHEntgG aus den Festlegungen des Krankenhausplans in Verbindung mit den Bescheiden zu seiner Durchführung nach § 6 Abs. 1 i.V.m. § 8 Abs. 1 Satz 3 sowie ggf. ergänzenden Vereinbarungen nach § 109 Abs. 1 Satz 4 SGB V (vgl. BSG, Urt. v. 27.11.2014 – B 3 KR 1/13 R; Urt. v. 23.06.2015 – B 1 KR 20/14 R; OVG Münster, Urt. v. 18.04.2013 – 13 A 2102/11; Beschl. v. 17.01.2013 – 13 A 1196/12; vgl. auch *Stollmann/Hermanns*, DVBl 2011, 599, 607). Der **qualitative Umfang des Versorgungsauftrags** ist dabei häufig Gegenstand gerichtlicher Entscheidungen (etwa OVG Münster, Beschl. v. 17.01.2013 – 13 A 1196/12). Demzufolge kann etwa die Behandlung einer Kreuzbandruptur sowohl in einer allgemeinchirurgischen Abteilung als auch in einer orthopädischen Abteilung durchgeführt werden (BSG KRS. 03.039). Die beklagte Krankenkasse hatte dies vor allem mit dem Hinweis bestritten, dass die Weiterbildungsordnung Erkrankungen, Verletzungen und Verletzungsfolgen der Stütz- und Bewegungsorgane dem Fachgebiet Orthopädie zuordne. Das BSG führte demgegenüber aus, dass die Behandlung der Kreuzbandruptur, wie die von den Vorinstanzen durchgeführte Würdigung der landesrechtlichen ärztlichen Weiterbildungsordnung ergeben habe, in der einen wie in der anderen Abteilung sachgemäß habe durchgeführt werden können. Der nach einem Gebiet bezeichnete Versorgungsauftrag eines Krankenhauses umfasst grundsätzlich auch solche Leistungen, für die in der Weiterbildungsordnung ein dem Gebiet zugeordneter Schwerpunkt existiert (VG Minden, Urt. v. 05.12.2005 – 3 K 3627/02, für die Zugehörigkeit hämatologisch/onkologischer Leistungen zum Versorgungsauftrag der Inneren Medizin). Dem OVG Koblenz zufolge gehört eine Linksherzkatheteruntersuchung in einem Krankenhaus der Grundversorgung nicht zum Versorgungsauftrag der Inneren Medizin (OVG Koblenz KRS. 04.018). Maßgeblich für die Entscheidung war ein Rückschluss von der Versorgungsstufe auf die apparative Ausstattung des Krankenhauses.

3a Dabei interpretiert die Rechtsprechung die Ausweisung von Gebieten in den Bescheiden so, dass damit auch die Tätigkeit in allen **Teilgebieten** erlaubt ist, die unter das Gebiet subsumiert werden können (vgl. OVG Münster, Beschl. v. 11.03.2011 – 13 A 1745/10, MedR 2011, 740; zur Problematik auch *Prütting*, GesR 2012, 332, 333).

4 Der Rechtsprechung zufolge beschränkt der Versorgungsauftrag das Leistungsangebot eines Krankenhauses nicht nur inhaltlich, sondern auch **quantitativ**. Überwiegend wird in einer Belegung von mehr als 100 % der Planbetten eine Überschreitung des Versorgungsauftrages gesehen (vgl. OVG Lüneburg GesR 2006, 22 f.; VGH Mannheim ArztR 2007, 192; nach VG Frankfurt am Main, Urt. v. 02.05.2002 – 5 E 2111/01 [2] wird die quantitative Grenze eines herzchirurgischen Versorgungsauftrages bei einer mehr als 90-prozentigen Belegung der Planbetten überschritten).

5 Weder aus § 8 noch aus sonstigen krankenhausrechtlichen Vorschriften ergibt sich allerdings ein Anspruch auf Konkretisierung des Versorgungsauftrags durch einen gleichsam feststellenden Bescheid. Das Krankenhausrecht enthält keine diesbezügliche Ermächtigungsgrundlage, eine derartige zusätzliche Konkretisierung würde der Konzeption des Planungs- und Pflegesatzrechts zuwiderlaufen. Ein diesbezügliches Handeln der Planungsbehörden verstieße insoweit gegen den Vorbehalt des Gesetzes.

## II. Feststellungsbescheid

### 1. Rechtsnatur

Erst durch den bundesrechtlich vorgeschriebenen Feststellungsbescheid (vgl. § 8 Abs. 1 Satz 3) werden die Vorgaben des Krankenhausplans durch die zuständige Behörde außenwirksam in einen für den Krankenhausträger verbindlichen **Verwaltungsakt** (vgl. *Prütting/Stollmann*, das Krankenhaus 2000, 790; OVG Münster MedR 2012, 470 unter Bezug auf BVerwG NVwZ 2009, 525 f.; vgl. auch VG Düsseldorf, Beschl. v. 23.06.2015 – 13 L 1469/15; VG Aachen, Urt. v. 27.04.2015 – 7 K 625/14) umgesetzt. Der Feststellungsbescheid ist dabei nicht bloß deklaratorisch, sondern konstitutiv (vgl. BVerwG Urt. v. 14.04.2011 – 3 C 17/10) und erfüllt in Anbetracht seines Verwaltungsaktscharakters auch die notwendige Rechtsschutzfunktion (vgl. § 8 Abs. 1 Satz 4). Indes gehört der Inhalt des Krankenhausplans nicht zu den gesetzlichen Grundlagen i.S.v. Rechtmäßigkeitsvoraussetzungen des Bescheides. Vielmehr kann auch ein vom Inhalt des Krankenhausplans abweichender Feststellungsbescheid rechtmäßig sein, vorausgesetzt, er entspricht den gesetzlichen Vorgaben der §§ 1, 6, und 8 (vgl. BVerwGE 62, 86, 96; 72, 38, 55; zuletzt etwa BVerwG, Urt. v. 25.09.2008 – 3 C 35/07, NVwZ 2009, 525 f.). Überdies kann es geboten sein, von den Planvorgaben abzuweichen, wenn die tatsächlichen Annahmen, auf denen sie beruhen, der konkreten Situation nicht oder nicht mehr gerecht werden (so BVerwG, Urt. v. 14.04.2011 – 3 C 17/10 unter Bezug auf *Rennert*, DVBl 2010, 936, 939).

### 2. Voraussetzungen der Planaufnahme

#### a) Tatbestandsvoraussetzungen

Nach § 8 Abs. 2 Satz 1 besteht **kein Anspruch** auf die **Feststellung der Planaufnahme**. Das Krankenhaus hat nur einen Anspruch auf **ermessensfehlerfreie Auswahl** unter mehreren Krankenhäusern (vgl. § 8 Abs. 2 Satz 2). Bei notwendiger Auswahl zwischen mehreren Krankenhäusern entscheidet demnach die zuständige Landesbehörde unter Berücksichtigung der öffentlichen Interessen und der Vielfalt der Krankenhausträger nach pflichtgemäßem Ermessen, welches Krankenhaus den Zielen der Krankenhausplanung des Landes am besten gerecht wird. Das BVerwG hat hierzu in ständiger Rechtsprechung den Grundsatz entwickelt (vgl. BVerwGE 62, 86, 91 f.; 72, 38, 51; NJW 1987, 2318; BVerfGE 82, 209, 228; 83, 363, 388), dass in den Krankenhausplan nur ein Krankenhaus aufgenommen werden kann, welches den Zielen des § 1 Abs. 1 entspricht, nämlich
– zur bedarfsgerechten Versorgung (dazu § 1 Rdn. 8 f., § 6 Rdn. 12 f.) beiträgt,
– leistungsfähig ist (dazu § 1 Rdn. 17 f.),
– eigenverantwortlich wirtschaftet (dazu § 1 Rdn. 23 f.) und

zu sozial tragbaren Pflegesätzen (dazu § 1 Rdn. 24) tätig wird (die OVGe der Länder haben sich dem angeschlossen, vgl. nur OVG Berlin NVwZ-RR 1998, 41; VGH Mannheim Urt. v. 12.02.2013 – 9 S 1968/11; MedR 2003, 107; OVG Münster NVwZ 2006, 481, 482; OVG Thüringen GesR 2007, 86).

Ergänzt wird dies ab dem 01.01.2016 im Einzelfall durch qualitätsorientierte Parameter. Der Bundesgesetzgeber wollte mit der Novelle des KHG in 2015 (vgl. dazu oben § 1 Rdn. 1 und 22b) die Grundlagen schaffen, dass eine nicht oder nicht ausreichend qualitätsgesicherte Leistungserbringung eines Krankenhauses rechtliche Konsequenzen auch für die Aufnahme bzw. den Verbleib der Einrichtung im Krankenhausplan des jeweiligen Landes haben kann. Die Indikatoren und Maßgaben nach § 6 Abs. 1a (dazu § 6 Rdn. 8a) sollen im Rahmen des Auswahlermessens der zuständigen Behörde bei einer nach § 8 Abs. 2 Satz 2 notwendigen Auswahl zwischen mehreren Krankenhäusern verbindlich zugrunde gelegt werden. Diesem gesetzgeberischen Ziel dienen die Änderungen in § 8 Abs. 1a bis 1c (dazu unten Rdn. 26a f.). Dem jeweiligen Land obliegt die Entscheidungshoheit über die Aufnahme bzw. den Verbleib des Krankenhauses im Krankenhausplan, als es im Einzelfall festzustellen hat, ob das Krankenhaus in einem erheblichen Maß und nicht nur vorübergehend unzureichende Qualität aufweist.

8 Erfüllt ein Krankenhaus die genannten Merkmale, ist es grundsätzlich qualifiziert, an der stationären Versorgung der Bevölkerung durch Planbetten mitzuwirken. Die Qualifikationsmerkmale sind **unbestimmte Rechtsbegriffe**, die verwaltungsgerichtlich voll überprüfbar sind (BVerwG NJW 1987, 2318, 2320; OVG Berlin NVwZ-RR 1998, 41, 42; *Burgi*, KrV 2019, 181, 182 m.w.N.).

### b) Erste Stufe der Aufnahmeentscheidung

9 Werden die nach den Vorgaben der Krankenhausplanung in den jeweiligen Disziplinen benötigten Betten von den in Betracht kommenden qualifizierten Krankenhäusern nicht abgedeckt, haben alle die Qualifikationsmerkmale erfüllenden Krankenhäuser einen direkten, d.h. zwingenden Anspruch auf Feststellung ihrer Planaufnahme. In diesem Fall ist der einen Anspruch auf Feststellung der Planaufnahme nicht gewährende § 8 Abs. 2 Satz 1 im Lichte des Art. 12 Abs. 1 GG verfassungskonform dahin zu interpretieren, dass der Anspruch des Krankenhauses auf ermessensfehlerfreie Auswahl unter mehreren qualifizierten Krankenhäusern sich grundsätzlich zu einem **direkten Planaufnahmeanspruch** verdichtet (vgl. BVerwG, Urt. v. 14.04.2011 – 3 C 17/10). Die Feststellung, welche Krankenhäuser die Qualifikationsmerkmale erfüllen sowie ob die benötigten Bettenzahlen durch die in Betracht kommenden qualifizierten Krankenhäuser gedeckt werden, bezeichnet die Rechtsprechung als die **erste Stufe** der **Planaufnahmeentscheidung** (vgl. im Einzelnen BVerfGE 82, 209, 228; 83, 363, 388; BVerwGE 62, 86, 91 f.; 72, 38, 51; VGH Mannheim, Urt. v. 12.02.2013 – 9 S 1968/11; OVG Münster, Beschl. v. 19.12.2012 – 13 A 813/12; *Stollmann*, NVwZ 2006, 425).

9a Auf dieser ersten Stufe haben die Ziele der Krankenhausplanung – etwa der Grundsatz der wohnortnahen Versorgung – außer Betracht zu bleiben (dazu und zum Folgenden VGH Mannheim, Urt. v. 12.02.2013 – 9 S 1968/11; OVG Münster MedR 2012, 470, 471). Die Behörde darf nicht auf dieser ersten Stufe die Bedarfsgerechtigkeit eines Krankenhauses unter Rückgriff auf planerische Zielvorstellungen des Landesrechts verneinen. Die Ziele der Krankenhausplanung des Landes sind insoweit der zweiten Stufe zugeordnet. Den Planungsbehörden ist es daher nicht erlaubt, bei der Ermittlung des zu versorgenden Bedarfs der Bedarfsanalyse nicht den tatsächlichen Bedarf zu Grunde zu legen, sondern davon abweichende niedrigere Zahlen, und damit eine Minderversorgung in Kauf zu nehmen. Die Behörde hat sich daher in der Bedarfsanalyse darauf zu beschränken, den tatsächlich vorhandenen oder in Zukunft realistisch erwartbaren Bedarf zu erheben, und sich jeglichen Versuchs zu enthalten, bereits bei der Bedarfsanalyse die Krankenhausversorgung planerisch zu steuern. Diese planerische Gestaltung und Steuerung steht ihr erst im Rahmen der zweiten Entscheidungsstufe zu, wenn dem festgestellten Bedarf ein Überangebot an bedarfsgerechten, leistungsfähigen und wirtschaftlichen Krankenhäusern gegenübersteht und im Wege der Auswahl zu entscheiden ist, mit welchen Krankenhäusern der Bedarf zu decken ist (so ausdrücklich OVG Münster MedR 2012, 470, 471 unter Bezug auf BVerwG Buchholz 451.74 § 6 KHG Nr. 5).

### c) Zweite Stufe der Aufnahmeentscheidung

10 In der Mehrzahl der Fälle wird sich jedoch die Notwendigkeit ergeben, dass zwischen mehreren bedarfsgerechten, leistungsfähigen und wirtschaftlichen Krankenhäusern ausgewählt werden muss. Werden demnach von den für die Teilnahme an der stationären Krankenversorgung qualifizierten Krankenhäusern mehr Betten als nach der Bedarfsberechnung benötigt zur Verfügung gestellt, hat die Krankenhausplanungsbehörde auf einer **zweiten Entscheidungsstufe** die den Zielen der Krankenhausplanung am besten gerecht werdenden Krankenhäuser auszuwählen und in den Plan aufzunehmen (BVerwG, Urt. v. 25.09.2008 – 3 C 35/07, NVwZ 2009, 525 f.; OVG Münster, Beschl. v. 19.12.2012 – 13 A 813/12; OVG Bautzen DÖV 2013, 860; OVG Lüneburg, Urt. v. 03.02.2011 – 13 LC 125/08; zur Abwägungsdogmatik im Krankenhausrecht umfassend *Burgi*, KrV 2019, 181 f.).

11 Bei dieser Auswahl unter mehreren grundsätzlich geeigneten Krankenhäusern steht der zuständigen Behörde ein Entscheidungsspielraum zu, der von der Rechtsprechung (uneinheitlich) als Ermessen oder als Beurteilungsspielraum qualifiziert wird und von den Verwaltungsgerichten nur eingeschränkt

überprüfbar ist (BVerwG Buchholz 451.74 § 8 KHG Nr. 8; OVG Münster MedR 2012, 470, 471; 2011, 674, 675; *Kuhla*, NZS 2007, 567, 568; *Möller*, VSSR 2007, 263, 280 f.; umfassend *Burgi*, KrV 2019, 181, 183 f.; *Rennert*, DVBl 2010, 936, 942 f.). Die Behörde hat dabei von einem vollständig ermittelten Sachverhalt auszugehen, alle nach Lage der Dinge in Betracht kommenden sachlichen Erwägungen einzustellen, die allgemeinen Grundsätze rechtsstaatlichen Verwaltungshandelns zu beachten und eine an sachlichen Erwägungen orientierte Gewichtung vorzunehmen (vgl. BVerwG Buchholz 451.74 § 8 KHG Nr. 8 unter Hinweis auf BVerwGE 39, 197, 204; VGH Mannheim, Urt. v. 12.02.2013 – 9 S 1968/11; OVG Münster MedR 2011, 674, 675; umfassend VGH Mannheim, Urt. v. 16.04.2015 – 10 S 96/13; OVG Bautzen DÖV 2013, 860). Stellen sich insoweit Mängel heraus, ist die Auswahlentscheidung ermessensfehlerhaft und vom Gericht aufzuheben. Allerdings hat das insgesamt oder mit einer bestimmten Abteilung nicht planaufgenommene Krankenhaus in einem solchen Fall lediglich einen Anspruch auf eine neue rechtmäßige Behördenentscheidung im Sinne eines Anspruchs auf ermessensfehlerfreie Auswahl unter den konkurrierenden Krankenhäusern (BVerwG Buchholz 451.74 § 8 KHG Nr. 8). Die beklagte Behörde wäre in einem solchen Fall zur Neubescheidung unter Berücksichtigung der Rechtsauffassung des Gerichtes zu verpflichten (vgl. dazu etwa VG Aachen, Urt. v. 06.04.2011 – 8 K 548/07).

Die Gewichtung von ermessensrelevanten Umständen gehört zum Kernbereich der **Bestenauswahl** 12 und ist nur dann gerichtlich zu beanstanden, wenn sie willkürlich oder außerhalb jeglichen vertretbaren Rechtsempfindens liegt (OVG Münster, Beschl. v. 25.01.2008 – 13 A 2932 u. 2933/07). Dabei ist letztlich auch zu erwägen, ob der Gleichbehandlungsgrundsatz des Art. 3 Abs. 1 GG dazu führen kann, dass mehrere in gleichem Maße geeignete Krankenhäuser anteilig berücksichtigt werden müssen. Allerdings lassen sachliche Gründe, wie die Forderung nach qualitativen Mindeststandards, ausreichender stationärer Versorgung und Stabilität der Gesetzlichen Krankenversicherung Ungleichbehandlungen durchaus zu (dazu etwa VG Saarlouis, Urt. v. 12.03.2013 – 2 K 611/11, KRS 13.033; umfassend zu statthaften Belangen innerhalb der Auswahlentscheidung *Burgi*, NVwZ 2010, 601, 606 f.; *Clemens*, KrV 2021, 1, 4; *Wollenschläger*, VSSAR 2020, 187, 202 ff.). So ist im begründeten Einzelfall durchaus denkbar, dass sich die Behörde bei einem Bettenüberangebot aus sachlichen, an Gemeinschaftsanliegen orientierten Gründen auf eines oder wenige Krankenhäuser konzentriert und diese in den Plan aufnimmt, ein anderes oder andere jedoch unberücksichtigt lässt (vgl. OVG Münster, Urt. v. 03.09.1998 – 13 A 520/97).

In der Vergangenheit wurden von den Gerichten als **sachgerechte Kriterien**, die sich zu- 13 gunsten der Krankenhäuser ausgewirkt hatten, angesehen (aus der Rechtsprechung vgl. auch BVerwG, Beschl. v. 16.06.2008 – 3 B 9/08; Beschl. v. 16.06.2008 – 3 B 10/08; OVG Münster GesR 2011, 499; OVG Lüneburg, Beschl. v. 28.04.2014 – 13 ME 170/13, KHE 2013/33; VG Arnsberg, Urt. v. 02.12.2014 – 11 K 1626/12; VG Düsseldorf, Urt. v. 23.03.2012 – 13 K 3161/11; VG Gelsenkirchen, Beschl. v. 19.05.2015 – 7 L 668/15, 669/15 und 692/15; dazu auch m.w.N. *Clemens*, KrV 2021, 1, 4; *Wollenschläger*, VSSAR 2020, 187, 202 ff.):
– das Vorhalten einer Haupt- statt einer Belegabteilung,
– ein größeres Disziplinenspektrum (OVG Münster, Beschl. v. 11.01.1999 – 13 A 2031/98; Urt. v. 05.10.2010 – 13 A 2070/09; Beschl. v. 20.07.2009 – 13 A 2603/08) oder eine größere Vielfalt der Indikationen (OVG Münster, Beschl. v. 25.01.2008 – 13 A 2932/07),
– ein geringerer Pflegesatz (vgl. BVerwG Buchholz 451.74 § 8 KHG Nr. 14),
– der Belegungsgrad einer Klinik (OVG Münster MedR 2012, 470, 472),
– Wirtschaftlichkeitserwägungen (OVG Münster MedR 2012, 470, 472),
– die Zahl der Patienten (OVG Münster MedR 2011, 674, 675 sowie Beschl. v. 20.07.2009 – 13 A 2603/08) sowie
– eine Auswahlentscheidung zugunsten nicht ausgelasteter Planabteilungen statt einer kostenintensiven Einrichtung einer neuen Abteilung (Strahlentherapie; vgl. OVG Münster, Urt. v. 25.04.1996 – 13 A 6049/94).

Hingegen wird es als Beurteilungsfehler im Rahmen einer Auswahlentscheidung angesehen, wenn 14 die Wirtschaftlichkeit eines Krankenhauses im Wesentlichen nach der Auslastung beurteilt wird

(OVG Berlin-Brandenburg GesR 2007, 32, 35). Auch der wiederholt von Behördenseite angeführte Umstand, dass der Bedarf bereits durch die vorhandenen Plankrankenhäuser gedeckt sei, ist vor dem Hintergrund der dargestellten Rechtsprechung (dazu § 1 Rdn. 14) sachwidrig. Nach Ansicht des BVerwG (Urt. v. 14.04.2011 – 3 C 17/10) wird die Planungsbehörde bei der Entscheidung über die Planaufnahme nicht durch bereits bestehende Versorgungsverträge nach § 109 SGB V präjudiziert. Ausgehend von der Subsidiarität des Versorgungsvertrages gegenüber der Krankenhausplanung (so auch BSGE 78, 233; Huster/Kaltenborn/*Stollmann* Krankenhausrecht, § 4 Rn. 87; vgl. auch § 1 Rdn. 16a) geht das Gericht insofern nicht von einer automatischen Bindungswirkung aus (vgl. VGH Mannheim, Urt. v. 12.02.2013 – 9 S 1968/11 sowie VBlBW 2010, 350, 352 f.). Das OVG Münster hat im Rahmen eines Eilverfahrens ausgeführt, dass die Existenz einer Fachabteilung mit guter personeller Ausstattung und breitem Behandlungsspektrum die Auswahlentscheidung nicht zugunsten der Antragstellerin beeinflusse (vgl. OVG Münster, Beschl. v. 18.07.2002 – 13 B 1186/02). Das Konkurrenzkrankenhaus besitze die Möglichkeit, eine gleich qualifizierte Abteilung aufzubauen und ihm könne nicht angelastet werden, was betriebswirtschaftlich sinnvoll sei, nämlich erst nach gesicherter Planaufnahme mit dem kostenintensiven Aufbau zu beginnen. Anderenfalls könne der Krankenhausträger durch Schaffung vollendeter Tatsachen die Planungsbehörde in ihrem Beurteilungsermessen vorab binden.

15 Ein **Rangverhältnis** dergestalt, dass dem einen oder anderen Auswahlkriterium stärkeres Gewicht zukommt, **existiert** grundsätzlich **nicht**. Die Frage der Gewichtung der einzelnen Planungskriterien und ihrer Gesamtschau gehört zum Kernbereich des behördlichen Beurteilungsspielraums und kann vom Gericht nur auf Vollständigkeit sowie daraufhin überprüft werden, ob sie nicht willkürlich erfolgt ist. Lediglich dem in § 1 Abs. 2 Satz 1 u. 2 enthaltenen Gebot der **Beachtung der Trägervielfalt** hat die Rechtsprechung eine Verpflichtung der Behörde entnommen, innerhalb des jeweiligen Versorgungsgebietes bei der Auswahlentscheidung zwischen mehreren Krankenhäusern neben den öffentlichen auch die freigemeinnützigen und privaten Krankenhäuser angemessen zu berücksichtigen (vgl. auch OVG Lüneburg, Beschl. v. 28.04.2014 – 13 ME 170/13, KHE 2013/33; OVG Münster, Beschl. v. 19.04.2013 – 13 A 1206/12; VGH Mannheim, Urt. v. 16.04.2015 – 10 S 96/13). Die Behörde könne im Einzelfall auch gehalten sein, einem weniger leistungsfähigen privaten Krankenhaus den Vorzug vor einem leistungsfähigeren öffentlichen Krankenhaus zu geben (BVerwG Buchholz 451.74 § 8 KHG Nr. 8). Wird der Aspekt der Trägervielfalt von der Behörde bei der Abwägung vernachlässigt, liegt nach Ansicht des BVerfG ein unverhältnismäßiger Eingriff in die Berufsfreiheit nach Art. 12 Abs. 1 GG i.V.m. Art. 3 Abs. 1 GG vor (BVerfG GesR 2004, 296, 298 f.; dazu auch § 1 Rdn. 29).

15a Durch die Novelle in 2015 (dazu § 1 Rdn. 1) hat der Gesetzgeber auch den Grundsatz der Trägervielfalt bei Qualitätsaspekten relativiert. Bei unveränderter Gesetzeslage hätte die Situation eintreten können, dass ein privates oder freigemeinnütziges Krankenhaus mit einer geringeren Versorgungsqualität im Rahmen der Krankenhausplanung gegenüber einem öffentlichen Krankenhaus nur deshalb bevorzugt wird, weil die Trägergruppe der freigemeinnützigen oder privaten Krankenhäuser in der Region unterrepräsentiert ist (vgl. dazu § 1 Rdn. 26 f.). Zur Sicherstellung der von den Ländern zukünftig zu bewirkenden Ausrichtung der Krankenhausplanung auch auf Qualitätsaspekte und Qualitätsindikatoren hat der Bund daher mit einer Ergänzung in § 8 Abs. 2 Satz 2 festgelegt, dass die Trägervielfalt nur zu berücksichtigen ist, wenn die Qualität der Leistungen gleichwertig ist.

16 **Beurteilungsfehler** in der **Bedarfsermittlung** führen nach Auffassung der Verwaltungsgerichtsbarkeit zu einer **fehlerhaften Ermessensausübung** und damit im Ergebnis zu einer Verletzung der Berufsausübungsfreiheit. So wurde etwa eine Bedarfsermittlung anhand von Fallzahlen vergangener Jahre für rechtswidrig erachtet, weil die Beurteilungsgrundlage bei Erlass des Feststellungsbescheides nahezu 2 Jahre alt war (hierzu VG Gera ThürVGRspr. 2003, 10; deutlich weniger restriktiv OVG Münster MedR 2012, 470, 471 f. sowie Beschl. v. 17.09.2012 – 13 A 814/12; zur Aktualität verwendeter Daten auch OVG Saarlouis NZS 2015, 344 [345]; vgl. auch VG Meiningen, Urt. v. 12.05.2015 – 2 K 287/14 Me, wonach die Verwendung 6 Jahre alter Daten im Rahmen der Krankenhausplanung jedenfalls unzulässig ist). Fehlerhaft ist eine Bedarfsermittlung auch

dann, wenn in einer Fachrichtung aus der Bettenbelegung der letzten Jahre auf den künftigen Bedarf geschlossen wird, obwohl Erkrankungen dieses Fachbereichs auch in anderen Abteilungen versorgt wurden (VG Karlsruhe GesR 2005, 210). Demgegenüber soll es nicht zu beanstanden sein, wenn eine Bedarfsanalyse auf Schätzungen – gegebenenfalls auch auf der Datenbasis landesweiter Erhebungen anderer Bundesländer – beruht, wenn keine genauere Datenbasis vorhanden ist (VGH Mannheim, Beschl. v. 12.07.2005 – 9 S. 240/05; unter Berufung auf VGH Mannheim, Beschl. v. 20.11.2001 – 9 S. 1572/01, ESVGH 52, 107). Anders ist die Rechtslage indes zu beurteilen, wenn für ein bestimmtes Fachgebiet vollständig auf eine Bedarfsanalyse verzichtet wurde (VGH Mannheim MedR 2002, 408; zur Problematik insgesamt vgl. *Stollmann/Hermanns*, DVBl 2007, 475, 477; zur Konstellation eines fehlenden Berechnungsmodells vgl. BVerwG DVBl 2018, 1621).

### 3. Inhalt des Bescheides

#### a) Ausgestaltung durch Landesrecht

Mit der Aufnahme in den Krankenhausplan erhält das Krankenhaus den Status eines – ganz oder teilweise (» [...], **soweit** und **solange** sie in den Krankenhausplan [...]«) – geförderten Krankenhauses. Allerdings erschöpft sich die Wirkung des Bescheides nicht in dieser Feststellungsfunktion. Vielmehr werden die **bedarfsplanerischen Festlegungen** des Krankenhausplanes hinsichtlich **Aufgabenstellung** und **Struktur** auf das einzelne Krankenhaus umgesetzt. Welchen Mindestinhalt die Bescheide aufweisen müssen, wird vom Landesrecht bestimmt. Es kann dies eher grundsätzlich oder detaillierter regeln. Eine recht umfassende Vorgabe enthält beispielhaft das nordrhein-westfälische Krankenhausrecht. Nach § 16 Abs. 1 Satz 1 KHGG NRW enthält der Bescheid über die Aufnahme mindestens

– den Namen und den Standort des Krankenhauses und seiner Betriebsstellen,
– die Bezeichnung, Rechtsform und den Sitz des Krankenhausträgers sowie den Eigentümer des Krankenhauses,
– die Nummer und das Datum der Aufnahme in den Krankenhausplan, das Institutionskennzeichen sowie die Standortnummer,
– das Versorgungsgebiet,
– die Versorgungsregion für die psychiatrische Pflichtversorgung u.a.m.

17

#### b) Bestimmtheit

Darüber hinaus gilt von den Vorgaben des allgemeinen Verwaltungsrechts vor allem das **Bestimmtheitsgebot** (§ 37 Abs. 1 VwVfG), zumal sich aus dem Feststellungsbescheid der Versorgungsauftrag des Krankenhauses und in der Folge auch die entgeltrechtlichen Konsequenzen ergeben (vgl. VG Münster, Urt. v. 21.03.2012 – 9 K 1117/09; zur Auslegung des Feststellungsbescheides nach § 133 BGB vgl. VGH Mannheim, Beschl. v. 27.05.2021 – 13 S 308/19). Dabei ist der Bescheid nach dem objektiven Erklärungswert unter Berücksichtigung des Gesamtzusammenhangs auszulegen, wobei der Zeitpunkt der Bekanntgabe ausschlaggebend ist (vgl. OVG Münster, Beschl. v. 17.01.2013 – 13 A 1196/12; Beschl. v. 11.03.2011 – 13 A 1745/10, MedR 2011, 740). Zu diesem Gesamtzusammenhang gehören grundsätzlich auch die Vorgaben des Krankenhausplans (so ausdrücklich OVG Münster, Beschl. v. 17.01.2013 – 13 A 1196/12; Urt. v. 22.11.2012 – 13 A 2379/11).

17a

#### c) Begründung und Nebenbestimmungen

Aus rechtsstaatlichen Erwägungen bedarf es einer **Begründung** des Feststellungsbescheides (vgl. § 39 Abs. 1 VwVfG; dazu OVG Münster GesR 2009, 417, 420; ausführlich VG Arnsberg, Urt. v. 02.12.2014 – 11 K 1626/12; VG Düsseldorf, Urt. v. 23.03.2012 – 13 K 3161/11; vgl. auch *Rennert*, DVBl 2010, 936, 941). Diese kann allenfalls dann entbehrlich sein, wenn die Behörde dem Antrag entspricht (§ 39 Abs. 2 Nr. 1 VwVfG) oder dem Antragsteller bzw. dem Konkurrenten die Auffassung der Planungsbehörde bereits bekannt oder auch ohne schriftliche Begründung ohne weiteres erkennbar ist (§ 39 Abs. 2 Nr. 2 VwVfG). Eine heilende Nachholung

18

der formellen Begründung (§ 45 Abs. 2 VwVfG) als auch eine Ergänzung der materiellen Auswahlgründe (§ 114 Satz 2 VwGO) sind nur unter engen Voraussetzungen möglich (dazu BVerwG, Beschl. v. 16.06.2008 – 3 B 9/08 u. 10/08; OVG Münster GesR 2009, 417, 420). Zu den Besonderheiten bei inhaltlichen Vorgaben/Weisungen übergeordneter Behörden vgl. *Rennert*, DVBl 2010, 936, insb. 942.

19 Grundsätzlich kann der Feststellungsbescheid auch mit **Nebenbestimmungen** versehen werden. Im Landesrecht fehlt es weitestgehend an ausdrücklichen Ermächtigungen zum Erlass von Nebenbestimmungen, sodass auf die allgemeinen verwaltungsverfahrensrechtlichen Bestimmungen zurückgegriffen werden muss (VG Saarlouis, Urt. v. 10.03.2015 – 2 K 422/14). In der Praxis dürften insbesondere rechtsgestaltende Auflagen in Betracht kommen (die allerdings von bloßen Hinweisen auf die Rechtslage abzugrenzen sind; zur Abgrenzung von [isoliert anfechtbaren] Nebenbestimmungen und bloßen Hinweisen vgl. VG Aachen, Urt. v. 27.04.2015 – 7 K 271/14 und 625/14; VG Minden, Urt. v. 20.02.2015 – 6 K 912/14 und 913/14; VG Düsseldorf, Urt. v. 08.05.2015 – 13 K 8720/13). Bedenken bestehen im Hinblick auf die bedingte oder (aufschiebend oder auflösend) befristete Aufnahme einer Klinik in den Krankenhausplan, da dies mit dem Zweck einer wirtschaftlichen Sicherung des Krankenhauses (vgl. § 1 Abs. 1) nur schwerlich vereinbar ist (dazu OVG Münster, Beschl. v. 30.10.2007 – 13 A 1569 u. 1570/07).

### d) Trägerwechsel

20 Ein **Wechsel des Krankenhausträgers** hat auch für das Krankenhausplanungsrecht rechtliche Konsequenzen. Soweit dies landesgesetzlich nicht ohnehin explizit geregelt ist (so etwa ausdrücklich § 25 LKHG-BW oder § 4 Abs. 3 LKHG Thüringen), muss bei einem Wechsel des Krankenhausträgers ein neuer Feststellungsbescheid erteilt werden (für das nordrhein-westfälische Landesrecht etwa arg. § 16 Abs. 1 Satz 1 Nr. 2, Abs. 4 Satz 2 KHGG NRW). Seinen rechtsdogmatischen Hintergrund hat dies in der Bewertung, dass dem Feststellungsbescheid eine »dingliche Wirkung« nicht zuerkannt wird (vgl. *Quaas/Zuck* § 26 Rn. 444 m.w.N.). Bei Krankenhausträgern, die als Gesellschaften – etwa als GmbH – organisiert sind, ist allerdings ein Wechsel der Gesellschaftsanteile nicht als Trägerwechsel anzusehen, da der Träger als Gesellschaft nach wie vor im Feststellungsbescheid ausgewiesen ist. Dies gilt auch bei einem Wechsel von 100 % der Gesellschaftsanteile. **Änderungen in der Rechtsform** stellen hingegen einen **Trägerwechsel** dar.

21 Im Zusammenhang mit einem derartigen Trägerwechsel sind auch die Voraussetzungen nach § 8 i.V.m. § 1 erneut zu prüfen. Das Krankenhaus muss also weiterhin bedarfsgerecht, leistungsfähig und wirtschaftlich sein; der Grundsatz der Trägervielfalt ist zu beachten (VGH Mannheim MedR 2001, 466, 467). Dabei dürfte vor dem Hintergrund der bisherigen Planaufnahme regelmäßig von der Bedarfsnotwendigkeit des Krankenhauses auszugehen sein. Um die Leistungsfähigkeit beurteilen zu können, muss der (neue) Krankenhausträger aber nachweisen, dass das Krankenhaus Gewähr für die Dauerhaftigkeit der nach dem Versorgungsauftrag zu erbringenden pflegerischen und ärztlichen Leistungen bietet. Dazu gehört neben der Kenntnis der räumlichen, medizinisch-technischen und personellen Ausstattung auch die Kenntnis über die Zusammensetzung der das Krankenhaus tragenden juristischen Person. Der neue Krankenhausträger ist daher zur Darlegung etwa seiner Gesellschaftsstrukturen verpflichtet.

### e) Teilbarkeit des Feststellungsbescheides

22 Die Rechtsprechung geht – weitestgehend unausgesprochen – von der Teilbarkeit des Feststellungsbescheides aus. Explizit dazu geäußert hat sich einzig das OVG Münster, demzufolge der die Aufnahme in den Krankenhausplan feststellende Bescheid **mehrere Regelungselemente** enthält, die (u.a.) die Gebiete, die Anzahl der Betten und das jeweilige Bezugsobjekt betreffen können (vgl. OVG Münster MedR 2011, 674; VG Düsseldorf, Urt. v. 23.05.2014 – 13 K 2618/13; VG Aachen, Urt. v. 06.04.2011 – 8 K 548/07; VG Gelsenkirchen, Urt. v. 01.02.2012 – 7 K 3293/11; umfassend *Stollmann*, GesR 2014, 74 f.). Dies hat auch praktische Konsequenzen: Regelmäßig wird ein Krankenhaus über einen festen Abteilungsbestand verfügen, der durch in der Regel

mehrere Feststellungsbescheide im Laufe der Zeit planerisch abgesichert ist. Soweit nun eine neue Abteilung aufgenommen wird, die Bettenzahl erhöht wird o.ä. und hierauf eine Konkurrenzeinrichtung gegen den neuen Feststellungsbescheid Rechtsmittel einlegt, können sich Rechtsmittel regelmäßig nur auf den »Neubestand« erstrecken. Die bestandskräftigen Bestandteile bleiben – wenn man richtigerweise von der Teilbarkeit des Feststellungsbescheides ausgeht – davon unberührt. Das Krankenhaus wird also nicht komplett zur Disposition gestellt, denn die bestandskräftigen Bescheide vermitteln dem Krankenhausträger eine gesicherte Rechtsposition, die ihm – jedenfalls Dritten gegenüber – nicht mehr entzogen werden darf (so *Stollmann/Hermanns*, DVBl 2007, 475, 484; *Quaas/Zuck* § 26 Rn. 509). Die Flexibilität der Krankenhausplanung (vgl. dazu oben § 1 Rdn. 14) wird dadurch nicht berührt, weil es im Verhältnis zur Planungsbehörde bei den allgemeinen Grundsätzen verbleibt.

### 4. Herausnahme aus dem Krankenhausplan

Die Ländergesetze enthalten nur vereinzelt (Spezial-) Regelungen betreffend die (teilweise) Herausnahme von Krankenhäusern aus dem Krankenhausplan (vgl. § 4 Abs. 3 KHG Thüringen, § 7 Abs. 3 Satz 2 SächsKHG oder Art. 5 Abs. 3 Satz 3 BayKHG). Soweit derartige landesrechtliche Befugnisse nicht existieren, stellt sich die Frage nach der **einschlägigen Ermächtigungsgrundlage**. Dabei ist umstritten, ob sich die Ermächtigungsgrundlage aus der speziellen Vorschrift des **§ 8 Abs. 1 Satz 3** ergibt **oder** insoweit ein Widerruf des Feststellungsbescheides i.S.d. **§ 49 VwVfG** (hier vor allem Abs. 2 Nr. 3) erforderlich ist (umfassend zur Problematik *Vitkas*, MedR 2010, 539 ff.). 23

Die erstere Ansicht verweist darauf, dass die materiellen Voraussetzungen für die Aufnahme oder Nichtaufnahme und damit auch die Herausnahme eines Krankenhauses aus dem Krankenhausplan eines Landes abschließend in § 8 und den §§ 109, 110 SGB V geregelt seien (OVG Münster MedR 2012, 470; OVG Berlin-Brandenburg GesR 2007, 32, 33; VG Gelsenkirchen, Urt. v. 01.02.2012 – 7 K 3293/11; VG Minden, Urt. v. 20.02.2015 – 6 K 912/14 und 913/14). Die Regelungen der §§ 1 Abs. 2, 8 werden insoweit als abschließende fachgesetzliche Vorrangnormen angesehen, die keinen Rückgriff auf die Vorschriften über den Widerruf rechtmäßiger Verwaltungsakte in § 49 VwVfG zuließen (ausführlich OVG Münster, Beschl. v. 17.09.2012 – 13 A 814/12). Demgegenüber beruft sich die zweite Auffassung auf das Fehlen einer ausdrücklichen Ermächtigung in den Spezialregelungen mit der Folge eines Rückgriffs auf die allgemeinen Bestimmungen (VGH Mannheim, Urt. v. 09.10.2007 – 9 S. 2240/07; VG Minden Urt. v. 29.08.2001 – 3 K 853/97; *Kuhla/Voß*, NZS 1999, 216, 218; *Quaas*, NJW 1989, 2933, 2934). Dafür spreche bereits der Wortlaut in § 8 Abs. 1 Satz 3 und Abs. 2, worin nur von Aufnahme oder Nichtaufnahme in den Krankenhausplan – nicht aber von Herausnahme aus dem Plan – die Rede sei. Nach dieser Ansicht müsse damit § 49 VwVfG zur Anwendung kommen. Die Herausnahme sei als Aufhebung des Feststellungsbescheides der Widerruf eines rechtmäßigen, begünstigenden Verwaltungsaktes, zu dem § 49 Abs. 2 Nr. 3 VwVfG die Behörden ermächtige. 24

Ungeachtet der Frage nach der einschlägigen Ermächtigungsgrundlage ist in **materiell-rechtlicher Hinsicht** ausschlaggebend, ob das Krankenhaus bzw. dessen Abteilungen im entscheidungserheblichen Zeitpunkt (dazu vor allem OVG Münster, Beschl. v. 30.10.2007 – 13 A 1570/07; *Vitkas*, MedR 2010, 539, 545 f.) noch leistungsfähig, wirtschaftlich oder bedarfsgerecht ist (vgl. BVerwGE 60, 269, 277; OVG Münster KRS 2020, 361, 363), also letztlich die für eine Aufnahme in den Krankenhausplan entscheidenden Tatbestandsvoraussetzungen noch gegeben sind. In den meisten praktischen Fällen wird dies auf sachgerechte Kriterien für die Rechtmäßigkeit der Auswahlentscheidung hinauslaufen. Die Rechtsprechung hat dies etwa für die Schließung einer Mini-Abteilung statt des linearen Bettenabbaus in anderen Plankrankenhäusern anerkannt (vgl. OVG Münster, Beschl. v. 30.10.2007 – 13 A 1569/07; Beschl. v. 30.10.2007 – 13 A 1570/07; VG Aachen, Urt. v. 06.04.2011 – 8 K 548/07). Dem OVG Münster zufolge ist auch die Entscheidung, bei allen Krankenhäusern in einer Stadt die Zahl der Planbetten bis zur rechnerischen Auslastungsquote in den entsprechenden Abteilungen zu reduzieren, rechtmäßig (Beschl. v. 17.09.2012 – 13 A 814/12). 25

26 In jüngerer Zeit wird allerdings die Auffassung vertreten, dass bei der allgemeinen Widerrufsregelung durch die Bezugnahme auf die Gefährdung des öffentlichen Interesses (§ 49 Abs. 2 Nr. 3 VwVfG) strengere Anforderungen gelten (*Quaas/Zuck* § 26 Rn. 450 unter Bezugnahme auf BVerwG GewArch 1995, 113; VG Schleswig, Beschl. v. 17.03.2006 – 1 B 57/05; vgl. auch *Vitkas*, MedR 2010, 539, 543 f.). Im Krankenhausplanungsrecht könne die sparsame Verwendung öffentlicher Mittel kein öffentliches Interesse begründen, da Gegenteiliges der Fall sei. Gerade »durch« den Widerruf und nicht »ohne« den Widerruf wäre das öffentliche Interesse gefährdet, da die Investitionen größtenteils schon erfolgt seien und folglich entwertet würden (vgl. *Steiner*, NVwZ 2009, 489, 491). Dies lässt indes unberücksichtigt, dass es nicht um eine historische Bewertung bereits getätigter Investitionen geht, sondern die weitere Finanzierung von unwirtschaftlichen und/oder wenig leistungsfähigen Strukturen in der Zukunft verhindert werden soll. Dem gilt es durch den Widerruf der Planaufnahme vorzubeugen.

### 5. Qualitätsinduzierte Planaufnahme und -herausnahme

26a Entsprechend der KHG-Novelle in 2015 (oben § 1 Rdn. 1) dürfen Krankenhäuser, die bei den für sie maßgeblichen planungsrelevanten Qualitätsindikatoren nach § 6 Abs. 1a auf der Grundlage der vom G-BA nach § 136c Abs. 2 Satz 1 SGB V übermittelten Maßstäbe und Bewertungskriterien oder den im jeweiligen Landesrecht vorgesehenen Qualitätsvorgaben nicht nur vorübergehend eine in einem erheblichen Maß unzureichende Qualität aufweisen, insoweit ganz oder teilweise nicht in den Krankenhausplan aufgenommen werden (vgl. § 8 Abs. 1a Satz 1). Plankrankenhäuser, die nach diesen Vorgaben nicht nur vorübergehend eine in einem erheblichen Maß unzureichende Qualität aufweisen oder für die in höchstens 3 aufeinanderfolgenden Jahren Qualitätsabschläge nach § 5 Abs. 3a KHEntgG vereinbart wurden, sind insoweit durch Aufhebung des Feststellungsbescheides ganz oder teilweise aus dem Krankenhausplan herauszunehmen (§ 8 Abs. 1b Satz 1). Damit sollen die planungsrelevanten Qualitätsindikatoren nach § 6 Abs. 1a i.V.m. § 136c SGB V (dazu oben § 6 Rdn. 8b) die Funktion einer Art »Sperrklausel« für die Planaufnahme und zugleich einer Art »Initialzündung« für den spiegelbildlichen Vorgang der Planherausnahme haben. In beiden Fällen sind die Auswertungsergebnisse nach § 136c Abs. 2 Satz 1 SGB V zu berücksichtigen (§ 8 Abs. 1a Satz 2, 1b Satz 2).

26b Für die weitere Umsetzung bleibt zunächst abzuwarten, wie die planungsrelevanten Qualitätsindikatoren zur Struktur-, Prozess- und Ergebnisqualität durch den G-BA konkret ausgestaltet werden (vgl. *Ricken*, KrV 2018, 89 f. sowie Rdn. 8a ff. zu § 6). Auf der Tatbestandsebene der Normen hat der Bundesgesetzgeber zudem unbestimmte Rechtsbegriffe neu eingeführt. Sowohl im Fall der Planaufnahme als auch der Herausnahme darf das Qualitätsdefizit »nicht nur vorübergehend« sowie muss die Qualität »in einem erheblichen Maße« unzureichend sein (dazu zuletzt etwa *Burgi*, KrV 2019, 181, 184 f.). Dem Grunde nach müssen die Qualitätsdefizite also sowohl in zeitlicher als auch in inhaltlicher Hinsicht eine gewisse Erheblichkeitsschwelle überschreiten und nicht mehr tolerierbar sein.

26c Mit der Formulierung in § 8 Abs. 1b Hs. 1 dürfte jedenfalls auch für diese Fallgruppe(n) eindeutig sein, dass die Ermächtigungsgrundlage für die (teilweise) Herausnahme aus einem Krankenhausplan im Krankenhausrecht als Sonderrecht liegt und es keines Rückgriffs auf die allgemeinen verwaltungsverfahrensrechtlichen Normen bedarf (dazu oben Rdn. 23 f.). Zudem suggeriert die Formulierung als gebundene Verwaltungsentscheidung eine rechtliche Bindung und Verpflichtung, die zum einen durch das insoweit unverändert gebliebene Abwägungsgebot des § 8 Abs. 2 Satz 2, zum anderen durch den Verhältnismäßigkeitsgrundsatz relativiert wird. So kann die Feststellung der unzureichenden Qualität z.B. nur eine Fachabteilung eines Krankenhauses betreffen. Die Entscheidung über Nichtaufnahme bzw. Verbleib im Krankenhausplan ist dann nur auf diesen Teil des Krankenhauses zu beschränken (vgl. BR-Drs. 277/15, S. 56 f.).

26d Soweit die Empfehlungen des G-BA nach § 6 Abs. 1a Satz 2 nicht Bestandteil des Krankenhausplans geworden sind, gelten die Abs. 1a und 1b nur für die im Landesrecht vorgesehenen Qualitätsvorgaben (§ 8 Abs. 1c; vgl. dazu BT-Drs. 18/6586, S. 99; BR-Drs. 277/15, S. 2, 56). Damit wird klargestellt, dass die in den Abs. 1a und 1b geregelten rechtlichen Konsequenzen überhaupt nicht greifen, wenn ein Land die Verbindlichkeit der Empfehlungen des G-BA für die Krankenhausplanung nach § 6 Abs. 1a Satz 2 Hs. 1 ausgeschlossen hat.

## III. Rechtsschutz

### 1. Rechtsschutz gegen den Krankenhausplan

Da der Krankenhausplan selbst keine äußere Verbindlichkeit erlangt und weder Rechtsnorm noch Verwaltungsakt (Allgemeinverfügung), sondern bloßes Verwaltungsinternum darstellt (BVerwGE 62, 86, 95 f.; 72, 38, 44 f.; OVG Münster GesR 2009, 417, 419 sowie § 6 Rdn. 6), scheiden sowohl eine Klage auf Feststellung der Rechtswidrigkeit einzelner Festsetzungen des Krankenhausplans nach § 43 VwGO als auch ein Normenkontrollverfahren gem. § 47 VwGO aus. Geht man allerdings mit dem OVG Münster (NWVBl. 2011, 106, 107) davon aus, dass materiell-rechtliche Vorgaben zur Bedarfsermittlung sich weder aus dem KHG noch aus dem Landeskrankenhausrecht ergeben, wirft die sich daraus ergebende normative Funktion des Krankenhausplans indes weitergehende Fragen auf. 27

Zwar lässt die Rechtsprechung des BVerwG im Bauplanungsrecht (BVerwG NVwZ 2007, 1081; BauR 2009, 156) Tendenzen erkennen, den unmittelbaren Rechtsschutz gegen Flächennutzungspläne in weitergehendem Umfang gerade auch über § 47 VwGO anzuerkennen. Auf das Krankenhausplanungsrecht ist dies allerdings angesichts der unterschiedlichen normativen Vorgaben sowie mangels des imperativen Charakters des Krankenhausplans (vgl. oben § 6 Rdn. 2) nicht übertragbar. Ein gerichtliches Vorgehen unmittelbar gegen den Krankenhausplan ist daher unzulässig. 28

### 2. Rechtsschutz des unmittelbar betroffenen Krankenhausträgers

Nach § 8 Abs. 1 Satz 4 ist gegen den Feststellungsbescheid der **Verwaltungsrechtsweg** gem. § 40 Abs. 1 VwGO eröffnet (zum Streitwert in krankenhausplanungsrechtlichen Verfahren vgl. OVG Münster MedR 2012, 470, 473; 2011, 674, 676; VG Saarlouis, Beschl. v. 16.05.2012 – 2 L 128/12 m.w.N.). 29

#### a) Verpflichtungssituation

Wird der Antrag eines Krankenhauses auf (Teil-) **Aufnahme** in den **Landeskrankenhausplan** oder auf die Erhöhung der Planbettenzahl verwaltungsseitig abgelehnt, ist für den Krankenhausträger die **Verpflichtungsklage** gem. § 42 Abs. 1 VwGO – je nach Landesrecht nach Durchführung eines Widerspruchsverfahrens nach § 68 Abs. 2 VwGO – die statthafte Klageart (vgl. BVerwG, Urt. v. 14.04.2011 – 3 C 17/10; so auch schon NJW 1987, 2318). Die beklagte Behörde wäre in einem solchen Fall – auf der ersten Entscheidungsstufe – zur Planaufnahme oder – auf der zweiten Entscheidungsstufe – zur Neubescheidung unter Berücksichtigung der Rechtsauffassung des Gerichts zu verpflichten (Klage auf **Neubescheidung** als **Unterfall der Verpflichtungsklage**; vgl. BVerwG Buchholz 451.74 § 8 KHG Nr. 8; zu einer derartigen Konstellation auch VGH Mannheim, Urt. v. 12.02.2013 – 9 S 1968/11; Urt. v. 16.04.2015 – 10 S 96/13; OVG Bautzen DÖV 2013, 860; VGH München KommunalPraxis BY 2011, 241; VG Greifswald, Urt. v. 17.04.2014 – 3 A 34/13). Je nach den Umständen des Einzelfalles – vor allem etwa wenn in tatsächlicher Hinsicht Unsicherheiten bezüglich der Bedarfssituation gegeben sind – kann es auch sinnvoll sein, mit einem Hauptantrag auf positive Zuteilung der beantragten Bettenkapazität (der Abteilung o.ä.) und einem Hilfsantrag auf ein Bescheidungsurteil zu reagieren (OVG Schleswig NVwZ-RR 2005, 483, 484; *Stollmann*, NZS 2004, 346, 350). Unabhängig von einer Einordnung als Bescheidungs- oder Verpflichtungsbegehren scheitert eine Klage nach Auffassung der Rechtsprechung jedenfalls nicht daran, dass der festgestellte Bedarf bereits durch die bestandskräftige Aufnahme anderer Krankenhauskapazitäten in den Plan gedeckt wäre (vgl. OVG Schleswig NVwZ-RR 2005, 483, 484 f.; VGH Mannheim NVwZ-RR 2002, 507, 508; OVG Münster NVwZ 2003, 630, 631). In der Konsequenz müssen überschießende Krankenhauskapazitäten 30 durch (Teil-) Herausnahme anderer Krankenhäuser aus dem Plan wieder beseitigt werden (kritisch daher *Stollmann*, GesR 2004, 299, 300).

30a Je nach Fallkonstellation steht einem Krankenhausträger auch die Möglichkeit der **Untätigkeitsklage** (§ 75 VwGO) zur Verfügung (vgl. VG Meiningen, Urt. v. 25.06.2013 – 2 K 251/11 Me; VG Arnsberg, Urt. v. 28.04.2015 – 11 K 833/13). Der Hinweis auf noch andauernde Arbeiten an einem landesweiten Konzept für bestimmte Fachgebiete stellt z.B. keinen zureichenden Grund i.S.d. § 75 Satz 3 VwGO dar, vor allem wenn zur gleichen Zeit andere Kliniken im gleichen Fachgebiet in den Krankenhausplan aufgenommen worden waren. Auch die angeführte Unvollständigkeit der Antragsunterlagen hätte die beklagte Behörde nicht an einer Entscheidung gehindert, denn auch eine abschlägige Entscheidung wegen unvollständiger Unterlagen sei eine sachliche Entscheidung i.S.d. § 75 VwGO (OVG Lüneburg, Urt. v. 03.02.2011 – 13 LC 125/08).

30b **Maßgeblicher Zeitpunkt** für die Beurteilung der Bedarfssituation ist nicht derjenige der Entscheidung der Planungsbehörde. Für die Beurteilung der Sach- und Rechtslage im Rahmen der auf Aufnahme in den Krankenhausplan gerichteten Verpflichtungsklage kommt es vielmehr auf den Zeitpunkt der letzten mündlichen Verhandlung der Tatsacheninstanz bzw. in Fällen ohne mündliche Verhandlung auf den Zeitpunkt der gerichtlichen Entscheidung an (BVerwG, Urt. v. 26.04.2018 – 3 C 11/16 juris Rn. 13; VGH Mannheim, Urt. v. 12.02.2013 – 9 S 1968/11; OVG Saarlouis NZS 2015, 344; VG Meiningen ThürVBl 2014, 97). Die Gegenauffassung stellt als maßgebenden Entscheidungszeitpunkt auf denjenigen der Planungsentscheidung bzw. des Erlasses des entsprechenden Feststellungsbescheides ab (vgl. OVG Münster, Beschl. v. 06.11.2011 – 13 A 1402/11; VG Saarlouis, Urt. v. 12.03.2013 – 2 K 611/11).

31 Der **einstweilige Rechtsschutz** richtet sich nach **§ 123 VwGO**. Bislang sah die Rechtsprechung kein Rechtsschutzinteresse des erfolglos gebliebenen Krankenhausträgers für den Erlass einer einstweiligen Regelungsanordnung nach § 123 VwGO, das Krankenhaus vorläufig bis zu einer Entscheidung im Klageverfahren in den Krankenhausplan des Landes aufzunehmen. Dem stehe das **Verbot der Vorwegnahme der Hauptsache** entgegen (hierzu VGH Mannheim NVwZ-RR 2002, 507; VG Köln, Beschl. v. 31.03.2000 – 9 L 1957/99). Nach Sinn und Zweck der einstweiligen Anordnung seien dem Gericht nur vorläufige Regelungen gestattet und es könne nicht schon das gewähren, was nur in einem Klageverfahren zu erreichen sei. Diese Beschränkung gelte im Hinblick auf die Rechtsschutzgarantie des Art. 19 Abs. 4 GG nur dann nicht, wenn die Regelung **ausnahmsweise** notwendig sei, das heißt die sonst zu erwartenden Nachteile für den Antragsteller unzumutbar und im Hauptsacheverfahren nicht mehr zu beseitigen wären sowie ein hoher Grad an Wahrscheinlichkeit für den Erfolg auch in der Hauptsache spreche. Anordnungsgrund und Anordnungsanspruch müssten in einem das übliche Maß der Glaubhaftmachung deutlich übersteigenden Grad von Offenkundigkeit auf der Hand liegen. Einen Anordnungsgrund sah das VG Köln etwa schon deshalb nicht als glaubhaft gemacht an, weil der private Klinikträger neben der streitgegenständlichen Herzklinik weitere Kliniken betrieb und eine Existenzgefährdung aller Häuser nicht dargelegt war (VG Köln, Beschl. v. 31.03.2000 – 9 L 1957/99).

32 Ob eine einstweilige Anordnung zur Feststellung der Aufnahme in den Krankenhausplan trotz der darin liegenden Vorwegnahme der Hauptsache gem. Art. 19 Abs. 4 GG geboten ist, bedarf einem Teil der Rechtsprechung zufolge der Prüfung des Einzelfalles (OVG Greifswald, Beschl. v. 10.06.2008 – 2 M 161/06, BeckRS 2009, 36162). Es müssten unzumutbare, nicht rückgängig zu machende Rechtsverluste zu befürchten sein. Das OVG Lüneburg hat eine vorläufige Planaufnahme abgelehnt, wenn der vom Krankenhaus zur Begründung behauptete Erlösausfall und die darauf beruhende Existenzgefährdung von Anfang an selbstverschuldet herbeigeführt wurden (OVG Lüneburg, Beschl. v. 22.09.2008 – 13 ME 90/08 = DVBl 2008, 1399 [Ls.]). Auf eine wirtschaftliche Notlage könne sich ein Krankenhaus nicht berufen, wenn es in beträchtlichem Umfang dauerhaft Krankenhausbehandlung durchgeführt habe, ohne dass ihr Antrag auf Aufnahme in den Krankenhausplan positiv beschieden worden sei. Denn die Entscheidung, den Krankenhausbetrieb auch ohne Berücksichtigung im Krankenhausplan aufzunehmen, sei in eigener Verantwortung getroffen worden.

Nach Auffassung des OVG Bautzen liegt in der Anordnung der vorläufigen Aufnahme einer Abteilung mit stationären Betten in den Krankenhausplan eine endgültige Vorwegnahme der Hauptsache, weil Anordnungs- und Klageantrag regelmäßig übereinstimmten und die begehrte Regelung nicht unter dem Vorbehalt des Ausgangs des Klageverfahrens stehe. Die mit der Klage beantragte Rechtsposition würde bereits im Anordnungsverfahren uneingeschränkt und unentziehbar eingeräumt. Dadurch würde diese vor einer Entscheidung in der Hauptsache vollzogen und es würden bis dahin – mindestens aber bis zur Fortschreibung des Krankenhausplans – zeitlich begrenzte Berechtigungen eingeräumt. Deren Wirkungen tatsächlicher wie rechtlicher Art könnten nicht oder jedenfalls nicht ohne weiteres rückgängig gemacht werden. Bereits die Aufnahme in den Krankenhausplan löse dem Grunde nach Förderungsansprüche nach §§ 8 ff. aus. Ob diese geltend gemacht werden, stehe dem Krankenhausträger grundsätzlich frei. Selbst wenn hierauf wirksam verzichtet würde, führt die Feststellung der Aufnahme unabhängig davon kraft Gesetzes zum Abschluss eines Versorgungsvertrags mit den gesetzlichen Krankenkassen. Sie entfalte damit – im Sinne einer Tatbestandswirkung – unmittelbare Rechtswirkungen, berechtige und verpflichte die Krankenkassen zur Kostenübernahme bei der Behandlung Versicherter. Die Feststellung der Aufnahme in den Krankenhausplan, auch nur für die Dauer des Hauptsacheverfahrens, habe somit Statuscharakter mit Wirkung auch auf Dritte. Ein »schwebender Rechtszustand« bestehe gerade nicht (zu alledem OVG Bautzen, Beschl. v. 16.05.2011 – 2 B 273/09). 32a

b) **Anfechtungssituation**

Soweit durch Bescheid der zuständigen Behörde Bettenkontingente, Abteilungen oder gar komplette Kliniken aus dem Krankenhausplan herausgenommen werden, stellen der **Anfechtungswiderspruch** nach § 68 Abs. 1 VwGO sowie die verwaltungsgerichtliche **Anfechtungsklage** gem. § 42 Abs. 1 VwGO die grundsätzlich infrage kommenden Rechtsbehelfe dar (vgl. nur BVerwG DVBl 2000, 1634; OVG Berlin-Brandenburg, Urt. v. 16.06.1994 – 5 B 5/05; a.A. VG Gera, Urt. v. 30.01.2002 – 1 K 814/98 GE: kombinierte Anfechtungs-/Verpflichtungsklage). Den Rechtsbehelfen kommt nach § 80 Abs. 1 VwGO **aufschiebende Wirkung** zu. Eine **Anordnung** der **sofortigen Vollziehung** nach § 80 Abs. 2 Satz 1 Nr. 4 VwGO – gegen die das betroffene Krankenhaus beim Verwaltungsgericht einen Antrag nach § 80 Abs. 5 VwGO stellen könnte – ist in der Planungspraxis soweit ersichtlich bislang nicht vorgekommen. Die in diesem Zusammenhang zur Begründung heranzuziehenden dringenden Gründe für eine umgehende Herausnahme aus dem Krankenhausplan dürften auch nur schwerlich zu finden sein. 33

c) **Fortsetzungsfeststellungsklage**

Die bisherige Rechtsprechung (BVerwG KRS. 86.014; OVG Bautzen, Urt. v. 25.09.2006 – 2 KO 73/05) war davon ausgegangen, dass **Erledigung** des ursprünglichen Klagebegehrens i.S.d. § 113 Abs. 1 Satz 4 VwGO eintritt, wenn der Krankenhausplan insgesamt durch einen **neuen Plan** ersetzt wird. Durch die Aufstellung des neuen Plans sei der alte Krankenhausplan gegenstandslos und damit unwirksam geworden; die Feststellung der nachträglichen Aufnahme in einem unwirksam gewordenen Plan aber sei nicht mehr möglich. Dem Krankenhausträger bliebe in diesen Fällen nur der Weg, sein Begehren mit der Fortsetzungsfeststellungsklage weiterzuverfolgen. Dem hat das BVerwG indes mittlerweile eine Absage erteilt: nach dem Urt. v. 14.04.2011 – 3 C 17/10 beziehe sich das Begehren, in den Krankenhausplan aufgenommen zu werden, nicht auf einen bestimmten Krankenhausplan; deshalb erledige es sich auch nicht, wenn der bisherige Krankenhausplan durch einen neuen abgelöst werde (bestätigt in BVerwG, Urt. v. 26.04.2018 – 3 C 11/16, juris Rn. 21). Ähnlich hatte das BVerwG auch bereits bei der bloßen Fortschreibung des Krankenhausplans entschieden (vgl. BVerwG NJW 1987, 2318). 34

**3. Rechtsschutz der Kostenträger und sonstiger Beteiligter**

Das Bundesverwaltungsgericht hat bereits 1994 festgestellt, dass ein Landesverband der AOK unter keinem rechtlichen Gesichtspunkt befugt ist, Feststellungsbescheide der Landesbehörden, 35 mit denen Krankenhäuser in den Krankenhausplan des Landes aufgenommen werden, vor Gericht anzufechten (NJW 1995, 1628 = NWVBl. 1995, 331). Das Gericht hat dabei vor allem auf die §§ 7, 8 abgestellt. Selbst der Umstand, dass gegenüber den Krankenkassen die Aufnahme in den Krankenhausplan gem. § 109 Abs. 1 Satz 2 SGB V als Abschluss eines Versorgungsvertrages mit all seinen rechtlichen und wirtschaftlichen Folgewirkungen gilt, reicht nach Ansicht des Gerichts für die Zuerkennung einer Klagebefugnis nicht aus. Auch die Mitwirkungsbefugnisse der Krankenkassen bei der Planaufstellung würden den Landesverbänden nicht das Recht verleihen, bei der nachfolgenden Umsetzung des Plans die Einhaltung der gesetzlichen Voraussetzungen gerichtlich prüfen zu lassen (vgl. BVerwG NJW 1995, 1628, 1629). Die verwaltungsgerichtliche Rechtsprechung hat die fehlende Klagebefugnis auch für den Verband der privaten Krankenversicherung (vgl. BVerwG Buchholz 451.74, § 18 KHG Nr. 6) sowie den Verband der Angestellten-Krankenkassen e.V. (VdAK) bestätigt (VGH Mannheim, Urt. v. 19.01.1997 – 9 S. 2277/95; insgesamt kritisch zu dieser Rechtsprechung *Buchner*, GuP 2017, 213).

36 Auch im Fall einer Kassenärztlichen Vereinigung, die gegen den Feststellungsbescheid der Planungsbehörde Rechtsmittel einlegt, ist bereits die Anfechtungsbefugnis nicht gegeben. Den relevanten öffentlich-rechtlichen Vorschriften, seien es die §§ 8 ff., die §§ 12 ff. KHGG NRW oder die einschlägigen Bestimmungen des SGB V, kommt keinerlei drittschützende Wirkung zugunsten der Kassenärztlichen Vereinigungen zu (VG Düsseldorf, Urt. v. 06.11.2009 – 13 K 3304/07).

### 4. Rechtsschutz konkurrierender Krankenhausträger

37 Soweit ein Krankenhausträger die **Aufhebung** des an einen anderen Klinikbetreiber gerichteten (diesen begünstigenden) Feststellungsbescheides begehrt, kommen grundsätzlich die **Anfechtungsrechtsbehelfe** infrage (**einstweiliger Rechtsschutz über §§ 80, 80a VwGO**).

#### a) Offensive Konkurrentenklage

38 Für Fallgestaltungen der offensiven Konkurrentenklage ist durch den Beschluss des BVerfG vom 14.01.2004 (BVerfG NVwZ 2004, 718 = GesR 2004, 85 m. Anm. *Thomae* = DVBl 2004, 431 m. Anm. *Vollmöller*; dazu etwa *Burgi/Brohm*, MedR 2005, 74, 75 f.; *Rasche-Sutmeier*, GesR 2004, 272; *Schillhorn*, das Krankenhaus 2004, 169; *Stollmann*, GesR 2005, 385 ff.; *Thier*, das Krankenhaus 2004, 993) grundsätzlich geklärt, dass **Widerspruch** und **Anfechtungsklage** eines **konkurrierenden Krankenhausträgers** nach § 80 Abs. 1 VwGO **regelmäßig aufschiebende Wirkung** haben.

39 Nach Auffassung des BVerfG berührt zwar die (teilweise) Nichtaufnahme in den Krankenhausplan nicht das Recht, ein Krankenhaus oder eine bestimmte Krankenhausabteilung zu führen. Soweit aber ein Krankenhaus nicht in den Krankenhausplan aufgenommen werde, sei es einem erheblichen Konkurrenznachteil ausgesetzt, der in seinen wirtschaftlichen Auswirkungen einer Berufszulassungsbeschränkung nahe komme (so auch VGH Kassel, Beschl. v. 06.06.1995 – 11 TG 447/95). Für einen zeitnahen Rechtsschutz kommt nach Ansicht des Gerichts in erster Linie der Weg der Drittanfechtung in Betracht. Die isolierte Verpflichtungsklage mit dem Ziel der eigenen Zulassung zum Krankenhausplan genügt dem BVerfG zufolge dem Anspruch auf effektiven Rechtsschutz nicht, nachdem die Konkurrenzeinrichtung bereits zugelassen wurde. Das aufgenommene Krankenhaus werde dann bereits vollendete Tatsachen geschaffen haben, die eine Rückgängigmachung der Entscheidung praktisch unmöglich machten. Für die Statthaftigkeit der Drittanfechtung spricht dem BVerfG nach auch, dass die Entscheidung über die Aufnahme eines Krankenhauses in den Krankenhausplan regelmäßig nicht isoliert, sondern zumeist unter Berücksichtigung gleichzeitig vorliegender anderer Bewerbungen zu erfolgen hat, schon um festzustellen, welches der beteiligten Krankenhäuser nach den maßgeblichen Kriterien am besten geeignet ist. Die Aufnahme eines von zwei (oder mehreren) konkurrierenden Krankenhäusern in den Krankenhausplan stelle daher implizit immer auch eine Entscheidung gegen das andere Krankenhaus dar.

In Anbetracht des funktionellen Zusammenhangs zwischen dem vorläufigen Rechtsschutz und 40
dem Rechtsbehelf in der Hauptsache ist der **Eintritt der aufschiebenden Wirkung** jedoch bei **offensichtlicher Unzulässigkeit** des Rechtsbehelfs **ausgeschlossen** (vgl. nur BVerfGE 83, 182, 196; BVerwGE 112, 51, 54; BSG SGb 2008, 34, 37). Daher wird die zuständige Behörde im Einzelfall zumindest eine Plausibilitätsprüfung der Zulässigkeit des Widerspruchs vornehmen müssen. Dabei können vor allem Aspekte der Statthaftigkeit sowie der Widerspruchs- bzw. Klagebefugnis relevant werden (weiterführend Huster/Kaltenborn/*Stollmann* Krankenhausrecht, § 4 Rn. 76 f.; VG Köln GesR 2008, 323 = das Krankenhaus 2008, 718 m. Anm. *Leber*).

### b) Defensive Konkurrentenklage

Nachdem die **Klagebefugnis** für Fallgestaltungen »**defensiver** (erhaltender) **Konkurrentenklagen**« 41
lange Zeit umstritten war (vgl. VGH Mannheim MedR 2008, 166 = das Krankenhaus m. Anm. *Schliephorst*; *Kuhla*, NZS 2007, 567, 572 f.; OVG Münster NVwZ 2006, 481 f.; *Seiler/Vollmöller*, DVBl 2003, 235, 239 m.w.N. Fn. 46; *Burgi*, NZS 2005, 169, 174; *Stollmann*, GesR 2005, 385, 389), hat eine Entscheidung des BVerwG vom 25.09.2008 Klarheit gebracht. Das Gericht sieht als Voraussetzung für die Anfechtungsbefugnis an, dass der Kläger für sich selbst eine Planaufnahme erstreiten und nicht lediglich eine Planherausnahme abwehren will. Das BVerwG erkennt zwar § 8 **Abs. 2 Satz 2**, soweit die Norm Maßstäbe für die behördliche Auswahlentscheidung aufstellt, ausdrücklich als eine **drittschützende Norm** an (vgl. VGH Mannheim, Urt. v. 16.04.2015 – 10 S 100/13; OVG Lüneburg DVBl 2014, 257; OVG Münster, Beschl. v. 12.09.2012 – 13 A 811/12, KHE 2012/81). Denn es liege im Wesen einer Auswahlentscheidung, dass sie den Ausgewählten begünstigt und – als Kehrseite – seine Konkurrenten zurückweist. Allerdings liegt dem Gericht zufolge nicht jeder Planaufnahme oder Planherausnahme eine Auswahlentscheidung zu Grunde. Nimmt die Planungsbehörde danach ein Krankenhaus in den Plan auf, ohne eine Auswahlentscheidung zum Nachteil eines anderen Krankenhauses zu treffen, werden Rechte des anderen (bereits planaufgenommenen) Krankenhauses nicht berührt. Solange der Feststellungsbescheid für den Konkurrenten die Bedarfsgerechtigkeit des klägerischen Krankenhauses nicht infrage stellt, gibt es nach Ansicht des BVerwG kein subjektives Recht eines Plankrankenhauses darauf, dass die Behörde eine Überversorgung vermeidet oder abbaut (BVerwG NVwZ 2009, 525; bestätigt von BVerfG GesR 2009, 376). Das Krankenhaus, welches im Ergebnis (nur) einen Anspruch auf Perpetuierung der alleinigen Einbindung in die stationäre Krankenversorgung der GKV geltend macht, ist nicht in besonderem Maße schutzbedürftig (dazu und zum Folgenden BVerwG, Urt. v. 25.09.2008 – 3 C 35/07, NVwZ 2009, 525, 526 f.; OVG Münster, Beschl. v. 12.09.2012 – 13 A 811/12; kritisch zu der BVerwG-Entscheidung *Bracher*, DVBl 2009, 49, 50; *Klöck*, NZS 2010, 358, 360 f.; *Schillhorn* MedR 2009, 639 f.; zustimmend *Quaas*, f&w 2009, 195 f.).

Nach Ansicht des BVerwG kommt einer zusätzlichen Klage gegen den Drittbescheid lediglich eine 42
Hilfsfunktion zu und bietet die Klage »in eigener Sache« grundsätzlich vollständigen Rechtsschutz. Es bedarf deshalb gesonderter Prüfung, ob dem konkurrierenden Krankenhaus für eine derartige doppelte Inanspruchnahme gerichtlichen Rechtsschutzes ein Rechtsschutzbedürfnis zur Seite steht (dazu und zum Folgenden BVerwG NVwZ 2009, 525, 526 f.).

Das BVerfG (GesR 2009, 376, 377) verweist ergänzend darauf, dass das anfechtende Krankenhaus 43
zumutbar auf eine spätere Anfechtungsklage gegen einen eventuellen Herausnahmebescheid verwiesen werden könne, die auch umfassenden Schutz biete. Vom Prüfungsumfang her gehe sie über eine derzeitige Drittanfechtung sogar hinaus, weil sich die Prüfungsbefugnis des Gerichts bei der Anfechtungsklage »in eigener Sache« nicht auf eine Verletzung drittschützender Normen beschränke, sondern der Herausnahmebescheid umfassend auf seine Rechtmäßigkeit überprüft werden könne. Auch die Gefahr drohender Ersatzforderungen im Fall der späteren Herausnahme eines rechtswidrig eingesetzten Bewerbers und die damit einhergehende Gefahr außerrechtlicher Einflüsse auf die Herausnahmeentscheidung (vgl. BVerfG NVwZ 2004, 718) zwängen zu keiner anderen Beurteilung. Während drohende Ersatzforderungen im Fall der klassischen Bewerberkonkurrenz die zuständige Behörde davon abhalten könnten, die an sich gebotene Planaufnahme des übergangenen Bewerbers

festzustellen, was für diesen einen intensiven Grundrechtseingriff bedeute, führe bei der defensiven Konkurrentenklage die Duldung einer Überversorgung allein zu einer Verschärfung des Wettbewerbsdrucks, vor der Art. 12 Abs. 1 GG gerade nicht schütze (BVerfG GesR 2009, 376, 378).

44 Unter ausdrücklicher Bezugnahme auf die BVerwG-Entscheidung hat auch das OVG Münster schon in einigen Entscheidungen bekräftigt, dass ein Krankenhausträger bei einer Anfechtungsklage gegen den Feststellungsbescheid zugunsten eines Konkurrenten, mit dem dessen Krankenhaus im Krankenhausplan ausgewiesen worden ist, nicht klagebefugt ist, wenn er die Aufnahme seines eigenen Krankenhauses oder einer Abteilung in den Krankenhausplan nicht beantragt hat (OVG Münster, Beschl. v. 17.12.2009 – 13 A 3109/08, ZMGR 2010, 165, 166). Es gebe – so das OVG – bei bereits streitrelevant planausgewiesenen Krankenhäusern kein subjektives Recht, den Markteintritt eines Konkurrenten abzuwehren (vgl. OVG Münster, Beschl. v. 17.01.2013 – 13 A 1196/12; Beschl. v. 12.09.2012 – 13 A 811/12 –).

c) **Vorbeugender Rechtsschutz**

45 Schließlich gibt es die Möglichkeit **vorbeugenden (einstweiligen) Rechtsschutzes**, gerichtet darauf, der zuständigen Behörde den Erlass eines positiven Feststellungsbescheides zugunsten eines konkurrierenden Krankenhauses im Wege des **Unterlassungsbegehrens** zu untersagen (dazu OVG Münster NVwZ 2003, 630, 631; VG Minden, Beschl. v. 07.06.2002 – 3 L 411/02). Ein solches Begehren ist als allgemeine Leistungsklage dem Grunde nach statthaft (vgl. grds. BVerwGE 40, 323; 54, 211; 81, 329, 347), im Eilrechtsschutz als Antrag auf Erlass einer einstweiligen Anordnung nach § 123 VwGO. Einschränkend ist allerdings zu berücksichtigen, dass ein derartiges Begehren nur höchst ausnahmsweise zulässig (und noch seltener begründet) ist. Der Verwaltungsgerichtsbarkeit ist nämlich grundsätzlich nur die nachgehende Kontrolle gestattet, nicht aber im Vorgriff gebietend oder verbietend in den Bereich der Verwaltung einzugreifen (vgl. BVerwG, Urt. v. 25.09.2008 – 3 C 35/07; vgl. auch OVG Münster, Beschl. v. 12.09.2012 – 13 A 811/12).

d) **Anordnung der sofortigen Vollziehung und vorläufiger Rechtsschutz**

46 Soll die Umsetzung planerischer Entscheidungen angesichts des grundsätzlichen Eintritts der aufschiebenden Wirkung (§ 80 Abs. 1 VwGO) beschleunigt werden, bedarf es – soweit nicht bereits (landes-)gesetzlich der Wegfall der aufschiebenden Wirkung angeordnet ist (wie etwa nach § 7 Abs. 1 Satz 4 LKHG BW oder § 16 Abs. 3 KHGG NRW; dazu *Kaltenborn/Stollmann*, NWVBl. 2008, 449, 451; *Roth*, das Krankenhaus 2008, 704, 708; zu § 19 Abs. 5 HKHG 2011 vgl. *Stollmann*, GuP 2011, 48, 49) – einer Anordnung der sofortigen Vollziehung nach § 80 Abs. 2 Nr. 4 VwGO. Der Drittbetroffene hätte im Fall der Anordnung der sofortigen Vollziehung durch die Behörde die Möglichkeit einstweiligen Rechtsschutzes über § 80a Abs. 1 Nr. 2 i.V.m. § 80 Abs. 4 VwGO (bei der Behörde) bzw. über § 80a Abs. 3 i.V.m. § 80 Abs. 5 VwGO (beim Gericht; dazu OVG Münster MedR 2011, 674; VG Köln, Beschl. v. 29.08.2006 – 9 L 361/06; Beschl. v. 05.02.2007 – 9 L 1744/06). Gibt die Planungsbehörde dem Begehren auf Anordnung der sofortigen Vollziehung nicht statt, hat der Antragsteller die Möglichkeit, einen entsprechenden Antrag an das zuständige Gericht zu richten (§§ 80a Abs. 1 Nr. 1, Abs. 3 Satz 1 VwGO; zu einer derartigen Konstellation vgl. VG Arnsberg GesR 2007, 36).

47 Unter den Voraussetzungen der §§ 80 Abs. 2 Satz 1 Nr. 4 (ggf. i.Vm. § 80a Abs. 1 Nr. 1) VwGO kann von der zuständigen Behörde die sofortige Vollziehung der Planungsentscheidung angeordnet werden. Aus dem BVerfG-Beschluss ergibt sich keinesfalls, dass die Abwägung wegen der bei der Auswahlentscheidung berührten Grundrechte der nicht in den Plan aufgenommenen Krankenhäuser stets, gleichsam im Sinne eines Automatismus, zu ihren Gunsten ausfallen müsse (OVG Münster MedR 2011, 674; NVwZ 2006, 481, 482; VG Köln, Beschl. v. 05.02.2007 – 9 L 1744/06). Die verfassungsgerichtliche Entscheidung enthalte auch keine Vorgaben zu der Gewichtung der *einzustellenden* Erwägungen. Wolle man allein schon wegen der Grundrechtsrelevanz der Auswahlentscheidung dem Suspensivinteresse des Konkurrenten den Vorrang einräumen, würde eine

zeitnahe Realisierung notwendiger Planungsentscheidungen für die stationäre Krankenversorgung der Bevölkerung unmöglich.

Die Rechtsprechung erkennt überdies die Verhinderung einer erkennbaren Perpetuierung einer regionalen Mangellage in einem Fachgebiet, in dem zeitlichen Aspekten für eine erfolgreiche Patientenversorgung eine sehr hohe Bedeutung zukommt, ausdrücklich als **besonderes öffentliches Interesse** an (so OVG Münster NVwZ 2006, 481, 482; a.A. VG Arnsberg GesR 2007, 36). Desgleichen sieht es den in Zeiten knapper öffentlicher Mittel dringend notwendigen Abbau von Überkapazitäten sowie ein Kooperationskonzept mit erheblichen Synergieeffekten und Einsparpotentialen, welches der baldigen Umsetzung bedarf und vom Konkurrenten so nicht entwickelt worden war, als tragfähige Kriterien an. Überhaupt ist die besondere Relevanz tragfähiger Kooperationsmodelle zu betonen (zu Kooperationen im Krankenhausbereich vgl. OVG Münster, Beschl. v. 25.01.2008 – 13 A 2932 u. 2933/07; VG Arnsberg, Urt. v. 28.04.2008 – 3 K 2403 u. 2404/05; VG Gelsenkirchen, Urt. v. 11.06.2008 – 7 K 1640/06). Als »besondere öffentliche Interessen« kommen über diesen Fall hinaus gewichtige Aspekte der Versorgungssicherheit (VGH Mannheim, Beschl. v. 20.12.2004 – 9 S. 2530/04; VG Köln, Beschl. v. 29.08.2006 – 9 L 361/06), die Behebung von Versorgungsengpässen im Hinblick auf bestimmte Disziplinen, ein wichtiges, noch nicht bestehendes stationäres Angebot, die ansonsten drohende langjährige Unterversorgung an stationären Krankenhausbetten o.ä. in Betracht (*Stollmann*, NZS 2004, 350, 354; *Thier*, das Krankenhaus 2004, 993, 1002). 48

Als »**überwiegende Interessen eines Beteiligten**« sind z.B. die Erzielung besonderer Wirtschaftlichkeitseffekte für ein Krankenhaus (a.A. VG Arnsberg GesR 2007, 36) oder die Abwendung der Insolvenz für eine für die Versorgung der Bevölkerung notwendige Einrichtung denkbar. Argumentativ könnte für die Begründung der Anordnung der sofortigen Vollziehung auch auf die Notwendigkeit der pauschalen Förderung oder verbindlicher Budgetvereinbarungen Bezug genommen werden. Denn immerhin ist es nach § 1 Abs. 1 Zweck des Krankenhausrechts, die wirtschaftliche Sicherung der Krankenhäuser zu gewährleisten. Dieser Gewährleistungsauftrag kann im Einzelfall durch die aufschiebende Wirkung des Konkurrenzrechtsbehelfs gefährdet sein (vgl. bereits *Stollmann*, GesR 2005, 385, 389 f.; kritisch zu derartigen Erwägungen VG Arnsberg GesR 2007, 36, 37; VG Schleswig, Beschl. v. 17.03.2006 – 1 B 57/05). 49

Soweit der konkurrierende Krankenhausträger im vorhergehenden Planungsverfahren nicht mit einem eigenen Antrag bzw. eigenen konzeptionellen Vorstellungen im Hinblick etwa auf eine später streitbefangene Abteilung aufgetreten ist, ist dieser Umstand im Rahmen der Abwägung zu berücksichtigen (vgl. OVG Münster NVwZ 2006, 481; *Stollmann*, GesR 2005, 385, 389; zur Relevanz des vorhergehenden Verhaltens im Planungsverfahren vgl. auch OVG Münster, Beschl. v. 23.02.2007 – 13 A 3730/06). Ein Krankenhaus, dass sich im entsprechenden Vorverfahren der Auswahl für eine Planaufnahmeentscheidung unter mehreren Konkurrenten nicht stellt, ist zum einen von der Planungsbehörde bereits nicht in die Auswahlentscheidung einzubeziehen und zum anderen nach althergebrachten Rechtsgrundsätzen in einem Recht, das es selbst nicht in Anspruch nimmt, nicht verletzt. 50

Schließlich spricht auch das Verbot der **Vorwegnahme der Hauptsache** regelmäßig nicht gegen die Anordnung der sofortigen Vollziehung von Feststellungsbescheiden im Krankenhausplanungsrecht. Es werden mit einer derartigen Entscheidung regelmäßig keine vollendeten Tatsachen geschaffen, die Planaufnahme des aktuell begünstigten Krankenhauses könnte – etwa bei Betriebsaufgaben, Kooperationen, Umstrukturierungen – durchaus wieder rückgängig gemacht werden (OVG Münster NVwZ 2006, 481; dazu allerdings mit gewisser Skepsis *Stollmann* Anm. zu BVerfG, Beschl. v. 04.03.2004 – 1 BvR 88/00, GesR 2004, 296, 300). 51

## C. Investitionsförderung

### I. Voraussetzungen der Förderung

Die **Aufnahme** eines Plankrankenhauses **in das Investitionsprogramm** ist Voraussetzung für den Anspruch auf Einzelförderung nach § 9 Abs. 1 Nr. 1 (§ 8 Abs. 1 Satz 1). Wenn die Krankenhäuser 52 nach Maßgabe des Krankenhausfinanzierungsgesetzes Anspruch auf Förderung haben, soweit und solange sie in den Krankenhausplan eines Landes und bei Investitionen zusätzlich nach § 9 Abs. 1 Nr. 1 in das Investitionsprogramm aufgenommen sind (§ 8 Abs. 1 Satz 1), besitzt zwar jedes Plankrankenhaus einen grundsätzlichen Anspruch darauf, mit der Förderung der notwendigen Investitionskosten gem. § 9 Abs. 1 Nr. 1 innerhalb angemessener Zeit in ein Investitionsprogramm aufgenommen zu werden. Entsprechendes gilt unmittelbar für notwendige weitere Investitionsmaßnahmen nach § 9 Abs. 1 Nr. 2 u. Abs. 2. In welchem Jahr eine Errichtungsmaßnahme in das Investitionsprogramm aufgenommen wird, liegt allerdings im pflichtgemäßen Ermessen des Landes (kein Anspruch auf Aufnahme in ein bestimmtes Investitionsprogramm; vgl. auch *Quaas/Zuck* § 26 Rn. 110 ff.; *Stollmann*, NZS 2004, 350, 357).

53 Die Länder haben im Gesamtzusammenhang der §§ 6 Abs. 1, 8 und 1 – unter Beachtung des Abwägungsgebotes nach § 8 Abs. 2 Satz 2 und der Berücksichtigung auch freigemeinnütziger und privater Krankenhausträger nach § 1 Abs. 2 Satz 2 – erhebliche **Spielräume** zur Ausgestaltung der Investitionskostenfinanzierung. Dieser bezieht sich nicht nur darauf, ob der Investitionsbedarf eines Krankenhauses überhaupt im Investitionsprogramm berücksichtigt wird, sondern auch darauf, in welchem Umfang dies geschehen soll. Das KHG gewährt – so das BVerfG – keinen nach Zeit und Höhe bestimmten Förderanspruch, sondern eine Art »Anwartschaftsrecht« auf künftige Förderung. Die Rechtsprechung spricht in diesem Zusammenhang von der Befugnis der Länder, »erforderliche und vorgesehene Investitionen der bedarfsdeckenden Krankenhäuser nach Maßgabe der verfügbaren Haushaltmittel auf mehrere Haushaltsjahre zu verteilen und so nach Prioritäten zu ordnen und zeitlich zu strecken« (vgl. BVerfGE 83, 363, 388).

54 Den vorgenannten Aspekten wird bei der »klassischen« Investitionsprogrammatik im Rahmen der Berücksichtigung vor allem medizinischer, baufachlicher und förderrechtlicher Aspekte unter Gesichtspunkten der Dringlichkeit und Notwendigkeit von Einzelmaßnahmen Rechnung getragen; bei der Baupauschale nach dem neuen Landeskrankenhausrecht in Nordrhein-Westfalen sind es die Gesichtspunkte des § 1 (vgl. § 6 Rdn. 42).

## II. Rechtscharakter der Förderung

55 Die **Förderung** nach dem Krankenhausfinanzierungsgesetz besitzt eine eigene Rechtsqualität und kann als Ausgleich für nur teilkostendeckende Pflegesätze (§ 4) beispielsweise **nicht als Zuwendung** im Sinne der Landeshaushaltsordnungen eingestuft werden (vgl. *Prütting* KHGG NRW, § 17 Rn. 15 f.).

## III. Bewilligungsbescheid

### 1. Rechtsnatur

56 Erst mit der Aufnahme des Vorhabens in das Programm und der Bewilligung der Fördermittel liegt im Außenverhältnis eine verbindliche Entscheidung vor (BVerwG Buchholz 451.731 KHG Nr. 5; OVG Münster, Urt. v. 17.06.2010 – 13 A 2749/08). Ein **Rechtsanspruch** auf Förderung entsteht nach den Regelungen im Landesrecht daher erst **mit dem Bescheid** auf Bewilligung der Fördermittel (so z.B. Art. 10 Abs. 1 Satz 2 BayKrG, § 15 Abs. 1 Satz 3 LKGBbg, § 9 Abs. 2 SächsKHG). Der Sache nach handelt es sich beim Bewilligungsbescheid damit um einen (begünstigenden) Verwaltungsakt. Die näheren Form- und Verfahrenserfordernisse ergeben sich regelmäßig aus den Landeskrankenhausgesetzen bzw. aus dem allgemeinen Verwaltungsverfahrensrecht.

### 2. Inhalt des Bescheides

57 Das Bundesrecht enthält keine näheren Vorgaben über den Inhalt des Bewilligungsbescheides. Vielmehr wird den Ländern in § 11 Satz 1 die Befugnis eingeräumt, »das Nähere« zur Förderung zu bestimmen. Dies schließt auch detaillierte Regelungen über den Bewilligungsbescheid ein.

## 3. Widerruf und Rücknahme der Förderung

Das Bundesrecht trifft keine näheren Regelungen über die Aufhebung der getroffenen Förderentscheidungen. Dies bleibt vielmehr den Landesgesetzgebern überlassen (vgl. § 11 Satz 1). Dementsprechend treffen die Länder weithin übereinstimmende Regelungen (vgl. exemplarisch § 28 KHGG NRW) oder verweisen auf die allgemeinen verwaltungsverfahrensrechtlichen Vorgaben der §§ 48 ff. VwVfG (vgl. weiterführend *Dietz/Bofinger* § 11 KHG Erl. I.8.).

Zu berücksichtigen ist, dass in der Förderpraxis die Bewilligungsbescheide in der Regel »vorläufig«, d.h. vorbehaltlich einer abschließenden Festsetzung nach Errichtung der geförderten Maßnahme, erteilt werden. Konsequenz sind der Rechtsprechung zufolge erleichterte Rückforderungsmöglichkeiten für die Bewilligungsbehörden (vgl. OVG Münster, Urt. v. 06.05.2003 – 13 A 964/00).

## IV. Rechtsschutz

Im Gegensatz zur Krankenhausplanung (vgl. § 8 Abs. 1 Satz 3 u. 4) ist spezialrechtlich nicht bestimmt, dass für die gerichtliche Überprüfung von Förderentscheidungen der **Verwaltungsrechtsweg** offen steht. Indes kommt, da es sich bei allen denkbaren Fallgestaltungen um öffentlich-rechtliche Streitigkeiten nichtverfassungsrechtlicher Art handelt, die Generalklausel des § 40 Abs. 1 Satz 1 VwGO zur Anwendung. Dies gilt unabhängig davon, ob es sich um Streitigkeiten der »klassischen« Investitionsförderung oder um solche nach dem neuen Recht der Baupauschale (KHGG NRW) handelt (dazu oben § 6 Rdn. 38 f.).

### 1. Rechtsschutz bei der »klassischen« Investitionsförderung

Im Rahmen der bisherigen »klassischen« Investitionsförderung der Länder gestaltet sich der Rechtsschutz wie folgt:

Das Investitionsprogramm ist – wie der Krankenhausplan – weder eine Rechtsnorm noch ein Verwaltungsakt in Form der Allgemeinverfügung, sondern eine innerdienstliche Regelung ohne verbindliche Außenwirkung (vgl. nur OVG Münster, Urt. v. 17.06.2010 – 13 A 2749/08; Urt. v. 20.06.1979 – 10 A 1415/77; Urt. v. 30.08.1993 – 13 A 2834/92; *Genzel* Recht der Krankenhausfinanzierung, § 86 Rn. 65 sowie oben § 6 Rdn. 24). Infolgedessen kommen die verwaltungsgerichtlichen Rechtsschutzmöglichkeiten nicht unmittelbar zum Tragen, kann gegen die Nichtaufnahme in das Investitionsprogramm nicht unmittelbar geklagt werden (vgl. dazu VG Gelsenkirchen, Urt. v. 27.08.2008 – 7 K 3692/07; VG Münster, Urt. v. 25.11.2008 – 5 K 1635/07).

Für die Anfechtung der Umsetzungsakte – sei es ein feststellender Bescheid oder eine Verwaltungsentscheidung über die Gewährung oder Ablehnung von Fördermitteln – mit einem Anfechtungs- oder Verpflichtungsbegehren gelten die allgemeinen verwaltungsrechtlichen Grundsätze. Bei Versagung einer Bewilligung ist die Klage auf Erteilung der Bewilligung gerichtet (**Verpflichtungsklage**). Die gerichtliche inhaltliche Überprüfung der Investitionsprogramme erfolgt inzidenter anhand des konkreten Einzelfalles (vgl. *Dietz/Bofinger* § 8 KHG Erl. III.2.). Ist das Klagebegehren demgegenüber auf die **Beseitigung** einer (belastenden) **Nebenbestimmung** gerichtet, ist die **Anfechtungsklage** (§ 42 Abs. 1, 1. Alt. VwGO) die statthafte Klageart in der Hauptsache – dies jedenfalls dann, wenn der zurückbleibende Rest des Verwaltungsaktes sinnvoller- und rechtmäßigerweise bestehen bleiben kann.

Im Fall eines **Verpflichtungsbegehrens** reicht es nicht aus, lediglich zu beantragen, die beklagte Behörde zu verpflichten, Fördermittel für eine bestimmte Maßnahme gemäß dem zuvor gestellten Antrag zu bewilligen. Ein solcher Antrag wäre unbegründet, da es an der Aufnahme in ein Investitionsprogramm fehlt. Vielmehr muss der Krankenhausträger im Wege der Stufenklage beantragen, die Maßnahme in den Investitionsplan aufzunehmen und die Förderung – der Sache nach als **Bescheidungsbegehren** – zu bewilligen (vgl. BVerwG, Beschl. v. 10.07.1980 – 3 B 113/79; OVG Münster, Urt. v. 05.12.1996 – 13 A 72/95).

64 Eingedenk der Tatsache, dass über eine Aufnahme in das Investitionsprogramm – nach der grundsätzlichen Bejahung der (Teil-) Förderfähigkeit – unter Berücksichtigung unterschiedlicher fachlicher Gesichtspunkte entschieden werden muss, ist allerdings in den meisten Fällen selbst eine solche Antragstellung noch zu weitgehend. In den meisten Fällen fließen in die Entscheidung über die Förderung einer beantragten Maßnahme Aspekte der Dringlichkeit und Notwendigkeit, Kriterien der Verteilungsgerechtigkeit u. v. m. Dies kann es u. U. angezeigt erscheinen lassen, lediglich die gerichtliche Feststellung der Förderfähigkeit der konkret beantragten Maßnahme zu beantragen (dazu auch *Stollmann* Krankenhausrecht, § 56 Rn. 58). Anders – und für das klagende Krankenhaus ungleich erfolgversprechender – wäre der Fall zu beurteilen, wenn bereits eine Aufnahme in das Investitionsprogramm erfolgt ist, der (umsetzende) Bewilligungsbescheid aber noch nicht erteilt wurde.

### 2. Rechtsschutz bei der Baupauschale

65 Im Hinblick auf die Veränderungen durch die Baupauschale ist die Rechtslage deutlich vielschichtiger. Dabei sind grundsätzlich verschiedene Fallgestaltungen denkbar:
– Ein Krankenhausträger wendet sich direkt gegen die Inhalte der PauschKHFVO (dazu oben § 6 Rdn. 40), etwa weil er diese für nicht vereinbar mit dem KHG und dem Landeskrankenhausgesetz hält.
– Ein Krankenhausträger wendet sich unmittelbar gegen seine Nichtaufnahme in das Investitionsprogramm.
– Der Krankenhausträger ist mit den konkreten Inhalten seines Bewilligungsbescheides nicht einverstanden.

66 Als denkbare Rechtsschutzmöglichkeit kommt zunächst eine **abstrakte Normenkontrolle** gem. § 47 Abs. 1 VwGO unmittelbar gegen die PauschKHFVO in Betracht. Als »im Rang unter dem Landesgesetz stehende Rechtsvorschrift« wäre die Verordnung auch ein nach § 47 Abs. 1 Nr. 2 VwGO grundsätzlich zulässiger Prüfungsgegenstand. Indes setzt die Statthaftigkeit im Weiteren voraus, dass der Landesgesetzgeber durch formelles Gesetz die verwaltungsgerichtliche Normenkontrolle entsprechend ausgedehnt hat. Nordrhein-Westfalen hat dies in seinem Ausführungsgesetz zur VwGO (JustizG NRW) nicht getan. Mangels diesbezüglicher Zulassung im Landesrecht ist ein entsprechender Antrag daher unzulässig. Eine analoge Anwendung des § 47 VwGO auf die Fälle, in denen der Landesgesetzgeber das Normenkontrollverfahren nicht eingeführt hat, scheitert am unmissverständlichen Wortlaut des § 47 Abs. 1 Nr. 2 VwGO (so auch *Sodan/Ziekow* VwGO, § 47 Rn. 92).

67 Vor diesem Hintergrund käme aber möglicherweise eine **Feststellungsklage** gem. § 43 VwGO in Betracht. Das Begehren des potentiellen Klägers wäre in diesem Fall auf die Feststellung gerichtet, dass die betreffende Norm – hier die PauschKHFVO – nichtig ist. Eine solche Klage muss aber schon daran scheitern, dass die Gültigkeit bzw. Ungültigkeit einer Rechtsnorm an sich **kein Rechtsverhältnis** i.S.d. § 43 VwGO zu begründen vermag (vgl. OVG Münster NJW 1976, 2036, 2038; OVG Bremen NVwZ-RR 2001, 378). Im Übrigen würde es auch auf eine Umgehung des Normenkontrollverfahrens nach § 47 VwGO hinauslaufen, wenn man derartige Feststellungsklagen zulassen würde (so auch Hk-VerwR/ *Terhechte* § 43 VwGO Rn. 12; *Sodan/Ziekow* VwGO, § 47 Rn. 92). Zumindest wegen der Subsidiarität der allgemeinen Feststellungsklage (§ 43 Abs. 2 Satz 1 VwGO) wäre eine solche daher als unzulässig anzusehen.

68 Ein unmittelbarer Rechtsschutz gegen das Investitionsprogramm des Landes kommt ebenfalls nicht in Betracht. Da es sich dabei um eine innerdienstliche Regelung ohne verbindliche Außenwirkung handelt (vgl. oben § 6 Rdn. 24), stellt des Programm für eine **Normenkontrolle** gem. § 47 Abs. 1 Nr. 2 VwGO keine kontrollfähige Rechtsvorschrift dar. Mangels Rechtsnormcharakter fehlt es an einem zulässigen Prüfungsgegenstand. Eine grundsätzlich denkbare **Feststellungsklage** gem. § 43 VwGO wäre ebenfalls unzulässig. Ein potentieller Kläger könnte seine Rechte unmittelbar durch eine Gestaltungsklage gegen die behördliche Förderentscheidung geltend machen (dazu unter 7.2.3), sodass diese Klagemöglichkeit subsidiär wäre (vgl. § 43 Abs. 2 Satz 1 VwGO).

Insoweit verbleiben für eine verwaltungsgerichtliche Überprüfung die gängigen Rechtsschutzmöglichkeiten. Ist das Klagebegehren darauf gerichtet, einen Anspruch auf (**höhere**) **Förderung** durchzusetzen, kommt in der Hauptsache eine **Verpflichtungsklage** in Betracht, § 42 Abs. 1, 2. Alt. VwGO (vgl. OVG Münster DVBl 2011, 637 f.; VG Düsseldorf, Urt. v. 05.02.2010 – 13 K 8815/08, ZMGR 2010, 159, 161 f.; vgl. auch VG Düsseldorf, Urt. v. 28.05.2010 – 13 K 4238/09); denn bei der begehrten Förderentscheidung handelt es sich um einen für den Kläger begünstigenden Verwaltungsakt i.S.d. § 35 Satz 1 VwVfG. **Eilrechtsschutz** ist in diesen Fällen über einen Antrag nach § 123 VwGO gewährleistet; regelmäßig dürfte ein solcher Eilantrag allerdings am Verbot der Vorwegnahme der Hauptsache (dazu Hk-VerwR/*Kröninger/Wahrendorf* § 123 VwGO Rn. 43; Sodan/Ziekow/*Puttler* VwGO, § 123 Rn. 102 f.) scheitern. 69

Ist das Klagebegehren demgegenüber auf die **Beseitigung** einer (belastenden) **Nebenbestimmung** gerichtet, ist die **Anfechtungsklage** (§ 42 Abs. 1, 1. Alt. VwGO) die statthafte Klageart in der Hauptsache – dies jedenfalls dann, wenn der zurückbleibende Rest des Verwaltungsaktes sinnvoller- und rechtmäßigerweise bestehen bleiben kann (vgl. BVerwGE 112, 221, 224). **Eilrechtsschutz** würde in einem solchen Fall ein Antrag nach § 80 Abs. 5 VwGO bieten. 70

Im Hinblick auf die **inhaltliche Prüfung** bei Rechtsmitteln gegen den Bewilligungsbescheid sind verschiedene Fallkonstellationen denkbar: 71
- die zuständige Behörde hat nach Maßgabe des KHGG NRW i.V.m. der PauschKHFVO die Förderkennziffer falsch berechnet oder eine fehlerhafte Berechnung der Fördersumme vorgenommen;
- die Berechtigung zur Beifügung belastender Nebenbestimmungen wird seitens des Krankenhausträgers angezweifelt.

Dabei erfolgt eine **Inzidentprüfung** der PauschKHFVO nach den allgemeinen Rechts- und Prozessgrundsätzen (vgl. dazu *Sodan/Ziekow* VwGO, § 47 Rn. 23 f.). 72

## D. Ausbildungsstätten

In § 8 Abs. 1 Satz 3 ist geregelt, dass die Aufnahme oder Nichtaufnahme in den Krankenhausplan durch Bescheid festgestellt wird. § 8 Abs. 1 Satz 1 wiederum spricht von der Aufnahme *der Krankenhäuser* in den Krankenhausplan eines Landes. Dies könnte zu der Annahme verleiten, bundesrechtlich sei nur die Erteilung eines Feststellungsbescheides an den oder die jeweiligen Krankenhausträger möglich, die Träger oder Mitträger der jeweiligen Ausbildungsstätte sind. Dies ist insbesondere in den Fällen unpraktikabel und unübersichtlich, in denen eine Vielzahl von Krankenhäusern an Ausbildungsstätten beteiligt ist. Jedoch gelten nach § 8 Abs. 3 die Vorschriften der §§ 8 ff. für die in § 2 Nr. 1a genannten Ausbildungsstätten entsprechend. Dies lässt es vertretbar erscheinen, dass damit auch die Aufnahme in den Krankenhausplan direkt gegenüber dem Träger der Ausbildungsstätte zulässig ist (so auch VG Gera, Urt. v. 30.01.2002 – 1 K 116/02 GE). 73

Fraglich ist aber, ob sich nicht aus dem jeweiligen Landesrecht etwas anderes ergibt. Beispielhaft sei auf das nordrhein-westfälische Landesrecht Bezug genommen. Der Bescheid über die Aufnahme des Krankenhauses in den Krankenhausplan enthält gem. § 16 Abs. 1 Satz 1 KHGG NRW u.a. die Bezeichnung, Rechtsform und den Sitz des *Krankenhausträgers* sowie den Eigentümer des Krankenhauses (Nr. 2) sowie die Ausbildungsstätten nach § 2 Nr. 1a (Nr. 9). Dies könnte dahingehend interpretiert werden, als könne Adressat eines Feststellungsbescheides nur ein Krankenhausträger sein und als dürften in diesem Kontext die Ausbildungsstätten nur ausgewiesen werden, vergleichbar etwa der Ausweisung der Kapazitäten nach § 16 Abs. 1 Satz 1 Nr. 7 und 8 KHGG NRW. Allerdings finden nach § 36 Abs. 1 KHGG NRW – ähnlich wie im Bundesrecht – auf die Ausbildungsstätten nach § 2 Nr. 1a u.a. die Vorschriften des Abschnittes II und damit auch § 16 KHGG NRW entsprechend Anwendung. Damit dürfte auch nach Landesrecht die Aufnahme in den Krankenhausplan direkt gegenüber dem Träger der Ausbildungsstätte zulässig sein, soweit die krankenhausrechtlichen Voraussetzungen erfüllt sind. 74

## § 18 Pflegesatzverfahren

(1) Die nach Maßgabe dieses Gesetzes für das einzelne Krankenhaus zu verhandelnden Pflegesätze werden zwischen dem Krankenhausträger und den Sozialleistungsträgern nach Absatz 2 vereinbart. Die Landeskrankenhausgesellschaft, die Landesverbände der Krankenkassen, die Ersatzkassen und der Landesausschuss des Verbandes der privaten Krankenversicherung können sich am Pflegesatzverfahren beteiligen. Die Pflegesatzvereinbarung bedarf der Zustimmung der Landesverbände der Krankenkassen und des Landesausschusses des Verbandes der privaten Krankenversicherung. Die Zustimmung gilt als erteilt, wenn die Mehrheit der Beteiligten nach Satz 3 der Vereinbarung nicht innerhalb von zwei Wochen nach Vertragsschluss widerspricht.

(2) Parteien der Pflegesatzvereinbarung (Vertragsparteien) sind der Krankenhausträger und
1. Sozialleistungsträger, soweit auf sie allein, oder
2. Arbeitsgemeinschaften von Sozialleistungsträgern, soweit auf ihre Mitglieder insgesamt

im Jahr vor Beginn der Pflegesatzverhandlungen mehr als fünf vom Hundert der Belegungs- und Berechnungstage des Krankenhauses entfallen.

(3) Die Vereinbarung soll nur für zukünftige Zeiträume getroffen werden. Der Krankenhausträger hat nach Maßgabe des Krankenhausentgeltgesetzes und der Rechtsverordnung nach § 16 Satz 1 Nr. 6 die für die Vereinbarung der Budgets und Pflegesätze erforderlichen Unterlagen über Leistungen sowie die Kosten der nicht durch pauschalierte Pflegesätze erfassten Leistungen vorzulegen. Die in Absatz 1 Satz 2 genannten Beteiligten vereinbaren die Höhe der mit Bewertungsrelationen bewerteten Entgelte nach § 17b, sofern nicht das Krankenhausentgeltgesetz oder die Bundespflegesatzverordnung eine krankenhausindividuelle Vereinbarung vorsehen, mit Wirkung für die Vertragsparteien nach Absatz 2.

(4) Kommt eine Vereinbarung über die Pflegesätze oder die Höhe der Entgelte nach Absatz 3 Satz 3 innerhalb von sechs Wochen nicht zu Stande, nachdem eine Vertragspartei schriftlich zur Aufnahme der Pflegesatzverhandlungen aufgefordert hat, so setzt die Schiedsstelle nach § 18a Abs. 1 auf Antrag einer Vertragspartei die Pflegesätze unverzüglich fest. Die Schiedsstelle kann zur Ermittlung der vergleichbaren Krankenhäuser gemäß § 17 Abs. 5 auch gesondert angerufen werden.

(5) Die vereinbarten oder festgesetzten Pflegesätze werden von der zuständigen Landesbehörde genehmigt, wenn sie den Vorschriften dieses Gesetzes und sonstigem Recht entsprechen; die Genehmigung ist unverzüglich zu erteilen. Gegen die Genehmigung ist der Verwaltungsrechtsweg gegeben. Ein Vorverfahren findet nicht statt; die Klage hat keine aufschiebende Wirkung.

| Übersicht | Rdn. | | | Rdn. |
|---|---|---|---|---|
| A. Allgemeines | 1 | III. | Schiedsstellenfestsetzung | 17 |
| B. Pflegesatzvereinbarung und Zustimmung (Abs. 1) | 2 | IV. | Ermittlung vergleichbarer Krankenhäuser | 21 |
| I. Pflegesatzvereinbarung | 2 | F. | Genehmigung und Klage (Abs. 5) | 22 |
| II. Beteiligungsrecht | 4 | I. | Genehmigung | 22 |
| III. Zustimmungserfordernis | 5 | 1. | Antrag auf Genehmigung | 22 |
| C. Vertragsparteien (Abs. 2) | 6 | 2. | Prüfungsgegenstand und Entscheidung | 23 |
| D. Vorgaben zur Verhandlung und Vereinbarung (Abs. 3) | 9 | II. | Bindungswirkung einer Nichtgenehmigung | 27 |
| I. Prospektive Vereinbarung | 9 | III. | Klage | 28 |
| II. Verhandlungsunterlagen | 10 | 1. | Klageart | 29 |
| III. Höhe der Fallpauschalen | 11 | 2. | Klagebefugnis | 31 |
| E. Schiedsstellenverfahren (Abs. 4) | 13 | 3. | Rechtsschutzbedürfnis | 33 |
| I. Verhandlungs- und Wartefrist | 13 | 4. | Umfang der gerichtlichen Kontrolle | 35 |
| II. Schiedsstellenverfahren | 15 | | | |

## A. Allgemeines

§ 18 ist die zentrale Verfahrensvorschrift im Krankenhausfinanzierungsrecht. Vier Verfahrensstadien sind in der Norm verankert: die Pflegesatzverhandlung, das Schiedsstellenverfahren, das Genehmigungsverfahren und das verwaltungsgerichtliche Verfahren. Die Vorschrift gilt gleichermaßen für DRG-Krankenhäuser wie für psychiatrische und psychosomatische Einrichtungen. Ergänzende und konkretisierende Regelungen ergeben sich aus dem KHEntgG, der BPflV (insb. §§ 10 bis 14), der BPflV 2012 (insb. §§ 17 bis 20) und den landesrechtlichen Schiedsstellenverordnungen.

## B. Pflegesatzvereinbarung und Zustimmung (Abs. 1)

### I. Pflegesatzvereinbarung

Gem. § 18 Abs. 1 Satz 1 sind die für das einzelne Krankenhaus zu verhandelnden Pflegesätze zu vereinbaren. Über den Wortlaut der Norm hinaus sind nicht nur die Pflegesätze – nach der Terminologie des KHEntgG die Entgelte –, sondern auch zahlreiche weitere Regelungsgegenstände zu vereinbaren, insbesondere das Erlösbudget nach § 4 KHEntgG, die Erlössumme nach § 6 Abs. 3 KHEntgG und der Gesamtbetrag nach §§ 3 u. 4 BPflV bzw. § 6 Abs. 1 BPflV 2012. In den meisten Fällen stehen das Erlösbudget und der Gesamtbetrag im Mittelpunkt der Verhandlungen, sodass verbreitet und mit Recht von Budgetverhandlungen und Budgetvereinbarungen gesprochen wird. Im Folgenden soll gleichwohl den Begriffen Pflegesatzverhandlung und Pflegesatzvereinbarung der Vorzug gegeben werden, weil dies die Terminologie des § 18 ist.

Abgeschlossen wird die Pflegesatzvereinbarung zwischen dem jeweiligen Krankenhausträger und den Sozialleistungsträgern nach § 18 Abs. 2. Die Bindungswirkungen einer Pflegesatzvereinbarung unterscheiden sich in mehrfacher Hinsicht wesentlich von den allgemeinen vertragsrechtlichen Grundsätzen. Die Geltung der vereinbarten Pflegesätze und sonstige Regelungen ist nicht nur von der schriftlichen Einigung der Vertragsparteien, sondern auch von der Zustimmung der Beteiligten nach § 18 Abs. 1 Satz 3 und vor allem von der Genehmigung der zuständigen Landesbehörde nach § 18 Abs. 5 Satz 1 abhängig. Der Adressatenkreis der Bindungswirkung einer genehmigten Pflegesatzvereinbarung geht über die Vertragsparteien hinaus. Die vereinbarten und genehmigten Pflegesätze gelten für alle Patienten des Krankenhauses und deren Sozialleistungsträger (BGH NJW 1988, 2951). Die genehmigte Pflegesatzvereinbarung entfaltet also sowohl im Öffentlichen Recht als auch im Privatrecht eine normative, rechtsgestaltende Wirkung.

### II. Beteiligungsrecht

§ 18 Abs. 1 Satz 2 räumt der Landeskrankenhausgesellschaft, den Landesverbänden der Krankenkassen, den Ersatzkassen und dem Landesausschuss des Verbandes der privaten Krankenversicherung das Recht ein, sich am Pflegesatzverfahren zu beteiligen. Die Beteiligung wird durch schriftliche Erklärung gegenüber den Vertragsparteien nach § 18 Abs. 2 auszuüben sein. Eine Ausübung des Beteiligungsrechts führt nicht dazu, dass die Beteiligten damit selbst zu Vertragsparteien werden. Die Folgen einer Beteiligung sind auf erweiterte Informations- und Anwesenheitsrechte bei den Pflegesatzverhandlungen beschränkt. In der Praxis hat die Vorschrift keine, zumindest aber keine nennenswerte Bedeutung erlangt.

### III. Zustimmungserfordernis

Nach § 18 Abs. 1 Satz 3 bedarf die Pflegesatzvereinbarung der Zustimmung durch die Landesverbände der Krankenkassen und dem Landesausschuss des Verbandes der privaten Krankenversicherung. Die Zustimmung muss nicht ausdrücklich erteilt werden. Sie gilt als erteilt, wenn die Mehrheit der Beteiligten nach § 18 Abs. 1 Satz 3 der Vereinbarung nicht innerhalb von 2 Wochen nach Vertragsschluss widerspricht. Von diesem Widerspruchsrecht ist in Einzelfällen Gebrauch gemacht worden. Der Widerspruch hat zur Folge, dass die Pflegesatzvereinbarung als nicht zustande gekommen anzusehen ist. Die Vertragsparteien haben in einem solchen Fall einerseits die Möglichkeit, eine modifizierte Pflegesatzvereinbarung abzuschließen, um den Ablehnungsgrund der Beteiligten nach § 18 Abs. 1 Satz 3 auszuräumen. Ist eine Vertragsseite, namentlich der Krankenhausträger, dazu nicht bereit, kann nach § 18 Abs. 4 Satz 1 die Schiedsstelle angerufen werden.

## C. Vertragsparteien (Abs. 2)

6 Vertragspartei ist auf der einen Seite der Krankenhausträger, also der Betreiber des Krankenhauses. Auf der anderen Seite stehen erstens die Sozialleistungsträger mit einem mindestens 5-prozentigen Anteil an den Belegungs- oder Berechnungstagen des Krankenhauses. Kleinere Sozialleistungsträger, die jeweils allein die 5-%-Grenze nicht erreichen, können sich zu Arbeitsgemeinschaften zusammenschließen mit der Folge, dass die Anteile der Mitglieder an den Belegungs- und Berechnungstagen aufaddiert werden (Zu den Voraussetzungen einer Arbeitsgemeinschaft: BVerwG NZS 2000, 244).

7 Der Begriff des Berechnungstages ist in § 14 Abs. 2 Satz 1 BPflV 2012 legaldefiniert. Auf DRG-Krankenhäuser passt der Begriff der Berechnungstage nicht, da die Entgelte dort im Regelfall nicht tagesbezogen, sondern fallbezogen abgerechnet werden. Um diesem Umstand Rechnung zu tragen, spricht § 18 Abs. 2 im Hinblick auf DRG-Krankenhäuser von Belegungstagen.

8 Maßgeblich für den Belegungs- oder Berechnungsanteil nach § 18 Abs. 2 ist das Jahr vor Beginn der Pflegesatzverhandlung. Unter der gesetzgeberischen Annahme prospektiver Verhandlungen ist damit das vorletzte Jahr vor dem Vereinbarungszeitraum gemeint. Die Vertragsparteien der Pflegesatzverhandlungen für das Jahr 2011 sind also anhand der Belegungs- und Berechnungstage des Jahres 2009 zu ermitteln.

## D. Vorgaben zur Verhandlung und Vereinbarung (Abs. 3)

### I. Prospektive Vereinbarung

9 Nach § 18 Abs. 3 Satz 1 soll die Pflegesatzvereinbarung nur für zukünftige Zeiträume getroffen werden. Der damit angesprochene Grundsatz der Prospektivität (näher dazu: § 4 KHEntgG Rdn. 5–8) entspricht nicht der Verhandlungsrealität. Im Regelfall werden die Pflegesatzvereinbarungen unterjährig im Vereinbarungszeitraum oder nach dessen Ablauf getroffen. In den seltensten Fällen kann den Vertragsparteien aus der fehlenden Prospektivität der Vereinbarung ein Vorwurf gemacht werden. Späte Gesetzgebungsverfahren, die nicht selten erst im Vereinbarungszeitraum abgeschlossen werden, die notwendige Einbeziehung landes- und bundesvertraglicher Regelungen für den Vereinbarungszeitraum und schließlich die hohe Komplexität des Systems machen den prospektiven Abschluss einer Pflegesatzvereinbarung zum Ausnahmefall. Wird dem Grundsatz der Prospektivität nicht entsprochen, begründet dies keine Rechtswidrigkeit der Pflegesatzvereinbarung (BVerwG, Urt. v. 04.05.2017 – 3 C 17/15, BVerwGE 159, 15–26).

### II. Verhandlungsunterlagen

10 Inhalt und Umfang der vorzulegenden Verhandlungsunterlagen richten sich bei DRG-Krankenhäusern nach § 11 Abs. 1 KHEntgG und bei psychiatrischen und psychosomatischen Einrichtungen nach § 11 Abs. 4 BPflV bzw. § 17 Abs. 4 und Abs. 5 BPflV 2012. Auf diese Regelungen wird in § 18 Abs. 3 Satz 2 verwiesen. Vorzulegen sind danach grundsätzlich eine Forderungs-AEB bzw. eine Forderungs-LKA. Weitere Unterlagen und Auskünfte können die kassenseitigen Vertragsparteien gemeinsam verlangen, soweit dies zur Beurteilung der Leistungen des Krankenhauses im Rahmen seines Versorgungsauftrages im Einzelfall erforderlich ist und der zu erwartende Nutzen den verursachten Aufwand deutlich übersteigt, § 11 Abs. 4 KHEntgG, § 11 Abs. 4 BPflV und § 17 Abs. 5 BPflV 2012. In der Verhandlungspraxis werden diese Vorschriften meist nicht so streng und *restriktiv* gehandhabt, wie sie sich lesen. Nicht für alle üblich gewordenen zusätzlichen Unterlagen erschließt sich ein sachlicher Nutzen.

### III. Höhe der Fallpauschalen

Nach § 18 Abs. 3 Satz 3 vereinbaren die Landesvertragsparteien nach Abs. 1 Satz 2 der Vorschrift die Höhe der Fallpauschalen mit Wirkung für die örtlichen Vertragsparteien. Mit der Höhe der Fallpauschalen ist der Landesbasisfallwert nach § 10 Abs. 1 Satz 1 KHEntgG gemeint. Die konkrete Höhe der Fallpauschalen errechnet sich, indem die nach bundesvertraglichen Regelungen zu ermittelnden effektiven Bewertungsrelationen mit dem Landesbasisfallwert multipliziert werden, § 7 Abs. 2 Satz 1 Nr. 1 KHEntgG.

Der Landesbasisfallwert ist für die Vertragsparteien auf örtlicher Ebene verbindlich. Etwaige Rechtsverstöße bei der Ermittlung des Landesbasisfallwerts können von ihnen nicht gerügt werden. Sie haben keine Klagebefugnis (a.A. *Leber*, KH 2005, 881).

### E. Schiedsstellenverfahren (Abs. 4)

#### I. Verhandlungs- und Wartefrist

Die Zulässigkeit eines Schiedsstellenverfahrens setzt gem. § 18 Abs. 4 Satz 1 voraus, dass eine Pflegesatzvereinbarung nicht innerhalb von 6 Wochen zustande gekommen ist, nachdem eine Vertragspartei schriftlich zur Aufnahme der Pflegesatzverhandlungen aufgefordert hat. Wird die Sechs-Wochen-Frist nicht eingehalten, ist der Schiedsstellenantrag unzulässig. Die Frist beginnt mit dem Zugang einer schriftlichen Aufforderung zur Aufnahme der Pflegesatzverhandlung. Über den genauen Inhalt der Aufforderung sagt das Gesetz nichts. Aus dem Zweck der Verfahrensbeschleunigung nach § 18 Abs. 4 kann indes geschlussfolgert werden, dass dem Aufforderungsschreiben die gesetzlich geforderten Verhandlungsunterlagen nach § 11 Abs. 4 KHEntgG, § 11 Abs. 4 BPflV bzw. § 17 Abs. 4 BPflV 2012 beigefügt werden müssen. Denn erst mit dem Zugang dieser Unterlagen werden die Vertragsparteien auf Kassenseite in die Lage versetzt, inhaltlich in die Pflegesatzverhandlungen einzutreten.

Verstreicht die Sechs-Wochen-Frist ohne eine abschließende Pflegesatzvereinbarung, ist es für die Zulässigkeit eines anschließenden Schiedsstellenantrags grundsätzlich unerheblich, warum eine Einigung nicht zustande gekommen ist. Das Gesetz verlangt weder die Abarbeitung aller vereinbarungsrelevanten Punkte noch überhaupt die Durchführung eines Verhandlungstermins (a.A. OVG Koblenz, Urt. v. 28.09.2004 – 7 A 10 150/04.OVG). Kommt ein Verhandlungstermin innerhalb der Sechs-Wochen-Frist nicht zustande, ist die Anrufung der Schiedsstelle indes unter dem Gesichtspunkt von Treu und Glauben unzulässig, wenn die beantragende Vertragspartei die gescheiterte Abstimmung eines fristgemäßen Verhandlungstermins selbst zu vertreten hat. In der Praxis wird die Schiedsstelle höchst selten direkt nach dem Ablauf der Sechs-Wochen-Frist angerufen. Um die Schiedsstelle nicht übermäßig zu belasten, sind vorangehende ernsthafte Einigungsbemühungen in einem oder zwei Verhandlungsterminen üblich und dringend zu empfehlen.

#### II. Schiedsstellenverfahren

§ 18a Abs. 1 bis 3 regelt die Bildung von Landesschiedsstellen sowie in Grundzügen deren Besetzung und Binnenorganisation. Näherer Vorschriften zur Durchführung der Schiedsstellenverfahren ergeben sich aus den landesrechtlichen Schiedsstellenverordnungen.

Die Schiedsstelle nach § 18a unterliegt nicht dem Amtsermittlungsgrundsatz. Es gilt der Beibringungsgrundsatz (BVerwG NZS 2006, 363). Da die Schiedsstelle die Pflegesätze unverzüglich, d.h. gem. § 13 Abs. 2 KHEntgG, § 13 Abs. 2 BPflV bzw. § 19 Abs. 2 BPflV 2012 binnen 6 Wochen festzusetzen hat, ist es nicht Aufgabe der Schiedsstelle, ohne substantiierte Beanstandungen z.B. die Forderungs-LKA eines Krankenhauses zu überprüfen und eigenständig ein medizinisch leistungsgerechtes Budget zu ermitteln. Die Schiedsstelle hat grundsätzlich dieselben rechtlichen Grenzen zu beachten, die auch für die Vertragsparteien selbst bei Abschluss einer Pflegesatzvereinbarung gelten. Innerhalb dieser Grenzen hat die Schiedsstelle die ansonsten den Vertragsparteien zukommenden Gestaltungsmöglichkeiten (BVerwG NZS 2006, 363).

16a Für die Schiedsstelle gilt ein eingeschränkter, entgeltrechtlicher Prüfungsmaßstab (BVerwG, Beschl. v. 19.08.2010 – 3 B 40/10; OVG Rheinland/Pfalz, Urt. v. 24.06.2014 – 7 A 11124/13; OVG NRW, Beschl. v. 07.02.2014 – 3 A 1900/13; VG Düsseldorf, Urt. v. 21.06.2013 – 13 K 5565/12). Nur so kann dem extremen Beschleunigungsgrundsatz (6-Wochen-Frist) des § 13 Abs. 2 KHEntgG und des § 13 Abs. 2 BPflV Rechnung getragen werden. Liegt eine Leistung im Versorgungsauftrag des Krankenhauses, muss die Schiedsstelle Einwendungen gegen ihre Abrechenbarkeit grundsätzlich nicht nachgehen (BVerwG, Beschl. v. 19.08.2010 – 3 B 40/10; OVG Rheinland/Pfalz, Urt. v. 24.06.2014 – 7 A 11124/13). Auch die Einhaltung anderer als entgeltrechtlicher Vorschriften zählt grundsätzlich nicht zum Prüfprogramm. Dies gilt z.B. für Verstöße gegen das Arbeitsrecht oder gegen das Vertragsarztrecht (vgl. OVG NRW, Beschl. v. 07.02.2014 – 3 A 1900/13; VG Düsseldorf, Urt. v. 21.06.2013 – 13 K 5565/12).

### III. Schiedsstellenfestsetzung

17 Die Schiedsstelle ist an die Anträge der Vertragsparteien gebunden. Sie kann daher nicht mehr zusprechen, als vom Krankenhausträger beantragt und sie darf nicht weniger zusprechen, als von den Sozialleistungsträgern beantragt.

18 Die Schiedsstellenfestsetzung muss nicht zwingend die Höhe der Pflegesätze beinhalten. Es reicht aus, wenn die Schiedsstelle die streitigen Berechnungsgrößen für die Pflegesatzermittlung festsetzt, die hiervon ausgehende Pflegesatzermittlung nur noch ein vorgezeichneter Rechengang ist und die dabei zusätzlich einzustellenden, weiteren Rechengrößen unstreitig sind (OVG NRW NVwZ-RR 2003, 283).

19 Ebenso wie die Pflegesatzvereinbarung bedarf auch die Schiedsstellenfestsetzung einer Genehmigung durch die zuständige Landesbehörde, § 18 Abs. 5 Satz 1. Daraus folgt, dass es sich bei der Festsetzung selbst um einen nicht anfechtbaren internen Mitwirkungsakt handelt (BVerwG NZS 2006, 363).

20 Ergeht ein streitiger Schiedsspruch, muss er die tragenden Erwägungen der Schiedsstelle erkennen lassen. Es müssen die fachlich-sachlichen und rechtlichen Erwägungen plausibel und nachvollziehbar begründet werden (VG Mainz, Urt. v. 31.03.2009 – 6 K 578/08.MZ). Aufgrund des Beschleunigungsgrundsatzes nach § 18 Abs. 4 darf indes nicht der gleiche Maßstab an die Begründungspflicht angelegt werden wie bei gerichtlichen Urteilen. Eine lediglich summarische Prüfung und Begründung wie im einstweiligen gerichtlichen Rechtsschutz reicht hingegen grundsätzlich nicht aus, da die Schiedsstellenfestsetzung auf eine dauerhafte und abschließende Regelung ausgerichtet ist.

### IV. Ermittlung vergleichbarer Krankenhäuser

21 Nach § 18 Abs. 4 Satz 2 kann die Schiedsstelle auch gesondert zur Ermittlung vergleichbarer Krankenhäuser nach § 17 Abs. 5 angerufen werden. Dort geht es um nicht oder nur teilweise öffentlich geförderte Krankenhäuser. Sie dürfen von den Sozialleistungsträgern und sonstigen öffentlich-rechtlichen Kostenträgern keine höheren Pflegesätze fordern, als diese für Leistungen vergleichbarer voll geförderter Krankenhäuser entrichten müssen. Die Regelung hat keine oder allenfalls eine äußerst geringfügige praktische Bedeutung erlangt.

## F. Genehmigung und Klage (Abs. 5)

### I. Genehmigung

#### 1. Antrag auf Genehmigung

22 Die vereinbarten oder festgesetzten Pflegesätze bedürfen gem. § 18 Abs. 5 Satz 1 einer Genehmigung durch die zuständige Landesbehörde. Die Genehmigung ihrerseits bedarf eines Antrags durch eine Vertragspartei. Obsiegt eine Vertragspartei in einem Schiedsstellenverfahren in vollem Umfang, wird regelmäßig sie den Antrag auf Genehmigung stellen. Liegt die Festsetzung indes unterhalb des krankenhausseitigen Antrags und oberhalb des Antrags der Sozialleistungsträger, kommt

es vor, dass beide Vertragsparteien beantragten, der Festsetzung die Genehmigung zu versagen. In einem solchen Fall ist zweifelhaft, ob die Landesbehörde eine Genehmigung erteilen kann, wenn sie den Schiedsspruch für rechtmäßig erachtet. Vorzugswürdig erscheint die Auffassung, dass eine Genehmigung nur dann erteilt werden kann, wenn eine Vertragspartei zumindest einen Hilfsantrag auf Genehmigung gestellt hat. Denn andernfalls würde den Vertragsparteien die Abrechenbarkeit von Pflegesätzen aufgezwungen, die von beiden Seiten abgelehnt werden.

Das Genehmigungserfordernis umfasst nach § 14 Abs. 1 Satz 1 KHEntgG in der seit dem 01.01.2015 geltenden Fassung ausdrücklich auch alle krankenhausindividuell ermittelten Zu- und Abschläge. Zuvor unterlag der Mehrleistungsabschlag nach § 4 Abs. 2a KHEntgG nach einem Urteil des BVerwG vom 30.05.2013 (BVerwG 3 C 16/12) keinem Genehmigungserfordernis, da er nicht unter die genehmigungsbedürftigen Vereinbarungstatbestände nach § 14 KHEntgG a.F. subsumiert werden konnte.

## 2. Prüfungsgegenstand und Entscheidung

Prüfungsgegenstand des Genehmigungsverfahrens sind nach dem Wortlaut des § 18 Abs. 5 Satz 1 die vereinbarten oder festgesetzten Pflegesätze. Das ist zu eng formuliert. Die Pflegesatzvereinbarung insgesamt bedarf einer Genehmigung. Sind für ein Krankenhaus mehrere rechtlich verselbstständigte Pflegesatzvereinbarungen abzuschließen – dies trifft auf die Vereinbarung nach dem KHEntgG, die Vereinbarung nach der BPflV bzw. der BPflV 2012 und die Vereinbarung eines Ausbildungsbudgets nach § 17a zu –, ist eine getrennte Genehmigung der einzelnen Vereinbarungen möglich (vgl. OVG Rheinland-Pfalz GesR 2008, 130). Die getrennte Genehmigung einer verselbstständigten Vereinbarung ist insbesondere in solchen Fällen sinnvoll, in denen z.B. die Pflegesatzvereinbarung nach der BPflV bereits abgeschlossen ist, während im Anwendungsbereich des KHEntgG ein Schiedsstellenverfahren durchgeführt werden muss.

Unzulässig ist hingegen grundsätzlich die Genehmigung eines einzelnen Entgelts oder eines sonstigen unselbstständigen Bestandteils einer Pflegesatzvereinbarung (vgl. BVerwG Buchholz 451.74 § 18 KHG Nr. 5). Eine Ausnahme von diesem Grundsatz regelt § 6 Abs. 2 Satz 6 KHEntgG. Danach sollen krankenhausindividuelle Entgelte für die Vergütung neuer Untersuchungs- und Behandlungsmethoden möglichst frühzeitig, auch unabhängig von der Vereinbarung des Erlösbudgets vereinbart werden. Geschieht dies, muss auch eine isolierte Genehmigung der Entgelte erfolgen. Andernfalls würde der Zweck der Regelung, eine frühzeitige Abrechenbarkeit dieser Entgelte zu ermöglichen, nicht zu erreichen sein. Eine weitere Ausnahme folgt aus § 4 Abs. 10 Satz 10 KHEntgG für die vorläufige Festsetzung eines Zuschlags zur Verbesserung der personellen Situation in der Pflege.

Die beantragte Genehmigung ist unverzüglich zu erteilen, wenn die zu prüfende Vereinbarung oder Festsetzung den Vorschriften des KHG und sonstigem Recht entspricht. Angesichts der Komplexität des Krankenhausfinanzierungsrechts und häufig unsicherer Sachverhaltsannahmen ist eine lückenlose Rechtmäßigkeitsprüfung kaum machbar. Für die gerichtliche Kontrolle einer genehmigten Festsetzung gilt insoweit ein eingeschränkter Prüfungsumfang. Haben sich die Vertragsparteien nur hinsichtlich eines oder einiger Berechnungspositionen nicht einigen können und deshalb die Schiedsstelle angerufen, sind aber die restlichen Berechnungsschritte und Positionen unstreitig, haben dies nach OVG NRW (Beschl. v. 03.03.2006 – 13 A 757/05) auch die Verwaltungsgerichte zu akzeptieren und – jedenfalls soweit sich hinsichtlich der unstreitigen Positionen Rechtsfehler nicht aufdrängen – nicht durch Überprüfung jedes einzelnen Rechenschritts und jeder Position nach Rechtsfehlern zu suchen. Diese Aussagen werden nicht uneingeschränkt auf den Prüfungsumfang im Rahmen eines Genehmigungsverfahrens übertragbar sein. Anderenfalls wären faktisch nur noch Schiedssprüche, nicht aber Pflegesatzvereinbarungen vor der Erteilung einer Genehmigung zu überprüfen. Gleichwohl strahlt der eingeschränkte gerichtliche Überprüfungsmaßstab auf das Genehmigungsverfahren aus. Das Einigungsprinzip und die damit einhergehenden Gestaltungsspielräume der Vertragsparteien müssen gelebt werden können. Sie haben Gesetzesrang. Bei Weitem nicht alle Vorschriften des Krankenhausfinanzierungsrechts besitzen zwingenden Charakter. Die einvernehmliche Nichtanwendung dispositiver Vorschriften stellt keinen Rechtsverstoß i.S.d. § 18 Abs. 5 dar.

26 Über den Antrag auf Genehmigung entscheidet die zuständige Landesbehörde durch Erlass eines Verwaltungsakts. Er ist den beteiligten Vertragsparteien bekannt zu geben. Die Genehmigung kann mit Nebenbestimmungen verbunden werden, soweit dies erforderlich ist, um rechtliche Hindernisse zu beseitigen, die einer uneingeschränkten Genehmigung entgegenstehen, § 14 Abs. 2 Satz 3 KHEntgG, § 14 Abs. 2 Satz 3 BPflV bzw. § 20 Abs. 2 Satz 3 BPflV 2012. Die Genehmigungsbehörde hat indes keine Gestaltungskompetenz dahingehend, dass sie einen aus ihrer Sicht unzutreffend ermittelten Pflegesatz oder sonstigen Wert ersetzt und diesen von ihr selbst ermittelten Pflegesatz oder sonstigen Wert genehmigt (BVerwG NJW 1993, 2391).

## II. Bindungswirkung einer Nichtgenehmigung

27 Wird einem Schiedsspruch die Genehmigung versagt, ist die Schiedsstelle auf Antrag einer Vertragspartei verpflichtet, unter Beachtung der Rechtsauffassung der Genehmigungsbehörde erneut zu entscheiden, § 14 Abs. 3 KHEntgG, § 14 Abs. 3 BPflV bzw. § 20 Abs. 3 BPflV 2012. Die Schiedsstelle ist also kraft Gesetzes an die Rechtsauffassung der Genehmigungsbehörde gebunden. Auf diese Weise soll ein »Pingpong-Effekt« vermieden werden, der eintreten würde, wenn sowohl die Schiedsstelle als auch die Genehmigungsbehörde auf ihren unterschiedlichen Rechtspositionen beharren würden.

## III. Klage

28 Regelungen zum gerichtlichen Rechtsschutz sind in den Vorschriften des Krankenhausfinanzierungsrechts nur sehr spärlich zu finden. § 18 Abs. 5 beschränkt sich in den Sätzen 2 und 3 auf die drei Aussagen, dass gegen die Genehmigung der Verwaltungsrechtsweg gegeben ist, ein Vorverfahren nicht stattfindet und die Klage keine aufschiebende Wirkung hat. Das lässt viele Fragen offen:

### 1. Klageart

29 Der Regelfall eines verwaltungsgerichtlichen Rechtsstreits im Krankenhausfinanzierungsrecht betrifft die Klage gegen die Genehmigung eines Schiedsspruchs. Statthafte Klageart ist hier die Anfechtungsklage.

30 Wird einer Pflegesatzvereinbarung die Genehmigung versagt, ist die Erhebung einer Verpflichtungsklage auf Erteilung der Genehmigung statthaft (BVerwGE 146, 369–377; BVerwG NJW 1993, 2391). Gleiches gilt grundsätzlich für den Fall der Nichtgenehmigung eines Schiedsspruchs. Hierbei ist aber zu beachten, dass nach einer Entscheidung des BVerwG vom 10.07.2008 (GesR 2009, 25) mit dem Erlass eines zweiten Schiedsspruchs (grundsätzlich) eine Erledigung des Versagungsbescheides eintritt. Begründet wird dies damit, dass der zweite Schiedsspruch den ersten Schiedsspruch aufhebt und damit das Genehmigungssubstrat des Versagungsbescheides entfällt. Eine Erledigung des ersten Schiedsspruchs tritt indes nicht immer ein. Ändert die Schiedsstelle eine entscheidungserhebliche Beurteilung im Rahmen ihres Gestaltungsspielraums, kann über eine Anfechtung des abschließenden Genehmigungsbescheids nicht erreicht werden, dass das Gericht inzident die Rechtmäßigkeit des ursprünglichen Schiedsspruchs prüft. Daran kann aber ein Rechtsschutzbedürfnis bestehen. Denn wenn die erste Entscheidung der Schiedsstelle unter Beachtung ihres Gestaltungsspielraums rechtmäßig war, schließt dies nicht aus, dass ein abweichender zweiter Schiedsspruch den Gestaltungsspielraum der Schiedsstelle ebenfalls nicht überschreitet und daher richtigerweise genehmigt wurde. Hier ist eine Aufrechterhaltung der Verpflichtungsklage gegen die Nichtgenehmigung des ursprünglichen Schiedsspruchs richtigerweise als zulässig anzusehen. Ein weiteres Beispiel für die (fortbestehende) Zulässigkeit einer Verpflichtungsklage entschied das BVerwG mit Urt. v. 21.01.1993 (NJW 1993, 2391). Dort hatte die Genehmigungsbehörde eine Gestaltungskompetenz für sich reklamiert und den von der Schiedsstelle festgesetzten Pflegesatz durch einen selbst berechneten, geringeren Pflegesatz ersetzt und diesen genehmigt. Um

eine Genehmigung des von der Schiedsstelle festgesetzten Pflegesatzes zu erreichen, verblieb dem Krankenhausträger hier nur die Möglichkeit, Verpflichtungsklage zu erheben.

## 2. Klagebefugnis

Klagebefugt sind grundsätzlich nur die Vertragsparteien nach § 18 Abs. 2, nicht hingegen die Beteiligten nach § 18 Abs. 1 Satz 2 (BVerwG NVwZ-RR 1996, 537). 31

In einem besonders gelagerten Fall sah das BVerwG (BVerwGE 100, 237) die Klage eines Patienten gegen die Genehmigung eines mit rückwirkender Kraft vereinbarten Pflegesatzes als zulässig an. Die Entscheidung ist, obwohl sie gewiss nicht als Grundsatzentscheidung gewertet werden darf und will, sehr problematisch. Dass auf Selbstverwaltung und behördlicher Rechtskontrolle basierende, hoch komplexe System der Krankenhausfinanzierung wird nicht funktionieren können, wenn die Ermittlung der genehmigten Pflegesätze und sonstigen Berechnungsfaktoren einer gerichtlichen Überprüfung durch prinzipiell jeden Patienten zugänglich gemacht wird. 32

## 3. Rechtsschutzbedürfnis

Wird eine Pflegesatzvereinbarung nicht genehmigt, haben alle Vertragsparteien ein Rechtsschutzbedürfnis für eine verwaltungsgerichtliche Überprüfung. Gleiches gilt dann, wenn eine genehmigte Schiedsstellenfestsetzung keinem der wechselseitig gestellten Anträge in vollem Umfang entspricht (OVG NRW, Urt. v. 18.04.2013 – 13 A 1168/12). Ein Antrag auf Nichtgenehmigung des Schiedsspruchs ist dabei keine zwingende Voraussetzung für das Rechtsschutzbedürfnis. Hat eine Vertragspartei keinen Antrag auf Nichtgenehmigung gestellt, kann dies nicht ohne weiteres als ein Akzeptieren der genehmigten Festsetzung oder als Verzicht auf verwaltungsgerichtliche Überprüfung der Genehmigung verstanden werden. Selbst ein ausdrücklicher Genehmigungsantrag nimmt dem Kläger nicht das Rechtsschutzbedürfnis, wenn sich aus den weiteren Ausführungen des Antrags eine Ablehnung der Schiedsstellenfestsetzung und die Absicht einer verwaltungsgerichtlichen Überprüfung ergeben (OVG NRW NVwZ-RR 2003, 283). Sinnvoll ist in solchen Fällen, ausdrücklich die Nichtgenehmigung und lediglich hilfsweise zum Erhalt eines klagefähigen Bescheides die Genehmigung des Schiedsspruchs zu beantragen. 33

Soll die Genehmigung eines Schiedsspruchs beklagt werden, besteht dennoch oftmals ein praktisches Bedürfnis, die Umsetzung der festgesetzten Positionen durch den Abschluss einer Vereinbarung zu erleichtern. Wird in einer solchen Vereinbarung deutlich zum Ausdruck gebracht, dass sie den Schiedsspruch nicht ersetzen, sondern lediglich aus Praktikabilitätsgründen umsetzen soll, unbeschadet der auf die Genehmigung des Schiedsspruchs bezogenen verwaltungsgerichtlichen Kontrolle, bleibt auch hier das Rechtsschutzbedürfnis bestehen. 34

Klagt eine Partei gegen die Genehmigung einer von ihr selbst mitabgeschlossenen Pflegesatzvereinbarung, ist die Klage unter dem Gesichtspunkt von Treu und Glauben (venire contra factum proprium) unzulässig, zumindest aber unbegründet (VG Ansbach, Urt. v. 19.09.2018 – AN 14 K 17.01670). 34a

## 4. Umfang der gerichtlichen Kontrolle

Die verwaltungsgerichtliche Überprüfung eines Genehmigungsbescheides ist grundsätzlich auf die klägerseits gerügten Positionen beschränkt. Geeinigte Positionen werden grundsätzlich nicht überprüft, soweit sich Rechtsfehler nicht aufdrängen (OVG NRW, Beschl. v. 03.03.2006 – 13 A 757/05). Es gilt ein eingeschränkter, entgeltrechtlicher Prüfungsmaßstab (s. Rdn. 16a). 35

Werden vom Kläger mehrere Rechtsfehler gerügt, die sich auf mehrere Berechnungspositionen beziehen, ist das Gericht unter dem Gesichtspunkt des effektiven Rechtsschutzes gehalten, sich auch dann nicht auf eine einzelne Rüge zurückzuziehen, wenn sie allein bereits zur Aufhebung des Genehmigungsbescheides führt. Den Vertragsparteien ist letztlich nur dann gedient, wenn sie bzw. die Schiedsstelle anhand der gerichtlichen Entscheidung erkennen können, wie der Pflegesatz und die 36 anderen notwendigen Regelungsgegenstände richtigerweise zu ermitteln sein sollen (VG Aachen, Urt. v. 05.02.1998 – 4 K 3370/96).

37  Der Streitgegenstand wird durch den Klageantrag und die gerügten Rechtsverstöße bestimmt. Der Klage einer Krankenkasse gegen einen Genehmigungsbescheid steht daher der Einwand anderweitiger Rechtshängigkeit nicht entgegen, wenn das Krankenhaus bereits gegen denselben Genehmigungsbescheid, jedoch mit anderen Rügen Klage erhoben hat (vgl. BVerwG, Urt. v. 22.05.2014 – 3 C 8/13).

# Muster-Berufsordnung für Ärzte – MBOÄ

(Muster-)Berufsordnung für die deutschen Ärztinnen und Ärzte – MBO-Ä 1997 – in der Fassung der Beschlüsse des 100. Deutschen Ärztetages 1997,
geändert durch die Beschlüsse des 103. Deutschen Ärztetages 2000 (§§ 27, 28 Kap. D. I. Nr. 1–6, Kap. D. II Nr. 11), des 105. Deutschen Ärztetages 2002, (§§ 27, 28 Kap. D. I Nr. 1–5, §§ 17, 18, 22a, 15, 20), des 106. Deutschen Ärztetages 2003 (§§ 7, 18, 26, 30, 32–34), des 107. Deutschen Ärztetages 2004 (Präambel, §§ 17–19, 22, 22a, 23a–23, Kap. D. II Nr. 7–11; §§ 4, 15), des 114. Deutschen Ärztetages 2011 (Gelöbnis, Präambel, §§ 2, 6–8, 12, 15, 16, 18, 20, 23c, 26–35, Kap. C, D), des 118. Deutschen Ärztetages 2015 (§§ 10, 15, 18, 20), des 121. Deutschen Ärztetages (§ 7), des 124. (digitalen) Deutschen Ärztetages 2021 (§ 16).

## Inhaltsverzeichnis

A. Präambel
B. Regeln zur Berufsausübung

| | |
|---|---|
| § 1 | Aufgaben der Ärztinnen und Ärzte |
| § 2 | Allgemeine ärztliche Berufspflichten |
| § 3 | Unvereinbarkeiten |
| § 4 | Fortbildung |
| § 5 | Qualitätssicherung |
| § 6 | Mitteilung von unerwünschten Arzneimittelwirkungen |
| § 7 | Behandlungsgrundsätze und Verhaltensregeln |
| § 8 | Aufklärungspflicht |
| § 9 | Schweigepflicht |
| § 10 | Dokumentationspflicht |
| § 11 | Ärztliche Untersuchungs- und Behandlungsmethoden |
| § 12 | Honorar und Vergütungsabsprachen |
| § 13 | Besondere medizinische Verfahren |
| § 14 | Erhaltung des ungeborenen Lebens und Schwangerschaftsabbruch |
| § 15 | Forschung |
| § 16 | Beistand für Sterbende |
| § 17 | Niederlassung und Ausübung der Praxis |
| § 18 | Berufliche Kooperationen |
| § 18a | Ankündigung von Berufsausübungsgemeinschaften und sonstigen Kooperationen |
| § 19 | Beschäftigung angestellter Praxisärztinnen und -ärzte |
| § 20 | Vertretung |
| § 21 | Haftpflichtversicherung |
| § 22, § 22a | (aufgehoben) |
| § 23 | Ärztinnen und Ärzte im Beschäftigungsverhältnis |
| § 23a | Ärztegesellschaften |
| § 23b | Medizinische Kooperationsgemeinschaft zwischen Ärztinnen und Ärzten und Angehörigen anderer Fachberufe |
| § 23c | Beteiligung von Ärztinnen und Ärzten an sonstigen Partnerschaften |
| § 23d | Praxisverbund |
| § 24 | Verträge über ärztliche Tätigkeit |
| § 25 | Ärztliche Gutachten und Zeugnisse |
| § 26 | Ärztlicher Notfalldienst |
| § 27 | Erlaubte Information und berufswidrige Werbung |
| § 28 | (aufgehoben) |

# Einl. MBOÄ

| § 29 | Kollegiale Zusammenarbeit |
|---|---|
| § 30 | Ärztliche Unabhängigkeit |
| § 31 | Unerlaubte Zuweisung |
| § 32 | Unerlaubte Zuwendungen |
| § 33 | Zuwendungen bei vertraglicher Zusammenarbeit |

## Einleitung

1 Die Kommentierung ist auf dem Stand der Beschlüsse des digital abgehaltenen 124. Deutschen Ärztetages 2021. Der 114. Deutsche Ärztetag 2011 hatte eine Änderung des Titels beschlossen; danach gilt die Berufsordnung für »die in Deutschland tätigen Ärztinnen und Ärzte«. Damit soll deutlich gemacht werden, dass es auf die Nationalität des Arztes nicht ankommt, vielmehr auf die – an den Tätigkeitsort anknüpfende – Kammermitgliedschaft (vgl. auch *Bahner* GesR 2012, 1, 7); vgl. auch Rdn. 4a.

2 Die Berufsordnung gibt als selbst gesetztes Recht des Berufsstandes das Selbstverständnis der Ärzteschaft wieder (vgl. auch Präambel Rdn. 3). Die vorliegende Berufsordnung ist eine Muster-Berufsordnung für Ärzte (MBOÄ), die einen nicht rechtsverbindlichen Vorschlag des Deutschen Ärztetags – der Hauptversammlung der Bundesärztekammer (BÄK) – darstellt. Dieser Vorschlag ist an die Landesärztekammern für die Fassung der jeweiligen Berufsordnung adressiert. Die Bundesärztekammer ist eine Arbeitsgemeinschaft der Landesärztekammern und darf mangels verfassungsrechtlicher Ermächtigung keine Bundesberufsordnung für Ärzte erlassen (zur BÄK vgl. *Berger* Die Bundesärztekammer 2005). Dem Bundesgesetzgeber steht im Hinblick auf das ärztliche Berufsrecht ausschließlich die konkurrierende Gesetzgebungskompetenz gem. Art. 74 Abs. 1 Nr. 19 GG für die Zulassung zum Beruf des Arztes zu (grundlegend: BVerfGE 33, 125 ff.; zur Kompetenz für das vertragsarztspezifische ärztl. Berufsrecht gem. Art. 74 Abs. 1 Nr. 12 GG vgl. *Rixen* VSSR 2007, 213, 225 ff.). Eine Annexkompetenz des Bundes kraft Sachzusammenhangs besteht nicht (vgl. *Schüffner/Schnall* Hypertrophie des ärztlichen Sozialrechts, 24 f.). Die Regelung der Berufsausübung der Ärzte nach Zulassung obliegt gem. Art. 70 GG ausschließlich den Ländern (BVerfGE 71, 162 ff.; BVerfGE 33, 125 ff.). Dementsprechend ergehen die Berufsordnungen als Satzungsrecht der Landesärztekammern auf der Grundlage von Ermächtigungen der Kammer- und Heilberufsgesetze der Länder.

3 Die MBOÄ gilt nur für Ärzte, nicht für Dritte im Sinne eines allgemeinen Wettbewerbsrechts (BGH NJW-RR 1995, 41, 42; BGH GRUR 1959, 35, 37).

4 Die Landesärztekammern überwachen die Einhaltung der Berufspflichten (vgl. z.B.: Art. 2 Abs. 1 Bay. HKaG; § 2 Abs. 1 Nr. 2 HeilBerG Bbg.; § 6 Abs. 1 Nr. 6 HeilBerG NRW). Bei Verstößen können die Kammern die »notwendigen Maßnahmen« (vgl. beispielhaft: § 6 Abs. 1 Nr. 6 HeilBerG NRW) ergreifen. Die Kammer kann ein berufsgerichtliches Verfahren – bestehend aus dem Ermittlungsverfahren und der Hauptverhandlung – vor dem Heilberufsgericht einleiten (vgl. z.B. §§ 71 Abs. 1, 74 HeilBerG NRW; zu Einzelheiten und Unterschieden in den Bundesländern vgl. *Rehborn* GesR 2004, 170; *Willems* Das Verfahren vor den Heilberufsgerichten 2009), an dessen Ende verschiedene Sanktionen stehen können (angefangen bei der Warnung bis hin zum Berufsverbot).

4a Adressat sind die Mitglieder der jeweiligen (Landes-) Ärztekammer. Hierzu gehören nach den Landesgesetzen regelmäßig diejenigen Ärzte, die ihren Beruf im Zuständigkeitsbereich der jeweiligen Kammer auszuüben (vgl. z.B. § 2 Abs. 1 HeilBerG NRW). Unproblematisch ist das bei nur an einer Stelle angestellten Ärzten (z.B. Krankenhausärzten) oder an nur einer Stelle niedergelassenen Ärzten. Bei Tätigkeit an mehreren Standorten kommt eine Mitgliedschaft bei mehreren Kammern in Betracht (vgl. z.B. OVG Thüringen MedR 2015, 286 [bzgl. Tierarzt]; VG Berlin GesR 2013, 58). Praktisch erhebliche Schwierigkeiten bestehen bei sog. Honorarärzten (zur Definition vgl. BGH GesR 2014, 720 = ZMGR 2014, 414 m. Anm. *Clausen* = MedR 2015, 120 m. Anm. *Bohle*), sei es in Form eines sog.

Honorarvertretungsarztes oder Honorarkooperationsarztes (zu den Definitionen näher BÄK/KBV, Honorarärztliche Tätigkeit in Deutschland 2011, 16 f.; *Hanau* MedR 2015, 77 unter Berufung auf *Schäfer* Honorarärzte im Krankenhaus 2014, 2). Insbesondere Honorarvertretungsärzte werden nicht selten »von Praxis zu Praxis ziehen« und dabei – oftmals auch nur für kurze Zeit – den Zuständigkeitsbereich der jeweiligen Kammer wechseln. Trotz eines gesetzlichen Gebotes fehlt in diesen Fällen bei den betroffenen Ärzten regelmäßig das Bewusstsein, sich – sei es auch nur für kurze Zeit – bei der örtlich zuständigen Kammer anmelden zu müssen. Auch wenn diese Anmeldung unterbleibt, ist das am jeweiligen Tätigkeitsort geltende Berufsrecht in diesen Fällen anwendbar. Vgl. zur ähnlich gelagerten Situation bei sog. »Autobahntierärzten« und der berufsgerichtlichen Ahndung eines Fehlverhaltens trotz Wegfalls der Kammerangehörigkeit LandesberufsG für Heilberufe NRW GesR 2014, 632.

Ärzte aus anderen EU-Mitgliedstaaten haben die Berufsordnung derjenigen Ärztekammer, in deren Bezirk sie temporär tätig werden, ebenfalls zu beachten. So ergibt es sich nach Auffassung des EuGH aus Art. 5 Abs. 3 der Richtlinie 2005/36/EG; hiernach unterwerfe sich der ausländische Arzt den Regeln der Berufsordnung der örtlich zuständigen Landesärztekammer (EuGH GesR 2013, 671; VG Gießen Urt. v. 11.03.2015 – 21 K 1976/13.GI.B). 4b

Nach der Rechtsprechung können Regelungen der Berufsordnung ein Gesetz i.S.d. § 134 BGB darstellen, Rechtsgeschäfte (insb. Verträge), die mit der Berufsordnung unvereinbar sind, mithin nichtig sein (BGH NJW 1986, 2361; GesR 2012, 621; GesR 2015, 477; OLG Celle GesR 2014, 32; OLG Düsseldorf GesR 2009, 605; OLG Hamm NJW 1985, 679; OLG Naumburg GesR 2008, 591; Bay. VGH NJW 2000, 3418; *Ratzel* MedR 2002, 492; Spickhoff/*Scholz* Vorbem. MBOÄ Rn. 7; a.A. *Taupitz* JZ 1994, 221). 5

**Das ärztliche Gelöbnis**

> »Als Mitglied der ärztlichen Profession gelobe ich feierlich, mein Leben in den Dienst der Menschlichkeit zu stellen.
>
> Die Gesundheit und das Wohlergehen meiner Patientin oder meines Patienten werden mein oberstes Anliegen sein.
>
> Ich werde die Autonomie und die Würde meiner Patientin oder meines Patienten respektieren.
>
> Ich werde den höchsten Respekt vor menschlichem Leben wahren.
>
> Ich werde nicht zulassen, dass Erwägungen von Alter, Krankheit oder Behinderung, Glaube, ethnischer Herkunft, Geschlecht, Staatsangehörigkeit, politischer Zugehörigkeit, Rasse, sexueller Orientierung, sozialer Stellung oder jeglicher anderer Faktoren zwischen meine Pflichten und meine Patientin oder meinen Patienten treten.
>
> Ich werde die mir anvertrauten Geheimnisse auch über den Tod der Patientin oder des Patienten hinaus wahren.
>
> Ich werde meinen Beruf nach bestem Wissen und Gewissen, mit Würde und im Einklang mit guter medizinischer Praxis ausüben.
>
> Ich werde die Ehre und die edle Tradition des ärztlichen Berufes fördern.
>
> Ich werde meinen Lehrerinnen und Lehrern, meinen Kolleginnen und Kollegen und meinen Schülerinnen und Schülern die ihnen gebührende Achtung und Dankbarkeit erweisen.
>
> Ich werde mein medizinisches Wissen zum Wohle der Patientin oder des Patienten und zur Verbesserung der Gesundheitsversorgung teilen.
>
> Ich werde auf meine Gesundheit, mein Wohlergehen und meine Fähigkeiten achten, um eine Behandlung auf höchstem Niveau leisten zu können.
>
> Ich werde, selbst unter Bedrohung, mein medizinisches Wissen nicht zur Verletzung von Menschenrechten und bürgerlichen Freiheiten anwenden.
>
> Ich gelobe dies feierlich, aus freien Stücken und bei meiner Ehre.«

1 Das Gelöbnis der MBOÄ geht auf das Gelöbnis des Weltärzteverbands 1948 in Genf zurück und ist eine moderne Fassung des hippokratischen Eides, der kein Eid im Sinne des Strafrechts ist. Von der 68. Generalversammlung des Weltärztebundes (Chicago, Oktober 2017) wurde das Gelöbnis revidiert und in die aktuelle Fassung gebracht.

2 Das Gelöbnis hat keine isolierte Bedeutung. Seine Bedeutung liegt in der Bekräftigung der sowieso geltenden Vorschriften und ärztlichen Pflichten und in seiner Wirkung als Auslegungshilfe für einzelne Vorgaben der MBOÄ (vgl. dazu auch Präambel Rdn. 1 f.).

## A. Präambel

Die auf der Grundlage der Kammer- und Heilberufsgesetze beschlossene Berufsordnung stellt die Überzeugung der Ärzteschaft zum Verhalten von Ärztinnen und Ärzten gegenüber den Patientinnen und Patienten, den Kolleginnen und Kollegen, den anderen Partnerinnen und Partnern im Gesundheitswesen sowie zum Verhalten in der Öffentlichkeit dar. Dafür geben sich die in Deutschland tätigen Ärztinnen und Ärzte die nachstehende Berufsordnung. Mit der Festlegung von Berufspflichten der Ärztinnen und Ärzte dient die Berufsordnung zugleich dem Ziel,
- das Vertrauen zwischen Ärztinnen und Ärzten und Patientinnen und Patienten zu erhalten und zu fördern;
- die Qualität der ärztlichen Tätigkeit im Interesse der Gesundheit der Bevölkerung sicherzustellen;
- die Freiheit und das Ansehen des Arztberufes zu wahren;
- berufswürdiges Verhalten zu fördern und berufsunwürdiges Verhalten zu verhindern.

### Übersicht

| | Rdn. | | Rdn. |
|---|---|---|---|
| A. Bedeutung der Präambel | 1 | II. Berufsordnung als Überzeugung der Ärzteschaft | 3 |
| B. Bezugspunkte der Präambel | 2 | | |
| I. auf der Grundlage der Kammer- und Heilberufsgesetze | 2 | III. Verhaltenspflichten gegenüber benannten Personengruppen | 5 |

## A. Bedeutung der Präambel

1 Die Präambel ist ein Vorspruch zur MBOÄ, dem keine rechtliche Verbindlichkeit zukommt. Sie ist nicht Bestandteil der MBOÄ. Dies ergibt sich aus dem Wortlaut des Satz 2, der die »nachstehende Berufsordnung« einleitet. Daher kann auch eine wortgleiche Übernahme des Präambeltextes in die Berufsordnung der jeweiligen Landesärztekammer der Präambel keine normative Bedeutung verleihen. Die Präambel hebt die Ziele besonders hervor, die mit der MBOÄ verfolgt werden, indem sie sie vor den Text der MBOÄ zieht. Die Ziele können gemeinsam mit dem der Präambel vorangestellten »Gelöbnis« als Hilfe für die Auslegung einzelner Regelungen herangezogen werden. Darüber hinaus soll die Präambel »die gesellschaftspolitische Bedeutung« der in der MBOÄ manifestierten Berufspflichten hervorheben (Spickhoff/*Scholz* Präambel MBO Rn. 1).

## B. Bezugspunkte der Präambel

### I. auf der Grundlage der Kammer- und Heilberufsgesetze

2 Da die Berufsordnung in das Grundrecht der Berufsfreiheit (Art. 12 Abs. 1 GG) eingreift (BVerfGE 71, 162), bedarf es für den Eingriff einer gesetzlichen Grundlage, die dem Verhältnismäßigkeitsgrundsatz genügen muss. Satz 1 der Präambel bettet die Berufsausübungsregelungen der MBOÄ in dieses verfassungsrechtliche Anforderungssystem ein, indem er zunächst die normativen *Grundlagen* für eine rechtsverbindliche BO (»Kammer- und Heilberufsgesetze« der Länder) benennt.

## II. Berufsordnung als Überzeugung der Ärzteschaft

Die Worte »beschlossene Berufsordnung« weisen auf den standesrechtlichen Charakter der BO i. S. 3
selbst geschaffenen Rechts des Berufsstands (vgl. *Taupitz* Die Standesordnungen der freien Berufe,
S. 158) hin. Die BO ist eigenes Recht des Standes (»der Ärzteschaft«), gesetzt durch den Stand (als
Satzungsrecht; näher dazu und zu den Grenzen Laufs/Kern/Rehborn/*Kern/Rehborn*, § 5 Rn. 14 ff).

Die MBOÄ stellt die »Überzeugung der Ärzteschaft« dar. Überzeugung setzt einen Erkenntnis-, 4
Bewertungs- und Diskussionsprozess der Ärzteschaft voraus. An diesem Prozess wirken die gewählten Vertreter (auf Landesebene: die Mitglieder der Kammerversammlung; auf Bundesebene: die Abgeordneten der Ärztekammern zum Deutschen Ärztetag sowie eine Ständige Konferenz der Bundesärztekammer und ein Ausschuss der Bundesärztekammer) mit. Ziel des Erkenntnis- und Diskussionsprozesses ist es, einen ärztlichen Verhaltenskodex zu formulieren, der als Mehrheitsüberzeugung bundesweit Beachtung und Verbindlichkeit durch Umsetzung in die jeweilige BO findet; die bundesweite Vereinheitlichung ist allerdings nicht immer gelungen. Hervorzuheben sind insbesondere restriktive Regelungen über unerlaubte Zuwendungen (»Sponsoring«) in Niedersachsen (vgl. § 32 Rdn. 7) bzw. ergänzende Regelungen zur ärztlichen Unabhängigkeit für den Fall der Mitwirkung bei der Festlegung ärztlicher Standards (vgl. § 630a Rdn. 66 ff.).

## III. Verhaltenspflichten gegenüber benannten Personengruppen

S. 1 der Präambel benennt Personengruppen (Patientinnen und Patienten, Kolleginnen und Kolle- 5
gen, andere Partnerinnen und Partner im Gesundheitswesen), denen gegenüber die nachfolgenden Berufsausübungsregeln anzuwenden sind. Der Präambeltext gibt damit die Gliederung der BO nach Verhaltenspflichten und Personengruppen vor. Unscharf ist der Begriff der »Partnerinnen und Partner im Gesundheitswesen«. Nach dem allgemeinen Sprachgebrauch werden damit solche natürlichen oder juristischen Personen erfasst, mit denen Ärzte zur Erfüllung des Heilauftrags zusammenarbeiten. § 630a Abs. 1 BGB spricht von »Behandelnden«; beide Vorschriften erfassen neben den ärztlichen Heilberufen auch die zu den sog. »Heilhilfsberufen« (so die Terminologie des BVerwG NJW 2013, 1320; früher: »Heilhilfstätigkeiten«, vgl. BVerwGE 35, 308) gehörigen Personen. Darunter fallen alle, die zum Kreis der in Art. 74 Abs. 1 Nr. 19 GG genannten »ärztlichen und anderen Heilberufe« sowie des Heilgewerbes gehören (Erman/*Rehborn/Gescher* § 630a Rn. 16; *Spickhoff* VersR 2013, 267, 269; eingehend dazu Bonner Kommentar GG/*Axer*, Art. 74 Abs. 1 Nr. 19 Rn. 17 [Bearbeitung April 2011]; Berliner Kommentar GG/*Rehborn*, Art. 74 Abs. 1 Nr. 19 Rn. 42–53 [Bearbeitung 2012]). Erfasst werden damit insb. Ärzte, Zahnärzte, Psychologische Psychotherapeuten, Kinder- und Jugendlichenpsychotherapeuten, Hebammen, Masseure, Medizinische Bademeister, Ergotherapeuten, Logopäden, Physiotherapeuten, aber – auch – Heilpraktiker, zudem institutionelle Leistungserbringer wie insb. Krankenhäuser und Medizinische Versorgungszentren i.S.d. § 95 SGB V.

## B. Regeln zur Berufsausübung

### § 1 Aufgaben der Ärztinnen und Ärzte

(1) Ärztinnen und Ärzte dienen der Gesundheit des einzelnen Menschen und der Bevölkerung. Der ärztliche Beruf ist kein Gewerbe. Er ist seiner Natur nach ein freier Beruf.

(2) Aufgabe der Ärztinnen und Ärzte ist es, das Leben zu erhalten, die Gesundheit zu schützen und wiederherzustellen, Leiden zu lindern, Sterbenden Beistand zu leisten und an der Erhaltung der natürlichen Lebensgrundlagen im Hinblick auf ihre Bedeutung für die Gesundheit der Menschen mitzuwirken.

## § 1 MBOÄ  Aufgaben der Ärztinnen und Ärzte

**Übersicht**

| | Rdn. | | | Rdn. |
|---|---|---|---|---|
| A. Bedeutung der Norm | 1 | | 2. Lebenserhaltung bis zum Tod | 11 |
| B. Wesentliche Merkmale (Abs. 1) | 2 | II. | Gesundheit zu schützen und wiederherzustellen, Leiden zu lindern | 12 |
| I. Dient der Gesundheit des einzelnen Menschen und der Bevölkerung (Satz 1) | 2 | III. | Sterbenden Beistand zu leisten | 13 |
| II. Kein Gewerbe, seiner Natur nach ein freier Beruf (Satz 2, Satz 3) | 7 | | 1. Beistand leisten | 13 |
| | | | 2. Todeszeitpunkt und Transplantationsrecht | 14 |
| C. Ärztliche Aufgaben (Abs. 2) | 9 | IV. | Erhaltung der natürlichen Lebensgrundlagen | 15 |
| I. Das Leben zu erhalten | 9 | | | |
| 1. Bezugspunkt: das vorgeburtliche Leben | 10 | | | |

### A. Bedeutung der Norm

1 § 1 stellt eine Grundlagennorm dar, die in Abs. 1 die wesentlichen Merkmale des Arztberufs und in Abs. 2 die ärztlichen Aufgaben beschreibt. Eine nähere Definition, welche Tätigkeiten als ärztliche Berufsausübung zu qualifizieren sind, erfolgt in § 1 der MBOÄ nicht (anders etwa in § 1 Abs. 3 BOÄ Baden-Württemberg, wonach unter ärztlicher Berufsausübung jede – kurative wie nicht kurative – Tätigkeit von Ärztinnen und Ärzten zu verstehen ist, bei der ärztliche Fachkenntnisse eingesetzt oder mit verwendet werden können; vgl. zur Auslegung des Begriffs der *ärztlichen Berufsausübung* bspw. VG Karlsruhe MedR 2017, 987 m. Anm. *Hespeler*). Die allgemeinen Aussagen zur ärztlichen Tätigkeit werden vielmehr in den nachfolgenden Abschnitten der MBOÄ konkretisiert.

### B. Wesentliche Merkmale (Abs. 1)

#### I. Dient der Gesundheit des einzelnen Menschen und der Bevölkerung (Satz 1)

2 Abs. 1 Satz 1 betont die Gemeinwohlverpflichtung des Arztberufs, die in den 20er Jahren des 20. Jahrhunderts mehr und mehr in den Mittelpunkt der ärztlichen Berufsordnungen rückte (zur historischen Entwicklung der Berufsordnungen vgl. *Taupitz* Die Standesordnungen der freien Berufe, S. 203 ff.).

3 Über den historischen Bedeutungsgehalt hinaus sind mit Abs. 1 Satz 1 zugleich verfassungsrechtliche Bezüge für das ärztliche Handeln angesprochen. Die Ärzte haben sich bei Ausführung ihrer Tätigkeit am verfassungsrechtlichen Selbstbestimmungsrecht des Patienten (»dienen der Gesundheit des einzelnen Menschen«) zu orientieren (zum verfassungsrechtlichen Selbstbestimmungsrecht vgl. Wienke/Eberbach/Kramer/Janke/*Höfling*, S. 119, zu seiner historischen Entwicklung *Rehborn* FS Hart 2020, 465, 469 f.). Das in Art. 2 Abs. 2 Satz 1 GG verankerte Selbstbestimmungsrecht des Einzelnen ist bestimmend für das »Ob« und die Reichweite der ärztlichen Behandlung. Art. 2 Abs. 2 Satz 1 GG umfasst neben der Abwehr- eine Schutzdimension, die das »Freiheitsrecht der Selbstbestimmung über die leiblich-seelische Integrität« beinhaltet (*Höfling* GesR 2009, 181, 182 unter Bezug auf BVerfGE 52, 171, 174; BVerfGE 89, 120, 130). Dieser Selbstbestimmung der Patientinnen und Patienten sind die Ärztinnen und Ärzte bei ihrer Berufsausübung verpflichtet.

3a Zugleich stellt § 1 Abs. 1 Satz 1 mit dem Dienst an der »Gesundheit... der Bevölkerung« den Bezug zu dem vom Bundesverfassungsgericht anerkannten wichtigen Gemeinwohlbelang der sog. »Volksgesundheit« her (BVerfGE 7, 377, 414; BVerfGE 17, 269, 276).

4 Der Begriff der »Gesundheit« ist unter Zugrundelegung des Selbstbestimmungsrechts des Einzelnen weit zu verstehen. Zu weitgehend und für das deutsche ärztliche Berufsrecht aus legitimatorischen Gründen nicht anwendbar ist die Gesundheitsdefinition der Welt-Gesundheitsorganisation (WHO), die unter Gesundheit »einen Zustand des vollständigen körperlichen, geistigen und sozialen Wohlergehens und nicht nur das Fehlen von Krankheit oder Gebrechen« versteht (vgl. die Präambel der Satzung »Constitution of the World Health Organisation« der WHO, abrufbar unter: http://apps.who.int/gb/bd/PDF/bd47/EN/constitution-en.pdf). Im deutschen Recht hat sich die Definition von Gesundheit über den Komplementärbegriff der Krankheit etabliert. Danach kann der Dienst an der Gesundheit des Menschen als das indizierte ärztliche Handeln beschrieben

werden, das auf Feststellung, Heilung und Linderung menschlicher Krankheiten und Leiden gerichtet ist (vgl. § 1 BÄO Rdn. 25, Ratzel/Lippert/Prütting/*Lippert* § 1 Rn. 15).

Problematisch ist, inwieweit unter den Dienst an der Gesundheit des Einzelnen Maßnahmen der 5
wunscherfüllenden Medizin fallen und demgemäß das Berufsrecht für solche Maßnahmen überhaupt anwendbar ist. Zur wunscherfüllenden Medizin werden insb. Maßnahmen in den Bereichen Doping, Schönheitschirurgie und Schönheitsdermatologie, zahnmedizinische Maßnahmen, Lifestyle- und Anti-Aging-Medizin, neurologische Behandlungen, Fortpflanzungsmedizin und gentechnische Behandlungsmethoden gezählt (Wienke/Eberbach/Kramer/*Eberbach* S. 16; *Eberbach* MedR 2008, 325). Teilweise ist der Begriff des Enhancements geläufig, das »alle korrigierenden Eingriffe in den menschlichen Körper« meint, »durch die nicht eine Krankheit behandelt wird bzw. die nicht medizinisch indiziert sind« (*Beck* MedR 2006, 95). Ausgehend von dem Selbstbestimmungsrecht des Patienten über seine Gesundheit, dem der Arzt durch § 1 Abs. 1 Satz 1 verpflichtet ist, müssen richtigerweise solche ärztlichen Maßnahmen dem Berufsrecht unterfallen, die vom Arzt durch den Patienten gefordert werden und in einem weiten Sinn der körperlichen und psychischen Integrität und dem Wohlbefinden des Patienten dienen. Andernfalls entstünde ein berufsrechtlich freier Raum, der den Arzt von Berufsausübungspflichten entbinden würde, die dem Schutz des Patienten dienen. Eine rechtlich andere Frage ist, ob Maßnahmen der Wunschmedizin gegen § 1 Abs. 1 der BO verstoßen. Richtigerweise wird dies für Doping angenommen, das nicht nur drohenden Gesundheitsgefahren durch hohe Belastung entgegenwirkt, sondern auch zum Ziel der Leistungssteigerung durchgeführt wird (vgl. Laufs/Katzenmeier/Lipp/*Laufs* I Rn. 31; Laufs/Kern/Rehborn/*Ulsenheimer* § 139 Rn. 58; Ratzel/Lippert/Prütting/*Lippert* § 1 Rn. 17; *Beck* MedR 2006, 95, 97).

Eine gesetzliche Legaldefinition des Krankheitsbegriffs gibt es nicht. Nach der Rechtsprechung der 6
Sozialgerichte liegt eine Krankheit i.S.d. § 27 Abs. 1 SGB V bei einem »regelwidrigen, vom Leitbild des gesunden Menschen abweichenden Körper- oder Geisteszustand, der ärztlicher Behandlung bedarf oder den Betroffenen arbeitsunfähig macht«, vor (st. Rspr. vgl. z.B. BSGE 100, 109; *Fuchs/Preis* Sozialversicherungsrecht, § 19 II. 2.). Dabei spricht manches dafür, dass in der Rspr. das zusätzliche Kriterium des Lebensalters fehlt, sodass die vorstehende Definition ergänzt werden müsste: »unter Berücksichtigung der typischen Zustände und der daraus abzuleitenden Fähigkeiten des jeweiligen Lebensalters«. Regelwidrigkeit liegt vor, wenn Funktionen ausfallen oder beeinträchtigt sind, die den Betroffenen normalerweise zur Verfügung stehen; Behandlungsbedürftigkeit soll gegeben sein, wenn die Funktionen so schwerwiegend beeinträchtigt sind, dass ihre Wiederherstellung ärztlicher Behandlung bedarf.

Typische Problembereiche sind dabei insb. Brustvergrößerungen und -verkleinerungen, die Durchführung sonstiger Eingriffe aus (vorwiegend) kosmetischen Gründen, Übergewicht/Adipositas (BSG SozR 4– 6a
2500 § 13 Nr. 20; SG Berlin GesR 2011, 383), Minderwuchs (165 cm bei einem Mann »keine Normabweichung«: LSG NRW, NZS 2014, 180), Kiefer- und/oder Zahnstellungsanomalien, Sucht, Zeugungsunfähigkeit (LSG Berlin-Brandenburg MedR 2011, 385), Transsexualität (BSG GesR 2011, 41; LSG Berlin-Brandenburg GesR 2011, 383), Gen »defekt« (vgl. BSG Urt. v. 12.09.2015 – B 1 KR 15/ 14 R), Kinderwunsch, Haarverlust (BSG NZS 2015, 662 – differenzierend zwischen Männern und Frauen) und Entstellung (LSG Niedersachsen-Bremen NZS 2021, 191).

## II. Kein Gewerbe, seiner Natur nach ein freier Beruf (Satz 2, Satz 3)

Ein wesentliches Merkmal des Arztberufs ist, dass er kein Gewerbe, sondern ein seiner Natur nach 7
freier Beruf ist (Satz 2 und Satz 3). Diese Sätze gehen ursprünglich auf die Reichsärzteordnung zurück; nach jahrzehntelangen Bemühungen der Ärzteschaft wurde im Jahr 1937 mit § 85 RÄO eine Bestimmung aufgenommen, nach der die GewO insoweit außer Kraft gesetzt wurde, als sie sich auf den ärztlichen Beruf bezog (*Taupitz*, S. 289). In die späteren Berufsordnungen wurde diese Errungenschaft der Ärzte übernommen. Die Berufsordnung stellt seitdem heraus, dass der ärztliche Beruf kein Gewerbe und »seiner Natur nach« ein freier Beruf ist (vgl. zu der Entwicklung des Arztberufs als freiem Beruf *Taupitz* Die Standesordnungen der freien Berufe, *Sodan* Freie Berufe als Leistungserbringer im Recht der gesetzlichen Krankenversicherung, 1997, S. 1 ff.).

8 »Freier Beruf« (Satz 3) ist im Anschluss an das Bundesverfassungsgericht kein Rechtsbegriff, sondern ein soziologischer Begriff (BVerfGE 10, 354, 364). Der »freie Beruf« ist in diesem Sinn ein Gattungsbegriff, der Berufe kennzeichnet, deren »Angehörige vorwiegend unter Einsatz ihrer Arbeitskraft und ihrer persönlichen Fähigkeiten Leistungen höherer Art erbringen, durch die sie zugleich der Verwirklichung ideeller Werte im gesellschaftlichen Leben dienen« (BVerfGE 10, 354, 364 f.). Eine gesetzliche Definition des freien Berufs existiert nicht, auch wenn der Begriff in verschiedenen Gesetzen verwendet wird (vgl. § 15 Abs. 2 EStG, § 1 Abs. 2 BÄO). Der Gesetzgeber setzt mit dem Gebrauch des Begriffs ein Verständnis des freien Berufs voraus, das historisch-soziologisch ist. Auch § 1 Abs. 2 Satz 1 PartGG, der zur näheren Erfassung des freien Berufs häufig herangezogen wird (vgl. Ratzel/Luxenburger/*Ratzel/Knüpper* Kap. 5 Rn. 13; *Quaas/Zuck* § 13 Rn. 9), enthält nur eine Zusammenfassung der wesentlichen Merkmale der Freiberuflichkeit: eine »besondere berufliche Qualifikation oder schöpferische Begabung, die persönliche, eigenverantwortliche und fachlich unabhängige Erbringung von Dienstleistungen höherer Art im Interesse der Auftraggeber und der Allgemeinheit«. Weitere typische Merkmale der Freiberuflichkeit sind das Berufsethos und eine altruistische Berufseinstellung, ein besonderes Vertrauensverhältnis zwischen Arzt und Patient sowie die berufsständische Vertretung und das Satzungsrecht (OVG NRW MedR 2009, 632, 634; auch *Sodan*, S. 63 ff.; *Quaas/Zuck* § 13 Rn. 10). Entscheidendes Element der Freiberuflichkeit ist die Weisungsfreiheit des Arztes. So darf in medizinischen Fragen gegenüber Nichtärzten keine Weisungsgebundenheit bestehen.

8a Unter steuerlichen Gesichtspunkten ist eine ärztliche Freiberuflichkeit auch dann bejaht worden, wenn Ärzte ärztliche Leistungen von angestellten Ärzten erbringen lassen, sofern sie auf die Leistungserbringung aufgrund ihrer Fachkenntnisse durch regelmäßige und eingehende Kontrolle patientenbezogenen Einfluss nehmen (BFH GesR 2015, 119).

## C. Ärztliche Aufgaben (Abs. 2)

### I. Das Leben zu erhalten

9 Aufgabe der Ärztinnen und Ärzte ist es, das Leben zu erhalten. Diese Aufgabe bezieht sich bereits auf das ungeborene Leben und grundsätzlich auch auf die Phase bis zum Tod (vgl. aber Modifizierungen durch § 14 und § 16).

#### 1. Bezugspunkt: das vorgeburtliche Leben

10 Die Aufgabe, das Leben zu erhalten, beginnt nicht erst mit dem vollständigen Austritt des Kindes aus dem Mutterleib (vgl. § 1 BGB für die Rechtsfähigkeit). Mit Blick auf § 14 wird die Aufgabe, das Leben zu erhalten, durch den strafrechtlichen Rahmen zum Schwangerschaftsabbruch bestimmt (vgl. § 14 Rdn. 4). Im Anschluss an das BVerfG ist von ungeborenem Leben im rechtlichen Sinn ab dem Zeitpunkt des Beginns der Schwangerschaft, der Nidation (= Abschluss der Einnistung des befruchteten Eies in der Gebärmutter), auszugehen (BVerfGE 88, 203, 251).

#### 2. Lebenserhaltung bis zum Tod

11 Die Aufgabe, das Leben zu erhalten, obliegt dem Arzt grundsätzlich bis zum Tod der Patientin oder des Patienten. Der Arzt muss grundsätzlich sämtliche vernünftigen ärztlichen Maßnahmen ergreifen, um das Leben der Patientin oder des Patienten zu erhalten, es sei denn, das Selbstbestimmungsrecht (vgl. Rdn. 3) der Patientin oder des Patienten steht dem entgegen oder § 16 (Beistand für Sterbende) findet Anwendung.

11a Bei der Beurteilung dessen, was im Sterbeprozess, insb. aber in einer Notfallsituation mit möglicherweise letalem Ausgang *berufsrechtlich* zu fordern ist, geht die Rechtsprechung der Berufsgerichte sehr weit; so sollen Ärztinnen und Ärzte verpflichtet sein, effiziente Wiederbelebungsmaßnahmen unabhängig davon, ob im fraglichen Zeitpunkt erkennbar ist, ob ein Überleben des Patienten möglich ist, einzuleiten. Die in § 1 Abs. 2 festgeschriebene Aufgabe des Arztes, das Leben zu erhalten, die Gesundheit zu schützen und wiederherzustellen sowie Leiden zu lindern, erfordere den Einsatz aller im konkreten Zeitpunkt möglichen Maßnahmen, welche grundsätzlich geeignet seien, diese Zielsetzung der ärztlichen Aufgabe zu fördern (BerufsG VG Gießen GesR 2013, 161). Demgegenüber akzeptiert die strafrechtliche Rechtsprechung angesichts des in der allgemeinen Akzeptanz stets steigenden Selbstbestimmungsrechts (vgl. grundlegend BGH, GesR 2010, 536 = MedR 2011, 32 m. Anm. *Duttge;* dazu *Hirsch* JR 2011, 37; *Höfling* GesR 2011, 199; *Weidemann* GesR 2012, 15; *Wilckens* MDR 2011, 143), dass der zuständige Arzt einer psychiatrischen Klinik nichts zur Verhinderung eines *freiverantwortlich* begangenen Suizids unternimmt; dieser mache sich nicht strafbar, selbst wenn der betreffende Patient wegen Suizidgefahr überwiesen worden sei (LG Gießen GesR 2012, 620; vgl. auch LG Deggendorf GesR 2014, 487).

Diese Rechtsprechung ist überholt. Angesichts »des Respekts vor der Selbstbestimmung des Patienten« und des Gebots der Leidenslinderung war bereits gefordert worden, das Gebot der Lebenserhaltung einzuschränken; so lasse sich aus dem Gebot der Lebenserhaltung angesichts dieser widerstreitenden Gesichtspunkte nicht auf ein »ausnahmsloses Verbot der ärztlichen Beihilfe in Konfliktlagen mit anderen Rechtsgütern« schließen (VG Berlin MedR 2013, 58, 61 m. Anm. *Hübner* = ZfL 2012, 80 m. Anm. *Büchner*). Seit auch das BVerfG das ursprünglich in § 217 StGB verankerte Verbot der geschäftsmäßigen Beihilfe zur Selbsttötung als verfassungswidrig erachtet hat und explizit ausgeführt hat, die Freiheit, sich das Leben zu nehmen, umfasse auch die Freiheit, hierfür bei Dritten Hilfe zu suchen und angebotene Hilfe in Anspruch zu nehmen (BVerfGE 153, 182), ist auch ärztlicherseits der von einem ernstlichen und ernsthaften Willen getragene Anspruch eines lebensmüden Patienten auf Beendigung seines Lebens zu achten. Konsequenterweise hat deshalb der 124. Deutsche Ärztetag 2021 den bisherigen § 16 Satz 3 (»Sie dürfen keine Hilfe zur Selbsttötung leisten.«) ersatzlos gestrichen; näher dazu § 16 Rdn 10. 11b

## II. Gesundheit zu schützen und wiederherzustellen, Leiden zu lindern

Die Aufgaben, die Gesundheit zu schützen und wiederherzustellen und Leiden zu lindern, umfassen v.a. die präventive und die kurative Tätigkeit des Arztes sowie die palliativmedizinische Behandlung. Die Aufgabentrias steht in einer zeitlichen Reihenfolge und wird in den §§ 7 ff. konkretisiert. Allerdings kann dem Gesundheitsschutz und der Leidenslinderung auch *mittelbar* durch Tätigkeiten außerhalb des klassischen Arbeitsfeldes in einem Krankenhaus oder einer Praxis gedient werden (so SG Berlin Urt. v. 11.01.2017 – S 11 R 4515/15 und LSG Nordrhein-Westfalen Urt. v. 30.09.2016 – L 4 R 238/15; a.A. LSG Bayern Urt. v. 20.09.2017 – L 19 R 1001/13). 12

## III. Sterbenden Beistand zu leisten

### 1. Beistand leisten

Ärztinnen und Ärzten kommt die Aufgabe zu, Sterbenden »Beistand zu leisten«. »Beistand zu leisten« wird im allgemeinen Sprachgebrauch im Sinne von »helfen« verwandt. In erster Linie fallen darunter palliativmedizinische Maßnahmen, die der Schmerzlinderung und damit der Herstellung von Lebensqualität auch in der letzten Lebensphase dienen. Darüber hinaus fallen hierunter sämtliche medizinischen Maßnahmen, die der Arzt erlaubtermaßen ausführen darf und die zivilrechtlich geboten sind (vgl. § 16). Auch Gespräche und psychologische Unterstützung werden erfasst. 13

### 2. Todeszeitpunkt und Transplantationsrecht

Die Beistandspflicht endet mit dem Tod des Menschen. Wann der Mensch tot ist, wurde und wird kontrovers diskutiert (vgl. *Müller* EthikMed 2010, 5 ff.; *Höfling* JZ 1995, 26; MedR 1996, 6; MedR 2020, 14; *Weilert* MedR 2020, 814). Entscheidend ist der Todeszeitpunkt in der Rechtspraxis insb. für die Organtransplantation (vgl. auch § 3 Abs. 2 Nr. 2 TPG). Für die Todesfeststellung gilt die »Richtlinie gemäß § 16 Abs. 1 S. 1 Nr. 1 TPG für die Regeln zur Feststellung des Todes nach § 3 Abs. 1 S. 1 Nr. 2 TPG und die Verfahrensregeln zur Feststellung des endgültigen, nicht behebbaren Ausfalls der Gesamtfunktion des Großhirns, des Kleinhirns und des Hirnstamms nach 14

§ 3 Abs. 2 Nr. 2 TPG, Vierte Fortschreibung« der BÄK (https://www.bundesaerztekammer.de/fileadmin/user_upload/downloads/irrev.Hirnfunktionsausfall.pdf). Damit hat sich das biologische Konzept des Hirntods durchgesetzt. Der Hirntod ist ein »Zustand der irreversibel erloschenen Gesamtfunktion des Großhirns, des Kleinhirns und des Hirnstamms«, bei dem »durch kontrollierte Beatmung die Herz- und Kreislauffunktion noch künstlich aufrechterhalten« wird. Mit Ausnahme der Lebendorganspende verknüpft das Transplantationsgesetz (TPG) die Zulässigkeit der Entnahme von Organen mit dem Tod des Organspenders (sog. »dead-donor-rule«). International hat der »President's Council on Bioethics«, das amerikanische Pendant zum Deutschen Ethikrat, die Debatte über den Hirntod mit einem Positionspapier im Jahr 2008 neu angestoßen (President's Council on Bioethics [2008] Controversies in the determination of death. A White Paper. Washington D. C., http://bioethics.georgetown.edu/pcbe/reports/death/). Mit diesem Papier soll das Hauptargument, mit dem der Hirntod bisher gerechtfertigt wurde, empirisch widerlegt sein (vgl. *Müller* Ethik Med 2010, 5, 10; kritisch zum Hirntod insb. auch *Höfling* JZ 1995, 26; MedR 1996, 6; MedR 2013, 407; MedR 2020, 14).

### IV. Erhaltung der natürlichen Lebensgrundlagen

15 Aufgabe der Ärztinnen und Ärzte ist es, »an der Erhaltung der natürlichen Lebensgrundlagen im Hinblick auf ihre Bedeutung für die Gesundheit der Menschen mitzuwirken.« Dieser allgemeine Mitwirkungsauftrag wird in den nachfolgenden Vorschriften nicht näher konkretisiert. Die »natürlichen Lebensgrundlagen« werden in der Rechtsordnung deckungsgleich mit dem Begriff »Umwelt« verwandt (vgl. Sachs/*Murswiek*, GG, Art. 20a Rn. 27; Jarass/Pieroth/*Jarass* Art. 20a Rn. 3). Natürlich sind sämtliche Lebensgrundlagen, die nicht auf menschlicher Hervorbringung beruhen (Sachs/*Murswiek*, GG, Art. 20a Rn. 28).

### § 2 Allgemeine ärztliche Berufspflichten

(1) Ärztinnen und Ärzte üben ihren Beruf nach ihrem Gewissen, den Geboten der ärztlichen Ethik und der Menschlichkeit aus. Sie dürfen keine Grundsätze anerkennen und keine Vorschriften oder Anweisungen beachten, die mit ihren Aufgaben nicht vereinbar sind oder deren Befolgung sie nicht verantworten können.

(2) Ärztinnen und Ärzte haben ihren Beruf gewissenhaft auszuüben und dem ihnen bei ihrer Berufsausübung entgegengebrachten Vertrauen zu entsprechen. Sie haben dabei ihr ärztliches Handeln am Wohl der Patientinnen und Patienten auszurichten. Insbesondere dürfen sie nicht das Interesse Dritter über das Wohl der Patientinnen und Patienten stellen.

(3) Eine gewissenhafte Ausübung des Berufs erfordert insbesondere die notwendige fachliche Qualifikation und die Beachtung des anerkannten Standards der medizinischen Erkenntnisse.

(4) Ärztinnen und Ärzte dürfen hinsichtlich ihrer ärztlichen Entscheidungen keine Weisungen von Nichtärzten entgegennehmen.

(5) Ärztinnen und Ärzte sind verpflichtet, die für die Berufsausübung geltenden Vorschriften zu beachten.

(6) Unbeschadet der in den nachfolgenden Vorschriften geregelten besonderen Auskunfts- und Anzeigepflichten haben Ärztinnen und Ärzte auf Anfragen der Ärztekammer, welche diese zur Erfüllung ihrer gesetzlichen Aufgaben bei der Berufsaufsicht an die Ärztinnen und Ärzte richtet, in angemessener Frist zu antworten.

(7) Werden Ärztinnen und Ärzte, die in einem anderen Mitgliedsstaat der Europäischen Union niedergelassen sind oder dort ihre berufliche Tätigkeit entfalten, vorübergehend und gelegentlich im Geltungsbereich dieser Berufsordnung grenzüberschreitend ärztlich tätig, *ohne eine Niederlassung zu begründen*, so haben sie die Vorschriften dieser Berufsordnung zu beachten.

## Übersicht

| | | Rdn. | | | Rdn. |
|---|---|---|---|---|---|
| A. | Bedeutung der Norm. . . . . . . . . . . . . . | 1 | E. | Keine Weisungen von Nichtärzten (Abs. 4) . . . . . . . . . . . . . . . . . . . . . . . . . | 8 |
| B. | Gewissen, die Gebote der ärztlichen Ethik und der Menschlichkeit (Abs. 1) . | 2 | F. | Informationspflicht zum Berufsausübungsrecht (Abs. 5) . . . . . . . . . . . . . | 9 |
| I. | Gewissen . . . . . . . . . . . . . . . . . . . . . . . | 2 | G. | Auskunftspflicht (Abs. 6) . . . . . . . . . . . | 11 |
| II. | Gebote der ärztlichen Ethik und der Menschlichkeit . . . . . . . . . . . . . . . . . . . . | 3 | I. | Pflicht zur Beantwortung von Anfragen . . . . . . . . . . . . . . . . . . . . . . . . . | 11 |
| III. | Unvereinbarkeitsklausel, Abs. 1 Satz 2 . . | 4a | II. | »Angemessene Frist« . . . . . . . . . . . . . . . | 12 |
| C. | Gewissenhafte Berufsausübung (Abs. 2) | 5 | H. | Geltung für EU-Ausländer (Abs. 7) . . . . . . . . . . . . . . . . . . . . . . . . . | 13 |
| D. | Notwendige Qualifikation, Beachtung des Stands medizinischer Erkenntnisse (Abs. 3) . . . . . . . . . . . . . . . . . . . . . . . . . | 5e | | | |

## A. Bedeutung der Norm

§ 2 konkretisiert die Programmnorm des § 1 in allgemeine Berufspflichten. Dabei handelt es sich um eine Generalklausel, wie schon die Überschrift deutlich macht. Spezielle Berufspflichten sind in den nachfolgenden Vorschriften enthalten (vgl. z.B. §§ 7 ff., §§ 13 ff., §§ 17 ff.). 1

## B. Gewissen, die Gebote der ärztlichen Ethik und der Menschlichkeit (Abs. 1)

### I. Gewissen

Abs. 1 Satz 1 nennt als Bezugsgrößen der ärztlichen Berufsausrichtung das Gewissen, die Gebote der ärztlichen Ethik und der Menschlichkeit. Der Begriff des Gewissens ist für das ärztliche Berufsrecht nicht gesondert definiert. Er stellt in besonderem Maße – wie auch bei der Gewissensfreiheit (Art. 4 Abs. 1 GG) – auf eine subjektiv-wertende Entscheidung des Arztes in jedem Einzelfall ab. Eine Gewissensentscheidung ist »jede ernstliche sittliche, d. h. an den Kategorien von ›Gut‹ und ›Böse‹ orientierte Entscheidung (…), die der Einzelne in einer bestimmten Lage als für sich bindend und unbedingt verpflichtend erfährt, so dass er gegen sie nicht ohne ernste Gewissensnot handeln könnte« (BVerfGE 12, 45, 55; BVerfGE 48, 127, 173; BVerwGE 127, 302, 325). 2

### II. Gebote der ärztlichen Ethik und der Menschlichkeit

Die Gebote der ärztlichen Ethik (zur ärztl. Ethik allg.: Riha/*Rehborn* Ethische Probleme im ärztlichen Alltag II, S. 11 ff.) ergeben sich für die Forschung am Menschen aus der Deklaration von Helsinki vom Weltärztebund aus dem Jahr 1964, die zuletzt im Oktober 2013 in Fortaleza geändert wurde (abrufbar unter: http://www.bundesaerztekammer.de/fileadmin/user_upload/downloads/pdf-Ordner/International/Deklaration_von_Helsinki_2013_20190905.pdf; zu den Änderungen vgl. DÄBl 2013 A2414). 3

Der Begriff der Menschlichkeit zielt – wie die Menschenwürde (vgl. dazu § 7) – auf einen Umgang mit Patientinnen und Patienten ab, der dem einzelnen Menschen um seiner selbst willen gerecht wird. Problematisch kann die Einhaltung der ärztlichen Ethik und der Menschlichkeit bei der Verabreichung von Brechmitteln zur Exkorporation von verschluckten Drogen unter Zwang gem. § 81a StPO werden (vgl. näher § 7 Rdn. 3). 3a

Satz 2 betont die Bindung der Ärzte an die ärztlichen Aufgaben (§ 1). Der Arzt muss daher auch Selbstverpflichtungen – beispielsweise in Gestalt von Verträgen – auf ihre Konformität mit der BO prüfen. 4

### III. Unvereinbarkeitsklausel, Abs. 1 Satz 2

Satz 2 ist die Kehrseite von Satz 1; Satz 1 ist ein Gebot, mit dem die in Satz 2 genannten Verbote korrelieren. Nach der Rechtsprechung (BGHZ 70, 158) sollen Krankenhausträger wegen der berufsrechtlichen Bindung der bei ihnen angestellten Ärzte, die keine Anweisungen beachten dürften, die mit ihren beruflichen Aufgaben nicht vereinbar seien oder deren Befolgung sie nicht verantworten könnten, mittelbar verpflichtet sein, das Verbot des Satzes 2 zu beachten; das gilt insbesondere 4a für den Abschluss von Arbeits- und Kooperationsverträgen. Gerade im Hinblick auf diese mittelbare Bindung greift bei Verstößen regelmäßig § 134 BGB mit der Folge, dass die zuwiderlaufende Vereinbarung nichtig ist (vgl. auch Einleitung Rdn. 5 m.w.N.).

## C. Gewissenhafte Berufsausübung (Abs. 2)

5  Abs. 2 verpflichtet Ärztinnen und Ärzte, den Beruf gewissenhaft auszuüben und dem ihnen bei ihrer Berufsausübung entgegengebrachten Vertrauen zu entsprechen. Abs. 2 ist eine Generalklausel. Sie genügt den verfassungsrechtlichen Bestimmtheitsanforderungen (BVerfGE 33, 125, 164; *Rehborn* GesR 2004, 170, 173; Spickhoff/*Scholz* § 2 MBO, Rn. 1). Anders als in der Literatur geäußert – dort werden als Korrespondenznormen die §§ 3, 5 und 6 BÄO verstanden (Stellpflug/Meier/Tadayon/*Buchner*/*Jäkel* B 1000 Rn. 52; Ratzel/Lippert/Prütting/*Lippert* § 2 Rn. 2 ff.), die im Fall der Unwürdigkeit oder Unzuverlässigkeit die Erteilung der Approbation verhindern (§ 3), den Widerruf der Approbation (§ 5) und die Anordnung des Ruhens der Approbation (§ 6) zulassen – ist es zweifelhaft, die Rechtsprechung zum Approbationsrecht auf die Generalklausel des Abs. 2 zu übertragen. Diese Rechtsprechung stellt z.T. auch auf außerberufliches Fehlverhalten ab (vgl. auch *Braun* GesR 2014, 73, 75 ff.); Unwürdigkeit oder Unzuverlässigkeit zur Ausübung des ärztlichen Berufs i.S.d. Approbationsrechts wurde beispielsweise angenommen bei einer strafgerichtlichen Verurteilung wegen Steuerhinterziehung (BayVGH GesR 2017, 366 m. Anm *Rehborn* und OVG Lüneburg GesR 2010, 101; GesR 2020, 666: fortgesetzte Hinterziehung von Einkommensteuer in erheblichem Umfang; aber: OVG Münster MedR 1994, 72), bei wiederholten Körperverletzungen zum Zweck der Abrechnung gegenüber den Krankenkassen (VGH Mannheim NJW 2010, 692 f.: vorsätzliche Körperverletzung durch Impfungen in 46 Fällen), bei gewerbsmäßig begangenen Vermögens- und Urkundsdelikten im berufsbezogenen Bereich (VGH Mannheim GesR 2004, 148 ff.; auch VG München Urt. v. 22.06.2010 – M 16 K 10.839), bei Abrechnungsbetrug (BVerwG NJW 1998, 2756; BayVGH MedR 2009, 659; OVG Münster GesR 2019, 537; OVG Lüneburg MedR 2010, 342; BayVGH Beschl. v. 11.05.2016 – 21 ZB 15.2776) – auch gegenüber ärztlichen Verrechnungsstellen (VG Berlin Urt. v. 21.10.2019 – 90 K 8.18 T), Annahme von Geldzuwendungen der Pharmaindustrie durch Chefarzt (BayVGH/*Kalb* GesR 2011, 213), bei Straftaten gegen die sexuelle Selbstbestimmung (BVerfG GesR 2017, 739; BVerwG GesR 2011, 244; OVG Bremen MedR 2003, 118 f.; OVG Niedersachsen GesR 2015, 168; Ärztliches BerufsG Niedersachsen MedR 2017, 906 sowie MedR 2017, 908 m. Anm. *Rosset*) bzw. Verletzung des höchstpersönlichen Lebensbereichs i.S.d. § 201a StGB durch heimliche Intimaufnahmen (VG Köln GesR 2014, 365), Besitz von Kinderpornographie (OVG Münster GesR 2019, 127; VG Oldenburg GesR 2020, 607), Verstößen gegen das Betäubungsmittelrecht (OVG Niedersachsen GesR 2014, 183; Beschl. v. 10.02.2015 – 8 LA 22/14), Betrieb unerlaubter Bankgeschäfte mit Patienten (BayVGH GesR 2020, 715 m. Anm. *Rehborn*) sowie das Erbringen medizinisch nicht indizierter Untersuchungen (OVG Münster MedR 2019, 227). Ferner kann auch eine fortgesetzte oder schwerwiegende Verletzung des anerkannten Standards der medizinischen Erkenntnisse eine Verletzung des Gebotes zur gewissenhaften Berufsausübung darstellen (BayVGH GesR 2016, 624; vgl. auch LAG Rheinland-Pfalz Urt. v. 02.09.2019 – 3 Sa 527/16, juris Rn 361). Das Approbationsrecht will eine möglichst gefahrlose Ausübung der Heilkunde am Menschen durch Ärzte, die eine qualifizierte, wissenschaftliche sowie zugleich praxis- und patientenorientierte Ausbildung nach staatlichen Vorschriften absolviert haben, gewährleisten. Die Approbation bescheinigt dem Arzt »Kompetenzen«, die ihm die Aufnahme der gesamten ärztlichen Berufstätigkeit gestatten (*Seewald* SGb 2009, 1; BVerfG GesR 2011, 241, 243). Die Berufsordnungen regeln dagegen konkrete Pflichten der Ärzte für die *Berufs*ausübung, die an die Approbation anschließen. Weder das Approbationsrecht noch die MBOÄ konkretisieren aber eine Bedeutung außerberuflichen Verhaltens, wie z.B. die Trunkenheitsfahrt eines Arztes ohne irgendeinen Zusammenhang mit einer ärztlichen Verrichtung, Steuerhinterziehung, Diebstahl oder Betrug ohne beruflichen Bezug oder auch Straßenverkehrsdelikte wie die fahrlässige Tötung oder Körperverletzung. Gerade wegen der fehlenden Konkretisierung außerberuflichen Verhaltens durch die MBOÄ wird die Ahndung eines solchen Verhaltens durch die Berufsgerichte unter dem Gesichtspunkt der hinreichenden Bestimmtheit

sowie des Verbotes der Doppelbestrafung durchaus kritisch zu hinterfragen sein. Vor diesem Hintergrund und dem Zweck der MBOÄ wird ein *deutlicher* berufsbezogener Überhang eines ärztlichen Verhaltens zu fordern sein (zum Vorliegen eines berufsrechtlichen Überhanges zu Recht mit hohen Anforderungen LBerufsG für Heilberufe Rheinland-Pfalz GesR 2014, 635). Je stärker die Ein- und die Auswirkung des Verhaltens auf den Beruf ist, desto eher wird eine berufsrechtliche Ahndung zulässig sein (vgl. *Rehborn* GesR 2004, 170, 173).

Die Generalklausel gebietet insbesondere, sich (jedenfalls im Rechtsstaat, Riha/*Rehborn*, Ethische   5a
Probleme im ärztlichen Alltag II, S. 11, 25) in beruflichen Belangen gesetzeskonform zu verhalten; das beinhaltet auch, der sog. Selbstbezichtigungspflicht des § 630c Abs. 2 Satz 2 BGB (Verpflichtung aller Behandelnden, den Patienten über erkennbare Umstände, die die Annahme eines Behandlungsfehlers begründen, auf Nachfrage oder zur Abwendung gesundheitlicher Gefahren zu informieren) zu entsprechen (Erman/*Rehborn*/*Gescher*, § 630c Rn 23; Ratzel/Lippert/J.Prütting/ *Ratzel* § 2 Rn 7f; a.A. *Thurn* MedR 2012, 3, 153: Verstoß ist folgenlos). Ebenso gehört hierzu, Pflichtmitteilungen an die Sozialversicherungsträger im Rahmen der Funktion als Arbeitgeber zu machen und die entsprechenden Sozialversicherungsbeiträge (im entschiedenen Fall: Beiträge zur Berufsgenossenschaft) abzuführen (BezirksberufsG für Ärzte Reutlingen GesR 2013, 479). Schließlich gebietet § 2 auch, sich politischer Wahlaufrufe in der Arztpraxis zu enthalten (Ärztliches BerufsG Niedersachsen GesR 2020, 666 = MedR 2020, 719 m. Anm. *Rosset*).

Sätze 2, 3 sind im Jahr 2011 eingefügt worden; sie betonen und konkretisieren den Grundsatz des   5b
Abs. 1 und geben die Richtschnur vor, primär nicht eigene oder Interessen Dritter über das Patientenwohl zu stellen. Das verpflichtet gleichwohl nicht, stets die eigenen Interessen hintan zu stellen. Vielmehr ist es dem Arzt in begründeten Fällen erlaubt, seinen eigenen Interessen zum Nachteil der Patienteninteressen nachzugehen; so muss er sich bspw. nicht zur Rettung eines Patienten in Lebensgefahr begeben. Das gilt aber insbesondere – jedenfalls im Regelfall – auch für die Geltendmachung von Honorarforderungen gegen den nicht zahlenden Patienten. Der Arzt darf, sofern prozessual erforderlich, den an sich der Schweigepflicht unterliegenden Arztbesuch als solchen offenlegen, aber auch die die Diagnose und die erbrachten Leistungen beinhaltende Rechnung (§ 12 GOÄ) bei Gericht vorlegen. Ebenso gilt das im Arzthaftungsprozess des Patienten gegen ihn; schon die Wahrnehmung berechtigter eigener Interessen (§ 193 StGB analog) berechtigt ihn im Regelfall hierzu. Stets bedarf es aber einer Interessenabwägung.

Besondere Bedeutung kommt der Vorschrift bei der Aufnahme sexueller Kontakte zwischen Arzt und   5c
Patient(in) zu (vgl. *Braun* GesR 2014, 73, 77). Grundsätzlich ist eine solche Kontaktaufnahme schon angesichts des jedermann zustehenden Rechts auf freie Entfaltung der Persönlichkeit (Art. 2 Abs. 1 GG) nicht von vornherein unzulässig. Zu beachten ist aber eine strikte Trennung von Beruf und Privatleben; so darf die »Kontaktaufnahme« insbesondere nicht in *unmittelbarem* Zusammenhang mit der Erbringung ärztlicher Leistungen (Keine Berührung ohne medizinische Indikation, OVG Berlin-Brandenburg GesR 2019, 375; Berühren einer unbekleideten Patientin im Brust- und Intimbereich ohne medizinischen Grund, BerufsG VG Gießen GesR 2013, 111; VG Gießen NVwZ-RR 2013, 316; auch diesbezügliche tatsächliche und rechtliche rechtskräftige Feststellungen eines Gerichts eines anderen Mitgliedstaates der EU können Grundlage der Entscheidung betreffend die Beurteilung der Persönlichkeit des betroffenen Arztes sein, OVG Niedersachsen GesR 2015, 168) oder gar unter Ausnutzung des der Therapie zugrunde liegenden Vertrauensverhältnisses und der therapiebedingten psychischen Rahmenbedingungen erfolgen (OVG Berlin-Brandenburg GesR 2019, 375; OLG Celle GesR 2011, 442 unter strafrechtlichen Gesichtspunkten). Andererseits kann aber weder von einem Missbrauch i.S.d. § 179 StGB (Vornahme sexueller Handlungen unter Missbrauch des Beratungs-, Behandlungs- oder Betreuungsverhältnisses an einer Person, die dem Arzt wegen einer geistigen oder seelischen Krankheit oder Behinderung einschließlich einer Suchtkrankheit oder wegen einer körperlichen Krankheit oder Behinderung zur Beratung, Behandlung oder Betreuung anvertraut ist) ausgegangen werden, wenn der Arzt nicht eine aufgrund des Beratungs-, Behandlungs- oder Betreuungsverhältnisses bestehende Autoritäts- oder Vertrauensstellung gegenüber dem Patienten zur Vornahme der sexuellen Handlung ausnutzt (BGH GesR 2011, 438), noch kommt solchenfalls

bei verfassungskonformer Auslegung ein Verstoß gegen das berufsrechtliche Gebot des Abs. 2 in Betracht. § 6 Abs. 7 MBO Bundespsychotherapeutenkammer (http://www.bptk.de/fileadmin/user_upload/Recht/Satzungen_und_Ordnungen/Musterberufsordnung_der_BPtK_20071110.pdf) gebietet für nichtärztliche Psychotherapeuten eine sog. Abstinenzzeit für die Aufnahme privater Kontakte von mindestens einem Jahr nach Beendigung der Behandlung. Weder gibt es für ein so weit reichendes Gebot im Berufsrecht der Psychotherapeuten eine hinreichende Rechtsgrundlage noch lässt sich dieser Grundsatz in Pauschalität auf das ärztliche Berufsrecht, insb. bei psychiatrischer oder ärztlich-psychotherapeutischer Behandlung, übertragen.

5d Schließlich soll es unter dem Gesichtspunkt von § 2 Abs. 2 unzulässig sein, dass ein Arzt sich von einem Patienten ein Darlehen erbittet oder gewähren lässt (BerufsG für Heilberufe Hamburg MedR 2000, 105; Ärztl. BerufsG Niedersachsen GesR 2013, 151).

### D. Notwendige Qualifikation, Beachtung des Stands medizinischer Erkenntnisse (Abs. 3)

5e Abs. 3 wurde im Jahr 2011 in die Musterberufsordnung aufgenommen. Die Regelung soll verdeutlichen, dass Ärzte, die ohne hinreichende Qualifikation und ggf. unter Verzicht auf die Facharztanerkennung Maßnahmen vornehmen, auch berufswidrig handeln, vgl. Erläuterungen der BÄK zur Änderung der Berufsordnung durch die Beschlüsse des 114. Deutschen Ärztetages (http://www.bundesaerztekammer.de/page.asp?his=1.100.1143, S. 33).

5f Die Regelung stellt den erneuten Versuch dar zu regeln, dass Ärzte, die eine Facharztbezeichnung führen, nur auf diesem Gebiet tätig werden dürfen. Teilweise beinhalten die Berufsordnungen der Landesärztekammern entsprechende Gebote (vgl. z.B. § 2 Abs. 8 Satz 1 BO Hamburg). Solche Bestimmungen stellen kein Schutzgesetz i.S.d. § 823 Abs. 2 BGB dar (BGH NJW 1965, 2007 f.). Ein berufsrechtliches Einschreiten gegen einen Arzt, der in einem fachfremden Gebiet tätig wird, kann wegen des Eingriffs in Art. 12 Abs. 1 GG ausschließlich mit dem Argument begründet werden, er würde durch die Tätigkeit in einem fachfremden Gebiet die besonderen Kenntnisse und Fähigkeiten auf seinem Fachgebiet nicht erhalten (BVerfG GesR 2011, 241, 243). Andere Zwecke – Schutz des Vertrauens der Patienten, Wirtschaftlichkeit der Versorgung (ein Gemeinwohlbelang, der nur Einschränkungen im Vertragsarztrecht erlaubt [vgl. BVerfG GesR 2004, 530] und Schutz vor Konkurrenz [vgl. BVerfG NJW 2000, 3057]) – werden nicht von einer solchen Bestimmung geschützt und können daher keinen Eingriff rechtfertigen (BVerfG GesR 2011, 241). Ob eine fachfremde Tätigkeit des Arztes zu einer Verschlechterung der Fähigkeit und Kenntnisse auf dem Gebiet führt, für das er einen Facharzttitel trägt, hängt vom Umfang der fachfremden Tätigkeit ab (BVerfG GesR 2011, 241, 244). Ein generelles Verbot einer geringen fachfremden Tätigkeit ist jedenfalls unverhältnismäßig (BVerfG GesR 2011, 241, 244: weniger als 5 % fachfremde Tätigkeit pro Jahr). Diese Rechtsprechung ist sachgerecht, hätte andernfalls die Approbation als Erlaubnis zur Ausübung des ärztlichen Berufs (§ 2 Abs. 1 BÄO, vgl. auch § 1 Abs. 1 HPG) keinen eigenständigen Wert. Eine verfassungs- wie gesetzeskonforme Auslegung von Abs. 3 gebietet daher, von einer starren Handhabung abzusehen. Dem entspricht auch die Rechtsprechung des BSG, wonach Ärzten, die für nicht ausschließlich methodenbezogene Fachgebiete zur vertragsärztlichen Versorgung zugelassen sind, eine qualifikationsbezogene Genehmigung auch zur Erbringung und Abrechnung fachgebietsfremder Leistungen erteilt werden kann (BSG GesR 2020, 783). Allerdings ist es auch von Verfassungs wegen nicht geboten, einem Arzt außerhalb seines Fachgebiets liegende Tätigkeiten zu ermöglichen (zur Erbringung von MRT-Untersuchungen BVerfG MedR 2102 für Kardiologen; GesR 2004, 530 für Orthopäden).

5g Abs. 3 macht aber auch das Gebot der Beachtung des Standes der medizinischen Erkenntnisse explizit zur Berufspflicht. Das ist nichts grundsätzlich Neues; die Vorschrift entspricht von Inhalt und Zweck § 630a Abs. 2 BGB – eingefügt durch das PatRG –, wonach die Behandlung nach den zum Zeitpunkt der Behandlung bestehenden, allgemein anerkannten fachlichen Standards zu erfolgen hat, soweit zwischen Behandelndem und Patient nicht etwas anderes vereinbart ist. Der Standardbegriff des § 630a Abs. 2 BGB beinhaltet ebenfalls, den Erkenntnisstand der medizinischen Wissenschaft zu beachten; hinzu kommt noch, dass dieser Erkenntnisstand nicht nur wissenschaftlich-abstrakt besteht, sondern auch innerhalb des jeweiligen Fachgebietes ärztlich anerkannt sein muss (*Hart* MedR 1998, 8, 9 f.; GesR 2011, 387, 388; *Hase* GesR 2012, 601, 602 f.; Erman/*Rehborn/Gescher* § 630a Rn. 36; *Rehborn*

GesR 2013, 257, 259). Nichts anderes bringt die Berufsordnung in Abs. 3 mit dem Hinweis auf die *anerkannten* Erkenntnisse zum Ausdruck. Berufsrecht und Zivilrecht – einschl. der Arzthaftung – sind daher insoweit kongruent. Das bedeutet aber (zu Recht) auch, dass das Begehen eines Behandlungsfehlers (unbeschadet der Frage, ob er Folgen hat, ob er haftungsrechtlich relevant ist) einen Verstoß gg. Abs. 3 beinhaltet. Hier ist angesichts der Gefahrgeneigtheit ärztlicher Tätigkeit bei der Ahndung Zurückhaltung geboten; schwerwiegende oder wiederholte Verstöße können aber sogar zum Ruhen bzw. Widerruf der Approbation führen (OVG Münster GesR 2012, 357).

*(unbelegt)* 6–7

### E. Keine Weisungen von Nichtärzten (Abs. 4)

Nach Abs. 4 dürfen Ärztinnen und Ärzte hinsichtlich ihrer ärztlichen Entscheidungen keine Weisungen von Nichtärzten entgegennehmen. Abs. 4 soll verhindern, dass die ärztliche Behandlungsentscheidung von sachfremden Erwägungen getragen wird (Stellpflug/Meier/Tadayon/*Buchner/ Jäkel* B 1000 Rn. 58). Nichtärzte sind alle Personen, die nicht ärztlich approbiert sind, auch die den Arzt aufsuchenden Patienten (*Taupitz* FS Kopetzki 2019, S. 713, 714). Ärztliche Entscheidungen sind sämtliche Entscheidungen, die vom Arzt höchstpersönlich zu treffen, also nicht delegationsfähig sind (DÄBl. 2008, B 1865 ff.; vgl. zur persönlichen Leistungserbringung *Peikert* MedR 2000, 352 ff.). Problematisch ist in diesem Zusammenhang die im Krankenhausbereich durchaus übliche Wirtschaftlichkeitsbindung von Ärzten im Anstellungsverhältnis durch arbeitsvertragliche Verpflichtung zu wirtschaftlichem Handeln (Budgetverantwortung). Häufig wird zur Einhaltung des Abteilungsbudgets eine sog. Bonus-Malus-Regelung mit dem Chefarzt getroffen, nach der er einen Zuschlag zur Festvergütung und zu den Liquidationserlösen erhält, wenn er das Abteilungsbudget einhält oder unterschreitet, oder einen Abzug, wenn er das Budget überschreitet (vgl. dazu Weth/Thomae/Reichold/*Wern* Teil 5 A Rn. 44). Solche Regelungen wurden ursprünglich als gegen § 1 Abs. 2 verstoßend angesehen (Weth/Thomae/Reichold/*Wern* Teil 5 A Rn. 45; Andreas/Debong/Bruns/*Debong/Andreas* Handbuch Arztrecht in der Praxis S. 11, 14); sie wurden daher gem. § 134 BGB als nichtig angesehen. Nunmehr stellt § 32 Abs. 1 Satz 2 aber klar, dass reine Bonus-Malus-Regelungen zulässig sind (vgl. im Einzelnen § 32 Rdn. 5). 8

Ergänzt wird die berufsrechtliche Regelung durch § 135c Abs. 1 SGB V (eingefügt – ursprünglich als § 136a SGB V – durch KFRG vom 03.04.2013, BGBl. I 617; vgl. dazu *Ratzel* GesR 2014, 333). Zur »Förderung der Qualität« (so die amtl. Überschrift) hat die Deutsche Krankenhausgesellschaft (DKG) in ihren Beratungs- und Formulierungshilfen für Verträge der Krankenhäuser mit Leitenden Ärzten im Einvernehmen mit der Bundesärztekammer Empfehlungen abzugeben, die sicherstellen sollen, dass Zielvereinbarungen, die auf finanzielle Anreize bei einzelnen Leistungen abstellen, ausgeschlossen sind; diese Empfehlungen sollen insbesondere die Unabhängigkeit medizinischer Entscheidungen gewährleisten. Dem ist die DKG unter dem 24.03.2013 mit der »Empfehlung gemäß § 136a SGB V zu leistungsbezogenen Zielvereinbarungen« (https://www.bundesaerztekammer.de/fileadmin/user_upload/downloads/08_Empfehlung_von_DKG_und_BAeK_zu_Zielvereinbarungen_24042013.pdf) nachgekommen. Zudem veröffentlicht die Bundesärztekammer regelmäßig die »Bewertung von Zielvereinbarungen in Verträgen mit Leitenden Krankenhausärzten durch die Gemeinsame Koordinierungsstelle der Bundesärztekammer und des Verbandes der Leitenden Krankenhausärzte Deutschlands« (zuletzt für das Jahr 2018: https://cdn.aerzteblatt.de/download/files/2018/06/down138952972.pdf). Die Regelung kann als »Empfehlung« indessen weder im Hinblick auf ein Ge- oder Verbot bei der Gestaltung von Arbeitsverträgen noch berufsrechtlich Verbindlichkeit entfalten, zumal sie angesichts ihrer Ziff. 4 (»Finanzielle Anreize für einzelne Operationen/Eingriffe oder Leistungen dürfen nicht vereinbart werden, um die Unabhängigkeit der medizinischen Entscheidung zu sichern«) auch nicht geeignet erscheint, eine Unabhängigkeit zu gewährleisten. Jeder Selbstzahler zahlt nämlich seinen Wahlarzt (§ 17 KHEntgG) sowieso leistungsbezogen (vgl. dazu auch BGH GesR 2014, 720 = ZMGR 2014, 414 m. Anm. *Clausen* = MedR 2015, 120 m. Anm. *Bohle*); dieser *muss* die von ihm erbrachten Leistungen individuell nach der GOÄ abrechnen (vgl. § 1 Abs. 1 GOÄ); eine Abdingung insgesamt oder auch die Vereinbarung 8a einer Pauschalvergütung sind unzulässig (BVerfG NJW 1992, 737; zur Geltung auch für sog. »Schönheitsoperationen« BGH GesR 2006, 275). Vgl. i.Ü. § 12.

### F. Informationspflicht zum Berufsausübungsrecht (Abs. 5)

9 Im Jahr 2011 wurde die ursprünglich vorgesehene »Informationspflicht« durch eine »Beachtungspflicht« ersetzt; damit sollte – was naheliegend erscheint – hervorgehoben werden, dass es nicht nur darum geht, sich zu informieren, vielmehr – generell – alle für die Berufsausübung maßgeblichen Vorschriften auch einzuhalten. Die Informationspflicht ist darin beinhaltet; wer nicht informiert ist, kann auch die entsprechenden Vorschriften nicht beachten.

10 Erfasst werden demgemäß sämtliche Vorschriften zur Berufsausübung (z.B. das jeweilige Heilberufs- und Kammergesetz, BO, IfSG, RöntgenVO, MPG etc. sowie beruflich einschlägige Regelungen des Zivil- und Strafrechts). Die aus der Verpflichtung zur Beachtung folgende Informationspflicht wird sich auf die Vermeidbarkeit eines Verbotsirrtums gem. § 17 StGB auswirken. Da den Arzt eine Erkundigungspflicht trifft, wird der Verbotsirrtum bei Nichteinholung einer als richtig zu erwartenden Auskunft in der Regel nicht vermeidbar sein. Verstöße gegen Abs. 5 wurde z.B. angenommen bei der unberechtigten Führung ausländischer Hochschulgrade (BerufsG für Heilberufe Berlin Urt. v. 03.12.2014 – 90 K 7.13 T) oder bei einem Verstoß gegen § 135 Abs. 2 SGB V i.V.m. der Qualitätssicherungsvereinbarung zur schmerztherapeutischen Versorgung chronisch schmerzkranker Patienten durch Einreichung wahrheitswidriger Tätigkeitsnachweise (BerufsG für Heilberufe Berlin Urt. v. 09.02.2015 – 90 K 6.13 T).

### G. Auskunftspflicht (Abs. 6)

#### I. Pflicht zur Beantwortung von Anfragen

11 Abs. 6 verpflichtet die Ärztinnen und Ärzte auf Anfragen der Ärztekammer, welche diese zur Erfüllung ihrer gesetzlichen Aufgaben bei der Berufsaufsicht an den Arzt richtet, in angemessener Frist zu antworten. Diese allgemeine Mitwirkungspflicht besteht unabhängig von den speziellen Auskunfts- (§§ 5, 6) und Anzeigepflichten (§ 13 Abs. 2, 17 Abs. 5, 19 Abs. 1, 20 Abs. 2). Sie erfasst die Anfragen der Ärztekammer, die als Ausübung der Aufsicht über die pflichtgemäße ärztliche Berufsausübung zu qualifizieren sind. Darüber hinausgehende Anfragen muss der Arzt nicht beantworten. Er kann sich auf § 55 StPO analog berufen, wenn er sich durch die Beantwortung der Anfrage selbst der Gefahr aussetzen würde, wegen einer Straftat oder eines Verstoßes gegen die BO berufsgerichtlich verfolgt zu werden (OLG Köln NJW 1988, 2485 bei drohender Gefahr aus disziplinarrechtlichen Gründen; auch Ratzel/Lippert/Prütting/*Lippert* § 2 Rn. 32). In diesem Fall muss aber die Antwortverweigerung ausdrücklich erklärt werden.

#### II. »Angemessene Frist«

12 Die Beantwortung von Anfragen der Ärztekammer muss innerhalb »angemessener Frist« erfolgen. Ein Verstoß gegen Abs. 6 liegt jedenfalls vor, wenn der Arzt trotz mehrmaliger Erinnerung überhaupt nicht reagiert (VG Münster Beschl. v. 13.10.2004 – 14 K 788/04.T). Angemessen ist eine unverzügliche Beantwortung (VG Köln ArztR 1991, 237 f.); weiterhin eine Beantwortung innerhalb einer vereinbarten oder – angemessen bemessenen – vorgegebenen Frist. So soll schon die Überschreitung einer von der Kammer gesetzten Stellungnahmefrist um 2 Wochen keine Beantwortung »in angemessener Frist« mehr sein (VG Gießen Urt. v. 26.03.1013 – 21 K 4379/11.Gl.B). Maßgeblich sind die objektiven und subjektiven Umstände des Einzelfalls (LandesberufsG für Heilberufe OVG Münster Urt. v. 31.10.1991 – ZA 5/90). Objektive Umstände können der Umfang der Anfrage und der damit einhergehende Aufwand der Beantwortung sowie die Verfügbarkeit der Unterlagen und Informationen für den Arzt sein. Daneben sind subjektive Umstände wie die Auslastung durch die ärztliche Haupttätigkeit und durch andere Gutachtenaufträge zu berücksichtigen (vgl. auch Berufsgericht für Heilberufe VG Köln Urt. v. 12.05.1995 – 36 K 5533/92 T). Auf subjektive Hinderungsgründe muss der Arzt hinweisen, um sich zu entlasten (Berufsgericht für

Heilberufe VG Köln Urt. v. 12.05.1995 – 36 K 5533/92 T). Bei formblattmäßigen Befundberichten soll die Abgabe in angemessener Frist überschritten sein, wenn nicht binnen 1 $^1/_2$ Monaten eine Antwort des Arztes bei der anfragenden Stelle eingeht (LandesberufsG für Heilberufe OVG Münster Urt. v. 22.06.1994 – 12 A 3628/91.T; zur Unangemessenheit der Beantwortung von einen Patienten betreffenden SG-Anfragen vgl. VG Gießen GesR 2013, 572).

### H. Geltung für EU-Ausländer (Abs. 7)

Abs. 7 wurde im Jahr 2011 eingefügt; die Regelung soll klarstellen, dass auch in Deutschland nicht niedergelassene, aber gelegentlich tätige Ärzte an die Berufsordnung gebunden sind (zur europäischen Niederlassungsfreiheit im Gesundheitswesen krit. *Rogmann* GesR 2015, 385). Die Individualisierung dieser Regelung in den Berufsordnungen der einzelnen Ärztekammern erfordert freilich entsprechende Ermächtigungen in den jeweiligen Kammergesetzen der Bundesländer, zumal die betroffenen Ärzte nicht Kammermitglied, mithin auch der Berufsordnung als Satzung der Ärztekammer nicht unterworfen, sind. Mangels Kammerzugehörigkeit kann insofern auch im Inland keine Ahndung erfolgen (unter europarechtlichen Gesichtspunkten zweifelnd der Vorlagebeschluss des BerufsG für Heilberufe beim VG Gießen an den EuGH v. 02.08.2011 – 21 K 1604/10.Gl.B; der EuGH GesR 2013, 671 hat die europarechtliche Kompatibilität zwar grundsätzlich bestätigt, fordert aber eine einzelfallbezogene Prüfung, ob eine Beschränkung i.S.v. Art. 56 AEUV vorliegt). 13

## § 3 Unvereinbarkeiten

(1) Ärztinnen und Ärzten ist neben der Ausübung ihres Berufs die Ausübung einer anderen Tätigkeit untersagt, welche mit den ethischen Grundsätzen des ärztlichen Berufs nicht vereinbar ist. Ärztinnen und Ärzten ist auch verboten, ihren Namen in Verbindung mit einer ärztlichen Berufsbezeichnung in unlauterer Weise für gewerbliche Zwecke herzugeben. Ebenso wenig dürfen sie zulassen, dass von ihrem Namen oder vom beruflichen Ansehen der Ärztinnen und Ärzte in solcher Weise Gebrauch gemacht wird.

(2) Ärztinnen und Ärzten ist untersagt, im Zusammenhang mit der Ausübung ihrer ärztlichen Tätigkeit Waren und andere Gegenstände abzugeben oder unter ihrer Mitwirkung abgeben zu lassen sowie gewerbliche Dienstleistungen zu erbringen oder erbringen zu lassen, soweit nicht die Abgabe des Produkts oder die Dienstleistung wegen ihrer Besonderheiten notwendiger Bestandteil der ärztlichen Therapie sind.

| Übersicht | Rdn. | | Rdn. |
|---|---|---|---|
| A. Schutzzweck der Norm | 1 | I. Waren und andere Gegenstände und gewerbliche Dienstleistungen | 5 |
| B. Untersagte Tätigkeiten (Abs. 1) | 2 | | |
| I. Ethische Grundsätze (Satz 1) | 2 | II. im Zusammenhang mit der ärztlichen Tätigkeit | 6 |
| II. Werbung mit dem Namen (Satz 2, Satz 3) | 3 | III. »Verkürzter Versorgungsweg« | 7 |
| C. Verbot der Abgabe von Waren und anderem (Abs. 2) | 4 | IV. Bedeutung des Abs. 2 im Zivilrecht | 8 |

### A. Schutzzweck der Norm

Zweck der Vorschrift ist es, die ärztliche Unabhängigkeit und das Ansehen des Arztes in der Bevölkerung zu wahren (Ratzel/Lippert/Prütting/*Ratzel* § 3 Rn. 1; Spickhoff/*Scholz* § 3 MBO Rn. 1). Abs. 1 betont, dass sich ärztliche Entscheidungen ausschließlich nach medizinischen Gesichtspunkten und ethischen Grundsätzen des ärztlichen Berufs richten sollen. Sie sollen nicht von sachfremden merkantilen Erwägungen getragen oder bedingt sein. Der Gefahr der Beeinflussung ärztlicher Entscheidungen durch die kostenlose Abgabe von Arzneimitteln und Hilfsmitteln seitens der Industrie tritt Abs. 2 entgegen (vgl. auch § 128 SGB V). Zudem soll durch Abs. 2 das Vertrauen der Bevölkerung in ärztliche Entscheidungen nicht durch »Verkaufsförderung« in der 1

## § 3 MBOÄ Unvereinbarkeiten

Praxis missbraucht werden (OVG Münster MedR 2009, 632, 634; Ratzel/Lippert/Prütting/*Ratzel* § 3 Rn. 3); detailliert hierzu § 34.

### B. Untersagte Tätigkeiten (Abs. 1)

#### I. Ethische Grundsätze (Satz 1)

2 Nach Abs. 1 sind Ärzten solche Tätigkeiten untersagt, die mit den ethischen Grundsätzen des ärztlichen Berufs nicht vereinbar sind. Ärztliches Handeln ist ein Handeln im Interesse des Patienten und erfolgt als Dienstleistung am Patienten, der die Behandlung durch sein Selbstbestimmungsrecht erlaubt und begrenzt. Diese altruistische Ausrichtung ärztlichen Handelns gehört zu den ethischen Grundsätzen des ärztlichen Berufs, auch wenn dies nicht das alleinige Motiv und Merkmal ärztlicher Berufsausübung ist (vgl. *Sodan* Freie Berufe als Leistungserbringer im Recht der gesetzlichen Krankenversicherung, S. 72). Satz 1 verlangt, dass sich der Arzt trotz der notwendigen Anpassung in Zeiten wachsenden freiberuflichen Wettbewerbsdrucks, der vom Arzt auch wirtschaftliches Denken und Handeln fordert, auf seinen ärztlichen – im Grundsatz altruistischen – Heilauftrag (vgl. § 1) konzentriert. So kann eine Nebentätigkeit, die ausschließlich auf Gewinnorientierung ausgerichtet ist, die ärztliche Entscheidungs- und Handlungsfreiheit zu Ungunsten der Patienten beeinträchtigen. Unternehmerisches Handeln ist dem Arzt je eher gestattet, desto weiter dieses von der ärztlichen Tätigkeit entfernt ist. Das ist jedenfalls dann der Fall, wenn es an einem Bezug zu der konkret ausgeübten ärztlichen Tätigkeit fehlt (BÄK DÄBl. 2013, A-2226, A-2228). Mit zunehmender Kommerzialisierung des Arztberufs wird die Grenzziehung zwischen berufsrechtlich Verbotenem und Erlaubtem aber immer schwieriger (vgl. auch OVG Münster MedR 2009, 632, 634) und zu einer Frage des jeweiligen Einzelfalls.

2a Ausdrücklich erlaubt das Sozialrecht zugelassenen Vertragsärzten die Gründung eines MVZ, ohne in diesem selbst tätig werden zu müssen (§ 95 Abs. 1a SGB V). Schon aufgrund des Fremdbesitzverbotes des § 8 Satz 2 ApoG ist die Beteiligung eines Arztes an einer Apotheke jedoch ausgeschlossen (vgl. BÄK DÄBl. 2013, A-2226, A-2228 mit weiteren Beispielen). Die Regelung des § 59 Abs. 1 BRAO, die eine gemeinschaftliche Berufsausübung durch einen Arzt mit einem Rechtsanwalt untersagt, hielt der verfassungsrechtlichen Überprüfung nicht stand (BVerfGE 141, 8; verfassungsrechtliche Zweifel zu Recht bereits bei BGH NJW 2013, 2674; vgl. auch EGMR NJW 2015, 1003 zur Vereinbarkeit der Tätigkeit als Arzt und Rechtsanwalt).

#### II. Werbung mit dem Namen (Satz 2, Satz 3)

3 Satz 2 und Satz 3 stellen Erweiterungen des Verbots des Satzes 1 dar. Nach Abs. 1 Satz 2 ist dem Arzt die Herausgabe des Namens in Verbindung mit der ärztlichen Berufsbezeichnung verboten, sofern dies in unlauterer Weise für gewerbliche Zwecke geschieht. Das kann auch dadurch geschehen, dass die Stellung als Arzt einerseits und als Chefredakteur einer medizinischen Zeitschrift andererseits bei der Werbung für die Zeitschrift und Produkte des Verlages vermischt werden (OLG Koblenz WRP 2019, 1049). Satz 3 verpflichtet den Arzt, darauf zu achten, dass auch andere nicht von seinem Namen oder von seinem beruflichen Ansehen in der in Satz 2 genannten Weise Gebrauch machen (LG Lüneburg WRP 2016, 657; OLG Celle MedR 2017, 484). »Ärztliche Berufsbezeichnung« ist die Bezeichnung »Arzt« und »Facharzt für…«. Weiterhin werden dazu Titel wie »Professor« oder »Sanitätsrat« gezählt (vgl. Ratzel/Lippert/Prütting/ *Ratzel* § 3 Rn. 1). Die Benennung eines Arztes als Geschäftsführer auf einem Briefbogen kann aus handelsrechtlichen Gründen geboten und zulässig sein (vgl. § 35a GmbHG). »Unlauter« ist die Herausgabe des Namens für gewerbliche Zwecke, wenn sie wettbewerbswidrig ist, weil der Arzt seinen »Fachbonus« einsetzt, um den Absatz Dritter zu fördern oder eine eigene Vorteilsnahme zu erzielen, beispielsweise im Fall des Werbens für Dritte im Wartezimmer (VG Münster MedR 1999, 146; zur wettbewerbswidrigen Werbung auf der eigenen Internetseite: LG Düsseldorf *MedR* 2017, 199, vgl auch Anm. *Kuhn* GesR 2017, 228) oder bei Schleichwerbung für Produkte (Ratzel/Lippert/Prütting/*Ratzel* § 3 Rn. 1). Die Abgrenzung zwischen erlaubter Werbung und Information ist jedoch fließend und im Lichte des Art. 12 Abs. 1 GG zu bewerten

(vgl. zur Werbewirkung aufgrund räumlicher Nähe KG Urt. v. 21.06.2015 – 5 U 114/15); unter diesem Gesichtspunkt ist auch die Werbung einer Einrichtung (»Institut« o. ä.) mit dem Zusatz »unter ärztlicher Leitung« als sachliche, im Interesse der Einrichtung wie des Patienten liegende Information, bei der zudem lediglich der Umstand ärztlicher Leitung, nicht aber der Name eines bestimmten Arztes hervorgehoben wird, als zulässig anzusehen (a.A. Spickhoff/*Scholz*, § 3 MBO Rn. 3; BÄK DÄBl. 2013, A-2226, A-2229). Vgl. im Einzelnen auch § 27. Satz 3 will verhindern, dass das Verbot des Satz 2 umgangen wird. Ein Dulden der Verwendung trotz Kenntnis unterfällt daher ebenso dem Verbot.

## C. Verbot der Abgabe von Waren und anderem (Abs. 2)

Abs. 2 beinhaltet einen Verbotstatbestand. Ärztinnen und Ärzten ist es untersagt, im Zusammenhang mit ihrer ärztlichen Tätigkeit Waren und andere Gegenstände abzugeben oder unter ihrer Mitwirkung abgeben zu lassen sowie gewerbliche Dienstleistungen zu erbringen oder erbringen zu lassen, es sei denn, die Abgabe oder die Dienstleistung ist notwendiger Bestandteil der ärztlichen Therapie. Entgegen früherer weitaus restriktiverer Rspr. (BGH GRUR 1981, 280 f.) hat der BGH im Hinblick auf eine jedenfalls verfassungskonforme Handhabung entschieden, dass der Verbotstatbestand des § 3 Abs. 2 eng auszulegen sei (BGH GesR 2008, 474, 475; BGH GRUR 2005, 875, 876). Zudem ist zu berücksichtigen, dass Ärzten grundsätzlich eine gewerblich-unternehmerische Tätigkeit auf dem Gebiet des Heilwesens nicht generell untersagt ist (BVerfGE 71, 183, 195, 196).

### I. Waren und andere Gegenstände und gewerbliche Dienstleistungen

»Waren und andere Gegenstände« umfasst sämtliche beweglichen Sachen, die im Handel und gewerblichen Verkehr abgesetzt werden können (Stellpflug/Meier/Tadayon/*Buchner*/*Jäkel* B 1000 Rn. 67). Dazu zählen beispielsweise Diabetesteststreifen (BGH GesR 2005, 456), Implantat-Akupunktur-Nadeln (OLG Naumburg GesR 2008, 591 ff.), Nahrungsergänzungsmittel (BGH GesR 2008, 474 ff.) und Vitaminpräparate (LG Rottweil MedR 2007, 494 f.). Auch »Dienstleistungen« wie die Ernährungsberatung werden von § 3 Abs. 2 erfasst (BGH GesR 2008, 474 ff.).

### II. im Zusammenhang mit der ärztlichen Tätigkeit

Für einen Verstoß müssen die Abgabe bzw. die Mitwirkung »im Zusammenhang mit der Ausübung der ärztlichen Tätigkeit« erfolgen. Daher genügt nicht schon, dass der Arzt eine Ernährungsberatung in seiner eigenen Praxis durchführt (BGH GesR 2008, 474 ff.). Entscheidend ist, ob die Beratung von der ärztlichen Tätigkeit getrennt wird. So wurde die Ernährungsberatung in einer Arztpraxis als nicht berufswidrig angesehen, wenn der Arzt diese »im Übrigen von seiner freiberuflichen ärztlichen Tätigkeit in zeitlicher, organisatorischer, wirtschaftlicher und rechtlicher Hinsicht getrennt hält« (BGH GesR 2008, 474, 475; OVG Münster GesR 2009, 632 ff.) bzw. diese sich im Rahmen der erforderlichen Therapie bewegt (LG Braunschweig GesR 2009, 333). Zulässig sollen auch die Abgabe bzw. der Verkauf von Kontaktlinsen in Augenarztpraxen (OLG Stuttgart PharmR 1997, 153 ff.; LSG Rheinland-Pfalz AuR Nr. 1), weiterhin der Verkauf von orthopädischen Hilfsmitteln beim Orthopäden (OLG Düsseldorf MedR 2005, 528 ff.) sein. Der Umfang der Abgabe und der Erbringung der Dienstleistungen ist nach wie vor streitig (vgl. Überblick bei Ratzel/Lippert/Prütting/*Ratzel* § 3 Rn. 3). Maßgebend soll sein, ob die Abgabe unmittelbar zur Therapie erfolgt (BGH GesR 2008, 474 ff.; BGH GesR 2005, 456 ff.) und eine individuelle Anpassung an den Patienten (z.B. von Kontaktlinsen oder orthopädischen Hilfsmitteln) verlangt. Eine Abgabe von Verbrauchsmaterialien in großem Umfang deutet dagegen eher auf ein geschäftsmäßiges Verhalten hin, das dem Schutzzweck des § 3 Abs. 2 zuwider läuft und zudem die Gefahr der Gewerbesteuer in sich birgt (vgl. zutreffend Ratzel/Lippert/Prütting/*Ratzel* § 3 Rn. 4). Für das Sozialrecht machen zudem §§ 33a, 128 SGB V erheblich restriktivere Vorgaben (Überblick bei Ratzel/Lippert/Prütting/*Ratzel* § 3 Rn. 10 ff.).

## § 4 MBOÄ Fortbildung

### III. »Verkürzter Versorgungsweg«

7 Seit einigen Jahren wird – auch unter berufsrechtlichen Aspekten – eine intensive Diskussion unter dem Schlagwort des sog. »verkürzten Versorgungsweges« geführt. Gemeint ist damit die Einbindung des Arztes in die Versorgung (insbesondere) mit Hilfsmittel (Hörgeräten, Brillen etc.), ohne dass der Patient persönlichen Kontakt mit dem Hilfsmittellieferanten/-hersteller aufnimmt. So erstellt beispielsweise der Arzt in seiner Praxis einen Abdruck der Ohrmuschel im Auftrag eines (unter Umständen so bundesweit tätigen) Hörgeräteakustikers, übermittelt ihm diesen, erhält von ihm das patientenbezogen »vorkonfigurierte« Hörgerät, das dann z.B. telefonisch eingestellt wird (BGH NJW 2002, 962 = MedR 2002, 256; unter sozialrechtlichen Aspekten: BSG NZS 2004, 38; *Zimmermann* GesR 2010, 393; generell zu der Problematik: *Ratzel* GesR 2008, 623; *Butzer/Bogan* VSSR 2010, 309). Ursprünglich hat der BGH die Inanspruchnahme des verkürzten Versorgungswegs auf Empfehlung eines Arztes gebilligt (BGH NJW 2002, 962; differenzierend BGH GesR 2011, 246, 250; kritisch gegenüber diesem Weg für Hörgeräte bereits *Ratzel* GesR 2008, 623; *Zimmermann* GesR 2010, 393, beide unter dem Gesichtspunkt des § 128 SGB V). Mittlerweile sieht der BGH allerdings auch hier eine unzulässige Empfehlung, wenn – wie wohl im Regelfall – hierfür ein bestimmter, gerade mit diesem Arzt zusammenarbeitender Leistungserbringer in Anspruch genommen wird. Bereits zuvor wurde der verkürzte Versorgungsweg für Brillen (BGH GesR 2010, 552 = NJW-RR 2011, 260, a.A. zuvor OLG Naumburg MedR 2008, 215) und Diabetes-Teststreifen (BGH GesR 2005, 456) als unzulässig erachtet; für eine sachliche Unterscheidung zwischen Brillen- und Hörgeräteverordnungen im Hinblick auf eine nur bei der Hörgeräteanpassung notwendige Mitarbeit des Arztes Spickhoff/*Scholz* § 3 Rn. 8; aus verfassungsrechtlichen Erwägungen gegen ein generelles Verbot *Wittmann/Koch* MedR 2011, 477.

### IV. Bedeutung des Abs. 2 im Zivilrecht

8 § 3 Abs. 2 ist eine marktverhaltensregelnde Vorschrift i.S.d. § 4 Nr. 11 UWG (BGH GRUR 2005, 875; GesR 2011, 246, 249; GesR 2015, 477). Ein Verstoß kann daher zu einer Abmahnung und Ansprüchen nach dem UWG führen (§§ 8, 9 UWG). Umstritten ist, ob § 3 Abs. 2 Verbotsgesetz gem. § 134 BGB ist (bejahend richtigerweise: BGH NJW 1986, 2360, 2361; OLG Naumburg GesR 2008, 591; Spickhoff/*Scholz* Vorbem. MBO Rn. 7; BÄK DÄBl. 2013, A-2226, A-2231 betreffend § 31; a.A. *Taupitz* JZ 1994, 221).

## § 4 Fortbildung

(1) Ärztinnen und Ärzte, die ihren Beruf ausüben, sind verpflichtet, sich in dem Umfange beruflich fortzubilden, wie es zur Erhaltung und Entwicklung der zu ihrer Berufsausübung erforderlichen Fachkenntnisse notwendig ist.

(2) Auf Verlangen müssen Ärztinnen und Ärzte ihre Fortbildung nach Absatz 1 gegenüber der Ärztekammer durch ein Fortbildungszertifikat einer Ärztekammer nachweisen.

Übersicht                                              Rdn.                                               Rdn.
A. Überblick und Zweck der Vorschrift . . . .    1       C. Fortbildungszertifikat (Abs. 2) . . . . . . . .   3
B. Fortbildungspflicht (Abs. 1) . . . . . . . . . . .    2

### A. Überblick und Zweck der Vorschrift

1 Die ärztliche Fortbildungspflicht ist in unterschiedlichen Vorschriften auf Bundes- und Landesebene geregelt (auf Bundesebene: §§ 95d SGB V, 32b Abs. 2 Satz 3 Ärzte-ZV V für Vertragsärzte; auf Landesebene beispielhaft § 30 Satz 1 Nr. 1 HeilBerG NRW). Die berufsrechtliche Pflicht des § 4 verfolgt das Ziel, die ärztliche Behandlungsqualität sicherzustellen und kontinuierlich zu verbessern (VG Berlin MedR 2013, 808 »zu der Frage, ob der Inhalt der Fortbildungsveranstaltung dem aktuellen medizinischen Wissensstand und dem allgemeinen Stand der Wissenschaft entspricht«). Sie soll zudem Behandlungsfehler und eine Haftung vermeiden helfen. Zugleich sichert sie die

Strukturqualität (vgl. § 5) und ist dementsprechend Maßnahme der Qualitätssicherung (*Ring* MedR 2016, 423 zur Qualitätssicherung als ärztlicher Pflicht).

### B. Fortbildungspflicht (Abs. 1)

§ 4 Abs. 1 verpflichtet nur diejenigen Ärzte zur Fortbildung, die ihren Beruf tatsächlich auch ausüben. Die Verpflichtung bezieht sich auf medizinische Inhalte (anders als die Fortbildungspflicht nach Satzung der Kassenärztlichen Vereinigung gem. § 81 Abs. 4 SGB V). Der Umfang der Fortbildungspflicht hängt von dem Maß ab, das für die Erhaltung und Entwicklung der zur Berufsausübung erforderlichen Fachkenntnisse notwendig ist.

Die BÄK hat »Empfehlungen zur ärztlichen Fortbildung« herausgegeben (abrufbar unter: http://www.bundesaerztekammer.de/page.asp?his=1.102), die Fortbildungsinhalte, Fortbildungsarten, Qualitätsanforderungen an Fortbildungsangebote sowie eine (Muster-) Satzungsregelung »Fortbildung und Fortbildungszertifikat« enthalten. Der Anhang gibt zudem Empfehlungen zu »Fortbildung und Sponsoring« ab. Die Mustersatzung ist durch die Ärztekammern in Fortbildungssatzungen (»Fortbildungsordnungen«) umgesetzt und damit in berufsständisches Recht überführt worden.

Die Fortbildungsveranstaltungen müssen durch die Ärztekammer anerkannt sein (§§ 7 bis 10 MFOÄ), wobei die Anerkennung auch noch nach Abschluss der Veranstaltung mittels Verpflichtungsklage einklagbar sein soll (OVG NRW GesR 2013, 748). Der Kammer obliegt auch die jeweilige Bewertung der Fortbildungsmaßnahme mit Fortbildungspunkten (VG Göttingen MedR 2014, 256 zum Berufsrecht nichtärztlicher Psychotherapeuten). Zu den Anerkennungsvoraussetzungen industriefinanzierter Fortbildungsveranstaltungen vgl. *Geiger* GesR 2014, 577.

### C. Fortbildungszertifikat (Abs. 2)

Nach Abs. 2 müssen Ärztinnen und Ärzte »auf Verlangen der Ärztekammer« ein Fortbildungszertifikat nachweisen. Durch die Nachweispflicht soll sichergestellt werden, dass die Ärztinnen und Ärzte der Fortbildungspflicht tatsächlich nachgekommen sind und sich auf dem aktuellen Stand der wissenschaftlichen Kenntnis und der medizintechnischen Verfahren ihres Fachgebiets befinden. Das Fortbildungszertifikat muss von einer (nicht zwingend: der eigenen) Ärztekammer ausgestellt sein (VG Hamburg GesR 2009, 302 f.). Nähere Einzelheiten für die Erteilung des Zertifikats ergeben sich aus der jeweils anwendbaren Fortbildungsordnung.

## § 5 Qualitätssicherung

**Ärztinnen und Ärzte sind verpflichtet, an den von der Ärztekammer eingeführten Maßnahmen zur Sicherung der Qualität der ärztlichen Tätigkeit teilzunehmen und der Ärztekammer die hierzu erforderlichen Auskünfte zu erteilen.**

| Übersicht | Rdn. | | Rdn. |
|---|---|---|---|
| A. Überblick | 1 | C. »Maßnahmen« | 3 |
| B. »Qualitätssicherung« | 2 | | |

### A. Überblick

§ 5 verpflichtet den Arzt zur Mitwirkung bei der Qualitätssicherung durch Teilnahme an den Maßnahmen der Ärztekammer und durch Auskunftserteilung. Die Vorschrift bezieht sich nur auf die von der »Ärztekammer eingeführten Maßnahmen zur Sicherung der Qualität« und unterscheidet sich dadurch von den Vorschriften zur Qualitätssicherung im SGB V (§§ 135 ff.) und den Beschlüssen des Gemeinsamen Bundesausschusses (G-BA), denen Ärzte aufgrund ihrer Vertragsarztzulassung sowie andere Leistungserbringer der GKV ohnehin unterworfen sind.

## § 6 MBOÄ Mitteilung von unerwünschten Arzneimittelwirkungen

### B. »Qualitätssicherung«

2 Der Begriff der Qualitätssicherung ist nicht gesetzlich definiert. Allgemein wird darunter das Ergreifen effizienter und effektiver Maßnahmen zur Verbesserung der Patientenversorgung bzw. Minderung von Risiken (Laufs/Kern/Rehborn/*Kern*, § 6 Rn. 38) verstanden. Durchaus etabliert hat sich die Unterscheidung von Strukturqualität, Prozessqualität und Ergebnisqualität (vgl. Wortlaut des § 136 Abs. 1 Satz 1 Nr. 2 SGB V). Maßnahmen der Strukturqualität beziehen sich auf die personelle, räumliche und apparative Ausstattung; Prozessqualität umfasst die Organisation und Beschaffenheit der diagnostischen und therapeutischen Abläufe sowie die Übereinstimmung mit Leitlinien (zur Qualitätssicherung durch Leitlinien vgl. *Hart* VSSR 2002, 265 ff.); Ergebnisqualität bezieht sich auf die Prüfung der medizinischen Ergebnisse besonders durch Vergleich mit definierten Maßstäben wie Heilungserfolg, Komplikationsrate und Lebensqualität der Patienten.

### C. »Maßnahmen«

3 Der Begriff der »Maßnahmen« ist weit und umfasst sämtliche Handlungsanleitungen, Evaluationen und Projekte der Landesärztekammern, angefangen bei Richtlinien, Leitlinien und Empfehlungen über Kooperationen mit anderen Institutionen bis hin zu Ärzte- und Patientenbefragungen (z.B. die Evaluation der Weiterbildung; vgl. auch Bundesärztekammer: Qualitätssicherung durch Ärztekammern, Qualitätsbericht von Bundesärztekammer und Landesärztekammern, 2. Aufl. 2008/09, abrufbar unter: https://www.bundesaerztekammer.de/fileadmin/user_upload/downloads/Kammeruebergreifender_Qualitaetsbericht_2._Auflage.pdf). Ebenfalls erfasst werden Weiterbildungsmaßnahmen, die aber speziell in § 4 geregelt sind. Ärztinnen und Ärzte müssen der Ärztekammer auf Verlangen die erforderlichen Auskünfte über die Teilnahme an solchen Maßnahmen erteilen.

## § 6 Mitteilung von unerwünschten Arzneimittelwirkungen

Ärztinnen und Ärzte sind verpflichtet, die ihnen aus ihrer ärztlichen Behandlungstätigkeit bekannt werdenden unerwünschten Arzneimittelwirkungen der Arzneimittelkommission der deutschen Ärzteschaft und bei Medizinprodukten auftretende Vorkommnisse der zuständigen Behörde mitzuteilen.

| Übersicht | Rdn. | | Rdn. |
|---|---|---|---|
| A. Bedeutung und Zweck der Vorschrift | 1 | C. Medizinprodukte | 3a |
| B. »Unerwünschte Arzneimittelwirkungen« | 2 | D. Anforderungen an die Mitteilung | 4 |

### A. Bedeutung und Zweck der Vorschrift

1 Der Arzt ist aufgrund des AMG nicht verpflichtet, unerwünschte Arzneimittelwirkungen zu melden, obwohl er durch die Arzneimittelbehandlung unmittelbar solche Wirkungen beobachten kann oder vom Patienten erfährt. Diese Lücke schließt § 6, der der Arzneimittelsicherheit und dem Patientenschutz dient. Die Vorschrift rundet das europarechtlich (vgl. Art. 102 RL 2001/83/EG) geforderte Pharmakovigilanz-System berufsrechtlich ab. Die Daueüberwachung der im Verkehr befindlichen Arzneimittel wird in Deutschland weiterhin durch §§ 62, 63, 63a, 63b AMG und die Pharmabetriebsverordnung geregelt (vgl. *Rehmann* §§ 62 bis 63b; *Kloesel/Cyran* §§ 62 bis 63b).

### B. »Unerwünschte Arzneimittelwirkungen«

2 »Unerwünschte Arzneimittelwirkungen« sind alle schädlichen, unbeabsichtigten Reaktionen eines Arzneimittels (vgl. § 12 Abs. 8 der AM-RL des G-BA; *Bartels/Brakmann* GesR 2007, 145, 146). Dies sind in der Praxis in erster Linie unerwünschte Begleiterscheinungen, die bei einem bestimmungsgemäßen Gebrauch eines Arzneimittels auftreten (§ 4 Abs. 13 AMG, vgl. *Rehmann* § 4 Rn. 12; *Kloesel/Cyran* § 4 Anm. 47). Dazu zählen aber auch Wechselwirkungen mit anderen Mitteln, die

bisher nicht bekannt waren. Ebenso sind Schädigungen durch Arzneimittel zu melden. Wegen des Schutzzwecks der Vorschrift werden von der Pflicht nicht nur solche unerwünschten Arzneimittelwirkungen erfasst, die der Arzt anlässlich einer konkreten Arzneimittelbehandlung feststellt, sondern auch solche, die beim nicht bestimmungsgemäßen Gebrauch eines Arzneimittels auftreten (Stellpflug/Meier/Tadayon/*Buchner*/*Jäkel* B 1000 Rn. 103). Eine strafrechtliche Verantwortung des Arztes für eine falsche oder unterlassene Mitteilung dürfte im Ergebnis abzulehnen sein, da es an der erforderlichen strafrechtlichen Kausalität für die Körperverletzung und einer Garantenstellung des Arztes für Patienten fehlen dürfte, die nicht bei ihm in Behandlung sind (zur etwas anders, aber dennoch vergleichbaren Problematik der falschen Ausstellung einer Todesbescheinigung wegen mangelnder sorgfältiger Untersuchung des Arztes vgl. AG Wennigsen NJW 1989, 786 f.; dagegen richtigerweise: *Kahlo* NJW 1990, 1521 ff.).

Die Arzneimittelkommission der deutschen Ärzteschaft ist ein wissenschaftlicher Fachausschuss der Bundesärztekammer, der für alle Fragen der Arzneibehandlung und Arzneisicherheit zuständig ist (Rieger/Dahm/Steinhilper/*Ratzel* 280 Rn. 1). Nach § 2 des Statuts in der Fassung der Beschlüsse des Vorstands der Bundesärztekammer v. 20.08.2020 (abrufbar unter: http://www.akdae.de/Kommission/Organisation/Statuten/Statut/index.html) hat die Arzneimittelkommission eine Reihe von Einzelaufgaben; u.a. erfasst, dokumentiert und bewertet sie unerwünschte Arzneimittelwirkungen, die ihr aus der deutschen Ärzteschaft gem. der BO mitgeteilt werden müssen (Statut, § 1 Abs. 2). Die Arzneimittelkommission ist Beteiligte des Stufenplans i.S.d. § 63 AMG (Statut § 2 Nr. 3). 3

## C. Medizinprodukte

Im Jahr 2011 wurde die Regelung um »bei Medizinprodukten auftretende Vorkommnisse« ergänzt. Damit erstrecken sich Mitteilungspflichten auch auf Medizinprodukte; wie von Arzneimitteln können auch von diesen Neben- und Wechselwirkungen ausgehen, die erst durch ärztliche Mitteilungen erkannt oder in ihrer Bedeutung eingeschätzt werden können. 3a

Für die Entgegennahme von Meldungen der Vorkommnisse ist das Bundesinstitut für Arzneimittel und Medizinprodukte (BfArM) zuständig, soweit nicht nach § 7 Medizinprodukte-Sicherheitsplanverordnung (MPSV) das Paul-Ehrlich-Institut zuständig ist. Das BfArM stellt auf seinen Internetseiten entsprechende Formulare zur Verfügung. Gem. § 3 Abs. 4 MPSV gelten die dort in § 3 Abs. 2 und 3 auferlegten Meldepflichten »für Angehörige der Heilberufe als erfüllt, soweit Meldungen an Kommissionen oder andere Einrichtungen der Heilberufe« erfolgen, »die im Rahmen ihrer Aufgaben Risiken von Medizinprodukten erfassen«, »und dort eine unverzügliche Weiterleitung an« das BfArM – als »zuständige Bundesoberbehörde« – sichergestellt ist. Im Übrigen obliegt die Prüfung und Überwachung der Medizinprodukte (auch) den jeweils zuständigen Landesbehörden. 3b

## D. Anforderungen an die Mitteilung

Die Meldung muss unter Beachtung der ärztlichen Schweigepflicht (vgl. § 9) erfolgen. Wird der Arzt von der Schweigepflicht entbunden, können auch personenbezogene Angaben zum Patienten gemacht werden. 4

## § 7 Behandlungsgrundsätze und Verhaltensregeln

(1) Jede medizinische Behandlung hat unter Wahrung der Menschenwürde und unter Achtung der Persönlichkeit, des Willens und der Rechte der Patientinnen und Patienten, insbesondere des Selbstbestimmungsrechts, zu erfolgen. Das Recht der Patientinnen und Patienten, empfohlene Untersuchungs- und Behandlungsmaßnahmen abzulehnen, ist zu respektieren.

## § 7 MBOÄ  Behandlungsgrundsätze und Verhaltensregeln

(2) Ärztinnen und Ärzte achten das Recht ihrer Patientinnen und Patienten, die Ärztin oder den Arzt frei zu wählen oder zu wechseln. Andererseits sind – von Notfällen oder besonderen rechtlichen Verpflichtungen abgesehen – auch Ärztinnen und Ärzte frei, eine Behandlung abzulehnen. Den begründeten Wunsch der Patientin oder des Patienten, eine weitere Ärztin oder einen weiteren Arzt zuzuziehen oder einer anderen Ärztin oder einem anderen Arzt überwiesen zu werden, soll die behandelnde Ärztin oder der behandelnde Arzt in der Regel nicht ablehnen.

(3) Ärztinnen und Ärzte haben im Interesse der Patientinnen und Patienten mit anderen Ärztinnen und Ärzten und Angehörigen anderer Fachberufe im Gesundheitswesen zusammenzuarbeiten. Soweit dies für die Diagnostik und Therapie erforderlich ist, haben sie rechtzeitig andere Ärztinnen und Ärzte hinzuzuziehen oder ihnen die Patientin oder den Patienten zur Fortsetzung der Behandlung zu überweisen.

(4) Ärztinnen und Ärzte beraten und behandeln Patientinnen und Patienten im persönlichen Kontakt. Sie können dabei Kommunikationsmedien unterstützend einsetzen. Eine ausschließliche Beratung oder Behandlung über Kommunikationsmedien ist im Einzelfall erlaubt, wenn dies ärztlich vertretbar ist und die erforderliche ärztliche Sorgfalt insbesondere durch die Art und Weise der Befunderhebung, Beratung, Behandlung sowie Dokumentation gewahrt wird und die Patientin oder der Patient auch über die Besonderheiten der ausschließlichen Beratung und Behandlung über Kommunikationsmedien aufgeklärt wird.

(5) Angehörige von Patientinnen und Patienten und andere Personen dürfen bei der Untersuchung und Behandlung anwesend sein, wenn die verantwortliche Ärztin oder der verantwortliche Arzt und die Patientin oder der Patient zustimmen.

(6) Ärztinnen und Ärzte haben Patientinnen und Patienten gebührende Aufmerksamkeit entgegen zu bringen und mit Patientenkritik und Meinungsverschiedenheiten sachlich und korrekt umzugehen.

(7) Bei der Überweisung von Patientinnen und Patienten an Kolleginnen oder Kollegen oder ärztlich geleitete Einrichtungen, haben Ärztinnen und Ärzte rechtzeitig die erhobenen Befunde zu übermitteln und über die bisherige Behandlung zu informieren, soweit das Einverständnis der Patientinnen und Patienten vorliegt oder anzunehmen ist. Dies gilt insbesondere bei der Krankenhauseinweisung und -entlassung. Originalunterlagen sind zurückzugeben.

(8) Ärztinnen und Ärzte dürfen einer missbräuchlichen Verwendung ihrer Verschreibung keinen Vorschub leisten.

Übersicht

| | | Rdn. | | | Rdn. |
|---|---|---|---|---|---|
| A. | Überblick | 1 | E. | Fernbehandlung, Telemedizin (Abs. 4) | 10 |
| B. | Wahrung der Menschenwürde und weiteren (Grund-)Rechte des Patienten (Abs. 1) | 2 | F. | Anwesenheit Angehöriger bei Untersuchung und Behandlung (Abs. 5) | 16 |
| I. | Die Wahrung der Menschenwürde | 3 | G. | Aufmerksamkeit, Umgang mit Patientenkritik (Abs. 6) | 18 |
| II. | Der Wille des Patienten und die körperliche Unversehrtheit | 5 | H. | Befundübermittlung (Abs. 7) | 20 |
| C. | Wahlfreiheit des Patienten und Ablehnung der Behandlung (Abs. 2) | 7 | I. | Vorschubleisten für missbräuchliche Verwendung einer Verschreibung (Abs. 8) | 26 |
| D. | Kooperationsgebot (Abs. 3) | 9 | | | |

## A. Überblick

1  § 7 enthält die zentralen Behandlungsgrundsätze und Verhaltensregeln. Abs. 1 verpflichtet den Arzt bei jeder medizinischen Behandlung, die verfassungsrechtlich garantierte Menschenwürde des Patienten zu wahren sowie die sonstigen Grundrechte und die aus den Grundrechten abgeleiteten Rechte. Abs. 2 gebietet dem Arzt, die Wahlfreiheit des Patienten zu achten und gestattet ihm, grundsätzlich die Behandlung abzulehnen. Abs. 4 regelt die sog. Fernbehandlung. Abs. 5 gestattet

die Hinzuziehung von Angehörigen zur Untersuchung und Behandlung. Abs. 6 beinhaltet das Gebot eines respektvollen Umgangs. Die kollegiale Kooperation regelt Abs. 7. Abs. 8 verbietet missbräuchliche Verschreibungen.

### B. Wahrung der Menschenwürde und weiteren (Grund-)Rechte des Patienten (Abs. 1)

Abs. 1 Satz 1 verpflichtet den Arzt, die (Grund-)Rechte des Patienten bei jeder medizinischen Behandlung zu beachten. Zentrale Maßstabsnormen sind die Menschenwürde (Art. 1 Abs. 1 GG), die körperliche Unversehrtheit (Art. 2 Abs. 1 GG), die nicht unmittelbar genannt, aber mittelbar mit dem »Willen« des Patienten gemeint ist, sowie das Selbstbestimmungsrecht, das den Umgang mit personenbezogenen (Gesundheits-)Daten der Patienten aus Art. 2 Abs. 1 i.V.m. Art. 1 Abs. 1 GG gebietet; Satz 2 konkretisiert das Selbstbestimmungsrecht speziell für den Fall der Ablehnung von Maßnahmen.

### I. Die Wahrung der Menschenwürde

Satz 1 verpflichtet den Arzt auf die Einhaltung der Menschenwürde. Die Menschenwürde (Art. 1 Abs. 1 GG) weist wegen ihres generalklauselartigen Charakters und ihrer »normativen Offenheit« (Sachs/*Höfling* Art. 1 Rn. 9) besondere Schwierigkeiten der Konkretisierung auf. Herkömmlich wird die Menschenwürde über ihre Verletzung erschlossen. Danach ist die Menschenwürde betroffen, »wenn der konkrete Mensch zum Objekt, zu einem bloßen Mittel, zur vertretbaren Größe herabgewürdigt wird« (*Dürig* AöR 1956, 117, 127; Maunz/Dürig/*Dürig* Art. 1 I Rn. 28, 34). Die Formel ist unterschiedlicher und vielfacher Kritik ausgesetzt (vgl. Überblick bei Sachs/*Höfling* Art. 1 Rn. 15). Das BVerfG hat sie – angesichts der Tatsache, dass der Mensch vielfach Objekt anderer ist – fortentwickelt und hebt nun die besondere Subjektqualität des Menschen als selbstbestimmtes Wesen und »gleichberechtigtes Glied mit Eigenwert« (BVerfGE 115, 118, 153) hervor. Es geht davon aus, dass der Mensch als bloßes Objekt infrage gestellt wird, »wenn die Behandlung durch die öffentliche Gewalt die Achtung des Wertes vermissen lässt, der jedem Menschen um seiner selbst willen, kraft seines Personseins zukommt« (BVerfGE 109, 279, 312 f.; BVerfGE 115, 118, 153). Da Art. 1 Abs. 1 GG auch eine Schutzpflicht beinhaltet (BVerfGE 115, 118, 152), ist der Mensch nicht nur vor Erniedrigung, Brandmarkung, Verfolgung, Ächtung und ähnlichen Handlungen durch den Staat geschützt, sondern auch vor einer solchen Behandlung durch Dritte (BVerfGE 115, 118, 153).

Satz 1 verpflichtet den Arzt, die Menschenwürde einzuhalten. Das beinhaltet vor allem, das Selbstbestimmungsrecht des Patienten zu akzeptieren, vgl. im Einzelnen § 8 Rdn. 6 f. Ein Verstoß liegt bei jeglichem Behandeln unter Zwang außerhalb der gesetzlichen Grenzen (z.B. §§ 81 ff. StPO, §§ 28 bis 30 IfSG) vor. Dies kann insbesondere bei der ärztlich durchgeführten Exkorporation von Drogenbehältnissen aufgrund von § 81a StPO problematisch werden. Der BGH hat zu Recht einen Verstoß gegen § 7 Abs. 1 für einen im Beweissicherungsdienst tätigen Arzt bejaht, der eine polizeilich angeordnete Exkorporation unter Zwang durch sog. Brechmitteleinsatz nach Bergung eines Kokainkügelchens fortgesetzt hat, obwohl der Patient zuvor einen körperlichen Zusammenbruch erlitten hatte, die Sauerstoffsättigungswerte auf einem Kontrollgerät nicht mehr angezeigt wurden, der Notarzt hinzugezogen worden war und der Patient in der Reaktionsfähigkeit eingeschränkt sowie im Bewusstsein getrübt war (BGH GesR 2010, 358, 362; GesR 2012, 565). Erforderlich ist vielmehr, dass der Arzt in solchen Fällen Distanz gegenüber den Ermittlungsbehörden walten lässt, um sich nicht dem Risiko einer »Instrumentalisierung« auszusetzen. Gerade Patienten in solchen Ausnahmesituationen bedürfen des (sachlich gebotenen) ärztlichen Schutzes in besonderem Maße. Beachtung findet das Selbstbestimmungsrecht des Patienten auch im Rahmen der sog. »Wunschmedizin« (z.B. Einwirkung auf das äußere Erscheinungsbild), wenn der Patient keinen pathologischen Zustand aufweist (zu den Einzelheiten *Stock* MedR 2019, 872).

### II. Der Wille des Patienten und die körperliche Unversehrtheit

Das »Ob« und ggf. die Reichweite der ärztlichen Behandlung werden durch das Grundrecht der körperlichen Unversehrtheit des Patienten bestimmt, wodurch das Selbstbestimmungsrecht des

Patienten über seine seelisch-leibliche Integrität geschützt wird (vgl. § 1 Rdn. 3). Der mittelbare Schutz der Grundrechte im Bürger-Bürger-Verhältnis (vgl. Sachs/*Höfling* Art. 1 Rn. 111 f.) erfordert zivil- und strafrechtlich im Arzt-Patienten-Verhältnis die ordnungsgemäße Aufklärung und informierte Einwilligung des Patienten in die Behandlung (vgl. dazu näher § 8). Ist der Patient einwilligungsunfähig, muss – falls keine Patientenverfügung vorliegt (vgl. § 1901a BGB, näher § 16 Rdn. 10 ff.) – der mutmaßliche Wille des Patienten ermittelt werden (vgl. zivilrechtlich auch §§ 630d Abs. 1 Satz 4, 1901a Abs. 2 BGB). Nach der Einfügung des Instruments der Patientenverfügung in § 1901a Abs. 1 BGB ist diese nicht mehr Indiz für den mutmaßlichen Willen des Patienten (so noch BGHSt 40, 257 ff.), sondern Ausdruck des tatsächlichen Willens des Patienten für eine bestimmte ärztliche Untersuchung, Heilbehandlung oder für einen bestimmten ärztlichen Eingriff (näher vgl. § 16; zum rechtfertigenden Behandlungsabbruch auf der Grundlage des Patientenwillens grundlegend: BGH GesR 2010, 536; NJW 2011, 161).

6  Satz 2 ist im Jahr 2011 eingefügt worden; mit der im Wesentlichen aus dem aufgehobenen Abschnitt C übernommenen Regelung wird ergänzend zu Satz 1 betont, dass der Patient nicht nur ein Wahlrecht zwischen verschiedenen in Betracht kommenden Behandlungsmöglichkeiten hat, sondern aufgrund seiner Autonomie jederzeit befugt ist, Untersuchungs- oder Behandlungsmaßnahmen abzulehnen. Das beinhaltet auch, laufende Behandlungen abzubrechen und eine bereits erteilte Einwilligung jederzeit ohne Angabe von Gründen zu widerrufen. Dem steht auch die in Art. 2 Abs. 1 Satz 1 EMRK explizit enthaltene Verpflichtung zum Schutz des Rechts auf Leben durch Gesetz nicht entgegen (EGMR GesR 2015, 532). Der Arzt hat das nicht nur hinzunehmen, sondern einer solchen Entscheidung mit Respekt zu begegnen. Ein solcher Respekt schließt nicht aus, mit dem Patienten sachlich ein Gespräch mit dem Ziel zu führen, seine Entscheidung noch einmal zu überdenken. Bleibt der Patient bei seiner Entscheidung, gebietet der berufsrechtlich geforderte Respekt, den Patienten trotzdem bestmöglich weiter zu behandeln.

### C. Wahlfreiheit des Patienten und Ablehnung der Behandlung (Abs. 2)

7  Abs. 2 verpflichtet den Arzt, die Wahlfreiheit des Patienten zu achten (Satz 1). Der Patient hat das Recht, den Arzt frei zu wählen und ihn ebenso zu wechseln. Satz 2 manifestiert berufsrechtlich das, was bei der Behandlung von Selbstzahlern zivilrechtlich aus der Vertragsautonomie folgt: Der Arzt kann frei entscheiden, ob er einen Patienten behandelt oder nicht, solange seine Erwägungen nicht sachfremd sind und seine Entscheidung nicht diskriminierend zulasten einer Patientengruppe wirkt. Eine Behandlungspflicht gilt für ihn nur in Notfällen und bei besonderen rechtlichen Verpflichtungen, insbesondere wenn z.B. eine besondere Dauerbeziehung zwischen Arzt und Patient besteht, in der der Patient darauf vertrauen darf, dass der Arzt ihn weiter bzw. auch in Zukunft behandeln werde (BGH VersR 1979, 376). Hat der Arzt die Behandlung übernommen, darf er sie abbrechen, wenn sachliche Gründe vorliegen, insbesondere das notwendige Vertrauensverhältnis nicht mehr besteht; angesichts von Abs. 1 Satz 2 ist das aber nicht automatisch dann der Fall, wenn der Patient sich ärztlichen Empfehlungen – mögen sie auch sinnvoll sein – widersetzt. Gründe, mit denen eine Behandlung abgelehnt bzw. abgebrochen werden darf, sind: Der Arzt ist überlastet, die gewünschte Behandlung betrifft nicht das Fachgebiet des Arztes, querulatorisches Verhalten des Patienten, der Patient begehrt Wunschrezepte, der Patient begehrt Hausbesuche außerhalb der Sprechstundenzeiten ohne zwingenden Grund, der Patient verlangt eine ärztlich nicht indizierte und unwirtschaftliche Behandlungsweise; der Patient verhält sich abredewidrig.

8  Die Abschlussfreiheit des Arztes besteht auch gegenüber HIV-infizierten Patienten. Für den Vertragsarzt besteht dagegen – anders als für den Privatarzt – grundsätzlich ein Kontrahierungszwang mit GKV-Versicherten. Er darf nur in den in § 13 Abs. 7 BMV-Ä genannten Fällen eine Behandlung ablehnen; § 13 Abs. 7 BMV-Ä ist gem. § 95 Abs. 3 Satz 3 i.V.m. § 82 Abs. 1 Satz 2 SGB V für Vertragsärzte verbindlich (vgl. auch LSG Bayern GesR 2014, 362).

## D. Kooperationsgebot (Abs. 3)

Abs. 3 – eingefügt im Jahr 2011, teilweise übernommen aus dem aufgehobenen Abschnitt C. – soll 9
den Erfordernissen einer modernen arbeitsteiligen Heilbehandlung Rechnung tragen (Erläuterungen der BÄK zur Änderung der Berufsordnung durch die Beschlüsse des 114. Deutschen Ärztetages [http://www.bundesaerztekammer.de/page.asp?his=1.100.1143], S. 34). Ein entsprechendes Kooperationsgebot folgt auch aus dem Behandlungsvertrag, insb. bei der sog. horizontalen Arbeitsteilung (Erman/*Rehborn*/*Gescher* vor § 630h Rn. 17 m.w.N.). Der Begriff der »Überweisung zur Fortsetzung der Behandlung« ist nicht wörtlich zu verstehen; neben förmlichen Überweisungen zur Übernahme der Behandlung und Überweisungen zur Mitbehandlung sind damit ebenso Einweisungen und Zuweisungen gemeint.

## E. Fernbehandlung, Telemedizin (Abs. 4)

Der Regelungsvorschlag zur Fernbehandlung in § 7 Abs. 4 MBOÄ wurde im Rahmen des 121. 10
Deutschen Ärztetages im April 2018 maßgeblich geändert. Das bisherige Verbot der ausschließlichen Fernbehandlung ohne vorherigen persönlichen Kontakt des § 7 Abs. 4 Satz 1 MBOÄ a.F. wurde aufgehoben. Nach dem neuen Satz 1 steht weiterhin der persönliche Kontakt zwischen Arzt und Patient im Vordergrund. Nach Satz 2 können zudem Kommunikationsmedien vor allem unterstützend hinzugezogen werden. Gemäß Satz 3 soll auch eine ausschließliche Beratung und Behandlung von Patienten im Einzelfall erlaubt sein, wenn dies ärztlich vertretbar ist und die erforderliche ärztliche Sorgfalt insbesondere durch die Art und Weise der Befunderhebung, Beratung, Behandlung sowie Dokumentation gewahrt wird und der Patient auch über die Besonderheiten der ausschließlichen Fernbehandlung aufgeklärt wird (vgl. zur grenzüberschreitenden Fernbehandlung *Spickhoff* MedR 2018, 535; vgl. zur Örtlichkeit der Durchführung einer Fernbehandlung, *Braun* NZS 2021, 462).

Das ursprüngliche Verbot der ausschließlichen Fernbehandlung geht bis in das 19. Jahrhundert 11
zurück (vgl. vertiefend *Kalb* GesR 2018, 481; *Hahn* MedR 2018, 384). Allerdings war schon seit einiger Zeit eine anderslautende Entwicklung erkennbar, nach der die ausschließliche ärztliche Fernbehandlung als zulässige Behandlungsform anerkannt werden sollte (*Dierks* MedR 2016, 405; *Gruner* GesR 2017, 288; *Hahn* MedR 2018, 384). Bereits im Sommer 2016 ermöglichte die Landesärztekammer Baden-Württemberg nach einer Änderung der Berufsordnung die Durchführung ärztlicher Fernbehandlung im Rahmen von Modellprojekten, die jeweils der Genehmigung der Landesärztekammer bedurften (vgl. hierzu *Braun* MedR 2018, 563). Die Ärztekammer Schleswig-Holstein änderte bereits im April 2018 ihre Berufsordnung und ließ eine ausschließliche Fernbehandlung ohne vorherigen persönlichen Kontakt zu, soweit dies aus medizinischen Gründen vertretbar sei. Der 121. Deutsche Ärztetag beschloss am 10.05.2018 sodann eine Neufassung des § 7 Abs. 4 MBOÄ, um eine ausschließliche Fernbehandlung, also die ärztliche Behandlung und Beratung aus der Ferne, unter bestimmten Voraussetzungen zu ermöglichen. Zwar stehe der persönliche Arzt-Patienten-Kontakt weiterhin im Vordergrund und gelte als »Goldstandard« (konsentierter Vorschlag Begründungstext des Vorstandes der Bundesärztekammer in der Sitzung am 15./16.03.2018). Dennoch soll nach Satz 3 nun in ärztlich vertretbaren Einzelfällen eine ausschließliche Fernbehandlung möglich sein.

Eine Umsetzung dieses Änderungsvorschlages erfolgte mittlerweile in in fast allen Landesärzte- 12
kammern. Kleine semantische Unterschiede, wie sie z.B. in der BO Westfalen-Lippe zu finden sind, haben keine Auswirkungen auf den Bedeutungsgehalt der Norm. Die Ärztekammern Sachsen-Anhalt und Schleswig-Holstein verzichten auf das Merkmal des »Einzelfalls«. Die jeweilige Vorschrift des § 7 Abs. 4 ist damit etwas offener formuliert als § 7 Abs. 4 MBOÄ (vgl. auch *Katzenmeier* NJW 2019, 1769). Da es auch hier indessen auf die ärztliche Vertretbarkeit ankommt, dürften die rechtspraktischen Auswirkungen der abweichenden Formulierung allenfalls minimal sein (vgl. auch OLG Hamburg ZMGR 2021, 35, 37 f.). Allein die Ärztekammer Brandenburg schließt in ihrer Berufsordnung die ausschließliche Fernbehandlung weiterhin aus. Die Kammerversammlung sah bis heute – trotz der Bestrebungen der Bundesärztekammer und der anderen

Landesärztekammern – keinen Anlass, die Berufsordnung zu ändern und ausschließliche Fernbehandlungen im Ausnahmefall zuzulassen, da die Berufsordnung in der jetzigen Fassung schon weitreichende Möglichkeiten zur Fernbehandlung biete. Des Weiteren wurde die ausschließliche Fernbehandlung ohne jeden unmittelbaren Arzt-Patienten-Kontakt als nicht kalkulierbares Risiko eingestuft (Ärzte Zeitung online vom 07.09.2018, abrufbar unter https://www.aerztezeitung.de/politik_gesellschaft/berufspolitik/article/971029/position-klargestellt-aerztekammer-brandenburg-nicht-fernbehandlung.html). In der Rechtspraxis hat sich die Relevanz der (ausschließlichen) Fernbehandlung während der COVID-19-Pandemie deutlich gezeigt. So wurden in dieser Zeit zwecks Beschränkung der persönlichen Kontakte und Verhinderung einer Infektion gehäuft ärztliche Video- oder Telefonsprechstunden angeboten.

13 Der rechtliche Rahmen zur Erbringung von Fernbehandlungen ist indessen noch immer nicht gänzlich folgerichtig ausgestaltet. Das ursprünglich in § 9 HWG formulierte Werbeverbot wurde Ende des Jahres 2019 mit dem Digitale-Versorgung-Gesetz (BGBl. I S. 2562, 2583) zugunsten eines Ausnahmetatbestandes gelockert. Zwar wurde das grundsätzliche Verbot in Satz 1 beibehalten, allerdings ist eine Werbung für Fernbehandlungen nunmehr nach Satz 2 erlaubt, wenn »nach allgemein anerkannten fachlichen Standards ein persönlicher ärztlicher Kontakt mit dem zu behandelnden Menschen nicht erforderlich ist«. Laut den Gesetzesmaterialien sollte hiermit ein Gleichlauf mit dem neuen § 7 Abs. 4 erreicht werden (BT-Drs. 19/13438 S. 78). Hieraus schlussfolgert das OLG München (MedR 2021, 154 m. krit. Anm. *Braun*), dass eine Werbung für digitale ärztliche Primärversorgungsmodelle (inkl. Ausstellen von Arbeitsunfähigkeitsbescheinigungen) in nicht näher konkretisierten Behandlungsfällen und -situationen wegen des berufsrechtlich normierten Regel-Ausnahme-Verhältnisses (Präsenzbehandlung als »Goldstandard«) auch weiterhin verboten bleibe. Die o.g. Entscheidung des OLG München ist nicht rechtskräftig und derzeit anhängig beim BGH (I ZR 146/20); ob sie so aufrecht erhalten bleibt, ist fraglich. Ein Geschäftsmodell, in welchem Arbeitsunfähigkeitsbescheinigungen allein aufgrund eines durch den Patienten ausgefüllten Fragebogens – also ohne Arzt-Patienten-Kontakt via Telefon oder Video – ausgestellt werden, soll ebenfalls gegen § 9 Satz 2 HWG verstoßen, da die notwendige ärztliche Sorgfalt so nicht eingehalten werden könne (OLG Hamburg ZMGR 2021, 35). Eine weitere Anpassung an die berufsrechtlichen Liberalisierungstendenzen erfolgte im August 2019 durch die Aufhebung des ursprünglichen Arzneimittelabgabeverbotes bei Fernbehandlungen (§ 48 Abs. 1 Satz 2 und 3 AMG a.F.) mit dem Gesetz für mehr Sicherheit in der Arzneimittelversorgung (BGBl. I S. 1202, krit. zum damaligen Rechtsstand bereits *Vorberg/Kanschik* MedR 2016, 411). Betreffend das Ausstellen einer Arbeitsunfähigkeitsbescheinigung bleibt es bei der Notwendigkeit einer unmittelbaren persönlichen ärztlichen Untersuchung (vgl. § 4 Abs. 1 Satz 2 AU-RL); hieraus schlussfolgerten die Gerichte bislang die Erforderlichkeit einer unmittelbaren Präsenzbehandlung (z.B. BAG Urt. v. 11.08.1976 – 5 AZR 422/75). Trotz Lockerung des § 7 Abs. 4 hat auch der 121. Deutsche Ärztetag in einer Entschließung das Ausstellen von Arbeitsunfähigkeitsbescheinigungen ohne persönlichen Arzt-Patienten-Kontakt abgelehnt (Beschlussprotokoll des 121. Deutschen Ärztetages, TOP IV-04). Diese pauschale Handhabe wird insbesondere in der juristischen Literatur kritisch betrachtet (z.B. *Braun* GesR 2018, 409; *Hahn* ZMGR 2018, 279). Gleichwohl bleibt nach § 4 Abs. 5 AU-RL die Feststellung der Arbeitsunfähigkeit im Rahmen einer Videosprechstunde weiterhin nur bei unmittelbar persönlich bekannten Patienten unter den dort genannten Voraussetzungen möglich (vgl. zur Feststellung der Arbeitsunfähigkeit in der ärztlichen Videosprechstunde *Hahn* NZS 2021, 457). Das schließt die Feststellung der Arbeitsunfähigkeit im Rahmen einer ausschließlichen Fernbehandlung derzeit aus. Mit dem durch das Digitale-Versorgung-und-Pflege-Modernisierungs-Gesetz vom 03.06.2021 (BGBl. I 2021 S. 1309) eingefügten § 92 Abs. 4a SGB V ist der G-BA nunmehr aufgefordert, bis 31.12.2021 Richtlinien zur Feststellung der Arbeitsunfähigkeit im Rahmen der ausschließlichen Fernbehandlung »in geeigneten Fällen« zu treffen. Diese Möglichkeit bestand zumindest bislang lediglich während der COVID-19-Pandemie, indem der G-BA von der in § 8 Abs. 1 AU-RL normierten Möglichkeit Gebrauch gemacht und zeitlich begrenzt *für bestimmte Fälle* eine Ausnahme von § 4 AU-RL zugelassen hat. Vertragsarztrechtlich bleibt die Fernbehandlung solange unzulässig bis eine Aufhebung des jeweils geltenden Berufsrechts erfolgt

§ 630f Abs. 3 BGB) und sogar zur Rückforderung (Erman/*Rehborn/Gescher* § 630f Rn. 16; BGH VersR 1996, 330; NJW 1996, 779; MedR 1996, 215) verpflichtet ist. Im Übrigen ist und bleibt er aber Eigentümer der von ihm angelegten Dokumentation.

### I. Vorschubleisten für missbräuchliche Verwendung einer Verschreibung (Abs. 8)

Eine missbräuchliche Verwendung einer ärztlichen Verschreibung ist zum einen durch Weitergabe eines Arzneimittels an einen Dritten, sei es zum Zwecke des Handeltreibens, sei es zum Zwecke der Selbsteinnahme, denkbar. Es soll verhindert werden, dass die einem Patienten aus medizinischen Gründen verschriebenen Arzneimittel an einen anderen Patienten weitergegeben werden, der sie, z.B. zu Dopingzwecken oder als Drogenersatzmittel, missbraucht. Dasselbe gilt aber auch für Verschreibungen, die ein Patient begehrt, um die so zulasten seiner Krankenkasse oder -versicherung erhaltenen Mittel an nicht versicherte Dritte, z.B. nicht versicherte Familienangehörige, die sie medizinisch benötigen, weiterzugeben. 26

Berufsrechtlich untersagt ist das Vorschubleisten. Dieses kann vorsätzlich (Wissen um die missbräuchliche Verwendung), aber auch fahrlässig (Arzt hätte bei genügender Sorgfalt die missbräuchliche Verwendung erkennen können) geschehen. Zwar verlangt Abs. 8 nicht vom Arzt, seinerseits ohne Grund Nachfrage zu halten; er darf vielmehr auf die ordnungsgemäße Verwendung der Arzneimittel vertrauen, solange er keine Anhaltspunkte für das Gegenteil hat. Diese können indes in den Umständen der Bestellung (z.B. »ominös« durch Dritte), aber auch in den Verbrauchsmengen – die ein Arzt anhand seiner Dokumentation nachhalten sollte – liegen (vgl. OVG Hamburg Urt. v. 18.06.2014 – 6 Bf 292/13.HBG). 27

## § 8 Aufklärungspflicht

Zur Behandlung bedürfen Ärztinnen und Ärzte der Einwilligung der Patientin oder des Patienten. Der Einwilligung hat grundsätzlich die erforderliche Aufklärung im persönlichen Gespräch vorauszugehen. Die Aufklärung hat der Patientin oder dem Patienten insbesondere vor operativen Eingriffen Wesen, Bedeutung und Tragweite der Behandlung einschließlich Behandlungsalternativen und die mit ihnen verbundenen Risiken in verständlicher und angemessener Weise zu verdeutlichen. Insbesondere vor diagnostischen oder operativen Eingriffen ist, soweit möglich, eine ausreichende Bedenkzeit vor der weiteren Behandlung zu gewährleisten. Je weniger eine Maßnahme medizinisch geboten oder je größer ihre Tragweite ist, umso ausführlicher und eindrücklicher sind Patientinnen und Patienten über erreichbare Ergebnisse und Risiken aufzuklären.

| Übersicht | Rdn. | | Rdn. |
|---|---|---|---|
| A. Überblick | 1 | II. Grundsätzlich | 11 |
| B. Gebot und Inhalt der Einwilligung | 2 | III. Vorauszugehen | 12 |
| I. Behandlung | 3 | D. Inhalt des Aufklärungsgesprächs | 12a |
| II. Einwilligung | 4 | E. Zeitpunkt des Aufklärungsgesprächs | 12b |
| C. Gebot und Inhalt der Aufklärung | 5 | F. »Grundregel« | 12c |
| I. Im persönlichen Gespräch | 8 | | |

### A. Überblick

Die Vorschrift stellt die berufsrechtliche Normierung von Aufklärung und Einwilligung dar. Sie schreibt berufsrechtlich das vor, was im Wesentlichen auch im Zivilrecht (§§ 630d, e BGB) und im Strafrecht (vgl. insb. §§ 223 ff., 228 StGB) gilt. Die Einhaltung dieser Regelungen gehört zu den Kernpflichten des ärztlichen Berufsrechts. 1

### B. Gebot und Inhalt der Einwilligung

Nach Satz 1 bedürfen Ärztinnen und Ärzte »zur Behandlung« der Einwilligung ihrer Patienten. 2

## § 8 MBOÄ  Aufklärungspflicht

### I. Behandlung

3  Der Begriff der »Behandlung« ist weit gefasst; er umfasst nicht nur »Eingriffe« im engeren Sinne, insbesondere also körperliche Eingriffe (Operationen, Setzen von Injektionen etc.), sondern jedwede Maßnahme, die in irgendeiner Weise zur Veränderung des körperlichen Zustandes führt/führen kann. Zur Behandlung gehören demgemäß auch die Verabreichung oder Verschreibung von Arzneimitteln (BGH GesR 2005, 257; BGH GesR 2011, 240) wie auch rein verbal-interventionelle Maßnahmen, insbesondere in der Psychiatrie/Psychotherapie. Dabei kommt es auch auf die Zielrichtung nicht an; erfasst werden sowohl Diagnostik als auch Therapie; selbst allein fremdnützige Maßnahmen, die nicht hierunter fallen, wie z.B. die Blutspende (vgl. BGHZ 166, 336) oder die Lebendorganspende (BGH GesR 2019, 233; GesR 2020, 705 m. Anm. *Rehborn*) gehören dazu. Ebenso gehören hierhin die Maßnahmen der wunscherfüllenden Medizin (»Enhancement«); auch sie erfordern (unter Umständen sogar besondere) medizinische Kenntnisse; hier bedarf es besonders intensiver und gründlicher Aufklärung.

### II. Einwilligung

4  Als »Einwilligung« bezeichnet man – angelehnt an § 228 StGB – die Zustimmungserklärung des Patienten. Durch sie entfällt die grundsätzliche Widerrechtlichkeit eines Eingriffs in die körperliche Integrität (vgl. wegen der Einzelheiten umfassend *Jaeger*, § 823 BGB, Rn. 154 ff.). Die Einwilligung ist keine Willenserklärung i.S.d. §§ 116 ff. BGB; vielmehr handelt es sich bei ihr um eine geschäftsähnliche Handlung (Erman/*Rehborn*/*Gescher* § 630d Rn. 4). Demzufolge können Minderjährige bei Vorliegen der sog. Einwilligungsfähigkeit selbst einwilligen (zur Beweislast betreffend das Vorliegen der Einwilligungsunfähigkeit und zur Behandlung Einwilligungsunfähiger s. *Kreße* MedR 2015, 91, 92 f.); die Vorschriften über die Willenserklärungen Geschäftsunfähiger bzw. beschränkt Geschäftsfähiger sind nicht anwendbar (*Bichler* GesR 2014, 208; Beschl. v. 17.08.2021 – 6 UF 120/21, GesR 2021, 672).

4a  Mit der im Jahr 2011 erfolgten Aktualisierung der Vorschrift sollte an den aktuellen Erkenntnisstand von Rechtsprechung und Literatur angeknüpft werden. Bedauerlich ist unter diesem Gesichtspunkt, dass die Berufsordnung zu der kritischen und für Ärzte hoch relevanten Frage der Einwilligung durch Minderjährige keine Position bezieht und auch in den folgenden Jahren nicht bezogen hat. Der BGH hat minderjährigen Patienten bei einem nur relativ indizierten Eingriff mit der Möglichkeit erheblicher Folgen für ihre künftige Lebensgestaltung nämlich nur ein Vetorecht gegen die Einwilligung durch die gesetzlichen Vertreter zugestanden, auch wenn sie über eine ausreichende Urteilsfähigkeit verfügen (BGH NJW 2007, 217 = BGH-Report 2007, 59 m. krit. Anm. *Rehborn*). Das überzeugte schon damals nicht. Zum einen ist die Beschränkung auf nur relativ indizierte Eingriffe nicht gerechtfertigt; zum anderen sind die Rechte einwilligungsfähiger Minderjähriger nicht gewahrt, wollte der Minderjährige selbst die *Vornahme* eines von den gesetzlichen Vertretern abgelehnten Eingriffs, z.B. einen Schwangerschaftsabbruch. Angesichts der verfassungsmäßigen Rechte Minderjähriger, auch Eingriffe an sich ohne Zustimmung eines gesetzlichen Vertreters vornehmen zu lassen, wurde schon unter der Rechtslage vor Inkrafttreten des PatRG Kritik an der Rechtsprechung geübt (*Kern* LMK 2007, 220412; *Rehborn* Anm. zu BGH-Report 2007, 59, unter strafrechtlichen Gesichtspunkten *Duttge* § 228 StGB Rdn. 7 m.w.N.). Diese Problematik ist mit Inkrafttreten des PatRG entfallen, da § 630d Abs. 1 BGB entscheidungsfähigen Minderjährigen ein originäres eigenes Entscheidungsrecht gewährt. Das ergibt sich aus § 630d Abs. 1 Satz 2 BGB, wonach die Einwilligung eines Berechtigten nur einzuholen ist, sofern »der Patient einwilligungsunfähig« ist. (Nur) so entspricht es auch dem Willen des Gesetzgebers; in den Motiven zu § 630d BGB wird ausgeführt, das Einsichtsvermögen und die Urteilskraft des Patienten müssten ausreichen, um die Aufklärung zu verstehen, den Nutzen einer Behandlung gegen deren Risiken abzuwägen und »schließlich eine eigenverantwortliche Entscheidung zu treffen« (BT-Drucks. 17/10488 S. 23). Diese Auffassung hat sich auch in der obergerichtlichen Rechtsprechung und Literatur durchgesetzt (vgl. OLG Hamm GesR 2020, 106; OLG Koblenz GesR 2014, 280, 281 [NZB zurückgewiesen durch BGH VI ZR 350/12]; OLG Saarbrücken GesR 2020, 707 m. Anm

*Ratzel*; LG München II GesR 2020, 805; Erman/*Rehborn*/*Gescher* § 630d Rn. 7 m.w.N.), während gelegentlich im Hinblick auf Art. 6 Abs. 2 Satz 1 GG ein sog. Co-Konsens, also die Einwilligung des Minderjährigen einerseits wie seiner gesetzlichen Vertreter andererseits, gefordert wird (OLG Frankfurt GesR 2019, 714).

## C. Gebot und Inhalt der Aufklärung

Eine wirksame Einwilligung setzt voraus, dass der Einwilligende weiß, was mit ihm geschieht oder geschehen soll, welche Vor- und Nachteile eine Behandlung für ihn haben kann. Ein medizinischer Laie verfügt regelmäßig nicht über diese Kenntnisse, selbst der medizinisch Erfahrene, z.B. ein Arzt, häufig nicht außerhalb seines Fachgebietes (vgl. z.B. OLG Köln MedR 2007, 599; OLG Frankfurt MedR 2009, 532). Um von seinem Selbstbestimmungsrecht wirksam Gebrauch machen zu können, benötigt er daher Informationen desjenigen, der die erforderlichen medizinischen Kenntnisse – generell – hat und sie patientenbezogen subsumieren kann. 5

Aufzuklären ist demgemäß über alle Umstände, die der Patient benötigt, um von seinem Selbstbestimmungsrecht Gebrauch zu machen; erfasst werden insofern die Verlaufs-, Eingriffs- und Risikoaufklärung (vgl. dazu im Einzelnen Erman/*Rehborn*/*Gescher*, § 630e Rn. 8 ff.) einschließlich der Aufklärung über Behandlungsalternativen (vgl. dazu im Einzelnen Erman/*Rehborn*/*Gescher*, § 630e Rn. 18). Unbeschadet einer Informationspflicht aus anderen Gründen fallen hierunter weder die sog. therapeutische oder Sicherungsaufklärung (Belehrung des Patienten über erforderliche oder ungeeignete Verhaltensmaßnahmen, jetzt im BGB zutreffend als Informationspflicht über die zu und nach der Therapie zu ergreifenden Maßnahmen [§ 630c Abs. 2 Satz 1 BGB] bezeichnet), noch die sog. wirtschaftliche Aufklärung (jetzt im BGB als bloße Informationspflicht ausgewiesen [§ 630c Abs. 3 BGB]); die Kenntnis der entsprechenden Fakten benötigt der Patient nämlich im Allgemeinen nicht für seine Entscheidung, ob er – eigenverantwortlich – den ärztlicherseits vorgeschlagenen Maßnahmen zustimmt. 6

Mit dem Hinweis auf »die erforderliche« Aufklärung knüpft das Berufsrecht zum einen an das Selbstbestimmungsrecht des Patienten an; »erforderlich« ist das, was der Patient benötigt, um von seinem Selbstbestimmungsrecht Gebrauch zu machen. Was im Hinblick auf die Ausübung des Selbstbestimmungsrechts straf- oder zivilrechtlich geboten ist, ist als »erforderlich« im berufsrechtlichen Sinn anzusehen. 7

### I. Im persönlichen Gespräch

Die Berufsordnung impliziert, dass es sich um ein *ärztliches* Gespräch handelt; demgemäß schreibt auch das Zivilrecht (§ 630e Abs. 2 Satz 1 Nr. 1 BGB) vor, dass die Aufklärung mündlich durch den Behandelnden oder durch eine Person erfolgen müsse, die über die zur Durchführung der Maßnahme notwendige Ausbildung verfügt. Das darf auch ein Nicht-Facharzt (»Assistenzarzt«) sein (Erman/*Rehborn*/*Gescher* § 630e Rn. 19 f.; OLG Bremen GesR 2020, 603). Hingegen ist die Delegation der Aufklärung auf nichtärztliches Personal unzulässig. 8

Die Berufsordnung fordert grundsätzlich die Aufklärung »im persönlichen Gespräch«. Dabei handelt es sich um keine bloße Förmlichkeit; vielmehr liegt die Ursache darin, dass der Arzt sich während des Gesprächs mit dem Patienten vergewissern muss, dass der Patient seine Ausführungen verstanden hat. Aufklären bedeutet daher nicht nur einseitige Informationserteilung; vielmehr muss auch für den Patienten die Möglichkeit bestehen, Verständnis- oder Rückfragen zu stellen, ergänzende Auskünfte zu erbitten (BGH GesR 2006, 313, 314 f.). Fraglich ist allerdings, ob die berufsrechtliche Vorgabe, das mündliche Gespräch habe nur »grundsätzlich« zu erfolgen, noch haltbar ist; damit wurde offensichtlich an frühere Rechtsprechung angeknüpft, dass die Aufklärung in einfach gelagerten Fällen, insb. bei Serienmaßnahmen (z.B. Routineimpfungen) auch schriftlich erfolgen könne (BGHZ 144, 1). § 630e Abs. 2 Satz 1 Nr. 1 BGB hat diese Möglichkeit explizit nicht aufgegriffen, fordert vielmehr ausnahmslos das mündliche Aufklärungsgespräch (Erman/*Rehborn*/*Gescher* § 630e Rn. 26; krit. *Gödicke* MedR 2014, 18). Das Berufsrecht kann sich insoweit nicht über die 9 höheren gesetzlichen Anforderungen hinwegsetzen. Mündlich kann in geeigneten Fällen allerdings auch »fernmündlich« sein (Erman/*Rehborn/Gescher* § 630e Rn. 26).

10 Ein unterzeichnetes schriftliches Einwilligungsformular dient indes sowohl in positiver als auch in negativer Hinsicht (lediglich) als Indiz für den Inhalt des Aufklärungsgesprächs (vgl. BGH GesR 2014, 227 m. Anm. *Jaeger*; GesR 2017, 98).

### II. Grundsätzlich

11 Mit dem Hinweis auf die Grundsätzlichkeit der erforderlichen Aufklärung vor Abgabe einer Einwilligungserklärung wird aber deutlich gemacht, dass es trotz der zivilrechtlichen Vorgaben Ausnahmefälle geben kann. Das ist insbesondere dann der Fall, wenn der Patient krankheitsbedingt (insbesondere bei Bewusstlosigkeit) weder ein Aufklärungsgespräch führen noch wirksam eine Einwilligungserklärung abgeben kann. Gibt es keinen anderweitig Einwilligungsberechtigten (ggf. Eltern, Bevollmächtigte, Vormund/Betreuer) und keine verbindliche Patientenverfügung (§ 1901a BGB), kommt es auf den mutmaßlichen Willen des Patienten ggf. zu ermitteln insb. durch Befragung der Angehörigen, an (vgl. auch § 630d Abs. 1 Satz 4 BGB). Die berufsrechtliche Regelung erfasst auch den Aufklärungsverzicht des Patienten (vgl. § 630e Abs. 3 BGB). Auch berufsrechtlich kann der Patient eine ohne seine Einwilligung vorgenommene Behandlung nachträglich genehmigen, die Einwilligung also – im Nachhinein – erteilen (hierzu unter zivilrechtlichen Aspekten Erman/*Rehborn/Gescher*, § 630d Rn. 20).

### III. Vorauszugehen

12 Mit dem Hinweis darauf, dass die Aufklärung der Einwilligung »vorauszugehen« hat, macht die Berufsordnung deutlich, dass die Aufklärung Voraussetzung einer wirksamen Einwilligungserklärung ist (vgl. Rdn. 4 ff.), ihr also zeitlich vorgelagert sein muss.

## D. Inhalt des Aufklärungsgesprächs

12a Satz 3 gibt vor, welchen Inhalt das Aufklärungsgespräch haben muss und welcher Kenntnisstand dem Patienten ärztlicherseits zu vermitteln ist. Diese Anforderungen entsprechen den zivilrechtlichen Vorgaben des § 630e Abs. 1 BGB (dazu eingehend Erman/*Rehborn/Gescher* § 630 Rn. 5 ff.). Die Intensität der Aufklärung über Erfolgsaussichten des Eingriffes hängt »u.a. davon ab, ob eine absolute Indikation oder eine relative Indikation für den Eingriff« vorliegt; »ferner kommt es auf die Relation zwischen den Risiken des Eingriffs und der Größenordnung der Heilungschancen an« (KG MedR 2014, 822).

## E. Zeitpunkt des Aufklärungsgesprächs

12b Satz 4 macht zeitliche Vorgaben für das Aufklärungsgespräch und fordert, dieses im Regelfall so zu führen, dass für den Patienten eine »hinreichende Bedenkzeit« verbleibt. Die Regelung entspricht von Zielrichtung und Inhalt den Geboten des § 630e Abs. 2 Satz 1 Nr. 2 BGB, wonach die Aufklärung so rechtzeitig erfolgen soll, dass der Patient seine Entscheidung wohlüberlegt treffen kann (dazu eingehend *J.Prütting/Friedrich* § 630e Rdn. 38; Erman/*Rehborn/Gescher* § 630e Rn. 28).

## F. »Grundregel«

12c Satz 5 enthält die »Goldene Taschenregel« für jeden Arzt. Das ist zu begrüßen, umschreibt sie einen im Tagesgeschäft des Arztes einfach zu reflektierenden Grundsatz, den man auch wie folgt formulieren könnte: »Je dringlicher der Eingriff ist, je weniger Alternativen bestehen, desto geringer ist die Aufklärungspflicht; je weniger dringlich, je größer die Alternativen, desto intensiver ist die Aufklärungspflicht!« Hervorgehoben wird hiermit das in der Rechtsprechung seit Langem anerkannte *Stufenverhältnis*: Therapeutische Maßnahmen mit wenig ernsthaften Alternativen – auch soweit es einen Verzicht hierauf angeht – stellen den Patienten i.d.R. nicht vor eine schwierige Entscheidung. Je höher die Indikation ist, je dringlicher die Ergreifung, desto weniger muss aufgeklärt werden.

Diese Aufklärungspflicht steigt, je weniger dringlich die vorgesehene Maßnahme ist, so bei nur relativer Indikation. Noch höhere Anforderungen sind bei rein diagnostischen Maßnahmen angezeigt (BGH NJW 1971, 1887). Höchste Pflichten bestehen vor medizinisch nicht indizierten Maßnahmen. Hierzu gehören nicht nur sog. »Schönheitsoperationen« (BGH NJW 1991, 2349; Düsseldorf OLGR 1993, 320: »schonungslose Aufklärung« erforderlich; VersR 1999, 61), sondern auch alle fremdnützigen Maßnahmen wie z.B. Blutentnahmen zur Blutspende (BGHZ 166, 336) oder Lebendorganspenden (BGH GesR 2019, 233; GesR 2020, 705 m. Anm. *Rehborn*), auch – unabhängig von einer öffentlichen Impfempfehlung – Impfungen (BGH 144, 1; kritisch dazu Anm. *Deutsch* JZ 2000, 902, Anm. *Terbille* MDR 2000, 1012) und insbesondere Studien mit neuen Arzneimitteln und Medizinprodukten an Gesunden, sog. Probanden (vgl. zu klinischen Studien unter berufsrechtlichen Gesichtspunkten auch Ärztl. BerufsG Niedersachsen/*Ratzel* GesR 2012, 534). Dazu zu rechnen haben wird man auch solche medizinisch relativ indizierten Maßnahmen, die ausschließlich der Prophylaxe dienen, so z.B. die Mastektomie einer (noch) nicht von Brustkrebs befallenen Brust bei ungünstiger genetischer Prognose.

## § 9 Schweigepflicht

(1) Ärztinnen und Ärzte haben über das, was ihnen in ihrer Eigenschaft als Ärztin oder Arzt anvertraut oder bekannt geworden ist – auch über den Tod der Patientin oder des Patienten hinaus – zu schweigen. Dazu gehören auch schriftliche Mitteilungen der Patientin oder des Patienten, Aufzeichnungen über Patientinnen und Patienten, Röntgenaufnahmen und sonstige Untersuchungsbefunde.

(2) Ärztinnen und Ärzte sind zur Offenbarung befugt, soweit sie von der Schweigepflicht entbunden worden sind oder soweit die Offenbarung zum Schutze eines höherwertigen Rechtsgutes erforderlich ist. Gesetzliche Aussage- und Anzeigepflichten bleiben unberührt. Soweit gesetzliche Vorschriften die Schweigepflicht der Ärztin oder des Arztes einschränken, soll die Ärztin oder der Arzt die Patientin oder den Patienten darüber unterrichten.

(3) Ärztinnen und Ärzte haben ihre Mitarbeiterinnen und Mitarbeiter und die Personen, die zur Vorbereitung auf den Beruf an der ärztlichen Tätigkeit teilnehmen, über die gesetzliche Pflicht zur Verschwiegenheit zu belehren und dies schriftlich festzuhalten.

(4) Wenn mehrere Ärztinnen und Ärzte gleichzeitig oder nacheinander dieselbe Patientin oder denselben Patienten untersuchen oder behandeln, so sind sie untereinander von der Schweigepflicht insoweit befreit, als das Einverständnis der Patientin oder des Patienten vorliegt oder anzunehmen ist.

| Übersicht | Rdn. | | Rdn. |
|---|---|---|---|
| A. Überblick | 1 | D. Weitere schweigepflichtige Personen und Belehrungspflicht (Abs. 3) | 7 |
| B. Gebot und Inhalt der Schweigepflicht (Abs. 1) | 2 | E. Schweigepflicht unter Ärzten (Abs. 4) | 8 |
| C. Befugnis zur Offenbarung (Abs. 2) | 3 | I. Allgemeines | 8 |
| I. Die Erlaubnistatbestände | 3 | II. Sonderfall: Praxisveräußerung | 9 |
| II. Verhältnis zu anderen Vorschriften | 5 | | |

### A. Überblick

Die Vorschrift stellt die berufsrechtliche Normierung der Schweigepflicht dar (zum strafrechtlichen Schutz der Schweigepflicht vgl. *Tsambikakis* § 203 StGB Rn. 1 ff.). Abs. 1 verpflichtet alle Ärztinnen und Ärzte, über das zu schweigen, was ihnen in ihrer Eigenschaft als Ärztin oder Arzt anvertraut oder bekannt geworden ist (Satz 1) und konkretisiert die inhaltlichen Bezugspunkte der Schweigepflicht beispielhaft (Satz 2). Abs. 2 benennt die Voraussetzungen, unter denen eine Ärztin oder ein Arzt zur Offenbarung befugt ist, regelt das Verhältnis der berufsrechtlichen Schweigepflicht zu anderen gesetzlichen Vorschriften und normiert eine Unterrichtungspflicht des Arztes gegenüber dem

Patienten. Abs. 3 erstreckt die Schweigepflicht auf einen weiteren Personenkreis als den Arzt und die Ärztin selbst. Abs. 4 regelt die Schweigepflicht unter Ärzten, die denselben Patienten gleichzeitig oder nacheinander behandeln.

### B. Gebot und Inhalt der Schweigepflicht (Abs. 1)

2 Nach Abs. 1 haben Ärztinnen und Ärzte über das, was ihnen in ihrer Eigenschaft als Ärztin oder Arzt anvertraut oder bekannt geworden ist – auch über den Tod des Patienten hinaus – zu schweigen. Die ärztliche Schweigepflicht erstreckt sich danach auf sämtliche Informationen und Daten des und über den Patienten, die dem Arzt in seiner Eigenschaft als Arzt anvertraut oder bekannt werden. Zu den Begriffen »anvertraut« und »bekannt geworden sind« vgl. *Tsambikakis* § 203 StGB Rn. 34. Satz 2 konkretisiert »das, was« dem Arzt nach Satz 1 anvertraut oder bekannt gemacht worden ist, beispielhaft und nicht abschließend (vgl. »auch«). Unter die ärztliche Schweigepflicht fällt neben den in Satz 2 benannten Mitteilungen des Patienten, den Aufzeichnungen über den Patienten, den Röntgenaufnahmen und den sonstigen Untersuchungsbefunden allein schon die bloße Tatsache, *dass* ein Patient beim Arzt war, wenn erkennbar ist, dass der Patient an der Geheimhaltung der Arztinanspruchnahme ein Interesse haben kann (OLG Bremen MedR 1984, 112 ff.; *Rehborn* GesR 2000, 124). Letzteres wird häufig bei gynäkologischen Besuchen Minderjähriger oder bei einer psychiatrischen Behandlung relevant sein. Auch Ablichtungen des Patienten in seiner ganzen Person oder von Körperteilen unterfallen § 9 MBO-Ä. Grundsätzlich ist eine Veröffentlichung des Bildes nur mit vorheriger Einwilligung des Patienten möglich. Eine Ausnahme von dem Erfordernis der Einwilligung besteht dann, wenn eine Reidentifikation ausgeschlossen ist, da in diesem Fall das Persönlichkeitsrecht des Patienten nicht betroffen ist (*Lippert* GesR 2014, 395, 399 f.). Die Schweigepflicht beschränkt sich nicht auf medizinische Daten, sondern erstreckt sich vielmehr auch auf private Erkenntnisse oder Informationen, so z.B. Familien-, Partner- oder Alkoholprobleme.

2a Die Schweigepflicht gilt über den Tod hinaus, auch gegenüber nahen Angehörigen (BAG NJW 2010, 1222 ff.; *Rehborn* GesR 2000, 128; *Kern* MedR 2006, 205 ff.). Die dennoch unter Umständen bestehende Pflicht, Erben oder Angehörigen Einsicht zu gewähren, regelt nunmehr explizit § 630g Abs. 3 BGB; dazu eingehend Erman/*Rehborn*/*Gescher* § 630g Rn. 19 ff. Korrespondierende Zeugnisverweigerungsrechte (zu deren Grenzen nach Tod des Patienten OLG München GesR 2011, 674) und Beschlagnahmeverbote sind in §§ 53 Abs. 1 Nr. 3, 97 Abs. 1 Nr. 2 StPO und in § 383 Abs. 1 Nr. 6 ZPO normiert (zu Schlussfolgerungen vgl. BGHSt 45, 363 ff.).

2b Die Schweigepflicht besteht auch gegenüber den Eltern Minderjähriger; angesichts des Spannungsverhältnisses mit Art. 6 Abs. 1, 2 GG ist aber eine Abwägung im Einzelfall geboten, ob es der Information der Eltern bedarf oder aber diesen auf Frage zumindest Auskunft zu erteilen ist (verneint für das Bestehen einer Schwangerschaft bei einer fast 16jährigen Patientin im Vorfeld eines Schwangerschaftsabbruchs LG Köln GesR 2009, 43, 44 f.).

### C. Befugnis zur Offenbarung (Abs. 2)

#### I. Die Erlaubnistatbestände

3 Abs. 2 enthält zwei selbstständige Erlaubnistatbestände, bei deren Vorliegen Ärztinnen und Ärzte zur Offenbarung (vgl. dazu *Tsambikakis/Kessler*, § 203 StGB Rdn. 42) befugt sind. Danach muss eine Entbindung von der Schweigepflicht vorliegen oder die Offenbarung muss zum Schutz eines höherwertigen Rechtsgutes erforderlich sein. Der Erlaubnisvorbehalt ist Folge des Verhältnismäßigkeitsgrundsatzes und der Rechtsprechung des BVerfG zum Schutz personenbezogener Daten, nach der das informationelle Selbstbestimmungsrecht als Ausprägung des allgemeinen Persönlichkeitsrechts (Art. 2 Abs. 1 i.V.m. Art. 1 Abs. 1 GG) des Einzelnen dessen Befugnis umfasst, über die Preisgabe und Verwendung seiner persönlichen Daten selbst zu bestimmen (grundlegend: BVerfGE 65, 1, 43, seither std. Rspr. BVerfGE 100, 313, 358 f.). Da es dem Einzelnen obliegt, darüber zu entscheiden, ob und wem er Informationen über sich preisgibt, kann er den Arzt von der Schweigepflicht entbinden. Dies muss, wie der Wortlaut des § 9 Abs. 2 deutlich macht, nicht schriftlich geschehen,

obwohl sich dies gleichwohl aus Beweisgründen für den Arzt im Einzelfall anbieten kann (vgl. z.B. BGH NJW 1991, 2955 – nichtige Abtretung ärztlicher Honorarforderung an gewerbliche Verrechnungsstelle; BGH NJW 1992, 2348 – keine stillschweigende Einwilligung in Weitergabe der Abrechnungsunterlagen). Das Schriftformerfordernis wird sich für den Arzt zudem vielfach bereits aus anderen Vorschriften ergeben (z.B. § 73 Abs. 1b SGB V, § 4a BDSG, vgl. zu Letzterem: OLG Bremen NJW 1992, 757). Wie dem Wort »soweit« zu entnehmen ist, kann der Patient den Arzt von der Schweigepflicht vollumfänglich oder partiell durch Erklärung entbinden. Bei der Formulierung einer Schweigepflichtentbindungserklärung ist im Hinblick auf das informationelle Selbstbestimmungsrecht (Art. 2 Abs. 1 i.V.m. Art. 1 Abs. 1 GG) darauf zu achten, dass es sich nicht um eine Generalermächtigung handelt. Das BVerfG hat für Schweigepflichtentbindungen im (Privat-)Versicherungsrecht entschieden, dass eine alle Ärzte und Krankenhäuser umfassende Schweigepflichtentbindungserklärung einer Generalermächtigung gleichkomme und gegen das informationelle Selbstbestimmungsrecht verstoße, wenn das Versicherungsunternehmen im Versicherungsvertrag keine Alternative nenne, wie das bestehende Offenbarungsinteresse in anderer Weise erfüllt werden könne (BVerfG GesR 2007, 37). Für Schweigepflichtentbindungen gegenüber Ärzten kann daraus gefolgert werden, dass die Erklärung die Reichweite der Entbindung hinreichend bestimmt und zweckgenau beschreiben muss (vgl. auch »soweit«). Formularerklärungen sind allgemeine Geschäftsbedingungen i.S.d. §§ 305 ff. BGB und unterfallen der AGB-Kontrolle. Dies dürfte insbesondere für Erklärungen von Privatpatienten von Bedeutung sein, die auch nach BSG GesR 2009, 305 ff. dem BDSG unterfallen (dazu Rdn. 6). Die Entbindung muss berufsrechtlich und strafrechtlich nicht ausdrücklich, sondern kann auch konkludent erfolgen. Strafrechtlich ist auch ein mutmaßliches Einverständnis zulässig (vgl. dazu *Tsambikakis/Kessler*, § 203 StGB Rdn. 50).

Die Offenbarung muss gem. Abs. 2, 2. Alt. weiterhin zum Schutz eines höherwertigen Rechtsgutes erforderlich sein. Dies wird beispielsweise bei einem höherwertigen Individualinteresse angenommen; so ist eine Offenbarung für den Fall der notwendigen gerichtlichen Durchsetzung einer privatärztlichen Honorarforderung (Ratzel/Lippert/Prütting/*Lippert* § 9 Rn. 68) ebenso zulässig wie – als ultima ratio – hinsichtlich der Information des Straßenverkehrsamtes über regelmäßige Fahrten bei Trunkenheit Bay VGH Beschl. v. 24.08.2010 – 11 CS 10.1139) oder unter dem Einfluss psychoaktiv wirkender Stoffe (Bay VGH Beschl. v. 14.11.2018 – 11 CS 18.963; VG Oldenburg Beschl. v. 21.08.2019 – 7 B 2289/19) Trunkenheitsfahrten oder kommunaler Behörden, evtl. auch der Staatsanwaltschaft, Polizei oder dem Jugendamt, bei Kindesmisshandlung (vgl. hierzu LG Berlin/KG MedR 2013, 791; KG GesR 2013, 656, hierzu krit. *Auffermann* GesR 2013, 726). Im Insolvenzverfahren muss ein Arzt aufgrund überwiegender Gläubigerinteressen dem Insolvenzverwalter die für die Durchsetzung privatärztlicher Honorarforderungen erforderlichen Daten über die Person des Drittschuldners und die Forderungshöhe mitteilen (BGH GesR 2009, 266). Auch bei ernsthafter Gefahr der Ansteckung eines Partners (z.B. mit HIV) hat die Rspr. eine Offenbarung als erforderlich angenommen, wenn der Patient dem Partner die Erkrankung nicht mitteilt (fragwürdig OLG Frankfurt MedR 2000, 197: Pflicht zur Mitteilung der AIDS-Erkrankung). 4

Zur Offenbarungsbefugnis aufgrund von § 34 StGB vgl. *Tsambikakis/Kessler* § 203 StGB Rdn. 58. Eine Offenbarungsbefugnis besteht nicht, wenn der Arzt zu »seiner Verteidigung in einem gegen ihn gerichteten berufsgerichtlichen Verfahren... rechtswidrig und strafbar beschaffte Arztberichte« beim Berufsgericht vorlegt (BerufsG für Heilberufe Berlin Beschl. v. 07.01.2015 – 90 K 5.13 T); der Vorwurf kann sich in einem solchen Fall sowohl gegen denjenigen richten, der den entsprechenden Arztbericht – gegebenenfalls unter dem Gesichtspunkt falsch verstandener Kollegialität – zur Verfügung gestellt hat als auch den Beschuldigten, der ihn vorgelegt hat. 4a

Nach Entbindung von der Schweigepflicht ist der Arzt zwar grundsätzlich berechtigt, Untersuchungsergebnisse gegenüber Dritten zu offenbaren, er soll jedoch nach der Rechtsprechung verpflichtet sein, ein »Recht auf Nichtwissen« derjenigen Person, welcher das Ergebnis mitgeteilt wird, zu beachten (BGH GesR 2014, 408). 4b

4c Eine Offenbarungspflicht wird demgegenüber nur dann bestehen, wenn sie gesetzlich ausdrücklich vorgegeben ist (vgl. insb. § 138 StGB). Im Übrigen kann eine solche nicht allein aufgrund äußerer Umstände oder potentieller Gefahren, die von einem Patienten ausgehen mögen, angenommen werden. Das gebietet auch die ratio legis, die das Individualinteresse des Patienten an der Geheimhaltung und – damit zumindest mittelbar auch – das allgemeine Interesse an einer funktionsfähigen ärztlichen Gesundheitspflege umfasst (Schönke-Schröder/*Eisele*, StGB, § 203 Rn. 3). Hier ist auch vorschnellen öffentlichen Forderungen nach einer Lockerung der Schweigepflicht – insbesondere nach dem sog. Germanwings-Absturz in den französischen Alpen im Frühjahr 2015 – Einhalt zu gebieten (näher *Hirthammer-Schmidt-Bleibtreu/Wiese* MedR 2017, 199; *Rehborn* GesR 2017, 409). Muss nämlich der Patient mit einer Offenbarung durch einen von ihm ins Vertrauen gezogenen Arzt rechnen, wird er vor einem Arztbesuch und der Offenlegung seines Gesundheitszustandes eher zurückschrecken.

### II. Verhältnis zu anderen Vorschriften

5 Abs. 2 Satz 2 bestimmt ausdrücklich, dass gesetzliche Aussage- und Anzeigepflichten unberührt bleiben. Gemeint sind damit nicht nur Aussage- und Anzeigepflichten der MBOÄ (vgl. z.B. §§ 2 Abs. 6, 5, 6, 13 Abs. 2), sondern sämtliche gesetzlichen Aussage- und Anzeigepflichten (wie z.B. § 28 Abs. 2 MeldeG NRW, §§ 6, 7, 8 IfSG, § 18 SchKG). Solchen Aussage- und Anzeigepflichten kann die ärztliche Schweigepflicht nicht entgegengesetzt werden. Nach Satz 3 ist der Arzt aber zur Unterrichtung des Patienten über solche die ärztliche Schweigepflicht einschränkenden Vorschriften verpflichtet.

6 In einem gewissen Spannungsverhältnis steht die berufsrechtlich ausreichende Entbindung von der Schweigepflicht durch ausdrückliche Erklärung des Patienten nach Abs. 2 zur Rechtsprechung des BSG zur Weitergabe von personenbezogenen Daten von Patienten der gesetzlichen Krankenversicherung zum Zweck der Abrechnung an eine private Abrechnungsstelle (BSG GesR 2009, 305 ff.). Im Geltungsbereich des SGB V ist nach dieser Rechtsprechung die Weitergabe von Patientendaten durch Leistungserbringer nur und in dem Umfang erlaubt, in dem bereichsspezifische Vorschriften über die Datenverarbeitung im SGB V dies gestatten (BSG GesR 2009, 305). Auf das BDSG und damit auf die Möglichkeit der Einwilligung (§§ 4, 4a BDSG) darf für die Weitergabe von Patientendaten zum Zweck der Abrechnung durch eine private Abrechnungsstelle nicht zurückgegriffen werden (BSG GesR 2009, 305, 310). Daraus wird gefolgert, dass der Verkauf von (Honorar-)Forderungen aus medizinischen Behandlungen in der GKV mangels einer ausreichenden Ermächtigungsgrundlage unzulässig sei (*Engelmann* GesR 2009, 449 ff.). Soweit (Übergangs-) Regelungen geschaffen wurden (z.B. § 320 SGB V i.V.m. § 295 Abs. 1b SGB V a.F. und i.V.m. § 120 Abs. 6 SGB V a.F.), dürfen Patientendaten auf der Grundlage dieser Vorschriften übermittelt werden. Der Arzt, der auch Vertragsarzt ist, muss diese engere datenschutzrechtliche Rechtsprechung des BSG beachten, um nicht in Abrechnungsschwierigkeiten mit der Kassenärztlichen Vereinigung zu gelangen.

### D. Weitere schweigepflichtige Personen und Belehrungspflicht (Abs. 3)

7 Abs. 3 erstreckt die ärztliche Schweigepflicht auf Mitarbeiterinnen und Mitarbeiter sowie auf Personen, die zur Vorbereitung auf den Beruf an der ärztlichen Tätigkeit teilnehmen. Zu den Mitarbeiterinnen und Mitarbeitern zählen alle nichtärztlichen Mitarbeiter, soweit sie eine Tätigkeit ausüben, die dem Arzt in seiner ärztlichen Tätigkeit zuzurechnen ist, wie z.B. Arzthelferinnen, Sprechstundenhilfen, medizinisch-technische Assistentinnen und Assistenten, Röntgenassistenten, Krankenschwestern, das Pflegepersonal sowie Arzthelferinnen-Auszubildende. Nicht dazu sind Personen zu rechnen, deren Tätigkeit nicht im Zusammenhang mit ärztlicher Behandlung steht, z.B. Reinigungspersonal. Die Praxis ist daher so zu organisieren, dass das Reinigungspersonal nicht ohne Weiteres Kenntnis von ärztlichen Aufzeichnungen erlangt.

7a Streitig ist, ob auch die Krankenhausverwaltung von der Schweigepflicht umfasst wird, was berufsrechtlich anzunehmen (LAG Hamm ArztR 1992, 187), strafrechtlich aber anders zu bewerten ist (nach Schönke/Schröder/*Lenckner/Eisele* § 203 Rn. 64 soll die Schweigepflicht nicht das gesamte Verwaltungspersonal erfassen, sondern nur die mit der Kostenabrechnung betrauten Angestellten; a.A. LAG Hamm ArztR 1992, 187).

Zu den Personen, die zur Vorbereitung auf den Beruf tätig sind, gehören Assistenten, Absolventen des praktischen Jahrs usw. Auf die Ausgestaltung der arbeits- und versicherungsrechtlichen Beziehungen zwischen Arzt und nichtärztlichen Mitarbeitern kommt es nicht an. Auch die nur gelegentlich und gefälligkeitshalber in der Praxis mitarbeitende Ehefrau unterliegt der Schweigepflicht. Die unter Abs. 3 fallenden Personen sind über die gesetzliche Pflicht zur Verschwiegenheit durch die Ärztin oder den Arzt zu belehren. Dies muss schriftlich festgehalten werden; nicht erforderlich ist dagegen, dass auch die Belehrung selbst schriftlich erfolgt (so aber *Dittrich/Ippach* GesR 2021, 285, 291). Für das Einverständnis gilt im Übrigen Rdn. 3. 7b

### E. Schweigepflicht unter Ärzten (Abs. 4)

#### I. Allgemeines

Die Schweigepflicht gilt grundsätzlich auch im Verhältnis der Ärzte untereinander (BGH NJW 1992, 737 ff.; OLG Düsseldorf GesR 2008, 587, 588). Abs. 4 befreit Ärztinnen und Ärzte, die einen Patienten gleichzeitig oder nacheinander untersuchen oder behandeln, von der Schweigepflicht aber insoweit, als das Einverständnis der Patientin oder des Patienten vorliegt oder anzunehmen ist. Eine ähnliche Vorschrift besteht für Vertragsärzte mit § 73 Abs. 1b Satz 2 SGB V (sogar schriftliche Einwilligung vom Gesetz gefordert!). Zur befugten Offenbarung durch Einwilligung im Hinblick auf § 203 StGB vgl. *Tsambikakis/Kessler*, § 203 StGB, Rdn. 44 ff. Das Einverständnis des Patienten kann formlos und konkludent erteilt werden. Letzteres ist etwa bei Angabe des behandelnden Arztes durch den Patienten bei Konsultation und Nachfrage des Facharztes sowie auf Nachfrage der Ärzte bei einer Einweisung in ein Krankenhaus anzunehmen (*Rehborn* Arzt Patient Krankenhaus, S. 130). 8

#### II. Sonderfall: Praxisveräußerung

Probleme mit der Schweigepflicht können bei Praxisveräußerungen auftreten, bei denen regelmäßig der Patientenstamm den maßgeblichen »good will« ausmacht. Die Übertragung der Patientenkartei im Praxiskaufvertrag ohne Zustimmung des Patienten verstößt nach BGH gegen das durch Art. 2 Abs. 1 GG geschützte informationelle Selbstbestimmungsrecht des Patienten und die ärztliche Schweigepflicht (§ 203 StGB) und kann den Vertrag gem. § 134 BGB insgesamt nichtig machen (BGH NJW 1992, 737; BGH NJW 1996, 773, 774: Gesamtnichtigkeit trotz salvatorischer Klausel, wenn die Übergabe der Patientenkartei nicht nur eine Nebenabrede, sondern eine wesentliche Vertragsbestimmung ist; so auch KG KG-Report 1995, 253; dazu *Hülsmann/Maser* MDR 1997, 11, 113; *Cramer/Henkel/Maier/Wimmer* MedR 1999, 498 ff.). Im Regelfall wird entgegen dem BGH keine Nichtigkeit des Gesamtvertrags trotz salvatorischer Klausel anzunehmen sein, da die Parteien den Vertrag auch ohne die Übergabe der Patientenkartei schließen würden. Der good will wird nicht durch die Patienten*kartei* gebildet, sondern ist ein ideeller Wert des Patienten*stamms*. Die Weitergabe der Patientenkartei ist daher regelmäßig nicht *wesentlich* in das Gegenseitigkeitsverhältnis des Veräußerungsvertrages einbezogen. Die Vorschläge des BGH sind auch impraktikabel: Die Einholung des Einverständnisses des Patienten für die Weitergabe der Patientendaten (BGH NJW 1992, 737; BGH NJW 1996, 773) klappt in der Regel nicht, da Patienten verstorben oder unbekannt verzogen sind, ein Großteil auch auf ein entsprechendes schriftliches Begehren nicht antwortet. Als Lösung wird häufig ein sog. Zwei-Schrank-Modell gewählt, in dem zwischen dem Veräußernden und dem Übernehmenden ein Verwahrungsverhältnis (§§ 688 ff. BGB) begründet wird, bei dem der Käufer die Patientenkartei, sämtliche Untersuchungsbefunde und Aufzeichnungen der Patienten für den Veräußerer mit der Verpflichtung verwahrt, in die Unterlagen nur Einsicht zu nehmen, wenn der Patient ausdrücklich oder konkludent zugestimmt hat (vgl. sog. Münchener Empfehlung zur Wahrung der ärztlichen Schweigepflicht bei Veräußerung einer Arztpraxis, MedR 1992, 207 ff.). Der Käufer nimmt damit zugleich die ärztlichen Aufzeichnungen und Untersuchungsbefunde in die »gehörige Obhut« gem. § 10 Abs. 4. 9

## § 10 Dokumentationspflicht

(1) Ärztinnen und Ärzte haben über die in Ausübung ihres Berufes gemachten Feststellungen und getroffenen Maßnahmen die erforderlichen Aufzeichnungen zu machen. Diese sind nicht nur Gedächtnisstützen für die Ärztin oder den Arzt, sie dienen auch dem Interesse der Patientin oder des Patienten an einer ordnungsgemäßen Dokumentation.

(2) Ärztinnen und Ärzte haben Patientinnen und Patienten auf deren Verlangen in die sie betreffende Dokumentation Einsicht zu gewähren, soweit der Einsichtnahme nicht erhebliche therapeutische Gründe oder erhebliche Rechte der Ärztin, des Arztes oder Dritter entgegenstehen. Auf Verlangen sind der Patientin oder dem Patienten Kopien der Unterlagen gegen Erstattung der Kosten herauszugeben.

(3) Ärztliche Aufzeichnungen sind für die Dauer von zehn Jahren nach Abschluss der Behandlung aufzubewahren, soweit nicht nach gesetzlichen Vorschriften eine längere Aufbewahrungspflicht besteht.

(4) Nach Aufgabe der Praxis haben Ärztinnen und Ärzte ihre ärztlichen Aufzeichnungen und Untersuchungsbefunde gemäß Absatz 3 aufzubewahren oder dafür Sorge zu tragen, dass sie in gehörige Obhut gegeben werden. Ärztinnen und Ärzte, denen bei einer Praxisaufgabe oder Praxisübergabe ärztliche Aufzeichnungen über Patientinnen und Patienten in Obhut gegeben werden, müssen diese Aufzeichnungen unter Verschluss halten und dürfen sie nur mit Einwilligung der Patientin oder des Patienten einsehen oder weitergeben.

(5) Aufzeichnungen auf elektronischen Datenträgern oder anderen Speichermedien bedürfen besonderer Sicherungs- und Schutzmaßnahmen, um deren Veränderung, Vernichtung oder unrechtmäßige Verwendung zu verhindern. Ärztinnen und Ärzte haben hierbei die Empfehlungen der Ärztekammer zu beachten.

**Übersicht**

| | Rdn. | | Rdn. |
|---|---|---|---|
| A. Bedeutung der Norm | 1 | II. Form der Dokumentation | 9 |
| B. Dokumentationspflicht | 4 | C. Einsichtsrechte (Abs. 2) | 13 |
| I. In Ausübung ihres Berufes gemachte Feststellungen und getroffene Maßnahmen | 4 | D. Aufbewahrung | 18 |

## A. Bedeutung der Norm

1 Es handelt sich hierbei um eine Kernvorschrift des ärztlichen Berufsrechts; die Dokumentation hat nämlich keinen Eigenzweck, sie dient insbesondere einer sachgerechten Fortbehandlung des Patienten. Verstöße gegen die Dokumentationspflicht sind daher, insbesondere wenn sie regelmäßig vorkommen, kein »Kavaliersdelikt«, sondern eher schwerwiegend.

2 Die Regelungen des § 10 stehen neben dem Dokumentationsgebot des § 630f BGB sowie weiteren, z.T. speziellen gesetzlichen Dokumentationspflichten, so z.B. in einigen Landes-Krankenhausgesetzen, im Vertragsarztrecht (vgl. hierzu *Pawlita* GesR 2010, 620; SG Marburg Urt. v. 13.09.2017 – S 12 KA 349/16; Urt. v. 16.05.2018 – S 12 KA 593/16, S 12 KA 505/17 sowie S 12 KA 499/17; SG Stuttgart GesR 2018, 118; an das Berufsrecht anknüpfend SG München Urt. v. 25.03.2021 – S 38 KA 262/19) – dort insbesondere in der Gebührenordnung zu speziellen Gebührenpositionen –, in der Röntgenverordnung, im Infektionsschutz-, Transfusions- oder Transplantationsgesetz.

3 Im Arzthaftungsprozess stellt die Dokumentation regelmäßig das zentrale Darlegungs- und Beweismittel schlechthin dar; nach der Rechtsprechung soll der Tatrichter einer glaubwürdigen Dokumentation Glauben schenken (BGH VersR 1978, 542; OLG Dresden Beschl. v. 26.02.2018 – 4 U 1663/17 m. Anm. *Becker-Wulff* GesR 2018, 497), ihr also folgen; umgekehrt können

Dokumentationsmängel Beweisnachteile für den Behandelnden bringen (vgl. § 630h Abs. 3 BGB; dazu eingehend *J. Prütting/Friedrich* § 630h Rdn. 39 ff.; Erman/*Rehborn/Gescher* § 630h Rn. 20 ff.; *Walter* GesR 2013, 129; *Martis/Winkhart-Martis* MDR 2021, 144, 146 ff).

## B. Dokumentationspflicht

### I. In Ausübung ihres Berufes gemachte Feststellungen und getroffene Maßnahmen

Mit dieser Formulierung macht die Berufsordnung deutlich, dass nur Feststellungen und Maßnahmen aufzuzeichnen sind, die im Zusammenhang mit der ärztlichen Tätigkeit stehen; Informationen, die außerhalb der beruflichen Tätigkeit erlangt wurden (z.B. gesprächsweise Informationen über den Patienten, bei einem privaten Treffen und aus rein privatem Zusammenhang durch einen Dritten erteilt), unterliegen nicht der Dokumentationspflicht unbeschadet der Frage, ob eine Dokumentation in Einzelfällen (so z.B. denkbar in der Psychiatrie) zweckmäßig sein kann. 4

Mit dem Hinweis darauf, dass sowohl »gemachte Feststellungen« als auch »getroffene Maßnahmen« aufzuzeichnen sind, wird im Übrigen deutlich gemacht, dass der Dokumentationspflicht sowohl alle objektiven (z.B.: Körpergröße, Gewicht, Temperatur, gemessene Blutdruckwerte etc.) als auch subjektiven Feststellungen (Eindruck über den körperlichen Zustand des Patienten, Verdachtsdiagnosen) unterliegen. Diese Maßnahmen sind zunächst der Diagnostik zuzuordnen; auch die aufgrund dessen »getroffenen Maßnahmen«, d.h. alles, was zur Therapie im weiteren Sinne gehört, ist dann ebenfalls aufzeichnungspflichtig. 5

Über den Umfang der Dokumentationspflicht enthält die Berufsordnung keine unmittelbaren Angaben; sie spricht vielmehr von den »erforderlichen« Aufzeichnungen. Das, was erforderlich ist, wird hingegen über den in Abs. 1 Satz 2 genannten Zweck der Dokumentation näher bestimmt; so soll die Dokumentation zum einen Gedächtnisstütze für Ärztinnen oder Ärzte sein, zum anderen aber auch »dem Interesse der Patientin oder des Patienten an einer ordnungsgemäßen Dokumentation« dienen. 6

Für den Behandlungsvertrag ist § 630f Abs. 2 Satz 1 BGB mit der Forderung, »sämtliche aus fachlicher Sicht für die derzeitige und künftige Behandlung wesentlichen Maßnahmen und deren Ergebnisse aufzuzeichnen« (dazu eingehend Erman/*Rehborn/Gescher* § 630f Rn. 10), einschlägig. Dieser ist von Zweck und Inhalt mit § 10 im Wesentlichen identisch. 6a

Die zivilrechtliche Rechtsprechung (grundlegend BGH VersR 1993, 836, 837) hat auf die Frage abgestellt, wann eine Dokumentation *medizinisch* erforderlich ist. Das ist sie jedenfalls dann, wenn sie als Gedächtnisstütze für den Aufzeichnenden selbst dient, insbesondere aber auch für mit- oder nachbehandelnde Ärzte und Angehörige nichtärztlicher Heilberufe Informationen enthält, die diese zur Ausübung ihrer (folgenden) Tätigkeit benötigen oder möglicherweise benötigen könnten. Hingegen soll eine Dokumentation, die *medizinisch* nicht erforderlich ist, auch aus Rechtsgründen nicht geboten sein (BGH VersR 1993, 836, 837). Jedenfalls in Ansehung dieser Rechtsprechung wird man nicht fordern können, dass die Dokumentation auch dazu dienen müsse, dass ein Fachmann »die Behandlung im Nachhinein begutachten« kann (zu weitgehend insoweit Spickhoff/*Scholz*, § 10 MBO, Rn. 3). Allerdings wird in der Literatur – über die Forderungen des BGH hinaus – für das Arzthaftungsrecht auch die Auffassung vertreten, dass wegen § 10 Abs. 1 Satz 2 auch Patienteninteressen die Dokumentation bestimmter Umstände gebieten könnten (*Hart*, FS Laufs 2006, 843, 865, spricht insoweit von einer »Rechenschafts- und Behandlungssicherungspflicht«; a.A. Erman/*Rehborn/Gescher* § 630f Rn. 11). 7

Die Pflicht obliegt demjenigen Arzt, der die Behandlung des Patienten verantwortlich übernommen hat. Jeder Arzt, der eine dokumentationspflichtige Maßnahme durchführt, trägt demnach auch die Verantwortung für deren Dokumentation unbeschadet eventueller organisatorischer Erschwernisse oder Versäumnisse seines Arbeitgebers (LandesberufsG für Heilberufe Münster, Urt. v. 25.11.2015 – 6t A 2679/13). 7a

8 Losgelöst davon ist die – unbestrittene – Zweckmäßigkeit einer weitergehenden Dokumentation, so z.B. zum Nachweis der Durchführung eines Aufklärungsgesprächs und seines wesentlichen Inhalts (vgl. BGH VersR 1985, 361, 362; OLG München OLG-R 1994, 109, 110; KG KG-R 2001, 142, 143; OLG Oldenburg OLG-R 1997, 176). Da die Berufsordnung nur die »erforderlichen« Aufzeichnungen fordert, ist das Unterlassen darüber hinausgehender (nur) »zweckmäßiger« Aufzeichnungen kein Verstoß gegen die Dokumentationspflicht, mithin auch berufsrechtlich irrelevant.

## II. Form der Dokumentation

9 Die Dokumentation kann als herkömmliche »Aufzeichnung«, d.h. durch schriftliche Notizen, erfolgen. Das ist nach wie vor weit verbreitet und hat den Vorteil, dass sich die Echtheit später – sollte es, insbesondere im Arzthaftungsprozess, darauf ankommen – am ehesten feststellen lässt.

10 Neben rein schriftlichen Vermerken gehört zur Dokumentationspflicht aber auch das Aufbewahren der zur Behandlung gehörigen Unterlagen, so z.B. erhaltener und versandter Arztbriefe, technischer Aufzeichnungen wie EKG- oder EEG-Streifen, erstellter Fotografien etc. Sie sind zu den »Aufzeichnungen«, bei nicht elektronischer Dokumentation typischerweise zur Patientenakte des Patienten, zu nehmen, vgl. auch § 630f Abs. 2 Satz 2 BGB.

11 Abs. 5 trägt dem Umstand Rechnung, dass die elektronische Datenverarbeitung seit vielen Jahren auch in die Medizin Eingang gefunden hat. Der Gebrauch von Computern, auch zu Dokumentationszwecken, ist nicht nur in Arztpraxen weit verbreitet; in Krankenhäusern werden ganze »Informationssysteme« aufgebaut und bereit gehalten, um ärztliche Dokumentationen zu erstellen und an möglichst allen Plätzen, an denen medizinische Behandlung stattfindet, abrufen zu können. Auch diese Form der Dokumentation ist zulässig. Es reicht also, wenn ärztlicherseits Feststellungen in der EDV festgehalten – und damit dokumentiert – werden. Das ist allein aus dem Umstand zu folgern, dass die Berufsordnung für elektronische Aufzeichnungen besondere Sicherungs- und Schutzmaßnahmen fordert. Dieser bedürfte es nicht, wären nicht die elektronischen Aufzeichnungen als der Dokumentationspflicht genügend anerkannt. Wenn die Berufsordnung davon spricht, dass es »besonderer« Sicherungs- und Schutzmaßnahmen bedarf, so ist diese Terminologie nach dem Sinn und Zweck zu sehen, den Abs. 5 Satz 1 Hs. 2 vorgibt: Es sollen Veränderung, Vernichtung oder unrechtmäßige Verwendung verhindert werden, vgl. auch § 630f Abs. 1 Satz 2, 3 BGB. Der Begriff der »Veränderung« stellt dabei auf jedwede Veränderung ab, sowohl durch den Arzt selbst (z.B. das spätere Hinzufügen von Notizen ohne Kenntlichmachung des Zeitpunkts der Ergänzung der Dokumentation), aber auch die Veränderung durch Dritte. Demgemäß bedarf es entsprechender Systemkonfigurationen, die solche Veränderungen, ggf. mit dem Zeitpunkt der Eingabe, aufzeichnen. Im Hinblick auf die korrespondierenden Vorgaben in § 630f Abs. 1 Sätze 2, 3 BGB verneint der BGH einer elektronischen Dokumentation, die nachträgliche Änderungen nicht erkennbar macht, auch die positive Indizwirkung dahingehend, dass die dokumentierte Maßnahme von den Behandelnden tatsächlich getroffen wurde (BGH GesR 2021, 434).

11a Hinsichtlich des Risikos der Vernichtung wird insbesondere zu fordern sein, dass die Aufzeichnungen in geeigneter Form gesichert werden. So wird man davon auszugehen haben, dass allein die Verwendung *einer* Festplatte wegen ihres Beschädigungsrisikos nicht ausreicht. Vielmehr werden von Zeit zu Zeit Sicherungskopien, z.B. auf einer externen Festplatte, zu fordern sein. Gelegentlich werden auch quartalsweise Sicherungs-CDs erstellt, um so jedenfalls die Dokumentation zu einem bestimmten Zeitpunkt rekapitulieren zu können. Dabei haben sich die Maßnahmen stets an der Verhältnismäßigkeit zu orientieren; so ist eine Forderung, die Unterlagen in einer Arztpraxis auch so zu sichern, dass sie selbst bei Brand des ganzen Gebäudes noch zur Verfügung stehen, als unverhältnismäßig anzusehen. Es kann also unter diesem Gesichtspunkt vom Arzt nicht gefordert werden, Aufzeichnungen (zusätzlich) extern zu lagern. Zum Einsichtsrecht in digitale Unterlagen vgl. näher *Cornelius/Spitz* GesR 2019, 69.

Besondere Bedeutung ist dem Schutz gegen unrechtmäßige Verwendung beizumessen. Hier reicht 12
es nicht aus, dass beispielsweise abends die Praxis verschlossen wird, der Zugriff auf die EDV aber
jederzeit möglich ist. Vielmehr bedarf es einer geeigneten Zugangskontrolle zu den Daten, so beispielsweise durch die Eingabe von Nutzernamen *und* eines Passworts. § 10 Abs. 5 Satz 2 macht
insoweit die Empfehlungen der jeweiligen Ärztekammer verbindlich; sie sind als »Mindeststandard«
einzuhalten.

### C. Einsichtsrechte (Abs. 2)

§ 10 Abs. 2 gewährt dem Patienten das Recht auf Einsichtnahme in die Dokumentation. Dieses 13
ist zu gewähren; das bedeutet, dass es für die Einsichtnahme keines berechtigten Interesses des Patienten bedarf (so auch für das Arzthaftungsrecht BGH NJW 1985, 674; NJW 1989, 764) und das
Einsichtsrecht auch bei vertragslosem Zustand besteht (vgl. auch BVerfG NJW 1999, 1777). Bis
zur Novellierung der Vorschrift im Jahr 2015 sollte dieses Recht auf Einsichtnahme nur »grundsätzlich« gewährt werden, sodass davon ausgegangen werden musste, dass die Verfasser der Vorschrift
durchaus Ausnahmen sahen.

Einsicht zu nehmen bedeutet, die Dokumentation in Praxis oder Krankenhaus einsehen zu dürfen. 14
Ein Recht auf – auch nur leihweise – Mitnahme, z.B. zur Vorlage bei Nachbehandlern oder einem
Sachverständigen, ist damit indessen nicht verbunden. Fraglich erscheint – jedenfalls unter diesem
Gesichtspunkt – auch die Rechtsprechung, wonach bei Röntgenaufnahmen ein Anspruch auf zeitweilige Überlassung bestehen soll (OLG München NJW 2001, 2806; LG Kiel GesR 2007, 318).

Nach früherer Auffassung in Rechtsprechung und Literatur war eine Einsichtnahme in diejenigen 14a
Teile, die subjektive Eindrücke oder Wahrnehmungen des Arztes enthalten, ausgeschlossen; das
bedeutete im Umkehrschluss, dass sich das berufsrechtliche Einsichtsrecht nur auf Aufzeichnungen über objektive physische Befunde und Berichte (BGHZ 85, 327, 333 ff.; vgl. auch *Schneider*
GesR 2014, 385, 386) erstreckte.

Insbesondere früher wurde die Auffassung vertreten, dass jedenfalls im Rahmen psychiatrischer 15
Behandlungen besonders zu prüfen sei, ob die Einsichtnahme durch den Patienten für diesen Schäden hervorrufen könne (BGHZ 85, 339, 343). In dieser Pauschalität kann das schon wegen des
klaren Wortlauts, insbesondere aber auch in Ansehung der Umstände (insb. Fortbehandlung, Prüfung von Behandlungsfehlern), die den konkreten Anlass für die Einsicht geben, nicht akzeptiert
werden. Zu Recht kann selbst das Interesse eines (psychiatrisch) Untergebrachten nicht generell
dessen Einsichtsrecht entgegengehalten werden; vielmehr wird dieses ggf. im Beisein eines (anderen) Arztes auszuüben sein (BVerfG GesR 2006, 326). Mit Inkrafttreten des PatRG ist diese beschränkende Auffassung obsolet geworden (vgl. hierzu ausführlich *Bayer* MedR 2017, 211). § 630g
Abs. 1 Satz 1 BGB enthält eine solche Beschränkung nicht mehr. Auch wollte der Gesetzgeber
des PatRG das Einsichtsrecht diesbzgl. nicht generell beschränken (BT-Drucks. 17/10488 S. 27).
Es ist vielmehr nach § 630g Abs. 1 BGB Einsicht in die vollständige Patientenakte zu gewähren, eine Beschränkung – wie sie früher angenommen wurde – auf lediglich objektive physische
Befunde und Berichte besteht nicht (vgl. *Schneider* GesR 2014, 385; *Kensy* MedR 2013. 767).
Mit der im Jahr 2015 erfolgten Aktualisierung des § 10 wurde der vorherige Wortlaut an § 630g
Abs. 1 BGB sowie die o.g. Rechtsprechung des BVerfG angepasst. In § 630g Abs. 1 BGB sowie
§ 10 Abs. 2 wird lediglich noch auf die Frage abgestellt, ob »der Einsichtnahme nicht erhebliche
therapeutische Gründe entgegenstehen« (dazu eingehend Erman/*Rehborn*/*Gescher* § 630g Rn. 8;
*Schneider* GesR 2014, 385; *Kensy* MedR 2013, 767, 771 f.; krit. *Loescher* ZMGR 2014, 156, 157).
Ein bloßer Hinweis auf »therapeutische Gründe« reicht hier jedoch nicht aus, es muss vielmehr
ein Zusammenhang zwischen der Diagnose und der potentiellen Selbstgefährdung durch den Arzt
dargestellt werden, sodass er im Wesentlichen nachvollziehbar ist (*Loescher* ZMGR 2014, 156 ff.).
Eine Einschränkung der Einsichtnahme in Niederschriften über persönliche Eindrücke und subjektive Wahrnehmung des Behandlers kommt nur noch ausnahmsweise in Betracht, wenn das Recht
des Arztes auf informationelle Selbstbestimmung oder Rechte Dritter das Einsichtnahmerecht des

# § 10 MBOÄ   Dokumentationspflicht

Patienten überwiegen (Erman/*Rehborn/Gescher*, § 630g Rn. 11; *Krüger*/DÄBl. 2015, C 795 f.; vgl. *Schneider* GesR 2014, 385; *Kensy* MedR 2013, 767; vgl. auch BGH GesR 2014, 274).

15a Inhaltlich erstreckt sich das Einsichtsrecht auf die »Dokumentation«; das sind nicht nur die ärztlichen Aufzeichnungen, sondern alle Unterlagen, die der Arzt im Zusammenhang mit der Behandlung aus *medizinischen* Gründen gesammelt hat. Das Zivilrecht verwendet hierfür jetzt den Begriff »Patientenakte« (§ 630f Abs. 1 BGB); diese Begrifflichkeit macht deutlich, dass es einer geordneten und patientenbezogenen Zuordnung bedarf (Erman/*Rehborn/Gescher* § 630f Rn. 1; jedoch wurde diese Terminologie ausdrücklich nicht in die MBO-Ä übernommen mit dem Hinweis, dass nicht alle relevanten Konstellationen von dem Begriff umfasst seien, vgl. http://www.bundesaerztekammer.de/fileadmin/user_upload/downloads/pdf-Ordner/MBO/MBO_Ergaenzung_Synopse.pdf). Das überzeugt bei einer Auslegung nach Sinn und Zweck des Einsichtsrechts allerdings nicht (vgl. hierzu LG Göttingen Beschl. v. 18.10.2016 – 12 T 4/16).

15b Eine Grenze für das Einsichtsrecht des Patienten können zudem die Rechte Dritter darstellen. Demgemäß wird im Einzelfall kritisch zu fragen sein, ob insbesondere die vom Arzt erhobene Fremdanamnese (z.B. durch Befragung von Ehegatten, Eltern etc.) oder andere Angaben Dritter auch dem Einsichtsrechts des Patienten unterliegen (BT-Drs 17/10488 S. 27; AG Charlottenburg GesR 2016, 796).

15c Schließlich kann in besonderen Einzelfällen auch das Allgemeine Persönlichkeitsrecht (Art. 2 Abs. 1, Art. 1 Abs. 1 GG) des dokumentierenden Arztes der Einsichtnahme durch den Patienten entgegenstehen. Das gilt insbesondere dann, wenn der Arzt höchst persönliche Eindrücke (z.B. zur Glaubhaftigkeit von Angaben des Patienten, zum vermuteten Konsum von Betäubungsmitteln etc.) dokumentiert (für eine vergleichbare Situation: BGH GesR 2014, 274, 275 f. = MedR 2014, 306 m Anm *Schopohl*; *Bayer*, Ärztliche Dokumentationspflicht und Einsichtsrecht in Patientenakten, S. 105; *Montgomery u.a.* MedR 2013, 149, 152; *A. Schneider* GesR 2014, 385, 389; *Bayer* MedR 2017, 211, 212; Erman/*Rehborn/Gescher*, § 630g Rn. 11; dafür sprechen auch die Erwägungen des BVerfG GesR 2018, 459 Rn 29; a.A. *Kensy* MedR 2013, 767, 771; Spickhoff/*Spickhoff* § 630g Rn. 5; *Hacker* GesR 2019, 163, 165).

16 § 10 Abs. 2 Satz 2 gibt dem Patienten ein Wahlrecht; statt der Einsichtnahme kann er auch kostenpflichtig Kopien verlangen (vgl. auch § 630g Abs. 2 BGB). Tut er das, hat der Arzt diese in angemessener Zeit zu erstellen, und zwar Zug um Zug gegen Kostenerstattung. Ein Anspruch auf eine Vollständigkeitserklärung (OLG München GesR 2007, 115; LG Düsseldorf GesR 2007, 18) bzw. auf Beglaubigung der Kopien (LG Düsseldorf GesR 2007, 18) besteht hingegen nicht. Daneben kann aber – jedenfalls im Rahmen eines Zivilprozesses – u.U. ein Anspruch auf Leseabschriften bestehen, wenn die Aufzeichnungen unleserlich sind (OLG Düsseldorf NJW 1984, 670; OLG Hamm VersR 2001, 375; AG Offenbach NJW 1990, 2322; einschränkend LG Karlsruhe NJW-RR 2001, 236). Die Kostenerstattung ist auf reine Selbstkosten begrenzt; ein »Aufschlag« z.B. auch für allgemeine Praxiskosten ist nicht zulässig (vgl. zur zivilrechtlichen Parallelregelung Erman/*Rehborn/Gescher* § 630g Rn. 17 f.); als angemessene Kopierkosten sind zivilrechtlich Beträge zwischen 0,20 €/Kopie bis 0,50 €/Kopie als angemessen erachtet worden (vgl. im Einzelnen Vorwerk/*Rehborn*, Das Prozessformularbuch, Kap. 80 Rn. 52). Solange dem Arzt weder eine Vollmacht seines Patienten für den Anspruchssteller noch eine Entbindung von der Schweigepflicht vorgelegt wird, befindet sich der Arzt mit der Herausgabe der Dokumentation auch nicht in Verzug (OLG Koblenz GesR 2014, 235).

16a Zu beachten ist allerdings auch der Anspruch auf Erteilung einer Datenauskunft gem. Art. 15 DS-GVO, wonach jedenfalls eine erste Kopie kostenfrei zur Verfügung zu stellen ist. Das Verhältnis dieser Vorschrift zu § 630g BGB und § 10 ist noch weitgehend ungeklärt. Nach OLG Köln GesR 2020, 591 soll Art. 15 DS-GVO in erster Linie dazu dienen, die Wahrnehmung der weiteren Rechte – insbesondere Berichtigung, Löschung und Einschränkung der Verarbeitung aus Art. 16–18 DS-GVO – zu ermöglichen. Gleichwohl wird man hieraus kein Rangverhältnis im Sinne einer Spezialität herleiten können; vgl. auch LG Dresden GesR 2020, 646 m. Anm. *Hesse* = MedR 2021, 58 m. Anm. *Gruner*.

Hingegen kennt das Berufsrecht kein Recht des Arztes, den Einsichtsnahmeanspruch des Patienten (§ 10 Abs. 2 Satz 1) auch ohne oder gegen dessen Willen durch Herausgabe von Kopien »abzuwehren«. Auch § 630g BGB, der das Einsichtsrecht des Patienten im Rahmen des Behandlungsvertrages regelt, kennt eine solche Bestimmung nicht (vgl. zum erforderlichen Gleichlauf von BO und § 630g BGB VG München GesR 2017, 126).  17

### D. Aufbewahrung

Die Aufbewahrungspflicht des § 10 Abs. 3 umfasst alle ärztlichen Aufzeichnungen (vgl. Rdn. 9 ff.). Sie beträgt 10 Jahre nach Abschluss der Behandlung. Die Regelung ist deckungsgleich mit § 630f Abs. 3 BGB. Dabei kommt es nicht auf den letzten Patientenkontakt an, sondern den Abschluss einer Erkrankung, mag der Patient auch wegen anderer Umstände später erneut erschienen sein (a.A. *Hansen* MedR 2021, 613, 617: Ende der Arzt-Patienten-Beziehung). In manchen Regelungen, beispielsweise in der Strahlenschutzverordnung (StrlSchV) oder im Transfusionsgesetz, sind längere Aufbewahrungsfristen vorgegeben. Diese sind in jedem Fall einzuhalten; die Berufsordnung kann von gesetzlichen Vorschriften keinen Suspens erteilen.  18

Im Übrigen ist darauf hinzuweisen, dass sich im Hinblick auf die Verjährungsfrist im Arzthaftungsprozess – bis zu 30 Jahre – eine längere Aufbewahrung der Unterlagen empfiehlt.  19

Mit der Aufbewahrungspflicht korrespondiert nach der Rechtsprechung auch eine sog. Verpflichtung zur »Nacheile«. Sie beinhaltet, dass vom Arzt an den Patienten oder Nachbehandler herausgegebene Unterlagen zu gegebener Zeit zurückzufordern sind (BGH NJW 1996, 779). Diese primär unter arzthaftungsrechtlichen Gesichtspunkten ergangene Entscheidung gilt auch im Berufsrecht angesichts des Umstandes, dass die Verpflichtung zur »Nacheile« aus der Aufbewahrungspflicht herzuleiten ist.  20

Die Aufbewahrungspflicht besteht auch nach Aufgabe der Praxis fort; ihr kann dadurch genügt werden, dass die Unterlagen unter Beachtung der Schweigepflicht an einen Nachfolger übergeben werden (BGH MedR 1992, 104; NJW 1996, 773), vgl. auch § 10 Abs. 4 Satz 2. Die Lagerung von Personal- und Patientenakten eines in Insolvenz gegangenen Krankenhauses »in verschlossenen Räumen..., zu denen nur zuverlässige Personen Zugang haben«, ist allerdings als rechtlich unbedenklich eingestuft worden (VG Göttingen GesR 2015, 440). Wegen § 203 Abs. 3 Satz 3 StGB trifft diese Verpflichtung (aber nicht als berufsrechtliche Verpflichtung, weil sie in der Regel nicht Kammerangehörige sind) auch die Erben (OLG Rostock GesR 2020, 810).  21

## § 11 Ärztliche Untersuchungs- und Behandlungsmethoden

(1) Mit Übernahme der Behandlung verpflichten sich Ärztinnen und Ärzte den Patientinnen und Patienten gegenüber zur gewissenhaften Versorgung mit geeigneten Untersuchungs- und Behandlungsmethoden.

(2) Der ärztliche Berufsauftrag verbietet es, diagnostische oder therapeutische Methoden unter missbräuchlicher Ausnutzung des Vertrauens, der Unwissenheit, der Leichtgläubigkeit oder der Hilflosigkeit von Patientinnen und Patienten anzuwenden. Unzulässig ist es auch, Heilerfolge, insbesondere bei nicht heilbaren Krankheiten, als gewiss zuzusichern.

| Übersicht | Rdn. | | Rdn. |
|---|---|---|---|
| A. Überblick und Bedeutung der Vorschrift | 1 | II. Geeignete Untersuchungs- und Behandlungsmethoden | 3 |
| B. Gewissenhafte Versorgung und geeignete Methoden (Abs. 1) | 2 | C. Missbräuchliche Ausnutzung der Arztposition (Abs. 2) | 5 |
| I. Gewissenhafte Versorgung | 2 | | |

### A. Überblick und Bedeutung der Vorschrift

§ 11 Abs. 1 wird als »berufsrechtliche Ausformung des zivilrechtlichen Grundsatzes in § 276 BGB« (Ratzel/Lippert/Prütting/*Ratzel* § 11 Rn. 2) verstanden. Das Berufsrecht verpflichtet den Arzt zur  1

»gewissenhaften Versorgung mit geeigneten Untersuchungs- und Behandlungsmethoden«. Wie der Wortlaut des Abs. 1 deutlich macht, wird dem Arzt die Methodenwahl überlassen. Sie ist Bestandteil der verfassungsrechtlich durch Art. 12 GG garantierten Therapiefreiheit des Arztes (BVerfG GesR 2003, 56, 59; BVerfG GesR 2006, 72, 75; LandesberufsG für Heilberufe OVG NRW GesR 2010, 431, 432). Abs. 2 konkretisiert den ärztlichen Berufsauftrag als Verbot, diagnostische oder therapeutische Methoden unter missbräuchlicher Ausnutzung des Vertrauens, der Unwissenheit, der Leichtgläubigkeit oder der Hilflosigkeit von Patientinnen und Patienten anzuwenden. Er dient dem Schutz der Patienten vor sog. Scharlatanerie durch Ärzte, die die Situation von schwer kranken Menschen ausnutzen, um ihren eigenen Vorteil zu erzielen, sei es finanzieller oder ideeller Art in Form von Image-Gewinn.

## B. Gewissenhafte Versorgung und geeignete Methoden (Abs. 1)

### I. Gewissenhafte Versorgung

2   Abs. 1 enthält mit der Verpflichtung des Arztes zu gewissenhafter Versorgung des Patienten mit geeigneten Untersuchungs- und Behandlungsmethoden ein berufsrechtliches Gebot. Zivilrechtlich schuldet der Arzt dem Patienten eine fachgerechte, dem wissenschaftlichen Standard entsprechende Behandlung (§ 630a Abs. 2 BGB; BGH NJW 1975, 305, std. Rspr.), wobei ein objektivierter Fahrlässigkeitsbegriff angelegt wird (vgl. Erman/*Rehborn/Gescher* vor § 630a Rn. 35 f.; BGH GesR 2003, 267 ff.). Es gilt der Facharztstandard (vgl. Erman/*Rehborn/Gescher* vor § 630h Rn. 6; BGH NJW 1987, 1479, 1480), der vom jeweiligen Fachgebiet vorgegeben wird (BGHZ 113, 297, 304). Die »gewissenhafte Versorgung«, die mit Abs. 1 gemeint ist, ist mit diesem Sorgfaltsmaßstab des Zivilrechts, der für die Arzthaftung aufgrund von Vertrag genauso gilt wie für die Haftung aus Delikt (BGH GesR 2003, 267, 269), nicht deckungsgleich, wie der Wortlaut deutlich macht. Die Pflicht zur gewissenhaften Versorgung konkretisiert vielmehr die allgemeine ärztliche Berufspflicht des § 2 Abs. 2. Im Kontext mit dieser Vorschrift erfordert eine »gewissenhafte Versorgung« eine subjektiv-wertende Entscheidung des Arztes, die auf der Grundlage der von ihm zu fordernden medizinischen Kenntnisse und Erfahrungen ergeht und sich mit dem anerkannten und gesicherten Standard medizinischer Wissenschaft und Praxis auseinandersetzt.

### II. Geeignete Untersuchungs- und Behandlungsmethoden

3   Nach Abs. 1 ist die Versorgung mit »geeigneten Untersuchungs- und Behandlungsmethoden« geboten. »Geeignet« in diesem Sinne ist nicht identisch mit den »neuen Untersuchungs- und Behandlungsmethoden« i.S.d. § 135 Abs. 1 SGB V. Der Gemeinsame Bundesausschuss gibt gem. § 135 Abs. 1 SGB V in Richtlinien Empfehlungen u.a. über die Anerkennung des diagnostischen und therapeutischen Nutzens einer neuen Methode ab sowie über deren medizinische Notwendigkeit und Wirtschaftlichkeit nach dem jeweiligen Stand der wissenschaftlichen Erkenntnisse in der jeweiligen Therapierichtung. Die Methode i.S.d. § 135 Abs. 1 SGB V erfordert eine medizinische Vorgehensweise, der ein eigenes theoretisch-wissenschaftliches Konzept zugrunde liegt, das sie von anderen Vorgehensweisen unterscheidet und das ihre systematische Anwendung in der Untersuchung und Behandlung bestimmter Krankheiten rechtfertigen soll (BSG GesR 2009, 371, 372 m.w.N. für diese std. Rspr. des BSG). Neu ist sie, wenn sie zum Zeitpunkt der Leistungserbringung nicht als abrechnungsfähige ärztliche Leistung im Einheitlichen Bewertungsmaßstab für vertragsärztliche Leistungen (EBM-Ä) enthalten ist (BSG GesR 2009, 371, 372 m.w.N.). Der Begriff der geeigneten Untersuchungs- und Behandlungsmethoden gem. § 11 Abs. 1 MBOÄ ist weiter als in § 135 Abs. 1 SGB V (so auch Ratzel/Lippert/Prütting/*Ratzel* § 11 Rn. 2), er fordert nicht eine positive Methodenbewertung nach der evidenzbasierten Medizin durch den G-BA (vgl. dazu *Roters* NZS 2007, 176 ff.). Das folgt aus der unterschiedlichen Zielrichtung des § 135 Abs. 1 SGBV im Vergleich zu der berufsrechtlichen Vorgabe des § 11 Abs. 1. Die Empfehlung neuer Untersuchungs- und Behandlungsmethoden gem. § 135 Abs. 1 SGB V ermöglicht die Leistungserbringung zulasten der GKV. Auf empfohlene Untersuchungs- und Behandlungsmethoden hat der Versicherte Anspruch nach § 27 Abs. 1 Satz 2 Nr. 1 SGB V, aber nur unter Beachtung des Wirtschaftlichkeitsgebots (§ 12 SGB V) und den sich aus § 2 Abs. 1 SGB V ergebenden Einschränkungen.

Die gesetzlichen Krankenkassen sind nicht gehalten, alles zu leisten, was an Mitteln zur Erhaltung oder Wiederherstellung der Gesundheit verfügbar ist, auch nicht von Verfassung wegen (vgl. BVerfG GesR 2006, 72, 76). Finanzwirtschaftliche Erwägungen dürfen den Leistungskatalog der GKV durchaus mitbestimmen (BVerfG GesR 2006, 72, 76). Der G-BA prüft neue Methoden daher u.a. auf deren Qualität und Wirtschaftlichkeit. Liegt keine Empfehlung des G-BA für eine Untersuchungs- und Behandlungsmethode vor, so hat die Rechtsprechung nur unter der Voraussetzung einen Anspruch auf Kostenübernahme angenommen, dass die Wirksamkeit der Methode wissenschaftlich nachgewiesen ist (BSGE 76, 194 ff.; BSG GesR 2005, 322, 325) oder eine grundrechtsorientierte Auslegung geboten ist, die im Hinblick auf die Methode eine nicht ganz fern liegende Aussicht auf Heilung oder auf eine spürbare positive Einwirkung auf den Krankheitsverlauf ausreichen lässt (BVerfG GesR 2006, 72; BSG GesR 2009, 371, 373).

§ 11 verfolgt daggen das Ziel, eine gewissenhafte medizinische Versorgung der Patienten zu gewährleisten und zugleich den Patienten vor nicht geeigneten Untersuchungs- und Behandlungsmethoden zu schützen. Der berufsrechtliche Schutz der Patienten hängt nicht mit der finanziellen Mitbestimmtheit der GKV zusammen. Unter Untersuchungs- und Behandlungsmethoden i.S.d. § 11 Abs. 1 sind alle medizinischen Maßnahmen zu verstehen, die systematisch angewandt werden (BSG GesR 2005, 322, 325). Geeignet sind jedenfalls solche Untersuchungs- und Behandlungsmethoden, die dem anerkannten und gesicherten Standard der medizinischen Wissenschaft und Praxis entsprechen, weiterhin schulmedizinisch nicht anerkannte Außenseitermethoden (BGH GesR 2007, 401 ff.; LandesberufsG für Heilberufe OVG NRW GesR 2010, 431, 432) und Neulandmethoden (BGH GesR 2006, 411 ff.). Letztere befinden sich in der Phase der Erprobung, sind aber nicht mehr experimenteller Natur (vgl. näher *Vogeler* MedR 2008, 697, 700). Entscheidend für die Bewertung einer Untersuchungs- und Behandlungsmethode als geeignet ist die zumindest durch medizinische Erfahrung fundierte Prognose, dass die Maßnahme – systematisch angewandt – zu einer überwiegenden Wahrscheinlichkeit einem diagnostischen oder therapeutischen Ziel nutzt. Anhaltspunkte können Leitlinien der Fachgruppen bilden, die zur medizinischen Behandlung herausgegeben werden. Zur Leitliniendebatte vgl. Ratzel/Lippert/Prütting/*Ratzel* § 11 Rn. 5 ff. 4

### C. Missbräuchliche Ausnutzung der Arztposition (Abs. 2)

Nach Abs. 2 Satz 1 verbietet der ärztliche Berufsauftrag es, diagnostische oder therapeutische Methoden unter missbräuchlicher Ausnutzung des Vertrauens, der Unwissenheit, der Leichtgläubigkeit oder der Hilflosigkeit von Patienten anzuwenden. Satz 2 erklärt es weiterhin für unzulässig, Heilerfolge bei nicht heilbaren Krankheiten als gewiss zuzusichern. Allein die Anwendung einer dubiosen Außenseitermethode führt nicht zu einem Verstoß gegen § 11 Abs. 2 (vgl. LandesberufsG für Heilberufe OVG NRW GesR 2010, 431, 432). In solchen Fällen trifft den Arzt aber eine erhöhte Aufklärungspflicht, die von ihm fordert, den Patienten darauf hinzuweisen, dass es sich um eine von der medizinischen Wissenschaft nicht einmal ansatzweise anerkannte Außenseitermethode handele, deren Eignung zur Behandlung nicht feststehe (LandesberufsG für Heilberufe OVG NRW GesR 2010, 431, 432). Für einen Verstoß gegen Abs. 2 genügt, dass der Arzt eine solche Aufklärung unterlässt und in einem unheilbar erkrankten Patienten Hoffnung auf Heilung weckt, die diesem angesichts der ansonsten ausweglos erscheinenden Situation praktisch keinen Ausweg lässt, als sich auf die fragwürdige Heilmethode einzulassen (LandesberufsG für Heilberufe OVG NRW GesR 2010, 431 ff.; vgl. auch Bezirksberufsgericht für Ärzte in Freiburg Urt. v. 13.12.2000 – BG 3/00 und 9/00). 5

### § 12 Honorar und Vergütungsabsprachen

(1) Die Honorarforderung muss angemessen sein. Für die Bemessung ist die Amtliche Gebührenordnung (GOÄ) die Grundlage, soweit nicht andere gesetzliche Vergütungsregelungen gelten. Ärztinnen und Ärzte dürfen die Sätze nach der GOÄ nicht in unlauterer Weise unterschreiten. Bei Abschluss einer Honorarvereinbarung haben Ärztinnen und Ärzte auf die Einkommens- und Vermögensverhältnisse der oder des Zahlungspflichtigen Rücksicht zu nehmen.

(2) Die Übermittlung von Daten an Dritte zum Zweck der privatärztlichen Abrechnung ist nur zulässig, wenn die Patientin oder der Patient in die Übermittlung der für die Abrechnung erforderlichen Daten nachweisbar eingewilligt hat.

(3) Ärztinnen und Ärzte können Verwandten, Kolleginnen und Kollegen, deren Angehörigen und mittellosen Patientinnen und Patienten das Honorar ganz oder teilweise erlassen.

(4) Auf Antrag eines Beteiligten gibt die Ärztekammer eine gutachterliche Äußerung über die Angemessenheit der Honorarforderung ab.

(5) Vor dem Erbringen von Leistungen, deren Kosten erkennbar nicht von einer Krankenversicherung oder von einem anderen Kostenträger erstattet werden, müssen Ärztinnen und Ärzte die Patientinnen und Patienten schriftlich über die Höhe des nach der GOÄ zu berechnenden voraussichtlichen Honorars sowie darüber informieren, dass ein Anspruch auf Übernahme der Kosten durch eine Krankenversicherung oder einen anderen Kostenträger nicht gegeben oder nicht sicher ist.

## Übersicht

| | Rdn. | | Rdn. |
|---|---|---|---|
| A. Zweck der Vorschrift | 1 | C. Datenübermittlung (Abs. 2) | 10 |
| B. Angemessene Honorarforderung (Abs. 1) | 2 | D. (Teil-) Erlass der Honorarforderung (Abs. 3) | 10a |
| I. Behandlungsvertrag | 2 | E. Gutachtenerstellung durch die Ärztekammer (Abs. 4) | 11 |
| II. GOÄ als zwingendes Preisrecht | 4 | F. Wirtschaftliche Information (Abs. 5) | 12 |
| III. Angemessenheit | 5 | G. Rechtsfolgen | 18 |
| IV. Unlautere Unterschreitung | 7 | | |
| V. Vorschuss | 9 | | |

## A. Zweck der Vorschrift

1 Die Vorschrift ist Ausdruck eines altruistischen Berufsethos des Arztberufs, indem sie den Arzt auf ein angemessenes Honorar verpflichtet, welches primär nach der Gebührenordnung für Ärzte (GOÄ) bestimmt wird, und durch Abs. 2 den (Teil-) Erlass des Honorars gegenüber Verwandten, Kollegen und deren Angehörigen sowie mittellosen Patienten ermöglicht.

## B. Angemessene Honorarforderung (Abs. 1)

### I. Behandlungsvertrag

2 Abs. 1 beinhaltet das Gebot einer angemessenen Honorarforderung. Der ärztliche Behandlungsvertrag ist ein dienstvertragsähnlicher Vertragstyp, der mit dem PatRG in das BGB integriert wurde (§§ 630a ff. BGB); zuvor wurde er als Dienstvertrag gem. § 611 BGB angesehen (BGHZ 63, 306, 309; BGHZ 76, 249, 261). Auch die Behandlung eines ärztlichen Kollegen wird im Zweifel auf der Grundlage eines Behandlungsvertrags und nicht als Gefälligkeit erfolgen (BGH NJW 1977, 2120), selbst wenn sich beide im Klaren sind, dass der Behandelnde kein Honorar fordern wird. Ein Gefälligkeitsverhältnis scheidet schon wegen des rechtlichen Interesses des ärztlichen Patienten an einer (haftungsrechtlichen) Absicherung aus.

3 Ein Behandlungsvertrag kommt nach der klaren Regelung in § 630a BGB auch mit GKV-Versicherten zustande (explizit BT-Drucks. 17/10488, 18 f.; eingehend dazu und zu vorherig a.A. Erman/*Rehborn/Gescher* § 630a Rn. 6; zweifelnd allerdings immer noch BSG GesR 2016, 24).

### II. GOÄ als zwingendes Preisrecht

4 Der Selbstzahler (»Privatpatient«) ist gem. § 630a Abs. 1 BGB zur Gewährung der vereinbarten Vergütung (vgl. dazu Erman/*Rehborn/Gescher* § 630a Rn. 28 f.) verpflichtet. Wird keine Vergütung vereinbart, so ist bei Bestehen einer Taxe gem. § 630b i.V.m. § 612 Abs. 2 BGB die taxmäßige Vergütung als vereinbart anzusehen (Erman/*Rehborn/Gescher* § 630b

Rn. 2). Der Arzt darf nach § 12 Abs. 1 Satz 1 nur eine angemessene Honorarforderung stellen. Grundlage ist nach Satz 2 die Gebührenordnung für Ärzte (GOÄ), die Taxe i.S.d. § 612 Abs. 2 BGB und zwingendes (also nicht abdingbares) Preisrecht für die Ärzte ist (BGH GesR 2009, 28, 29; BSG NZS 2008, 147 ff.; BGH GesR 2006, 275; LBerufG für Heilberufe OVG NRW GesR 2013, 428; BerufsG für Heilberufe Berlin Urt. v. 21.09.2016 – 90 K 2.15 T; zu EU-grenzüberschreitenden Sachverhalten vgl. EuGH GesR 2013, 671; zur Abrechnung von in einer Laborgemeinschaft erbrachten Speziallaboruntersuchungen nach GOÄ vgl. *Fehn* MedR 2014, 377). Sie ist nicht Referenzgebührenordnung für ärztliche Leistungen, von der durch freiwillige Vereinbarung, z.B. »zur Förderung verbesserter Versorgung oder erhöhter Qualität« auf der Grundlage einer sog. Öffnungsklausel abgewichen werden könnte (so aber die Forderung der PKV im Rahmen der anhaltenden Reformdebatte, vgl. *Flintrop* DÄBl. 2010, A-525; ablehnend die BÄK, vgl. *Meißner* DÄBl. 2010, A-2473). Die GOÄ soll kompetenzgemäß nach dem Grundgesetz erlassen (kritisch hierzu *Rehborn* GesR 2004, 170, 171 f.) und mit der Berufsfreiheit (Art. 12 Abs. 1 GG) vereinbar sein (BVerfGE 68, 319, 327 ff.; BVerfG NJW 1992, 737; BVerfG GesR 2005, 79; BGH GesR 2006, 275 zur Anwendbarkeit der GOÄ bei medizinisch nicht indizierten kosmetischen Operationen; BGH GesR 2009, 28, 29). Anwendbar ist die GOÄ bei Leistungen eines niedergelassenen Arztes gegenüber Selbstzahlern und im Rahmen einer Wahlarztvereinbarung im Krankenhaus, vgl. Ratzel/Lippert/Prütting/*Ratzel* § 12 Rn. 1; dort auch zum Belegarzt. Dagegen ist sie nicht verpflichtend anwendbar auf Konsiliararzt-Vereinbarungen zwischen Krankenhausträgern und niedergelassenen Ärzten über deren Zuziehung im Rahmen allgemeiner Krankenhausleistungen, die das Krankenhaus nach dem KHEntgG abrechnet. Gleichwohl kann ihre Geltung vertraglich vereinbart werden (BGH GesR 2009, 28, 29). Für den Bereich der Gesetzlichen Krankenversicherung gelten die Vorgaben der §§ 87 ff. SGB V als »andere gesetzliche Vergütungsregelungen« i.S.d. Satz 1.

### III. Angemessenheit

Die Honorarforderung muss angemessen i.S.d. Satz 1 sein. Unangemessen ist sie nicht schon deshalb, weil sie zivilrechtlich streitig ist (LandesberufsG für Heilberufe OVG NRW NJW 2002, 912). Sehr weitgehend erscheint die Auffassung des LandesberufsG für Heilberufe beim OVG NRW (GesR 2013, 428), dass eine Honorarforderung immer unangemessen sei, wenn die Rechnungstellung gegen einzelne Vorschriften der GOÄ verstoße, mag auch die Höhe im Ergebnis nicht zu beanstanden sein. Vielmehr führt nicht jeder Abrechnungsfehler zu einem Verstoß gegen das Angemessenheitsgebot, sondern erst dann, wenn dieser Fehler geeignet ist, das Vertrauen zwischen Arzt und Patient oder des Arztberufs zu gefährden (BerufsG für Heilberufe Schleswig ZMGR 2016, 328; so nun auch LBerufsG für Heilberufe beim OVG NRW GesR 2016, 442). Zur Angemessenheit der Honorarforderung und zu den Faktoren, nach denen die Angemessenheit zu bestimmen ist, vgl. im Einzelnen *Hübner*, § 5 GOÄ Rdn. 8 ff. 5

Unangemessen ist eine Honorarforderung jedenfalls aber, wenn Leistungsziffern verwendet werden, die auf die vom Arzt erbrachten Leistungen nicht zutreffen (BerufsG für Heilberufe beim VG Berlin GesR 2019, 357 m. Anm. *Hespeler*) oder wenn Leistungen abgerechnet werden, die wegen Verstoßes gegen den Grundsatz der persönlichen Leistungserbringung (§ 630b i.V.m. § 613 Satz 1 BGB, dazu Erman/*Rehborn*/*Gescher* § 630b Rn. 3; *Spickhoff* VersR 2013, 267, 269) gar nicht berechnungsfähig sind; vgl. zur strafrechtlichen Relevanz BGH GesR 2012, 286 = JZ 2012, 252 m. Anm. *Tiedemann*; *Dahm* MedR 2012, 367; *Geiger/Schneider* GesR 2013, 7. 6

Das BerufsG für Heilberufe beim VG Berlin GesR 2019, 357 m. Anm. *Hespeler* differenziert nach der Schwere der Verstöße; so soll ein schwerwiegender Verstoß vorliegen, wenn der Arzt Leistungsziffern für nicht erbrachte oder nicht abrechnungsfähige Leistungen in Ansatz bringt, während von einem leichten Verstoß auszugehen sei, wenn die Leistungsziffern gem. § 6 Abs. 2 GOÄ analog abgerechnet werden könnte, der Arzt aber nicht die gem. § 12 Abs. 4 GOÄ vorgeschriebenen Angaben in die Rechnung aufnimmt. 6a

### IV. Unlautere Unterschreitung

7 Nach Satz 2 dürfen Ärzte die Sätze der GOÄ nicht in »unlauterer Weise« unterschreiten. Damit ist ein Unterschreiten der GOÄ-Sätze nicht generell verboten (BGH GesR 2010, 28, 31 im Verhältnis Krankenhausträger/niedergelassener Arzt/Radiologe, der Leistungen im Auftrag des Krankenhauses auch an dessen stationären Patienten erbrachte). Unlauter und damit berufswidrig ist das Unterschreiten aber, wenn es zum Zweck der Bindung von Zuweisern erfolgt (OLG Celle MedR 2003, 183; BGH GesR 2005, 547 ff.: Angebot von Laborleistungen unter Selbstkosten gegen Überweisung von Patienten, vgl. dazu auch § 31); ebenso eine kostenlose Erbringung ärztlicher Leistungen mit der Absicht, Patienten zu gewinnen, die sich später gegen Honorar behandeln lassen (LG München GesR 2010, 249: »Botox-Party« im Rahmen der Erlebnisgastronomie).

8 Unlauter ist aber jedenfalls das Unterschreiten der Mindestsätze der GOÄ *im Verhältnis zum Selbstzahler*; angesichts des Bindungscharakters der GOÄ zwischen Arzt und Patient (vgl. Rdn. 4) kann der Einfachsatz gem. § 5 Abs. 1, 2 GOÄ nicht unterschritten werden. Eine Unterschreitung kann auch dadurch erfolgen, dass in unzulässiger Weise Gutscheine an (potentielle) Patienten vergeben werden (KG WRP 2017, 89).

### V. Vorschuss

9 Umstritten ist, ob der Arzt bei Privatpatienten das Recht hat, einen Vorschuss zu verlangen (ablehnend: Berufsgericht für Heilberufe in Schleswig Urt. v. 08.06.1999 – BG 22/96; Berufsgericht für die Heilberufe beim VG Bremen Urt. v. 20.10.1982 – HB 2/79; Ratzel/Lippert/Prütting/*Ratzel* § 12 Rn. 23; bejahend: *Kern* GesR 2007, 241 ff.; Erman/*Rehborn/Gescher* § 630a Rn. 29; Spickhoff/*Scholz* § 12 MBO Rn. 5; offen gelassen: LBerufsG für Heilberufe beim OVG NRW ZMGR 2016, 192). Jedenfalls im Notfall und auch bei der Leichenschau darf ein solches Begehren aber nicht gestellt werden (zutr. Spickhoff/*Scholz* § 12 MBO Rn. 5 m.w.N.).

## C. Datenübermittlung (Abs. 2)

10 Die Vorschrift gibt die seit langem feststehende Rechtsprechung wieder; Daten dürfen an eine private Verrechnungsstelle – gleich welcher Art – nur übermittelt werden, wenn der Patient in die Datenübermittlung ausdrücklich eingewilligt hat (st. Rspr; grundlegend BGH NJW 1993, 2371). Das bedeutet, dass dem Patienten im Grundsatz zumindest klar sein muss, dass alle für eine ordnungsgemäße Rechnungserstellung nach § 12 GOÄ erforderlichen Daten, insbesondere also auch die Diagnose, mitgeteilt werden.

## D. (Teil-) Erlass der Honorarforderung (Abs. 3)

10a Abs. 3 erlaubt dem Arzt, das Honorar teilweise oder gänzlich gegenüber Verwandten, Kolleginnen und Kollegen, deren Angehörigen und mittellosen Patientinnen oder Patienten zu erlassen. Verwandte sind die leiblich und gesetzlich verwandten Personen i.S.d. BGB (vgl. §§ 1589, 1741 ff. BGB). Zum Begriff der Angehörigen i.S.d. Abs. 2 vgl. § 7 Rdn. 17.

## E. Gutachtenerstellung durch die Ärztekammer (Abs. 4)

11 Den Ärztekammern ist durch die Heilberufs- und Kammergesetze der Länder die Aufgabe übertragen, Streitigkeiten zwischen den Kammermitgliedern und Dritten zu schlichten (z.B. § 6 Nr. 8 HeilBerG NRW). Darunter fallen auch Honorarstreitigkeiten zwischen Ärzten und Patienten. Die Ärztekammer kann nach den Heilberufs- und Kammergesetzen zudem von Behörden um die Erstattung eines Gutachtens gebeten werden (vgl. z.B. § 6 Nr. 2 HeilBerG NRW). Für die Frage der Angemessenheit des Honorars sieht § 12 Abs. 3 eine Verpflichtung der Ärztekammer vor, ein Gutachten auf Antrag der Beteiligten zu erstellen. Dies kann für ein außergerichtliches Schlichtungsverfahren ebenso wie für einen anhängigen Rechtsstreit erstattet werden. Geprüft wird die Vereinbarkeit mit den Normen der GOÄ. Darüber hinaus darf die

Ärztekammer auch dann ein Gutachten zur Angemessenheit der Honorarforderung erstellen, wenn sie den Verdacht eines Berufsverstoßes hat und aufgrund ihres allgemeinen Aufsichtsrechts gegenüber dem Arzt tätig wird.

### F. Wirtschaftliche Information (Abs. 5)

Abs. 5 manifestiert eine umfassende Informationspflicht des Arztes über die wirtschaftlichen Folgen einer Behandlung. Die Vorschrift korrespondiert mit dem ähnlich ausgestalteten § 630c Abs. 3 BGB (eingehend dazu Erman/*Rehborn/Gescher* § 630c Rn. 31 ff.; OLG Köln GesR 2014, 93 zu Kosten medizinisch nicht indizierter Untersuchungen). 12

Seine Zielrichtung ist mehrfach; erkennbar dient er dem Schutz des Patienten vor von diesem unter Umständen nicht erkannten Vermögensschäden; das steht im Vordergrund. Angesichts zunehmender Diskussionen, zum Teil mit dem Vorwurf unseriöser Anpreisung, dient die Regelung aber auch dem Schutz des Berufsstandes an sich. Hält sich der Arzt an das strikte Gebot des Abs. 5, wird der Patient kaum einwenden können, er habe nicht gewusst, dass es sich um eine über die Leistungen der GKV oder PKV hinausgehende Leistung handle. 13

Die Information hat *vor* Leistungserbringung zu erfolgen. Damit soll verhindert werden, dass später Diskrepanzen entstehen. Ebenso soll verhindert werden, dass der Patient später unter den Druck geraten könnte, eine einmal erbrachte Leistung nun auch zu bezahlen, hätte er sich in Kenntnis der wirtschaftlichen Situation im Vorfeld auch gegen sie entschieden. Das zeitliche Gebot entspricht demjenigen des § 630c Abs. 3 BGB. Dies gilt nach zutreffender Auffassung auch vor Durchführung von Notfallbehandlungen (VerfGH Saarland GesR 2014, 546). 14

Das Schriftformgebot soll spätere Rechtsunklarheit von vornherein beseitigen; dem Patienten soll bewusst werden, worum es geht. Es korrespondiert mit dem Gebot der Information in Textform des § 630c Abs. 3 BGB. 15

Inhaltlich hat die Vorschrift einen Doppelgehalt: Einerseits bedarf es der Mitteilung über die Höhe des nach der GOÄ zu berechnenden voraussichtlichen Honorars. Das beinhaltet einen Kostenvoranschlag; grobe Schätzungen oder allgemeine Angaben reichen nicht aus. Allerdings ist es nicht erforderlich, wie bei einer abschließenden Berechnung durch § 12 GOÄ geboten, die Leistungen mit Nr. des Gebührenverzeichnisses, Grundvergütung und Steigerungssatz einzeln aufzuführen. Vielmehr reicht es, wenn der Patient die Höhe der voraussichtlich von ihm zu leistenden Zahlung kennt; so kann er sich für oder gegen die Leistungserbringung entscheiden. Andererseits beinhaltet Abs. 4 darüber hinaus aber auch die Pflicht, auf die fehlende oder zweifelhafte Erstattungsfähigkeit durch GKV oder PKV hinzuweisen. 16

Verstöße gegen das Gebot des § 630c Abs. 3 BGB führen zur Nichtigkeit des Vertrages, jeder anderweitige Verstoß gegen diese Vorschrift zu einer Schadenersatzpflicht des Arztes aus § 280 Abs. 1 BGB (Erman/*Rehborn/Gescher* § 630c Rn. 40). Sieht man die Regelung in Abs. 4 richtigerweise auch als Schutzvorschrift zugunsten des Patienten, wird man ihr auch Schutzgesetzfunktion i.S.d. § 823 Abs. 2 Satz 1 BGB zuzumessen haben. 17

### G. Rechtsfolgen

Neben einem berufsgerichtlichen Verfahren können bei einem Verstoß gegen § 12 zudem Beseitigungs-, Unterlassungs- und Schadensersatzansprüche gem. §§ 8, 9 UWG drohen, da § 12 Marktverhaltensregel i.S.d. § 4 Nr. 11 UWG a.F. ist (vgl. LG München GesR 2010, 249). 18

## § 13 Besondere medizinische Verfahren

(1) Bei speziellen medizinischen Maßnahmen oder Verfahren, die ethische Probleme aufwerfen und zu denen die Ärztekammer Empfehlungen zur Indikationsstellung und zur Ausführung festgelegt hat, haben Ärztinnen und Ärzte die Empfehlungen zu beachten.

(2) Soweit es die Ärztekammer verlangt, haben Ärztinnen und Ärzte die Anwendung solcher Maßnahmen oder Verfahren der Ärztekammer anzuzeigen.

(3) Vor Aufnahme entsprechender Tätigkeiten haben Ärztinnen und Ärzte auf Verlangen der Ärztekammer den Nachweis zu führen, dass die persönlichen und sachlichen Voraussetzungen entsprechend den Empfehlungen erfüllt werden.

| Übersicht | Rdn. | | Rdn. |
|---|---|---|---|
| A. Überblick und Bedeutung der Norm | 1 | II. »Empfehlungen zur Indikationsstellung und zur Ausführung« | 3 |
| B. Pflicht zur Beachtung von Empfehlungen (Abs. 1) | 2 | C. Anzeige- und Nachweispflichten (Abs. 2, Abs. 3) | 4 |
| I. »Spezielle medizinische Maßnahmen oder Verfahren« | 2 | | |

### A. Überblick und Bedeutung der Norm

1 Die Vorschrift leitet das 3. Kapitel der Berufsausübungspflichten ein, das mit »Besondere medizinische Verfahren und Forschung« überschrieben ist und Verhaltenspflichten für ärztliches Handeln in Grenzbereichen des Lebens sowie für die Anwendung von Maßnahmen oder Verfahren beinhaltet, die ethische Probleme aufwerfen können. § 13 dient der Orientierung der Ärzte und einer Vereinheitlichung ärztlicher Handlungen bei der Anwendung spezieller medizinischer Maßnahmen oder Verfahren.

### B. Pflicht zur Beachtung von Empfehlungen (Abs. 1)

#### I. »Spezielle medizinische Maßnahmen oder Verfahren«

2 Abs. 1 verpflichtet Ärztinnen und Ärzte, bei speziellen medizinischen Maßnahmen oder Verfahren die Empfehlungen der Ärztekammer zu beachten, die diese zur Indikationsstellung und zur Ausführung festgelegt hat. Der sachliche Anwendungsbereich des Abs. 1 wird durch »die speziellen medizinischen Maßnahmen oder Verfahren, die ethische Probleme aufweisen« bestimmt. Er wird durch die »Empfehlungen« der Ärztekammer näher festgelegt.

#### II. »Empfehlungen zur Indikationsstellung und zur Ausführung«

3 Mit »Empfehlungen zur Indikationsstellung und zur Ausführung« sind an sich die Richtlinien der Ärztekammer zu den benannten speziellen medizinischen Maßnahmen oder Verfahren gemeint, die ethische Probleme aufwerfen. Die Vorschrift steht im Zusammenhang mit § 9 MBOÄ 1995, der Richtlinien ausdrücklich zum Bestandteil der MBOÄ machte, später aber gestrichen wurde. Die Pflicht, »Empfehlungen« der Ärztekammer zu beachten, wird unter kompetenzrechtlichen Gesichtspunkten als problematisch bewertet, gleichwohl im Ergebnis aber als verfassungskonforme Delegation der Aufgabe auf den nichtstaatlichen Satzungsgeber für zulässig erachtet (vgl. Ratzel/Lippert/Prütting/*Ratzel* § 13 Rn. 1; vgl. zur Bindungswirkung etwa FG Thüringen EFG 2017, 1343). Zu den Empfehlungen gehören zahlreiche von der Bundesärztekammer verabschiedete Richtlinien, z.B. zur Herstellung und Anwendung von hämatopoetischen Stammzellzubereitungen, diverse Richtlinien zur Transplantation gem. § 16 TPG, Richtlinien zur Durchführung der substitutionsgestützten Behandlung Opiatabhängiger und andere. Zu Recht hat der BGH jedenfalls die Richtlinien nach § 16 TPG unter Berufung auf die h.M. im Transplantationsrecht als »Form

exekutiver Rechtsetzung« qualifiziert (BGH GesR 2017, 566 Rn. 33). Schwierigkeiten bereitet dann aber jedenfalls in berufsrechtlicher Hinsicht die Terminologie, wenn Satz 1 nur von »Empfehlungen« spricht (vgl. auch die damit nicht kompatible Stellungnahme der Bundesärztekammer »Verbindlichkeit von Richtlinien, Leitlinien, Empfehlungen und Stellungnahmen« [https://www.bundesaerztekammer.de/richtlinien/]). Darüber hinaus wird man bei grundlegenden Fragestellungen – so z.B. bei den Richtlinien zur Feststellung des Todes – auch die Frage aufwerfen, inwieweit es einer gesetzgeberischen Grundentscheidung in den jeweiligen Kammer- bzw. Heilberufsgesetzen der Bundesländer bedarf. Zudem sind die jeweiligen Richtlinien inhaltlich auch unter verfassungsrechtlichen Gesichtspunkten kritisch zu hinterfragen; zu Recht hat der BGH im Jahr 2017 die seinerzeit geltenden Richtlinien für die Lebertransplantation zumindest in Teilen als verfassungswidrig erachtet (BGH GesR 2017, 566 Rn. 39).

### C. Anzeige- und Nachweispflichten (Abs. 2, Abs. 3)

Die Anzeige- und Nachweispflichten in Abs. 2 und Abs. 3 setzen ein »Verlangen der Ärztekammer« voraus und sind Spezialausprägungen der ohnehin aus der Kammeraufsicht bestehenden allgemeinen Anzeige-, Auskunfts- und Nachweispflicht (vgl. § 2 Abs. 6). 4

## § 14 Erhaltung des ungeborenen Lebens und Schwangerschaftsabbruch

(1) **Ärztinnen und Ärzte sind grundsätzlich verpflichtet, das ungeborene Leben zu erhalten. Der Schwangerschaftsabbruch unterliegt den gesetzlichen Bestimmungen. Ärztinnen und Ärzte können nicht gezwungen werden, einen Schwangerschaftsabbruch vorzunehmen oder ihn zu unterlassen.**

(2) **Ärztinnen und Ärzte, die einen Schwangerschaftsabbruch durchführen oder eine Fehlgeburt betreuen, haben dafür Sorge zu tragen, dass die tote Leibesfrucht keiner missbräuchlichen Verwendung zugeführt wird.**

| Übersicht | Rdn. | | Rdn. |
|---|---|---|---|
| A. Überblick | 1 | II. Ausnahme: Schwangerschaftsabbruch nach den »gesetzlichen Bestimmungen« (Satz 2) | 4 |
| B. Verpflichtung, ungeborenes Leben zu erhalten (Abs. 1) | 3 | | |
| I. Grundsatz: ungeborenes Leben ist zu erhalten (Satz 1) | 3 | C. Keine missbräuchliche Verwendung der toten Leibesfrucht (Abs. 2) | 5 |

### A. Überblick

Das Leben zu erhalten, gehört zu den ureigenen Aufgaben des Arztes. § 14 Abs. 1 Satz 1 normiert dies als grundsätzliche Verpflichtung des Arztes. Davon darf er nach Satz 2 in den Grenzen der gesetzlichen Bestimmungen (gemeint: der strafrechtlichen Vorschriften, §§ 218 ff. StGB) abweichen. Das ist allerdings unpräzise und offenkundig auf einen Kompromiss zwischen Befürwortern und Gegnern von Ge- oder Verboten in berufsrechtlichen Regelungen zum Schwangerschaftsabbruch zurückzuführen, vgl. näher Rdn. 4 ff. Satz 3 trägt dem Persönlichkeitsrecht des einzelnen Arztes Rechnung, das durch das ärztliche Berufsbild geprägt wird (Art. 2 Abs. 1 i.V.m. Art. 12 Abs. 1 GG, vgl. BVerfGE 88, 203, 294), indem er die Freiheit des einzelnen Arztes betont, selbst zu entscheiden, ob er einen Schwangerschaftsabbruch nach den gesetzlichen Bestimmungen vornimmt oder nicht. 1

§ 14 Abs. 2 sichert den mit der Menschenwürde verbundenen Achtungsanspruch des ungeborenen Lebens ab. Jedenfalls mit dem Abschluss der Einnistung des befruchteten Eies in der Gebärmutter (Nidation) liegt Leben vor, das sich nicht zum Menschen, sondern als Mensch entwickelt 2

(BVerfGE 39, 1, 37; BVerfGE 88, 203, 252). Diesem ungeborenen Leben kommt Menschenwürde zu (BVerfGE 88, 203, 252).

## B. Verpflichtung, ungeborenes Leben zu erhalten (Abs. 1)

### I. Grundsatz: ungeborenes Leben ist zu erhalten (Satz 1)

3  Der Arzt ist grundsätzlich verpflichtet, das ungeborene Leben zu erhalten. Ungeborenes Leben besteht nach der Rechtsprechung jedenfalls ab dem Zeitpunkt der Nidation, Rdn 2. Diese Pflicht wird ärztlicherseits jedenfalls dann verletzt, wenn er einen Schwangerschaftsabbruch veranlasst, indem er einer Schwangeren – ohne deren Wissen – Abtreibungsmittel verabreicht (unter approbationsrechtliche Gesichtspunkten VG München Urt. v. 07.09.2020 – M 16 K 19.5386).

### II. Ausnahme: Schwangerschaftsabbruch nach den »gesetzlichen Bestimmungen« (Satz 2)

4  Dem Arzt kommt eine Sonderstellung für das ungeborene Leben zu, da oft nur er von dessen Existenz weiß (BVerfGE 88, 203, 271). Um einen umfassenden Schutz des ungeborenen Lebens sicherzustellen, ist der Arzt an dem grundrechtlich gebotenen Schutzkonzept zu beteiligen (BVerfGE 88, 203, 271). § 14 Abs. 1 stellt die berufsrechtliche Ausformung des Schutzkonzepts dar. Die »gesetzlichen Bestimmungen« über den Schwangerschaftsabbruch erfassen die §§ 218 bis 219a StGB sowie die Bestimmungen des Schwangerschaftskonfliktgesetzes.

4a  Gem. § 218 Abs. 1 Satz 1 StGB ist der Schwangerschaftsabbruch grundsätzlich strafbar. Davon sind jedoch verschiedene Ausnahmen normiert. Nach der gesetzlichen Formulierung soll der Arzt bereits den Tatbestand gem. § 218a Abs. 1 Satz 1 StGB nicht erfüllen, wenn der Schwangerschaftsabbruch innerhalb von 12 Wochen seit der Empfängnis und nach Beratung gem. § 219 StGB mit Einwilligung der Schwangeren erfolgt. Gleichwohl befindet sich der Arzt hier in einem Dilemma, da nach BVerfGE 88, 203 der ohne einen *rechtfertigenden* Grund (§ 218a Abs. 2 StGB) vorgenommene Schwangerschaftsabbruch von Verfassungs wegen widerrechtlich bleibt, also unzulässig – wenn auch nicht unter Strafe gestellt – ist (vgl. insoweit auch die hiermit korrespondierende zivilrechtliche Rechtsprechung; grundlegend BGH NJW 2002, 1489). Die – auch berufsrechtliche – Rechtspraxis versteht die Regelung jedenfalls dergestalt, dass auch ein berufsrechtlicher Verstoß nicht vorliegen soll, wenn ein zwar widerrechtlicher, nicht aber strafbarer Schwangerschaftsabbruch erfolgt.

4b  § 219 StGB regelt die Beratung der Schwangeren in einer Not- und Konfliktlage, die näher im Schwangerschaftskonfliktgesetz vorgegeben wird. Der Schwangerschaftsabbruch ist gem. § 218a Abs. 2, Abs. 3 StGB nicht rechtswidrig, wenn eine Einwilligung der Schwangeren vorliegt sowie eine medizinisch-soziale oder kriminologische Indikation.

## C. Keine missbräuchliche Verwendung der toten Leibesfrucht (Abs. 2)

5  Der Arzt, der einen Schwangerschaftsabbruch durchführt oder eine Fehlgeburt betreut, hat nach Abs. 2 eine Verantwortung für die tote Leibesfrucht. Er muss dafür Sorge tragen, dass sie keiner missbräuchlichen Verwendung zugeführt wird. Eine Fehlgeburt liegt vor, wenn es sich nicht um eine Lebendgeburt handelt und die Leibesfrucht weniger als 500g wiegt (31 Abs. 2 Nr. 1 PStG a.F.). Lebendgeburten sind Kinder, bei denen nach der Trennung vom Mutterleib entweder das Herz geschlagen oder die Nabelschnur pulsiert oder die natürliche Lungenatmung eingesetzt hat (§ 31 Abs. 1 PStG a.F.). Unter dem Begriff »Leibesfrucht« wird die menschliche Frucht vom Zeitpunkt des Abschlusses der Einnistung des befruchteten Eies im Mutterleib an verstanden. Die tote Leibesfrucht ist Oberbegriff für die aus einem Schwangerschaftsabbruch stammende Leibesfrucht sowie für die Fehlgeburt. Unter dem Gesichtspunkt des Schutzzwecks des § 14 Abs. 2 sollen auch Totgeburten umfasst werden (Ratzel/Lippert/Prütting/*Ratzel* § 14 Rn. 25), wogegen allerdings in der geltenden Fassung der eindeutige Wortlaut spricht.

Missbräuchlich ist jede Verwendung der Leibesfrucht, die nicht den gesetzlichen Bestimmungen zum Umgang mit der toten Leibesfrucht entspricht und dem über den Tod hinausgehenden Achtungsanspruch des ungeborenen Lebens widerspricht. Die landesgesetzlichen Bestattungsgesetze sehen unterschiedliche Regelungen zum Umgang mit der Leibesfrucht, Tot- und Fehlgeburten vor. So können Tot- oder Fehlgeburten sowie die aus Schwangerschaftsabbrüchen stammenden Leibesfrüchte nach § 14 Abs. 2 BestG NRW auf Wunsch eines Elternteils auf einem Friedhof bestattet werden. Wird kein Bestattungswunsch geäußert, muss der Inhaber des Gewahrsams die Fehlgeburt oder die aus dem Schwangerschaftsabbruch stammende Leibesfrucht ohne Gesundheitsgefährdung und ohne Verletzung des sittlichen Empfindens der Bevölkerung verbrennen (§ 8 Abs. 2 BestG NRW). Vom Arzt verlangt § 14 Abs. 2 BestG NRW, dass er die Patientin und den anderen Elternteil auf die Bestattungspflicht hinweist und ggf. selbst für eine ordnungsgemäße Bestattung sorgt. Über den Verstoß gegen gesetzliche Vorschriften hinaus ist jede Verwendung der toten Leibesfrucht ohne Einwilligung der Verfügungsberechtigten missbräuchlich, die zu kommerziellen oder gewerblichen Zwecken erfolgt; eingehend zur Problematik der Verwendung und zu Verwendungsmöglichkeiten von Embryonen *Busch*, Eigentum und Verfügungsbefugnisse am menschlichen Körper und seinen Teilen, S. 204 ff. Für Gewebe von Embryonen und Feten sind vor allem §§ 18, 19 TPG zu beachten.

5a

## § 15 Forschung

(1) Ärztinnen und Ärzte, die sich an einem Forschungsvorhaben beteiligen, bei dem in die psychische oder körperliche Integrität eines Menschen eingegriffen oder Körpermaterialien oder Daten verwendet werden, die sich einem bestimmten Menschen zuordnen lassen, müssen sicherstellen, dass vor der Durchführung des Forschungsvorhabens eine Beratung erfolgt, die auf die mit ihm verbundenen berufsethischen und berufsrechtlichen Fragen zielt und die von einer bei der zuständigen Ärztekammer gebildeten Ethik-Kommission oder von einer anderen, nach Landesrecht gebildeten unabhängigen und interdisziplinär besetzten Ethik-Kommission durchgeführt wird. Dasselbe gilt vor der Durchführung gesetzlich zugelassener Forschung mit vitalen menschlichen Gameten und lebendem embryonalen Gewebe.

(2) In Publikationen von Forschungsergebnissen sind die Beziehungen der Ärztin oder des Arztes zum Auftraggeber und dessen Interessen offenzulegen.

(3) Ärztinnen und Ärzte beachten bei der Forschung am Menschen nach § 15 Abs. 1 die in der Deklaration von Helsinki des Weltärztebundes in der Fassung der 64. Generalversammlung 2013 in Fortaleza niedergelegten ethischen Grundsätze für die medizinische Forschung am Menschen.

| Übersicht | Rdn. | | Rdn. |
|---|---|---|---|
| A. Zweck der Vorschrift | 1 | III. Sicherstellung der Beratung | 3c |
| B. Beratungspflicht (Abs. 1) | 2 | C. Offenlegungspflicht für Publikationen | 7 |
| I. Anwendungsbereich | 2 | D. Deklaration von Helsinki | 8 |
| II. Ethikkommissionen | 3 | | |

### A. Zweck der Vorschrift

§ 15 will verhindern, dass sich die menschenverachtenden Forschungsversuche an Menschen aus der Zeit zwischen 1933 bis 1945 wiederholen. (Stellpflug/Meier/Tadayon/*Buchner/Jäkel* B 1000 Rn. 211). Die Vorschrift soll den Konflikt zwischen der verfassungsrechtlich gewährten Forschungsfreiheit (Art. 5 Abs. 3 GG, vgl. dazu Ratzel/Lippert/Prütting/*Lippert* § 15 Rn. 4 f.) und dem Persönlichkeitsrecht des Einzelnen (Art. 2 Abs. 1 i.V.m. Art. 1 Abs. 1 GG) durch eine Abwägung zwischen den betroffenen Grundrechten lösen. Dazu werden spezielle Schutzvorkehrungen getroffen, die Ärzte zu beachten haben. Zugleich dient sie dem Schutz des Forschenden, indem dieser auch über die mit seinem Forschungsvorhaben verbundenen berufsrechtlichen Fragen – und Risiken – beraten wird.

1

## B. Beratungspflicht (Abs. 1)

### I. Anwendungsbereich

2   Nach Abs. 1 sind Ärzte verpflichtet sicherzustellen, dass vor Durchführung von Forschungsvorhaben am Menschen und vor der Forschung mit vitalen menschlichen Gameten und lebendem embryonalen Gewebe eine Beratung über die mit dem Vorhaben verbundenen berufsethischen und -rechtlichen Fragen durch eine Ethikkommission erfolgt. Diese in 2011 erfolgte Fassung verzichtet auf den unklaren Begriff der »biomedizinischen Forschung«; damit soll klargestellt werden, dass nur solche Forschungsvorhaben, die tatsächlich die psychische oder körperliche Integrität eines Menschen oder andere Individualrechte (Verwendung von Körpermaterialien oder personenbezogenen Daten) berühren, der Beratung durch eine Ethikkommission bedürfen (*Lippert* GesR 2012, 467). Forschung lässt sich allgemein als Streben nach wissenschaftlicher Erkenntnis (vgl. ähnlich BVerfGE 35, 79, 113; OVG NRW NWVBl 2021, 112) definieren. Zur Forschung i.S.d. Abs. 1 gehören – ohne Anspruch auf Vollständigkeit – insb. die folgenden Bereiche: die klinische Prüfung von Arzneimitteln (vgl. auch RL 2001/10/EG; §§ 40 ff. AMG) und von Medizinprodukten (vgl. §§ 24 ff. MPDG; zu diesbzgl. Zuständigkeitsproblemen *Hahn/Kern* GesR 2021, 562), genetische Untersuchungen (vgl. auch GenDG), Untersuchungen an menschlichen Körperzellen, Forschung an Stammzellen (Ratzel/Lippert/Prütting/*Lippert* § 15 Rn. 3); umfassende Nutzungsmöglichkeiten div. Körpermaterialien bei *Busch*, Eigentum und Verfügungsbefugnisse am menschlichen Körper und seinen Teilen, S. 121 ff.; speziell für die ethisch besonders sensible Situation der Forschung an und mit Hirnorganoiden vgl. *Kunz/Wolff* MedR 2021, 800 ff.

### II. Ethikkommissionen

3   Als Ethikkommission kommen entweder die bei der zuständigen (Landes-)Ärztekammer gebildete Ethikkommission in Betracht, alternativ eine andere, nach Landesrecht gebildete unabhängige und interdisziplinär besetzte Ethikkommission. Darunter fallen insbesondere die nach Landesrecht gebildeten Ethikkommissionen der Medizinischen Fakultäten der Universitäten oder Universitätskliniken. Ethikkommissionen, die Begutachtungen nach dem AMG, MPG, TPG oder TFG vornehmen, genügen diesen Anforderungen. Die Beratung durch eine andere, bei einer privatrechtlichen Institution gebildete Ethikkommission genügt demgegenüber nicht.

3a  Die Ethikkommission ist ein unabhängiges, interdisziplinär (Medizin, Philosophie, Theologie, Rechtswissenschaft, Biologie, Biostatistik etc.) besetztes Gremium, das die ethischen und rechtlichen Implikationen von medizinischen Versuchen am Menschen sowie von medizinischen Vorhaben in sensiblen Bereichen wie der Gentechnologie, der Transplantationstechnologie, der Intensivmedizin, der Sterbehilfe, dem Schwangerschaftsabbruch u. a. diskutiert und Empfehlungen an den einzelnen Arzt ausspricht (vgl. auch VG Münster Urt. v. 20.12.2004 – 10 K 2220/04, juris Rn. 92; zu Ethikkommissionen umfassend *Ammann*, Medizinethik und medizinethische Expertengremien im Licht des öffentlichen Rechts; zu Historie, Rechtsgrundlagen und Arbeitsweise von Ethikkommissionen *Lippert* GesR 2009, 355 ff.; zur Unabhängigkeit und Bestellung der Mitglieder *Lippert* GesR 2012, 467, 468 ff.).

3b  Fraglich ist, ob es sich beim Votum der Ethikkommission um einen Verwaltungsakt handelt. Das wird teilweise bejaht (*Lippert* GesR 2012, 467, 470), ist richtigerweise aber zu verneinen, da dem Votum nach dem Wortlaut des § 15 Abs. 1 Satz 1 kein Regelungscharakter zukommt (vgl. auch VG München Urt. v. 17.12.2013 – M 16 K 12.4255). Gefordert wird nämlich nicht ein positives Votum der Ethikkommission, sondern lediglich die Einholung der Beratung (zur Frage, ob ein positives Votum der Ethikkommission beansprucht werden kann vgl. BayVGH Beschl. v. 20.10.2014 – 21 ZB 14.1298). Zeigt die Ethikkommission durchgreifende Bedenken auf, ist es Sache der zuständigen Ärztekammer, durch Verwaltungsakt die betreffenden Forschungsmaßnahmen ggf. zu untersagen. Anders verhält es sich, wenn die Prüfung *nach den Vorschriften der § 40 Abs. 1 Satz 2 AMG, § 37 Abs. 1 Satz 1 MPDG* »zustimmend bewertet« worden ist. Nur in diesen Fällen kommt dem Votum der Ethikkommission Verwaltungsaktqualität zu (so auch *Rieck*, Staatshaftung gem. Art. 34 GG für Ethikkommissionen i.S.d. Arzneimittel- und des Medizinproduktegesetzes, S. 51 ff.).

## III. Sicherstellung der Beratung

Das Gebot der »Sicherstellung« stellt klar, dass nicht jeder beteiligte Arzt seinerseits mit der Bitte um Beratung an eine Ethikkommission herantreten muss; es reicht, wenn er sich vergewissert, dass das Projekt von *einer* dafür vorgesehenen Ethikkommission begutachtet wurde. Im Zweifel hat er sich das betr. Votum der Ethikkommission vorlegen zu lassen. 3c

Die Pflicht zur Beratung erstreckt sich inhaltlich auf berufsethische und -rechtliche Fragen, ohne dass dies näher konkretisiert wird. Damit können nur sämtliche das konkrete Forschungsvorhaben betreffende Fragen gemeint sein, die die Forschungsfragestellung einschließlich der Forschungsmethode und der Durchführung (wie beispielsweise den Umgang mit Versuchspersonen oder das Versuchsverfahren selbst) betreffen. 4

*(unbesetzt)* 5–6

## C. Offenlegungspflicht für Publikationen

Abs. 2 gebietet Transparenz bei der Publikation von Forschungsergebnissen, um die Interessenlage(n) und denkbare Intentionen im Zuge der Forschung und bei der Publikation (Auswertungen, Schlussfolgerungen, Art, Ort und Zeitpunkt der Veröffentlichung) erkennbar zu machen, sind die Beziehungen des forschenden und/oder publizierenden Arztes zum Auftraggeber der Forschung und dessen Interessen (z.B. Erhalt einer Zulassung) offenzulegen. Auch der Einfluss Dritter auf das Forschungsvorhaben und die Ergebnisse sollen so transparent werden. Das Transparenzgebot wurde international durch eine Änderung der Deklaration von Helsinki gestärkt, nach der die Rolle des Sponsors im Forschungsprojekt nun durch die Ethikkommission substantiell geprüft werden kann (vgl. *Spranger/Wegmann* ArztR 2010, 6, 7). 7

## D. Deklaration von Helsinki

Durch Abs. 3 ist die Deklaration von Helsinki als international anerkannte ethische Rechtsgrundlage für die medizinische Forschung am Menschen für die der jeweiligen Ärztekammer angehörenden Mitglieder verbindlich. Die Deklaration ist insbesondere für den Bereich der klinischen Forschung von Bedeutung (zu den Änderungen vgl. *Spranger/Wegmann* ArztR 2010, 6 ff.). 8

## § 16 Beistand für Sterbende

**Ärztinnen und Ärzte haben Sterbenden unter Wahrung ihrer Würde und unter Achtung ihres Willens beizustehen. Es ist ihnen verboten, Patientinnen und Patienten auf deren Verlangen zu töten.**

| Übersicht | Rdn. | | Rdn. |
|---|---|---|---|
| A. Bedeutung der Norm | 1 | IV. Ärztliches Handeln im Fall der Betreuung | 11 |
| B. Aktuelle Auffassung | 7 | V. Beihilfe zur Selbsttötung als Berufsverstoß? | 12 |
| I. Behandlungsabbruch als Oberbegriff | 8 | C. Der Wille und das Wohl der Patientin oder des Patienten | 13 |
| II. Rechtfertigende Einwilligung in die »Sterbehilfe« | 9 | D. Die Grundsätze der BÄK zur ärztlichen Sterbebegleitung und zum Umgang mit Todeswünschen | 15 |
| III. Die Patientenverfügung (§ 1901a Abs. 1 BGB) zur Ermittlung des Patientenwillens | 10 | | |

### A. Bedeutung der Norm

§ 16 ist durch Beschluss des 114. Deutschen Ärztetages 2011 grundlegend geändert, insbesondere verschlankt, worden. Mit dieser Regelung wurde auch das auch standesrechtlich umstrittene Verbot der Hilfe zur Selbsttötung in die Berufsordnung aufgenommen worden (ehemals Satz 3: »*Sie dürfen keine Hilfe zur Selbsttötung leisten*«). Nachdem das BVerfG das Verbot geschäftsmäßiger Suizidbeihilfe, wie es in § 217 StGB vorgesehen war, für verfassungswidrig erklärt hat (GesR 2020, 227) und 1 daraufhin zu Recht Bedenken auch an der Verfassungsmäßigkeit des Satzes 3 geltend gemacht wurden (*J. Prütting/Winter* GesR 2020, 273; *Lindner* ZMGR 2020, 270; vgl. auch die diesseitigen Bedenken in der 5. Aufl., § 16 MBOÄ Rn. 1), hat der 124. (digitale) Deutsche Ärztetag 2020 reagiert und Satz 3 ersatzlos aufgehoben (näher dazu Rdn. 10).

1a § 16 konkretisiert § 1 Abs. 2; inhaltlich übernimmt er mit der Hervorhebung des Patientenwillens die Grundlinien der Rechtsprechung des BGH zur Sterbehilfe (BGHSt 37, 376; 40, 253; 42, 301; 55, 91; BGHZ 154, 205) und implementiert sie in das ärztliche Berufsrecht.

2 Bis zur Einfügung des § 1901a BGB im Jahr 2008 und bis zur Entscheidung des BGH im Jahr 2010 (BGH GesR 2010, 536) hing die straf- und berufsrechtliche Zulässigkeit lebensverkürzender ärztlicher Maßnahmen maßgebend von der Unterscheidung zwischen aktivem Tun und Unterlassen ab und war durch die Begriffe der aktiven, passiven und indirekten Sterbehilfe geprägt; zu Details der damaligen Rechtsauffassung vgl. 5. Aufl., § 16 MBOÄ Rn. 2 ff.

3–6 *(unbesetzt)*

## B. Aktuelle Auffassung

7 Der BGH hat mit seiner Entscheidung im Jahre 2010 (BGH GesR 2010, 536) die Kritik des Schrifttums an der bis dahin bestehenden Rechtsprechung aufgegriffen, die im Kern aus einer normativen Umdeutung einer Handlung in ein strafrechtliches Unterlassen bestand. Die Umdeutung werde den auftretenden Problemen nicht gerecht; ein Behandlungsabbruch erschöpfe sich nach seinem natürlichen und sozialen Sinngehalt nicht in bloßer Untätigkeit.

### I. Behandlungsabbruch als Oberbegriff

8 Maßgeblich ist nun nicht mehr die rechtliche Qualifizierung des Handelns als aktives Tun oder Unterlassen, sondern die Subsumtion des Handelns unter den »normativ-wertenden Oberbegriff« des »Behandlungsabbruchs, ... der neben objektiven Handlungselementen auch die subjektive Zielsetzung des Handelnden umfasst, eine bereits begonnene medizinische Behandlungsmaßnahme gem. dem Willen des Patienten insgesamt zu beenden oder ihren Umfang entsprechend dem Willen des Betroffenen oder seines Betreuers nach Maßgabe jeweils indizierter Pflege- und Versorgungserfordernisse zu reduzieren« (BGH GesR 2010, 536, 539). Daher kann nun auch ein aktives Tun, das als Behandlungsabbruch zu qualifizieren ist, gerechtfertigt sein.

### II. Rechtfertigende Einwilligung in die »Sterbehilfe«

9 Die maßgeblichen Kriterien für die Rechtfertigung sieht der BGH in den Begriffen der »Sterbehilfe« und des »Behandlungsabbruchs« und in der »Abwägung der betroffenen Rechtsgüter vor dem Hintergrund der verfassungsrechtlichen Ordnung« (GesR 2010, 536, 539). Sterbehilfe durch Behandlungsunterlassung, -begrenzung oder -abbruch ist danach gerechtfertigt, wenn der Patient lebensbedrohlich erkrankt ist, die betreffende Maßnahme medizinisch zur Erhaltung oder Verlängerung des Lebens geeignet ist und eine Einwilligung des Patienten vorliegt. Die Möglichkeit der Einwilligung ist in dem verfassungsrechtlich garantierten Selbstbestimmungsrecht des Einzelnen (Art. 1 Abs. 1, 2 Abs. 1 GG) angelegt und berechtigt ihn, nicht gewollte Eingriffe in die körperliche Unversehrtheit und in den unbeeinflussten Fortgang seines Lebens und Sterbens abzuwehren (BGH GesR 2010, 536, 540). Nur solche Handlungen können gerechtfertigt werden, die einem »bereits begonnen Krankheitsprozess seinen Lauf« lassen, »indem zwar Leiden gelindert, die Krankheit aber nicht mehr behandelt wird, so dass der Patient letztlich dem Sterben überlassen wird« (BGH GesR 2010, 536, 540). Diese Grundsätze hat der BGH im Jahr 2019 bekräftigt, indem er aus »der gewachsenen Bedeutung der Selbstbestimmung des Einzelnen auch bei Entscheidungen über sein Leben« eine Straffreiheit des Arztes in Fällen des freiverantwortlichen Suizids feststellt; ein Arzt sei nicht verpflichtet, gegen den freiverantwortlichen Willen des Suizidenten zu handeln (BGH GesR 2019, 638, 640). Die Garantenstellung des Arztes für das Leben seines Patienten endet also, wenn er dessen freiverantwortlichen Suizid begleitet.

Das Vorliegen einer Grunderkrankung mit einem »irreversibel tödlichen Verlauf« ist allerdings nicht Voraussetzung für den zulässigen Abbruch lebenserhaltender Maßnahmen. Maßgeblich ist vielmehr der Patientenwille. Für dessen Verbindlichkeit – gleich ob tatsächlicher oder mutmaßlicher Wille – kommt es nicht auf die Art und das Stadium der Erkrankung (§ 1901a Abs. 3 BGB) oder gar die Frage, ob der Tod des Betroffenen unmittelbar bevorsteht oder nicht, an (BGH GesR 2015, 547). 9a

### III. Die Patientenverfügung (§ 1901a Abs. 1 BGB) zur Ermittlung des Patientenwillens

Der für die Einwilligung erforderliche behandlungsbezogene Patientenwille ist durch eine Patientenverfügung gem. § 1901a Abs. 1 BGB oder entsprechend den Verfahrensregelungen der §§ 1901a ff. BGB zu ermitteln (§ 630d Abs. 1 Satz 2 BGB; BGHSt 55, 191, 205). Patientenverfügungen sind gem. § 1901a Abs. 1 BGB schriftliche Willensbekundungen eines Einwilligungsfähigen darüber, ob er für den Fall seiner Einwilligungsunfähigkeit in bestimmte, zum Zeitpunkt der Festlegung noch nicht unmittelbar bevorstehende Untersuchungen seines Gesundheitszustands, Heilbehandlungen oder ärztliche Eingriffe einwilligt oder sie untersagt (zu den Voraussetzungen vgl. *Höfling* NJW 2009, 2849 ff.). 10

### IV. Ärztliches Handeln im Fall der Betreuung

Für das ärztliche Handeln gegenüber einem Betreuten ist § 1901b BGB maßgeblich. Ansprechpartner des Arztes für die Feststellung des Patientenwillens oder des mutmaßlichen Willens ist in diesen Fällen der Betreuer, § 630d Abs. 1 Satz 2 BGB. Hat der betroffene volljährige Patient selbst durch eine sog. Vorsorgevollmacht eine Person dazu bevollmächtigt, in seinem Namen und mit Wirkung für ihn Erklärungen abzugeben, zu denen er selbst infolge des Verlusts der Geschäftsfähigkeit nicht mehr in der Lage ist, gelten die Regelungen für den Betreuer entsprechend (§§ 1901a Abs. 5, 1901b Abs. 3 BGB). 11

Erteilt der Betreuer (Bevollmächtigte) eine Einwilligung in eine Untersuchung des Gesundheitszustands, eine Heilbehandlung oder einen ärztlichen Eingriff, bei dem die begründete Gefahr besteht, dass der Betreute stirbt oder einen schweren und länger dauernden gesundheitlichen Schaden erleidet, muss gem. § 1904 BGB die Entscheidung des Vormundschaftsgerichts eingeholt werden, wenn zwischen Betreuer (Bevollmächtigtem) und behandelndem Arzt kein Einvernehmen über den Willen des Betreuten besteht (§ 1904 Abs. 1, Abs. 4 BGB). Dies gilt auch für Fälle, in denen die Nichteinwilligung oder der Widerruf der Einwilligung in eine medizinisch indizierte Intervention zum Tod oder zu schweren und lang andauernden Schäden des Betreuten führt und kein Einvernehmen zwischen behandelndem Arzt und Betreuer/Bevollmächtigtem besteht (§ 1904 Abs. 2, Abs. 4 BGB). 11a

### V. Beihilfe zur Selbsttötung als Berufsverstoß?

Unverändert ist die *strafrechtliche* Bewertung der Beihilfe zu einer *freiverantwortlichen* Selbsttötung. Sie ist mangels Tatbestandsmäßigkeit der Haupttat straflos (BGHSt 2, 150, 152; BGHSt 32, 262, 264; BGHSt 32, 367, 371). Fehlt die Freiverantwortlichkeit, kann die Unterstützungshandlung für den Arzt aufgrund seiner Garantenstellung durch eine Behandlungsübernahme (vgl. dazu OLG München NJW 1987, 2940) als Tötung durch Unterlassen (§§ 212, 13 StGB), bei fehlender Garantenstellung gem. § 323c StGB strafbar sein (BGHSt 2, 150, 151; OLG München NJW 1987, 2940). Nach früherer Rechtsprechung konnte sich ein Arzt im Fall des Verlusts der Handlungsfähigkeit des (durchaus frei verantwortlich handelnden) Suizidenten wegen unterlassener Hilfeleistung (§ 323c StGB) strafbar machen, wenn er mit Eintritt der Handlungsunfähigkeit keine Rettungsmaßnahmen übernahm (BGHSt 32, 367, 380 f.). Diese Rechtsprechung ist mit der Anerkennung eines gestärkten Selbstbestimmungsrechts eines Patienten – mag dieses auch in einen Suizid münden – nicht mehr vereinbar; der BGH sieht in diesen Fällen den Arzt nicht zu Rettungsmaßnahmen verpflichtet (GesR 2019, 638, 640). Alles andere wäre auch schizophren – der Arzt müsste untätig zuschauen, wie der Patient zunächst alle Maßnahmen vollzieht, um sein Leben zu beenden. Geschieht das nicht uno actu, also ohne Unterbrechung, ohne Zwischenstadium (wie z.B. bei einem Sturz aus der Höhe), sondern zeitlich versetzt (wie z.B. bei der Einnahme eines erst zeitversetzt zum Tode führenden Arzneimittels), müsste er tätig werden, nachdem ein »Teilerfolg« (Handlungsunfähigkeit) bereits eingetreten ist. 12

12a Fraglich ist nunmehr allerdings, welche Konsequenz aus der Streichung des Verbots ärztlicher Hilfeleistung zur Selbsttötung (ehemals Satz 3, vgl. Rdn. 1) zu ziehen ist. Auch wenn es gem. § 1 Abs. 2 Aufgabe der Ärzte ist, Leben zu erhalten, wird man diese Vorschrift nicht als »Auffangtatbestand« im Falle ärztlicher Hilfeleistung zum Suizid heranziehen können. Zum einen wäre im Hinblick auf die genügende Bestimmtheit der Vorschriften eine klare Regelung im Berufsrecht zu fordern, zum anderen ist zu berücksichtigen, dass jedwede Beurteilung auch des ärztlichen Handelns im Lichte der jüngeren Rechtsprechung (BVerfG GesR 2020, 227) zu erfolgen hat. Von daher wird eine berufsrechtliche Ahndung allenfalls in besonders gelagerten Einzelfällen in Betracht kommen können.

12b Im Übrigen folgt aus der Berechtigung zur Suizidhilfe natürlich keine Verpflichtung hierzu; schon die Gewissensfreiheit des Arztes (Art. 4 Abs 1 GG, § 2 Abs. 1 MBOÄ) würde dem entgegenstehen.

### C. Der Wille und das Wohl der Patientin oder des Patienten

13 Auch nach der Änderung der Rechtsprechung des BGH und der Reform des Betreuungsrechts (§§ 1901a ff. BGB) muss im Mittelpunkt des ärztlichen Handelns in der Sterbephase das aus Art. 1 Abs. 1, Art. 2 Abs. 1 GG abgeleitete Selbstbestimmungsrecht des Einzelnen und damit dessen Wille stehen. Solange der Patient seinen Willen zum Ausdruck bringen kann oder dies antizipiert in Form einer Patientenverfügung (§ 1901a Abs. 1 BGB) getan hat, wird sein Wohl durch seinen Willen und damit durch ihn selbst bestimmt. Liegt für einen einwilligungsunfähigen Patienten keine Patientenverfügung vor, ist sein Wunsch oder sein mutmaßlicher Wille zu ermitteln und von dem Betreuer (Bevollmächtigten) durchzusetzen (§ 1901a Abs. 2, Abs. 5 BGB).

14 Das »Wohl« ist dagegen ein unbestimmter Rechtsbegriff, der in der übrigen Rechtsordnung (Wohl des Kindes, § 1626 Abs. 3 BGB; Wohl des Betreuten, § 1901 Abs. 2 BGB) im Sinne objektiver Interessen verwendet wird. Maßgebend für den Arzt ist aber nicht das objektiv bestimmte Wohl des Patienten, sondern – wie Satz 1 zum Ausdruck bringt – der Wille des Patienten. Dieser bleibt die zentrale Vorgabe für das ärztliche Handeln, weshalb der Arzt auf die Ermittlung des Patientenwillens besondere Sorgfalt zu verwenden hat.

### D. Die Grundsätze der BÄK zur ärztlichen Sterbebegleitung und zum Umgang mit Todeswünschen

15 Die Bundesärztekammer hat die »Grundsätze zur ärztlichen Sterbebegleitung« (https://www.bundesaerztekammer.de/fileadmin/user_upload/downloads/Sterbebegleitung_17022011.pdf), zuletzt geändert im Jahr 2004 (DÄBl. 2004, A-1298), im Jahr 2011 neu gefasst (DÄBl. 2011, A-346 ff.). Die Grundsätze sollen Orientierungsfunktion für das ärztliche Handeln bei der Begleitung von Sterbenden haben (vgl. Vorwort zu den Grundsätzen, DÄBl. 2011, A-346). Angesichts der fortgeschrittenen Rechtsprechung (siehe Rdn. 1 ff.) werden diese ergänzt um »Hinweise zum ärztlichen Umgang mit Suizidalität und Todeswünschen nach dem Urteil des Bundesverfassungsgerichts zu § 217 StGB« (www.aerzteblatt.de/archiv/220611/Hinweise-der-Bundesaerztekammer-zum-aerztlichen-Umgang-mit-Suizidalitaet-und-Todeswuenschen-nach-dem-Urteil-des-Bundesverfassungsgerichts-zu-217-StGB) aus dem Jahr 2021 (DÄBl. 2021, A-1428; Zusammenfassung bei *Dochow/ Scholz* DÄBl. 2021, 1402).

### § 17 Niederlassung und Ausübung der Praxis

(1) Die Ausübung ambulanter ärztlicher Tätigkeit außerhalb von Krankenhäusern einschließlich konzessionierter Privatkliniken ist an die Niederlassung in einer Praxis (Praxissitz) gebunden, soweit nicht gesetzliche Vorschriften etwas anderes zulassen.

(2) Ärztinnen und Ärzten ist es gestattet, über den Praxissitz hinaus an zwei weiteren Orten ärztlich tätig zu sein. Ärztinnen und Ärzte haben Vorkehrungen für eine ordnungsgemäße Versorgung ihrer Patientinnen und Patienten an jedem Ort ihrer Tätigkeiten zu treffen.

(3) Die Ausübung ambulanter ärztlicher Tätigkeit im Umherziehen ist berufsrechtswidrig. Zum Zwecke der aufsuchenden medizinischen Gesundheitsversorgung kann die Ärztekammer auf Antrag der Ärztin oder des Arztes von der Verpflichtung nach Absatz 1 Ausnahmen gestatten, wenn sichergestellt ist, dass die beruflichen Belange nicht beeinträchtigt werden und die Berufsordnung beachtet wird.

(4) Der Praxissitz ist durch ein Praxisschild kenntlich zu machen. Ärztinnen und Ärzte haben auf ihrem Praxisschild
— den Namen,
— die (Fach-)Arztbezeichnung,
— die Sprechzeiten sowie
— ggf. die Zugehörigkeit zu einer Berufsausübungsgemeinschaft gem. § 18a anzugeben.

Ärztinnen und Ärzte welche nicht unmittelbar patientenbezogen tätig werden, können von der Ankündigung ihres Praxissitzes durch ein Praxisschild absehen, wenn sie dies der Ärztekammer anzeigen.

(5) Ort und Zeitpunkt der Aufnahme der Tätigkeiten am Praxissitz sowie die Aufnahme weiterer Tätigkeiten und jede Veränderung haben Ärztinnen und Ärzte der Ärztekammer unverzüglich mitzuteilen.

| Übersicht | Rdn. | | Rdn. |
|---|---|---|---|
| A. Bedeutung | 1 | D. Keine Ausübung der ärztlichen Tätigkeit im Umherziehen (Abs. 3) | 10 |
| B. Niederlassung in einer Praxis (Abs. 1) | 5 | E. Praxisschild (Abs. 4) | 14 |
| I. Niederlassung | 5 | F. Mitteilungspflicht (Abs. 5) | 15 |
| II. Praxis | 6 | | |
| C. Ärztliche Tätigkeit an bis zu zwei weiteren Orten (Abs. 2) | 8 | | |

## A. Bedeutung

*(unbesetzt)* 1

§ 17 stellt den Ausgangspunkt des IV. Abschnitts der MBOÄ zum »beruflichen Verhalten« dar und macht berufsrechtliche Vorgaben für den Grundfall der ambulanten ärztlichen Tätigkeit in einer Praxis im Hinblick auf deren organisatorischen Vollzug (vgl. Ratzel/Lippert/Prütting/*Ratzel* § 17 Rn. 1). §§ 18, 18a regeln berufliche Kooperationen. § 19 enthält Vorgaben für die Beschäftigung angestellter Ärzte. 2

Nach dem früheren Wortlaut des § 17 war die Ausübung ambulanter ärztlicher Tätigkeit an die Niederlassung in *eigener* Praxis gebunden. Da die ambulante ärztliche Tätigkeit seit dem Jahr 2004 »in einer Praxis« und nicht (wie früher) »in eigener Praxis« auszuüben ist, wird nun deutlicher, dass die Eigentumsverhältnisse an der Praxis unter berufsrechtlichen Gesichtspunkten primär irrelevant sind. 3

Das LSG Baden-Württemberg (GesR 2013, 483) ist der Auffassung, die Ausübung ärztlicher Tätigkeit – vom Beamtenverhältnis abgesehen – könne nur in freier Niederlassung oder im Angestelltenverhältnis erfolgen. Demgemäß könne nicht niedergelassenen Ärzten die Berechtigung zur stationären Behandlung von Krankenhauspatienten in Hauptabteilungen nur durch Anstellung beim Krankenhaus vermittelt werden; unbeschadet sozialversicherungsrechtlicher Vorgaben setze die selbstständige Tätigkeit eines Arztes im Krankenhaus im Rahmen einer sog. Kooperation eine Niederlassung voraus. Eine so starre Haltung widerspricht nicht nur der Rechtspraxis – beispielsweise freiberuflichen Vertretungen durch einen Arzt, der keine eigene Praxis mehr betreibt –; sie 4 wäre auch im Lichte des Art. 12 Abs. 1 GG verfassungsrechtlich kaum haltbar, da ein Erfordernis hierfür nicht ersichtlich ist.

## B. Niederlassung in einer Praxis (Abs. 1)

### I. Niederlassung

5 Der Begriff »Niederlassung« hat sich historisch gebildet und verändert (vgl. *Schiller* NZS 1997, 103 ff.). Aus den Worten »Niederlassung in einer Praxis (Praxissitz)« lässt sich die Niederlassung als tatsächliche Ausübung der ärztlichen Tätigkeit mittels einer festen Einrichtung an einer konkreten Anschrift (Straße, Hausnummer, Ort) definieren (vgl. VGH Mannheim MedR 2000, 440, 441; für das Vertragsarztrecht BSGE 86, 121, 122: Praxisanschrift des Vertragsarztes; BSG GesR 2006, 455, 456; ähnlich BGH NJW 1978, 589: »die öffentlich erkennbare Bereitstellung zur Ausübung des ärztlichen Berufs in selbständiger Praxis«). Der Vertragsarzt hat am Ort der Niederlassung seine Sprechstunde abzuhalten und unterliegt dort der sog. Residenzpflicht (§ 24 Abs. 2 Ärzte-ZV). Eine Sondersituation kann sich für Anästhesisten ergeben, die ausschließlich bei Operationen Anästhesien durchführen (vgl. *Schiller* NZS 1997, 103, 109). Für sie ist die Niederlassung nur Kontaktstelle gegenüber anderen Berufsangehörigen und Patienten, welche um Auskunft nachsuchen, aber nicht Ort der Behandlung (Ratzel/Lippert/Prütting/*Ratzel* § 17 Rn. 3). Praxisräume können auch von Dritten gestellt werden, indem dem Arzt eine Nutzungsbefugnis eingeräumt wird. Der Arzt muss die Räume aber – ggf. auf bestimmte wiederkehrende Zeiträume beschränkt – beliebig und unter Ausschluss der Bestimmung Dritter nutzen dürfen (VGH Mannheim MedR 2000, 440, 441 f.).

### II. Praxis

6 § 17 Abs. 1 ging früher – wie aktuell § 32 Abs. 1 Satz 1 Ärzte-ZV, maßgeblich jedoch nur für die vertragsärztliche Tätigkeit – von dem Leitbild des ambulant tätigen Arztes in »freier Praxis« aus; durch die Möglichkeit der Anstellung von Ärzten ist dieses heute überlagert. Deren Beschäftigung ist – anders als im Vertragsarztrecht – nicht erst mit Genehmigung zulässig (vgl. aber Anzeigepflicht gem. § 19 Abs. 1 a.E.). Die Änderung des Textes der MBOÄ (vgl. Rdn. 3) verdeutlicht, dass das Gebot der Niederlassung in »freier« oder »eigener« Praxis nicht mehr gilt; demgemäß ist der niedergelassene sog. Privatarzt (ohne vertragsärztliche Zulassung) allein verpflichtet, sich in »einer« Praxis – unbeschadet der Eigentumsverhältnisse – niederzulassen. Dennoch können sich – insbesondere aus § 2 Abs. 1 – Einschränkungen ergeben; das ist insbesondere der Fall, wenn eine Einflussnahme von Nichtärzten auf die Praxis erfolgt, die dazu führt, dass der Praxisinhaber in seiner Tätigkeit durch Vorgaben Dritter eingeschränkt wird. Vgl. insoweit auch *Kästel*, Grenzen des ärztlichen Berufs- und Standesrechts für den Einsatz des Franchising in der Praxis des niedergelassenen Arztes, S. 1 ff.

7 Demgegenüber normiert § 32 Abs. 1 Satz 1 Ärzte-ZV für den *Vertrags*arzt das Gebot der Ausübung seiner Tätigkeit »in freier Praxis«. Nach BSG (GesR 2010, 615) ist dem nicht genügt, wenn ein Vertragsarzt weder das wirtschaftliche Risiko der Praxis (mit)trägt noch am Wert der Praxis beteiligt ist. Weiterhin müsse der Arzt über eine »ausreichende Dispositionsfreiheit in beruflicher und persönlicher Hinsicht« (BSG GesR 2010, 615, 620) verfügen; erhebliche Einflussnahmen Dritter bei der Gestaltung des medizinischen Auftrags und bei der Disposition über das Hilfspersonal müssten ausgeschlossen sein, Entsprechendes gelte für die Disposition über die Sachausstattung (BSG GesR 2010, 615, 620). Ähnlich sieht es das BSG für die Tätigkeit eines *Vertragsarztes* in einem MVZ (BSG GesR 2018, 375). Jedenfalls berufsrechtlich kann eine solche Forderung nicht haltbar aufgestellt werden; ob sie vertragsarztrechtlich Bestand hat, mag hier dahingestellt bleiben.

## C. Ärztliche Tätigkeit an bis zu zwei weiteren Orten (Abs. 2)

8 Nach Abs. 2 Satz 1 darf der Arzt über den Praxissitz hinaus an zwei weiteren Orten ärztlich tätig sein. Satz 2 verlangt, dass der Arzt Vorkehrungen für eine ordnungsgemäße Versorgung seiner Patienten an jedem Ort der Tätigkeit trifft. Entgegen LSG NRW (Urt. v. 29.06.2016 – L 11 KA 4/15 sowie L 11 KA 5/15) dürfen sie aber nicht in größerem Umfang zum Notdienst herangezogen

werden als andere Vertragsärzte mit gleichem Versorgungsauftrag (BSG GesR 2019, 499 m Anm. *Pfeifer*). Die weiteren Orte der ärztlichen Tätigkeit müssen feste Einrichtungen sein, die von der Zielrichtung des Betreuungsspektrums dem Praxissitz entsprechen (Ratzel/Lippert/Prütting/*Ratzel* § 17 Rn. 8, 9). Mit Satz 2 soll sichergestellt werden, dass die Tätigkeit an bis zu zwei weiteren Orten nicht zulasten der Versorgung der Patientinnen und Patienten an dem jeweiligen Ort der Niederlassung bzw. Filiale geht (vertragsärztlich tätige Ärzte haben sogar eine qualitative bzw. quantitative Versorgungsverbesserung am Ort der Zweigpraxis sicherzustellen, vgl. BSG GesR 2016, 308 m. Anm. *Hesse* GesR 2016, 562). Eine ordnungsgemäße Versorgung beinhaltet, dass keine zu langen Wartezeiten für die Patientinnen und Patienten durch die Tätigkeit an weiteren Orten entstehen und die Erreichbarkeit des Arztes sichergestellt ist (vgl. hierzu unter vertragsarztrechtlichen Gesichtspunkten grundlegend BSG GesR 2011, 431; LSG Berlin-Brandenburg MedR 2021, 847, LSG NRW Urt. v. 11.03.2021 – L 11 KA 50/18 sowie LSG Sachsen Beschl. v. 19.07.2021 – L 1 KA 10/19 B ER).

Auf Medizinische Versorgungszentren ist die Regelung nicht, auch nicht analog, anzuwenden; wohl ist sie aber von dem in einem Medizinischen Versorgungszentrum tätigen Arzt zu beachten; *er* darf nur an maximal drei Orten tätig werden (BSG GesR 2011, 427).

**D. Keine Ausübung der ärztlichen Tätigkeit im Umherziehen (Abs. 3)**

Abs. 3 erklärt die Ausübung der ambulanten ärztlichen Tätigkeit im Umherziehen für berufsrechtswidrig. Diese Regelung knüpft an Zeiten an, als die Ausübung von »Heilkunde« insbesondere auch auf Messen oder Jahrmärkten erfolgte; der »Heilkundige« zog so von Markt zu Markt.

Heute gewinnt die Vorschrift zunehmend an Bedeutung; ein noch deutlich, insbesondere in ländlichen Regionen, zunehmender Ärztemangel wird das Erfordernis bringen, an unterschiedlichen Orten Sprechstunden anzubieten. Dabei wird auch der Einsatz von »Arztbussen«, wie er in anderen Ländern längst geschieht, zu erwägen sein. Schon heute erfolgt eine sog. »aufsuchende medizinische Versorgung, z.B. bei Obdachlosen«, die vom Wortlaut der Vorschrift nicht erfasst sein soll (Ratzel/Lippert/Prütting/*Ratzel* § 17 Rn. 9).

Werden Ärzte aushilfsweise fachärztlich in Krankenhäusern tätig (»Honorararzt«), kann dies berufsrechtlich relevant werden (vgl. dazu sowie zum ambulanten Operieren ausführlich Ratzel/Lippert/Prütting/*Ratzel* § 17 Rn. 9 ff.). Werden einem Arzt Räume zur Nutzung überlassen, die von der Bestimmung Dritter abhängig ist, soll ein Umherziehen i.S.d. § 17 Abs. 3 vorliegen (VGH Mannheim MedR 2000, 440, 442); diese Auffassung überzeugt freilich nicht.

Die Regelung wird im Lichte des Art. 12 Abs. 1 GG auszulegen sein. Danach wird man entweder schon den Begriff des »Umherziehens« restriktiv auszulegen haben, alternativ zumindest die Gestattung von Ausnahmen (Satz 2) großzügig und im Lichte von Sinn und Zweck der Vorschrift zu handhaben haben.

**E. Praxisschild (Abs. 4)**

Abs. 4 enthält die verpflichtenden Angaben auf dem Praxisschild, das den Praxissitz kenntlich macht. Dies sind: der Name, die (Fach-)Arztbezeichnung, die Sprechzeiten sowie ggf. die Zugehörigkeit zu einer Berufsausübungsgemeinschaft gem. § 18a. Das Praxisschild ist von zentraler Bedeutung für den ersten Kontakt zwischen Arzt und Patient (BVerfG NJW 2001, 2788 ff.) und dient der Information der Patienten darüber, welche Ärzte in der Praxis tätig sind und welches Behandlungsangebot dort besteht (OVG Münster Beschl. v. 29.08.2006 – 13 A 3968/04). Angaben, die inhaltlich über die Pflichtvorgaben des Abs. 4 hinausgehen, können gegen das Werbeverbot des § 27 verstoßen. Verfassungsrechtlich nicht zulässig ist es, alle Angaben und Zusätze auf dem Praxisschild außer den in der BO ausdrücklich zugelassenen ohne Rücksicht auf ihren Sinn und Zweck oder ihren Informationswert generell zu verbieten (BVerfG NJW 2001, 2788 ff.). Der Hinweis auf besondere Erfahrungen und Kenntnisse, die nachweislich durch ein Zertifikat belegt werden, kann berufsrechtlich zulässig sein, auch wenn es sich nicht um eine anerkannte Facharztbezeichnung handelt (vgl. BVerfG NJW 2001, 2788 ff. zum Führen eines »Tätigkeitsschwerpunktes Implantologie« auf dem Praxisschild und dem Briefbogen bei Nachweis entsprechender Kenntnisse und Fähigkeiten; LG Wuppertal Urt. v. 15.05.2009 – 15 O 11/09, aus wettbewerbsrechtlicher Perspektive: Ein Facharzt für Chirurgie darf auf dem Praxisschild auf besondere Erfahrungen in den Gebieten der sportmedizinischen und proktologischen Behandlungen hinweisen). Berufsrechtswidrig soll der Hinweis auf dem Praxisschild auf die verstorbene frühere Praxisinhaberin sein (OVG Münster Beschl. v. 29.08.2006 – 13 A 3968/04). Unter verfassungsrechtlichen Gesichtspunkten überzeugt das nicht, wenn deutlich wird, dass diese verstorben und daher in der Praxis nicht mehr tätig ist; im Gegenteil kann dem Patienten damit gedient sein, schafft die Angabe doch die Gewissheit, dass es sich um die Praxis handelt, in der er früher behandelt wurde und wo sich im Zweifel auch seine Patientenakte befindet. Zum Werbeverbot vgl. auch § 27 Rdn. 4 ff.

### F. Mitteilungspflicht (Abs. 5)

15 Abs. 5 enthält eine Mitteilungspflicht. Ärztinnen und Ärzte haben der Ärztekammer Ort und Zeitpunkt der Tätigkeiten am Praxissitz sowie die Aufnahme weiterer Tätigkeiten und jede Veränderung unverzüglich mitzuteilen. Unverzüglich heißt »ohne schuldhaftes Zögern«.

### § 18 Berufliche Kooperationen

(1) Ärztinnen und Ärzte dürfen sich zu Berufsausübungsgemeinschaften, Organisationsgemeinschaften, Kooperationsgemeinschaften und Praxisverbünden zusammenschließen. Der Zusammenschluss zur gemeinsamen Ausübung des Arztberufs kann zum Erbringen einzelner Leistungen erfolgen, sofern er nicht einer Umgehung des § 31 dient. Eine Umgehung liegt insbesondere vor, wenn der Gewinn ohne Grund in einer Weise verteilt wird, die nicht dem Anteil der persönlich erbrachten Leistungen entspricht. Die Anordnung einer Leistung, insbesondere aus den Bereichen der Labormedizin, der Pathologie und der bildgebenden Verfahren, stellt keinen Leistungsanteil im Sinne des Satzes 3 dar. Verträge über die Gründung von Teil-Berufsausübungsgemeinschaften sind der Ärztekammer vorzulegen.

(2) Ärztinnen und Ärzte dürfen ihren Beruf einzeln oder gemeinsam in allen für den Arztberuf zulässigen Gesellschaftsformen ausüben, wenn ihre eigenverantwortliche, medizinisch unabhängige sowie nicht gewerbliche Berufsausübung gewährleistet ist. Bei beruflicher Zusammenarbeit, gleich in welcher Form, hat jede Ärztin und jeder Arzt zu gewährleisten, dass die ärztlichen Berufspflichten eingehalten werden.

(2a) Eine Berufsausübungsgemeinschaft ist ein Zusammenschluss von Ärztinnen und Ärzten untereinander, mit Ärztegesellschaften oder mit ärztlich geleiteten Medizinischen Versorgungszentren, die den Vorgaben des § 23a Abs. 1, Buchstabe a, b und d entsprechen, oder dieser untereinander zur gemeinsamen Berufsausübung. Eine gemeinsame Berufsausübung setzt die auf Dauer angelegte berufliche Zusammenarbeit selbständiger, freiberuflich tätiger Gesellschafter voraus. Erforderlich ist, dass sich die Gesellschafter in einem schriftlichen Gesellschaftsvertrag gegenseitig verpflichten, die Erreichung eines gemeinsamen Zweckes in der durch den Vertrag bestimmten Weise zu fördern und insbesondere die vereinbarten Beiträge zu leisten. Erforderlich ist weiterhin regelmäßig eine Teilnahme aller Gesellschafter der Berufsausübungsgemeinschaft an deren unternehmerischem Risiko, an unternehmerischen Entscheidungen und an dem gemeinschaftlich erwirtschafteten Gewinn.

(3) Die Zugehörigkeit zu mehreren Berufsausübungsgemeinschaften ist zulässig. Die Berufsausübungsgemeinschaft erfordert einen gemeinsamen Praxissitz. Eine Berufsausübungsgemeinschaft mit mehreren Praxissitzen ist zulässig, wenn an dem jeweiligen Praxissitz verantwortlich

mindestens ein Mitglied der Berufsausübungsgemeinschaft eine ausreichende Patientenversorgung sicherstellt.

(4) Bei allen Formen der ärztlichen Kooperation muss die freie Arztwahl gewährleistet bleiben.

(5) Soweit Vorschriften dieser Berufsordnung Regelungen des Partnerschaftsgesellschaftsgesetzes (Gesetz über Partnerschaftsgesellschaften Angehöriger Freier Berufe [PartGG] vom 25.07.1994 – BGBl. I S. 1744) einschränken, sind sie vorrangig aufgrund von § 1 Absatz 3 PartGG.

(6) Alle Zusammenschlüsse nach Absatz 1 sowie deren Änderung und Beendigung sind der zuständigen Ärztekammer anzuzeigen. Sind für die beteiligten Ärztinnen und Ärzte mehrere Ärztekammern zuständig, so ist jede Ärztin und jeder Arzt verpflichtet, die für ihn zuständige Kammer auf alle am Zusammenschluss beteiligten Ärztinnen und Ärzte hinzuweisen.

| Übersicht | Rdn. | | Rdn. |
|---|---|---|---|
| A. Normzweck und Regelungsgegenstand | 1 | II. Berufsrechtlich zugelassene Rechtsformen (Abs. 2, 5) | 55 |
| B. Tatbestand | 4 | 1. Rechtsformen | 55 |
| I. Berufsrechtlich anerkannte Organisationsmodelle (Abs. 1 Satz 1) | 4 | a) Gesellschaftsformen deutschen Rechts | 55 |
| 1. Allgemeines | 4 | b) Gesellschaftsformen ausländischen Rechts | 57 |
| 2. Berufsausübungsgemeinschaften (Abs. 2a) | 6 | 2. Gesellschaftsform und Organisationsmodell | 63 |
| a) Merkmale | 6 | 3. Berufsrechtsvorbehalt | 64 |
| b) Gesellschaftsrecht | 16 | III. Anzeigepflichten (Abs. 1 Satz 5, Abs. 6) | 65 |
| c) Erscheinungsformen gemeinsamer Berufsausübung | 21 | IV. Gewährleistungsverpflichtungen (Abs. 2, 4) | 68 |
| d) Mehrfachmitgliedschaften (Abs. 3 Satz 1) | 35 | 1. Eigenverantwortlichkeit/Unabhängigkeit | 68 |
| 3. Organisationsgemeinschaften | 36 | 2. Nicht-Gewerblichkeit | 71 |
| a) Merkmale | 36 | 3. Einhaltung der Berufspflichten | 73 |
| b) Gesellschaftsrecht | 37 | 4. Freie Arztwahl | 74 |
| c) Erscheinungsformen | 41 | 5. Rechtsfolgen eines Verstoßes | 75 |
| d) Mehrfachmitgliedschaften | 45 | C. Vertragsarztwesen | 76 |
| 4. Kooperationsgemeinschaften | 46 | I. Berufsausübungsgemeinschaften | 77 |
| 5. Praxisverbund | 47 | II. Organisationsgemeinschaften | 88 |
| 6. Sonstige Organisationsmodelle | 48 | | |

### A. Normzweck und Regelungsgegenstand

§ 18 ist die berufsrechtliche Zentralnorm zur kooperativen Berufsausübung von Ärzten. Sie stellt 1 die Möglichkeit der kooperativen Berufsausübung fest, ohne für sie besondere gesellschaftsrechtliche Anforderungen zu statuieren. Die § 18 nachfolgenden §§ 18a, 23a–23d regeln spezifische Fragen, die sich aus der nach § 18 ermöglichten Wahl eines bestimmten Organisationsmodells oder einer bestimmten Rechtsform ergeben. Der Normkomplex ist im Jahr 2006 grundlegend neu gestaltet und im Jahr 2011 um den Abs. 2a ergänzt worden. Im Jahr 2019 waren rund 45 % aller Ärzte und Psychotherapeuten in der Vertragsärztlichen Versorgung in kooperativen Strukturen tätig – insbesondere bei Chirurgen, Radiologen und Ärzten der gesonderten fachärztlichen Versorgung ist der Anteil besonders hoch. Die BÄK hat angesichts der kontinuierlichen Zunahme der Berufsausübung in kooperativen Strukturen die Regelungen der MBOÄ bereits auf dem 107. DÄT als »eine Zielbeschreibung der zukünftigen ärztlichen Tätigkeit im Berufsrecht« charakterisiert.

§ 18 Abs. 1 benennt die zur Verfügung stehenden Organisationsmodelle: Berufsausübungsgemeinschaft, Organisationsgemeinschaft, Kooperationsgemeinschaft und Praxisverbund. Die modifizierte Terminologie bringt deutlicher als in der Vergangenheit die unterschiedlichen Kategorien 2 kooperativer Berufsausübung zum Ausdruck: Die gemeinsame Ausübung des Arztberufs mit anderen Ärzten (»Berufsausübungsgemeinschaft«) oder Angehörigen anderer Gesundheitsberufe (»Medizinische Kooperationsgemeinschaft«) als intensivste Form der Zusammenarbeit, die gemeinsame Organisation (lediglich) des infrastrukturellen Rahmens bei weiterhin alleinverantwortlicher Ausübung des Berufs (»Organisationsgemeinschaft«) oder die lose Zusammenarbeit mehrerer alleinverantwortlich den Beruf in eigener Infrastruktur ausübender Ärzte (»Praxisverbund«). Den überkommenen Begriff der Gemeinschaftspraxis verwendet das Berufsrecht nicht mehr (näher u. Rdn. 6 ff.). An seine Stelle ist der Begriff der Berufsausübungsgemeinschaft getreten. Verbreitet nutzen Rspr. und Schrifttum die überkommene Terminologie weiterhin, sodass bisweilen gewisse begriffliche Unschärfen festzustellen sind – wie es überhaupt im Berufsrecht der Freien Berufe insgesamt an einer einheitlichen Terminologie im Bereich des Gesellschaftsrechts mangelt und verbreitet begriffliche Konfusion festzustellen ist.

3 § 18 Abs. 2 Satz 1 erlaubt die Nutzung aller »für den Arztberuf zulässigen Gesellschaftsformen«, soweit die eigenverantwortliche, medizinisch unabhängige sowie nicht gewerbliche Berufsausübung des einzelnen Gesellschafters gewährleistet ist (näher u. Rdn. 55 ff.). § 18 Abs. 2a definiert die Eigenschaften der Berufsausübungsgemeinschaft als eines der in Abs. 1 benannten Organisationsmodelle der kooperativen ärztlichen Berufsausübung. § 18 Abs. 3 gestattet die Beteiligung nicht nur an einer, sondern auch an mehreren Berufsausübungsgemeinschaften (näher u. Rdn. 35; darüber hinaus ist es dem Arzt auch nicht verwehrt, neben der Beteiligung an einer Berufsausübungsgemeinschaft im Rahmen einer eigenen Praxis tätig zu sein). Zulässig ist auch eine Berufsausübungsgemeinschaft mit mehreren Praxissitzen (näher u. Rdn. 28 ff.). Fachübergreifende Zusammenschlüsse mit anderen Ärzten sind erlaubt, wenn das Recht des Patienten auf freie Arztwahl nicht beschränkt wird (näher u. Rdn. 22). § 18 Abs. 6 verpflichtet, die gemeinsame Berufsausübung bei der Landesärztekammer anzuzeigen (näher u. Rdn. 65 ff.).

## B. Tatbestand

### I. Berufsrechtlich anerkannte Organisationsmodelle (Abs. 1 Satz 1)

#### 1. Allgemeines

4 Gedanklich zu trennen sind primär berufsrechtliche Fragen des zulässigen Gegenstands einer kooperativen Form der Berufsausübung von vorrangig gesellschaftsrechtlichen Fragen der Rechtsträgerschaft. Entgegen einem verbreiteten Verständnis ist es notwendig, diese beiden Problemebenen gedanklich streng zu trennen. Auf der Grundlage eines solchen Verständnisses befasst sich Abs. 1 mit der grundsätzlichen Frage, in welchem Maße die berufliche Tätigkeit durch einen einzelnen Anwalt in kooperative Formen der Berufsausübung eingebracht werden kann, Abs. 2 sodann die logisch nach geordnete Frage, wie diese kooperative Berufsausübung gesellschaftsrechtlich organisiert werden kann.

5 Die Frage der Abgrenzung insbesondere der Berufsausübungsgemeinschaft von anderen Modellen der kooperativen Berufsausübung ist im medizinrechtlichen Schrifttum viel diskutiert (ausführlich Ratzel/Lippert/Prütting/*Ratzel* § 18/18a Rn. 3 ff.), aus Sicht des *Berufsrechts* freilich aufgrund der grundsätzlichen Zulässigkeit der verschiedenen Kooperationsmodelle akademischer Natur. Relevant werden Abgrenzungen vor allem auf der Ebene des Gesellschaftsrechts, etwa bei der Beurteilung der Haftung von vergesellschafteten Ärzten für Berufsausübungsfehler, sowie im Sozialrecht mit Blick auf die Abrechnung vertragsärztlicher Leistungen. Berufsrechtlich ist die Zuordnung primär im Anwendungsbereich des § 18a, also in Fragen der Außendarstellung, sowie des § 31 (Verbot der Zuweisung gegen Entgelt) von Bedeutung.

#### 2. Berufsausübungsgemeinschaften (Abs. 2a)

##### a) Merkmale

6 Der Begriff der Berufsausübungsgemeinschaft schafft einen berufsrechtlichen Oberbegriff für alle Personengesellschaften (u. Rdn. 17), die als Gesellschaftszweck die (zumindest partielle) gemeinsame

Ausübung des Arztberufs vorsehen. »Gemeinsam« bedeutet hierbei nicht gemeinschaftlich im Sinne einer gleichzeitigen Behandlung (BÄK DÄBl. 2006, A801, 802) oder auf Grundlage eines gemeinschaftlichen medizinischen Konzepts (so aber Ratzel/Lippert/Prütting/*Ratzel* § 18/18a Rn. 5). Eine Berufsausübungsgemeinschaft dient vielmehr der gemeinsamen Ausübung des Berufs durch mehrere Ärzte auf gemeinsame Rechnung und gemeinsames Risiko in einem einheitlichen ärztlichen Unternehmen, dessen Rechtsträger Heilbehandlungen durch die in ihm vergesellschafteten Ärzte, Ärztegesellschaften und/oder medizinischen Versorgungszentren anbietet und erbringt.

Aufgrund der Rechtssubjektivität aller denkbaren Träger einer ärztlichen Berufsausübungsgemeinschaft (u. Rdn. 55 ff.) üben die Berufsausübungsgemeinschaften eine freiberufliche Tätigkeit aus, sind aber wegen des Verzichts des Gesetzgebers auf ein berufsrechtliches Zulassungsverfahren für die Berufsausübungsgemeinschaft (das etwa für Rechtsanwalts-, Steuerberatungs- und Wirtschaftsprüfungsgesellschaften vorgesehen ist) selbst keine Berufsrechtssubjekte. Aufgrund der Zulässigkeit von Teil-Berufsausübungsgemeinschaften (u. Rdn. 24 ff.) und überörtlichen Berufsausübungsgemeinschaften (u. Rdn. 31 ff.) sind weder die fachliche Möglichkeit wechselseitiger Vertretung noch die Tätigkeit am selben Ort konstitutives Merkmal einer Berufsausübungsgemeinschaft, auch wenn seit Langem in der Rspr. perpetuierte Definitionen der Gemeinschaftspraxis dies nahelegen (vgl. etwa BGH MedR 2006, 290). 7

Von der Berufsausübungsgemeinschaft abzugrenzen sind weniger intensive Formen der Zusammenarbeit von Ärzten wie die Organisationsgemeinschaft (ausführlich u. Rdn. 36 ff.) oder die Kooperationsgemeinschaft (ausführlich u. § 23b Rdn. 1 ff.). Eine Organisationsgesellschaft hat lediglich den Zweck, die infrastrukturellen Voraussetzungen für die weiterhin individuelle Ausübung des Arztberufs mehrerer Beteiligter zu schaffen. In der Organisationsgemeinschaft wird nicht der Beruf als solcher geteilt, sondern lediglich – gesamthaft oder teilweise – die für seine Ausübung notwendige Infrastruktur (z.B. Räumlichkeiten, Hilfspersonal, Geräte). 8

Die Bundesärztekammer hat bis 2011 in Hinweisen und Erläuterungen zu § 18 (DÄBl. 2008, A1021 f.) Kriterien benannt, deren Feststellbarkeit im Rahmen einer stets unverzichtbaren Gesamtschau für das Vorliegen einer Berufsausübungsgemeinschaft sprechen. Dieser Kriterienkatalog ist im Zuge der Novelle 2011 der MBOÄ in § 18 als neuer Abs. 2a überführt worden. Prägend ist für eine Berufsausübungsgemeinschaft 9

– *Gemeinsame Berufsausübung in einer auf Dauer angelegten systematischen Kooperation*

Abs. 2a Satz 2 setzt eine auf Dauer angelegte berufliche Zusammenarbeit selbstständiger, freiberuflich tätiger Gesellschafter voraus. Der bloße Wille, lediglich Ressourcen gemeinsam zu nutzen, ist nicht ausreichend (hier läge eine bloße Organisationsgemeinschaft vor). Von einer gemeinsamen Berufsausübung kann ebenfalls nicht gesprochen werden, wenn sich die Zusammenarbeit z.B. auf die Bildung von Qualitätszirkeln zu Fortbildungszwecken, einen gemeinsamen Vertretungs- oder Notdienstplan oder reine Managementtätigkeit beschränkt (hier läge eine Kooperations-, u. U. auch eine Organisationsgemeinschaft vor). Auch ein reines Gewinnpooling genügt nicht den Anforderungen, die an eine gemeinsame Tätigkeit zu stellen sind (hier fehlt am konstitutiven Element der gemeinsamen Berufsausübung). 10

– *Schriftlicher Gesellschaftsvertrag mit der Bestimmung von Rechten und Pflichten*

Abs. 2a Satz 3 bestimmt, dass sich die Gesellschafter in einem schriftlichen Gesellschaftsvertrag gegenseitig verpflichten müssen, die Erreichung eines gemeinsamen Zweckes in der durch den Vertrag bestimmten Weise zu fördern und insbesondere die vereinbarten Beiträge zu leisten. Es handelt sich hierbei letztlich um die um ein berufsrechtliches Schriftformerfordernis angereicherten Elemente, deren Vorliegen für das Entstehen einer Gesellschaft konstitutiv sind. Der Regelung kommt daher in ihren materiellen Anforderungen keine eigenständige Bedeutung zu, sie dient vielmehr lediglich der Abgrenzung von anderen Formen der kooperativen ärztlichen Berufstätigkeit. Konstitutive Bedeutung könnte allenfalls das Schriftformerfordernis haben. Da der Gesetzgeber eine solche Anforderung nicht an die Gründung von Gesellschaften beliebiger Rechtsform stellt, kann 11 die Bejahung einer Berufsausübungsgemeinschaft gesellschaftsrechtlich richtigerweise nicht vom Vorliegen eines schriftlichen Gesellschaftsvertrags abhängen. Ein Vertrag, der zwar eine gemeinsame Berufsausübung beschreibt, die aber nicht tatsächlich praktiziert wird, reicht nicht aus, um von einer gemeinsamen Berufsausübung zu sprechen.

– *Teilnahme aller Gesellschafter*

12  Abs. 2a Satz 4 bestimmt, dass die Gesellschafter einer Berufsausübungsgemeinschaft an deren unternehmerischen Risiko, an unternehmerischen Entscheidungen und an dem gemeinschaftlich erwirtschafteten Gewinn teilnehmen müssen. Die Erläuterungen der BÄK zu § 18, auf die Abs. 2a zurückgeht (o. Rdn. 9), führen hierzu weiter aus: »Dieses drückt sich typischerweise in einer prozentualen Gewinn- und Verlustbeteiligung, in einer Mitwirkung an Investitions- und Personalentscheidungen, aber auch dadurch aus, dass strategische Unternehmensentscheidungen (z.B. Abschluss von Verträgen nach §§ 73b, 73c oder 140b SGB V, Neuaufnahme von Mitgliedern) gemeinschaftlich getroffen werden. Zu beachten ist aber, dass gerade bei der Gründung von Gemeinschaften, aber auch bei Aufnahme eines Gesellschafters, eine sog. vermögensrechtliche Nullbeteiligung jedenfalls dann zu akzeptieren ist, wenn sie nicht auf Dauer angelegt ist, sondern z. B. nach einer »Kennenlernphase« ein Anwachsen der Kapitalbeteiligung vorgesehen ist. Maßgeblich ist vor allem eine Beteiligung am immateriellen Wert und weniger am materiellen Wert« (zur Nullbeteiligungsproblematik auch *Haack* MedR 2005, 631). Hiergegen:

§ 18 Abs. 2a Satz 4 geht von einer gleichermaßen Teilnahme jedes Gesellschafters am unternehmerischen Risiko aus. Das Bundessozialgericht hat sich hierbei vertragsarztrechtlich eindeutig positioniert: Ein Vertragsarzt ist nicht in »freier Praxis« nach Maßgabe des § 32 Abs. 1 Satz 1 Ärzte-ZV niedergelassen, wenn ihm nicht im Positiven wie im negativen Sinne die Chance und das Risiko des beruflichen Erfolges oder Misserfolges persönlich« trifft. Auch kommt nicht, wie vormals angenommen, während einer sogenannten »Kennenlernphase« der Ausschluss eines Verlustrisikos zugunsten eines neuen Gesellschafters in Betracht, da das Fehlen eines Verlustrisikos ohne Weiteres zu dem Schluss führt, dass das Mitglied nicht »in freier Praxis« niedergelassen i.S.d. § 32 Abs. 1 Satz 1 Ärzte-ZV ist (DÄBl. 2017, A2115).

13  In den Erläuterungen der BÄK zu § 18 (DÄBl. 2008, A102 ff.) werden weitere Charakteristika einer Berufsausübungsgemeinschaft benannt. Sie haben in den Tatbestand des Abs. 2a keinen Eingang gefunden, da sie lediglich ohnehin bestehende berufs- bzw. zivilrechtliche Rechtsfolgen eines Zusammenschlusses in einer Berufsausübungsgemeinschaft klarstellen:

– *Außenankündigung der Gesellschaft nach Maßgabe des § 18a Abs. 1 MBOÄ.*

Anders als bei einer reinen Organisationsgemeinschaft, die angekündigt werden kann, ist bei einer Berufsausübungsgemeinschaft die Ankündigung notwendig. Dies ist zwangsläufige Folge gesellschaftsrechtlicher Gegebenheiten, da es ohne eine »Außenankündigung« nicht zu einer Beauftragung der Berufsausübungsgemeinschaft kommen kann, der Behandlungsvertrag vielmehr mit dem Behandelnden zustande käme.

– *Der Behandlungsvertrag wird von der Gemeinschaft geschlossen, weshalb die Abrechnung durch die Gemeinschaft erfolgt.*

14  Soweit es in den Erläuterungen weitergehend heißt, dass die Gemeinschaft im Außenverhältnis hafte, davon aber das Recht unberührt bleibe, eine abweichende Regelung im Innenverhältnis zu vereinbaren, ist dies missverständlich. Die Haftung der Berufsausübungsgemeinschaft ist keiner Vereinbarung der Gesellschafter zugänglich. Möglich ist allein, die Haftung der Gesellschafter für Verbindlichkeiten der Gesellschaft untereinander, d.h. im Innenverhältnis zu regeln, soweit nicht bereits durch Rechtsformwahl die Gesellschafterhaftung sachgerecht geregelt worden ist.

– *Die Gemeinschaft muss über einen gemeinsamen Patientenstamm verfügen, d.h. jeder Partner muss Zugriff auf die Patientenkartei haben.*

Der geforderte gemeinsame Patientenstamm folgt regelmäßig aus der Begründung von Rechtsbe- 15
ziehungen zwischen der Berufsausübungsgemeinschaft und den Patienten durch konkludentes oder
ausdrückliches Handeln der ärztlichen Gesellschafter.

### b) Gesellschaftsrecht

Erscheinungsformen der Berufsausübungsgemeinschaft (zu ihren verschiedenen organisatorischen 16
Ausprägungen unten Rdn. 21 ff.) sind in der Praxis die Gemeinschaftspraxis als Berufsausübungsgemeinschaft in der Rechtsform der GbR und die Ärzte-Partnerschaft, bei der der Unternehmensträger eine PartG ist. Die berufsrechtlichen Fragestellungen für Gemeinschaftspraxis und Ärzte-
Partnerschaft sind – mit Ausnahme der Sonderregelung für die PartG in § 23d sowie de lege ferenda
auf der Ebene der MBOÄ zu schaffender berufsrechtlicher Regelungen zur PartG mbB (vgl. hierzu die Kommentierung zu § 8 PartGG Rdn. 19a ff.) – identisch, sodass sich die Rechtsformwahl
an gesellschaftsrechtlichen Determinanten orientieren kann (vgl. insofern die Kommentierung zu
§§ 717 bis 740 BGB bzw. §§ 1 bis 11 PartGG).

Die Begründung zu § 18 will nur die GbR i.S.d. §§ 705 ff. BGB und die PartG i.S.d. PartGG als 17
vom Begriff der Berufsausübungsgemeinschaft erfasst sehen (DÄBl. 2008, A 1019, 1020). Dieses
Begriffsverständnis geht auf den Wortlaut der Vorgängerregelung in § 22a.F. zurück. In diesem
Sinne adressiert der Begriff der Berufsausübungsgemeinschaft lediglich das Problem, dass der ge-
bräuchliche Terminus »Gemeinschaftspraxis« verbreitet mit einer bestimmten Rechtsform, der Gesellschaft bürgerlichen Rechts, gleichgesetzt wird (wie etwa bei Anwälten der Begriff »Sozietät«). Seit
Schaffung des PartGG im Jahr 1994 steht Ärzten aber neben der GbR mit der PartG eine Personengesellschaft als Träger einer Praxis zur Verfügung, in der der Beruf gemeinsam ausgeübt werden soll.
Bei einem solchen Verständnis ist eine Berufsausübungsgemeinschaft ein Sammelbegriff, der die
Gemeinschaftspraxis (§§ 705 ff. BGB) und die Ärztepartnerschaft (§§ 1 ff. PartGG) umfasst. Konsequenz eines auf Personengesellschaften beschränkten Begriffsverständnisses (näher u. Rdn. 18 f.)
ist, dass eine Teil-Berufsausübungsgemeinschaft (u. Rdn. 24 ff.) nur als Teil-Gemeinschaftspraxis
oder Teil-Partnerschaft denkbar ist, ihr Träger nur eine GbR oder PartG sein kann (vgl. auch BÄK
DÄBl. 2008, A 1019, 1020). In Folge der Modernisierung des Personengesellschaftsrechts durch
das MoPEG (BR-Drs. 59/21) sind von § 18 künftig als weitere Personengesellschaften auch die offene Handelsgesellschaft und die Kommanditgesellschaft erfasst, da durch eine in § 107 HGB enthaltene Öffnungsklausel die Handelsgesellschaften für die freien Berufe nutzbar werden. Sollte eine
Nutzung der oHG/KG durch Ärzte nach Inkrafttreten des MoPEG berufspolitisch unerwünscht
sein, bedürfte es einer entsprechenden – verfassungsrechtlich problematischen – Neufassung von
§ 18 Abs. 1.

Richtigerweise sollte der Begriff »Berufsausübungsgemeinschaft« über Personengesellschaften hin- 18
aus rechtsformneutral und damit weiter verstanden werden, da der Begriff lediglich einen Gesellschaftszweck, nicht aber eine Gesellschaftsform, die im Einzelfall zur Realisierung dieses Gesellschaftszwecks gewählt wird, beschreibt. Der 2011 in Kraft gesetzte Abs. 2a steht aufgrund seines
Wortlauts (»eine Berufsübungsgemeinschaft ist ein Zusammenschluss von Ärztinnen und Ärzten
untereinander«) einem solchen Verständnis nicht zwingend entgegen, auch wenn die Bezugnahme
auf einen Zusammenschluss der in der Berufsausübungsgemeinschaft vergesellschafteten Ärzte »mit
Ärztegesellschaften« in Abs. 2a Satz 1 zumindest eine Differenzierung zwischen Personen- und Kapitalgesellschaften nicht ausschließt (vgl. u. Rdn. 19). Da aufgrund der Gewährleistungen des europäischen Primärrechts das deutsche Recht – das Gesellschaftsrecht ganz allgemein, das Berufsrecht
der Freien Berufe berufsspezifisch – die Nutzung von Gesellschaftsformen des ausländischen Rechts
in Deutschland nicht europarechtskonform ausschließen kann, wenn es den Zusammenschluss in
konzeptionell identischen Rechtsformen des deutschen Rechts erlaubt (u. Rdn. 57 ff.), stellt ein
rechtsformneutrales Verständnis sicher, dass europarechtliche Bedenken gegen § 18 nicht erhoben
werden können. Eine europarechtskonforme Interpretation des § 18 zwingt zu einem rechtsformneutralen und damit isoliert berufsrechtlichen Verständnis des Begriffs der »Berufsausübungsgemeinschaft«.

19 Eine hiervon zu scheidende Frage ist, ob der Begriff Berufsausübungsgemeinschaft jedenfalls in einer Weise verstanden werden kann, dass er nur Personengesellschaften, nicht aber Kapitalgesellschaften erfasst. Das Zusammenspiel von § 18 Abs. 1 und § 23a legt dies nahe, soweit erst § 23a die Berufsausübung »auch in der Form der juristischen Person des Privatrechts« gestattet. Die Begründung zu § 18 nennt mit einem solchen Normverständnis als Berufsausübungsgesellschaften auch nur die GbR und die PartG (BÄK DÄBl. 2008, A 1019, 1020). Eine solche Differenzierung ist freilich nur sinnvoll, soweit man den Gesellschaftszweck der ärztlichen Kapitalgesellschaft anders begreift als jenen einer ärztlichen Personengesellschaft. Dies wäre nur dann möglich, wenn in der Kapitalgesellschaft, anders als in einer Personengesellschaft, nicht die Ärzte als Gesellschafter den in die Gesellschaft eingebrachten Arztberuf in Person ausübten, sondern die Kapitalgesellschaft als juristische Person selbst an das Berufsrecht gebundener Berufsträger wäre. Dies entspräche dem Verständnis des Berufsrechts der regulierten Beratungsberufe (Steuerberater, Rechtsanwälte, Wirtschaftsprüfer), in dem Kapitalgesellschaften (nach einem berufsrechtlichen Anerkennungsverfahren) selbst Berufsträger und damit Kammermitglied sein können (und das insofern zwischen der einfachen und der berufsrechtlich anerkannten Kapitalgesellschaft differenziert).

20 Zum zulässigen Gesellschafterkreis einer Berufsausübungsgemeinschaft (fachübergreifende/gemischte Berufsausübungsgemeinschaft) u. Rdn. 22, zu Beteiligungsverhältnissen (u.a. »Nullbeteiligungsgesellschaften« o. Rdn. 15 und § 3 PartGG Rdn. 19, zum Eintritt in bestehende Berufsausübungsgemeinschaften (»Senior-/Juniorpartnerschaft«) § 9 PartGG Rdn. 2 ff., § 705 BGB Rdn. 38 zu Formfragen des Gesellschaftsvertrags u. § 23b Rdn. 12, § 23d Rdn. 13, zur Beteiligung Dritter an Berufsausübungsgemeinschaften u. § 23a Rdn. 17.

### c) Erscheinungsformen gemeinsamer Berufsausübung

21 **(1) Grundsatz:** Abs. 1 setzt gedanklich voraus, dass mehrere Ärzte ihren Beruf gemeinsam ausüben, ohne genauer zu definieren, welches Maß die gemeinsame Berufsausübung erreichen muss, damit aus berufsrechtlicher Sicht ein Tätigwerden auf gemeinsame Rechnung und mit gemeinsamem Außenauftritt zulässig ist. Das Merkmal der Gemeinsamkeit der Berufsausübung hat kein örtliches, zeitliches, fachliches oder ausschließliches Element. So ist es möglich, dass Ärzte eine Berufsausübungsgemeinschaft bilden und hierbei ausschließlich an unterschiedlichen Orten tätig sind (überörtliche oder intraurbane Berufsausübungsgemeinschaft). Ebenso möglich ist es, am selben Standort tätig zu sein, ohne dass es zu einer zeitlichen Überschneidung der Tätigkeit kommt (vertragsarztrechtlich ist ein solches Organisationsmodell etwa in der Job-Sharing-Praxis, § 101 Abs. 1 Satz 1 Nr. 4 SGB V angelegt). Auch ist es möglich, sich mit Ärzten anderer Fachrichtungen zusammenzuschließen, wobei die Fachrichtungen nicht inhaltlich komplementär sein müssen, um kombiniert werden zu können. Schließlich ist der Arzt berufsrechtlich auch nicht gehalten, seinen Beruf exklusiv in einer Berufsausübungsgemeinschaft auszuüben. Das Berufsrecht sieht allerdings zum Teil besondere Anforderungen für Berufsausübungsgemeinschaften von Ärzten vor, die nicht örtlich konzentriert (u. Rdn. 28 ff.) und/oder fachlich homogen (u. Rdn. 22, 47) strukturiert sind.

22 **(2) Fachgleiche/-übergreifende Berufsausübungsgemeinschaft:** In der Praxis typische Erscheinungsform der Berufsausübungsgemeinschaft ist die fachgleiche Berufsausübungsgemeinschaft, d.h. eine solche, in der sich Ärzte desselben Fachgebiets zusammenschließen. Die Fachgleichheit stellt sicher, dass die ärztliche Leistung austauschbar ist, jeder Gesellschafter also die von der Gesellschaft geschuldete fachspezifische Leistung in Person erbringen kann. Zulässig sind aber auch fachübergreifende Zusammenschlüsse (vgl. Laufs/Kern/Rehborn/*Rehborn* § 22 Rn. 11, 22; *Ehmann* MedR 1994, 145; zur Zulässigkeit nach Vertragsarztrecht u. Rdn. 76 ff.). Bei einer solchen fachübergreifenden Berufsausübungsgemeinschaft (zu dieser *Gollasch*, Die fachübergreifende Gemeinschaftspraxis, 2003) kommt es aus berufsrechtlicher Sicht nicht darauf an, ob die Fachgebiete einen erkennbaren Überschneidungsbereich aufweisen, ob also die fachübergreifende Berufsausübungsgemeinschaft sinnvoll ist oder nicht (vgl. auch BSG MedR 1983, 196, 198; insofern unklar Laufs/Kern/Rehborn/*Rehborn* § 22 Rn. 22 – »gleiches oder ähnliches Fachgebiet«). Unzulässig ist

in einem Gesellschaftsvertrag einer fachgebietsübergreifenden Berufsausübungsgemeinschaft allein eine Verpflichtung zu fachfremder Tätigkeit.

(3) Teil-Berufsausübungsgemeinschaft: § 18 Abs. 1 Satz 2,3 lässt »Teil-Berufsausübungsgemeinschaften« 23
als Zusammenschluss zur punktuellen gemeinsamen Berufsausübung zu (näher *Reiter* GesR 2005, 6; *Ratzel/Möller/Michels* MedR 2006, 377). Ärzte, die an ihrer (Einzel-) Praxis festhalten wollen, können somit auch für die Erbringung bestimmter Leistungen eine geregelte und ankündbare Teil-Berufsausübungsgemeinschaft eingehen (dazu *Koch* GesR 2005, 241, 243). Auch eine Berufsausübungsgemeinschaft kann Gesellschafter einer Teil-Berufsausübungsgemeinschaft sein. Merkmal einer Teil-Berufsausübungsgemeinschaft soll nach der offiziellen Begründung sein, dass einer gemeinsamen Behandlung bedürfende Patienten von den beteiligten Ärzten regelmäßig gemeinsam am selben Praxisort behandelt werden (DÄBl. 2008, A 1019, 1022, zu praktischen Beispielen *Michels/Möller*, Ärztliche Kooperationen, 3. Aufl. 2014, S. 180 f.). Dieser kann in den Räumen eines Gesellschafters, aber auch an anderer Stelle liegen (wobei dann die Erfüllung der Pflichten aus § 17 Abs. 2 Satz 2 sicherzustellen ist). Die Teil-Berufsausübungsgemeinschaft muss – unter Berücksichtigung der Tatsache, dass sich die Berufsausübung und damit die unternehmerische Tätigkeit auf einzelne Leistungen beschränkt – alle Anforderungen beachten und erfüllen, die an eine gewöhnliche Berufsausübungsgemeinschaft gestellt werden. Ein Tätigwerden in einer Teil-Berufsausübungsgemeinschaft ist i.S.v. § 17 Abs. 2 Satz 1 anzurechnen, soweit die Tätigkeit eines Arztes in der Teil-Berufsausübungsgemeinschaft außerhalb seines Praxissitzes erfolgt (s.a. Ratzel/Lippert/Prütting/*Ratzel* § 18/18a Rn. 17). Sind die beteiligten Ärzte nicht ausschließlich in der Teil-Berufsausübungsgemeinschaft tätig und verweisen sie die sie in ihrer Praxis aufsuchenden Patienten an diese, müssen die Patienten entsprechend informiert werden, da der Behandlungsvertrag mit der Teil-Berufsausübungsgemeinschaft zu Stande kommt (Ratzel/Lippert/Prütting/*Ratzel* § 18/18a Rn. 17). Die Regelungen in § 18 Abs. 1 Satz 2, 3 stellen Marktverhaltensregeln i.S.v. § 3a UWG dar.

Da der Zusammenschluss in einer Teil-Berufsausübungsgemeinschaft zum Erbringen einzelner 24
Leistungen im Rahmen einer *gemeinsamen* Berufstätigkeit neben der Tätigkeit in einer weiteren Praxis erfolgt, muss eine gewisse Schnittmenge gemeinsamer Tätigkeit vorhanden sein, die den Zusammenschluss in einer Teil-Berufsausübungsgemeinschaft trägt. Die Anforderungen hieran sind mit Blick darauf, dass an fachübergreifende Berufsausübungsgemeinschaften keine besonderen Anforderungen gestellt werden, nicht zu überspannen. Es kann nur darauf ankommen, ob multimorbide Patienten denkbar sind, zu deren Untersuchung und Behandlung die Gesellschafter hypothetisch beitragen können und wollen (vgl. *Ratzel/Möller/Michels* MedR 2006, 377, 380). Die in der Teil-Berufsausübungsgemeinschaft vertretenen Fachgebiete müssen daher nicht verwandt sein.

Zulässig ist es, dass innerhalb der Teil-Berufsausübungsgemeinschaft die Leistungserbringung zwi- 25
schen den Beteiligten aufgegliedert wird (DÄBl. 2008, A 1019, 1022). Das nur konsiliarische Zusammenwirken von Ärzten erfüllt die an eine Teil-Berufsausübungsgemeinschaft zu stellenden Anforderungen aber nicht. Ausnahmen von der Notwendigkeit der gemeinsamen Behandlung und/oder der Behandlung am selben Ort sind aber zulässig, sodass in der Praxis aus Sicht des Normgebers »atypische« Teil-Berufsausübungsgemeinschaften anzutreffen sind, z.B. zwischen Spezialisten und Überweisern, operativ und nicht-operativ tätigenden Ärzten oder beim Einsatz telemedizinischer Verfahren (z.B. die arbeitsteilige Trennung von Untersuchungsleistung und Befundung). In solchen Konstellationen besteht in besonderem Maße das Risiko, dass ein Zusammenwirken nicht aus fachlichen Überlegungen folgt, sondern mit Blick auf eine Umgehung des in § 31 bestimmten Verbots der Zuweisung gegen Entgelt. In einem solchen Fall ist aus gesellschaftsrechtlicher Sicht der von § 18 berufsrechtlich vorausgesetzte Gesellschaftszweck, die gemeinsame Berufsausübung, nicht gegeben.

Auf die Bestimmung des Gesellschaftszwecks ist bei Abfassung des Gesellschaftsvertrags daher 26
besonderes Augenmerk zu richten, nicht nur wegen § 31, sondern auch zur Vermeidung von Streitigkeiten darüber, welche Untersuchungen über die Hauptpraxis und welche über die Teil-Berufsausübungsgemeinschaft erbracht und abgerechnet werden sollen. Aus berufsrechtlicher Sicht besondere Bedeutung haben gesellschaftsvertragliche Regelungen zur Ergebnisverteilung, da sie

Indizien dafür liefern, ob durch die Gründung einer Teil-Berufsausübungsgemeinschaft das berufsrechtliche Verbot der Honorarbeteiligung und der Zuweisung gegen Entgelt umgangen werden soll, etwa indem für Patienten eines Gesellschafters prozentuale Beträge des Abrechnungsbetrages gezahlt werden, ohne dass es auf das Ergebnis der Gesellschaft ankommt.

27 Mit Blick auf das Verbot der Zuweisung gegen Entgelt enthält § 18 den Hinweis, dass der Zusammenschluss nur erfolgen darf, sofern er nicht lediglich einer Umgehung des § 31 dient (da die Unzulässigkeit der Umgehung eines gesetzlichen Verbots nicht bestimmt werden muss, sondern aus dem Verbot selbst folgt, ist diese Klarstellung in § 18 an sich entbehrlich). Im Zuge der MBOÄ-Reform 2011 ist das Wort »lediglich« gestrichen worden. Durch die Streichung soll klargestellt werden, dass es nicht genügt, wenn neben einer Umgehung des Verbots der Zuweisung gegen Entgelt auch andere Zwecke mit der Kooperation verfolgt werden. § 18 Abs. 1 Satz 3 benennt als unzulässige Umgehung insbesondere, wenn »der Gewinn ohne Grund in einer Weise verteilt wird, die nicht dem Anteil der persönlich erbrachten Leistungen entspricht. Die Anordnung einer Leistung, insbesondere aus den Bereichen der Labormedizin, der Pathologie und der bildgebenden Verfahren, stellt keinen Leistungsanteil im Sinne dieser Regelung dar«. Da nur eine grundlos nicht an Leistungsanteilen orientierte Gewinnverteilung unzulässig ist, bleibt eine solche bei Vorliegen eines sachlichen Grunds möglich. § 33 Abs. 2 Ärzte-ZV schränkt allerdings für Vertragsärzte die Möglichkeit einer Teil-Berufsausübungsgemeinschaft weiter ein (u. Rdn. 85).

27a Nach der bis 2014 geltenden Fassung des § 18 Abs. 1 Satz 3 war zudem bestimmt, dass sich ein Arzt, der auf Veranlassung anderer Ärzte medizinisch-technische Leistungen erbringt, nur dann an einer von den ihn beauftragenden Ärzten betriebenen Teil-Berufsausübungsgemeinschaft beteiligen durfte, wenn sich sein Leistungsanteil nicht auf das Erbringen solcher medizinisch-technischer Leistungen beschränkte. Auf die Frage, ob der Gewinn entsprechend dem Anteil der jeweiligen persönlich erbrachten Leistungen verteilt wurde, kam es nach dem Inhalt der Regelung nicht an, sodass die Berufsordnung eine Umgehung des § 31 mit der Folge eines Verbots einer Teil-Berufsausübungsgemeinschaft auch in Fällen fingierte, in denen eine unerlaubte Zuweisung an sich nicht vorlag. So war auf der Grundlage dieser Regelung eine Umgehung von der Rspr. in einem Fall bejaht worden, in dem sich der Beitrag eines an einer Teilberufsausübungsgemeinschaft beteiligten Radiologen auf Knochendichtemessungen (Osteodensitometrie) auf Anordnung der übrigen Gesellschafter beschränkt hatte (OLG Karlsruhe MedR 2012, 738). Der BGH hat diese Regelung als mit Art. 12 Abs. 1 GG unvereinbar angesehen und § 18 Abs. 1 Satz 3 als Satzungsrecht (betroffen war die BO-BW) insoweit für nichtig erklärt (BGH NJW-RR 2014, 1188, 1189 f.). Die MBOÄ ist 2015 entsprechend neu gefasst worden.

28 **(4) Berufsausübungsgemeinschaft mit Zweigniederlassung:** § 18 Abs. 3 Satz 3 gestattet für Berufsausübungsgemeinschaften Zweigniederlassungen. In der jeweiligen Niederlassung musste in der bis 2011 geltenden Fassung von Abs. 3 Satz 3 verantwortlich mindestens ein Gesellschafter »hauptberuflich« tätig sein. Da eine verfassungsrechtlich zulässige Einschränkung der ärztlichen Organisationsfreiheit nur auf die Sicherstellung einer ordnungsgemäßen Versorgung der Patienten gestützt werden kann, ist im Zuge der MBOÄ-Novelle 2011 das Erfordernis einer hauptberuflichen Tätigkeit mindestens eines Gesellschafters in der Zweigniederlassung durch das Erfordernis ersetzt worden, dass eine ausreichende Patientenversorgung sichergestellt sein muss (zu den Anforderungen an eine solche bereits *Ratzel/Lippert* MedR 2004, 525, 526 f.). Die Orte der ärztlichen Tätigkeit müssen so gewählt werden, dass Partner jede der Niederlassungen zeitnah erreichen können. Die Rspr. verlangt eine Erreichbarkeit binnen 30 Minuten (vgl. BSG MedR 2005, 52). Eine Bindung der Zweigpraxis an den Kammerbezirk der Hauptniederlassung ist nicht vorgeschrieben (zur Kammermitgliedschaft und Beitragspflicht in einem solchen Fall VG Münster MedR 2010, 314).

29 Von der Frage der Unterhaltung von Zweigniederlassungen der Gesellschaft zu unterscheiden ist die Frage der Tätigkeit einzelner in der Gesellschaft tätiger Ärzte an verschiedenen Orten (multilokale Tätigkeit). Dieses Problem ist in § 17 Abs. 2 geregelt. Danach ist es dem Arzt in Person gestattet, neben seinem Praxissitz, d.h. dem Ort, an dem der Arzt normalerweise seine ambulante Tätigkeit ausübt, an zwei weiteren »Orten« ärztlich tätig zu sein (die Beschränkung gilt nicht für

Anästhesisten bezogen auf deren anästhesiologische Tätigkeit; vgl. *Koch* GesR 2005, 241, 242; *Ratzel/Lippert* MedR 2004, 525, 527). Die entsprechende Tätigkeit ist vom Privatarzt der Kammer anzuzeigen (§ 17 Abs. 5, näher o. § 17 Rdn. 10), ein Vertragsarzt bedarf nach § 24 Ärzte-ZV darüber hinausgehend einer nur unter engen Voraussetzungen zu erlangenden Genehmigung (Verbesserung der Patientenversorgung ohne Gefährdung des Vertragsarztsitzes, näher Clausen/Schroeder-Printzen/*Hahne* § 9 Rn. 111 ff.). Die weitere Tätigkeit kann nicht nur, was der Gesetzeswortlaut nahe legen könnte, überörtlich, d.h. in einer anderen Gemeinde desselben oder eines anderen Kammerbezirks, ausgeübt werden, sondern auch intraurban am selben Ort (*Nentwig/Bonvie/Hennings/Pfisterer* S. 44). Zu Details s. die Kommentierung des § 17.

Von einer Zweigpraxis wiederum abzugrenzen sind lediglich ausgelagerte Praxisräume, in denen diagnostische Maßnahmen (z.B. im Rahmen einer Apparategemeinschaft) durchgeführt werden. Sie sind nach richtigem Verständnis bei der zahlenmäßigen Begrenzung nicht zu berücksichtigen. Anders als Zweigpraxen sind ausgelagerte Praxisräume eines Vertragsarztes nicht genehmigungspflichtig. 30

**(5) Örtliche, intraurbane und überörtliche Berufsausübungsgemeinschaft:** Berufsausübungsgemeinschaften mit mehreren Praxissitzen sind – auch über mehrere KV-Bezirke –, grundsätzlich zulässig. Sie sind anzeige-, nicht aber genehmigungspflichtig (u. Rdn. 65). Üblicherweise wird, ohne dass dies aus berufsrechtlicher Sicht von Belang wäre, zwischen einer überörtlichen und einer intraurbanen (oder interlokalen) Berufsausübungsgemeinschaft unterschieden, je nachdem, ob sich die Praxissitze im selben Ort oder in unterschiedlichen Orten befinden. Die intraurbane oder überörtliche Berufsausübungsgemeinschaft unterscheidet sich von einer örtlichen Berufsausübungsgemeinschaft mit Zweigniederlassung(en), dadurch, dass bei einer intraurbanen oder überörtlichen Berufsausübungsgemeinschaft an jedem Praxissitz mindestens ein Gesellschafter hauptberuflich tätig ist, d.h. nicht alle Gesellschafter ihre berufsrechtliche Niederlassung in der Hauptpraxis haben und die weiteren Praxisstandorte lediglich mit abdecken. 31

Eine »hauptberufliche Tätigkeit« in diesem Sinne liegt vor, wenn die überwiegende Arbeitszeit an diesem Praxissitz verbracht wird (BÄBl. 2008, A1019, 1022). Die Tätigkeit des Arztes an anderen Orten darf nach einer bisweilen anzutreffenden Auffassung ein bestimmtes zeitlichen Volumen nicht überschreiten (10 Stunden pro Woche, Wenzel/*Schirmer/Dochow* Kap. 10, Rn. 173). Diese rein an Zeitvolumina orientierte Betrachtungsweise wird dem Regelungsanliegen nur eingeschränkt gerecht. Sachgerechter ist es, unter Berücksichtigung der Umstände des Einzelfalls zu überprüfen, ob die Struktur und Organisation der multilokalen Berufsausübungsgemeinschaft eine hinreichende Präsenz des Arztes sicherstellt. Dies hängt maßgeblich etwa von der Entfernung der Standorte voneinander oder der zeitlichen Lage der Sprechzeiten ab. 32

Eine Höchstzahl von Praxissitzen ist nicht bestimmt, ebenso wenig sind der räumlichen Entfernung der Praxissitze voneinander Grenzen gezogen. Nach Auffassung der Bundesärztekammer ist auch in einer überörtlichen Berufsausübungsgemeinschaft die »gemeinsame Berufsausübung mit gemeinsamer Patientenbehandlung« (BÄBl. 2008, A 1019, 1022) zwingend notwendig, da sich anhand dieses Kriteriums die Abgrenzung von Berufsausübungsgemeinschaft und Praxisverbund vollzieht. Zum Teil wird hieraus abgeleitet, dass – jenseits der auch über eine gewisse Distanz möglichen Telemedizin – der Einrichtung von überörtlichen Berufsausübungsgemeinschaften damit faktische Grenzen gesetzt sind (*Michels/Möller*, Ärztliche Kooperationen, 3. Aufl. 2014, S. 196). Richtigerweise ist das Erfordernis der gemeinsamen Patientenbehandlung aber auf die Zugehörigkeit des Patienten zum gemeinsamen Patientenstamm, damit auf eine über die Gesellschaft zivilrechtlich bewirkte Verbindung aller Berufsträger mit dem Patienten und somit auf die hypothetische Möglichkeit der »gemeinsamen« Behandlung zu begrenzen, da selbst in örtlichen Berufsausübungsgemeinschaften eine gemeinsame Behandlung durch alle Gesellschafter nicht selbstverständlich ist. Die Bundesärztekammer weist insofern folgerichtig auf zwei denkbare Modelle einer überörtlichen Tätigkeit hin, nämlich zum einen auf eine ausschließliche Tätigkeit der Gesellschafter an dem jeweiligen Ort ihrer Niederlassung und zum anderen auf eine zeitweilige (d.h. nicht überwiegende) Tätigkeit auch in einer anderen Niederlassung der Gesellschaft. In letztgenanntem Fall ist berufsrechtliches 33

Erfordernis, dass der betroffene Gesellschafter Mitwirkungsmöglichkeiten hinsichtlich Personalentscheidungen für die weiteren Standorte hat, an denen er tätig ist (BÄBl. 2008, A 1019, A 1023). Hierauf ist je nach Ausgestaltung der Geschäftsführungsbefugnisse im Gesellschaftsvertrag zu achten.

34 **(6) Gemischte Berufsausübungsgemeinschaft:** Als gemischt wird eine Berufsausübungsgemeinschaft bezeichnet, wenn in ihr sowohl Privat- als auch Vertragsärzte tätig sind (etwa weil ein Vertragsarzt nach Erreichen der Altersgrenze noch privatärztlich tätig bleiben möchte). Die resultierenden Rechtsfragen sind vertragsarztrechtlicher Art (u. Rdn. 83 f.), die MBOÄ selbst regelt diesen Problemkomplex nicht.

### d) Mehrfachmitgliedschaften (Abs. 3 Satz 1)

35 § 18 Abs. 3 Satz 1 gestattet die Mitgliedschaft in mehreren Berufsausübungsgemeinschaften (sog. »Sternpraxis«). Die Umsetzungen dieser Vorschrift verknüpfen die Zulässigkeit der Mehrfachmitgliedschaft zum Teil explizit mit § 17 Abs. 2, nach dem ein Arzt seine Tätigkeit neben dem Praxissitz nur an zwei weiteren Orten ausüben darf. Hierdurch werden »weitere« Berufsausübungsgemeinschaften mit Zweigniederlassungen einer Berufsausübungsgemeinschaft gleichbehandelt. Sachlich ist diese Gleichbehandlung nicht gerechtfertigt, da § 17 Abs. 2 aufgrund der Zulässigkeit überörtlicher Berufsausübungsgemeinschaften nunmehr praktisch nur den Fall betrifft, dass ein einzelner Arzt an mehreren Orten seinen Beruf ausübt und eine medizinische Versorgung dann zwangsläufig immer nur an einem der Orte möglich ist. Bei Mehrfachmitgliedschaften können die hieraus resultierenden Gefahren für Patienten nur bestehen, wenn sich Ärzte aus Einzelpraxen in mehreren Berufsausübungsgemeinschaften organisieren. Will ein Arzt Mitglied in mehr als drei Berufsausübungsgemeinschaften werden und sind die weiteren Berufsausübungsgemeinschaften in einer Art und Weise organisiert, dass in diesen die Patientenversorgung durch andere Mitglieder sichergestellt ist, bestehen die in § 17 Abs. 2 angesprochenen Gefahren nicht. Die zahlenmäßige Begrenzung muss dann im Lichte von Art. 12 GG verfassungsrechtlichen Bedenken begegnen.

### 3. Organisationsgemeinschaften

### a) Merkmale

36 In einer Organisationsgemeinschaft ist der Gesellschaftszweck auf die gemeinsame Nutzung von Räumen, Einrichtungen, Geräten und/oder Personal bei im Übrigen selbstständiger Führung der lediglich infrastrukturell zusammengefassten Praxen (typischer-, aber nicht notwendigerweise Einzelpraxen) beschränkt. Zumeist wird diese Form der Kooperation aus Gründen der Kostenersparnis oder – bei Gesellschaftern unterschiedlicher Fachrichtungen – der wechselseitigen Verweisung von Patienten gewählt (das BSG spricht von einer »Organisationsgemeinschaft zur Kostenminimierung«, BSG ZGMR 2006, 158). Jeder Gesellschafter rechnet persönlich ab, führt eine eigene Patientenkartei usw. Die Berufstätigkeit erfolgt also nicht als Beitrag zum Gesellschaftsvermögen und vertragliche Beziehungen mit Patienten entstehen mit dem Gesellschafter und nicht mit der Gesellschaft. Bei der Erfüllung des ärztlichen Heilauftrags handelt jeder Gesellschafter in Erfüllung eigener Pflichten. Die Organisationsgemeinschaft ist selbst nicht Praxis (*Koller* S. 82, *Ehmann* MedR 1994, 141, 144), sondern lediglich organisatorischer Rahmen der – individuellen – Berufsausübung. Erscheinungsformen der Organisationsgemeinschaft sind die Praxisgemeinschaft (sachlich richtiger ist die Bezeichnung »Praxengemeinschaft«), die Apparategemeinschaft oder die Laborgemeinschaft.

### b) Gesellschaftsrecht

37 Die Rechtsfragen einer Organisationsgemeinschaft sind primär gesellschaftsrechtlicher Natur, wobei das Berufs- oder Vertragsarztrecht keine Vorgaben hinsichtlich der gesellschaftsrechtlichen Gestaltung macht. Soweit eine als GbR verfasste Organisationsgemeinschaft am Rechtsverkehr teilnimmt (etwa durch Anschaffung von Geräten, Beschäftigung von Personal), ist sie aus gesellschaftsrechtlicher Sicht Außen-GbR (näher § 705 BGB Rdn. 55).

Problematisch ist aus gesellschaftsrechtlicher Sicht insbesondere die Außendarstellung einer Organisationsgemeinschaft. Erweckt diese durch Praxisschilder, Briefbögen, Verzeichniseinträge, Internetauftritte, Personaleinsatz, Praxenorganisation, sprachliche Gepflogenheiten des Personals usw. den Eindruck, dass nicht lediglich Infrastruktur, sondern wie in einer Berufsausübungsgemeinschaft auch der Beruf geteilt wird, muss sie sich aus gesellschaftsrechtlicher Sicht an dem gesetzten Rechtsschein festhalten lassen (vgl. BGH MedR 2006, 209, § 8 PartGG Rdn. 11 f.). Aus berufsrechtlicher Sicht ist das Erwecken eines solchen unzutreffenden Rechtsscheins berufspflichtwidrig, weil es eine unwahre und irreführende Kommunikation in beruflichen Angelegenheiten darstellt. 38

Der umgekehrte Fall betrifft die Eingehung einer Organisationsgemeinschaft, obwohl die Gesellschafter eigentliche eine Berufsausübungsgemeinschaft wünschen und diese lediglich vermeiden, weil sie – vor allem – abrechnungstechnische Nachteile mit sich bringt (vgl. LSG Niedersachsen-Bremen MedR 2003, 429). Richtigerweise ist hier wie stets nach Maßgabe des tatsächlich beabsichtigten Gesellschaftszwecks zu qualifizieren. Werden Gewinne aus der Berufsausübung sozialisiert, kann dies vertragsärztliche oder allgemein-berufsrechtliche Pflichten oder strafrechtliche Normen verletzen, § 18 ist hingegen nicht berührt (a.A. *Cramer* MedR 2004, 552). 39

Ungeklärt ist, ob eine Organisationsgemeinschaft mit einem Gesellschafter eingegangen werden darf, der nicht Arzt ist. Aus der in § 23b bestimmten Zulässigkeit der medizinischen Kooperationsgemeinschaft ist zu folgern, dass die Zusammenarbeit von Ärzten mit Angehörigen anderer Berufe in der Organisationsgemeinschaft jedenfalls in dem Maße zulässig sein muss wie dies in einer Kooperationsgemeinschaft möglich ist (ähnlich Clausen/Schroeder-Printzen/*Broglie/Hartmann* § 11 Rn. 80 enger Laufs/Kern/Rehborn/*Rehborn* § 22 Rn. 13), d.h. mit Angehörigen anderer Fach- bzw. Heil(hilfs-)berufe (zu diesem Begriff § 23b Rdn. 4). Auch die Trägergesellschaft eines MVZ oder ein Krankenhausträger kann Mitglied einer Organisationsgemeinschaft sein (Quaas/Zuck/Clemens/*Quaas* § 15 Rn. 14). Nicht möglich ist im Umkehrschluss nach ganz h.M. eine Organisationsgemeinschaft mit Angehörigen aller anderen, d.h. nicht-medizinischer Berufe, z.B. mit einem Fachanwalt für Medizinrecht. 40

c) **Erscheinungsformen**

(1) **Praxengemeinschaft:** In der Praxengemeinschaft sind mehrere unabhängige Arztpraxen (Einzelpraxen und/oder Berufsausübungsgemeinschaften) infrastrukturell zusammengefasst, insbesondere indem Praxisräume, zusätzlich evtl. auch Personal und/oder Apparate, geteilt werden. Charakteristisch ist die gemeinsame Nutzung von Gemeinschaftsräumen (Empfang, Warteraum, Labor, Apparateraum, Personalräume, Sanitärräume etc.) bei gleichzeitiger exklusiver Nutzung eines Ärztezimmers für jeden der Gesellschafter. Von elementarer Bedeutung ist hierbei die ärztliche Schweigepflicht nach § 9 und die Beachtung der Anforderungen des § 203 StGB. Demnach muss sichergestellt werden, dass die Patientenkarteien grundsätzlich getrennt geführt werden. Bei Nutzung einer gemeinsamen Verwaltungssoftware muss ebenfalls durch entsprechende interne Passwortsicherung eine Trennung der Patientendaten nach Praxen sichergestellt werden (DÄBl. 2017, A1889). Ausführlich zu datenschutzrechtlichen Neuerungen im Zuge der EU-DSGVO: DÄBl. 2018 A1 ff. 41

(2) **Apparategemeinschaft:** Die Apparategemeinschaft wird als Unterform der Praxisgemeinschaft gesehen. Bei ihr besteht der Zweck in der gemeinsamen Beschaffung und Nutzung medizinischer Geräte und ggf. des hierfür benötigten Personals und der benötigten Räume (vgl. Clausen/Schroeder-Printzen/*Broglie/Hartmann*, § 11 Rn. 85). Als besondere Erscheinungsform der Praxisgemeinschaft – auch in dieser werden häufig Geräte gemeinsam genutzt – findet die Apparategemeinschaft vor allem deshalb Erwähnung, weil bei ihr die Apparate typischerweise in von der Praxis (Berufsausübungs- oder Praxengemeinschaft) separaten Räumlichkeiten vorgehalten werden. Sie wird deshalb auch als »partielle Praxisgemeinschaft« bezeichnet. In Rechtsbeziehungen mit den Patienten tritt die Apparategemeinschaft regelmäßig nicht, vielmehr beschaffen sich die beteiligten Gesellschafter lediglich im Rahmen der eigenen Berufsausübung benötigte Leistungen bei der Apparategemeinschaft und rechnen diese ab. 42

43 **(3) Laborgemeinschaft:** Die Laborgemeinschaft wird allgemein als Unterfall der Apparategemeinschaft begriffen. Ihr Gegenstand ist die gemeinsame Nutzung von Laborinfrastruktur und/oder Laborpersonal, um in der eigenen Praxis der Gesellschafter anfallende Laboruntersuchungen zu erbringen. Diese stellt der Gesellschafter der KV oder den Patienten in Rechnung und refinanziert die in der Laborgemeinschaft anfallenden Kosten. Vertragsärztlich ist die Laborgemeinschaft in § 105 Abs. 2 SGB V und in § 25 Abs. 3 BMV-Ä angesprochen, gebührenrechtlich in § 4 Abs. 2 GOÄ. Keine Laborgemeinschaft liegt mehr vor, wenn diese Gemeinschaft über keinerlei eigene Ressourcen verfügt und lediglich vertragliche Vereinbarungen mit einem pro forma als ärztlichem Leiter fungierenden Laborarzt bestehen, die der Sache nach eine Umgehung des Verbots der Zuweisung gegen Entgelt bezwecken (vgl. auch BGH MedR 2006, 168).

44 **(4) Überörtliche Organisationsgemeinschaften:** Überörtliche Organisationsgemeinschaften sind zulässig. Da Organisationsgemeinschaften nicht der gemeinsamen Berufsausübung dienen, unterliegt ihre Struktur auch keinen sonstigen berufsrechtlichen Einschränkungen.

### d) Mehrfachmitgliedschaften

45 Anders als für die Berufsausübungsgemeinschaft enthält § 18 keine Aussage zu Mehrfachmitgliedschaften in Organisationsgemeinschaften. Die Zugehörigkeit zu mehreren Organisationsgemeinschaften ist nach allgemeiner Auffassung unproblematisch möglich, da in diesen nicht die ärztliche Berufsausübung geteilt wird.

### 4. Kooperationsgemeinschaften

46 Die – in § 23b näher geregelte – medizinische Kooperationsgemeinschaft ist ein interprofessionelles Organisationsmodell, in dem sich Ärzte nicht nur, anders als an einer Berufsausübungsgemeinschaft, mit anderen Approbierten zusammenschließen können. Die Begrifflichkeit »... gemeinschaft« stellt klar, dass es um eine gemeinsame Tätigkeit geht. Gegenstand einer Kooperationsgemeinschaft ist aber nicht die ärztliche Berufsausübung, sondern ein über die ärztliche Behandlung hinausgehender medizinisch-integrativer Zweck (z.B. »medizinisch ambulante Rehabilitation«). Entsprechend diesem Gesellschaftszweck ist der Kreis der zulässigen Gesellschafter weiter gezogen als bei einer Berufsausübungsgemeinschaft, Gesellschafter können auch nicht approbierte Angehörige anderer akademischer Heilberufe im Gesundheitswesen oder staatlicher Ausbildungsberufe im Gesundheitswesen sowie andere Naturwissenschaftler und Angehörige sozialpädagogischer Berufe sein. Näheres s. bei der Kommentierung zu § 23b.

### 5. Praxisverbund

47 Der – in § 23d näher geregelte – Praxisverbund ist ein Zusammenschluss, der auf die Erfüllung eines durch gemeinsame oder gleichgerichtete Maßnahmen bestimmten Versorgungsauftrages oder auf eine Form der Zusammenarbeit der Patientenversorgung gerichtet ist und in dem die Beteiligten ihre rechtliche Selbstständigkeit behalten (ausführlich *Erbsen*, Praxisnetze und das Berufsrecht der Ärzte, 2003). Von der Berufsausübungsgemeinschaft unterscheidet er sich durch die fehlende Vergesellschaftung der Berufsausübung, von der Organisationsgemeinschaft durch den nicht auf infrastrukturelle Aspekte der Berufsausübung zielenden Gesellschaftszweck. Ein Praxisverbund ist nicht notwendigerweise interprofessionell strukturiert, kann es aber in den Grenzen des § 23b (Kooperationsgemeinschaft) sein. Der berufsrechtliche Begriff des Praxisverbunds ist nicht deckungsgleich mit dem sozialrechtlichen Begriff des Praxisnetzes im Sinne von § 73a SGB V (u. Rdn. 54). Näheres s. bei der Kommentierung zu § 23d.

### 6. Sonstige Organisationsmodelle

48 Ausweislich der semi-offiziellen Begründung zu § 18 (DÄBl 2008, A 1019, 1020) zählt die Vorschrift die möglichen »beruflichen Kooperationen« nicht abschließend auf. Neben die explizit

genannte Berufsausübungs-, Organisations- und Kooperationsgemeinschaft sowie den Praxisverbund können daher weitere Organisationsmodelle treten. Die gelegentlich anzutreffende beispielhafte Benennung der Ärztegesellschaft ist hierbei unscharf, da es sich bei dieser lediglich um eine als Kapitalgesellschaft verfasste Berufsausübungsgemeinschaft handelt. Die Gebräuchlichkeit berufsrechtlich nicht anerkannter Begrifflichkeiten verstärkt die verbreitete begriffliche Konfusion im ärztlichen Gesellschaftsrecht noch weiter.

Dies gilt zum einen für den Begriff der **Gruppenpraxis**, der eine Übernahme im Ausland gebräuchlicher Terminologie darstellt. Richtigerweise ist mit einer Gruppenpraxis eine Tätigkeit in einer Organisationsgemeinschaft gemeint, typischerweise in der Unterform der Praxisgemeinschaft. Zum Teil wird der Begriff auch als Sammelbegriff für beliebige Modelle beruflicher Kooperation begriffen, d.h. als Oberbegriff für Berufsausübungs- und Organisationsgemeinschaften. Da er rechtlich nicht besetzt ist, hat diese begriffliche Konfusion keine juristische Dimension, sie sollte gleichwohl vermieden werden. 49

Kein berufsrechtlicher Begriff ist auch jener des **Ärztehauses** (näher *Ehmann* MedR 1994, 141 ff.). Er beschreibt – auch in Abwandlungen wie Ärztezentrum oder Ärztekollegium – lediglich ein tatsächliches Phänomen, nämlich die Ansiedlung von mehreren Ärzten mit ihren Praxen in einer Immobilie. Dies kann, muss aber nicht zu einer Organisationsgemeinschaft im berufsrechtlichen Sinne führen. Eine Vermarktung des Begriffs »Ärztehaus« durch den einzelnen Arzt ist unzulässig, weil hierdurch die Zugehörigkeit zu einem beruflichen Verband suggeriert wird, der tatsächlich nicht besteht. 50

Der Begriff der **Leistungserbringergemeinschaft** (§ 15 Abs. 3 BMV-Ä bzw. § 14 Abs. 2 AEK/V) ist ein vertragsarztrechtlicher Terminus. In der Leistungserbringergemeinschaft geht es um gerätebezogene Untersuchungsleistungen. In berufsrechtlicher Terminologie handelt es sich der Sache nach um eine Organisationsgemeinschaft (näher *Eisenberg* S. 125 ff.). 51

Die **Job-Sharing-Gemeinschaftspraxis** ist ein vertragsarztrechtliches Organisationsmodell mit asymmetrischem Gesellschaftsverhältnis, s. insofern u. Rdn. 82. Berufsrechtliche Bedeutung hat sie nicht, weil im privatärztlichen Bereich der zeitliche Umfang der Berufstätigkeit nicht vorgegeben ist. 52

Das **Medizinische Versorgungszentrum** (MVZ) ist ein Organisationsmodell im System der GKV, das in § 95 SGB V geregelt ist. Ein medizinisches Versorgungszentrum ist nach § 95 Abs. 1 Satz 2 SGB V eine fachübergreifende ärztlich geleitete Einrichtung, in der Ärzte, die in das Arztregister eingetragen sind, als Angestellte oder Vertragsärzte tätig sind. Neben Vertragsärzten kann es auch von allen Leistungserbringern gegründet werden, die an der Versorgung im System der GKV beteiligt sind. Prägend ist die fachübergreifende Tätigkeit, d.h. im MVZ sind Ärzte mit unterschiedlichen Facharzt- bzw. Schwerpunktbezeichnungen tätig. Ein MVZ nur unter Beteiligung etwa von Hausärzten (§ 73a Abs. 5 SGB V) ist daher nicht möglich (zu medizinischen Versorgungszentren *Dahm/Möller/Ratzel*, Rechtshandbuch medizinische Versorgungszenten, 2005; *Reichert*, Das medizinische Versorgungszentrum in Form einer GmbH, 2008; *von Mickwitz*, Organisation und Haftung vernetzter Kooperationsformen in der gesetzlichen Krankenversicherung, 2006). 53

Das **Praxisnetz** ist ebenfalls eine sozialrechtliche Figur. Bei ihm schließen sich rechtlich selbstständig bleibende Teilnehmer an der vertragsärztlichen Versorgung zur Erbringung eines Versorgungsauftrags im Rahmen eines Strukturvertrags (§ 73a Abs. 1 Satz 1 SGB V) zusammen. Sie beruhen auf Vereinbarungen der kassenärztlichen Vereinigungen mit den Landesverbänden der Krankenkassen und den Ersatzkassen über Versorgungs- und Vergütungsstrukturen, durch die einem vom Versicherten gewählten Verbund haus- und fachärztlich tätiger Vertragsärzte Verantwortung für die Gewährleistung der Qualität und Wirtschaftlichkeit der vertragsärztlichen Versorgung sowie der ärztlich verordneten oder veranlassten Leistungen übertragen wird. Nicht zu verwechseln ist das Praxisnetz des SGB V mit dem Praxisverbund i.S.d. MBOÄ (hierzu § 23d Rdn. 1 ff.). 54

## II. Berufsrechtlich zugelassene Rechtsformen (Abs. 2, 5)

### 1. Rechtsformen

#### a) Gesellschaftsformen deutschen Rechts

55 § 18 Abs. 2 Satz 1 spricht die – normgebungstechnisch insgesamt missglückt geregelte – Frage an, welcher Rechtsform sich Ärzte bei der Organisation ihrer Berufsausübung in Einzelpraxen, Berufsausübungsgemeinschaften, Organisationsgemeinschaften, Kooperationsgemeinschaften und Praxisverbünden bedienen dürfen. Die Regelung schafft hierbei keine eigenständige Berechtigung, sondern verweist ihrerseits »auf alle für den Arztberuf zulässigen Gesellschaftsformen«. Hierdurch werden Organisationsgemeinschaften aus der näheren berufsrechtlichen Regelung von Rechtsformfragen ausgeschieden (sie können in beliebiger Rechtsform gegründet werden, vgl. auch *Koller* S. 94). Welche Rechtsformen für die Berufsausübungsgemeinschaften zulässig sind, ist hingegen aus anderen Normen zu gewinnen.

56 Soweit die MBOÄ Rechtsformen an anderer Stelle gestattet, ist nicht nur zu prüfen, ob die Ärztekammern die Vorgabe aufgegriffen haben, sondern auch, ob landesrechtliche Vorschriften in den Kammer- und Heilberufsgesetzen entgegenstehen (zur GmbH u. § 23a Rdn. 1 ff.). Aus Sicht der MBOÄ ist ausdrücklich als zulässige Organisationsform für Berufsausübungsgemeinschaften in § 23a die juristische Person des Privatrechts angesprochen, d.h. die Kapitalgesellschaft in der Form der AG, GmbH und der haftungsbeschränkten UG. Die Zulässigkeit der PartG als Berufsausübungsgesellschaft folgt mittelbar aus §§ 18 Abs. 5, 23c (§ 23c betrifft unmittelbar lediglich die »Nicht-Berufsausübungs-Partnerschaft«, näher die Kommentierung zu § 23c). Das besonders verbreitete Organisationsmodell, die Gesellschaft bürgerlichen Rechts, ist lediglich beiläufig in § 23b Abs. 1 Satz 2 angesprochen.

56a Nicht möglich ist de lege lata der Zusammenschluss in einer Handelsgesellschaft (oHG, KG), da diese den Betrieb eines Handelsgewerbes voraussetzt (*Quaas/Zuck/Clemens/Quaas* § 15 Rn. 3). Im Zuge der Modernisierung des Personengesellschaftsrechts hat der Gesetzgeber allerdings, die Handelsgesellschaften für Freiberufler geöffnet (§ 107 HGB n.F. Allerdings kann die Nutzung von Handelsgesellschaften berufsrechtlich ausgeschlossen werden. Begreift man § 18 richtigerweise als rechtsformneutrale Vorschrift, stünde die Vorschrift einer Nutzung von oHG und KG nicht entgegen.

56b Eine Besonderheit gilt für die Partnerschaftsgesellschaft mit beschränkter Berufshaftung (PartG mbB) i.S.d. PartGG. Sie ist eine bloße Rechtsformvariante der PartG, die Ärzten als Organisationsmodell prinzipiell zur Verfügung steht (o. Rdn. 56). Die Nutzbarkeit der PartG mbB erfordert aber nach § 8 Abs. 4 PartGG die Statuierung berufsspezifischer Regelungen zum Versicherungsschutz einer PartG mbB im jeweiligen Berufsrecht des betroffenen Berufs. Lediglich Bayern und Niedersachsen haben die nach § 8 Abs. 4 PartGG notwendigen besonderen berufsrechtlichen Vorgaben an den Versicherungsschutz einer PartG mbB statuiert. Sind diese geschaffen, kann auch die PartG mbB als Organisationsmodell genutzt werden (näher hierzu die Kommentierung zu § 8 PartGG Rdn. 2a ff.).

#### b) Gesellschaftsformen ausländischen Rechts

57 Die Möglichkeit der Organisation der ärztlichen Berufsausübung in einer Gesellschaftsform eines Mitgliedstaates der EU bzw. der EFTA auf dem Gebiet der Bundesrepublik Deutschland folgt aus Gewährleistungen des Europarechts bzw. des Völkerrechts. Die Niederlassungsfreiheit, die für natürliche Personen und Gesellschaften gilt, umfasst nach Art. 49 Abs. 2 AEUV bzw. Art. 31 EWR das Recht zur Aufnahme und Ausübung selbstständiger Erwerbstätigkeiten sowie zur Errichtung von Unternehmen und zur Ausübung der Unternehmertätigkeit nach den Bestimmungen, die im Niederlassungsstaat für dessen eigene Angehörige gelten.

58 Gesellschaften aus dem Binnenmarkt können daher die Niederlassungsfreiheit durch einen Zuzug in einen anderen Mitgliedstaat für sich in Anspruch nehmen. Für den Bereich des Binnenmarktes

hat der EuGH beide denkbaren Zuzugsfälle – Verlegung des Verwaltungssitzes als Ort der tatsächlichen Willensbildung der Gesellschaft (EuGH NJW 2002, 3614) und Begründung einer Zweigniederlassung (EuGH NJW 1999, 2027, 2028 [»Centros«]; EuZW 1993, 740 [»Commerzbank«]; EuZW 1999, 20 [»ICI«]) – als von der Niederlassungsfreiheit i.S.d. Art. 49 ff. AEUV erfasst anerkannt. Nach der entsprechend der Rspr. des EuGH in den Mitgliedstaaten nunmehr verbindlichen europarechtlichen Gründungstheorie ist es möglich, eine Gesellschaft in einer Rechtsordnung anzusiedeln, in der keinerlei Aktivitäten entfaltet werden sollen, und die Gesellschaft sodann durch eine rechtsformwahrende Sitzverlegung oder die Gründung von Zweigniederlassungen nach Deutschland zu tragen (»Scheinauslandsgesellschaft«).

Das europäische Gesellschaftsrecht klärt lediglich, dass eine ausländische Gesellschaft die nach Artt. 49 ff. AEUV garantierte Niederlassungsfreiheit in Anspruch nehmen kann und in diesem Fall weder die Verlegung des Verwaltungssitzes noch die Einrichtung einer Zweigniederlassung in Deutschland zur Anwendbarkeit des deutschen Gesellschaftsrechts führen. Im Übrigen bleibt das deutsche Recht maßgeblich. Das Erfordernis der grundsätzlichen Niederlassungsfreiheit ausländischer Gesellschaften verlangt insbesondere nicht, dass an diese geringere Anforderungen zu stellen sind als an reine Inlandsgesellschaften. Soweit daher das deutsche Recht besondere berufsrechtliche Anforderungen für Gesellschaften vorsieht, die der Ausübung des Arztberufs dienen, ist nicht zu beanstanden, wenn Haupt- oder Zweigniederlassungen von Gesellschaften ausländischen Rechts diese berufsrechtlichen Erfordernisse erfüllen müssen. 59

Bei der Anwendung deutschen Berufsrechts müssen die vom EuGH aufgestellten Rechtfertigungsgründe für die Beschränkung der Niederlassungsfreiheit beachtet werden: Beschränkungen der Niederlassungsfreiheit durch berufsrechtliche Anforderungen des deutschen Rechts sind nach der Dogmatik der Grundfreiheiten des AEUV nur dann gerechtfertigt, wenn die aus dem Berufsrecht folgende Beschränkung in nicht diskriminierender Weise Anwendung findet, zwingenden Gründen des Allgemeininteresses dient, zur Erreichung des verfolgten Ziels geeignet ist und nicht über das hinausgeht, was zur Erreichung dieses Ziels erforderlich ist (EuGH NJW 1996, 579, 581 [»Gebhard«]; NJW 2003, 3331, 3334 [»Inspire Art.«]; BGH NJW 2005, 1648, 1649). In einem solchen Fall liegt keine europarechtlich unzulässige Beschränkung der Niederlassungsfreiheit vor. Soweit daher das deutsche Berufsrecht durch Berufsausübungsregeln zur vergesellschafteten Berufsausübung in verfassungsrechtlich nicht zu beanstandender Art und Weise Grundrechte zum Schutz von Patienteninteressen oder Belangen der medizinischen Versorgung in geeigneter, erforderlicher und verhältnismäßiger Art und Weise einschränkt, lassen sich Beschränkungen der Niederlassungsfreiheit in der Regel ebenso rechtfertigen. Dennoch muss im Einzelfall geprüft werden, ob das ausländische (Berufs-) Recht dem deutschen Regelungsanliegen durch vergleichbare Regelungen ausreichend Rechnung trägt. 60

Soweit sich die berufsrechtliche Beurteilung der in Deutschland vergesellschaftet tätigen Ärzte nach deutschem Berufsrecht richtet, enthält dieses in Form der MBOÄ keine ausdrücklichen Regelungen zu Berufsausübungsgemeinschaften ausländischer Rechtsform. Aus dem Regelungszusammenhang des Berufsrechts lassen sich aber rechtsformunabhängige Grundsätze des ärztlichen Gesellschaftsrechts abstrahieren, die auch bei Fehlen rechtsformspezifischer Regelungen das allgemeine Gesellschaftsrecht modifizieren. Eine ärztliche Berufsausübungsgesellschaft ausländischen Rechts muss daher die durch einen Rechtsformvergleich ermittelten Anforderungen an ihre Struktur gem. § 18 sowie – im Fall einer Kapitalgesellschaft – aus § 23a erfüllen. 61

In Folge des Austritts des Vereinigten Königreichs aus der Europäischen Union mit Wirkung zum 01.01.2021 ist die Nutzung der unter Freiberuflern zuvor besonders beliebten Rechtsformen des britischen Rechts (Limited Company (Ltd.) oder Limited Liability Partnership (LLP)) nicht mehr möglich (zu diesen näher die Erläuterung in der Voraufl.). Möglich ist aber ein Ausweichen auf konzeptionell verwandte Rechtsformen aus common law-Rechtsordnungen im Binnenmarkt (z.B. Irland, Zypern). Für Freiberufler ist hierbei weniger die im medizinrechtlichen Schrifttum intensiver diskutierte Ltd. als Pendant der deutschen UG und eher eine hypbride Gesellschaftsform wie die LLP ein sachgerechtes Organisationsmodell (zu dieser etwa *Bank*, Die britische Limited Liability 62

Partnership: Eine attraktive Organisationsform für Freiberufler?, 2006), da solche trotz register- und steuerrechtlicher Qualifikation als Personengesellschaften die Haftungsbeschränkungsmöglichkeiten einer Kapitalgesellschaft bieten, die eine PartG nicht ermöglicht. Organisationsrechtliche Fragen (zu Gründungs- und Verwaltungsfragen ausführlich *Leicht* BB-Special 3/2010, 14) werden in ihrer Problematik gemeinhin überschätzt (kritisch etwa Clausen/Schroeder-Printzen/*Broglie*/*Hartmann* § 11 Rn. 106). Eine naheliegende Alternative zu einer genuin hybriden Personengesellschaften wird eine Ärzte GmbH & Co. KG sein, wenn im künftigen Recht die handels- und berufsrechtlichen Voraussetzungen für ihre Nutzung durch Ärzte geschaffen werden sollten (o. Rdn. 56a).

### 2. Gesellschaftsform und Organisationsmodell

63 Für Berufsausübungsgemeinschaften kommen alle der vorgenannten (Rdn. 57, 62) Gesellschaftsformen in Betracht. Organisationsgemeinschaften (die üblicherweise als GbR verfasst sind) können hingegen nur eine solche Rechtsform wählen, die nicht strukturell die gemeinsame Ausübung des Berufs voraussetzt (wie die PartG, vgl. § 1 PartGG Rdn. 7 ff.). Die medizinische Kooperationsgemeinschaft und der Praxisverbund können als GbR, PartG oder Kapitalgesellschaft organisiert sein.

### 3. Berufsrechtsvorbehalt

64 Der für die PartG in Abs. 5 formulierte Berufsrechtsvorbehalt, d.h. die Anordnung des Vorrangs der MBOÄ vor etwaig konfligierenden Bestimmungen im PartGG, ist an sich entbehrlich. Der Vorrang der MBOÄ folgt bereits aus § 1 Abs. 3 PartGG (»Die Berufsausübung in der Partnerschaft kann in Vorschriften über einzelne Berufe ausgeschlossen oder von weiteren Voraussetzungen abhängig gemacht werden«). Die MBOÄ könnte ihn als untergesetzliches Satzungsrecht auch nicht eigenständig anordnen, wenn er nicht im höherrangigen Recht angelegt wäre.

### III. Anzeigepflichten (Abs. 1 Satz 5, Abs. 6)

65 Nach Abs. 6 sind alle Zusammenschlüsse i.S.v. Abs. 1 sowie deren Änderung und Beendigung der zuständigen Ärztekammer anzuzeigen. Teilweise wird davon ausgegangen, dass der Ärztekammer über eine bloße Anzeige hinausgehend der Vertrag vorzulegen ist (vgl. *Möller* MedR 2003, 195, 199; nunmehr weniger streng Quaas/Zuck/Clemens/*Quaas* § 15 Rn. 8). Da eine Vorlagepflicht in § 18 nicht ausdrücklich bestimmt ist, wird man eine solche freilich nur auf die allgemeinere Soll-Vorschrift des § 24 stützen können. Da in Abs. 1 Satz 5 eine Pflicht zur Vorlage des Gesellschaftsvertrages lediglich für den Sonderfall der Teil-Berufsausübungsgemeinschaft bestimmt ist (hierzu u. Rdn. 66), wird man von einer allgemeinen Vorlagepflicht nicht ausgehen können. Richtig erscheint das Verständnis, dass die Kammer die Vorlage des Vertrages zur Beseitigung von begründeten Zweifeln an der berufsrechtlichen Zulässigkeit des Zusammenschlusses anregt, nicht aber grundsätzlich Einsichtnahme in die Vertragswerke der Kammermitglieder verlangen kann. Sind für die beteiligten Ärzte mehrere Ärztekammern zuständig, so ist jeder Arzt verpflichtet, die für ihn zuständige Kammer auf alle am Zusammenschluss beteiligten Ärzte hinzuweisen.

66 Eine weitergehende Pflicht besteht bei Gründung einer Teil-Berufsausübungsgemeinschaft. Bei dieser ist nach Abs. 1 Satz 5 der Gesellschaftsvertrag vorzulegen. Dies zwingt mittelbar zum schriftlichen Abschluss des Vertrages, auch wenn für eine GbR Schriftform gesellschaftsrechtlich nicht vorgeschrieben ist. In eine Genehmigungspflicht lässt sich die Vorlagepflicht aufgrund des insoweit eindeutigen Wortlauts der Norm nicht umdeuten. Erfüllt der Gesellschaftsvertrag die gesetzlichen Anforderungen, besteht die Möglichkeit der Tätigkeit in einer Teil-Berufsausübungsgemeinschaft eo ipso und ist nicht von einem Genehmigungsakt abhängig.

67 Da die Pflicht zur Anzeige (bzw. ggf. zur Vorlage) des Vertrages keinen Erlaubnis- oder Anerkennungsvorbehalt statuiert, hat die Nichtbeachtung keine Auswirkungen auf die zivilrechtliche Wirksamkeit des Gesellschaftsvertrags. Zur Pflicht zur Vorlage des Vertrages s. § 24, zur Anzeigepflicht für Vertragsärzte § 33 Abs. 1 Ärzte-ZV.

## IV. Gewährleistungsverpflichtungen (Abs. 2, 4)

### 1. Eigenverantwortlichkeit/Unabhängigkeit

Das Erfordernis der Eigenverantwortlichkeit der Berufstätigkeit eines Gesellschafters ist eine gesellschaftsbezogene Ausprägung des aus dem Niederlassungsgebot (Niederlassung in *eigener* Praxis) folgenden Grundsatzes, dass der Arzt seinen Beruf in Selbstständigkeit und Unabhängigkeit ausübt. Eigenverantwortlich handelt nur, wer als Arzt gegenüber dem Patienten sowohl im Bereich der eigenen Behandlungstätigkeit als auch im rechtlichen und tatsächlichen Umfeld dieser Behandlung in vollem Umfang unmittelbar verantwortlich ist (BSGE 80, 130 ff.). Im Schrifttum wird hieraus zum Teil gefolgert, dass eine »medizinisch unabhängige« und »eigenverantwortliche« Tätigkeit nur in personalistisch strukturierten Gesellschaften, also der GbR und der PartG, gewährleistet sei, weil nur dann »personaler Vertragspartner des Patienten die gemeinschaftlich verbundenen Ärzte« seien (Wenzel/*Schirmer/Dochow* Kap. 10 Rn. 155). Überzeugend ist ein solches Verständnis nicht, da auch in den Personengesellschaften nach modernem Verständnis rechtliches Zuordnungsobjekt stets die Gesellschaft ist, deren Schuld die Gesellschafter erfüllen. Der Sache nach dient daher allein die persönliche Haftung als Gesellschafter als Differenzierungskriterium, die aber allgemein nicht mehr als prägend für eine freiberufliche Tätigkeit gesehen werden kann. Angesichts der ausdrücklichen Zulassung der Ärztegesellschaft in § 23a lässt sich aus berufsrechtlicher Sicht die Unzulässigkeit von Körperschaften als Organisationsmodell ohnehin nicht mehr auf das Argument der fehlenden Eigenverantwortlichkeit des ärztlichen Handelns stützen (insofern unklar Wenzel/*Schirmer/Dochow* Kap. 10 Rn. 155). 68

Bedeutung hat das Erfordernis der Eigenverantwortlichkeit demnach nicht für die Frage zulässiger Rechtsformen, wohl aber für die Ausgestaltung des Gesellschaftsvertrags. Aufgrund des kraft gesetzlicher Anordnung zwingend zu wahrenden Erfordernisses der Eigenverantwortlichkeit der Berufsausübung muss der Gesellschafter einer Berufsausübungsgemeinschaft die Möglichkeit haben, autonom über die Begründung, Aufhebung oder Änderung eines Behandlungsvertrags sowie die vorzunehmenden Erfüllungshandlungen zu entscheiden. Dies setzt entsprechende Geschäftsführungsbefugnisse im Innenverhältnis oder einen entsprechenden Vorbehalt voraus, um eigenverantwortlich handeln zu können. Nicht notwendig sind umfassende Geschäftsführungsbefugnisse für jeden Gesellschafter auch in vermögensrechtlichen Fragen der Gesellschaft. Aus berufsrechtlicher Sicht maßgebend ist allein die Möglichkeit eigenverantwortlicher ärztlicher Versorgung. Sichergestellt sein muss, dass der Arzt jederzeit einen Patienten nach den Regeln der ärztlichen Kunst und seinem ärztlichen Gewissen folgend behandeln kann, sich des hierfür benötigten Hilfspersonals durch Ausübung von Direktionsrechten bedienen und auf die Organisation der Praxis Einfluss nehmen kann. Gesellschaftsvertragliche Regelungen, die diesen Anforderungen nicht Rechnung tragen, verstoßen gegen § 18. Die Ausübung von Weisungs- und Direktionsrechten von Gesellschaftsorganen, die die berufsrechtlichen Anforderungen an die in der Gesellschaft tätigen Berufsträger missachtet, stellt ihrerseits eine Verletzung der gesellschaftsrechtlichen Treuepflicht dar. 69

Über die gesellschaftsvertragliche Ebene hinaus soll das Gebot sicherstellen, dass die aus einer Vergesellschaftung folgenden zwangsläufigen Abhängigkeiten der Gesellschafter voneinander nicht auf die ärztliche Tätigkeit des einzelnen Arztes ausstrahlen, etwa indem zum Zwecke der Kostenoptimierung wechselseitig Einfluss auf Behandlungen genommen wird. In arbeits- und vertragsarztrechtlicher Hinsicht ist das Kriterium der Eigenverantwortlichkeit für die Abgrenzung einer angestellten Tätigkeit eines Arztes relevant. Es ist im Bereich des Vertragsarztrechts aufgrund dessen personaler Anknüpfung an den einzelnen Leistungserbringer von besonderer, eigenständiger Bedeutung (ausführlich Wenzel/*Schirmer/Dochow* Kap. 10 Rn. 149). 70

### 2. Nicht-Gewerblichkeit

Das Erfordernis der Gewährleistung einer »nicht-gewerblichen Berufsausübung« zielt, da die ärztliche Tätigkeit eo ipso freiberuflich und nicht gewerblich ist, nicht auf den Inhalt, sondern auf die äußere Form, die Art und Weise der Organisation der beruflichen Tätigkeit ab. In den 71

Erläuterungen zu § 18 wird darauf hingewiesen, dass ärztliche Dienstleistungen auch in Kooperationen nicht in gewerblicher Form und wie von Gewerbetreibenden angeboten werden dürfen, beispielhaft genannt wird ein Angebot »in Kaufhäusern« oder »in Supermärkten«. Die Regelung ist, soweit ganz allgemein ein Verbot gewerbeähnlicher Leistungserbringung besteht, redundant und damit entbehrlich, da die äußere Form der Leistungserbringung mit dem Rechtsträger des ärztlichen Unternehmens nichts zu tun hat und ein kooperationsspezifischer Überhang, der eine gesonderte Anordnung notwendig machen würde, nicht ersichtlich ist. Die Ratio der Regelung ist aus verfassungsrechtlicher Sicht insgesamt problematisch, soweit sie einer reinen Berufsbildpflege dient. Das Verbot eines Angebots von ärztlichen Leistungen in der Art »von Gewerbetreibenden« kann nur dann verfassungsrechtlichen Bestand haben, wenn aus der Art der Leistungserbringung hinreichend konkrete Gefährdungen von Allgemeinwohlbelangen folgen, die über eine negative Beeinflussung des Sozialprestiges der Berufsträger hinausgehen. Entsprechend ist die Regelung verfassungskonform restriktiv auszulegen.

72 Von der »nicht-gewerblichen Berufsausübung« zu unterscheiden ist das Problem einer gewerblichen Tätigkeit innerhalb einer ärztlichen Berufsausübungsgesellschaft. Es geht hier um die Erbringung von gewerblichen Leistungen neben der ärztlichen Tätigkeit in derselben Gesellschaft. Sie führt dazu, dass sämtliche in der Gesellschaft erbrachten Tätigkeiten als gewerblich angesehen werden. Dieser vor allem steuerrechtlich diffizile Problemkreis ist aus berufsrechtlicher Sicht in § 3 gesondert geregelt. Nach § 3 Abs. 2 ist es Ärzten untersagt, im Zusammenhang mit der Ausübung ihrer ärztlichen Tätigkeit Waren und andere Gegenstände abzugeben oder unter ihrer Mitwirkung abgeben zu lassen sowie gewerbliche Dienstleistungen zu erbringen oder erbringen zu lassen, soweit nicht die Abgabe des Produkts oder die Dienstleistung wegen ihrer Besonderheiten notwendiger Bestandteil der ärztlichen Therapie sind.

### 3. Einhaltung der Berufspflichten

73 Das in § 18 Abs. 2 Satz 2 bestimmte Erfordernis der Gewährleistung der Einhaltung der ärztlichen Berufspflichten hat keine eigenständige Bedeutung, da die Vorschrift lediglich die nur aus Ärztinnen und Ärzten bestehende Berufsausübungsgemeinschaft betrifft (zur Erstreckung von ärztlichen Berufspflichten in interprofessionell strukturierten Kooperationsgemeinschaften s. § 23b Rdn. 8). Deren Mitglieder sind ausnahmslos bereits kraft ihres Status und losgelöst von der Organisation ihrer Berufsausübung, d.h. nicht erst aufgrund einer an ihre Stellung als Gesellschafter anknüpfenden Anordnung, den ärztlichen Berufspflichten unterworfen. Die Regelung hat daher appellativen Charakter und erinnert daran, dass insbesondere bei der Konzeption und Ausgestaltung der Zusammenarbeit keine gesellschaftsrechtlichen Pflichten begründet oder unternehmerische Entscheidungen getroffen werden, die in Konflikt mit den berufsrechtlichen Pflichten der Berufsträger geraten können.

### 4. Freie Arztwahl

74 Das Erfordernis, dass in einer Berufsausübungsgemeinschaft der in § 7 Abs. 2 Satz 1 angeordnete Grundsatz der freien Arztwahl (näher § 7 Rdn. 7) sichergestellt sein muss, ist nur gewahrt, wenn ein Patient die Möglichkeit hat, einen Arzt seines Vertrauens trotz der Gesellschafterstellung in der Berufsausübungsgemeinschaft in Person zu beauftragen. Damit dies möglich ist, darf den Gesellschaftern gesellschaftsvertraglich die Betreuung »eigener Patienten«, d.h. solcher, mit denen nicht die Berufsausübungsgemeinschaft den Behandlungsvertrag schließt, nicht verwehrt werden.

### 5. Rechtsfolgen eines Verstoßes

75 Bei einem Verstoß gegen berufsrechtliche Vorschriften kann die zuständige Kammer von den ärztlichen Gesellschaftern der Gesellschaft Änderungen des Vertrages verlangen bzw. Vorgaben zur Herstellung eines berufsrechtskonformen Zustands machen, da dieser für die Ärzte als Berufsrechtssubjekte Voraussetzung für einen Verbleib in der Gesellschaft ist. Durchsetzen kann die Aufsichtsbehörde dies mit dem ihr zu Gebote stehenden berufsrechtlichen Instrumentarium.

## C. Vertragsarztwesen

Für **Vertragsärzte**, d.h. Ärzte, die an der vertragsärztlichen Versorgung nach dem SGB V teilnehmen, gilt die MBOÄ grds. ohne Einschränkung, sodass die vorstehend erläuterten Vorschriften auch auf sie zur Anwendung kommen. Zu beachten sind aber weitere Vorschriften unter anderem des SGB V und der auf § 98 Abs. 2 Nr. 13a SGB V gestützten »Zulassungsverordnung für Vertragsärzte« (Ärzte-ZV), die in § 33 Ärzte-ZV besondere Vorgaben für die gemeinsame Berufsausübung der Vertragsärzte bestimmt. Der für das SGB V gesetzgebungsbefugte Bundesgesetzgeber hat die Regelungen des ärztlichen Berufsrechts in der MBOÄ zwar weitgehend nachvollzogen, sie sind jedoch nicht deckungsgleich. Die gemeinschaftliche Berufsausübung in der vertragsärztlichen Versorgung muss sich daher an den in Teilbereichen weiterhin restriktiveren besonderen vertragsarztrechtlichen Grundsätzen orientieren. 76

### I. Berufsausübungsgemeinschaften

Nach § 33 Abs. 2 Ärzte-ZV ist die gemeinsame Ausübung vertragsärztlicher Tätigkeit in örtlicher und überörtlicher Berufsausübungsgemeinschaft zulässig unter Beteiligung aller zur vertragsärztlichen Versorgung zugelassenen Leistungserbringer. Nach § 95 Abs. 1 Satz 1 SGB V sind dies zugelassene Ärzte und zugelassene medizinische Versorgungszentren sowie ermächtigte Ärzte und ermächtigte Einrichtungen. Das SGB V enthält keine organisationsrechtliche Begrenzung und auch keinen Berufsrechtsvorbehalt. Soweit § 33 Ärzte-ZV allgemein von Berufsausübungsgemeinschaften spricht, ist der Begriff rechtsformneutral zu verstehen. So ist auch die PartG erfasst (im Ergebnis unstr., zum Ganzen *Schirmer* MedR 1995, 383, 388 f.; *Preißler* MedR 1995, 110; *Henssler* PartGG, § 1 Rn. 267). 77

Da nur der Arzt selbst als natürliche Person, nicht aber die Gesellschaft zulassungsfähig ist (§ 95 SGB V, § 18 Ärzte-ZV), muss jeder in der Berufsausübungsgemeinschaft tätige Arzt nach diesen Vorschriften eine entsprechende Zulassung besitzen (zu aus dem öffentlich-rechtlichen Charakter der vertragsärztlichen Zulassung folgenden Problemen auf der gesellschaftsvertraglichen Ebene in Fragen der Nachbesetzung und der Hinauskündigung *Gummert/Meier* MedR 2007, 400; *Heller/Kanter* GesR 2009, 346). Die Gesellschaft selbst nimmt nicht an der vertragsärztlichen Versorgung teil (eine Einbindung in das Teilnahmesystem nach §§ 95 ff. SGB V ist nur ausnahmsweise denkbar, etwa als ärztlich geleiteter, ermächtigter Leistungserbringer nach § 95 SGB V). Gleichwohl hat die Berufsausübungsgemeinschaft vertragsarztrechtlich durchaus eine eigenständige Bedeutung. So ist bei der Beurteilung eines »Praxissubstrates« als Voraussetzung eines Nachbesetzungsverfahrens stets auf die Berufsausübungsgemeinschaft als Ganzes und deren Fallzahlen abzustellen (BSG NZS 2019, 76). 78

Zusammenschlüsse von Vertragsärzten sind nur zulässig, wenn sie durch den kassenärztlichen Zulassungsausschuss genehmigt werden (§ 33 Abs. 3 Satz 1 Ärzte-ZV, dazu BSG BayÄBl. 2004, 124). Auf die entsprechende Genehmigung besteht grds. ein Anspruch; sie kann nur versagt werden, wenn die Versorgung der Versicherten beeinträchtigt wird oder landesrechtliche Vorschriften über die ärztliche Berufsausübung entgegenstehen (vgl. BSG BayÄBl. 2004, 124). Soweit alle Ärzte die fachliche Fähigkeit und die Zulassung haben, auf demselben Fachgebiet ärztliche Leistungen zu erbringen, sind für eine Genehmigung keine besonderen Probleme zu überwinden (*Ehmann* MedR 1994, 145). 79

Neben diesem formellen Zulassungsstatus liegt eine rechtmäßige (= zu einem fehlerfreien Abrechnungsstatus führende Abrechnung) gemeinsame Berufsausübung nur vor, wenn die Gesellschafter die ärztliche Tätigkeit auch tatsächlich gemeinschaftlich ausüben, d.h. sie jeweils selbstständig unabhängig tätig und nicht zum Teil abhängig beschäftigt sind. Kriterien für die Abgrenzung sind Beteiligung am materiellen Vermögen, am immateriellen Wert der Praxis, Gewinn- und Verlustbeteiligung, (Mit-) Übernahme des Unternehmerrisikos, gesellschaftsrechtliche Mitwirkungsrechte und das Bestehen des Direktionsrechts (LSG Niedersachsen-Bremen MedR 2009, 497; LSG NRW MedR 2008, 50). Zu gesellschaftsvertraglichen Regelungen über das Schicksal der Vertragsarztzulassung bei Ausscheiden *Weitbrecht/Treptow* MedR 2009, 701. 80

81 Vertragsärzten ist die Tätigkeit in einer **fachübergreifenden Gemeinschaftspraxis** mit anderen Vertragsärzten (zu Privatärzten u. Rdn. 83) möglich (BSG MedR 1983, 196). Sie muss ebenfalls durch den Zulassungsausschuss nach § 33 Abs. 3 Ärzte-ZV genehmigt werden (zur zivilrechtlichen Nichtigkeit von Umgehungskonstruktionen bei fehlender Genehmigung LG Arnsberg MedR 2008, 746). Die Genehmigung darf nur dann versagt werden, wenn dem Gesetzeszweck nicht durch inhaltliche Beschränkung der Genehmigung und durch die Aufnahme von Nebenbestimmungen ausreichend Rechnung getragen werden kann (BSGE 55, 97, 105 = NJW 1984, 1424 [LS]). Der Zulassungsausschuss hat durch Auflagen sicherzustellen, dass die Fachgebietsgrenzen durch den jeweiligen Partner nicht überschritten werden und die Wirtschaftlichkeitsprüfung (vgl. § 106 SGB V) der jeweiligen in der Gemeinschaftspraxis vertretenen Gebiete möglich bleibt (BSGE 55, 97, 102 f.). Die Genehmigung kann daher an die Vorlage eines Gesellschaftsvertrags, der ausreichende Überwachungs- und Einwirkungsmöglichkeiten durch die kassenärztliche Selbstverwaltung sicherstellt, geknüpft werden (BSGE 55, 97, 104 f.). Die gemeinsame Tätigkeit mit Vertragszahnärzten ist nach § 33 Abs. 1 Satz 3 Ärzte-ZV nur in einem medizinischen Versorgungszentrum i.S.v. § 95 SGB V zulässig.

82 Eine besondere vertragsarztrechtliche Ausprägung der Berufsausübungsgemeinschaft ist die **Job-Sharing-Gemeinschaftspraxis** im Sinne von § 101 Abs. 1 Satz 1 Nr. 4 SGB V. Bei ihr übt ein Arzt die vertragsärztliche Tätigkeit gemeinsam mit einem bereits tätigen Vertragsarzt desselben Fachgebiets oder derselben Facharztbezeichnung aus, wobei sich die Partner der Berufsausübungsgemeinschaft gegenüber dem Zulassungsausschuss zu einer Leistungsbegrenzung verpflichten, die den bisherigen Praxisumfang nicht wesentlich überschreitet. Faktisch teilen sich zwei Ärzte in diesem Fall eine Vertragsarztstelle; sie können hierbei die Berufsausübungsgemeinschaft auch mit weiteren Ärzten betreiben, die sich keine Vertragsarztstelle teilen. Keine Job-Sharing-Gemeinschaftspraxis liegt vor bei einer Job-Sharing-Anstellung in einer Einzelpraxis; es handelt sich nach wie vor um eine Einzelpraxis, wenn auch um eine solche »sui generis« (SG München Urt. v. 21.03.2018 – S 38 KA 338/17).

82a Auch im Vertragsarztbereich ist nach § 33 Abs. 2 Satz 3 Ärzte-ZV eine **Teil-Berufsausübungsgemeinschaft**, also die auf einzelne Leistungen bezogene gemeinsame Berufsausübung (o. Rdn. 24 ff.), zulässig. Auch hier gilt, dass diese nicht einer Umgehung des Verbots der Zuweisung von Versicherten gegen Entgelt oder sonstiger wirtschaftlicher Vorteile dienen darf (das in diesem Fall nicht aus § 31 MBOÄ, sondern aus § 73 Abs. 7 SGB V folgt). Anders als mittlerweile § 18 Abs. 1 Satz 3 sieht § 33 Abs. 2 Satz 3 Ärzte-ZV weiterhin auch in der Beschränkung des Beitrags eines Arztes auf das Erbringen medizinisch-technischer Leistungen auf Veranlassung der übrigen Mitglieder der Berufsausübungsgemeinschaft eine Umgehung dieses Verbots. Aus der Verwendung des Plurals (»Leistungen«) in § 33 Abs. 2 Satz 3 Ärzte-ZV folgert die Rspr., dass die Teil-Berufsausübungsgemeinschaft nicht lediglich die gemeinsame Erbringung einer einzigen Leistung zum Inhalt haben darf (BSG MedR 2016, 145; dort auch ausführlich zum Leistungsbegriff).

83 Keine explizite Regelung enthält das Vertragsarztrecht zur Frage der gemeinsamen Berufsausübung von Vertragsärzten mit Ärzten, die nicht an der vertragsärztlichen Versorgung teilnehmen (**Privatärzte**). § 33 Ärzte-ZV bestimmt nicht (mehr), dass eine Berufsausübungsgemeinschaft i.S.d. Ärzte-ZV ausschließlich aus Vertragsärzten bestehen muss (*Blaurock* MedR 2006, 643; *Wertenbruch* MedR 1996, 485, 486; *Heberer* S. 496). Ein Zusammenschluss zwischen einem Vertragsarzt und ausschließlich privatärztlich tätigen Gesellschaftern (sog. »gemischte Berufsausübungsgemeinschaft«) ist daher nach herrschender Auffassung im Schrifttum möglich (*Henssler* PartGG, § 1 Rn. 267; *Blaurock* MedR 2006, 643; *Möller* MedR 2003, 195; a.A. *Schirmer* MedR 1995, 383, 388). Sicherzustellen ist, dass nur zugelassene Ärzte die vertragsärztliche Tätigkeit ausüben. Der entsprechende Nachweis gelingt nur bei einer entsprechenden Regelung im Gesellschaftsvertrag, die deshalb den Gesellschaftszweck auf die gemeinschaftliche privatärztliche Tätigkeit beschränken sollte (vgl. OLG München MedR 2006, 172; *Trautmann* NZS 2004, 238, 245). Entsprechende Probleme bestehen nicht, wenn der Vertragsarzt – zulässigerweise – in einer Berufsausübungsgemeinschaft

ausschließlich vertragsärztlich und in einer weiteren Berufsausübungsgemeinschaft ausschließlich privatärztlich tätig ist.

Nicht möglich ist Vertragsärzten – in Bezug auf die vertragsärztliche Tätigkeit – eine gemeinsame Berufsausübung mit **Nichtärzten** (*Ahrens* MedR 1992, 145; *Trautmann* NZS 2004, 238, 242). Dies folgt ungeachtet der Frage, welche Normqualität die Regelung in § 33 Abs. 2 Satz 1 Ärzte-ZV besitzt (nach BSG NJW 2004, 1819, 1822 handelt es sich bei ihr um ein formelles Gesetz), aus der Notwendigkeit von Überwachungs- und Einwirkungsmöglichkeiten der kassenärztlichen Selbstverwaltungsorgane nach dem SGB V, die gegenüber den nicht der Aufsicht unterworfenen Nichtärzten nicht gegeben wären. Insoweit stellt sich § 33 Abs. 2 Satz 1 Ärzte-ZV nur als Konkretisierung der Vorschriften des SGB V dar. Ausnahmen gelten zwar für die Errichtung eines Medizinischen Versorgungszentrums nach § 95 SGB V, da in einem solchen auch andere Berufsgruppen tätig sein dürfen. Allerdings kann in einem solchen Fall aufgrund § 1 Abs. 1 PartGG die PartG als Träger ausscheiden (hierzu § 1 PartGG Rdn. 7). 84

**Überörtliche Zusammenschlüsse** unter Beteiligung von Vertragsärzten sind nach § 33 Abs. 2 Satz 2 Ärzte-ZV zulässig. Die Überörtlichkeit ergibt sich hier aus dem jeweiligen Vertragsarztsitz der Beteiligten, außerhalb dessen vertragsärztliche Leistungen nur in gesetzlich bestimmten Fällen erbracht werden dürfen. Sichergestellt sein muss die Gewährleistung der Erfüllung der Versorgungspflicht am Vertragsarztsitz, wobei die Mitwirkung angestellter Ärzte und Physiotherapeuten berücksichtigt werden kann. An den Vertragsarztsitzen anderer Mitglieder der Berufsausübungsgemeinschaft darf der Vertragsarzt nur in »zeitlich begrenztem« Umfang tätig werden. Details ergeben sich aus den Bundesmantelverträgen. Hinsichtlich der notwendigen Genehmigung (o. Rdn. 79) wird bei überörtlichen Zusammenschlüssen, für die in einem KV-Bezirk mehrere Zulassungsausschüsse tätig sind, die Zuständigkeit durch die KV bestimmt (*Michels/Möller*, Ärztliche Kooperationen, 3. Aufl. 2014, S. 180). Für überörtliche Berufsausübungsgemeinschaften mit Vertragsarztsitzen in mehreren Zulassungsbezirken einer Kassenärztlichen Vereinigung (»ortsungleiche Vertragsarztsitze«) wird der zuständige Zulassungsausschuss nach § 33 Abs. 3 Satz 2 Ärzte-ZV durch Vereinbarung zwischen der Kassenärztlichen Vereinigung sowie den Landesverbänden der Krankenkassen und den Verbänden der Ersatzkassen bestimmt. Hat eine überörtliche Berufsausübungsgemeinschaft Mitglieder in mehreren Kassenärztlichen Vereinigungen, so hat sie für mindestens 2 Jahre unwiderruflich den Vertragsarztsitz zu wählen, der maßgeblich ist für die Genehmigungsentscheidung sowie für die auf die gesamte Leistungserbringung dieser überörtlichen Berufsausübungsgemeinschaft anzuwendenden ortsgebundenen Regelungen, insbesondere zur Vergütung, zur Abrechnung sowie zu den Abrechnungs-, Wirtschaftlichkeits- und Qualitätsprüfungen (§ 33 Abs. 3 Satz 3, 4 Ärzte-ZV). 85

Aufgrund der personalen Anknüpfung des Vertragsarztrechts stellt sich die Frage von **Zweigniederlassungen** in diesem Bereich aus einem anderen Blickwinkel. Die Ärzte-ZV regelt in § 33 allein die Zulässigkeit von örtlichen und überörtlichen Berufsausübungsgesellschaften und in § 24 das Tätigwerden des Vertragsarztes außerhalb des Vertragsarztsitzes. Da die Kassenzulassung für den Ort des Praxissitzes erteilt wird (§ 95 Abs. 1 Satz 2 SGB V, § 24 Abs. 1 Ärzte-ZV), muss der in einer Zweigniederlassung tätige Arzt für diesen Ort selbst die Zulassung besitzen. 86

Von der Frage der überörtlichen Organisation der Berufsausübungsgemeinschaft zu unterscheiden ist die **Tätigkeit des Vertragsarztes an mehreren Orten**. In Person dürfen Vertragsärzte nach § 24 Abs. 3, 4 Ärzte-ZV außerhalb ihres Vertragsarztsitzes an weiteren Orten vertragsärztlich tätig sein (vgl. BT-Drs. 16/2474 S. 29 f.). Möglich ist dies auch außerhalb des Bezirks ihrer KV. Da der Vertragsarzt nach § 95 Abs. 1 Satz 4, Abs. 3 SGB V die vertragsärztliche Versorgung an seinem Vertragsarztsitz gewährleisten muss, darf diese durch ein Tätigwerden an anderen Orten nicht gefährdet und muss die Versorgung der Versicherten an den weiteren Orten verbessert werden. 87

## II. Organisationsgemeinschaften

§ 33 Abs. 1 Ärzte-ZV gestattet Vertragsärzten die Begründung von Organisationsgemeinschaften. Nach dieser Vorschrift ist die gemeinsame Nutzung von Praxisräumen und Praxiseinrichtungen 88 sowie die gemeinsame Beschäftigung von Hilfspersonal durch mehrere Ärzte zulässig. Die Kassenärztlichen Vereinigungen sind nach Abs. 1 Satz 2 zu unterrichten. Nicht zulässig ist die gemeinsame Beschäftigung von Ärzten und Zahnärzten. Entsteht eine Praxisgemeinschaft aus einer zuvor betriebenen Gemeinschaftspraxis, sind die Patienten deutlich darauf hinzuweisen, dass die Ärzte ab der Umwandlung in einer Praxisgemeinschaft zusammenarbeiten (LSG Niedersachsen-Bremen MedR 2007, 623, dort auch zu Abrechnungsproblemen nach einer solchen »Umwandlung«). Bei der Umwandlung einer Gemeinschaftspraxis in eine Praxisgemeinschaft ist insbesondere aus vertragsarztrechtlicher Sicht eine Änderung der zuvor auf die gemeinsame Behandlung des Patientenstamms gerichteten Praxisführung erforderlich, um Rückforderungen vertragsärztlicher Honorare zu vermeiden (LSG Niedersachsen-Bremen Urt. v. 25.01.2017 – L 3 KA 16/14).

## § 18a Ankündigung von Berufsausübungsgemeinschaften und sonstigen Kooperationen

(1) Bei Berufsausübungsgemeinschaften von Ärztinnen und Ärzten sind – unbeschadet des Namens einer Partnerschaftsgesellschaft oder einer juristischen Person des Privatrechts – die Namen und Arztbezeichnungen aller in der Gemeinschaft zusammengeschlossenen Ärztinnen und Ärzte sowie die Rechtsform anzukündigen. Bei mehreren Praxissitzen ist jeder Praxissitz gesondert anzukündigen. § 19 Absatz 4 gilt entsprechend. Die Fortführung des Namens einer/eines nicht mehr berufstätigen, einer/eines ausgeschiedenen oder verstorbenen Partnerin/Partners ist unzulässig.

(2) Bei Kooperationen gemäß § 23b muss sich die Ärztin oder der Arzt in ein gemeinsames Praxisschild mit den Kooperationspartnern aufnehmen lassen. Bei Partnerschaften gemäß § 23c darf die Ärztin oder der Arzt, wenn die Angabe ihrer oder seiner Berufsbezeichnung vorgesehen ist, nur gestatten, dass die Bezeichnung »Ärztin« oder »Arzt« oder eine andere führbare Bezeichnung angegeben wird.

(3) Zusammenschlüsse zu Organisationsgemeinschaften dürfen angekündigt werden. Die Zugehörigkeit zu einem Praxisverbund gemäß § 23d kann durch Hinzufügen des Namens des Verbundes angekündigt werden.

Übersicht

| | Rdn. | | Rdn. |
|---|---|---|---|
| A. Normzweck und Regelungsgegenstand | 1 | III. Medizinische Kooperationsgemeinschaft/Nichtbehandlungs-Partnerschaft (Abs. 2) | 10 |
| B. Tatbestand | 4 | | |
| I. Ankündigung | 4 | | |
| II. Berufsausübungsgemeinschaft (Abs. 1) | 6 | IV. Organisationsgemeinschaft/Praxisverbund (Abs. 3) | 12 |

### A. Normzweck und Regelungsgegenstand

1 § 18a Abs. 1, 2 betreffen, was sich aus Abs. 1 Satz 1 ergibt (»unbeschadet...«), nicht die Namens- bzw. Firmenführung des Trägers eines ärztlichen Unternehmens. Diese folgt aus dem auf die Rechtsform anwendbaren Gesellschaftsrecht und den rechtsformspezifischen berufsrechtlichen Regelungen zur jeweiligen Rechtsform. Ebenso schafft § 18a kein spezifisches Werberecht für Berufsausübungs- und Organisationsgemeinschaften. § 18a Abs. 1, 2 regeln vielmehr die dogmatisch hiervon zu unterscheidende Frage des Mindestmaßes der Kommunikation eines Zusammenschlusses zur beruflichen Zusammenarbeit, die in der Diktion der MBOÄ als »Ankündigung« bezeichnet ist. Die Frage der Notwendigkeit und Form der Kommunikation der beruflichen Zusammenarbeit wird für Ärzte, in Abweichung von anderen freien Berufen, nicht auch von §§ 2 Abs. 1 Nr. 3, 3 Abs. 1 Nr. 2 DL-InfoV erfasst. Die Gesundheitsversorgung ist ausdrücklich von den Bestimmungen der DL-InfoV, durch die die Richtlinie der Europäischen Union zu Dienstleistungen im Binnenmarkt (2006/123/EG) umgesetzt wird, ausgenommen.

2 § 18a Abs. 1 und 2 tragen dem Anliegen Rechnung, Transparenz über das Leistungsgeschehen und über die Zugehörigkeit von Ärzten zu Kooperationsgemeinschaften herzustellen. Für Patienten

soll die kooperative Leistungserbringung transparent gemacht werden, damit diese zum einen ihr Recht auf freie Arztwahl wahrnehmen können und zum anderen Klarheit über die Haftungsverfassung der ihnen gegenüber handelnden Berufsausübungsgemeinschaft erhalten. Die hieraus resultierende Verpflichtung der Berufsträger ist – hinsichtlich der teilweise vergleichbaren Regelung – im anwaltlichen Berufsrecht (§ 10 BORA) als verfassungskonform angesehen worden (BVerfG NJW 2009, 2587).

§ 18a Abs. 3 hat einen von Abs. 1, 2 abweichenden Regelungsgegenstand: Abs. 3 stellt klar, dass auf Formen beruflicher Zusammenarbeit unterhalb der Intensität gemeinsamer Berufsausübung hingewiesen werden darf, aber nicht hingewiesen werden muss. Der Sache nach wird hierdurch mit Blick auf §§ 27 f. verdeutlicht, dass entsprechende Angaben sowohl praxisbezogen sind als auch nicht eine Werbung mit einer bloßen Selbstverständlichkeit darstellen. 3

## B. Tatbestand

### I. Ankündigung

Aus Abs. 2 folgt, dass mit »Ankündigung« die Kommunikation der verlangten Mindestangaben auf einem Praxisschild gemeint ist. An dem Ort oder ggf. den Orten der kooperierenden Leistungserbringung muss daher durch ein Schild auf die gemeinschaftliche Tätigkeit unter Nennung der Namen und Fachgebiete der beteiligten Ärzte hingewiesen werden. § 18a beschränkt sich auf die Frage der so verstandenen Ankündigung. Alle anderen Fragen der nicht-verpflichtenden Außendarstellung beantworten sich nach Maßgabe der §§ 27 ff. 4

Bei überörtlichen Kooperationen muss jeder Praxissitz »gesondert angekündigt« werden. Notwendig ist, dass an jedem Standort Transparenz über das dort anzutreffende Ausmaß der ärztlichen Berufsausübung hergestellt wird. Eine überörtliche Berufsausübungsgemeinschaft kann daher nicht alle Mitglieder an allen Standorten jedenfalls in einer Weise ankündigen, die nicht deutlich werden lässt, auf welche Mitglieder mit welcher fachlichen Kompetenz sich die Berufsausübung am fraglichen Standort beschränkt. 5

### II. Berufsausübungsgemeinschaft (Abs. 1)

Während das Namens- und Firmenrecht einer Gesellschaft die Verwendung von personenfirmengleichen Bezeichnungen ermöglicht, hierzu aber nicht verpflichtet, und zudem bei Verwendung einer Personenfirma keine Vorgaben macht, welche der Gesellschafter im Namen bzw. der Firma auftauchen müssen, verlangt § 18a für jede Berufsausübungsgemeinschaft unabhängig von der Rechtsform (und der ihr entsprechend gebildeten Firma bzw. des entsprechend gebildeten Namens), dass alle in der Berufsausübungsgemeinschaft tätigen Ärzte mit Namen und Berufsbezeichnung auf dem Schild der Praxis erscheinen müssen, deren Träger die Gesellschaft ist. Das Erfordernis, die Namen und Berufsbezeichnungen aller beteiligten Ärzte anzukündigen, gilt auch für Teil-Berufsausübungsgemeinschaften (*Michels/Möller* S. 186). Zwingend mitzuteilen ist auch die Rechtsform. Darauf, ob für die unternehmenstragende Gesellschaft gesellschaftsrechtlich ein Rechtsformzusatz verlangt ist (wie bei der GmbH oder PartG) oder nicht (wie bei der GbR), kommt es nicht an. 6

§ 18a Abs. 1 Satz 3 verbietet die Nutzung des Namens nicht mehr aktiver – ausgeschiedener bzw. verstorbener – Gesellschafter in der Außendarstellung (so auch OVG NRW MedR 2006, 270; MedR 2007, 188). Das Verbot betrifft nicht nur die Gestaltung von Praxisschildern o.ä., sondern auch die in Registern einzutragenden Namen der Berufsausübungsgemeinschaft (vgl. *Schirmer* MedR 1995, 341, 349; a.A. Spickhoff/*Scholz* § 18a Rn. 2). Das Verbot wurzelt in der Vorstellung, dass bei einer Namensfortführung mit dem »guten Namen« eines Arztes geworben wird, der zur aktuellen Leistung der Praxis nichts mehr beiträgt. Gegen die Verfassungskonformität eines solchen Verständnisses werden mit guten Gründen Zweifel angemeldet (LG Kiel Beschl. v. 17.12.2009 – 3 T 346/09), nicht zuletzt, weil es in anderen regulierten Vertrauensberufen seit Längerem überwunden ist. Auch wenn die Vorschrift nur von »Partnern« spricht und insofern auf die PartG als 7

Rechtsform hindeutet, gilt die Regelung für Berufsausübungsgemeinschaften beliebiger Rechtsform. Unzulässig ist die Verwendung des Namens eines Ausgeschiedenen auch bei Kombination mit einem auf die Vergesellschaftung hindeutenden Zusatz (»Dr. Müller & Kollegen«) (Ratzel/Lippert/Prütting/*Ratzel* § 18/18a Rn. 8 [Fn. 23]). Ein Verständnis dahingehend, dass lediglich die Fachgebietsbezeichnung des ausgeschiedenen Arztes nicht mehr verwendet werden darf (so *Krieger* MedR 1995, 95, 96), ist mit dem Wortlaut der Norm nicht zu vereinbaren (ausführlich *Eisenberg* 150 ff.).

8  Die berufsrechtliche Dimension des Problems ist von der etwaig zu beachtenden registerrechtlichen Ebene zu trennen. So billigt die registerrechtliche Rspr. unter Hinweis auf verfassungsrechtliche Bedenken gegen § 18a Abs. 1 Satz 4 (o. Rdn. 7), dass eine als PartG betriebene Arztpraxis trotz Ausscheidens des namensgebenden Partners unter dessen Namen im Register eingetragen ist (LG Kiel Beschl. v. 17.12.2009 – 3 T 346/09).

9  Der Verweis in Abs. 1 Satz 3 auf § 19 Abs. 4 bezieht sich auf angestellte Ärzte. Auf sie ist in geeigneter Form aufmerksam zu machen, sie sind aber nicht in die Ankündigung einzubeziehen, da ihre Nennung zusammen mit den Gesellschaftern nicht nur potenzielle Patienten über ihren Status in die Irre führen, sondern auch einen Rechtsscheintatbestand schaffen würde, der in die persönliche Haftung für Gesellschaftsverbindlichkeiten führen könnte.

### III. Medizinische Kooperationsgemeinschaft/Nichtbehandlungs-Partnerschaft (Abs. 2)

10  § 18 Abs. 2 Satz 1 verlangt, dass ein ärztliches Mitglied einer medizinischen Kooperationsgemeinschaft seine Mitgliedschaft offenlegt. Der Arzt muss sich daher auf ein gemeinsames Praxisschild mit den Kooperationspartnern aufnehmen lassen.

11  Die Verpflichtung aus Abs. 2 Satz 2, im Außenauftritt einer Nicht-Behandlungspartnerschaft ausschließlich unter der ärztlichen Berufsbezeichnung in Erscheinung zu treten, erklärt sich vor dem Hintergrund, dass der Arzt in der Nicht-Behandlungspartnerschaft zwar nicht die Heilkunde am Menschen ausüben darf, er aber für Patienten grundsätzlich Transparenz über sein gesamtes berufsbezogenes Wirken gewährleisten muss.

### IV. Organisationsgemeinschaft/Praxisverbund (Abs. 3)

12  Zusammenschlüsse zu reinen Organisationsgemeinschaften und zu Praxisverbünden dürfen, auch wenn diese nicht der ärztlichen Berufsausübung dienen, ebenfalls angekündigt werden. Ärzte können daher, müssen aber nicht ihre Zugehörigkeit z.B. zu einer Praxisgemeinschaft mitteilen. Entscheiden sie sich hierfür, müssen sie besonderes Augenmerk darauf richten, dass durch den Inhalt und die Form der Kommunikation, etwa durch die Gestaltung des Schildes, nicht der unzutreffende Eindruck der Tätigkeit in einer Berufsausübungsgemeinschaft erweckt wird. An einem zurechenbar gesetzten Rechtsschein der Vergesellschaftung muss sich der Arzt gesellschafts- bzw. zivilrechtlich festhalten lassen, was im vertraglichen Bereich zu einer Haftung für Pflichtverletzungen von Scheingesellschaftern nach Rechtsscheingrundsätzen führen kann (vgl. *Kilian* NZG 2016, 90).

### § 19 Beschäftigung angestellter Praxisärztinnen und -ärzte

(1) Ärztinnen und Ärzte müssen die Praxis persönlich ausüben. Die Beschäftigung ärztlicher Mitarbeiterinnen und Mitarbeiter in der Praxis setzt die Leitung der Praxis durch die niedergelassene Ärztin oder den niedergelassenen Arzt voraus. Die Ärztin oder der Arzt hat die Beschäftigung der ärztlichen Mitarbeiterin oder des Mitarbeiters der Ärztekammer anzuzeigen.

(2) In Fällen, in denen der Behandlungsauftrag der Patientin oder des Patienten regelmäßig nur von Ärztinnen und Ärzten verschiedener Fachgebiete gemeinschaftlich durchgeführt werden kann, darf eine Fachärztin oder ein Facharzt als Praxisinhaberin oder Praxisinhaber die für sie oder ihn fachgebietsfremde ärztliche Leistung auch durch eine angestellte Fachärztin oder einen angestellten Facharzt des anderen Fachgebiets erbringen.

(3) Ärztinnen und Ärzte dürfen nur zu angemessenen Bedingungen beschäftigt werden. Angemessen sind insbesondere Bedingungen, die der beschäftigten Ärztin oder dem beschäftigten Arzt eine angemessene Vergütung gewähren sowie angemessene Zeit zur Fortbildung einräumen und bei der Vereinbarung von Wettbewerbsverboten eine angemessene Ausgleichszahlung vorsehen.

(4) Über die in der Praxis tätigen angestellten Ärztinnen und Ärzte müssen die Patientinnen und Patienten in geeigneter Weise informiert werden.

## Übersicht

| | Rdn. | | Rdn. |
|---|---|---|---|
| A. Normzweck und Regelungsgegenstand | 1 | 1. Allgemeines | 7 |
| B. Tatbestand | 3 | 2. Vergütung | 12 |
| I. Angestellte Ärzte (Abs. 1 Satz 2) | 3 | 3. Fortbildung | 16 |
| II. Fachgebietsfremde angestellte Ärzte (Abs. 2) | 5 | 4. Wettbewerbsvereinbarungen | 17 |
| | | IV. Patienteninformation (Abs. 4) | 19 |
| III. Beschäftigungsbedingungen (Abs. 3) | 7 | C. Vertragsarztrecht | 20 |

## A. Normzweck und Regelungsgegenstand

§ 19 befasst sich mit angestellten Ärzten. Der insoweit zu Überschrift und Regelungsgehalt der Norm inhaltlich nicht passende Abs. 1 Satz 1, nach dem Ärzte die Praxis persönlich ausüben müssen, ist in diesem Regelungskontext klarstellender Natur (weiter Spickhoff/*Scholz* § 19 Rn. 2). Er betont, dass der Regelfall der ärztlichen Berufsausübung in der ambulanten Heilkunde die unternehmerische Selbstständigkeit sein soll, die ärztliche Berufsausübung im Rahmen eines Anstellungsverhältnisses die Ausnahme ist. Satz 1 ist insofern Ausdruck des die ärztliche Tätigkeit prägenden Prinzips der persönlichen Leistungserbringung (Ratzel/Lippert/Prütting/*Ratzel* § 19 Rn. 1) und dient im Hinblick auf die Möglichkeit angestellter Tätigkeit aus berufsrechtlicher Sicht der Berufsbildpflege. Im Gegensatz hierzu steht der sich dynamisierende Trend hin zu einer ärztlichen Tätigkeit in Anstellung: Am 01.01.2020 waren nach der Ärztestatistik bereits 27 % der in der ambulanten Versorgung tätigen Ärzte Angestellte. Zehn Jahre zuvor lag ihr Anteil nur bei knapp über 10 %. 1

Die Regelungen zur Anstellung sollen Berufseinsteigern die Möglichkeit eröffnen, im Bereich der ambulanten niedergelassenen Versorgung tätig werden zu können, ohne selbst eine Praxis gründen zu müssen. Die Vorschriften zu angestellten Ärzten vollziehen verspätet eine Diskussion nach, wie sie in den vergangenen Jahrzehnten in praktisch allen Freien Berufen geführt worden ist. Lange Zeit wurden Freiberuflichkeit und Angestelltenstatus für unvereinbar gehalten. 2

## B. Tatbestand

### I. Angestellte Ärzte (Abs. 1 Satz 2)

Abs. 1 Satz 2 statuiert keine Anforderungen hinsichtlich der grundsätzlichen Zulässigkeit der Anstellung eines Arztes, sondern regelt lediglich die weiteren Voraussetzungen der – sachgedanklich bereits vorausgesetzten Möglichkeit – der Anstellung. Eingeschränkt ist die Möglichkeit der Anstellung lediglich bei Fachverschiedenheit von Arbeitgeberarzt und Arbeitnehmerarzt (u. Rdn. 5 f.). Die Formulierung von Satz 2 (»Beschäftigung... in der Praxis«) verdeutlicht, dass Arbeitgeber des angestellten Arztes nicht ein anderer Arzt in Person sein muss, sondern auch eine ärztliche Berufsausübungsgemeinschaft i.S.d. § 18 sein kann. 3

Durch die Anstellung bleibt der freiberufliche Charakter der ärztlichen Tätigkeit gewahrt. Die Weisungsgebundenheit des angestellten Arztes betrifft allein die arbeitsvertraglichen Beziehungen zwischen Praxisinhaber und angestelltem Arzt und damit das Innenverhältnis. Die Stellung im Außenverhältnis als unabhängiger Angehöriger eines Freien Berufs bleibt hiervon unberührt. Der angestellte Arzt ist seinem ärztlichen Eid verpflichtet und von fachlichen Weisungen des Arbeitgebers bezüglich seiner ärztlichen Tätigkeit grundsätzlich unabhängig. Die Ausgangslage unterscheidet 4 sich nicht von der etwa eines Chefarztes einer Krankenhausabteilung, der in einem Anstellungsverhältnis zum Krankenhausträger steht.

### II. Fachgebietsfremde angestellte Ärzte (Abs. 2)

5   Abs. 2 schränkt die grundsätzliche Zulässigkeit der Beschäftigung angestellter Ärzte für den Fall der – aus Sicht des Arbeitgeberarzts – Fachgebietsfremdheit des Angestellten ein. Ein Praxisinhaber soll kein über das eigene Fachgebiet hinausgehendes Leistungsspektrums durch angestellte Ärzte erbringen lassen. Eine Anstellung eines fachgebietsfremden Arztes ist nur zulässig, wenn Behandlungsaufträge regelhaft nur von Ärzten verschiedener Fachgebiete, darunter jenes des Arbeitgeberarztes, gemeinschaftlich durchgeführt werden können. In einem solchen Fall ist die Anstellung eines Arztes aus dem korrespondierenden Fachgebiet zulässig. Bsp. (vgl. DÄBl. 2006, A 801 ff.): Anstellung eines Anästhesisten durch einen operativ tätigen Arzt, Beschäftigung eines angestellten Arztes im Rahmen von Disease-Management-Programmen. Dass der Angestellte eine für den Arbeitgeber fachfremde Leistung erbringt, ist zivilrechtlich mit Blick auf den Behandlungsvertrag unproblematisch, weil der Arbeitgeber nach § 630b i.V.m. § 613 Satz 1 BGB die geschuldete Leistung nicht zwingend in Person zu erbringen hat (Spickhoff/*Scholz* § 19 Rn. 7). Vor dem Hintergrund, dass an den Gesellschafterkreis einer fachübergreifenden Berufsausübungsgemeinschaft (§ 18 Rdn. 22) vergleichbare Anforderungen nicht gestellt werden, ist die Erforderlichkeit dieser die Berufsausübungsfreiheit einschränkenden Regelung zweifelhaft, da sie sich weder fachlich noch aus den Besonderheiten des Anstellungsstatus heraus rechtfertigt.

6   Nicht aus berufsrechtlichen Gründen, wohl aber um dem vergütungsrechtlichen Grundsatz der persönlichen Leistungserbringung (§ 4 GOÄ) Rechnung zu tragen, muss der Praxisinhaber dem angestellten Arzt im Arbeitsvertrag ein eigenes Liquidationsrecht einräumen, sodass der angestellte Arzt die von ihm erbrachten Leistungen selbst abrechnen kann.

### III. Beschäftigungsbedingungen (Abs. 3)
#### 1. Allgemeines

7   Die Beschäftigung von angestellten Ärzten darf nach Abs. 3, der § 26 Abs. 1 BORA nachgebildet ist, nur zu angemessenen Bedingungen erfolgen. Beispielhaft (»insbesondere«) genannt werden angemessene Bedingungen der Vergütung, Fortbildung und des nachvertraglichen Wettbewerbs. Nie angemessen sein können Bedingungen, die den angestellten Arzt zum Verstoß gegen Rechtsvorschriften zwingen.

8   Nicht alle denkbaren Arbeitgeber eines Arztes sind der MBOÄ unterworfen, sodass berufsrechtlich sanktionierbar nur Ärzte, nicht aber Anstellungskörperschaften etc. als Arbeitgeber sind. Die Formulierung »zu angemessenen Bedingungen beschäftigt werden« setzt nach richtigem Verständnis aber nicht voraus, dass ein Arzt zugleich im rechtlichen Sinne Arbeitgeber ist oder dass Beschäftigungsbedingungen vertraglich fixiert sind. Nach Sinn und Zweck der Vorschrift kommt es darauf an, ob ein Arzt kraft eigener Rechtsposition oder ihm vom Arbeitgeber übertragener Befugnisse die Beschäftigungsbedingungen ihm unterstehender Ärzte gestalten kann. Bei einem solchen Normverständnis können ärztliche Vorgesetzte eines Arztes, die z.B. keine Möglichkeit der Fortbildung einräumen, gegen § 19 verstoßen, ohne Arbeitgeber zu sein.

9   Die Berufspflicht, Ärzte nur zu angemessenen Bedingungen zu beschäftigen, verbietet es auch, durch Stellenanzeigen o.ä. den Abschluss von Beschäftigungsverhältnissen mit unangemessenen Bedingungen anzubahnen. Das öffentliche Anbieten solcher Beschäftigungsverhältnisse gefährdet das Ansehen der Ärzteschaft und ist dazu geeignet, andere Berufsträger zu einem vergleichbaren Verhalten zu ermutigen. Soweit eine von Abs. 3 vorausgesetzte Beschäftigung noch nicht vorliegt, lässt sich die Berufsrechtswidrigkeit des Verhaltens auf die allgemeine Berufspflicht zur gewissenhaften Berufsausübung (§ 2 Abs. 2) zurückführen.

10  Die Abgrenzung angemessener von nicht angemessenen Beschäftigungsbedingungen setzt eine umfassende Würdigung aller für die Beurteilung maßgeblichen Umstände voraus. Auf eine verwerfliche

Gesinnung des Begünstigten kommt es im Rahmen des § 19 Abs. 3 nicht an, weil diese Vorschrift mit dem Begriff der »Unangemessenheit« einen rein objektiv zu bestimmenden Maßstab an die Beurteilung der Beschäftigungsbedingungen anlegt.

Die zivilrechtliche Wirksamkeit vertraglich festgelegter Beschäftigungsbedingungen bestimmt sich nicht nach § 19 MBOÄ i.V.m. § 134 BGB. Sie sind vielmehr am Maßstab des § 138 BGB zu überprüfen. Dabei kommt es auf eine für das Unwerturteil im Rahmen des § 138 Abs. 1 BGB unerlässliche verwerfliche Gesinnung des Begünstigten an. 11

## 2. Vergütung

Die Vergütung eines angestellten Arztes muss gem. Abs. 3 Satz 2 angemessen sein. Abs. 3 schreibt keinen bestimmten »Mindestlohn« vor (vgl. BGH NZA 2010, 595, zu § 26 BORA). Maßgebend ist, ob die Vergütung der Qualifikation, den Leistungen und dem Umfang der Tätigkeit des Beschäftigten und den Vorteilen des Beschäftigenden aus dieser Tätigkeit entspricht. Daraus ergibt sich, dass sich die Angemessenheit einer Vergütung nicht abstrakt aufgrund der Höhe ihres Geldbetrages, sondern nur auf der Grundlage des Gesamtgefüges von Leistung und Gegenleistung beurteilen lässt. 12

Ob die arbeitsvertraglichen Bedingungen für die Beschäftigung angestellter Ärzte angemessen sind, hängt daher nicht allein von der absoluten Höhe der dem angestellten Arzt gezahlten Vergütung ab. Vielmehr muss der Gesamtwert der vom Arbeitgeber in Aussicht gestellten Leistungen zu der verkehrsüblichen Vergütung von Ärzten in vergleichbaren Angestelltenverhältnissen in Beziehung gesetzt werden (vgl. BGH NZA 2010, 595). Die verkehrsübliche Vergütung gibt Aufschluss über den für die Beurteilung des (Miss-) Verhältnisses zwischen Leistung und Gegenleistung maßgeblichen objektiven Marktwert der Arbeitsleistung; sie bestimmt sich, wenn ein Tarifvertrag nicht existiert oder der vereinbarte Tariflohn nicht der verkehrsüblichen Vergütung entspricht, nach dem allgemeinen Lohnniveau in dem betreffenden Wirtschaftsgebiet (BAG DB 2009, 1599; NJW 2000, 3589). 13

Ein im Rahmen der Gesamtschau gewichtiges Indiz für eine angemessene Höhe der Vergütung ist, wenn sie dem entspricht, was für Beamte besoldungsrechtlich oder für Angestellte durch Tarifvertrag bestimmt ist. Der Vergütung bzw. Besoldung im öffentlichen Dienst wird eine Ausgewogenheit von Leistung und Gegenleistung unterstellt (Ratzel/Lippert/Prütting/*Ratzel* § 23 Rn. 4). Für Beamte und Tarifbeschäftigte stellt sich daher, losgelöst von der Problematik, dass ihr Arbeitgeber bzw. Dienstherr kein § 19 unterworfenes Berufsrechtssubjekt ist (o. Rdn. 8), die Frage der Angemessenheit der Vergütung aus berufsrechtlicher Sicht von vorneherein nicht. Bei anderen beschäftigten Ärzten ist einem dem Besoldungsrecht bzw. dem Tarifvertrag entsprechende Vergütung angemessen, wenn eine dementsprechende Gegenleistung geschuldet sein soll. 14

Das Erfordernis einer objektiv angemessenen Vergütung setzt keine bestimmte Vergütung voraus. Es schließt nicht aus, dass ein Fixum mit flexiblen Vergütungsbestandteilen kombiniert wird, soweit das Fixum als solches angemessen ist und die flexiblen Vergütungsbestandteile bei gewöhnlichem Verlauf der ärztlichen Tätigkeit mit hinreichender Wahrscheinlichkeit verdient werden können. 15

## 3. Fortbildung

Ärzten, die in Anstellung tätig sind, muss eine angemessene Zeit zur Fortbildung eingeräumt werden. Soweit man aus diesem unzweideutigen Wortlaut ableiten muss, dass sie einen an das ärztliche Berufsrecht gebundenen Arbeitgeber zur Freistellung ärztlicher Mitarbeiter in der Arbeitszeit verpflichtet (dies entspricht dem Verständnis der gleichlautenden Vorschrift des § 26 BORA, vgl. Hartung/*Scharmer* BORA § 26 Rn. 85; Gaier/Wolf/Göcken/*Wolf* § 26 BORA Rn. 70), ist die Regelung problematisch, dass Arbeitgeber, die dem Berufsrecht mangels Berufsrechtssubjektivität nicht unterfallen, nur durch an besondere Voraussetzungen geknüpfte Regelungen zur Fortbildung in Tarifverträgen (etwa § 29 Abs. 5 TV-Ä) oder in den Weiterbildungsgesetzen der Länder verpflichtet werden. Richtigerweise kann der Anspruch auf Freistellung gegenüber einem ärztlichen Arbeitgeber nicht über das hinausgehen, was jeder potenzielle Arbeitgeber eines Arztes zum Zwecke 16 der Weiterbildung gewähren muss, soweit man mit der wohl ganz herrschenden Auffassung die gesetzlich zum Erhalt der Berufsausübungsbefugnis vorgeschriebene – und damit auch im Interesse des Arbeitgebers – liegende Fortbildung mit der allgemeinen Weiterbildung gleichsetzt. Bei einem solchen Verständnis geht § 19 Abs. 3 Satz 2 nicht über das hinaus, was die gesetzlichen Regelungen zur beruflichen Weiterbildung gewähren. Einen landesgesetzlichen Anspruch auf Bildungsurlaub gibt es in allen Bundesländern mit Ausnahme von Bayern und Sachsen. Die Dauer der Freistellung beträgt meist 5 Arbeitstage im Kalenderjahr bzw. 10 Tage innerhalb von zwei Kalenderjahren. Bildungsurlaub kann nur beansprucht werden für Veranstaltungen, die von einem anerkannten Träger durchgeführt werden oder als Weiterbildungsmaßnahme von der zuständigen Behörde anerkannt worden sind. Für Ärzte zuständig ist die Ärztekammer (*Klein* DÄBl. 2003, A 432).

### 4. Wettbewerbsvereinbarungen

17 Wird zwischen Arbeitgeber- und Arbeitnehmerarzt für den Fall des Ausscheidens des Arbeitnehmers ein Wettbewerbsverbot zulasten des Arbeitnehmers vereinbart, müssen nach Abs. 3 Satz 2 Regelungen für eine angemessene Ausgleichszahlung vorgesehen werden. Die Vorschrift hat keine rechtsbegründende Wirkung, da sie lediglich allgemeine arbeits- und handelsrechtliche Grundsätze wiederholt. Nach § 110 GewO können Arbeitgeber und Arbeitnehmer die berufliche Tätigkeit des Arbeitnehmers für die Zeit nach Beendigung des Arbeitsverhältnisses durch Vereinbarung beschränken.

18 Die in § 110 GewO in Bezug genommenen handelsrechtlichen Regelungen in §§ 74 bis 75f HGB verlangen in einem solchen Fall eine Verpflichtung des Arbeitgebers, für die Dauer des Verbots eine Entschädigung zu zahlen, die für jedes Jahr des Verbots mindestens die Hälfte der vom Arbeitnehmer zuletzt bezogenen vertragsmäßigen Leistungen erreicht (sog. Karenzentschädigung, § 74 Abs. 2 HGB). Der Begriff der Angemessenheit der Ausgleichszahlung ist entsprechend § 74 Abs. 2 HGB auszufüllen. § 19 kann als Norm des Satzungsrechts keine hierüber hinausgehenden Ansprüche auf Entschädigung stipulieren. Die übrigen rechtlichen Anforderungen an die Vereinbarung von Wettbewerbsverboten sind trotz der ausschließlichen Erwähnung der Karenzentschädigung in Abs. 3 Satz 2 zu beachten, insbesondere auch die zeitliche Höchstgrenze für ein Wettbewerbsverbot, das nach § 74a Abs. 1 Satz 3 HGB maximal für 2 Jahre vereinbart werden kann.

### IV. Patienteninformation (Abs. 4)

19 Über in einer Praxis angestellte Ärzte müssen die Patienten nach Abs. 4 in geeigneter Weise informiert werden. Denkbare Informationsträger können nur solche sein, die von allen Patienten tatsächlich zur Kenntnis genommen werden können, z.B. Aushänge und/oder Praxisbroschüren im Wartezimmer und/oder das Praxisschild. Nach dem Wortlaut von Abs. 4 ist nicht eindeutig, ob lediglich auf die Tätigkeit oder auch auf die Tatsache der Anstellung hinzuweisen ist. Losgelöst von der inhaltlichen Reichweite der berufsrechtlichen Pflicht empfiehlt sich ein Hinweis auf die Tatsache der Anstellung bereits vor dem Hintergrund, dass die Erwähnung der Angestellten ohne diesen Hinweis den Rechtsschein einer Vergesellschaftung erwecken würde und in die Haftung der Angestellten für Verbindlichkeiten der Gesellschaften führen kann.

### C. Vertragsarztrecht

20 Nach § 32b Abs. 1 Ärzte-ZV hat der Vertragsarzt die Möglichkeit, nach entsprechender Genehmigung des Zulassungsausschusses angestellte Ärzte zu beschäftigen. Die Tätigkeit dieser angestellten Ärzte muss sich der Vertragsarzt nach § 15 Abs. 1 Satz 3 BMV-Ä grundsätzlich als eigene Leistungen anrechnen lassen. Allerdings kann nach § 32b Abs. 5 Ärzte-ZV auf Antrag des Vertragsarztes eine genehmigte Anstellung in eine Zulassung umgewandelt werden, sofern der Umfang der vertragsärztlichen Tätigkeit des angestellten Arztes einem ganzen oder halben Versorgungsauftrag entspricht. Gesonderte Anforderungen sind beim Einsatz eines angestellten Arztes in einer Zweigpraxis zu beachten (näher Bäune/Meschke/Rothfuss/*Bäune* § 24 Rn. 51). Zur Beschäftigung fachgebietsfremder Ärzte durch den Vertragsarzt Bäune/Meschke/Rothfuss/*Bäune* § 32b Rn. 32.

## § 20 Vertretung

(1) Niedergelassene Ärztinnen und Ärzte sollen grundsätzlich zur gegenseitigen Vertretung bereit sein; übernommene Patientinnen und Patienten sind nach Beendigung der Vertretung zurück zu überweisen. Ärztinnen und Ärzte dürfen sich grundsätzlich nur durch eine Fachärztin oder einen Facharzt desselben Fachgebiets vertreten lassen.

(2) Die Praxis einer verstorbenen Ärztin oder eines verstorbenen Arztes kann zugunsten ihres Witwers oder seiner Witwe, ihrer Partnerin oder seines Partners nach dem Gesetz über die eingetragene Lebenspartnerschaft oder eines unterhaltsberechtigten Angehörigen in der Regel bis zur Dauer von sechs Monaten nach dem Ende des Kalendervierteljahres, in dem der Tod eingetreten ist, durch eine andere Ärztin oder einen anderen Arzt fortgesetzt werden.

| Übersicht | Rdn. | | Rdn. |
|---|---|---|---|
| A. Normzweck und Regelungsgegenstand . | 1 | II. Praxisverweser (Abs. 2 n.F., Abs. 3 a.F.). . | 5 |
| B. Tatbestand...................... | 2 | III. Vertretung in fremder Praxis | |
| I. Verweisung von Patienten an andere | | (Abs. 2 a.F.) .................... | 7 |
| Praxis (Abs. 1) .................. | 2 | C. Vertragsarztrecht ................. | 10 |

### A. Normzweck und Regelungsgegenstand

§ 20 erfasst zwei verschiedene Konstellationen des Tätigwerdens von Ärzten im Interesse eines Kollegen. Abs. 1 betrifft den Fall der Betreuung von Patienten eines anderen Arztes in der eigenen Praxis, weil dieser zum fraglichen Zeitpunkt nicht, aus welchen Gründen auch immer (z.B. Urlaub, Krankheit), praktiziert. Abs. 2 ermöglicht das Tätigwerden eines anderen Arztes in der Praxis eines verstorbenen Kollegen. Ein 2011 aufgehobener Absatz regelte die Tätigkeit eines Vertreters in der Praxis des vertretenen Arztes und insbesondere hieraus resultierende Anzeigepflichten gegenüber der Ärztekammer (hierzu u. Rdn. 7 ff.). 1

### B. Tatbestand

#### I. Verweisung von Patienten an andere Praxis (Abs. 1)

Abs. 1 betrifft entgegen der Überschrift keinen eigentlichen Fall der Vertretung des Praxisinhabers, sondern eine Behandlung von Patienten durch einen vom abwesenden Arzt empfohlenen Kollegen in dessen eigener Praxis. Eine solche sog. »kollegiale Vertretung«, zu der Abs. 1 Satz 1 nicht zwingt (»sollen«), ist weder anzeige- noch genehmigungspflichtig. Der Begriff des Vertretens ist in Abs. 1 untechnisch zu verstehen, vertragliche Beziehungen kommen zwischen Patient und »Vertreter« zustande, nicht mit dem abwesenden »Vertretenen«. 2

Ein Arzt darf seine Patienten für den Fall seiner Abwesenheit nach Abs. 1 Satz 2 im Regelfall nur in die Praxis eines Kollegen des gleichen Fachgebiets verweisen (nur in der BOThür ist Abs. 1 Satz 2 als Soll-Vorschrift ausgestaltet worden). Da Abs. 1 Satz 2 nur einen Grundsatz bestimmt, sind Ausnahmen denkbar, so etwa bei einer plötzlichen Erkrankung, die eine sofortige Versorgung von Patienten notwendig macht. Im Übrigen ist der Arzt bei der Auswahl des Vertreters frei, einzig die BOHam bestimmt über den Wortlaut von Abs. 1 hinaus eine Pflicht des niedergelassenen Arztes, sich zu vergewissern, dass die Voraussetzungen einer ordnungsgemäßen Vertretung in der Person des Vertreters erfüllt sind. 3

Da der andere Arzt die Patienten des abwesenden Kollegen als eigene Patienten behandelt, besteht das Risiko des Verbleibs der Patienten beim »kollegial vertretenden« Arzt. Damit durch Abwesenheiten eines Arztes nicht dessen Patientenstamm geschmälert wird, sind Patienten nach Beendigung der Vertretung zurück zu überweisen. Aufgrund der freien Arztwahl liegt die Entscheidung, wer künftig behandeln soll, aber beim Patienten (in der BOBr und der BOHam ist dies explizit klargestellt). Abs. 1 Satz 1 bietet keine Einwirkungsmöglichkeit auf den Patienten, aufgrund derer er zwingend in die Praxis des »vertretenen« Arztes zurückkehren muss. Abs. 1 Satz 1 untersagt 4 aufgrund des Erfordernisses der Zurücküberweisung damit im Ergebnis jede aktive Einwirkung auf den übernommenen Patienten mit dem Ziel, diesen an die Praxis zu binden.

### II. Praxisverweser (Abs. 2 n.F., Abs. 3 a.F.)

5 Die Praxis eines verstorbenen Arztes kann zugunsten des Ehe- oder Lebenspartners oder eines unterhaltsberechtigten Angehörigen in der Regel bis zur Dauer von 6 Monaten nach dem Ende des Kalendervierteljahres, in dem der Tod eingetreten ist, durch einen anderen Arzt fortgesetzt werden. Die Fortführungsdauer von 6 Monaten entspricht der Regelung des § 4 Abs. 3 Satz 1 BMV-Ä, allerdings ist noch nicht in allen Umsetzungen der MBOÄ die vom 118. DÄT 2015 beschlossene Verlängerung von zuvor drei auf sechs Monate nachvollzogen worden. Die Regelung durchbricht befristet das Verbot des Fremdbesitzes an ärztlichen Berufsausübungsgemeinschaften. Soweit Unsicherheiten bestanden, ob der Wortlaut der Norm eine Fortführung zugunsten eines Lebenspartners nach dem LPartG mit einschloss, sind diese durch eine 2015 erfolgte Neufassung von Abs. 2 mit der expliziten Nennung von Lebenspartnern beseitigt. Nicht erfasst sind sonstige Erben des Arztes, die ein berechtigtes Interesse an der Werterhaltung der Praxis bis zu deren Veräußerung haben.

6 Der Praxisverweser führt die Praxis des Verstorbenen in dessen Namen fort. Er ist nicht Angestellter der Hinterbliebenen, sondern freier Mitarbeiter, und teilt nicht eigene Einnahmen mit den Hinterbliebenen, sondern ist auf Rechnung des verstorbenen Praxisinhabers tätig (OLG Stuttgart NJW 1986, 2374, 2375).

### III. Vertretung in fremder Praxis (Abs. 2 a.F.)

7 In der bis 2011 geltenden Fassung des § 20 regelte Abs. 2 Anzeigepflichten bei Tätigwerden eines Vertreters in der Praxis des vertretenen Arztes. Die Regelung lautete: »*Die Beschäftigung einer Vertreterin oder eines Vertreters in der Praxis ist der Ärztekammer anzuzeigen, wenn die Vertretung in der Praxisausübung insgesamt länger als drei Monate innerhalb von zwölf Monaten dauert.*« Diese Bestimmung ist weiterhin in der Berufsordnung Rheinland-Pfalz vorgesehen, da dort die Änderung der MBOÄ bislang nicht nachvollzogen worden ist.

8 Eine Vertretung in fremder Praxis ist grundsätzlich zulässig und nicht an das Vorliegen bestimmter Gründe geknüpft (das Fachgebietserfordernis des Abs. 1 Satz 2 ist aber zu beachten, o. Rdn. 2). Abs. 2 bestimmte insofern lediglich eine Anzeigepflicht gegenüber der Kammer, wenn die Vertretung 3 Monate binnen der Jahresfrist überschritt. Die Regelung wurde 2011 als überflüssig aufgehoben, weil Vertragsärzte nach § 32 Abs. 1 Satz 4 Ärzte-ZV eine Anzeigepflicht gegenüber der Kassenärztlichen Vereinigung trifft, wenn die Vertretung länger als eine Woche andauert (u. Rn. 10).

9 Generell gilt, dass der Praxisvertreter in der Praxis des Vertretenen in dessen Namen, auf dessen Kosten und auf dessen Rechnung tätig ist. Der Vertreter ist weisungsfrei tätig, der Vertretene kann aber allgemeine organisatorische Vorgaben machen, etwa zu den Sprechzeiten. Der KV gegenüber ist allein der Praxisinhaber verantwortlich. Die Tätigkeit des Vertreters (»Beschäftigung«) erfolgt regelmäßig auf der Basis einer freien Mitarbeit, nicht eines Angestelltenverhältnisses. Die Ausgestaltung der Vereinbarung zwischen Vertreter und Vertretenem kann aber bei mangelnder Sorgfalt in der Abfassung dazu führen, dass aus arbeitsrechtlicher Sicht ein Arbeitsverhältnis begründet wird (zu kautelarjuristischen Fragen *Kleinke*, Der niedergelassene Arzt als Arbeitgeber, S. 115).

### C. Vertragsarztrecht

10 Für den Vertragsarzt durchbricht § 32 Ärzte-ZV den Grundsatz der persönlichen Leistungserbringung. Der Vertragsarzt kann innerhalb eines Jahres für die Dauer von bis zu 3 Monaten einen Praxisvertreter bestellen, um sich bei Krankheit, Urlaub, der Teilnahme an ärztlichen Fortbildungen oder Wehrübungen vertreten zu lassen (bei Geburt eines Kindes kann sich eine Vertragsärztin bis zu 12 Monate vertreten lassen, § 32 Abs. 1 Satz 3 Ärzte-ZV). In allen anderen Fällen ist eine (auch längere) Vertretung nur nach Maßgabe von § 32 Abs. 2 Satz 2 Ärzte-ZV möglich. Gegenüber der KV besteht eine Mitteilungspflicht bei einer Vertretung, die länger als eine Woche andauert (§ 32 Abs. 1 Satz 4 Ärzte-ZV).

## § 21 Haftpflichtversicherung

Ärztinnen und Ärzte sind verpflichtet, sich hinreichend gegen Haftpflichtansprüche im Rahmen ihrer beruflichen Tätigkeit zu versichern.

**Übersicht**

| | Rdn. | | Rdn. |
|---|---|---|---|
| A. Bedeutung der Norm | 1 | III. Im Rahmen beruflicher Tätigkeit | 5 |
| B. Versicherungspflicht | 2 | IV. Hinreichender Versicherungsschutz | 7 |
| I. Adressat | 2 | V. Versicherungspflicht | 12 |
| II. Haftpflichtansprüche | 3 | C. Folgen eines Verstoßes | 19 |

### A. Bedeutung der Norm

Eine immer komplexer werdende Medizin und die stetig steigende Erwartungshaltung Kranker bedingen seit Jahrzehnten einen Anstieg der Arzthaftungsfälle – unbeschadet der Frage, ob sie außergerichtlich, vor Gutachter- und/oder Schlichtungsstellen oder vor Gericht geltend gemacht werden. Neben der steigenden Fallzahl sind zudem stetig steigende Schadensummen pro Schadenfall zu beobachten. Insbesondere bei sog. Geburtsschäden bewegen sich die Aufwendungen für die Befriedigung des geschädigten Kindes, u.U. seiner Eltern, insbesondere aber auch beteiligter Sozialversicherungsträger (Kranken- und Pflegeversicherung, Sozialämter) vielfach im Millionenbereich, sodass mancher Arzt nicht in der Lage wäre, einen solchen Schaden aus seinem Privatvermögen zu begleichen. § 21 dient daher dem Schutz des Patienten; er will gewährleisten, dass einem Patienten im Schadenfall zustehende Ansprüche auch tatsächlich gezahlt werden können. 1

### B. Versicherungspflicht

#### I. Adressat

Adressat der Norm sind alle Kammermitglieder unbeschadet der Frage, ob sie ihre Tätigkeit selbstständig (z.B. im Rahmen einer Niederlassung) oder unselbstständig (z.B. als angestellter Arzt im Krankenhaus) ausüben. 2

#### II. Haftpflichtansprüche

Hierunter werden alle Ansprüche eines Dritten aufgrund gesetzlicher Haftpflichtbestimmungen verstanden. Unterschieden werden Personen-, Sach- und Vermögensschäden, zu denen insbesondere Unterhaltsschäden bei unerwünschter Geburt gehören. 3

Diese Ansprüche können sowohl aus dem Behandlungsvertrag (§ 630a Abs. 1 BGB) zwischen dem Arzt und Patienten resultieren (Anspruchsgrundlage regelmäßig: §§ 280 ff. BGB) als auch aus unerlaubter Handlung (Anspruchsgrundlage regelmäßig: §§ 823, 831 BGB). Sie gewähren im Schadenfall insbesondere Schmerzensgeld, Verdienstausfall, Unterhalt, Aufwendungen zur Wiederherstellung der Gesundheit, für Pflegeaufwendungen und/oder ggf. Bestattungskosten. 4

#### III. Im Rahmen beruflicher Tätigkeit

Die berufsrechtliche Verpflichtung zum Abschluss einer Haftpflichtversicherung besteht nur für Tätigkeiten, die in Ausübung des Berufs bestehen. Nach Sinn und Zweck der Norm wird man hierzu alle Tätigkeiten rechnen, die der Arzt gegen Entgelt – gleich ob Honorar des Freiberuflers oder Arbeitslohn – ausführt. Hierzu gehören nicht nur die Behandlung in eigener Praxis bzw. einer Privat- oder Ermächtigungsambulanz im Krankenhaus, sondern auch die Tätigkeit als angestellter Arzt bei einem Krankenhausträger oder einem Medizinischen Versorgungszentrum. Ebenso rechnen zu den beruflichen Tätigkeiten die rein beratende ärztliche Tätigkeit (z.B. bei einem Versorgungsamt, in der Pharmaindustrie oder an anderer Stelle), ebenso die Tätigkeit als Sachverständiger. Sie umfasst 5 insbesondere Tauglichkeitsuntersuchungen (z.B. als Fliegerarzt, [dazu: *Biegel* VersR 2008, 730], Schul-, Sporttauglichkeits- oder Fahrtauglichkeitsuntersuchungen), aber auch die Erstellung und Erläuterung von prozessualen wie außergerichtlichen Gutachten als medizinischer Sachverständiger (Anspruchsgrundlage dann § 839a BGB).

6 Zur beruflichen Tätigkeit wird man auch die Gefälligkeitsbehandlung zu rechnen haben, bei der ein Behandlungsvertrag geschlossen wird, der Arzt jedoch (z.B. bei Angehörigen) auf eine Honorierung verzichtet. Abzugrenzen ist die berufliche Tätigkeit demgemäß allein von einer Gefälligkeitstätigkeit, der keinerlei Vertrag (Behandlungsvertrag mit dem Patienten, Arbeitsvertrag zur Erbringung ärztlicher Leistungen mit dem Krankenhausträger o.Ä.) zugrunde liegt, so insbesondere bei erster Hilfe (vgl. z.B. OLG München GesR 2006, 266).

### IV. Hinreichender Versicherungsschutz

7 Als hinreichend ist der Versicherungsschutz dann anzusehen, wenn er als ausreichend erscheint, um die aus der Tätigkeit möglicherweise resultierenden Ansprüche Dritter – insbesondere der Patienten – im Schadenfall zu befriedigen.

8 Unter diesen Gesichtspunkten bedarf es zunächst einer **qualitativen** Betrachtung. Zu beachten ist, dass *alle* im Rahmen des Berufs ausgeübten Tätigkeiten auch tatsächlich versichert sind. So beinhaltet bspw. der Versicherungsvertrag eines Chirurgen nicht notwendigerweise auch Haftpflichtschutz im Rahmen medizinisch nicht notwendiger Leistungen (Enhancement, sog. »Schönheitsoperationen«). Die Tätigkeit als niedergelassener Arzt umfasst oftmals nicht auch die Tätigkeit an stationären Patienten, sei es als Belegarzt, sei es als Honorararzt. Besondere Tätigkeiten (z.B. der Einsatz von Strahlen) können eines Zusatzes in der Haftpflichtversicherung bedürfen. Die Einzelheiten richten sich nach dem – hinsichtlich solch eher individueller Risiken von Versicherung zu Versicherung unterschiedlichen und vielfach individuell ausgehandelten – Versicherungsvertrag und dessen Umfang.

9 Hinreichend ist der Versicherungsschutz im Übrigen nur, wenn er auch **quantitativ** ausreicht. Das ist dann der Fall, wenn er auch der Höhe nach geeignet ist, die denkbaren Aufwendungen in einem Schadenfall auszugleichen. Dabei ist zu berücksichtigen, dass diese nicht nur bei den als eher risikoträchtig erscheinenden Tätigkeiten (z.B. im Rahmen der Geburtshilfe, bei interventionellen Maßnahmen) beachtlich hoch sein können. Auch eher weniger schadengeneigt erscheinende Tätigkeiten können im Einzelfall hohe Schäden nach sich ziehen; beispielhaft sei hier nur auf das Risiko der Verabreichung oder Verschreibung von Arzneimitteln bei Allergikern oder Schwangeren – u.U. mit der Folge lebenslanger Schädigungen – hingewiesen. Dabei ist zu beachten, dass nicht nur die unmittelbaren Schäden des Patienten umfasst sind, sondern auch die Aufwendungen insbesondere privater Krankenversicherungen oder gesetzlicher Krankenkassen, Pflegeversicherungen und anderer Sozialleistungsträger. Demgemäß gibt es auch keine pauschalen Obergrenzen; diese sind abhängig vom Fachgebiet und vom Tätigkeitsumfang.

10 Zu berücksichtigen ist schließlich, dass die Versicherungssummen, u. U. gestaffelt nach Risiken (z.B. differenziert nach Personen-, Sach- oder Vermögensschäden) nicht nur im **Zeitpunkt** der Schadens*verursachung* ausreichend erscheinen, sondern auch – schon unter Berücksichtigung der Geldentwertung – in späteren Zeiten genügt, um nach mittlerweile geänderten Schadenmaßstäben (z.B. im Hinblick auf den Trend zu stetig steigenden Schmerzensgeldern, im Hinblick auf sich steigernde Unterhaltsansprüche) Zahlungen leisten zu können.

11 Um regelmäßig »hinreichend« versichert zu sein, werden Ärztinnen und Ärzte ihre Haftpflichtversicherung regelmäßig daraufhin zu überprüfen haben, ob sie »noch« ausreicht oder ob in einem Schadenfall zu leistende Aufwendungen die Versicherungssumme vorhersehbar übersteigen könnten. Das kann – insbesondere bei schwer einschätzbaren Risiken – auch die Verpflichtung bedingen, sich fachkundig beraten zu lassen.

## V. Versicherungspflicht

§ 21 verpflichtet Ärztinnen und Ärzte, »sich... zu versichern«. Entgegen dem naheliegenden Wortlaut kann damit nach Sinn und Zweck nicht die Verpflichtung zum Abschluss einer (eigenen) Haftpflichtversicherung gemeint sein, vielmehr die Verpflichtung, sich zu vergewissern, dass die eigene Tätigkeit ausreichend abgesichert ist. 12

So wird man einen Verstoß gegen § 21 dann nicht anzunehmen haben, wenn der Arzt beamtet oder in einem Anstellungsverhältnis tätig ist, seine Tätigkeit aber über den Dienstherrn bzw. Arbeitgeber – ohne dass der Arzt selbst Versicherungsnehmer wäre – mitversichert ist. Dabei ist allerdings zu beachten, dass nicht nur das Risiko des Arbeitgebers aus der Beschäftigung des Arztes (also die Haftung des Arbeitgebers, z.B. des Krankenhausträgers aus Vertrag mit dem Patienten) abgesichert ist, sondern auch das persönliche Risiko des Arztes (z.B. bei unmittelbarer Inanspruchnahme aus unerlaubter Handlung). Zur Arzthaftpflichtversicherung vgl. speziell *Schorz* Versicherungsschutz für niedergelassene Ärzte; *Flatten* VersR 1994, 1019; *Weidinger* AusR 2001, 98. Der keinen eigenen Haftpflichtversicherungsvertrag unterhaltende Arzt wird daher im Zweifelsfall darauf dringen, dass ihm ausreichender Versicherungsschutz über den Arbeitsvertrag zugesichert wird (vgl. zur beschränkten Arbeitnehmerhaftung *Bruns* ArztRecht 2017, 61). Insbesondere angesichts der aktuellen Schwierigkeiten zahlreicher Krankenhausträger, überhaupt noch eine Versicherung zu finden, die Haftpflichtschutz bei Behandlungsfehlern gewährt, aber auch der Schwierigkeiten, Haftpflichtschutz für bestimmte ärztliche Fachgebiete (insb. Humangenetik) zu erlangen, kann es zudem im Einzelfall auch berufsrechtlich geboten sein, vom Arbeitgeber den *Nachweis* eines bestehenden und hinreichenden Versicherungsschutzes zu fordern; das gilt insb. dann, wenn ein angestellter Arzt damit rechnen muss, dass sein Arbeitgeber nicht oder nicht mehr versichert ist. 13

*(unbesetzt)* 14

Der Arzt, der seine berufliche Tätigkeit nur beamtet ausübt, wird im Allgemeinen wegen der Rückgriffsmöglichkeiten des Dienstherrn bei grober Fahrlässigkeit dieses Risiko selbst versichern. Der Arzt, der nur für einen Arbeitgeber tätig ist, über den er (auch für den Fall grober Fahrlässigkeit) mitversichert ist (Rdn. 13), im Übrigen aber nicht ärztlich tätig wird, ist auch berufsrechtlich nicht gehalten, sich für außerberufliche Tätigkeiten, insbesondere Erste-Hilfe-Leistungen bei Unglücksfällen, zu versichern. Dennoch kann das sinnvoll sein, da jedenfalls in diesen Fällen zumindest auch eine Haftung für grobe Fahrlässigkeit (vgl. § 680 BGB) bestehen kann. 15

Verwerfungen kann es bei Vertretungstätigkeiten geben; vielfach ist das Risiko des Vertretenen, für den Vertretenden haften zu müssen, in der Haftpflichtversicherung des Vertretenen beinhaltet, nicht aber das Risiko des Vertretenden, *originär* (selbst) in Anspruch genommen zu werden. 15a

Wer über den Arbeitgeber nicht oder nicht hinreichend versichert ist, ist nach § 21 verpflichtet, sich selbst zu versichern. Hierzu wird er sich eines die Risikoeindeckung anbietenden Haftpflichtversicherers bedienen. Die Eindeckung bei einer im Ausland ansässigen Haftpflichtversicherung wird man dann als hinreichenden Versicherungsschutz gewährend anzusehen haben, wenn die Erfüllung der Pflichten des Versicherers aus dem Versicherungsvertrag (insbesondere Schadenermittlung, Korrespondenz mit dem Geschädigten, Schadenzahlungen) in Deutschland gesichert erscheint. 16

§ 21 gebietet nicht nur den Abschluss einer Haftpflichtversicherung, sondern auch deren Aufrechterhaltung. Hierzu gehört es auch, fällige Versicherungsprämien zu zahlen, um den Versicherungsschutz nicht zu gefährden (vgl. BezirksberufsG für Ärzte Stuttgart v. 11.02.2009 – BGÄS 18/08). Ebenso wird man hierzu zu rechnen haben, den Versicherungsschutz im Schadenfall nicht dadurch zu gefährden, dass dem Versicherer keine oder nur unzureichende Informationen erteilt werden (vgl. OLG Frankfurt NVersZ 1999, 230 betr. Heilpraktiker). 17

Verlangt eine Ärztekammer den Nachweis bestehenden Versicherungsschutzes, sind Ärztinnen und Ärzte verpflichtet, geeignete Unterlagen vorzulegen. Hingegen besteht kein Anspruch des Patienten gegen den Arzt auf Bekanntgabe seiner Versicherung (AG Dorsten MedR 2005, 102). 18

*Rehborn*

18a  Im Verhältnis zu anderen freien Berufen – beispielhaft sei auf § 51 Abs. 4 BRAO verwiesen, der eine *Mindest*versicherungssumme von 250.000 € für Rechtsanwälte vorschreibt – ist die Regelung sehr allgemein gehalten. Zudem fehlende Kontrollpflichten und -möglichkeiten (Rdn. 19) haben dazu geführt, dass der (Bundes-)Gesetzgeber, dem die Gesetzgebungskompetenz für das ärztliche Berufsrecht im Allgemeinen fehlt, jedenfalls für Vertragsärzte in einem neu geschaffenen § 95e Abs. 2 SGB V eine Mindestversicherungssumme von 3 Millionen € für jeden Versicherungsfall vorschreibt und die vertragsärztlichen Zulassungsgremien verpflichtet, die Einhaltung dieser Vorschrift zu prüfen (§ 95e Abs. 2 SGB V).

### C. Folgen eines Verstoßes

19  Weder die Heilberufsgesetze der Bundesländer noch die MBOÄ beinhalten eine Verpflichtung von Ärztinnen und Ärzten – anders als z.B. bei Rechtsanwälten, vgl. § 51, § 12 Abs. 2, § 14 Abs. 2 Nr. 9, § 59d, § 59j BRAO – gegenüber der Ärztekammer das Bestehen ausreichenden Versicherungsschutzes nachzuweisen (vgl. hierzu *Greiner* GesR 2014, 650; FG Schleswig-Holstein GesR 2014, 630). Nicht selten kommt es dadurch zur Tätigkeit von Ärzten ohne oder ohne ausreichenden Versicherungsschutz; im Schadenfall ist ein geschädigter Dritter, insbesondere der Patient, daher darauf angewiesen, eventuelle Ansprüche aus dem Vermögen des Arztes realisieren zu können. Da Ärztekammern keine Kontrollpflicht gegenüber den Ärzten obliegt, kommt auch deren Haftung wegen einer Amtspflichtverletzung aus § 839 BGB, Art. 34 GG nicht in Betracht. Zudem stellt die nach den Heilberufsgesetzen der Bundesländer auszuübende Berufsaufsicht der Ärztekammern über die Kammerangehörigen eine öffentliche Aufgabe dar; dient hingegen nicht dem Schutz der Individualinteressen der Patienten (KG KGR 2003, 8; LG Düsseldorf MedR 2003, 418; LG Dortmund GesR 2005, 72). Dabei wäre es durchaus wünschenswert, Kontrollregelungen – ähnlich wie sie bspw. für die rechtsanwaltliche Tätigkeit bestehen – auch für die ärztliche Tätigkeit einzuführen. Für Vertragsärzte bestehen – eingeführt im Jahre 2021 – Kontrollpflichten der Zulassungsgremien gem. § 95e Abs. 3 SGB V (dazu umfassend *Spiegel* GesR 2021, 477).

19a  Wird dennoch ein Verstoß festgestellt, kann das den Widerruf der Approbation – ggf. mit Anordnung der sofortigen Vollziehung – gem. § 5 Abs. 2 i.V.m. § 3 Abs. 1 Satz 1 Nr. 2 BÄO (VG München MedR 2018, 247 m. Anm. *Wever/Bergmann;* vgl. zum anwaltlichen Berufsrecht BGH Beschl. v. 21.02.2013 – AnwZ (Brfg) 69/12 m.w.N.), ferner die Anordnung des Ruhens der Approbation gem. § 6 Abs. 1 Nr. 5 BÄO rechtfertigen. Bei Vertragsärzten ist zudem das Ruhen der Zulassung (§ 95e Abs. 4 Satz 2 SGB V), nach Ablauf von 2 Jahren auch die Entziehung der Zulassung anzuordnen (§ 95e Abs. 4 Satz 7 SGB V).

### §§ 22, 22a (aufgehoben)

*§ 22 MBOÄ war bis zum Inkrafttreten der MBOÄ-Novelle 2004 Zentralnorm zu Fragen der gemeinsamen Berufsausübung und regelte die nun in § 18 MBOÄ angesiedelte Materie. Die Umsetzungen der MBOÄ lassen § 22 nicht durchgängig unbesetzt. Vereinzelt (z. B. in Niedersachsen) wird nach § 21 fortgezählt, so dass § 23 MBOÄ in der Umsetzung § 22 ist usw*

*§ 22a MBOÄ regelte von 2002 bis 2004 die nun in § 18a MBOÄ behandelte Frage der Ankündigung von »Kooperationen«.*

### § 23 Ärztinnen und Ärzte im Beschäftigungsverhältnis

(1) Die Regeln dieser Berufsordnung gelten auch für Ärztinnen und Ärzte, welche ihre ärztliche Tätigkeit im Rahmen eines privatrechtlichen Arbeitsverhältnisses oder öffentlich-rechtlichen Dienstverhältnisses ausüben.

(2) Auch in einem Arbeits- oder Dienstverhältnis darf eine Ärztin oder ein Arzt eine Vergütung für ihre oder seine ärztliche Tätigkeit nicht dahingehend vereinbaren, dass die Vergütung die Ärztin oder den Arzt in der Unabhängigkeit ihrer oder seiner medizinischen Entscheidungen beeinträchtigt.

| Übersicht | Rdn. | | Rdn. |
|---|---|---|---|
| A. Normzweck und Regelungsgegenstand | 1 | 2. Berufsrechtliche und gesetzliche Pflichten | 7 |
| B. Tatbestand | 3 | III. Berufsrechtskonforme Vergütungsmodelle (Abs. 2) | 8 |
| I. Beschäftigungsverhältnis | 3 | | |
| II. Berufsrechtsvorrang (Abs. 1) | 4 | | |
| 1. Berufsrechtliche und vertragliche Pflichten | 5 | | |

## A. Normzweck und Regelungsgegenstand

Abs. 1 stellt die Geltung aller Berufspflichten aus der MBOÄ auch für Ärzte im Beschäftigungsverhältnis klar. Die Unterwerfung unter das ärztliche Berufsrecht ist statusbedingt. Sie folgt aus der Mitgliedschaft in der Ärztekammer und beruht nicht auf den rechtlichen Rahmenbedingungen, die der Arzt für die Ausübung seines Berufs – unternehmerische Selbstständigkeit oder wirtschaftliche Abhängigkeit – gewählt hat. Dieser Grundsatz ist so selbstverständlich, dass die Berufsrechte anderer Freier Berufe die in Abs. 1 angesprochene Frage nicht explizit regeln. Sie mag der Tatsache geschuldet sein, dass im Vergleich zu anderen Freien Berufen der Anteil der nicht selbstständig tätigen Berufsträger aufgrund des hohen Anteils stationär tätiger Ärzte und der Beschäftigung von Ärzten im öffentlichen Gesundheitswesen mit rund 70 % außergewöhnlich hoch ist. Abs. 1 hat insofern vor allem Hinweisfunktion für dem Berufsrecht nicht unterworfene Arbeitgeber, d.h. vor allem für Krankenhausträger und Berufsausübungsgemeinschaften. 1

Abs. 2 ist eine besondere Ausprägung des die Freiberuflichkeit prägenden Gebots der unabhängigen Berufsausübung. Sie kann insbesondere durch unsachgemäße wirtschaftliche Anreize gefährdet sein, sodass Abs. 2 Vergütungsanreize verbietet, die eine an rein fachlichen Erwägungen orientierte medizinische Entscheidung verhindern könnten. 2

## B. Tatbestand

### I. Beschäftigungsverhältnis

Beschäftigungsverhältnis ist der untechnische Oberbegriff für alle rechtlichen Erscheinungsformen nicht selbstständiger Tätigkeit von Ärzten, d.h. im Angestellten- und Beamtenverhältnis. 3

### II. Berufsrechtsvorrang (Abs. 1)

Aus der – an sich selbstverständlichen – Geltung der Berufspflichten für Ärzte, die aufgrund ihrer Berufsausübung in einem Beschäftigtenverhältnis zusätzlich zum Berufsrecht einem weiteren Pflichtenprogramm im Verhältnis zu ihrem Arbeitgeber bzw. Dienstherrn unterworfen sind, folgt, dass aus dem Berufsrecht resultierende statusbezogene Pflichten bei einer Kollision mit Pflichten, die an das Beschäftigungsverhältnis anknüpfen, vorrangig zu beachten sind. 4

#### 1. Berufsrechtliche und vertragliche Pflichten

Den Arzt aus Vertrag treffende Pflichten, die insbesondere aus der Ausübung des Direktionsrechts des Arbeitgebers folgen, müssen zurücktreten, soweit sie dem Pflichtenprogramm der MBOÄ entgegenstehen. Anweisungen sind nicht verbindlich, wenn sie der Beachtung von Pflichten aus der MBOÄ entgegenstehen. Dies gilt unbeachtlich der in Erfüllung der Pflicht aus § 2 Abs. 1 Satz 2 Nr. 5 NachwG vorgenommenen Charakterisierung der vom ärztlichen Arbeitnehmer zu leistenden Tätigkeit. An die Nichtbeachtung berufsrechtswidrig erteilter Weisungen dürfen arbeitgeberseitig keine arbeitsrechtlichen Sanktionen geknüpft werden. 5

Wichtigster Anwendungsfall ist die in § 2 Abs. 4 bestimmte Pflicht, von Nichtärzten keine Weisungen hinsichtlich ärztlicher Entscheidungen entgegen zu nehmen (näher § 2 Rdn. 6). Diese Pflicht ist auf das Heilbehandlungsverhältnis begrenzt, sodass Vorgaben zum Rahmen der Erbringung der 6 als Beschäftigter insgesamt geschuldeten Leistung, z.B. zu Arbeitszeiten, -ort, -umfang, zu beachten sind. Bei diesen ist, soweit sie sich nicht auf die Wahrnehmung von Aufgaben in der Heilbehandlung (einschl. Dokumentationspflichten) beziehen, ein Konflikt mit Pflichten der MBOÄ regelmäßig nicht denkbar, weil sich entsprechende Weisungen nicht auf die ärztliche Behandlung beziehen. Aus Abs. 1 lässt sich auch kein Mitspracherecht des Arztes hinsichtlich unternehmerischer Entscheidungen ableiten, die nicht die ärztliche Behandlung im Einzelfall betreffen, also etwa bei Entscheidungen zur Ausstattung der Praxis oder zur Einstellung von Krankenhauspersonal. In die berufsrechtlich geschützte Entscheidungshoheit des Arztes fällt hingegen die Konsultation externer Ärzte, die Entscheidung für – aus Sicht des Arbeitgebers bzw. Dienstherrn – neuartige Untersuchungsmethoden und Behandlungsmaßnahmen. Weisungen eines ärztlichen Arbeitgebers (vgl. § 19) oder ärztlichen Leiters einer Anstellungskörperschaft sind nicht verbindlich, wenn dieser fachfremd ist (vgl. *Möller* GesR 2004, 460 f.). Bsp. für weitere im Verhältnis Beschäftigter/Arbeitgeber »gefährdete« Berufspflichten: Das mit der Verschwiegenheitspflicht kollidierende Auskunftsverlangen des Arbeitgebers, Vorgaben zur Erfüllung der Dokumentationspflicht, Verpflichtung zur Beteiligung an berufsrechtswidriger Werbung, ein Verbot der Konsultation externer Ärzte.

### 2. Berufsrechtliche und gesetzliche Pflichten

7   Treffen den angestellten Arzt konfligierende Verhaltenspflichten auf gesetzlicher Grundlage, folgt der Geltungsanspruch der Berufsordnung gegenüber solchen – normhierarchisch übergeordnet verankerten – Pflichten aus der auf der Ebene des Berufsgesetzes angeordneten Verbindlichkeit der Berufsordnung. Der Geltungsanspruch der MBOÄ muss insoweit nicht bereits deshalb zurücktreten, weil es sich bei ihr um Satzungsrecht handelt. In einigen Berufsgesetzen findet sich daher zur Vermeidung von Unklarheiten eine dem Regelungsgehalt des Abs. 1 entsprechende Regelung. Um die Notwendigkeit einer Klärung, ob gesetzlich begründete Pflichten im Einzelfall Vorrang vor berufsrechtlichen Pflichten beanspruchen können, entbehrlich zu machen, wird der Geltungsanspruch dieser potenziell konfligierenden Pflichten für bestimmte Beschäftigungsverhältnisse zugunsten des Berufsrechts gesetzlich explizit oder mittelbar begrenzt (etwa in § 35 Satz 3 BeamtStG für beamtete Ärzte, in § 275 Abs. 5 Satz 1 SGB V für Ärzte im Medizinischen Dienst einer Krankenversicherung).

### III. Berufsrechtskonforme Vergütungsmodelle (Abs. 2)

8   Die Regelung des Abs. 2 soll sicherstellen, dass jegliche Vergütung, die der Arzt für die ärztliche Tätigkeit vereinbart, seine Unabhängigkeit nicht gefährdet. Sie erfasst nach richtigem Verständnis nicht die Höhe der Vergütung, die der Arbeitgeber bzw. Dienstherr für die ärztliche Tätigkeit zahlt. Eine berufsrechtliche Kontrolle der Äquivalenz der Vergütung erfolgt über das Kriterium der »Angemessenheit« in § 19 Abs. 3 Satz 2 (anders wohl Ratzel/Luxenburger/*Köhler-Hohmann* § 18 Rn. 73; Ratzel/Lippert/Prütting/*Lippert* § 23 Rn. 4). Ein an den Arbeitnehmer gerichtetes berufsrechtliches Verbot des Abschlusses eines Arbeitsvertrages mit einer unangemessen niedrigen Vergütung wäre nicht nur aufgrund der Realitäten des Arbeitsmarktes, sondern auch angesichts der Tatsache, dass über § 138 Abs. 1 BGB ein angemessenes Gehalt nach Vertragsschluss gerichtlich durchsetzbar ist, sowohl berufspolitisch als auch verfassungsrechtlich zweifelhaft.

9   In Abgrenzung zu § 19 Abs. 3 will § 23 Abs. 2 nach richtigem Verständnis mit dem Arbeitgeber bzw. dem Dienstherrn, aber auch mit beliebigen Dritten vereinbarte Anreizsysteme unterbinden, die zu einer Orientierung der ärztlichen Tätigkeit nicht ausschließlich an medizinischen Erfordernissen, sondern am Interesse einer Erhöhung des Einkommens aus der ärztlichen Tätigkeit aufgrund dies ermöglichender Vereinbarungen führen. Die Übergänge zwischen § 19 Abs. 3 und § 23 Abs. 2 sind freilich fließend, so etwa bei Vereinbarung flexibler Vergütungsbestandteile neben einem niedrigen Fixum. Die Vergütung kann in solchen Fällen sowohl unangemessen niedrig als auch unabhängigkeitsgefährdend sein. Wie auch § 19 hat § 23 Abs. 2 keinen zivilrechtlichen Gehalt,

die zivilrechtliche Wirksamkeit Abs. 2 zuwiderlaufender Vereinbarungen beurteilt sich allein nach § 138 BGB.

Unzulässig sind z.B. Vereinbarungen, die den Arzt zur Wahrung seines Vergütungsinteresses zwingen, bestimmte Präparate zu verwenden (BÄK DÄBl. 2004, A 1607, 1611), weil der Arbeitgeber auf diese Weise wirtschaftliche Vorteile erzielt, an denen er seine Arbeitnehmer unmittelbar über einen flexiblen Vergütungsbestandteil partizipieren lässt. Zulässig sind aber Vereinbarungen, bei denen aufgrund ihres abstrakten Inhalts ein Einfluss auf die konkrete Heilbehandlung im Einzelfall als fernliegend anzusehen ist, z.B. eine Verknüpfung von Vergütungsbestandteilen mit der Einhaltung von Budgetvorgaben. Weil selbstständige Ärzte mit Blick auf ihr Einkommen generell einem berufsrechtlich hinzunehmenden faktischen Zwang zu wirtschaftlichem Handeln unterliegen, kann für Ärzte im Beschäftigungsverhältnis aus ähnlichen, deutlich abgeschwächten Anreizen zu wirtschaftlichem Handeln keine Gefährdung der Unabhängigkeit abgeleitet werden. Unzulässig sind auch Vereinbarungen mit Dritten, die unmittelbar oder mittelbar das Einkommen des Arztes aus seiner Berufstätigkeit bestimmen, z.B. Provisionsvereinbarungen. 10

## § 23a Ärztegesellschaften

(1) Ärztinnen und Ärzte können auch in der Form der juristischen Person des Privatrechts ärztlich tätig sein. Gesellschafter einer Ärztegesellschaft können nur Ärztinnen und Ärzte sowie Angehörige der in § 23b Absatz 1 Satz 1 genannten Berufe sein. Sie müssen in der Gesellschaft beruflich tätig sein. Gewährleistet sein muss zudem, dass
a) die Gesellschaft verantwortlich von einer Ärztin oder einem Arzt geführt wird; Geschäftsführer müssen mehrheitlich Ärztinnen und Ärzte sein,
b) die Mehrheit der Gesellschaftsanteile und der Stimmrechte Ärztinnen und Ärzten zustehen,
c) Dritte nicht am Gewinn der Gesellschaft beteiligt sind,
c) eine ausreichende Berufshaftpflichtversicherung für jede/jeden in der Gesellschaft tätige Ärztin/tätigen Arzt besteht.

(2) Der Name der Ärztegesellschaft des Privatrechts darf nur die Namen der in der Gesellschaft tätigen ärztlichen Gesellschafter enthalten. Unbeschadet des Namens der Gesellschaft können die Namen und Arztbezeichnungen aller ärztlichen Gesellschafter und der angestellten Ärztinnen und Ärzte angezeigt werden.

| Übersicht | Rdn. | | Rdn. |
|---|---|---|---|
| A. Normzweck und Regelungsgegenstand | 1 | 1. Allgemeines | 12 |
| B. Tatbestand | 6 | 2. Geschäftsführung | 13 |
| I. Zulässige Rechtsform (Abs. 1 Satz 1) | 6 | 3. Mehrheitserfordernisse | 15 |
| II. Gesellschafterkreis (Abs. 1 Satz 2) | 8 | 4. Gewinnbeteiligungsverbot | 17 |
| III. Gebot der aktiven Berufsausübung (Abs. 1 Satz 3) | 9 | V. Haftpflichtversicherung (Abs. 1 Satz 4 Buchst. d)) | 19 |
| IV. Besondere Satzungserfordernisse (Abs. 1 Satz 4 Buchst. a-c) | 12 | VI. Name (Abs. 2) | 20 |
| | | C. Vertragsarztwesen | 24 |

## A. Normzweck und Regelungsgegenstand

§ 23a ermöglicht die Ausübung der ärztlichen Tätigkeit in einer juristischen Person des Privatrechts. Die Vorschrift regelt nur die Berufsausübung, betrifft also ausschließlich die Berufsausübungsgemeinschaften nach § 18 und die medizinischen Kooperationsgemeinschaften nach § 23b. Die Zulässigkeit von Organisationsgesellschaften richtet sich nicht nach § 23a. In Abgrenzung zur medizinischen Kooperationsgemeinschaft wird die nur aus Ärzten bestehende Ärztegesellschaft auch als »vollständige Ärztegesellschaft« bezeichnet. 1

2 Inhaltlich enthält die Norm eine Anzahl von Vorgaben zur Struktur und Organisation einer Ärztegesellschaft, die die Habilität der Gesellschafter, die Ausgestaltung des Binnenrechts der Gesellschaft und besondere (mittelbare) Pflichten der Gesellschafter betreffen. Soweit Vorgaben zum Binnenrecht der Gesellschaft gemacht werden, lassen sie sich nur durch entsprechende kautelarjuristische Gestaltung umsetzen (u. Rdn. 12 ff.). Die Anforderungen sind nicht abschließend. Ergänzend gelten die allgemeineren Anforderungen in § 18 Abs. 2, 4 (Eigenverantwortlichkeit, Unabhängigkeit, freie Arztwahl usw.).

3 Die Genese der 2004 in die MBOÄ aufgenommenen Norm erklärt sich vor dem Hintergrund der Leitentscheidung des BGH aus dem Jahr 1993 (BGHZ 124, 224), in der dieser klargestellt hat, dass jedenfalls die Notwendigkeit einer Approbation zur Ausübung der Heilkunde einem Zusammenschluss von Ärzten in der Rechtsform einer GmbH, in der diese die ärztliche Tätigkeit als Geschäftsführer bzw. Angestellter ausüben, nicht entgegenstehe. Im Gegensatz zu anderen Freiberufen sind die Vorteile einer entsprechenden Rechtsformwahl für die eigentliche Berufstätigkeit begrenzt. Die Tätigkeit in einer haftungsbeschränkten Rechtsform lässt die persönliche deliktische Haftung des behandelnden Arztes unberührt. Zudem ist die Teilnahme an der vertragsärztlichen Versorgung und die Abrechenbarkeit privatärztlicher Leistungen durch den Versicherten (hierzu OLG München VersR 1990, 614; OLG Köln VersR 1992, 952; OLG Hamm NJW 1993, 801 sowie Höra/*Schubach* MünchHdB VersR § 23 Rn. 218) an die Approbation geknüpft, über die eine Ärztegesellschaft nicht verfügt. Vorteile bietet die Ärztegesellschaft daher vor allem im Bereich der – zum Teil ein erhebliches wirtschaftliches Volumen erreichenden – Hilfsgeschäfte zur Organisation der Berufsausübung (Verpflichtungen aus Miet-, Kauf-, Leasing, Arbeitsverträgen usw.). Sofern sich der Zweck der Gesellschaft auf die Bereitstellung der Infrastruktur beschränkt (hierzu *Taupitz* MedR 2005, 475, 481), unterfällt sie allerdings nicht § 23a, der nur Berufsausübungsgemeinschaften erfasst (s. auch o. Rdn. 1).

4 Höherrangiges Recht, namentlich die Heilberufs-/Kammergesetze der Länder, können § 23a entgegenstehen. Zwar wird auf der Ebene der Berufsgesetze die Ausübung der ambulanten Heilkunde durch eine juristische Person nur noch in Bayern explizit untersagt (§ 18 Abs. 1 Satz 2 HKaG). Allerdings eröffnen die Berufsgesetze die Nutzung einer juristischen Person z.T. nur unter dem Vorbehalt konkretisierender satzungsrechtlicher Regelungen in der Berufsordnung, an denen es im Bereich einiger Kammern fehlt. Ein mittelbares Verbot kann auch aus der Anforderung folgen, dass die Berufsausübung an die Niederlassung in eigener Praxis geknüpft wird (sog. »Niederlassungsgebot«, das bei einer Tätigkeit als Angestellter einer juristischen Person des Privatrechts nicht gewahrt ist).

5 Soweit zur Überprüfung gestellt, sind Verbotsregelungen in Berufsgesetzen für verfassungskonform erachtet worden (BayVerfGH NJW 2000, 3418; OVG NRW MedR 2001, 150; vgl. auch VerfGH Rheinland-Pfalz, 31.03.2017 – VGH N 4/16; VGH N 5/16). Ist die Organisation in einer juristischen Person des Privatrechts auf der Ebene des Berufsgesetzes nicht untersagt und fehlt es entweder an einer ausdrücklichen Gestattung im Satzungsrecht oder an konkretisierenden Regelungen in der Berufsordnung, an die der Landesgesetzgeber die Gestattung durch den Satzungsgeber geknüpft hat, muss aus verfassungsrechtlichen Gründen eine Berufsausübung in der Kapitalgesellschaft möglich sein. Die in § 23a besonderen statuarischen Erfordernisse lassen sich insofern auch ohne ausdrückliche normative Regelung aus einer Gesamtschau des ärztlichen Berufsausübungsrechts gewinnen (zu diesem methodischen Ansatz für die Anwalts-GmbH und Anwalts-AG BayObLG NJW 1995, 199 und BayObLGZ 2000, 83; vgl. für seine Übertragung auf den Arztberuf *Attermeyer* S. 84 ff.). Ausdrückliche Verbote der ärztlichen Kapitalgesellschaft auf der Ebene der Berufsgesetze müssen – entgegen der Rspr. – verfassungsrechtlichen Bedenken begegnen (ebenso *Attermeyer* S. 63 f.; noch weitergehend *Kuhn* S. 182 ff.). Das Wesen der Freiberuflichkeit kann, wie die Regelungen in den Berufsrechten aller anderen regulierten Freiberufe zeigen, ein solches Verbot nicht tragen. Die Besonderheiten des Arztberufs, die grundsätzlich eine von anderen regulierten Freiberufen abweichende Beurteilung rechtfertigen können, sind im Vergleich hierzu nicht so ausgeprägt, dass sie ein pauschales Verbot tragen könnten, da etwaigen Besonderheiten bei

Beachtung des Übermaßverbots durch besondere statuarische Anforderungen Rechnung getragen werden kann.

## B. Tatbestand

### I. Zulässige Rechtsform (Abs. 1 Satz 1)

§ 23a gestattet die Berufsausübung in einer juristischen Person des Privatrechts. Die MBOÄ verzichtet darauf, eine oder mehrere juristische Personen als zulässige Organisationsform zu benennen (anders etwa das Berufsrecht der Beratungsberufe) und eröffnet schlechthin die Nutzung der juristischen Personen des Privatrechts als Praxisträger. Solche sind im deutschen Recht zum einen Körperschaften des Privatrechts, zum anderen Stiftungen des bürgerlichen Rechts. Körperschaften des Privatrechts sind der Verein, die AG (vgl. VG Köln DVBl 2010, 400), die GmbH, die KGaA und die Genossenschaft. Praxisrelevant sind hiervon allein die GmbH und die AG (zu den besonderen Anforderungen in dieser bzgl. Aufsichtsrat, Vorstand usw. *Kuhn* S. 32 ff.). Die haftungsbeschränkte UG ist lediglich eine Spielart der GmbH und als solche ebenfalls zulässiger Praxisträger. Aus europarechtlichen Gründen müssen auch den juristischen Personen des Privatrechts entsprechende Rechtsformen aus dem EU/EWR-Raum als Träger einer Ärztegesellschaft zulässig sein (o. § 18 Rdn. 57 ff.). 6

Der gesellschaftsrechtlich grundsätzlich möglichen Gründung einer Einmann-Kapitalgesellschaft begegnen aus berufsrechtlicher Sicht keine Bedenken (Ratzel/Lippert/Prütting/*Ratzel* § 23a ff. Rn. 3). Weder enthält § 23a ein ausdrückliches Verbot noch kann dem Normtext sonst ein Verbot der Einmann-Ärztegesellschaft entnommen werden. § 23a regelt nur, wer Gesellschafter einer Ärztegesellschaft sein kann. 7

### II. Gesellschafterkreis (Abs. 1 Satz 2)

Gesellschafter einer Ärztegesellschaft können – nicht nur bei Gesellschaftsgründung, sondern fortlaufend – nur Ärzte sowie die in § 23b genannten Personen (zu diesen § 23b Rdn. 4 f.) sein (zur gesellschaftsvertraglichen Sicherstellung der berufsrechtlichen Anforderungen *Häußermann/Dollmann* MedR 2005, 255, 259). Eine Gesellschaftsgründung unter Missachtung der Anforderungen führt zur Unwirksamkeit des Gesellschaftsvertrags wegen Verstoßes gegen ein gesetzliches Verbot i.S.d. § 134 BGB (zum Wert eines entsprechend gesetzeswidrigen Geschäftsbetriebs OLG Celle NdsRpl 2013, 293). Nach dem Normzweck der berufsrechtlichen Vorschrift kann eine auch nur vorübergehende Beteiligung Dritter nicht geduldet werden, da sie einen massiven Verstoß gegen die ärztliche Unabhängigkeit und eine Gefährdung des ärztlichen Berufsgeheimnisses bedeutet. Aus diesem Grunde sind auch die Grundsätze der fehlerhaften Gesellschaft nicht anwendbar (unklar Ratzel/Lippert/Prütting/*Ratzel* § 23a ff. Rn. 5). Die Abtretung eines Anteils an eine nicht i.s.v. § 23a Abs. 1 Satz 2 taugliche Person ist gem. § 23a Abs. 1 MBOÄ, § 134 BGB von Anfang an nichtig. 8

### III. Gebot der aktiven Berufsausübung (Abs. 1 Satz 3)

Abs. 1 Satz 3 bestimmt für die Gesellschafter ein Gebot der aktiven Berufsausübung (von der Verfassungswidrigkeit des Gebots ausgehend *Kuhn* S. 120 ff.). Das ausdrückliche Gebot macht den Streit, ob sich ein Verbot stiller Kapitalbeteiligung bereits aus § 19 ableiten lässt (vgl. etwa *Goette* DStR 1995, 1722, 1723; *Attermeyer* S. 87), für die Berufsausübungsgemeinschaft in der Rechtsform der juristischen Person des Privatrechts hinfällig. Stille Beteiligungen an der Ärztegesellschaft sind daher ebenso wie Unterbeteiligungen an Gesellschaftsanteilen nicht möglich (dies gilt nach richtigem Verständnis für Berufsausübungsgemeinschaften schlechthin, näher *Gummert/Meier* MedR 2007, 75, 81; für die PartG folgt dies bereits aus § 1 Abs. 1 Satz 1 PartGG, vgl. § 1 PartGG Rdn. 8), sodass – im Verbund mit der Beschränkung des Gesellschafterkreises nach Abs. 1 Satz 2 – eine Fremdkapitalisierung durch Investoren ausscheidet. Das Gebot der aktiven Berufsausübung 9 ist nicht als Satzungserfordernis im Sinne von Satz 4 ausgeprägt, da das Erfordernis aktiver Berufsausübung bereits daraus folgt, dass Gesellschaftszweck einer Ärztegesellschaft stets die Ausübung des Berufs der Gesellschafter in der Gesellschaft ist, der Gesellschaftszweck also die aktive Berufsausübung sachlogisch voraussetzt (a.A. wohl Spickhoff/*Scholz* § 23a Rn. 4). Die Satzung kann die aus dem Gesellschaftszweck folgende Pflicht aber wiederholen und als Folge an deren nachhaltige Verletzung die Sanktion der Einziehung (§§ 34, 46 Nr. 4 GmbHG) knüpfen.

10 Das Gebot der aktiven Berufsausübung verlangt keine ärztliche Tätigkeit in einem bestimmten zeitlichen Umfang, etwa in »Vollzeit« oder »halbtags«. Erforderlich, aber auch ausreichend ist, dass ein Mindestmaß an beruflicher Tätigkeit erbracht wird. So erfüllen auch in der Ärztegesellschaft ehemals aktiv tätige Ärzte, die ihre Berufsausübung aus Alters- oder Gesundheitsgründen stark reduziert haben, das Gebot der aktiven Berufsausübung, wenn sie noch in einem gewissen Umfang die ärztliche Tätigkeit ausüben.

11 Die Pflicht zur aktiven Mitarbeit in der Gesellschaft bedeutet nicht, dass jeder Gesellschafter umfassend heilbehandelnd tätig sein muss. Einzelne Gesellschafter dürfen zulässigerweise etwa einer Vortragstätigkeit oder wissenschaftlichen Aufgaben nachgehen, da sie auch in einem solchen Fall beruflich tätig sind und Ansehen und Unternehmenswert der Gesellschaft fördern. Als ausreichend ist es auch anzusehen, wenn sich einzelne Gesellschafter auf die Unternehmensführung im Sinne der organisatorischen Leitung der Ärztegesellschaft konzentrieren.

### IV. Besondere Satzungserfordernisse (Abs. 1 Satz 4 Buchst. a-c)

#### 1. Allgemeines

12 Abs. 1 Satz 4 bestimmt berufsrechtliche Mindestanforderungen an den Gesellschaftsvertrag, neben die die allgemeinen Satzungsanforderungen der jeweils einschlägigen gesellschaftsrechtlichen Materie (GmbHG, AktG) treten. Für eine medizinische Kooperationsgemeinschaft i.S.v. § 23b gelten die erweiterten Satzungserfordernisse nach § 23b Abs. 1 Satz 4 Buchst. a-g. Verstöße gegen die berufsrechtlichen Anforderungen an den Inhalt des Gesellschaftsvertrags (vgl. insofern unten Rdn. 12 ff.) führen zu dessen Nichtigkeit. Soweit ein statuarisches Erfordernis nicht ohnehin bereits aus dem Berufsgesetz folgt und in der MBOÄ lediglich wiederholt wird, sind satzungsrechtliche Anforderungen der MBOÄ Verbotsgesetze i.S.d. § 134 BGB (ausführlich *Attermeyer* S. 103 ff.).

#### 2. Geschäftsführung

13 Auf die Notwendigkeit der Geschäftsführerstellung jedes einzelnen Gesellschafters verzichtet § 23a. Hinreichend ist, wenn die Geschäftsführer in der Mehrzahl Ärzte sind und die Gesellschaft »verantwortlich von einem Arzt« geführt wird. Auch wenn der Wortlaut auf die Notwendigkeit einer Ein-Personen-Geschäftsführung hindeutet, ist ausreichend, wenn Ärzten die verantwortliche Führung obliegt (h.M., *Saenger* MedR 2006, 138, 142; *Kuhn* S. 28). Auf die von anderen regulierten Freiberufen bekannte Einschränkung, dass Geschäftsführer ausschließlich Berufsträger sein dürfen (vgl. etwa § 59 BRAO) verzichtet die MBOÄ. Unberührt von § 23a bleibt die im Kapitalgesellschaftsrecht vorgesehene Möglichkeit der Drittorganschaft, sodass auch Nicht-Gesellschafter zu Geschäftsführern der Ärztegesellschaft bestellt werden können.

14 Aus dem Gebot der verantwortlichen Leitung der Gesellschaft durch einen Arzt ist zu folgern, dass die Entscheidungsgewalt in der Ärztegesellschaft Ärzten zustehen muss. Für die Vertretungsmacht bedeutet dies etwa, dass die ärztlichen Gesellschafter in interprofessionellen Zusammenschlüssen stets ohne Mitwirkung der sonstigen Berufsangehörigen handlungsfähig sein müssen. Da sich ein solches Erfordernis nur für den berufsspezifischen Aufgabenbereich einer Ärztegesellschaft, die Ausübung der Heilkunde, rechtfertigen lässt, wird in einer interprofessionell strukturierten Gesellschaft (medizinische Kooperationsgemeinschaft, § 23b) der nichtärztliche Tätigkeitsbereich auch auf nichtärztliche Geschäftsführer übertragen werden können. Dies legen auch die spezifischen Anforderungen an die medizinische Kooperationsgemeinschaft in § 23b Abs. 1 Satz 4 nahe, die auf den Teilbereich der ärztlichen Berufsausübung zielen. Ein hiervon abweichendes Verständnis würde

zu einer sachlich nicht gerechtfertigten Behinderung der interprofessionellen Zusammenarbeit in der Kapitalgesellschaft führen. Auch für nichtberufsbezogene Geschäfte (Kaufverträge, Mietverträge, Anstellungsverträge) erscheint das Verständnis sachgerecht, dass die Geschäftsführungskompetenz auf Nichtanwälte übertragen werden darf. § 6 Abs. 2 PartGG, der durch die MBOÄ nicht eingeschränkt wird, belegt, dass durch entsprechende Kompetenzen weder die äußere noch die innere Unabhängigkeit der Ärzte gefährdet wird.

### 3. Mehrheitserfordernisse

Die Mehrheit der Geschäftsanteile und der Stimmrechte muss nach Abs. 1 Satz 2 Ärzten zustehen. Die Regelung soll den maßgeblichen Einfluss der Ärzte auf die Gesellschaft sichern. Der Geschäftsanteil bestimmt sich nach dem Betrag der übernommenen Stammeinlage, wobei auf den Nennwert der Einlage abzustellen ist, nicht auf die Summe der Stammeinlagen. Die erforderlichen Anteile bzw. Stimmrechte können auf verschiedene Ärzte verteilt sein, da nur der ärztliche Einfluss insgesamt gewährleistet sein muss. Keine Regelung sieht die MBOÄ für den Fall des unfreiwilligen Mehrheitsverlusts aufgrund des Versterbens eines ärztlichen Gesellschafters vor. Hier ist der Gesellschaft ein angemessener Zeitraum einzuräumen, um die notwendigen Mehrheitsverhältnisse wiederherzustellen. Dem Rechtsgedanken des § 59h Abs. 3 Satz 2 BRAO entsprechend wird hierfür ein Zeitraum von bis zu einem Jahr hinzunehmen sein, da ein solcher Fall mit der in § 20 Abs. 2 n.F. geregelten Konstellation nicht vergleichbar ist.

15

Die interprofessionelle Zusammenarbeit mit Angehörigen anderer Berufe, die nach § 23b Mitglied einer medizinischen Kooperationsgemeinschaft sein können, wird durch das Mehrheitserfordernis regelmäßig nicht erschwert, da die typischerweise infrage kommenden Berufe keine entsprechenden Anforderungen an die Vergesellschaftung der Berufsangehörigen stellen. Im Einzelfall ist freilich zu prüfen, ob das Berufsrecht der anderen an einer zu gründenden Ärztegesellschaft beteiligten Berufe Anforderungen an den Gesellschafterkreis stellt, der mit Abs. 1 Satz 4 unvereinbar ist.

16

### 4. Gewinnbeteiligungsverbot

Satzungstechnisch ist sicherzustellen, dass Dritte, die mit dem Arzt nicht zur gemeinsamen Berufsausübung verbunden sind, nicht am Gewinn beteiligt werden. Das Verbot der Beteiligung Dritter am wirtschaftlichen Ergebnis der ärztlichen Tätigkeit (zu diesem ausführlich *Gummert/Meier* MedR 2007, 75) wird durch Abs. 1 Satz 4 Buchst. c auf Gestaltungen erstreckt, die durch die Vorgaben zum zulässigen Gesellschafterkreis nicht erfasst werden können. »Dritter« meint insofern gesellschaftsfremde Personen. Das Verbot wird im Schrifttum – unter Hinweis auf die Krankenhausfinanzierung und die aus § 23b folgende willkürliche Abgrenzung – als mit Art. 12 Abs. 1, 3 Abs. 1 GG unvereinbar angesehen (*Kuhn* S. 117). In der Praxis wird die Gefahr einer unzulässigen Gewinnbeteiligung Dritter durch die Tatsache relativiert, dass in der Kapitalgesellschaft durch hohe Geschäftsführer- und Angestelltengehälter der zur aktiven Mitarbeit verpflichteten ärztlichen Gesellschafter Gewinne in den Grenzen des Zulässigen (Verzinsung des Eigenkapitals, Vermeidung verdeckter Gewinnausschüttungen) regelmäßig gering gehalten werden, um unerwünschte Steuerbelastungen zu vermeiden.

17

Nach Sinn und Zweck der Regelung fallen nicht unter das Verbot des § 23a Versorgungsbezüge sowie Vergütungen für die Übernahme der Praxis und Leistungen, die im Zuge einer Auseinandersetzung oder Abwicklung der beruflichen Zusammenarbeit erbracht werden.

18

## V. Haftpflichtversicherung (Abs. 1 Satz 4 Buchst. d))

Abs. 1 Satz 4 Buchst. d verlangt das Bestehen eines ausreichenden Berufshaftpflichtversicherungsschutzes für jeden in der Gesellschaft tätigen Arzt. Das Erfordernis stellt klar, dass die Organisation der Berufstätigkeit in einer Kapitalgesellschaft nicht dazu führt, dass die personenbezogene Versicherungspflicht aus § 21 entfällt oder sich die Versicherungspflicht auf die Gesellschaft beschränkt. Ist in dem Anstellungsvertrag mit der Gesellschaft nichts anderes vereinbart, muss der Arzt sein Risiko grundsätzlich selbst versichern. Ausreichend ist aber, wenn die Gesellschaft den

19

Versicherungsschutz der in ihr tätigen Ärzte gewährleistet. Allerdings muss ein in der Gesellschaft tätiger Arzt aufgrund § 21 sicherstellen, dass seine ärztliche Tätigkeit schlechthin versichert ist, sodass zu klären ist, welche ärztlichen Betätigungen durch eine von der Gesellschaft abgeschlossene Versicherung versichert sind. Wie auch im Anwendungsbereich des § 21 ist eine bestimmte Höhe des Deckungsschutzes nicht vorgesehen, da die Haftungsrisiken je nach Fachgebiet sehr unterschiedlich sein können (näher *Laufs/Kern* § 25 Rn. 3 ff.).

### VI. Name (Abs. 2)

20 Firmieren darf die Ärztegesellschaft nach Abs. 2 nur mit einer Personenfirma, die aus Namen der in der Gesellschaft tätigen ärztlichen Gesellschafter gebildet wird. In Abweichung von § 4 GmbHG bzw. § 4 AktG i.V.m. §§ 17 ff. HGB sind Sach- oder Phantasiebezeichnungen unzulässig (*Kuhn* S. 142, hält dies für verfassungswidrig). Nur in der Gesellschaft aktive Gesellschafter dürfen in der Firma geführt werden, sodass bei Ausscheiden eines Gesellschafters – in Abweichung von §§ 21 ff. HGB – neu zu firmieren ist. Namenskontinuität ist damit nicht gewährleistet.

21 Ist eine **medizinische Kooperationsgemeinschaft** (§ 23b) als juristische Person verfasst, muss die Firma nach § 23b Abs. 1 Satz 6 neben dem Namen eines ärztlichen Gesellschafters den sachfirmenähnlichen Bestandteil »Medizinische Kooperationsgemeinschaft« enthalten.

22 § 23a Abs. 2 Satz 1 regelt nur die berufsrechtlichen Besonderheiten des Firmenrechts. Dessen allgemeine Anforderungen gelten daher ergänzend, etwa die zwingende Notwendigkeit eines Rechtsformzusatzes (z.B. § 4 Abs. 2 GmbHG) oder die Regeln zur Firmenunterscheidbarkeit (§ 30 HGB).

23 Unbeschadet der nach Maßgabe von Abs. 2 Satz 1 erfolgenden Firmierung der Gesellschaft können nach Abs. 2 Satz 2 die Namen und Arztbezeichnungen aller ärztlichen Gesellschafter und der von der Gesellschaft angestellten Ärztinnen und Ärzte angezeigt werden. Die Anzeige führt nicht dazu, dass diese Namen Bestandteil der Firma werden.

### C. Vertragsarztwesen

24 Das SGB V enthält keine allgemeine organisationsrechtliche Begrenzung, der in § 33 Ärzte-ZV verwendete Begriff der Berufsausübungsgemeinschaft ist zudem rechtsformneutral zu verstehen. Anders als das Berufsrecht adressiert das Vertragsarztrecht die Frage der Berufsausübung in bestimmter Rechtsform nur punktuell, nämlich für MVZ. Nach § 95 Abs. 1a Satz 3, 4 SGB V ist die Gründung eines MVZ seit dem 01.01.2012 nur in der Rechtsform der Personengesellschaft, der eingetragenen Genossenschaft oder der Gesellschaft mit beschränkter Haftung oder in einer öffentlich rechtlichen Rechtsform möglich (zuvor in anderer Rechtsform zugelassene MVZ genießen Bestandsschutz) Da nur der Arzt selbst als natürliche Person, nicht aber die Gesellschaft, in der er seinen Beruf ausübt, zulassungsfähig ist (§ 95 SGB V, § 18 Ärzte-ZV), nimmt die Gesellschaft selbst nicht an der vertragsärztlichen Versorgung teil. Eine Einbindung in das Teilnahmesystem nach §§ 95 ff. SGB V ist nur ausnahmsweise und in Ausschnittsbereichen denkbar, etwa als ärztlich geleiteter, ermächtigter Leistungserbringer nach § 95 SGB V. Auf eine entsprechende Ermächtigung (Nachweise bei *Köhler/Hohmann* S. 83) besteht kein Rechtsanspruch, da sie auf Grundlage einer Bedarfsprüfung erfolgt, die sich an quantitativ-allgemeinen oder qualitativ-speziellen Gründen orientiert (zu spezifischen Problemen der privatärztlichen Abrechnung bei Tätigwerden einer juristischen Personen i.S.v. § 23a Spickhoff/*Scholz* § 23a Rn. 5).

### § 23b Medizinische Kooperationsgemeinschaft zwischen Ärztinnen und Ärzten und Angehörigen anderer Fachberufe

(1) Ärztinnen und Ärzte können sich auch mit selbständig tätigen und zur eigenverantwortlichen Berufsausübung befugten Berufsangehörigen anderer akademischer Heilberufe im Gesundheitswesen oder staatlicher Ausbildungsberufe im Gesundheitswesen sowie anderen Naturwissenschaftlerinnen und Naturwissenschaftlern und Angehörigen sozialpädagogischer

Berufe – auch beschränkt auf einzelne Leistungen – zur kooperativen Berufsausübung zusammenschließen (medizinische Kooperationsgemeinschaft). Die Kooperation ist in der Form einer Partnerschaftsgesellschaft nach dem PartGG oder aufgrund eines schriftlichen Vertrages über die Bildung einer Kooperationsgemeinschaft in der Rechtsform einer Gesellschaft bürgerlichen Rechts oder einer juristischen Person des Privatrechts gem. § 23a gestattet. Ärztinnen und Ärzten ist ein solcher Zusammenschluss im Einzelnen nur mit solchen anderen Berufsangehörigen und in der Weise erlaubt, dass diese in ihrer Verbindung mit der Ärztin oder dem Arzt einen gleichgerichteten oder integrierenden diagnostischen oder therapeutischen Zweck bei der Heilbehandlung, auch auf dem Gebiete der Prävention und Rehabilitation, durch räumlich nahes und koordiniertes Zusammenwirken aller beteiligten Berufsangehörigen erfüllen können. Darüber hinaus muss der Kooperationsvertrag gewährleisten, dass

a) die eigenverantwortliche und selbständige Berufsausübung der Ärztin oder des Arztes gewahrt ist;
b) die Verantwortungsbereiche der Partner gegenüber den Patientinnen und Patienten getrennt bleiben;
c) medizinische Entscheidungen, insbesondere über Diagnostik und Therapie, ausschließlich die Ärztin oder der Arzt trifft, sofern nicht die Ärztin oder der Arzt nach ihrem oder seinem Berufsrecht den in der Gemeinschaft selbständig tätigen Berufsangehörigen eines anderen Fachberufs solche Entscheidungen überlassen darf;
d) der Grundsatz der freien Arztwahl gewahrt bleibt;
e) die behandelnde Ärztin oder der behandelnde Arzt zur Unterstützung in seinen diagnostischen Maßnahmen oder zur Therapie auch andere als die in der Gemeinschaft kooperierenden Berufsangehörigen hinzuziehen kann;
f) die Einhaltung der berufsrechtlichen Bestimmungen der Ärztinnen und Ärzte, insbesondere die Pflicht zur Dokumentation, das Verbot der berufswidrigen Werbung und die Regeln zur Erstellung einer Honorarforderung, von den übrigen Partnerinnen und Partnern beachtet wird;
g) sich die medizinische Kooperationsgemeinschaft verpflichtet, im Rechtsverkehr die Namen aller Partnerinnen und Partner und ihre Berufsbezeichnungen anzugeben und – sofern es sich um eine eingetragene Partnerschaftsgesellschaft handelt – den Zusatz »Partnerschaft« zu führen.

Die Voraussetzungen der Buchstaben a–f gelten bei der Bildung einer juristischen Person des Privatrechts entsprechend. Der Name der juristischen Person muss neben dem Namen einer ärztlichen Gesellschafterin oder eines ärztlichen Gesellschafters die Bezeichnung »Medizinische Kooperationsgemeinschaft« enthalten. Unbeschadet des Namens sind die Berufsbezeichnungen aller in der Gesellschaft tätigen Berufe anzukündigen.

(2) Die für die Mitwirkung der Ärztin oder des Arztes zulässige berufliche Zusammensetzung der Kooperation im einzelnen richtet sich nach dem Gebot des Absatzes 1 Satz 3; es ist erfüllt, wenn Angehörige aus den vorgenannten Berufsgruppen kooperieren, die mit der Ärztin oder dem Arzt entsprechend ihrem oder seinem Fachgebiet einen gemeinschaftlich erreichbaren medizinischen Zweck nach der Art ihrer beruflichen Kompetenz zielbezogen erfüllen können.

| Übersicht | Rdn. | | Rdn. |
|---|---|---|---|
| A. Normzweck und Regelungsgegenstand . | 1 | 1. Form . . . . . . . . . . . . . . . . . . . . . . . . . . . | 7 |
| B. Tatbestand . . . . . . . . . . . . . . . . . . . . . . . | 3 | 2. Inhaltliche Anforderungen . . . . . . . . . | 8 |
| I. Gesellschaftszweck (Abs. 1 Satz 3, Abs. 2) . . . . . . . . . . . . . . . . . . . . . . . . . . | 3 | 3. Insbesondere: Berufsrechtsvorbehalt (Abs. 1 Satz 4 Buchst. f) . . . . . . . . . . | 9 |
| II. Gesellschafterkreis (Abs. 1 Satz 1) . . . . . | 4 | 4. Name/Außendarstellung (Abs. 1 Satz 4 Buchst. g) . . . . . . . . . . . . . . . . | 12 |
| III. Gesellschaftsformen (Abs. 1 Satz 2) . . . . | 6 | | |
| IV. Gesellschaftsvertrag (Abs. 1 Satz 4) . . . . | 7 | | |

## § 23b MBOÄ Medizinische Kooperationsgemeinschaft zwischen Ärztinnen und Ärzten

### A. Normzweck und Regelungsgegenstand

1 § 23b regelt die **interprofessionelle Zusammenarbeit** von Ärzten mit Angehörigen von – aus Sicht des Arztberufs – zur Heilkunde am Menschen komplementären Berufen (**§ 23c** hingegen mit Angehörigen nicht hierunter fallender sonstiger Berufe). Diese Zusammenarbeit erfolgt in der Diktion des ärztlichen Berufsrecht in »medizinischen Kooperationsgemeinschaften«. **Medizinische Kooperationsgemeinschaften** können nach § 23b Abs. 1 in beliebiger Rechtsform mit Berufsangehörigen anderer akademischer Heilberufe im Gesundheitswesen oder staatlicher Ausbildungsberufe im Gesundheitswesen sowie anderen Naturwissenschaftlerinnen und Naturwissenschaftlern und Angehörigen sozialpädagogischer Berufe zur kooperativen Berufsausübung gebildet werden. Der Zusammenschluss kann auch auf einzelne Leistungen beschränkt sein. Die Kooperationsgemeinschaft unterscheidet sich von der Berufsausübungsgemeinschaft dadurch, dass nicht alle Mitglieder ärztlich approbiert bzw. Vertragsärzte sind. Es handelt sich also um eine interprofessionelle, aber auf artverwandte Berufe beschränkte Berufsausübungsgesellschaft. Jeder der Gesellschafter (»Kooperationspartner«) ist in seinem beruflichen Bereich selbstständig und eigenverantwortlich tätig.

2 § 23b statuiert besondere Anforderungen an den Gesellschafterkreis, den Gesellschaftszweck, den Gesellschaftsvertrag und die Außendarstellung der Gesellschaft. Prägend für die Kooperationsgemeinschaft ist das Aufeinandertreffen verschiedener regulierter und nicht-regulierter Berufe und damit berufsrechtlicher Regularien, woraus sich Spannungslagen ergeben können. Die MBOÄ versucht diese – wenig überraschend – zugunsten des ärztlichen Berufsrechts aufzulösen.

### B. Tatbestand

#### I. Gesellschaftszweck (Abs. 1 Satz 3, Abs. 2)

3 Der Gesellschaftszweck einer bloßen gemeinsamen Berufsausübung der Angehörigen der Berufe, die Gesellschafter sein dürfen (u. Rdn. 6), ist nicht hinreichend. Erforderlich ist vielmehr nach Abs. 1 Satz 3, dass ein gleichgerichteter oder integrierender diagnostischer oder therapeutischer Zweck bei der Heilbehandlung, Prävention oder Rehabilitation durch räumlich nahes und koordinierendes Zusammenwirken erfüllt wird (so dass überörtliche Kooperationen ausscheiden). Die nichtärztlichen Partner müssen daher durch ihre berufliche Tätigkeit einen medizinischen Zweck verfolgen, der dem Fachgebiet des an der medizinischen Kooperationsgemeinschaft beteiligten Arztes entspricht (*Ratzel* ZMGR 2005, 143, 146; *Ratzel/Lippert* MedR 2004, 525, 529) und zur Betreuung einer identischen Patientengruppe führt. Ebenso wie in der Berufsausübungsgemeinschaft (§ 18 Rdn. 24) ist es grundsätzlich möglich, dass sich die kooperative Berufsausübung auf einzelne Leistungen beschränkt (Medizinische Teil-Kooperationsgemeinschaft).

#### II. Gesellschafterkreis (Abs. 1 Satz 1)

4 Als Gesellschafter einer medizinischen Kooperationsgemeinschaft in Betracht kommen selbstständig tätige und zur eigenverantwortlichen Berufsausübung befugte Berufsangehörige anderer akademischer Heilberufe im Gesundheitswesen (Psychologen, Apotheker), Angehörige staatlicher Ausbildungsberufe im Gesundheitswesen (z.B. Hebammen, Entbindungspfleger, Logopäden, Ergotherapeuten, Physiotherapeuten, Diätassistenten), Gesundheitshandwerker, andere Naturwissenschaftler (z.B. Chemiker, Physiker, Biologen, Ernährungswissenschaftler) oder Angehörige sozialer Pflegeberufe. § 23b in der geltenden Fassung verzichtet auf eine abschließende Aufzählung, sodass ein flexibles System geschaffen wurde, das offen für künftige Entwicklungen im Gesundheitswesen ist.

5 Nicht möglich ist eine Vergesellschaftung mit Heilpraktikern, da diese im Sinne der Vorschrift weder Angehörige akademischer Heilberufe noch staatlich anerkannter Ausbildungsberufe im Gesundheitswesen sind. Mit ihnen können allenfalls Praxisgemeinschaften begründet werden (näher *Schillhorn* ZGMR 2017, 101, 102).

## III. Gesellschaftsformen (Abs. 1 Satz 2)

Die medizinische Kooperationsgemeinschaft kann in beliebiger Rechtsform gegründet werden, d.h. entsprechend den für die Berufsausübungsgemeinschaft geltenden Gestaltungsmöglichkeiten (o. § 18 Rdn. 55 ff.). Aufgrund der interprofessionellen Struktur und der daraus resultierenden eingeschränkten Kontrollierbarkeit der professionellen Dienstleistungen der nicht-ärztlichen Gesellschafter ist die PartG ein sachgerechtes Organisationsmodell. In ihr ist der Ausschluss der vertraglichen Haftung für Kunstfehler anderer vergesellschafteter Berufsträger gesetzlich angeordnet, allerdings setzt die PartG voraus, dass alle Gesellschafter Angehörige eines Freien Berufs sind (o. § 1 PartGG Rdn. 9). Bei Nutzung einer Kapitalgesellschaft sind die Anforderungen des § 23a zu beachten; es gelten besondere Grundsätze bei der Wahl des »Namens« (= der Firma): Der Name der juristischen Person muss neben dem Namen einer ärztlichen Gesellschafterin oder eines ärztlichen Gesellschafters die Bezeichnung »Medizinische Kooperationsgemeinschaft« enthalten (Abs. 1 Satz 6). 6

## IV. Gesellschaftsvertrag (Abs. 1 Satz 4)

### 1. Form

Wird als Unternehmensträger eine GbR i.S.d. §§ 705 ff. BGB gewählt, muss der Gesellschaftsvertrag nach Abs. 1 Satz 2 in Abweichung von allgemeinen gesellschaftsrechtlichen Regelungen der GbR (vgl. § 705 BGB Rdn. 4 ff.) schriftlich geschlossen werden. Für alle anderen Rechtsformen ergeben sich Formerfordernisse bereits aus dem allgemeinen Gesellschaftsrecht (zur PartG § 3 PartGG Rdn. 2 ff.). 7

### 2. Inhaltliche Anforderungen

Im Gesellschaftsvertrag (in der Norm als Kooperationsvertrag bezeichnet) gewahrt werden müssen die in Abs. 1 Satz 4 Buchst. a–g enumerativ aufgelisteten Mindestanforderungen an die Binnenorganisation der Gesellschaft, u.a. die eigenverantwortliche und selbstständige Berufsausübung des Arztes, die Trennung der Verantwortungsbereiche der Gesellschafter sowie der Grundsatz der freien Arztwahl. Das Gebot der Wahrung der ärztlichen Eigenverantwortung (Abs. 1 Satz 4 Buchst. a und b) ist ein für alle Formen der beruflichen Zusammenarbeit geltender Grundsatz, vgl. insofern bereits o. § 18 Rdn. 68 ff. Der Arztvorbehalt (Abs. 1 Satz 4 Buchst. c) stellt sicher, dass allein der Arzt medizinische Entscheidungen treffen darf, die ihm nach seinem Berufsrecht vorbehalten sind. Das Gebot wiederholt lediglich kooperationsspezifisch die allgemeine Regelung des § 30. Der Grundsatz der freien Arztwahl (Abs. 1 Satz 4 Buchst. d) wiederholt die Regelung des § 7 Abs. 2 (zu Details s. § 7 Rdn. 7). Der Diagnostik- und Therapievorbehalt (Abs. 1 Satz 4 Buchst. e, Begriff nach *Schirmer* MedR 1995, 383, 385) verlangt, dass der Arzt die Entscheidungsfreiheit darüber besitzen muss, welchen Angehörigen eines medizinischen Fachberufs er zur Unterstützung seiner diagnostischen Maßnahmen bzw. zur Therapie heranziehen möchte. Es handelt sich bei dieser Regelung um eine besondere Ausprägung des Grundsatzes der fachlichen Unabhängigkeit. 8

### 3. Insbesondere: Berufsrechtsvorbehalt (Abs. 1 Satz 4 Buchst. f)

Adressat der MBOÄ sind lediglich approbierte Ärzte. Interprofessionelle Organisationsmodelle wie die medizinische Kooperationsgemeinschaft erlauben die gemeinsame Berufsausübung mit Personen, die anderen Berufsregeln unterfallen. Typischerweise sind diese weniger einschneidend als die Vorgaben des vergleichsweise strengen ärztlichen Berufsrechts. Der Berufsrechtsvorbehalt des Abs. 1 Satz 4 Buchst. f hat insofern eine doppelte Stoßrichtung: Zum einen verdeutlicht er, dass ärztliche Berufspflichten vom ärztlichen Gesellschafter in Person zu erfüllen sind, also z.B. die Dokumentation oder die Erstellung der Honorarrechnung nicht auf einen nicht-ärztlichen Kooperationspartner abgewälzt werden können. Zum anderen soll – im Rahmen des rechtlich Möglichen – die Beachtung des ärztlichen Berufsrechts durch Nicht-Ärzte 9 faktisch erzwungen werden: Da das Berufsrecht keine berufsrechtlichen Maßnahmen gegenüber einem nicht-ärztlichen Gesellschafter ermöglicht, der sich in einer für einen Arzt berufsrechtlich bedenklichen Weise verhält, verlangt § 23b Abs. 1 Satz 4 zumindest die gesellschaftsvertragliche Verpflichtung der nichtärztlichen Gesellschafter auf die ärztlichen Berufspflichten. Dies ist grundsätzlich unbedenklich, da auf privatautonomer Entscheidung des Betroffenen beruhend. Praktisch wird das Problem allerdings nur dort, wo die entsprechenden Berufspflichten überhaupt sinngemäß auf Nicht-Ärzte übertragbar sind.

10 Berufsrechtlich bestehen Sanktionsmöglichkeiten nur gegen den Arzt dergestalt, dass an ihn unter Beachtung des Verhältnismäßigkeitsgrundsatzes die aufsichtsrechtliche Aufforderung ergeht, die medizinische Kooperationsgemeinschaft zu beenden. Die nicht-ärztlichen Angehörigen einer medizinischen Kooperationsgemeinschaft werden daher in zweifacher Weise gezwungen, sich dem ärztlichen Berufsrecht zu unterwerfen, wenn sie nicht den Fortbestand der interprofessionellen Gesellschaft gefährden wollen. Aus praktischer Sicht wird der Arzt bei entsprechendem Anlass auf berufsrechtliche Pflichten hinweisen, von deren Kenntnis er bei Nicht-Ärzten nicht ausgehen kann. Treffen verschiedene Berufsrechte mit unterschiedlichen Standards zu einer konkreten Frage aufeinander, muss von einer Reduzierung der Handlungsmöglichkeiten auf den kleinsten gemeinsamen Nenner der kollidierenden berufsrechtlichen Bestimmungen ausgegangen werden. Dies entspricht dem Verständnis der Berufsrechte anderer Freier Berufe (vgl. Henssler/Prütting/*Henssler* § 30 BORA Rn. 6).

11 Eine Verletzung der Pflichten kann in der Folge *gesellschaftsrechtliche* Konsequenzen für den nichtärztlichen Gesellschafter haben, soweit bei einem Verhalten, das die MBOÄ nicht gestattet, eine Verletzung von Gesellschafterpflichten im Raum steht.

### 4. Name/Außendarstellung (Abs. 1 Satz 4 Buchst. g)

12 Gemäß Abs. 1 Satz 4 Buchst. g muss der Kooperationsvertrag gewährleisten, dass sich die Kooperationsgemeinschaft verpflichtet, »im Rechtsverkehr« die Namen aller Gesellschafter und ihre Berufsbezeichnungen anzugeben. Das VG Potsdam hält diese Pflicht für unverhältnismäßig und damit für verfassungswidrig (VG Potsdam BeckRS 2014, 56949). Da das ärztliche Berufsrecht unmittelbar nur auf die ärztlichen Gesellschafter einwirken kann, ist die Vorgabe nicht als Berufspflicht ausgestaltet, sondern als inhaltliche Anforderung an den Gesellschaftsvertrag. Ob Abs. 1 Satz 4 Buchst. g als namensrechtliche Vorschrift anzusehen ist oder lediglich die Außendarstellung der Kooperation regelt, ist unklar. Da § 23b nicht explizit auf den Namen der Gesellschaft abhebt, wird zu Recht vertreten, dass der berufsrechtlichen Anforderung, im Rechtsverkehr die Namen sämtlicher Partner anzugeben, bereits durch eine entsprechende Angabe auf dem Briefbogen und Praxisschild genüge getan werde, ein anderweitig gebildeter Name der Gesellschaft daher § 23b Abs. 1 Satz 4 Buchst. g nicht verletze (so etwa *Henssler* PartGG, § 2 Rn. 42; vgl. auch Römermann/*Zimmermann* § 2 Rn. 48).

13 Handelt es sich bei der Kooperationsgemeinschaft um eine PartG, muss diese sich verpflichten, nach Abs. 1 Satz 4 Buchst. g den Zusatz »Partnerschaft« zu führen. Andere nach § 2 PartGG gesellschaftsrechtlich zulässige Zusätze (»und Partner«) sind daher berufsrechtlich nicht zulässig, wenn man die berufsrechtliche Regelung als abschließend versteht (so Römermann/*Zimmermann* § 2 Rn. 48).

## § 23c Beteiligung von Ärztinnen und Ärzten an sonstigen Partnerschaften

Ärztinnen und Ärzten ist es gestattet, mit Angehörigen anderer Berufe als den in § 23b beschriebenen in allen Rechtsformen zusammen zu arbeiten, wenn sie nicht die Heilkunde am Menschen ausüben.

| Übersicht | Rdn. | | Rdn. |
|---|---|---|---|
| A. Normzweck und Regelungsgegenstand .. | 1 | B. Tatbestand............................ | 2 |

## A. Normzweck und Regelungsgegenstand

Bei dem in § 23c – aufgrund des Fehlens einer spezifischen Regelung zu Partnerschaften im Allgemeinen (vgl. o. § 18 Rdn. 56) in leicht missverständlicher Weise – als »sonstige Partnerschaft« bezeichneten Organisationsmodell handelt es sich um eine sog. »**Nichtbehandlungsgesellschaft**« (vgl. *Eggesiecker* Fach E Arzt 2.040; auch *Lüke/Rosendahl* S. 132). In einer solchen kann sich ein Arzt mit Angehörigen sonstiger Berufe zusammenschließen, wenn er in dieser nicht die Heilkunde am Menschen ausübt. In der Literatur werden als Beispiele genannt die Zusammenarbeit mit Rechtsanwälten im Bereich des Arzthaftungsrechts, mit Architekten im Bereich des Krankenhausbaus oder mit Ingenieuren bei der Entwicklung technischer Geräte.

## B. Tatbestand

In § 23c MBOÄ 2006 war eine Zusammenarbeit nur in einer PartG zulässig und daher auf die Katalogberufe des § 1 Abs. 2 PartGG beschränkt. Die Überschrift der Norm ist der Aufhebung dieser Beschränkung 2011 nicht angepasst worden und daher missverständlich bzw. sachlich unzutreffend. Diese Beschränkung, wegen der der Anwendungsbereich der Norm faktisch auf Berufe wie jene des Masseurs, medizinischen Bademeisters oder Kosmetikers zum Betrieb von Schönheits-, Gesundheits- oder Fitnesszentren beschränkt war (zu Gestaltungsmöglichkeiten *Schirmer* MedR 1995, 383, 387), ist mit § 23 MBOÄ 2011 entfallen. § 23c MBOÄ 2011 stellt damit die Zulässigkeit zweitberuflicher Tätigkeiten des Arztes auch in vergesellschafteter Form klar. Soweit eine Tätigkeit neben der Ausübung der Heilkunde für einen Arzt überhaupt zulässig ist, bedarf es bei richtigem Verständnis einer gesonderten Gestattung der Ausübung dieser Tätigkeit in vergesellschafteter Form durch die MBOÄ nicht.

Das ärztliche Berufsrecht kann die interprofessionelle Zusammenarbeit nur für Ärzte, nicht aber für die hierfür in Betracht kommenden Angehörigen anderer Berufe regeln, da § 23c anderweitige berufsrechtliche Vergesellschaftungsverbote nicht überwinden kann. Das traditionell für Rechtsanwälte geltende Verbot einer gemeinschaftlichen Berufsausübung mit Ärzten (§ 59a Abs. 1 Satz 1 BRAO) hat das BVerfG 2016 für verfassungswidrig erklärt (BVerfG NJW 2016, 700), der Gesetzgeber setzt diese Vorgabe mit Wirkung zum 01.08.2022 in § 59c BRAO n.F. um. Auch wenn diese Entwicklungen allein Fragen des anwaltlichen Berufsrechts betreffen, haben sie auch Auswirkungen auf das ärztliche Berufsrecht. Nach § 23c dürfen Ärzte mit Angehörigen anderer als den in § 23b beschriebenen Berufen nur zusammenarbeiten, wenn sie die Heilkunde am Menschen nicht ausüben. Zentrale Frage für die Zulässigkeit einer Kooperation zwischen einem Angehörigen eines anderen Berufs und einem Arzt ist daher die Definition des Begriffs der Heilkunde i.S.d. § 23c (AnwBl 2017, 830, 831), der in der MBOÄ selbst nicht definiert wird. Eine Auslegung des Heilkundebegriffs am Maßstab des § 1 Abs. 2 HeilPrG würde zu einer starken Verengung der (gemeinsamen) Tätigkeitsfelder und Kooperationsmöglichkeiten führen und – jedenfalls mit Blick auf Rechtsanwälte – der vom BVerfG verlangten Öffnung des Verbotes der interprofessionellen Sozietät zwischen diesen und Ärzten zuwiderlaufen (*Breulmann* AnwBl 2017, 830, 833). Sachgerecht ist, den Heilkundebegriff in § 23c MBOÄ so auszulegen, dass auch die Feststellung von Krankheiten, Leiden und Körperschäden erlaubt ist, sofern dies nicht der Behandlung oder Therapie, sondern primär der Erstellung von Gutachtens und/oder fachlichen Beratung des Angehörigen des anderen Berufs dient (Spickhoff/*Scholz* § 23c Rn. 1; *Michel* GuP 2016, 108, 110). Der betroffene Patient ist aber ausdrücklich auf diese Umstände hinzuweisen (*Breulmann* AnwBl 2017, 830, 833).

Im Rahmen des § 23c gelten für den beteiligten Arzt die berufsrechtlichen Regelungen – mit Ausnahme der übergreifenden Vorschriften, die sich mit dem Berufsbild des Arztes befassen – nicht (vgl. *Henssler* PartGG, § 6 Rn. 48 ff.). Zu prüfen ist aber stets, ob das Berufsrecht eines anderen beteiligten Berufs für die Zulässigkeit der interprofessionellen Berufsausübung die Beachtung des Berufsrechtsstandards dieses anderen Berufs durch den Arzt in der Weise verlangt, dass für die Angehörigen des fraglichen Berufs die Fortsetzung der interprofessionellen Zusammenarbeit mit dem Arzt berufspflichtwidrig wird (und beendet werden muss), wenn der beteiligte Arzt gegen diese Standards eines anderen Berufsrechts verstößt (vgl. etwa § 59d BRAO für das Berufsrecht der Rechtsanwälte).

## § 23d Praxisverbund

(1) Ärztinnen und Ärzte dürfen, auch ohne sich zu einer Berufsausübungsgemeinschaft zusammenzuschließen, eine Kooperation verabreden (Praxisverbund), welche auf die Erfüllung eines durch gemeinsame oder gleichgerichtete Maßnahmen bestimmten Versorgungsauftrags oder auf eine andere Form der Zusammenarbeit zur Patientenversorgung, z. B. auf dem Felde der Qualitätssicherung oder Versorgungsbereitschaft, gerichtet ist. Die Teilnahme soll allen dazu bereiten Ärztinnen und Ärzten ermöglicht werden; soll die Möglichkeit zur Teilnahme beschränkt werden, z. B. durch räumliche oder qualitative Kriterien, müssen die dafür maßgeblichen Kriterien für den Versorgungsauftrag notwendig und nicht diskriminierend sein und der Ärztekammer gegenüber offengelegt werden. Ärztinnen und Ärzte in einer zulässigen Kooperation dürfen die medizinisch gebotene oder von der Patientin oder dem Patienten gewünschte Überweisung an nicht dem Verbund zugehörige Ärztinnen und Ärzte nicht behindern.

(2) Die Bedingungen der Kooperation nach Absatz 1 müssen in einem schriftlichen Vertrag niedergelegt werden, der der Ärztekammer vorgelegt werden muss.

(3) In eine Kooperation nach Absatz 1 können auch Krankenhäuser, Vorsorge- und Rehabilitationskliniken und Angehörige anderer Gesundheitsberufe nach § 23b einbezogen werden, wenn die Grundsätze nach § 23b gewahrt sind.

| Übersicht | Rdn. | | Rdn. |
|---|---|---|---|
| A. Normzweck und Regelungsgegenstand | 1 | IV. Gesellschaftsvertrag | 8 |
| B. Tatbestand | 3 | 1. Inhalt (Abs. 1 Satz 1, 3) | 8 |
| I. Gesellschaftszweck (Abs. 1) | 3 | 2. Aufnahmeregelung (Abs. 1 Satz 2) | 10 |
| II. Gesellschafterkreis | 5 | 3. Form (Abs. 2) | 13 |
| III. Rechtsform | 6 | 4. Vorlage (Abs. 2) | 14 |

### A. Normzweck und Regelungsgegenstand

1 Der Praxisverbund ist ein Zusammenschluss selbstständiger Praxen, der auf die Erfüllung eines durch gemeinsame oder gleichgerichtete Maßnahmen bestimmten Versorgungsauftrages oder auf eine Form der Zusammenarbeit der Patientenversorgung gerichtet ist und in dem die Beteiligten ihre rechtliche Selbstständigkeit behalten (ausführlich *Erbsen*, Praxisnetze und das Berufsrecht der Ärzte, 2003). Auch innerhalb eines Praxisverbunds muss das Patientenrecht auf freie Arztwahl sichergestellt sein und müssen medizinisch gebotene Behandlungen außerhalb des Praxisverbunds gewährleistet werden (Spickhoff/*Scholz* § 23d Rn. 2). Der berufsrechtliche Begriff des Praxisverbunds ist nicht deckungsgleich mit dem sozialrechtlichen Begriff des Praxisnetzes i.S.v. § 73a SGB V (zu diesem *Eisenberg* S. 213 ff.).

2 Bei einer Zusammenarbeit im Verbund liegt kein Verstoß gegen § 31 Abs. 2 vor, da die Zusammenarbeit zur Erreichung des Versorgungsziels einen hinreichenden Grund i.S.d. § 31 Abs. 2 darstellt (*Schirmer* VSSR 1998, 279, 301; *Erbsen* S. 134; enger Spickhoff/*Scholz* § 23d Rn. 2 – für an einem Verbund beteiligte Apotheker enthält § 11 Abs. 1 ApoG keine vergleichbare Ausnahmemöglichkeit vom grundsätzlichen Verbot). Ein Franchising begründet keinen Praxisverbund i.S.d. MBOÄ (OLG Schleswig MedR 2007, 41; Ratzel/Lippert/Prütting/*Ratzel* § 23a-d Rn. 16).

### B. Tatbestand

#### I. Gesellschaftszweck (Abs. 1)

3 Der Gesellschaftszweck des Praxisverbunds ist die Versorgungsverbesserung durch systematische organisatorische Maßnahmen auf fachlicher Ebene (*Erbsen* S. 67). Von der Berufsausübungsgemeinschaft unterscheidet sich der Praxisverbund durch die fehlende Vergesellschaftung der Berufsausübung, d.h. jeder der Beteiligten behält – wie in einer Organisationsgemeinschaft – seine rechtliche Selbstständigkeit. Der Behandlungsvertrag kommt nur zwischen einem einzelnen Mitglied

des Verbunds und dem Patienten zustande, der Praxisverbund als solcher wird nicht in die Behandlung des Patienten einbezogen. Wegen der Selbständigkeit der Mitglieder dürfen innerhalb des Praxisverbunds ohne Einverständnis der Patienten keine Patientendaten ausgetauscht werden. Von der Organisationsgemeinschaft unterscheidet sich der Praxisverbund durch den nicht auf infrastrukturelle, sondern auf fachliche Aspekte der Berufsausübung zielenden Gesellschaftszweck. Eingeordnet wird der Praxisverbund daher als Zwischenstufe zwischen der Berufsausübungsgemeinschaft und der Organisationsgemeinschaft (*Erbsen* S. 67; diese auch zu den Besonderheiten des Schutzes des Berufsgeheimnisses im Praxisverbund S. 187 ff.) oder als Institution sui generis (*Rieger* MedR 1998, 75, 77; *Koller* S. 145).

Ein Praxisverbund ist nicht notwendigerweise interprofessionell strukturiert, kann es aber in den Grenzen des § 23b (Kooperationsgemeinschaft) sein. 4

## II. Gesellschafterkreis

Gesellschafter eines Praxisverbunds können nach Abs. 3 über Krankenhäuser, Vorsorge- und Rehakliniken hinaus die Angehörigen der in § 23b genannten Berufe sein (zu diesen § 23b Rdn. 4). Eine kassenärztliche Vereinigung lässt sich nicht unter Abs. 3 subsumieren (*Erbsen* S. 147 ff. m.w.N.; zur Mitgliedschaft einer KV in einem Praxisverbund aus sozialrechtlicher Sicht LSG Schleswig-Holstein MedR 2001, 40; LSG Baden-Württemberg MedR 2002, 212). Die Möglichkeit, Apotheker zu beteiligen, war in der Vergangenheit umstritten (vgl. *Wigge/Klinke* MedR 2002, 391, 393 f.). Seit der Neufassung des § 23b (§ 23b Rdn. 4) begegnet sie aber keinen Zweifeln mehr. Neben Einzelpersonen können auch Berufsausübungs- und Organisationsgemeinschaften der zulässigen Berufsgruppen Gesellschafter eines Praxisverbunds sein. 5

## III. Rechtsform

§ 23d enthält keine Vorgaben zur zulässigen Rechtsform der den Praxisverbund tragenden Gesellschaft. Grundsätzlich stehen daher alle Gesellschaftsformen zur Verfügung, soweit diese nicht ihrerseits aufgrund gesellschafts- oder berufsrechtlicher Anforderungen in anderen Vorschriften ausscheiden müssen. Dies ist bei der PartG der Fall, da diese nach dem PartGG zwingend der gemeinsamen Berufsausübung dienen muss (§ 1 PartGG Rdn. 7), die in einem Praxisverbund nicht angestrebt wird. Erfolgt die Organisation – typischerweise – in einer GbR, folgt aus der Tatsache, dass der Praxisverbund keine Behandlungsverträge schließt, nicht zwangsläufig der Status als Innengesellschaft (so wohl *Rieger* MedR 1998, 75, 77; *Broglie* AusR 1999, 55, 60), da der Praxisverbund in anderen Zusammenhängen am Rechtsverkehr teilnehmen kann. 6

Als Träger des Praxisverbunds genutzt werden kann auch eine juristische Person des Privatrechts. Denkbar ist nicht nur die Organisation in einer GmbH, sondern etwa auch in einem Verein (Clausen/Schroeder-Printzen/*Broglie/Hartmann* § 11 Rn. 75). § 23a beschränkt die Nutzung einer juristischen Person des Privatrechts nicht auf Berufsausübungsgesellschaften. Im Vergleich zu § 23a restriktivere Regelungen in den Berufsgesetzen bzw. Berufsordnungen der Länder zur Ärztegesellschaft betreffen den Praxisverbund nicht, da dessen Zweck nicht das Führen einer ärztlichen Praxis ist. 7

## IV. Gesellschaftsvertrag

### 1. Inhalt (Abs. 1 Satz 1, 3)

Bei einer Beteiligung von Gesellschaftern, die nicht Ärzte sind und damit nicht der MBOÄ unterfallen, werden über den in § 23d Abs. 3 enthaltenen Verweis auf § 23b besondere Anforderungen an den Inhalt des Gesellschaftsvertrags aufgestellt. Sie entsprechen jenen, die für die medizinische Kooperationsgemeinschaft in § 23b bestimmt sind, wobei einige der dort statuierten Anforderungen aufgrund der rechtlichen Selbstständigkeit der Teilnehmer sachlogisch auf einen Praxisverbund nicht anwendbar sind. Im Gesellschaftsvertrag gewahrt werden müssen die eigenverantwortliche 8 und selbstständige Berufsausübung des Arztes im Praxisverbund, die Trennung der Verantwortungsbereiche der Gesellschafter, der Diagnostik- und Therapievorbehalt sowie der Grundsatz der freien Arztwahl (vgl. § 23b Abs. 1 Satz 3a–g). Näheres s.o. bei § 23b Rdn. 8 f.

9 Aus dem Therapie- und Diagnostikvorbehalt lässt sich schließen, dass ein »Halten des Patienten im Netz« grundsätzlich zulässig ist, der behandelnde Arzt aber die Entscheidungsfreiheit behalten muss, wenn therapeutische Maßnahmen die Kompetenz des zuständigen Kooperationspartners und damit des Praxisverbunds überschreiten (*Erbsen* S. 135). Der gesellschaftsvertraglich zu gewährleistende Grundsatz der freien Arztwahl aus § 23b Abs. 1 Satz 4 Buchst. d wird im Kontext des § 23d dahingehend verstanden, dass sich die Wahlfreiheit auf alle in einem Praxisverbund tätigen Leistungserbringer erstreckt (*Ratzel* MedR 1998, 98, 100).

### 2. Aufnahmeregelung (Abs. 1 Satz 2)

10 § 23d Abs. 1 Satz 2 bestimmt eine in ihrem rechtlichen Gehalt zweideutige Regelung, nach der (nur) Ärzten unabhängig von einem entgegenstehenden Gesellschafterwillen der Beitritt in die Gesellschaft zu ermöglichen ist. Es handelt sich um eine berufsrechtliche Ausformung zivilrechtlicher Aufnahmepflichten, die aus § 20 Abs. 5 GWB bzw. § 826 BGB abgeleitet werden. Während Abs. 1 Satz 2 Hs. 1 als »Soll-Vorschrift« formuliert ist, also keinen Kontrahierungszwang im eigentlichen Sinne begründet, führt das Erfordernis des Hs. 2, dass bei einer gesellschaftsvertraglichen Beschränkung der Teilnahme z.B. durch räumliche oder qualitative Kriterien, die dafür maßgeblichen Kriterien für den Versorgungsauftrag notwendig und nicht diskriminierend sein und der Ärztekammer gegenüber offengelegt werden müssen, zu einem mittelbaren Zwang der Aufnahme von Gesellschaftern ohne oder gegen den Willen der übrigen Gesellschafter eines Praxisverbunds. Soweit hierdurch die Vereinigungs-, Berufsausübungs- und Vertragsfreiheit der teilnehmenden Ärzte und damit verfassungsrechtliche Positionen beschränkt würden, wäre die Regelung verfassungswidrig, weil sie sich nicht auf vernünftige Gründe des Allgemeinwohls stützen könnte, jedenfalls aber unverhältnismäßig wäre. Sie ist daher verfassungskonform dahingehend zu interpretieren, dass ein Arzt aus ihr keinen generellen Aufnahmeanspruch ableiten kann (ähnlich *Erbsen* S. 116; unkritisch *Koller* S. 146). Eine Aufnahmepflicht ist nur ausnahmsweise für den Fall anzuerkennen, dass ein Verbund im Einzelfall eine soziale bzw. wirtschaftliche Machtstellung aufweist.

11 Denkbare Kriterien, an die eine Aufnahme geknüpft werden kann, sind z.B. eine bestimmte fachliche Ausrichtung, eine zusätzliche Qualifikation, eine besondere technische oder personelle Ausstattung der Praxis, die Zulassung in der Region, in der die Versorgung angeboten werden soll, die Beteiligung an einem besonderen Abrechnungsverfahren, die Bereitschaft zu einem besonderen zeitlichen Engagement (Rufbereitschaft, Wochenenddienst, Spätsprechstunde), zur Teilnahme an Qualitätssicherungsmaßnahmen, zur internen Kommunikation. Im Schrifttum vorgeschlagen (vgl. *Erbsen* S. 120 f.) wird u.a. eine Orientierung an den Kriterien der nach § 140d SGB V geschlossenen Rahmenvereinbarungen (DÄBl. 2000, A 3364 ff.).

12 Die Aufnahmeregelung bezieht sich nur auf Ärzte, nicht auf andere denkbare Mitglieder eines Praxisverbunds. Mangels planwidriger Regelungslücke ist § 23d Abs. 1 Satz 2 nicht analog auf Nicht-Ärzte anwendbar. Berufsrechtlich wird die Monopolisierung der Zusammenarbeit der Nichtärzte mit einem bestimmten nicht-ärztlichen und stationären Leistungserbringer nicht untersagt.

### 3. Form (Abs. 2)

13 Zwingt nicht bereits das Gesellschaftsrecht selbst hierzu, ist der Gesellschaftsvertrag nach Abs. 2 aus berufsrechtlichen Gründen schriftlich zu schließen. Relevanz hat dieser berufsrechtliche Schriftformzwang daher insbesondere für die GbR. Ausreichend wäre es für diese, im Gesellschaftsvertrag nur die besonderen berufsrechtlichen Anforderungen der MBOÄ zu regeln und auf weitere gesellschaftsrechtliche Regelungskomplexe zu verzichten, auch wenn sich ein solcher Regelungsverzicht im Übrigen regelmäßig nicht empfehlen wird. Da das Schriftformerfordernis keine Warn- oder Beweisfunktion hat, sondern primär der Kammer die Kontrolle der Einhaltung der berufsrechtlichen

Anforderungen ermöglichen soll, handelt es sich bei § 23d Abs. 2 nicht um ein gesetzliches Schriftformerfordernis i.S.v. § 125 BGB. Eine berufsrechtliche Ahndung eines Verstoßes ist hingegen möglich.

**4. Vorlage (Abs. 2)**

In Abweichung zu § 24, nach dem alle Verträge, die die ärztliche Tätigkeiten betreffen, der Ärztekammer vorgelegt werden sollen, ist der – schriftlich zu schließende (o. Rdn. 13) – Gesellschaftsvertrag eines Praxisverbunds der Ärztekammer zwingend vorzulegen. Ein Verstoß gegen die Vorlagepflicht führt nicht zur Nichtigkeit des Gesellschaftsvertrags nach § 134 BGB (näher *Erbsen* S. 78 ff.), kann aber berufsrechtlich geahndet werden. 14

### § 24 Verträge über ärztliche Tätigkeit

**Ärztinnen und Ärzte sollen alle Verträge über ihre ärztliche Tätigkeit vor ihrem Abschluss der Ärztekammer vorlegen, damit geprüft werden kann, ob die beruflichen Belange gewahrt sind.**

Ärztinnen und Ärzte »sollen« – gemeint im Sinne von »müssen« (vgl. Berufsgericht für Heilberufe Hamburg Beschl. v. 08.02.1974 – Ib HeilBG 10/72; für eine gleichlautende Regelung im *tier*ärztlichen Berufsrecht auch Berufsgericht für Heilberufe OLG Nürnberg, Urt. v. 01.12.1982 – BG T 2932/81) – der Ärztekammer die Verträge über ihre ärztliche Tätigkeit vorlegen. Die meisten Ärztekammern sind dem »Soll-Vorschlag« gefolgt; (vgl. § 24 BO Bayern; § 24 BO Berlin; § 24 BO Bbg.; § 24 BO Bremen; § 24 Abs. 2 BO HH; § 24 BO M-V; § 24 BO Nordrhein; § 24 BO RLP; § 24 BO Saarland; § 24 BO Sachsen; § 24 BO S-A; § 24 BO Sch-H; § 24 BO Westf.-Lippe.). Niedersachsen hat eine ausdrückliche Verpflichtung zur Vorlage der Verträge aufgenommen (vgl. § 24 BO). Wenige Ärztekammern haben eine Vorlagepflicht »auf Verlangen der Ärztekammer« statuiert (vgl. § 24 Satz 2 BO BaWü; § 24 Satz 2 BO Hessen; § 24 Satz 2 BO Thüringen). 1

Die Vorlage der Verträge soll den Arzt vor Berufsverstößen schützen, indem sie der Ärztekammer die Prüfung ermöglicht, ob der Arzt den jeweiligen Vertrag unter Einhaltung des Berufsrechts abschließen und erfüllen kann (a.A. Spickhoff/*Scholz*, § 24 MBOÄ Rn. 1, 4: Zweck sei es, rechtsunerfahrene Ärzte zu beraten; das beziehe sich nicht nur auf die Berufspflichten, sondern alle berufsrechtlichen Belange). Legt der Arzt die Verträge nicht vor, so sind sie dennoch wirksam, da § 24 nicht den Rang eines Verbotsgesetzes i.S.d. § 134 BGB hat. Enthält ein Vertrag dennoch Klauseln, die berufsrechtliche Verstöße beinhalten, so kann die Kammer im Rahmen ihrer Aufsichtsbefugnis Abhilfe z.B. durch eine Änderung des Vertrags und/oder Unterlassung des Berufsverstoßes verlangen. Setzt sich der Betroffene über das Verlangen der Kammer hinweg, kann die Kammer aufgrund des Berufsverstoßes ein (berufsgerichtliches) Verfahren einleiten. 2

### § 25 Ärztliche Gutachten und Zeugnisse

**Bei der Ausstellung ärztlicher Gutachten und Zeugnisse haben Ärztinnen und Ärzte mit der notwendigen Sorgfalt zu verfahren und nach bestem Wissen ihre ärztliche Überzeugung auszusprechen. Gutachten und Zeugnisse, zu deren Ausstellung Ärztinnen und Ärzte verpflichtet sind oder die auszustellen sie übernommen haben, sind innerhalb einer angemessenen Frist abzugeben. Zeugnisse über Mitarbeiterinnen und Mitarbeiter sowie Ärztinnen und Ärzten in Weiterbildung müssen grundsätzlich innerhalb von drei Monaten nach Antragstellung, bei Ausscheiden unverzüglich, ausgestellt werden.**

| Übersicht | Rdn. | | Rdn. |
|---|---|---|---|
| A. Allgemeines . . . . . . . . . . . . . . . . . . . | 1 | E. Abgabe innerhalb »angemessener | |
| B. Ärztliche Gutachten und Zeugnisse . . . . | 2 | Frist« (Satz 2) . . . . . . . . . . . . . . . . . | 5 |
| C. Übernahme der Begutachtung/Verpflichtung . . . . . . . . . . . . . . . . . . . . | 3 | F. Dreimonatsfrist und unverzügliche Ausstellung (Satz 3) . . . . . . . . . . . . . | 6 |
| D. Die »notwendige Sorgfalt« . . . . . . . . . . | 4 | | |

## A. Allgemeines

1 Im Hinblick auf die (zivil-, straf- und berufs-)rechtlichen Folgen, die ein ärztliches Gutachten und Zeugnis nach sich ziehen kann, stellt § 25 eine besondere Sorgfaltspflicht für Ärztinnen und Ärzte bei der Errstellung ärztlicher Gutachten und Zeugnisse auf, vgl. auch § 278 StGB.

## B. Ärztliche Gutachten und Zeugnisse

2 Ärztliche Gutachten wenden medizinische Erkenntnisse und Erfahrungen auf einen Einzelfall im Hinblick auf eine bestimmte Fragestellung an. Das ärztliche Gutachten ist dadurch gekennzeichnet, dass der Arzt aus Tatsachen oder Zuständen, die er selbst oder ein anderer wahrgenommen hat, mithilfe seiner Sachkunde Schlüsse zieht (Ratzel/Lippert/Prütting/*Lippert* § 25 Rn. 3). Es unterscheidet sich vom Zeugnis und vom Befundbericht durch wissenschaftliche Schlussfolgerungen (Ratzel/Lippert/Prütting/*Lippert* § 25 Rn. 3).

2a Ärztliche Zeugnisse sind körperlich oder elektronisch fixierte Aussagen (Bescheinigungen) über die Gesundheit oder Krankheit eines lebenden Menschen (*Fischer* § 277 Rn. 3; Ratzel/Lippert/Prütting/ *Lippert* § 25 Rn. 2). Sie können gegenwärtige Befunde oder in der Vergangenheit liegende Krankheiten und Folgen betreffen (*Fischer* § 277 Rn. 3; vgl. zur Auslegung dieser LG Hanau r+s 2018, 266).

2b Diese zwischen »Gutachten« und »Zeugnissen« differenzierende Regelung unterscheidet sich von der strafrechtlichen des § 278 StGB (Ausstellen unrichtiger Gesundheitszeugnisse). So kann ein unrichtiges Gutachten, das ein Arzt für eine private Krankenversicherung (als von ihr beauftragter Gutachter) erstellt, durchaus den Straftatbestand des § 278 StGB erfüllen (BVerfG GesR 2015, 162). Zum Begriff des Gesundheitszeugnisses i.S.d. § 279 StGB vgl. OLG Stuttgart GesR 2014, 24.

## C. Übernahme der Begutachtung/Verpflichtung

3 Ärztinnen und Ärzte können die Erstellung von ärztlichen Gutachten privat vereinbaren. Sie übernehmen die Begutachtung dann auf der Grundlage eines Behandlungsvertrages (§ 630a BGB; str.). Sie können aber auch aufgrund gerichtlicher Bestellung (z.B. § 404 ZPO, § 73 StPO) zur Begutachtung verpflichtet sein. Neben dem Berufsrecht sind für die Gutachtertätigkeit von Ärzten (und insbesondere Professoren) an Unikliniken auch die Vorschriften des öffentlichen Dienstes (Beamtenrecht und TVöD) zu beachten, die insbesondere die Anzeige von Nebentätigkeiten oder der selbstständigen Gutachtertätigkeit vorsehen können. Wird das Gutachten privat erstellt, richtet sich dessen Erstattung nach der GOÄ. Wird der Arzt durch das Gericht oder die Staatsanwaltschaft als Gutachter bestellt, ist für Aufwandserstattung das JVEG anwendbar.

3a Hingegen soll keine Rechtspflicht bestehen, auf Anforderung von Gerichten auf Grundlage der § 377 Abs. 3 Satz 1 ZPO, § 118 Abs. 1 Satz 1 SGG Befundberichte zu erstellen oder Beweisfragen schriftlich zu beantworten (BerufsG für Heilberufe Berlin ZMGR 2021, 316).

## D. Die »notwendige Sorgfalt«

4 Zu der »notwendigen Sorgfalt«, die Ärztinnen und Ärzte nach Satz 1 einzuhalten haben, gehören die allgemein anerkannten Qualitätsmaßstäbe im jeweiligen Fachgebiet nach dem aktuellen Stand. Die Nichteinhaltung allgemein anerkannter Regeln für die ärztliche Begutachtung stellt eine Verletzung berufsrechtlicher Pflichten dar, die berufsgerichtlich sanktioniert werden kann (VG Gießen NVwZ-RR 2010, 481 ff.: Verweis und Geldbuße i.H.v. 12.000 €); eine strafrechtliche Verfolgung ist in besonders gelagerten Einzelfällen ebenfalls nicht auszuschließen (OLG Hamburg GesR 2016, 707). Anforderungen an psychiatrische Sachverständigengutachten wurden zunächst durch die strafrechtliche Rechtsprechung festgelegt (vgl. BGHSt 49, 347). Berufsrechtlich sind Mindestinhalte zu beachten (vgl. VG Gießen NVwZ-RR 2010, 481). Im Bereich der Sozial- und Versicherungsmedizin werden Qualitätsanforderungen durch Leitlinien und durch die medizinisch-wissenschaftliche Fachliteratur gesetzt (vgl. *Francke* jurisPR-Medizin 8/2010 Anm. 3). Für die übrigen medizinischen Fachgebiete ergeben sich die allgemein anerkannten Qualitätsmaßstäbe aus der Fachliteratur.

Die Arbeitsunfähigkeit eines Patienten muss der Arzt selbst durch Untersuchung feststellen. Auch wenn der Patient Arzt ist, darf ein Arzt nach erstmaliger Bescheinigung der Arbeitsunfähigkeit nicht ohne eigene (weitere) Untersuchung lediglich aufgrund telefonischer Angaben erneut für mehrere Wochen krankschreiben (LandesberufsG für Heilberufe OVG NRW Urt. v. 13.01.1987 – ZA 11/84; zur Wettbewerbswidrigkeit eines solchen Verhaltens LG Hamburg GesR 2020, 295 m. Anm. *Kuhn*; zu Besonderheiten während der COVID-19-Pandemie und zu vom Gesetzgeber generell vorgesehenen Lockerungen s. § 7 Rdn. 13). Der Arzt soll zudem verpflichtet sein zu verhindern, dass eine nur als Muster gedachte Bescheinigung über die Arbeitsunfähigkeit durch spätere zusätzliche Eintragungen missbraucht werden kann (LandesberufsG für Heilberufe Hess. VGH Urt. v. 19.09.1983 – LBG 15/82). 4a

Der Hamburgische Berufsgerichtshof für die Heilberufe (MedR 2021, 590 m. Anm. *Rosset*) fordert zudem, dass ein Arzt bei der Aufstellung eines Attestes jedenfalls im Regelfall einen Verwendungszweck angebe, zu dem im Attest nachvollziehbar darstelle, auf welche Weise er zu den attestierten Erkenntnissen gekommen sei. Diese Forderung kann im Lichte des Allgemeinen Persönlichkeitsrechts des Patienten nur so verstanden werden, dass nicht die medizinischen Details (z.B. Untersuchungsergebnisse, Diagnosen etc.) in das Attest aufgenommen werden müssen, wohl aber die Umstände, unter denen die Erkenntnisse gewonnen wurden (z.B. aufgrund persönlicher Untersuchung, vorliegender Arztbriefe, glaubhafter Angaben des Patienten). Allerdings kann der Verwendungszweck weitergehende Angaben gebieten; es ist dann allein Sache des Patienten zu entscheiden, ob er das Attest vorlegen will oder nicht. 4b

### E. Abgabe innerhalb »angemessener Frist« (Satz 2)

Die Gutachten und Zeugnisse sind innerhalb einer angemessenen Frist abzugeben (vgl. zur Verzugshaftung OLG Saarbrücken Urt. v. 27.07.2016 – 1 U 147/15). Der Begriff der »angemessenen Frist« ist unbestimmt. Zu den Kriterien, nach denen die Angemessenheit zu bestimmen ist, und zu Einzelfällen vgl. § 2 Rdn. 12. 5

### F. Dreimonatsfrist und unverzügliche Ausstellung (Satz 3)

Für bestimmte Zeugnisse setzt Satz 3 jeweils eine gesonderte Frist fest. Zeugnisse über Mitarbeiterinnen und Mitarbeiter sowie Ärztinnen und Ärzte in Weiterbildung müssen grundsätzlich innerhalb von 3 Monaten nach Antragstellung, bei Ausscheiden unverzüglich, ausgestellt werden. Die Frist ist daran orientiert, dass der Mitarbeiter sowie der Arzt in Weiterbildung nicht an seinem beruflichen Fortkommen durch eine unnötig verzögerte Zeugniserstellung gehindert werden soll. Durch das Wort »grundsätzlich« wird klargestellt, dass eine andere Frist vereinbart werden kann, also von der Zustimmung des Mitarbeiters/Arztes in Weiterbildung abhängt. »Unverzüglich« meint ohne schuldhaftes Zögern. Dabei sind die Umstände des Einzelfalls zu berücksichtigen, die die Länge der Überlegungs- und Erklärungsfrist erfordern können. 6

## § 26 Ärztlicher Notfalldienst

**Ärztinnen und Ärzte sind nach Maßgabe der Kammer- und Heilberufsgesetze der Länder und der auf ihrer Grundlage erlassenen Satzungen zur Teilnahme am Notfall- bzw. Bereitschaftsdienst verpflichtet.**

| Übersicht | Rdn. | | Rdn. |
|---|---|---|---|
| A. Überblick | 1 | III. Relevanz der Verpflichtung | 5 |
| B. Teilnahmepflicht und Befreiung (Abs. 1) | 2 | IV. Befreiung nach Ermessen | 6 |
| I. »Ärztlicher Notfalldienst« | 3 | V. Einteilung zum Notdienst und Pflichten im Notdienst | 7 |
| II. Persönliche Verpflichtung | 4 | C. Zuständigkeit und Organisation | 9 |

### A. Überblick

Die Vorschrift hat ihre jetzige Fassung im Jahr 2011 erhalten; die ursprünglich umfangreiche Regelung wurde durch die Verweise auf die Kammer- und Heilberufsgesetze der Bundesländer sowie die Satzungen ersetzt. 1

## § 26 MBOÄ  Ärztlicher Notfalldienst

1a Die Vorschrift verpflichtet Ärzte, grundsätzlich am Notfalldienst teilzunehmen und regelt Befreiungsmöglichkeiten aus schwerwiegenden Gründen (Abs. 1). § 26 kommt den Anforderungen nach, die sich aus der Berufsausübungsfreiheit (Art. 12 Abs. 1 GG) und dem Grundsatz der Verhältnismäßigkeit ergeben. Die Heilberufs- und Kammergesetze enthalten für den Eingriff die jeweilige gesetzliche Grundlage (vgl. z.B. §§ 30 Abs. 3 Satz 2, 31 Abs. 1 HBKG BaWü; §§ 30 Nr. 2, 31 Abs. 1 HeilBerG NRW). Neben der berufsrechtlichen Verpflichtung besteht für die an der vertragsärztlichen Versorgung teilnehmenden Leistungserbringer die Pflicht nach §§ 95, 75 SGB V.

1b Allerdings folgt aus der Teilnahmepflicht kein Rechtsanspruch auf Teilnahme; ein solcher kann sich allerdings aus den jeweiligen Notfalldienstordnungen der Ärztekammern und Kassenärztlichen Vereinigungen ergeben (zu Schadenersatzansprüchen bei Nichtaufnahme vgl. OLG Hamm GesR 2020, 769 m. Anm. *Becker-Wulf*; zum Anspruch auf Aufnahme in ein sog. Vertreterverzeichnis für den ärztlichen Notdienst vgl. VG Köln Urt. v. 25.10.2019 – 7 K 2157/17).

### B. Teilnahmepflicht und Befreiung (Abs. 1)

2 § 26 verpflichtet Ärztinnen und Ärzte, am ärztlichen Notdienst im Rahmen der in den Landesgesetzen und der Satzung näher geregelten Umstände teilzunehmen. In der Regel ist die Pflicht dort an die Niederlassung (vgl. § 17 Abs. 1) geknüpft. Solchenfalls gilt sie auch für nur in geringem Ausmaß betriebene Niederlassungen in Nebentätigkeit (bejaht für nebenberuflichen Betrieb einer TCM-Praxis durch einen im öffentlichen Dienst tätigen Arbeitsmediziner OVG NRW GesR 2013, 438; bestätigt durch BVerwG Beschl. v. 18.12.2013 – 3 B 35/13), und zwar unabhängig von der Fachrichtung (Bay. LSG Beschl. v. 24.07.2015 – L 12 KA 55/15 B). Demgegenüber können Krankenhausärzte, auch wenn sie zur Teilnahme an der vertragsärztlichen Versorgung ermächtigt sind (§ 31a Ärzte-ZV), wegen ihrer (haupt-)beruflichen Verpflichtungen im Krankenhaus nicht zur Teilnahme am Notfalldienst herangezogen werden (BSG GesR 2019, 248).

### I. »Ärztlicher Notfalldienst«

3 Der ärztliche Notfalldienst ist die organisierte Hilfe zur Sicherstellung der ambulanten ärztlichen Versorgung in dringenden Fällen in sprechstundenfreien Zeiten (ähnlich Ratzel/Lippert/Prütting/*Lippert* § 26 Rn. 3). Er ist vom organisierten Rettungsdienst zu unterscheiden. Der Rettungsdienst dient der Sicherstellung der flächendeckenden, bedarfs- und fachgerechten Versorgung der Bevölkerung mit Leistungen der Notfallrettung und des Krankentransports (Ratzel/Luxenburger/*Lissel* § 23 Rn. 16 ff.). Er ist in den Rettungsdienstgesetzen der Länder geregelt. »Ärztlicher Notfalldienst« und »Bereitschaftsdienst« sind Synonyme.

### II. Persönliche Verpflichtung

4 Die Teilnahme am ärztlichen Notfalldienst ist eine persönliche Verpflichtung des Arztes, die für Vertragsärzte und Privatärzte gilt (OVG Münster GesR 2009, 660 ff.; bestätigt durch BVerwG Beschl. v. 17.09.2009 – 3 B 67/09). Der Privatarzt kann der Heranziehung nicht entgegensetzen, dass ihm nicht zuzumuten sei, sich in das ihm nicht vertraute kassenärztliche Abrechnungssystem einzuarbeiten, da die Einrichtung und Durchführung des gemeinsamen Notfalldienstes der Ärztekammern und der Kassenärztlichen Vereinigungen den Zweck verfolgt, eine unnötige Doppelgleisigkeit im Notfalldienst zu verhindern, und der Gemeinwohlbelang eines effektiv organisierten ärztlichen Notfalldienstes geeignet ist, geringfügige Belastungen zu rechtfertigen (BVerwG Beschl. v. 17.09.2009 – 3 B 67/09). Die Pflicht zur Teilnahme am Notdienst soll Vertragsärzte nicht nur hinsichtlich ihres Stammsitzes betreffen, sondern auch hinsichtlich der von ihnen geführten Zweigpraxis bzw. Zweigpraxen (OVG NRW GesR 2013, 435, 436 f. [betr. das zahnärztl. Berufsrecht]; LSG NRW GesR 2010, 144, 146; kritisch hierzu *Bielitz* MedR 2013, 291, 292 f.). Ob dies der Fall ist, hängt zunächst von den konkreten Regelungen der Notfalldienstordnung ab. Auf die Größe der Praxis soll es im Übrigen nicht ankommen.

4a Da der ärztliche Notfalldienst in der Praxis ganz überwiegend gemeinsam mit den Kassenärztlichen Vereinigungen (zu deren Sicherstellungsauftrag auch der sog. Notdienst gehört, § 75 Abs. 1 Satz 2

SGB V) auf der Grundlage einer Gemeinsamen Notfalldienstordnung organisiert ist, kommt es für die Frage der Zulässigkeit der Vertretung, die in der Praxis üblicherweise durch Vertrag geregelt wird, auf die jeweilige Notfalldienstordnung an (generell ablehnend: Ratzel/Lippert/Prütting/*Lippert* § 26 Rn. 12, der die Praxis für rechtswidrig hält; anders u.a. BGH GesR 2009, 322, 323, der die rechtsgeschäftliche Vertretungsmöglichkeit offen gelassen hat, aber eine »Vertretung« des Geschäftsherrn als Verrichtungsgehilfen i.S.d. § 831 BGB für möglich hält).

Unter vertragsarztrechtlichen Gesichtspunkten besteht allerdings aus der in der Notfalldienstordnung einer Kassenärztlichen Vereinigung normierten Verpflichtung zur Teilnahme am Bereitschaftsdienst keine (persönliche) Verpflichtung des dort tätigen Arztes, wenn dieser in einem MVZ tätig ist und sich entsprechende Gebote an das zugelassene MVZ, nicht aber unmittelbar an die angestellten Ärzte richten (BSG GesR 2014, 354). Die Berücksichtigung der angestellten Ärzte erfolgt lediglich in Bezug auf die Berechnung der Dienstfrequenzen des MVZ (Bay. LSG Beschl. v. 24.07.2015 – L 12 KA 55/15 B). 4b

### III. Relevanz der Verpflichtung

Die Verpflichtung zur Teilnahme am Notfalldienst hat verschiedene Auswirkungen in unterschiedlichen Rechtsgebieten. Dabei kommt es stets auf die konkrete Ausgestaltung des ärztlichen Notfalldienstes nach der jeweiligen Notfalldienstordnung an. So kann sich die Verpflichtung zur Teilnahme am Notfalldienst auf Ermächtigungsverfahren von Kliniken i.S.d. § 118 SGB V auswirken. Einer Tagesklinik, die eine Ermächtigung nach § 118 SGB V erstrebt, aber keinen nächtlichen Bereitschaftsdienst bzw. Notfalldienst vorhält, kann dies im Ermächtigungsverfahren nicht entgegengesetzt werden, wenn die gemeinsame Notfalldienstordnung von Ärztekammer und Kassenärztlicher Vereinigung die Verpflichtung zur Teilnahme am Notfalldienst nur für solche ermächtigten Ärzte vorsieht, die in eigener Praxis tätig sind (BSG GesR 2009, 487, 490). Im Arzthaftungsprozess kann die Ausgestaltung der Notfalldienstordnung für die Frage relevant sein, ob ein Arzt, der für einen zum Notfalldienst verpflichteten niedergelassenen Arzt im Notfalldienst tätig ist, Verrichtungsgehilfe i.S.d. § 831 BGB ist und daher eine Haftung nach § 831 BGB in Betracht kommt (BGH GesR 2010, 323). 5

### IV. Befreiung nach Ermessen

Die Notfalldienstordnungen gewähren als Ausfluss des Verhältnismäßigkeitsgebots eine Befreiungsmöglichkeit vom ärztlichen Notfalldienst auf Antrag, die im Ermessen steht. Das Ermessen kann aus Gründen der Berufsfreiheit (Art. 12 Abs. 1 GG) bei Vorliegen schwerwiegender Gründe auf Null reduziert sein. Die Befreiung ist daher i.d.R. bei Vorliegen der regelmäßig in der jeweiligen Notfalldienstordnung explizit genannten Gründe, z.B. schwerer Erkrankung oder Behinderung, zu erteilen. Allerdings soll die Möglichkeit der Bestellung eines Vertreters zu berücksichtigen sein. So wurde ein »schwerwiegender gesundheitlicher Grund« verneint, wenn die Praxis trotz der Erkrankung uneingeschränkt fortgeführt wurde; solchenfalls sei die Finanzierung eines Vertreters für den Notdienst zumutbar, da der Arzt die »wirtschaftlichen Möglichkeiten des freien Berufs voll nutzen« könne (vgl. zum zahnärztl. Berufsrecht bei Vorliegen des Fatigue-Syndroms infolge einer Krebserkrankung OVG NRW MedR 2013, 803; vgl. auch SG Marburg Urt. v. 29.01.2014 – S 12 KA 12/13; SG Marburg Urt. v. 17.09.2014 – S 12 KA 466/13). Die Befreiung kann ganz, teilweise oder vorübergehend im Sinne einer völligen, teilweisen oder zeitweiligen Freistellung erteilt werden. 6

Ein Befreiungstatbestand wegen »langjähriger, spezialisierter Tätigkeit« existiert nicht (Bay. LSG Beschl. v. 24.07.2015 – L 12 KA 55/15 B; bestätigt durch BSG Beschl. v. 17.03.2021 – B 6 KA 15/20 B). 6a

### V. Einteilung zum Notdienst und Pflichten im Notdienst

Die Einteilung zum Notdienst durch Notdienstplan ist ein Verwaltungsakt, wenn die Übersendung des Notdienstplans durch ein Anschreiben des Obmanns erfolgt (SG Marburg Urt. v. 09.12.2009 – S. 12 KA 82/09). 7

8 Der ärztliche Notdienst kann unterschiedlich organisiert sein. Soweit es einen »Telefondienstarzt« und »Außendienstärzte« gibt, ist der Telefondienstarzt verpflichtet, die Bitte um einen Hausbesuch an die Außendienstärzte weiterzugeben, wenn er aufgrund der telefonischen Angaben die Möglichkeit einer Notsituation nicht ausschließen kann (Gerichtshof für Heilberufe Bremen Urt. v. 16.01.1991 – HB-BA 1/90). Wird der Notdienst dagegen nur durch einen Arzt wahrgenommen, muss der am ärztlichen Notfalldienst teilnehmende Arzt über die Praxis ständig telefonisch erreichbar sein und den Dienst grundsätzlich vom Praxisort aus durchführen (SG Dortmund Urt. v. 11.05.2000 – S. 26 KA 297/98; Ratzel/Lippert/Prütting/*Lippert* § 26 Rn. 11). Eine telefonische Erreichbarkeit des Notfallarztes in der 20 km entfernten Privatwohnung genügt nicht (Berufsgericht für Heilberufe VG Mainz Urt. v. 25.11.1981 – BG [H] K 3/80). Es gehört zu den Kernpflichten des ärztlichen Berufs, Hausbesuche im Notfalldienst durchzuführen (VG Münster ArztR 1996, 6; LandesberufsG für Heilberufe OVG NRW Urt. v. 18.05.1995 – 12 A 1039/92.T). Die telefonische Ablehnung einer persönlichen Untersuchung und der Verweis auf die Vorstellung in einem Krankenhaus sind mit Ausnahme einer offensichtlichen Krankenhausbehandlungsbedürftigkeit berufsrechtswidrig (vgl. SG Dortmund AuR 2000, 177 zum Disziplinarrecht). Der Arzt darf einen geforderten Hausbesuch nur bei offensichtlich unbegründetem oder missbräuchlichem Begehren ablehnen (vgl. auch VG Münster ArztR 1996, 6; berechtigte Verweigerung nur, wenn ein Notfall, der eine alsbaldige ärztliche Maßnahme erfordert, ausgeschlossen erscheint); im Zweifel muss er sich zum Patienten begeben (OVG Rheinland-Pfalz MedR 2006, 301; OVG NRW GesR 2003, 247 f.: Pflicht zum Hausbesuch bei möglichem Herzinfarkt; SG Hannover ArztR 1989, 328: telefonisch nicht zu klärende Diagnose); dies gilt auch bei nicht lebensbedrohender Erkrankung (LandesberufsG für Ärzte Stuttgart ArztR 1989, 325; LandesberufsG für Ärzte Stuttgart ArztR 2000, 48 f.: Pflicht zum Hausbesuch bei mehrere Tage altem, vereitertem Insektenstich). Kommt es zu Gefühlsausbrüchen (eines Vaters aus Sorge um den Gesundheitszustand seiner dreijährigen Tochter) in einem Telefonanruf, muss der Arzt dafür sorgen, das Gespräch in vernünftige Bahnen zu lenken und auf Bitte des Vaters das Kind aufsuchen (OVG NRW GesR 2003, 247). Bei Abwesenheit des Arztes von seiner Praxis – etwa wegen eines Hausbesuchs – muss er ständig erreichbar sein (SG Dortmund Urt. v. 11.05.2000 – S. 26 KA 297/98). Der Arzt muss während der Ableistung des Notfalldienstes alle Personen in ärztliche Obhut nehmen, welche um ärztliche Hilfe bitten, es sei denn, das Ansinnen um ärztlichen Beistand ist erkennbar überflüssig, unsinnig oder aus sonstigen Gründen für den Arzt nicht zumutbar (VG Gießen Urt. v. 20.10.2010 – 21 K 3235/09.GI.Bw). Im Notdienst hat der Arzt ansonsten dieselben Pflichten wie regelmäßig innerhalb seiner Sprechzeiten (VG Gießen Urt. v. 20.10.2010 – 21 K 3235/09.GI.B). Ein ausschließlich privatärztlich tätiger Arzt muss, wenn er einen Kassenpatienten behandelt, mit der Kassenärztlichen Vereinigung abrechnen und darf die Behandlung nicht von einer privatärztlichen Abrechnung nach GOÄ abhängig machen (LandesberufsG für Ärzte Stuttgart ArztR 2000, 48 f.; OVG Lüneburg DÄBl. 1984, A-535).

8a In den Notfalldienstordnungen der Kassenärztlichen Vereinigungen sind regelmäßig auch Ausschlusstatbestände aufgeführt, insbes. für den Fall der Ungeeignetheit des Arztes zur Teilnahme. Zur Annahme der Ungeeignetheit müssen mehrere begründete Beschwerden vorliegen, das Vorliegen einer Beschwerde – auch wenn diese schwer wiegt – reicht i.d.R. nicht aus (LSG Berlin-Brandenburg GesR 2014, 562 zu § 12 BDO Berlin).

## C. Zuständigkeit und Organisation

9 Zuständig für die Organisation des ärztlichen Notfalldienstes sind die Ärztekammern (vgl. zu aktuellen Problemen und Handlungsfeldern *Reuter* GesR 2018, 351). Zulässig ist eine gemeinsame Organisation mit der Kassenärztlichen Vereinigung angesichts ihres auch den Notdienst umfassenden Sicherstellungsauftrags gem. § 75 Abs. 1 Satz 2 SGB V (BSGE 44, 252). Eine Weiterübertragung der Befugnis der Ärztekammer zur Regelung des ärztlichen Notfalldienstes durch die Ärztekammer auf die Kassenärztliche Vereinigung ist mangels Regelungskompetenz der Ärztekammer nicht verfassungskonform (VG Gießen Urt. v. 20.10.2010 – 21 K 3235/09.GI.B).

Hinsichtlich der konkreten Gestaltung des Notfalldienstes – sowohl was den Zuschnitt der Bezirke angeht als auch die Frage, ob dieser aufsuchend, durch Bereitschaft in eigener Praxis oder in einer sog. Bereitschaftsdienstzentrale ausgeübt wird – besteht im Rahmen der Satzungsautonomie von Kassenärztlichen Vereinigungen und Ärztekammern ein weiter Gestaltungsspielraum; demgemäß stellt die Verpflichtung eines Arztes, den ärztlichen Bereitschaftsdienst in der Bereitschaftsdienstzentrale durchzuführen, obwohl die Ausstattung dort schlechter als in eigener Praxis ist, auch keine unzumutbare Beeinträchtigung für den eingeteilten Arzt dar (SG Marburg GesR 2020, 712 m. Anm. *Becker-Wulf*).

## § 27 Erlaubte Information und berufswidrige Werbung

(1) Zweck der nachstehenden Vorschriften der Berufsordnung ist die Gewährleistung des Patientenschutzes durch sachgerechte und angemessene Information und die Vermeidung einer dem Selbstverständnis der Ärztin oder des Arztes zuwiderlaufenden Kommerzialisierung des Arztberufes.

(2) Auf dieser Grundlage sind Ärztinnen und Ärzte sachliche berufsbezogene Informationen gestattet.

(3) Berufswidrige Werbung ist Ärztinnen und Ärzten untersagt. Berufswidrig ist insbesondere eine anpreisende, irreführende oder vergleichende Werbung. Ärztinnen und Ärzte dürfen eine solche Werbung durch andere weder veranlassen noch dulden. Eine Werbung für eigene oder fremde gewerbliche Tätigkeiten oder Produkte im Zusammenhang mit der ärztlichen Tätigkeit ist unzulässig. Werbeverbote aufgrund anderer gesetzlicher Bestimmungen bleiben unberührt.

(4) Ärztinnen und Ärzte können
1. nach der Weiterbildungsordnung erworbene Bezeichnungen,
2. nach sonstigen öffentlich-rechtlichen Vorschriften erworbene Qualifikationen,
3. als solche gekennzeichnete Tätigkeitsschwerpunkte
und
4. organisatorische Hinweise

ankündigen.

Die nach Nr. 1 erworbenen Bezeichnungen dürfen nur in der nach der Weiterbildungsordnung zulässigen Form geführt werden. Ein Hinweis auf die verleihende Ärztekammer ist zulässig.

Andere Qualifikationen und Tätigkeitsschwerpunkte dürfen nur angekündigt werden, wenn diese Angaben nicht mit solchen nach geregeltem Weiterbildungsrecht erworbenen Qualifikationen verwechselt werden können.

(5) Die Angaben nach Absatz 4 Nr. 1 bis 3 sind nur zulässig, wenn die Ärztin oder der Arzt die umfassten Tätigkeiten nicht nur gelegentlich ausübt.

Ärztinnen und Ärzte haben der Ärztekammer auf deren Verlangen die zur Prüfung der Voraussetzungen der Ankündigung erforderlichen Unterlagen vorzulegen. Die Ärztekammer ist befugt, ergänzende Auskünfte zu verlangen.

| Übersicht | Rdn. | | Rdn. |
|---|---|---|---|
| A. Zweck der Norm | 1 | IV. Veranlassen oder Dulden | 9 |
| I. Patientenschutz | 2 | V. Werbeverbote im HWG, UWG und | |
| II. Adressatenkreis | 3 | StGB | 10 |
| B. Sachliche Informationen | 4 | D. Ankündigungen | 11 |
| C. Berufswidrige Werbung | 5 | I. Weiterbildungsbezeichnungen | 12 |
| I. Anpreisend | 6 | II. Qualifikationen | 13 |
| II. Irreführend | 7 | III. Tätigkeitsschwerpunkte | 14 |
| III. Vergleichend | 8 | IV. Organisatorische Hinweise | 15 |

## § 27 MBOÄ   Erlaubte Information und berufswidrige Werbung

### A. Zweck der Norm

1 Unter Verzicht auf eine detaillierte Regelung wird generalklauselartig zwischen zulässiger Information und berufswidriger Werbung unterschieden, Auslegungshinweise sind von dem Berufsordnungsgremium der Ärztekammer zusammengestellt worden (»Arzt – Werbung – Öffentlichkeit«, Dt. Ärzteblatt 101 [5], A-292).

#### I. Patientenschutz

2 Werbeverbote der BO sind nur insoweit gerechtfertigt, als vernünftige Zwecke des Gemeinwohls diese erfordern und den seinen Beruf ausübenden Arzt nicht übermäßig oder unzumutbar treffen (BVerfGE 85, 248 ff. = BVerfG NJW 1992, 2341 f.). Für interessengerechte und sachangemessene Informationen, die keinen Irrtum erregen, muss im rechtlichen und geschäftlichen Verkehr Raum bleiben (BVerfG NJW 1993, 2988 f.). Bei der Bestimmung der Reichweite des Verbots ist insbesondere zu beachten, dass mit ihm nicht unmittelbar bestehenden Gesundheitsgefahren begegnet werden soll, sondern lediglich langfristig negative Rückwirkungen auf die medizinische Versorgung durch eine Kommerzialisierung des Arztberufs verhindert werden sollen (BGH GRUR 2005, 875 f.). Der Patient soll darauf vertrauen können, dass sich der Arzt nicht von kommerziellen Interessen, sondern ausschließlich von medizinischen Notwendigkeiten leiten lässt (BVerfG WRP 2003, 1209).

#### II. Adressatenkreis

3 Adressat der BO sind Ärzte, unabhängig davon, ob diese ambulant oder stationär tätig sind. Obwohl Krankenhäuser auch dann nicht niedergelassenen Ärzten gleichstehen, wenn dort Eingriffe ambulant vorgenommen werden oder wenn sie mit Belegärzten arbeiten (BVerfG NJW 2000, 2734 f.), müssen die Grundsätze der BO auch von demjenigen beachtet werden, der ärztliche Dienste als Teil des eigenen Leistungsspektrums anbietet (»Chefarztgespräche« LG Arnsberg KHR 2007, 159; »Haartransplantationen« BGH GRUR 2002, 725; »Dentalästhetika« BGH GRUR 2001, 181). Die zunächst unter dem Aspekt der Störerhaftung bewertete unangemessene und unsachliche Einflussnahme auf die ärztliche Behandlungstätigkeit wird nunmehr als Anstiftung zu berufswidrigem Verhalten gesehen (»Brillenversorgung« BGH WRP 2010, 1139 ff.; »Ernährungsberatung« BGH NJW 2008, 2850). Werbemaßnahmen eines nicht (zahn-)ärztlichen Franchise-Unternehmens können aber nicht mit der Begründung als wettbewerbswidrig eingestuft werden, dass eine entsprechende Werbung eines Zahnarztes berufswidrig wäre (»MacDent« BGH WRP 2009, 1092). Etwas anderes würde nur dann gelten, wenn der Zweck des Unternehmens dahin ausgerichtet wäre, den ihr angeschlossenen Ärzten eine über die Werbebeschränkungen der BO hinausreichende Werbung und dem Unternehmen nur eine Alibifunktion zukommt, dieses muss tatsächlich nachgewiesen sein (»Zahnarzt GmbH« BVerfG NJW 2003, 3472).

### B. Sachliche Informationen

4 Sachangemessene Informationen, die den Patienten nicht verunsichern, sondern ihn als mündigen Menschen befähigen, von der freien Arztwahl sinnvoll Gebrauch zu machen, sind zulässig (BVerfGE 85, 248 ff.). Bei (zahn-)ärztlichen Leistungen hat der Patient ein berechtigtes Interesse, über eine Internetplattform Preis- und Behandlungsangebote bei verschiedenen (Zahn-)Ärzten einzuholen und sich dann für einen (Zahn-)Arztwechsel zu entscheiden (»2te-Zahnarztmeinung.de« BGH GesR 2011, 297; GesR 2011, 411; zu Grenzen LG Berlin ZMGR 2012, 355; LG Köln ZMGR 2012, 362).

4a Sachliche Informationen dürfen auch in Form von Zeitungsanzeigen oder Anzeigen in Telefonbüchern vermittelt werden, sofern diese nicht nach Form, Inhalt oder Häufigkeit übertrieben wirken (»Nichtanlassbezogene Tierarztwerbung« BVerfG WRP 2002, 521 ff.; Werbung einer Zahnarzt GmbH in der Zeitschrift »auto, motor und sport« BVerfG NJW 2003, 3472 f.). Übertrieben in diesem Sinne ist das Platzieren von Inseraten auf jeder dritten bzw. vierten Seite eines örtlichen Telefonbuchs (BerufsG für Heilberufe beim VG Münster Urt. v. 31.05.2006, 19 K 1581/05 T).

Größe, Inhalt, Aufmachung und Häufigkeit sind ebenfalls die Kriterien bei der Beurteilung, ob Arztwerbung in Supermärkten in Form von an Einkaufswagen angebrachten Schildern zulässig ist (VG Minden Urt. v. 14.01.2009, 7 K 39/08).

Aufklärende Veröffentlichungen in den Medien sind erlaubt, wenn in erster Linie Informationen über Inhalt, Bedeutung und Möglichkeiten der praktizierten Behandlung vermittelt werden. An einer sachlich zutreffenden und dem Laien verständlichen Informationswerbung über immer noch weitgehend unbekannte Operationsmethoden besteht auch ein anerkennenswertes Allgemeininteresse (BVerfG NJW 2006, 282 f.). Die Mitwirkung an Unterhaltungssendungen zu aktuellen medizinischen Fragestellungen ist erlaubt (»Fettabsaugen auf Mallorca« OVG NRW NJW 2007, 3144 ff.). Ebenfalls kann ein Arzt seine Werbung im Werbefernsehen senden, da ihm für seine Werbemaßnahmen alle üblichen Werbeträger zur Verfügung stehen (VG Gießen Beschl. v. 14.11.2007 – 21 BG 1275/07). 4b

Praxisbesonderheiten wie die Beachtung bestimmter Qualitätsstandards dürfen prägnant und schlagwortartig herausgestellt werden, da von dieser Art der Informationsdarbietung greifbare Gefahren für die »Volksgesundheit« nicht ausgehen (Praxislogo mit Angabe der Internetadresse des Franchise-Unternehmers BVerwG NJW 2010, 547 ff.). Der Einsatz von »Eyecatchern« ist erlaubt (BVerfG NJW 2004, 2659 f.; OLG Hamm GRUR-RR 2005, 396 f.; OVG RLP ArztR 2004, 230 ff.). 4c

Das Sachlichkeitsgebot bedeutet nicht, dass nur nüchterne Fakten mitgeteilt werden dürfen; auch eine Image- oder Sympathiewerbung ist erlaubt, wenn diese Angaben zu dem emotional geprägten Vertrauensverhältnis zwischen Arzt und Patient beitragen können und der Informationscharakter nicht in den Hintergrund gedrängt wird (BGH NJW 2004, 440 ff.). 4d

## C. Berufswidrige Werbung

Die Aufzählung berufswidriger Werbemethoden ist nicht abschließend; verboten sind auch sonstige Maßnahmen, die dem Zweck der Vorschrift zuwiderlaufen. Tritt eine Praxis nach außen wie jeder Anbieter gewerblicher Leistungen mit saisonalen Angeboten auf und verwendet Werbemethoden, wie sie in der gewerblichen Wirtschaft üblich sind, ist dieses mit der beruflichen Integrität von (Zahn-)Ärzten nicht vereinbar (»Zahnersatz-Sommeraktion« als »Lockangebot« VG Münster Urt. v. 07.10.2009 – 5 K 777/08; vgl. auch *Köber* ZMGR 2014, 367). 5

Das Werbeverbot für Dritte ist im Jahr 2011 eingefügt worden; die Regelung macht klar, dass die ärztliche Tätigkeit von anderweitigen Tätigkeiten klar abgegrenzt sein muss und die Werbung schon »im Zusammenhang« mit der ärztlichen Tätigkeit unzulässig sein soll. Diese Qualifizierung der Fremdwerbung eines Arztes als berufswidrig hat das BVerfG als mit Art. 12 Abs. 1 GG vereinbar angesehen (BVerfGE 85, 248, 260 f.; NJW 2003, 3470). 5a

Die Werbung und das Anbieten von »Deals« in Form ärztlicher Dienstleistungen auf sog. Rabattgutscheinportalen stellt regelmäßig berufswidrige Werbung dar, da der Verbraucher allein aufgrund des sehr günstigen Preises den »Deal« abschließt und nur deshalb (zahn-)ärztliche Leistung beansprucht, sodass damit die Kommerzialisierung im Vordergrund steht. Zudem können solche »Deals« bei einer damit verbundenen Unterschreitung der Mindestsätze auch gegen (zahn-)ärztliches Gebührenrecht verstoßen (eingehend *Karvani/Janke* ZMGR 2014, 71; vgl. auch BGH ZMGR 2015, 428). 5b

Abs. 3 Satz 3 untersagt eine Werbung des Arztes für eigene wie fremde gewerbliche Tätigkeiten oder Produkte im Zusammenhang mit der ärztlichen Tätigkeit. Typischer Fall ist der Vertrieb von Medizinprodukten oder (ggf. auch nur scheinbar) gesundheitsfördernden Produkten bzw. Nahrungsmitteln, oft – aber nicht zwingend – in räumlichem Zusammenhang mit der Arztpraxis (vgl OLG Hamburg MedR 2021, 369 betr. Zahnärzte). Unzulässig ist ebenso die Werbung eines Dermatologen auf seiner Internetseite unter einer einheitlichen Domain für seine ärztliche Tätigkeit einerseits sowie seine Tätigkeit als Kosmetika andererseits (LG Düsseldorf Urt. v. 16.04.2020 – 34 O 110/19). 5c

## § 27 MBOÄ  Erlaubte Information und berufswidrige Werbung

### I. Anpreisend

6  Anpreisende Werbung ist gekennzeichnet durch Übertreibungen und Superlative, wenn hierdurch die eigene Leistung besonders wirkungsvoll herausgestellt wird und die Gefahr besteht, dass der Patient suggestiv beeinflusst wird. Einzelne »anreißerische« Passagen sind jedoch dann nicht zu verbieten, wenn sie den zulässigen Informationsgehalt der Werbung nicht »verwischen«, also quantitativ bzw. qualitativ hinter dem Informationsgehalt der Werbung zurücktreten (BVerfG NJW 2006, 282). Die Verwendung des Superlativs allein rechtfertigt noch nicht die Annahme, dass der Rahmen zulässiger Werbung überschritten ist, da Werbetexte üblicherweise positive Formulierungen enthalten und die Werbewirksamkeit eines Textes allein nicht berufswidrig ist (»Robodoc« OVG Münster NWVBl. 2006, 423). Die Angaben: »Das Praxiskonzept: Das Beste aus Naturheilverfahren und konventioneller Medizin für Ihre Gesundheit« und »Das Beste aus Naturheilverfahren & konventioneller Medizin aus einer Hand« wurden hingegen aufgrund der Verwendung des Superlativs als anpreisend und unzulässig erachtet (LG Hamburg Magazindienst 2009, 373).

### II. Irreführend

7  Irreführend ist eine Information, wenn sie darauf abzielt, eine Fehlvorstellung von maßgeblicher Bedeutung für die Wahl des Arztes hervorzurufen (vgl. etwa zu Zusatzbezeichnungen BerufsG für Heilberufe Berlin Urt. v. 21.09.2016 – 90 K 6.15 T; zu unzulässigen Festpreisangeboten LG Dortmund Urt. v. 21.04.2016 – 16 O 61/15; zur irreführenden Werbung bei »Jameda«, OVG Berlin-Brandenburg Urt. v. 29.01.2019 – OVG 90 H 3.18). Trotz objektiver Richtigkeit können Werbeaussagen irreführend sein, wenn sie die Eigenschaften einer Leistung, die notwendigerweise zu ihrem Wesen gehören oder gesetzlich vorgeschrieben sind, herausstellen und der angesprochene Personenkreis die Selbstverständlichkeit der Eigenschaft nicht kennt (»Ihr Partner für faire Konditionen« VG Münster Urt. v. 07.10.2009 – 5 K 777/08, juris; »Beratung ist unsere Stärke« OLG Hamm APR 2003, 11 ff.; »Patientenschonendes Verfahren«; OLG Nürnberg MedR 1998, 133).

7a  Irreführend kann auch die Führung einer an sich zulässigen Berufsbezeichnung mit einem auf einen bestimmten Patientenkreis hinweisenden Zusatz (hier: »Kinderzahnarzt«) sein, wenn beim Patienten damit der Eindruck einer *besonderen* persönlichen Qualifikation geweckt wird (OVG NRW ZMGR 2012, 364).

7b  Irreführend ist die Bezeichnung als »Klinik«, wenn keine stationäre Behandlung durchgeführt wird (OVG Bbg. Beschl. v. 14.07.2010 – 91 HB 1.08). Fehlvorstellungen werden auch durch die Bezeichnung »Zahnärztlicher Notdienst« erzeugt, da hierunter ein rund um die Uhr erreichbarer organisierter Notdienst von mehreren zusammengeschlossenen Zahnarztpraxen verstanden wird und nicht eine Praxis mit verlängerten Sprechstundenzeiten (OLG Hamm WRP 2009, 1421 ff.).

7c  Die Bezeichnung »Zentrum« wird nicht mehr grundsätzlich als irreführend angesehen, da dieser Begriff einen Bedeutungswandel erfahren hat (»Zentrum für Kleintiermedizin« BVerfG NVwZ 2005, 683; einschränkend für »Zentrum« – anders als »Center« – BGH GesR 2012, 556; relativiert durch BVerfG GesR 2012, 360 = MedR 2012 m. Anm. *Berg*). Es wird nicht mehr unterstellt, dass ein Patient regelmäßig eine betriebliche Einrichtung von beträchtlicher Größe und deutlich überragender Bedeutung erwartet, sodass die Bezeichnung einer Gemeinschaftspraxis zweier Fachärzte für Allgemeinmedizin als »Hausarztzentrum« berufsrechtlich nicht zu beanstanden ist (OVG NRW MedR 2009, 191; »Rheumazentrum«; LG Erfurt MedR 2008, 619). Selbst eine Einzelpraxis kann sich als Zentrum bezeichnen, wenn »ein regionaler Zusatz erfolgt und der Betreiber einen Tätigkeitsschwerpunkt hat, in diesem Bereich besonderes Detailwissen gesammelt hat und eine besonders große Zahl von Patienten in diesem Tätigkeitsbereich behandelt« (Hamburgisches BerufsG für die Heilberufe ZMGR 2015, 139 zu der Bezeichnung als »Impfzentrum«; a.A. Ärztliches BerufsG Niedersachsen GesR 2015, 481) Ebenso ist die Bezeichnung einer Einzelpraxis als »Ärzteforum« nicht per se als irreführend einzustufen, wenn die einzelnen als »Forum« bezeichneten Praxen eine überörtliche Berufsausübungsgemeinschaft bilden und dies auch deutlich gemacht wird; es ist nicht erforderlich, dass mehrere Ärzte an dem konkreten Standort niedergelassen sind, da der nach dem Wortsinn des Begriffes »Forum« erforderliche Austausch auch unter Verwendung moderner Medien erfolgen könne (BerufsG für Heilberufe beim VG Potsdam MedR 2014, 689).

Der Kombination des Domain-Namens mit einem Gattungsbegriff kann im Einzelfall eine unzulässige Alleinstellungswerbung bedeuten, wenn der Benutzer irrig annimmt, es handele sich um den alleinigen Anbieter solcher Leistungen (BGH WRP 2001, 1286). Eine Irreführung scheidet hingegen aus, wenn bei einer angegebenen Domain nicht zwingend das gesamte Angebot dargestellt wird, was dadurch gekennzeichnet ist, dass keine plurale Bezeichnung, sondern die Singular-Form gewählt worden ist (»Orthopäde.de« MedR 2003, 477). 7d

Auch die Führung im Ausland erworbener Grade (hier: »Master of Science Kieferorthopädie«, verliehen von einer österreichischen Universität, geführt von einem Zahnarzt in Deutschland) muss nicht irreführend sein (BGH ArztR 2011, 133). Allerdings hat der BGH die bislang vergleichsweise klare Rechtsprechung dadurch aufgeweicht, dass er einem Zahnarzt, der den »Master of Science Kieferorthopädie« erworben hatte, nicht aber Fachzahnarzt für Kieferorthopädie war, gleichwohl mit den Angaben »Kieferorthopädie« bzw. »(Zahnarzt-)Praxis für Kieferorthopädie« geworben hatte, aufgab, hierdurch ausgelöste Fehlvorstellungen eines erheblichen Teils potentieller Patienten, er sei Fachzahnarzt für Kieferorthopädie, »durch zumutbare Aufklärung entgegenzuwirken« (BGH Urt. v. 29.07.2021 – I ZR 114/20). 7e

### III. Vergleichend

In Umsetzung der EU-Richtlinie 97/55/EG (ABl. EG Nr. L 290 v. 23.01.1997, S. 18) ist nach dem UWG vergleichende Werbung nur in bestimmten, ausdrücklich benannten Fällen unlauter und damit unzulässig. Aufgrund eines Berufsrechtsvorbehaltes konnten die einzelnen freien Berufe der Mitgliedsstaaten jedoch anderslautende Regelungen im Berufsrecht treffen, sodass vergleichende Werbung für Ärzte weiterhin verboten ist. 8

Erfolgt der Vergleich der eigenen ärztlichen Leistung gegenüber anderen jedoch nicht in marktschreierischer, irreführender oder sonst übertriebener Weise, so kann eine Bezugnahme auf die Konkurrenz erlaubt sein. Denn Werbung ist notwendigerweise in gewissem Maße vergleichender Art, da sie auf die Anwerbung von potentiellen Patienten zulasten der Konkurrenz abzielt (»Wir sind deutlich preiswerter als ein herkömmliches Krankenhaus« OVG Münster NWVBl 2006, 423). 8a

### IV. Veranlassen oder Dulden

Das Verbot der berufswidrigen Werbung umfasst auch vom Arzt gestattete Werbung durch Dritte. Duldet ein Arzt, dass ein Vermittlungsinstitut auf telefonische Nachfrage nur ihn als infrage kommenden Schönheitschirurgen empfiehlt, so ist diese Werbung berufswidrig (OLG Hamburg Magazindienst 2003, 770 ff.). Eine Werbung durch Unterlassen kann vorliegen, wenn die Art und Weise der Eintragung im Telefonbuch bei Rubriken-Überschrift nicht exakt vorgegeben ist und die Gestaltung der Eintragung nicht anhand eines Korrekturabzugs kontrolliert worden ist; die Fehler oder Ungenauigkeiten eines Telefonbucheintrages sind dann dem Arzt zuzurechnen (OLG Karlsruhe MedR 2010, 319 ff.). 9

### V. Werbeverbote im HWG, UWG und StGB

Den berufsrechtlichen Regelungen zu den Kommunikationsmöglichkeiten kommt eine auf die Lauterkeit des Wettbewerbs bezogene Schutzfunktion zu (BGH WRP 2005, 738; BGH WRP 2009, 1092 ff.). Sie stellen insofern eine Marktverhaltensregel dar (OLG München MedR 2008, 509 ff.; LG Köln ZMGR 2012, 362). Wird ein konkretes medizinisches Verfahren oder eine ärztliche Behandlungsmaßnahme mit einem bestimmten Medikament beworben, greifen die Regelungen des HWG; Verstöße gegen das HWG sind zugleich Verstöße gegen das UWG (vgl. insoweit auch OLG Hamburg GesR 2018, 183). Ob das HWG anwendbar ist, hängt davon ab, ob es sich ausschließlich um die Selbstdarstellung eines Arztes handelt (»Biologisches Facelifting mit Botox« BVerfG NJW 2004, 2660 f.) oder ob der Erwerb eines bestimmten Medikamentes empfohlen wird (OLG Frankfurt NJW-RR 2006, 1636 f.). 10

10a Unter der Voraussetzung, dass sich die Werbung an das Laienpublikum und nicht ausschließlich an Fachkreise wendet, sind die enumerativen Untersagungstatbestände nach § 11 HWG zu beachten. Das in § 11 Abs. 1 Satz 1 Nr. 4 HWG normierte Verbot der Abbildung von Ärzten in Berufsbekleidung ist zunächst als abstrakter Gefährdungstatbestand ausgelegt worden, nunmehr wird zumindest eine mittelbare Gesundheitsgefährdung gefordert (BGH GRUR 2007, 809). Insbesondere sind die Verbote der fremd- oder fachsprachlichen Bezeichnungen, das Verbot mit Empfehlungen, Gutachten, Veröffentlichungen zu werben oder Krankengeschichten wiederzugeben sowie das Verbot der Darstellung krankheitsbedingter Veränderungen des Körpers zu beachten. Preisausschreibungen und Verlosungen sind untersagt.

10b In besonderen Konstellationen kann allein die Ausübung ärztlicher Tätigkeit wettbewerbswidrig sein. Erbringt ein Krankenhausarzt außerhalb seiner wirksamen Ermächtigung ambulant Leistungen, so verstößt er gegen § 116 SGB V und § 1 UWG und ist einem Vertragsarzt zum Ersatz des ihm dadurch entstandenen Schadens verpflichtet (»Wettbewerbsvorteil durch Rechtsbruch« BSGE 83, 128 ff.).

10c Stets auch berufsrechtswidrig ist eine Werbung, die gegen andere (spezial-)gesetzliche Werbeverbote verstößt. Dasselbe gilt insbesondere im Hinblick auf die nur sehr eingeschränkt zulässige Information über die Durchführung von Schwangerschaftsabbrüchen bei Überschreitungen des durch § 219a StGB abgesteckten Rahmens (vgl. u.a. OLG Frankfurt GesR 2021, 267); nach mehreren Verurteilungen von betroffenen Frauenärztinnen liegt die Frage zwischen zulässiger Information über und unzulässiger Werbung für Schwangerschaftsabbrüche, auch im Lichte des Art. 12 Abs. 1 GG, gegenwärtig dem BVerfG vor (2 BvR 290/20).

## D. Ankündigungen

11 Voraussetzung für die Niederlassung einer Arztpraxis ist Kenntlichmachung des Sitzes mit den dafür zulässigen Angaben auf dem Praxisschild (§ 17 Rdn. 14). Größenvorgaben für ein Praxisschild bestehen nicht mehr, auch die gestalterische Aufmachung steht grundsätzlich im Ermessen des Praxisinhabers.

### I. Weiterbildungsbezeichnungen

12 Unzulässig sind Bezeichnungen, die bei einem medizinischen Laien eine Verwechslung mit einer Bezeichnung nach dem Weiterbildungsrecht erwecken können. Bejaht wurde eine Verwechslungsgefahr für die Bezeichnungen »Männerarzt (CMI)« (OLG Hamm ZMGR 2008, 277), »KV Zuordnung: Kardiologie« und »Versorgungsschwerpunkt Kardiologie« (LG Karlsruhe WRP 2009, 1029) und »Homöopathie« und »Chiropraktik«, wenn eine entsprechende Weiterbildung nicht nachgewiesen werden kann (BerufsoberG beim OVG Bbg. Urt. v. 04.04.2006 – 90 H 1.04). Eine Verwechslungsgefahr besteht auch, wenn ein Facharzt für Mund-, Kiefer- und Gesichtschirurgie im Telefonbuch unter der Rubrik »Plastische und ästhetische Chirurgie« nur den Namen, die Anschrift und Rufnummer der Praxis ohne klarstellenden Hinweis auf die Facharztrichtung angibt. Der Verbraucher erwartet dann, dass es sich bei dem Arzt um einen Facharzt für plastische und ästhetische Chirurgie handelt (OLG Hamm WRP 2008, 1597 ff.), ähnlich bei Firmierung eines HNO-Arztes, der die Zusatzweiterbildung »Plastische Operationen« absolviert hat, als »Plastischer & Ästhetischer Chirurg« (BerufsoberG beim OVG Berlin-Bbg ZMGR 2019, 165 = GesR 2019, 564 m. Anm. *Hesse*). Verneint wurde eine Verwechslungsgefahr für die Angaben »Nasenchirurg« (OVG Münster Beschl. v. 29.09.2010 – 6t E 963/08.T) und »Besondere Leistungsangebote: Sportmedizin und Proktologie« (LG Wuppertal Urt. v. 15.05.2009 – 15 O 11/09).

12a Keine Verwechslungsgefahr mit Facharztbezeichnungen besteht regelmäßig bei der auf Selbsteinschätzung beruhenden Bezeichnung »Spezialist«. Hierunter wird ein Fachmann verstanden, der über besondere Erfahrungen in einem engen Bereich verfügt, während die Facharztbezeichnung eine förmlich erworbene Qualifikation darstellt (»Wirbelsäulen- und Kniespezialist« BVerfG NJW 2002, 1331 ff.;

»Zahnspezialist« OLG München MedR 2021, 739). Bei der Bezeichnung als »Spezialist« muss der Arzt aber über herausragende theoretische Kenntnisse und praktische Erfahrungen verfügen, die über diejenigen hinausgehen, die mit der Fachbezeichnung und ihren normativen Vorgaben verbunden werden. Die Tätigkeit muss bestimmte quantitative und qualitative Elemente aufweisen und danach einschätzbar sein; aussagekräftiges Kriterium ist dabei insbesondere die bisherige zahlenmäßige Häufigkeit der beworbenen Tätigkeit (für Anwälte: »Spezialist für Zahnarztrecht« OLG Karlsruhe GRUR-RR 2009, 431). Des Weiteren bringt derjenige, der sich als »Spezialist« bezeichnet, zum Ausdruck, dass er bevorzugt, wenn nicht gar ausschließlich, einen Teilbereich des Vollberufs bearbeitet und dass er die Inanspruchnahme in anderen Bereichen des gesamten Tätigkeitsspektrums weitgehend abwehren will (»Spezialist für Kieferorthopädie« OVG NRW GesR 2007, 538).

## II. Qualifikationen

Zu den sonstigen nach öffentlich-rechtlichen Vorschriften erworbenen Qualifikationen zählen EU-Qualifikationen, Zertifikate der Ärztekammer (z.B. »Hausärztliche Geriatrie« der Ärztekammer Westfalen-Lippe) oder Qualifikationen, die nach dem SGB V erworben sind (neue Untersuchungs- und Behandlungsmethoden nach § 135 SGB V, z.B. Kernspintomographie). 13

Zulässig ist das Führen des an einer österreichischen Universität erworbenen Titels »Master of Science (Kieferorthopädie)« (BGH ArztR 2011, 133). Bei Qualifikationen, die nicht nach öffentlich-rechtlichen Vorschriften erworben, sondern durch Berufsverbände oder Fachgesellschaften verliehen worden sind, muss in der Ankündigung der Name der verleihenden Institutionen genannt werden. Bei beruflichen Angaben, die keine normative Grundlage haben, handelt es sich um eigenständige Phantasiebezeichnungen, die eine Täuschung und Verunsicherung der Verbraucher bedeuten und damit unzulässig sind (OVG NRW Beschl. v. 06.09.2010 – 13 A 583/08 [Bezeichnung als »Kleintierpraxis und Fachpraxis für Zahnheilkunde und Kieferorthopädie« durch einen Tierarzt]). Ist eine Bezeichnung so gewählt, dass der Patient nicht erkennen kann, auf welche Praxisspezialisierung diese hindeutet, der Informationsgehalt einer Angabe somit praktisch gleich Null ist, ist diese Angabe unzulässig (»Praxis für systemische Zahnheilkunde« OVG NRW Beschl. v. 10.11.2003 – 13 B 1703/03); ähnlich bei der Bezeichnung »Facharzt für Akupunktur, Sexualmedizin, Psychoneuroimmunologie und Raumfahrtmedizin« (LG Koblenz Urt. v. 15.06.2021 – 1 HKO 29/21). 13a

## III. Tätigkeitsschwerpunkte

Mit dem Begriff »Tätigkeitsschwerpunkt« wird verbunden, dass der Arzt in dem betreffenden Bereich umfangreiche theoretische und praktische Erfahrungen gesammelt hat, weil er nachhaltig hier tätig ist. Ist eine Bezeichnung nach der WBO nicht ausdrücklich zugelassen, so kann es nicht zu einer Verwechslungsgefahr kommen (Tätigkeitsschwerpunkt »Implantologie« BVerfG NJW 2001, 2788 ff.). Die Erwartung des Patienten knüpft nicht nur an Krankheitsbilder an, sondern erstreckt sich gleichermaßen auf die Methoden (Tätigkeitsschwerpunkt »Laserbehandlung« VG Gelsenkirchen Urt. v. 31.03.2010 – 7 K 3164/08). Durch die Zusatzangabe »Tätigkeitsschwerpunkt« wird bereits die Unterscheidung zu einer Facharztbezeichnung deutlich (»Tätigkeitsschwerpunkt Mund- und Kieferchirurgie« eines Zahnarztes OVG NRW ZMGR 2009, 81). Die Führung der von der Deutschen Diabetes-Gesellschaft verliehenen Bezeichnung »Diabetologe DDG« mit dem ergänzenden Hinweis »Schwerpunktpraxis Diabetes« ist berufsrechtlich nicht zu beanstanden (OVG NRW ArztR 2004, 46). 14

## IV. Organisatorische Hinweise

Zu den organisatorischen Hinweisen zählen z.B. die Zulassung als Vertragsarzt (früher: »zu den Krankenkassen«), Hausärztliche Versorgung/Hausarzt, Zugehörigkeit zu einem Verbund, Bereitschaftsdienst- oder Notfallpraxis. Als weitere Angaben sind erlaubt: D-Arzt, Belegarzt, auch unter Angabe des Krankenhauses, in dem die belegärztliche Tätigkeit ausgeübt wird, ambulante Operationen, Privat(arzt)praxis, Praxisklinik. 15

15a Bei der Bezeichnung einer Praxis als Klinik muss diese bezüglich der Ausstattung den Erwartungen eines Patienten entsprechen. Eine »Klinik« gewährleistet die stationäre Unterbringung und weist hierfür eine umfangreiche personelle und apparative Ausstattung auf, die sich von der Ausstattung einer Arztpraxis unterscheidet (LG Düsseldorf Urt. v. 20.11.2006 – 12 O 366/04). Dieses bedeutet, dass bei Bedarf eine ärztliche und pflegerische Betreuung auch über Nacht gewährleistet ist, mindestens zwei Betten in Räumen mit ausreichender Belüftung und Beleuchtung, ein Sanitärraum mit Waschgelegenheit und eine Notrufanlage vorhanden sind und die Möglichkeit von Liegendtransporten gewährleistet ist.

§ 28 (aufgehoben)

§ 29 Kollegiale Zusammenarbeit

(1) Ärztinnen und Ärzte haben sich untereinander kollegial zu verhalten. Die Verpflichtung, in einem Gutachten, auch soweit es die Behandlungsweise einer anderen Ärztin oder eines anderen Arztes betrifft, nach bestem Wissen die ärztliche Überzeugung auszusprechen, bleibt unberührt. Unsachliche Kritik an der Behandlungsweise oder dem beruflichen Wissen einer Ärztin oder eines Arztes sowie herabsetzende Äußerungen sind berufswidrig.

(2) Es ist berufswidrig, eine Kollegin oder einen Kollegen aus ihrer oder seiner Behandlungstätigkeit oder aus dem Wettbewerb um eine berufliche Tätigkeit durch unlautere Handlungen zu verdrängen. Es ist insbesondere berufswidrig, wenn sich Ärztinnen und Ärzte innerhalb eines Zeitraums von einem Jahr ohne Zustimmung der Praxisinhaberin oder des Praxisinhabers im Einzugsbereich derjenigen Praxis niederlassen, in welcher sie in der Aus- oder Weiterbildung mindestens drei Monate tätig waren. Ebenso ist es berufswidrig, in unlauterer Weise eine Kollegin oder einen Kollegen ohne angemessene Vergütung oder unentgeltlich zu beschäftigen oder eine solche Beschäftigung zu bewirken oder zu dulden.

(3) Ärztinnen und Ärzte mit aus einem Liquidationsrecht resultierenden oder anderweitigen Einkünften aus ärztlicher Tätigkeit (z. B. Beteiligungsvergütung) sind verpflichtet, den von ihnen dazu herangezogenen Kolleginnen und Kollegen eine angemessene Vergütung zu gewähren bzw. sich dafür einzusetzen, dass die Mitarbeit angemessen vergütet wird.

(4) In Gegenwart von Patientinnen und Patienten oder anderen Personen sind Beanstandungen der ärztlichen Tätigkeit und zurechtweisende Belehrungen zu unterlassen. Das gilt auch im Verhältnis von Vorgesetzten und Mitarbeitern und für den Dienst in den Krankenhäusern.

(5) Die zur Weiterbildung befugten Ärztinnen und Ärzte haben ihre nach der Weiterbildungsordnung gegenüber Weiterzubildenden bestehenden Pflichten zu erfüllen.

(6) Ärztinnen und Ärzte dürfen ihre Mitarbeiterinnen und Mitarbeiter nicht diskriminieren und haben insbesondere die Bestimmungen des Arbeits- und Berufsbildungsrechts zu beachten.

| Übersicht | Rdn. | | Rdn. |
|---|---|---|---|
| A. Kollegialitätsgebot (Abs. 1) | 1 | C. Beteiligung nachstehender Ärzte am Liquidationserlös (Abs. 3) | 6 |
| B. Konkurrenzverbot (Abs. 2) | 2 | | |
| I. Allgemeines Konkurrenzverbot (Satz 1) | 2 | D. Kollegialität in Gegenwart von Patienten (Abs. 4) | 7 |
| II. Zeitliche, räumliche und gegenständliche Grenzen (Satz 2) | 3 | E. Weiterbildungsverpflichtung (Abs. 5) | 8 |
| III. Patientenschutzklauseln | 4 | F. Diskriminierungsverbot | 9 |
| IV. Wirkung salvatorischer Klauseln | 5 | | |

## A. Kollegialitätsgebot (Abs. 1)

Abs. 1 Satz 1 beinhaltet ein Kollegialitätsgebot: Ärztinnen und Ärzte haben sich untereinander kollegial zu verhalten. Danach bleibt die Verpflichtung der Ärztin oder des Arztes unberührt, in einem Gutachten, auch soweit es die Behandlungsweise einer anderen Ärztin oder eines anderen Arztes betrifft, nach bestem Wissen ihre ärztliche Überzeugung auszusprechen. Durch Satz 2 werden dementsprechend wissenschaftliche Auseinandersetzungen per definitionem von einem Kollegialitätsverstoß ausgenommen (vgl. auch Ratzel/Lippert/Prütting/*Ratzel* § 29 Rn. 3 m.w.N.). Berufsunwürdig ist nach Satz 3 unsachliche Kritik an der Behandlungsweise oder dem beruflichen Wissen eines Arztes sowie herabsetzende Äußerungen über dessen Person. Gleichwohl bleibt es Ärzten unbenommen, sich bei einem Konflikt zu fachlichen Standards mit Hinweis auf die vermeintlich irrige Auffassung des Kollegen an die Ärztekammer zu wenden (LArbG Berlin-Brandenburg Urt. v. 06.11.2020 – 9 Sa 426/20, juris Rn. 172).   1

Ob ein Verstoß gegen das Kollegialitätsgebot vorliegt, ist durch das ärztliche Berufsgericht im Lichte der Meinungsfreiheit (Art. 5 Abs. 1 GG) zu beurteilen (BVerfG NVwZ-RR 2007, 468; VG Frankfurt NVwZ-RR 1997, 148). Der Einfluss des Grundrechts wird verkannt, wenn sich die Gerichte unter mehreren objektiv möglichen Deutungen für die zur Verurteilung führende entscheiden, ohne die anderen unter Angabe schlüssiger Gründe auszuschließen (BVerfGE 107, 275, 281 f.; BVerfG NVwZ-RR 2007, 468 f.). Dies ist z.B. bei einer Verurteilung wegen unkollegialen Verhaltens für die Bezeichnung eines Leitfadens gegen häusliche Gewalt als »Unfug« der Fall, wenn das Gericht nicht berücksichtigt, dass sich die Kritik gegen den Inhalt des Leitfadens richtet, aber kein Bezug zu einer Herabwürdigung einer Person enthalten ist (BVerfG NVwZ-RR 2007, 468 f.).   1a

Das Kollegialitätsgebot ist auch bei einem schwerwiegenden Vertrauensbruch durch gewerbsmäßig begangene Vermögens- und Urkundsdelikte gegenüber Kollegen verletzt (VGH Mannheim Beschl. v. 28.07.2003 – 9 S. 1138/03: unberechtigte Überweisungen von Konten von Berufskollegen auf eigene Konten).   1b

Bei ärztlichen Aussagen vor Gericht gilt: Sagt der Arzt wahrheitsgemäß als Zeuge oder Sachverständiger nach bestem Wissen und Gewissen aus, so wird dadurch kein Kollegialitätsverstoß begangen, es sei denn, dass die Äußerung in keinem inneren Zusammenhang mit dem Beweisthema steht oder als Formalbeleidigung anzusehen ist (Gerichtshof für Heilberufe Niedersachsen MedR 1983, 185).   1c

Das Kollegialitätsgebot gilt schließlich auch für Prüfungen; es gebietet zum einen, die Prüfung – inhaltlich und in der Form – fair zu gestalten und sachgerecht zu beurteilen. Dazu gehört auch, den Prüfling im Prüfungsgespräch nicht über prüfungsfremde Umstände (im konkreten Fall: zu Leistungsschwerpunkten seines Arbeitgebers) auszufragen und so erlangte Kenntnisse später im Rahmen eines Haftpflichtprozesses, von dem der Prüfer selbst betroffen ist, zu verwenden (Ärztliches BerufsG Niedersachsen GesR 2014, 757).   1d

## B. Konkurrenzverbot (Abs. 2)

### I. Allgemeines Konkurrenzverbot (Satz 1)

Abs. 2 beinhaltet ein allgemeines Konkurrenzverbot (Satz 1), das nachfolgend beispielhaft konkretisiert wird (Satz 2 und Satz 3). Nach der Grundregel des Satz 1 ist es berufsunwürdig, eine Kollegin oder einen Kollegen aus ihrer oder seiner Behandlungstätigkeit als Mitbewerberin oder Mitbewerber um eine berufliche Tätigkeit durch unlautere Handlungen zu verdrängen. Mitbewerber sind alle Ärztinnen und Ärzte, die im gleichen Fachgebiet (vgl. »aus ihrer oder seiner Behandlungstätigkeit«) tätig sind. Maßgebend für die Qualifizierung einer Handlung als »unlauter« ist das objektive Kriterium der Verdrängung der Kollegin oder des Kollegen. Dafür genügt aus Gründen des effektiven Schutzes bereits die Eignung einer Handlung zur Verdrängung. Kein Verstoß gegen das Konkurrenzverbot liegt aber vor, wenn ein ehemals niedergelassener Vertragsarzt, der seit Jahren Mitglied des Zulassungsausschusses für Ärzte/Psychotherapeuten ist und seine Zulassung zugunsten eines   2

Medizinischen Versorgungszentrums aufgegeben hat, um dort als angestellter Facharzt zu arbeiten, an einer Sitzung dieses Ausschusses teilnimmt und durch sein Abstimmungsverhalten einem anderen Arzt ermöglicht, an der vertragsärztlichen Versorgung teilzunehmen und damit in Konkurrenz zum Arbeitgeber zu treten (LAG RLP Urt. v. 04.03.2010 – 2 Sa 674/09).

## II. Zeitliche, räumliche und gegenständliche Grenzen (Satz 2)

3 Satz 2 konkretisiert das allgemeine Konkurrenzverbot. Nach Satz 2 ist es berufsrechtswidrig, wenn sich Ärztinnen und Ärzte innerhalb eines Zeitraums von einem Jahr ohne Zustimmung der Praxisinhaberin oder des Praxisinhabers im Einzugsbereich derjenigen Praxis niederlassen, in welcher sie in der Aus- oder Weiterbildung mindestens 3 Monate tätig waren.

3a Hinsichtlich der Regelung werden verfassungsrechtliche Bedenken erhoben; angesichts des Umstandes, dass durch die Vorschrift die Berufsfreiheit des weitergebildeten Arztes (Art. 12 Abs. 1 GG) eingeschränkt werde, müsse die Regelung genügend bestimmt sein. Insoweit fehle es aber an einer Konkretisierung des Begriffs »Einzugsbereich«, sodass die entsprechende Vorschrift als nichtig anzusehen und demgemäß nicht anzuwenden sei (ArbG Hameln GesR 2021, 394; a.A. BGH MDR 1997, 256).

3b Bei *vertraglicher* Vereinbarung ist das Konkurrenzverbot im Lichte von Art. 12 Abs. 1 GG, § 138 BGB nur zulässig, wenn es durch ein anerkennenswertes Bedürfnis begründet wird, den Vertragspartner vor illoyaler Verwertung des Patientenstamms zu schützen (vgl. Staudinger/*Sack* [2009] § 138 Rn. 306; BGH NJW 2000, 2584 f.; BGH GRUR 2009, 698, 700). Ohne einen solchen sachlichen Rechtfertigungsgrund verstößt ein Konkurrenzverbot gegen § 138 BGB. Es darf zeitlich, örtlich und gegenständlich das notwendige Maß nicht überschreiten (BGH NJW 1997, 3089; BGH NJW 2000, 2584). Ein zeitlich unbegrenztes Konkurrenzverbot ist gem. § 138 BGB sittenwidrig (BGH NJW 1986, 2944, 2945; BGHZ 91, 1, 6; BGH NJW 1997, 3089). Als tolerabel bewertet der BGH Konkurrenzverbote für einen Zeitraum von bis zu 2 Jahren (BGHZ 91, 1, 6). Verstößt ein Konkurrenzverbot gegen die zeitliche Grenze, soll eine geltungserhaltende Reduktion auf das zeitlich tolerable Maß möglich sein (BGHZ 91, 1, 6; BGH NJW 1997, 3089 m.w.N.; BGH NJW 2000, 2584, 2585; BGH GRUR 2009, 698, 700). Anders ist dies bei einer zu weitgehenden räumlichen Erstreckung. Die Rechtsprechung lehnt zu Recht eine geltungserhaltende Reduktion ab (BGH NJW 1997, 3089; BGH NJW 2000, 2584, 2585; BGH GRUR 2009, 698, 700). Die räumlich wirksamen Grenzen eines Konkurrenzverbots werden je nach Fachgruppe sehr unterschiedlich gezogen (BGH NJW 1997, 3089: 30 km vom Sitz der Praxis aus; OLG Frankfurt MDR 2005, 226 differenzierend nach Stadtgröße: in einer großen Stadt ist ein Niederlassungsverbot für den Verkäufer einer Zahnarztpraxis im Umkreis von 10 km sittenwidrig, möglich soll dagegen ein Konkurrenzverbot für den Stadtteil sein; OLG Koblenz MedR 1994, 450: zulässiges strafbewehrtes Konkurrenzverbot im Zahnarztpraxisübernahmevertrag für 20 km um industriell strukturierte Kleinstadt unter Hinweis auf Mobilität der Gesellschaft). Als Kriterium für die räumliche Reichweite kann auf die Dichte der Ärzte im jeweiligen Fachgebiet in der Umgebung zurückgegriffen werden (vgl. Ratzel/Lippert/Prütting/*Ratzel* § 29 Rn. 7 ff. m.w.N.). Diesbezüglich muss die Bedarfsplanung berücksichtigt werden. Dem Vertragsarzt darf auch nach dem Ausscheiden aus der Praxis trotz eines Wettbewerbsverbots eine berufliche Betätigung im Planungsbereich nicht unzumutbar erschwert werden (OLG Düsseldorf MedR 2007, 478; Ratzel/Lippert/Prütting/*Ratzel* § 29 Rn. 7 ff. m.w.N.). Auch eine Beschränkung des Wettbewerbs in gegenständlicher Hinsicht (z.B. eine vertragliche Verpflichtung, »keinerlei tierärztliche Tätigkeit auszuüben«, vgl. BGH NJW 1997, 3089, 3090, oder ein Verbot jeglicher Tätigkeit als niedergelassener Facharzt, unabhängig von dem Gegenstand der zuvor ausgeübten Tätigkeit in der Gemeinschaftspraxis, vgl. OLG Köln OLGR Köln 1996, 247, 248) kann sittenwidrig sein. Unzulässig soll beispielsweise die Untersagung als »Arzt in freier Praxis zur Ausübung privat- und/oder kassenärztlicher Tätigkeit« sein (OLG Düsseldorf MedR 2007, 478, 479). Ein Wettbewerbsverbot in gegenständlicher Hinsicht soll nicht geltungserhaltend reduziert werden können (BGH GRUR 2009, 698, 700; BGH NJW 2005, 3061, 3062; BGH NJW 2000, 2584; BGH NJW 1997, 3089).

### III. Patientenschutzklauseln

Ein nachvertragliches Wettbewerbsverbot muss nicht als solches ausdrücklich vereinbart sein, sondern wird von der Rechtsprechung auch in Abfindungs- und Patientenschutzklauseln hineingelesen (BGH NJW 2000, 2584 zu sog. Mandantenschutzklauseln im Gesellschaftsvertrag: »Es besteht grundsätzlich Mandantenschutz« in Kombination mit einer Abfindungsklausel; a.A. wohl OLG München MedR 2011, 375). Der entscheidende Wert der Gesellschaft wird durch den in den Beziehungen zu den Patienten bestehenden »good will« bestimmt (BGH NJW 1994, 796). Eine diesen Wert einbeziehende Abfindungsklausel hat nach der Rechtsprechung zu Rechtsanwalts-Gesellschaften grundsätzlich zur Voraussetzung, dass der ausscheidende Gesellschafter den Mandantenstamm seinen bisherigen Partnern belassen muss, es sei denn, dass etwas Abweichendes vereinbart ist (BGH NJW 2000, 2584). Allenfalls kommt auch für Rechtsanwälte nur eine Klausel in Betracht, die solche Mandanten erfasst, mit denen im Zeitpunkt des Ausscheidens noch ein Mandatsverhältnis bestand (OLG Stuttgart NJW 2002, 1431). Der finanzielle Ausgleich ist dementsprechend Voraussetzung für ein wirksames Konkurrenzverbot. Umgekehrt darf ein Abfindungsanspruch für den Ertragswert bei Ausscheiden grundsätzlich unbedenklich ausgeschlossen werden, wenn dem Ausscheidenden ohne Beschränkung das Recht bleibt, seine ärztliche Tätigkeit fortzusetzen und seine Patienten mitzunehmen (BGH NJW 1994, 796, 797). 4

### IV. Wirkung salvatorischer Klauseln

Ob eine salvatorische Klausel ein räumlich-gegenständliches Wettbewerbsverbot, das wegen übermäßiger Ausdehnung gem. § 138 BGB sittenwidrig und nichtig ist, partiell heilen kann, wurde bisher durch die Rechtsprechung nicht explizit entschieden und ist in der Literatur umstritten (ablehnend; *Goette* AnwBl. 2007, 637, 644; a.A. *Traub* WRP 1994, 714, 717). Für Wettbewerbsverbote, die ausschließlich wegen unangemessener zeitlicher Beschränkung gem. § 138 BGB sittenwidrig sind, hält der BGH im Wege entsprechender Anwendung von § 139 BGB eine Aufrechterhaltung des Wettbewerbsverbots durch Beschränkung auf ein angemessenes Maß »bei entsprechend bestehendem oder zu vermutenden Parteiwillen« für möglich (BGH NJW 1991, 699, 700). Im Übrigen aber ist wegen der Argumentation des BGH mit der Wertung »Keine Besserstellung des Gesetzesuntreuen« (vgl. ähnlich BGHZ 68, 204, 207 zu § 140 BGB sowie BGH NJW 1979, 1605, 606) Vorsicht bei der Heilungswirkung salvatorischer Klauseln geboten. 5

### C. Beteiligung nachstehender Ärzte am Liquidationserlös (Abs. 3)

Abs. 3 sieht vor, dass Ärzte, die andere Ärzte zu ärztlichen Verrichtungen an Patienten heranziehen, denen gegenüber sie einen Liquidationsanspruch haben (sog. eigenes Liquidationsrecht), verpflichtet sind, diesen Ärzten eine angemessene Vergütung zu gewähren (vgl. *Heuchemer/Schmitz* ZMGR 2015, 232). Verbleibt – was zunehmend der Fall ist – das Liquidationsrecht beim Krankenhausträger und wird der Arzt (in der Regel: Leitender Arzt/Chefarzt) an den Liquidationseinnahmen des Krankenhausträgers beteiligt, hat er sich dafür einzusetzen, dass die Mitarbeit angemessen vergütet wird. Ob der Arzt mit einer Beteiligung an den Liquidationseinnahmen ggf. nicht nur verpflichtet ist, sich im vorbezeichneten Sinn für eine Beteiligung nachgeordneter Ärzte einzusetzen, sondern aus seiner Beteiligung selbst Anteile an nachgeordnete Ärzte abgeben muss, lässt Abs. 3 offen. Nach Sinn und Zweck der Regelung ist hier auf die Umstände des Einzelfalls, primär die Vereinbarungen zwischen Krankenhausträger und liquidationsbeteiligtem Arzt, sekundär aber auch auf die Höhe der Beteiligung und die Frage, ob darin »marktüblich« auch angemessene Anteile nachgeordneter Ärzte enthalten sind, abzustellen. 6

Aus Abs. 3 kann kein zivilrechtlich durchsetzbarer Zahlungsanspruch eines Arztes abgeleitet werden, weil die BO Standesrecht ist und keine zivilrechtlichen Ansprüche zu begründen vermag 6a

(BAG GesR 2005, 332, 333; BGH MedR 1987, 241, 242; BGH MedR 1990, 291, 292; Spickhoff/*Scholz*, § 29 MBO Rn. 14). Dementsprechend setzt Abs. 3 das Bestehen eines Liquidationsanspruchs voraus. Nach LAG Köln (GesR 2021, 125; ferner Urt. V. 13.01.2011 – 6 Sa 942/10) soll sich ein solcher Anspruch auch aus »einer stillschweigend zustande gekommenen Vereinbarung« bzw. betrieblicher Übung ergeben können.

6b Die Pflicht zur finanziellen Beteiligung ärztlicher nachgeordneter Mitarbeiter an den Liquidationserlösen kann sich aus dem jeweiligen Landeskrankenhausgesetz ergeben. Die Landeskrankenhausgesetze sehen teilweise ausdrücklich eine finanzielle Beteiligung vor (vgl. § 34 KHG BaWü.; § 15 Abs. 3 Hess. KHG; § 27 Abs. 2 LKHG M-V; § 27 LKG RLP; § 16 Abs. 7 KHG SL; §§ 24 Abs. 1 Satz 2, 25 SächsKHG [dazu OVG Sachsen GesR 2013, 41]; § 28a Abs. 2 ThürKHG; grundlegend zu diesen Beteiligungen *Luxenburger*, Das Liquidationsrecht der leitenden Krankenhausärzte, S. 358 ff.; *Bechtoldt*, Zur rechtlichen Problematik der Vergütung für nachgeordnete Krankenhausärzte; Weth/Thomae/*Zimmerling*, 5 D Rn. 43). Besteht keine solche gesetzliche Regelung und keine dienstvertragliche Vereinbarung (vgl. dazu z.B. Hess. LAG Urt. v. 21.03.2003 – 12 Sa 319/02), so wurde bisher dem einzelnen angestellten Arzt im Krankenhaus weder ein Anspruch auf angemessene Beteiligung gegen den Krankenhausträger noch ein solcher Anspruch gegen den Chefarzt zugesprochen (Sächs. LAG Urt. v. 27.08.2010 – 2 Sa 635/09; BAG NJW 1984, 1420 ff.; BSG GesR 2005, 332: Anspruch aus § 612 BGB, wenn die ärztliche Tätigkeit nicht zu den Dienstaufgaben gehört und sie den Umständen nach gegen Vergütung zu erwarten ist). Je nach vertraglicher Ausgestaltung des Chefarztvertrags wird neuerdings ein unmittelbarer Anspruch des angestellten Arztes gegen den Chefarzt für möglich gehalten, wenn die entsprechende Vertragsklausel als Vertrag zugunsten Dritter (§ 328 BGB) auszulegen ist (ArbG Düsseldorf Urt. v. 26.01.2010 – 7 Ca 7397/09, n. rkr.). In der Praxis bestehen häufig sog. Pool-Modelle, die eine Beteiligung der nachgeordneten Ärzte an den Liquidationserlösen vorsehen (vgl. z.B. VG Dresden Urt. v. 08.01.2008 – 7 K 222/05). Danach leitet der Krankenhausträger einen bestimmten Entgeltanteil über einen Pool an die ärztlichen Mitarbeiter weiter. Je nach landesgesetzlicher Regelung können aber abweichende Regelungen durch den Krankenhausträger getroffen werden (vgl. VG Dresden Urt. v. 08.01.2008 – 7 K 222/05). Die Mitarbeiterbeteiligung ist im Zweifel an dem Nettohonorar (nach Abzug der Sach- und Laborkosten sowie des Nutzungsentgelts) auszurichten (LG München NJW-RR 1992, 442).

6c Eine fehlende Mitarbeiterbeteiligung kann berufsrechtliche Folgen haben (Ärztl. BerufsG Niedersachsen GesR 2005, 183 ff.: Geldbuße i.H.v. 4.000,– €).

### D. Kollegialität in Gegenwart von Patienten (Abs. 4)

7 Nach Abs. 4 sind in Gegenwart von Patientinnen und Patienten oder anderen Personen (frühere Fassung: »Nichtärzten«) Beanstandungen der ärztlichen Tätigkeit und zurechtweisende Belehrungen zu unterlassen. Dies gilt nach Satz 2 auch für Ärztinnen und Ärzte als Vorgesetzte und Untergebene und für den Dienst in den Krankenhäusern. Die Vorschrift regelt das Verhältnis der Ärztinnen und Ärzte untereinander für die Anwesenheit von Patientinnen und Patienten oder Nichtärzten, das durch eine vertrauensvolle und sachliche Atmosphäre zum Wohle des Patienten bestimmt sein soll.

### E. Weiterbildungsverpflichtung (Abs. 5)

8 Abs. 5 verpflichtet die zur Weiterbildung befugten Ärzte, die ärztlichen Mitarbeiter in dem gewählten Weiterbildungsgang nach Maßgabe der Weiterbildungsordnung weiterzubilden. Nähere Regelungen zur Weiterbildung werden in den Heilberufs- und Kammergesetzen der Länder (vgl. z.B. §§ 32 ff. HBKG BaWü; Art. 27 ff. HKaG Bayern; §§ 35 ff. HeilBerG Bbg.; §§ 31 ff. HeilBerG Bremen; §§ 29 ff. HmbKGH; §§ 26 ff. HeilBerG Hessen; §§ 34 ff. HeilBerG M-V; §§ 33 ff. HeilBerG NRW) sowie in der auf dieser Grundlage als Satzung erlassenen Weiterbildungsordnung

der jeweiligen Ärztekammer getroffen. Danach werden die Ärzte durch die Ärztekammer »zur Weiterbildung befugt«; man spricht dann von der »Erteilung einer Weiterbildungsermächtigung oder -befugnis« (vgl. § 5 der MWBO 2003 der BÄK, abrufbar unter: http://www.bundesaerztekammer.de/downloads/20130628-MWBO_V6.pdf). Die Weiterbildung wird in einer zugelassenen Weiterbildungsstätte durchgeführt (§ 5 Abs. 1 MWBO). Der befugte Arzt ist verpflichtet, die Weiterbildung persönlich zu leiten und grundsätzlich ganztags durchzuführen und inhaltlich entsprechend der Weiterbildungsordnung zu gestalten (§ 5 Abs. 3). Verstöße können Schadensersatzansprüche zur Folge haben, insbesondere auch gegen Krankenhausträger als Arbeitgeber (BAG NJW 1990, 2955).

## F. Diskriminierungsverbot

Das in Abs. 6 beinhaltete Diskriminierungsgebot ist im Jahr 2011 neu in die MBOÄ eingefügt worden; es beschreibt das, was unter arbeitsrechtlichen Gesichtspunkten sowieso gilt (vgl. hierzu insbesondere auch die »Mobbing-Rechtsprechung« im ärztlichen bzw. Krankenhausbereich, BAG GesR 2008, 135), zusätzlich zur Berufspflicht. 9

## § 29a Zusammenarbeit mit Dritten

(1) Ärztinnen und Ärzten ist es nicht gestattet, zusammen mit Personen, die weder Ärztinnen und Ärzte sind noch zu ihren berufsmäßig tätigen Mitarbeiterinnen und Mitarbeitern gehören, zu untersuchen oder zu behandeln. Dies gilt nicht für Personen, welche sich in der Ausbildung zum ärztlichen Beruf oder zu einem Fachberuf im Gesundheitswesen befinden.

(2) Die Zusammenarbeit mit Angehörigen anderer Fachberufe im Gesundheitswesen ist zulässig, wenn die Verantwortungsbereiche der Ärztin oder des Arztes und des Angehörigen des Fachberufes klar erkennbar voneinander getrennt bleiben.

| Übersicht | Rdn. | | Rdn. |
|---|---|---|---|
| A. Überblick und Verhältnis zu anderen Vorschriften | 1 | 1. Heilpraktiker als Nichtärzte | 5 |
| | | 2. Ausnahme Angehörige | 7 |
| I. Überblick | 1 | II. Berufsmäßig tätige Mitarbeiterinnen und Mitarbeiter (Satz 1) | 8 |
| II. Verhältnis zu anderen Vorschriften | 2 | | |
| B. Verbot der Zusammenarbeit mit Dritten bei der ärztlichen Behandlung (Abs. 1) | 4 | III. In der Ausbildung zum ärztlichen Beruf oder zu einem Fachberuf im Gesundheitswesen (Satz 2) | 9 |
| I. Anwendungsbereich des Verbots | 4 | C. Zulässige Zusammenarbeit (Abs. 2) | 10 |

## A. Überblick und Verhältnis zu anderen Vorschriften

### I. Überblick

§ 29a wurde im Jahr 2011 eingefügt; er hat die zuvor in § 30 Abs. 2, 3 beinhalteten Regelungen übernommen und damit in den dritten Unterabschnitt (»Berufliche Zusammenarbeit«) integriert. Abs. 1 statuiert *nur* für die »eigentliche Behandlung direkt am Patienten« (Ratzel/Lippert/*Ratzel* § 30 Rn. 1) ein Verbot (vgl. »nicht gestattet«) der Zusammenarbeit für Ärzte mit Dritten, die weder Arzt noch berufsmäßig tätige Mitarbeiter des Arztes sind, sich in der Ausbildung zum ärztlichen Beruf oder zu einem Fachberuf im Gesundheitswesen befinden. Die weitere Zusammenarbeit mit Angehörigen anderer Gesundheitsberufe erklärt Abs. 2 für zulässig, wenn der ärztliche Verantwortungsbereich klar abgegrenzt ist. Abs. 2 ist damit Ausdruck des Transparenz- und Trennungsprinzips (vgl. dazu § 32 Rdn. 1). 1

## II. Verhältnis zu anderen Vorschriften

2 Für die Zusammenarbeit mit anderen Ärzten und Dritten (Industrie, Gesundheitshandwerker, Apotheken), die über die von Abs. 1 erfasste ärztliche Behandlung direkt am Patienten hinausgeht (z.B. Überweisung an einen Kollegen, Einweisung ins Krankenhaus, Verordnungen von Arznei-, Heil- und Hilfsmitteln), gelten die §§ 31 ff..

3 *(unbesetzt)*

## B. Verbot der Zusammenarbeit mit Dritten bei der ärztlichen Behandlung (Abs. 1)

### I. Anwendungsbereich des Verbots

4 Abs. 1 beinhaltet ein Verbot der Zusammenarbeit von Ärzten mit Dritten, die nicht zu den berufsmäßig tätigen Mitarbeitern der Ärzte gehören (Satz 1). Von dem Verbot sind Ärzte in der Ausbildung und Personen ausgenommen, die sich in der *Ausbildung* zu einem Fachberuf im Gesundheitswesen befinden (Satz 2). Das Verbot erstreckt sich ausschließlich auf die eigentliche Untersuchung und Behandlung des Patienten. Untersuchung meint dabei alle der Diagnose dienenden Maßnahmen, die körperliche Untersuchung also gleichermaßen wie die Untersuchung mit medizinischen Geräten. Der Begriff der Behandlung bedeutet *ärztliche* Heilbehandlung direkt am Patienten. Er umfasst sämtliche Maßnahmen, die der Arzt vornimmt, »um Krankheiten (physische und psychische Störungen pathologischer Art), Leiden (länger andauernde Beeinträchtigungen des körperlichen oder seelischen Wohlbefindens), Körperschäden (nicht krankhafte Entstellungen, Schielen etc.), körperliche Beschwerden (nicht unbedingt krankhafte oder vorübergehende Beeinträchtigungen des Wohlbefindens, z. B. Menstruations- oder Schwangerschaftsbeschwerden) oder seelische Störungen nicht krankhafter Natur (Affekte, Neurosen etc.) zu verhüten, zu erkennen, zu heilen oder zu lindern« (Laufs/Kern/*Kern* § 50 Rn. 3 m.w.N. der Rspr. und Lit.). Nicht von dem Behandlungsbegriff umfasst sind die Verordnung und Empfehlung von Arznei-, Heil- und Hilfsmitteln sowie von Medizinprodukten; sie werden in § 34 geregelt.

#### 1. Heilpraktiker als Nichtärzte

5 Das Verbot gilt für eine Kooperation von Ärzten mit Nichtärzten. Hierzu gehören zuvorderst Heilpraktiker, wie § 1 HPG zu entnehmen ist (vgl. auch OLG Celle GesR 2014, 32); danach bedarf der Erlaubnis, wer die Heilkunde ausüben will, ohne als Arzt bestallt zu sein. Ärzte bedürfen daher aus Rechtsgründen keiner Heilpraktikererlaubnis. Die Approbation beinhaltet von Rechts wegen bereits alle heilkundlichen Tätigkeiten i.S.d. § 1 Abs. 2 HPG (VG München Urt. v. 19.01.2010. – M 16 K 09.5144; vgl. auch BVerfG GesR 2011, 241, 244). Aus dem Sinn und Zweck des jetzigen § 29a Abs. 1 hat das VG München zudem im Wege eines Erst-recht-Schlusses gefolgert, »dass ein und dieselbe Person nicht nebeneinander als Arzt und Nichtarzt untersuchen und behandeln darf«, da die Vermengung zu »Unzuträglichkeiten« führen würde, die z.B. in unterschiedlichen auf die Berufsgruppen anwendbaren Vorschriften betreffend des Zeugnisverweigerungsrechts im Straf- und Zivilprozess bestünden und in der Gefahr schwerer finanzieller Nachteile für die gesetzliche Krankenversicherung (VG München MedR 1996, 229; zustimmend *Taupitz* MedR 1996, 234 f., aber zu Recht betonend, dass es auf die gleichzeitige *Tätigkeit* im Arzt- und Heilpraktikerberuf ankomme und nicht auf die gleichzeitige Inhaberschaft der Erlaubnis; gestützt durch BayVGH NVwZ-RR 1998, 113 ff.; BayVGH GesR 2010, 632 f.; a.A. HessVGH MedR 1993, 183 ff. – keine Inkompatibilität der Approbation mit zuvor rechtmäßig erworbener Heilpraktikererlaubnis).

6 Heilkunde i.S.d. HPG ist »jede berufs- oder gewerbsmäßig vorgenommene Tätigkeit zur Feststellung, Heilung oder Linderung von Krankheiten, Leiden oder Körperschäden bei Menschen, auch wenn sie im Dienste von anderen ausgeübt wird« (§ 1 Abs. 2 HPG). Hierzu hat sich eine differenzierte Rechtsprechung herausgebildet. Wegen des Eingriffs in die Berufsfreiheit (Art. 12 Abs. 1 GG; vgl. dazu auch BVerfG NJW 2000, 2736 ff.) bedarf es einer restriktiven Betrachtung des Erlaubniszwangs nach dem HPG (BVerwGE 35, 308 ff.; BVerwGE 94, 269 ff.). Daher

fallen nach st. Rspr. des BVerwG unter den Erlaubniszwang »nur solche Heilbehandlungen, die nach allgemeiner Auffassung ärztliche Fachkenntnisse erfordern und gesundheitliche Schäden verursachen können. Ärztliche Fachkenntnisse können erforderlich sein im Hinblick auf das Ziel, die Art oder die Methode der Tätigkeit oder auch schon im Hinblick auf die Feststellung, ob im Einzelfall mit der Behandlung begonnen werden darf, ohne dass der Patient durch die Verrichtung selbst unmittelbar Schaden nimmt.« (BVerwG GesR 2011, 53, 54 m.w.N. für die st. Rspr.). Zu den mittelbaren Gefährdungen, die eine Erlaubnispflicht begründen können, zählt es, »wenn durch die Behandlung ein frühzeitiges Erkennen ernster Leiden verzögert wird und die Wahrscheinlichkeit einer solchen Gefährdung nicht nur geringfügig ist« (BVerwG GesR 2011, 53, 54 m.w.N. für die std. Rspr.). So ist unter diesen Gesichtspunkten die Ausübung von Heilkunde bejaht worden für

– Augeninnendruckmessungen/Gesichtsfeldprüfungen (BVerfG NJW 2000, 2736; a.A. BGH MedR 2005, 598),
– chiropraktische Tätigkeit (BVerwGE 33, 308)
– Entfernung von Leberflecken und Warzen (BVerfG NJW 1973, 579)
– Faltenunterspritzung im Mund-Nasolabial-Bereich (OVG NRW GesR 2006, 381)
– Fuß-Reflexzonen-Massage (OVG Koblenz MedR 1990, 283)
– ganzkörperliche Behandlung durch Zahnärzte (OVG NRW MedR 1999, 187)
– kosmetische Operationen (BVerwG NJW 1959, 833)
– Laser-Behandlungen (LandesberufsG für Heilberufe NRW GesR 2003, 213)
– manuelle Therapie (OVG NRW DVBl 2001, 755)
– osteopathische Tätigkeiten (OLG Düsseldorf Urt. v. 08.09.2015 – I-20 U 236/13; VG Düsseldorf Urt. v. 08.12.2008 – 7 K 967/07)
– Physiotherapie (BVerwG GesR 2010, 39)
– Piercing, jedenfalls wenn unter Betäubung geschehend (VGH Kassel NJW 2000, 2760)
– Raucherentwöhnung durch Akupunktur (OVG NRW MedR 2009, 253)
– Traditionelle Chinesische Medizin (TCM) (VG Trier GesR 2011, 59; OVG Lüneburg GesR 2011, 564)
– Wunder-/Geistheiler (BGH NJW 1978, 599; a.A. zutreffend nunmehr BVerfG NJW-RR 2004, 705)

Die Ausübung von Heilkunde ist unter diesen Gesichtspunkten verneint worden für 6a
– Massagen/Tätigkeit als medizinischer Bademeister (BayVGH Urt. v. 10.02.2011 – 21 B 10.188)
– Sehschärfebestimmung/Refraktionieren (BVerwG ArztR 1966, 164)

## 2. Ausnahme Angehörige

Für Angehörige gilt § 7 Abs. 5, sodass Angehörige nach Zustimmung von Arzt und Patient bei 7 Untersuchung und Behandlung anwesend sein dürfen.

## II. Berufsmäßig tätige Mitarbeiterinnen und Mitarbeiter (Satz 1)

Nach Satz 1 werden »berufsmäßig tätige Mitarbeiterinnen und Mitarbeiter« nicht von dem Verbot 8 des Abs. 1 erfasst. Dazu zählen insb. Arzthelferinnen und Arzthelfer, medizinische Fachangestellte und medizinisch-technische Assistenten i.S.d. MTAG, Krankenschwestern und -pfleger.

## III. In der Ausbildung zum ärztlichen Beruf oder zu einem Fachberuf im Gesundheitswesen (Satz 2)

Nach Satz 2 gilt das Verbot des Satz 1 nicht für Personen, die sich in der Ausbildung zum 9 ärztlichen Beruf oder zu einem Fachberuf im Gesundheitswesen (früher: »medizinischen Assistenzberuf«) befinden. Hierzu sind zunächst all diejenigen Berufe zu rechnen, die zum Kreis der in Art. 74 Abs. 1 Nr. 19 GG genannten »ärztlichen und anderen Heilberufe« sowie zum Heilgewerbe (eingehend dazu Bonner Kommentar GG/*Axer*, Art. 74 Abs. 1 Nr. 19 Rn. 17 [Bearbeitung April 2011]; Berliner Kommentar GG/*Rehborn*, Art. 74 Abs. 1 Nr. 19 Rn. 42–53

[Bearbeitung 2012] gehören. Der Begriff des »*Fach*berufs« umfasst aber nicht nur durch Gesetz oder Verordnung explizit geregelte Ausbildungen; hierzu gehören auch all diejenigen Berufe, die – ohne explizite Regelung der Ausbildung – im Gesundheitswesen praktiziert werden, so z.B. auch sog. Operations-Technische Assistenten (OTA) bzw. Entlastende Versorgungsassistentinnen (EVA).

### C. Zulässige Zusammenarbeit (Abs. 2)

10 Abs. 2 normiert die zulässige Zusammenarbeit von Ärzten mit den Angehörigen anderer Gesundheitsfachberufe. Er verlangt dafür eine klar erkennbare Trennung der Verantwortungsbereiche. Für die Erkennbarkeit kommt es auf den Eindruck des Patienten an. Die Trennung muss nach der insoweit übertragbaren Rechtsprechung zu § 3 Abs. 2 in zeitlicher, organisatorischer, wirtschaftlicher und rechtlicher Hinsicht erfolgen (vgl. näher § 3 Rdn. 6 m.w.N.), wonach auch ein Tätigwerden in gleichen Räumen zulässig ist, wenn der Patient die Bereiche eindeutig zuordnen kann (z.B. durch deutliche Beschilderung, getrennte Wartebereiche und Sprechzeiten, gesondertes Personal etc.). Eine Ausnahme vom Trennungsgebot ist richtigerweise (mit Ratzel/Lippert/*Ratzel* § 30 Rn. 6) für einen Dermatologen anzuerkennen, der eine Kosmetikerin anstellt, die unter seiner Aufsicht z.B. kleine Blutgefäße in der Haut, Warzen und gutartige Leberflecke entfernt (BVerwG NJW 1973, 579).

11 Zu Besonderheiten der Zusammenarbeit beim sog. verkürzten Versorgungsweg vgl. im Einzelnen § 3 Rdn. 7.

## § 30 Ärztliche Unabhängigkeit

**Ärztinnen und Ärzte sind verpflichtet, in allen vertraglichen und sonstigen beruflichen Beziehungen zu Dritten ihre ärztliche Unabhängigkeit für die Behandlung der Patientinnen und Patienten zu wahren.**

1 § 30 leitet den vierten Unterabschnitt der MBOÄ, die Vorschriften zur »Wahrung der ärztlichen Unabhängigkeit bei der Zusammenarbeit mit Dritten« (§§ 30 bis 33), ein. Die Vorschrift wurde im Zuge der Änderungen der MBOÄ im Jahr 2011 eingefügt; sie nimmt den Gedanken des § 30 Abs. 1 MBOÄ a.F. auf.

2 Hierbei handelt es sich um die Grundnorm für die Zusammenarbeit überhaupt; in ihrem Licht sind auch die §§ 31 bis 33 auszulegen. Der Normzweck besteht im Patientenschutz; Ärzte sollen und müssen gegenüber Dritten so viel Distanz halten, dass die ärztliche Unabhängigkeit nicht gefährdet wird. So sollen die Lauterkeit des Berufsstandes und das Vertrauen der Bevölkerung in den ärztlichen Berufsstand geschützt werden (Spickhoff/*Scholz*, § 30 MBO Rn. 2) das gilt in allen Bereichen, so auch für das Sponsoring im Krankenhaus (*Krüger* GesR 2015, 527), für Abreden im Zusammenhang mit (Kongress-)Veranstaltungen (*Grams* GesR 2015, 9, 12 f.) oder für Kooperationen zwischen Medizinprodukteherstellern und medizinischen Einrichtungen (*Rübsamen* MedR 2014, 152; *Paheenthararajah/Hick/Karenberg/Rothschild* MedR 2014, 7) bzw. zwischen Ärzten und Dialyseeinrichtungen (OLG Hamm GesR 2016, 227).

3 Eine Besonderheit besteht im Bereich der Bayerischen Landesärztekammer und Ärztekammer Niedersachsen; dort wird in einem § 34 BO-Ärzte gefordert, dass Ärzte, die bei der Festlegung medizinischer Standards mitwirken, die ärztliche Unabhängigkeit sicherzustellen und jedwede Interessenkonflikte offenzulegen haben.

## § 31 Unerlaubte Zuweisung

**(1) Ärztinnen und Ärzten ist es nicht gestattet, für die Zuweisung von Patientinnen und Patienten oder Untersuchungsmaterial oder für die Verordnung oder den Bezug von Arznei- oder Hilfsmitteln oder Medizinprodukten ein Entgelt oder andere Vorteile zu fordern, sich oder Dritten versprechen oder gewähren zu lassen oder selbst zu versprechen oder zu gewähren.**

**(2)** Sie dürfen ihren Patientinnen und Patienten nicht ohne hinreichenden Grund bestimmte Ärztinnen oder Ärzten, Apotheken, Heil- und Hilfsmittelbringer oder sonstige Anbieter gesundheitlicher Leistungen empfehlen oder an diese verweisen.

| Übersicht | Rdn. | | | Rdn. |
|---|---|---|---|---|
| A. Überblick, Schutzzweck | 1 | VI. | Folgen eines Verstoßes | 15 |
| I. Schutzzweck | 1a | C. | Empfehlung oder Zuweisung nur mit | |
| II. Anwendungsbereich | 2 | | hinreichendem Grund, Abs. 2 | 19 |
| B. Vorteilsgewährung oder -annahme, | | I. | Schutzzweck | 19 |
| Abs. 1 | 3 | II. | »Empfehlen« oder »Verweisen« ohne | |
| I. Verordnung oder Bezug | 3a | | »hinreichenden Grund« | 20 |
| II. Entgelt | 4 | | 1. Verweisen | 21 |
| III. Andere Vorteile | 5 | | 2. Empfehlen | 22 |
| IV. Fordern, Sich-Versprechen-Lassen, | | | 3. Hinreichender Grund | 23 |
| Annehmen | 9 | III. | Sanktionen und Rechtsfolgen | 24 |
| V. »Für« die Zuweisung | 10 | | | |

## A. Überblick, Schutzzweck

§ 31 galt ursprünglich nur für die Zusammenarbeit unter Ärzten. Im Jahr 2011 wurde sie um den modifizierten Regelungsgehalt der früheren §§ 33 Abs. 3, 34 Abs. 1 und 34 Abs. 5 ergänzt. Sie verbietet Zuweisungen gegen Gewährung von Vorteilen. Erfasst werden alle denkbaren medizinischen Kooperationspartner im weiteren Sinne (vgl. zur Kooperation im Entlassmanagement etwa *Knispel* GesR 2016, 339). Abs. 2 ist im Kontext zu Abs. 1 zu sehen: Um schon den Anschein von Vorteilsannahmen zu vermeiden, dürfen Empfehlungen oder Verweisungen nur bei Vorliegen eines sachlich hinreichenden Grundes erfolgen. 1

### I. Schutzzweck

Schutzzweck des § 31 ist zunächst die Wahrung der ärztlichen Unabhängigkeit bei der Zusammenarbeit mit anderen Ärzten und Dritten. Der Arzt soll medizinische Entscheidungen, insb. die Zuweisung eines Patienten, allein aufgrund medizinischer Erwägungen in dessen Interesse und nicht nach (entgeltlichen) sachfremden Anreizen treffen (vgl. BGH NJW 1986, 2360, 2361; BGH GesR 2011, 246, 253; OLG Stuttgart GesR 2007, 320, 321 m.w.N. für die st. Rspr.). Daneben soll § 31 ungerechtfertigte Wettbewerbsvorteile von Ärzten untereinander verhindern (BGH GesR 2003, 211; dazu aus strafrechtlicher Sicht des § 299 StGB BGH GesR 2012, 479). Schutzzweck ist weiterhin die Vermeidung ungerechtfertigter Wettbewerbsvorteile unter Ärzten. Schließlich soll durch die Regelungen auch das Ansehen in die Integrität des ärztlichen Berufsstandes insgesamt geschützt werden. 1a

### II. Anwendungsbereich

§ 31 Abs. 1 erstreckt sich zunächst auf Überweisungen zwischen Ärzten untereinander (vgl. zur Anwendung für Umsatzbeteiligungen von Klinikdirektoren VG Düsseldorf medstra 2017, 314, Anm. *Scholl-Eickmann* GesR 2017, 719). Das Zuweisungsverbot richtet sich an den Zuwendenden und den Zuwendungsempfänger gleichermaßen. 2

§ 31 gilt nicht für Krankenhausträger (vgl. hierzu *Makoski/Krapohl* GesR 2016, 616). Für die Zusammenarbeit zwischen Krankenhausträgern mit niedergelassenen Ärzten existieren vereinzelt Sondervorschriften im Krankenhausrecht der Länder, z.B. § 31a KHGG NRW (vgl. dazu *Stollmann* GesR 2011, 136 ff.; AG Lüdenscheid MedR 2012, 747 betr. Zusammenarbeit eines Krankenhauses mit einer Hebamme). Die Einbindung niedergelassener Ärzte zur Erbringung vor- und nachstationärer Behandlung in den Praxisräumen ist seit Inkrafttreten des GKV-VStG am 01.01.2012 nach § 115a Abs. 1 Satz 2 SGB V zulässig. Vor- und nachstationäre Behandlung bleiben jedoch stationäre Versorgung, sodass eine Vergütung des Vertragsarztes durch 2a das Krankenhaus erfolgt (vgl. zu möglichen Verstößen gegen § 31 eingehend *Gerdts/Gersch* ZMGR 2015, 3, 9 ff. und *Halbe* MedR 2015, 168, 170, 172). Wie der Wortlaut des § 31 deutlich macht, bezieht die Vorschrift nicht nur die Zuweisung von Patienten ein, sondern auch die Zuweisung von Untersuchungsmaterial, z.B. zum Laborarzt oder Pathologen (vgl. z.B. BGH NJW 1986, 2360, 2361).

2b Erfasst werden von § 31 Abs. 1, 2 aber auch Patientenzuführungen und die Vermittlung von Verordnungen oder des Bezugs von Arzneimitteln, Hilfsmitteln oder Medizinprodukten ohne sachlichen Grund (vgl. zur Vorgängerfassung BGH GesR 2011, 246, 252; Berufsgericht für Heilberufe beim VG Köln Urt. v. 05.06.2009 – 35 K 563/09.T). Gleichwohl kann sich ein Verstoß gegen § 31 *berufsrechtlich* nur gegenüber Ärztinnen und Ärzten auswirken, da andere Berufsgruppen nicht dem ärztlichen Standesrecht und damit dem berufsrechtlichen Sanktionsregime unterliegen; zu dennoch möglichen wettbewerbsrechtlichen Auswirkungen (vgl. OLG Düsseldorf GesR 2009, 605, 607).

## B. Vorteilsgewährung oder -annahme, Abs. 1

3 Zuweisung umfasst nach der zutreffend auf den Schutzzweck des § 31 orientierten Auslegung des BGH alle Fälle der Überweisung, Verweisung und Empfehlung von Patienten an bestimmte andere Ärzte, Apotheken, Geschäfte oder Anbieter von gesundheitlichen Leistungen (BGH GesR 2011, 246, 253). Dem steht ein fraglicher Vertrag, der explizit vorsieht, das Recht des Patienten auf freie Arztwahl durch den Vertrag nicht einzuschränken, nicht entgegen (OLG Düsseldorf GesR 2009, 605).

### I. Verordnung oder Bezug

3a Erfasst werden neben der Zuweisung von Patienten oder Material auch die darüber hinausgehenden Verordnungen, insb. das Ausstellen von Rezepten (gleich ob zulasten einer Krankenkasse, weiterer Dritter oder vom Patienten selbst zu zahlen). Um auch verordnungsfreie Präparate zu erfassen, wird der berufsrechtliche Verstoß nicht nur durch die Verordnung, sondern auch durch den bloßen (verordnungsfreien) Bezug verwirklicht. Erfasst werden hiervon Arzneimittel, Hilfsmittel und Medizinprodukte. Arzneimittel (vgl. § 2 AMG), Hilfsmittel (vgl. § 33 SGB V) und Medizinprodukte (vgl. § 3 MPG) sind fest definiert; diese Definitionen, die sich auch umgangssprachlich durchgesetzt haben, übernimmt das Berufsrecht. Heilmittel (vgl. § 32 SGB V; *Quaas/Zuck*, § 65) sind nicht in den Katalog des § 31 Abs. 1 einbezogen, wohl aber die Heilmittelerbringer in Abs. 2 erwähnt. Die Ursache ist darin zu sehen, dass Heilmittel nur von sog. Heilmittelerbringern am Patienten angewendet werden; sie sind begrifflich von der Selbstanwendung (und damit Verordnung zur Selbstanwendung) ausgeschlossen.

### II. Entgelt

4 Die Zuweisung darf nicht aufgrund eines Entgelts oder anderer Vorteile erfolgen. Als »Entgelt« wird – im Gegensatz zur Unentgeltlichkeit, vgl. § 516 Abs. 1 BGB – jegliche Gegenleistung verstanden (vgl. Erman/*Herrmann*, § 516 Rn. 7; Erman/*Hager*, § 286 Rn. 52; BGH NJW 2010, 1872). Sie kann, muss aber keineswegs in Form von Geld bestehen.

### III. Andere Vorteile

5 Vorteil ist jede Leistung im weiteren Sinne, auf die der Zuwendungsempfänger keinen Anspruch hat und die ihn in seiner wirtschaftlichen Lage objektiv besser stellt (ähnlich Spickhoff/*Scholz* § 31 MBO Rn. 4 f.; *Stollmann* GesR 2011, 136, 139; zum Verstoß gegen §§ 31, 32 bei Vereinbarung einer Umstellungsprämie in Strukturverträgen *Sodan* NZS 2015, 801, 807 ff.). Fraglich ist, ob auch immaterielle Vorteile hierunter fallen (bejahend für immaterielle Vorteile, die auch die wirtschaftliche Lage verbessern, sonst verneinend Spickhoff/*Scholz* § 31 MBO Rn. 4 f.; *Scholz*

GesR 2013, 12, 14; bejahend LandesberufsG OVG Münster GesR 2011, 733, 735). Letztgenannte Auffassung verdient Zustimmung: Einerseits spricht der Wortlaut hierfür, der gerade nicht nur Entgelte, sondern sonstige Vorteile (ohne diese irgendwie zu beschränken) erfasst. Andererseits gebietet auch der Normzweck eine solche Auslegung; auch immaterielle Vorteile können den zu verhindernden Anreiz darstellen.

Zu den Vorteilen gehört auch das unentgeltliche Überlassen von Geräten und Materialien, unentgeltliche Schulung und Beratung oder das Bereitstellen von Räumlichkeiten oder Personal ohne angemessene Beteiligung des Arztes an den dafür entstehenden Kosten (vgl. *Stollmann* GesR 2011, 136, 139; BGH GesR 2003, 211 zur [zulässigen] Kostenbeteiligung eines Anästhesisten durch den Operateur an den Personal- und Raumkosten für ambulante Operationen; fraglich Spickhoff/*Scholz* § 31 MBO Rn. 7, der meint, der Operateur handele seinerseits berufsrechtswidrig, wenn er diese Kostenbeteiligung nicht verlange). 6

Andere Vorteile können ebenso Gewinne oder sonstige Einnahmen aus einer gesellschaftsrechtlichen Beteiligung sein (BGH GesR 2011, 246, 253; LandesberufsG für Heilberufe beim OVG NRW GesR 2011, 733, 735). Zum möglichen Verstoß solcher Beteiligungen gegen § 31 vgl. Rdn. 13 f. 7

Sehr weitgehend – aber nachvollziehbar – ist eine vom OLG Düsseldorf (GesR 2009, 605) vertretene Auffassung, wonach ein Vorteil i.S.d. § 31 schon dann gegeben sein soll, wenn der Krankenhausträger diesen – quasi im Gegenzug – mit von ihm an den Arzt gesondert zu vergütenden Leistungen in die stationäre Behandlung einbindet; der Vorteil soll gerade in der Beauftragung liegen, die ohne »Zuweisung« nicht erfolgt wäre. 8

### IV. Fordern, Sich-Versprechen-Lassen, Annehmen

Die berufswidrige Handlung ist das Fordern (auch wenn es nicht zum »Erfolg« führt), Versprechen, Versprechen-Lassen, Gewähren oder Gewähren-Lassen. Versprechen ist das verbindliche Angebot des Zuwenders, dem Empfänger ein Entgelt oder anderen Vorteil zukommen zu lassen. Versprechen-Lassen ist dementsprechend die Annahme dieses Angebots. Gewähren ist die Verschaffung der Verfügungsmacht über das Entgelt oder den anderen Vorteil (vgl. ähnlich Spickhoff/*Scholz* § 31 MBO Rn. 4), Gewähren-Lassen die Hinnahme der Einräumung der Verfügungsgewalt. Das Versprechen kann durch schriftlichen Vertrag, aber auch mündlich vereinbart werden. Schlüssiges Handeln i.S.e. stillschweigenden Einverständnisses genügt. 9

### V. »Für« die Zuweisung

Entgelt oder andere Vorteile müssen »für die Zuweisung« gewährt oder versprochen werden. Die Zuweisung muss kausal für das Entgelt oder den Vorteil sein. Kausal ist jeder direkte Zusammenhang. Typisch sind sog. Kopplungsgeschäfte, die sich in vielfältiger Form in der Praxis finden lassen, angefangen bei Beteiligungen an Gewinnen oder Einnahmen einer Gesellschaft in Abhängigkeit von der Anzahl der Zuweisungen, Beteiligungen am Liquidationserlös des die Leistung erbringenden Arztes, Rückvergütungen für Beratungsleistungen oder Vorträge bis hin zu Strohmann-Konstellationen (vgl. Überblick bei Ratzel/Lippert/Prütting/*Ratzel* § 31 Rdn. 4 ff.). Auch die integrierte Versorgung sowie Kooperationen zwischen Krankenhäusern und Vertragsärzten sind in diesem Zusammenhang in das Blickfeld geraten (vgl. Ratzel/Lippert/Prütting/*Ratzel* § 31 Rn. 45 ff.). 10

Zahlungen können im Hinblick auf Art. 12 Abs. 1 Satz 2 GG sachlich gerechtfertigt sein. Nicht »für die Zuweisung« i.S.v. § 31 ist ein Entgelt, das für eine (zusätzliche) ärztliche Leistung gezahlt wird, also in der Behandlung seinen Grund findet (BGH GRUR 2002, 271, 273; ähnlich OLG Stuttgart GesR 2007, 320, 321) und angemessen ist. 11

## § 31 MBOÄ   Unerlaubte Zuweisung

12   Unzulässig sind Gebühren oder Honorare für die Vermittlung von Patienten, nicht aber ein Honorar, das infolge der Nutzung einer Internet-Plattform zwischen Arzt und Patient vereinbart wird und das für die Ermöglichung der Nutzung dieses virtuellen Marktplatzes vom Arzt an den Betreiber des Portals gezahlt wird (vgl. BGH WRP 2011, 449 ff.).

12a   Zunehmende Abgrenzungsschwierigkeiten ergeben sich bei sog. **Honorararztverträgen** (zum rechtlichen Status vgl. *Hanau* MedR 2015, 77), wenn die Ärzte nicht beim Krankenhausträger angestellt, vielmehr (wie es das LSG Baden-Württemberg NZS 2013, 501 bei fehlendem Anstellungsverhältnis – allerdings zu Unrecht – fordert) in Niederlassung tätig sind und vom Krankenhaus (unbeschadet der sozialversicherungsrechtlichen Beurteilung) eingriffsbezogen oder orientiert an dem hierfür erforderlichen Zeitaufwand ein Entgelt erhalten (zu den Einzelheiten vgl. insb. *Möller/Makoski* GesR 2012, 647 und *Halbe* MedR 2015, 168, 172 f.). Hier kann nur anhand der individuellen Regelungen, oft auch nur anhand der individuellen Handhabung in der Praxis, beurteilt werden, ob es sich (nur) um die zulässige Leistungserbringung (vgl. für Vertragsärzte ausdrücklich auch § 20 Abs. 2 Satz 2 Ärzte-ZV) an stationären Patienten des Krankenhauses handelt oder ob (auch) unzulässige Kick-back-Elemente für die Zuweisung von Patienten beinhaltet sind. Dabei kann stets der – berufsrechtlich allein noch nicht relevante – Eindruck entstehen, dass der Honorararztvertrag (insb. auch die darin enthaltene Vergütungsabrede für die ärztlichen Leistungen) nur angesichts zugesagter bzw. zu erwartender Einweisungen des Arztes in das kooperierende Krankenhaus geschlossen wurde. Ein starkes Indiz hierfür ist, wenn dem Arzt nur die stationäre Betreuung nur von ihm eingewiesener Patienten (gelegentlich auch differenziert nach GKV-Versicherten oder Selbstzahlern) übertragen wird, hingegen aufgrund anderweitiger Umstände aufgenommene Patienten durch andere (Krankenhaus-, manchmal auch Honorar-) Ärzte versorgt werden.

13   Problematisch können ferner Konstellationen mit gesellschaftsrechtlichen Beteiligungen sein (dazu insb. *Wittmann/Koch* MedR 2011, 476; *Lauber/Peters* GesR 2013, 523; *Braun/Püschel* MedR 2013, 655; *Ratzel* ZMGR 2012, 258). Hier sind die vertragliche Gestaltung und der ausschlaggebende Grund für die Beteiligung im Einzelfall von Bedeutung. Für die abschließende Beurteilung einer Beteiligung wird es letztendlich darauf ankommen, ob eine vergleichbare Beteiligung von der Gesellschaft auch mit einem beliebigen Dritten getätigt würde oder ob erst die Arzteigenschaft und damit die Eigenschaft als potentieller Zuweiser den Ausschlag für eine entsprechende Beteiligung gegeben hat (ähnlich Spickhoff/*Scholz* § 31 MBO Rn. 6; vgl. auch OLG Stuttgart GesR 2007, 320, 322). Richtigerweise unzulässig sind jedenfalls all diejenigen Geschäftsmodelle, bei denen der Arzt unmittelbar durch sein Zuweiserverhalten seine Gewinnbeteiligung oder andere Vorteile beeinflussen kann (BGH GesR 2011, 246, 253; OLG Stuttgart GesR 2007, 320 ff.; LandesberufsG OVG NRW GesR 2011, 733, 735). Bei mittelbaren Beteiligungen von Ärzten an (größeren) Unternehmen – insb. über die allgemeine Gewinnausschüttung – wird zu differenzieren sein: Erscheint bei objektiver Betrachtung der Einfluss des Arztes auf seinen Ertrag durch Patientenzuweisungen nahezu ausgeschlossen, steht § 31 nicht entgegen (so z.B. bei der Verordnung von Arzneimitteln eines börsennotierten Herstellers, an dem der Arzt Aktien hält); anders wird dies nur bei einer spürbaren Beeinträchtigung sein (so auch BGH GesR 2011, 246, 253). Maßgeblich dafür sollen der Gesamtumsatz des Unternehmens, der Anteil der Verweisungen des Arztes an das Unternehmen und die Höhe seiner Beteiligung sein (BGH GesR 2001, 246, 253). Indizwirkung für eine unzulässige Beteiligung kann die Gesamthöhe der dem Arzt zufließenden Vorteile entfalten (BGH GesR 2011, 246, 253 unter Bezug auf Berufsgericht für Heilberufe beim VG Köln Urt. v. 05.06.2009 – 35 K 563/09.T). Die zuvor dargestellten Grundsätze gelten auch bei der gesellschaftlichen Beteiligung naher Verwandter des Arztes, sofern diese als Treuhänder oder »Strohmann« des Arztes fungieren. Dies ist dann der Fall, wenn die faktisch-wirtschaftlichen Machtverhältnisse nicht bei dem tatsächlichen Gesellschafter, sondern dem Arzt als »Hintermann« liegen und der Gesellschafter damit nur als »Marionette« handelt. Liegt eine solche Stellung des Verwandten nicht vor, liegt ein Verstoß

nicht vor, da sich die MBO nicht an nichtärztliche Familienmitglieder richtet (zutreffend *Braun/Püschel* MedR 2013, 655, 658).

Zur Einschränkung gesellschaftsrechtlicher Beteiligungen an sog. Teilberufsausübungsgemeinschaften vgl. § 18 MBOÄ Rdn. 23 ff.; dazu unter dem Gesichtspunkt des § 31 OLG Karlsruhe GesR 2012, 561, aufgehoben und zurückverwiesen durch BGH GesR 2014, 477, danach erneut bestätigt durch OLG Karlsruhe GesR 2015, 681; die dagegen eingelegte Nichtzulassungsbeschwerde wurde vom BGH durch Beschl. v. 02.12.2015- I ZR 65/15 (n.v.) zurückgewiesen. Zu Details vgl. *Halbe* MedR 2015, 168, 170. 13a

Eine differenzierte Rechtsprechung hat sich insbesondere zur sog. »Quersubventionierung« von Laborgemeinschaften herausgebildet; hier ist es vorgekommen, dass Laborärzte eine Laborgemeinschaft (deren Mitglieder alle niedergelassenen Ärzte sind, der Laborarzt typischerweise aber nicht) finanziell unterstützt haben, wenn gleichzeitig die Anforderung von Speziallaborleistungen durch diese Mitglieder beim Laborarzt erfolgte, der seinerseits diese Leistungen dann gegenüber der Kassenärztlichen Vereinigung bzw. gegenüber Selbstzahlern (oft mit hohem Gewinn) abrechnete (BGH MedR 1990, 77; BGH GesR 2005, 547; BGH GesR 2010, 197). So ist auch die Beteiligung eines niedergelassenen Arztes an einer Labor GmbH unzulässig (OLG Stuttgart GesR 2007, 320). 14

### VI. Folgen eines Verstoßes

§ 31 ist Verbotsgesetz i.S.d. § 134 BGB (BGH NJW 1986, 2360, 2361; BayObLG MedR 2001, 206, 210; BGH GesR 2003, 211), sodass Verträge, die gegen § 31 verstoßen, nichtig sind und etwaig gezahlte Vergütungen zurückgefordert werden können (vgl. hierzu LSG GesR 2016, 646). Die Rückforderung des Entgelts oder Vorteils aus einem solchen Vertrag wird nach Bereicherungsrecht abgewickelt und soll nach *Wittman* MedR 2008, 716 wegen § 817 Satz 2 BGB ausgeschlossen sein. Verträge, die nicht mit § 31 in Einklang stehen, können §§ 4 Nr. 1, 3 UWG erfüllen und daher einen Anspruch auf Unterlassung des Abschlusses eines solchen Vertrags und Unterlassung der Mitwirkung bei der Anbahnung begründen (vgl. OLG Düsseldorf GesR 2009, 605, 607; BGH GesR 2005, 547 ff.). § 31 ist zudem eine das Marktverhalten regelnde Norm i.S.v. § 4 Nr. 11 UWG (BGH GesR 2009, 549 ff.; OLG Düsseldorf GesR 2009, 605, 608). Demgemäß sollen auch Unternehmen, die Ärzte zu einem Verstoß gegen § 31 verleiten, indem sie ihnen für die Zuweisung von Patienten Vorteile gewähren, als Anstifter zum Rechtsbruch haftbar sein (vgl. zu »Beauty-Abos« LG Hamburg Urt. v. 27.08.2013 – 312 O 484/12), sodass auch gegen sie Unterlassungsansprüche bestehen können (vgl. auch *Halbe* MedR 2015, 168 ff.). 15

Tatsächlich als »Kick-Back« vereinbarte, aber zum Schein als für ärztliche Leistungen gezahlte Vergütungen für Zuweisungen unterliegen zudem in der Regel der Umsatz- und Gewerbesteuerpflicht, werden oft aber seitens des Arztes als Einnahmen aus ärztlicher Tätigkeit und damit als gem. § 4 Nr. 14a UStG umsatzsteuerfrei und im Gegensatz zu dem gem. § 5 GewStG in der Regel gewerbesteuerpflichtigen Maklerhonorar gewerbesteuerfrei verbucht; damit kann der Tatbestand der Steuerhinterziehung (§ 370 AO) erfüllt sein. 16

Zudem kommen – je nach Konstellation – auch eine Strafbarkeit (umfassend hierzu unter fast allen Gesichtspunkten *Brockhaus/Dann/Teubner/Tsambikakis* wistra 2010, 418) wegen Betruges (§ 263 StGB, vgl. z.B. BGH GesR 2004, 371; BGH NStZ 2007, 269) oder Untreue (§ 246 StGB, vgl. z.B. BGH GesR 2004, 371), unter Umständen auch wegen Nötigung oder Erpressung (vgl. im Einzelnen *H. Schneider/Gottschaldt* wistra 2009, 133; *H. Schneider* HRRS. 2009, 484; *Kölbel* wistra 2009, 129) in Betracht. Hingegen entfallen die Tatbestände von Bestechung/Bestechlichkeit (§ 299 StGB) bei Vertragsärzten regelmäßig angesichts der vom BGH (GesR 2012, 656 = MedR 2012, 656 m. Anm. *Szesny/Remplik*; eingehend dazu *Schnapp* GesR 2012, 705; *St. Peters*, Die Zahlung von Kopfpauschalen an niedergelassene Ärzte; *Braun* MedR 2013, 277) verneinten Eigenschaft des Vertragsarztes als Amtsträger i.S.d. § 11 Abs. 1 Nr. 2c StGB oder als Beauftragter (der Krankenkasse als öffentlich-rechtlicher Körperschaft) i.S.d. § 299. Zur Strafbarkeit nach den eingefügten §§ 299a, 299b vgl. vertiefend *H.Schneider/Ebermann* medstra 2018, 67. 17

17a Neben § 31 Abs. 2 sichert § 11 Abs. 1 ApoG das Recht der Patienten ab, selbst die Apotheke auszuwählen, in der sie die ärztliche Verordnung einlösen (vgl. zur zulässigen Direktübermittlung an Wunschapotheke des Patienten OLG Sachsen-Anhalt Urt. v. 04.05.2016 – 9 U 85/15). Danach darf das Auswahlrecht nicht durch eine Vereinbarung zwischen Arzt und Apotheker bzw. seinem Personal umgangen werden, nach der der Arzt von dem Apotheker Arzneimittel bevorzugt bezieht und diese dem Patienten aushändigt, dem Apotheker Patienten zuführt oder Verschreibungen zuweist (vgl. *Kleinke* GesR 2013, 400 f.; zum Anspruch auf behördliches Einschreiten gegen vermeintliche Absprachen VG Augsburg/*Wiesener* GesR 2014, 213). Eine unmittelbare Einigung zwischen Arzt und Apotheker ist nicht zwingend erforderlich (vgl. zur Verwendung von Papierwerbung in Arztpraxen OLG Düsseldorf Urt. v. 08.06.2017 – 20 U 38/16). Auch eine Einschaltung Dritter, bei der es mit »Wissen und Wollen von Arzt und Apotheke zu einer Verlautbarung gegenüber Patienten kommt«, erfüllt die Voraussetzungen der Vorschrift (vgl. zur Werbung für Apotheken auf Bildschirmen im Wartezimmer einer Arztpraxis OLG Frankfurt GesR 2014, 550; offen gelassen von BGH GesR 2015, 678, da dieser jedenfalls eine täterschaftliche Haftung des Dritten nach UWG verneinte). Ein vorsätzlicher oder fahrlässiger Verstoß gegen § 11 Abs. 1 ApoG (z.B. durch Vereinbarung eines Hol- und Bringdienstes für Zytostatika, OLG Hamm GesR 2006, 572 ff.) ist gem. § 25 Abs. 1 Nr. 1 ApoG bußgeldbewehrt (Bußgeld i.H.v. bis zu 5.000 €) und soll auch gegenüber Ärzten ordnungsrechtlich verfolgt werden können (OVG NRW NVwZ-RR 2000, 216 f.).

17b Ein Verstoß gegen § 31 Abs. 1 kann gleichzeitig auch einen Verstoß gegen § 7 HWG darstellen, wenn Zuwendungen angenommen werden. Bei vorsätzlicher oder fahrlässiger Begehung kann gem. § 15 Abs. 1 Nr. 4a HWG ein Bußgeld i.H.v. bis zu 50.000 € verhangen werden.

17c Schwerwiegende Verstöße können auch Grund für den Widerruf der Approbation unter dem Gesichtspunkt der Unwürdigkeit zur Ausübung des ärztlichen Berufs (§ 5 Abs. 2 Satz 1 i.V.m. § 3 Abs. 1 Satz 1 Nr. 2 BÄO) sein; abzustellen ist auf die konkreten Umstände des Einzelfalls, insb. Art, Schwere und Zahl der Verstöße und den daraus zu ziehenden Rückschlüssen auf den Charakter des Arztes (Bay. VGH GesR 2013, 213). Bei Vertragsärzten kommt insb. bei gleichzeitigem Verstoß gegen § 73 Abs. 7, § 128 SGB V auch die Entziehung der Zulassung in Betracht; unter Verhältnismäßigkeitserwägungen wird nach denselben Kriterien auch hierbei zu prüfen sein, ob nicht eine disziplinarische Ahndung (§ 80 Abs. 5 SGB V) ausreichend ist.

18 *(unbesetzt)*

## C. Empfehlung oder Zuweisung nur mit hinreichendem Grund, Abs. 2

### I. Schutzzweck

19 Ärzten wird durch Abs. 2 untersagt, Patienten ohne hinreichenden Grund weder bestimmte Apotheken, Heil- und Hilfsmittelerbringer oder sonstige Anbieter gesundheitlicher Leistungen zu empfehlen oder gar an diese zu verweisen. Die Vorschrift sichert nicht nur die Unabhängigkeit des Arztes, sondern auch die unbeeinflusste Wahlfreiheit des Patienten in Bezug auf die im Folgenden seitens des Patienten ggf. in Anspruch zu nehmenden Leistungserbringer (BGH GesR 2010, 552, 553; BGH GesR 2011, 246, jeweils zur alten Rechtslage des § 34 Abs. 5). Der Patient soll nicht durch die besondere Sachkunde und infolge des Vertrauens in den Arzt in seiner Entscheidung gelenkt werden, wenn dafür kein hinreichender Grund i.S.d. Abs. 2 vorliegt. Der Arzt soll den Wettbewerb nicht beeinträchtigen und seine Therapie nicht an eigenen wirtschaftlichen Interessen oder den Interessen Dritter ausrichten (OLG Stuttgart MedR 1997, 175, 176).

### II. »Empfehlen« oder »Verweisen« ohne »hinreichenden Grund«

20 »Empfehlen«, »Verweisen« und »ohne hinreichenden Grund« sind unbestimmte Rechtsbegriffe, die durch die Rechtsprechung konkretisiert wurden (vgl. BGH GesR 2009, 549 ff.; BGH GesR 2011, 246). Zivilprozessual wirkt sich die Auslegung bei § 253 Abs. 2 Nr. 2 ZPO aus. Ein Unterlassungsantrag, der den Wortlaut des § 31 Abs. 2 wiederholt, genügt den Bestimmtheitsanforderungen des § 253

Abs. 2 Nr. 2 ZPO, »wenn er – soweit möglich – auf die konkrete Verletzungsform Bezug nimmt« (BGH GesR 2009, 549, 550 f. m.w.N.; BGH GesR 2011, 246; entschieden jeweils zur Vorgängerfassung des § 34 Abs. 5).

### 1. Verweisen

Der Tatbestand des »Verweisens« erfasst jedwede Empfehlung eines bestimmten Leistungserbringers, die ein Arzt von sich aus – ohne gefragt zu sein – tätigt; begrifflich ist er nicht nur auf *Über*weisungen im rechtstechnischen Sinn beschränkt (BGH GesR 2011, 246, 249 Rn. 27 ff.; OLG Schleswig ZMGR 2013, 201). Die unzulässige Verweisung kann bereits durch Anbringung von konkreten Hinweisschildern oder Zurverfügungstellung von Räumlichkeiten für Heilmittelerbringer erfolgen (BGH GesR 2017, 123). Bittet der Patient dagegen den Arzt um eine Empfehlung, weil er keinen geeigneten Leistungserbringer kennt oder weil er eine Alternative sucht, so soll die Empfehlung des Arztes nicht unter das »Verweisen« i.S.d. § 31 Abs. 2 fallen (BGH GesR 2011, 246, 250 Rn. 30 zur Vorgängerregelung des § 34 Abs. 5). Der BGH begründet die Unterscheidung mit der Wahlfreiheit des Patienten; wenn dieser eine Empfehlung erbitte, sei es seine eigene Entscheidung, ob er sich in seiner Wahlfreiheit beeinflussen lasse (BGH GesR 2011, 246, 249 Rn. 28). Ein »Verweisen« ist nicht nur anzunehmen, wenn ein Arzt einen bestimmten nachfolgend in Anspruch zu nehmenden Leistungserbringer benennt, sondern auch, wenn er für das Ausdrucken von Bestellscheinen ein EDV-Modul verwendet, das zwingend die Angabe einer konkreten Versandapotheke erfordert und demgemäß beinhaltet (OLG Koblenz AZR 2008, 74), bei der Empfehlung einer bestimmten Apotheke durch Rezeptaufdruck (OLG Koblenz OLGR 2006, 516) sowie bei Empfehlung nur eines Anbieters durch Plakate, Flyer, Visitenkarten und Gutscheine (OLG Hamm AZR 2008, 75, 76).

### 2. Empfehlen

Auch eine bloße Empfehlung – vom Wortcharakter her schwächer als die Verweisung – erfüllt den Tatbestand des Abs. 2. Unter einer Empfehlung sind alle Hinweise auf einen nachfolgenden Leistungserbringer zu verstehen, die diesen als vorteilhaft, geeignet, zuverlässig o.ä. darstellen und unmittelbar oder mittelbar nahelegen, sich gerade für ihn zu entscheiden.

### 3. Hinreichender Grund

Empfehlungen oder Verweisungen sind grundsätzlich unzulässig (vgl. für Nahrungsergänzungsmittel *Utzerath* MedR 2018, 392); für die ausnahmsweise (vgl. auch BGH GesR 2011, 246, 250 Rn. 38) Zulässigkeit bedarf es eines »hinreichenden Grundes«. Der Begriff »hinreichender Grund« ist mit Blick auf die Berufsfreiheit (Art. 12 Abs. 1 GG) weit auszulegen (BGH GesR 2010, 552, 553 Rn. 21).

Als hinreichender Grund kommt zuvorderst die Frage des Patienten in Betracht; sie darf aber nicht ärztlicherseits initiiert sein. Damit darf der Arzt einem bestehenden, berechtigten Informationsbedürfnis des Patienten entsprechen (BGH GesR 2011, 246, 249 Rn. 35); er ist solchenfalls auch nicht gehalten, alle im Umkreis befindlichen Leistungserbringer zu benennen, sondern darf sich auf den- oder diejenigen beschränken, die er (ohne sachfremde Erwägungen) für am ehesten geeignet hält.

Ein hinreichender Grund kann weiter insb. in medizinischen Erwägungen des Arztes liegen, beispielsweise der Sicherung des Therapieerfolgs (OLG Schleswig NJW 1995, 3064; BGH GRUR 2000, 1080, 1082; BGH GRUR 2001, 255, 256). Er muss sich aber nicht unmittelbar aus Bereichen der Medizin ergeben (vgl. BGH GesR 2009, 549, 551 m.w.N.); so können die Qualität der Versorgung, die Vermeidung von Wegen für gehbehinderte Patienten oder schlechte Erfahrungen mit anderen Anbietern ebenfalls einen sachlich rechtfertigenden Grund darstellen (BGH GRUR 2000, 1080, 1082; BGH GesR 2009, 549, 551; BGH GesR 2011, 246, 250). Die Qualität der Versorgung erfordert, dass die Verweisung an einen bestimmten Hilfsmittelanbieter aus Sicht des behandelnden Arztes aufgrund spezieller Bedürfnisse des einzelnen Patienten besondere Vorteile in der Versorgungsqualität bietet (BGH GesR 2011, 246, 250 Rn. 43). Dafür reichen in langjähriger vertrauensvoller Zusammenarbeit gewonnene gute Erfahrungen oder die allgemeine hohe fachliche Kompetenz eines Anbieters oder seiner Mitarbeiter allein aber nicht aus (BGH GesR 2011, 246, 251 Rn. 43). Kein hinreichender Grund soll auch der Wunsch des Patienten sein, sämtliche Leistungen aus einer Hand zu erhalten (BGH GesR 2009, 549) und die größere Bequemlichkeit eines bestimmten Versorgungswegs allgemein und für sich allein (BGH GesR 2009, 549, 551; BGH GesR 2011, 246, 250 Rn. 38); die Vermeidung einer erneuten Sehschärfenmessung durch den Optiker genügt nicht (BGH GesR 2009, 549). Schließlich entfällt der Verstoß auch dann nicht, wenn der Arzt alle *Betriebe am Ort seiner Niederlassung* benennt; auch die Benennung mehrerer Anbieter beeinträchtigt die Wahlfreiheit des Patienten, zumal der Einzugsbereich Frage des Einzelfalls ist (OLG Schleswig ZMGR 2013, 201).

### III. Sanktionen und Rechtsfolgen

24 § 31 Abs. 2 ist ein Verbotsgesetz i.S.d. § 134 BGB (*Scholz* GesR 2013, 12, 15; zur entsprechenden Qualifizierung im *zahn*ärztlichen Berufsrecht BGH GesR 2012, 621; zur Vorläuferregelung des § 34 Abs. 5 Ratzel/Lippert/Prütting/*Lippert* [5. Auflage] § 34 Rn. 14; *Ratzel* MedR 2002, 63).

24a § 31 Abs. 2 ist hingegen nicht Schutzgesetz i.S.d. § 823 Abs. 2 BGB (BGH NJW 1981, 2007 zur Vorgängerregelung des § 34 Abs. 3). Die Vorschrift ist aber Marktverhaltensregelung gem. § 4 Nr. 11 UWG (BGH GesR 2009, 549, 550; BGH GesR 2011, 246, 249) und kann so zu einem Beseitigungs-, Unterlassungs- und Schadensersatzanspruch gem. §§ 8, 9 UWG führen.

## § 32 Unerlaubte Zuwendungen

(1) Ärztinnen und Ärzten ist es nicht gestattet, von Patientinnen und Patienten oder Anderen Geschenke oder andere Vorteile für sich oder Dritte zu fordern oder sich oder Dritten versprechen zu lassen oder anzunehmen, wenn hierdurch der Eindruck erweckt wird, dass die Unabhängigkeit der ärztlichen Entscheidung beeinflusst wird. Eine Beeinflussung ist dann nicht berufswidrig, wenn sie einer wirtschaftlichen Behandlungs- oder Verordnungsweise auf sozialrechtlicher Grundlage dient und der Ärztin oder dem Arzt die Möglichkeit erhalten bleibt, aus medizinischen Gründen eine andere als die mit finanziellen Anreizen verbundene Entscheidung zu treffen.

(2) Die Annahme von geldwerten Vorteilen in angemessener Höhe ist nicht berufswidrig, sofern diese ausschließlich für berufsbezogene Fortbildung verwendet werden. Der für die Teilnahme an einer wissenschaftlichen Fortbildung gewährte Vorteil ist unangemessen, wenn er über die notwendigen Reisekosten und Tagungsgebühren hinausgeht.

(3) Die Annahme von Beiträgen Dritter zur Durchführung von Veranstaltungen (Sponsoring) ist ausschließlich für die Finanzierung des wissenschaftlichen Programms ärztlicher Fortbildungsveranstaltungen und nur in angemessenem Umfang erlaubt. Das Sponsoring, dessen Bedingungen und Umfang sind bei der Ankündigung und Durchführung der Veranstaltung offen zu legen.

| Übersicht | Rdn. | | Rdn. |
|---|---|---|---|
| A. Vorbem. zu den §§ 32 ff. | 1 | D. Der Eindruck des Einflusses auf die ärztliche Entscheidung | 4 |
| B. Geschenke und andere Vorteile | 2 | E. Ausnahmen, Abs. 2 | 6 |
| C. Fordern, Sich-Versprechen-Lassen und Annehmen | 3 | F. Erlaubtes Sponsoring von Fortbildungen, Abs. 3 | 9 |

### A. Vorbem. zu den §§ 32 ff.

1 Die §§ 32 ff. sind berufsrechtliche Vorgaben für die Zusammenarbeit von Ärzten und Industrie, die die Notwendigkeit der Kooperation einerseits und die Unabhängigkeit der ärztlichen Entscheidung

andererseits in Einklang bringen sollen. Dies soll durch vier Prinzipien erreicht werden: Transparenz der Finanzflüsse, Trennung von Beschaffungsentscheidung und Zuwendungsempfang, Äquivalenz von Leistung und Gegenleistung sowie die Dokumentation der Zusammenarbeit (vgl. *Flenker*, Vortrag auf dem 106. Deutschen Ärztetag 2003 zur Novellierung einzelner Vorschriften der [Muster-] BO, abrufbar im Internet unter: http://www.bundesaerztekammer.de/arzt2003/start.htm). Schutzgut des § 32 ist »das auf die Ärzteschaft allgemein bezogene Vertrauen in die Freiheit und Unabhängigkeit ärztlicher Entscheidungen« (LandesberufsG für Heilberufe OVG NRW GesR 2008, 316, 317; Ärztegerichtshof des Saarlandes GesR 2011, 117, 118).

Die §§ 32 ff. ergänzen die strafrechtlichen Vorgaben (§§ 299a, b, §§ 331 ff. StGB) und den »Gemeinsamen Standpunkt zur strafrechtlichen Bewertung der Zusammenarbeit zwischen Industrie, medizinischen Einrichtungen und deren Mitarbeitern« (sog. FSA-Kodex, abgedruckt in: *Dieners* 2010, 621 ff.), zu dessen Einhaltung sich neben verschiedenen Verbänden der Industrie die Arbeitsgemeinschaft der wissenschaftlichen Medizinischen Fachgesellschaften, die Deutsche Krankenhausgesellschaft und der Deutsche Hochschulverband verpflichtet haben. Der FSA-Kodex ist eine Empfehlung, ein Verhaltenskodex (eingehend: Dieners/*Dieners*, S. 69 ff.), dem keine Rechtsnormqualität zukommt, der aber gleichwohl für die Frage der Unlauterkeit einer Wettbewerbshandlung nach dem GWB Bedeutung erlangen kann (vgl. OLG München PharmR 2010, 65). 1a

§ 32 ist im Verhältnis zu § 33 die Generalklausel und kommt immer dann zur Anwendung, wenn dieser den Sachverhalt nicht erfasst (vgl. *Flenker*, Vortrag auf dem 106. Deutschen Ärztetag 2003 zur Novellierung einzelner Vorschriften der [Muster-] BO, abrufbar im Internet unter: http://www.bundesaerztekammer.de/arzt2003/start.htm; *Kronawitter* in: Ratzel/Christophers/Harneit/Heinicke/Middendorf/Schillhorn/Steinbrück/Stellpflug (Hrsg.), FS 20 Jahre ARGE Medizinrecht, S. 271 ff.). § 32 gilt für alle einseitigen Zuwendungen; für Austauschverträge ist § 33 einschlägig. 1b

### B. Geschenke und andere Vorteile

Geschenke i.S.d. § 32 sind Gegenstände, die ohne Gegenleistung zugewendet werden. »Vorteil« ist jede Leistung, durch die der Arzt oder ein Dritter objektiv besser gestellt wird und auf die kein rechtlicher Anspruch besteht (ähnlich Ratzel/Lippert/Prütting/*Lippert* § 32 Rn. 3; vgl. zur unzulässigen aktiven Mitwirkung bei Drittbegünstigung Ärztliches BerufsG Niedersachsen MedR 2017, 82). Dazu zählen insb. Schenkungsversprechen, die mit Ausnahme der Handschenkung formbedürftig sind (vgl. § 518 BGB) sowie die Übernahme von Bewirtungskosten für den Arzt und Angehörige (vgl. LandesberufsG für Heilberufe OVG NRW GesR 2008, 316 ff.; Ärztegerichtshof Saarland GesR 2011, 117 ff.), unter Umständen aber auch die Gewährung von Darlehen (vgl. auch OLG Bremen Urt. v. 02.10.2019 – 1 U 12/18, juris Rn. 54 zur Sittenwidrigkeit von Darlehensverträgen mit sog. Wahrsage- bzw. Lebensberatungsanbietern). Nach Berufsgericht für Heilberufe VG Berlin (GesR 2021, 537 = ZMGR 201, 254 m. Anm. *von der Embse*; dazu *Bonvie*, jurisPR-Medizinrecht 6/2021 Anm. 1) soll eine unerlaubte Zuwendung nicht vorliegen, wenn ein Arzt von einer Patientin ein Grundstück zu einem angemessenen Kaufpreis erwirbt, da die bloße Gelegenheit zum Abschluss eines Grundstückskaufvertrages bei wirtschaftlicher Betrachtung keinen Vorteil darstelle. Das wird – jedenfalls dann, wenn es auch zu einem »angemessenen Kaufpreis« nicht oder kaum möglich ist, in der betreffenden Region eine Immobilie zu erwerben – einzelfallbezogen kritisch zu hinterfragen sein. 2

### C. Fordern, Sich-Versprechen-Lassen und Annehmen

Die relevanten Handlungen sind das Fordern, das Sich-Versprechen-Lassen und die Annahme von Geschenken oder anderen Vorteilen. Fordern ist ein Verhalten, mit dem der Arzt ausdrücklich oder konkludent zum Ausdruck bringt, dass er ein Geschenk oder einen anderen Vorteil i.S.d. § 32 Satz 1 für eine ärztliche Entscheidung begehrt (vgl. auch *Fischer* § 331 Rn. 18). Sich-Versprechen-Lassen meint die Annahme des Angebots eines künftigen Geschenks oder anderen Vorteils (vgl. *Fischer* § 331 Rn. 19). Annehmen ist das tatsächliche In-Empfang-Nehmen des Geschenks oder des Vorteils (vgl. *Fischer* § 331 Rn. 20). 3

3a  »Andere«, die das Geschenk oder den anderen Vorteil anbieten, geben oder versprechen, sind auch Unternehmen.

### D. Der Eindruck des Einflusses auf die ärztliche Entscheidung

4  Für einen Verstoß gegen § 32 Satz 1 genügt der bloße »Eindruck«, dass die ärztliche Entscheidung durch Geschenke oder andere Vorteile beeinflusst wird. Es kommt daher nicht auf eine tatsächliche Beeinflussung der ärztlichen Entscheidung an. »Eindruck« ist ein unbestimmter Rechtsbegriff, dessen Auslegung durch die Rechtsprechung konkretisiert ist und der den Bestimmtheitsanforderungen des Art. 103 Abs. 2 GG entspricht (vgl. LandesberufsG für Heilberufe OVG NRW GesR 2008, 316; Ärztegerichtshof Saarland GesR 2011, 117, 119). Maßgeblich für den Eindruck des Einflusses auf die ärztliche Entscheidung ist, »dass in der Vorstellung eines objektiven Beobachters Zweifel daran entstehen, ob angesichts des Geschenks oder einer sonstigen Zuwendung die Wahrung der Unabhängigkeit der ärztlichen Entscheidung gewährleistet ist« (Ärztegerichtshof Saarland GesR 2011, 117, 119; ähnlich LandesberufsG für Heilberufe OVG NRW GesR 2008, 316, 317). Für die Feststellung des Eindrucks muss das Berufsgericht an konkrete Tatsachen anknüpfen, die einen Zusammenhang (»hierdurch«) zwischen der Zuwendung und der ärztlichen Entscheidung nahelegen (Ärztegerichtshof Saarland GesR 2011, 117, 119). Die Tatsachen müssen zu »hinreichend konkreten Zweifeln« an der Unabhängigkeit des Arztes aufgrund der Zuwendung führen (Ärztegerichtshof Saarland GesR 2011, 117, 119). Angenommen wird ein solcher Eindruck bei Geldgeschenken in einer Größenordnung, die den Jahresverdienst des Arztes um ein Vielfaches übersteigt (Ärztegerichtshof Saarland GesR 2011, 117, 119: Geldgeschenk i.H.v. 476.000 €; ohne ein Abstellen auf den Jahresverdienst: LandesberufsG für Heilberufe OVG NRW GesR 2008, 316, 317: vier Geldgeschenke i.H.v. insgesamt 362.492,82 €). Bei einer entsprechenden Größenordnung soll sich der Zuwendungsempfänger in einem solchen Maße zu Dank und Wohlverhalten verpflichtet fühlen, dass seine Freiheit in aktuellen und künftigen Entscheidungen notwendigerweise beeinträchtigt sei (LandesberufsG für Heilberufe OVG NRW GesR 2008, 316, 317; Ärztegerichtshof Saarland GesR 2011, 117, 119).

5  Die früher in § 32 Satz 2 MBOÄ a.F. enthaltene Geringfügigkeitsklausel ist in 2011 entfallen. Angesichts des Abstellens auf die Möglichkeit der Einflussnahme ergeben sich hieraus keine sachlichen Änderungen. Eine starre Grenze hierfür gibt es nicht; maßgeblich sind die Umstände des Einzelfalls (vgl. zur früheren Rechtslage LandesberufsG für Heilberufe OVG NRW GesR 2008, 316, 317). Der jetzige Satz 2 ist im Jahr 2011 eingefügt worden; er hat in die Berufsordnung das aufgenommen, was die Bundesärztekammer bereits im Jahr 2007 in Hinweisen und Erläuterungen zum Umgang mit der Ökonomisierung des Gesundheitswesens niedergeschrieben hatte. Danach entfällt die grundsätzliche Berufsrechtswidrigkeit, wenn die Beeinflussung einer wirtschaftlichen Behandlungs- oder Verordnungsweise auf sozialrechtlicher Grundlage dient und dem Arzt die Möglichkeit erhalten bleibt, aus medizinischen Gründen eine andere als die mit finanziellen Anreizen verbundene Entscheidung zu treffen. Maßgeblich ist die Einhaltung einer »sozialrechtlichen Grundlage« als Mindeststandard, der jedenfalls nicht unterschritten werden darf. Die Regelung umfasst damit z.B. sog. Bonusregelungen, die – meist – für Leitende Ärzte/Chefärzte Bonuszahlungen bei Einhalten eines Budgets (z.B. bei Arzneimitteln, medizinischem Bedarf, Personalkosten u.Ä.) vorsehen. Damit soll auch die finanzielle Stabilität der sozialen Krankenversicherung sichergestellt werden (Erläuterungen der BÄK zur Änderung der Berufsordnung durch die Beschlüsse des 114. Deutschen Ärztetages [www.bundesaerztekammer.de/fileadmin/user_upload/downloads/114Beschlussprotokoll20110704.pdf], S. 37).

### E. Ausnahmen, Abs. 2

6  (unbesetzt)

7  Eine Ausnahme gilt für berufsbezogene Fortbildungskosten. Hierzu gehören neben der Annahme von Fachbüchern, dem kostenlosen Zugang zu Online-Fortbildungen (Erläuterungen der BÄK zur Änderung der Berufsordnung durch die Beschlüsse des 114. Deutschen Ärztetages [www.

bundesaerztekammer.de/fileadmin/user_upload/downloads/114Beschlussprotokoll20110704. pdf], S. 38) auch die Übernahme angemessener Kosten für Fachzeitschriften oder den Zugang zu nicht nur der Fortbildung dienenden Online-Portalen medizinischen Inhalts, insb. aber Tagungskosten. Satz 2 konkretisiert, dass letztere durch die Industrie ohne Berufsverstoß für den Arzt übernommen werden dürfen, sofern sie auf »notwendige Reisekosten« und »Tagungsgebühren« beschränkt sind (zur Frage der Angemessenheit der Kosten *Geiger* GesR 2014, 577, 579 f.). Dazu gehören Kosten für ein Bahnticket 1. Klasse, bei Anreise mit dem Flugzeug ein Economy-Class-Flug (vgl. Hinweise und Erläuterungen der Bundesärztekammer zur Vorgängerregelung in § 33, DÄBl. 2004, A-298; *Balzer* MedR 2004, 76, 78). Ein Business-Class-Flug kann im Einzelfall übernommen werden, wenn die Strecke überbucht ist oder es sich um einen Langstreckenflug handelt (Dieners/*Dieners*, S. 46; *Balzer* MedR 2004, 75, 78). Zu den notwendigen Reisekosten gehören auch weitere Anfahrtskosten wie Taxi- oder Busentgelte (*Balzer* MedR 2004, 75, 78). Ist eine Übernachtung für die Teilnahme an der Fortbildungsveranstaltung notwendig, dürfen die Übernachtungskosten übernommen werden. Die Übernachtung in einem Luxushotel wird in der Regel jedoch nicht »notwendig« sein (vgl. Hinweise und Erläuterungen der Bundesärztekammer zur Vorgängerregelung in § 33, DÄBl. 2004, A-298). Die Kostenübernahme darf nur für die tatsächliche Dauer der Veranstaltung erfolgen und sich nicht auf zusätzliche privat motivierte Verlängerungstage oder Begleitpersonen erstrecken (*Balzer* MedR 2004, 75, 78; Dieners/*Dieners*, S. 46).

*(unbesetzt)* 8

### F. Erlaubtes Sponsoring von Fortbildungen, Abs. 3

Abs. 3 erlaubt die ausnahmsweise Annahme von geldwerten Vorteilen in angemessener Höhe für 9 die ausschließliche Teilnahme an berufsbezogenen Fortbildungsveranstaltungen. Das dürfen indessen nicht »reine Marketingveranstaltungen« sein, wobei die Abgrenzung im Einzelfall schwierig sein kann. Maßgebend dürfte das Gesamtbild der Veranstaltung sein, wie es sich einem Dritten objektiv darstellt.

Die berufsrechtlich zulässige Annahme von geldwerten Vorteilen setzt weiterhin voraus, dass der 9a Zweck der Fortbildung im Vordergrund steht. Dies ist nicht der Fall, wenn die Dauer der Veranstaltung so kurz bemessen ist, dass aus Sicht eines Dritten objektiv überwiegend die Freizeitveranstaltung im Vordergrund steht, beispielsweise in einer bestimmten Urlaubsregion oder in Gestalt eines Städte-Sightseeings (vgl. Hinweise und Erläuterungen der Bundesärztekammer zur Vorgängerregelung in § 33, DÄBl. 2004, A-299). Dafür spricht, dass die Veranstaltung im Ausland stattfindet, dem Thema aber ein internationaler Bezug fehlt (vgl. Hinweise und Erläuterungen der Bundesärztekammer zur Vorgängerregelung in § 33, DÄBl. 2004, A-299).

Die Offenlegung des Sponsorings dem Grunde und dem Umfang nach (Satz 2) ist zudem Voraus- 10 setzung der berufsrechtlichen Zulässigkeit; fehlt es hieran, ist es auch bei Vorliegen der übrigen Voraussetzungen berufsrechtlich unzulässig, entsprechende Zuwendungen anzunehmen. Damit soll die zur Beurteilung und retrospektiven Prüfung erforderliche Transparenz geschaffen werden.

## § 33 Zuwendungen bei vertraglicher Zusammenarbeit

Soweit Ärztinnen und Ärzte Leistungen für die Hersteller von Arznei- oder Hilfsmitteln oder Medizinprodukten oder die Erbringer von Heilmittelversorgung erbringen (z. B. bei Anwendungsbeobachtungen), muss die hierfür bestimmte Vergütung der erbrachten Leistung entsprechen. Die Verträge über die Zusammenarbeit sind schriftlich abzuschließen und sollen der Ärztekammer vorgelegt werden.

Die berufsrechtlich zulässige Zusammenarbeit zwischen Industrie und Ärzten ist an verschiedene 1 Voraussetzungen geknüpft. § 33 setzt zunächst eine Austauschbeziehung zwischen Herstellern von Arzneimitteln, Hilfsmitteln, Medizinprodukten oder den Erbringern von Leistungen im Rahmen der Heilmittelversorgung einerseits und Ärzten andererseits voraus. Das folgt aus dem Wortlaut der

Vorschrift, der für die »Leistungen« der Ärzte eine »hierfür bestimmte Vergütung« verlangt, die der »erbrachten Leistung« entsprechen muss. Dieses Gegenseitigkeitsverhältnis muss weiterhin schriftlich als Vertrag fixiert sein, wie Satz 2 deutlich macht. Abs. 1 wird beispielsweise für sog. Beraterverträge relevant (vgl. *Felder/Lippert* GesR 2008, 225 ff.).

1a Zu den Begriffen Arzneimittel, Heilmittel, Medizinprodukt und Hilfsmittel s. § 31 Rdn. 3a.

1b Inhaltlich müssen die Leistung der Ärzte und die Vergütung der Hersteller bzw. Erbringer im Gegenseitigkeitsverhältnis stehen. Die Vergütung muss den erbrachten Leistungen entsprechen (Äquivalenzprinzip). Der Begriff der »Leistungen« wird durch den Klammerzusatz (Anwendungsbeobachtungen) beispielhaft konkretisiert; hierunter fallen aber auch die in der Vorläuferfassung explizit genannte Entwicklung, Erprobung und Begutachtung). Dafür werden fachliche oder wissenschaftliche Leistungen erbracht. Wann eine Vergütung der erbrachten Leistung i.S.d. § 33 entspricht, lässt sich nicht generalisierend bestimmen, sondern muss im jeweiligen Einzelfall unter Hinzuziehung sämtlicher Umstände und Faktoren ermittelt werden. Einzubeziehen sind der zeitliche Umfang und Aufwand des Arztes, die Schwierigkeit und Komplexität der Aufgabenstellung und die marktübliche Vergütung, sofern eine solche besteht (vgl. *Frehse* AuR 2004, 92, 94).

1c Satz 2 verpflichtet den Arzt im Regelfall zur Offenlegung der Verträge, die er mit der Industrie schließt, gegenüber der Ärztekammer. Viele Ärztekammern haben die Soll-Vorgabe aber in eine Regelung umgesetzt, die eine Verpflichtung »auf Verlangen« der Ärztekammer vorsieht (vgl. § 33 Abs. 1 Satz 2 BO Bayern; § 33 Abs. 1 Satz 2 BO BaWü; § 33 Abs. 1 Satz 2 BO Berlin; § 33 Abs. 1 Satz 2 Sachsen; Soll-Vorgaben in: § 33 Abs. 1 Satz 2 BO Bremen; § 33 Abs. 1 Satz 2 BO Hamburg; § 33 Abs. 1 Satz 2 BO Hessen; § 33 Abs. 1 Satz 2 BO Nds.; § 33 Abs. 1 Satz 2 BO RLP; § 33 Abs. 1 Satz 2 BO Saarland; § 33 Abs. 1 Satz 2 S-A; § 33 Abs. 1 Satz 2 BO Thüringen; § 33 Abs. 1 Satz 2 BO Westf.-Lippe). Eine Verpflichtung zur Vorlage der Verträge kann sich auch aus § 24 ergeben; vgl. auch § 24 Rdn. 1 zur Auslegung der »Soll«-Regelung.

# Gesetz zur Durchführung unionsrechtlicher Vorschriften betreffend Medizinprodukte (Medizinprodukterecht-Durchführungsgesetz – MPDG)

In der Fassung der Bekanntmachung vom 28. April 2020 (BGBl. I S. 960), zuletzt geändert durch Artikel 2 des Gesetzes vom 12. Mai 2021 (BGBl. I S. 1087)

## Inhaltsverzeichnis

Vorbemerkung
- § 1 Zweck des Gesetzes
- § 2 Anwendungsbereich des Gesetzes
- § 7 Sonderzulassung, Verordnungsermächtigung
- § 24 Allgemeine ergänzende Voraussetzungen
- § 25 Sponsor oder rechtlicher Vertreter des Sponsors
- § 26 Versicherungsschutz
- § 27 Verbot der Durchführung bei untergebrachten Personen
- § 28 Einwilligung in die Teilnahme
- § 29 Einwilligung in die Verarbeitung personenbezogener Daten
- § 30 Prüfer, Hauptprüfer und Leiter einer klinischen Prüfung oder sonstigen klinischen Prüfung
- § 31 Beginn einer klinischen Prüfung
- § 38 Antrag
- § 39 Umfang der Prüfung des Antrags
- § 42 Entscheidung der Bundesoberbehörde
- § 44 Korrekturmaßnahmen der Bundesoberbehörde
- § 45 Weitere Vorgaben für Korrekturmaßnahmen der Bundesoberbehörde
- § 46 Verbot der Fortsetzung
- § 47 Anforderungen an sonstige klinische Prüfungen
- § 53 Anzeige einer sonstigen klinischen Prüfung bei der zuständigen Bundesoberbehörde
- § 54 Anzeige von Änderungen
- § 62 Pflichten des Prüfers oder Hauptprüfers
- § 63 Meldepflichten des Prüfers oder Hauptprüfers
- § 64 Melde- und Mitteilungspflichten des Sponsors bei einer sonstigen klinischen Prüfung
- § 65 Verarbeitung und Pseudonymisierung personenbezogener Daten
- § 66 Eigenverantwortliche korrektive Maßnahmen
- § 67 Informationsaustausch
- § 68 Überwachung von klinischen Prüfungen und sonstigen klinischen Prüfungen durch die zuständige Behörde
- § 69 Korrekturmaßnahmen der Bundesoberbehörden
- § 70 Kontaktstelle

Vorbemerkungen zu § 71
- § 71 Durchführung der Vigilanzaufgaben
- § 72 Zusammenarbeit und Mitwirkungspflichten im Rahmen der Risikobewertung
- § 74 Verfahren zum Schutz vor Risiken
- § 75 Maßnahmen eines anderen Mitgliedstaats nach Artikel 95 Absatz 4 der Verordnung (EU) 2017/745
- § 76 Verfahren zur Erhebung von Einwänden nach Artikel 95 Absatz 6 der Verordnung (EU) 2017/745 gegen Maßnahmen eines anderen Mitgliedstaats und zur Verhängung von Maßnahmen nach Artikel 95 Absatz 7 der Verordnung (EU) 2017/745
- § 79 Behördliche Befugnisse im Rahmen der Durchführung der Vigilanz und der Überwachung
- § 81 Zuständige Behörden für die Meldepflichten der Importeure und Händler
- § 86 Deutsches Medizinprodukteinformations- und Datenbanksystem

§ 97 Regelungen für den Fall fehlender Funktionalität der Europäischen Datenbank für Medizinprodukte nach Artikel 33 der Verordnung (EU) 2017/745
§ 98 Übergangsregelung für das Deutsche Informations- und Datenbanksystem über Medizinprodukte

**Vorbemerkung**

Übersicht

| | Rdn. | | Rdn. |
|---|---|---|---|
| A. Allgemeines | 1 | B. Verschiebung des Inkrafttretens aufgrund der Verschiebung des Geltungsbeginns der Verordnung (EU) 2017/745. | 8 |

### A. Allgemeines

1  Seit dem 26. Mai 2021 ist die MDR, die Verordnung (EU) 2017/745 des Europäischen Parlaments und des Rates vom 5. April 2017 über Medizinprodukte, zur Änderung der Richtlinie 2001/83/EG, der Verordnung (EG) Nr. 178/2002 und der Verordnung (EG) Nr. 1223/2009 und zur Aufhebung der Richtlinien 90/385/EWG und 93/42/EWG des Rates (ABl. L 117 vom 05.05.2017, S. 1; L 117 vom 03.05.2019, S. 9; L 334 vom 27.12.2019, S. 165) die durch die Verordnung (EU) 2020/561 (ABl. L 130 vom 24.04.2020, S. 18) geändert worden ist, und am 26. Mai 2022 wird die IVDR, die Verordnung (EU) 2017/746 des Europäischen Parlaments und des Rates vom 5. April 2017 über In-Vitro-Diagnostika und zur Aufhebung der Richtlinie 98/79/EG und des Beschlusses 2010/227/EU der Kommission (ABl. L 117 vom 05.05.2017, S. 176; L 117 vom 03.05.2019, S. 11; L 334 vom 27.12.2019, S. 167) unmittelbar geltendes Recht in allen Mitgliedstaaten der Europäischen Union sein, damit innerhalb der Union ein gleichwertiges Gesundheitsschutzniveau gewährleistet ist. Die EU-Verordnungen, die die Richtlinie 93/42/EWG über Medizinprodukte, die Richtlinie 90/385/EWG zur Angleichung der Rechtsvorschriften der Mitgliedstaaten über aktive implantierbare medizinische Geräte und die Richtlinie 98/79/EG über In-vitro-Diagnostika ablösen, sehen eine Reihe von Öffnungsklauseln für den nationalen Gesetzgeber sowie an die Mitgliedstaaten gerichtete Regelungsaufträge vor. Daraus ergibt sich gesetzlicher Anpassungsbedarf im jeweiligen nationalen Medizinprodukterecht.

2  Am 22. Mai 2020 wurde das Gesetz zur Anpassung des Medizinprodukterechts an die Verordnung (EU) 2017/745 und die Verordnung (EU) 2017/746, das sog. Medizinprodukte-EU-Anpassungsgesetz (MPEUAnpG) im Bundesgesetzblatt (BGBl. I S. 960) verkündet. Kernstück dieses Gesetzes bildet Art. 1, das Gesetz zur Durchführung unionsrechtlicher Vorschriften betreffend Medizinprodukte (Medizinprodukterecht-Durchführungsgesetz – MPDG), welches das bisherige Medizinproduktegesetz ablöst. Dieser Beitrag gibt einen ersten Überblick über die Struktur und ausgewählte Inhalte des neuen nationalen Durchführungsgesetzes.

3  Der Schwerpunkt der Kommentierung liegt auf dem vierten und fünften Kapitel des MPDG, namentlich auf den Anforderungen an die Klinischen Prüfungen und sonstigen klinischen Prüfungen, sowie an die Vigilanz und Überwachung. Die Besonderheiten von In-Vitro-Diagnostika werden grundsätzlich nicht gesondert kommentiert.

4  Abgedruckt ist der zum 26. Mai 2021 gültige Rechtstext. Zur Beurteilung früherer Tatbestände ist das bisherige Recht heranzuziehen.

5  Nicht abgedruckt sind die im MPDG in Bezug genommenen europäischen Vorschriften der MDR und der IVDR sowie die teilweise in der Kommentierung erwähnten, das MPDG untersetzenden Rechtsverordnungen:
– Verordnung über die Meldung von mutmaßlichen schwerwiegenden Vorkommnissen bei Medizinprodukten sowie zum Informationsaustausch der zuständigen Behörden

(Medizinprodukte-Anwendermelde- und Informationsverordnung – MPAMIV) vom 21. April 2021 (= Artikel 1 der Medizinprodukte-EU-Anpassungsverordnung – MPEUAnpV, BGBl. I S. 833)
- Verordnung über das Errichten, Betreiben und Anwenden von Medizinprodukten (MPBetreibV) in der Fassung der Bekanntmachung vom 21. August 2002 (BGBl. I S. 3396), zuletzt geändert durch Artikel 7 der Verordnung vom 21. April 2021 (BGBl. I S. 833)
- Verordnung zur Regelung der Abgabe von Medizinprodukten (MPAV) vom 25. Juli 2014 (BGBl. I S. 1227), zuletzt geändert durch Artikel 8 der Verordnung vom 21. April 2021 (BGBl. I S. 833)
- Medizinprodukterecht-Durchführungsgesetz-Gebührenverordnung (MPDGGebV) vom 21. April 2021 (= Artikel 5 der MPEUAnpV, BGBl. I S. 833).

Die DIMDI-Verordnung wurde mit Artikel 17 Abs. 5 Satz 2 MPEUAnpG zum 26. Mai 2020 aufgehoben; die Medizinprodukte-Verordnung (MPV), die Medizinprodukte-Sicherheitsplanverordnung (MPSV), die Medizinprodukte-Gebührenverordnung und die Verordnung über klinische Prüfungen von Medizinprodukten (MPKPV) treten zum 26. Mai 2021 außer Kraft, vgl. Art. 10 Abs. 1 Satz 2 MPEUAnpV. **6**

Soweit erforderlich, werden die für das Verständnis notwendigen Artikel der EU-Verordnungen im Text in Bezug genommen. Die Kommentierung von Begriffsbestimmungen erfolgt zum Teil im Kontext der jeweiligen Norm. Paragraphen ohne Gesetzesangabe sind solche des MPDG. **7**

## B. Verschiebung des Inkrafttretens aufgrund der Verschiebung des Geltungsbeginns der Verordnung (EU) 2017/745

Am 26. Mai 2020 sollte die MDR unmittelbar geltendes Recht in allen Mitgliedstaaten der Europäischen Union sein. Gleichzeitig sollte das die Verordnung durchführende nationale Medizinprodukte-EU-Anpassungsgesetz in Kraft treten. Mit der Ausbreitung des neuartigen Coronavirus SARS-CoV-2 auch in Europa, verdichteten sich bereits im März 2020 die Hinweise, dass der Geltungsbeginn der MDR aufgrund der beispiellosen Herausforderungen vor die der COVID-19-Ausbruch die Mitgliedstaaten stellt, verschoben werden könnte. Schließlich wurde infolge der COVID-19-Pandemie mit der Verordnung (EU) 2020/561 v. 23. April 2020 (ABl. L 130 vom 24.04.2020, S. 18) kurzfristig der Geltungsbeginn der MDR vom 26. Mai 2020 um ein Jahr auf den 26. Mai 2021 verschoben. **8**

Mit Art. 15 des Zweiten Gesetzes zum Schutz der Bevölkerung bei einer epidemischen Lage von nationaler Tragweite v. 19. Mai 2020 (BGBl. I S. 1018, *im Folgenden Zweites Bevölkerungsschutzgesetz*) wurde das nationale Medizinprodukterecht an die infolge der COVID-19-Pandemie auf europäischer Ebene erfolgte Verschiebung des Geltungsbeginns der MDR um ein Jahr sowie an das vorzeitige Inkrafttreten des geänderten Art. 59 MDR (Ausnahme von den Konformitätsbewertungsverfahren, sog. »Sonderzulassung«) angepasst. Art. 17 Abs. 1 des MPEUAnpG wurde entsprechend geändert und das Inkrafttreten des MPEUAnpG grundsätzlich ebenfalls auf den 26. Mai 2021 verschoben. Gleichzeitig wurde sichergestellt, dass der aktuelle Rechtsrahmen, das Medizinproduktegesetz (MPG), erst zu diesem Zeitpunkt außer Kraft tritt (Art. 17 Abs. 1 Satz 2 und 3 in der Fassung durch Art. 15 Abs. 2 Nr. 1 des Zweiten Bevölkerungsschutzgesetzes, a.a.O.). Mit Art. 15 des Zweiten Bevölkerungsschutzgesetzes, welches ein sog. Eilgesetz war, konnten kurzfristig nur die notwendigsten Änderungen im dem zu diesem Zeitpunkt bereits beschlossenen nationalen Durchführungsrecht, insbesondere in den Inkrafttretens- und Außerkrafttretensregelungen des MPEUAnpG vorgenommen werden. Weitere Anpassungen des MPEUAnpG, die infolge der Verschiebung des Geltungsbeginns der MDR notwendig sind, wurden mit dem Gesetz zur Änderung des Medizinprodukterecht-Durchführungsgesetzes und weiterer Gesetze (MPDG-ÄndG) vorgenommen, welches am 12. Mai 2021 im BGBl. I S. 1087 verkündet wurde. **9**

## § 1 Zweck des Gesetzes

Dieses Gesetz dient der Durchführung und Ergänzung der Verordnung (EU) 2017/745 des Europäischen Parlaments und des Rates vom 5. April 2017 über Medizinprodukte, zur Änderung der Richtlinie 2001/83/EG, der Verordnung (EG) Nr. 178/2002 und der Verordnung (EG) Nr. 1223/2009 und zur Aufhebung der Richtlinien 90/385/EWG und 93/42/EWG des Rates (ABl. L 117 vom 5.5.2017, S. 1; L 117 vom 3.5.2019, S. 9; L 334 vom 27.12.2019, S. 165), die durch die Verordnung (EU) 2020/561 (ABl. L 130 vom 24.4.2020, S. 18) geändert worden ist, in der jeweils geltenden Fassung.

| Übersicht | Rdn. | | Rdn. |
|---|---|---|---|
| A. Zweck des Gesetzes | 1 | C. Betreiben und Anwenden von Medizinprodukten | 3 |
| B. »Umsetzung« von EU-Verordnungen | 2 | | |

### A. Zweck des Gesetzes

1 In § 1 wird der Zweck des Gesetzes beschrieben. Dabei handelt es sich nicht um eine Norm mit konkretem Regelungsgehalt; aus sich heraus entfaltet § 1 keine Rechtsfolgen. Allgemeine Zweckbestimmungen sind anders als Regelungen über den Anwendungs- oder Geltungsbereich (s. § 2) einem Gesetz grundsätzlich nicht voran zu stellen. Vielmehr sollte der Zweck des Gesetzes aus den getroffenen Regelungen selbst ohne weiteres erkennbar sein. § 1 weicht von diesem Grundsatz ab, um den nachrangigen Charakter des Gesetzes zu verdeutlichen.

### B. »Umsetzung« von EU-Verordnungen

2 Die in den EU-Verordnungen festgelegten Anforderungen benötigen keine Umsetzung im nationalen Recht, um verbindlich zu werden. Vielmehr gelten die Vorschriften der europäischen Verordnungen, im Gegensatz zu den europäischen Richtlinien, **unmittelbar und vorrangig** in allen Mitgliedstaaten. Es gilt jedoch widersprüchliches und gleichlautendes nationales Recht zu »bereinigen«. Darüber hinaus sehen die EU-Verordnungen eine Reihe von Öffnungsklauseln für den nationalen Gesetzgeber sowie an die Mitgliedstaaten gerichtete Regelungsaufträge vor. Um ein reibungsloses Zusammenspiel der EU-Verordnungen mit dem stark ausdifferenzierten, auf den abzulösenden Richtlinien 90/385/EWG, 93/42/EWG und 98/79/EG basierenden deutschen Medizinprodukterecht sicherzustellen, war es zur Durchführung der EU-Verordnungen erforderlich, das bisherige MPG durch das neue MPDG abzulösen und notwendige Anpassungen auch in den nachrangigen Rechtsverordnungen nachzuvollziehen.

### C. Betreiben und Anwenden von Medizinprodukten

3 Darüber hinaus regelt das Gesetz den Bereich des Betreibens und Anwendens von Medizinprodukten und In-vitro-Diagnostika, welcher von der MDR und der IVDR grundsätzlich nicht erfasst ist, sondern vielmehr der Regelungshoheit der Mitgliedstaaten verblieben ist.

## § 2 Anwendungsbereich des Gesetzes

(1) Dieses Gesetz ist anzuwenden auf Produkte im Anwendungsbereich der Verordnung (EU) 2017/745. Für In-vitro-Diagnostika sind bis einschließlich 25. Mai 2022 weiter anzuwenden:
1. das Medizinproduktegesetz in der Fassung der Bekanntmachung vom 7. August 2002 (BGBl. I S. 3146), das zuletzt durch Artikel 223 der Verordnung vom 19. Juni 2020 (BGBl. I S. 1328) geändert worden ist, in der bis einschließlich 25. Mai 2021 geltenden Fassung,
2. die Medizinprodukte-Verordnung vom 20. Dezember 2001 (BGBl. I S. 3854), die zuletzt durch Artikel 3 der Verordnung vom 27. September 2016 (BGBl. I S. 2203) geändert worden ist, in der bis einschließlich 25. Mai 2021 geltenden Fassung und

3. die Verordnung über klinische Prüfungen von Medizinprodukten vom 10. Mai 2010 (BGBl. I S. 555), die zuletzt durch Artikel 4 der Verordnung vom 13. Juli 2020 (BGBl. I S. 1692) geändert worden ist, in der bis einschließlich 25. Mai 2021 geltenden Fassung.

(2) Dieses Gesetz gilt auch für das Anwenden, Betreiben und Instandhalten von Produkten, die nicht als Medizinprodukte in Verkehr gebracht wurden, aber mit der Zweckbestimmung eines Medizinproduktes im Sinne der Anlagen 1 und 2 der Medizinprodukte-Betreiberverordnung angewendet werden.

| Übersicht | Rdn. | | Rdn. |
|---|---|---|---|
| A. Geltungsbereich, Übergangsregelung für In-vitro-Diagnostika . . . . . . . . . . . . . | 1 | C. Zweckentfremdeter Einsatz als Medizinprodukt . . . . . . . . . . . . . . . . . . . . . . . . | 3 |
| B. Begriff »Produkte« . . . . . . . . . . . . . . . | 2 | | |

## A. Geltungsbereich, Übergangsregelung für In-vitro-Diagnostika

Das MPDG ist zunächst nur auf Produkte im Sinne der MDR anzuwenden. In einem zweiten Schritt wird mit Geltungsbeginn der IVDR zum 26. Mai 2022 der Anwendungsbereich des MPDG auch auf In-vitro-Diagnostika im Sinne der IVDR ausgedehnt (s. Art. 3 MPEUAnpG). Abs. 1 Satz 2 bestätigt, dass in der Übergangsphase für In-vitro-Diagnostika bis einschließlich 25. Mai 2022 das MPG, die MPV und die MPKPV in der jeweils bis einschließlich 25. Mai 2021 geltenden Fassung weiterhin gelten. 1

## B. Begriff »Produkte«

Der Begriff »Produkte« im Sinne der MDR und des MPDG bezeichnet Medizinprodukte und ihr Zubehör, sowie die in Anh. XVI MDR aufgeführten und nach Art. 1 Abs. 2 unter die MDR fallenden Produktgruppen ohne medizinische Zweckbestimmung, vgl. Art. 1 Abs. 4 MDR und § 3 Nr. 1. Der Anwendungsbereich des MPDG ist im Vergleich zum Geltungsbereich des MPG, welches nur Medizinprodukte und ihr Zubehör inbegriffen hat, breiter gefasst. 2

## C. Zweckentfremdeter Einsatz als Medizinprodukt

Die MDR regelt abschließend das Inverkehrbringen und die Inbetriebnahme von Medizinprodukten und ihrem Zubehör auf dem Unionsmarkt. Art. 1 Abs. 14 MDR sieht jedoch vor, dass die MDR nicht das Recht eines Mitgliedstaats berührt, die Verwendung bestimmter Arten von Produkten im Zusammenhang mit Aspekten, die nicht unter die MDR fallen, einzuschränken. Infolgedessen sind die Mitgliedstaaten weiterhin berechtigt, das Betreiben, Anwenden und Instandhalten von Medizinprodukten und solchen Produkten, die entgegen ihrer eigentlichen Zweckbestimmung als Medizinprodukte zum Einsatz kommen, zu regulieren. Gemäß § 2 Abs. 2 erstreckt sich der Anwendungsbereich des MPDG daher auch auf das Anwenden, Betreiben und Instandhalten von Produkten, die nicht als Medizinprodukte in Verkehr gebracht wurden, aber mit der Zweckbestimmung eines Medizinproduktes im Sinne der Anlagen 1 und 2 der MPBetreibV angewendet werden. 3

Die Vorgaben der MPBetreibV sind demnach auch dann zu beachten, wenn ein Produkt **zweckentfremdet als Medizinprodukt eingesetzt** wird. Diese Produkte unterliegen zwar hinsichtlich ihres Inverkehrbringens oder ihrer Inbetriebnahme nicht den Vorgaben der MDR, jedoch den Regularien der vorstehenden Rechtsverordnung. Die Erweiterung des Anwendungsbereichs des MPDG auf diese Produkte ist keine Neuerung, da solche Produkte auch schon in den Anwendungsbereich des MPG fielen. § 2 Abs. 2 ersetzt die inhaltsgleiche Regelung des § 2 Abs. 2 Satz 1 MPG. 4

## § 7 Sonderzulassung, Verordnungsermächtigung

(1) Unter den in Artikel 59 Absatz 1 der Verordnung (EU) 2017/745 genannten Voraussetzungen kann die zuständige Bundesoberbehörde auf Antrag das Inverkehrbringen oder die

Inbetriebnahme von Produkten, bei denen die Verfahren nach Maßgabe von Artikel 52 der Verordnung (EU) 2017/745 nicht durchgeführt wurden, im Geltungsbereich dieses Gesetzes zulassen (Sonderzulassung). Der Antrag ist zu begründen.

(2) Die zuständige Bundesoberbehörde unterrichtet die Europäische Kommission und die anderen Mitgliedstaaten über die Erteilung von Sonderzulassungen nach Absatz 1 nach Maßgabe von Artikel 59 Absatz 2 der Verordnung (EU) 2017/745.

(3) Das Bundesministerium für Gesundheit wird ermächtigt, durch Rechtsverordnung, die nicht der Zustimmung des Bundesrates bedarf, Folgendes zu regeln:
1. das Nähere zum Verfahren der Zulassung nach Artikel 59 Absatz 1 und 2 der Verordnung (EU) 2017/745, insbesondere
   a) die Aufgaben der zuständigen Bundesoberbehörden,
   b) das behördliche Zulassungsverfahren einschließlich der einzureichenden Unterlagen und Nachweise sowie der Unterbrechung, Verlängerung oder Verkürzung von festzulegenden Bearbeitungszeiten,
   c) das Verfahren zur Überprüfung der Unterlagen,
   d) die Möglichkeiten zur Erteilung behördlicher Auflagen und
   e) die Voraussetzungen für Befristung, Rücknahme oder Widerruf der Zulassung;
2. das Nähere zu den Voraussetzungen für das Inverkehrbringen, die Inbetriebnahme und das Bereitstellen auf dem Markt der mit Sonderzulassung zugelassenen Produkte, die aus Gründen der Sicherheit und der Überwachung des Verkehrs mit Produkten erforderlich sind, insbesondere
   a) die Pflicht zur Kennzeichnung und Registrierung der zugelassenen Produkte,
   b) die behördliche und durch den Antragsteller zu veranlassende Überwachung der Sicherheit und Leistungsfähigkeit der angewendeten und zugelassenen Produkte,
   c) den Mindestinhalt der Informationen zur Aufklärung der betroffenen Patienten, an denen das zugelassene Produkt angewendet werden soll, sowie die Anforderungen an die notwendigen Patienteneinwilligungen.

| Übersicht | Rdn. | | Rdn. |
|---|---|---|---|
| A. Sonderzulassung | 1 | D. Verfahren der Sonderzulassung; Produkte für einen individuellen Patienten; Produkte in der breiten Anwendung | 5 |
| B. Vorzeitiges Inkrafttreten | 2 | | |
| C. Voraussetzungen, zuständige Bundesoberbehörde | 4 | E. Unterrichtung der KOM, Verfahren nach Art. 59 Abs. 3 MDR | 8 |
| | | F. Befristung, Verordnungsermächtigung | 9 |

## A. Sonderzulassung

1 Neben dem regulären Inverkehrbringen von Medizinprodukten hat der europäische Gesetzgeber mit Art. 59 MDR die Möglichkeit einer auf den jeweiligen Mitgliedstaat begrenzten **Sonderzulassung** von Medizinprodukten ohne ein vorher durchgeführtes Konformitätsbewertungsverfahren nach Art. 52 MDR vorgesehen.

## B. Vorzeitiges Inkrafttreten

2 Abweichend von dem verschobenen Geltungsbeginn der MDR trat der durch die Verordnung (EU) 2020/561 geänderte Art. 59 der MDR vorzeitig bereits am 24. April 2020 in Kraft. Hintergrund des **vorzeitigen Inkrafttretens** ist die damit verbundene Möglichkeit der KOM, die pandemiebedingten national erteilten Genehmigungen mittels Durchführungsrechtsakt auf das gesamte Gebiet der EU ausweiten zu können, um etwaigen unionsweiten Engpässen bei lebenswichtigen Medizinprodukten zu begegnen (vgl. Art. 59 Abs. 3 der MDR sowie Erwägungsgrund 7 der Verordnung (EU) 2020/561).

Um die nationale Durchführung des Art. 59 MDR zu gewährleisten, wurde durch Art. 17 Abs. 4 des MPEUAnpG in der Fassung durch Art. 15 Abs. 2 Nr. 2 des Zweiten Bevölkerungsschutzgesetzes (a.a.O.) sichergestellt, dass die §§ 7 und 90 Abs. 3 MPDG (Sondervorschriften für den Bereich der Bundeswehr und den Zivil- und Katastrophenschutz) gleichzeitig mit dem Inkrafttreten der Änderungsverordnung (EU) 2020/561 am 24. April 2020 (rückwirkend) in Kraft traten. In der Praxis hat diese Sondervorschrift insbesondere während der COVID-19-Pandemie enorme Bedeutung erlangt.

### C. Voraussetzungen, zuständige Bundesoberbehörde

Die Anwendung dieser Sonderregelung setzt ein begründetes Interesse des öffentlichen Gesundheitsschutzes oder der Patientensicherheit oder -gesundheit voraus. Das Verfahren ist auf begründeten Antrag von der zuständigen Bundesoberbehörde durchzuführen. Zuständige Bundesoberbehörde im Sinne des § 7 Abs. 1 und 2 ist das BfArM (vgl. § 85 Abs. 2 Nr. 4).

### D. Verfahren der Sonderzulassung; Produkte für einen individuellen Patienten; Produkte in der breiten Anwendung

Grundsätzlich steht es der Bundesoberbehörde frei, wie sie das Verfahren ausgestaltet. Sie wird grundsätzlich unterscheiden zwischen dem Inverkehrbringen und der Inbetriebnahme einzelner **Produkte für einen individuellen Patienten**, dem zum Beispiel als letztes geeignetes Mittel eine nicht CE-zertifizierte künstliche Herzklappe implantiert werden soll und **Produkten in der breiten Anwendung**, wie jüngst die Antigentests zur Eigenanwendung während der SARS-CoV-2-Pandemie.

In ersterem Beispielsfall orientiert sich die Behörde an der **Alternativlosigkeit der individuellen Behandlung eines einzelnen Patienten**, der ohne den Einsatz des nicht-CE-gekennzeichneten Produktes mit sehr hoher Wahrscheinlichkeit versterben würde. Sofern durch die behandelnden Ärzte bestätigt wird, dass kein CE-gekennzeichnetes Produkt zur Behandlung des Patienten verfügbar ist und sich das Produkt bereits im Stadium der klinischen Prüfung befindet, wird die Behörde, einem Einsatz eher zustimmen als ihn ablehnen.

Im Falle des geplanten Einsatzes in der breiteren Anwendung wird die Bundesoberbehörde vom Antragsteller den Nachweis fordern, dass eine **alternativlose Bedarfssituation** vorliegt, die nicht anderweitig gedeckt werden kann. Da es sich bei einer Sonderzulassung um eine **Ausnahmeregel** handelt, hat die Bundesoberbehörde hinsichtlich der Akzeptanz der in Art. 59 Abs. 1 MDR genannten Gründe für die Erteilung der Sonderzulassung, namentlich das Interesse des öffentlichen Gesundheitsschutzes oder der Patientensicherheit oder –gesundheit, einen weiten **Ermessensspielraum**. In Ausnahmefällen, wie zum Beispiel der aktuellen pandemischen Lage, wird der Nachweis abweichend zu Art. 59 Abs. 1 MDR auch ohne eine individuelle Begründung durch den Antragsteller akzeptiert werden können. In der aktuellen SARS-CoV-2-Pandemie hat die Bundesoberbehörde Informationen zu den einzureichenden Unterlagen auf ihrer Webseite bereitgestellt. Der Antragsteller hat nachzuweisen, dass das Produkt grundsätzlich den einschlägigen Sicherheits- und Leistungsanforderungen entspricht und insgesamt ein positives Nutzen-Risiko zu belegen.

### E. Unterrichtung der KOM, Verfahren nach Art. 59 Abs. 3 MDR

Sofern die Sonderzulassung nicht nur für einen einzigen Patienten erteilt wurde, hat die zuständige Bundesoberbehörde die KOM zu unterrichten, Art. 59 Abs. 2 MDR i.V.m. Abs. 2. An diese Mitteilung schließt sich ggf. das Verfahren nach Art. 59 Abs. 3 MDR an. In **Ausnahmefällen** kann die KOM aus Gründen der öffentlichen Gesundheit oder der Patientensicherheit oder -gesundheit eine nationale Sonderzulassung mittels Durchführungsrechtsakt befristet auf das gesamte Gebiet der Union ausweiten.

### F. Befristung, Verordnungsermächtigung

9 Anders als der bisherige § 11 MPG sieht § 7 **keine generelle Befristung** der Sonderzulassungen vor. Eine Befristung erfolgt ggf. über das Verfahren der KOM nach Art. 59 Abs. 3 MDR oder nach § 36 Abs. 2 Nr. 4 VwVfG, wonach ein Verwaltungsakt nach pflichtgemäßem Ermessen mit einer Bestimmung, nach der eine Vergünstigung oder Belastung zu einem bestimmten Zeitpunkt beginnt, endet oder für einen bestimmten Zeitraum gilt (Befristung), erlassen werden kann. Grundsätzlich wäre eine Befristung auch möglich, wenn sie – wie bisher in § 11 MPG – in die Rechtsverordnung nach Abs. 3 aufgenommen wird. Von der Verordnungsermächtigung in Abs. 3 hat das BMG bisher keinen Gebrauch gemacht.

## § 24 Allgemeine ergänzende Voraussetzungen

Über die Voraussetzungen der Verordnung (EU) 2017/745 hinaus darf eine klinische Prüfung von Produkten zu einem der in Artikel 62 Absatz 1 dieser Verordnung genannten Zwecke und über die Voraussetzungen des Artikels 82 Absatz 1 der Verordnung (EU) 2017/745 hinaus darf eine sonstige klinische Prüfung nur durchgeführt werden, wenn und solange die weiteren Voraussetzungen nach diesem Abschnitt vorliegen.

1 Mit § 24 wird klargestellt, dass sowohl die Vorgaben aus der MDR als unmittelbar geltendes Recht in der EU, als auch die in diesem Gesetz zusätzlich definierten Vorgaben für klinische Prüfungen und sonstige klinische Prüfungen zu erfüllen sind.

## § 25 Sponsor oder rechtlicher Vertreter des Sponsors

Bei ausschließlich national durchgeführten oder bei national und in Drittstaaten durchgeführten klinischen Prüfungen und sonstigen klinischen Prüfungen muss ein Sponsor oder ein rechtlicher Vertreter des Sponsors im Sinne von Artikel 62 Absatz 2 Unterabsatz 1 der Verordnung (EU) 2017/745 vorhanden sein, der seinen Sitz in einem Mitgliedstaat der Europäischen Union oder in einem anderen Vertragsstaat des Abkommens über den Europäischen Wirtschaftsraum hat.

1 Mit der Bedingung, dass in einer klinischen Prüfung oder sonstigen klinischen Prüfung, die ganz oder in Teilen national durchgeführt wird, ein Sponsor oder ein rechtlicher Vertreter des Sponsors vorhanden sein muss, der seinen Sitz in einem Mitgliedstaat der Europäischen Union hat, wird sichergestellt, dass eine **verantwortliche juristische Person im Rechtsraum der EU** existiert, auf die europäisches Recht anwendbar ist. Die MDR fordert, dass der Sponsor oder sein rechtlicher Vertreter seinen Sitz in einem Mitgliedstaat der EU hat. Mit § 25 wird dies **auf den EWR erweitert**.

## § 26 Versicherungsschutz

(1) Zugunsten der von einer klinischen Prüfung oder einer sonstigen klinischen Prüfung betroffenen Personen ist eine Versicherung bei einem Versicherer, der in einem Mitgliedstaat der Europäischen Union oder in einem anderen Vertragsstaat des Abkommens über den Europäischen Wirtschaftsraum zum Geschäftsbetrieb zugelassen ist, abzuschließen.

(2) Die abzuschließende Versicherung muss für Schäden haften, wenn bei der Durchführung der klinischen Prüfung oder der sonstigen klinischen Prüfung ein Mensch getötet oder der Körper oder die Gesundheit eines Menschen verletzt wird, und auch Leistungen gewähren, wenn kein anderer für den Schaden haftet.

(3) Der Umfang der abzuschließenden Versicherung muss in einem angemessenen Verhältnis zu den mit der klinischen Prüfung oder der sonstigen klinischen Prüfung verbundenen Risiken

stehen und auf der Grundlage der Risikoabschätzung so festgelegt werden, dass für jeden Fall des Todes oder der fortdauernden Erwerbsunfähigkeit einer von der klinischen Prüfung oder der sonstigen klinischen Prüfung betroffenen Person mindestens 500 000 Euro zur Verfügung stehen.

(4) Soweit aus der Versicherung geleistet wird, erlischt ein Anspruch der betroffenen Person auf Schadensersatz.

Art. 69 MDR legt fest, dass die Mitgliedstaaten sicherstellen müssen, dass Verfahren zur Entschädigung für jeden Schaden, der einem Prüfungsteilnehmer durch seine Teilnahme an einer klinischen Prüfung auf ihrem Hoheitsgebiet entsteht, in Form einer Versicherung, einer Garantie oder ähnlichen Regelungen bestehen, die hinsichtlich ihres Zwecks gleichartig sind und der Art und dem Umfang des Risikos entsprechen. Basierend auf dieser Verpflichtung wird mit § 26 für den Fall, dass bei der Durchführung einer klinischen Prüfung oder einer sonstigen klinischen Prüfungen ein Mensch getötet, der Körper eines Menschen verletzt oder dessen Gesundheit beeinträchtigt wird, eine **Versicherung bei einem Versicherer** gefordert. Diese Versicherung muss bei einem Versicherer abgeschlossen werden, der in einem Mitgliedstaat der EU oder in einem anderen Vertragsstaat des Abkommens über den EWR zum Geschäftsbetrieb zugelassen ist. § 26 Abs. 3 konkretisiert die Anforderung aus Art. 69 der MDR, wonach der Umfang der Versicherung in einem angemessenen Verhältnis zu den mit der Prüfung verbunden Risiken stehen muss, indem auf der Grundlage der Risikoabschätzung für jeden Todesfall bzw. jeden Fall fortdauernder Erwerbsunfähigkeit **mindestens 500.000 €** zur Verfügung stehen müssen. Mit der Leistung aus dieser Versicherung erlischt ein Anspruch auf Schadensersatz.

### § 27 Verbot der Durchführung bei untergebrachten Personen

Die Person, bei der eine klinische Prüfung oder eine sonstige klinische Prüfung durchgeführt werden soll, darf nicht auf Grund einer behördlichen Anordnung oder einer gerichtlichen Anordnung oder Genehmigung freiheitsentziehend untergebracht sein.

In der MDR werden in Art. 64 »Klinische Prüfungen mit nicht einwilligungsfähigen Prüfungsteilnehmern«, in Art. 65 »Klinische Prüfungen mit Minderjährigen« und in Art. 66 »Klinische Prüfungen mit schwangeren oder stillenden Frauen« geregelt. Art. 67 eröffnet zudem die Möglichkeit, zusätzliche nationale Maßnahmen zu ergreifen, die Personen betreffen, die einen Pflichtwehrdienst ableisten, denen die Freiheit entzogen wurde, die aufgrund einer gerichtlichen Entscheidung nicht an einer klinischen Prüfung teilnehmen dürfen, oder die in einem Pflegeheim untergebracht sind. Entsprechende nationale Regelungen werden mit § 27 getroffen, wonach die Durchführung klinischer Prüfungen und sonstiger klinischer Prüfungen an auf behördliche oder gerichtliche Anordnung bzw. Genehmigung **freiheitsentziehend untergebrachten Personen,** ausgeschlossen wird.

### § 28 Einwilligung in die Teilnahme

(1) Ergänzend zu den Artikeln 63 und 82 Absatz 1 der Verordnung (EU) 2017/745 gelten für die Einwilligung des Prüfungsteilnehmers oder, falls dieser nicht in der Lage ist, eine Einwilligung nach Aufklärung zu erteilen, seines gesetzlichen oder rechtsgeschäftlichen Vertreters die Vorgaben nach den Absätzen 2 bis 6.

(2) Der Prüfungsteilnehmer oder, falls dieser nicht in der Lage ist, eine Einwilligung nach Aufklärung zu erteilen, sein gesetzlicher oder rechtsgeschäftlicher Vertreter ist durch einen Prüfer, der Arzt oder, bei einer zahnmedizinischen klinischen Prüfung der Zahnarzt ist, im Rahmen des Gesprächs nach Artikel 63 Absatz 2 Buchstabe c der Verordnung (EU) 2017/745 aufzuklären.

(3) Eine klinische Prüfung oder eine sonstige klinische Prüfung mit einer Person, die nicht in der Lage ist, eine Einwilligung nach Aufklärung zu erteilen, darf nur durchgeführt werden, wenn folgende Voraussetzungen vorliegen:
1. die Voraussetzungen des Artikels 64 Absatz 1 der Verordnung (EU) 2017/745 und
2. die Voraussetzungen des Artikels 64 Absatz 2 der Verordnung (EU) 2017/745.

(4) Eine klinische Prüfung oder eine sonstige klinische Prüfung darf bei einem Minderjährigen, der in der Lage ist, das Wesen, die Bedeutung und die Tragweite der Prüfung oder Studie zu erkennen und seinen Willen hiernach auszurichten, nur durchgeführt werden, wenn auch seine schriftliche Einwilligung nach Aufklärung nach Artikel 63 der Verordnung (EU) 2017/745 zusätzlich zu der schriftlichen Einwilligung, die sein gesetzlicher Vertreter nach Aufklärung erteilt hat, vorliegt.

(5) Eine klinische Prüfung oder eine sonstige klinische Prüfung darf in Notfällen nur durchgeführt werden, wenn die Voraussetzungen des Artikels 68 der Verordnung (EU) 2017/745 vorliegen.

(6) Für den Widerruf der Einwilligung in die Teilnahme an einer sonstigen klinischen Prüfung ist Artikel 62 Absatz 5 der Verordnung (EU) 2017/745 entsprechend anzuwenden.

1 § 28 definiert die Einwilligung in die Teilnahme an einer klinischen und einer sonstigen klinischen Prüfung. **Ergänzend** zu den Art. 63 und 82 Abs. 1 der MDR **gelten** für die Einwilligung des Prüfungsteilnehmers oder, falls dieser nicht in der Lage ist, eine Einwilligung nach Aufklärung zu erteilen, seines gesetzlichen oder rechtsgeschäftlichen Vertreters, **die Abs. 2 bis 6.**

2 Art. 63 Abs. 2c MDR bestimmt, dass die Informationen, die dem Prüfungsteilnehmer oder, falls dieser nicht in der Lage ist, eine Einwilligung nach Aufklärung zu erteilen, seinem gesetzlichen Vertreter zur Verfügung gestellt werden, um die Einwilligung nach Aufklärung zu erlangen, im Rahmen eines vorangegangenen Gesprächs mitgeteilt werden müssen. Das **Aufklärungsgespräch** hat ein nach nationalem Recht **angemessen qualifiziertes Mitglied des Prüfungsteams** zu führen. Nach § 28 Abs. 2 muss dies ein Arzt oder, bei einer zahnmedizinischen klinischen Prüfung ein Zahnarzt sein.

3 Art. 64 der MDR regelt die Voraussetzungen für klinische Prüfungen mit **nicht einwilligungsfähigen Prüfungsteilnehmern.** In Abs. 3 werden diese Anforderungen **auf die sonstigen klinischen Prüfungen ausgeweitet.** Auch in den folgenden Absätzen des Paragraphen werden die jeweiligen Anforderungen auf die sonstigen klinischen Prüfungen ausgeweitet.

### § 29 Einwilligung in die Verarbeitung personenbezogener Daten

Der Prüfungsteilnehmer oder, falls dieser nicht in der Lage ist, eine Einwilligung nach Aufklärung zu erteilen, sein gesetzlicher oder rechtsgeschäftlicher Vertreter muss ausdrücklich schriftlich oder elektronisch in die mit der Teilnahme an einer klinischen Prüfung oder einer sonstigen klinischen Prüfung verbundene Verarbeitung von personenbezogenen Daten, insbesondere von Gesundheitsdaten, einwilligen. Er ist über Zweck und Umfang der Verarbeitung dieser Daten aufzuklären, insbesondere darüber, dass
1. die erhobenen Daten, soweit erforderlich,
    a) für die Dauer der klinischen Prüfung oder der sonstigen klinischen Prüfung zur Überprüfung der ordnungsgemäßen Durchführung der klinischen Prüfung oder der sonstigen klinischen Prüfung zur Einsichtnahme durch die Überwachungsbehörde oder Beauftragte des Sponsors in der Prüfstelle bereitgehalten werden,
    b) pseudonymisiert an den Sponsor oder eine von ihm beauftragte Stelle zum Zwecke der wissenschaftlichen Auswertung weitergegeben werden,
    c) im Fall der Verwendung der Prüfungsergebnisse für die Konformitätsbewertung pseudonymisiert an den Hersteller und an die an der Durchführung eines Konformitätsbewertungsverfahrens beteiligte Benannte Stelle, die Europäische Kommission und, sofern

zutreffend, an Expertengremien nach Artikel 106 der Verordnung (EU) 2017/745 weitergegeben werden,
  d) im Fall unerwünschter Ereignisse, schwerwiegender unerwünschter Ereignisse und von Produktmängeln pseudonymisiert vom Prüfer an den Sponsor zur Aufzeichnung nach Artikel 80 Absatz 1 Buchstabe a bis c der Verordnung (EU) 2017/745 weitergegeben werden,
  e) im Fall eines schwerwiegenden unerwünschten Ereignisses, das einen Kausalzusammenhang mit dem Prüfprodukt, einem Komparator oder dem Prüfverfahren aufweist oder bei dem ein Kausalzusammenhang durchaus möglich ist, nach Artikel 80 Absatz 2 der Verordnung (EU) 2017/745 pseudonymisiert vom Sponsor über das elektronische System nach Artikel 73 der Verordnung (EU) 2017/745 an die Behörden der anderen Mitgliedstaaten der Europäischen Union weitergegeben werden,
2. die gespeicherten Daten im Fall eines Widerrufs der Einwilligung zur Teilnahme an der klinischen Prüfung oder an einer sonstigen klinischen Prüfung allein oder gemeinsam mit dem Widerruf der Einwilligung nach Satz 1, weiterhin im Sinne des Artikels 62 Absatz 5 der Verordnung (EU) 2017/745 verwendet werden dürfen, soweit dies erforderlich ist, um
  a) Ziele der klinischen Prüfung oder der sonstigen klinischen Prüfung zu verwirklichen oder nicht ernsthaft zu beeinträchtigen oder
  b) sicherzustellen, dass schutzwürdige Interessen der Prüfungsteilnehmer nicht beeinträchtigt werden,
3. die Daten auf Grund der Vorgaben in Anhang XV Kapitel III Abschnitt 3 der Verordnung (EU) 2017/745 für die dort bestimmten Fristen gespeichert werden.

§ 29 regelt neben der Einwilligung in die Teilnahme nach § 28 die **datenschutzrechtliche Einwilligung** in die mit der Teilnahme an einer klinischen Prüfung oder einer sonstigen klinischen Prüfung verbundene Verarbeitung von personenbezogenen Daten, insbesondere von Gesundheitsdaten. Die datenschutzrechtliche Einwilligung ist neben der Einwilligung in die Teilnahme an der klinischen Prüfung gesondert zu erteilen. Dementsprechend bestimmt Satz 2, dass über Zweck und Umfang der Verarbeitung der für die klinische Prüfung erhobenen Daten aufzuklären ist. Satz 2 Nr. 1 Buchst. a bis e beschreiben nicht abschließend den wesentlichen Zweck und den Umfang der Datenverarbeitung. Satz 1 Nr. 2 bestimmt, dass darüber aufzuklären ist, dass **gespeicherte Daten** auch **im Fall eines Widerrufs der Einwilligung** zur Teilnahme an einer klinischen Prüfung oder an einer sonstigen klinischen Prüfung unter den dort näher genannten Voraussetzungen verwendet werden dürfen. Dies ist erforderlich, weil nach Art. 62 Abs. 5 MDR jeder Prüfungsteilnehmer seine Teilnahme an der klinischen Prüfung jederzeit durch Widerruf seiner Einwilligung beenden kann, ohne dass ihm daraus ein Nachteil entsteht oder er dies in irgendeiner Weise begründen muss. Unbeschadet der Verordnung (EU) 2016/679 (Datenschutz-Grundverordnung; in Art. 62 Abs. 5 MDR ist noch die abgelöste Richtlinie 95/46/EG genannt) hat der Widerruf der Einwilligung nach Aufklärung keine Auswirkungen auf Tätigkeiten, die auf der Grundlage der Einwilligung nach Aufklärung bereits vor deren Widerruf durchgeführt wurden, oder auf die Verwendung der auf dieser Grundlage erhobenen Daten.

Nr. 3 regelt die Einwilligung der Teilnehmer in die **Speicherung der Daten** auf Grund der Vorgaben in Anh. XV Kap. III Abschnitt 3 MDR für die dort bestimmten Fristen. Die in diesem Anh. genannte Dokumentation ist über einen Zeitraum von mindestens zehn Jahren nach Beendigung der klinischen Prüfung mit dem betreffenden Produkt oder — falls das Produkt anschließend in Verkehr gebracht wird — mindestens zehn Jahren nach dem Inverkehrbringen des letzten Produkts aufzubewahren. Bei implantierbaren Produkten beträgt dieser Zeitraum mindestens 15 Jahre.

## § 30 Prüfer, Hauptprüfer und Leiter einer klinischen Prüfung oder sonstigen klinischen Prüfung

(1) Soll eine klinische Prüfung oder sonstige klinische Prüfung von mehreren Prüfern in einer Prüfstelle durchgeführt werden, so bestimmt der Sponsor einen Prüfer als Hauptprüfer. Soll die klinische Prüfung oder sonstige klinische Prüfung in Deutschland in mehreren Prüfstellen durchgeführt werden, so bestimmt der Sponsor einen Leiter der klinischen Prüfung oder sonstigen klinischen Prüfung.

(2) Prüfer und Hauptprüfer sowie der Leiter einer klinischen Prüfung oder sonstigen klinischen Prüfung müssen
1. Ärzte oder Ärztinnen oder bei für die Zahnheilkunde bestimmten Medizinprodukten Zahnärzte oder Zahnärztinnen sein,
2. Erfahrungen im Anwendungsbereich des zu prüfenden Produktes besitzen sowie in dessen Gebrauch ausgebildet und eingewiesen sein und
3. mit den Grundzügen des Medizinprodukterechts, den rechtlichen und wissenschaftlichen Grundlagen von klinischen Prüfungen oder sonstigen klinischen Prüfungen, mit dem Prüfplan und dem Handbuch des klinischen Prüfers vertraut sein und in die sich daraus ergebenden Pflichten eingewiesen worden sein.

(3) Abweichend von Absatz 2 Nummer 1 dürfen Personen ohne ärztliche oder zahnärztliche Qualifikation als Prüfer oder Hauptprüfer tätig werden, sofern sie zur Ausübung eines Berufs berechtigt sind, der zu einer klinischen Prüfung oder einer sonstigen klinischen Prüfung qualifiziert.

(4) Als Leiter einer klinischen Prüfung oder einer sonstigen klinischen Prüfung kann nur bestimmt werden, wer eine mindestens zweijährige Erfahrung in der klinischen Prüfung von Medizinprodukten nachweisen kann.

(5) Der Nachweis der nach den Absätzen 2 bis 4 geforderten Qualifikation ist durch einen aktuellen Lebenslauf und durch andere aussagefähige Dokumente zu erbringen.

| Übersicht | Rdn. | | Rdn. |
|---|---|---|---|
| A. Definitionen Prüfer, Hauptprüfer und Leiter einer klinischen Prüfung (»die Prüfung koordinierender Prüfer«) ...... | 1 | Prüfung bei einer klinischen Prüfung in mehreren Prüfstellen, Abs. 1 .......... | 2 |
| B. Festlegung des Hauptprüfers; Bestimmung des Leiters der klinischen | | C. Erforderliche Sachkenntnis der Prüfer, Abs. 2 bis 5 ..................... | 3 |

### A. Definitionen Prüfer, Hauptprüfer und Leiter einer klinischen Prüfung (»die Prüfung koordinierender Prüfer«)

1 § 30 regelt ergänzende Vorgaben zu den verschiedenen Prüferrollen (Prüfer, Hauptprüfer und Leiter einer klinischen Prüfung). In der MDR wird lediglich der **Begriff des Prüfers** definiert (Art. 2 Nr. 54), obwohl im Anh. XV Kap. II im Unterpunkt 3.1.3. zum klinischen Prüfplan auch der Hauptprüfer und »**ein die Prüfung koordinierender Prüfer**« eingeführt werden. Darin wird gefordert, dass Informationen zum Hauptprüfer für jede Prüfstelle und zum die Prüfung koordinierenden Prüfer sowie Adressdaten für jede Prüfstelle und Notfall-Kontaktdaten des Hauptprüfers für jede Prüfstelle gelistet werden müssen. Darüber hinaus sind die Rollen, die Verantwortlichkeiten und die Qualifikationen der verschiedenen Arten von Prüfern im klinischen Prüfplan anzugeben. In Anh. XV Kap. III im Unterpunkt 7 der MDR werden ebenfalls Angaben zum Hauptprüfer gefordert. Das MPDG schließt diese Lücke der fehlenden Definition, indem es die Begriffe »**Hauptprüfer**« und »**Leiter der klinischen Prüfung**« in § 3 Nr. 5 und Nr. 6 definiert. Dabei entspricht der »die Prüfung koordinierende Prüfer« dem »Leiter der klinischen Prüfung«.

### B. Festlegung des Hauptprüfers; Bestimmung des Leiters der klinischen Prüfung bei einer klinischen Prüfung in mehreren Prüfstellen, Abs. 1

Gem. § 30 Abs. 1 ist es Aufgabe des Sponsors festzulegen, welcher Prüfer in einer Prüfstelle mit mehreren Prüfern Hauptprüfer und damit **verantwortlich** für diese Gruppe ist. Wird die **klinische Prüfung in mehreren Prüfstellen** durchgeführt, so hat er darüber hinaus den Leiter der klinischen Prüfung zu bestimmen. Über die Wahl des Hauptprüfers bzw. des Leiters der klinischen Prüfung wird festgelegt, bei welcher Ethik-Kommission der Antrag einzureichen ist (s. § 33 Abs. 1). 2

### C. Erforderliche Sachkenntnis der Prüfer, Abs. 2 bis 5

Des Weiteren werden über die Vorgaben der MDR hinaus Voraussetzungen für die **Eignung der Prüfer** festgelegt. So muss es sich bei diesen um Ärztinnen oder Ärzte, bzw. bei für die Zahnheilkunde bestimmten Medizinprodukten um Zahnärztinnen und Zahnärzte handeln, die bereits ausreichend Erfahrung in der Anwendung des Prüfproduktes besitzen und über Kenntnisse im Bereich der rechtlichen und wissenschaftlichen Grundlagen von klinischen Prüfungen oder sonstigen klinischen Prüfungen verfügen. Sie müssen sich über die aus ihrer Rolle in der klinischen Prüfung ergebenden Pflichten (s. §§ 62 und 63) bewusst sein. Kenntnis des Prüfplans und des Handbuchs des klinischen Prüfers werden vorausgesetzt. Auch Personen, die einen Beruf ausüben dürfen, der zu einer klinischen Prüfung oder einer sonstigen klinischen Prüfung qualifiziert, dürfen als Prüfer oder Hauptprüfer tätig werden. Die Qualifikation der Prüfer ist bei den Ethik-Kommissionen durch geeignete Dokumente nachzuweisen (Abs. 5) und wird durch diese geprüft. 3

Ergänzend zu diesen Anforderungen muss der Leiter einer klinischen Prüfung oder sonstigen klinischen Prüfung über **mindestens zwei Jahre Erfahrung im Bereich der klinischen Prüfungen von Medizinprodukten** verfügen, die ebenfalls zu belegen sind. Personen ohne ärztliche oder zahnärztliche Qualifikation dürfen die Rolle des Leiters einer klinischen Prüfung nicht übernehmen. 4

## § 31 Beginn einer klinischen Prüfung

(1) Eine klinische Prüfung von Produkten, die nach den Klassifizierungsregeln des Anhangs VIII Kapitel III der Verordnung (EU) 2017/745 der Klasse I zugeordnet sind, oder von nicht invasiven Produkten, die nach den Klassifizierungsregeln des Anhangs VIII Kapitel III der Verordnung (EU) 2017/745 der Klasse IIa zugeordnet sind, darf erst begonnen werden, wenn
1. die zuständige Bundesoberbehörde innerhalb von zehn Tagen nach dem Validierungsdatum nach Artikel 70 Absatz 5 der Verordnung (EU) 2017/745 nicht widersprochen hat und
2. die nach § 33 Absatz 1 zuständige Ethik-Kommission hierfür eine zustimmende Stellungnahme abgegeben hat.

(2) Eine klinische Prüfung von anderen als den in Absatz 1 genannten Produkten darf nur begonnen werden, wenn
1. die zuständige Bundesoberbehörde hierfür eine Genehmigung erteilt hat und
2. die nach § 33 Absatz 1 zuständige Ethik-Kommission hierfür eine zustimmende Stellungnahme abgegeben hat.

| Übersicht | Rdn. | | Rdn. |
|---|---|---|---|
| A. Voraussetzungen für den Beginn der klinischen Prüfung .................. | 1 | II. Abs. 2: Produkte der Klassen IIa invasiv, IIb und III; nationale Besonderheit für nicht invasive Produkte der Klasse IIb ... | 3 |
| I. Abs. 1: Produkte der Klassen I oder IIa nicht invasiv; implizite Genehmigung ... | 2 | B. Zustimmende Stellungnahme der Ethik-Kommission ................. | 4 |

## A. Voraussetzungen für den Beginn der klinischen Prüfung

1 Art. 70 Abs. 7 der MDR legt die Voraussetzungen fest, unter denen der Sponsor mit der klinischen Prüfung beginnen kann: In Art. 70 Abs. 7 Buchst. a) der MDR heißt es, dass bei Prüfprodukten der Klasse I oder im Fall von nicht invasiven Produkten der Klassen IIa und IIb unmittelbar nach der abgeschlossenen Validierung des Antrages (s. Art. 70 Abs. 5 MDR) mit der klinischen Prüfung begonnen werden kann, sofern im nationalen Recht nichts anderes festgelegt ist und sofern nicht eine Ethik-Kommission des betreffenden Mitgliedstaats eine ablehnende Stellungnahme in Bezug auf die klinische Prüfung abgegeben hat.

### I. Abs. 1: Produkte der Klassen I oder IIa nicht invasiv; implizite Genehmigung

2 Der deutsche Gesetzgeber hat an dieser Stelle von der o.g. Möglichkeit Gebrauch gemacht, von den Vorgaben der MDR abzuweichen:

In § 31 Abs. 1 wird der mögliche Prüfungsbeginn für Prüfprodukte, die nach den Klassifizierungsregeln (Anh. VIII Kap. III MDR) der **Klasse I oder der Klasse IIa nicht invasiv** zuzuordnen sind, definiert. Nach Abschluss der Validierung des Antrages wird der zuständigen Bundesoberbehörde eine zusätzliche Zeitspanne von **10 Tagen** eingeräumt, in der sie dem Antrag **widersprechen** kann. Ohne Rückmeldung der Bundesoberbehörde gilt der Antrag bei dieser nach Ablauf der Frist als **implizit genehmigt**.

### II. Abs. 2: Produkte der Klassen IIa invasiv, IIb und III; nationale Besonderheit für nicht invasive Produkte der Klasse IIb

3 In § 31 Abs. 2 wird ergänzend klargestellt, dass mit einer klinischen Prüfung von anderen als in Abs. 1 genannten Prüfprodukten (Klasse IIa invasiv, Klasse IIb und Klasse III) erst begonnen werden darf, wenn diese durch die zuständige Bundesoberbehörde **genehmigt** wurde. Abweichend von der MDR ist in Deutschland also auch für **nicht invasive Produkte der Klasse IIb** das Genehmigungsverfahren nach Art. 70 Abs. 7 Buchst. b der MDR anzuwenden.

## B. Zustimmende Stellungnahme der Ethik-Kommission

4 Für alle unter § 31 fallende klinische Prüfungen gilt darüber hinaus, dass sie erst begonnen werden dürfen, wenn die nach § 33 Abs. 1 zuständige Ethik-Kommission hierfür eine zustimmende Stellungnahme abgegeben hat.

## § 38 Antrag

(1) Der Antrag nach Artikel 70 Absatz 1 der Verordnung (EU) 2017/745 ist vom Sponsor bei der zuständigen Bundesoberbehörde in deutscher oder englischer Sprache zu stellen. Der Antrag muss die in Anhang XV Kapitel II der Verordnung (EU) 2017/745 genannten Angaben und Unterlagen sowie die Stellungnahme der zuständigen Ethik-Kommission enthalten. Unterlagen, die für den Prüfungsteilnehmer oder seinen gesetzlichen oder rechtsgeschäftlichen Vertreter bestimmt sind, sind in deutscher Sprache einzureichen.

(2) Absatz 1 ist auch anzuwenden, wenn der Sponsor die klinische Prüfung in mehr als einem Mitgliedstaat durchführen will und einen einzigen Antrag nach Artikel 78 der Verordnung (EU) 2017/745 stellt.

| Übersicht | Rdn. | | Rdn. |
|---|---|---|---|
| A. Antrag auf Genehmigung der klinischen Prüfung, Sprachregelung............ | 1 | C. Anträge im Rahmen des koordinierten Antragsverfahrens nach Art. 78 MDR .. | 3 |
| B. Sequenzielles Antragsverfahren; Stellungnahme der Ethik-Kommission ist beizufügen...................... | 2 | | |

## A. Antrag auf Genehmigung der klinischen Prüfung, Sprachregelung

Nach Art. 70 Abs. 1 MDR reicht der Sponsor einer klinischen Prüfung den **Antrag auf Genehmigung der klinischen Prüfung** bei dem oder den Mitgliedstaat(en) ein, in dem bzw. denen die klinische Prüfung durchgeführt werden soll; dem Antrag sind die in Anh. XV Kap. II MDR aufgeführten Unterlagen beizufügen. § 38 regelt in Abs. 1 darüber hinaus, dass die einzureichenden Dokumente nach Anh. XV Kap. II MDR in deutscher oder englischer Sprache verfasst sein können. Unterlagen, die für den Prüfungsteilnehmer oder seinen gesetzlichen oder rechtsgeschäftlichen Vertreter bestimmt sind, müssen in deutscher Sprache eingereicht werden, Abs. 1 Satz 3.

## B. Sequenzielles Antragsverfahren; Stellungnahme der Ethik-Kommission ist beizufügen

Dem Antrag muss zusätzlich die **Stellungnahme der zuständigen Ethik-Kommission beigefügt** werden. Aus dieser Vorgabe in Abs. 1 Satz 2 ergibt sich, dass das gesamte Genehmigungsverfahren für klinische Prüfungen in Deutschland **sequenziell** zu durchlaufen ist. D.h. es ist zunächst der Antrag bei der zuständigen Ethik-Kommission zu stellen. Erst nach Erhalt deren Stellungnahme kann der Sponsor anschließend den Antrag bei der Bundesoberbehörde einreichen, da die Stellungnahme der Ethik-Kommission Teil der einzureichenden Unterlagen ist.

## C. Anträge im Rahmen des koordinierten Antragsverfahrens nach Art. 78 MDR

In § 38 Abs. 2 wird festgelegt, dass die in Abs. 1 definierten Vorgaben auch für **Anträge im Rahmen des koordinierten Antragsverfahrens gemäß Art. 78 der MDR** gelten, wenn Deutschland eines der beteiligten Mitgliedstaaten ist. Dies umfasst gleichfalls die sequenzielle Antragsstellung.

## § 39 Umfang der Prüfung des Antrag

(1) Die zuständige Bundesoberbehörde prüft bei klinischen Prüfungen den Prüfplan und die erforderlichen Unterlagen nach Maßgabe des Artikels 71 Absatz 1 bis 3 der Verordnung (EU) 2017/745 mit Ausnahme der in Artikel 62 Absatz 4 Buchstabe c, d, f bis k, Absatz 6 und 7 der Verordnung (EU) 2017/745 genannten Aspekte.

(2) Änderungen des Prüfplans, die vom Sponsor im laufenden Verfahren vorgenommen werden, um Beanstandungen der Bundesoberbehörde auszuräumen, sind vom Sponsor der zuständigen Ethik-Kommission über das Deutsche Informations- und Datenbanksystem über Medizinprodukte unverzüglich anzuzeigen; sie gelten als zustimmend bewertet, wenn die Ethik-Kommission nicht innerhalb von 14 Tagen nach Erhalt der Anzeige der Änderung widerspricht.

(3) In den Fällen des § 31 Absatz 1 prüft die zuständige Bundesoberbehörde, ob die Klassifizierungsregeln des Anhangs VIII der Verordnung (EU) 2017/745 zutreffend angewendet wurden. Sie widerspricht dem Beginn einer klinischen Prüfung, wenn das Prüfprodukt nach den Klassifizierungsregeln nicht als Produkt der Klasse I oder nicht als nicht invasives Produkt der Klasse IIa einzustufen ist.

### Übersicht

| | Rdn. | | Rdn. |
|---|---|---|---|
| A. Bewertung des Antrags durch die zuständige Bundesoberbehörde; Umfang der Prüfung; positives Nutzen-Risiko-Verhältnis .................... | 1 | B. Änderungen am Prüfplan nach der Bewertung durch die Ethik-Kommission, Abs. 2 .......................... | 3 |
| | | C. Besonderer Prüfauftrag bei Prüfprodukten der Klasse I und IIa, nicht invasiv, Abs. 3 .......................... | 4 |

## A. Bewertung des Antrags durch die zuständige Bundesoberbehörde; Umfang der Prüfung; positives Nutzen-Risiko-Verhältnis

Art. 71 der MDR regelt die **Bewertung des Antrags** auf Genehmigung einer klinischen Prüfung durch die Mitgliedstaaten. Es wird u.a. gefordert, dass die Personen, die den Antrag validieren und bewerten oder die über den Antrag entscheiden, keine Interessenkonflikte haben und dass sie unabhängig vom Sponsor, den beteiligten Prüfern und den natürlichen oder juristischen Personen, die die klinische Prüfung finanzieren, sowie frei von jeder anderen unzulässigen Beeinflussung sind. Ebenso muss die Bewertung von einer angemessenen Anzahl von Personen gemeinsam vorgenommen werden, die zusammen über die erforderlichen Qualifikationen und Erfahrung verfügen. In § 39 wird festgelegt, dass die Bundesoberbehörde die Aufgabe hat, den Prüfplan und die erforderlichen Unterlagen nach Maßgabe des Art. 71 Abs. 1 bis 3 der MDR zu prüfen. Im Gegensatz zu den Ethik-Kommissionen, die insbesondere nach ethischen und rechtlichen Gesichtspunkten bewerten, legt die zuständige Bundesoberbehörde den Fokus ihrer Prüfung auf die **wissenschaftlichen** und **technischen** Aspekte der beantragten klinischen Studie.

2 Insbesondere ist zu bewerten, ob die klinische Prüfung so ausgelegt ist, dass die potenziellen Restrisiken für die Prüfungsteilnehmer oder Dritte nach der Risikominimierung gemessen an dem zu erwartenden klinischen Nutzen **vertretbar** sind, Art. 71 Abs. 3 MDR. Das positive **Nutzen-Risiko-Verhältnis** ist während der Laufzeit der gesamten klinischen Prüfung zu überwachen, Art. 62 Abs. 4 Buchst. e MDR. Ausgenommen werden die Prüfaspekte, die in den Zuständigkeitsbereich der Ethik-Kommissionen fallen (Art. 62 Abs. 4 Buchst. c, d, f bis k, Abs. 6 und 7 MDR). Zu den durch die Bundesoberbehörde unter Berücksichtigung der gemeinsamen Spezifikationen (GS) bzw. harmonisierten Normen zu prüfenden Aspekten gehören nach Art. 71 Abs. 3 MDR:
- der Nachweis der Konformität der Prüfprodukte mit den grundlegenden Sicherheits- und Leistungsanforderungen mit Ausnahme der Punkte, die Gegenstand der klinischen Prüfung sind und ob alle risikominimierenden Maßnahmen zum Schutze der Gesundheit und Sicherheit der Prüfungsteilnehmer getroffen wurden. Hierzu gehören auch die technischen und biologischen Sicherheitsprüfungen inklusive einer vorklinischen Bewertung;
- die Berücksichtigung der einschlägigen harmonisierten Normen zur Risikominimierung oder ob eigene diesbezügliche Lösungen des Sponsors zur Risikominimierung ein zu den harmonisierten Normen gleichwertiges Schutzniveau bieten;
- die Angemessenheit der geplanten Maßnahmen zur sicheren Installation, Inbetriebnahme und Instandhaltung des Prüfproduktes;
- die Zuverlässigkeit und Belastbarkeit der im Rahmen der klinischen Prüfung gewonnenen Daten unter Berücksichtigung des statistischen Ansatzes, des Prüfdesigns und der Methodik einschließlich Fallzahl, Komparatoren und Endpunkte;
- die Einhaltung der Anforderungen des Anhangs XV der MDR;
- bei Prüfprodukten, die steril angewendet werden, der Nachweis der Validierung des Sterilisationsverfahrens des Herstellers oder seine Angaben zur Wiederaufbereitung durch die Prüfstelle;
- der Nachweis der Sicherheit, der Qualität und des Nutzens von Komponenten menschlichen oder tierischen Ursprungs oder von Stoffen, die gemäß der Richtlinie 2001/83/EG als Arzneimittel gelten können.

## B. Änderungen am Prüfplan nach der Bewertung durch die Ethik-Kommission, Abs. 2

3 Durch § 39 Abs. 2 wird sichergestellt, dass auch **Änderungen am Prüfplan**, die auf Grund von Forderungen der Bundesoberbehörde **nach der Bewertung durch die Ethik-Kommission** einer ethischen Prüfung unterzogen werden können. Hierfür stehen der zuständigen Ethik-Kommission 14 Tage zur Verfügung. Erfolgt innerhalb dieser Zeit kein Widerspruch, gilt dies als zustimmende Bewertung der Änderung.

## C. Besonderer Prüfauftrag bei Prüfprodukten der Klasse I und IIa, nicht invasiv, Abs. 3

4 § 39 Abs. 3 definiert einen **Prüfauftrag** der Bundesoberbehörde **bei Prüfprodukten** die nach den Klassifizierungsregeln des Anh. VIII Kap. III der MDR **der Klasse I und IIa, nicht invasiv**, zugeordnet werden. Hier nutzt der deutsche Gesetzgeber die Öffnungsklausel in Art. 70 Abs. 7 Buchst. a MDR und macht von der MDR abweichende Vorgaben: die Bundesoberbehörde hat nach Validierung des Antrags zu prüfen, ob das/die Prüfprodukt(e) einer der beiden genannten Klassen

zuzuordnen und somit die Klassifizierung(en) des Sponsors nachvollziehbar ist/sind. Andernfalls widerspricht sie dem Beginn der klinischen Prüfung innerhalb der in § 31 Abs. 1 Nr. 1 genannten Frist von 10 Tagen.

## § 42 Entscheidung der Bundesoberbehörde

Lehnt die zuständige Bundesoberbehörde aus einem der in Artikel 75 Absatz 3 Buchstabe a der Verordnung (EU) 2017/745 genannten Gründe eine wesentliche Änderung der klinischen Prüfung ab, unterrichtet sie den Sponsor innerhalb von 37 Tagen nach Erhalt der Mitteilung über eine wesentliche Änderung. Die Frist verlängert sich um sieben Tage, wenn sich die zuständige Bundesoberbehörde durch Sachverständige beraten lässt. In diesem Fall teilt sie dem Sponsor spätestens 20 Tage nach Erhalt der Mitteilung über die wesentliche Änderung mit, dass sich die Frist auf Grund der Beratung durch Sachverständige verlängert, und weist zugleich darauf hin, dass sich damit auch die Frist nach Artikel 75 Absatz 3 der Verordnung (EU) 2017/745 entsprechend verlängert.

| Übersicht | Rdn. | | Rdn. |
|---|---|---|---|
| A. Wesentliche Änderungen, Mitteilungspflicht . . . . . . . . . . . . . . . . . . . . . . . . . . . . . . . | 1 | C. Unterrichtung des Sponsors innerhalb von 37 Tagen über die Ablehnung; Fristverlängerung bei Beratung durch Sachverständige . . . . . . . . . . . . . . . . . . . . | 3 |
| B. Genehmigungsfiktion, Ablehnungsgründe . . . . . . . . . . . . . . . . . . . . . . . . . . . . | 2 | | |

### A. Wesentliche Änderungen, Mitteilungspflicht

§ 42 ergänzt die in Art. 75 der MDR definierten Vorgaben für **wesentliche Änderungen einer** **klinischen Prüfung**. In Art. 75 Abs. 1 MDR wird für alle klinischen Prüfungen gemäß Art. 62 Abs. 1 der MDR festgelegt, dass der Sponsor wesentliche Änderungen **innerhalb einer Woche** dem bzw. den Mitgliedsstaat(en), in dem bzw. in denen die klinische Prüfung durchgeführt wird oder werden soll, **inklusive einer Begründung mitteilt**. Dafür ist eine aktualisierte Fassung der einschlägigen Unterlagen, in denen die Änderungen kenntlich gemacht werden müssen, zu übermitteln. Als wesentlich gelten die Änderungen, die wahrscheinlich **wesentliche Auswirkungen auf die Sicherheit, die Gesundheit oder die Rechte der Prüfungsteilnehmer oder die Belastbarkeit oder Zuverlässigkeit**, der im Rahmen der Prüfung gewonnenen klinischen Daten haben. Laut Art. 75 Abs. 2 MDR prüft der Mitgliedstaat jede wesentliche Änderung der klinischen Prüfung gemäß dem Verfahren nach Art. 71 MDR. 1

### B. Genehmigungsfiktion, Ablehnungsgründe

Die angezeigte **Änderung gilt als genehmigt** und kann vom Sponsor umgesetzt werden, wenn er nach 38 Tagen **keine ablehnende Stellungnahme der zuständigen Ethik-Kommission** (s. § 41) oder der **zuständigen Bundesoberbehörde** erhalten hat. Die **Ablehnungsgründe** ergeben sich aus Art. 71 Abs. 4 MDR: 2
– die Antragsunterlagen sind unvollständig;
– das Produkt oder die vorgelegten Unterlagen, insbesondere Prüfplan und Handbuch des Prüfers, entsprechen nicht dem wissenschaftlichen Erkenntnisstand;
– die klinische Prüfung ist nicht geeignet, Nachweise für die Sicherheit, die Leistungsmerkmale oder den Nutzen des Produktes für die Prüfungsteilnehmer zu erbringen;
– die allgemeinen Anforderungen an zum Nachweis der Konformität von Produkten durchgeführte klinischen Prüfungen gemäß Art. 62 MDR sind nicht erfüllt;
– die potenziellen Restrisiken für die Prüfungsteilnehmer oder Dritte nach der Risikominimierung gemessen an dem zu erwartenden klinischen Nutzen sind nicht vertretbar, Art. 71 Abs. 3 MDR.

**C. Unterrichtung des Sponsors innerhalb von 37 Tagen über die Ablehnung; Fristverlängerung bei Beratung durch Sachverständige**

3 In § 42 ist festgelegt, dass die zuständige Bundesoberbehörde den Sponsor **innerhalb von 37 Tagen** nach Eingang der Änderungsanzeige über die Ablehnung unterrichten muss. Sie kann diese Frist **um 7 Tage verlängern**, wenn sie sich durch Sachverständige beraten lässt. Diesen Sachverhalt hat sie dem Sponsor innerhalb von 20 Tagen nach Eingang der Änderungsanzeige mitzuteilen und darauf hinzuweisen, dass sich die Frist, nach dem er die Änderung frühestens umsetzen darf, auf 45 Tage verlängert. So soll sichergestellt werden, dass der Sponsor nicht bereits vor Abschluss der Bewertung durch die Sachverständigen die Änderung umsetzt.

## § 44 Korrekturmaßnahmen der Bundesoberbehörde

(1) Die zuständige Bundesoberbehörde hat für alle Meldungen nach Artikel 80 Absatz 2 und 3 der Verordnung (EU) 2017/745 eine Bewertung vorzunehmen und insbesondere festzustellen, ob Korrekturmaßnahmen zu veranlassen sind.

(2) Die zuständige Bundesoberbehörde ergreift die in Artikel 76 der Verordnung (EU) 2017/745 genannten Korrekturmaßnahmen nach Maßgabe von § 45.

1 In Art. 80 der MDR wird die Aufzeichnung und Meldung der bei klinischen Prüfungen auftretenden unerwünschten Ereignisse geregelt. § 44 bestimmt, dass in Deutschland die **zuständige Bundesoberbehörde** für die **Bewertung** der nach Art. 80 Abs. 2 und 3 MDR vom Sponsor zu meldenden **schwerwiegenden unerwünschten Ereignissen** zuständig ist. Sie hat gemäß Art. 62 Abs. 4 Buchst. e MDR ständig zu überwachen, ob der zu erwartende Nutzen für die Prüfungsteilnehmer oder die öffentliche Gesundheit die vorhersehbaren Risiken und Nachteile rechtfertigen. Sollte sie zu dem Ergebnis kommen, dass **korrektive Maßnahmen** zur Wahrung eines akzeptablen Nutzen-Risiko-Verhältnisses für die Prüfungsteilnehmer erforderlich sind, kann sie die in Art. 76 der MDR aufgeführten Maßnahmen veranlassen:
– Widerruf der Genehmigung;
– Aussetzen oder Abbrechen der klinischen Prüfung;
– Aufforderung an den Sponsor, jedweden Aspekt der klinischen Prüfung abzuändern.

2 In § 45 werden die möglichen korrektiven Maßnahmen der Bundesoberbehörde näher spezifiziert.

## § 45 Weitere Vorgaben für Korrekturmaßnahmen der Bundesoberbehörde

(1) Die Genehmigung einer klinischen Prüfung ist zurückzunehmen, wenn bekannt wird, dass bei der Erteilung der Genehmigung ein Versagungsgrund nach Artikel 71 Absatz 4 Buchstabe b, c oder d der Verordnung (EU) 2017/745 vorlag, der die von der zuständigen Bundesoberbehörde nach § 39 Absatz 1 zu prüfenden Aspekte betrifft. In diesen Fällen kann auch das Ruhen der Genehmigung befristet angeordnet werden. Im Übrigen bleibt § 48 des Verwaltungsverfahrensgesetzes unberührt.

(2) Die Genehmigung einer klinischen Prüfung ist zu widerrufen, wenn nachträglich Tatsachen eintreten, die einen von der zuständigen Bundesoberbehörde nach § 39 Absatz 1 zu prüfenden Aspekt betreffen und eine Versagung der Genehmigung nach Artikel 71 Absatz 4 Buchstabe b, c oder d der Verordnung (EU) 2017/745 rechtfertigen. Die Genehmigung kann widerrufen werden, wenn die Gegebenheiten der klinischen Prüfung nicht mit den Angaben im Genehmigungsantrag übereinstimmen oder wenn Tatsachen Anlass zu Zweifeln an der Unbedenklichkeit oder der wissenschaftlichen Grundlage der klinischen Prüfung geben. In den Fällen der Sätze 1 und 2 kann auch das Ruhen der Genehmigung befristet angeordnet werden. Im Übrigen bleibt § 49 des Verwaltungsverfahrensgesetzes unberührt.

(3) Wenn der zuständigen Bundesoberbehörde im Rahmen ihrer Tätigkeit Tatsachen bekannt werden, die die Annahme rechtfertigen, dass die für die Durchführung einer klinischen Prüfung

maßgeblichen Voraussetzungen nach der Verordnung (EU) 2017/745 und nach diesem Gesetz nicht mehr vorliegen, kann sie den Sponsor dazu auffordern, Aspekte der klinischen Prüfung zu ändern. Die zuständige Bundesoberbehörde kann die sofortige Unterbrechung der klinischen Prüfung anordnen. Maßnahmen der zuständigen Überwachungsbehörde nach § 77 bleiben davon unberührt.

(4) Die zuständige Bundesoberbehörde kann Entscheidungen nach den Absätzen 1 bis 3 mit Anordnungen zur weiteren Behandlung und Nachbeobachtung von Prüfungsteilnehmern und zur Aufzeichnung und Auswertung daraus gewonnener Erkenntnisse und Daten verbinden.

(5) Widerspruch und Anfechtungsklage gegen den Widerruf, die Rücknahme, die Anordnung des Ruhens der Genehmigung, die Anordnung der sofortigen Unterbrechung der klinischen Prüfung sowie gegen Anordnungen nach den Absätzen 3 und 4 haben keine aufschiebende Wirkung.

(6) Die zuständige Bundesoberbehörde informiert die zuständige Ethik-Kommission und die für die Prüfstellen und den Sponsor zuständigen Behörden über alle nach den Absätzen 3 bis 6 angeordneten Maßnahmen über das Deutsche Medizinprodukteinformations- und Datenbanksystem nach § 86.

Übersicht

| | Rdn. | | Rdn. |
|---|---|---|---|
| A. Rücknahme der Genehmigung; Versagungsgründe; befristetes Ruhen der Genehmigung, Abs. 1 .............. | 1 | D. Anordnungen zur weiteren Behandlung und Nachbeobachtung, Abs. 4 ........ | 5 |
| B. Widerruf der Genehmigung, Abs. 2 .... | 3 | E. Keine aufschiebende Wirkung von Widerspruch und Anfechtungsklage, Abs. 5 ............................... | 6 |
| C. Aufforderung an den Sponsor, Aspekte der klinischen Prüfung zu ändern; Anordnung der sofortigen Unterbrechung der klinischen Prüfung, Abs. 3 ........ | 4 | F. Information der zuständigen Ethik-Kommission und zuständigen Behörden über die angeordneten Maßnahmen, Abs. 6 .................... | 7 |

### A. Rücknahme der Genehmigung; Versagungsgründe; befristetes Ruhen der Genehmigung, Abs. 1

Als Ergänzung zu § 44 werden mit § 45 die möglichen korrektiven Maßnahmen der Bundesoberbehörde näher spezifiziert. In Abs. 1 werden die Gründe für eine **Rücknahme der Genehmigung** festgelegt. Diese ist zu veranlassen, wenn bekannt wird, dass einer der in Art. 71 Abs. 4 Buchst. b, c oder d MDR aufgeführten **Versagungsgründe** bei Erteilung der Genehmigung vorlag, sofern dieser einen durch die Bundesoberbehörde zu bewertenden Aspekt gemäß § 39 Abs. 1 betrifft. Die Versagungsgründe nach MDR sind: 1

– Das Produkt oder die vorgelegten Unterlagen, insbesondere der Prüfplan und das Handbuch des Prüfers entsprechen nicht dem wissenschaftlichen Kenntnisstand.
– Die klinische Prüfung ist nicht geeignet, Nachweise für die Sicherheit, die Leistungsmerkmale oder den Nutzen des Produktes für die Prüfungsteilnehmer oder Patienten zu erbringen.
– Die Anforderungen, die sich aus Art. 62 MDR ergeben, sind nicht erfüllt.
– Eine Bewertung gemäß Art. 71 Abs. 3 MDR ist negativ. Diese umfasst unter anderem:
  – Die Konformität des Prüfproduktes mit den grundlegenden Sicherheits- und Leistungsanforderungen mit Ausnahme der Punkte, die Gegenstand der Prüfung sind. Bei diesen müssen entsprechende risikominimierende Maßnahmen zum Schutz der Prüfungsteilnehmer getroffen sein.
  – Die Eignung der verwendeten Risikominimierung.
  – Die Eignung der geplanten Maßnahmen zur Installation, Inbetriebnahme und Instandhaltung des Prüfproduktes.
  – Die Zuverlässigkeit und Belastbarkeit der im Rahmen der klinischen Prüfung gewonnenen Daten unter Einbeziehung des statistischen Ansatzes, des Prüfdesigns und der methodischen Aspekte.

- Die Erfüllung der Anforderungen des Anh. XV der MDR.
- Den Nachweis der Validierung des Sterilisationsverfahrens des Herstellers oder seiner Angaben zur Wiederaufbereitung.
- Den Nachweis der Sicherheit, Qualität und des Nutzens von Komponenten menschlichen oder tierischen Ursprungs oder Stoffen, die als Arzneimittel gelten können.

2   Alternativ zur Rücknahme der Genehmigung kann die Bundesoberbehörde auch das **Ruhen der Genehmigung** befristet anordnen. § 45 Abs. 1 berührt nicht § 48 VwVfG, welcher die Rücknahme eines rechtswidrigen Verwaltungsaktes regelt.

### B. Widerruf der Genehmigung, Abs. 2

3   § 45 Abs. 2 regelt den **Widerruf der Genehmigung** durch die zuständige Bundesoberbehörde. Dieser hat zu erfolgen, wenn nachträglich Tatsachen eintreten, die einen nach § 39 Abs. 1 durch die Bundesoberbehörde zu prüfenden Aspekt betreffen und zu einem Versagen der Genehmigung führen würden (s.o.). Die Genehmigung kann auch widerrufen werden, wenn die tatsächlichen Gegebenheiten der klinischen Prüfung nicht mit den während des Antragsverfahrens gemachten Angaben übereinstimmen. Weitere Gründe für einen Widerruf sind das Bekanntwerden von Tatsachen, die Zweifel an der Unbedenklichkeit oder der wissenschaftlichen Grundlage der klinischen Prüfung geben. Alternativ kann auch hier das **zeitlich befristete Ruhen der Genehmigung** angeordnet werden. § 45 Abs. 2 berührt nicht § 49 VwVfG, welcher den Widerruf eines rechtmäßigen Verwaltungsaktes regelt.

### C. Aufforderung an den Sponsor, Aspekte der klinischen Prüfung zu ändern; Anordnung der sofortigen Unterbrechung der klinischen Prüfung, Abs. 3

4   § 45 Abs. 3 räumt der Bundesoberbehörde die Möglichkeit ein, den Sponsor aufzufordern, **Aspekte der klinischen Prüfung zu ändern**, wenn Tatsachen bekannt werden, die zur berechtigten Annahme führen, dass die maßgeblichen Voraussetzungen für die Durchführung einer klinischen Prüfung gemäß MDR und MPDG nicht mehr erfüllt werden. Hierfür kann sie auch die **sofortige Unterbrechung der klinischen Prüfung** anordnen. Die Überwachungsmaßnahmen entsprechend § 77 bleiben unberührt.

### D. Anordnungen zur weiteren Behandlung und Nachbeobachtung, Abs. 4

5   Gemäß Abs. 4 ist es der Bundesoberbehörde erlaubt, die in Abs. 1–3 geregelten Maßnahmen mit **Vorgaben zur weiteren Behandlung und Nachbeobachtung von Prüfungsteilnehmern** sowie zur Aufzeichnung und Auswertung daraus gewonnener Erkenntnisse und Daten zu verbinden. Auf diesem Wege kann sie zum einen sicherstellen, dass den Prüfungsteilnehmern kein Nachteil aus der angeordneten Maßnahme entsteht und z.B. Follow-up-Untersuchungen fortgeführt werden, zum anderen aber auch dem Sponsor die Möglichkeit geben, die gewonnenen klinischen Daten auszuwerten.

### E. Keine aufschiebende Wirkung von Widerspruch und Anfechtungsklage, Abs. 5

6   Durch Abs. 5 wird sichergestellt, dass die Anordnungen der Bundesoberbehörde nicht durch vom Sponsor eingeleitete Rechtsbehelfe aufgeschoben werden können. Dies soll die Sicherheit der Prüfungsteilnehmer sicherstellen.

### F. Information der zuständigen Ethik-Kommission und zuständigen Behörden über die angeordneten Maßnahmen, Abs. 6

7   Die Bundesoberbehörde hat die zuständige Ethik-Kommission und die für die Prüfstellen und den Sponsor zuständigen Behörden über die von ihr angeordneten Maßnahmen, die durch diesen Paragraphen geregelt werden, über das DMIDS zu informieren. Hier liegt ein **redaktioneller Fehler** vor, gemeint sind vom Gesetzgeber die Abs. 2 bis 5.

## § 46 Verbot der Fortsetzung

Die klinische Prüfung darf nicht fortgesetzt werden, wenn
1. die Stellungnahme der zuständigen Ethik-Kommission zurückgenommen oder widerrufen wurde,
2. die Genehmigung einer klinischen Prüfung zurückgenommen oder widerrufen wurde oder
3. das Ruhen der klinischen Prüfung angeordnet wurde oder die sofortige Unterbrechung der klinischen Prüfung angeordnet wurde.

In der MDR ist nicht festgelegt, unter welchen Bedingungen die Fortsetzung einer klinischen 1
Prüfung nach ergriffenen Korrekturmaßnahmen verboten ist. § 46 bestimmt nun, nach welchen Korrekturmaßnahmen der Ethik-Kommission und der Bundesoberbehörde die klinische Prüfung nicht fortgesetzt werden darf. Hierzu gehört die Rücknahme oder der Widerruf der zustimmenden Bewertung der Ethik-Kommission oder der Genehmigung der Bundesoberbehörde. Des Weiteren ist die Fortführung verboten, wenn das Ruhen oder die sofortige Unterbrechung der klinischen Prüfung angeordnet wurde. Die Statuierung eines solchen Verbots ist erforderlich, um daran **Strafvorschriften** knüpfen zu können.

## § 47 Anforderungen an sonstige klinische Prüfungen

(1) Eine sonstige klinische Prüfung eines Produktes darf auch bei Vorliegen der Voraussetzungen des Artikels 82 Absatz 1 der Verordnung (EU) 2017/745 und des Abschnitts 1 nur durchgeführt werden, wenn und solange
1. die vorhersehbaren Risiken und Belastungen gegenüber dem erwarteten Nutzen für die Person, bei der die sonstige klinische Prüfung durchgeführt werden soll, oder die vorhersehbaren Risiken und Belastungen für den Prüfungsteilnehmer, gemessen an der voraussichtlichen Bedeutung des Medizinproduktes, für die Heilkunde ärztlich vertretbar sind,
2. die sonstige klinische Prüfung so geplant ist, dass sie mit möglichst wenig Schmerzen, Beschwerden, Angst und allen anderen vorhersehbaren Risiken für die Prüfungsteilnehmer verbunden ist und sowohl die Risikoschwelle als auch das Ausmaß der Belastung im klinischen Prüfplan definiert und ständig überprüft werden,
3. die Verantwortung für die medizinische Versorgung der Prüfungsteilnehmer eine Ärztin oder ein Arzt, bei für die Zahnheilkunde bestimmten Medizinprodukten eine Zahnärztin oder ein Zahnarzt mit geeigneter Qualifikation trägt,
4. die Prüfungsteilnehmer oder ihre gesetzlichen oder rechtsgeschäftlichen Vertreter keiner unzulässigen Beeinflussung, etwa finanzieller Art, ausgesetzt werden, um sie zur Teilnahme an der sonstigen klinischen Prüfung zu bewegen, und
5. die Prüfstelle und deren Räumlichkeiten für die sonstige klinische Prüfung geeignet sind.

(2) Mit einer sonstigen klinischen Prüfung darf nur begonnen werden, wenn
1. eine zustimmende Stellungnahme der zuständigen Ethik-Kommission nach § 52 Absatz 1 vorliegt und
2. die sonstige klinische Prüfung der zuständigen Bundesoberbehörde nach § 53 Absatz 1 angezeigt wurde.

(3) Die Absätze 1 und 2 sind nicht anzuwenden auf eine sonstige klinische Prüfung eines Produktes, das bereits die CE-Kennzeichnung nach Artikel 20 Absatz 1 der Verordnung (EU) 2017/745 trägt, soweit
1. die sonstige klinische Prüfung im Rahmen der von der CE-Kennzeichnung umfassten Zweckbestimmung durchgeführt wird und
2. die Prüfungsteilnehmer über die normalen Verwendungsbedingungen des Produktes hinaus keinen zusätzlichen invasiven oder belastenden Verfahren unterzogen werden.

## § 47 MPDG — Anforderungen an sonstige klinische Prüfungen

**Übersicht** | Rdn. | | Rdn.
---|---|---|---
A. Regelungsinhalt in Ergänzung zu Art. 82 MDR; Legaldefinition »sonstige klinische Prüfungen« ............ 1 | | B. Voraussetzungen für den Beginn, Abs. 2 ........ 5
 | | C. Ausnahmen vom Anwendungsbereich, Abs. 3 ............................ 6

### A. Regelungsinhalt in Ergänzung zu Art. 82 MDR; Legaldefinition »sonstige klinische Prüfungen«

1 Art. 82 der MDR regelt die Anforderungen an sonstige klinische Prüfungen: Klinische Prüfungen, die nicht zu einem der in Art. 62 Abs. 1 MDR genannten Zweck durchgeführt werden, müssen den Bestimmungen des Art. 62 Abs. 2 und 3, Abs. 4 Buchst. b, c, d, f, h und l und Abs. 6 MDR genügen. Die MDR sieht keine Definition der sonstigen klinischen Prüfungen vor. Zur Klarstellung wurde seitens des nationalen Gesetzgebers eine **Definition in § 3 Nr. 4** aufgenommen. Danach ist eine »sonstige klinische Prüfung« eines Produktes eine klinische Prüfung, die
– nicht Teil eines systematischen und geplanten Prozesses zur Produktentwicklung oder der Produktbeobachtung eines gegenwärtigen oder künftigen Herstellers ist,
– nicht mit dem Ziel durchgeführt wird, die Konformität eines Produktes mit den Anforderungen der MDR nachzuweisen,
– der Beantwortung wissenschaftlicher oder anderer Fragestellungen dient und
– außerhalb eines klinischen Entwicklungsplans nach Anh. XIV Teil A Ziff. 1 Buchst. a der MDR erfolgt.

2 Mit § 47 werden in Ergänzung zu Art. 82 MDR **weitere Vorgaben** für die »sonstigen klinischen Prüfungen« definiert, wobei diese weitgehend den Vorgaben für klinische Prüfungen entsprechen, die unter Art. 62 Abs. 1 der MDR fallen. Die Formulierung ist so gewählt, dass die hier gemachten Vorgaben zusätzlich zu den Anforderungen in der MDR zu erfüllen sind.

3 Aus Art. 82 Abs. 1 MDR ergeben sich Vorgaben zu folgenden Aspekten:
– der Sponsor oder sein Vertreter müssen in der EU ansässig sein;
– Schutz der Rechte, Sicherheit, Würde und Wohl der Prüfungsteilnehmer mit Vorrang vor allen anderen Interessen;
– Qualität der in der klinischen Prüfung gewonnenen klinischen Daten;
– Sicherstellung der wissenschaftlichen und ethischen Überprüfung einer klinischen Prüfung;
– Nicht-Vorliegen einer ablehnenden Stellungnahme der zuständigen Ethik-Kommission;
– Der Schutz schutzbedürftiger Bevölkerungsgruppen (s. Art. 64–68 der MDR);
– Einwilligung des Prüfungsteilnehmers oder seines gesetzlichen Vertreters;
– Recht der Prüfungsteilnehmer auf körperliche und geistige Unversehrtheit;
– Wahrung der Privatsphäre und des Datenschutzes;
– die einschlägigen grundlegenden Sicherheits- und Leistungsanforderungen für das Prüfprodukt müssen erfüllt werden. Ausgenommen sind lediglich die Punkte, die Gegenstand der klinischen Prüfung sind. Hinsichtlich dieser Punkte müssen alle risikominimierenden Maßnahmen getroffen werden;
– Eignung der Prüfer.

4 Mit § 47 Abs. 1 werden diese Vorgaben so ergänzt, dass sie den Anforderungen für klinische Prüfungen, die unter Art. 62 Abs. 1 MDR fallen, nahezu gleichkommen. Neben dem Verweis auf die bereits in **Abschnitt 1** (§§ 24–30) definierten **ergänzenden allgemeinen Voraussetzungen** für klinische Prüfungen und sonstige klinische Prüfungen werden für letztere nun folgende Aspekte hinzugefügt:
1. Es muss ein **positives Nutzen/Risiko-Verhältnis** nachvollziehbar sein. Hierbei ist der erwartete Nutzen für den Prüfungsteilnehmer oder die voraussichtliche Bedeutung des Prüfproduktes für die Heilkunde darzulegen und den vorhersehbaren Risiken und Belastungen für den Prüfungsteilnehmer gegenüberzustellen und muss insgesamt ärztlich vertretbar sein.

2. Schmerzen, Beschwerden, Angst und alle anderen vorhersehbaren Risiken für den Prüfungsteilnehmer sind so weit wie möglich zu minimieren. Die Risikoschwelle und das **Ausmaß der Belastung** müssen im Prüfplan definiert werden. Sie sind während der klinischen Prüfung ständig zu überwachen.
3. Die Verantwortung für die medizinische Versorgung hat durch eine diesbezüglich **qualifizierte Person** mit ärztlicher Ausbildung zu erfolgen.
4. Jedwede unzulässige Beeinflussung, z.B. finanzieller Art, des Prüfungsteilnehmers oder seines gesetzlichen Vertreters, um eine Prüfungsteilnahme zu erreichen, hat zu unterbleiben.
5. Es ist sicherzustellen, dass die Prüfstelle inklusive der zu nutzenden Räumlichkeiten für die Durchführung der klinischen Prüfung geeignet ist.

### B. Voraussetzungen für den Beginn, Abs. 2

§ 47 Abs. 2 schreibt vor, dass eine sonstige klinische Prüfung erst begonnen werden darf, wenn hierfür eine **zustimmende Stellungnahme der** zuständigen **Ethik-Kommission** vorliegt und zusätzlich die **Anzeige bei der** zuständigen **Bundesoberbehörde** erfolgt ist. Im Gegensatz zu den klinischen Prüfungen, die unter Art. 74 der MDR fallen, wird für die Anzeige der sonstigen klinischen Prüfungen bei der Bundesoberbehörde keine Vorgabe gemacht, wie lange im Vorhinein die Anzeige zu erfolgen hat.

### C. Ausnahmen vom Anwendungsbereich, Abs. 3

Sonstige klinische Prüfungen, in denen das Prüfprodukt bereits das CE-Kennzeichen tragen darf, die Anwendung innerhalb der darin festgelegten Zweckbestimmung erfolgt und in denen, im Vergleich zur Standardanwendung, keine zusätzlichen invasiven und/oder belastenden Verfahren am Prüfungsteilnehmer durchgeführt werden, werden von den Vorgaben, die in den Absätzen 1 und 2 des § 47 gemacht werden, **ausgenommen**.

Dies legt jedoch nahe, dass die allgemeinen Voraussetzungen für sonstige klinische Prüfungen auch für diese sonstigen klinischen Prüfungen zu berücksichtigen sind. Zu diesen Vorgaben gehören die Grundanforderungen für sonstige klinische Prüfungen gemäß Art. 82 Abs. 1 der MDR sowie die ergänzenden Voraussetzungen nach §§ 24 bis 30. Der amtlichen Begründung für Abs. 3 ist jedoch zu entnehmen, dass die eigentliche Intention des Gesetzgebers war, die hier angesprochenen sonstigen klinischen Prüfungen von allen einschlägigen Vorschriften auszunehmen (s. BT-Drs. 19/15620 S. 140). Zum Zeitpunkt der Drucklegung war die Diskussion hierzu noch offen. Ggf. bedarf es an dieser Stelle einer klarstellenden Regelung des Gesetzgebers.

### § 53 Anzeige einer sonstigen klinischen Prüfung bei der zuständigen Bundesoberbehörde

(1) Eine sonstige klinische Prüfung ist nach § 47 Absatz 2 Nummer 2 vom Sponsor bei der zuständigen Bundesoberbehörde über das Deutsche Medizinprodukteinformations- und Datenbanksystem nach § 86 anzuzeigen.

(2) Die Anzeige muss die Kennnummer nach § 48 Absatz 3 sowie die in Anhang XV Kapitel II der Verordnung (EU) 2017/745 genannten Angaben und Unterlagen, mit Ausnahme der in Anhang XV Kapitel II von Ziffer 1.5., 3.1.1., 4.3., 4.4. und 4.5. der Verordnung (EU) 2017/745 genannten Angaben und Unterlagen, enthalten. Unterlagen, die für den Prüfungsteilnehmer oder seinen gesetzlichen oder rechtsgeschäftlichen Vertreter bestimmt sind, sind in deutscher Sprache einzureichen. Die weiteren Angaben und Unterlagen können in deutscher oder englischer Sprache eingereicht werden.

(3) Das Bundesinstitut für Arzneimittel und Medizinprodukte unterrichtet über ein automatisiertes Verfahren die für den Sitz des Sponsors oder die für den Sitz seines rechtlichen Vertreters zuständige Behörde und die für die Prüfstellen zuständigen Behörden über eine Anzeige.

# § 54 MPDG  Anzeige von Änderungen

| Übersicht | Rdn. | | Rdn. |
|---|---|---|---|
| A. Anzeigepflicht, sequenzielles Verfahren | 1 | B. Automatisierte Information der zuständigen Behörden über eingegangene Anzeigen | 5 |

## A. Anzeigepflicht, sequenzielles Verfahren

1 § 53 regelt das Verfahren für sonstige klinische Prüfungen (vgl. § 3 Nr. 4) gemäß Art. 82 der MDR. Sonstige klinische Prüfungen sind bei der zuständigen Bundesoberbehörde auf elektronischem Wege über das DMIDS **anzuzeigen**. Es handelt sich dabei um **nationale Vorgaben**, so dass die Anzeige, auch wenn EUDAMED verfügbar ist, über das deutsche Datenbanksystem zu erfolgen hat.

2 Nach § 53 Abs. 2 muss die Anzeige einer sonstigen klinischen Prüfung bei der zuständigen Bundesoberbehörde u.a. die **Kennnummer** nach § 48 Abs. 3 enthalten. Da die Kennnummer im Rahmen des Verfahrens für sonstige klinischen Prüfungen **bei der zuständigen Ethik-Kommission zugeteilt** wird und diese Nummer Bestandteil der Anzeige bei der zuständigen Bundesoberbehörde ist, handelt es sich auch hier um ein **sequenzielles Verfahren**: zunächst Einreichung des Antrages bei der Ethik-Kommission und anschließend Anzeige bei der Bundesoberbehörde.

3 Der Anzeige sind des Weiteren alle Unterlagen gemäß Anh. XV Kap. II der MDR beizufügen, die bereits Teil des Antrages bei der Ethik-Kommission sind. Ebenfalls entsprechend den Vorgaben für das Verfahren bei den Ethik-Kommissionen sind auch bei der Bundesoberbehörde Unterlagen, die für den Prüfungsteilnehmer oder seinem gesetzlichen oder rechtsgeschäftlichen Vertreter bestimmt sind, in deutscher Sprache einzureichen.

4 Da es sich bei dem Verfahren bei der Bundesoberbehörde um eine **reine Anzeige** handelt, erfolgt durch diese **keine formale oder inhaltliche Bewertung**. Die eingereichten Unterlagen dienen primär dazu, die Risikobewertung für die Prüfungsteilnehmer während der laufenden klinischen Prüfung auf Basis der an die Behörde zu meldenden schwerwiegenden Ereignissen nach § 63 und Vorkommnissen zu ermöglichen.

## B. Automatisierte Information der zuständigen Behörden über eingegangene Anzeigen

5 Zusätzlich hat das BfArM automatisiert die für den Sitz des Sponsors oder die für den Sitz seines rechtlichen Vertreters zuständige Behörde und die für die Prüfstellen zuständigen Behörden über die eingegangenen Anzeigen zu informieren, so dass diese den in ihrer Zuständigkeit liegenden Aufgaben bzgl. klinischer Prüfungen gerecht werden können.

## § 54 Anzeige von Änderungen

(1) Der Sponsor hat Änderungen in den nach § 48 Absatz 2 und § 53 Absatz 2 eingereichten Unterlagen der zuständigen Bundesoberbehörde und der zuständigen Ethik-Kommission über das Deutsche Medizinprodukteinformations- und Datenbanksystem nach § 86 unverzüglich anzuzeigen. Mit der Anzeige übermittelt der Sponsor eine aktualisierte Fassung der betreffenden Angaben und Unterlagen und kennzeichnet die Änderungen in aktualisierten Unterlagen eindeutig.

(2) Das Bundesinstitut für Arzneimittel und Medizinprodukte benachrichtigt die für den Sponsor oder seinen rechtlichen Vertreter und die für die Prüfstellen zuständigen Behörden über den Eingang einer Änderungsanzeige.

1 § 54 bestimmt, dass **Änderungen** an den nach § 48 Abs. 2 und § 53 Abs. 2 einzureichenden Unterlagen für eine sonstige klinische Prüfung sowohl der zuständigen Ethik-Kommission als auch der zuständigen Bundesoberbehörde auf elektronischem Wege über das DMIDS **unverzüglich anzuzeigen** sind. Die Änderungen sind in den vom Sponsor beizufügenden aktualisierten Unterlagen **eindeutig zu kennzeichnen**. Das BfArM benachrichtigt die für den Sponsor oder seinen rechtlichen Vertreter und die für die Prüfstellen zuständigen Behörden über den Eingang einer

Änderungsanzeige. Wesentliche Änderungen werden von der zuständigen Ethik-Kommission entsprechend des in §§ 55 ff. festgelegten Verfahrens geprüft. Bei der Bundesoberbehörde handelt es sich um ein **reines Anzeigeverfahren** ohne weitere Prüfung.

## § 62 Pflichten des Prüfers oder Hauptprüfers

(1) Der Prüfer oder Hauptprüfer stellt sicher, dass
1. die klinische Prüfung oder sonstige klinische Prüfung durchgeführt wird in Übereinstimmung mit dem Prüfplan,
    a) zu dem die zuständige Ethik-Kommission eine zustimmende Stellungnahme abgegeben hat und
    b) den die zuständige Bundesoberbehörde genehmigt hat oder der der zuständigen Bundesoberbehörde angezeigt wurde,
2. die vollständige Nachvollziehbarkeit aller Beobachtungen und Befunde, die korrekte Dokumentation der Daten und die korrekte Ableitung von Schlussfolgerungen während der Durchführung der klinischen Prüfung oder sonstigen klinischen Prüfung gewährleistet sind,
3. durch geeignete technische und organisatorische Maßnahmen gewährleistet wird, dass die personenbezogenen Daten der Prüfungsteilnehmer während der Durchführung der klinischen Prüfung oder sonstigen klinischen Prüfung
    a) von allen beteiligten Personen streng vertraulich behandelt werden und
    b) gegen unbefugten oder unrechtmäßigen Zugriff, unbefugte und unrechtmäßige Bekanntgabe, Verbreitung und Veränderung sowie vor Vernichtung oder zufälligem Verlust geschützt werden, insbesondere, wenn die Verarbeitung die Übertragung über ein Netzwerk umfasst,
4. dem Sponsor oder seinem Beauftragten sowohl die Prüfstelle einschließlich der beauftragten Laboratorien als auch jede Art von Daten im Zusammenhang mit der klinischen Prüfung oder sonstigen klinischen Prüfung für Überprüfungen zugänglich sind.

(2) Prüfer und Hauptprüfer tragen dafür Sorge, dass Prüfprodukte, die im Verdacht stehen, ein schwerwiegendes unerwünschtes Ereignis verursacht zu haben, nicht verworfen werden, bevor die Bewertung der zuständigen Bundesoberbehörde abgeschlossen ist. Dies schließt nicht aus, dass sie das Prüfprodukt dem Hersteller oder Sponsor zum Zwecke der Untersuchung überlassen.

| Übersicht | Rdn. | | Rdn. |
|---|---|---|---|
| A. Pflichten des Prüfers oder Hauptprüfers. | 1 | schwerwiegendes unerwünschtes Ereignis verursacht zu haben............ | 2 |
| B. Sicherstellung von Prüfprodukten, die im Verdacht stehen, ein | | | |

## A. Pflichten des Prüfers oder Hauptprüfers

In § 62 werden explizit die **Pflichten des Prüfers oder Hauptprüfers** bei der Durchführung und Überwachung einer klinischen oder sonstigen klinischen Prüfung aufgeführt, die die MDR nicht im Einzelnen definiert. Der Prüfer bzw. Hauptprüfer muss sicherstellen, dass die Durchführung in Übereinstimmung mit dem durch die Ethik-Kommission und die zuständige Bundesoberbehörde genehmigten bzw. angezeigten Prüfplan erfolgt. Darüber hinaus muss auch die Nachvollziehbarkeit aller Beobachtungen und Befunde sowie der Umgang mit den personenbezogenen Daten sichergestellt sein. Weiterhin hat der Prüfer sicherzustellen, dass dem Sponsor oder seinem Beauftragten sowohl die Prüfstelle einschließlich der beauftragten Laboratorien als auch jede Art von Daten im Zusammenhang mit der klinischen Prüfung oder sonstigen klinischen Prüfung für Überprüfungen zugänglich sind.

B. Sicherstellung von Prüfprodukten, die im Verdacht stehen, ein schwerwiegendes unerwünschtes Ereignis verursacht zu haben

2  Beim Auftreten von schwerwiegenden unerwünschten Ereignissen will der deutsche Gesetzgeber sicherstellen, dass Prüfprodukte nicht verworfen werden, sondern in der Prüfstelle verwahrt werden, um ggf. dem Sponsor oder dem Hersteller für eine Ursachenanalyse zur Verfügung gestellt werden zu können. Dies wird in Abs. 2 sichergestellt und gilt so lange, bis die Bewertung des Ereignisses durch die zuständige Bundesoberbehörde abgeschlossen ist.

## § 63 Meldepflichten des Prüfers oder Hauptprüfers

Der Prüfer oder Hauptprüfer meldet dem Sponsor einer klinischen Prüfung oder sonstigen klinischen Prüfung
1. unverzüglich
   a) jedes schwerwiegende unerwünschte Ereignis im Sinne des Artikels 2 Nummer 58 der Verordnung (EU) 2017/745 sowie
   b) jeden Produktmangel im Sinne des Artikels 2 Nummer 59 der Verordnung (EU) 2017/745, der bei Ausbleiben angemessener Maßnahmen oder eines Eingriffs oder unter weniger günstigen Umständen zu schwerwiegenden unerwünschten Ereignissen hätte führen können.
2. entsprechend der zeitlichen Vorgaben des Prüfplans jede Art von unerwünschten Ereignissen im Sinne des Artikels 2 Nummer 57 der Verordnung (EU) 2017/745.

| Übersicht | Rdn. | | Rdn. |
|---|---|---|---|
| A. Neufassung durch das MPDG-ÄndG | 1 | C. Meldung unerwünschter Ereignisse nach Satz 1 Nr. 2 | 4 |
| B. Unverzügliche Meldepflichten nach Satz 1 Nr. 1 | 3 | D. Meldepflichten des Sponsors | 5 |

### A. Neufassung durch das MPDG-ÄndG

1  Durch das Gesetz zur Änderung des Medizinprodukterecht-Durchführungsgesetzes (MPDG-ÄndG) v. 12. Mai 2021 wurden die Meldepflichten des Prüfers oder Hauptprüfers an den Sponsor einer klinischen Prüfung oder sonstigen klinischen Prüfung im Vergleich zur ursprünglichen Formulierung konkretisiert, indem eine zeitliche Differenzierung, welche Art von unerwünschten Ereignissen unverzüglich und welche nach den zeitlichen Vorgaben des Prüfplans zu melden sind, erfolgt. Der Paragraph lautete in der ursprünglichen Fassung:

»§ 63 Meldepflichten des Prüfers oder Hauptprüfers

*Der Prüfer oder Hauptprüfer meldet dem Sponsor einer klinischen Prüfung oder sonstigen klinischen Prüfung unverzüglich*
1. *jede Art von unerwünschten Ereignissen im Sinne des Artikels 2 Nummer 57 der Verordnung (EU) 2017/745,*
2. *jeden Produktmangel im Sinne des Artikels 2 Nummer 59 der Verordnung (EU) 2017/745, der bei Ausbleiben angemessener Maßnahmen oder eines Eingriffs oder unter weniger günstigen Umständen zu unerwünschten Ereignissen hätte führen können.«*

2  § 63 ergänzt die MDR, indem für den Prüfer/Hauptprüfer Meldepflichten für unerwünschte Ereignisse und Produktmängel vorgeschrieben werden. In Art. 80 MDR werden die diesbezüglichen Pflichten nur für den Sponsor festgelegt.

### B. Unverzügliche Meldepflichten nach Satz 1 Nr. 1

3  Satz 1 Nr. 1 definiert, welche Meldungen **unverzüglich** vom Prüfer oder Hauptprüfer an den Sponsor zu erfolgen haben. Dies sind **alle schwerwiegenden unerwünschten Ereignisse** (serious

adverse event, SAE) entsprechend der Definition des Art. 2 Nr. 58 MDR sowie **Produktmängel** entsprechend der Definition des Art. 2 Nr. 59 MDR, bei denen es beim Ausbleiben von entsprechenden Maßnahmen, bzw. ungünstigen Umständen zu einem SAE hätte kommen können. Die Meldepflicht des Prüfers umfasst damit auch solche SAEs, bei denen ein Zusammenhang zum Prüfprodukt, Vergleichsprodukt oder Prüfverfahren ausgeschlossen werden kann. Unter »unverzüglich« wird in der Regel eine **Meldung innerhalb von 48 Stunden nach Kenntnisnahme** verstanden.

### C. Meldung unerwünschter Ereignisse nach Satz 1 Nr. 2

Satz 1 Nr. 2 regelt die Meldung von **unerwünschten Ereignissen** (adverse Events, AE). Diese sind entgegen der ursprünglichen Formulierung nun **von der unverzüglichen Meldefrist ausgenommen** und müssen vom Prüfer oder Hauptprüfer **nach zeitlicher Vorgabe des Prüfplans** an den Sponsor berichtet werden.

### D. Meldepflichten des Sponsors

Der Sponsor hat alle unerwünschten Ereignisse, die im Prüfplan als entscheidend für die Bewertung der klinischen Prüfung eingestuft wurden, alle schwerwiegenden unerwünschten Ereignisse (SAE) sowie alle Produktmängel und neue Erkenntnisse zu diesen zu dokumentieren. Schwerwiegende unerwünschte Ereignisse, bei denen ein Kausalzusammenhang mit dem Prüfprodukt, einem Vergleichsprodukt oder dem Prüfverfahren möglich erscheint, sowie neue Erkenntnisse zu diesen Sachverhalten hat der Sponsor nach Art. 80 Abs. 2 MDR unverzüglich an alle Mitgliedsstaaten, in denen die Prüfung durchgeführt wird, zu melden.

Dabei ist die **Frist**, in der die Meldung zu erfolgen hat, nicht genau definiert. Sie **hat sich an der Schwere des Ereignisses zu orientieren**.

Hinweise zu den Meldefristen von SAEs gibt die Leitlinie MDCG 2020–10/1 »Safety reporting in clinical investigations of medical devices under the Regulation (EU) 2017/745«: Alle meldepflichtigen Ereignisse, die auf ein unmittelbares Risiko des Todes, einer schweren Verletzung oder einer schweren Erkrankung hinweisen und die sofortige Korrekturmaßnahmen für andere Patienten/Probanden, Anwender oder andere Personen erfordern oder einen neuen Erkenntnisgewinn mit sich bringen, sind durch den Sponsor unverzüglich, jedoch **nicht später als 2 Kalendertage nach Bekanntwerden** des meldepflichtigen Ereignisses oder einer neuen Erkenntnis im Zusammenhang mit einem bereits gemeldeten Ereignis zu melden. Dies schließt auch Ereignisse ein, die von so bedeutsamer und unerwarteter Natur sind, dass sie als potenzielle Gefahr für die öffentliche Gesundheit gewertet werden. Alle anderen meldepflichtigen Ereignisse oder neue Erkenntnisse sind ebenfalls unverzüglich, jedoch **nicht später als 7 Kalendertage** nachdem der Sponsor Kenntnis von dem meldepflichtigen Ereignis oder von Erkenntnissen in Zusammenhang mit einem bereits gemeldeten Ereignis erhalten hat, zu melden.

Gemäß Anh. XV Kap. III Nr. 1 MDR hat der Sponsor die Pflicht, mit den an der klinischen Prüfung beteiligten Prüfern eine Vereinbarung zu treffen, die sicherstellt, dass er über alle SAEs, Produktmängel und gemäß Art. 80 Abs. 2 MDR zu meldenden Ereignisse zeitgerecht informiert wird. An dieser Stelle ergänzt § 63, indem er die entsprechenden Pflichten der Prüfer bzw. Hauptprüfer definiert: Diese haben alle unerwünschten Ereignisse und jeden Produktmangel (s.o.) unverzüglich an den Sponsor zu melden, damit dieser wiederum seinen Meldepflichten nach Art. 80 Abs. 2 MDR nachkommen kann. Als unverzüglich ist auch hier ein Zeitraum innerhalb von **24 Stunden**, jedoch **nicht später als 2 Kalendertage** anzusehen.

## § 64 Melde- und Mitteilungspflichten des Sponsors bei einer sonstigen Prüfung

(1) Der Sponsor meldet über das Deutsche Medizinprodukteinformations- und Datenbanksystem nach § 86 der zuständigen Bundesoberbehörde unverzüglich
1. jedes schwerwiegende unerwünschte Ereignis im Sinne des Artikels 2 Nummer 58 der Verordnung (EU) 2017/745, das einen Kausalzusammenhang mit dem Prüfprodukt, dem

## § 64 MPDG — Melde- und Mitteilungspflichten des Sponsors bei einer sonstigen Prüfung

Komparator oder dem Prüfverfahren aufweist oder bei dem ein Kausalzusammenhang durchaus möglich erscheint,

2. jeden Produktmangel im Sinne des Artikels 2 Nummer 59 der Verordnung (EU) 2017/745, der bei Ausbleiben angemessener Maßnahmen oder eines Eingriffs oder unter weniger günstigen Umständen zu schwerwiegenden unerwünschten Ereignissen hätte führen können.

(2) Setzt der Sponsor eine sonstige klinische Prüfung vorübergehend aus oder bricht er die klinische Prüfung ab, teilt er dies der zuständigen Ethik-Kommission, der zuständigen Bundesoberbehörde und der für ihn zuständigen Behörde sowie den für die Prüfstellen zuständigen Behörden über das Deutsche Medizinprodukteinformations- und Datenbanksystem nach § 86 innerhalb von 15 Tagen unter Angabe der Gründe mit. Die Mitteilung nach Satz 1 erfolgt innerhalb von 24 Stunden, wenn der Sponsor die klinische Prüfung aus Sicherheitsgründen vorübergehend aussetzt oder abbricht.

(3) Zwölf Monate nach Beendigung der sonstigen klinischen Prüfung legt der Sponsor der zuständigen Bundesoberbehörde über das Deutsche Medizinprodukteinformations- und Datenbanksystem nach § 86 einen Abschlussbericht vor. Wird die sonstige klinische Prüfung vorzeitig abgebrochen oder vorübergehend ausgesetzt, legt der Sponsor den Abschlussbericht innerhalb von drei Monaten nach dem vorzeitigen Abbruch oder der vorübergehenden Aussetzung vor. Auf den Abschlussbericht ist Anhang XV Kapitel I Abschnitt 2.8 und Kapitel III Abschnitt 7 der Verordnung (EU) 2017/745 entsprechend anzuwenden.

(4) Die Absätze 1 bis 3 gelten nicht für sonstige klinische Prüfungen im Sinne des § 47 Absatz 3.

**Übersicht**

| | | Rdn. | | | Rdn. |
|---|---|---|---|---|---|
| A. | Meldepflichten des Sponsors bzgl. schwerwiegender unerwünschter Ereignisse und Produktmängel; Meldeweg; klinische Prüfungen nach Art. 74 Abs. 1 MDR | 1 | B. | Weitere Mitteilungspflichten des Sponsors | 2 |
| | | | C. | Abschlussbericht | 4 |
| | | | D. | Sonstige klinische Prüfungen nach § 47 Abs. 3 | 7 |

### A. Meldepflichten des Sponsors bzgl. schwerwiegender unerwünschter Ereignisse und Produktmängel; Meldeweg; klinische Prüfungen nach Art. 74 Abs. 1 MDR

1 In Abs. 1 werden zunächst die **Meldepflichten des Sponsors bzgl. schwerwiegender unerwünschter Ereignisse und Produktmängel** festgelegt. Diese entsprechen den Meldepflichten aus Art. 80 MDR für klinische Prüfungen gemäß Art. 62 Abs. 1 MDR inklusive der einzuhaltenden Fristen (s. Erl. zu § 63). Allerdings fehlt hier die Einschränkung der Meldepflicht für schwerwiegende unerwünschte Ereignisse auf lediglich die, mit einem Zusammenhang zum Prüfverfahren bei den sonstigen klinischen Prüfungen, bei denen das Prüfprodukt bereits das CE-Kennzeichen trägt, die sonstige klinische Prüfung im Rahmen der von der CE-Kennzeichnung umfassten Zweckbestimmung durchgeführt wird und die Prüfungsteilnehmer über die normale Verwendungsbedingungen des Prüfproduktes hinaus zusätzlichen invasiven oder belastenden Verfahren unterzogen werden. Bei den **klinischen Prüfungen, die unter Art. 74 Abs. 1 MDR fallen**, werden über Art. 80 Abs. 5 MDR primär die Vigilanzmeldepflichten geltend gemacht. Das MPDG ergänzt die MDR dahingehend, dass die Meldung ebenfalls auf elektronischem Wege erfolgen muss, jedoch nicht über Eudamed, sondern **über das DMIDS**.

### B. Weitere Mitteilungspflichten des Sponsors

2 Abs. 2 und 3 definieren weitere Mitteilungspflichten des Sponsors einer sonstigen klinischen Prüfung: So hat er ein vorübergehendes **Ruhen** oder einen **Abbruch** der klinischen Prüfung innerhalb von 15 Tagen folgenden Institutionen unter Angabe von Gründen mitzuteilen:
– der zuständigen Ethik-Kommission,
– der zuständigen Bundesoberbehörde,
– der für ihn zuständigen Behörde.

Auch hier erfolgt die Mitteilung über das DMIDS. Die Frist verkürzt sich auf **24 Stunden**, wenn das Aussetzen/Ruhen oder der Abbruch der klinischen Prüfung **aus Sicherheitsgründen** veranlasst wurde.

### C. Abschlussbericht

Der **Abschlussbericht** über die klinische Prüfung muss **12 Monate** nach deren Ende ebenfalls über das DMIDS der zuständigen Bundesoberbehörde zugänglich gemacht werden. Anforderungen an den Inhalt des klinischen Prüfberichts sind in Anh. XV Kap. I Abschnitt 2.8 und Abschnitt 7 der MDR definiert. Weitere Informationen über den Inhalt eines klinischen Prüfberichts finden sich in der Norm ISO 14155:2020.

Es ist wichtig zu beachten, dass die Darstellung schwerwiegender unerwünschter Ereignisse, unerwünschter Produkteffekte und Produktmängel nur zusammengefasste Informationen enthalten sollte. Die Privatsphäre der Prüfungsteilnehmer ist zu wahren. Weitere Hinweise zum Inhalt eines klinischen Prüfberichts werden in einer MDCG-Leitlinie zu Fragen und Antworten bzgl. klinischer Prüfungen unter der MDR verfügbar sein.

Im Fall, das eine sonstige klinische Prüfung vorzeitig abgebrochen oder vorübergehend ausgesetzt wurde, hat der Sponsor den Abschlussbericht innerhalb von **3 Monaten** einzureichen.

### D. Sonstige klinische Prüfungen nach § 47 Abs. 3

Mit dem MPDG-ÄndG wurde dem § 64 ein weiterer Absatz 4 hinzugefügt, wonach die Absätze 1 bis 3 nicht für sonstige klinische Prüfungen im Sinne des § 47 Absatz 3 gelten.

Hiermit werden die **Melde- und Mitteilungspflichten des Sponsors** bei einer sonstigen klinischen Prüfung aus den Abs. 1 bis 3 für die sonstigen klinischen Prüfungen **aufgehoben**, die den Kriterien des § 47 Abs. 3 entsprechen: Das Prüfprodukt trägt bereits das CE-Kennzeichen, die sonstige klinische Prüfung wird im Rahmen der von der CE-Kennzeichnung umfassten Zweckbestimmung durchgeführt und die Prüfungsteilnehmer werden über die normale Verwendungsbedingungen des Prüfproduktes hinaus keinen zusätzlichen invasiven oder belastenden Verfahren unterzogen.

## § 65 Verarbeitung und Pseudonymisierung personenbezogener Daten

(1) Die zuständigen Behörden dürfen personenbezogene Daten von Sponsoren, Prüfern, Hauptprüfern, Leitern von klinischen Prüfungen oder sonstigen klinischen Prüfungen verarbeiten, soweit dies zur Erfüllung ihrer Überwachungsaufgaben nach den §§ 68 und 69 erforderlich ist.

(2) Zuständige und beteiligte Ethik-Kommissionen dürfen personenbezogene Daten von Sponsoren, Prüfern, Hauptprüfern, Leitern von klinischen Prüfungen oder sonstigen klinischen Prüfungen verarbeiten, soweit dies zur Erfüllung ihrer Aufgaben nach diesem Gesetz erforderlich ist.

(3) Prüfer oder Hauptprüfer müssen vor Übermittlung einer Meldung nach § 63 personenbezogene Daten des Prüfungsteilnehmers unter Verwendung des Identifizierungscodes pseudonymisieren.

(4) Absatz 3 ist entsprechend anzuwenden auf personenbezogene Daten, die vom Sponsor nach Artikel 80 Absatz 2 und 3 der Verordnung (EU) 2017/745 zu übermitteln sind.

(5) Die zuständigen Bundesoberbehörden dürfen die in den Absätzen 1 und 4 genannten personenbezogenen Daten verarbeiten, soweit dies zur Erfüllung ihrer Aufgaben nach diesem Gesetz und der Verordnung (EU) 2017/745 erforderlich ist.

Art. 110 Abs. 1 MDR trifft Regelungen zum Datenschutz und bestimmt, dass bei der Verarbeitung personenbezogener Daten im Rahmen der Durchführung der Verordnung die Mitgliedstaaten die Verordnung (EU) 2016/679 (**Datenschutz-Grundverordnung**; in Art. 110 MDR ist noch die abgelöste Richtlinie 95/46/EG genannt) beachten.

**§ 66 MPDG** Eigenverantwortliche korrektive Maßnahmen

2   Mit § 65 stellt der Gesetzgeber klar, dass die an der Bewertung und Überwachung klinischer Prüfungen beteiligten zuständigen Behörden (s. § 85), die Ethik-Kommissionen und die Bundesoberbehörden personenbezogene Daten von Sponsoren, Prüfern, Hauptprüfern und Leitern von klinischen Prüfungen sowohl von klinischen Prüfungen, die unter Art. 62 Abs. 1 der MDR fallen, als auch von sonstigen klinischen Prüfungen **verarbeiten dürfen**, soweit diese Daten für die Erfüllung der ihnen per Gesetz zugeteilten Aufgaben notwendig sind. Der derartigen Nutzung dieser Daten stehen damit keine datenschutzrechtlichen Gründe entgegen.

3   Abs. 3 legt des Weiteren fest, dass es Plicht der Prüfer bzw. Hauptprüfer ist, Daten, die im Rahmen der Meldepflichten von schwerwiegenden unerwünschten Ereignissen und Produktmängeln (s. § 63) erhoben werden, zu **pseudonymisieren**. An den Sponsor dürfen nur diese pseudonymisierten Daten weitergegeben werden, so dass sichergestellt ist, dass an diesen keine personenbezogenen Daten aus dem Prüfzentrum gelangen.

4   Abs. 4 weitet diese Vorgaben auch auf die Daten aus, die der Sponsor nach Art. 80 der MDR an die Mitgliedstaaten melden muss (schwerwiegende unerwünschte Ereignisse, Produktmängel und neue Erkenntnisse zu bereits gemeldeten Sachverhalten).

5   Mit Abs. 5 wird den zuständigen Bundesoberbehörden zugesichert, dass sie die ihnen im Rahmen der für klinische Prüfungen existierenden Meldepflichten zugehenden Daten im Rahmen ihrer Aufgaben nutzen und verarbeiten dürfen.

### § 66 Eigenverantwortliche korrektive Maßnahmen

(1) Treten während einer klinischen Prüfung oder einer sonstigen klinischen Prüfung Umstände auf, die die Sicherheit der Prüfungsteilnehmer, der Anwender oder Dritter beeinträchtigen können, ergreifen der Sponsor sowie der Prüfer oder Hauptprüfer, der die klinische Prüfung oder die sonstige klinische Prüfung durchführt, unverzüglich alle erforderlichen Sicherheitsmaßnahmen, um die Prüfungsteilnehmer, Anwender oder Dritte vor unmittelbarer oder mittelbarer Gefahr zu schützen.

(2) Der Sponsor unterrichtet über das Deutsche Medizinprodukteinformations- und Datenbanksystem nach § 86 unverzüglich die zuständige Bundesoberbehörde, die für ihn zuständige Behörde, die für die Prüfstellen zuständigen Behörden sowie die zuständige Ethik-Kommission über diese neuen Umstände.

1   Mit § 66 rückt der Gesetzgeber die Eigenverantwortung von Sponsoren, Prüfern und Hauptprüfern in den Fokus, wenn es darum geht, die Sicherheit von Prüfungsteilnehmern, Anwendern aber auch dritter Personen sicherzustellen und diese **vor Gefahren** zu **schützen**. Treten während einer klinischen Prüfung nach Art. 62 Abs. 1 MDR oder einer sonstigen klinischen Prüfung i.S.v. § 2 Nr. 4 Umstände auf, die die Sicherheit der Prüfungsteilnehmer, der Anwender oder Dritter beeinträchtigen können, müssen entsprechende **Sicherheitsmaßnahmen unverzüglich** ohne Einschränkung **eingeleitet werden**.

### § 67 Informationsaustausch

Über Meldungen, die nach Artikel 80 Absatz 2 Buchstabe a der Verordnung (EU) 2017/745 oder § 64 Absatz 1 Nummer 1 eingehen, informiert das Bundesinstitut für Arzneimittel und Medizinprodukte die Behörden, die zuständig sind
1. für den Sponsor oder seinen rechtlichen Vertreter,
2. für die Prüfstellen und
3. für den Ort des schwerwiegenden unerwünschten Ereignisses.

1   § 67 stellt sicher, dass die für die Überwachung der klinischen Prüfungen zuständigen Landesbehörden über alle bei der Bundesoberbehörde eingehenden schwerwiegenden unerwünschten Ereignisse informiert werden und so bei Bedarf nach eigenem Ermessen Maßnahmen ergreifen können.

## § 68 Überwachung von klinischen Prüfungen und sonstigen klinischen Prüfungen durch die zuständige Behörde

(1) Die zuständige Behörde überprüft in angemessenem Umfang, ob Betriebe und Einrichtungen, die Produkte klinisch prüfen, und Sponsoren die Verpflichtungen, die ihnen nach der Verordnung (EU) 2017/745 sowie nach diesem Gesetz und den auf seiner Grundlage erlassenen Rechtsverordnungen obliegen, einhalten und ob die klinische Prüfung oder sonstige klinische Prüfung gemäß dem genehmigten, zustimmend bewerteten oder angezeigten Prüfplan durchgeführt wird. Sie überwacht die vom Sponsor nach § 66 durchgeführten Maßnahmen.

(2) Für die Durchführung der Überwachung sowie die Befugnisse und Mitwirkungspflichten im Rahmen der Überwachung sind die §§ 77 und 79 entsprechend anzuwenden.

(3) Die zuständige Behörde unterrichtet über das Deutsche Medizinprodukteinformations- und Datenbanksystem nach § 86 die zuständige Ethik-Kommission sowie die zuständige Bundesoberbehörde über nach § 78 angeordnete Maßnahmen und trägt den Unterrichtungspflichten nach Artikel 76 Absatz 3 der Verordnung (EU) 2017/745 Rechnung.

Art. 72 Abs. 5 MDR legt fest, dass die Mitgliedstaaten in geeignetem Ausmaß die **Prüfstelle(n) überprüfen**, um zu kontrollieren, ob die klinischen Prüfungen gemäß den Anforderungen der MDR und dem genehmigten Prüfplan durchgeführt werden. § 68 weist hier den zuständigen Behörden die Zuständigkeit für die Überwachung inklusive Inspektion von klinischen Prüfungen und sonstigen klinischen Prüfungen zu. Unter zuständigen Behörden sind in diesem Fall die jeweiligen **Landesbehörden** zu verstehen. Sie haben insbesondere darauf zu achten, dass eine klinische Prüfung gesetzeskonform, nach Maßgabe des aktuell autorisierten Prüfplans und Handbuchs sowie den in Deutschland geltenden ethischen, medizinischen und wissenschaftlichen Standards entsprechend durchgeführt wird. 1

Zu ihren Aufgaben gehört des Weiteren die **Überwachung** der Umsetzung der im Rahmen der Eigenverantwortung von Prüfern, Hauptprüfern und Sponsoren ergriffenen **korrektiven Maßnahmen** gemäß § 66, jedoch **auch von Maßnahmen, die von der Bundesoberbehörde veranlasst wurden** (s. § 69). Die §§ 77 und 79 sind bei den Überwachungsaufgaben zu beachten. In diesen Paragrafen werden zum einen die Überwachungsaufgaben und Befugnisse der zuständigen Behörden näher definiert, aber auch die Mitwirkungspflichten der zu Überwachenden geregelt. 2

Nach Abs. 3 hat die zuständige Behörde die für eine klinische Prüfung oder sonstige klinische Prüfung zuständige Ethik-Kommission und Bundesoberbehörde über die von ihr im Rahmen der Überwachungsaufgaben veranlassten Maßnahmen (s. § 78) **über das DMIDS zu informieren**. Handelt es sich bei diesen Maßnahmen um ein Aussetzen oder Abrechen der klinischen bzw. sonstigen klinischen Prüfung (Art. 76 Abs. 1 Buchst. b MDR), oder wurde der Sponsor aufgefordert, korrektive Maßnahmen umzusetzen (Art. 76 Abs. 1 Buchst. c MDR), hat die zuständige Behörde darüber hinaus auch andere Mitgliedstaaten, in der die klinische Prüfung durchgeführt wird, sowie die Kommission zu informieren und über die Gründe für die Maßnahme zu unterrichten. 3

## § 69 Korrekturmaßnahmen der Bundesoberbehörden

(1) Die zuständige Bundesoberbehörde bewertet die Meldungen nach § 64, um festzustellen, ob die Fortführung einer sonstigen klinischen Prüfung ein unvertretbares Risiko für die Gesundheit und Sicherheit der Prüfungsteilnehmer, der Anwender oder anderer Personen darstellt. Sie bewertet ferner, ob vom Sponsor oder Prüfer eigenverantwortlich durchgeführte Maßnahmen zur Beseitigung oder Verringerung des unvertretbaren Risikos ausreichend sind. Die zuständige Bundesoberbehörde kann vom Sponsor oder Prüfer alle für die Sachverhaltsaufklärung oder Risikobewertung erforderlichen Auskünfte und Unterlagen verlangen. Die zuständige Bundesoberbehörde informiert die zuständige Ethik-Kommission über das Ergebnis ihrer Risikobewertung sowie über etwaige ihr bekannt gewordene Tatsachen, die die Annahme rechtfertigen,

dass die Voraussetzungen des Artikels 82 Absatz 1 der Verordnung (EU) 2017/745 oder des § 47 Absatz 1 nicht mehr gegeben sind.

(2) Die zuständige Bundesoberbehörde kann die sofortige Unterbrechung oder den Abbruch der klinischen Prüfung anordnen, wenn dies zur Abwehr eines unvertretbaren Risikos für die Gesundheit oder Sicherheit von Prüfungsteilnehmern, Anwendern oder anderen Personen erforderlich ist. Sie kann den Sponsor auffordern, Aspekte der sonstigen klinischen Prüfung zu ändern.

(3) Über Bewertungen nach Absatz 1 und Anordnungen nach Absatz 2 informiert die zuständige Bundesoberbehörde über das Deutsche Medizinprodukteinformations- und Datenbanksystem nach § 86 die für den Sponsor und die Prüfstellen zuständigen Behörden sowie die zuständige Ethik-Kommission.

(4) Widerspruch und Anfechtungsklage gegen Anordnungen nach Absatz 2 haben keine aufschiebende Wirkung.

(5) Ist die sofortige Unterbrechung oder der Abbruch der klinischen Prüfung angeordnet, darf die klinische Prüfung nicht fortgeführt werden.

1   Mit § 69 definiert der Gesetzgeber zum einen die **Zuständigkeit der Bundesoberbehörde für die Risikobewertung** im Rahmen einer sonstigen klinischen Prüfung, zum anderen legt er fest, welche Maßnahmen die Bundesoberbehörde ergreifen kann. Diese Maßnahmen ergeben sich aus der Bewertung der nach § 64 gemeldeten schwerwiegenden unerwünschten Ereignisse (SAE). Im Fokus der Bundesoberbehörde steht dabei die Sicherheit der an der Prüfung teilnehmenden Personen inklusive Anwender und dritter Personen. Ferner hat sie zu bewerten, ob evtl. durch den Sponsor oder Prüfer in Eigenverantwortung durchgeführte korrektive Maßnahmen geeignet sind, das Risiko auf ein im Vergleich zum erwarteten Nutzen der klinischen Prüfung akzeptierbares Maß zu reduzieren (positives Nutzen-Risiko-Verhältnis). Um dieser Aufgabe gerecht zu werden, darf die Bundesoberbehörde alle hierfür notwendigen Informationen/Dokumente verlangen. Auskunftspflichtig gegenüber der Behörde sind sowohl der Sponsor als auch die beteiligten Prüfärzte. Das Ergebnis ihrer Risikobewertung muss die Bundesoberbehörde der für die Genehmigung der sonstigen klinischen Prüfung zuständigen Behörden sowie der zuständigen Ethik-Kommission mitteilen. Die Mitteilungspflicht umfasst auch Sachverhalte, die vermuten lassen, dass die sonstige klinische Prüfung nicht (mehr) den in Art. 80 Abs. 1 MDR und § 47 festgelegten Anforderungen genügt. In diesem Fall prüft die zuständige Ethik-Kommission, inwieweit sie Korrekturmaßnahmen gemäß § 60 zu veranlassen hat.

## § 70 Kontaktstelle

Die Kontaktstelle im Sinne des Artikels 62 Absatz 4 Buchstabe g der Verordnung (EU) 2017/745 ist bei der nach § 85 zuständigen Bundesoberbehörde einzurichten.

1   Art. 62 Abs. 3 Buchst. g der MDR regelt, dass Prüfungsteilnehmer oder deren gesetzliche Vertreter, wenn der Prüfungsteilnehmer selber nicht in der Lage ist, eine Einwilligung zu erteilen, Kontaktdaten einer Stelle erhalten, die bei Bedarf **weitere Informationen zur klinischen Prüfung** erteilen kann. § 70 bestimmt, dass diese Kontaktstelle bei den Bundesoberbehörden (BfArM sowie PEI) einzurichten ist. Dabei ist jeweils die Bundesoberbehörde als Kontaktstelle für die klinischen Prüfungen zuständig, bei der auch der Antrag auf Genehmigung, bzw. die Anzeige einzureichen ist. Informationen sollen für Prüfungsteilnehmer, potentielle Prüfungsteilnehmer oder deren Angehörige bereitgestellt werden. Dabei hat die Bundesoberbehörde den Datenschutz aber auch evtl. Betriebs- und Geschäftsgeheimnisse vertraulich zu behandeln.

## Vorbemerkung zu §§ 71 ff. MPDG

1   Die Bewertung von Risiken bei der Anwendung und Verwendung von Medizinprodukten erfolgt auch mit Geltungsbeginn der MDR national, jedoch wird durch die MDR der Rechtsrahmen, das heißt die wesentlichen Meldekriterien, Meldewege und die Pflichten der Wirtschaftsakteure

als auch der zuständigen Behörden der Mitgliedstaaten vorgegeben. Die Guideline on a Medical Devices Vigilance System (MEDDEV 2.12–1 rev. 8 Stand: 2013) floss als Grundlage in den Verhandlungstext für die MDR ein.

Die MDR definiert zunächst in Art. 2 Nrn. 64 bis 69 die für ein funktionierendes Vigilanzsystem wesentlichen Begriffe. Ein »*Vorkommnis*« bezeichnet eine Fehlfunktion oder Verschlechterung der Eigenschaften oder Leistung eines bereits auf dem Markt bereitgestellten Produkts, einschließlich Anwendungsfehlern aufgrund ergonomischer Merkmale, sowie eine Unzulänglichkeit der vom Hersteller bereitgestellten Informationen oder eine unerwünschte Nebenwirkung (Art. 2 Nr. 64 MDR). Unter einem »*Vorkommnis*« wird demnach ein **Produktmangel im weiteren Sinne**, einschließlich der mit dem Produkt zur Verfügung gestellten Informationen verstanden, wobei Anwendungsfehler aufgrund ergonomischer Merkmale aber auch unerwünschte Nebenwirkungen ausdrücklich inkludiert sind. Das ist insofern bemerkenswert, als das Nebenwirkungen nicht auf Grund von Produktmängeln oder systematischen Produktfehlern auftreten, sondern der Anwendung des Produktes immanent sind. Als Beispiel sei die typische Verbrennung unter den Elektroden externer Defibrillatoren genannt, die wegen hoher Übergangswiderstände zwischen der Haut des zu defibrillierenden Menschen und der Elektrode des Defibrillators auftreten kann und keinen Produktfehler darstellt. Das Einschließen der Anwendungsfehler aufgrund ergonomischer Merkmale in den Vorkommnisbegriff korreliert mit den Grundlegenden Anforderungen in Anh. I Nr. 5 der MDR und ist zu begrüßen. Die bisher dazu getroffenen Regelungen in der o.g. MEDDEV-Leitlinie waren widersprüchlich, da z.B. Anwendungsfehler auf Grund von fehlender oder fehlerhafter Einweisung, Missachtung der Gebrauchsanweisung mit der Folge Tod oder schwerwiegender Verschlechterung des Gesundheitszustandes als meldepflichtig angesehen wurden, obwohl kein Produktfehler erkennbar war.

Die Definition des »*schwerwiegenden Vorkommnisses*« in Art. 2 Nr. 65 MDR bezeichnet ein Vorkommnis, das direkt oder indirekt eine der nachstehenden Folgen hatte, hätte haben können oder haben könnte:
– den Tod eines Patienten, Anwenders oder einer anderen Person,
– die vorübergehende oder dauerhafte schwerwiegende Verschlechterung des Gesundheitszustandes eines Patienten, Anwenders oder anderer Personen,
– eine schwerwiegende Gefahr für die öffentliche Gesundheit (s. die Definition einer »*schwerwiegenden Gefahr für die öffentliche Gesundheit*« nach Art. 2 Nr. 66 der MDR).

Die MDR hat die **Philosophie** der Medizinprodukte-Richtlinien übernommen, wonach nichtschwerwiegende Produktmängel eigenverantwortlich durch die Hersteller ohne eine Meldung an die zuständige Behörde untersucht werden.

Eine »*Sicherheitskorrekturmaßnahme im Feld*« bezeichnet eine von einem Hersteller aus technischen oder medizinischen Gründen ergriffene *Korrekturmaßnahme* (s. Def. nach Art. 2 Nr. 67 MDR) zur Beseitigung der Ursache eines potenziellen oder vorhandenen Mangels an Konformität oder einer sonstigen unerwünschten Situation zur Verhinderung oder Verringerung des Risikos eines schwerwiegenden Vorkommnisses im Zusammenhang mit einem auf dem Markt bereitgestellten Produkt. Eine solche Korrekturmaßnahme wird durch eine »*Sicherheitsanweisung im Feld*« (s. Art. 2 Nr. 69 MDR) den Anwendern und Betreibern bekanntgegeben. Diese enthält neben den Hintergrundinformationen über die Ursache der Korrekturmaßnahme auch Informationen zum damit verbundenen Risiko und die vom Hersteller ergriffenen oder geplanten sowie von den Anwendern und Betreibern zu ergreifenden Maßnahmen zur Risikominimierung.

Hersteller von auf dem Unionsmarkt bereitgestellten Medizinprodukten sind nach Art. 87 Abs. 1 Unterabs. 2 MDR verpflichtet, schwerwiegende Vorkommnisse und Sicherheitskorrekturmaßnahmen im Feld über die bei der KOM aufzubauende europäische Datenbank »EUDAMED« der in dem betroffenen Mitgliedstaat für Vigilanzaufgaben zuständigen Behörde zu melden. In Deutschland ist diese das Bundesinstitut für Arzneimittel und Medizinprodukte (BfArM), dessen Vigilanzaufgaben in §§ 71 ff. beschrieben sind.

7  Das in der MDR beschriebene Vigilanzsystem orientiert sich grundsätzlich an dem bewährten Vigilanzsystem, welches in der o.g. MEDDEV-Leitlinie beschrieben ist; es wird jedoch in einigen Punkten geändert (Abschnitt 5.1.5 über die Meldung von Anwendungsfehlern), nicht übernommen (Abschnitt 5.1.3 »Conditions where reporting under the medical device vigilance system is not usually required«) oder weiterentwickelt (6.3. Koordination zwischen den Behörden).

8  Art. 87 Abs. 3 bis 5 MDR definiert die **Fristen** für die Meldung und hat dabei die bekannten Fristen aus der MEDDEV-Leitlinie (unverzüglich, spätestens 2 Tage im Falle einer schwerwiegenden Gefahr für die öffentliche Gesundheit und spätestens 10 Tage bei Tod oder einer unvorhergesehenen schwerwiegenden Verschlechterung des Gesundheitszustandes) beibehalten, jedoch die maximale Meldefrist für alle anderen Vorkommnisse von 30 Tagen auf 15 Tage verkürzt. Können Hersteller in den vorgegebenen maximalen Fristen nicht entscheiden, ob es sich bei dem potentiell meldepflichtigen Ereignis um ein schwerwiegendes Vorkommnis handelt, so ist das Ereignis dennoch als schwerwiegendes Vorkommnis innerhalb der o.g. vorgeschriebenen Fristen zu melden (Art. 87 Abs. 7 MDR).

9  Hersteller müssen über das **Vigilanzmodul der EUDAMED-Datenbank** Vorkommnisse und Sicherheitskorrekturmaßnahmen im Feld melden (Art. 87 Abs. 1 MDR). Mit dieser Datenbank wird zum ersten Mal seit Bestehen des europäischen Binnenmarktes für Medizinprodukte eine europaweite Datenbank zu Vigilanzfällen aufgebaut. Dies ist zwingend notwendig, da die zuständigen Behörden bisher in der Regel die Bewertungen auf Basis der ihnen vorliegenden Meldungen durchgeführt haben und nicht, oder nur bedingt, auf die in anderen Mitgliedstaaten vorliegenden Daten zurückgreifen konnten.

10  Die Inhalte der Meldungen sowohl für schwerwiegende Vorkommnisse als auch für Sicherheitskorrekturmaßnahmen im Feld sind abgestimmt zwischen den Mitgliedstaaten, der KOM als Betreiberin von EUDAMED und den Herstellerverbänden und orientiert sich an den Informationen, die für die Bewertung durch die zuständigen Behörden der Mitgliedstaaten notwendig sind. Grundsätzlich müssen die Meldungen in EUDAMED hochgeladen werden oder über zur Verfügung gestellte Eingabemasken erfolgen; das Melden über Formulare ist nicht mehr möglich.

11  Gemäß Art. 92 Abs. 5 MDR wird im Falle von Meldungen schwerwiegender Vorkommnisse die **Behörde des Mitgliedstaates informiert**, in deren Zuständigkeitsbereich das schwerwiegende Vorkommnis aufgetreten ist; bei Sicherheitskorrekturmaßnahmen im Feld der Mitgliedstaat, in dem die Sicherheitskorrekturmaßnahme im Feld ergriffen wurde oder ergriffen werden soll sowie der Mitgliedstaat, in dem der Hersteller seine eingetragene Niederlassung hat (Art. 92 Abs. 7 MDR).

12  Art. 87 Abs. 9 MDR räumt Herstellern die Möglichkeit ein, **periodische Sammelmeldungen** für ähnliche schwerwiegende Vorkommnisse im Zusammenhang mit ein und demselben Produkt oder ein und derselben Produktart, deren Ursache bereits festgestellt wurde, die häufig auftreten und gut dokumentiert sind, an die zuständigen Vigilanzbehörden abzugeben. Diese Möglichkeit gilt auch für schwerwiegende Vorkommnisse, für deren Ursache bereits eine Sicherheitskorrekturmaßnahme im Feld ergriffen wurde. Letztere wird in der Regel bei schwerwiegenden Vorkommnissen mit Implantaten zur Anwendung kommen, wenn der Hersteller für diese Implantate eine Sicherheitskorrekturmaßnahme im Feld implementiert hat. Diese wird nur sehr selten die prophylaktische Explantation beinhalten, so dass auch nach der Implementierung der Maßnahme noch schwerwiegende Vorkommnisse auftreten können, sofern das in der Sicherheitskorrekturmaßnahme beschriebene Problem sich manifestiert. Ein solches Vorgehen ist auch deswegen akzeptabel, weil die zuständige Behörde in ihrer Risikobewertung zu dem Schluss gekommen ist, dass eine prophylaktische Explantation nicht angezeigt ist. Es genügt, dass sich die zuständige Behörde in regelmäßigen Abständen davon überzeugt, dass die Maßnahme nach wie vor angemessen ist. Inhalt und Frequenz der Sammelmeldung ist mit der/den zuständigen Behörden abzustimmen. Die Herausforderung für beide beteiligten Parteien ist, dass ihre Einigung kompatibel mit den Anforderungen von EUDAMED sein muss.

13  Art. 89 MDR verpflichtet den Hersteller, unverzüglich nach der Meldung nach Art. 87 Abs. 1 MDR mit der **Untersuchung** des schwerwiegenden Vorkommnisses zu beginnen. Er darf jedoch keine das Produkt verändernden Untersuchungen vornehmen, die Auswirkungen auf eine spätere Bewertung der Ursachen des Vorkommnisses haben könnten, ohne die zuständige Behörde zuvor

zu unterrichten (Art. 89 Abs. 1 Unterabs. 2 MDR). Es fehlt allerdings eine Festlegung, ob und wie die zuständige Behörde auf eine derartige Unterrichtung reagieren muss. Nach Abschluss seiner Untersuchungen legt der Hersteller über EUDAMED einen Abschlussbericht vor (Art. 89 Abs. 5 MDR). Der Hersteller hat dabei darzulegen, ob es sich aus seiner Sicht bei dem gemeldeten Problem um einen systematischen Produktfehler handelt oder nicht und zeigt ggf. die aus seiner Sicht zu ergreifenden notwendigen Korrekturmaßnahmen auf.

Die zuständige Behörde führt eine **Risikobewertung** für alle ihr gemeldeten schwerwiegenden Vorkommnisse und Sicherheitskorrekturmaßnahmen im Feld durch(Art. 89 Abs. 3 MDR). Ziel und Inhalt der Risikobewertung ist es, zu ermitteln, ob es sich aus Sicht der zuständigen Behörde um einen systematischen Produktfehler handelt und welche Maßnahmen dann zu ergreifen sind. Hat der Hersteller eigenverantwortliche Maßnahmen ergriffen oder plant er derartige Maßnahmen, hat die Behörde zu bewerten, ob diese ausreichend und angemessen sind. Angemessen bedeutet in diesem Zusammenhang, dass sie dem Grundsatz der inhärenten Sicherheit gemäß Anh. I Rechnung tragen. Kommt die zuständige Behörde zu dem Schluss, dass weitere oder andere Maßnahmen notwendig sind, teilt sie dies dem Hersteller mit und fordert ihn auf, diese Maßnahmen **eigenverantwortlich** zu ergreifen. Über diese aus ihrer Sicht notwendigen Maßnahmen informiert sie die KOM und die anderen Mitgliedstaaten wiederum über EUDAMED (Art. 89 Abs. 7 MDR). 14

Ergreift der Hersteller die notwendigen Maßnahmen nicht eigenverantwortlich innerhalb der von der Behörde gesetzten Frist, so **trifft die zuständige Behörde alle geeigneten Maßnahmen**, um die Bereitstellung des Produkts auf ihrem nationalen Markt zu untersagen oder einzuschränken, das Produkt vom Markt zu nehmen oder zurückzurufen (Art. 95 Abs. 4 Unterabs. 1 MDR). Auch hierüber informiert sie die KOM und die Mitgliedstaaten (Art. 95 Abs. 4 Unterabs. 2 MDR). Dadurch wird der unten (siehe Kommentar zu § 74) beschriebene **Bewertungsmechanismus** zwischen der KOM und den Mitgliedstaaten über die Rechtmäßigkeit der angeordneten Maßnahme ausgelöst, durch den die Maßnahme bestätigt oder verworfen wird. 15

In der MDR finden sich keine verbindlichen Vorgaben zu einem **Anwendermeldesystem**. Die Verordnung verpflichtet jedoch die Mitgliedstaaten in Art. 87 Abs. 10 MDR, »*die Angehörigen der Gesundheitsberufe, Anwender und Patienten dazu zu ermutigen und ihnen zu ermöglichen, den zuständigen Behörden mutmaßliche schwerwiegende Vorkommnisse […] zu melden.*« Solche Meldungen sind auf nationaler Ebene zentral zu erfassen und der Hersteller ist unverzüglich zu unterrichten (Art. 87 Abs. 10 und 11 MDR). Der Hersteller ist verpflichtet, zu prüfen, ob es sich dabei um ein schwerwiegendes Vorkommnis handelt und hat in diesem Falle innerhalb der oben genannten Fristen an die für den Ort des Vorkommnisses zuständige Behörde zu melden. Kommt der Hersteller zu dem Schluss, dass es sich nicht um ein schwerwiegendes Vorkommnis handelt, teilt er dies der zuständigen Behörde unter Angabe der Gründe mit. Der Hersteller muss **nachweisen**, dass es sich bei dem Vorkommnis nicht um ein schwerwiegendes Vorkommnis entsprechend der Definition in Art. 2 Nr. 65 MDR handelt. Andere Gründe werden seitens der zuständigen Behörde nicht akzeptiert werden. Die Praxis der letzten Jahre hat gezeigt, dass Hersteller oft die Bedingung »hätte führen können« oder »führen könnte« (vgl. die Definition in Art. 2 Nr. 65 MDR) nicht in ihre Betrachtung einbeziehen und daher von der Behörde aufgefordert werden, wie auch in Art. 87 Abs. 11 letzter Unterabs. MDR festgelegt, eine Meldung abzugeben. Alle in der MDR festgelegten Mechanismen bzgl. der Untersuchung und der Übermittlung eines Abschlussberichtes gelten in diesen Fällen uneingeschränkt. Die in Art. 87 Abs. 10 MDR von den Mitgliedstaaten geforderten Maßnahmen zur Etablierung eines Anwendermeldesystems werden mit der **Medizinprodukte-Anwendermelde- und Informationsverordnung** (= Art. 1 der MPEUAnpV, BGBl. I S. 833) vorgenommen. 16

## § 71 Durchführung der Vigilanzaufgaben

(1) Die zuständige Bundesoberbehörde nimmt die Aufgaben nach den Artikeln 87 bis 90 der Verordnung (EU) 2017/745 zentral wahr, soweit nicht nach dem Atomgesetz, dem Strahlenschutzgesetz oder einer auf Grund des Atomgesetzes oder des Strahlenschutzgesetzes erlassenen

Rechtsverordnung für Medizinprodukte, die ionisierende Strahlen erzeugen oder radioaktive Stoffe enthalten, eine andere Behörde zuständig ist.

(2) Die zuständige Bundesoberbehörde hat eine Risikobewertung vorzunehmen für
1. alle ihr gemeldeten schwerwiegenden Vorkommnisse oder Sicherheitskorrekturmaßnahmen im Feld,
2. Sicherheitsanweisungen im Feld und
3. Mitteilungen über Korrekturmaßnahmen und sonstige Informationen über Risiken.

Die zuständige Bundesoberbehörde hat wissenschaftliche Untersuchungen durchzuführen oder durchführen zu lassen, um mögliche Risiken zu ermitteln.

(3) Die zuständige Bundesoberbehörde führt in begründeten Fällen Produktprüfungen und Überprüfungen der Produktionsverfahren im Betrieb des Herstellers oder bei dessen Unterauftragnehmer in Abstimmung mit der zuständigen Behörde durch.

(4) Die zuständige Bundesoberbehörde hat durch geeignete organisatorische Maßnahmen sicherzustellen, dass besonders eilbedürftige Fälle unverzüglich bearbeitet werden.

(5) Bei ihrer Risikobewertung berücksichtigt die zuständige Bundesoberbehörde Artikel 89 Absatz 3 der Verordnung (EU) 2017/745. Ziel und Inhalt der Risikobewertung ist es, festzustellen, ob ein unvertretbares Risiko vorliegt und welche Sicherheitskorrekturmaßnahmen im Feld oder sonstigen Maßnahmen geboten sind.

(6) Die zuständige Bundesoberbehörde teilt das Ergebnis ihrer Risikobewertung dem Hersteller oder dessen Bevollmächtigten mit. Die abschließende Risikobewertung beinhaltet, soweit bereits vorhanden, eine Bewertung des Abschlussberichtes des Herstellers nach Artikel 89 Absatz 5 der Verordnung (EU) 2017/745.

(7) Die zuständige Bundesoberbehörde führt eine regelmäßige wissenschaftliche Aufarbeitung der durchgeführten Risikobewertungen durch und gibt die Ergebnisse bekannt.

| Übersicht | Rdn. | | Rdn. |
|---|---|---|---|
| A. Zuständige Bundesoberbehörde für die zentrale Risikobewertung . . . . . . . . . . . . | 1 | E. Prüfung auf systematische Produktfehler; Prinzip der inhärenten Sicherheit . . . | 6 |
| B. Umfang der Bewertung . . . . . . . . . . . . . | 2 | F. Abschlussbericht der zuständigen Bundesoberbehörde . . . . . . . . . . . . . . . . . . . | 7 |
| C. Möglichkeit der Überprüfungen im Betrieb des Herstellers . . . . . . . . . . . . . | 4 | G. Regelmäßige wissenschaftliche Aufarbeitung der durchgeführten Risikobewertungen . . . . . . . . . . . . . . . . . . . . . . | 8 |
| D. Europäisch einheitliche Kriterien für die Risikobewertung . . . . . . . . . . . . . . . | 5 | | |

### A. Zuständige Bundesoberbehörde für die zentrale Risikobewertung

1 Zuständige Bundesoberbehörde ist das **BfArM** (§ 85 Abs. 2). Die **Bewertung** der bei der Anwendung oder Verwendung von Medizinprodukten auftretenden Risiken wird dort **zentral wahrgenommen**.

### B. Umfang der Bewertung

2 Mit Abs. 2 Satz 1 wird festgelegt, dass die Bundesoberbehörde grundsätzlich alle aufgetretenen und ihr gemeldeten Risiken bei der Anwendung oder Verwendung von Medizinprodukten bewertet und sich diese Bewertung nicht nur auf die schwerwiegenden Vorkommnisse, Sicherheitskorrekturmaßnahmen im Feld – einschließlich der Sicherheitsanweisung im Feld – beschränkt. Bei der Bewertung der sonstigen Risiken und Korrekturmaßnahmen wird sich die Behörde jedoch darauf beschränken, zu prüfen, ob diese das Potential für schwerwiegende medizinische Konsequenzen bei Patienten, Anwendern oder Dritten haben.

3 Die zuständige Bundesoberbehörde soll sich bei der Bewertung von Risiken nicht nur auf retrospektive Daten (die ihr gemeldeten oder aus anderen Quellen bekannten schwerwiegenden

Vorkommnisse und Sicherheitskorrekturmaßnahmen im Feld) stützen, sondern prospektiv wissenschaftliche Untersuchungen initiieren, um mögliche neue Risiken zu identifizieren (Abs. 2 Satz 2). Hinsichtlich Umfang, Frequenz und Thema solcher prospektiven Untersuchungen besitzt die zuständige Behörde einen großen Handlungsspielraum.

### C. Möglichkeit der Überprüfungen im Betrieb des Herstellers

Abs. 3 gibt der zuständigen Bundesoberbehörde die Möglichkeit, in Abstimmung mit der für den Hersteller zuständigen Landesbehörde in begründeten Fällen Produktprüfungen und Überprüfungen der Produktionsverfahren im Betrieb des Herstellers durchzuführen. Die bisherige Praxis lässt vermuten, dass von dieser Möglichkeit voraussichtlich nur äußerst selten Gebrauch gemacht werden wird. 4

### D. Europäisch einheitliche Kriterien für die Risikobewertung

Art. 89 Abs. 3 der MDR benennt als zu berücksichtigende, **europäisch einheitliche Kriterien** für die Risikobewertung der durch die Hersteller gemeldeten schwerwiegenden Vorkommnisse und Sicherheitskorrekturmaßnahmen im Feld den Schutz der öffentlichen Gesundheit sowie Kausalität, Erkennbarkeit und Wahrscheinlichkeit eines erneuten Auftretens des Problems, Häufigkeit der Produktverwendung, Wahrscheinlichkeit des Eintritts eines direkten oder indirekten Schadens, die Schwere dieses Schadens, den klinischen Nutzen des Produkts, die vorgesehenen und möglichen Anwender und die betroffene Bevölkerung. Diese Kriterien sind nur beispielhaft anzusehen und werden nicht in allen Fällen anwendbar sein. Kritisch zu sehen ist das Kriterium der »Häufigkeit der Produktverwendung«. Insbesondere bei langlebigen Produkten wie Röntgengeräten, Infusionspumpen, Ultraschallgeräten etc. sind derartige Abschätzungen selten hilfreich, weil zu ungenau. Die zuständige Behörde wird sich in derartigen Fällen vorzugsweise an der installierten Basis, der Anzahl der Implantationen etc. orientieren, da diese mit deutlich größerer Sicherheit bekannt sind und aufgrund der vom Hersteller verlangten Nachverfolgbarkeit seiner Produkte schnell verfügbar sein sollten. 5

### E. Prüfung auf systematische Produktfehler; Prinzip der inhärenten Sicherheit

Die der Bundesoberbehörde gemeldeten schwerwiegenden Vorkommnisse sind dahingehend zu prüfen, ob es sich bei dem zugrundeliegenden, in den Untersuchungen des Herstellers identifizierten Produktmangel, sofern ein solcher vorliegt, um einen **systematischen Produktfehler** handelt, der zu einem nicht akzeptablen Risiko führt. In diesem Fall wird sie den Hersteller auffordern, eine Sicherheitskorrekturmaßnahme im Feld durchzuführen und somit das Risiko zu minimieren. Die Auswahl der konkreten Maßnahme hat durch den Hersteller zu erfolgen. Die zuständige Bundesoberbehörde wird dabei als Maßstab, ob die Maßnahme angemessen ist, das **Prinzip der inhärenten Sicherheit** (Anh. I Nr. 4) anwenden (Art. 89 Abs. 3 Satz 2 letzter Hs. MDR). 6

### F. Abschlussbericht der zuständigen Bundesoberbehörde

Abs. 5 verpflichtet die zuständige Bundesoberbehörde, als **formalen behördlichen Abschluss** der Bewertung, das Ergebnis ihrer Risikobewertung dem Hersteller oder seinem europäischen Bevollmächtigten mitzuteilen. Die Behörde soll dabei den **Abschlussbericht des Herstellers** nach Art. 89 Abs. 5 MDR einbeziehen. Die Behörde kann ihre Bewertung auch ohne das Vorliegen eines formalen Abschlussberichtes des Herstellers abschließen. Das wird jedoch in der Praxis nur in seltenen Ausnahmefällen der Fall sein, z.B. wenn alle bewertungsrelevanten Informationen anderweitig verfügbar sind. 7

### G. Regelmäßige wissenschaftliche Aufarbeitung der durchgeführten Risikobewertungen

Die Risikobewertungen der zuständigen Bundesoberbehörde sollen gem. Abs. 7 ausgewertet und der Fachöffentlichkeit zur Verfügung gestellt werden. Auch dies dient der Risikominimierung, da systematische Probleme benannt werden und prospektiv von Herstellern in ihren Risikoanalysen berücksichtigt werden können. 8

## § 72 Zusammenarbeit und Mitwirkungspflichten im Rahmen der Risikobewertung

(1) Die zuständige Bundesoberbehörde nimmt ihre Risikobewertung möglichst in Zusammenarbeit mit dem Hersteller vor.

(2) Soweit dies jeweils erforderlich ist, arbeitet die zuständige Bundesoberbehörde mit den jeweils betroffenen Betreibern, Anwendern, Händlern, Importeuren und Bevollmächtigten und Benannten Stellen zusammen.

(3) Soweit dies jeweils erforderlich ist, kann die zuständige Bundesoberbehörde sonstige Behörden, Einrichtungen, Stellen und Personen, die auf Grund ihrer Kenntnisse und Erfahrungen zur Beantwortung spezifischer Fragestellungen beitragen können, beteiligen.

(4) Die zuständige Bundesoberbehörde kann vom Hersteller, vom Bevollmächtigten oder Importeur, von Personen, die Produkte beruflich oder gewerblich betreiben oder anwenden, oder von Personen, die beruflich oder gewerblich oder in Erfüllung gesetzlicher Aufgaben Produkte abgeben, zu Untersuchungszwecken Folgendes verlangen:
1. alle für die Sachverhaltsaufklärung oder die Risikobewertung erforderlichen Auskünfte und Unterlagen,
2. die Überlassung des betroffenen Produktes oder von Mustern der betroffenen Produktcharge zur möglichst zerstörungsfreien Untersuchung durch die zuständige Bundesoberbehörde oder durch einen von ihr beauftragten Sachverständigen.

(5) Professionelle Anwender und Betreiber tragen dafür Sorge, dass Produkte und Probematerialien, die im Verdacht stehen, an einem schwerwiegenden Vorkommnis beteiligt zu sein, nicht verworfen werden, bis die Risikobewertung der zuständigen Bundesoberbehörde abgeschlossen ist. Dies schließt nicht aus, dass sie diese Produkte und Probematerialien dem Hersteller zum Zwecke der Untersuchung überlassen.

(6) Produkte, die Eigentum des Patienten sind, dürfen für Untersuchungszwecke im Rahmen der Risikobewertung nach § 71 Absatz 2 nur nach vorheriger Einwilligung des Patienten oder, falls dieser nicht in der Lage ist, eine Einwilligung nach Aufklärung zu erteilen, seines gesetzlichen oder rechtsgeschäftlichen Vertreters an den Hersteller oder an die zuständige Bundesoberbehörde übergeben werden. Die Aufklärung und Einholung der Einwilligung des Patienten obliegen dem Hersteller oder der zuständigen Bundesoberbehörde; sie können sich hierzu der Mitwirkung durch Anwender und Betreiber bedienen. Dem Patienten sind Abschriften von Unterlagen, die er im Zusammenhang mit der Aufklärung oder Einwilligung unterzeichnet hat, auszuhändigen. Satz 1 gilt entsprechend für eine Untersuchung, bei der eine Zerstörung des Produkts unvermeidbar ist; auf die Gefahr der Zerstörung des Produkts ist der Patient vor Erteilung der Einwilligung nach Satz 1 hinzuweisen. Vor unvermeidbaren zerstörenden Untersuchungen erstellen die Hersteller, die zuständige Bundesoberbehörde oder die von ihr beauftragten Sachverständigen eine Fotodokumentation des zu untersuchenden Produktes. Diese Fotodokumentation sowie eine Kopie des Untersuchungsberichts sind dem betroffenen Patienten oder seinem gesetzlichen oder rechtsgeschäftlichen Vertreter auf Nachfrage auszuhändigen. Auf das Recht nach Satz 6 sowie die Kontaktdaten des nach Satz 2 Verpflichteten ist der Patient vor Erteilung der Einwilligung nach Satz 1 hinzuweisen.

| Übersicht | Rdn. | | Rdn. |
|---|---|---|---|
| A. Zusammenarbeit im Rahmen der Risikobewertung. | 1 | D. Aushändigung von im Eigentum von Patienten stehenden Produkten an den Hersteller oder die Bundesoberbehörde; Verfahren bei unvermeidbaren zerstörenden Untersuchungen des Produkts. | 4 |
| B. Auskünfte und Unterlagen; Überlassung des in Frage stehenden Produkts. | 2 | | |
| C. Sicherstellung der in Frage stehenden Produkte bis zum Abschluss der Risikobewertung. | 3 | | |

## A. Zusammenarbeit im Rahmen der Risikobewertung

Die Abs. 1–3 regeln, mit wem die Bundesoberbehörden je nach Erforderlichkeit im Rahmen der Risikobewertung zusammenarbeiten. Die Wortwahl in Abs. 1 verdeutlicht, dass der Hersteller möglichst immer – auch in seinem eigenen Interesse – in die Bewertung eingebunden sein soll, lässt der Bundesoberbehörde jedoch die Möglichkeit offen, bei z.B. unkooperativen Herstellern die Bewertung ohne seine Beteiligung durchzuführen.

## B. Auskünfte und Unterlagen; Überlassung des in Frage stehenden Produkts

In Abs. 4 wird klargestellt, dass die zuständige Bundesoberbehörde grundsätzlich alle **Dokumente und Informationen** verlangen kann, die sie für Untersuchungszwecke im Rahmen ihrer Risikobewertung benötigt. Darüber hinaus ist vorgesehen, dass die Bundesoberbehörde von den genannten Personen (nicht erfasst sind Privatpersonen) die **Überlassung des in Frage stehenden Produkts** oder eines **Musters aus der betroffenen Charge** für eine **möglichst zerstörungsfreie Untersuchung** verlangen kann.

## C. Sicherstellung der in Frage stehenden Produkte bis zum Abschluss der Risikobewertung

Mit Abs. 5 werden die professionellen Anwender und Betreiber verpflichtet, Produkte und Probematerialien, die im Verdacht stehen, an einem schwerwiegenden Vorkommnis beteiligt zu sein, **nicht zu verwerfen**. Aus den nicht veröffentlichten Auswertungen der Bundesoberbehörde ist bekannt, dass eine erhebliche Anzahl von Risikomeldungen ohne eine Untersuchung des in Frage stehenden Produktes bewertet werden müssen. Rückstellmuster sind in der Regel fehlerfrei, genauso sind Fehler gemäß den Produktionsunterlagen praktisch nicht vorhanden. Die Vorschrift soll daher sicherstellen, dass eine Untersuchung des an dem potentiellen schwerwiegenden Vorkommnis beteiligten Produktes möglich ist. Aus der Regelung lässt sich jedoch nicht schließen, dass die Untersuchung grundsätzlich nur dem Hersteller obliegt. Anwender und Betreiber können natürlich vom Hersteller unabhängige Untersuchungen initiieren. Dann sollte jedoch vorher die Frage, wer die Kosten für die Untersuchungen übernimmt, geklärt sein. Bei den Behörden ist dafür kein Etat vorhanden. Der letzte Satz in Abs. 5 stellt klar, dass eine Übergabe an den Hersteller zwecks Untersuchung möglich ist.

## D. Aushändigung von im Eigentum von Patienten stehenden Produkten an den Hersteller oder die Bundesoberbehörde; Verfahren bei unvermeidbaren zerstörenden Untersuchungen des Produkts

In der Vergangenheit wurden offensichtlich immer wieder Produkte – insbesondere Explantate – ohne Wissen und Einwilligung der Patienten Herstellern zur Untersuchung übergeben und den Patienten damit die Möglichkeit genommen, im Falle von Schadenersatzprozessen unabhängige Sachverständigengutachten erstellen zu lassen.

Mit Abs. 6 stellt der Gesetzgeber nunmehr klar, dass die **Herausgabe von im Eigentum des Patienten stehenden Produkten**, die im Verdacht stehen, in potentielle schwerwiegende Vorkommnisse involviert zu sein, an den Hersteller zur Untersuchung der Ursache nicht ohne **Einwilligung** des Patienten geschehen darf. Das Einholen der Einwilligung geschieht primär durch den Hersteller des Produktes, der sich dabei jedoch der Mitwirkung durch den Anwender oder Betreiber bedienen kann. Es gibt jedoch keine Verpflichtung seitens der professionellen Anwender und der Betreiber, dies für den Hersteller zu übernehmen.

Verlangt die Bundesoberbehörde von einem Anwender oder Betreiber die Herausgabe eines im Eigentum des Patienten stehenden, in ein schwerwiegendes Vorkommnis möglicherweise involvierten Produktes, hat sie die notwendige Einwilligung des Patienten einzuholen. Sie, kann sich dabei aber ebenfalls des Anwenders oder des Betreibers bedienen. Es ist jedoch davon auszugehen, dass die Bundesoberbehörde nur in sehr seltenen Fällen von der Möglichkeit der Herausgabe des betroffenen Produkts Gebrauch machen wird, insbesondere, da sie sich nicht direkt an den Patienten wenden kann, sondern sie nur gegenüber den in Abs. 4 genannten Akteuren ein entsprechendes Recht hat.

*Stößlein*

7 Sofern das Produkt im Anschluss an die Herausgabe unvermeidbar zerstörend untersucht werden soll, ist der Patient im Rahmen der Aufklärung explizit darauf hinzuweisen. Die Einwilligung des Patienten hat sich in diesen Fällen auch auf die zerstörende Untersuchung seines Produktes zu erstrecken. Vor derartigen **unvermeidbaren zerstörenden Untersuchungen** erstellen die Hersteller, die zuständige Bundesoberbehörde oder die von ihr beauftragten Sachverständigen eine Fotodokumentation des zu untersuchenden Produktes, die dem Patienten ebenso wie das Untersuchungsergebnis auf Nachfrage auszuhändigen ist. Auf dieses Recht ist der Patient im Rahmen der Aufklärung explizit hinzuweisen.

### § 74 Verfahren zum Schutz vor Risiken

(1) Kommt die zuständige Bundesoberbehörde nach Durchführung der Risikobewertung zu dem Schluss, dass von dem Produkt ein unvertretbares Risiko ausgeht, fordert sie die betroffenen Wirtschaftsakteure auf, alle Korrekturmaßnahmen zu ergreifen, die zum Schutz der Gesundheit oder Sicherheit von Patienten, Anwendern oder anderen Personen oder zum Schutz der öffentlichen Gesundheit vor Gefahren durch Produkte erforderlich sind und teilt das Ergebnis der Risikobewertung der zuständigen Behörde mit. Ergreift der betroffene Wirtschaftsakteur keine angemessenen Korrekturmaßnahmen, führt die zuständige Behörde eine Bewertung nach Artikel 94 der Verordnung (EU) 2017/745 durch und trifft nach Maßgabe von Artikel 95 der Verordnung (EU) 2017/745 alle Maßnahmen, die zum Schutz der Gesundheit oder Sicherheit von Patienten, Anwendern oder anderen Personen oder zum Schutz der öffentlichen Gesundheit vor Gefahren durch Produkte erforderlich sind. Die zuständige Behörde sorgt für die Mitteilung nach Artikel 95 Absatz 4 Unterabsatz 2 der Verordnung (EU) 2017/745.

(2) Die zuständige Behörde ist insbesondere befugt, im Geltungsbereich dieses Gesetzes
1. das Inverkehrbringen oder die Inbetriebnahme des Produktes zu verbieten oder einzuschränken,
2. die Bereitstellung eines Produktes auf dem Markt zu verbieten oder einzuschränken,
3. Maßnahmen anzuordnen, die gewährleisten, dass ein Produkt erst in den Verkehr gebracht oder auf dem Markt bereitgestellt wird, wenn geeignete und leicht verständliche Sicherheitshinweise in der Kennzeichnung oder in der Gebrauchsanweisung aufgeführt werden,
4. die Rücknahme oder den Rückruf eines auf dem Markt bereitgestellten Produktes anzuordnen,
5. das Betreiben oder Anwenden des betroffenen Produktes zu verbieten oder einzuschränken,
6. anzuordnen, dass die Öffentlichkeit vor den Risiken gewarnt wird, die mit einem auf dem Markt bereitgestellten Produkt verbunden sind; die zuständige Behörde kann selbst die Öffentlichkeit warnen, wenn der Wirtschaftsakteur nicht oder nicht rechtzeitig warnt oder eine andere ebenso wirksame Maßnahme nicht oder nicht rechtzeitig trifft.

(3) Hat der Hersteller oder sein Bevollmächtigter keinen Sitz im Geltungsbereich dieses Gesetzes, trifft die zuständige Bundesoberbehörde die notwendigen Maßnahmen nach Absatz 1 Satz 2 und 3 und Absatz 2, soweit nicht nach dem Atomgesetz, dem Strahlenschutzgesetz oder einer auf Grund des Atomgesetzes oder des Strahlenschutzgesetzes erlassenen Rechtsverordnung für Medizinprodukte, die ionisierende Strahlen erzeugen oder radioaktive Stoffe enthalten, eine andere Behörde zuständig ist.

(4) Bei Gefahr im Verzug trifft die zuständige Bundesoberbehörde abweichend von Absatz 1 Satz 2 alle Maßnahmen, die zum Schutz der Gesundheit oder Sicherheit von Patienten, Anwendern oder anderen Personen oder zum Schutz der öffentlichen Gesundheit vor Gefahren durch Produkte erforderlich sind, soweit nicht nach dem Atomgesetz, dem Strahlenschutzgesetz oder einer auf Grund des Atomgesetzes oder des Strahlenschutzgesetzes erlassenen Rechtsverordnung für Medizinprodukte, die ionisierende Strahlen erzeugen oder radioaktive Stoffe enthalten, eine andere Behörde zuständig ist, und sorgt für die Mitteilungen nach Artikel 95 Absatz 2 und 4 Unterabsatz 2 der Verordnung (EU) 2017/745. Absatz 2 findet entsprechende Anwendung.

(5) Die zuständige Behörde unterrichtet die zuständige Bundesoberbehörde über die nach Absatz 1 Satz 2 und Absatz 2 getroffenen Maßnahmen. In den Fällen des Absatzes 4 unterrichtet die zuständige Bundesoberbehörde die zuständige Behörde über die getroffenen Maßnahmen.

| Übersicht | Rdn. | | Rdn. |
|---|---|---|---|
| A. Verfahren zum Schutz vor Risiken, Aufforderung an den betroffenen Wirtschaftsakteur, Korrekturmaßnahmen zu ergreifen | 1 | C. Ausnahmsweise Zuständigkeit der Bundesoberbehörden bei Gefahr im Verzug oder in Fällen, in denen Hersteller oder Bevollmächtigter ihren Sitz nicht in Deutschland haben | 7 |
| B. Übergang des Vigilanzverfahrens auf die zuständige Landesbehörde; Anordnungsbefugnis | 2 | D. Informationspflichten zwischen den Behörden | 9 |

### A. Verfahren zum Schutz vor Risiken, Aufforderung an den betroffenen Wirtschaftsakteur, Korrekturmaßnahmen zu ergreifen

Mit der Regelung in Abs. 1, die nach Abschluss der Risikobewertung eine **Aufforderung** der zuständigen Bundesoberbehörde **an den betroffenen Wirtschaftsakteur** vorsieht, die **notwendigen Korrekturmaßnahmen zu ergreifen**, weil aus Sicht der bewertenden Bundesoberbehörde ein **unvertretbares Risiko** mit der weiteren Verwendung des Produktes einhergeht, wird klargestellt, dass die primäre **Verantwortung für Korrekturmaßnahmen** immer **beim Hersteller** des Produktes liegt. Der Wirtschaftsakteur ist in diesem Fall aufgefordert, der Behörde mitzuteilen, welche Korrekturmaßnahmen er einleiten wird. Als Wirtschaftsakteur definiert die MDR in Art. 2 Nr. 35 einen Hersteller, einen bevollmächtigten Vertreter, einen Importeur, einen Händler oder juristische oder natürliche Personen, die Systeme und Behandlungseinheiten in den Verkehr bringen. Die Maßnahmen müssen dem Prinzip der inhärenten Sicherheit (Anh. I Nr. 4) genügen, denn diese sind nach Maßgabe des Art. 89 Abs. 3 Satz 2 letzter Hs. MDR Maßstab der Bewertung durch die zuständige Bundesoberbehörde. 1

### B. Übergang des Vigilanzverfahrens auf die zuständige Landesbehörde; Anordnungsbefugnis

Parallel zu der Aufforderung an den betroffenen Wirtschaftsakteur, geeignete Korrekturmaßnahmen zu ergreifen, teilt die zuständige Bundesoberbehörde das Ergebnis ihrer Risikobewertung der zuständigen Landesbehörde mit. Das Verfahren geht damit auf die zuständige Landesbehörde über. 2

Sofern der Wirtschaftsakteur keine oder aus Sicht der Bundesoberbehörde ungenügende oder ungeeignete Korrekturmaßnahmen ergreift, um das Risiko seines Produktes zu minimieren, führt die zuständige Landesbehörde zunächst eine **eigene Bewertung nach Art. 94 MDR** durch. 3

Das daraufhin von der örtlich zuständigen Behörde für in Deutschland ansässige Hersteller oder deren Bevollmächtigte einzuleitende **Verfahren ist in Art. 95 der MDR** festgelegt. Die zuständige Behörde hat den Wirtschaftsakteur **aufzufordern**, in einem eindeutig festgelegten Zeitraum die aus Sicht der Behörde **notwendigen Korrekturmaßnahmen einzuleiten**. Der Wirtschaftsakteur hat somit die Möglichkeit, die von der zuständigen Behörde als notwendig erachteten Maßnahmen eigenverantwortlich **und unionsweit** durchzuführen. Hinsichtlich der Art der Korrekturmaßnahmen wird sich die zuständige Behörde an der Risikobewertung der Bundesoberbehörde orientieren, sie kann jedoch **eigenverantwortlich davon abweichen**. Die notwendigen Maßnahmen des Wirtschaftsakteurs können neben Änderungen am Produkt von Anwendungsbeschränkungen bis hin zum Rückruf des Produktes reichen. Ergreift der Wirtschaftsakteur innerhalb des vorgegebenen Zeitraums die notwendigen Korrekturmaßnahmen nicht, so hat die zuständige Behörde nach Art. 95 Abs. 4 der MDR die **erforderlichen Maßnahmen anzuordnen**. Die behördlichen Anordnungsbefugnisse werden in Abs. 2 konkretisiert. 4

Sowohl die Aufforderung an den Wirtschaftsakteur als auch die **behördliche Anordnung der erforderlichen Maßnahmen als ultima ratio**, sind über EUDAMED den anderen Mitgliedstaaten und der KOM sowie ggf. der Benannten Stelle, die die Bescheinigung nach Art. 56 MDR für das betroffene Produkt ausgestellt hat, bekanntzugeben, Art. 95 Abs. 2 und 4 Unterabs. 2 MDR. Die Mitgliedstaaten und die KOM haben die Möglichkeit, zusätzliche Informationen zu dem Sachverhalt 5 oder ihre begründete Ablehnung mitzuteilen. Erheben weder die KOM noch andere Mitgliedstaaten innerhalb von 2 Monaten Einspruch gegen die angeordnete Korrekturmaßnahme, so gilt diese als gerechtfertigt und ist in allen Mitgliedstaaten umzusetzen, Art. 95 Abs. 7 MDR.

6  Erhebt innerhalb von zwei Monaten nach Erhalt der in Art. 95 Abs. 4 MDR genannten Mitteilung ein Mitgliedstaat Einwände gegen eine von einem anderen Mitgliedstaat getroffene Maßnahme oder ist die KOM der Auffassung, dass diese nicht mit dem Unionsrecht vereinbar ist, so nimmt die KOM nach Anhörung der betroffenen zuständigen Behörden und, soweit erforderlich, der betroffenen Wirtschaftsakteure eine Bewertung dieser nationalen Maßnahme vor. Anhand der Ergebnisse dieser Bewertung kann die KOM mittels Durchführungsrechtsakt beschließen, ob die nationale Maßnahme gerechtfertigt ist oder nicht. Diese Durchführungsrechtsakte werden gemäß dem in Art. 114 Abs. 3 MDR genannten Prüfverfahren erlassen. Siehe zum Verfahren zur Bewertung nationaler Maßnahmen auf Unionsebene Art. 96 MDR.

### C. Ausnahmsweise Zuständigkeit der Bundesoberbehörden bei Gefahr im Verzug oder in Fällen, in denen Hersteller oder Bevollmächtigter ihren Sitz nicht in Deutschland haben

7  Abweichend von dem bisherigen Grundsatz, dass der Vollzug des Medizinprodukterechts in Deutschland grundsätzlich in die alleinige Zuständigkeit der Bundesländer fällt, wird mit Abs. 3 und 4 die **Anordnungsbefugnis** für erforderliche Maßnahmen auf die Bundesoberbehörde übertragen, nämlich in den Fällen, in denen weder der Hersteller noch der europäische Bevollmächtigte ihren Sitz in Deutschland haben, Maßnahmen aus Sicht der zuständigen Bundesoberbehörde notwendig sind und der Hersteller oder der Bevollmächtigte diese nicht eigenverantwortlich durchführen wollen oder wenn die Bundesoberbehörde in ihrer Bewertung zu dem Schluss kommt, dass von dem Produkt ein so hohes Risiko ausgeht, dass unmittelbarer Handlungsbedarf besteht und weiteres Zutun nicht abgewartet werden kann (**Gefahr im Verzug**). In letzterem Fall spielt der Sitz des Herstellers oder seines europäischen Bevollmächtigten keine Rolle. Die Übermittlung der Risikobewertung an die zuständige Behörde und ggf. notwendige Kommunikation über die Hintergründe könnte in diesen seltenen Einzelfällen zu unvertretbaren Verzögerungen führen, so dass die unmittelbare Anordnungsbefugnis in derartigen Situationen sinnvoll erscheint. Die behördlichen Anordnungsbefugnisse richten sich nach Abs. 2, der Art. 95 Abs. 4 MDR konkretisiert und in diesen Fällen entsprechende Anwendung findet.

8  Die zuständige Bundesoberbehörde ist in den Fällen des Abs. 3 und 4 für die Information der KOM und der anderen Mitgliedstaaten über die getroffenen Maßnahmen einschließlich der Begründung zuständig ebenso wie für das Verfahren nach Art. 95 MDR, in dem die Angemessenheit der angeordneten Maßnahmen durch die KOM und die anderen Mitgliedstaaten überprüft wird.

### D. Informationspflichten zwischen den Behörden

9  Abs. 5 regelt die gegenseitigen Unterrichtspflichten zwischen der zuständigen Bundesoberbehörde und den zuständigen Behörden. Die zuständige Behörde ist verpflichtet, der zuständigen Bundesoberbehörde die ihrerseits angeordneten Maßnahmen oder den Verzicht auf Maßnahmen mitzuteilen. Ordnet die zuständige Bundesoberbehörde bei Gefahr im Verzug nach Abs. 4 Maßnahmen an, unterrichtet sie die für den Wirtschaftsakteur zuständige Behörde, da die Überwachung der Umsetzung der angeordneten Maßnahmen bei der zuständigen Behörde verbleibt, § 77 Abs. 3 Nr. 1.

### § 75 Maßnahmen eines anderen Mitgliedstaats nach Artikel 95 Absatz 4 der Verordnung (EU) 2017/745

Trifft ein anderer Mitgliedstaat der Europäischen Union Maßnahmen gegen einen Wirtschaftsakteur nach Artikel 95 Absatz 4 der Verordnung (EU) 2017/745, teilt die zuständige Bundesoberbehörde der Europäischen Kommission und den anderen Mitgliedstaaten alle nach Artikel 95 Absatz 6 Unterabsatz 1 der Verordnung (EU) 2017/745 erforderlichen Informationen mit.

Da die Risikobewertung von schwerwiegenden Vorkommnissen und Sicherheitskorrekturmaßnahmen im Feld zentral durch die zuständige Bundesoberbehörde durchgeführt wird, ist es folgerichtig, dass die zuständige Bundesoberbehörde das Verfahren nach Art. 95 der MDR für die Bundesrepublik Deutschland führt. Ihr obliegt es, der KOM und den anderen Mitgliedstaaten die bei ihr für die Bewertung der Maßnahme vorliegenden relevanten Informationen mitzuteilen. Ziel des Verfahrens ist es, zu entscheiden, ob die durch den Mitgliedstaat ergriffenen Maßnahmen angemessen und unionsweit anzuwenden sind. Dabei ist es unerheblich, in welchem Mitgliedstaat der Hersteller seinen Sitz hat.

## § 76 Verfahren zur Erhebung von Einwänden nach Artikel 95 Absatz 6 der Verordnung (EU) 2017/745 gegen Maßnahmen eines anderen Mitgliedstaats und zur Verhängung von Maßnahmen nach Artikel 95 Absatz 7 der Verordnung (EU) 2017/745

(1) Hat ein anderer Mitgliedstaat der Europäischen Union gegenüber einem Wirtschaftsakteur Maßnahmen nach Artikel 95 Absatz 4 der Verordnung (EU) 2017/745 angeordnet, entscheidet die zuständige Bundesoberbehörde im Einvernehmen mit der zuständigen Behörde, ob dagegen Einwände nach Artikel 95 Absatz 6 Unterabsatz 2 der Verordnung (EU) 2017/745 zu erheben sind.

(2) Die zuständige Bundesoberbehörde übermittelt der Europäischen Kommission und den anderen Mitgliedstaaten der Europäischen Union ihre Einwände innerhalb der Frist nach Artikel 95 Absatz 7 Unterabsatz 1 der Verordnung (EU) 2017/745 über das elektronische System nach Artikel 100 der Verordnung (EU) 2017/745.

(3) Gilt eine Maßnahme nach Absatz 1, die ein anderer Mitgliedstaat der Europäischen Union angeordnet hat, nach Artikel 95 Absatz 7 der Verordnung (EU) 2017/745 oder nach Artikel 96 Absatz 2 der Verordnung (EU) 2017/745 als gerechtfertigt, ergreift die zuständige Behörde unverzüglich alle Maßnahmen, die zum Schutz der Gesundheit oder Sicherheit von Patienten, Anwendern oder anderen Personen oder zum Schutz der öffentlichen Gesundheit vor Gefahren durch Medizinprodukte erforderlich sind.

Dieser Paragraph regelt die **Zuständigkeiten** in dem Verfahren nach Art. 95 der MDR.

Die zuständige Bundesoberbehörde soll sich mit der zuständigen Behörde ins Einvernehmen setzen, ob gegen die von einem Mitgliedstaat angeordneten Maßnahmen gegenüber einem Wirtschaftsakteur Einwände zu erheben sind. Obwohl nicht explizit geregelt, wird dieses **Einvernehmen** nur herzustellen sein, wenn der Wirtschaftsakteur, gegen den Maßnahmen angeordnet worden sind, seinen Sitz in Deutschland hat.

Abs. 2 regelt, dass die **verfahrensführende** Behörde in Deutschland die **zuständige Bundesoberbehörde** ist.

Gem. Abs. 3 ergreift die zuständige Behörde die **notwendigen Maßnahmen**, wenn in dem Verfahren nach Art. 95 der MDR die Rechtmäßigkeit der von einem Mitgliedstaat gegen einen Wirtschaftsakteur mit Sitz in Deutschland angeordneten Maßnahmen festgestellt wurde. Obwohl nicht explizit geregelt, ergibt sich aus Abs. 2, dass die Information über die Rechtmäßigkeit der angeordneten Maßnahmen über die zuständige Bundesoberbehörde zur zuständigen Behörde gelangt, da die zuständige Bundesoberbehörde in diesem Verfahren federführend ist.

## § 79 Behördliche Befugnisse im Rahmen der Durchführung der Vigilanz und der Überwachung

(1) Die mit der Risikobewertung und der Überwachung beauftragten Personen sind befugt,
1. Grundstücke, Geschäftsräume, Betriebsräume, Beförderungsmittel, in denen eine Tätigkeit nach § 77 Absatz 1 Nummer 1 ausgeübt wird, zu den üblichen Geschäftszeiten zu betreten

und zu besichtigen sowie in Geschäftsräumen, Betriebsräumen und Beförderungsmitteln zur Dokumentation bewegte und unbewegte Bildaufzeichnungen anzufertigen,
2. zur Verhütung dringender Gefahr für die öffentliche Sicherheit und Ordnung Geschäftsräume und Betriebsräume außerhalb der üblichen Geschäftszeiten sowie Wohnräume, in denen jeweils eine Tätigkeit nach § 77 Absatz 1 Nummer 1 ausgeübt wird, zu betreten und zu besichtigen,
3. Produkte zu prüfen, insbesondere hierzu in Betrieb nehmen zu lassen, sowie Produktstichproben kostenfrei zu entnehmen oder kostenfreien Zugang zu den Produkten zu verlangen,
4. Unterlagen über die Entwicklung, die Herstellung, die Prüfung, die klinische Prüfung oder die sonstige klinische Prüfung oder den Erwerb, die Aufbereitung, die Lagerung, die Verpackung, das Inverkehrbringen und den sonstigen Verbleib der Produkte sowie über das im Verkehr befindliche Werbematerial und die Dokumente, die nach Maßgabe der Verordnung nach § 88 Absatz 1 Satz 1 Nummer 6 zu erstellen und zu führen sind, einzusehen,
5. alle erforderlichen Auskünfte, insbesondere über die in Nummer 4 genannten Betriebsvorgänge, zu verlangen,
6. Abschriften oder Ablichtungen von Unterlagen oder Dokumenten nach Nummer 4 oder Ausdrucke oder Kopien von Datenträgern, auf denen Unterlagen oder Dokumente nach Nummer 4 gespeichert sind, anzufertigen oder zu verlangen, soweit es sich nicht um personenbezogene Daten von Patienten oder Prüfungsteilnehmern handelt.

(2) Das Grundrecht der Unverletzlichkeit der Wohnung (Artikel 13 des Grundgesetzes) wird durch Absatz 1 Nummer 2 eingeschränkt.

1 Bisher waren die hier genannten behördlichen Befugnisse auf die zuständigen Landesbehörden beschränkt (§ 26 Abs. 3 MPG). Zukünftig sind sowohl die mit der Risikobewertung als auch die mit der Überwachung beauftragten Personen mit den genannten Befugnissen ausgestattet, d.h. durch die Regelung wird die **Ausweitung auf die zuständige Bundesoberbehörde** erreicht.

## § 81 Zuständige Behörden für die Meldepflichten der Importeure und Händler

In Erfüllung der Informationspflichten nach Artikel 13 Absatz 2 Unterabsatz 2 oder Absatz 7 der Verordnung (EU) 2017/745 informiert der Importeur und in Erfüllung der Informationspflichten nach Artikel 14 Absatz 2 Unterabsatz 2 und Absatz 4 der Verordnung (EU) 2017/745 informiert der Händler
1. im Fall der Annahme einer von dem Produkt ausgehenden schwerwiegenden Gefahr die zuständige Bundesoberbehörde über das Deutsche Medizinprodukteinformations- und Datenbanksystem nach § 86,
2. im Fall der Annahme, dass es sich um ein gefälschtes Produkt handelt, jeweils die für den Sitz des Händlers oder des Importeurs zuständige Behörde.

| Übersicht | Rdn. | | Rdn. |
|---|---|---|---|
| A. Meldepflichten der Händler und Importeure; Begriff »schwerwiegende Gefahr« .......................... | 2 | B. Meldung »schwerwiegender Gefahren« über DMIDS ....................... <br> C. Meldung von Produktfälschungen an die zuständige Behörde ............. | 5 <br><br> 6 |

1 In den Art. 13 und 14 der MDR werden **neue Meldepflichten für Händler und Importeure** eingeführt.

### A. Meldepflichten der Händler und Importeure; Begriff »schwerwiegende Gefahr«

2 Der **Importeur** hat unverzüglich die zuständigen Behörden aller Mitgliedstaaten, in denen er das Produkt bereitgestellt hat, sowie gegebenenfalls die in das Konformitätsbewertungsverfahren

involvierte Benannte Stelle unter Angabe der Nichtkonformität und der bereits ergriffenen Korrekturmaßnahmen zu informieren, sofern er zu der Einschätzung kommt, dass von dem Produkt eine »**schwerwiegende Gefahr**« ausgeht. Da der Begriff »schwerwiegende Gefahr« in der MDR **nicht definiert** ist, hat der Importeur einen erheblichen Interpretationsspielraum. Er wird sich jedoch an den in Art. 2 der MDR legal definierten Begriffen »schwerwiegende Gefahr für die öffentliche Gesundheit«, »schwerwiegendes Vorkommnis« und »Sicherheitskorrekturmaßnahme im Feld« orientieren müssen.

Gleichzeitig stellt sich die Frage, ob hier der Mangel eines einzelnen Produkts gemeint ist oder ein **systematischer Produktfehler**. Da die zuständigen Behörden der Mitgliedstaaten, in die das Produkt geliefert wurde, zu informieren sind, kann geschlossen werden, dass es sich hier um (vermutete) systematische Produktfehler mit dem Potential des Todes oder einer schwerwiegenden Verschlechterung des Gesundheitszustandes eines Menschen handeln muss. Ansonsten wäre eine Dreifachmeldung bei den Behörden die Folge, denn mutmaßliche schwerwiegende Vorkommnisse sind durch professionelle Anwender und Betreiber ebenfalls zu melden, Art. 87 Abs. 10 MDR. In Deutschland hat diese Meldung über das DMIDS an die zuständige Bundesoberbehörde zu erfolgen, vgl. § 3 und § 6 Abs. 1 Satz 1 MPAMIV. 3

Eine parallele Verpflichtung – mit Ausnahme der Unterrichtung der ggf. involvierten Benannten Stelle – obliegt dem **Händler** eines Produktes. 4

### B. Meldung »schwerwiegender Gefahren« über DMIDS

§ 81 bestimmt, dass Händler und Importeure ihren Meldeverpflichtungen nach Nr. 1 an die zuständige Bundesoberbehörde über das Deutsche Medizinprodukteinformations- und Datenbanksystem (DMIDS) nach § 86 nachzukommen haben. 5

### C. Meldung von Produktfälschungen an die zuständige Behörde

Weiterhin stellt § 81 Nr. 2 klar, dass im Falle des Verdachts oder einer bestätigten **Fälschung**, anders als bei schwerwiegenden Gefahren nach Nr. 1, nicht die Bundesoberbehörde, sondern die für den Importeur bzw. Händler **zuständige Landesbehörde** zu informieren ist. Im Falle von Fälschungen erübrigt sich ohnehin eine Meldung an die Bundesoberbehörde, da die zuständige Behörde stets zu dem Schluss kommen wird, dass ein Rückruf der Produkte notwendig ist. 6

### § 86 Deutsches Medizinprodukteinformations- und Datenbanksystem

(1) Das Deutsche Medizinprodukteinformations- und Datenbanksystem (DMIDS) dient insbesondere für
1. den Austausch von Informationen und Daten zwischen dem Deutschen Medizinprodukteinformations- und Datenbanksystem und der Europäischen Datenbank für Medizinprodukte nach Artikel 33 der Verordnung (EU) 2017/745,
2. die Bereitstellung eines zentralen Portals für die nach diesem Gesetz zu stellenden Anträge, die zu erstattenden Anzeigen und Meldungen oder für sonstige Mitteilungen, sowie für alle weiteren Dateneingaben und Datenverarbeitungen für die durchzuführenden Verwaltungsverfahren, für
   a) Anzeigen nach § 4,
   b) Anträge nach § 7 Absatz 1 und Anzeigen, Mitteilungen und Meldungen nach Maßgabe der Rechtsverordnung nach § 7 Absatz 3,
   c) Entscheidungen nach § 6,
   d) Anträge und Anzeigen, Mitteilungen und Meldungen nach den Vorschriften des Kapitels 4,
   e) Meldungen von Händlern und Importeuren nach § 81,
   f) Meldungen nach der Rechtsverordnung nach § 88 Absatz 1 Satz 1 Nummer 7,

3. die Eingabe und den Abruf von Daten und Informationen in den in Nummer 2 genannten Angelegenheiten durch die zuständigen Behörden des Bundes und der Länder,
4. die Bereitstellung von Daten aus der Europäischen Datenbank für Medizinprodukte nach Artikel 33 der Verordnung (EU) 2017/745 für die zuständigen Behörden des Bundes und der Länder. Die volle Funktionalität des Deutschen Medizinprodukteinformations- und Datenbanksystems ist bis spätestens zum 31. Dezember 2022 sicherzustellen.

(2) Das Bundesinstitut für Arzneimittel und Medizinprodukte ist berechtigt, personenbezogene Daten in dem Datenbanksystem nach Absatz 1 zu verarbeiten, soweit es zur Erfüllung der Aufgaben nach Absatz 1 erforderlich ist. Die personenbezogenen Daten der Patientinnen und Patienten dürfen nur anonymisiert und, wenn dies nicht möglich ist, ausnahmsweise nur pseudonymisiert verarbeitet werden. Das Bundesinstitut für Arzneimittel und Medizinprodukte ist der für die Verarbeitung der in dem Datenbanksystem nach Absatz 1 verarbeiteten Daten Verantwortliche im Sinne des Artikels 24 der Verordnung (EU) 2016/679 des Europäischen Parlaments und des Rates vom 27. April 2016 zum Schutz natürlicher Personen bei der Verarbeitung personenbezogener Daten, zum freien Datenverkehr und zur Aufhebung der Richtlinie 95/46/EG (Datenschutz-Grundverordnung) (ABl. L 119 vom 4.5.2016, S. 1; L 314 vom 22.11.2016, S. 72).

(3) Das Bundesinstitut für Arzneimittel und Medizinprodukte ist berechtigt, in Meldungen nach Artikel 87 Absatz 11 der Verordnung (EU) 2017/745 enthaltene personenbezogene Daten von Patientinnen und Patienten oder anderen Personen, die beim Betrieb oder der Anwendung von Produkten einen gesundheitlichen Schaden erlitten haben, wenn eine Anonymisierung nicht möglich ist, pseudonymisiert an den Hersteller des in der Meldung genannten Produktes zu übermitteln.

(4) Das Bundesinstitut für Arzneimittel und Medizinprodukte ist berechtigt, Daten und Informationen aus dem Datenbanksystem nach Absatz 1 an andere Datenbanken der Europäischen Union, andere Mitgliedstaaten der Europäischen Union und andere Vertragsstaaten des Abkommens über den Europäischen Wirtschaftsraum zur dortigen Verarbeitung der Daten zu übermitteln, soweit sie einen Bezug zu Produkten haben. Personenbezogene Daten von Patientinnen und Patienten dürfen nur anonymisiert und, wenn dies nicht möglich ist, nur pseudonymisiert und nur, soweit dies für die Erkennung und Abwehr von Risiken unbedingt erforderlich ist, übermittelt werden. Andere personenbezogene Daten dürfen übermittelt werden, soweit dies zur Erkennung oder Abwehr von Risiken in Verbindung mit Produkten erforderlich ist. Das Bundesinstitut für Arzneimittel und Medizinprodukte ist weiter berechtigt, Informationen und Daten von anderen Datenbankbetreibern im Sinne des Satzes 1 entgegenzunehmen und in dem Datenbanksystem nach Absatz 1 zu verarbeiten.

(5) Das Bundesinstitut für Arzneimittel und Medizinprodukte stellt im Einvernehmen mit dem Bundesbeauftragten für den Datenschutz und die Informationsfreiheit durch entsprechende Maßnahmen sicher, dass Daten nur dazu befugten Personen übermittelt werden oder diese Zugang zu diesen Daten erhalten.

(6) Zugang zu den in dem Deutschen Medizinprodukteinformations- und Datenbanksystem gespeicherten Daten haben,
1. die für den Vollzug der Verordnung (EU) 2017/745 sowie die für den Vollzug dieses Gesetzes und der auf Grund dieses Gesetzes erlassenen Rechtsverordnungen zuständigen Behörden der Länder und das Paul-Ehrlich-Institut, soweit dies für die Wahrnehmung ihrer Vollzugsaufgaben erforderlich ist,
2. die nach dem Atomrecht, dem Strahlenschutzrecht und für das Eich- und Messwesen zuständigen Behörden des Bundes und der Länder, soweit dies zur Wahrnehmung ihrer Aufgaben beim Vollzug des Medizinprodukterechts erforderlich ist,

3. das Bundesministerium für Gesundheit und das Bundesministerium der Verteidigung, soweit dies zur Wahrnehmung ihrer Aufgaben beim Vollzug des Medizinprodukterechts erforderlich ist,
4. andere Behörden und die nach den Nummern 1 bis 3 genannten Behörden, soweit dies zur Wahrnehmung von Vollzugsaufgaben außerhalb des Medizinprodukterechts erforderlich ist,
5. der Gemeinsame Bundesausschuss, wenn und in dem Maße, wie eine Rechtsverordnung nach § 88 Absatz 1 Satz 1 Nummer 8 dies vorsieht,
6. Angehörige der Gesundheitsberufe, wenn und in dem Maße, wie eine Rechtsverordnung nach § 88 Absatz 1 Satz 1 Nummer 8 dies vorsieht,
7. Benannte Stellen, soweit dies zur Erfüllung der ihnen im Bereich der Medizinprodukte obliegenden Aufgaben und Verpflichtungen erforderlich ist, und wenn und in dem Maße, wie eine Rechtsverordnung nach § 88 Absatz 1 Satz 1 Nummer 8 dies vorsieht,
8. die Öffentlichkeit zu den Datenbanken nach Absatz 1 Satz 1 Nummer 2 Buchstabe a, c und d, wenn und in dem Maße, wie eine Rechtsverordnung nach § 88 Absatz 1 Satz 1 Nummer 8 dies vorsieht.

(7) Personenbezogene Daten von Patientinnen und Patienten und Prüfungsteilnehmern dürfen nur den nach Absatz 6 Nummer 1 zugangsberechtigten Behörden auf Antrag und soweit dies für die Wahrnehmung ihrer Aufgaben beim Vollzug des Medizinprodukterechts erforderlich ist, zugänglich gemacht werden. Andere personenbezogene Daten dürfen den nach Absatz 6 Nummer 1 bis 3 zugangsberechtigten Behörden nur zugänglich gemacht werden, soweit dies zur Wahrnehmung ihrer Aufgaben beim Vollzug des Medizinprodukterechts erforderlich ist. Den nach Absatz 6 Nummer 4 bis 8 genannten Zugangsberechtigten dürfen keine personenbezogenen Daten zugänglich gemacht werden.

| Übersicht | Rdn. | | Rdn. |
|---|---|---|---|
| A. Aufbau und Betrieb des MPI/DMIDS durch das BfArM .................. | 1 | C. Nicht abschließende Aufzählung in § 86 Abs. 1 ....................... | 3 |
| B. Volle Funktionalität des DMIDS bis zum 31. Dezember 2022 ............ | 2 | | |

### A. Aufbau und Betrieb des MPI/DMIDS durch das BfArM

§ 85 Abs. 2 Nr. 15 verpflichtet das BfArM, das Deutsche Medizinprodukteinformations- und Datenbanksystem (DMIDS) zu errichten und zu betreiben. Die gesetzliche Grundlage für den **Aufbau und den Betrieb des DMIDS** findet sich in § 86. Mit dem DMIDS wird zukünftig das gemäß § 33 MPG bestehende datenbankgestützte Medizinprodukte-Informationssystem (MPI) in ein neues Datenbanksystem zur Gewährleistung des Datenaustausches mit der zentralen Europäischen Datenbank für Medizinprodukte (EUDAMED) überführt. Das DIMDI war bis zum 26. Mai 2020 für die Einrichtung und den Betrieb des MPI verantwortlich. Aufgrund der Eingliederung des DIMDI in das BfArM ist zukünftig das BfArM für den (übergangsweise noch weiteren) Betrieb des MPI und für den Aufbau des DMIDS zuständig.  1

### B. Volle Funktionalität des DMIDS bis zum 31. Dezember 2022

Das neue Informationssystem wird nach dem EUDAMED-Modell in Modulen organisiert sein. Anders als bei EUDAMED, welche nach Verlautbarung der KOM am 26. Mai 2022 voll funktionsfähig sein sollte, ist die volle Funktionalität des DMIDS bis spätestens zum **31. Dezember 2022** sicherzustellen. Aufgrund der Komplexität dieses neuen nationalen Informationssystems, welches wesentlich mehr Funktionen vorsieht als das bisherige MPI nach § 33 MPG, wurde eine Übergangszeit von fast zweieinhalb Jahren festgelegt.  2

### C. Nicht abschließende Aufzählung in § 86 Abs. 1

**3** Die Verwendung des Begriffes »insbesondere« in § 86 Abs. 1 weist darauf hin, dass die Funktionen, welche die neue Datenbank erfüllen muss, in **nicht abschließender Weise** aufgezählt sind. Der Gesetzgeber hat sich auf die wichtigsten Funktionen konzentriert, nämlich u.a. den Austausch von Informationen und Daten zwischen DMIDS und EUDAMED sowie die Bereitstellung eines zentralen Portals für die nach dem MPDG zu stellenden Anträge, Anzeige- und Meldepflichten und sonstigen Mitteilungen. Dazu gehört ebenfalls der nationale Austausch zwischen Bund und Ländern insbesondere für den Bereich Vigilanz und klinische Prüfungen von Medizinprodukten.

### § 97 Regelungen für den Fall fehlender Funktionalität der Europäischen Datenbank für Medizinprodukte nach Artikel 33 der Verordnung (EU) 2017/745

(1) Ist eine Mitteilung der Europäischen Kommission nach Artikel 34 Absatz 3 der Verordnung (EU) 2017/745 nicht bis zum 26. Mai 2021 im Amtsblatt der Europäischen Union veröffentlicht worden, gilt
1. in Bezug auf die Registrierung von Produkten § 96 Absatz 1,
2. in Bezug auf Artikel 56 Absatz 5 der Verordnung (EU) 2017/745 § 96 Absatz 2.

Das Bundesministerium für Gesundheit teilt mit, wie die verschiedenen in Artikel 123 Absatz 3 Buchstabe d der Verordnung (EU) 2017/745 genannten und im Zusammenhang mit Eudamed stehenden Pflichten und Anforderungen bis zu dem späterer der in Artikel 123 Absatz 3 Buchstabe d genannten Daten wahrgenommen werden sollen. Die Mitteilung nach Satz 2 erfolgt durch Bekanntmachung, die im Bundesanzeiger veröffentlicht wird.

(2) Sind einzelne elektronische Systeme, die nach Artikel 33 Absatz 2 der Verordnung (EU) 2017/745 Bestandteil von Eudamed sind, voll funktionsfähig, ohne dass eine Mitteilung der Europäischen Kommission nach Artikel 34 Absatz 3 der Verordnung (EU) 2017/745 im Amtsblatt der Europäischen Union veröffentlicht wurde, kann das Bundesministerium für Gesundheit durch Bekanntmachung, die im Bundesanzeiger veröffentlicht wird,
1. feststellen, dass die volle Funktionsfähigkeit eines elektronischen Systems, das Bestandteil von Eudamed ist, oder mehrerer solcher elektronischen Systeme gegeben ist;
2. im Falle der Feststellung der vollen Funktionsfähigkeit der elektronischen Systeme nach Artikel 33 Absatz 2 Buchstabe a und b der Verordnung (EU) 2017/745 mitteilen, dass Hersteller bis zu dem in Artikel 123 Absatz 3 Buchstabe e der Verordnung (EU) 2017/745 genannten Datum die Anforderungen nach § 96 Absatz 1 auch dadurch erfüllen können, dass sie die Registrierung von Produkten nach Artikel 29 der Verordnung (EU) 2017/745 vornehmen;
3. im Falle der Feststellung der vollen Funktionsfähigkeit des elektronischen Systems nach Artikel 33 Absatz 2 Buchstabe d der Verordnung (EU) 2017/745 mitteilen, dass
   a) Benannte Stellen bis zu dem in Artikel 123 Absatz 3 Buchstabe e der Verordnung (EU) 2017/745 genannten Datum die Anforderungen nach § 96 Absatz 2 auch dadurch erfüllen können, dass sie die Anforderungen nach Artikel 56 Absatz 5 der Verordnung (EU) 2017/745 erfüllen;
   b) die in Artikel 123 Absatz 3 Buchstabe d der Verordnung (EU) 2017/745 genannten, im Zusammenhang mit dem elektronischen System nach Artikel 33 Absatz 2 Buchstabe d der Verordnung (EU) 2017/745 stehenden Pflichten und Anforderungen abweichend von der Mitteilung nach Absatz 1 Satz 2 über dieses elektronische System erfüllt werden können;
4. im Falle der Feststellung der vollen Funktionsfähigkeit eines oder mehrerer der übrigen elektronischen Systeme, die nach Artikel 33 Absatz 2 der Verordnung (EU) 2017/745 Bestandteil von Eudamed sind, mitteilen, dass die übrigen in Artikel 123 Absatz 3 Buchstabe d der Verordnung (EU) 2017/745 genannten, mit dem jeweiligen elektronischen System in Zusammenhang stehenden Pflichten und Anforderungen abweichend von der Mitteilung nach Absatz 1 Satz 2 über das jeweilige elektronische System zu erfüllen sind.

## § 97 MPDG  Regelungen für den Fall fehlender Funktionalität der EUDAMED

### Übersicht

| | Rdn. | | Rdn. |
|---|---|---|---|
| A. Einführung der Europäischen Datenbank für Medizinprodukte; fehlende (volle) Funktionsfähigkeit | 1 | C. Funktionsfähigkeit des Moduls »UDI/Registrierung von Produkten«; Übergangsregelung | 3 |
| B. Funktionsfähigkeit einzelner Module von EUDAMED; Freischaltung des »Actor Registration Moduls« | 2 | | |

### A. Einführung der Europäischen Datenbank für Medizinprodukte; fehlende (volle) Funktionsfähigkeit

§ 97 Abs. 1 regelt den Fall, dass die Europäische Datenbank EUDAMED zum Zeitpunkt des Geltungsbeginns der Verordnung 2017/745 am 26. Mai 2021 nicht voll funktionsfähig ist. Art. 34 Abs. 3 MDR sieht vor, dass die volle Funktionsfähigkeit von EUDAMED durch Mitteilung der KOM im ABl. der EU angekündigt wird. Es war vorauszusehen, dass zum Zeitpunkt des MDR-Geltungsbeginns EUDAMED nicht voll funktionsfähig sein werde, daher wird mit der Übergangsregelung des Art. 123 MDR gewährleistet, dass die Pflichten und Anforderungen im Zusammenhang mit EUDAMED anderweitig erfüllt werden können. Die vollständige Funktionsfähigkeit der Europäischen Datenbank wurde im Oktober 2019 von der KOM so interpretiert, dass das gesamte System mit allen seinen Modulen betriebsbereit sein sollte. Die Einführung von EUDAMED für Medizinprodukte und In-vitro-Diagnostika sollte zusammen erfolgen, und zwar zu dem ursprünglich für In-vitro-Diagnostika vorgesehenen Termin, d.h. im Mai 2022. Dies hätte bedeutet, dass eine schrittweise Einführung derjenigen Module, die fertiggestellt und einsatzbereit sind (z.B. das Modul zur Registrierung von Wirtschaftsakteuren), nicht möglich gewesen wäre. Diese Interpretation des Begriffes »voll funktionsfähig« hat die KOM vernünftigerweise aufgegeben. Die KOM hat in Abstimmung mit der Koordinierungsgruppe Medizinprodukte (MDCG) entschieden, die verschiedenen Module schrittweise zur Verfügung zu stellen, sobald sie **einzeln funktionsfähig** sind. Diesen Ansatz reflektiert § 97 Abs. 1 und regelt den Fall, dass EUDAMED ganz oder in Teilen am 26. Mai 2021 nicht voll funktionsfähig ist. Das BMG wird durch § 97 Abs. 1 Satz 2 ermächtigt, durch Bekanntmachung im Bundesanzeiger mitzuteilen, wie die Pflichten und Anforderungen im Zusammenhang mit EUDAMED erfüllt werden müssen. Von dieser Bekanntmachungserlaubnis hat das BMG mit der Bekanntmachung zur Regelung des Übergangszeitraums bis zur vollen Funktionsfähigkeit von EUDAMED vom 26.05.2021 (BAnz. AT 28.05.2021 B6) Gebrauch gemacht. 1

### B. Funktionsfähigkeit einzelner Module von EUDAMED; Freischaltung des »Actor Registration Moduls«

§ 97 Abs. 2 regelt den Fall der Feststellung der vollen Funktionsfähigkeit der einzelnen EUDAMED-Module durch das BMG, ohne dass eine Mitteilung der KOM im ABl. der EU gemäß Art. 34 Abs. 3 MDR erfolgt ist. Abs. 2 ist **lex specialis** zu Abs. 1. Abweichend zu Abs. 1 wird das BMG durch Abs. 2 befugt, die tatsächliche Funktionsfähigkeit einzelner Module von EUDAMED durch Bekanntmachung im Bundesanzeiger festzustellen und zu regeln, so dass EUDAMED frühzeitig genutzt werden kann. Die Voraussetzung für eine solche Mitteilung des BMG ist die Freischaltung des Moduls durch die KOM. Das Modul zur »Registrierung von Wirtschaftsakteuren«, sog. »Actor Registration Modul«, steht seit dem 1. Dezember 2020 den Mitgliedstaaten und Wirtschaftsakteuren zur Verfügung. Das BMG hat von den Übergangsbestimmungen im MPDG Gebrauch gemacht und die **Funktionsfähigkeit** des »Actor Registration Moduls« validiert. Mittels Bekanntmachung zur Regelung des Übergangszeitraums bis zur vollen Funktionsfähigkeit von EUDAMED vom 26.05.2021 (BAnz. AT 28.05.2021 B6) hat das BMG das »Actor Registration Modul« für die Registrierung der Wirtschaftsakteure nach Art. 31 MDR für verpflichtend erklärt (s. dort unter II.). 2

### C. Funktionsfähigkeit des Moduls »UDI/Registrierung von Produkten«; Übergangsregelung

3  Das Modul »UDI/Registrierung von Produkten« wird für **September 2021** erwartet; seine Implementierung hat sich um sechs Monate verzögert. Anders als beim »Actor Registration« Modul ist Deutschland durch Art. 122 MDR verpflichtet, die bisherigen nationalen Erfassungssysteme u.a. für Produkte und Zertifikate bis mindestens zu dem späteren in Art. 123 Abs. 3 Buchst. d im MDR genannten Datum (sechs Monate nach dem Tag der Veröffentlichung der Bekanntmachung nach Art. 34 Abs. 3 MDR zur vollen Funktionsfähigkeit von EUDAMED) fortzuführen. Die Registrierung von Produkten, die der MDR entsprechen, sowie von Systemen und Behandlungseinheiten erfolgt genauso wie die Registrierungen der von den benannten Stellen ausgestellten Bescheinigungen, daher weiterhin nach § 96 Abs. 1 und Abs. 2 über das DMIDS beim BfArM. Würde das BMG die EUDAMED-Module zur Produkt- und Zertifikatsregistrierung ab deren Freischaltung verpflichtend machen, würde dies rechtlich gesehen eine Doppelregistrierung zur Folge haben. Es wird folglich keine Pflicht geben, ab der Freischaltung des UDI-Moduls, die UDI-Datenelemente sofort in EUDAMED einzutragen, sondern dies wird erst ab dem in Art. 123 Abs. 3 Buchstabe e MDR genannten Datum verpflichtend sein. Bereits bestehende Registrierungen von Wirtschaftsakteuren oder Produkten sind bis zum 26.11.2021 im DMIDS zu aktualisieren. Gleiches gilt für Produzenten von Systemen und Behandlungseinheiten, vgl. Bekanntmachung des BMG zur Regelung des Übergangszeitraums bis zur vollen Funktionsfähigkeit von EUDAMED vom 26.05.2021 (BAnz. AT 28.05.2021 B6, dort unter III.).

### § 98 Übergangsregelung für das Deutsche Informations- und Datenbanksystem über Medizinprodukte

Soweit das Deutsche Medizinprodukteinformations- und Datenbanksystem nach § 86 am 26. Mai 2021 nicht voll funktionsfähig ist, teilt das Bundesministerium für Gesundheit mit, wie die in diesem Gesetz und die in den auf seiner Grundlage erlassenen Rechtsverordnungen genannten und mit dem Deutschen Medizinprodukteinformations- und Datenbanksystem in Zusammenhang stehenden Pflichten, soweit sie von der fehlenden Funktionalität des Deutschen Medizinprodukteinformations- und Datenbanksystems betroffen sind, wahrgenommen werden sollen. Die Mitteilung erfolgt durch Bekanntmachung, die im Bundesanzeiger veröffentlicht wird.

1  Gem. § 86 Abs. 1 wird dem BfArM eine Übergangsfrist bis zum **31. Dezember 2022** gewährt, um die volle Funktionalität des DMIDS sicherzustellen. Mit dem Inkrafttreten des MPDG am 26. Mai 2021 sieht das Gesetz und die auf dessen Grundlage erlassenen Rechtsverordnungen diverse Anzeige- und Meldepflichten vor, die über das DMIDS zu erfolgen haben. Da das DMIDS am 26. Mai 2021 nicht voll funktionsfähig sein wird, ist das BMG ermächtigt, durch Bekanntmachung im Bundesanzeiger mitzuteilen, wie die Pflichten in Zusammenhang mit dem DMIDS erfüllt werden sollen. Um Meldelücken zu vermeiden, sollen in diesem Fall die fehlenden Funktionalitäten des DMIDS durch alternative Meldewege kompensiert werden. Ein Entwurf der Bekanntmachung lag zum Zeitpunkt der Drucklegung noch nicht vor.

# Gesetz über Partnerschaftsgesellschaften Angehöriger Freier Berufe (Partnerschaftsgesellschaftsgesetz – PartGG)

In der Fassung der Bekanntmachung vom 25. Juli 1994 (BGBl. I S. 1744), zuletzt geändert durch Artikel 68 des Gesetzes vom 10. August 2021 (BGBl. I S. 3436)

## Inhaltsverzeichnis

§ 1 Voraussetzungen der Partnerschaft
§ 2 Name der Partnerschaft
§ 3 Partnerschaftsvertrag
§ 4 Anmeldung der Partnerschaft
§ 5 Inhalt der Eintragung; anzuwendende Vorschriften
§ 6 Rechtsverhältnis der Partner untereinander
§ 7 Wirksamkeit im Verhältnis zu Dritten; rechtliche Selbständigkeit; Vertretung
§ 8 Haftung für Verbindlichkeiten der Partnerschaft
§ 9 Ausscheiden eines Partners; Auflösung der Partnerschaft
§ 10 Liquidation der Partnerschaft; Nachhaftung
§ 11 Übergangsvorschriften

## § 1 Voraussetzungen der Partnerschaft

(1) Die Partnerschaft ist eine Gesellschaft, in der sich Angehörige Freier Berufe zur Ausübung ihrer Berufe zusammenschließen. Sie übt kein Handelsgewerbe aus. Angehörige einer Partnerschaft können nur natürliche Personen sein.

(2) Die Freien Berufe haben im allgemeinen auf der Grundlage besonderer beruflicher Qualifikation oder schöpferischer Begabung die persönliche, eigenverantwortliche und fachlich unabhängige Erbringung von Dienstleistungen höherer Art im Interesse der Auftraggeber und der Allgemeinheit zum Inhalt. Ausübung eines Freien Berufs im Sinne dieses Gesetzes ist die selbständige Berufstätigkeit der Ärzte, Zahnärzte, Tierärzte, Heilpraktiker, Krankengymnasten, Hebammen, Heilmasseure, Diplom-Psychologen, [...] und ähnlicher Berufe [...].

(3) Die Berufsausübung in der Partnerschaft kann in Vorschriften über einzelne Berufe ausgeschlossen oder von weiteren Voraussetzungen abhängig gemacht werden.

(4) Auf die Partnerschaft finden, soweit in diesem Gesetz nichts anderes bestimmt ist, die Vorschriften des Bürgerlichen Gesetzbuchs über die Gesellschaft Anwendung.

| Übersicht | Rdn. | | | Rdn. |
|---|---|---|---|---|
| A. Normzweck und Regelungsgegenstand | 1 | II. | Berufsrechtsvorbehalt (Abs. 3) | 21 |
| B. Tatbestand | 3 | 1. | Vorrang berufsrechtlicher Sonderregelungen | 21 |
| I. Strukturmerkmale der PartG (Abs. 1, 2) | 3 | 2. | Apotheker | 24 |
| 1. Gesellschaft (Abs. 1 Satz 1) | 3 | 3. | Ärzte | 25 |
| 2. Berufsausübung (Abs. 1 Satz 1) | 7 | | a) Allgemeines | 25 |
| 3. Angehörige Freier Berufe (Abs. 1 Satz 1, Abs. 2) | 13 | | b) Vertragsarztwesen | 26 |
| 4. Zusammenschluss (Abs. 1 Satz 1) | 17 | | c) Berufsrechtliche Behandlung der Partnerschaft | 28 |
| 5. Kein Handelsgewerbe (Abs. 1 Satz 2) | 18 | 4. | Zahnärzte | 29 |
| 6. Natürliche Personen (Abs. 1 Satz 3) | 20 | | a) Allgemeines | 29 |

| | | | |
|---|---|---|---|
| b) Vertragszahnarztwesen | 35 | 6. Heilpraktiker | 44 |
| c) Berufsrechtliche Behandlung der Partnerschaft | 38 | 7. Hebammen/Entbindungspfleger | 45 |
| | | III. Anwendbares Recht (Abs. 4) | 46 |
| 5. Psychotherapeuten | 39 | | |

## A. Normzweck und Regelungsgegenstand

1   Das Partnerschaftsgesellschaftsgesetz (BGBl. I 1994 S. 1744 ff.) ist Ergebnis einer Reformdiskussion und stellt den Angehörigen Freier Berufe eine eigenständige Gesellschaftsform für die gemeinsame, vergesellschaftete Ausübung ihres Berufs zur Verfügung (zur Entstehungsgeschichte ausführlich *Lüke-Rosendahl* S. 96 ff.). Sie bietet den Angehörigen Freier Berufe, denen traditionell sowohl die Nutzung der Handelsgesellschaften des HGB (OHG, KG) als auch der Kapitalgesellschaften (GmbH, AG) zur Organisation ihrer Berufsausübung verwehrt war, eine Alternative zur Gesellschaft bürgerlichen Rechts. Zur Schaffung des PartGG kam es erst zu Beginn der 1990er Jahre, nachdem ein erster Vorschlag zur Schaffung einer rechtsfähigen Berufsausübungsgesellschaft Mitte der 1970er Jahre gescheitert war (BT-Drs. 7/4089; 7/5402; 7/5513). Das PartGG vom 25.07.1994 (BT-Drs. 12/6152) ist seit dem 01.07.1995 in Kraft (zum Gesetz etwa *Seibert* AnwBl. 1993, 155 ff.; *K. Schmidt* ZIP 1993, 633 ff.).

2   § 1 definiert wesentliche Grundfragen des Rechts der PartG und ist von besonderer Bedeutung, soweit der Gesetzgeber im Bemühen um möglichst schlanke Gesetzgebung den rechtlichen Rahmen der Gesellschaftsform umfassend durch Verweisungen und Gesetzesvorbehalte definiert. Abs. 1 dient hierbei der Abgrenzung der PartG von anderen Gesellschaftsformen wie der OHG und der GbR. Die Norm verankert die PartG im System des Personengesellschaftsrechts als Pendant zur OHG für einen in Abs. 2 definierten Gesellschafterkreis, dem die Handelsgesellschaften als Organisationsmodell nicht zur Verfügung steht. Abs. 3 schafft einen sog. Berufsrechtsvorbehalt, durch den das für bestimmte Berufe geschaffene Berufsrecht Vorrang vor dem Gesellschaftsrecht des PartGG beanspruchen kann. Abs. 4 ist eine Auffangregelung, die klarstellt, dass für im PartGG ungeregelte Fragen das Recht der GbR (§§ 705 ff. BGB) zur Anwendung kommt. Auch wenn die PartG konzeptionell ein Pendant zur OHG ist, gilt das Recht der OHG (§§ 105 ff. HGB) nur, wenn es im PartGG ausdrücklich in Bezug genommen wird. Fehlt es zu einzelnen Fragen an einer eigenständigen Regelung im PartGG und an einer expliziten Bezugnahme auf die OHG, greift das BGB.

## B. Tatbestand

### I. Strukturmerkmale der PartG (Abs. 1, 2)

#### 1. Gesellschaft (Abs. 1 Satz 1)

3   Die Partnerschaftsgesellschaft ist Personengesellschaft und Gesamthandsgesellschaft. Sie ist als Pendant zu der Kaufleuten i.S.d. HGB vorbehaltenen OHG (§§ 105 ff. HGB) konzipiert, mit der sie die wesentlichen Charakteristika teilt. Während der Gesellschaftszweck der OHG der Betrieb eines Handelsgewerbes ist, schließen sich in der PartG Angehörige eines Freien Berufs zur gemeinsamen Ausübung ihres Freien Berufs zusammen.

4   Soweit ein solcher Zusammenschluss zur gemeinsamen Ausübung eines Freien Berufs von jeher auch in der Rechtsform der Gesellschaft bürgerlichen Rechts (§§ 705 ff. BGB) möglich ist, unterscheidet sich die PartG als Personengesellschaft von der GbR (und auch von der OHG) durch die in § 8 Abs. 2 angeordnete Beschränkung der akzessorischen Gesellschafterhaftung für Verbindlichkeiten der Gesellschaft für Berufsausübungsfehler auf die haftungsverursachenden Handelnden. In der GbR sind Haftungsbeschränkungen nur durch individualvertragliche Vereinbarung möglich (BGH GmbHR 1999, 1134 ff.). Eine Partnerschaftsgesellschaft (i.S.d. § 1) kann gem. § 59e Abs. 1 Satz 1 BRAO – anders als unter bestimmten (engen) Voraussetzungen eine Gesellschaft bürgerlichen Rechts (§ 705 BGB) – nicht Gesellschafterin einer Rechtsanwaltsgesellschaft mit beschränkter Haftung sein (§§ 59c Abs. 1, 59e Abs. 1 Satz 1 BRAO, BGH NJW 2017, 1681, 1682).

Strukturbedingte Nachteile der PartG im Vergleich zur GbR, die aus ihrer Anlehnung an die OHG 5
resultierten, sind durch die Entwicklung der Rspr. zum Personengesellschaftsrecht mittlerweile
überwunden: Ursprünglich ergab sich in der PartG eine im Vergleich zur GbR strengere Haftung
für den neu eintretenden Gesellschafter im Bereich der Altschulden, da § 8 Abs. 1 Satz 1 ausdrücklich auf § 130 HGB verwies. Seitdem die Rspr. der GbR die Rechts- und Parteifähigkeit zuerkannt
und gleichzeitig eine akzessorische Haftung ihrer Gesellschafter bejaht hat (BGHZ 146, 341 =
NJW 2001, 1056), wird § 130 HGB im Wege der Analogie auch auf die GbR angewendet
(BGHZ 154, 370, 373 ff. = NJW 2003, 1803, 1804 f.). Konsequenz ist, dass die Rechtslage für
einen neu eintretenden Gesellschafter seitdem bei der PartG günstiger ist, da aufgrund der Handelndenhaftung (§ 8 Abs. 2) im Bereich der Berufsausübungsfehler eine Haftung für Altlasten der
Gesellschaft aus Berufsausübungsfehlern nicht in Betracht kommt, soweit es nach Eintritt in die
Gesellschaft nicht zu einer Befassung mit dem schadensbehafteten Mandat kommt (vgl. u. § 8
Rdn. 15). Für die GbR ist von der Anwendbarkeit des § 130 HGB, d.h. von der Haftung des
eintretenden Gesellschafters für Altverbindlichkeiten aus beruflichen Pflichtverletzungen der Altgesellschafter, auszugehen, auch wenn es bislang an höchstrichterlicher Rspr. zu dieser Frage mangelt
(gegen eine Haftung LG Hamburg NJW 2004, 3492; LG Frankenthal NJW 2004, 3190).

Die Partnerschaftsgesellschaft ist keine juristische Person, dieser jedoch durch gesetzliche Bestimmung angenähert. Sie kann Vermögen erwerben, ist namensrechtsfähig (u. § 7 Rdn. 6 f.), aktiv und 6
passiv parteifähig, grundbuchfähig, deliktsfähig (§§ 2, 7 Abs. 2 PartGG i.V.m. § 124 HGB) und
insolvenzfähig (§ 11 Abs. 2 Nr. 1 InsO, u. § 9 Rdn. 30).

## 2. Berufsausübung (Abs. 1 Satz 1)

§ 1 Abs. 1 Satz 1 charakterisiert die PartG als Berufsausübungsgesellschaft für Angehörige Freier 7
Berufe und grenzt damit den möglichen Zweck der Gesellschaft gesetzlich ein: Er liegt in der gemeinsamen Ausübung freiberuflicher Tätigkeit durch mehrere Angehörige desselben oder verschiedener Freier Berufe unter gemeinsamem Namen, in gemeinsamen Räumen, mit gemeinschaftlichen
Einrichtungen und mit gemeinsamer Büroorganisation und Abrechnung zur gemeinschaftlichen
Betreuung einer gemeinsamen Klientel (*Henssler* PartGG, § 1 Rn. 23). In der Terminologie des
ärztlichen Berufsrechts ist die PartG damit eine Berufsausübungsgemeinschaft i.S.v. § 18 MBOÄ
(näher § 18 MBOÄ Rdn. 17). Da der Gesellschaftszweck nach dem Gesetzeswortlaut die *Ausübung*
eines (Freien) Berufs ist, wird eine **aktive berufliche Tätigkeit** der Partner in der Gesellschaft vorausgesetzt (h.M. *Henssler* PartGG, § 1 Rn. 24; *Bösert* ZAP 1994, 765, 771; *Gilgan* Stbg. 1995, 28, 29;
*Seibert* S. 101; *Lüke-Rosendahl*, S. 108 [»Mitarbeitsklausel«]; ebenso, aber für eine weite Auslegung des Begriffs der »Ausübung« Meilicke/Graf v. Westphalen/Hoffmann/Lenz/Wolff/*Lenz* § 1
Rn. 90 ff., a.A. Römermann/*Zimmermann* § 1 Rn. 10–19; *Feddersen/Meyer-Landrut* § 1 Rn. 4).
Berufsausübung eines Heilberuflers i.S.d. § 1 Abs. 1 liegt nicht nur bei medizinischer und/oder
diagnostischer Tätigkeit vor. Sie ist auch dann zu bejahen, wenn keine Heilbehandlung durchgeführt wird, sondern der Berufsträger im Rahmen seiner Tätigkeit z.B. gutachterlich für Gerichte
und Versicherungsanstalten agiert (vgl. BFHE 120, 204; a.A. *Werner* Gemeinschaftliche ärztliche
Berufsausübung, S. 421 f.).

Aufgrund der Notwendigkeit der aktiven Berufsausübung ist die bloße Beteiligung an der Ge- 8
sellschaft zum Zwecke der finanziellen Beteiligung nicht möglich. Angehörige eines Heilberufs
können sich daher nicht zur ausschließlichen Ausübung einer ihnen berufsrechtlich gestatteten,
nicht-freiberuflichen Tätigkeit in einer PartG zusammenschließen. Das Erfordernis der aktiven Berufsausübung schließt auch bereits auf der Ebene des Gesellschaftsrechts (zum Berufsrecht § 23a
MBOÄ Rdn. 10) aus, dass **stille Beteiligungen** an der PartG oder Unterbeteiligungen von nicht
partnerschaftsfähigen Personen begründet werden. Entgegenstehende Vereinbarungen verstoßen
gegen § 134 BGB (*Henssler* PartGG, § 1 Rn. 25).

Ein Partner muss nicht seine gesamte freiberufliche Tätigkeit in der PartG entfalten. Es genügt, wenn 9
er lediglich einen Teil seiner Arbeitskraft auf die Ausübung der freiberuflichen Tätigkeit in der PartG
verwendet. Die Frage der Zulässigkeit einer Tätigkeit in mehreren Berufsausübungsgemeinschaften

oder zusätzlich in einer Einzelpraxis ist nicht gesellschaftsrechtlicher, sondern berufsrechtlicher Natur (insoweit § 18 MBOÄ Rdn. 35).

10 Soweit ein Heilberufler berufsrechtlich gebunden ist, wird in dem Verbleib in einer PartG trotz Verzichts auf aktive Berufsausübung jedenfalls dann eine durch Kammer oder Berufsgericht ahndungsfähige Berufspflichtverletzung zu sehen sein, wenn der Berufsträger ergebnislos zur Beendigung des berufspflichtwidrigen Zustands, d.h. zur aktiven Berufsausübung oder zum Ausscheiden aus der Gesellschaft, aufgefordert worden ist.

11 Abzugrenzen ist die Berufsausübungsgesellschaft von einer **Organisationsgesellschaft**, deren Zweck sich in der gemeinsamen Benutzung von Praxisräumen, Einrichtungsgegenständen und des Einsatzes von Personal erschöpft (näher § 18 MBOÄ Rdn. 8). Freiberufliche Organisationsgesellschaften können nach der Konzeption des Gesetzes nicht als Partnerschaft, sondern nur in den Rechtsformen der GbR und der GmbH betrieben werden (*Henssler* PartGG, § 1 Rn. 29). Für Apparate- und Laborgemeinschaften oder Kooperationen (Praxisverbünde) kommt die PartG als Rechtsform von vornherein nicht in Betracht, da diese nicht der gemeinsamen Ausübung des Berufs dienen. In der Rechtsform der Partnerschaft können nur Gemeinschaftspraxen (§ 18 MBOÄ Rdn. 46 ff.), medizinische Kooperationsgemeinschaften (§ 23 MBOÄ Rdn. 1 ff.) oder Nichtbehandlungspartnerschaften (§ 23 MBOÄ Rdn. 1 ff.) sowie unter bestimmten Voraussetzungen medizinische Versorgungszentren (§ 18 MBOÄ Rdn. 53) betrieben werden.

12 Abzugrenzen ist die PartG ferner von anderen Personengesellschaften, die der Berufsausübung dienen können, namentlich von der GbR und der OHG. Die **Abgrenzung zur GbR** erfolgt primär durch die bei der PartG erforderliche, konstitutiv wirkende Eintragung der Gesellschaft in das Partnerschaftsregister (§ 7). Die **Abgrenzung zur OHG** ergibt sich zwangsläufig durch den Gesellschaftszweck. Während sowohl die PartG als auch die OHG eine gemeinsame, selbstständige Tätigkeit der Gesellschafter zum Gegenstand haben müssen, die auf Dauer angelegt ist, planmäßig betrieben wird und erwerbsgerichtet ist, dient die OHG dem Betrieb eines »Handelsgewerbes«, sodass in ihr keine freiberufliche Tätigkeit ausgeübt werden kann (BGHZ 70, 24; 83, 328; 108, 290). Daher ist der PartG die Ausübung einer nichtfreiberuflichen, gewerblichen Tätigkeit nach § 1 Abs. 1 Satz 2 verwehrt, da sie hierdurch zu einer Handelsgesellschaft würde.

### 3. Angehörige Freier Berufe (Abs. 1 Satz 1, Abs. 2)

13 Die PartG dient nicht der Ausübung eines beliebigen Berufs, sondern nur der Ausübung eines Freien Berufs. § 1 Abs. 2 enthält in Satz 1 eine Legaldefinition des Begriffs des Freien Berufs und zählt in Abs. 2 jene Freien Berufe auf, die in jedem Fall kraft gesetzlicher Anordnung als solche i.S.d. Gesetzes gelten (**Katalogberufe**). Aus dem Kreis der Heil- und Heilhilfsberufe ausdrücklich erwähnt werden in Satz 2 die Ärzte, Zahnärzte, Tierärzte, Heilpraktiker, Krankengymnasten, Hebammen, Heilmasseure und Diplom-Psychologen. Der Katalog ist allerdings nicht abschließend (vgl. BT-Drs. 12/7642 S. 11), da sowohl die in Satz 1 bestimmten Wesensmerkmale des Freien Berufs als auch der Kreis der Freien Berufe in Satz 2 offen gestaltet sind (»im allgemeinen«, »und ähnlicher Berufe«). Die Erwähnung eines Berufs in Satz 2 bedeutet nicht, dass eine interprofessionelle Vergesellschaftung eines Heilberuflers mit diesen anderen Berufen zulässig wäre. Diese Frage beurteilt sich gem. Abs. 3 nach dem jeweils einschlägigen Berufsrecht als lex specialis, so dass verallgemeinernde Aussagen nicht möglich sind. Die Frage der Verfassungskonformität der berufsrechtlichen Beschränkung der interprofessionellen Berufsausübung der Humanmediziner und Apotheker mit Rechtsanwälten hat das BVerfG 2016 (BVerfGE 141, 82 ff.) entschieden. § 59a Abs. 1 BRAO verletzt das Grundrecht der Berufsfreiheit aus Art. 12 Abs. 1 GG, soweit es Rechtsanwälten untersagt wird, sich mit Ärzten und Apothekern zur Ausübung ihrer Berufe zu einer Partnerschaftsgesellschaft zusammenzuschließen (BVerfGE 141, 82 ff.). Die tragenden Argumente der Entscheidung lassen es unwahrscheinlich erscheinen, dass für den Beruf des Steuerberaters (und, was eher theoretischer Natur sein dürfte, den des Wirtschaftsprüfers oder Patentanwalts) eine abweichende Bewertung möglich wäre.

Nicht in § 1 Abs. 2 erwähnt sind u.a. der **Dentist**, der **Epithetiker**, der **Apotheker** und der **Psychotherapeut**. Ihre Erfassung von § 1 hängt damit von der Einordnung als »ähnlicher (Freier) Beruf« ab. Für den Dentisten ist dies zu bejahen (*Henssler* PartGG, § 1 Rn. 81), der Verzicht auf seine ausdrückliche Erwähnung erklärt sich aus der Tatsache, dass der Beruf durch die Neuregelung des Gesetzes über die Ausübung der Zahnheilkunde vom 24.04.1987 (BGBl. I. S. 1226) seit 1987 geschlossen ist, d.h. keine Personen mehr Zugang zum Beruf erhalten. Die Tätigkeit des Epithetikers ist hingegen kein Freier Beruf, sondern stellt ein Gewerbe dar (OVG Lüneburg GewArch 2013, 315).

14

Der Beruf des Apothekers ist auf ausdrücklichen Wunsch der Standesorganisationen nicht zu den Katalogberufen in § 1 Abs. 2 genommen worden, da sich Apotheker, anders als Angehörige sonstiger Heil- und Heilhilfsberufe, nicht nur in einer GbR, sondern auch in einer OHG organisieren können (vgl. BT-Drs. 12/6152). Dieser Verzicht auf ausdrückliche Erwähnung hindert nicht, Apothekern die Organisation in der PartG zu ermöglichen, soweit sie als »ähnlicher (Freier) Beruf« qualifiziert werden können. Zwar wird der Beruf des Apothekers u.a. im Steuer- und im Wettbewerbsrecht als gewerblich eingestuft (BGH NJW 1983, 2085), dies hindert eine abweichende partnerschaftsrechtliche Einordnung aber nicht. Gleichwohl wird auch eine solche partnerschaftsrechtliche Überprüfung zur Annahme der Gewerblichkeit kommen müssen und die Berufsausübung in einer PartG hindern (str., wie hier *Henssler* PartGG, § 1 Rn. 85; a.A. etwa *Becker-Platen* Die Kammern der Freien Heilberufe S. 4 ff.; MHG/*Salger*, § 39 Rn. 10), da die eigenständige Entwicklung und Herstellung von Arzneimitteln nach § 2 Abs. 3 BApoO, die maßgeblich für die Zuordnung zu den Freien Berufen wäre, im Vergleich zur Tätigkeit als Arzneimittelkaufmann (Anschaffung und Weiterveräußerung von Arzneimitteln und Waren des Beisortiments) mittlerweile nur noch eine deutlich untergeordnete Rolle einnimmt. Auf diese Frage kommt es nicht an, wenn der Zweck der unter Beteiligung eines Apothekers zu gründenden PartG nicht der Betrieb einer Apotheke, sondern die Ausübung einer sonstigen freiberuflichen Tätigkeit (z.B. »pharmazeutische Beratung«) ist (LG Essen GesR 2009, 557).

15

Geht der Apotheker nur einer gutachterlichen und fachlich beratenden Tätigkeit nach, stellt dies die Ausübung eines Freien Berufs i.S.v. Abs. 1 und Abs. 2 dar (BGH NJW 2016, 2263). Beschränkt sich die Tätigkeit hierauf, können sich Apotheker (aus Sicht des anwaltlichen Berufsrechts) zu einer Partnerschaftsgesellschaft zusammenschließen, ohne dass § 59a Abs. 1 BRAO i.V.m. § 1 Abs. 1 PartGG dem entgegensteht.

15a

Ebenfalls nicht in § 1 Abs. 2 erwähnt ist der Beruf des **Psychotherapeuten** i.S.d. PsychThG. Er wird von § 1 Abs. 2 erfasst über die Quellberufe, aus denen Psychotherapeuten nach § 1 PsychThG herrühren: Psychologische Psychotherapeuten sind Angehörige des Katalogberufs des (freiberuflich tätigen) Diplom-Psychologen, Gleiches gilt in der Regel für Kinder- und Jugendlichenpsychotherapeuten. Psychotherapeutisch tätige Ärzte und Heilpraktiker sind jeweils als Arzt bzw. Heilpraktiker Angehörige eines Katalogberufs. Kinder- und Jugendlichenpsychotherapeuten können ausnahmsweise auch Pädagogen oder Sozialpädagogen sein, sie sind als Angehörige eines ähnlichen Freien Berufs partnerschaftsfähig.

16

### 4. Zusammenschluss (Abs. 1 Satz 1)

Das Erfordernis des Zusammenschlusses stellt den allgemeinen Grundsatz des Personengesellschaftsrechts klar, dass eine Ein-Personengesellschaft nicht möglich ist. Einem »Zusammenschluss« steht nicht entgegen, dass die Gesellschafter der PartG bereits zuvor personenidentisch in einer Berufsausübungsgesellschaft anderer Rechtsform organisiert sind. Partnerschaftsgesellschaften können grundsätzlich in gleicher Weise wie Personenhandelsgesellschaften an Umwandlungsvorgängen nach dem **Umwandlungsgesetz**, d.h. Formwechsel, Verschmelzung und Spaltung, beteiligt sein, soweit durch die Umwandlung die Voraussetzungen des § 1 Abs. 1 eingehalten sind. Besondere Probleme können sich nur ergeben, wenn der bereits bestehende Zusammenschluss nicht in einer Personengesellschaft, sondern in einer Kapitalgesellschaft erfolgt ist. Der (unproblematische) Wechsel von der GbR oder OHG geschieht ohne besondere gesetzliche Regelung im Wege des

17

identitätswahrenden Rechtsformwechsels (zu einem Muster eines Umwandlungsbeschlusses einer vormaligen GbR Nentwig/Bonvie/Hennings/*Wolff-Pfisterer* S. 71). Auch Kapitalgesellschaften, deren Anteilsinhaber Freiberufler sind, können in die Rechtsform der PartG überwechseln (vgl. §§ 191 Abs. 2 Nr. 2, 228 Abs. 3 UmwG). Für die **Verschmelzung** enthalten §§ 45a-e UmwG besondere Regelungen. Über die Generalverweisung in § 125 UmwG wird der PartG ferner die Möglichkeit der **Spaltung** in Form der Aufspaltung und der Abspaltung eröffnet. Nicht durchführbar ist hingegen eine Ausgliederung (*Henssler* PartGG, § 1 Rn. 39 ff.).

### 5. Kein Handelsgewerbe (Abs. 1 Satz 2)

18 Abs. 1 Satz 2 stellt klar, dass die Partnerschaft kein Handelsgewerbe betreibt. Die Rechtsform soll nach dem Willen des Gesetzgebers aber nicht über die Gewerbesteuerpflicht entscheiden (für eine Anwendung der handelsrechtlichen Dogmatik auch im Falle des Partnerschaftsgesellschaftsrechts de lege lata wirbt hingegen *Eitelbuß* DStR 2018, 1568). Die Partnerschaft unterliegt der Gewerbesteuerpflicht, wenn sie entgegen § 1 Abs. 1 Satz 1 eine nach § 15 EStG als gewerblich eingestufte Tätigkeit ausübt (*Westphal* StW 2000, 65, 66; *Schulze zur Wiesche* DStR 2001, 1589).

19 Folge der besonderen Anforderung an den Gesellschaftszweck – Ausübung eines Freien Berufs – ist die automatische Umwandlung der PartG in eine OHG oder GbR (identitätswahrender Rechtsformwechsel), sobald sie durch Vertragsänderung oder auch stillschweigend ihren freiberuflichen Gesellschaftszweck aufgibt und – zumindest auch – einer gewerblichen Tätigkeit i.S.d. § 1 Abs. 1 HGB nachgeht. Die Eintragung im Partnerschaftsregister steht der Umwandlung nicht entgegen. Das Registergericht muss von Amts wegen nach § 395 FamFG tätig werden. Auch der Rechtsformwechsel von einer KG in eine PartG ist aufgrund der identischen gesellschaftsrechtlichen Struktur ohne gesetzliche Regelung möglich (OLG Hamm RNotZ 2019, 483). Zu den Folgen der Befugnis zur Ausübung der freiberuflichen Tätigkeit durch einen Gesellschafter s.u. § 9 Rdn. 20 ff.

### 6. Natürliche Personen (Abs. 1 Satz 3)

20 Gesellschafter können nach § 1 Abs. 1 Satz 3 nur **natürliche Personen** i.S.v. §§ 1 ff. BGB sein. Juristische Personen und Personengesellschaften sind damit von einer Gesellschafterstellung in der PartG ausgeschlossen. Auch wenn bei einer GbR aufgrund der unbeschränkten Haftung der Gesellschaft und der Gesellschafter das in § 8 verankerte Haftungskonzept der PartG nicht unterlaufen würde, steht der Wortlaut des § 1 Abs. 1 Satz 3 einem abweichenden Verständnis entgegen.

## II. Berufsrechtsvorbehalt (Abs. 3)

### 1. Vorrang berufsrechtlicher Sonderregelungen

21 Auch wenn das PartGG eine Berufsausübungsgesellschaft für die Freien Berufe zur Verfügung stellen soll, verbleibt die grundsätzliche Entscheidung, ob und in welcher Ausgestaltung ein spezifischer Beruf die PartG tatsächlich zur Organisation der Berufsausübung nutzen darf, aus kompetenziellen, aber auch aus konzeptionellen Gründen dem jeweiligen Berufsrecht des betroffenen Berufs überlassen. Das PartGG als rein gesellschaftsrechtliche Materie verzichtet insofern auf berufsrechtliche Regelungen und bestimmt in § 1 Abs. 3 lediglich einen **Berufsrechtsvorbehalt**.

22 Über diese Einbruchstelle des Berufsrechts in das Gesellschaftsrecht kann das Recht der Partnerschaftsgesellschaft durch Berufsgesetze und im Rahmen delegierter Normsetzung erlassenes Verordnungs- und Satzungsrecht – nicht aber durch verbandsrechtliche Vorschriften privater Berufsverbände – berufsspezifisch ausgestaltet werden. Auch wenn Abs. 3 Satz 1 neben der Statuierung besonderer berufsrechtlicher Voraussetzungen den vollständigen Ausschluss der Berufsausübung in der PartG als möglichen Inhalt des Berufsrechts explizit erwähnt, so steht ein solcher Ausschluss nicht im Belieben des Normgebers des jeweiligen Berufsrechts: Etwaige im Berufsrecht bestimmte Einschränkungen stehen grundsätzlich unter dem Gesetzesvorbehalt des Art. 12 Abs. 1 GG, sodass ein durch Berufsrecht angeordnetes generelles Verbot, die Gesellschaftsform der Partnerschaft zu nutzen, einen unverhältnismäßigen Eingriff in die Berufsausübungsfreiheit darstellen

wird. Berufsspezifische Erwägungen, nach denen es das Allgemeinwohl im Sinne der Schrankensystematik des Art. 12 GG rechtfertigt, dass in Abweichung von § 8 Abs. 2 (u. § 8 Rdn. 13) neben der Gesellschaft und dem schadensverursachenden Gesellschafter auch alle übrigen, unbeteiligten Gesellschafter unmittelbar und unbegrenzt haften müssen, sind für keinen Freien Beruf ersichtlich (ähnlich *Henssler* PartGG, § 1 Rn. 248).

Verstoßen berufsrechtlich gebundene Gesellschafter gegen berufsrechtliche Regelungen, die sie bei der vergesellschafteten Berufsausübung zu beachten haben, kann dieses berufspflichtwidrige Verhalten nicht nur gesellschaftsrechtliche, sondern auch berufsrechtliche Konsequenzen haben, soweit die jeweiligen Berufsgesetze entsprechende Sanktionsmöglichkeiten vorsehen. Je nach Schwere und Häufigkeit der Verletzung können Rügen, Warnungen, Verweise, Geldbußen, Tätigkeitsverbote oder gar der Ausschluss aus dem Beruf ausgesprochen werden. Gesellschaftsrechtlich können Verstöße gegen berufsrechtliche Vorschriften, sofern diese als Gesetz i.S.v. Art. 2 EGBGB zu qualifizieren sind, zur Nichtigkeit des Partnerschaftsvertrages nach § 134 BGB führen. 23

## 2. Apotheker

Apotheker sind bereits aus gesellschaftsrechtlichen Gründen an der Organisation in einer PartG gehindert, weil sie keinen Freien Beruf im partnerschaftsrechtlichen Sinne (§ 1 Abs. 2) ausüben (o. Rdn. 15). 24

## 3. Ärzte

### a) Allgemeines

Das ärztliche Berufsrecht sieht Einschränkungen i.S.d. § 1 Abs. 3 in den von den jeweiligen Ärztekammern nach Maßgabe der landesrechtlichen Heilberufsgesetze erlassenen Berufsordnungen vor. Sie knüpfen an die **Musterberufsordnung (MBOÄ)** an, in der im Jahr 2004 weitreichende Änderungen im Bereich des ärztlichen Gesellschaftsrechts in Kraft gesetzt worden sind. In der MBOÄ sind berufliche Kooperationen in §§ 18, 18a, 23a–d geregelt. Die Vorschriften regeln zum einen die grundsätzliche Zulässigkeit, zum anderen Detailfragen bestimmter Formen kooperativer Berufsausübung. § 18 Abs. 1 gestattet hierbei die Bildung von Berufsausübungsgemeinschaften, Organisationsgemeinschaften, Kooperationsgemeinschaften und Praxisverbünden (zur Nomenklatur ausführlich § 18 MBOÄ Rdn. 6 ff.). Nur die dort erwähnten Berufsausübungsgemeinschaften und Kooperationsgemeinschaften sind Berufsausübungsgesellschaften i.S.v. § 1 Abs. 1. Die Begrifflichkeiten sind rechtsformneutral zu verstehen (§ 18 MBOÄ Rdn. 55). Den vertrauten Begriff der Gemeinschaftspraxis verwendet § 18 MBOÄ nicht, an seine Stelle ist der weitere Begriff der Berufsausübungsgemeinschaft getreten. Er vermeidet das Problem, ob unter einer Gemeinschaftspraxis nur eine GbR oder auch eine PartG zu verstehen ist. Zu weiteren Detailfragen s. die Kommentierung der §§ 18, 18a, 23a–d MBOÄ. 25

### b) Vertragsarztwesen

Für **Vertragsärzte**, d.h. Ärzte, die an der vertragsärztlichen Versorgung nach dem SGB V teilnehmen, gilt die MBOÄ grds. ohne Einschränkung, sodass die vorstehend erläuterten Vorschriften der §§ 18 ff., 23a ff. MBOÄ auch auf sie zur Anwendung kommen. Zu beachten sind aber weitere Vorschriften unter anderem des SGB V und der auf § 98 Abs. 2 Nr. 13a SGB V gestützten »Zulassungsverordnung für Vertragsärzte« (Ärzte-ZV), die in § 33 besondere Vorgaben für die gemeinsame Berufsausübung der Vertragsärzte bestimmt. Siehe hierzu die Kommentierung bei § 18 MBOÄ Rdn. 76 ff. 26

Besonderheiten sind für **medizinische Versorgungszentren** zu beachten: Sie können sich zwar nach § 95 Abs. 1 Satz 1 SGB V aus berufsrechtlicher Sicht aller zulässigen Organisationsformen bedienen (vgl. aber *Ziermann* MedR 2004, 540, 541 f.). Gleichwohl können sie nicht ohne Weiteres in einer PartG organisiert sein, da es sich bei ihnen zwar um ärztlich geleitete Einrichtungen handelt, der Gesellschafterkreis aber nicht auf Freiberufler beschränkt ist und die in ihnen tätigen Berufsträger 27 ihren Beruf nicht notwendig selbstständig, sondern auch als Angestellte des Versorgungszentrums ausüben können (dazu ausf. *Koller*, Ärztliche Kooperationsformen, S. 114 ff.). Beides – eine Gesellschafterstellung von Nicht-Freiberuflern und/oder eine ausschließliche Ausübung der Freien Berufe in Anstellung – hindert aus Sicht des Gesellschaftsrechts die Gründung einer PartG, da deren gesetzlich bestimmter Gesellschaftszweck nicht erfüllt wird (ähnlich *Henssler* PartGG, § 1 Rn. 284; *Ziermann* MedR 2004, 540, 542; *Koller*, S. 131; *Scholz* GesR 2003, 369, 372; anders wohl *Rau* DStR 2004, 640, 641 f.; *Klose* BB 2003, 2702, 2703). Denkbar ist die Organisation eines Versorgungszentrums in einer PartG nur, wenn dessen Gesellschafter ausschließlich Ärzte oder andere Freiberufler sind (Apotheker fallen nicht hierunter, s.o. Rdn. 15; a.A. *Koller*, S. 131).

**c) Berufsrechtliche Behandlung der Partnerschaft**

28 Soweit eine PartG nach Maßgabe des ärztlichen Berufsrechts gegründet werden kann, verbietet dieses – vgl. §§ 17 ff., 23a ff. MBOÄ, § 33 Abs. 1 Ärzte-ZV – nicht, dass die PartG ihrerseits Mitglied einer mit anderen Ärzten oder auch Nichtärzten (*Narr* Ärztliches Berufsrecht, Rn. B 435 f.; *Taupitz* MedR 1993, 369 f.; enger: Laufs/Kern/Rehborn/*Rehborn* § 22 Rn. 13) betriebenen Praxis- oder Apparategemeinschaft sein kann, in welcher Rechtsform auch immer diese organisiert ist.

**4. Zahnärzte**

**a) Allgemeines**

29 Das zahnärztliche Berufsrecht sieht Einschränkungen i.S.d. § 1 Abs. 3 in den von den jeweiligen Landeszahnärztekammern erlassenen Berufsordnungen vor. Sie knüpfen an die **Musterberufsordnung (MBOZ)** an, die zuletzt im Jahr 2014 reformiert worden ist. In der MBOZ sind berufliche Kooperationen in §§ 16, 17 geregelt.

30 § 16 Abs. 1 MBOZ ist die berufsrechtliche Zentralnorm zur kooperativen Berufsausübung von Zahnärzten. Als Form der Berufsausübungsgemeinschaft zulässig ist auch die sog. »**Teil-Berufsausübungsgemeinschaft**«, die in der MBOZ – anders als in der MBOÄ – bislang keine explizite Erwähnung findet (*Ries/Schnieder/Althaus/Großbölting/Voß* Zahnarztrecht S. 72). Sie ist ein Zusammenschluss zur punktuellen gemeinsamen Berufsausübung und ermöglicht z.B. die Beibehaltung einer bisherigen Einzelpraxis (näher *Ries/Schnieder/Althaus/Großbölting/Voß* Zahnarztrecht S. 72).

31 § 16 Abs. 1 MBOZ erlaubt die Nutzung aller »für den Zahnarztberuf zulässigen **Gesellschaftsformen**«, soweit die eigenverantwortliche, fachlich unabhängige sowie freiberufliche Berufsausübung des einzelnen Gesellschafters gewährleistet ist. Mangels entgegenstehendem Verbot in den Heilberufsgesetzen ist damit klargestellt, dass auch die PartG genutzt werden kann. § 16 Abs. 2 MBOZ gestattet die **Beteiligung an mehreren Berufsausübungsgemeinschaften**. Daher kann es dem Zahnarzt auch nicht verwehrt sein, neben der Beteiligung an der Partnerschaft im Rahmen einer eigenen Praxis tätig zu sein. Eine solche organisatorische Vervielfachung der Berufsausübung muss sicherstellen, dass die ordnungsgemäße Versorgung der Patienten nach § 9 MBOZ gewährleistet ist. Zulässig ist nach § 16 Abs. 2 Satz 3 MBOZ auch eine Berufsausübungsgemeinschaft mit **mehreren Praxissitzen** (näher u. § 5 Rdn. 11 ff.).

32 **Interprofessionelle Berufsausübungsgemeinschaften** können nach § 17 Abs. 1 MBOZ mit Berufsangehörigen anderer akademischer Heilberufe im Gesundheitswesen oder staatlicher Ausbildungsberufe im Gesundheitswesen – anders als im Fall von Ärzten nach § 23b MBOÄ aber nicht mit anderen Naturwissenschaftlern und Angehörigen sozialpädagogischer Berufe – zur gemeinsamen Berufsausübung gebildet werden (s. aber u. Rdn. 34). Es handelt sich hierbei also um eine auf **artverwandte Berufe** beschränkte interprofessionelle Berufsausübungsgemeinschaft. Voraussetzung ist auch hier lediglich, dass die eigenverantwortliche, fachlich unabhängige sowie freiberufliche Berufsausübung des Zahnarztes sichergestellt ist. Insbesondere darf aufgrund des Arztvorbehaltes grds. allein der Zahnarzt medizinische Entscheidungen treffen. Anders als das Berufsrecht der Ärzte (dort § 23b Abs. 1 Satz 3 MBOÄ) verlangt § 17 MBOZ nicht, dass ein »gleichgerichteter oder

integrierender diagnostischer oder therapeutischer Zweck bei der Heilbehandlung, Prävention oder Rehabilitation durch räumlich nahes und koordinierendes Zusammenwirken erfüllt wird«. Die nichtärztlichen Partner müssen daher durch ihre berufliche Tätigkeit nicht zwingend einen medizinischen Zweck verfolgen, der komplementär zur fachlichen Tätigkeit des an der Partnerschaft beteiligten Zahnarztes ist.

Mit Angehörigen sonstiger, in § 17 Abs. 1 MBOZ nicht genannter Katalogberufe des § 1 Abs. 2 kann sich ein Arzt nach § 17 Abs. 2 MBOZ in einer »**sonstigen Partnerschaft**« (im ärztlichen Bereich auch als »Nichtbehandlungspartnerschaft« bezeichnet, hierzu § 23c MBOÄ Rdn. 1 ff.) zusammenschließen, wenn er in dieser nicht die Zahnheilkunde am Menschen ausübt. Aus gesellschaftsrechtlicher Sicht ist freilich nach § 1 Abs. 1 notwendig, dass in der PartG überhaupt ein Freier Beruf ausgeübt wird. Zu beachten ist die Regelung des § 9 Abs. 4 MBOZ. Durch eine entsprechende räumliche und organisatorische Trennung ist die zahnärztliche von der nicht zahnärztlichen Tätigkeit klar abzugrenzen. Im Rahmen des § 17 Abs. 2 MBOZ gelten für den beteiligten Zahnarzt die berufsrechtlichen Regelungen mit Ausnahme der übergreifenden Vorschriften, die sich mit dem Berufsbild des Zahnarztes befassen, nicht (*Henssler* PartGG, § 1 Rn. 289). Die PartG ist für solche »sonstigen Partnerschaften« nach § 17 Abs. 2 MBOZ die einzige zulässige Rechtsform. 33

Die meisten Landeszahnärztekammern (Baden-Württemberg, Brandenburg, Bremen, Hamburg, Hessen, Mecklenburg-Vorpommern, Niedersachsen, Rheinland-Pfalz, Saarland, Sachsen, Sachsen-Anhalt, Schleswig-Holstein und Westfalen-Lippe) haben die Vorgaben der §§ 16, 17 MBOZ in ihren Berufsordnungen im materiellen Kern umgesetzt. In Bayern ergibt sich eine Abweichung, da dort die § 9 Abs. 2 MBOZ entsprechende Regelung, auf die § 16 Abs. 2 Satz 1 MBOZ u.a. verweist, von der Aufsichtsbehörde nicht genehmigt wurde. In Berlin ist nach § 16 BerlBOZ eine Zusammenarbeit in einer sonstigen Partnerschaft im Sinne von § 17 Abs. 2 MBOZ (o. Rdn. 33) nicht möglich. In Thüringen ist in § 15 Abs. 2 ThürBOZ von der in § 17 Abs. 1 MBOZ enthaltenen Regelung zu den partnerschaftsfähigen Berufen dahingehend abgewichen worden, dass zum einen die in Betracht kommenden Heil- und Gesundheitsberufe enumerativ aufgelistet sind und zum anderen auch die Vergesellschaftung mit Naturwissenschaftlern sowie Diplom-, Sozial- und Heilpädagogen gestattet wird. Zugleich ist die PartG als einzige zulässige Rechtsform nicht nur für die »sonstigen Partnerschaften« (o. Rdn. 33) bestimmt, sondern auch für die interprofessionelle Berufsausübungsgemeinschaft (o. Rdn. 32). Eine weitere Abweichung von der MBOZ ergibt sich aus dem Verbot, mehr als einer Berufsausübungsgemeinschaft anzugehören (§ 15 Abs. 4 ThürBOZ). In Nordrhein gestattet § 11 BOZNordrhein einen Zusammenschluss nur mit allen selbstständig tätigen und zur eigenverantwortlichen Berufsausübung berechtigten Angehörigen anderer Heilberufe im Gesundheitswesen, schließt also eine sonstige Partnerschaft i.S.d. § 17 Abs. 2 MBOZ aus. 34

**b) Vertragszahnarztwesen**

Für **Vertragszahnärzte**, d.h. Ärzte, die an der vertragszahnärztlichen Versorgung nach dem SGB V teilnehmen, gilt die MBOZ grds. ohne Einschränkung, sodass die vorstehend erläuterten Vorschriften der §§ 16 ff. MBOZ auch auf sie zur Anwendung kommen. Zu beachten sind aber weitere Vorschriften unter anderem des SGB V und der auf § 98 Abs. 2 Nr. 13a SGB V gestützten »Zulassungsverordnung für Vertragszahnärzte« (Zahnärzte-ZV), die in § 33 besondere Vorgaben für die gemeinsame Berufsausübung der Vertragsärzte bestimmt. Die Regelung entspricht jener in der Ärzte-ZV, sodass auf die Ausführungen zu dieser verwiesen werden kann (näher bei § 18 MBOÄ Rdn. 84 ff.). 35

Vertragszahnärzten ist die Tätigkeit in einer fachübergreifenden **Gemeinschaftspraxis mit anderen Vertragszahnärzten** (zu Privatärzten u. Rdn. 37) möglich. Sie muss ebenfalls durch den Zulassungsausschuss nach § 33 Abs. 2 Ärzte-ZV genehmigt werden (näher zur inhaltsgleichen Regelung der MBOÄ § 18 MBOÄ Rdn. 85). Nicht zulässig ist für Vertragszahnärzte – in Bezug auf die vertragszahnärztliche Tätigkeit – hingegen eine gemeinsame Berufsausübung mit **Nichtärzten** (vgl. auch insofern mutatis mutandis zu § 33 Ärzte-ZV die Kommentierung bei § 18 MBOÄ Rdn. 84 ff.). 36

37 Keine explizite Regelung enthält das Vertragszahnarztrecht zur Frage der gemeinsamen Berufsausübung von Vertragszahnärzten mit Zahnärzten, die nicht an der vertragszahnärztlichen Versorgung teilnehmen (**Privatzahnärzte**). Ebenso wie für den Arzt wird § 33 Zahnärzte-ZV dahin auszulegen sein, dass ein Zusammenschluss zwischen einem Vertragszahnarzt und ausschließlich privatärztlich tätigen Partnern möglich sein muss (näher § 18 MBOÄ Rdn. 91).

### c) Berufsrechtliche Behandlung der Partnerschaft

38 Für die Mitgliedschaft einer Zahnärzte-Partnerschaft in einer mit anderen Ärzten oder Nichtärzten betriebenen Praxis- oder Apparategemeinschaft gilt das zu den Ärzten Gesagte (Rdn. 28). Besondere Anforderungen des Berufsrechts sind aber zu beachten (vgl. z.B. § 11 MBOZ bei praxiseigenen Laboratorien).

### 5. Psychotherapeuten

39 Das Berufsrecht der Psychotherapeuten sieht Einschränkungen i.S.d. § 1 Abs. 3 in den von den jeweiligen Landeskammern der Psychologischen Psychotherapeuten und der Kinder- und Jugendlichenpsychotherapeuten erlassenen Berufsordnungen vor. Sie knüpfen an eine **Musterberufsordnung** an, die 2006 verabschiedet worden ist.

40 Einzige Vorschrift der MBOPsychTh zum Gesellschaftsrecht der Psychotherapeuten ist § 21 MBOPsychTh. Nach dessen Abs. 1 dürfen sich Psychotherapeuten im Rahmen der Vorgaben des Heilberufsgesetzes zu Berufsausübungsgemeinschaften in allen rechtlich möglichen Formen mit anderen Angehörigen ihrer Berufsgruppe zusammenschließen. Die Organisation in einer PartG ist daher zulässig, da die Heilberufsgesetze kein entgegenstehendes Verbot statuieren und eine positive Gestattung im Lichte des Art. 12 GG nicht notwendig ist. Nach § 21 Abs. 4 MBOPsychTh muss bei einer vergesellschafteten Berufsausübung die freie Wahl der Psychotherapeuten durch die Patienten sowie die eigenverantwortliche und selbstständige sowie nicht gewerbliche Berufsausübung gewahrt bleiben. Zusammenschlüsse und spätere Änderungen sind der zuständigen Landespsychotherapeutenkammer nach § 21 Abs. 7 MBOPsychTh anzuzeigen.

41 Zulässig ist auch die **interprofessionelle Berufsausübung**. Sie ist nach § 21 Abs. 1 Satz 1, 2. Alt. MBOPsychTh nicht auf die Angehörigen anderer Gesundheitsberufe beschränkt, sondern auch mit Angehörigen von Beratungsberufen möglich. Gemeint sind damit ausweislich der Genese des Gesetzes (hierzu *Berns/Stellpflug* Psychotherapeutenjournal 1/2006, S. 18, 20) vor allem Rechtsanwälte und Steuerberater, d.h. Angehörige der verkammerten Beratungsberufe. Einer Vergesellschaftung mit Angehörigen dieser Berufe können allerdings landesrechtlich die höherrangigen Heilberufsgesetze entgegenstehen, da diese zum Teil verlangen, dass bei einer gemeinsamen Führung der Praxis alle Beteiligten die Berechtigung zur Ausübung des ärztlichen, psychotherapeutischen oder zahnärztlichen Berufs besitzen (vgl. etwa § 29 Abs. 2 Satz 4 HeilBerG NRW). Da der Begriff des »Beratungsberufs« nicht legaldefiniert ist, bleibt unklar, ob auch nicht-verkammerte Beratungsberufe in Betracht kommen (z.B. Unternehmens- oder Finanzberater). Dies wird bei einer Gesamtschau des Berufsrechts der Heilberufe zu verneinen sein, soweit § 21 MBOPsychTh eine echte Berufsausübungsgemeinschaft ermöglicht und nicht lediglich eine sonstige Partnerschaft im Sinne von MBOÄ/MBOZ, in der ein Heilberuf nicht ausgeübt werden darf.

42 Die von den Landespsychotherapeutenkammern erlassenen Berufsordnungen orientieren sich weitgehend an den Vorgaben der MBOPsychTh. Abweichungen sind insbesondere bei der Frage der interprofessionellen Vergesellschaftung festzustellen: Zwar haben einige Kammern die Vorgaben der MBOPsychTh zur Frage der interprofessionellen Berufsausübung inhaltlich übernommen, so etwa **Baden-Württemberg** (§ 29 Abs. 1 BO), **Berlin** (§ 21 BO), **Bremen** (§ 21 BO), **Hessen** (§ 21 BO), **Nordrhein-Westfalen** (§ 21 BO) oder das **Saarland** (§ 21 BO). Zum Teil wird aber darüber hinausgehend pauschal die Vergesellschaftung mit beliebigen anderen Berufsgruppen gestattet, also nicht nur mit Angehörigen der Heil- und Beratungsberufe. Dies ist etwa in **Hamburg** (§ 19 Abs. 9 BO), **Niedersachsen** (§ 21 Abs. 1 BO), **Rheinland-Pfalz** (§ 20 BO) oder **Schleswig-Holstein** (§ 22 Abs. 1

BO) der Fall. Zu prüfen ist freilich, ob aus den Heilberufsgesetzen Beschränkungen folgen. Einige Berufsordnungen enthalten einen ausdrücklichen Vorbehalt einer Befugnis im Rahmen des anwendbaren Heilberufsgesetzes. Dies hat aber nur klarstellende Funktion, da eine Satzung nicht Gesetzesrecht ändern kann. Zum Teil sind die Anforderungen (bisweilen mit Rücksicht auf Regelungen in den Heilberufsgesetzen) hingegen strenger. **Bayern** beschränkt die gemeinsame Berufsausübung auf Angehörige anderer akademischer Heilberufe oder staatlicher Ausbildungsberufe im Gesundheitswesen sowie Personen, welche über eine Qualifikation nach § 5 Abs. 2 PsychThG verfügen (§ 21 BO). Die Kammer kann aus wichtigem Grund Ausnahmen von den Beschränkungen nach Satz 1 zulassen. Für **Mecklenburg-Vorpommern, Brandenburg, Sachsen-Anhalt, Sachsen** und **Thüringen** bestimmt die BO der Ostdeutschen Psychotherapeutenkammer, dass eine Vergesellschaftung nur mit verkammerten Heilberuflern, Naturwissenschaftlern im Gesundheitswesen, Angehörigen staatlich geregelter Gesundheitsberufe und Sozialpädagogen zulässig ist (§ 21 Abs. 1 BO).

Gemein ist allen Berufsordnungen, dass im Fall eines Zusammenschlusses die Eigenverantwortlichkeit und Selbstständigkeit der Berufsausübung sowie die freie Wahl des Psychotherapeuten durch den Patienten gewahrt werden muss. Zum Teil ist explizit bestimmt, dass ein entsprechender Zusammenschluss der Kammer anzuzeigen ist. 43

### 6. Heilpraktiker

Heilpraktiker können ihren Beruf gemeinsam in einer PartG ausüben, sie zählen zu den in § 1 Abs. 2 explizit genannten Katalogberufen. Das Berufsrecht der Heilpraktiker enthält keine Regelungen, die den Zusammenschluss untereinander oder mit Angehörigen anderer Freier Berufe verbieten. Auf privatrechtlicher Basis von Berufsverbänden erlassene Berufsordnungen, so sie diesbezügliche Regelungen enthalten, haben keine rechtliche Verbindlichkeit, da sie nur verbandsintern und kraft freiwilliger Unterwerfung wirken. Einer interprofessionellen Berufsausübung kann aber das Berufsrecht eines anderen Berufs entgegenstehen. Ärzten ist es z.B. untersagt, ihren Beruf gemeinsam mit Heilpraktikern auszuüben (§ 23b MBOÄ Rdn. 5). 44

### 7. Hebammen/Entbindungspfleger

Das Berufsrecht der Hebammen/Entbindungspfleger ordnet keine Einschränkungen der Möglichkeiten gemeinsamer Berufsausübung an. Weder im Gesetz über den Beruf der Hebamme und des Entbindungspflegers, das als Bundesgesetz den Berufszugang regelt, noch in den auf Landesebene ergangenen Landeshebammengesetzen und Berufsordnungen finden sich Regelungen zu Berufsausübungsgesellschaften. Ein Verbot interprofessioneller Berufsausübung ist ebenfalls nicht ausdrücklich bestimmt, wenngleich einige Berufsordnungen das Verhältnis von Arzt und Hebamme aufgrund des fachlichen Weisungsrechts des Arztes in einer Weise charakterisieren, dass aus Sicht des Gesellschaftsrechts das gesellschaftertypische Verhältnis der Gleichordnung nicht gewahrt ist (näher mit Beispielen *Henssler* PartGG, § 1 Rn. 304). Das ärztliche Berufsrecht geht freilich für Ärzte in § 23b MBOÄ von der Möglichkeit einer gemeinsamen Berufsausübung aus. 45

### III. Anwendbares Recht (Abs. 4)

Nach Abs. 4 finden auf die PartG, soweit im PartGG nichts anderes bestimmt ist, die Vorschriften des Bürgerlichen Gesetzbuchs über die Gesellschaft, d.h. die §§ 705 bis 740 BGB, Anwendung. Dies entspricht dem Regelungsansatz im Personengesellschaftsrecht (§ 105 Abs. 3 HGB für die OHG). Die Vorschriften des BGB greifen nur, soweit weder im PartGG selbst abweichende Regelungen getroffen sind noch aus dem PartGG heraus ausdrücklich oder stillschweigend auf andere Materien verwiesen wird. Entsprechend dem gesetzgeberischen Anliegen, mit der PartG ein freiberufliches Pendant zur gewerblichen OHG mit weitgehend identischen Strukturmerkmalen zu schaffen, finden sich im PartGG zahlreiche Verweisungen auf das HGB (§ 2 Abs. 2, § 4 Abs. 1, § 5 Abs. 2, § 6 Abs. 3, § 7 Abs. 2, 3, 5; § 8 Abs. 1, § 9 Abs. 1, 3, § 10 Abs. 1, 2). §§ 705 ff. BGB gelten hinsichtlich der dort geregelten Fragen nicht. Bedeutung hat die subsidiäre Geltung der §§ 705 ff. BGB vor allem im Bereich der Gewinnverteilung (§ 6 PartGG Rdn. 24). 46

## § 2 Name der Partnerschaft

(1) Der Name der Partnerschaft muß den Namen mindestens eines Partners, den Zusatz »und Partner« oder »Partnerschaft« sowie die Berufsbezeichnungen aller in der Partnerschaft vertretenen Berufe enthalten. Die Beifügung von Vornamen ist nicht erforderlich. Die Namen anderer Personen als der Partner dürfen nicht in den Namen der Partnerschaft aufgenommen werden.

(2) § 18 Abs. 2, §§ 21, 22 Abs. 1, §§ 23, 24, 30, 31 Abs. 2, §§ 32 und 37 des Handelsgesetzbuchs sind entsprechend anzuwenden; § 24 Abs. 2 des Handelsgesetzbuchs gilt auch bei Umwandlung einer Gesellschaft bürgerlichen Rechts in eine Partnerschaft.

### Übersicht

| | Rdn. | | Rdn. |
|---|---|---|---|
| A. Regelungsinhalt und Normzweck | 1 | 1. Änderung des Familiennamens (§ 21 HGB) | 13 |
| B. Tatbestand | 3 | 2. Erwerb der Praxis (§§ 22, 24 HGB) | 14 |
| I. Name der Partnerschaft (Abs. 1) | 3 | 4. Umwandlung | 20 |
| 1. Name eines Partners (Abs. 1 Satz 1, 2) | 3 | 5. Keine Anwendbarkeit der §§ 25, 28 HGB | 21 |
| 2. Rechtsformzusatz (Abs. 1 Satz 1) | 4 | III. Berufsrechtliche Besonderheiten | 22 |
| 3. Berufsbezeichnungen | 7 | 1. Ärzte | 23 |
| 4. Keine Namen gesellschafterfremder Personen (Abs. 1 Satz 3) | 8 | 2. Zahnärzte | 26 |
| 5. Zusätzliche Angaben | 10 | 3. Psychotherapeuten | 27 |
| II. Namenskontinuität (Abs. 2) | 13 | | |

### A. Regelungsinhalt und Normzweck

1 § 2 regelt das **Namensrecht der PartG**. Auch wenn die PartG konzeptionell an die OHG angelehnt ist, führt sie als nichtgewerblicher Zusammenschluss von Freiberuflern keine Firma i.S.d. §§ 17 ff. HGB, sondern einen »Namen«. Im Ergebnis gilt gleichwohl weitgehend das Firmenrecht des HGB, auf das in Abs. 2 Bezug genommen wird. Der nach § 2 gebildete Name wird in das Partnerschaftsregister eingetragen (§§ 3 Abs. 2, 5 Abs. 1). § 2 befasst sich insofern ausschließlich mit dem im Partnerschaftsregister einzutragenden Namen, nicht mit der Frage, wie Partner auf dem Briefbogen (vgl. § 7 Rdn. 11 f.) oder dem Praxisschild aufzuführen sind.

2 Veränderungen des nach Maßgabe des § 2 gebildeten Namens sind gem. § 4 Abs. 1 Satz 3 zur Eintragung in das Partnerschaftsregister **anzumelden**. Eine den Vorgaben des § 2 entsprechende Namensführung kann gem. Abs. 2 i.V.m. § 37 HGB durch das Registergericht und Privatpersonen erzwungen werden. Dem Registergericht stehen als Sanktionsmittel die Festsetzung eines **Zwangsgeldes** oder die **Löschung von Amts wegen** zu Gebote (Abs. 2 i.V.m. §§ 31 Abs. 2 Satz 2, 14 HGB). Wer durch einen unzulässigen Namensgebrauch in seinen Rechten verletzt wird, kann gem. § 37 Abs. 2 HGB Unterlassung des Namensgebrauchs verlangen. Ein Namensschutz gem. § 12 BGB bleibt davon unberührt.

### B. Tatbestand

#### I. Name der Partnerschaft (Abs. 1)

#### 1. Name eines Partners (Abs. 1 Satz 1, 2)

3 Der Name der PartG muss bisher den bürgerlichen **Namen mindestens eines Partners** enthalten. Nach Abs. 1 Satz 2 ist die Angabe des Vornamens grundsätzlich nicht erforderlich. Sie kann aber geboten sein, um durch den Vornamen die nach § 2 Abs. 2 PartGG i.V.m. § 30 Abs. 1 HGB notwendige örtliche Unterscheidbarkeit des Namens von dem Namen einer bereits existierenden PartG herbeizuführen (»Heinz Müller und Partner Zahnärzte«), vgl. auch u. Rdn. 10. Ein Berufsname (Pseudonym), der in den entsprechenden Geschäftskreisen nachweisbar bekannt ist, darf verwendet werden (vgl. BGH NJW 2003, 2978; OLG Frankfurt NJW 2003, 364). Der Geburtsname eines Partners kann bei der Namensbildung der Partnerschaft nicht isoliert Verwendung finden, dies gilt

auch dann, wenn der Geburtsname Teil eines zum Eintragungszeitpunkt geführten Doppelnamens ist (OLG Karlsruhe NJW 1999, 2284 f.). Der Geburtsname kann in diesem Fall auch nicht isoliert als Berufsname geführt werden (OLG Karlsruhe NJW 1999, 2284 f.). Werden die Namen mehrerer Gesellschafter in den Namen der PartG aufgenommen, sind diese in voneinander räumlich – nicht lediglich farblich – abgesetzter Schreibweise zu führen (z.B. »Mey Lersdorf Psychotherapeuten Partnerschaft«, nicht »meylersdorf« oder »MeyLersdorf« [vgl. OLG Frankfurt FGPrax 2008, 167]). Akademische Grade bzw. Titel können dem Namen ohne Fakultätszusatz vorangestellt werden, wenn der Doktortitel in dem Fachgebiet erworben wurde, auf welchem die Partnerschaft freiberuflich tätig ist (vgl. BGHZ 53, 65, 67; ein Doktortitel ist kraft Gewohnheitsrechts auch im Partnerschaftsregister eintragungsfähig, BGH NZG 2017, 734). Bei Ausscheiden des promovierten Namensgebers sind die verbleibenden Partner bei Einwilligung des Ausgeschiedenen (oder seiner Erben) auch dann zur Fortführung des bisherigen Namens der Partnerschaft mit dem Doktortitel des Ausgeschiedenen befugt, wenn keiner von ihnen promoviert hat (BGH NJW 2018, 900; ZIP 2018, 1494). Diese Anforderungen an den Namen werden im reformierten Personengesellschaftsrecht (in Kraft ab 01.01.2024) aufgegeben. Lediglich der Rechtsformzusatz bleibt erforderlich. Diese Neuregelung dient der Vereinfachung und Transparenz (BR-Drs. 59/21 S. 318 f.).

### 2. Rechtsformzusatz (Abs. 1 Satz 1)

Neben dem Familiennamen eines Partners muss der Name der Partnerschaft zwingend den **Rechtsformzusatz** »und Partner« oder »Partnerschaft« enthalten. Auch wenn die Variante »Partnerschaft« gewählt wird, ist die Nennung des Namens eines Partners ausreichend (»Müller Zahnärzte Partnerschaft«). Bei der Verwendung des Zusatzes »und Partner« muss mindestens ein Gesellschafter mehr vorhanden sein als Gesellschafter im Namen der PartG erscheinen. »Partner« meint insofern sowohl die Einzahl als auch die Mehrzahl, d.h. »und Partner« deutet nicht zwingend auf zwei oder mehrere weitere Partner hin. Werden im Namen der PartG alle Gesellschafter mit Familiennamen genannt, ist der Zusatz »und Partner« nicht zulässig, da er auf mehr Gesellschafter hindeuten würde als tatsächlich in der Gesellschaft vorhanden sind. Sind im Namen der PartG bis auf einen Namen alle Gesellschafter berücksichtigt und scheidet der einzige nicht namensgebende Partner aus, so soll aber der Name der PartG unverändert weiter geführt werden können (OLG Celle NZG 2008, 866). In diesem Fall wird der Namenskontinuität Vorrang vor der Namenswahrheit eingeräumt.

Statt des Wortes »und« kann auch das im kaufmännischen Bereich übliche Kürzel »&« oder das Zeichen »+« verwendet werden (allg. Auffassung, vgl. nur OLG München NZG 2007, 457 f.). Anstelle des Begriffs »Partnerschaft« kann auch der Zusatz »PartG« oder »Partnerschaftsgesellschaft« Verwendung finden (str., wie hier etwa *Henssler* PartGG, § 1 Rn. 14; Meilicke/Graf v. Westphalen/Hoffmann/Lenz/Wolff/*Meilicke* § 2 Rn. 4; a.A. MüKo-BGB/*Schäfer* § 2 PartGG Rn. 11), anstelle des Begriffs »und Partner« auch »und Partnerin(nen)«. Auch der Zusatz »& Partners«, d.h. eine englischsprachige Übersetzung, soll, da namensrechtlich der PartG vorbehalten (OLG München NJW-RR 2007, 761, 762), zulässig sein (in diesem Fall müssen mindestens zwei weitere Gesellschafter vorhanden sein, da der Begriff eindeutig in der Mehrzahl verwendet wird). Uneinheitlich ist die Registerpraxis zur Eintragung des in Klammern gesetzten Rechtsformzusatzes (»Müller+Meier Chirurgen [Partnerschaft]«).

Der Name einer Partnerschaftsgesellschaft mit beschränkter Berufshaftung (hierzu § 8 Rdn. 19 f.) muss nach § 8 Abs. 4 Satz 3 den Zusatz »mit beschränkter Berufshaftung« oder die Abkürzung »mbB« oder eine andere allgemein verständliche Abkürzung dieser Bezeichnung enthalten; anstelle der Namenszusätze nach Abs. 1 Satz 1 kann der Name der Partnerschaft mit beschränkter Berufshaftung den Zusatz »Part« oder »PartG« enthalten (näher die Kommentierung bei § 8 Rdn. 19 f.).

Der – vor Inkrafttreten des PartGG weit verbreitete – Zusatz »Partnerschaft« oder »und Partner« ist durch das PartGG für die Verwendung im Namen bzw. der Firma anderer Gesellschaftsformen gesperrt. Der Zusatz kann anderweitig nicht geführt werden, da er aufgrund § 2 zu einer Täuschung des Rechtsverkehrs über die Rechtsform der Gesellschaft führen würde. Die in § 11 bestimmte Übergangsfrist für Altgesellschaften ist bereits 1997 abgelaufen.

### 3. Berufsbezeichnungen

7 Als Sachzusatz müssen die Berufsbezeichnungen der in der PartG ausgeübten Berufe im Namen der PartG ausnahmslos genannt werden. Bei Mehrfachberuflern zu nennen sind nur die in der PartG ausgeübten Berufe. Berufsbezeichnungen meint auch Fachgebietsbezeichnungen. Möglich sind daher Namen wie »Müller & Partner Internisten«, »Dr. med. Mayer Dr. med. Müller Internisten Angiologie-Phlebologie und Dr. med. Schulze Internistin-Angiologie Partnerschaft« oder »Dr. Meyer + Dr. Müller + Dr. Schulze, Hautärzte Dr. Wagner, Psychiater und Psychotherapeutin Partnerschaft«.

### 4. Keine Namen gesellschafterfremder Personen (Abs. 1 Satz 3)

8 Die Namen anderer Personen als jene der Partner dürfen nach Abs. 1 Satz 3 nicht in den Namen der PartG aufgenommen werden. Erforderlich ist daher, dass nur die in der PartG aktiven Partner in dem Namen Verwendung finden. Nicht – weder alleinstehend noch ergänzend – genutzt werden können die Namen angestellter oder freier Mitarbeiter in der Praxis. Ausnahmen gelten allerdings für Fälle zulässiger Namenskontinuität nach Abs. 2 (Rdn. 13 ff.).

9 Jedenfalls nach § 2 möglich ist die ergänzende Verwendung von Phantasienamen. Der Umstand, dass § 2 Abs. 2 nicht auf § 18 Abs. 2 HGB verweist, steht dem nach Auffassung der Rspr. nicht entgegen (BGH NJW 2004, 1651 f.). Die Begründung des Gesetzes (BT-Drs. 12/6152 S. 12) geht von der grundsätzlichen Zulässigkeit entsprechender Zusätze aus. Ab 01.01.2024 wird § 2 Abs. 2 insofern klarstellend vollumfänglich auf § 18 HGB verweisen.

### 5. Zusätzliche Angaben

10 Zusätzliche Angaben sind in den Schranken des § 18 Abs. 2 HGB zulässig und im Hinblick auf den Grundsatz der **Namensausschließlichkeit** (§§ 18 Abs. 2, 30 HGB) bisweilen notwendig. Nach dem Grundsatz der Namensausschließlichkeit darf der Name nicht identisch mit dem Namen anderer Partnerschaften und verwechslungsfähiger (Personen-) Firmen von Unternehmen anderer Rechtsform am selben Ort sein. Führt eine andere Gesellschaft am Ort des Sitzes der Partnerschaft den gleichen Namen, muss diese zu den Minimalbestandteilen des Partnerschaftsnamens Zusätze zur Unterscheidung aufnehmen. Die Unterscheidbarkeit muss eindeutig sein, der bloße Rechtsformzusatz (etwa »Müller Zahnärzte PartG« und »Müller Zahnärzte GmbH«) ist als Unterscheidungsmerkmal insofern nicht hinreichend unterscheidungskräftig (vgl. RGZ 104, 341, 342; BGH NJW 1959, 1081; BGH NJW 1966, 1813, 1815 f.). Auch die Angabe eines Doktortitels genügt ebenso wenig wie die unterschiedliche Schreibweise eines identischen Familiennamens (»Mueller« – »Müller«, vgl. OLG Braunschweig NJW-RR 1998, 1004) oder eine unterschiedliche Darstellung des Rechtsformzusatzes (»Müller und Partner«, »Müller & Partner«). Die Unterscheidungskraft kann sich aber z.B. aus der Angabe verschiedener Berufsbezeichnungen ergeben (ausführlich zur Beseitigung der Verwechslungsgefahr Nentwig/Bonvie/Hennings/*Wolff-Pfisterer*, S. 77). Ausreichend, wenngleich marketingtechnisch wenig geglückt, sein muss auch die – insbesondere bei Beratungsberufen übliche – Unterscheidung durch dem Familiennamen angefügte römische Ziffern (I, II, III; vgl. *Henssler* PartGG, § 2 Rn. 26; Römermann/*Zimmermann* § 2 Rn. 68).

11 Nach dem Grundsatz der **Namenswahrheit darf der Name** keine Angaben enthalten, die geeignet sind, über geschäftliche Verhältnisse, die für die angesprochenen Verkehrskreise wesentlich sind, irrezuführen. Ggf. liegt in einem solchen Fall auch ein Verstoß gegen das Irreführungsverbot der §§ 3, 5 Abs. 2 Nr. 3 UWG vor. Denkbar sind etwa geografische (»Ärztepartnerschaft im Römerturm...«, »Zentrum für Pränataldiagnostik Marktplatz 1...«, »Praxis am Berg...«) oder auf die Herkunft der Partnerschaft oder ihren früheren Namen hinweisende Zusätze (MüKo-BGB/*Schäfer*, § 2 PartGG Rn. 15). Unzulässig ist allerdings die Verwendung einer geografischen Angabe in der Praxisbezeichnung, wenn mit dieser Angabe ein unzulässiger Alleinstellungsanspruch einhergeht (»Bodenseepraxis«). Die Registergerichte handhaben dies zum Teil etwas großzügiger (Beispiel: »Haut- und Venenzentrum Rheinland«, »Hebammen Zentrum [Stadt]«).

Das Erfordernis der Verwendung des Namens mindestens eines Gesellschafters schließt die Zufügung von Sach- oder Phantasiebegriffen in den Grenzen des § 18 Abs. 2 HGB nicht aus. Insbesondere zulässig ist die sachfirmenähnliche Bezeichnung »Gemeinschaftspraxis« im Namen einer ärztlichen Partnerschaft (OLG Schleswig NJW-RR 2003, 173; *Henssler* PartGG, § 2 Rn. 21; *Deutsch/Spickhoff* Rn. 173; a.A. etwa *Trautmann* S. 119; *Eisenberg* S. 152), auch wenn dieser Begriff traditionell für ärztliche Berufsausübungsgesellschaften in der Rechtsform der Gesellschaft bürgerlichen Rechts Verwendung findet (vgl. *Deutsch/Spickhoff* Rn. 165). Der Zusatz ist in einem solchen Fall nicht irreführend, weil die Partnerschaft nach der Rspr. als eine Spielart der GbR eingestuft wird (LG Zweibrücken NZG 1998, 548). Die Bezeichnung »Institut« für die Partnerschaft mehrerer Heilberufler soll den Eindruck erwecken, dass es sich um eine öffentliche oder unter öffentlicher Aufsicht stehende wissenschaftliche Einrichtung handelt und deshalb als irreführend unzulässig sein, da die Täuschungsmöglichkeit durch einen bloßen Rechtsformzusatz nicht beseitigt wird (OLG Frankfurt NJW-RR 2002, 459). Nach verbreiteter Auffassung unzulässig sein sollen Namensbestandteile wie »Ärztehaus« oder »Gesundheitszentrum« (*Trautmann* S. 118). In dieser Allgemeinheit wird ein solches Verständnis kaum verfassungskonform sein, soweit eine Freiberuflergesellschaft die durch diese Begriffe transportierte Größe tatsächlich aufweist und der Begriff nicht alleinstellend verwendet wird. In der Praxis sind daher zahlreiche Partnerschaften mit Namensbestandteilen wie »Augen-Zentrum«, »Tinnitus-Zentrum«, »Gesundheitszentrum«, »Kardiocentrum [Stadt]« oder »Haut- und Venenzentrum« von den Registergerichten eingetragen worden. Zulässig sind auch Phantasiebezeichnungen als Namensbestandteil (»VIVA! Zentrum [Stadt] Praxis für Psychotherapie...«). 12

## II. Namenskontinuität (Abs. 2)

### 1. Änderung des Familiennamens (§ 21 HGB)

Abs. 2 i.V.m. § 21 HGB ermöglicht es, den Namen der Partnerschaft beizubehalten, wenn sich der Familienname des namensgebenden Partners ändert, obgleich hierdurch der Name der PartG unwahr wird. Ausreichend ist es in einem solchen Fall, dass die Eintragung des Namens des Gesellschafters im Partnerschaftsregister geändert wird (§ 4 Abs. 1 Satz 3 i.V.m. § 3 Abs. 2 Nr. 2). Im Fall der Umwandlung einer GbR in eine Partnerschaftsgesellschaft ist § 21 HGB nicht anwendbar (*Henssler* PartGG, § 2 Rn. 29). Hat sich der Name eines namensgebenden Gesellschafters geändert, muss dieser entsprechend den Anforderungen des § 2 Abs. 1 richtig und vollständig in den Namen der Partnerschaftsgesellschaft einbezogen werden (OLG Karlsruhe NJW 1999, 2284 f.: Doppelname). 13

### 2. Erwerb der Praxis (§§ 22, 24 HGB)

Wird eine Praxis, deren Unternehmensträger eine Gesellschaft ist, unter Lebenden oder von Todes wegen auf eine PartG (auch auf eine solche in Gründung, OLG Hamm Beschl. v. 03.11.2016 – 27 W 130/16) übertragen, darf der Name – aus Sicht des PartGG – nach Abs. 2 i.V.m. § 22 Abs. 1 HGB fortgeführt werden (das Berufsrecht einzelner Berufe kann hier zu Einschränkungen führen, unten Rdn. 22 ff.). Beim Erwerb einer Einzelpraxis durch eine Partnerschaft kommt § 24 HGB nicht zur Anwendung, da der einzelne Freiberufler nicht namensrechtsfähig i.S.v. § 2 ist (*Henssler* PartGG, § 2 Rn. 31). 14

Da § 2 nur auf § 22 Abs. 1 HGB, nicht aber auf § 22 Abs. 2 HGB verweist, muss bei Verpachtung oder Bestellung eines Nießbrauchs die pachtende oder nießbrauchende Gesellschaft einen eigenen Namen bilden. Die bloße schuldrechtliche oder dingliche Überlassung zur Nutzung ist damit, weil in der Regel zeitlich befristet, namensrechtlich durch das PartGG nicht geschützt. Zurücktreten muss der Kontinuitätsgedanke, wenn als Folge der Übernahme einer (interprofessionellen) Praxis im Namen der Gesellschaft Berufe genannt werden, die nach der Übernahme nicht mehr in der Gesellschaft ausgeübt werden. Hier muss, da dies zu einer nicht mehr tolerierbaren Irreführung des Publikums führt, eine Berichtigung vorgenommen werden. 15

**16** Der Verweis auf § 23 HGB stellt klar, dass der Name einer Partnerschaft nicht ohne die dazugehörige Praxis veräußert werden kann.

**16a** § 2 i.V.m. § 24 Abs. 1 HGB ermöglicht die nachträgliche Namensänderung, wenn sie im Hinblick auf das Interesse der Allgemeinheit notwendig oder wünschenswert ist und sich die Verhältnisse so geändert haben, dass der entsprechenden Änderung des Namens ein sachlich berechtigtes Interesse zugrundeliegt (zur Aufnahme eines vorangestellten Zusatzes: OLG Hamm NZG 2020, 351).3. Gesellschafterwechsel

**17** Nach Abs. 2 i.V.m. § 24 HGB kann der Name der Partnerschaft unverändert fortgeführt werden, wenn nachträglich ein Partner eintritt oder ausscheidet (vgl. OLG Celle NZG 2008, 867). Praktische Bedeutung hat die Regelung nur für das Ausscheiden eines Partners durch Austritt oder Versterben, da ein Eintritt eines neuen Gesellschafters nach Abs. 1 (nicht alle Namen der Gesellschafter müssen geführt werden) nicht zu Änderungen des Namens zwingt. Die Weiterverwendung des Namens eines ausgeschiedenen Gesellschafters im Namen einer PartG soll ermöglichen, den aufgrund der Charakteristika freiberuflicher Dienstleistungen überdurchschnittlich bedeutsamen personengebundenen Goodwill einer Berufsausübungsgesellschaft wirtschaftlich dauerhaft nutzbar zu machen (vgl. OLG Hamm NJW-RR 2017, 165).

**18** Der Name eines Partners kann mit dessen Einwilligung, die einen schuldrechtlichen Gestattungsvertrag zwischen ihm und der PartG darstellt, im – insgesamt unveränderten (unten Rdn. 19) – Namen der PartG mit oder ohne Beifügung eines Nachfolgezusatzes fortgeführt werden. Beruht das Ausscheiden auf dem Tod des Gesellschafters, kann die Zustimmung noch durch die Erben erteilt werden, falls es nicht mehr zu Lebzeiten zu einer Gestattung gekommen ist. Die Fortführungsbefugnis setzt voraus, dass der Gesellschafter, dessen Name fortgeführt werden soll, seinen Beruf tatsächlich (Gebot der aktiven Berufsausübung, § 1 Rdn. 7 ff.) und nicht nur ganz kurzfristig in der Gesellschaft ausgeübt hat. Wenngleich an die zeitliche Komponente keine überspannten Anforderungen zu stellen sind, ist es jedenfalls nicht möglich, durch eine kurzfristige Pro-forma-Mitgliedschaft in der Gesellschaft dieser zu einem werbewirksamen Namen zu verhelfen. Die Fortführung des Namens ist ohne zeitliche Begrenzung zulässig, ursprüngliche Pläne, die Namensfortführung auf 10 Jahre zu begrenzen, sind nicht Gesetz geworden. Die Namensfortführung setzt nicht voraus, dass der Ausgeschiedene seinen Beruf aufgibt, den er in der Partnerschaft ausgeübt hat. Die Namensfortführung ist vielmehr auch dann möglich, wenn der ausgeschiedene Gesellschafter entgegen seiner ursprünglichen Absicht seine freiberufliche Tätigkeit in eigener Praxis fortsetzt (BGH NJW 2002, 2093) und ihm dies nicht Gelegenheit gibt, den Gestattungsvertrag zu kündigen. Wohl verlangt die Namensfortführung (ebenso wie die Beibehaltung der korrespondierenden Berufsbezeichnung im Namen der PartG), dass der Beruf des ausgeschiedenen Namenspartners in der Gesellschaft insgesamt noch ausgeübt wird (*Henssler* PartGG, § 2 Rn. 38; *Römermann/Zimmermann* § 2 Rn. 63). Ist dies nicht der Fall, kann die Gesellschaft kein rechtlich geschütztes Interesse daran haben, den Namen des Trägers eines in ihr nicht mehr ausgeübten Berufs beizubehalten.

**19** Voraussetzung der Namensfortführungsbefugnis ist, dass aufgrund der Namensfortführung der Name der PartG insgesamt unverändert bleibt. Das Kontinuitätsinteresse wird nicht geschützt, wenn anlässlich des Ausscheidens des Gesellschafters unter Verwendung seines Namens der Name der PartG insgesamt neu gebildet wird (OLG Frankfurt NZG 2005, 925). Eine Ausnahme soll gelten, wenn bei Ausscheiden mehrerer Gesellschafter einer der Ausscheidenden die Weiterverwendung seines Namens nicht gestattet und es deshalb zu einer partiellen Neubildung des Namens kommt (OLG Hamm NZG 2018, 1355; LG Essen DStRE 2003, 443). Hier liegt der Sache nach eine bloße Namensänderung vor, sodass es möglich sein muss, dass die Namen der übrigen ausscheidenden Gesellschafter weiter verwendet werden können. Für ein solches Verständnis spricht, dass es letztlich beliebig ist, ob Gesellschafter gleichzeitig oder zeitversetzt ausscheiden (ebenso, aber in der Begründung anders *Henssler* PartGG, § 2 Rn. 35 f.; nun auch Meilicke/Graf v. Westphalen/Hoffmann/Lenz/Wolff/*Meilicke* § 2 Rn. 29). Bezieht der Name einer Partnerschaftsgesellschaft seinen Wiedererkennungswert nicht nur aus den Namen der Gesellschafter sondern auch aus einem

Zusatz, so kann der Name ohne Zusatz nicht unter dem Gesichtspunkt der Firmenfortführung im Register eingetragen werden (OLG Hamm NJW-RR 2017, 165). Begründet wird dies mit der Überlegung, dass der Partnerschaftsname trotz der unverändert bleibenden weiteren Bestandteile eine abweichende neue Prägung erhält, die in den betroffenen Verkehrskreisen Zweifel an der Identität mit der bisherigen Gesellschaft hervorruft (OLG Hamm NJW-RR 2017, 165). Der Wegfall eines Namenskerns kann somit zu einem neuen Namen führen. Aufgrund der häufig promovierten Heilberufler ist die Verwendung eines akademischen Grades im Namen der PartG bei Ausscheiden eines namensgebenden Gesellschafters ein besonderes Problem: Die Voraussetzungen der Namensfortführungsbefugnis liegen nicht vor, wenn ein promovierter namensgebender Gesellschafter aus der Partnerschaft ausscheidet und kein sonstiger promovierter Gesellschafter in der Gesellschaft eine Stellung als Partner einnimmt, da in diesem Falle die Namensfortführung zur Irreführung geeignet ist (OLG Hamm Beschl. v. 19.07.2016 – 27 W 93/16).

### 4. Umwandlung

Die Befugnis zur Fortführung wird in Abs. 2 auf Fälle der Umwandlung erstreckt. Der in der Praxis bedeutsamste Umwandlungsvorgang, jener von einer GbR in eine PartG, ist in Abs. 2 Hs. 2 i.V.m. § 24 Abs. 2 HGB ausdrücklich geregelt. Demnach darf der »Name« der bisherigen GbR unverändert fortgeführt werden, wenn der namensgebende Gesellschafter bereits zu Zeiten der GbR ausgeschieden war und in die Fortführung seines Namens eingewilligt hatte. Die Zustimmung zur Fortführung in der GbR umfasst auch ohne ausdrückliche Erwähnung den Fall, dass die verbleibenden Gesellschafter später den Beschluss zu einer Umwandlung der GbR in eine PartG fassen (allg. Auffassung, BGH NJW 2002, 2093; BayObLG NJW 1998, 1158). Zu weiteren denkbaren Umwandlungsvorgängen nach dem UmwG vgl. *Henssler* PartGG, § 2 Rn. 40 ff. 20

### 5. Keine Anwendbarkeit der §§ 25, 28 HGB

§ 2 Abs. 2 klammert §§ 25, 28 HGB, die bei Fortführung einer Firma eine Haftung für Altschulden begründen können, von der Verweisung aus. Erwerben mehrere Berufsangehörige eine Praxis von den bisherigen Partnern, so kommt es selbst bei einer Namensfortführung nicht zu einer Haftung für die Altschulden nach §§ 25, 28 HGB. Die Vorschriften lassen sich auch nicht analog anwenden (a.A. MüKo-BGB/*Schäfer* § 2 PartGG Rn. 2; noch unentschieden, aber für § 28 HGB wohl hierzu tendierend BGH NJW 2010, 3720, 3721). Angesichts der abschließenden Aufzählung firmenrechtlicher Normen in § 2 Abs. 2 fehlt es ersichtlich an einer Regelungslücke (ähnlich *Henssler* PartGG, § 2 Rn. 44 f.). Hingegen kann sich eine Haftung für die Altverbindlichkeiten des Inhabers einer Einzelpraxis ergeben, wenn diese mit allen Vermögensgegenständen und Verbindlichkeiten in eine neu gegründete Partnerschaft eingebracht wird (dazu § 8 Rdn. 9 f.). 21

## III. Berufsrechtliche Besonderheiten

Der Berufsrechtsvorbehalt (§ 1 Abs. 3) umfasst das Namensrecht der PartG, sodass die gesellschaftsrechtlichen Grundsätze der Namensführung der Gesellschaft (o. Rdn. 3 ff.) berufsspezifisch durch das jeweils einschlägige Berufsrecht modifiziert sein können. 22

### 1. Ärzte

Aus § 18a Abs. 1 Satz 3 MBOÄ folgt, dass der Name einer **Ärztepartnerschaft** nur die Namen der in der Gesellschaft tätigen ärztlichen Gesellschafter enthalten darf. Unbeschadet des Namens der Gesellschaft können in der Außendarstellung die Namen und Arztbezeichnungen aller ärztlichen Gesellschafter und der angestellten Ärztinnen und Ärzte angezeigt werden. So muss etwa das Praxisschild nach § 17 Abs. 4 MBOÄ die Namen aller Ärzte enthalten. Dem entspricht auch die Regelung in § 23b Abs. 1 Satz 4 Buchst. g MBOÄ für die medizinische Kooperationsgemeinschaft zwischen Ärzten und Angehörigen anderer Heilberufe. Es ist daher nicht ausreichend, auf dem Praxisschild allein den Namen der PartG anzugeben, soweit dieser nicht alle Gesellschafter beinhaltet. 23

24 Von der berufsrechtlichen Regelung zum Namen der praxistragenden Gesellschaft in § 18a MBOÄ zu unterscheiden sind die berufsrechtlichen Pflichten zur Außendarstellung des freiberuflichen Unternehmens »Arztpraxis«. Diesbezüglich finden sich in § 17 Abs. 4 MBOÄ Vorgaben zum Praxisschild. Ärzte müssen auf ihrem Praxisschild u. a. ihren Namen und ihre (Fach-) Arztbezeichnung sowie ggf. die Zugehörigkeit zu einer Berufsausübungsgesellschaft im Sinne von § 18a MBOÄ mitteilen.

25 Bei einer **medizinischen Kooperationsgemeinschaft** zwischen Ärzten und Angehörigen anderer Fachberufe in der Rechtsform einer Partnerschaftsgesellschaft muss sich die medizinische Kooperationsgemeinschaft gem. § 23b Abs. 1 Satz 4 Buchst. g MBOÄ verpflichten, »im Rechtsverkehr« den Zusatz »Partnerschaft« zu führen. Andere nach § 2 gesellschaftsrechtlich zulässige Zusätze (»und Partner«) sind daher berufsrechtlich nicht zulässig, wenn man die berufsrechtliche Regelung als abschließend versteht (so wohl Römermann/*Zimmermann* § 2 Rn. 48). Zudem muss sich die Gesellschaft verpflichten, im Rechtsverkehr die Namen aller Gesellschafter und ihre Berufsbezeichnungen anzugeben (zur Bedeutung dieser Vorgabe § 23 MBOÄ Rdn. 12).

25a Berufsrechtlich in § 18a Abs. 1 Satz 3 MBOÄ bestimmt – und nach § 1 Abs. 3 der Regelung des § 2 Abs. 2 PartGG i.V.m. § 24 HGB vorgehend – ist ein Verbot der Fortführung des Namens von nicht mehr berufstätigen, ausgeschiedenen oder verstorbenen Partnern (näher § 18a MBOÄ Rdn. 7).

### 2. Zahnärzte

26 Berufsrechtliche Regelungen zur Bildung des Namens einer Zahnärzte-Partnerschaft enthält die MBOZ nicht. Sie sieht allein Bestimmungen zur Gestaltung des Praxisschildes vor, die keine Bedeutung für den im Partnerschaftsregister einzutragenden Namen der Partnerschaft haben. § 22 Abs. 2 Satz 2 MBOZ bestimmt, dass Zahnärzte, die ihren Beruf gemeinsam ausüben, unter Angabe des Namens aller in der Partnerschaft zusammengeschlossenen Zahnärzte ein gemeinsames Praxisschild führen müssen.

### 3. Psychotherapeuten

27 Die MBOPsychTh enthält keine berufsrechtlichen Vorgaben zur Bildung des Namens der Gesellschaft. § 21 Abs. 2 MBOPsychTh bestimmt zwar, dass bei Berufsausübungsgemeinschaften die Namen aller in der Gemeinschaft zusammengeschlossenen Psychotherapeuten, der Angehörigen der anderen Berufsgruppen, die zugehörigen Berufsbezeichnungen, die Rechtsform und jeder Ort der Berufsausübung öffentlich anzukündigen sind. Diese Regelung betrifft aber allein die Außendarstellung der in einer Gesellschaft organisierten Praxis, nicht die Namensbildung der praxistragenden Gesellschaft. In den Berufsordnungen ist dies zum Teil ausdrücklich klargestellt.

## § 3 Partnerschaftsvertrag

(1) Der Partnerschaftsvertrag bedarf der Schriftform.

(2) Der Partnerschaftsvertrag muß enthalten
1. den Namen und den Sitz der Partnerschaft;
2. den Namen und den Vornamen sowie den in der Partnerschaft ausgeübten Beruf und den Wohnort jedes Partners;
3. den Gegenstand der Partnerschaft.

| Übersicht | Rdn. | | Rdn. |
|---|---|---|---|
| A. Normzweck und Regelungsinhalt | 1 | II. Inhalt des Vertrages (Abs. 2) | 4 |
| B. Tatbestand | 2 | 1. Rechtsformwahl | 4 |
| I. Form des Vertrages (Abs. 1) | 2 | 2. Pflichtbestandteile | 5 |
|    1. Schriftformerfordernis | 2 |    a) Name und Sitz der Partnerschaft | 6 |
|    2. Formmängel | 3 | | |

|  |  |
|---|---|
| b) Name, Vorname, ausgeübter Beruf und Wohnort der Partner . 7 | C. Berufsrechtliche Besonderheiten . . . . . . 15 |
| c) Gegenstand der Partnerschaft . . . 8 | I. Ärzte . . . . . . . . . . . . . . . . . . . . . . . . . . 16 |
| 3. Fakultative Bestandteile . . . . . . . . . . 11 | II. Zahnärzte . . . . . . . . . . . . . . . . . . . . . . 22 |
| III. Änderungen des Vertrags . . . . . . . . . . . . 12 | III. Psychotherapeuten . . . . . . . . . . . . . . . . 24 |

## A. Normzweck und Regelungsinhalt

Grundlage der PartG ist der Abschluss eines Gesellschaftsvertrages. Mindestens zwei Personen müssen sich gegenseitig verpflichten, die Erreichung eines gemeinsamen Zweckes in der durch den Vertrag bestimmten Weise zu fördern, insbesondere die vereinbarten Beiträge zu leisten. Über diese allgemeinen Anforderungen hinaus müssen die weitergehenden Anforderungen des § 1 Abs. 1 beachtet werden: Der gemeinsame Zweck kann nur die gemeinsame Ausübung eines Freien Berufs durch Angehörige eines solchen sein. Der Partnerschaftsvertrag muss darüber hinaus zwingend schriftlich abgefasst sein (Rdn. 2 ff.), die in Abs. 2 aufgeführten Regelungen beinhalten (Rdn. 4 ff.) und etwaige besondere berufsrechtliche Einschränkungen oder Anforderungen (Rdn. 15 ff.) kautelarjuristisch umsetzen. 1

## B. Tatbestand

### I. Form des Vertrages (Abs. 1)

#### 1. Schriftformerfordernis

Im Gegensatz zu den sonstigen Personengesellschaften muss der Gesellschaftsvertrag der PartG zwingend schriftlich abgefasst sein. Auch spätere Änderungen des Vertrages (u. Rdn. 12 ff.) oder die Abtretung eines Gesellschaftsanteils (vgl. *Henssler* PartGG, § 3 Rn. 19) unterliegen dem Schriftformerfordernis. Der Vertrag ist von den Gesellschaftern eigenhändig i.S.d. § 126 BGB zu unterzeichnen, eine notarielle Beglaubigung ist nicht erforderlich (BT-Drs. 12/6152 S. 13), eine Beurkundungsbedürftigkeit kann sich allerdings mit Blick auf zu leistende Beitragspflichten ergeben. Dem Registergericht ist der Vertrag nicht vorzulegen, wenngleich die Registergerichte im Einzelfall die Vorlage verlangen können (str., *Henssler* PartGG, § 3 Rn. 18; *K. Schmidt* ZIP 1993, 633, 640; a.A. Römermann/*Zimmermann* § 3 Rn. 6). Das Berufsrecht kann über § 1 Abs. 3 weitere berufsspezifische Formerfordernisse aufstellen (u. Rdn. 15 ff.). Die Schriftform für Gesellschaftsverträge ist dem Personengesellschaftsrecht jedoch fremd und zur Beweissicherung nicht erforderlich, weil eine Eintragung in das Partnerschaftsregister erfolgt. Daher wird im Zuge der Reform des Personengesellschaftsrechts mit Wirkung zum 01.01.2024 § 3 insgesamt und damit das Schriftformerfordernis aufgehoben (vgl. BT-Drs. 19/27635 S. 275). Formvorschriften in berufsrechtlichen Regelungen bleiben durch die Aufhebung des § 3 jedoch unberührt (BT-Drs. 19/27635 S. 275) 2

#### 2. Formmängel

Ein mit den Inhalten des § 3 Abs. 2 formlos abgeschlossener Partnerschaftsvertrag – darüber hinausgehende fakultative Inhalte unterliegen nicht dem Formzwang – ist gem. § 125 Satz 1 BGB **nichtig** (Meilicke/Graf v. Westphalen/Hoffmann/Lenz/Wolff/*Meilicke* § 3 Rn. 10; *Henssler* PartGG, § 3 Rn. 21; a.A. *K. Schmidt* NJW 1995, 1, 3). Eine Umdeutung des nichtigen Vertrags zur Gründung einer PartG in einen Vertrag zur Gründung einer GbR gem. § 140 BGB kommt aufgrund der strengeren Gesellschafterhaftung in der GbR nicht in Betracht (*Henssler* PartGG § 3 Rn. 21; MüKo-BGB/*Schäfer* PartGG § 3 Rn. 7). Die Grundsätze über die fehlerhafte Gesellschaft greifen, soweit die PartG trotz nichtigen Gesellschaftsvertrags ins Partnerschaftsregister eingetragen wird und ihre Tätigkeit aufnimmt (str., wie hier *Henssler* PartGG § 3 Rn. 22; für eine gültige PartG MHG/*Salger* § 38 Rn. 11; für eine gültige GbR *K. Schmidt* GesR § 64 II 2. b). Die Nichtigkeit des Gesellschaftsvertrages kann dann nur noch mit Wirkung ex nunc durch Auflösungsklage nach § 9 Abs. 1 PartGG i.V.m. § 133 Abs. 1 HGB geltend gemacht werden. 3

## II. Inhalt des Vertrages (Abs. 2)

### 1. Rechtsformwahl

4 Nicht in Abs. 2 erwähntes, aber immanentes Erfordernis des Gesellschaftsvertrags ist, dass sich aus ihm die Gründung einer Gesellschaft in der Rechtsform der PartG ergibt. Fehlt es an einer entsprechenden Rechtsformwahl, kommt es lediglich zur Gründung einer GbR (*Henssler* PartGG, § 3 Rn. 16). Da im Zuge der Reform des Personengesellschaftsrechts § 3 mit Wirkung zum 01.01.2024 aufgehoben wird, sind die bisherigen Inhalte des § 3 Abs. 2 künftig in § 5 Abs. 1 n.F. normiert (vgl. BT-Drs. 19/27635 S. 275).

### 2. Pflichtbestandteile

5 Die gesellschaftsrechtlichen Mindestinhalte – das Berufsrecht kann darüber hinausgehende Anforderungen enthalten (u. Rdn. 15 ff.) – des Gesellschaftsvertrags sind in § 3 Abs. 2 bestimmt. Neben dem Namen (§ 2 PartGG Rdn. 1 ff.) und dem Sitz der Partnerschaft sind die Namen, Vornamen und Wohnorte der Gesellschafter (»Partner«) anzugeben. Bleibt die Regelung hinter den gesetzlichen Pflichtangaben zurück, so kommt es nicht zu einem wirksamen Vertragsschluss.

#### a) Name und Sitz der Partnerschaft

6 In den Vertrag aufzunehmen ist der nach Maßgabe des § 2 gebildete Name der Gesellschaft. Der festzulegende Sitz der Gesellschaft ist der Verwaltungssitz als Ort der tatsächlichen Leitung ihrer Geschäfte, d.h. der Praxisausübung. An diesem hat die Gesellschaft auch ihren allgemeinen Gerichtsstand i.S.d. § 17 Abs. 1 ZPO. Die Wahl des Sitzes determiniert die Zuständigkeit des Registergerichts nach § 4 Abs. 1 PartGG i.V.m. § 106 Abs. 1 HGB und die Notwendigkeit, ggf. im Hinblick auf § 2 Abs. 2 PartGG i.V.m. § 30 HGB in den Namen unterscheidungskräftige Zusätze aufzunehmen (o. § 2 Rdn. 10).

#### b) Name, Vorname, ausgeübter Beruf und Wohnort der Partner

7 Nach Nr. 2 sind der Name und der Vorname der Partner aufzunehmen. Verfügt ein Gesellschafter über mehrere Vornamen, genügt die Angabe eines der Vornamen (einen vorrangigen Rufnamen im gesetzlichen Sinne gibt es nicht). Die in der Partnerschaft ausgeübten Berufe sind schriftlich zu bestimmen (»Facharzt für Innere Medizin«, »Kieferorthopäde«); notwendig ist dies u.a., um festzulegen, welche beruflichen Tätigkeiten die Partner in der Gesellschaft ausüben und welcher Beruf nicht in die Partnerschaft eingebracht wird. Der zu benennende Wohnort ist der bürgerlich-rechtliche Hauptwohnsitz im Sinne von § 7 BGB, d.h. der räumliche Schwerpunkt der gesamten Lebensverhältnisse einer Person, nicht der Wohnsitz nach § 8 AO oder i.S.d. Melderechts.

#### c) Gegenstand der Partnerschaft

8 Nach Abs. 2 Nr. 3 zu benennen ist der Gegenstand der PartG, d.h. nicht ihr Zweck. Gegenstand meint eine bloße Tätigkeitsbeschreibung, Zweck hingegen das Ziel einer solchen Tätigkeit (a.A. wohl Nentwig/Bonvie/Hennings/*Wolff-Pfisterer* S. 88). Durch die Angabe des Gegenstands der Partnerschaft wird mit Blick auf die Vorgaben des § 1 die Eintragungsfähigkeit der Gesellschaft bestimmt.

9 In einer monoprofessionellen Partnerschaft ist die Angabe »Ausübung der Heilkunde« ausreichend, wenngleich konkretere Angaben denkbar sind (»ambulante ärztliche Versorgung«). Dies gilt auch für die monoprofessionelle, fachverschieden strukturierte PartG. Bei einer medizinischen Kooperationsgemeinschaft muss der Gegenstand der Partnerschaft den berufsrechtlich vorgegebenen medizinisch-integrativen Zweck zum Ausdruck bringen (z.B. »medizinisch-ambulante Rehabilitation«).

10 Durch den Gegenstand der Gesellschaft wird u.a. festgelegt, welche Reichweite das die Gesellschafter nach § 6 Abs. 3 i.V.m. § 112 HGB treffende Wettbewerbsverbot hat (hierzu u. § 6 Rdn. 20).

Berufs zu den Freien Berufen i.S.d. § 1 Abs. 2 Satz 2 und, soweit Anlass zu Zweifeln besteht, die Zugehörigkeit der Gesellschafter zu diesem Beruf zu prüfen. Nicht schon bei Zweifeln, sondern erst bei positiver Kenntnis der Unrichtigkeit ist die Eintragung abzulehnen.

### 3. Versicherungsbescheinigung (Abs. 3)

Der Anmeldung einer Partnerschaftsgesellschaft mit beschränkter Berufshaftung i.S.v. § 8 Abs. 4 (näher u. § 8 Rdn. 19a ff.) muss eine Versicherungsbescheinigung gem. § 113 Abs. 2 VVG beigefügt sein. Nach § 113 Abs. 2 VVG hat der Versicherer dem Versicherungsnehmer unter Angabe der Versicherungssumme zu bescheinigen, dass ein Versicherungsschutz der PartG mbB besteht, der den berufsrechtlichen Anforderungen an eine Berufshaftpflichtversicherung entspricht, die die Träger des betroffenen Berufs bei einem Zusammenschluss in einer PartG mbB zu beachten haben. Der Verweis in § 4 Abs. 3 ist erforderlich, weil § 113 Abs. 2 VVG unmittelbar nur für Pflichtversicherungen gilt, die Versicherung einer PartG mbB aber eine freiwillige Versicherung ist. 9a

## IV. Prüfung berufsrechtlicher Anforderungen

Die Einhaltung der über die gesellschaftsrechtlichen Vorgaben nach dem PartGG hinausgehenden, nach § 1 Abs. 3 von Angehörigen eines regulierten Berufs bei einem Zusammenschluss zur Berufsausübung zu beachtenden berufsrechtlichen Anforderungen prüft das Registergericht im Registerverfahren nicht. Die Kontrolle der Einhaltung der berufsrechtlichen Regelungen zur Vergesellschaftung obliegt der zuständigen Behörde, die die Aufsicht über den Beruf führt. Im Falle der Heilberufe handelt es sich um die jeweilige Berufskammer (*Seibert*, S. 45; Meilicke/Graf v. Westphalen/Hoffmann/Lenz/Wolff/*Lenz* § 4 Rn. 52). 10

Allerdings kommt es zu einer eingeschränkten Durchbrechung der im Übrigen streng separierten Zuständigkeiten für gesellschafts- und berufsrechtliche Fragen: Nach § 3 Abs. 2 PRV sollen die anmeldenden Partner eine Erklärung darüber abgeben, dass Vorschriften des für sie maßgeblichen Berufsrechts einer Eintragung nicht entgegenstehen (sog. »Negativerklärung«). Zudem soll das Registergericht den Berufskammern – so solche für den fraglichen Beruf existieren – nach § 4 Satz 1 PRV in zweifelhaften Fällen vor Eintragung Gelegenheit zur Stellungnahme geben. Bei in privatrechtlichen Verbänden organisierten Berufsvertretungen findet § 4 Satz 1 PRV keine Anwendung. Sie können aber im Rahmen der Amtsermittlung gehört werden (*Franz* ZAP 1995, 187, 191). 11

Angehörige eines verkammerten Berufs sollen daher nach § 4 Satz 2 PRV dem Registergericht mit der Anmeldung der PartG mitteilen, ob und welche Berufskammern für die in der Partnerschaft ausgeübten Berufe bestehen. Dabei sollen auch die Anschriften der Berufskammern mitgeteilt werden. Die Auffassung der Berufskammer ist für das Registergericht allerdings nicht bindend. Weicht das Gericht von der Stellungnahme der Berufskammer ab, so hat es seine Entscheidung der Berufskammer unter Angabe der Gründe mitzuteilen (§ 4 Satz 4 PRV). Da die entsprechenden Anforderungen als Sollvorschrift ausgestaltet sind, stehen sie § 4 Abs. 2 Satz 2 nicht entgegen (*Henssler* PartGG § 4 Rn. 54 ff.; a.A. *Feddersen/Meyer-Landrut* § 4 Rn. 10 ff.). Ohnehin können die Registergerichte die Berufskammern nach § 380 Abs. 2 FamFG in zweifelhaften Fällen anhören, soweit dies zur Vornahme der gesetzlich vorgeschriebenen Eintragungen sowie zur Vermeidung unrichtiger Eintragungen in das Register erforderlich ist. 12

Folgt das Registergericht einer Stellungnahme der Berufskammer nicht, steht dieser das Recht der Beschwerde nach § 380 Abs. 5 FamFG zu. Ist die PartG bereits ins Register eingetragen, kann sie nur noch im Wege der Amtslöschung gem. § 395 FamFG aus diesem entfernt werden. Will das Registergericht die Eintragung ablehnen, setzt es i.d.R. zunächst eine Frist zur Beseitigung des Eintragungshindernisses gem. § 1 Abs. 1 PRV i.V.m. § 26 HRV. 13

## V. Änderung von anmeldepflichtigen Tatsachen

Änderungen der anmeldungspflichtigen Tatsachen müssen nach § 4 Abs. 1 Satz 3 durch die vertretungsberechtigten Partner ebenfalls zur Eintragung in das Partnerschaftsregister angemeldet 14

*Kilian*

werden. So sind u.a. anzumelden: der Eintritt eines neuen Partners, die Sonderrechtsnachfolge in einen Partnerschaftsanteil, das Erlöschen des Namens der Partnerschaft (§ 2 Abs. 2 PartGG i.V.m. § 31 Abs. 2 Satz 1 HGB), das Ausscheiden eines Partners (§ 9 Abs. 1 PartGG i.V.m. § 143 Abs. 2 HGB), die Auflösung der Partnerschaft (§ 9 Abs. 1 PartGG i.V.m. § 143 Abs. 1 HGB), die Verlegung des Sitzes der Partnerschaft (§ 5 Abs. 2 PartGG i.V.m. § 13h Abs. 1 HGB; zur Sitzverlegung ins Ausland ausführlich *Henssler* PartGG, § 3 Rn. 33 f.).

15 Von der Änderung anmeldepflichtiger Tatsachen zu unterscheiden ist die nachträgliche Kenntniserlangung der Unrichtigkeit von Tatsachen zum Zeitpunkt der Anmeldung. In einem solchen Fall kommt eine Berichtigung nach § 395 FamFG in Betracht.

### C. Berufsrechtliche Besonderheiten

16 Berufsrechtliche Besonderheiten in Fragen der Anmeldung der Gesellschaft bestehen nicht. Wohl statuieren einige Berufsordnungen gegenüber der zuständigen Kammer Anzeigepflichten bei Eingehung einer Berufsausübungsgesellschaft (soweit nicht bereits der Gesellschaftsvertrag vorzulegen ist, o. § 3 Rdn. 15). Allen entsprechenden (rechtsformneutralen) Regelungen gemein ist, dass sie sich nicht zum Zeitpunkt äußern, zu dem die Anzeige spätestens zu erfolgen hat. Soweit einerseits berufsrechtlich der »Zusammenschluss« anzuzeigen ist und andererseits gesellschaftsrechtlich die Eintragung ins Partnerschaftsregister konstitutive Voraussetzung für das Entstehen der Gesellschaft ist, kann der Zeitpunkt der Anmeldung der Gesellschaft zum Register nicht der letztmögliche Zeitpunkt zur Erfüllung der berufsrechtlichen Anzeigepflicht sein. In einer Anzeige unmittelbar nach Eintragung in das Register kann daher noch kein berufspflichtwidriges Verhalten liegen.

### I. Ärzte

17 Eine entsprechende Anzeigepflicht gilt für Ärzte nach § 18 Abs. 6 Satz 5 MBOÄ bei Gründung einer Berufsausübungsgemeinschaft und medizinischen Kooperationsgemeinschaft i.S.v. § 18 Abs. 1 Satz 1 MBOÄ (näher § 18 MBOÄ Rdn. 65) sowie nach § 23c Satz 2 MBOÄ 2006 (hierzu § 23c MBOÄ Rdn. 5) bei Gründung einer »sonstigen Partnerschaft« i.S.v. § 23c MBOÄ 2006.

### II. Zahnärzte

18 Die MBOZ bestimmt in der Zentralnorm zur vergesellschafteten Berufsausübung, § 16, keine Anzeigepflichten. Einige Berufsordnungen sehen sie gleichwohl vor, so § 16 Abs. 3 Satz 4 SchlHBOZ, § 17 Abs. 4 BOZ MV, § 16 Abs. 5 BerlBOZ, § 15 Abs. 6 Satz 1 ThürBOZ.

### III. Psychotherapeuten

19 Die MBOPsychTh sieht eine Anzeigepflicht in § 21 Abs. 7 vor, eine solche ist auch in fast allen Berufsordnungen der Kammern bestimmt (§ 29 Abs. 3 BOPsych BW, § 19 Abs. 3 BOPsych Hamburg, § 23 Abs. 7 BOPsych Hessen, sowie jeweils § 21 Abs. 7 BOPsych in Bayern, Bremen, Berlin, Nordrhein-Westfalen, Ostdeutschland, Saarland. In Niedersachsen (§ 21 Abs. 4 NdsBOPsychTh) und Schleswig-Holstein (§ 22 Abs. 3 Satz 1 SchlHBOPsychTh) variiert der Wortlaut, keine Anzeigepflicht ist in Rheinland-Pfalz bestimmt.

### § 5 Inhalt der Eintragung; anzuwendende Vorschriften

(1) Die Eintragung hat die in § 3 Abs. 2 genannten Angaben, das Geburtsdatum jedes Partners und die Vertretungsmacht der Partner zu enthalten.

(2) Auf das Partnerschaftsregister und die registerrechtliche Behandlung von Zweigniederlassungen sind die §§ 8, 8a, 9, 10 bis 12, 13, 13d, 13h und 14 bis 16 des Handelsgesetzbuchs über das Handelsregister entsprechend anzuwenden; eine Pflicht zur Anmeldung einer inländischen Geschäftsanschrift besteht nicht.

## Übersicht

| | Rdn. | | Rdn. |
|---|---|---|---|
| A. Normzweck und Regelungsinhalt | 1 | 1. Entstehen der PartG | 6 |
| B. Tatbestand | 2 | 2. Registerpublizität | 7 |
| I. Einzutragende Tatsachen | 2 | C. Berufsrechtliche Besonderheiten | 9 |
| 1. Anmeldepflichtige Tatsachen | 2 | I. Ärzte | 10 |
| 2. Insbesondere: Zweigniederlassungen | 3 | II. Zahnärzte | 11 |
| II. Eintragungsverfahren | 4 | 1. Berufsrecht | 11 |
| 1. Anwendbares Verfahrensrecht | 4 | 2. Vertragszahnarztrecht | 14 |
| 2. Eintragung | 5 | III. Psychotherapeuten | 16 |
| III. Wirkungen der Eintragung | 6 | | |

## A. Normzweck und Regelungsinhalt

§ 5 befasst sich mit der Eintragung der PartG in das Partnerschaftsregister und den damit verbundenen Rechtsfolgen. Das Partnerschaftsregister entspricht strukturell dem – Kaufleuten vorbehaltenen – Handelsregister, sodass das Verfahren der Eintragung durch entsprechende Verweisungen weitgehend jenem zu Handelsregistereintragungen entspricht und § 5 Abs. 2 zahlreiche Verweisungen auf das Registerrecht des HGB enthält. Wie das Handelsregister soll das Partnerschaftsregister den öffentlichen Glauben schützen, sodass die Publizitätsgrundsätze hier wie dort in identischer Weise Anwendung finden (§ 5 Abs. 2 PartGG i.V.m. § 15 HGB). 1

## B. Tatbestand

### I. Einzutragende Tatsachen

#### 1. Anmeldepflichtige Tatsachen

In das Partnerschaftsregister einzutragen sind alle nach § 4 anmeldepflichtigen Tatsachen, d.h. der zwingende Inhalt des Gesellschaftsvertrages (§ 3 Abs. 2), das Geburtsdatum und die Vertretungsmacht aller Gesellschafter. Über den Wortlaut des Abs. 1 hinaus sind auch alle nach anderen gesetzlichen Vorschriften anmeldungspflichtigen Tatsachen einzutragen. 2

Für Eintragungen in das Partnerschaftsregister gelten dieselben Grundsätze wie für Eintragungen in das Handelsregister, weil beide Register eine Publizitätsfunktion erfüllen sollen. Es sind danach nur solche Tatsachen eintragungsfähig, welche durch das Gesetz vorgesehen sind, oder an denen der Rechtsverkehr ein gesteigertes Interesse hat. Beides muss für den Doktortitel eines Partners an sich verneint werden. Doktortitel sind aber auf Grund gewohnheitsrechtlicher Übung in das Partnerschaftsregister eintragungsfähig (BGH NZG 2017, 734).

#### 2. Insbesondere: Zweigniederlassungen

Die Verweisung auf die §§ 13 ff. HGB stellt klar, dass es Partnerschaftsgesellschaften grundsätzlich erlaubt ist, Zweigniederlassungen zu errichten. Dies gilt jedoch nur unter dem Vorbehalt, dass berufsrechtliche Regelungen der Errichtung von Zweigniederlassungen nicht entgegenstehen (§ 1 Abs. 3). Das PartGG fordert bei mehreren Niederlassungen lediglich die Festlegung, welche der Praxen der Sitz der Gesellschaft i.S.d. § 3 Abs. 2 Nr. 1 ist (BT-Drs. 12/6152 S. 14), wo also die Hauptniederlassung begründet ist. Aus dieser ergibt sich das zuständige Registergericht. Zweigniederlassungen erfahren keine eigenständige registerrechtliche Behandlung, vgl. §§ 13, 13d HGB. Die Eintragung erfolgt ausschließlich bei dem für die Hauptniederlassung zuständigen Registergericht, dem die Errichtung oder Aufhebung (vgl. § 13 Abs. 3 HGB) von Zweigniederlassungen mitzuteilen sind. 3

### II. Eintragungsverfahren

#### 1. Anwendbares Verfahrensrecht

Auf das Eintragungsverfahren anwendbar sind die Vorschriften über das beschleunigte Verfahren, die Bekanntmachung und die Einsichtsrechte (§§ 8 bis 11 HGB), zur Form der Anmeldung (§ 12 4

HGB) oder zur Sitzverlegung im Inland (§ 13h HGB). Ebenso in Bezug genommen sind die Vorschriften zur Festsetzung von Zwangsgeld (§ 14 HGB) sowie zur gerichtlichen Ersetzung der Mitwirkung bei der Anmeldung (§ 16 HGB), zur Behandlung von Zweigniederlassungen (§§ 13 ff. HGB, o. Rdn. 3) und zur Registerpublizität (§ 15 HGB, u. Rdn. 7).

### 2. Eintragung

5  Die Eintragung erfolgt nach Maßgabe der Anlage 4 zu § 7 PRV. Dort wird ein Muster einer Eintragung einer PartG von Rechtsanwälten vorgegeben. Für eine PartG von Ärzten und Zahnärzten würde die Eintragung beispielhaft lauten:

»*Amtsgericht München – Registergericht –, Aktenzeichen: PR 1292*

*Die in () gesetzten Angaben der Geschäftsanschrift und des Unternehmensgegenstandes erfolgen ohne Gewähr:*

*Neueintragungen*

*27.06.2021*

*PR 1292 Müller und Partner, Ärzte und Zahnärzte, München (Junkerstr. 7, 80 117 München). Partnerschaft. Gegenstand: Ausübung ärztlicher und zahnärztlicher Tätigkeit. Jeweils zwei Partner vertreten gemeinsam. Partner: Müller, Peter, Arzt, Starnberg, \*18.05.1976; Schmidt, Christian, Zahnarzt, München, \*13.01.1976.*

*Bekannt gemacht am: 30.06.2021*«

### III. Wirkungen der Eintragung

#### 1. Entstehen der PartG

6  Die Eintragung der PartG in das Register hat, anders als die Eintragung der ihr als Vorbild dienenden OHG in das Handelsregister, konstitutive Wirkung. § 7 Abs. 1 ordnet insofern an, dass die Gesellschaft im Verhältnis zu Dritten erst mit Eintragung in das Register wirksam wird.

#### 2. Registerpublizität

7  Der Verweis in § 5 Abs. 2 HGB auf § 15 HGB ordnet die aus der Registerpflicht folgende Registerpublizität an. Die allgemeinen Grundsätze der positiven und negativen Publizität des Handelsregisters (§ 15 HGB) gelten entsprechend auch für das Partnerschaftsregister. Die Registerpublizität ist mit Blick auf den Charakter der PartG als nicht-kaufmännisches Pendant zur OHG folgerichtig, die Konsequenzen aber für Heilberufler aufgrund der fehlenden Registerpflicht der von ihnen traditionell genutzten Organisationsform der GbR ungewohnt und zu bedenken. So kann etwa das Ausscheiden aus einer PartG Dritten erst nach Eintragung und Bekanntmachung entgegengehalten werden, während in der GbR der Zeitpunkt des Austritts maßgeblich ist.

8  Für anmeldepflichtige Tatsachen gilt die negative Publizität des Registers (§ 15 Abs. 1 HGB): Weder die Partnerschaft noch die Partner können sich gegenüber gutgläubigen Dritten auf anmeldepflichtige Tatsachen berufen, solange sie nicht eingetragen und bekannt gemacht worden sind (vgl. auch § 4 PartGG Rdn. 10). Nach § 15 Abs. 2 HGB wird der allgemeine Rechtsschein des Fortbestehens einer Rechtslage durch Eintragung und Bekanntmachung zerstört. Darüber hinaus kommt dem Partnerschaftsregister in dem beschränkten Umfang des § 15 Abs. 3 HGB auch positive Publizität zu.

### C. Berufsrechtliche Besonderheiten

9  Soweit sich aus § 5 Abs. 2 PartGG i.V.m. § 13 HGB ergibt, dass die PartG grundsätzlich über Zweigniederlassungen verfügen darf, wird diese gesellschaftsrechtliche Regelung über den Berufsrechtsvorbehalt des § 1 Abs. 3 für die verkammerten Heilberufe weitgehend modifiziert bzw. eingeschränkt.

## I. Ärzte

Für Berufsausübungsgesellschaften, d.h. auch für die PartG, gestattet § 18 Abs. 3 Satz 3 MBOÄ 10
Zweigniederlassungen. Sie können in demselben, aber auch in einem anderen Kammerbezirk begründet werden. Zu Einzelheiten s. die Kommentierung § 18 MBOÄ Rdn. 27 ff. Von der Frage der Unterhaltung von Zweigniederlassungen der Gesellschaft zu unterscheiden ist die Frage der Tätigkeit einzelner in der Gesellschaft tätiger Ärzte an verschiedenen Orten (hierzu die Kommentierung § 18 MBOÄ Rdn. 29 sowie § 17 MBOÄ Rdn. 5) sowie der Mitgliedschaft eines Arztes in mehreren Berufsausübungsgesellschaften (hierzu die Kommentierung zu § 18 MBOÄ Rdn. 35).

## II. Zahnärzte

### 1. Berufsrecht

§ 9 Abs. 2 MBOZ ermöglicht dem niedergelassenen Zahnarzt, seinen Beruf auch in weiteren Pra- 11
xen oder an anderen Orten auszuüben. Die Zahl der Zweigpraxen sowie die Zahl und Art der anderen Orte der Berufsausübung ist nicht begrenzt. Voraussetzung ist lediglich, dass der Zahnarzt in jedem Einzelfall die ordnungsgemäße Versorgung seiner Patienten sicherstellt.

Auf Landesebene sind diese Vorgaben in fast allen Berufsordnungen praktisch wörtlich übernom- 12
men worden (§ 6 Abs. 4 BOZ in Berlin, § 9 Abs. 2 BOZ in Thüringen, Hessen und Mecklenburg-Vorpommern, § 8 Abs. 2 BOZ in Baden-Württemberg, Brandenburg, Hamburg, Niedersachsen, Rheinland-Pfalz, Sachsen-Anhalt).

Im Saarland (§ 9 Abs. 2 BOZ), in Bremen (§ 9 Abs. 2 BOZ), in Sachsen (§ 9 Abs. 2 BOZ) in 12a
Westfalen-Lippe (§ 9 Abs. 2 BOZ), in Schleswig-Holstein (§ 9 Abs. 2 BOZ), Bayern (§ 9 Abs. 2 BOZ) und in Nordrhein (§ 1 Abs. 1 Satz 4 BOZ) ist – entsprechend der Regelung in § 17 Abs. 2 MBOÄ – die Gründung von lediglich bis zu zwei weiteren Praxen zulässig, wenn in jedem Einzelfall die ordnungsgemäße Versorgung der Patienten sichergestellt wird.

(unbesetzt) 13

### 2. Vertragszahnarztrecht

Vertragszahnärztliche Tätigkeiten an weiteren Orten außerhalb des Vertragszahnarztsitzes sind nach 14
§ 24 Zahnärzte-ZV zulässig, wenn und soweit dies die Versorgung der Versicherten an den weiteren Orten verbessert und die ordnungsgemäße Versorgung der Versicherten am Ort des Vertragszahnarztsitzes nicht beeinträchtigt wird (sie können zu einer Heranziehung zum Notfalldienst auch im Bezirk der Zweigpraxis führen; OVG NRW GesR 2013, 435). Bei der Beurteilung der Voraussetzungen besteht ein weiter, gerichtlich nur eingeschränkt überprüfbarer Beurteilungsspielraum der Zulassungsgremien (BSG GesR 2011, 431). Sofern die weiteren Orte im Bezirk der Kassenzahnärztlichen Vereinigung liegen, in der der Vertragszahnarzt Mitglied ist, hat er bei Vorliegen der Voraussetzungen nach Satz 1 Anspruch auf vorherige Genehmigung durch seine Kassenzahnärztliche Vereinigung. Sofern die weiteren Orte außerhalb des Bezirks seiner Kassenzahnärztlichen Vereinigung liegen, hat der Vertragszahnarzt bei Vorliegen der Voraussetzungen nach Satz 1 Anspruch auf Ermächtigung durch den Zulassungsausschuss, in dessen Bezirk er die Tätigkeit aufnehmen will; der Zulassungsausschuss, in dessen Bezirk er seinen Vertragszahnarztsitz hat, sowie die beteiligten Kassenzahnärztlichen Vereinigungen sind vor der Beschlussfassung anzuhören.

Keiner Genehmigung bedarf die Tätigkeit eines Vertragszahnarztes an einem der anderen Vertrags- 15
zahnarztsitze eines Mitglieds der überörtlichen Berufsausübungsgemeinschaft nach § 33 Abs. 2 Zahnärzte-ZV, der er angehört.

## III. Psychotherapeuten

§ 20 Abs. 2 PsychThMBO gestattet die Berufsausübung an bis zu zwei weiteren Orten neben dem 16
Praxissitz. Bei Einrichtung solcher Zweigpraxen haben die Psychotherapeuten Vorkehrungen für

eine ordnungsgemäße Versorgung an jedem Ort ihrer Tätigkeit zu treffen. Die Aufnahme der Tätigkeit ist für jeden Ort der Kammer anzuzeigen.

17 Auf Landesebene ist die Vorschrift unterschiedlich umgesetzt worden: Zum Teil sind die Vorgaben exakt übernommen worden, so in Niedersachsen (§ 20 Abs. 2 PsychThBO), Hamburg (§ 19 Abs. 2 PsychThBO – drei Praxisorte insgesamt), Bremen (§ 20 Abs. 2 PsychThBO), Nordrhein-Westfalen (§ 20 Abs. 2 PsychThBO), Bayern (§ 12 Abs. 3 PsychThBO), Baden-Württemberg (§ 22 Abs. 3 PsychThBO), im Saarland (§ 20 Abs. 2 PsychThBO) und im Bereich der Psychotherapeutenkammer Ostdeutschland (§ 20 Abs. 2 PsychThBO). In Rheinland-Pfalz (§ 19 Abs. 2 PsychThBO) und Schleswig-Holstein (§ 18 Abs. 5 PsychThBO) ist lediglich eine Pflicht zur Anzeige der Errichtung von Zweigpraxen bestimmt, aber keine zahlenmäßige Begrenzung vorgesehen. In Berlin ist lediglich zulässig, dass der Psychotherapeut an weiteren Orten tätig ist (§ 20 Abs. 2 PsychThBO) und entsprechende Aktivitäten anzuzeigen hat. In Hessen ist die Einrichtung einer ersten Zweigpraxis meldepflichtig, die Einrichtung weiterer Zweigpraxen genehmigungspflichtig (§ 22 Abs. 2 PsychThBO).

## § 6 Rechtsverhältnis der Partner untereinander

(1) Die Partner erbringen ihre beruflichen Leistungen unter Beachtung des für sie geltenden Berufsrechts.

(2) Einzelne Partner können im Partnerschaftsvertrag nur von der Führung der sonstigen Geschäfte ausgeschlossen werden.

(3) Im übrigen richtet sich das Rechtsverhältnis der Partner untereinander nach dem Partnerschaftsvertrag. Soweit der Partnerschaftsvertrag keine Bestimmungen enthält, sind die §§ 110 bis 116 Abs. 2, §§ 117 bis 119 des Handelsgesetzbuchs entsprechend anzuwenden.

| Übersicht | Rdn. | | | Rdn. |
|---|---|---|---|---|
| A. Normzweck und Regelungsinhalt | 1 | a) | Ersatz für Aufwendungen und Verluste (§ 110 HGB) | 18 |
| B. Tatbestand | 3 | b) | Wettbewerbsverbot (§§ 112, 113 HGB) | 20 |
| I. Wahrung des Berufsrechts (Abs. 1) | 3 | c) | Geschäftsführung (§§ 114 bis 117 HGB) | 21 |
| II. Geschäftsführung (Abs. 2) | 8 | d) | Einsichts- und Kontrollrechte (§ 118 HGB) | 22 |
| 1. Anwendungsbereich | 8 | e) | Gesellschafterbeschlüsse (§ 119 HGB) | 23 |
| 2. Vertragliche Regelung | 9 | f) | Gewinnverteilung (§§ 120 bis 122 HGB) | 24 |
| 3. Gesetzliche Regelung | 12 | C. | Berufsrechtliche Besonderheiten | 25 |
| 4. Verlust der Geschäftsführungsbefugnis | 14 | | | |
| III. Sonstige Rechte und Pflichten der Gesellschafter im Innenverhältnis (Abs. 3) | 17 | | | |
| 1. Vorrang gesellschaftsvertraglicher Regelungen | 17 | | | |
| 2. Subsidiär geltende Regelungen des HGB | 18 | | | |

### A. Normzweck und Regelungsinhalt

1 § 6 regelt das Innenverhältnis der Gesellschafter der PartG. Abs. 1 wiederholt hierbei für das Rechtsverhältnis der Partner untereinander den in § 1 Abs. 3 verankerten allgemeinen Grundsatz, dass bei der Berufsausübung das Berufsrecht grundsätzlich Vorrang vor dem Gesellschaftsrecht beansprucht.

2 Entsprechend den gesellschaftsrechtlichen Grundprinzipien bestimmt sich das Innenverhältnis vorrangig nach den gesellschaftsvertraglichen Vereinbarungen der Partner (§ 6 Abs. 3 Satz 1). § 6 Abs. 2 zieht den Möglichkeiten einer individuellen Gestaltung lediglich in geringem Maße – und von allgemeinen Grundsätzen des Personengesellschaftsrechts abweichende – Grenzen. Soweit es nicht zu einer gesellschaftsvertraglichen Regelung des Innenverhältnisses kommt, sind über den

Verweis in § 6 Abs. 3 Satz 2 subsidiär die einschlägigen Normen des HGB zum Recht der OHG anwendbar. Insofern gelten auch die allgemeinen gesellschaftsrechtlichen Grundsätze, die aus dem persönlichen Zusammenwirken der Gesellschafter in der Gesellschaft gewonnen werden, insbesondere die gesellschaftsrechtliche Treuepflicht. Sie verlangt von den Gesellschaftern, sich gegenüber der Gesellschaft loyal zu verhalten, aktiv ihre Zwecke zu fördern und Schaden von ihr fernzuhalten. Bestandteil dieser Pflicht ist vor allem das Unterlassen gesellschaftsschädigender Handlungen.

## B. Tatbestand

### I. Wahrung des Berufsrechts (Abs. 1)

Die in § 6 Abs. 1 als spezielle Ausprägung des allgemeinen Berufsrechtsvorbehalts in § 1 Abs. 3 enthaltene Verpflichtung zur Beachtung des Berufsrechts gilt für jeden der in einer PartG tätigen Gesellschafter sowohl im Verhältnis zu seinen Mitgesellschaftern als auch im Verhältnis zu Dritten, d.h. Patienten oder gesellschaftsfremden Berufskollegen. Insbesondere bewirkt der Berufsrechtsvorbehalt, dass allgemein bestehende Gestaltungsmöglichkeiten auf vertragsrechtlicher Ebene, etwa im Gesellschafts- oder Behandlungsvertrag, eingeschränkt sein können. Die Vorschrift betrifft daher trotz ihrer Ansiedlung in § 6 nicht nur das Innen-, sondern auch das Außenverhältnis der Gesellschaft. 3

Die Verpflichtung des § 6 Abs. 1 hat insbesondere für jene Heilberufler Bedeutung, die berufsrechtlich die **freie Arztwahl** sicherstellen müssen. Vertragspartner des Behandlungsvertrages und damit Schuldner der Heilbehandlung ist die PartG. Im Rahmen der Vertragserfüllung durch die PartG muss im Fall einer ärztlichen Berufsausübungsgesellschaft sichergestellt sein, dass nur der fachlich hierzu qualifizierte Arzt die Behandlungsleistung erbringt. Die berufsrechtlich bestimmten Fachgebietsbeschränkungen begrenzen daher die Handlungsmöglichkeiten der Partner für die Gesellschaft bei der Erfüllung der Behandlungsverträge (vgl. *Schirmer* MedR 1995, 341, 350 f.). Für medizinische Kooperationsgemeinschaften zwischen Ärzten und Angehörigen anderer Fachberufe ist dieser Grundsatz im Verhältnis zwischen den Ärzten und den anderen beteiligten Berufen explizit in § 23b Abs. 1 Satz 4 Buchst. c MBOÄ bestimmt. 4

Charakteristisches berufsrechtliches Erfordernis freiberuflicher Tätigkeit ist die **Unabhängigkeit** der Berufsausübung. So müssen die Angehörigen der Heilberufe die Heilbehandlungstätigkeit grundsätzlich unabhängig und weisungsfrei ausüben. Da die unabhängige Berufsausübung verbindendes Wesenselement aller Freien Berufe ist, wird durch § 6 Abs. 2 eine besonders flagrante Gefährdung der Unabhängigkeit – die Unmöglichkeit, im Rahmen der Geschäftsführung der Gesellschaft alleinverantwortlich Entscheidungen über die Wahrnehmung beruflicher Aufgaben zu treffen – explizit unterbunden. Über § 6 Abs. 2 wird etwa sichergestellt, dass Ärzte ihrer berufsrechtlichen Pflicht aus § 1 Abs. 2 MBOÄ, bei der Heilbehandlung unabhängig und weisungsfrei zu agieren, nachkommen können (vgl. auch BGH NJW 1978, 589, 591; OLG Düsseldorf MedR 1991, 149). Neben einer diesem Erfordernis entgegenstehenden Beschränkung der Geschäftsführungsbefugnis ist darüber hinaus z.B. auch unzulässig, dass Mitgesellschafter einem anderen Gesellschafter kraft Mehrheitsbeschluss berufsbezogene Weisungen erteilen. Allerdings betrifft dies nur den Kernbereich der Ausübung der Heilkunde und nicht jegliches berufsrechtlich adressierte Handeln. So soll z.B. das berufsrechtlich dem Arzt eingeräumte Recht, Patienten kostenlos behandeln zu dürfen (§ 12 MBOÄ), von der gesellschaftsrechtlichen Treuepflicht verdrängt werden, nach der ein Gesellschafter im Gebühreninteresse der Mitgesellschafter verpflichtet ist, nur gegen Bezahlung zu arbeiten (OLG Hamm Urt. v. 05.12.2012 – I-8 U 27/12 [für den Rechtsanwalt]). Falls ein Partner also beabsichtigt, einen Patienten unentgeltlich zu behandeln, muss er die Zustimmung seiner Mitgesellschafter hierzu einholen (OLG Hamm Urt. v. 05.12.2012 – I-8 U 27/12). 5

Eine weitere vorrangige berufsrechtliche Pflicht ist für alle Heilberufler die Pflicht zur **Verschwiegenheit**. Sie ist auch unter den Gesellschaftern selbst zu beachten und beschränkt daher grundsätzlich aufgrund §§ 1 Abs. 3, 6 Abs. 1 das gesellschaftsrechtliche Auskunftsrecht aus § 6 Abs. 3 Satz 2 PartGG i.V.m. § 118 HGB und aus § 1 Abs. 4 PartGG i.V.m. §§ 713, 666 BGB. Etwas 6 anderes gilt, wenn der Patient den behandelnden Heilberufler ausdrücklich oder zumindest stillschweigend von der Schweigepflicht entbunden hat (vgl. § 9 MBOÄ, § 7 MBOZ, § 8 Abs. 2 MBOPsychTh). Bei der Beauftragung jedenfalls einer monoprofessionellen PartG kann von einer stillschweigenden Entbindung ausgegangen werden, da der Patient in der Regel die personellen und sächlichen Ressourcen der gesamten Praxis nutzen möchte. § 9 Abs. 4 MBOÄ stellt dies lediglich klarstellend fest (»Wenn mehrere Ärztinnen und Ärzte gleichzeitig oder nacheinander dieselbe Patientin oder denselben Patienten untersuchen oder behandeln, so sind sie untereinander von der Schweigepflicht insoweit befreit, als das Einverständnis der Patientin oder des Patienten vorliegt oder anzunehmen ist.«).

7 Bei interprofessionellen Zusammenschlüssen Bedeutung erlangen können auch werberechtliche Vorschriften des Berufsrechts. Die Gesellschaft als solche unterliegt den Vorgaben des Berufsrechts nicht (ausf. zu diesem Problem mit Blick auf die Arzt-AG *Kuhn* S. 125 ff.), sodass ihre Werbeaktivitäten allein durch die berufsrechtlichen Bindungen ihrer Gesellschafter bestimmt sind. Gestattet das Berufsrecht eines Gesellschafters Formen der Außendarstellung, die anderen Gesellschaftern kraft ihres Berufsrechts verwehrt sind, muss sich die PartG an die Vorgaben des strengeren Werberechts halten, will sie ein Vorgehen der Aufsichtsbehörde gegen entsprechend berufsrechtlich gebundene Gesellschafter vermeiden (Nentwig/Bonvie/Hennings/ *Wolff-Pfisterer* S. 92).

## II. Geschäftsführung (Abs. 2)

### 1. Anwendungsbereich

8 Abs. 2 regelt mit der Geschäftsführung eine zentrale Frage des Innenverhältnisses einer Gesellschaft. Eine vertragliche Regelung der Geschäftsführungsbefugnis ist – mit Einschränkungen – möglich (u. Rdn. 9), aber nur dann notwendig, wenn von der gesetzlichen Auffangregelung – Einzelgeschäftsführungsbefugnis (u. Rdn. 12 ff.) – abgewichen werden soll. Abzugrenzen von Maßnahmen der Geschäftsführung sind sog. **Grundlagengeschäfte**. Ihre Vornahme fällt nicht unter § 6 Abs. 2. Zu Grundlagengeschäften gehören alle Entscheidungen, die die Verfassung der PartG betreffen bzw. das Rechtsverhältnis zwischen den Gesellschaftern ausgestalten. Sie bedürfen jeweils eines einstimmigen Beschlusses der Gesellschafterversammlung.

### 2. Vertragliche Regelung

9 Gesellschaftsrechtlich möglich ist es nach § 6 Abs. 3 Satz 2 i.V.m. § 115 Abs. 2 HGB, allen oder mehreren Gesellschaftern lediglich eine Befugnis zur gemeinsamen **Geschäftsführung** einzuräumen. Ob dies nicht nur für »sonstige« Geschäfte, d.h. solche, die keine unmittelbare Ausübung der Heilkunde darstellen (z.B. der Abschluss von Miet- und Arbeitsverträgen, der Erwerb von Praxisausstattung) gilt, sondern auch für Geschäfte im Bereich der **Berufsausübung**, ist umstritten. Zum Teil wird vertreten, dass das berufsrechtliche Erfordernis der Unabhängigkeit auch im Bereich der Berufsausübung nicht zur Einzelgeschäftsführung zwinge (so etwa *Henssler* PartGG, § 6 Rn. 58; Meilicke/Graf v. Westphalen/Hoffmann/Lenz/Wolff/*Meilicke* § 6 Rn. 45 f.). Zwar ist ein schützenswertes Interesse der Gesellschafter anzuerkennen, durch das Handeln eines einzelnen nicht ohne ihre Zustimmung weitreichenden Risiken ausgesetzt zu werden (z.B. Übernahme einer riskanten Behandlung), allerdings wird – mit Rücksicht auf das berufsrechtliche Gebot der eigenverantwortlichen Berufsausübung – ein solches bereits durch das bei Einzelgeschäftsführung bestehende Widerspruchsrecht nach § 115 HGB (u. Rdn. 12) gewahrt (wie hier etwa *Franke* S. 107). In – soweit berufsrechtlich zulässig (§ 23c MBOÄ Rdn. 1 ff.) – interprofessionell strukturierten Gesellschaften muss eine Gesamtgeschäftsführung ohnehin ausscheiden, da sich Heilkundler nicht den Anweisungen Berufsfremder unterwerfen dürfen. Zulässig ist allerdings, eine Gesamtgeschäftsführung mehrerer Gesellschafter für gesellschaftsvertraglich bestimmte Geschäfte oder Geschäftsbereiche vorzusehen (z.B. bei nicht eindeutigen Diagnosen oder aufwändigen Therapieentscheidungen). Dies rechtfertigt sich im Anwendungsbereich der MBOÄ bereits aus Nr. 2 der Grundsätze korrekter ärztlicher Berufsausübung, nach der rechtzeitig andere Ärztinnen und Ärzte hinzuzuziehen sind,

wenn die eigene Kompetenz zur Lösung der diagnostischen und therapeutischen Aufgabe nicht ausreicht (vgl. *Franke* S. 109).

Von der vertraglichen Beschränkung der Einzelgeschäftsführung durch Vereinbarung der Notwendigkeit eines gemeinschaftlichen Handelns mehrerer oder aller Gesellschafter zu unterscheiden ist der vollständige Ausschluss einzelner Gesellschafter von der Geschäftsführung. Diese Frage ist in § 6 Abs. 2 ausdrücklich dahingehend geregelt, dass sie nur für die »sonstigen« Geschäfte, nicht aber für Geschäfte im Zusammenhang mit der eigentlichen Berufsausübung möglich ist. Der vollständige Ausschluss von der Geschäftsführung würde es dem Gesellschafter unmöglich machen, seinen Beruf in der Gesellschaft aktiv und unabhängig auszuüben. Entscheidungen zur Ausübung der Heilkunde einschließlich aller darauf gerichteten Maßnahmen, z.B. die Annahme von Patienten und die Erfüllung des Behandlungsvertrages, müssen daher jedem Gesellschafter möglich sein. Ob die Durchsetzung von Vergütungsforderungen bereits in den Bereich der sonstigen Geschäftsführung fällt, ist umstritten, aber aufgrund der Abtretbarkeit solcher Forderungen wohl zu bejahen (Meilicke/Graf v. Westphalen/Hoffmann/Lenz/Wolff/*Meilicke* § 6 Rn. 44; Römermann/*Praß*, § 6 Rn. 29; a.A. etwa *Franke* S. 106). 10

Von der Führung der »sonstigen« Geschäfte können nur **einzelne Partner**, nicht aber alle gleichzeitig ausgeschlossen werden, da ansonsten der die Personengesellschaften charakterisierende Grundsatz der Selbstorganschaft verletzt wäre. Die Führung der Geschäfte der Gesellschaft kann nach diesem nicht ausschließlich einem gesellschaftsfremden Dritten überlassen werden (BT-Drs. 12/6152 S. 15). 11

### 3. Gesetzliche Regelung

Enthält der Gesellschaftsvertrag keine Regelung zum Innenverhältnis der Gesellschaft, greift über den Verweis in § 6 Abs. 3 Satz 2 die für die OHG bestimmte gesetzliche Regelung dieser Fragen. Nach §§ 114 Abs. 1, 115 Abs. 1 HGB ist jeder Gesellschafter allein zur Geschäftsführung berechtigt und verpflichtet, die anderen Gesellschafter haben jedoch nach § 115 Abs. 1 Hs. 2 HGB ein Widerspruchsrecht. Es ist, da Teil der Geschäftsführungsbefugnis, ausschließlich im Interesse der Gesellschaft auszuüben (BGH NJW 1986, 844, 845). Begrenzt wird es allerdings durch § 6 Abs. 1, der die Geschäftsführung des einzelnen Gesellschafters unter den Vorbehalt des Berufsrechts stellt. Das Widerspruchsrecht darf daher nicht in die berufsrechtlich zu gewährleistende ärztliche Eigenverantwortlichkeit und Selbstständigkeit eines anderen Gesellschafters eingreifen. Ausgeübt werden kann es allerdings bei der Gefahr einer Fehldiagnose oder einer fehlerhaften Behandlung durch einen Gesellschafter, um die Interessen der Patienten an einer Behandlung nach den Regeln der ärztlichen Kunst und die Interessen der PartG an der Vermeidung von Haftungsrisiken zu wahren (vgl. *Franke* S. 105). 12

Von der Einzelgeschäftsführungsbefugnis gedeckt sind alle Handlungen, die die freiberufliche Tätigkeit der Gesellschaft gewöhnlich mit sich bringt (§ 116 Abs. 1 HGB), während für außergewöhnliche Geschäfte nach § 116 Abs. 2 HGB Gesamtgeschäftsführung gilt (nicht zu verwechseln mit den Grundlagengeschäften, o. Rdn. 8). Die Zuordnung von Geschäften zu den **gewöhnlichen** oder **außergewöhnlichen** kann im Gesellschaftsvertrag erfolgen. Geschäfte, die unter Berücksichtigung der Gegebenheiten der betroffenen Partnerschaft für diese Ausnahmecharakter haben, fallen ohne eine solche Regelung nicht unter den Begriff der gewöhnlichen Geschäfte, sondern sind im Rechtssinne »außergewöhnlich«. Als außergewöhnliche Geschäfte werden typischerweise angesehen: Einschneidende Änderungen von Organisation und Betrieb der Partnerschaft, (soweit berufsrechtlich zulässig) Beteiligungen an anderen Unternehmen oder Geschäfte, die für die Gesellschaft außergewöhnlich groß oder risikoreich sind (*Franke* S. 103). Gewöhnliche Geschäfte sind etwa der Abschluss des Behandlungsvertrages mit dem Patienten oder die Behandlung des Patienten in Erfüllung dieses Vertrages. Von den gewöhnlichen Geschäften erfasst sind auch berufstypische Hilfsgeschäfte wie die Anmietung von Praxisräumen, der Erwerb von Gerätschaften, die Anstellung und Entlassung von Praxispersonal oder nicht-rechtsgeschäftliche Tätigkeiten wie die Buchführung oder Praxisorganisation (*Franke* S. 102). 13

### 4. Verlust der Geschäftsführungsbefugnis

14 Ein Verlust der Geschäftsführungsbefugnis kann eintreten durch ihre (freiwillige) Niederlegung oder ihren (unfreiwilligen) Entzug. Eine Niederlegung kann durch Kündigung der Geschäftsführung durch den Gesellschafter erfolgen (§ 1 Abs. 4 PartGG i.V.m. § 712 Abs. 2 BGB), allerdings nur für den Bereich der sonstigen Geschäfte. Der Pflicht zur Führung berufsbezogener Geschäfte kann sich ein Gesellschafter nicht durch Kündigung der Geschäftsführung entziehen, da er in einem solchen Fall den Beruf nicht mehr i.S.v. § 1 Abs. 1 aktiv in der Gesellschaft ausüben würde.

15 Gegen den Willen eines Gesellschafters kann dessen Geschäftsführungsbefugnis nur – soweit gesellschaftsvertraglich nicht zulässigerweise ein anderes vereinbart ist – durch **gerichtliche Entscheidung** (Abs. 3 Satz 2 i.V.m. § 117 HGB) auf Antrag aller übrigen Partner aus wichtigem Grund (u. Rdn. 16) entzogen werden. Eine solche gerichtliche Entziehung ist – trotz § 6 Abs. 2 – insgesamt möglich, d.h. nicht nur hinsichtlich der »sonstigen«, sondern auch hinsichtlich der die Berufsausübung betreffenden Geschäfte. Erfolgt sie allerdings nicht nur vorübergehend, sondern dauerhaft, ist der betroffene Gesellschafter nicht mehr in der Lage, seinen Beruf wie von § 1 verlangt (§ 1 Rdn. 7) aktiv in der Gesellschaft auszuüben (str., wie hier *Henssler* PartGG § 6 Rn. 62; a.A. *Römermann/Praß* § 6 Rn. 40 ff.; MüKo-BGB/*Schäfer* PartGG § 6 Rn. 22). Ein Verbleib eines Gesellschafters in einer Berufsausübungsgesellschaft, der dauerhaft keine die Berufsausübung betreffenden Geschäftsführungsmaßnahmen vornehmen kann, ist mit dem Konzept einer Vergesellschaftung von Freiberuflern nicht vereinbar, sodass allenfalls eine befristete Entziehung – maximal 3 bis 6 Monate (*Feddersen/Meyer-Landrut* § 6 Rn. 11) – in Betracht kommt. Eine notwendige Trennung von dem dauerhaft von der Geschäftsführung ausgeschlossenen Gesellschafter ist über § 9 Abs. 1 PartGG i.V.m. §§ 140 Abs. 1, 133 HGB möglich. Aufgrund dieser einschneidenden Konsequenzen sind unter Berücksichtigung des Grundsatzes der Verhältnismäßigkeit (hierzu BGHZ 51, 198, 203; 68, 81, 86) hohe Anforderungen an das Vorliegen eines wichtigen Grundes zu stellen (*Franke* S. 112) und mildere Eingriffe stets zu erwägen (etwa Gesamtgeschäftsführung im Rahmen des berufsrechtlich Möglichen, o. Rdn. 9 f.).

16 Der nach § 6 Abs. 3 Satz 2 i.V.m. § 117 HGB notwendige wichtige Grund für den Entzug der Geschäftsführungsbefugnis kann bei einem lediglich vorübergehenden Entzug z.B. wegen langer Abwesenheit, schwerer Krankheit oder wegen versäumter fachlicher Fortbildung (hierzu BGH JZ 1952, 276 f.) vorliegen. Ein dauerhafter Entzug kann etwa gerechtfertigt sein, wenn ein Gesellschafter die Partnerschaft für private Geschäfte missbraucht hat.

### III. Sonstige Rechte und Pflichten der Gesellschafter im Innenverhältnis (Abs. 3)

#### 1. Vorrang gesellschaftsvertraglicher Regelungen

17 Treffen die Partner im Gesellschaftsvertrag keine Regelungen für das Innenverhältnis, richtet sich dieses gem. § 6 Abs. 3 nach den das Innenverhältnis der OHG betreffenden Vorschriften im 2. Titel des 1. Abschnitts des 2. Buchs des HGB (§§ 109 bis 122 HGB). Ausgenommen von der Verweisung sind der auf die PartG nicht passende § 116 Abs. 3 HGB (Erteilung von Prokura; vgl. auch OLG München NJW 2005, 3730), die §§ 120 ff. HGB (hierzu u. Rdn. 24) sowie die inhaltlich § 6 Abs. 3 Satz 1 entsprechende und damit im Kontext der PartG obsolete Eingangsnorm des § 109 HGB.

#### 2. Subsidiär geltende Regelungen des HGB

##### a) Ersatz für Aufwendungen und Verluste (§ 110 HGB)

18 Ersatzansprüche der Gesellschafter wegen Aufwendungen und Verlusten können nach § 110 Abs. 1 HGB beansprucht werden. Ansprüche auf Verlustausgleich stehen einem Partner danach auch dann zu, wenn er wegen der in § 8 Abs. 1 Satz 1 angeordneten gesamtschuldnerischen Haftung in Anspruch genommen wird, ohne sich auf das Haftungsprivileg des § 8 Abs. 2 berufen zu können. In diesen Fällen ist der Anspruch nach § 110 HGB vorrangig gegenüber dem Gesamtschuldnerausgleich nach § 426 Abs. 1 BGB.

**19** § 6 Abs. 3 Satz 2 begründet i.V.m. § 110 Abs. 2 HGB die Pflicht der Gesellschaft, von einem Gesellschafter aufgewendetes Geld zu verzinsen. Die **Zinszahlungspflicht** der Partner im umgekehrten Fall der verspäteten Beitragszahlung, verspäteten Ablieferung oder unbefugten Entnahme von Geldern bestimmt sich nach § 111 HGB.

### b) Wettbewerbsverbot (§§ 112, 113 HGB)

**20** Nach Abs. 3 Satz 2 i.V.m. §§ 112, 113 HGB ist es den Gesellschaftern untersagt, ohne Einwilligung der anderen Gesellschafter den in der PartG ausgeübten Beruf auch außerhalb der Gesellschaft und damit in **Konkurrenz** zu ihr auszuüben (zu Rechtsfolgen bei einem Verstoß *Franke* S. 128 ff.). Die Regelung des § 112 HGB ist dispositiv, sodass das Verbot im Partnerschaftsvertrag verschärft oder auch abbedungen werden kann. Berufsrechtliche Regelungen sind vorrangig zu beachten (zur Frage der Mehrfachmitgliedschaften in Berufsausübungsgesellschaften o. § 5 Rdn. 9 ff.). Ein nachvertragliches Wettbewerbsverbot für die Zeit nach dem Ausscheiden aus einer Partnerschaft besteht dagegen vorbehaltlich einer vertraglichen Vereinbarung grundsätzlich nicht. Wird es vereinbart, ist es nur wirksam, wenn es in seinem Umfang örtlich, zeitlich und gegenständlich beschränkt ist. Fehlt es an einer entsprechenden Beschränkung, ist das Wettbewerbsverbot nach § 138 BGB nichtig (vgl. BGH NJW 1997, 3089 für einen Tierarzt). Ist die Beschränkung getroffen, aber übermäßig, kann sie geltungserhaltend reduziert werden. In zeitlicher Hinsicht werden im Bereich des Arztrechts Höchstgrenzen von 5 bis zu 10 Jahren vertreten (vgl. *Taupitz* MedR 1993, 357 ff.), wobei die Dauer der vorherigen Zugehörigkeit zur Praxis von Bedeutung sein soll. Die allgemeine Rspr. zu Freiberuflergesellschaften setzt zeitliche Höchstgrenzen niedriger an und sieht allenfalls bei 2 Jahren keine Bedenken (vgl. BGH NJW 2000, 2584, 2585; so auch Clausen/Schroeder-Printzen/*Broglie*/*Hartmann* § 11 Rn. 273). Die Wirksamkeit einer räumlichen Begrenzung lässt sich nicht verallgemeinernd definieren, da sie abhängig von Spezialisierungsgrad der Praxis und ihrer Lage ist (Großstadt, ländlicher Bereich etc.; zur Kasuistik etwa BGH NJW 1997, 3089 ff. – 30 km im ländlichen Bereich bei Tierarzt unwirksam; BGH NJW-RR 2007, 1256, 1259 – 2 km für internistische, 20 km für Dialyseleistungen wirksam). In einer fachverschiedenen bzw. interprofessionellen Partnerschaft ist nach richtigem Verständnis ein Wettbewerbsverbot nur wirksam, wenn für das von dem ausscheidenden Gesellschafter bislang (allein) betreute Fachgebiet ein Nachfolger in die Praxis eintritt (*Schirmer* MedR 1995, 341, 350). Zu den besonderen Problemen des Wettbewerbsverbots im Vertragsarztbereich vgl. *Krieger* MedR 1994, 240 f.

### c) Geschäftsführung (§§ 114 bis 117 HGB)

**21** Zu Fragen der Geschäftsführung bei Fehlen vertraglicher Regelungen s. o. Rdn. 12 f.

### d) Einsichts- und Kontrollrechte (§ 118 HGB)

**22** **Einsichts- und Kontrollrechte** bestehen nach § 118 HGB. Sie können von jedem Gesellschafter selbstständig und ohne Nachweis eines besonderen Grundes geltend gemacht werden, sind aber nicht übertragbar. Diese Rechte sind grundsätzlich weit zu verstehen (BT-Drs. 12/6152 S. 15), sie erstrecken sich auf alle Handelsbücher und Papiere, deren Kenntnis für den Wert, die Gewinnsituation, die steuerlichen Verhältnisse und ganz allgemein die Vermögenslage der Gesellschaft von Bedeutung sind. Die ärztliche Schweigepflicht wird hierdurch nicht berührt (*Henssler* PartGG, § 6 Rn. 88). Auszuüben ist das Recht in den Praxisräumen, es richtet sich grundsätzlich gegen die PartG, kann aber ggf. auch gegen geschäftsführende Gesellschafter geltend gemacht werden. Gegen diese besteht subsidiär auch ein in § 118 HGB nicht ausdrücklich geregeltes Auskunftsrecht, wenn notwendige Informationen durch die Einsichtnahme nicht gewonnen werden können (vgl. BGHZ 14, 53, 59). Grenzen der Einsichts- und Kontrollrechte ergeben sich durch Ausübungsschranken, insbesondere aus der ärztlichen Verschwiegenheitspflicht. Medizinische Daten, die der Geheimhaltungspflicht unterliegen (o. Rdn. 6), sind daher nicht zugänglich (vgl. auch *Schirmer* MedR 1995, 383, 385 f.).

### e) Gesellschafterbeschlüsse (§ 119 HGB)

23 Für **Gesellschafterbeschlüsse** ist nach der (dispositiven) Vorschrift des § 119 HGB grundsätzlich die Zustimmung aller mitwirkungsberechtigten Partner notwendig (ausführlich *Henssler* PartGG, § 6 Rn. 92 ff.). Soweit Mehrheitsbeschlüsse ermöglicht werden, wird im Zweifel nach Köpfen abgestimmt, vereinbart sein kann aber auch eine Berechnung des Stimmrechts nach Höhe des Beitrags am »Stamm«kapital oder nach dem Gewinnanteil (Meilicke/Graf v. Westphalen/Hoffmann/Lenz/Wolff/*Meilicke* § 6 Rn. 85). Eine besondere Form der Beschlussfassung (z.B. Schriftform, förmliche Versammlung) muss gesellschaftsvertraglich vereinbart sein, ansonsten ist sie entbehrlich. Gesellschaftsvertragliche Regelungen zum Verfahren empfehlen sich zur Streitvermeidung (z.B. Form und Frist der Einladung, Turnus von Sitzungen, Möglichkeit nachträglicher schriftlicher Stimmabgabe abwesender Partner, Protokollierung etc.). Im Einzelfall kann das Stimmrecht eines Partners ausgeschlossen sein. Für den Bereich der Berufsausübung ist ein solcher Ausschluss jedoch wegen des Erfordernisses der Unabhängigkeit und Eigenverantwortung (o. Rdn. 5) und des Gebots der aktiven Mitarbeit (o. § 1 Rdn. 7) nicht denkbar.

### f) Gewinnverteilung (§§ 120 bis 122 HGB)

24 Die Vorschriften des OHG-Rechts zur Gewinnverteilung werden in § 6 Abs. 3 nicht in Bezug genommen und sind daher nicht auf die PartG anwendbar. Grund für die Ausklammerung dieser Regelungen aus der Verweisungsnorm ist die in § 120 Abs. 1 HGB für die OHG bestimmte Notwendigkeit der Erstellung einer Bilanz (BT-Drs. 12/6152 S. 15.). Soweit der Gesellschaftsvertrag keine Regelungen zur Gewinnverteilung trifft, ist in dieser Frage das Recht der GbR maßgeblich (§ 1 Abs. 4 PartGG i.V.m. § 721 Abs. 2 BGB). Demnach erfolgen Rechnungsabschluss und Gewinnverteilung am Ende des Geschäftsjahres. Gem. § 722 Abs. 1 BGB kommt bei Fehlen eines anderweitigen vertraglichen Verteilungsschlüssels jedem Gesellschafter ein gleich hoher Anteil an Gewinn und Verlust der Partnerschaft zu. Verbreitet ist die Vereinbarung von Gewinnverteilungsschlüsseln nach Quotensystem (fester oder variabler Prozentsatz) oder Punktsystem (Gewinnverteilung nach Maßgabe »verdienter« Punkte).

## C. Berufsrechtliche Besonderheiten

25 Zur Frage der berufsrechtlichen Besonderheiten s. die Erläuterungen zu § 6 Abs. 1 (o. Rdn. 3 ff.) sowie § 18 Abs. 2, 4 MBOÄ (§ 18 MBOÄ Rdn. 68 ff.).

## § 7 Wirksamkeit im Verhältnis zu Dritten; rechtliche Selbständigkeit; Vertretung

(1) Die Partnerschaft wird im Verhältnis zu Dritten mit ihrer Eintragung in das Partnerschaftsregister wirksam.

(2) § 124 des Handelsgesetzbuchs ist entsprechend anzuwenden.

(3) Auf die Vertretung der Partnerschaft sind die Vorschriften des § 125 Abs. 1 und 2 sowie der §§ 126 und 127 des Handelsgesetzbuchs entsprechend anzuwenden.

(4) [vom Abdruck wurde abgesehen]

(5) Für die Angabe auf Geschäftsbriefen der Partnerschaft ist § 125a Absatz 1 Satz 1, Absatz 2 des Handelsgesetzbuchs mit der Maßgabe entsprechend anzuwenden, dass bei einer Partnerschaft mit beschränkter Berufshaftung auch der von dieser gewählte Namenszusatz im Sinne des § 8 Absatz 4 Satz 3 anzugeben ist.

| Übersicht | Rdn. | | Rdn. |
|---|---|---|---|
| A. Regelungsinhalt und Normzweck | 1 | II. Rechtssubjektivität (Abs. 2) | 6 |
| B. Tatbestand | 3 | III. Vertretung (Abs. 3) | 8 |
| I. Entstehen der PartG (Abs. 1) | 3 | IV. Angaben auf Geschäftsbriefen (Abs. 5) | 11 |

## A. Regelungsinhalt und Normzweck

§ 7 regelt das Außenverhältnis der PartG und spricht das Wirksamwerden der Gesellschaft, ihre Teilnahme am Rechtsverkehr, ihre Vertretung und die Gestaltung ihrer Geschäftsbriefe an. Die Vorschrift führt durch entsprechende Anlehnung an bzw. Verweise auf die Vorschriften der §§ 123 bis 127 HGB zu einer weitgehend identischen Ausgestaltung des Außenverhältnisses von OHG und PartG. Abweichungen vom Recht der OHG finden sich lediglich im Vergleich zu § 123 Abs. 2 HGB (hierzu u. Rdn. 3 f.) sowie zu § 125 Abs. 3 HGB (der sich mit der nur von einem Kaufmann zu erteilenden Prokura befasst).

Eine berufsspezifische Sonderproblematik adressiert der hier nicht näher erläuterte § 7 Abs. 4. Er hat Bedeutung für Partnerschaftsgesellschaften der Angehörigen jener Freien Berufe, die rechtsbesorgend tätig sind und billigt der PartG eine eigene, verfahrensrechtlich notwendige Auftretungsbefugnis bei forensischem Tätigwerden zu.

## B. Tatbestand

### I. Entstehen der PartG (Abs. 1)

Der Eintragung der PartG in das Partnerschaftsregister kommt nach § 7 Abs. 1 konstitutive Wirkung zu. Anders als bei der OHG (vgl. § 123 Abs. 2 HGB) führt ein vorzeitiger Geschäftsbeginn nicht zu einer Wirksamkeit der Gesellschaft bereits zu diesem Zeitpunkt. Grund für die vom Recht der OHG abweichende Regelung ist die Vermeidung von Abgrenzungsproblemen der PartG von der Freiberufler-GbR (näher *Henssler* PartGG, § 7 Rn. 2).

Vor Eintragung der PartG ist diese im Außenverhältnis als »Vor-Partnerschaft« und damit als GbR zu behandeln (str., wie hier *K. Schmidt* NJW 1995, 1, 4; *Henssler* PartGG § 7 Rn. 8 f.; Meilicke/Graf v. Wesphalen/Hoffmann/Lenz/Wolff/*Meilicke* § 7 Rn. 4; a.A. etwa Römermann/*Praß* § 7 Rn. 13). Insbesondere kann in diesem Stadium nicht das Haftungsprivileg nach § 8 Abs. 2 in Anspruch genommen werden, sodass alle Gesellschafter für vor der Registereintragung begründete Verbindlichkeiten nach § 128 HGB analog unbeschränkt neben der Gesellschaft haften. Im Innenverhältnis gelten hingegen bereits die Regeln des PartGG (*Henssler* § 7 Rn. 11).

Sonstige Änderungen der Gesellschaft werden im Außenverhältnis ebenfalls erst mit Registereintragung wirksam, so z.B. der Eintritt eines neuen Gesellschafters. Auch wenn die Eintragung in das Register konstitutiv für das Entstehen der GbR ist, sichert diese Eintragung nicht den Fortbestand der Gesellschaft als PartG, da § 5 HGB im PartGG nicht in Bezug genommen wird und auch nicht analog anwendbar ist (vgl. BT-Drs. 12/6152 S. 16). Der Gesetzgeber hat um den Preis der Vermeidung, dass nicht-freiberufliche PartG von der Teilnahme am Rechtsverkehr ferngehalten werden, die Rechtssicherheit eingeschränkt. Das bereits anfängliche Fehlen oder der spätere Fortfall der Ausübung freiberuflicher Tätigkeit führt dazu, dass die Gesellschaft trotz Registereintragung als GbR zu behandeln ist (str., wie hier MüKo-BGB/*Schäfer* § 7 PartGG Rn. 8; a.A. Römermann/*Praß* § 7 Rn. 10) und gem. § 395 FamFG von Amts wegen zu löschen ist.

### II. Rechtssubjektivität (Abs. 2)

Nach § 7 Abs. 2 i.V.m. § 124 HGB ist die PartG **selbstständiges Rechtssubjekt** und Träger des Vermögens der Gesellschaft. Ihrer Natur nach ist sie Gesamthandsgemeinschaft. Sie ist rechts-, grundbuch-, insolvenz- und parteifähig (vgl. BAG NJW 2007, 2877). Konsequenz ist, dass nach § 124 HGB mit einem gegen die Gesellschaft gerichteten Titel in das Vermögen der Gesellschaft vollstreckt werden kann. Aus der Rechtssubjektivität folgt auch, dass die PartG als solche Mitglied einer anderen Gesellschaft sein kann, etwa einer GbR, EWIV oder einer Kapitalgesellschaft. Im Zuge der Reform des Personengesellschaftsrechts wird die Regelung mit Wirkung zum 01.01.2024 aufgehoben. Ziel der Verweisung war die Klarstellung der Rechtsfähigkeit der PartG als Unterfall der GbR (BT-Drs. 12/6152 S. 16). Durch die Anerkennung der Rechtsfähigkeit der GbR ist das entsprechende Klarstellungsbedürfnis jedoch entfallen (BT-Drs. 19/17635 S. 278).

7  Verträge im Allgemeinen und Behandlungsverträge im Besonderen kommen aufgrund der Rechtssubjektivität der PartG zwischen dieser und dem Patienten bzw. der Kassenärztlichen Vereinigung (oder Dritten) zustande. Sie erfüllt diese Verpflichtung durch ihre Gesellschafter bzw. Erfüllungsgehilfen. Soweit es um die Erbringung heilkundlicher Vorbehaltsaufgaben geht, ist die Erfüllungsbefugnis allerdings auf die Gesellschafter beschränkt, die fachlich in dem betroffenen Fachgebiet qualifiziert sind.

### III. Vertretung (Abs. 3)

8  Die Vertretung der PartG folgt nach § 7 Abs. 3 dem Recht der OHG. Von dem entsprechenden Normkomplex der §§ 125, 126, 127 HGB ausgeklammert ist lediglich § 125 Abs. 3 HGB. Demnach haben die Partner gem. § 125 Abs. 1 HGB grundsätzlich **Einzelvertretungsmacht**, die sich gem. § 126 Abs. 1 HGB auf alle gerichtlichen und außergerichtlichen Geschäfte und Rechtshandlungen erstreckt. Die Vertretungsmacht ist organschaftlicher Art, sodass eine Beschränkung im Verhältnis zu Dritten unwirksam ist. Im Innenverhältnis kann sie nur unter Beachtung der Vorgabe des § 6 Abs. 2 beschränkt werden (vgl. *Henssler* PartGG, § 7 Rn. 35). Im Innenverhältnis der Gesellschaft ist eine solche Beschränkung ebenfalls unwirksam, soweit sie gegen § 6 Abs. 2 verstößt.

9  Im Partnerschaftsvertrag können die Gesellschafter entsprechend § 125 Abs. 2 HGB **Gesamtvertretungsmacht** vereinbaren (zur Verhinderung der Ausübung der Vertretungsmacht eines von zwei Gesellschaftern OLG München NJW-RR 2015, 899). Ebenfalls möglich ist der vollständige Ausschluss eines Partners von der Vertretungsmacht (vgl. § 7 Abs. 3 PartGG i. V.m § 125 Abs. 1 HGB), wenngleich für die Vornahme von Rechtshandlungen im Rahmen der Heilbehandlung entsprechend § 6 Abs. 2 Vertretungsbefugnisse verbleiben müssen (ausführlich zur Herleitung *Franke* S. 149 ff.). Die organschaftliche Vertretungsmacht der Partner ist unabhängig davon, ob sie dem gesetzlichen Regelfall entspricht oder abweichend vereinbart wurde, zur Eintragung ins Partnerschaftsregister anzumelden (§§ 4 Abs. 1 Satz 2, 5 Abs. 1), wenngleich die Eintragung dieser Tatsache keine konstitutive Wirkung hat.

10  Das Prinzip der Selbstorganschaft schließt nicht aus, dass Dritten eine rechtsgeschäftliche Vollmacht zur Vertretung der Gesellschaft erteilt wird. Sie darf aber nicht so weitreichend sein, dass unwiderruflich alle Gesellschafter von der Vertretungsmacht ausgeschlossen sind.

### IV. Angaben auf Geschäftsbriefen (Abs. 5)

11  Über § 7 Abs. 5 gilt die für die OHG in § 125a Abs. 1 Satz 1 HGB bestimmte Pflicht zur Angabe von Rechtsform, Sitz, Registergericht und Registernummer auf Geschäftsbriefen, die an bestimmte Empfänger gerichtet sind, auch für die PartG. Die entsprechenden Angaben sollen dem Rechtsverkehr insbesondere Erkenntnismöglichkeiten über die Haftung für Verbindlichkeiten der Gesellschaften verschaffen. Bei der Partnerschaftsgesellschaft mit beschränkter Berufshaftung (§ 8 Abs. 4) als Variante der Partnerschaftsgesellschaft gehört der die Haftungsbeschränkung kenntlich machende Namenszusatz zu den Angaben, die nach § 125a Abs. 1 Satz 1 HGB auf den Geschäftsbriefen anzugeben sind. Für Vordrucke i.S.d. § 37a Abs. 2 HGB, die im Rahmen einer bestehenden Geschäftsverbindung verwendet werden, gelten allerdings Erleichterungen (§ 125a Abs. 2 i.V.m. § 37a Abs. 2, 3 HGB).

12  Der Begriff des Geschäftsbriefes ist weit auszulegen (*Henssler* PartGG, § 7 Rn. 63). Erfasst sind alle im geschäftlichen Bereich verfassten Erklärungen mit rechtsgeschäftlichem Inhalt. Es ist nicht notwendig, dass sie verkörpert sind, erfasst ist z.B. auch der elektronische Schriftverkehr durch e-Mails (MünchKommHGB-*K. Schmidt* § 125a Rn. 5). Verstöße gegen die Pflicht des § 125a HGB können durch das zuständige Registergericht durch die Verhängung von Zwangsgeldern bis zur Höhe von jeweils 5.000 € gegen die vertretungsberechtigten Gesellschafter geahndet werden (§ 125a Abs. 2 i.V.m. §§ 37a Abs. 4, 14 Satz 2 HGB).

## § 8 Haftung für Verbindlichkeiten der Partnerschaft

(1) Für Verbindlichkeiten der Partnerschaft haften den Gläubigern neben dem Vermögen der Partnerschaft die Partner als Gesamtschuldner. Die §§ 129 und 130 des Handelsgesetzbuchs sind entsprechend anzuwenden.

(2) Waren nur einzelne Partner mit der Bearbeitung eines Auftrags befasst, so haften nur sie gemäß Absatz 1 für berufliche Fehler neben der Partnerschaft; ausgenommen sind Bearbeitungsbeiträge von untergeordneter Bedeutung.

(3) Durch Gesetz kann für einzelne Berufe eine Beschränkung der Haftung für Ansprüche aus Schäden wegen fehlerhafter Berufsausübung auf einen bestimmten Höchstbetrag zugelassen werden, wenn zugleich eine Pflicht zum Abschluß einer Berufshaftpflichtversicherung der Partner oder der Partnerschaft begründet wird.

(4) Für Verbindlichkeiten der Partnerschaft aus Schäden wegen fehlerhafter Berufsausübung haftet den Gläubigern nur das Gesellschaftsvermögen, wenn die Partnerschaft eine zu diesem Zweck durch Gesetz vorgegebene Berufshaftpflichtversicherung unterhält. Für die Berufshaftpflichtversicherung gelten § 113 Absatz 3 und die §§ 114 bis 124 des Versicherungsvertragsgesetzes entsprechend. Der Name der Partnerschaft muss den Zusatz »mit beschränkter Berufshaftung« oder die Abkürzung »mbB« oder eine andere allgemein verständliche Abkürzung dieser Bezeichnung enthalten; anstelle der Namenszusätze nach § 2 Absatz 1 Satz 1 kann der Name der Partnerschaft mit beschränkter Berufshaftung den Zusatz »Part« oder »PartG« enthalten.

| Übersicht | Rdn. | | Rdn. |
|---|---|---|---|
| A. Regelungsgegenstand und Normzweck | 1 | 2. Eintretende/Ausscheidende Gesellschafter | 9 |
| B. Tatbestand | 3 | 3. Partner kraft Rechtsscheins | 11 |
| I. Verbindlichkeiten der Partnerschaft (Abs. 1 Satz 1) | 3 | III. Haftungsbeschränkung für Berufsausübungsfehler (Abs. 2) | 13 |
| 1. Haftung aus Vertrag | 4 | IV. Summenmäßige Haftungsbeschränkungen (Abs. 3) | 19 |
| 2. Haftung aus Delikt | 6 | | |
| 3. Verhältnis zur Gesellschafterhaftung | 7 | V. Partnerschaftsgesellschaft mit beschränkter Berufshaftung (Abs. 4) | 19a |
| II. Akzessorische Gesellschafterhaftung (Abs. 1 Satz 1) | 8 | | |
| 1. Grundsatz | 8 | VI. Sonstige vertragliche Haftungsbeschränkungen | 20 |

### A. Regelungsgegenstand und Normzweck

§ 8 regelt die akzessorische Haftung der Gesellschafter für Verbindlichkeiten der Gesellschaft (deren Haftungsverfassung folgt aus § 7 Abs. 2 PartGG i.V.m. § 124 HGB, nicht aus § 8). Abs. 1 bestimmt den Grundsatz der akzessorischen Haftung der Gesellschafter für Verbindlichkeiten der Gesellschaft, die diese aufgrund ihrer Rechtssubjektivität eingehen kann. Abs. 2 enthält eine gesetzliche Konzentration der Haftung für Berufsausübungsfehler auf den oder die handelnden Gesellschafter und damit eine bedeutsame Einschränkung des in Abs. 1 bestimmten Grundsatzes. Die Regelung lässt sich im Zusammenspiel mit Abs. 4 als zentrale Regelung des PartGG identifizieren, die die PartG im Vergleich der Personengesellschaften zu der überlegenen Organisationsform für die vergesellschaftete Ausübung eines Freien Berufs macht (u. Rdn. 2, Rdn. 13 ff.). Abs. 3 eröffnet die Möglichkeit, für einzelne Berufe bei entsprechendem Versicherungsschutz durch Gesetz eine summenmäßige Begrenzung der Haftung wegen fehlerhafter Berufsausübung einzuführen. Der 2013 eingefügte § 8 Abs. 4 schafft eine Sonderform der Partnerschaftsgesellschaft, die Partnerschaftsgesellschaft mit beschränkter Berufshaftung (u. Rdn. 2a, Rdn. 19a ff.). 1

§ 8 Abs. 2 durchbricht das für die Personengesellschaften charakteristische Prinzip der uneingeschränkten akzessorischen Haftung der Gesellschafter für Verbindlichkeiten der Gesellschaft, indem die Norm anordnet, dass für Verbindlichkeiten, die aus Berufsausübungsfehlern resultieren, 2 neben der Gesellschaft nicht alle Gesellschafter, sondern nur die schadensverursachenden – im Fall der Ausübung der Heilkunde also die behandelnden – Gesellschafter haften. Obschon die PartG grundsätzlich als einem nicht-gewerblichen Gesellschaftszweck dienendes Pendant der OHG konzipiert ist, unterscheidet sie sich daher in der Frage der akzessorischen Gesellschafterhaftung grundlegend von der OHG und schafft im Vergleich zu dieser – und zur GbR, auf die durch die Rspr. das Haftungskonzept der OHG analog angewendet wird – eine entscheidende Haftungserleichterung zugunsten der Gesellschafter. Dieses gesetzlich bestimmte Haftungsprivileg kann auf andere Rechtsformen wie die GbR nicht analog angewendet werden (BGH NJW 2012, 2435, 2442). Die größte konzeptionelle Nähe weist sie zur KG auf, in der mit dem Komplementär bzw. den Komplementären ebenfalls nur einer oder wenige Gesellschafter persönlich haften, allerdings nicht wie bei der Handelndenhaftung nach § 8 Abs. 2 wechselnd, sondern statisch. Spiegelbild dieser Haftungsverfassung ist eine Verschlechterung der Position potenzieller Gläubiger, da mit den Haftungserleichterungen zugunsten der Gesellschafter keine Anforderungen an Mindestkapital oder Kapitalerhaltung in der Gesellschaft verknüpft sind. Ansprüche gegen die Gesellschaft sind häufig nicht werthaltig, da es wenig Anreiz für die Gesellschafter gibt, Vermögen in der Gesellschaft zu bilden, sodass der Gläubiger nicht selten auf die Realisierbarkeit seiner Forderung beim schadensverursachenden Gesellschafter hoffen muss.

2a § 8 Abs. 4 schafft erstmals im deutschen Recht eine (Variante einer) Personengesellschaft, in der für bestimmte Verbindlichkeiten der Gesellschaft keiner der Gesellschafter akzessorisch haftet. Die als solche bezeichnete »Partnerschaftsgesellschaft mit beschränkter Berufshaftung« (PartG mbB) ist keine eigenständige Rechtsform, sondern lediglich eine in der Frage der Haftungsverfassung modifizierte Partnerschaftsgesellschaft. Während in der PartG nur die an einem Berufsausübungsfehler nicht beteiligten Gesellschafter für die aus dem Fehler resultierende Gesellschaftsschuld keine persönliche Haftung trifft (Prinzip der Handelndenhaftung), kommt es in der PartG mbB auf die Frage der Beteiligung an einem Berufsausübungsfehler nicht mehr an, da eine persönliche Gesellschafterhaftung für Gesellschaftsverbindlichkeiten vollständig ausgeschlossen ist (Prinzip der Beschränkung der Haftung auf das Gesellschaftsvermögen).

2b Der Verzicht auf eine persönliche Gesellschafterhaftung in der PartG mbB ist, entsprechend dem Gesamtkonzept des PartGG, ebenso wie in der PartG auf Berufsausübungsfehler beschränkt. Aus diesem Grunde ist die PartG mbB keine Partnerschaftsgesellschaft mit beschränkter Haftung, sondern lediglich mit beschränkter Berufshaftung. Die Möglichkeit der Beschränkung der Berufshaftung der Gesellschaft hängt davon ab, ob das auf die Gesellschafter anwendbare Berufsrecht eine Pflicht zur Unterhaltung einer Berufshaftpflichtversicherung vorsieht und die Partnerschaftsgesellschaft den berufsrechtlich vorgeschriebenen Versicherungsschutz dem Grunde und der Höhe nach unterhält. Ist dies der Fall, tritt der Versicherungsschutz an die Stelle der persönlichen Haftung der Gesellschafter (näher u. Rdn. 19b ff.).

## B. Tatbestand

### I. Verbindlichkeiten der Partnerschaft (Abs. 1 Satz 1)

3 § 8 Abs. 1 setzt Verbindlichkeiten der Partnerschaft voraus, ohne dass die Norm als solche die Haftungsverfassung der PartG bestimmt. Diese folgt aus § 7 Abs. 2 PartGG i.V.m. § 124 Abs. 1 HGB.

#### 1. Haftung aus Vertrag

4 Die Partnerschaft haftet als rechtlich verselbstständigte Organisation mit ihrem gesamthänderisch gebundenen Vermögen für alle schuldhaften vertraglichen Pflichtverletzungen der Gesellschafter und der Erfüllungsgehilfen der Gesellschaft. Die Zurechnung des Fehlverhaltens i.S.d. § 276 BGB erfolgt über § 31 BGB analog (Gesellschafter, str.) bzw. § 278 BGB (Erfüllungsgehilfen). Zum Teil wird auch für die Gesellschafter ergänzend auf § 278 BGB rekurriert (vgl. BT-Drs. 12/6152 S. 17), was aber, soweit man richtigerweise den im Anwendungsbereich des § 278 BGB grundsätzlich

möglichen Haftungsausschluss bei einer im Raum stehenden Eigenhaftung der Gesellschaft für vorsätzliches Verhalten nicht zulassen wird, im Ergebnis ohne Bedeutung ist.

Vertragliche Verbindlichkeiten der Gesellschaft können sowohl durch die Wahrnehmung von Berufsaufgaben entstehen als auch durch sonstige Rechtsgeschäfte mit Wirkung für und gegen die Partnerschaft, etwa Hilfsgeschäfte zur Organisation der freiberuflichen Tätigkeit wie der Abschluss von Kauf-, Miet- oder Arbeitsverträgen.

### 2. Haftung aus Delikt

Für deliktische Handlungen der Partner – auch solcher kraft Rechtsscheins (u. Rdn. 11) – haftet die PartG analog § 31 BGB. Dieser für die GbR mittlerweile ganz herrschend vertretene Grundsatz (BGHZ 172, 169; 154, 88; 155, 108) gilt auch für die PartG (*Henssler* PartGG, § 8 Rn. 1). Die deliktische Haftung der Partnerschaft hat für ärztliche Zusammenschlüsse erhebliche Bedeutung. Hier führt ein Behandlungsfehler, der eine Verletzung von Pflichten aus dem Behandlungsvertrag darstellt, regelmäßig auch zu einer deliktischen Haftung. Die früher im Arztrecht unter Berufung auf ältere Rspr., die eine analoge Anwendung des § 31 BGB ablehnte, vertretene Auffassung, die Gesellschafter einer Gemeinschaftspraxis könnten für deliktisches Fehlverhalten des behandelnden Arztes nicht haftbar gemacht werden (vgl. *Laufs/Uhlenbruck* Handbuch des Arztrechts 3. Aufl. 2002, § 18), ist nicht länger haltbar.

### 3. Verhältnis zur Gesellschafterhaftung

Erfüllt die PartG eine gegen sie gerichtete, berechtigte Schadensersatzforderung, so kann sie bei einem schuldhaften Verhalten des verantwortlichen Gesellschafters gem. § 1 Abs. 4 PartGG i.V.m. § 708 BGB **Rückgriff** nehmen (BT-Drs. 12/6152 S. 19). Der insofern maßgebliche Maßstab der eigenüblichen Sorgfalt (§§ 708, 277 BGB) ist aufgrund der besonderen beruflichen Qualifikation der Angehörigen der Heilberufe i.e.S. in einer Heilberufler-Partnerschaft hoch anzusetzen.

## II. Akzessorische Gesellschafterhaftung (Abs. 1 Satz 1)

### 1. Grundsatz

Entsprechend § 128 HGB haften die Gesellschafter der PartG nach § 8 Abs. 1 Satz 1 neben der Gesellschaft gesamtschuldnerisch für deren Verbindlichkeiten. Diese Haftung ist akzessorisch ausgestaltet, folgt also unmittelbar ohne gesonderten Verpflichtungstatbestand aus der Haftung der PartG. Die akzessorische Natur der Gesellschafterhaftung bedingt, dass ein wegen einer Verbindlichkeit der PartG in Anspruch genommene Gesellschafter nach § 8 Abs. 1 Satz 2 i.V.m. § 129 Abs. 1 bis 3 HGB alle Einwendungen erheben kann, die auch die PartG erheben könnte und die nicht sachlogisch auf die PartG zugeschnitten sind (näher *Henssler* PartGG, § 8 Rn. 46 f.). Daneben kann der in Anspruch genommene Gesellschafter auch im Verhältnis zum Gläubiger bestehende persönliche Einwendungen geltend machen, z.B. eine Stundungsvereinbarung. Aufgrund des Verweises auf § 129 Abs. 4 HGB ist für die Inanspruchnahme eines Gesellschafters ein gegen ihn persönlich gerichteter Titel erforderlich.

### 2. Eintretende/Ausscheidende Gesellschafter

In die bestehende Gesellschaft eintretende Gesellschafter haften nach § 8 Abs. 1 Satz 2 PartGG i.V.m. § 130 HGB auch für die vor ihrem Eintritt begründeten Verbindlichkeiten der Partnerschaft, unabhängig von der Kenntnis über Art, Inhalt und Umfang dieser Verbindlichkeiten. Für Behandlungsfehler kann dieser Grundsatz nur insoweit als durch die Rspr. geklärt angesehen werden, als der Neu-Partner nach seinem Beitritt mit der (bereits schadensursächlichen) Behandlung selbst befasst ist (vgl. auch *Vettermann*, S. 104 f.). Diese Haftung für Altverbindlichkeiten kann im Gesellschaftsvertrag nur mit Wirkung im Innenverhältnis, etwa durch eine Freistellungsvereinbarung, ausgeschlossen werden, Dritten gegenüber ist sie nach § 130 Abs. 2 HGB unwirksam. Da es an einer §§ 25, 28 HGB entsprechenden Regelung fehlt, ändert hieran weder eine Mitteilung an die Gläubiger noch eine Eintragung in das Register etwas. Aufgrund der Konzentration der Haftung für Berufsausübungsfehler auf handelnde Gesellschafter nach § 8 Abs. 2 (u. Rdn. 13 ff.) kommt eine Inanspruchnahme eines neuen Partners wegen früherer Berufshaftungsfälle allerdings regelmäßig nicht in Betracht, wenn er nicht nach Eintritt in die Bearbeitung eines Altfalls einbezogen wird (BGH WM 2010, 139).

10 Keine Anwendung findet § 130 HGB bei der Aufnahme eines Mitgesellschafters in eine Einzelpraxis, durch die erst die Partnerschaft gegründet wird. Ausscheidende Partner haften nur für die im Zeitpunkt ihres Ausscheidens bestehenden Verbindlichkeiten der Gesellschaft und dies nach § 160 HGB auch nur zeitlich begrenzt (u. § 10 Rdn. 9 f.).

### 3. Partner kraft Rechtsscheins

11 Wer im Rechtsverkehr als Gesellschafter der PartG auftritt, ohne tatsächlich Gesellschafter zu sein (»Scheinpartner«), muss sich im Außenverhältnis als Gesellschafter behandeln lassen und haftet unter Rechtsscheingesichtspunkten persönlich wie ein Gesellschafter (MüKo-BGB/*Schäfer* § 8 PartGG Rn. 12, speziell zum Arzt Nentwig/Bonvie/Hennings/*Wolff-Pfisterer* S. 51 ff.). In Freiberuflergesellschaften kann der unzutreffende Eindruck einer Gesellschafterstellung insbesondere hervorgerufen werden, wenn angestellte Berufsträger in der Außendarstellung der Gesellschaft in identischer Weise wie die Gesellschafter aufgeführt werden, etwa auf Briefbögen, Internetpräsenzen oder Praxisschildern. Die bei einem Scheinpartner fehlende Eintragung einer Gesellschafterstellung im Register steht – in Entsprechung zur Rspr. zum Scheingesellschafter einer OHG (BGHZ 17, 13 ff.; 61, 59, 64 f.) – einer Inanspruchnahme für Verbindlichkeiten der Gesellschaft aus Rechtsscheingesichtspunkten nicht entgegen. Von der Frage der Gesellschafterstellung kraft Rechtsscheins zu unterscheiden ist die Frage einer (insofern vereinbarten und eingetragenen) Gesellschafterstellung, bei der der Gesellschaftsvertrag in einer Weise ausgestaltet ist, dass Zweifel bestehen, ob ein echtes Gesellschaftsverhältnis vorliegt (o. § 4 Rdn. 19). Aus gesellschaftsrechtlicher Sicht beseitigt die Registereintragung etwaige Zweifel an der Behandlung als echter Gesellschafter (zu weiteren Folgen u. Rdn. 13; ausführlich zur Problematik der Scheinpartnerschaft: *Freund*, Die Scheinpartnerschaft, NZG 2017, 1001).

11a Der »Scheinpartner« kann von redlichen Gläubigern analog § 8 Abs. 1 in Anspruch genommen werden, wobei er sich ebenso wie tatsächliche Partner auf das Haftungsprivileg des § 8 Abs. 2 berufen kann (*Langenkamp/Jäger* NJW 2005, 3238, 3239). Im Innenverhältnis können Ausgleichsansprüche des regelmäßig als Angestellter oder freier Mitarbeiter für die Gesellschaft tätigen Scheingesellschafters aus Dienst- bzw. Arbeitsvertrag bestehen. Sie richten sich sowohl gegen die Gesellschaft als auch die Gesellschafter. Bei Angestellten ist in einem solchen Fall das Arbeitnehmerhaftungsprivileg zu berücksichtigen, sodass eigenes Fehlverhalten den Ausgleichsanspruch nicht ausschließen muss.

12 Die Gesellschafterstellung kraft Rechtsscheins führt nach den allgemeinen Grundsätzen der Rechtsscheinslehre nur zu einer Gleichbehandlung mit einem tatsächlichen Gesellschafter im Verhältnis zu Dritten, soweit dessen schützenswerte Interessen betroffen sind. Eigene Vorteile aus dem gesetzten Rechtsschein kann weder die Gesellschaft noch der Schein-Gesellschafter ableiten. Ist er Arbeitnehmer, gelten für ihn die entsprechenden arbeits- und sozialversicherungsrechtlichen Vorschriften. Etwaige Honorarzuschläge für Gemeinschaftspraxen von Vertragsärzten (die ohnehin genehmigungspflichtig sind, o. § 1 Rdn. 26 ff.) können nicht in Anspruch genommen werden. Wird dem Zulassungsausschuss ein Gesellschaftsvertrag vorgelegt, aus dem eine echte Gesellschafterstellung hervorgeht, gleichwohl aber eine interne Zusatzvereinbarung getroffen, dass die gesellschaftsrechtlichen Regeln im Verhältnis der »Gesellschafter« keine Geltung beanspruchen sollen, kann bei entsprechender Abrechnung ein Betrug bzw. eine Beihilfe zu diesem gegenüber der Kassenärztlichen Vereinigung vorliegen (ausf. Nentwig/Bonvie/Hennings/*Wolff-Pfisterer* S. 55 ff.).

## III. Haftungsbeschränkung für Berufsausübungsfehler (Abs. 2)

§ 8 Abs. 2 schränkt die grundsätzlich unbeschränkte akzessorische Haftung aller Gesellschafter für Verbindlichkeiten der Gesellschaft ein, die aus Berufsausübungsfehlern der Gesellschafter oder Erfüllungsgehilfen bei der Erfüllung des »Auftrags« (dieser Begriff wird im Gesetz untechnisch verwendet) resultieren. Auszuscheiden aus dem Anwendungsbereich des § 8 Abs. 2 sind daher von vornherein Ansprüche, die nicht auf der Wahrnehmung der freiberuflichen Aufgabe, z.B. der Heilbehandlung, beruhen, sondern einen andersartigen Rechtsgrund haben. Alle Partner haften demgemäß nach § 8 Abs. 1 gesamtschuldnerisch für Ansprüche aus Miet-, Versicherungs-, Arbeits- oder Dienstverträgen. 13

Vom Haftungsprivileg erfasst sind gegen die Gesellschaft gerichtete Ansprüche, die auf Pflichtverletzungen bei der Erbringung der geschuldeten Leistung i.S.d. §§ 280 ff. BGB beruhen, sich aus §§ 311 Abs. 2, 280 Abs. 1 BGB (Verschulden bei Vertragsschluss) ergeben oder aus deliktischen Handlungen der Gesellschafter, die nach § 31 BGB analog zu einer Haftung der Gesellschaft führen, resultieren. Typische »berufliche Fehler« sind Behandlungsfehler, Fehldiagnosen, die Folgen fehlerhafter Beratung oder Begutachtung und unterlassener Überweisung an einen Facharzt sowie Schäden, die auf der Ausstellung fehlerhafter Rezepte oder Bescheinigungen beruhen. Als erfasst ansehen muss man auch Ansprüche aus der Verletzung von prä-, intra- und postinvasiven Fürsorgepflichten, insbesondere Kontroll- und Nachsorgepflichten, soweit sie in unmittelbarem Zusammenhang mit der nach dem Behandlungsvertrag geschuldeten Behandlung stehen. Streitig ist (jenseits der Frage, inwieweit dies beim Behandlungsvertrag praktisch werden kann; hierzu *Vettermann*, S. 27 f.), ob vom Haftungsprivileg Ansprüche auf **Erfüllung** einer vertraglich geschuldeten Leistung, auf **Nacherfüllung** und Rechte auf **Minderung** oder **Rücktritt** erfasst werden (verneinend *Henssler* PartGG § 8 Rn. 66; bejahend Meilicke/Graf v. Westphalen/Hoffmann/Lenz/Wolff/*Graf v. Westphalen* § 8 Rn. 52). Nach Sinn und Zweck des § 8 nicht erfasst sind Ansprüche aus der Verletzung von Verkehrssicherungspflichten, da sich bei einer solchen Verletzung nicht das typische Risiko der Ausübung einer freiberuflichen Tätigkeit realisiert, sondern ein allgemeines unternehmerisches Risiko. Hier kann freilich im Einzelfall die Abgrenzung zu behandlungsbezogenen Fürsorgepflichten schwierig sein, die von Abs. 2 erfasst sind. 14

Nach § 8 Abs. 2 haften nur die mit der Bearbeitung des »Auftrags« befassten Gesellschafter. **Befassung** mit der Bearbeitung ist jede Mitwirkungshandlung im weitesten Sinne. Eine hierüber hinausgehende Beschränkung der Haftung für Berufsausübungsfehler ist nur bei einer Organisation als Partnerschaftsgesellschaft mit beschränkter Berufshaftung (PartG mbB i.S.v. § 8 Abs. 4) möglich. Sie verlangt u.a. die Einhaltung besonderer Pflichten hinsichtlich des Versicherungsschutzes der Partnerschaftsgesellschaft in der Berufshaftpflichtversicherung (u. Rdn. 19c). Unabhängig von dem entstehenden persönlichen Haftungsrisiko des mit der Auftragsbearbeitung befassten Partners wird ihm nicht das Vertragsverhältnis, welches nur zwischen der Partnerschaftsgesellschaft und dem Auftraggeber besteht, zugeordnet (FG Düsseldorf Urt. v. 14.03.2017 – 13 K 3081/15 E). Vertragspartner und Leistungserbringer bleibt allein die Partnerschaftsgesellschaft, auch wenn im Innenverhältnis allein der jeweilige Partner mit der Auftragsbearbeitung betraut ist. 15

Damit die Haftungskonzentration nach § 8 Abs. 2 Platz greift, muss der Partner die freiberufliche Leistung selbst erbracht oder ihre Erbringung überwacht haben (BGH NJW 2010, 1360 unter Hinweis auf BT-Drs. 13/9820 S. 21); die bloße Mitwirkung am Abschluss des Vertrages, auf dessen Grundlage die geschuldete Leistung (fehlerhaft) erbracht wird, genügt hierfür nicht. Entscheidend ist nach dem Wortlaut die tatsächliche Befassung mit der Bearbeitung (Römermann/*Römermann* § 8 Rn. 37; *Henssler* PartGG § 8 Rn. 75 f.), jedoch soll nach den Gesetzesmaterialien ggf. auch derjenige Partner mit der Bearbeitung eines Auftrags »befasst« sein, der nach der **internen Zuständigkeitsverteilung** hätte tätig werden müssen (BT-Drs. 13/9820 S. 21, so auch BGH ZIP 2010, 124, 126). Dieses – angesichts des Wortlauts der Norm nicht naheliegende – Verständnis verhindert, dass Anreize entstehen, Aufgaben an Angestellte zu delegieren und diese dann noch nicht einmal zu überwachen. Ein nach der internen Zuständigkeitsverteilung berufener Partner, der nicht tätig geworden ist, kann aber nicht als »befasst« angesehen werden, wenn ein anderer 15a

Partner die Angelegenheit bearbeitet hat, da in einem solchen Fall bereits dieser Partner haftet (OLG Hamm DStRE 2010, 1533, 1536).

16 Der gesellschaftsinterne Verzicht auf die Festlegung von Zuständigkeiten kann nicht entlasten. In einem solchen Fall ist davon auszugehen, dass die Aufsicht allen Partnern mit der Folge ihrer gesamtschuldnerischen Haftung nach Abs. 1 obliegt (*Henssler* PartGG § 8 Rn. 80). Wird ein »unzuständiger« Gesellschafter tätig, geht dessen tatsächliche Befassung der internen Geschäftsverteilung vor, wird keiner der Gesellschafter tätig, ist der i.S.d. Gesetzes befasste Gesellschafter jener, der nach den internen Absprachen hätte tätig werden müssen (str., wie hier *Henssler* PartGG § 8 Rn. 77; nach a.A. ist in diesem Fall § 8 Abs. 2 unanwendbar, so etwa *Römermann/Römermann* § 8 Rn. 38). Lassen sich die oder der den Auftrag bearbeitende Gesellschafter nicht identifizieren, sind alle Partner als befasst anzusehen. Haben mehrere Gesellschafter die Sache gemeinsam bearbeitet, so haften sie gesamtschuldnerisch (BT-Drs. 13/9820 S. 21); für den Innenausgleich ist entsprechend § 254 BGB auf die jeweiligen Verschuldensbeiträge abzustellen.

17 Keine das Haftungsprivileg ausschließende Befassung i.S.v. § 8 Abs. 2 liegt vor, wenn ein Gesellschafter lediglich Bearbeitungsbeiträge von untergeordneter Bedeutung erbracht hat. Ein nur in untergeordneter Funktion befasster Partner haftet nicht. Durch diese »Geringfügigkeitsschwelle« sollen negative Anreize für einen nicht behandelnden Gesellschafter ausgeschlossen werden, aus Sorge um eigene Haftungsrisiken von Urlaubsvertretungen oder konsiliarischen Hilfestellungen abzusehen (BT-Drs. 13/9820 S. 21). Die im Kontext der Heilberufe häufig genutzte Abgrenzung mithilfe des Merkmals des ärztlichen Konzils ist allerdings nicht zielführend, da ein solches von minimaler Berührung der fremden Behandlung bis hin zu einer intensiveren Involvierung reichen kann. Maßgeblich muss daher stets die Bedeutung eines Beitrags im Konzil sein. Ob er sich möglicherweise vorteilhaft – im Sinne von schadenverringernd – ausgewirkt hat, ist hierbei irrelevant. Jedenfalls ein Bearbeitungsbeitrag, der den Berufsfehler selbst mitgesetzt hat, kann nach dem Normzweck haftungsrechtlich niemals als untergeordnet eingestuft werden (Meilicke/Graf v. Westphalen/Hoffmann/Lenz/Wolff/*Graf v. Westphalen* § 8 Rn. 80; MüKo-BGB/*Schäfer* § 8 PartGG Rn. 30). Bei neu eintretenden Gesellschaftern ist eine haftungsbegründende Befassung nach der – wenig überzeugenden – Rspr. des BGH sogar dann denkbar, wenn sich zum Zeitpunkt des Eintritts des Gesellschafters die Haftung der Gesellschaft bereits realisiert hat (BGH NJW 2010, 1360, 1361 f.). Die persönliche Haftung des Gesellschafters wird dann durch die Befassung mit der bereits schadensbelasteten Angelegenheit ausgelöst.

18 Für den nach § 8 Abs. 2 in Anspruch genommenen Partner besteht keine Möglichkeit eines Regresses bei der Gesellschaft (wohl aber für Scheinpartner, o. Rdn. 12). Zwar kann grundsätzlich jeder Partner gem. § 6 Abs. 3 Satz 2 PartGG i.V.m. § 110 Abs. 1 HGB von der Partnerschaft Ersatz der von ihm für erforderlich gehaltenen Aufwendungen verlangen, worunter regelmäßig auch die Erfüllung von Verbindlichkeiten der PartG fällt. Aufwendungen eines gem. § 8 Abs. 2 in Anspruch genommenen Partners sind aber nicht »erforderlich« i.S.d. § 110 Abs. 1 HGB (*Henssler* PartGG § 8 Rn. 101).

### IV. Summenmäßige Haftungsbeschränkungen (Abs. 3)

19 Abs. 3 enthält eine (bloße) Ermächtigung für den Gesetzgeber, in Berufsgesetzen eine summenmäßige Beschränkung der Haftung für Ansprüche aus Schäden wegen fehlerhafter Berufsausübung zu ermöglichen, soweit zugleich eine Pflicht zum Abschluss einer Berufshaftpflichtversicherung in entsprechender Höhe bestimmt wird (MüKo-BGB/*Schäfer* § 8 PartGG Rn. 35 ff.). Die Regelung hat appellativ-klarstellenden Charakter (BT-Drs. 12/6152 S. 18), da sie zum einen als Ermächtigungsgrundlage für den Bundesgesetzgeber überflüssig ist und zum anderen nicht in die Kompetenzen der Landesgesetzgeber eingreifen kann (vgl. *Eisenberg* S. 180 f.). Im ärztlichen Berufsrecht ist keine Pflicht zum Abschluss einer Berufshaftpflichtversicherung in bestimmter Höhe vorgesehen, sondern in § 21 MBOÄ lediglich eine nicht näher spezifizierte Pflicht zur Versicherung gegen Haftpflichtansprüche bestimmt (Grundsatz der Selbstversicherung).

## V. Partnerschaftsgesellschaft mit beschränkter Berufshaftung (Abs. 4)

Die die Partnerschaftsgesellschaft kennzeichnende Handelndenhaftung für Berufsausübungsfehler nach Abs. 2 entfällt, wenn die Partnerschaftsgesellschaft gem. Abs. 4 eine (1) zu diesem Zweck durch Gesetz vorgegebene Berufshaftpflichtversicherung (2) unterhält und (3) der Name der Partnerschaft den Zusatz »mit beschränkter Berufshaftung« oder eine Abkürzung dieser Bezeichnung enthält. Aus einer »einfachen« Partnerschaftsgesellschaft (PartG) wird in diesem Fall eine »Partnerschaftsgesellschaft mit beschränkter Berufshaftung« (PartG mbB). Die PartG mbB ist keine eigenständige Rechtsform, sondern lediglich eine Rechtsformvariante der PartG (OLG Nürnberg NZG 2014, 422). Insbesondere unter Rechtsanwälten erfreut sich die PartG mbB zunehmender Beliebtheit (vgl. *Lieder/Frehse/Kilian* NJW 2018, 2175). Für die Angehörigen der Heilberufe ist die Nutzung der PartG mbB gegenwärtig allerdings fast ausnahmslos noch nicht möglich, da das Berufsrecht zumeist noch nicht an die seit 2013 bestehende Rechtslage im Gesellschaftsrecht angepasst ist (näher u. Rdn. 19d).

19a

Die Versicherungspflicht i.S.v. Abs. 4 Satz 1 trifft die Gesellschaft, nicht die Gesellschafter. Eine solche gesellschaftsbezogene Versicherungspflicht ist atypisch für Personengesellschaften, die der Ausübung eines freien Berufs dienen. Die Anknüpfung der berufsrechtlichen Pflicht zum Vorhalten von Versicherungsschutz erfolgt traditionell an den einzelnen Berufsträger (vgl. § 21 MBOÄ, § 4 MBOZ) und nicht an eine Personengesellschaft, in der er den Beruf u.U. ausübt. So trifft auch die »einfache« PartG, anders die PartG mbB, keine eigenständige Versicherungspflicht (eine gesellschaftsbezogene Versicherungspflicht, wie sie in Abs. 4 Satz 1 für die PartG mbB statuiert wird, ist hingegen typisch für Kapitalgesellschaften, die der Ausübung des freien Berufs dienen bzw. diesen selbst ausüben).

19b

Die Formulierung »zu diesem Zweck durch Gesetz vorgegebene Berufshaftpflichtversicherung...« bewirkt, dass im Berufsgesetz eines freien Berufs, dessen Angehörige die PartG mbB nutzen möchten, eine gesetzliche Regelung zur Berufshaftpflichtversicherung der Partnerschaftsgesellschaft vorgesehen sein muss, die auf Abs. 4 Satz 1 Bezug nimmt. Eine Versicherung gegen Risiken der Berufshaftpflicht für den Berufsträger in Person, zu deren Unterhaltung Angehörige vieler regulierter freier Berufe verpflichtet sind, erfüllt die Anforderungen von Abs. 4 Satz 1 nicht. Eine Versicherung eines Berufsträgers i.S.v. § 21 MBOÄ, § 4 MBOZ ist keine von Abs. 4 Satz 1 vorausgesetzte Versicherung. Dies gilt auch dann, wenn der Versicherungsvertrag sowohl Ansprüche gegen den Gesellschafter als auch gegen die Gesellschaft abdeckt, da eine solche Versicherung keine zum Zweck der Beschränkung der Haftung auf das Gesellschaftsvermögen der PartG mbB vorgegebene Berufshaftpflichtversicherung ist.

19c

In den Berufsgesetzen der Heilberufe fehlt es gegenwärtig zumeist an den in Abs. 4 Satz 1 vorausgesetzten gesetzlichen Regeln zu einer Berufshaftpflichtversicherung einer Heilberufler-PartG mbB. Bayern gestattet durch Art. 18 Abs. 2 HkaG Ärzten, Zahnärzten, Psychotherapeuten und Tierärzten die Ausübung des Berufs in einer PartG mbB (näher *Schiller* BayÄBl. 2015, 506, 507). Nach Art. 18 Abs. 2 Satz 1 HKaG erfüllen Praxen in der Rechtsform der PartGmbB die Voraussetzungen i.S.v. Abs. 4 Satz 1, wenn sie eine dem aus der heilberuflichen Tätigkeit in der konkreten Praxis erwachsenden Haftungsrisiko angemessene Berufshaftpflichtversicherung unterhalten und die Mindestversicherungssumme pro Versicherungsfall 5 Mio. € beträgt. Zulässig ist es nach Art 18 Abs. 2 Satz 1 HKaG, wenn die Leistungen des Versicherers für alle innerhalb eines Versicherungsjahrs verursachten Schäden auf 5. Mio. €, vervielfacht mit der Zahl der Gesellschafter der PartG mbB, begrenzt werden. Die Jahreshöchstleistung muss sich jedoch mindestens auf 20 Mio. € belaufen. In Niedersachsen schreibt § 32 Abs. 4 HKG eine »hinreichende Haftpflichtversicherung zur Deckung bei der Berufsausübung verursachter Schäden« vor, deren Mindestversicherungssumme fünf Millionen Euro für jeden Versicherungsfall, und eine Jahresversicherungssumme von mindestens fünf Millionen Euro vervielfacht mit der Zahl der Partner, jedenfalls aber 20 Millionen Euro vorsieht. Um die Vorteile der Nutzung der PartG mbB abzusichern und eine mittelbare Gesellschafterhaftung auszuschließen, ist es notwendig, dass im Gesellschaftsvertrag Nachschusspflichten der Gesellschafter (§ 1 Abs. 4 PartGG i.V.m. § 735 BGB) für Verbindlichkeiten der Gesellschaft aus

19d

Berufsausübungsfehlern ausgeschlossen werden. Unterbleibt dies, führt die Verlustausgleichspflicht aus § 1 Abs. 4 PartGG i.V.m. § 739 BGB zu einem wirschaftlichen Einstehenmüssen der Gesellschafter für Berufsausübungsfehler bei Liquidation der Gesellschaft.

19e Die Angehörigen der Heilberufe in Bundesländern ohne vergleichbare Regelungen können die PartG mbB nicht nutzen, da sie die Anforderungen des PartGG an die Haftungsbeschränkung nicht erfüllen können. Grund hierfür ist, dass es dem Bundesgesetzgeber an der Normsetzungsbefugnis für die Heilberufe mangelt, sodass er, anders als für die regulierten Beratungsberufe (Rechtsanwalt, Steuerberater, Wirtschaftsprüfer), nicht zeitgleich mit der Reform des PartGG die berufsrechtlichen Voraussetzungen zur Nutzung der PartG mbB durch Heilberufler schaffen konnte. Bis entsprechende Vorschriften im Rahmen der Gesetzgebungskompetenz der Länder in Kraft gesetzt sind, können Heilberufler nur die »einfache« PartG nutzen. Aufgrund der beiläufigen Formulierung in den Gesetzesmaterialien (BT-Drs. 17/10487 S. 14), dass es »wegen des Parlamentsvorbehalts... im PartGG keiner zusätzlichen Anordnung [bedarf]«, ist klar, dass die entsprechende Regelung im jeweiligen Berufsgesetz erfolgen muss und nicht (konstitutiv) auf der Ebene des Satzungsrechts normiert werden darf (zustimmend hier: *Barth*, Haftungsrecht ist kein Standesrecht, NZG 2018, 94). Gegenwärtig wird die Frage der Berufshaftpflichtversicherung in einigen Bundesländern im Heilberufsgesetz geregelt (z.B. § 30 HeilBerG NRW), in anderen Bundesländern vollständig auf den Satzungsgeber delegiert und daher in der BO adressiert (z.B. §§ 33 Abs. 1 NdsHKG).

19f Sind in einem Berufsgesetz die notwendigen Inhalte des Berufshaftpflichtversicherungsschutzes bestimmt, muss die Versicherung im Sinne von Abs. 4 Satz 1 auch unterhalten werden. Dies setzt voraus, dass die Versicherung nicht nur abgeschlossen worden ist, sondern auch, dass im Moment der schädigenden Handlung Versicherungsschutz besteht. Ist dies, aus welchen versicherungsrechtlichen Gründen auch immer, nicht der Fall, greift die Haftungsbeschränkung zugunsten der handelnden Gesellschafter nicht, wohl aber aufgrund des Verweises auf § 117 VVG im Verhältnis zum geschädigten Dritten. Die Versicherung kann dann aufgrund ihrer Leistungsfreiheit im Innenverhältnis Regress bei allen (und nicht nur bei den schadensverursachenden) Gesellschaftern nehmen (u. Rdn. 19g). Für die Anwendbarkeit der Privilegierung ist der Zeitpunkt der Mandaterteilung und nicht der der haftungsauslösenden Pflichtverletzung maßgeblich (LG Bielefeld BeckRS 2019, 52765).

19g Der Name der PartG mbB muss nach Abs. 4 Satz 3 den besonderen Zusatz »mit beschränkter Berufshaftung« oder eine allgemein verständliche Abkürzung enthalten, die auf die beschränkte Haftung hinweist. Die Regelung hat rein firmenrechtliche Bedeutung, die Eintragung des Namenszusatzes in das Partnerschaftsregister ist nicht Bedingung der Haftungsbeschränkung. Gesetzlich als allgemein verständliche Abkürzung des Zusatzes »mit beschränkter Berufshaftung« ist »mbB« genannt. Nicht verwendet werden kann die Abkürzung »mbH«, weil sie für eine weitergehende Beschränkung der Haftung der Gesellschafter steht. Die auf die Haftungsbeschränkung hinweisenden Zusätze können mit den beiden Rechtsformzusätzen aus § 2 Abs. 1 Satz 1 kombiniert werden. Möglich ist auch eine Bezeichnung als »PartGmbB« oder »PartmbB«.

19h Die von der Haftungsbeschränkungsregelung erfassten Ansprüche entsprechen jenen, die von Abs. 2 erfasst sind (o. Rdn. 14). Abs. 4 beschränkt lediglich die Gesellschafterhaftung für diese Ansprüche weitergehend als Abs. 2. Nicht erfasst von Abs. 4 sind deliktische Ansprüche, die sich gegen einen handelnden Gesellschafter unmittelbar richten. Daher muss auch der Heilberufler in einer PartG mbB weiterhin eine persönliche Haftpflichtversicherung im Sinne von unterhalten, so sie berufsrechtlich vorgeschrieben ist (z.B. in § 21 MBOÄ). Wenn einzelne Gesellschafter neben ihrer Tätigkeit in der PartG mbB Aufträge im eigenen Namen annehmen, so fallen hieraus resultierende Verbindlichkeiten nicht unter die Haftungsbeschränkungsregelung des Abs. 4, da die Verträge nicht mit der PartG geschlossen sind.

19i Der in Abs. 4 Satz 2 enthaltene Rechtsfolgenverweis auf die Regelungen zur Pflichtversicherung (§ 113 Abs. 3, 114 bis 124 VVG) stellt sicher, dass der Schutz Dritter auch dann gewährleistet ist, wenn der Versicherer im Verhältnis zur versicherten PartG mbB nachträglich von seiner

Leistungspflicht frei wird, weil die Gesellschaft z.B. mit der Prämienzahlung in Verzug ist oder eine Obliegenheit verletzt hat. Das Bestehen des Anspruchs wird somit zugunsten des Geschädigten fingiert. Notwendig ist der Rechtsfolgenverweis, weil die Berufshaftpflichtversicherung gesetzlich nicht als Pflichtversicherung ausgestaltet ist. Hat der Versicherer den Dritten nach § 117 Abs. 1 VVG befriedigt, geht die Forderung des Dritten gegen den Versicherungsnehmer gem. § 117 Abs. 5 VVG auf den Versicherer über, der deshalb beim Versicherungsnehmer Regress nehmen kann.

## VI. Sonstige vertragliche Haftungsbeschränkungen

§ 8 Abs. 2 sperrt nicht weiterreichende vertragliche Haftungsbeschränkungen mit den Vertragspartnern der Gesellschaft. Sie sind sowohl am allgemeinen zivilrechtlichen Maßstab der §§ 276 Abs. 2, 138, 242 BGB als auch an den Vorgaben des jeweils einschlägigen Berufsrechts zu den Möglichkeiten einer Haftungsbeschränkung zu messen. Erfolgt die Haftungsbeschränkung formularvertraglich, muss sie den Vorgaben der §§ 307 ff. BGB genügen, insbesondere darf sie nach § 307 Abs. 2 Nr. 1 BGB nicht von wesentlichen Grundgedanken des PartGG abweichen. Weder die Haftung für eigene Berufsfehler noch die akzessorische Gesellschafterhaftung können daher mit Rücksicht auf § 8 Abs. 1, 2 AGB-mäßig ausgeschlossen werden. 20

## § 9 Ausscheiden eines Partners; Auflösung der Partnerschaft

(1) Auf das Ausscheiden eines Partners und die Auflösung der Partnerschaft sind, soweit im folgenden nichts anderes bestimmt ist, die §§ 131 bis 144 des Handelsgesetzbuchs entsprechend anzuwenden.

(2) *(aufgehoben)*

(3) Verliert ein Partner eine erforderliche Zulassung zu dem Freien Beruf, den er in der Partnerschaft ausübt, so scheidet er mit deren Verlust aus der Partnerschaft aus.

(4) Die Beteiligung an einer Partnerschaft ist nicht vererblich. Der Partnerschaftsvertrag kann jedoch bestimmen, daß sie an Dritte vererblich ist, die Partner im Sinne des § 1 Abs. 1 und 2 sein können. § 139 des Handelsgesetzbuchs ist nur insoweit anzuwenden, als der Erbe der Beteiligung befugt ist, seinen Austritt aus der Partnerschaft zu erklären.

| Übersicht | Rdn. | | Rdn. |
|---|---|---|---|
| A. Regelungsinhalt und Normzweck | 1 | g) Ausschließungsklage (§ 140 Abs. 1 HGB) | 19 |
| B. Tatbestand | 2 | h) Verlust der Zulassung (§ 9 Abs. 3 PartGG) | 20 |
| I. Ausscheiden eines Gesellschafters | 2 | 3. Folgen des Ausscheidens | 23 |
| 1. Grundsatz | 2 | II. Die Auflösung der Partnerschaft | 27 |
| 2. Ausscheidensgründe | 4 | 1. Allgemeines | 27 |
| a) Tod eines Partners (§ 131 Abs. 3 Satz 1 Nr. 1 HGB) | 4 | 2. Auflösungsgründe | 28 |
| | | a) Zeitablauf (§ 131 Abs. 1 Nr. 1 HGB) | 28 |
| b) Eröffnung des Insolvenzverfahrens über das Vermögen eines Partners (§ 131 Abs. 3 Satz 1 Nr. 2 HGB) | 5 | b) Gesellschafterbeschluss (§ 131 Abs. 1 Nr. 2 HGB) | 29 |
| c) Kündigung durch Partner (§ 131 Abs. 3 Satz 1 Nr. 3 HGB) | 6 | c) Insolvenz der Gesellschaft (§ 131 Abs. 1 Nr. 3 HGB) | 30 |
| d) Kündigung durch den Privatgläubiger des Partners (§ 131 Abs. 3 Satz 1 Nr. 4 HGB) | 11 | d) Gerichtliche Entscheidung (§ 131 Abs. 1 Nr. 4 HGB) | 31 |
| e) Vertraglich vereinbarte Gründe (§ 131 Abs. 3 Satz 1 Nr. 5 HGB) | 15 | 3. Folgen der Auflösung | 32 |
| | | III. Erbfall (Abs. 4) | 33 |
| f) Beschluss der Partner | 18 | IV. Übertragung | 34 |

## A. Regelungsinhalt und Normzweck

1 § 9 regelt drei Problemkreise: Veränderungen im Gesellschafterbestand durch das Ausscheiden von Gesellschaftern, die Auflösung der Gesellschaft bei Vorliegen eines Auflösungsgrundes und die Übertragung eines Gesellschaftsanteils. § 9 verweist hierfür umfassend auf das Recht der OHG und erklärt in Abs. 1 den 4. Titel des 1. Abschnitts des 2. Buchs des HGB, d.h. die §§ 131 bis 144 HGB, pauschal für anwendbar. Eigenständige Regelungen sind nur mit Rücksicht auf zwei Problemkreise notwendig, die den Besonderheiten der (regulierten) Freien Berufe Rechnung tragen: Zum einen ist als besonderer gesetzlicher Ausscheidensgrund der Verlust der für die Berufsausübung notwendigen Berufszulassung bestimmt (Abs. 3). Zum anderen stellt Abs. 4 klar, dass eine Vererbung des Gesellschaftsanteils nur an solche Personen in Betracht kommt, die ebenso wie der Erblasser die persönlichen Voraussetzungen für eine Mitgliedschaft in einer PartG erfüllen.

## B. Tatbestand

### I. Ausscheiden eines Gesellschafters

#### 1. Grundsatz

2 Anders als für die GbR ist für die PartG aufgrund ihrer konzeptionellen Anlehnung an die OHG der Grundsatz »Ausscheiden vor Auflösung« bestimmt, d.h. das Gesetz statuiert kein Junktim zwischen unveränderter Zusammensetzung des Gesellschafterkreises und Fortbestand der Gesellschaft. Vielmehr ist für den Gesetzgeber die Überlegung leitend, dass ein Zusammenschluss zu einer Berufsausübungsgesellschaft zwar typischerweise aufgrund besonderen persönlichen Vertrauens erfolgt, der vergesellschafteten Ausübung Freier Berufe aufgrund der besonderen Bedeutung der individuellen Fähigkeiten der Gesellschafter ein Wechsel der Gesellschafter aber nicht wesensfremd ist.

3 Gründe für das Ausscheiden sind zum einen die in §§ 131, 132 HGB genannten – Tod, Insolvenz oder Kündigung durch einen Gesellschafter oder seinen Privatgläubiger oder Gesellschafterbeschluss –, ferner die Ausschließung durch richterliches Gestaltungsurteil (§ 140 HGB) und schließlich der spezielle Ausscheidensgrund des Verlusts der Zulassung zu dem Beruf, der die Zugehörigkeit zur PartG nach § 1 ermöglicht. Nach § 9 Abs. 1 PartGG i.V.m. § 131 Abs. 3 Satz 2 HGB scheidet der Partner mit dem Eintritt des ihn betreffenden Ereignisses aus, im Fall der Kündigung aber nicht vor Ablauf der Kündigungsfrist und im Fall der Ausschließung durch Gestaltungsurteil nicht vor dessen Rechtskraft. Das Ausscheiden eines Partners ist gem. § 9 Abs. 1 PartGG i.V.m. § 143 Abs. 2 HGB zur Eintragung ins Partnerschaftsregister anzumelden. Mit dem Ausscheiden des vorletzten Partners erlischt die Gesellschaft (LG Essen Beschl. v. 01.09.2004 – 7 T 508/04). Vermögen und Verbindlichkeiten der Gesellschaft gehen auf den letzten Partner im Wege der Gesamtrechtsnachfolge über. Eine allein auf das Ausscheiden des vorletzten Partners und nicht auch auf das Erlöschen der Gesellschaft gerichtete Anmeldung ist nicht eintragungsfähig (KG NZG 2007, 665 f.).

#### 2. Ausscheidensgründe

##### a) Tod eines Partners (§ 131 Abs. 3 Satz 1 Nr. 1 HGB)

4 Der Tod eines Partners führt nach § 9 Abs. 1 PartGG i.V.m. § 131 Abs. 3 Satz 1 Nr. 1 HGB nur zum Ausscheiden des verstorbenen Partners aus der Gesellschaft. Der Bestand der Gesellschaft bleibt hiervon unberührt, sie wird unter den verbleibenden Partnern fortgesetzt. Die Erben des verstorbenen Gesellschafters erhalten lediglich einen Abfindungsanspruch (§ 1 Abs. 4 PartGG i.V.m. § 738 Abs. 1 Satz 2 BGB), da die Beteiligung an einer PartG nach § 9 Abs. 4 Satz 1 grundsätzlich nicht vererblich ist. Durch die Vereinbarung von Nachfolgeklauseln im Gesellschaftsvertrag kann jedoch eine hiervon abweichende Vereinbarung getroffen werden, die allerdings das Erfordernis berücksichtigen muss, dass nach § 1 nur Angehörige Freier Berufe Gesellschafter einer PartG sein können.

### b) Eröffnung des Insolvenzverfahrens über das Vermögen eines Partners (§ 131 Abs. 3 Satz 1 Nr. 2 HGB)

Die Eröffnung des Insolvenzverfahrens über das Vermögen eines Gesellschafters führt zum (bloßen) Ausscheiden aus der Gesellschaft (§ 9 Abs. 1 PartGG i.V.m. § 131 Abs. 3 Satz 1 Nr. 2 HGB). Der zwangsweise ausscheidende Gesellschafter ist abzufinden, den entsprechenden Anspruch kann der Insolvenzverwalter geltend machen und zur Befriedigung der Gläubiger des insolventen Gesellschafters verwerten.

### c) Kündigung durch Partner (§ 131 Abs. 3 Satz 1 Nr. 3 HGB)

Jeder Partner kann gem. § 9 Abs. 1 PartGG i.V.m. §§ 131 Abs. 3 Nr. 3, 132 HGB seine Gesellschafterstellung durch ordentliche Kündigung selbst beenden (Austrittskündigung). Eine solche Kündigung eines Partners führt grundsätzlich nur zu dessen Ausscheiden aus der PartG. Die Möglichkeit der Beendigung der Mitgliedschaft nach freiem Ermessen des Gesellschafters, d.h. ohne einen von der Rechtsordnung gebilligten Grund, entspricht dem in § 723 Abs. 1 Satz 1 BGB niedergelegten gesellschaftsrechtlichen Grundsatz, demzufolge alle Personengesellschaften, die für eine unbestimmte Zeit eingegangen sind, auch ohne einen wichtigen Grund gekündigt werden können (Henssler/Strohn/*Kilian* § 723 Rn. 9 f.). § 131 Abs. 3 Nr. 3 HGB stellt dieses Lösungsrecht klar, § 132 HGB regelt Termin und Frist der ordentlichen Kündigung.

Nicht selten ist in Partnerschaftsgesellschaften der durch Kündigung bewirkte Austritt eines Gesellschafters mit einem Eintritt eines neuen Gesellschafters als Berufsträger verbunden. Ein Gesellschafterwechsel kann in zwei Formen erfolgen: Denkbar ist zum einen eine Anteilsübertragung gemäß §§ 413, 398 BGB durch Vertrag zwischen dem alten und dem neuen Gesellschafter. Zum anderen kann ein Gesellschafterwechsel auch im Wege einer Kombination aus Austritt und Beitritt erfolgen (BGH NJW 1966, 499 ff.). Der Gesellschafterwechsel ist typischerweise Gegenstand auch schuldrechtlicher Vereinbarungen zur Umstrukturierung der Gesellschaft, die Zahlungspflichten des Neugesellschafters gegenüber dem Austretenden enthalten. Die Wirksamkeit solcher Vereinbarungen setzt die Zustimmung aller Gesellschafter voraus (OLG Hamm Urt. v. 04.09.2017 – 8 U 27/17). Relevant werden kann ihr Fehlen, wenn nach einem Scheitern des Gesellschafterwechsels Ansprüche aus der zu Grunde liegenden schuldrechtlichen Vereinbarung geltend gemacht werden.

Ist im Gesellschaftsvertrag nicht ein anderes vereinbart, muss die Kündigung nach § 132 HGB mit einer **Frist** von mindestens 6 Monaten zum Ende des Geschäftsjahres erfolgen. Entspricht dieses dem Kalenderjahr, muss die Kündigung zum 31.12. bis zum 30.06. erfolgt sein. Ein Fristversäumnis bedeutet im Zweifel Kündigung zum nächstmöglichen Termin. Eine Verlängerung der gesetzlichen Kündigungsfrist ist möglich (§ 1 Abs. 4 PartGG i.V.m. § 723 Abs. 1 Satz 3 BGB), nicht aber ein Ausschluss oder eine übermäßige Erschwerung (in zeitlicher oder auch materieller Hinsicht) der Lösungsmöglichkeit von der Gesellschaft. Jedenfalls nicht – auch nicht unter dem Gesichtspunkt der Altersabsicherung der Gesellschafter – wirksam ist ein Ausschluss der Kündigung für 30 Jahre (BGH NJW 2007, 295) oder gar dauerhaft durch Vereinbarung einer Gesellschaft auf Lebenszeit (näher Henssler/Strohn/*Kilian* § 723 Rn. 26). Die Kündigungsfristen können nach Gesellschaftern differenzieren. Möglich ist auch, gesellschaftsvertraglich ein Recht zur Anschlusskündigung vorzusehen, das für die übrigen Gesellschafter nach der Kündigung eines Gesellschafters besteht (näher Nentwig/Bonvie/Hennings/*Wolff-Pfisterer*, S. 126 f.). Machen alle Gesellschafter von einem solchen Recht Gebrauch, führt dies zur Auflösung der Gesellschaft (u. Rdn. 27 ff.) und ohne vertraglich abweichende Regelung dazu, dass ein Abfindungsanspruch auch beim Erstkündigenden nur in Höhe des Liquidationserlöses und nicht nach dem Verkehrswert entsteht.

Die Kündigungserklärung – eine empfangsbedürftige Willenserklärung – ist, soweit der Gesellschaftsvertrag keine abweichende Regelung trifft, ohne Einhaltung einer besonderen Form an alle übrigen – nicht nur die geschäftsführenden – Gesellschafter (nicht an die Gesellschaft) zu richten und muss die zweifelsfreie, wenn auch nicht notwendig explizite Erklärung enthalten, die Partnerschaft zum nächstmöglichen Termin zu verlassen. Eine besondere Form ist für die Kündigungserklärung nicht vorgesehen, kann aber im Gesellschaftsvertrag bestimmt werden. Ist nur eine besondere Form für die ordentliche Kündigung bestimmt, gilt diese im Zweifelsfall auch für eine außerordentliche Kündigung (LG Cottbus NZG 2002, 375 f.).

9 Eine unzeitige Kündigung (zu dieser Henssler/Strohn/*Kilian* § 723 Rn. 21) kann den Kündigenden nach § 1 Abs. 4 PartGG i.V.m. § 723 Abs. 2 Satz 2 BGB zu Schadensersatz verpflichten. Vorübergehend, aber nicht dauerhaft kann die Kündigung unter dem Gesichtspunkt des Rechtsmissbrauchs (§ 242 BGB) ausgeschlossen sein. Dies hat die Rspr. etwa bei einer Kündigung im ersten Jahr nach Gründung der Gesellschaft angenommen (BGHZ 23, 10, 16).

10 Die Möglichkeit einer fristlosen Kündigung aus wichtigem Grund sieht das Gesetz nicht vor, allerdings besteht bei Vorliegen eines solchen die Möglichkeit einer Auflösungsklage gem. § 9 Abs. 1 PartGG i.V.m. § 133 HGB. Nach § 133 Abs. 2 HGB liegt ein wichtiger Grund insbesondere vor, wenn ein anderer Gesellschafter eine ihm nach dem Gesellschaftsvertrag obliegende wesentliche Verpflichtung vorsätzlich oder aus grober Fahrlässigkeit verletzt oder wenn die Erfüllung einer solchen Verpflichtung unmöglich wird. Praktische Anwendungsfälle sind etwa Unterschlagungen oder Veruntreuungen durch einen Partner, eine Suchterkrankung eines Partners, aber auch, da ein Verschulden nicht notwendig ist, langwährende Krankheiten oder lange Abwesenheiten. Aufgrund des Erfordernisses einer Auflösungsklage ist ein fristloser Austritt aus der Gesellschaft im Vergleich zur GbR selbst bei Vorliegen eines wichtigen Grundes deutlich erschwert, was in einer konfliktgeladenen PartG unbefriedigend sein kann. Der Gesellschaftsvertrag kann das Lösungsrecht des einzelnen Gesellschafters allerdings modifizieren, etwa für die ordentliche Kündigung die Kündigungsfrist verkürzen oder ganz auf sie verzichten. Nicht möglich ist es aber, das Kündigungsrecht auszuschließen oder in vergleichbarer Weise zu erschweren (o. Rdn. 6 f.).

**d) Kündigung durch den Privatgläubiger des Partners (§ 131 Abs. 3 Satz 1 Nr. 4 HGB)**

11 Gem. § 9 Abs. 1 PartGG i.V.m. § 131 Abs. 3 Satz 1 Nr. 4 HGB scheidet ein Partner aus der Gesellschaft aus, wenn einer seiner Gläubiger die Kündigung erklärt. Ein Privatgläubiger eines Gesellschafters hat aufgrund § 7 Abs. 2 PartGG i.V.m. § 124 Abs. 2 HGB keine Möglichkeit, direkt in das Vermögen der Gesellschaft zu vollstrecken, sodass er darauf verwiesen ist, den Anteil seines Schuldners im Wege der Zwangsvollstreckung zu realisieren. Ein solches Vorgehen ermöglicht ihm die in §§ 131 Abs. 3 Satz 1 Nr. 4 i.V.m. 135 HGB als eigenes Gestaltungsrecht zugebilligte Möglichkeit zur Kündigung der Mitgliedschaft seines Schuldners in der Gesellschaft. Hierdurch kann er den Wert dieser Mitgliedschaft zu seiner Befriedigung realisieren.

12 Die Kündigung seitens des Privatgläubigers ist nicht ohne Weiteres, sondern nur unter Beachtung der Voraussetzungen des § 135 HGB möglich: Der Gläubiger des Gesellschafters muss innerhalb der letzten 6 Monate eine Zwangsvollstreckung in das bewegliche Vermögen des Gesellschafters ohne Erfolg versucht und aufgrund eines nicht bloß vorläufig vollstreckbaren Schuldtitels die Pfändung und Überweisung des Anspruchs auf dasjenige erwirkt haben, was dem Gesellschafter bei der Auseinandersetzung zukommt. Ist dies der Fall, kann der Gläubiger die Gesellschaft mit einer Frist von 6 Monaten zum Ende des Geschäftsjahres kündigen. Die Kündigungserklärung muss gegenüber allen Gesellschaftern (einschließlich des Gesellschafters, der Schuldner des Kündigenden ist) erfolgen. Wird sie gegenüber der Gesellschaft erklärt, muss die Erklärung rechtzeitig allen Gesellschaftern zugehen.

13 Durch die Kündigung bringt der Gläubiger den pfändbaren Anspruch seines Schuldners auf das Auseinandersetzungsguthaben gem. § 1 Abs. 4 PartGG i.V.m. § 717 Satz 2 BGB zur Entstehung. Allerdings ist er an ggf. im Gesellschaftsvertrag vereinbarte Einschränkungen, vor allem an Klauseln zur Höhe der Abfindung, gebunden, soweit diese bis zur Pfändung und Überweisung des Auseinandersetzungsanspruchs getroffen wurden. Nach diesem Zeitpunkt sind sie nur noch wirksam, wenn der Privatgläubiger diesen zustimmt.

14 Die Kündigung führt – sofern der Gesellschaftsvertrag nichts Abweichendes vorsieht – nicht zur Auflösung der Gesellschaft. Zwischen dem ausscheidenden Gesellschafter und der PartG erfolgt

eine Auseinandersetzung nach Maßgabe der §§ 738 bis 740 BGB. Der Gläubiger des Gesellschafters kann sich aus dem ihm überwiesenen Auseinandersetzungsguthaben des ausscheidenden Partners befriedigen.

### e) Vertraglich vereinbarte Gründe (§ 131 Abs. 3 Satz 1 Nr. 5 HGB)

Ein Ausscheiden eines Gesellschafters aus der Gesellschaft ist nicht nur aus den im Gesetz bestimmten Gründen möglich. Die Voraussetzungen des Ausscheidens können auch im Gesellschaftsvertrag bestimmt werden und sind dann nach § 9 Abs. 1 PartGG i.V.m. § 131 Abs. 3 Satz 1 Nr. 5 HGB verbindlich. Denkbar sind sowohl Erweiterungen als auch Beschränkungen der gesetzlichen Regelungen zum Ausscheiden (z.B. Recht zur jederzeitigen Kündigung; Recht zur fristlosen Hinauskündigung aus wichtigem Grund; Konkretisierung wichtiger Gründe). 15

Beschränkungen dürfen nicht zu einem faktischen Ausschluss des Kündigungsrechts führen (vgl. zu zeitlichen Höchstgrenzen BGH NJW 2007, 295 (unzulässig: 30 Jahre); OLG Düsseldorf NJW-RR 2005, 288, 289; OLG Stuttgart OLG-Report Stuttgart 2007, 295, 297 [5 Jahre angemessen]). An die Stelle der unzulässigen Kündigungsbeschränkung tritt ggf. eine nach den Umständen des Einzelfalls angemessene Laufzeit (BGH NJW 2007, 295). 16

Erweiterungen des Kündigungsrechts begegnen u.a. dann Bedenken, wenn der Gesellschaftsvertrag den Ausschluss eines Gesellschafters durch die übrigen Gesellschafter ohne wichtigen Grund gestattet. Eine solche »Hinauskündigungsklausel« ist grundsätzlich unwirksam (BGHZ 68, 212, 215) und hat nur ausnahmsweise Bestand, wenn ein Ausschluss eines Gesellschafters wegen besonderer Umstände sachlich gerechtfertigt ist (BGHZ 81, 263, 266 ff.; 105, 213, 216 f.; 112, 103, 107 f.; 164, 98, 102; 164, 107, 110 f.). Dies wird insbesondere angenommen bei einer »geschenkten« Gesellschafterstellung eines »Junior«gesellschafters, der sich nicht in die Gesellschaft einkaufen musste und den die Altgesellschafter in einer Übergangszeit erproben möchten. Soweit die aufnehmenden Gesellschafter sich eine solche Hinauskündigung offen halten möchten, sollte die Ratio eines solchen Kündigungsgrundes im Gesellschaftsvertrag, etwa unter Skizzierung der Genese der Gesellschaft und der Art des Anteilserwerbs, näher erläutert werden. Hat der Neugesellschafter seine Gesellschafterstellung entgeltlich erworben, kann ein voraussetzungslos bestehendes Hinauskündigungsrecht nicht in Betracht kommen (näher *Kilian* WM 2006, 1567 ff.). Ohne Hinauskündigungsklausel kann kraft Kündigung nur der eigene Austritt der Hinauskündigenden aus der Gesellschaft vollzogen werden, nicht aber ein anderer Gesellschafter aus der Partnerschaft heraus gedrängt werden. Eine gleichwohl erfolgte Ausschlusskündigung ist dann als Austrittskündigung der übrigen Partner zu werten. Das mit dem Austritt der übrigen Partner entstehende Übernahmerecht des verbleibenden Partners kann dieser nur einheitlich ausüben (OLG Braunschweig MDR 1999, 1352). Er kann die Gesellschaft nicht nur teilweise, etwa beschränkt auf eine bestimmte Niederlassung, fortführen (OLG Braunschweig MDR 1999, 1352). 17

### f) Beschluss der Partner

Die – in ihrem Wortlaut missverständliche – Regelung des § 9 Abs. 1 PartGG i.V.m. § 131 Abs. 3 Satz 1 Nr. 6 HGB erlaubt den Ausschluss eines Partners aufgrund eines – mangels anderweitiger Vereinbarung – nach § 6 Abs. 3 PartGG i.V.m. § 119 Abs. 1 HGB einstimmigen Gesellschafterbeschlusses. »Beschluss der Gesellschafter« meint damit nicht einen Ausschluss eines Gesellschafters ohne dessen Zustimmung. Die Trennung von einem Gesellschafter gegen dessen Willen ist nur über eine Ausschlussklage nach §§ 140 Abs. 1, 133 HGB möglich (u. Rdn. 19). 18

### g) Ausschließungsklage (§ 140 Abs. 1 HGB)

Gem. § 9 Abs. 1 PartGG i.V.m. § 140 Abs. 1 Satz 1 HGB kann ein Partner durch gerichtliche Entscheidung aus wichtigem Grund aus der PartG ausgeschlossen werden (soweit das Ausschließungsrecht gesellschaftsvertraglich nicht abbedungen wird). Die Ausschließungsklage ist von sämtlichen Mitgesellschaftern in notwendiger Streitgenossenschaft (§ 62 ZPO) zu erheben 19

(BGHZ 30, 195, 197). § 140 Abs. 1 HGB verweist hinsichtlich der materiellen Voraussetzungen auf § 133 HGB, der die Auflösung der Gesellschaft aus wichtigem Grund regelt. Für einen Ausschluss durch Gestaltungsurteil muss ein solcher wichtiger Grund, der die Auflösung der Gesellschaft gestatten würde, in der Person eines Gesellschafters eingetreten sein (vgl. o. Rdn. 10). Es kommen also nur Umstände in Betracht, die sich auf den auszuschließenden Partner selbst beziehen (vgl. *Henssler* FS. Konzen S. 267, 280).

### h) Verlust der Zulassung (§ 9 Abs. 3 PartGG)

20 Nach § 9 Abs. 3 führt der unanfechtbar festgestellte Verlust der Zulassung zu dem in der PartG ausgeübten Freien Beruf zum Ausscheiden aus der Gesellschaft. Diese Regelung stellt sicher, dass Gesellschafter der PartG i.S.v. § 1 nur aktuelle Angehörige eines Freien Berufs sind (nicht hingegen, dass sie die freiberufliche Tätigkeit tatsächlich ausüben). Sie hat nur Relevanz für solche Freien Berufe, deren Ausübung an eine Berufszulassung geknüpft ist, z.B. im Fall eines Arztes an die Approbation. Bei diesem führt zum Ausscheiden aus der Gesellschaft ipso iure nur der endgültige Verlust der Approbation, d.h. nicht das Ruhen oder nur eine vorübergehende Aufhebung der Berufszulassung nach §§ 6, 13 BÄO. Der i.S.d. § 9 Abs. 3 tatbestandsmäßige Verlust der Zulassung kann auf Rücknahme (§ 5 BÄO), Widerruf oder Verzicht (§§ 8, 9 BÄO) beruhen.

21 Ist ein Gesellschafter in einem weiteren Beruf, der berufsrechtlich in der PartG ausgeübt werden darf, qualifiziert und erfolgt die Ausübung auch dieses Berufs in der Partnerschaft, führt nur der Verlust einer etwaigen Zulassung auch in diesem Beruf zum Ausscheiden. So hat etwa der Verlust der Approbation eines Arztes nicht dessen Ausscheiden zur Folge, wenn der Arzt zugleich einen Beruf in der PartG ausübt, der Gegenstand einer medizinischen Kooperationsgemeinschaft i.S.v. § 23b MBOÄ sein kann. Anders verhält es sich, wenn der kooperationsfähige Beruf zum Zeitpunkt des Verlusts der Approbation nicht in der PartG ausgeübt worden ist. Allerdings kann der Gesellschaftsvertrag eine Regelung vorsehen, dass bei Verlust der Berufszulassung die Gesellschaft mit dem Partner in dessen freiberuflicher Zusatzqualifikation fortgesetzt wird (vgl. Meilicke/Graf v. Westphalen/Hoffmann/Lenz/Wolff/*Hoffmann* § 9 Rn. 22).

22 Der Verlust der Zulassung zur Teilnahme an der vertragsärztlichen Versorgung, z.B. aus Altersgründen, stellt keinen Verlust der Zulassung im Sinne von § 9 Abs. 3 dar, da der Betroffene weiterhin befugt ist, privatärztlich tätig zu sein und seine privatärztliche Tätigkeit auch vergesellschaftet mit Vertragsärzten erbringen darf (§ 18 MBOÄ Rdn. 81). Soll nach dem Willen der Gesellschafter mit dem Verlust der Zulassung zur Teilnahme an der vertragsärztlichen Versorgung ein Ausscheiden aus der Gesellschaft einhergehen, muss diese Frage daher im Gesellschaftsvertrag geregelt werden.

### 3. Folgen des Ausscheidens

23 Die Folgen des Ausscheidens ergeben sich aus § 1 Abs. 4 PartGG i.V.m. § 738 BGB. Der Anteil des ausscheidenden Partners wächst – insoweit indisponibel – automatisch den verbleibenden Partnern zu (vgl. OLG Karlsruhe BeckRS 2010, 00269). Dem Ausscheidenden sind die von ihm der PartG zur Nutzung überlassenen Gegenstände zurückzugeben, er ist von den gemeinschaftlichen Schulden zu befreien und ein Auseinandersetzungsguthaben, das er bei Auflösung der Gesellschaft zum Zeitpunkt seines Ausscheidens erhalten hätte, muss ihm ausgezahlt werden. Die Berechnung des Abfindungsguthabens und die Wirksamkeit von Abfindungsklauseln bestimmen sich nach den im Personengesellschaftsrecht entwickelten Grundsätzen (hierzu ausführlich Henssler/Strohn/*Kilian* § 738 Rn. 10 ff.). Dem ausgeschiedenen Gesellschafter steht gem. § 810 BGB das Einsichtsrecht in die Buchführung der Gesellschaft als Ganzes zu (OLG München Urt. v. 19.02.2014 – 13 U 2374/11). Gegen die Gesellschaft und die Mitgesellschafter zustehende Ansprüche können aufgrund der sog. Durchsetzungssperre nicht selbstständig im Wege der Leistungsklage durchgesetzt werden.

24 Abfindungsklauseln können grundsätzlich vereinbart werden und sind wirksam, wenn das sich aus ihrer Anwendung ergebende Auseinandersetzungsguthaben unter Berücksichtigung der

Umstände des Einzelfalls als noch angemessen angesehen werden kann (BGH NJW 1979, 104; 1985, 192) und die Klausel faktisch nicht zu einer unzulässigen Beschränkung der freien Kündigungsmöglichkeit führt (o. Rdn. 16). Vereinbart werden kann nicht nur eine Abfindung nach dem Ertragswert, sondern auch eine solche zum Buchwert (BGHZ 123, 281; ausführlich zu Bewertung und Abfindung bei Arztpraxen Clausen/Schroeder-Printzen/*Broglie/Hartmann* § 11 Rn. 318 ff.). Durch sie wird der Ausscheidende von Geschäftswert und stillen Reserven ausgeschlossen. Eine solche Klausel ist auch bei einem Missverhältnis von tatsächlichem Wert und Buchwert nicht unwirksam, wenn das Missverhältnis erst im Laufe der Zeit entstanden ist. Ein sachgerechter Ausgleich ist dann im Wege ergänzender Vertragsauslegung zu suchen (BGHZ 123, 281, 288 f.; 126, 226, 233 f.).

Soweit dies nicht gesellschaftsvertraglich ausgeschlossen wurde, ist der ausscheidende Gesellschafter nach § 740 BGB an dem Gewinn und Verlust zu beteiligen, der aus im Zeitpunkt des Ausscheidens schwebenden **Geschäften** noch erwirtschaftet wird. 25

Besondere Folgen hat das Ausscheiden eines Vertragsarztes, wenn sich der Sitz der PartG in einem zulassungsbeschränkten Gebiet befindet. Nach § 103 Abs. 4 Satz 1 SGB V hat die Kassenärztliche Vereinigung auf Antrag des Vertragsarztes (oder seiner zur Verfügung über die Praxis berechtigten Erben) diesen Vertragsarztsitz unverzüglich auszuschreiben. Ob über den Wortlaut der Norm hinaus ein entsprechendes Antragsrecht auch den in der PartG verbleibenden Gesellschaftern zugebilligt werden muss, ist umstritten (vgl. *Franke* S. 260 ff. m.w.N. zum Streitstand). Die besseren Gründe sprechen für ein solches Antragsrecht, um zu vermeiden, dass der Ausscheidende (bzw. seine Erben) keine Nachbesetzung beantragen, zugleich aber ein Auseinandersetzungsguthaben beanspruchen. Im Fall der Ausschreibung hat der Zulassungsausschuss unter mehreren Bewerbern den Nachfolger nach pflichtgemäßem Ermessen auszuwählen. Bei der Auswahl der Bewerber sind die berufliche Eignung, das Approbationsalter und die Dauer der ärztlichen Tätigkeit zu berücksichtigen, ferner, ob der Bewerber der Ehegatte, ein Kind, ein angestellter Arzt des bisherigen Vertragsarztes oder ein Vertragsarzt ist, mit dem die Praxis bisher gemeinschaftlich ausgeübt wurde. 26

## II. Die Auflösung der Partnerschaft

### 1. Allgemeines

Die PartG ist nach § 9 Abs. 1 PartGG i.V.m. § 131 Abs. 1 HGB zwingend aufzulösen bei Vorliegen eines gesetzlichen Auflösungsgrundes. Darüber hinaus kann der Gesellschaftsvertrag weitere Auflösungsgründe vorsehen. Ein gesetzlich nicht geregelter Fall ist das Ausscheiden von Gesellschaftern mit der Folge, dass lediglich ein einziger Gesellschafter in der Gesellschaft verbleibt. In einem solchen Fall gehen Vermögen und Verbindlichkeiten der Gesellschaft auf den letztverbleibenden Gesellschafter – bei gleichzeitigem Erlöschen der Gesellschaft – über. 27

### 2. Auflösungsgründe

#### a) Zeitablauf (§ 131 Abs. 1 Nr. 1 HGB)

Zeitablauf führt bei einer (für Freiberufler ungewöhnlich) befristet eingegangenen Gesellschaft gem. § 131 Abs. 1 Nr. 1 HGB eo ipso zu deren Auflösung. Dieser Auflösungsgrund ist insoweit nicht zwingend, da eine stillschweigende Fortsetzung nach Fristablauf zur Gleichbehandlung mit einer unbefristet eingegangenen Gesellschaft führt, die nur nach §§ 132, 133 HGB aufgelöst werden kann. 28

#### b) Gesellschafterbeschluss (§ 131 Abs. 1 Nr. 2 HGB)

Die PartG kann jederzeit durch formlos möglichen, einstimmigen – soweit eine bestimmte Form und Mehrheitsprinzip nicht vertraglich vereinbart sind – Beschluss der Gesellschafter gem. § 9 Abs. 1 PartGG i.V.m. § 131 Abs. 1 Nr. 2 HGB aufgelöst werden. 29

#### c) Insolvenz der Gesellschaft (§ 131 Abs. 1 Nr. 3 HGB)

30 Die Eröffnung des Insolvenzverfahrens über das Vermögen der Partnerschaft, die von Amts wegen in das Partnerschaftsregister eingetragen wird, führt nach § 9 Abs. 1 PartGG i.V.m. § 131 Abs. 1 Nr. 3 HGB zur Auflösung der Gesellschaft. Die **Auflösung ist in diesem Fall zwingend**, da das Gesellschaftsvermögen nach der Eröffnung des Insolvenzverfahrens in erster Linie zur Befriedigung der Partnerschaftsgläubiger verwendet werden muss. Nur wenn sich nach Beendigung des Insolvenzverfahrens ein Überschuss ergibt, schließt sich eine Abwicklung an (BGHZ 93, 159, 164). Eine Fortsetzung der aufgelösten Gesellschaft durch die Partner kann nach § 9 Abs. 1 PartGG i.V.m. § 144 Abs. 1 HGB beschlossen werden, wenn das Insolvenzverfahren nach §§ 212, 213 InsO eingestellt oder nach der Bestätigung eines die Fortführung der Gesellschaft vorsehenden Insolvenzplans aufgehoben wird.

#### d) Gerichtliche Entscheidung (§ 131 Abs. 1 Nr. 4 HGB)

31 Bei Vorliegen eines wichtigen Grundes kann die Gesellschaft auf Antrag jedes Partners gem. § 9 Abs. 1 PartGG i.V.m. §§ 131 Abs. 1 Nr. 4, 133 HGB aufgelöst werden. Ein »wichtiger Grund« liegt vor, wenn das Zusammenwirken der Gesellschafter zur Erreichung des Gesellschaftszwecks »gemeinsame Ausübung des Freien Berufs« massiv gestört ist und dem die Auflösung betreibenden Gesellschafter die Fortsetzung der Gesellschaft nicht zumutbar ist (BGHZ 69, 160, 169). Die Auflösung soll aber stets nur »ultima ratio« sein (vgl. BT-Drs. 12/6152 S. 19), sodass denkbare Maßnahmen zur Beseitigung der Störung vorrangig in Betracht zu ziehen sind (BGHZ 80, 346, 348). Die Auflösung nach § 131 Abs. 1 Nr. 4 HGB scheidet aus, wenn in der Person des die Auflösung betreibenden Klägers selbst ein Ausschlussgrund (§ 140 HGB) vorliegt oder ihm jedenfalls ein Austritt aus der Gesellschaft zugemutet werden kann.

### 3. Folgen der Auflösung

32 Durch die Auflösung ändert sich der Zweck der PartG von der Ausübung des Freien Berufs in die Abwicklung der Gesellschaft (**Abwicklungsgesellschaft**). Der Auflösung schließt sich die in § 10 geregelte Liquidation unter den Partnern an (s. § 10 Rdn. 1 ff.). Hinsichtlich der Arbeitsverhältnisse, die die Gesellschaft mit Arbeitnehmern begründet hat, liegt arbeitsrechtlich kein Betriebs- oder Betriebsteilübergang, sondern eine Betriebsstilllegung vor, wenn sich nach erfolgter Einstellung der Praxistätigkeit ein Teil der bisherigen Gesellschafter zu einer neuen Praxis in anderen Geschäftsräumen zusammenschließt und die übrigen Gesellschafter in eine andere Praxis eintreten oder sich als Heilberufler selbstständig machen und jeder Gesellschafter seinen bisherigen Patientenstamm weiterbetreut, ohne dass er das bisherige Praxispersonal oder einen wesentlichen Teil desselben übernimmt (BAG NZA 2009, 485 ff.).

## III. Erbfall (Abs. 4)

33 Der Tod eines Gesellschafters führt in der PartG nicht zur Auflösung der Gesellschaft, sondern zum Ausscheiden des verstorbenen Gesellschafters (§ 9 Abs. 1 PartGG i.V.m. § 131 Abs. 3 Satz 1 Nr. 1 HGB). § 9 Abs. 4 schließt darüber hinaus die Vererblichkeit der Beteiligung aus, da die Mitgliedschaft in der PartG die Zugehörigkeit zu einem Freien Beruf voraussetzt, dessen gemeinsame Ausübung Zweck der Gesellschaft ist. Folgerichtig kann der Gesellschaftsvertrag – vorbehaltlich dies nach § 1 Abs. 3 ausschließender berufsrechtlicher Regelungen – nach § 9 Abs. 4 Satz 2 die Vererblichkeit zugunsten solcher Personen gestatten, die nach § 1 Abs. 2 geeignete Partner sind. Die Besonderheiten der PartG stehen einer einfachen oder qualifizierten Nachfolgeklausel im Gesellschaftsvertrag nicht entgegen. In einem solchen Fall erwirbt der Betreffende die Beteiligung des verstorbenen Partners unmittelbar im Ganzen und nicht nur in Höhe seiner etwaigen Erbquote. Der Erbe, der die ihm zugefallene Gesellschafterstellung nicht wahrnehmen will, kann ohne Einhaltung einer Kündigungsfrist seinen Austritt aus der Gesellschaft erklären (§ 9 Abs. 4 Satz 3 PartGG i.V.m. § 139 Abs. 2 HGB). Bei einer Fortsetzung ohne die Erben wächst der Anteil des verstorbenen Partners den übrigen Partnern nach § 1 Abs. 4 PartGG i.V.m. § 738 BGB zu und die Erben können den Auseinandersetzungsanspruch geltend machen.

## IV. Übertragung

Nicht ausdrücklich geregelt ist in § 9 die Übertragung bzw. die Übertragbarkeit eines Anteils. Aus der nach Abs. 4 fehlenden uneingeschränkten Vererbbarkeit folgt, dass auch eine freie Übertragbarkeit außerhalb eines Erbgangs nicht möglich ist. Sie ist nur zulässig an natürliche Personen mit der berufsrechtlich vorausgesetzten Berufsträgerqualität. Auf die ausdrückliche gesetzliche Nominierung der Einschränkung hinsichtlich der Übertragbarkeit ist lediglich in Bezug auf die ohnehin vorhandenen Vorschriften (§§ 1 f. PartGG; § 134 BGB), aus denen dieses Ergebnis mittelbar folgt, verzichtet worden (OLG Hamm Beschl. v. 05.09.2014 – 27 W 121/14; *Seibert/Kilian*, PartGG, § 9 Rn. 9). 34

## § 10 Liquidation der Partnerschaft; Nachhaftung

(1) Für die Liquidation der Partnerschaft sind die Vorschriften über die Liquidation der offenen Handelsgesellschaft entsprechend anwendbar.

(2) Nach der Auflösung der Partnerschaft oder nach dem Ausscheiden des Partners bestimmt sich die Haftung der Partner aus Verbindlichkeiten der Partnerschaft nach den §§ 159, 160 des Handelsgesetzbuchs.

Übersicht

| | Rdn. | | Rdn. |
|---|---|---|---|
| A. Norminhalt und Regelungszweck | 1 | II. Rechtsfolge der Liquidation | 6 |
| B. Tatbestand | 4 | III. Nachhaftung | 9 |
| I. Liquidation | 4 | | |

### A. Norminhalt und Regelungszweck

§ 10 behandelt zwei praktisch zusammengehörige Problemkreise, die allerdings rechtlich keine unmittelbaren Berührungspunkte aufweisen: Abs. 1 schließt an § 9 an und behandelt mit der Liquidation die nach der Auflösung zweite Phase der Beendigung der Gesellschaft. Abs. 2 betrifft mit einer Regelung zur Nachhaftung hingegen die Rechtsstellung eines früheren Gesellschafters, der seine Gesellschafterstellung durch Auflösung der Gesellschaft oder Ausscheiden aus dieser verloren hat, im Verhältnis zu Dritten. Auch für diese Fragen – Liquidation der PartG und Nachhaftung der Gesellschafter – verweist das PartGG umfassend auf die entsprechenden Normkomplexe zum Recht der OHG in §§ 145 bis 158 HGB bzw. §§ 159, 160 HGB. 1

Der Ablauf der Beendigung der Gesellschaft ist aufgrund des Verweises auf §§ 145 ff. HGB und des Fehlens besonderer Regelungen im PartGG bei OHG und PartG identisch: Nach der Auflösung gem. § 9 folgt die Liquidation nach § 10 nach Maßgabe der §§ 145 ff. HGB. §§ 145 Abs. 2, 146 Abs. 2 Satz 2, Abs. 3 sowie § 148 Abs. 1 Satz 3 HGB sind allerdings nur ausnahmsweise anwendbar, da sie eine in einer PartG grundsätzlich nicht zur Auflösung führende Kündigung des Gläubigers eines Partners, eine Eröffnung des Insolvenzverfahrens über das Vermögen eines Partners oder den Tod eines Partners voraussetzen. Sie sind daher nur anwendbar, wenn der Gesellschaftsvertrag hieran in Abweichung von der gesetzlichen Regelung die Auflösung der Gesellschaft knüpft. 2

Eine von §§ 145 ff. HGB abweichende Art der Auseinandersetzung ist kraft Vereinbarung der Gesellschafter denkbar (BGH NJW 2009, 2205, 2206). In einem solchen Fall sind gem. § 158 HGB im Verhältnis zu Dritten die Vorschriften über die Liquidation entsprechend anwendbar, solange noch ungeteiltes Gesellschaftsvermögen vorhanden ist. 3

### B. Tatbestand

#### I. Liquidation

Die Durchführung der Liquidation obliegt allen Gesellschaftern als Liquidatoren (§ 146 HGB), der Gesellschaftsvertrag oder ein Beschluss der Partner kann aber einzelne Partner oder einen Dritten zum Liquidator berufen (nur ein solcher gesellschaftsfremder Liquidator kann für seine 4

Tätigkeit eine »übliche« Vergütung beanspruchen, näher Meilicke/Graf v. Westphalen/Hoffmann/Lenz/Wolff/*Hoffmann* § 10 Rn. 21). Bei Vorliegen eines wichtigen Grundes kann die Bestellung des Liquidators auf Antrag auch durch das Amtsgericht, in dessen Bezirk die PartG ihren Sitz hat, erfolgen (§ 146 Abs. 2 Satz 2, Abs. 3 HGB). Ist eine gesellschafterfremde Person Liquidator, muss sie im Hinblick darauf, dass zu ihren Aufgaben die Beendigung laufender (und bei Bedarf die Vornahme neuer) Geschäfte gehört und hierzu regelmäßig die Wahrnehmung der freiberuflichen Aufgaben, deren Erbringung Gegenstand der Gesellschaft war, notwendig wird, die erforderliche berufliche Zulassung und Qualifikation besitzen.

5 Die Liquidatoren und ihre Vertretungsmacht sind gem. § 148 Abs. 1 HGB durch **sämtliche Partner** zum Register anzumelden bzw. bei gerichtlicher Bestellung von Amts wegen einzutragen (§ 148 Abs. 2 HGB). Die Gesellschafter sind weiterhin einzelgeschäftsführungsbefugt (§ 156 HGB i.V.m. §§ 114 ff. HGB, § 6 Abs. 2 u. 3 PartGG), wobei diese Tatsache allerdings ins Register einzutragen ist (§ 148 Abs. 1 Satz 1 HGB). Die Liquidatoren sind nach § 150 Abs. 1 HGB gesamtvertretungsberechtigt; sie müssen gem. § 154 HGB zum Zwecke der Ermittlung der zu verteilenden Überschüsse eine Vermögens- und Schlussbilanz aufstellen.

## II. Rechtsfolge der Liquidation

6 Das nach Berichtigung der Schulden verbleibende Gesellschaftsvermögen ist von den Liquidatoren nach dem Verhältnis der Kapitalanteile, wie sie sich aufgrund der Schlussbilanz ergeben, unter den Partnern zu verteilen, soweit der Gesellschaftsvertrag keine abweichende Regelung vorsieht. Mit der Schlussverteilung endet die Liquidation. Nach Beendigung der Liquidation findet der interne Ausgleich der Partner zwischen diesen statt (vgl. etwa KG Urt. v. 20.04.2010 – 14 U 73/09). Zur Geltendmachung eines Ausgleichsanspruchs genügt eine sog. einfache Auseinandersetzungsrechnung (BGH NZG 2009, 778).

7 Hinsichtlich ungedeckter Schulden der Gesellschaft trifft die Gesellschafter eine Nachschusspflicht, für die im Außenverhältnis gesamtschuldnerisch, im Innenverhältnis nach § 1 Abs. 4 PartGG i.V.m. § 735 BGB im Verhältnis der Anteile gehaftet wird. Die Nachschusspflicht betrifft allerdings nur solche Verbindlichkeiten, für die neben der Gesellschaft alle Gesellschafter akzessorisch haften, d.h. nicht solche Verbindlichkeiten, die aus Berufsausübungsfehlern resultieren und für die nach § 8 Abs. 2 neben der Gesellschaft nur der behandelnde Gesellschafter einstehen muss.

8 Die (deklaratorische) Eintragung des Erlöschens der Partnerschaft ins Partnerschaftsregister erfolgt nach § 2 Abs. 2 PartGG i.V.m. § 31 Abs. 2 Satz 2 HGB ggf. von Amts wegen.

## III. Nachhaftung

9 § 10 Abs. 2 ordnet eine zeitlich begrenzte und materiell nach Maßgabe des § 8 Abs. 2 beschränkte Nachhaftung ehemaliger Gesellschafter über den Zeitpunkt ihres Ausscheidens aus der Gesellschaft nach § 9 Abs. 1 bzw. der Auflösung der Gesellschaft nach § 10 Abs. 1 hinaus an. Die Regelung lässt den Grundsatz des § 8 Abs. 1 unberührt und ist eine reine Verjährungsvorschrift hinsichtlich der nach § 8 Abs. 1 begründeten Verbindlichkeiten (OLG Hamm MDR 2014, 203).

10 Die Nachhaftung als Gesellschafter einer aufgelösten Gesellschaft ist nach § 159 HGB dahingehend beschränkt, dass Ansprüche gegen den einzelnen Gesellschafter aus seiner akzessorischen Haftung für Verbindlichkeiten der aufgelösten Partnerschaft grundsätzlich in 5 Jahren nach der Eintragung der Auflösung in das Partnerschaftsregister verjähren (soweit nicht der Anspruch gegen die Partnerschaft in kürzerer Zeit verjährt ist).

11 Die Nachhaftung des aus einer fortbestehenden Gesellschaft ausgeschiedenen Gesellschafters für die vor seinem Ausscheiden begründeten Verbindlichkeiten der Gesellschaft ist gem. § 160 HGB zeitlich begrenzt auf solche Verbindlichkeiten, die innerhalb von 5 Jahren nach Eintragung des Ausscheidens in das Register fällig (Ausschlussfrist) und gegen ihn gerichtlich geltend gemacht bzw.

von ihm anerkannt worden sind (§ 160 Abs. 2 HGB).

## § 11 Übergangsvorschriften

(1) Den Zusatz »Partnerschaft« oder »und Partner« dürfen nur Partnerschaften nach diesem Gesetz führen. Gesellschaften, die eine solche Bezeichnung bei Inkrafttreten dieses Gesetzes in ihrem Namen führen, ohne Partnerschaft im Sinne dieses Gesetzes zu sein, dürfen diese Bezeichnung noch bis zum Ablauf von zwei Jahren nach Inkrafttreten dieses Gesetzes weiterverwenden. Nach Ablauf dieser Frist dürfen sie eine solche Bezeichnung nur noch weiterführen, wenn sie in ihrem Namen der Bezeichnung »Partnerschaft« oder »und Partner« einen Hinweis auf die andere Rechtsform hinzufügen.

(2) Die Anmeldung und Eintragung einer dem gesetzlichen Regelfall entsprechenden Vertretungsmacht der Partner und der Abwickler muss erst erfolgen, wenn eine vom gesetzlichen Regelfall abweichende Bestimmung des Partnerschaftsvertrages über die Vertretungsmacht angemeldet und eingetragen wird oder wenn erstmals die Abwickler zur Eintragung angemeldet und eingetragen werden. Das Registergericht kann die Eintragung einer dem gesetzlichen Regelfall entsprechenden Vertretungsmacht auch von Amts wegen vornehmen. Die Anmeldung und Eintragung des Geburtsdatums bereits eingetragener Partner muss erst bei einer Anmeldung und Eintragung bezüglich eines der Partner erfolgen.

(3) Die Landesregierungen können durch Rechtsverordnung bestimmen, dass Anmeldungen und alle oder einzelne Dokumente bis zum 31. Dezember 2009 auch in Papierform zum Partnerschaftsregister eingereicht werden können. Soweit eine Rechtsverordnung nach Satz 1 erlassen wird, gelten die Vorschriften über die Anmeldung und Einreichung von Dokumenten zum Partnerschaftsregister in ihrer bis zum Inkrafttreten des Gesetzes über elektronische Handelsregister und Genossenschaftsregister sowie das Unternehmensregister vom 10. November 2006 (BGBl. I S. 2553) am 1. Januar 2007 geltenden Fassung. Die Landesregierungen können durch Rechtsverordnung die Ermächtigung nach Satz 1 auf die Landesjustizverwaltungen übertragen.

§ 11 enthält drei Übergangsbestimmungen, die zum Teil (Abs. 1 Satz 2, Abs. 3) aufgrund Zeitablaufs ohne Bedeutung sind. Im Zuge der Reform des Personengesellschaftsrecht wird Abs. 3 aufgrund dieser Bedeutungslosigkeit mit Wirkung zum 01.01.2024 aufgehoben (näher BT-Drs. 19/27635). Abs. 1 Satz 3 ermöglicht Gesellschaften, die bereits vor Schaffung der PartG als neuer Rechtsform den mit Inkrafttreten des PartGG zum 01.07.1995 nach Abs. 1 Satz 1 nur noch für eine PartG zulässigen Zusatz »Partnerschaft« oder »und Partner« geführt hatten, diesen unter Beifügung eines eine Irreführung ausschließenden Rechtsformzusatzes (»Dr. Müller & Partner [GbR]«) weiterhin zu verwenden. Die Stichtagsregelung verstößt nicht gegen höherrangiges Recht (BGH AnwBl. 2013, 146). Abs. 2 erklärt sich vor dem Hintergrund, dass die nach § 4 zum Register anzumeldenden Angaben erst seit dem 15.12.2001 erforderlich sind. Die Regelung des Abs. 2 ermöglicht, eine den Erfordernissen des § 4 entsprechende Registerlage bei Gelegenheit später notwendig werdender Registereintragungen herbeizuführen. 1

# Gesetz über den Beruf der Psychotherapeutin und des Psychotherapeuten (Psychotherapeutengesetz – PsychThG)

In der Fassung der Bekanntmachung vom 15. November 2019 (BGBl. I S. 1604), zuletzt geändert durch Artikel 17 des Gesetzes vom 19. Mai 2020 (BGBl. I S. 1018)

Inhaltsverzeichnis[1]

| | |
|---|---|
| § 1 | Berufsbezeichnung, Berufsausübung |
| § 2 | Erteilung der Approbation |
| § 3 | Erlaubnis zur vorübergehenden Berufsausübung |
| § 4 | Erlaubnis zur partiellen Berufsausübung |
| § 5 | Rücknahme, Widerruf und Ruhen |
| § 6 | Verzicht |
| § 11 | Anerkennung von Berufsqualifikationen aus Drittstaaten |
| § 12 | Anerkennung von Berufsqualifikationen aus anderen Mitgliedstaaten, anderen Vertragsstaaten oder gleichgestellten Staaten |
| § 13 | Allgemeine Regelungen bei der Anerkennung von außerhalb des Geltungsbereichs des Gesetzes erworbenen Berufsqualifikationen |
| § 14 | Bescheinigungen, die zur Dienstleistungserbringung in einem anderen Mitgliedstaat, einem anderen Vertragsstaat oder einem gleichgestellten Staat erforderlich sind |
| § 15 | Dienstleistungserbringung in Deutschland |
| § 16 | Rechte und Pflichten |
| § 17 | Meldung der dienstleistungserbringenden Person an die zuständige Behörde |
| § 18 | Prüfen der Angaben durch die zuständige Behörde |
| § 19 | Verwaltungszusammenarbeit bei Dienstleistungserbringung |
| § 22 | Zuständigkeit von Behörden |

[1] §§ 2–4, 5–6, 11–13, 14–19 jeweils zusammen kommentiert

## § 1 Berufsbezeichnung, Berufsausübung

(1) Wer die Psychotherapie unter der Berufsbezeichnung »Psychotherapeutin« oder »Psychotherapeut« ausüben will, bedarf der Approbation als »Psychotherapeutin« oder »Psychotherapeut«. Eine vorübergehende Ausübung des Berufs ist auch aufgrund einer befristeten Erlaubnis nach § 3 Absatz 1 oder Absatz 3 zulässig. Die Berufsbezeichnung nach Satz 1 darf nur führen, wer nach Satz 1, Satz 2 oder den Absätzen 5 und 6 zur Ausübung des Berufs befugt ist. Die Bezeichnung »Psychotherapeutin« oder »Psychotherapeut« darf über die Sätze 1 und 2 oder die Absätze 5 und 6 hinaus von anderen Personen als Ärztinnen und Ärzten, Psychologischen Psychotherapeutinnen und Psychologischen Psychotherapeuten sowie Kinder- und Jugendlichenpsychotherapeutinnen und Kinder- und Jugendlichenpsychotherapeuten nicht geführt werden. Ärztinnen und Ärzte können dabei den Zusatz »ärztliche« oder »ärztlicher« verwenden.

(2) Ausübung der Psychotherapie im Sinne dieses Gesetzes ist jede mittels wissenschaftlich geprüfter und anerkannter psychotherapeutischer Verfahren oder Methoden berufs- oder geschäftsmäßig vorgenommene Tätigkeit zur Feststellung, Heilung oder Linderung von Störungen mit Krankheitswert, bei denen Psychotherapie indiziert ist. Im Rahmen einer psychotherapeutischen Behandlung ist eine somatische Abklärung herbeizuführen. Tätigkeiten, die nur die Aufarbeitung oder Überwindung sozialer Konflikte oder sonstige Zwecke außerhalb der Heilkunde zum Gegenstand haben, gehören nicht zur Ausübung der Psychotherapie.

(3) Zum Beruf der Psychotherapeutinnen und Psychotherapeuten gehört neben der Psychotherapie auch die Beratung, Prävention und Rehabilitation zur Erhaltung, Förderung und Wiederherstellung der psychischen Gesundheit der Bevölkerung.

(4) Zur partiellen Ausübung der Psychotherapie ist berechtigt, wem eine Erlaubnis nach § 4 erteilt worden ist. Personen, denen eine Erlaubnis nach § 4 erteilt worden ist, dürfen nicht die Berufsbezeichnung »Psychotherapeutin« oder »Psychotherapeut« führen, sondern führen die Berufsbezeichnung des Staates, in dem sie ihre Berufsbezeichnung erworben haben, mit dem zusätzlichen Hinweis
  1. auf den Namen dieses Staates und
  2. auf die Tätigkeit und Beschäftigungsstelle, auf die die Erlaubnis nach § 4 beschränkt ist.

(5) Psychotherapeutinnen und Psychotherapeuten, die Staatsangehörige eines Mitgliedstaates der Europäischen Union (Mitgliedstaat) oder eines anderen Vertragsstaates des Abkommens über den Europäischen Wirtschaftsraum (Vertragsstaat) sind, sind auch ohne Approbation oder ohne Erlaubnis nach § 3 Absatz 1 oder Absatz 3 zur Ausübung der Psychotherapie unter Führung der Berufsbezeichnung »Psychotherapeutin« oder »Psychotherapeut« im Geltungsbereich dieses Gesetzes berechtigt, sofern es sich bei ihrer Berufstätigkeit um eine vorübergehende und gelegentliche Dienstleistung im Sinne des Artikels 57 des Vertrages über die Arbeitsweise der Europäischen Union handelt. Sie unterliegen jedoch der Meldepflicht nach § 17 und der Überprüfung ihrer Berufsqualifikation nach § 18.

(6) Absatz 5 gilt entsprechend für Psychotherapeutinnen und Psychotherapeuten, die Staatsangehörige eines Drittstaates sind, soweit sich hinsichtlich der Anerkennung von Berufsqualifikationen nach dem Recht der Europäischen Union eine Gleichstellung der Staatsangehörigen dieser Drittstaaten (gleichgestellte Staaten) mit Staatsangehörigen eines Mitgliedstaates oder eines Vertragsstaates ergibt.

| Übersicht | Rdn. | | Rdn. |
|---|---|---|---|
| Vorbemerkung | 1 | I. Berufsbezeichnung | 3 |
| A. Normzweck und Regelungsgegenstand | 2 | II. Berufsausübung | 8 |
| B. Tatbestand | 3 | | |

## Vorbemerkung

1 Die Berufsgruppe der Psychotherapeuten gehört zu den ärztlichen Heilberufen, denen sie auch leistungsrechtlich nach den Vorgaben des SGB V weitestgehend gleichgestellt sind, LSG NRW Beschl. v. 21.06.2010 – L 11 B 26/09 KA ER; *Graulich*, PsychthG, 2021 Einleitung Rn. 7. Das Psychotherapeutengesetz ist nach Art. 12 Abs. 2 des Gesetzes zur Reform der Psychotherapeutenausbildung v. 15.11.2019 (BGBl. I S. 1604) am 01.09.2020 in Kraft getreten. Es ist analog zu BÄO und BApO konzipiert. Die Berufsqualifikations- und Anerkennungsregelungen der EU sind eingeflossen und ermöglichen den Berufsangehörigen mit der notwendigen Flexibilität, ihren Beruf im In- und Ausland auszuüben. Die Neuregelungen basieren auf dem Ersten Psychotherapeutengesetz aus dem Jahr 1999, das sehr schwierige Ausbildungsbedingungen für die Berufsgruppe enthielt. Sie haben nunmehr insbesondere durch geregelte Ausbildungsvergütungen, den Einsatz der PiA analog zu ihren ärztlichen Berufskollegen als AiP arbeits-, sozialrechtlich sowie mitbestimmungsrechtlich einen erheblich verbesserten Status erhalten. Die Ausbildung wurde insgesamt reformiert. Die bisherige Vielfalt der psychotherapeutischen Tätigkeiten konnte weitgehend unter das Gesetz subsumiert werden. Nichtärztliche Psychotherapeuten unterfallen ihm nicht.

### A. Normzweck und Regelungsgegenstand

2 Die Norm gewährt in § 1 Abs. 1 einen **Berufsausübungs- und Berufsbezeichnungsschutz**. Beides wird entweder mit der Approbation nach § 2 auf Dauer oder mit einer Berufserlaubnis nach § 3 Abs. 1 oder Abs. 3 befristet gewährt.

## B. Tatbestand

### I. Berufsbezeichnung

Sowohl die Berufsausübung als auch das Führen der Berufsbezeichnung stehen unter dem Vorbehalt einer Anerkennung der beruflichen Qualifikation und der Erteilung einer Berufsausübungserlaubnis (**Erlaubnisvorbehalt**). Neben der Approbation und Berufserlaubnis nach § 1 Abs. 1 kennt das Gesetz die partielle Berufsausübung nach § 1 Abs. 4, die Dienstleistung nach § 1 Abs. 5 und die Genehmigung für Drittstaatenangehörige nach § 1 Abs. 6. 3

Das **Führen der Berufsbezeichnung** knüpft an eine Berufsausübungserlaubnis an und verbindet mit ihr das Recht zum Führen der Berufsbezeichnung »Psychotherapeut, Psychotherapeutin« in fünf gesetzlich geregelten Fällen: 4
– (1) Die Voraussetzungen der §§ 2 Abs. 1, 2 Abs. 1 Satz 1 sind erfüllt, die zuständige Behörde hat die Approbation erteilt.
– (2) Inhaber von befristeten Berufserlaubnissen nach § 3 Abs. 1 bis 4 führen die Berufsbezeichnung während der erlaubten Tätigkeit gem. § 3 Abs. 5.
– (3) Bei der partiell auf Dauer erteilten Berufsausübungserlaubnis nach § 4 Abs. 1 und 3 Satz 2 darf die Berufsbezeichnung nach § 4 Abs. 4 für den genehmigten, eingeschränkten Aufgabenbereich unbefristet geführt werden.
– (4) Nach § 1 Abs. 5 führen Dienstleister aus EU-, EWR-Mitgliedstaaten und weiteren Vertragsstaaten Deutschlands ohne Approbation oder Berufserlaubnis im Rahmen ihrer gelegentlichen und vorübergehenden Dienstleistungstätigkeiten die Berufsbezeichnung.
– (5) Zur Führung der Berufsbezeichnung sind nach § 1 Abs. 6 auch die Angehörigen der nach diesem Gesetz EU-Staaten gleichgestellten Staaten berechtigt.

Aufgrund ihrer **Besitzstandswahrungsrechte** nach § 27 bleiben alte Berufsbezeichnungen erhalten. Ärzte, Psychologische Psychotherapeuten und Kinder- und Jugendlichenpsychotherapeuten führen ihre vor Inkrafttreten des Gesetzes am 01.09.2020 erworbenen Bezeichnungen weiter. Dies gilt auch, wenn Ausbildungen nach altem Recht begonnen und bis zum Jahr 2032 abgeschlossen werden, §§ 26 Satz 1, 27 Abs. 1 bis 4. Die Berufsbezeichnungen ändern sich nach § 27 Abs. 5 ausdrücklich nicht, obwohl den Absolventen im Übrigen die Rechte und Pflichten der Psychotherapeuten nach geltendem Recht zustehen. Die Regelung ist unverständlich und steht auch im Widerspruch zu § 1 Abs. 1 Satz 4, die Ärzten, Psychologischen Psychotherapeuten und Kinder- und Jugendlichenpsychotherapeuten die Führung der Berufsbezeichnung Psychotherapeut ausdrücklich erlaubt. Dort wird betont, dass außer den aufgeführten keine weiteren Berufsgruppen berechtigt sind, die Berufsbezeichnung »Psychotherapeut« zu führen. Widersprüchlich ist auch, dass Personengruppen mit deutlich eingeschränkterer Qualifikation nach § 1 Abs. 1 bis 4 die umfassendere Bezeichnung Psychotherapeut führen dürfen. Ein Wahlrecht nach vorangegangenem Recht wäre sachgerechter gewesen. Die Amtliche Begründung (BT-Drs. 19/13585 v. 25.09.2019) schweigt zur Problematik. 5

**Ärzte** dürfen ihre ärztliche Qualifikation in der Berufsbezeichnung deutlich machen. Dies ist vor allem hinsichtlich der Behandlungs- und Verordnungskompetenzen im Vertragsarztrecht, dem Psychotherapeuten unterfallen, relevant (vgl. § 28 Abs. 3 Satz 3 SGB V). Sie können naturgemäß die ggf. erforderliche somatische Abklärung selbst vornehmen, zu der bei alleiniger psychotherapeutischer Behandlung die »berufsrechtliche Kooperationsklausel«, *Graulich*, PsychThG, Einleitung Rn. 20 m.w.N., heranzuziehen ist. Danach müssen somatische Fragen durch ärztliche Kollegen geklärt werden. 6

Nicht approbierten oder nach § 1 Abs. 1, 4–6 und § 27 nicht privilegierten Psychotherapeuten ist die Führung der **Berufsbezeichnung** Psychotherapeut **nicht gestattet**, OLG Oldenburg Urt. v. 23.10.2008 – 15 O 1295/08, für das PsychThG 1999. Auch die Bezeichnungen »Heilpraktiker für Psychotherapie« oder »Psychotherapeutischer Heilpraktiker« oder »Heilpraktiker (Psychotherapie)« können nach OLG Düsseldorf Urt. v. 22.12.2016 – I 15 U 39/16 irreführend i.S.d. § 5 Abs. 1 Satz 2 Nr. 3 UWG sein, weil sie unklar sind und offenlassen, ob damit eine übliche 7

Heilpraktikerzulassung ausgesprochen oder eine Zusatzqualifikation deutlich gemacht wird. Sie dürfen aber dann geführt werden, wenn der behördliche Zulassungsbescheid die Erlaubnis dazu ausdrücklich vorsieht.

### II. Berufsausübung

8 Die Legitimationskriterien einer qualifizierten Ausbildung und Anerkennung des Ausbildungsabschlusses bzw. der modifizierten Berufsausübungsregelungen nach § 1 Abs. 1 und 4 müssen einer **Berufsausübung** zugrunde liegen. Dieser Begriff ist in § 1 Abs. 2 Satz 1 legal definiert, wird in § 1 Abs. 3 ergänzt und in § 1 Abs. 2 Satz 2 und 3 gegen somatische und soziale Tätigkeiten abgegrenzt. Entscheidendes Merkmal für die psychotherapeutische Berufsausübung ist die Heilkunde mit den Mitteln der Psychotherapie. Sie setzt bei der Prävention an und enthält Kuration sowie Rehabilitation, § 1 Abs. 3. Zu allen Aufgabenbereichen zählen die notwendigen Beratungsleistungen. Soweit die Approbation als Psychotherapeut die heilkundliche Tätigkeit erfasst, ist § 5 HeilprG obsolet geworden, *Graulich*, PsychThG, § 1 Rn. 9.

9 Die Begriffe **Approbation** und **Berufserlaubnis** sind mit denen der BApO und der BÄO identisch, vgl. *Prütting*, § 2 BApO Rdn. 5 und 6, sowie *Seebohm/Rompf*, § 2 BÄO Rdn. 2 und 3.

10 Der Beruf des Psychotherapeuten kann in vielfältiger Weise ausgeübt werden. Er zählt zu den **freien Berufen**, § 1 Abs. 3 MusterberufsO BPtK, *Rehborn*, § 1 MBO-Ä Rdn. 7 ff. und kann berufs- oder geschäftsmäßig bzw. in abhängiger Stellung ausgeübt werden. Zur Abgrenzung zwischen freien Berufen und Gewerbe sowie der Therapiefreiheit und der persönlichen Leistungserbringung vgl. *Seebohm/Rompf*, § 1 BÄO Rdn. 27 ff.

11 Das **Weiterbildungsrecht** ist wie bei den übrigen ärztlichen Heilberufen als Satzungsrecht der Kammern konzipiert. Es baut auf dem Ausbildungsrecht auf und setzt eine abgeschlossene Berufsausbildung voraus. Weiterbildungen erfordern grundsätzlich eine mehrjährige Graduierten-Qualifikationsphase mit einer Abschlussprüfung.

12 Nach den Heilberufsgesetzen der Länder unterliegen Psychotherapeuten grundsätzlich der Pflichtmitgliedschaft in der jeweiligen **Psychotherapeutenkammer** ihres Landes. Für Dienstleister gem. § 1 Abs. 5 können Ausnahmeregelungen bestehen. Gleiches gilt in der Regel für Angehörige der Aufsichtsbehörden.

### § 2 Erteilung der Approbation

(1) Die Approbation als Psychotherapeutin oder Psychotherapeut ist auf Antrag zu erteilen, wenn die antragstellende Person
1. das Studium, das Voraussetzung für die Erteilung einer Approbation als Psychotherapeutin oder Psychotherapeut ist, erfolgreich absolviert hat und die psychotherapeutische Prüfung nach § 10 bestanden hat,
2. sich nicht eines Verhaltens schuldig gemacht hat, aus dem sich die Unwürdigkeit oder Unzuverlässigkeit zur Ausübung des Berufs ergibt,
3. nicht in gesundheitlicher Hinsicht zur Ausübung des Berufs ungeeignet ist und
4. über die für die Ausübung des Berufs erforderlichen Kenntnisse der deutschen Sprache verfügt.

(2) Soll die Erteilung der Approbation abgelehnt werden, weil mindestens eine der in Absatz 1 Nummer 2 oder Nummer 3 genannten Voraussetzungen nicht vorliegt, so ist die antragstellende Person oder ihre gesetzliche Vertreterin oder ihr gesetzlicher Vertreter vor der Entscheidung zu hören.

(3) Ist gegen die antragstellende Person wegen des Verdachts einer Straftat, aus der sich die Unwürdigkeit oder Unzuverlässigkeit zur Ausübung des Berufs ergeben kann, ein Strafverfahren

eingeleitet, so kann die Entscheidung über den Antrag auf Erteilung der Approbation ausgesetzt werden, bis das Strafverfahren beendet ist.

## § 3 Erlaubnis zur vorübergehenden Berufsausübung

(1) Eine Erlaubnis zur vorübergehenden Berufsausübung ist auf Antrag Personen zu erteilen, wenn die antragstellende Person
1. eine abgeschlossene Qualifikation im Beruf der Psychotherapeutin oder des Psychotherapeuten (Berufsqualifikation) nachweist,
2. sich nicht eines Verhaltens schuldig gemacht hat, aus dem sich die Unwürdigkeit oder Unzuverlässigkeit zur Ausübung des Berufs ergibt,
3. nicht in gesundheitlicher Hinsicht zur Ausübung des Berufs ungeeignet ist und
4. über die Kenntnisse der deutschen Sprache verfügt, die für die Ausübung des Berufs im Rahmen der Erlaubnis zur vorübergehenden Berufsausübung erforderlich sind.

(2) Eine Person mit einer Berufsqualifikation, die in einem anderen Mitgliedstaat, einem anderen Vertragsstaat oder in einem gleichgestellten Staat erworben worden ist, darf, wenn sie einen Antrag auf Anerkennung ihrer Berufsqualifikation nach § 12 gestellt hat, nicht auf eine Erlaubnis zur vorübergehenden Berufsausübung verwiesen werden.

(3) Die Erlaubnis zur vorübergehenden Berufsausübung darf nur auf Widerruf erteilt oder verlängert werden. Sie ist zu befristen. Sie darf höchstens für eine Gesamtdauer von zwei Jahren erteilt werden. Nur im besonderen Einzelfall oder aus Gründen der psychotherapeutischen Versorgung darf die Erlaubnis zur vorübergehenden Berufsausübung für mehr als zwei Jahre erteilt werden.

(4) Die Erlaubnis zur vorübergehenden Berufsausübung kann auf bestimmte Tätigkeiten und Beschäftigungsstellen beschränkt werden.

(5) Personen mit einer Erlaubnis zur vorübergehenden Berufsausübung haben die gleichen Rechte und Pflichten wie eine Person mit einer Approbation als »Psychotherapeutin« oder als »Psychotherapeut«.

(6) Eine Erlaubnis zur vorübergehenden Berufsausübung, die nach § 4 Absatz 1 des Psychotherapeutengesetzes in der bis zum 31. August 2020 geltenden Fassung erteilt worden ist, bleibt wirksam.

## § 4 Erlaubnis zur partiellen Berufsausübung

(1) Eine Erlaubnis zur partiellen Berufsausübung ist auf Antrag zu erteilen, wenn die antragstellende Person
1. eine abgeschlossene Qualifikation im Bereich der Psychotherapie nachweist,
2. diese Qualifikation in einem anderen Mitgliedstaat, einem anderen Vertragsstaat oder einem gleichgestellten Staat erworben hat,
3. mit dieser Qualifikation in dem jeweiligen Mitgliedstaat, dem jeweiligen Vertragsstaat oder dem gleichgestellten Staat Zugang zu einer Berufstätigkeit hat,
   a) die der Tätigkeit einer Psychotherapeutin oder eines Psychotherapeuten nach diesem Gesetz nur partiell entspricht, und
   b) die sich objektiv von den anderen Tätigkeiten trennen lässt, die den Beruf der Psychotherapeutin oder des Psychotherapeuten nach diesem Gesetz prägen,
4. sich nicht eines Verhaltens schuldig gemacht hat, aus dem sich die Unwürdigkeit oder Unzuverlässigkeit zur Ausübung des Berufs ergibt,
5. nicht in gesundheitlicher Hinsicht zur Ausübung des Berufs ungeeignet ist und
6. über die für die partielle Ausübung des Berufs erforderlichen Kenntnisse der deutschen Sprache verfügt.

(2) Die Erlaubnis zur partiellen Berufsausübung ist zu versagen, wenn die Versagung
1. zum Schutz von Patientinnen und Patienten oder zum Schutz der öffentlichen Gesundheit zwingend erforderlich ist und
2. geeignet ist, diese Ziele in angemessener Form zu erreichen.

Zur Vermeidung einer Versagung kann die Erlaubnis mit Auflagen versehen werden.

(3) Eine Erlaubnis zur partiellen Berufsausübung ist auf die Tätigkeiten und Beschäftigungsstellen zu beschränken, in denen die antragstellende Person eine abgeschlossene Qualifikation im Bereich der Psychotherapie nachgewiesen hat. Die Erteilung erfolgt unbefristet.

(4) Personen mit einer Erlaubnis zur partiellen Berufsausübung haben im Umfang der Erlaubnis die gleichen Rechte und Pflichten wie eine Person mit einer Approbation als »Psychotherapeutin« oder »Psychotherapeut«.

(5) Eine Erlaubnis zur partiellen Berufsausübung, die nach § 4 Absatz 2a des Psychotherapeutengesetzes in der bis zum 31. August 2020 geltenden Fassung erteilt worden ist, bleibt wirksam.

| Übersicht | Rdn. | | Rdn. |
|---|---|---|---|
| A. Normzweck und Regelungsgegenstand | 1 | c) Partielle Tätigkeitsübereinstimmung | 16 |
| B. Tatbestand | 4 | d) Geltungsdauer | 17 |
| I. Erlaubniserteilung | 4 | 2. Zuverlässigkeit, Würdigkeit | 18 |
| 1. Ausbildungsvoraussetzungen | 10 | 3. Gesundheitliche Eignung | 19 |
| a) Bereichsqualifikation | 14 | 4. Sprachkenntnisse | 20 |
| b) Berufszugangsberechtigung | 15 | II. Ablehnung, Widerruf, Befristung | 21 |

## A. Normzweck und Regelungsgegenstand

1 Die Erlaubnisse zur Berufsausübung für Psythotherapeuten haben unterschiedliche Reichweiten. Eine umfassende Erlaubnis zur Ausübung des Berufs des Psychotherapeuten gewährt die Approbation. Nach den Vorgaben des europäischen Rechts, Art. 21 ff. RL 2005/36/EG, novelliert durch RL 2013/55/EU, die auch im EWR und Vertragsstaaten Deutschlands gelten, ist sie vorrangig und zwingend zu erteilen, wenn die Voraussetzungen nach diesem Gesetz gegeben sind. Eingeschränkt sind die befristete und die partielle Berufserlaubnis. Sie sind **Regelungsgegenstände** der §§ 2 bis 4.

2 Insoweit werden die erforderlichen **Berufszugangsvoraussetzungen** festgelegt. Die erforderliche Ausbildung kann auf unterschiedlichen Wegen und in unterschiedlichen Staaten erworben worden sein. Sie muss den Anforderungen nach diesem Gesetz und den darauf basierenden Rechtsverordnungen entsprechen. Zusätzlich sind persönliche, gesundheitliche und charakterliche Bedingungen einzuhalten, die für die Berufsausübung ärztlicher Heilberufe im Interesse des Gesundheitsschutzes der Bevölkerung unerlässlich sind.

3 Die **Anerkennungsverfahren** nach §§ 11 ff. geben Antragstellern die Möglichkeit, defizitäre Voraussetzungen der §§ 2 Abs. 1 Nr. 1, 3 Abs. 1 Nr. 1 und 4 Abs. 1 Nr. 1 auszugleichen.

## B. Tatbestand

### I. Erlaubniserteilung

4 Die Erlaubnisse werden **auf Antrag** erteilt. Eine Erteilung von Amts wegen kommt nicht in Betracht. Eine persönliche Erlaubnis kann nicht aufgezwungen werden.

5 Die Anträge sind nicht an eine **Form** gebunden. Daher können sie mündlich bei der zuständigen Behörde oder schriftlich, persönlich oder durch Stellvertretungen gestellt werden. Bei der letztgenannten Variante muss die Bevollmächtigung legitimiert sein. Der Antrag muss den Aussteller

erkennen lassen und unterschrieben sein. Ohne Unterschrift liegt nur ein Entwurf und kein Antrag vor. Die Unterschrift kann durch eine elektronische Signatur ersetzt werden. Da diese als Ersatz für die Schriftform nach § 126 Abs. 1 und 3 BGB ausreicht, genügt sie erst recht für eine Antragsunterschrift. Eine andere Regelung trifft das Gesetz nicht.

Die Erlaubnisse sind zwingend zu erteilen, wenn die gesetzlichen Voraussetzungen vorliegen. Es handelt sich um **gebundene Erlaubnisse**. 6

Die **Bescheidungsfristen** bestimmen sich nach § 77 Abs. 2 PsychThApprO und betragen längstens vier Monate nach Vorlage der vollständigen Antragsunterlagen. Wird die Frist überschritten, wird eine Erlaubnis allerdings nicht fingiert, *Graulich*, § 77 Abs. 2 PsychThApprO Rn. 3. Soweit ein Antragsteller durch eine unzumutbare Verzögerung eine Stelle nicht antreten kann oder sonst Schaden erleidet, kann nach BGH Urt. v. 11.01.2007 – III ZR 302/05; BGH Urt. v. 25.10.2007 – III ZR 62/07 grundsätzlich ein Schadensersatzanspruch nach Amtshaftungskriterien des Art. 34 GG, § 839 BGB in Betracht kommen. Dem Antragsteller gegenüber ist – unabhängig von seiner Nationalität – die Amtspflicht zu zeitnaher Bescheidung aus § 77 Abs. 2 PsychThApprO entstanden. Soweit mangelhafte Arbeitsorganisationen in Behörden die Verzögerungen verursacht haben, stellen sie grundsätzlich keine Rechtfertigung dar. Fehlen Haushaltmittel für notwendige Stellen, ist den Behörden die Verzögerung infolge Nichttätigwerdens des Haushaltsgesetzgebers nicht zuzurechnen. Ein Amtshaftungsanspruch verjährt nach drei Jahren ab Kenntnis von Amtspflicht und dadurch entstandenem Schaden. 7

Die Bestimmungen der §§ 1 Abs. 2, 18 ff. **AufenthG** bleiben unberührt, so dass Unionsbürger keinen zusätzlichen Aufenthaltstitel benötigen. 8

Abs. 1 nennt in allen drei Regelungen der §§ 2–4 vier unabdingbare **Voraussetzungen** für die jeweilige **Erlaubniserteilung**: 9
– 1. Eine adäquate Ausbildung, die je nach Erlaubnisart variiert,
– 2. kein Fehlverhalten, aus dem sich Unwürdigkeit oder Unzuverlässigkeit zur Berufsausübung ableiten lassen,
– 3. keine Ungeeignetheit zur Berufsausübung und
– 4. das Vorhandensein berufsnotwendiger Sprachkenntnisse.

### 1. Ausbildungsvoraussetzungen

Eine **Approbation** verlangt ein abgeschlossenes, universitäres, mindestens fünfjähriges Studium in Deutschland mit den Inhalten der §§ 7, 9 i.V.m. PsychThApprO v. 04.03.2020 (BGBl. I S. 448). Dabei spielt die Nationalität der Absolventen keine Rolle. Hochschulen, die das Studium anbieten, müssen nach § 9 Abs. 1 Universitäten gleichgestellt sein. Eine Bachelorqualifikation i.S.d. § 9 Abs. 3 Satz 1, Abs. 8 reicht für eine Approbationserteilung nach § 2 Abs. 1 Nr. 1 ebensowenig aus wie ein Fachhochschulstudium. Die Masterqualifikation muss gemäß §§ 9 Abs. 3 Satz 2, Abs. 9, 10 einschließlich Prüfung vorliegen. Da die Approbation die umfassende Ausübung des Berufs des Psychotherapeuten erlaubt, wird mit ihr auch der grundsätzliche Zugang zur Psychotherapeutischen Versorgung nach § 7 Abs. 1 und 2 ermöglicht. Zur Teilnahme an der vertragsärztlichen Versorgung müssen die Voraussetzungen der §§ 95, 95c ff. SGB V erfüllt sein. 10

Personen, die eine Approbation erhalten können, darf **keine Berufserlaubnis** nach § 3 Abs. 1 erteilt werden. Dies gilt auch für Antragsteller nach § 3 Abs. 2, die ihre berufliche Qualifikation zwar in einem EU-Mitgliedstaat, einem EWR-Staat, einem Vertragsstaat nach § 1 Abs. 5 oder einem diesem gleichgestellten Drittstaat nach § 1 Abs. 6 erworben, aber einen Antrag nach § 12 auf Anerkennung der Gleichwertigkeit ihrer Qualifikation gestellt haben. 11

Eine **vorübergehende Berufserlaubnis** nach § 3 Abs. 1 Nr. 1 setzt eine abgeschlossene Berufsqualifikation als Psychotherapeut voraus. Eine Tätigkeit, ggf. auch nur vorübergehend, ohne die Qualifikation als Psychotherapeut reicht nicht aus. Diese Anforderung bedeuten in Deutschland ein Hochschulstudium der Psychologie mit zusätzlicher postgradualer Ausbildung zum psychologischen 12

Psychotherapeuten oder Kinder- und Jugendlichenpsychotherapeuten nach § 2 PsychThG 1999. Ein Studium der Medizin und aufbauender Psychotherapie ist nicht angesprochen, da eine ärztliche Approbation der vorliegenden Regelung vorgeht. Auf der Grundlage der novellierten EU-RL 2005/36/EG ist die Anerkennung einer entsprechenden Qualifikation durch den Europäischen Berufsausweis oder ein vergleichbares Papier eines Vertragsstaates Deutschlands oder des EWR ebenfalls möglich, wenn insoweit nicht bereits der Anspruch auf eine Approbation belegt ist. Dann wäre für § 3 kein Raum mehr. Qualifikationen durch Fachhochschulen oder Studien ohne Abitur z.B. zum psychologischen Berater an Akademien oder die staatliche Anerkennung als psychologischer Heilpraktiker reichen nicht aus.

13 Bei der **partiellen Berufsausübung** nach § 4 Abs. 1 Nr. 1 ist die erforderliche Qualifikation durch mehrere Merkmale festgelegt, die kumulativ erfüllt sein müssen. Sie sind an die Anforderungen an eine Approbationserteilung nach § 2 angelehnt und berücksichtigen die unterschiedlichen Ausbildungs- und Berufsausübungsmöglichkeiten in Vertragsstaaten nach § 1 Abs. 5 und 6.

### a) Bereichsqualifikation

14 Die **Qualifikation** zur Ausübung der Psychotherapie muss in einem Vertragsstaat nach § 1 Abs. 5 und 6 abgeschlossen worden sein und im qualifizierenden Staat den Berufszugang zur Psychotherapie ermöglichen (BT-Drs. 19/9770). Im Gegensatz zu der Anforderung nach § 3 Abs. 1 Nr. 1 muss die abgeschlossene berufliche Qualifikation jedoch nicht im Beruf des Psychotherapeuten nachgewiesen werden. Es reicht, dass sie nur teilweise inhaltliche Bereiche der Psychotherapie nach dem Verständnis dieses Gesetzes abdeckt, aber im Übrigen auch andere therapeutische oder sonstige zugehörige Ausbildungsinhalte z.B. technischer Art vermittelt. Mit dieser Formulierung wird aus im Übrigen mit anderer Zielrichtung verfolgten Ausbildungen anderer Staaten ein möglichst effizienter psychotherapeutischer Nutzen für in Deutschland arbeitende Personen erzielt.

### b) Berufszugangsberechtigung

15 Es dürfen nur Antragsteller aus Staaten i.S.d. § 1 Abs. 5 und 6 Anträge auf partielle Berufsausübung stellen, wenn sie in diesen Staaten eine unbeschränkte Qualifikation für die **Berufsausübung** in der Psychotherapie besitzen. Wären die Ausbildungsinhalte den deutschen ähnlich bzw. stimmten mit diesen überein, bestünde ein Rechtsanspruch auf eine Approbation nach § 2. Nach der durch die RL 2013/55 EU novellierten RL 2005/36 EG ist der Umfang der Berufszugangsberechtigung im Entsendestaat zu prüfen.

### c) Partielle Tätigkeitsübereinstimmung

16 Eine **partielle Tätigkeitsübereinstimmung** zwischen den Qualifikationen im Entsendeland und in Deutschland besteht nur dann, wenn sich die Ausbildungsinhalte und die Tätigkeiten in der Berufsausübung des Herkunftslandes tatsächlich trennen lassen. Ist das nicht der Fall, muss die vollständige Anerkennung oder Ablehnung nach § 12 geprüft werden. Soweit zu einer vollständigen Anerkennung eine neue Berufsaubildung erforderlich wäre, kommt eine partielle Berufserlaubnis in Betracht.

### d) Geltungsdauer

17 Die partielle Berufsausübungserlaubnis wird nach § 4 Abs. 3 Satz 2 **unbefristet** erteilt. Die inhaltliche Tätigkeitsbeschränkung und ggf. eine Beschränkung auf eine bestimmte Beschäftigungsstelle wird nach § 4 Abs. 3 Satz 1 in die Erlaubnisurkunde aufgenommen. § 4 Abs. 4 erlaubt die Führung der Berufsbezeichnung Psychotherapeut ohne einschränkende Zusätze.

## 2. Zuverlässigkeit, Würdigkeit

18 Die Formulierungen der §§ 2 Abs. 1 Nr. 2, 3 Abs. 1 Nr. 2 und 4 Abs. 1 Nr. 4 sind wortgleich. Der Gesetzgeber verlangt für alle Varianten der Berufsausübung ein **untadeliges Verhalten**. Dabei

spricht das Kriterium der Zuverlässigkeit die Ausführung der beruflichen Tätigkeiten an, während sich eine Berufsunwürdigkeit aus charakterlichen Merkmalen ergibt. Insoweit wird verständlich, dass nicht nur beruflich einschlägige Straftaten und Ordnungswidrigkeiten mit hohen Geldbußen in die Bewertungen einzubeziehen sind, sondern auch solche, die im privaten Bereich begangen worden sind. Die Rechtsprechung zu dem Verhalten anderer Angehöriger ärztlicher Heilberufe ist insoweit auch für Psychotherapeuten einschlägig.

### 3. Gesundheitliche Eignung

Der Gesetzgeber verlangt keine gesundheitliche Eignung, sondern verwehrt nur dann den Berufszugang, wenn die Antragsteller in **gesundheitlicher** Hinsicht zur Berufsausübung **ungeeignet** sind. Damit wird im Sinne des BGG die berufliche Einsatzmöglichkeit so weit vertretbar offengehalten. Alle denkbaren sächlichen und persönlichen Hilfen dürfen eingesetzt werden, um gesundheitliche Probleme auszugleichen und die Berufsausübung zu ermöglichen. Der Terminus der gesundheitlichen Ungeeignetheit bezieht sich sowohl auf somatische als auch psychische Einschränkungen. Die gesetzlichen Formulierungen in den §§ 2 Abs. 1 Nr. 3, 3 Abs. 1 Nr. 3 und 4 Abs. 1 Nr. 5 sind identisch. Charakterliche Mängel sind keine gesundheitlichen Einschränkungen.

### 4. Sprachkenntnisse

Je nach Umfang der Berufserlaubnis und Einbindung in die jeweiligen beruflichen Tätigkeiten und Aufgaben der Psychotherapie muss die **sprachliche Kompetenz** ausgeprägt sein. Der Gesetzgeber formuliert daher auch unterschiedliche Anforderungen. §§ 2 Abs. 1 Nr. 4 und 4 Abs. 1 Nr. 6 berücksichtigen, dass Approbation und partielle Berufserlaubnis dauerhafte Berufsausübungsberechtigungen darstellen. Mit der sprachlichen Kompetenz müssen die Alltagsaufgaben in der beruflichen Praxis bewältigt werden können. Daher ist eine höhere sprachliche Fertigkeit notwendig als bei einer vorübergehenden Berufsausübung i.S.d. § 3 Abs. 1 Nr. 4. In letzterem Fall reichen daher u.U. Kenntnisse der deutschen Sprache aus, die auf die inhaltlichen und zeitlichen Beschränkungen der Tätigkeiten fokussiert sind. Da die Psychotherapie sehr stark auf die Methoden der Gesprächsinteraktionen zwischen Therapeuten und Patienten abheben, muss die sprachliche Kompetenz insgesamt hoch sein. Nach dem Gemeinsamen Europäischen Referenzrahmen (GER), der das Sprachniveau in sechs Stufen von A1 bis C2 gegliedert, ermöglicht das Niveau B2 zwar ein spontanes und fließendes Gespräch mit Muttersprachlern und ist insoweit Grundvoraussetzung für ausländische ärztliche Heilberufler in Deutschland. Die Kammern prüfen darüber hinaus das fachsprachlich angereicherte Niveau C1 und sogar C2 bundesweit. Sie übernehmen die Durchführung der Abschlussprüfungen. Die Kurse fördert mit Stand 2021 das BAMF nach §§ 13, 45 DeuFöV.

## II. Ablehnung, Widerruf, Befristung

Fehlen Voraussetzungen nach § 2 Abs. 1 und soll die Approbationserteilung abgelehnt werden, steht den Antragstellern oder ihren Bevollmächtigten bzw. gesetzlichen Vertretungen vor der belastenden Maßnahme der Behörde ein **Anhörungsrecht** nach § 2 Abs. 2 zu. Die Bestimmung ist lex specialis zu § 28 VwVfG. Nach Verwaltungsverfahrensrecht kann von einer Anhörung in den in § 28 Abs. 2 VwVfG bestimmten, aber nicht enumerativ aufgezählten Fällen abgesehen werden. In den §§ 2 bis 4 werden dagegen Berufsausübungsrechte erst beantragt, so dass die Auffassung vertreten werden könnte, dass die Antragsteller vor dem Erlass der Bescheide noch gar keine Rechtsposition erworben haben, in die mit einer Ablehnung eingegriffen werden könnte. Davon ist indessen nicht auszugehen. Das Vorliegen der Voraussetzungen der jeweiligen 1. Absätze der §§ 2–4 gewährt bereits einen Rechtsanspruch auf Erlaubniserteilung. Das bedeutet aber auch, dass in den Fällen der §§ 3 und 4, die das Anhörungsrecht nicht regeln, § 28 VwVfG greift, wenn die Anträge abgelehnt werden sollen. Bei § 3 Abs. 3 Satz 2 i.V.m. § 28 Abs. 3 VwVfG kann auf eine Anhörung verzichtet werden, wenn die psychotherapeutische Versorgung gefährdet wäre, wenn eine Ablehnung erfolgte. Eine Ablehnung nach § 4 Abs. 2 kann durch Auflagen vermieden werden. Da es sich insoweit um zusätzliche belastende Verwaltungsakte handelt, ist eine Anhörung nach § 28 Abs. 1 VwVfG erforderlich.

22 Die **Approbation** ist **bedingungsfeindlich**. Befristungen und Auflagen sieht das Gesetz nicht vor. Sie kann nur uneingeschränkt erteilt werden.

23 Die vorübergehende Berufsausübungserlaubnis nach § 3 Abs. 3 Satz 1 bis 3 wird auf höchstens zwei Jahre **befristet** und ausschließlich auf **Widerruf** erteilt. Bei Versorgungsengpässen dürfen die Fristen nach § 3 Abs. 2 Satz 4 im besonders begründeten Einzelfall – insbesondere im öffentlichen Interesse bei Versorgungsengpässen – überschritten werden.

24 Die **partielle Berufserlaubnis** nach § 4 Abs. 1 und 3 erfolgt unbefristet, aber auf Tätigkeiten und Beschäftigungsstellen beschränkt.

### § 5 Rücknahme, Widerruf und Ruhen

(1) Die Approbation ist zurückzunehmen, wenn bei ihrer Erteilung die Voraussetzung des § 2 Absatz 1 Nummer 1 nicht vorgelegen hat. Die Approbation kann zurückgenommen werden, wenn bei ihrer Erteilung die Voraussetzung des § 2 Absatz 1 Nummer 2 oder Nummer 3 nicht vorgelegen hat. Im Übrigen bleiben die dem § 48 des Verwaltungsverfahrensgesetzes entsprechenden landesrechtlichen Vorschriften unberührt.

(2) Die Approbation ist zu widerrufen, wenn nachträglich
1. die Voraussetzung nach § 2 Absatz 1 Nummer 2 wegfällt oder
2. dauerhaft die Voraussetzung nach § 2 Absatz 1 Nummer 3 wegfällt.

Im Übrigen bleiben die dem § 49 des Verwaltungsverfahrensgesetzes entsprechenden landesrechtlichen Vorschriften unberührt.

(3) Das Ruhen der Approbation kann angeordnet werden, wenn
1. gegen die betreffende Person wegen des Verdachts einer Straftat, aus der sich die Unwürdigkeit oder Unzuverlässigkeit zur Ausübung des Berufs ergeben würde, ein Strafverfahren eingeleitet worden ist,
2. die gesundheitliche Eignung zur Ausübung des Berufs voraussichtlich nur vorübergehend wegfällt,
3. Zweifel an der gesundheitlichen Eignung der betreffenden Person bestehen, die Person sich aber weigert, sich einer von der zuständigen Behörde angeordneten amts- oder fachärztlichen Untersuchung zu unterziehen,
4. sich erweist, dass die betreffende Person nicht über die für die Ausübung des Berufs erforderlichen Kenntnisse der deutschen Sprache verfügt oder
5. sich ergibt, dass die betreffende Person nicht ausreichend gegen die sich aus ihrer Berufsausübung ergebenden Haftpflichtgefahren versichert ist, sofern kraft Landesrechts oder kraft Standesrechts eine Pflicht zur Versicherung besteht.

Die Anordnung des Ruhens der Erlaubnis ist aufzuheben, sobald die Voraussetzung für die Anordnung nicht mehr vorliegt.

(4) Die Absätze 1 bis 3 gelten entsprechend für Personen mit einer Erlaubnis zur vorübergehenden Berufsausübung oder einer Erlaubnis zur partiellen Berufsausübung.

### § 6 Verzicht

(1) Auf die Approbation, die Erlaubnis zur vorübergehenden Berufsausübung und die Erlaubnis zur partiellen Berufsausübung kann durch schriftliche Erklärung gegenüber der zuständigen Behörde verzichtet werden.

(2) Nicht wirksam ist ein Verzicht, wenn er unter einer Bedingung erklärt wird.

(3) Die Erklärung des Verzichts kann nicht widerrufen werden. Hierauf soll vor Abgabe der Verzichtserklärung hingewiesen werden.

| Übersicht | Rdn. | | Rdn. |
|---|---|---|---|
| A. Normzweck und Regelungsgegenstand.. | 1 | II. Verzicht......................... | 6 |
| B. Tatbestand ...................... | 2 | C. Sofortvollzug, Bewehrung............ | 7 |
| I. Rücknahme, Widerruf, Ruhensanordnung ............................ | 2 | | |

## A. Normzweck und Regelungsgegenstand

Den Vorschriften der §§ 2 bis 4 zur Erteilung der verschiedenen Berufsausübungserlaubnisse stehen in §§ 5 und 6 Rücknahme, Widerruf, Ruhensanordnung und Verzicht darauf gegenüber. Der **Geltungsbereich** der beiden Normen erstreckt sich gemäß § 5 Abs. 4 auf Apppprobationen, vorübergehende und partielle Berufserlaubnisse. Bei allen Varianten handelt es sich um Verwaltungsakte der zuständigen Behörden, sodass die Kriterien des allgemeinen Verwaltungsrechts Anwendung finden, soweit dieses Gesetz keine Spezialregelungen trifft. Die besonderen Belange des gesundheitlichen Berufszulassungsrechts sind berücksichtigt, indem die Vorgaben der einschlägigen EU-Richtlinien 2005/36/EG und 2013/55 EU in deutsches Recht transformiert worden sind. § 5 Abs. 1 Satz 3, Abs. 2 Satz 2 verweisen im Übrigen auf die Verwaltungsverfahrensgesetze der Länder. 1

## B. Tatbestand

### I. Rücknahme, Widerruf, Ruhensanordnung

§ 5 Abs. 1 regelt zwei **Rücknahmetatbestände.** Wenn die fachliche Qualifikation bei Erteilung der Berufsausübungsberechtigung nicht vorgelegen hat, der begünstigende Verwaltungsakt demzufolge zu Unrecht erteilt worden ist, muss der rechtswidrige Bescheid **zwingend** zurückgenommen werden. Dabei sind die unterschiedlichen Anforderungen an die beizubringende Qualifikationen nach den §§ 2 Abs. 1 Nr. 1, 3 Abs. 1 Nr. 1 sowie 4 Abs. 1 Nr. 2 und 3 zu gewichten, vgl. dazu §§ 2–4 Rdn. 10 ff. Eine **fakultative** Rücknahme kommt in Betracht, wenn Zweifel an der Zuverlässigkeit und charakterlichen Integrität oder der gesundheitlichen Eignung des Antragstellers bei Bescheiderteilung nicht ausgeräumt waren. Je nach Schwere der Verfehlungen bzw. der gesundheitlichen Probleme kann sich das »Ermessen auf Null«, also auf eine zwingende Rücknahme reduzieren. Ungeschriebenes Tatbestandsmerkmal ist die Prüfverpflichtung der zuständigen Behörde, ob die **Rücknahme ex nunc und ex tunc** erfolgen soll oder ob die Maßnahme ausschließlich für die Zukunft ausreichend ist. Einen zeitlichen **Ausschluss der Rücknahme** analog § 48 Abs. 4 VwVfG sieht das Gesetz nicht vor, um Patienten jederzeit vor ungeeigneten Heilberuflern schützen zu können, vgl. *Graulich*, § 5 Rn. 8 m.w.N. 2

§ 5 Abs. 2 regelt den **zwingenden Widerruf** einer zunächst rechtmäßig erteilten Berufsausübungsberechtigung. Die Voraussetzungen der notwendigen Integrität und Zuverlässigkeit oder die gesundheitliche Eignung sind nachträglich und auf Dauer weggefallen. Dies ist insbesondere der Fall bei nachhaltigen Verfehlungen mit negativer Zukunftsprognose und bei gesundheitlichen Problemen, die auf Dauer eine Berufsausübung nicht mehr zulassen. Ein **fakultativer Widerruf** ist damit nicht ausgeschlossen. Er kann nach § 49 Abs. 2 VwVfG in Betracht kommen. 3

Die **Anordnung des Ruhens** der Berufsausübungsberechtigung wird spezialgesetzlich ausschließlich in § 5 Abs. 3 geregelt und kann fakultativ getroffen werden. Eine »Ermessensreduzierung auf Null« kann sich ergeben, wenn einer der enumerativ aufgezählten Gründe vorliegt. Die gesetzliche Regelung berücksichtigt, dass die grundsätzlich existenziellen Rechte möglichst erhalten bleiben sollen. Daher bestimmt § 5 Abs. 3 Satz 2 auch die Aufhebung der Anordnung, sobald die Anordnungsgründe nicht mehr vorliegen. 4

Rücknahme-, Widerruf- und Ruhensanordnungen belasten die Rechtsinhaber massiv. Vor ihrem Erlass sind die Betroffenen grundsätzlich **anzuhören.** Eine spezialgesetzliche Regelung dazu hat der 5

Gesetzgeber nicht getroffen, so dass § 28 VwVfG anzuwenden ist. Nach den Vorgaben des § 28 Abs. 2 VwVfG kann von einer Anhörung im Einzelfall abgesehen werden. Soweit diese Tatbestände nicht vorliegen, ist eine angemessen Anhörungsfrist zu setzen, vgl. zum Fristlauf im Kontext zu § 48 Abs. 4 VwVfG *Graulich*, § 5 Rn. 9.

### II. Verzicht

6  Verzicht bedeutet Aufgabe der Berufsausübungsberechtigung und »Rechtsvernichtung«. Mit der schriftlichen Erklärung und ihrem Zugang bei der zuständigen Behörde wird der Verzicht wirksam.

### C. Sofortvollzug, Bewehrung

7  Grundsätzlich können alle Tatbestände des § 5 mit der **Anordnung der sofortigen Vollziehung** nach § 80 Abs. 2 Nr. 4 VwGO versehen werden, wenn ein öffentliches Interesse daran besteht. Dies wird allerdings aus Verhältnismäßigkeitserwägungen nur bei einer Ruhensanordnung in Betracht kommen. Mit ihr kann bereits effiziente Gefahrenabwehr betrieben werden. Insoweit handelt es sich um eine eigenständige Maßnahme, deren Notwendigkeit besonders zu begründen ist.

8  Das PsychThG regelt **Gesetzesverstöße** und **Sanktionen** selbst nicht. Soweit der Beruf des Psychotherapeuten unter einer dieser oder den nach § 27 weiter geltenden Berufsbezeichnungen ausgeübt wird, nachdem die Berufsausübungsberechtigung nach § 5 Abs. 4 zurückgenommen, widerrufen oder ruhend gestellt worden ist, liegt grundsätzlich der Straftatbestand des §§ 132a Abs. 1 Nr. 2, 12 Abs. 2 StGB vor. Der Strafrahmen reicht von einer Freiheitsstrafe bis zu einem Jahr bis zu Geldstrafe (Vergehen). Soweit die Betroffenen neben ihrer psychotherapeutischen Qualifikation und Berufsausübungsberechtigung zusätzlich eine Heilpraktikererlaubnis nach § 1 HeilprG besitzen, kann diese in den Fällen des § 5 wieder aufleben. Liegt sie nicht vor und wird Psychotherapie dennoch angeboten, auch ohne die Berufsbezeichnungen nach diesem Gesetz zu verwenden, ist ein Verstoß gegen § 5 HeilprG – vgl. auch Amtl. Begr. AT II Nr. 15 v. 24.06.1997 (BT-Drs. 13/8035) – gegeben, der gemäß § 12 Abs. 2 StGB ebenfalls als Vergehen bestraft wird.

### § 11 Anerkennung von Berufsqualifikationen aus Drittstaaten

(1) Eine außerhalb des Geltungsbereichs dieses Gesetzes und außerhalb eines Mitgliedstaates, eines anderen Vertragsstaates oder eines gleichgestellten Staates erworbene abgeschlossene Berufsqualifikation erfüllt die Voraussetzung des § 2 Absatz 1 Nummer 1, wenn
1. diese Berufsqualifikation in dem Staat, in dem sie erworben wurde, für den unmittelbaren Zugang zu einem dem Beruf der Psychotherapeutin und des Psychotherapeuten entsprechenden Beruf erforderlich ist und
2. die Gleichwertigkeit der erworbenen Berufsqualifikation mit der Berufsqualifikation einer Psychotherapeutin oder eines Psychotherapeuten gegeben ist.

(2) Die erworbene Berufsqualifikation ist als gleichwertig anzusehen, wenn sie keine wesentlichen Unterschiede gegenüber der Berufsqualifikation aufweist, die in diesem Gesetz und in der auf Grund des § 20 erlassenen Rechtsverordnung geregelt ist. Wesentliche Unterschiede liegen vor, wenn
1. die von der antragstellenden Person erworbene Berufsqualifikation hinsichtlich der beruflichen Tätigkeit Bestandteile umfasst, die sich wesentlich von denen unterscheiden, die nach diesem Gesetz und der auf Grund des § 20 erlassenen Rechtsverordnung vorgeschrieben sind, oder
2. in dem Staat, in dem die antragstellende Person ihre Berufsqualifikation erworben hat, eine oder mehrere Tätigkeiten des in diesem Gesetz oder in der auf Grund des § 20 erlassenen Rechtsverordnung geregelten Berufs der Psychotherapeutin oder des Psychotherapeuten nicht Bestandteil der Tätigkeit des Berufs ist oder sind, der dem der Psychotherapeutin oder des Psychotherapeuten entspricht, und wenn sich dadurch die von der antragstellenden Person erworbene Berufsqualifikation oder einzelne Bestandteile ihrer Berufsqualifikation

wesentlich von der Berufsqualifikation nach diesem Gesetz und nach der auf Grund des § 20 erlassenen Rechtsverordnung unterscheiden.

Einzelne Bestandteile unterscheiden sich wesentlich, wenn die von der antragstellenden Person erworbene Berufsqualifikation wesentliche Abweichungen hinsichtlich der Art und Weise der Ausbildungsvermittlung oder wesentliche inhaltliche Abweichungen hinsichtlich der Kenntnisse und Fähigkeiten aufweist, die eine wesentliche Voraussetzung für die Ausübung des Berufs der Psychotherapeutin oder des Psychotherapeuten in Deutschland sind.

(3) Wesentliche Unterschiede nach Absatz 2 Satz 2 können ganz oder teilweise durch Kenntnisse und Fähigkeiten ausgeglichen werden, die die antragstellende Person im Rahmen ihrer tatsächlichen und rechtmäßigen Ausübung des Berufs, der dem der Psychotherapeutin oder des Psychotherapeuten entspricht, in Voll- oder Teilzeit oder durch lebenslanges Lernen erworben hat. Die Anerkennung von Kenntnissen und Fähigkeiten, die durch lebenslanges Lernen erworben wurden, setzt voraus, dass sie von einer dafür in dem jeweiligen Staat zuständigen Stelle formell als gültig anerkannt wurden. Es ist nicht entscheidend, in welchem Staat die jeweiligen Kenntnisse und Fähigkeiten erworben worden sind.

(4) Ist die Gleichwertigkeit der erworbenen Berufsqualifikation nicht gegeben oder kann sie nur mit unangemessenem zeitlichen oder sachlichen Aufwand festgestellt werden, weil die erforderlichen Unterlagen oder Nachweise aus Gründen, die die antragstellende Person nicht zu vertreten hat, von dieser nicht vorgelegt werden können, ist ein gleichwertiger Kenntnisstand nachzuweisen. Dieser Nachweis wird durch eine Kenntnisprüfung erbracht, die sich auf den Inhalt der psychotherapeutischen Prüfung nach § 10 Absatz 1 erstreckt.

### § 12 Anerkennung von Berufsqualifikationen aus anderen Mitgliedstaaten, anderen Vertragsstaaten oder gleichgestellten Staaten

(1) Eine in einem Mitgliedstaat, einem anderen Vertragsstaat oder einem gleichgestellten Staat erworbene abgeschlossene Berufsqualifikation erfüllt die Voraussetzung des § 2 Absatz 1 Nummer 1, wenn
1. diese Berufsqualifikation in dem Staat, in dem sie erworben wurde, für den unmittelbaren Zugang zu einem dem Beruf der Psychotherapeutin und des Psychotherapeuten entsprechenden Beruf erforderlich ist und
2. die Gleichwertigkeit der erworbenen Berufsqualifikation mit der Berufsqualifikation einer Psychotherapeutin oder eines Psychotherapeuten gegeben ist.

Zum Nachweis der Berufsqualifikation kann die antragstellende Person einen Europäischen Berufsausweis oder einen Ausbildungsnachweis vorlegen, aus dem hervorgeht, dass sie eine Berufsqualifikation erworben hat, die in diesem Staat für den unmittelbaren Zugang zu einem dem Beruf der Psychotherapeutin und des Psychotherapeuten entsprechenden Beruf erforderlich ist. Ausbildungsnachweise im Sinne dieses Gesetzes sind
1. Ausbildungsnachweise gemäß Artikel 3 Absatz 1 Buchstabe c der Richtlinie 2005/36/EG des Europäischen Parlaments und des Rates vom 7. September 2005 über die Anerkennung von Berufsqualifikationen (ABl. L 255 vom 30.9.2005, S. 22), die zuletzt durch den Delegierten Beschluss (EU) 2017/2113 (ABl. L 317 vom 1.12.2017, S. 119) geändert worden ist, die mindestens dem in Artikel 11 Buchstabe b der Richtlinie 2005/36/EG genannten Niveau entsprechen und denen eine Bescheinigung über das Ausbildungsniveau von dem Mitgliedstaat, dem anderen Vertragsstaat oder dem gleichgestellten Staat beigefügt ist, in dem die antragstellende Person ihre Berufsqualifikation erworben hat,
2. Ausbildungsnachweise oder eine Gesamtheit von Ausbildungsnachweisen, die
    a) von einer zuständigen Behörde in einem anderen Mitgliedstaat, einem anderen Vertragsstaat oder einem gleichgestellten Staat ausgestellt worden sind,
    b) den erfolgreichen Abschluss einer Berufsqualifikation bescheinigen, die

aa) in einem anderen Mitgliedstaat, einem anderen Vertragsstaat oder einem gleichgestellten Staat auf Voll- oder Teilzeitbasis im Rahmen formaler oder nichtformaler Ausbildungsprogramme erworben worden ist,

bb) von dem anderen Mitgliedstaat, dem anderen Vertragsstaat oder dem gleichgestellten Staat, der die Ausbildungsnachweise ausgestellt hat, als gleichwertig anerkannt wurde und

cc) zur Aufnahme oder Ausübung des Berufs der Psychotherapeutin und des Psychotherapeuten berechtigt oder auf die Ausübung des Berufs der Psychotherapeutin und des Psychotherapeuten vorbereitet, oder

3. Ausbildungsnachweise oder eine Gesamtheit von Ausbildungsnachweisen, die

   a) von einer zuständigen Behörde in einem anderen Mitgliedstaat, einem anderen Vertragsstaat oder einem gleichgestellten Staat ausgestellt worden sind und

   b) den erfolgreichen Abschluss einer Berufsqualifikation bescheinigen, die

      aa) in diesem anderen Mitgliedstaat, anderen Vertragsstaat oder gleichgestellten Staat auf Voll- oder Teilzeitbasis im Rahmen formaler oder nichtformaler Ausbildungsprogramme erworben worden ist, und

      bb) zwar nicht den Erfordernissen der Rechts- oder Verwaltungsvorschriften dieses anderen Mitgliedstaats, anderen Vertragsstaats oder gleichgestellten Staats für die Aufnahme oder Ausübung des Berufs der Psychotherapeutin und des Psychotherapeuten entspricht, gemäß dessen Rechts- und Verwaltungsvorschriften ihrer Inhaberin oder ihrem Inhaber jedoch die Befugnis zur Aufnahme oder Ausübung des Berufs der Psychotherapeutin und des Psychotherapeuten in diesem anderen Mitgliedstaat, anderem Vertragsstaat oder gleichgestellten Staat auf Grund von erworbenen Rechten verleiht.

(2) Die erworbene Berufsqualifikation ist als gleichwertig anzusehen, wenn sie keine wesentlichen Unterschiede gegenüber der Berufsqualifikation aufweist, die in diesem Gesetz und in der auf Grund des § 20 erlassenen Rechtsverordnung geregelt ist. § 11 Absatz 2 Satz 3 und 4 und Absatz 3 gilt entsprechend.

(3) Antragstellende Personen mit einer Berufsqualifikation aus einem anderen Mitgliedstaat, einem anderen Vertragsstaat oder einem gleichgestellten Staat haben einen höchstens dreijährigen Anpassungslehrgang zu absolvieren oder eine Eignungsprüfung abzulegen, wenn ihre erworbene Berufsqualifikation wesentliche Unterschiede gegenüber der Berufsqualifikation aufweist, die in diesem Gesetz und in der auf Grund des § 20 erlassenen Rechtsverordnung geregelt ist. Für die Prüfung wesentlicher Unterschiede gilt § 11 Absatz 2 und 3 entsprechend. Die antragstellenden Personen haben das Recht, zwischen dem Anpassungslehrgang und der Eignungsprüfung zu wählen.

(4) Die Absätze 1 bis 3 gelten auch für antragstellende Personen, die über eine abgeschlossene Berufsqualifikation verfügen, die in einem anderen als den in Absatz 1 Satz 1 genannten Staaten erworben wurde und die einer der in Absatz 1 Satz 1 genannten Staaten anerkannt hat.

## § 13 Allgemeine Regelungen bei der Anerkennung von außerhalb des Geltungsbereichs des Gesetzes erworbenen Berufsqualifikationen

(1) Wird die Voraussetzung des § 2 Absatz 1 Nummer 1 auf eine Berufsqualifikation gestützt, die außerhalb des Geltungsbereichs dieses Gesetzes erworben worden ist, so soll bei der Entscheidung über die Erteilung der Approbation zunächst geprüft werden, ob diese Berufsqualifikation gleichwertig ist mit der Berufsqualifikation nach § 2 Absatz 1 Nummer 1. Erst nach Feststellung der Gleichwertigkeit sollen die Voraussetzungen nach § 2 Absatz 1 Nummer 2 bis 4 geprüft werden. Auf Antrag ist der antragstellenden Person ein gesonderter Bescheid über die Feststellung der Gleichwertigkeit ihrer Berufsqualifikation zu erteilen.

(2) Die Erteilung einer Approbation als Psychotherapeutin oder Psychotherapeut ist ausgeschlossen, wenn antragstellende Personen nur über einen Ausbildungsnachweis verfügen, der dem in Artikel 11 Buchstabe a der Richtlinie 2005/36/EG genannten Niveau entspricht.

(3) Das Berufsqualifikationsfeststellungsgesetz findet mit Ausnahme des § 17 des Berufsqualifikationsfeststellungsgesetzes bei der Anerkennung von Berufsqualifikationen nach diesem Gesetz keine Anwendung.

(4) Die Länder können vereinbaren, dass die Aufgaben nach diesem Abschnitt von einem anderen Land oder einer gemeinsamen Einrichtung wahrgenommen werden.

| Übersicht | Rdn. | | Rdn. |
|---|---|---|---|
| A. Normzweck und Regelungsgegenstand | 1 | I. Drittstaatenbewerber | 2 |
| B. Tatbestand | 2 | II. EU-, EWR- und Vertragsstaatenbewerber | 7 |

## A. Normzweck und Regelungsgegenstand

Die §§ 11 bis 13 befassen sich mit der **Feststellung der Gleichwertigkeit** von psychotherapeutischen Qualifikationen. Dabei wird zwischen solchen unterschieden, die in Drittstaaten nach § 11 oder in EU-Staaten bzw. diesen nach § 1 Abs. 5 und 6 gleichgestellten Staaten nach § 12 erworben worden sind. Das Gesetz berücksichtigt die relevanten Berufsanerkennungsrichtlinien, die in deutsches Recht transformiert worden sind und den Angehörigen der Staaten nach § 1 Abs. 5 und 6 analoge Rechte einräumen, die ausgebildeten Psychotherapeuten mit einer in Deutschland durchgeführten und abgeschlossenen Ausbildung einschließlich Approbation zukommen. Der Gesetzgeber bezieht mit deutlich geringeren Anforderungen in § 11 die bereits in vielen europäischen Staaten erfolgten Angleichungen der Ausbildungen ein.

## B. Tatbestand

### I. Drittstaatenbewerber

Aus § 11 Abs. 2 ergeben sich die zwingenden **Anerkennungskriterien** für Berufsqualifikationen aus Drittstaaten und ggf. Ergänzungsmaßnahmen für die Herstellung der Vergleichbarkeit der Ausbildungen. Zum einen muss die im Entsendeland erworbene Qualifikation dort den unmittelbaren Zugang zum Beruf des Psychotherapeuten oder einem entsprechenden Beruf eröffnen. Ferner muss die Gleichwertigkeit der deutschen mit der ausländischen Qualifikation festgestellt werden.

Für die Gleichwertigkeitsprüfung wird auf das Fehlen **wesentlicher Unterschiede** abgestellt. Dieser unbestimmte Rechtsbegriff wird in § 11 Abs. 2 Satz 2 Nr. 1 und 2 konkretisiert. Es werden keine Regelbeispiele formuliert, sondern der wesentliche Unterschied definiert bzw. umschrieben. Nach § 11 Abs. 2 Nr. 1 bestehen wesentliche Unterschiede, wenn die berufliche Tätigkeit im Drittstaat Aufgaben umfasst, die nach diesem Gesetz und der PsychThApprO nicht zu den Tätigkeitsfeldern von Psychotherapeuten gehören. Da insbesondere in fachlichen Randbereichen unterschiedliche Aufgaben einbezogen werden können, ist die Frage nicht beantwortet, ob die deutsche Ausbildung alle Facetten des Berufsbilds erfasst oder nicht. Das Merkmal der wesentlichen Unterschiede der Berufsqualifikationen kann daher bereits in einer besonders weiten Aufgabenbeschreibung begründet sein, wenn etwa ärztliche oder pharmazeutische Tätigkeiten im Gegensatz zum deutschen Recht im Drittstaat miterfasst wären. Die Art der Ausbildungsvermittlung kann eine andere sein. Es können auch andere Techniken, Kenntnisse und Fertigkeiten zur Berufsausübung vermittelt worden sein, 11 Abs. 2 Satz 3. Die wesentlichen Unterschiede werden gem. § 22 Abs. 2, § 63 PsychThApprO, § 5 ff. VwVfG durch rechtsmittelfähigen Bescheid festgestellt, der gesondert anfechtbar ist.

§ 11 Abs. 3 erlaubt den **Ausgleich wesentlicher Unterschiede** der Ausbildung durch staatlich formal anerkanntes »lebenslanges Lernen«, das sich in der Berufspraxis widerspiegelt. Der Gesetzgeber lässt daher Ausbildungsdefizite zwar durch Berufspraxis ausgleichen, aber nur, wenn die Ausübung des Berufs gesetzeskonform war. Berufstätigkeiten im Ausland sind zwar nicht angesprochen, dürften aber nach Sinn und Zweck der Norm anerkennungsfähig sein, wenn sie in Vertragsstaaten nach § 1 Abs. 5 und 6 ausgeübt und dort entsprechend der deutschen Vorgaben anerkannt worden sind. Diese Analogie folgt aus § 12 Abs. 1 Satz 3.

5 Bei fehlender Gleichwertigkeit der Ausbildung kommt nach § 11 Abs. 4 eine **Kenntnisprüfung** in Betracht, mit der der gleichwertige Kenntnisstand nachzuweisen ist. Die Inhalte ergeben sich aus § 10 i.V.m. § 64 Abs. 2 PsychThApprO. Die damit angesprochene anwendungsorientierte Parcourprüfung als Teil der psychotherapeutischen Prüfung ist in den §§ 46 ff. PsychThApprO beschrieben. Es handelt sich eine kompetenzbasierte Abschlussprüfung über praktische klinisch-therapeutische Fähigkeiten, bei denen an und mit schauspielernden Modellen die Anwendung von Techniken und Methoden nachgewiesen werden soll. Kommunikative Fähigkeiten werden in standardisierten klinischen Verfahren getestet. Die Durchführungsmodalitäten und die Ergebnisfeststellung ergeben sich aus § 65 PsychThApprO.

6 Gesetz und Approbationsordnung legen Wert auf zügige Anerkennungsverfahren, in denen die Behörden die Antragsteller unterstützen sollen. Es sind im Verfahren unterschiedliche **Fristen** zu beachten. Gem. § 61 Abs. 1 PsychThApprO bestätigt die zuständige Behörde den Eingang des Anerkennungsantrags innerhalb von einem Monat. Ihre Entscheidung trifft sie kurzfristig, spätestens aber vier Monate nach Eingang der vollständigen Unterlagen. Im Falle der § 81a AufhG, § 61 Abs. 3 verkürzt sich die Entscheidungsfrist auf zwei Monate. Die Mitwirkungspflicht der Behörde zugunsten eines zügigen Verfahrens besteht im unverzüglichen Nachhalten fehlender Nachweise. Bei der Vorlage der Unterlagen zur Anerkennung der ausländischen Berufsqualifikation dürfen das amtliche Führungszeugnis und die ärztliche Gesundheitsbescheinigung nach § 60 Abs. 2 PsychThApprO nicht älter als einen Monat sein. Die Kenntnisprüfung ist gem. § 65 Abs. 1 Satz 3 innerhalb von 6 Monaten nach der Bescheiderteilung über das Vorliegen wesentlicher Berufsqualifikationsunterschiede durchzuführen. Sie kann ohne Fristvorgaben zweimal wiederholt werden. Die Prüfungstermine folgen aus § 35 PsychThApprO.

## II. EU-, EWR- und Vertragsstaatenbewerber

7 Trotz des Bemühens, Bewerber möglichst unkompliziert und mit der größtmöglichen Freizügigkeit in Deutschland arbeiten zu lassen, dürfen Gesundheitsgefährdungen durch unzureichend qualifizierte Heilberufler nicht in Kauf genommen werden. Das Ausbildungs- und Qualifikationsniveau in den Vertragsstaaten ist wie in Deutschland i.d.R. sehr hoch. Bei neu konzipierten und aufgewerteten Berufsbildern und Ausbildungen können jedoch Unterschiede wieder deutlicher hervortreten. Insbesondere vor dem Hintergrund der neuen Gesetzeslage in Deutschland kann daher u.U. auf eine **Gleichwertigkeitsprüfung** nicht verzichtet werden.

8 Der Berufsqualifikationsnachweis kann mit einem **Europäischen Berufsausweis** (EBA) nach § 12 Abs. 1 Satz 2 geführt werden. Der EBA ist ein elektronisches Verfahren, das bisher nur für wenige Berufe innerhalb der Vertragsstaaten anwendbar ist. Der Beruf des Psychotherapeuten zählt dazu. Der EBA gilt unbefristet bei langfristiger Niederlassung, aber nur befristet für einen Zeitraum von 12 Monaten im Rahmen der Dienstleistungserbringung nach § 12. Er wird auf der Grundlage der Durchführungsverordnung (EU) 2015/983 der Kommission v. 24.06.2015 betreffend das Verfahren zur Ausstellung des Europäischen Berufsausweises und die Anwendung des Vorwarnmechanismus gemäß der Richtlinie 2005/36/EG des Europäischen Parlaments und des Rates erteilt.

9 Die zweite Option zum Nachweis der Berufsqualifikation ist der **Ausbildungsnachweis** nach § 12 Abs. 1 Satz 3 Nr. 1 bis 3. Er kann auf drei Arten erworben werden:
– In *Variante 1* muss die Ausbildung im Vertragsstaat dem Niveau der zitierten EU-Richtlinien entsprechen und vom Ausstellerland bescheinigt sein.
– Bei *Variante 2* hat ein Vertragsstaat die in einem anderen Vertragsstaat – mit Ausnahme von Deutschland – erfolgreich absolvierte Ausbildung auf der Grundlage von Ausbildungsprogrammen

bereits als gleichwertig anerkannt und die Berechtigung zur Berufsausübung bzw. Vorbereitung zur Berufsausübung bestätigt.
— *Variante 3* behandelt den Fall, dass zwar ein erfolgreicher Berufsabschluss wie in Variante 2 auf der Basis eines Ausbildungsprogramms vorliegt, dieser zwar nicht den aktuell geltenden Berufsausübungsregelungen des Vertragsstaates entspricht, aber aufgrund von Überleitungs- bzw. Besitzstandsvorschriften im dortigen Recht zur Berufsausübung befugt.

Da es Normziel des § 12 ist, die Qualifikationen anderer Vertragsstaaten möglichst weitgehend anzuerkennen, können bestehende Ausbildungs- und Qualifikationsdefizite durch weniger einschneidende und kurzfristigere **Anpassungsmodalitäten** als in § 11 ausgeglichen werden. Aus § 12 Abs. 3 Satz 3 folgt, dass zwischen einer Eignungsprüfung und einem höchstens dreijährigen Anpassungslehrgang gewählt werden kann. Die **Eignungsprüfung** ist eine mündlich-praktische Fallprüfung, bei der eine anonymisierte Patientenanamnese gem. § 68 Abs. 2 bis 4 PsychThApprO durchgeführt wird. Neben fallspezifischen Fragen werden auch fallübergreifende Elemente zu den therapeutischen Kompetenzen abgefragt. Es wird ein Prüfungszeugnis nach § 69 Abs. 6 PsychThApprO erteilt. Der **Anpassungslehrgang** unterliegt den Kriterien der §§ 66, 67 PsychThApprO. Sein Umfang bestimmt sich nach den individuell festgestellten Defiziten gem. § 66 Abs. 3 PsychThApprO. Er wird von der zuständigen Behörde nach § 22 festgelegt. Insoweit kann auch eine Anpassung der Lehrgangsdauer nach dem jeweiligen Kenntnisstand des Antragstellers vorgenommen werden. Der Lehrgang darf längstens 3 Jahre dauern, § 12 Abs. 3 Satz 1. In dieser Zeit arbeitet der Antragsteller unter Aufsicht von zugelassenen Psychotherapeuten und unterliegt seiner Weisungsbefugnis. Es wird ein Abschlusszertifikat erteilt.

10

Die **Verfahrensfristen** des § 61 PsychThApprO gelten grundsätzlich auch im Rahmen des § 12. Bei der Feststellung von wesentlichen Unterschieden ist nach § 69 Abs. 1 PsychThApprO die Eignungsprüfung innerhalb von sechs Monaten nach Bescheiderteilung zu ermöglichen. Sie kann nach § 69 Abs. 5 zweimal wiederholt werden. Fristen ergeben sich insoweit aus § 35 PsychThApprO, der Anbindung an die Prüfungen nach § 10. Anpassungslehrgänge sind aufgrund der individuellen Ausrichtung nicht an gesetzliche Fristen gebunden.

11

## § 14 Bescheinigungen, die zur Dienstleistungserbringung in einem anderen Mitgliedstaat, einem anderen Vertragsstaat oder einem gleichgestellten Staat erforderlich sind

(1) Üben deutsche Staatsangehörige, Staatsangehörige eines anderen Mitgliedstaates, eines anderen Vertragsstaates oder eines gleichgestellten Staates den Beruf der Psychotherapeutin oder des Psychotherapeuten in Deutschland aufgrund einer Approbation als Psychotherapeutin oder Psychotherapeut aus, so wird ihnen auf Antrag eine Bescheinigung ausgestellt, mit der sie die Möglichkeit haben, in ihrem Beruf in einem anderen Mitgliedstaat, in einem anderen Vertragsstaat oder einem gleichgestellten Staat eine vorübergehende und gelegentliche Dienstleistung im Sinne des Artikels 57 des Vertrages über die Arbeitsweise der Europäischen Union auszuüben.

(2) Die Bescheinigung hat die folgenden Angaben zu enthalten:

1. die Angabe, dass die antragstellende Person als Psychotherapeutin oder Psychotherapeut rechtmäßig in Deutschland niedergelassen ist,

2. die Angabe, dass der antragstellenden Person die Ausübung des Berufs als Psychotherapeutin oder Psychotherapeut nicht, auch nicht vorübergehend, untersagt ist und

3. die Angabe, dass die antragstellende Person über die berufliche Qualifikation verfügt, die für die Ausübung des Berufs als Psychotherapeutin oder Psychotherapeut in Deutschland erforderlich ist.

## § 15 Dienstleistungserbringung in Deutschland

(1) Vorübergehende und gelegentliche Dienstleistungen im Sinne des Artikels 57 des Vertrages über die Arbeitsweise der Europäischen Union darf im Geltungsbereich dieses Gesetzes ausüben, wer Staatsangehöriger eines Mitgliedstaates, eines anderen Vertragsstaates oder eines gleichgestellten Staates ist und
1. zur Ausübung des Berufs als Psychotherapeutin oder Psychotherapeut in einem anderen Mitgliedstaat, einem anderen Vertragsstaat oder einem gleichgestellten Staat berechtigt ist sowie in diesem Mitgliedstaat, anderen Vertragsstaat oder gleichgestellten Staat rechtmäßig niedergelassen ist oder
2. den Beruf der Psychotherapeutin oder des Psychotherapeuten während der vorhergehenden zehn Jahre mindestens ein Jahr in einem oder mehreren anderen Mitgliedstaaten, in einem oder mehreren anderen Vertragsstaaten oder in einem oder mehreren gleichgestellten Staaten, in dem oder denen sie oder er niedergelassen war, rechtmäßig ausgeübt hat, sofern der Beruf der Psychotherapeutin oder des Psychotherapeuten oder die Qualifikation zu diesem Beruf in diesem Staat oder diesen Staaten nicht reglementiert ist.

Der vorübergehende und gelegentliche Charakter der Dienstleistungserbringung wird im Einzelfall beurteilt. In die Beurteilung sind Dauer, Häufigkeit, regelmäßige Wiederkehr und Kontinuität der Dienstleistung einzubeziehen.

(2) Die für die Ausübung der Dienstleistung erforderlichen Kenntnisse der deutschen Sprache müssen vorhanden sein.

(3) Abweichend von Absatz 1 dürfen keine vorübergehenden und gelegentlichen Dienstleistungen im Sinne des Artikels 57 des Vertrages über die Arbeitsweise der Europäischen Union im Geltungsbereich dieses Gesetzes im Beruf als Psychotherapeutin oder Psychotherapeut ausgeübt werden, wenn die jeweilige Person sich eines Verhaltens schuldig gemacht hat, aus dem sich die Unwürdigkeit oder Unzuverlässigkeit zur Ausübung dieses Berufs ergibt, oder sie in gesundheitlicher Hinsicht zur Ausübung dieses Berufs ungeeignet ist.

## § 16 Rechte und Pflichten

Staatsangehörige eines Mitgliedstaates, eines anderen Vertragsstaates oder eines gleichgestellten Staates, die in Deutschland im Beruf der Psychotherapeutin oder des Psychotherapeuten vorübergehend und gelegentlich Dienstleistungen erbringen, haben dabei die gleichen Rechte und Pflichten wie Personen mit einer Approbation nach § 1 Absatz 1. Sie können den berufsständischen, gesetzlichen oder verwaltungsrechtlichen Berufsregeln und den geltenden Disziplinarbestimmungen unterworfen werden. Zu diesen Bestimmungen gehören etwa Regelungen über die Definition des Berufs, das Führen von Titeln oder über schwerwiegende berufliche Fehler, die in unmittelbarem und speziellem Zusammenhang mit dem Schutz und der Sicherheit der Verbraucher stehen.

## § 17 Meldung der dienstleistungserbringenden Person an die zuständige Behörde

(1) Wer beabsichtigt, in Deutschland im Beruf der Psychotherapeutin oder des Psychotherapeuten vorübergehend und gelegentlich Dienstleistungen im Sinne des Artikels 57 des Vertrages über die Arbeitsweise der Europäischen Union zu erbringen, hat dies der in Deutschland zuständigen Behörde vorher schriftlich zu melden.

(2) Bei der erstmaligen Meldung hat die dienstleistungserbringende Person vorzulegen:
1. einen Nachweis ihrer Staatsangehörigkeit,
2. einen Nachweis der beruflichen Qualifikation, die für die Ausübung des Berufs als Psychotherapeutin oder Psychotherapeut in dem anderen Mitgliedstaat, dem anderen Vertragsstaat oder dem gleichgestellten Staat, in dem sie niedergelassen ist, erforderlich ist,
3. einen der beiden folgenden Nachweise:

a) eine Bescheinigung, aus der sich ergibt, dass zum Zeitpunkt ihrer Vorlage die dienstleistungserbringende Person rechtmäßig in einem anderen Mitgliedstaat, in einem anderen Vertragsstaat oder in einem gleichgestellten Staat als Psychotherapeutin oder Psychotherapeut niedergelassen ist, oder
  b) einen Nachweis in beliebiger Form darüber, dass die dienstleistungserbringende Person den Beruf der Psychotherapeutin oder des Psychotherapeuten während der vorhergehenden zehn Jahre mindestens ein Jahr lang in einem oder mehreren anderen Mitgliedstaaten, in einem oder mehreren anderen Vertragsstaaten oder in einem oder mehreren gleichgestellten Staaten rechtmäßig ausgeübt hat,
4. eine Bescheinigung, dass der dienstleistungserbringenden Person die Ausübung dieser Tätigkeit nicht, auch nicht vorübergehend, untersagt ist und dass die dienstleistungserbringende Person nicht vorbestraft ist,
5. eine Erklärung der dienstleistungserbringenden Person, dass sie über die zur Erbringung der Dienstleistung erforderlichen Kenntnisse der deutschen Sprache verfügt.

(3) Auf Verlangen der zuständigen Behörde hat die dienstleistungserbringende Person zudem Auskunft über einen bestehenden Versicherungsschutz im Rahmen einer Berufshaftpflicht zu erteilen und erforderlichenfalls geeignete Nachweise vorzulegen.

(4) Beabsichtigt die dienstleistungserbringende Person nach Ablauf eines Jahres nach der letzten Meldung erneut vorübergehende und gelegentliche Dienstleistungen im Geltungsbereich dieses Gesetzes zu erbringen, ist die Meldung zu erneuern.

(5) Die dienstleistungserbringende Person ist verpflichtet, der zuständigen Behörde unverzüglich jede Änderung zu melden, die sich in Bezug auf eine oder mehrere Tatsachen ergibt, die den nach Absatz 2 Nummer 1 bis 4 vorzulegenden Bescheinigungen oder Nachweisen zugrunde liegen.

## § 18 Prüfen der Angaben durch die zuständige Behörde

(1) Im Fall der erstmaligen Meldung der Dienstleistungserbringung prüft die zuständige Behörde den nach § 17 Absatz 2 Nummer 2 vorgelegten Nachweis der beruflichen Qualifikation.

(2) Ergeben sich bei der Prüfung wesentliche Unterschiede zwischen der beruflichen Qualifikation der dienstleistungserbringenden Person und der Berufsqualifikation, die nach diesem Gesetz und der auf Grund des § 20 erlassenen Rechtsverordnung gefordert ist, darf der Ausgleich der wesentlichen Unterschiede nur gefordert werden, wenn diese so groß sind, dass ohne ihren Ausgleich die öffentliche Gesundheit gefährdet wäre. Soweit dies für die Beurteilung der Frage, ob wesentliche Unterschiede vorliegen, erforderlich ist, kann die zuständige Behörde bei der zuständigen Behörde des Niederlassungsstaates Informationen über die Ausbildungsgänge der dienstleistungserbringenden Person anfordern. § 11 Absatz 2 Satz 2 und 3 gilt entsprechend.

(3) Der Ausgleich der fehlenden Kenntnisse und Fähigkeiten ist durch eine Eignungsprüfung nachzuweisen.

## § 19 Verwaltungszusammenarbeit bei Dienstleistungserbringung

(1) Wird gegen die Pflichten nach § 16 verstoßen, so hat die zuständige Behörde unverzüglich die zuständige Behörde des Niederlassungsstaates dieser dienstleistungserbringenden Person hierüber zu unterrichten.

(2) Die zuständigen Behörden sind berechtigt, für jede Dienstleistungserbringung von den zuständigen Behörden des Niederlassungsstaates Informationen über die Rechtmäßigkeit der Niederlassung sowie darüber anzufordern, ob berufsbezogene disziplinarische oder strafrechtliche Sanktionen vorliegen.

§ 19 PsychThG  Verwaltungszusammenarbeit bei Dienstleistungserbringung

(3) Auf Anforderung der zuständigen Behörden eines Mitgliedstaates, eines anderen Vertragsstaates oder eines gleichgestellten Staates haben die zuständigen Behörden in Deutschland nach den Artikeln 8 und 56 der Richtlinie 2005/36/EG der anfordernden Behörde Folgendes zu übermitteln:
1. alle Informationen über die Rechtmäßigkeit der Niederlassung sowie
2. Informationen darüber, dass keine berufsbezogenen disziplinarischen oder strafrechtlichen Sanktionen vorliegen.

| Übersicht | Rdn. | | Rdn. |
|---|---|---|---|
| A. Normzweck und Regelungsgegenstand | 1 | II. Dienstleistungen in Deutschland | 9 |
| B. Tatbestand | 3 | III. Verwaltungszusammenarbeit | 17 |
| I. Dienstleistungen in Mitglied- und Vertragsstaaten | 3 | | |

## A. Normzweck und Regelungsgegenstand

1   Der 4. Abschnitt des Gesetzes befasst sich mit der **Dienstleistungserbringung.** Sie soll zum einen Freizügigkeit gewährleisten und unterstützen. Zum anderen können damit Versorgungsengpässe überbrückt werden. Bei der Dienstleistungserbringung handelt es sich i.S.d. Art. 57 AEUV um eine vorübergehende und gelegentliche Tätigkeit. Das Gesetz definiert den Begriff nicht legal, nennt aber für die notwendige Einzelbeurteilung in § 15 Abs. 1 Satz 2 und 3 Mindestkriterien wie Dauer, Häufigkeit, Kontinuität und regelmäßige Wiederkehr der Dienstleistung. Letztere kann sowohl in Deutschland als auch von Deutschland aus in anderen EU-, EWR- oder Vertragsstaaten nach § 1 Abs. 5 und 6 – vgl. § 14 – erbracht werden. Dazu berechtigt sind wechselseitig nur die Angehörigen der genannten Vertragsstaaten. Welche Verfahrensgrundsätze und Pflichten der Dienstleistungserbringung zu beachten sind, regeln die §§ 17 bis 19.

2   **Zweck** der Regelungen der §§ 14 bis 19 sind die Umsetzung von Freizügigkeit und Qualitätssicherung bei der auch nur vorübergehenden Leistungserbringung europaweit. Mit Transparenz soll die Therapiesicherheit unterstützt werden.

## B. Tatbestand

### I. Dienstleistungen in Mitglied- und Vertragsstaaten

3   § 14 regelt die Voraussetzungen für **Dienstleistungen von Deutschland aus** in einem Staat nach § 1 Abs. 5 und 6 auf der Grundlage einer Approbation nach § 2 bzw. einer Approbation, die nach § 27 auf der Basis des PsychThG 1999 fortgilt. Berufserlaubnisse nach §§ 3 und 4 können nicht Grundlage für eine Dienstleistungserbringung sein, da sie auf anerkannten ausländischen Qualifikationen beruhen, die in Deutschland nur zu teilweiser Berufsausübung berechtigen.

4   Zusätzliche Anforderung zur Approbation ist eine **Bescheinigung** nach § 14 Abs. 2 mit insgesamt drei notwendigen Angaben, die der an der Dienstleistungserbringung Interessierte **beantragen** muss. Er hat dafür die notwendigen Kosten zu tragen. Sie können als Verwaltungsgebühren von den zuständigen Behörden geltend gemacht werden.

5   Zum einen muss der Dienstleister rechtmäßig in Deutschland als Psychotherapeut **niedergelassen** sein, § 14 Abs. 2 Nr. 1. Der Begriff der Niederlassung umfasst dabei den gesamten Katalog der Tätigkeiten von Psychotherapeuten in eigener Privatpraxis, der Anstellung in einer Privatpraxis, dem Betrieb eines Kassenarztsitzes nach §§ 95, 95c SGB V, Anstellungen in niedergelassenen vertragsärztlichen Praxen oder Ermächtigungen in Krankenhäusern. Aus der Tätigkeit kann teilweise bereits die zugrunde liegende Berufsausübungsberechtigung der Approbation, vorübergehenden Berufserlaubnis oder partiellen Berufserlaubnis abgelesen werden; denn es bestehen insoweit unterschiedliche Berufsausübungsmöglichkeiten. Dies gilt insbesondere für die Tätigkeit im Rahmen der vertragsärztlichen Versorgung, bei der zusätzliche Qualifikationen wie Fachkundenachweis nach PsychThG 1999 und Weiterbildungen nach dem Satzungsrecht der Kammern notwendig sind, vgl.

§ 95c Abs. 1 Nr. 2 SGB V, um in das Ärzteregister nach § 95c Abs. 1 SGB V eingetragen werden zu können. Der sehr weite Niederlassungsbegriff beinhaltet für Ausländer mit einer Ausbildung in Deutschland die zusätzliche Notwendigkeit, einen unbefristeten Aufenthaltstitel gem. § 9 Abs. 2 AufenthG zu erwerben, wenn sich das Niederlassungsrecht nicht bereits aus dem EU-Recht bzw. vertraglichen Vereinbarungen mit den jeweiligen Herkunftsländern ergibt. Erst dieser Titel ermöglicht ihnen den dauerhaften Aufenthalt in Deutschland und die Berufsausübung in welcher Form auch immer. Eine einmal erteilte Niederlassungserlaubnis wird fortgeschrieben, ohne eine erneute Prüfung der Voraussetzungen durchzuführen.

Die zweite Angabe nach § 14 Abs. 2 Nr. 2 bezieht sich auf die **Berufsausübungsberechtigung**. Sie wird durch die Approbation nach §§ 2 Abs. 1, 7, 9 und 10 sowie der Überleitungsvorschriften der §§ 27, 28 gewährt. Damit werden die positiven Ergebnisse der notwendigen fachlichen, persönlichen, charakterlichen und gesundheitlichen Merkmale zur Berufsausübung zusammengefasst. Die Approbation kann insbesondere während eines laufenden Strafprozesses durch eine Ruhensanordnung unterbrochen sein, BVerwG Urt. v. 10.09.2020 – 3 C 13.19, wenn diese das geeignete und verhältnismäßige Mittel zur Abwehr einer konkreten Patientengefährdung darstellt. Eine dauerhafte Untersagung der Berufsausübung tritt als Folge von Rücknahme oder Widerruf der Approbation ein. Dass alle denkbaren negativen Varianten nicht vorliegen, muss gesondert bescheinigt werden. 6

Die dritte Angabe in der Bescheinigung nach § 14 Abs. 2 Nr. 3 ist grundsätzlich in der Aussage zu § 14 Abs. 1 Nr. 1 enthalten. Die **Niederlassung** in Deutschland setzt die deutsche Approbation voraus und damit auch die entsprechende berufliche Ausbildung. Diese wird nicht nur durch das Studium nach §§ 7, 9 und 10 geprägt, sondern auch durch Zeugnisse aus beruflichen Stationen. Soweit die zuständige Behörde darüber negative Kenntnisse erhalten hat, kann die nach § 14 Abs. 2 Nr. 3 notwendige Angabe nicht ohne Einschränkungen gemacht werden. Sowohl im Studium als auch bei der Berufsausübung spielen insbesondere soziale Aspekte eine Rolle und kennzeichnen die berufliche Qualifikation. 7

Soweit die in § 14 Abs. 2 geforderten Erklärungen und Angaben nicht oder nur eingeschränkt gegeben werden können, ist mit der Bescheinigung im Zweifel das Ziel, als Dienstleistungserbringer arbeiten zu können, nicht zu erreichen. Darauf sind die Antragsteller hinzuweisen. Die Behörde kann die Ausstellung der **Bescheinigung ablehnen**. Damit wird schlichtes Verwaltungshandeln abgelehnt. Beantragt der Antragsteller nunmehr eine eingeschränkte Bescheinigung, kann die Behörde sie als Verwaltungsakt erlassen. 8

## II. Dienstleistungen in Deutschland

§§ 15 und 16 ermöglichen **Dienstleistungserbringern**, die aus Staaten i.S.d. § 1 Abs. 5 und 6 stammen, **in Deutschland** vorübergehend und gelegentlich Psychotherapie auszuüben. Neben diesem Privileg der Herkunft müssen sie eine der Anforderungen des § 15 Abs. 1 Nr. 1 oder 2 erfüllen und dies nach § 17 Abs. 2 belegen. Dann stehen ihnen nach § 16 Satz 1 die gleichen Rechte und Pflichten zu wie in Deutschland approbierten Kräften. Die beiden Alternativen unterscheiden sich in ihren beruflichen Grundlagen. Während § 15 Abs. 1 Nr. 1 davon ausgeht, dass der Beruf des Psychotherapeuten in dem Staat, in dem die Berufstätigkeit bisher ausgeübt wird, reglementiert ist, ist das bei § 15 Abs. 1 Nr. 2 nicht der Fall. 9

§ 15 Abs. 1 Nr. 1 verlangt, dass die Berechtigung zur Dienstleistungserbringung in einem von dem Dienstleistungserbringer selbst gewählten EU-, EWR-Mitgliedstaat, einem Vertragsstaat oder einem gleichgestellten Staat erworben worden ist, in dem der Dienstleistungserbringer sich **niedergelassen**, also seine Wohnung genommen hat, **und vorrangig beruflich tätig** ist. Diese Anforderungen sollen gewährleisten, dass eine organisatorische und aufsichtliche Anbindung an einen bestimmten privilegierten Staat besteht, damit eine ordnungsgemäße Berufsausübungsberechtigung überwacht werden kann. Sie basiert auf den im Niederlassungsstaat bestehenden rechtlichen Grundlagen zur Qualifikation und Berufsausübung. 10

**11** Bei der Alternative des § 15 Abs. 1 Nr. 2 wird berücksichtigt, dass der psychotherapeutische **Beruf** oder die Qualifikation zur Ausübung dieses Berufs in einzelnen Staaten nach § 15 Abs. 1 **nicht reglementiert** ist. Daher wird auf die tatsächliche Berufstätigkeit über einen Zeitraum von zehn Jahren abgestellt. Sie kann grundsätzlich in einem oder mehreren der in § 15 Abs. 1 genannten Staaten wechselweise ausgeübt worden sein. Allerdings muss sie mindestens ein Jahr davon im Staat der Niederlassung rechtmäßig absolviert worden sein. Insoweit muss die Überwachung nach den dortigen allgemeinen Kriterien ausgeübt worden sein. Die deutschen Behörden dürfen sich von dem Dienstleistungsaspiranten eine Bestätigung des Niederlassungsstaates geben lassen, in der die fehlende Ausbildungsregel, die Niederlassung und die rechtmäßige Berufsausübung bestätigt werden, § 17 Abs. 3. Soweit den Behörden insbesondere die Berufsregelungen durch Verwaltungszusammenarbeit mit diesen Staaten vorliegen, sie also eigene Kenntnisse haben, ist eine entsprechende Anforderung an den Dienstleistungsinteressierten nicht zulässig.

**12** Die **Einzelfallbetrachtung** der Voraussetzungen nach § 15 Abs. 1 Satz 2 eröffnet der Behörde einen deutlichen Spielraum bei der Beurteilung des **vorübergehenden und gelegentlichen** Charakters der Dienstleistung. Den Rahmen setzt § 15 Abs. 1 Satz 3; denn die Verwaltungspraxis muss sich an einer gleichmäßigen Beurteilung messen lassen. Den Behörden wird zugestanden, Zeiträume, Wiederholungskriterien und den Begriff der Regelmäßigkeit der Dienstleistungserbringung mit konkreten Zahlen zu unterlegen. So dürften insbesondere Urlaubs- und Vertretungen für soziale oder militärische Dienstzeiten, Weiterbildungszeiten, Krankheitsausfälle, Mutterschutzzeiten etc. zu berücksichtigen sein. Zeiträume können ggf. auch addiert und mehrere Jahre intervallweise betrachtet werden. § 15 Abs. 1 Satz 2 ist auf beide Alternativen des § 15 Abs. 1 anzuwenden.

**13** § 15 Abs. 2 verlangt das Vorliegen der notwendigen **deutschen Sprachkenntnisse**. Der Gesetzgeber schreibt nicht vor, wer sie in welchem Umfang überprüft, vgl. dazu §§ 2–4, Rdn. 20.

**14** In § 15 Abs. 3 wird die **Dienstleistungserbringung ausgeschlossen**, wenn sich der Aspirant eines Fehlverhaltens schuldig gemacht hat, der zur Feststellung der Unwürdigkeit oder Unzuverlässigkeit i.S.d. § 2 Abs. 1 Nr. 1 geführt hat. Gleiches gilt, wenn keine gesundheitliche Eignung zur Berufsausübung vorliegt. Bei unwürdigem oder unzuverlässigen Verhalten muss eine strafrechtliche Verurteilung rechtskräftig geworden sein. Sie muss ausdrücklich zu der Bewertung berufsunwürdig oder unzuverlässig geführt haben. Dies ist nicht automatisch bei strafrechtlichem Fehlverhalten der Fall. Die einschlägige Rechtsprechung im ärztlichen und apothekerlichen Approbationsrecht kann herangezogen werden. Gesundheitliche Einschätzungen können durch ärztliche, aber auch amtsärztliche Begutachtungen eingeholt werden. Letztere können unverhältnismäßig sein, wenn nicht konkrete Verdachtsmomente an nicht korrekt ausgeführten Untersuchungen bestehen. Das Gesetz schreibt keine bestimmte Untersuchungsform vor.

**15** Die Absicht, **Dienstleistungen** in Deutschland zu erbringen, muss nach § 17 Abs. 1 **schriftlich** vor jeder Tätigkeitsaufnahme **angemeldet** werden. Damit ist zwar keine Erlaubnispflicht der Tätigkeit geregelt worden, die Wirkung ist allerdings zumindest beim ersten Mal ähnlich, weil sie die Folgen des § 17 Abs. 2 nach sich zieht. Die danach vorzulegenden Nachweise werden gem. § 18 durch die zuständige Behörde geprüft. Dies gilt auch für den berufsrechtlichen **Versicherungsschutz** nach § 17 Abs. 3, der allerdings nicht automatisch, sondern nur auf Anforderung der zuständigen Behörde belegt werden muss. Die übrigen Nachweise gem. § 17 Abs. 2 sind unaufgefordert vorzulegen. Die **Meldung** hat nach § 17 Abs. 4 grundsätzlich eine **Geltungsdauer** von einem Jahr. Bei jeglicher Änderung der Aussagen und Verhältnisse i.S.d. § 17 Abs. 2 ist eine unverzügliche Korrekturmeldung abzugeben. Die einjährige Geltungsdauer wird damit beendet und die Jahresfrist bis zur nächsten Meldung beginnt erneut zu laufen. Die insoweit **zuständigen Behörden** ergeben sich aus § 22 Abs. 6.

**16** Der Nachweis der **beruflichen Qualifikation** nach § 17 Abs. 2 nimmt dann einen größeren Umfang ein, wenn i.S.d. § 18 Abs. 2 wesentliche Unterschiede zwischen den Anforderungen in Deutschland und dem Herkunftsland des Dienstleistungserbringers bestehen. Grundsätzlich können die erforderlichen Nachweise, die gem. § 17 Abs. 2 Nr. 2 und 3 kumulativ vorzulegen sind, entsprechend der Inhaltsvorgaben nach § 14 erbracht werden, vgl. dazu oben Rdn. 5 und 6. Bei der Feststellung von wesentlichen Unterschieden allerdings darf ein Ausgleich nur gefordert werden, wenn i.S.d. § 18 Abs. 2 Satz 1 durch die beabsichtigte Berufsausübung die öffentliche Gesundheit in Deutschland gefährdet wäre. Der Ausgleich müsste in diesem Fall gem. § 18 Abs. 3 durch eine Eignungsprüfung herbeigeführt werden. Im Übrigen soll im Interesse der Freizügigkeit in den privilegierten Staaten nach § 1 Abs. 5 und 6 möglichst darauf verzichtet werden. Soweit eine Eignungsprüfung zur Angleichung erforderlich wird, führen diese die zuständigen Landesprüfungsämter durch. Schwerpunkt dieser Prüfungen sind die fehlenden Ausbildungsinhalte im Ausland. Eine dem deutschen Staatsexamen vergleichbare Prüfung wird grundsätzlich nicht gefordert.

### III. Verwaltungszusammenarbeit

Gerade bei der Dienstleistungserbringung, bei der nur eine vorübergehende und gelegentliche Tätigkeit erbracht wird, kann die nicht tadelsfreie Berufsausübung u.U. schwer nachgehalten werden. Vor diesem Hintergrund kommt der **Verwaltungszusammenarbeit**, die unter den Staaten nach § 1 Abs. 5 und 6 auf eine vertrauensvolle sowie gut und schnell handhabbare Grundlage gestellt worden ist und sich in den §§ 18 und 19 niederschlägt, hohe Bedeutung zu. — 17

Da Dienstleistungserbringer in Deutschland **approbierten Kräften gleichgestellt** sind, müssen sie auch die analogen Pflichten übernehmen. Sie unterliegen der Zwangsmitgliedschaft in der Psychotherapeutenkammer des Landes, in dem sie ihren Beruf ausüben. Es greift das Disziplinarrecht des Landes bzw. der Kommune, in dem/der sie tätig sind, wenn sie in staatlichen oder kommunalen Behörden tätig sind. Die Vorgaben des Berufszulassungsrechts des PsychThG und der darauf basierenden PsychThApprO werden bereits bei Dienstleistungsbeginn überprüft. Dazu gehört auch das Recht, bestimmte Berufsbezeichnungen und akademische Titel zu führen bzw. dies zu unterlassen. Die arbeitsrechtlichen und ggf. aufenthaltsrechtlichen Bestimmungen sind zu berücksichtigen. Die einschlägige Gesundheitsrechtsgesetzgebung wie insbesondere das Infektionsschutzrecht, je nach Arbeitsplatz das Krankenhausrecht, das Recht der gesetzlichen Krankenversicherungen nach SGB V sind zu beachten. Soweit interdisziplinäre Zusammenarbeitsverbote zwischen Berufsgruppen bestehen, sind diese zu berücksichtigen. Verordnungsverbote für verschreibungspflichtige somatisch relevante Arzneimittel – vgl. § 28 Abs. 3 SGB V – gehören dazu. — 18

**Unregelmäßigkeiten**, die zu einer Gefährdung der Patientensicherheit führen können, sind unter den Vertragsstaaten i.S.d. § 1 Abs. 5 und 6 daher **meldepflichtig** nach den Vorgaben des § 19. Insoweit wird insbesondere auf strafrechtlich relevantes Fehlverhalten abgestellt, das auf bestimmte Charaktereigenschaften schließen lässt. Weitere Unterlagen und Details dürfen von den zuständigen ausländischen Behörden im Rahmen der Sachverhaltsvermittlung angefordert werden. — 19

## § 22 Zuständigkeit von Behörden

(1) Die Entscheidungen nach § 2 Absatz 1 trifft die zuständige Behörde des Landes, in dem die antragstellende Person die psychotherapeutische Prüfung abgelegt hat. Die Entscheidungen nach § 2 Absatz 1 des Psychotherapeutengesetzes in der bis zum 31. August 2020 geltenden Fassung in Verbindung mit § 27 trifft die zuständige Behörde des Landes, in dem die antragstellende Person die staatliche Prüfung nach § 5 Absatz 1 Satz 2 des Psychotherapeutengesetzes in der bis zum 31. August 2020 geltenden Fassung abgelegt hat.

(2) Die Entscheidungen nach § 2 Absatz 1 in Verbindung mit § 11 oder § 12, nach § 3 oder nach § 4 trifft die zuständige Behörde des Landes, in dem der Beruf der Psychotherapeutin oder des Psychotherapeuten ausgeübt werden soll.

(3) Die Bescheinigungen zur Erteilung eines Europäischen Berufsausweises für Personen, die ihre Berufsqualifikation in Deutschland erworben haben oder die in Deutschland niedergelassen sind, stellt die zuständige Behörde des Landes aus, in dem der Beruf der Psychotherapeutin oder des Psychotherapeuten ausgeübt wird oder zuletzt ausgeübt worden ist.

(4) Die Entscheidungen nach § 5 trifft die zuständige Behörde des Landes, in dem der Beruf der Psychotherapeutin oder des Psychotherapeuten ausgeübt wird oder zuletzt ausgeübt worden ist. Diese Behörde nimmt auch die Verzichtserklärung nach § 6 entgegen.

(5) Für die Aufgaben nach § 9 Absatz 4 Satz 2 bis 4 sowie nach § 10 Absatz 2 Satz 2 und 3 ist die nach Landesrecht für Gesundheit zuständige Stelle des Landes zuständig, in dem die jeweilige Hochschule ihren Sitz hat.

(6) Die Meldung nach § 17 Absatz 1 nimmt die zuständige Behörde des Landes entgegen, in dem die Dienstleistung erbracht werden soll. Sie fordert die Informationen nach § 17 Absatz 3, § 18 Absatz 2 Satz 2 und § 19 Absatz 2 an. Die Bescheinigung nach § 14 Absatz 1 stellt die zuständige Behörde des Landes aus, in dem der Beruf der Psychotherapeutin oder des Psychotherapeuten ausgeübt wird oder zuletzt ausgeübt worden ist. Die Unterrichtung des Niederlassungsstaates gemäß § 19 Absatz 1 erfolgt durch die zuständige Behörde des Landes, in dem die Dienstleistung erbracht worden ist oder erbracht wird. Die Unterrichtung nach § 19 Absatz 3 erfolgt durch die zuständige Behörde des Landes, in dem der Beruf der Psychotherapeutin oder des Psychotherapeuten ausgeübt wird oder zuletzt ausgeübt worden ist.

(7) Für Entscheidungen nach § 28 Absatz 2 ist die zuständige Behörde des Landes zuständig, in dem die Anerkennung nach § 6 des Psychotherapeutengesetzes in der bis zum 31. August 2020 geltenden Fassung ausgesprochen wurde.

# Fünftes Buch Sozialgesetzbuch – SGB V – Gesetzliche Krankenversicherung

In der Fassung der Bekanntmachung vom 20. Dezember 1988 (BGBl. I S. 2477, 2482), zuletzt geändert durch Artikel 1 des Gesetzes vom 11. Juli 2021 (BGBl. I S. 2754)

## Inhaltsverzeichnis

| | |
|---|---|
| § 1 | Solidarität und Eigenverantwortung |
| § 2 | Leistungen |
| § 12 | Wirtschaftlichkeitsgebot |
| § 13 | Kostenerstattung |
| § 15 | Ärztliche Behandlung, elektronische Gesundheitskarte |
| § 20 | Primäre Prävention und Gesundheitsförderung |
| § 20a | Leistungen zur Gesundheitsförderung und Prävention in Lebenswelten |
| § 20i | Leistungen zur Verhütung übertragbarer Krankheiten, Verordnungsermächtigung |
| § 22 | Verhütung von Zahnerkrankungen (Individualprophylaxe) |
| § 22a | Verhütung von Zahnerkrankungen bei Pflegebedürftigen und Menschen mit Behinderungen |
| § 23 | Medizinische Vorsorgeleistungen |
| § 24a | Empfängnisverhütung |
| § 24c | Leistungen bei Schwangerschaft und Mutterschaft (nicht kommentiert) |
| § 24d | Ärztliche Betreuung und Hebammenhilfe (nicht kommentiert) |
| § 24e | Versorgung mit Arznei-, Verband-, Heil- und Hilfsmitteln (nicht kommentiert) |
| § 24f | Entbindung |
| § 25 | Gesundheitsuntersuchungen |
| § 27 | Krankenbehandlung |
| § 27b | Zweitmeinung |
| § 28 | Ärztliche und zahnärztliche Behandlung |
| § 31 | Arznei- und Verbandmittel, Verordnungsermächtigung |
| § 32 | Heilmittel |
| § 33 | Hilfsmittel |
| § 39 | Krankenhausbehandlung |
| § 40 | Leistungen zur medizinischen Rehabilitation |
| § 69 | Anwendungsbereich |
| § 73b | Hausarztzentrierte Versorgung |
| § 81a | Stellen zur Bekämpfung von Fehlverhalten im Gesundheitswesen |
| § 107 | Krankenhäuser, Vorsorge- oder Rehabilitationseinrichtungen |
| § 108 | Zugelassene Krankenhäuser |
| § 108a | Krankenhausgesellschaften |
| § 109 | Abschluss von Versorgungsverträgen mit Krankenhäusern |
| § 110 | Kündigung von Versorgungsverträgen mit Krankenhäusern |
| § 111 | Versorgungsverträge mit Vorsorge- oder Rehabilitationseinrichtungen |
| § 112 | Zweiseitige Verträge und Rahmenempfehlungen über Krankenhausbehandlung |
| § 115a | Vor- und nachstationäre Behandlung im Krankenhaus |
| § 115b | Ambulantes Operieren im Krankenhaus |
| § 116 | Ambulante Behandlung durch Krankenhausärzte |
| § 116a | Ambulante Behandlung durch Krankenhäuser bei Unterversorgung |

| | |
|---|---|
| § 116b | Ambulante Behandlung im Krankenhaus |
| § 117 | Hochschulambulanzen |
| § 118 | Psychiatrische Institutsambulanz |
| § 119 | Sozialpädiatrische Zentren |
| § 121 | Belegärztliche Leistungen |
| § 126 | Versorgung durch Vertragspartner |
| § 127 | Verträge |
| § 128 | Unzulässige Zusammenarbeit zwischen Leistungserbringern und Vertragsärzten |
| § 129 | Rahmenvertrag über die Arzneimittelversorgung, Verordnungsermächtigung |
| § 129a | Krankenhausapotheken |
| § 130 | Rabatt |
| § 130a | Rabatte der pharmazeutischen Unternehmer |
| § 130b | Vereinbarungen zwischen dem Spitzenverband Bund der Krankenkassen und pharmazeutischen Unternehmern über Erstattungsbeträge für Arzneimittel, Verordnungsermächtigung |
| § 130c | Verträge von Krankenkassen mit pharmazeutischen Unternehmern |
| § 131 | Rahmenverträge mit pharmazeutischen Unternehmern |
| § 132 | Versorgung mit Haushaltshilfe |
| § 132a | Versorgung mit häuslicher Krankenpflege |
| § 132b | Versorgung mit Soziotherapie |
| § 132c | Versorgung mit sozialmedizinischen Nachsorgemaßnahmen |
| § 132d | Spezialisierte ambulante Palliativversorgung |
| § 132e | Versorgung mit Schutzimpfungen |
| § 132f | Versorgung durch Betriebsärzte |
| § 132g | Gesundheitliche Versorgungsplanung für die letzte Lebensphase |
| § 132h | Versorgungsverträge mit Kurzzeitpflegeeinrichtungen |
| § 132i | Versorgungsverträge mit Hamophiliezentren |
| § 132j | Regionale Modellvorhaben zur Durchführung von Grippeschutzimpfungen in Apotheken |
| § 132k | Vertrauliche Spurensicherung |
| § 132l | Versorgung mit außerklinischer Intensivpflege, Verordnungsermächtigung |
| § 132m | Versorgung mit Leistungen der Übergangspflege im Krankenhaus |
| § 133 | Versorgung mit Krankentransportleistungen |
| § 134 | (aufgehoben) |
| § 134a | Versorgung mit Hebammenhilfe |
| § 135 | Bewertung von Untersuchungs- und Behandlungsmethoden |
| § 135a | Verpflichtung der Leistungserbringer zur Qualitätssicherung |
| § 135b | Förderung der Qualität durch die Kassenärztlichen Vereinigungen |
| § 135c | Förderung der Qualität durch die Deutsche Krankenhausgesellschaft |
| § 136 | Richtlinien des Gemeinsamen Bundesausschusses zur Qualitätssicherung |
| § 136a | Richtlinien des Gemeinsamen Bundesausschusses zur Qualitätssicherung in ausgewählten Bereichen |
| § 136b | Beschlüsse des Gemeinsamen Bundesausschusses zur Qualitätssicherung im Krankenhaus |
| § 136c | Beschlüsse des Gemeinsamen Bundesausschusses zu Qualitätssicherung und Krankenhausplanung |
| § 136d | Evaluation und Weiterentwicklung der Qualitätssicherung durch den Gemeinsamen Bundesausschuss |
| § 137 | Durchsetzung und Kontrolle der Qualitätsanforderungen des Gemeinsamen Bundesausschusses |
| § 137a | Institut für Qualitätssicherung und Transparenz im Gesundheitswesen |
| § 137b | Aufträge des Gemeinsamen Bundesausschusses an das Institut nach § 137a |

| | |
|---|---|
| § 137c | Bewertung von Untersuchungs- und Behandlungsmethoden im Krankenhaus |
| § 137d | Qualitätssicherung bei der ambulanten und stationären Vorsorge oder Rehabilitation |
| § 137e | Erprobung von Untersuchungs- und Behandlungsmethoden |
| § 137f | Strukturierte Behandlungsprogramme bei chronischen Krankheiten |
| § 137g | Zulassung strukturierter Behandlungsprogramme |
| § 137h | Bewertung neuer Untersuchungs- und Behandlungsmethoden mit Medizinprodukten hoher Risikoklasse |
| § 137i | Pflegepersonaluntergrenzen in pflegesensitiven Bereichen in Krankenhäusern; Verordnungsermächtigung |
| § 137j | Pflegepersonalquotienten, Verordnungsermächtigung |
| § 137k | Personalbemessung in der Pflege im Krankenhaus |
| § 138 | Neue Heilmittel |
| § 139 | Hilfsmittelverzeichnis, Qualitätssicherung bei Hilfsmitteln |
| § 139a | Institut für Qualität und Wirtschaftlichkeit im Gesundheitswesen |
| § 139b | Aufgabendurchführung |
| § 139c | Finanzierung |
| § 139d | Erprobung von Leistungen und Maßnahmen zur Krankenbehandlung |
| § 140 | Eigeneinrichtungen |
| § 140a | Besondere Versorgung |
| § 197a | Stellen zur Bekämpfung von Fehlverhalten im Gesundheitswesen |

## § 1 Solidarität und Eigenverantwortung

Die Krankenversicherung als Solidargemeinschaft hat die Aufgabe, die Gesundheit der Versicherten zu erhalten, wiederherzustellen oder ihren Gesundheitszustand zu bessern. Das umfasst auch die Förderung der gesundheitlichen Eigenkompetenz und Eigenverantwortung der Versicherten. Die Versicherten sind für ihre Gesundheit mitverantwortlich; sie sollen durch eine gesundheitsbewusste Lebensführung, durch frühzeitige Beteiligung an gesundheitlichen Vorsorgemaßnahmen sowie durch aktive Mitwirkung an Krankenbehandlung und Rehabilitation dazu beitragen, den Eintritt von Krankheit und Behinderung zu vermeiden oder ihre Folgen zu überwinden. Die Krankenkassen haben den Versicherten dabei durch Aufklärung, Beratung und Leistungen zu helfen und unter Berücksichtigung von geschlechts-, alters- und behinderungsspezifischen Besonderheiten auf gesunde Lebensverhältnisse hinzuwirken.

| Übersicht | Rdn. | | Rdn. |
|---|---|---|---|
| A. Aufgaben der gesetzlichen Krankenversicherung | 1 | C. Eigenverantwortung der Versicherten | 4 |
| B. Gesetzliche Krankenversicherung und Krankenkassen | 2 | D. Einflussmöglichkeiten der Krankenkassen | 6 |

### A. Aufgaben der gesetzlichen Krankenversicherung

In Satz 1 werden die Aufgaben der Krankenversicherung beschrieben und diese wird als »Solidargemeinschaft« gekennzeichnet. Die Vorschrift trägt programmatischen Charakter; konkrete Rechtsfolgen sind aus ihr nicht ableitbar. Die gesetzliche Krankenversicherung (GKV) soll zunächst die Gesundheit der Versicherten erhalten. Dem dienen vor allem die Präventionsangebote der Krankenkassen, die in den §§ 20 ff. näher beschrieben werden. Der »Wiederherstellung« der Gesundheit der Versicherten dienen die zahlreichen Einzelbestimmungen zur Heilbehandlung oder Krankenbehandlung, aus denen sich auch unmittelbare Leistungsansprüche der Versicherten gegen ihre Krankenkasse ergeben können. Der »Verbesserung« des Gesundheitszustandes der Versicherten dienen u.a. die Angebote der Krankenkassen zur medizinischen Rehabilitation, aber auch Behandlungen in Fällen, in denen eine vollständige Heilung nicht (mehr) möglich ist. Welche Leistungen die Versicherten von ihrer Krankenkasse beanspruchen können, und welche Behandlungsmaßnahmen vor allem Ärzte und Zahnärzte im Rahmen der gesetzlichen Krankenversicherung gegenüber den Versicherten erbringen dürfen, ergibt sich nur aus den einzelnen Vorschriften des SGB V. Leistungen, die dort nicht aufgeführt oder ausdrücklich ausgeschlossen sind, können nicht mit dem Hinweis, sie dienten der Wiederherstellung der Gesundheit i.S.d. Satz 1, in die Leistungspflicht der Krankenkassen einbezogen werden. Das BVerfG hat in seinem Beschl. v. 12.12.2012 – 1 BvR 69/09 – zum grundsätzlichen Ausschluss der Verordnungsfähigkeit von nicht verschreibungspflichtigen Arzneimitteln (§ 34 Abs. 1) Kompetenz und Verantwortung des Gesetzgebers für die Ausgestaltung des Leistungsniveaus der Krankenversicherung betont und daran bis in die jüngste Zeit stets festgehalten. Die GKV muss nicht alle denkbaren, medizinisch sinnvollen Leistungen zur Verfügung stellen, und unmittelbar grundrechtlich fundierte Leistungsansprüche der Versicherten sind auf notstandsähnliche Lagen beschränkt (BVerfG Beschl. v. 11.04.2017 – 1 BvR 452/17, MedR 2017, 954).

## B. Gesetzliche Krankenversicherung und Krankenkassen

2 Satz 1 beschreibt die Funktion der Krankenversicherung als einer der fünf Zweige der Sozialversicherung (daneben bestehen die Renten-, die Unfall-, die Arbeitslosen- und die Pflegeversicherung). Der Verweis auf die Solidargemeinschaft verdeutlicht den Bezug zum Prinzip des solidarischen Ausgleichs innerhalb der Versichertengemeinschaft der GKV, das vor allem darin zum Ausdruck kommt, dass die Mitgliedschaft in der Krankenversicherung nicht von einer Gesundheitsprüfung abhängig gemacht werden darf und die Beiträge in der Regel an der wirtschaftlichen Leistungsfähigkeit der Mitglieder und nicht an deren Gesundheitszustand ausgerichtet sind. Individuelle Rechte und Pflichten der Versicherten ergeben sich unmittelbar aus ihrer Zugehörigkeit zu einer Solidargemeinschaft nicht; diese bedürfen immer gesetzlicher Konkretisierung (Becker/Kingreen/*Becker/Kingreen* SGB V § 1 Rn. 4).

3 Träger der gesetzlichen Krankenversicherung sind die Krankenkassen, die nach § 4 als rechtsfähige Körperschaften des öffentlichen Rechts mit dem Recht der Selbstverwaltung verfasst sind. Krankenkassen haben Mitglieder und Versicherte, wobei die Begriffe nicht immer zutreffend abgegrenzt werden. Mitglieder sind die pflichtversicherten Personen i.S.d. § 5 und die freiwillig versicherten Personen nach § 6. Diese können ihre Krankenkasse frei wählen (§ 175) und die Kasse auch wechseln. »Nur« Versicherte, aber nicht Mitglieder sind die nach § 10 über ein Mitglied familienversicherten Personen, also die nicht erwerbstätigen Ehegatten und die Kinder von Mitgliedern. Deren Status ist an denjenigen des Mitglieds gebunden, das ihnen die Zugehörigkeit zu einer Krankenkasse vermittelt. Ein Kind, dass während des Studiums über seine Mutter versichert ist, kann die Kasse nicht wechseln und vollzieht einen Kassenwechsel der Mutter nach, auch wenn es lieber in der bisherigen Kasse verblieben wäre. Hinsichtlich der Leistungsansprüche bestehen – abgesehen vom Krankengeld – keine Unterschiede zwischen Mitgliedern und »nur« Versicherten.

## C. Eigenverantwortung der Versicherten

4 Die Eigenverantwortung der Versicherten für ihre Gesundheit drückt zunächst Selbstverständliches aus: jedem Menschen, der nicht psychisch gestört ist, liegt daran, seine Gesundheit zu erhalten. Satz 3 scheint weitergehend eine gesundheitsbewusste Lebensführung und die Mitwirkung an gesundheitlichen Vorsorgemaßnahmen zu einer Rechtspflicht der Versicherten (auch) gegenüber ihrer Krankenkasse zu normieren. Selbst wenn es eine solche Pflicht gibt, ergeben sich daraus keine Rechtsfolgen. Weder kann die Krankenkasse außer durch Beratungen und Informationen der Versicherten nach Satz 4 auf deren Verhalten einwirken, noch sind Leistungen zur Heilbehandlung ausgeschlossen, wenn Versicherte ihre Gesundheit durch eine riskante Lebensführung gefährdet haben. Mit dem im Juli 2015 in Kraft getretenen Präventionsgesetz hat der Gesetzgeber einen neuen Satz 2 eingefügt, mit dem die Eigenverantwortung der Versicherten noch einmal betont und vor allem deren Förderung zu einer Aufgabe der Krankenversicherung gemacht werden soll. Damit soll verhindert werden, dass *umfassende Informationsangebote der Krankenkassen zu gesundheitsbewusstem Verhalten als nicht von deren gesetzlich zugewiesenen Kompetenzen gedeckt gewertet werden können* (Begründung der Bundesregierung zum Entwurf eines Präventionsgesetzes, BR Drs. 641/14 S. 31 zu Art. Nr. 1).

In Konkretisierung der Verpflichtung zu gesundheitsbewusstem Verhalten kennt das SGB V einige explizite Leistungsausschlüsse oder Leistungsbeschränkungen. Wenn sich ein Versicherter eine Krankheit vorsätzlich oder bei einem Verbrechen oder einem vorsätzlich begangenen Vergehen zugezogen hat, kann ihn die Krankenkasse an den Heilbehandlungskosten beteiligen und einen Anspruch auf Krankengeld versagen (§ 52 Abs. 1). Praktisch und symbolisch wichtiger ist die zum 01.04.2007 in § 52 Abs. 2 eingeführte sog. »Lex piercing«: wenn sich Versicherte eine Erkrankung durch eine medizinisch nicht indizierte ästhetische Operation, eine Tätowierung oder ein Piercing zugezogen haben, hat die Krankenkasse sie in angemessener Höhe an den Kosten zu beteiligen und das Krankengeld für die Dauer der Behandlung zu versagen. Diese Regelung ist auf die drei genannten Konstellationen beschränkt und nicht auf andere, gesundheitlich riskante Maßnahmen insbesondere im Sinne von sog. Body modifkations übertragbar Becker/Kingreen/*Lang*, SGB V, § 52 Rn. 8). § 52 Abs. 2 ist zu entnehmen, dass der Anspruch der Versicherten auch bei der Behebung von selbst verschuldeten Gesundheitsstörungen nicht ausgeschlossen ist: die Krankenkasse fragt zunächst nicht nach dem »Woher« der Krankheit, sondern nur nach dem Behandlungsbedarf. Erst nach Abschluss der Behandlung ist die Kostenbeteiligung des Versicherten zu klären. Das ist sachgerecht, weil auch eine selbstverschuldete Erkrankung behandelt und verhindert werden muss, dass z.B. eine junge Frau mit der Behandlung eines entzündeten Piercings so lange wartet, bis sich lebensbedrohliche Folgen der Entzündung eingestellt haben (*Wenner* GesR 2009, 169, 174). Noch nicht abschließend geklärt ist, ob und wieweit § 52 Abs. 2 Anwendung findet, wenn sich Frauen die schadhaften Brustimplantate (gesundheitsgefährdendes Industriesilikon) entfernen lassen müssen, die sie sich aus – unterstellt – rein kosmetischen Gründen haben einsetzen lassen. Dem Grunde nach dürfen die Krankenkassen auf eine Kostenbeteiligung der Versicherten nicht verzichten, weil der Tatbestand einer medizinisch nicht indizierten ästhetischen Operation erfüllt ist und die Vorschrift der Kasse kein Ermessen einräumt (*Wolf* Soziale Sicherheit 2012, 110). In Härtefällen kann die Kostenbelastung der Versicherten reduziert werden (»in angemessener Höhe«). Mit Urt. v. 27.08.2019 (B 1 KR 37/18 R, BSGE 129, 52) hat das BSG die Vorschrift entgegen einiger Stimmen in der wissenschaftlichen Literatur für verfassungskonform gehalten und aus Anlass von Folgebehandlungen nach einer nicht medizinisch indizierten Brustvergrößerung Grundsätze für die Ermittlung der »angemessenen« Kostenbeteiligung der Versicherten entwickelt.

Die Vorschrift des § 52 Abs. 2 ist nicht analogiefähig. Eine Beteiligung der Versicherten an Behandlungskosten, die durch übermäßigen Alkoholgenuss, ernährungsbedingtes Übergewicht oder hochriskante sportliche Betätigungen verursacht worden sind, ist nicht möglich. Eine solche Kostenbeteiligung ist ein Fremdkörper in einem Versorgungssystem, das Heilbehandlung grundsätzlich unabhängig von der – oft schwierig zu klärenden – Verursachungsfrage gewährt; deshalb müssen schon aus Gründen der rechtsstaatlichen Bestimmtheit die tatbestandlichen Voraussetzungen einer Leistungsbeschränkung bei selbst herbeigeführten Gesundheitsgefährdungen klar gesetzlich vorgegeben sein. Im Übrigen besteht keine Rechtspflicht des Versicherten, im Hinblick auf die Krankenversicherung als Solidargemeinschaft Gesundheitsgefährdungen zu vermeiden (zu den sehr begrenzten Rechtsfolgen aus dem Rechtsgedanken der Solidarität *Schlegel* Sozialgerichtsbarkeit 2008, 565). Schon die Überlegung, ob es unter einer solchen Prämisse für eher schlecht trainierte Männer ab 50 geboten wäre, das Fußballspiel am Sonntag zu unterlassen (um Verletzungen zu vermeiden) oder gerade zu betreiben (um die Folgen von Bewegungsmangel auf das Herz-Kreislaufsystem zu bekämpfen), zeigt, dass eine Pflicht zum gesundheitsbewussten Verhalten nicht sinnvoll umsetzbar wäre.

## D. Einflussmöglichkeiten der Krankenkassen

Satz 4 berechtigt und verpflichtet die Kassen, den Versicherten durch Aufklärung, Beratung und Leistungen zu helfen und unter Berücksichtigung von geschlechts-, alters- und behinderungsspezifischen Besonderheiten (Neufassung durch das KJSG v. 03.06.2021, BGBl. I S. 1444) auf gesunde Lebensverhältnisse hinzuwirken. Die Vorschrift ergänzt die allgemeinen Aufklärungs- und Beratungspflichten, die jede Krankenkasse nach den §§ 13, 14 SGB I zu erfüllen hat. Auch für Leistungen in Ausführung des § 1 Satz 2 und 4 gilt der Gesetzesvorbehalt; die Kasse darf etwa nur allgemeine Rückschulungen finanzieren, wenn die Voraussetzungen der §§ 20a oder b erfüllt sind. Das BSG hat in seinem

Ur. v. 30.07.2019 (B 1 KR 16/18 R, BSGE 128,300) ausdrücklich hervorgehoben, dass die Aufgabenzuweisung in Satz 4 keine Rechtsgrundlage für Werbemaßnahmen einer einzelnen Krankenkasse sein kann. Mitunter ist die Abgrenzung zwischen reinen Marketingmaßnahmen der Kassen unter der Überschrift der Beratung der Versicherten und gezielten Präventionsangeboten schwierig. Die Aufsichtsbehörden der Krankenkassen sind gefordert, auf eine strikte Beachtung des Gesetzesvorbehaltes bei den durch Zwangsbeiträge finanzierten Kassenleistungen zu achten. Allerdings ist nicht zu verkennen, dass gerade die Einführung von Satz 2 durch das Präventionsgesetz die Kassen eher ermutigt, umfassende Angebote zu gesundheitsbewusstem Verhalten zu machen, auch wenn nicht gesichert ist, dass damit positive Effekte erzielt und insbesondere nicht nur Personenkreise angesprochen werden, die ohnehin schon sehr interessiert an Informationen über gesundheitsbewusstes Verhalten sind.

## § 2 Leistungen

(1) Die Krankenkassen stellen den Versicherten die im Dritten Kapitel genannten Leistungen unter Beachtung des Wirtschaftlichkeitsgebots (§ 12) zur Verfügung, soweit diese Leistungen nicht der Eigenverantwortung der Versicherten zugerechnet werden. Behandlungsmethoden, Arznei- und Heilmittel der besonderen Therapierichtungen sind nicht ausgeschlossen. Qualität und Wirksamkeit der Leistungen haben dem allgemein anerkannten Stand der medizinischen Erkenntnisse zu entsprechen und den medizinischen Fortschritt zu berücksichtigen.

(1a) Versicherte mit einer lebensbedrohlichen oder regelmäßig tödlichen Erkrankung oder mit einer zumindest wertungsmäßig vergleichbaren Erkrankung, für die eine allgemein anerkannte, dem medizinischen Standard entsprechende Leistung nicht zur Verfügung steht, können auch eine von Absatz 1 Satz 3 abweichende Leistung beanspruchen, wenn eine nicht ganz entfernt liegende Aussicht auf Heilung oder auf eine spürbare positive Einwirkung auf den Krankheitsverlauf besteht. Die Krankenkasse erteilt für Leistungen nach Satz 1 vor Beginn der Behandlung eine Kostenübernahmeerklärung, wenn Versicherte oder behandelnde Leistungserbringer dies beantragen. Mit der Kostenübernahmeerklärung wird die Abrechnungsmöglichkeit der Leistung nach Satz 1 festgestellt.

(2) Die Versicherten erhalten die Leistungen als Sach- und Dienstleistungen, soweit dieses oder das Neunte Buch nichts Abweichendes vorsehen. Die Leistungen werden auf Antrag durch ein Persönliches Budget erbracht; § 29 des Neunten Buches gilt entsprechend. Über die Erbringung der Sach- und Dienstleistungen schließen die Krankenkassen nach den Vorschriften des Vierten Kapitels Verträge mit den Leistungserbringern.

(3) Bei der Auswahl der Leistungserbringer ist ihre Vielfalt zu beachten. Den religiösen Bedürfnissen der Versicherten ist Rechnung zu tragen.

(4) Krankenkassen, Leistungserbringer und Versicherte haben darauf zu achten, dass die Leistungen wirksam und wirtschaftlich erbracht und nur im notwendigen Umfang in Anspruch genommen werden.

| Übersicht | Rdn. | | Rdn. |
|---|---|---|---|
| A. Wirtschaftlichkeits- und Qualitätsgebot | 1 | C. »Besondere« Therapierichtungen und | |
| B. Eigenverantwortung der Versicherten | 2 | Leistungen in besonderen Bedarfslagen | 6 |
| | | D. Sachleistungsprinzip | 7 |

## A. Wirtschaftlichkeits- und Qualitätsgebot

1   Das Wirtschaftlichkeitsgebot gehört zu den zentralen Prinzipien des Krankenversicherungsrechts. Das Gesetz nimmt darauf nicht nur in der Einweisungsvorschrift des § 2 Bezug, sondern auch in der am Beginn des Abschnitts über die Leistungsansprüche stehenden Regelung des § 12 und schließlich in § 70, der einleitenden Bestimmung des Leistungserbringerrechts. Das unterstreicht die herausgehobene Bedeutung des Wirtschaftlichkeitsgebotes für alle Leistungsbeziehungen in der GKV und ist ein wichtiger Beleg für die zwingende Verzahnung von Leistungs- und Leistungserbringerrecht: Leistungen,

Leistungen **§ 2 SGB V**

die nicht ausreichend, notwendig und zweckmäßig sind, können die Versicherten nicht beanspruchen und dürfen die Leistungserbringer (u.a. Ärzte und Zahnärzte) nicht erbringen. Gegenüber Ärzten und Zahnärzten hat sich zur Durchsetzung des Wirtschaftlichkeitsgebotes auf der Grundlage des § 106 ein eigenständiges System der vertrags(zahn)ärztlichen Wirtschaftlichkeitsprüfung herausgebildet, das über mehrere Jahrzehnte große praktische Bedeutung hatte. Im Zuge der Veränderungen bei der Honorierung vertragsärztlicher Leistungen beschränkt sich die Wirtschaftlichkeitsprüfung heute weitgehend auf die Kontrolle des Verordnungsverhaltens der Ärzte, insbesondere bei Arznei- und Heilmitteln. Das Wirtschaftlichkeitsgebot wird im Kontext des § 12 eingehend erläutert. Große Bedeutung in der Praxis des Krankenhausvergütungsrechts hat das Qualitätsgebot des Abs. 1 Satz 3; nach der Rechtsprechung des BSG aus der Zeit bis Ende 2019 begrenzt dieses Gebot unmittelbar die Vergütungsansprüche der Krankenhäuser für stationäre Behandlungen, die sich noch im Experimentierstadium befinden (zuletzt ausführlich BSG Urt. v. 08.10.2019 – B 1 KR 3/19 R, BSGE 129, 171). Stationäre Behandlungen sind danach nur erforderlich i.S.d. § 39, wenn sie dem Qualitätsgebot des Abs. 1 Satz 3 entsprechen (BSG Urt. v. 08.10.2019 – B 1 KR 4/19 R, SozR 4–2500 § 12 Nr. 16).

### B. Eigenverantwortung der Versicherten

Die in Abs. 1 Satz 1 angesprochene Eigenverantwortung der Versicherten darf nicht mit der in § 1 Abs. 1 erwähnten Verantwortlichkeit der Versicherten für ihre Gesundheit verwechselt werden. »Eigenverantwortung« i.S.d. § 2 fragt nicht danach, ob der Bedarf für bestimmte Leistungen bei gesundheitsbewusstem Verhalten des Versicherten hätte vermieden werden können, sondern legt nur die Grundlage für Leistungsausschlüsse. Was das Gesetz der Eigenverantwortung zuweist, muss der Versicherte selbst bezahlen, ganz gleich, ob er auf die betroffene Leistung zwingend angewiesen ist oder nicht.

Das SGB V kennt drei verschiedene Regelungsmechanismen, mit denen die (finanzielle) Eigenverantwortung der Versicherten umgesetzt wird. An erster Stelle stehen echte gesetzliche Leistungsausschlüsse, z.B. der (durch Ausnahmen abgemilderte) Ausschluss der Verordnungsfähigkeit von nicht verschreibungspflichtigen Arzneimitteln in der vertragsärztlichen Versorgung (§ 34 Abs. 1; zur Verfassungsmäßigkeit BSG v. 06.11.2008, SozR 4–2500 § 34 Nr. 4) sowie der kieferorthopädischen Versorgung Erwachsener (§ 28 Abs. 2 Satz 6; Verfassungsmäßigkeit bejaht BSG Urt. v. 09.12.1997, SozR 3–2500 § 28 Nr. 3; näher *Wenner* GesR 2003, 129, 132). Daneben existieren zahlreiche Regelungen, nach denen die Krankenkasse nur einen Teil der notwendigen Behandlungskosten übernimmt, z.B. bei der Versorgung mit Zahnersatz (§ 55 Abs. 2) und der künstlichen Befruchtung (§ 27a Abs. 3 Satz 3; zur Verfassungsmäßigkeit der Regelung BVerfG v. 28.02.2007 – 1 BvL 5/03; BSG v. 03.03.2009, SozR R 4–2500 § 27a Nr. 7). Der Versicherte muss den auf ihn entfallenden Anteil auch dann übernehmen, wenn er sich gesundheitsbewusst verhalten und z.B. die Vorsorgetermine beim Zahnarzt regelmäßig wahrgenommen hat. Die Idee, über eine Kostenbelastung des Versicherten entsprechende Anreize zu setzen, mag den Gesetzgeber zu den Regelungen motiviert haben; ihre Anwendung ist aber nicht davon abhängig, dass der Versicherte Anreize zur Vorsorge nicht aufgenommen hat.

Die Zuweisung von Gesundheitsausgaben zur Eigenverantwortung mit dem Ziel, die Kosten der GKV zu begrenzen, realisiert der Gesetzgeber in großem Umfang durch Zuzahlungen. Die größte praktische Bedeutung haben insoweit nach Abschaffung der Praxisgebühr nach § 28 Abs. 4 a.F. (10 € pro Quartal bei der Inanspruchnahme ärztlicher Leistungen bis einschließlich zum 4. Quartal des Jahres 2012) die Zuzahlungen bei Arzneimitteln (§ 31 Abs. 2 i.V.m. § 61) und die Einschränkungen bei Arzneimitteln, die zum Festbetrag abgegeben werden. Zuzahlungen muss der Versicherte auch für jeden Tag der Behandlung im Krankenhaus leisten (§ 61 Satz 2); insoweit hat das BSG entschieden, dass die Regelung allein den Zweck verfolgt, die Krankenkassen zu entlasten, und weder Anreize zur Vermeidung stationärer Behandlung setzen noch einen Ausgleich für ersparte Aufwendungen im häuslichen Bereich bilden soll (BSG v. 19.02.2002, SozR 3–2500 § 40 Nr. 4, Seite 17).

Ein wichtiges Instrument der Zuweisung von medizinisch notwendigen Leistungen zur Eigenverantwortung der Versicherten ist die Begrenzung der Leistungspflicht der Krankenkasse auf die Übernahme von Festbeträgen. Die Kasse trägt bei Arzneimitteln, für die ein Festbetrag nach § 35 festgesetzt ist, die Kosten bis zur Höhe dieses Festbetrages (§ 31 Abs. 2 Satz 1). Das BSG hat die Festbetragsfestsetzung durch den GKV-Spitzenverband für Mittel zur Bekämpfung der Blutarmut und von ADHS mit Urt. v. 03.05.2018 –(B 3 KR 9/16 und – B 3 KR 7/17 R) gebilligt. Senkt der Hersteller eines Arzneimittels dessen Abgabepreis nach der Festsetzung von Festbeträgen nicht auf das Niveau des Festbetrages, muss der Versicherte die Mehrkosten selbst tragen. Entsprechendes gilt für Hilfsmittel (§ 36). Das BVerfG hat allerdings ausdrücklich darauf hingewiesen, dass durch das System der Festbeträge der Versorgungsanspruch des Versicherten nicht ausgehöhlt werden darf. Die Versicherten müssen sich nach geltendem Recht nicht mit einer Teilkostenerstattung zufrieden geben (Becker/Kingreen/*Axer*, SGB V, § 35 Rn. 2). Trotz Festsetzung von Festbeträgen muss im Arzneimittelsektor eine für die Therapie ausreichende Vielfalt ohne erhebliche Zuzahlungen des Versicherten erhalten bleiben; im Hilfsmittelsektor (z.B. bei Hörgeräten) muss die Versorgung mit ausreichenden, zweckmäßigen und in der Qualität gesicherten Hilfsmitteln als Sachleistung gesichert bleiben (BVerfG v. 17.12.2002, SozR 3–2500 § 35 Nr. 2, S. 26). Soweit mit einem Festbetrag (z.B. für ein Hörgerät) die nach dem GKV-Leistungsstandard gebotene Versorgung nicht für jeden Versicherten zumutbar gewährleistet werden kann, bleibt die Krankenkasse weiterhin zur Sachleistung verpflichtet, muss also faktisch den Differenzbetrag zwischen dem Festbetrag und den tatsächlichen Kosten der leistungsrechtlich geschuldeten Versorgungsvariante (z.B. digitales Hörgerät) übernehmen (BSG v. 17.12.2009, SozR 4–2500 § 36 Nr. 2 und BSG Urt. v. 24.01.2013 – B 3 KR 5/12 R, BSGE 113, 40, zur Verpflichtung des Rentenversicherungsträgers einen Mehrbetrag oberhalb des Festbetrages als Leistung der medizinischen Rehabilitation zu übernehmen).

### C. »Besondere« Therapierichtungen und Leistungen in besonderen Bedarfslagen

6   Der Leistungsanspruch der Versicherten erstreckt sich auch auf Behandlungsmethoden, Arznei- und Heilmittel der »besonderen Therapierichtungen«. Mit dieser Regelung in Abs. 1 Satz 2 hat der Gesetzgeber dem verbreiteten Unbehagen weiter Kreise der Versicherten – insbesondere weiblicher und ganz überwiegend höher gebildeter – an der angeblichen Insuffizienz der Schulmedizin Rechnung getragen. Auch bisweilen ätzender Spott von Ärzten über die Versorgung der Patienten mit Verfahren und Präparaten dieser »besonderen« Therapierichtungen, deren Wirksamkeit vielfach nicht in anerkannten Studien nachgewiesen ist, ändert nichts daran, dass der Gesetzgeber diesen Verfahren den Weg in die GKV geöffnet hat, nachdem »größere Teile der Ärzteschaft und weite Bevölkerungskreise« sich für Behandlungskonzepte interessieren, die sich bewusst von einer naturwissenschaftlich geprägten Schulmedizin abgrenzen (BSG Urt. v. 16.09.1997 – 1 RK 28/95, BSGE 81, 54, 72). Zu den besonderen Therapierichtungen zählen die Phytotherapie, die Homöopathie und die anthroposophische Medizin, die in § 34 Abs. 2 Satz 3 ausdrücklich genannt werden. Die Aufzählung ist nach Ansicht des BSG nicht abschließend (BSG Urt. v. 16.07.1996 – 1 RS 1/94, BSGE 79, 41, 49), doch bildet die »Naturheilkunde« als solche keine besondere Therapierichtung, sondern beschreibt als Sammelbegriff natürliche Heilweisen (BSG v. 22.03.2005, SozR 4–2400 § 89 Nr. 3 Rn. 47). Mit dem Hinweis, die sog. Eigenblut-Therapie sei Bestandteil der Naturheilkunde, lässt sich deshalb die Leistungspflicht der GKV für dieses Verfahren nicht begründen. Hinsichtlich der Einbeziehung von Akupunkturbehandlungen in die Leistungspflicht der GKV ist die Zugehörigkeit zu den »besonderen Therapierichtungen« praktisch weitgehend obsolet, nachdem der GBA zum 01.01.2007 die »Körperakupunktur mit Nadeln« bei chronischen Schmerzen in der Lendenwirbelsäule und im Kniegelenk als wirksame Behandlungsmethode i.S.d. § 135 Abs. 1 anerkannt hat (Nr. 12 der Anlage 1 zu den Methoden-Richtlinien des GBA und dazu BSG Urt. v. 13.02.2019 – B 6 KA 56/17 R, SozR 4–5531 Nr. 30790 Nr. 1). Auch im Rahmen der Arzneimitteltherapie muss den »besonderen« Therapierichtungen Rechnung getragen werden (BSG Urt. v. 11.05.2011 – B 6 KA 25/10 R, BSGE 108, 183). Allerdings besteht kein Anspruch der Hersteller von Arzneimitteln darauf, dass Präparate der »besonderen Therapierichtungen« von allgemein geltenden Versorgungseinschränkungen oder -ausschlüssen freigestellt werden (BSG v. 14.12.2011, SozR 4–2500 § 92 Nr. 13). Der therapeutische Nutzen und die Zweckmäßigkeit von *homöopathischen* Arzneimitteln müssen sich an denselben Kriterien messen lassen wie *allopathische* Mittel (BSG Urt. v. 28.09.2016 – B 6 KA 25/15 R; SozR 4–2500 § 92 Nr. 19 Rn. 53).

Zum 01.01.2012 ist die Vorschrift um Abs. 1a erweitert worden. Die Leistungspflicht der Krankenkasse wird bei lebensbedrohlichen oder regelmäßig tödlichen Erkrankungen erweitert. Nicht mehr der Nachweis der Wirksamkeit einer Behandlungsmethode oder eines Arzneimittels im Sinne von Abs. 1 Satz 3 ist Voraussetzung für einen Leistungsanspruch des Versicherten, vielmehr reicht eine nicht ganz entfernt liegende Aussicht auf Heilung oder auf eine spürbare positive Einwirkung auf den Krankheitsverlauf aus. Mit dieser Regelung vollzieht der Gesetzgeber die grundlegenden Veränderungen nach, die der sog. Nikolausbeschluss des BVerfG (BVerfGE 115, 25) im gesamten Krankenversicherungsrecht bewirkt hat. Die Begründung des Gesetzentwurfs lässt erkennen, dass die Ausdehnung der Leistungspflicht der Krankenkassen so weit gehen soll, wie es das BVerfG unter Anwendung des Art. 2 Abs. 2 GG in Verbindung mit dem Sozialstaatsprinzip entwickelt hat (BR-Drs. 456/11 S. 73). Das ist indessen nicht vollständig gelungen, wie die aktuelle Rechtsprechung des BVerfG zeigt. In einem Beschluss vom 11.04.2017 hat das BVerfG entschieden, dass es vom Grundgesetz nicht geboten ist, die Grundsätze des Beschlusses des Gerichts vom 06.12.2005 auf Erkrankungen zu erstrecken, die wertungsmäßig den unmittelbar lebensbedrohlichen Erkrankungen vergleichbar sind (1 BvR 452/17, Rn. 22). Das hat zur Folge, dass § 2 Abs. 1a weitergehende Ansprüche gibt, als sich aus dem GG selbst – unter Beachtung der Rechtsprechung des BVerfG – ergeben. Das führt selbstverständlich nicht dazu, dass Abs. 1a verfassungswidrig wäre; der Gesetzgeber darf zu Gunsten der Versicherten weiter gehen, als er von Verfassungswegen gehen müsste. Mit der Schaffung des Abs. 1a ist klargestellt, dass der Einsatz von Behandlungsverfahren, für die der G-BA keine positive Richtlinienempfehlung nach § 135 Abs. 1 abgegeben hat, nicht davon abhängt, ob der G-BA selbst in den Richtlinien zur Methodenbewertung für besondere Konstellationen eine Ausnahme zugelassen hat (BR Drs. 456/11, S. 73). Der Versorgungsanspruch des Versicherten auch auf den Einsatz schulmedizinisch nicht anerkannter Behandlungsverfahren und indikationsbezogen nicht zugelassener Arzneimittel bei lebensbedrohlichen Erkrankungen ohne realisierbare »schulmedizinische« Therapieoption ergibt sich unmittelbar aus dem Gesetz. Über die gesetzliche Regelung hinausgehend können Versicherte bei schwerwiegenden, wenn auch nicht unmittelbar lebensbedrohlichen Erkrankungen Anspruch auf die Behandlung mit Arzneimitteln außerhalb der Zulassungsindikation nach dem AMG und – begrenzt – sogar ohne Zulassung haben (*Clemens* GesR 2011, 397). Die dazu vom BSG entwickelten Maßstäbe hat das BVerfG implizit gebilligt (Beschl. v. 30.06.2008, SozR 4–2500 § 31 Nr. 17). Der Anspruch auf Versorgung nach Maßgabe des Abs. 1a besteht nicht, wenn schon zu Beginn der Behandlung eine absolut palliative Situation besteht, die keinen therapeutischen Einfluss auf den Krankheitsprozess zumindest im Sinne einer Verlängerung der Überlebenszeit mehr erwarten lässt (Bayer. LSG Urt. v. 09.11.2017 – L 4 KR 49/13).

6a

Entgegen einem weit verbreiteten Verständnis besteht der Anspruch der Versicherten auf Versorgung nach den in Abs. 1a formulierten Kriterien nicht erst ab dem Inkrafttreten der Norm am 01.01.2012. Der Gesetzgeber hat die Rechtspositionen der Versicherten zum 01.01.2012 nicht erweitert, sondern nur eine Diskrepanz zwischen dem geschriebenen Recht und dem tatsächlich praktizierten Recht – im Hinblick auf den Beschluss des BVerfG v. 06.12.2005, der wie eine Rechtsnorm angewandt worden ist – beseitigt. Das BSG hat deshalb in einem Urt. v. 13.10.2010 (SozR 4–2500 § 106 Nr. 30 Rn. 28) bezogen auf vertragsärztliche Off-Label-Verordnungen aus den Jahren 2001 bis 2003 geprüft, ob der behandelte Versicherte nach den Grundsätzen des Beschlusses des BVerfG aus dem Jahr 2005 (!) Anspruch auf die Versorgung von Megestat und Dronabinol im Zusammenhang mit einer Karzinomerkrankung hatte.

6b

Weitgehend geklärt ist in der Rechtsprechung des BSG, dass die tatbestandlichen Voraussetzungen des Abs. 1a sowohl für Behandlungsmethoden im Experimentierstadium ohne positive Richtlinienempfehlungen nach § 135 Abs. 1 als auch für den zulassungsüberschreitenden Einsatz von Medikamenten gelten. Eine Arzneimitteltherapie kann eben auch eine »neue« Behandlungsmethode i.S.d. § 135 Abs. 1 sein (BSG v. 13.10.2010, SozR 4–2500 § 106 Nr. 30 Rn. 26). An das Vorliegen einer besonders schwerwiegenden Erkrankung sind hohe Anforderungen zu stellen; Augenerkrankungen, die nicht zur Erblindung führen, erfüllen diese nicht (BSG Urt. v. 26.05.2020 – B 1 KR 21/19 R, Rn. 19). Droht aber mit gewisser Wahrscheinlichkeit die Erblindung, kann ein Anspruch

6c

nach Abs. 1a bestehen (BSG Beschl. v. 27.10.2020 – B 3 KR 18/20 B). Das BSG richtet die Prüfung, ob eine nicht ganz fernliegende Aussicht auf einen durch ein Arzneimittel erreichbaren Behandlungserfolg besteht, an der Möglichkeit aus, auf die lebensbedrohliche Erkrankung – häufig ein Tumorleiden – selbst einzuwirken. Es genügt nicht, dass der Einsatz des off-Label verordneten Arzneimittels (nur) darauf gerichtet ist, die Auswirkungen der Erkrankung – z.B. eine Kachexie als häufige Begleiterkrankung des Tumorgrundleidens – oder ihrer Behandlung – z.B. durch Zytostatika – abzumildern (BSG v. 13.10.2010, SozR 4–2500 § 106 Nr. 30, Rn. 32). Diese Rechtsprechung ist umstritten, weil sie nach Auffassung der Kritik von einer trennscharfen Abgrenzung der Therapieziele – Beeinflussung des Grundleidens oder »nur« Abmilderung der Krankheitsfolgen – ausgeht, die der tatsächlichen ärztlichen Behandlung nicht gerecht werde, und im Übrigen dem Therapieziel »Linderung der Krankheitsbeschwerden«, das in § 27 Abs. 1 Satz 1 ausdrücklich genannt ist, einen zu geringen Stellenwert einräume. Jedenfalls hat eine palliativ ausgerichtete Behandlung Vorrang vor einer kausalen, wenn das palliative Vorgehen bessere Überlebensmöglichkeiten verspricht (BSG Urt. v. 08.10.2019 – B 1 KR 3/19 R, BSGE 129, 171). Das BVerfG hat zur palliativen oder kurativen Ausrichtung der bei lebensbedrohlichen Erkrankungen in Betracht kommenden Behandlungsverfahren differenziert: Wenn nur noch eine palliative Standardtherapie (»Schulmedizin«) zur Verfügung steht, kann der Versicherte nicht darauf verwiesen werden, soweit eine alternative Behandlungsmethode zumindest mutmaßlich eine nicht ganz entfernte Aussicht auf Heilung bietet (Beschl. v. 26.02.2013 – 1 BvR 2045/12 zur Kombination von Hyperthermie und dendritischen Zellen bei einem metastasierenden Ovarialkarzinom).

### D. Sachleistungsprinzip

7 Das Sachleistungsprinzip hat in Abs. 1 Satz 2 seine normative Grundlage. Die Versicherten erhalten die ihnen zustehenden Leistungen von ihrer Krankenkasse als »Sach- und Dienstleistungen«, soweit nichts Abweichendes bestimmt ist. Die Kostenerstattung nach § 13 ist deshalb als Ausnahme nur soweit möglich, wie das gesetzlich geregelt ist. Der von einigen Leistungserbringern (z.B. den Verbänden der Zahnärzte) gewünschte Übergang von der Sachleistung zur Kostenerstattung setzt deshalb eine Änderung des Gesetzes voraus.

8 Kern des Sachleistungsprinzips ist die Verschaffungspflicht der Krankenkasse. Sie muss dem Versicherten im Bedarfsfall die notwendigen Leistungen bereitstellen (*Wenner* Vertragsarztrecht nach der Gesundheitsreform, § 7 Rn. 1). Das wird bisweilen – gezielt – als Bevormundung der Versicherten missverstanden, dient in Wirklichkeit jedoch deren Schutz und der Sicherung ihrer Behandlung. Die Einbindung der Krankenkassen in die Organisation der Behandlung macht diese etwa mitverantwortlich für eine wohnortnahe Versorgungsstruktur, einen funktionsfähigen Notdienst und die Erreichbarkeit spezialisierter fachärztlicher Leistungen auch im ländlichen Bereich. Eine Versicherung, die nur entstandene Kosten erstattet, kann keinen Einfluss darauf nehmen, dass den Patienten Haus- und Fachärzte in erreichbarer Entfernung zur Verfügung stehen. Insoweit müssten Städte, Kreise und Länder regulierend tätig werden, wenn die Krankenkassen künftig auf eine reine Kostenerstattungsrolle beschränkt werden sollten.

9 Das Sachleistungsprinzip hat nicht zur Folge, dass die Krankenkassen die Versicherten selbst oder durch eigene Einrichtungen versorgen. Sie schließen über die Versorgung vielmehr Verträge mit den Leistungserbringern (Abs. 2 Satz 3). Auf der Grundlage derartiger Verträge sind die Ärzte und Zahnärzte zur Versorgung der Versicherten verpflichtet und erhalten ihre Vergütung ausschließlich – über ihre Kassen(zahn)ärztlichen Vereinigungen – von den Krankenkassen. Von der inzwischen abgeschafften Praxisgebühr nach § 28 Abs. 4 in der bis zum 31.12.2012 geltenden Fassung abgesehen, fließt zwischen Patient und Vertragsarzt in der Praxis grundsätzlich kein Geld. Ein Vertragsarzt darf zwar auch »individuelle Gesundheitsleistungen« (IGeL) anbieten (dazu und zu den insoweit maßgeblichen Beschränkungen näher *Wenner* Sozialgerichtsbarkeit 2013, 162, 166), muss diesen Bereich seiner Tätigkeit aber scharf zur vertragsärztlichen Versorgung abgrenzen. Schon der Anschein, der Versicherte müsse Zahlungen leisten, um angemessen versorgt zu werden, ist unzulässig, und kann – wenn er sich bestätigt – dazu führen, dass dem Arzt die Zulassung zur

vertragsärztlichen Versorgung entzogen wird (so unter dem Aspekt einer Disziplinarmaßnahme BSG, Beschl. v. 11.03.2009 – B 6 KA 9/08 B).

## § 12 Wirtschaftlichkeitsgebot

(1) Die Leistungen müssen ausreichend, zweckmäßig und wirtschaftlich sein; sie dürfen das Maß des Notwendigen nicht überschreiten. Leistungen, die nicht notwendig oder unwirtschaftlich sind, können Versicherte nicht beanspruchen, dürfen die Leistungserbringer nicht bewirken und die Krankenkassen nicht bewilligen.

(2) Ist für eine Leistung ein Festbetrag festgesetzt, erfüllt die Krankenkasse ihre Leistungspflicht mit dem Festbetrag.

(3) Hat die Krankenkasse Leistungen ohne Rechtsgrundlage oder entgegen geltenden Recht erbracht und hat ein Vorstandsmitglied hiervon gewusst oder hätte es hiervon wissen müssen, hat die zuständige Aufsichtsbehörde nach Anhörung des Vorstandsmitglieds den Verwaltungsrat zu veranlassen, das Vorstandsmitglied auf Ersatz des aus der Pflichtverletzung entstandenen Schadens in Anspruch zu nehmen, falls der Verwaltungsrat das Regressverfahren nicht bereits von sich aus eingeleitet hat.

| Übersicht | Rdn. | | Rdn. |
|---|---|---|---|
| A. Wirtschaftlichkeitsgebot | 1 | IV. Kosten- Nutzen – Relation | 7 |
| I. Grundnorm der Leistungspflicht der Krankenkassen | 1 | V. Grenzen des Wirtschaftlichkeitsgebotes | 9 |
| | | B. Festbeträge | 11 |
| II. Funktion des Wirtschaftlichkeitsgebotes | 2 | C. Haftung der Kassenvorstände | 13 |
| III. Ausreichend, notwendig, wirtschaftlich | 3 | | |

## A. Wirtschaftlichkeitsgebot

### I. Grundnorm der Leistungspflicht der Krankenkassen

Die Vorschrift enthält eine Zentralnorm des Krankenversicherungsrechts, die für die Versicherten wie für die Leistungserbringer sowie die Krankenkassen in gleicher Weise gilt. Das wird in Abs. 1 durch die Wendung zum Ausdruck gebracht, Leistungen, die nicht notwendig oder unwirtschaftlich sind, könnten von den Versicherten nicht beansprucht, dürften von den Leistungserbringern (Ärzte, Zahnärzte, Krankenhäuser) nicht erbracht und von den Kassen nicht bewilligt werden. Die Begrenzung der Leistungspflicht der Krankenkassen auf ausreichende, notwendige, zweckmäßige und (im engeren Sinne) wirtschaftliche Behandlungen erfasst nicht nur die als Sachleistung zu gewährenden Leistungen, sondern greift auch dann ein, wenn die Versicherten auf der Grundlage des § 13 einen Kostenerstattungsanspruch geltend machen können. Soweit der Kostenerstattungsanspruch nach § 13 Abs. 3 an die Stelle eines von der Krankenkasse nicht oder nicht rechtzeitig erfüllten Sachleistungsanspruchs tritt, teilt er die Grenzen des Sachleistungsanspruchs. Wenn die Sachleistung, die die Kasse nicht gewährt hat, unwirtschaftlich gewesen wäre, steht schon dieser Gesichtspunkt einem Kostenerstattungsanspruch des Versicherten für diese Leistung entgegen (BSG Urt. v. 19.10.2004 – B 1 KR 27/02 R, BSGE 93, 236, 239). Maßgeblich ist insoweit der allgemeine Stand der medizinischen Wissenschaft, der nicht durch einzelne Spezialkliniken an bestimmten Orten der Welt geprägt wird. Wenn der Einsatz einer bioprothetischen Aortenklappe (auch) in Deutschland in zugelassenen Krankenhäusern angeboten wird, hat ein Versicherter keinen Anspruch darauf, dass ihm die vollen Kosten einer entsprechenden Behandlung in London von der Krankenkasse erstattet werden. Das gilt selbst dann, wenn der Versicherte den entsprechenden Eingriff schon zweimal in London hat durchführen lassen und zu den Ärzten der dortigen Klinik besonderes Vertrauen hat. Das BSG formuliert sehr deutlich, dass dieser Wunsch verständlich ist, doch dass dies nicht zur Klärung der Frage beiträgt, ob die Krankenversicherung die Kosten für die Umsetzung dieses Wunsches übernehmen muss (BSG v. 17.02.2010, SozR 4–2500 § 13 Nr. 24 Rn. 25, 27). Soweit dagegen eine nach dem für die GKV maßgeblichen allgemein anerkannten Stand der medizinischen Erkenntnisse gebotene Therapie nur im Ausland durchführbar ist – in Betracht kommt etwa eine Klimatherapie in Jordanien bei Vitiligo – erstreckt sich der Versorgungsanspruch des Versicherten auch darauf (BSG Urt. v. 06.03.2012 – B 1 KR 17/11 R, Rn. 17 zu § 18). Die Rechtsprechung der Sozialgerichte leitet aus dem Wirtschaftlichkeitsgebot sehr klare und weitreichende Konsequenzen ab; die Vorstellung, es handele sich eher um einen für Festansprachen geeigneten Programmsatz, ist eindeutig unzutreffend. So hat das BSG unter Hinweis auf das Wirtschaftlichkeitsgebot einen auf § 112 beruhenden öffentlich-rechtlichen Vertrag über Krankenhausleistungen für unwirksam erklärt, soweit dort die vierjährige Verjährungsfrist des § 45 SGB I durch die allgemeine dreijährige Frist des § 195 BGB ersetzt worden war (Urt. v. 21.04.2015 – B 1 KR 11/15 R). Auch die Risikoverteilung hinsichtlich von Zweifeln an der Notwendigkeit bestimmter Krankenhausleistungen nimmt das BSG unter unmittelbarem Zugriff auf das Wirtschaftlichkeitsgebot einseitig zulasten der Krankenhäuser vor; weil die Krankenkassen nur für unzweifelhaft notwendige und wirtschaftliche Leistungen bezahlen müssten, gingen Zweifel immer zulasten der Krankenhäuser (Urt. v. 10.03.2015 – B 1 KR 2/15 R). Eine Vertragsärztin muss der KK ihres Patienten Regress leisten, wenn sie sich ohne nachvollziehbaren Grund für den teureren von zwei rechtlich zulässigen und gleich wirksamen Wegen zur Versorgung des Patienten mit Blutgerinnungsfaktoren entscheidet (BSG Urt. v. 13.05.2015 – B 6 KA 18/14 R; SozR 4–2500 § 106 Nr. 51). Auch eine der aktuell umstrittensten Fragen zu den Grenzen der Leistungspflicht der Krankenkassen wird von den Gerichten unmittelbar in Anwendung des § 12 Abs. 1 beantwortet, nämlich diejenige nach dem Anspruch auf Versorgung mit Magenbandoperationen bei Adipositas (LSG NRW Beschl. v. 15.02.2016 – L 11 KR 94/15). Ob sich der maßgebliche Gedanke der »ultima ratio« als Voraussetzung des Anspruchs, also der erfolglose Einsatz von Alternativen (Diät, Ernährungsberatung), tatsächlich nicht eher aus der Erforderlichkeit i.S.d. § 27 Abs. 1 als aus der Wirtschaftlichkeit i.S.d. § 12 ableiten lässt, ist ohne größerer praktische Bedeutung. Das gilt auch für den umstrittenen Anspruch der Versicherten auf eine Liposuktion (Fettabsaugung), der vom BSG grundsätzlich verneint worden ist (Urt. v. 27.08.2019 – B 1 KR 36/18 auch zur Wirkung der Genehmigungsfiktion nach § 13 Abs. 3a mit Anmerkung *Henke* GesR 2021, 10). Insoweit hat der G-BA mit Wirkung ab dem 16.09.2020 allerdings die Leistungspflicht der Krankenkassen bei besonders schweren Krankheitserscheinungen erweitert.

## II. Funktion des Wirtschaftlichkeitsgebotes

2 Die Begrenzung der Leistungsansprüche der Versicherten auf das Maß des Ausreichenden, Zweckmäßigen, Notwendigen und Wirtschaftlichen darf nicht einseitig als eine Einschränkung der Ansprüche der Versicherten missverstanden werden, denen eben durch diese Vorgaben eine optimale Behandlung vorenthalten werde. Die Vorschrift dient auch zur Begrenzung der Ausgaben der Krankenversicherung und damit zur Sicherung der finanziellen Stabilität der GKV und vor allem der Begrenzung des Anstiegs des bundeseinheitlichen Kassenbeitragssatzes nach § 241 Abs. 1 (z.Zt. 15,5 %) und gegebenenfalls des kassenindividuellen einkommensabhängigen Zusatzbeitrags nach § 242 Abs. 1 als Vom Hundert- Satz der beitragspflichtigen Einnahmen, der nach der Neuregelung der Finanzierungsgrundlagen der gesetzlichen Krankenversicherung zum 01.07.2014 bis zum 31.12.2018 allein von den Versicherten zu tragen war. Die Ambivalenz der Interessenlage der Versicherten der GKV darf bei Auslegung und Anwendung des § 12 nicht außer Acht gelassen werden: als gesunde, erwerbstätige Personen sind sie an einem niedrigen Beitragssatz (»mehr Netto vom Brutto«) interessiert, während im Fall einer Krankheit und insbesondere im Status des Rentners das Bedürfnis nach möglichst umfassenden Leistungen dominiert. Diesem Dilemma sind auch die Patientenvertreter nach § 140f Abs. 2 im Gemeinsamen Bundesausschuss ausgesetzt, wenn sie über die Anerkennung neuer Behandlungsmethoden nach § 135 Abs. 1 nach den Maßstäben des Wirtschaftlichkeitsgebotes mitberaten. Selbst wenn die Höhe der Ausgaben der GKV nicht nur von deren Leistungsniveau, sondern auch von der wenig transparenten Gestaltung der Preise z.B. für Arzneimittel und den Renditeinteressen der pharmazeutischen Unternehmen abhängt (näher dazu *Wenner* GesR 2009, 169, 181), wird doch die Vorstellung einer im medizinischen Sinne optimalen Versorgung zu niedrigen Beiträgen eine Illusion bleiben.

## III. Ausreichend, notwendig, wirtschaftlich

Eine trennscharfe Abgrenzung der Begriffe »ausreichend, zweckmäßig, notwendig und wirtschaftlich« ist weder möglich noch zwingend geboten, weil sich diese Merkmale vielfach überschneiden (*Engelhard* juris-PK SGB V § 12 Rn. 44; ein letztlich nur begrenzt ergiebiger Systematisierungsversuch bei *Greiner/Benedix* Sozialgerichtsbarkeit 2013, 1 ff.). »Ausreichend« verweist auf einen Mindeststandard des Behandlungsniveaus, der an der nachhaltigen Sicherung des Heilungserfolges und nicht an einer schlichten Sicherung des Überlebens ausgerichtet ist. Durch die Einbeziehung des § 2 Abs. 1 Satz 3, der auf den anerkannten Stand der medizinischen Erkenntnisse unter Einbeziehung des medizinischen Fortschritts verweist, bietet das Merkmal »ausreichend« keine Legitimation, das Behandlungsniveau in Deutschland auf »Barfußmedizin« zu reduzieren. Wenn bei einer bestimmten klinischen Symptomatik (z.B. motorische Störungen nach einem Sturz auf den Kopf) medizinisch ein Computertomogramm indiziert ist, darf darauf bei Versicherten der GKV nicht mit der Begründung verzichtet werden, eine konventionelle Röntgenaufnahme könne auch »ausreichend« sein. Gänzlich verfehlt sind alle Assoziationen zur Schulnote »ausreichend«, die andeuten sollen, dass selbst »befriedigende« Leistungen von der KK nicht verlangt werden könnten. Diese Assoziation dient einigen insbesondere zahnärztlichen Leistungserbringern als Verkaufsargument für Zusatzleistungen: Wollen Sie (Patient) für sich ein Versorgungsniveau, das Sie als Schulnote Ihrer Kinder nie akzeptieren würden? Wichtiger Anwendungsfall für die Beschränkung der Leistungsansprüche auf eine ausreichende Versorgung ist im zahnmedizinischen Bereich die Durchführung von Behandlungen in Vollnarkose. Für Kinder und bestimmte Gruppen behinderter Menschen ist das erforderlich, für die Mehrzahl der Versicherten nicht und geht deshalb für sie über eine »ausreichende« Versorgung hinaus.

Besondere Bedeutung kommt dem Merkmal »ausreichend« bei der Versorgung mit Hilfsmitteln zu (§ 33). Der technische Fortschritt vor allem durch die Computerisierung bei Prothesen, Transportmitteln und Schreibhilfen ist rasant und ermöglicht heute vor allem behinderten Menschen eine »normale« Teilnahme am gesellschaftlichen Leben, die noch vor einem Jahrzehnt kaum vorstellbar war. Dieser Fortschritt hat seinen Preis, und die Kosten neuartiger Rehabilitationsgeräte übersteigen den Preis für herkömmliche Hilfsmittel nicht selten um ein Vielfaches, ohne dass der Nutzenzugewinn immer auch vergleichbar exponentiell gewachsen wäre. Die Rechtsprechung steht bei Hilfsmitteln, die zum unmittelbaren Behinderungsausgleich bestimmt sind, allerdings auf dem Standpunkt, dass »ausreichend« immer das Produkt ist, das die ausgefallene Körperfunktion möglichst weitgehend kompensiert und die größten Gebrauchsvorteile bietet (BSG v. 23.07.2002, SozR 3–2500 § 33 Nr. 45, S. 255; v. 24.05.2006, SozR 4–2500 § 33 Nr. 12 Rn. 14). In jüngerer Zeit betont das BSG jedoch auch, dass die KKn nicht für solche Innovationen aufzukommen haben, die keine wesentlichen Gebrauchsvorteile für den Versicherten bewirken, sondern sich auf einen bloß besseren Komfort im Gebrauch oder eine bessere Optik beschränken (BSG Urt. v. 30.09.2015 – B 3 KR 14/14 R; SozR 4–2500 § 33 Nr. 48 Rn. 21 ff). Im Rahmen der Heilmittelversorgung (§ 32) dienen vor allem die Frequenzvorgaben in den Heilmittelrichtlinien des Gemeinsamen Bundesausschusses der Konkretisierung des Wirtschaftlichkeitsgebotes. Durch die Beschränkung der verordneten Anwendungen – z.B. bei Ergotherapie oder Krankengymnastik – soll verhindert werden, dass Versicherte über einen langen Zeitraum Behandlungen erhalten, von denen nicht durch ärztliche Kontrolle sichergestellt ist, dass sie – noch – notwendig sind. Mit der Neufassung des § 32 Abs. 1a ist allerdings für Versicherte mit kontinuierlichem Behandlungsbedarf insoweit eine Erleichterung vorgesehen. Das BSG versagt einem Heilmittelerbringer teilweise einen Vergütungsanspruch gegen die Krankenkasse des Versicherten, weil dieser dem Versicherten auf die vertragsärztliche Erstverordnung zehn Anwendungen erbracht hat, obwohl nur sechs in den Richtlinien vorgesehen sind. Auch der Umstand, dass der Vertragsarzt bei seiner Verordnung die Heilmittelrichtlinie nicht beachtet hat, verhilft dem Heilmittelanbieter nicht zu einem vollen Vergütungsanspruch (BSG, Urt. v. 13.09.2011 – B 1 KR 23/10 R; SozR 4–2500 § 125 Nr. 7).

Das Merkmal »wirtschaftlich« ist nicht mit dem Wirtschaftlichkeitsgebot identisch. Während dieses allgemeine Prinzip alle anderen in § 12 Abs. 1 genannten Vorgaben nach Art eines Oberbegriffs umfasst, meint wirtschaftlich im engeren Sinne eine Relation von eingesetzten Mitteln und erzieltem Heilerfolg. Diese kann von den eingesetzten Mittel her definiert werden und bedeutet dann, mit einem vorgegebenen finanziellen Volumen den größtmöglichen Behandlungserfolg zu erreichen. Die Relation kann aber auch vom Ziel her erklärt werden und bedeutet dann, ein vorgegebenes Behandlungsziel mit dem geringsten Aufwand zu erreichen. Nur die letztgenannte Fassung der Wirtschaftlichkeit hat Bedeutung für die Krankenversicherung, weil die Ziele jeder Behandlung in § 27 Abs. 1 vorgegeben sind und die Versicherten Anspruch auf diejenigen Maßnahmen haben, die zur Erreichung des Heilerfolges erforderlich sind (*Greiner/Benedix* Sozialgerichtsbarkeit 2013, 2). Mit den Einzelelementen der Wirtschaftlichkeit im engeren Sinne lässt sich allerdings eine Vielzahl von Problemen der Gesundheitsversorgung nicht erfassen. Die notwendigen Alternativen für die Erzielung des angestrebten Behandlungserfolges stehen oft nicht zur Verfügung, etwa wenn der Patient das billigere und gleich wirksame Arzneimittel nicht verträgt oder auf Zahnfüllungen mit dem – im Vergleich zum Inlay – günstigeren Amalgam allergisch reagiert. Soweit sich das objektivieren lässt und nicht lediglich auf zweckgerichteten Aussagen des Betroffenen beruht, ist der Heilbehandlungsanspruch nach § 27 in derartigen Fällen ungeachtet des Wirtschaftlichkeitsgebotes auf die teurere Versorgung gerichtet, eben weil konkret keine günstigere Alternative besteht.

6 Diese Rechtslage ist immer dann unbefriedigend, wenn die teurere Versorgung als vorteilhaft – z.B. bequemer oder kosmetisch ansprechender – gegenüber der billigen angesehen wird. Die Kritik daran wird bisweilen als Gerechtigkeitsproblem formuliert: warum hat nur der Patient, der auf Amalgam allergisch reagiert, (unterstellt) Anspruch auf Versorgung mit einem Inlay, während sich ein anderer ohne diese Allergie mit einer (unterstellt) minderwertigeren Füllung begnügen muss? Die Antwort, die beiden Betroffenen seien wegen ihrer unterschiedlichen gesundheitlichen Situation (Allergie) nicht vergleichbar, überzeugt viele Patienten nicht. Weit verbreitet ist die – unzutreffende – Vorstellung, die Krankenkasse habe ein bestimmtes Finanzvolumen zur Behandlung einer bestimmten Erkrankung zur Verfügung zu stellen, dessen Verwendung Sache des Betroffenen sei. Der Gesetzgeber löst das Dilemma gelegentlich dadurch, dass er bestimmte teure Leistungen generell aus der Leistungspflicht der Krankenversicherung herausnimmt, wie z.B. die Implantatversorgung in § 28 Abs. 2 Satz 9 (näher Becker/Kingreen/*Niggehoff*, SGB V, § 28 Rn. 34 ff). Ein solcher Ausschluss greift auch dann ein, wenn keine Behandlungsalternative besteht, also etwa wegen der weitgehenden Atrophie eines Kiefers eine Prothese ohne Implantate nicht mehr eingegliedert werden kann. Zu klären ist dann lediglich, ob dieser generelle Leistungsausschluss mit dem GG vereinbar ist, also nicht zur Folge hat, dass das gesundheitliche Existenzminimum den Betroffenen nicht mehr zur Verfügung gestellt wird. Hinsichtlich der Implantatversorgung sieht das BSG einen derartigen Verfassungsverstoß nicht (BSG v. 19.06.2001, SozR 3–2500 § 28 Nr. 5, Seite 29). Das überzeugt konkret trotz des Hinweises des Gerichts auf das »weite« gesetzgeberische Ermessen bei der Ausgestaltung des Leistungskatalogs der GKV nicht vollständig (*Wenner* GesR 2003, 129, 133). Diese Kritik hat ihre Bestätigung in einer jüngeren Entscheidung des BSG gefunden. Das Gericht versagt einem knapp 20jährigen Versicherten, dem anlagebedingt zehn bzw. zwölf Zähne je Kiefer fehlen, die Versorgung mit Implantaten und verweist einen jungen Erwachsenen damit auf den lebenslangen Gebrauch von herausnehmbarem Zahnersatz, also auf eine Versorgung auf dem Niveau der 1960er Jahre (Urt. v. 07.05.2013 – SozR 4- 2500 § 28 Nr. 6).

### IV. Kosten- Nutzen – Relation

7 In zwei unterschiedlichen Konstellationen wird in der Praxis auf das Wirtschaftlichkeitsgebot Bezug genommen, obwohl dessen Anwendungsbereich mangels vorhandener Behandlungsalternativen streng genommen nicht eröffnet ist. Die eine Konstellation ist dadurch gekennzeichnet, dass zur Erzielung eines eher begrenzten Erfolges beträchtliche Beträge aufgebracht werden müssen, mit denen an anderer Stelle im Versorgungssystem größere Erfolge erzielt werden könnten. Das betrifft etwa die Versorgung mit Lese-Sprech-Geräten als Hilfsmittel für Blinde. Das BSG ist der Auffassung, dass der Anspruch des Versicherten auf Versorgung mit Hilfsmitteln dort seine Grenze findet, wo eine nur geringfügige Verbesserung eines auf breitem Feld anwendbaren Hilfsmittels völlig außer Verhältnis zur Belastung der Versichertengemeinschaft geraten würde. Insoweit ist

eine »begründbare Relation« zwischen Kosten und Gebrauchsvorteilen des jeweiligen Hilfsmittels erforderlich, damit die Versorgung mit diesem Gerät noch als wirtschaftlich angesehen werden kann (BSG v. 23.08.1995, SozR 3–2500 § 33 Nr. 16, S. 79 und v. 16.04.1998, SozR 3–2500 § 33 Nr. 26, S. 153 jeweils zum Lese-Sprechgerät). Die Rechtsprechung verlangt insoweit, dass der Blinde das komfortable Gerät mindestens durchschnittlich 5 Stunden in der Woche nutzen kann und auch tatsächlich nutzt. Noch nicht abschließend geklärt ist, ob die »begründbare Relation« zu verneinen ist, wenn der Zusatznutzen nur minimal ist, ein Blinder also etwa auch bei Einsatz technischer Hilfsmittel keine ganzen Artikel in der Zeitung, sondern nur ganz große Überschriften aufnehmen könnte. Überlegungen in der Richtung, für die Versorgung mit Hilfsmitteln generell – bezogen auf jede zu substituierende Körperfunktion – Kostenobergrenzen festzulegen, sind bislang weder vom Gesetzgeber noch von der Rechtsprechung aufgegriffen worden.

Die andere Konstellation, in der die Wirtschaftlichkeit einer Behandlung ohne therapeutische Alternative diskutiert wird, betrifft den Einsatz extrem teurer Medikamente bei wahrscheinlich tödlich verlaufenden Erkrankungen, um noch eine begrenzte Lebensverlängerung zu erreichen. Das wird derzeit insbesondere im Hinblick auf das Arzneimittel Zolgensma zur Behandlung von kleinen Kindern mit Muskelatrophie kontrovers erörtert. Die Behandlung kostet insgesamt 2 Millionen €, ein Zyklus knapp 100.000 €. Die Rechtsprechung der Landessozialgerichte ist insoweit derzeit im Hinblick auf die fehlende arzneimittelrechtliche Zulassung eher zurückhaltend (LSG NRW Beschl. v. 11.05.2020 – L 10 KR 200/20 B ER; LSG Niedersachsen-Bremen Beschl. v. 22.06.2020 – L 16 KR 223/20 B ER) Die Entscheidung des BVerfG zur Verpflichtung der Krankenkasse, die Kosten der Behandlung chronischer Lungenerkrankungen mit dem Präparat »Ilomedin« bei Tagestherapiekosten von 1.000 € zu übernehmen (BVerfG Beschl. v. 22.11.2002 – 1 BvR 1586/02), befasst sich vorrangig mit dem Wirksamkeitsnachweis eines Einsatzes von Arzneimitteln außerhalb ihrer Zulassung (»Off Label-Use«), hat aber auch Bedeutung darüber hinaus (*Wenner* GesR 2003, 129, 137). Zu klären ist, ob der Gesichtspunkt der wirtschaftlichen Überforderung der Krankenversicherung als Folge des Einsatzes von hochpreisigen Medikamenten jedenfalls dann eine Rolle spielen darf, wenn damit keine Heilung oder wesentliche Schmerzlinderung bewirkt werden, sondern »lediglich« eine begrenzte Lebensverlängerung erreicht wird. Derzeit dürfen sich die Krankenkassen darauf nicht zur Verweigerung einer Kostenübernahme berufen; ob es bei dieser Auskunft bleiben kann, hängt auch davon ab, ob der Gesetzgeber bereit ist, den Krankenkassen wirksame Instrumente an die Hand zu geben, bei Arzneimittelinnovationen mit den Herstellern angemessene Preise für den Einsatz im Rahmen der GKV zu vereinbaren. Dem dienen die frühe Nutzenbewertung nach § 35a und die Kosten-Nutzen-Bewertung von Arzneimitteln (§ 35b). Zunehmend in den Blick geraten aktuell teure Arzneimittel, die für bestimmte Indikationen einen – begrenzten – Zusatznutzen haben, für andere aber nicht. Werden sie mit einer Indikation verschrieben, in der sie keinen Zusatznutzen haben, ist das nicht wirtschaftlich. Das BSG hat gleichwohl gebilligt, dass die Schiedsstelle nach § 130b Abs. 4 insoweit einen »Mischpreis« festsetzt (Urt. v. 03.07.2018 – B 3 KR 21/17 R).

## V. Grenzen des Wirtschaftlichkeitsgebotes

Trotz seines unbestreitbar normativen Charakters darf die Reichweite des Wirtschaftlichkeitsgebotes nicht überschätzt werden. Es kann vor allem nicht dazu genutzt werden, klare gesetzliche Vorgaben zu überspielen. Eine derartige Gefahr besteht in mehreren Richtungen. Leistungserbringer sind nicht selten der Ansicht, ein bestimmtes Behandlungsverfahren oder Arzneimittel sei zwar – isoliert betrachtet – teurer als eine in Betracht kommende Alternative, aufs Ganze gesehen, also unter Einbeziehung eventueller Folgekosten (Zeiten der Arbeitsunfähigkeit, Frühverrentung) für die Versicherung aber doch »wirtschaftlich«. Das hat derzeit Bedeutung insbesondere für die Kosten – Nutzen – Bewertung von Arzneimitteln durch das Institut für Qualität und Wirtschaftlichkeit im Gesundheitswesen auf der Grundlage des § 35b (dazu näher Becker/Kingreen/*Axer* SGB V § 35b Rn. 4). Je weiter der Nutzenbegriff von den spezifischen Zielen der Krankenversicherung nach § 27 gelöst wird, desto beliebiger wird die Bewertung einer Methode und desto mehr verliert sie an Aussagekraft.

10 Aber auch die Leistungserbringer bedürfen des Schutzes gegenüber einer allzu generellen Anwendung des Wirtschaftlichkeitsgebotes. Ob eine stationäre Behandlung in einer hauptamtlich oder belegärztlich geführten Krankenhausabteilung durchgeführt wird, richtet sich nach der Entscheidung des Krankenhauses und dessen Versorgungsauftrag, der sich aus dem Krankenhausplan des Landes ergibt. Mit dem allgemeinen Hinweis, eine konkrete Behandlung hätte kostengünstiger in einer Belegabteilung als in einer hauptamtlich geführten Abteilung durchgeführt werden können, kann der Vergütungsanspruch des Krankenhauses von der zahlungspflichtigen Krankenkasse nicht infrage gestellt werden (BSG v. 24.07.2003, SozR 4–5565 § 14 Nr. 3). Auch die umstrittene Frage, ob die unmittelbare Inanspruchnahme fachärztlicher Leistungen ohne Überweisung durch einen Hausarzt zu unwirtschaftlichen Leistungen beitragen kann, darf nicht ohne Bezug zu den konkreten normativen Vorgaben durch einen vorschnellen Durchgriff auf das Wirtschaftlichkeitsgebot beantwortet werden. In § 73b Abs. 3 Satz 2 ist eine entsprechende Bindung der Versicherten im Rahmen einer freiwilligen Teilnahme an der hausarztzentrierten Versorgung vorgeschrieben. Für die gesetzliche Regelversorgung hat der Gesetzgeber den freien Zugang zum Facharzt nicht eingeschränkt. Ob das wirtschaftlich i.S.d. § 12 ist oder nicht, hat keine praktische Relevanz.

## B. Festbeträge

11 Festbeträge sind ein wichtiges und nach Einschätzung einiger Experten das einzig wirklich Erfolg versprechende Instrument zur Begrenzung des Kostenanstiegs bei Arznei- und Hilfsmitteln. Für bestimmte Gruppen von Arznei- und Hilfsmitteln werden nach einem gesetzlich genau vorgeschriebenen Verfahren durch den Spitzenverband Bund der Krankenkassen Festbeträge festgesetzt (§§ 35, 35a, 36). Die Vorgaben für die Festsetzung nehmen ausdrücklich auf das Wirtschaftlichkeitsgebot Bezug (§§ 35 Abs. 5, 35a Abs. 2, 36 Abs. 3). Das Verfahren ist durch die Bildung von Arzneimittelgruppen durch den G-BA und die Zuweisung von Festbeträgen zu den einzelnen Mitteln aus einer solchen Gruppe durch den GKV-Spitzenverband geprägt. Auch wegen der großen wirtschaftlichen Bedeutung der Festbeträge für die Krankenkassen und den gesamten (auch europäischen) Arzneimittelmarkt sind die Festsetzungen sehr streitanfällig (zuletzt BSG Urt. v. 03.05.2018 – B 3 KR 9/16 R, B 3 KR 10/17 R). Mit der Zahlung des für ein Medikament aus einer bestimmten Wirkstoffgruppe (§ 35 Abs. 1) festgesetzten Festbetrages erfüllt die Krankenkasse nach § 12 Abs. 2 den Sachleistungsanspruch des Versicherten. Mehrkosten für ein teureres Arzneimittel muss der Versicherte selbst tragen; darauf hat ihn der die Verordnung ausstellende Arzt ausdrücklich hinzuweisen (§ 73 Abs. 5 Satz 3). Die vom Versicherten übernommenen Mehrkosten für Arznei- und Hilfsmittel oberhalb des jeweiligen Festbetrages gehören nicht zu den Zuzahlungen i.S.d. § 61 (Becker/Kingreen/*Scholz* SGB V § 12 Rn. 11); die Belastungsgrenze des § 62 schützt den Versicherten insoweit nicht.

12 Die strikte Vorgabe des Abs. 2 führt zu Problemen, wenn eine ausreichende und notwendige Versorgung zum Festbetrag nicht angeboten wird. Dann mutiert der durch die Zahlung des Festbetrages von der Krankenkasse zu erfüllende Sachleistungsanspruch faktisch zu einer Teilkostenerstattung, weil sich kaum ein Versicherter mit der zum Festbetrag angebotenen Versorgung zufrieden gibt. Das widerspricht klar den Vorgaben des BVerfG aus dem Beschluss zu den Festbeträgen vom 17.12.2002 (SozR 3–2500 § 35 Nr. 2, Satz 26). Auf der Grundlage dieser Entscheidung hat das BSG die Festbeträge für Hörgeräte im Jahr 2004 für gesetzwidrig gehalten und der klagenden Versicherten über § 13 Abs. 3 einen Anspruch gegen die Krankenkasse auf Zahlung der Differenz zwischen dem Festbetrag und dem Preis für das günstigste digital programmierbare Gerät zugesprochen (Urt. v. 17.12.2009, SozR 4–2500 § 36 Nr. 2; fortgeführt im Urt. v. 24.01.2013 – B 3 KR 5/12 R, BSGE 113, 41). Wenn der Gesetzgeber der Auffassung ist, die neue Generation der leistungsfähigen Hörgeräte könne aus wirtschaftlichen Gründen nicht mehr im Rahmen der Sachleistung grundsätzlich voll übernommen werden, muss das klar im SGB V normiert werden. Eine schleichende Auszehrung des Sachleistungsgrundsatzes im Bereich der Hilfsmittel durch marktferne Festbeträge ist rechtswidrig. Ganz ähnlich hat der 1. Senat des BSG entschieden, dass ein Versicherter Anspruch auf Erstattung der Kosten eines Arzneimittels ohne Begrenzung auf den für Arzneimittel der betreffenden Wirkstoffgruppe festgesetzten Festbetrag haben kann, wenn die zum

Festbetrag erhältlichen Medikamente erhebliche Nebenwirkungen haben, die mit der Einnahme des Mittels, dessen Preis der Hersteller nicht auf Festbetragsniveau gesenkt hat, nicht verbunden sind (BSG v. 03.07.2012 – B 1 KR 22/11 R, SozR 4–2500 § 35 Nr. 6). Den Versorgungsnotwendigkeiten sollte schon bei der Bildung der Festbetragsgruppen und bei Fixierung der Festbeträge selbst Rechnung getragen werden (BSG, Urt. v. 17.09.2013 – B 1 KR 54/12 R, BSGE 114, 217).

## C. Haftung der Kassenvorstände

Die Haftung der Kassenvorstände für gesetzwidrig gewährte Leistungen in Abs. 3 ist eingeführt worden, um zu verhindern, dass die Kassen untereinander Wettbewerb auch dadurch praktizieren, dass unter dem Aspekt der »Kundenbindung« Leistungen gewährt werden, die gesetzlich ausgeschlossen sind (BT-Drs. 12/3608 S. 76 zum GSG). Praktisch geworden ist diese Haftung bisher noch nicht; seit der Aufhebung des bundeseinheitlichen Kassenbeitragssatzes und seiner Ersetzung durch einkommensabhängige, bis Ende 2018 allein vom Versicherten zu tragende Zusatzbeiträge zum 01.07.2014 (§ 242) haben sich die Anreize für die Kassen, gut verdienende Mitglieder zu halten, eher verstärkt, weil es wieder einen Kassenwettbewerb um die Vermeidung von Zusatzbeiträgen gibt. Die Vorschrift hat gleichwohl ihren guten Sinn, weil sie die Einbindung der Krankenkassen in die staatliche Verantwortung für die gesundheitliche Versorgung unterstreicht, die bei aller sinnvollen Kundenorientierung und trotz der Selbstdefinition der Krankenkassen als Unternehmen nicht verzichtbar ist. Es bestehen nach wie vor Zweifel, ob die Aufsichtsbehörden die Einhaltung der leistungsrechtlichen Vorschriften durch die Krankenkassen hinreichend überwachen (Becker/Kingreen/*Scholz*, SGB V, § 12 Rn. 12). Den Angeboten der Kassen zum Abschluss von kostenlosen Auslandskrankenversicherungen sind die Aufsichtsbehörden jedoch entschieden entgegengetreten und haben sich mit dieser Auffassung durchgesetzt (BSG Urt. v. 31.05.2016 – B 1 A 2/15 R, BSGE 121, 179; zur Unzulässigkeit des Angebots von Auslandsversicherungen auch BSG Urt. v. 30.07.2019 – B 1 KR 34/18 R). Rückwirkend zum 28.06.2012 ist durch das Zweite Gesetz zur Änderung arzneimittelrechtlicher Vorschriften vom 19.10.2012 eine dem § 12 Abs. 3 entsprechende Regelung auch für die Mitglieder des Gemeinsamen Bundesausschusses in Kraft gesetzt worden (§ 91 Abs. 3a). Damit ist die Reichweite des § 12 Abs. 3 insoweit eingeschränkt worden, als klargestellt ist, dass die Haftung für Amtspflichtverletzungen der G-BA Mitglieder allein diesen und nicht die entsenden Organisationen trifft (KÄBV, DKG, GKV-Spitzenverband) trifft.

## § 13 Kostenerstattung

(1) Die Krankenkasse darf anstelle der Sach- oder Dienstleistung (§ 2 Abs. 2) Kosten nur erstatten, soweit es dieses oder das Neunte Buch vorsieht.

(2) Versicherte können anstelle der Sach- oder Dienstleistungen Kostenerstattung wählen. Hierüber haben sie ihre Krankenkasse vor Inanspruchnahme der Leistung in Kenntnis zu setzen. Der Leistungserbringer hat die Versicherten vor Inanspruchnahme der Leistung darüber zu informieren, dass Kosten, die nicht von der Krankenkasse übernommen werden, von dem Versicherten zu tragen sind. Eine Einschränkung der Wahl auf den Bereich der ärztlichen Versorgung, der zahnärztlichen Versorgung, den stationären Bereich oder auf veranlasste Leistungen ist möglich. Nicht im Vierten Kapitel genannte Leistungserbringer dürfen nur nach vorheriger Zustimmung der Krankenkasse in Anspruch genommen werden. Eine Zustimmung kann erteilt werden, wenn medizinische oder soziale Gründe eine Inanspruchnahme dieser Leistungserbringer rechtfertigen und eine zumindest gleichwertige Versorgung gewährleistet ist. Die Inanspruchnahme von Leistungserbringern nach § 95b Absatz 3 Satz 1 im Wege der Kostenerstattung ist ausgeschlossen. Anspruch auf Erstattung besteht höchstens in Höhe der Vergütung, die die Krankenkasse bei Erbringung als Sachleistung zu tragen hätte. Die Satzung hat das Verfahren der Kostenerstattung zu regeln. Sie kann dabei Abschläge vom Erstattungsbetrag für Verwaltungskosten in Höhe von höchstens 5 Prozent in Abzug bringen. Im Falle der Kostenerstattung nach § 129 Absatz 1 Satz 6 sind die der Krankenkasse entgangenen Rabatte nach § 130a Absatz 8 sowie die Mehrkosten im Vergleich zur Abgabe eines Arzneimittels nach § 129 Absatz 1 Satz 3 und 5 zu

berücksichtigen; die Abschläge sollen pauschaliert werden. Die Versicherten sind an ihre Wahl der Kostenerstattung mindestens ein Kalendervierteljahr gebunden.

(3) Konnte die Krankenkasse eine unaufschiebbare Leistung nicht rechtzeitig erbringen oder hat sie eine Leistung zu Unrecht abgelehnt und sind dadurch Versicherten für die selbstbeschaffte Leistung Kosten entstanden, sind diese von der Krankenkasse in der entstandenen Höhe zu erstatten, soweit die Leistung notwendig war. Die Kosten für selbstbeschaffte Leistungen zur medizinischen Rehabilitation nach dem Neunten Buch werden nach § 18 Neunten Buches erstattet. Die Kosten für selbsbeschaffte Leistungen, die durch einen Psychotherapeuten erbracht werden, sind erstattungsfähig, soweit dieser die Voraussetzungen des § 95c erfüllt.

(3a) Die Krankenkasse hat über einen Antrag auf Leistungen zügig, spätestens bis zum Ablauf von drei Wochen nach Antragseingang oder in Fällen, in denen eine gutachtliche Stellungnahme, insbesondere des Medizinischen Dienstes, eingeholt wird, innerhalb von fünf Wochen nach Antragseingang zu entscheiden. Wenn die Krankenkasse eine gutachtliche Stellungnahme für erforderlich hält, hat sie diese unverzüglich einzuholen und die Leistungsberechtigten hierüber zu unterrichten. Der Medizinische Dienst nimmt innerhalb von drei Wochen gutachtlich Stellung. Wird ein im BMV-Z vorgesehenes Gutachterverfahren gemäß § 87 Absatz 1c durchgeführt, hat die Krankenkasse ab Antragseingang innerhalb von sechs Wochen zu entscheiden; der Gutachter nimmt innerhalb von vier Wochen Stellung. Kann die Krankenkasse Fristen nach Satz 1 oder Satz 4 nicht einhalten, teilt sie dies den Leistungsberechtigten unter Darlegung der Gründe rechtzeitig schriftlich oder elektronisch mit; für die elektronische Mitteilung gilt § 37 Absatz 2b des Zehnten Buches entsprechend. Erfolgt keine Mitteilung eines hinreichenden Grundes, gilt die Leistung nach Ablauf der Frist als genehmigt. Beschaffen sich Leistungsberechtigte nach Ablauf der Frist eine erforderliche Leistung selbst, ist die Krankenkasse zur Erstattung der hierdurch entstandenen Kosten verpflichtet. Die Krankenkasse berichtet dem Spitzenverband Bund der Krankenkassen jährlich über die Anzahl der Fälle, in denen Fristen nicht eingehalten oder Kostenerstattungen vorgenommen wurden. Für Leistungen zur medizinischen Rehabilitation gelten die §§ 14 bis 24 des Neunten Buches zur Koordinierung der Leistungen und zur Erstattung selbst beschaffter Leistungen.

(4) Versicherte sind berechtigt, auch Leistungserbringer in anderen Staaten, in denen die Verordnung (EWG) Nr. 1408/71 des Rates vom 14. Juni 1971 zur Anwendung der Systeme der sozialen Sicherheit auf Arbeitnehmer und deren Familien, die innerhalb der Gemeinschaft zu- und abwandern (ABl. EG Nr. L 149 S. 2), in ihrer jeweils geltenden Fassung anzuwenden ist, anstelle der Sach- oder Dienstleistung im Wege der Kostenerstattung in Anspruch zu nehmen, es sei denn, Behandlungen für diesen Personenkreis im anderen Staat sind auf der Grundlage eines Pauschbetrages zu erstatten oder unterliegen auf Grund eines vereinbarten Erstattungsverzichts nicht der Erstattung. Es dürfen nur solche Leistungserbringer in Anspruch genommen werden, bei denen die Bedingungen des Zugangs und der Ausübung des Berufes Gegenstand einer Richtlinie der Europäischen Gemeinschaft sind oder die im jeweiligen nationalen System der Krankenversicherung des Aufenthaltsstaates zur Versorgung der Versicherten berechtigt sind. Der Anspruch auf Erstattung besteht höchstens in Höhe der Vergütung, die die Krankenkasse bei Erbringung als Sachleistung im Inland zu tragen hätte. Die Satzung hat das Verfahren der Kostenerstattung zu regeln. Sie hat dabei ausreichende Abschläge vom Erstattungsbetrag für Verwaltungskosten in Höhe von höchstens 5 Prozent vorzusehen sowie vorgesehene Zuzahlungen in Abzug zu bringen. Ist eine dem allgemein anerkannten Stand der medizinischen Erkenntnisse entsprechende Behandlung einer Krankheit nur in einem anderen Mitgliedstaat der Europäischen Union oder einem anderen Vertragsstaat des Abkommens über den Europäischen Wirtschaftsraum möglich, kann die Krankenkasse die Kosten der erforderlichen Behandlung auch ganz übernehmen.

(5) Abweichend von Absatz 4 können in anderen Staaten, in denen die Verordnung (EWG) Nr. 1408/71 des Rates vom 14. Juni 1971 zur Anwendung der Systeme der sozialen Sicherheit auf Arbeitnehmer und deren Familien, die innerhalb der Gemeinschaft zu- und abwandern

(ABl. EG Nr. L 149 S. 2), in ihrer jeweils geltenden Fassung anzuwenden ist, Krankenhausleistungen nach § 39 nur nach vorheriger Zustimmung durch die Krankenkassen in Anspruch genommen werden. Die Zustimmung darf nur versagt werden, wenn die gleiche oder eine für den Versicherten ebenso wirksame, dem allgemein anerkannten Stand der medizinischen Erkenntnisse entsprechende Behandlung einer Krankheit rechtzeitig bei einem Vertragspartner der Krankenkasse im Inland erlangt werden kann.

(6) § 18 Abs. 1 Satz 2 und Abs. 2 gilt in den Fällen der Absätze 4 und 5 entsprechend.

Übersicht

| | | Rdn. | | | Rdn. |
|---|---|---|---|---|---|
| A. | Kostenerstattungsansprüche | 1 | II. | Voraussetzungen des Erstattungsanspruchs | 6 |
| B. | Wahl der Kostenerstattung | 2 | | | |
| C. | Kostenerstattung bei Systemversagen | 5 | III. | Kostenerstattungsanspruch nach dem Patientenrechtegesetz | 8a |
| I. | Kostenerstattung und Sachleistung | 5 | D. | Leistungen in anderen EU–Staaten | 9 |

## A. Kostenerstattungsansprüche

Die Vorschrift bestimmt abschließend die Voraussetzungen, unter denen Versicherten der Krankenkassen Kostenerstattungsansprüche zustehen. Grundlegend verschiedene Konstellationen, in denen ein solcher Anspruch in Betracht kommt, werden erfasst. In Abs. 1 wird programmatisch der abschließende Charakter der Vorschrift betont, die als Ausnahme vom Sachleistungsprinzip (§ 2) konzipiert ist. Das BSG hat in ständiger Rechtsprechung bezogen allerdings ausdrücklich nur auf Abs. 3 bekräftigt, dass die Vorschrift eine abschließende Regelung darstellt; auch die Grundsätze des sozialrechtlichen Herstellungsanspruchs sollen insoweit nicht mehr angewandt werden können (BSG v. 02.11.2007, SozR 4–2500 § 13 Nr. 15 Rn. 12). Zwei Konstellationen des Kostenerstattungsanspruchs sind zu unterscheiden: derjenige u. a. nach Abs. 1, der eine gesetzliche oder auf Gesetz beruhende Durchbrechung des Sachleistungsanspruchs darstellt, und derjenige vor allem nach Abs. 3 Satz 1, der an die Stelle eines grundsätzlich vorrangigen Sachleistungsanspruchs tritt, wenn die Krankenkasse ihren Sachleistungsanspruch nicht, nicht rechtzeitig oder nicht vollständig erfüllt hat. Dieser Kostenerstattungsanspruch ist in der Regel nach Inhalt und Umfang durch den Sachleistungsanspruch begrenzt: was der Versicherte nicht als Sachleistung hätte erhalten können, kann er auch im Wege der Kostenerstattung nicht bekommen (z.B. BSG v. 07.05.2013, SozR 4–2500 § 13 Nr. 29 Rn. 11). 1

## B. Wahl der Kostenerstattung

In Abs. 2 wird näher geregelt, unter welchen Voraussetzungen die Versicherten selbst Kostenerstattung wählen können. Das Wahlrecht ist explizit als Recht der Versicherten und nicht der Leistungserbringer (Ärzte, Zahnärzte) ausgestaltet; ein Arzt, der Versicherte nur noch behandelt, wenn diese sich für die Kostenerstattung entscheiden, verletzt seine vertragsärztlichen Pflichten mit der Folge, dass ihm die Zulassung zur vertragsärztlichen Versorgung nach § 95 Abs. 6 entzogen werden kann. Der Gesetzgeber sieht deutlich die Risiken, die für den Versicherten mit der Entscheidung für die Kostenerstattung verbunden sind (Pflicht zur Vorfinanzierung, Gefahr, Kostenanteile nicht erstattet zu erhalten), und hat deshalb den Leistungserbringer – nicht mehr die Krankenkasse – verpflichtet, den Versicherten über die Folgen seiner Wahl zu beraten. Auf die bis 31.12.2010 geltende Notwendigkeit, die Durchführung der Beratung schriftlich zu dokumentieren, hat der Gesetzgeber des GKV-FinG ausdrücklich verzichtet, weil er eine Formalisierung für entbehrlich hält und vor allem die Option für die Kostenerstattung attraktiver machen will (BT-Drs. 17/3696 S. 65 zu Art. 1 Nr. 3a). Vor der Inanspruchnahme von Leistungserbringern im Wege der Kostenerstattung muss der Versicherte seine Krankenkasse informieren. Er muss sich nicht für den vollständigen Ausstieg aus dem Sachleistungsprinzip optieren, sondern kann seine Wahl auf die ambulante ärztliche Versorgung, die zahnärztliche Versorgung, die Krankenhausbehandlung und die Versorgung mit Arznei-, Heil- und Hilfsmitteln beschränken. Der Versicherte 2

## § 13 SGB V  Kostenerstattung

ist seit dem 01.01.2011 an die Entscheidung für die Kostenerstattung nach der Neuregelung der Kostenerstattung durch das GKV-FinG nur noch ein Kalendervierteljahr gebunden (Satz 12). Das gewährleistet aus der Sicht des Gesetzgebers »größtmögliche Flexibilität bei der Wahl der Kostenerstattung« (BT-Drs. 17/3696 S. 65).

3   Der einzige wirkliche Vorteil, der für den Versicherten mit der Wahl der Kostenerstattung verbunden ist, liegt in dem Recht, mit Zustimmung der Krankenkasse auch nicht zur vertragsärztlichen Versorgung zugelassene Leistungserbringer in Anspruch nehmen zu dürfen (Sätze 5 u. 6; näher Becker/Kingreen/*Kingreen* SGB V § 13 Rn. 14). Damit kann eine bisweilen als diskriminierend empfundene Benachteiligung der Versicherten gegenüber Privatversicherten vermieden werden, die alle niedergelassenen Ärzte und Zahnärzte in Anspruch nehmen dürfen und nicht auf den Kreis der zugelassenen Leistungseberbringer festgelegt sind. Lediglich Ärzte, die in einer kollektiv abgesprochenen Aktion auf ihre Zulassung verzichtet haben (§ 95b; näher dazu BSG v. 17.06.2009 – SozR 4–2500 § 95b Nr. 2), dürfen im Wege der Kostenerstattung nicht in Anspruch genommen werden. Eine gewisse Bedeutung hat die in Abs. 2 Satz 4 eröffnete Möglichkeit, die Kostenerstattung u.a. auf den stationären Bereich zu beschränken. Das ist für Versicherte interessant, die eine private Zusatzversicherung für stationäre Behandlungen abgeschlossen haben, um im Krankenhaus Chefarztbehandlung und Wahlleistungen in Anspruch nehmen zu können. Haben sie sich für die Kostenerstattung entschieden, rechnet die KK die Fallpauschale mit dem Krankenhaus ab, und die Kosten für die Mehrleistungen übernimmt die Zusatzversicherung. Ein Rechtsanspruch der Versicherten auf Erteilung der Zustimmung der Krankenkasse zur Inanspruchnahme nicht zugelassener Leistungserbringer besteht nicht. Die Krankenkasse muss eine Ermessensentscheidung dazu auf Antrag der Versicherten treffen, wobei eine Ermessensreduzierung auf Null wohl nur in Betracht kommt, wenn der Versicherte eine Behandlung benötigt, die Gegenstand der Leistungspflicht der GKV ist, und zugleich kein zugelassener Leistungserbringer zur Verfügung steht (Vgl. Becker/Kingreen/*Kingreen*, SGB V, § 13 Rn. 14). Die Zustimmung nach Abs. 2 Satz 5 muss vor der Behandlung erteilt worden sein (»vorherige«); diese Vorgabe ist zwingend, sodass Sätze 5 und 6 niemals ein Kostenerstattungsbegehren stützen können, dem nicht eine Entscheidung der Krankenkasse zur in Anspruch genommenen Behandlung voraus gegangen ist (Thüringer LSG Urt. v. 27.09.2011 – L 6 KR 910/06- Rn. 34). Dass nach § 184 BGB eine Zustimmung auch nachträglich erteilt werden kann (»Genehmigung«), ist angesichts des Wortlautes des Abs. 2 Satz 5 unerheblich.

4   Die Option für die Kostenerstattung ist für die Versicherten mit dem Risiko verbunden, beträchtliche Anteile der Behandlungskosten selbst tragen zu müssen. Das beruht – auf Anhieb nicht erkennbar – auf der Regelung des Satzes 8 in Abs. 2. Danach ist der Erstattungsanspruch des Versicherten auf die Höhe der Vergütung begrenzt, die die Kasse bei Erbringung als Sachleistung zu tragen hätte. Der Differenzbetrag kann sehr hoch sein, weil Ärzte und Zahnärzte ihre Leistungen gegenüber Patienten, die für Kostenerstattung optiert haben, nach der GOÄ bzw. der GOZ liquidieren dürfen (Kasseler Kommentar/*Schifferdecker*, § 13 SGB V Rn. 44), und das Vergütungsniveau nach diesen Gebührenordnungen bei vergleichbaren Leistungen deutlich höher liegt als nach den vertragsärztlichen Gebührenordnungen nach § 87 (EBM-Ä, BemaZ). Sinnvoll ist die Option für die Kostenerstattung daher allenfalls für Versicherte, die private Zusatzversicherungen z.B. für die Zahnbehandlung oder für die Behandlung im Krankenhaus abgeschlossen haben. Diese können dann die Arztrechnungen nach Abzug des von der Krankenkasse erstatteten Anteils bei ihrer privaten Zusatzversicherung einreichen. Die Krankenkassen können die vertragsärztlichen Gesamtvergütungen um die Beträge bereinigen, die sie an Versicherte geleistet haben, die für die Kostenerstattung optiert haben (§ 87a Abs. 3a Satz 5). Auf diese Weise werden Doppelzahlungen der Kassen vermieden. Von der Bereinigung ausgenommen sind Zahlungen der Kassen an nicht zugelassene Ärzte und Zahnärzte, weil diese an der Gesamtvergütung nicht beteiligt sind. Insoweit lässt sich eine finanzielle Belastung der Krankenkassen durch Erstattungen zusätzlich zur Gesamtvergütung der Krankenkassen nicht vermeiden (Becker/Kingreen/*Kingreen*, § 13 Rn. 13/14).

## C. Kostenerstattung bei Systemversagen

### I. Kostenerstattung und Sachleistung

Die in der Praxis wichtigste Regelung der Vorschrift enthält Abs. 3. Dem Wortlaut nach wird nur 5
der Fall geregelt, dass die Krankenkasse eine Leistung nicht rechtzeitig erbracht oder zu Unrecht abgelehnt und der Versicherte sich die Leistung daraufhin selbst beschafft hat und nun die dafür getätigten Aufwendungen erstattet verlangt. Praktische Bedeutung hat die Vorschrift gegenwärtig vor allem dann, wenn die Kasse der Auffassung ist, die vom Versicherten begehrte Leistung sei nicht Bestandteil ihrer Leistungspflicht, etwa weil das begehrte Arzneimittel nicht zugelassen ist oder für eine gewünschte Behandlungsmethode keine positive Richtlinienempfehlung des Gemeinsamen Bundesausschusses nach § 135 Abs. 1 vorliegt. So hat sich Abs. 3 zu einem »Vehikel zur Ausdehnung des Leistungskatalogs« der GKV entwickelt (Becker/Kingreen/*Kingreen* SGB V § 13 Rn. 23). Die rechtliche Konstruktion des Erstattungsanspruchs ist insoweit in der Sache nachrangig und dem Sachleistungssystem geschuldet, wie das Beispiel einer vom GBA nicht empfohlenen Behandlungsmethode (z.B. Hippotherapie) erkennen lässt. Im Kern ist umstritten, ob der Ausschluss dieser Methode aus der Leistungspflicht der GKV rechtmäßig ist. Weil aber kein Vertragsarzt diese Methode als Sachleistung erbringt, solange keine positive Empfehlung des GBA vorliegt, da er nämlich dafür von der KÄV keine Vergütung erhalten kann, wird der Versicherte faktisch auf die Kostenerstattung verwiesen. Er lässt sich vom Arzt nach dieser Methode behandeln, bezahlt dessen Rechnung und macht den Rechnungsbetrag über § 13 Abs. 3 bei der Kasse geltend. Bei teuren Leistungen und aufschiebbaren Behandlungen haben die Versicherten auch die Möglichkeit, die Krankenkasse auf Freistellung einer gegenüber dem Leistungserbringer eingegangenen oder einzugehenden Verbindlichkeit in Anspruch zu nehmen (vgl. die Konstellation im Urt. des BSG v. 07.05.2020 – B 3 KR 4/19 R). Darauf sind die Versicherten angewiesen, die die Kosten nicht vorab aufbringen können, soweit die Leistungserbringer sich nicht auf die Abtretung des Kostenerstattungsanspruchs gegen die Krankenkassen zur Erfüllung des Vergütungsanspruchs nach § 362 BGB einlassen.

### II. Voraussetzungen des Erstattungsanspruchs

Die Anwendung des Abs. 3 in Streitfällen über den Leistungsumfang der Krankenversicherung 6
hat in der Rechtsprechung des BSG klare Konturen erhalten. Es können zunächst nur Kosten erstattet werden, wenn dem Versicherten die selbst beschaffte Leistung »an sich« als Sachleistung zugestanden hätte (BSG v. 20.05.2003, SozR 4–2500 § 13 Nr. 1 Rn. 12). Unverzichtbar ist grundsätzlich ein Antrag an die Krankenkasse vor Selbstbeschaffung der umstrittenen Leistung (BSG v. 02.11.2007, SozR 4–2500 § 13 Nr. 15 Rn. 22). Die Krankenkasse hat den besten Überblick über Versorgungsmöglichkeiten (auch im stationären Bereich), und der Versicherte darf die Einschaltung der Kasse nicht mit der Begründung unterlassen, diese lehne erfahrungsgemäß Leistungen der in Rede stehenden Art ab. Die zwingende Einschaltung der Krankenkasse vor der Selbstbeschaffung von Versorgungsleistungen dient zum einen dem Schutz des Versicherten vor Irrtümern über seine Leistungsansprüche, auch und gerade vor solchen Irrtümern, die von Leistungserbringern gezielt hervorgerufen werden. Oft weiß der Versicherte nicht, dass es zu der ihm von seinem Arzt vorgeschlagenen Behandlung außerhalb des GKV-Systems gleichwertige Alternativen im System gibt, die der Versicherte als Sachleistung erhalten kann, wenngleich vielleicht nicht von seinem behandelnden Arzt. Zudem ist der Versicherte von dem Risiko entlastet, die Behandlungskosten gegebenenfalls selbst tragen zu müssen, wenn ein zur Erstattungspflicht führender Ausnahmefall nicht vorliegt (BSG v. 02.11.2007, SozR 4–2500 § 13 Nr. 15 Rn. 23). Allerdings ist der Versicherte nach rechtswidriger Leistungsablehnung durch die Krankenkasse nicht immer darauf beschränkt, nur zugelassene Ärzte und Krankenhäuser in Anspruch zu nehmen. Wenn die Ablehnung der beantragten Leistung durch die Krankenkasse den Versicherten veranlasst, sich die Leistung als privatärztliche Leistung selbst zu beschaffen, erfolgt das nach den Regeln für privatärztliche Behandlungen, also nicht beschränkt auf Ärzte und Krankenhäuser, die zur Versorgung der Versicherten der Krankenkassen im Rahmen des Sachleistungssystems zugelassen sind BSG v. 11.09.2012, SozR 4–2500 § 27 Nr. 23 Rn. 33).

7 Die Notwendigkeit eines Antrags an die Krankenkasse vor der Selbstbeschaffung einer Versorgungsleistung gibt der Kasse nicht nur die Chance, unbegründete Erstattungsansprüche nach § 13 Abs. 3 unter dem Gesichtspunkt des Systemversagens von vornherein zu vermeiden, sondern nimmt sie auch in die Pflicht. Sie muss – unter Umständen innerhalb weniger Tage – klar und abschließend entscheiden, ob sie eine umstrittene Behandlung oder die Kosten für ein Arzneimittel außerhalb der zugelassenen Indikation (»Off – Label – Use«) übernehmen will. Die Entscheidung über die unter Umständen auf dem Hintergrund der Entscheidung des BVerfG v. 05.12.2005 (BVerfGE 114, 25 ff.) – nunmehr kodifiziert in § 2 Abs. 1a – neu zu justierenden Grenzen des Leistungskatalogs der GKV muss im Rechtsverhältnis zwischen dem Versicherten und seiner Krankenkasse getroffen werden, im Streitfall von den Sozialgerichten überprüft und im Eilfall im Wege des vorläufigen Rechtsschutzes (§ 86b SGG) durchgesetzt werden. Gerade bei dem Einsatz umstrittener Medikamente ist der Weg über einen Regress auf der Grundlage des § 106 gegen den Arzt, der in Kenntnis des Streits über die Verordnungsfähigkeit eines Arzneimittels dieses gleichwohl auf Kassenrezept verordnet hat, der falsche Weg (BSG Urt. v. 05.05.2010 – B 6 KA 6/09 R). Auch die Durchsetzung eines Behandlungsanspruchs im Eilverfahren ist für den Versicherten mit erheblichen Risiken verbunden. Seit einer Entscheidung des BVerfG v. 11.04.2017 ist geklärt, dass die KK, die im Wege des § 86b SGG zur vorläufigen Kostenübernahme verpflichtet worden ist, im Hauptsacheverfahren ihre Position, nicht zu der Gewährung der vom Versicherten gewünschten Behandlung verpflichtet zu sein, weiterverfolgen darf. Ihr kann dann ein Rückforderungsanspruch i.H.v. 832.000 € für eine intravenöse Immunglobulintherapie zustehen; gegen die wirtschaftlichen Folgen dieser Rückzahlungsverpflichtung kann den Betroffenen nur ein ermessensabhängiger Erlass nach § 76 Abs. 2 SGB IV helfen (1 BvR 452/17; SozR 4–2500 § 137c Nr. 8).

8 Der Vorrang des Sachleistungssystems und der Versorgungsstrukturen der GKV darf über Erstattungsansprüche nach Abs. 3 nicht unterlaufen werden. Ärzte dürfen ihre Unsicherheit über den eigenen Zulassungsstatus nicht durch eine Honorarvereinbarung auf die Versicherten abwälzen. Verträge, durch die sich ein Versicherter verpflichtet, eine Leistung, die ihm als Sachleistung zusteht, gegenüber einem nicht zur vertragsärztlichen Leistungserbringung Berechtigten zu vergüten, sind in der Regel nichtig nach § 32 SGB I (BSG v. 18.07.2006, SozR 4–2500 § 13 Nr. 9 Rn. 26). Der Erstattungsanspruch des Versicherten nach § 13 Abs. 3 scheitert dann daran, dass dieser dem Arzt gegenüber nicht zur Zahlung verpflichtet ist und deshalb auch nicht von einer Verbindlichkeit ihm gegenüber von der Krankenkasse befreit werden müsste (vgl. Becker/Kingreen/*Kingreen*, SGB 5, § 13 Rn. 22). Nicht nur vertragliche Ansprüche des Arztes sind in solchen Konstellationen ausgeschlossen, sondern solche, die auf Aufwendungsersatz aus Geschäftsführung ohne Auftrag (§ 683 BGB) oder ungerechtfertigte Bereicherung (§ 812 BGB) gestützt werden. Soweit dagegen eingewandt wird, der Versicherte habe doch eine medizinisch notwendige Leistung lege artis erhalten, für die im wirtschaftlichen Ergebnis die Krankenkasse aufkommen müsse, trifft das nicht zu. Welche ärztlichen und ärztlich verordneten Leistungen die Krankenkassen zu vergüten haben, ist gesetzlich geregelt. Wer sich nicht in die Bindungen dieses Versorgungssystems begeben will, erhält aus diesem System auch keine Vergütung, weder unmittelbar noch mittelbar über einen Erstattungsanspruch des Versicherten gegen seine Krankenkasse.

### III. Kostenerstattungsanspruch nach dem Patientenrechtegesetz

8a Die wichtigste Neuregelung des SGB V im Zuge des am 26.02.2013 in Kraft getretenen neuen Patientenrechtegesetzes enthält § 13 Abs. 3a. Dort ist bestimmt, dass eine Krankenkasse über einen Antrag auf Leistungen zügig, spätestens bis zum Ablauf von 3 Wochen nach Antragstellung zu entscheiden hat; die Frist verlängert sich auf 5 Wochen, wenn eine gutachtliche Stellungnahme, insbesondere des Medizinischen Dienstes (MD) eingeholt wird. Der Versicherte ist über die Einholung der Stellungnahme zu informieren; dem MD bleiben ebenfalls 3 Wochen für die gutachtliche Stellungnahme. In Satz 4 werden für Gutachtenverfahren bei kieferorthopädischen, prothetischen und parodontologischen Leistungen, die im Bundesmantelvertrag-Zahnärzte näher geregelt sind, längere Fristen (sechs für die Krankenkasse und vier für den beauftragten Gutachter) festgelegt. Wenn die Krankenkasse die Fristen nicht einhalten kann, teilt sie das dem Versicherten »unter Darlegung der Gründe« rechtzeitig schriftlich mit.

Wird kein »hinreichender Grund« mitgeteilt, gilt die Leistung nach Ablauf der Frist als genehmigt. Die Konsequenzen dieser Genehmigungsfiktion enthält Satz 7: Beschaffen sich Leistungsberechtigte nach Ablauf der Frist eine erforderliche Leistung selbst, ist die Krankenkasse zur Erstattung der hierdurch entstandenen Kosten verpflichtet. Die Regelung in Satz 7 ist im Verlaufe der parlamentarischen Beratungen des Patientenrechtsgesetzes geändert worden. Die nunmehr gewählte Formulierung »hierdurch entstandene Kosten« soll sicherstellen, dass der Versicherte auch im Fall der Selbstbeschaffung die ihm gesetzlich zugewiesenen Eigenanteile zu tragen hat (BT-Drs. 17/11710 S. 40). Dieser Kostenerstattungsanspruch für den Fall einer nicht rechtzeitigen Entscheidung über einen Leistungsantrag ist im Gesetzgebungsverfahren als Sanktionsmöglichkeit gegen die Krankenkasse bezeichnet worden, die nicht innerhalb eines angemessenen Zeitraums entscheidet (BT-Drs. 17/10488 S. 32); sie lehnt sich an vergleichbare Vorschriften im SGB XI über selbstbeschaffte Rehabilitationsleistungen an (*Wenner* Sozialgerichtsbarkeit 2013, 162 ff.). Die Vorschrift hat sich in den wenigen Jahren ihres Bestehens als extrem streitanfällig erwiesen und sogar zu einer Kontroverse innerhalb des BSG geführt, die im Jahre 2020 geklärt worden ist. Das BSG hatte zunächst entschieden, dass die Fiktionswirkung nach Satz 6 zu einem Sachleistungsanspruch des Versicherten führt, dieser also nach Eintritt der Genehmigungsfiktion nicht gehalten ist, sich die Leistung selbst zu beschaffen und die KK auf Kostenerstattung in Anspruch zu nehmen (BSG Urt. v. 08.03.2016 – B 1 KR 25/15 R; SozR 4 – 2500 § 13 Nr. 33 Rn. 25). Das war für Versicherte von Bedeutung, die nicht die Möglichkeit haben, z.B. eine kostspielige Krankenhausbehandlung vorzufinanzieren. Diese Rechtsprechung hat der personell anders besetzte 1. Senat mit Urt. v. 26.05.2020 (B 1 KR 9/18 R, SozR 4–2500 § 13 Nr. 53) aufgegeben. Die Genehmigungsfiktion gibt dem Versicherten nunmehr lediglich das Recht, sich die beantragte Leistung selbst zu beschaffen und die daraus entstandenen Kosten gegenüber der Krankenkasse geltend zu machen. Zudem kann und muss die Krankenkasse auch nach Eintritt der Genehmigungsfiktion das mit dem Antrag eingeleitete Verwaltungsverfahren mit einem Bescheid abschließen. Versagt dieser die Leistung und hat sich der Versicherte diese nicht zuvor selbst beschaffen können, nützt ihm die Fiktion nichts mehr. Die zwischen dem 1. und dem 3. Senat des BSG bis Ende 2019 kontroverse Frage, ob eine fingierte Genehmigung zurückgenommen werden kann, stellt sich nach der aktuellen Rechtsprechung des 1. Senats nicht mehr. Diese Genehmigung ist kein Verwaltungsakt, der zurückgenommen werden könnte oder müsste. Diese neue Rechtsprechung korrigiert die frühere Judikatur, die zu schwer hinnehmbaren Folgen (Anspruch auf Bezahlung von in keiner Weise qualitätsgesicherten Leistungen auch im Ausland) geführt hatte, sehr weit zu Lasten der Versicherten. Nur diejenigen, die es sich finanziell leisten können, sich eine fiktiv genehmigte Leistung zunächst auf eigene Kosten beschaffen zu können, profitieren von der Regelung des Abs. 3a. Zumindest besteht jetzt Klarheit, und die Zeit der schwer vorhersehbaren Entscheidungen zur Reichweite der Genehmigungsfiktion dürfte beendet sein.

Umstritten ist auch die Position des BSG, die Genehmigungsfiktion könne auch Leistungen erfassen, die für sich genommen dem Maßstab des Qualitäts- und Wirtschaftlichkeitsgebotes nicht entsprechen, solange sie nur nicht offenkundig – und auch für den Versicherten erkennbar – völlig außerhalb der Leistungsverpflichtung der GKV liegen (BSG Urt. v. 07.11.2017 – B 1 KR 24/17 R Rn.. 23) (anders *Knispel* Sozialgerichtsbarkeit 2014, 374; *Preis/Schneider* NZS 2013, 282, 287 f.; *Hahn* Sozialgerichtsbarkeit 2015, 144, 149). Im Grundsatz ist dem BSG zu folgen, wenn die Anforderungen an das »Erkennen-Müssen« der Überschreitung der Grenzen der Leistungspflicht der GKV nicht überspannt werden (*Wenner* Soziale Sicherheit 2012, 105, 109; *Wenner* Sozialgerichtsbarkeit 2015, 323). Selbstverständlich kann die Genehmigungsfiktion des Satzes 6 nur Leistungen erfassen, die die Krankenkasse überhaupt dem Grunde nach schuldet, also etwa nicht Behandlungen durch Heilpraktiker oder durch Gesundbeten. In dem tatsächlich problematischen Grenzbereich, wenn also nicht offensichtlich ist, ob ein bestimmter Heileingriff (z.B. der Adipositaschirurgie) erforderlich oder wirtschaftlich ist, ist die Krankenkasse allerdings nach dem Eintritt der Genehmigungsfiktion mit Einwänden gegen die Erforderlichkeit oder Wirtschaftlichkeit ausgeschlossen. Andernfalls liefe die Norm leer. Versicherte, die schon vor Antragstellung bei der Krankenkasse entschlossen sind, sich die Leistung selbst zu beschaffen, können nach der aktuellen Rechtsprechung des BSG von vornherein von der Fiktionswirkung nicht profitieren. Ihnen sind die Kosten dann nicht kausal durch die Fristversäumung der Krankenkasse entstanden (BSG Urt. v. 16.08.2021 – B 1 KR 29/20 R).

**8b** Gegenstand der antragsgebundenen Leistungen, auf die Abs. 3a Anwendung findet, sind vor allem Arzneimittel, die im Rahmen der vertragsärztlichen Versorgung nicht verordnet werden (z.B. Off- Label-Use), aufwändige Hilfsmittel i.S.d. § 33, Eltern-Kind-Kuren nach § 24 und Behandlungen in nicht nach den §§ 108, 109 zugelassenen Krankenhäusern, sog. Privatkliniken (*Wenner* Soziale Sicherheit 2012, 108). Gemeinsam ist diesen Leistungen, dass die Kosten im Einzelfall sehr hoch und der Ermittlungsaufwand der zuständigen Krankenkasse hinsichtlich der tatbestandlichen Voraussetzungen beträchtlich sein können. Deshalb spricht vieles dafür, dass die Mitarbeiter der Krankenkasse zur Vermeidung der Genehmigungsfiktion eher negativ entscheiden werden, wenn aus ihrer Sicht der Sachverhalt innerhalb der sehr kurzen Fristen des Abs. 3a nicht hinreichend geklärt werden kann. Dann muss der Versicherte Rechtsmittel ergreifen, wenn er an seinem Begehren festhält, allein schon um den Eintritt der Bestandskraft der ablehnenden Entscheidung zu verhindern. Die Erfahrung lehrt, dass die Kompromissbereitschaft einer Krankenkasse nicht steigt, wenn der geltend gemachte Anspruch schon Gegenstand eines Rechtsmittelverfahrens ist. Das kann im Rahmen der anwaltlichen Beratung zu der Empfehlung an den Versicherten führen, sich mit einer Verlängerung der Entscheidungsfristen nach Abs. 3a einverstanden zu erklären, solange noch eine gewisse Aussicht besteht, dass die Kasse dem Begehren von sich aus entsprechen wird.

### D. Leistungen in anderen EU–Staaten

**9** In den Abs. 4 bis 6 sind Regelungen über die Inanspruchnahme von Gesundheitsleistungen durch die Versicherten in anderen EU-Staaten kodifiziert; der Sache nach sind die Grundlinien der Bestimmungen durch die Rechtsprechung des EuGH zur grenzüberschreitenden Inanspruchnahme von Gesundheitsleistungen vorgegeben. Nicht betroffen sind die Vorschriften der VO 883/04 über die soziale Sicherung der Wanderarbeitnehmer, die sich mit der Absicherung von Personen mit dauerhaftem Aufenthalt in einem anderen als dem Versicherungsstaat befassen (z.B. deutsche Rentner mit Dauerwohnsitz in Spanien), und die Ansprüche der Personen regeln, die sich nur vorübergehend in einem anderen EU-Staat aufhalten (dazu Becker/Kingreen/*Kingreen* SGB V § 13 Rn. 33). Regelungsgegenstand der Abs. 4 bis 6 sind dagegen die Handlungsmöglichkeiten von Personen mit EU- Staatsangehörigkeit und Versicherung bei einer Krankenkasse, die sich statt in Deutschland in einem anderen EU-Staat behandeln lassen wollen.

**10** Für ambulante Behandlungen bestimmt Abs. 4 das grundsätzliche Recht, solche Behandlungen durchführen zu lassen, und die Verpflichtung der deutschen Krankenkasse, die Kosten dafür zumindest in der Höhe zu übernehmen, wie sie bei Gewährung als Sachleistung im Inland angefallen wären (Satz 3). Für die Differenz zwischen den in Deutschland anfallenden Kosten und den bisweilen deutlich höheren Sätzen im Ausland muss die Krankenkasse allenfalls aufkommen, wenn eine Versicherte eine dem allgemein anerkannten Stand der medizinischen Erkenntnisse entsprechende Behandlung im Inland nicht hätte erlangen können. Das ist selbst dann nicht der Fall, wenn die Kasse zwei frühere Eingriffe (Einsatz einer bioprothetischen Aortenklappe in London) übernommen hatte und der Versicherte eine Fortführung der Behandlung dort wünscht (BSG v. 17.02.2010, SozR 4–2500 § 13 Nr. 24 Rn. 25). Die Frage, ob die Kasse für eine Leistung in einem anderen EU-Staat einzutreten hat, beurteilt sich nach dem deutschen Recht. Abs. 4 eignet sich deshalb nicht zur Ausweitung des Leistungskatalogs der GKV über den Umweg einer Behandlung im Ausland. Da auch die Vergütungshöhe den inländischen Sätzen entspricht, bestehen für die Versicherten erhebliche finanzielle Risiken, Kosten selbst tragen zu müssen; der ausländische Leistungserbringer wird sich in der Regel nicht mit der Abtretung des Anspruchs nach § 13 Abs. 4 gegen die deutsche Krankenkasse an Erfüllungs statt begnügen, sondern – schon aus Gründen der Unsicherheit der Zwangsvollstreckung – Vorkasse verlangen.

**11** Bei stationären Behandlungen belässt es Abs. 5 Satz 1 bei dem Vorbehalt der Zustimmung der Krankenkasse. Diese darf aber nur versagt werden, wenn eine entsprechende Behandlung rechtzeitig im Inland erlangt werden kann. Diese Vorschrift, die auf Rechtsprechung des EuGH zurückgeht, ist rechtliche Grundlage eines sozialpolitisch problematischen Gesundheitstourismus.

Wenn in Deutschland in einem für die Betroffenen existenziell wichtigen Bereich Engpässe bestehen (z.B. bei der herzchirurgischen Versorgung von Säuglingen), können die betroffenen Eltern eine Behandlung auf Kosten der GKV in England in einer Privatklinik durchführen lassen, die für Kinder aus England, die über den nationalen Gesundheitsdienst (NHS) versorgt werden, nicht erreichbar ist. Die einer stationären Behandlung im Ausland üblicherweise entgegenstehenden Barrieren (Sprache, fehlendes soziales Umfeld), spielen bei Säuglingen keine Rolle und werden von den Eltern in der Regel in Kauf genommen. Ungeachtet dieser Schieflage hat die Möglichkeit des Abs. 5 die wichtige positive Auswirkung, einer (derzeit noch hypothetischen) Rationierung von Behandlungsleistungen über Wartelisten entgegenzuwirken. Solange in den Nachbarstaaten wichtige Operationen ohne Zuteilung über eine Warteliste erreichbar sind, müssen die Kassen die Kosten dafür übernehmen (*Wenner* GesR 2009, 180). Das gilt nach der Rechtsprechung des EuGH selbst dann, wenn wegen des generellen Versorgungsniveaus in einem EU-Land (hier: Rumänien) hoch komplizierte Operationen (hier: spezielle Herz-Op) nicht kurzfristig angeboten werden können (Urt. v. 19.06.2014 – C 268/13). Das hat zur Folge – wie der Generalanwalt zutreffend, aber erfolglos ausgeführt hatte –, dass die ohnehin knappen Mittel des rumänischen Gesundheitssystems nicht vollständig für die Basisversorgung dort eingesetzt werden können, sondern zur Finanzierung von Spezialeingriffen in Ländern mit einem sehr viel höheren Preisniveau als Rumänien (hier: Deutschland) verwandt werden müssen. Zu vermuten ist, dass die Versicherungsträger in bestimmten EU-Ländern (z.B. Rumänien, Bulgarien) ihre Verpflichtung nach der Rechtsprechung des EuGH faktisch nicht erfüllen (können), sodass entweder die Versicherten oder die Deutsche Krankenversicherung Ausland (DKVA) auf den Kosten »sitzen« bleibt, soweit sie die Leistung in Deutschland für den ausländischen Träger vorfinanziert hat. Der EuGH hat mit Urt. v. 23.09.2020 in einem Fall aus Ungarn entschieden, dass das Genehmigungserfordernis, wie es sich etwa auch in § 13 Abs. 5 findet, nur dann europarechtlich hinzunehmen ist, wenn es auf Krankenhausbehandlungen oder aufwändige Behandlungen außerhalb von Krankenhäusern begrenzt wird (C 777/18). Insoweit dürfte § 13 Abs. 5 EU-rechtskonform sein. Weiterhin hat der EuGH am 29.10.2020 entschieden, dass die Erteilung der Zustimmung zur Inanspruchnahme von Behandlungsleistungen in einem anderen als dem Versicherungsstaat strikt an medizinischen Kriterien auszurichten ist; religiöse Gründe – wie etwa die religiös motivierte Ablehnung einer Bluttransfusion – spielen dabei keine Rolle (C 243/19). Dieses Urteil macht erneut die Wichtigkeit der Unterscheidung der Gründe für eine Auslandsbehandlung deutlich: Nutzt der Versicherte sein Recht als EU-Bürger, sich in jeden Staat der EU behandeln zu lassen, ist sein Kostenerstattungsanspruch auf die Vergütung im Versicherungsstaat begrenzt. Macht er dagegen geltend, eine seinem Bedarf entsprechende Versorgung im Versicherungsstaat nicht oder nicht rechtzeitig erhalten zu können, und trifft das zu, muss der Träger die vollen Kosten erstatten, die im Staat der Leistungserbringung angefallen sind.

## § 15 Ärztliche Behandlung, elektronische Gesundheitskarte

(1) Ärztliche oder zahnärztliche Behandlung wird von Ärzten oder Zahnärzten erbracht, soweit nicht in Modellvorhaben nach § 63 Abs. 3c etwas anderes bestimmt ist. Sind Hilfeleistungen anderer Personen erforderlich, dürfen sie nur erbracht werden, wenn sie vom Arzt (Zahnarzt) angeordnet und von ihm verantwortet werden.

(2) Versicherte, die ärztliche oder zahnärztliche Behandlung in Anspruch nehmen, haben dem Arzt (Zahnarzt) vor Beginn der Behandlung ihre elektronische Gesundheitskarte zum Nachweis der Berechtigung zur Inanspruchnahme von Leistungen auszuhändigen. Ab dem 1. Januar 2024 kann der Versicherte den Nachweis nach Satz 1 auch durch eine digitale Identität nach § 291 Absatz 8 erbringen.

(3) Für die Inanspruchnahme anderer Leistungen stellt die Krankenkasse den Versicherten Berechtigungsscheine aus, soweit es zweckmäßig ist. Der Berechtigungsschein ist vor der Inanspruchnahme der Leistung dem Leistungserbringer auszuhändigen.

(4) In den Berechtigungsscheinen sind die Angaben nach § 291a Absatz 2 Nummer 1 bis 9 und 11, bei befristeter Gültigkeit das Datum des Fristablaufs, aufzunehmen. Weitere Angaben dürfen nicht aufgenommen werden.

(5) In dringenden Fällen kann die elektronische Gesundheitskarte oder der Berechtigungsschein nachgereicht werden.

(6) Jeder Versicherte erhält die elektronische Gesundheitskarte bei der erstmaligen Ausgabe und bei Beginn der Versicherung bei einer Krankenkasse sowie bei jeder weiteren, nicht vom Versicherten verschuldeten erneuten Ausgabe gebührenfrei. Die Krankenkassen haben einem Missbrauch der Karten durch geeignete Maßnahmen entgegenzuwirken. Muss die Karte auf Grund von vom Versicherten zu vertretenden Umständen neu ausgestellt werden, wird eine Gebühr von 5 € erhoben werden; diese Gebühr ist auch von nach § 10 Versicherten zu zahlen. Satz 3 gilt entsprechend, wenn die Karte aus vom Versicherten verschuldeten Gründen nicht ausgestellt werden kann und von der Krankenkasse eine zur Überbrückung von Übergangszeiten befristete Ersatzbescheinigung zum Nachweis der Berechtigung zur Inanspruchnahme von Leistungen ausgestellt wird. Die wiederholte Ausstellung einer Bescheinigung nach Satz 4 kommt nur in Betracht, wenn der Versicherte bei der Ausstellung der elektronischen Gesundheitskarte mitwirkt; hierauf ist der Versicherte bei der erstmaligen Ausstellung einer Ersatzbescheinigung hinzuweisen. Die Krankenkasse kann die Aushändigung der elektronischen Gesundheitskarte vom Vorliegen der Meldung nach § 10 Abs. 6 abhängig machen.

| Übersicht | Rdn. | | Rdn. |
|---|---|---|---|
| A. Arztvorbehalt | 1 | II. Persönliche Leistungserbringung | 3 |
| I. Beschränkung der Leistungserbringung auf Ärzte | 1 | B. Elektronische Gesundheitskarte | 5 |

## A. Arztvorbehalt

### I. Beschränkung der Leistungserbringung auf Ärzte

1 In Abs. 1 ist der für das gesamte Krankenversicherungsrecht prägende Arzt- bzw. Zahnarztvorbehalt normiert. Um den eigentlichen Aussagegehalt der Norm zu verstehen, muss ein »nur« mitgelesen werden: Andere Personen als Ärzte, Zahnärzte und – seit dem 01.01.1999 – Psychologische Psychotherapeuten sowie Kinder- und Jugendlichenpsychotherapeuten dürfen zulasten der Krankenkassen keine Behandlungsleistungen erbringen. Auch die eigenständige, von einer ärztlichen Verordnung unabhängige Leistung von Heilmittelerbringern ist ausgeschlossen, wie sich aus Satz 2 ergibt (zur rechtspolitischen Diskussion darüber *Rixen* Soziale Sicherheit 2015, 128 mit dem Vorschlag einer weitgehenden Aufhebung des Arztvorbehaltes bei der Heilmittelversorgung). Angehörige anderer Gesundheitsberufe wie Heilpraktiker, Krankengymnasten, Logopäden, Zahntechniker oder Diätassistenten können nur solche Leistungen erbringen, die von einem Arzt (Zahnarzt) angeordnet und verantwortet werden. Nach der Rechtsprechung des BSG erfasst der Arztvorbehalt die Hilfsmittelversorgung nicht. Der Anspruch eines Versicherten auf Versorgung mit einem auf seine gesundheitlichen Einschränkungen ausgerichteten Hilfsmittel ist nicht davon abhängig, dass der behandelnde Vertragsarzt ein bestimmtes Mittel (z.B. E-Bike) verordnet hat (BSG Urt. v. 10.03.2010 – B 3 KR 1/09 R, SozR 4–2500 § 33 Nr. 29). Umgekehrt führt der Umstand, dass ein Vertragsarzt ein Hilfsmittel i.S.d. § 33 Abs. 1 verordnet hat (vorgesehen in § 73 Abs. 2 Satz 1 Nr. 7) nicht notwendig dazu, dass der Versicherte einen entsprechenden Anspruch gegen seine Krankenkasse hat (BSG, Urt. v. 25.02.2015 – B 3 KR 13/13 R) Aus dieser Rechtsprechung kann nicht abgeleitet werden, dass der Verordnung durch den Arzt insoweit überhaupt keine Bedeutung zukommt. Sie zeigt jedenfalls an, dass der behandelnde Vertragsarzt einen Versorgungsbedarf dem Grunde nach sieht und erspart der Krankenkasse möglicherweise entsprechende Ermittlungen. Anders als im Hilfsmittelbereich verzichtet das Gesetz bei Leistungen des Krankentransports nicht auf eine ausdrückliche vertragsärztliche Verordnung; liegt eine solche nicht vor, kann die Krankenkasse nicht positiv

über den Antrag des Versicherten auf Übernahme der Transportkosten entscheiden (LSG Berlin-Brandenburg Beschl. v. 20.10.2011 – L 9 KR 212/11 B ER).

Im Zuge der Bemühungen des Gesetzgebers zur Sicherung der hausärztlichen Versorgung der Patienten auch bei Rückgang der Zahl der Hausärzte ist durch das Pflegeversicherungsweiterentwicklungsgesetz vom 28.05.2008 Abs. 1 um die Ausnahme für Modellvorhaben i.S.d. § 63 Abs. 3c ergänzt worden, der durch dasselbe Gesetz eingefügt worden ist. Anders als bei den Modellvorhaben nach § 63 Abs. 3b (dazu näher Eichenhofer/Wenner/*Wenner* SGB V § 63 Rn. 9) ist bei Projekten im Rahmen des Abs. 3c die Übertragung ärztlicher Tätigkeiten, die berufs- und vertragsarztrechtlich als Ausübung der Heilkunde grundsätzlich dem Arztvorbehalt unterfallen, gestattet. Die Partner der vertragsärztlichen Versorgung sind aber nicht frei, welche Verrichtungen sie im Einzelnen auf die Angehörigen der im Krankenpflegegesetz geregelten Berufe übertragen. Vielmehr muss zunächst der Gemeinsame Bundesausschuss nach § 63 Abs. 3c Satz 3 in Richtlinien festlegen, bei welchen Tätigkeiten eine Übertragung von Heilkunde auf Kranken- und Altenpfleger zulässig sein soll. Die Richtlinie zur selbstständigen Ausübung von Heilkunde im Rahmen von Modellvorhaben ist am 22.03.2012 in Kraft getreten; die begrenzten Ausnahmen vom Arztvorbehalt haben eine intensive Diskussion ausgelöst, inwieweit hier Einschränkungen möglich und geboten sind, zumal mit solchen Einschränkungen auch erweiterte Kompetenzen für die Angehörige anderer Heilberufe verbunden sind, die solche Berufe attraktiver machen können, zumal sich dafür in anderen Staaten (Großbritannien, Schweiz) Vorbilder finden (Nachweise bei Becker/Kingreen/*Huster* SGB V, § 63 Rn. 9). 1a

Die Leistungserbringung durch Medizinische Versorgungszentren (MVZ) und durch zugelassene Krankenhäuser steht nur scheinbar im Widerspruch zum Arztvorbehalt. Ungeachtet der vom Arzt verschiedenen Rechtspersönlichkeit erfolgt im MVZ wie im Krankenhaus die Behandlung durch Ärzte. Das ergibt sich für das MVZ aus § 95 Abs. 1 Satz 2, wonach das MVZ als »fachübergreifende, ärztlich geleitete Einrichtung« anzusehen ist, in denen Ärzte tätig werden. Krankenhäuser müssen nach § 107 Abs. 1 Nr. 2 unter »ständiger ärztlicher Leistung stehen«. Aufgeweicht wird der Arztvorbehalt in Vorsorge- und Rehabilitationseinrichtungen i.S.d. § 107 Abs. 2, insoweit dort nur von »ständiger ärztlicher Verantwortung« die Rede ist. Bei Einrichtungen der Behindertenhilfe, die an der Versorgung beteiligt werden können (§ 119a), wird zumindest eine »ärztlich geleitete Abteilung« gefordert. 2

## II. Persönliche Leistungserbringung

Der Arztvorbehalt steht mit dem Grundgesetz in Einklang. Der Gesetzgeber darf nach der Rechtsprechung des BVerfG davon ausgehen, dass der Gesundheitszustand der Versicherten nur bei der Behandlung durch hinreichend fachkundige Ärzte und Zahnärzte erhalten und Erkrankungen rasch und sicher geheilt werden können (BVerfG Beschl. v. 15.12.1997 – 1 BvR 1953/97, NJW 1998, 1775). Dieser Erwartung des Gesetzgebers wird nur entsprochen, wenn Ärzte und Zahnärzte ihre Leistungen persönlich erbringen, die Patienten also nicht vollständig von Hilfspersonal versorgen lassen. Das strikte Gebot der persönlichen Leistungserbringung findet sich explizit nur in § 32 Ärzte-ZV bzw. Zahnärzte-ZV, ergibt sich aber sinngemäß schon aus § 15 Abs. 1 (*Didong* jurisPK-SGB V § 15 Rn. 15). Die Reichweite des Gebots der persönlichen Leistungserbringung ist umstritten. Einerseits ist selbstverständlich, dass Ärzte und Zahnärzte bestimmte Leistungen an ihre nichtärztlichen Mitarbeiter delegieren dürfen, andererseits kann die persönliche Verantwortung des Arztes für alle Leistungen in seiner Praxis nicht nur virtuell wahrgenommen werden. Die Abgrenzung differenziert naturgemäß nach Arztgruppen – für Laborärzte gelten andere Maßstäbe als für Psychotherapeuten –, kann aber für den Arzt von existenzieller Bedeutung sein. Ein Vertragsarzt erhält für Leistungen, die er unter Verstoß gegen das Gebot persönlicher Leistungserbringung allein durch Mitarbeiter hat ausführen lassen, keine vertragsärztliche Vergütung (BSG Urt. v. 18.12.1996 – 6 RKa 66/95, BSGE 80, 1; BSG Beschl. v. 08.09.2004 – B 6 KA 25/04 B). Rechnet ein Arzt in größerem Umfang Leistungen ab, die in seiner Praxis ohne seine eigene Anwesenheit von Ärzten erbracht worden sind, die dort ohne Genehmigung durch die zuständigen 3

Kassenärztlichen Vereinigung tätig geworden sind, rechtfertigt das die Entziehung der Zulassung zur vertragsärztlichen Versorgung nach § 95 Abs. 6 (BSG Urt. v. 17.10.2012 – B 6 KA 49/11 R, BSGE 112, 90). Besonders häufig wird das Gebot der persönlichen Leistungserbringung bei ermächtigten Ärzten (§ 32a Ärzte-ZV) nicht hinreichend beachtet (*Wenner/Wiegand* KrV 2015, 140), offenbar weil an seiner Durchsetzung niemand wirklich interessiert ist. Instruktiv dazu ist das Urteil des BSG zur Leistungserbringung durch einen ermächtigten Pathologen, der zur Ausübung seiner Ermächtigung mehrere Ärzte angestellt hatte und gleichwohl der Meinung war, deren Leistungen »persönlich erbracht« zu haben (BSG Urt. v. 21.03.2018 – B 6 KA 47/16 R, SozR 4–2500 § 106a Nr. 18). Kontrovers wird das Gebot der persönlichen Leistungserbringung unter dem Aspekt telemedizinischer Behandlungen bzw. internetbasierter Angebote diskutiert. Der Deutsche Ärztetag im Mai 2018 hat die Muster-Berufsordnung für die Deutschen Ärzte dahin modifiziert, dass Fernbehandlungen nunmehr unter bestimmten Voraussetzungen auch zulässig sind, wenn noch keine persönliche Kontaktaufnahme zwischen Arzt und Patient stattgefunden hat (§ 7 Abs. 4 M-BOÄ).

4 Die Bedeutung der persönlichen Leistungserbringung wird auch dadurch bestätigt, dass der Gesetzgeber ausdrücklich gesetzliche Regelungen für notwendig hält, wenn Vertragsärzten die Abrechnung solcher Leistungen gestattet werden soll, die ihre Mitarbeiterinnen erbracht haben. Nach § 87 Abs. 2b Satz 5 muss der Bewertungsausschuss erstmals zum 01.01.2009 eine Regelung treffen, nach der ärztlich angeordnete Hilfeleistungen anderer Personen nach § 28 Abs. 1 Satz 2 (gemeint: Medizinische Fachangestellte bzw. Krankenpflegerinnen), die in der häuslichen Umgebung des Patienten erbracht werden, vergütet werden. Damit ist die Rechtgrundlage für das Projekt »AGnES« geschaffen, das in bewusster Anlehnung an eine aus dem Fernsehen der DDR bekannte »Schwester Agnes« medizinischem Hilfspersonal Routinearbeiten wie die Blutdruckkontrolle ermöglichen soll. Der Projektname »AGnES« steht für »arztentlastende gemeindenahe, E-Health – gestützte systemische Intervention«. Die Belastung der Hausärzte gerade im ländlichen Raum durch zahlreiche Hausbesuche ist als eine Ursache des rückläufigen Interesses der jungen Ärztegeneration an der hausärztlichen Tätigkeit gedeutet worden. Gleichwohl wird zumindest berufspolitisch die partielle Auflösung des Arztvorbehalts innerhalb der Ärzteschaft kritisiert.

### B. Elektronische Gesundheitskarte

5 In den Abs. 2 bis 6 werden Regelungen zur elektronischen Gesundheitskarte getroffen, die durch das Gesetz vom 21.12.2015 (BGBl. I S. 2408) verändert worden sind. Die Angaben, die auf der eGK enthalten sein müssen, ergeben sich seit der Neufassung der Vorschrift durch das »Digitale Versorgungs-Gesetz« v. 14.10.2020 aus § 291a Abs. 1; dazu gehört nach Satz 5 auch ein Lichtbild des Versicherten, soweit diese über 15 Jahre alt sind. Die Verpflichtung zur Nutzung der eGK mit Lichtbild ist mit dem Grundgesetz vereinbar, wie BSG und BVerfG entschieden haben (BSG Urt. v. 18.11.2014 – B 1 KR 35/13 R; BVerfG Beschl. v. 17.10.2016 – 1 BvR 2183/16). Die Versicherten können nicht verlangen, von der Krankenkasse mit Berechtigungsscheinen nach Abs. 3 ausgestattet zu werden, weil sie die elektronische Gesundheitskarte wegen Bedenken gegen die Verlässlichkeit der Datenschutzregelungen nicht nutzen wollen. Der Gesetzgeber hat die Nutzung der elektronischen Gesundheitskarte für die ärztliche und zahnärztliche Behandlung vorgeschrieben und daran sind die Versicherten gebunden (BSG Urt. v. 20.01.2021 – B 1 KR 7/20 R). Wenn die Leistungsansprüche eines Versicherten nach § 16 ruhen, weil Beiträge nicht gezahlt werden, kann das nach § 291a Abs. 3 Nr. 3 auf der elektronischen Gesundheitskarte vermerkt werden; zur Verweigerung der Ausstellung einer Karte an Versicherte, deren Ansprüche ruhen, ist die KK nach Auffassung des LSG Berlin-Brandenburg nicht berechtigt (Beschl. v. 18.07.2017 – L 9 KR 274/17 B). Vor der Inanspruchnahme ärztlicher oder zahnärztlicher Behandlung müssen die Versicherten – auch familienversicherte Kinder i.S.d. § 10 – ihre Versichertenkarte vorlegen. Diese kann in dringenden Fällen nach Abs. 5 auch nachgereicht werden, doch sollten die Vertragsärzte diese Möglichkeit – abgesehen von echten Notfallbehandlungen – auf Patienten beschränken, die ihnen persönlich bekannt sind. Ob Ärzte und Krankenhäuser gegen den Missbrauch der Versichertenkarte bzw. der elektronischen Gesundheitskarte geschützt sind, also auch dann einen Vergütungsanspruch gegen die KÄV oder das Krankenhaus haben, wenn der Patient, den sie behandelt haben, tatsächlich nicht

versichert war, sondern nur die Karte eines Versicherten vorgelegt hat, ist umstritten. Das BSG hat bisher insoweit zwischen dem stationären und dem ambulanten Bereich unterschieden. Den Vertragsarzt hat es als geschützt angesehen, wenn ihm eine gültige Karte vorgelegt wird und sich ihm nach den Umständen (z.B. offensichtlich nicht zur Person passendes Lichtbild) nicht aufdrängen musste, dass die Karte missbräuchlich genutzt wird (BSG v. 12.11.2003, SozR 4–2500 § 112 Nr. 2). In § 19 Abs. 9 BMV-Ä a.F. war dazu ausdrücklich bestimmt, dass die Krankenkasse für die Kosten einer Behandlung haftet, die aufgrund einer vorgelegten falschen Krankenversicherungskarte erfolgte; der Arzt tritt in einem solchen Fall lediglich seinen Vergütungsanspruch gegen den Patienten an die Kasse ab. In dem seit dem 01.10.2013 geltenden BMV-Ä ist diese oder eine inhaltsgleiche Regelung nicht mehr enthalten, sodass die Basis für die Annahme des BSG, der »gutgläubige« Vertragsarzt sei gegen den Kartenmissbrauch geschützt, entfallen sein kann (so *Altmiks*, in: Schiller Bundesmantelvertrag-Ärzte, § 19 Rn. 32). Die Problematik dürfte sich allerdings entschärfen, weil die Vertragsärzte verpflichtet sind, an dem Online-Versichertenstammdatenmanagement i.S.v. § 291 Abs. 2b mitzuwirken, das eine elektronische Prüfung der Gültigkeit einer Versichertenkarte ermöglicht. Wenn ein Vertragsarzt von den in diesem System vorgesehenen Kontrollmöglichkeiten keinen Gebrauch macht, dürfte er nicht schutzbedürftig sein.

Die Garantiefunktion der Versichertenkarte war nach der Rechtsprechung des BSG auf den Bereich der ambulanten vertragsärztlichen und vertragszahnärztlichen Versorgung beschränkt und gilt nicht für das Krankenhaus (BSG v. 12.06.2008, SozR 4–2500 § 109 Nr. 9 Rn. 31). Eine der Regelung des § 19 Abs. 9 BMV-Ä a.F. entsprechende Vorgabe gab es für den stationären Bereich auch bis zum 30.09.2013 nicht; § 112 ermöglicht zwar den Partnern der zweiseitigen Verträge über die Krankenhausbehandlung (Krankenkassen), Vereinbarungen auch die Aufnahme von Versicherten zu treffen, doch beschränken sich diese Vereinbarungen derzeit typischerweise auf Regelungen über die Garantiefunktion der Kostenzusage, die die Krankenkasse dem Krankenhaus nach der Aufnahme eines Patienten übermittelt. Wenn sich ein Patient, der nicht krankenversichert ist, die Karte eines Versicherten besorgt und sich unter dessen Namen in die Behandlung eines Krankenhauses begibt, hat das Krankenhaus keinen Anspruch gegen die Krankenkasse des Versicherten, der tatsächlich nicht behandelt worden ist. Anders als im ambulanten Bereich – zumindest nach der früheren, auf dem BMV-Ä in der bis zum 30.09.2013 geltenden Fassung beruhenden Rechtsprechung des BSG – treffen insoweit die Folgen einer missbräuchlichen Verwendung einer Versichertenkarte den Krankenhausträger. Etwas anderes kann nur gelten, wenn die Krankenkasse von dem Missbrauch der Karte durch ihren Versicherten während der Behandlung wusste (BSG v. 12.06.2008, SozR 4–2500 § 109 Nr. 9 Rn. 29). 6

Im Zuge der gesetzlichen Neuregelungen zur Organspende ist § 291a Abs. 3 (elektronische Gesundheitskarte als Nachfolger der bisherigen Krankenversichertenkarte) mit Wirkung vom 01.11.2012 so geändert worden, dass auf der Karte nunmehr auch Erklärungen des Versicherten zur Organ- und Gewebespende hinterlegt werden können (Satz 1 Nr. 7); dabei muss die Authentizität dieser Erklärungen sichergestellt sein. 6a

## § 20 Primäre Prävention und Gesundheitsförderung

(1) Die Krankenkasse sieht in der Satzung Leistungen zur Verhinderung und Verminderung von Krankheitsrisiken (primäre Prävention) sowie zur Förderung des selbstbestimmten gesundheitsorientierten Handelns der Versicherten (Gesundheitsförderung) vor. Die Leistungen sollen insbesondere zur Verminderung sozial bedingter sowie geschlechtsbezogener Ungleichheit von Gesundheitschancen beitragen und kind- und jugendspezifische Belange berücksichtigen. Die Krankenkasse legt dabei die Handlungsfelder und Kriterien nach Absatz 2 zugrunde.

(2) Der Spitzenverband Bund der Krankenkassen legt unter Einbeziehung unabhängigen, insbesondere gesundheitswissenschaftlichen, ärztlichen, arbeitsmedizinischen, psychotherapeutischen, psychologischen, pflegerischen, ernährungs-, sport-, sucht-, erziehungs- und sozialwissenschaftlichen Sachverstandes sowie des Sachverstandes der Menschen mit Behinderung einheitliche

Handlungsfelder und Kriterien für die Leistungen nach Absatz 1 fest, insbesondere hinsichtlich Bedarf, Zielgruppen, Zugangswegen, Inhalt, Methodik, Qualität, intersektoraler Zusammenarbeit, wissenschaftlicher Evaluation und der Messung der Erreichung der mit den Leistungen verfolgten Ziele. Er bestimmt außerdem die Anforderungen und ein einheitliches Verfahren für die Zertifizierung von Leistungsangeboten durch die Krankenkassen, um insbesondere die einheitliche Qualität von Leistungen nach Absatz 4 Nummer 1 und 3 sicherzustellen. Der Spitzenverband Bund der Krankenkassen stellt sicher, dass seine Festlegungen nach den Sätzen 1 und 2 sowie eine Übersicht der nach Satz 2 zertifizierten Leistungen der Krankenkassen auf seiner Internetseite veröffentlicht werden. Die Krankenkassen erteilen dem Spitzenverband Bund der Krankenkassen hierfür sowie für den nach § 20d Absatz 2 Nummer 2 zu erstellenden Bericht die erforderlichen Auskünfte und übermitteln ihm nicht versichertenbezogen die erforderlichen Daten.

(3) Bei der Aufgabenwahrnehmung nach Absatz 2 Satz 1 berücksichtigt der Spitzenverband Bund der Krankenkassen auch die folgenden Gesundheitsziele im Bereich der Gesundheitsförderung und Prävention:
1. Diabetes mellitus Typ 2: Erkrankungsrisiko senken, Erkrankte früh erkennen und behandeln,
2. Brustkrebs: Mortalität vermindern, Lebensqualität erhöhen,
3. Tabakkonsum reduzieren,
4. gesund aufwachsen: Lebenskompetenz, Bewegung, Ernährung,
5. gesundheitliche Kompetenz erhöhen, Souveränität der Patientinnen und Patienten stärken,
6. depressive Erkrankungen: verhindern, früh erkennen, nachhaltig behandeln,
7. gesund älter werden und
8. Alkoholkonsum reduzieren.

Bei der Berücksichtigung des in Satz 1 Nummer 1 genannten Ziels werden auch die Ziele und Teilziele beachtet, die in der Bekanntmachung über die Gesundheitsziele und Teilziele im Bereich der Prävention und Gesundheitsförderung vom 21. März 2005 (BAnz. S. 5304) festgelegt sind. Bei der Berücksichtigung der in Satz 1 Nummer 2, 3 und 8 genannten Ziele werden auch die Ziele und Teilziele beachtet, die in der Bekanntmachung über die Gesundheitsziele und Teilziele im Bereich der Prävention und Gesundheitsförderung vom 27. April 2015 (BAnz. AT 19.05.2015 B3) festgelegt sind. Bei der Berücksichtigung der in Satz 1 Nummer 4 bis 7 genannten Ziele werden auch die Ziele und Teilziele beachtet, die in der Bekanntmachung über die Gesundheitsziele und Teilziele im Bereich der Prävention und Gesundheitsförderung vom 26. Februar 2013 (BAnz. AT 26.03.2013 B3) festgelegt sind. Der Spitzenverband Bund der Krankenkassen berücksichtigt auch die von der Nationalen Arbeitsschutzkonferenz im Rahmen der gemeinsamen deutschen Arbeitsschutzstrategie nach § 20a Absatz 2 Nummer 1 des Arbeitsschutzgesetzes entwickelten Arbeitsschutzziele.

(4) Leistungen nach Absatz 1 werden erbracht als
1. Leistungen zur verhaltensbezogenen Prävention nach Absatz 5,
2. Leistungen zur Gesundheitsförderung und Prävention in Lebenswelten für in der gesetzlichen Krankenversicherung Versicherte nach § 20a und
3. Leistungen zur Gesundheitsförderung in Betrieben (betriebliche Gesundheitsförderung) nach § 20b.

(5) Die Krankenkasse kann eine Leistung zur verhaltensbezogenen Prävention nach Absatz 4 Nummer 1 erbringen, wenn diese nach Absatz 2 Satz 2 von einer Krankenkasse oder von einem mit der Wahrnehmung dieser Aufgabe beauftragten Dritten in ihrem Namen zertifiziert ist. Bei ihrer Entscheidung über eine Leistung zur verhaltensbezogenen Prävention berücksichtigt die Krankenkasse eine Präventionsempfehlung nach § 25 Absatz 1 Satz 2, nach § 26 Absatz 1 Satz 3 oder eine im Rahmen einer arbeitsmedizinischen Vorsorge oder einer sonstigen ärztlichen Untersuchung schriftlich abgegebene Empfehlung. Die Krankenkasse darf die sich aus der Präventionsempfehlung ergebenden personenbezogenen Daten nur mit schriftlicher oder elektronischer Einwilligung und nach vorheriger schriftlicher oder elektronischer Information

des Versicherten verarbeiten. Die Krankenkassen dürfen ihre Aufgaben nach dieser Vorschrift an andere Krankenkassen, deren Verbände oder Arbeitsgemeinschaften übertragen. Für Leistungen zur verhaltensbezogenen Prävention, die die Krankenkasse wegen besonderer beruflicher oder familiärer Umstände wohnortfern erbringt, gilt § 23 Absatz 2 Satz 2 entsprechend.

(6) Die Ausgaben der Krankenkassen für die Wahrnehmung ihrer Aufgaben nach dieser Vorschrift und nach den §§ 20a bis 20c sollen ab dem Jahr 2019 insgesamt für jeden ihrer Versicherten einen Betrag in Höhe von 7,52 Euro umfassen. Von diesem Betrag wenden die Krankenkassen für jeden ihrer Versicherten mindestens 2,15 Euro für Leistungen nach § 20a und mindestens 3,15 Euro für Leistungen nach § 20b auf. Von dem Betrag für Leistungen nach § 20b wenden die Krankenkassen für Leistungen nach § 20b, die in Einrichtungen nach § 107 Absatz 1 und in Einrichtungen nach § 71 Absatz 1 und 2 des Elften Buches erbracht werden, für jeden ihrer Versicherten mindestens 1 Euro auf. Unterschreiten die jährlichen Ausgaben einer Krankenkasse den Betrag nach Satz 2 für Leistungen nach § 20a, so stellt die Krankenkasse diese nicht ausgegebenen Mittel im Folgejahr zusätzlich für Leistungen nach § 20a zur Verfügung. Die Ausgaben nach den Sätzen 1 bis 3 sind in den Folgejahren entsprechend der prozentualen Veränderung der monatlichen Bezugsgröße nach § 18 Absatz 1 des Vierten Buches anzupassen. Unbeschadet der Verpflichtung nach Absatz 1 müssen die Ausgaben der Krankenkassen für die Wahrnehmung ihrer Aufgaben nach dieser Vorschrift und nach den §§ 20a bis 20c im Jahr 2020 nicht den in den Sätzen 1 bis 3 genannten Beträgen entsprechen. Im Jahr 2019 nicht ausgegebene Mittel für Leistungen nach § 20a hat die Krankenkasse nicht im Jahr 2020 für zusätzliche Leistungen nach § 20a zur Verfügung zu stellen.

Übersicht

| | Rdn. | | Rdn. |
|---|---|---|---|
| A. Grundlagen des Präventionsrechts | 1 | B. Gesundheitsziele | 2 |

## A. Grundlagen des Präventionsrechts

Die durch das Präventionsgesetz v. 17.07.2015 grundlegend umgestaltete Vorschrift enthält die Einweisungsvorschrift für Satzungsregelungen der Krankenkassen zur primären Prävention und zur Förderung gesundheitsbewussten Handelns der Versicherten. Unmittelbare Rechtsansprüche ergeben sich aus der Norm – anders als bei §§ 22, 25 und 26 – nicht; der Charakter der Einweisungsvorschrift kommt durch Verweisung des Abs. 5 auf die (auch) individualrechtlich ausgerichteten Vorschriften der § 3, 25, 26 sowie auf die ausschließlich bevölkerungsmedizinisch ausgerichtete Prävention in Lebenswelten nach § 20a zum Ausdruck. Die in Abs. 1 Satz angesprochenen sozial bedingten und geschlechtsbezogenen Ungleichheiten von Gesundheitschancen lassen erkennen, dass nicht individuelle Vorsorge angesprochen ist, sondern Maßnahmen zu bevölkerungsbezogenen Gesundheitsverbesserung adressiert werden. Der GKV-Spitzenverband muss nach Abs. 2 in einem Abstimmungsprozess mit Sachverständigen die genauen Präventionsziele festlegen. Gesundheitspolitisch kommt dem zum 01.01.2019 erneut neugefassten und im Laufe des Jahres 2020 erweiterten Abs. 6 große Bedeutung zu, weil dort bestimmt wird, dass sich die Beträge, die jede Krankenkasse rechnerisch je Versichertem für Prävention aufwenden muss, ab dem Jahr 2016 deutlich erhöhen und für die Zukunft dynamisiert werden (BT-Drs. 18/4282 S. 34). Der Gesamtbetrag von 7,52 € je Versichertem wird nach einem gesetzlich vorgeschriebenen Schlüssel auf die Leistungen nach § 20a und § 20b verteilt. Die praktische Bedeutung der Vorschrift ist bislang gering geblieben. Die Sozialgerichte müssen sich vor allem mit dem Missverständnis befassen, jede sinnvolle gesundheitsbezogene Aktivität – von der Mitgliedschaft in einem Kneipp-Verein bis zum Besuch eines Fitness-Studios – sei auf der Grundlage des § 20 von der KK zu finanzieren (z.B. SG Duisburg Urt. v. 27.01.2017 – S 50 KR 801/14).

## B. Gesundheitsziele

Die Aufzählung der zentralen Gesundheitsziele in Abs. 3 hat Bedeutung über den an dieser Stelle des Gesetzes formulierten Auftrag an den GKV-Spitzenverband hinaus. Der Gesetzgeber beschreibt damit generell die zentralen gesundheitspolitischen Zielvorgaben für die Verhinderung bzw. Eindämmung nicht übertragbarer Krankheiten wie Diabetes, Brustkrebs und Depression und zur Verbesserung der gesundheitlichen Situation der Menschen durch Reduzierung des Tabak- und Alkoholkonsums, durch Bewegung und gesunde Ernährung sowie eine Stärkung der gesundheitlichen Kompetenz und der Patientensouveränität. Der Gesetzgeber hat dabei Anschluss an die internationale Entwicklung gesucht und auf die bei einem Gipfeltreffen der Vereinten Nationen am 19.09.2011 verabschiedete politische Erklärung Bezug genommen (BT Drs. 18/5261 S. 53; Ausschussbegründung zu Art. 1 Nr. 5). Soweit der Gesetzgeber an anderer Stelle Regelungen zur Gesundheitsversorgung trifft, kann argumentativ stets auf den hohen Rang der in Abs. 3 formulierten Gesundheitsziele Bezug genommen werden.

### § 20a Leistungen zur Gesundheitsförderung und Prävention in Lebenswelten

(1) Lebenswelten im Sinne des § 20 Absatz 4 Nummer 2 sind für die Gesundheit bedeutsame, abgrenzbare soziale Systeme insbesondere des Wohnens, des Lernens, des Studierens, der medizinischen und pflegerischen Versorgung sowie der Freizeitgestaltung einschließlich des Sports. Die Krankenkassen fördern im Zusammenwirken mit dem öffentlichen Gesundheitsdienst unbeschadet der Aufgaben anderer auf der Grundlage von Rahmenvereinbarungen nach § 20f Absatz 1 mit Leistungen zur Gesundheitsförderung und Prävention in Lebenswelten insbesondere den Aufbau und die Stärkung gesundheitsförderlicher Strukturen. Hierzu erheben sie unter Beteiligung der Versicherten und der für die Lebenswelt Verantwortlichen die gesundheitliche Situation einschließlich ihrer Risiken und Potenziale und entwickeln Vorschläge zur Verbesserung der gesundheitlichen Situation sowie zur Stärkung der gesundheitlichen Ressourcen und Fähigkeiten und unterstützen deren Umsetzung. Bei der Wahrnehmung ihrer Aufgaben nach Satz 2 sollen die Krankenkassen zusammenarbeiten und kassenübergreifende Leistungen zur Gesundheitsförderung und Prävention in Lebenswelten erbringen. Bei der Erbringung von Leistungen für Personen, deren berufliche Eingliederung auf Grund gesundheitlicher Einschränkungen besonders erschwert ist, arbeiten die Krankenkassen mit der Bundesagentur für Arbeit und mit den kommunalen Trägern der Grundsicherung für Arbeitsuchende eng zusammen.

(2) Die Krankenkasse kann Leistungen zur Gesundheitsförderung und Prävention in Lebenswelten erbringen, wenn die Bereitschaft der für die Lebenswelt Verantwortlichen zur Umsetzung von Vorschlägen zur Verbesserung der gesundheitlichen Situation sowie zur Stärkung der gesundheitlichen Ressourcen und Fähigkeiten besteht und sie mit einer angemessenen Eigenleistung zur Umsetzung der Rahmenvereinbarungen nach § 20f beitragen.

(3) Zur Unterstützung der Krankenkassen bei der Wahrnehmung ihrer Aufgaben zur Gesundheitsförderung und Prävention in Lebenswelten für in der gesetzlichen Krankenversicherung Versicherte, insbesondere in Kindertageseinrichtungen, in sonstigen Einrichtungen der Kinder- und Jugendhilfe, in Schulen sowie in den Lebenswelten älterer Menschen und zur Sicherung und Weiterentwicklung der Qualität der Leistungen beauftragt der Spitzenverband Bund der Krankenkassen die Bundeszentrale für gesundheitliche Aufklärung ab dem Jahr 2016 insbesondere mit der Entwicklung der Art und der Qualität krankenkassenübergreifender Leistungen, deren Implementierung und deren wissenschaftlicher Evaluation. Der Spitzenverband Bund der Krankenkassen legt dem Auftrag die nach § 20 Absatz 2 Satz 1 festgelegten Handlungsfelder und Kriterien sowie die in den Rahmenvereinbarungen nach § 20f jeweils getroffenen Festlegungen zugrunde. Im Rahmen des Auftrags nach Satz 1 soll die Bundeszentrale für gesundheitliche Aufklärung geeignete Kooperationspartner heranziehen. Die Bundeszentrale für gesundheitliche Aufklärung erhält für die Ausführung des Auftrags nach Satz 1 vom Spitzenverband Bund der Krankenkassen eine pauschale Vergütung in Höhe von mindestens 0,45 Euro aus dem Betrag, den die Krankenkassen nach § 20 Absatz 6 Satz 2 für Leistungen zur Gesundheitsförderung und Prävention in Lebenswelten aufzuwenden haben. Die Vergütung nach Satz 4 erfolgt quartalsweise und ist am ersten Tag des jeweiligen Quartals zu leisten. Sie ist nach Maßgabe von § 20 Absatz 6 Satz 5 jährlich anzupassen. Die Bundeszentrale für gesundheitliche Aufklärung stellt

sicher, dass die vom Spitzenverband Bund der Krankenkassen geleistete Vergütung ausschließlich zur Durchführung des Auftrags nach diesem Absatz eingesetzt wird und dokumentiert dies nach Maßgabe des Spitzenverbandes Bund der Krankenkassen. Abweichend von Satz 4 erhält die Bundeszentrale für gesundheitliche Aufklärung im Jahr 2020 keine pauschale Vergütung für die Ausführung des Auftrags nach Satz 1.

(4) Das Nähere über die Beauftragung der Bundeszentrale für gesundheitliche Aufklärung nach Absatz 3, insbesondere zum Inhalt und Umfang, zur Qualität und zur Prüfung der Wirtschaftlichkeit sowie zu den für die Durchführung notwendigen Kosten, vereinbaren der Spitzenverband Bund der Krankenkassen und die Bundeszentrale für gesundheitliche Aufklärung erstmals bis zum 30. November 2015. Kommt die Vereinbarung nicht innerhalb der Frist nach Satz 1 zustande, erbringt die Bundeszentrale für gesundheitliche Aufklärung die Leistungen nach Absatz 3 Satz 1 unter Berücksichtigung der vom Spitzenverband Bund der Krankenkassen nach § 20 Absatz 2 Satz 1 festgelegten Handlungsfelder und Kriterien sowie unter Beachtung der in den Rahmenvereinbarungen nach § 20f getroffenen Festlegungen und des Wirtschaftlichkeitsgebots nach § 12. Der Spitzenverband Bund der Krankenkassen regelt in seiner Satzung das Verfahren zur Aufbringung der erforderlichen Mittel durch die Krankenkassen. § 89 Absatz 3 bis 5 des Zehnten Buches gilt entsprechend.

## Übersicht

| | Rdn. | | Rdn. |
|---|---|---|---|
| A. Neuausrichtung der Prävention in »Lebenswelten«................ | 1 | B. Kooperation zwischen staatlichen Behörden und Krankenkassen........... | 2 |

### A. Neuausrichtung der Prävention in »Lebenswelten«

Durch Art. 1 Nr. 5 des Präventionsgesetzes vom 17.07.2015 (BGBl. I S. 1368) sind die gesetzlichen Rahmenbedingungen für Präventionsleistungen in »Lebenswelten« grundlegend neu gefasst worden. Die Legaldefinition der Lebenswelten in Abs. 1 Satz 1 (BT-Drs. 18/4282 S. 35) lässt deutlich erkennen, dass alle von der Norm erfasste Maßnahmen nicht auf Individuen sondern auf Lebensräume von Menschen ausgerichtet sind, in denen besonders wirksam auf die Bedingungen genommen werden kann, die für ein gesundheitsbewusstes Leben Bedeutung haben. In der Gesetzesbegründung wird insoweit zentral auf Kindertagesstätten Bezug genommen, weil in der Lebensphase bis zur Einschulung gesundheitsförderliche Erlebnis- und Verhaltensweisen geprägt werden können (BT Drs. 18/4282 S. 35). Die Vorschrift richtet sich vor allem an die Akteure der Gesundheitspolitik in den Ländern und Kommunen, hat also für den Berufsalltag von Ärzten und Angehörigen anderer Heilberufe und deren Beratung nur geringe Relevanz. Welche Leistungen Ärzte und Zahnärzte etwa in Kooperation mit Kindertagesstätten erbringen können, ergibt sich nicht unmittelbar aus der Vorschrift, sondern allein aus den Leistungsbeschreibungen der Bewertungsmaßstäbe (§ 87 Abs. 2) oder aus Verträgen, die Ärzte und Zahnärzte mit Kommunen über die Erbringung von Leistungen der Prävention in Lebenswelten (z.B. Schulen, Sportvereinen) schließen. 1

### B. Kooperation zwischen staatlichen Behörden und Krankenkassen

Der praktisch eher geringeren Bedeutung der Vorschrift für Ärzte und Zahnärzte steht ein sehr hoher Stellenwert für die verfassungsrechtliche Beurteilung der Kooperation von staatlichen Behörden und den Krankenkassen als Selbstverwaltungskörperschaften i.S.d. Art. 87 Abs. 2 GG gegenüber. Keine Vorschrift des Präventionsgesetzes ist verfassungsrechtlich so umstritten wie die »Beauftragung« der Bundeszentrale für gesundheitliche Aufklärung (BZgA) durch den Spitzenverband Bund der Krankenkassen auf der Grundlage des zum 01.01.2019 erneut ergänzten Abs. 3. Danach »beauftragt« der GKV Spitzenverband die BZgA mit der Entwicklung krankenkassenübergreifender Leistungen und deren Implementierung und Evaluation zur »Unterstützung« der Krankenkassen bei der Wahrnehmung ihrer Aufgaben zur Gesundheitsförderung und Prävention in »Lebenswelten«. Dieser »Auftrag« wird unmittelbar durch das Gesetz erteilt; nur »das Nähere«, nicht aber die Auftragserteilung als solche ist gem. Abs. 4 Gegenstand eines Vertrages, den der GKV-Spitzenverband und die BZgA 2 bis zum 30.11.2015 schließen müssen. Dem ist der GKV-Spitzenverband durch Vertragsschluss mit der BZgA im Juni 2016 nachgekommen. Der Auftrag hat ein Volumen von ca. 31, 5 Mio. € im Jahr mit steigender Tendenz: die Ausgaben der Krankenkassen werden dynamisiert (§ 20 Abs. 6; näher BT Drs. 18/4282 S. 34). Diese Summe ist im Kontext der Präventionsausgaben und auch für den Haushalt der BZgA nicht banal, im Kontext der Gesamtausgaben der Krankenkassen von knapp 200 Mrd. € im Jahr 2014 jedoch ohne wirtschaftliche Bedeutung. Gravierend ist indessen der damit verbundene Systembruch: Staatsaufgaben wie diejenige der Förderung gesundheitsbewussten Verhaltens von Kleinkindern und Schülern, die von einer staatlichen Behörde – die BZgA ist eine Bundesoberbehörde i.S.d. Art. 87 Abs. 3 GG im Geschäftsbereich des BMG – durchgeführt werden, müssen von den Beitragszahlern der Krankenkassen (mit)finanziert werden (vgl. die kritische Bewertung bei *Wallrabenstein*, Vdek-Mitteilungen August 2015, S. 3). Die Aufbringung und Verwendung von Steuern und Sozialversicherungsbeiträgen folgt grundlegend verschiedenen Regeln, und die Verwendung der Rechtsfigur eines gesetzlichen Auftrags, für den die Krankenkassen gesamtstaatliche Aufgaben einer Bundesbehörde (mit)finanzieren müssen, dient lediglich dazu, das grundgesetzliche Verbot der Direktfinanzierung von Staatsaufgaben durch Beitragsmittel (BVerfGE 75, 108, 148) zu umgehen. Das Problem wird noch dadurch verschärft, dass der Gesetzgeber in Abs. 4 Satz 2 anordnet, dass für den Fall des Scheiterns vertraglicher Vereinbarungen zwischen der BZgA und dem GKV-Spitzenverband die BZgA die Präventionsleistungen nach Abs. 3 Satz 1 auf Kosten der Krankenkassen nach eigenen Vorstellungen – formal unter Berücksichtigung der von den Krankenkassen nach § 20f festgelegten Handlungsfelder – erbringen kann (BT Drs. 18/4282). Praktisch könnten die verfassungsrechtlichen Bedenken gegen die Auftrags- und Finanzierungskonstruktion der Abs. 3 und 4 folgenlos bleiben, weil kein Versicherter dadurch beschwert ist, Klagen gegen die gesetz- oder verfassungswidrige Mittelverwendung durch Krankenkassen unzulässig sind (BVerfGE 78, 320 zum Schwangerschaftsabbruch; umfassende Nachweise zur Rechtsprechung auch in BSGE 110, 161, 168), die Krankenkassen selbst nach Art. 19 Abs. 3 GG nicht grundrechtsfähig sind und kein Bundesland ein Interesse daran hat, ein abstraktes Normenkontrollverfahren vor dem BVerfG in Gang zu bringen. Das LSG Berlin-Brandenburg hat mit Urt. v. 22.01.2020 die Klage des GKV-Spitzenverbandes gegen einen Bescheid des BMG, mit dem die für 2015 zu leistende Zahlung gefordert worden war, abgewiesen (L 1 KR 127/16 KL). Das Gericht hält die »Beauftragung« nicht für verfassungswidrig. Das BSG hat auf die Revision des GKV-Spitzenverbandes festgestellt, dass die Pflicht der Krankenkassen zur Zahlung an die BZgA mit dem Grundgesetz nicht vereinbar ist, ohne allerdings dazu nach Art. 100 Abs. 1 GG das BVerfG anzurufen (Urt. v. 18.05.2021 – B 1 A 2/20 R). Im Zuge der Corona-Pandemie hat die Auseinandersetzung an Brisanz verloren, weil der Gesetzgeber mit dem Zweiten Corona-Schutzgesetz v. 19.05.2020 die Zahlungspflicht der Krankenkassen für das Jahr 2020 ausgesetzt hat (Ergänzung des Abs. 3 durch Satz 8). Das ist allerdings nicht als Abkehr des Gesetzgebers von der Finanzierung von Staatsaufgaben durch Sozialversicherungsträger zu werten, sondern allein dem Umstand geschuldet, dass coronabedingt kaum Angebote der Prävention in Lebenswelten angeboten werden können (BT Drs. 19/18967 S. 64 zu Art. 4 Nr. 2 des Entwurfs).

## § 20i Leistung zur Verhütung übertragbarer Krankheiten, Verordnungsermächtigung

(1) Versicherte haben Anspruch auf Leistungen für Schutzimpfungen im Sinne des § 2 Nr. 9 des Infektionsschutzgesetzes, dies gilt unabhängig davon, ob sie auch entsprechende Ansprüche gegen andere Kostenträger haben. Satz 1 gilt für Schutzimpfungen, die wegen eines erhöhten Gesundheitsrisikos durch einen Auslandsaufenthalt indiziert sind, nur dann, wenn der Auslandsaufenthalt beruflich oder durch eine Ausbildung bedingt ist oder wenn zum Schutz der öffentlichen Gesundheit ein besonderes Interesse daran besteht, der Einschleppung einer übertragbaren Krankheit in die Bundesrepublik Deutschland vorzubeugen. Einzelheiten zu Voraussetzungen, Art und Umfang der Leistungen bestimmt der Gemeinsame Bundesausschuss in Richtlinien nach § 92 auf der Grundlage der Empfehlungen der Ständigen Impfkommission beim Robert Koch-Institut gemäß § 20 Abs. 2 des Infektionsschutzgesetzes unter besonderer Berücksichtigung der Bedeutung der Schutzimpfungen für die öffentliche Gesundheit. Abweichungen von den Empfehlungen der Ständigen Impfkommission sind besonders zu begründen.

Zu Änderungen der Empfehlungen der Ständigen Impfkommission hat der Gemeinsame Bundesausschuss innerhalb von zwei Monaten nach ihrer Veröffentlichung eine Entscheidung zu treffen. Kommt eine Entscheidung nicht fristgemäß zustande, dürfen insoweit die von der Ständigen Impfkommission empfohlenen Schutzimpfungen mit Ausnahme von Schutzimpfungen nach Satz 2 erbracht werden, bis die Richtlinie vorliegt.

(2) Die Krankenkasse kann in ihrer Satzung weitere Schutzimpfungen und andere Maßnahmen der spezifischen Prophylaxe vorsehen.

(3) Das Bundesministerium für Gesundheit wird ermächtigt, nach Anhörung der Ständigen Impfkommission und des Spitzenverbandes Bund der Krankenkassen durch Rechtsverordnung ohne Zustimmung des Bundesrates zu bestimmen, dass Versicherte Anspruch auf weitere bestimmte Schutzimpfungen oder auf bestimmte andere Maßnahmen der spezifischen Prophylaxe haben. Das Bundesministerium für Gesundheit wird, sofern der Deutsche Bundestag nach § 5 Absatz 1 Satz 1 des Infektionsschutzgesetzes eine epidemische Lage von nationaler Tragweite festgestellt hat, ermächtigt, durch Rechtsverordnung ohne Zustimmung des Bundesrates zu bestimmen, dass
1. Versicherte Anspruch auf
    a) bestimmte Schutzimpfungen oder auf bestimmte andere Maßnahmen der spezifischen Prophylaxe haben, im Fall einer Schutzimpfung gegen das Coronavirus SARS-CoV-2 insbesondere dann, wenn sie aufgrund ihres Alters oder Gesundheitszustandes ein signifikant erhöhtes Risiko für einen schweren oder tödlichen Krankheitsverlauf haben, wenn sie solche Personen behandeln, betreuen oder pflegen oder wenn sie zur Aufrechterhaltung zentraler staatlicher Funktionen, Kritischer Infrastrukturen oder zentraler Bereiche der Daseinsvorsorge eine Schlüsselstellung besitzen,
    b) bestimmte Testungen für den Nachweis des Vorliegens einer Infektion mit einem bestimmten Krankheitserreger oder auf das Vorhandensein von Antikörpern gegen diesen Krankheitserreger haben,
    c) bestimmte Schutzmasken haben, wenn sie zu einer in der Rechtsverordnung festzulegenden Risikogruppe mit einem signifikant erhöhten Risiko für einen schweren oder tödlichen Krankheitsverlauf nach einer Infektion mit dem Coronavirus SARS-CoV-2 gehören,
2. Personen, die nicht in der gesetzlichen Krankenversicherung versichert sind, Anspruch auf Leistungen nach Nummer 1 haben.

Der Anspruch nach Satz 2 kann auf bestimmte Teilleistungen beschränkt werden; er umfasst auch die Ausstellung einer Impf- und Testdokumentation sowie von COVID-19-Zertifikaten nach § 22 des Infektionsschutzgesetzes. Sofern in der Rechtsverordnung nach Satz 2 Nummer 1 Buchstabe a und Nummer 2 ein Anspruch auf Schutzimpfung gegen das Coronavirus SARS-CoV-2 festgelegt wird, kann zugleich im Fall beschränkter Verfügbarkeit von Impfstoffen eine Priorisierung der Anspruchsberechtigten nach Personengruppen festgelegt werden; die in § 20 Absatz 2a Satz 1 des Infektionsschutzgesetzes genannten Impfziele sind dabei zu berücksichtigen. Als Priorisierungskriterien kommen insbesondere das Alter der Anspruchsberechtigten, ihr Gesundheitszustand, ihr behinderungs-, tätigkeits- oder aufenthaltsbedingtes SARS-CoV-2-Expositionsrisiko sowie ihre Systemrelevanz in zentralen staatlichen Funktionen, Kritischen Infrastrukturen oder zentralen Bereichen der Daseinsvorsorge in Betracht. Ein Anspruch nach Satz 2 Nummer 1 Buchstabe b besteht nicht, wenn die betroffene Person bereits einen Anspruch auf die in Satz 2 Nummer 1 Buchstabe b genannten Leistungen hat oder einen Anspruch auf Erstattung der Aufwendungen für diese Leistungen hätte. Sofern in der Rechtsverordnung nach Satz 2 Nummer 1 Buchstabe c ein Anspruch auf Schutzmasken festgelegt wird, ist das Einvernehmen mit dem Bundesministerium der Finanzen herzustellen und kann eine Zuzahlung durch den berechtigten Personenkreis vorgesehen werden. Sofern in der Rechtsverordnung nach Satz 2 ein Anspruch auf eine Schutzimpfung gegen das Coronavirus SARS-CoV-2 auch für Personen, die nicht in der gesetzlichen Krankenversicherung versichert sind, festgelegt wird, beteiligen sich die privaten Krankenversicherungsunternehmen anteilig in Höhe von 7 Prozent an den Kosten, soweit diese nicht von Bund oder Ländern getragen werden. Die Rechtsverordnung nach Satz 2 ist nach Anhörung des Spitzenverbandes Bund der Krankenkassen und der Kassenärztlichen Bundesvereinigung zu erlassen. Sofern in der Rechtsverordnung nach Satz 2 ein Anspruch auf Schutzimpfungen oder andere Maßnahmen der spezifischen Prophylaxe festgelegt wird, ist vor ihrem Erlass auch die Ständige Impfkommission beim Robert Koch-Institut anzuhören. Sofern in der Rechtsverordnung nach Satz 2 ein Anspruch auf Schutzmasken festgelegt wird, ist vor ihrem Erlass auch der Deutsche Apothekerverband anzuhören. Sofern die Rechtsverordnung nach Satz 2 Regelungen für Personen enthält, die privat krankenversichert sind, ist vor Erlass der Rechtsverordnung auch der Verband der Privaten Krankenversicherung anzuhören. In der Rechtsverordnung nach Satz 2 kann auch das Nähere geregelt werden

1. zu den Voraussetzungen, zur Art und zum Umfang der Leistungen nach Satz 2 Nummer 1,
2. zu den zur Erbringung der in Satz 2 genannten Leistungen berechtigten Leistungserbringern, einschließlich der für die Leistungserbringung eingerichteten Testzentren und Impfzentren, zur Vergütung und Abrechnung der Leistungen und Kosten sowie zum Zahlungsverfahren,
3. zur Organisation der Versorgung einschließlich der Mitwirkungspflichten der Kassenärztlichen Vereinigungen und der Kassenärztlichen Bundesvereinigung bei der Versorgung mit den in Satz 2 Nummer 1 Buchstabe a genannten Leistungen,
4. zur vollständigen oder anteiligen Finanzierung der Leistungen und Kosten aus der Liquiditätsreserve des Gesundheitsfonds,
5. zur anteiligen Kostentragung durch die privaten Krankenversicherungsunternehmen nach Satz 8, insbesondere zum Verfahren und zu den Zahlungsmodalitäten, und
6. zur Erfassung und Übermittlung von anonymisierten Daten insbesondere an das Robert Koch-Institut über die aufgrund der Rechtsverordnung durchgeführten Maßnahmen.

Im Zeitraum vom 1. Januar 2021 bis zum 31. Dezember 2021 werden aufgrund von Rechtsverordnungen nach Satz 2 Nummer 1 Buchstabe a und b, auch in Verbindung mit Nummer 2, sowie Satz 13 Nummer 4 aus der Liquiditätsreserve des Gesundheitsfonds gezahlte Beträge aus Bundesmitteln erstattet, soweit die Erstattung nicht bereits gemäß § 12a des Haushaltsgesetzes 2021 erfolgt. Soweit Leistungen nach Satz 2 Nummer 1 Buchstabe c aus der Liquiditätsreserve des Gesundheitsfonds finanziert werden, sind diese aus Bundesmitteln zu erstatten; in den Rechtsverordnungen nach Satz 2 Nummer 1 Buchstabe a und b, auch in Verbindung mit Nummer 2, kann eine Erstattung aus Bundesmitteln für weitere Leistungen nach Satz 2 geregelt werden. Eine aufgrund des Satzes 2 erlassene Rechtsverordnung tritt spätestens ein Jahr nach der Aufhebung der Feststellung der epidemischen Lage von nationaler Tragweite durch den Deutschen Bundestag nach § 5 Absatz 1 Satz 2 des Infektionsschutzgesetzes außer Kraft. Bis zu ihrem Außerkrafttreten kann eine Verordnung nach Satz 2 auch nach Aufhebung der epidemischen Lage von nationaler Tragweite geändert werden. Soweit und solange eine auf Grund des Satzes 1 oder des Satzes 2 erlassene Rechtsverordnung in Kraft ist, hat der Gemeinsame Bundesausschuss, soweit die Ständige Impfkommission Empfehlungen für Schutzimpfungen abgegeben hat, auf die ein Anspruch nach der jeweiligen Rechtsverordnung besteht, in Abweichung von Absatz 1 Satz 5 Einzelheiten zu Voraussetzungen, Art und Umfang von diesen Schutzimpfungen nach Absatz 1 Satz 3 für die Zeit nach dem Außerkrafttreten der jeweiligen Rechtsverordnung in Richtlinien nach § 92 zu bestimmen; die von der Ständigen Impfkommission empfohlenen Schutzimpfungen dürfen nach Außerkrafttreten der Rechtsverordnung so lange erbracht werden, bis die Richtlinie vorliegt.

(4) Soweit Versicherte Anspruch auf Leistungen für Maßnahmen nach den Absätzen 1 bis 3 haben, schließt dieser Anspruch die Bereitstellung einer Impfdokumentation nach § 22 des Infektionsschutzgesetzes ein. Die Krankenkassen können die Versicherten in geeigneter Form über fällige Schutzimpfungen und über andere Maßnahmen nach den Absätzen 2 und 3, auf die sie einen Anspruch auf Leistungen haben, versichertenbezogen informieren.

(5) Die von den privaten Krankenversicherungsunternehmen in dem Zeitraum vom 1. Januar 2021 bis zum 31. Dezember 2021 nach Absatz 3 Satz 8 und 13 Nummer 5 getragenen

Kosten werden aus Bundesmitteln an den Verband der Privaten Krankenversicherung erstattet. Der Verband der Privaten Krankenversicherung teilt dem Bundesministerium für Gesundheit die nach Satz 1 zu erstattenden Beträge bis zum 30. November 2021 für den Zeitraum vom 1. Januar 2021 bis zum 30. November 2021 und bis zum 31. März 2022 für den Zeitraum vom 1. Dezember 2021 bis zum 31. Dezember 2021 mit. Die Beträge nach Satz 2 sind binnen der in Satz 2 genannten Fristen durch den Verband der Privaten Krankenversicherung durch Vorlage der von den Ländern an den Verband der Privaten Krankenversicherung gestellten Rechnungen und der Zahlungsbelege über die vom Verband der Privaten Krankenversicherung an die Länder geleisteten Zahlungen nachzuweisen. Das Bundesministerium für Gesundheit erstattet dem Verband der Privaten Krankenversicherung nach dem Zugang der Mitteilung nach Satz 2 und der Vorlage der Nachweise nach Satz 3 die mitgeteilten Beträge. Der Verband der Privaten Krankenversicherung erstattet die vom Bundesministerium für Gesundheit erstatteten Beträge an die privaten Krankenversicherungsunternehmen.

| Übersicht | Rdn. | | Rdn. |
|---|---|---|---|
| A. Anspruch auf Schutzimpfungen | 1 | B. GBA und Impfkommission | 2 |

## A. Anspruch auf Schutzimpfungen

Die Vorschrift ist im Zuge der Corona-Pandemie durch Gesetzesänderungen insbesondere in Abs. 3 zur zentralen Norm des Krankenversicherungsrechts für Impfungen und Testungen aufgewertet worden. In Abs. 3 Satz 2 werden die wichtigsten Instrumente der Bekämpfung der Pandemie angesprochen, nämlich Impfungen (Nr. 1a), Testungen (Nr. 1b) und Masken (Nr. 1c). Systematisch sind die Regelungen als Ermächtigungen des BMG zum Erlass von Rechtsverordnungen i.S.d. Art. 80 GG gefasst. Das Ministerium hat von den verschiedenen Ermächtigungstatbeständen umfassend und bisweilen im Wochenrhythmus Gebrauch gemacht. Ursprünglich hatte die Vorschrift einen sehr viel engeren Anwendungsbereich. Zum 01.04.2007 war der Rechtsanspruch auf Schutzimpfungen als zentrales Element der Primärprävention gesetzlich geregelt worden. Zuvor waren Schutzimpfungen Satzungsleistungen der Krankenkassen. Der Sicherstellungsauftrag der Kassenärztlichen Vereinigungen erstreckt sich nicht mehr auf die Impfleistungen nach Abs. 1. Aus der Änderung dieser Vorschrift im Gesetzgebungsverfahren des GKV-WSG (BT-Drs. 16/4247 S. 43) und der Einfügung der Regelung des § 132e ergibt sich, dass die Sicherstellungsverantwortung für die Schutzimpfungen allein bei den Krankenkassen liegt (BT-Drs. 16/4247 S. 67). Die Kosten für die Impfstoffe selbst und für die ärztliche Behandlung dabei unterfallen nicht dem Arzneimittelbudget und der vertragsärztlichen Gesamtvergütung. Das hat zur Folge, dass aus der Sicht der Vertragsärzte keine Anreize bestehen, Impfleistungen im Hinblick auf andere Behandlungen in geringerem Umfang zu erbringen. Die Krankenkassen schließen über die Schutzimpfungen Verträge mit geeigneten Leistungserbringern; das sind neben den Vertragsärzten, die über 90 % der Schutzimpfungen durchführen, auch ärztlich geleitete Einrichtungen sowie der öffentliche Gesundheitsdienst (§ 132e Satz 1). Nach der Vorstellung des Gesetzgebers haben die Leistungserbringer keinen Anspruch auf Abschluss eines Impfvertrages mit den Krankenkassen (BT-Drs. 16/4247 S. 67), doch muss sichergestellt sein, dass »insbesondere die an der vertragsärztlichen Versorgung beteiligten Ärzte berechtigt sind, Schutzimpfungen vorzunehmen« (§ 132e Satz 2). Dazu hat das BSG am 21.03.2018 entschieden, dass die Impfung der Versicherten durch Vertragsärzte auf der Grundlage von Vereinbarungen zwischen den Verbänden der Krankenkassen und der KÄV im Rahmen der vertragsärztlichen Versorgung erfolgt (B 6 KA 31/17 R). Das hat zur Folge, dass die Prüfgremien nach § 106b die Wirtschaftlichkeit der Bestellung von Impfstoff durch Vertragsärzte überprüfen dürfen.

## B. GBA und Impfkommission

Welche Schutzimpfungen die Versicherten beanspruchen können, ergibt sich aus Abs. 1 Satz 3 bis 8 als Rechtsfolge einer doppelten Verweisung. Die Vorschrift, die zunächst die Bezeichnung »§ 20d« hatte und seit dem Inkrafttreten des Präventionsgesetzes im Juli 2015 die Bezeichnung »§ 20i« führt, verweist auf eine Richtlinie des GBA nach § 92. Dieser wiederum muss seine Regelung auf der Grundlage der Empfehlungen der Ständigen Impfkommission (StIKO) des Robert-Koch-Instituts nach § 20 Abs. 2 Infektionsschutzgesetz (IfSG) treffen. Der GBA kann theoretisch zu einer Impfung, die die StIKO empfiehlt, eine negative Richtlinienempfehlung abgeben, doch ist das praktisch im Hinblick auf die »besondere Begründungspflicht« nach Satz 4 ausgeschlossen. Das BMG als Aufsichtsbehörde für den GBA dürfte jede Richtlinie, die hinter dem Empfehlungsstandard der StIKO zurückbleibt, beanstanden, schon weil das Ministerium die Verpflichtung hat, alles Mögliche und Sinnvolle zur Verhinderung des Ausbruchs übertragbarer Krankheiten zu tun. Bei den Präventionsmaßnahmen zur Bekämpfung der Corona-Pandemie, die seit dem Zweiten Corona-Schutzgesetz v. 19.05.2020 in Abs. 3 geregelt sind, spielen Richtlinien des G-BA keine zentrale Rolle mehr. Der BMG regelt die Ansprüche der Versicherten – und nach Abs. 3 Satz 2 Nr. 2 auch von Personen, die nicht gesetzlich versichert sind – unmittelbar durch Rechtsverordnung. KÄBV und GKV-Spitzenverband sind nur anzuhören; dasselbe gilt für die StIKO nach Abs. 3 Satz 8.

3 Der GBA hat die Schutzimpfungsrichtlinie an die Empfehlungen der StIKO angepasst und dabei auch Beanstandungen des BMG berücksichtigt (letzte Änderung im Beschluss v. 15.10.2020, recherchierbar über die Internetseite des G-BA). Im allgemeinen Teil der Richtlinie werden in enger Anlehnung an die Vorschriften des IfSG die Pflichten der impfenden Ärzte in Bezug auf Aufklärung, Dokumentation und Meldung von Impfschäden normiert. In den Anlagen sind die Impfungen aufgeführt, für die eine allgemeine Empfehlung – für alle Personen, gegebenenfalls nach Geschlecht und individuellem Risiko differenzierend – gegeben wird. Das betrifft z.B. Diphtherie, Tetanus, Hepatitis A und B, Masern, Mumps, Keuchhusten und – seit Mitte 2007 – HPV, mit der Einschränkung, dass die Impfung nur für Mädchen und jetzt auch Jungen zwischen 9 und 14 Jahren empfohlen wird. Für die Versicherten und deren Rechtsanspruch sind die Richtlinien des GBA maßgeblich; solange diese von den Empfehlungen der StIKO abweichen, dürfen die Krankenkassen Impfungen, die noch nicht oder nur mit eingeschränkter Indikation Gegenstand der Richtlinien sind, nicht als Sachleistung erbringen. Die Impfung gegen Hepatitis A war bisher nicht von der Leistungspflicht der gesetzlichen Krankenversicherung umfasst; die Krankenkasse muss eine solche Impfung auch dann nicht gewähren, wenn ein Versicherter wegen schwerer Grunderkrankungen besonders infektionsanfällig ist und vor Infektionen möglichst umfassend geschützt werden muss (LSG München Urt. v. 27.10.2009 – L 5 KR 222/09). Einige Krankenkassen bieten die Impfung gegen Hepatitis A als freiwillige Leistung auf der Grundlage ihrer Satzung an; die gesetzliche Grundlage dafür enthält Abs. 2. Inzwischen hat der G-BA mit Beschl. v. 17.11.2017 auf die Kritik des BMG an der nur sehr beschränkt erfolgten Aufnahme der Impfungen gegen Hepatitis A und B in die Schutzimpfungsrichtlinie reagiert. Die Kritik des BMG hatte sich vor allem daran entzündet, dass der G-BA einen expliziten Vorrang der Verantwortung der Arbeitgeber für die Übernahme der Kosten dieser Impfungen bei Personen mit einem besonderen beruflichen Risiko normiert hatte. Das hält das BMG zumindest für zu weitgehend. Neu in den Katalog aufgenommen ist der Anspruch von Personen über 60 Jahren auf Impfung gegen Herpes Zoster.

## § 22 Verhütung von Zahnerkrankungen (Individualprophylaxe)

(1) Versicherte, die das sechste, aber noch nicht das achtzehnte Lebensjahr vollendet haben, können sich zur Verhütung von Zahnerkrankungen einmal in jedem Kalenderhalbjahr zahnärztlich untersuchen lassen.

(2) Die Untersuchungen sollen sich auf den Befund des Zahnfleisches, die Aufklärung über Krankheitsursachen und ihre Vermeidung, das Erstellen von diagnostischen Vergleichen zur Mundhygiene, zum Zustand des Zahnfleisches und zur Anfälligkeit gegenüber Karieserkrankungen, auf die Motivation und Einweisung bei der Mundpflege sowie auf Maßnahmen zur Schmelzhärtung der Zähne erstrecken.

(3) Versicherte, die das sechste, aber noch nicht das achtzehnte Lebensjahr vollendet haben, haben Anspruch auf Fissurenversiegelung der Molaren.

(4) (weggefallen)

(5) Der Gemeinsame Bundesausschuss regelt das Nähere über Art, Umfang und Nachweis der individualprophylaktischen Leistungen in Richtlinien nach § 92.

*(unbelegt)* 1

Die zahnärztlichen Prophylaxeangebote sind von der der grundlegenden Umgestaltung des 3. Abschnitts des SGB V durch das Präventionsgesetz v. 17.07.2015 (BGBl. I S. 1368) nicht betroffen. Die Vorschrift über die Individualprophylaxe enthält ein geschlossenes, verständliches und praktisch umsetzbares Konzept und steht insoweit exemplarisch für Präventionsregelungen im Krankenversicherungsrecht. In wenigen Versorgungsbereichen sind die Erfolge von individualprophylaktischen Maßnahmen so greifbar und gut dokumentiert wie bei der zahnärztlichen Versorgung. Füllungen und Extraktionen gehen kontinuierlich zurück (ZM 2018, 1174), große Versorgungsdefizite zeigen sich derzeit vor allem bei Flüchtlingen und pflegebedürftigen und/behinderten Menschen in Heimen (dazu § 22a). 2

Kinder und Jugendliche haben kraft Gesetzes einen Anspruch auf Untersuchungen (Abs. 1) und Beratungen (Abs. 2) sowie bestimmte Behandlungen (Abs. 3) zur Verhütung von Zahnerkrankungen. Nähere Regelungen sind in der Richtlinie des GBA über individualprophylaktische Leistungen (BAnz 2003 Nr. 226 S. 24 966) getroffen worden. Die gesetzgeberische Intention geht dahin, dass die in § 21 näher geregelte Gruppenprophylaxe die Individualprophylaxe ergänzen soll. Für einen Vorrang der Gruppenprophylaxe in dem Sinne, dass ein Kind die Leistungen nach § 21 nur in Anspruch nehmen kann, wenn es von ihm in Kindergarten oder Schule angebotenen gruppenprophylaktischen Angeboten Gebrauch gemacht hat, fehlt aber jeder gesetzliche Anhaltspunkt (*Schütze* JurisPK-SozR § 22 SGB V Rn. 26) Für Erwachsene kann die Individualprophylaxe Teil der zahnärztlichen Behandlung i.S.d. § 28 Abs. 2 sein (*Lungstras*, in Eichenhofer/Wenner, SGB V § 22 Rn. 1); an Stelle des halbjährlichen Turnus der Untersuchungen nach § 22 Abs. 1 tritt dann der Jahresturnus, wie sich mittelbar auch aus § 55 Abs. 1 Satz 4 Nr. 2 ergibt. Die Durchführung der Präventionsleistungen ist ein Angebot an die Jugendlichen, dessen Annahme nicht erzwungen werden kann, aber durch finanzielle Anreize nahe gelegt wird. Die Höhe der Festzuschüsse zu Zahnersatzleistungen hängt auch davon ab, ob der Versicherte, der Zahnersatz benötigt, eigene Bemühungen um die Gesunderhaltung der Zähne nachweisen kann und sein Zahnstatus regelmäßige Gebisspflege erkennen lässt (§ 55 Abs. 1 Satz 3). Unverzichtbar für den Nachweis derartiger Bemühungen ist die Inanspruchnahme der Leistungen nach § 22 für Jugendliche und des Angebotes einer jährlichen Vorsorgeuntersuchung für Erwachsene. Die Inanspruchnahme der Leistungen wird durch die Eintragungen des Zahnarztes in ein spezielles Heft nachgewiesen; die Durchführung der Untersuchungen und – bei der Versiegelung der »Milchzähne« nach Abs. 3 – auch der Behandlungen ist Bestandteil der vertragszahnärztlichen Versorgung. Die Vertragszahnärzte erhalten dafür Pauschalen von der KZÄV (§ 85 Abs. 2 Satz 5). Für den Vertragszahnarzt unterscheiden sich die Leistungen nach § 22 nicht grundsätzlich von anderen Behandlungsleistungen; sie sind der Wirtschaftlichkeitsprüfung nach § 106 nicht von vornherein entzogen (Bayerisches LSG Urt. v. 12.08.2014 – L 12 KA 5054/13). 3

## § 22a Verhütung von Zahnerkrankungen bei Pflegebedürftigen und Menschen mit Behinderungen

(1) Versicherte, die einem Pflegegrad nach § 15 des Elften Buches zugeordnet sind oder in der Eingliederungshilfe nach § 99 des Neunten Buches leistungsberechtigt sind, haben Anspruch auf Leistungen zur Verhütung von Zahnerkrankungen. Die Leistungen umfassen insbesondere die Erhebung eines Mundgesundheitsstatus, die Aufklärung über die Bedeutung der Mundhygiene und über Maßnahmen zu deren Erhaltung, die Erstellung eines Planes zur individuellen Mund- und Prothesenpflege sowie die Entfernung harter Zahnbeläge. Pflegepersonen des Versicherten sollen in die Aufklärung und Planerstellung nach Satz 2 einbezogen werden.

(2) Das Nähere über Art und Umfang der Leistungen regelt der Gemeinsame Bundesausschuss in Richtlinien nach § 92.

1 Die Vorschrift ist durch das VSG v. 16.07.2015 eingeführt und durch das Pflegeversicherungsstärkungsgesetz v. 21.12.2015 – in Satz 1 – den Änderungen im SGB XI (fünf Pflegegrade statt drei Pflegestufen) angepasst worden. Praktisch sind die gesetzlichen Vorgaben seit dem 01.07.2018 umsetzbar, weil zu diesem Termin die »Richtlinie des G-BA über Maßnahmen zur Verhütung von Zahnerkrankungen bei Pflegebedürftigen und Menschen mit Behinderung« in Kraft getreten ist. Die Mundgesundheit des in Abs. 1 Satz 1 beschriebenen Personenkreises ist deutlich schlechter als im Durchschnitt der Bevölkerung (BT-Drs. 18/4095 S. 72). Wichtige zahnärztliche Maßnahmen, auf die ein Anspruch besteht, sind die Erhebung des Status der Mundhygiene sowie – vor allem für Versicherte in Heimen von Bedeutung – die Erstellung eines Planes zur individuellen Mund- und Prothesenpflege. Die in diesem Rahmen zu erbringenden Leistungen sind in § 4 der Richtlinie eingehend beschrieben; dort ist auch geregelt, dass die Beachtung und Umsetzung des Planes bei der jeweils folgenden Konsultation überprüft wird. Die zahnärztlichen Leistungen zur Umsetzung des Anspruchs der pflegebedürftigen Versicherten können auch außerhalb der Praxis in der Wohnung des Versicherten oder im Pflegeheim erbracht werden. Den in den §§ 4–7 der Richtlinie beschriebenen Leistungen sind zum 01.07.2018 neue Positionen im BemaZ zugeordnet und punktzahlmäßig bewertet worden (*Bristle/Koczott* ZM 2018, 1492).

2 Die zahnärztliche Versorgung von pflegebedürftigen und behinderten Menschen ist besonders anspruchsvoll und fordert eine effektive Kooperation des Zahnarztes mit der Pflegeeinrichtung. Das beruht auch darauf, dass im Heim die tatsächlichen Voraussetzungen dafür geschaffen werden, dass Bewohner mit Hilfe des Einsatzes mobiler zahnärztlicher Behandlungseinheiten auch in der Einrichtung versorgt werden können. Es ist trivial, dass die Versorgung in der zahnärztlichen Praxis besser erfolgen kann als im Heim, doch geht es in der Realität eher um die Alternative zwischen dem völligen Fehlen einer zahnärztlichen Versorgung und der Behandlung im Heim. Dem trägt das Gesetz durch die Forderung nach dem Abschluss von Verträgen zwischen der Einrichtung und den Zahnärzten Rechnung (§ 119b). Die zahnärztlichen Leistungen, die im Rahmen solcher Verträge erbracht werden, sind in der punktzahlmäßigen Bewertung privilegiert (BemaZ Nr. 171, Zuschlagsposition PBA 1a und Besuchsposition Nr. 154 Bs4). Beide Positionen gehen auf die Regelungen in § 87 Abs. 2i und 2j zurück, die wiederum auf § 119b verweisen.

## § 23 Medizinische Vorsorgeleistungen

(1) Versicherte haben Anspruch auf ärztliche Behandlung und Versorgung mit Arznei-, Verband-, Heil- und Hilfsmitteln, wenn diese notwendig sind,
1. eine Schwächung der Gesundheit, die in absehbarer Zeit voraussichtlich zu einer Krankheit führen würde, zu beseitigen,
2. einer Gefährdung der gesundheitlichen Entwicklung eines Kindes entgegenzuwirken,
3. Krankheiten zu verhüten oder deren Verschlimmerung zu vermeiden oder
4. Pflegebedürftigkeit zu vermeiden.

(2) Reichen bei Versicherten die Leistungen nach Absatz 1 nicht aus oder können sie wegen besonderer beruflicher oder familiärer Umstände nicht durchgeführt werden, erbringt die Krankenkasse aus medizinischen Gründen erforderliche ambulante Vorsorgeleistungen in anerkannten Kurorten. Die Satzung der Krankenkasse kann zu den übrigen Kosten die Versicherten im Zusammenhang mit dieser Leistung entstehen, einen Zuschuss von bis zu 16 € täglich vorsehen. Bei ambulanten Vorsorgeleistungen für versicherte chronisch kranke Kleinkinder kann der Zuschuss nach Satz 2 auf bis zu 25 € erhöht werden.

(3) In den Fällen der Absätze 1 und 2 sind die §§ 31 bis 34 anzuwenden.

(4) *Reichen bei Versicherten die Leistungen nach Absatz 1 und 2 nicht aus, erbringt die Krankenkasse Behandlung mit Unterkunft und Verpflegung in einer Vorsorgeeinrichtung, mit der ein*

Vertrag nach § 111 besteht. Die Krankenkasse führt statistische Erhebungen über Anträge auf Leistungen nach Satz 1 und Absatz 2 sowie deren Erledigung durch.

(5) Die Krankenkasse bestimmt nach den medizinischen Erfordernissen des Einzelfall unter entsprechender Anwendung des Wunsch- und Wahlrechts der Leistungsberechtigten nach § 8 des Neunten Buches Art, Dauer, Umfang, Beginn und Durchführung der Leistungen nach Abs. 4 sowie die Vorsorgeeinrichtung nach pflichtgemäßem Ermessen; die Krankenkasse berücksichtigt bei ihrer Entscheidung die besonderen Belange pflegender Angehöriger. Leistungen nach Absatz 4 sollen für längstens drei Wochen erbracht werden, es sei denn, eine Verlängerung der Leistung ist aus medizinischen Gründen dringend erforderlich. Satz 2 gilt nicht, soweit der Spitzenverband Bund der Krankenkassen nach Anhörung der für die Wahrnehmung der Interessen der ambulanten und stationären Vorsorgeeinrichtungen auf Bundesebene maßgeblichen Spitzenorganisationen in Leitlinien Indikationen festgelegt und diesen jeweils eine Regeldauer zugeordnet hat; von dieser Regeldauer kann nur abgewichen werden, wenn dies aus dringenden medizinischen Gründen im Einzelfall erforderlich ist. Leistungen nach Absatz 2 können nicht vor Ablauf von drei, Leistungen nach Absatz 4 können nicht vor Ablauf von vier Jahren nach Durchführung solcher oder ähnlicher Leistungen erbracht werden, deren Kosten auf Grund öffentlich-rechtlicher Vorschriften getragen oder bezuschusst worden sind, es sei denn, eine vorzeitige Leistung ist aus medizinischen Gründen dringend erforderlich.

(6) Versicherte, die eine Leistung nach Absatz 4 in Anspruch nehmen und das achtzehnte Lebensjahr vollendet haben, zahlen je Kalendertag den sich nach § 61 Satz 2 ergebenden Betrag an die Einrichtung. Die Zahlung ist an die Krankenkasse weiterzuleiten.

(7) Medizinisch notwendige stationäre Vorsorgemaßnahmen für versicherte Kinder, die das 14. Lebensjahr noch nicht vollendet haben, sollen in der Regel für vier bis sechs Wochen erbracht werden.

## Übersicht

| | Rdn. | | Rdn. |
|---|---|---|---|
| A. Medizinische Vorsorge- und Rehabilitationsleistung . . . . . . . . . . . . . . . . . . . . . | 1 | B. Behandlung in Kurorten . . . . . . . . . . . . . <br> C. Stationäre Vorsorgemaßnahmen . . . . . . | 2 <br> 3 |

## A. Medizinische Vorsorge- und Rehabilitationsleistung

Vorsorge und Rehabilitation sind wichtige Leistungsbereiche der GKV. Eine trennscharfe Abgrenzung beider Leistungsbereiche ist nicht in allen Fällen erforderlich, weil § 40 hinsichtlich der Rehabilitation den Versicherten ebenso einen Rechtsanspruch auf geeignete Behandlungsmaßnahmen gewährt wie § 23 Abs. 1 im Bereich der Vorsorge. Eine enge Verzahnung beider Leistungsbereiche, die von der akuten Krankenbehandlung im ambulanten wie im stationären Bereich abzugrenzen ist, erfolgt über das Leistungserbringerrecht. Stationäre Maßnahmen werden nämlich in Einrichtungen nach § 111 erbracht, die in der Regel Vorsorge- wie Rehabilitationsbehandlungen zugleich anbieten. Die Beteiligung der Versicherten an der Auswahl der Vorsorgeeinrichtung ist durch die Neufassung des Satzes 1 durch das zum 01.01.2018 in Kraft getretene Bundesteilhabegesetz intensiviert worden. Die Betonung des Wunsch- und Wahlrechts der Versicherten sowie der von der Krankenkasse zwingend zu berücksichtigenden Belange von pflegenden Angehörigen (zu den dabei maßgeblichen Gesichtspunkten näher Becker/Kingreen/*Welti*, SGB V, § 24 Rn. 20) erschweren der Krankenkasse die Durchsetzung ihres Standortvorschlags gegen den Willen des Versicherten. Das ist im Grundsatz schon deshalb sinnvoll, weil von einer stationären Vorsorge--Maßnahme in einer Einrichtung, in der Versicherte nicht betreut werden will, kaum positive Effekte zu erwarten sind. Die Schwierigkeiten der Krankenkassen bei der Belegungsplanung ihrer Vertragseinrichtungen nimmt der Gesetzgeber dabei in Kauf; auch insoweit ist das Bundesteilhabegesetz ein Regelwerk aus der Zeit von großen Überschüssen bei den Krankenklassen, von denen der Gesetzgeber offenbar angenommen hat, dass sie für immer garantiert sind. Spätestens seit 2021 ist klar, dass diese Erwartung getrogen hat.

Erhebliche Bedeutung in der Rechtsprechung hat Abs. 1 im Zusammenhang mit Hilfsmitteln gewonnen, die als Bestandteil einer »neuen« Behandlungsmethode i.S.d. § 135 Abs. 2 von den Versicherten erst beansprucht werden können, wenn eine positive Empfehlung des G-BA zu der Methode selbst vorliegt. Dieser Mechanismus zur Sicherung von Qualität und Wirtschaftlichkeit der Versorgung würde außer Kraft gesetzt, wenn die Versorgung mit solchen Hilfsmitteln als Vorsorgeleistung i.S.d. Abs. 1 beansprucht werden könnte. Das BSG hat in seinen Urteilen zu den Kopforthesen v. 11.05.2017 – B 3 KR15/10 R, B 3 KR 17/16 R -klargestellt, dass nicht jede Maßnahme, die potenziell geeignet sein kann, gesundheitliche Fehlentwicklungen insbesondere bei Kindern zu verhindern, nach Abs. 1 Nr. 2 von der Krankenkasse geschuldet ist. Die möglichen gesundheitlichen Beeinträchtigungen müssen ein erhebliches Ausmaß haben und dürfen nicht auf andere Weise als durch den Einsatz des von den Eltern des betroffenen Kindes gewünschten Hilfsmittels behoben werden können.,

### B. Behandlung in Kurorten

2   Der Norm liegt eine Stufenfolge von Vorsorgeleistungen zu Grunde. Zunächst stehen den Versicherten die üblichen ambulanten ärztlichen und ärztlich verordneten Leistungen zu. Reichen diese nicht aus, kann die Krankenkasse an einem anerkannten Kurort ambulante Versorgungsleistungen erbringen (Abs. 2 Satz 1). Durch das Präventionsgesetz v. 17.07.2015 (BGBl. I S. 1368) ist neben das Merkmal »Nicht-Ausreichen« der ambulanten Behandlungsmöglichkeiten die Unmöglichkeit ihrer Inanspruchnahme wegen besonderer beruflicher oder familiärer Umstände getreten. Der Gesetzgeber hat dabei an Personen gedacht, die etwa wegen der Verrichtung von Schichtarbeit oder der Pflege von Angehörigen die Nutzung von ambulanten Angeboten nach Abs. 1 nicht in ihren Tagesablauf integrieren können (BR Drs. 640/14 S. 41). Dahinter verbirgt sich die früher sog. ambulante Badekur bzw. ein »Kurlaub«. Die Versicherten leben auf eigene Kosten – gegebenenfalls unterstützt durch einen Zuschuss der Krankenkasse von 16 € am Tag nach Abs. 2 Satz 2 – in einem Kurort und erhalten dort ambulante Vorsorgeleistungen zulasten der Krankenkasse. Krankengeld erhalten die Versicherten in den Fällen des § 23 Abs. 2 nicht, wie sich aus § 44 Abs. 1 ergibt, der ausdrücklich nur auf § 23 Abs. 4, also die vollstationären Vorsorgemaßnahmen Bezug nimmt. Der Zuschuss der Krankenkasse zu den Kosten des Aufenthalts insgesamt soll die Versicherten entlasten. Der Zuschussbetrag ist durch das Präventionsgesetz von 13 €/Tag auf 16 €/Tag erhöht, um den Anreiz für die Inanspruchnahme der Leistungen in einem Kurort zu erhöhen (BR Drs. 640/14 S. 41). Die vertragsärztlichen Leistungen im Rahmen des für jeden Versicherten individuell zu erarbeitenden Behandlungsplans werden nach dem »Kurarztvertrag« der KÄBV und des Spitzenverbandes Bund der Krankenkassen erbracht und über die jeweilige KÄV vergütet. Soweit ein Versicherter eine Pauschalkur in Anspruch nimmt, wie sie etwa von Reiseveranstaltern in Ungarn und der Tschechischen Republik angeboten werden, ist eine Bezuschussung fraglich, wenn und soweit es keine speziellen Leistungen gibt, zu denen Zuschüsse gewährt werden könnten (Thüringer LSG Beschl. v. 16.06.2017 – L 6 KR 226/17 NZB). Wenn sinnvolle Behandlungsziele verfolgt werden und ein Kurarzt eingeschaltet wird, kann aber der Zuschuss von 16 €/Tag auch dann gewährt werden. Für Gewährung einer ambulanten Kur lässt die Krankenkasse die medizinische Erforderlichkeit durch den Medizinischen Dienst (MD) überprüfen. Sind die Voraussetzungen erfüllt, könnte die Wendung »kann« in Abs. 2 Satz 1 auf ein Ermessen der Kasse hindeuten. Das trifft aber nicht zu. Das »kann« ist hier als »Kompetenz-Kann« zu verstehen, weil nicht ersichtlich ist, mit welcher Begründung die Kasse die Leistung sollte ablehnen können, wenn ihre medizinische Notwendigkeit nachgewiesen ist. Ambulante Badekuren dürfen grundsätzlich nur im zeitlichen Abstand von 3 Jahren erbracht werden (Abs. 5 Satz 4), soweit nicht ein früherer Termin dringend geboten ist. Insoweit steht der Krankenkasse kein gerichtlich nur eingeschränkt nachprüfbarer Beurteilungsspielraum zur Verfügung. Der Versicherte, der schon vor dem Ablauf der 3 Jahre eine Kur durchführen will, kann den Anspruch darauf gerichtlich durchsetzen. Die Zahl der von den Krankenkassen bewilligten »ambulanten Vorsorgeleistungen in anerkannten Kurorten« ist seit Jahren rückläufig. Sie ist trotz der Umwandlung der Ermessens- in eine Pflichtleistung von

217.022 im Jahr 2001 auf 118.838 im Jahr 2011 zurückgegangen. Ursächlich dafür war nicht eine restriktive Genehmigungspraxis der Krankenkassen; die Quote der genehmigten Anträge ist von 70,3 im Jahr 2008 auf 72,4 % im Jahr 2011 gestiegen (BT-Drs. 17/12646). Angesichts des Ausbaus der ambulanten Vorsorge- und Rehabilitationsinfrastruktur in den größeren und mittelgroßen Städten waren die tatbestandlichen Voraussetzungen des Abs. 2 Satz 1 in der bis zum 24.07.2015 geltenden Fassung nur noch selten erfüllt. Die Ergänzung der Anspruchsvoraussetzungen in Abs. 2 Satz 1 dahin, dass die Leistungen in Kurorten auch dann in Anspruch genommen werden können, wenn sie zwar am Wohnort verfügbar, wegen der besonderen beruflichen oder familiären Belastung des Versicherten aber tatsächlich nicht genutzt werden können, könnte die Inanspruchnahme erhöhen.

### C. Stationäre Vorsorgemaßnahmen

Reicht auch das medizinische Angebot einer ambulanten Kur zur Erzielung des nach Abs. 1 angestrebten Vorsorgeerfolges nicht aus, haben die Versicherten nach Abs. 4 Anspruch auf eine stationäre Behandlung in einer Vorsorgeeinrichtung i.S.d. § 107 Abs. 2 Nr. 1; diese muss nach § 111 über einen Versorgungsvertrag mit den Landesverbänden der Krankenkassen verfügen. Vorsorgekuren haben ein weiteres Anwendungsspektrum als medizinische Rehabilitationsmaßnahmen i.S.d. § 40 Abs. 2, die deutlich auf Nachsorgebehandlungen nach endoprothetischen Operationen, Schlaganfällen und Herzinfarkten ausgerichtet sind. Insbesondere Erschöpfungszustände, die letztlich immer auch zu Krankheiten i.S.d. Abs. 1 führen können, werden in stationären Vorsorgeeinrichtungen behandelt. Wenn die Voraussetzungen des Abs. 4 vorliegen, hat der Versicherte einen Anspruch auf Durchführung einer Kur; die Kasse kann nach Abs. 5 lediglich Ort und Umfang der Maßnahme und vor allem die geeignete Einrichtung nach pflichtgemäßem Ermessen bestimmen. Dabei muss sie das Wunsch- und Wahlrecht der Versicherten (§ 33 SGB I) beachten, darf aber auch auf eine gleichmäßige Auslastung der Versorgungseinrichtungen achten, mit denen Verträge nach § 111a bestehen. Besteht ein Versicherter ohne Angabe tatsächlich zwingender Gründe auf der Durchführung der Kur in einer bestimmten Einrichtung – z.B. in der Nähe seines Wohnortes oder in einer besonders attraktiven Region – muss die Kasse dem nicht entsprechen, wenn sie eine andere Einrichtung aus sachbezogenen Gründen bevorzugt. In der Regel dauert eine stationäre Kur 3 Wochen; Verlängerung ist möglich. Der Abstand zwischen zwei Kuren beträgt in der Regel 3 Jahre; davon kann aus dringenden medizinischen Gründen abgewichen werden. Solche Gründe liegen insbesondere vor, wenn nach der letzten Vorsorgekur neue Gesundheitsgefährdungen entstanden sind, die durch eine stationäre Maßnahme bei prognostischer Betrachtung günstig beeinflusst werden können. Der in Abs. 4 normierte Vorrang ambulanter medizinischer Vorsorgeleistungen gilt nach wohl vorherrschender Auffassung nicht für die Eltern-Kind-Maßnahmen i.S.d. § 24 Abs. 1, obwohl diese Vorschrift auf § 23 verweist (Streitstand bei Becker/Kingreen/*Welti*, SGB V, § 24 Rn. 9a). Weil explizit nicht auf § 23 Abs. 4 Satz 1 verwiesen wird, geht die Rechtsprechung davon aus, dass bei einem Antrag auf Bewilligung einer stationären »Mutter-Kind-Maßnahme« nicht zu prüfen ist, ob den (auch) gesundheitlichen Belastungen von Müttern durch ambulante Maßnahmen begegnet werden kann (LSG Niedersachsen-Bremen Beschl. v. 30.04.2012 – L 4 KR 10/12 B ER). Das ist nur deshalb richtig, weil es nach dem Willen des Gesetzgebers bei den Mutter-Kind-Kuren nicht nur um eine Begünstigung von Müttern, sondern vor allem um eine Bestandsgarantie für die Einrichtungen des Müttergenesungswerks geht, die in § 24 Abs. 1 explizit angesprochen werden. Deren Bestand wäre in Gefahr, wenn dort nicht regelmäßig Mütter zulasten der Krankenkassen betreut würden. Erkennbar wird, dass die Ziele, die der Gesetzgeber des SGB V verfolgt, durchaus vielfältig sein können. Inzwischen setzt sich hinsichtlich der Inanspruchnahme von Eltern-Kind-Leistungen nach § 24 i.V.m. § 23 eine etwas restriktivere Linie in der Rechtsprechung durch (z.B. LSG Berlin-Brandenburg Urt. v. 07.08.2015 – L 1 KR 291/14), die allerdings nicht mit dem Vorrang ambulanter Angebote begründet wird, sondern relativ hohe Anforderungen daran stellt, dass die Belastung des Versicherten gerade wegen der Elternrolle besteht und nicht auf anderen Faktoren (berufliche Belastungen, Partnerschaftskonflikte) beruht.

## § 24a Empfängnisverhütung

(1) Versicherte haben Anspruch auf ärztliche Beratung über Fragen der Empfängnisregelung. Zur ärztlichen Beratung gehören auch die erforderliche Untersuchung und die Verordnung von empfängnisregelnden Mitteln.

(2) Versicherte bis zum vollendeten 22. Lebensjahr haben Anspruch auf Versorgung mit verschreibungspflichtigen empfängnisverhütenden Mitteln; § 31 Abs. 2 bis 4 gilt entsprechend. Satz 1 gilt entsprechend für nicht verschreibungspflichtige Notfallkontrazeptiva, soweit sie ärztlich verordnet werden; § 129 Absatz 5a gilt entsprechend.

| Übersicht | Rdn. | | Rdn. |
|---|---|---|---|
| A. Ärztliche Beratung und Verordnung .... | 1 | B. Empfängnisverhütende Mittel......... | 2 |

### A. Ärztliche Beratung und Verordnung

1 Die Vorschrift regelt die Ansprüche der Versicherten im Zusammenhang mit der Empfängnisverhütung. Die GKV ist insoweit betroffen, als die wichtigste Form der Empfängnisverhütung bei Mädchen und Frauen in der Einnahme von Arzneimitteln (»Pille«) besteht, die ausnahmslos verschreibungspflichtig sind. Die nicht (mehr) verschreibungspflichtigen Mittel zur Notfallkonzeption (»Pille danach«) sind in Abs. 2 Satz 2 in die Vorschrift einbezogen worden. Deshalb ist die Einschaltung eines Arztes jedenfalls bei der regelmäßigen Anwendung von regulären Antikonpetiva notwendig; gesetzlich geregelt werden muss, wie die Verantwortlichkeiten zwischen den einzelnen Betroffenen und der GKV verteilt werden, weil Empfängnis keine Krankheit und Empfängnisregelung als solche keine Aufgabe der Krankenkasse ist. Der Vorschrift liegt die Konzeption zu Grunde, dass die ärztlichen Leistungen im Kontext der Empfängnisregelung von der Krankenkasse als Sachleistung gewährt werden. Das betrifft die notwendigen Untersuchungen und Beratungen vor und während der Einnahme von Antikonzeptiva und deren Verordnung. Die Kosten der »Pille« selbst werden dagegen nur bei Mädchen und Frauen bis zum vollendeten 22. Lebensjahr von der Kasse übernommen. Für ältere Versicherte gehören empfängnisverhütende Mittel zum allgemeinen Lebensbedarf (Becker/Kingreen/*Welti* SGB V § 24b Rn. 6). Die Altersgrenze ist durch das Gesetz zur Verbesserung der Information über einen Schwangerschaftsabbruch v. 22.03.2019 (BGBl. I S. 350) von 20 auf 22 Jahre angehoben worden. Die ärztliche Beratung im Zusammenhang mit der Empfängnisregelung ist Teil der vertragsärztlichen Versorgung (§ 73 Abs. 2 Nr. 11), der Arzt rechnet seine Leistungen gegenüber der Patientin mit der KÄV ab und darf von ihr keine privatärztliche Zahlung verlangen. Für den Anspruch der Versicherten (auch) auf Verordnung empfängnisverhütender Mittel ist es grundsätzlich ohne Bedeutung, dass Mittel zur Verhinderung einer Schwangerschaft, die nach dem ungeschützten oder als unsicher eingeschätzten Geschlechtsverkehr eingenommen werden, seit Beginn des Jahres 2015 nicht mehr grundsätzlich verschreibungspflichtig sind. Die Neuregelung ist mit dem Ziel geschaffen worden, für die betroffenen Frauen einen rascheren und nicht diskriminierenden Zugang zur »Pille danach« zu ermöglichen; es soll aber nicht ausgeschlossen werden, dass sich Frauen in der Lage ärztlich über den besten Weg zur Verhinderung einer Schwangerschaft beraten lassen. Das gilt insbesondere für Mädchen und junge Frauen bis zur Vollendung des 22. Lebensjahres, die nach Abs. 2 Anspruch auf die Übernahme der Kosten (auch) für die »Pille danach« haben; die Krankenkassen übernehmen die Kosten aber nur bei einer vertragsärztlichen Verordnung.

### B. Empfängnisverhütende Mittel

2 Der Anspruch auf Versorgung mit Antikonzeptiva ist auf Personen bis zur Vollendung des 22. Lebensjahres beschränkt. Eine sachgemäße und konsequente Verhütung bei Mädchen und jungen Frauen, die in der Regel noch im Elternhaus leben und oft nur über sehr begrenzte Geldmittel verfügen, soll nicht an den Kosten scheitern, gerade wenn die Eltern ihrem Kind für die Verhütung kein Geld zur Verfügung stellen. Diese sinnvolle Regelung führt zu der Frage nach der inneren Rechtfertigung des Ausschlusses der Versorgung mit Antikonzeptiva für Personen, die zwar älter als 22, aber finanziell bedürftig sind. Das betrifft insbesondere die Empfänger von Grundsicherungsleistungen nach dem

SGB II und dem SGB XII. Dazu steht die Rechtsprechung bislang auf dem Standpunkt, dass die Kosten für die »Pille« wie für Kondome aus der Regelleistung zu bestreiten sind, also nicht als einmalige Leistungen vom Grundsicherungsträger übernommen werden müssen (für den Rechtskreis des SGB XII BSG Urt. v. 15.11.2012 – B 8 SO 6/11 R). Eine Lösung kann auf der Basis des geltenden Rechts jedenfalls nur in den Grundsicherungssystemen erfolgen, nicht aber im Rechtsverhältnis zwischen dem Versicherten und der Krankenkasse. Ansatzpunkt ist für den Rechtskreis des SGB II (Grundsicherung für Arbeitsuchende) die allgemeine Härteregelung des § 21 Abs. 6 SGB II; die Versorgung mit Antikonzeptiva betrifft einen unabweisbaren Bedarf, auch im Sinne der ab dem 01.01.2021 geltenden Fassung der Vorschrift, nach der auch einmalige und nicht nur laufende Bedarfe erfasst sind. Für die gesetzlich krankenversicherten vollständig erwerbsgeminderten Personen, die Grundsicherungsleistungen nach dem SGB XII beziehen, hält das BSG bei dauerhaftem Bedarf nach teureren Antikonzeptiva eine abweichende Regelsatzbemessung auf der Grundlage des § 27a Abs. 4 SGB XII für möglich. Das kann aber nur in ganz besonders gelagerten Ausnahmefällen gelten. Grundsätzlich rechtfertigt die Angewiesenheit auf Antikonzeptiva keine Ausnahme vom Regelfall, der eben durch die Regelsätze abgedeckt wird (BSG Urt. v. 15.11.2012 – B 8 SO 6/11 R). Der Ausschluss der Kosten der Antikonzeptiva nach Abs. 2 ist nicht als Zuzahlung ausgestaltet, sodass die Befreiungsregelungen des § 62 von vornherein nicht eingreifen. Was der einzelne Versicherte selbst bezahlen muss, kann grundsätzlich auch im Fall der finanziellen Bedürftigkeit nicht von der Krankenkasse übernommen werden. Weil der generelle Ausschluss der Übernahme von Kosten für Antikonzeptiva nach Abs. 2 in verschiedenen Konstellationen für nicht angemessen gehalten wird, werden immer wieder Versuche unternommen, diesen Ausschluss über die Anwendung des § 27 (Heilbehandlungsanspruch) zu umgehen. Typisch ist insoweit die Konstellation in dem vom SG Hamburg am 05.02.2014 entschiedenen Fall (S 37 KR 469/11). Weil die 22-jährige wegen einer ausgeprägten Thromboseneigung nicht schwanger werden soll, hat das SG die Kosten der Spirale als Kosten einer Heilbehandlung (Verhinderung der Erkrankung an einer Thrombose) bewertet und die Krankenkasse zu deren Übernahme verpflichtet. Das ist nicht richtig, weil der Ausschluss des Abs. 2 unabhängig davon eingreift, mit welcher Absicht der Eintritt einer Schwangerschaft verhindert werden soll. Im Ergebnis hält das Hessische LSG deshalb die Gleichbehandlung von geistig behinderten Frauen mit solchen unter 20 (das Urteil ist zum Rechtsstand vor März 2019 ergangen) nicht für möglich (Urt. v. 23.01.2013 – L 4 KA 17/12, GesR 2013, 363 zu einem Regress gegen einen Vertragsarzt wegen der Verordnung von Antikonzeptiva zugunsten einer Frau nach Vollendung des 20. Lebensjahres). Die Vorgabe des Abs. 2 Satz 1 über die Altersgrenze gilt auch gegenüber Personen, die von der Versorgungsverwaltung im Krankheitsfall versorgt werden. Die §§ 10, 11 BVG verweisen insoweit auf das Leistungsniveau der GKV; für eine Privilegierung der betroffenen Personen hinsichtlich der Belastung mit Kosten für empfängnisverhütende Mittel besteht kein Grund (BSG Beschl. v. 08.09.2016 – B 9 V 13/16 B).

### § 24c Leistungen bei Schwangerschaft und Mutterschaft

Die Leistungen bei Schwangerschaft und Mutterschaft umfassen
1. ärztliche Betreuung und Hebammenhilfe,
2. Versorgung mit Arznei-, Verband-, Heil- und Hilfsmitteln,
3. Entbindung,
4. häusliche Pflege,
5. Haushaltshilfe,
6. Mutterschaftsgeld.

Anspruch auf Leistungen nach Satz 1 hat bei Vorliegen der übrigen Voraussetzungen jede Person, die schwanger ist, ein Kind geboren hat oder stillt.

### § 24d Ärztliche Betreuung und Hebammenhilfe

Die Versicherte hat während der Schwangerschaft, bei und nach der Entbindung Anspruch auf ärztliche Betreuung sowie auf Hebammenhilfe einschließlich der Untersuchungen zur Feststellung der Schwangerschaft und zur Schwangerenvorsorge; ein Anspruch auf Hebammenhilfe im Hinblick auf die Wochenbettbetreuung besteht bis zum Ablauf von zwölf Wochen nach der Geburt, weitergehende Leistungen bedürfen der ärztlichen Anordnung. Sofern das Kind nach der Entbindung nicht von der Versicherten versorgt werden kann, hat das versicherte Kind Anspruch auf die Leistungen der Hebammenhilfe, die sich auf dieses beziehen. Die ärztliche Betreuung umfasst auch die Beratung der Schwangeren zur Bedeutung der Mundgesundheit für Mutter und Kind einschließlich des Zusammenhangs zwischen Ernährung und Krankheitsrisiko sowie die Einschätzung oder Bestimmung des Übertragungsrisikos von Karies. Die ärztliche Beratung der Versicherten umfasst bei Bedarf auch Hinweise auf regionale Unterstützungsangebote für Eltern und Kind.

## § 24e Versorgung mit Arznei-, Verband-, Heil- und Hilfsmitteln

Die Versicherte hat während der Schwangerschaft und im Zusammenhang mit der Entbindung Anspruch auf Versorgung mit Arznei-, Verband-, Heil- und Hilfsmitteln. Die für die Leistungen nach den §§ 31 bis 33 geltenden Vorschriften gelten entsprechend; bei Schwangerschaftsbeschwerden und im Zusammenhang mit der Entbindung finden §§ 31 Absatz 3, 32 Absatz 2, 33 Absatz 8 und 127 Absatz 4 keine Anwendung.

## § 24f Entbindung

Die Versicherte hat Anspruch auf ambulante oder stationäre Entbindung. Die Versicherte kann ambulant in einem Krankenhaus, in einer von einer Hebamme oder einem Entbindungspfleger geleiteten Einrichtung, in einer ärztlich geleiteten Einrichtung, in einer Hebammenpraxis oder im Rahmen einer Hausgeburt entbinden. Wird die Versicherte zur stationären Entbindung in einem Krankenhaus oder in einer anderen stationären Einrichtung aufgenommen, hat sie für sich und das Neugeborene Anspruch auf Unterkunft, Pflege und Verpflegung. Für diese Zeit besteht kein Anspruch auf Krankenhausbehandlung. § 39 Absatz 2 gilt entsprechend.

| Übersicht | Rdn. | | Rdn. |
|---|---|---|---|
| A. Leistungen bei Schwangerschaft und Mutterschaft | 1 | B. Einzelheiten des Leistungsanspruchs | 2 |

### A. Leistungen bei Schwangerschaft und Mutterschaft

1 Mit dem Pflegeversicherungsneuregelungsgesetz (PNG) vom 23.10.2012 (BGBl. 2012 S. 2246) sind die letzten noch in Kraft befindlichen Regelungen der RVO (§§ 195 ff.) aufgehoben und die Bestimmungen über die Leistungen der Krankenkassen bei Schwangerschaft und Mutterschaft in den §§ 24c–i ohne durchgreifende inhaltliche Änderungen aufgegangen. Die Begründung des Bundestagsausschusses für Gesundheit zur gleichzeitig in Kraft getretenen Ergänzung des § 17 Abs. 1 Satz 1 um die »Leistungen bei Schwangerschaft oder Mutterschaft« lässt erkennen, weshalb eine besondere Regelung der Leistungen der Krankenkassen im Zusammenhang mit Schwangerschaft und Geburt für erforderlich gehalten wird. Es handele sich bei Schwangerschaft und Mutterschaft nämlich nicht um Erkrankungen (BT-Drs. 17/10170 S. 23 zu Art. 3 Nr. 3 PNG). Das ist der Sache nach nicht so banal wie es klingt, weil damit mittelbar nämlich die Frage der (möglichen) Versicherungsfremdheit dieser Leistungen angesprochen wird. Die damit verbundene Debatte ist für die praktische Rechtsanwendung allerdings ohne Bedeutung: Die Leistungen nach den §§ 195 ff. RVO in der bis zum 30.10.2012 geltenden Fassung wie diejenigen nach den §§ 24c–i sind solche der Krankenversicherung und werden ohne irgendwelche Kostenabgrenzungen aus dem allgemeinen Beitragsaufkommen der Krankenkassen bezahlt. Nachdem die letzten ideologischen Bedenken, die es im Zuge der Neuregelung der Finanzierung des Schwangerschaftsabbruchs (auch) durch die Krankenkassen gegeben hatte und die es politisch opportun erscheinen ließen, die Leistungen im Zusammenhang mit Schwangerschaft und Geburt an anderer Stelle zu regeln, obsolet geworden waren, hat die Bundesregierung das PNG genutzt, um im Zuge der Ausschussberatungen (im ursprünglichen Gesetzentwurf der Bundesregierung waren entsprechende Regelungen noch nicht vorgesehen, BT-Drs. 17/9639) die Eingliederung dieser Materie in das SGB V so geräuschlos wie möglich umzusetzen. Der

systematische Standort im Anschluss an die Regelungen der §§ 20 bis 24b ist richtig, weil es sich auch bei den Leistungen bei Schwangerschaft und Geburt um Vorsorgeleistungen zum Zwecke des Schutzes der Gesundheit von Mutter und neugeborenem Kind handelt. Durch Art. 1 Nr. 12 des Präventionsgesetzes v. 17.07.2015 (BGBl. I S. 1368) ist in § 24d der Leistungsanspruch auf Hebammenhilfe von 8 auf grundsätzlich 12 Wochen ausgeweitet worden. Die Leistungsfrequenz soll unverändert bleiben; die Mutter kann an den ersten 10 Tagen nach der Geburt die Hebamme zu bis zu 20 Einsätzen bestellen (BR-Drs. 640/14 S. 41). Im Zuge der parlamentarischen Beratungen des Präventionsgesetzes ist klargestellt worden, dass die Frequenzvorgaben des § 24d Satz 1 nur für die eigentliche Wochenbettbetreuung gelten und Leistungen etwa zur Rückbildungsgymnastik nicht erfasst sind (BT-Drs. 18/5261 S. 56). Solche Leistungen können nach dem Vertrag zu § 134a weiterhin bis zur Vollendung des 9. Monats nach der Geburt in Anspruch genommen werden.

## B. Einzelheiten des Leistungsanspruchs

§ 24c regelt selbst nichts; es handelt sich um eine Einweisungsvorschrift zu den nachfolgenden Vorschriften. Eine geringfügige und praktisch wenig bedeutsame Änderung zu § 195 RVO ergibt sich lediglich daraus, dass in Nr. 2 die Versorgung mit Hilfsmitteln ausdrücklich erwähnt wird. Das war bisher nur indirekt – als Regelung über den Ausschluss von der Pflicht der Schwangeren zur Leistung von Zuzahlungen – in § 196 Abs. RVO bestimmt (BT-Drs. 17/10170 S. 23.). Die Ergänzung der Vorschrift um Satz 2 durch das GVWG v. 11.07.2021 soll verdeutlichen, dass sich die Ansprechberechtigung nicht aus dem Geschlecht der berechtigten Person im Geburtseintrag, sondern allein daraus ergibt, dass sie schwanger ist, ein Kind geboren hat oder stillt (BT-Drs. 19/26822 S. 66).

In § 24d ist gegenüber der Vorgängervorschrift des § 196 lediglich neu, dass ausdrücklich klargestellt wird, dass auch der Säugling einen eigenen Anspruch auf Hebammenhilfe hat, wenn das Kind nicht von der Mutter versorgt werden kann, etwa weil diese dazu aus gesundheitlichen oder psychischen Gründen nicht in der Lage ist und das Kind sofort zur Pflege oder Adoption freigegeben hat (BT-Drs. 17/10170 S. 23). Das Kind ist mit der Geburt selbst versichert, und der Anspruch auf Betreuung in den ersten Lebenstagen durch eine Hebamme steht auch dem Kind zu, wenn es von der Mutter getrennt wird. Das gilt – und darin liegt die Rechtsfolge der aktuellen Textfassung des § 24d Satz 2 – unabhängig davon, ob das neugeborene Kind gesund ist und der Betreuung (auch) durch eine Hebamme bedarf. In der Realität wird so eine Leistungsberechtigung von Hebammen geschaffen, in Absprache mit der Einrichtung, in der die Geburt stattgefunden hat, auch nach einer Trennung von Mutter und Kind die üblichen Leistungen zu erbringen. Das ist insbesondere für von Hebammen geleitete Geburtshäuser wirtschaftlich interessant. Die Betreuung von Geburten und Neugeborenen wurde in der Vergangenheit durch die hohen Versicherungsprämien für Hebammen gefährdet: Wenn schwangere Frauen keine Hebammen finden, die sie begleiten, läuft ihr Leistungsanspruch leer. Das Problem hat der Gesetzgeber systematisch richtig in der leistungserbringerrechtlichen Vorschrift des § 134a geregelt und einen Sicherstellungszuschlag für Hebammen in Abs. 1b eingeführt. Der Zusammenhang der Neuregelung mit den Prämien für die Haftpflichtversicherung wird in § 134a Abs. 1b Satz 4 ausdrücklich angesprochen (Vgl. auch BT-Drs. 18/4095 S. 125 zu Art. 1 Nr. 61 GKV-VSG). Unbefriedigend geregelt ist die Regressbeschränkung bei Hebammenfehlern in § 134a Abs. 5; danach dürfen die Krankenkassen von ihrem Regressrecht nach Behandlungsfehlern von freiberuflich tätigen Hebammen nur bei vorsätzlichen oder grob fahrlässigen Fehlern Gebrauch machen. Soweit die Krankenkassen keinen Regress bei der Hebamme nehmen können, muss die Berufshaftpflichtversicherung der Hebamme nicht eintreten. Damit reduziert sich das von den Hebammen über ihre Haftpflichtversicherung abzusichernde Risiko, so dass die Prämien sinken können (Becker/Kingreen/*Welti*, § 134a Rn. 13). Weshalb dem Anliegen einer haftungsrechtlichen Privilegierung von Hebammen – wenn man es denn für berechtigt hält – nicht durch eine Beschränkung der Haftung gegenüber Mutter und Kind auf Vorsatz und grobe Fahrlässigkeit Rechnung getragen wird, sondern durch einen Regressverzicht zu Lasten aller Versicherten der Krankenkassen, leuchtet nicht ein. Wenn es um Wahlfreiheit der versicherten Mütter geht, wird dieser doch auch entsprochen, wenn sie vor der Entscheidung für die Begleitung der Geburt durch eine Hebamme wissen, dass diese weniger streng haftet als Ärzte oder Krankenhäuser.

4  § 24e bestimmt, dass die Schwangere Anspruch auf Versorgung mit Arznei-, Heil- und Hilfsmitteln nach den für die Krankenbehandlung geltenden Vorschriften der §§ 31 bis 33 hat. Die eigentlich relevante Regelung enthält Satz 2; danach finden die Vorschriften der §§ 31 bis 33 über die Verpflichtung der Versicherten zur Leistung von Zuzahlungen bei Arznei- und Heilmitteln sowie bei Hilfsmitteln keine Anwendung. Das bedeutet, dass die schwangere Frau von allen Zuzahlungen befreit ist, die im Zusammenhang mit der Versorgung anfallen würden, wenn ihr Leistungen der Krankenbehandlung erbracht würden. Das Gesetz selbst beantwortet die Frage nicht ausdrücklich, ob die vollständige Freistellung von Zuzahlungen auch dann greift, wenn bei einer schwangeren Frau Gesundheitsstörungen behandelt werden müssen. Der Wortlaut »während der Schwangerschaft« spricht für eine Freistellung; die Verweisung auf »Schwangerschaftsbeschwerden« im Normtext und in der Begründung des Ausschusses (BT-Drs. 17/10170 S. 23) deutet darauf hin, dass es sich dann zumindest um Schwangerschaftsbeschwerden handeln muss, die Frau also nicht von Zuzahlungen freigestellt ist, wenn sie – vor, während und nach der Schwangerschaft – etwa wegen einer chronischen entzündlichen Darmerkrankung auf die kontinuierliche Versorgung mit Cortison angewiesen ist. Diese Begrenzung der Freistellung von der Zuzahlungspflicht ist systemgerecht.

5  In § 24f wird die bisherige Regelung des § 197 RVO übernommen. Die Versicherte hat die freie Wahl, wo und mit welcher Unterstützung sie ihr Kind zur Welt bringen will. Sie kann sich für eine Hausgeburt, für ein von einer Hebamme geleitetes Geburtshaus oder eine ambulante oder stationäre Geburt im Krankenhaus entscheiden. Die stationäre Geburt im Krankenhaus gilt nicht als Gewährung von Krankenhausbehandlung (Satz 3). Das hat zur Folge, dass die Zuzahlungspflicht des § 39 Abs. 4 Satz 1 entfällt. Sinngemäß schließt das freie Wahlrecht der werdenden Mutter auch die Anwendung des § 39 Abs. 1 Satz 1 insoweit aus, als die Prüfung entfällt, ob vollstationäre Versorgung in einem Krankenhaus erforderlich ist. Die Verweisung des Satz 4 auf § 39 Abs. 2 geht ebenfalls ins Leere (Becker/Kingreen/*Welti* SGB V, § 24f Rn. 4). § 39 Abs. 2 bestimmt, dass der Versicherte die Mehrkosten trägt, die anfallen, wenn er zur stationären Behandlung ein anderes als ein in der ärztlichen Verordnung genanntes Krankenhaus wählt. Das passt nicht für die Wahl der Einrichtung zur Entbindung, weil die Entbindung – auch in vollstationärer Form – nicht vom Vertragsarzt verordnet wird. § 73 Abs. 4, der die vertragsärztliche Verordnung von Krankenhausbehandlung näher regelt, erfasst die Entbindung nicht. Eine entsprechende Anwendung des § 39 Abs. 2 in der Weise, dass die Versicherte frei ist in der Wahl der Gattung der Geburtseinrichtung (Geburtshaus, Krankenhaus), innerhalb dieser Gattung aber jeweils die nächst erreichbare Einrichtung wählen muss, um von der Pflicht zur Tragung der Mehrkosten frei zu sein, scheidet aus. § 24f betont so deutlich die völlige Wahlfreiheit der werdenden Mutter, dass es wenig naheliegt, die Norm so zu verstehen, dass die Mutter Mehrkosten übernehmen muss, wenn sie sich – z.B. weil sie keinen Kontakt zum Vater des Kindes hat oder wünscht – für eine Entbindung am Wohnort von Mutter, Schwester oder einer Freundin entscheidet, um von diesen Personen im Krankenhaus bei der Geburt und in den ersten Tagen danach begleitet zu werden. Das kommt mittelbar auch in § 134a Abs. 1 Satz 2 zum Ausdruck, der im Rahmen der normativen Vorgaben für die Verträge zwischen Krankenkassen und Hebammen ausdrücklich auf die normativ in § 33 Satz 2 SGB I verortete »Wahlfreiheit der Versicherten« Bezug nimmt.

## § 25 Gesundheitsuntersuchungen

(1) Versicherte, die das 18. Lebensjahr vollendet haben, haben Anspruch auf alters-, geschlechter- und zielgruppengerechte ärztliche Gesundheitsuntersuchungen zur Erfassung und Bewertung gesundheitlicher Risiken und Belastungen, zur Früherkennung von bevölkerungsmedizinisch bedeutsamen Krankheiten und eine darauf abgestimmte präventionsorientierte Beratung, einschließlich einer Überprüfung des Impfstatus im Hinblick auf die Empfehlungen der Ständigen Impfkommission nach § 20 Absatz 2 des Infektionsschutzgesetzes. Die Untersuchungen umfassen, sofern medizinisch angezeigt, eine Präventionsempfehlung für Leistungen zur verhaltensbezogenen Prävention nach § 20 Absatz 5. Die Präventionsempfehlung wird in Form einer ärztlichen Bescheinigung erteilt. Sie informiert über Möglichkeiten und Hilfen zur Veränderung

gesundheitsbezogener Verhaltensweisen und kann auch auf andere Angebote zur verhaltensbezogenen Prävention hinweisen wie beispielsweise auf die vom Deutschen Olympischen Sportbund e. V. und der Bundesärztekammer empfohlenen Bewegungsangebote in Sportvereinen oder auf sonstige qualitätsgesicherte Bewegungsangebote in Sport- oder Fitnessstudios sowie auf Angebote zur Förderung einer ausgewogenen Ernährung.

(2) Versicherte, die das 18. Lebensjahr vollendet haben, haben Anspruch auf Untersuchungen zur Früherkennung von Krebserkrankungen.

(3) Voraussetzung für die Untersuchung nach den Absätzen 1 und 2 ist, dass es sich um Krankheiten handelt, die wirksam behandelt werden können oder um zu erfassende gesundheitliche Risiken und Belastungen, die durch geeignete Leistungen zur verhaltensbezogenen Prävention nach § 20 Absatz 5 vermieden, beseitigt oder vermindert werden können. Die im Rahmen der Untersuchungen erbrachten Maßnahmen zur Früherkennung setzen ferner voraus, dass
1. das Vor- und Frühstadium dieser Krankheiten durch diagnostische Maßnahmen erfassbar ist,
2. die Krankheitszeichen medizinisch-technisch genügend eindeutig zu erfassen sind,
3. genügend Ärzte und Einrichtungen vorhanden sind, um die aufgefundenen Verdachtsfälle eindeutig zu diagnostizieren und zu behandeln.

Stellt der Gemeinsame Bundesausschuss bei seinen Beratungen über eine Gesundheitsuntersuchung nach Absatz 1 fest, dass notwendige Erkenntnisse fehlen, kann er eine Richtlinie zur Erprobung der geeigneten inhaltlichen und organisatorischen Ausgestaltung der Gesundheitsuntersuchung beschließen. § 137e gilt entsprechend.

(4) Die Untersuchungen nach Absatz 1 und 2 sollen, soweit berufsrechtlich zulässig, zusammen angeboten werden. Der Gemeinsame Bundesausschuss bestimmt in den Richtlinien nach § 92 das Nähere über Inhalt, Art und Umfang der Untersuchungen sowie die Erfüllung der Voraussetzungen nach Absatz 3. Ferner bestimmt er für die Untersuchungen die Zielgruppen, Altersgrenzen und die Häufigkeit der Untersuchungen. Für Untersuchungen nach Absatz 1 kann der Gemeinsame Bundesausschuss für geeignete Gruppen von Versicherten eine abweichende Altersgrenze und Häufigkeit der Untersuchungen festlegen. Der Gemeinsame Bundesausschuss regelt erstmals bis zum 31. Juli 2016 in Richtlinien nach § 92 das Nähere zur Ausgestaltung der Präventionsempfehlung nach Absatz 1 Satz 2. Im Übrigen beschließt der Gemeinsame Bundesausschuss erstmals bis zum 31. Juli 2018 in Richtlinien nach § 92 das Nähere über die Gesundheitsuntersuchungen nach Absatz 1 zur Erfassung und Bewertung gesundheitlicher Risiken und Belastungen sowie eine Anpassung der Richtlinie im Hinblick auf Gesundheitsuntersuchungen zur Früherkennung von bevölkerungsmedizinisch bedeutsamen Krankheiten. Die Frist nach Satz 5 verlängert sich in dem Fall einer Erprobung nach Absatz 3 Satz 3 um zwei Jahre.

(4a) Legt das Bundesministerium für Umwelt, Naturschutz und nukleare Sicherheit in einer Rechtsverordnung nach § 84 Absatz 2 des Strahlenschutzgesetzes die Zulässigkeit einer Früherkennungsuntersuchung fest, für die der Gemeinsame Bundesausschuss noch keine Richtlinie nach § 92 Absatz 1 Satz 2 Nummer 3 beschlossen hat, prüft der Gemeinsame Bundesausschuss innerhalb von 18 Monaten nach Inkrafttreten der Rechtsverordnung, ob die Früherkennungsuntersuchung nach Absatz 1 oder Absatz 2 zu Lasten der Krankenkassen zu erbringen ist und regelt gegebenenfalls das Nähere nach Absatz 3 Satz 2 und 3. Gelangt der Gemeinsame Bundesausschuss zu der Feststellung, dass der Nutzen der neuen Früherkennungsuntersuchung noch nicht hinreichend belegt ist, so hat er in der Regel eine Richtlinie nach § 137e zu beschließen.

(5) In den Richtlinien des Gemeinsamen Bundesausschusses ist ferner zu regeln, dass die Durchführung von Maßnahmen nach den Absätzen 1 und 2 von einer Genehmigung der Kassenärztlichen Vereinigung abhängig ist, wenn es zur Sicherung der Qualität der Untersuchungen geboten ist, dass Ärzte mehrerer Fachgebiete zusammenwirken oder die teilnehmenden Ärzte eine Mindestzahl von Untersuchungen durchführen oder besondere technische Einrichtungen vorgehalten werden oder dass besonders qualifiziertes nichtärztliches Personal mitwirkt. Ist es

erforderlich, dass die teilnehmenden Ärzte eine hohe Mindestzahl von Untersuchungen durchführen oder dass bei der Leistungserbringung Ärzte mehrerer Fachgebiete zusammenwirken, legen die Richtlinien außerdem Kriterien für die Bemessung des Versorgungsbedarfs fest, so dass eine bedarfsgerechte räumliche Verteilung gewährleistet ist. Die Auswahl der Ärzte durch die Kassenärztliche Vereinigung erfolgt auf der Grundlage der Bewertung ihrer Qualifikation und der geeigneten räumlichen Zuordnung ihres Praxissitzes für die Versorgung im Rahmen eines in den Richtlinien geregelten Ausschreibungsverfahrens. Die Genehmigung zur Durchführung der Früherkennungsuntersuchungen kann befristet und mit für das Versorgungsziel notwendigen Auflagen erteilt werden.

Übersicht

| | Rdn. | | Rdn. |
|---|---|---|---|
| A. Neuregelung durch das Präventionsgesetz | 1 | B. Versorgungsauftrag an Ärzte und Ansprüche der Versicherten | 2 |

## A. Neuregelung durch das Präventionsgesetz

1 Die Vorschrift enthält die wichtigsten gesetzlichen Vorgaben für Früherkennungsuntersuchungen und individuelle Präventionsleistungen. Sie umfasst die Früherkennung im Hinblick auf die wichtigsten bevölkerungsmedizinisch relevanten Zivilisationskrankheiten (Abs. 1) und die verbreiteten Krebserkrankungen (Abs. 2). Die Regelungssystematik ist seit Jahren unverändert: das Gesetz selbst gibt wichtige Grundregeln vor, alles Weitere regelt der G-BA in Richtlinien, hier insbesondere in der Gesundheitsuntersuchungs-RL und in der Krebsfrüherkennungs-RL. Ohne die Richtlinien ist die Vorschrift des § 25 nicht umsetzbar, und in den Richtlinien werden Recht und Pflichten von Ärzten, Kassenärztlichen Vereinigungen und Versicherten geregelt.

Das zum 25.07.2015 in Kraft getretene Präventionsgesetz hat die Vorschrift erheblich umgestaltet. In Abs. 1 ist nunmehr eine Verzahnung von Primär- und Sekundärprävention verwirklicht, insoweit aus Anlass von Früherkennungsuntersuchungen auf Anhaltspunkte für bestimmte Erkrankungen (Sekundärprävention) auch Maßnahmen der Primärprävention wie Erfassung on gezielte Hinweise zur individuellen Prävention ergriffen werden können (BT-Drs. 18/4282 S. 40). Die Versicherten sollen so früh wie möglich – vor allem noch vor dem Auftreten erster Krankheitsanzeichen – auf spezifische Risikofaktoren und Belastungen (hoher Alkoholkonsum, Bewegungsmangel, psychosozialer Stress) hingewiesen werden, damit diesen Faktoren möglichst zielgenau entgegengewirkt werden kann (BT-Drs. 18/4282 S. 40). Der Gesetzgeber erhofft sich positive Auswirkungen von einer formalisierten Präventionsempfehlung des Arztes, die der Versicherte erhält, und in der genau dokumentiert ist, welche Risiken vorliegen und wie der Betroffene konkret etwas dagegen tun kann; das kann – wie die Ergänzung des Abs. 1 im parlamentarischen Beratungsverfahren zeigt – auch der Hinweis sein, ein »qualitätsgesichertes« Angebot in einem Sport- oder Fitnessstudio wahrzunehmen (BT-Drs. 18/5261 S. 57).

1a Die zweite grundlegende Neuausrichtung des § 25 ist der weitgehende Verzicht, in der Norm selbst Vorgaben zu den für Früherkennungsmaßnahmen im Sinne der Sekundärprävention geeigneten Krankheiten, zu den Altersgrenzen für die Inanspruchnahme von Früherkennungsuntersuchungen und zur Frequenz der Inanspruchnahmen zu machen. Das alles wird dem G-BA zur Regelung in Richtlinien überantwortet (BT-Drs. 18/4282 S. 41). Die weniger individualisierte als vielmehr bevölkerungsmedizinische Ausrichtung der Norm kommt vor allem in den Abs. 1 und 3 zum Ausdruck. Früherkennungsuntersuchungen dürfen nur im Hinblick auf solche Erkrankungen angeboten werden, die bevölkerungsmedizinisch relevant sind, wirksam behandelt werden können, für deren Vorliegen im Frühstadium es hinreichend verlässliche und diagnostizierbare Anhaltspunkte gibt; weiter ist Voraussetzung, dass flächendeckend genügend Ärzte und medizinische Einrichtungen vorhanden sind, um die aufgefundenen Verdachtsfälle eindeutig zu diagnostizieren und zu behandeln. Damit wird deutlich, dass in § 25 vor allem eine Entscheidung über den sinnvollen und effektiven Einsatz von ärztlichen und finanziellen Ressourcen zu sehen ist: nicht die Schwere einer Erkrankung und deren Auswirkungen auf den einzelnen Patienten stehen im Mittelpunkt, sondern der optimale Einsatz präventiver Instrumente. Krankheiten, die nicht sicher zu diagnostizieren und/oder zu behandeln sind, oder für deren Behandlung nicht in hinreichender Zahl Ärzte zur Verfügung stehen, sind für standardisierte Maßnahmen der Früherkennung ungeeignet.

Mit der Ergänzung des Abs. 3 um die Sätze 3 und 4 hat der Gesetzgeber des Präventionsgesetzes den Spielraum des G-BA zur Erprobung von Gesundheitsuntersuchungen erweitert. Er kann, wenn hinsichtlich bestimmter Untersuchungen noch Erkenntnisse über optimale Ausgestaltung im Rahmen der Prävention fehlen, eine eigene Richtlinie zur Erprobung zur inhaltlichen und organisatorischen Ausgestaltung erlassen; für die Umsetzung gelten die Regelungen des § 137e über die Erprobung von Untersuchungs- und Behandlungsmethoden sinngemäß (BT-Drs. 18/4282 S. 41). Soweit es nicht um die präventionsorientierte Weiterentwicklung einer Gesundheitsuntersuchung geht, sondern der medizinische Nutzen einer neuen Früherkennungsmethode noch nicht hinreichend belegt ist, gilt § 137e unmittelbar; das ist in Abs. 3 Satz 4 ausdrücklich bestimmt, weil dem Wortlaut des § 137e eine Beschränkung auf Untersuchungen und Behandlungen mit allein kurativer und nicht (nur) präventiver Ausrichtung hätte entnommen werden können. Die Erprobungsmöglichkeit nach Abs. 3 Satz 3 gilt nach dem Willen des Gesetzgebers nur für Krankheiten nach Abs. 1 und nicht für Krebserkrankungen i.S.d. Abs. 2. Die inhaltlichen und organisatorischen Ausgestaltungsmöglichkeiten der Krebsvorsorgeuntersuchungen sollen allein im Rahmen der organisierten Krebsfrüherkennungsprogramme nach § 25a. erprobt werden können, nicht zusätzlich über eine eigene Erprobungsrichtlinie des G-BA (BT-Drs. 18/4282 S. 42). Zahlreiche Vorsorgeuntersuchungen beruhen (auch) auf dem Einsatz von Untersuchungen, bei denen Strahlen eingesetzt werden (Röntgen, Mammographie). Wegen der mit jedem Einsatz von Strahlen verbundenen Risiken muss insoweit auch eine Risikoabschätzung auf der Grundlage des § 84 Abs. 2 Strahlenschutzgesetz erfolgen. Die Koordinierung dieser Bewertung mit der GKV-spezifischen Nutzen-Risiko-Bewertung ist in Abs. 4a geregelt (Einzelheiten bei Schütze, juris-PK, 4. Aufl., 2020 § 25 Rn. 36). 1b

## B. Versorgungsauftrag an Ärzte und Ansprüche der Versicherten

Die Vorschrift enthält – anders als die Grundnorm für die Heilbehandlungsansprüche der Versicherten in § 27 – systematisch leistungsrechtliche und leistungserbringerrechtliche Regelungen. Abs. 1 gewährt Versicherten einen Rechtsanspruch auf Früherkennungsuntersuchungen nach Maßgabe der Richtlinie des G-BA, und Abs. 2 erstreckt den Anspruch auf Krebsvorsorgeuntersuchungen. Abs. 5 enthält dagegen – in Form einer Ermächtigung an den G-BA – Regelungen über die Durchführung der Vorsorgeuntersuchungen durch Vertragsärzte. Insbesondere wegen der Besonderheiten des Mammographie-Screenings muss der G-BA Qualitätsstandards für Früherkennungsuntersuchungen festlegen dürfen (Becker/Kingreen/*Kingreen*, SGB V, § 25 Rn. 10). Dabei spielen auch quantitative Aspekte im Sinne einer Mindestzahl von Untersuchungen je »Screening-Einheit« eine Rolle, vergleichbar der Mindestmengenregelung des § 137 Abs. 3 Satz 1 Nr. 2 für planbare Eingriffe im Krankenhaus. Auf der Grundlage der Richtlinien des G-BA muss die KÄV nach bedarfsplanungsrechtlichen Grundsätzen die Ärzte auswählen, die in der jeweiligen Region eine mengenabhängige Früherkennungsleistung anbieten dürfen, z.B. das Mammographie-Screening. Der Entscheidung, bei der der KÄV ein der gerichtlichen Nachprüfung nur eingeschränkt zugänglicher Beurteilungsspielraum zukommen dürfte, hat ein Ausschreibungsverfahren vorauszugehen (Abs. 5 Satz 3). Maßgebliche Kriterien sind die Qualifikation der Anbieter und die Lage der Praxen in der jeweils zu versorgenden Region. Der Anspruch der Versicherten auf »Untersuchung« schließt die Diagnostik von befruchteten Eizellen im vorembryonalen Stadium auf das Vorhandensein von Gendefekten (sog. Polkörperdiagnostik) nicht ein. Nicht die Versicherte selbst wird untersucht, sondern eine Zelle, und das Ziel der Untersuchung ist nicht die Verbesserung der gesundheitlichen Lage der betroffenen Frau, sondern die Möglichkeit, solche befruchteten Eizellen, die den Gendefekt in sich tragen, vom Transfer im Rahmen der in-vitro-Fertilisation auszuschließen (BSG Urt. v. 12.09.2015 – B 1 KR 15/14 R; SozR 4–2500 § 27 Nr. 27 Rn. 11). 2

Die Leistungen nach dieser Vorschrift können nur von Vertragsärzten erbracht werden; die Regelung des § 76 Abs. 1 Satz 2, wonach die Versicherten in Notfällen auch Ärzte in Anspruch nehmen 2a können, die nicht an der vertragsärztlichen Versorgung teilnehmen, gilt für Früherkennungsleistungen nicht. Die Vergütung erfolgt nach Pauschalen, wobei fraglich ist, ob sich dies noch aus § 85 Abs. 2 Satz 5 ergibt, weil § 85 für die vertragsärztliche Vergütung durch §§ 87a,b verdrängt wird; wenn man insoweit kein Redaktionsversehen annimmt, spricht viel dafür, die Früherkennungsleistungen als »besonders förderungswürdig« i.S.d. § 87a Abs. 3 Satz 5 anzusehen (Becker/Kingreen/Kingreen, SGB V, § 25 Rn. 12).

## § 27 Krankenbehandlung

(1) Versicherte haben Anspruch auf Krankenbehandlung, wenn sie notwendig ist, um eine Krankheit zu erkennen, zu heilen, ihre Verschlimmerung zu verhüten oder Krankheitsbeschwerden zu lindern. Die Krankenbehandlung umfasst
1. Ärztliche Behandlung einschließlich Psychotherapie als ärztliche und psychotherapeutische Behandlung,
2. zahnärztliche Behandlung,
2a. Versorgung mit Zahnersatz einschließlich Zahnkronen und Suprakonstruktionen,
3. Versorgung mit Arznei-, Verband-, Heil- und Hilfsmitteln sowie mit digitalen Gesundheitsanwendungen,
4. häusliche Krankenpflege, außerklinische Intensivpflege und Haushaltshilfe,
5. Krankenhausbehandlung,
6. Leistungen zur medizinischen Rehabilitation und ergänzende Leistungen.

Zur Krankenbehandlung gehört auch die palliative Versorgung der Versicherten. Bei der Krankenbehandlung ist den besonderen Bedürfnissen psychisch Kranker Rechnung zu tragen, insbesondere bei der Versorgung mit Heilmitteln und bei der medizinischen Rehabilitation. Zur Krankenbehandlung gehören auch Leistungen zur Herstellung der Zeugungs- oder Empfängnisfähigkeit, wenn diese Fähigkeit nicht vorhanden war oder durch Krankheit oder wegen einer durch Krankheit erforderlichen Sterilisation verloren gegangen war. Zur Krankenbehandlung gehören auch Leistungen zur vertraulichen Spurensicherung am Körper, einschließlich der erforderlichen Dokumentation sowie Laboruntersuchungen und einer ordnungsgemäßen Aufbewahrung der sichergestellten Befunde, bei Hinweisen auf drittverursachte Gesundheitsschäden, die Folge einer Misshandlung, eines sexuellen Missbrauchs, eines sexuellen Übergriffs, einer sexuellen Nötigung oder einer Vergewaltigung sein können.

(1a) hier nicht abgedruckt

(2) hier nicht abgedruckt

| Übersicht | Rdn. | | Rdn. |
|---|---|---|---|
| A. Krankenbehandlungsanspruch | 1 | III. Rechtsprechung des BVerfG und Anspruch nach § 2 Abs. 1a | 3 |
| I. Unbegrenztes Leistungsversprechen | 1 | | |
| II. Krankheitsbegriff | 2 | B. Gegenstände des Versorgungsanspruchs | 5 |

### A. Krankenbehandlungsanspruch

### I. Unbegrenztes Leistungsversprechen

1 Die Vorschrift ist die Grundnorm aller Versorgungsansprüche der Versicherten gegen ihre Krankenkasse. Der Heilbehandlungsanspruch ist auf die Erkennung und Heilung einer Krankheit sowie auf die Linderung von Krankheitsbeschwerden ausgerichtet (Abs. 1 Satz 1). Der Anspruch ist grundsätzlich unabhängig von einer gesundheitsbewussten Lebensführung des Versicherten; auch wenn feststeht, dass das massive Übergewicht eines Patienten für seinen Gelenkverschleiß ursächlich gewesen ist, hat er Anspruch auf Versorgung mit einem künstlichen Gelenk, wenn anders seine Schmerzen nicht behoben werden können. Der Alkoholiker, der sich einer langwierigen Therapie und einer Mitarbeit bei den Anonymen Alkoholikern nicht stellt, hat nach jedem Vollrausch

erneut Anspruch auf Entgiftungs- und Entwöhnungsbehandlung, auch wenn der nächste Rückfall nach dem Urteil der Ärzte nur eine Frage der Zeit ist. Auch die Behandlungskosten begrenzen den Heilbehandlungsanspruch nicht. Das Wirtschaftlichkeitsgebot des § 2 Abs. 1 steuert die Auswahl zwischen mehreren geeigneten, aber unterschiedlich teuren Behandlungsformen, begrenzt aber den Anspruch des Versicherten nicht, wenn zu einer bestimmten Behandlung keine gleichwertige Alternative besteht. Die Versicherten haben grundsätzlich »ohne Rücksicht auf die Kosten« Anspruch auf diejenige Behandlung ihrer Erkrankung, die dem neuesten Stand der medizinischen Erkenntnisse entspricht (BSG Urt. v. 19.11.1997 – 3 RK 6/96, BSGE 81, 187). Die Grundsätze zu Umfang und Grenzen des Behandlungsanspruchs im Bereich der Zähne hat das BSG mit Urt. v. 11.07.2017 (B 1 KR 30/16 R, SozR 4–2500 § 27 Nr. 29) geklärt; die medizinische Zahnreinigung gehört danach nicht zum Leistungsanspruch nach § 27, und das steht mit Verfassungsrecht in Einklang.

## II. Krankheitsbegriff

Krankheit wird verstanden als regelwidriger Körper- oder Geisteszustand, der die Notwendigkeit einer Heilbehandlung zur Folge hat und/oder zur Arbeitsunfähigkeit führt (BSG Urt. v. 19.02.2003 – B 1 KR 1/02 R, BSGE 90, 289, 290). Die Ausrichtung des Krankheitsbegriffs an der »Regelwidrigkeit« setzt zur Ermöglichung einer präzisen Subsumtion Einigkeit über das Regelbild eines »normalen« Menschen voraus, von dem aus mehr oder weniger deutliche Abweichungen thematisiert werden können. Ein solches Bild existiert nicht; die Rechtsprechung kann deshalb immer nur Annäherungen versuchen. Zum Krankheitsbegriff hat sich deshalb notwendigerweise eine ausufernde Kasuistik entwickelt, die inzwischen für die Praxis allerdings eine relativ klare Orientierung ermöglicht (Aktueller Überblick bei Becker/Kingreen/*Lang* SGB V § 27 Rn. 16 und Beck-OK/*Knispel* § 27 Rn. 10). Nicht das ungewöhnliche Aussehen sondern funktionelle Beeinträchtigungen bestimmen den Krankheitsbegriff, wobei die Rechtsprechung einem entstellenden Aussehen in Extremfällen (Haarlosigkeit einer Frau; BSG v. 23.07.2002, SozR 3–2500 § 33 Nr. 45 unter der wenig überzeugenden Annahme einer Behinderung) Krankheitswert zumisst. Für den kahlköpfigen Mann wird anders entschieden (BSG SozR 2200 § 182b Nr. 18); daran hat das BSG in seinem Urt. v. 22.04.2015 – B 3 KR 3/14 R festgehalten. Allerdings kann es Formen der Haarlosigkeit – vollständiges Fehlen von Kopfhaar und Augenbrauen – geben, die insbesondere bei einem jungen Mann (unter 30 Jahren) immer noch stigmatisierende Wirkung haben kann. Dann kann ein Zustand mit Krankheitswert vorliegen, der einen Anspruch des Versicherten gegen die Krankenkasse auf Versorgung mit einer Perücke nicht ausschließt. Das Fehlen von Augenbrauen oder Wimpern löst keinen Anspruch gegen die Krankenkasse auf Versorgung mit künstlichen Brauen und Wimpern aus (BSG v. 19.10.2004, SozR 4–2500 § 27 Nr. 2). Brustvergrößernde Operationen eines als »zu klein« empfundenen Busens muss die Krankenkasse auch dann nicht gewähren, wenn die Patientin wegen ihres Busens psychisch erkrankt ist (BSG v. 19.10.2004, SozR 4–2500 § 27 Nr. 3). Auch die Asymmetrie der Brüste verpflichtet die Krankenkasse nicht, die operative Vergrößerung der kleineren Brust zu finanzieren, wenn die Asymmetrie weder deren Funktionsfähigkeit beeinträchtigt noch entstellend wirkt (BSG v. 28.02.2008, SozR 4–2500 § 27 Nr. 14). Operationen am – krankenversicherungsrechtlich betrachtet – gesunden Körper, die psychische Leiden beeinflussen sollen, stellen keine Krankenbehandlung i. S. d. Abs. 1 dar (BSG v. 19.10.2004, SozR 4–2500 § 27 Nr. 3 Rn. 9). Dasselbe gilt für die Vergrößerung der Klitoris und den Einsatz von Schamlippenimplantaten bei einer Frau, die an einer Störung der Geschlechtsidentität leidet und eine Anpassung an das männliche Geschlecht anstrebt, ohne ihre weiblichen körperlichen Merkmale vollständig aufzugeben (BSG Urt. v. 28.09.2010 – B 1 KR 5/10 R). Von diesen Grundsätzen hat der 1. Senat des BSG in drei Urteilen vom 11.09.2012 für den Fall des Transsexualismus eine Ausnahme anerkannt. Bei Mann-zu-Frau-Transsexualismus hat die betroffene (jetzt rechtlich:) Frau Anspruch auf Aufbau einer Mamma-Augmentationsplastik (MAP), auch wenn noch keine operative Veränderung im Genitalbereich im Sinne einer geschlechtsumwandelnden Operation erfolgt ist (B 1 KR 3/12 R). Dieser Anspruch geht aber nur so weit, dass ein »frauliches« Aussehen ermöglicht wird. Wenn der Brustumfang bereits die Maße der Größe »A« für konfektionierte Damenoberbekleidung (»Körbchengröße«) erreicht hat, kann eine MAP zur Erreichung eines größeren Brustumfangs nicht beansprucht werden (BSG Urt. v. 11.09.2012 – B 1 KR 9/12 R). Minderwuchs kann eine Krankheit sein, die gezielte Herbeiführung von Knochenbrüchen zur Erreichung einer Größe von mehr als 164 cm bei einem jungen Mann mit abgeschlossenem natürlichem Wachstum ist aber keine von der Krankenkasse geschuldete Behandlung (BSG v. 10.02.1993, SozR 3–2500 § 182 Nr. 14).

2a Gelegentlich wird aus den Versorgungsausschlüssen nach § 34 Abs. 1 auf Modifikationen beim Krankheitsbegriff geschlossen. Das betrifft etwa die Regelung des § 34 Abs. 1 Satz 8, wonach (verschreibungspflichtige) Arzneimittel in der vertragsärztlichen Versorgung nicht verordnet werden dürfen, soweit diese »überwiegend zur Behandlung der erektilen Dysfunktion, der Anreizung sowie Steigerung der sexuellen Potenz, zur Raucherentwöhnung, zur Abmagerung oder zur Abmagerung bzw. Reduzierung des Körpergewichts dienen«. Daraus wird – in der Regel mit kritischer bzw. polemischer Konnotation – abgeleitet, der Gesetzgeber sehe offenbar die erektile Dysfunktion oder ein massives Übergewicht nicht als Krankheit an, wenn er die zur Behandlung dieser Zustände geeigneten Medikamente den Versicherten nicht zu Gute kommen lasse. Diese Argumentation scheint auf den ersten Blick verständlich, trifft aber nicht zu. Die Versorgungsausschlüsse des § 34 Satz 8, die unmittelbar kraft Gesetzes unabhängig von einer Umsetzung in Richtlinien des G-BA auf der Grundlage des § 34 Satz 9 (BSG Urt. v. 12.12.2012 – B 6 KA 50/11 R) eingreifen, reagieren darauf, dass etwa Appetitzügler und Potenzmittel sowohl zur Behandlung von »echten« Krankheiten wie als sog. Lifestyle-Mittel eingesetzt werden. Die Richtigkeit dieser Einschätzung der Realität kann man – etwa mit Blick auf die Verwendung und Bewerbung von VIAGRA – kaum infrage stellen. Wenn in dieser Lage nach Auffassung des Gesetzgebers eine Abgrenzung der Indikationen aus praktischen Gründen nicht möglich ist, ist es grundsätzlich verfassungsgemäß, mit einem generellen Versorgungsausschluss zu reagieren. Damit stellt der Gesetzgeber nicht infrage, dass etwa der Verlust der sexuellen Potenz Krankheitswert haben kann. Die Krankenkassen sind aber von Verfassungs wegen nicht gehalten, alles zu leisten, was an Mitteln zur Erhaltung oder Wiederherstellung der Gesundheit verfügbar ist (BVerfG Beschl. v. 12.12.2012 – 1 BvR 69/09). Deshalb ist es nicht verfassungswidrig, dass auch behinderte Menschen keinen Anspruch auf Versorgung mit Arzneimitteln zur Behebung von Potenzstörungen haben (BSG Urt. v. 06.03.2012 – B 1 KR 10/11 R, SozR 4–1100 Art. 3 Nr. 69). Dass der Behandlungsanspruch der Versicherten bei erheblichem Übergewicht nicht wegen des speziellen Verordnungsausschlusses nach § 34 Satz 8 entfällt, zeigt die Rechtsprechung zum Anspruch der Versicherten auf Maßnahmen der »Adipositaschirurgie« (Magenband OP). Ob eine solche »bariatrische« Operation zur Leistungspflicht der KKn gehört, ist in der Rechtsprechung umstritten (Streitstand bei BSG Urt. v. 11.07. 2017 – B 1 KR 26/16 R, SozR 4–2500 § 13 Nr. 36 Rn. 23; die meisten der bei den Obergerichten anhängigen Fälle betreffen überwiegend allerdings die Genehmigungsfiktion des § 13 Abs. 3a). Gegen den Anspruch des Versicherten auf eine solche Leistung spricht der Umstand, dass zu der Methode keine positive Empfehlung des G-BA nach § 135 Abs. 1 vorliegt (Hess. LSG Urt. v. 18.05.2017 – L 8 KR 42/16). Im Übrigen muss immer der Vorrang von nicht operativen Maßnahmen zur Gewichtsreduktion beachtet werden. Wenn aber – wie interessengeleitet auch immer – der fachlich-wissenschaftliche Standpunkt der Chirurgie dahin gehen sollte, dass an einer Magenbandverkleinerung als fachgerechter ultima ratio zur Reduktion massiver Adipositas kein Weg vorbeiführt, muss auch der G-BA dem im Rahmen des § 135 Abs. 1 Rechnung tragen. Unbestrittener Ausgangspunkt ist immer, dass Adipositas selbstverständlich Krankheitswert haben und Behandlungsansprüche gegen die Krankenkasse auslösen kann (zutreffend deshalb SG Wiesbaden Gerichtsbescheid v. 31.03.2021 – S 21 KR 180/17). Deshalb umfasst der Versorgungsanspruch einer Versicherten, der die KK eine operative Magenverkleinerung gewährt hat, auch eine nachfolgende Hautfettschürzenresektion im Bauchbereich (Sächsisches LSG Urt. v. 31.05.2018 – L 1 KR 249/16; zu restriktiv zur Korrektur von überschüssigem Hautgewebe Bayerisches LSG Urt. v. 13.08.2020 – L 4 KR 287/19).

2b Zunehmende praktische Bedeutung kommt der Frage zu, ob das genetisch festliegende erhöhte Risiko, an einer bestimmten Krankheit zu erkranken, für sich genommen schon eigenständigen Krankheitswert hat. Das ist Voraussetzung dafür, dass die Versicherten Anspruch auf »Behandlung« haben. Instruktiver Anwendungsfall ist die Entfernung der Brust einer Frau, die genetisch bedingt ein deutlich erhöhtes Risiko trägt, mittelfristig an Brustkrebs zu erkranken. Insoweit hat sich im Sozialversicherungsrecht wie im Recht der Beihilfe für Beamte die Auffassung durchgesetzt, dass entsprechende Leistungsansprüche bestehen, ohne dass es eines unmittelbaren Rückgriffs auf das Verfassungsrecht bedarf. Das grundlegende Urteil des BVerwG Urt. v. 28.09.2017 – 5 C 10/16, NJW 2018, 173, das auf »Vorarbeiten« aus der krankenversicherungsrechtlichen Perspektive beruht (*Hauck* NJW 2016, 2695; *Huster/Harney* MedR 2016, 368 und weiterführend: *Huster/Harney*, in: Meier u.a., Risikoadaptierte Prävention, 2018), verlangt aber eine umfassende tatsächliche Ermittlung und Bewertung, wie hoch das Erkrankungsrisiko der Frau tatsächlich ist. Ab welchem Satz das Krankheitsrisiko zu einer behandlungsbedürftigen Erkrankung wird, hat das Gericht nicht entschieden. Der VGH Hessen als Berufungsgericht war von 70 % bis 80 % Erkrankungsrisiko ausgegangen; das hat das BVerwG als nicht korrekt festgestellt angesehen, woraus man schließen könnte, dass eine solche Quote zumindest für das Beihilferecht aus rechtlichen Gründen ausreichen würde.

### III. Rechtsprechung des BVerfG und Anspruch nach § 2 Abs. 1a

Das prinzipiell unbegrenzte Behandlungsversprechen des Abs. 1 unterliegt zahlreichen Beschränkungen. Es existieren explizite gesetzliche Leistungseinschränkungen wie in § 33 Abs. 2 in Bezug auf Sehhilfen und in § 34 Abs. 1 im Hinblick auf nicht verschreibungspflichtige Arzneimittel. Derartige Begrenzungen sind verfassungskonform, weil nach der Rechtsprechung des BVerfG der Leistungskatalog der GKV auch von finanzwirtschaftlichen Erwägungen mitbestimmt sein darf und die Kassen nach dem Grundgesetz nicht alles leisten müssen, was an Mitteln zur Erhaltung oder Wiederherstellung der Gesundheit verfügbar ist (BVerfG BVerfGE 115, 25). Auch einen Anspruch auf Gewährung einer bestimmten Behandlung kennt das Grundgesetz nicht. Allerdings hat das BVerfG diese allgemeinen Grundsätze in einem Beschluss vom 06.12.2005 (»Nikolaus«) eingeschränkt. Es hat es für verfassungswidrig gehalten, einen lebensbedrohlich erkrankten Versicherten von der Leistung einer von ihm gewählten Behandlungsmethode auch dann auszuschließen, wenn eine allgemein anerkannte, medizinischem Standard entsprechende Behandlungsmethode nicht zur Verfügung steht (BVerfGE 115, 25). Noch weitergehender postuliert das Gericht das Verbot des Ausschlusses einer bestimmten Behandlungsmethode, wenn der Betroffene an einer lebensbedrohlichen oder sogar regelmäßig tödlichen Erkrankung leidet, für die schulmedizinische Behandlungsmethoden nicht verfügbar sind und soweit es ernsthafte Hinweise auf eine Heilungsmöglichkeit durch die angewandte Methode gibt (BVerfG Beschl. v. 29.11.2007 – 1 BvR 2496/07, NZS 2008, 365 zur Hyperthermiebehandlung beim metastasierenden Darmkarzinom). Eine gewisse Relativierung dieser Grundsätze enthält der Beschluss v. 30.06.2008 zur Versorgung einer MS-Patientin mit einem Immunglobulinpräparat, das für die Indikation »Multiple Sklerose« weder in Deutschland noch in der EU arzneimittelrechtlich zugelassen ist. Die Versagung des Anspruchs hat das Gericht hier mit der Erwägung gebilligt, die fehlende arzneimittelrechtliche Zuverlässigkeitsprüfung könne eine sachlich tragfähige Rechtfertigung für die Ablehnung trotz der Schwere der Erkrankung darstellen (NJW 2008, 3556). Das BSG hat die Vorgaben des BVerfG in einer Serie von Entscheidungen aufgenommen und umgesetzt (z.B. Urt. v. 07.11.2006, SozR 4–2500 § 27 Nr. 12). Soweit in diesem Urteil allerdings angenommen worden ist, eine Behandlungsmethode könne nie beansprucht werden, wenn der GBA darüber auf der Grundlage des § 135 Abs. 1 negativ entschieden habe (BSG SozR 4- 2500 § 27 Nr. 12 Rn. 24), kann das nach der Rechtsprechung des BVerfG in dieser Allgemeinheit nicht aufrecht erhalten werden (*Wenner* GesR 2009, 177). Den Anspruch der Versicherten auf Versorgung mit Immunglobulinen zur Behandlung der MS hat das BSG in einem Rechtsstreit zwischen einem Vertragsarzt und dem Beschwerdeausschuss nach § 106 verneint (BSG v. 05.05.2010, SozR 4–2500 § 106 Nr. 27). Zu der Frage, ob die Wirksamkeit einer bestimmten Therapie anerkannt ist, kann im sozialgerichtlichen Verfahren auf Antrag des Versicherten nach § 109 SGG ein Gutachten auch eines ausländischen Arztes eingeholt werden; einem solchen Antrag muss das Gericht in der Regel entsprechen (BSG v. 20.04.2010, SozR 4–1500 § 109 Nr. 3 zur sog. Kuba-Therapie bei Netzhauterkrankung).

Die Rechtsprechung des BVerfG zu den verfassungsunmittelbaren Behandlungsansprüchen der Versicherten ist sehr umstritten (*Huster* JZ 2006, 467; *Wenner* GesR 2009, 177); dieser Streit ist inzwischen praktisch obsolet, nachdem der Gesetzgeber die Rechtsprechung des BVerfG zum 01.01.2012 in dem neuen § 2 Abs. 1a kodifiziert hat. Weil die gesetzliche Neuregelung sich ganz eng an die Leitsätze des Beschlusses des BVerfG vom 06.12.2005 anlehnt, bleibt die zum Beschluss des BVerfG ergangene Rechtsprechung nach wie vor aktuell. Mit einem lange erwarteten Beschluss v. 10. 11. 2015 – 1 BvR 2056/12, NZS 2016, 20 hat das BVerfG eine Verfassungsbeschwerde gegen das Regelungssystem des G-BA als unzulässig verworfen; auf absehbare Zeit bleibt es deshalb bei dem bisherigen Rechtszustand. Die Prüfung, ob auf der Grundlage des § 2 Abs. 1a eine Erweiterung des Leistungsspektrums des § 27 geboten ist, kann wegen der in der Regel bestehenden Eilbedürftigkeit im Verfahren des einstweiligen Rechtsschutzes erfolgen (§ 86b SGG). Die entscheidenden Kriterien sind dabei typischerweise die Frage nach schulmedizinisch anerkannten Alternativen und nach der zumindest nicht ganz unwahrscheinlichen Eignung des umstrittenen, vom Patienten gewünschten Verfahrens. Eine gegebenenfalls erforderliche Abwägung auf unklarer Tatsachengrundlage geht wegen der Schwere der Erkrankung des Betroffenen in der Regel zu dessen Gunsten aus.

## B. Gegenstände des Versorgungsanspruchs

5 In Abs. 1 Satz 2 werden die einzelnen Bereiche der Krankenbehandlung aufgeführt, die dann in den folgen Vorschriften näher konkretisiert werden. Eigenständige Bedeutung hat lediglich die Regelung des Satzes 4. Dort ist bestimmt, dass Leistungen zur Herstellung der Zeugungs- oder Empfängnisfähigkeit zur Krankenbehandlung gehören, auf die die Versicherten einen Rechtsanspruch haben. Das steht gerade nicht in Widerspruch zur Sonderregelung für Maßnahmen der künstlichen Befruchtung in § 27a. Das BVerfG hat ausdrücklich darauf hingewiesen, dass z.B. chirurgische Eingriffe (Beseitigung von Engstellen in den Eileitern der Frau), die Verordnung von Medikamenten (Hormone) oder psychotherapeutische Behandlung, die der Herstellung oder Wiedergewinnung der »natürlichen« Zeugungs- oder Empfängnisfähigkeit dienen, jedem Versicherten zustehen (BVerfG v. 28.07.2007, SozR 4–2500 § 27a Nr. 3 Rn. 34; dazu näher *Wenner* Soziale Sicherheit 2007, 156). Das gilt unabhängig vom Alter der Betroffenen und von ihrem Familienstand, sodass Maßnahmen zur Ermöglichung einer Empfängnis (auf natürlichem Weg) auch eine Frau beanspruchen kann, die nicht verheiratet ist und keinen festen Partner hat. Die fehlende Fähigkeit zu Zeugung und Empfängnis wird nicht anders als andere körperliche Funktionsdefizite behandelt; Maßnahmen nach § 27a kommen erst zur Anwendung, wenn die Behandlungsmöglichkeiten nach § 27 Abs. 1 Satz 4 bei beiden Eheleuten ausgeschöpft oder aus körperlichen Gründen von vornherein sinnlos sind. Das ergibt sich auch aus der Vorgabe der »Erforderlichkeit« in § 27a Abs. 1 Nr. 1 (BSG v. 22.03.2005, SozR 4–2500 § 27a Nr. 1 Rn. 24 zur »ungewollten« Kinderlosigkeit). Behandlungsmaßnahmen zur Behebung der Empfängnisunfähigkeit unterfallen § 27 und sind nicht an § 27a zu messen, wenn die Behandlung dazu führen soll, auf natürlichem Weg Kinder zu zeugen. Entnahme und Aufbewahrung von Eierstockgewebe einer Frau, die als Folge einer Chemotherapie mutmaßlich keinen Eisprung mehr haben wird, können deshalb als Maßnahmen der Wiederherstellung der Empfängnisfähigkeit zu beurteilen sein (BSG, Urt. v. 17.02.2010 – B 1 KR 10/09 R). Die Kyrokonservierung und Lagerung von Samen eines Mannes, der befürchten muss, nach Durchführung einer Chemo- und Strahlentherapie eines Rektumkarzinoms nicht mehr zeugungsfähig zu sein, wird dagegen nach Ansicht des BSG nicht vom Heilbehandlungsanspruch erfasst, sondern der Eigenverantwortung des Versicherten (§ 2 Abs. 1) zugewiesen (BSG, Urt. v. 28.09.2010 – B 1 KR 26/09 R, SozR 4–2500 § 27 Nr. 19). Darauf hat der Gesetzgeber des TSVG mit der Ergänzung des § 27a Abs. 4 reagiert, der den Versicherten einen eigenständigen Sachleistungsanspruch auf Maßnahmen der Kyrokonservierung gibt, wenn sie sich einer keimzellenschädigenden Therapie (z.B. Strahlentherapie) unterziehen müssen. Ein genetischer Defekt – etwa mit der Folge, dass männliche Kinder ein sehr hohes Risiko haben, an Muskel-Dystrophie zu erkranken – ist eine Krankheit, auch wenn sich der Defekt auf die betroffene Frau nicht auswirkt (BSG Urt. v. 12.09.2015 – B 1 KR 15/14 R, SozR 4- 2500 § 27 Nr. 27 Rn. 10). Daraus folgt aber nicht, dass die sog. Polkörperdiagnostik, mit deren Hilfe eine befruchtete Eizelle noch im voremebryonalen Stadium darauf untersucht wird, ob in ihr die Anlage für die Muskel-Dystrophie angelegt ist, von § 27 umfasst wäre. Dieses diagnostische Verfahren dient nämlich nicht der Behebung des Gendefektes, sondern der Verwerfung solcher befruchteter Zellen, die den Defekt haben (BSG a.a.O.).

5a Mit der Ergänzung des Abs. 1 Satz 6 durch das Masernschutzgesetz v. 10.02.2020 (BGBl. I S. 148) ist den Versicherten ein Anspruch auf vertrauliche Sicherung von Spuren nach einem sexuellen

Missbrauch oder einem sexuellen Übergriff (Vergewaltigung) eingeräumt worden. Dies Regelung trägt dem Umstand Rechnung, dass Opfer von sexuellen Übergriffen häufig zögern, unmittelbar nach der Tat die Polizei einzuschalten. Ihnen soll aber gleichwohl die Möglichkeit eröffnet werden, die Spuren der Tat zeitnah und beweissicher festhalten zu lassen, damit das Zögern bei der Einschaltung der Polizei nicht zwangsläufig dazu führt, dass die Tat auch dann nicht mehr effektiv verfolgt werden kann, wenn sich das Opfer später doch entschließt, den Täter anzuzeigen (näher Becker/Kingreen/*Lang*, SGB V, § 27 Rn. 60).

## § 27b Zweitmeinung

(1) Versicherte, bei denen die Indikation zu einem planbaren Eingriff gestellt wird, bei dem insbesondere im Hinblick auf die zahlenmäßige Entwicklung seiner Durchführung die Gefahr einer Indikationsausweitung nicht auszuschließen ist, haben Anspruch darauf, eine unabhängige ärztliche Zweitmeinung bei einem Arzt oder einer Einrichtung nach Absatz 3 einzuholen. Die Zweitmeinung kann nicht bei einem Arzt oder einer Einrichtung eingeholt werden, durch den oder durch die der Eingriff durchgeführt werden soll.

(2) Der Gemeinsame Bundesausschuss bestimmt in seinen Richtlinien nach § 92 Absatz 1 Satz 2 Nummer 13, für welche planbaren Eingriffe nach Absatz 1 Satz 1 der Anspruch auf Einholung der Zweitmeinung im Einzelnen besteht; ab dem 1. Januar 2022 soll der Gemeinsame Bundesausschuss jährlich mindestens zwei weitere Eingriffe bestimmen, für die Anspruch auf Einholung der Zweitmeinung im Einzelnen besteht. Er legt indikationsspezifische Anforderungen an die Abgabe der Zweitmeinung zum empfohlenen Eingriff und an die Erbringer einer Zweitmeinung fest, um eine besondere Expertise zur Zweitmeinungserbringung zu sichern. Kriterien für die besondere Expertise sind
1. eine langjährige fachärztliche Tätigkeit in einem Fachgebiet, das für die Indikation zum Eingriff maßgeblich ist,
2. Kenntnisse über den aktuellen Stand der wissenschaftlichen Forschung zur jeweiligen Diagnostik und Therapie einschließlich Kenntnissen über Therapiealternativen zum empfohlenen Eingriff.

Der Gemeinsame Bundesausschuss kann Anforderungen mit zusätzlichen Kriterien festlegen. Zusätzliche Kriterien sind insbesondere
1. Erfahrungen mit der Durchführung des jeweiligen Eingriffs,
2. regelmäßige gutachterliche Tätigkeit in einem für die Indikation maßgeblichen Fachgebiet oder
3. besondere Zusatzqualifikationen, die für die Beurteilung einer gegebenenfalls interdisziplinär abzustimmenden Indikationsstellung von Bedeutung sind.

Der Gemeinsame Bundesausschuss berücksichtigt bei den Festlegungen nach Satz 2 die Möglichkeiten einer telemedizinischen Erbringung der Zweitmeinung.

(3) Zur Erbringung einer Zweitmeinung sind berechtigt:
1. zugelassene Ärzte,
2. zugelassene medizinische Versorgungszentren,
3. ermächtigte Ärzte und Einrichtungen,
4. zugelassene Krankenhäuser sowie
5. nicht an der vertragsärztlichen Versorgung teilnehmende Ärzte, die nur zu diesem Zweck an der vertragsärztlichen Versorgung teilnehmen,

soweit sie die Anforderungen nach Absatz 2 Satz 2 erfüllen.

(4) Die Kassenärztlichen Vereinigungen und die Landeskrankenhausgesellschaften informieren inhaltlich abgestimmt über Leistungserbringer, die unter Berücksichtigung der vom Gemeinsamen Bundesausschuss nach Absatz 2 Satz 2 festgelegten Anforderungen zur Erbringung einer unabhängigen Zweitmeinung geeignet und bereit sind.

(5) Der Arzt, der die Indikation für einen Eingriff nach Absatz 1 Satz 1 in Verbindung mit Absatz 2 Satz 1 stellt, muss den Versicherten über das Recht, eine unabhängige ärztliche Zweitmeinung einholen zu können, aufklären und ihn auf die Informationsangebote über geeignete Leistungserbringer nach Absatz 4 hinweisen. Die Aufklärung muss mündlich erfolgen; ergänzend kann auf Unterlagen Bezug genommen werden, die der Versicherte in Textform erhält. Der Arzt hat dafür Sorge zu tragen, dass die Aufklärung in der Regel mindestens zehn Tage vor dem geplanten Eingriff erfolgt. In jedem Fall hat die Aufklärung so rechtzeitig zu erfolgen, dass der Versicherte seine Entscheidung über die Einholung einer Zweitmeinung wohlüberlegt treffen kann. Der Arzt hat den Versicherten auf sein Recht auf Überlassung von Abschriften der Befundunterlagen aus der Patientenakte gemäß § 630g Absatz 2 des Bürgerlichen Gesetzbuchs, die für die Einholung der Zweitmeinung erforderlich sind, hinzuweisen. Die Kosten, die dem Arzt durch die Zusammenstellung und Überlassung von Befundunterlagen für die Zweitmeinung entstehen, trägt die Krankenkasse.

(6) Die Krankenkasse kann in ihrer Satzung zusätzliche Leistungen zur Einholung einer unabhängigen ärztlichen Zweitmeinung vorsehen. Sofern diese zusätzlichen Leistungen die vom Gemeinsamen Bundesausschuss bestimmten Eingriffe nach Absatz 2 Satz 1 betreffen, müssen sie die Anforderungen nach Absatz 2 Satz 2 erfüllen, die der Gemeinsame Bundesausschuss festgelegt hat. Dies gilt auch, wenn die Krankenkasse ein Zweitmeinungsverfahren im Rahmen von Verträgen der besonderen Versorgung nach § 140a anbietet.

## Übersicht

| | Rdn. |
|---|---|
| A. Allgemeines | 1 |
| B. Anspruch auf Zweitmeinung | 4 |
| I. Entwicklung der Rechtsgrundlage | 4 |
| II. Anspruch auf Einholung einer Zweitmeinung (Abs. 1) | 5 |
|   1. Planbare Eingriffe | 7 |
|   2. Mengenanfällige Eingriffe | 11 |
|   3. Ausgeschlossene Leistungserbringer (Abs. 1 Satz 2) | 12 |
| III. Konkretisierung durch Richtlinie des G-BA (Abs. 2) | 14 |
|   1. Festlegung der in Betracht kommenden planbaren Eingriffe (Abs. 2 Satz 1) | 15 |
|   2. Besondere Expertise für Zweitmeinungserbringung (Abs. 2 Sätze 2 und 3) | 16 |
|   3. Zusätzliche Kriterien für besondere Expertise (Abs. 2 Sätze 4 und 5) | 21 |
|   4. Telemedizinische Erbringung der Zweitmeinung (Abs. 2 Satz 6) | 23 |
|   5. Richtlinienerlass durch den G-BA | 24 |
|   6. Festgelegte Eingriffe für Zweitmeinungen | 25 |
| IV. Berechtigte Leistungserbringer (Abs. 3) | 26 |
|   1. Überprüfung der Qualifikationsanforderungen durch Kassenärztliche Vereinigungen | 27 |
|   2. Bereitschaft zur Abgabe von Zweitmeinungen | 30 |
| V. Informationspflichten (Abs. 4) | 31 |
| VI. Verfahren zur Einholung einer Zweitmeinung (Abs. 5) | 32 |
|   1. Aufklärungsverpflichtung durch den indikationsstellenden Arzt (Abs. 5 Sätze 1–4) | 32 |
|   2. Überlassung von Befundunterlagen (Abs. 5 Satz 5) | 37 |
|   3. Kostentragung (Abs. 5 Satz 6) | 38 |
|   4. Aufgaben der Zweitmeiner (§ 8 Zweitmeinungs-Richtlinie) | 38a |
| VII. Einholung einer Zweitmeinung als Satzungsleistung (Abs. 6) | 39 |
|   1. Ermächtigung für Satzungsleistung (Abs. 6 Satz 1) | 40 |
|   2. Geltung der Anforderungen nach Abs. 2 Satz 2 (Abs. 6 Sätze 2 und 3) | 41 |
| VIII. Vergütung der Zweitmeinungserbringung | 42 |
| IX. Berichterstattung und Evaluation | 47 |

## A. Allgemeines

1 Mit dem GKV-Versorgungsstärkungsgesetz (GKV-VSG) vom 16.07.2015 (BGBl. I S. 1211) ist § 27b eingefügt worden, in dem ein **Rechtsanspruch der Versicherten** auf Einholung einer **ärztlichen Zweitmeinung** bei bestimmten Arten von Eingriffen normiert worden ist.

2 Einen gesetzlich geregelten Anspruch auf Einholung einer Zweitmeinung gab es bis zu diesem Zeitpunkt nicht. Zwar hatten die Versicherten bisher schon im Rahmen der freien Arztwahl (§ 76 Abs. 1) die Möglichkeit, sich etwa bei planbaren Eingriffen über deren Notwendigkeit und

Durchführung bei einem anderen Arzt als demjenigen, der zu dieser Maßnahme geraten hatte, zu informieren. Davon ist wohl allerdings nur in geringem Umfang Gebrauch gemacht worden (vgl. die Angaben bei *Osterloh* DÄBl. 2014, S. A 2254).) Zudem hatten verschiedene Krankenkassen in ihren Satzungen geregelt, dass bei bestimmten Indikationen die Einholung von Zweitmeinungen durch den Versicherten zulässig ist (z.B.: Einholung einer Zweitmeinung von ausgewählten Spezialisten vor geplanter Operation an der Wirbelsäule, an der Hüfte oder am Knie). In der zahnärztlichen Versorgung haben die Kassenzahnärztlichen Vereinigungen ein Modell gestartet, das für Versicherte vor einer Zahnersatzbehandlung die Möglichkeit vorsieht, hierzu kostenlos eine fachlich fundierte zweite Meinung einzuholen (s. www.zahnarzt-zweitmeinung.de).

Der Gesetzgeber des GKV-VSG hat diese Entwicklung aufgegriffen. Er hat zwar **keinen generellen Anspruch** der Versicherten auf Einholung einer Zweitmeinung normiert, einen solchen aber für bestimmte Eingriffe vorgesehen. Die Vorschrift bezieht sich vor allem auf **planbare Eingriffe**, bei denen aufgrund der zahlenmäßigen Entwicklung die Gefahr einer Indikationsausweitung nicht auszuschließen ist. Die Regelung dient damit nicht nur dem Schutz der Versicherten vor nicht notwendigen Eingriffen, sondern durch eine mögliche Reduzierung der Eingriffe auch dem im SGB V verankerten Wirtschaftlichkeitsgrundsatz (dazu *Ali/Pieper* Gesundheitswesen 2017, 871 ff.). 3

## B. Anspruch auf Zweitmeinung

### I. Entwicklung der Rechtsgrundlage

Die Vorschrift des § 27b fand sich bereits in dem Gesetzentwurf der Bundesregierung zum GKV-VSG (BT-Drs. 18/4095 S. 11). Sie ist während des Gesetzgebungsverfahrens durch den BT-Ausschuss für Gesundheit in einigen Punkten geändert und ergänzt worden (Beschlussempfehlung und Bericht, BT-Drs. 18/5123 S. 13 ff.). Durch Art. 1 Nr. 8 des Gesundheitsversorgungsweiterentwicklungsgesetzes (GVWG) vom 11.07.2021 (BGBl I S. 2754) wurde Satz 1 um einen Halbsatz ergänzt, dem dem G-BA aufgibt, ab dem 01.01.2022 jährlich zwei weitere Eingriffe zu bestimmen, für die Anspruch auf Einholung einer Zweitmeinung besteht. Mit der Ausweitung der Regelung auf weitere planbare Eingriffe soll der Rechtsanspruch der Versicherten auf Einholung von Zweitmeinungen gestärkt werden (Begr. GesEntw, BT-Drs. 19/26822 S. 64 f. zu Nr. 8). 4

### II. Anspruch auf Einholung einer Zweitmeinung (Abs. 1)

§ 27b Abs. 1 regelt die Grundvoraussetzungen für die Einholung einer Zweitmeinung. Mit der Normierung im SGB V wird der Anspruch auf Einholung einer Zweitmeinung als **besondere Sachleistung** gewährt (Begr. GesEntw, BT-Drs. 18/4095, zu Nr. 7, S. 77); d.h., als Sachleistung ohne finanzielle Eigenbeteiligung der Versicherten. 5

Der **Sachleistungsanspruch** der Versicherten **entsteht mit der Indikationsstellung** des Arztes zu einem in der Zweitmeinungs-Richtlinie des G-BA festgestellten planbaren Eingriff (§ 5 Abs. 1 Zweitmeinungs-Richtlinie). Dabei gilt eine Indikation dann als gestellt, wenn ein Arzt einem Versicherten einen in der Richtlinie festgestellten planbaren Eingriff empfohlen hat (§ 5 Abs. 2 Zweitmeinungs-Richtlinie). 5a

Die gesetzliche Regelung begründet einen Anspruch auf Einholung **einer Zweitmeinung**, nicht einen Anspruch ggf. auf Einholung einer Drittmeinung. Ein solcher Anspruch ergibt sich auch nicht in Ausnahmefällen (etwa bei völlig divergierenden Auffassungen des indikationsstellenden Arztes und des Zweitmeinungsgutachters). Der G-BA hat in der Zweitmeinungs-Richtlinie eine solche Möglichkeit nicht eröffnet. 6

#### 1. Planbare Eingriffe

Nach Satz 1 hat der Versicherte gegen seine Krankenkasse Anspruch auf Einholung einer Zweitmeinung. Es handelt sich somit um einen **Rechtsanspruch**, nicht um eine Ermessensleistung der Krankenkasse. Dieser ist allerdings an bestimmte Voraussetzungen gebunden. Es muss sich zunächst um 7 einen planbaren Eingriff handeln, der in der vertragsärztlichen Versorgung erbracht werden soll. Der Begriff des **planbaren Eingriffs** bedeutet, dass unvorhergesehen notwendig werdende Eingriffe (Akutbehandlungen) vom Rechtsanspruch aus Abs. 1 Satz 1 nicht erfasst werden. Bei diesen ist allerdings von vornherein die Einholung von Zweitmeinungen regelmäßig nicht umsetzbar.

8   Die Regelung erfasst nur die Indikation zu solchen planbaren **Eingriffen**, bei denen insbesondere im Hinblick auf die zahlenmäßige Entwicklung ihrer Durchführung die Gefahr einer Indikationsausweitung nicht auszuschließen ist. Sie begrenzt damit den Anspruch auf Eingriffe. **Sonstige Behandlungsmaßnahmen**, bei denen **kein Eingriff** erforderlich ist (z.B. medikamentöse Behandlung, Chemotherapie), werden von der Regelung **nicht** erfasst.

9   Die Vorschrift unterscheidet nicht zwischen **ambulanten und stationären Eingriffen**. Der Regelfall ist, dass die Indikation für einen planbaren Eingriff durch den niedergelassenen Vertragsarzt erfolgt und der Eingriff in einer stationären Einrichtung durchgeführt wird. Der Anspruch auf Einholung einer Zweitmeinung erfasst aber auch solche Fallgestaltungen, in denen Eingriffe ambulant durchgeführt werden sollen.

10  **Nicht erfasst** von der Vorschrift sind planbare **Eingriffe im vertragszahnärztlichen Bereich**. Der G-BA hat in § 1 Abs. 3 der Zweitmeinungs-Richtlinie klargestellt, dass diese **nicht** für die Einholung einer Zweitmeinung bei zahnärztlichen Eingriffen durch Vertragszahnärztinnen und Vertragszahnärzte gilt.

### 2. Mengenanfällige Eingriffe

11  Ein Anspruch auf Zweitmeinung ist zunächst nur bei solchen planbaren Eingriffen gegeben, bei denen insbesondere unter Berücksichtigung der zahlenmäßigen Entwicklung ihrer Durchführung das **Risiko einer zu weiten Indikationsstellung** und damit einer nicht durchgängig medizinisch gebotenen Vornahme der Eingriffe nicht auszuschließen ist (Begr. GesEntw, BT-Drs. 18/4095 S. 78 zu Nr. 7). Die Formulierung »insbesondere« besagt, dass die Regelung nicht auf solche sog. mengenanfälligen Leistungen beschränkt ist, sondern auch **weitere planbare Eingriffe** erfassen kann. Zu denken ist z.B. an solche Eingriffe, die zwar nicht mengenanfällig sind, bei denen aber die Vornahme und die Auswirkungen des Eingriffs zu einer hohen Belastung bei den betroffenen Versicherten führen. Bei welchen planbaren Eingriffen ein Anspruch auf Einholung eines Zweitgutachtens besteht, bestimmt gem. Abs. 2 Satz 1 der G-BA.

### 3. Ausgeschlossene Leistungserbringer (Abs. 1 Satz 2)

12  Nach Abs. 1 Satz 2 kann die Zweitmeinung bei bestimmten Leistungserbringern nicht eingeholt werden, da insoweit eine neutrale Beratung nicht gewährleistet sein könnte. Damit soll die Unabhängigkeit der Zweitmeinung gestärkt werden und gleichzeitig falsche finanzielle Anreize zur Zweitmeinungserbringung vermieden werden. Ausgeschlossen sind danach von der Zweitmeinungserbringung ein Arzt oder eine Einrichtung, durch den oder durch die der Eingriff durchgeführt werden soll (Abs. 1 Satz 2). Nach Sinn und Zweck der Regelung können weitergehend alle diejenigen Ärzte nicht zur Abgabe einer Zweitmeinung tätig werden, die im konkreten Fall ein im weiteren Sinne wirtschaftliches Eigeninteresse an der Durchführung des Eingriffes haben können.

13  Ausgeschlossen sind damit auch ärztliche Kooperationsformen wie z.B. Berufsausübungsgemeinschaften oder Praxisgemeinschaften (Begr. GesEntw, BT-Drs. 18/4095 S. 78 zu Nr. 7). Holt der Versicherte dennoch eine Zweitmeinung bei einem ausgeschlossenen Leistungserbringer ein, entsteht kein Anspruch des Leistungserbringers auf Vergütung der Leistung.

### III. Konkretisierung durch Richtlinie des G-BA (Abs. 2)

14  Die Vorschrift gibt dem G-BA auf, die Voraussetzungen für die Einholung einer Zweitmeinung und für die Qualifikation der als Zweitmeinungsgutachter in Betracht kommenden Leistungserbringer zu konkretisieren, um auf diese Weise ein **strukturiertes Zweitmeinungsverfahren** einzuführen,

das eine möglichst objektive und strukturierte Überprüfung der Indikationsstellung für einzelne mengenanfällige Leistungen gewährleistet. Im Hinblick auf diese Zielrichtung ist Abs. 2 im Gesetzgebungsverfahren durch den BT-Ausschuss für Gesundheit geändert worden (Beschlussempfehlung und Bericht, BT-Drs. 18/5123 S. 13 ff.).

### 1. Festlegung der in Betracht kommenden planbaren Eingriffe (Abs. 2 Satz 1)

Der G-BA hat in einer Richtlinie gem. § 92 Abs. 1 Satz 2 Nr. 13 die planbaren Eingriffe festzulegen, bei denen im Hinblick auf die gesetzliche Vorgabe der Gefahr einer Indikationsausweitung eine Zweitmeinungserbringung in Betracht kommt. Er hat dabei die zahlenmäßige Durchführung der Eingriffe und auch andere relevante Faktoren wie die demographische Entwicklung zu berücksichtigen, aufgrund derer das Risiko einer Indikationsausweitung nicht auszuschließen ist (Begr. GesEntw, BT-Drs. 18/4095 S. 78 zu Nr. 7, zu Abs. 2). 15

*(unbesetzt)* 15a

### 2. Besondere Expertise für Zweitmeinungserbringung (Abs. 2 Sätze 2 und 3)

Mit den im Gesetzgebungsverfahren durch den BT-Ausschuss für Gesundheit eingefügten Sätzen 2 und 3 wird klargestellt, dass als Anforderung für die Erbringung der Zweitmeinung ein **besonderer Sachverstand** zu gewährleisten ist. Damit soll die Funktion der Zweitmeinung zur qualifizierten Überprüfung der Indikationsstellung bei den sog. mengenanfälligen Eingriffen erfüllt werden (Beschlussempfehlung und Bericht, BT-Drs. 18/5123 S. 116 zu Nr. 7, zu Abs. 2). 16

Bezüglich der besonderen Expertise für die Einholung einer Zweitmeinung gibt die Vorschrift dem GB-A in Satz 3 sehr konkret die Anforderungen vor, die in der Richtlinie für die besondere Expertise zugrunde zu legen sind. Mit diesen Kriterien soll erreicht werden, dass die Zweitmeinung nur durch **spezialisierte Fachleute und Einrichtungen** und nicht durch jeden beliebigen Arzt oder jede beliebige Einrichtung erbracht werden kann. Aus dem Erfordernis der besonderen Expertise kann abzuleiten sein, dass bei widersprechenden Beurteilungen des indikationsstellenden Arztes und des Zweitmeinungsgutachter derjenigen des Zweitmeinungsgutachters zu folgen sein dürfte. Diese Vorgaben hat der G-BA in seiner Richtlinie zum Zweitmeinungsverfahren umgesetzt (§ 7 der Richtlinie). 17

**Kriterien** für die besondere Expertise sind eine langjährige fachärztliche Tätigkeit in einem Fachgebiet, dass für die Indikation zum Eingriff maßgeblich ist (Satz 3 Nr. 1) sowie Kenntnisse über den aktuellen Stand der wissenschaftlichen Forschung zur jeweiligen Diagnostik und Therapie einschließlich Kenntnissen über Therapiealternativen zum empfohlenen Eingriff (Satz 3 Nr. 2). Insbesondere die Überprüfung, ob die Anforderungen der zweiten Voraussetzung erfüllt sind, kann sich als schwierig erweisen. 18

Der G-BA hat in der ab 08.12.2018 geltenden Richtlinie zum Zweitmeinungsverfahren die Anforderungen an die besondere fachliche Qualifikation des Zweitmeiners konkretisiert. Diese erfordert nach § 7 der Richtlinie eine langjährige fachärztliche Tätigkeit in einem Fachgebiet, das für den jeweiligen im Besonderen Teil der Richtlinie aufgeführten Eingriff maßgeblich ist. Diese Anforderung setzt die Anerkennung einer Facharztbezeichnung in dem für den jeweiligen Eingriff im Besonderen Teil der Richtlinie festgelegten Gebiet sowie eine mindestens fünfjährige ganztägige Tätigkeit, vom Umfang her entsprechende Teilzeittätigkeit oder in Kombination aus ganztägiger Tätigkeit und Teilzeittätigkeit in einem Bereich der unmittelbaren Patientenversorgung in dem für den jeweiligen Eingriff im Besonderen Teil der Richtlinie genannten Gebiet nach Anerkennung der maßgeblichen Facharztbezeichnung voraus. 19

Die Voraussetzung der Kenntnisse über den aktuellen Stand der wissenschaftlichen Forschung zur jeweiligen Diagnostik und Therapie einschließlich Therapiealternativen ist erfüllt, wenn die jeweils geltende Fortbildungsverpflichtung nach § 95d oder § 136b Abs. 1 Nr. 1 erfüllt oder im Falle des § 27b Abs. 3 Nr. 5 eine entsprechende von der zuständigen Landesärztekammer anerkannten Zahl 20 an Fortbildungspunkten erworben wurde. Zudem müssen weitere Voraussetzungen erfüllt sein, nämlich eine durch die zuständige Landesärztekammer erteilte Befugnis zur Weiterbildung oder eine akademische Lehrbefugnis (§ 7 Abs. 3 der Richtlinie).

### 3. Zusätzliche Kriterien für besondere Expertise (Abs. 2 Sätze 4 und 5)

21 Nach Abs. 2 Satz 4 ist der G-BA berechtigt, Anforderungen mit **zusätzlichen Kriterien** festzulegen. Er hat damit die Anforderungen für die von ihm bestimmten Eingriffe auf der Grundlage der vorgegebenen Kriterien zu konkretisieren oder auch kumulativ zu verbinden und sie für die unterschiedlichen Leistungserbringer nach Abs. 3 auszugestalten (Beschlussempfehlung und Bericht, BT-Drs. 18/5123 S. 116 zu Nr. 7, zu Abs. 2).

22 Satz 5 nennt solche möglichen Zusatzkriterien, die insbesondere in Betracht kommen. Es sind Erfahrungen mit der Durchführung des jeweiligen Eingriffs, weiter die regelmäßige gutachtliche Tätigkeit in einem für die Indikation maßgeblichen Fachgebiet oder besondere Zusatzqualifikationen, die für die Beurteilung einer gegebenenfalls interdisziplinär abzustimmenden Indikationsstellung von Bedeutung sind.

### 4. Telemedizinische Erbringung der Zweitmeinung (Abs. 2 Satz 6)

23 Der während des Gesetzgebungsverfahrens neu in die Vorschrift aufgenommene Satz 6 verpflichtet den G-BA, bei der Erbringung der Zweitmeinung auch die Möglichkeit der telemedizinischen Durchführung einzubeziehen. Der G-BA hat danach indikationsbezogen zu entscheiden, ob eine körperliche Untersuchung durch den Zweitmeinungsarzt erforderlich ist oder ob indikationsbezogen auch eine telemedizinische Erbringung möglich ist. Nach der Begründung der Regelung (Beschlussempfehlung und Bericht, BT-Drs. 18/5123 S. 116 zu Nr. 7, zu Abs. 2) kann eine telemedizinische Erbringung in Betracht kommen, wenn es um eine reine Zweitbegutachtung von Befundunterlagen (z.B. die Interpretation einer Bildgebung) geht. Die Begründung verweist zugleich darauf, dass der G-BA bei den Festlegungen berufsrechtliche Vorgaben zu beachten hat. M.a.W., er muss bei der Festlegung der Kriterien die berufsrechtlich vorgegebenen Fachgebietsgrenzen beachten.

### 5. Richtlinienerlass durch den G-BA

24 Gem. dem früheren, zwischenzeitlich durch das Terminservice- und Versorgungsgesetz (TSVG) aufgehobene Abs. 2 Satz 7 hatte der G-BA die erforderlichen Festlegungen erstmals bis zum 31.12.2015 zu beschließen. Der G-BA erließ am 21.09.2017 die »Richtlinie über die Konkretisierung des Anspruchs auf eine unabhängige ärztliche Zweitmeinung gemäß § 27b Abs. 2 SGB V« (www.g-ba.de/richtlinien/107/). Diese traten nach Veröffentlichung im Bundesanzeiger (BAnz AT vom 07.12.2018 B4) am 08.12.2018 in Kraft (dazu *Heberlein* GuP 2018, 1 ff.; *Voit/Hommel* ZM 2019, 200 ff.).

### 6. Festgelegte Eingriffe für Zweitmeinungen

25 Der G-BA hatte zunächst im **Besonderen Teil der Zweitmeinungs-Richtlinie zwei planbare Eingriffe** benannt, zu denen eine Zweitmeinung eingeholt werden kann. Es handelt sich um **Mandeloperationen** (Tonsillektomie, Tonsillotomie) und um **Gebärmutterentfernungen** (Hysterektomien). Durch Beschluss des G-BA vom 22.11.2019 (BAnz AT vom 19.02.2020 B3) wurde als Eingriff Nr. 3 **Arthroskopische Eingriffe an der Schulter** aufgenommen (Inkrafttreten der Regelung am 20.02.2020). Der G-BA beschloss am 16.04.2020 (Änderungsbeschluss vom 18.03.2021) die Aufnahme eines Eingriffs Nr. 4 Amputation beim Diabetischen Fußsyndrom (BAnz AT vom 26.05.2021 B3, Inkrafttreten: 27.05.2021). Als Eingriff Nr. 5 wurde die »Implantationen **einer Knieendoprothese** hinzugefügt (Beschluss des G-BA vom 15.10.2020, BAnz AT vom 11.01.2021 B1, Inkrafttreten: 12.01.2021). Die Regelungen sind so aufgebaut, dass § 1 jeweils die Definition des geplanten Eingriffs enthält und in § 2 die eingriffsspezifischen Anforderungen an den Zweitmeiner festgelegt werden.

## IV. Berechtigte Leistungserbringer (Abs. 3)

Abs. 3 legt fest, welche Leistungserbringer zur Erbringung einer Zweitmeinung berechtigt sind. In Betracht kommen zunächst alle nach § 95 Abs. 1 Satz 1 zur Teilnahme an der vertragsärztlichen Versorgung zugelassenen Leistungserbringer (zugelassene Ärzte, zugelassene medizinische Versorgungszentren, ermächtigte Ärzte und Einrichtungen – Nr. 1–3), aber auch nach § 108 zugelassene Krankenhäuser (Nr. 4). Das Letztere ist als erforderlich angesehen worden, da für die Zweitmeinung vor allem bei komplexen Eingriffen besondere Untersuchungs- und Behandlungsmethoden oder spezielle Kenntnisse benötigt werden können, die insbesondere im Krankenhaus vorhanden sind (Begr. GesEntw, BT-Drs. 18/4095 S. 78 f. zu Nr. 7). Die **Krankenhäuser** nehmen (nur) zu diesem Zweck und in diesem Umfang an der vertragsärztlichen Versorgung teil. Entsprechendes gilt nach Nr. 5 auch für an sich nicht **an der vertragsärztlichen Versorgung** teilnehmende Ärzte (z.B. ausschließlich privatärztlich tätige Ärzte), die damit ebenfalls Leistungserbringer im Zweitmeinungsverfahren sein können. Als Zweitmeinungsgutachter kommen danach alle weiteren Ärzte in Betracht, z.B. solche, die bei Versicherungen oder im öffentlichen Dienst außerhalb von Krankenhäusern beschäftigt sind wie Bundeswehrärzte. Sie nehmen nur zu diesem Zweck und in diesem Umfang an der vertragsärztlichen Versorgung teil. Die Vorschrift stellt damit eine Ausnahme von § 95 Abs. 1 Satz 1 dar, wonach nur die dort genannten Ärztinnen und Ärzte und Einrichtungen an der vertragsärztlichen Versorgung teilnehmen (vgl. Begr. in Beschlussempfehlung und Bericht, BT-Drs. 18/5123 S. 117 zu Nr. 7, zu Abs. 3). Einen besonderen Zulassungsstatus z.B. im Sinne einer Ermächtigung erhalten solche Ärzte aber nicht.

### 1. Überprüfung der Qualifikationsanforderungen durch Kassenärztliche Vereinigungen

Die zur Zweitmeinungserbringung berechtigten Leistungserbringer müssen die **Anforderungen nach Abs. 2 Satz 2** erfüllen (Abs. 3 Hs. 2). Nicht geregelt ist in diesem Zusammenhang, welche Institution prüft, ob die an sich nach Abs. 3 zur Zweitmeinungserbringung berechtigten Leistungserbringer die vom G-BA in der Richtlinie aufgestellten Qualifikationsanforderungen erfüllen. Der Gesetzgeber ist der Anregung der Kassenärztlichen Bundesvereinigung (Stellungnahme vom 19.03.2015) nicht gefolgt, eine Zuständigkeit der Bundesmantelvertragspartner für die Konkretisierung des Anspruchs auf Zweitmeinung vorzusehen. Insofern scheiden die Bundesmantelvertragspartner auch als Überprüfungsinstitution aus.

Da es sich um eine **Leistung der vertragsärztlichen Versorgung** handelt, kommt insoweit ausschließlich die **Zuständigkeit der Kassenärztlichen Vereinigungen** in Betracht. Das gilt auch, soweit es sich um Leistungserbringer handelt, die außerhalb des Systems der vertragsärztlichen Versorgung stehen (zugelassene Krankenhäuser, nicht an der vertragsärztlichen Versorgung teilnehmende Ärzte). Im Rahmen der Zweitmeinungserbringung nehmen diese an der vertragsärztlichen Versorgung teil, wie dies für die nicht an der vertragsärztlichen Versorgung teilnehmenden Ärzte (Abs. 3 Nr. 5) ausdrücklich geregelt ist.

Die **Antragsteller auf Abgabe von Zweitmeinungen** haben gegenüber der zuständigen Kassenärztlichen Vereinigung ihre **besondere Qualifikation** i.S.v. § 27b Abs. 2 durch geeignete Unterlagen nachzuweisen (§ 7 Abs. 1 Satz 1 Zweitmeinungs-Richtlinie). Sofern die Voraussetzungen vorliegen und keine Hinderungsgründe gem. § 7 Abs 5 der Zweitmeinungs-Richtlinie (Verstoß gegen das Gebot der Unabhängigkeit gem. § 27b Abs. 1 Satz 2) entgegenstehen, hat die zuständige Kassenärztliche Vereinigung eine **Genehmigung zur Durchführung der Abrechnung** von Zweitmeinungsleistungen zu erteilen (§ 7 Abs. 1 Satz 2 der Zweitmeinungs-Richtlinie). Bei dieser Genehmigung handelt es sich im Verhältnis zu demjenigen, der seine Aufnahme in den Kreis der Zweitmeinungsberechtigten erstrebt, um einen **Verwaltungsakt**. Die Ablehnung der Genehmigung kann mit Widerspruch und ggf. Klage vor dem Sozialgericht angefochten werden.

### 2. Bereitschaft zur Abgabe von Zweitmeinungen

Ausschließlich in Abs. 4 letzter Hs. wird darauf abgestellt, dass als Zweitmeinungsgutachter in Betracht kommende Leistungserbringer auch bereit sein müssen, als solche tätig zu werden. Angesichts der hohen qualitativen Anforderungen an die Abgabe der Zweitmeinung reduziert sich der Kreis der in Betracht kommenden Leistungserbringer wesentlich. Da diese in ihrer Haupttätigkeit ebenfalls erheblicher zeitlicher Inanspruchnahme unterliegen, kann es durchaus schwierig werden, für bestimmte Indikationsstellungen in ausreichendem Umfang geeignete Leistungserbringer als Zweitmeinungsgutachter zu gewinnen.

### V. Informationspflichten (Abs. 4)

31  Nach Abs. 4 sind die Kassenärztlichen Vereinigungen und die Landeskrankenhausgesellschaften jeweils verpflichtet, **inhaltlich abgestimmt** über Leistungserbringer zu informieren, die unter Berücksichtigung der vom G-BA nach Abs. 2 Satz 2 festgelegten Anforderungen zur Erbringung einer unabhängigen Zweitmeinung geeignet und bereit sind. Nach der Begründung des Regierungsentwurfs soll durch Informationsangebote im Internet oder als Broschüre gewährleistet werden, dass der Versicherte adäquate Hilfestellung bei der Auswahl eines geeigneten Leistungserbringers für die Zweitmeinung erhält (Beschlussempfehlung und Bericht, BT-Drs. 18/5123 S. 117 zu Nr. 7, zu Abs. 3).

31a Die danach vorgegebene inhaltliche Abstimmung bedeutet nicht zwingend, dass die Informationen übereinstimmend sein müssen. Bei der Aufnahme von in Betracht kommenden Zweitmeinern in die Informationsliste handelt es sich, wie § 27b Abs. 5 Satz 1 formuliert, um ein **Informationsangebot** an die Versicherten und damit im Verhältnis zum Zweitmeiner nicht um eine Regelung, mithin **nicht** um einen **Verwaltungsakt**. Ungeachtet dessen wird dem Zweitmeiner, der über eine Abrechnungsgenehmigung der Kassenärztlichen Vereinigung verfügt, ein Anspruch auf **Aufnahme in die Informationsliste** zustehen, der mit der Leistungsklage gegen die informationsführenden Stelle geltend gemacht werden kann.

### VI. Verfahren zur Einholung einer Zweitmeinung (Abs. 5)

#### 1. Aufklärungsverpflichtung durch den indikationsstellenden Arzt (Abs. 5 Sätze 1–4)

32  Der entscheidende Unterschied zu den bisherigen Möglichkeiten besteht darin, dass der Versicherte nicht mehr von sich aus die Einholung einer Zweitmeinung in Angriff nehmen muss.

33  Durch die Regelung des Abs. 5 Satz 1 ist vielmehr derjenige **Arzt verpflichtet**, der die Indikation für einen planbaren Eingriffen stellt, der in der Richtlinie des G-BA gem. Abs. 2 Satz 1 erfasst ist, den Versicherten über die Berechtigung zur Einholung einer Zweitmeinung aufzuklären. Ihn trifft die Aufklärungspflicht. Er muss den Versicherten zudem auf die Informationsangebote über geeignete Leistungserbringer gem. Abs. 4 hinweisen. Diese Aufklärungs- und Hinweispflicht ist Voraussetzung dafür, dass der Versicherte seinen Anspruch auf Einholung einer Zweitmeinung bei einem der dafür in Betracht kommenden Eingriffe wahrnehmen kann. Eine **Delegation der Aufklärung** auf andere Personen ist, anders als dies § 630e Abs. 2 Satz 1 Nr. 1 BGB vorsieht, nach Abs. 5 Satz 1 **nicht zulässig**.

34  Die folgenden Voraussetzungen orientieren sich an den Vorgaben des § 630e Abs. 2 BGB über die Aufklärungspflicht im Rahmen eines Behandlungsvertrages. Nach **Abs. 5 Satz 2** muss die vom Arzt gem. Abs. 5 Satz 1 vorzunehmende Aufklärung **mündlich** erfolgen. Ergänzend können auch schriftliche Informationen zur Verfügung gestellt werden.

35  Darüber hinaus ist der Arzt verpflichtet, dafür zu sorgen, dass die Aufklärung des Versicherten über den Zweitmeinungsanspruch regelmäßig **mindestens 10 Tage vor dem vorgesehenen Eingriff** erfolgt (Abs. 5 Satz 3). Satz 3 suggeriert mit der Formulierung, der Arzt habe für die Wahrnehmung der Zehntagefrist »Sorge zu tragen«, dass andere Personen die entsprechend Aufklärung vornehmen könnten. Dies ist allerdings, wie dargestellt, nicht zulässig, sodass der Arzt nicht nur für die Einhaltung der Zehntagefrist Sorge zu tragen hat, sondern selbst verpflichtet ist, eine entsprechende Aufklärung mindestens 10 Tage vor dem Eingriff vorzunehmen.

36  Satz 4 gibt weiter vor, dass die Aufklärung über die Zweitmeinungsanspruch so rechtzeitig zu erfolgen hat, dass der Versicherte seine Entscheidung über die Einholung einer Zweitmeinung

wohlüberlegt treffen kann. Diese Vorgaben sollen den Versicherten eine ausreichende Zeitspanne für die Einholung einer Zweitmeinung sichern (Begr. GesEntw, BT-Drs. 18/4095 zu Nr. 7, zu Abs. 5, S. 79). Diese Voraussetzungen erscheinen wohlgemeint, ihre Umsetzung aber wenig realistisch. Entschließt sich der Versicherte nach der Aufklärung, eine Zweitmeinung einzuholen, muss er sich dafür zunächst einen geeigneten Arzt oder eine geeignete Einrichtung suchen, die wiederum erst nach Kenntnis der Umstände und der Unterlagen eine Zweitmeinung abgeben können.

### 2. Überlassung von Befundunterlagen (Abs. 5 Satz 5)

Der indikationsstellende Arzt hat den Versicherten zudem auf sein Recht auf **Überlassung von Abschriften der Befundunterlagen**, die für die Einholung der Zweitmeinung erforderlich sind, hinzuweisen. Das Gesetz hat lediglich eine Hinweispflicht eingeführt, um überflüssigen Aufwand und Kosten für den Fall zu vermeiden, dass der Versicherte eine Zweitmeinung nicht einholen will. Der Versicherte kann die Übergabe einer Abschrift der Befundunterlagen und weiterer Behandlungsdokumente unmittelbar, aber auch zu einem späteren Zeitpunkt verlangen (Begr. GesEntw, BT-Drs. 18/4095 zu Nr. 7, zu Abs. 5, S. 79). 37

### 3. Kostentragung (Abs. 5 Satz 6)

Anders als in der Regelung des § 630g Abs. 2 Satz 2 BGB, nach der der Patient dem behandelnden Arzt die für die Abschriften entstandenen Kosten zu erstatten hat, bestimmt Satz 6, dass die Kosten, die dem Arzt durch die Zusammenstellung und Überlassung von Befundunterlagen für die Zweitmeinung entstehen, von der zuständigen Krankenkasse zu tragen sind. Dies umfasst, so die Gesetzesbegründung, auch den Aufwand, der dem Arzt durch die Zusammenführung und ggf. notwendige Aufbereitung der Befundunterlagen entsteht (Beschlussempfehlung und Bericht, BT-Drs. 18/5123 S. 117 zu Nr. 7, zu Abs. 3). Durch die Vorschrift des § 87 Abs. 2a Satz 8 (nunmehr: Abs. 2a Satz 9) wurde darüber hinaus klargestellt, dass die Regelung im EBM auch die Bewertung der Kosten zu umfassen hat, die einem Leistungserbringer nach § 27b Abs. 3 für die Zusammenstellung und Überlassung der Befundunterlagen im Falle des Zweitmeinungsanspruchs entstehen (Beschlussempfehlung und Bericht, BT-Drs. 18/5123 S. 125 zu Nr. 34, zu Buchst. c, dd). 38

### 4. Aufgaben der Zweitmeiner (§ 8 Zweitmeinungs-Richtlinie)

§ 8 der Zweitmeinungs-Richtlinie legt im Einzelnen die Vorgaben fest, die vom Zweitmeiner im Rahmen des Zweitmeinungsverfahrens zu erfüllen sind. Nach der bisherigen Fassung des § 8 Abs. 4 Satz 1 »soll« die Zweitmeinung **im Rahmen eines persönlichen Gesprächs** zwischen dem Zweitmeiner und dem Patienten abgegeben werden. Die vom G-BA vorgesehene Regelung, wonach die Abgabe der Zweitmeinung zwischen dem Zweitmeiner und dem Patienten **mündlich zu erfolgen hat**, ist noch nicht in Kraft getreten. 38a

### VII. Einholung einer Zweitmeinung als Satzungsleistung (Abs. 6)

Der Gesetzentwurf zum GKV-VSG hatte vorgesehen, durch eine Änderung des § 11 Abs. 6 weiterhin die Einholung einer Zweitmeinung als Satzungsleistung der Krankenkassen zu ermöglichen (BT-Drs. 18/4095 S. 9 Nr. 2 Buchst. b, S. 75 zu Nr. 2, zu Buchst. b). Im Laufe des Gesetzgebungsverfahrens ist eine entsprechende Regelung in § 27b Abs. 6 verankert worden. Dies erfolgte vor dem Hintergrund, dass Satzungsleistungen gem. § 11 Abs. 6 bei der Zuweisung aus dem Gesundheitsfond zur Deckung der standardisierten Aufwendungen für satzungsgemäße Mehr- und Erprobungsleistungen nicht berücksichtigt werden (§ 270 Abs. 1 Satz 1 Nr. 1). Durch die Regelung der Satzungsleistungen in § 27b sind Aufwendungen der Krankenkassen für Zweitmeinungen als Satzungsleistungen zuweisungsrelevant. D.h., die Krankenkassen werden durch die Berücksichtigung der Kosten für die kasseneigenen Zweitmeinungsangebote bei der Ermittlung der Zuweisungen aus dem Gesundheitsfond finanziell unterstützt (Begr. Beschlussempfehlung und Bericht, BT-Drs. 18/5123 S. 117 zu Nr. 7, zu Abs. 6). 39

### 1. Ermächtigung für Satzungsleistung (Abs. 6 Satz 1)

40 Mit der Regelung in Abs. 6 Satz 1 sind die Krankenkassen berechtigt, für die Einholung einer unabhängigen ärztlichen Zweitmeinung zusätzliche Satzungsleistungen anzubieten. Die kasseneigenen Zweitmeinungsangebote können dabei den neu geregelten Zweitmeinungsanspruch sinnvoll ergänzen. In Betracht kommt die Einholung einer Zweitmeinung aufgrund einer Satzungsregelung z.B. Bei Indikationen, die für die Patienten weitreichende Folgen haben oder bei denen regelmäßig mehrere Behandlungsoptionen bestehen. Die Krankenkassen können dabei für die Erstattung einer Zweitmeinung auch solche Leistungserbringer einbeziehen, die nicht an der vertragsärztlichen Versorgung teilnehmen (Begr. Beschlussempfehlung und Bericht, BT-Drs. 18/5123 S. 117 zu Nr. 7, zu Abs. 6).

### 2. Geltung der Anforderungen nach Abs. 2 Satz 2 (Abs. 6 Sätze 2 und 3)

41 Abs. 6 Sätze 2 und 3 stellen klar, dass die kasseneigenen Zweitmeinungsangebote, soweit sie Indikationsstellungen betreffen, die der G-BA in seiner Richtlinie zur Zweitmeinung erfasst hat, die Anforderungen gem. Abs. 2 Satz 2 erfüllen müssen. Dies gilt auch, sofern die kassenspezifischen Zweitmeinungsangebote im Rahmen von Verträgen zur besonderen Versorgung gem. § 140a erbracht werden.

### VIII. Vergütung der Zweitmeinungserbringung

42 Bei dem Anspruch auf Einholung einer Zweitmeinung handelt es sich um eine Sachleistung der gesetzlichen Krankenversicherung. Sie ist deshalb aus der Gesamtvergütung zu honorieren. Dem trägt die gesetzliche Neuregelung Rechnung. Nach einer ebenfalls durch das GKV-VSG vom 16.07.2015 in § 87 Abs. 2a Satz 8 eingefügten Bestimmung (nunmehr: Abs. 2a Satz 9) ist nach Inkrafttreten der Regelungen nach § 27b Abs. 2 Satz 2 (Richtlinie des G-BA) im Einheitlichen Bewertungsmaßstab für ärztliche Leistungen (EBM) eine Regelung zu treffen, nach der Leistungen und Kosten im Rahmen der Einholung der Zweitmeinungen nach § 27b abgerechnet werden können.

43 Die Abrechnung über den EBM gilt für alle (zulässigen) Einholungen von Zweitmeinungen und damit auch für solche, die von nicht an der vertragsärztlichen Versorgung teilnehmenden Ärzten und von Krankenhäusern erbracht werden. Dabei gelten die Grundsätze zur Abrechnung vertragsärztlicher Leistungen für die Erbringung einer Zweitmeinung durch nicht an der vertragsärztlichen Versorgung teilnehmende Ärzte unmittelbar, da diese zur Erbringung der Zweitmeinung ausnahmsweise an der vertragsärztlichen Versorgung teilnehmen (Beschlussempfehlung und Bericht, BT-Drs. 18/5123 S. 125 zu Nr. 34, zu Buchst. c, dd).

44 Zugleich wurde in § 87 Abs. 2a Satz 10 eine Regelung für den Fall getroffen, dass eine Vergütungsregelung im EBM 3 Monate nach Inkrafttreten der Bestimmungen des G-BA nicht erfolgt. Diese Regelung ist überholt.

45 Im **EBM** wurde die entsprechende Regelung mit Wirkung vom 01.01.2019 eingefügt. Der Arzt, der die Indikation für den planbaren Eingriff stellt, kann hierfür die EBM Nr. 01645 abrechnen. Dazu muss er den Patienten über sein Zweitmeinungsrecht aufklären und ihn über das Verfahren beraten. Zudem muss er Befundmitteilungen, Berichte, Arztbriefe etc. kopieren und dem Patienten mitgeben. Auch die Mitgabe eines Informationsblattes des G-BA zum Zweitmeinungsverfahren inklusive Informationen zu Ärzten, die zur Zweitmeinung berechtigt sind, gehören zum Leistungsumfang. Die Leistung ist mit 75 Punkten bewertet (z. Zt. 8,34 €). Die Vergütung erfolgt extrabudgetär.

46 Die **Zweitmeiner** dürfen für die Abgabe der Zweitmeinung ihre jeweilige arztgruppenspezifische Versicherten-, Grund- oder Konsiliarpauschale (Radiologen) beim ersten persönlichen Arzt-Patienten-Kontakt einmal im Behandlungsfall abrechnen.

## IX. Berichterstattung und Evaluation

§ 10 der Zweitmeinungs-Richtlinie schreibt deren Evaluation innerhalb eines bestimmten Zeitraumes vor und gibt der Kassenärztlichen Bundesvereinigung auf, jeweils bis zum 30. September eines Jahres einen **Bericht zum Zweitmeinungsverfahren** vorzulegen. Nach dem vom G-BA am 21.02.2021 für den Berichtszeitraum Ende 2018 bis Ende Juni 2020 vorgestellten Bericht wurde in diesem Zeitraum die Einholung von Zweitmeinungen wie folgt beantragt und genehmigt: Tonsillektomien – 284 beantragt und 229 genehmigt; Hysterektomien – 566 beantragt und 378 genehmigt; Schulterarthroskopien – 238 beantragt und 183 genehmigt (www.g-ba.de/beschluesse/4724/).

## § 28 Ärztliche und zahnärztliche Behandlung

(1) Die ärztliche Behandlung umfasst die Tätigkeit des Arztes, die zur Verhütung, Früherkennung und Behandlung von Krankheiten nach den Regeln der ärztlichen Kunst ausreichend und zweckmäßig ist. Zur ärztlichen Behandlung gehört auch die Hilfeleistung anderer Personen, die von dem Arzt angeordnet und von ihm zu verantworten ist. Die Partner der Bundesmantelverträge legen für die ambulante Versorgung beispielhaft fest, bei welchen Tätigkeiten Personen nach Satz 2 ärztliche Leistungen erbringen können und welche Anforderungen an die Erbringung zu stellen sind. Der Bundesärztekammer ist Gelegenheit zur Stellungnahme zu geben.

(2) Die zahnärztliche Behandlung umfasst die Tätigkeit des Zahnarztes, die zur Verhütung, Früherkennung und Behandlung von Zahn-, Mund- und Kieferkrankheiten nach den Regeln der zahnärztlichen Kunst ausreichend und zweckmäßig ist; sie umfasst auch konservierend-chirurgische Leistungen und Röntgenleistungen, die im Zusammenhang mit Zahnersatz einschließlich Zahnkronen und Suprakonstruktionen erbracht werden. Wählen Versicherte bei Zahnfüllungen eine darüber hinausgehende Versorgung, haben sie die Mehrkosten selbst zu tragen. In diesen Fällen ist von den Kassen die vergleichbare preisgünstigste plastische Füllung als Sachleistung abzurechnen. In Fällen des Satzes 2 ist vor Beginn der Behandlung eine schriftliche Vereinbarung zwischen dem Zahnarzt und dem Versicherten zu treffen. Die Mehrkostenregelung gilt nicht für Fälle, in denen intakte plastische Füllungen ausgetauscht werden. Nicht zur zahnärztlichen Behandlung gehört die kieferorthopädische Behandlung von Versicherten, die zu Beginn der Behandlung das 18. Lebensjahr vollendet haben. Dies gilt nicht für Versicherte mit schweren Kieferanomalien, die ein Ausmaß haben, das kombinierte kieferchirurgische und kieferorthopädische Behandlungsmaßnahmen erfordert. Ebenso gehören funktionsanalytische und funktionstherapeutische Maßnahmen nicht zur zahnärztlichen Behandlung; sie dürfen von den Krankenkassen auch nicht bezuschusst werden. Das Gleiche gilt für implantologische Leistungen, es sei denn, es liegen seltene vom Gemeinsamen Bundesausschuss in Richtlinien nach § 92 Abs. 1 festzulegende Ausnahmeindikationen für besonders schwere Fälle vor, in denen die Krankenkasse diese Leistung einschließlich der Suprakonstruktion als Sachleistung im Rahmen einer medizinischen Gesamtbehandlung erbringt. Absatz 1 Satz 2 gilt entsprechend.

(3) Die psychotherapeutische Behandlung einer Krankheit wird durch Psychologische Psychotherapeuten und Kinder- und Jugendlichenpsychotherapeuten nach den §§ 26 und 27 des Psychotherapeutengesetzes und durch Psychotherapeuten nach § 1 Absatz 1 Satz 1 des Psychotherapeutengesetzes (Psychotherapeuten), soweit sie zur psychotherapeutischen Behandlung zugelassen sind, sowie durch Vertragsärzte entsprechend den Richtlinien nach § 92 durchgeführt. Absatz 1 Satz 2 gilt entsprechend. Spätestens nach den probatorischen Sitzungen gemäß § 92 Abs. 6a hat der Psychotherapeut vor Beginn der Behandlung den Konsiliarbericht eines Vertragsarztes zur Abklärung einer somatischen Erkrankung sowie, falls der somatisch abklärende Vertragsarzt dies für erforderlich hält, eines psychiatrisch tätigen Vertragsarztes einzuholen.

## § 28 SGB V  Ärztliche und zahnärztliche Behandlung

**Übersicht**

| | Rdn. | | Rdn. |
|---|---|---|---|
| A. Ärztliche Behandlung | 1 | II. Kieferorthopädie | 4 |
| B. Zahnärztliche Behandlung | 2 | III. Implantatversorgung | 6 |
| I. Zahnärztliche Leistungen und Zahnersatz | 2 | C. Psychotherapie | 8 |

## A. Ärztliche Behandlung

1 Abs. 1 wiederholt ohne zusätzlichen eigenständigen Gehalt die Vorgaben des § 27 zum Leistungsanspruch des Versicherten und zum Arztvorbehalt (§ 15). Satz 2 ordnet die Verantwortung des Arztes für die Tätigkeit anderer Personen an, die im Rahmen einer ärztlich geleiteten und verantworteten Behandlung tätig werden. Ausnahmen von diesem Grundsatz im Sinne einer stärker eigenständigen Tätigkeit der Angehörigen anderer Heilhilfsberufe bedürfen einer ausdrücklichen gesetzlichen Grundlage, die eine klare Zuordnung der Verantwortlichkeiten enthalten muss. Durch das GKV-VStG ist § 28 Abs. 1 Satz 2 dahin ergänzt worden, dass den Partnern der Bundesmantelverträge (§ 82 Abs. 1) aufgegeben worden ist zu vereinbaren, bei welchen Tätigkeiten nichtärztliches Personal spezifisch ärztliche Leistungen ausnahmsweise erbringen darf. Dem sind die Vertragspartner durch die »Delegationsvereinbarung« vom 17.03.2009 (Anlage 8 zum BMV-Ä) nachgekommen. In dieser Vereinbarung werden vor allem die Anforderungen präzisiert, die die nichtärztlichen Hilfskräfte erfüllen müssen. Vergütungsrechtlich werden die im Wege der Delegation durch nichtärztliches Hilfspersonal erbrachten Leistungen dadurch privilegiert, dass für sie nach § 87 Abs. 2b Satz 1 2. Hs. eine Einzelleistungsvergütung vorgesehen ist. Die Ausweitung des Kreises der an nichtärztliche Leistungserbringer delegierbaren Leistungen erfolgt in der Regel über Modellvorhaben nach § 63. In Abs. 3b dieser Vorschrift ist bestimmt, dass in Modellvorhaben vereinbart werden kann, dass Alten- und Krankenpfleger eigenständig über die Verordnung von Verband- und Pflegehilfsmitteln und die Ausgestaltung der häuslichen Krankenpflege entscheiden können. Entsprechendes gilt für Physiotherapeuten bei der Ausgestaltung der physikalischen Therapie und – seit dem Inkrafttreten des GKV-VSG am 23.07.2015 – auch für Ergotherapeuten. Ob § 28 Abs. 1 die Grundlage der ärztlichen Therapiefreiheit (auch) in der GKV darstellt (so wohl Becker/Kingreen/*Lang* SGB V § 28 Rn. 7), ist nicht sicher. In der Sache besteht allerdings an der besonderen Verantwortung des Vertragsarztes für die Feststellung des Versicherungsfalles der Krankheit und insbesondere für die ihm obliegende Einleitung, Durchführung und Überwachung einer den Zielen des § 27 gerecht werdenden Behandlung kein Zweifel (BVerfG v. 06.12.2005, SozR 4–2500 § 27 Nr. 5 Rn. 26).

## B. Zahnärztliche Behandlung

### I. Zahnärztliche Leistungen und Zahnersatz

2 Für die zahnärztliche Behandlung enthält Abs. 2 wichtige Vorgaben, die zum Teil nur auf der Grundlage anderer gesetzlicher Regelungen verständlich sind. Kernleistungen sind die Verhütung, Erkennung und Behandlung von Zahn- Mund- und Kiefererkrankungen. Das umfasst vor allem die konservierend-chirurgischen Leistungen (Füllungen, Wurzelbehandlungen, Extraktionen), die Individualprophylaxe, die Behandlung von Verletzungen des Kiefers und die Parodontosebehandlung. Insoweit lässt die Gliederung des Bewertungsmaßstabs für zahnärztliche Leistungen (Bema-Z) Aufbau und Struktur der vertragszahnärztlichen Leistungen am besten erkennen. Die Eingliederung von Zahnersatz ist in § 28 Abs. 2 nur indirekt erwähnt, soweit Röntgenleistungen im Zusammenhang mit Zahnersatz, Kronen und Suprakonstruktionen (Aufsatz von Zahnersatz auf Implantate) erbracht werden. Daraus darf indessen nicht der Schluss gezogen werden, die Versorgung der Versicherten mit Zahnersatz sei aus dem Leistungskatalog der GKV ausgegliedert worden. Tatsächlich enthalten die §§ 55 bis 57 insoweit eine abschließende Spezialregelung. Weil die Festzuschüsse an die Stelle der üblichen Sachleistung getreten sind, hat der Gesetzgeber einen eigenen Abschnitt für die prothetische Versorgung geschaffen und den Anspruch auf die Versorgung mit Zahnersatz aus § 28 Abs. 2 ausgeklammert (näher BSG Urt. v. 07.05.2013 – B 1 KR 5/12 R, SozR

4–2500 § 55 Nr. 2). Die früher maßgeblichen Vorschriften der §§ 30, 31, auf die sich zahlreiche ältere Urteile zum Zahnersatz beziehen, sind aufgehoben worden.

Beim Zahnersatz gewinnt die Versorgung außerhalb Deutschlands immer größere Bedeutung, weil das Währungs- und Preisgefälle auch noch innerhalb der EU die Anfertigung des Zahnersatzes und auch seine Eingliederung durch einen ungarischen oder tschechischen Zahnarzt wirtschaftlich attraktiv macht. Grundsätzlich gehört die Versorgung mit Zahnersatz zu den ambulanten Leistungen, die die Versicherten ohne Genehmigung durch die Krankenkasse in anderen Staaten der EU in Anspruch nehmen dürfen. Das hat aber nach der Rechtsprechung des BSG nicht zur Folge, dass die Notwendigkeit, vor der Versorgung mit Zahnersatz einen Heil- und Kostenplan durch den behandelnden Zahnarzt erstellen zu lassen und – auf dieser Basis – die Versorgung durch die Krankenkasse genehmigen zu lassen, bei der Versorgung im EU-Ausland entfallen müsste. Den Anspruch auf einen Festzuschuss nach § 55 für eine in Tschechien durchgeführte prothetische Versorgung kann ein Versicherter deshalb nur geltend machen, wenn er die Behandlung vor ihrem Beginn von der Kasse auf der Grundlage eines Heil- und Kostenplans hat genehmigen lassen (BSG v. 30.06.2009, SozR 4–2500 § 13 Nr. 21). Der Anspruch der Versicherten bei der Eingliederung von Zahnersatz ist auch dann auf den einfachen – bzw. bei bedürftigen Personen den doppelten – Festzuschuss beschränkt, wenn der Versicherte Materialien, die bei der Regelversorgung typischerweise zum Einsatz kommen, nicht verträgt und die Unverträglichkeit schon zu Krankheitserscheinungen geführt hat (LSG Halle Urt. v. 29.01.2010 – L 10 KR 57/06). 3

## II. Kieferorthopädie

Kieferorthopädie ist eine wichtige vertragszahnärztliche Leistung, der auch eine eigene gesetzliche Regelung (§ 29) sowie ein eigenständiger Abschnitt des Bema-Z gewidmet sind. Kieferorthopädische Behandlungen, die trotz der besonderen Eigenanteilsregelung des § 29 Abs. 2 u. 3 in vollem Umfang als Sachleistung erbracht werden, stehen nur noch Kindern und Jugendlichen bis zur Vollendung des 18. Lebensjahres zur Verfügung. Dieser nahezu vollständige Ausschluss der Erwachsenenkieferorthopädie (§ 28 Abs. 2 Satz 6 mit den praktisch wenig bedeutsamen Ausnahmen in Satz 7) ist umstritten. Das BSG sieht darin keine Grundrechtsverletzung der Versicherten (BSG v. 09.12.1997, SozR 3–2500 § 28 Nr. 3); der Gesetzgeber darf sich auf die Risiken einer Behandlung erst im Erwachsenenalter, auf den allgemein geringen Wirkungsgrad einer Erwachsenenbehandlung sowie auf die Schwierigkeiten stützen, bei einer solchen Behandlung medizinische und andere, insbesondere ästhetische Behandlungsziele trennscharf abzugrenzen (*Wenner* GesR 2003, 132). Die im europäischem Maßstab trotz einer Neufassung der Richtlinien des GBA nach § 29 Abs. 4 zur Indikation für kieferorthopädische Behandlungen extrem hohe Quote kieferorthopädisch behandelter Kinder in Deutschland, die schon zu dem Bonmot geführt hat, am besten lasse man eine Elternversammlung der Klasse 7 im Wartezimmer des örtlichen Kieferorthopäden stattfinden, bestätigt den Gesetzgeber in der Notwendigkeit einer generellen Leistungsbegrenzung. Die Ausschlussregelung des § 28 Abs. 2 Satz 7 wird konkretisiert durch die Richtlinie des G-BA über die kieferorthopädische Behandlung. Nach Nr. B. 4 müssen die Kieferanomalien, die ausnahmsweise auch bei erwachsenen Versicherten einen Versorgungsanspruch begründen können, einen bestimmten Schweregrad aufweisen, der in den Anlagen 1 und 3 der Richtlinien nach exakten Messdaten bestimmt wird. Insoweit besteht kein Raum für analoge Bewertungen oder Messungen von Abständen anhand von fiktiven, tatsächlich nicht (mehr) vorhandenen Zähnen (LSG Baden-Württemberg Urt. v. 18.09.2012 – L 11 KR 4190/11). 4

Die Krankenkasse erfüllt ihre Leistungspflicht bei der kieferorthopädischen Versorgung von Kindern und Jugendlichen, in dem sie die in den Richtlinien des G-BA vorgesehenen Leistungen erbringt. Entscheiden sich Versicherte – gemeint sind deren Eltern – für eine aufwändigere Versorgung oder für zahnmedizinisch sinnvolle Zusatzleistungen (z.B. ein vollprogrammiertes Band-Bracket-System), müssen sie die damit verbundenen Mehrkosten selbst tragen. Insoweit kommt für Versicherte, die hilfebedürftig i.S.d. § 9 SGB II sind und von Grundsicherungsleistungen leben, kein Anspruch auf Übernahme der Mehrkosten durch das Jobcenter (§ 6d SGB II) in Betracht. Die 4a

Gerichte können ohne eigenständige Beweiserhebung davon ausgehen, dass der Leistungsumfang der gesetzlichen Krankenversicherung eine ausreichende kieferorthopädische Versorgung ermöglicht. Der Streit darüber, ob in ganz besonderen Konstellationen ergänzende Leistungen zahnmedizinisch erforderlich sind, muss zwischen dem Versicherten und seiner Krankenkasse und nicht mit dem Jobcenter ausgetragen werden. Auch die Härteregelung des § 21 Abs. 6 SGB II begründet keinen Anspruch auf Übernahme der Kosten für kieferorthopädische Zusatzleistungen. Im Bereich der Kieferorthopädie wird die zahnmedizinisch notwendige Versorgung durch die gesetzliche Krankenversicherung gewährleistet; Mehrleistungen, die die Eltern des zu behandelnden Kindes mit dem Kieferorthopäden vereinbaren, begründen keinen »unabweisbaren Bedarf« i.S.d. § 21 Abs. 6 SGB II (BSG v. 11.12.2013, SozR 4–4200 § 21 Nr. 16 Rn. 10).

5 Für die Beachtung der Altersgrenze der Vollendung des 18. Lebensjahres kommt es grundsätzlich auf den tatsächlichen Beginn der kieferorthopädischen Versorgung durch den Zahnarzt an. Wenn mit der Behandlung noch nicht begonnen worden ist und gegen die Versagung der Kostenübernahme durch die Krankenkasse ein gerichtliches Verfahren anhängig ist, ist die Klage jedenfalls ab dem Zeitpunkt unbegründet, in dem der Betroffenen das 18. Lebensjahr vollendet (BSG v. 25.03.2003, SozR 4–2500 § 28 Nr. 1). Allerdings ist die Erstellung des Behandlungsplanes durch den Kieferorthopäden in diesem Sinne als »Beginn der Behandlung« zu bewerten, wenn er in einem angemessenen zeitlichen Abstand zu seiner Erstellung tatsächlich umgesetzt wird. Dieser noch tolerable Abstand dürfte 6 Monate betragen, wie sich aus einer entsprechenden Anwendung der Vorschriften über die prothetische Versorgung (§ 17 Abs. 1 Satz 2 BMV-Z in Verbindung mit dem Vordruckmuster nach Anlage 3a) ergibt. Nach Auffassung des BSG ist jedenfalls ein Zeitraum von einem Jahr nach Erstellung des Heil- und Kostenplanes, während dessen Ablauf keine in dem Plan aufgeführten Leistungen erbracht worden sind, zu lang (BSG v. 25.03.2005, SozR 4–2500 § 28 Nr. 1 Rn. 12).

### III. Implantatversorgung

6 Von größerer Bedeutung als der Ausschluss der Kieferorthopädie für Erwachsene ist die entsprechende Regelung in Abs. 2 Satz 9 für die Versorgung mit Implantaten. Danach haben die Versicherten nur in ganz besonders gelagerten Fällen (z.B. nach Tumoroperationen und Entfernung von großen Zysten) Anspruch auf Versorgung mit Implantaten. Sind die Voraussetzungen einer Ausnahmeindikation für die Versorgung mit Zahnimplantaten nach Abs. 2 Satz 9 in Verbindung mit der Richtlinie des GBA zur zahnärztlichen Versorgung erfüllt, hat die Krankenkasse dem Versicherten auch eine professionelle Reinigung der Implantate zu gewähren, wenn diese medizinisch notwendig ist (LSG Mainz Urt. v. 27.05.2010 – L 5 KR 39/09). Der Ausschluss sowie die Ausnahmeregelung nach den dazu erlassenen Richtlinien des GBA gelten seit dem 01.07.1997. Zuvor war die Rechtslage unklar; die Krankenkassen hatten in Einzelfällen Zuschüsse zur Implantatversorgung gewährt. Auch den Leistungsausschluss in Abs. 2 Satz 9 hat das BSG für verfassungskonform gehalten und zwar auch in Konstellationen weitgehender Atrophie eines Kiefers, wegen der ohne Implantate als Stützpfeiler keine Versorgung mit Zahnersatz medizinisch möglich ist (BSG v. 19.06.2001, SozR 3–2500 § 28 Nr. 5 Seite 29). Sogar im Fall eines 19-jährigen Versicherten, dem anlagebedingt 10 bzw. 12 der 16 bleibenden Zähne je Kiefer fehlen hat das Gericht einen Anspruch auf Versorgung mit Implantaten mit der Begründung versagt, diese sei nicht Teil einer »medizinischen Behandlung mit einem der Wiederherstellung der Kaufunktion übergeordneten Behandlungsziel« (BSG SozR 4–2500 § 28 Nr. 6 Rn. 15); worin dieses übergeordnete Ziel liegen könnte, erläutert das BSG allerdings nicht. Diese Rechtsprechung überzeugt insgesamt nicht, weil die Kaufähigkeit in unserem Kulturkreis zu den elementaren Fähigkeiten gehört, deren Wiederherstellung jedem Versicherten ohne Rücksicht auf seine Fähigkeit zur Tragung eines hohen Eigenanteils nicht vorenthalten werden sollte (*Wenner* GesR 2003, 133 f., *ders.* Soziale Sicherheit, Beilage SoSi plus 6/2013 S. 9). Auf wie wenig Akzeptanz der vollständige Ausschluss der Implantatversorgung aus dem Leistungskatalog der GKV nach wie vor stößt, zeigt das Beihilferecht des Bundes. Nach § 15 Satz 2 der Bundesbeihilfe-VO vom 13.02.2009 sind zwei Implantate je Kiefer sowie alle Suprakonstruktionen beihilfefähig, auch wenn keine Ausnahmeindikation – wie die fehlende Anlage von Zähnen – vorliegt. Hier hatte

sich offenbar eine von den Regeln der GKV abweichende Verwaltungspraxis der Beihilfe so verselbstständigt, dass dahinter nicht mehr zurückgegangen werden konnte. Das ordnungspolitisch wichtige Ziel, den Leistungskatalog der Beihilfe an denjenigen der GKV anzupassen, um so eine Debatte über die Privilegien der Beamten bei ihrer Krankenversorgung zu verhindern, musste dahinter zurücktreten. Mit Urteil vom 16.08.2021 – B 1 KR 8/21 R hat das BSG allerdings uneingeschränkt an seiner restriktiven Position festgehalten, so dass mittelfristig nicht mit einer Änderung zu rechnen ist.

Eine praktisch wichtige Änderung hat das GMG zum 01.01.2004 allerdings für den implantatgestützten Zahnersatz gebracht. Besonders bedenklich an dem vollständigen Ausschluss der Versorgung mit Implantaten war immer, dass dieser auch Zahnersatzleistungen erfasst hat, die für sich genommen Bestandteil der vertragszahnärztlichen Versorgung sind. Die Verpflichtung der Kasse zur Gewährung eines Zuschusses zu einer – für sich genommen unbestritten notwendigen und sinnvollen – Brückenversorgung hing davon ab, ob die Brücke auf abgeschliffene Stümpfe der eigenen Zähne oder auf implantierten Stiften (Suprakonstruktion) gesetzt wurde. Reparaturen an einem Zahnersatz, der auf Implantaten gegründet war, durften von den Kassen nicht bezuschusst werden (BSG v. 03.09.2003, SozR 4–2500 § 28 Nr. 2). Das ist inzwischen anders, weil zwischen der Implantatversorgung selbst und den Suprakonstruktionen differenziert wird (Becker/Kingreen/*Niggehoff* SGB V § 28 Rn. 40 und § 56 Rn. 6). Nach § 56 Abs. 2 Satz 3 erfasst der Anspruch auf den Festzuschuss für eine wirtschaftliche und zweckmäßige prothetische Versorgung auch Suprakonstruktionen unabhängig davon, ob für die Basis dieser Konstruktion, nämlich die Implantatversorgung selbst eine Ausnahmeindikation nach den Richtlinien des GBA zu § 29 Satz gegeben war; insoweit geht die Vorschrift also über § 28 Abs. 2 Satz 9 hinaus. 7

## C. Psychotherapie

Seit der Eingliederung der Psychologischen Psychotherapeuten sowie der Kinder- und Jugendlichenpsychotherapeuten in die ambulante vertragsärztliche Versorgung zum 01.01.1999 bestehen nur noch wenige, allerdings gravierende Unterschiede zwischen der ärztlichen und der psychotherapeutischen Versorgung. Die Versicherten haben das Recht, unmittelbar einen Psychotherapeuten aufzusuchen, und sind nicht auf eine ärztliche Überweisung angewiesen. Die psychotherapeutische Behandlung i.S.d. Abs. 3 kann auch von Vertragsärzten mit entsprechender Qualifikation durchgeführt werden. Die Vorschrift ist durch das Psychotherapeutengesetz v. 15.11.2019 (BGBl. I S. 1604) mit Wirkung ab dem 01.09.2020 der grundlegenden Neuordnung des Rechts der Ausbildung der Psychotherapeuten angepasst worden. Auch hinsichtlich der Berechtigung zur Delegation von bestimmten Leistungen an nichtärztliches Hilfspersonal stehen die Psychotherapeuten nach der Einfügung des Satzes 2 in § 28 Abs. 3 mit Wirkung vom 23.07.2015 den Ärzten gleich (Vgl. BT–Drs. 18/5123 S. 117 zu Art. 1 Nr. 7a GKV-VSG). Der Regelung des § 101 Abs. 4 ist zu entnehmen, dass der Gesetzgeber die Belange der ausschließlich psychotherapeutisch tätigen Ärzte für schutzwürdig hält und ihnen ein eigenes Kontingent im Rahmen der Bedarfsplanung zur Verfügung stellt (BSG v. 05.11.2008, SozR 4–2500 § 101). Innerhalb der Gruppe der Psychotherapeuten ist zwischen den Psychologischen Psychotherapeuten und den Kinder- und Jugendlichenpsychotherapeuten zu differenzieren. Die letztgenannten Leistungserbringer dürfen nur Kinder und Jugendliche behandeln und müssen nicht über einen Hochschulabschluss in Psychologie verfügen. Psychologische Psychotherapeuten dürfen dagegen auch Kinder und Jugendliche versorgen, wenn sie gegenüber der KÄV ihre spezifische Fachkunde für die Behandlung dieser Patientengruppe nachgewiesen haben. Insoweit gilt nichts grundlegend anderes als im Verhältnis zwischen Kinderärzten und Allgemeinärzten. Zu der Gruppe der »Leistungserbringer«, die in § 101 Abs. 4 Satz 5 angesprochen ist, die »ausschließlich Kinder und Jugendliche« betreuen, gehören nicht nur Kinder- und Jugendlichenpsychotherapeuten, sondern auch Psychologische Psychotherapeuten, die ihre Behandlungsberechtigung entsprechend beschränken (BSG Urt. v. 15.08.2012 – B 6 KA 48/11 R). Die abweichende Fassung des § 24 der Bedarfsplanungs-RL des G-BA in der bis Ende 2012 geltenden Fassung ist insoweit nicht maßgeblich. Deshalb sind die Zulassungsgremien auch nicht berechtigt, Kinder- und Jugendlichenpsychotherapeuten bei der Vergabe einer großen Zahl zeitgleich zu vergebender Sitze zur Behandlung von Kindern 8 und Jugendlichen gegenüber solchen psychologischen Psychotherapeuten zu bevorzugen, die sich auf die Behandlung von Kindern und Jugendlichen beschränken und dazu auch befähigt sind (BSG, Urt. v. 15.07.2015 – B 6 KA 32/14 R).

9 Anders als die psychotherapeutisch tätigen Ärzte müssen die psychologischen Psychotherapeuten spätestens nach den probatorischen Sitzungen, die der Klärung der gesundheitlichen Situation des Patienten und einer geeigneten Behandlungsmöglichkeit dienen, den Konsiliarbericht eines Arztes zur Abklärung einer somatischen Erkrankung einholen (Abs. 3 Satz 3). Wenn dieser Arzt, der auch der Hausarzt des Patienten sein kann, es für erforderlich hält, muss eine weitere Abklärung durch einen psychiatrisch tätigen Vertragsarzt erfolgen. Wichtige Einschränkungen für die Psychologischen Psychotherapeuten im Vergleich zu Ärzten ergeben sich weiterhin aus § 73 Abs. 2 Satz 2. Diese Vorschrift ist im Zuge des GKV-VSG zugunsten der Psychotherapeuten deutlich beschränkt worden. Sie dürfen ab dem Inkrafttreten des Gesetzes (23.07.2015) Leistungen der psychotherapeutischen Rehabilitation, Krankentransporte zu psychotherapeutischen Behandlungen, Krankenhausbehandlung und Soziotherapie verordnen (BT-Drs. 18/5123 S. 123 zu Art. 1 Nr. 25 GKV-VSG), Weiterhin dürfen jedoch Psychotherapeuten keine Arbeitsunfähigkeitsbescheinigungen als Voraussetzung für den Anspruch auf Krankengeld ausstellen und keine Arzneimittel und Hilfsmittel verordnen. Heilmittel wie Ergotherapie sowie Krankenhausbehandlung und Krankentransporte dürfen Psychotherapeuten inzwischen ebenso verordnen wie Leistungen zur psychotherapeutischen Rehabilitation und zur psychiatrischen häuslichen Krankenpflege (§ 73 Abs. 2 Satz 3 in der seit dem 01.09.2020 geltenden Fassung. Die in diesen Restriktionen liegende Ungleichbehandlung gegenüber allen – auch den psychotherapeutisch tätigen – Vertragsärzten ist sachlich gerechtfertigt und keine verfassungswidrige Ungleichbehandlung i.S.d. Art. 3 Abs. 1 GG. Vor allem die Verordnung von Arzneimitteln setzt – auch und gerade bei psychischen Erkrankungen – eingehende Kenntnisse über die Wirkung von Arzneimitteln voraus, die weder im Psychologiestudium noch in der Ausbildung zum Psychotherapeuten vermittelt werden.

10 Der praktisch wichtigste Unterschied zwischen der ärztlichen Behandlung und der psychotherapeutischen Behandlung i.S.d. Abs. 3 besteht in der Bindung letzterer an die Behandlungsverfahren, für die der Gemeinsame Bundesausschuss eine positive Richtlinienempfehlung abgegeben hat. Nur eine Behandlung nach den in den Psychotherapie-Richtlinien anerkannten Verfahren darf in der GKV erbracht und zulasten der KÄV abgerechnet werden. Das sind nach dem jetzigen Stand die Verhaltenstherapie, die tiefenpsychologisch fundierte sowie die analytische Psychotherapie und – seit 2019 – die Systemische Therapie, soweit Erwachsene behandelt werden. Die Unterschiede zwischen den analytisch ausgerichteten Verfahren und der Verhaltenstherapie sind so gravierend, dass Psychotherapeuten mit der einen Behandlungsausrichtung den Bedarf an Behandlungsangeboten mit den anderen Ausrichtung nicht decken können; trotz Überversorgung mit analytisch ausgerichteten Therapeuten kann deshalb eine Sonderbedarfszulassung i.S.d. § 101 für verhaltenstherapeutisch tätige Psychotherapeuten in Betracht kommen (BSG v. 23.06.2010, SozR 4–2500 § 101 Nr. 8). Es war umstritten, ob der Ausschluss der Gesprächspsychotherapie aus dem Katalog der anwendbaren Verfahren sachlich zu rechtfertigen ist. Das hat das BSG im Grundsatz bejaht, aber auch auf mögliche Ausnahmen hingewiesen (Urt. v. 28.10.2009, SozR 4–2500 § 92 Nr. 8). Weitgehend unbestritten ist aber das Grundprinzip, dass der GBA diejenigen Behandlungsverfahren festlegt, für die der Nachweis von Eignung und Wirksamkeit so deutlich geführt ist, dass ihr Einsatz im Rahmen der ambulanten vertragsärztlichen Versorgung sinnvoll ist. Diese Bindung an bestimmte Behandlungsverfahren geht über die Bindung der Vertragsärzte an eine positive Richtlinienempfehlung des GBA nach § 135 Abs. 1 hinaus. Diese betrifft nur »neue« Untersuchungs- und Behandlungsmethoden; bei der Psychotherapie gibt es keinen »Urzustand« freier Wahl der Behandlungsverfahren. Seit Psychotherapie Bestandteil der vertragsärztlichen Versorgung ist, dürfen nur die drei anerkannten Verfahren angewandt werden; seit einem Beschluss des G-BA vom November 2018 ist der abschließende Katalog um die Systemische Psychotherapie erweitert. Weiter reicht weder der Anspruch der Versicherten noch die Therapiefreiheit der Psychotherapeuten. Der Anspruch der Versicherten auf Versorgung mit Psychotherapie als Heilbehandlung ist auf die Behandlung durch zugelassene Leistungserbringer beschränkt. Auch unter den Voraussetzungen des § 13 Abs. 3 können keine

Heilpraktiker zulasten der Krankenkasse in Anspruch genommen werden, die nicht über eine Approbation nach den berufsrechtlichen Regelungen des Psychotherapeutengesetzes verfügen. Kosten für die Inanspruchnahme solcher Personen sind nicht erstattungsfähig (LSG Baden-Württemberg Beschl. v. 06.07.2012 – L 11 KR 4261/11 und Beschl. v. 23.08.2012 – L 11 KR 2950/12 ER-B). Davon zu unterscheiden ist die Frage, ob Versicherte auf der Grundlage des § 13 Abs. 3 Anspruch auf Erstattung der Kosten für die Inanspruchnahme solcher psychologischen Psychotherapeuten haben, die nicht zu vertragsärztlichen Versorgung zugelassen sind, wenn und soweit ein Versicherter nicht in angemessener Zeit einen Therapieplatz bei einem zugelassenen Behandler erhalten kann. Das ist nicht generell ausgeschlossen.

## § 31 Arznei- und Verbandmittel, Verordnungsermächtigung

(1) Versicherte haben Anspruch auf Versorgung mit apothekenpflichtigen Arzneimitteln, soweit die Arzneimittel nicht nach § 34 oder durch Richtlinien nach § 92 Abs. 1 S. 2 Nr. 6 ausgeschlossen sind, und auf Versorgung mit Verbandmitteln, Harn- und Blutteststreifen. Der Gemeinsame Bundesausschuss hat in den Richtlinien nach § 92 Abs. 1 S. 2 Nr. 6 festzulegen, in welchen medizinisch notwendigen Fällen Stoffe und Zubereitungen aus Stoffen, die als Medizinprodukte nach § 3 Nr. 1 oder Nr. 2 des Medizinproduktegesetzes in der bis einschließlich 25. Mai 2021 geltenden Fassung zur Anwendung am oder im menschlichen Körper bestimmt sind, ausnahmsweise in die Arzneimittelversorgung einbezogen werden; § 34 Abs. 1 S. 5, 7 und 8 und Abs. 6 sowie § 35 und die §§ 126 und 127 in der bis zum 10. Mai 2019 geltenden Fassung gelten entsprechend. Für verschreibungspflichtige und nicht verschreibungspflichtige Medizinprodukte nach Satz 2 gilt § 34 Abs. 1 S. 6 entsprechend. Der Vertragsarzt kann Arzneimittel, die auf Grund der Richtlinien nach § 92 Abs. 1 S. 2 Nr. 6 von der Versorgung ausgeschlossen sind, ausnahmsweise in medizinisch begründeten Einzelfällen mit Begründung verordnen. Für die Versorgung nach Satz 1 können die Versicherten unter den Apotheken, für die der Rahmenvertrag nach § 129 Abs. 2 Geltung hat, frei wählen. Vertragsärzte und Krankenkassen dürfen, soweit gesetzlich nicht etwas anderes bestimmt oder aus medizinischen Gründen im Einzelfall eine Empfehlung geboten ist, weder die Versicherten dahingehend beeinflussen, Verordnungen bei einer bestimmten Apotheke oder einem sonstigen Leistungserbringer einzulösen, noch unmittelbar oder mittelbar Verordnungen bestimmten Apotheken oder sonstigen Leistungserbringern zuweisen. Die Sätze 5 und 6 gelten auch bei der Einlösung von elektronischen Verordnungen.

(Abs. 1a nicht abgedruckt)

(1b) Für Versicherte, die eine kontinuierliche Versorgung mit einem bestimmten Arzneimittel benötigen, können Vertragsärzte Verordnungen ausstellen, nach denen eine nach der Erstabgabe bis zu dreimal sich wiederholende Abgabe erlaubt ist. Die Verordnungen sind besonders zu kennzeichnen. Sie dürfen bis zu einem Jahr nach Ausstellungsdatum zu Lasten der gesetzlichen Krankenkasse durch Apotheken beliefert werden.

(2) Für ein Arznei- oder Verbandmittel, für das ein Festbetrag nach § 35 festgesetzt ist, trägt die Krankenkasse die Kosten bis zur Höhe dieses Betrages, für andere Arznei- oder Verbandmittel die vollen Kosten, jeweils abzüglich der vom Versicherten zu leistenden Zuzahlung und der Abschläge nach den §§ 130, 130a und dem Gesetz zur Einführung von Abschlägen der pharmazeutischen Großhändler. Hat die Krankenkasse mit einem pharmazeutischen Unternehmen, das ein Festbetragsarzneimittel anbietet, eine Vereinbarung nach § 130a Abs. 8 abgeschlossen, trägt die Krankenkasse abweichend von Satz 1 den Apothekenverkaufspreis dieses Mittels abzüglich der Zuzahlungen und Abschläge nach den §§ 130 und 130a Abs. 1, 3a und 3b. Diese Vereinbarung ist nur zulässig, wenn hierdurch die Mehrkosten der Überschreitung des Festbetrages ausgeglichen werden. Die Krankenkasse übermittelt die erforderlichen Angaben einschließlich des Arzneimittel- und des Institutionskennzeichens der Krankenkasse an die Vertragspartner nach § 129 Abs. 2; das Nähere ist in den Verträgen nach § 129 Abs. 2 und 5 zu vereinbaren. Versicherte und Apotheken sind nicht verpflichtet, Mehrkosten an die Krankenkasse zurückzuzahlen,

wenn die von der Krankenkasse abgeschlossene Vereinbarung den gesetzlichen Anforderungen nicht entspricht.

(Abs. 3 und 4 nicht abgedruckt)

(5) Versicherte haben Anspruch auf bilanzierte Diäten zur enteralen Ernährung nach Maßgabe der Arzneimittel-Richtlinie des Gemeinsamen Bundesausschusses nach § 92 Absatz 1 Satz 2 Nummer 6 in der jeweils geltenden und gemäß § 94 Absatz 2 im Bundesanzeiger bekannt gemachten Fassung. Der Gemeinsame Bundesausschuss hat die Entwicklung der Leistungen, auf die Versicherte nach Satz 1 Anspruch haben, zu evaluieren und über das Ergebnis der Evaluation dem Bundesministerium für Gesundheit alle drei Jahre, erstmals zwei Jahre nach dem Inkrafttreten der Regelungen in der Verfahrensordnung nach Satz 5, zu berichten. Stellt der Gemeinsame Bundesausschuss in dem Bericht nach Satz 2 fest, dass zur Gewährleistung einer ausreichenden, zweckmäßigen und wirtschaftlichen Versorgung der Versicherten mit bilanzierten Diäten zur enteralen Ernährung Anpassungen der Leistungen, auf die Versicherte nach Satz 1 Anspruch haben, erforderlich sind, regelt er diese Anpassungen spätestens zwei Jahre nach Übersendung des Berichts in den Richtlinien nach § 92 Absatz 1 Satz 2 Nummer 6. Der Gemeinsame Bundesausschuss berücksichtigt bei der Evaluation nach Satz 2 und bei der Regelung nach Satz 3 Angaben von Herstellern von Produkten zu bilanzierten Diäten zur enteralen Ernährung zur medizinischen Notwendigkeit und Zweckmäßigkeit ihrer Produkte sowie Angaben zur Versorgung mit Produkten zu bilanzierten Diäten zur enteralen Ernährung der wissenschaftlich-medizinischen Fachgesellschaften, des Spitzenverbandes Bund der Krankenkassen, der Kassenärztlichen Bundesvereinigung und der Deutschen Krankenhausgesellschaft. Das Nähere zum Verfahren der Evaluation nach Satz 2 und der Regelung nach Satz 3 regelt der Gemeinsame Bundesausschuss in seiner Verfahrensordnung. Für die Zuzahlung gilt Absatz 3 Satz 1 entsprechend. Für die Abgabe von bilanzierten Diäten zur enteralen Ernährung gelten die §§ 126 und 127 in der bis zum 10. Mai 2019 geltenden Fassung entsprechend. Bei Vereinbarungen nach § 84 Absatz 1 Satz 2 Nummer 1 sind Leistungen nach Satz 1 zu berücksichtigen.

(6) Versicherte mit einer schwerwiegenden Erkrankung haben Anspruch auf Versorgung mit Cannabis in Form von getrockneten Blüten oder Extrakten in standardisierter Qualität und auf Versorgung mit Arzneimitteln mit den Wirkstoffen Dronabinol oder Nabilon, wenn
1. eine allgemein anerkannte, dem medizinischen Standard entsprechende Leistung
    a) nicht zur Verfügung steht oder
    b) im Einzelfall nach der begründeten Einschätzung der behandelnden Vertragsärztin oder des behandelnden Vertragsarztes unter Abwägung der zu erwartenden Nebenwirkungen und unter Berücksichtigung des Krankheitszustandes der oder des Versicherten nicht zur Anwendung kommen kann;
2. eine nicht ganz entfernt liegende Aussicht auf eine spürbare positive Einwirkung auf den Krankheitsverlauf oder auf schwerwiegende Symptome besteht.

Die Leistung bedarf bei der ersten Verordnung für eine Versicherte oder einen Versicherten der nur in begründeten Ausnahmefällen abzulehnenden Genehmigung der Krankenkasse, die vor Beginn der Leistung zu erteilen ist. Verordnet die Vertragsärztin oder der Vertragsarzt die Leistung nach Satz 1 im Rahmen der Versorgung nach § 37b oder im unmittelbaren Anschluss an eine Behandlung mit einer Leistung nach Satz 1 im Rahmen eines stationären Krankenhausaufenthalts, ist über den Antrag auf Genehmigung nach Satz 2 abweichend von § 13 Absatz 3a Satz 1 innerhalb von drei Tagen nach Antragseingang zu entscheiden. Leistungen, die auf der Grundlage einer Verordnung einer Vertragsärztin oder eines Vertragsarztes zu erbringen sind, bei denen allein die Dosierung eines Arzneimittels nach Satz 1 angepasst wird oder die einen Wechsel zu anderen getrockneten Blüten oder zu anderen Extrakten in standardisierter Qualität anordnen, bedürfen keiner erneuten Genehmigung nach Satz 2. Das Bundesinstitut für Arzneimittel und Medizinprodukte wird mit einer bis zum 31. März 2022 laufenden nichtinterventionellen Begleiterhebung zum Einsatz der Leistungen nach Satz 1 beauftragt. Die Vertragsärztin oder der Vertragsarzt, die oder der die Leistung nach Satz 1 verordnet, übermittelt die für die Begleiterhebung erforderlichen Daten dem Bundesinstitut für Arzneimittel und Medizinprodukte in anonymisierter Form; über diese Übermittlung ist die oder der Versicherte vor Verordnung der Leistung von der Vertragsärztin oder dem Vertragsarzt zu informieren. Das Bundesinstitut für Arzneimittel und Medizinprodukte darf die nach Satz 6 übermittelten Daten nur in anonymisierter Form und nur zum Zweck der wissenschaftlichen Begleiterhebung verarbeiten. Das Bundesministerium für Gesundheit wird ermächtigt, durch Rechtsverordnung, die nicht der Zustimmung des Bundesrates bedarf, den Umfang der zu übermittelnden Daten, das Verfahren zur Durchführung der Begleiterhebung einschließlich der anonymisierten Datenübermittlung sowie das Format des Studienberichts nach Satz 9 zu regeln. Auf der Grundlage der Ergebnisse der Begleiterhebung nach Satz 5 regelt der Gemeinsame Bundesausschuss innerhalb von sechs Monaten nach der Übermittlung der Ergebnisse der Begleiterhebung in Form eines Studienberichts das Nähere zur Leistungsgewährung in den Richtlinien nach § 92 Absatz 1 Satz 2 Nummer 6. Der Studienbericht wird vom Bundesinstitut für Arzneimittel und Medizinprodukte auf seiner Internetseite veröffentlicht.

| Übersicht | Rdn. | | Rdn. |
|---|---|---|---|
| A. Versorgung mit Arzneimitteln | 1 | V. Off-Label-Use | 9 |
| I. Arzneimittel | 1 | VI. Festbeträge | 12a |
| II. Apothekenpflichtigkeit | 2 | B. Diäten und enterale Ernährung | 13 |
| III. Verschreibungspflichtigkeit | 6 | C. Versorgung mit Cannabis | 14 |
| IV. Leistungsausschlüsse | 8 | | |

## A. Versorgung mit Arzneimitteln

### I. Arzneimittel

Die Vorschrift ist die Grundnorm des spezifisch krankenversicherungsrechtlichen Arzneimittelrechts und bestimmt die Leistungsansprüche der Versicherten. Für die gesetzliche Krankenversicherung hat der Arzneimittelsektor inzwischen beinahe größere wirtschaftliche Bedeutung als die gesamte vertragsärztliche Versorgung, weil die Kassen zumindest in den Jahren 2005 bis 2008 mehr für Arzneimittel als für die Vergütung aller vertragsärztlichen Leistungen ausgegeben haben. Zudem haben die Leistungsausweitungen, die als Folge des Beschlusses des BVerfG vom 06.12.2005 (BVerfGE 115, 24) und nachfolgend im Zuge des Inkrafttretens des § 2 Abs. 1a im Bereich der Behandlung lebensbedrohlicher Erkrankungen eintreten, ihren Schwerpunkt bei der Arzneimittelversorgung. Nachdem das BSG entschieden hat, dass die Grundsätze dieses Beschlusses auch für die Versorgung mit Arzneimitteln gelten (BSG v. 04.04.2006, SozR 4–2500 § 31 Nr. 4 Rn. 17 sowie modifiziert im Urt. v. 08.11.2011, SozR 4–2500 § 31 Nr. 19), ist in zahlreichen gerichtlichen Verfahren zwischen Versicherten und Krankenkassen umstritten, welche noch nicht allgemein eingeführten Arzneimittel mit oder sogar ohne arzneimittelrechtliche Zulassung die Krankenkassen gewähren müssen. Dabei stehen nicht nur in extremen Ausnahmefällen Jahrestherapiekosten von bis zu 350.000 € pro Patient im Raum; wenn insoweit die Steuerungsinstrumente des Krankenversicherungsrechts (Festbeträge nach § 35, Rabattverträge nach § 130a Abs. 8 und vor allem die Instrumente der Kosten-Nutzen-Bewertung nach §§ 35a,b) nicht greifen, sind alle Kostensenkungsmaßnahmen zulasten der Versicherten bald Makulatur. Derzeit stehen unter dem Aspekt des Extrempreises vor allem das Medikament Sovaldi (Wirkstoff: Sofosbuvir) zur Behandlung von Hepatitis C und das Medikament Zolgensma zur Behandlung der kindlichen spinalen Muskelatrophie mit Jahrestherapiekosten von 1 Million € im Focus.

### II. Apothekenpflichtigkeit

Die Vorschrift enthält die Grundnorm des Anspruchs der Versicherten auf Versorgung mit Arzneimitteln. Grundvoraussetzung für einen Versorgungsanspruch zulasten der Krankenkasse ist die Apothekenpflichtigkeit eines Produktes; Nahrungs- und Nahrungsergänzungsmittel, die auch außerhalb von Apotheken verkauft werden dürfen, unterfallen grundsätzlich nicht der

§ 31 SGB V Arznei- und Verbandmittel, Verordnungsermächtigung

Leistungspflicht der Krankenkasse. Die Wendung »apothekenpflichtig« verweist – ebenso wie die Wendung »verschreibungspflichtig« in § 34 Abs. 1 – auf das Arzneimittelgesetz (AMG). Dessen Zuordnungen übernimmt das Krankenversicherungsrecht; es gibt grundsätzlich keine spezifisch krankenversicherungsrechtliche Verschreibungspflicht. Auf Medizinprodukte i.S.d. MPG erstreckt sich der Versorgungsanspruch der Versicherten nur, wenn der G-BA in Richtlinien nach § 92 Abs. 1 Satz 2 Nr. 6 eine entsprechende Regelung getroffen hat (näher BSG Urt. v. 13.05.2015 – B 6 KA 14/14 R zu »Jacutin«). Ob diese Kompetenzzuweisung an den G-BA für alle Medizinprodukte mit dem GG vereinbar ist, hat das BVerfG in einer mit Spannung erwarteten Entscheidung vom 10.11.2015 – 1 BvR 2056/12 (NZS 2016, 20) offengelassen; es hielt die Verfassungsbeschwerde der Versicherten gegen ein für sie negatives Urteil des BSG für unzulässig, weil zu unsubstantiiert. § 31 ist nur im Zusammenhang mit § 34 Abs. 1 sinnvoll zu verstehen: der Hinweise auf § 34 in § 31 Abs. 1 Satz 1 bewirkt, dass grundsätzlich nur verschreibungspflichtige Arzneimittel von der Krankenkasse geschuldet sind. Auf »nur« apothekenpflichtige, nicht aber verschreibungspflichtige Arzneimittel erstreckt sich die Leistungspflicht der Krankenkasse nur, wenn der G-BA sie auf der Grundlage des § 34 Abs. 1 Satz 2 in der Arzneimittel-Richtlinie (AMR) für verordnungsfähig erklärt hat (näher BSG Urt. v. 14.05.2014 – B 6 KA 21/13 R, SozR 4–2500 § 43 Nr. 14). Mittel aus diese sog. OTC-Liste können Vertragsärzte dann zur Behandlung der vom G-BA aufgeführten Erkrankungen (Indikationen) auf der Grundlage des § 31 Abs. 1 Satz 4 verordnen.

3 Zum 01.01.2011 hat der Gesetzgeber den Arzneimittelmarkt der GKV neu geregelt (aktuelle Darstellung der Umsetzung des AMNOG bei *Axer/Krasney*, in Rolfs, Gesundheit als Aufgabe des Sozialrechts, S. 79 ff. und S. 125 ff.). Für jedes Arzneimittel mit neuen Wirkstoffen, das nach diesem Stichtag in den Markt eingeführt wird, ist nach § 35a eine Nutzenbewertung durchzuführen. Belegt diese keinen Zusatznutzen, wird das Arzneimittel einer Festbetragsgruppe i.S.d. § 35 zugeordnet; ist eine solche Zuordnung nicht möglich, wird bei nicht belegtem Zusatznutzen ein Erstattungsbetrag vereinbart (§ 130b Abs. 3), der die Kosten für eine zweckmäßige Vergleichstherapie nicht überschreiten darf. Besteht ein Zusatznutzen, müssen der pharmazeutische Unternehmer und der Spitzenverband Bund der Krankenkassen auf der Grundlage des § 130b über einen Erstattungsbetrag in Gestalt eines Rabattes auf den Abgabepreis verhandeln (*Axer* Sozialgerichtsbarkeit 2011, 247). Der nach § 130b Abs. 1 vereinbarte oder auf der Grundlage des § 130b Abs. 4 von einer Schiedsstelle festgesetzte Erstattungsbetrag gilt allerdings erst ab Beginn des 13. Monats nach dem erstmaligen Inverkehrbringen des Arzneimittels bzw. des jeweiligen Wirkstoffs (§ 130b Abs. 3a, näher *Armbruster* in: Eichenhofer/Wenner, SGB V, § 130b Rn. 36). Für die ersten 12 Monate nach dem Inverkehrbringen des Arzneimittels darf damit der pharmazeutische Unternehmer den Preis eines neuen Arzneimittels mit Zusatznutzen auch zu Lasten der Krankenkassen frei festlegen und damit den Markt beeinflussen. Die Festsetzung des Erstattungsbetrages durch die Schiedsstelle ist aktuell besonders umstritten. Weil der GBA den Zusatznutzen differenzierend nach Patientengruppen und Indikationen festlegt, es aber nach dem AMG für jedes Arzneimittel nur einen einheitlichen Abgabepreis gibt, muss die Schiedsstelle einen »Mischpreis« festsetzen. Dieser ist – systematisch betrachtet – für einige Patientengruppen (mit Zusatznutzen) tendenziell zu niedrig, für andere – ohne Zusatznutzen – zu hoch. Gleichwohl hat das BSG mit zwei Urteilen vom 04.07.2018 – B 3 KR 20/17 R und B 3 KR 21/17 R – das Mischpreissystem gebilligt und sich damit gegen die Auffassung des LSG Berlin-Brandenburg (L 9 KR 213/16 KL) gestellt (gegen die Auffassung des LSG zuvor schon *Axer*, a.a.O., S. 87).

4 Die dargestellten Instrumente zur Sicherung der Wirtschaftlichkeit der Arzneimittelversorgung ändern (noch) nichts an dem in Abs. 1 zum Ausdruck kommenden Grundsatz, dass prinzipiell jedes nach dem AMG zugelassene Arzneimittel zulasten der Krankenkassen verordnungsfähig ist. Eine den Vorgaben des § 135 Abs. 1 entsprechende, für neue Untersuchungs- und Behandlungsmethoden vorgesehene Prüfung des Nutzens eines neu auf den Markt gebrachten Arzneimittels vor der Verordnungsfähigkeit in der GKV ist in Deutschland – anders als in den meisten europäischen Ländern – nicht vorgesehen (BSG v. 31.05.2006, SozR 4–2500 § 92 Nr. 5 Rn. 56, kritisch *Wenner* GesR 2009, 181). Die seit dem 01.01.2011 mögliche frühe Nutzenbewertung nach § 35a Abs. 3

kann als erster vorsichtiger Schritt zu einer Neuausrichtung gesehen werden (eher positive Einschätzung der Steuerungsinstrumente Becker/Kingreen/*Axer* SGB V, § 31 Rn. 25).

Der Versicherte hat nach Abs. 1 keinen Anspruch auf die Übernahme der Kosten von apothekenpflichtigen Medikamenten, sondern auf »Versorgung«. Das bedeutet, dass die Leistungspflicht der Krankenkasse nur durch die Arzneimittelverordnung eines Vertragsarztes ausgelöst wird. Auch in Konstellationen, in denen über die Verordnungsfähigkeit eines Präparates Streit besteht, kann auf die Verordnung durch einen Vertragsarzt nicht verzichtet werden. Ein Patient, der sich ein apothekenpflichtiges Arzneimittel verschafft, ohne dass ein Vertragsarzt die Verantwortung für den Nutzen und die Wirksamkeit dieses Mittels bei der konkreten Erkrankung des Versicherten übernimmt, hat von vornherein keinen Erstattungsanspruch gegen die Kasse. 5

### III. Verschreibungspflichtigkeit

Aus Abs. 1 i. V. m. § 34 Abs. 1 ergibt sich, dass der Versorgungsanspruch des Versicherten in der Regel auf verschreibungspflichtige Arzneimittel beschränkt ist; die Verschreibungspflicht ist in § 48 AMG geregelt. Die grundsätzliche Beschränkung des Versorgungsanspruchs der Versicherten auf verschreibungspflichtige Arzneimittel wird zwei Richtungen durch § 34 modifiziert. Zugunsten der Versicherten ist in § 34 Abs. 1 Satz 2 bestimmt, dass der G-BA in den Arzneimittelrichtlinien festlegen muss, welche nicht verschreibungspflichtigen Mittel ausnahmsweise im Rahmen der Behandlung schwerwiegender Erkrankungen als Therapiestandard gelten und deshalb vom Vertragsarzt mit patientenbezogener Begründung verordnet werden dürfen. Die Regelung dazu findet sich in § 12 der Arzneimittel-Richtlinie (AMR); der Schwerpunkt der Einbeziehung der OTC-Präparate in die vertragsärztliche Versorgung liegt bei Präparaten wie Schmerzmitteln und Abführmitteln, die bei gravierenden Erkrankungen wie Tumorleiden ergänzend zu anderen verschreibungspflichtigen Präparaten eingenommen werden müssen, um deren Wirkung zu ergänzen oder unvermeidliche Nebenwirkungen (z.B. Obstipation) erträglich zu machen (dazu näher BSG Urt. v. 11.05.2011 – B 6 KA 25/10 R sowie Urt. v. 14.05.2014 – B 6 KA 21/13 R). Erleichterungen für Versicherte, die an chronischen Krankheiten leiden, enthält der mit dem Masernschutzgesetz v. 10.02.2020 (BGBl. I S. 148) eingefügte Abs. 1b zum Widerholungsrezept. Danach kann der Vertragsarzt bei der Dauerbehandlung einer chronischen Erkrankung mit einem Arzneimittel ein – besonders gekennzeichnetes – Rezept ausstellen, auf das die Apotheke bis zu 3-mal das Mittel in der verordneten Packungsgröße abgeben kann. Eine solche Verordnung kann der Versicherte bis zu einem Jahr nach ihrer Ausstellung bei der Apotheke einlösen. Das soll sinnlose Arztbesuche lediglich zur Abgabe einer ohnehin feststehenden Verordnung entbehrlich machen. 6

Das BSG hält die Beschränkung der Leistungspflicht auf verschreibungspflichtige Arzneimittel (mit der Ausnahme zu § 12 Abs. 2 AMR) für verfassungskonform (BSG v. 06.11.2008, SozR 4–2500 § 34 Nr. 4). Die Verfassungsbeschwerde gegen dieses Urteil hat das BVerfG mit Beschl. v. 12.12.2012 – 1 BvR 69/09 nicht zur Entscheidung angenommen, weil die gesetzliche Krankenversicherung nicht verpflichtet sei, alles zu leisten, was medizinisch möglich ist. Zuvor hatte das BVerfG eine Verfassungsbeschwerde unmittelbar gegen den Ausschluss nicht verschreibungspflichtiger Arzneimittel im SGB V als unzulässig angesehen, weil den Betroffenen zumutbar sei, den Rechtsweg zu den Sozialgerichten zu beschreiten (BVerfG v. 04.08.2004, SozR 4–2500 § 34 Nr. 1). Das BSG hat seine Entscheidung damit begründet, die ausgeschlossenen OTC- Präparate seien nicht besonders teuer, der Patient könne sie sich ohne Aufsuchen eines Arztes in der Apotheke selbst beschaffen und müsse bei Verzicht auf die Einnahme derartiger Arzneimittel zwar eine Einbuße an Lebensqualität, aber keine erheblichen gesundheitlichen Gefahren hinnehmen (näher *Wenner/Winkel* Soziale Sicherheit 2008, 395 f.). Auch dieses Argument hat sich das BVerfG in seinem Beschl. v. 12.12.2012 – 1 BvR 69/09 – zu eigen gemacht. Das Argument der relativ geringen Kosten greift allerdings nur gegenüber Versicherten ein, die nicht von bedürftigkeitsabhängigen Grundsicherungsleistungen z.B. nach dem SGB II leben müssen. Für diesen Personenkreis stellt auch eine Zahlung von 11 € pro Packung Gelomyrtol – dazu ist das BSG-Urteil v. 06.11.2008 ergangen – eine erhebliche Belastung dar, die kaum durch den Regelsatz aufgefangen werden kann. Ob dieses Problem, das sich 7 etwa bei der Angewiesenheit von Versicherten auf teure Hautcremes zur Behandlung von Neurodermitis stellt, im Grundsicherungssystem oder gegenüber der Krankenkasse gelöst werden muss, ist umstritten (*Wenner* Soziale Sicherheit 2012, 114). Der 1. Senat des BSG (Urt. v. 06.03.2012 – B 1 KR 24/10 R) steht auf dem Standpunkt, dass es für den Leistungsanspruch des Versicherten auf Versorgung mit Arzneimitteln gegenüber seiner Krankenkasse unerheblich ist, ob er über die finanziellen Mittel verfügt, sich die Arzneimittel oder kosmetischen Produkte, auf die er nach eigener Einschätzung angewiesen ist, selbst zu kaufen. Der hilfebedürftige Kläger wird insoweit auf Leistungsansprüche nach § 21 Abs. 6 SGB II gegen das Jobcenter verwiesen. Demgegenüber ist der für das Grundsicherungsrecht zuständige 14. Senat des BSG der Ansicht, der Hilfebedürftige müsse die Frage, ob die Kosten für Arzneimittel als Teil einer Krankenbehandlung übernommen werden, gegenüber seiner Krankenkasse klären. Aufgrund der – mutmaßlichen – Notwendigkeit einer Versorgung mit nicht verschreibungspflichtigen Arzneimitteln entstehen grundsätzlich keine laufenden unabweisbaren Bedarfe i.S.d. § 21 Abs. 6 SGB II in der bis Ende 2020 geltenden Fassung (Urt. v. 26.05.2011 – B 14 AS 146/10 R, BSGE 108, 235; näher zu dieser Kontroverse *Wenner*, in: Wallrabenstein/Ebsen, Stand und Perspektiven der Gesundheitsversorgung, S. 130 ff.). Den aktuellen Stand der Rechtsprechung generell zu der Frage, inwieweit das Jobcenter gesundheitsbezogene Leistungen finanzieren muss, die explizit von der Krankenkasse nicht übernommen werden, markiert das zur Kyrokonservierung von Samenzellen ergangene Urteil des 14. Senats des BSG v. 26.11.2020 (B 14 AS 23/20 R). Der Streitgegenstand dieses Urteils ist mit der Einfügung des Abs. 4 in § 27a erledigt, weil die Kyrokonservierung jetzt grundsätzlich eine Kassenleistung sein kann, die grundsätzlichen Ausführungen des BSG bleiben davon aber unberührt. Das BSG hat die Leistungspflicht des Jobcenters mit der Begründung verneint, die Konservierung sei nicht Bestandteil des grundrechtlich geschützten gesundheitlichen Existenzminimums. Zumindest ein etwas anderer Akzent konnte dem zur kieferorthopädischen Behandlung ergangenen Urteil des 4. Senats des BSG v. 12.12.2013 (B 4 AS 61/13 R, BSGE 115, 77, 83) entnommen werden. Der 4. Senat hält es immerhin für möglich, dass trotz der Eröffnung des vollen Leistungsspektrums der Krankenversicherung im Hinblick auf – von der KK nicht übernommenen – Leistungen ein »unabweisbarer« Bedarf i.S.d. § 21 Abs. 6 SGB II bestehen kann. Das überzeugt – jedenfalls für diesen Leistungsbereich – schon im Ansatz nicht, weil das Leistungsspektrum des § 29 sehr weit ist und sich die Unabweisbarkeit nicht danach beurteilt, was der behandelnde Kieferorthopäde für sinnvoll hält. Zumindest die krankenversicherungsrechtliche Rechtsprechung hält Zweifel an der Verfassungsmäßigkeit der Beschränkung des arzneimittelrechtlichen Versorgungsanspruchs auf verschreibungspflichtige Arzneimittel nach wie vor für unbegründet (LSG Hamburg Urt. v. 14.10.2015 – L 1 KR 4/15).

### IV. Leistungsausschlüsse

8  Der Anspruch auf verschreibungspflichtige Arzneimittel nach Abs. 1 ist wiederum durch § 34 Abs. 1 Satz 6 u. 7 beschränkt. Danach sind für Erwachsene alle Mittel zur Anwendung bei Erkältungskrankheiten, Reiserkrankungen sowie Mund- und Rachentherapeutika und Abführmittel nicht zulasten der Krankenkasse verordnungsfähig. Dasselbe gilt für Medikamente, bei denen die Erhöhung der Lebensqualität im Vordergrund steht, die überwiegend zur Behandlung der erektilen Dysfunktion, zur Regelung des Appetits, zur Gewichtsreduktion oder zur Anregung des Haarwuchses dienen. Dieser Leistungsausschluss unmittelbar im Gesetz selbst zielt auf die Rechtsprechung des BSG zu dem Präparat Viagra zu Behandlung der Potenzschwäche. Das Gericht hatte den generellen Verordnungsausschluss (lediglich) in den Arzneimittelrichtlinien mangels expliziter gesetzlicher Ermächtigung für unwirksam gehalten (BSG v. 30.09.1999, SozR 3–2500 § 27 Nr. 11 zu SKAT; BSG v. 10.05.2005, SozR 4–2500 § 34 Nr. 2 Rn. 13f zu Viagra). Zum 01.01.2004 ist der Verordnungsausschluss für alle potenzsteigernden Mittel gesetzlich normiert worden; das BSG hat die Neufassung des § 34 Abs. 1 im Hinblick auf die weite Gestaltungsfreiheit des Gesetzgebers hinsichtlich der Fassung des Leistungskatalogs der gesetzlichen Krankenversicherung in einem Fall als grundgesetzkonform beurteilt, in dem ein Versicherter als Folge einer Diabetes mellitus Erkrankung einen Verlust der sexuellen Potenz erlitten hatte (BSG v. 10.05.2005, SozR 4–2500 § 34 Nr. 2 Rn. 25).

Die oben (Rdn. 7) angesprochene Problematik der Leistungseinschränkungen gegenüber Versicherten, die auf Grundsicherungsleistungen angewiesen sind und die ausgeschlossenen Medikamente vielfach nicht selbst bezahlen können, verstärkt sich durch die Verordnungsausschlüsse nach Abs. 1 Satz 6 u. 7 noch, zumal der Verweis des BSG aus der Entscheidung zu den OTC- Präparaten (BSG v. 06.11.2008, SozR 4–2500 § 34 Nr. 4) auf die relativ niedrigen Abgabepreise für die von § 34 Abs. 1 Satz 6 u. 7 erfassten meist verschreibungspflichtigen Mittel nicht passt.

## V. Off-Label-Use

Der Anspruch der Versicherten auf Versorgung mit Arzneimitteln ist grundsätzlich auf das Anwendungsgebiet beschränkt, für das das Arzneimittel zugelassen ist. Qualität und Wirksamkeit von Arzneimitteln werden im Zulassungsverfahren überprüft. Dieses läuft nach dem AMG indikationsbezogen ab; nach Vorlage von Studien (Monographien) entscheidet die zuständige Bundesbehörde über die Zulassung für die Anwendungsgebiete, für die der Hersteller Wirksamkeit und Unbedenklichkeit nachgewiesen hat (BSG v. 19.03.2002, SozR 3–2500 § 31 Nr. 8 Satz 30f). Nur so weit reicht auch die Haftung des Herstellers für Folgen beim indikationsgemäßen Einsatz des Präparates. Bei anderen Indikationen als denen, für die das Medikament nach dem Antrag des Herstellers zugelassen ist, hat eine Prüfung von Eignung und Risiken nicht stattgefunden. Das steht einem Einsatz im Rahmen der gesetzlichen Krankenversicherung im Regelfall entgegen. Deshalb hatte ein Versicherter, der an Fibromyalgie leidet, grundsätzlich keinen Anspruch auf Versorgung mit dem Cannabis-Präparat Dronabinol: für diese Indikation liegt weder in Deutschland noch – worauf sich der Versicherte berufen hatte – in den USA eine arzneimittelrechtliche Zulassung vor (Bayerisches LSG Beschl. v. 26.11.2015 – L 4 KR 419/15 B ER). Die Rechtslage hat sich zum 10.03.2017 durch die Ergänzung des § 31 um Abs. 6 geändert (dazu Rdn. 14 ff.). 9

Von diesem Grundsatz erkennt die Rechtsprechung des BSG seit dem Urt. v. 19.03.2002 zu Immunglobulinen bei der Behandlung von Multipler Sklerose (SozR 3–2500 § 31 Nr. 8 Satz 36; danach auch BSG v. 14.12.2006, SozR 4–2500 § 31 Nr. 8 Rn. 17) Ausnahmen an, in denen ein zugelassenes Medikament auch außerhalb des angegebenen Indikationsgebietes eingesetzt werden kann, und billigt dem Versicherten einen darauf gerichteten Rechtsanspruch zu. Voraussetzung dafür ist, dass es um die Behandlung einer schwerwiegenden Erkrankung geht, andere geeignete Therapien nicht verfügbar sind und aufgrund der Datenlage die begründete Aussicht besteht, dass mit dem betreffenden Präparat ein kurativer oder palliativer Behandlungserfolg erzielt werden kann. Letzteres ist anzunehmen, wenn bereits ein Antrag auf Erweiterung der Indikationen gestellt ist oder klinische Studien veröffentlicht sind, die einen klinisch relevanten Nutzen bei vertretbaren Risiken belegen (zuletzt BSG Urt. v. 19.03.2020 – B 1 KR 22/18 R zum Arzneimittel Rituximab). Der GBA hat in Reaktion auf die Rechtsprechung des BSG die Arzneimittelrichtlinien um den Abschnitt K (§ 30 AM-RL i.V.m. Anlage VI Teil B) ergänzt und die Voraussetzungen für den Off-Label-Use präzisiert. Das BVerfG hat in einem zur Versorgung eines AIDS-Patienten mit einem Immunglobulinpräparat ergangenen Beschluss vom 07.04.2008 bekräftigt, dass ein Anspruch auf einen Off-Label-Use eines zugelassenen Mittels nur besteht, wenn keine anderen wirksamen Behandlungsmethoden zur Verfügung stehen (SozR 4–2500 § 31 Nr. 10 Rn. 9). Der Gesetzgeber hat die Rechtsprechung aufgegriffen und in § 35c eine spezielle Regelung zum Anspruch der Versicherten auf Zugang zu Arzneimitteln außerhalb ihrer Indikation geschaffen. Bei konsequenter Anwendung dieser Bestimmung dürfte der »Off – Label – Use« auf richterrechtlicher Grundlage nur noch in Ausnahmefällen in Betracht kommen (Becker/Kingreen/*Axer*, SGB V, § 31 Rn. 34; insgesamt zum verfassungsunmittelbaren Leistungsanspruch auf Versorgung mit Arzneimitteln außerhalb der Zulassung *Axer*, in: Rolfs, Gesundheit als Aufgabe des Sozialrechts, S. 89). 10

Inzwischen hat das BSG seine Rechtsprechung zum Anspruch auf Arzneimittel ohne indikationsbezogene Zulassung erweitert. In Reaktion auf den Beschluss des BVerfG v. 06.12.2005 (SozR 4–2500 § 27 Nr. 5) hat es entschieden, dass die Versicherten in notstandsähnlichen Situationen die Versorgung mit einem weder in Deutschland noch in der EU zugelassenen Importfertigarzneimittel beanspruchen können (BSG v. 04.04.2006, SozR 4- 2500 § 31 Nr. 4). Das betroffene Präparat 11

Tumodex zur Behandlung des Darmkarzinoms war nur in Kanada zugelassen und in Deutschland nur aufgrund einer Einzelimportzulassung auf der Grundlage des § 73 Abs. 3 AMG verkehrsfähig. Im Hinblick auf den lebensbedrohlichen Charakter einer Darmkrebserkrankung reicht der Umstand, dass das betroffenen Mittel in einigen EU-Ländern zugelassen und sein Vertrieb in Deutschland nicht ausdrücklich verboten war, aus, damit der Versorgungsanspruch des Versicherten erfüllt werden kann. Das BSG beschränkt den Anspruch auf Versorgung mit einem im Deutschland oder der EU überhaupt nicht zugelassenen Medikament aber auf die Behandlung von Erkrankungen, die das Leben oder ein wichtiges Organ in absehbarer Zeit akut bedrohen (BSG v. 14.12.2006, SozR 4–2500 § 31 Nr. 8 Rn. 18). Die Voraussetzungen sind deutlich strenger als für die zulassungsüberschreitende Anwendung eines nach dem AMG zugelassenen Mittels. Eine eher restriktive Tendenz liegt dem BSG-Urteil v. 13.12.2016 – B 1 KR 10/16 R, BSGE 122, 181) zu Grunde; weder unter dem Gesichtspunkt des Off-Label-Use noch im Hinblick auf § 35c hat danach ein Versicherter Anspruch auf Versorgung mit Avastin® zur Behandlung eines aggressiven Hirntumors vom Typ Glioblastom. Für diese Indikation war Avastin weder in Deutschland noch in der EU zugelassen, und der Hersteller hat ein Zulassungsverfahren für diese Indikation selbst abgebrochen. Das BSG sieht entsprechend keine hinreichend belegten Erfolgsaussichten, das Fortschreiten dieses fast immer tödlichen Tumors zu beeinflussen. Wie schwierig die Grenzziehung insoweit ist, zeigt eine zum selben Tumor und zum selben Arzneimittel ergangene Entscheidung des Sächsischen LSG Beschl. v. 05.06.2018 – L 9 KR 223/18 B ER. Diese kommt zum gegenteiligen Ergebnis und spricht dem Versicherten die Versorgung mit Avastin zu. Die »neueren Studien«, auf die sich das LSG bezieht, stammen teilweise aus der Zeit vor dem BSG-Urteil; im Kern bewerten die Richter in Chemnitz die Chancen des Einsatzes von Avastin beim Glioblastom schlicht anders als das BSG, was schon durch Gebrauch der Wendung »Last-Line- Therapie« zum Ausdruck kommt. Ob für diese – im Verfahren nach § 86b SGG ungewöhnliche – Abweichung von der aktuellen höchstrichterlichen Rechtsprechung mitursächlich war, dass der betroffene Versicherte im BSG-Verfahren zum Entscheidungszeitpunkt längst verstorben war, während er in dem Verfahren in Chemnitz noch lebte, kann nur gemutmaßt werden, ist aber nicht ganz unwahrscheinlich: Es fällt immer leichter, einen Kostenerstattungsanspruch abzulehnen, nachdem nun feststeht, dass – erwartungsgemäß – keine positiven Auswirkungen auf den Krankheitsverlauf eingetreten sind, als einem Versicherten den letzten »Strohhalm«, von dem er sich noch etwas verspricht, zu versagen.

12 Der von der Rechtsprechung des BSG anerkannte Anspruch auf Versorgung mit Arzneimitteln außerhalb der in der Zulassung angegebenen Indikationen und in besonders gelagerten Fällen ohne jede deutsche oder europäische Zulassung wird in der Regel so realisiert, dass der Vertragsarzt dem Versicherten ein Privatrezept ausstellt und dieser von seiner Krankenkasse die Zusage erstrebt, die Kosten für die Verordnung zu übernehmen. Das weicht vom Regelfall der vertragsärztlichen Verordnung von Arzneimitteln ab; danach verordnet der Vertragsarzt Arzneimittel auf einem sog. Kassenrezept, der Versicherte löst dieses in der Apotheke ein und die Kasse vergütet den Apotheker. Die zahlungspflichtige Krankenkasse kann erst nachträglich prüfen, ob das vom Versicherten schon verbrauchte und von ihr bezahlte Medikament in der vertragsärztlichen Versorgung verordnungsfähig war, und – falls das nicht der Fall war – gegen den Arzt die Festsetzung eines Kostenregresses bei der zuständigen Prüfungsstelle beantragen. Wird dieser Weg vom Vertragsarzt auch beim Off-label-Use oder sogar bei der Verordnung eines nur über einen Einzelimport verfügbaren Mittels gewählt, trägt er das volle Risiko, dass sich nachträglich herausstellt, dass die Voraussetzungen nicht vorgelegen haben, etwa weil andere zugelassenen Medikamente hätten verordnet werden können. Dieses Risiko kann dem Arzt nach der Rechtsprechung des BSG nicht abgenommen werden, weil andernfalls die Krankenkassen keine Möglichkeit hätten, die Beachtung der Grenzen des zulassungsüberschreitenden Einsatzes von Arzneimitteln durchzusetzen (BSG MedR 2007, 557 und Urt. v. 05.05.2010 – B 6 KA 6/09 R). Deshalb ist es richtig, wenn Vertragsärzte in derartigen Ausnahmefällen auf der Grundlage von § 25a Abs. 6 BMV-Ä in der ab dem 01.07.2021 geltenden Fassung ein Privatrezept verwenden und ihren Patienten bei der Durchsetzung seines Versorgungsanspruchs gegen die Krankenkasse unterstützen, auf die Ausstellung einer vertragsärztlichen Verordnung aber verzichten. Der Streit um die Grenzen der Leistungspflicht der Krankenversicherung muss zwischen den

Versicherten und ihren Krankenkassen und nicht zwischen den Vertragsärzten und den Gremien der vertragsärztlichen Wirtschaftlichkeitsprüfung (§ 106c) ausgetragen werden.

### VI. Festbeträge

Eine wichtige Konkretisierung enthält der Anspruch des Versicherten auf Versorgung mit verschreibungspflichtigen Arzneimitteln durch das System der Festbeträge. Dessen Grundnorm enthält Abs. 2 mit der Regelung, dass die Krankenkasse die Kosten des Arzneimittels bis zur Höhe des Festbetrages i.S.d. § 35 oder § 35a trägt. Die eigentliche Aussage dieser Norm lautet: die Mehrkosten trägt der Versicherte selbst. Diesen Grundsatz hat das BSG dahin eingeschränkt, dass der Versicherte Anspruch auf Versorgung mit einem bestimmten Wirkstoff auch zu Kosten oberhalb des für die jeweilige Gruppe geltenden Festbetrages hat, wenn eine Versorgung mit Präparaten, für die ein Festbetrag gilt, medizinisch nicht erfolgversprechend ist (BSG Urt. v. 03.07.2012 – B 1 KR 22/11 R, SozR 4–2500 § 35 Nr. 6). Dazu gehören auch Fälle, in denen die Versorgung mit dem Festbetragsmedikament zu Nebenwirkungen führt, die das Mittel oberhalb des Festbetrages wahrscheinlich nicht zur Folge hat. Inwieweit diese Entscheidung (tendenziell sogar kritisch wegen der »sehr engen Voraussetzungen« Becker/Kingreen/*Axer*, SGB V, § 31 Rn. 53) die Bereitschaft der pharmazeutischen Unternehmer, die Preise für umsatzrelevante Arzneimittel auf Festbetragsniveau zu senken, vermindert, lässt sich noch nicht übersehen. Dass diese Gefahr besteht, liegt auf der Hand. Die Festsetzung der Festbeträge auf der Grundlage des § 35 Abs. 3, 5 und 6 ist weiterhin hoch streitanfällig. In drei Verfahren aus dem Jahr 2012 haben Pharmazeutische Unternehmen die Festbetragsfestsetzung durch den in diesen Verfahren beklagten GKV-Spitzenverband angegriffen, damit aber weder vor dem erstinstanzlich zuständigen LSG Berlin-Brandenburg noch vor dem BSG Erfolg gehabt (BSG Urt. v. 03.05.2018 – B 3 KR 9/16 R, B 3 KR7/17 R und B 3 KR 10/17 R). Die Hersteller können sich zur Begründung ihrer Angriffe gegen einen konkreten Festbetrag nicht darauf berufen, dass eventuelle Wechsel der Medikamentierung im Zuge der Umstellung eines Patienten auf ein anderes, zum Festbetrag verfügbares Präparat nachteilige Auswirkungen haben könnte. Auf eine mögliche Verletzung der Rechte Dritter – Ärzte, Patienten – können sich die Unternehmen nicht berufen.

### B. Diäten und enterale Ernährung

Der Anspruch der Versicherten auf bilanzierte Diäten zur enteralen Ernährung nach Abs. 5 ist zum 01.01.2009 in das Gesetz aufgenommen und mit dem GVWG v. 11.07.2021 deutlich erweitert worden. Zuvor hatte Streit über den Umfang bestanden, in dem die Versorgung mit bilanzierten Diäten von der Krankenkasse geschuldet war. Über den Wortlaut des § 31 Abs. 1 Satz 2 Nr. 1 (in der bis zum 31.12.2008 geltenden Fassung) hinausgehend hatte das Bundesministerium für Gesundheit an Stelle des GBA im Wege der Ersatzvornahme in Nr. 15.2.5 AMR bestimmt, dass die Kassen für bilanzierte Diäten zur Behandlung von angeborenen, seltenen Defekten im Kohlehydrat- und Fettstoffwechsel und anderen diätpflichtigen Erkrankungen aufkommen müssen. Diese politisch gewollte Ausweitung der Leistungspflicht der Krankenkassen hatte das BSG mit Urt. v. 28.02.2008 (SozR 4–2500 § 31 Nr. 9 Rn. 44) für gesetzwidrig und nichtig erklärt. Daraufhin hat der Gesetzgeber in Form einer offen angesprochenen Rechtsprechungskorrektur (BT-Drs. 16/10609 S. 63 zu Art. 1 Nr. 1a GKV-OrgWG) in § 31 Abs. 5 dem GBA aufgegeben, einen Katalog von Krankheiten festzulegen, bei denen die Kosten spezieller Nahrungsmittel und diätetischer Nahrungsmittelzubereitungen von den Krankenkassen zu übernehmen sind. Diesem Auftrag ist der GBA mit der Neufassung des Abschnitts I der Arzneimittel-RL zu Beginn des Jahres 2016 nachgekommen (§§ 18 ff. AMR). Die Regelungen sind sehr detailliert und werden von dem Grundsatz bestimmt, dass enterale Ernährung nur dann Leistung der KK ist, wenn andere Maßnahmen (pflegerische Hilfen, ernährungstherapeutische Maßnahmen) nicht zu einer ausreichenden normalen Ernährung führen können (§ 21 Abs. 1 AMR). Das steht mit der Rechtsprechung des BSG im Einklang, die eine Leistungspflicht der Krankenkassen für eine krankheitsbedingt erforderliche Diätnahrung verneint (BSG Urt. v. 08.11.2011 – B 1 KR 20/10 R, SozR 4–2500 § 31 Nr. 20).

### C. Versorgung mit Cannabis

14 Der Einsatz von Cannabisarzneimitteln (u.a. Dronabinol) war seit Jahren umstritten; eine klare gesetzgeberische Entscheidung fehlte und im Rahmen der vertragsärztlichen Versorgung war die Verordnung von Dronabinol regressanfällig, weil es zu der zu Grunde liegenden Behandlungsmethode keine positive Empfehlung des GBA nach § 135 Abs. 1 gab und gibt (BSG Urt. v. 13.10.2010 – B 6 KA 48/09 R). Im Zuge der Herstellung der Verkehrsfähigkeit und Verschreibungsfähigkeit von Cannabis-Arzneimitteln durch das Gesetz zur Änderung betäubungsmittelrechtlicher Vorschriften v. 06.03.2017 (BGBl. I S. 403) ist in Abs. 6 der Anspruch der Versicherten auf Versorgung mit solchen Medikamenten normiert werden. Die Änderung des Abs. 6 durch das Zweite Gesetz zum Schutz der Bevölkerung bei einer epidemischen Lage von nationaler Tragweite v. 19.05.2020 (BGBl I S. 1018) hat nur redaktionellen Charakter. Der Rechtsanspruch hat in Anlehnung an die notstandsähnliche Regelung des § 2 Abs. 1a zur Voraussetzung, dass eine Standardtherapie nicht zur Verfügung steht und mit dem Einsatz von Cannabis positive Effekte für den Krankheitsverlauf oder die schwerwiegenden Symptome erreicht werden können (BT-Drs. 18/8965 zu Art. 4 S. 24). Der Anspruch besteht unabhängig davon, ob es zur Therapie mit Cannabis eine positive Methodenempfehlung des GBA gibt (BT-Drs., a.a.O., S. 24). Er reicht insoweit weiter als der Anspruch nach § 2 Abs. 1a, weil auch ein Einsatz von medizinischem Cannabis, der allein auf die Linderung von Symptomen zielt, beansprucht werden kann, soweit diese Symptome nur schwerwiegend sind. Für die in den letzten Jahren in Einzelfällen praktizierte Erlaubnis zum Bezug von Cannabis nach § 3 Abs. 2 BtMG ohne ärztliche Verschreibung ist damit die praktische Notwendigkeit entfallen.

15 Etwas mehr als ein Jahr nach dem Inkrafttreten des Abs. 6 ist eine für die Anwendung der Vorschrift wichtige Entscheidung des BVerfG ergangen (Beschl. v. 28.6.2018 – 1 BvR 733/18). Die zuständige Kammer des Ersten Senats hat die Verfassungsbeschwerde eines Versicherten nicht zur Entscheidung angenommen, der beim SG Frankfurt und beim Hessischen LSG erfolglos die Versorgung mit Medizinalcannabis zur Behandlung von Cluster-Kopfschmerzen begehrt hatte. Das BVerfG billigt ausdrücklich, dass die Sozialgerichte den Anspruch auf Versorgung mit Cannabis davon abhängig machen, dass eine gewisse »Mindestevidenz« für die jeweilige Diagnose belegt ist. Daran fehlt es hinsichtlich der Behandlung von Cluster-Kopfschmerz. Auch die Ausrichtung der Anwendung des Abs. 6 an § 2 Abs. 1a bewerten die Verfassungsrichter als naheliegend, weil darauf in der amtlichen Begründung der Bundesregierung zur Einführung der Vorschrift ausdrücklich hingewiesen wird. Damit dürfte für die nächsten Jahre der rechtliche Rahmen für den Anspruch auf Versorgung mit Cannabis zu Lasten der KKn abgesteckt sein. Der Ausnahmecharakter der Versorgung mit Cannabis wird auch dadurch unterstrichen, dass der Vertragsarzt nach Satz 6 die für die gesetzlich vorgeschriebene Begleiterhebung erforderlichen Daten dem BfArM übermittelt, ohne dass der Versicherte dem widersprechen kann. Wenn der Versicherte damit nicht einverstanden ist, scheidet die Versorgung mit Cannabis aus (Becker/Kingreen/*Axer*, SGB V, § 31 Rn. 68: »Anspruchsvoraussetzung«).

### § 32 Heilmittel

(1) Versicherte haben Anspruch auf Versorgung mit Heilmitteln, soweit sie nicht nach § 34 ausgeschlossen sind. Ein Anspruch besteht auch auf Versorgung mit Heilmitteln, die telemedizinisch erbracht werden. Für nicht nach Satz 1 ausgeschlossene Heilmittel bleibt § 92 unberührt.

(1a) Der Gemeinsame Bundesausschuss regelt in seiner Richtlinie nach § 92 Absatz 1 Satz 2 Nummer 6 das Nähere zur Heilmittelversorgung von Versicherten mit langfristigem Behandlungsbedarf. Er hat insbesondere zu bestimmen, wann ein langfristiger Heilmittelbedarf vorliegt, und festzulegen, ob und inwieweit ein Genehmigungsverfahren durchzuführen ist. Ist in der Richtlinie ein Genehmigungsverfahren vorgesehen, so ist über die Anträge innerhalb von vier Wochen zu entscheiden; ansonsten gilt die Genehmigung nach Ablauf der Frist als erteilt. *Soweit zur Entscheidung ergänzende Informationen des Antragstellers erforderlich sind, ist der Lauf der Frist bis zum Eingang dieser Informationen unterbrochen.*

(1b) Verordnungen, die über die in der Richtlinie des Gemeinsamen Bundesausschusses nach § 92 Absatz 1 Satz 2 Nummer 6 in Verbindung mit Absatz 6 Satz 1 Nummer 3 geregelte orientierende Behandlungsmenge hinausgehen, bedürfen keiner Genehmigung durch die Krankenkasse.

(2) hier nicht abgedruckt

| Übersicht | Rdn. | | Rdn. |
|---|---|---|---|
| A. Heilmittelversorgung | 1 | B. Begleitleistungen | 4 |

## A. Heilmittelversorgung

Heilmittel i.S.d. Abs. 1 sind nach der Rechtsprechung des BSG medizinische Dienstleistungen, die auf der Grundlage einer vertragsärztlichen Verordnung von zugelassenen Leistungserbringern persönlich am Patienten erbracht werden (BSG v. 28.06.2001, SozR 3–2500 § 33 Rn. 41). Mit der Ergänzung von Abs. 1 durch Satz 3 mit dem DVPMG v. 03.06.2021 sind auch telemedizinisch erbrachte Heilmittel in den Anwendungsbereich der Vorschrift einbezogen worden. Im März 2015 ist auf der Grundlage von Vorschlägen aus der CDU/CSU – Fraktion im Bundestag eine Debatte in Gang gekommen, ob und inwieweit die Verantwortung für den Einsatz von Heilmitteln von den Vertragsärzten auf die Heilmittelerbringer selbst verlagert werden kann und soll. Die Patienten sollen danach auf der Grundlage einer Blankoverordnung unmittelbar zur Behandlung zum Physiotherapeuten gehen können, der in Abstimmung mit der Krankenkasse Umfang und Ausrichtung der Therapie festlegt (näher und deutlich positiv zu der Idee *Rixen* Soziale Sicherheit 2015, 128). In den im Juli 2015 in Kraft getretenen Gesetzen zur Änderung des SGB V ist diese Überlegung allerdings nicht aufgegriffen worden; die Ärzteschaft steht dem skeptisch gegenüber. Die auf § 92 Abs. 1 Satz 2 Nr. 6 und Abs. 6 sowie auf § 138 beruhende Richtlinie des Gemeinsamen Bundesausschusses über die Verordnung von Heilmitteln in der vertragsärztlichen Versorgung (HeilM-RL) vom 19.05.2011 unterscheidet in § 2 und den folgenden Abschnitten vier große Gruppen von Heilmitteln: Physikalische Therapie (u.a. Massagen, Bewegungstherapie und bestimmte Bäder), Podologische Therapie, Maßnahmen der Stimm-, Sprech- und Sprachtherapie und Maßnahmen der Ergotherapie. Der Katalog der verordnungsfähigen Heilmittel ist grundsätzlich abschließend. Das folgt mittelbar auch aus § 1 Abs. 5 der HeilM-RL, wonach die Abgabe von Heilmitteln ausschließlich Sache der gem. § 124 von den Verbänden der Krankenkassen zugelassenen Leistungserbringer ist. Für Behandlungsmaßnahmen, die in der HeilM-RL nicht aufgeführt sind, können nichtärztliche Leistungserbringer nicht zugelassen werden. Eine Zusammenstellung der am Markt verbreiteten ausdrücklich nicht verordnungsfähigen Heilmittel enthält die Anlage der RL, in der etwa die Hippotherapie, die Fußreflexzonenmassage sowie Musiktherapie aufgeführt sind. § 138 überträgt den Methodenanerkennungsvorbehalt des § 135 Abs. 1 auf Heilmittel; neue Heilmittel dürfen danach in der vertragsärztlichen Versorgung nur abgegeben werden, wenn der GBA ihren therapeutischen Nutzen positiv bewertet und Hinweise zum Einsatz und zur Indikation der neuen, also bisher in der vertragsärztlichen Versorgung nicht angebotenen Heilmittel gegeben hat. Die »Erweiterte ambulante Physiotherapie«, eine Kombination von Physikalischer Therapie, Krankengymnastik und medizinischer Trainingstherapie, ist kein Heilmittel i.S.d. § 32; Versicherte können entsprechende Leistungen nur als Maßnahme der Rehabilitation i.S.d. § 40 beanspruchen (BSG v. 17.02.2010, SozR 4–2500 § 40 Nr. 5). Allerdings ist die »Standardisierte Heilmittelkombination«, also eine Verbindung verschiedener in den §§ 18–24 HeilM-RL aufgeführten Einzelmaßnahmen nach der Neufassung der RL unter bestimmten Voraussetzungen verordnungsfähig (§ 25 HeilM-RL). Große praktische Bedeutung kommt nach wie vor der sog. Petö-Therapie zu, einer von einem ungarischen Arzt entwickelte Behandlungsmethode, die ergotherapeutische und pädagogische Ansätze kombiniert. Das BSG hat sie nicht als geeignetes Heilmittel eingestuft (Urt. v. 03.09.2002 – B 1 KR 34/01 R); in diesem Sinne ist auch Anlage 1 a. Nr. 12 der Heilmittel-RL gefasst. Diese Bewertung hat dazu geführt, dass sich die Streitfragen um diesen therapeutischen Ansatz auf das Sozialhilferecht verlagert haben. Eltern, die für ihre cerebral geschädigten Kinder eine solche Behandlung wünschen, machen sie gegenüber dem Sozialhilfeträger als Eingliederungsleistung geltend (§ 53 SGB XII), überwiegend allerdings ohne Erfolg (LSG Hamburg Urt. v. 12.03.2018 – L

4 SO 17/15; LSG Bayern Urt. v. 22.09.2015 – L 8 SO 23/13). Den Überschneidungsbereich von ärztlicher Behandlung und Heilmittel betrifft der Einsatz einer sog. Nagelkorrekturspange zur Verhinderung des Einwachsens von Zehennägeln. Dabei handelt es sich um eine ärztliche Leistung, für die es eine Position in der GOÄ gibt, die aber von Vertragsärzten nicht angeboten wird. Daraus hat das LSG Berlin-Brandenburg abgeleitet, dass ein betroffener Versicherter sich die Leistung von einem fachlich qualifizierten Podologen, der sie (auch) erbringen darf, beschaffen kann und die KK nach § 13 Abs. 3 die Kosten unter dem Gesichtspunkt des Systemversagens erstatten muss (Urt. v. 11.10.2017 – L 9 KR 299/16). Dieser Auffassung ist das BSG entgegengetreten (Urt. v. 18.12.2018 – B 1 KR 34/17 R, SozR 4–2500 § 28 Nr. 9). Der Versicherte kann sich die Leistung danach nur von Privatärzten erbringen lassen und die Krankenkasse auf Erstattung der Kosten in Anspruch nehmen.

2 Grundlage für die Heilmittel-Richtlinien des GBA ist § 92 Abs. 1 Satz 1 u. Satz 2 Nr. 6 i.V.m. Abs. 6 in der seit dem 19.05.2011 geltenden Fassung. Der GBA soll u.a. den Katalog verordnungsfähiger Heilmittel regeln und vor dem Erlass der Richtlinien den in § 125 Abs. 1 genannten Organisationen der Leistungserbringer Gelegenheit zur Stellungnahme geben. Diese Organisationen haben zusammen mit dem Spitzenverband Bund der Krankenkassen auf der Grundlage der Richtlinien Rahmenempfehlungen über den wirtschaftlichen Einsatz von Hilfsmitteln zu vereinbaren. Allerdings ist auch der GBA befugt, in den Richtlinien Hinweise zur wirtschaftlichen Verordnung von Heilmitteln und insbesondere zu Gesamtverordnungsmengen und Anwendungsfrequenzen zu geben, ohne dadurch die Rechte der Partner der Empfehlungsvereinbarungen nach § 125 Abs. 1 zu verletzen (BSG v. 29.11.2006, SozR 4–2500 § 125 Nr. 3). Klare Maßstäbe für generell als wirtschaftlich angesehene Verordnungsmengen für die Erstverordnung und für eventuelle Folgeverordnungen schützen auch den Vertragsarzt davor, in großem und möglicherweise existenzbedrohenden Umfang für Verordnungen nach § 106 in Regress genommen zu werden (BSG v. 29.11.2006, SozR 4–2500 § 125 Nr. 3 Rn. 22). Das gilt allerdings nur, wenn die Verordnungen von Heilmitteln insgesamt nach dem Maßstab der jeweils angewandten Prüfmethode wirtschaftlich sind. Den Frequenzvorgaben in der HeilM-RL kommt allerdings nicht die Wirkung zu, dass bei ihrer Nichtbeachtung fest stünde, dass die jeweilige Behandlung des Versicherten unwirtschaftlich war. Im Erstattungsstreit zwischen der BG und der Krankenkasse muss deshalb die Wirtschaftlichkeit der für einen Versicherten verordneten Gesamtmenge der Heilmittel beurteilt werden (BSG v. 12.11.2013, SozR 4–1300 § 105 Nr. 3).

2a Zum 01.01.2012 ist Abs. 1a in seiner Ausgangsfassung in Kraft getreten; die Norm ist durch das VSG mit Wirkung vom 22.07.2015 grundlegend geändert worden Die Vorschrift trägt in der alten wie in der neuen Fassung dem Bedürfnis von Versicherten Rechnung, die wegen einer feststehenden und sich nicht kurzfristig ändernden Erkrankung langfristig auf die Versorgung mit bestimmten Heilmitteln angewiesen sind. Diesen soll die Möglichkeit eröffnet werden, an Stelle von regelmäßig zu erneuernden vertragsärztlichen Verordnungen eine Genehmigung ihrer Krankenkasse für die Versorgung mit den erforderlichen Heilmitteln zu erhalten. Im Gesetzgebungsverfahren zur ursprünglichen Fassung ist klargestellt worden, dass es sich um eine Option handelt, die den regulären Versorgungsweg über eine Verordnung auf der Grundlage der Heilmittelrichtlinien des GBA nicht ausschließt (Beschlussempfehlung und Begründung des Ausschusses für Gesundheit v. 30.11.2011, BT-Drs. 17/8005, S. 140 zu Art. 1 Nr. 5 VStG). Gerade an dieser Alternative hat sich Kritik entzündet, weil dieses Wahlrecht zu Komplikationen geführt hat (BT-Drs. 18/5123 S. 118 zu Art. 1 Nr. 7b VSG). Deshalb soll nun der G-BA in den Richtlinien das Verfahren verbindlich festlegen; er kann sich dabei für ein Genehmigungsverfahren entscheiden; dann gelten die Regelungen der Sätze 3 und 4 (neu), die dem bisherigen Recht entsprechen. Der vereinfachte Versorgungsweg allein über die Krankenkasse nach dem bis zum Erlass einer neuen RL des G-BA (Frist 30.06.2016) geltenden Recht stand erst zur Verfügung, als der GBA dazu nähere Regelungen in den Heilmittelrichtlinien erlassen hat. Darin sollte auch vorgesehen werden, dass der behandelnde Arzt über Art, Umfang und Dauer der Genehmigung der Versorgung mit einem bestimmten Heilmittel informiert werden muss. Anders kann nicht sichergestellt werden, dass der behandelnde Arzt weiß, wie sein Patient mit Heilmitteln versorgt wird, weil eine vertragsärztliche Verordnung nicht mehr erforderlich ist. Die maßgebliche Regelung dazu enthält § 8a Abs. 5 Satz 4 HeilM-RL; dort wird der Zeitraum von einem Jahr als Untergrenze für die Langfristverordnung normiert. Diese Vorschrift wird durch § 106b Abs. 4 Nr. 1 ergänzt (näher Becker/Kingreen/*Butzer*, SGB V, § 32 Rn. 21). Danach unterliegen die Verordnungen für Versicherte mit langfristigem Behandlungsbedarf nach § 32 Abs. 1a nicht der Wirtschaftlichkeitsprüfung, auch nicht derjenigen nach Richtgrößen. Das macht den Verordnungsweg über die Krankenkasse bei Versicherten mit langfristigem Behandlungsbedarf auch für die Vertragsärzte attraktiv.

Dem Interesse des Versicherten an einer zügigen Entscheidung der Krankenkasse für den Fall der Durchführungen eines Genehmigungsverfahrens dienen die Fristenregelungen der Satz 3 und 4. Die Krankenkasse soll innerhalb von 4 Wochen entscheiden, ansonsten tritt eine Genehmigungsfiktion ein (näher Eichenhofer/Wenner/*Pflugmacher* SGB V, § 32 Rn. 19). Die Länge der Frist weicht mit 4 Wochen ab von der im Zuge des Patientenrechtegesetz im Februar 2013 neu eingefügten Regelung des § 13 Abs. 3a, die der Krankenkasse nur 3 Wochen zur Entscheidung über ein beantragte Leistung einräumt. Ein Grund für diese Differenzierung ist nicht erkennbar, an der unterschiedlichen Fristlänge hat die Neufassung der Vorschrift durch das VSG nichts geändert. 2b

Mit dem TSVG v. 06.05.2019 (BGBl. I S. 646) ist Abs. 1b eingefügt worden, der vornehmlich der Entlastung der Vertragsärzte und der Krankenkassen dient. Die im ursprünglichen Gesetzentwurf noch nicht enthaltene Regelung bestimmt, dass ein Genehmigungsverfahren bei der Krankenkasse des Versicherten nicht durchzuführen ist, wenn die ärztliche Verordnung über die in den HM-RL normierte »orientierende Behandlungsmenge« hinausgeht. Das in der Vergangenheit durchgeführte Genehmigungsverfahren von Verordnungen außerhalb des Regelfalls war mit einem hohen bürokratischen Aufwand verbunden und wurden ohnehin nur noch von wenigen Krankenkassen durchgeführt (Begründung der Beschlussempfehlung des Bundestagsausschusses für Gesundheit, BT-Drs. 19/8351 S. 175). Damit bedürfen nur noch die langfristigen Heilmittelverordnungen i.S.v. Abs. 1a Satz 1 einer Genehmigung der Krankenkassen, soweit das in den HM-RL vorgesehen ist (dazu die Abgrenzung von genehmigungspflichtigen und genehmigungsfreien Verordnungen in § 8a Abs. 2 und 3 HM-RL). Die 2020 eingefügte Sonderregelung des Abs. 1c über die Genehmigungsfreiheit bestimmter Heilmittelverordnungen ist durch das GVWG v. 11.07.2021 im Hinblick auf das Inkrafttreten der neu gefassten HM-RL und die Grundregel über die Genehmigungsfreiheit von Heilmittelverordnungen aufgehoben worden (BT-Drs. 19/30560 S. 25). Der Vorteil der Entlastung der Ärzte von dem mit der Durchführung eines Genehmigungsverfahrens verbundenen Aufwand wird allerdings zwangsläufig durch die Risiken der Wirtschaftlichkeitsprüfung eingeschränkt. Der Ausschluss der Wirtschaftlichkeitsprüfung in § 106b Abs. 4 Nr. 1 erfasst nur die Verordnungen für Versicherte mit langfristigem Behandlungsbedarf, nicht die gesamte Heilmittelversorgung. Regresse gegen einen Vertragsarzt wegen der unwirtschaftlichen Verordnung von Heilmitteln sind nicht ganz selten, weil das Verordnungsverhalten – etwa der Kinderärzte im Hinblick auf Logopädie – sehr unterschiedlich ist; die Ärzte, die davon häufig Gebrauch machen, überschreiten sehr schnell und sehr nachhaltig den Durchschnitt der jeweiligen Gruppe. 2c

Die Bindung des Einsatzes neuer Heilmittel an eine positive Richtlinienempfehlung des GBA beeinträchtigt die wirtschaftlichen Interessen derjenigen Leistungserbringer, die Heilmittel den Versicherten der GKV anbieten wollen, die der GBA nicht für geeignet hält oder zu deren Einsatz er sich nicht äußert.. An der vertragsärztlichen Versorgung nicht beteiligte Dritte – wie die Anbieter neuartiger Heilmittel – können jedoch im Streitverfahren gegen den G-BA keine Ausweitung des Leistungskatalogs der gesetzlichen Krankenversicherung durchsetzen, BSG Urt. v. 21.03.2012 – B 6 KA 16/11 R, BSGE 110, 245). Der grundrechtliche Schutz der nicht in das Versorgungssystem integrierten Personen und Unternehmen nach Art. 12 Abs. 1 GG gebietet danach nicht, dass ihnen gegenüber gerechtfertigt werden müsste, ob eine bestimmte Methode oder ein bestimmtes Heilmittel von der Krankenkasse zur Verfügung gestellt werden muss. Ärzte und Krankenkassen sowie die Versicherten – notfalls in einer gerichtlichen Auseinandersetzung mit ihrer Kasse – bestimmen insoweit allein über das Versorgungsniveau. 3

## B. Begleitleistungen

Der Rechtsanspruch des Versicherten auf Versorgung mit Heilmitteln umfasst nicht solche Begleitleistungen, die notwendig sind, damit der Versicherte verordnete Heilmittel auch in Anspruch 4 nehmen kann. Das hat das BSG im Fall einer schwerbehinderten Versicherten entschieden, die Hilfe beim An- und Auskleiden benötigt, um ärztlich verordnete Bäder und Massagen überhaupt nutzen zu können (BSG Urt. v. 20.05.2003 – B 1 KR 23/01 R, SozR 4–2500 § 32 Nr. 1; zustimmend Becker/Kingreen/*Butzer*, SGB V, § 32 Rn. 10). Die Hilfe beim Umkleiden ist selbst kein Heilmittel, und alle Vorkehrungen, die den Versicherten erst in die Lage versetzen, ärztliche oder ärztlich verordnete Leistungen in Anspruch nehmen, sind – vorbehaltlich einer abweichenden gesetzlichen Regelung – nicht Bestandteil der Leistungspflicht der Krankenkassen. Zusatzleistungen wie den Transport zum Leistungserbringer, die Unterstützung durch eine Begleitperson oder einen Dolmetscher (dazu näher BSG Urt. v. 06.02.2008 – B 6 KA 40/06 R, SozR 4–5520 § 31 Nr. 3) muss die Kasse nur dann gewähren, wenn das ausdrücklich bestimmt ist. Insoweit erweisen sich die Regelungen des § 60 über den Krankentransport und in § 11 Abs. 3 über die aus medizinischen Gründen notwendige Mitaufnahme einer Begleitperson bei einer stationären Behandlung als nicht analogiefähige Sonderregelungen und nicht als einzelgesetzliche Ausprägungen eines allgemeinen Grundsatzes, wonach die Kasse alle Leistungen erbringen muss, die erforderlich sind, damit ein Versicherter medizinisch notwendige Leistungen faktisch nutzen kann.

## § 33 Hilfsmittel

(1) Versicherte haben Anspruch auf Versorgung mit Hörhilfen, Körperersatzstücken, orthopädischen und anderen Hilfsmitteln, die im Einzelfall erforderlich sind, um den Erfolg der Krankenbehandlung zu sichern, einer drohenden Behinderung vorzubeugen oder eine Behinderung auszugleichen, soweit die Hilfsmittel nicht als allgemeine Gebrauchsgegenstände des täglichen Lebens anzusehen oder nach § 34 Abs. 4 ausgeschlossen sind. Die Hilfsmittel müssen mindestens die im Hilfsmittelverzeichnis nach § 139 Absatz 2 festgelegten Anforderungen an die Qualität der Versorgung und der Produkte erfüllen, soweit sie im Hilfsmittelverzeichnis nach § 139 Absatz 1 gelistet oder von den dort genannten Produktgruppen erfasst sind. Der Anspruch auf Versorgung mit Hilfsmitteln zum Behinderungsausgleich hängt bei stationärer Pflege nicht davon ab, in welchem Umfang eine Teilhabe am Leben der Gemeinschaft noch möglich ist; die Pflicht der stationären Pflegeeinrichtungen zur Vorhaltung von Hilfsmitteln und Pflegehilfsmitteln, die für den üblichen Pflegebetrieb jeweils notwendig sind, bleibt hiervon unberührt. Für nicht durch Satz 1 ausgeschlossene Hilfsmittel bleibt § 92 Abs. 1 unberührt. Der Anspruch umfasst auch zusätzlich zur Bereitstellung des Hilfsmittels zu erbringende, notwendige Leistungen wie die notwendige Änderung, Instandsetzung und Ersatzbeschaffung von Hilfsmitteln, die Ausbildung in ihrem Gebrauch und, soweit zum Schutz der Versicherten vor unvertretbaren gesundheitlichen Risiken erforderlich, die nach dem Stand der Technik zur Erhaltung der Funktionsfähigkeit und der technischen Sicherheit notwendigen Wartungen und technischen Kontrollen. Ein Anspruch besteht auch auf solche Hilfsmittel, die eine dritte Person durch einen Sicherheitsmechanismus vor Nadelstichverletzungen schützen, wenn der Versicherte selbst nicht zur Anwendung des Hilfsmittels in der Lage ist und es hierfür einer Tätigkeit der dritten Person bedarf, bei der durch mögliche Stichverletzungen eine Infektionsgefahr besteht oder angenommen werden kann. Zu diesen Tätigkeiten gehören insbesondere Blutentnahmen und Injektionen. Der Gemeinsame Bundesausschuss bestimmt in seiner Richtlinie nach § 92 Absatz 1 Satz 2 Nummer 6 bis zum 31. Januar 2020 die Tätigkeiten, bei denen eine erhöhte Infektionsgefährdung angenommen werden kann. Wählen Versicherte Hilfsmittel oder zusätzliche Leistungen, die über das Maß des Notwendigen hinausgehen, haben sie die Mehrkosten und dadurch bedingte höhere Folgekosten selbst zu tragen. § 18 Absatz 6a des Elften Buches ist zu beachten.

(2) Versicherte haben bis zur Vollendung des 18. Lebensjahres Anspruch auf Versorgung mit Sehhilfen entsprechend den Voraussetzungen nach den Absatz 1. Für Versicherte, die das 18. Lebensjahr vollendet haben, besteht der Anspruch auf Sehhilfen, wenn sie
1. nach ICD 10-GM 2017 auf Grund ihrer Sehbeeinträchtigung oder Blindheit bei bestmöglicher Brillenkorrektur auf beiden Augen eine schwere Sehbeeinträchtigung mindestens der Stufe 1 oder

2. einen verordneten Fern-Korrekturausgleich für einen Refraktionsfehler von mehr als 6 Dioptrien bei Myopie oder Hyperopie oder mehr als 4 Dioptrien bei Astigmatismus

aufweisen; Anspruch auf therapeutische Sehhilfen besteht, wenn diese der Behandlung von Augenverletzungen oder Augenerkrankungen dienen. Der Gemeinsame Bundesausschuss bestimmt in Richtlinien nach § 92, bei welchen Indikationen therapeutische Sehhilfen verordnet werden. Der Anspruch auf Versorgung mit Sehhilfen umfasst nicht die Kosten des Brillengestells.

(3) Anspruch auf Versorgung mit Kontaktlinsen besteht für anspruchsberechtigte Versicherte nach Absatz 2 nur in medizinisch zwingend erforderlichen Ausnahmefällen. Der Gemeinsame Bundesausschuss bestimmt in den Richtlinien nach § 92, bei welchen Indikationen Kontaktlinsen verordnet werden. Wählen Versicherte statt einer erforderlichen Brille Kontaktlinsen und liegen die Voraussetzungen des Satzes 1 nicht vor, zahlt die Krankenkasse als Zuschuss zu den Kosten von Kontaktlinsen höchstens den Betrag, den sie für eine erforderliche Brille aufzuwenden hätte. Die Kosten für Pflegemittel werden nicht übernommen.

(4) Ein erneuter Anspruch auf Versorgung mit Sehhilfen nach Absatz 2 besteht für Versicherte, die das vierzehnte Lebensjahr vollendet haben, nur bei einer Änderung der Sehfähigkeit um mindestens 0,5 Dioptrien; für medizinisch zwingend erforderliche Fälle kann der Gemeinsame Bundesausschuss in den Richtlinien nach § 92 Ausnahmen zulassen.

(5) Die Krankenkasse kann den Versicherten die erforderlichen Hilfsmittel auch leihweise überlassen. Sie kann die Bewilligung von Hilfsmitteln davon abhängig machen, dass die Versicherten sich das Hilfsmittel anpassen oder sich in seinem Gebrauch ausbilden lassen.

(5a) Eine vertragsärztliche Verordnung ist für die Beantragung von Leistungen nach den Absätzen 1 bis 4 nur erforderlich, soweit eine erstmalige oder erneute ärztliche Diagnose oder Therapieentscheidung medizinisch geboten ist. Abweichend von Satz 1 können die Krankenkassen eine vertragsärztliche Verordnung als Voraussetzung für die Kostenübernahme verlangen, soweit sie auf die Genehmigung der beantragten Hilfsmittelversorgung verzichtet haben. § 18 Absatz 6a und § 40 Absatz 6 des Elften Buches sind zu beachten.

(5b) Sofern die Krankenkassen nicht auf die Genehmigung der beantragten Hilfsmittelversorgung verzichten, haben sie den Antrag auf Bewilligung eines Hilfsmittels mit eigenem weisungsgebundenem Personal zu prüfen. Sie können in geeigneten Fällen durch den Medizinischen Dienst vor Bewilligung eines Hilfsmittels nach § 275 Absatz 3 Nummer 1 prüfen lassen, ob das Hilfsmittel erforderlich ist. Eine Beauftragung Dritter ist nicht zulässig.

(6) Die Versicherten können alle Leistungserbringer in Anspruch nehmen, die Vertragspartner ihrer Krankenkasse sind. Vertragsärzte oder Krankenkassen dürfen, soweit gesetzlich nicht etwas anderes bestimmt ist oder aus medizinischen Gründen im Einzelfall eine Empfehlung geboten ist, weder Verordnungen bestimmten Leistungserbringern zuweisen, noch die Versicherten dahingehend beeinflussen, Verordnungen bei einem bestimmten Leistungserbringer einzulösen. Die Sätze 1 und 2 gelten auch bei der Einlösung von elektronischen Verordnungen.

(7) und (8) hier nicht abgedruckt.

(9) Absatz 1 Satz 9 gilt entsprechend für Intraokularlinsen beschränkt auf die Kosten der Linsen.

| Übersicht | Rdn. | | Rdn. |
|---|---|---|---|
| A. Hilfsmittel | 1 | C. Anspruch auf Teilhabe am technischen | |
| I. Allgemeine Versorgungsgrundsätze | 1 | Fortschritt | 4 |
| II. Besonderheiten bei Sehhilfen | 2 | D. Mehrkostenregelung | 5 |
| B. Abschließender Leistungskatalog | 3 | | |

## A. Hilfsmittel

### I. Allgemeine Versorgungsgrundsätze

1 Die Versicherten haben nach Abs. 1 Anspruch auf Versorgung mit Hilfsmitteln. Darunter werden sächliche Mittel verstanden, die erforderlich sind, um den Behandlungserfolg zu sichern, einer drohenden Behinderung vorzubeugen oder eine Behinderung auszugleichen. Die wichtigsten Hilfsmittel nennt der Gesetzestext selbst, nämlich Hörhilfen, Körperersatzstücke (Prothesen) und orthopädische Geräte (z.B. Rollstühle); in Abs. 2 bis 4 werden Sonderregelungen für Sehhilfen getroffen. Die Hilfsmittelversorgung ist einer der dynamischsten Versorgungsbereiche der GKV. Zu wenigen Vorschriften des gesamten SGB V ergehen kontinuierlich so viele Entscheidungen des BSG wie zu § 33, in denen immer wieder neu eine Balance zwischen den – scheinbar unerschöpflichen – technischen Innovationen zum Ausgleich einer Behinderung und den Einstandspflichten der GKV gesucht wird. Neue und innovative, vielfach computergestützte Hilfsmittel sind oft sehr teuer und veralten schnell; der Anspruch auf eine Optimalversorgung auf dem jeweils letzten Stand der Technik wird von den Betroffenen vielfach als selbstverständliche Verpflichtung der Versichertengemeinschaft gegenüber Personen beansprucht, die vom Schicksal durch ihre Behinderung ohnehin hart getroffen seien. Soweit Krankenkassen hier Grenzen setzen wollen (müssen), sehen sie sich mehr als in anderen Leistungsbereichen harter, bisweilen verletzender Kritik der Betroffenen und ihrer Verbände ausgesetzt. Nicht zuletzt in Reaktion auf die vielfach erschütternden menschlichen Schicksale, die hinter Klagen auf die Gewährung von neuen Hilfsmitteln stehen, wird die Rechtsprechung des BSG hier als besonders großzügig und offen für die Rezeption des technischen Fortschritts wahrgenommen (*Wenner* GesR 2003, 135). Umso wichtiger ist eine klare Abgrenzung der Merkmale »Krankenbehandlung« und »Behinderung« in den drei Alternativen des Abs. 1. Dazu hat das BSG in einem umstrittenen und über die enge Fachöffentlichkeit hinaus kommentierten Urteil entschieden, dass der Verlust der Kopfbehaarung bei einem 73-jährigen Mann weder eine Krankheit, noch eine Behinderung darstellt, sodass der Versicherte keinen Anspruch auf Versorgung mit einer Perücke hat. Das kann bei jungen Männern – bis etwa zur Vollendung des 30. Lebensjahres – im Fall der völligen Haarlosigkeit (auch keine Augenbrauen) anders zu beurteilen sein. Bei Frauen kommt dem vollständigen oder weitgehenden Verlust der Kopfbehaarung nach wie vor entstellende Außenwirkung zu, sodass ihnen ein Anspruch auf Versorgung mit einer Perücke zustehen kann (BSG Urt. v. 22.04.2015 – B 3 KR 3/14 R).

### II. Besonderheiten bei Sehhilfen

2 In deutlichem Kontrast zur Offenheit des Anspruchs auf Versorgung mit Hilfsmitteln generell steht die Gesetzeslage bei der Versorgung mit Seehilfen (Brillen, Kontaktlinsen). Der aktuelle Stand der immer wieder neugefassten Regelung ist mit dem Gesetz zur Verbesserung der Versorgung mit Heil- und Hilfsmitteln v. 04.04.2017 (BGBl. I S. 778) erfolgt (Überblick zur Rechtsentwicklung bei Becker/Kingreen/*Lungstras*, SGB V, § 33 Rn. 50). Das BSG hatte mit Urt. v. 23.06.2016 – B 3 KR 21/15, SozR 4–2500 § 33 Nr. 49 auf Zweifel an der Verfassungsmäßigkeit des Ausschlusses der Versorgung mit Sehhilfen für volljährige Versicherte und an der Verweisung auf die Klassifikation der WHO hingewiesen und den Gesetzgeber zu einer Überprüfung aufgefordert. Dem ist mit der Neufassung des Abs. 2 Rechnung getragen worden, indem in Satz 1 Nr. 2 feste Grenzwerte der Sehbeeinträchtigung festgelegt worden sind (Einzelheiten bei Becker/Kingreen/*Lungstras*, SGB V, § 33 Rn. 54). Es bleibt aber dabei, dass immer nur die Kosten der Gläser und nicht die des Brillengestells übernommen werden (Abs. 2 Satz 4). Die Ausweitung der Leistungsansprüche bei Sehhilfen gegenüber der ursprünglich ganz restriktiven Konzeption ist sachgerecht. Der nahezu vollständige Ausschluss der Sehhilfen für erwachsene Versicherte aus dem Leistungskatalog der GKV war sozialpolitisch fragwürdig und verfassungsrechtlich zumindest problematisch. Lässt sich der Ausschluss der Übernahme der Kosten für Brillengestelle noch mit den in den letzten Jahren gesunkenen Preisen für taugliche und auch optisch nicht entstellende Produkte sowie mit der Überschneidung von medizinischen und optisch/kosmetischen Belangen begründen, passt diese Erwägung für die Gläser (einfache Ausführung ohne Luxus) oder Kontaktlinsen nicht. Auf Sehhilfen

sind die meisten Menschen angewiesen; dass jemand nach Vollendung des 50. Lebensjahres weder zum Lesen noch zum Autofahren eine Sehhilfe benötigt, dürfte eine ganz seltene Ausnahme sein. Der Kurz- oder Weitsichtigkeit kann man auch nicht durch eine gesundheitsbewusste Lebensführung vorbeugen, sodass die Zuweisung der Versorgung mit Sehhilfen in die Eigenvorsorge der Versicherten i.S.d. § 2 Abs. 1 wenig überzeugend erscheint. Zudem kam es zu erheblichen Verwerfungen bei Personen, die von Grundsicherungsleistungen leben und die Kosten für Gestell und Gläser aus dem Regelsatz bestreiten müssen, dazu oft aber nicht in der Lage sind (näher *Wenner* GesR 2009, 174). Der weitgehende Ausschluss der Versorgung mit Brillen oder Kontaktlinsen als Leistung der Krankenversicherung führt zwangsläufig dazu, dass die i.S.d. § 9 SGB II hilfebedürftigen Personen die Jobcenter auf Übernahme der Kosten der Versorgung mit einer Brille in Anspruch nehmen. Das SG Detmold hat dem im Fall eines alleinstehenden Diabetikers entsprochen, der nach einer Linsenoperation auf eine Gleitsichtbrille angewiesen ist, die immerhin mehr als 500 € kostet (Urt. v. 11.01.2011 – S 21 AS 926/10). Das LSG Hamburg hat für Kontaktlinsen anders entschieden und einen Anspruch auf der Grundlage der Härteregelung des § 21 Abs. 6 SGB II verneint (Urt. v. 21.11.2012 – L 4 AS 6/11). Richtig an diesem Urteil ist, dass grundsätzlich die medizinisch notwendigen Leistungen auch für Empfänger von Grundsicherungsleistungen von der Krankenkasse zu gewähren sind und das Jobcenter kein ergänzendes System der gesundheitlichen Versorgung aufbauen darf. Die Versorgung der Empfänger von Grundsicherungsleistungen mit Sehhilfen, soweit diese im Einzelfall medizinisch notwendig sind, muss aber gewährleistet sein (zur Abgrenzung der Zuständigkeit von Krankenkasse und Jobcenter näher *Wenner*, Konkretisierung des Leistungsniveaus der Gesundheitsversorgung, in: Wallrabenstein/Ebsen, Stand und Perspektiven der Gesundheitsversorgung, S. 130–132). Dem hat der Gesetzgeber 2017 zumindest weitgehend Rechnung getragen.

### B. Abschließender Leistungskatalog

Das Gesetz enthält keinen abschließenden Katalog der verordnungsfähigen Hilfsmittel und keine Regelung des Inhalts, dass Hilfsmittel erst verordnet werden dürfen, wenn der GBA dazu positive Richtlinienempfehlungen abgegeben hat. Eine analoge Anwendung der Vorschriften der § 135 Abs. 1 zu neuen Behandlungsmethoden und § 138 zu Heilmitteln auf Hilfsmittel ist ausgeschlossen. Soweit der Wortlaut des § 139 den Eindruck erweckt, ein Hilfsmittel müsse in das Hilfsmittelverzeichnis des Spitzenverbandes Bund der Krankenkassen aufgenommen sein, bevor Vertragsärzte es verordnen dürfen, ist das unzutreffend. Das Hilfsmittelverzeichnis nach § 139 stellt nach der Rechtsprechung des BSG keine abschließende, die Leistungspflicht der Krankenkassen im Sinne einer Positivliste beschränkende Regelung dar (BSG Urt. v. 25.02.2015 – B 3 KR 13/13R, Rn. 15). Seine Funktion beschränkt sich nach dieser Auffassung auf eine Richtschnur für die Krankenkassen und eine unverbindliche Auslegungshilfe für die Gerichte (Becker/Kingreen/*Lungstras*, SGB V § 33 Rn. 38). Gleichwohl sind die Hersteller von Hilfsmitteln typischerweise daran interessiert, dass ihr Produkt in das Verzeichnis aufgenommen wird, weil dann im Einzelfall über die Hilfsmitteleigenschaft kein Streit mehr entstehen kann. Deswegen haben die Hersteller auch einen Rechtsanspruch auf Aufnahme ihres Produktes in das Verzeichnis, wenn die gesetzlichen Voraussetzungen erfüllt sind (BSG Urt. v. 28.03.2019 – B 3 KR 13/17 R; SozR 4–2500 § 139 Nr. 10).) Das gilt auch für Hilfsmittel zum Behinderungsausgleich. Dabei reicht für den Anspruch aus, dass ein Hilfsmittel nur in Ausnahmefällen vom Versorgungsanspruch nach § 33 erfasst ist, etwa nur bei seltenen Erkrankungen oder kleinen Kindern. Problematisch ist die Abgrenzung der Entscheidungskompetenz des GKV-Spitzenverbandes bei der Aufstellung des Hilfsmittelverzeichnisses nach § 139 und der Befugnis des G-BA zur Abgabe positiver Empfehlungen zu neuen Behandlungsmethoden i.S.d. § 135 Abs. 1. Das BSG hat dazu entschieden, dass immer dann, wenn ein Hilfsmittel sinnvoll nur im Rahmen einer bestimmten Behandlungsmethode eingesetzt werden kann, die Entscheidung des G-BA zur Methodenbewertung Vorrang hat. Erst wenn der G-BA eine neue Methode – z.B. die Verwendung von aktiven Bewegungsschienen nach einer Knieoperation – positiv bewertet hat, kann der GKV- Spitzenverband dieses Hilfsmittel (aktive Bewegungsschiene) in das Verzeichnis nach § 139 aufnehmen. (Urt. v. 08.07.2015 – B 3 KR 6/14 R). Vor einer positiven Entscheidung des G-BA hat auch ein Versicherter nach § 33 Abs. 1 keinen Anspruch auf Versorgung mit einem Hilfsmittel, das sinnvollerweise nur im Rahmen einer neuen Behandlungsmethode eingesetzt werden kann (Urt. v. 08.07.2015 – B 3 KR 5/14 R zur Kontrolle des Zuckerspiegels bei Diabetikern). Diese Auffassung ist deutlich kritisiert worden, weil ihr ein zu weiter Methodenbegriff zu Grunde liege (*Axer/Wiegand* KrV 2016, 85 ff.). Das BSG hat in den Entscheidungen zur Kopforthese vom 11.05.2017 (u.a. B 3 KR 6/16 R Rn. 32) an seiner Position festgehalten. Selbstständige Teilkomponenten eines komplexen Hilfsmittels wie etwa die Antriebseinheit eines Herzunterstützungssystems, deren Wirkung nur im Zusammenwirken mit dem Gesamtsystem eintritt, können nicht in das Hilfsmittelverzeichnis eingetragen werden (LSG Berlin-Brandenburg Urt. v. 18.02.2010 – L 9 KR 18/08).

### C. Anspruch auf Teilhabe am technischen Fortschritt

4 Der Schwerpunkt der Streitigkeiten über Hilfsmittel liegt bei den technischen Geräten zum Ausgleich einer Behinderung, also bei Gegenständen, die das Sehen, Hören, Laufen, Radfahren, Schwimmen oder Einkaufen auch solchen behinderten Menschen ermöglichen, die dazu ohne Hilfe nicht in der Lage sind. Die Rechtsprechung differenziert insoweit seit Langem zwischen dem mittelbaren und dem unmittelbaren Behinderungsausgleich (zuletzt BSG Urt. v. 25.02.2015 – B 3 KR 13/13 R Rn. 19, 24). Prothesen dienen dem unmittelbaren Behinderungsausgleich, weil sie das Fehlen eines Beines ausgleichen und – begrenzt – dessen Funktion übernehmen. Rollstühle sind dem mittelbaren Behinderungsausgleich zuzurechnen, weil sie die Folgen des Ausfalls der Körperfunktion »Gehen« begrenzt kompensieren. Bei Leistungen zum mittelbaren Behinderungsausgleich ist die Einstandspflicht der Krankenkasse begrenzt, weil es nicht deren Aufgabe ist, alle Folgen einer Behinderung in allen Lebensbereichen so weit wie möglich auszugleichen. Die Krankenkasse schuldet insoweit nur die Hilfsmittel, die der behinderte Mensch benötigt, um seine elementaren Lebensbedürfnisse erfüllen zu können. Im Übrigen sind andere Sozialleistungsträger zuständig, etwa der Sozialhilfeträger für die Eingliederung Behinderter. Trotz deutliche Kritik an den Leistungseinschränkungen, die die Rechtsprechung im Rahmen des mittelbaren Behinderungsausgleichs vornimmt (etwa *Henning* Sozialgerichtsbarkeit 2015, 83 ff.), hat das BSG daran ausdrücklich festgehalten (etwa Urt. v. 25.02.2015 – B 3 KR 13/13 R, Rn. 28). Der Versicherte kann Hilfsmittel zu diesem Zweck beanspruchen, wenn sie im Einzelfall erforderlich sind, um eine Behinderung auszugleichen, soweit es sich nicht um einen Gebrauchsgegenstand des täglichen Lebens handelt. Den Schlüssel zur kontinuierlichen Ausweitung der Leistungspflicht der Krankenversicherung beim unmittelbaren Behinderungsausgleich hat sich die Rechtsprechung mit dem Gebot eines »möglichst weitgehenden Behinderungsausgleichs« verschafft (BSG v. 24.05.2006, SozR 4–2500 § 33 Nr. 12 Rn. 14). Damit wird der jeweils erreichte technische Fortschritt zum Anspruchsinhalt. Eine computergestützte C-Leg-Prothese muss einer behinderten Frau gewährt werden, weil diese in Relation zur herkömmlichen Prothese die Beweglichkeit und Standsicherheit der Frau insbesondere im Umgang mit ihren kleinen Kindern verbessert (BSG v. 06.06.2002, SozR 3–2500 § 33 Nr. 44). Gebrauchsvorteile einer computergestützten C-Leg-Prothese reichen generell für den Versorgungsanspruch aus; bei einem Hilfsmittel, das einem reinen Behinderungsausgleich dient, kommt es auf den therapeutischen Nutzen nicht an (BSG v. 16.09.2004, SozR 4–2500 § 33 Nr. 8). Die Krankenkasse muss die (erheblichen) Wartungs- und Reparaturkosten von C-Leg-Prothesen auch dann übernehmen, wenn sie die Versorgung eines Versicherten mit diesem Hilfsmittel abgelehnt und der Versicherte die Prothese zunächst auf eigenen Kosten beschafft hat (BSG v. 10.03.2010, SozR 4–2500 § 33 Nr. 29). Unter Hinweis auf die Verbesserung der Standsicherheit im eigenen Badezimmer und in einem öffentlichen Schwimmbad hat das BSG einem unterschenkelamputierten Versicherten einen Anspruch auf Versorgung mit einer speziellen Badeprothese neben der herkömmlichen Alltagsprothese zugebilligt (BSG v. 25.06.2009, SozR 4–2500 § 33 Nr. 24). Ein Anspruch auf eine salzwassergerechte Badeprothese besteht dagegen nicht, weil § 33 Abs. 1 nicht gewährleistet, dass den Versicherten durch Hilfsmittel jede Form der Freizeitgestaltung zugänglich gemacht wird, die gesunde Personen ausüben (BSG v. 25.06.2009, SozR 4–2500 § 33 Nr. 23). In anderem Zusammenhang hat das Gericht den Anspruch einer schwer körperbehinderten und an

Demenz leidenden Versicherten auf Ausstattung des Pkw ihres Ehemannes mit einem schwenkbaren Autositz verneint, weil es insoweit an der Notwendigkeit fehlt. Die Versicherte konnte für die Fahrten zur Tagespflege einen Fahrdienst in Anspruch nehmen, und bei den übrigen Fahrten stand der Aspekt im Vordergrund, dass die Versicherte ihren Ehemann begleiten sollte, damit dieser Besorgungen vornehmen und zugleich seine Frau beaufsichtigen konnte. Diese Zielsetzung ist vom Anspruch des § 33 nicht mehr erfasst (BSG Urt. v. 25.02.2015 – B 3 KR 13/13 R, Rn. 36).

Eine an MS. leidende Versicherte hat Anspruch auf die behinderungsgerechte Ausstattung eines konventionellen Liegedreirads anstelle eines Elektrorollstuhls (BSG v. 24.05.2006, SozR 4–2500 § 33 Nr. 12). Das Dreirad selbst muss die Kasse allerdings nicht zur Verfügung stellen, weil es sich insoweit um einen Gebrauchsgegenstand des täglichen Lebens handelt. Dieser Umstand steht dagegen dem Anspruch eines nahezu ertaubten Versicherten auf Versorgung mit einer Lichtsignalanlage nicht entgegen. Zwar werden solche Geräte auch in Tonstudios und Call-Centern eingesetzt, Menschen mit intaktem Hörsinn verwenden sie aber nicht als Ersatz für eine übliche Klingel, soweit sie die akustischen Signale einer Klingel wahrnehmen können (BSG v. 29.04.2010, SozR 4–2500 § 33 Nr. 30). Unter dem in Abs. 1 angesprochenen Aspekt der Sicherung des Erfolges einer Krankenbehandlung steht Versicherten ein Anspruch auf allergendichte Matratzenkomplettumhüllungen (»Encasing«) zu, wenn damit die Aussichten einer allergologischen Krankenbehandlung verbessert werden können (BSG v. 15.03.2012, SozR 4–2500 § 33 Nr. 38). Über das System der Festbeträge (§§ 35, 36) darf der Versorgungsanspruch der Versicherten nicht unterlaufen werden. Wenn mit dem Festbetrag z.B. für Hörgeräte die nach dem Standard des Gesetzes gebotene Versorgung nicht für jeden Versicherten zumutbar gewährleistet werden, bleibt die Krankenkasse zur Sachleistung ohne Begrenzung auf den Festbetrag verpflichtet (BSG v. 17.12.2009, SozR 4–2500 § 36 Nr. 2 zu digitalen Hörgeräten). Nicht generell ausgeschlossen ist die Versorgung insbesondere von Kindern mit mehreren Rollstühlen, wenn es unmöglich oder unzumutbar ist, den von dem behinderten Kind ständig benötigten Therapierollstuhl von der Wohnung in den Kindergarten zu transportieren (BSG v. 03.11.2011, SozR 4–2500 § 33 Nr. 37). Für einen Zweitrollstuhl, der allein der Mobilität in der Schule dient, hat das BSG anders entschieden, weil die Erleichterung der schulischen Ausbildung von behinderten Menschen nicht in die Leistungspflicht der Krankenkassen fällt (BSG v. 03.11.2011, SozR 4–2500 § 33 Nr. 36). Maßstab der Erforderlichkeit ist jeweils der Funktionsbereich des Betroffenen, dessen Defizite durch das Hilfsmittel kompensiert werden sollen. Deshalb ist ein Handbike, das Geschwindigkeiten von bis zu 14 km/h motorisch unterstützt, von § 33 nicht erfasst: Kein gesunder Versicherter legt Fußwege zur Erschließung seines räumlichen Nahbereichs in diesem Tempo zurück, und nur die Erschließung dieses Nahbereichs ist der Leistungspflicht der Krankenversicherung zugeordnet (BSG Urt. v. 30.11.2017 – B 3 KR 3/16 R).

## D. Mehrkostenregelung

In Abs. 1 Satz 9 ist bestimmt, dass Versicherte die Mehrkosten selbst tragen müssen, wenn sie Hilfsmittel in Anspruch nehmen wollen, die über das Maß des Notwendigen hinausgehen; auch die mit dem Einsatz von wirtschaftlich nicht erforderlichen Hilfsmitteln verbundenen Folgekosten übernimmt die Krankenkasse nicht. Diese Regelung für Hilfsmittel gilt seit der Einfügung des Abs. 9 zum 01.01.2012 auch für den operativen Einsatz von Intraokularlinsen. Abs. 9 verweist nach der Korrektur durch das TSVG v. 06.05.2019 vordergründig richtig nunmehr auf Satz 6 statt auf Satz 5; dabei ist aber übersehen worden, dass ebenfalls im Zuge des TSVG aus Satz 6 nunmehr Satz 9 wurde. Auf die dort getroffene Mehrkostenregelung will Abs. 9 der Sache nach verweisen (Becker/Kingreen/Lungstras, SGB V, § 33 Rn. 70). Diese sind keine Hilfsmittel; der Gesetzgeber will lediglich die Mehrkostenregelung für Hilfsmittel auf diese Sonderform der Behandlung des Grauen Stars anwenden (Begründung der Bundesregierung zu Art. 1 Nr. 6 GKV-VStG, BT-Drs. 17/6906 S. 54). Die Versorgung mit monofokalen Intraokularlinsen zur Behandlung des Grauen Stars ist eine Leistung der Krankenkasse; wenn sich ein Versicherter im Zuge einer Operation des Auges wegen eines Grauen Stars ein höherwertige Linse (z.B. Multifokallinse, Sonderlinse) einsetzen lässt, soll er künftig nur noch die Mehrkosten dieser besonderen Linse gegenüber einer grundsätzlich ausreichenden Monofokallinse selbst tragen müssen. Nach dem bis zum 31.12.2011 geltenden

Rechtszustand konnte die Option für eine das Maß des Notwendigen überschreitende Linse zur Folge haben, dass die gesamten Kosten einer Linse sowie die anfallenden Operationskosten von den Versicherten selbst zu tragen waren, obwohl der Eingriff als solcher unbestritten eine Pflichtleistung der Krankenkasse ist. Das hat die Bundesregierung mit Recht als unbefriedigend angesehen (BT-Drs. 17/6906 S. 54).

### § 39 Krankenhausbehandlung

(1) Die Krankenhausbehandlung wird vollstationär, stationsäquivalent, teilstationär, vor- und nachstationär sowie ambulant erbracht; sie umfasst auch Untersuchungs- und Behandlungsmethoden, zu denen der Gemeinsame Bundesausschuss bisher keine Entscheidung nach § 137c Absatz 1 getroffen hat und die das Potential einer erforderlichen Behandlungsalternative bieten. Versicherte haben Anspruch auf vollstationäre oder stationsäquivalente Behandlung durch ein nach § 108 zugelassenes Krankenhaus, wenn die Aufnahme oder die Behandlung im häuslichen Umfeld nach Prüfung durch das Krankenhaus erforderlich ist, weil das Behandlungsziel nicht durch teilstationäre, vor- und nachstationäre oder ambulante Behandlung einschließlich häuslicher Krankenpflege erreicht werden kann. Die Krankenhausbehandlung umfasst im Rahmen des Versorgungsauftrags des Krankenhauses alle Leistungen, die im Einzelfall nach Art und Schwere der Krankheit für die medizinische Versorgung der Versicherten im Krankenhaus notwendig sind, insbesondere ärztliche Behandlung (§ 28 Abs. 1), Krankenpflege, Versorgung mit Arznei-, Heil- und Hilfsmitteln, Unterkunft und Verpflegung; die akutstationäre Behandlung umfasst auch die im Einzelfall erforderlichen und zum frühestmöglichen Zeitpunkt einsetzenden Leistungen zur Frührehabilitation. Die stationsäquivalente Behandlung umfasst eine psychiatrische Behandlung im häuslichen Umfeld durch mobile ärztlich geleitete multiprofessionelle Behandlungsteams. Sie entspricht hinsichtlich der Inhalte sowie der Flexibilität und Komplexität der Behandlung einer vollstationären Behandlung. Zur Krankenhausbehandlung gehört auch eine qualifizierte ärztliche Einschätzung des Beatmungsstatus im Laufe der Behandlung und vor der Verlegung oder Entlassung von Beatmungspatienten.

(1a) Die Krankenhausbehandlung umfasst ein Entlassmanagement zur Unterstützung einer sektorenübergreifenden Versorgung der Versicherten beim Übergang in die Versorgung nach Krankenhausbehandlung. § 11 Absatz 4 Satz 4 gilt. Das Krankenhaus kann mit Leistungserbringern nach § 95 Absatz 1 Satz 1 vereinbaren, dass diese Aufgaben des Entlassmanagements wahrnehmen. § 11 des Apothekengesetzes bleibt unberührt. Der Versicherte hat gegenüber der Krankenkasse einen Anspruch auf Unterstützung des Entlassmanagements nach Satz 1; soweit Hilfen durch die Pflegeversicherung in Betracht kommen, kooperieren Kranken- und Pflegekassen miteinander. Das Entlassmanagement umfasst alle Leistungen, die für die Versorgung nach Krankenhausbehandlung erforderlich sind, insbesondere die Leistungen nach den §§ 37b, 38, 39c sowie alle dafür erforderlichen Leistungen nach dem Elften Buch. Das Entlassmanagement umfasst auch die Verordnung einer erforderlichen Anschlussversorgung durch Krankenhausbehandlung in einem anderen Krankenhaus. Soweit dies für die Versorgung des Versicherten unmittelbar nach der Entlassung erforderlich ist, können die Krankenhäuser Leistungen nach § 33a und die in § 92 Absatz 1 Satz 2 Nummer 6 und 12 genannten Leistungen verordnen und die Arbeitsunfähigkeit feststellen; hierfür gelten die Bestimmungen über die vertragsärztliche Versorgung mit der Maßgabe, dass bis zur Verwendung der Arztnummer nach § 293 Absatz 7 Satz 3 Nummer 1 eine im Rahmenvertrag nach Satz 9 erster Halbsatz zu vereinbarende alternative Kennzeichnung zu verwenden ist. Bei der Verordnung von Arzneimitteln können Krankenhäuser eine Packung mit dem kleinsten Packungsgrößenkennzeichen gemäß der Packungsgrößenverordnung verordnen; im Übrigen können die in § 92 Absatz 1 Satz 2 Nummer 6 genannten Leistungen für die Versorgung in einem Zeitraum von bis zu sieben Tagen verordnet und die Arbeitsunfähigkeit festgestellt werden (§ 92 Absatz 1 Satz 2 Nummer 7). Der Gemeinsame Bundesausschuss bestimmt in den Richtlinien nach § 92 Absatz 1 Satz 2 Nummer 6, 7 und 12 die weitere Ausgestaltung des Verordnungsrechts nach Satz 7. Die weiteren Einzelheiten zu den Sätzen 1 bis 8, insbesondere zur Zusammenarbeit der Leistungserbringer mit den Krankenkassen, regeln der Spitzenverband Bund der Krankenkassen auch als Spitzenverband Bund der Pflegekassen, die Kassenärztliche Bundesvereinigung und die Deutsche Krankenhausgesellschaft unter Berücksichtigung der Richtlinien des Gemeinsamen Bundesausschusses in einem Rahmenvertrag. Wird der Rahmenvertrag ganz oder teilweise beendet und kommt bis zum Ablauf des Vertrages kein neuer Rahmenvertrag zustande, entscheidet das sektorenübergreifende Schiedsgremium auf Bundesebene gemäß § 89a. Vor Abschluss des Rahmenvertrages ist der für die Wahrnehmung der wirtschaftlichen Interessen gebildeten maßgeblichen Spitzenorganisation der Apotheker sowie den Vereinigungen der Träger der Pflegeeinrichtungen auf Bundesebene Gelegenheit zur Stellungnahme zu geben. Das Entlassmanagement und eine dazu erforderliche Verarbeitung personenbezogener Daten dürfen nur mit Einwilligung und nach vorheriger Information des Versicherten erfolgen. Die Information sowie die Einwilligung müssen schriftlich oder elektronisch erfolgen.

(2) Wählen Versicherte ohne zwingenden Grund ein anderes als ein in der ärztlichen Einweisung genanntes Krankenhaus, können ihnen die Mehrkosten ganz oder teilweise auferlegt werden.

(3) Die Landesverbände der Krankenkassen, die Ersatzkassen und die Deutsche Rentenversicherung Knappschaft-Bahn-See gemeinsam erstellen unter Mitwirkung der Landeskrankenhausgesellschaft und der Kassenärztlichen Vereinigung ein Verzeichnis der Leistungen und Entgelte für die Krankenhausbehandlung in den zugelassenen Krankenhäusern im Land oder in einer Region und passen es der Entwicklung an (Verzeichnis stationärer Leistungen und Entgelte). Dabei sind die Entgelte so zusammenzustellen, dass sie miteinander verglichen werden können. Die Krankenkassen haben darauf hinzuwirken, dass Vertragsärzte und Versicherte das Verzeichnis bei der Verordnung und Inanspruchnahme von Krankenhausbehandlung beachten.

(4) Versicherte, die das achtzehnte Lebensjahr vollendet haben, zahlen vom Beginn der vollstationären Krankenhausbehandlung an innerhalb eines Kalenderjahres für längstens 28 Tage den sich nach § 61 Satz 2 ergebenden Betrag je Kalendertag an das Krankenhaus. Die innerhalb des Kalenderjahres bereits an einen Träger der gesetzlichen Rentenversicherung geleistete Zahlung nach § 32 Abs. 1 Satz 2 des Sechsten Buches sowie die nach § 40 Abs. 6 Satz 1 geleistete Zahlung sind auf die Zahlung nach Satz 1 anzurechnen.

## Übersicht

| | Rdn. | | | Rdn. |
|---|---|---|---|---|
| A. Allgemeines | 1 | C. | Voraussetzungen und Rechtsfolgen des Anspruchs auf Krankenhausbehandlung | 13 |
| I. Systematische Stellung | 1 | | | |
| II. Normzweck | 2 | I. | Zugelassenes Krankenhaus | 13 |
| III. »Rahmenrecht« und Konkretisierung | 5 | II. | Erforderlichkeit der Krankenhausbehandlung | 14 |
| B. Formen der Krankenhausbehandlung | 6 | | 1. Grundsatz der Subsidiarität | 14 |
| I. Allgemeines | 6 | | 2. Notwendigkeit der Krankenhausbehandlung | 15 |
| II. Voll- und teilstationäre Krankenhausbehandlung | 7 | D. | Verfahren und Vergütung | 21 |
| III. Vor- und nachstationäre Krankenhausbehandlung | 9 | I. | Antrag | 21 |
| IV. Ambulante Krankenhausbehandlung | 11 | II. | (Vorherige) Bewilligung | 22 |
| V. Belegärztliche Behandlung | 12 | III. | Kostenübernahmeerklärung | 24 |
| | | IV. | Vergütung | 25 |

## A. Allgemeines

### I. Systematische Stellung

§ 39 enthält die leistungsrechtliche Regelung der Krankenhausbehandlung und bestimmt daher wo, wie und in welchem Umfang diese erbracht werden kann. Die Krankenhausbehandlung wird aber nicht definiert, sondern in § 39 Abs. 1 Satz 1 und Satz 3 in ihren verschiedenen Erbringungsformen  1 und ihrem Umfang umschrieben. Damit konkretisiert § 39 das Leistungsrecht des Versicherten auf Krankenbehandlung (§ 27). Zugleich modifiziert § 39 die allgemeinen Leistungsvoraussetzungen (insb. §§ 12 Abs. 1, 27 Abs. 1) durch Kombination institutioneller und inhaltlicher Elemente. Darüber hinaus sind für den Anspruch auf Krankenhausbehandlung die Bestimmungen des Leistungserbringungsrecht, insbesondere die §§ 107 ff. von Bedeutung. Die Krankenhausbehandlung darf nur in einem zugelassenen Krankenhaus (§ 108), und nur innerhalb von dessen Versorgungsauftrag (§ 39 Abs. 1 Satz 3) erbracht werden. Die Krankenkasse ist verpflichtet, erforderlichenfalls die (medizinischen) Voraussetzungen sowie Art und Umfang der Krankenhausbehandlung durch den MDK prüfen zu lassen (§ 275 Abs. 1 Nr. 1). Es besteht deshalb ein enger Zusammenhang zwischen dem Leistungsrecht und dem Leistungserbringungsrecht der GKV sowie zwischen diesen Normen und dem (allgemeinen) Krankenhausrecht auf der Grundlage des KHG, des KHEntgG und der BPflV (zu diesen Rechtsgrundlagen und zu dem Zusammenhang Quaas/Zuck/Clemens/*Quaas*, Medizinrecht, §§ 25 bis 27).

## II. Normzweck

2 Der Gesetzgeber hat in § 39 den Anspruch auf Krankenhausbehandlung – den er selbst ausdrücklich nur in Abs. 1 Satz 2 bezüglich der vollstationären oder stationsäquivalenten Behandlung formuliert, gleichwohl zweifelsfrei für alle Formen der Krankenhausbehandlung einräumt (Hauck/*Noftz*, SGB V, K § 39 Rn. 12) – nur teilweise und nicht in allen Einzelheiten geregelt. Ein übergreifender Normzweck besteht daher nicht. Die Bestimmung dient vor allem der Abgrenzung der Krankenhausbehandlung von anderen Formen der Krankenbehandlung und anderen Behandlungsformen, insbesondere der Pflege.

3 Darüber hinaus wird die stationäre Krankenhausbehandlung von der ambulanten Versorgung durch die Vertragsärzte geschieden. Lange Zeit war das Recht der GKV durch eine weitgehende Abschottung der stationären von der ambulanten Versorgung gekennzeichnet. Bei der Abgrenzung zwischen diesen beiden Versorgungsbereichen stellte das Gesetz nicht formal darauf ab, wo die fragliche Behandlung erfolgte. Vielmehr waren die Krankenhäuser auf die stationäre Versorgung beschränkt, diese ihnen aber auch vorbehalten. Dies änderte sich mit der schrittweisen Einführung und dem Ausbau von Modellvorhaben und integrierter Versorgung (Quaas/Zuck/Clemens/*Quaas*, Medizinrecht, § 11 Rn. 1 ff., 59 ff.). Zwar ist Krankenhäusern noch immer der (voll- und teil-)stationäre Bereich vorbehalten. Ambulante Versorgungsformen (u.a. §§ 115a, b und 116 b) werden ihnen aber zunehmend eröffnet.

4 Die Krankenhausbehandlung – vor allem die vollstationäre – ist die medizinisch intensivste und wirtschaftlich aufwendigste Form der Krankenbehandlung. Zweck der Erweiterung des Leistungsspektrums der Krankenhäuser ist daher auch, in diesem Versorgungsbereich der GKV (zu den statistischen Zahlen vgl. Hauck/*Noftz*, SGB V, K § 39 Rn. 42a bis f) dem Wirtschaftlichkeitsgebot (§ 12) Rechnung zu tragen. Dem dient auch der in § 39 Abs. 1 Satz 2 statuierte Nachrang der (voll-)stationären Behandlung gegenüber den anderen, dort genannten Behandlungsformen. Auf die stationäre Versorgung soll der Versicherte möglichst spät und an letzter Stelle der Stufenfolge des Abs. 1 Satz 2 zurückgreifen. Aus Gründen der Wirtschaftlichkeit wird deshalb auch die freie Wahl des Krankenhauses in § 39 Abs. 2 und 3 Einschränkungen unterworfen.

## III. »Rahmenrecht« und Konkretisierung

5 Nach § 27 Abs. 1 Satz 2 Nr. 5 umfasst der Anspruch auf Krankenbehandlung die Gewährung von Krankenhausbehandlung. Es handelt sich – wie § 39 Abs. 1 Sätze 1 und 3 zeigen – um eine komplexe Sachleistung, die voll- oder teilstationäre, vor- oder nachstationäre sowie die ambulante Versorgung mit ärztlicher Behandlung, pflegerischer Leistung, Gewährung von Arznei-, Heil- und Hilfsmitteln sowie Unterkunft und Verpflegung umfasst (vgl. Quaas/Zuck/Clemens/*Quaas*, Medizinrecht, § 27 Rn. 13 f.). Die Krankenhausbehandlung ist eine Regelleistung, auf die bei Vorliegen der gesetzlichen, insbesondere in § 39 bestimmten Voraussetzungen ein Rechtsanspruch besteht, den die jeweilige Krankenkasse aufgrund des Versicherungsverhältnisses mit ihrem Mitglied diesem

gegenüber zu erfüllen hat. Dabei geht der Anspruch des Versicherten nicht auf eine – von vornherein eindeutig bestimmte oder bestimmbare – Leistung des Krankenhauses. Nach der – langjährigen – Rechtsprechung des BSG gewährt das SGB V in der Regel keine konkreten Leistungsansprüche, sondern lediglich ausfüllungsbedürftige Rahmenrechte, die sich erst dann zu einem durchsetzbaren Einzelanspruch verdichten, wenn der – anstelle der Krankenkasse kraft gesetzlichen Auftrags handelnde – Leistungserbringer festgelegt hat, welche Sach- oder Dienstleistungen zur Wiederherstellung oder Besserung der Gesundheit notwendig sind (BSGE 81, 54, 160 = SozR 3–2500, § 135 Nr. 4; BSG 81, 73, 78 = SozR 3–2500 § 92 Nr. 7 m.w.N.; *Fastabend* NZS 2003, 299 (303); zum »Rechtskonkretisierungskonzept« auch *Pilz* NZS 2003, 350 [353]). Dies gilt im Grundsatz auch für den krankenversicherungsrechtlichen Leistungsanspruch aus § 27 einschließlich dem in § 39 konkretisierten Anspruch auf Krankenhausbehandlung. Die Konkretisierung mit Wirkung und zulasten der einzelnen Krankenkasse erfolgt durch den von dem Versicherten gewählten Vertragsarzt (§ 76 Abs. 1), der die Verordnung von Krankenhausbehandlung veranlasst (§ 73 Abs. 2 Nr. 7 i.V.m. Abs. 4) sowie durch den – gem. § 39 Abs. 1 Satz 2 außerdem erforderlichen – für die Aufnahmeentscheidung zuständigen Krankenhausarzt (BSG Urt. v. 21.08.1996 – B 3 KR 2/96 – in SozR 3–2500 § 39 Nr. 4 (»Krankenhauswanderer«); *Pilz* NZS 2003, 350 m.w.N. zur Rspr. des BSG; *Thomae* GesR 2003, 305 [306]). Mit der Aufnahmeentscheidung des Krankenhausarztes wird letztlich festgelegt, für welche konkrete Behandlung die Kasse einzustehen hat (BSGE 82, 158, 161). Dies bedeutet allerdings nicht, dass der (Vertrags- und sodann der Krankenhaus-) Arzt durch die Anordnung von Behandlungsmaßnahmen gegenüber der Krankenkasse verbindliche Rechtsentscheidungen über die Leistungsansprüche trifft. Dessen Therapieentscheidung ist in erster Linie fachlich-medizinischer Natur. Eine rechtliche Bedeutung erlangt die Maßnahme lediglich aufgrund der Besonderheiten des Sachleistungssystems: Die Krankenkasse bedient sich des Vertrags- und Krankenhausarztes, um ihre Leistungspflicht gegenüber dem Versicherten zu erfüllen; zugleich überlässt sie ihm regelmäßig die Auswahl der notwendigen diagnostischen und therapeutischen Maßnahmen und muss diese Therapieentscheidung dann – zumindest im Verhältnis zum Versicherten – gegen sich gelten lassen (*Fastabend* NZS 2002, 299 (303); *Schwerdtfeger* NZS 1998, 97 (101 f.)). Aufgrund des Sachleistungsgrundsatzes schuldet die Krankenkasse dem Versicherten damit nicht die Kranken-(haus-) Behandlung als solche und konkret, sondern die – mit einer Garantiehaftung (BSGE 73, 271, 275) bewehrte – Bereit- und Sicherstellung der dafür erforderlichen subjektiven und objektiven Mittel (Hauck/*Noftz*, SGB V K § 39 Rn. 17). Mit dieser Einschränkung versehen stehen auch Entscheidungen des 1. Senats des BSG aus neuerer Zeit (BSG SozR 4–2500 § 13 Nr. 32; GesR 2015, 232) in Einklang, die den krankenversicherungsrechtlichen Leistungsanspruch aus § 27 als konkreten Individualanspruch qualifizieren. Eine Abkehr von der Rahmenrechtskonzeption der früheren Rechtsprechung des BSG ist damit nicht verbunden (a.A. *Axer* GesR 2015, 641). Die Reichweite und die Gestalt des konkreten Individualanspruchs des Versicherten ergeben sich erst aus dem Zusammenspiel mit weiteren gesetzlichen und untergesetzlichen Rechtsnormen. Dazu gehören insbesondere die Richtlinien des G-BA, die als untergesetzliche Konkretisierungen des Leistungsanspruchs des Versicherten auch das Leistungserbringungsrecht wesentlich mitbestimmen (*Axer* GesR 2015, 641, 642).

## B. Formen der Krankenhausbehandlung

### I. Allgemeines

Die Krankenhausbehandlung wird gem. § 39 Abs. 1 Satz 1 vollstationär, stationsäquivalent, teilstationär, vor- und nachstationär sowie ambulant erbracht. Damit umfasst die Krankenhausbehandlung anders als nach dem bis zum Inkrafttreten des GSG (01.01.1993) geltenden Recht auch bestimmte Formen der ambulanten Versorgung und ist daher als »stationäre Versorgung« nicht mehr richtig bezeichnet (jurisPK-SGB V/*Wahl* § 39 Rn. 29). Durch die »Öffnung« der Krankenhäuser zur ambulanten Versorgung ist die systematische Einordnung der Formen der Krankenhausbehandlung in die stationäre vs. ambulante Versorgung zum Teil schwieriger geworden. Deutlich wird dies an der vor- und nachstationären Behandlung, die der Form nach ambulante Behandlung ist, weil sie das Krankenhaus »ohne Unterkunft und Verpflegung« als einem wesentlichen Merkmal des

6

Krankenhausbegriffs (vgl. § 107 Abs. 1) leistet. Dennoch handelt es sich aufgrund des qualifizierten funktionalen und unmittelbar zeitlichen Zusammenhangs mit der vollstationären Behandlung um stationäre Krankenhausbehandlung (BSG SozR 3/2500 § 116 Nr. 13; *Quaas* GesR 2009, 429; zu anderen Auffassungen vgl. Hauck/Noftz/*Steege*, SGB V, K § 115a Rn. 7). Noch schwieriger ist die rechtliche Einordnung der durch das GMG (2003) eingeführten und durch das GKV-WSG (2007) sowie das GKV-VStG (2012) neu strukturierten ambulanten Behandlung des Versicherten im Krankenhaus aufgrund von § 116b. Da § 39 Abs. 1 Satz 1 diese Bestimmung nicht erwähnt, könnte man sie aus den – als abschließend angesehenen – Formen der Krankenhausbehandlung ausscheiden und der vertragsärztlichen Versorgung zurechnen (Hauck/*Noftz*, SGB V, K § 39 Rn. 44). Mehr spricht allerdings dafür, die Leistungserbringung nach § 116b als Ergänzung der vertragsärztlichen Versorgung anzusehen (jurisPK-SGB V/*Köhler-Hohmann* § 116b Rn. 7) und sie einem eigenständigen Versorgungsbereich zuzuordnen (Dettling/*Gerlach*, Krankenhausrecht, § 39 SGB V Rn. 20; § 116b SGB V Rdn. 5).

## II. Voll- und teilstationäre Krankenhausbehandlung

7   Die voll- und teilstationäre Krankenhausbehandlung unterscheidet sich von der ambulanten Behandlung durch die Aufnahme (§ 39 Abs. 1 Satz 2), d.h. die physische und organisatorische Eingliederung des Versicherten als Patienten in das spezifische Versorgungssystem des Krankenhauses (Hauck/*Noftz*, SGB V, K § 39 Rn. 46). Der Aufnahme liegt regelmäßig eine (geplante) Aufenthaltsdauer zu Grunde, die bei der vollstationären Krankenhausbehandlung zeitlich ununterbrochen mindestens einen Tag und eine Nacht reicht (BSG SozR 3–2200, § 197 Nr. 2; Quaas/Zuck/Clemens/ *Quaas*, Medizinrecht, § 27 Rn. 33). Während dieser Aufnahme wird dem Patienten »Unterkunft und Verpflegung« gewährt, worauf die Bestimmungen der §§ 39 Abs. 1 Satz 3, 107 Abs. 1 Nr. 4 und 115 a Abs. 1 zur Abgrenzung von stationärer sowie vor- und nachstationärer Behandlung hinweisen. Es findet eine »Rund-um-die-Uhr-Versorgung« statt (BSGE 92, 223; Becker/Kingreen § 39 Rn. 11). Demgegenüber werden bei einer teilstationären Behandlung nur Teilbereiche einer vollstationären Behandlung – zeitlich beschränkt – in Anspruch genommen (BSG NZS 2007, 657; *Degener-Hencke* VSSR 2006, 93, 96 f.). Die teilstationäre Behandlung unterscheidet sich damit von der vollstationären und der ambulanten im Wesentlichen durch eine regelmäßige, oft in Intervallen stattfindende, jedenfalls nicht durchgehende Anwesenheit des Patienten im Krankenhaus (z.B. bei der Dialyse, vgl. § 2 Abs. 2 Satz 3 BPflV, §§ 2 Abs. 2 Satz 3, 8 Abs. 2 Satz 3 Nr. 1 KHEntgG; s.a. Hauck/*Noftz*, SGB V, K § 39 Rn. 48). Hauptanwendungsbereich für die teilstationäre Behandlungsform ist die psychiatrische Behandlung in Tages- und Nachtkliniken (BSG GesR 2009, 487; Quaas/Zuck/Clemens/*Quaas*, Medizinrecht, § 27 Rn. 33), aber auch die Behandlung von krankhaften Schlafstörungen (Hauck/*Noftz* SGB V, K § 39 Rn. 50).

8   Eine »Krankenhausaufnahme« – und damit eine (voll-)stationäre Behandlung – liegt auch vor, wenn der Patient mit dem Verdacht auf eine lebensbedrohliche Erkrankung in eine Intensivstation eingeliefert und dort behandelt wird, selbst wenn die Behandlungsdauer deutlich weniger als 24 Stunden beträgt (BSG NZS 2007, 657). Nichts anderes gilt, wenn der Patient von sich aus das Krankenhaus vor der geplanten Übernachtung verlässt (sog. »abgebrochene« stationäre Behandlung BSG NZS 2006, 88, 93). Die Vergütungspauschalen des DRG-Systems lassen erkennen, dass es vollstationäre Behandlungen geben muss, die nur für einen Belegungstag kalkuliert worden sind, da auch der Aufnahmetag ein Belegungstag darstellt (vgl. § 1 Abs. 7 Satz 2 FPV). Trotz der Kürze des Aufenthalts kann in solchen Fällen eine vollstationäre Behandlung vorliegen (Dettling/*Gerlach*, Krankenhausrecht, § 39 SGB V Rn. 18). Wird umgekehrt nur ein ambulanter Eingriff geplant, dann aber infolge einer Komplikation eine weitere Behandlung mit Übernachtung erforderlich, ist auch das als vollstationäre Aufnahme zu werten (BSG NZS 2005, 93).

## III. Vor- und nachstationäre Krankenhausbehandlung

9   Der Begriff der vor- und nachstationären Behandlung wird in § 115a näher bestimmt. Während es Zweck der vorstationären Behandlung ist, die vollstationäre Behandlung vorzubereiten

oder ihre Notwendigkeit zu klären (§ 115a Abs. 1 Nr. 1), dient die nachstationäre Behandlung dazu, den Erfolg einer vollstationären Behandlung zu sichern oder zu festigen (§ 115a Abs. 1 Nr. 2).

Da vor- und nachstationäre Behandlungen ohne Unterkunft und Verpflegung erfolgen (§ 115a Abs. 1 Hs. 1) und in beiden Fällen die Behandlung auf einen kurzen Zeitraum beschränkt ist (vgl. § 115a Abs. 2 Satz 1 und 2), handelt es sich bei ihnen der Form nach um ambulante Behandlung. Aufgrund des qualifizierten funktionalen und unmittelbar zeitlichen Zusammenhangs mit der vollstationären Behandlung ist die vor- und nachstationäre Behandlung gleichwohl der Krankenhausbehandlung zugeordnet (BSG NZS 2014, 219; s.a. LSG BW Beschl. v. 04.11.2014 – L 5 KR 141/ 14 ER-B; Hauck/*Noftz*, SGB V, K § 39 Rn. 51). 10

### IV. Ambulante Krankenhausbehandlung

Die durch das GSG eingeführte ambulante, d.h. ohne Eingliederung in das Krankenhaus durchgeführte Operation als Form der Krankenhausbehandlung ist gegenständlich auf ambulantes Operieren und sonstige stationsersetzende Eingriffe i.S.d. § 115b beschränkt. Damit aber ist die »ambulante Krankenhausbehandlung« nicht abschließend umschrieben. Ambulante Krankenhausbehandlung findet auch außerhalb von § 115b statt, weshalb es einen einheitlichen Begriff der »ambulanten Krankenhausbehandlung« nicht gibt. Zu unterscheiden ist vielmehr die ambulante Krankenhausbehandlung i.S.d. § 39 Abs. 1 Satz 1 mit dem Verweis auf § 115b (ambulantes Operieren), die ambulante Behandlung im Krankenhaus, die der vertragsärztlichen Versorgung zuzurechnen ist (§§ 95 Abs. 1, 116, 116a, 117 bis 119) und die sonstige ambulante Krankenhausbehandlung, die ebenfalls von § 39 erfasst ist (insb. die ambulante Notfallbehandlung). Entscheidend für die Einordnung als »Krankenhausbehandlung« ist der Status des Krankenhauses als zugelassener Leistungserbringer (§ 108). 11

### V. Belegärztliche Behandlung

Eine besondere Stellung nimmt die belegärztliche Behandlung im Krankenhaus ein, insbesondere, nachdem das KHRG im Jahr 2009 den Belegarzt mit Honorarvertrag (§ 121 Abs. 5) eingeführt hat (dazu *Quaas* GesR 2009, 459). Der Belegarzt wird im Krankenhaus als »Vertragsarzt« tätig. Er erbringt aber keine ambulanten, sondern (voll- und teil-)stationäre Leistungen. Es handelt sich damit hinsichtlich der »Inanspruchnahme der hierfür bereitgestellten Dienste, Einrichtungen und Mittel« (§§ 121 Abs. 1 SGB V, §§ 2 Abs. 1 Satz 2, 8 Abs. 2 Satz 2, 18 Abs. 2 KHEntgG) um Krankenhausbehandlung i.S.d. § 39 (jurisPK-SGB V/*Wahl*, § 39 Rn. 41). Die belegärztliche Behandlung selbst ist allerdings Teil der vertragsärztlichen Versorgung (§ 121 Abs. 3), sofern sie der Belegarzt nicht auf der Grundlage des Honorarvertragsmodell nach § 121 Abs. 5 erbringt. Im letzteren Fall sind auch die Leistungen des Belegarztes »Krankenhausbehandlung« (*Quaas* GesR 2009, 459). 12

## C. Voraussetzungen und Rechtsfolgen des Anspruchs auf Krankenhausbehandlung

### I. Zugelassenes Krankenhaus

Krankenhausbehandlung darf grundsätzlich nur durch ein zugelassenes Krankenhaus (§ 108) erbracht werden. Maßgebend ist die leistungserbringungsrechtliche Definition des § 107 Abs. 1 (s. dort). Darüber hinaus muss das Krankenhaus »zugelassen« sein. Dies ergibt sich aus § 108 (s. dort) und gilt für alle Formen der Krankenhausbehandlung. »Zugelassen« sind nur Krankenhäuser im Inland. Allerdings ermöglicht § 13 Abs. 4 unter bestimmten Voraussetzungen die Inanspruchnahme von Leistungserbringern in anderen Mitgliedsstaaten der Europäischen Union. Dazu können auch Krankenhausleistungen gehören (§ 13 Abs. 5). Schließlich darf in Notfällen die Krankenhausbehandlung auch durch nicht zugelassene Krankenhäuser als Naturalleistung erfolgen. In einem solchen Fall wird das nicht zugelassene Krankenhaus in das Naturalleistungssystem der GKV einbezogen (BSGE 79, 190; jurisPK-SGB V/*Wahl*, § 39 Rn. 46). 13

## II. Erforderlichkeit der Krankenhausbehandlung

### 1. Grundsatz der Subsidiarität

14 Nach § 39 Abs. 1 Satz 2 besteht Anspruch auf vollstationäre Behandlung nur, wenn die Aufnahme nach Prüfung durch das Krankenhaus erforderlich ist, weil das Behandlungsziel nicht durch teilstationäre, vor- und nachstationäre oder ambulante Behandlung einschließlich häuslicher Krankenpflege erreicht werden kann. Damit ist die vollstationäre Krankenhausbehandlung nachrangig gegenüber allen anderen Arten der Krankenhausbehandlung. Zur vorrangigen ambulanten Versorgung zählt neben der Behandlung in der Arztpraxis auch die ärztliche Behandlung in der Wohnung des Versicherten, ggf. in Kombination mit häuslicher Krankenpflege. Kein Vor- oder Nachrang besteht dagegen zwischen der ambulanten Behandlung innerhalb und derjenigen außerhalb des Krankenhauses (jurisPK-SGB V/*Wahl* § 39 Rn. 50). Ebenso wenig besteht ein Rangverhältnis zwischen der Krankenhausbehandlung (§ 39) und Leistungen zur medizinischen Rehabilitation (§ 40).

### 2. Notwendigkeit der Krankenhausbehandlung

15 Der Anspruch des Versicherten auf vollstationäre Behandlung, dem die Leistungspflicht der Krankenkassen unter Beachtung der in den §§ 2 Abs. 1, 12 Abs. 1 und 28 Abs. 1 festgelegten Kriterien entspricht, steht gem. § 39 Abs. 1 Satz 2 unter dem Vorbehalt, dass die »Aufnahme nach Prüfung durch das Krankenhaus erforderlich« ist. Für die damit begründete Notwendigkeit der Krankenhausbehandlung ist zunächst die Beurteilung des Krankenhausarztes maßgeblich. Er vertritt das Krankenhaus, dem das Gesetz die Prüfung der Erforderlichkeit ausdrücklich auferlegt. Mit Rücksicht darauf hatte ihm das BSG in der sog. »Krankenhauswanderer-«Entscheidung eine »Schlüsselstellung« zugestanden und zur Begründung ausgeführt, dass das zugelassene Krankenhaus und dessen Ärzte aufgrund des Sachleistungsprinzips gesetzlich ermächtigt seien, mit Wirkung für die Krankenkasse über die Aufnahme sowie die erforderlichen Behandlungsmaßnahmen und damit konkludent auch über den Leistungsanspruch des Versicherten zu entscheiden (BSG, SozR 3–2500 § 39 SGB V Nr. 4 dazu u.a. *Pilz* NZS 2003, 350 ff.). Hintergrund dieser Rechtsprechung ist die Erkenntnis, dass der Zahlungsanspruch des Krankenhauses gegen die Krankenkasse kraft Gesetzes entsteht, und zwar spätestens in dem Zeitpunkt, in dem der Versicherte die Leistung des Krankenhauses in Anspruch nimmt. Die Krankenkasse ist bei einem zugelassenen Krankenhaus (§§ 108, 109) als Korrelat zu dessen Behandlungspflicht auch ohne zusätzliche vertragliche Vereinbarung verpflichtet, die normativ festgelegten Entgelte zu zahlen, sofern die Versorgung im Krankenhaus erforderlich ist (BSG, st. Rspr., u.a. BSGE 109, 236; 102, 181; 102, 172; KRS 2015, 159).

16 Allerdings wurde die rechtliche Tragweite der »Schlüsselstellung« des Arztes, insbesondere die Verbindlichkeit seiner »Prüfung« gegenüber den Krankenkassen und im Rechtsstreit im Rahmen der gerichtlichen Überprüfung in der Rechtsprechung des BSG, insbesondere des 1. und 3. Senats, in den Folgejahren unterschiedlich beurteilt. Während der 3. Senat des BSG eher einer krankenhausfreundlichen Auffassung zuneigte und dem Krankenhausarzt bei der Beurteilung der Erforderlichkeit einer Krankenhausbehandlung einen – gerichtlich nur eingeschränkten – Beurteilungsspielraum einräumte, betonte der 1. Senat, dass letztendlich die Krankenkassen als Versicherungsträger gegenüber den Versicherten für die Gewährung des Anspruchs zuständig seien. Eine »Bindungswirkung« könne daher der Prüfung durch den Krankenhausarzt nicht zukommen (vgl. zu den unterschiedlichen Auffassungen des 1. und 3. Senats und der Entwicklung der Rechtsprechung des BSG Hauck/*Noftz* SGB V K § 39 Rn. 108a, b; Quaas/Zuck/Clemens/*Quaas*, Medizinrecht § 27 Rn. 18 f.). Als mit dem Gesetz unvereinbar wertete der 1. Senat insbesondere die Auffassung des 3., die Erforderlichkeit der Krankenhausbehandlung sei nicht abstrakt anhand der eine Krankenhausbehandlung umschreibenden Merkmale, sondern stets konkret mit Blick auf die in Betracht kommenden ambulanten Behandlungsalternativen zu beantworten. Dieser Kritik schloss sich der vom 1. Senat daraufhin angerufene Große Senat des BSG mit Beschl. v. 25.09.2007 (GesR 2008, 83; dazu *Quaas* SGb 2008, 261; *Schlegel* MedR 2008, 30 und *Ladage* NZS 2008, 408) an. Die Notwendigkeit der Krankenhausbehandlung sei ausschließlich unter medizinischen Gesichtspunkten zu entscheiden und unterliege voller gerichtlicher Kontrolle. Eine Einschätzungsprärogative des

Krankenhauses gebe es nicht. Nur eine solche Betrachtungsweise entspreche der Aufgabenstellung der GKV, die allein eine »Versicherung gegen Krankheit« (vgl. § 11) zum Gegenstand habe. Zu den Aufgaben der GKV gehöre nicht, für andere als medizinisch begründete Krankheitsrisiken einzustehen. Die in § 39 Abs. 1 Satz 2 vorgesehene »Prüfung durch das Krankenhaus« eröffne dem behandelnden Arzt keinen Beurteilungsspielraum, sondern verdeutliche lediglich die Prüfungspflicht des Krankenhauses im Hinblick auf den Vorrang der ambulanten Behandlung. Werde die Aufnahmeentscheidung durch die Krankenkassen nachträglich bestritten, müsste zur Erforderlichkeit der Krankenhausaufnahme ggf. ein gerichtlich bestellter Sachverständiger gehört werden. Im Rahmen der Überprüfung sei von dem im Behandlungszeitpunkt verfügbaren Wissens- und Kenntnisstand des verantwortlichen Krankenhausarztes auszugehen (»ex-ante-Prognose«) (kritisch dazu Hauck/*Noftz* SGB V K § 39 Rn. 108d).

Trotz voller Überprüfbarkeit der Aufnahmeentscheidung lassen sich – insbesondere bei langwierigen gerichtlichen Verfahren – Grenz- und Zweifelsfälle nicht ausschließen. Da maßgebender Beurteilungszeitpunkt der Tag der Diagnose ist, hat der 3. Senat daran festgehalten, dass der Beurteilung des behandelnden Arztes »besonderes Gewicht« zukomme (BSG NJW 2008, 1980). Stellen sich Behandlungsmaßnahmen erst rückschauend als unnötig heraus, besteht der Vergütungsanspruch des Krankenhauses selbst dann, wenn der Versicherte objektiv keinen Leistungsanspruch hatte (BSG SozR 3–2500 § 76 Nr. 2; Becker/*Kingreen* SGB V § 39 Rn. 23). Die Berechtigung der Krankenhausbehandlung ist daher nicht rückschauend aus der späteren Sicht des Gutachters zu beurteilen, sondern es ist zu fragen, ob sich die stationäre Aufnahme oder Weiterbehandlung bei Zugrundelegung der für den Krankenhausarzt nach den Regeln der ärztlichen Kunst im Behandlungszeitpunkt verfügbaren Kenntnisse und Informationen zu Recht als medizinisch notwendig dargestellt hat (BSGE 102, 181; 102, 172). Die Feststellungslast trägt das Krankenhaus. Es ist verpflichtet, bei der Aufklärung des medizinischen Sachverhalts mitzuwirken (BSG Urt. v. 20.11.2008 – B 3 KN 1/08 KR R). 17

Nach der – neueren – Rechtsprechung des 1. Senats des BSG schließt die Beurteilung der Notwendigkeit der Krankenhausbehandlung auch den Grundsatz der Wirtschaftlichkeit ein, der in den §§ 2 Abs. 1 Satz 2, 12 Abs. 1 verankert ist. Danach müssen Leistungen nach dem SGB V einerseits in ihrer Qualität und Wirksamkeit dem allgemein anerkannten Stand der medizinischen Erkenntnisse entsprechen und den medizinischen Fortschritt berücksichtigen und dürfen andererseits das Maß des Notwendigen nicht überschreiten. Die Leistungen müssen ausreichend, zweckmäßig und wirtschaftlich sein. Leistungen, die nicht notwendig oder unwirtschaftlich sind, können Versicherte nicht beanspruchen, dürfen die Leistungserbringer nicht bewirken und die Krankenkassen nicht bewilligen (BSG Urt. v. 01.07.2014 – B 1 KR 62/12 R, KRS 2015, 168; Urt. v. 10.03.2015 – B 1 KR 2/15 R, KRS 2015, 77). Unter diesen Voraussetzungen hat das Krankenhaus auch bei einer Vergütung durch Fallpauschalen nur einen Vergütungsanspruch für eine wirtschaftliche Krankenhausbehandlung. Wählt das Krankenhaus einen unwirtschaftlichen Behandlungsweg, kann es nur die Vergütung beanspruchen, die bei fiktivem wirtschaftlichen Alternativverhalten angefallen wäre (BSG Urt. v. 10.03.2015 – B 1 KR 2/15 R, KRS 2015, 77). § 39 Abs. 1 Satz 3 umschreibt den Umfang und den Inhalt der Krankenhausbehandlung. Sie umfasst alle Leistungen, die im Einzelfall nach Art und Schwere der Krankheit für die medizinische Versorgung des Versicherten notwendig sind. Es handelt sich um eine komplexe medizinische Versorgung, zu der auch – wie § 39 Abs. 1 Satz 3 Hs. 2 zeigt – (früh-)rehabilitative Leistungen zählen. Als Bestandteil der Akutversorgung ist die Frührehabilitation auf die Widerherstellung der Basisfähigkeiten gerichtet (dazu und zur Aufnahme eines solche Leistungen anbietenden Krankenhauses in den Krankenhausplan vgl. VGH BW Urt. v. 16.04.2015 – 10 S 96/13). Dies verdeutlicht, dass der Schwerpunkt der Krankenhausbehandlung auf der ärztlichen Betreuung und weniger auf der Pflege sowie der Heilmittelanwendung liegt. Dies folgt der Abgrenzung des Krankenhauses von der Vorsorge- und Rehabilitationseinrichtung (vgl. § 107 Rdn. 16 ff.). 18

Im Übrigen gilt hinsichtlich des Inhalts und Umfangs der Krankenhausbehandlung, dass zur notwendigen medizinischen Versorgung alle Leistungen gehören, die nicht gem. § 137c ausdrücklich durch einen (negativen) Beschluss des Gemeinsamen Bundesausschusses (GBA) verboten sind (sog. Erlaubnis mit Verbotsvorbehalt – so die frühere Rspr. des BSG, u.a. BSGE 90, 289 und heute noch die h.M. in der Lit., vgl. u.a. *Felix* NZS 2012, 7; *Felix/Deister* NZS 2013, 81 ff. und Dettling/*Gerlach*, Krankenhausrecht, § 39 SGB V Rn. 71 m.w.N.). Solange daher kein Ausschluss einer bestimmten medizinischen Maßnahme als Krankenhausbehandlung i.S.d. § 39 Abs. 1 Satz 3 durch den GBA vorliegt, kann die Behandlung grundsätzlich stationär durchgeführt werden (BSG, SozR 4–0000). Allerdings darf § 137c nicht im Sinne einer generellen Erlaubnis aller beliebigen Methoden für das Krankenhaus mit Verbotsvorbehalt ausgelegt werden. Insbesondere entbindet die in der Krankenhausversorgung vorgesehene Qualitätssicherung das Krankenhaus nicht von einer Überprüfung und Einhaltung des Standards der medizinischen Erkenntnisse nach § 2 Abs. 1 Satz 3 (so die jüngere Rspr. des BSG, u.a. BSGE 101, 1077; Urt. v. 21.03.2013 – SozR 4–2500 § 137c Nr. 6; Urt. v. 17.12.2013 – SozR 4–2500 § 2 Nr. 4; sowie dazu *Clemens* MedR 2012, 772; *Hauck* GesR 2014, 257). Mit Rücksicht darauf wurde § 137c durch das GKV-VSG vom 16.07.2015 (BGBl. I S. 1211) um einen Abs. 3 ergänzt. Danach dürfen Untersuchungs- und Behandlungsmethoden, zu denen der G-BA bisher keine Entscheidung nach Abs. 1 getroffen hat, im Rahmen einer Krankenhausbehandlung angewandt werden, wenn sie das Potential einer erforderlichen Behandlungsalternative bieten und ihre Anwendung nach den Regeln der ärztlichen Kunst erfolgt, sie also insbesondere medizinisch indiziert und notwendig ist. Das BSG schließt daraus, auch die Neufassung des § 137c Abs. 3 habe keine Absenkung der Qualitätsanforderungen für die stationäre Versorgung bewirkt. Insbesondere könne daraus kein Anspruch auf »Potentialleistungen« abgeleitet werden (BSG Urt. v. 24.04.2018 – B 1 KR 13/16 R, NZS 2019, 56 m. Anm. *Mittelbach*).

19 Hinsichtlich der Dauer sieht § 39 keine Beschränkungen der Krankenhausbehandlung vor. Der Anspruch auf Krankenhausbehandlung ist zeitlich unbegrenzt. Allerdings kann Krankenhausbehandlung nur so lange beansprucht werden, wie ihre materiell-rechtlichen Voraussetzungen vorliegen. Dabei ist ausschlaggebend – wie ebenfalls durch den Beschluss des Großen Senats des BSG vom 25.09.2007 festgestellt – die medizinische Notwendigkeit der Krankenhausbehandlung. Dies richtet sich anhand der Umstände des konkreten Einzelfalls (jurisPK-SGB V/*Wahl* § 39 Rn. 93).

20 Im Übrigen sind Inhalt und Umfang der Krankenhausbehandlung vom Versorgungsauftrag des Krankenhauses bestimmt (dazu § 109 Rdn. 43 f.). Mit dieser Beschränkung stellt § 39 Abs. 1 Satz 3 klar, dass das Krankenhaus nur die Leistungen erbringen darf, für die es zur Versorgung der Versicherten zugelassen ist. Außerhalb des Versorgungsauftrages des Krankenhauses liegende Leistungen darf die Krankenkasse nicht vergüten (BSG st. Rspr. u.a. Urt. v. 19.06.2018 – B 1 KR 32/17 R; BSGE 101, 177; GesR 2008, 333). Dies gilt auch für Leistungen Dritter, die sich das Krankenhaus auf der Grundlage von § 2 Abs. 2 Satz 2 Nr. 3 KHEntgG beschafft hat (BSG GesR 2007, 423, dazu *Quaas* GesR 2009, 459).

### D. Verfahren und Vergütung

#### I. Antrag

21 Die Inanspruchnahme von Krankenhausbehandlung setzt – wie jede Leistung der GKV – einen Antrag voraus (§ 19 Satz 1 SGB IV). Dieser Antrag ist formelle Verfahrensvoraussetzung, allerdings nicht an eine bestimmte Form gebunden (vgl. § 9 Satz 1 SGB X). Entbehrlich ist er nur bei einem Notfall (Hauck/*Noftz*, SGB V, K § 39 Rn. 101).

#### II. (Vorherige) Bewilligung

22 Wie § 12 Abs. 1 Satz 2 zeigt, bedarf die Gewährung von Leistungen der GKV im Grundsatz der vorherigen Bewilligung durch die Krankenkasse. Dies schließt die Verpflichtung zur Durchführung eines Verwaltungsverfahrens mit ein. Das Ergebnis der vorherigen Prüfung der Behandlungsnotwendigkeit muss dem Versicherten in der Form des VA mitgeteilt werden (jurisPK-SGB V/*Wahl* § 39 Rn. 98).

Für die Krankenhausbehandlung gilt dieser Grundsatz nur eingeschränkt. Die vorherige Entscheidung der Krankenkasse wird nur bei zeitlich planbaren Krankenhausbehandlungen möglich sein. Dagegen scheidet in Notfällen und bei anderen akuten Krankheitszuständen, die keinen Aufschub dulden, aus Sachgründen eine vorherige Prüfung der Anspruchsvoraussetzungen durch die Krankasse von vornherein aus (BSG SozR 4–1200, § 66 Nr. 1). In der Praxis ist daher regelmäßig die vorherige Bewilligung der Krankenhausbehandlung durch die Krankenkasse nicht angezeigt. 23

### III. Kostenübernahmeerklärung

Verbreiteter ist die sog. »Kostenübernahmeerklärung«, die in der Regel gegenüber dem Krankenhaus erfolgt. Sie hat deshalb vor allem für den Zahlungsanspruch des Krankenhauses Bedeutung. Sie stellt keine – auch nicht konkludente – Leistungsbewilligung gegenüber dem Versicherten dar (BSGE 78, 154). Gegenüber dem Krankenhaus hat die Kostenübernahmeerklärung die Bedeutung eines deklaratorischen Schuldanerkenntnisses (BSGE 86, 166; Dettling/*Gerlach*, Krankenhausrecht, § 39 SGB V Rn. 30 m.w.N.; *Thomae* GesR 2003, 305). Die Krankenkasse ist deshalb mit allen Einwendungen ausgeschlossen, die sie bei Abgabe kannte oder mit denen sie zumindest rechnen musste. Im Hinblick auf nachträglich bekannt werdende Umstände, die sich auf die Erforderlichkeit der Krankenhausbehandlung auswirken, tritt durch die Kostenübernahmeerklärung eine Umkehr der Beweislast ein (BSGE 96, 166 [170]). Die Krankenkasse muss dann den Nachweis führen, dass die Behandlung medizinisch nicht mehr vertretbar oder unwirtschaftlich war. Voraussetzung für den Wechsel der Beweislast ist allerdings, dass das Krankenhaus die für die Beurteilung der Notwendigkeit, Zweckmäßigkeit und Wirtschaftlichkeit der Behandlung erforderlichen Tatsachen in den Behandlungsunterlagen sachgerecht dokumentiert hat. Bei unterbliebener oder unzulänglicher Dokumentation geht die Beweislast – dem Arzthaftungsrecht vergleichbar – trotz des Vorliegens einer Kostenübernahmeerklärung wieder auf das Krankenhaus über (BSG Urt. v. 30.03.2000 – B 3 KR 23/99 R [»Magenteilresektion«]). 24

### IV. Vergütung

Die allgemeinen Krankenhausleistungen – ärztliche Behandlung, Krankenpflege, Versorgung mit Arznei-, Heil- und Hilfsmitteln, Unterkunft und Verpflegung – werden bei den somatischen Krankenhäusern auf der Grundlage des DRG-Vergütungssystems nach dem KHEntgG abgerechnet. Bei den Psychiatrischen Krankenhäusern sowie den Einrichtungen für Psychosomatik und Psychotherapeutische Medizin war dies seit dem 01.01.2004 zunächst die BPflV (1995) und ist – seit dem 01.01.2017 – die BPflV 2017 in der Fassung des PsychVVG (Quaas/Zuck/Clemens/*Quaas*, Medizinrecht, § 26 Rn. 383 ff.). Die Vergütung der allgemeinen Krankenhausleistungen erfolgt gem. §§ 7 Abs. 1 Satz 1 Nr. 1, 9 KHEntgG nach Fallpauschalen, die aus einem auf Bundesebene vereinbarten Entgeltkatalog zu entnehmen sind. Dabei handelt es sich um ein durchgängiges, leistungsorientiertes und pauschalierendes Vergütungssystem (DRG-System). Es besteht ein Abhängigkeitsverhältnis zwischen Entgelt und Leistung, bei dem gleichartige und vergleichbare Fälle zu einer Fallgruppe zusammengefasst werden. In den Fallgruppen wird also nicht jede denkbare Einzelleistung aufgeführt und bewertet. Vielmehr sind diagnosebezogen von den Leistungen und Kosten her vergleichbare Fälle zu einer Gruppe, der DRG, zusammengefasst. Diese Gruppen werden – gegliedert nach Hauptdiagnosegruppen – als DRGs ausgewiesen. Die DRGs werden also nach Diagnosen und Prozeduren bestimmt. In der Praxis erfolgt die Zuordnung des einzelnen Behandlungsfalls EDV-technisch mithilfe zertifizierter Grouper. Dazu haben die Bundesverbände der Selbstverwaltung und das Institut für das Entgeltsystem im Krankenhaus (InEK) Kodierrichtlinien herausgegeben (Näheres dazu Saalfrank/*Dettling* Handbuch des Medizin- und Gesundheitsrechts, § 6 Rn. 261 ff.). Maßgeblich für die Eingruppierung in die entsprechende Fallpauschale sind also die Diagnosen und die Prozeduren, die mithilfe verschiedener Schlüssel in Codes übertragen werden (Ratzel/Luxemburger/*Rehborn* Handbuch Medizinrecht, § 29 Rn. 194). 25

Zudem ist gem. § 17b Abs. 1 Satz 2 KHG dem Umstand Rechnung zu tragen, Komplexitäten und Komorbiditäten abzubilden. Dazu werden für alle Nebendiagnosen Schweregradstufen (CCL) 26 gebildet. Mit Hilfe eines komplexen Algorithmus werden die einzelnen CCL-Werte aus den Nebendiagnosen berechnet und ergeben so für den einzelnen Behandlungsfall den patientenbezogenen Gesamtschweregrad (PCCL), der wiederum erheblich für die Endung der DRG ist. Die Notation einer DRG setzt sich aus vier Zeichen zusammen: Das erste gibt die Zugehörigkeit der DRG zur Hauptdiagnose an, während das zweite und das dritte Zeichen gemeinsam mit dem ersten Buchstaben die sog. Basis-DRG bildet. In den Basis-DRGs sind Leistungen zusammengefasst, denen grundsätzlich ähnliche Diagnose- und Prozedurencodes zu Grunde liegen. Je nach Partition werden der Basis-DRG die Zahlen 01 bis 39 für die operativen, 60 bis 99 für die medizinischen und 40 bis 59 für andere Partitionen zugewiesen. Die Endung bezeichnet schließlich den Ressourcenverbrauch, wobei A den höchsten darstellt; endet die DRG mit einem »Z«, erfolgt in diesem Fall keine weitere Unterteilung (OLG Oldenburg GesR 2009, 165, 166 u. Hw. auf Ratzel/Luxemburger/*Rehborn* Handbuch Medizinrecht, § 29 Rn. 198 ff.).

27 Nach der Rechtsprechung des BSG sind bei der Vergütung von Krankenhausleistungen nach dem DRG-System der Fallpauschalenkatalog sowie der Operationen- und Prozedurenschlüssel streng nach ihrem Wortlaut und den Kodierrichtlinien auszulegen (BSG GesR 2009, 190). Es ist Aufgabe der Vertragspartner auf Bundesebene, das als »lernendes System« konzipierte DRG-System bei Wertungswidersprüchen und Ungereimtheiten bei der Abrechnung durch entsprechende Änderungen im Fallpauschalenkatalog, im OPS-301 oder in den Kodierrichtlinien anzupassen. Änderungen in diesem System haben nicht klarstellenden oder gar rückwirkenden Charakter, sondern entfalten ihre Verbindlichkeit nur bezogen auf den jeweiligen Gültigkeitszeitraum der Klassifikationssysteme, Kodierrichtlinien und des Fallpauschalenkatalogs (*Kunze* GesR 2009, 190, 191). Im Übrigen kann ein Krankenhausträger Vergütung auch im DRG-System nur für die erforderliche Krankenhausbehandlung beanspruchen. Die Krankenkasse darf deshalb Abschläge von der Fallpauschalenvergütung auch dann machen, wenn die erforderliche Verweildauer die untere Grenzverweildauer unterschreitet (BSG GesR 2010, 160).

## § 40 Leistungen zur medizinischen Rehabilitation

(1) Reicht bei Versicherten eine ambulante Krankenbehandlung nicht aus, um die in § 11 Abs. 2 beschriebenen Ziele zu erreichen, erbringt die Krankenkasse aus medizinischen Gründen erforderliche ambulante Rehabilitationsleistungen in Rehabilitationseinrichtungen, für die ein Versorgungsvertrag nach § 111c besteht; dies schließt mobile Rehabilitationsleistungen durch wohnortnahe Einrichtungen ein. Leistungen nach Satz 1 sind auch in stationären Pflegeeinrichtungen nach § 72 Abs. 1 des Elften Buches zu erbringen.

(2) Reicht die Leistung nach Absatz 1 nicht aus, so erbringt die Krankenkasse erforderliche stationäre Rehabilitation mit Unterkunft und Verpflegung in einer nach § 37 Absatz 3 des Neunten Buches zertifizierten Rehabilitationseinrichtung, mit der ein Vertrag nach § 111 besteht. Für pflegende Angehörige erbringt die Krankenkasse stationäre Rehabilitation unabhängig davon, ob die Leistung nach Absatz 1 ausreicht. Die Krankenkasse kann für pflegende Angehörige diese stationäre Rehabilitation mit Unterkunft und Verpflegung auch in einer nach § 37 Absatz 3 des Neunten Buches zertifizierten Rehabilitationseinrichtung erbringen, mit der ein Vertrag nach § 111a besteht. Wählt der Versicherte eine andere zertifizierte Einrichtung, so hat er die dadurch entstehenden Mehrkosten zur Hälfte zu tragen; dies gilt nicht für solche Mehrkosten, die im Hinblick auf die Beachtung des Wunsch- und Wahlrechts nach § 8 des Neunten Buches von der Krankenkasse zu übernehmen sind. Die Krankenkasse führt nach Geschlecht differenzierte statistische Erhebungen über Anträge auf Leistungen nach Satz 1 und Absatz 1 sowie deren Erledigung durch. § 39 Absatz 1a gilt entsprechend mit der Maßgabe, dass bei dem Rahmenvertrag entsprechend § 39 Absatz 1a die für die Erbringung von Leistungen zur medizinischen Rehabilitation maßgeblichen Verbände auf Bundesebene zu beteiligen sind. Kommt der Rahmenvertrag ganz oder teilweise nicht zustande oder wird der Rahmenvertrag ganz oder teilweise beendet und kommt bis zum Ablauf des Vertrages kein neuer Rahmenvertrag zustande, entscheidet das sektorenübergreifende Schiedsgremium auf Bundesebene gemäß § 89a auf Antrag

einer Vertragspartei. Abweichend von § 89a Absatz 5 Satz 1 und 4 besteht das sektorenübergreifende Schiedsgremium auf Bundesebene in diesem Fall aus je zwei Vertretern der Ärzte, der Krankenkassen und der zertifizierten Rehabilitationseinrichtungen sowie einem unparteiischen Vorsitzenden und einem weiteren unparteiischen Mitglied. Die Vertreter und Stellvertreter der zertifizierten Rehabilitationseinrichtungen werden durch die für die Erbringer von Leistungen zur medizinischen Rehabilitation maßgeblichen Verbände auf Bundesebene bestellt.

(3) Die Krankenkasse bestimmt nach den medizinischen Erfordernissen des Einzelfalls unter Beachtung des Wunsch- und Wahlrechts der Leistungsberechtigten nach § 8 des Neunten Buches Art, Dauer, Umfang, Beginn und Durchführung der Leistungen nach den Absätzen 1 und 2 sowie die Rehabilitationseinrichtung nach pflichtgemäßem Ermessen; die Krankenkasse berücksichtigt bei ihrer Entscheidung die besonderen Belange pflegender Angehöriger. Von der Krankenkasse wird bei einer vertragsärztlich verordneten geriatrischen Rehabilitation nicht überprüft, ob diese medizinisch erforderlich ist, sofern die geriatrische Indikation durch dafür geeignete Abschätzungsinstrumente vertragsärztlich überprüft wurde. Bei der Übermittlung der Verordnung an die Krankenkasse ist die Anwendung der geeigneten Abschätzungsinstrumente nachzuweisen und das Ergebnis der Abschätzung beizufügen. Von der vertragsärztlichen Verordnung anderer Leistungen nach den Absätzen 1 und 2 darf die Krankenkasse hinsichtlich der medizinischen Erforderlichkeit nur dann abweichen, wenn eine von der Verordnung abweichende gutachterliche Stellungnahme des Medizinischen Dienstes vorliegt. Die gutachterliche Stellungnahme des Medizinischen Dienstes ist den Versicherten und mit deren Einwilligung in Textform auch den verordnenden Ärztinnen und Ärzten zur Verfügung zu stellen. Die Krankenkasse teilt den Versicherten und den verordnenden Ärztinnen und Ärzten das Ergebnis ihrer Entscheidung in schriftlicher oder elektronischer Form mit und begründet die Abweichungen von der Verordnung. Mit Einwilligung der Versicherten in Textform übermittelt die Krankenkasse ihre Entscheidung schriftlich oder elektronisch den Angehörigen und Vertrauenspersonen der Versicherten sowie Pflege- und Betreuungseinrichtungen, die die Versicherten versorgen. Vor der Verordnung informieren die Ärztinnen und Ärzte die Versicherten über die Möglichkeit, eine Einwilligung nach Satz 5 zu erteilen, fragen die Versicherten, ob sie in eine Übermittlung der Krankenkassenentscheidung durch die Krankenkasse an die in Satz 7 genannten Personen oder Einrichtungen einwilligen und teilen der Krankenkasse anschließend den Inhalt einer abgegebenen Einwilligung mit. Die Aufgaben der Krankenkasse als Rehabilitationsträger nach dem Neunten Buch bleiben von den Sätzen 1 bis 4 unberührt. Der Gemeinsame Bundesausschuss regelt in Richtlinien nach § 92 bis zum 31. Dezember 2021 das Nähere zu Auswahl und Einsatz geeigneter Abschätzungsinstrumente im Sinne des Satzes 2 und zum erforderlichen Nachweis von deren Anwendung nach Satz 3 und legt fest, in welchen Fällen Anschlussrehabilitationen nach Absatz 6 Satz 1 ohne vorherige Überprüfung der Krankenkasse erbracht werden können. Bei einer stationären Rehabilitation haben pflegende Angehörige auch Anspruch auf die Versorgung der Pflegebedürftigen, wenn diese in derselben Einrichtung aufgenommen werden. Sollen die Pflegebedürftigen in einer anderen als in der Einrichtung der pflegenden Angehörigen aufgenommen werden, koordiniert die Krankenkasse mit der Pflegekasse der Pflegebedürftigen deren Versorgung auf Wunsch der pflegenden Angehörigen und mit Einwilligung der Pflegebedürftigen. Leistungen nach Absatz 1 sollen für längstens 20 Behandlungstage, Leistungen nach Absatz 2 für längstens drei Wochen erbracht werden, mit Ausnahme von Leistungen der geriatrischen Rehabilitation, die als ambulante Leistungen nach Absatz 1 in der Regel für 20 Behandlungstage oder als stationäre Leistungen nach Absatz 2 in der Regel für drei Wochen erbracht werden sollen. Eine Verlängerung der Leistungen nach Satz 13 ist möglich, wenn dies aus medizinischen Gründen dringend erforderlich ist. Satz 13 gilt nicht, soweit der Spitzenverband Bund der Krankenkassen nach Anhörung der für die Wahrnehmung der Interessen der ambulanten und stationären Rehabilitationseinrichtungen auf Bundesebene maßgeblichen Spitzenorganisationen in Leitlinien Indikationen festgelegt und diesen jeweils eine Regeldauer zugeordnet hat; von dieser Regeldauer kann nur abgewichen werden, wenn dies aus dringenden medizinischen Gründen im Einzelfall erforderlich ist. Leistungen nach den Absätzen 1 und 2

können für Versicherte, die das 18. Lebensjahr vollendet haben, nicht vor Ablauf von vier Jahren nach Durchführung solcher oder ähnlicher Leistungen erbracht werden, deren Kosten auf Grund öffentlich-rechtlicher Vorschriften getragen oder bezuschusst worden sind, es sei denn, eine vorzeitige Leistung ist aus medizinischen Gründen dringend erforderlich. § 23 Abs. 7 gilt entsprechend. Die Krankenkasse zahlt der Pflegekasse einen Betrag in Höhe von 3 072 Euro für pflegebedürftige Versicherte, für die innerhalb von sechs Monaten nach Antragstellung keine notwendigen Leistungen zur medizinischen Rehabilitation erbracht worden sind. Satz 18 gilt nicht, wenn die Krankenkasse die fehlende Leistungserbringung nicht zu vertreten hat. Der Spitzenverband Bund der Krankenkassen legt über das Bundesministerium für Gesundheit dem Deutschen Bundestag erstmalig für das Jahr 2021 bis zum 30. Juni 2022 und danach jährlich bis zum 30. Juni 2024 einen Bericht vor, in dem die Erfahrungen mit der vertragsärztlichen Verordnung von geriatrischen Rehabilitationen wiedergegeben werden.

(4) Leistungen nach den Absätzen 1 und 2 werden nur erbracht, wenn nach den für andere Träger der Sozialversicherung geltenden Vorschriften mit Ausnahme der §§ 14, 15a, 17 und 31 des Sechsten Buches solche Leistungen nicht erbracht werden können.

(5) Versicherte, die eine Leistung nach Absatz 1 oder 2 in Anspruch nehmen und das achtzehnte Lebensjahr vollendet haben, zahlen je Kalendertag den sich nach § 61 Satz 2 ergebenden Betrag an die Einrichtung. Die Zahlungen sind an die Krankenkasse weiterzuleiten.

(6) Versicherte, die das achtzehnte Lebensjahr vollendet haben und eine Leistung nach Absatz 1 oder 2 in Anspruch nehmen, deren unmittelbarer Anschluss an eine Krankenhausbehandlung medizinisch notwendig ist (Anschlussrehabilitation), zahlen den sich nach § 61 Satz 2 ergebenden Betrag für längstens 28 Tage je Kalenderjahr an die Einrichtung; als unmittelbar gilt der Anschluss auch, wenn die Maßnahme innerhalb von 14 Tagen beginnt, es sei denn, die Einhaltung dieser Frist ist aus zwingenden tatsächlichen oder medizinischen Gründen nicht möglich. Die innerhalb des Kalenderjahres bereits an einen Träger der gesetzlichen Rentenversicherung geleistete kalendertägliche Zahlung nach § 32 Abs. 1 Satz 2 des Sechsten Buches sowie die nach § 39 Abs. 4 geleistete Zahlung sind auf die Zahlung nach Satz 1 anzurechnen. Die Zahlungen sind an die Krankenkasse weiterzuleiten.

(7) Der Spitzenverband Bund der Krankenkassen legt unter Beteiligung der Arbeitsgemeinschaft nach § 282 (Medizinischer Dienst der Spitzenverbände der Krankenkassen) Indikationen fest, bei denen für eine medizinisch notwendige Leistung nach Absatz 2 die Zuzahlung nach Absatz 6 Satz 1 Anwendung findet, ohne dass es sich um Anschlussrehabilitation handelt. Vor der Festlegung der Indikationen ist den für die Wahrnehmung der Interessen der stationären Rehabilitation auf Bundesebene maßgebenden Organisationen Gelegenheit zur Stellungnahme zu geben; die Stellungnahmen sind in die Entscheidung einzubeziehen.

| Übersicht | Rdn. | | Rdn. |
|---|---|---|---|
| A. Allgemeines | 1 | II. Zertifizierte Versorgungseinrichtung | 5 |
| I. Ambulante und stationäre Reha | 1 | C. Pflichtleistung mit Auswahlermessen | |
| II. Aufgabe der medizinischen Rehabilitation | 2 | (Abs. 3) | 6 |
| B. Stationäre Rehaleistungen (Abs. 2) | 4 | D. Konkurrenz der Rehabilitationsträger (Abs. 4) | 7 |
| I. Subsidiarität | 4 | | |

## A. Allgemeines

### I. Ambulante und stationäre Reha

1 § 40 regelt Voraussetzungen und Inhalt des nach § 11 Abs. 2 bestehenden Anspruchs des Versicherten auf Leistungen der medizinischen Rehabilitation. Dabei werden zwei unterschiedliche Formen der **Reha-Leistungen** bestimmt, die **ambulante** (Abs. 1) und die **stationäre** (Abs. 2). In beiden Fällen handelt es sich um eine **interdisziplinäre Komplexleistung**, bei der die im Einzelfall

erforderlichen therapeutischen Interventionen (z.B. Krankengymnastik, Bewegungs-, Sprach- und Beschäftigungstherapie, Psychotherapie und Hilfsmittelversorgung) aufgrund eines ärztlichen Behandlungsplans zu einem in sich verzahnten Gesamtkonzept zusammengefasst werden (jurisPK-SGB V/*Wiemers* § 40 Rn. 21). Der Unterschied der (voll-)stationären zur ambulanten Rehabilitation besteht im Wesentlichen darin, dass die Versicherten in der Rehabilitationseinrichtung wohnen und ihnen dementsprechend alle Hauptmahlzeiten in der Einrichtung zur Verfügung gestellt werden (jurisPK-SGB V/*Wiemers* § 40 Rn. 24).

## II. Aufgabe der medizinischen Rehabilitation

2 Versicherte haben Anspruch auf Leistungen zur medizinischen Rehabilitation, die notwendig sind, um eine Behinderung oder Pflegebedürftigkeit abzuwenden, zu beseitigen, zu mindern, auszugleichen, ihre Verschlimmerung zu verhüten oder ihre Folgen zu mildern (§ 11 Abs. 2 Satz 1). Welche Maßnahmen im Einzelnen zur medizinischen Rehabilitation gehören, wird für die Rehabilitationsträger (GKV, GRV) seit Inkrafttreten des SGB IX am 01.07.2001 (SGB IX v. 19.06.2001 (BGBl. I S. 1046) in § 26 SGB IX bestimmt. Durch die in § 11 Abs. 2 Satz 3 vorgenommene Bezugnahme und Rückverweisung auf das SGB IX wird sichergestellt, dass abweichende Regelungen hinsichtlich der Leistungen und Ziele des § 26 Abs. 1 SGB IX nicht, sondern nur hinsichtlich der Konkretisierung auf den jeweiligen Rehabilitationsträger bestehen können (Bihr/Fuchs/Krauskopf/Ritz/*Levering* SGB IX, § 26 Rn. 4). Medizinische Rehabilitationsleistungen (§§ 40, 41, 43) unterscheiden sich von den Vorsorgeleistungen nach § 23 dadurch, dass die Rehabilitationsleistung das Vorliegen einer Krankheit voraussetzt (LPK-SGB V/*Adelt* § 23 Rn. 5). Die begriffliche Abgrenzung zwischen beiden Leistungsarten kann schwierig sein (*Peters* Handbuch Krankenversicherung [SGB V], § 23 Rn. 12; Hauck/*Noftz* SGB V, K § 40 Rn. 6). Die Rehabilitation hat die Aufgabe, den Folgen von Krankheiten in Form von Fähigkeitsstörungen und Beeinträchtigungen vorzubeugen, sie zu beseitigen oder zu bessern oder deren wesentliche Verschlechterung abzuwenden (vgl. amtl. Begründung zum GKV-GRG 2000 – BT-Drs. 14/1245 S. 61). Die medizinische Rehabilitation widmet sich insoweit den Folgen der Krankheit, während die Vermeidung der Verschlimmerung der Krankheit Aufgabe der Vorsorge ist. Da Pflegebedürftigkeit in der Regel die Folge einer Krankheit oder Behinderung ist, dürfte Raum für die Vorsorge gegen Pflegebedürftigkeit nur bei altersbedingter drohender Pflegebedürftigkeit bestehen (KassKomm/*Höfler* § 23 SGB V Rn. 3 ff.).

3 Fließende Übergänge gibt es auch bei der – wegen der Eigenständigkeit des Reha-Anspruchs nach § 11 Abs. 2 und der nur teilweisen Zuständigkeit der GKV als Rehabilitationsträger – erforderlichen Abgrenzung der medizinischen Leistungen von der beruflichen und sozialen Rehabilitation. Dies beruht auf dem »Grunddilemma« (*Schulin* NZS 1993, 185, 191), dass auch medizinische Leistungen der sozialen und beruflichen Eingliederung dienen (vgl. §§ 1, 2 Abs. 1 SGB IX). Abzustellen ist auf das Rehabilitationsmittel: die GKV ist grundsätzlich nur für medizinische und ergänzende Mittel zuständig, die unmittelbar an der Behinderung des Versicherten ansetzen und gezielt dem behinderungsspezifischen Ausgleich der ausgefallenen Funktionen bzw. als Basisausgleich lebensnotwendiger Grundbedürfnisse dienen (BSGE 37, 138 (141); 45, 133 (134 ff.); Hauck/*Noftz* SGB V, K § 11 Rn. 53). Der Begriff der medizinischen Rehabilitationsmaßnahme verlangt im Übrigen, dass sie unter medizinischer Zielsetzung und vorwiegend mit den Mitteln der Medizin stattfindet. Dabei ist die ärztliche Mitwirkung für die GKV unverzichtbar. Ärztliche Verantwortung und damit verbunden ärztliche Einflussnahme sind für das Leistungsspektrum dieses Versicherungszweigs, der in erster Linie auf die Erhaltung oder Wiederherstellung der Gesundheit abzielt, seit jeher charakteristisch (BSGE 68, 17, 18 ff.; *Quaas* Der Versorgungsvertrag nach dem SGB V mit Krankenhäusern und Rehabilitationseinrichtungen, S. 70 f.). Dabei ist die (ständige) ärztliche Verantwortung weniger durch die Leitung der Einrichtung als durch die für das individuelle Gesamtgeschehen (Behandlungsplan, teilweise eigenhändige Durchführung, Kontrolle) gekennzeichnet und äußert sich in besonderen Anforderungen an die ärztliche Qualifikation (Hauck/*Noftz*, SGB V K § 40 Rn. 27).

## B. Stationäre Rehaleistungen (Abs. 2)

### I. Subsidiarität

4 Voraussetzung für eine Leistung der stationären medizinischen Rehabilitation nach § 40 Abs. 2 ist, dass eines der Leistungsziele nach § 11 Abs. 2 verfolgt wird und dass Leistungen der Krankenbehandlung sowie Leistungen der ambulanten Rehabilitation (Abs. 1) nicht ausreichen. Der **Vorrang der ambulanten Leistung** ist immer auf die Wirksamkeit und Notwendigkeit im Einzelfall zu beziehen (Becker/Kingreen/*Welti* SGB V, § 40 Rn. 16). Die Erforderlichkeit der stationären Rehabilitation hat die Krankenkasse im Regelfall durch den **MDK** prüfen zu lassen (§ 275 Abs. 2 Nr. 1). Ausnahmen gelten insbesondere bei Verlegung vom Krankenhaus in die Rehabilitationsklinik zur Durchführung einer Anschlussheilbehandlung (AHB), die eine besondere Form der stationären Rehabilitation darstellt. § 40 Abs. 6 Satz 1 verwendet dafür den Begriff »Anschlussrehabilitation« (Peters/*Schmidt* Handbuch Krankenversicherung [SGB V], § 40 Rn. 269). Gemeint sind damit stationäre Rehabilitationsleistungen in »krankenhausähnlicher« Form, die bei Krankheiten eines höheren Schweregrades mit gravierenden Folgen in (möglichst) nahtlosem Anschluss an die Akutbehandlung im Krankenhaus stattfinden (jurisPK-SGB V/*Wiemers* § 40 Rn. 25). Im Übrigen setzt nach der Rechtsprechung des BSG der Anspruch auf stationäre Rehabilitation voraus, dass die Rehabilitationsmaßnahmen unter ständiger ärztlicher Verantwortung (§ 107 Abs. 2 Nr. 1) durchgeführt werden und dabei nicht lediglich die Gewährung von Unterkunft in einem »nicht gefährdenden Milieu« im Vordergrund stehen soll (BSG SozR 4–2500, § 40 Nr. 4; a.A. Becker/Kingreen/*Welti* SGB V, § 40 Rn. 17).

### II. Zertifizierte Versorgungseinrichtung

5 Die Leistung nach § 40 Abs. 2 darf nur in einer Einrichtung erbracht werden, mit der ein **Versorgungsvertrag** nach § 111 besteht und die nach § 37 Abs. 3 SGB XI **zertifiziert** ist. Die Anforderungen an ein einrichtungsinternes Qualitätsmanagement und das Verfahren zur Zertifizierung sind von den Spitzenverbänden der Rehabilitationsträger auf der Ebene der Bundesarbeitsgemeinschaft für Rehabilitation (BAR) festzulegen. Dies ist m.W.v. 01.10.2009 durch die Vereinbarung zum internen Qualitätsmanagement erfolgt (Hauck/*Noftz*, SGB V, K § 40 Rn. 47). Zweck dieses Instruments ist es, die regelmäßige Einhaltung der Qualitätskriterien nachzuweisen.

## C. Pflichtleistung mit Auswahlermessen (Abs. 3)

6 Nach den insoweit identischen Bestimmungen der §§ 23 Abs. 5 Satz 1 und 40 Abs. 3 Satz 1 bestimmt die Krankenkasse nach den medizinischen Erfordernissen des Einzelfalls Art, Dauer, Umfang, Beginn und Durchführung der (stationären) Leistungen und die Einrichtung »nach pflichtgemäßem Ermessen«. Mit dieser, durch das GKV-GRG 2000 eingeführten Rechtsänderung bestätigt der Gesetzgeber die zuvor bereits von der Rechtsprechung vertretene Auffassung, wonach lediglich das »Wo« und »Wie« der Leistungen, nicht aber deren »Ob« dem Ermessen der Krankenkasse unterliegt. Die »Eingangsprüfung«, ob der Reha-Träger überhaupt leisten muss, ist rechtsgebunden und entsprechend voll überprüfbar (BSGE 57, 157, 161; 66, 84, 75; 68, 106, 167, 169; s.a. BVerfG SozR 2200 § 1236 Nr. 39; Hauck/*Noftz*, SGB V, K § 40 Rn. 57). Dem entspricht die durch das GKV-WSG mit Wirkung vom 01.04.2007 erfolgte Neufassung von § 40 Abs. 1 und 2, die nun auch ihrem Wortlaut nach (»erbringt« statt – wie vormals – »kann... erbringen«) den Charakter einer Ermessensregelung verloren hat (*Peters*, KV, [SGB V] *Schmidt*, § 40 Rn. 117, 163, 243). Bei der Vorsorge- und Reha-Leistung der Krankenkasse handelt es sich somit nur zum Teil um eine »Kann-Leistung«, die sich auf die Entscheidung über den Umfang und die Dauer der stationären Behandlung bezieht (*Quaas*, Der Versorgungsvertrag nach dem SGB V mit Krankenhäusern und Rehabilitationseinrichtungen, S. 77 f.; a.A. LPK-SGB V/*Adelt*, § 40 Rn. 15). Dabei muss die Ausübung des sog. Bestimmungsrechts der Krankenkasse auch im Rahmen des Entscheidungsermessens dem allgemeinen Zweck der Reha (§ 39 Abs. 1 Satz 1 SGB I) und den medizinischen Erfordernissen des Einzelfalls nach dem individuellen Bedarf des Versicherten sowie ggf. seinen religiösen Bedürfnissen (§ 2 Abs. 3 Satz 2) entsprechen(BSG SozR 3–2200 § 39

Nr. 1: Auswahl der für den Versicherten günstigsten Maßnahme; zu den religiösen Bedürfnissen bei psychischen Erkrankungen durch Unterbringung in einer »pietistisch« ausgerichteten Einrichtung nach § 111s. BSG NZS 1998, 429, 433). Angemessene Wünsche der Versicherten sind nach der für das gesamte Sozialrecht geltenden Sollvorschrift des § 33 Satz 2 SGB I, d.h. regelmäßig, zu berücksichtigen, vgl. auch § 9 Abs. 1 SGB IX. Unter wirtschaftlichen Gesichtspunkten kommt daher eine völlige Ablehnung des Leistungsanspruchs allenfalls in Ausnahmefällen in Betracht (BSGE 50, 47, 51; 58, 263, 269 f.).

### D. Konkurrenz der Rehabilitationsträger (Abs. 4)

Die Zuständigkeit der Rehabilitationsträger richtet sich nach den für sie geltenden gesetzlichen Vorschriften (§ 14 Abs. 1 Satz 1 SGB IX). Da für die Leistungen der (ambulanten und stationären) Rehabilitation sowohl die Träger der **GKV** wie der **GRV** zuständig sein können, sieht § 40 Abs. 4 eine bedeutsame Zuständigkeitsabgrenzung vor: Bei gleichzeitiger Zuständigkeit von Trägern der GRV und der GKV ist der Träger der GRV vorrangig leistungsverpflichtet, es sei denn, es handelt sich um medizinische Leistungen in der Phase akuter Behandlungsbedürftigkeit (§ 13 Abs. 1 Nr. 1, Abs. 4SGB VI i.V.m. § 40 Abs. 4 SGB V). Die GKV ist deshalb für die Reha gegenüber anderen Versicherungszweige grundsätzlich nachrangig (subsidiär) zuständig. So ist bereits nach § 11 Abs. 4 eine ausschließliche Zuständigkeit der Berufsgenossenschaft für Leistungen der Unfallversicherung gegeben, wenn die Maßnahme als Folge eines Arbeitsunfalls oder einer Berufskrankheit im Sinne der gesetzlichen Unfallversicherung zu erbringen ist. Die Krankenkassen sind nur zuständig, wenn die versicherungsrechtlichen und persönlichen Voraussetzungen für ein anderes Leistungssystem, insbesondere die Rentenversicherung nicht vorliegen (BSGE 58, 263, 268). So sind die Träger der GRV zuständig, wenn durch medizinische Leistung zur Rehabilitation voraussichtlich eine Minderung der Erwerbsfähigkeit abgewendet, die geminderte Erwerbsfähigkeit wesentlich gebessert, wiederhergestellt oder der Eintritt von Erwerbs- oder Berufsunfähigkeit abgewendet werden kann (§ 10 SGB VI). Regelmäßig kommen somit für die Zuständigkeit der Krankenkassen nur nicht erwerbstätige Ehepartner, Kinder und Rentner als Anspruchsberechtigte infrage (vgl. zu der weiteren Ausnahme von Leistungen nach § 31 SGB VI Hauck/*Noftz*, SGB V, K § 40 Rn. 32).

Eine spezielle Abgrenzungsnotwendigkeit besteht bei der Behandlung von **Abhängigkeitserkrankungen**. Auf der Grundlage der zwischen den Krankenkassen und den Rentenversicherungsträgern abgeschlossenen Vereinbarung »Abhängigkeitserkrankung« vom 04.05.2001 (DRV 2002, 64 ff.; die Vereinbarung löst die sog. Sucht-Vereinbarung vom 20.11.1978 – DOK 1979, 489 ab) ist zwischen der Entzugs- und Entwöhnungsbehandlung zu unterscheiden (BSGE 66, 87, 92 f.). Die Entzugsbehandlung von Alkohol-, Medikamenten- und Drogenabhängigen (Abhängigkeitskranke) beinhaltet die Phase des Giftabbaus aus dem Körper; die Entgiftung bedarf wegen ihrer gefährlichen Folgen intensiver ärztlicher und pflegerischer Betreuung regelmäßig in einem Krankenhaus (BSGE 66, 87, 92 f.; § 4 I der Vereinbarung vom 04.05.2000). Dafür, und zwar auch als Reha-Leistung, ist der KV-Träger zuständig. Die Entwöhnungsbehandlung dient der Behebung der psychischen Fehlhaltungen, der Stabilisierung und Festigung der Persönlichkeit des Abhängigen, speziell der Abstinenzfähigkeit, zur Vorbeugung eines Rückfalls in die Abhängigkeit. Auch sie erfolgt regelmäßig stationär. Dafür ist grundsätzlich der RV-Träger zuständig (BSGE 51, 44, 48), es sei denn, die persönlichen und versicherungsrechtlichen Voraussetzungen (§§ 10 und 11 SGB VI) sind nicht erfüllt oder es besteht ein gesetzlicher Ausschlusstatbestand (Hauck/*Noftz* SGB V, K § 40 Rn. 38; BSGE 68, 17, 18 f.).

## § 69 Anwendungsbereich

(1) Dieses Kapitel sowie die §§ 63 und 64 regeln abschließend die Rechtsbeziehungen der Krankenkassen und ihrer Verbände zu Ärzten, Zahnärzten, Psychotherapeuten, Apotheken sowie sonstigen Leistungserbringern und ihren Verbänden, einschließlich der Beschlüsse des Gemeinsamen Bundesausschusses und der Landesausschüsse nach den §§ 90 bis 94. Die Rechtsbeziehungen der Krankenkassen und ihrer Verbände zu den Krankenhäusern und ihren Verbänden

werden abschließend in diesem Kapitel, in den §§ 63, 64 und in dem Krankenhausfinanzierungsgesetz, dem Krankenhausentgeltgesetz sowie den hiernach erlassenen Rechtsverordnungen geregelt. Für die Rechtsbeziehungen nach den Sätzen 1 und 2 gelten im Übrigen die Vorschriften des Bürgerlichen Gesetzbuches entsprechend, soweit sie mit den Vorgaben des § 70 und den übrigen Aufgaben und Pflichten der Beteiligten nach diesem Kapitel vereinbar sind. Die Sätze 1 bis 3 gelten auch, soweit durch diese Rechtsbeziehungen Rechte Dritter betroffen sind.

(2) Die §§ 1 bis 3 Absatz 1, die §§ 19 bis 21, 32 bis 34a, 48 bis 81 Absatz 2 Nummer 1, 2 Buchstabe a und Nummer 6 bis 11, Absatz 3 Nummer 1 und 2 sowie die §§ 81a bis 95 des Gesetzes gegen Wettbewerbsbeschränkungen gelten für die in Absatz 1 genannten Rechtsbeziehungen entsprechend. Satz 1 gilt nicht für Verträge und sonstige Vereinbarungen von Krankenkassen oder deren Verbänden mit Leistungserbringern oder deren Verbänden, zu deren Abschluss die Krankenkassen oder deren Verbände gesetzlich verpflichtet sind. Satz 1 gilt auch nicht für Beschlüsse, Empfehlungen, Richtlinien oder sonstige Entscheidungen der Krankenkassen oder deren Verbände, zu denen sie gesetzlich verpflichtet sind, sowie für Beschlüsse, Richtlinien und sonstige Entscheidungen des Gemeinsamen Bundesausschusses, zu denen er gesetzlich verpflichtet ist.

(3) Auf öffentliche Aufträge nach diesem Buch sind die Vorschriften des Teils 4 des Gesetzes gegen Wettbewerbsbeschränkungen anzuwenden.

(4) Bei der Vergabe öffentlicher Dienstleistungsaufträge nach den §§ 63 und 140a über soziale und andere besondere Dienstleistungen im Sinne des Anhangs XIV der Richtlinie 2014/24/EU des Europäischen Parlaments und des Rates vom 26. Februar 2014, die im Rahmen einer heilberuflichen Tätigkeit erbracht werden, kann der öffentliche Auftraggeber abweichend von § 119 Absatz 1 und § 130 Absatz 1 Satz 1 des Gesetzes gegen Wettbewerbsbeschränkungen sowie von § 14 Absatz 1 bis 3 der Vergabeverordnung andere Verfahren vorsehen, die die Grundsätze der Transparenz und der Gleichbehandlung gewährleisten. Ein Verfahren ohne Teilnahmewettbewerb und ohne vorherige Veröffentlichung nach § 66 der Vergabeverordnung darf der öffentliche Auftraggeber nur in den Fällen des § 14 Absatz 4 und 6 der Vergabeverordnung vorsehen. Von den Vorgaben der §§ 15 bis 36 und 42 bis 65 der Vergabeverordnung, mit Ausnahme der §§ 53, 58, 60 und 63, kann abgewichen werden. Der Spitzenverband Bund der Krankenkassen berichtet dem Bundesministerium für Gesundheit bis zum 17. April 2019 über die Anwendung dieses Absatzes durch seine Mitglieder.

| Übersicht | Rdn. | | Rdn. |
|---|---|---|---|
| A. § 69 als Grundnorm des Leistungserbringungsrechts . . . . . . . . . . . . . . . . . . . | 1 | I. Entwicklung der Regelungen des Abs. 2 Satz 1 . . . . . . . . . . . . . . . . | 15 |
| B. Abs. 1 – Rechtsbeziehungen der Krankenkassen zu den Leistungserbringern. . | 2 | 1. Regelungsgehalt des Abs. 2 Satz 1 . . . | 19 |
| I. Abs. 1 Satz 1 – Ambulante Versorgung. . | 2 | 2. Entsprechende Geltung der wettbewerbsrechtlichen GWB-Vorschriften | 21 |
| II. Abs. 1 Satz 2 – Stationäre Versorgung. . . | 3 | 3. Rechtsgrundverweisung . . . . . . . . . . | 22 |
| III. Regelungsgehalt von Abs. 1 Sätze 1 und 2 – abschließende Regelung . . . . . . . . . . | 4 | 4. Inhalt des Abs. 2 Satz 1 . . . . . . . . . . . . | 23 |
| IV. Abs. 1 Satz 3 – Entsprechende Geltung von BGB-Vorschriften . . . . . . . . . . . . . . | 5 | a) Entsprechende Geltung der §§ 1 bis 3 Abs. 1 GWB . . . . . . | 23 |
| 1. Verjährung sozialrechtlicher Ansprüche . . . . . . . . . . . . . . . . . . . . | 6 | b) Begründung der Regelung im Gesetzentwurf . . . . . . . . . . . . . . . | 24 |
| 2. Verzugszinsen . . . . . . . . . . . . . . . . . . | 8 | c) Entsprechende Geltung der §§ 19 bis 21 GWB . . . . . . . . . . . | 25 |
| 3. Prozesszinsen . . . . . . . . . . . . . . . . . . | 12 | d) Entsprechende Geltung weiterer wettbewerbsrechtlicher Vorschriften des GWB . . . . . . . . . . . . . | 26 |
| V. Abs. 1 Satz 4 – Betroffenheit Dritter. . . . | 14 | | |
| C. Abs. 2 – Entsprechende Geltung/Anwendung von Vorschriften des GWB auf Rechtsbeziehungen zwischen Krankenkassen(verbänden) und Leistungserbringern . . . . . . . . . . . . . . . . . . . . . . . | 15 | 5. Mögliche Konkurrenz zwischen sozialrechtlichen Aufsichtsmaßnahmen und Maßnahmen der Kartellbehörden . . . . . . . . . . . . . . . . . . . . . . | 27 |

| | |
|---|---|
| 6. Rechtswegzuweisung zur Zivilgerichtsbarkeit . . . . . . . . . . . . . . . . . . 29 | 3. Voraussetzung des Auswahlermessens 55 |
| 7. Grenzen der Rechtswegzuweisung. . . 31 | 4. Open-House-Verträge. . . . . . . . . . . . 57 |
| II. Abs. 2 Satz 2 und 3 – Von entsprechender Geltung des Kartellrechts ausgenommene Verträge, Vereinbarungen und weitere Rechtshandlungen. . . . . . . 34 | III. Rechtswegzuweisung für vergaberechtliche Streitigkeiten zur Zivilgerichtsbarkeit. . . . . . . . . . . . . . . . . 60 |
| 1. Abs. 2 Satz 2 – Ausgenommene Verträge und Vereinbarungen . . . . . . 34 | E. Abs. 4 – Vereinfachte Vergabe öffentlicher Dienstleistungsaufträge im Rahmen der §§ 63 und 140a SGB V . . . 62 |
| 2. Abs. 2 Satz 3 – Weitere Ausnahmen von der entsprechenden Geltung des Kartellrechts . . . . . . . . . . . . . . . 39 | I. Anwendungsbereich (Abs. 4 Satz 1) . . . . 63 |
| | 1. Vereinfachtes Vergabeverfahren. . . . . 64 |
| III. Ergebnis der Öffnung für mehr Wettbewerb . . . . . . . . . . . . . . . . . . . . . 43 | 2. Begrenzter Anwendungsbereich . . . . 65 |
| | 3. Maßgeblicher Schwellenwert . . . . . . 66 |
| D. Abs. 3 – Anwendung des Kartellvergaberechts . . . . . . . . . . . . . . . . . . . . . . . . . 46 | 4. Geltung der Grundsätze der Transparenz und der Gleichbehandlung . . 67 |
| I. Regelungsgehalt des Abs. 3 . . . . . . . . . . 47 | II. Verfahren ohne Teilnahmewettbewerb (Abs. 4 Satz 2) . . . . . . . . . . . . . . . . . . . . 68 |
| II. Anwendung des Kartellvergaberechts auf Verträge der Krankenkassen mit Leistungserbringern . . . . . . . . . . . . . . . 52 | III. Abweichung von Vorschriften der Vergabeverordnung möglich (Abs. 4 Satz 3). . 69 |
| 1. § 99 Nr. 2 GWB – Auftraggebereigenschaft . . . . . . . . . . . . . . . . . . . 52 | IV. Geltung des Wirtschaftlichkeitsgebotes gem. § 12 SGB V . . . . . . . . . . . . . . . . . . 70 |
| 2. Voraussetzung des öffentlichen Auftrags . . . . . . . . . . . . . . . . . . . . . . 54 | V. Keine Erweiterung des Anwendungsbereichs des Vergaberechts . . . . . . . . . . 71 |
| | VI. Berichtspflicht des Spitzenverbandes Bund der Krankenkassen (Abs. 4 Satz 4) 72 |

## A. § 69 als Grundnorm des Leistungserbringungsrechts

§ 69 betrifft die Beziehungen der Krankenkassen und deren Verbänden (im Folgenden nur noch: Krankenkassen) zu den Leistungserbringern und deren Verbänden. Sie weist diese Beziehungen dem öffentlichen Recht zu und bestimmt im Übrigen, welche Vorschriften des Wettbewerbs- und des Vergaberechts auf diese Rechtsbeziehungen Anwendung finden. Die Vorschrift stellt sich damit als Grundnorm des Leistungserbringungsrechts dar. 1

## B. Abs. 1 – Rechtsbeziehungen der Krankenkassen zu den Leistungserbringern

### I. Abs. 1 Satz 1 – Ambulante Versorgung

Abs. 1 Satz 1 der Vorschrift bezieht sich auf die Rechtsbeziehungen im Bereich der **ambulanten Versorgung** der Versicherten und bestimmt, dass die Rechtsbeziehungen der Krankenkassen(-verbände) zu den Leistungserbringern und deren Verbänden in den Vorschriften dieses Kapitels, also in den §§ 69 ff., sowie in den §§ 63 und 64 (Modellvorhaben zur Weiterentwicklung der Versorgung) abschließend geregelt werden. Der letzte Hs. des Satzes 1 bezieht in die abschließende Regelung die Beschlüsse des Gemeinsamen Bundesausschusses (vgl. vor allem § 92) und der Landesausschüsse (§ 90) mit ein. 2

### II. Abs. 1 Satz 2 – Stationäre Versorgung

Die Vorschrift überträgt den Regelungsgehalt des Satzes 1 auf die Rechtsbeziehungen der Krankenkassen zu den – von Satz 1 nicht erfassten – Krankenhäusern und ihren Verbänden und damit auf den Bereich der **stationären Versorgung**. Auch diese Rechtsbeziehungen werden abschließend im 4. Kapitel des SGB V, den §§ 63 und 64, dem Krankenhausfinanzierungsgesetz und dem Krankenhausentgeltgesetz sowie den dazu erlassenen Rechtsverordnungen geregelt. 3

### III. Regelungsgehalt von Abs. 1 Sätze 1 und 2 – abschließende Regelung

Der eigentliche Regelungsgehalt der Sätze 1 und 2 des Abs. 1, die inhaltlich durch das GKV-Gesundheitsreformgesetz 2000 vom 22.12.1999 (BGBl. I S. 2626) eingefügt wurden und deren 4

Verständnis sich nach den letzten gesetzlichen Änderungen nur noch aus der Gesetzeshistorie erschließt, liegt in der Anordnung, dass die Vorschriften des Leistungserbringungsrechts (§§ 69 ff.) sowie die weiteren genannten Bestimmungen die dort erfassten Rechtsbeziehungen »abschließend« regeln. Der Gesetzgeber reagierte mit der Zuordnung der Rechtsbeziehungen zum öffentlichen Recht auf die zivilgerichtliche Rechtsprechung, wonach sog. Beschaffungsverträge von Krankenkassen wegen deren Doppelnatur dem Zivilrecht zuzuordnen waren, mit der Folge, dass über Rechtsstreitigkeiten hieraus die Zivilgerichte und nicht die Sozialgerichte zu entscheiden hatten (vgl. zum Ganzen: *Engelmann* in: Schlegel/Voelzke, jurisPK SGB V, § 69 Rn. 31 ff.). In der Folge wurde darüber gestritten, ob auf die Rechtsbeziehungen der Krankenkassen zu Leistungserbringern die Vorschriften des im UWG und im GWB geregelten Wettbewerbs- und Vergaberechts anzuwenden sind. Der Gesetzgeber hatte hierzu im GKV-OrgWG vom 15.12.2008 (BGBl. I S. 2426) in Abs. 2 abschließende Regelungen getroffen. Diese sind durch das AMNOG vom 22.12.2010 (BGBl. I S. 2262), durch das 2. Buchpreisbindungsänderungsgesetz vom 31.07.2016 (BGBl. I S. 1937) und durch das GWB-Digitalisierungsgesetzes vom 18.01.2021 (BGBl. I S. 2) geändert worden.

### IV. Abs. 1 Satz 3 – Entsprechende Geltung von BGB-Vorschriften

5 Nach Abs. 1 Satz 3 gelten für die in Abs. 1 Sätze 1 und 2 genannten Rechtsbeziehungen im Übrigen die **Vorschriften des BGB** entsprechend, soweit sie mit den übrigen Aufgaben und Pflichten der Beteiligten nach diesem Kapitel (§§ 69 ff.) vereinbar sind. Die im Übrigen entsprechende Geltung setzt voraus, dass die Vorschriften des SGB V überhaupt lückenhaft sind. Im Verhältnis zu § 61 Satz 2 SGB X, der für öffentlich-rechtliche Verträge ergänzend die entsprechende Geltung von BGB-Vorschriften anordnet, ist § 69 Abs. 1 Satz 3 die speziellere Regelung. Die Frage der entsprechenden Geltung von BGB-Vorschriften stellt sich in erster Linie bei der Verjährung sozialrechtlicher Ansprüche, soweit die Verjährung im SGB nicht geregelt ist, sowie bei der Verzinsung von Forderungen infolge Verzugs.

#### 1. Verjährung sozialrechtlicher Ansprüche

6 Nach der Rechtsprechung des BSG ist für die Verjährung sozialrechtlicher Ansprüchen **nicht** in entsprechender Anwendung auf die – dreijährige – Verjährungsfrist des § 195 BGB zurückzugreifen. Maßgeblich bleibt, sofern keine spezialgesetzliche Regelung besteht, vielmehr in Rechtsanalogie zu zahlreichen verjährungsrechtlichen Vorschriften des SGB die »Regelverjährungsfrist« von 4 Jahren (st. Rspr.; s. z.B. BSG Urt. v. 28.11.2013 – B 3 KR 27/12 R = BSGE 115, 40 = SozR 4–2500 § 302 Nr. Rn. 43; BSG Urt. v. 21.04.2015 – B 1 KR 11/15 R – SozR 4–2500 § 69 Nr. 10 Rn. 13 ff.). Sie beginnt in entsprechender Anwendung des § 45 Abs. 1 SGB I nach Ablauf des Kalenderjahres, in dem der Anspruch entstanden ist.

7 Die vierjährige Verjährungsfrist galt **nach der bisherigen Rspr.** auch für **Vergütungsansprüche der Leistungserbringer** gegenüber **Krankenkassen** für die Behandlung von Kassenpatienten (s. BSG v. 20.03.2018 – B 1 KR 76/17 B, juris Rn. 6, m.z.N.; BSG Urt. v. 21.04.2015 – B 1 KR 11/15 R – SozR 4–2500 § 69 Nr. 10 Rn. 13). Ebenso unterlag danach der **Anspruch einer Krankenkasse gegen einen Krankenhausträger** auf Erstattung einer zu Unrecht gezahlten Vergütung einer vierjährigen Verjährung (stRspr, s. z.B. BSG Urt. v. 23.06.2015 – B 1 KR 26/14 R, BSGE 119, 150 = SozR 4–5560 § 17c Nr. 3 Rn. 44; BSG Urt. v. 17.12.2013 – B 1 KR 71/12 R – SozR 4–7610 § 204 Nr. 2 Rn. 12; BSG Urt. v. 13.11.2012 – B 1 KR 24/11 R, BSGE 112, 141 = SozR 4–2500 § 275 Nr. 8 Rn. 39). Durch das **Pflege-Personalstärkungsgesetz** (PpSG) v. 11.12.2018 (BGBl. I 2018 S. 2394) ist diese Rspr. überholt. Der durch das PpSG mWv 01.01.2019 eingefügte § 109 Abs. 5 bestimmt nunmehr, dass Ansprüche der Krankenhausträger auf Vergütung erbrachter Leistungen und Ansprüche der Krankenkassen auf Rückzahlung geleisteter Vergütungen in zwei Jahren nach Ablauf des Kalenderjahres, in dem sie entstanden sind, verjähren (**Abs. 5 Satz 1**). Die zweijährige Verjährungsfrist gilt für alle Vergütungs- und Rückforderungsansprüche, die ab dem 01.01.2019 entstehen. **Abs. 5 Satz 2** trifft für die die Ansprüche von Krankenkassen auf Rückzahlung geleisteter Vergütung, die vor dem 01.01.2019 entstanden sind, eine Sonderregelung. Auch

diese unterliegen danach – abweichend von den Grundsätzen des intertemporalen Rechts – einer zweijährigen Verjährung. Der ebenfalls durch das PpSg angefügte **§ 325** enthält insoweit eine **Übergangsfrist** für die Geltendmachung von Ansprüchen der Krankenkassen. Diese ist für solche Rückforderungsansprüche der Krankenkassen ausgeschlossen, die vor dem 01.01.2017 entstanden sind und nicht bis zum 09.11.2018 (Tag der 2./3. Lesung des PpSG) geltend gemacht wurden. **Abs. 5 Satz 3** stellt klar, dass die zweijährige Verjährung nach Abs. 5 Satz 1 nicht für Ansprüche der Krankenhäuser gilt, die vor dem 01.01.2019 entstanden sind. **§ 109 Abs. 5 Satz 4** bestimmt, dass für die Hemmung, die Ablaufhemmung, den Neubeginn und die Wirkung der Verjährung die Vorschriften des BGB entsprechend gelten. Anlass für die **speziellen Verjährungsregelungen** in § 109 Abs. 5 waren zwei Entscheidungen des BSG v. 19.06.2018 (B 1 KR 39/17 R – SozR 4–5562 § 9 Nr. 10 und B 1 KR 38/17 R) zur Auslegung von Bestimmungen im Operationen- und Prozedurenschlüssel (OPS) zu Stroke Units, mit denen **Rückforderungsansprüche von Krankenkassen** gegenüber einem Krankenhaus bejaht wurden. Die daraufhin im Gesetzgebungsverfahren angedachte und letztlich umgesetzte Verkürzung der Verjährungsfrist für solche Ansprüche führte zur massenhaften Erhebung von Klagen durch Krankenkassen, um die Verjährung zu hemmen (dazu: *Estelmann* NZS 2018, 961; *Pitz* NZS 2018, 965).

### 2. Verzugszinsen

Das SGB regelt in einer Reihe von Vorschriften für unterschiedliche Sachverhalte die **Verzinsung von Forderungen.** Fraglich ist, ob die Vorschriften des BGB über die Verzinsung von Forderungen entsprechend anzuwenden sind, wenn im SGB zur Verzinsung keine ausdrückliche Regelung getroffen worden ist (s. zur Rspr. zu Verzugs- und Prozesszinsen: *Müller* SGb 2010, S. 336 ff.) Nach allgemeiner Meinung ergibt sich bei schuldhafter Verzögerung von Geldleistungen durch Träger öffentlicher Verwaltung **keine generelle Verpflichtung zur Zahlung von Verzugszinsen** (BVerwG Urt. v. 22.02.2001 – 5 C 34/00, BVerwGE 114, 61), von der Verzinsungspflicht bei bestimmten öffentlich-rechtlichen Verträgen abgesehen. Die Verzinsung von Geldleistungen richtet sich nach den jeweiligen Einzelregelungen in den verschiedenen Sachgebieten.

8

Im Verwaltungsverfahrensrecht wird die entsprechende Anwendbarkeit des § 288 BGB über Verzugszinsen auf öffentlich-rechtliche Verträge im Grundsatz bejaht, sofern die Geldleistungspflicht eine vertragliche Hauptleistungspflicht ist, die in einem Gegenseitigkeitsverhältnis zur Leistungspflicht des anderen Vertragspartners steht (BVerwG Urt. v. 15.03.1989 – 7 C 42/87, BVerwGE 81, 312; *Schliesky* in Knack/Henneke, VwVfG, § 62 Rn. 28; Kopp/*Ramsauer/Tegethoff*, VwVfG, § 62 Rn. 22; *Engelmann* in: Schütze, SGB X, § 61 Rn. 15 ff.). Bei öffentlich-rechtlichen Verträgen, die ein **rechtliches und wirtschaftliches Austauschverhältnis** begründen, ist für beide Vertragsparteien ohne weiteres erkennbar, dass die Pflicht zum Schadensersatz wegen Nichterfüllung die notwendige Sekundärverpflichtung zur Primärverpflichtung ist, den Vertrag ordnungsgemäß zu erfüllen.

9

Bei dem Anspruch auf Verzinsung von Forderungen im Rahmen der **Rechtsbeziehungen zwischen Krankenkassen und Leistungserbringern** ist somit danach zu differenzieren, ob diese aus öffentlich-rechtlichen Verträgen herrühren, die ein Austauschverhältnis begründen. In diesen Fällen ist über § 69 Abs. 1 Satz 3 in entsprechender Anwendung zivilrechtlicher Vorschriften regelmäßig ein Verzinsungsanspruch gegeben (die Rspr. zu Verzugszinsen zusammenfassend: BSG Urt. v. 08.09.2009 – B 1 KR 8/09 – SozR 4–2500 § 69 Nr. 7 Rn. 14, m.z.N.). Handelt es sich hingegen um Forderungen, die nicht aus solchen Rechtsverhältnissen abzuleiten sind, kommt eine entsprechende Anwendung der Verzinsungsvorschriften des BGB weder über § 69 Abs. 1 Satz 3 noch über § 61 Satz 2 SGB X in Betracht.

10

Für die **Höhe der Verzugszinsen** aus öffentlich-rechtlichen Verträgen zwischen Krankenkassen und Leistungserbringern findet über § 69 Abs. 1 Satz 3 § 288 Abs. 1 Satz 2 BGB entsprechende Anwendung. Danach beträgt, sofern nicht eine abweichende vertragliche Vereinbarung vorliegt, der Verzinsungssatz für das Jahr fünf Prozentpunkte über dem Basiszinssatz (BSG Urt. v. 08.09.2009 – B 1 KR 8/09 – SozR 4–2500 § 69 Nr. 7 Rn. 21).

11

### 3. Prozesszinsen

12 Für die Rechtsbeziehungen der Krankenkassen zu den Krankenhäusern gelten die Zinsvorschriften des BGB einschließlich des Anspruchs auf Prozesszinsen entsprechend, soweit nicht in Verträgen etwas anderes geregelt ist (BSG Urt. v. 09.04.2019 – B 1 KR 5/19 R, BSGE 128, 65 = SozR 4–2500 § 129a Nr. 2 Rn. 39; BSG Urt. v. 08.09.2009 – B 1 KR 8/09 – SozR 4–2500 § 69 Nr. 7 Rn. 14, m.z.N.). Ist Rechtshängigkeit eingetreten, beginnt der Lauf des Zinsanspruchs in entsprechender Anwendung von § 187 Abs 1 BGB mit dem folgenden Tag. Auch für **rückständige Gesamtvergütungsanteile**, die von den Krankenkassen zu leisten waren, können KÄ-Ven Prozesszinsen ab Rechtshängigkeit in entsprechender Anwendung des § 291 BGB geltend machen (BSG Urt. v. 28.09.2005 – B 6 KA 71/04 R, BSGE 95, 141 = SozR 4–2500 § 83 Nr. 2 Rn. 30 ff.). Vertrags(zahn)ärzte haben für **rückständige Honoraransprüche** gegenüber der **K(Z)ÄV keinen Anspruch** auf Verzugs- oder Prozesszinsen (BSG Beschl. v. 27.06.2012 – B 6 KA 65/11 B, ZMGR 2012, 435).

13 Für **Erstattungsansprüche der Sozialleistungsträger untereinander** sind Prozesszinsen nicht zu entrichten, weil es dafür an einer ausdrücklichen sozialrechtlichen Anspruchsgrundlage und mangels einer planwidrigen Regelungslücke auch an den Voraussetzungen für eine analoge Anwendung des § 291 BGB fehlt (BSG Urt. v. 28.10.2008 – B 8 SO 23/07 R, BSGE 102, 10 = SozR 4–2500 § 264 Nr. 2 Rn. 16).

### V. Abs. 1 Satz 4 – Betroffenheit Dritter

14 § 69 Abs. 1 Satz 4 stellt klar, dass die Zuweisung der im 4. Kapitel des SGB V geregelten Rechtsbeziehungen zwischen Krankenkassen und Leistungserbringern im ambulanten und im stationären Bereich zum Sozialversicherungs- und damit zum öffentlichen Recht auch gilt, soweit durch diese Rechtsbeziehungen **Rechte Dritter** betroffen sind.

## C. Abs. 2 – Entsprechende Geltung/Anwendung von Vorschriften des GWB auf Rechtsbeziehungen zwischen Krankenkassen(verbänden) und Leistungserbringern

### I. Entwicklung der Regelungen des Abs. 2 Satz 1

15 Früher war umstritten, inwieweit die Rechtsbeziehungen der Krankenkassen zu den Leistungserbringern der Anwendung des allgemeinen Wettbewerbs- bzw. Kartellrechts unterliegen. Der Gesetzgeber hatte die (frühere) Rspr. des BSG, wonach Kartellrecht nicht auf die Rechtsbeziehungen der Krankenkassen zu den Leistungserbringern anzuwenden war, sowie eine Entscheidung des BGH vom 23.02.2006 zum früheren Rechtszustand, nach der die Vorschriften des UWG ebenfalls keine Anwendung auf die Rechtsbeziehungen zwischen Krankenkassen und Leistungserbringern fanden (BGH NZS 2006, 647), zum Anlass genommen, im GKV-WSG vom 26.03.2007 (BGBl. I S. 378) die bisherige Rechtsprechung von BSG und BGH teilweise zu korrigieren. Das geschah vor dem Hintergrund, dass im GKV-WSG die Möglichkeiten der Krankenkassen erweitert wurden, im Leistungserbringungsrecht statt der bisherigen Kollektivverträge in größerem Umfang auch Einzelverträge mit Leistungserbringern abzuschließen. Durch den durch das GKV-WSG in § 69 eingefügten damaligen Satz 2 wurde die entsprechende Geltung der §§ 19 bis 21 GWB auf die damals in Satz 1 erfassten Rechtsbeziehungen (ambulante Versorgung) angeordnet.

16 Mit dem **GKV-OrgWG** vom 15.12.2008 (BGBl. I S. 2426) wurde § 69 neu gefasst. Der frühere Satz 2 des § 69 wurde nunmehr zu § 69 Abs. 2 Satz 1 Hs. 1 und ordnete die entsprechende Geltung einzelner Vorschriften des Wettbewerbsrechts des GWB (§§ 19 bis 21) bzw. die weitgehende Anwendung des Kartellvergaberechts (§§ 97 bis 115 und 128 GWB) für die in § 69 Abs. 1 genannten Rechtsbeziehungen an. Nach weiteren Änderungen wurde § 69 Abs. 2 wurde durch das Arzneimittelmarktneuordnungsgesetz (**AMNOG**) vom 22.12.2010 (BGBl. I S. 2262) geändert. Durch sie wurde die (entsprechende) Geltung des allgemeinen Wettbewerbsrechts als Ordnungsrahmen für die gesetzliche Krankenversicherung angeordnet.

Durch Art. 1a des 2. Gesetzes zur Änderung des Buchpreisbindungsgesetzes vom 31.07.2016 (BGBl. I S. 1937) erfolgten wiederum Änderungen des § 69. Diese betrafen die Anwendung des Vergaberechts auf öffentliche Aufträge der Krankenkassen und ermöglichten ein vereinfachtes Vergabeverfahren für bestimmte öffentliche Dienstleistungsaufträge an vertragsärztliche und andere heilberufliche Leistungserbringer. Durch Art. 1a Nr. 1 des genannten Gesetzes wurde § 69 Abs. 2 Satz 4, der die Anwendung des Vergaberechts auf öffentliche Aufträge der Krankenkassen bestimmte, aufgehoben. Die entsprechende Regelung findet sich nunmehr in dem neu angefügten Abs. 3 des § 69 (Art. 1a Nr. 2 des 2. Buchpreisbindungsänderungsgesetzes vom 31.07.2016). 17

Eine völlige Neuregelung wurde durch den neu angefügten Abs. 4 des § 69 vorgenommen (Art. 1a Nr. 2 des 2. Buchpreisbindungsänderungsgesetzes vom 31.07.2016). Durch die Vorschrift wird in Ausfüllung der Spielräume, die durch europarechtliche Regelungen eingeräumt sind, in bestimmten Fällen ein vereinfachtes Vergabeverfahren ermöglicht. Dies betrifft die Vergabe öffentlicher Dienstleistungsaufträge nach den §§ 63 (Modellvorhaben) und 140a (Selektivverträge), die von den Krankenkassen und ihren Verbänden an vertragsärztliche und andere heilberufliche Leistungserbringer vergeben werden. Die Änderungen sind zum 06.08.2016 in Kraft getreten (Art. 2 Abs. 2 des 2. Buchpreisbindungsänderungsgesetzes vom 31.07.2016). 18

Abs. 2 Satz 1 wurde durch Art. 7 Nr. 1 des GWB-Digitalisierungsgesetzes vom 18.01.2021 (BGBl. I S. 2), in Kraft getreten am 19.01.2021, geändert. Dabei handelte es sich um eine Folgeänderung und die Anpassung von Verweisen auf geänderte Vorschriften im Gesetz gegen Wettbewerbsbeschränkungen im Bereich der bußgeldrechtlichen Vorschriften (Begründung GesEntw, BT-Drs. 19/23492, S. 144, Zu Art. 7 Nr. 1). 18a

### 1. Regelungsgehalt des Abs. 2 Satz 1

Waren nach § 69 Abs. 2 i.d.F. des GKV-OrgWG vom 15.12.2008 (BGBl. I S. 2426) nur einzelne Regelungen des Wettbewerbs- und Vergaberechts entsprechend anzuwenden, wurde durch die Neufassung der Vorschrift durch das AMNOG vom 22.12.2010 die **umfassende Geltung des allgemeinen Wettbewerbsrechts** und des Vergaberechts (§§ 97 ff. GWB a.F.) angeordnet. 19

Der darin liegende **Paradigmenwechsel** wurde im Gesetzentwurf der Fraktionen der CDU/CSU und FDP zum AMNOG (BT-Drs. 17/2413 S. 26 zu Nr. 9 § 69) damit begründet, dass die Krankenkassen im Verhältnis zu den Leistungserbringern über eine erhebliche Marktmacht verfügen könnten. Sie nähmen beim Abschluss von Einzelverträgen eine rein soziale Aufgabe war, die auf dem Grundsatz der Solidarität beruhe und ohne Gewinnerzielungsabsicht ausgeübt werde. Nach der europäischen Rechtsprechung zum Unternehmensbegriff seien sie daher bei Vertragsabschlüssen mit Leistungserbringern, die der Versorgung der Versicherten dienten, nicht als Unternehmen anzusehen. Es bestehe daher in diesem Bereich die Notwendigkeit zu regeln, dass die Einkaufstätigkeit der Krankenkassen im Anwendungsbereich des nationalen Rechts vom Wettbewerbsrecht erfasst werde. Damit werde sichergestellt, dass dieses wettbewerblich relevante Verhalten in jedem Fall einer wettbewerbsrechtlichen Kontrolle unterfalle. 20

### 2. Entsprechende Geltung der wettbewerbsrechtlichen GWB-Vorschriften

Angeordnet wird die **entsprechende Geltung** der in Abs. 2 Satz 1 genannten GWB-Vorschriften auf die von § 69 Abs. 1 erfassten Rechtsbeziehungen. Die enumerative Aufzählung der Vorschriften in Abs. 2 Satz 1 erfolgte, um dem verfassungsrechtlichen Bestimmtheitsgebot Rechnung zu tragen (Beschlussempfehlung und Bericht des BT-Ausschusses für Gesundheit, BT-Drs. 17/3698 S. 74, zu Nr. 9 § 69). Die entsprechende Geltung betrifft wie bisher die Rechtsbeziehungen der Krankenkassen(verbände) zu den Leistungserbringern und deren Verbänden sowohl im ambulanten als auch im stationären Bereich. Die Anordnung einer unmittelbaren Geltung schied aus, da der Gesetzgeber die Krankenkassen und ihre Verbände bei Vertragsabschlüssen mit Leistungserbringern, die der Versorgung der Versicherten dienen, nach wie vor **nicht als Unternehmen** i.S.d. § 1 GWB beurteilte 21 (so schon Begründung zum GKV-OrgWG, BT-Drs. 16/4247 S. 50, zu Nr. 40 § 69; ebenso Begründung des Gesetzentwurfs zum AMNOG, BT-Drs. 17/2413 S. 26, zu Nr. 9 § 69).

### 3. Rechtsgrundverweisung

22 Bei Abs. 2 Satz 1 handelt es sich nicht um eine Rechtsfolgen-, sondern um eine **(Teil-) Rechtsgrundverweisung**. Das bedeutet, dass bei der entsprechenden Geltung der wettbewerbsrechtlichen GWB-Vorschriften für die Krankenkassen auch die Voraussetzungen dieser Normen gegeben sein müssen, damit deren Rechtsfolgen eintreten. Die Rechtsgrundverweisung ist lediglich insoweit eingeschränkt, als es sich bei den Institutionen, auf deren Tätigkeit im Wettbewerb die GWB-Bestimmungen Anwendung finden, nicht um »Unternehmen« handeln muss, sondern dass diese Vorschriften entsprechend auf Krankenkassen bzw. Krankenkassenverbände anzuwenden sind (BSG Urt. v. 17.07.2008 – B 3 KR 23/07 R, BSGE 101, 142 = SozR 4–2500 § 69 Nr. 4 Rn. 40, 41; BSG Urt. v. 20.11.2008 – B 3 KR 25/07 R – SozR 4–2500 § 133 Nr. 3 Rn. 44).

### 4. Inhalt des Abs. 2 Satz 1

#### a) Entsprechende Geltung der §§ 1 bis 3 Abs. 1 GWB

23 Die Vorschrift bestimmt zunächst, dass die §§ 1 bis 3 Abs. 1 GWB entsprechend gelten. **§ 1 GWB** betrifft das Verbot wettbewerbsbeschränkender Vereinbarungen. Danach sind Vereinbarungen zwischen Unternehmen, Beschlüsse von Unternehmensvereinigungen und aufeinander abgestimmte Verhaltensweisen, die eine Verhinderung, Einschränkung oder Verfälschung des Wettbewerbs bezwecken oder bewirken, verboten. **§ 2 GWB** stellt bestimmte Vereinbarungen vom Verbot des § 1 GWB frei. **§ 3 Abs. 1 GWB** definiert, unter welchen Voraussetzungen bei der Rationalisierung wirtschaftlicher Vorgänge durch betriebliche Zusammenarbeit die Voraussetzung des § 2 Abs. 1 GWB erfüllt sind.

#### b) Begründung der Regelung im Gesetzentwurf

24 Mit der Ausdehnung des gesamten Wettbewerbsrechts auf die gesetzlichen Krankenkassen auch bei solchen Verträgen, mit denen diese die Versorgung der Versicherten sicherzustellen haben, soll nach der Begründung des Gesetzentwurfs zum AMNOG (BT-Drs. 17/2413 S. 26, zu Nr. 9 § 69) sichergestellt werden, dass das **Kartellrecht als Ordnungsrahmen** umfassend auf die Einzelvertragsbeziehungen zwischen Krankenkassen und Leistungserbringern Anwendung findet und es auf Nachfrager-, aber auch auf Anbieterseite zu keinen unerwünschten, einer wirtschaftlichen Versorgung abträglichen Wettbewerbsbeschränkungen kommt (Kartellabsprachen und Oligopolbildung). Die bisher schon angeordnete entsprechende Geltung der §§ 19 bis 21 GWB ermögliche – so weiter die Begründung – eine Kontrolle bereits bestehender Marktmacht einzelner Krankenkassen. Nicht erfasst würden jedoch Vereinbarungen, Beschlüsse und Verhaltensweisen von Krankenkassen im Sinne des Kartellverbots. Mittlerweile seien Krankenkassen vielfach dazu übergegangen, gemeinsam Verträge abzuschließen. Beispiele hierfür seien gemeinsame Ausschreibungen der Allgemeinen Ortskrankenkassen im Bereich der Rabattverträge in der Arzneimittelversorgung nach § 130a Abs. 8. Da derartige Praktiken von Krankenkassen bei Vertragsabschlüssen von den §§ 19 bis 21 GWB nicht erfasst würden, sei es erforderlich, die Geltungsanordnung des Kartellverbotes zu regeln. Die entsprechende Anwendung des § 1 GWB werde daher künftig in § 69 aufgenommen. Die §§ 2 bis 3 GWB, die Freistellungen vom Kartellverbot vorsähen, würden ebenfalls entsprechend gelten.

#### c) Entsprechende Geltung der §§ 19 bis 21 GWB

25 Des Weiteren ordnet Abs. 2 Satz 1 die entsprechende Geltung der §§ 19 bis 21 GWB an. § 19 GWB betrifft verbotenes Verhalten von marktbeherrschenden Unternehmen. Der Begriff der Marktbeherrschung wird in § 18 GWB definiert. § 19 GWB kommt am ehesten für eine entsprechende Anwendung in dem Gesundheitsmarkt sowohl auf der Nachfrager- als auch auf der

Anbieterseite in Betracht (zur Prüfung der §§ 19 ff. GWB s. Sächs. LSG v. 17.06.2010 – L 1 KR 78/09 B ER juris Rn. 56 ff.). § 19a GWB betrifft mißbräuchliches Verhalten von Unternehmen mit überragender marktübegreifender Bedeutung für den Wettbewerb. § 20 GWB soll verbotenes Verhalten von Unternehmen mit relativer oder überlegener Marktmacht erfassen. Die Vorschrift enthält verschiedene Tatbestände, die bereits im Stadium vor dem Entstehen einer marktbeherrschenden Stellung einen funktionierenden Wettbewerb sicherstellen sollen. § 21 GWB regelt Verbotstatbestände im Zusammenhang mit der Veranlassung zu unerlaubtem Verhalten.

### d) Entsprechende Geltung weiterer wettbewerbsrechtlicher Vorschriften des GWB

§ 69 Abs. 2 Satz 1 i.d.F. des GKV-OrgWG vom 15.12.2008 bestimmte zwar die entsprechende Geltung der §§ 19 bis 21 GWB, legte jedoch nicht fest, was zu erfolgen hatte, wenn Krankenkassen oder Leistungserbringer gegen diese Vorschriften verstoßen hatten. Dem hilft die Regelung des § 69 Abs. 2 Satz 1 ab. Hier wird die entsprechende Geltung der §§ 32 bis 34a, 48 bis 81 Abs. 2 Nr. 1, 2 Buchst. a und Nr. 6 bis 11, Abs. 3 Nr. 1 und 2, Abs. 4 bis 10 und §§ 81a bis 95 GWB angeordnet. Die Vorschriften regeln die **Befugnisse der Kartellbehörden** und das **Verfahren vor den Zivilgerichten** bei kartellrechtswidrigem Verhalten von Unternehmen. Damit – so die Begründung zur vormaligen Regelung des Abs. 2 Satz 1 durch das AMNOG – sei gewährleistet, dass die Kartellbehörden (Bundeskartellamt oder die Kartellbehörden der Länder) die Einhaltung der maßgeblichen Vorschriften kontrollieren könnten und den Behörden die entsprechende Befugnis zur Beseitigung kartellrechtswidrigen Verhaltens zur Verfügung stünden (BT-Drs. 17/2413 S. 26, zu Nr. 9 § 69).

### 5. Mögliche Konkurrenz zwischen sozialrechtlichen Aufsichtsmaßnahmen und Maßnahmen der Kartellbehörden

In den §§ 32 ff. GWB sind die Rechtsfolgen bei Verstößen gegen Verbotsnormen des GWB geregelt. Danach können die Kartellbehörden gegen Unternehmen, die gegen Verbotsnormen des GWB verstoßen haben, **Sanktionen** verhängen.

Nicht abschließend geklärt ist das Verhältnis dieser Sanktionsbefugnis der Kartellbehörden zu aufsichtsrechtlichen Maßnahmen der Aufsichtsbehörden. Versicherungsträger wie die Krankenkassen unterliegen **staatlicher Aufsicht** (§ 87 Abs. 1 Satz 1 SGB IV). Diese erstreckt sich auf die Beachtung von Gesetz und sonstigem Recht, das für die Versicherungsträger maßgebend ist. Zu den von den Krankenkassen zu beachtenden gesetzlichen Vorschriften zählen auch die Vorschriften des GWB, deren entsprechende Geltung in § 69 Abs. 2 Satz 1 angeordnet worden ist. Verletzen Krankenkassen diese Vorschriften, handelt es sich um Verstöße gegen geltendes Recht. Solche Verstöße sind gem. § 89 Abs. 1 SGB IV durch aufsichtsrechtliche Maßnahmen zu ahnden. Damit kann es zu einer Konkurrenz zwischen aufsichtsrechtlichen und kartellrechtlichen Maßnahmen und widersprechenden Ergebnissen kommen, wobei nicht von einem generellen Vorrang der Befugnisse der Kartellbehörden aufgrund der entsprechenden Geltung der GWB-Vorschriften ausgegangen werden kann. Auf diese Problematik wies auch der **BRat** in seiner Stellungnahme zum Entwurf des AMNOG hin. Danach führe die parallele Rechtsaufsicht nach dem Sozialrecht und die Missbrauchsaufsicht nach dem Kartellrecht zu Wertungswidersprüchen und neuer Bürokratie. Kassenartenübergreifende Versorgungsverträge könnten den Normen des Kartellrechts entgegenstehen (BT-Drs. 17/3116 S. 12, Nr. 8).

### 6. Rechtswegzuweisung zur Zivilgerichtsbarkeit

Über die Anordnung der entsprechenden Geltung der §§ 81a bis 95 GWB wird die Zuständigkeit der Zivilgerichte in solchen Streitigkeiten begründet, in denen Krankenkassen(verbände) und Leistungserbringer(verbände) um die Rechtmäßigkeit von Vereinbarungen unter wettbewerbsrechtlichen Gesichtspunkten streiten. Trotz zahlreicher Bedenken (vgl. dazu die Stellungnahme des BRates zum Zuständigkeitswechsel bei vergaberechtlichen Streitigkeiten – BT-Drs. 17/3116 S. 12, Nr. 8) wurde die durch das GKV-OrgWG vom 15.12.2008 aus guten Gründen begründete

## § 69 SGB V  Anwendungsbereich

Rechtswegzuweisung zu den Gerichten der Sozialgerichtsbarkeit aufgehoben und die Entscheidung der Rechtsstreitigkeiten wieder der Zivilgerichtsbarkeit zugewiesen.

30  Die Rechtswegzuweisung wurde durch Änderungen im SGG und GWB flankiert. Nach Art. 2 Nr. 3 AMNOG vom 22.12.2010 wurde § 51 Abs. 2 Satz 2 SGG, der die Anwendung der §§ 87 und 96 GWB gerade in den Rechtsbeziehungen, die das Verhältnis der Krankenkassen zu den Leistungserbringern betraf, ausschloss, aufgehoben. § 51 SGG wurde folgender Abs. 3 angefügt: »Von der Zuständigkeit der Gerichte der Sozialgerichtsbarkeit nach den Abs. 1 und 2 ausgenommen sind Streitigkeiten in Verfahren nach dem Gesetz gegen Wettbewerbsbeschränkungen, die Rechtsbeziehungen nach § 69 des Fünften Buches Sozialgesetzbuch betreffen.« Diese Änderung wurden durch entsprechende Neuregelungen im GWB ergänzt (Art. 3 AMNOG).

### 7. Grenzen der Rechtswegzuweisung

31  Allerdings sind die gesetzlich vorgegebenen Grenzen der Rechtswegzuweisung zu beachten. Nach § 69 Abs. 2 Satz 2 und 3 i.d.F. des AMNOG vom 22.12.2010 sind eine Reihe von Verträgen und Vereinbarungen zwischen Krankenkassen(verbänden) und Leistungserbringern und deren Verbänden sowie weitere Rechtshandlungen von Krankenkassen von der entsprechenden Geltung der wettbewerbsrechtlichen Vorschriften des GWB ausgenommen (s. dazu unter II.).

32  Sofern in diesen Rechtsbeziehungen Rechtsstreitigkeiten zwischen Krankenkassen und Leistungserbringern entstehen, greift die Rechtswegzuweisung über § 69 Abs. 2 Satz 1 nicht. D.h., insofern bleibt weiterhin die **ausschließliche Zuständigkeit der Sozialgerichte** nach § 51 Abs. 2 Satz 1 SGG bestehen, selbst wenn in diesen Rechtsstreitigkeiten wettbewerbsrechtliche (Vor-)Fragen zu klären sind.

33  Nehmen Kartellbehörden unter Bezugnahme auf die entsprechende Geltung der §§ 1 ff. GWB ihre Zuständigkeiten für aufsichtsrechtliche Maßnahmen gegenüber Krankenkassen in Anspruch und bestreitet die Krankenkasse die Zuständigkeit, kann sich diese dagegen im Sozialrechtsweg mit der hierfür vorgesehenen **Aufsichtsklage** wehren (zur Zuständigkeit der Sozialgerichtsbarkeit bei Klagen von Krankenkassen gegen kompetenzwidrige Aufsichtsmaßnahmen der Kartellbehörden: BSG Beschl. v. 28.09.2010 – B 1 SF 1/10 R – SozR 4-1500 § 51 Nr. 9 Rn. 14 ff.).

### II. Abs. 2 Satz 2 und 3 – Von entsprechender Geltung des Kartellrechts ausgenommene Verträge, Vereinbarungen und weitere Rechtshandlungen

#### 1. Abs. 2 Satz 2 – Ausgenommene Verträge und Vereinbarungen

34  § 69 Abs. 2 Satz 2 i.d.F. des AMNOG vom 22.12.2010 nimmt Verträge und sonstige Vereinbarungen der Krankenkassen und ihrer Verbände mit Leistungserbringern oder deren Verbände aus dem Anwendungsbereich des Satzes 1 und damit von der entsprechenden Geltung der wettbewerbsrechtlichen Vorschriften des GWB aus, zu deren **Abschluss** die Krankenkassen oder deren Verbände **gesetzlich verpflichtet** sind. Die Vorschrift übernahm damit weitgehend die frühere Regelung des 69 Abs. 2 Hs. 2 i.d.F. des GKV-OrgWG vom 15.12.2008, allerdings mit einem **wichtigen Unterschied**. Gefordert wurde nun nicht mehr, dass neben der gesetzlichen Verpflichtung zum Vertragsschluss für die Verträge auch eine Schiedsamtsregelung gelten müsse.

35  Nach der Begründung der Neuregelung durch das AMNOG vom 22.12.2010 sind davon alle Versorgungsverträge betroffen, die entweder die Krankenkassen oder die jeweiligen Verbände mit den Leistungserbringern oder deren Verbänden zur Sicherstellung der Versorgung der Versicherten abzuschließen haben. Solche **zwingenden Verpflichtungen** fänden sich z.B. in der Heilmittelversorgung im § 125 Abs. 2 und in der Hilfsmittelversorgung im § 127 Abs. 2. Die Ausnahme vom Kartellrecht trage der Versorgungsrealität in der GKV Rechnung. So würden etwa in Teilbereichen der Hilfsmittelversorgung die Verträge regelhaft nach § 127 Abs. 2 auf Verbandsebene und

damit kollektivvertraglich geschlossen (Beschlussempfehlung und Bericht des BT-Ausschusses für Gesundheit, BT-Drs. 17/3698 S. 74, zu Nr. 9 § 69).

Die Regelung geht damit über die frühere Rechtslage, wie sie nach dem GKV-OrgWG vom 15.12.2008 bestand, hinaus und erweitert mit dem Wegfall der Schiedsamtsregelung den Bereich, in dem es nach Abs. 2 Satz 1 nicht zu einer entsprechenden Geltung der §§ 1 ff. GWB kommt. Nunmehr ist für den Ausnahmebereich **allein Voraussetzung**, dass die Krankenkassen oder ihre Verbände zum Abschluss von Verträgen oder sonstigen Vereinbarungen **gesetzlich verpflichtet** sind. Damit werden ausdrücklich auch solche Verträge von der Ausnahmeregelung erfasst, bei denen keine Schiedsamtsverpflichtung gegeben ist. 36

Als Grund für die Ausnahme von der entsprechenden Geltung des Kartellrechts bei solchen Verträgen führt die Gesetzesbegründung die »Versorgungsrealität« in der GKV an. Zugleich wird darauf hingewiesen, dass solche Verträge auf Verbandsebene und damit kollektivvertraglich geschlossen würden. Dieser Begründungsteil ist nicht ganz nachvollziehbar. Nach dem Gesetzeswortlaut kann nicht entscheidend sein, ob es sich um kollektivvertragliche oder selektivvertragliche Vereinbarungen handelt. Maßgeblich ist allein, ob eine gesetzliche Verpflichtung der Krankenkassen zum Vertragsschluss besteht. Allerdings besteht bei kollektivvertraglichen Vereinbarungen, die den Gegensatz zu Einzel- oder Selektivverträgen bilden, regelmäßig eine gesetzliche Verpflichtung der Vertragspartner zum Vertragsschluss. Vertragspartner der Krankenkassen(-verbände) sind dabei nicht einzelne Leistungserbringer, sondern Verbände von Leistungserbringern. Die getroffenen Vereinbarungen erstrecken sich auf die durch die Verbände Repräsentierten, nämlich die einzelnen Krankenkassen oder die einzelnen Leistungserbringer. 37

Nach der Regelung durch das AMNOG vom 22.12.2010 werden auch **selektivvertragliche Vereinbarungen**, zu deren Abschluss die Krankenkassen oder deren Verbände gesetzlich verpflichtet sind, von der entsprechenden Geltung des Kartellrechts – nach der gesetzlichen Regelung nur von der entsprechenden Geltung der wettbewerbsrechtlichen Vorschriften des Kartellrechts – ausgenommen. Darunter fallen auch Vereinbarungen zur hausarztzentrierten Versorgung gem. § 73b Abs. 4, da die Krankenkassen bei Vorliegen der Voraussetzungen zum Abschluss solcher Verträge verpflichtet sind, was eine entsprechende Anwendung des Wettbewerbsrechts des GWB ausschließt (BSG Urt. v. 25.03.2015 – B 6 KA 9/14 R, BSGE 118, 164 = SozR 4–2500 § 73b Nr. 1 Rn. 88 f.). 38

Auch auf den Abschluss von Rahmenverträgen gem. § 132a (Versorgung mit häuslicher Krankenpflege) ist die Anwendung der §§ 19 ff. GWB ausgeschlossen. Der Anwendungsausschluss gilt für Verträge und sonstige Vereinbarungen von Krankenkassen oder deren Verbänden mit Leistungserbringern oder deren Verbänden, zu deren Abschluss die Krankenkassen und deren Verbände gesetzlich verpflichtet sind. Das trifft auf die Rahmenverträge nach § 132a Abs. 2 (a.F.; nunmehr § 132a Abs. 4) zu, da Leistungserbringer bei Vorliegen der qualitativ-fachlichen, personellen und räumlichen Voraussetzungen einen Anspruch auf Abschluss des Vertrages haben. Von der Ausschlussregelung des § 69 Abs. 2 Satz 2 sind im Rahmen des § 132a nicht nur Selektiv-, sondern auch Kollektivverträge erfasst (BSG Urt. v. 23.06.2016 – B 3 KR 26/15 R, BSGE 121, 243 = SozR 4–2500 § 132a Nr. 10 Rn. 53). In diesem Sinne hat für eine vergleichbare Problematik auch der Kartellsenat des BGH entschieden. Danach finden auf Verträge der Krankenkassen mit Pflegediensten über die Versorgung mit häuslicher Intensivpflege gem. § 132a Abs. 2 (a.F.; nunmehr § 132a Abs. 4) die Kartellverbote des § 1 GWB und des Art. 101 Abs. 1 des Vertrages über die Arbeitsweise der Europäischen Union (AEUV) keine Anwendung. Die Krankenkasse sei zum Abschluss eines Vertrages mit dem Leistungserbringer gesetzlich verpflichtet. Somit greife der Rückausnahmetatbestand des § 69 Abs. 2 Satz 2 ein, der die Anwendbarkeit der §§ 1, 33 GWB ausschließe (BGH Urt. v. 24.01.2017 – KZR 63/14, NZKArt 2017, 202; juris Rn. 21 ff.). Art. 101 Abs. 1 AEUV sei ebenfalls nicht anwendbar, da die Vorschrift ein unternehmerisches Handeln des Normadressaten voraussetze. Aufgrund der gesetzlichen Verpflichtung der Krankenkasse zum Vertragsschluss fehle es hieran im Anwendungsbereich des § 132a (BGH Urt. v. 24.01.2017 – KZR 63/14, NZKArt 2017, 202; juris Rn. 33). 38a

## 2. Abs. 2 Satz 3 – Weitere Ausnahmen von der entsprechenden Geltung des Kartellrechts

39 Der durch das AMNOG vom 22.12.2010 eingefügte Abs. 2 Satz 3 nimmt weitere Rechtshandlungen von der entsprechenden Geltung der wettbewerbsrechtlichen Vorschriften nach Abs. 2 Satz 1 aus. Danach gilt diese Vorschrift nicht für **Beschlüsse, Empfehlungen, Richtlinien oder sonstige Entscheidungen** der Krankenkassen oder deren Verbände, zu denen sie gesetzlich verpflichtet sind, sowie für Beschlüsse, Richtlinien und sonstige Entscheidungen des Gemeinsamen Bundesausschusses, zu denen er gesetzlich verpflichtet ist.

40 Nach der Begründung des Gesetzentwurfs zu dieser Regelung, die sich allerdings auf eine nicht Gesetz gewordene Fassung bezieht, seien Verträge, zu deren Abschluss die Krankenkassen verpflichtet seien und bei deren Nichtzustandekommen eine Schiedsamtsregelung gelte, weiterhin von der Anwendung des gesamten Wettbewerbsrechts ausgeschlossen. Hier würde den Krankenkassen keine Entschließungs- und Handlungsfreiheiten gewährt und es finde keine Auswahlentscheidung zwischen den einzelnen Leistungserbringern und damit kein Wettbewerb statt, der eine Anwendung des Wettbewerbsrechts rechtfertige (Begründung des Gesetzentwurfs zum AMNOG, BT-Drs. 17/2413 S. 26, zu Nr. 9 § 69).

41 Die Vorschrift erstreckt damit den **Ausnahmebereich**, der nicht von der entsprechenden Geltung des Wettbewerbsrechts erfasst wird, **auf weitere Anwendungsbereiche** und begrenzt sie nicht nur auf Verträge und Vereinbarungen der Krankenkassen und ihre Verbände mit Leistungserbringern. Vielmehr sind darüber hinausgehend alle Rechtshandlungen von Krankenkassen oder deren Verbänden, zu denen sie gesetzlich verpflichtet sind, von der entsprechenden Geltung des Wettbewerbsrechts der §§ 1 ff. GWB ausgenommen.

42 Zu prüfen bleibt danach für die entsprechende Geltung des Wettbewerbsrechts, ob eine **gesetzliche Verpflichtung** der Krankenkassen oder ihrer Verbände zu diesen Maßnahmen besteht, aufgrund derer sie **kein Auswahlermessen** haben. Ist das der Fall, scheidet die entsprechende Geltung der wettbewerbsrechtlichen Vorschriften des GWB auf die jeweiligen Rechtshandlungen der Krankenkassen und ihre Verbände aus. Auch hier trifft der Gedanke zu, dass Rechtshandlungen, zu denen die Krankenkassen gesetzlich verpflichtet sind, ihnen keine wettbewerbsrechtlichen Gestaltungsspielräume eröffnen. Von Bedeutung ist die **Klarstellung** in § 69 Abs. 2 Satz 3 Hs. 2, dass von der entsprechenden Geltung i.S.d. Abs. 2 Satz 1 auch Beschlüsse, Richtlinien und sonstige Entscheidungen des **Gemeinsamen Bundesausschusses** (G-BA), zu denen er gesetzlich verpflichtet ist, ausgenommen sind. Damit wird auch für die Rechtshandlungen des G-BA, zu denen er gesetzlich verpflichtet ist, verdeutlicht, dass die Kartellbehörden diese Rechtshandlungen nicht unter wettbewerbsrechtlichen Vorgaben überprüfen können.

### III. Ergebnis der Öffnung für mehr Wettbewerb

43 Nach den Regelungen des Abs. 2 Satz 2 und 3 werden, wie oben aufgezeigt, alle Verträge und Vereinbarungen von Krankenkassen und ihren Verbänden mit Leistungserbringern sowie weitere Rechtshandlungen, zu deren Abschluss die Krankenkassen(verbände) gesetzlich verpflichtet sind, von der entsprechenden Geltung der wettbewerbsrechtlichen Vorschriften des GWB ausgenommen. Damit verbleiben für die entsprechende Geltung des Wettbewerbsrechts auf Verträge und Vereinbarungen der Krankenkassen mit Leistungserbringern über § 69 Abs. 2 Satz 1 nur solche Verträge, zu deren Abschluss die Krankenkassen nicht verpflichtet sind, also die sog. **freiwilligen Verträge**. Dazu zählen u.a. im Wesentlichen folgende Verträge:

44 – §§ 63 ff. – Vereinbarungen zur Durchführung von Modellvorhaben;
 – § 130a Abs. 8 – Arzneimittel-Rabattverträge;
 – § 131 – Rahmenvertrag mit pharmazeutischen Unternehmen;
 – § 140a – Verträge über die besondere Versorgung.

45 Diese – nicht abschließende – Aufzählung verdeutlicht bereits, dass den genannten freiwilligen Verträgen für die Ausgestaltung und Finanzierung des Systems der GKV keine wesentliche Bedeutung zukommt, mit Ausnahme der **Arzneimittel-Rabattverträge** nach § 130a Abs. 8. Diese haben eine

erhebliche **wirtschaftliche Relevanz,** können die Krankenkassen doch über sie erhebliche Einsparungen im Arzneimittelbereich erzielen. Die Rabattverträge wurden der erweiterten Geltung des Wettbewerbsrechts unterworfen. Damit wurden vor allem mögliche Handlungsspielräume der gesetzlichen Krankenkassen im Verhältnis zu den pharmazeutischen Unternehmen beschränkt, deren Rechtsposition im Verhältnis zu den Krankenkassen dagegen gestärkt.

### D. Abs. 3 – Anwendung des Kartellvergaberechts

Der frühere Abs. 2 Satz 4, der die Anwendung des Vergaberechts auf öffentliche Aufträge der Krankenkassen bestimmte, wurde durch Art. 1a Nr. 1 des 2. Buchpreisbindungsänderungsgesetzes vom 31.07.2016 aufgehoben. Die entsprechende Regelung findet sich nunmehr in dem neu eingefügten **Abs. 3** des § 69 (Art. 1a Nr. 2 des 2. Buchpreisbindungsänderungsgesetzes vom 31.07.2016 – BGBl. I S. 1937).

46

Der Regelung über die Anwendung von Vorschriften des Vergaberechts ging eine Debatte darüber voraus, ob mit § 69 Satz 2 i.d.F. des GKV-WSG, in dem ausschließlich die Vorschriften der §§ 19 bis 21 GWB in Bezug genommen wurde, die Anwendung des Kartellvergaberechts der §§ 97 ff. GWB auf die Rechtsbeziehungen der Krankenkassen zu den Leistungserbringern wirksam ausgeschlossen worden war. Dies stand insbesondere im Hinblick auf den **Anwendungsvorrang europäischen Vergaberechts** infrage. Der Gesetzgeber hat der Rechtsprechung des EuGH, der eine möglichst uneingeschränkte Anwendung des Vergaberechts vertritt, durch die Einfügung der Vorschriften über die Anwendung des Vergaberechts auch im Recht der gesetzlichen Krankenversicherung Rechnung getragen und erstmals durch § 69 Abs. 2 Satz 4 i.d.F. des AMNOG vom 22.12.2010 festgelegt, dass nicht – wie zuvor – nur einzelne Vorschriften des Vergaberechts, sondern generell die Vorschriften des Vierten Teils des GWB (§§ 97 ff. GWB) – und damit das gesamte Kartellvergaberecht – auf die genannten Rechtsbeziehungen anzuwenden sind.

### I. Regelungsgehalt des Abs. 3

Mit der Regelung des Abs 3 wird bestimmt, dass alle übrigen Vorschriften des Teils 4 des GWB für öffentliche Aufträge nach dem SGB V gelten (vgl. zur Vorgängerregelung: Begründung des Gesetzentwurfs zum AMNOG, BT-Drs. 17/2413 S. 27, zu Nr. 9 § 69). Anders als in § 69 Abs. 2 Satz 1, in dem die entsprechende Geltung der dort genannten Vorschriften des GWB angeordnet wird, bestimmt Abs. 3, dass die angeführten GWB-Vorschriften auf öffentliche Aufträge »anzuwenden« sind. Sie **gelten** damit **unmittelbar** für die öffentlichen Aufträge der Krankenkassen und anderer Institutionen (vgl. die Gesetzesbegründung zum GKV-OrgWG, BT-Drs. 16/10609, zu Art. 1, zu Nr. 1e § 69 SGB V, S. 67).

47

Das Kartellvergaberecht der §§ 97 ff. GWB ist Bestandteil des **Vergaberechts.** Bei diesem handelt es sich um die Gesamtheit der Normen, die ein Träger öffentlicher Verwaltung bei der **Beschaffung von sachlichen Mitteln und Leistungen**, die er zur Erfüllung von Verwaltungsaufgaben benötigt, zu beachten hat (BVerfG v. 13.06.2006 – 1 BvR 1160/03, BVerfGE 116, 135, Rn. 2). Es handelt sich um ein umfassendes Regelwerk, das hier nur in groben Umrissen dargestellt werden kann.

48

Neben den Vorschriften der §§ 97 ff. GWB gilt die Verordnung über die Vergabe öffentlicher Aufträge (**Vergabeverordnung** – VgV), die wiederum auf die verschiedenen speziellen Vergabeverordnungen verweist, nämlich auf die Sektorenverordnung, die Konzessionsvergabeverordnung und die Vergabeverordnung Verteidigung und Sicherheit. Nach dem sog. Kaskadenprinzip gelten unterhalb der genannten Vergabeverordnungen für den Baubereich die Vergabe- und Vertragsordnungen für Bauleistungen.

49

Das Kartellvergaberecht verpflichtet die öffentlichen Auftraggeber, bei der Vergabe öffentlicher Aufträge die gesetzlichen **Vorgaben des Vergabeverfahrens** einzuhalten. Es eröffnet für die Bieter die Möglichkeiten, im Wege des **Primärrechtsschutzes** in ein laufendes Vergabeverfahren einzugreifen. Dem übergegangenen Bieter ist die in Aussicht genommene Vergabeentscheidung so rechtzeitig mitzuteilen, dass er die Rechtmäßigkeit des Vergabeverfahrens durch Anrufung einer

50

Vergabekammer überprüfen lassen und so verhindern kann, dass vor der Entscheidung der Vergabekammer ein Zuschlag erteilt wird; denn nach Anrufung der Vergabekammer darf der Auftraggeber gem. § 115 Abs. 1 GWB den Zuschlag vor deren Entscheidung und dem Ablauf einer Beschwerdefrist nicht erteilen.

51 Das Kartellvergaberecht der §§ 97 ff. GWB ist nur auf Vergaben mit Beträgen ab bestimmten **Schwellenwerten** anwendbar (§ 106 GWB). Diese orientieren sich an den gemeinschaftsrechtlichen Vorgaben. Ab dem 01.01.2020 gelten für 2 Jahre folgende Schwellenwerte: Für Bauvergaben 5.350.000 €, für Liefer- und Dienstleistungen sonstiger öffentlicher Auftraggeber 214.000 €, für Sektorenauftraggeber 428.000 € und für oberste Bundesbehörden 139.000 €.

## II. Anwendung des Kartellvergaberechts auf Verträge der Krankenkassen mit Leistungserbringern

### 1. § 99 Nr. 2 GWB – Auftraggebereigenschaft

52 Der Anwendungsbereich des Kartellvergaberechts ist eröffnet, wenn ein öffentlicher Auftraggeber i.S.d. § 98 GWB, der nicht vom Anwendungsbereich des GWB ausgenommen ist, die Vergabe eines öffentlichen Auftrages i.S.d. § 103 GWB beabsichtigt, dessen Wert den für den bestimmten Auftragsbereich festgelegten Schwellenwert erreicht oder übersteigt.

53 Für den persönlichen Anwendungsbereich des Kartellvergaberechts ist erforderlich, dass es sich bei dem Auftraggeber um einen **öffentlichen Auftraggeber** handelt. Für die Krankenkassen kommt nur die Anwendung des § 99 Nr. 2 GWB in Betracht. Die Auftraggebereigenschaft i.S.d. Vorschrift setzt voraus, dass juristische Personen des öffentlichen und privaten Rechts zu dem besonderen Zweck gegründet worden sind, im Allgemeininteresse liegende Aufgaben nichtgewerblicher Art zu erfüllen. Sie müssen zudem überwiegend staatlich finanziert oder beherrscht werden. Die genannten Voraussetzungen müssen kumulativ vorliegen (EuGH vom 10.04.2008, Ing. Aigner, C-393/06, Slg. 2008, I-2339, Rn. 36, m.w.N.). Das war früher für die Krankenkassen umstritten, ist aber nach der Entscheidung des EuGH vom 11.06.2009 – C-300/07 (Sache Oymanns gegen AOK Rheinland/Hamburg, NJW 2009, 2427) in dem Sinne geklärt, dass die Krankenkassen öffentliche Auftraggeber i.S.d. Kartellvergaberechts sein können.

### 2. Voraussetzung des öffentlichen Auftrags

54 Weitere Voraussetzung für die Anwendung des Vergaberechts ist, dass es sich bei dem jeweiligen Auftrag um einen **öffentlichen Auftrag** i.S.d. § 103 GWB handelt. Die Vorschrift enthält die Begriffsdefinition des öffentlichen Auftrags. Kennzeichnend für den öffentlichen Auftrag i.S.d. § 103 Abs. 1 GWB ist, dass der öffentliche Auftraggeber wie ein Privater als Nachfrager am Markt auftritt. Dabei hat es keine Bedeutung, ob es sich bei dem zu schließenden Vertrag um einen öffentlich-rechtlichen oder einen privatrechtlichen Vertrag handelt. Für die Annahme eines öffentlichen Auftrages muss hinzukommen, dass dem Beschaffungsvorgang zwischen öffentlichem Auftraggeber und Unternehmen ein entgeltlicher Vertrag zu Grunde liegt. Der Begriff des entgeltlichen Vertrags ist weit auszulegen. Die Gegenleistung muss nicht notwendigerweise in Geld bestehen. Es wird jede Art der Vergütung erfasst, die einen geldwerten Vorteil darstellt.

### 3. Voraussetzung des Auswahlermessens

55 Für die Annahme eines öffentlichen Auftrag i.S.d. § 103 GWB ist weiter – nicht ausdrücklich genannte – Voraussetzung, dass der Auftraggeber ein **Auswahlermessen** dahingehend hat, an welchen der in Betracht kommenden Auftragnehmer er den Auftrag vergibt (s. z.B. EuGH Urt. v. 02.06.2016 – C-410/14, Rn. 38 f., ECLI:EU:C:2016:399 – Dr. Falk Pharma GmbH; EuGH Urt. 01.03.2018 – C-9/17 Rn. 31 – Kirkkonen; BSG Urt. v. 25.03.2015 – B 6 KA 9/14 R, BSGE 118, 164 = SozR 4-2500 § 73b Nr. 1 Rn. 88 f.; OLG Düsseldorf Beschl. v. 31.10.2018 – Verg 37/18, juris Rn. 51). *Ein solches Auswahlermessen besteht bei Verträgen, zu deren Abschluss die gesetzlichen Krankenkassen mit bestimmten Leistungserbringern oder deren Verbänden gesetzlich verpflichtet sind, nicht. Es ist bei allen Verträgen zwischen Krankenkassen und Leistungserbringern zu verneinen, die*

im Rahmen **kollektivvertraglicher Verpflichtungen** abgeschlossen werden. Ein Auswahlermessen ist aber auch nicht bei Verträgen mit Leistungserbringern von Heilmitteln nach § 125 Abs. 2 oder den Verträgen mit Leistungserbringern von Hilfsmitteln gem. § 127 Abs. 2 gegeben, sofern diese Verträge mit bestimmten Leistungserbringern abgeschlossen werden müssen (zwingende Verpflichtung zum Abschluss von Verträgen – s. Beschlussempfehlung und Bericht des BT-Ausschusses für Gesundheit, BT-Drs. 17/3698 S. 74, zu Nr. 9 § 69). Das gilt ebenso für die Verträge der Krankenkassen mit Hausarztgemeinschaften zur hausarztzentrierten Versorgung gem. § 73b Abs. 4 (s. BSG Urt. v. 25.03.2015 – B 6 KA 9/14 R, BSGE 118, 164 = SozR 4–2500 § 73b Nr. 1 Rn. 88) sowie für Verträge der Krankenkassen mit ambulanten Pflegediensten.

Nach der **Entscheidung des Kartellsenats des BGH** finden auf Verträge der Krankenkassen mit Pflegediensten über die **Versorgung mit häuslicher Intensivpflege** gem. § 132a Abs. 2(a.F.; nunmehr § 132a Abs. 4) die Kartellverbote des § 1 GWB und des Art. 101 Abs. 1 des Vertrages über die Arbeitsweise der Europäischen Union (AEUV) keine Anwendung. Die Krankenkasse sei zum Abschluss eines Vertrages mit dem Leistungserbringer gesetzlich verpflichtet. Somit greife der Rückausnahmetatbestand des § 69 Abs. 2 Satz 2 ein, der die Anwendbarkeit der §§ 1, 33 GWB ausschließe (BGH v. 24.01.2017 – KZR 63/14, NZKArt 2017, 202; juris Rn. 21 ff.). Art. 101 Abs. 1 AEUV sei ebenfalls nicht anwendbar, da die Vorschrift ein unternehmerisches Handeln des Normadressaten voraussetze. Aufgrund der gesetzlichen Verpflichtung der Krankenkasse zum Vertragsschluss fehle es hieran im Anwendungsbereich des § 132a (BGH v. 24.01.2017 – KZR 63/14, NZKArt 2017, 202; juris Rn. 33). Damit fehlt den Krankenkassen bei dem Abschluss solcher Verträge jegliche für die Durchführung eines Vergabeverfahrens typische Beschaffungsautonomie. Die Anwendbarkeit des Kartellvergaberechts in solchen Fällen scheitert schon daran, dass der dem Vergaberecht begriffsnotwendig zugrunde liegende Wettbewerb (zwischen verschiedenen Bietern), der mit der Zuschlagsentscheidung seinen Abschluss findet, durch die gesetzliche Regelung zum Abschluss eines Vertrages mit bestimmten Anbietern ausgeschaltet ist.

**4. Open-House-Verträge**

Eine für die Anwendung des Vergaberechts erforderliche Auswahlsituation liegt auch nicht in den Fallgestaltungen vor, in denen weitere Leistungserbringer ein **Vertragsbeitrittsrecht zu gleichen Bedingungen** haben. Der **EuGH** hat sich im Urteil v. 02.06.2016 (C-410/14 – ECLI:EU:C:2016:399 – Dr. Falk Pharma GmbH) mit der Frage befasst, ob es sich im Rahmen der Arzneimittelversorgung bei sog **Open-House-Verträgen** um öffentliche Aufträge i.S.d. Vergaberechts handelt. Ausgangspunkt war die Ausschreibung eines Arzneimittelrabattvertrages gem. § 130a Abs. 8 durch eine gesetzliche Krankenkasse. In der Ausschreibung war angegeben, dass alle Unternehmen, die die Zulassungskriterien erfüllten, zugelassen seien und mit jedem von ihnen übereinstimmende Vereinbarungen zu im Voraus festgelegten und nicht verhandelbaren Vertragsbedingungen abgeschlossen würden. Außerdem konnte jedes andere Unternehmen, das die genannten Kriterien erfüllte, dem System der Rabattverträge während dessen Laufzeit zu denselben Bedingungen beitreten (sog. Open-House-Modell). In der Ausschreibung wies die Krankenkasse darauf hin, dass das Verfahren nicht dem Vergaberecht unterliege.

Der EuGH hat in Anwendung der Richtlinie 2004/18/EG über die Koordinierung der Verfahren zur Vergabe öffentlicher Bauaufträge, Lieferaufträge und Dienstleistungsaufträge entschieden, dass ein Vertragssystem, mittels dessen eine öffentliche Einrichtung Waren auf dem Markt erwerben will, keinen öffentlichen Auftrag im Sinne dieser Richtlinie darstellt, sofern
– die öffentliche Einrichtung während der gesamten Laufzeit dieses Systems mit jedem Wirtschaftsteilnehmer, der sich verpflichtet, die betreffenden Waren zu im Vorhinein festgelegten Bedingungen zu liefern, einen Vertrag schließt,
– die öffentliche Einrichtung keine Auswahl unter den interessierten Wirtschaftsteilnehmern vornimmt und
– sie ihnen während der gesamten Laufzeit des Systems gestattet, ihm beizutreten, (EuGH Urt. v. 02.06.2016 – C-410/14, juris Rn. 42 – ECLI:EU:C:2016:399).

59 Entscheidender Gesichtspunkt ist nach der Entscheidung des EuGH, dass bei solchen Fallgestaltungen keine Auswahlentscheidung des öffentlichen Auftraggebers erfolgt. Die fehlende Auswahl eines Wirtschaftsteilnehmers, an den ein Auftrag mit Ausschließlichkeit vergeben wird, hat danach zur Folge, dass das Tätigwerden dieses öffentlichen Auftraggebers nicht den präzisen Regeln der Richtlinie 2004/18/EG unterworfen werden muss, um zu verhindern, dass er bei der Auftragsvergabe inländische Wirtschaftsteilnehmer bevorzugt (EuGH Urt. v. 02.06.2016 – C-410/14, juris Rn. 37 – ECLI:EU:C:2016:399). Der EuGH hat weiter entschieden, dass der öffentliche Auftraggeber nicht von jeder Verpflichtung freigestellt ist. Das Zulassungsverfahren zu einem solchen Vertragssystem müsse, soweit sein Gegenstand ein eindeutiges grenzüberschreitendes Interesse aufweise, im Einklang mit den Grundregeln des AEU-Vertrags ausgestaltet und durchgeführt werden. Insbesondere müssten die Grundsätze der Nichtdiskriminierung und der Gleichbehandlung der Wirtschaftsteilnehmer sowie das sich daraus ergebende Transparenzgebot beachtet werden (EuGH Urt. v. 02.06.2016 – C-410/14, juris Rn. 47 – ECLI:EU:C:2016:399). Eine Ausschreibung nach Vergaberecht muss demnach bei einem Open-House-Vertrag nicht erfolgen. Im Rückschluss bedeutet dies zugleich, dass immer dann, wenn eine Auswahlentscheidung des Auftraggebers ansteht, diese nur auf der Grundlage eines Vergabeverfahrens getroffen werden kann (s. dazu *Luthe* SGb 2018, 206, 207).

### III. Rechtswegzuweisung für vergaberechtliche Streitigkeiten zur Zivilgerichtsbarkeit

60 Eine Folge der durch § 69 Abs. 3 bestimmten Anwendung des Kartellvergaberechts auf die Rechtsbeziehungen der Krankenkassen zu den Leistungserbringern i.S.d. § 69 Abs. 1 ist die **Übertragung des Rechtsweges** von der Sozial- auf die Zivilgerichtsbarkeit. Damit wurde die durch das GKV-OrgWG vom 15.12.2008 begründete Zuständigkeit der Sozialgerichtsbarkeit auch für vergaberechtliche Streitigkeiten, die die Rechtsbeziehungen zwischen Krankenkassen und Leistungserbringern betrafen, wieder aufgehoben. Nach **§ 51 Abs. 3 SGG**, eingefügt durch das AMNOG vom 22.12.2010, sind von der Zuständigkeit der Gerichte der Sozialgerichtsbarkeit nach § 51 Abs. 1 und 2 SGG Streitigkeiten in Verfahren nach dem Gesetz gegen Wettbewerbsbeschränkungen, die Rechtsbeziehungen nach § 69 betreffen, ausgenommen.

## E. Abs. 4 – Vereinfachte Vergabe öffentlicher Dienstleistungsaufträge im Rahmen der §§ 63 und 140a SGB V

62 Eine völlige Neuregelung erfolgte für bestimmte Bereiche durch den neu angefügten **Abs. 4** des § 69 (Art. 1a Nr. 2 des 2. Buchpreisbindungsänderungsgesetzes vom 31.07.2016 – BGBl. I S. 1937). Durch die Vorschrift wird in Ausfüllung der Spielräume, die durch europarechtliche Regelungen eingeräumt sind, in bestimmten Fällen ein vereinfachtes Vergabeverfahren ermöglicht. Dies betrifft die Vergabe öffentlicher Dienstleistungsaufträge nach den §§ 63 (Modellvorhaben) und 140a (Selektivverträge), die von den Krankenkassen und ihren Verbänden an vertragsärztliche und andere heilberufliche Leistungserbringer vergeben werden. Die Änderungen sind zum 06.08.2016 in Kraft getreten (Art. 2 Abs. 2 des 2. Buchpreisbindungsänderungsgesetzes vom 31.07.2016).

### I. Anwendungsbereich (Abs. 4 Satz 1)

63 Nach § 119 Abs. 1 GWB i.d.F. des Vergaberechtsmodernisierungsgesetzes vom 17.02.2016 (BGBl. I 2016 S. 203) erfolgt die Vergabe öffentlicher Aufträge im offenen Verfahren, im nicht offenen Verfahren, im Verhandlungsverfahren, im wettbewerblichen Dialog oder in der Innovationspartnerschaft. Die letzten 3 Verfahrensarten stehen den öffentlichen Auftraggebern dabei nur zur Verfügung, soweit das GWB dies gestattet (§ 119 Abs. 2 Satz 2 GWB). Dies ist gem. § 130 Abs. 1 GWB bei öffentlichen Aufträgen über soziale und andere besondere Dienstleistungen i.S. des Anhangs XIV der Richtlinie 2014/24/EU der Fall, wobei Besonderheiten für das Verhandlungsverfahren ohne Teilnahmewettbewerb gelten.

Nach der Legaldefinition des § 119 Abs. 3 GWB ist das offene Verfahren ein Verfahren, in dem der öffentliche Auftraggeber eine unbeschränkte Anzahl von Unternehmen öffentlich zur

Abgabe von Angeboten auffordert. Bei dem nicht offenen Verfahren richtet sich die Aufforderung zur Abgabe von Angeboten an einen von vornherein beschränkten Unternehmerkreis (§ 119 Abs. 4 GWB).

Ergänzt werden die Regelungen des GWB durch die §§ 64–66 der Vergabeverordnung i.d.F. der Vergaberechtsmodernisierungsverordnung vom 12.04 2016 (BGBl I 2016 S. 624). § 64 Vergabeverordnung ordnet an, dass öffentliche Aufträge über soziale und andere besondere Dienstleistungen i.S.v. § 130 Abs. 1 GWB nach den Bestimmungen der Vergabeverordnung und unter Berücksichtigung der Besonderheiten der jeweiligen Dienstleistung nach Maßgabe dieses Abschnitts zu vergeben sind. § 65 Vergabeverordnung enthält ergänzende Verfahrensregelungen. § 66 Vergabeverordnung trifft Regelungen zu Veröffentlichungen und zur Transparenz.

### 1. Vereinfachtes Vergabeverfahren

Über die genannten Verfahrensarten hinaus und damit abweichend von § 119 Abs. 1 GWB und § 130 Abs. 1 GWB und § 14 Abs. 1–3 der Vergabeverordnung ermöglicht § 69 Abs. 4 Satz 1 den Krankenkassen(-verbänden) ein **vereinfachtes Vergabeverfahren**, ohne sie allerdings von den grundsätzlichen Vergabevoraussetzungen zu befreien. Diese Möglichkeit der Etablierung eines vereinfachten Vergabeverfahrens wird dem deutschen Gesetzgeber durch Art. 74 ff. der Richtlinie 2014/24/EU des Europäischen Parlaments und des Rates vom 26.02.2014 (ABl L 94 vom 28.03.2014) eröffnet, die für die Vergabe von Aufträgen für soziale und andere Dienstleistungen Regelungen zulassen, die von den allgemein für die Vergabe öffentlicher Aufträge geltenden Vorschriften abweichen. Nach dem Erwägungsgrund Nr. 114 der Richtlinie wird hierbei berücksichtigt, dass bestimmte Dienstleistungen aufgrund ihrer Natur nach wie vor lediglich eine begrenzte grenzüberschreitende Dimension haben. Dies betrifft insbesondere die sog. personenbezogenen Dienstleistungen wie etwa bestimmte Dienstleistungen im Sozial-, im Gesundheits- und im Bildungsbereich. Diese Dienstleistungen – so der Erwägungsgrund Nr. 114 – werden in einem besonderen Kontext erbracht, der sich aufgrund unterschiedlicher kultureller Traditionen in den einzelnen Mitgliedstaaten stark unterschiedlich darstellt. Für öffentliche Aufträge zur Erbringung dieser Dienstleistungen sollte daher eine spezifische Regelung festgelegt werden und ein höherer Schwellenwert gelten als derjenige, der für andere Dienstleistungen gilt (vgl. auch Begr. des Regierungsentwurfs, BT-Drs. 18/8260, B, zu Nr. 2, S. 6).

### 2. Begrenzter Anwendungsbereich

Der Anwendungsbereich der Vorschrift ist eng begrenzt. Sie bezieht sich ausschließlich auf **Dienstleistungsaufträge**, die die Krankenkassen und ihre Verbände im Rahmen von Modellvorhaben nach § 63 und von Selektivverträgen nach § 140a an vertragsärztliche und andere heilberufliche Leistungserbringer vergeben. Von der Vorschrift werden damit z.B. nicht Verträge über Lieferleistungen – die Gesetzesbegründung (BT-Drs. 18/8260, B, zu Nr. 2, S. 7) nennt hier die Versorgung mit Arzneimitteln oder Verträge über Medizinprodukte gem. § 140a Abs. 3 Satz 1 Nr. 5 und 6 – erfasst. Zudem müssen die Dienstleistungen im Rahmen einer **heilberuflichen Tätigkeit** erbracht werden. In Betracht kommen solche Dienstleistungen, wie sie von Vertragsärzten, -zahnärzten und sonstigen Mitgliedern von Heilberufen im Rahmen des SGB V erbracht werden. Anderweitige, z.B. rein technische Dienstleistungen, die keinen Bezug zu einer heilberuflichen Tätigkeit haben, scheiden aus.

### 3. Maßgeblicher Schwellenwert

Die Vorschrift des § 69 Abs. 4 greift auch nur bei solchen Dienstleistungsaufträgen ein, die den maßgeblichen Schwellenwert (geschätzter Wert ohne Mehrwertsteuer) nicht unterschreiten. Dieser beträgt z. Zt. für öffentliche Dienstleistungsaufträge betreffend soziale und andere besondere Dienstleistungen i.S.d. Anhangs XIV der Richtlinie 2014/24/EU 750.000 € (Art. 4 lit. d der Richtlinie 2014/24/EU).

### 4. Geltung der Grundsätze der Transparenz und der Gleichbehandlung

67 § 69 Abs. 4 Satz 1 letzter Hs. stellt klar, dass die öffentlichen Auftraggeber die Grundsätze der Transparenz und der Gleichbehandlung der Wirtschaftsteilnehmer zu wahren haben. Mit der Regelung wird Art. 76 Abs. 1 Satz 1 der Richtlinie 2014/24/EU umgesetzt, der den Mitgliedsstaaten aufgibt, bei der Einführung einzelstaatlicher Regeln sicherzustellen, dass die Grundsätze der Transparenz und der Gleichbehandlung der Wirtschaftsteilnehmer eingehalten werden. In der Begründung des Gesetzentwurfs wird dazu angeführt, dass sich die Pflicht zur Einhaltung des Grundsatzes der Gleichbehandlung bereits aus den allgemeinen Bestimmungen des SGB X und des Leistungserbringungsrechts des SGB V, jeweils in Verbindung mit Art. 3 Abs. 1 GG, ergibt. Daneben seien auch die europarechtlich zwingenden Transparenzvorschriften zu beachten, die in § 66 der Vergabeverordnung und den damit zusammenhängenden Bestimmungen der Vergabeverordnung über die Bekanntmachung der Auftragsvergaben umgesetzt worden seien (BT-Drs. 18/8260, B, zu Nr. 2, S. 7). § 66 Vergabeverordnung legt die Voraussetzungen fest, unter denen in Aussicht genommene öffentliche Aufträge bekannt zu machen sind.

### II. Verfahren ohne Teilnahmewettbewerb (Abs. 4 Satz 2)

68 Abs. 4 Satz 2 normiert, dass die Krankenkassen(-verbände) bei der Vergabe öffentlicher Aufträge Verfahren ohne Teilnahmewettbewerb und ohne vorherige Veröffentlichung nach § 66 Vergabeverordnung nur ausnahmsweise, nämlich nur in den Fällen des § 14 Abs. 4 und 6 Vergabeverordnung durchführen dürfen. In den genannten Vorschriften wird im Einzelnen geregelt, unter welchen Voraussetzungen Aufträge im Verhandlungsverfahren ohne Teilnahmewettbewerb vergeben werden dürfen.

### III. Abweichung von Vorschriften der Vergabeverordnung möglich (Abs. 4 Satz 3)

69 Für die Vergabe öffentlicher Aufträge durch die Krankenkassen(-verbände) gelten, worauf die Begründung des Regierungsentwurfs ausdrücklich hinweist (BT-Drs. 18/8260, B, zu Nr. 2, S. 7), über die bisher genannten Vorschriften hinaus die grundlegenden Verfahrensregelungen des Abschnitts 1 der Vergabeverordnung (§§ 1–13 Vergabeverordnung). Nach § 69 Abs. 4 Satz 3 kann von den Vorgaben der §§ 15–36 und 42–65 der Vergabeverordnung abgewichen werden. Hingegen gelten die Vorschriften der §§ 53 (Form und Übermittlung der Interessensbekundungen, Interessensbestätigungen, Teilnahmeanträge und Angebote), 58 (Zuschlag und Zuschlagskriterien), 60 (Ungewöhnlich niedrige Angebote) und 63 (Aufhebung von Vergabeverfahren) der Vergabreverordnung. Durch die Anwendung dieser Vorschriften soll das »hauseigene« Vergabeverfahren der Krankenkassen(-verbände) sinnvoll strukturiert werden.

### IV. Geltung des Wirtschaftlichkeitsgebotes gem. § 12 SGB V

70 In der Begründung des Gesetzentwurfs zum 2. Buchpreisbindungsänderungsgesetz wird darauf hingewiesen, dass bei der Vergabe öffentlicher Dienstleistungsaufträge im Rahmen eines vereinfachten Vergabeverfahrens nach § 69 Abs. 4 das allgemein geltende Wirtschaftlichkeitsgebot des § 12 uneingeschränkt zu beachten sei. Bei Selektivverträgen müsse die Wirtschaftlichkeit der Versorgung gem. § 140a Abs. 2 Satz 4 allerdings erst vier Jahre nach Abschluss der Verträge nachgewiesen werden (BT-Drs. 18/8260, B, zu Nr. 2, S. 7).

### V. Keine Erweiterung des Anwendungsbereichs des Vergaberechts

71 § 69 Abs. 4 trifft Sonderregelungen für die Vergabe öffentlicher Dienstleistungsaufträge im Rahmen von Modellvorhaben (§ 63 ff.) und Selektivverträgen (§ 140a). Die Vorschrift erweitert aber nicht, was an sich selbstverständlich ist, worauf aber in der Begründung des Gesetzentwurfs zum 2. Buchpreisbindungsänderungsgesetz ausdrücklich eingegangen wird (BT-Drs. 18/8260, B, zu Nr. 2, S. 7), den Anwendungsbereich des Vergaberechts. So fallen z.B. öffentliche Dienstleistungsaufträge in den genannten Bereichen, die nicht den Schwellenwert des Art. 4 lit. d der Richtlinie

2014/24/EU erreichen, nicht unter Teil 4 (§§ 97 ff.) des GWB. Eine Anwendung des Vergaberechts in diesen Fällen erfolgt auch nicht über die Verweisung in § 69 Abs. 3.

### VI. Berichtspflicht des Spitzenverbandes Bund der Krankenkassen (Abs. 4 Satz 4)

Um überprüfen zu können, ob sich die in § 69 Abs. 4 eingeführte Sonderregelung im Hinblick auf die angestrebte Verfahrenserleichterung bewährt hat, hatte der Spitzenverband Bund der Krankenkassen dem Bundesministerium für Gesundheit bis zum 17.04.2019 über die Erfahrungen mit der Anwendung dieser Regelung zu berichten. 72

## § 73b  Hausarztzentrierte Versorgung

(1) Die Krankenkassen haben ihren Versicherten eine besondere hausärztliche Versorgung (hausarztzentrierte Versorgung) anzubieten.

(2) Dabei ist sicherzustellen, dass die hausarztzentrierte Versorgung insbesondere folgenden Anforderungen genügt, die über die vom Gemeinsamen Bundesausschuss sowie in den Bundesmantelverträgen geregelten Anforderungen an die hausärztliche Versorgung nach § 73 hinausgehen:
1. Teilnahme der Hausärzte an strukturierten Qualitätszirkeln zur Arzneimitteltherapie unter Leitung entsprechend geschulter Moderatoren,
2. Behandlung nach für die hausärztliche Versorgung entwickelten, evidenzbasierten, praxiserprobten Leitlinien,
3. Erfüllung der Fortbildungspflicht nach § 95d durch Teilnahme an Fortbildungen, die sich auf hausarzttypische Behandlungsprobleme konzentrieren, wie patientenzentrierte Gesprächsführung, psychosomatische Grundversorgung, Palliativmedizin, allgemeine Schmerztherapie, Geriatrie,
4. Einführung eines einrichtungsinternen, auf die besonderen Bedingungen einer Hausarztpraxis zugeschnittenen, indikatorengestützten und wissenschaftlich anerkannten Qualitätsmanagements.

(3) Die Teilnahme an der hausarztzentrierten Versorgung ist freiwillig. Die Teilnehmer verpflichten sich schriftlich oder elektronisch gegenüber ihrer Krankenkasse, nur einen von ihnen aus dem Kreis der Hausärzte nach Absatz 4 gewählten Hausarzt in Anspruch zu nehmen sowie ambulante fachärztliche Behandlung mit Ausnahme der Leistungen der Augenärzte und Frauenärzte nur auf dessen Überweisung; die direkte Inanspruchnahme eines Kinder- und Jugendarztes bleibt unberührt. Die Versicherten können die Teilnahmeerklärung innerhalb von zwei Wochen nach deren Abgabe schriftlich, elektronisch oder zur Niederschrift bei der Krankenkasse ohne Angabe von Gründen widerrufen. Zur Fristwahrung genügt die rechtzeitige Absendung der Widerrufserklärung an die Krankenkasse. Die Widerrufsfrist beginnt, wenn die Krankenkasse dem Versicherten eine Belehrung über sein Widerrufsrecht schriftlich oder elektronisch mitgeteilt hat, frühestens jedoch mit der Abgabe der Teilnahmeerklärung. Wird das Widerrufsrecht nicht ausgeübt, ist der Versicherte an seine Teilnahmeerklärung und an die Wahl seines Hausarztes mindestens ein Jahr gebunden; er darf den gewählten Hausarzt nur bei Vorliegen eines wichtigen Grundes wechseln. Das Nähere zur Durchführung der Teilnahme der Versicherten, insbesondere zur Bindung an den gewählten Hausarzt, zu weiteren Ausnahmen von dem Überweisungsgebot und zu den Folgen bei Pflichtverstößen der Versicherten, regeln die Krankenkassen in den Teilnahmeerklärungen. Die Satzung der Krankenkasse hat Regelungen zur Abgabe der Teilnahmeerklärung zu enthalten; die Regelungen sind auf der Grundlage der Richtlinie nach § 217f Absatz 4a zu treffen.

(4) Zur flächendeckenden Sicherstellung des Angebots nach Absatz 1 haben Krankenkassen allein oder in Kooperation mit anderen Krankenkassen spätestens bis zum 30. Juni 2009 Verträge mit Gemeinschaften zu schließen, die mindestens die Hälfte der an der hausärztlichen Versorgung teilnehmenden Allgemeinärzte des Bezirks der Kassenärztlichen Vereinigung vertreten.

Können sich die Vertragsparteien nicht einigen, kann die Gemeinschaft die Einleitung eines Schiedsverfahrens nach Absatz 4a beantragen. Ist ein Vertrag nach Satz 1 zustande gekommen oder soll ein Vertrag zur Versorgung von Kindern und Jugendlichen geschlossen werden, können Verträge auch abgeschlossen werden mit
1. vertragsärztlichen Leistungserbringern, die an der hausärztlichen Versorgung nach § 73 Abs. 1a teilnehmen,
2. Gemeinschaften dieser Leistungserbringer,
3. Trägern von Einrichtungen, die eine hausarztzentrierte Versorgung durch vertragsärztliche Leistungserbringer, die an der hausärztlichen Versorgung nach § 73 Abs. 1a teilnehmen, anbieten,
4. Kassenärztlichen Vereinigungen, soweit Gemeinschaften nach Nummer 2 sie hierzu ermächtigt haben.

Finden die Krankenkassen in dem Bezirk einer Kassenärztlichen Vereinigung keinen Vertragspartner, der die Voraussetzungen nach Satz 1 erfüllt, haben sie zur flächendeckenden Sicherstellung des Angebots nach Absatz 1 Verträge mit einem oder mehreren der in Satz 3 genannten Vertragspartner zu schließen. In den Fällen der Sätze 3 und 4 besteht kein Anspruch auf Vertragsabschluss; die Aufforderung zur Abgabe eines Angebots ist unter Bekanntgabe objektiver Auswahlkriterien auszuschreiben. Soweit die hausärztliche Versorgung der Versicherten durch Verträge nach diesem Absatz durchgeführt wird, ist der Sicherstellungsauftrag nach § 75 Abs. 1 eingeschränkt. Satz 6 gilt nicht für die Organisation der vertragsärztlichen Versorgung zu den sprechstundenfreien Zeiten.

(4a) Beantragt eine Gemeinschaft gemäß Absatz 4 Satz 2 die Einleitung eines Schiedsverfahrens, haben sich die Parteien auf eine unabhängige Schiedsperson zu verständigen, die den Inhalt des Vertrages nach Absatz 4 Satz 1 festlegt. Einigen sich die Parteien nicht auf eine Schiedsperson, so wird diese von der für die Krankenkasse zuständigen Aufsichtsbehörde bestimmt. Die Kosten des Schiedsverfahrens tragen die Vertragspartner zu gleichen Teilen. Klagen gegen die Bestimmung der Schiedsperson haben keine aufschiebende Wirkung. Klagen gegen die Festlegung des Vertragsinhalts richten sich gegen eine der beiden Vertragsparteien, nicht gegen die Schiedsperson.

(5) In den Verträgen nach Absatz 4 sind das Nähere über den Inhalt und die Durchführung der hausarztzentrierten Versorgung, insbesondere die Ausgestaltung der Anforderungen nach Absatz 2, sowie die Vergütung zu regeln; in Verträgen, die nach dem 31. März 2014 zustande kommen, sind zudem Wirtschaftlichkeitskriterien und Maßnahmen bei Nichteinhaltung der vereinbarten Wirtschaftlichkeitskriterien sowie Regelungen zur Qualitätssicherung zu vereinbaren. Eine Beteiligung der Kassenärztlichen Vereinigung bei der Ausgestaltung und Umsetzung der Anforderungen nach Absatz 2 ist möglich. Die Verträge können auch Abweichendes von den im Dritten Kapitel benannten Leistungen beinhalten, soweit sie die in § 11 Absatz 6 genannten Leistungen, Leistungen nach den §§ 20i, 25, 26, 37a und 37b sowie ärztliche Leistungen einschließlich neuer Untersuchungs- und Behandlungsmethoden betreffen, soweit der Gemeinsame Bundesausschuss nach § 91 im Rahmen der Beschlüsse nach § 92 Absatz 1 Satz 2 Nummer 5 keine ablehnende Entscheidung getroffen hat. Die Einzelverträge können Abweichendes von den Vorschriften dieses Kapitels sowie den nach diesen Vorschriften getroffenen Regelungen regeln. § 106a Abs. 3 gilt hinsichtlich der arzt- und versichertenbezogenen Prüfung der Abrechnungen auf Rechtmäßigkeit entsprechend. Zugelassene strukturierte Behandlungsprogramme nach §§ 137f und 137g sind, soweit sie die hausärztliche Versorgung betreffen, Bestandteil der Verträge nach Absatz 4. Vereinbarungen über zusätzliche Vergütungen für Diagnosen können nicht Gegenstand der Verträge sein.

(5a) Kündigt die Krankenkasse einen Vertrag nach Absatz 4 und kommt bis zum Ablauf dieses Vertrages kein neuer Vertrag zustande, gelten die Bestimmungen des bisherigen Vertrages vorläufig bis zum Zustandekommen eines neuen Vertrages weiter. Dies gilt nicht bei einer außerordentlichen Kündigung nach § 71 Absatz 6 Satz 3.

(6) Die Krankenkassen haben ihre Versicherten in geeigneter Weise umfassend über Inhalt und Ziele der hausarztzentrierten Versorgung sowie über die jeweils wohnortnah teilnehmenden Hausärzte zu informieren.

(7) Die Vertragspartner der Gesamtverträge haben den Behandlungsbedarf nach § 87a Absatz 3 Satz 2 zu bereinigen. Die Bereinigung erfolgt rechtzeitig zu dem Kalendervierteljahr, für welches die Gesamtvergütung bereinigt werden soll, entsprechend der Zahl und der Morbiditätsstruktur der für dieses Kalendervierteljahr eingeschriebenen Versicherten sowie dem vertraglich vereinbarten Inhalt der hausarztzentrierten Versorgung nach Maßgabe der Vorgaben des Bewertungsausschusses nach § 87a Absatz 5 Satz 7. Dabei können die Bereinigungsbeträge unter Beachtung der Maßgaben nach Satz 2 auch pauschaliert ermittelt werden. Kommt eine rechtzeitige Einigung über die Bereinigung des Behandlungsbedarfs nicht zustande, können auch die Vertragspartner der Verträge über eine hausarztzentrierte Versorgung das Schiedsamt nach § 89 anrufen. Die für die Bereinigungsverfahren erforderlichen arzt- und versichertenbezogenen Daten übermitteln die Krankenkassen den zuständigen Gesamtvertragspartnern bis spätestens drei Wochen vor dem Kalendervierteljahr, für welches die Gesamtvergütung für die in diesem Kalendervierteljahr eingeschriebenen Versicherten bereinigt werden soll. Die Krankenkasse kann, falls eine rechtzeitige Bereinigung nicht festgesetzt worden ist, den Behandlungsbedarf unter Beachtung der Maßgaben nach Satz 2 vorläufig bereinigen. Sie kann auch die Anerkennung und Umsetzung des geltenden Bereinigungsverfahrens für die Bereinigung der Gesamtvergütung für die an der hausarztzentrierten Versorgung teilnehmende Versicherte mit Wohnort im Bezirk anderer Kassenärztlichen Vereinigungen von diesen Kassenärztlichen Vereinigungen verlangen. Für die Bereinigung des Behandlungsbedarfs nach Satz 7 sowie für den Fall der Rückführung von Bereinigungsbeträgen bei Beendigung der Teilnahme eines Versicherten sind die Verfahren gemäß § 87a Absatz 5 Satz 9 anzuwenden. Die Kassenärztlichen Vereinigungen haben die zur Bereinigung erforderlichen Vorgaben im Rahmen ihrer gesetzlichen Aufgaben umzusetzen.

(8) Die Vertragsparteien nach Absatz 4 haben bei Vereinbarungen über Leistungen, die über die hausärztliche Versorgung nach § 73 hinausgehen und insoweit nicht unter die Bereinigungspflicht nach Absatz 7 fallen, vertraglich sicherzustellen, dass Aufwendungen für diese Leistungen aus Einsparungen und Effizienzsteigerungen, die aus den Maßnahmen von Verträgen nach Absatz 4 erzielt werden, finanziert werden.

(9) Die Einhaltung der nach Absatz 5 Satz 1 vereinbarten Wirtschaftlichkeitskriterien muss spätestens vier Jahre nach dem Wirksamwerden der zugrunde liegenden Verträge nachweisbar sein; § 88 Absatz 2 des Vierten Buches gilt entsprechend.

## Übersicht

| | Rdn. | | | Rdn. |
|---|---|---|---|---|
| A. **Abs. 1 – Besondere hausärztliche Versorgung** | 1 | II. | Festlegung eines Mindeststandards | 24 |
| I. Entwicklung der Rechtsgrundlage | 1 | C. | **Abs. 3 – Teilnahme der Versicherten an HZV** | 28 |
| II. Ausgewählte Literaturhinweise | 9 | I. | § 73b Abs. 3 Satz 1 – Freiwilligkeit der Teilnahme | 28 |
| III. Zielsetzung der HZV | 10 | II. | § 73b Abs. 3 Satz 2 – Wahl des Hausarztes | 29 |
| 1. Einführung einer besonderen hausärztlichen Versorgung | 10 | III. | § 73b Abs. 3 Satz 2 Hs. 1 – Inanspruchnahme nur des gewählten Hausarztes; Überweisungsvorbehalt für Fachärzte; Ausnahmen | 31 |
| 2. Regelungs- und Umsetzungsdefizite | 12 | | | |
| IV. Strukturmerkmale der HZV | 16 | | | |
| 1. Selektivvertragliche Regelung der HZV | 17 | IV. | § 73b Abs. 3 Satz 2 Hs. 2 – Inanspruchnahme des Kinder- und Jugendarztes | 33 |
| 2. HZV-Verträge als Add-on-Verträge oder als Vollversorgungsverträge? | 18 | | | |
| B. **Abs. 2 – Teilnahmevoraussetzungen für Ärzte** | 22 | V. | Bestätigung der Teilnahme durch Krankernkasse | 34 |
| I. Anforderungen für Teilnahme des Arztes an HZV | 23 | | | |

VI. § 73b Abs. 3 Satz 3–5 – Widerrufsrecht des Versicherten für Teilnahmeerklärung ... 35
VII. § 73b Abs. 3 Satz 6 – Bindung der Versicherten für ein Jahr ... 38
VIII. § 73b Abs. 3 Satz 7 – Weitere Regelungen in Teilnahmeerklärung ... 39
IX. § 73b Abs. 3 Satz 8 – Satzungsregelung für Teilnahmeerklärung ... 40
1. Keine einseitige Festlegung der Teilnahmevoraussetzungen durch Krankenkasse ... 41
2. Entscheidung des BSG vom 25.03.2015 zu § 73b SGB V ... 42
**D. Abs. 4 – Abschluss von HZV-Verträgen** ... 43
I. Abs. 4 Satz 1 – Flächendeckende Sicherstellung der Versorgung ... 43
II. Mögliche Vertragspartner der Krankenkassen ... 44
1. Hausarztgemeinschaft als Vertragspartner ... 47
2. Hälfte der teilnehmenden Allgemeinärzte ... 48
3. Begriff der Allgemeinärzte ... 51
4. Teilnahme an der hausärztlichen Versorgung ... 53
5. Vertretung durch Gemeinschaft ... 54
6. Keine Ausschreibungspflicht der Krankenkassen in Anwendung des Vergaberechts bei HZV-Vertrag ... 58
7. Öffentliche-rechtliche Rechtsnatur des HZV-Vertrages – Normsetzungsvertrag ... 60
8. Hausarztgemeinschaft als privatrechtlicher Zusammenschluss ... 62
9. Rechtsbeziehungen der Gemeinschaften von Allgemeinärzten zu Ärzten, die an HZV-Verträgen teilnehmen ... 63
III. Abs. 4 Satz 2 – Einleitung eines Schiedsverfahrens ... 64
IV. Abs. 4 Satz 3 – Verträge mit anderen Beteiligten ... 65
V. Abs. 4 Satz 4 – Verpflichtung zu HZV-Verträgen mit weiteren Leistungserbringern ... 68
VI. Abs. 4 Satz 5 – Kein Anspruch auf Vertragsabschluss ... 69
1. Ausschreibungspflicht der Krankenkassen in Anwendung des Vergaberechts bei Auftrag zur HZV gem. § 73b Abs. 4 Satz 3 f.? ... 70
2. Voraussetzungen für Anwendung des Vergaberechts ... 71
VII. Abs. 4 Satz 6 – Einschränkung des Sicherstellungsauftrages der KÄVen ... 73
VIII. Abs. 4 Satz 7 – Notdienst ... 74
**E. Abs. 4a – Schiedsverfahren** ... 75
I. Abs. 4a Satz 1–Einigung auf Schiedsperson ... 76
II. Abs. 4a Satz 2–Bestimmung der Schiedsperson durch Aufsichtsbehörde ... 77
III. Abs. 4a Sätze 3 und 4 – Kosten des Verfahrens, keine aufschiebende Wirkung von Klagen gegen Bestimmung der Schiedsperson ... 79
1. Rechtsnatur der Schiedsperson und ihrer Handlungen ... 83
2. Entscheidung des BSG vom 25.03.2015 zu § 73b SGB V ... 84
3. Gerichtliche Überprüfung des Schiedsspruchs ... 86
**F. Abs. 5 – Regelung der Vergütung** ... 90
**G. Vorläufige Weitergeltung von durch Krankenkasse gekündigtem HZV-Vertrag (Abs. 5a)** ... 97
**H. Abs. 6 – Informationspflicht der Krankenkassen** ... 98
**I. Abs. 7 – Bereinigung der Gesamtvergütung** ... 99
**J. Abs. 8 – Refinanzierung weitergehender Leistungen** ... 100
**K. Abs. 9 – Einhaltung der Wirtschaftlichkeitskriterien** ... 101


## A. Abs. 1 – Besondere hausärztliche Versorgung

### I. Entwicklung der Rechtsgrundlage

1 Eine gesetzliche Regelung der hausarztzentrierten Versorgung (HZV) ist erstmals im GKV-Modernisierungsgesetz (GMG) vom 14.11.2003 (BGBl. I S. 2190) getroffen worden (vgl. zur Entstehungsgeschichte der HZV: *Orlowski* ZMGR 2009, 124 f.). Das **GKV-WSG** vom 26.03.2007 (BGBl. I S. 378) gestaltete die HZV in wesentlichen Bereichen neu. Es legte zum einen die inhaltlichen Voraussetzungen einer HZV fest und löste zum anderen die von den Krankenkassen mit den Leistungserbringern zu schließenden Verträge aus dem Kollektivvertragssystem, d.h. den von den KÄVen und den Verbänden der Krankenkassen zu schließenden Gesamtverträgen, heraus.

Durch das **GKV-OrgWG** vom 15.12.2008 (BGBl. I S. 2426) erhielten die Verträge zur HZV insofern eine neue Bedeutung, als nunmehr eine Verpflichtung der Krankenkassen bestand, bis zum 30.06.2009 Verträge mit solchen Gemeinschaften zu schließen, die mindestens 50 % der in einem KÄV-Bezirk teilnehmenden Allgemeinärzte repräsentieren. 2

Das Gesetz zur nachhaltigen und sozial ausgewogenen Finanzierung der Gesetzlichen Krankenversicherung (GKV-Finanzierungsgesetz – **GKV-FinG**) vom 22.12.2010 (BGBl. I S. 2309) hat Änderungen bei § 73b von erheblichem Gewicht vorgenommen (Abs. 5a, 8 und 9). Insbesondere sollte durch die Neuregelung eine Begrenzung des Ausgabenvolumens der HZV erreicht werden. 3

Eine weitere Änderung der Vorschrift erfolgte durch das Gesetz zur Verbesserung der Versorgungsstrukturen in der gesetzlichen Krankenversicherung (GKV-Versorgungsstrukturgesetz – **GKV-VStG**) vom 22.11.2011 (BGBl. I S. 2983). In Abs. 4a Satz 4 wurde die Bestimmung, dass die Klagen gegen die Festlegung des Vertragsinhaltes aufschiebende Wirkung haben, gestrichen. Zudem wurde ein Satz 5 angefügt, der festlegte, dass Gegner von Klagen gegen die Festsetzung des Vertragsinhaltes die Vertragsparteien sind, mithin nicht die Schiedsperson. 4

Durch das **Gesetz zur Verbesserung der Rechte von Patientinnen und Patienten** vom 20.02.2013 (BGBl. I S. 277) wurde die Regelung in Abs. 3 über die Teilnahmeerklärung der Versicherten an der HZV geändert. Den Versicherten wird nunmehr nach Abgabe der Teilnahmeerklärung ein Widerspruchsrecht eingeräumt. 5

Mit dem 14. Gesetz zur Änderung des Fünften Buches Sozialgesetzbuch (**14. SGB V-ÄndG**) vom 27.03.2014 (BGBl. I S. 261) wurde auch § 73b geändert (Änderung in Abs. 5 Satz 1, Abs. 5 Satz 6, Aufhebung des Abs. 5a, Neufassung von Abs. 8 und Abs. 9 Satz 3). 6

Weitere Änderungen des § 73b (in den Abs. 3, 4, 5, 7 und 9) erfolgten durch das Gesetz zur Stärkung der Versorgung in der gesetzlichen Krankenversicherung (**GKV-VSG**) vom 16.07.2015 (BGBl. I S. 1211). 7

Abs. 5 der Vorschrift wurde durch Art. 1 Nr. **5a** des **Gesetzes zur Stärkung der Heil- und Hilfsmittelversorgung (Heil- und Hilfsmittelversorgungsgesetz – HHVG)** vom 04.04.2017 (**BGBl. I S. 778**) mit Wirkung vom 11.04.2017 um einen Satz 7 ergänzt, mit **dem eine unzulässige Diagnosebeeinflussung verhindert werden soll.** 8

Neben weiteren marginalen Änderungen wurde durch das **Terminservice- und Versorgungsgesetz** (TSVG) vom 06.05.2019 (BGBl. I S. 646) ein Abs. 5a eingefügt, der die **vorläufige Weitergeltung gekündigter HZV-Verträge** anordnet. 8a

## II. Ausgewählte Literaturhinweise

*Von Alemann/Scheffzyk* NZS 2012, 45 ff.; *Bogan* SGb 2012, 433 ff.; *Buchner/Spiegel* NZS 2013, 1 ff.; *Czaki/Freundt* NZS 2011, 766 ff.; *Düring* WzS 2016, 488 ff.; *Gaßner* VSSR 2012, 213 ff.; *Huster* NZS 2010, 69 ff.; *Huster/Schütz* NZS 2016, 645 ff.; *Kingreen/Temizel* ZMGR 2009, 134 ff.; *Klöck/Klein* NZS 2012, 87 ff.; *Mehdorn* ZMGR 2012, 3 ff.; *Orlowski* ZMGR 2009, 124 ff.; *Platzer* KrV 2011, 256 ff.; *ders.* RPG 2012, 49 ff.; *Plate/Domscheit* KrV 2016, 129 ff.; *Plate/Herbst* NZS 2016, 488 ff.; *Schirmer* ZMGR 2009, 143 ff.; *Schrinner* jurisPK-Medizin 5/2017 Anm. 5; *Schütz* ZMGR 2009, 155 ff.; *Schütz/Knieps* ZRP 2012, 164 ff.; *Schütz* MedR 2013, 135 ff.; *Shirvani* SGb 2017, 470; *Stolz/Kraus* MedR 2010, 86 ff.; *Walter* NZS 2009, 307 ff.; *Wenninghoff* ZMGR 2009, 167 ff.; *Altmiks* MedR 2021, 77 ff.; *Freudenberg* SGb 2020, 709 ff.; *Zieglmeier* NZS 2020, 759 f. 9

## III. Zielsetzung der HZV

### 1. Einführung einer besonderen hausärztlichen Versorgung

Die Regelung des Abs. 1 schreibt vor, dass die Krankenkassen ihren Versicherten eine besondere hausärztliche Versorgung anzubieten haben. Das Gesetz verwendet hierfür den Begriff der 10

»hausarztzentrierten Versorgung«. Die HZV geht über die Anforderungen, die die hausärztliche Versorgung gemäß den Vorgaben des § 73 Abs. 1 erfüllen soll, hinaus.

11 Ausweislich der Gesetzesbegründung zum GMG war mit der Regelung der HZV beabsichtigt, dass die Krankenkassen ihren Versicherten eine qualitativ besonders hoch stehende hausärztliche Versorgung bereitstellen (BT-Drs. 15/1525 S. 97, zu Nr. 49 – § 73b). In der Gesetzesbegründung ist zugleich ausgeführt, worin sich die besondere Qualität der HZV darstellen kann, nämlich durch Ausrichtung der ärztlichen Behandlung an evidenz-basierten Leitlinien (einschließlich einer rationalen Pharmakotherapie), durch die Verpflichtung zur Teilnahme an Qualitätszirkeln, insbesondere Fallkonferenzen, zum interprofessionellen Austausch, zur Dokumentation weniger, aber aussagekräftiger Qualitätsindikatoren, zur Einführung eines zertifizierten praxisinternen Qualitätsmanagements, zur Fortbildung in patientenzentrierter Gesprächsführung sowie, insbesondere wegen des in einer Hausarztpraxis besonders hohen Anteils älterer und hochbetagter Menschen, zur Fortbildung z.B. in Grundkenntnissen der Palliativmedizin, der Schmerztherapie, der Behandlung von Alterserkrankungen und geriatrischen Krankheitsbildern. Bezüglich der sächlichen Ausstattung sei z.B. an eine EDV-Ausstattung zu denken.

11a Nach den Angaben des Deutschen Hausärzteverbandes nehmen mehr als 16.000 Hausärztinnen und Hausärzte und über 5,8 Millionen Versicherte an der HZV teil (www. https://www.hausaerzteverband.de/ueber-den-hausaerzteverband/bundesverband; abgerufen am 06.03.2021).

## 2. Regelungs- und Umsetzungsdefizite

12 Die Regelung des § 73b war gut gemeint, aber in ihrer Ausgestaltung defizitär. Zahlreiche Fragestellungen waren nicht präzise gelöst; ihre Beantwortung ergab sich vielmals erst aus dem Gesamtzusammenhang der Regelung und/oder ihre Umsetzung führte zu erheblichen praktischen Schwierigkeiten.

13 Dabei erwies sich bereits der Ansatz der Norm, erhebliche Bereiche der ambulanten vertragsärztlichen Versorgung – nämlich die hausärztliche Versorgung – einer Regelung in Selektivverträgen zu überantworten, als problematisch, weil die Bereitschaft der Kostenträger, der Krankenkassen, nur gering war, größere Bestandteile der vertragsärztlichen Versorgung in Selektivverträgen zu regeln.

14 Die Regelung des § 73b wurde zunächst weitgehend nicht umgesetzt. Nur wenige Krankenkassen schlossen bis zu dem im GKV-OrgWG vom 05.12.2008 genannten Zeitpunkt des 30.06.2009 oder auch später freiwillig HZV-Verträge mit den jeweiligen Gemeinschaften von Allgemeinärzten, sodass im größten Teil der Fälle die Schiedspersonenregelung des Abs. 4a zum Tragen kam. Das führte dazu, dass in diesem Regelungsbereich weit über 1000 Schiedsverfahren anhängig waren.

15 Mit dem **GKV-FinG** vom 22.12.2010 wurden unter der Vorgabe, auch die HZV-Verträge an den generell für die GKV vorgesehenen Sparmaßnahmen zu beteiligen, die Spielräume der Vertragspartner bei Vergütungsvereinbarungen weitgehend begrenzt und die Vereinbarungen von HZV-Verträgen einer verschärften staatlichen Kontrolle (vgl. § 73b Abs. 5a, 8 und 9 i.d.F. des GKV-FinG) durch die Aufsichtsbehörden unterworfen. Tendenziell wurden damit die Möglichkeiten zum Abschluss sachgerecht ausgestalteter HzV-Verträge engen Vorgaben unterworfen. Diese Beschränkungen wurden – unter einer anderen Regierungskoalition – durch das das **14. SGB V-ÄndG** vom 27.03.2014 weitgehend rückgängig gemacht. Ziel der gesetzlichen Regelung war es nunmehr wiederum, die Entwicklung der HZV nicht zu behindern. Dem dienen auch die Neuregelungen durch das GKV-VSG vom 16.07.2015.

## IV. Strukturmerkmale der HZV

16 Die HZV hat durch die – zwar zeitlich begrenzte, aber doch bestehende – Bindung des Versicherten an den von ihm gewählten Hausarzt gewisse **Elemente eines Primärarztsystems**, eines Systems also,

bei denen die Versicherten Zugang zur fachärztlichen Versorgung nur über einen Primär(Haus-)arzt haben.

### 1. Selektivvertragliche Regelung der HZV

Ein weiteres **Strukturmerkmal** der HZV ist, dass der Gesetzgeber sie aus der vertragsärztlichen Versorgung, die durch die KÄVen sicherzustellen ist (§ 73 Abs. 2), herausgenommen und sie der Vereinbarung im Wege von Einzelverträgen (Selektivverträgen) der Krankenkassen mit Leistungserbringern bzw. Gruppen von ihnen überantwortet hat. Diese Zielrichtung, die bei der Einführung der HZV zunächst noch keine größere Bedeutung hatte, erlangte sie mit dem GKV-WSG (vgl. Gesetzentwurf zum GKV-WSG, BT-Drs. 16/3100 S. 111, zu Nr. 45). Danach sollten durch die Intensivierung des Wettbewerbs auf Kassenseite Qualität und Effizienz der medizinischen Versorgung deutlich verbessert werden (Gesetzentwurf zum GKV-WSG, BT-Drs. 16/3100, A II 2, S. 87). Die gesetzlichen Neuregelungen bewirkten, dass Krankenkassen in erweitertem Umfang mit Ärzten besondere Vereinbarungen treffen konnten, die von der kollektivvertraglichen Versorgung abwichen oder darüber hinausgingen.

17

### 2. HZV-Verträge als Add-on-Verträge oder als Vollversorgungsverträge?

Umstritten war von Beginn an vor allem die Frage, ob HZV-Verträge als sog. Add-on-Verträge, die lediglich mit bestimmten Leistungen auf diejenigen der hausärztlichen Versorgung draufsatteln, zulässig sind oder ob der Gesetzgeber sog. **Vollversorgungsverträge** (Bereinigungsverträge) vorgesehen hat, Verträge also, die an Stelle der bisherigen hausärztlichen Versorgung eine Vollversorgung innerhalb der HZV anbieten. Verschiedene Aufsichtsbehörden und auch das Bundesgesundheitsministerium vertraten die Auffassung, dass grundsätzlich auch Add-on-Verträge den Voraussetzungen des § 73b Abs. 4 genügen würden.

18

(unbesetzt)

19–20

Zwischenzeitlich wurde die Fragestellung durch die **Entscheidung des BSG vom 25.03.2015** weitgehend geklärt. Das BSG hat zwar offen gelassen, ob ein HZV-Vertrag in Form eines Add-on-Vertrages den gesetzlichen Vorgaben entspreche. Jedenfalls verletze eine Schiedsperson nicht den ihr zukommenden Gestaltungsspielraum, wenn sie einen HZV-Vertrag als Vollversorgungsvertrag festsetze. Eine Festsetzung als Vollversorgungsvertrag ist danach rechtmäßig (BSG Urt. v. 25.03.2015 – B 6 KA 9/14 R, BSGE 118, 164 = SozR 4–2500 § 73b Nr. 1 Rn. 85). In seiner Entscheidung vom 21.03.2018 – B 6 KA 44/16 R hat das BSG bekräftigt, dass eine Festlegung eines HZV-Vertrages als Vollversorgungsvertrag rechtmäßig ist (zur Rechtmäßigkeit einer Aufsichtsanordnung zur Umsetzung eines HZV-Vertrages: BSG Urt. v. 21.03.2018 – B 6 KA 59/17 R, BSGE 125, 233 = SozR 4–2400 § 89 Nr. 7).

21

### B. Abs. 2 – Teilnahmevoraussetzungen für Ärzte

Abs. 2 legt die inhaltlichen Voraussetzungen fest, die erfüllt sein müssen, damit aus einer hausärztlichen Versorgung eine besondere hausärztliche (hausarztzentrierte) Versorgung wird. Neben diesen Voraussetzungen führt das Gesetz einen weiteren **qualitativen Gesichtspunkt** ein, indem es bestimmt, dass die Anforderungen bei der HZV insgesamt über diejenigen qualitativen Anforderungen hinausgehen müssen, die sich aus den Richtlinien des Gemeinsamen Bundesausschusses sowie aus den Bundesmantelverträgen ergeben. Durch die Erfüllung dieser Anforderungen sollen sich eine Verbesserung der Versorgungsqualität ergeben und Wirtschaftlichkeitsreserven erschließen lassen (Gesetzentwurf zum GKV-WSG, BT-Drs. 16/3100 S. 112, zu Nr. 45).

22

## I. Anforderungen für Teilnahme des Arztes an HZV

23 Folgende Anforderungen sind von teilnehmenden Ärzten zu erfüllen:

Nr. 1: Teilnahme der Hausärzte an strukturierten Qualitätszirkeln zur Arzneimitteltherapie unter Leitung entsprechend geschulter Moderatoren,

Nr. 2: Behandlung nach für die hausärztliche Versorgung entwickelten, evidenz-basierten, praxiserprobten Leitlinien,

Nr. 3: Erfüllung der Fortbildungsverpflichtung nach § 95d durch Teilnahme an Fortbildungen, die sich auf hausarzttypische Behandlungsprobleme konzentrieren, wie patientenzentrierte Gesprächsführung, psychosomatische Grundversorgung, Palliativmedizin, allgemeine Schmerztherapie, Geriatrie,

Nr. 4: Einführung eines einrichtungsinternen, auf die besonderen Bedingungen einer Hausarztpraxis zugeschnitten, indikatorengestützten und wissenschaftlich anerkannten Qualitätsmanagements.

## II. Festlegung eines Mindeststandards

24 Mit den aufgezeigten Anforderungen wird lediglich ein Mindeststandard beschrieben, der bei der HZV gewährleistet sein muss. So wird bereits in der der Begründung des Gesetzentwurfs zum GKV-WSG darauf verwiesen, dass die Voraussetzungen nach den Nrn. 3 und 4 keine zusätzlichen Anforderungen darstellten, da der Hausarzt mit Erfüllung dieser Anforderungen seine ohnehin bestehenden gesetzlichen Verpflichtungen zur Fortbildung und zum internen Qualitätsmanagement erfülle (Gesetzentwurf zum GKV-WSG, BT-Drs. 16/3100 S. 112, zu Nr. 45). Dass es sich insoweit lediglich um **Mindestanforderungen** handelt, ergibt sich auch aus der Formulierung, dass »insbesondere« die in der Vorschrift genannten Anforderungen erfüllt sein müssen. Stellte man nur auf die in Abs. 2 genannten Anforderungen ab, wäre eine Herauslösung der HZV aus der – von den KÄVen sicherzustellenden – vertragsärztlichen hausärztlichen Versorgung gem. § 73 Abs. 1 Satz 2 schwerlich zu rechtfertigen.

25 Die Verlagerung der HZV in ein **Selektivvertragssystem** sollte es den Krankenkassen ermöglichen, im Wettbewerb mit anderen Kassen eine besonders qualifizierte hausärztliche Versorgung anzubieten. Regelmäßig wurden daher in den Verträgen zur HZV weitere Anforderungen vereinbart, die die an den Verträgen teilnehmenden Hausärzte ebenfalls sicherzustellen hatten.

26 Ein Überblick über die bestehenden HZV-Verträge findet sich auf der Homepage des Deutschen Hausärzteverbandes (www.hausaerzteverband.de) unter dem Stichwort Hausarztverträge.

27 Voraussetzung für die Teilnahme eines Arztes an der HZV ist, dass er die in Abs. 2 genannten Mindestanforderungen erfüllt. Kommt er z.B. nicht der in Abs. 2 Nr. 3 festgelegten Fortbildungspflicht nach § 95d nach, dürfen ihn die Krankenkassen nicht zur Teilnahme an der HZV zulassen bzw. müssen sie ihm die Teilnahme kündigen (*Schirmer* ZMGR 2009, 143, 147).

## C. Abs. 3 – Teilnahme der Versicherten an HZV

### I. § 73b Abs. 3 Satz 1 – Freiwilligkeit der Teilnahme

28 Die Vorschrift bestimmt zunächst, dass die Teilnahme an der HZV freiwillig ist. Das gilt sowohl für den Hausarzt, der aufgrund eigener Entscheidung an der HZV teilnimmt, als auch für die Versicherten. Dabei steht die Teilnahme an einem HZV-Vertrag grundsätzlich allen Versicherten offen. Damit können auch Kinder und Jugendliche zu einem HZV-Vertrag zugelassen werden, selbst wenn die Krankenkasse einen eigenständigen Vertrag mit Kinderärzten geschlossen hat (BSG Urt. v. 21.03.2018 – B 6 KA 44/16 R – SozR 4–2500 § 73b Nr. 2 Rn. 65).

## II. § 73b Abs. 3 Satz 2 – Wahl des Hausarztes

Nach § 76 Abs. 3 Satz 2 wählt der Versicherte einen Hausarzt. Ein Verstoß gegen diese Verpflichtung ist allerdings sanktionslos. 29

§ 73b Abs. 3 geht insoweit einen anderen Weg. Die Vorschrift regelt, unter welchen Voraussetzungen Versicherte an der HZV teilnehmen können und welche Verpflichtungen sich für sie daraus ergeben. Bei der Ausgestaltung der HZV ohne strikte Verpflichtung der Versicherten zur Teilnahme handelt es sich damit im Ergebnis um die Einführung eines **Primärarztsystems auf freiwilliger Grundlage** (*Orlowski* ZMGR 2009, 124, 125). Das Recht der Versicherten auf freie Arztwahl (§ 76 Abs. 1 Satz 1) ist in der HZV nur insoweit nicht beschränkt, als sie unter verschiedenen Hausärzten, die an einem Vertrag der HZV mit seiner Krankenkasse teilnehmen, wählen und bestimmte Fachärzte ohne Überweisung durch den Hausarzt in Anspruch nehmen können. 30

## III. § 73b Abs. 3 Satz 2 Hs. 1 – Inanspruchnahme nur des gewählten Hausarztes; Überweisungsvorbehalt für Fachärzte; Ausnahmen

Entschließt sich der Versicherte zur Teilnahme an der HZV, so hat er diese Erklärung schriftlich gegenüber seiner Krankenkasse abzugeben (Abs. 3 Satz 2). Der Versicherte unterwirft sich insoweit einer Selbstbindung. In der Praxis geschieht die Einschreibung in das Programm zur HZV regelmäßig so, dass der Hausarzt die schriftliche Erklärung des Versicherten an die zuständige Krankenkasse weiterleitet. Für Kinder und Jugendliche können die Vertretungsberechtigten die entsprechenden Erklärungen abgeben. 31

In der Erklärung verpflichtet sich der Versicherte, nur den von ihm **gewählten Hausarzt** und **Fachärzte nur auf Überweisung** des gewählten Hausarztes hin in Anspruch zu nehmen. Eine **Ausnahme** sieht das Gesetz für die Inanspruchnahme von **Augenärzten und Frauenärzten** vor. Hier sowie bei **Notfällen** (vgl. insoweit auch § 76 Abs. 1 Satz 2) ist eine direkte Inanspruchnahme der Ärzte – also ohne Überweisung des Hausarztes der HZV – zulässig. Nach der Begründung zum GKV-WSG handelt es sich bei diesem Modell der **freiwilligen Selbstbindung** um einen grundlegenden Bestandteil der HZV, da sie es dem Hausarzt erst ermögliche, seiner Steuerungsverantwortung nachzukommen, durch die unnötige Doppeluntersuchungen und Krankenhauseinweisungen vermieden würden sowie insbesondere auch eine koordinierte, medizinisch sinnvolle und effiziente Pharmakotherapie ermöglicht werde (Gesetzentwurf zum GKV-WSG, BT-Drs. 16/3100 S. 112, zu Nr. 45). 32

## IV. § 73b Abs. 3 Satz 2 Hs. 2 – Inanspruchnahme des Kinder- und Jugendarztes

Eine weitere **Ausnahme** von der Verpflichtung, zunächst den gewählten Hausarzt in Anspruch zu nehmen, ist für **Kinder- und Jugendärzte** geregelt. Nach Abs. 3 Satz 2 Hs. 2 bleibt die direkte Inanspruchnahme eines Kinder- und Jugendarztes unberührt. Damit soll sichergestellt werden, dass, sofern Eltern für ihre Kinder einen Allgemeinarzt als Hausarzt gewählt haben, Kinder und Jugendliche im Einzelfall den für die Behandlung dieses Personenkreises besonders qualifizierten Kinder- und Jugendarztarzt **ohne Überweisung** in Anspruch nehmen können. 33

## V. Bestätigung der Teilnahme durch Krankernkasse

Die **schriftlichen Bestätigung** der Krankenkasse gegenüber den Versicherten über die Teilnahme an der HZV stellt sich als **(Dauer-) Verwaltungsakt** dar, der von der Krankenkasse bei einer wesentlichen Änderung der tatsächlichen Verhältnisse aufgehoben werden kann (a.A. noch Vorauflage; ebenso *Huster* in Becker/Kingreen, SGB V, § 73b Rn. 7 unter Bezugnahme auf SG Augsburg vom 26.01.2012 – S 10 KR 170/11, juris Rn. 15 f.). 34

## VI. § 73b Abs. 3 Satz 3–5 – Widerrufsrecht des Versicherten für Teilnahmeerklärung

Durch Art. 2 Nr. 3 Buchst. a des Gesetzes zur Verbesserung der Rechte von Patientinnen und Patienten (Patientenrechtegesetz) vom 20.02.2013 (BGBl. I S. 277) wurde die Regelung in Abs. 3 über 35 die Teilnahmeerklärung der Versicherten an der HZV geändert. In dem neuen Satz 3 wird den Versicherten ein **Widerrufsrecht** für die Teilnahmeerklärung binnen 2 Wochen nach deren Abgabe eingeräumt, das ohne Angaben von Gründen ausgeübt werden kann. Satz 4 trifft eine Regelung über die **Fristwahrung**. Satz 5 bestimmt, ab welchem **Zeitpunkt die Widerrufsfrist** beginnt.

36 Die Vorschriften sollen nach der Begründung des Gesetzentwurfs zum Patientenrechtegesetz (BT-Drs. 17/10488 S. 32, zu Nr. 3) die Patientensouveränität und den Verbraucherschutz stärken. Die Einführung eines Widerrufsrechts ermögliche es den Versicherten, ihre Verpflichtung für die HZV zu überdenken, sich innerhalb der Zweiwochenfrist nochmals vertieft zu informieren und erneut zu prüfen, ob eine Teilnahme an dieser Versorgungsform für sie sinnvoll ist. Gleichzeitig werde dem Schutz des Vertrauensverhältnisses zwischen Arzt und Patient vor nicht-medizinischen Aspekten Rechnung getragen.

37 In der Begründung des Gesetzentwurfs wird darauf hingewiesen, dass das Widerrufsrecht nur für Teilnahmeerklärungen gilt, die nach Inkrafttreten des Gesetzes (26.02.2013) abgegeben worden sind. Die zuvor bereits erklärte Teilnahme an Verträgen zur HZV könne nicht rückwirkend widerrufen werden. Des Weiteren geht die Begründung auf die Folgen einer – ggf. erst zu einem späteren Zeitpunkt wirksam werdenden – Widerrufserklärung ein. Sie verweist darauf, dass, um eventuelle Probleme einer Rückabwicklung zu vermeiden, Leistungen in der HZV erst dann erbracht werden sollten, wenn die Teilnahmevoraussetzungen von der Krankenkasse geprüft worden seien und insbesondere die Widerrufsfrist abgelaufen sei (BT-Drs. 17/10488 S. 33).

### VII. § 73b Abs. 3 Satz 6 – Bindung der Versicherten für ein Jahr

38 Satz 6, dessen Regelung weitgehend in dem früheren Satz 3 der Vorschrift enthalten war, ist ebenfalls durch das Patientenrechtegesetz vom 20.02.2013 (BGBl. I S. 277) geändert worden. Die Vorschrift bestimmt nunmehr, dass der Versicherte, sofern er sein Widerrufsrecht nicht ausübt, an seine Teilnahmeerklärung und an die Wahl seines Hausarztes mindestens ein Jahr gebunden ist (Satz 6 Hs. 1). Er darf den Hausarzt nur bei Vorliegen eines wichtigen Grundes wechseln (Satz 6 Hs. 2). Als ein **wichtiger Grund** in diesem Sinne kommt z.B. der Umzug des Versicherten aus dem örtlichen Einzugsbereich des gewählten Hausarztes oder eine nachhaltige Störung des Arzt-Patienten-Verhältnisses in Betracht.

### VIII. § 73b Abs. 3 Satz 7 – Weitere Regelungen in Teilnahmeerklärung

39 Nach der durch das GKV-VSG vom 16.07.2015 geänderten Vorschrift haben die Krankenkassen das Nähere zur Durchführung der Teilnahme der Versicherten, zu weiteren Ausnahmen vom Überweisungsgebot und zu den Folgen bei Pflichtverstößen der Versicherten in den Teilnahmeerklärungen zu regeln. Die nunmehr vorgesehene Regelungsmöglichkeit in der Teilnahmeerklärung – und nicht in der Satzung – dient der Entbürokratisierung (Begr. Gesetzentw. zum GKV-VSG, BT-Drs. 18/4095 S. 89, zu Nr. 27, zu Buchst. a, zu Doppelbuchst. aa und bb). Die Teilnahmeerklärung kann vorsehen, dass Versicherte bei Verstößen gegen die Pflichten aus der HZV – z.B. Aufsuchen eines Facharztes ohne Überweisung – aus dem Versorgungsprogramm ausgeschlossen werden. Regelungsbedürftig ist nach der Begründung des Gesetzentwurfs zum GKV-WSG auch der Fall, dass ein Versicherter neben dem gewählten Hausarzt einen weiteren Hausarzt aufsucht. Da die Krankenkasse nach Abs. 7 verpflichtet sei, die Gesamtvergütung für die eingeschriebenen Versicherten zu mindern, dürfe die Inanspruchnahme des weiteren Hausarztes nicht zulasten der Gesamtvergütung erfolgen. Vielmehr habe der Versicherte die Kosten für die Einholung der Zweitmeinung selbst zu tragen (Begründung Gesetzentwurf, BT-Drs. 16/3100 S. 112, zu Nr. 45). Die Begründung geht somit davon aus, dass die Krankenkasse aufgrund der **Ermächtigung** in Abs. 3 Satz 4 (nunmehr Satz 7) auch befugt ist, **Kosten gegenüber den Versicherten** geltend zu machen. Dies setzt die Berechtigung voraus, entsprechende Verwaltungsakte gegenüber den Versicherten zu erlassen.

### IX. § 73b Abs. 3 Satz 8 – Satzungsregelung für Teilnahmeerklärung

40 Satz 8 ist durch das Patientenrechtegesetz vom 20.02.2013 (Art. 2 Nr. 3 Buchst. c) angefügt und geringfügig durch das GKV-VSG vom 16.07.2015 geändert worden. Danach hat die Satzung

der Krankenkasse Regelungen zur Abgabe der Teilnahmeerklärung zu enthalten. Um eine gleichmäßige Rechtsanwendung zu gewährleisten, sind nach Hs. 2 die Regelungen auf der Grundlage einer Richtlinie zu treffen, die der Spitzenverband Bund der Krankenkassen gem. § 217f Abs. 4a m.W.v. 26.08.2013 erlassen hat.

### 1. Keine einseitige Festlegung der Teilnahmevoraussetzungen durch Krankenkasse

Die Vorschrift des Abs. 3 Satz 8 berechtigt die Krankenkasse allerdings nicht, auch im Verhältnis zu den möglichen Vertragspartnern der HZV die **Teilnahme der Versicherten einseitig** in der **Satzung**, abweichend von den Vorgaben eines vereinbarten oder festgelegten HZV-Vertrages, zu regeln. Bei der Satzung handelt es sich um eine Binnenregelung, die im Verhältnis Krankenkasse zum Versicherten gilt, jedoch keine Außenwirkung gegenüber dem Vertragspartner der HZV entfaltet. Die gesetzliche Formulierung, dass das »Nähere zur Durchführung der Teilnahme der Versicherten« durch die Krankenkassen in den Teilnahmeerklärungen, zu regeln ist, die wiederum in den Satzungen zu regeln sind, bedeutet, dass die Satzung den HZV-Vertrag zwar ausfüllen und ergänzen, ihn aber nicht inhaltlich überlagern kann.

41

### 2. Entscheidung des BSG vom 25.03.2015 zu § 73b SGB V

Diese Auffassung teilt auch das **BSG** in seinem Urt. v. 25.03.2015 – B 6 KA 9/14 R (BSGE 118, 164 = SozR 4–2500 § 73b Nr. 1 Rn. 86). Bei der Entscheidung, ob Regelungen des HZV-Vertrages zur Teilnahme der Versicherten an der Satzung der Krankenkasse auszurichten seien oder ob umgekehrt die Krankenkasse ihre Satzung dem Inhalt der Verträge anzupassen habe, sei zu berücksichtigen, dass die Verträge zur HZV über die Festlegung durch eine Schiedsperson ggf. auch gegen den Willen der Krankenkasse zustande kommen sollten. Dies stehe einer Auslegung dahin entgegen, dass die Krankenkasse der anderen Partei des Vertrages zur HZV die Regelung der Teilnahme durch ihre Satzung einseitig vorgeben könne. Daher seien Regelungen des HZV-Vertrages zur Teilnahme der Versicherten nicht bereits rechtswidrig, wenn sie vom Inhalt der Satzung der Krankenkasse abwichen. Vielmehr sei die Krankenkasse verpflichtet, ihre Satzung dem Inhalt des HZV-Vertrages anzupassen.

42

## D. Abs. 4 – Abschluss von HZV-Verträgen

### I. Abs. 4 Satz 1 – Flächendeckende Sicherstellung der Versorgung

Abs. 4 Satz 1 enthält zunächst neben den möglichen Vertragspartner die Verpflichtung der Krankenkassen, eine **flächendeckende Versorgung** in der HZV sicherzustellen. Die Krankenkassen sollen damit durchgängig neben der vorhandenen hausärztlichen Versorgung gem. § 73 Abs. 1 ein weiteres Versorgungsmodell in der Form von Selektivverträgen anbieten. Dieses soll sich nicht auf einzelne Regionen beschränken, sondern flächendeckend ausgestaltet sein. Damit sollte erreicht werden, dass die HZV nicht nur in solchen Regionen eingerichtet wird, in denen ohnehin ein gutes Versorgungsangebot besteht. Da gerade kleinere Krankenkassen kaum die Möglichkeit haben, allein eine flächendeckende Versorgung sicherzustellen, erlaubt Abs. 4 Satz 1, dass Krankenkassen auch **in Kooperation mit anderen Krankenkassen** Verträge mit Leistungserbringern abschließen können.

43

### II. Mögliche Vertragspartner der Krankenkassen

Eine wesentliche Änderung gegenüber dem früheren Rechtszustand brachte das GKV-OrgWG vom 15.12.2008 hinsichtlich der möglichen **Vertragspartner der Krankenkassen**. Die noch unter der Geltung des GKV-WSG bestehende Auswahlfreiheit der Krankenkassen unter verschiedenen Vertragspartnern wurde durch die Neuregelung des GKV-OrgWG in Abs. 4 eingeschränkt. Die Krankenkassen waren danach verpflichtet, spätestens bis zum 30.06.2009 Verträge mit Gemeinschaften zu schließen, die mindestens die Hälfte der an der hausärztlichen Versorgung teilnehmenden Allgemeinärzte des Bezirks der KÄV vertreten. Das Gesetz sieht somit einen **Kontrahierungszwang**

44

der Krankenkassen mit denjenigen **Hausarztgemeinschaften** vor, die das Quorum von mindestens 50 % aller an der hausärztlichen Versorgung teilnehmenden Allgemeinärzte eines KÄV-Bezirks erfüllen.

45 Die Verpflichtung beschränkt sich auf den Abschluss von Verträgen zur HZV, betrifft jedoch nicht deren Inhalt. Dieser ist zwischen den beteiligten Krankenkassen und Hausärztegemeinschaften zu vereinbaren. Durch den Kontrahierungszwang besteht auf der Leistungserbringerseite ein **faktisches Monopol** bestimmter Hausarztverbände (zur Entstehungsgeschichte der Regelung s. *Matthäus* in: Schlegel/Voelzke, jurisPK SGB V, § 73b Rn. 1 ff.), das den wettbewerblichen Charakter solcher Verträge zur HZV von vornherein beschränkt.

46 Allerdings können die geforderte flächendeckende Sicherstellung der Versorgung in der HZV nur solche Gemeinschaften gewährleisten, die über einen **hohen Organisationsgrad** unter den Hausärzten verfügen. M.a.W., das »faktische« Monopol bestimmter Hausarztgemeinschaften besteht ohnehin. Mit der Einführung eines selektivvertraglichen Systems geht zwangsläufig eine »Vorrangstellung« solcher Gemeinschaften von Ärzten einher, die über ihre Mitglieder eine flächendeckende Versorgung im Selektivvertragssystem sicherstellen können. Neu und weitergehend war daher allein die Verpflichtung der Krankenkassen, bis zu einem bestimmten Termin HZV-Verträge zu schließen. Diese Verpflichtung war dem Umstand geschuldet, dass die Krankenkassen in der großen Mehrzahl keinen Anlass gesehen hatten, der ihnen gesetzlich aufgegebenen Verpflichtung aus § 73b Abs. 4 nachzukommen.

### 1. Hausarztgemeinschaft als Vertragspartner

47 Der Kontrahierungszwang der Krankenkassen mit bestimmten Hausärztegemeinschaften warf zahlreiche Fragen auf. Strittig war zunächst, ob das Gesetz dazu verpflichtet, dass **Vertragspartner** aufseiten der Allgemeinärzte immer auch die Hausarztgemeinschaft sein muss, die das erforderliche Quorum erfüllt, oder ob an ihre Stelle eine bevollmächtigte Managementgesellschaft (z.B. Hausärztliche Vertragsgemeinschaft) treten kann. Nach der gesetzlichen Regelung haben allein die in § 73b Abs. 4 Satz 1 genannten qualifizierten Gemeinschaften die Kompetenz, Verträge über die HZV zu schließen. Eine Delegation der Vertragskompetenz durch eine qualifizierte Gemeinschaft auf einen Dritten, den HZV-Vertrag im eigenen Namen zu schließen und zu erfüllen, ist nicht zulässig (Bayerisches LSG v. 27.06.2009 – L 12 KA 33/09 B ER; *Orlowski* ZMGR 2009, 124, 128).

### 2. Hälfte der teilnehmenden Allgemeinärzte

48 Das Gesetz fordert ein **Quorum von mindestens der Hälfte** der an der hausärztlichen Versorgung teilnehmenden Allgemeinärzte des Bezirks der KÄV. Mit dem Begriff der Teilnahme an der hausärztlichen Versorgung wird klargestellt, dass nur zur vertragsärztlichen Versorgung zugelassene und ansonsten teilnahmeberechtigte Ärzte i.S.d. § 95 Abs. 1 Satz 1 an der HZV teilnehmen können.

49 Die Feststellung, dass das Quorum (»mindestens die Hälfte«) erfüllt ist, hat Bedeutung für die Frage, ob die Krankenkassen gem. Abs. 4 Satz 4 berechtigt sind, mit anderen als den Hausärztegemeinschaften Verträge zur HZV abzuschließen. Fraglich war, wer die **Feststellung des ausreichenden Quorums** zu treffen hat, sofern ein **Schiedsverfahren** nach Abs. 4a eingeleitet wird. In diesen Fällen bestimmt die **zuständige Aufsichtsbehörde** die Schiedsperson. Lehnt die Aufsichtsbehörde die Bestimmung einer Schiedsperson ab, weil die die Einleitung eines Schiedsverfahrens beantragende Gemeinschaft das Quorum nicht erfüllt, steht der Gemeinschaft hiergegen die Klagebefugnis zu. Im umgekehrten Fall – Bejahung, dass Hausärztegemeinschaft das Quorum erfüllt – steht den Krankenkassen, die diese Auffassung nicht teilen, die Klagebefugnis zu.

50 Maßgeblicher Zeitpunkt, in dem das Quorum erfüllt sein muss, ist der **Zeitpunkt der Verwaltungsentscheidung**, hier also die über die Bestimmung der Schiedsperson (dazu im Einzelnen: Sächsisches LSG Urt. vom 11.04.2012 – L 1 KA 51/11 KL juris Rn. 27 ff., m.w.N.). Das Quorum muss auch zum **Zeitpunkt des Vertragsschlusses** bzw. der Festsetzung des Vertragsinhaltes durch eine

Schiedsperson erfüllt sein (BSG Urt. v. 25.03.2015 – B 6 KA 9/14 R, BSGE 118, 164 = SozR 4–2500 § 73b Nr. 1 Rn. 62).

### 3. Begriff der Allgemeinärzte

Nach § 73 Abs. 1a nehmen an der hausärztlichen Versorgung teil Allgemeinärzte, Kinderärzte, Internisten ohne Schwerpunktbezeichnung, die die Teilnahme an der hausärztlichen Versorgung gewählt haben sowie Praktische Ärzte. Maßgeblich ist der geforderte Anteil der an der hausärztlichen Versorgung teilnehmenden **Allgemeinärzte**. Nur diese sind bei der Frage des ausreichenden Quorums zu berücksichtigen. 51

In der Begründung des BT-Ausschusses für Gesundheit zur Einführung dieser Regelung im GKV-OrgWG wird ausgeführt (BT-Drs. 16/10 609 S. 68, zu Nr. 1f, zu Buchst. a), die Vorrangstellung der Allgemeinärzte folge aus der auf 5 Jahre verlängerten Weiterbildungszeit, die Grundlage für die besondere Qualifizierung von Allgemeinärzten für die spezifischen Anforderungen in der hausärztlichen Versorgung sei. Aus der Begründung kann allerdings nicht abgeleitet werden, dass nur solche Allgemeinärzte zu berücksichtigen sind, die die fünfjährige Weiterbildung zum Allgemeinarzt durchlaufen haben. Mit dem Begriff der Allgemeinärzte knüpft das Gesetz an den **berufsrechtlichen Status** des Arztes für Allgemeinmedizin an und setzt eine allgemeinmedizinische Weiterbildung i.S.d. § 95a Abs. 1 Nr. 2 i.V.m. Abs. 2 Satz 1 voraus. Diese ist nachgewiesen, wenn der Arzt nach landesrechtlichen Vorschriften zum Führen der Facharztbezeichnung für Allgemeinmedizin berechtigt ist. Es fallen daher unter den Begriff »Allgemeinarzt« i.S.d. § 73b Abs. 4 Satz 1 die für die hausärztliche Versorgung zugelassenen Fachärzte für Allgemeinmedizin und die Fachärzte für Innere und Allgemeinmedizin, die nach den Weiterbildungsordnungen der Landesärztekammern die Bezeichnung Facharzt/Fachärztin für Innere und Allgemeinmedizin oder für Allgemeinmedizin tragen dürfen (ebenso: BSG Urt. v. 25.03.2015 – B 6 KA 9/14 R, BSGE 118, 164 = SozR 4–2500 § 73b Nr. 1 Rn. 63). Damit werden alle Ärzte erfasst, die als Ärzte für Allgemeinmedizin an der hausärztlichen Versorgung teilnehmen, also auch solche Allgemeinärzte, die die nach früherem Recht vorgeschriebene 3-jährige Weiterbildung durchlaufen haben. 52

### 4. Teilnahme an der hausärztlichen Versorgung

Auch diejenigen Allgemeinärzte, die als angestellte Ärzte bei anderen Vertragsärzten oder bei einem MVZ angestellt sind, nehmen i.S.d. Vorschrift an der hausärztlichen Versorgung teil. Sie sind allerdings nur in jenem Umfang zu berücksichtigen, in dem sie nach der Ausgestaltung ihres Teilnahmestatus zur Teilnahme berechtigt sind. Hat ein Allgemeinarzt gem. § 19a Abs. 2 Ärzte-ZV seinen Versorgungsauftrag auf die Hälfte des vollen Versorgungsauftrages beschränkt, so ist er auch nur zur Hälfte mitzuzählen. Ruht die Zulassung eines Allgemeinarztes, so nimmt er nicht aktuell an der hausärztlichen Versorgung teil, ist also ebenfalls nicht berücksichtigungsfähig. 53

### 5. Vertretung durch Gemeinschaft

Unklar war weiterhin, was unter der Voraussetzung zu verstehen war, dass die Gemeinschaft mindestens die Hälfte der an der hausärztlichen Versorgung teilnehmenden Allgemeinärzte des Bezirks der KÄV »vertritt« (vgl. *Orlowski* ZMGR 2009, 124, 127). Aus der gesetzlichen Formulierung in § 73b Abs. 4 Satz 1, dass die Gemeinschaften mindestens die Hälfte der Allgemeinärzte »vertreten« müssen, kann nicht gefolgert werden, dass damit eine rechtsverbindliche Einbeziehung der Allgemeinärzte beim Abschluss des Vertrages geboten und das »Vertreten« damit im Sinne einer rechtsgeschäftlichen Vertretung (§ 164 Abs. 1 BGB) zu verstehen sei. Gefordert und ausreichend ist vielmehr eine **Verhandlungsvollmacht, nicht** jedoch eine **Abschlussvollmacht** (ebenso: LSG Nordrhein-Westfalen Beschl. v. 11.10.2010 – L 11 KA 61/10 B ER, juris Rn. 40). Dies folgt bereits aus dem Wortlaut des § 73b Abs. 4 Satz 1, in dem bestimmt wird, dass die Krankenkassen Verträge mit »Gemeinschaften« von Allgemeinärzten zu schließen haben. Nicht vorausgesetzt wird, dass gleichzeitig auch Verträge mit den einzelnen Vertragsärzten, die an der HZV teilnehmen wollen, geschlossen werden. Der Gesamtzusammenhang der gesetzlichen Neuregelung belegt 54 vielmehr, dass mit der Formulierung des »Vertretens« nur gemeint ist, dass diese Gemeinschaften eine gewisse soziale Mächtigkeit haben müssen, damit eine flächendeckende Versorgung mit HZV-Verträgen wahrscheinlich sichergestellt werden kann (vgl. Begründung der Beschlussempfehlungen im Bericht des BT-Ausschusses für Gesundheit, BT-Drs. 16/10609 S. 53, zu Nr. 1f – § 73b, zu Buchst. a, zu Doppelbuchst. aa; zum Ganzen auch: *Huster* NZS 2010, S. 69 ff.).

55 Diese Auffassung, dass das »Vertreten« der Allgemeinärzte keine rechtsgeschäftliche Bevollmächtigung voraussetzt, wird weiter durch die Begründung zum GKV-OrgWG vom 15.12.2008 belegt. Dort heißt es nämlich, dass mit der Neuregelung (d.i. die Einführung des Schiedsverfahrens) bezweckt werde, das mit dem GKV-WSG eingeführte eigenständige »Verhandlungsmandat« der Gemeinschaften von Hausärzten zu stärken (Begründung der Beschlussempfehlungen im Bericht des BT-Ausschusses für Gesundheit, BT-Drs. 16/10609 S. 53, zu Nr. 1f § 73b, zu Buchst. a, zu Doppelbuchst. aa). Der gesetzlichen Regelung liegt damit ersichtlich die Vorstellung der Beitrittslösung zu Grunde, nach der die Gemeinschaft von Allgemeinärzten die Verhandlungen mit den Krankenkassen führt und danach die an der vertragsärztlichen Versorgung teilnehmenden Hausärzte dem abgeschlossenen Vertrag beitreten.

56 Die Voraussetzung des Vertretens i.S.d. § 73b Abs. 4 Satz 1 ist bereits durch die Mitgliedschaft des jeweiligen Hausarztes in einem – die Verhandlung mit den Krankenkassen über den Abschluss eines HZV-Vertrages führenden – Verband der Hausärzte erfüllt (Sächsisches LSG Urt. v. 11.04.2012 – L 1 KA 51/11 KL juris Rn. 35; *Orlowski* ZMGR 2009, 124, 128; ebenso: *Huster* in: Becker/Kingreen, SGB V, § 73b Rn. 12). Nicht erforderlich ist, dass die Satzung der Gemeinschaft eine Klausel enthält, wonach auch Aufgabe des jeweiligen Verbandes der Abschluss von HZV-Verträgen ist.

57 Auch entsprechende **Mandatierungen** der Gemeinschaft durch die einzelnen Allgemeinärzte – das ist in der Praxis der Regelfall – erfüllen die Voraussetzung des »Vertretens«. Aus dieser Tatbestandsvoraussetzung kann – wie schon kurz angeführt – nicht hergeleitet werden, dass bereits im Vorfeld von Vertragsverhandlungen mindestens die Hälfte der Allgemeinärzte sich zur Teilnahme an einem Vertrag, dessen Inhalt sie noch nicht kennen können, unmittelbar verpflichten müssen (ebenso: *Orlowski* ZMGR 2009, 124, 128; *Huster* in: Becker/Kingreen, SGB V, § 73b Rn. 12). Für diese Rechtsauffassung findet sich im Gesetz kein Anhalt. Das gesetzgeberisch vorgegebene Prinzip ist ein anderes. Die Gemeinschaft schließt einen HZV-Vertrag mit der Kasse und der einzelne Vertragsarzt, der die Gemeinschaft mit den Vertragsverhandlungen beauftragt hat, entscheidet danach, ob er diesem Vertrag beitritt oder nicht. Dieses Prinzip der Freiwilligkeit hat der Gesetzgeber im Auge gehabt, denn er wollte die Attraktivität der HZV-Verträge für Ärzte und Versicherte steigern. Eine Auslegung des »Vertretens«, die den Vertragsarzt verpflichtete, sich bereits vor Abschluss eines HZV-Vertrages verbindlich zur Teilnahme an dem Vertrag zu verpflichten, stünde dem entgegen.

### 6. Keine Ausschreibungspflicht der Krankenkassen in Anwendung des Vergaberechts bei HZV-Vertrag

58 Fraglich war weiterhin, ob die Krankenkassen die Aufträge zum Abschluss von HZV-Verträgen öffentlich auszuschreiben haben. Auf Krankenkassen finden bei der Vergabe öffentlicher Aufträge gem. § 69 Abs. 3 die Vorschriften des Kartellvergaberechts des GWB Anwendung. Dies führt jedoch nicht zur Anwendung des Vergaberechts auf HZV-Verträge nach § 73b Abs. 4 Satz 1.

59 Der Begriff des **öffentlichen Auftrags** in § § 103 GWB setzt ein **Auswahlermessen** des Auftraggebers darüber voraus, an welchen der in Betracht kommenden Auftragnehmer er den Auftrag vergibt (zum Ganzen § 69 SGB V Rdn. 55). Ein solches Auswahlermessen besteht bei der »Auftragsvergabe« nach § 73b Abs. 4 Satz 1 nicht, da die Krankenkassen verpflichtet sind, mit Gemeinschaften von Ärzten, die die Voraussetzung der Vorschrift erfüllen, einen Vertrag zur HZV abzuschließen. Damit fehlt den Krankenkassen jegliche für die Durchführung eines Vergabeverfahrens typische Beschaffungsautonomie. Die Anwendbarkeit des Kartellvergaberechts scheitert somit schon daran, dass der dem Vergaberecht begriffsnotwendig zugrunde liegende Wettbewerb (zwischen verschiedenen

Bietern), der mit der Zuschlagsentscheidung seinen Abschluss findet, durch die gesetzliche Regelung des § 73b Abs. 4 Satz 1 von vornherein ausgeschaltet ist (ebenso: BSG Urt. v. 25.03.2015 – B 6 KA 9/14 R, BSGE 118, 164 = SozR 4–2500 § 73b Nr. 1 Rn. 88). Es besteht also keine Verpflichtung zur (europaweiten) Ausschreibung von HZV-Verträgen.

### 7. Öffentliche-rechtliche Rechtsnatur des HZV-Vertrages – Normsetzungsvertrag

Bei dem HZV-Vertrag handelt es sich um einen **öffentlich-rechtlichen Vertrag** i.S.d. § 53 Abs. 1 SGB X. Die Zuordnung zum Sozialversicherungs- und damit zum öffentlichen Recht folgt aus § 69 Abs. 1 Satz 1, nach dem die Rechtsbeziehungen der Krankenkassen und ihrer Verbände u.a. zu Ärzten und ihren Verbänden im 4. Kapitel des SGB V abschließend geregelt werden (vgl. dazu: *Engelmann* in: Schlegel/Voelzke, jurisPK SGB V, § 69 Rn. 31 ff.). Abs. 4 Satz 2 spricht zwar – anders als § 69 Abs. 1 Satz 1 – nicht von »Verbänden«, sondern von »Gemeinschaften«. Aus dem Regelungszweck des § 69 Abs. 1 Satz 1 ergibt sich jedoch, dass alle Rechtsbeziehungen zwischen gesetzlichen Krankenkassen und den Leistungserbringern, die dem SGB V unterliegen, dem Krankenversicherungsrecht und damit dem öffentlichen Recht zugeordnet werden sollen. Das gilt unabhängig von der jeweils gewählten Bezeichnung des Zusammenschlusses von Leistungserbringern. Damit ist die unmittelbare Anwendung zivilrechtlicher Vorschriften auf die Rechtsbeziehungen der Krankenkassen zu den Gemeinschaften von Leistungserbringern – auch bei der HZV – ausgeschlossen. 60

Bei dem HZV-Vertrag handelt es sich um einen **Normsetzungsvertrag.** Er tritt als Selektivvertrag in einem bestimmten, gesetzlich vorgegebenen Teilbereich der vertragsärztlichen Versorgung an die Stelle der ansonsten vorgesehenen Kollektivverträge zwischen Krankenkassen und ärztlichen Leistungserbringern. Die vom Normsetzungsvertrag erzeugten Regelungen zur Ausgestaltung der HZV gelten für die von ihnen betroffenen Rechtssubjekte, die am HZV-Vertrag teilnehmenden Ärzte einerseits und die beteiligten Krankenkassen und deren Versicherte anderseits, unmittelbar (BSG Urt. v. 20.02.2020 – B 6 KA 25/18 R – SozR 4–2500 § 73b Nr. 4 Rn. 16 ff.; BSG Urt. v. 21.03.2018 – B 6 KA 59/17 R, BSGE 125, 233 = SozR 4–2400 § 89 Nr. 7, Rn. 43). 61

### 8. Hausarztgemeinschaft als privatrechtlicher Zusammenschluss

Bei den in § 73b Abs. 4 Satz 2 angesprochenen **Gemeinschaften von Allgemeinärzten**, die mit Krankenkassen Verträge zur HZV schließen, handelt sich um **privatrechtliche Zusammenschlüsse**, regelmäßig in der Form des eingetragenen Vereins. Sie nehmen aufgrund des Vertrages zur HZV bestimmte hoheitliche Verwaltungsaufgaben – für die Krankenkassen die Sicherstellung der Versorgung der Versicherten mit Gesundheitsdienstleistungen – im eigenen Namen wahr. Mit dieser »gesetzlichen Indienstnahme« erfüllen sie **nicht** die Voraussetzungen einer **Beleihung** (unklar insoweit noch Vorauflage) und sind damit nicht Behörde i.S.d. § 1 Abs. 2 SGB X (dazu *Roos* in: Schütze, SGB X, § 1 Rn. 12). 62

### 9. Rechtsbeziehungen der Gemeinschaften von Allgemeinärzten zu Ärzten, die an HZV-Verträgen teilnehmen

Die Teilnahme eines Hausarztes erfolgt durch Erklärung gegenüber der Gemeinschaft, die einen HZV-Vertrag abgeschlossen hat, sowie der Annahme dieser Erklärung durch die entsprechende Gemeinschaft. Diese Rechtsbeziehungen werden nicht von § 69 Abs. 1 Satz 1 erfasst, da es sich nicht um solche zwischen Krankenkassen und Leistungserbringern, sondern vielmehr um Beziehungen zwischen Gemeinschaften und dem einzelnen Arzt handelt. Diese Rechtsbeziehungen können daher nicht dem öffentlichen Recht zugeordnet werden, sondern sind **privatrechtlicher Natur**. Daraus folgt zugleich, dass die Gemeinschaft von Allgemeinärzten gegenüber den teilnehmenden Ärzten keine öffentlich-rechtlichen Befugnisse hat. Bei einer **Streitigkeit** zwischen der Gemeinschaft von Allgemeinärzten und einem teilnehmenden Arzt handelt es sich um eine privatrechtliche Streitigkeit, die – sofern nicht ausdrücklich etwas anderes vereinbart worden ist – in die **Zuständigkeit der Zivilgerichte** fällt. 63

### III. Abs. 4 Satz 2 – Einleitung eines Schiedsverfahrens

64  Nach der genannten Vorschrift steht bei Nichteinigung der Partner über den Abschluss eines Vertrages zur HZV **allein** der jeweiligen **Hausarztgemeinschaft** das **Antragsrecht** auf Einleitung eines Schiedsverfahrens nach Abs. 4a zu.

### IV. Abs. 4 Satz 3 – Verträge mit anderen Beteiligten

65  Abs. 4 Satz 3 lässt in bestimmten Gestaltungen zu, dass die Krankenkassen mit anderen als mit Hausarztgemeinschaften Verträge schließen, die die HZV betreffen oder diese ergänzen. Das ist zum einen der Fall, wenn ein Vertrag nach Abs. 4 Satz 1 zu Stande gekommen ist, also eine Krankenkasse mit einer qualifizierten Allgemeinarztgemeinschaft einen HZV-Vertrag abgeschlossen hat.

66  Die Krankenkassen sind zudem berechtigt, mit den in Satz 3 genannten Leistungserbringern Verträge abzuschließen, wenn ein Vertrag mit einer qualifizierten Allgemeinarztgemeinschaft nicht vereinbart werden konnte und diese **kein Schiedsverfahren** beantragt hat. Schließlich besteht die Berechtigung zum Vertragsabschluss mit anderen Leistungserbringern, sofern ein Vertrag zur Versorgung von **Kindern und Jugendlichen** geschlossen werden soll. Insoweit ist nicht Voraussetzung für die Berechtigung zum Vertragsabschluss, dass bereits ein Vertrag zur HZV zustande gekommen ist.

67  Nach **Satz 3 Nr. 1** kommen als potentielle Vertragspartner vertragsärztliche Leistungserbringer, die an der hausärztlichen Versorgung nach § 73 Abs. 1a teilnehmen, in Betracht, nach **Nr. 2** Gemeinschaften dieser Leistungserbringer, nach **Nr. 3** Managementgesellschaften, die sich verpflichten, die HZV mit entsprechend qualifizierten vertragsärztlichen Leistungserbringern durchzuführen, sowie schließlich nach **Nr. 4** KÄVen, soweit Gemeinschaften vertragsärztlicher Leistungserbringer sie hierzu ermächtigt haben.

### V. Abs. 4 Satz 4 – Verpflichtung zu HZV-Verträgen mit weiteren Leistungserbringern

68  Abs. 4 Satz 4 regelt den Fall, dass die Krankenkassen keinen Vertragspartner finden, der die Voraussetzungen des Satzes 1 (Quorum von mindestens 50 % der an der hausärztlichen Versorgung teilnehmenden Allgemeinärzte eines KÄV-Bezirks) erfüllt. In diesen Fällen besteht ebenfalls eine Verpflichtung der Krankenkassen zum Abschluss von Verträgen zur HZV. Sie können wiederum auf die in Satz 3 der Vorschrift genannten Vertragspartner zurückgreifen.

### VI. Abs. 4 Satz 5 – Kein Anspruch auf Vertragsabschluss

69  Nach Abs. 4 Satz 5 haben die potentiellen Vertragspartner der Krankenkassen in den Fällen der Sätze 3 und 4 keinen Anspruch auf Abschluss eines Vertrages. Vielmehr steht den Krankenkassen ein – willkürfrei auszuübendes – **Auswahlermessen** zu (BT-Drs. 16/3100 S. 112, zu Nr. 45). D.h., sie sind berechtigt, unter mehreren in Betracht kommenden Bewerbern nach sachgerechten Kriterien die geeigneten auszusuchen.

#### 1. Ausschreibungspflicht der Krankenkassen in Anwendung des Vergaberechts bei Auftrag zur HZV gem. § 73b Abs. 4 Satz 3 f.?

70  Allerdings haben die Krankenkassen gem. Abs. 4 Satz 5 Hs. 2 die Aufforderung zur Abgabe eines Angebotes unter Bekanntgabe objektiver Auswahlkriterien auszuschreiben. Das wirft die Frage auf, ob sie verpflichtet sind, entsprechende Verträge nach **Vergaberecht** auszuschreiben

#### 2. Voraussetzungen für Anwendung des Vergaberechts

71  Für die Parallelproblematik in (dem früheren) § 73c hat das LSG Berlin-Brandenburg (Beschl. v. 06.03.2009 – L 9 KR 72/09 ER) entschieden, dass auf die Ausschreibung von Verträgen über die besondere ambulante ärztliche Versorgung Vergaberecht anzuwenden sei. Die Stoßrichtung der neuen Regelung in § 69 gehe eindeutig in die Richtung, Verträge von gesetzlichen Krankenkassen mit Leistungserbringern den §§ 97 ff. GWB unterfallen zu lassen mit der Konsequenz,

dass unterlegene Bieter spezifischen Rechtsschutz vor den Vergabekammern und sodann bei den Landessozialgerichten fänden.

Dem ist nicht zu folgen; denn der Anwendung des Vergaberechts steht entgegen, dass keine Ausschreibung auf einem offenen Markt stattfinden kann. Verträge können nur mit solchen Leistungserbringern bzw. Gemeinschaften gem. Satz 3 abgeschlossen werden, die in das vertragsärztliche System integriert sind. Eine vergaberechtliche Ausschreibung hat danach nicht zu erfolgen.

### VII. Abs. 4 Satz 6 – Einschränkung des Sicherstellungsauftrages der KÄVen

Die Vorschrift bestimmt, dass in den Fällen, in denen die hausärztliche Versorgung als HZV auf der Grundlage des § 73b Abs. 4 durchgeführt wird, der Sicherstellungsauftrag der KÄVen nach § 75 Abs. 1 eingeschränkt ist. Sie regelt nicht ausdrücklich, wer insoweit die HZV sicherzustellen hat. Hierfür kommen allein die Krankenkassen in Betracht. Auf diese geht der Sicherstellungsauftrag über; denn sie haben nach der gesetzlichen Regelung die flächendeckende Versorgung der Versicherten mit der HZV sicherzustellen (kritisch hierzu: *Kingreen/Temizel* ZMGR 2009, 134, 141). Davon geht auch die Begründung zu § 73b i.d.F. des GKV-WSG aus (BT-Drs. 16/3100 S. 112, zu Nr. 45). Zur Sicherstellung der Versorgung bedienen sich die Krankenkassen – wie ansonsten unter der Geltung des Sachleistungsprinzips auch – der Leistungserbringer, hier derjenigen Leistungserbringer, die an der HZV teilnehmen.

### VIII. Abs. 4 Satz 7 – Notdienst

Nach der Neufassung des Abs. 4 Satz 7 durch das GKV-VSG vom 16.07.2015 (BGBl I S. 1211) gilt die Einschränkung des Sicherstellungsauftrages durch die KÄVen **nicht** für die Organisation der vertragsärztlichen Versorgung zu den sprechstundenfreien Zeiten. Nach der Begründung des GesetzEntw. (BT-Drs. 18/4095 S. 89, zu Buchst. b) war es im Sinne einer Straffung und Stärkung des Notdienstes sinnvoll, keine separate Organisation für den Notdienst im Rahmen der HZV vorzusehen. Dieser solle vielmehr durch eine einheitliche Organisation durch die KÄV und die Einbeziehung der Krankenhäuser optimiert werden. In der Begründung wird auch klargestellt, dass die Vertragsärzte, die an der HZV teilnehmen, unverändert verpflichtet sind, sich an dem von der KÄV organisierten Notdienst zu beteiligen.

## E. Abs. 4a – Schiedsverfahren

Die Vorschrift ist durch das GKV-OrgWG vom 15.12.2008 in das Gesetz eingefügt worden. Sie regelt bei Nichteinigung der Vertragsparteien über einen HZV-Vertrag die Schlichtung. Die Regelung ist kursorisch, weil sie nur Mindestinhalte festlegte und zunächst zahlreiche, zwischenzeitlich geklärte Fragen offen ließ.

### I. Abs. 4a Satz 1 – Einigung auf Schiedsperson

Sofern zwischen einer Krankenkasse und einer Gemeinschaft i.S.d. Abs. 4 Satz 2 ein Vertrag zur HZV nicht zu Stande gekommen ist und die Gemeinschaft die Einleitung eines Schiedsverfahrens beantragt hat, haben sich die potentiellen Vertragspartner auf eine unabhängige Schiedsperson zu verständigen, die den Inhalt des Vertrages nach Abs. 4 Satz 1 festlegt. Bei dieser »Verständigung« handelt es sich um eine vertragliche Vereinbarung, einen **öffentlich-rechtlichen Vertrag**.

### II. Abs. 4a Satz 2 – Bestimmung der Schiedsperson durch Aufsichtsbehörde

Kommt eine solche Einigung nicht zu Stande, so wird die Schiedsperson gem. Abs. 4a Satz 2 von der für die Krankenkasse zuständigen Aufsichtsbehörde bestimmt. Aufsichtsbehörde für die bundesunmittelbaren Krankenkassen ist das Bundesamt für Soziale Sicherung, für die landesunmittelbaren Krankenkassen die jeweilige nach Landesrecht bestimmte Aufsichtsbehörde, in der Regel das zuständige Ministerium.

78 Bei der Bestimmung der Schiedsperson handelt es sich um einen **Verwaltungsakt** i.S.d. § 31 SGB X, der von den Beteiligten mit Rechtsbehelfen angegriffen werden kann.

### III. Abs. 4a Sätze 3 und 4 – Kosten des Verfahrens, keine aufschiebende Wirkung von Klagen gegen Bestimmung der Schiedsperson

79 Abs. 4a Satz 3 legt fest, dass die Vertragspartner die Kosten des Schiedsverfahrens zu gleichen Teilen zu tragen haben.

80 **Abs. 4a Satz 4** in der ursprünglichen Fassung bestimmte, dass Klagen gegen die Bestimmung der Schiedsperson und die Festlegung des Vertragsinhaltes durch die Schiedsperson keine aufschiebende Wirkung haben. Diese Regelung wurde eingefügt, um eine möglichst **rasche Sicherstellung eines flächendeckenden Angebots** der HZV zu erreichen (vgl. Beschlussempfehlung und Bericht des Ausschusses für Gesundheit vom 15.10.2008 zum Entwurf eines Gesetzes zur Weiterentwicklung der Organisationsstrukturen in der gesetzlichen Krankenversicherung – GKV-OrgWG, BT-Drs. 16/10609 S. 54).

81 Abs. 4a Satz 4 wurde durch das GKV-VStG vom 22.11.2011 (BGBl. I S. 2983) geändert. In Satz 4 wurden die Wörter »und die Festlegung des Vertragsinhalts« gestrichen. Zur Begründung ist in dem Gesetzentwurf zum GKV-VStG (BT-Drs. 17/6906 S. 56, zu Nr. 13) ausgeführt: »Nach § 73b Abs. 4a Satz 2 besteht die Möglichkeit der Einleitung eines Schiedsverfahrens, wenn sich die Vertragsparteien über den Inhalt eines Vertrages zur hausarztzentrierten Versorgung (HzV) nicht einigen können. In diesem Fall wird der Inhalt des HzV-Vertrages von der Schiedsperson festgelegt (§ 73b Abs. 4a Satz 1). Durch die Formulierung in Satz 4, nach der die Festlegung des Vertragsinhalts keine aufschiebende Wirkung hat, konnte der Eindruck entstehen, dass es sich bei dem Schiedsspruch um einen Verwaltungsakt handeln würde. Mit der Streichung wird klargestellt, dass dies nicht der Fall ist, sondern dass die Schiedsperson analog § 317 BGB als Vertragshelfer tätig wird. Dem entsprechend sind Klagen gegen die Festlegung des Vertragsinhalts nicht gegen die Schiedsperson, sondern gegen eine der beiden Vertragsparteien zu richten. Eine entsprechende Klarstellung ist erforderlich, da zu dieser Frage unterschiedliche Rechtsprechung ergangen ist. Die Regelung orientiert sich am Wortlaut der insoweit vergleichbaren Regelung des § 77 Abs. 1 Satz 5 SGB XII«.

82 Es verbleibt damit dabei, dass die Klage gegen die **Bestimmung der Schiedsperson keine aufschiebende Wirkung** hat.

#### 1. Rechtsnatur der Schiedsperson und ihrer Handlungen

83 Die gesetzliche Regelung ließ die Rechtsnatur der Schiedsperson und ihrer Entscheidungen offen. In der rechtswissenschaftlichen Literatur war die Frage umstritten, ob es sich bei der **Schiedsperson** um eine **Behörde** handelte und ihre Entscheidung zur Festsetzung des Vertragsinhaltes als Verwaltungsakt zu qualifizieren war oder ob sie als »Vertragshelfer« tätig wurde, der Inhaltsbestimmung damit keine Verwaltungsaktqualität zukam. Auch die instanzgerichtliche Rspr. war insoweit uneinheitlich (dazu: BSG v. 25.03.2015 – B 6 KA 9/14 R, BSGE 118, 164 = SozR 4–2500 § 73b Nr. 1 Rn. 28).

#### 2. Entscheidung des BSG vom 25.03.2015 zu § 73b SGB V

84 Das BSG ist in der genannten Entscheidung der Auffassung gefolgt, dass die Schiedsperson gem. § 73b Abs. 4a – ebenso wie die Schiedsperson nach § 132a Abs. 2 – als Vertragshelfer entsprechend § 317 BGB und nicht als Behörde tätig wird. Der Schiedsspruch ergeht danach nicht als Verwaltungsakt, sondern ersetzt die Einigung der Parteien (BSG Urt. v. 25.03.2015 – B 6 KA 9/14 R, BSGE 118, 164 = SozR 4–2500 § 73b Nr. 1 Rn. 25; ebenso BSG Urt. v. 21.03.2018 – B 6 KA 44/16 R – SozR 4–2500 § 73b Nr. 2 Rn. 23).

85 Weder systematische Gründe, die Entstehungsgeschichte oder Sinn und Zweck der Regelung sprächen dafür, dass der Gesetzgeber der Schiedsperson nach § 73b Abs. 4a habe hoheitliche Aufgaben

übertragen wollen. Zunächst bestünden zwischen dem Schiedsverfahren nach § 132a Abs. 2, bei dem nach der Rspr. des 3 Senats des BSG die Schiedsperson als Vertragshelfer zu qualifizieren sei, und demjenigen in der HZV keine rechtlich relevanten Unterschiede. Soweit aus der ursprünglichen Regelung in § 73b Abs. 4a Satz 4 (a.F.) zur fehlenden aufschiebenden Wirkung der Klage gegen den Schiedsspruch der Schluss gezogen worden sei, es handele sich bei diesem um einen Verwaltungsakt, habe der Gesetzgeber durch die Neufassung der umstrittenen Regelung klar gestellt, dass es sich bei der Schiedsperson um einen Vertragshelfer handeln solle (BSG Urt. v. 25.03.2015 – B 6 KA 9/14 R, BSGE 118, 164 = SozR 4–2500 § 73b Nr. 1 Rn. 39 ff.). Mit der Änderung des § 73b Abs. 4a durch das GKV-Versorgungsstrukturgesetz vom 22.12.2011 sei geklärt, dass es sich bei der Schiedsperson nicht um eine Behörde handele und dass deren Entscheidung nicht in Form eines Verwaltungsaktes ergehe. Dies gelte nicht erst seit der Klarstellung der Regelung ab dem 01.01.2012, sondern von Beginn an (BSG Urt. v. 25.03.2015 – B 6 KA 9/14 R, BSGE 118, 164 = SozR 4–2500 § 73b Nr. 1 Rn. 45 f.).

### 3. Gerichtliche Überprüfung des Schiedsspruchs

Die Festlegung des Vertragsinhaltes durch den Schiedsspruch einer Schiedsperson ist **gerichtlich überprüfbar**. Davon geht auch die Gesetzesbegründung aus, die formuliert, dass der Schiedsspruch justiziabel sei (Bericht des BT-Ausschusses für Gesundheit, BT-Drs. 16/10 609, zu Nr. 1f, S. 69). 86

Zutreffende Klageart ist nach der **Entscheidung des BSG** v. 25.03.2015 die **Feststellungsklage** (ebenso: BSG v. 21.03.2018 – B 6 KA 44/16 R – SozR 4–2500 § 73b Nr. 2 Rn. 23). Anders als vom 3. Senat des BSG zu § 132a Abs. 2 entschieden, komme nicht die Ersetzungsklage in entsprechender Anwendung von § 319 BGB in Betracht. Diese Konzeption sei auf die Verträge nach § 73b nicht übertragbar. Gerichte könnten nicht umfassende Vertragswerke festsetzen. Die gerichtliche Kontrolle von Entscheidungen der Schiedsperson müsse sich vielmehr an dem Muster der Kontrolle von Schiedsamtsentscheidungen gem. § 89 orientieren (BSG Urt. v. 25.03.2015 – B 6 KA 9/14 R, BSGE 118, 164 = SozR 4–2500 § 73b Nr. 1 Rn. 51 f.). 87

Gem. dem durch das GKV-VStG vom 22.11.2011 (BGBl. I S. 2983) in Abs. 4a angefügten Satz 5 sind **Klagen** gegen die Festlegung des Vertragsinhalts **gegen eine der beiden Vertragsparteien**, nicht gegen die Schiedsperson zu richten. 88

Der **Rechtsweg** ist gem. § 51 Abs. 1 Nr. 2 SGG zu den Gerichten der Sozialgerichtsbarkeit eröffnet. Erstinstanzlich sachlich zuständig sind gem. § 8 SGG die Sozialgericht und hier gem. § 10 Abs. 2 Satz 2 Nr. 3 SGG die Kammern/für das Vertragsarztrecht. Einer der in § 29 Abs. 2 SGG geregelten Sonderfälle der sachlichen Zuständigkeit der Landessozialgerichte liegt nicht vor (BSG Urt. v. 25.03.2015 – B 6 KA 9/14 R, BSGE 118, 164 = SozR 4–2500 § 73b Nr. 1 Rn. 21). 89

## F. Abs. 5 – Regelung der Vergütung

Abs. 5 Satz 1 Hs. 1 gibt vor, dass in den Verträgen zur HZV das Nähere über den Inhalt und die Durchführung der HZV sowie die Vergütung zu regeln ist. Dazu gehört insbesondere, dass die sich aus Abs. 2 ergebenden Mindestanforderungen für die an der HZV teilnehmenden Hausärzte im Einzelnen festgelegt werden. 90

Der durch das 14. SGB V-ÄndG vom 27.03.2014 (BGBl. I S. 261) mit Wirkung vom 01.04.2014 angefügte Hs. 2 steht im Zusammenhang mit der Streichung des Abs. 5a durch dasselbe Gesetz, mit der die Bindung an den Grundsatz der Beitragssatzstabilität aufgehoben wurde. An Stelle dessen wird den Vertragspartnern der HZV-Verträge, die nach dem 31.03.2014 zustande kommen, aufgegeben, **Kriterien für die Wirtschaftlichkeit** des Vertrages und Maßnahmen bei Nichteinhaltung der Wirtschaftlichkeitskriterien sowie **Regelungen zur Qualitätssicherung** zu vereinbaren. Die Vertragspartner haben damit anhand geeigneter objektiver Indikatoren eine Vereinbarung für eine spezifische Ausgestaltung des allgemeinen Wirtschaftlichkeitsgebotes für den jeweiligen Vertrag zu vereinbaren. Außerdem haben sie Regelungen zur Qualitätssicherung zu vereinbaren, die über die allgemeine hausärztliche Qualitätssicherung hinausgehen (Beschlussempfehlung und Bericht des 91

BT-Ausschusses für Gesundheit, BT-Drs. 18/606 S. 11, zu Nr. 1, zu Buchst. b). Nach **Satz 2** können die KÄVen bei der Ausgestaltung und Umsetzung der Anforderungen nach Abs. 2 beteiligt werden.

92 **Abs. 5 Satz 3** wurde durch das 14. SGB V-ÄndG vom 27.03.2014 neu gefasst, um in der Praxis bestehende Rechtsunsicherheiten zu beseitigen. Die Regelung erweiterte – wie es in der Begründung zur Änderung der Vorschrift heißt (Beschlussempfehlung und Bericht des BT-Ausschusses für Gesundheit, BT-Drs. 18/606 S. 11, zu Nr. 1, zu Buchst. b) – im Sinne einer möglichst großen Gestaltungsfreiheit und zur wettbewerblichen Weiterentwicklung den Anwendungsbereich im Verhältnis zur sonstigen hausärztlichen Versorgung. Danach sind die im Einzelnen aufgeführten Leistungen im Rahmen der HZV zulässig. Darunter fallen innovative Leistungen, die noch keinen Eingang in die Regelversorgung gefunden haben, aber auch die Verordnungsfähigkeit von an sich nach § 34 Abs. 1 Satz 1 ausgeschlossenen nicht verschreibungspflichtigen Medikamenten. Andere gesetzlich ausgeschlossene Medikamente können, wie die Begründung zur Vorschrift klar stellt (BT-Drs. 18/606 S. 11, zu Nr. 1, zu Buchst. b), nicht Gegenstand der HZV-Verträge sein. Neue Untersuchungs- und Behandlungsmethoden können ebenfalls Gegenstand der HZV sein, sofern der G-BA über sie noch keine ablehnende Entscheidung getroffen hat. Das heißt auf der anderen Seite, dass neue Untersuchungs- und Behandlungsmethoden, über die der G-BA noch nicht ablehnend befunden hat, die jedoch noch nicht Bestandteil der vertragsärztlichen Versorgung sind, auf der Grundlage einer vertraglichen Vereinbarung im HZV-Vertrag Gegenstand der Leistungspflicht sein können.

93 **Abs. 5 Satz 4** bestimmt, dass in den Einzelverträgen Regelungen getroffen werden können, die von den Bestimmungen des Leistungsrechts im 4. Kapitel des SGB V abweichen.

94 **Abs. 5 Satz 5** verpflichtet die Krankenkassen, in entsprechender Anwendung des § 106a Abs. 3 Prüfungen der Abrechnungen auf Rechtmäßigkeit vorzunehmen. Damit soll an der Schnittstelle Selektivvertrag/Kollektivvertrag einem möglichen Fehlverhalten der hausärztlichen Leistungserbringer und der Versicherten entgegengewirkt werden.

95 Der durch das 14. **SGB V-ÄndG** vom 27.03.2014 angefügte **Satz 6** stellt klar, was in den HZV-Verträgen ohnehin regelmäßig vereinbart worden war, dass zugelassene strukturierte Behandlungsprogramme, die die hausärztliche Versorgung betreffen, Bestandteil der HZV-Verträge sind bzw. sein müssen.

96 Durch das Heil- und Hilfsmittelversorgungsgesetz (HHVG) vom 04.04.2017 (BGBl. I S. 778) ist der Vorschrift mit Wirkung vom 11.04.2017 Satz 7 angefügt worden. Die erst während des Gesetzgebungsverfahrens aufgenommene Regelung stellt klar, dass auch HZV-Verträge keine Bestimmungen enthalten dürfen, die zur Manipulation von Diagnoseentscheidungen führen können (vgl. Beschlussempfehlung und Bericht des BT-Ausschusses für Gesundheit, BT-Drs. 18/11205 S. 63, zu Nr. 5a).

### G. Vorläufige Weitergeltung von durch Krankenkasse gekündigtem HZV-Vertrag (Abs. 5a)

97 Mit der durch das Terminservice- und Versorgungsgesetz vom 06.05.2019 (BGBl. I S. 646) eingefügten Vorschrift des Abs. 5a wird eine vorläufige Weitergeltung eines durch eine Krankenkasse gekündigten HZV-Vertrages für den Fall angeordnet dass bis zum Ablauf des Vertrages kein neuer zustande kommt (**Abs. 5a Satz 1**). Die Vorschrift bezieht sich nur auf Kündigungen durch Krankenkassen, da die Vertragspartner der Krankenkassen nicht zum Abschluss von HZV-Verträgen verpflichtet sind (Begr Beschlussempfehlung und Bericht des BT-Ausschusses für Gesundheit, BT-Drs. 19/8351, S. 205 f.). Mit der Regelung soll sichergestellt, werden, dass der in § 73b Abs. 4 vorgesehene flächendeckende Abschluss von HZV-Verträgen im Fall einer Kündigung durch eine Krankenkasse nicht für unbestimmte Zeit unterlaufen werden kann. Zugleich wird damit gewährleistet, dass Versicherte auch dann an der HZV teilnehmen können, wenn sich die Vertragspartner nicht rechtzeitig auf einen neuen Vertrag einigen können (Begr BT-Drs. 19/8351 S. 205 f). **Abs. 5a Satz 2** schließt die Anwendung des Abs. 5a Satz 1 auf solche Verträge aus, in denen der

Krankenkasse wegen erheblicher Rechtsverletzung durch den Vertragspartner und entsprechender Aufsichtsanordnung ein außerordentliches Kündigungsrecht nach Maßgabe des § 71 Abs. 6 Satz 3 zusteht.

### H. Abs. 6 – Informationspflicht der Krankenkassen

Die Bestimmung gibt den Krankenkassen auf, ihre Versicherten umfassend über Inhalt und Ziele der HZV sowie über die jeweils wohnortnah teilnehmenden Hausärzte zu informieren. 98

### I. Abs. 7 – Bereinigung der Gesamtvergütung

Die Regelungen des Abs. 7 dienen der **Vermeidung einer Doppelfinanzierung** der hausärztlichen Versorgung durch die Krankenkassen (eingehend zu den Problemen des Bereinigungsverfahrens: *Klöck/Klein* NZS 2012, 87 ff.). Die Vorschrift ist durch das **GKV-VSG** vom 16.07.2015 (BGBl I S. 1211) völlig neu gefasst worden und regelt – zum Teil im Anschluss an Vorgaben des Bewertungsausschusses – im Einzelnen die Vorgehensweise bei der Bereinigung der Gesamtvergütung. 99

### J. Abs. 8 – Refinanzierung weitergehender Leistungen

Der durch das GKV-FinG vom 22.12.2010 geänderte Abs. 8, mit dem die Vertragsparteien verpflichtet wurden, weitergehende Leistungen aus Einsparungen und Effizienzsteigerungen zu finanzieren, war Teil der gesetzlichen Vergütungsbeschränkungen und engte den Gestaltungsspielraum der Vertragspartner ein (Beschlussempfehlung und Bericht des BT-Ausschusses für Gesundheit, BT-Drs. 18/606 S. 11, zu Nr. 1, zu Buchst. b). Die Vorschrift wurde daher durch das **14. SGB V-ÄndG** vom 27.03.2014 rückgeändert. Wie zuvor **können die Partner der HZV vereinbaren**, dass Aufwendungen für Leistungen, die nicht unter die Bereinigungspflicht nach Abs. 7 fallen, weil sie nicht zur hausärztlichen Versorgung nach § 73 gehören, aus Einsparungen und Effizienzsteigerungen finanziert werden, die sich aus der HZV ergeben. 100

### K. Abs. 9 – Einhaltung der Wirtschaftlichkeitskriterien

Der ebenfalls durch das GKV-FinG vom 22.12.2010 angefügte Abs. 9, der eine Vorlagepflicht der HZV-Verträge und ein Beanstandungsrecht der Aufsichtsbehörden vorsah, wurde bereits durch das 14. SGB V-ÄndG vom 27.03.2014 modifiziert und darauf folgend durch das GKV-VSG vom 16.07.2015 neu gefasst. Das Entfallen der Vorlagepflicht dient der Entbürokratisierung. Bestehen bleibt die durch das 14. SGB V-ÄndG eingeführte Verpflichtung der Krankenkassen, gegenüber der Aufsichtsbehörde die Einhaltung der vereinbarten Wirtschaftlichkeitskriterien spätestens 4 Jahre nach Wirksamwerden des jeweiligen HZV-Vertrages nachzuweisen. 101

## § 81a Stellen zur Bekämpfung von Fehlverhalten im Gesundheitswesen

(1) Die Kassenärztlichen Vereinigungen und die Kassenärztlichen Bundesvereinigungen richten organisatorische Einheiten ein, die Fällen und Sachverhalten nachzugehen haben, die auf Unregelmäßigkeiten oder auf rechtswidrige oder zweckwidrige Nutzung von Finanzmitteln im Zusammenhang mit den Aufgaben der jeweiligen Kassenärztlichen Vereinigung oder Kassenärztlichen Bundesvereinigung hindeuten. Sie nehmen Kontrollbefugnisse nach § 67c Abs. 3 des Zehnten Buches wahr.

(2) Jede Person kann sich in den Angelegenheiten des Absatzes 1 an die Kassenärztlichen Vereinigungen und Kassenärztlichen Bundesvereinigungen wenden. Die Einrichtungen nach Absatz 1 gehen den Hinweisen nach, wenn sie auf Grund der einzelnen Angaben oder der Gesamtumstände glaubhaft erscheinen.

(3) Die Kassenärztlichen Vereinigungen und die Kassenärztlichen Bundesvereinigungen haben zur Erfüllung der Aufgaben nach Absatz 1 untereinander und mit den Krankenkassen und ihren

Verbänden zusammenzuarbeiten. Die Kassenärztlichen Bundesvereinigungen organisieren für ihren Bereich einen regelmäßigen Erfahrungsaustausch mit Einrichtungen nach Absatz 1 Satz 1, an dem die Vertreter der Einrichtungen nach § 197a Absatz 1 Satz 1, der berufsständischen Kammern und der Staatsanwaltschaft in geeigneter Form zu beteiligen sind. Über die Ergebnisse des Erfahrungsaustausches sind die Aufsichtsbehörden zu informieren.

(3a) Die Einrichtungen nach Absatz 1 dürfen personenbezogene Daten, die von ihnen zur Erfüllung ihrer Aufgaben nach Abs. 1 erhoben oder an sie übermittelt wurden, untereinander und an Einrichtungen nach § 197a Absatz 1 übermitteln, soweit dies für die Feststellung und Bekämpfung von Fehlverhalten im Gesundheitswesen beim Empfänger erforderlich ist. Der Empfänger darf diese nur zu dem Zweck verarbeiten, zu dem sie ihm übermittelt worden sind.

(3b) Die Einrichtungen nach Absatz 1 dürfen personenbezogene Daten an die folgenden Stellen übermitteln, soweit dies für die Verhinderung oder Aufdeckung von Fehlverhalten im Gesundheitswesen im Zuständigkeitsbereich der jeweiligen Stelle erforderlich ist:
1. die Zulassungsausschüsse nach § 96,
2. die Stellen, die für die Abrechnungsprüfung nach § 106d zuständig sind,
3. die Stellen, die für die Überwachung der Erfüllung der den Vertragsärzten obliegenden Pflichten nach § 75 Absatz 2 Satz 2 zuständig sind, und
4. die Behörden und berufsständischen Kammern, die für Entscheidungen über die Erteilung, die Rücknahme, den Widerruf oder die Anordnung des Ruhens der Approbation, der Erlaubnis zur vorübergehenden oder der partiellen Berufsausübung oder für berufsrechtliche Verfahren zuständig sind.

Die nach Satz 1 übermittelten Daten dürfen von dem jeweiligen Empfänger nur zu dem Zweck verarbeitet werden, zu dem sie ihm übermittelt worden sind.

(4) Die Kassenärztlichen Vereinigungen und die Kassenärztlichen Bundesvereinigungen sollen die Staatsanwaltschaft unverzüglich unterrichten, wenn die Prüfung ergibt, dass ein Anfangsverdacht auf strafbare Handlungen mit nicht nur geringfügiger Bedeutung für die gesetzliche Krankenversicherung bestehen könnte.

(5) Der Vorstand hat der Vertreterversammlung im Abstand von zwei Jahren über die Arbeit und Ergebnisse der organisatorischen Einheiten nach Absatz 1 zu berichten. In den Berichten sind zusammengefasst auch die Anzahl der Mitglieder der Kassenärztlichen Vereinigung, bei denen es im Berichtszeitraum Hinweise auf Pflichtverletzungen gegeben hat, die Anzahl der nachgewiesenen Pflichtverletzungen, die Art und Schwere der Pflichtverletzungen und die dagegen getroffenen Maßnahmen, einschließlich der Maßnahmen nach § 81 Absatz 5, sowie der verhinderte und der entstandene Schaden zu nennen; wiederholt auftretende Fälle sowie sonstige geeignete Fälle sind als anonymisierte Fallbeispiele zu beschreiben. Die Berichte sind der zuständigen Aufsichtsbehörde zuzuleiten; die Berichte der Kassenärztlichen Vereinigungen sind auch den Kassenärztlichen Bundesvereinigungen zuzuleiten.

(6) Die Kassenärztlichen Bundesvereinigungen treffen bis zum 1. Januar 2017 nähere Bestimmungen über
1. die einheitliche Organisation der Einrichtungen nach Absatz. 1 Satz 1 bei ihren Mitgliedern,
2. die Ausübung der Kontrollen nach Absatz 1 Satz 2,
3. die Prüfung der Hinweise nach Absatz 2,
4. die Zusammenarbeit nach Absatz 3,
5. die Unterrichtung nach Absatz 4 und
6. die Berichte nach Absatz 5.

Die Bestimmungen nach Satz 1 sind dem Bundesministerium für Gesundheit vorzulegen. Die Kassenärztlichen Bundesvereinigungen führen die Berichte nach Absatz 5, die ihnen von ihren Mitgliedern zuzuleiten sind, zusammen, gleichen die Ergebnisse mit dem Spitzenverband Bund der Krankenkassen ab und veröffentlichen ihre eigenen Berichte im Internet.

| Übersicht | Rdn. | | Rdn. |
|---|---|---|---|
| A. Einführung | 1 | III. Rechtsfolge | 19 |
| B. Stellen zur Bekämpfung von Fehlverhalten bei den Kassen(zahn)ärztlichen Vereinigungen (Abs. 1) | 2 | IV. Prüfungstätigkeit der Einrichtung nach erfolgter Unterrichtung | 20 |
| I. Organisationsverpflichtung | 2 | V. Ausblick auf die Tätigkeit der Staatsanwaltschaft | 21 |
| II. Aufgabe der Einrichtungen | 3 | VI. Folgen bei Verletzung der Unterrichtungspflicht | 22 |
| 1. Zuständigkeit und Tätigkeitsbereich | 3 | 1. Folgen einer Amtspflichtverletzung durch den Vorstand | 22 |
| 2. Einleitung der Prüfungstätigkeit | 6 | 2. Strafbarkeitsrisiken nach § 258 Abs. 1 und § 258a StGB | 23 |
| 3. Prüfungsbefugnisse der Einrichtung | 7 | 3. Strafbarkeitsrisiken nach § 164, § 186 und § 187 StGB | 25 |
| 4. Abschluss der Prüfungstätigkeit | 8 | G. Berichtspflichten (Abs. 5) | 26 |
| 5. Dokumentation der Prüfungstätigkeit | 9 | I. Berichtspflicht gegenüber der Vertreterversammlung | 26 |
| C. Jedermann-Hinweis-Recht (Abs. 2) | 10 | II. Berichtspflicht gegenüber der Aufsichtsbehörde | 27 |
| D. Allgemeine Zusammenarbeit (Abs. 3) | 12 | III. Berichtspflicht gegenüber der Kassen(zahn)ärztlichen Bundesvereinigung | 28 |
| E. Übermittlung personenbezogener Daten (Abs. 3a und 3b) | 13 | H. Bestimmungen der Kassen(zahn)ärztlichen Bundesvereinigung (Abs. 6 Satz 1 und 2) | 29 |
| I. Allgemeines | 13 | | |
| II. Gegenstand der Übermittlungsbefugnis | 14 | | |
| III. Umfang der Übermittlungsbefugnis | 15 | | |
| IV. Verwendung personenbezogener Daten durch den Empfänger | 16 | | |
| V. Weitergabe personenbezogener Daten an Überwachungsbehörden | 16a | | |
| F. Unterrichtung der Staatsanwaltschaft (Abs. 4) | 17 | I. Transparenzpflicht der Kassen(zahn)ärztlichen Bundesvereinigung (Abs. 6 Satz 3) | 30 |
| I. Allgemeines | 17 | | |
| II. Voraussetzungen | 18 | | |

## A. Einführung

Als Maßnahme zur Förderung von Qualität und Wirtschaftlichkeit im deutschen Gesundheitswesen (BT-Drs. 15/1525 S. 71) wurde durch das GMG (G v. 14.11.2003, BGBl. I S. 2190, im Wesentlichen m.W.v. 01.01.2004) als ein Element der Reform der Organisationsstrukturen in der gesetzlichen Krankenversicherung (BT-Drs. 15/1525 S. 76) im Zweiten Titel des Vierten Kapitels des SGB V – dem Organisationsrecht der Kassen(zahn)ärztlichen Vereinigungen – die Organisationsverpflichtung für Kassen(zahn)ärztliche Vereinigungen und Bundesvereinigungen zur Einrichtung von »Stellen zur Bekämpfung von Fehlverhalten im Gesundheitswesen« geschaffen. Anlass bildete die steigende Anzahl bekanntgewordener Fälle von Korruption im Gesundheitswesen (BT-Drs. 15/1170 S. 59; Überblick zur Wirtschaftskriminalität im Gesundheitswesen bei *Duttge* in: *ders.*, S. 3 ff.), eine Entwicklung, auf die der Gesetzgeber reagierte, um den »effizienten Einsatz von Finanzmitteln im Krankenversicherungsbereich« zu stärken (BT-Drs. 15/1525 S. 99; s.a. BT-Drs. 15/1525 S. 172, 173: erhebliches finanzielles Potenzial). Zugleich verlangt die Einordnung von Korruptionsdelikten sowie Abrechnungsbetrug durch Leistungserbringer oder auch Sozialbetrug durch Versicherte wie Dritte als sog. Kontrolldelikte (s. etwa *Eisenberg*, Kriminologie, 6. Aufl. 2005, § 26 Rn. 47) zum Zwecke einer effektiven Aufdeckung und (strafrechtlichen) Ahndung – insb. in Ansehung der (rechtlichen wie organisatorischen) Komplexität des Vertragsarzt(abrechnungs)wesens wie des gesamten Systems der gesetzlichen Krankenversicherung – nach einer Intensivierung und Optimierung der (opferseitigen) Kontrollmechanismen (vgl. *Badle* NJW 2008, 1028, 1028; *Murmann* in: Duttge, S. 109, 110). Diese Pflichteinrichtungen bilden innerhalb der Körperschaften des öffentlichen Rechts (§ 77 Abs. 5) einen Baustein einer internen Compliance-Struktur sowie eine einheitliche Institutionalisierung der Korruptions- und Wirtschaftskriminalitätsbekämpfung bzw. -kontrolle (*Gaßner* NZS 2012, 521, 524; *Köhler* VerwArch 2009, 391, 415; s.a. LPK-SGB-V/*Hänlein* § 197a Rn. 1: intern wirkender Mechanismus zur Ergänzung externer Kontrollinstrumente; *Forst* SGb 2014, 413, 418: internes bzw.

semiinternes Whistleblowingsystem), zugleich eine gesetzliche Grundlage für die bereits vor 2004 verschiedentlich, vorrangig bei Krankenkassen gebildeten Gremien mit vergleichbarem Aufgabenfeld (so *Rixen* ZFSH/SGB 2005, 131, 131 f.; LPK-SGB-V/*Hänlein* § 197a Rn. 1; s.a. *Rigizahn* MedR 1990, 252 ff.; w.N. bei § 197a SGB V Rdn. 1). Damit hat der Gesetzgeber es nicht bei einer freiwilligen Selbstkontrolle belassen (vgl. für den Pharmasektor: FS Arzneimittelindustrie e.V.), ebenso aber auch auf die Bildung extern konstituierter, staatlicher Aufsichtsgremien verzichtet (s. dagegen noch die Entwurfsfassung zum GMG in BT-Drs. 15/1170 S. 36 f.: §§ 274a-c-E [Beauftragte oder Beauftragter zur Bekämpfung von Korruption im Gesundheitswesen]). Entgegen der amtlichen Überschrift (»Fehlverhalten im Gesundheitswesen«) erstreckt sich der Aufgabenkreis der Einrichtungen ausschließlich auf die gesetzliche Krankenversicherung (nebst sozialer Pflegeversicherung, s. § 47a SGB XI) und die dortige Aufdeckung (einschließlich Regulierung) von Unregelmäßigkeiten oder rechtswidriger sowie zweckwidriger Nutzung von Finanzmitteln im Zusammenhang mit den Aufgaben der jeweiligen Körperschaft (vgl. BT-Drs. 15/1525 S. 99: Förderung von Selbstreinigungskräften; in der Entwurfsfassung zum GMG in BT-Drs. 15/1170 S. 13 bzw. 34 noch verkürzt benannt als »Korruptionsbekämpfungsstellen«). Im Grundsatz bleibt damit der Aufgabenkreis der Adressaten der Organisationverpflichtung unverändert: Die Verpflichtung zur rechtmäßigen und zweckmäßigen Nutzung von Finanzmitteln für die gesetzlich vorgeschriebenen oder zugelassenen Aufgaben (s. etwa § 30 SGB IV, § 12 SGB V; *Köhler* VerwArch 2009, 391, 416; s.a. Becker/Kingreen/*Scholz* § 81a Rn. 1: Konkretisierung des Gewährleistungsauftrags nach § 75 Abs. 1 Satz 1, 2. Alt.), für deren Kontrolle bereits vor 2004 spezielle Gremien zur Abrechnungsprüfung sowie Innenrevision zur Verfügung standen (im Überblick s. *Steinhilper* in: Duttge, S. 71 ff.). Deren jeweils spezielle Zuständigkeit unberührt lassend kommt der Einrichtung eine allgemein auf Fehlverhaltenskontrolle bezogene Ergänzungsfunktion zu. Im Gegensatz zu jenen Fachprüfungsgremien mit formalisiertem Verfahren fungiert die Einrichtung aber von Gesetzes wegen als öffentlich nach außen auftretender Ansprechpartner für jedermann (s. Abs. 2 Satz 1, BT-Drs. 15/1525 S. 99) und nimmt auf diese Weise eine Anlaufstellenfunktion in Fehlverhaltensangelegenheiten ein, ebenso obliegt der Einrichtung eine themenspezifische Zusammenarbeits- und Informationsaustauschfunktion (s. Abs. 3 und 3a). Schließlich folgt aus der Unterrichtungspflicht gegenüber der Staatsanwaltschaft (Abs. 4), dass der Prüfungsmaßstab der Einrichtung nicht auf die leistungsrechtliche Ebene und die rein am wirtschaftlichen Interesse ausgerichtete finanzielle Regulierung begrenzt ist, sondern darüber hinaus ebenso Fragen der Ahndungsmöglichkeiten – insb. das Strafverfolgungsinteresse der Allgemeinheit bezogen auf Fehlverhalten in diesem bedeutsamen Sektor des Gesundheitswesens – umfasst. Hiervon ausgehend entfaltet die Einrichtung ferner eine generalpräventive Wirkung zur Verhinderung von Fehlverhalten im Gesundheitswesen (ebenso *Reichel* Die Polizei 2006, 20, 24; *Schrodi* ZMGR 2010, 66, 67).

## B. Stellen zur Bekämpfung von Fehlverhalten bei den Kassen(zahn)ärztlichen Vereinigungen (Abs. 1)

### I. Organisationsverpflichtung

2 Nach Abs. 1 Satz 1 richten die Kassen(zahn)ärztlichen Vereinigungen und die Kassen(zahn)ärztliche Bundesvereinigung (Körperschaften des öffentlichen Rechts, § 77 Abs. 5) **organisatorische Einrichtungen**, nach der Intention des Gesetzgebers »innerhalb ihrer Organisation verselbständigte Ermittlungs- und Prüfungsstellen« ein (BT-Drs. 15/1525 S. 99). Die innerhalb der Körperschaft geforderte organisatorische, nicht jedoch rechtliche Selbstständigkeit lässt sich durch die Schaffung einer eigenständigen Verwaltungseinheit (*Köhler* VerwArch 2009, 391, 415: Element der Aufbauorganisation) – grds. ausgewiesen im Organisationsplan – erreichen, die nicht zwingend, jedoch die Bedeutsamkeit fördernd direkt unterhalb der Vorstandsebene angesiedelt werden sollte. War eine Stelle in der Körperschaft bereits vor Einführung der Vorschrift (2004) mit den betreffenden Aufgaben betraut, kann sie als § 81a-Stelle deklariert werden (ähnlich Jahn/Sommer/*Klose* § 197a Rn. 5). Die Organisationsverpflichtung steht jedoch einer Aufgabenübertragung an eine bestehende Verwaltungseinheit zur bloßen Miterledigung entgegen (überwiegende Ansicht, etwa Hauck/Noftz/*Becker* § 81a Rn. 7; im Grundsatz auch Krauskopf/*Krauskopf* § 81a

Rn. 3; a.A. *Köhler* VerwArch 2009, 391, 416 f.). Gegenüber den Beschäftigten in der Einrichtung obliegt dem Vorstand die allgemeine Dienstaufsicht (allg.M., s. etwa § 11 Abs. 5 Buchst. b) Satzung der KV Niedersachsen: Besetzung der Stelle als Aufgabe des Vorstandes). Hinsichtlich der konkreten inhaltlichen Aufgabenwahrnehmung wird nach überwiegender Auffassung Weisungsfreiheit angenommen (so etwa Becker/Kingreen/*Scholz* § 81a Rn. 1; LPK-SGB-V/*Ledge* § 81a Rn. 3; Bergmann/Pange/Steinmeyer/*Steinmeyer* § 81a Rn. 6; Liebold/Zalewski/*Hofmann/Zalewski* § 81a Rn. 2). Dieses Merkmal findet sich jedoch – trotz seines grds. Ausnahmecharakters in der Exekutive (*Köhler* VerwArch 2009, 391, 417 f.) – nicht ausdrücklich in der Vorschrift (*Kerber* in: Lindemann/Ratzel, S. 70, 74; s. dagegen z.B. § 96 Abs. 2 Satz 4 [Weisungsfreiheit der Mitglieder von Zulassungsausschüssen] oder § 113 Abs. 1 Satz 3 [Weisungsfreiheit des Prüfers einer Qualitäts- und Wirtschaftlichkeitsprüfung einer Krankenhausbehandlung]). Auch der Schluss von der organisatorischen Selbstständigkeit auf die aufgabenbezogene (so aber GKV-Komm/*Steinhilper* § 81a Rn. 5) ist nicht zwingend. Ebenso kann die Weisungsfreiheit aufgrund der gesetzlichen Konzeption der Einrichtung als Ermittlungs- und Prüfungsstelle innerhalb der Körperschaft ohne eigene Kompetenz zur rechtlichen Regulierung und Ahndung von festgestelltem Fehlverhalten (s.u. Rdn. 8) nicht aus der Aufgabenstellung (so aber Krauskopf/*Krauskopf* § 81a Rn. 3) oder dem Normzweck (so aber jurisPK-SGB-V/*Steinmann-Munzinger* § 81a Rn. 8: mögliches Leerlaufen der beabsichtigten Selbstreinigung) gefolgert werden. Der Erreichung der Aufgabenziele mag diese Ausgestaltung der Aufgabenwahrnehmung förderlich sein, jedoch verlangt die Vorschrift keine Ausnahme vom **Grundsatz der weisungsgebundenen Verwaltungstätigkeit** (so auch Eichenhofer/Wenner/*Rompf* § 81a Rn. 3: auf die Vorstandsverantwortung für die Verwaltung abhebend; Hauck/Noftz/*Becker* § 81a Rn. 7; *Köhler* VerwArch 2009, 391, 417 f.; *Pierburg* BKK 2004, 487, 487). Die **personelle Ausstattung** der Einrichtung kann der Vorschrift nur mittelbar entnommen werden: Für eine sachgerechte Wahrnehmung der gesetzlich formulierten Aufgaben bedarf es fachlich geeigneten Personals in erforderlicher Anzahl; mittels Personalbedarfsbestimmung kann auch der verschiedentlich geäußerten Kritik (s. *Steinhilper* ZMGR 2010, 152, 154; *Rixen* ZFSH/SGB 2005, 131, 133: jew. insb. mit Blick auf die Prüfung i.R.d. Abs. 4) an der mangelnden Effizienz der Stellen begegnet werden. Auch externe Fachkräfte können mit der Wahrnehmung der Aufgaben betraut werden (Becker/Kingreen/*Scholz* § 81a Rn. 1; GKV-Komm/*Steinhilper* § 81a Rn. 5 Liebold/Zalewski/*Hofmann/Zalewski* § 81a Rn. 2). Allgemein zur **Zulässigkeit einer Aufgabendelegation** oder Bildung von Arbeitsgemeinschaften s. § 77 Abs. 6. Insgesamt kommt der Körperschaft bei der Erfüllung der Organisationsverpflichtung ein deutlicher Gestaltungsspielraum zu. Aus der gesetzlichen Verpflichtung folgt die **Kostentragung** für die Errichtung und Unterhaltung der Einrichtung aus Haushaltsmitteln der Körperschaft (s. LSG Niedersachsen-Bremen Urt. v. 24.11.2010 – L 1 KR 72/09: »gesetzlich vorgeschriebene Vorhaltekosten«; *Steinhilper* MedR 2005, 131, 131).

## II. Aufgabe der Einrichtungen

### 1. Zuständigkeit und Tätigkeitsbereich

Nach Abs. 1 Satz 1 lautet die Aufgabe der Einrichtungen, Fällen und Sachverhalten nachzugehen, die auf Unregelmäßigkeiten oder auf rechtswidrige oder zweckwidrige Nutzung von Finanzmitteln im Zusammenhang mit den Aufgaben der jeweiligen Kassen(zahn)ärztlichen Vereinigung oder Kassen(zahn)ärztlichen Bundesvereinigung hindeuten. In formeller Hinsicht ist der Vorschrift – entgegen der umfassend formulierten amtlichen Überschrift (»Fehlverhalten im Gesundheitswesen«) – eine Begrenzung der **Zuständigkeit** auf den regionalen bzw. bundesweiten Aufgabenbereich der Trägerinstitution (vgl. § 77 Abs. 1 u. 4, näher etwa § 75) zu entnehmen (s. BT-Drs. 15/1525 S. 99; KassKomm/*Hess* § 81a Rn. 6). Zugleich folgt aus der Ergänzungsfunktion der Einrichtung (s.o. Rdn. 1), dass (Verfahrens-) Zuständigkeiten anderer Einrichtungen innerhalb der Körperschaft unberührt bleiben (GKV-Komm/*Steinhilper* § 81a Rn. 12). In materieller Hinsicht bezieht sich die Aufgabe des Nachgehens auf Fälle und Sachverhalte (mithin unterschiedlich konkreten, auf Tatsachen gründenden Ereignisschilderungen), die auf Unregelmäßigkeiten oder auf rechtswidrige oder zweckwidrige Nutzung von Finanzmitteln hindeuten. Im Einzelnen: 3

3a – Nach einem weiten Verständnis bilden Unregelmäßigkeiten alle Abweichungen von der Norm (vgl. Duden) nach den Kategorien des Rechts und mit Blick auf die beiden nachfolgend genannten Arten von Fehlverhalten auch solche ohne (unmittelbaren) finanziellen Bezug (ebenso Becker/Kingreen/*Scholz* § 81a Rn. 3; Krauskopf/*Krauskopf* § 81a Rn. 4; *Rixen* ZFSH/SGB 2005, 131, 132; a.A. Hauck/Noftz/*Becker* § 81a Rn. 5), solange ein Zusammenhang zu den Aufgaben der Körperschaft besteht (vgl. insb. § 75). Weder aus dem Wortsinn (*Kerber* in: Lindemann/Ratzel, S. 70, 75; LPK-SGB-V/*Ledge* § 81a Rn. 5) noch aus der Intention des Gesetzgebers (vgl. BT-Drs. 15/1525, S. 99) oder aus Abs. 4 kann eine Begrenzung auf strafbares Verhalten gefolgert werden (a.A. *Köhler* VerwArch 2009, 391, 415; GKV-Komm/*Steinhilper* § 81a Rn. 6 a. E.; auch ordnungswidriges Verhalten einbeziehend: Bergmann/Pange/Steinmeyer/*Steinmeyer* § 81a Rn. 3; *Meseke* KrV 2015, 133, 134; *Reichel* Die Polizei 2006, 20, 21).

3b – Die Prüfung vollzieht sich am Maßstab des gesamten (Sozial-)Rechts. Die Anknüpfung der Finanzmittelnutzung an die Aufgaben der Körperschaft sowie der Normzweck (vgl. BT-Drs. 15/1525 S. 99) sprechen für eine Begrenzung der prüfungsgegenständlichen Finanzmittel auf diejenigen, die für die Vergütung der Leistungserbringer – insb. die Gesamtvergütung i.S.d. § 85 und § 87a – vorgesehen sind (grdl. GKV-Komm/*Steinhilper* § 81a Rn. 9; *ders.* MedR 2005, 131, 132; ebenso Eichenhofer/Wenner/*Rompf* § 81a Rn. 4; *Kerber* in: Lindemann/Ratzel, S. 70, 76). Auch der Anlass für die Einführung der Vorschrift – spezifischem Fehlverhalten im Gesundheitswesen, nicht allgemein der fehlerhaften Mittelverwendung in der öffentlichen Verwaltung entgegenzutreten (vgl. o. Rdn. 1) – spricht daher gegen eine Einbeziehung auch der Haushaltsmittel der Körperschaft (dafür hingegen Becker/Kingreen/*Scholz* § 81a Rn. 1; Berchtold/Huster/Rehborn/*Bartels/Nebel* § 81a Rn. 5; Bergmann/Pange/Steinmeyer/*Steinmeyer* § 81a Rn. 3; jurisPK-SGB-V/*Steinmann-Munzinger* § 81a Rn. 10; KassKomm-*Hess* § 81a Rn. 7). Dem Bedürfnis auch bei diesen Finanzmitteln die recht- und zweckmäßige Nutzung sicherzustellen, wird – wie allgemein in der mittelbaren Staatsverwaltung – durch Innenrevision und Rechtsaufsicht Rechnung getragen.

3c – Ergänzend zur Rechtswidrigkeit wird auch die Zweckwidrigkeit genannt (vgl. zu diesen nebeneinander stehenden Prüfungsmaßstäben § 78 Abs. 1 Satz 1 SGG). Ausgehend vom Fehlen hinreichend bestimmter Kriterien wird dem Begriff neben der Rechtswidrigkeit nach überwiegender Auffassung keine eigenständige Bedeutung zuerkannt (grdl. GKV-Komm/*Steinhilper* § 81a Rn. 7 f.: nicht justiziabel).

3d – Aus der Begrenzung auf Fehlverhalten im Zusammenhang mit den Aufgaben der jeweiligen Körperschaft kann der Kreis möglicher Verursacher von Unregelmäßigkeiten oder rechtswidriger oder zweckwidriger Nutzung von Finanzmitteln bestimmt werden. Vorrangig kommen diejenigen Leistungserbringer in der gesetzlichen Krankenversicherung in Betracht, welche gegenüber einer jeweiligen Kassen(zahn)ärztlichen Vereinigung abrechnen (bspw. Vertrags[zahn]ärzte, Verantwortliche von Medizinischen Versorgungszentren), nicht dagegen Versicherte. Des Weiteren werden auch Beschäftige der Körperschaft genannt (Eichenhofer/Wenner/*Bloch* § 197a Rn. 5; *Gaßner* NZS 2012, 521, 522; *Kerber* in: Lindemann/Ratzel, S. 70, 76; *Köhler* VerwArch 2009, 391, 420; *Rixen* ZFSH/SGB 2005, 131, 132), Krankenkassen sowie sonstige Dritte (insb. bei kollusivem Zusammenwirken).

3e – Ausreichend ist, dass die vorliegenden Tatsachen darauf hinweisen, mithin die Möglichkeit besteht, dass eine Unregelmäßigkeit, rechtswidrige oder zweckwidrige Nutzung von Finanzmitteln im Zusammenhang mit den Aufgaben der jeweiligen Körperschaft stattgefunden hat bzw. stattfindet; eine strafrechtliche Relevanz ist nicht erforderlich. Die konkrete Zuordnung zu einer der drei Arten von Fehlverhalten ist bei dieser Bewertung nicht notwendig und oftmals auch nicht möglich (vgl. auch *Giring* E. Müller-FS 2008, S. 199, 201).

4 Wird ein Fall oder Sachverhalt mit entsprechendem Inhalt festgestellt, sind die Einrichtungen von Amts wegen verpflichtet, diesem nachzugehen (Abs. 1 Satz 1). Ziel der **(Über-) Prüfungs- und Aufklärungstätigkeit** (arg. e Abs. 4 »wenn die Prüfung ergibt«) bildet die Gewinnung der Erkenntnis, ob eine Unregelmäßigkeit, rechtswidrige oder zweckwidrige Nutzung von Finanzmitteln stattgefunden hat oder nicht, einschließlich der Bewertung über die Ahndungswürdigkeit

und -bedürftigkeit (s. bspw. Abs. 4). Die Nachgehenspflicht kann durch verschiedene Momente ausgelöst werden (sog. reaktive Prüfungstätigkeit, dazu u. Rdn. 6 ff.). Gegen die Durchführung anlassloser (stichprobenartiger oder routinemäßiger) Prüfungen bspw. mittels Datenabgleich (sog. proaktive Prüfungstätigkeit) spricht nicht zwingend der Wortsinn, jedoch die Betonung der Anlaufstellen- wie Ergänzungsfunktion (s.o. Rdn. 1) der Einrichtungen (h.M., etwa jurisPK-SGB-V/*Steinmann-Munzinger* § 81a Rn. 12; LPK-SGB-V/*Ledge* § 81a Rn. 9; GKV-Komm/*Steinhilper* § 81a Rn. 15 f.; *ders.* ZMGR 2011, 69, 70: Initiativvermittlungen unzulässig; hingegen für eine derartige Prüfungstätigkeit nach Ermessen: Becker/Kingreen/*Scholz* § 81a Rn. 2: Vorstandsbeschluss erforderlich; *Meseke* KrV 2015, 133, 134; *Pierburg* BKK 2004, 487, 488; *Schrodi* ZMGR 2011, 66, 66: Rasterfahndung zulässig).

Trotz der abstrakt gleichlautenden Aufgabenbeschreibung in Abs. 1 Satz 1 für die Kassen(zahn) ärztlichen Vereinigungen sowie die **Kassenärztliche bzw. Kassenzahnärztliche Bundesvereinigung** weicht bei letzteren beiden Institutionen der Aufgabenkreis inhaltlich ab: Aufgrund der verschiedenartigen Einbindung in das GKV-System, insbesondere bezogen auf den Bereich der Leistungsvergütung und Abrechnungsprüfung, konkretisiert sich die Tätigkeit der Einrichtung bei der Kassen(zahn)ärztlichen Bundesvereinigung – auch mit Blick auf das Zusammenarbeitsgebot des Abs. 3 – auf eine **Koordinierungs-, Beratungs- und Informationsfunktion**. 5

## 2. Einleitung der Prüfungstätigkeit

Als ein Prüfungsverfahren (»Nachgehen«) auslösendes Moment (zur Zulässigkeit anlassunabhängiger Ermittlungstätigkeit s.o. Rdn. 4) kann nach der Vorschrift in Betracht kommen: 6

– Wird im Rahmen einer Prüfung nach Abs. 1 Satz 1 ein (neuer) Sachverhalt ermittelt, der auf weitere Unregelmäßigkeiten oder auf rechtswidrige oder zweckwidrige Nutzung von Finanzmitteln – begangen auch durch bisher noch nicht in den Blick genommene Personen – hindeutet, bildet dieser einen Prüfungsanlass (Krauskopf/*Krauskopf* § 81a Rn. 4: eigene Erkenntnisse als Anlass). 6a

– Aufgrund der außenperspektivischen Formulierung (»an die Kassenärztliche Vereinigung... wenden«) können die Beschäftigten der Körperschaft selbst nicht zum Personenkreis nach Abs. 2 Satz 1 gezählt werden (a.A. GKV-Komm/*Steinhilper* § 81a Rn. 15). Gleichwohl ändert dies nichts an der dienstlich begründeten Befugnis, sachdienliche Informationen an die Einrichtung weiterzugeben (jurisPK-SGB-V/*Steinmann-Munzinger* § 81a Rn. 13; *Meseke* KrV 2015, 133, 134); eine Pflicht besteht dagegen nicht (*Kerber* in: Lindemann/Ratzel, S. 70, 77 Fn. 51: durch Dienstanweisung möglich). Die Einrichtung hat die Pflicht, den Hinweisen nach Maßgabe von Abs. 1 Satz 1 nachzugehen. 6b

– Wenn sich jemand in Angelegenheiten des Abs. 1 an die Körperschaft wendet, hat die Einrichtung dem Hinweis vorbehaltlich der Prüfung nach Abs. 2 Satz 2 nachzugehen (näher Rdn. 10 f.). 6c

– Hinweisen von anderen Einrichtungen, die zuständigkeitshalber oder auf der Grundlage von Abs. 3a Satz 1 »für die Feststellung und Bekämpfung von Fehlverhalten im Gesundheitswesen beim Empfänger« übersandt werden, hat die Einrichtung nach Maßgabe von Abs. 1 Satz 1 nachzugehen. 6d

– Über die zuvor genannten gezielten Informationen werden auch Presseberichte als Auslöser für eine Prüfung gewertet (so *Kerber* in: Lindemann/Ratzel, S. 70, 77; LPK-SGB-V/*Ledge* § 81a Rn. 9; LPK-SGB-V/*Hänlein* § 197a Rn. 3; tendenziell jurisPK-SGB-V/*Schneider-Danwitz* § 197a Rn. 34; s.a. GKV-Komm/*Steinhilper* § 81a Rn. 15: Presse als Jedermann i.S.d. Abs. 2). 6e

## 3. Prüfungsbefugnisse der Einrichtung

Ausgehend vom Vorbehalt des Gesetzes sind der Einrichtung (spezielle) Ermittlungsbefugnisse mit Eingriffscharakter verwehrt. Auf der Grundlage der allgemeinen »Ermittlungsgeneralklausel« können als mögliche Vorgehensweisen – unter Beachtung der allgemeinen Grundsätze rechtsstaatlichen Verfahrens wie Verhältnismäßigkeit, Fairness und Sachlichkeit (ebenso LPK-SGB-V/*Ledge* § 81a Rn. 10 a.E.) – genannt werden: 7

7a – Zwecks Informationsgewinnung und Überprüfung von eingegangenen Hinweisen können Beschäftigte mit der benötigten Expertise aus den entsprechenden Fachabteilungen der Körperschaft hinzugezogen (LPK-SGB-V/*Ledge* § 81a Rn. 10 bzw. Sachverhalte zur (leistungsrechtlichen) Prüfung dorthin abgegeben werden. Ebenso können die Beschäftigten der Einrichtung auf sämtliche (in Datenbanken) gespeicherten personenbezogenen (Sozial-) Daten innerhalb der Körperschaft zugreifen (BT-Drs. 15/1525 S. 99). Nach § 81a Abs. 1 Satz 2 nehmen die Einrichtungen durch ihre Aufgabe Kontrollbefugnisse i.S.d. § 67c Abs. 3 SGB X wahr (Krauskopf/*Krauskopf* § 81a SGB V Rn. 5: klarstellende Vorschrift). Dadurch ist in Ausnahme zu § 67c Abs. 1 SGB X unabhängig von einer Bindung an den ursprünglichen Zweck der Erhebung (s. etwa § 285 Abs. 1 und 2) die Speicherung und Veränderung sowie die Nutzung von Sozialdaten i.S.d. § 67 Abs. 2 Satz 1 SGB X zulässig, wenn sie für die Wahrnehmung der Kontrollbefugnisse, mithin der konkreten Prüfungstätigkeit, erforderlich ist.

7b – Zweckmäßig kann auch eine Zusammenarbeit mit anderen Kassen(zahn)ärztlichen Vereinigungen, Bundesvereinigungen oder mit Krankenkassen(verbänden) bzw. deren Einrichtungen sein. Zur Zulässigkeit s. näher Abs. 3 und 3a.

7c – Möglich ist die mündliche (telefonische) und schriftliche Befragung von Personen über von ihnen wahrgenommene Tatsachen (vgl. v. Wulffen/Schütze/*Siefert* § 21 SGB X Rn. 9 f.). In Betracht kommen bspw. Erkundigungen beim Hinweisgeber i.S.d. Abs. 2 Satz 1, um mittels Rückfragen eine Klarstellung/Ergänzung der erhaltenen Informationen zu erlangen, sowie bei Patienten, die über (nicht) erfolgte med. Behandlungen Auskunft geben können. Mangels gesetzlicher Vorschriften trifft die Beschäftigten der Einrichtung keine Belehrungspflicht (vgl. dagegen §§ 52, 55 StPO) sowie die Befragten – einschließlich der Mitglieder der Kassen(zahn) ärztlichen Vereinigung (§ 77 Abs. 3, § 72 Abs. 1 Satz 2) – keine Aussagepflicht.

7d – Auch eine Person (bspw. Leistungserbringer), der in einem Hinweis Fehlverhalten i.S.d. Vorschrift zugeschrieben wird, kann von den Beschäftigten befragt bzw. zur Stellungnahme aufgefordert werden. Mangels gesetzlicher Vorschriften trifft die Beschäftigten der Einrichtung keine Belehrungspflicht (vgl. dagegen § 136 StPO) sowie den Betreffenden – einschließlich der Mitglieder der Kassen(zahn)ärztlichen Vereinigung (§ 77 Abs. 3, § 72 Abs. 1 Satz 2) – keine spezifische Aussagepflicht (s. aber allgemeine Auskunfts- und Vorlagepflichten in den Satzungen der Kassen[zahn]ärztlichen Vereinigungen, bspw. § 5 Abs. 3 Satzung der KV Niedersachsen). Für beide Seiten ist in jedem Fall ein sorgfältiges Vorgehen angezeigt: Vor dem Hintergrund möglicher Straftaten kann eine selbstbelastende Erklärung des Betroffenen für diesen nachteilige strafprozessuale Folgen bedeuten (*Dann* ZMGR 2010, 286, 288). Aus der Sicht der Körperschaft kann mit einer Kontaktaufnahme zum Betreffenden – vor oder nach einer erfolgten Unterrichtung an die Staatsanwaltschaft – einhergehen, dass dieser von der Aufdeckung seines Fehlverhaltens (bspw. Abrechnungsmanipulationen) erfährt. Im Fall eines strafbaren Fehlverhaltens und einer Vereitelung der Ahndung (bspw. aufgrund der Vernichtung belastender Beweise oder des Entschlusses zur Flucht) wird die Gefahr der Bestrafung wegen Strafvereitelung nach § 258 Abs. 1 StGB für die Beschäftigten artikuliert (so *Mahnkopf* MedR 2006, 647; *Dalichau* § 197a Anm. III 3: Verdunkelungsgefahr bei Gewähr rechtlichen Gehörs; ähnlich *Mühlhausen* in: Lindemann/Ratzel, S. 91, 97: Gefährdung des Ermittlungserfolges; Berchtold/Huster/Rehborn/*Bartels*/*Nebel* § 81a Rn. 7). Den Tatbestand verwirklicht, wer absichtlich oder wissentlich ganz oder zum Teil vereitelt, dass ein anderer dem Strafgesetz gemäß wegen einer rechtswidrigen Tat bestraft wird (Alt. 1). In objektiver Hinsicht bedarf es der Herbeiführung eines Vereitelungserfolges bezogen auf eine bereits begangene Vortat eines anderen, deren Voraussetzungen für eine Bestrafung sämtlich erfüllt sein müssen (statt aller *Fischer* § 258 StGB Rn. 5). Unerheblich ist, ob wegen der Vortat bereits ein Strafverfahren eingeleitet worden ist (BGH v. 19.05.1999 – 2 StR 86/99 – BGHSt 45, 97, 103). Ganz Vereiteln bedeutet sowohl die endgültige Verhinderung der Bestrafung als auch eine Verzögerung der Ahndung für eine geraume Zeit (h.M., BGH v. 19.05.1999 – 2 StR 86/99 – BGHSt 45, 97, 100; *Fischer* § 258 StGB Rn. 8 m.w.N. auch zur Gegenansicht; der Zeitraum wird uneinheitlich bemessen: OLG Stuttgart v. 17.05.1976 – 3 Ss [3] 674/75 – NJW 1976, 2084 [Ls]: etwa 10 Tage; W-*Hettinger* BT/1 Rn. 727: min. 2 Wochen;

SSW-*Jahn* § 258 StGB Rn. 15 m.w.N. [orientiert an § 229 StPO]: 3 Wochen [wohl h.L.]; BGH v. 21.12.1994 – 2 StR 455/94 – wistra 1995, 143: Umstände des Einzelfalles maßgeblich; ebenso *Ellbogen* MedR 2006, 457, 460; *Frank* Schlüchter-GS, 2002, 275, 277 f.); eine bloße Verzögerung der Ermittlungen ist dagegen nicht ausreichend (statt aller Schönke/Schröder/*Stree/ Hecker* § 258 StGB Rn. 11). Der Nachweis der Kausalität, also die Feststellung, dass mit an Sicherheit grenzender Wahrscheinlichkeit die Bestrafung ohne die Tathandlung (die physische Unterstützung des Vortäters stellt nach h.M. keine bloße straflose Beihilfe zur Selbstbegünstigung dar, s. LK/*T. Walter* § 258 StGB Rn. 162 m.w.N. auch zur verbreiteten Gegenansicht) zeitlich früher erfolgt wäre, ist mit Blick auf die Komplexität und Vielfältigkeit der Arbeits- und Entscheidungsprozesse eines Strafverfahrens nur schwer zu führen, sodass – in dubio pro reo – oftmals nur eine Versuchsstrafbarkeit (§§ 23 Abs. 1, 12 Abs. 2 StGB i.V.m. § 258 Abs. 4 StGB) in Betracht kommt (statt aller Schönke/Schröder/*Stree/Hecker* § 258 StGB Rn. 18). Der subjektive Tatbestand von § 258 Abs. 1 StGB lässt Eventualvorsatz bezogen auf die Vortat ausreichen (allg. M., etwa HK-GS/*Pflieger/Momsen* § 258 StGB Rn. 18), im Übrigen muss die Strafvereitelung dagegen »absichtlich oder wissentlich« (= dolus directus 1. oder 2. Grades) erfolgen. Nicht nur der Nachweis des Vorsatzes auf die Vortat, sondern insb. des direkten Vorsatzes (bei 2. Grades: sicheres Wissen um Eintritt des Taterfolges, ist dieser auch an sich unerwünschte Nebenfolge des eigentlichen Handlungsziels, näher HK-GS/*Duttge* § 15 StGB Rn. 16) bzgl. der Vereitelung als Folge der Handlung wird nur in evidenten Sachverhaltskonstellationen geführt werden können (beachte jedoch *Mahnkopf* MedR 2006, 647: Anfangsverdacht wird häufig zu bejahen sein). Beurteilungsfaktoren können bereits eigene gesicherte Beweise, mögliche Schadenshöhe oder drohende Sanktionen für den sich potenziell Fehlverhaltenden bilden. Eine Strafbarkeit wegen Strafvereitelung im Amt nach § 258a StGB kommt nicht in Betracht, da die Organisationsverpflichtung des § 81a die Kassen(zahn)ärztlichen Vereinigungen und Bundesvereinigungen nicht zu Strafverfolgungsbehörden werden lässt, sodass ihre Beschäftigten nicht »zur Mitwirkung bei dem Strafverfahren« berufen sind (s. § 258a Abs. 1 StGB).

– Auf ein Ersuchen durch die Einrichtung gegenüber einer anderen Einrichtung i.S.d. § 81a bzw. 7e § 197a können Informationen, die für die Aufgabenerledigung bezogen auf ein konkretes Prüfungsverfahren erforderlich sind, von dieser auf der Grundlage von Abs. 3a übermittelt werden (Krauskopf/*Baier* § 197a Rn. 11; näher zu Abs. 3a u. Rdn. 13 ff.). Eine Amtshilfe i.S.d. SGB X stellt diese Unterstützung nach § 3 Abs. 2 Nr. 2 SGB X nicht dar (vgl. Stelkens/Bonk/Sachs/ *Schmitz* § 4 VwVfG Rn. 35 f.).

### 4. Abschluss der Prüfungstätigkeit

Mit der **Feststellung des (Nicht-) Vorliegens eines Fehlverhaltens** i.S.d. Abs. 1 Satz 1 (»Ausermittlung«) wird das einzelne Prüfungsverfahren abgeschlossen. Mangels gesetzlicher Grundlage besitzt die Einrichtung jedoch **keine eigenen Befugnisse zur Regulierung** von (finanziellen) Unregelmäßigkeiten **oder** darüber hinaus **zur Ahndung** von Verletzungen berufs-, vertragsarzt- oder strafrechtlicher Vorschriften (jurisPK-SGB-V/*Steinmann-Munzinger* § 81a Rn. 23; *Köhler* VerwArch 2009, 391, 419; Krauskopf/*Krauskopf* § 81a Rn. 5 a.E.; *Steinhilper* MedR 2005, 131, 133). Diese Kompetenzen stehen vielmehr verschiedenen Institutionen – im Rahmen ihrer Zuständigkeit – innerhalb wie außerhalb des GKV-Systems zu, welche bei Kenntnis vom Prüfungsergebnis Maßnahmen ergreifen. Bei förmlichen Antragsverfahren sowie grds. bei einer Unterrichtung von Institutionen außerhalb der Körperschaft besteht die Aufgabe der Einrichtung nach Abschluss der Prüfung folglich in einer Übersendung des Prüfungsergebnisses an den Vorstand als gesetzlichen Vertreter der Körperschaft (§ 79 Abs. 5) verbunden mit einer Empfehlung über das weitere Vorgehen (Becker/Kingreen/*Scholz* § 81a Rn. 1 a.E.; jurisPK-SGB-V/*Steinmann-Munzinger* § 81a Rn. 24; *Steinhilper* in: Ehlers, Kap. 5 Rn. 843). In Betracht kommen: 8

– Die (nachträgliche) Korrektur des vorläufigen Honorarbescheides des Vertrags(zahn)arztes etc. 8a (sowie die ggf. nachfolgende Honorarrückforderung) erfolgt von Amts wegen mittels sachlich-rechnerischer Richtigstellung durch die jeweilige Kassen(zahn)ärztliche Vereinigung (§ 106d Abs. 2). Die Kassen(zahn)ärztliche Vereinigung kann, sofern Veranlassung besteht, eine Prüfung nach § 106d Abs. 3 bei der jeweiligen Krankenkasse beantragen (§ 106d Abs. 4 Satz 2; dieses Antragsrecht steht ebenso jeder Krankenkasse oder deren Verbänden gegenüber der Kassen(zahn)ärztlichen Vereinigung bezgl. der Prüfung nach § 106d Abs. 2 zu (§ 106d Abs. 4 Satz 1).

8b – Die Prüfung der Wirtschaftlichkeit der vertrags(zahn)ärztlichen Versorgung erfolgt durch die sog. gemeinsame Prüfungsstelle als Gremium der gemeinsamen Selbstverwaltung grds. im Bezirk der jeweiligen Kassen(zahn)ärztlichen Vereinigung oder eines Landesverbandes der Krankenkassen (näher § 106c). Die Einleitung des Verfahrens beginnt von Amts wegen oder auf Antrag von Kassen(zahn)ärztlicher Vereinigung, Krankenkassen oder deren Verbänden (§ 106 Abs. 1 Satz 2: Einzelfallprüfung; § 106d Abs. 4 Satz 3).

8c – Nach Maßgabe der einschlägigen Anspruchsgrundlagen kann die Körperschaft Schadensersatzansprüche gegenüber einem Schädiger geltend machen. Taugliche Schadensposition sind jedoch nicht die Kosten der Schadensermittlung, d.h. anteilige Kosten für Errichtung und Unterhaltung der Einrichtung (LSG Niedersachen-Bremen Urt. v. 24.11.2010 – L 1 KR 72/09; Becker/Kingreen/*Scholz* § 81a Rn. 1 a. E.; *Jansen* BKK 2007, 363, 363; s. grdl. zu Bearbeitungskosten sowie Fangprämien BGH v. 06.11.1979 – VI ZR 254/77, BGHZ 75, 230 ff.: Warenhausdiebstahl).

8d – Die Ahndung der Verletzung vertrags(zahn)ärztlicher Pflichten erfolgt durch den Disziplinarausschuss der jeweiligen Kassen(zahn)ärztlichen Vereinigung (§ 81 Abs. 5; der Kreis der dem Disziplinarrecht Unterworfenen ergibt sich aus § 77 Abs. 3 und § 95 Abs. 4 Satz 3). Die Einleitung des Verfahrens setzt einen wirksamen Antrag durch einen Berechtigten voraus, zu denen nach allen Disziplinarordnungen der Vorstand zählt (s. bspw. § 4 Abs. 1 Disziplinarordnung der KV Niedersachsen), nicht jedoch die Krankenkassen und deren Verbände (Anregung gegenüber einem Berechtigten aber möglich, vgl. bei vertragsärztlichen Leistungserbringern § 60 Abs. 2 BMV-Ä) sowie sonstige Dritte (*Hesral* in: Ehlers, Kap. 1 Rn. 27: Anregung möglich).

8e – Die Ahndung der gröblichen Verletzung vertrags(zahn)ärztlicher Pflichten erfolgt durch den Zulassungsausschuss als Gremium der gemeinsamen Selbstverwaltung im (Teil-) Bezirk der jeweiligen Kassen(zahn)ärztlichen Vereinigung (§ 95 Abs. 6, § 96, § 95 Abs. 13). Die Einleitung des Verfahrens beginnt von Amts wegen oder auf Antrag von Kassen(zahn)ärztlicher Vereinigung, Landesverbänden der Krankenkassen oder Ersatzkassen (§ 27 [Zahn-]Ärzte-ZV).

8f – Die Ahndung der Verletzung berufsrechtlicher Pflichten durch einen verkammerten Gesundheitsberufsangehörigen erfolgt durch das jeweils zuständige Berufsgericht im jeweiligen Bundesland (s. bspw. § 67 Nds. HKG). Die Einleitung des Verfahrens setzt einen wirksamen Antrag durch die jeweils für den Heilberuf zuständige Kammer (s. bspw. § 78 Abs. 1, § 29 Abs. 2 Nds. HKG: Vorstand), nach manchen Landesgesetzen das sich selbst anzeigende Kammermitglied (s. bspw. § 78 Abs. 2 Nds. HKG) oder die Aufsichtsbehörde der Kammer (s. bspw. § 44 Abs. 1 Nr. 2 SächsHKaG) voraus. Dritte können die Einleitung von Ermittlungen durch die Kammer anregen (vgl. bspw. § 74 Abs. 1 Nds. HKG).

8g – Der Widerruf der Approbation als Arzt, Zahnarzt und Psychotherapeut wegen nachträglicher Unwürdigkeit oder Unzuverlässigkeit erfolgt durch die zuständige Landesbehörde (s. für Ärzte: § 5 Abs. 2 Satz 1, § 12 Abs. 4 BÄO; bspw. Nds. Zweckverband zur Approbationserteilung). Die Einleitung des Verfahrens beginnt von Amts wegen. Zur Möglichkeit der Anordnung des Ruhens der Approbation siehe für Ärzte § 6 BÄO.

8h – Die Ahndung von Straftaten erfolgt durch die Strafgerichte (zur Einstellung aus Opportunitätsgründen s. §§ 153 ff. StPO). Voraussetzung ist die Erhebung der Anklage bzw. die Stellung eines Antrags auf Erlass eines Strafbefehls durch die Staatsanwaltschaft nach Abschluss eines strafrechtlichen Ermittlungsverfahrens (§ 170 Abs. 1 bzw. § 407 Abs. 1 StPO), welches diese von Amts wegen einzuleiten hat (§ 152 Abs. 2, § 160 Abs. 1 StPO). Auf der Grundlage von § 69 Abs. 1 Nr. 2 SGB X ist die Kassen(zahn)ärztliche Vereinigung und Kassen(zahn)ärztliche Bundesvereinigung berechtigt, personenbezogene Daten enthaltene Sachverhalte über strafbares Fehlverhalten an die Staatsanwaltschaft zu übermitteln (vgl. AG Kiel Beschl. v. 05.05.2011 – 43 Gs 612/11, NZS 2011, 879), darüber hinausgehend unter den Voraussetzungen des Abs. 4 verpflichtet, sie über ausgewählte Verdachtslagen zu unterrichten (s. näher Rdn. 17 ff.).

### 5. Dokumentation der Prüfungstätigkeit

Einen allg. Grundsatz des Verwaltungshandelns bildet das Recht und die Pflicht zur schriftlichen 9
und vollständigen Aktenführung (etwa Stelkens/Bonk/Sachs/*Schmitz* § 9 VwVfG Rn. 53). Folglich
obliegt der Einrichtung die **Pflicht zur Dokumentation** sämtlicher eingehender Hinweise, vorgenommener Prüfungsschritte sowie die jeweils abschließende Bewertung und Entscheidung über
den Umgang mit dem Prüfungsergebnis (*Steinhilper* MedR 2005, 131, 133). Die Zwecke dieser
Pflicht bilden Transparenz und Nachprüfbarkeit der Tätigkeit (insb. bei der Eingangsbewertung
von bspw. anonymen Hinweisen oder der Verneinung der Voraussetzungen des Abs. 4). Außerdem
schafft die Dokumentation die Grundlage für die Abfassung des Vorstandsberichts nach Abs. 5 (s.
GKV-Komm/*Steinhilper* § 81a Rn. 28: Pflicht der Einrichtung zur vorbereitenden Unterrichtung).

## C. Jedermann-Hinweis-Recht (Abs. 2)

Nach Abs. 2 Satz 1 hat **jedermann das Recht**, sich in Angelegenheiten des Abs. 1 (formlos) **an die** 10
**Körperschaften zu wenden.** Dadurch sollen diese Institutionen zu Ansprechpartnern für einen
effizienten Einsatz von Finanzmitteln im Gesundheitswesen werden (BT-Drs. 15/1525 S. 99). Die
Möglichkeit, mit öffentlichen Institutionen Kontakt aufzunehmen, ist jedoch keine, die einer gesetzlichen Grundlage bedarf, sondern steht allgemein jeder natürlichen wie juristischen Person –
unabhängig von der eigenen Einbindung in das GKV-System oder einer etwaigen Betroffenheit –
offen (zutr. *Köhler* VerwArch 2009, 391, 421; Krauskopf/*Krauskopf* § 81a Rn. 6; zum zugrunde
zu legenden Verständnis dieser Form von Denunziation zutreffend *Gaßner* NZS 2012, 521, 524).
Im vorliegenden Kontext können als potenzielle Hinweisgeber insb. Patienten, deren Angehörige,
Vertrags(zahn)ärzte, deren medizinisches Fachpersonal (zur arbeitsrechtlichen Zulässigkeit von sog.
externen Whistleblowing s. EGMR v. 21.07.2011 – 28274/08, NJW 2011, 3501 ff.: Strafanzeige
einer Altenpflegerin wegen Betruges durch ihre Arbeitgeberin), sonstige Leistungserbringer und Institutionen im Gesundheitswesen (eine spezifische Informationspflicht für die Krankenkassen findet sich in § 128 Abs. 5, 5b) sowie Gremien der gemeinsamen Selbstverwaltung (i.R.d. sozialdatenschutzrechtlichen Grenzen; eine Hinweispflicht für diese Institutionen bedarf einer gesetzlichen
Grundlage, so zu den § 106-SGB-V-Gremien *Kerber* in: Lindemann/Ratzel, S. 70, 83 m.w.N.),
Vereinigungen, bspw. Patientenorganisationen, und Unternehmen, bspw. Mitbewerber im Gesundheitsmarkt, sowie Strafverfolgungsbehörden (i.R.d. datenschutzrechtlichen Grenzen) genannt
werden; nicht einbezogen sind die Beschäftigten der Körperschaft selbst (s. Rdn. 6). Über die deklaratorische Hervorhebung hinaus kann aus dieser Vorschrift die (**Organisations-**) **Verpflichtung**
für die Körperschaft abgeleitet werden, als Voraussetzung für die Ausübung des Hinweisrechts geeignete technische wie organisatorische Vorkehrungen zu treffen (bspw. Kontaktdatennennung an
zentraler Stelle der Homepage oder Mitgliederzeitung, Melde-Formular auf der Homepage unter
Implementierung sog. Hinweisgebersysteme [berichtet bei *Bockemühl* in: Gehl, Tatort Gesundheitsmarkt, S. 136, 138 ff.: Einsatz des BKMS-System]), damit derartige Hinweise entgegengenommen
und innerhalb der Körperschaft dieser Einrichtung zugeleitet werden können.

Eine **Pflicht, den eingegangenen Hinweisen nachzugehen** (zum Inhalt der Prüfungspflicht s.o. 11
Rdn. 7), statuiert Abs. 2 Satz 2 für die Einrichtungen, wenn sie aufgrund der einzelnen Angaben oder der Gesamtumstände glaubhaft erscheinen. Dieses Erfordernis begrenzt folglich die
Pflicht zum Zwecke einer sachgerechten Aufgabenwahrnehmung (jurisPK-SGB-V/*Steinmann-Munzinger* § 81a Rn. 15). Vorausgehend hat die Einrichtung zu prüfen, ob der Hinweis Angelegenheiten nach Abs. 1 zum Gegenstand hat, mithin in ihre Zuständigkeit fällt (vgl. BT-Drs. 15/
1525, S. 99; *Rixen* ZFSH/SGB 2005, 131, 132; Bergmann/Pange/Steinmeyer/*Steinmeyer* § 81a
Rn. 5). Im Fall der Unzuständigkeit entscheidet die Einrichtung über die Weiterleitung des Hinweises. Der für die vorzunehmende inhaltliche Bewertung des Hinweises heranzuziehende Maßstab kann aus Abs. 1 gefolgert werden: ob der Hinweis einen Sachverhalt enthält, der auf Unregelmäßigkeiten oder auf rechtswidrige oder zweckwidrige Nutzung von Finanzmitteln hindeutet (dazu o. Rdn. 3). Bezogen auf den Grad inhaltlicher Konkretisierung verlangt die Vorschrift
ein Glaubhaftscheinen aufgrund der einzelnen Angaben oder der Gesamtumstände. Unter

Zugrundelegung des sozialverwaltungsrechtlichen Verständnisses ist eine Tatsache als glaubhaft anzusehen, wenn ihr Vorliegen überwiegend wahrscheinlich ist (s. § 23 Abs. 1 Satz 2 SGB X; i. Erg. ebenso *Forst* SGb 2014, 413, 419: § 294 ZPO; a.A. Hauck/Noftz/*Kolmetz* § 47a SGB XI Rn. 9: § 138 StGB). Dies erfordert eine überzeugende, nach der Vorstellung des Gesetzgebers hinreichend substantiierte (s. BT-Drs. 15/1525 S. 99; s.a. Eichenhofer/Wenner/*Bloch* § 197a Rn. 8: konkrete, plausible Tatsachen), tatsachenbasierte Sachverhaltsschilderung, welche neben einem Fehlverhalten i.S.d. Abs. 1 auch eine bestimmte natürliche oder juristische Person (z.B. Medizinisches Versorgungszentrum, Krankenhaus) als sich potenziell fehlverhaltend enthalten muss (so auch *Kerber* in: Lindemann/Ratzel, S. 70, 78 a.E.; GKV-Komm/*Steinhilper* § 81a Rn. 17). Nicht ausreichend sind folglich bloße Mutmaßungen ohne Sachverhaltskonkretisierung (allg.M., etwa *Kerber* in: Lindemann/Ratzel, S. 70, 78). Bei der Bewertung bildet die Anonymität bzw. Angabe eines Pseudonyms des Hinweisgebers einen Gesamtumstand, jedoch – insbesondere mit Blick auf die im Einzelfall möglichen beruflichen Folgen im Rahmen von arbeitsrechtlichen Abhängigkeitsverhältnissen – keinen zwingenden Ausschlussgrund (allg.M., etwa KassKomm-*Hess* § 81a Rn. 9; s.a. Berchtold/Huster/Rehborn/*Bartels*/*Nebel* § 81a Rn. 9: moderne Whistle-blowingsysteme eröffnen Rückfragemöglichkeit unter Aufrechterhaltung der Anonymität); Gleiches gilt im Fall einer erkennbar zweckfremden Motivation (*Forst* SGb 2014, 413, 419; *Köhler* VerwArch 2009, 391, 421; Krauskopf/*Krauskopf* § 81a Rn. 6 a.E.: primärer persönlicher Racheakt) oder eines querulatorischen Verhaltens des Hinweisgebers. Angezeigt ist bei diesen Hinweisen eine besonders sorgfältige Bewertung. Geht die Einrichtung dem eingegangenen Hinweis nicht nach, steht dem Hinweisgeber kein Rechtsbehelf zu, um ein (weiteres) Nachgehen mangels subjektiven Rechts und ausschließlich im öffentlichen Interesse stehender Pflicht zu erzwingen (LPK-SGB-V/*Ledge* § 81a Rn. 17; beachte Möglichkeit der Dienstaufsichtsbeschwerde). Die Einrichtung ist nicht verpflichtet, dem Hinweisgeber Informationen über die weitere Bearbeitung oder das Ergebnis ihrer Nachprüfung mitzuteilen (*Kerber* in Lindemann/Ratzel, S. 70, 87; *Köhler* VerwArch 2009, 391, 422); die Zulässigkeit kann sich nur aus den allgemeinen Vorschriften des Sozialdatenschutzes ergeben.

### D. Allgemeine Zusammenarbeit (Abs. 3)

12 In Konkretisierung zu § 4 Abs. 3 Satz 1 und § 86 SGB X trifft die Kassen(zahn)ärztliche Vereinigung sowie Kassen(zahn)ärztliche Bundesvereinigung die Verpflichtung, zur Erfüllung der Aufgaben nach Abs. 1 Satz 1 (s. Rdn. 3) untereinander sowie mit den Krankenkassen und deren Verbänden zusammenzuarbeiten, was sachgerechter Weise eine (unmittelbare) Kooperation zwischen den jeweiligen Einrichtungen bedeutet. Nach der gesetzgeberischen Intention sollen im Rahmen dieser **interinstitutionellen Zusammenarbeit** Erfahrungen ausgetauscht und wechselseitig Hinweise gegeben werden (BT-Drs. 15/1525 S. 99; von einer kassenübergreifenden Vernetzung mittels Online-Plattform wird bei *Meyer* BKK 2008, 103 ff. berichtet). Von zielführendem Nutzen können dabei bspw. Informationen (einschließlich einer grds. [straf-]rechtlichen Bewertung) über neue Phänomene von Abrechnungsunregelmäßigkeiten oder vertragsarztrechtlich unzulässigen Kooperationsmodellen zwischen Leistungserbringern sowie effektivere – organisatorische wie technische – Möglichkeiten zur Aufdeckung und Verhinderung (jurisPK-SGB-V/*Schneider-Danwitz* § 197a Rn. 35; *Schrodi* ZMGR 2011, 66, 67: innovative Handlungsempfehlungen) von Fehlverhalten sein. Die Diskussion, ob Abs. 3 eine hinreichende Rechtsgrundlage für die Übermittlung von dem Sozialgeheimnis nach § 35 Abs. 1 SGB I unterfallenden Sozialdaten i.S.d. § 67 Abs. 2 Satz 1 SGB X bildet, hat sich mit der Einfügung von Abs. 3a durch das GKV-VStG (G v. 22.12.2011, BGBl. I S. 2983, m.W.v. 01.01.2012) erledigt. Der Gesetzgeber (s. BT-Drs. 15/1525 S. 99) und die regelmäßig auf ihn rekurrierende h.M. im Schrifttum (etwa GKV-Komm/*Steinhilper* § 81a Rn. 19) hatten dies verneint.

12a Zur Verstärkung der übergreifenden Zusammenarbeit (BT-Drs. 18/6446 S. 24) haben die Kassen(zahn)ärztlichen Bundesvereinigungen durch das Gesetz zur Bekämpfung von Korruption im Gesundheitswesen (G v. 30.05.2016, BGBl. I S. 1254, m.W.v. 04.06.2016) jeweils die Aufgabe, für ihren Zuständigkeitsbereich einen regelmäßig stattfindenden **Erfahrungsaustausch** mit Vertretern der Einrichtungen zu organisieren. Diese Tagungen sollen einen direkten fachlichen Austausch der verantwortlichen Personen und eine Abstimmung über das gemeinsame Vorgehen bei streitigen oder unklaren Fragestellungen ermöglichen (BT-Drs. 18/6446 S. 24). Damit auch die Erfahrungen aus der disziplinar-, berufs- und strafrechtlichen Verfolgungs- und Ahndungspraxis eingebracht werden (BT-Drs. 18/6446 S. 24), sind in geeigneter Form Vertreter der Einrichtungen bei den Krankenkassen(verbänden), berufsständischen Kammern und Staatsanwaltschaften zu beteiligen. Mit dieser Pflicht geht keine Begrenzung des Teilnehmerkreises einher, weshalb auch weitere, mit dem Thema befasste Institutionen (bspw. Fachdienststellen der Polizei) einbezogen werden können. Das Veranstaltungsintervall ist vom Gesetzgeber nicht vorgegeben; aufgrund der fortwährenden tatsächlichen wie rechtlichen Entwicklung von Fehlverhalten im Gesundheitswesen erscheint eine jährliche Zusammenkunft angezeigt (s.a. BR-Drs. 360/15 S. 2). Nach Abschluss der jeweiligen Tagung sind die kassen(zahn)ärztliche Bundesvereinigungen verpflichtet, die nach § 78 Abs. 1 zuständige Aufsichtsbehörde über die Ergebnisse zu informieren.

### E. Übermittlung personenbezogener Daten (Abs. 3a und 3b)

#### I. Allgemeines

Die Beschränkung der Zusammenarbeitsmöglichkeiten auf einen Austausch allgemeiner Art wurde im Schrifttum sowie durch den Bundesrechnungshof (Jahresbericht 2009) als Hindernis für eine effektive Tätigkeit der Einrichtungen gewertet (s. Nw. bei *Waschkewitz* GesR 2012, 410, 410). Hiervon veranlasst wurden durch das GKV-VStG (G v. 22.12.2011, BGBl. I S. 2983, m.W.v. 01.01.2012) in Abs. 3a »explizit und normenklar die erforderlichen Datenübermittlungsbefugnisse« geschaffen (BT-Drs. 17/8005 S. 108 bzw. 124; gleichlautend Dt. BT Ausschuss für Gesundheit, Ausschuss-Drs. 17[14]0190 [neu], S. 20 bzw. 52; erste positive Bewertungen finden sich bei *Gaßner* NZS 2012, 521, 524; LPK-SGB-V/*Ledge* § 197a Rn. 11: Beseitigung eines erheblichen Ermittlungshemmnisses). Diese Übermittlungsbefugnis stellt eine **bereichsspezifische Norm des Datenschutzes** im Gesundheitswesen dar (*Waschkewitz* GesR 2012, 410, 411; vgl. § 37 SGB I). Im Übrigen gelten die allg. Vorschriften des SGB X; bezogen auf den vorliegenden Kontext wurde durch das KFRG (G v. 03.04.2013, BGBl. I S. 617, m.W.v. 09.04.2013) in § 285 Abs. 3a eine Befugnis zur Übermittlung personenbezogener Daten durch die Kassen(zahn)ärztlichen Vereinigungen an die zuständigen Approbationsbehörden und Heilberufskammern geschaffen, um diese Institutionen in die Lage zu versetzen, über Widerruf oder Ruhen der Approbation bzw. Einleitung eines berufsrechtlichen Verfahrens zu entscheiden (BT-Drs. 17/12221, S. 31 f.; gleichlautend Dt. BT Ausschuss für Gesundheit, Ausschuss-Drs. 17[14]0375).

13

#### II. Gegenstand der Übermittlungsbefugnis

Die Vorschrift gestattet die Übermittlung personenbezogener Daten, die von der Einrichtung zur Erfüllung ihrer Aufgaben nach Abs. 1 erhoben oder an sie weitergegeben oder übermittelt wurden. **Personenbezogene Daten** (zum Begriff s. allg. Art. 4 Nr. 1 DS-GVO) sind alle Informationen, die sich auf eine identifizierte oder identifizierbare natürliche Person beziehen, bspw. Name, Anschrift, Arzt- und (Neben-) Betriebsstättennummer (LANR und [N]BSNR) oder Versichertennummer (zu den Arten der Herkunft der Daten näher *Waschkewitz* GesR 2012, 410, 411).

14

#### III. Umfang der Übermittlungsbefugnis

In zulässiger Weise darf eine Übermittlung an andere Einrichtungen nach § 81a sowie an Einrichtungen nach § 197a erfolgen »soweit dies für die Feststellung und Bekämpfung von Fehlverhalten im Gesundheitswesen beim Empfänger erforderlich ist«. Bezugspunkt dieser **Erforderlichkeitsprüfung** durch die übermittelnde Einrichtung bildet der vergleichsweise unscharf formulierte Aufgabenbereich beim Empfänger: Unter dem der amtlichen Überschrift entlehnten Begriff »Fehlverhalten im Gesundheitswesen« kann konkretisierend durch die für die Einrichtung bestimmte Aufgabenzuweisung in Abs. 1 Satz 1 die Feststellung und Bekämpfung von »Unregelmäßigkeiten oder rechtswidriger oder zweckwidriger Nutzung von Finanzmitteln«

15

verstanden werden (dazu näher Rdn. 3). Bei der Prüfung der Erforderlichkeit einer Datenübermittlung muss daher von der übermittelnden Einrichtung bewertet werden, ob die Erfüllung dieser Aufgabe der konkreten Empfängereinrichtung (»beim Empfänger«) ohne die Übermittlung der jeweiligen Daten (»soweit«) nicht oder nicht ordnungsgemäß erfolgen könnte (vgl. Simitis/*Dammann* § 15 BDSG Rn. 15). Angesichts der Weite des Aufgabenkreises der Einrichtung und des Fehlens einer expliziten Erheblichkeitsschwelle (vgl. dagegen Abs. 4) ist allerdings dem durch die Datenübermittlung betroffenen Grundrecht auf informationelle Selbstbestimmung durch eine restriktive Auslegung bzw. Ausübung der Befugnis Rechnung zu tragen (*Waschkewitz* GesR 2012, 410, 412). Die Übermittlung als zweckgerichtete Bekanntgabe der Daten gegenüber dem Empfänger kann auf verschiedenen Wegen erfolgen, bspw. mündlich, fernmündlich, schriftlich, mittels Übersendung eines Datenträgers oder durch Bereitstellung der Daten zur Einsicht bzw. zum Abruf (*Waschkewitz* GesR 2012, 410, 411 f.). Die Verantwortung für die Zulässigkeit der Übermittlung trägt die übermittelnde Einrichtung (§ 67d Abs. 1 SGB X; s.a. BT-Drs. 17/8005 S. 108 bzw. 125).

### IV. Verwendung personenbezogener Daten durch den Empfänger

16 Nach der in Abs. 3a Satz 2 bestimmten **Zweckbindung** dürfen die von anderen Einrichtungen übermittelten personenbezogenen Daten vom Empfänger nur zu dem Zweck verarbeitet werden, zu dem sie ihm übermittelt worden sind. Der Begriff der Verarbeitung umfasst die Nutzung der Daten. Dieser Zweck erschließt sich folglich aus dem Erforderlichkeitsvorbehalt des Abs. 3a Satz 1: Die Feststellung und Bekämpfung von Fehlverhalten im Gesundheitswesen (zum Inhalt s. Rdn. 15) bildet damit den hinreichend bestimmten Zweck einer jeden Datenverarbeitung und -nutzung beim Empfänger (*Waschkewitz* GesR 2012, 410, 412). Möglich sind daher personenbezogene Nachforschungen vor dem Hintergrund eines möglichen Fehlverhaltens.

### V. Weitergabe personenbezogener Daten an Überwachungsbehörden

16a § 81a wurde um Abs. 3b ergänzt und klargestellt, dass die Stellen nach Abs. 1 Satz 1 personenbezogene Daten auch an die Behörden und Untergliederungen der Kassen(zahn)ärztlichen Vereinigung weitergeben dürfen, die mit der Berufsausübung der niedergelassenen Ärzte-, Zahnärzte- und Psychotherapeutenschaft befasst sind. Dies bedeutet im Umkehrschluss, dass andere behördentinerne Einheiten keinen Zugang zu diesen Daten haben. Der stationäre ärztliche, zahnärztliche und psychotherapeutische Bereich ist in die Vorschrift nicht einbezogen, sondern nur die niedergelassene Ärzteschaft. Diese ist indessen umfassend angesprochen. Das bedeutet, dass auch Honorarkräfte oder im Einzelfall aufgrund gesonderter Genehmigung für die kassenärztliche Versorgung tätig gewordene Privatärzte betroffen sein können. Der nach Abs. 3b empfangsberechtigte Adressatenkreis personenbezogener Daten ist enumerativ aufgelistet. Neben den Einrichtungen der kassenärztlichen und kassenzahnärztlichen Vereinigungen mit fachlichen und abrechnungstechnischen Überwachungsaufgaben sind auch die Approbationsbehörden und die zuständigen Heilberufskammern empfangs- und verarbeitungsberechtigt. Übermittlung und Verarbeitung der Daten sind ausschließlich zweckgebunden zur Verhinderung und Aufdeckung von Fehlverhalten im gesetzlich beschriebenen Aufgabenspektrum der jeweiligen Institutionen erlaubt, vgl. zur amtlichen Begründung des TSVG BT-Drs. 19/6337 S. 134/135 und zur parlamentarischen Diskussion BT-Drs. 19/8351 S. 210. Die Einbeziehung von Approbationsbehörden und Heilberufskammern zielt auf Maßnahmen zur Beendigung bzw. Aussetzung der Berufsausübungsberechtigung und Sanktionen nach Standesrecht bei gravierendem Fehlverhalten ab.

16b Privatärztliche und -zahnärztliche Verfehlungen sind von § 81a nicht erfasst. Soweit den zuständigen Stellen Verfehlungen dieses Personenkreises zur Kenntnis gelangen, haben sie die Möglichkeit, Anregungen zum Einschreiten an die Approbationsbehörden und Heilberufskammern zu geben. Eine Datenweitergabe im Rahmen des § 81 ist nicht zulässig.

## F. Unterrichtung der Staatsanwaltschaft (Abs. 4)

### I. Allgemeines

Eine allgemeine Amtspflicht, den Verdacht einer Straftat anzuzeigen, existiert für Institutionen der öffentlichen Verwaltung – mit Ausnahme von Strafverfolgungsbehörden – nicht (allg.M., etwa BGH Urt. v. 30.04.1997 – 2 StR 670/96, BGHSt 43, 82, 85), sodass stets eine gesetzliche Grundlage erforderlich ist, welche durch § 81a Abs. 4 bereichsspezifisch geschaffen wurde (zur Rechtslage vor dem GMG 2004: keine Pflicht, so *Bandisch* in: Steinhilper, Arzt und Abrechnungsbetrug, S. 175, 178; *Schnapp/Düring* NJW 1988, 738 ff.; *Ulsenheimer* in: Laufs/Uhlenbruck, § 151 Rn. 2; a.A. *Teyssen/Goetze* NStZ 1986, 529 ff.; s.a. *Mühlhausen* in: Lindemann/Ratzel, S. 91 f.). Nach der gesetzgeberischen Intention soll die **Unterrichtungspflicht** die Selbstreinigung innerhalb des Systems der gesetzlichen Krankenversicherung fördern (BT-Drs. 15/1525 S. 99). Aus der Bestimmung nicht der Disziplinar- oder Approbationsbehörden, sondern der Staatsanwaltschaft als Adressat der Unterrichtung kann gefolgert werden, dass eine »Selbstreinigung« nicht ausschließlich durch die sachnahen Institutionen und Ahndungsmittel des Gesundheitswesens selbst stattfinden soll, sondern gerade auch durch die Strafverfolgungsbehörden und das Kriminalstrafrecht, sodass Abs. 4 neben den wirtschaftlichen Interessen der Körperschaft bzw. der gesetzlichen Krankenversicherung dem Strafverfolgungsinteresse der Allgemeinheit dient.

17

### II. Voraussetzungen

Als Voraussetzungen für die Unterrichtung verlangt die Vorschrift, dass ein »Anfangsverdacht auf strafbare Handlungen mit nicht nur geringfügiger Bedeutung für die gesetzliche Krankenversicherungen bestehen könnte.« Im Einzelnen:

18

– Aus dem Zweck der Unterrichtungspflicht, eine Grundlage für die Entscheidung der Staatsanwaltschaft über die Einleitung eines strafrechtlichen Ermittlungsverfahrens zu schaffen (o. Rdn. 17), und aus dem verfahrensmäßigen Vorangehen der Prüfungstätigkeit der Körperschaft kann gefolgert werden, dass der Begriff i.S.d. Strafprozessrechts zu interpretieren ist (allg.M.). Nach **§ 152 Abs. 2 StPO** ist ein Anfangsverdacht zu bejahen, wenn zureichende tatsächliche Anhaltspunkte, mithin konkrete Tatsachen, nach kriminalistischer Erfahrung die Begehung einer verfolgbaren Straftat möglich erscheinen lassen (statt aller Meyer-Goßner/*Schmitt* § 152 StPO Rn. 4). Bei dieser Entscheidung kommt der Staatsanwaltschaft ein Beurteilungsspielraum zu (BVerfG Beschl. v. 08.11.1983 – 2 BvR 1138/83, NJW 1984, 1451, 1452; BGH Urt. v. 21.04.1988 – III ZR 255/86, NJW 1989, 96, 97 m.w.N.; die Grenze zieht das Willkürverbot), welcher auch der Körperschaft bei ihrer Prüfung zuzugestehen ist. Eine ausreichende Tatsachengrundlage können bereits (entfernte) Indizien bilden (Meyer-Goßner/*Schmitt* § 152 StPO Rn. 4), ohne dass diese Umstände eine Konkretisierung auf eine Straftat erfordern (etwa BVerfG v. 07.05.2001 – 2 BvR 2013/00; bspw. Verwirklichung von § 263 oder § 266 StGB), dagegen reichen bloße, nicht durch konkrete Umstände belegte Vermutungen oder reine denktheoretische Möglichkeiten nicht aus (BGH Beschl. v. 01.06.1994 – StB 10/94, NJW 1994, 2839, 2840; s.a. BVerfG Beschl. v. 21.01.2008 – 2 BvR 1219/07, NStZ-RR 2008, 176 f. m. krit. Anm. *Welke* MedR 2008, 732 ff.). Die Anforderungen an den Verdachtsgrad brauchen weder das Niveau eines hinreichenden (vgl. § 203 StPO) noch eines dringenden Tatverdachts (vgl. § 112 StPO) zu erreichen. Eine verfolgbare Straftat (nicht Ordnungswidrigkeit oder Disziplinarverstoß) stellt jede tatbestandliche, rechtswidrige und schuldhafte Tat dar, für die weder ein Strafausschließungsgrund noch ein unbehebbares Strafverfolgungshindernis besteht (bspw. Eintritt der Verfolgungsverjährung nach § 78 StGB). Die Prüfung des Anfangsverdachts gliedert sich folglich in eine sachverhaltsbezogene und eine rechtliche, welche alle Tatbestandsmerkmale – auch zur subjektiven Seite (bspw. beim Abrechnungsbetrug ein zentrales Unterscheidungskriterium zur bloßen Falschabrechnung, betont von *Ulsenheimer* in: Laufs/Kern, § 151 Rn. 43) – einbeziht. Siehe zu Anhaltspunkten für einen vertragsärztlichen Abrechnungsbetrug die Indikatorenliste des BKA von 2001 (abgedruckt bei AG Medizinrecht im DAV [Hrsg.], Plausibilitätsprüfung, Rechtsfragen der Gemeinschaftspraxis, Abrechnungsmanipulation, 2005, S. 343 ff.).

18a

18b – Dieser unbestimmte Rechtsbegriff führt zu einer Begrenzung der unterrichtungspflichtigen Verdachtslagen. Nach der Intention des Gesetzgebers sollen Bagatellfälle ausgeschlossen werden, damit nicht ein allgemeines Klima des Misstrauens insbesondere in dem komplexen Verhandlungssystem der GKV erzeugt wird (BT-Drs. 15/1525 S. 99). Sofern zur inhaltlichen Bestimmung eine Orientierung an § 248a StGB vorgeschlagen wird (nur bzgl. der Wertgrenze *Mühlhausen* in: Lindemann/Ratzel, S. 91, 94; *Meseke* KrV 2015, 133, 136; s.a. Hauck/Noftz/*Kolmetz* § 47a SGB XI Rn. 11: feste Grenze von 100 €; nur bzgl. des Begriffs des öffentlichen Interesses KKW/*Joussen* § 81a Rn. 4 a.E.), spricht dagegen neben dem Wortsinn (»geringfügige Bedeutung« nicht »geringwertige Sachen«) auch dessen Unanwendbarkeit auf Nichtvermögensdelikte (insb. §§ 299 ff., §§ 331 ff. StGB), die Ausrichtung auf das öffentliche Interesse, nicht auf die GKV sowie der Zweck der Bagatellgrenze, der angesichts der Honorarstruktur in der GKV weitgehend nicht erreicht werden dürfte (ebenso *Dannecker/Bülte* NZWiSt 2012, 1, 2; jurisPK-SGB-V/*Steinmann-Munzinger* § 81a Rn. 21; *Köhler* VerwArch 2009, 391, 425; zu den in der Rspr. vertretenen Wertgrenzen s. etwa HK-GS/*Duttge* § 248a StGB Rn. 3). Auch eine Orientierung an § 153 StPO vermag nicht zu überzeugen (dafür LPK-SGB-V/*Ledge* § 81a Rn. 13; MBO/*Kauke* § 197a Rn. 11; tendenziell auch *Köhler* VerwArch 2009, 391, 425; *Reichel* Die Polizei 2006, 20, 22). Der Bezugspunkt (»Bedeutung für die GKV«) steht sowohl einer Bewertung anhand der täterbezogenen (Strafzumessungs-) Schuld (und damit auch einer Orientierung an § 390 Abs. 5 StPO, zutr. *Dannecker/Bülte* NZWiSt 2012, 1, 2 f.) als auch (wiederum) dem öffentlichen Interesse entgegen (insoweit einschränkend für eine Anwendung von § 153 StPO *Ellbogen* MedR 2006, 457, 459; Hauck/Noftz/*Becker* § 81a Rn. 17). Vielmehr hat sich die Begriffsbestimmung daran auszurichten, wodurch eine Straftatbegehung für die GKV Bedeutung erlangt. Von viktimologischer Warte sind die Folgen einer Straftat in den Blick zu nehmen, welche die GKV bzw. die sie repräsentierenden Institutionen treffen. Aus ihrer Aufgabe (s. grdl. § 1) und den leitenden Prinzipien (insb. § 12: Wirtschaftlichkeitsgebot) können folgende Faktoren abgeleitet werden, die im Wege einer **Gesamtwürdigung** die Straftat zu einer solchen von nicht geringfügiger Bedeutung werden lassen: festgestellte und auf Grundlage der Verdachtslage potenzielle Höhe des Vermögensschadens (zur Schadensbestimmung bei § 263 StGB s. dortige Komm. Rdn. 49 ff.), Häufigkeit bzw. Dauer des Fehlverhaltens, mit der wirtschaftlichen Schädigung einhergehende Gesundheitsgefahren bzw. -schädigungen für Versicherte, das Maß an Beeinträchtigung der Lauterkeit des Wettbewerbs im Zusammenhang mit Korruptionsdelikten, mit Blick auf die GKV in ihrer Gesamtheit auch generalpräventive Erwägungen (s.a. Berchtold/Huster/Rehborn/*Bartels/Nebel* § 81a Rn. 13; *Dannecker/Bülte* NZWiSt 2012, 1, 5 f.; jurisPK-SGB-V/*Steinmann-Munzinger* § 81a Rn. 21; *Steinhilper* in Orlowski, SGB V Kommentar – Gesetzliche Krankenversicherung § 81a Rn. 22; Liebold/Zalewski/*Hofmann/Zalewski* § 81a Rn. 10).

18c – Vielfach bleibt im Schrifttum unberücksichtigt, dass die vorgenannten Voraussetzungen mit einer konjunktivischen Formulierung verknüpft sind (»**bestehen könnte**«). Sofern diese jedoch auf das Vorliegen des Anfangsverdachts bezogen wird (so Becker/Kingreen/*Kaempfe* § 197a Rn. 5; *Beeretz* ZMGR 2004, 103, 107; *Hellmann/Herffs* Rn. 473; *Köhler* VerwArch 2009, 391, 424; *Steinhilper* ZMGR 2010, 152, 155), lösen eine Vielzahl von zur Prüfung vorliegenden Sachverhalten mit geringem Aussagegehalt (pointiert: ausreichend wäre die Möglichkeit der Möglichkeit einer Straftatbegehung) die Unterrichtungspflicht aus, was der Intention des Gesetzgebers, eine solche mit begrenztem Umfang zu schaffen (vgl. BT-Drs. 15/1525 S. 99), jedoch zuwiderläuft (ebenso krit. *Dannecker/Bülte* NZWiSt 2012, 1, 6). Einschränkend ist daher die Formulierung so zu verstehen, dass nicht die Bewertung bezogen auf den Anfangsverdacht, sondern nur auf das die Straftat eingrenzende Merkmal »mit nicht nur geringfügiger Bedeutung für die GKV« erfasst ist (zutr. *Dannecker/Bülte* NZWiSt 2012, 1, 6).

### III. Rechtsfolge

19 »Die Kassenärztlichen Vereinigungen und die Kassenärztlichen Bundesvereinigungen sollen die *Staatsanwaltschaft* unverzüglich unterrichten«, wenn die Voraussetzungen erfüllt sind. Im Einzelnen:

- Als juristische Person des öffentlichen Rechts (s. § 77 Abs. 5) handelt die Körperschaft durch   19a
den Vorstand als ihr Organ und gesetzlicher Vertreter (§ 79 Abs. 5). Handlungspflichten der
Körperschaft treffen daher den **Vorstand**, sodass er zur Unterrichtung verpflichtet ist (Becker/
Kingreen/*Scholz* § 81a Rn. 3; Berchtold/Huster/Rehborn/*Bartels/Nebel* § 81a Rn. 14; *Giring*
E. Müller-FS 2008, S. 199, 199; jurisPK-SGB-V/*Steinmann-Munzinger* § 81a Rn. 23; Liebold/Zalewski/*Hofmann/Zalewski* § 81a Rn. 8 LPK-SGB-V/*Hänlein* § 197a Rn. 5; *Mühlhausen* in: Lindemann/Ratzel, S. 91, 97). Werden von der Einrichtung die Voraussetzungen nach
Abs. 4 bejaht und der Vorstand pflichtgemäß informiert, prüft und entscheidet dieser in eigener
Verantwortung (GKV-Komm/*Steinhilper* § 81a Rn. 24). Demgegenüber obliegt die Unterrichtungspflicht **nicht auch den Beschäftigten in der Einrichtung** selbst, da diese kraft Gesetzes keine Vertreter der Körperschaft sind; ebenso bildet die Selbstständigkeit der Einrichtung nur eine
organisatorische (s. Rdn. 2), nicht auch rechtliche (*Kerber* in: Lindemann/Ratzel, S. 70, 86: keine eigenständigen Behörden mit eigenen Befugnissen im Außenverhältnis, sondern weiterhin
Teil der jeweiligen KV), sodass auch hieraus keine Pflichtenstellung rechtlicher Art herleitbar ist
(so aber *Ellbogen* MedR 2005, 457, 461: des Weiteren auf den bestimmungsgemäßen Umgang
mit den entsprechenden Informationen abhebend; LPK-SGB-V/*Ledge* § 81a Rn. 15; *Weimer*
G. Steinhilper-FS 2013, 237, 239).
- Die Ausgestaltung als Sollvorschrift führt nach allg. Grundsätzen des (Sozial-) Verwaltungs-   19b
rechts nicht zu einer steten, sondern zu einer **regelhaften Verpflichtung**, der Rechtsfolge zu
entsprechen. Bei Vorliegen eines wichtigen Grundes oder atypischen Falles ist hingegen ein
Ermessensspielraum eröffnet (s. allg. Stelkens/Bonk/Sachs/*Sachs* § 40 VwVfG Rn. 26 m.w.N.;
ebenso etwa *Kerber* in: Lindemann/Ratzel, S. 70, 85; Hauck/Noftz/*Becker* § 81a Rn. 18; *Köhler*
VerwArch 2009, 391, 424; *Hellmann/Herffs* Rn. 472 a.E.). Im Rahmen einer Vereinbarung zur
Erstattung unrechtmäßig erlangter Vermögenspositionen bzw. zur Schadenswiedergutmachung
kann nicht im Gegenzug von der Unterrichtung abgesehen werden (s. LSG Niedersachen-Bremen Urt. v. 24.11.2010 – L 1 KR 72/09; Becker/Kingreen/*Scholz* § 81a Rn. 3).
- In zeitlicher Hinsicht hat die Unterrichtung unverzüglich zu erfolgen, was ein Handeln **ohne**   19c
**schuldhaftes Zögern** bedeutet (s. die Legaldefinition in § 121 Abs. 1 Satz 1 BGB). Als auslösendes Moment für den Fristbeginn der Unterrichtung durch die Körperschaft, also den Vorstand,
bestimmt die Vorschrift: »wenn die Prüfung ergibt«, dass die Voraussetzungen vorliegen. Damit wird die Prüfungstätigkeit der Einrichtung selbst in den Blick genommen, deren Kenntnis
der Körperschaft – als rechtlicher Adressat der Unterrichtungspflicht – zugerechnet wird (§ 166
BGB analog). Folglich lässt sich ein doppeltes Unverzüglichkeitserfordernis für die Körperschaft
begründen: Die Einrichtung hat unverzüglich den Vorstand zu informieren und dieser unverzüglich die Staatsanwaltschaft. Den Ausgangspunkt für diese Bewertungen bildet die sichere
Feststellung der Tatsachen nebst rechtlicher Würdigung (Entscheidungsfrist), welche die Voraussetzungen der Unterrichtungspflicht erfüllen. Eine sofortige Unterrichtung wird nicht verlangt;
vielmehr besteht eine nach den Umständen des Einzelfalles zu bemessende Prüfungs- und Überlegungsfrist (statt aller Palandt/*Ellenberger* § 121 BGB Rn. 3).
- Die Vorschrift nennt als Adressatin allgemein die Staatsanwaltschaft als »Herrin des Ermitt-   19d
lungsverfahrens« (statt aller HK-GS/*Dölling* Vor § 1 StPO Rn. 25), ohne eine Eingrenzung auf
die jeweils sachlich/örtlich zuständige Institution vorzugeben. Ebenso kann aus einem systematischen Vergleich mit anderen Unterrichtungspflichten an (Strafverfolgungs-)behörden (s.
§ 116 AO, § 43 GwG, § 6 SubvG), die teilweise ausdrücklich auf die Zuständigkeit des Adressaten abheben, gefolgert werden, dass der Vorstand seiner Pflicht nachkommt, wenn er (**irgend-**
**)eine Staatsanwaltschaft** unterrichtet (anders *Ellbogen* MedR 2006, 457, 460; LPK-SGB-V/
*Ledge* § 81a Rn. 12, jew. für eine Unterrichtung der für den Tatort zuständigen Behörde). Die
sachliche Zuständigkeit der Staatsanwaltschaft bestimmt sich allgemein nach §§ 142 ff. GVG,
die örtliche Zuständigkeit nach § 143 GVG i.V.m. §§ 7 ff. StPO, Nr. 2 Abs. 1 RiStBV; für
(Wirtschafts-) Straftaten im Gesundheitswesen bestehen verschiedentlich bezirksübergreifende
Zuständigkeitskonzentrationen nach § 143 Abs. 4 GVG.
- Trotz fehlender näherer gesetzlicher Konkretisierung kann aus dem Zweck der Unterrichtung   19e
(s. Rdn. 17) gefolgert werden, dass der Vorstand seine Pflicht **in inhaltlicher Hinsicht** erfüllt,

wenn der Staatsanwaltschaft sämtliche Informationen zur Kenntnis gebracht werden, die sie in die Lage versetzen, über das (Nicht-) Vorliegen eines Anfangsverdachts und somit über die Einleitung eines strafrechtlichen Ermittlungsverfahrens zu urteilen. Die Unterrichtung darf nach Maßgabe von § 69 Abs. 1 Nr. 1 SGB X i.V.m. § 81a SGB V auch personenbezogene Daten enthalten (s.a. *Kerber* in: Lindemann/Ratzel, S. 70, 86 Fn. 104; *Mühlhausen* in: Lindemann/Ratzel, S. 91, 96; *Steinhilper* ZMGR 2010, 152, 155 Fn. 48, die jew. auch noch § 69 Abs. 1 Nr. 2 SGB X zitieren). Eine bestimmte **Form** der Unterrichtung ist nicht vorgeschrieben, sodass sie telefonisch, schriftlich oder auf elektronischem Wege erfolgen kann. Die Verbindung der Unterrichtung mit einer **Strafanzeige** i.S.d. § 158 Abs. 1 StPO ist nicht erforderlich (klarstellend *Mühlhausen* in: Lindemann/Ratzel, S. 91, 95); wird in ihr das Begehren artikuliert, gegen die dort bezeichnete Person die Strafverfolgung zu veranlassen, löst dies die Bescheidungs- und ggf. Belehrungspflicht nach § 171 StPO aus (HK-GS/*Pflieger/Ambos* § 158 StPO Rn. 2).

### IV. Prüfungstätigkeit der Einrichtung nach erfolgter Unterrichtung

20 Nach Unterrichtung der Staatsanwaltschaft ist es der Einrichtung unbenommen, ihre Prüfungstätigkeit fortzusetzen (zum möglichen Strafbarkeitsrisiko wegen Strafvereitelung durch Kontaktaufnahme mit einer von der Unterrichtung betroffenen Person s. Rdn. 7d). Zu den weiteren Möglichkeiten von Unterrichtungen anderer Institutionen s. Rdn. 8 ff.

### V. Ausblick auf die Tätigkeit der Staatsanwaltschaft

21 Nach Eingang der Unterrichtung bei der Staatsanwaltschaft erfolgt die Prüfung der Zuständigkeit (was die Frage des richtigen Adressaten der Unterrichtung in der Sache löst, da bei Unzuständigkeit an die entsprechende Staatsanwaltschaft abgegeben wird) sowie des Vorliegens eines Anfangsverdachts in eigener Verantwortung (klarstellend etwa Becker/Kingreen/*Scholz* § 81a Rn. 3; *Reichel* Die Polizei 2006, 20, 22; *Steinhilper* ZMGR 2010, 152, 155). Bei Bejahung eines Anfangsverdachts leitet die Staatsanwaltschaft ein **strafrechtliches Ermittlungsverfahren** ein (§ 152 Abs. 2 StPO; zur Bestätigung des Eingangs der Anzeige s. Nr. 9 RiStBV), in dessen Rahmen sie eigenverantwortlich über die Maßnahmen zur Aufklärung der Straftat entscheidet (sog. Grundsatz der freien Gestaltung des Ermittlungsverfahrens, s. nur HK-GS/*Pflieger/Ambos* § 161 StPO Rn. 1). Nach Maßgabe von § 171 StPO wird die anzeigeerstattende Körperschaft im Fall einer Nichteinleitung oder (späteren) Einstellung des Ermittlungsverfahrens informiert (und ggf. belehrt). Zu den Rechten des Verletzten im Strafverfahren s. das fünfte Buch der StPO, im vorliegenden Kontext insb. §§ 406d ff. StPO, zur diesbzgl. Hinweispflicht § 406i StPO.

### VI. Folgen bei Verletzung der Unterrichtungspflicht

#### 1. Folgen einer Amtspflichtverletzung durch den Vorstand

22 Verletzt der Vorstand die Unterrichtungspflicht durch ein Unterlassen oder eine nicht rechtzeitige Vornahme der Unterrichtung, kann dies grds. eine **Amtspflichtverletzung** darstellen. Als Reaktionsmöglichkeit kommt der Vertreterversammlung jedoch – wie für jegliche Verwaltungstätigkeit des Vorstands – kein Weisungsrecht in einzelnen Angelegenheiten zu (etwa Becker/Kingreen/*Scholz* § 79 Rn. 4: Beratung des Vorstandes möglich). Auf die allgemeinen Vorschriften über die Amtsentbindung/-enthebung eines Mitglieds des Vorstands in § 79 Abs. 6 Satz 1 SGB V i.V.m. § 35a Abs. 7, § 59 Abs. 2 und 3 SGB IV sowie die Haftung des Vorstandes in § 79 Abs. 6 Satz 1 SGB V i.V.m. § 42 Abs. 1 bis 3 SGB IV sei hingewiesen.

#### 2. Strafbarkeitsrisiken nach § 258 Abs. 1 und § 258a StGB

23 Das Risiko einer **Strafbarkeit nach § 258 Abs. 1 StGB** (Strafvereitelung in Form der Verfolgungsvereitelung) infolge der Schaffung der gesetzlichen Unterrichtungspflicht findet sich bereits in der amtlichen Begründung benannt (s. BT-Drs. 15/1525 S. 99) und wird – hierauf bezugnehmend – im Schrifttum jedenfalls in allgemeiner Form anerkannt. Den Tatbestand verwirklicht, wer absichtlich

oder wissentlich ganz oder zum Teil vereitelt, dass ein anderer dem Strafgesetz gemäß wegen einer rechtswidrigen Tat bestraft wird (Alt. 1). In **objektiver Hinsicht** bedarf es der Herbeiführung eines Vereitelungserfolges bezogen auf eine bereits begangene Vortat eines anderen, deren Voraussetzungen für eine Bestrafung sämtlich erfüllt sein müssen (statt aller *Fischer* § 258 StGB Rn. 5). Unerheblich ist, ob wegen der Vortat bereits ein Strafverfahren eingeleitet worden ist (BGH v. 19.05.1999 – 2 StR 86/99 – BGHSt 45, 97, 103). Ebenso wie durch aktives Tun (zum möglichen Strafbarkeitsrisiko wegen Strafvereitelung durch Informierung einer Person, die möglicherweise ein Fehlverhalten mit strafrechtlicher Relevanz begangen hat, s. Rdn. 7) kann nach allg. Grundsätzen der Tatbestand auch durch Unterlassen verwirklicht werden. Gemäß § 13 Abs. 1 StGB bedarf es einer Garantenstellung, einer Erfolgsabwendungspflicht, die sich gerade auf das geschützte Rechtsgut des § 258 StGB – die inländische Strafrechtspflege – beziehen muss, mithin einer Pflichtenstellung, an der Strafverfolgung mitzuwirken, also in irgendeiner Weise dafür zu sorgen oder dazu beizutragen, dass Straftäter ihrer Bestrafung zugeführt werden (BGH Urt. v. 30.04.1997 – 2 StR 670/96 – BGHSt 43, 82, 84 f.). Nach dem Normzweck der Unterrichtungspflicht (s. Rdn. 17) kann daher eine Garantenstellung im Rahmen des § 258 StGB bejaht werden (ebenso AnwK-StGB/*Tsambikakis* § 258 StGB Rn. 16; *Ellbogen* MedR 2006, 457, 461; *Hellmann/Herffs* Rn. 472; Lackner/Kühl/*Kühl* § 258 StGB Rn. 7a; *Mahnkopf* NZWiSt 2012, Heft 3, S. V; Matt/Renzikowski/*Dietmeier* § 258 StGB Rn. 21; NK-StGB/*Altenhain* § 258 Rn. 44; Schönke/Schröder/*Stree/Hecker* § 258 StGB Rn. 17; a.A. MüKo-StGB/*Cramer* § 258 StGB Rn. 17 Fn. 112: bloße Sollvorschrift [dazu aber Rdn. 19]; ebenso a.A. aufgrund der abweichenden Interpretation des Normzwecks: GJW/*Bülte* § 258 StGB Rn. 39; *Dannecker/Bülte* NZWiSt 2012, 1, 8; zust. Becker/Kingreen/*Scholz* § 81a Rn. 3; tendenziell folgend *Fischer* § 258 StGB Rn. 11). Hinsichtlich der Inhaber der Garantenstellung kommt der ihr zu Grunde liegenden sozialrechtlichen Pflicht eine begründende wie begrenzende Funktion zu: Ist Adressat der Unterrichtungspflicht die Körperschaft, und folglich der Vorstand als ihr Organ und gesetzlicher Vertreter (s. Rdn. 19), kommt ihm auch auf der strafrechtlichen Ebene die Garantenstellung zu (§ 14 StGB findet auf unechte Unterlassungsdelikte keine Anwendung, h.M. s. etwa Schönke/Schröder/*Perron* § 14 StGB Rn. 6 m.w.N.), nicht dagegen auch den Beschäftigten der Einrichtung selbst (a.A. Hellmann/Herffs Rn. 472; LPK-SGB-V/*Ledge* § 81a Rn. 15; *Ellbogen* MedR 2006, 457, 461; *Giring* E. Müller-FS 2008, 199, 212). Erfolgt keine oder keine den inhaltlichen Anforderungen entsprechende oder keine unverzügliche Unterrichtung – trotz Vorliegens aller Voraussetzungen des Abs. 4 – muss diese Tathandlung den Eintritt des Taterfolges herbeiführen. Ganz Vereiteln bedeutet sowohl die endgültige Verhinderung der Bestrafung als auch eine Verzögerung der Ahndung für eine geraume Zeit (h.M., BGH Urt. v. 19.05.1999 – 2 StR 86/99 – BGHSt 45, 97, 100; *Fischer* § 258 StGB Rn. 8 m.w.N. auch zur Gegenansicht; der Zeitraum wird uneinheitlich bemessen: OLG Stuttgart Urt. v. 17.05.1976 – 3 Ss [3] 674/75, NJW 1976, 2084 [Ls]: etwa 10 Tage; Wessels/Hettinger/*Engländer* Strafrecht BT 1 Rn. 727: min. 2 Wochen; SSW/*Jahn* § 258 StGB Rn. 15 m.w.N. [orientiert an § 229 StPO]: 3 Wochen [wohl h.L.]; BGH Urt. v. 21.12.1994 – 2 StR 455/94, wistra 1995, 143: Umstände des Einzelfalles maßgeblich; ebenso *Ellbogen* MedR 2006, 457, 460; *Frank* Schlüchter-GS, 2002, 275, 277 f.); eine bloße Verzögerung der Ermittlungen ist dagegen nicht ausreichend (statt aller Schönke/Schröder/*Stree/Hecker* § 258 StGB Rn. 11). Der Nachweis der Kausalität, also die Feststellung, dass mit an Sicherheit grenzender Wahrscheinlichkeit die Bestrafung ohne die Tathandlung zeitlich früher erfolgt wäre, ist mit Blick auf die Komplexität und Vielfältigkeit der Arbeits- und Entscheidungsprozesse eines Strafverfahrens nur schwer zu führen, sodass – in dubio pro reo – oftmals nur eine Versuchsstrafbarkeit (§§ 23 Abs. 1, 12 Abs. 2 StGB i.V.m. § 258 Abs. 4 StGB) in Betracht kommt (statt aller Schönke/Schröder/*Stree/Hecker* § 258 StGB Rn. 18). Der **subjektive Tatbestand** von § 258 Abs. 1 StGB lässt Eventualvorsatz bezogen auf die Vortat ausreichen (allg.M., etwa HK-GS/*Pflieger/Momsen* § 258 StGB Rn. 18), im Übrigen muss die Strafvereitelung dagegen »absichtlich oder wissentlich« (= dolus directus 1. oder 2. Grades) erfolgen. Da nach den allg. Grundsätzen zum unechten Unterlassungsdelikt auch die Umstände für die Begründung der Garantenstellung Bezugsgegenstand des Vorsatzes bilden (allg. HK-GS/*Tag* § 13 StGB Rn. 26), gelten auch insoweit diese erhöhten Anforderungen zur subjektiven Tatseite. Insbesondere hierauf bezogen wird der Nachweis mit Blick auf die unbestimmten Rechtsbegriffe des Abs. 4 nur im begrenzten Maße geführt werden können.

24 Eine **Strafbarkeit nach dem Qualifikationstatstand des § 258a StGB** (Strafvereitelung im Amt) setzt voraus, dass der Täter in den Fällen des § 258 StGB als Amtsträger zur Mitwirkung bei dem Strafverfahren berufen ist. Unter den Voraussetzungen der Legaldefinition des § 11 Abs. 1 Nr. 2 Buchst. c StGB kann der Vorstand der Kassen(zahn)ärztlichen Vereinigung und Kassen(zahn)ärztlichen Bundesvereinigung – ein (bestelltes) Organ einer Behörde, welches Aufgaben der öffentlichen Verwaltung wahrnimmt (s. § 75) – als **Amtsträger** im strafrechtlichen Sinne qualifiziert werden (vgl. BGH Urt. v. 28.10.2004 – 3 StR 460/03, NStZ 2005, 214: Vorstand einer Betriebskrankenkasse; Lackner/Kühl/*Heger* § 11 StGB Rn. 9; Schönke/Schröder/*Eser/Hecker* § 11 StGB Rn. 21; a.A. *Rust/Wostry* MedR 2009, 319 ff.). Jedoch bedeutet ein »Berufen-Sein« zur Mitwirkung bei dem Strafverfahren (welches noch nicht eingeleitet sein muss, BGH Urt. v. 13.03.1980 – 4 StR 42/80, MDR/H 1980, 629, 630 zu § 343 StGB a.F.) ein verantwortliches Einflussnehmenkönnen auf den Verlauf des Verfahrens (LK/*T. Walter* § 258a StGB Rn. 5 m.w.N.). Die Unterrichtungspflicht, deren Zweck in einer effektiveren Ahndung strafrechtlichen Fehlverhaltens mithilfe der potenziell Geschädigten liegt (s. Rdn. 1), lässt die Körperschaft jedoch nicht selbst zur Strafverfolgungsbehörde werden. Auch aufgrund der nachfolgenden eigenständigen Prüfung und Entscheidung über die Eröffnung eines strafrechtlichen Ermittlungsverfahren durch die Staatsanwaltschaft (s. Rdn. 21) fehlte es bei der Körperschaft an einer unmittelbaren Mitwirkung (treffend: LK/*T. Walter* § 258a StGB Rn. 6: Anzeigepflichten sind keine Mitwirkungspflichten; ebenso *Bülte* NStZ 2009, 57, 61 zum vergleichbaren § 116 AO; ferner abl. *Giring* E. Müller-FS 2008, 199, 212; *Mahnkopf* MedR 2006, 647; *Steinhilper* ZMGR 2010, 152, 155 Fn. 43; a.A. NK-StGB/*Altenhain* § 258a Rn. 4). Infolge der **fehlenden Täterqualität** findet diese Vorschrift keine Anwendung.

### 3. Strafbarkeitsrisiken nach § 164, § 186 und § 187 StGB

25 Im gleichen Maße wie bei einer jeden Strafanzeige, deren Verdachtsmomente durch die nachfolgenden strafprozessualen Ermittlungen entkräftet werden, ist bei einer Unterrichtung an die Staatsanwaltschaft das Risiko einer Bestrafung nach den § 164 StGB (Falsche Verdächtigung), § 186 StGB (Üble Nachrede) und § 187 StGB (Verleumdung) zu bewerten: Entsprechen die vom Vorstand vorgebrachten **Tatsachen objektiv der Wahrheit**, wird der objektive Tatbestand von § 164 Abs. 1 StGB sowie § 187 StGB, bei § 186 StGB die objektive Bedingung der Strafbarkeit (»wenn nicht diese Tatsache erweislich wahr ist«) nicht verwirklicht (ebenso LPK-SGB-V/*Ledge* § 81a Rn. 15 a. E.). Enthält die Unterrichtung **unwahre Tatsachen** setzen § 164 Abs. 1 StGB sowie § 187 StGB im subjektiven Tatbestand bezogen auf dieses Merkmal ein Handeln »wider besseres Wissen« (= dolus directus 2. Grades) voraus, was dem Vorstand grds. nicht nachweisbar sein dürfte. Bei tatbestandlicher Verwirklichung von § 186 StGB kann der Rechtfertigungsgrund des § 193 StGB [Wahrnehmung berechtigter Interessen] Anwendung finden (bzgl. § 187 StGB str., s. HK-GS/*Schneider* § 187 StGB Rn. 5 m.w.N.).

## G. Berichtspflichten (Abs. 5)

### I. Berichtspflicht gegenüber der Vertreterversammlung

26 Nach **Abs. 5 Satz 1** obliegt dem Vorstand der Kassen(zahn)ärztlichen Vereinigung und Kassen(zahn)ärztlichen Bundesvereinigung die spezifische Pflicht, der Vertreterversammlung als Selbstverwaltungsorgan im Abstand von 2 Jahren (erstmals bis zum 31.12.2005; diese Frist für die erstmalige Berichtspflicht ist infolge redaktioneller Neufassung durch das GKV-VStG m.W.v. 01.01.2012 [G v. 22.12.2011, BGBl. I S. 2983] entfallen) über die Arbeit und Ergebnisse der Einrichtung zu berichten (zu den allg. Berichtspflichten des Vorstands s. § 79 Abs. 6 Satz 1 SGB V i.V.m. § 35a Abs. 2 SGB IV). Diese periodischen Berichte sollen Transparenz (innerhalb der Körperschaft) schaffen und Selbstreinigungskräfte fördern (BT-Drs. 15/1525 S. 99), womit insbesondere die verpflichtende

Überwachungstätigkeit der Vertreterversammlung im Hinblick auf die sich aus § 81a ergebenden Aufgaben des Vorstands in den Blick genommen wird (vgl. § 79 Abs. 3 Satz 1 Nr. 2).

Im Anschluss an die im Schrifttum formulierte Kritik (mit Blick auf die geringe Aussagekraft einer vergleichenden Auswertung durch die Aufsichtsbehörden etwa *Köhler* VerwArch 2009, 391, 427; *Schrodi* ZMGR 2010, 66, 68; *Steinhilper* ZMGR 2010, 152, 156) hinsichtlich des Fehlens einer inhaltlichen Konkretisierung der Berichtspflicht sind durch das Gesetz zur Bekämpfung von Korruption im Gesundheitswesen (G v. 30.05.2016, BGBl. I S. 1254, m.W.v. 04.06.2016) in **Abs. 5 Satz 2** nähere Vorgaben an den schriftlich zu verfassenden (arg. e Abs. 5 Satz 3) Bericht aufgenommen worden. Bei Verletzung der Berichtspflicht gelten die allgemeinen Vorschriften nach § 79 Abs. 6 Satz 1. 26a

### II. Berichtspflicht gegenüber der Aufsichtsbehörde

Nach **Abs. 5 Satz 3 Hs. 1** ist der Vorstand (vgl. § 79 Abs. 5) verpflichtet, seinen Bericht der nach § 78 Abs. 1 jeweils für die Kassen(zahn)ärztliche Vereinigung oder Kassen(zahn)ärztliche Bundesvereinigung zuständigen Aufsichtsbehörde zuzuleiten, wodurch wiederum Transparenz (im Verhältnis zur Staatsaufsicht) geschaffen und Selbstreinigungskräfte gefördert werden sollen (BT-Drs. 15/1525 S. 99), was durch die Ausübung der Rechtsaufsicht (s. § 78 Abs. 3 Satz 1) erreicht werden kann (bei Verletzung der Berichtspflicht findet die allgemeine Vorschrift über die Aufsichtsmittel nach § 89 SGB IV Anwendung), die nach allg. Grundsätzen keine verpflichtenden inhaltlichen oder organisatorischen Vorgaben für die beaufsichtigte Körperschaft umfasst. Für eine detailliertere Prüfung von einzelnen, im Bericht allgemein dargestellten Vorgängen kann sich die Aufsichtsbehörde nach § 78 Abs. 3 Satz 2 SGB V i.V.m. § 88 Abs. 2 SGB IV aufgrund pflichtgemäßer Prüfung sämtliche Unterlagen vorlegen und alle Auskünfte von der Körperschaft erteilen lassen, was auch die Übermittlung von Sozialdaten zulässt (Krauskopf/*Baier* § 88 SGB IV Rn. 19). 27

### III. Berichtspflicht gegenüber der Kassen(zahn)ärztlichen Bundesvereinigung

Nach **Abs. 5 Satz 3 Hs. 2** ist der Vorstand der kassen(zahn)ärztlichen Vereinigung durch das Gesetz zur Bekämpfung von Korruption im Gesundheitswesen (G v. 30.05.2016, BGBl. I S. 1254, m.W.v. 04.06.2016) des Weiteren verpflichtet, seinen Bericht der Kassen(zahn)ärztlichen Bundesvereinigung zuzuleiten. Dies dient der dortigen Aufgabenerfüllung nach Abs. 6 Satz 3. 28

## H. Bestimmungen der Kassen(zahn)ärztlichen Bundesvereinigung (Abs. 6 Satz 1 und 2)

Um eine Tätigkeit der Einrichtungen nach vergleichbaren Maßstäben zu gewährleisten (BT-Drs. 18/6446 S. 25) war die Vertreterversammlung (vgl. § 79 Abs. 3) der Kassen(zahn)ärztlichen Bundesvereinigung nach **Abs. 6 Satz 1** durch das Gesetz zur Bekämpfung von Korruption im Gesundheitswesen (G v. 30.05.2016, BGBl. I S. 1254, m.W.v. 04.06.2016) verpflichtet, bis zum 01.01.2017 nähere **Bestimmungen** zur Umsetzung und Durchführung der gesetzlichen Vorgaben nach Abs. 1–5 zu erlassen. Nach **Abs. 6 Satz 2** hat der Vorstand (§ 79 Abs. 5) die Bestimmungen dem Bundesministerium für Gesundheit vorzulegen. Die Selbstverwaltungsregelungen finden sich auf den Homepages der Kassen(zahn)ärztlichen Bundesvereinigung. 29

## I. Transparenzpflicht der Kassen(zahn)ärztlichen Bundesvereinigung (Abs. 6 Satz 3)

Durch das Gesetz zur Bekämpfung von Korruption im Gesundheitswesen (G v. 30.05.2016, BGBl. I S. 1254, m.W.v. 04.06.2016) ist die Kassen(zahn)ärztliche Bundesvereinigung verpflichtet, die von den Kassen(zahn)ärztlichen Vereinigungen nach Abs. 5 Satz 3 Hs. 2 zugeleiteten Berichte zusammenzuführen und diese Zusammenschau mit der korrespondierenden Datensammlung des GKV-Spitzenverbandes abzugleichen. Im Anschluss hat die Kassen(zahn)ärztliche Bundesvereinigung ihren zusammenfassenden Bericht im Internet zu veröffentlichen, um Transparenz über die Arbeit und Ergebnisse der Einrichtungen auf Landesebene herzustellen (BT-Drs. 18/6446 S. 25). 30

## § 107 Krankenhäuser, Vorsorge- oder Rehabilitationseinrichtungen

(1) Krankenhäuser im Sinne dieses Gesetzbuchs sind Einrichtungen, die
1. der Krankenhausbehandlung oder Geburtshilfe dienen,
2. fachlich-medizinisch unter ständiger ärztlicher Leitung stehen, über ausreichende, ihrem Versorgungsauftrag entsprechende diagnostische und therapeutische Möglichkeiten verfügen und nach wissenschaftlich anerkannten Methoden arbeiten,
3. mit Hilfe von jederzeit verfügbarem ärztlichem, Pflege-, Funktions- und medizinisch-technischem Personal darauf eingerichtet sind, vorwiegend durch ärztliche und pflegerische Hilfeleistung Krankheiten der Patienten zu erkennen, zu heilen, ihre Verschlimmerung zu verhüten, Krankheitsbeschwerden zu lindern oder Geburtshilfe zu leisten,

und in denen
4. die Patienten untergebracht und verpflegt werden können.

(2) Vorsorge- oder Rehabilitationseinrichtungen im Sinne dieses Gesetzbuchs sind Einrichtungen, die
1. der stationären Behandlung der Patienten dienen, um
   a) eine Schwächung der Gesundheit, die in absehbarer Zeit voraussichtlich zu einer Krankheit führen würde, zu beseitigen oder einer Gefährdung der gesundheitlichen Entwicklung eines Kindes entgegenzuwirken (Vorsorge) oder
   b) eine Krankheit zu heilen, ihre Verschlimmerung zu verhüten oder Krankheitsbeschwerden zu lindern oder im Anschluss an Krankenhausbehandlung den dabei erzielten Behandlungserfolg zu sichern oder zu festigen, auch mit dem Ziel, eine drohende Behinderung oder Pflegebedürftigkeit abzuwenden, zu beseitigen, zu mindern, auszugleichen, ihre Verschlimmerung zu verhüten oder ihre Folgen zu mildern (Rehabilitation), wobei Leistungen der aktivierenden Pflege nicht von den Krankenkassen übernommen werden dürfen,
2. fachlich-medizinisch unter ständiger ärztlicher Verantwortung und unter Mitwirkung von besonders geschultem Personal darauf eingerichtet sind, den Gesundheitszustand der Patienten nach einem ärztlichen Behandlungsplan vorwiegend durch Anwendung von Heilmitteln einschließlich Krankengymnastik, Bewegungstherapie, Sprachtherapie oder Arbeits- und Beschäftigungstherapie, ferner durch andere geeignete Hilfen, auch durch geistige und seelische Einwirkungen, zu verbessern und den Patienten bei der Entwicklung eigener Abwehr- und Heilungskräfte zu helfen,

und in denen
3. die Patienten untergebracht und verpflegt werden können.

### Übersicht

| | Rdn. | | Rdn. |
|---|---|---|---|
| A. Allgemeines | 1 | I. Legaldefinition | 11 |
| I. Zweigleisiges Versorgungssystem | 1 | 1. Aufgabenstellung | 12 |
| II. Normzweck | 4 | 2. Fachliche und organisatorische Anforderungen | 14 |
| B. Krankenhausbegriff des SGB V | 5 | | |
| I. Legaldefinition | 5 | II. Abgrenzung | 16 |
| II. Einzelfragen | 8 | 1. Aufgabenstellung | 16 |
| 1. Fachliche und Organisatorische Anforderungen | 8 | 2. Grauzonen | 17 |
| 2. Tages- und Nachtklinik | 10 | 3. Notwendigkeit eine Behandlungskonzepts | 18 |
| C. Begriff der Vorsorge- und der Rehabilitationseinrichtung | 11 | 4. Versorgungseinrichtung unter einem Dach | 19 |

## A. Allgemeines

### I. Zweigleisiges Versorgungssystem

1 Mit den durch das GRG (1989) eingefügten Bestimmungen der §§ 107 ff. wurde das System der Krankenhausversorgung nicht grundlegend verändert, sondern lediglich Weichenstellungen vorgenommen (Quaas/Zuck/Clemens/*Quaas*, Medizinrecht, § 27 Rn. 2 ff.; s.a. *Rüfner*

NJW 1989, 1001 ff.; *Genzel* BayVBl. 1989, 481 ff.). Insoweit gehörte es zu den Zielen des Reformgesetzes, das Recht der gesetzlichen Krankenversicherung besser als zuvor mit dem Recht der Krankenhausfinanzierung zu verknüpfen und die Rechtsgebiete mit- und untereinander abzustimmen. Die Zusammenhänge und Wechselbeziehungen zwischen Krankenhausfinanzierung, Krankenhausplanung und Zulassung von Krankenhäusern zur stationären Behandlung von sozialversicherten Patienten sollen dadurch eindeutig bestimmt werden. Dies kommt in den vertragsrechtlichen Bestimmungen der §§ 107 ff. u.a. darin zum Ausdruck, dass eine stationäre Leistungserbringung zulasten der gesetzlichen Krankenversicherung nur in den Einrichtungen zugelassen ist, mit denen ein Versorgungsvertrag besteht (vgl. § 108 Abs. 1 einerseits – Krankenhäuser – und § 111 Abs. 1 andererseits – Vorsorge- und Rehabilitationseinrichtungen –).

Im Mittelpunkt der gesetzlichen Regelung steht das zweigleisige Versorgungssystem durch Krankenhäuser und Vorsorge- oder Rehabilitationseinrichtungen. Dazu werden in Fortführung der Ansätze in § 2 Nr. 1 KHG Krankenhäuser erstmals für den Bereich der gesetzlichen Krankenversicherung gesetzlich definiert und von Vorsorge- und Rehabilitationseinrichtung abgegrenzt (vgl. § 107 Abs. 1 Satz 2). 2

Das ist erforderlich, weil beide Arten von Einrichtungen hinsichtlich ihrer Zulassung zur stationären Versorgung der Versicherten als auch bezüglich ihrer Finanzierung und der Vergütung ihrer Leistungen unterschiedlichen Regelungen folgen: 3
1) Die Krankenhäuser werden entsprechend dem früheren Recht (§ 371 RVO a.F.) teils unmittelbar durch Gesetz (Hochschulkliniken, Plankrankenhäuser), teils durch Vertrag mit den Landesverbänden der Krankenkassen zur stationären Krankenhausbehandlung zugelassen (§§ 108 bis 110). Ihre Finanzierung und die Vergütung ihrer Leistungen richten sich nach dem KHG, der BPflV und dem KHEntgG.
2) Die Vorsorge- und Rehabilitationseinrichtungen entsprechen weitgehend den bisherigen Kur- und Spezialeinrichtungen nach § 184a RVO a.F. Sie werden erstmals in ein vertragliches Zulassungssystem einbezogen (§ 111), bleiben aber weiterhin von der staatlichen Krankenhausplanung ausgenommen. Die Vergütung ihrer Leistungen wird zwischen dem Träger der Einrichtung und den Krankenkassen (außerhalb der Regeln des KHG) frei vereinbart.

## II. Normzweck

In § 107 werden für die GKV die Begriffe »Krankenhäuser« und »Vorsorge- oder Rehabilitationseinrichtungen« legal definiert. Wie die Klammerzusätze zeigen, handelt es sich – streng genommen – um fünf Begriffsdefinitionen für (1.) »Krankenhäuser«, (2.) »Vorsorgeeinrichtungen«, (3.) »Rehabilitationseinrichtungen«, (4.) »Vorsorge« und (5.) »Rehabilitation«. Der Zweck und die Bedeutung der Regelung des § 107 liegen somit darin, das Krankenhaus von anderen Versorgungsbereichen, insbesondere dem ambulanten Bereich und gegenüber Vorsorge- und Rehabilitationseinrichtungen (§ 107 Abs. 2) abzugrenzen (BSG GesR 2009, 487). Von dieser Regelungskonzeption her erfasst § 107 in Abgrenzung zur ausschließlich ambulanten Versorgung alle Arten von Einrichtungen, die nicht lediglich ambulant arbeiten, mithin sowohl voll- als auch teilstationär behandelnde Einrichtungen. Innerhalb der stationär behandelnden Einrichtungen werden die Krankenhäuser i.S.d. § 107 Abs. 1 abgegrenzt von den Vorsorge- und Rehabilitationseinrichtungen. Alle Einrichtungen, die Krankenhausbehandlungen i.S.d. § 39 Abs. 1 durchführen, sind Krankenhäuser gem. § 107 Abs. 1 (BSGGesR 2009, 487). 4

## B. Krankenhausbegriff des SGB V

### I. Legaldefinition

Der Krankenhausbegriff des SGB V knüpft an die Legaldefinition des Krankenhauses i.S.d. § 2 Nr. 1 KHG an, wonach Krankenhäuser Einrichtungen sind, in denen durch ärztliche und pflegerische Hilfeleistung Krankheit, Leiden, Körperschäden festgestellt, geheilt oder gelindert werden sollen oder Geburtshilfe geleistet wird und in denen die zu versorgenden Personen untergebracht und verpflegt werden können (dazu Quaas/Zuck/*Quaas*, Medizinrecht, § 25 Rn. 35 ff.). 5

6 Die Legaldefinition des § 2 Nr. 1 KHG ist sehr weit. Sie schließt insbesondere auch Einrichtungen der Vorsorge- und Rehabilitation sowie Kurkrankenhäuser sein, die nach der Begriffsdefinition des SGB V keine Krankenhäuser sind. Davon ausgehend, konkretisiert § 107 Abs. 1 das Krankenhaus durch Merkmale, die es von den in Abs. 2 genannten Vorsorge- und Rehabilitationseinrichtungen unterscheiden. Im Einzelnen muss ein Krankenhaus, um der Legaldefinition des § 107 Abs. 1 zu genügen, fünf Merkmale erfüllen nämlich
1) ständige fachlich-medizinische ärztliche Leitung,
2) dem Versorgungsauftrag entsprechende diagnostische und therapeutische Möglichkeiten,
3) Arbeiten nach wissenschaftlich anerkannten Methoden
4) jederzeit verfügbares Pflege-, Funktions- sowie medizinisch-technisches Personal und
5) Unterbringungs- und Verpflegungsmöglichkeiten.

7 Allen Merkmalen gemeinsam ist, dass sich Krankenhäuser wesentlich durch die Aufgabe definieren, Krankenhausbehandlung zu erbringen (sowie der Geburtshilfe zu dienen). Damit wird auf das Leistungsrecht verwiesen. Zwischen dem Krankenhausbegriff und der Krankenhausbehandlung (§ 39) besteht eine enge Wechselbeziehung. Alle Einrichtungen, die Krankenhausbehandlungen i.S.d. § 39 Abs. 1 durchführen, sind Krankenhäuser gem. § 107 Abs. 1 (BSG GesR 2009, 487). Allerdings sind von § 39 Abs. 1 Satz 1 auch ambulante Leistungen, insbesondere ambulante Operationen (§ 115b) erfasst. Dies hebt indessen die begriffliche Unterscheidung zwischen Krankenhäusern und Einrichtungen der ambulanten Versorgung nicht auf. Vielmehr ist eine Einrichtung, die bestimmungsgemäß ausschließlich ambulante, aber keine stationären Leistungen erbringt, kein Krankenhaus (Quaas/Zuck/Clemens/*Quaas*, Medizinrecht, § 25 Rn. 38; ebenso für Dialysezentren BVerwGE 70, 201, 202). Das folgt auch aus § 107 Abs. 1 Nr. 4, wonach an einem Krankenhaus die Möglichkeit bestehen muss, Patienten unterzubringen und zu verpflegen (jurisPK-SGB V/*Wahl* § 107, Rn. 16).

## II. Einzelfragen

### 1. Fachliche und Organisatorische Anforderungen

8 Neben der Aufgabenstellung des Krankenhauses (§ 107 Abs. 1 Nr. 1) sind für die Erfüllung der Begriffsmerkmale vor allem fachliche (Nr. 2) und organisatorische (Nr. 3) Anforderungen maßgebend. Die in Nr. 2 geforderte »ständige ärztliche Leitung« verdeutlicht – in Abgrenzung zu der bei Vorsorge- und Rehabilitationseinrichtungen lediglich geforderten »ständige ärztliche Verantwortung« (§ 107 Abs. 2 Nr. 2) – die dominierende ärztliche Funktion bei der Krankenhausbehandlung. Dabei umfasst die ärztliche Leitung die Organisation der gesamten Betriebsabläufe – allerdings ausschließlich in fachlich-medizinischer Hinsicht. Unter ärztlicher Leitung muss aber auch die einzelne Behandlung stehen. Aufnahme, Dauer der Krankenhausbehandlung und Entlassung müssen einem ärztlichen Behandlungsplan folgen (jurisPK-SGB V/*Wahl* § 107 Rn. 22). Dabei ist unter Ärzten nur der approbierte Arzt oder der zur Ausübung des ärztlichen Berufs befugte Arzt (§§ 2, 2a BÄO) zu verstehen. Dazu zählen nicht die Psychologen, selbst wenn sie über eine Approbation als Psychotherapeut verfügen (jurisPK-SGB V/*Wahl* § 107 Rn. 23; a.A. *Bracher* PsySchR 2001, 74 ff.).

9 Darüber hinaus verlangt Nr. 2 eine gewisse apparative (diagnostische) und therapeutische Mindestausstattung einschließlich Personal. Art und Umfang der Ausstattung richten sich nach dem individuellen Versorgungsauftrag der betreffenden Einrichtung (dazu § 109 SGB V Rdn. 43 f.). Kein Krankenhaus i.S.d. § 107 Abs. 1 ist allerdings ein Zentrum für klinische Psychologie, wenn die Behandlung lediglich in enger Anbindung an niedergelassene Ärzte vor Ort stattfindet (LSG Niedersachsen Urt. v. 19.03.1997 – L 4 KR 183/95; Rolfs/Giesen/Kreikebohm/Udsching/*Kingreen*, Beck-OK Sozialrecht, § 107 Rn. 3). Im Übrigen ist es für den Krankenhausbegriff des § 107 Abs. 1 und die darin mitdefinierte Leistungsfähigkeit des Krankenhauses nicht entscheidend, ob das Krankenhaus seine Leistungen durch eigenes oder fremdes Personal erbringt (OVG Weimar Urt. v. 25.11.2016 – 3 KO 578/13; OVG Berlin NVwZ-RR 1998, 41; a.A. LSG Sachsen

GesR 2008, 548; s.a. *Quaas* KrV 2018, 133). Deshalb ist – krankenhausrechtlich – auch der Einsatz von »Honorarärzten« (Vertragsärzte, die im Krankenhaus als »Drittärzte« tätig werden) in der Regel unbedenklich (*Kuhla/Bedau* in: Sodan, Handbuch des Krankenversicherungsrechts, § 25 Rn. 77 ff.). Das war lange umstritten (vgl. *Quaas* GesR 2009, 459; *Seiler* NZS 2011, 410). Ab 01.01.2013 stellt § 2 Abs. 1 Satz 1 KHEntgG klar, dass zu den Krankenhausleistungen auch ärztliche Behandlungen gehören, die »durch nicht fest angestellte Ärztinnen und Ärzte« erbracht werden (dazu *Clausen* ZMGR 2012, 248). Im Übrigen müssen gem. § 107 Abs. 1 Nr. 2 Krankenhäuser fachlich-medizinisch nach wissenschaftlich anerkannten Methoden arbeiten. Einrichtungen, die ausschließlich oder überwiegend mit wissenschaftlich (noch) nicht anerkannten Methoden arbeiten, sind von der Versorgung der Versicherten ausgeschlossen (BSGE 81, 182, 187).

### 2. Tages- und Nachtklinik

Wie der Verweis auf die »Krankenhausbehandlung« in Nr. 1 zeigt, können Einrichtungen auch 10 Krankenhäuser sein, die teilstationäre und ambulante Leistungen anbieten. Handelt es sich ausschließlich um ambulante Leistungen, scheidet die Annahme eines Krankenhauses aus (s. Rdn. 7). Anders dagegen bei teilstationären Leistungen: werden sie – wie bei einer Tages- oder Nachtklinik – ausschließlich erbracht, steht dies der Annahme eines Krankenhauses i.S.d. § 107 Abs. 1 nicht entgegen (BSG GesR 2009, 487). Dies gilt erst recht, wenn die betreffende Einrichtung in den Krankenhausplan eines Landes aufgenommen worden ist. Sowohl die Tatbestandswirkung eines solchen, die Aufnahme des Krankenhauses bestätigenden Feststellungsbescheides als auch der Normzweck des § 107 Abs. 1 gebieten, eine Tages- oder Nachtklinik als Krankenhaus i.S.d. SGB V anzuerkennen (Quaas/Zuck/Clemens/*Quaas*, Medizinrecht, § 27 Rn. 33). Für den Krankenhausbegriff des § 107 Abs. 1 ist es nicht entscheidend, ob die Einrichtung in einem wesentlichen Umfang vollstationäre Leistungen erbringt (so aber jurisPK-SGB V/*Wahl* § 107 Rn. 33). Das Merkmal »jederzeit« verfügbares ärztliches und sonstiges Personal i.S.d. Nr. 3 bezieht sich auf die Betriebszeiten des Krankenhauses und verlangt keinen »Rund-um-die-Uhr-Betrieb« (Peters/*Schmidt*, Handbuch Krankenversicherung [SGB V] § 39 Rn. 55).

## C. Begriff der Vorsorge- und der Rehabilitationseinrichtung

### I. Legaldefinition

Die Legaldefinition der Vorsorge- und der Rehabilitationseinrichtung folgt der gleichen Struktur 11 wie die Begriffsbestimmung des Krankenhauses in Abs. 1: Entscheidend ist zunächst die Aufgabenstellung (1.). Sodann bestimmt der Gesetzgeber die fachlichen und organisatorischen Anforderungen (2.). Den stationären Charakter der Einrichtung unterstreicht die auch hier geforderte Unterbringung und Verpflegung (3.).

### 1. Aufgabenstellung

Vorsorge- und Rehabilitationseinrichtungen unterscheiden sich untereinander und gegenüber dem 12 Krankenhaus durch ihre jeweilige Aufgabenstellung. Wie bei der Begriffsbestimmung des Krankenhauses ist auch insoweit das Leistungsrecht maßgebend. Aufgabe der medizinischen Vorsorge ist die Vorbeugung und Verhütung drohender Krankheiten, auch um einer Gefährdung der gesundheitlichen Entwicklung eines Kindes entgegenzuwirken. Im Unterschied zur ambulanten Vorsorge (§ 23 Abs. 1 Nr. 4) dient die stationäre Vorsorge nicht dazu, Pflegebedürftigkeit zu vermeiden. Demgegenüber ist es das Ziel der stationären medizinischen Rehabilitation, spezifischen Krankheitsfolgen vorzubeugen oder diese zu behandeln, insbesondere eine Behinderung, Pflegebedürftigkeit und chronische Krankheiten, die als solche nicht unter den Behinderungsbegriff des § 2 Abs. 1 SGB IX fallen (jurisPK-SGB V/*Wahl* § 107 Rn. 41).

Da auch die Anschlussheilbehandlung (AHB) zu den Aufgaben einer Rehaeinrichtung zählt und 13 der Gesetzgeber in § 39 Abs. 1 Satz 3 Hs. 2 frührehabilitative Leistungen der Krankenhausbehandlung zuordnet, wird deutlich, dass es eine strikte Trennung zwischen Krankenhausbehandlung und medizinischer Rehabilitation weder leistungs- noch leistungserbringungsrechtlich geben kann. Immer geht es um die – im weiteren Sinne – Behandlung von Krankheiten, allerdings in unterschiedlichen Krankheitsverläufen und Behandlungsphasen. Am Beispiel der neurologischen Versorgung lässt sich aufzeigen, dass – etwa nach einem Schlaganfall – zunächst die akutmedizinische Versorgung im Krankenhaus einsetzt, sie relativ rasch von frührehabilitativen Maßnahmen begleitet wird (Phasen A und B) und es sodann zur Sicherung und Festigung des bei der vorangehenden Krankenhausbehandlung erzielten Erfolges (AHB) darum geht, eine drohende Behinderung oder Pflegebedürftigkeit zu verhüten oder bereits eingetretene Schädigungen zu beseitigen oder zu bessern (Phasen C und D).

### 2. Fachliche und organisatorische Anforderungen

14  Die fachlich-organisatorischen Anforderungen des § 107 Abs. 2 Nr. 2 gehen auf die Rechtsprechung des BSG (zu der Vorgängerbestimmung des § 184a RVO) zurück, der sich das BVerwG angeschlossen hat (BSGE 51, 44; BVerwG NJW 1989, 2963), korrigiert sie jedoch in einem für die Praxis wichtigen Punkt: In seinem Urt. v. 27.11.1980 (BSGE 51, 44 ff.) hatte das Gericht noch die Auffassung vertreten, anders als die Krankenhauspflege nach § 184 RVO setze die Behandlung in einer Kur- und Spezialeinrichtung nach § 184a RVO nicht die intensive ärztliche Behandlung voraus. Es könne allein die psychotherapeutische Behandlung etwa bei einer akuten Medikamentenabhängigkeit ausreichend sein; eine ärztliche Anordnung oder ärztliche Letztverantwortung sei damit nicht gefordert. Im Gegensatz dazu verlangt § 107 Abs. 2 Nr. 2, dass die Behandlung – nicht die Einrichtung (BT-Drs. 11/3489 S. 60) – fachlich-medizinisch unter ständiger ärztlicher Verantwortung steht. Anders als die ärztliche Leitung bei einem Krankenhaus (s. Rdn. 8), die die Organisation der gesamten Betriebsläufe umfasst, bezieht sich die ärztliche Verantwortung auf die konkrete Behandlung des Patienten im Einzelfall. Sie muss nach Maßgabe eines vom Arzt erstellten Behandlungsplans durchgeführt und ständig von einem Arzt überwacht werden. Nicht erforderlich ist jedoch eine ständige Präsenz oder Verfügbarkeit eines Arztes (jurisPK-SGB V/*Wahl* § 107 Rn. 45). Bei Einrichtungen mit psycho- oder verhaltenstherapeutischer Ausrichtung genügt in der Regel die Delegation der psychotherapeutischen Behandlung durch den verantwortlichen Arzt, wenn dieser sich nicht völlig aus der Behandlung zurückzieht, sondern je nach Bedarf weiter beobachtend und kontrollierend tätig bleibt (Quaas/Zuck/*Quaas*, Medizinrecht, § 25 Rn. 54).

15  Die Begriffsbestimmung des § 107 Abs. 2 Nr. 2 enthält im Unterschied zu der des Abs. 1 Nr. 2 keinen Bezug auf eine Arbeit nach wissenschaftlich anerkannten Methoden. Dies ist im Hinblick auf die herabgesenkten Anforderungen an die ärztliche Präsenz und Leitung konsequent. Das BSG folgert allerdings aus der Generalnorm des § 2 Abs. 1 Satz 3, dass das von der Einrichtung verfolgte Behandlungskonzept dem jeweiligen Stand der medizinischen Erkenntnisse entsprechen muss. Dies schließe den Abschluss von Versorgungsverträgen mit solchen Einrichtungen grundsätzlich aus, die sog. Außenseitermethoden verfolgen (BSG Urt. v. 19.11.1997 – 3 RK 1/97, NZS 1998, 429). Unabhängig davon korrespondiert das Zulassungsrecht für die Leistungserbringer mit dem Leistungsanspruch der Versicherten. Der Anspruch auf Zulassung einer Einrichtung ist deshalb zu verneinen, wenn und soweit die Einrichtung Behandlungen anbietet, welche die GKV den Versicherten nicht schuldet (BSGE 81, 182, 187). Auch deshalb kommt der Abschluss eines Versorgungsvertrages mit Einrichtungen, die ausschließlich oder überwiegend mit Außenseitermethoden arbeiten, nicht in Betracht, selbst wenn es sich dabei begrifflich um Vorsorge- oder Rehabilitationseinrichtungen handeln kann (Krauskopf/*Knittel* Soziale Krankenversicherung – Pflegeversicherung, § 107 SGB V Rn. 11).

### II. Abgrenzung

#### 1. Aufgabenstellung

16  Die definitorische Abgrenzung zwischen Krankenhäusern und Vorsorge- und Rehabilitationseinrichtungen ist nach wie vor nicht eindeutig (Quaas/Zuck/*Quaas*, Medizinrecht, § 25 Rn. 58 ff.).

Es gibt eine Reihe von Überschneidungen und inhaltlichen Unschärfen. Dies zeigt sich vor allem im Bereich der Rehabilitation: die gesetzliche Unterscheidung zwischen der »Krankenhausbehandlung« nach § 107 Abs. 1 Nr. 1 und der »stationären« Behandlung nach § 107 Abs. 2 Nr. 1b trägt zur Abgrenzung wenig bei, da auch bei Rehabilitationseinrichtungen – anders als bei der Vorsorge – auf das für die Krankenhausbehandlung wesentliche Merkmal des Heilens einer Krankheit abgestellt wird (§ 107 Abs. 2 Nr. 1b) (BSG SozR 3–2500 § 107 SGB V Nr. 1). Nach der Gesetzesbegründung soll es ferner darauf ankommen, ob die Pflege in aller Regel der ärztlichen Behandlung untergeordnet (dann Krankenhaus) oder ob sie der ärztlichen Behandlung eher gleichwertig nebengeordnet ist (dann Vorsorge- oder Rehabilitationseinrichtung) (BT-Drs. 11/2237 S. 197). Diese der Rechtsprechung des BSG zu § 184a RVO entnommene Abgrenzung (BSGE 46, 41; 51, 45; 68, 17) hat indessen im Gesetz keinen Niederschlag gefunden. In § 107 Abs. 1 Nr. 2 sind die ärztliche und pflegerische Hilfeleistung ohne Angabe eines spezifischen Rangverhältnisses gleichwertige Kriterien der Krankenhausbehandlung. Auch § 107 Abs. 2 Nr. 2 enthält keine Aussage, in welchem Verhältnis ärztliche und nicht-ärztliche Behandlung einer Vorsorge- oder Rehabilitationseinrichtung stehen. Die Unterscheidung zwischen ärztlicher Leitung und ärztlicher Verantwortung betrifft eine organisatorische Frage, nicht aber die Bestimmung der überwiegenden Leistungsart (Genzel/Hanisch/*Zimmer*, Krankenhausfinanzierung in Bayern, Erl. 13b zu § 107). Dem Krankenhaus und der Rehabilitationseinrichtung ist gemeinsam, dass in ihnen Patienten stationär versorgt werden, um deren Krankheiten zu heilen, ihre Verschlimmerung zu verhüten oder Krankheitsbeschwerden zu lindern. Die Einrichtungen unterscheiden sich aber in dem Behandlungsschwerpunkt und in den Methoden, mit denen die von beiden verfolgten Ziele – Heilung der Krankheit, Verhütung ihrer Verschlimmerung oder Linderung der Krankheitsbeschwerden – erreicht werden sollen (VGH Baden-Württemberg MedR 2003, 107 mit Anm. *Quaas*). Die Rehabilitationseinrichtung ist darauf eingerichtet, den Gesundheitszustand des Patienten nach einem ärztlichen Behandlungsplan vorwiegend durch Anwendung von Heilmitteln einschließlich Krankengymnastik und Bewegungstherapie zu verbessern. Hierbei ist die pflegerische Betreuung des Patienten der ärztlichen Behandlung eher gleichwertig nebengeordnet. Krankenhäuser dagegen müssen dafür eingerichtet sein, das gleiche Ziel vorwiegend durch ärztliche und pflegerische Hilfeleistung zu erreichen. Darüber hinaus müssen Krankenhäuser über ausreichende diagnostische Möglichkeiten verfügen. Dies ist bei Rehabilitationseinrichtungen so nicht erforderlich; dafür haben diese zusätzlich eine besondere »rehabilitative Zielrichtung«, indem sie Patienten bei der Entwicklung eigener Abwehr- und Heilungskräfte helfen sollen, hauptsächlich durch Anwendung von Heilmitteln, ferner durch »andere geeignete Hilfen« (§ 107 Abs. 2 Nr. 2).

## 2. Grauzonen

Der insbesondere durch die Definition der Vorsorge- und Rehabilitationseinrichtung unternommene Versuch einer Abgrenzung von der des Krankenhauses überzeugt nicht. Als gesetzliches Abgrenzungskriterium verbleibt im Wesentlichen nur der Unterschied in der Art der Behandlung und dem Schwerpunkt der angewandten Methode: bei Vorsorge- und Rehabilitationseinrichtungen steht die Anwendung von Heilmitteln im Vordergrund (»vorwiegend«), während die Krankenhausbehandlung durch ärztliche und pflegerische Hilfeleistung erfolgt. Ob eine Einrichtung dem Anwendungsbereich des § 107 Abs. 1 oder Abs. 2 unterfällt, wird sich letztlich nur im jeweiligen Einzelfall anhand der gesetzlichen Entscheidungskriterien unter Beachtung der Rechtsprechung des BSG klären lassen. In der Praxis stellt sich das Abgrenzungsproblem vor allem bei Einrichtungen, die in den Grenzbereichen von kurativer und rehabilitativer Versorgung tätig sind, etwa Einrichtungen für psychisch oder psychosomatisch Erkrankte (BSG NZS 1998, 129; *Quaas* MedR, 1995, 255), für die Behandlung von Geriatriepatienten (BSG SozR 3–2500, § 111 SGB V Nr. 3; *Quaas* MedR 1998, 343) und für neuartige Behandlungsangebote bei Krebserkrankungen (BSG SozR 3–2550, § 109 SGB V Nr. 5 = NZS 1998, 518). Auch bei der Behandlung psychiatrischer Erkrankungen wird es darauf ankommen, ob die Bekämpfung der Krankheit (dann Krankenhaus) oder die

17

Milderung ihrer Folgen (dann Reha-Einrichtung) im Vordergrund stand (vgl. BSG SozR 4–2500, § 112 Nr. 4; NZS 2005, 366 ff.).

### 3. Notwendigkeit eine Behandlungskonzepts

18  Eine pauschale »Zulassung« einer Einrichtung nach §§ 108 Nr. 3, 109 oder § 111 ist nach der Rechtsprechung des BSG unzulässig. Es ist ggf. Aufgabe der Sozialgerichte zu prüfen, ob und auf welcher Rechtsgrundlage der mit der Klage verfolgter Anspruch begründet ist. Grundlage der Zuordnung ist das Behandlungskonzept, das der Einrichtungsbetreiber dem Abschluss des Versorgungsvertrages zu Grunde legt. Dieses Konzept muss die Art der zu behandelnden Erkrankungen, die vorgesehene Therapie sowie die personelle und sachliche Ausstattung der Einrichtung erkennen lassen, um eine zutreffende rechtliche Einordnung zu ermöglichen (grundlegend BSGE 81, 189; SozR 3/2500 § 111 SGB V Nr. 3). Das BSG betont, dass die Abgrenzung auch danach noch im Einzelfall schwierig sein kann, weil – neben der Gemeinsamkeit der Unterbringung und Verpflegung – sowohl die Krankenhausbehandlung als auch die stationäre Rehabilitation die Behandlung von Krankheiten zum Ziel hat. Lediglich hinsichtlich der Erkennung von Krankheiten auf der einen Seite (Krankenhausangelegenheit) und der Behandlung im Anschluss an eine Krankenhausbehandlung zur Sicherung des Behandlungserfolges (sog. Anschlussheilbehandlung als Rehabilitationsmaßnahme) lässt sich eine Abgrenzung relativ leicht vornehmen. Im Übrigen muss – ggf. unter Bezug auf ein vom MDK erstelltes Gutachten – als eine Maßnahme der Rechtsanwendung festgestellt werden, ob die Einrichtung der ärztlichen Behandlungskompetenz den Vorrang einräumt (dann Krankenhaus) oder die Behandlung nach einem ärztlichen Behandlungsplan in erster Linie durch nicht-ärztliches, aber besonders geschultes Personal vor allem durch Verabreichung von Heilmitteln erfolgen soll (dann Vorsorge- und Rehabilitationseinrichtung) (BSGE 81, 189).

### 4. Versorgungseinrichtung unter einem Dach

19  Eine ggf. notwendige Differenzierung schließt nicht aus, dass Vorsorge- und Rehabilitationseinrichtungen sowie Einrichtungen der Krankenhauspflege »unter einem Dach« bestehen können. Die Zulässigkeit einer solchen gemeinsamen Einrichtung ist durch die Bestimmung des § 111 Abs. 5 vorausgesetzt, welche die Umwidmung von Krankenhausabteilungen in Vorsorge- oder Rehabilitationsabteilungen erleichtern will. In einem solchen Fall sind getrennte Zulassungen für den Krankenhausbereich einerseits und den Vorsorge- und Rehabilitationsbereich andererseits erforderlich. Die Bereiche sollten auch in räumlicher Hinsicht getrennt sein (Hauck/Noftz/*Hauck/Klückmann* SGB V, K § 107 Rn. 16; KassKomm/*Hess* § 107 Rn. 6). Denkbar ist dabei ebenso, dass der Vertrag nicht die Zulassung einer gesamten Fachrichtung vorsieht, sondern sich auf bestimmte Behandlungen beschränkt.

## § 108 Zugelassene Krankenhäuser

Die Krankenkassen dürfen Krankenhausbehandlung nur durch folgende Krankenhäuser (zugelassene Krankenhäuser) erbringen lassen:
1. Krankenhäuser, die nach den landesrechtlichen Vorschriften als Hochschulklinik anerkannt sind,
2. Krankenhäuser, die in den Krankenhausplan eines Landes aufgenommen sind (Plankrankenhäuser), oder
3. Krankenhäuser, die einen Versorgungsvertrag mit den Landesverbänden der Krankenkassen und den Verbänden der Ersatzkassen abgeschlossen haben.

| Übersicht | Rdn. | | Rdn. |
|---|---|---|---|
| A. Systemtische Stellung, Normzweck | 1 | C. Zugelassene Krankenhäuser | 6 |
| I. Systematische Stellung | 1 | I. Hochschulkliniken | 7 |
| II. Normzweck | 2 | II. Plankrankenhäuser | 9 |
| B. Zulassungserfordernis | 3 | III. Vertragskrankenhäuser | 10 |

## A. Systemtische Stellung, Normzweck

### I. Systematische Stellung

§ 108 bestimmt, welche Krankenhäuser (i.S.v. § 107 Abs. 1) zur Versorgung der Versicherten der GKV zugelassen sind. Die Vorschrift knüpft damit an den Krankenhausbegriff des § 107 an und ergänzt ihn durch das Merkmal der Zulassung zu einer Legaldefinition der »zugelassenen Krankenhäuser«, die – abschließend – in § 108 Nr. 1 bis 3 aufgeführt und in ihren Voraussetzungen definiert werden. Zugleich knüpft § 108 an den Begriff der »Krankenhausbehandlung« i.S.d. § 39 Abs. 1 an und stellt damit klar, dass nur durch diese – zugelassenen – Krankenhäuser Krankenhausbehandlung zulasten der gesetzlichen Krankenkassen erbracht werden darf. § 108 stellt schließlich die »Einweisungsnorm« in das Recht der Zulassung und des Versorgungsvertrages zwischen den (Verbänden der) Krankenkassen und dem Krankenhaus (§§ 109 f.) dar.

### II. Normzweck

Mit Rücksicht auf diese systematischen Zusammenhänge bezweckt § 108, für das Recht der Krankenhausbehandlung der GKV ein Zulassungserfordernis aufzustellen. Da auch die Krankenhausbehandlung als Sach- und Dienstleistung zu erbringen ist (§ 2 Abs. 2 Satz 1), sieht § 108 den Kreis der Leistungserbringer vor, deren sich die Krankenkassen bedienen dürfen. Der Leistungsanspruch der Versicherten ist beschränkt auf die Behandlung in einem »zugelassenen« Krankenhaus (§ 39 Abs. 1 Satz 2).

## B. Zulassungserfordernis

§ 108 begründet das Zulassungserfordernis für die Krankenhausbehandlung, regelt aber nicht die Zulassung selbst. Das Zulassungsrecht ist Gegenstand der §§ 109, 110.

Aus dem Zulassungserfordernis folgt, dass die Krankenkassen Krankenhausbehandlung grundsätzlich nur durch die in § 108 Nr. 1 bis 3 bezeichneten Krankenhäuser erbringen dürfen. Andere Krankenhäuser sind ausgeschlossen, selbst wenn sie die Merkmale, des Krankenhausbegriffs nach § 107 Abs. 1 erfüllen. Dies gilt namentlich für sog. »Privatpatientenkliniken«, die weder in den Krankenhausplan eines Landes aufgenommen sind, noch mit denen ein Versorgungsvertrag mit den Landesverbänden der Krankenkassen geschlossen wurde (Quaas/Zuck/Clemens/*Quaas*, Medizinrecht, § 25 Rn. 49 ff.). Ebenso wenig kommt eine Vorsorge- oder Rehabilitationseinrichtung i.S.d. § 107 Abs. 2 als Leistungserbringer in Betracht.

Eine Durchbrechung des Zulassungserfordernisses besteht für Notfälle, in Fällen des Systemversagens nach Maßgabe des § 13 Abs. 3 Satz 1 (BSG SozR 4–2500, § 13 Nr. 9) und im Rahmen der Behandlung in ausländischen Krankenhäusern (§ 13 Abs. 4 und 5).

## C. Zugelassene Krankenhäuser

Die Aufzählung der drei Gruppen von Krankenhäusern, die zur Versorgung der Versicherten zugelassen sind, hat im Wesentlichen deklaratorischen Charakter. Das Gesetz bezeichnet die Art der Krankenhäuser (Nr. 1: Hochschulkliniken, Nr. 2: Plankrankenhäuser, Nr. 3: Versorgungsvertragskrankenhäuser im engeren Sinne) und fügt jeweils den Grund ihrer Zulassung hinzu (Nr. 1: Anerkennung nach landesrechtlichen Vorschriften, Nr. 2: Aufnahme in den Krankenhausplan, Nr. 3: Abschluss eines Versorgungsvertrages). Die Zulassung selbst, das Verfahren und ihre Rechtswirkungen, sind nicht in § 108, sondern in den §§ 109, 110 geregelt. § 108 hat damit keinen eigenen Regelungscharakter, sondern dient zum Verständnis der nachfolgenden Vorschriften und des Inhalts der Zulassung von Krankenhäusern:

### I. Hochschulkliniken

Nach ihrer Aufgabenstellung lassen sich Krankenhäuser zunächst in solche unterteilen, bei denen die stationären Versorgungsaufgaben eindeutig vorrangig sind (Allgemeinkrankenhäuser und

Fachkrankenhäuser) und solche, bei denen Ausbildungsaufgaben vorherrschen. Zu letzteren zählen Hochschulkliniken (Universitätskrankenhäuser), deren Schwergewicht in den der medizinischen Ausbildung (Lehre und Forschung) liegt. Hochschulkliniken sind als Krankenhäuser zugelassen, wenn sie nach den landesrechtlichen Vorschriften als Hochschulklinik anerkannt sind (dazu *Kingreen/Banafsche/Szabados* WissR 2007, 283 ff.; zur Einbeziehung der Hochschulklinik in die staatliche Krankenhausplanung vgl. *Quaas* MedR 2010, 149 ff.). Die landesrechtliche Anerkennung tritt an die Stelle der früher maßgeblichen Aufnahme in das Hochschulverzeichnis gem. § 4 des am 01.01.2007 außer Kraft getretenen Hochschulbauförderungsgesetzes.

8   Hochschulkliniken werden nach den landesrechtlichen Vorschriften für den Hochschulbau gefördert und sind deshalb aus der KHG-Förderung herausgenommen (§ 5 Abs. 1 Nr. 1 KHG). Soweit sie Versorgungsaufgaben im Rahmen der staatlichen Krankenhausplanung (§ 109 Abs. 1 Satz 2) übernehmen, haben sie Forschung und Lehre zu berücksichtigen. Als Krankenhäuser nehmen sie in aller Regel Aufgaben der obersten Versorgungsstufe (Maximalversorgung) wahr. Allerdings lässt sich dies mit den Erfordernissen von Forschung Lehre allein nicht begründen (jurisPK-SGB V/ *Wahl* § 108 Rn. 17; *Wenner* GesR 2007, 337, 340). Ihre Aufnahme in den Kreis der »zugelassenen Krankenhäuser« – zumal an vorderster Stelle – stellt aber klar, dass es sich bei dem Begriff der Hochschulklinik um einen Begriff des Bundesrechts handelt, der einen vorrangigen Bezug der Krankenhausversorgung zu den Aufgaben von Forschung und Lehre zum Gegenstand hat. Das Krankenhaus muss nach den Erfordernissen von Forschung und Lehre – auch bei rechtlicher Verselbstständigung der Hochschulklinik gegenüber der Hochschule – betrieben werden. Das unterscheidet eine Hochschulklinik von einem akademischen Lehrkrankenhaus, bei dem ein Allgemeinkrankenhaus – ebenfalls – Ausbildungsaufgaben wahrnimmt (Quaas/Zuck/Clemens/*Quaas*, Medizinrecht, § 27 Rn. 55 ff. jurisPK-SGB V/*Wahl* § 108 Rn. 18).

## II. Plankrankenhäuser

9   § 108 Nr. 2 definiert Plankrankenhäuser als Krankenhäuser, die in den Krankenhausplan eines Landes aufgenommen sind. Gemeint ist der Krankenhausplan (früher: Krankenhausbedarfplan) i.S.d. § 6 Abs. 1 KHG. Die Aufnahme in den Krankenhausplan geschieht durch Feststellungsbescheid der zuständigen Planungsbehörde (dazu § 109 Rdn. 13) und hat nach dem KHG nur eine einzige Bedeutung: sie ist Voraussetzung für die staatliche Investitionsförderung. Einen Anspruch auf diese Förderung hat das Krankenhaus nur, soweit und solange es in den Krankenhausplan eines Landes aufgenommen und dies durch Bescheid der zuständigen Landesbehörde festgestellt ist (§ 8 Abs. 1 Satz 1 und 3 KHG). Gleichwohl bilden Plankrankenhäuser die wichtigste Säule der Krankenhausversorgung: Die Versorgung der Versicherten wird zu 90 % durch Plankrankenhäuser realisiert, während der Anteil der Hochschulkrankenhäuser bei etwa 8 % und derjenige der Vertragskrankenhäuser nur bei 2 % liegt (Rolfs/Giesen/Kreikebohm/Udsching/*Kingreen*, Beck-OK Sozialrecht, § 108 Rn. 3; *Sodan* in: Sodan, Handbuch des Krankenversicherungsrechts, § 13 Rn. 49). Der Krankenhausplan ist das zentrale Steuerungsinstrument zur Gewährleistung einer bedarfsgerechten Krankenhausversorgung (Quaas/Zuck/Clemens/*Quaas*, Medizinrecht § 26 Rn. 564). Das SGB V knüpft an die Planaufnahmen die Zulassung und damit die Berechtigung, Krankenhausbehandlung zulasten der Krankenkassen zu erbringen. Zu einer solchen Rechtsfolge verpflichtet § 109 Abs. 4 Satz 2 das Krankenhaus sogar. Die Planaufnahme hat statusbegründende Wirkung und bildet die eigentliche (nicht nur rechtliche) Existenzgrundlage des Plankrankenhauses.

## III. Vertragskrankenhäuser

10  In Ergänzung zu Hochschulkliniken und Plankrankenhäusern gibt es als dritte Gruppe die sog. Vertragskrankenhäuser. Statusbegründend und damit konstitutiv ist hier der Abschluss eines Versorgungsvertrages zwischen den Landesverbänden der Krankenkassen und den Ersatzkassen (§ 109 Abs. 1 Satz 1). Rechtlich unterscheiden sich die Vertragskrankenhäuser von den Plankrankenhäusern und den Hochschulkliniken dadurch, dass sie über einen »echten« (schriftlichen)

vereinbaren, soweit die Leistungsstruktur des Krankenhauses nicht verändert wird; die Vereinbarung kann befristet werden. Enthält der Krankenhausplan keine oder keine abschließende Festlegung der Bettenzahl oder der Leistungsstruktur des Krankenhauses, werden diese durch die Vertragsparteien nach Satz 1 im Benehmen mit der für die Krankenhausplanung zuständigen Landesbehörde ergänzend vereinbart.

(2) Ein Anspruch auf Abschluss eines Versorgungsvertrags nach § 108 Nr. 3 besteht nicht. Bei notwendiger Auswahl zwischen mehreren geeigneten Krankenhäusern, die sich um den Abschluss eines Versorgungsvertrags bewerben, entscheiden die Landesverbände der Krankenkassen und die Ersatzkassen gemeinsam unter Berücksichtigung der öffentlichen Interessen und der Vielfalt der Krankenhausträger nach pflichtgemäßem Ermessen, welches Krankenhaus den Erfordernissen einer qualitativ hochwertigen, patienten- und bedarfsgerechten sowie leistungsfähigen und wirtschaftlichen Krankenhausbehandlung am besten gerecht wird.

(3) Ein Versorgungsvertrag nach § 108 Nr. 3 darf nicht abgeschlossen werden, wenn das Krankenhaus
1. nicht die Gewähr für eine leistungsfähige und wirtschaftliche Krankenhausbehandlung bietet,
2. bei den maßgeblichen planungsrelevanten Qualitätsindikatoren nach § 6 Absatz 1a des Krankenhausfinanzierungsgesetzes auf der Grundlage der vom Gemeinsamen Bundesausschuss nach § 136c Absatz 2 übermittelten Maßstäbe und Bewertungskriterien nicht nur vorübergehend eine in einem erheblichen Maß unzureichende Qualität aufweist, die im jeweiligen Landesrecht vorgesehenen Qualitätsanforderungen nicht nur vorübergehend und in einem erheblichen Maß nicht erfüllt, höchstens drei Jahre in Folge Qualitätsabschlägen nach § 5 Absatz 3a des Krankenhausentgeltgesetzes unterliegt oder
3. für eine bedarfsgerechte Krankenhausbehandlung der Versicherten nicht erforderlich ist.

Abschluss und Ablehnung des Versorgungsvertrags werden mit der Genehmigung durch die zuständigen Landesbehörden wirksam. Verträge, die vor dem 1. Januar 1989 nach § 371 Abs. 2 der Reichsversicherungsordnung abgeschlossen worden sind, gelten bis zu ihrer Kündigung nach § 110 weiter.

(4) Mit einem Versorgungsvertrag nach Absatz 1 wird das Krankenhaus für die Dauer des Vertrages zur Krankenhausbehandlung der Versicherten zugelassen. Das zugelassene Krankenhaus ist im Rahmen seines Versorgungsauftrags zur Krankenhausbehandlung (§ 39) der Versicherten verpflichtet. Die Krankenkassen sind verpflichtet, unter Beachtung der Vorschriften dieses Gesetzbuchs mit dem Krankenhausträger Pflegesatzverhandlungen nach Maßgabe des Krankenhausfinanzierungsgesetzes, des Krankenhausentgeltgesetzes und der Bundespflegesatzverordnung zu führen.

(5) Ansprüche der Krankenhäuser auf Vergütung erbrachter Leistungen und Ansprüche der Krankenkassen auf Rückzahlung von geleisteten Vergütungen verjähren in zwei Jahren nach Ablauf des Kalenderjahrs, in dem sie entstanden sind. Dies gilt auch für Ansprüche der Krankenkassen auf Rückzahlung von geleisteten Vergütungen, die vor dem 1. Januar 2019 entstanden sind. Satz 1 gilt nicht für Ansprüche der Krankenhäuser auf Vergütung erbrachter Leistungen, die vor dem 1. Januar 2019 entstanden sind. Für die Hemmung, die Ablaufhemmung, den Neubeginn und die Wirkung der Verjährung gelten die Vorschriften des Bürgerlichen Gesetzbuchs entsprechend.

(6) Gegen Forderungen von Krankenhäusern, die aufgrund der Versorgung von ab dem 1. Januar 2020 aufgenommenen Patientinnen und Patienten entstanden sind, können Krankenkassen nicht mit Ansprüchen auf Rückforderung geleisteter Vergütungen aufrechnen. Die Aufrechnung ist abweichend von Satz 1 möglich, wenn die Forderung der Krankenkasse vom Krankenhaus nicht bestritten wird oder rechtskräftig festgestellt wurde. In der Vereinbarung nach § 17c Absatz 2 Satz 1 des Krankenhausfinanzierungsgesetzes können abweichende Regelungen vorgesehen werden.

# § 109 SGB V Abschluss von Versorgungsverträgen mit Krankenhäusern

## Übersicht

| | Rdn. | | | Rdn. |
|---|---|---|---|---|
| A. **Allgemeines** | 1 | C. | **Inhaltliche Vorgaben für den Vertragsschluss** | 23 |
| I. Überblick | 1 | I. | Vertragsinhalt | 23 |
| II. Systematische Stellung | 4 | II. | Ablehnung des Vertragsangebotes | 26 |
| III. Normzweck | 5 | | 1. Rechtsnatur der Ablehnungsentscheidung | 26 |
| B. **Rechtsnatur, Zustandekommen und Verbindlichkeit der Versorgungsverträge** | 6 | | 2. Ablehnungsgründe | 28 |
| I. Rechtsnatur | 6 | | a) Leistungsfähigkeit | 31 |
| II. Zustandekommen des Versorgungsvertrages | 7 | | b) Wirtschaftlichkeit | 32 |
| 1. Vertragsschluss bei Vertragskrankenhäusern | 7 | | c) Qualität | 32a |
| a) Einigung | 7 | | d) Bedarfsgerechtigkeit | 33 |
| b) Schriftform | 10 | | 3. Rechtsanspruch | 36 |
| 2. Fiktion bei Hochschulkliniken und Plankrankenhäusern | 11 | | 4. Wahlrecht | 36a |
| | | III. | Genehmigung | 37 |
| 3. Planmodifizierende und plankonkretisierende Vereinbarungen | 15 | D. | **Rechtswirkungen des Versorgungsvertrages** | 39 |
| a) Planmodifizierende Vereinbarung | 17 | I. | Zulassung | 40 |
| b) Plankonkretisierende Vereinbarung | 18 | II. | Behandlungspflicht und Versorgungsauftrag | 41 |
| | | | 1. Behandlungspflicht | 41 |
| 4. Wirkungsbeginn und Reichweite | 19 | | 2. Versorgungsauftrag | 43 |
| a) Statusbegründender Rechtsakt | 19 | III. | Vergütungsanspruch | 45 |
| b) Reichweite der Zulassung | 21 | | 1. Gesetzlicher Vergütungsanspruch | 45 |
| 5. Ausschreibung? | 22 | | 2. Begrenzung durch den Versorgungsauftrag | 46 |

## A. Allgemeines

### I. Überblick

1 § 109 regelt die Voraussetzungen und die Rechtsfolgen der Teilnahme von Krankenhäusern an der Versorgung der Versicherten. Das rechtliche Instrument dazu ist der Versorgungsvertrag. Sein Zustandekommen regelt Abs. 1 der Vorschrift. Danach bedarf der Versorgungsvertrag für Vertragskrankenhäuser (§ 108 Nr. 3) der Einigung zwischen den Vertragsparteien. Für die Hochschulkliniken und die Plankrankenhäuser wird der Vertragsabschluss dagegen fingiert; ihr Zulassungsakt liegt in der (landesrechtlichen) Anerkennung bzw. Aufnahme in den Krankenhausplan.

2 Da der Zulassungsakt für die Hochschulkliniken und die Plankrankenhäuser auf das Landesrecht bzw. das KHG und die Landeskrankenhausgesetze (LKHG) verweist, bedurfte es einer eigenständigen Regelung der Zulassung im SGB V nur für die Vertragskrankenhäuser. Sie findet sich in den Abs. 2 und 3 des § 109 und ist deutlich dem KHG-Recht angeglichen.

3 Da der Versorgungsvertrag für alle zugelassenen Krankenhäuser (§ 108) die Rechtsgrundlage für die Rechtsbeziehungen zwischen Krankenkassen und Krankenhäusern bildet, schafft das Gesetz in § 109 Abs. 4 einheitliche Regelungen für die Rechtswirkungen und Rechtsfolgen der Krankenhauszulassung. Dies gilt insbesondere für die Vergütung der Krankenhausleistungen, die wiederum auf andere Vorschriften des Krankenhausrechts (KHG, KHEntgG, BPflV) verweist.

### II. Systematische Stellung

4 § 109 bildet das Kernstück des differenzierten Zulassungs- und Vertragssystems für Krankenhäuser. Nach § 108 darf Krankenhausbehandlung i.S.d. § 39 Abs. 1 nur durch Einrichtungen erbracht werden, die Krankenhäuser i.S.d. § 107 Abs. 1 sind und die zur Erbringung von Krankenhausleistungen zugelassen sind. Das Verfahren der Zulassung, den Abschluss und den Inhalt der Versorgungsverträge einschließlich ihrer Rechtswirkungen für die Krankenkassen und ihrer Mitglieder regelt § 109. Das Recht der Kündigung dieser Versorgungsverträge ist in § 110 bestimmt. Neben

den Versorgungsverträgen mit dem einzelnen Krankenhaus als Rechtsgrundlage ihrer rechtlichen Beziehungen zu den Krankenkassen sieht das Gesetz für die Krankenhausbehandlung verbindliche Kollektivverträge (§§ 112, 115, 115a, 115b) vor.

### III. Normzweck

Der Normzweck des § 109 erschließt sich nicht unmittelbar aus dem Regelungsgegenstand. Dafür sind die einzelnen Norminhalte zu unterschiedlich. Aus der Hineinnahme der Plankrankenhäuser und der Hochschulkliniken in das (Zulassungs-) Recht der GKV, der Gleichstellung aller (fiktiv und tatsächlich abgeschlossenen) Versorgungsverträge im Hinblick auf die Rechtswirkungen zugunsten der Versicherten und zulasten der Krankenkassen sowie der unmittelbaren Verbindlichkeit aller Versorgungsverträge im ganzen Bundesgebiet (§ 109 Abs. 1 Satz 3) kann geschlossen werden, dass § 109 – vergleichbar § 1 KHG – eine flächendeckende, bedarfsgerechte, leistungsfähige und wirtschaftliche Krankenhausversorgung sichern will (jurisPK-SGB V/*Wahl* § 109 Rn. 19). Ein an diesen Zielen orientiertes Zulassungssystem bietet zugleich die Gewähr, dass die finanzielle Stabilität der GKV nicht durch eine ungeordnete Zunahme nicht bedarfsnotwendiger Krankenhauskapazitäten gefährdet wird (BT-Drs. 11/2237 S. 197). Wird das einzelne Krankenhaus diesen Versorgungszielen nicht (mehr) gerecht, kann der Versorgungsvertrag gekündigt werden (§ 110). Dabei obliegt die Gewährleistungsverantwortung dem Staat. Nicht Entscheidungen der Selbstverwaltung, sondern staatliche Entscheidungen sind konstitutiv für den Status des Leistungserbringers in der GKV. Anders als etwa im Vertragsarztrecht, das durch den gemeinsamen Sicherstellungsauftrag von KVen und Krankenkassen (§ 72) sowie den Sicherstellungsauftrag der KV (§ 75) geprägt ist, haben staatliche Behörden im Krankenhausrecht die Gewährleistungs- und Planungsverantwortung für die Leistungserbringung (Rolfs/Giesen/Kreikebohm/Udsching/*Kingreen*, Beck-OK Sozialrecht, § 109 Rn. 2).

## B. Rechtsnatur, Zustandekommen und Verbindlichkeit der Versorgungsverträge

### I. Rechtsnatur

Der Versorgungsvertrag des § 109 ist ein öffentlich-rechtlicher Vertrag auf dem Gebiet des Sozialrechts (§§ 53 ff. SGB X). Dies ist bereits unter der Geltung des § 371 RVO angenommen (BSGE 51, 126, 129 ff.) und seither nicht wieder infrage gestellt worden (vgl. die Nw. bei jurisPK-SGB V/*Wahl* § 109 Rn. 102). Die Anwendbarkeit der §§ 53 ff. SGB X, die auch die Neufassung des § 69 durch das GKV-GRG 2000 überlebt hat (vgl. Quaas/Zuck/Clemens/*Quaas*, Medizinrecht § 27 Rn. 52), beschränkt sich allerdings auf das Zustandekommen und die Rechtsfolgen des »echten« Versorgungsvertrages für Vertragskrankenhäuser (§ 108 Nr. 3).

### II. Zustandekommen des Versorgungsvertrages

#### 1. Vertragsschluss bei Vertragskrankenhäusern

##### a) Einigung

Der Versorgungsvertrag kommt durch Einigung der Vertragsparteien zustande (§ 109 Abs. 1 Satz 1). Die Einigung setzt einander korrespondierende, inhaltlich übereinstimmende Willenserklärungen (Angebot und Annahme) voraus. Fehlt eine solche Willensübereinstimmung, ist ein Versorgungsvertrag nicht geschlossen. Die Grundsätze über den offenen oder versteckten Einigungsmangel (§§ 154 ff. BGB) sind ebenso wie sonstige Vorschriften des BGB über die Abgabe und die Annahme einschließlich der Anfechtbarkeit von Willenserklärungen anwendbar (BSG SozR 3–4100, § 81 Nr. 1; Quaas/Zuck/Clemens/*Quaas*, Medizinrecht, § 27 Rn. 53).

Das Erfordernis der Willensübereinstimmung wird durch das Gesetz dadurch verstärkt, dass aufseiten der Krankenkasse die Landesverbände und die Ersatzkassen »gemeinsam« das Angebot des Krankenhausträgers auf Abschluss eines Versorgungsvertrages anzunehmen haben. Da die gemeinsame Entscheidung nur einheitlich getroffen werden kann, hat ihr bei fehlender Einigung eine Mehrheitsentscheidung vorauszugehen. (§ 211a, str. vgl. Rolfs/Giesen/Kreikebohm/Udsching/*Kingreen*, Beck-OK Sozialrecht, § 109 Rn. 4).

9 Das Zusammenwirken von Trägern mittelbarer Landes- und Bundesverwaltung (der Krankenkassen) durch eigenständige Willenserklärungen beim Abschluss eines Versorgungsvertrages mit der Folge eines einheitlichen Ergebnisses ist vor dem Hintergrund der Zielsetzung des § 109 verfassungsrechtlich nicht zu beanstanden (BSG SGb 2009, 360 mit.Anm. *Felix*).

### b) Schriftform

10 Aus Gründen der Rechtssicherheit schreibt § 109 Abs. 1 Satz 1 für den Versorgungsvertrag die Schriftform vor. Rechtsfolge des Formmangels ist die Nichtigkeit des Vereinbarten (§§ 58 Abs. 1 SGB X i.V.m. § 125 BGB). Welche Formerfordernisse im Einzelnen erfüllt sein müssen, regelt weder das SGB V noch das SGB X. Heranzuziehen sind deshalb die Vorschriften des § 126 BGB i.V.m. § 61 Satz 2 SGB X. Hieraus folgt: Die gesetzliche Schriftform erfordert die Unterzeichnung auf einer Urkunde (Schriftstück). Sie muss die Vertragspartner (nicht notwendig auch die zum Abschluss berechtigten Vertreter) bezeichnen. Die Unterzeichnung aller Vertragsparteien muss auf derselben Urkunde erfolgen – Grundsatz der Urkundeneinheit, § 126 Abs. 2 Satz 1 BGB – (BSG SozR 3–2500 § 120 Nr. 3; Quaas/Zuck/Clemens/*Quaas*, Medizinrecht, § 27 Rn. 54).

## 2. Fiktion bei Hochschulkliniken und Plankrankenhäusern

11 Bei Hochschulkliniken und Plankrankenhäusern fingiert § 109 Abs. 1 Satz 2 den Abschluss von Versorgungsverträgen. Die Zulassung dieser Krankenhäuser ist ein »doppelfunktioneller« Verwaltungsakt, da zugleich mit der Anerkennung bzw. Aufnahme in den Krankenhausplan der Status als zugelassenes Krankenhaus begründet wird (Quaas/Zuck/Clemens/*Quaas*, Medizinrecht, § 27 Rn. 55).

12 Für die Anerkennung als Hochschulklinik verweist § 109 Abs. 1 Satz 2 auf die landesrechtlichen Vorschriften, d.h. auf die hochschulrechtlichen Vorschriften des jeweiligen Landes (BT-Drs. 16/814 S. 24). Insoweit macht das Bundesrecht keine Vorgaben zur Rechtsform und dem Verfahren der Anerkennung. Der Begriff der Hochschulklinik ist aber bundesrechtlich geprägt (s. § 108 SGB V Rdn. 8).

13 Bei Plankrankenhäusern tritt die Fiktion mit der Aufnahme in den Krankenhausplan ein (§ 109 Abs. 1 Satz 2 verweist noch auf den veralteten Begriff des »Krankenhausbedarfsplans«, während Satz 5 des Abs. 1 – zutreffend – den Begriff des Krankenhausplans i.S.d. § 6 Abs. 1 KHG verwendet). Da der Krankenhausplan nach ständiger Rechtsprechung des BVerwG keine Rechtsvorschrift, sondern lediglich ein »Verwaltungsinternum« darstellt (BVerwGE 62, 86, 72, 38; 82, 209; Quaas/Zuck/Clemens/*Quaas*, Medizinrecht, § 26 Rn. 573), gibt es eine förmliche Aufnahme in den Krankenhausplan, an die die Fiktion anknüpft, im eigentlichen Sinne nicht. Gemeint ist offenbar der die Krankenhausplanaufnahme umsetzende Feststellungsbescheid nach § 8 Abs. 1 Satz 3 KHG (auch insoweit verweist allerdings § 109 Abs. 1 Satz 2, 2. Alt. – redaktionell ungenau – auf § 8 Abs. 1 Satz 2 KHG statt – korrekt – auf § 8 Abs. 1 Satz 3 KHG). Unschädlich ist, dass §§ 108 Nr. 3 und 109 Abs. 1 Satz 2 nur die Aufnahme in den Krankenhausplan eines Landes – und nicht den Feststellungsbescheid – erwähnen. Insbesondere kann daraus nicht geschlossen werden, dass damit die Rechtsprechung des BVerwG zum fehlenden Rechtsnormcharakter des Krankenhausplans überholt sei (so aber jurisPK-SGB V/*Wahl* § 108 Rn. 19).

14 Ein Versorgungsvertrag wird nach § 109 Abs. 1 Satz 2 nur soweit fingiert, wie der Versorgungsauftrag des Krankenhauses reicht. Insoweit ist der Abschluss »echter« Versorgungsverträge bei Plankrankenhäusern für Teile möglich, die nicht im Krankenhausplan enthalten sind (jurisPK-SGB V/ *Wahl* § 109 Rn. 35).

## 3. Planmodifizierende und plankonkretisierende Vereinbarungen

15 Mit dem GSG 1993 wurden in § 109 Abs. 1 die Sätze 4 und 5 eingefügt, um den Einfluss der Vertragsparteien auf ihre Rechtsbeziehungen zu erweitern und »eine vertragliche Konkretisierung des Versorgungsauftrags des einzelnen Krankenhauses – in Ergänzung des Krankenhausplans – im Hinblick auf Bettenzahl und Leistungsstruktur« zu ermöglichen (BT-Drs. 12/3608 S. 101). Die Vertragsparteien des Versorgungsvertrages können abweichend vom Krankenhausplan eine geringere

(aber keine höhere) Bettenzahl vereinbaren, und zwar im Einvernehmen mit der für die Krankenhausplanung zuständigen Behörde (planmodifizierende Vereinbarung). Enthält der Krankenhausplan keine Festlegung der Bettenzahl und der Leistungsstruktur des Krankenhauses, sind im Benehmen mit der Landesbehörde die Bettenzahl und Leistungsstruktur ergänzend zu vereinbaren (plankonkretisierende Vereinbarung).

Die praktische Relevanz solcher planmodifizierenden oder plankonkretisierenden Vereinbarungen, auf die in § 4 Abs. 1 Nr. 1 und 2 BPflV. Bezug genommen wird, dürfte begrenzt sein (*Quaas* MedR 1995, 54; Hauck/Noftz/*Klückmann* SGB V K § 109 Rn. 18; a.A. Peters/*Hencke*, Handbuch Krankenversicherung [SGB V] § 109 Rn. 5): 16

### a) Planmodifizierende Vereinbarung

Für Vereinbarungen nach § 109 Abs. 1 Satz 4 besteht kein Einigungszwang. Es fehlt auch eine Konfliktlösung für den Fall, dass eine Vereinbarung nicht zustande kommt. Insbesondere kann eine Schiedsstelle nicht angerufen werden. Es kommt hinzu, dass die Erteilung des Einvernehmens nach § 109 Abs. 1 Satz 4 im pflichtgemäßen Ermessen der für die Krankenhausplanung zuständigen Behörde steht und die Verweigerung des Einvernehmens ermessensfehlerfrei darauf gestützt werden kann, die von Krankenhausträger und Krankenkassen vereinbarte Bettenreduzierung würde ohnehin binnen Kurzem krankenhausplanerisch verbindlich festgelegt (BVerwG Urt. v. 29.04.2004 – 3 C 25.03, KRS. 04.084). Letztlich hängt es somit vom Willen des Landes ab, ob die Vertragsparteien den Weg des § 109 Abs. 1 Satz 4 beschreiten dürfen (*Quaas* MedR 1995, 54, 58). Darüber hinaus darf eine solche Vereinbarung nur geschlossen werden, soweit die Leistungsstruktur des Krankenhauses nicht verändert wird. Die Leistungsstruktur eines Krankenhauses findet in erster Linie in den vorhandenen Fachabteilungen und medizinischen Schwerpunkten ihren Niederschlag. Eine Strukturveränderung des Krankenhauses ist nicht Sache des Versorgungsvertrages nach § 109 Abs. 1 Satz 4, sondern eine Angelegenheit der Krankenhausplanung. Insoweit wäre ggf. der Krankenhausplan fortzuschreiben. Deshalb ist es auch sachgerecht, das Einvernehmen zu planmodifizierenden Versorgungsverträgen zu versagen, die Bettenreduzierungen zum Gegenstand haben, welche zeitnah aus dem Krankenhausplan selbst herausgenommen werden sollen und das Einvernehmen nur zu solchen Versorgungsverträgen nach § 109 Abs. 1 Satz 4 zu erteilen, die in nennenswertem Umfang den Abbau sog. fehlbelegter Betten vorsehen (OVG Niedersachsen Urt. v. 20.05.2003 – 11 LB 2128/01, insoweit bestätigt durch BVerwG Urt. v. 29.04.2004 – 3 C 25.03, KRS. 04.084, das zusätzlich darauf aufmerksam macht, dass ein unter vorbehaltlichem Einvernehmen der Krankenhausplanungsbehörde abgeschlossener Versorgungsvertrag nach § 109 Abs. 1 Satz 4 für sich allein keinen Anspruch auf Förderung gem. § 9 Abs. 3a KHG begründet; vielmehr muss die vereinbarte Bettenreduzierung auch tatsächlich durchgeführt worden sein). 17

### b) Plankonkretisierende Vereinbarung

Bei der plankonkretisierenden Vereinbarung nach § 109 Abs. 1 Satz 5 ist der Gestaltungsspielraum der Vertragsparteien freier. Allerdings besteht nach dem Wortlaut der Vorschrift Kontrahierungszwang. Der Gesetzgeber überträgt den Vertragsparteien die ergänzende Vereinbarung als Pflichtaufgabe (Hauck/Noftz/*Klückmann* SGB V, K § 109 Rn. 21). Daraus kann indessen nicht geschlossen werden, die Vertragsparteien seien zum Abschluss einer ergänzenden Vereinbarung zur vertraglichen Konkretisierung des Versorgungsauftrages gesetzlich in dem Sinne verpflichtet, dass daraus eine – erzwingbare – Verpflichtung des Krankenhauses entstehen soll, sein Leistungsgebot entgegen seinem Willen durch ergänzende Vereinbarung einzuschränken oder neu zu gestalten (so zu Recht *Kies*, Der Versorgungsauftrag des Plankrankenhauses, S. 107; *Knorr* das Krankenhaus 1994, 347, 349; *Quaas* MedR 1995, 58; *ders.*, in: Der Versorgungsvertrag nach dem SGB V mit Krankenhäusern und Rehabilitationseinrichtungen, S. 32). Ein solcher Kontrahierungszwang wäre verfassungswidrig (BVerfGE 82, 209, 223; *Quaas* f & w 1999, 577, 580). Es besteht deshalb auch keine Befugnis der Vertragspartner, den Versorgungsauftrag des Krankenhauses »einvernehmlich« abzuändern. Bindende Vorgaben des Krankenhausplans unterliegen nicht der Dispositionsbefugnis der 18

Vertragspartner (Tuschen/*Quaas*, BPflV, 5. Aufl., S. 193 f.; s.a. Krauskopf/*Knittel* Soziale Krankenversicherung/Pflegeversicherung, § 109 SGB V Rn. 11b).

### 4. Wirkungsbeginn und Reichweite

#### a) Statusbegründender Rechtsakt

19  Mit dem Versorgungsvertrag wird das Krankenhaus gem. § 109 Abs. 4 Satz 1 zur Versorgung der Versicherten zugelassen. Der Vertragsschluss bewirkt damit die Zulassung. Der Abschluss des »echten oder fingierten« Versorgungsvertrages stellt den statusbegründenden Rechtsakt dar, an den das Gesetz die Zulassung knüpft (*Sodan* in: Sodan, Handbuch des Krankenversicherungsrechts, § 13 Rn. 50).

20  Ein Versorgungsvertrag kann daher immer nur für die Zukunft abgeschlossen werden. Eine rückwirkende Inkraftsetzung ist nicht möglich. Dem steht die statusbegründende Wirkung des Versorgungsvertrages entgegen (BSG Urt. v. 24.01.2008 – B 3 KR 17/07 R, GesR 2008, 323; BSG GesR 2006, 368, BSG 78, 243; Dettling/*Schrinner*, Krankenhausrecht, § 109 SGB V Rn. 5; Quaas/Zuck/Clemens/*Quaas*, Medizinrecht, § 27 Rn. 58; jurisPK-SGB V/*Wahl* § 109 Rn. 52). Ein solches »Rückwirkungsverbot« gilt im Übrigen nicht nur für »echte«, sondern auch für fingierte Versorgungsverträge mit Plankrankenhäusern oder Hochschulkliniken. Auch insoweit ist eine Planaufnahme oder Anerkennung einer Hochschulklinik nur für die Zukunft möglich. Dies gilt allerdings nur im Hinblick auf die Zulassung des (Plan-) Krankenhauses zur Versorgung der Versicherte. Eine »rückwirkende« Planaufnahme in einen bereits bestehenden Krankenhausplan ist dadurch nicht ausgeschlossen (jurisPK-SGB V/*Wahl* § 109 Rn. 53).

#### b) Reichweite der Zulassung

21  Der Versorgungsvertrag ist gem. § 109 Abs. 1 Satz 2 für alle Krankenkassen im Inland unmittelbar verbindlich. Es kommt deshalb nicht darauf an, zwischen welchen Vertragsparteien und in welchem Bundesland der Versorgungsvertrag abgeschlossen wurde oder die Aufnahme in den Krankenhausplan bzw. Anerkennung der Hochschulklinik erfolgt ist. § 109 Abs. 1 Satz 3 erstreckt die Geltung des Versorgungsvertrages auf alle Krankenkassen im Bundesgebiet. Dies gilt auch für fingierte Versorgungsverträge sowie für die in § 109 Abs. 1 Satz 4 und 5 genannten planmodifizierenden und plankonkretisierenden Vereinbarungen.

### 5. Ausschreibung?

22  Verfahrensrechtliche Maßstäbe für das die Entscheidung über den Abschluss eines Versorgungsvertrages einzuhaltende Verfahren finden sich weder in den §§ 107 ff. noch in den §§ 53 ff. SGB X. Das wirft die Frage auf, ob aus allgemeinem Verfahrensrecht Vorgaben für die Verfahrensgestaltung, insbesondere für die Vorbereitung von Auswahlentscheidungen nach § 109 Abs. 2 Satz 2 folgen. Dabei wird vor allem die Anwendbarkeit des Vergaberechts (§§ 97 ff. GWB) thematisiert (*Lorff* ZESAR 2007, 104 ff.; *von Langsdorff* in Sodan, Handbuch des Krankenversicherungsrechts, § 15 Rn. 47 ff.). Zwar dürfte der relevante Schwellenwert (§ 100 Abs. 1 GWB, § 2 Nr. 3 VgV) im Krankenhausbereich regelmäßig erreicht werden. Indessen handelt es sich bei Versorgungsverträgen nicht um öffentliche Aufträge (§ 99 Abs. 1 GWB), weil es am Merkmal der Entgeltlichkeit fehlt. Es liegt eine Dienstleistungskonzession vor (Becker/*Kingreen* SGB V § 108 Rn. 19; *von Langsdorff* in Sodan, Handbuch des Krankenversicherungsrechts, § 15 Rn. 68). Gleichwohl sollen die Krankenkassen verpflichtet sein, das Verfahren transparent zu gestalten (Rolfs/Giesen/Kreikebohm/Udsching/*Kingreen*, Beck-OK Sozialrecht, § 109 Rn. 20).

## C. Inhaltliche Vorgaben für den Vertragsschluss

### I. Vertragsinhalt

23  Das in § 109 Abs. 1 Satz 1 festgelegte Konsensprinzip schließt den Grundsatz der Vertragsfreiheit der Vertragspartner ein. Krankenhäuser und Krankenkassenverbände haben jedoch keine volle

Vertragsfreiheit. Sie können weder über den Abschluss noch über den Inhalt der Verträge frei verfügen. Abschlusspflicht und Vertragsinhalt ergeben sich weitgehend aus dem Gesetz (§ 109).

Darüber hinaus ist bezüglich des Vertragsinhalts zwischen den Versorgungsverträgen nach §§ 108 Nr. 3, 109 und den zweiseitigen Verträgen über Krankenhausbehandlung nach § 112 zu unterscheiden: Die Modalitäten der Krankenhausbehandlung in dem zugelassenen Krankenhaus sind nicht in dem Versorgungsvertrag, sondern in den zweiseitigen Verträgen gem. § 112 zu regeln, die für die zugelassenen Krankenhäuser unmittelbar verbindlich sind (§ 112 Abs. 2 Satz 2). Diese zweiseitigen Verträge, welche zwischen den Landesverbänden der Krankenkassen und den Verbänden der Ersatzkassen mit den Landeskrankenhausgesellschaften oder sonstigen Vereinigungen der Krankenhausträger im Land geschlossen werden, regeln 24

1) die allgemeinen Bedingungen der Krankenhausbehandlung (Aufnahme, Entlassung, Kostenübernahme etc.),
2) die Überprüfung der Notwendigkeit und Dauer der Krankenhausbehandlung;
3) Verfahrens- und Prüfungsgrundsätze für Wirtschaftlichkeits- und Qualitätsprüfung;
4) die soziale Betreuung und Beratung der Versicherten im Krankenhaus und
5) den nahtlosen Übergang von der Krankenhausbehandlung zur Rehabilitation oder Pflege (vgl. § 112 Abs. 2 Satz 1 bis 5).

Deshalb beschränkt sich der Inhalt des Versorgungsvertrages, soweit ein Vertragsschluss nach § 109 Abs. 1 Satz 1 erfolgt, im Wesentlichen auf die Teilnahmeberechtigung und Teilnahmeverpflichtung des Krankenhauses an der Krankenhausbehandlung (KassKomm/*Hess* § 112 SGB V Rn. 2) Solange und soweit allerdings Verträge nach § 112 nicht verbindlich in Kraft getreten sind, ist es unbedenklich, allgemeine Bedingungen der stationären Behandlung im gesetzlich zulässigen Rahmen vorbehaltlich des Inkrafttretens eines Vertrages nach § 112 als Inhalt des Versorgungsvertrages nach § 109 zu vereinbaren. 25

## II. Ablehnung des Vertragsangebotes
### 1. Rechtsnatur der Ablehnungsentscheidung

Die Abs. 2 und 3 des § 109 regeln die Voraussetzungen, unter denen das Angebot des Krankenhauses auf Abschluss eines Versorgungsvertrages nach § 108 Nr. 3 durch die Landesverbände der Krankenkassen und die Ersatzkassen abgelehnt werden kann (Abs. 2) bzw. muss (Abs. 3). Zur Rechtsnatur der Entscheidung über die Ablehnung des Vertragsangebotes schweigt das Gesetz. Nach der bisherigen Rechtsprechung des BSG ist die Ablehnung als Verwaltungsakt (VA) (§ 31 Satz 1 SGB X) zu werten, gegen den der betroffene Krankenhausträger Widerspruch und ggf. Klage erheben kann (BSGE 78, 233; 243; SozR 3–2500 § 109 SGB V Nr. 3; NZS 1998, 427). Diese Rechtsprechung geht davon aus, dass bei Entscheidungen über den Abschluss eines Versorgungsvertrages mit Krankenhäusern die Gesamtheit der in § 109 Abs. 1 Satz 1 genannten Krankenkassenverbände als Behörde im Sinne von § 1 Abs. 2 SGB X anzusehen ist. Im Anschluss an die Rechtsprechung des BVerfG zu den Arbeitsgemeinschaften gem. § 44b SGB II (BVerfGE 119, 331) lässt das BSG offen, ob mit der in § 109 Abs. 1 vorgesehenen Beteiligung der Landesverbände und der der Bundesaufsicht unterstehenden Ersatzkassen eine verfassungsrechtlich bedenkliche Mischverwaltung vorliegt. Jedenfalls ist das Zusammenwirken von Trägern mittelbarer Landes- und Bundesverwaltung durch eigenständige Willenserklärungen beim Abschluss – und demgemäß auch bei der Ablehnung – eines Versorgungsvertrages vor dem Hintergrund der Zielsetzung des § 109 verfassungsrechtlich nicht zu beanstanden (BSG SGb 2009, 360). 26

Das für einen Verwaltungsakt notwendige Über- und Unterordnungsverhältnis sieht das BSG in Anlehnung an die Zwei-Stufen-Theorie in der der Ablehnung vorgelagerten Entscheidung für das »Ob« eines Vertragsabschlusses. Mit ihrer Entscheidung, den Abschluss eines Versorgungsvertrages zu versagen, enthalten die Krankenkassenverbände dem betroffenen Krankenhausträger einseitig den Status eines Vertragskrankenhauses vor und verhindern damit seine Beteiligung der auf öffentlich-rechtlicher Grundlage durchzuführenden stationären Versorgung der Versicherten 27 (a.A. die überwiegende Lit., nach der die Ablehnung des Vertragsangebotes nicht als Verwaltungsakt zu werten ist – u.a. *Knispel* NZS 2006, 120 (122); Krauskopf/*Knittel*, Soziale Krankenversicherung/Pflegeversicherung, § 109 SGB V Rn. 6; *Dahm/Wilkening* das Krankenhaus 1995, 83, 84, die davon ausgehen, den Krankenkassenverbänden fehle die rechtliche Befugnis, einen VA zu erlassen. Sie stünden – nicht anders als die (örtlichen) Krankenkassen – dem Krankenhausträger gleichgeordnet gegenüber; ebenso *Schuler-Harms* VSSR 2005, 135, 147; jurisPK-SGB V/*Wahl* § 109 Rn. 84 ff.; a.A. KassKomm/*Hess* SGB V, § 109 Rn. 2; Hauck/Noftz/*Klückmann* SGB V K § 109 Rn. 36; der überwiegenden Auffassung in der Lit. hat sich jetzt das LSG BW mit Urt. v. 25.11.2020 – L 5 KR 3211/17 angeschlossen; Nichtzulassungsbeschwerde eingelegt, BSG B 1 KR 4/21 B.

## 2. Ablehnungsgründe

28 Die Landesverbände der Krankenkassen und die Ersatzkassen gemeinsam haben im Rahmen einer zweistufigen Prüfung darüber zu befinden, ob – erstens – die Versagungsgründe des § 109 Abs. 3 Satz 1 Nr. 1–3 eingreifen und verneinendenfalls – zweitens – die Voraussetzungen des § 109 Abs. 2 zugunsten des sich bewerbenden Krankenhauses vorliegen (*Quaas* NJW 1989, 2933). Die insoweit geforderten materiell-rechtlichen Voraussetzungen sind fast wortgleich der Vorschrift über die Aufnahme eines Krankenhauses in den Krankenhausplan (§ 8 Abs. 2 KHG) entnommen. Dies ist kein Zufall, denn der Gesetzgeber wollte aus Gründen der »Gleichbehandlung« eine weitgehende Gleichstellung von Plankrankenhäusern und Vertragskrankenhäusern i.S.d. damaligen § 371 RVO a.F. (vgl. Gesetzentwurf der Bundesregierung vom 29.04.1988 – BR–Drs. 200/88 zu § 116 Abs. 2 und Gegenäußerung der Bundesregierung vom 15.06.1988 – BT-Drs. 11/2493 zu §§ 117, 118 Abs. 1 Satz 2; BVerwG DVBl 2011, 895 Rn. 19).

29 Die in § 109 Abs. 3 Satz 1 Nr. 1 bis Nr. 3 aufgeführten Ablehnungsgründe sind zwingend. Bei ihrem Vorliegen besteht für die Krankenkassenverbände ein Kontrahierungsverbot, während das frühere Recht lediglich ein Ablehnungsrecht statuierte. Die Merkmale der »Leistungsfähigkeit«, »Wirtschaftlichkeit«, »Qualität« und »Bedarfsgerechtigkeit« sind unbestimmte Rechtsbegriffe, die gerichtlich voll überprüfbar sind. Stellt sich nach Abschluss eines Versorgungsvertrages heraus, dass das Krankenhaus doch nicht die Gewähr für eine leistungsfähige, qualitätsgesicherte und wirtschaftliche Behandlung bietet und nicht bedarfsgerecht ist, führt dies indessen nicht zur Nichtigkeit des Versorgungsvertrages, sondern nur zu dessen Kündbarkeit nach § 110 Abs. 1 (Krauskopf/*Knittel* Soziale Krankenversicherung/Pflegeversicherung, § 109 SGB V, Rn. 8).

30 Die Ablehnungsgründe sind alternativ, d.h. sie führen je für sich zur Ablehnung des Vertragsangebotes. Sie berücksichtigen in Nr. 1 das Gebot der wirtschaftlichen Leistungserbringung in der gesetzlichen Krankenversicherung nach § 12 und in Nr. 2 und 3 die Belange der – qualitätsgesicherten – Krankenhausplanung. Durch diese Voraussetzungen soll sichergestellt werden, dass die finanzielle Stabilität in der gesetzlichen Krankenversicherung nicht durch eine ungeordnete Zunahme nicht bedarfsnotwendiger Krankenhauskapazitäten gefährdet wird (Amtl. Begründung zu § 117 GRG E, BT-Drs. 11/2237 S. 197).

### a) Leistungsfähigkeit

31 Dem Kriterium der Leistungsfähigkeit dürfte im Rahmen des § 109 keine große eigenständige Bedeutung zukommen, da schon nach § 107 Abs. 1 gewisse Anforderungen an ein Krankenhaus gestellt werden, die weitgehend mit dem Begriff der Leistungsfähigkeit in § 109 Abs. 3 Satz 1 übereinstimmen (Krauskopf/*Knittel* Soziale Krankenversicherung/Pflegeversicherung, § 109 SGB V Rn. 9). Im Übrigen kann bezüglich dieses in Nr. 1 genannten Kriteriums für die Auslegung auf die Rechtsprechung des BVerwG zurückgegriffen werden (Quaas/Zuck/Clemens/*Quaas*, Medizinrecht, § 27 Rn. 66.).

### b) Wirtschaftlichkeit

32 Mit dem Kriterium der Wirtschaftlichkeit wird das Preis-Leistungsverhältnis angesprochen. Die Wirtschaftlichkeit der Einrichtung kann deshalb nicht losgelöst von der Leistungsfähigkeit beurteilt

werden. Als wirtschaftlich kann nur dann eine personelle und sachliche Ausstattung einer Einrichtung angesehen werden, die dem Versorgungsauftrag der Einrichtung angemessen ist (Krauskopf/*Knittel* Soziale Krankenversicherung/Pflegeversicherung, § 109 SGB V Rn. 10; SG Stuttgart Beschl. v. 27.07.1998 – S 4 Kr 3405/98). Ist die Ausstattung wesentlich aufwändiger, als es der Versorgungsauftrag erfordert, kann Unwirtschaftlichkeit vorliegen. Im Übrigen dürfte auch dem Kriterium der Wirtschaftlichkeit für den Abschluss des Versorgungsvertrages keine große Bedeutung zukommen. Soweit der »Preis« angesprochen ist, steht rechtlich erst nach Abschluss des Versorgungsvertrages fest, welcher Preis für die Leistung des Krankenhauses zu zahlen ist. Erst ab diesem Zeitpunkt sind die Krankenkassen verpflichtet, mit dem Krankenhausträger Pflegesatzverhandlungen zu führen (§ 109 Abs. 4 Satz 3). Kleinen Einrichtungen kann im Übrigen gegenüber größeren Häusern nicht von vornherein die Wirtschaftlichkeit abgesprochen werden. Solche Einrichtungen kommen dank ihrer Spezialisierung oft mit geringerem Aufwand aus und beschränken sich eher auf notwendige Behandlungen (*Quaas* NZS 1995, 179 (200); 1996, 102 (104).

c) **Qualität**

Mit dem durch das Krankenhausstrukturgesetz (KHSG) vom 10.12.2015 (BGBl. I S. 2229) eingefügten Merkmal einer qualitativ hochwertigen Leistungserbringung entsprechend dem neugefassten § 1 Abs. 1 KHG und dem damit verbundenen Ziel, eine qualitativ hochwertige Krankenhausbehandlung sicherzustellen, wird in dem ebenfalls durch das KHSG neu gefassten § 109 Abs. 3 Satz 1 Nr. 2 klargestellt, dass Versorgungsverträge mit Krankenhäusern, die dauerhaft eine in erheblichem Umfang unzureichende Qualität aufweisen, nicht abgeschlossen werden dürfen. Maßgeblich für eine solche Feststellung sind – wie auch für die Krankenhausplanung der Länder (vgl. §§ 6 Abs. 1a, 8 Abs. 1a bis c KHG n.F.) – die planungsrelevanten Qualitätsindikatoren gemäß den Empfehlungen des G-BA zu § 136c Satz 1, die Bestandteil des Krankenhausplans eines Landes sind, soweit sie nicht durch Landesrecht gem. § 6 Abs. 1a Satz 2 KHG n.F. ausgeschlossen oder eingeschränkt wurden. Dabei kann die Feststellung der unzureichenden Qualität auch nur eine oder mehrere Fachabteilungen eines Krankenhauses betreffen. In einem solchen Fall bleibt der Abschluss von Versorgungsverträgen im Hinblick auf die übrigen Fachabteilungen zulässig. 32a

Gleiches gilt für Krankenhäuser, die die maßgeblichen landesrechtlichen Qualitätsanforderungen nicht nur vorübergehend und in einem erheblichen Maße nicht erfüllen oder für die wiederholt Qualitätsabschläge nach § 5 Abs. 3a KHEntgG vereinbart wurden. Aus Gründen der Verhältnismäßigkeit toleriert das Gesetz die Vereinbarung von Qualitätsabschlägen für einen Zeitraum von höchstens 3 Jahren infolge.

d) **Bedarfsgerechtigkeit**

Oftmals entscheidendes Kriterium für den Abschluss eines Versorgungsvertrages ist in der Praxis die Bedarfsgerechtigkeit. Das Gesetz definiert diesen Begriff nicht. Insoweit kann wegen der Regelungsparallelität in § 109 Abs. 2 SGB V und § 8 Abs. 2 KHG zunächst auf die Rechtsprechung des BVerwG zur Bedarfsgerechtigkeit von Krankenhäusern bei Aufnahme oder Nicht-Aufnahme in den Krankenhausplan zurückgegriffen werden (dazu Quaas/Zuck/Clemens/*Quaas*, Medizinrecht, § 27 Rn. 68.). Allerdings folgt aus dem Nebeneinander der beiden Regelungsgefüge nach Auffassung des BSG ein Vorrang der Plankrankenhäuser (BSGE 78, 233; 243; Urt. v. 16.05.2012 – B 3 KR 9/11 R juris Rn. 39; zur ergänzenden Versorgungsfunktion von Vertragskrankenhäusern s. BVerwG DVBl 2011, 895 Rn. 219; *Stollmann* NZS 2004, 350, 354; krit. *Noftz* SGb 1999, 632, 635). Solange der bestehende Bedarf von Krankenhausbetten durch Plankrankenhäuser gedeckt werde, komme der Abschluss eines Versorgungsvertrags nach § 109 nicht in Betracht. Die Fiktion des Versorgungsvertrages von Plankrankenhäusern nach § 108 Satz 2 schließe es aus, den für zugelassene Plankrankenhäuser gedeckten Bedarf dahin zu prüfen, ob das einen Versorgungsvertrag begehrende Krankenhaus diesen Bedarf besser decken kann als die bereits zugelassenen Plankrankenhäuser. Es ist daher irrelevant, ob das infrage stehende Krankenhaus besser ausgelastet ist als Plankrankenhäuser 33 (während i.R.d. KHG der Belegungsgrad einer Klinik ein Indiz für ihre Bedarfsgerechtigkeit sein kann, vgl. BVerwGE 59, 258, 264) oder ob es wirtschaftlicher oder leistungsfähiger ist.

34 Der durch die Rechtsprechung betonte Vorrang der Plankrankenhäuser besteht nicht uneingeschränkt. Zwar bezieht sich der Begriff der Bedarfsgerechtigkeit im Rahmen von § 109 Abs. 3 Satz 1 Nr. 2 auf eine andere Größe als im Rahmen des KHG. Während das KHG vom Gesamtbedarf an Krankenhausbetten ausgeht, erfasst § 109 von vornherein nur den im Zeitpunkt der Antragstellung eines Bewerbers von den Plankrankenhäusern nicht gedeckten Bedarf. Für die Frage der Bedarfslücke entfaltet indessen der Krankenhausplan weder zum Umfang des Bedarfs allgemein noch zum Umfang des durch Plankrankenhäuser gedeckten Bedarfs eine Bindungs- oder Tatbestandswirkung für die von den Landesverbänden zu treffende Entscheidung über den Versorgungsvertrag. Insoweit schließt sich das BSG der Rechtsprechung des BVerwG an, wonach es sich bei dem Krankenhausplan lediglich um eine verwaltungsinterne Maßnahme ohne unmittelbare Rechtswirkung handelt (BVerwG u.a. DÖV 1986, 528). An diese »Innenwirkung« sind die Landesverbände nicht gebunden (BSG Urt. v. 16.05.2012 – B 3 KR 9/11; Quaas/Zuck/Clemens/*Quaas*, Medizinrecht, § 27 Rn. 69; a.A. jetzt LSG BW Urt. v. 25.11.2020 – L 5 KR 3211/17, Nichtzulassungsbeschwerde eingelegt B 1 KR 4/21B).

35 Vielmehr ist die Feststellung des Bedarfs im Krankenhausplan auch von den Gerichten im Streit um den Abschluss eines Versorgungsvertrages voll zu überprüfen. Die Landesverbände – und die Gerichte – müssen dazu eigene Feststellungen treffen, etwa, ob die im Landeskrankenhausplan angenommene erforderliche Verweildauer je Behandlungsfall zutreffend der Bedarfsermittlung zugrunde gelegt wurde. Deshalb können die Krankenkassenverbände den Abschluss eines Versorgungsvertrages nur dann unter Hinweis auf den durch Plankrankenhäuser gedeckten Bedarf ablehnen, wenn die hierfür erforderlichen Berechnungen zutreffen. »Bedarfsgerecht« i.d.S. ist ein Krankenhaus dann, wenn es in einer bestimmten Region einen Nachfrageüberhang nach notwendigen stationären medizinischen Leistungen gibt, der von den bereits zugelassenen Krankenhäusern (§ 108 Satz 1 bis 3) nicht befriedigt werden kann. Dabei bezeichnet das BSG als »Bedarf« zusammenfassend »einen Überhang an – aktueller und künftig absehbarer – Nachfrage nach bestimmten Produkten oder Leistungen gegenüber dem vorhandenen Angebot des Markts« (BSG SozR 3–2500 § 111 SGB V Nr. 3). Fehlt es an einem solchen Nachfrageüberhang, darf ein Versorgungsvertrag nicht abgeschlossen werden. Maßgebender Zeitpunkt für die Beurteilung der Bedarfsgerechtigkeit ist im Streitfall die letzte mündliche Verhandlung in der abschließenden Tatsacheninstanz. Dies gilt auch für die Frage der Umwandlung der Betten einer (ehemaligen) Reha-Klinik in einen Versorgungsvertrag nach § 108 Abs. 3, 109 (LSG BW Urt. v. 13.12.2002 – L 4 KR 935/00).

### 3. Rechtsanspruch

36 Die Annahme oder Ablehnung des Angebotes auf den Abschluss eines Versorgungsvertrages steht – entgegen der etwas missverständlichen Formulierung in § 109 Abs. 2 – nicht im Ermessen der Landesverbände. Ist ein Krankenhaus bedarfsgerecht und bietet es die Gewähr für eine leistungsfähige und wirtschaftliche Krankenhausbehandlung der Versicherten (§ 109 Abs. 3 Satz 1), hat sein Träger einen Rechtsanspruch auf Abschluss eines Versorgungsvertrages. Dies hat das BSG schon zu § 371 Abs. 2 RVO entschieden (BSGE 59, 258, 260) und daran zu § 109 festgehalten (BSGE 78, 233, 243; Urt. v. 16.05.2012 – B 3 KR 9/11 R; s.a. Krauskopf/*Knittel* Soziale Krankenversicherung/Pflegeversicherung, § 109 SGB V Rn. 12; Hauck/Noftz/*Klückmann* SGB V, K § 109 Rn. 23 f.). Ein Auswahlermessen der Landesverbände besteht deshalb nur für die Fallgestaltung, dass bei einem nicht gedeckten Bedarf zwischen mehreren geeigneten Krankenhäusern, die sich gleichzeitig um den Abschluss eines Versorgungsvertrages bewerben, eine Auswahl erforderlich wird, weil die Zulassung aller Bewerber den Bedarf wieder überstiege. Allerdings setzt der Rechtsanspruch auf Abschluss eines Versorgungsvertrages nicht voraus, dass bereits vor Vertragsschluss eine entsprechende Einrichtung betrieben wird (vgl. OLG München Urt. v. 01.07.2003 – 1 U 53 08/ 01, KRS. 03.021). Im Übrigen kommt eine Auswahlentscheidung nur so lange in Betracht, als

nicht der Bedarf bereits durch den Abschluss eines Versorgungsvertrages mit einem konkurrierenden Krankenhausträger gedeckt ist (BSG, SozR 3–2500, § 109 Nr. 7, Satz 47 f.). Sobald ein den Bedarf deckender Versorgungsvertrag mit einem Bewerber (wirksam) geschlossen ist, entfällt mangels Bedarfs die Zulassungsmöglichkeit des Konkurrenten. Das BSG verneint zutreffend die Erforderlichkeit einer Zustimmung des Mitbewerbers zu dem Vertrag nach § 57 Abs. 1 SGB X, da kein subjektives öffentliches Recht des Dritten berührt wird (BSG Urt. v. 16.05.2012 – B 3 KR 9/11, *Knispel* NZS 2006, 120). Der unterlegene Konkurrent wird auf den vorbeugenden Rechtsschutz verwiesen, er muss die Schaffung nicht rückgängig zu machen der Umstände durch vorläufigen Rechtsschutz (§ 86b Abs. 2 SGG) verhindern (*Knispel* NZS 2006, 120).

### 4. Wahlrecht

Mit Rücksicht auf den durch § 109 begründeten Rechtsanspruch des Krankenhausträgers auf Abschluss eines Versorgungsvertrages kann der Krankenhausträger, der die Zulassung zur stationären Versorgung der GKV-Versicherten begehrt, nicht darauf verwiesen werden, er könne seine Rechte durch einen Antrag auf Aufnahme in den Krankenhausplan nach dem KHG verfolgen. Dagegen spricht schon, dass die Stellung als Plankrankenhaus in erster Linie zur Inanspruchnahme von Förderleistungen nach dem KHG berechtigt und der Zulassungsstatus nach § 108 Nr. 2 dazu lediglich eine Nebenfolge darstellt. Wenn ein Krankenhausträger – aus welchem Grund auch immer – auf eine Förderung keinen Wert legt, darf er nicht durch die Versagung eines einklagbaren Rechtsanspruches gezwungen werden, dennoch den Weg über die Aufnahme in den Krankenhausplan zu beschreiten, statt den Abschluss eines Versorgungsvertrages nach § 108 Nr. 3 anzustreben. Der Betreiber eines Krankenhauses hat vielmehr die Wahl, ob er die Zulassung zur Versorgung der Versicherten mit stationären Leistungen durch die Aufnahme in den Krankenhausplan (Plankrankenhaus, § 108 Nr. 2) oder durch den Abschluss eines Versorgungsvertrages (Vertragskrankenhaus, § 108 Nr. 3) zu erreichen versucht. Er kann sein Wahlrecht nach Zweckmäßigkeitsgesichtspunkten ausüben und ist nicht gehalten, zunächst den Weg über die Planaufnahme zu beschreiten (BSG Urt. v. 16.05.2012 – B 3 KR 09/11 R; Quaas/Zuck/Clemens/*Quaas*, Medizinrecht, § 27 Rn. 75 ff.).

36a

### III. Genehmigung

Nach § 109 Abs. 3 Satz 2 werden Abschluss und Ablehnung des Versorgungsvertrages mit der Genehmigung durch die zuständige Landesbehörde wirksam. Damit ist die für die Krankenhausplanung zuständige Landesbehörde gemeint (BSGE 78, 243, 247). Ihrer Rechtsnatur nach ist die Genehmigung – wie schon bei § 371 Abs. 2 RVO a.F. – kein mit Rechtsmitteln angreifbarer VA, sondern ein Behördeninternum. Liegt die erforderliche Genehmigung nicht vor, wird sie im Fall einer rechtskräftigen Verurteilung zum Abschluss eines Versorgungsvertrages durch das Endurteil ersetzt. Die Gründe für die Erteilung oder die Versagung der Genehmigung ergeben sich abschließend aus § 109 Abs. 3 Satz 1. Damit erfüllt das Genehmigungserfordernis keine aufsichtsrechtliche, sondern eine (Krankenhaus-)planungsrechtliche Funktion (BVerwG DVBl 2011, 895 Rn. 20).

37

Hinsichtlich der Frage der Rückwirkung ist zwischen dem Abschluss und der Ablehnung des Versorgungsvertrages zu unterscheiden: Wird der Abschluss des Versorgungsvertrages genehmigt, wirkt dies nicht auf den Zeitpunkt des Vertragsschlusses zurück. Der Versorgungsvertrag wird daher erst mit der Bekanntgabe der Genehmigung an die Vertragspartner wirksam (BSG GesR 2006, 368). Dies folgt aus der statusbegründenden Wirkung des Versorgungsvertrages (s. Rdn. 19 ff.). Etwas anderes gilt für die Ablehnung des Vertragsschlusses: Zwar ist auch dafür nach § 109 Abs. 3 Satz 2 die Genehmigung durch die zuständige Landesbehörde Wirksamkeitsvoraussetzung. Da aber nur der Versorgungsvertrag, nicht seine Ablehnung statusbegründende Wirkung hat, spricht nichts gegen deren Rückwirkung (jurisPK-SGB V/*Wahl*, § 109 Rn. 94). In einem solchen Fall – der Ablehnung der Genehmigung des Vertragsschlusses – ist vom Vorliegen eines VA auszugehen (jurisPK – SGB V/*Wahl*, Rn. 96).

38

## D. Rechtswirkungen des Versorgungsvertrages

39 Die Rechtswirkungen des fiktiv oder kraft Vereinbarung abgeschlossenen Versorgungsvertrages sind in § 109 Abs. 4 gesetzlich umschrieben. Danach wird das Krankenhaus für die Dauer des Versorgungsvertrages zur Krankenhausbehandlung der Versicherten zugelassen (I.). Es ist im Rahmen seines Versorgungsauftrages zur Krankenhausbehandlung verpflichtet (II.) und hat einen entsprechenden Vergütungsanspruch nach Maßgabe des KHG, KHEntgG und der BPflV. (III.).

### I. Zulassung

40 Mit dem Versorgungsvertrag wird das Krankenhaus für die Dauer des Vertrages zur Krankenhausbehandlung der Versicherten zugelassen. Gegenstand der Zulassung ist – wie § 109 Abs. 4 Satz 2 zeigt – die Krankenhausbehandlung i.S.d. § 39 Abs. 1. Die Zulassungswirkung erfasst alle drei in §§ 108, 109 Abs. 1 Satz 2 genannten Krankenhausgruppen (Plankrankenhaus, Hochschulklinik und Vertragskrankenhaus). Denn der Versorgungsvertrag ist Rechtsgrundlage der Zulassung für jedes dieser Krankenhäuser. Die Zulassungswirkung endet bei Vertragskrankenhäusern im Zeitpunkt der Kündigung des Versorgungsvertrages (§ 110). Bei Plankrankenhäusern bewirkt die Aufnahme in den Krankenhausplan die Zulassung zur Krankenhausbehandlung. Sie endet dementsprechend in dem Zeitpunkt, in dem das Krankenhaus durch Aufhebung oder Änderung des Feststellungsbescheides rechtskräftig aus dem Plan ausgeschieden ist (Quaas/Zuck/Clemens/*Quaas*, Medizinrecht § 27 Rn. 87). Entsprechendes gilt für Hochschulkliniken. Im Übrigen ist auch bei Plankrankenhäusern und Hochschulkliniken eine Kündigung des Versorgungsvertrages zugelassen (§ 110). Mit Wirksamwerden dieser Kündigung sind diese Krankenhäuser ebenfalls nach § 109 Abs. 4 Satz 1 nicht (mehr) zur Krankenhausbehandlung der Versicherten zugelassen.

### II. Behandlungspflicht und Versorgungsauftrag

#### 1. Behandlungspflicht

41 Aus der Zulassung zur Krankenhausbehandlung ergibt sich die in § 109 Abs. 4 Satz 2 gesetzlich verankerte Behandlungspflicht. Die Behandlungspflicht trägt dem Naturalleistungsprinzip (§ 2 Abs. 2) Rechnung, das auch für die Krankenhausbehandlung gilt. Da die Krankenkassen grundsätzlich keine eigenen Krankenhäuser betreiben können (vgl. § 140), kommen sie ihrer Pflicht, die Versorgung der Versicherten mit Krankenhausleistungen sicherzustellen, durch den Abschluss von Versorgungsverträgen mit Krankenhausträgern nach. Krankenhäuser sind daher nicht berechtigt, Versicherte stattdessen privat zu behandeln.

42 Inhalt und Grenzen der Behandlungspflicht sind durch den Verweis auf § 39 näher bestimmt. Das zugelassene Krankenhaus muss bei der Leistungserbringung alle Anforderungen erfüllen, die das Leistungsrecht an die Krankenhausbehandlung i.S.d. § 39 stellt. Dem Rechtsanspruch des Versicherten aus Krankenhausbehandlung entspricht insoweit die Behandlungspflicht des Krankenhauses.

#### 2. Versorgungsauftrag

43 Die Behandlungspflicht des Krankenhauses besteht nur im Rahmen seines Versorgungsauftrages. Das ergibt sich bereits aus § 39 Abs. 1 Satz 3 und wird insoweit nochmals klarstellend in § 109 Abs. 4 Satz 2 wiederholt. Zugleich wird mit § 109 Abs. 4 Satz 2 der Umfang der Zulassung festgelegt. Die Zulassung des Krankenhauses ist daher abhängig von dem konkreten Versorgungsbedarf im Einzugsbereich des an der Teilnahme berechtigten Krankenhauses (BSGE 78, 243; GesR 2008, 323). Insoweit werden mit dem Versorgungsauftrag die konkreten Behandlungsmöglichkeiten eines Krankenhauses bestimmt. Deshalb dürfen – wie sich im Umkehrschluss aus § 109 Abs. 1 Satz 5 ergibt – an der Versorgung der Versicherten nur Krankenhäuser teilnehmen, für die ein Versorgungsauftrag mit Mindestfestlegung zur Bettenzahl und zur Leistungsstruktur besteht. Darin liegt zugleich eine Beschränkung des Vergütungsanspruchs des Krankenhauses (BSG GesR 2008, 323, u. Rn. 46).

Maßgebend für den Versorgungsauftrag ist die Aufgabenstellung des Krankenhauses und seine 44
Leistungsfähigkeit (*Quaas* MedR 1995, 54 ff.; Quaas/Zuck/Clemens/*Quaas*, Medizinrecht, § 27
Rn. 90). Die Aufgabenstellung des Plankrankenhauses wird durch den Krankenhausplan so wie
er durch den Feststellungsbescheid konkretisiert ist, festgelegt. Entsprechendes gilt für die Hochschulklinik. Bei Vertragskrankenhäusern ergibt sich der Versorgungsauftrag aus den vertraglichen
Bestimmungen (BSG GesR 2008, 323). Die Reichweite des im Feststellungsbescheid des Krankenhauses (§ 8 Abs. 1 Satz 3 KHG) durch die Angabe medizinischer Disziplinen beschriebenen
Versorgungsauftrages ist anhand der Weiterbildungsordnung der Landesärztekammer zu bestimmen, die zum Zeitpunkt des Inkrafttretens des Plans galt (BSG GesR 2003, 382; *Kuhla/Bedau*
in: Sodan, Handbuch des Krankenversicherungsrechts, § 25 Rn. 73 m.w.N. zur Rspr.). Wenn sich
der Versorgungsauftrag nicht auf die ganze Breite der Disziplin erstrecken soll, ist das im Feststellungsbescheid ausdrücklich zu regeln (VG Saarlouis Urt. v. 09.03.2010 – 3 K 506/08; VG Hannover Urt. v. 22.07.2010 – 7 A 3146/08 u.a.; Quaas/Zuck/Clemens/*Quaas*, Medizinrecht, § 25
Rn. 90 ff.; *ders.* f & w 2010, 648; *Thomae* das Krankenhaus 2008, 725).

### III. Vergütungsanspruch
#### 1. Gesetzlicher Vergütungsanspruch

Der Verpflichtung zur Krankenhausbehandlung entspricht der Vergütungsanspruch des zugelassenen 45
Krankenhauses nach Maßgabe der Vorschriften des KHG und der BPflV gem. § 109 Abs. 4 Satz 2.
Die Krankenkassen unterliegen einem »Kontrahierungszwang«, der sie verpflichtet, Pflegesatzverhandlungen mit dem Krankenhausträger zu führen und zum Abschluss zu bringen. Die Vorschrift
zielt auf die Krankenkassen, die zwar nicht Vertragspartner der Versorgungsverträge sind, die für diese aber nach § 109 Abs. 1 Satz 3 unmittelbar verbindlich sind. Insoweit und deshalb hat der Versorgungsvertrag (auch) normsetzenden Charakter (Hauck/Noftz/*Klückmann* SGB V, K § 109 Rn. 36;
zu solcher »Normsetzung« s.a. BSGE 70, 240, 244; 71, 42, [45]; 72, 15). Damit schafft der Versorgungsvertrag nach § 109 Abs. 1 nicht nur zwischen dem Krankenhausträger und den Verbänden der
Krankenkassen, sondern auch zwischen dem Krankenhaus und den Krankenkassen ein Grundverhältnis, aus dem sich ein direkter Vergütungsanspruch des Krankenhausträgers gegen die Krankenkasse, bei der der Versicherte Mitglied ist, ergibt (Krauskopf/Knittel Soziale Krankenversicherung/
Pflegeversicherung, § 109 SGB V, Rn. 18; Hauck/*Noftz* SGB V, K § 39 Rn. 157 m. w.N). Rechtsgrundlage des Vergütungsanspruches des Krankenhauses ist damit unmittelbar § 109 Abs. 4 Satz 2
(*Pilz* NZS 2003, 350 m.w.N. zur Rspr; *Thomae*, Düsseldorfer Krankenhausrechtstag 2006, 71, 74;
Quaas/Zuck/Clemens/*Quaas*, Medizinrecht § 27 Rn. 92). Dem entspricht die Rechtsprechung
des BSG, wonach durch die Inanspruchnahme der Sachleistung durch den Versicherten unmittelbar eine Zahlungsverpflichtung seiner Krankenkasse gegenüber dem leistungserbringenden
Krankenhaus begründet wird, und zwar unabhängig davon, ob und mit welchem Inhalt eine Kostenzusage der Krankenkasse vorliegt (BSG Urt. v. 10.03.2015 – B 1 KR 2/15 R, KRS 2015, 77;
BSG GesR 2009, 91; BSGE 89, 104; 86, 166; LSG BW Urt. v. 27.01.2012 – L 4 KR 2272/10,
ZMGR 2012, 132 m.w.N.; Hauck/*Noftz*, SGB V, K § 39 Rn. 157, 159; *Pilz* NZS 2003, 350 (351).
Der gesetzliche Vergütungsanspruch des Krankenhauses und der Fallpauschalenkatalog beschränken
den Zahlungsanspruch des Krankenhauses nicht auf den einmal geforderten Betrag. Auch nach Erstellung einer »Schlussrechnung« können Krankenkasse und Krankenhaus zu einer nachträglichen
Korrektur berechtigt sein. Allerdings sind Nachforderungen auf vorbehaltlose und bereits gezahlte Schlussrechnungen des Krankenhauses nach Ablauf von 6 Wochen seit Rechnungslegung nur
noch dann zulässig, wenn der Nachforderungsbetrag die Bagatellgrenze (Aufwandspauschale von
300,00 € gem. § 275 Abs. 1c Satz 2 bzw. 5 % des Ausgangsrechnungswertes) übersteigt oder auf der
Korrektur eines offen zu Tage liegenden Fehlers basiert (BSG GesR 2010, 382).

#### 2. Begrenzung durch den Versorgungsauftrag

Der (gesetzliche) Vergütungsanspruch des Krankenhauses besteht indessen nur für Behandlungen, 46
die von dem Versorgungsauftrag des Krankenhauses gedeckt sind. Über dessen Rahmen hinaus ist

das Krankenhaus nach § 109 Abs. 4 Satz 2 nicht zu einer Krankenhausbehandlung verpflichtet und können Versicherte nach § 39 Abs. 1 Satz 3 Leistungen in dem Krankenhaus nicht beanspruchen (BSG GesR 2008, 323). Deshalb wird bei der Krankenhausfinanzierung auf die durch den Versorgungsauftrag im Einzelnen festgelegten Versorgungsaufgaben des Krankenhauses abgestellt, wenn etwa der Versorgungsauftrag zur Bemessungsgrundlage für tagesgleiche Pflegesätze (§ 4 Nr. 3 BPflV) und DRG-Erlöse (§ 8 Abs. 1 Satz 3, 4 KHEntgG) erhoben wird. Außerhalb des Versorgungsauftrages kann ein Krankenhaus danach selbst dann keine Vergütung für eine erbrachte Leistung beanspruchen, wenn die Leistung ansonsten ordnungsgemäß gewesen ist (BSG GesR 2008, 323).

## § 110 Kündigung von Versorgungsverträgen mit Krankenhäusern

(1) Ein Versorgungsvertrag nach § 109 Abs. 1 kann von jeder Vertragspartei mit einer Frist von einem Jahr ganz oder teilweise gekündigt werden, von den Landesverbänden der Krankenkassen und den Ersatzkassen nur gemeinsam und nur aus den in § 109 Abs. 3 Satz 1 genannten Gründen. Die Kündigung hat zu erfolgen, wenn der in § 109 Absatz 3 Satz 1 Nummer 2 genannte Kündigungsgrund vorliegt. Eine Kündigung ist nur zulässig, wenn die Kündigungsgründe nicht nur vorübergehend bestehen. Bei Plankrankenhäusern ist die Kündigung mit einem Antrag an die zuständige Landesbehörde auf Aufhebung oder Änderung des Feststellungsbescheids nach § 8 Abs. 1 Satz 2 des Krankenhausfinanzierungsgesetzes zu verbinden, mit dem das Krankenhaus in den Krankenhausplan des Landes aufgenommen worden ist. Kommt ein Beschluss über die Kündigung eines Versorgungsvertrags durch die Landesverbände der Krankenkassen und der Ersatzkassen nicht zustande, entscheidet eine unabhängige Schiedsperson über die Kündigung, wenn dies von Kassenarten beantragt wird, die mindestens ein Drittel der landesweiten Anzahl der Versicherten auf sich vereinigen. Einigen sich die Landesverbände der Krankenkassen und die Ersatzkassen nicht auf eine Schiedsperson, wird diese von der für die Landesverbände der Krankenkassen zuständigen Aufsichtsbehörde bestimmt. Klagen gegen die Bestimmung der Schiedsperson haben keine aufschiebende Wirkung. Die Kosten des Schiedsverfahrens tragen die Landesverbände der Krankenkassen und die Ersatzkassen entsprechend der landesweiten Anzahl ihrer Versicherten. Klagen gegen die Entscheidung der Schiedsperson über die Kündigung richten sich gegen die Landesverbände der Krankenkassen und die Ersatzkassen, nicht gegen die Schiedsperson.

(2) Die Kündigung durch die in Absatz 1 Satz 1 genannten Verbände wird mit der Genehmigung durch die zuständige Landesbehörde wirksam. Diese hat ihre Entscheidung zu begründen. Bei Plankrankenhäusern kann die Genehmigung nur versagt werden, wenn und soweit das Krankenhaus für die Versorgung unverzichtbar ist und die zuständige Landesbehörde die Unabweisbarkeit des Bedarfs schriftlich oder elektronisch dargelegt hat. Die Genehmigung gilt als erteilt, wenn die zuständige Landesbehörde nicht innerhalb von drei Monaten nach Mitteilung der Kündigung widersprochen hat. Die Landesbehörde hat einen Widerspruch spätestens innerhalb von drei weiteren Monaten schriftlich oder elektronisch zu begründen. Mit Wirksamwerden der Kündigung gilt ein Plankrankenhaus insoweit nicht mehr als zugelassenes Krankenhaus.

| Übersicht | Rdn. | | Rdn. |
|---|---|---|---|
| A. Allgemeines | 1 | 2. Form | 7 |
| I. Regelungsgehalt | 1 | 3. Frist | 8 |
| II. Normzweck | 2 | 4. Schiedsperson | 9a |
| B. Voraussetzungen und Verfahren der Kündigung | 3 | IV. Kündigungsgründe | 10 |
| | | V. Antrag auf Aufhebung/Änderung des Feststellungsbescheides | 14 |
| I. Kündigungsberechtigung | 3 | | |
| II. Voll- oder Teilkündigung | 5 | VI. Genehmigung der Kündigung | 18 |
| III. Rechtsnatur der Kündigung, Form, Frist und Schiedsperson | 6 | 1. Genehmigungserfordernis | 18 |
| 1. Rechtsnatur | 6 | 2. Begründungserfordernis und Entscheidungsmaßstab | 19 |

## A. Allgemeines

### I. Regelungsgehalt

§ 110 regelt – als Gegenstück zu § 109 – die Beendigung von Versorgungsverträgen durch eine Kündigung. Abs. 1 legt die Voraussetzungen fest, unter denen formell und inhaltlich eine Kündigung durch eine der Vertragsparteien vorgenommen werden kann. Abs. 2 bestimmt Besonderheiten im Verfahren zur Beendigung des Versorgungsvertrages, da von der Kündigung nicht nur die Vertragsparteien, sondern auch die als Pflegesatzpartei betroffenen Krankenkassen und die Krankenhausplanungsbehörden betroffen sind, die – bei Plankrankenhäusern – den Feststellungsbescheid (als Grundlage des fingierten Versorgungsvertrages) erlassen haben. Deren Mitwirkung ist vorgesehen.

### II. Normzweck

Die Vorgängerbestimmung des § 371 RVO sah ein Kündigungsrecht nur gegenüber Vertragskrankenhäusern vor, wobei die Kündigungsfrist 2 Jahre betrug. Die Bestimmung spielte in der Praxis so gut wie keine Rolle. Das änderte sich durch das GRG (1989) grundlegend. Da der Versorgungsvertrag als Grundlage der Rechtsbeziehungen zwischen den Krankenhäusern und den Krankenkassen für alle zugelassenen Krankenhäuser eingeführt wurde (§§ 108, 109 Abs. 1), erstreckt § 110 das Kündigungsrecht gegenüber allen drei Krankenhausgruppen des § 108. Zentrales Anliegen des § 110 ist daher, alle zugelassenen Krankenhäuser gleich zu behandeln. Darüber hinaus dienen die nach den Krankenhausarten differenzierten Kündigungsgründe und das Verfahren dem Kündigungsschutz des jeweils betroffenen Krankenhauses. Zugleich wird dem – verfassungsrechtlichen – Übermaßverbot (Art. 20 Abs. 3 GG) entsprochen. In § 110 sind deshalb – so die amtliche Begründung – folgende Regelungen vorgesehen:

1) Die Landesverbände der Krankenkassen können nur kündigen, wenn einer der in § 109 Abs. 3 Satz 1 genannten Versagungsgründen vorliegt; eine nur vorübergehende Unwirtschaftlichkeit eines Krankenhauses stellt keinen Kündigungsgrund dar.
2) Bei Plankrankenhäusern ist die Kündigung mit einem Antrag an die zuständige Landesbehörde auf Herausnahme des Krankenhauses aus dem Krankenhausplan zu verbinden; Voraussetzung für die Beendigung der Zulassung des Krankenhauses ist damit die Aufhebung des Feststellungsbescheides.
3) Die Kündigung bedarf der Genehmigung durch die zuständige Landesbehörde; sie muss ihre Entscheidung in jedem Fall begründen.

## B. Voraussetzungen und Verfahren der Kündigung

### I. Kündigungsberechtigung

Zur Kündigung eines Versorgungsvertrages mit Krankenhäusern ist jede Vertragspartei berechtigt, also auch der Krankenhausträger selbst (§ 110 Abs. 1 Satz 1). In Betracht kommt eine solche Kündigung allerdings nur bei einem Vertragskrankenhaus i.S.d. § 108 Nr. 3. Ein Plankrankenhaus, das aus der Krankenhausversorgung ausscheiden möchte, wird die Aufhebung des Feststellungsbescheides beantragen. Wird einem solchen Antrag stattgegeben, endet damit auch der (fingierte) Versorgungsvertrag. Einer »Genehmigung« der von einem Plankrankenhaus ausgesprochenen Kündigung bedarf es insoweit nicht.

Von größerer Bedeutung in der Praxis ist die durch die andere Vertragspartei – die Krankenkassen (-Verbände) – ausgesprochene Kündigung. Sie darf nur gemeinsam ausgesprochen werden (§ 110 Abs. 1 Satz 1 Hs. 2). Dies setzt bei fehlender Einigung einen Mehrheitsbeschluss voraus (s. § 109 Rdn. 8).

### II. Voll- oder Teilkündigung

Wie § 110 Abs., 1 Satz 1 Hs. 1 SGB ausdrücklich bestimmt, kann ein Versorgungsvertrag **ganz oder teilweise** gekündigt werden. Damit ist eine »Änderungskündigung« möglich (jurisPK-SGB V/

*Wahl* § 110 Rn. 14). Dies entspricht dem Grundsatz der Verhältnismäßigkeit (VG Freiburg Urt. v. 20.02.2002 – 1 K 148/00). So kann sich anbieten, bei einem Plankrankenhaus lediglich eine – nicht mehr bedarfsgerechte – Abteilung des Krankenhauses »zu kündigen«, anstatt die Herausnahme des ganzen Krankenhauses aus dem Krankenhausplan zu beantragen, um damit den Versorgungsvertrag insgesamt zu beenden. Bei einer »Teilkündigung« darf allerdings – entsprechend den Grundsätzen zur »Änderungskündigung« – der Versorgungsvertrag nicht in seinem Wesen geändert, d.h. der Versorgungsauftrag des Krankenhauses unzumutbar behindert werden (SG Ulm Urt. v. 13.02.2018 – S 15 KR 1863/16; Quaas/Zuck/Clemens/*Quaas*, Medizinrecht, § 27 Rn. 104).

### III. Rechtsnatur der Kündigung, Form, Frist und Schiedsperson

#### 1. Rechtsnatur

6 Während die Kündigung durch das Krankenhaus unzweifelhaft eine einseitige, empfangsbedürftige Willenserklärung darstellt (Hauck/Noftz/*Klückmann* SGB V, K § 110 Rn. 42; Quaas/Zuck/Clemens/*Quaas*, Medizinrecht, § 27 Rn. 105), stellt die Kündigung des Versorgungsvertrages seitens der Verbände der Krankenkassen und der Ersatzkassen nach der Rechtsprechung des BSG einen VA dar (BSG NZS 1999, 185; ebenso VG Freiburg Urt. v. 20.02.2002 – 1 K 148/00; w. Nw. zur Rspr. bei Quaas/Zuck/Clemens/*Quaas*, Medizinrecht, § 27 Rn. 105 in Fn. 1295; a.A. jetzt LSG BW Urt. v. 25.11.2020 – L 5 KR 3211/17, Nichtzulassungsbeschwerde bei BSG, B 1 KR 4/21, sowie die überwiegende Lit. vgl. jurisPK-SGB V/*Wahl* § 110 Rn. 29 f.).

#### 2. Form

7 § 110 trifft zwar keine Aussage über die Form der Kündigung. Entsprechend § 59 Abs. 2 Satz 1 SGB X bedarf sie jedoch der Schriftform. Außerdem soll die Kündigung begründet werden. Aus dem Schreiben der Krankenkassen (-Verbände) muss hervorgehen, dass die Kündigung von diesen gemeinsam ausgesprochen wird. Eine nicht der Schriftform genügende Kündigung ist nichtig (§ 61 Satz 2 SGB X i.V.m. § 125 BGB).

#### 3. Frist

8 § 110 kennt nur eine fristgebundene und keine fristlose Kündigung des Versorgungsvertrages (anders § 74 Abs. 2 SGB XI für den Versorgungsvertrag von Pflegeeinrichtungen; für eine außerordentliche Kündigungsmöglichkeit bei »schwerwiegender Gefährdung der Ziele der Krankenhausversorgung« Rolfs/Giesen/Kreikebohm/Udsching/*Kingreen*, Beck-OK Sozialrecht, § 110 Rn. 5).

9 Die Kündigungsfrist beträgt für alle Vertragsparteien ein Jahr (§ 110 Abs. 1 Satz 1). Sie läuft erst ab dem Zeitpunkt der nach § 110 Abs. 2 Satz 2 bis 5 erteilten oder als erteilt geltenden Genehmigung, weil diese keine Rückwirkung zeitigt (Rolfs/Giesen/Kreikebohm/Udsching/*Kingreen*, Beck-OK Sozialrecht, § 110 Rn. 5) Wird die Frist nicht eingehalten, ist die Kündigung unwirksam.

#### 4. Schiedsperson

9a Durch das KHSG (2015) eingeführt ist die Einschaltung einer unabhängigen Schiedsperson für den Fall, dass ein Beschluss der Landesverbände der Krankenkassen und der Ersatzkassen über die Kündigung eines Versorgungsvertrages nicht zustande kommt (§ 110 Abs. 1 Satz 3 bis 7). Dadurch soll Druck auf die Krankenkassen ausgeübt werden, eine Kündigung des Versorgungsvertrages auszusprechen, insbesondere, wenn der zwingende Kündigungsgrund einer mangelnden Qualität der Leistungserbringung nach § 110 Abs. 1 Satz 2 vorliegt. Auch mit den in § 110 Abs. 2 vorgenommenen Änderungen sollen Kündigungen der Versorgungsverträge durch die Krankenkassen erleichtert werden (amtliche Begründung zu Art. 6 Nr. 9 Buchst. b KHSG). Entscheidet sich die Schiedsperson für eine Kündigung des Versorgungsvertrags, ersetzt diese Entscheidung den entsprechenden

(Mehrheits-) Beschluss der Landesverbände der Krankenkassen und der Ersatzkassen nach § 211a. Dadurch soll vermieden werden, dass sich die Vertreter der Kassenarten bei der Beschlussfassung über eine Kündigung blockieren (Beschlussempfehlung und Bericht des Ausschusses für Gesundheit BT-Drs. 18/6586 S. 117).

Der Rechtsschutz gegen Entscheidungen der Schiedsperson nach § 110 Abs. 1 Satz 3 ist differenziert zu sehen: Richtet sich die Klage gegen die Bestimmung der Schiedsperson durch die zuständige Aufsichtsbehörde, handelt es sich dabei um einen VA, gegen den die Anfechtungsklage zulässig ist, die aber keine aufschiebende Wirkung entfaltet (§ 110 Abs. 1 Satz 5 – zur VA-Qualität der Bestimmung einer Schiedsperson s.a. BSG Urt. v. 27.11.2014 – B 3 KR 6/13 R juris Rn. 21). Lehnt die Schiedsperson den Antrag einer Krankenkasse auf Ausspruch der Kündigung eines Versorgungsvertrages ab, dürfte auch dies einen – mit Rechtsmitteln angreifbaren – VA darstellen. Nichts anderes gilt schließlich, wenn die Schiedsperson die Kündigung ausspricht und durch schriftliche Entscheidung gegenüber dem betroffenen Krankenhaus vollzieht. Nach § 110 Abs. 1 Satz 7 richten sich Klagen gegen die Entscheidung der Schiedsperson über die Kündigung gegen die Landesverbände der Krankenkassen und die Ersatzkassen, und nicht gegen die Schiedsperson. Das zeigt, dass die Schiedsperson an Stelle der– über den Ausspruch der Kündigung nicht einig gewordenen – Krankenkassen handelt, da ihre Entscheidung den Beschluss nach § 211a ersetzt. Wäre ein solcher (Mehrheits-) Beschluss zustande gekommen, würde die von den Krankenkassen ausgesprochene Kündigung einen VA darstellen (s. Rdn. 6). Insoweit dürfte die Übertragung der Kündigungsbefugnis von den grundsätzlich zuständigen Krankenkassen auf eine Schiedsperson diese zu einem Hoheitsträger machen, sodass insoweit von einer Behörde i.S.v. § 1 Abs. 2 SGB X auszugehen ist (anders für die Schiedsperson nach § 125 Abs. 2 Hauck/Noftz/*Luthe*, K § 125 Rn. 30 m.w.N.).

## IV. Kündigungsgründe

Die Kündigungsgründe sind für die Vertragspartner unterschiedlich geregelt. Der Krankenhausträger kann den Versorgungsvertrag kündigen, ohne dass besondere Kündigungsgründe vorliegen müssen. Anders ist dies für die Krankenkassen (-Verbände). Sie können Versorgungsverträge nur bei Vorliegen bestimmter Gründe kündigen, die sich aus § 109 Abs. 3 Satz 1 ergeben müssen (vgl. § 110 Abs. 1 Satz 1 Hs. 2). Es muss also für das einzelne Krankenhaus/die Abteilung/das Bett kein Bedarf (mehr) bestehen oder keine Gewähr (mehr) für eine leistungsfähige, wirtschaftliche oder qualitativ hochwertige Krankenhausbehandlung geboten sein. Ob dies der Fall ist, ist anhand der gleichen Kriterien nachzuweisen und ggf. gerichtlich zu überprüfen, die für den Abschluss des Versorgungsvertrages nach § 109 maßgeblich waren (Quaas/Zuck/Clemens/*Quaas*, Medizinrecht § 27 Rn. 92). In schwierigen Fällen kann auch das Prüfungsergebnis einer Wirtschaftlichkeits- oder Qualitätsprüfung nach § 113 die Grundlage für die Kündigung des Versorgungsvertrages bilden (*Genzel* BayVBl. 1989, 481, 487). Im Übrigen kommt eine Kündigung eines Vertragskrankenhauses (§ 108 Nr. 3) dann in Betracht, wenn die für die Krankenhausplanung zuständige Behörde es abgelehnt hat, das Vertragskrankenhaus in den Krankenhausplan eines Landes aufzunehmen (BVerwG DVBl 2011, Rn. 21).

10

Darüber hinaus dürfen die Kündigungsgründe **nicht nur vorübergehend** bestehen (§ 110 Abs. 1 Satz 2). Damit wird dem Grundsatz der Verhältnismäßigkeit, wie er dem Verfassungsrechtsstatus der Krankenhäuser entspricht, Rechnung getragen. Die unwirtschaftliche Betriebsführung muss von einigem Gewicht und wiederholt festgestellt worden sein. Im Übrigen wird die Wirtschaftlichkeit als (alleiniger) Kündigungsgrund angesichts der Umstellung des Vergütungssystems auf Fallpauschalen kaum praktische Relevanz haben. Dagegen kann die (mangelnde) Leistungsfähigkeit des Krankenhauses zur Kündigung berechtigen, wenn entweder das Krankenhaus im personellen Bereich nicht mehr ausreichend besetzt ist, bzw. nicht mehr über Personal mit der erforderlichen Qualifikation verfügt oder wenn das Krankenhaus dem ggf. weiter entwickeltem medizinischen Standard nicht mehr entspricht. Maßstab für diesen Kündigungsgrund ist der Versorgungsauftrag des Krankenhauses (BSG SozR 3-2500, § 110 Nr. 2, Satz 5; *Knispel* NZS 2006, 120 (124).

11

12 Der Kündigungsgrund der fehlenden Bedarfsgerechtigkeit steht im Gegensatz zu der für Krankenhaus und Kostenträger verbindlichen Planaussage, wonach das Krankenhaus in den Krankenhausplan des Landes aufgenommen worden ist. Das aufgenommene Krankenhaus ist als bedarfsgerecht und damit auch als erforderlich anzusehen, solange es aufgenommen ist. Daraus folgt, dass der Kündigungsgrund der nicht bedarfsgerechten Versorgung bei Plankrankenhäusern auf der Grundlage der im KHG geregelten Krankenhausplanung zu prüfen ist. Aus der Fassung des § 109 Abs. 3 wird deutlich, dass der Gesetzgeber eng an die §§ 1, 6, 8 Abs. 3 KHG anknüpfen wollte (VG Freiburg Urt. v. 20.02.2003 – 1 K 148/00). Die verwaltungsgerichtliche Rechtsprechung zur Bedarfsgerechtigkeit i.S.d. §§ 1, 6, 8 KHG kann deshalb grundsätzlich herangezogen werden. Dabei ist es zulässig, dass die Krankenkassen das Instrument der Kündigung nutzen, um eine Auswahlentscheidung unter mehreren Plankrankenhäusern zu treffen (VG Freiburg Urt. v. 20.02.2003 – 1 K 148/00; a.A. VG Minden Urt. v. 29.08.2001 – 3 K 3280/97). Die Kündigungsmöglichkeit soll gerade sicherstellen, dass im Interesse der Wirtschaftlichkeit des Krankenhausversorgungswesens ein Überhang abgebaut, d.h. eine durch die (sukzessive) Aufnahme mehrerer Krankenhäuser in den Krankenhausplan eingetretene Überversorgung zurückgeführt wird. Die Kündigung nach § 110 entspricht folglich der Rücknahme oder Änderung eines Feststellungsbescheides über die Aufnahme in den Krankenhausplan (so ausdrücklich VGH Baden-Württemberg Beschl. v. 20.11.2001 – 9 S. 1572/01; VG Freiburg Urt. v. 20.02.2003 – 1 K 148/00). Allerdings kommt im Rahmen des § 110 Abs. 1 bei einem Bettenüberhang den in den Krankenhausplan aufgenommenen Krankenhäusern im Versorgungsgebiet kein Vorrang zu (BSG, SozR 3–2550 § 110 SGB V Nr. 2; a.A. Giesen/Rolfs/Kreikebohm/Udsching/*Kingreen*, Beck-OK zum Sozialgesetzbuch, § 110 Rn. 12; *Knispel* NZS 2006, 120).

13 Durch das Krankenhausstrukturgesetz (KHSG) vom 10.12.2015 (BGBl. I S. 2229) ist der Kündigungsgrund einer dauerhaften, in einem erheblichen Umfang unzureichenden Qualität des Krankenhauses hinzugetreten. Er ist zwingend. Mit der Bezugnahme auf § 109 Abs. 3 Satz 1 Nr. 2 wird klargestellt, dass eine Kündigung des Versorgungsvertrages ausgesprochen werden muss, wenn ein Krankenhaus bei den maßgeblichen planungsrelevanten Qualitätsindikatoren nach § 6 Abs. 1a KHG auf der Grundlage der vom G-BA nach § 136c Abs. 2 übermittelten Maßstäbe und Bewertungskriterien dauerhaft in einem erheblichen Maß unzureichende Ergebnisse erzielt. Die Feststellung der unzureichenden Qualität kann auch nur eine oder mehrere Fachabteilungen eines Krankenhauses betreffen. Die Kündigung ist dann nur auf diesen Teil des Krankenhauses zu beschränken (amtl. Begründung zu VI Nr. 9 Buchst. a KHSG).

### V. Antrag auf Aufhebung/Änderung des Feststellungsbescheides

14 Bei Plankrankenhäusern ist die Kündigung gem. § 110 Abs. 1 Satz 3 mit dem Antrag an die zuständige Landesbehörde zu verbinden, den Feststellungsbescheid nach § 8 Abs. 1 Satz 3 KHG aufzuheben oder – bei Teilkündigung – zu ändern. Damit soll sichergestellt werden, dass der Krankenhausträger nicht aufgrund eines für ihn weiter verbindlichen Planfeststellungsbescheides Kapazitäten für die Krankenhausbehandlung vorhält, die er nach der Kündigung seiner Zulassung zur stationären Versorgung gegenüber den Krankenkassen nicht mehr abrechnen kann (BT-Drs. 11/2237 S. 198). Rechtsdogmatisch wird damit eine Harmonisierung des Krankenhauskündigungs- mit dem Krankenhausplanungsrecht angestrebt. Versorgungsvertrag und staatliche Krankenhausplanung sollen auch im Fall der Kündigung übereinstimmen (Hauck/Noftz/*Klückmann* SGB V, § 110 SGB V Rn. 23.).

15 Ob eine solche Harmonisierung angesichts der rechtlichen Konstruktion der Fiktion des Versorgungsvertrages nach § 109 Abs. 1 Satz 2 und unter Berücksichtigung des Genehmigungserfordernisses nach § 110 Abs. 2 Satz 4 gelingen kann, erscheint fraglich. Rechtlich ist die Aufhebung oder Änderung des Feststellungsbescheides nach § 8 Abs. 1 Satz 3 KHG, die im Fall der Kündigung des Plankrankenhauses durch die Kassenverbände von diesen gem. § 110 Abs. 1 Satz 3 zu beantragen ist, der (teilweise) Widerruf eines (begünstigenden) VA. Es sind deshalb die Regelungen des § 49 LVwVfG einschließlich derer über den Bestandsschutz anwendbar (str. vgl. – Quaas/Zuck/Clemens/*Quaas*, Medizinrecht, § 27 Rn. 114 ff. m.w.N.). Die Aufhebung des Feststellungsbescheides eines leistungsfähigen, wirtschaftlichen und für die Krankenhausbehandlung bedarfsgerechten

Krankenhauses ist danach nicht zulässig. Dies aber ist der alleinige Prüfungsmaßstab der Aufhebungsentscheidung, nicht etwa die Frage, ob das Krankenhaus für die Versorgung der Versicherten verzichtbar oder unverzichtbar ist (§ 110 Abs. 2 Satz 4) (VG Arnsberg Urt. v. 22.12.2000 – 3 K 3443/99; Hauck/Noftz//*Klückmann* SGB V, K § 110 Rn. 26).

Allerdings verlangt § 110 Abs. 1 Satz 3 nicht ausdrücklich, dass über den Antrag auf Aufhebung 16 oder Abänderung des Feststellungsbescheides vor Wirksamwerden der Kündigung auch entschieden sein muss. Die Aufhebung oder Abänderung des Feststellungsbescheides ist daher keine Voraussetzung für die Wirksamkeit der Kündigung des Versorgungsvertrages (BSG NZS 1998, 427, 429; *Becker*/Kingreen, SGB V, § 110 Rn. 6; jurisPK-SGB V/*Wahl* § 110 Rn. 47). Dem entspricht, dass nach § 110 Abs. 2 Satz 7 SGB V n.F. ein Plankrankenhaus nicht mehr als zugelassenes Krankenhaus gilt, sobald die Kündigung von der zuständigen Landesbehörde genehmigt worden ist. Aufgrund der Neuregelung gilt die Zulassung mit Wirksamwerden der Kündigung auch dann nicht mehr, wenn das Land das Krankenhaus insoweit nicht oder noch nicht durch Feststellungsbescheid aus dem Krankenhausplan herausgenommen hat. Damit soll es den kündigungsberechtigten Verbänden erleichtert werden, ein Plankrankenhaus ganz oder teilweise von der Versorgung der Versicherten auszuschließen (amtl. Begründung zu Art. 6 Nr. 9 Buchst. b, dd KHSG).

Für Hochschulkliniken fehlt eine § 110 Abs. 1 Satz 3 entsprechende Regelung. Ihr Zulassungs- 17 status kann somit allenfalls durch eine analoge Anwendung der Bestimmung des § 110 Abs. 1 Satz 3 gekündigt werden (dazu Quaas/Zuck/Clemens/*Quaas*, Medizinrecht, § 27 Rn. 118; nach Rolfs/Giesen/Kreikebohm/Udsching/*Kingreen*, Beck-OK Sozialrecht, § 110 Rn. 7 gilt § 110 Abs. 1 Satz 3 für Hochschulkliniken nicht).

## VI. Genehmigung der Kündigung

### 1. Genehmigungserfordernis

Die Kündigung eines Versorgungsvertrages wird nach § 110 Abs. 2 Satz 1 SGB V n.F. erst mit der 18 Genehmigung durch die zuständige Landesbehörde wirksam. Zuständige Landesbehörde ist – wie in § 109 Abs. 3 Satz – die für die Krankenhausplanung zuständige Behörde (s. § 109 Rdn. 37). Dem Genehmigungserfordernis unterliegt jede Kündigung des Versorgungsvertrages, nicht nur – wie sich aus der systematischen Stellung des § 110 Abs. 2 Satz 1 ergeben könnte – die Kündigung durch die Krankenkassen (-Verbände), sondern auch die Kündigung durch den Krankenhausträger selbst (jurisPK-SGB V/*Wahl* § 110 Rn. 33). Während sich die Erteilung der Genehmigung als innerbehördlicher Mitwirkungsakt darstellt, ist die Verweigerung der Genehmigung ein mit Rechtsmitteln angreifbarer VA (Quaas/Zuck/Clemens/*Quaas*, Medizinrecht, § 27 Rn. 119 f.).

### 2. Begründungserfordernis und Entscheidungsmaßstab

Die Landesbehörde muss ihre Entscheidung gem. § 110 Abs. 2 Satz 2 begründen. Um die für die 19 Krankenhäuser notwendige Planungssicherheit herzustellen, wird nach Ablauf von 3 Monaten ohne Reaktion der Landesbehörde die Erteilung der Genehmigung gem. § 110 Abs. 2 Satz 5 fingiert.

Für Plankrankenhäuser darf die Genehmigung nur versagt und damit der Kündigung widerspro- 20 chen werden, wenn das Krankenhaus für die Versorgung der Versicherten **unverzichtbar** ist und die zuständige Landesbehörde die Unabweisbarkeit des Bedarfs schriftlich dargelegt hat (§ 110 Abs. 2 Satz 3 SGB V n.F.). Dies soll es den Landesbehörden erschweren, die Kündigung von Versorgungsverträgen mit Plankrankenhäusern abzulehnen. Eine wesentliche Erleichterung der Kündigungsmöglichkeit durch Krankenkassen gegenüber Plankrankenhäusern ist dadurch nicht erreicht worden (Quaas/Zuck/Clemens/*Quaas*, Medizinrecht § 27 Rn. 12 ff.; s.a. Becker/Kingreen/*Becker*, SGB V § 110 Rn. 9). Das gilt auch in Ansehung der durch das KHSG getroffenen Neuregelung des § 110 Abs. 2 Satz 3, wonach die Landesbehörde die Unabweisbarkeit des Bedarfs schriftlich begründen muss. Das bedeutet, dass sie konkret darlegen muss, warum der Versorgungsbedarf der bisher von dem betroffenen Krankenhaus gedeckt worden ist, nicht in zumutbarer Weise von anderen Krankenhäusern gedeckt werden kann.

## § 111 Versorgungsverträge mit Vorsorge- oder Rehabilitationseinrichtungen

(1) Die Krankenkassen dürfen medizinische Leistungen zur Vorsorge (§ 23 Abs. 4) oder Leistungen zur medizinischen Rehabilitation einschließlich der Anschlussheilbehandlung (§ 40), die eine stationäre Behandlung, aber keine Krankenhausbehandlung erfordern, nur in Vorsorge- oder Rehabilitationseinrichtungen erbringen lassen, mit denen ein Versorgungsvertrag nach Absatz 2 besteht; für pflegende Angehörige dürfen die Krankenkassen diese Leistungen auch in Vorsorge- und Rehabilitationseinrichtungen erbringen lassen, mit denen ein Vertrag nach § 111a besteht.

(2) Die Landesverbände der Krankenkassen und die Ersatzkassen gemeinsam schließen mit Wirkung für ihre Mitgliedskassen einheitliche Versorgungsverträge über die Durchführung der in Absatz 1 genannten Leistungen mit Vorsorge- oder Rehabilitationseinrichtungen, die

1. die Anforderungen des § 107 Abs. 2 erfüllen und
2. für eine bedarfsgerechte, leistungsfähige und wirtschaftliche Versorgung der Versicherten ihrer Mitgliedskassen mit stationären medizinischen Leistungen zur Vorsorge oder Leistungen zur medizinischen Rehabilitation einschließlich der Anschlussheilbehandlung notwendig sind.

§ 109 Abs. 1 Satz 1 gilt entsprechend. Die Landesverbände der Krankenkassen eines anderen Bundeslandes und die Ersatzkassen können einem nach Satz 1 geschlossenen Versorgungsvertrag beitreten, soweit für die Behandlung der Versicherten ihrer Mitgliedskassen in der Vorsorge- oder Rehabilitationseinrichtung ein Bedarf besteht. Absatz 5 Satz 7 und 8 gilt entsprechend.

(3) Bei Vorsorge- oder Rehabilitationseinrichtungen, die vor dem 1. Januar 1989 stationäre medizinische Leistungen für die Krankenkassen erbracht haben, gilt ein Versorgungsvertrag in dem Umfang der in den Jahren 1986 bis 1988 erbrachten Leistungen als abgeschlossen. Satz 1 gilt nicht, wenn die Einrichtung die Anforderungen nach Absatz 2 Satz 1 nicht erfüllt und die zuständigen Landesverbände der Krankenkassen und die Ersatzkassen gemeinsam dies bis zum 30. Juni 1989 gegenüber dem Träger der Einrichtung schriftlich geltend machen. Satz 1 gilt bis zum 31. Dezember 2025.

(4) Mit dem Versorgungsvertrag wird die Vorsorge- oder Rehabilitationseinrichtung für die Dauer des Vertrages zur Versorgung der Versicherten mit stationären medizinischen Leistungen zur Vorsorge oder Rehabilitation zugelassen. Der Versorgungsvertrag kann von den Landesverbänden der Krankenkassen und den Ersatzkassen gemeinsam mit einer Frist von einem Jahr gekündigt werden, wenn die Voraussetzungen für seinen Abschluss nach Absatz 2 Satz 1 nicht mehr gegeben sind. Mit der für die Krankenhausplanung zuständigen Landesbehörde ist Einvernehmen über Abschluss und Kündigung des Versorgungsvertrags anzustreben.

(5) Die Vergütungen für die in Absatz 1 genannten Leistungen werden zwischen den Krankenkassen und den Trägern der zugelassenen Vorsorge- oder Rehabilitationseinrichtungen vereinbart. Für Vereinbarungen nach Satz 1 gilt § 71 nicht. Die Bezahlung von Gehältern bis zur Höhe tarifvertraglicher Vergütungen sowie entsprechender Vergütungen nach kirchlichen Arbeitsrechtsregelungen kann nicht als unwirtschaftlich abgelehnt werden. Auf Verlangen der Krankenkasse ist die Zahlung dieser Vergütungen nachzuweisen. Die Vertragsparteien haben die Vereinbarungen für den Zeitraum vom 1. Oktober 2020 bis zum 31. März 2021 an die durch die COVID-19-Pandemie bedingte besondere Situation der Vorsorge- oder Rehabilitationseinrichtungen anzupassen, um die Leistungsfähigkeit der Einrichtungen bei wirtschaftlicher Betriebsführung zu gewährleisten. Das Bundesministerium für Gesundheit kann durch Rechtsverordnung mit Zustimmung des Bundesrates die in Satz 5 genannte Frist bis zum 31. Dezember 2021 verlängern. Kommt eine Vereinbarung innerhalb von zwei Monaten, nachdem eine Vertragspartei nach Satz 1 schriftlich zur Aufnahme von Verhandlungen aufgefordert hat, nicht oder teilweise nicht zustande, wird ihr Inhalt auf Antrag einer Vertragspartei durch die

Landesschiedsstelle nach § 111b festgesetzt. Die Landesschiedsstelle ist dabei an die für die Vertragsparteien geltenden Rechtsvorschriften gebunden.

(6) Soweit eine wirtschaftlich und organisatorisch selbstständige, gebietsärztlich geleitete Vorsorge- oder Rehabilitationseinrichtung an einem zugelassenen Krankenhaus die Anforderungen des Absatzes 2 Satz 1 erfüllt, gelten im Übrigen die Absätze 1 bis 5.

(7) Der Spitzenverband Bund der Krankenkassen und die für die Erbringer von Leistungen zur medizinischen Rehabilitation maßgeblichen Verbände auf Bundesebene vereinbaren unter Berücksichtigung der Richtlinien nach § 92 Absatz 1 Satz 2 Nummer 8 in Rahmenempfehlungen
1. das Nähere zu Inhalt, Umfang und Qualität der Leistungen nach Absatz 1,
2. Grundsätze einer leistungsgerechten Vergütung und ihrer Strukturen sowie bis zum 15. Juli 2021 Grundsätze für Vereinbarungen nach Absatz 5 Satz 5 und
3. die Anforderungen an das Nachweisverfahren nach Absatz 5 Satz 4.

Vereinbarungen nach § 137d Absatz 1 bleiben unberührt. 3 Die Inhalte der Rahmenempfehlungen sind den Versorgungsverträgen nach Absatz 2 und den Vergütungsverträgen nach Absatz 5 zugrunde zu legen. Kommen Rahmenempfehlungen ganz oder teilweise nicht zustande, können die Rahmenempfehlungspartner die Schiedsstelle nach § 111b Absatz 6 anrufen. Sie setzt innerhalb von drei Monaten den Rahmenempfehlungsinhalt fest.

| Übersicht | Rdn. | | Rdn. |
|---|---|---|---|
| A. Allgemeines | 1 | I. Rechtswirkungen | 11 |
| I. Regelungsgehalt | 1 | II. Vergütung | 12 |
| II. Normzweck | 3 | 1. Preisvereinbarung | 12 |
| B. Abschluss des Versorgungsvertrages | 5 | 2. Höhe der Vergütung | 13 |
| I. Regionalisierung des Vertragsabschlusses | 5 | 3. Vereinbarungsverfahren und Schiedsstelle | 15 |
| II. Abschlussvoraussetzungen | 7 | III. Kündigung | 16 |
| C. Rechte und Pflichten aus dem Versorgungsvertrag | 11 | | |

## A. Allgemeines

### I. Regelungsgehalt

§ 111 regelt, welche Vorsorge- und Rehabilitationseinrichtungen i.S.d. § 107 Abs. 2 zur Versorgung der Versicherten zugelassen sind. Dazu bedarf es des Abschlusses eines Versorgungsvertrages der – anders als bei den zugelassenen Krankenhäusern – ausschließlich durch Einigung zwischen dem Einrichtungsträger und den Krankenkassen (-Verbänden) zustande kommt. Einen fingierten Vertragsabschluss kennt das Gesetz nur für solche Vorsorge- und Rehabilitationseinrichtungen, die vor dem 01.01.1989 – dem Inkrafttreten des GRG – stationäre medizinische Leistungen für die Krankenkassen erbracht haben (§ 111 Abs. 3 Satz 1). 1

Neben dem Abschluss des Versorgungsvertrages regelt § 111 – wiederum zum Teil von dem Recht der Zulassung von Krankenhäusern gem. § 109 abweichend – den Geltungsbereich des Versorgungsvertrages und die Kündigung. Schließlich folgt aus § 111 Abs. 6 das Recht, ein Krankenhaus und eine Vorsorge- und Rehabilitationseinrichtung »unter einem Dach« errichten und betreiben zu können. 2

### II. Normzweck

§ 111 bezieht die Vorsorge- und Rehabilitationseinrichtungen in ein vertragliches Zulassungssystem ein, das dem der (zugelassenen) Krankenhäuser gleicht. Insoweit bezweckt § 111 eine grundsätzliche **Gleichstellung aller stationären** medizinischen **Versorgungseinrichtungen**, wobei die sich aus dem Leistungsrecht ergebenden Unterschiede in der medizinischen Behandlung (§§ 23 Abs. 4, 40 Abs. 2) hinsichtlich des Vertragsabschlusses berücksichtigt werden. Danach dürfen die 3

**§ 111 SGB V**  Versorgungsverträge mit Vorsorge- oder Rehabilitationseinrichtungen

Krankenkassen medizinische Leistungen zur Vorsorge (§ 23 Abs. 4) oder Leistungen zur medizinischen Rehabilitation einschließlich der Anschlussheilbehandlung (§ 40), die eine stationäre Behandlung, aber keine Krankenhausbehandlung erfordern, nur in Einrichtungen erbringen, die dazu durch einen Versorgungsvertrag zugelassen sind (§ 111 Abs. 1). Für die Rehabilitationseinrichtungen verlangt allerdings § 40 Abs. 2 Satz 1 darüber hinaus die Zulassung einer Zertifizierung nach § 20 Abs. 2a SGB IX (s. § 40 Rdn. 5).

4 § 111 bezweckt darüber hinaus, insbesondere durch die »Zulassungskriterien« des § 111 Abs. 2 Satz 1 Nr. 2, einer ungesteuerten Entwicklung im Vorsorge- und Reha-Bereich entgegenzuwirken. Schließlich dient die Vorschrift – i.V.m. § 107 – der Abgrenzung zur Zulassung von Krankenhäusern. Dabei erfasst – im Unterschied zum Krankenhausbereich – das Zulassungserfordernis des § 111 Abs. 1 ausschließlich die vollstationäre Leistungserbringung. Die teilstationäre Vorsorge- und Rehabilitation ist Gegenstand der ambulanten Vorsorge und medizinischen Rehabilitation (*jurisPK-SGB V/Wahl* § 111 Rn. 20).

### B. Abschluss des Versorgungsvertrages

#### I. Regionalisierung des Vertragsabschlusses

5 § 111 Abs. 2 Satz 1 nennt als Vertragspartner der mit dem Einrichtungsträger zu vereinbarenden »einheitlichen Versorgungsverträge« die Landesverbände der Krankenkassen und die Ersatzkassen. Diese schließen den Vertrag »gemeinsam mit Wirkung für ihre Mitgliedskassen«. Der (statusbegründende) Versorgungsvertrag ist somit auf die Mitgliedskassen (und deren Versicherten) des jeweiligen Landesverbandes oder des Verbandes einer Ersatzkasse beschränkt. Anders als der Versorgungsvertrag mit einem Krankenhaus, der gem. § 109 Abs. 1 Satz 3 für »alle Krankenkassen im Inland unmittelbar verbindlich ist«, gilt der Versorgungsvertrag nach § 111 grundsätzlich nur für den Bereich des jeweiligen Bundeslandes (vgl. Hauck/Noftz/*Klückmann* SGB V, K § 111 SGB V Rn. 24).

6 Die Folge dieser erstmalig im SGB V eingeführten Regionalisierung des Vertragsabschlusses ist die Notwendigkeit einer **Beitrittsregelung** für den Fall, dass der Kassenverband eines anderen Bundeslandes seine Mitgliedskassen an der Einrichtung beteiligen will (vgl. KassKomm/*Hess* § 111 SGB V Rn. 3). Der Beitritt ist durch § 111 Abs. 2 Satz 3 zugelassen und materiell davon abhängig, dass für die Behandlung der Versicherten ein »Bedarf« besteht.

#### II. Abschlussvoraussetzungen

7 Inhaltlich ist für die Annahme des Vertragsangebotes durch die Kassenverbände entscheidend, ob die gesetzlichen Tatbestandsvoraussetzungen, die abschließend sind, dafür vorliegen. Insoweit muss die Einrichtung gem. § 111 Abs. 2 Satz 1
1) die Anforderungen erfüllen, die der Begriff einer Vorsorge- oder Rehabilitationseinrichtung nach § 107 Abs. 2 verlangt, und
2) für eine bedarfsgerechte, leistungsfähige und wirtschaftliche Versorgung der Versicherten mit stationären Leistungen zur Vorsorge oder Rehabilitation einschließlich der Anschlussheilbehandlung notwendig sein.

8 Wegen der Begriffe Bedarfsgerechtigkeit, Leistungsfähigkeit und Wirtschaftlichkeit ist grundsätzlich auf die Ausführungen zu den Abschlussvoraussetzungen des Versorgungsvertrages eines Krankenhauses (s. § 109 Rdn. 7 ff.) zu verweisen. Der mit dem GSG vom 21.12.1992 (BGBl. I S. 2266, 2284, 2333) eingefügte Begriff der Bedarfsgerechtigkeit bedarf jedoch einer differenzierten Betrachtung. Insoweit ist nach der Rechtsprechung des BSG bei der Zulassung von Vorsorge- oder Rehabilitationseinrichtungen eine verfassungskonforme Auslegung des Begriffs »bedarfsgerecht« unter Berücksichtigung der insoweit bestehenden Besonderheiten des Leistungsrechts der gesetzlichen Krankenversicherung geboten, die sich von der Krankenhausbehandlung unterscheidet (BSG NZS 1998, 429; SozR 3–2500 § 111 SGB V Nr. 3; ebenso BGH Urt. v. 24.06.2004 – III ZR 215/03, KRS. 04.031; LSG Baden-Württemberg Urt. v. 23.03.2004 – L 11 KR 337/03; bei der

Zulassung von wohnortnahen Einrichtungen für die ambulante und u.U. teilstationäre Rehabilitation [§ 40 Abs. 1] ist von einer Bedarfsprüfung gänzlich abzusehen – vgl. BSG SozR 3–2500 § 40 Nr. 3). Im Unterschied zur Krankenhausbehandlung haben die Krankenkassen weitgehend Einfluss auf die Bewilligung und die Dauer von Rehabilitationsmaßnahmen und damit auch auf die Kostenentwicklung. Dies gilt auch in Ansehung des durch das GKV-WSG geänderten § 40 Abs. 2 Satz 1, wonach auf stationäre medizinische Rehabilitationsleistungen grundsätzlich ein Rechtsanspruch besteht (a.A. jurisPK-SGB V/*Wahl* § 111 Rn. 41 f., der mit Rücksicht auf diese Gesetzesänderung – entgegen BSG – eine Bedarfsprüfung durch die Kassenverbände für erforderlich hält). Der Gesichtspunkt der Kostendämpfung verlangt deshalb bei Vorsorge- und Rehabilitationseinrichtungen »nicht so dringend« eine Begrenzung der Leistungsanbieter wie im Krankenhausbereich.

Andererseits stellt auch eine Bedarfszulassung im Vorsorge- und Rehabilitationssektor einen Eingriff in das durch Art. 12 Abs. 1 GG geschützte Grundrecht der Berufsfreiheit dar. Ob eine mit Art. 12 Abs. 1 GG vereinbare Bedarfszulassung insoweit notwendig ist, lässt das BSG ausdrücklich offen. Jedenfalls müsse sie, wenn die Landesverbände auf ihrer Grundlage zu entscheiden haben, rechtsstaatlichen Vorgaben entsprechen (BSG NZS 1998, 429). Der Abschluss eines Versorgungsvertrages für eine vollstationäre geriatrische Einrichtung könne nicht mit der Begründung abgelehnt werden, für die Einrichtung bestehe kein Bedarf, weil nach der Bedarfsplanung andere Einrichtungen zur Bedarfsdeckung vorgesehen seien (BSG, SozR 3–2500 § 111 Rn. 3). Im Ergebnis ist deshalb bei verfassungskonformer Auslegung des § 111 Abs. 2 eine Bedarfszulassung im Reha-Bereich in der Regel nicht zulässig (Hauck/*Hannes*, SGB V, K § 111 Rn. 43 f. m.w.N.; LPK-SGB V/*Hänlein*, § 111 Rn. 7; a.A. jurisPK-SGB V/*Wahl* § 111 Rn. 42; unklar Rolfs/Giesen/Kreikebohm/Udsching/*Kingreen*, Beck-OK Sozialrecht, § 111 Rn. 6a). 9

Die Landesverbände der GKV haben für die erforderliche Mindestausstattung der jeweiligen Region mit stationärem Reha-Einrichtungen zu sorgen. Diese Planungshoheit und Strukturverantwortung der Landesverbände beinhaltet nicht die Aufgabe und das Recht, Obergrenzen bei der flächendeckenden Versorgung mit Reha-Kliniken festzulegen (BSGE 89, 294, 302, 304 f.). 10

## C. Rechte und Pflichten aus dem Versorgungsvertrag

### I. Rechtswirkungen

Ebenso wie der Versorgungsvertrag mit Krankenhäusern ist auch derjenige mit einer Vorsorge- oder Rehabilitationseinrichtung ein öffentlich-rechtlicher Vertrag mit statusbegründender Wirkung. Notwendiger Inhalt des Versorgungsvertrages ist die Festlegung von Art, Inhalt und Umfang der stationären medizinischen Vorsorge- oder Rehabilitationsleistungen, also der **Versorgungsauftrag** der Einrichtung einschließlich dazugehöriger »Bettenzahl« (vgl. im Einzelnen zum Vertragsinhalt Quaas/Zuck/Clemens/*Quaas*, Medizinrecht, § 27 Rn. 138 f.). Mit diesem Inhalt und in diesem Umfang besteht die »Zulassungswirkung« des Versorgungsvertrages. Sie ist – wie ausgeführt – regional begrenzt (s. Rdn. 5 ff.). Im Gegensatz zur Zulassung von Krankenhäusern besteht für Vorsorge- und Rehabilitationseinrichtungen keine ausdrückliche, dem § 109 Abs. 4 Satz 2 vergleichbare Verpflichtung zur Behandlung der Versicherten. Da indessen Inhalt der Zulassung die »Versorgung« der Versicherten ist, besteht kein Zweifel, dass der Versorgungsvertrag nicht nur das Recht, sondern auch die Pflicht der Einrichtung begründet, die vertragsgemäßen Leistungen zu erbringen. Die Weigerung, Versicherte dementsprechend zu behandeln, stellt eine Vertragsverletzung dar, die zu einer Kündigung des Versorgungsvertrages führen kann (Quaas/Zuck/Clemens/*Quaas*, Medizinrecht, § 27 Rn. 139). Im Übrigen garantiert der Abschluss des Versorgungsvertrages keine bestimmte Belegung der Einrichtung (BSGE 89, 294, 303 f.). 11

### II. Vergütung

#### 1. Preisvereinbarung

Von dem Versorgungsvertrag, der ausschließlich die Zulassung der Einrichtung zur stationären Versorgung zum Gegenstand hat, ist die Preisvereinbarung zu unterscheiden. Sie wird nicht von den 12

Kassenverbänden abgeschlossen, sondern gem. § 111 Abs. 5 zwischen dem Träger der Einrichtung und den »örtlichen« Krankenkassen vereinbart, die ihre Versicherten in der Einrichtung behandeln lassen. Da das KHG und die BPflV nicht auf Vorsorge- und Rehabilitationseinrichtungen anwendbar sind, gelten nicht deren Vorschriften zu Pflegesatzbemessung. Die Vergütungen werden vielmehr ohne staatliche Interventionsmöglichkeit »frei« vereinbart, weil die Vorsorge- oder Reha-Einrichtungen keinen Anspruch auf staatliche Förderung haben (vgl. Peters/*Hencke* KV [SGB V], § 111 Rn. 9; Hauck/Noftz/*Klückmann* SGB V, K § 111 Rn. 43). Die Kostenträger können deshalb von den Einrichtungen weder die Vorlage eines Kosten- und Leistungsnachweises (KLN) fordern noch zusätzliche Unterlagen zum Jahresabschluss oder zur Stellenbesetzung oder Eingruppierung des Personals verlangen.

### 2. Höhe der Vergütung

13 Hinsichtlich der Höhe der Vergütung enthält § 111 Abs. 5 **keine rechtlichen Kriterien** für die Vereinbarung. Dem Gesetz lässt sich deshalb zunächst nicht mehr entnehmen, als dass der Maßstab eine »an den Leistungen orientierte« Preisgestaltung sein soll (BT-Drs. 11/2237 S. 199; gemeinsame Erklärung der Spitzenverbände der Krankenkassen und des Bundesverbandes Deutscher Privatkrankenanstalten vom 20.12.1989, BKK 1990, 171; Hauck/Noftz/*Klückmann* SGB V, K § 111 Rn. 43). Bei der Preisvereinbarung ist selbstverständlich auch der Grundsatz der Beitragssatzstabilität (§ 71 Abs. 1) zu beachten.

14 Folgendes kommt aber hinzu. Nach § 111 Abs. 4 Satz 2 kann der Versorgungsvertrag von den Kassenverbänden gekündigt werden, wenn die Voraussetzungen für seinen Abschluss nach Abs. 2 Satz 1 nicht mehr gegeben sind. Zu diesen Voraussetzungen gehört u.a. die Leistungsfähigkeit und die Wirtschaftlichkeit der Einrichtung. Mit diesen Kriterien wird das Preis-Leistungsverhältnis angesprochen. Nur eine solche personelle und sachliche (apparative) Ausstattung kann als wirtschaftlich angesehen werden, die im Hinblick auf den Versorgungsauftrag der Einrichtung **angemessen** ist (Quaas/Zuck/Clemens/*Quaas*, Medizinrecht, § 27 Rn. 144 ff.). Dem muss auch die Vergütungsvereinbarung nach § 111 Abs. 5 Rechnung tragen. § 111 gibt dem Träger der Einrichtung einen Rechtsanspruch auf Abschluss und Fortbestand des Versorgungsvertrages, wenn die Einrichtung bedarfsrecht, wirtschaftlich und leistungsfähig ist (Quaas/Zuck/Clemens/*Quaas*, Medizinrecht § 27 Rn. 145). Da die Finanzierung der Einrichtung über die Vergütung nach § 111 Abs. 5 in die Vereinbarungsbefugnis der Vertragspartner gestellt ist, sind diese verpflichtet, durch den Abschluss der Vergütungsvereinbarung zu verhindern, dass der Einrichtung aus Gründen einer zu niedrigen Pflegesatzbemessung fehlende Leistungsfähigkeit und Wirtschaftlichkeit vorgeworfen werden kann. Eine an den Leistungen der Einrichtung orientierte Vergütung muss deshalb – entsprechend der Regelung über die vertragsärztliche Vergütung (§ 72 Abs. 2) – angemessen sein (Becker/Kingreen/*Welti* SGB V, § 111 Rn. 7; Quaas/Zuck/Clemens/*Quaas*, Medizinrecht, § 27 Rn. 145).

### 3. Vereinbarungsverfahren und Schiedsstelle

15 Durch das Gesetz zur Änderung des Infektionsschutzgesetzes vom 04.08.2011 (BGBl. I S. 1622) wurde § 111 Abs. 5 dahingehend ergänzt, dass im Fall einer fehlenden Einigung über die Höhe der Vergütung eine (Landes-) Schiedsstelle (§ 111b) nur auf Antrag einer Vertragspartei entscheidet. Im Zuge der Gleichstellung der ambulanten Rehabilitation mit der stationären Rehabilitation wurde die Schiedsstellenregelung durch das GKV-VStG mit Wirkung vom 01.01.2012 auf stationäre Einrichtungen erweitert (§ 40i.V.m. § 111b).

Zu dem Verfahren vor der Landesschiedsstelle kommt es, wenn eine Vergütungsvereinbarung nicht innerhalb von 2 Monaten, nachdem eine Vertragspartei schriftlich zur Aufnahme von Verhandlungen aufgefordert hat, nicht oder teilweise nicht zustande gekommen ist und einen Antrag auf Festsetzung der Vergütung bei der Schiedsstelle stellt (§ 111 Abs. 5 Satz 2). Eine Entscheidungsfrist für die Schiedsstelle ist nicht vorgesehen. Ebenso bleibt offen der für sie zugrunde zu legende Entscheidungsmaßstab. Aus der in § 111 Abs. 5 Satz 3 vorgesehenen Bindung der Schiedsstelle an die für die Vertragsparteien geltenden Rechtsvorschriften wird man folgern müssen, dass auch im

Schiedsstellenverfahren Beurteilungsmaßstab der Vergütung die Angemessenheit des Pflegesatzes ist (Quaas/Zuck/Clemens/*Quaas*, Medizinrecht, § 27 Rn. 147). Rechtsschutz gegen die Schiedsstellenentscheidung kommt vor den zuständigen Sozialgerichten in Betracht (Quaas/Zuck/Clemens/*Quaas*, Medizinrecht, § 27 Rn. 149).

### III. Kündigung

Die Kündigung des Versorgungsvertrages muss die Anforderungen des § 111 Abs. 4 Satz 2 und 3 beachten. Ein ausdrückliches Kündigungsrecht durch die Versorge- und Reha-Einrichtung sieht § 111 – anders als § 110 Abs. 1 Satz 1 für den Krankenhausträger – nicht ausdrücklich vor. Gleichwohl ist nicht anzunehmen, dass der Gesetzgeber auf sie einen Versorgungszwang ausüben will. Der Einrichtung steht deshalb analog § 110 Abs. 1 Satz 1 ein Kündigungsrecht zu (Hauck/Noftz/*Klückmann* SGB V, K § 111 Rn. 38 m.w.N.). Für das Kündigungsrecht des Trägers ist weder Kündigungsfrist noch sind besondere Kündigungsgründe vorgeschrieben, sodass es bei den allgemeinen vertragsrechtlichen Regelungen bleibt (Quaas/Zuck/Clemens/*Quaas*, Medizinrecht § 27 Rn. 141). Ebenfalls im Unterschied zum Versorgungsvertrag mit Krankenhäusern ist für die Kassenverbände eine **Teilkündigung** ausdrücklich **nicht zugelassen**. Eine partielle Kündigung kann – unter Beachtung des Verhältnismäßigkeitsgrundsatzes – gleichwohl zugelassen sein (§ 111 Abs. 1 Satz 1 und § 74 Abs. 1. Satz 1 SGB XI – vgl. *Klückmann*, in: Hauck/Noftz, SGB V, K § 111 Rn. 37) Kündigungsgrund ist der Wegfall der Abschlussvoraussetzungen nach § 111 Abs. 2 Satz 2, d.h. die Einrichtung erfüllt die Anforderungen des § 107 Abs. 2 nicht (mehr) oder sie ist für eine leistungsfähige und wirtschaftliche Versorgung der Versicherten nicht (mehr) notwendig. Der Kündigungsgrund darf nicht lediglich vorübergehend bestehen (§ 110 Abs. 1 Satz 2 analog, vgl. Hauck/Noftz/*Klückmann* SGB V, K § 111 Rn. 36). Die Höhe der Vergütung oder sonstige mit dem Entgelt der Leistung zusammenhängende Fragen berechtigen nicht – wie § 111 Abs. 5 zeigt – zur Kündigung.

16

## § 112 Zweiseitige Verträge und Rahmenempfehlungen über Krankenhausbehandlung

(1) Die Landesverbände der Krankenkassen und die Ersatzkassen gemeinsam schließen mit der Landeskrankenhausgesellschaft oder mit den Vereinigungen der Krankenhausträger im Land gemeinsam Verträge, um sicherzustellen, dass Art und Umfang der Krankenhausbehandlung den Anforderungen dieses Gesetzbuchs entsprechen.

(2) Die Verträge regeln insbesondere
1. die allgemeinen Bedingungen der Krankenhausbehandlung einschließlich der
   a) Aufnahme und Entlassung der Versicherten,
   b) Kostenübernahme, Abrechnung der Entgelte, Berichte und Bescheinigungen,
2. die Überprüfung der Notwendigkeit und Dauer der Krankenhausbehandlung einschließlich eines Kataloges von Leistungen, die in der Regel teilstationär erbracht werden können,
3. Verfahrens- und Prüfungsgrundsätze für Wirtschaftlichkeits- und Qualitätsprüfungen,
4. die soziale Betreuung und Beratung der Versicherten im Krankenhaus,
5. den nahtlosen Übergang von der Krankenhausbehandlung zur Rehabilitation oder Pflege,
6. das Nähere über Voraussetzungen, Art und Umfang der medizinischen Maßnahmen zur Herbeiführung einer Schwangerschaft nach § 27a Abs. 1.

(2) Sie sind für die Krankenkassen und die zugelassenen Krankenhäuser im Land unmittelbar verbindlich.

(3) Kommt ein Vertrag nach Absatz 1 bis zum 31.12.1989 ganz oder teilweise nicht zu Stande, wird sein Inhalt auf Antrag einer Vertragspartei durch die Landesschiedsstelle nach § 114 festgesetzt.

(4) Die Verträge nach Absatz 1 können von jeder Vertragspartei mit einer Frist von einem Jahr ganz oder teilweise gekündigt werden. Satz 1 gilt entsprechend für die von der Landesschiedsstelle

nach Absatz 3 getroffenen Regelungen. Diese können auch ohne Kündigung jederzeit durch einen Vertrag nach Absatz 1 ersetzt werden.

(5) Der Spitzenverband Bund der Krankenkassen und die Deutsche Krankenhausgesellschaft oder die Bundesverbände der Krankenhausträger gemeinsam sollen Rahmenempfehlungen zum Inhalt der Verträge nach Absatz 1 abgeben.

(6) Beim Abschluss der Verträge nach Absatz 1 und bei Abgabe der Empfehlungen nach Absatz 5 sind, soweit darin Regelungen nach Absatz 2 Nr. 5 getroffen werden, die Spitzenorganisationen der Vorsorge- und Rehabilitationseinrichtungen zu beteiligen.

| Übersicht | Rdn. | | Rdn. |
|---|---|---|---|
| A. Regelungsgehalt................. | 1 | D. Festsetzung durch die Schiedsstelle | |
| B. Rechtsnatur und Vertragsinhalt....... | 2 | (Abs. 3), Rechtsschutz............. | 9 |
| C. Vertragsinhalt................... | 3 | I. Festsetzung................. | 9 |
| I. Allgemeines................. | 3 | II. Rechtsschutz................ | 10 |
| II. Allgemeine Bedingungen der Krankenhausbehandlung (Nr. 1)........... | 5 | 1. Festsetzung = VA............ | 10 |
| | | 2. Prüfungsmaßstab........... | 11 |
| III. Überprüfung der Notwendigkeit und Dauer der Krankenhausbehandlung (Nr. 2)......................... | 8 | | |

## A. Regelungsgehalt

1 § 112 verpflichtet die Landesverbände der Krankenkassen und die Ersatzkassen, mit der jeweiligen Landeskrankenhausgesellschaft (**LKG**) zweiseitige Verträge über die nähere Ausgestaltung der Art und Weise der Krankenhausbehandlung zu schließen. Die Verpflichtung wird durch eine Aufforderung zur Schaffung von Rahmenempfehlungen auf Bundesebene für den Inhalt der Verträge ergänzt. Kommt ein Vertrag ganz oder teilweise nicht zustande, wird sein Inhalt auf Antrag einer Vertragspartei durch die Landesschiedsstelle (§ 114) festgesetzt.

## B. Rechtsnatur und Vertragsinhalt

2 Bei den Verträgen nach § 112 handelt es sich um öffentlich- rechtliche Verträge, und zwar um **Normenverträge**, auf die die §§ 53 ff. SGB X keine Anwendung finden (Quaas/Zuck/Clemens/*Quaas*, Medizinrecht, § 8 Rn. 2 ff.; *Axer*, Normsetzung der Exekutive in der Sozialversicherung, 62 f.). Dies zeigt § 112 Abs. 2 Satz 2, wonach die Verträge die Krankenkassen und die zugelassenen Krankenhäuser als nicht rechtsgeschäftlich durch den Vertrag Gebundene verpflichten (Quaas/Zuck/Clemens/*Quaas*, Medizinrecht § 8 Rn. 2; Becker/*Kingreen*, SGB V, § 112 Rn. 13).

## C. Vertragsinhalt

### I. Allgemeines

3 Bei den »Rahmenverträgen« des § 112 handelt es sich inhaltlich um sog. »**Sicherstellungsverträge**«, da sie nach § 112 Abs. 1 geschlossen werden, »um sicherzustellen, dass Art und Umfang der Krankenhausbehandlung den Anforderungen dieses Gesetzbuchs entsprechen«. Der in § 112 Abs. 2 bezeichnete Vertragsinhalt ist – wie das Merkmal »insbesondere« zeigt – nicht abschließend. Andererseits sind die in § 112 Abs. 2 Satz 1 aufgeführten Regelungsinhalte vom Gesetzgeber als so wichtig angesehen worden, dass sie in einem Vertrag nach § 112 zwingend zu regeln sind.

4 Ziel der Verträge nach § 112 Abs. 1 ist es, sicherzustellen, dass Art und Umfang der Krankenhausbehandlung den Anforderungen des SGB V entsprechen. Wie dieses Ziel erreicht wird, bleibt den Vertragspartnern überlassen, sofern das Gesetz nicht zwingende Vorgaben macht. Zwingend sind *insoweit die in Abs. 2 genannten Vertragsinhalte* und alle unentbehrlichen Regelungen, die dem Zweck aus § 112 Abs. 1 dienen (LSG Baden-Württemberg Urt. v. 09.03.2011 – L 5 KR 3136/09; Hauck/Noftz/*Klückmann* SGB V, K § 112 Rn. 31). Regelungen, die nicht diesem Ziel dienen, sind

kein zulässiger Vertragsinhalt. Die Vertragsparteien haben jedoch ein Ermessen bei der Auswahl von Regelungsgegenständen, durch welche sie den gesetzlichen Auftrag vertraglich erfüllen wollen. Dieses Auswahlermessen obliegt im Rahmen des Schiedsverfahrens der Schiedsstelle, welche im Auftrag und anstelle der Vertragsparteien die streitigen Regelungen festsetzt (LSG Baden-Württemberg Urt. v. 09.03.2011 – L 5 KR 3136/09).

## II. Allgemeine Bedingungen der Krankenhausbehandlung (Nr. 1)

Nr. 1 bestimmt die allgemeinen Bedingungen der Krankenhausbehandlung als zwingenden Vertragsgegenstand. Dabei betrifft die Krankenhausbehandlung (§ 39) nur die Behandlung, auf die der Versicherte einen Anspruch hat. Nicht dazu gehören Wahlleistungen und Leistungen der Belegärzte (jurisPK-SGB V/*Pawlita* § 112 Rn. 33 ff.). Die Nr. 1 des § 112 Abs. 2 Satz 1 erfasst darüber hinaus die »Erforderlichkeit« der Krankenhausbehandlung (s. § 39 Rdn. 14 ff.). Die Überprüfung der Erforderlichkeit (Notwendigkeit) und der Dauer der Krankenhausbehandlung ist Gegenstand der Nr. 2. 5

Nach § 112 Abs. 2 Nr. 1 Buchst. b regelt der Vertrag auch die **Kostenübernahme** und die **Abrechnung** der Entgelte. Da sich der Vergütungsanspruch des Krankenhauses für vertragsgemäß erbrachte Leistungen ausschließlich auf § 109 Abs. 4 Satz 3 gründet, bedarf es an sich nicht eines Sicherstellungsvertrages. Bei seinem Fehlen ist deshalb unmittelbar auf das Gesetz und ggf. auf die einschlägige Pflegesatzvereinbarung zurückzugreifen (BSGE 92, 300). 6

Hinsichtlich der Abrechnung der Entgelte können Vorschusszahlungen, Fristen oder auch Zahlungsmodalitäten bei der Zuzahlung der Patienten geregelt werden. Dazu gehören grundsätzlich auch Bestimmungen von **Ausschlussfristen** für die Geltendmachung von Einwendungen gegen die Notwendigkeit und Dauer der Krankenhausbehandlung sowie gegen die Art der Abrechnung. Solche Vertragsklauseln sind Regelungen über die Abrechnung der Entgelte i.S.d. § 112 Abs. 2 Satz 1 Nr. 1b. Wie der Große Senat des BSG in seiner Entscheidung vom 25.09.2007 (GS. 1/06, SozR 4–2500 § 39 Nr. 10) bestätigt hat, können die Vertragspartner des § 112, Vereinbarungen darüber treffen, auf welchem Wege Meinungsverschiedenheiten zwischen Krankenhaus und Krankenkasse über die Notwendigkeit einer Krankenhausbehandlung bereinigt werden sollen und welches Verfahren dabei einzuhalten ist. Diesem Ziel dienen Ausschlussfristen, da sie eine zeitnahe Beurteilung der Gesetzmäßigkeit der Krankenhausbehandlung sowie der Abrechnung der Krankenhausentgelte bewirken. Allerdings ist eine solche Ausschlussfrist dann mit dem Wirtschaftlichkeitsverbot des SGB V unvereinbar, wenn sie – im Ergebnis – Krankenkassen damit verpflichtet, nicht notwendige Krankenhausbehandlungen zu bezahlen (BSG Urt. v. 13.11.2012 – B 1 KR 27/11 R). 7

## III. Überprüfung der Notwendigkeit und Dauer der Krankenhausbehandlung (Nr. 2)

Der »Überprüfungsvertrag« (jurisPK-SGB V/*Pawlita* § 112 Rn. 82) dient dazu, die Notwendigkeit und Dauer der Krankenhausbehandlung im einzelnen Behandlungsfall überprüfen zu können. Die Überprüfung ist von einem Prüfungsverfahren nach § 113, das neben der Wirtschaftlichkeit auch die Leistungsfähigkeit und die Qualität der Krankenhausbehandlung eines zugelassenen Krankenhauses zum Gegenstand hat, zu unterscheiden (dazu Quaas/Zuck/Clemens/*Quaas*, Medizinrecht, § 27 Rn. 150 f.). Die Überprüfung der Notwendigkeit und Dauer der Krankenhausbehandlung erfolgt durch den Medizinischen Dienst der Krankenkassen (MDK). Das Prüfverfahren ist teilweise gesetzlich in den §§ 275 ff., teilweise in den Landesverträgen nach § 112 geregelt. Allerdings ist der MDK an die Prüfungsgrundsätze in den Landesverträgen nicht gebunden (BSG SozR 4–2500 § 112 Nr. 6). Ob eine stationäre Krankenhausbehandlung aus medizinischen Gründen überhaupt und hinsichtlich der Dauer notwendig ist, hat das Gericht im Streitfall uneingeschränkt zu überprüfen (s. § 39 Rdn. 16). 8

## D. Festsetzung durch die Schiedsstelle (Abs. 3), Rechtsschutz

### I. Festsetzung

Nach § 112 Abs. 3 wird der Inhalt eines Vertrages nach § 112 Abs. 1 auf Antrag einer Vertragspartei durch die **Landesschiedsstelle** nach § 114 festgesetzt, wenn ein Vertrag bis zum 31.12.1989 ganz 9 oder teilweise nicht zustande kommt. Es handelt sich um auslaufendes Übergangsrecht aufgrund der Neuregelung durch das GRG. Der Gesetzgeber hat die Frist – anders als die in § 115 Abs. 3 – bisher nicht gestrichen. Die vertraglichen Vereinbarungen nach § 112 Abs. 1 bleiben jedoch auch für die Zeit nach dem 31.12.1989 schiedsfähig, falls nach Vertragskündigung kein neuer Vertrag zustande kommt. Aus der Verpflichtung zum Vertragsschluss nach § 112 Abs. 1 mit der Konsequenz einer schiedsamtlichen Festsetzung nach § 112 Abs. 3 ist daher zu folgern, dass der Gesetzgeber einen vertragslosen Zustand nicht wollte. § 112 Abs. 3 findet deshalb auch weiterhin Anwendung (BSG SozR 4–2500 § 112 Nr. 3; LSG Baden-Württemberg Urt. v. 09.03.2011 – L 5 KR 3136/09).

## II. Rechtsschutz

### 1. Festsetzung = VA

10 Die Festsetzung einer Landesschiedsstelle nach § 114 kann vor den Sozialgerichten im Wege der Anfechtungsklage angegriffen werden. Es handelt sich bei der Schiedsentscheidung um einen VA i.S.d. § 31 Satz 1 SGB X (BSG Urt.v. 13.11.2012 – B 1 KR 27/11 R). Dabei können auch einzelne Landesverbände der Krankenkassen die Klage erheben. Sie sind nicht verpflichtet, ihre eigenen Rechte gemeinsam mit allen anderen Landesverbänden und den Ersatzkassen in sog. notwendiger Streitgenossenschaft einzuklagen, auch wenn sie beim Vertragsschluss dem Konsensprinzip des »gemeinsamen und einheitlichen« Vorgehens unterliegen (BSG Urt. v. 13.11.2012 – B 1 KR 27/11 R).

### 2. Prüfungsmaßstab

11 Die Überprüfung der Festsetzung durch ein Schiedsamt ist nur eingeschränkt möglich. Nach ständiger Rechtsprechung der Sozialgerichte ist hinsichtlich des gerichtlichen Überprüfungsmaßstabes von einer begrenzten Kontrolldichte auszugehen. Der Schiedsspruch stellt seiner Natur nach einen Interessenausgleich durch ein sachnahes und unabhängiges Gremium dar. Insbesondere mit der paritätischen Zusammensetzung, dem Mehrheitsprinzip und der fachlichen Weisungsfreiheit (vgl. § 114 Abs. 3 Satz 2) will der Gesetzgeber die Fähigkeit dieses Spruchkörpers zur vermittelnden Zusammenführung unterschiedlicher Interessen und zu einer Entscheidungsfindung nutzen, die nicht immer die einzig sachlich vertretbare ist und häufig Kompromisscharakter aufweist. Bei Berücksichtigung dieses Entscheidungsspielraums sind gerichtlich zu überprüfen ausschließlich die Fragen, ob die Ermittlung des Sachverhaltes in einem fairen Verfahren unter Wahrung des rechtlichen Gehörs nach § 24 SGB X erfolgte, der bestehende Beurteilungsspielraum eingehalten und zwingendes Gesetzesrecht beachtet worden ist (BS, Urt. v. 13.11.2012 – B 1 KR 27/11 R; ebenso zum strukturgleichen Schiedsamtsverfahren gem. § 89, BSGE 89, 153; BSGE 100, 144). Im Übrigen steht die Anrufung der Gerichte gegen die Entscheidung der Schiedsstelle den Verfahrensbeteiligten auch dann offen, wenn ihre Vertreter in diesem Gremium dem Schiedsspruch in der Schiedsstelle zugestimmt haben (BSGE 86, 126, 131 f.).

## § 115a Vor- und nachstationäre Behandlung im Krankenhaus

(1) Das Krankenhaus kann bei Verordnung von Krankenhausbehandlung Versicherte in medizinisch geeigneten Fällen ohne Unterkunft und Verpflegung behandeln, um
1. die Erforderlichkeit einer vollstationären Krankenhausbehandlung zu klären oder die vollstationäre Krankenhausbehandlung vorzubereiten (vorstationäre Behandlung) oder
2. im Anschluss an eine vollstationäre Krankenhausbehandlung den Behandlungserfolg zu sichern oder zu festigen (nachstationäre Behandlung).

Das Krankenhaus kann die Behandlung nach Satz 1 auch durch hierzu ausdrücklich beauftragte niedergelassene Vertragsärzte in den Räumen des Krankenhauses oder der Arztpraxis erbringen. Absatz 2 Satz 5 findet insoweit keine Anwendung.

*(2) Die vorstationäre Behandlung ist auf längstens drei Behandlungstage innerhalb von fünf Tagen vor Beginn der stationären Behandlung begrenzt. Die nachstationäre Behandlung darf*

sieben Behandlungstage innerhalb von 14 Tagen, bei Organübertragungen nach § 9 Absatz 2 des Transplantationsgesetzes drei Monate nach Beendigung der stationären Krankenhausbehandlung nicht überschreiten. Die Frist von 14 Tagen oder drei Monaten kann in medizinisch begründeten Einzelfällen im Einvernehmen mit dem einweisenden Arzt verlängert werden. Kontrolluntersuchungen bei Organübertragungen nach § 9 Absatz 2 des Transplantationsgesetzes dürfen vom Krankenhaus auch nach Beendigung der nachstationären Behandlung fortgeführt werden, um die weitere Krankenbehandlung oder Maßnahmen der Qualitätssicherung wissenschaftlich zu begleiten oder zu unterstützen. Eine notwendige ärztliche Behandlung außerhalb des Krankenhauses während der vor- und nachstationären Behandlung wird im Rahmen des Sicherstellungsauftrags durch die an der vertragsärztlichen Versorgung teilnehmenden Ärzte gewährleistet. Das Krankenhaus hat den einweisenden Arzt über die vor- oder nachstationäre Behandlung sowie diesen und die an der weiteren Krankenbehandlung jeweils beteiligten Ärzte über die Kontrolluntersuchungen und deren Ergebnis unverzüglich zu unterrichten. Die Sätze 2 bis 6 gelten für die Nachbetreuung von Organspendern nach § 8 Abs. 3 Satz 1 des Transplantationsgesetzes entsprechend.

(3) Die Landesverbände der Krankenkassen, die Ersatzkassen und der Landesausschuss des Verbandes der privaten Krankenversicherung gemeinsam vereinbaren mit der Landeskrankenhausgesellschaft oder mit den Vereinigungen der Krankenhausträger im Land gemeinsam und im Benehmen mit der Kassenärztlichen Vereinigung die Vergütung der Leistungen mit Wirkung für die Vertragsparteien nach § 18 Abs. 2 des Krankenhausfinanzierungsgesetzes. Die Vergütung soll pauschaliert werden und geeignet sein, eine Verminderung der stationären Kosten herbeizuführen. Der Spitzenverband Bund der Krankenkassen und die deutsche Krankenhausgesellschaft oder die Bundesverbände der Krankenhausträger gemeinsam geben im Benehmen mit der Kassenärztlichen Bundesvereinigung Empfehlungen zur Vergütung ab. Diese gelten bis zum Inkrafttreten einer Vereinbarung nach Satz 1. Kommt eine Vereinbarung über die Vergütung innerhalb von drei Monaten nicht zustande, nachdem eine Vertragspartei schriftlich zur Aufnahme der Verhandlungen aufgefordert hat, setzt die Schiedsstelle nach § 18a Abs. 1 des Krankenhausfinanzierungsgesetzes auf Antrag einer Vertragspartei oder der zuständigen Landesbehörde die Vergütung fest.

| Übersicht | Rdn. | | Rdn. |
|---|---|---|---|
| A. Regelungsgegenstand | 1 | D. Leistungsvoraussetzungen und Vergütung | 4 |
| B. Normzweck | 2 | | |
| C. Rechtssystematische Einordnung | 3 | | |

## A. Regelungsgegenstand

Die vor- und nachstationäre Behandlung im Krankenhaus hat ihre gesetzliche Definition in § 115a Abs. 1 erfahren. Danach kann das Krankenhaus bei Verordnung von Krankenhausbehandlung Versicherte in medizinisch geeigneten Fällen ohne Unterkunft und Verpflegung behandeln, um 1
1) die Erforderlichkeit einer vollstationären Krankenhausbehandlung zu klären oder die vollstationäre Krankenhausbehandlung vorzubereiten (**vorstationäre Behandlung**) oder
2) im Anschluss an eine vollstationäre Krankenhausbehandlung den Behandlungserfolg zu sichern oder zu festigen (**nachstationäre Behandlung**).

## B. Normzweck

Vor- und nachstationäre Maßnahmen sind der Form nach **ambulante Behandlung**, die wegen des qualifizierten funktionalen und unmittelbar zeitlichen Zusammenhangs mit der vollstationären Behandlung der Krankenhausbehandlung (§ 39 Abs. 2 Satz 1) zugeordnet sind (Dettling/*Gerlach*, Krankenhausrecht, § 115a SGB V Rn. 5 m.w.N.). Um die notwendige Klarheit in der formalen Zuordnung zu erreichen, ist die Dauer solcher Maßnahmen begrenzt. § 115a Abs. 1 2

Satz 1 lässt die vorstationäre Behandlung längstens auf 3 Behandlungstage innerhalb von 5 Tagen vor Beginn der stationären Behandlung zu. Die nachstationäre Behandlung darf 7 Behandlungstage innerhalb von 14 Tagen grundsätzlich nicht überschreiten (§ 115a Abs. 2 Satz 1 und 2). Zweck dieser besonderen Behandlungsformen – wie auch der ambulanten Operation – ist es, die stationäre Leistungsnachfrage durch Verlagerung in vor- und nachstationäre sowie (weitere) ambulante Bereiche zu verringern (GSG-Begr. BT-Drs. 12/3608 zu Nr. 63; Hauck/*Noftz* SGB V, K § 39 Rn. 52).

### C. Rechtssystematische Einordnung

3   Die Leistungen eines Krankenhauses nach § 115a sind **Krankenhausbehandlungen** (§ 39 Abs. 1 Satz 1) und von der vertragsärztlichen Versorgung strikt zu trennen. Allerdings ist man sich über die rechtssystematische Einordnung der Behandlung nach § 115a nicht einig. Sicher ist, dass es sich nicht um eine ambulante Behandlung i.S.d. § 73 Abs. 2 handelt. Überwiegend wird sie als Teil der stationären Versorgung (BSG SozR 3–2500, § 116 Nr. 13), zum Teil auch als »Krankenhausbehandlung eigener Art.« (Hauck/Noftz/*Steege* SGB V, K § 115a Rn. 4, 7) bzw. als »Leistungserbringung eigener Art« (jurisPK-SGB V/*Köhler-Hohmann* § 115a Rn. 21) eingestuft. Im Ergebnis spielen diese Unterscheidungen keine Rolle, weil sie weder Auswirkungen auf die Voraussetzungen noch die Vergütung der in § 115a geregelten Behandlung haben (Becker/Kingreen/*Becker*, SGB V, § 115a Rn. 4; Dettling/*Gerlach*, Krankenhausrecht, § 115a SGB V Rn. 5).

### D. Leistungsvoraussetzungen und Vergütung

4   Das Krankenhaus kann ohne gesonderte Zulassung Patienten, denen eine Krankenhausbehandlung verordnet worden ist, im Rahmen der gesetzlich begrenzten Dauer vor- bzw. nachstationär behandeln. Der nachstationäre Behandlungszeitraum kann im Einvernehmen mit dem behandelnden Arzt verlängert werden (§ 115a Abs. 2 Satz 3). Für Patienten nach Organtransplantationen gelten noch längere Fristen (§ 115a Abs. 2 Satz 4). Darüber hinaus darf das Krankenhaus die vor- bzw. nachstationären Leistungen durch **beauftragte Vertragsärzte** (»Honorarärzte«) erbringen (§ 115a Abs. 1 Satz 2 und 3). Die Regelung wurde zum 01.01.2012 durch das GKV-VStG neu eingeführt und ermöglicht es dem Krankenhaus, vor- oder nachstationäre Behandlungen von Versicherten durch Vertragsärzte erbringen zu lassen. Dabei ist nach dem Gesetzeswortlaut eine ausdrückliche Beauftragung des Vertragsarztes erforderlich. Eine allgemein gehaltene Kooperation zwischen Vertragsarzt und Krankenhaus genügt nicht (Dettling/*Gerlach*, Krankenhausrecht, § 115a SGB V Rn. 21; Ratzel/*Szabados* GesR 2012, 210).

Für die **Vergütung** der vor- und nachstationären Behandlung vereinbaren die in § 115a Abs. 1 Satz 1 genannten Parteien auf Landesebene pauschalierte Entgelte. Solange entsprechende Landesvereinbarungen fehlen, gelten die gem. § 115a Abs. 3 Satz 3 zwischen dem Spitzenverband Bund der Krankenkassen und der DKG getroffenen Empfehlungen (dazu – und zum Abstimmungserfordernis für MRT im Rahmen einer prä-/poststationäre Behandlung BSG GesR 2010, 424).

## § 115b Ambulantes Operieren im Krankenhaus

(1) Der Spitzenverband Bund der Krankenkassen, die Deutsche Krankenhausgesellschaft und die Kassenärztlichen Bundesvereinigungen vereinbaren auf der Grundlage des Gutachtens nach Absatz 1a bis zum 31. Januar 2022
1. einen Katalog ambulant durchführbarer Operationen, sonstiger stationsersetzender Eingriffe und stationsersetzender Behandlungen,
2. einheitliche Vergütungen für Krankenhäuser und Vertragsärzte.

Die Vereinbarung nach Satz 1 tritt mit ihrem Wirksamwerden an die Stelle der am 31. Dezember 2019 geltenden Vereinbarung. In die Vereinbarung nach Satz 1 Nummer 1 sind die in dem Gutachten nach Absatz 1a benannten ambulant durchführbaren Operationen und die stationsersetzenden Eingriffe und stationsersetzenden Behandlungen aufzunehmen, die in der Regel ambulant durchgeführt werden können, sowie allgemeine Tatbestände zu bestimmen, bei deren Vorliegen eine stationäre Durchführung erforderlich sein kann. Die Vergütung nach Satz 1 Nummer 2 ist nach dem Schweregrad der Fälle zu differenzieren und erfolgt auf betriebswirtschaftlicher Grundlage, ausgehend vom einheitlichen Bewertungsmaßstab für ärztliche Leistungen unter ergänzender Berücksichtigung der nichtärztlichen Leistungen, der Sachkosten sowie der spezifischen Investitionsbedingungen. In der Vereinbarung sind die Qualitätsvoraussetzungen nach § 135 Abs. 2 sowie die Richtlinien und Beschlüsse des Gemeinsamen Bundesausschusses nach § 92 Abs. 1 Satz 2 und den §§ 136 bis 136b zu berücksichtigen. In der Vereinbarung ist vorzusehen, dass die Leistungen nach Satz 1 auch auf der Grundlage einer vertraglichen Zusammenarbeit des Krankenhauses mit niedergelassenen Vertragsärzten ambulant im Krankenhaus erbracht werden können. Die Vereinbarung nach Satz 1 ist mindestens alle zwei Jahre, erstmals zum 31. Dezember 2023, durch Vereinbarung an den Stand der medizinischen Erkenntnisse anzupassen. Der Vereinbarungsteil nach Satz 1 Nummer 1 bedarf der Genehmigung des Bundesministeriums für Gesundheit.

(1a) Der Spitzenverband Bund der Krankenkassen, die Deutsche Krankenhausgesellschaft und die Kassenärztlichen Bundesvereinigungen leiten bis zum 30. Juni 2020 das Verfahren für die Vergabe eines gemeinsamen Gutachtens ein, in dem der Stand der medizinischen Erkenntnisse zu ambulant durchführbaren Operationen, stationsersetzenden Eingriffen und stationsersetzenden Behandlungen untersucht wird. Das Gutachten hat ambulant durchführbare Operationen, stationsersetzende Eingriffe und stationsersetzende Behandlungen konkret zu benennen und in Verbindung damit verschiedene Maßnahmen zur Differenzierung der Fälle nach dem Schweregrad zu analysieren. Im Gutachtensauftrag ist vorzusehen, dass das Gutachten spätestens innerhalb eines Jahres, nachdem das Gutachten in Auftrag gegeben worden ist, fertigzustellen ist.

(2) Die Krankenhäuser sind zur ambulanten Durchführung der in dem Katalog genannten Operationen, stationsersetzenden Eingriffe und statuonsersetzenden Behandlungen zugelassen. Hierzu bedarf es einer Mitteilung des Krankenhauses an die Landesverbände der Krankenkassen und die Ersatzkassen, die Kassenärztliche Vereinigung und den Zulassungsausschuss (§ 96); die Kassenärztliche Vereinigung unterrichtet die Landeskrankenhausgesellschaft über den Versorgungsgrad in der vertragsärztlichen Versorgung. Das Krankenhaus ist zur Einhaltung des Vertrages nach Absatz 1 verpflichtet. Die Leistungen werden unmittelbar von den Krankenkassen vergütet. Die Prüfung der Wirtschaftlichkeit und Qualität erfolgt durch die Krankenkassen; die Krankenhäuser übermitteln den Krankenkassen die Daten nach § 301, soweit dies für die Erfüllung der Aufgaben der Krankenkassen erforderlich ist. Leistungen, die Krankenhäuser auf Grundlage des Katalogs nach Absatz 1 Satz 1 Nummer 1 ambulant erbringen, unterliegen nicht der Prüfung durch den Medizinischen Dienst nach § 275c Absatz 1 in Verbindung mit § 275 Absatz 1 Nummer 1

(3) Kommt eine der Vereinbarungen nach Absatz 1 nicht fristgerecht zustande oder wird eine Vereinbarung nach Absatz 1 ganz oder teilweise beendet und kommt bis zum Ablauf der Vereinbarungszeit keine neue Vereinbarung zustande, entscheidet auf Antrag einer Vertragspartei das sektorenübergreifende Schiedsgremium auf Bundesebene gemäß § 89a. Absatz 1 Satz 7 gilt entsprechend für die Festsetzung nach Satz 1 durch das sektorenübergreifende Schiedsgremium auf Bundesebene gemäß § 89a.

(4) In der Vereinbarung nach Absatz 1 können Regelungen über ein gemeinsames Budget zur Vergütung der ambulanten Operationsleistungen der Krankenhäuser und der Vertragsärzte getroffen werden. Die Mittel sind aus der Gesamtvergütung und den Budgets der zum ambulanten Operieren zugelassenen Krankenhäuser aufzubringen.

| Übersicht | Rdn. | | Rdn. |
|---|---|---|---|
| A. Allgemeines | 1 | C. Die Zulassung des Krankenhauses | 7 |
| B. Der AOP-Vertrag | 3 | D. Vergütung | 8 |

# § 115b SGB V  Ambulantes Operieren im Krankenhaus

## A. Allgemeines

1 Mit der durch das GSG (1993) geschaffenen Behandlungsform »ambulantes Operieren« als Krankenhausbehandlung (§§ 39 Abs. 1 Satz 1, 115b) berücksichtigt der Gesetzgeber den medizinischen Fortschritt, der es zulässt, Patienten im Krankenhaus zu operieren, ohne sie stationär aufnehmen zu müssen. Vorrangiges Ziel war dabei – entsprechend der ebenfalls durch das GSG eingeführten Vorschrift des § 115a – die Kostensenkung. Darüber hinaus dient die Möglichkeit zur ambulanten Behandlung auch im Krankenhaus dem Patienteninteresse und der Wirtschaftlichkeit der Krankenhausversorgung (BT-Drs. 12/3608 S. 103).

2 Gegenstand des § 115b ist damit die Ermöglichung einer **Handlungsoption** von zugelassenen Krankenhäusern, ambulantes Operieren und stationsersetzende Eingriffe durchführen zu können (BSG MedR 2000, 242). **Ambulantes Operieren** i.S.d. § 115b liegt demgemäß vor, wenn der Patient weder die Nacht vor noch die Nacht nach dem Eingriff im Krankenhaus verbringt (BSG, SozR 4–2500, § 39 Nr. 3). Unter **stationsersetzenden Eingriffen** werden Behandlungen verstanden, die überwiegend im Rahmen einer voll- bzw. teilstationären Behandlung durchgeführt werden, grundsätzlich jedoch auch ambulant durchgeführt werden können und sich für eine Verlagerung aus der stationären in die ambulante Versorgung eignen (BT-Drs. 14/1245 S. 84). Gemeint sind insbesondere invasive Maßnahmen, wie z.B. Herzkatheteruntersuchungen (jurisPK–SGB V/*Köhler-Hohmann* § 115b Rn. 21).

## B. Der AOP-Vertrag

3 § 115b Abs. 1 ermächtigt die Vertragspartner der Selbstverwaltung auf Bundesebene, in einem **dreiseitigen Vertrag** einen Katalog ambulant durchführbarer Operationen und sonstiger stationsersetzender Eingriffe sowie einheitliche Vergütungen für Krankenhäuser und Vertragsärzte zu vereinbaren. Durch das GKV-WSG wurde hinzugefügt, dass dabei die Qualitätsvoraussetzungen nach § 135 Abs. 2 sowie die Richtlinien und Beschlüsse des G-BA nach §§ 52 Abs. 1 Satz 2 und 137 zu berücksichtigen sind. Der aktuelle »Vertrag über ambulantes Operieren und stationsersetzende Eingriffe im Krankenhaus« (**AOP-Vertrag**) vom 08.05.2012 gilt seit dem 01.06.2012 (Dettling/*Gerlach*, Krankenhausrecht, § 115b SGB V Rn. 14. Es handelt sich – wie bei den Vereinbarungen nach §§ 112 und 115 – um einen öffentlich-rechtlichen Normenvertrag (s. § 112 Rdn. 2).

4 Die Reichweite des AOP-Vertrages beschränkt sich nicht auf das ambulante Operieren im Krankenhaus. Wie die Formulierung in § 115b Abs. 1 Nr. 2 und die Beteiligung der KBV zeigen, regelt er zugleich auch die Operationstätigkeit der niedergelassenen Vertragsärzte (zur Zugehörigkeit des praxisambulanten Operierens als Bestandteil der vertragsärztlichen Versorgung vgl. BSG MedR 2002, 42, 45; Hauck/Noftz/*Steege* SGB V, K § 115b Rn. 2, 13). Weil beim ambulanten Operieren Krankenhäuser und frei praktizierende Ärzte miteinander konkurrieren, müssen für beide Bereiche gleichartige Leistungsbedingungen gelten (BSG SozR 2500 § 115b Nr. 3 S. 10).

5 Der (aktuelle) dreiseitige Vertrag nach § 115b Abs. 1 vom 16.05.2014 (*Becker*/Kingreen, SGB V § 115b Rn. 5) besteht aus dem (eigentlichen) AOP-Vertrag und dem sog. **AOP-Katalog**, der – orientiert an der OPS-Klassifikation (Operationen und Prozeduren-Schlüssel, OPS, Version 2021) – eine Auflistung der ambulant durchführbaren Leistungen enthält und als Anlage 1 zu § 3 Abs. 1 AOP-Vertrag diesem beigefügt ist. Er wird jährlich neu verhandelt. Strukturbestimmende Merkmale der – abschließend – aufgeführten operativen Leistungen sind der einheitliche Bewertungsmaßstab (EBM) und die OPS-Zuordnung (vgl. im Einzelnen jurisPK-SGB V/*Köhler-Hohmann* § 115b Rn. 28 ff.). Im Übrigen werden die operativen Leistungen in zwei Kategorien unterteilt: Leistungen, die in der Regel ambulant erbracht werden können, sind mit der Ziff. »1« gekennzeichnet. Leistungen, bei denen sowohl eine ambulante, als auch eine stationäre Durchführung möglich ist, sind mit der Ziff. »2« gekennzeichnet. Bei Vorliegen bzw. Erfüllung der Kriterien der allgemeinen Tatbestände gem. § 3 Abs. 3 AOP-Vertrag kann bei Leistungen mit der Ziff. »1« jedoch eine stationäre Durchführung dieser Eingriffe erforderlich sein. Zu einigen OPS-Codes existiert eine

z.B. nach Alter oder Diagnose differenzierte Zuordnung der Kategorie, die den entsprechenden Kategoriefeldern zu entnehmen ist.

Seit dem 01.01.2012 sind die Vertragspartner verpflichtet, im AOP-Vertrag vorzusehen, dass die Leistungen auf der Grundlage einer vertraglichen Zusammenarbeit des Krankenhauses mit niedergelassenen Vertragsärzten ambulant im Krankenhaus erbracht werden können (§ 115b Abs. 1 Satz 4). Damit wird die Rspr. des BSG korrigiert. Das Gericht hatte die zuvor gültigen AOP-Verträge dahingehend ausgelegt, dass ambulante Operationen nur von einem Operateur des Krankenhauses oder von einem am Krankenhaus tätigen Belegarzt durchgeführt werden dürfen (BSG BSGE 108, 35; a.A. *Quaas* GesR 2009, 459; *Wagener/Haag* MedR 2009, 72 ff.). 6

### C. Die Zulassung des Krankenhauses

Für die Durchführung ambulanter Operationen und stationsersetzender Eingriffe sind die **Krankenhäuser** nach § 115b Abs. 2 Satz 1 **kraft Gesetzes zugelassen**, ohne dass es einer (weiteren) Ermächtigung bedarf. Es ist lediglich eine Mitteilung des Krankenhauses an die Landesverbände der Krankenkassen und die weiteren, in § 115b Abs. 2 Hs. 1 genannten Organisationen erforderlich (BSG Urt. v. 23.03.2011 – B 6 KA 11/10 R Rn. 53). Macht das Krankenhaus insoweit von seiner »Zulassungsoption« Gebrauch, können die Patienten für die im AOP-Vertrag aufgelisteten Operationen frei wählen, ob sie sich von einem Vertragsarzt oder in einem Krankenhaus operieren lassen. Eine Überweisung durch einen Vertragsarzt ist nicht erforderlich. Anders als die Vertragsärzte ist das Krankenhaus nicht verpflichtet, ambulante Operationen oder stationsersetzende Eingriffe durchzuführen (Quaas/Zuck/Clemens/*Quaas*, Medizinrecht § 27 Rn. 37). 7

### D. Vergütung

Für Krankenhäuser und Vertragsärzte wird eine **einheitliche Vergütung** vorgeschrieben (§ 115b Abs. 1 Satz 1 Nr. 2). Soweit das Krankenhaus betroffen ist, werden dessen Leistungen unmittelbar von den Krankenkassen vergütet (§ 115b Abs. 2 Satz 4). Deshalb soll die gesetzliche Vorgabe einheitlicher Vergütungen bewirken, dass es für die Kostenträger ohne Bedeutung ist, ob eine bestimmte ambulante Operation in einer Arztpraxis oder in einem Krankenhaus stattfindet. Das BSG ist deshalb mit Recht Bestrebungen entgegengetreten, die Vergütung für klinikambulante Operationen unter Hinweis auf die spezifischen Leistungsbedingungen des Krankenhauses gegenüber der vertragsärztlichen Vergütung zu modifizieren und den für ermächtigte Krankenhausärzte geltenden Regelungen anzupassen (BSG SozR 3–2500, § 115b Nr. 2). Allerdings hat die durch den EBM vorgegebene Vergütung nach Punktwerten und deren Absenkung durch den Gesetzgeber zur Folge, dass das gesetzlich angestrebte Ziel, ambulante Operationen zu fördern, nicht erreicht werden kann (Becker/Kingreen/*Becker* SGB V, § 115b Rn. 15). 8

## § 116 Ambulante Behandlung durch Krankenhausärzte

Ärzte, die in einem Krankenhaus, einer Vorsorge- oder Rehabilitationseinrichtung, mit der ein Versorgungsvertrag nach § 111 Absatz 2 besteht, oder nach § 119b Absatz 1 Satz 3 oder 4 in einer stationären Pflegeeinrichtung tätig sind, können, soweit sie über eine abgeschlossene Weiterbildung verfügen, mit Zustimmung des jeweiligen Trägers der Einrichtung, in der der Arzt tätig ist, vom Zulassungsausschuss (§ 96) zur Teilnahme an der vertragsärztlichen Versorgung der Versicherten ermächtigt werden. Die Ermächtigung ist zu erteilen, soweit und solange eine ausreichende ärztliche Versorgung der Versicherten ohne die besonderen Untersuchungs- und Behandlungsmethoden oder Kenntnisse von hierfür geeigneten Ärzten der in Satz 1 genannten Einrichtungen nicht sichergestellt wird.

| Übersicht | Rdn. | | Rdn. |
|---|---|---|---|
| A. Allgemeines | 1 | III. Normzweck | 3 |
| I. Regelungsgehalt | 1 | B. Die Erteilung der Ermächtigung | 4 |
| II. Systematische Stellung | 2 | | |

# § 116 SGB V  Ambulante Behandlung durch Krankenhausärzte

|      |                                          |      |
|------|------------------------------------------|------|
| I.   | Persönliche Voraussetzungen und Verfahren | 4 |
|      | 1. Persönliche Voraussetzungen          | 4 |
|      | 2. Verfahren                            | 6 |
| II.  | Inhalt und Umfang der Ermächtigung      | 7 |
|      | 1. Subsidiarität                        | 7 |
|      | 2. Versorgungslücke                     | 9 |
|      | 3. Begrenzung der Ermächtigung          | 11 |
| III. | Rechtsschutz                            | 14 |

## A. Allgemeines

### I. Regelungsgehalt

1 § 116 bildet die rechtliche Grundlage, um Krankenhausärzte an der ambulanten, vertragsärztlichen Versorgung zu beteiligen und dadurch Versorgungslücken zu schließen. § 116 regelt insoweit die **bedarfsabhängige Ermächtigung von Krankenhausärzten**, welche über eine Facharztanerkennung verfügen. Es handelt sich um eine persönliche Ermächtigung des Krankenhausarztes im Gegensatz zu der einem Krankenhaus erteilten Institutsermächtigung, die ihre Rechtsgrundlage in § 31 Abs. 1 Ärzte-ZV hat. Liegt eine Versorgungslücke vor, hat der Krankenhausarzt einen Rechtsanspruch auf die Ermächtigung.

### II. Systematische Stellung

2 § 116 ist von den gesetzlichen Ermächtigungstatbeständen (i.w.S.) der §§ 115b, 116a und b, 117, 118, 119 und 119a systematisch zu trennen. § 116 ist ein bedarfsabhängiger Sondertatbestand zur Ermächtigung von Krankenhausärzten (z.B. Begriff s. Rdn. 4). Insoweit besteht ein systematischer Zusammenhang mit den Bestimmungen der §§ 95 Abs. 1 Satz 1 und Abs. 4, die den Krankenhausarzt in die vertragsärztliche Versorgung einbeziehen und damit eine Ausweitung der Tätigkeit des Krankenhausarztes bewirken. Demgegenüber richten sich die Ermächtigungstatbestände der §§ 115 ff. an das Krankenhaus, in dem sie »an der Schnittstelle der Sektoren« (Becker/Kingreen/*Becker* SGB V, § 116 Rn. 2) eine Ausweitung der Tätigkeit der Krankenhäusern im ambulanten Sektor ermöglichen, um entsprechende besondere Versorgungsbedarfe abzudecken.

### III. Normzweck

3 Der Normzweck des § 116 ist die Sicherstellung der vertragsärztlichen Versorgung (BT-Drs. 11/2237 zu § 124). Wie Satz 2 des § 116 zeigt, sollen Krankenhausärzte mit abgeschlossener Weiterbildung an der vertragsärztlichen Versorgung teilnehmen, soweit und solange eine ausreichende ärztliche Versorgung durch niedergelassene Vertragsärzte nicht ausreichend gesichert ist. Dies liegt im **Interesse aller**: Der **Krankenhausarzt** erhält neben einer zusätzlichen Einnahmequelle weitere ärztliche Erfahrung auf seinem Gebiet. Die **KV** genügt mit der Einbeziehung des Krankenhausarztes ihrem Auftrag zur Sicherstellung der vertragsärztlichen Versorgung gem. § 72 Abs. 2. Für den **Patienten** erstreckt sich sein Recht zur freien Arztwahl nach § 76 Abs. 1 auch auf den zu einer vertragsärztlichen Versorgung ermächtigten Krankenhausarzt. Das **Krankenhaus** schließlich profitiert von der Zusammenarbeit mit dem Krankenhausarzt auf dem ambulanten Sektor von dessen Zuweiserfunktion und von der höheren Auslastung seiner regelmäßig vom Krankenhaus dem Arzt überlassenen sachlichen und persönlichen Ausstattung.

## B. Die Erteilung der Ermächtigung

### I. Persönliche Voraussetzungen und Verfahren

#### 1. Persönliche Voraussetzungen

4 Die Ermächtigung setzt nach § 116 Satz 1 voraus, dass der Antragsteller Krankenhausarzt mit abgeschlossener Weiterbildung ist. Der **Begriff Krankenhausarzt** umfasst an sich jeden, am Krankenhaus angestellten Arzt. Da indessen die Zustimmung des Krankenhausträgers ebenfalls gefordert ist, kommen als Krankenhausärzte unter Berücksichtigung des Normzwecks des § 116 (s. Rdn. 3) nur

solche Ärzte in Betracht, die zur Erfüllung des Versorgungsauftrags des Krankenhauses beitragen und geeignet sind, den mit der Ermächtigung beabsichtigten Versorgungsbedarf zu schließen. Das können – und werden in der Regel – hauptamtlich angestellte Chef- oder Oberärzte sein. Nicht darunter fallen Konsiliar-, aber auch Belegärzte (jurisPK-SGB V/*Köhler-Hohmann* § 116 Rn. 20; nach LSG Baden-Württemberg Urt. v. 20.08.2003 – L 5 KR 3769/02, reicht eine nebenberufliche Tätigkeit nicht aus).

Die Altersgrenze von 55 Jahren nach §§ 31a Abs. 3, 31 Abs. 9 Ärzte-ZV a.F. besteht nicht mehr, sondern wurde das GKV-WSG aufgehoben (BT-Drs. 16/3175 S. 17). 5

### 2. Verfahren

Über den Antrag auf Ermächtigung eines Krankenhausarztes entscheiden – wie bei der Zulassung des Vertragsarztes – der Zulassungsausschuss (§ 96) und ggf. der Berufungsausschuss (§ 97). Dem Antrag sind die in § 18 Ärzte-ZV genannten Unterlagen beizufügen, einschließlich die – schriftliche – Zustimmung des Krankenhausträgers (§§ 31a Abs. 2 Satz 2 Ärzte-ZV). 6

## II. Inhalt und Umfang der Ermächtigung

### 1. Subsidiarität

Da nach unserem Rechtssystem die ambulante vertragsärztliche Versorgung primär den in freier Praxis niedergelassenen und zur vertragsärztlichen Versorgung zugelassenen Ärzten und den medizinischen Versorgungszentren (§ 95) vorbehalten ist, kommt eine **Ermächtigung** des Krankenhausarztes nach § 116 **nur subsidiär** in Betracht. Sie wird nur dann und nur insoweit erteilt, wie dies zur Sicherstellung der Versorgung der gesetzlich versicherten Patienten unter qualitativen oder quantitativen Gesichtspunkten erforderlich ist (BSG st.Rspr. u.a. SozR 3–2500 § 116 Nr. 23; SozR 4–2500, § 116 Nr. 3 = GesR 2007, 71; Peters/*Hencke* Handbuch der Krankenversicherung, 3116 SGB V Rn. 5; *Wenner* GesR 2007, 337). Eine Ermächtigung von Krankenhausärzten darf deshalb vom Zulassungsausschuss (§ 96) nur erteilt werden, wenn sie dazu dient, **Versorgungslücken** in der ambulanten Versorgung zu schließen (BSGE 21, 230; 29, 65, 67; 70, 167; 73, 25; Ratzel/Luxenburger/*Schroeder-Printzen* Handbuch Medizinrecht § 7 Rn. 399 ff.). Insoweit widerspricht es dem Grundsatz des Nachrangs von Ermächtigungen, wenn die Zulassungsgremien den Versicherten damit lediglich gleichwertige Behandlungsalternativen (z.B. zur Durchführung von ambulanten Chemotherapien bei gynäkologischen Tumorerkrankungen) anbieten wollen (BSG SozR 3–2500 § 116 Nr. 23). 7

Dem subsidiären Charakter der Ermächtigung müssen Inhalt und Umfang der erteilten Ermächtigung Rechnung tragen. Krankenhausärzte sind nicht befugt, allgemein ambulante ärztliche Leistungen zu erbringen. Die Ermächtigung kommt nur in Betracht, soweit und solange eine ausreichende ärztliche Versorgung der Versicherten ohne die Einbindung von Krankenhausärzten nicht sichergestellt ist. Deshalb muss der Ermächtigungsbescheid sehr konkret anhand der Gebührentatbestände des Einheitlichen Bewertungsmaßstabs (EBM) umschreiben, zu welchen Leistungen der Krankenhausarzt auf der Grundlage der Ermächtigung berechtigt ist (BSG SozR 3–5520 § 31 Nr. 8; *Kuhla* NZS 2002, 461, 462). Die Ermächtigung kann andererseits nur für ambulant vertragsärztliche Leistungen, **nicht** jedoch für der **stationären Versorgung** zuzurechnende Leistungen erteilt werden. Ambulant durchführbare Leistungen werden der stationären Versorgung zugerechnet, wenn sie nach Art und Schwere der Erkrankung für die medizinische Versorgung des Versicherten im Krankenhaus erforderlich sind, im Hinblick auf eine bevorstehende stationäre Behandlung und unter der Verantwortung eines im Krankenhaus tätigen Arztes erbracht werden sowie eine ansonsten erforderliche stationäre Leistung ersetzen, die an ihre Stelle treten oder diese überflüssig machen. Auf dieser Basis werden präoperative Eigenblutspenden dem stationären Bereich auch dann zugeordnet, wenn die Eigenblutgewinnung ambulant erfolgt. Eine Ermächtigung für präoperative Eigenblutspenden scheidet damit aus (BSG SozR 3–2500 § 116 Nr. 9 = BSGE 74, 263). 8

## 2. Versorgungslücke

9   Im Übrigen kommt es für die Erteilung der Ermächtigung und deren Umfang darauf an, ob eine Versorgungslücke in der ambulanten Versorgung besteht. Die Ermächtigung eines Krankenhausarztes erfordert entweder einen **quantitativ-allgemeinen** oder einen **qualitativ-speziellen Versorgungsbedarf** (BSG st.Rspr. u.a. MedR 2007, 127; *Wenner* GesR 2007, 337 [338]). Bei der Einschätzung der Bedarfssituation haben die Zulassungsgremien einen eingeschränkter gerichtlicher Kontrolle unterliegenden Beurteilungsspielraum (BSG st.Rspr. u.a. SozR 3–2500 § 116 Abs. 2. 2; w.Nw. bei Peters/*Hencke* Handbuch der Krankenversicherung § 95 SGB V Rn. 5). Die Kontrolle der Gerichte beschränkt sich in diesem Rahmen darauf, ob der Verwaltungsentscheidung ein richtiger und vollständig ermittelter Sachverhalt zu Grunde liegt, ob die Zulassungsinstanzen, die durch die Auslegung des unbestimmten Rechtsbegriffs ermittelten Grenzen eingehalten und ob sie ihre Subsumtionserwägungen so verdeutlicht haben, dass im Rahmen des Möglichen die zutreffende Anwendung der Beurteilungsmaßstäbe erkennbar und nachvollziehbar ist (BSG st.Rspr. u.a. Urt. v. 19.07.2006 – 6 KA 14/05 R, MedR 2007, 127; BSGE 60, 297; SozR 5520 § 29 Nr. 5; *Hencke* in: Peters, Handbuch der Krankenversicherung § 116 SGB V Rn. 5; *Plagemann*, in: Münchner Anwaltshandbuch Sozialrecht, § 15 Rn. 97). In quantitativ-allgemeiner Hinsicht kommt es darauf an, ob im jeweiligen Planungsbereich eine ausreichende Anzahl von Ärzten einer bestimmten Arztgruppe für die ambulante Versorgung zur Verfügung steht. Ein Bedürfnis für die Ermächtigung eines Krankenhauses liegt vor, wenn schon rein zahlenmäßig nicht genügend niedergelassene Ärzte vorhanden sind, um die Bevölkerung im Stadt- oder Kreisgebiet zu versorgen. Dies richtet sich nach dem Bedarfsplan der KV (§ 99) (BSG, SozR 3–2500 § 116 Nr. 4 = BSGE 73, 25; SozR 3–2500 § 116 Nr. 10; *Wenner* GesR 2007, 337 (338). Liegt kein Bedarfsplan für die Arztgruppe vor, können die Zulassungsgremien auf die dem Landesausschuss der Ärzte und Krankenkassen für die Feststellung einer Über- bzw. Unterversorgung (§§ 100, 101, 103) zur Verfügung stehenden statistischen Erhebungen zurückgreifen. Bloße Schätzungen reichen nicht aus (BSG SozR 3–2500 § 97 Nr. 2; Burk/Hellmann/*Kuhlmann* Krankenhausmanagement für Ärztinnen und Ärzte, VI-3). Ist dagegen für die jeweilige Arztgruppe ein Bedarfsplan aufgestellt, können bei einem bedarfsgerechten »Soll« von 9 Internisten bei tatsächlicher Zulassung von 14 Internisten keine Neuzulassungen erfolgen. »Überversorgung« i.S.d. § 104 Abs. 1 Satz 2 schließt eine allgemeine Ermächtigung eines Krankenhausarztes regelmäßig aus (BSG GesR 2007, 71; *Wenner* GesR 2007, 337 [338]). Bei der Ermittlung des quantitativ-allgemeinen Bedarfs ist die jeweilige Gruppe der Fachärzte (Arztgruppe) maßgeblich. Auf den Bedarf in den einzelnen Teilgebieten kann nicht gesondert abgestellt werden. Das beruht darauf, dass auch die Fachärzte – und nicht nur die Ärzte mit einer entsprechenden Teilgebietsbezeichnung – alle Leistungen der Teilgebiete erbringen dürfen (BSG SozR 3–2500 § 116 Nr. 10). Dabei dürfen die Zulassungsgremien den regionalen Planungsbereich in seiner Gesamtheit zu Grunde legen, ohne auf einzelne Teilbezirke abheben zu müssen. Besonderen Bedarfssituationen, die sich aufgrund der regionalen Struktur eines Planungsbereiches ergeben, kann durch eine sachgemäße Ausübung des Beurteilungsspielraums bei der Bedarfsprüfung Rechnung getragen werden. Nicht zu berücksichtigen ist, ob etwa im benachbarten Planungsbereich eine Überversorgung bei der jeweiligen Arztgruppe vorhanden ist. Liegen allerdings über- und unterversorgte Planungsbereiche nebeneinander, verbleibt es zwar bei dem Blick ausschließlich auf den konkreten Planungsbereich. Es ist aber festzustellen, ob die dort (rechnerisch) festgestellte Unterversorgung nicht durch die mögliche Versorgung in den angrenzenden Planungsbereichen tatsächlich ausgeglichen wird (BSG SozR 3–2500 § 97 Nr. 2). Besonders problematisch gestaltet sich die quantitative Bedarfsermittlung bei Krankenhausärzten solcher Fachgebiete, für die in den »Bedarfsplanungsrichtlinien – Ärzte« keine Verhältniszahlen für eine bedarfsgerechte Versorgung der Bevölkerung vorgesehen sind und die – wie z.B. Laborärzte oder Pathologen – Leistungen regelmäßig auch ohne unmittelbaren Arzt-Patienten-Kontakt erbringen (*Andreas/Debong/Bruns* Handbuch Arztrecht in der Praxis Rn. 586). Im Übrigen können über Ermächtigungen nach § 116 nicht Versorgungsdefizite im fachärztlichen Versorgungsbereich ausgeglichen werden. Unterversorgung im hausärztlichen Versorgungsbereich kann so kaum behoben werden. Die hausärztliche Versorgung wird in der Regel durch Ärzte für Allgemeinmedizin geleistet und diese Arztgruppe ist in den Krankenhäusern nicht

vertreten. Darüber hinaus kann der hausärztliche Versorgungsauftrag, wie er in § 73 Abs. 1 Satz 2 beschrieben ist, schwerlich durch einen ermächtigten Krankenhausarzt »nebenbei« wahrgenommen werden (*Wenner* GesR 2007, 337).

Lässt sich ein quantitativer Bedarf nicht begründen, kann ein Bedürfnis für die Ermächtigung 10 gleichwohl gegeben sein, wenn in **qualitativer Hinsicht** eine **Versorgungslücke** besteht. Dies darf nicht dahin missverstanden werden, dass eine Qualitätsprüfung zwischen Leistungen stattfinde, die mit evtl. schlechterer Qualität von niedergelassenen Ärzten oder in besserer Qualität von Krankenhausärzten erbracht werden. Entscheidend ist vielmehr, ob und inwieweit der Krankenhausarzt über ein praktisches Leistungsangebot verfügt, welches über das der im Planungsbereich zugelassenen Vertragsärzte hinausgeht. Dabei reichen besondere Kenntnisse des Arztes allein für eine Ermächtigung nicht aus. Die besonderen Kenntnisse müssen sich vielmehr in einem speziellen Leistungsangebot des Arztes niederschlagen. (BSG SozR 3–2500 § 116 Abs. 1). Einen qualitativen Bedarf hat das BSG z.B. verneint, soweit es um die konsiliarärztliche Tätigkeit insbesondere bei Demenzkranken (BSG Urt. v. 27.06.2001 – B 6 KA 39/00) oder soweit es um die Ermächtigung eines Gynäkologen zur Durchführung chemotherapeutischer Behandlungen ging, die in gleicher Weise von entsprechend fachlich kompetenten Internisten mit Schwerpunkt Onkologie am Ort durchgeführt werden können (BSG NZS 2002, 440). Ebenso wenig reicht der Hinweis auf die enge Kooperation zwischen behandelnden Krankenhausärzten und zu ermächtigendem Röntgenarzt aus, um den Bedarf zu begründen (BSG MedR 2002, 529). Ein qualitativ spezieller Bedarf als Grundlage der Ermächtigung eines Krankenhausarztes kann vor allem in ländlich geprägten Regionen hinsichtlich solcher medizinisch-technischer Leistungen bestehen, die zwar auch niedergelassene Vertragsärzte und medizinische Versorgungszentren anbieten, die entsprechenden Praxen indessen für die Versicherten nicht zumutbar zu erreichen sind (BSG GesR 2007, 71 [MRT-Leistungen]). Insoweit ist – wie auch sonst – für den bei Ermächtigungen erforderlichen Versorgungsbedarf grundsätzlich auf das Versorgungsangebot im Planungsbereich abzustellen. Nur in Ausnahmefällen können Versorgungsangebote in anderen Planungsbereichen berücksichtigt werden (BSG GesR 2007, 71; SG Marburg KRS. 06.048). Zur Feststellung des Bedarfs können die Zulassungsgremien auf Abrechnungsunterlagen und Stellungnahmen fachgleicher, schon zugelassener Gebietsärzte sowie auf Leistungsvergleiche auf der Grundlage von Häufigkeitsstatistiken (Frequenzstatistiken) und die Befragung von Vertragsärzten im Planungsbereich zurückgreifen (BSG MedR 1995, 163; SozR 3–2500 § 116 Nr. 11).

### 3. Begrenzung der Ermächtigung

Nach § 116 SGB V i.V.m. § 31 Abs. 7 Ärzte-ZV ist die Ermächtigung zeitlich, räumlich und in 11 ihrem Umfang nach zu bestimmen. In dem Ermächtigungsbeschluss ist auszusprechen, ob der ermächtigte Arzt unmittelbar oder nur auf Überweisung in Anspruch genommen werden darf. Ist allerdings die Ermächtigung erforderlich, weil besondere, für eine ausreichende und zweckmäßige medizinische Versorgung benötigte Untersuchungs- und Behandlungsmethoden von den niedergelassenen Vertragsärzten nicht angeboten werden, ist für eine Beschränkung der **Ermächtigung auf Überweisung** durch einen Vertragsarzt desselben Fachgebietes kein Raum (BSG, SozR 3–2500 § 116 Abs. 6 und 12). Anderenfalls würden durch die Zwischenschaltung des Gebietsarztes Verzögerungen und Kosten entstehen, obwohl von vornherein feststünde, dass dieser die erforderlichen Leistungen nicht selbst erbringen könnte. Die Befugnis, den Patienten an den ermächtigten Krankenhausarzt zu überweisen, darf deshalb in derartigen Fällen grundsätzlich nicht einer bestimmten Arztgruppe vorbehalten werden (BSG SozR 3–2500 § 116 Nr. 12; *Andreas/Debong/Bruns* Handbuch Arztrecht in der Praxis Rn. 583). Die Begrenzung der Ermächtigung auf Überweisung zur »**Konsiliaruntersuchung**« kann zulässig sein, wenn die Ermächtigung nicht eine Versorgungslücke schließen soll, sondern lediglich ermöglicht, im Einzelfall wegen der Schwierigkeit der Diagnose auf die Erfahrungen des qualifizierten Krankenhausarztes zurückzugreifen (BSG NZS 1995, 478). In diesen Fällen ist die Befugnis zur Überweisung dem jeweiligen Gebietsarzt vorzubehalten. Die Beschränkung der Überweisungsbefugnis auf die jeweilige Fachgruppe trägt dem Vorrang der niedergelassenen Ärzte Rechnung (*Plagemann*, in: Münchner Anwaltshandbuch Sozialrecht, § 15 Rn. 98).

12 Der **Regelbefristungszeitraum** liegt zwischen 2 und maximal 3 Jahren. In Fällen, die eine kurze Beobachtungsdauer durch die Zulassungsgremien erfordern, kann ausnahmsweise auch eine nur einjährige Befristung vorgenommen werden (BSG MedR 1997, 286). Eine einmal befristete Ermächtigung kann allerdings während des Laufs der Frist wegen Änderungen der Bedarfslage nicht widerrufen werden. Der ermächtigte Arzt soll sich darauf verlassen können, dass er für die Dauer der vom Zulassungsausschuss festgelegten Zeitspanne berechtigt ist, die von der Ermächtigung erfassten vertragsärztlichen Leistungen zu erbringen. Der Ermächtigung dürfen deshalb auch keine auflösenden Bedingungen beigegeben werden (BSG MedR 1997, 286; s. i.Ü. zur Befristung der Ermächtigung *Andreas/Debong/Bruns* Handbuch Arztrecht in der Praxis Rn. 589).

13 Mit Ablauf der im Ermächtigungsbescheid festgelegten Frist endet die Ermächtigung automatisch. Die Fortsetzung ambulanter vertragsärztlicher Tätigkeit über das Fristende hinaus kommt nur auf der Grundlage eines neuen Bescheides über den Folgezeitraum in Betracht. Da die Ermächtigung nicht rückwirkend erteilt werden darf (BSG SozR 3–2500 § 116 Nr. 5), muss der ermächtigte Krankenhausarzt rechtzeitig vor Fristablauf einen Antrag auf erneute Ermächtigung beim Zulassungsausschuss einreichen.

### III. Rechtsschutz

14 Umstritten war früher vor allem die (konkurrierende) **Klagebefugnis von Vertragsärzten**, die in dem betroffenen Planungsbereich niedergelassen sind und denen gegenüber sich die Ermächtigung als belastender VA (§ 31 SGB X) darstellt. Seit dem Kammerbeschluss des BVerfG aus dem Jahre 2004 (NJW 2005, 273 = ZMGR 2005, 321) haben Vertragsärzte grundsätzlich ein eigenes Anfechtungsrecht gegen die Ermächtigung eines Krankenhausarztes. Die entgegenstehende Rechtsprechung des BSG, die nur im Fall der Willkür eine Klagebefugnis einräumte (BSGE 90, 207), wurde korrigiert. Klagebefugt sind diejenigen Vertragsärzte, die einen »qualifizierten Bezug zu der erteilten Ermächtigung« aufweisen. Wie der im Einzelnen aussieht, ist in Detailfragen noch nicht abschließend geklärt (vgl. Rolfs/Giesen/Kreikebohm/Udsching/*Kingreen*, Beck-OK Sozialrecht, § 116 Rn. 19). Ebenso schwierig ist die Frage zu beurteilen, ob die Rechtsprechung des BVerfG auf andere Fälle der Ermächtigung von Krankenhäusern und anderen stationären Einrichtungen zur Erbringung ambulanter Leistungen übertragbar ist. Nach der Rechtsprechung des BSG (GesR 2007, 369; BSGE 99, 145; Urt. v. 17.06.2009 – B 6 KA 25/08 R; Urt. v. 28.10.2009 – B 6 KA 42/08 R) können Vertragsärzte die Verleihung eines Teilnahmestatus im Bereich der vertragsärztlichen Versorgung an einen anderen Arzt oder an eine andere ärztlich geleitete Einrichtung dann anfechten, wenn der dem Konkurrenten eingeräumte Status demjenigen des anfechtenden gegenüber nachrangig ist und die Ärzte im selben räumlichen Bereich gleiche Leistungen erbringen (vgl. auch *Steinhilper* MedR 2007, 469; *ders.* MedR 2008, 498; GesR 2009, 337). Der maßgebliche räumliche Bereich kann sich dabei über den einschlägigen Planungsbereich hinaus erstrecken, soweit in einem real existierenden »Teilmarkt« Anbieter gleichartiger Leistungen im Wesentlichen Umfang um die Versorgung derselben Patienten konkurrieren und deshalb für den niedergelassenen Vertragsarzt infolge einer zusätzlich erteilten Ermächtigung im Wettbewerb bedeutsame Einkommenseinbußen zu befürchten sind (SG Karlsruhe Urt. v. 26.03.2009 – S 1 KA 990/08; *Kuhla/Bedau* in: Sodan, Handbuch des Krankenversicherungsrechts, § 25 Rn. 188).

### § 116a Ambulante Behandlung durch Krankenhäuser bei Unterversorgung

Der Zulassungsausschuss muss zugelassene Krankenhäuser für das entsprechende Fachgebiet in den Planungsbereichen, in denen der Landesausschuss der Ärzte und Krankenkassen eingetretene Unterversorgung nach § 100 Absatz 1 oder einen zusätzlichen lokalen Versorgungsbedarf nach § 100 Absatz 3 festgestellt hat, auf deren Antrag zur vertragsärztlichen Versorgung ermächtigen, soweit und solange dies zur Beseitigung der Unterversorgung oder zur Deckung des zusätzlichen lokalen Versorgungsbedarfs erforderlich ist. Der Ermächtigungsbeschluss ist nach zwei Jahren zu überprüfen.

Im Fall einer lokalen Unterversorgung kann der Zulassungsausschuss zugelassene Krankenhäuser für das entsprechende Fachgebiet auf deren Antrag zur vertragsärztlichen Versorgung ermächtigen, soweit und solange dies zur Deckung der Unterversorgung erforderlich ist (§ 116a) (zur geringen Anwendbarkeit der Bestimmung – erst recht im Bereich der hausärztlichen Versorgung – vgl. *Wenner* GesR 2007, 337 [339]; s. i.Ü. Ratzel/Luxenburger/*Schroeder-Printzen*, Handbuch Medizinrecht, § 7 Rn. 416 ff.) Eine *Unterversorgung* liegt vor, wenn der im Bedarfsplan ausgewiesene bedarfsgerechte Versorgungsgrad in der allgemeinärztlichen Versorgung um 25 % bzw. in der fachärztlichen Versorgung in einem Fachgebiet um 50 % unterschritten wird (§ 100 Abs. 1 SGB V i.V.m. Nr. 29 Bedarfsplanungsrichtlinien-Ärzte). In den alten Bundesländern ist dies allenfalls in ländlichen Bereichen, in den **neuen Bundesländern** schon eher der Fall. Einen Rechtsanspruch auf Ermächtigung räumt die Bestimmung nach ihrem Wortlaut nicht ein. Dies ist angesichts des bestehenden Vorrangs der Ermächtigung von Krankenhausärzten nach § 116 konsequent, wenn und soweit am Krankenhaus Fachärzte vorhanden sind, die den Versorgungsmangel durch eine persönliche Ermächtigung ausgleichen können. Dabei hat der Landesausschuss der Ärzte und Krankenkassen von Amts wegen zu prüfen, ob in einem Planungsbereich eine ärztliche Unterversorgung besteht oder droht (§ 16 Abs. 1 Satz 1 Ärzte-ZV). Ist dies der Fall und stehen keine Fachärzte an einem Krankenhaus zur vertragsärztlichen Versorgung zur Verfügung, ist allerdings ein **Rechtsanspruch** des antragstellenden Krankenhauses auf Ermächtigung zu bejahen (§ 116a SGB V i.V.m. Art. 12 Abs. 1 GG). Bewirbt sich ein weiteres Krankenhaus um die Ermächtigung, muss der Zulassungsausschuss nach pflichtgemäßem Ermessen entscheiden, welchem der antragstellenden Krankenhäuser die Institutsermächtigung zu erteilen ist. Im Übrigen ist die Ermächtigung – wie die bedarfsabhängigen Ermächtigungen nach bisher schon geltendem Recht – entsprechend dem Umfang und der voraussichtlichen Dauer der Unterversorgung zu beschränken.

## § 116b Ambulante spezialfachärztliche Versorgung

(1) **Die ambulante spezialfachärztliche Versorgung umfasst die Diagnostik und Behandlung komplexer, schwer therapierbarer Krankheiten, die je nach Krankheit eine spezielle Qualifikation, eine interdisziplinäre Zusammenarbeit und besondere Ausstattungen erfordern. Hierzu gehören nach Maßgabe der Absätze 4 und 5 insbesondere folgende Erkrankungen mit besonderen Krankheitsverläufen, seltene Erkrankungen und Erkrankungszustände mit entsprechend geringen Fallzahlen sowie hochspezialisierte Leistungen:**
1. **Erkrankungen mit besonderen Krankheitsverläufen wie**
    a) **onkologische Erkrankungen,**
    b) **rheumatologische Erkrankungen,**
    c) **HIV/AIDS,**
    d) **Herzinsuffizienz (NYHA Stadium 3 – 4),**
    e) **Multiple Sklerose,**
    f) **zerebrale Anfallsleiden (Epilepsie),**
    g) **komplexe Erkrankungen im Rahmen der pädiatrischen Kardiologie,**
    h) **Folgeschäden bei Frühgeborenen oder**
    i) **Querschnittslähmung bei Komplikationen, die eine interdisziplinäre Versorgung erforderlich machen;**
    **bei Erkrankungen nach den Buchstaben c bis i umfasst die ambulante spezialfachärztliche Versorgung nur schwere Verlaufsformen der jeweiligen Erkrankungen mit besonderen Krankheitsverläufen;**
2. **seltene Erkrankungen und Erkrankungszustände mit entsprechend geringen Fallzahlen wie**
    a) **Tuberkulose,**
    b) **Mukoviszidose,**
    c) **Hämophilie,**

d) Fehlbildungen, angeborene Skelettsystemfehlbildungen und neuromuskuläre Erkrankungen,
e) schwerwiegende immunologische Erkrankungen,
f) biliäre Zirrhose,
g) primär sklerosierende Cholangitis,
h) Morbus Wilson,
i) Transsexualismus,
j) Versorgung von Kindern mit angeborenen Stoffwechselstörungen,
k) Marfan-Syndrom,
l) pulmonale Hypertonie,
m) Kurzdarmsyndrom oder
n) Versorgung von Patienten vor oder nach Organtransplantation und von lebenden Spendern sowie
3. hochspezialisierte Leistungen wie
    a) CT/MRT-gestützte interventionelle schmerztherapeutische Leistungen oder
    b) Brachytherapie.

Untersuchungs- und Behandlungsmethoden können Gegenstand des Leistungsumfangs in der ambulanten spezialfachärztlichen Versorgung sein, soweit der Gemeinsame Bundesausschuss im Rahmen der Beschlüsse nach § 137c für die Krankenhausbehandlung keine ablehnende Entscheidung getroffen hat.

(2) An der vertragsärztlichen Versorgung teilnehmende Leistungserbringer und nach § 108 zugelassene Krankenhäuser sind berechtigt, Leistungen der ambulanten spezialfachärztlichen Versorgung nach Absatz 1, deren Behandlungsumfang der Gemeinsame Bundesausschuss nach den Absätzen 4 und 5 bestimmt hat, zu erbringen, soweit sie die hierfür jeweils maßgeblichen Anforderungen und Voraussetzungen nach den Absätzen 4 und 5 erfüllen und dies gegenüber dem nach Maßgabe des Absatzes 3 Satz 1 erweiterten Landesausschuss der Ärzte und Krankenkassen nach § 90 Absatz 1 unter Beifügung entsprechender Belege anzeigen. Soweit der Abschluss von Vereinbarungen nach Absatz 4 Satz 9 und 10 zwischen den in Satz 1 genannten Leistungserbringern erforderlich ist, sind diese im Rahmen des Anzeigeverfahrens nach Satz 1 ebenfalls vorzulegen. Dies gilt nicht, wenn der Leistungserbringer glaubhaft versichert, dass ihm die Vorlage aus den in Absatz 4 Satz 11 zweiter Halbsatz genannten Gründen nicht möglich ist. Der Leistungserbringer ist nach Ablauf einer Frist von zwei Monaten nach Eingang seiner Anzeige zur Teilnahme an der ambulanten spezialfachärztlichen Versorgung berechtigt, es sei denn, der Landesausschuss nach Satz 1 teilt ihm innerhalb dieser Frist mit, dass er die Anforderungen und Voraussetzungen hierfür nicht erfüllt. Der Landesausschuss nach Satz 1 kann von dem anzeigenden Leistungserbringer zusätzlich erforderliche Informationen und ergänzende Stellungnahmen anfordern; bis zum Eingang der Auskünfte ist der Lauf der Frist nach Satz 4 unterbrochen. Danach läuft die Frist weiter; der Zeitraum der Unterbrechung wird in die Frist nicht eingerechnet. Nach Satz 4 berechtigte Leistungserbringer haben ihre Teilnahme an der ambulanten spezialfachärztlichen Versorgung den Landesverbänden der Krankenkassen und den Ersatzkassen, der Kassenärztlichen Vereinigung sowie der Landeskrankenhausgesellschaft zu melden und dabei den Erkrankungs- und Leistungsbereich anzugeben, auf den sich die Berechtigung erstreckt. Erfüllt der Leistungserbringer die für ihn nach den Sätzen 1 und 2 maßgeblichen Voraussetzungen für die Berechtigung zur Teilnahme an der ambulanten spezialfachärztlichen Versorgung nicht mehr, hat er dies unverzüglich unter Angabe des Zeitpunkts ihres Wegfalls gegenüber dem Landesausschuss nach Satz 1 anzuzeigen sowie den in Satz 7 genannten Stellen zu melden. Der Landesausschuss nach Satz 1 kann einen an der ambulanten spezialfachärztlichen Versorgung teilnehmenden Leistungserbringer aus gegebenem Anlass sowie unabhängig davon nach Ablauf von mindestens fünf Jahren seit seiner erstmaligen Teilnahmeanzeige oder der letzten späteren Überprüfung seiner Teilnahmeberechtigung auffordern, ihm gegenüber innerhalb einer Frist von zwei Monaten nachzuweisen, dass er die Voraussetzungen für seine Teilnahme an der

ambulanten spezialfachärztlichen Versorgung weiterhin erfüllt. Die Sätze 4, 5 und 8 gelten entsprechend.

(3) Für die Wahrnehmung der Aufgaben nach Absatz 2 wird der Landesausschuss der Ärzte und Krankenkassen nach § 90 Absatz 1 um Vertreter der Krankenhäuser in der gleichen Zahl erweitert, wie sie nach § 90 Absatz 2 jeweils für die Vertreter der Krankenkassen und die Vertreter der Ärzte vorgesehen ist (erweiterter Landesausschuss). Die Vertreter der Krankenhäuser werden von der Landeskrankenhausgesellschaft bestellt. Über den Vorsitzenden des erweiterten Landesausschusses und die zwei weiteren unparteiischen Mitglieder sowie deren Stellvertreter sollen sich die beteiligten Kassenärztlichen Vereinigungen, die Landesverbände der Krankenkassen und die Ersatzkassen sowie die Landeskrankenhausgesellschaft einigen. Kommt eine Einigung nicht zustande, werden sie durch die für die Sozialversicherung zuständige oberste Verwaltungsbehörde des Landes im Benehmen mit den beteiligten Kassenärztlichen Vereinigungen, den Landesverbänden der Krankenkassen und den Ersatzkassen sowie der Landeskrankenhausgesellschaft berufen. Die dem Landesausschuss durch die Wahrnehmung der Aufgaben nach Absatz 2 entstehenden Kosten werden zur Hälfte von den Verbänden der Krankenkassen und den Ersatzkassen sowie zu je einem Viertel von den beteiligten Kassenärztlichen Vereinigungen und der Landeskrankenhausgesellschaft getragen. Der erweiterte Landesausschuss beschließt mit einfacher Mehrheit; bei der Gewichtung der Stimmen zählen die Stimmen der Vertreter der Krankenkassen doppelt. Der erweiterte Landesausschuss kann für die Beschlussfassung über Entscheidungen im Rahmen des Anzeigeverfahrens nach Absatz 2 in seiner Geschäftsordnung abweichend von Satz 1 die Besetzung mit einer kleineren Zahl von Mitgliedern festlegen; die Mitberatungsrechte nach § 90 Absatz 4 Satz 2 sowie § 140f Absatz 3 bleiben unberührt. Er ist befugt, geeignete Dritte ganz oder teilweise mit der Durchführung von Aufgaben nach Absatz 2 zu beauftragen und kann hierfür nähere Vorgaben beschließen.

(4) Der Gemeinsame Bundesausschuss regelt in einer Richtlinie bis zum 31. Dezember 2012 das Nähere zur ambulanten spezialfachärztlichen Versorgung nach Absatz 1. Er konkretisiert die Erkrankungen nach Absatz 1 Satz 2 nach der Internationalen Klassifikation der Krankheiten in der jeweiligen vom Bundesinstitut für Arzneimittel und Medizinprodukte im Auftrag des Bundesministeriums für Gesundheit herausgegebenen deutschen Fassung oder nach weiteren von ihm festzulegenden Merkmalen und bestimmt den Behandlungsumfang. In Bezug auf Krankenhäuser, die an der ambulanten spezialfachärztlichen Versorgung teilnehmen, hat der Gemeinsame Bundesausschuss für Leistungen, die sowohl ambulant spezialfachärztlich als auch teilstationär oder stationär erbracht werden können, allgemeine Tatbestände zu bestimmen, bei deren Vorliegen eine ambulante spezialfachärztliche Leistungserbringung ausnahmsweise nicht ausreichend ist und eine teilstationäre oder stationäre Durchführung erforderlich sein kann. Er regelt die sächlichen und personellen Anforderungen an die ambulante spezialfachärztliche Leistungserbringung sowie sonstige Anforderungen an die Qualitätssicherung unter Berücksichtigung der Ergebnisse nach § 137a Absatz 3. Bei Erkrankungen mit besonderen Krankheitsverläufen setzt die ambulante spezialfachärztliche Versorgung die Überweisung durch einen Vertragsarzt voraus; das Nähere hierzu regelt der Gemeinsame Bundesausschuss in seiner Richtlinie nach Satz 1. Satz 5 gilt nicht bei Zuweisung von Versicherten aus dem stationären Bereich. Für seltene Erkrankungen und Erkrankungszustände mit entsprechend geringen Fallzahlen sowie hochspezialisierte Leistungen regelt der Gemeinsame Bundesausschuss, in welchen Fällen die ambulante spezialfachärztliche Leistungserbringung die Überweisung durch den behandelnden Arzt voraussetzt. Für die Behandlung von Erkrankungen mit besonderen Krankheitsverläufen nach Absatz 1 Satz 2 Nummer 1, bei denen es sich nicht zugleich um seltene Erkrankungen oder Erkrankungszustände mit entsprechend geringen Fallzahlen handelt, kann er Empfehlungen als Entscheidungshilfe für den behandelnden Arzt abgeben, in welchen medizinischen Fallkonstellationen bei der jeweiligen Krankheit von einem besonderen Krankheitsverlauf auszugehen ist. Zudem kann er für die Versorgung von Erkrankungen mit besonderen Krankheitsverläufen Regelungen zu Vereinbarungen treffen, die eine Kooperation zwischen den beteiligten Leistungserbringern nach Absatz 2 Satz 1 in diesem Versorgungsbereich fördern. Für die Versorgung von

Patienten mit onkologischen Erkrankungen hat er Regelungen für solche Vereinbarungen zu treffen. Diese Vereinbarungen nach den Sätzen 9 und 10 sind Voraussetzung für die Teilnahme an der ambulanten spezialfachärztlichen Versorgung, es sei denn, dass ein Leistungserbringer eine Vereinbarung nach den Sätzen 9 oder 10 nicht abschließen kann, weil in seinem für die ambulante spezialfachärztliche Versorgung relevanten Einzugsbereich

a) kein geeigneter Kooperationspartner vorhanden ist oder
b) er dort trotz ernsthaften Bemühens innerhalb eines Zeitraums von mindestens zwei Monaten keinen zur Kooperation mit ihm bereiten geeigneten Leistungserbringer finden konnte.

Der Gemeinsame Bundesausschuss hat spätestens jeweils zwei Jahre nach dem Inkrafttreten eines Richtlinienbeschlusses, der für eine Erkrankung nach Absatz 1 Satz 2 Nummer 1 Buchstabe a oder Buchstabe b getroffen wurde, die Auswirkungen dieses Beschlusses hinsichtlich Qualität, Inanspruchnahme und Wirtschaftlichkeit der ambulanten spezialfachärztlichen Versorgung sowie die Erforderlichkeit einer Anpassung dieses Beschlusses zu prüfen. Über das Ergebnis der Prüfung berichtet der Gemeinsame Bundesausschuss dem Bundesministerium für Gesundheit.

(5) Der Gemeinsame Bundesausschuss ergänzt den Katalog nach Absatz 1 Satz 2 auf Antrag eines Unparteiischen nach § 91 Absatz 2 Satz 1, einer Trägerorganisation des Gemeinsamen Bundesausschusses oder der für die Wahrnehmung der Interessen der Patientinnen und Patienten und der Selbsthilfe chronisch kranker und behinderter Menschen auf Bundesebene maßgeblichen Organisationen nach § 140f nach Maßgabe des Absatzes 1 Satz 1 um weitere Erkrankungen mit besonderen Krankheitsverläufen, seltene Erkrankungen und Erkrankungszustände mit entsprechend geringen Fallzahlen sowie hochspezialisierte Leistungen. Im Übrigen gilt Absatz 4 entsprechend.

(6) Die Leistungen der ambulanten spezialfachärztlichen Versorgung werden unmittelbar von der Krankenkasse vergütet; Leistungserbringer können die Kassenärztliche Vereinigung gegen Aufwendungsersatz mit der Abrechnung von Leistungen der ambulanten spezialfachärztlichen Versorgung beauftragen. Für die Vergütung der Leistungen der ambulanten spezialfachärztlichen Versorgung vereinbaren der Spitzenverband Bund der Krankenkassen, die Deutsche Krankenhausgesellschaft und die Kassenärztliche Bundesvereinigung gemeinsam und einheitlich die Kalkulationssystematik, diagnosebezogene Gebührenpositionen in Euro sowie deren jeweilige verbindliche Einführungszeitpunkte nach Inkrafttreten der entsprechenden Richtlinien gemäß den Absätzen 4 und 5. Die Kalkulation erfolgt auf betriebswirtschaftlicher Grundlage ausgehend vom einheitlichen Bewertungsmaßstab für ärztliche Leistungen unter ergänzender Berücksichtigung der nichtärztlichen Leistungen, der Sachkosten sowie der spezifischen Investitionsbedingungen. Bei den seltenen Erkrankungen und Erkrankungszuständen mit entsprechend geringen Fallzahlen sollen die Gebührenpositionen für die Diagnostik und die Behandlung getrennt kalkuliert werden. Die Vertragspartner können einen Dritten mit der Kalkulation beauftragen. Die Gebührenpositionen sind in regelmäßigen Zeitabständen daraufhin zu überprüfen, ob sie noch dem Stand der medizinischen Wissenschaft und Technik sowie dem Grundsatz der wirtschaftlichen Leistungserbringung entsprechen. Kommt eine Vereinbarung nach Satz 2 ganz oder teilweise nicht zustande, entscheidet auf Antrag einer Vertragspartei das sektorenübergreifende Schiedsgremium auf Bundesebene gemäß § 89a. Bis zum Inkrafttreten einer Vereinbarung nach Satz 2 erfolgt die Vergütung auf der Grundlage der vom Bewertungsausschuss gemäß § 87 Absatz 5a bestimmten abrechnungsfähigen ambulanten spezialfachärztlichen Leistungen des einheitlichen Bewertungsmaßstabs für ärztliche Leistungen mit dem Preis der jeweiligen regionalen Euro-Gebührenordnung. Der Bewertungsausschuss gemäß § 87 Absatz 5a hat den einheitlichen Bewertungsmaßstab für ärztliche Leistungen bis zum Inkrafttreten einer Vereinbarung nach Satz 2 und jeweils bis spätestens sechs Monate nach Inkrafttreten der Richtlinien gemäß den Absätzen 4 und 5 insbesondere so anzupassen, dass die Leistungen nach Absatz 1 unter Berücksichtigung der Vorgaben nach den

Absätzen 4 und 5 angemessen bewertet sind und nur von den an der ambulanten spezialfachärztlichen Versorgung teilnehmenden Leistungserbringern abgerechnet werden können. Die Prüfung der Abrechnung und der Wirtschaftlichkeit sowie der Qualität, soweit der Gemeinsame Bundesausschuss hierzu in der Richtlinie nach Absatz 4 keine abweichende Regelung getroffen hat, erfolgt durch die Krankenkassen, die hiermit eine Arbeitsgemeinschaft oder den Medizinischen Dienst beauftragen können; ihnen sind die für die Prüfungen erforderlichen Belege und Berechtigungsdaten nach Absatz 2 auf Verlangen vorzulegen. Für die Abrechnung gilt § 295 Absatz 1b Satz 1 entsprechend. Das Nähere über Form und Inhalt des Abrechnungsverfahrens sowie über die erforderlichen Vordrucke wird von den Vertragsparteien nach Satz 2 vereinbart; Satz 7 gilt entsprechend. Die morbiditätsbedingte Gesamtvergütung ist nach Maßgabe der Vorgaben des Bewertungsausschusses nach § 87a Absatz 5 Satz 7 in den Vereinbarungen nach § 87a Absatz 3 um die Leistungen zu bereinigen, die Bestandteil der ambulanten spezialfachärztlichen Versorgung sind. Die Bereinigung darf nicht zulasten des hausärztlichen Vergütungsanteils und der fachärztlichen Grundversorgung gehen. In den Vereinbarungen zur Bereinigung ist auch über notwendige Korrekturverfahren zu entscheiden.

(7) Die ambulante spezialfachärztliche Versorgung nach Absatz 1 schließt die Verordnung von Leistungen nach § 73 Absatz 2 Nummer 5 bis 8 und 12 ein, soweit diese zur Erfüllung des Behandlungsauftrags nach Absatz 2 erforderlich sind; § 73 Absatz 2 Nummer 9 gilt entsprechend. Die Richtlinien nach § 92 Absatz 1 Satz 2 gelten entsprechend. Die Vereinbarungen über Vordrucke und Nachweise nach § 87 Absatz 1 Satz 2 sowie die Richtlinien nach § 75 Absatz 7 gelten entsprechend, soweit sie Regelungen zur Verordnung von Leistungen nach Satz 1 betreffen. Verordnungen im Rahmen der Versorgung nach Absatz 1 sind auf den Vordrucken gesondert zu kennzeichnen. Leistungserbringer nach Absatz 2 erhalten ein Kennzeichen nach § 293 Absatz 1 und Absatz 4 Satz 2 Nummer 1, das eine eindeutige Zuordnung im Rahmen der Abrechnung nach den §§ 300 und 302 ermöglicht, und tragen dieses auf die Vordrucke auf. Das Nähere zu Form und Zuweisung der Kennzeichen nach den Sätzen 4 und 5, zur Bereitstellung der Vordrucke sowie zur Auftragung der Kennzeichen auf die Vordrucke ist in der Vereinbarung nach Absatz 6 Satz 12 zu regeln. Für die Prüfung der Wirtschaftlichkeit der Verordnungen nach Satz 1 gilt § 113 Absatz 4 entsprechend mit der Maßgabe, dass die Prüfung durch die gegen Kostenersatz durchgeführt wird, soweit die Krankenkasse mit dem Leistungserbringer nach Absatz 2 nichts anderes vereinbart hat.

(8) Bestimmungen, die von einem Land nach § 116b Absatz 2 Satz 1 in der bis zum 31. Dezember 2011 geltenden Fassung getroffen wurden, gelten weiter. Bestimmungen nach Satz 1 für eine Erkrankung nach Absatz 1 Satz 2 Nummer 1 oder Nummer 2 oder eine hochspezialisierte Leistung nach Absatz 1 Satz 2 Nummer 3, für die der Gemeinsame Bundesausschuss das Nähere zur ambulanten spezialfachärztlichen Versorgung in der Richtlinie nach Absatz 4 Satz 1 geregelt hat, werden unwirksam, wenn das Krankenhaus zu dieser Erkrankung oder hochspezialisierten Leistung zur Teilnahme an der ambulanten spezialfachärztlichen Versorgung berechtigt ist, spätestens jedoch drei Jahre nach Inkrafttreten des entsprechenden Richtlinienbeschlusses des Gemeinsamen Bundesausschusses. Die von zugelassenen Krankenhäusern aufgrund von Bestimmungen nach Satz 1 erbrachten Leistungen werden nach § 116b Absatz 5 in der bis zum 31. Dezember 2011 geltenden Fassung vergütet.

(9) Die Auswirkungen der ambulanten spezialfachärztlichen Versorgung auf die Kostenträger, die Leistungserbringer sowie auf die Patientenversorgung sind fünf Jahre nach Inkrafttreten des Gesetzes zu bewerten. Gegenstand der Bewertung sind insbesondere der Stand der Versorgungsstruktur, der Qualität sowie der Abrechnung der Leistungen in der ambulanten spezialfachärztlichen Versorgung auch im Hinblick auf die Entwicklung in anderen Versorgungsbereichen. Die Ergebnisse der Bewertung sind dem Bundesministerium für Gesundheit zum 31. März 2017 zuzuleiten. Die Bewertung und die Berichtspflicht obliegen dem Spitzenverband Bund, der Kassenärztlichen Bundesvereinigung und der Deutschen Krankenhausgesellschaft gemeinsam.

## § 116b SGB V Ambulante spezialfachärztliche Versorgung

### Übersicht

| | Rdn. | | Rdn. |
|---|---|---|---|
| A. Überblick | 1 | I. VA-Qualität? | 7 |
| B. Rechtssystematische Einordnung | 5 | II. Rechtsfolgen | 8 |
| C. Anzeige- und Prüfverfahren | 6 | D. Übergangsregelung | 9 |

### A. Überblick

1 § 116b hat durch das GKV-VStG (2012) eine umfangreiche Neuregelung erfahren (zu § 116b n.F. s. u.a. *Blöcher* GesR 2012, 658; *Kuhla* das Krankenhaus 2012, 463; *Leber* GesR 2014, 524; *Makoski* GuP 2017, 47; *Orlowski* GesR 2014, 522; *Quaas* GesR 2013, 327; *Quaas/Zuck/Clemens/Quaas*, Medizinrecht, § 16 Rn. 110 ff.; *Stollmann* NZS 2012, 485). Die bisherige Bestimmung eines Krankenhauses zur ambulanten Erbringung hochspezialisierter Leistungen (§ 116b Abs. 2 a.F.) wird komplett durch einen neuen Versorgungsbereich ersetzt: der der »ambulanten spezialfachärztlichen Versorgung« (asV). Der Sache nach handelt es sich um die Fortentwicklung einer »zweiten ambulanten Facharztschiene« in einem (hoch-)spezialisierten Versorgungsbereich, deren »Gleisstruktur« bereits durch die Vorgängerregelungen des § 116b gelegt war. Neu an diesem Versorgungsbereich ist, dass daran Vertragsärzte und dafür geeignete Krankenhäuser gleichberechtigt teilnehmen, es gilt das sog. Marktmodell (»wer kann, der darf«). Insoweit tritt zu den bereits existierenden Versorgungsbereichen der stationären Krankenhausbehandlung und der ambulanten vertragsärztlichen Versorgung die asV hinzu und ersetzt gleichzeitig die bisherige ambulante, hochspezialisierte Leistungserbringung durch Krankenhäuser gem. § 116b a.F. In Anknüpfung an den bisherigen Katalog des § 116b a.F. umfasst die asV
   – schwere Verlaufsformen von Erkrankungen mit besonderen Krankheitsverläufen,
   – seltene Erkrankungen und Erkrankungszustände mit geringen Fallzahlen,
   – hochspezialisierte Leistungen.

2 Mit dem »Markt-Modell« des § 116b n.F. hat sich der Gesetzgeber von dem zuvor geltenden »Verwaltungsakt-Modell« verabschiedet. An die Stelle der »Bestimmung« des Krankenhauses durch die (Krankenhausplanungs-) Behörde tritt nunmehr ein gleichberechtigter Zugang von Vertragsärzten und Krankenhäusern zur asV. Konsequent verzichtet der Gesetzgeber auf ein – förmlich gestaltetes – »Zulassungserfordernis«. Wer spezialfachärztliche Leistungen ambulant erbringen will, muss dies – unter Beifügung der für die Prüfung erforderlichen Unterlagen – »anzeigen«. 2 Monate nach dem Eingang der Anzeige bei dem – hierfür zuständigen – »erweiterten Landesausschuss« ist der Anzeigende berechtigt, die Leistungen zu erbringen und abzurechnen. Anders ist dies nur, wenn der Landesausschuss ihm mitteilt, dass er die Leistungsvoraussetzungen nicht erfüllt bzw. innerhalb der Zwei-Monats-Frist zusätzliche Informationen angefordert werden.

3 Der G-BA ist – wie bisher – beauftragt, in einer Richtlinie das Nähere zur asV zu regeln und dabei u.a. die zu behandelnden Erkrankungen und deren Behandlungsumfang zu konkretisieren, die an die asV zu stellenden sächlichen und personellen Anforderungen sowie die Vorgaben für die Qualitätssicherung zu bestimmen, ein etwaiges Überweisungserfordernis festzulegen und weitere Entscheidungshilfen zu formulieren. Solange die G-BA-Richtlinie nicht vorliegt, kommt eine Leistungserbringung nach neuem Recht nicht in Betracht (vgl. zu dem vom G-BA am 21.03.2013 verabschiedeten 1. Teil der neuen Richtlinie [asV-Rl] – dem sog. »Paragraphenteil« – *Schlottmann/Brenskel/Schwarz*, das Krankenhaus 2013, 692). Maßgeblich für die Teilnahme an der asV ist das Inkrafttreten der jeweiligen Anlage für jede Fallgruppe gemäß asV-Rl (Dettling/*Gerlach*, Krankenhausrecht, § 116b SGB V Rn. 24).

4 § 116b macht die Leistungsberechtigung in näher bestimmten Fällen (insb. onkologische Versorgung) davon abhängig, dass der Leistungserbringer auf vertraglicher Grundlage mit anderen Leistungserbringern kooperativ zusammenwirkt. Davon kann abgesehen werden, wenn kein geeigneter Kooperationspartner vorhanden ist oder der Leistungswillige trotz ernsthaften Bemühens innerhalb eines Zeitraums von mindestens 2 Monaten keinen zur Kooperation mit ihm bereiten geeigneten Leistungserbringer finden konnte (§ 116b Abs. 4 Satz 11). Auch insoweit wird der

G-BA – jedenfalls für den onkologischen Bereich – verpflichtet, nähere Bestimmungen für Kooperationsvereinbarungen zu treffen (§ 116b Abs. 4 Satz 10). Weitere Regelungsbereiche des § 116b betreffen die Finanzierung und Vergütung der »§ 116 b-Leistungen« und das Übergangsrecht (§ 116b Abs. 7).

## B. Rechtssystematische Einordnung

Rechtssystematisch unterscheidet sich die »neue Versorgungsform« des § 116b von ihren Vorgängern in mehrfacher Hinsicht: Zunächst ist nicht mehr nur das Krankenhaus teilnahmeberechtigt. Für die damalige Teilnahmeform konnte insoweit angenommen werden, es handele sich um eine spezifische ambulante »Krankenhausbehandlung« außerhalb der vertragsärztlichen Versorgung, mithin um einen Anwendungsfall des § 39 Abs. 1 Satz 1 (juris PK-SGB V/*Wahl*, § 39 Rn. 11; *Quaas* GesR 2010, 455; a.A. Hauck/*Noftz*, SGB V, K § 39 Rn. 44; Spickhoff/*Trenk-Hinterberger*, § 39 SGB V Rn. 18). Das trifft auf § 116b so nicht zu: Mit der asV wird ein gänzlich neuer Versorgungsbereich begründet, der neben die ambulante Versorgung durch niedergelassene Vertragsärzte und die stationäre Versorgung durch Krankenhäuser tritt und daher keiner der herkömmlichen Versorgungsformen zuzuordnen ist (BSG Urt. v. 15.03.2012 – B 3 KR 13/11 R, GesR 2012, 688 – ZMGR 2012, 273 = NZS 2012, 700 Rn. 11). Im Unterschied zu § 116b a.F. ist die »neue« Versorgungsform (auch) durch das Merkmal der »interdisziplinären Zusammenarbeit« (§ 116b Abs. 1 Satz 1) gekennzeichnet, weil – so die ursprüngliche Gesetzesbegründung – die strenge sektorale Aufteilung der GKV-Versorgung den Anforderungen an die »interdisziplinäre Diagnostik und Therapie« im ambulanten Versorgungsgeschehen nicht mehr gerecht werde (BT-Drs. 17/6909 S. 80). Dies solle durch Einführung eines »sektorenverbindenden Versorgungsbereiches« der asV überwunden werden. Damit handelt es sich bei der asV rechtssystematisch um einen neuen, vierten Leistungssektor, der als eigenständiger »sektorenverbindender« Versorgungsbereich neben die herkömmliche ambulante und stationäre, aber auch die integrierte Versorgung (§§ 140a ff.) tritt und in dem sämtliche an der vertragsärztlichen Versorgung teilnehmenden Leistungserbringer und die nach § 108 zugelassenen Krankenhäuser berechtigt sind, unter einheitlichen Bedingungen und Qualifikationsvoraussetzungen ambulante Leistungen zu erbringen, die unmittelbar von der Krankenkasse nach einem eigenen Vergütungssystem honoriert werden (BSG Urt. v. 15.03.2012 – B 3 KR 13/11 R, GesR 2912, 688 = ZMGR 2012, 273 = NZS 2012, 700 Rn. 13; *Stollmann* NZS 2012, 485 (487)). Anders als bei der vertragsärztlichen Versorgung und im stationären Versorgungsbereich findet – entsprechend dem bisherigen Bestimmungsverfahren (§ 116b Abs. 2 a.F.) – keine Bedarfsplanung oder -prüfung statt. Das erschien dem Gesetzgeber angesichts des damit verbundenen Aufwandes wenig praktikabel (BT-Drs. 17/6909 S. 81). Daraus folgt weiter für die rechtssystematische Einordnung des § 116b: Soweit Krankenhäuser an der asV teilnehmen, handelt es sich – nach wie vor – um ambulante Krankenhausbehandlungen (§ 39 Abs. 1 Satz 1). Soweit dies nicht der Fall ist, also bei den an der vertragsärztlichen Versorgung teilnehmenden Leistungserbringern, liegt keine vertragsärztliche Versorgung (i.e.S.), sondern eine spezialfachärztliche Versorgung vor, die als eigenständiger Versorgungsbereich dem krankenversicherungsrechtlichen Leistungserbringerrecht zuzuordnen ist. Das ist durch § 10 Abs. 2 Satz 2 Nr. 3 SGG klargestellt (BSG Urt. v. 15.03.2012 – B 3 KR 13/11 Rn. 15; *Stollmann* NZS 2012, 485 [491]). Innerhalb der Spruchkörper der Sozialgerichte sind danach die Kammern bzw. Senate zuständig, denen Angelegenheiten der GKV zur Entscheidung übertragen sind.

## C. Anzeige- und Prüfverfahren

Zu den rechtlich umstrittensten Fragen der asV gehören die Rechtsfolgen, die aus dem in § 116b Abs. 2 Satz 1, 4 geregelten Anzeige- und Prüfverfahren gegenüber und durch den erweiterten Landesausschuss (§ 116b Abs. 3) mit anschließender Meldepflicht der Teilnahmeberechtigung an die Landesverbände der Krankenkassen und der Ersatzkassen, der KV und der Landeskrankenhausgesellschaft (§ 116b Abs. 2 Satz 6) gezogen werden (Dazu *Blöcher* GesR 2012, 658; *Kuhla* das Krankenhaus 2012, 463; *Stollmann* NZS 2012, 485). Im Kern geht es um den Eintritt der in § 116b Abs. 2 Satz 4 enthaltenen Fiktionswirkung, wonach der Leistungserbringer (Antragsteller) nach

Ablauf einer Zwei-Monats-Frist nach Eingang seiner Anzeige zur Teilnahmeberechtigung an der asV leistungsberechtigt ist, es sei denn, der erweiterte Landesausschuss teilt ihm innerhalb dieser Frist mit, dass er die Anforderungen und Voraussetzungen hierfür nicht erfüllt hat. Den Eintritt der Fiktionswirkung kann der erweitere Landesausschuss damit nur durch fristgemäße Versagung verhindern (*Stollmann* NZS 2012, 485 [489]):

## I. VA-Qualität?

7 Während die »Versagungsmitteilung« durch den erweiterten Landesausschuss angesichts der mit ihr beabsichtigten Regelungswirkung und ihrer Bekanntgabe an den Adressaten (§ 39 Abs. 1 Satz 1 SGB X) unzweifelhaft ein VA darstellt, ist dies beim Eintritt der Fiktionswirkung nicht ohne weiteres der Fall. Mit dem Anzeigeverfahren entschied sich der Gesetzgeber bewusst gegen das zuvor in § 116b Abs. 2 a.F. vorgesehene »VA-Modell«, das sich in der Praxis als erheblich konfliktbehaftet und rechtsmittelanfällig erwiesen hat (zu den bundesweit höchst unterschiedlichen Zulassungszahlen nach § 116b a.F. vgl. *Blöcher* GesR 2012, 658). Er hat deshalb mit der bloßen Anzeigepflicht ein vereinfachtes Verwaltungsverfahren eingeführt, das aufgrund der knappen Bearbeitungs- und Reaktionsfristen einen einfachen und schnelleren Gesetzesvollzug gewährleisten soll (*Debong* Arztrecht 2012, 117 [119]). Das spricht allerdings nicht gegen die Annahme einer VA-Qualität der nicht förmlich beschiedenen Anzeige, präziser der mit Fristablauf eintretenden Teilnahmeberechtigung an der asV (so aber *Kuhla* das Krankenhaus 2012, 463 (467), wonach der Leistungserbringer kraft Gesetzes berechtigt ist; ebenso *Axer* GesR 2012, 714 (723); *Debong* Arztrecht 2012, 117 (121); Dettling/*Gerlach*, Krankenhausrecht, § 116b SGB V Rn. 28; a.A. u.a. *Blöcher* GesR 2012, 658 (661); *Stollmann* NZS 2012, 485 [489]). Die mit der Anzeige beabsichtigte Deregulierung soll – wie das Prüfungsverfahren zeigt – offenbar nicht so weit gehen, auf eine förmliche Bearbeitung und eingehende Detailprüfung des Antrags ganz zu verzichten. Pate für das Anzeigeverfahren haben vielmehr aus dem Verwaltungsrecht bekannte gesetzliche Regelungen – etwa aus dem Bauordnungsrecht (vgl. insoweit zur Genehmigungsfreistellung bei bloßer Anzeigebedürftigkeit eines Bauvorhabens Finkelnburg/Ortloff/*Ortloff*, öffentliches Baurecht II, 5. Aufl. 2005, § 7 Abs. 2 Satz 3 mit Nachweisen zu den landesrechtlichen Regelungen), dem Immissionsschutzrecht (vgl. § 25 Abs. 2 Satz 2 BImSchG) oder dem Arzneimittelrecht (vgl. § 42 Abs. 2 Satz 4 AMG) – gestanden, in denen ein vergleichbares »vereinfachtes Genehmigungsverfahren« vorgesehen ist, um den Verfahrensbeteiligten in einem zeitlich überschaubaren Rahmen Planungssicherheit zu gewährleisten. Hier wie dort wird an den Fristablauf die Genehmigungsfiktion geknüpft, sodass in diesem Zeitpunkt unter Verzicht auf dessen Bekanntgabe ein fiktiver VA zu Stande kommt (vgl. § 42a Abs. 1 Satz 1 VwVfG) (zum fiktiven VA vgl. u.a. *Caspar* AöR 2000, 131 ff.). Daraus folgt für die Teilnahmeberechtigung des Leistungserbringers an der asV: Lässt der erweiterte Landesausschuss die Zwei-Monats-Frist des § 116b Abs. 2 Satz 4 n.F. ungenutzt verstreichen, ist von einer Genehmigung des mit der Anzeige eingereichten, ggf. danach vervollständigten Antrages auszugehen (*Blöcher* GesR 2012, 658; *Stollmann* NZS 2012, 485 [489]; krit. jurisPk/*Köhler-Hohmann*, § 116b Rn. 47 ff.). Dabei fingiert das Gesetz nicht nur den Erlass des VA, sondern auch dessen Wirksamkeit zumindest gegenüber dem Antragsteller. Verbunden mit der (fiktiven) Genehmigung ist dagegen keine »Rechtmäßigkeitsfiktion« (Kopp/Ramsauer, VwVfG, 11. Aufl. 2010, § 42a Rn. 16). Die Teilnahmeberechtigung des Leistungserbringers kann unter den Voraussetzungen der §§ 44 ff. SGB X widerrufen oder zurückgenommen und damit deren positive Rechtswirkungen aufgehoben werden (Kopp/Ramsauer, VwVfG, 11. Aufl. 2010, § 42a Rn. 18). Die Teilnahmeberechtigung an der asV endet daher nicht »kraft Gesetzes« mit Wegfall der Zugangsvoraussetzungen (So aber *Debong* Arztrecht 2012, 117 [121]). oder aus sonstigen, etwa zur Beendigung einer vertragsärztlichen Zulassung führenden Gründen (vgl. § 95 Abs. 7). Ein gesondertes Verfahren zum Erlöschen der Teilnahmeberechtigung an der asV ist im Gesetz nicht vorgesehen. Der Teilnahmestatus endet daher entweder mit (rechtskräftigem) Widerruf oder Rücknahme der (fingierten) Zugangsgenehmigung oder wenn der Teilnahmeberechtigte seinen Zulassungsstatus als Vertragsarzt, MVZ oder Krankenhaus verliert. Der Widerruf oder die Rücknahme des fingierten VA sind vom erweiterten Landesausschuss auszusprechen und dem Teilnahmeberechtigten bekanntzugeben.

## II. Rechtsfolgen

Im Hinblick auf diese Rechtswirkungen und -folgen der fiktiv eintretenden Teilnahmeberechtigung an der asV stellt sich allerdings die Frage, ob der Gesetzgeber angesichts der nicht nur fachlich, sondern auch rechtlich hoch komplexen Materie gut beraten war, die Teilnahmeberechtigung des Leistungserbringers und damit dessen »Zulassungsstatus« einem bloßen Anzeige- und Prüfungsverfahren zu unterwerfen. Ein vereinfachtes Genehmigungsverfahren macht nur Sinn, wenn die zur (fiktiven) Genehmigung führenden Voraussetzungen »einfach« gelagert, d.h. ohne größeren Prüfungsaufwand zu beurteilen und möglichst rasch bis zum Eintritt der Fiktionswirkung abzuarbeiten sind. So liegt der Sachverhalt etwa im vereinfachten Baugenehmigungsverfahren oder bei der Zustimmung zu Änderungen einer immissionsschutzrechtlich genehmigungsbedürftigen Anlage (§ 15 Abs. 2 Satz 2 BImSchG) oder der Durchführung einer klinischen Prüfung nach § 42 Abs. 2 Satz 4 AMG. Gestaltet sich die Sach- oder Rechtslage als komplex oder sind gewichtige öffentliche Interessen im Spiel, sieht der Gesetzgeber – wie in den genannten Fällen – in der Regel den Übergang in ein förmliches Genehmigungsverfahren – bis hin zur Planfeststellung – vor. Die Regel ist also die förmliche Genehmigung, das vereinfachte Verfahren die Ausnahme. Zwischenformen sind möglich (In der Rechtswissenschaft werden deshalb Fiktionstatbestände eher kritisch beurteilt, weil sie häufig nur zu einer »Schein-Beschleunigung« führen und dem Antragsteller ein beachtliches Aufhebungsrisiko aufbürden und eine erhebliche Rechtsunsicherheit damit verbunden ist – vgl. u.a. *Koch* NordÖR 2006, 56; Kopp/Ramsauer, VwVfG, 11. Aufl. 2010, § 42a Rn. 1). Vor diesem Hintergrund erscheint es aus mehrfachen Gründen höchst problematisch, für den Zugang zur asV lediglich ein Anzeige- und Prüfungsverfahren vorzusehen und auf eine förmliche Zulassung zu verzichten. Zunächst kann angesichts der Komplexität des zu beurteilenden Sachverhalts und der fachlichen und rechtlichen Voraussetzungen – wie allein die überlangen Absätze des § 116b n.F., erst recht unter Hinzuziehung der G-BA-Richtlinie zeigen – von einer »einfach gelagerten Fallkonstellation« keine Rede sein. Die Prüfung der Antragsvoraussetzungen obliegt darüber hinaus – anders als im Bau-, Immissionsschutz- und Arzneimittelrecht – keiner hochgradig geschulten Fachbehörde, sondern einem rein verbandspolitisch zusammengesetzten Gremium von immerhin 30 Vertretern der Ärzte, der Krankenkassen und der Landeskrankenhausgesellschaft (insoweit zu Recht krit. *Kuhla* das Krankenhaus 2012, 463 [467]), dem im Normalfall die Aufstellung der vertragsärztlichen Bedarfsplanung übertragen ist. Gegenstand der Beurteilung durch den erweiterten Landesausschuss ist die »Eignung« des Antragstellers, die nach der Rechtsprechung des BSG von Amts wegen voll zu überprüfen und bei der dem Ausschuss kein Beurteilungs- oder Entscheidungsspielraum zusteht (BSG Urt. v. 15.03.2012 – B 3 KR 13/11 R GesR 2012, 688 = ZMGR 2012, 273 = NZS 2012, 700). Das BSG hat in dem mehrfach zitierten Urteil vom 15.03.2012 der dort zur Entscheidung berufenen Fachbehörde vorgehalten, die Eignung des antragstellenden Krankenhauses verkannt zu haben, »weil eine den gesetzlichen Vorgaben entsprechende Eignungsprüfung nicht stattgefunden hat« (BSG, Fn. 31, Rn. 42). Eine allein auf das – »ggf. interessengeleitete« – Antragsvorbringen gestützte Prüfung, dem allerdings eine vom Krankenhaus ausgefüllte, die maßgebenden Eignungskriterien der AmbBeh-RL des G-BA wiedergebende »Checkliste« zu Grunde lag, sei keine »hinreichende Grundlage« für die behördliche Entscheidung über die Eignung des Krankenhauses (BSG, Fn 31, Rn. 47). Davon ausgehend kann in der Regel kaum erwartet werden, dass ein paritätisch besetzter Landesauschuss eine intensivere »gesetzeskonforme« Einzelfallprüfung durchführen wird – noch dazu, wenn das Schweigen des Landesausschusses zum Antrag von Gesetzes wegen als zustimmende Genehmigung gewertet wird.

## D. Übergangsregelung

Zur Vermeidung von Versorgungslücken bestimmt § 116b Abs. 8 Satz 1, dass die von den Landesbehörden nach altem Recht vorgenommenen »Bestimmungen« bis zu deren Aufhebung weitergelten. Allerdings bleibt der Versorgungsstatus längstens bis 2 Jahre nach Inkrafttreten der G-BA-Richtlinie n.F. aufrechterhalten; einen weitergehenden Bestandsschutz lässt § 116b Abs. 8 Satz 2 n.F. nicht zu. Die Aufhebung der Bestimmung steht nicht im Ermessen der Landesbehörde. Es handelt sich um eine Spezialregelung zu §§ 44 ff. SGB X, die lediglich im Hinblick auf den

Zeitpunkt der Aufhebung (»spätestens zwei Jahre nach dem Inkrafttreten…«) einen Entscheidungsspielraum eröffnet (*Stollmann* NZS 2012, 485 [490]). Indessen sind kaum Konstellationen denkbar, die die Landesbehörde zu einer vorzeitigen Aufhebung der bestandsgeschützten Bestimmungen berechtigen dürfte (*Blöcher* GesR 2012, 658; *Penner* ZMGR 2012, 16 [27]).

### § 117 Hochschulambulanzen

(1) Ambulanzen, Institute und Abteilungen der Hochschulkliniken (Hochschulambulanzen) sind zur ambulanten ärztlichen Behandlung der Versicherten und der in § 75 Absatz 3 genannten Personen
1. in dem für Forschung und Lehre erforderlichen Umfang sowie
2. für solche Personen, die wegen Art, Schwere oder Komplexität ihrer Erkrankung einer Untersuchung oder Behandlung durch die Hochschulambulanz bedürfen,

ermächtigt. In den Fällen von Satz 1 Nummer 2 kann die ambulante ärztliche Behandlung nur auf Überweisung eines Facharztes in Anspruch genommen werden. Der Spitzenverband Bund der Krankenkassen, die Kassenärztliche Bundesvereinigung und die Deutsche Krankenhausgesellschaft vereinbaren die Gruppe derjenigen Patienten, die wegen Art, Schwere oder Komplexität der Erkrankung einer Versorgung durch die Hochschulambulanzen bedürfen. Sie können zudem Ausnahmen von dem fachärztlichen Überweisungsgebot in den Fällen von Satz 1 Nummer 2 vereinbaren. Wird eine Vereinbarung ganz oder teilweise beendet und kommt bis zum Ablauf der Vereinbarungszeit keine neue Vereinbarung zustande, entscheidet auf Antrag einer Vertragspartei das sektorenübergreifende Schiedsgremium auf Bundesebene gemäß § 89a. Ist ein Vertrag nach Satz 3 zustande gekommen, können Hochschulen oder Hochschulkliniken zur Berücksichtigung regionaler Besonderheiten mit den Kassenärztlichen Vereinigungen im Einvernehmen mit den Landesverbänden der Krankenkassen und der Ersatzkassen gemeinsam und einheitlich durch Vertrag Abweichendes von dem Vertrag nach Satz 3 regeln.

(2) Absatz 1 gilt entsprechend für die Ermächtigung der Hochschulambulanzen
1. an Psychologischen Universitätsinstituten und
2. an Universitätsinstituten, an denen das für die Erteilung einer Approbation als Psychotherapeut notwendige Studium absolviert werden kann,

im Rahmen des für Forschung und Lehre erforderlichen Umfangs sowie für solche Personen, die wegen Art, Schwere oder Komplexität ihrer Erkrankung einer Untersuchung oder Behandlung durch die Hochschulambulanzen bedürfen. Für die Vergütung gilt § 120 Abs. 2 bis 4 entsprechend.

(3) Ambulanzen an Ausbildungsstätten nach § 28 des Psychotherapeutengesetzes sind zur ambulanten psychotherapeutischen Behandlung der Versicherten und der in § 75 Absatz 3 genannten Personen in Behandlungsverfahren, die vom Gemeinsamen Bundesausschuss nach § 92 Absatz 6a anerkannt sind, ermächtigt, sofern die Krankenbehandlung unter der Verantwortung von Personen stattfindet, die die fachliche Qualifikation für die psychotherapeutische Behandlung im Rahmen der vertragsärztlichen Versorgung erfüllen.

(3a) Die folgenden Ambulanzen im Sinne des Absatzes 3 bedürfen abweichend von Absatz 3 einer Ermächtigung durch den Zulassungsausschuss:
1. Ambulanzen, die vor dem 26. September 2019 nach § 6 des Psychotherapeutengesetzes in der bis zum 31. August 2020 geltenden Fassung staatlich anerkannt wurden, aber noch keine Behandlungsleistungen zu Lasten der gesetzlichen Krankenversicherung erbracht haben, weil das von ihnen angewandte psychotherapeutische Behandlungsverfahren noch nicht vom Gemeinsamen Bundesausschuss nach § 92 Absatz 6a anerkannt war, oder
2. Ambulanzen, die nach dem 26. September 2019 nach § 6 des Psychotherapeutengesetzes in der bis zum 31. August 2020 geltenden Fassung staatlich anerkannt werden.

Eine Ermächtigung ist auf Antrag zu erteilen,
1. soweit sie notwendig ist, um eine ausreichende Versorgung der Versicherten, insbesondere in neuen vom Gemeinsamen Bundesausschuss nach § 92 Absatz 6a anerkannten Psychotherapieverfahren, sicherzustellen, und
2. sofern die Krankenbehandlung unter der Verantwortung von Personen stattfindet, die die fachliche Qualifikation für die psychotherapeutische Behandlung im Rahmen der vertragsärztlichen Versorgung erfüllen.

(3b) Ambulanzen an Einrichtungen, die nach Landesrecht für die Weiterbildung von Psychotherapeuten oder Ärzten in psychotherapeutischen Fachgebieten zugelassen sind, sind vom Zulassungsausschuss auf Antrag zur ambulanten psychotherapeutischen Behandlung der Versicherten und der in § 75 Absatz 3 genannten Personen in Behandlungsverfahren, die vom Gemeinsamen Bundesausschuss nach § 92 Absatz 6a anerkannt sind, zu ermächtigen,
1. soweit die Ermächtigung notwendig ist, um eine ausreichende psychotherapeutische Versorgung der Versicherten sicherzustellen, und
2. sofern die Krankenbehandlung unter der Verantwortung von Personen stattfindet, die die fachliche Qualifikation für die psychotherapeutische Behandlung im Rahmen der vertragsärztlichen Versorgung erfüllen.

Die Ermächtigung ist ohne Bedarfsprüfung zu erteilen, wenn die jeweilige Ambulanz bereits nach Absatz 3 oder Absatz 3a zur ambulanten psychotherapeutischen Behandlung ermächtigt war.

(3c) Für die Vergütung der in den Ambulanzen nach den Absätzen 3 bis 3b erbrachten Leistungen gilt § 120 Absatz 2 Satz 1 und 2 entsprechend mit der Maßgabe, dass dabei eine Abstimmung mit Entgelten für vergleichbare Leistungen erfolgen soll. § 120 Absatz 3 Satz 2 und 3 und Absatz 4 Satz 1 gilt entsprechend. Die Ambulanzen sind verpflichtet, von der Vergütung, die sie von den Krankenkassen für die durch einen Aus- oder Weiterbildungsteilnehmenden erbrachte Leistung erhalten, jeweils einen Anteil in Höhe von mindestens 40 Prozent an den jeweiligen Aus- oder Weiterbildungsteilnehmenden auszuzahlen. Sie haben die Auszahlung des Vergütungsanteils den Krankenkassen nachzuweisen. Die Ambulanzen haben der Bundespsychotherapeutenkammer die jeweils aktuelle Höhe der von den Aus- oder Weiterbildungsteilnehmern zu zahlenden Ausbildungskosten sowie des auszuzahlenden Vergütungsanteils, erstmalig bis zum 31. Juli 2021, mitzuteilen. Die Bundespsychotherapeutenkammer hat eine bundesweite Übersicht der nach Satz 5 mitgeteilten Angaben zu veröffentlichen. Im Übrigen gilt § 120 Absatz 3 Satz 2 und 3 und Absatz 4 Satz 1 entsprechend.

(4) Untersuchungs- und Behandlungsmethoden können Gegenstand des Leistungsumfangs der Hochschulambulanzen nach den Absätzen 1 und 2 sein, soweit der Gemeinsame Bundesausschuss im Rahmen der Beschlüsse nach § 137c für die Krankenhausbehandlung keine ablehnende Entscheidung getroffen hat. § 137c Absatz 3 gilt entsprechend.

Mit dem GKV-VSG (2015) wurde § 117 neu gefasst. Aus der vormaligen (antragsabhängigen) Ermächtigung wurde eine Ermächtigung kraft Gesetzes. Nunmehr sind Medizinische Hochschulambulanzen (Abs. 1), Psychologische Hochschulambulanzen (Abs. 2) und Ausbildungsstätten nach § 6 PsychThG (Abs. 3) gesetzlich nach Maßgabe und im Umfang der Einzelbestimmungen des § 117 ermächtigt, ohne dass es eines Zulassungsverfahrens bedarf. Für die Durchführung der Ermächtigung gelten die einschlägigen vertragsärztlichen Regeln (Dettling/*Gerlach*, Krankenhausrecht, § 117 SGB V Rn. 11 ff.). 1

Die Vergütung der aufgrund einer Ermächtigung erbrachten Leistungen richtet sich nach § 120 Abs. 2 und 3. Sie erfolgt unmittelbar durch die Krankenkassen und kann pauschaliert werden. Der Grundsatz der Beitragssatzstabilität mit der Veränderungsrate als Höchstgrenze für Vergütungserhöhungen ist anwendbar. Durchbrechungen können sich bei Hochschulambulanzen (HSA) insbesondere bei signifikanter Änderung der Sach- und Rechtslage ergeben (Schiedstelle nach § 18a KHG MV KrV 2019, 260). Einigen sich die Vertragspartner über die (Höhe der) Vergütung nicht, steht der Weg zu der (Krankenhaus-)Schiedstelle und ggfs. anschließend zu den Sozialgerichten offen (Quaas/Zuck/Clemens/*Quaas*, Medizinrecht, § 16 Rn. 96). 2

## § 118 Psychiatrische Institutsambulanz

(1) Psychiatrische Krankenhäuser sind vom Zulassungsausschuss zur ambulanten psychiatrischen und psychotherapeutischen Versorgung der Versicherten zu ermächtigen. Die Behandlung ist auf diejenigen Versicherten auszurichten, die wegen Art, Schwere oder Dauer ihrer Erkrankung oder wegen zu großer Entfernung zu geeigneten Ärzten auf die Behandlung durch diese Krankenhäuser angewiesen sind. Der Krankenhausträger stellt sicher, dass die für die ambulante psychiatrische und psychotherapeutische Behandlung erforderlichen Ärzte und nichtärztlichen Fachkräfte sowie die notwendigen Einrichtungen bei Bedarf zur Verfügung stehen. Ermächtigungen nach Satz 1 sind vom Zulassungsausschuss auf Antrag zeitnah, spätestens innerhalb von sechs Monaten, zu überprüfen und dahingehend anzupassen, dass den Einrichtungen nach Satz 1 auch eine Teilnahme an der Versorgung nach § 92 Absatz 6b ermöglicht wird. Satz 4 gilt auch für Ermächtigungen nach Absatz 4.

(2) Allgemeinkrankenhäuser mit selbstständigen, fachärztlich geleiteten psychiatrischen Abteilungen mit regionaler Versorgungsverpflichtung sind zur psychiatrischen und psychotherapeutischen Behandlung der im Vertrag nach Satz 2 vereinbarten Gruppe von Kranken ermächtigt. Der Spitzenverband Bund der Krankenkassen mit der Deutschen Krankenhausgesellschaft und der Kassenärztlichen Bundesvereinigung legen in einem Vertrag die Gruppe psychisch Kranker fest, die wegen ihrer Art, Schwere oder Dauer ihrer Erkrankung der ambulanten Behandlung durch die Einrichtungen nach Satz 1 bedürfen. Wird der Vertrag ganz oder teilweise beendet und kommt bis zum Ablauf des Vertrages kein neuer Vertrag zustande, entscheidet auf Antrag einer Vertragspartei das sektorenübergreifende Schiedsgremium auf Bundesebene gemäß § 89a. Absatz 1 Satz 3 gilt. Für die Qualifikation der Krankenhausärzte gilt § 135 Abs. 2 entsprechend. Der Vertrag nach Satz 2 ist spätestens innerhalb von sechs Monaten nach Inkrafttreten der Richtlinie des Gemeinsamen Bundesausschusses nach § 92 Absatz 6b zu überprüfen und an die Regelungen der Richtlinie dahingehend anzupassen, dass den Einrichtungen nach Satz 1 auch die Teilnahme an der Versorgung nach § 92 Absatz 6b ermöglicht wird.

(3) Absatz 2 gilt für psychosomatische Krankenhäuser sowie für psychiatrische Krankenhäuser und Allgemeinkrankenhäuser mit selbständigen, fachärztlich geleiteten psychosomatischen Abteilungen entsprechend. In dem Vertrag nach Absatz 2 Satz 2 regeln die Vertragsparteien auch,
1. unter welchen Voraussetzungen eine ambulante psychosomatische Versorgung durch die Einrichtungen nach Satz 1 als bedarfsgerecht anzusehen ist, insbesondere weil sie eine zentrale Versorgungsfunktion wahrnehmen,
2. besondere Anforderungen an eine qualitativ hochwertige Leistungserbringung sowie
3. das Verfahren, in dem nachzuweisen ist, ob diese vertraglichen Vorgaben erfüllt sind.

Die ambulante ärztliche Behandlung in einer Einrichtung nach Satz 1 kann nur auf Überweisung in Anspruch genommen werden. Die Überweisung soll in der Regel durch einen Facharzt für psychosomatische Medizin und Psychotherapie oder durch Ärzte mit äquivalenter Weiterbildung oder Zusatzweiterbildung erfolgen.

(4) Die in den Absätzen 1 und 2 genannten Krankenhäuser sind vom Zulassungsausschuss auch dann zur ambulanten psychiatrischen und psychotherapeutischen Versorgung zu ermächtigen, wenn die Versorgung durch räumlich und organisatorisch nicht angebundene Einrichtungen der Krankenhäuser erfolgt, soweit und solange die Ermächtigung notwendig ist, um eine Versorgung nach Maßgabe der Absätze 1 und 2 sicherzustellen.

**Übersicht**

| | Rdn. | | Rdn. |
|---|---|---|---|
| A. Regelungsinhalt | 1 | C. Ermächtigung von Allgemeinkrankenhäusern mit selbstständigen Abteilungen | 4 |
| B. Ermächtigung psychiatrischer Krankenhäuser (Abs. 1) | 2 | | |

## A. Regelungsinhalt

§ 118 ist ein **bedarfunabhängiger Sondertatbestand** für Ermächtigungen von psychiatrischen Institutsambulanzen. Die Bestimmung unterscheidet zwischen der Ermächtigung von Psychiatrischen Krankenhäusern, die auf Antrag erfolgt und der gesetzlichen Ermächtigung von Allgemeinkrankenhäusern mit selbstständigen Abteilungen (Abs. 2). § 118 geht auf die sog. Psychiatrie-Enquête 1975 zurück, die eine Erweiterung des Leistungsangebotes der GKV für psychisch Kranke forderte (BT-Drs. 7/4200 S. 209 ff.). 1

## B. Ermächtigung psychiatrischer Krankenhäuser (Abs. 1)

Die Ermächtigung psychiatrischer Krankenhäuser zur ambulanten psychiatrischen und psychotherapeutischen Versorgung der Versicherten erfolgt auf Antrag durch den Zulassungsausschuss. Auf die Erteilung der Ermächtigung besteht ein **Rechtsanspruch**. Eine Bedarfsprüfung findet nicht statt (BSG SozR 3–2500, § 118 Nr. 2; BSG GesR 2009, 487). Die Ermächtigung wird »psychiatrischen Krankenhäusern« erteilt. Psychiatrische Krankenhäuser sind Einrichtungen, die den Krankenhausbegriff des § 107 Abs. 1 erfüllen und zur psychiatrischen und psychotherapeutischen Versorgung der Versicherten zugelassen sind. Unter den Begriff des psychiatrischen Krankenhauses fällt auch eine **Tages- oder Nachtklinik**, die zur (teil-)stationären Versorgung der Versicherten berechtigt ist. Dies gilt erst recht, wenn die Tages- oder Nachtklinik in den Krankenhausplan eines Landes aufgenommen ist (BSG GesR 2009, 487). 2

Die Bestimmung des § 118 Abs. 1 Satz 2, wonach die Behandlung auf diejenigen Versicherten auszurichten ist, die wegen Art, Schwere oder Dauer ihrer Erkrankung oder wegen zu großer Entfernung zu geeigneten Ärzten auf die Behandlung durch diese Krankenhäuser angewiesen sind, ist keine Ermächtigungsvoraussetzung. Sie betrifft nicht das »Ob«, sondern das »Wie« der Ermächtigung. Dies gilt auch für die weitere Einschränkung in § 118 Abs. 1 Satz 3, wonach der Krankenhausträger sicherstellt, dass die für die ambulante Behandlung erforderlichen Ärzte und die notwendigen Einrichtungen bei Bedarf zur Verfügung stehen (Becker/Kingreen/*Becker*, SGB V, § 118 Rn. 6). Im Fall einer Tagesklinik haben die Zulassungsgremien bei der näheren Ausgestaltung der Ermächtigung die Besonderheit berücksichtigen, dass die Ermächtigung zur ambulanten Versorgung zu einem teilstationär behandelnden Krankenhaus erteilt wird. Dementsprechend müssen sie die Zielsetzung würdigen, die der Einbeziehung nur teilstationärer behandelnder Krankenhäuser in das Versorgungsangebot des GKV zu Grunde liegt (BSG GesR 2009, 487). 3

## C. Ermächtigung von Allgemeinkrankenhäusern mit selbstständigen Abteilungen

Nach § 118 Abs. 2 sind **Allgemeinkrankenhäuser kraft Gesetzes** ermächtigt. § 118 privilegiert somit psychiatrische Abteilungen von Allgemeinkrankenhäusern gegenüber psychiatrischen Krankenhäusern. Den Wegfall der früheren Bedarfsprüfung begründet der Gesetzgeber mit der Psychiatriereform, durch welche eine Dezentralisierung des stationären Bereichs stattgefunden hat und daher eine Differenzierung zwischen den psychiatrischen Institutsambulanzen im bedarfsabhängig und bedarfsunabhängig dem Regelungsziel nicht mehr gerecht wird (jurisPK-SGB V/*Köhler-Hohmann* § 118 Rn. 25 u.V. unter BT-Drs. 14/1977 S. 168). 4

Die gesetzlich eingeräumte Ermächtigung kann nicht widerrufen werden. Sie entfällt, wenn ihre Voraussetzungen nicht mehr erfüllt sind (Becker/Kingreen/*Becker*, SGB V, § 118 Rn. 10). 5

## § 119 Sozialpädiatrische Zentren

(1) Sozialpädiatrische Zentren, die fachlich-medizinisch unter ständiger ärztlicher Leitung stehen und die Gewähr für eine leistungsfähige und wirtschaftliche sozialpädiatrische Behandlung bieten, können vom Zulassungsausschuss (§ 96) zur ambulanten sozialpädiatrischen Behandlung von Kindern ermächtigt werden. Die Ermächtigung ist zu erteilen, soweit und solange sie notwendig ist, um eine ausreichende sozialpädiatrische Behandlung sicherzustellen.

(2) Die Behandlung durch sozialpädiatrische Zentren ist auf diejenigen Kinder auszurichten, die wegen der Art, Schwere oder Dauer ihrer Krankheit oder einer drohenden Krankheit nicht von geeigneten Ärzten oder in geeigneten Frühförderstellen behandelt werden können. Die Zentren sollen mit den Ärzten und den Frühförderstellen eng zusammenarbeiten.

1 § 119 regelt die Voraussetzungen der Zulassung von Sozialpädiatrischen Zentren (SPZ) zur Versorgung durch die Krankenkassen. SPZ sind Einrichtungen unter fachlich-medizinischer Leitung, die durch interdisziplinäre Zusammenarbeit z.B. mit Psychologen, Heilpädagogen, Ergotherapeuten und Logopäden ambulante kinderärztliche (pädiatrische) Leistungen im Kontext sozialer Faktoren und der sozialen Teilhabe von Kindern erbringen. SPZ werden zur Teilnahme an der Versorgung ermächtigt, wenn sie Gewähr für eine leistungsfähige und wirtschaftliche Behandlung bieten und wenn sie für eine ausreichende Behandlung notwendig sind (Becker/Kingreen/*Becker*, § 119 Rn. 4 SGB V). Anders als § 118 regelt die Bestimmung des § 119 eine **bedarfsabhängige Insitusermächtigung**. Bei der Entscheidung über den Bedarf ist zu beachten, dass SPZ möglichst wohnortnah zur Verfügung stehen damit insbesondere für rehabilitative Leistungen eine ambulante Leistungserbringung in der Nähe des sozialen Umfelds möglich ist (SG Dortmund Urt. v. 07.03.2003 – S 26 KA 193/01; Becker/Kingreen/*Welti* § 119 Rn. 5).

### § 121 Belegärztliche Leistungen

(1) Die Vertragsparteien nach § 115 Abs. 1 wirken gemeinsam mit Krankenkassen und zugelassenen Krankenhäusern auf eine leistungsfähige und wirtschaftliche belegärztliche Behandlung der Versicherten hin. Die Krankenhäuser sollen Belegärzten gleicher Fachrichtung die Möglichkeit geben, ihre Patienten gemeinsam zu behandeln (kooperatives Belegarztwesen).

(2) Belegärzte im Sinne dieses Gesetzbuchs sind nicht am Krankenhaus angestellte Vertragsärzte, die berechtigt sind, ihre Patienten (Belegpatienten) im Krankenhaus unter Inanspruchnahme der hierfür bereitgestellten Dienste, Einrichtungen und Mittel vollstationär oder teilstationär zu behandeln, ohne hierfür vom Krankenhaus eine Vergütung zu erhalten.

(3) Die belegärztlichen Leistungen werden aus der vertragsärztlichen Gesamtvergütung vergütet. Die Vergütung hat die Besonderheiten der belegärztlichen Tätigkeit zu berücksichtigen. Hierzu gehören auch leistungsgerechte Entgelte für
1. den ärztlichen Bereitschaftsdienst für Belegpatienten und
2. die vom Belegarzt veranlassten Leistungen nachgeordneter Ärzte des Krankenhauses, die bei der Behandlung seiner Belegpatienten in demselben Fachgebiet wie der Belegarzt tätig werden.

(4) (Der Bewertungsausschuss hat in einem Beschluss nach § 87 mit Wirkung zum 1. April 2007 im einheitlichen Bewertungsmaßstab für ärztliche Leistungen Regelungen zur angemessenen Bewertung der belegärztlichen Leistungen unter Berücksichtigung der Vorgaben nach Absatz 3 Satz 2 und 3 zu treffen.

(5) Abweichend von den Vergütungsregelungen in Absatz 2 bis 4 können Krankenhäuser mit Belegbetten zur Vergütung der belegärztlichen Leistungen mit Belegärzten Honorarverträge schließen.

(6) Für belegärztliche Leistungen gelten die Richtlinien und Beschlüsse des Gemeinsamen Bundesausschusses nach den §§ 136 bis 136b zur Qualitätssicherung im Krankenhaus bis zum Inkrafttreten vergleichbarer Regelungen für die vertragsärztliche oder sektorenübergreifende Qualitätssicherung. Die in der stationären Qualitätssicherung für belegärztliche Leistungen erhobenen Qualitätsdaten werden bei der Auswertung der planungsrelevanten Qualitätsindikatoren nach § 136c Absatz 1 und 2 sowie bei der qualitätsabhängigen Vergütung eines Krankenhauses nach § 5 Absatz 3a des Krankenhausentgeltgesetzes berücksichtigt. Die Folgen, die diese Berücksichtigung im Verhältnis zwischen dem Krankenhaus und dem Belegarzt haben soll, werden zwischen diesen vertraglich vereinbart.

## Übersicht

| | Rdn. | | Rdn. |
|---|---|---|---|
| A. Regelungsgehalt | 1 | 2. Belegärztliche Anerkennung | 7 |
| B. Belegarztwesen | 2 | 3. Der Belegarzt mit Honorarvertrag (Abs. 5) | 8 |
| I. Förderung (Abs. 1) | 2 | | |
| II. Belegärzte (Abs. 2) | 5 | C. Vergütung und belegärztliche Leistungen (Abs. 3 und 4) | 11 |
| 1. Legaldefinition | 5 | | |

## A. Regelungsgehalt

§ 121 regelt – entgegen der Überschrift – nicht nur »belegärztliche Leistungen«, sondern bestimmt 1
generell wichtige Grundsätze der belegärztlichen Versorgung. Nach Abs. 1 wirken die Vertragspartner der dreiseitigen Verträge nach § 115 auf eine Förderung des Belegarztwesens, insbesondere die Einrichtungen des kooperativen Belegarztwesens hin. Abs. 2 enthält eine Legaldefinition des Belegarztes im sozialrechtlichen Sinn. Abs. 3 und 4 regeln die Vergütung belegärztlicher Leistungen. Die durch KHRG 2009 neu geschaffene Vorschrift des Abs. 5 führt den Belegarzt mit Honorarvertrag ein.

## B. Belegarztwesen

### I. Förderung (Abs. 1)

Die belegärztliche Versorgung ist eine besondere Form der stationären Versorgung. Es stehen zwei 2
Aufgaben – und vor allem Verantwortungsbereiche – nebeneinander: die des Krankenhauses und die des Belegarztes. Beides zusammen ergibt die stationäre Versorgung.

Der belegärztlichen Versorgung wird im Sozialleistungsrecht große Bedeutung beigemessen. Die 3
Krankenhausgesellschaften, die Landesverbände der Krankenkassen und die Kassenärztlichen Vereinigungen wirken nach § 121 Abs. 1 gemeinsam auf eine leistungsfähige und wirtschaftliche Behandlung der Versicherten hin. Sie schließen nach § 115 Verträge zur Förderung des Belegarztwesens.

§ 121 Abs. 1 Satz 2 hat als weiteres Ziel die Förderung des **kooperativen Belegarztwesens**, welches 4
eine noch bessere Verzahnung von ambulantem und stationärem Bereich zum Wohle des Patienten erreichen soll. Die gemeinsame Tätigkeit mehrerer Belegärzte gleicher Fachrichtungen an einem Krankenhaus (»Belegarzt-Team«) erlaubt eine durchgängige individuelle Krankenversorgung und eine bessere Zusammenarbeit bei der Abdeckung der Bereitschaftsdienste und Rufbereitschaften (Quaas/Zuck/*Quaas*, Medizinrecht, § 16 Rn. 130).

### II. Belegärzte (Abs. 2)

#### 1. Legaldefinition

Unter einem Belegarzt ist ein niedergelassener Vertragsarzt zu verstehen, dem zusätzlich die Möglichkeit der Krankenhausbehandlung eingeräumt wird (Quaas/Zuck/*Quaas*, Medizinrecht, § 16 5
Rn. 129). § 121 Abs. 2 definiert den Belegarzt als einen nicht am Krankenhaus angestellten Vertragsarzt, der berechtigt ist, seine Patienten (Belegpatienten) im Krankenhaus unter Inanspruchnahme der hierfür bereitgestellten Dienste, Einrichtungen und Mittel vollstationär oder teilstationär zu behandeln, ohne hierfür vom Krankenhaus eine Vergütung zu erhalten.

Die Legaldefinition des § 121 Abs. 2 entspricht im Wesentlichen den Begriffsbestimmungen von 6
§ 23 Abs. 1 Satz 1 BPflV, § 18 Abs. 1 Satz 1 KHEntgG und den entsprechenden Regelungen in den Bundesmantelverträgen (§ 39 Abs. 1 BMV-Ä/§ 31 Abs. 1 EKV-Ä). Darüber hinaus konkretisieren die weiteren Merkmale der §§ 39 As. 1 BMV-Ä/31 Abs. 1 EKV-Ä die belegärztliche Tätigkeit im Hinblick auf die vertragsärztliche Versorgung: Danach darf die stationäre Tätigkeit nicht das Schwergewicht der Gesamttätigkeit des Vertragsarztes sein. Die Belegarzttätigkeit kommt grundsätzlich nur für ein Krankenhaus in Betracht. Der Belegarzt muss persönlich geeignet sein (jurisPK-SGB V/*Köhler-Hohmann* § 121 Rn. 21).

## 2. Belegärztliche Anerkennung

7 Der Belegarzt muss als Vertragsarzt i.S.d. SGB V zur vertragsärztlichen Versorgung zugelassen sein (§ 95). Um als Vertragsarzt Belegarzt zu sein, bedarf es darüber hinaus der **Anerkennung als Belegarzt** durch die für den Niederlassungsort des betreffenden Arztes zuständige Kassenärztliche Vereinigung auf Antrag des Arztes und im Einvernehmen mit allen Landesverbänden der Krankenkassen und den Verbänden der Ersatzkassen (§ 40 Abs. 2 BMV-Ä, § 32 Abs. 2 EKV-Ä). Die Anerkennung als Belegarzt setzt voraus, dass an dem betreffenden Krankenhaus eine Belegabteilung der entsprechenden Fachrichtung nach Maßgabe der Gebietsbezeichnung (Schwerpunkt) der Weiterbildungsordnung in Übereinstimmung mit dem Krankenhausplan oder mit dem Versorgungsvertrag eingerichtet ist und der Praxissitz des Vertragsarztes im Einzugsbereich dieser Belegabteilung liegt. Damit wird einerseits klargestellt, dass die Anerkennung nur erteilt werden kann, wenn und soweit das Krankenhaus gem. § 108 (als Plan- oder Versorgungsvertragskrankenhaus) zur Krankenhausbehandlung zugelassen ist (Rieger/*Peikert* Lexikon des Arztrechts, Nr. 805 Rn. 9). Diese Voraussetzungen sind z.B. nicht erfüllt, wenn eine chirurgische Privatklinik, die nach dem Feststellungsbescheid des Landes oder dem mit ihr abgeschlossenen Versorgungsvertrag nur über chirurgische und orthopädische Betten verfügt, einen Belegarzt mit der Gebietsbezeichnung Gynäkologie und Geburtshilfe unter Vertrag nehmen will. Andererseits wird nicht gefordert, dass die Belegarztanerkennung mit den Zielen der Krankenhausplanung übereinstimmt (Ratzel/Luxenburger/*Schroeder-Printzen* Handbuch Medizinrecht, § 7 Rn. 441). Darüber hinaus sehen die derzeit gültigen Fassungen des BMV-Ä und des EKV keine Begrenzung der Belegbetten als Voraussetzung für die Anerkennung vor (BayLSG KRS 84.099; *Quaas* f & w 1989, 113, 115; Rieger/*Peikert* Lexikon des Arztrechts, Nr. 805, Rn. 7). Mit der weiteren Voraussetzung, dass der Praxissitz des Vertragsarztes im Einzugsbereich der Belegabteilung liegen soll, wird die **Residenzpflicht** angesprochen. Als Belegarzt ist nur geeignet, dessen Wohnung und Praxis so nahe am Krankenhaus liegen, dass die unverzügliche und ordnungsgemäße Versorgung der von ihm ambulant und stationär zu betreuenden Versicherten gewährleistet ist (§§ 39 Abs. 4 Nr. 3 BMV-Ä, § 31 Abs. 4 Nr. 3 A EKV-Ä). Nach der Rechtsprechung der Landessozialgerichte kommt es dabei auf die benötigte Fahrzeit zwischen Klinik und Praxis an (nach LSG Baden-Württ. ist eine Fahrzeit von mindestens 40 min für die Hin- und Rückfahrt zwischen Praxis und Klinik zu lang, MedR 2000, 385). Demgegenüber betrachtet LSG Schleswig-Holstein die ordnungsgemäße Versorgung der zu betreuenden Versicherten als gewährleistet, wenn der Belegarzt innerhalb von 30 Min. die Klinik von seiner Wohnung oder seiner Praxis unter normalen Umständen erreichen kann (MedR 2000, 383); s.a. Ratzel/Luxenburger/*Schroeder-Printzen* Handbuch Medizinrecht, § 7 Rn. 441.; s.a. w.N. zum »30-Minuten-Erfordernis« bei *Ratzel/Luxenburger*, Handbuch Medizinrecht, § 19 Rn. 6 in Fn. 9.

## 3. Der Belegarzt mit Honorarvertrag (Abs. 5)

8 Das **KHRG 2009** hat § 121 durch einen neuen Abs. 5 ergänzt und den Belegarzt durch Honorarvertrag eingeführt. Er stellt eine Abweichung vom gesetzlichen Belegarztmodell (des Abs. 2) insoweit dar, als nach der Legaldefinition der Belegarzt vom Krankenhaus keine Vergütung erhält. Dies ist beim Belegarzt mit Honorarvertrag anders. Sein Status setzt voraus, dass sich Krankenhausträger und Belegarzt über die Vergütung des belegärztlichen Honorars einig sind und darüber einen Honorarvertrag schließen. Für den Vertragsabschluss besteht mangels einer konkreten Regelung Vertragsfreiheit. Für die der Vergütung ist die GOÄ nicht anwendbar (*Quaas* GesR 2009, 459).

9 Dem Belegarzt stehen also für die Erbringung und Abrechnung seiner (ärztlichen) Leistungen **zwei »Belegarztmodelle«** zur Verfügung: Entweder er erbringt die belegärztliche Leistung – wie bisher – im Rahmen der belegärztlichen Versorgung, die damit Teil der vertragsärztlichen Versorgung ist (§ 121 Abs. 3). In diesem Fall richtet sich die Vergütung für Sozialversicherte nach den von den Vertragsparteien der vertragsärztlichen Versorgung getroffenen Regelungen (vertragsärztliche Gesamtvergütung). Oder der Belegarzt erbringt seine Leistungen auf der Basis des Honorarvertragsmodells

in der Belegabteilung des Krankenhauses bzw. dem Belegkrankenhaus. Dann handelt es sich nicht um vertragsärztliche Leistungen (so auch die amtliche Begründung zu § 121 Abs. 5; BT-Drs. 16/11 429 S. 64; *Quaas* GesR 2009, 459).

Da es sich bei dem Belegarzt i.S.d. § 121 Abs. 5 um einen »echten« Belegarzt handelt, gilt 10 die zeitliche Grenze für Nebentätigkeiten von wöchentlich 13 Stunden (vgl. § 21 Abs. 1 Ärzte-ZV) nicht. Das ist folgerichtig, da der Belegarzt auch im Krankenhaus »als Vertragsarzt«, wenn auch nicht im klassischen ambulanten Sinne tätig wird (BSGE 89, 124; *Makowski* GesR 2009, 225, 228). Allerdings bleibt bei dem Belegarzt mit Honorarvertrag gegenüber dem herkömmlichen Bild des Belegarztes nur noch der Name übrig. Der Patient sucht das Krankenhaus auf und wird nicht wahrnehmen, ob er von einem (angestellten) Krankenhausarzt oder einem Belegarzt (mit Honorarvertrag) behandelt wird. Das kann Folgen für das Haftungsrecht haben (*Quaas* GesR 2009, 459, 461).

## C. Vergütung und belegärztliche Leistungen (Abs. 3 und 4)

Die belegärztlichen Leistungen werden aus der vertragsärztlichen Gesamtvergütung bezahlt 11 (§ 121 Abs. 3 Satz 1). Welche Leistungen gemeint sind, ist in § 18 Abs. 1 Satz 2 KHEntgG (entsprechend § 23 Abs. 1 BPflV a.F.) definiert. Es handelt sich nicht um (allgemeine) Krankenhausleistungen, welche dem spezifisch krankenhausrechtlichen Vergütungsregime der Pflegesätze bzw. Fallpauschalen und Sonderentgelte unterfallen (BSG GesR 2009, 410). Zu den belegärztlichen Leistungen gehören die persönlichen – ärztlichen – Leistungen des Belegarztes, soweit sie gegenüber einem seiner Belegpatienten erbracht werden. Ebenfalls dazu gehören Aufwendungen für den von angestellten Ärzten des Krankenhauses sichergestellten Bereitschaftsdienst für Belegpatienten sowie die vom **Belegarzt veranlassten Leistungen nachgeordneter Ärzte** des Krankenhauses, die bei der Behandlung der Belegpatienten in demselben Fachgebiet wie der Belegarzt tätig werden.

Abzugrenzen ist infolgedessen bei den ärztlichen Leistungen im Rahmen von belegärztlicher Be- 12 handlung zwischen dem krankenhausrechtlichen und dem vertragsärztlichen Vergütungsregime. Das betrifft insbesondere **Laborleistungen**. Sie können dem Belegarzt vom Krankenhaus zur Verfügung gestellt werden, und zwar entweder über die Einrichtung des krankenhauseigenen Labors oder ggf. auch als Dienstleistung bzw. Bezug über externe, vom Krankenhaus beauftragte Laborarztpraxen. Die belegärztlich erforderlichen Laborleistungen können schließlich auch vom Belegarzt – bei entsprechender Qualifikation – selbst erbracht oder von ihm durch Überweisung bei einer vertragsärztlichen Laborarztpraxis außerhalb des Krankenhauses veranlasst werden (vgl. im Einzelnen BSG GesR 2009, 410).

Für die belegärztliche Tätigkeit gelten grundsätzlich die sich aus dem Vertragsarztrecht ergebenden 13 gleichen Rechte und Pflichten. Belegärztliche Tätigkeit ist die Fortsetzung der ambulanten Tätigkeit. Auch belegärztliche Leistungen sind daher in das Verteilungsregime des Honorarverteilungsmaßstabes (HVM) einzubeziehen (jurisPK-SGB V/*Köhler-Hohmann* § 121 Rn. 41).

## § 126 Versorgung durch Vertragspartner

(1) Hilfsmittel dürfen an Versicherte nur auf der Grundlage von Verträgen nach § 127 Absatz 1 und 3 abgegeben werden. Vertragspartner der Krankenkassen können nur Leistungserbringer sein, die die Voraussetzungen für eine ausreichende, zweckmäßige und funktionsgerechte Herstellung, Abgabe und Anpassung der Hilfsmittel erfüllen. Der Spitzenverband Bund der Krankenkassen gibt Empfehlungen für eine einheitliche Anwendung der Anforderungen nach Satz 2, einschließlich der Fortbildung der Leistungserbringer, ab.

(1a) Die Krankenkassen stellen sicher, dass die Voraussetzungen nach Absatz 1 Satz 2 erfüllt sind. Die Leistungserbringer führen den Nachweis der Erfüllung der Voraussetzungen nach Absatz 1 Satz 2 durch Vorlage eines Zertifikats einer geeigneten, unabhängigen Stelle

(Präqualifizierungsstelle); bei Verträgen nach § 127 Absatz 3 kann der Nachweis im Einzelfall auch durch eine Feststellung der Krankenkasse erfolgen. Die Leistungserbringer haben einen Anspruch auf Erteilung des Zertifikats oder eine Feststellung der Krankenkasse nach Satz 2 zweiter Halbsatz, wenn sie die Voraussetzungen nach Absatz 1 Satz 2 erfüllen. Bei der Prüfung der Voraussetzungen nach Absatz 1 Satz 2 haben die Präqualifizierungsstelle im Rahmen ihrer Zertifizierungstätigkeit und die Krankenkasse bei ihrer Feststellung die Empfehlungen nach Absatz 1 Satz 3 zu beachten. Die Zertifikate sind auf höchstens fünf Jahre zu befristen. Erteilte Zertifikate sind einzuschränken, auszusetzen oder zurückzuziehen, wenn die erteilende Stelle oder die Stelle nach Absatz 2 Satz 6 auf Grund von Überwachungstätigkeiten im Sinne der DIN EN ISO/IEC 17065, Ausgabe Januar 2013, feststellt, dass die Voraussetzungen nach Absatz 1 Satz 2 nicht oder nicht mehr erfüllt sind, soweit der Leistungserbringer nicht innerhalb einer angemessenen Frist die Übereinstimmung herstellt. Die erteilenden Stellen dürfen die für den Nachweis der Erfüllung der Anforderungen nach Absatz 1 Satz 2 erforderlichen Daten von Leistungserbringern verarbeiten. Sie haben den Spitzenverband Bund der Krankenkassen entsprechend seiner Vorgaben über ausgestellte sowie über verweigerte, eingeschränkte, ausgesetzte und zurückgezogene Zertifikate einschließlich der für die Identifizierung der jeweiligen Leistungserbringer erforderlichen Daten zu unterrichten. Der Spitzenverband Bund der Krankenkassen ist befugt, die übermittelten Daten zu verarbeiten und den Krankenkassen sowie der nationalen Akkreditierungsstelle nach Absatz 2 Satz 1 bekannt zu geben.

(2) Als Präqualifizierungsstellen dürfen nur Zertifizierungsstellen für Produkte, Prozesse und Dienstleistungen gemäß DIN EN ISO/IEC 17065, Ausgabe Januar 2013, tätig werden, die die Vorgaben nach Absatz 1a Satz 4 bis 8 beachten und von einer nationalen Akkreditierungsstelle im Sinne der Verordnung (EG) Nr. 765/2008 des Europäischen Parlaments und des Rates vom 9. Juli 2008 über die Vorschriften für die Akkreditierung und Marktüberwachung im Zusammenhang mit der Vermarktung von Produkten und zur Aufhebung der Verordnung (EWG) Nr. 339/93 des Rates (ABl. L 218 vom 13.8.2008, S. 30) in der jeweils geltenden Fassung akkreditiert worden sind. Die Akkreditierung ist auf höchstens fünf Jahre zu befristen. Die Akkreditierung erlischt mit dem Ablauf der Frist, mit der Einstellung des Betriebes der Präqualifizierungsstelle oder durch Verzicht der Präqualifizierungsstelle. Die Einstellung und der Verzicht sind der nationalen Akkreditierungsstelle unverzüglich mitzuteilen. Die bisherige Präqualifizierungsstelle ist verpflichtet, die Leistungserbringer, denen sie Zertifikate erteilt hat, über das Erlöschen ihrer Akkreditierung zu informieren. Die Leistungserbringer haben umgehend mit einer anderen Präqualifizierungsstelle die Fortführung des Präqualifizierungsverfahrens zu vereinbaren, der die bisherige Präqualifizierungsstelle die ihr vorliegenden Antragsunterlagen in elektronischer Form zur Verfügung zu stellen hat. Das Bundesministerium für Gesundheit übt im Anwendungsbereich dieses Gesetzes die Fachaufsicht über die nationale Akkreditierungsstelle aus. Präqualifizierungsstellen, die seit dem 1. Juli 2010 Aufgaben nach Absatz 1a wahrnehmen, haben spätestens bis zum 31. Juli 2017 einen Antrag auf Akkreditierung nach Satz 1 zu stellen und spätestens bis zum 30. April 2019 den Nachweis über eine erfolgreiche Akkreditierung zu erbringen. Die nationale Akkreditierungsstelle überwacht die Einhaltung der sich aus der DIN EN ISO/IEC 17065 und den Vorgaben nach Absatz 1a Satz 4 bis 8 für die Präqualifizierungsstellen ergebenden Anforderungen und Verpflichtungen. Sie hat die Akkreditierung einzuschränken, auszusetzen oder zurückzunehmen, wenn die Präqualifizierungsstelle die Anforderungen für die Akkreditierung nicht oder nicht mehr erfüllt oder ihre Verpflichtungen erheblich verletzt; die Sätze 5 und 6 gelten entsprechend. Für die Prüfung, ob die Präqualifizierungsstellen ihren Verpflichtungen nachkommen, kann die nationale Akkreditierungsstelle nach Absatz 2 Satz 1 auf Informationen der Krankenkassen oder des Spitzenverbandes Bund der Krankenkassen, berufsständischer Organisationen und Aufsichtsbehörden zurückgreifen.

(3) Für nichtärztliche Dialyseleistungen, die nicht in der vertragsärztlichen Versorgung erbracht werden, gelten die Regelungen dieses Abschnitts entsprechend.

## Übersicht

| | | Rdn. |
|---|---|---|
| A. | Regelungsinhalt | 1 |
| B. | **Begriff der Hilfsmittel (Abs. 1 Satz 1)** | 7 |
| I. | Hilfsmittelbegriff nach dem SGB V | 7 |
| II. | Hilfsmittelversorgung mit Bezug zu anderen Leistungsträgern und Vertragsmodell | 10 |
| C. | **Vertragspartner für die Versorgung mit Hilfsmitteln (Abs. 1 Satz 2 und 3)** | 15 |
| I. | Eignung der Leistungserbringer (Abs. 1 Satz 2) | 19 |
| II. | Empfehlungen des Spitzenverbandes Bund der Krankenkassen (Abs. 1 Satz 3) | 24 |
| D. | **Präqualifizierungsverfahren (Abs. 1a)** | 28 |
| I. | Verfahren für die Feststellung der Voraussetzungen nach Abs. 1 Satz 2 – Zertifizierungsverfahren (Abs. 1a Satz 1 bis 4) | 32 |
| II. | Zertifizierungsverfahren – Befristung (Abs. 1a Satz 5) | 40 |
| III. | Anforderungen an die Zertifizierung nach Maßgabe des Abs. 1a Satz 6 | 42 |
| IV. | Regelung zum Datenschutz (Abs. 1a Satz 7) | 45 |
| V. | Ermächtigung des GKV-Spitzenverbandes zur Information (Abs. 1a Satz 8 und 9) | 47 |
| E. | **Umsetzung des Präqualifizierungsverfahrens und Akkreditierungsverfahren (Abs. 2)** | 51 |
| I. | Anforderungen an Präqualifizierungsstellen (Abs. 2 Satz 1) | 53 |
| II. | Bestand der Akkreditierung (Abs. 2 Satz 2 bis 4) | 55 |
| III. | Verfahren bei Erlöschen einer Akkreditierung (Abs. 2 Satz 5 und 6) | 57 |
| IV. | Fachaufsicht des BMG über nationale Akkreditierungsstelle (Abs. 2 Satz 7) | 60 |
| V. | Pflicht der Präqualifizierungsstellen zur Anpassung an die geltende Rechtslage (Abs. 2 Satz 8) | 61 |
| VI. | Aufgaben der nationalen Akkreditierungsstelle (Abs. 2 Satz 9 und 10) | 62 |
| VII. | Befugnisse der nationalen Akkreditierungsstelle (Abs. 2 Satz 11) | 64 |
| F. | **Nichtärztliche Dialyseleistungen (Abs. 3)** | 66 |

## A. Regelungsinhalt

§ 126 gilt in der Fassung des Art. 123 Nr. 18 2. DSAnpUG-EU vom 20.11.2019 (BGBl. I S. 1626) mit Wirkung vom 26.11.2019. **1**

§ 126 regelt die **Voraussetzungen für die Versorgung** mit Hilfsmitteln durch Vertragspartner. Der **2** **materiellrechtliche Anspruch** auf Versorgung mit Hilfsmitteln folgt aus **§ 33**. Versicherte haben nach § 33 Anspruch auf »Versorgung mit Hörhilfen, Körperersatzstücken, orthopädischen und anderen Hilfsmitteln, die im Einzelfall erforderlich sind, um den Erfolg der Krankenbehandlung zu sichern, einer drohenden Behinderung vorzubeugen oder eine Behinderung auszugleichen, soweit die Hilfsmittel nicht als allgemeine Gebrauchsgegenstände des täglichen Lebens anzusehen oder nach § 34 Abs. 4 SGB V ausgeschlossen sind« (§ 33 Abs. 1 Satz 1).

Der Anspruch des Versicherten umfasst auch die »notwendige **Änderung, Instandsetzung und Er- 3 satzbeschaffung** von Hilfsmitteln, die Ausbildung in ihrem Gebrauch und, soweit zum Schutz der Versicherten vor unvertretbaren gesundheitlichen Risiken erforderlich, die nach dem Stand der Technik zur Erhaltung der Funktionsfähigkeit und der technischen Sicherheit notwendigen Beratungen und technischen Kontrollen« (vgl. § 33 Abs. 1 Satz 4). Auf die Hinweise zu **§ 33** wird Bezug genommen. Damit wird zugleich das Leistungsspektrum abgegrenzt.

§ 126 regelt – mit der **Zielsetzung** bezüglich der Heilmittel insoweit mit § 124 übereinstimmend – **4** die **Voraussetzungen** für die Versorgung mit Hilfsmitteln und **die Berechtigung von Leistungserbringern**. Gemäß § 126 wird die Versorgung **ausschließlich auf eine vertragliche Vereinbarung** gestützt; mit der Neufassung durch das GKV-WSG hat der Gesetzgeber von der Regelung der »Zulassung« durch Verwaltungsakt abgesehen. Die Rechtslage weicht insoweit von § 124 (Heilmittel) ab, wonach für den Bereich der Heilmittelversorgung – erbracht weitgehend durch Dienstleistungen – noch ein **förmliches Zulassungsverfahren** vorgesehen ist. Die **Versorgung mit Hilfsmitteln** ist – weiterhin – **Sachleistung** nach dem Gesamtsystem der gesetzlichen Krankenversicherung. Zu § 126 Abs. 1 Satz 3 sind bezüglich der **Eignungskriterien Empfehlungen des GKV-Spitzenverbandes** verfügbar, die auch die Anforderungen an die Fortbildung beinhalten.

5 Allerdings lassen die **Anforderungen an Leistungserbringer** durchaus Parallelen zu einem Zulassungsverfahren erkennen. Dies gilt vornehmlich nach der Neufassung des Abs. 1a sowie zur Aufnahme eines neuen Abs. 2 mit Wirkung vom 11.04.2017. Nach **Abs. 1a** in der Fassung ab 11.04.2017 ist ein **Präqualifizierungsverfahren** durch eine **Präqualifizierungsstelle** Voraussetzung für die Tätigkeit als Leistungserbringer. Zudem unterliegen sodann die Präqualifizierungsstellen einer kontinuierlichen Aufsicht von **Akkreditierungsstellen**, die wiederum der Aufsicht des BMG unterliegen. Mit dem HHVG hat der Gesetzgeber die **Anforderungen** an die Leistungsvoraussetzungen bezüglich der Leistungserbringer insoweit mit Wirkung vom **11.04.2017 erneut verschärft** und **konkretisiert,** verbunden auch mit einer kontinuierlichen Überwachung und Qualitätssicherung (kritisch hierzu bezüglich des Aufwands *Borsch* DAZ 2016, Nr. 32, 2728).

6 Der **Umsetzung des Leistungserbringerrechts** betr. Hilfsmittel dienen eine Reihe von untergesetzlichen Regelungen: In erster Reihe gilt die **Richtlinie des Gemeinsamen Bundesausschusses über die Verordnung von Hilfsmitteln in der vertragsärztlichen Versorgung (Hilfsmittel-Richtlinie/HilfsM-RL)**, ferner auch das Hilfsmittelverzeichnis nach § 139, beides in der jeweils aktuellen Fassung und mit vielfachen Änderungen nachgewiesen vom GKV-Spitzenverband. Diese Richtlinien sind für alle Beteiligten »**verbindlich**«, § 1 Abs. 2 HilfsM-RL; vgl. auch § 92 Abs. 1.

## B. Begriff der Hilfsmittel (Abs. 1 Satz 1)

### I. Hilfsmittelbegriff nach dem SGB V

7 § 126 Abs. 1 Satz 1 schließt an den Begriff der Hilfsmittel nach § 33 an. § 33 regelt den materiellrechtlichen Anspruch auf Hilfsmittel. Hilfsmittel im Sinne der Regelung sind Gegenstände, die nach einem Heilungsprozess oder ohne diesen zum Ausgleich eines vor allem körperlichen Funktionsdefizits angewendet werden wie etwa Seh- und Hörhilfen, Körperersatzstücke, Rollstühle, Bruchbinden oder auch Tragetücher; hier ist aber auch die Abgrenzung zum Leistungsbereich des SGB IX zu beachten, vgl. *Schneider* in jurisPK-SGB V 06/2020 § 126 Rn. 11 und BSG Urt. v. 15.03.2018 – B 3 KR 18/17 R, SozR 4–2500 § 13 Nr. 41.

8 Die wesentliche Funktion eines Hilfsmittels beruht darin, beeinträchtigte Körperfunktionen wieder in der Funktion zu ermöglichen, zu ersetzen, zu erleichtern oder zu ergänzen; letztlich sollen dadurch die Grundbedürfnisse des täglichen Lebens befriedigt werden können. Auch bei der Versorgung mit Hilfsmitteln gilt der Grundsatz des Anspruchs auf ausreichende, zweckmäßige, funktionsgerechte und wirtschaftliche Versorgung des Versicherten (vgl. § 12 und BSG Urt. v. 20.04.2016 – B 3 KR 23/15 R, SozR 4–2500 § 124 Nr. 4).

9 Die jeweils vertraglichen Preise sind maßgeblich, vgl. § 33 Abs. 7. Dieser Rechtslage ist die Zuzahlungsregelung in § 33 Abs. 8 angepasst worden.

### II. Hilfsmittelversorgung mit Bezug zu anderen Leistungsträgern und Vertragsmodell

10 Für den GKV-Bereich ist kennzeichnend, dass die Versorgung mit Hilfsmitteln durch **Sachleistungen** und ergänzend Dienstleistungen über Dritte (Leistungserbringer) erfolgt, mit denen die Krankenkassen Versorgungsverträge abgeschlossen haben. Im Ausnahmefall (oder bei Wahl dieser Versorgungsform) ist dies auch im Wege der Kostenerstattung, vgl. § 13, möglich; eine Reihe höchstrichterlicher Entscheidungen belegen dies. Eingrenzend gegenüber dem Hilfsmittelbegriff des SGB IX (vgl. § 47 SGB IX in der Fassung des BTHG mit Wirkung vom 01.01.2018) ist die Versorgung nach dem SGB V auf eine **medizinische Indikation** begrenzt. Im Bereich der GKV werden Funktionstauglichkeit und Sicherheit weitgehend durch das CE-Zeichen gewährleistet.

11 Die Versorgung mit Hilfsmitteln in der **gesetzlichen Unfallversicherung** erfolgt nach §§ 11, 27, 31 SGB VII, wobei hier das Leistungsspektrum weiter ist und etwa auch den Bereit der Teilhabe am Leben in der Gemeinschaft einschließt. Die Versorgung mit Hilfsmitteln in der **gesetzlichen Rentenversicherung** richtet sich nach Regelungen im SGB IX, hier mit einem Bezug zur Berufsausübung. Vornehmlich bei der Beanspruchung von **Hörhilfen**, vgl. BSG Urt. v. 24.01.2013 – B 3

KR 5/12 R, SozR 4–3250 § 14 Nr. 19 – SGb 2014, 27, kann dies zu Abgrenzungsschwierigkeiten führen; erforderlich ist für die Rentenversicherung ein Berufsbezug, bisweilen auch ergänzend zu Leistungen der GKV, vgl. BSG Urt. v. 30.10.2014 – B 5 R 8/14 R; zur Rechtsprechung des BSG vgl. *Masuch* SGb 2014, 187. Im Hinblick auf die Auffangzuständigkeit der **Träger der Sozialhilfe** ist deren Versorgungsbereich weit und umfangreich, zumal dieser allein nachrangig zuständig ist. Für den Bereich der **Hilfsmittelversorgung** in der Zuständigkeit der **Grundsicherung für Arbeitsuchende (SGB II) und der Arbeitsförderung (SGB III)** richtet sich diese nach den Regelungen des SGB III. Zu Leistungen zur Teilhabe am Arbeitsleben vgl. auch §§ 49 ff. SGB IX in der Fassung ab 01.01.2018.

**Verfassungsrechtlich** wird das **Vertragsmodell** nicht infrage gestellt, vgl. *Lungstras* in Becker/Kingreen SGB V § 126 Rn. 2. Dabei haben die Krankenkassen jedoch den Grundsatz der Vielfalt der Leistungserbringer zu beachten. Auch wenn Wettbewerbsrecht nicht unmittelbar zur Anwendung kommt, sind die Grundsätze der Chancengleichheit und Fairness zu beachten, vgl. BSG Urt. v. 15.03.2017 – B 6 KA 30/16 R. Dabei wird den Regelungen des Vertragsmodells nach Abs. 1 Satz 1 (unter Bezugnahme auf **§ 127 Abs. 1 und 3** in der Fassung ab 11.05.2019) die Bewertung als sachgerechte und vernünftige Lösung unter Einbeziehung der Erwägungen des Gemeinwohls, der Wirtschaftlichkeit wie auch der Finanzierbarkeit der GKV zugeschrieben, vgl. *Lungstras* a.a.O. Rn. 3. Grundrechte des Versicherten sind zwar einzubeziehen, treten jedoch regelmäßig bezüglich eines weitergehenden Auswahlrechts in den Hintergrund. Zu verfassungsrechtlichen Bezügen aus der Sicht des Leistungserbringers vgl. *Kluckert* NZS 2015, 931, ferner auch *Becker* GuP 2020, 41. 12

Das **Rechtsverhältnis zwischen Krankenkasse und Leistungserbringer** richtet sich nach §§ 126 ff. und somit nach **öffentlichem Recht**. Auf Regelungen des Privatrechts können nur zurückgegriffen werden, wenn eine Regelungslücke bestehe, wobei auch hier Besonderheiten des öffentlich-rechtlichen Schuldverhältnisses zu berücksichtigen seien, hier zu einem Schadensersatzanspruch eines Leistungserbringers wegen Verletzung eines vorvertraglichen Schuldverhältnisses vgl. LSG Bayern Urt. v. 06.07.2017 – L 4 KR 569/15. 13

Zur **Klagebefugnis** eines Hilfsmittelerbringers im Zusammenhang mit der Festsetzung von Festbeträgen nach § 36 vgl. LSG Berlin-Brandenburg Urt. v. 11.03.2020 – L 1 KR 178/17 KL mit Anm. *Bockholdt* NZS 2020, 510; Revision anhängig gemacht unter Az.: B 3 KR 4/10 R. 14

## C. Vertragspartner für die Versorgung mit Hilfsmitteln (Abs. 1 Satz 2 und 3)

Die Versorgung mit Hilfsmitteln setzt eine **vertragliche Vereinbarung mit den Krankenkassen** beziehungsweise ihren Verbänden voraus. Voraussetzung für einen Vertragsschluss ist, dass der Leistungserbringer den **Anforderungen entspricht.** Entspricht der Leistungserbringer den Anforderungen nicht, kommt eine vertragliche Versorgungsregelung nicht infrage; eine bereits bestehende Regelung ist aufzulösen. Erfüllt der Leistungserbringer die Voraussetzungen, besteht nicht zwingend ein Anspruch auf einen Versorgungsvertrag, vielmehr kommt der Leistungserbringer erst dann für eine Leistungserbringung in Betracht und es stellt sich die **Auswahlfrage.** 15

Zur Vertragsgestaltung vgl. näher – unter Berücksichtigung von Ausschreibungen, Rahmenvertrag oder Einzelvereinbarung – *Bühring/Linnemannstöns* MedR 2008, 149. Vgl. hierzu die Erläuterungen zu § 127, ferner auch *Szonn* NZS 2011, 245 und *Holzmüller* NZS 2011, 485 sowie *Kaltenborn* GesR 2011, 1 zu kartellrechtlichen Fragen, *Weber* NZS 2011, 53 zu Fragen des Beitritts zu Hilfsmittelverträgen nach § 127 Abs. 2a. 16

Eine **Ausschreibungspflicht** nach vergaberechtlichen Grundsätzen besteht begrenzt und die Krankenkassen haben ein Wahlrecht bezüglich Vertragsschluss mit und ohne Ausschreibung (vgl. *Knispel* NZS 2019, 6; zum Ende der Hilfsmittelausschreibungen vgl. *Platz* MPJ 2019, 113). Unabhängig von der eine Ausschreibung gelten für die GKV aufgrund des öffentlich-rechtlichen Bezugs die Grundsätze eines chancengleichen, fairen und transparenten Vergabeverfahrens. 17

18 Vertragsinhalt können auch **Maßnahmen der Qualitätssicherung** sein. Ohnedies sind Qualitätsvorgaben im Hilfsmittelbereich angesichts der großen Zahl von Produkten und Leistungserbringern schwierig (vgl. auch *Glaeske* Sozialrecht aktuell Sonderheft 2013, 30, ferner *Heil/Juncker* MPR 2020, 185). Die Aufnahme eines Produkts in das Hilfsmittelverzeichnis reiche für die Annahme von sicherer Qualität nicht aus, zumal auch die Bedarfs- und Qualitätsanalyse offenbar ein Problem des Hilfsmittelbereichs bleibt, vgl. auch BSG Urt. v. 20.04.2016 – B 3 KR 23/15 R – SozR 4–2500 § 124 Nr. 4.

### I. Eignung der Leistungserbringer (Abs. 1 Satz 2)

19 Nach dem Gesetzeswortlaut ist der vertraglichen Vereinbarung der Leistungserbringung eine bestimmte Form der **Eignungsprüfung** vorgelagert; insoweit mag die Regelung noch an die Fassung des § 126 bis 31.03.2007 anknüpfen und auch als Form der Zulassung gewertet werden (vgl. *Lungstras* in Becker/Kingreen SGB V § 126 Rn. 1), wenngleich auch abweichend von § 124 ein Zulassungsverfahren in diesem Sinne nicht vorgesehen ist, vgl. allerdings Abs. 1a.

20 Hier kann die bisherige Rechtsprechung berücksichtigt werden, die sich mit Fragen der »**Eignung eines Leistungserbringers**« befasst. Diese Feststellung hat der Gesetzgeber bezüglich der **Eignung des Leistungserbringers** durch ein **Präqualifizierungsverfahren** konkretisiert (**Abs. 1a** in der Fassung ab 11.04.2017), wobei die **Präqualifizierungsstellen** wiederum der Akkreditierung (Abs. 2 in der Fassung ab 11.04.2017) bedürfen. Das Verfahren im Verhältnis zu den Leistungserbringern ist damit weitgehend formalisiert. Zudem findet eine Sachprüfung im Zusammenhang mit der Aufnahme in das Hilfsmittelverzeichnis statt.

21 Für Leistungserbringer ist – im Überblick – einerseits **Berufsrecht** zu beachten, etwa die Handwerksordnung oder die Gewerbeordnung, hier mit berufsrechtlichen Voraussetzungen, vgl. *Schneider* in jurisPK-SGB V § 126 Rn. 15, 16, und andererseits die **weitergehende Eignung**, insbesondere die persönliche Eignung und Zuverlässigkeit, vgl. *Schneider* a.a.O. Rn. 18, 19. Die Eignung erstreckt sich auch auf die **Praxisausstattung**, soweit relevant, vgl. *Schneider* a.a.O. Rn. 20. Im Einzelnen gilt Folgendes:

22 Für **Leistungserbringer** gelten die allgemeinen Vorschriften des **öffentlichen Rechts** wie auch die Vorschriften, die aus der beruflichen Ausübung folgen. In erster Reihe sind die Vorschriften der **Gewerbeordnung wie auch der Handwerksordnung** einschließlich der speziellen medizin-technischen Regelungen zu beachten. Der Leistungserbringer muss auch **die berufsrechtlichen Anforderungen** hinsichtlich der **Ausbildung und Weiterbildung** erfüllen, weil nur so eine ausreichende, zweckmäßige, funktionsgerechte und wirtschaftliche sowie insbesondere **qualitativ hochstehende Versorgung** möglich ist. Dabei ist die berufliche Weiterentwicklung einzubeziehen; neue und insoweit erforderliche **fachliche Anforderungen** müssen erfüllt sein.

23 Die Prüfung der wirtschaftlichen und fachlichen Eignung bezieht sich sowohl auf die **Herstellung** wie auch auf die **weitere Betreuung im Rahmen der Anpassung und Anwendung eines Hilfsmittels**. § 126 Abs. 1 Satz 2 lässt insoweit eine Differenzierung zu, als ein Hilfsmittellieferant durchaus ein gut geeignetes Produkt liefert, nicht aber für die Anpassung und weitere Betreuung geeignet ist. Hier erscheint es zulässig, zwischen Hilfsmittellieferant und betreuenden Leistungserbringern zu differenzieren, wenn entsprechende Angebote verfügbar sind.

### II. Empfehlungen des Spitzenverbandes Bund der Krankenkassen (Abs. 1 Satz 3)

24 Der GKV-Spitzenverband gibt nach § 126 Abs. 1 Satz 3 »**Empfehlungen für eine einheitliche Anwendung der Anforderungen** nach Abs. 1 Satz 2, einschließlich der Fortbildung der Leistungserbringer, ab«. Bei den Eignungskriterien handelt es sich ausweislich der Hinweise des GKV-Spitzenverbandes um die im Gesetz allgemein beschriebenen fachlichen, persönlichen, räumlichen und sachlichen Voraussetzungen, die von den Leistungserbringern erfüllt werden müssen, wenn sie Vertragspartner der Krankenkassen nach § 127 werden möchten. Die Empfehlungen werden in regelmäßigen Abständen überarbeitet, so zuletzt für die Zeit ab 01.10.2017 und vom 14.08.2018 für

die Zeit ab 01.12.2018, hier mit einem Glossar hierzu (nachgewiesen im Internet). Zur Entwicklung des Verfahrens vgl. *Grinblat* MPJ 2017, 30. Die Empfehlungen sind im Rang unterhalb eines Gesetzes und können insbesondere nicht zu Verschärfungen der Anforderungen dienen; als **Verwaltungsbinnenrecht** binden diese insbesondere die Verwaltung, vgl. *Schneider* in jurisPK-SGB V § 126 Rn. 21.

In den Empfehlungen werden die **persönlichen Voraussetzungen** an die fachliche Leitung sowie die **organisatorischen und sachlichen Voraussetzungen** an die Leistungserbringer von Hilfsmittel **festgelegt** (vgl. die Zusammenfassung in einem **Kriterienkatalog**). Der **Kriterienkatalog** enthält auch Angaben über die Art der vorzulegenden Nachweise. Vgl. hierzu auch LSG Berlin-Brandenburg Beschl. v. 17.10.2018 – L 9 KR 76/18 KL ER und zu Fortbildungsanforderungen *Heil/Juncker* MPR 2020, 185. 25

Die **Eignungsprüfungen** durch die Krankenkassen sowie die **Präqualifizierungen** erfolgen durch **geeignete Stellen,** auch im Zusammenhang mit dem jeweiligen Angebot, wobei diese Präqualifizierungsstellen wiederum der Überwachung durch Akkreditierungsstellen nach Maßgabe des Abs. 2 in der Fassung ab 11.04.2017 unterliegen. Die **Erfüllung der Anforderungen nach § 126 Abs. 1 Satz 2 auf der Grundlage der Empfehlungen** sind für jede Betriebsstätte nachzuweisen, sofern dort die Versorgung mit Hilfsmitteln erfolgt, als auch für Filialen, Zweigniederlassungen oder Tochterunternehmen, ohne dass es auf die Rechtsstellung ankommt. Bei Einzelunternehmen sind die **persönlichen Anforderungen von dem Inhaber** oder der insoweit verantwortlichen Person zu erfüllen (wird näher dargelegt). Weitere Regelungen betreffend die Betriebswege, die Versorgungsbereiche und Versorgungsteilbereiche sowie die Betriebsbegehungen. Auf den – jeweils aktuellen – Kriterienkatalog wird Bezug genommen, einschließlich der fachlichen Qualifizierungskriterien. 26

Maßgeblich ist für den Leistungsbereich die **Richtlinie des Gemeinsamen Bundesausschusses** (vgl. § 92 Abs. 1 Satz 2 Nr. 6) **über die Verordnung von Hilfsmitteln in der vertragsärztlichen Versorgung (Hilfsmittel-Richtlinie)** in der Neufassung vom 21.12.2011/15.03.2012 in der jeweils aktuellen Fassung (zum Redaktionsstand ab 17.02.2017). Die Richtlinie ist für die Versicherten, die Krankenkassen, die an der vertragsärztlichen Versorgung teilnehmenden Ärzte und ärztlich geleiteten Einrichtungen und **Leistungserbringer verbindlich,** vgl. § 1 Abs. 2 der Richtlinien. Zur Begriffsbestimmung des Hilfsmittels vgl. § 2 der Richtlinien. 27

### D. Präqualifizierungsverfahren (Abs. 1a)

**Abs. 1a wurde mit dem GKV-OrgWG mit Wirkung vom 01.01.2009** eingefügt; danach stellen die Krankenkassen sicher, dass die Voraussetzungen nach § 126 Abs. 1 Satz 2 erfüllt sind. Ein – zumindest so benanntes – Präqualifizierungsverfahren wird auch in § 122 GWB in der Fassung vom 17.02.2016 mit Wirkung vom 18.04.2016, angepasst mit Wirkung vom 11.04.2017 und an die DSGVO bezüglich Abs. 1a Satz 7 mit Wirkung vom 26.11.2019, geregelt, vgl. auch *Heil/Juncker* MPR 2020, 185. 28

**Abs. 1a Satz 4 bis 9** konkretisiert Einzelheiten, die in der Vereinbarung teilweise zu regeln sind, und legen die Reichweite, den Bestand und Verwendung der Bestätigungen fest. Auf die Bestätigung besteht bei Erfüllung der Voraussetzungen ein Anspruch; dies folgt bereits aus dem Gleichheitssatz und dem Grundsatz gleicher Chancen, sich dem Wettbewerb zu stellen. Jeder Leistungserbringer muss Zugang zur Leistungserbringung erhalten können, wenn er die Voraussetzungen erfüllt. 29

**Abs. 1a Satz 6** (in der Fassung bis 10.04.2017 vergleichbar Abs. 1a Satz 5) gibt der für die Bestätigung maßgeblichen Stelle auf, die **Bestätigung einzuschränken, auszusetzen oder zurückzuziehen,** wenn diese feststellt, dass die Voraussetzungen nicht oder nicht mehr erfüllt sind, soweit der Leistungserbringer nicht innerhalb einer angemessenen Frist die Übereinstimmung herstellt. Für die Praxis bedeutet dies: Werden Abweichungen, die die Bestätigung für den Leistungserbringer infrage stellen, festgestellt, ist diesem regelmäßig Gelegenheit geben, **dazu Stellung zu nehmen und innerhalb einer angemessenen Frist den Auflagen oder Anforderungen zu entsprechen.** Die Vorgaben 30 bezüglich der maßgeblichen Stelle sind mit dem HHVG – und hier in der Ausschussberatung – mit Wirkung vom 11.04.2017 weiter spezifiziert worden.

31 Bei **gravierenden Mängeln** wird allerdings eine sofortige Vorgehensweise nicht ausgeschlossen sein; im Regelfall ist jedoch das Verfahren nach Satz 5 einzuhalten. Die dabei erhobenen Daten dürfen verarbeitet und insbesondere an den GKV-Spitzenverband, letztlich mit dem Ziel der Benachrichtigung der Krankenkassen, weitergegeben werden, vgl. Abs. 1a Satz 8 und 9 (in der Fassung bis 10.04.2017 vergleichbar Satz 7 und 8). Ausweislich der Materialien, auf die hier ergänzend hingewiesen wird, kann die **Unterrichtung über ein Verzeichnis erfolgen**, das vom GKV-Spitzenverband erstellt und fortlaufend aktualisiert wird.

### I. Verfahren für die Feststellung der Voraussetzungen nach Abs. 1 Satz 2 – Zertifizierungsverfahren (Abs. 1a Satz 1 bis 4)

32 § 126 Abs. 1a legt ein Verfahren fest, mit dem die **Eignung von Leistungserbringern bestätigt** wird und damit auch nachgewiesen werden kann. Einzelheiten des Verfahrens sind in einer Vereinbarung des GKV-Spitzenverbandes mit Spitzenorganisationen der Leistungserbringer auf Bundesebene festgelegt, hier in der »**Vereinbarung gem. § 126 Abs. 1a über das Verfahren zur Präqualifizierung von Leistungserbringern**« nunmehr in der 12. Fortschreibung vom 30.11.2020 mit Wirkung vom 01.02.2021 zwischen dem GKV-Spitzenverband und den maßgeblichen Spitzenorganisationen auf Bundesebene, die mit der Versorgung befasst sind. Nachgewiesen werden dazu auch die Änderungen und Begründungen mit Stand 30.11.2020, ein Glossar der Empfehlungen gemäß § einer 26 Absatz ein Satz 3, Stand 30.11.2020, ein Kriterienkatalog wie auch Fragen und Antworten zur Qualifizierung im Hilfsmittelbereich. Nachgewiesen werden auch die früheren Fassung der Empfehlungen.

33 Dieses Verfahren wird als **Präqualifizierungsverfahren** bezeichnet und ermöglicht einen Zugang als Leistungserbringer gegenüber allen Krankenkassen; die Möglichkeiten des Vertragsschlusses können dadurch flexibler gehandhabt werden. Die in diesem Bestätigungsverfahren und in der Folgezeit erhobenen Daten werden allerdings zentral erfasst und über den GKV-Spitzenverband im Ergebnis allen Krankenkassen aktuell zur Verfügung gestellt (vgl. Abs. 1a Satz 7 und 8), auch im Sinne der gebotenen Transparenz.

34 Um das Verfahren zu **objektivieren** oder auch vom Verdacht der Gefälligkeit freizustellen, regelt § 5b Abs. 4 der Vereinbarung, dass Leistungserbringer und deren Organisationen, die Vertragspartner nach § 127 sind oder sein können, nicht selbst Präqualifizierungsstelle sein können. Sämtliche Leistungserbringern müssen jedoch einen »diskriminierungsfreien und unparteilichen Zugang zum Präqualifizierungsverfahren« erhalten (vgl. *Zimmermann* NZS 2013, 453, 454). Speziell zu den Fortbildungsanforderungen vgl. *Heil/Juncker* MPR 2020, 185.

35 Die **Qualifizierung**, die inhaltlich wesentliche Elemente der früheren »Zulassung« beinhaltet, kann auch die einzelne **Krankenkasse** vornehmen (so etwa eine Stelle des vdek; Bedenken fehlender Neutralität greifen hier nicht. Allerdings dürfte dieses Verfahren wenig zweckmäßig sein, weil so eine bundesweite Anerkennung ggf. nicht erreicht werden kann.

36 Mit der Regelung in **Abs. 1a Satz 2** mit Wirkung vom 11.04.2017 wird verbindlich festgelegt, dass der Nachweis der Leistungserbringer für die Erfüllung der Voraussetzungen nach Abs. 1 Satz 2 (Eignung) nur durch Vorlage eines Zertifikates einer geeigneten, unabhängigen Stelle, hier der Präqualifizierungsstelle, geführt werden kann. Diese Präqualifizierungsstelle hat nach Abs. 2 in der Fassung ab 11.04.2017 ein Akkreditierungsverfahren zu durchlaufen. Deshalb wird nach der Regelung ab 11.04.2017 statt des Begriffs der »Bestätigungen« der Begriff der Zertifikate verwendet.

37 Lediglich Leistungserbringer, die nur in Einzelfällen auf der Grundlage von Verträgen nach § 127 Abs. 3 (Vereinbarung im Einzelfall, wobei das Nähere in den Verträgen geregelt wird) an der Versorgung der Versicherten beteiligt sind, können nach **Abs. 1a Satz 2 letzter Satzteil** in der Fassung ab 11.04.2017 von einem förmlichen **Qualifizierungsverfahren**, das einen erheblichen Aufwand

beinhaltet, **freigestellt** werden. Ein Nachweis dieser Leistungserbringer betreffend die Eignung wird dann im Einzelfall entsprechend geregelt und gegenüber der Krankenkasse nachgewiesen, vgl. BT-Drs. 18/10186 S. 31.

Nach wie vor haben die Leistungserbringer, die diese die Voraussetzungen für ein Präqualifizierungsverfahren erfüllen, einen **Anspruch auf Zertifizierung, Abs. 1a Satz 3 in der Fassung ab 11.04.2017**. Die Zertifizierung ist regelmäßig unbedingte Voraussetzung für die Beteiligung an der Versorgung. Aus der Zertifizierung selbst folgt jedoch noch nicht, ob die Versorgung im Einzelfall auch realisiert werden kann, sondern begründet eine Leistungsberechtigung. 38

Bei der Prüfung der Voraussetzungen nach Abs. 1 Satz 2 haben die Präqualifizierungsstelle im Rahmen ihrer Zertifizierungstätigkeit und die Krankenkasse bei ihrer Feststellung die Empfehlungen des GKV-Spitzenverbandes nach Abs. 1 Satz 3 zu beachten, **Abs. 1a Satz 4 in der Fassung ab 11.04.2017**, hier in der Fassung der Ausschussberatung unter Einbeziehung der Zertifizierungstätigkeit der Präqualifizierungsstelle sowie bezüglich der Krankenkasse der bei ihr zu treffenden Feststellung. Die Verpflichtung zur Beachtung der Empfehlungen des GKV-Spitzenverbandes ist ausweislich der Materialien (vgl. BT-Drs. 18/10186 unbedingte Voraussetzung für eine »einheitliche Anwendung der Anforderungen zur ausreichenden, zweckmäßigen und funktionsgerechten Herstellung, Abgabe und Anpassung von Hilfsmitteln«. Ohne diese Empfehlungen wäre eine einheitliche und sachgerechte Prüfungstätigkeit der Präqualifizierungsstellen nicht gewährleistet. 39

## II. Zertifizierungsverfahren – Befristung (Abs. 1a Satz 5)

Der **Ablauf des Präqualifizierungsverfahrens** wurde bereits nach der Rechtslage bis 10.04.2017 in der Vereinbarung näher geregelt, hier verbunden auch mit speziellen Kriterien für einzelne Hilfsmittelbereiche. Dies beinhaltete auch die **Betriebsbegehung** bei den Leistungserbringern, die – je nach Art des Hilfsmittels – räumlich und personelle Anforderungen zu erfüllen hatten. Damit wurde die **Betriebseignung** vor Ort geprüft. Hier flossen auch die unterschiedlichen gewerberechtlichen und berufsrechtlichen Anforderungen ein. Veränderungen, etwa Umbauten, mussten dann ebenso den Anforderungen entsprechen und waren ggf. anzuzeigen und zu kontrollieren. 40

Nach der Rechtslage ab 11.04.2017 regelt **Abs. 1a Satz 5** allein, dass die Zertifikate der Präqualifizierungsstelle auf **höchstens 5 Jahre** zu befristen sind. Die Zeitgrenze von 5 Jahren beinhaltet damit – nach wie vor – eine Höchstgrenze, die Anlass bezogen im Einzelfall auch unterschritten werden kann. Dieses etwa dann der Fall, wenn dies bereits im Antrag zum Ausdruck kommt oder inhaltlich innerhalb des Zeitraums von 5 Jahren so umfangreiche Veränderungen zu erwarten sind, dass dies eine Neuprüfung rechtfertigen könnte. Bei der Zeitgrenze von 5 Jahren handelt es sich um den Regelfall; nach hier vertretener Auffassung ist deshalb eine Verkürzung dieser Frist regelmäßig ausreichend zu begründen. 41

## III. Anforderungen an die Zertifizierung nach Maßgabe des Abs. 1a Satz 6

**Erteilte Bestätigungen** (der Begriff wurde nach der Rechtslage bis 10.04.2017 verwendet) waren bereits nach dieser Rechtslage einzuschränken, auszusetzen oder zurückzuziehen, wenn die erteilte Stelle festgestellt hatte, dass die Voraussetzungen nicht oder nicht mehr erfüllt waren, soweit der Leistungserbringer nicht innerhalb einer angemessenen Frist die Übereinstimmung hergestellt hatte, Abs. 1a Satz 5 in der Fassung bis 10.04.2017. Ohnedies waren die Bestätigungen bereits befristet, in der Regel auf fünf Jahre, vgl. § 2 Abs. 3 der Vereinbarung entsprechend der Rechtslage bis 10.04.2017. Auch im Hinblick auf Änderungen der Bestätigungsbedingungen war – und ist dies auch nach der Rechtslage ab 11.04.2017 – der Leistungserbringer stets gehalten, die gestellten Anforderungen fortlaufend zu erfüllen. 42

**Abs. 1a Satz 6** ist nach der Rechtslage ab 11.04.2017, noch weiter konkretisiert in der Ausschussberatung zum HHVG (vgl. BT-Drs. 18/11205 S. 67), dahingehend gefasst worden, dass »erteilte Zertifikate einzuschränken, auszusetzen oder zurückzunehmen sind, wenn die erteilende Stelle oder die Stelle nach Abs. 2 Satz 6 aufgrund von Überwachungstätigkeiten im Sinne der DIN EN ISO/ 43

IEC 17065, Ausgabe Januar 2013, feststellt, dass die Voraussetzungen nach Abs. 1 Satz 2 nicht oder nicht mehr erfüllt sind, soweit der Leistungserbringer nicht innerhalb einer angemessenen Frist die Übereinstimmung herstellt«. Diese Regelung schließt bewusst an die Rechtslage bis 10.04.2017 an (vgl. BT-Drs. 18/10186 S. 31), hier unter Berücksichtigung des Zertifizierungsverfahrens in Ablösung an das Bestätigungsverfahren.

44 Sollte die **Akkreditierung** (vgl. Abs. 2) der ursprünglich zuständigen Präqualifizierungsstelle (erteilende Stelle) **während der Gültigkeitsdauer** des von ihr erteilten **Zertifikates** erlöschen, sind diese Aufgaben in Übereinstimmung mit den Materialien (vgl. BT-Drs. 18/11205 S. 67) von **der Präqualifizierungsstelle** wahrzunehmen, mit der der Leistungsträger die **Fortführung eines Präqualifizierungsverfahrens** vereinbart hat, hier die Stelle nach Abs. 2 Satz 6. Auf diese Weise besteht nicht nur kontinuierlicher Kontakt zu einer Präqualifizierungsstelle, sondern über diese wiederum zu einer Akkreditierungsstelle.

### IV. Regelung zum Datenschutz (Abs. 1a Satz 7)

45 Die in der Vereinbarung nach Abs. 1a Satz 3 bestimmten Stellen dürfen die für die »Feststellung und Bestätigung der Erfüllung der Anforderungen **nach Absatz 1 Satz 2 erforderlichen Daten von Leistungserbringern verarbeiten**« (zuvor noch »erheben, verarbeiten und nutzen«), Abs. 1a Satz 7 in der Fassung des 2. DSAnpUG-EU ab 26.11.2019. In Anwendung des § 35 SGB I, §§ 67 ff. SGB X handelt es sich hierbei um eine materiellrechtlich begründete Sonderregelung für den Bereich der GKV im SGB V, die dem Erfordernis der Regelung des Datenschutzes damit entspricht (Notwendigkeit einer ausdrücklichen Regelung, vgl. auch Erläuterungen zu § 35 SGB I, § 71 SGB X).

46 Die Regelung ist mit dem 2. DSAnpUG-EU mit Wirkung vom 26.11.2019 an die EU-V 2016/679 – genannt Datenschutz-Grundverordnung – DSGVO –, hier Art. 4 Nr. 2 DSGVO mit dem erweiterten Begriff der »Verarbeitung« angepasst worden. Anzuwendendes nationales Recht war die DSGVO als Rechtsverordnung – und Umsetzung – bereits ab 25.05.2018, dem Zeitpunkt ihres Wirksamwerdens. Formal mag die Änderung zu Abs. 1a Satz 7 keine wesentliche inhaltliche Änderung bewirkt haben, wohl aber ist die DSGVO insgesamt anzuwenden und prägend für den Sozialdatenschutz; zum Einfluss des Verarbeitungsbegriffs vgl. *Roßnagel* in Simitis, Datenschutzrecht Art. 4 Nr. 2 DSGVO Rn. 10 bis 13.

### V. Ermächtigung des GKV-Spitzenverbandes zur Information (Abs. 1a Satz 8 und 9)

47 **Abs. 1a Satz 7** in der Fassung bis 10.04.2017 sah bereits ausdrücklich vor, dass die zur **Präqualifizierung** berechtigten Stellen den GKV-Spitzenverband über den jeweiligen Stand der »Bestätigungen« (nach der Begriffsvorgabe bis 10.04.2017) unterrichten durften – und im Innenverhältnis auch zu unterrichten hatten. Dieser wurde sodann in Abs. 1a Satz 8 in der Fassung bis 10.04.2017 ermächtigt, die **Daten zu verarbeiten** – etwa auch in Übersichten zusammenzufassen – und den **Krankenkassen bekannt zu geben.**

48 Nach der Rechtslage ab 11.04.2017 wird diese Zielsetzung weitergeführt. Die die Zertifikate erteilenden Stellen – Präqualifizierungsstellen – haben den GKV-Spitzenverband entsprechend seinen Vorgaben (vgl. Abs. 1 Satz 3) über ausgestellte sowie über verweigerte, eingeschränkte, ausgesetzte und zurückgezogenen Zertifikate einschließlich der für die Identifizierung der jeweiligen Leistungserbringer erforderlichen Daten zu unterrichten, Abs. 1a Satz 8 in der Fassung ab 11.04.2017.

49 In Übereinstimmung mit den Materialien (vgl. BT-Drs. 18/10186 S. 21 und 18/11205 S. 67) habe sich die in **Satz 8** enthaltene **Verpflichtung der Präqualifizierungsstellen zur Datenlieferung** an den GKV-Spitzenverband aus der nach früherer Rechtslage gebotenen Qualifizierungsvereinbarung zwischen dem GKV-Spitzenverband und den für die Wahrnehmung der Interessen der Leistungserbringer maßgeblichen Spitzenorganisationen sowie der Benennungsvereinbarung zwischen dem GKV-Spitzenverband und der Präqualifizierungsstelle ergeben. Da diese Vereinbarungen nach der Rechtslage ab 11.04.2017 entfielen, sei zu regeln gewesen, dass die Präqualifizierungsstellen dem GKV-Spitzenverband weiterhin nach dessen technischen Vorgaben der Präqualifizierungsstelle

Daten zu übermitteln hätten. Andernfalls könnte dieser die Daten nicht – wie nach der Rechtslage bis 10.04.2017 – verarbeiten und dann an die Krankenkassen weiterleiten. Eine ordnungsgemäße Datenübermittlung durch die akkreditierten Präqualifizierungsstellen sei für die Durchführung der Verträge der Krankenkassen nach § 127 unverzichtbar.

Im Hinblick auf die Neufassung des Abs. 1a tritt auch hier an die Stelle von »Bestätigungen« der **Begriff der Zertifikate**. Der GKV-Spitzenverbandes **befugt**, die übermittelten **Daten** zu verarbeiten und den Krankenkassen sowie der nationalen Akkreditierungsstelle nach Abs. 2 Satz 1 bekannt zu geben, vgl. **Abs. 1a Satz 9** in der Fassung ab 11.04.2017. Die Aufsichtsfunktion (Überwachung) ist nach dieser Rechtslage vom GKV-Spitzenverband auf die Akkreditierungsstelle übergegangen. Deshalb habe es eine Regelung bedurft, nach welcher der GKV-Spitzenverband die von den Präqualifizierungsstellen übermittelten Daten auch an die nationale Akkreditierungsstelle weitergeben dürfe, vgl. BT-Drs. 18/10186 S. 31. 50

### E. Umsetzung des Präqualifizierungsverfahrens und Akkreditierungsverfahren (Abs. 2)

**Abs. 2** ist mit dem HHVG mit Wirkung vom 11.04.2017 (wieder) mit einer Neufassung zur Umsetzung des Qualifizierungsverfahrens und zur näheren Regelung des Akkreditierungsverfahrens – in Ablösung von Aufsichtsaufgaben des GKV-Spitzenverbandes – aufgenommen worden. Die Regelung zielt ausweislich der Materialien (vgl. BT-Drs. 18/10186 S. 32) darauf ab, das Präqualifizierungsverfahren für die Praxis »zu optimieren«. Insbesondere sei die **Überwachung der Präqualifizierungsstellen** als unzureichend angesehen worden, vgl. *Nolte* in KassKomm SGB V § 126 Rn. 5a. 51

Angesichts der **Bedeutung des Präqualifizierungsverfahrens** für die Gewährleistung der Strukturqualität der Hilfsmittelversorgung werde in **Abs. 2 ein Akkreditierungsverfahren** eingeführt, das die Präqualifizierungsstellen erfolgreich durchlaufen müssten, ehe sie Aufgaben nach Abs. 1a wahrnehmen dürften. 52

### I. Anforderungen an Präqualifizierungsstellen (Abs. 2 Satz 1)

Als **Präqualifizierungsstellen** dürfen nur **Zertifizierungsstellen** für Produkte, Prozesse und Dienstleistungen gemäß DIN EN ISO/IEC 17065, Ausgabe Januar 2013, tätig werden, die die Vorgaben nach Abs. 1a Satz 4 bis 8 beachten und von einer nationalen Akkreditierungsstelle im Sinne der EGV 765/2008 über die Vorschriften für die Akkreditierung und Marktüberwachung im Zusammenhang mit der Vermarktung von Produkten und zur Aufhebung der EWGV 339/93 in der jeweils geltenden Fassung akkreditiert worden sind, Abs. 2 Satz 1. Auch diese Regelung lässt das Zertifizierungsverfahren an die Stelle des früheren Bestätigungsverfahrens der Präqualifizierungsstellen treten. Abs. 2 Satz 1 entspricht der »Überwachungskette« von der Präqualifizierungsstelle zur Akkreditierungsstelle. 53

**Abs. 2 Satz 1** verlangt deshalb eine entsprechende **Akkreditierung**. Als nationale Akkreditierungsstelle der Bundesrepublik Deutschland handelt die **Deutsche Akkreditierungsstelle** GmbH (DAkkS) mit Sitz in Berlin; auf entsprechende Hinweise dieser Stelle im Internet wird Bezug genommen. **Voraussetzung der Akkreditierung** sei in Übereinstimmung mit den Materialien, dass die Präqualifizierungsstelle die Anforderungen der entsprechenden internationalen Normen erfülle, hier der DIN EN ISO/IEC 17065, die sich auf Stellen beziehe, die Produkte, Prozesse und Dienstleistungen zertifizierten. Weiter habe die Präqualifizierungsstelle bei ihren Entscheidungen die nach Produkt- und Leistungsbereichen differenzierten **Empfehlungen** des **GKV-Spitzenverbandes nach Abs. 1 Satz 3** für eine **einheitliche Anwendung** der Eignungsvoraussetzungen zu beachten und Präqualifizierungsdaten vollständig an den GKV-Spitzenverband zu übermitteln, damit dieser sie sachgerecht aufbereiten und an die Krankenkassen weiterleiten könne, hier unter Bezugnahme auf Abs. 1a Satz 8 und 9. 54

### II. Bestand der Akkreditierung (Abs. 2 Satz 2 bis 4)

Die Akkreditierung ist nach **Abs. 2 Satz 2** auf höchstens 5 Jahre zu befristen. Der Wortlaut entspricht der Befristung für Präqualifizierungsstellen nach Abs. 1a Satz 5, ist inhaltlich jedoch hiervon 55

**§ 126 SGB V**  Versorgung durch Vertragspartner

abzugrenzen, zumal hier für eine vorzeitige Beendigung der Akkreditierungstätigkeit spezielle Regelungen vorgesehen sind. Der Wortlaut »höchstens« besagt, dass ein solcher Zeitraum von 5 Jahren dem Regelfall entsprechen sollte, jedoch im Einzelfall eine kürzere Zeit für die Befristung gewählt werden kann, keineswegs jedoch eine längere Frist. Wird im Einzelfall eine kürzere Frist gewählt, dürfte hierfür eine ausreichende Begründung gegeben werden müssen.

56 Die **Akkreditierung erlischt** mit dem Ablauf der Frist, mit der Einstellung des Betriebes der Präqualifizierungsstelle oder durch Verzicht der Präqualifizierungsstelle, **Abs. 2 Satz 3**, vgl. *Nolte* in KassKomm SGB V § 126 Rn. 5b. Die Einstellung und der Verzicht sind der nationalen Akkreditierungsstelle unverzüglich mitzuteilen, Abs. 2 Satz 4. Abgestellt wird auf die tatsächliche oder rechtliche Einstellung des Betriebs, die ausweislich der Materialien auch auf eine Insolvenz zurückgeführt werden kann, vgl. BT-Drs. 18/10186 S. 32. Darüber habe die Präqualifizierungsstelle die nationale Akkreditierungsstelle zu informieren, damit diese überwachen könne, dass keine Zertifikate mehr ausgestellt würden und die Präqualifizierungsstelle ihren Verpflichtungen gegenüber den Leistungserbringern nach Abs. 2 Satz 5 und 6 (Überleitung auf eine andere Präqualifizierungsstelle) nachkomme. Die nationale Akkreditierungsstelle könne den GKV-Spitzenverband über das Erlöschen der Akkreditierung in Kenntnis setzen und wird dies im Regelfall so veranlassen.

### III. Verfahren bei Erlöschen einer Akkreditierung (Abs. 2 Satz 5 und 6)

57 **Abs. 2 Satz 5 und 6** sieht für das Erlöschen einer Akkreditierung ein bestimmtes Verfahren vor: Die bisherige Präqualifizierungsstelle ist nach **Abs. 2 Satz 5** verpflichtet, die Leistungserbringer, denen sie Zertifikate erteilt hat, über das Erlöschen ihrer Akkreditierung zu informieren. Dieses Erfordernis entspricht der Zielsetzung, dass eine kontinuierliche Verbindung zwischen Präqualifizierungsstelle und Akkreditierungsstelle bestehen soll.

58 Die Leistungserbringer haben nach **Abs. 2 Satz 6** »umgehend« (so der Gesetzeswortlaut) mit einer anderen Präqualifizierungsstelle die Fortführung des Qualifizierungsverfahrens zu vereinbaren, der die bisherige Präqualifizierungsstelle die ihr vorliegenden Antragsunterlagen in elektronischer Form zur Verfügung zu stellen hat, vgl. *Nolte* in KassKomm SGB V § 126 Rn. 5b.

59 Damit soll der **Leistungserbringer** jeweils mit einer **Präqualifizierungsstelle** aktiv verbunden sein. Dabei soll der Aufwand für die Leistungserbringer dadurch verringert werden, dass die bisherige Präqualifizierungsstelle die ihr vorliegenden Informationen und Unterlagen zu den Leistungserbringern an deren neue Präqualifizierungsstelle zu übermitteln habe, vgl. BT-Drs. 18/10186 S. 32. Sollte die Akkreditierung der ursprünglich zuständigen Präqualifizierungsstelle – der erteilenden Stelle – während der Gültigkeitsdauer des von ihr erteilten Zertifikats erlöschen, sind diese Aufgaben von der Präqualifizierungsstelle wahrzunehmen, mit der der Leistungserbringer die Fortführung seines Präqualifizierungsstelleverfahrens vereinbart hat, hier der Stelle nach **Abs. 2 Satz 6**, wie in der Ausschussberatung ergänzend geregelt wurde, vgl. BT-Drs. 18/11205 S. 67. Auch hier soll letztlich der Leistungserbringer bezüglich seines Aufwandes entlastet werden.

### IV. Fachaufsicht des BMG über nationale Akkreditierungsstelle (Abs. 2 Satz 7)

60 Das BMG übt im Anwendungsbereich des SGB V die Fachaufsicht über die nationale Akkreditierungsstelle aus, Abs. 2 Satz 7. Diese Regelung entspricht § 9 AkkStelleG, indem die Akkreditierungsstelle regelmäßig der Aufsicht durch das jeweils zuständige Bundesministerium untersteht. Die Bundesministerien üben die Aufsicht so aus, dass die Unabhängigkeit und Unparteilichkeit der Akkreditierungsstelle bei Akkreditierungsentscheidungen gewahrt bleibt, § 9 Abs. 1 Satz 2 AkkStelleG. Die Bundesministerien können zur Wahrung ihrer Aufsichtstätigkeit insbesondere sich jederzeit über die Angelegenheiten der Akkreditierungsstelle, insbesondere durch Einholung von Auskünften, Berichten und die Vorlage von Aufzeichnungen aller Art, unterrichten, rechtswidrige Maßnahmen beanstanden sowie entsprechende Abhilfe verlangen. Die Akkreditierungsstelle ist gegenüber den Bundesministerien weisungsgebunden, § 9 Abs. 1 Satz 4 AkkStelleG.

## V. Pflicht der Präqualifizierungsstellen zur Anpassung an die geltende Rechtslage (Abs. 2 Satz 8)

Präqualifizierungsstellen, die seit dem 01.07.2010 Aufgaben nach Abs. 1a wahrnehmen, hatten spätestens bis zum 31.07.2017 einen Antrag auf Akkreditierung nach Abs. 2 Satz 1 zu stellen und haben spätestens bis zum 30.04.2019 den Nachweis über eine erfolgreiche Akkreditierung zu erbringen, **Abs. 2 Satz 8**. Entsprechend handelt es sich um eine Übergangsvorschrift, vgl. *Schneider* in jurisPK-SGB V § 126 Rn. 36. Die Vorgabe eines zeitlichen Rahmens für die Stellung eines Antrags auf Akkreditierung sowie die Führung eines Nachweises über die erfolgreiche Akkreditierung soll gewährleisten, dass sämtliche nach der bisherigen Präqualifizierungsvereinbarung seit dem 01.07.2010 benannten Präqualifizierungsstellen verpflichtet seien, sich einem Akkreditierungsverfahren zu unterziehen. Die Präqualifizierungsstellen sind im Internet durchweg aufrufbar. 61

## VI. Aufgaben der nationalen Akkreditierungsstelle (Abs. 2 Satz 9 und 10)

Die nationale Akkreditierungsstelle überwacht nach **Abs. 2 Satz 9** die Einhaltung der sich aus der DIN EN ISO/IEC 17065 und den Vorgaben nach Abs. 1a Satz 4 bis 8 für die Präqualifizierungsstellen ergebenden Anforderungen und Verpflichtungen. Dabei handelt es sich um einen Auftrag an die Akkreditierungsstelle. 62

Stellt die Akkreditierungsstelle fest, dass die genannten Anforderungen (Abs. 2 Satz 1) nicht eingehalten werden, hat diese ausweislich **Abs. 2 Satz 10** entsprechende Maßnahmen zu ergreifen. Diese hat die Akkreditierung einzuschränken, auszusetzen oder zurückzunehmen, wenn die Präqualifizierungsstelle die Anforderungen für die Akkreditierung nicht oder nicht mehr erfüllt oder ihre Verpflichtungen erheblich verletzt. Dabei gelten die Vorgaben in Abs. 6 Satz 5 und 6 entsprechend, hier betreffend Informations- und Meldepflichten, vgl. *Nolte* in KassKomm SGB V § 126 Rn. 5c. 63

## VII. Befugnisse der nationalen Akkreditierungsstelle (Abs. 2 Satz 11)

Für die Prüfung, ob die **Präqualifizierungsstellen ihren Verpflichtungen** nachkommen, kann die nationale Akkreditierungsstelle nach Abs. 2 Satz 1 auf Informationen der Krankenkassen oder des GKV-Spitzenverbandes, berufsständische Organisationen und Aufsichtsbehörden zurückgreifen, wie aus **Abs. 2 Satz 11** in der Fassung des HHVG, aufgenommen in der Ausschussberatung, vgl. BT-Drs. 18/11295 S. 67, folgt. Damit wird die nationale Akkreditierungsstelle zugleich berechtigt, die notwendigen Informationen für die Überwachungsaufgaben zu verlangen. 64

Diese **Informationen** können sich ausweislich der Materialien (vgl. BT-Drs. 18/11205 S. 67) etwa darauf beziehen, ob die Präqualifizierungsstelle ihrer Verpflichtung zur ordnungsgemäßen Datenlieferung an den GKV-Spitzenverband nachgekommen sei oder die berufsrechtlichen Vorgaben bei der Prüfung der Voraussetzungen nach Abs. 1 Satz 2 beachtet habe. 65

## F. Nichtärztliche Dialyseleistungen (Abs. 3)

Soweit die **Dialyseleistungen** nicht im Rahmen der vertragsärztlichen Versorgung erbracht werden, gelten die Bestimmungen über die Beziehungen zu Leistungserbringern von Hilfsmitteln entsprechend (§ 126 Abs. 3, inhaltsgleich mit § 126 Abs. 5 in der Fassung bis 31.03.2007). **§ 126 Abs. 3** legt für **nichtärztliche Dialyseleistungen** fest, dass die Versorgung nach §§ 126, 127 hier entsprechend gilt; dies bedeutet, es bedarf entsprechender Verträge. Offen bleibt, in welchem Umfang das nach Abs. 1a und 2 vorgegebene Verfahren hier zum Tragen kommt. Da Einschränkungen nicht kodifiziert sind, dürften diese ohne weitere Einschränkungen – wenn auch sinnentsprechend – zur Anwendung kommen, vgl. *Schneider* in jurisPK-SGB V § 126 Rn. 37. 66

Da Dialyseleistungen **regelmäßig als vertragsärztliche Leistungen** erbracht werden, dürfte die Regelung kaum praktische Bedeutung haben, vgl. *Lungstras* in Becker/Kingreen SGB V § 126 Rn. 28. Dialyseleistungen werden wohl sogar ausschließlich im Rahmen der **vertragsärztlichen** Versorgung erbracht, vgl. *Schneider* in jurisPK-SGB V § 126 Rn. 37. Hier ist eine Einigung der Partner der 67

## § 127 SGB V  Verträge

Bundesmantelverträge (auf vertragsärztlicher Ebene) bezüglich der Sachkostenpauschalen sowie der ärztlichen Betreuung in der jeweils aktuellen Fassung maßgeblich, wobei zwischen KBV und GKV-Spitzenverband eine jährliche Überprüfung und Anpassung vereinbart worden ist. Zu einer **Nebenbetriebsstätte** für die Dialyseversorgung vgl. BSG Urt. v. 15.03.2017 – B 6 KA 30/16 R, USK 2017–16. Zum Antragsverfahren betr. Versorgungsauftrag werden im Internet einschlägige Nachweise zur Verfügung gestellt, vornehmlich durch die KVen. Auch nichtärztliche Dialyseleistungen sollen von der Umsatzsteuer befreit sein, ÄrzteZ vom 12.01.2015.

### § 127 Verträge

(1) $^1$Krankenkassen, ihre Landesverbände oder Arbeitsgemeinschaften schließen im Wege von Vertragsverhandlungen Verträge mit Leistungserbringern oder Verbänden oder sonstigen Zusammenschlüssen der Leistungserbringer über die Einzelheiten der Versorgung mit Hilfsmitteln, deren Wiedereinsatz, die Qualität der Hilfsmittel und zusätzlich zu erbringender Leistungen, die Anforderungen an die Fortbildung der Leistungserbringer, die Preise und die Abrechnung, $^2$Darüber hinaus können die Vertragsparteien in den Verträgen nach Satz 1 auch einen Ausgleich der Kosten für erhöhte Hygienemaßnahmen infolge der COVID-10-Pandemie vereinbaren. $^3$Dabei haben Krankenkassen, ihre Landesverbände oder Arbeitsgemeinschaften jedem Leistungserbringer oder Verband oder sonstigen Zusammenschlüssen der Leistungserbringer Vertragsverhandlungen zu ermöglichen. $^4$In den Verträgen nach Satz 1 sind eine hinreichende Anzahl an mehrkostenfreien Hilfsmitteln, die Qualität der Hilfsmittel, die notwendige Beratung der Versicherten und die sonstigen zusätzlichen Leistungen im Sinne des § 33 Absatz 1 Satz 5 sicherzustellen und ist für eine wohnortnahe Versorgung der Versicherten zu sorgen. $^5$Den Verträgen sind mindestens die im Hilfsmittelverzeichnis nach § 139 Absatz 2 festgelegten Anforderungen an die Qualität der Versorgung und Produkte zugrunde zu legen. $^6$Die Absicht, über die Versorgung mit bestimmten Hilfsmitteln Verträge zu schließen, ist auf einem geeigneten Portal der Europäischen Union oder mittels einem vergleichbaren unionsweit publizierenden Medium unionsweit öffentlich bekannt zu machen. $^7$Der Spitzenverband Bund der Krankenkassen legt bis zum 30. September 2020 ein einheitliches, verbindliches Verfahren zur unionsweiten Bekanntmachung der Absicht, über die Versorgung mit bestimmten Hilfsmitteln Verträge zu schließen, fest. $^8$Über die Inhalte abgeschlossener Verträge einschließlich der Vertragspartner sind andere Leistungserbringer auf Nachfrage unverzüglich zu informieren. $^9$Werden nach Abschluss des Vertrages die Anforderungen an die Qualität der Versorgung und der Produkte nach § 139 Absatz 2 durch Fortschreibung des Hilfsmittelverzeichnisses verändert, liegt darin eine wesentliche Änderung der Verhältnisse, die die Vertragsparteien zur Vertragsanpassung oder Kündigung berechtigt.

(1a) $^1$Im Fall der Nichteinigung wird der streitige Inhalt der Verträge nach Absatz 1 auf Anruf einer der Verhandlungspartner durch eine von den jeweiligen Vertragspartnern zu bestimmende unabhängige Schiedsperson innerhalb von drei Monaten ab Bestimmung der Schiedsperson festgelegt. $^2$Eine Nichteinigung nach Satz 1 liegt vor, wenn mindestens einer der Vertragspartner intensive Bemühungen zur Erreichung eines Vertrages auf dem Verhandlungswege nachweisen kann. $^3$Einigen sich die Vertragspartner nicht auf eine Schiedsperson, so wird diese von der für die vertragschließende Krankenkasse zuständigen Aufsichtsbehörde innerhalb eines Monats nach Vorliegen der für die Bestimmung der Schiedsperson notwendigen Informationen bestimmt. $^4$Die Schiedsperson gilt als bestimmt, sobald sie sich gegenüber den Vertragspartnern zu ihrer Bestellung bereiterklärt hat. $^5$Legt die Schiedsperson Preise fest, hat sie diese so festzusetzen, dass eine in der Qualität gesicherte, ausreichende, zweckmäßige sowie wirtschaftliche Versorgung gewährleistet ist. $^6$Zur Ermittlung hat die Schiedsperson insbesondere die Kalkulationsgrundlagen der jeweiligen Verhandlungspartner und die marktüblichen Preise zu berücksichtigen. $^7$Die Verhandlungspartner sind verpflichtet, der Schiedsperson auf Verlangen alle für die zu treffende Festlegung erforderlichen Unterlagen zur Verfügung zu stellen. $^8$Die Kosten des Schiedsverfahrens tragen die Vertragspartner zu gleichen Teilen. $^9$Widerspruch und Klage gegen die Bestimmung der Schiedsperson durch die Aufsichtsbehörde haben keine aufschiebende Wirkung. [10]Klagen gegen die Festlegung des Vertragsinhalts sind gegen den Vertragspartner zu richten. [11]Der von der Schiedsperson festgelegte Vertragsinhalt oder von der Schiedsperson festgelegte einzelne Bestimmungen des Vertrages gelten bis zur gerichtlichen Ersetzung oder gerichtlichen Feststellung der Unbilligkeit weiter.

(2) [1]Den Verträgen nach Absatz 1 Satz 1 können Leistungserbringer zu den gleichen Bedingungen als Vertragspartner beitreten, soweit sie nicht auf Grund bestehender Verträge bereits zur Versorgung der Versicherten berechtigt sind. [2]Hierbei sind entsprechend Absatz 1 Satz 1 Vertragsverhandlungen zu ermöglichen. [3]Verträgen, die mit Verbänden oder sonstigen Zusammenschlüssen der Leistungserbringer abgeschlossen wurden, können auch Verbände und sonstige Zusammenschlüsse der Leistungserbringer beitreten. [4]Die Sätze 1 und 2 gelten entsprechend für fortgeltende Verträge, die vor dem 1. April 2007 abgeschlossen wurden. [5]§ 126 Abs. 1a und 2 bleibt unberührt.

(3) [1]Soweit für ein erforderliches Hilfsmittel keine Verträge der Krankenkasse nach Absatz 1 mit Leistungserbringern bestehen oder durch Vertragspartner eine Versorgung der Versicherten in einer für sie zumutbaren Weise nicht möglich ist, trifft die Krankenkasse eine Vereinbarung im Einzelfall mit einem Leistungserbringer; Absatz 1 Satz 2, 4 und 5 gilt entsprechend. [2]Sie kann vorher auch bei anderen Leistungserbringern in pseudonymisierter Form Preisangebote einholen. [3]In den Fällen des § 33 Abs. 1 Satz 5 gilt Satz 1 entsprechend.

(4) Für Hilfsmittel, für die ein Festbetrag festgesetzt wurde, können in den Verträgen nach den Absätzen 1 und 3 Preise höchstens bis zur Höhe des Festbetrags vereinbart werden.

(5) [1]Die Leistungserbringer haben die Versicherten vor Inanspruchnahme der Leistung zu beraten, welche Hilfsmittel und zusätzlichen Leistungen nach § 33 Absatz 1 Satz 1 und 5 für die konkrete Versorgungssituation im Einzelfall geeignet und notwendig sind. [2]Die Leistungserbringer haben die Beratung nach Satz 1 schriftlich oder elektronisch zu dokumentieren und sich durch Unterschrift der Versicherten bestätigen zu lassen. [3]Das Nähere ist in den Verträgen nach § 127 zu regeln. [4]Im Falle des § 33 Absatz 1 Satz 9 sind die Versicherten vor der Wahl der Hilfsmittel oder zusätzlicher Leistungen auch über die von ihnen zu tragenden Mehrkosten zu informieren. [5]Satz 2 gilt entsprechend.

(6) [1]Die Krankenkassen haben ihre Versicherten über die zur Versorgung berechtigten Vertragspartner und über die wesentlichen Inhalte der Verträge zu informieren. [2]Abweichend von Satz 1 informieren die Krankenkassen ihre Versicherten auf Nachfrage, wenn diese bereits einen Leistungserbringer gewählt oder die Krankenkassen auf die Genehmigung der beantragten Hilfsmittelversorgung verzichtet haben. [3]Sie können auch den Vertragsärzten entsprechende Informationen zur Verfügung stellen. [4]Die Krankenkassen haben die wesentlichen Inhalte der Verträge nach Satz 1 für Versicherte anderer Krankenkassen im Internet zu veröffentlichen.

(7) [1]Die Krankenkassen überwachen die Einhaltung der vertraglichen und gesetzlichen Pflichten der Leistungserbringer nach diesem Gesetz. [2]Zur Sicherung der Qualität in der Hilfsmittelversorgung führen sie Auffälligkeits- und Stichprobenprüfungen durch. [3]Die Leistungserbringer sind verpflichtet, den Krankenkassen auf Verlangen die für die Prüfungen nach Satz 1 erforderlichen einrichtungsbezogenen Informationen und Auskünfte zu erteilen und die von den Versicherten unterzeichnete Bestätigung über die Durchführung der Beratung nach Absatz 5 Satz 1 vorzulegen. [4]Soweit es für Prüfungen nach Satz 1 erforderlich ist und der Versicherte schriftlich oder elektronisch eingewilligt hat, können die Krankenkassen von den Leistungserbringern auch die personenbezogene Dokumentation über den Verlauf der Versorgung einzelner Versicherter anfordern. [5]Die Leistungserbringer sind insoweit zur Datenübermittlung verpflichtet. [6]Die Krankenkassen stellen vertraglich sicher, dass Verstöße der Leistungserbringer gegen ihre vertraglichen und gesetzlichen Pflichten nach diesem Gesetz angemessen geahndet werden. [7]Schwerwiegende Verstöße sind der Stelle, die das Zertifikat nach § 126 Absatz 1a Satz 2 erteilt hat, mitzuteilen.

§ 127 SGB V   Verträge

(8) Der Spitzenverband Bund der Krankenkassen gibt bis zum 30. Juni 2017 Rahmenempfehlungen zur Sicherung der Qualität in der Hilfsmittelversorgung ab, in denen insbesondere Regelungen zum Umfang der Stichprobenprüfungen in den jeweiligen Produktbereichen, zu möglichen weiteren Überwachungsinstrumenten und darüber getroffen werden, wann Auffälligkeiten anzunehmen sind.

(9) [1]Der Spitzenverband Bund der Krankenkassen und die für die Wahrnehmung der Interessen der Leistungserbringer maßgeblichen Spitzenorganisationen auf Bundesebene geben bis zum 31. Dezember 2017 gemeinsam Rahmenempfehlungen zur Vereinfachung und Vereinheitlichung der Durchführung und Abrechnung der Versorgung mit Hilfsmitteln ab. [2]Kommt eine Einigung bis zum Ablauf der nach Satz 1 bestimmten Frist nicht zustande, wird der Empfehlungsinhalt durch eine von den Empfehlungspartnern nach Satz 1 gemeinsam zu benennende unabhängige Schiedsperson festgelegt. [3]Einigen sich die Empfehlungspartner nicht auf eine Schiedsperson, so wird diese von der für den Spitzenverband Bund der Krankenkassen zuständigen Aufsichtsbehörde bestimmt. [4]Die Kosten des Schiedsverfahrens tragen der Spitzenverband Bund der Krankenkassen und die für die Wahrnehmung der Interessen der Leistungserbringer maßgeblichen Spitzenorganisationen auf Bundesebene je zur Hälfte. [5]In den Empfehlungen können auch Regelungen über die in § 302 Absatz 2 Satz 1 und Absatz 3 genannten Inhalte getroffen werden. [6]§ 139 Absatz 2 bleibt unberührt. [7]In den Empfehlungen sind auch die notwendigen Regelungen für die Verwendung von Verordnungen von Leistungen nach § 33 in elektronischer Form zu treffen. [8]Es ist festzulegen, dass für die Übermittlung der elektronischen Verordnung der Dienste der Anwendungen der Telematikinfrastruktur nach § 334 Absatz 1 Satz 2 genutzt werden, sobald diese Dienste zur Verfügung stehen. [9]Die Regelungen müssen vereinbar sein mit den Festlegungen der Bundesmantelverträge nach § 86. [10]Die Empfehlungen nach Satz 1 sind den Verträgen nach den Absätzen 1 und 3 zugrunde zu legen.

Übersicht

| | | Rdn. | | | Rdn. |
|---|---|---|---|---|---|
| A. | Regelungsinhalt | 1 | VII. | Beitrittsrecht nach Abs. 2. | 25 |
| B. | Verträge zur Versorgung mit Hilfsmitteln | 6 | VIII. | Ausschluss von Vergaberecht für Verträge nach Abs. 1 | 28 |
| I. | Verträge nach Abs. 1 Satz 1 und Möglichkeit einer pandemiebedingten Kostenanpassung (Abs. 1 Satz 2) | 6 | C. | Vereinbarung im Einzelfall mit einem Leistungserbringer (Abs. 3) | 32 |
| II. | Verpflichtung zur Eröffnung von Vertragsverhandlungen (Abs. 1 Satz 3) | 11 | D. | Festbeträge und Festbetrag als Preisobergrenze (Abs. 4) | 37 |
| III. | Regelung von Einzelheiten der Versorgung und Hilfsmittelverzeichnis (Abs. 1 Satz 4 und 5) | 14 | E. | Beratungspflicht der Leistungserbringer (Abs. 5) | 38 |
| | | | F. | Information der Versicherten (Abs. 6). | 41 |
| IV. | Vorgaben für die Bekanntmachung und Information (Abs. 1 Satz 6 bis 8) | 16 | G. | Überwachungspflicht der Krankenkassen bezüglich der Leistungserbringer (Abs. 7) | 43 |
| V. | Berechtigung zur Anpassung oder Kündigung bei Veränderungen (Abs. 1 Satz 9) | 19 | H. | Rahmenempfehlungen zur Qualitätssicherung (Abs. 8) | 48 |
| VI. | Regelung durch Schiedsperson bei Nichteinigung (Abs. 1a) | 20 | I. | Rahmenempfehlungen zur Durchführung und Abrechnung der Versorgung (Abs. 9) | 50 |

## A. Regelungsinhalt

1 § 127 gilt in der Fassung des Art. 1 Nr. 34 GVWG vom 11.07.2021 (BGBl. I S. 2754) mit Wirkung vom 20.07.2021.

2 *(unbesetzt)*

3 § 127 geht in der geltenden Fassung weitgehend auf das TSVG mit Wirkung vom 11.05.2019 zurück. In § 127 werden die Anforderungen an Vertragsabschlüsse näher festgelegt und Informationspflichten der Krankenkassen und der Leistungserbringer konkretisiert. Abweichend von der

Rechtslage bis 10.05.2019 sind Verträge zwischen den Krankenkassen und den Leistungserbringern zu verhandeln; von der Möglichkeit von Ausschreibungen hat der Gesetzgeber ausdrücklich abgesehen, vgl. BT-Drs. 19/8351 S. 202.

Strukturelle Parallelen bestehen zu § 125 betreffend die Versorgung mit Heilmitteln, hier meist als Dienstleistungen zu realisieren, wodurch sich auch die Unterschiede zur Hilfsmittelversorgung nach § 127 ergeben. Zusammen mit § 126 regelt § 127 das Leistungserbringerrecht für die Versorgung der Versicherten mit Hilfsmitteln. 4

Nach **Abs. 1** haben die Krankenkassen Verträge mit Leistungserbringern im Wege von Vertragsverhandlungen zu schließen. Nach Wegfall von Ausschreibungen kommt der Ergänzung zu Abs. 1 Bedeutung zu, dass die Absicht, entsprechende Versorgungsverträge schließen zu wollen, auf einem geeigneten Portal öffentlich bekannt zu machen ist (Abs. 1 Satz 5 bis 7, bis 31.12.2020 Satz 4 bis 6). Für den Fall, dass sich die Vertragsparteien insoweit nicht einigen, sieht **Abs. 1a** in der Fassung ab 23.05.2020 eine Schiedsregelung durch eine Schiedsperson vor. Nach Maßgabe des **Abs. 2** besteht ein Beitrittsrecht von Leistungserbringern, die dann zu gleichen Bedingungen als Vertragspartner beitreten können. Werden keine Verträge nach Abs. 1 und 2 geschlossen, so sieht **Abs. 3** Vereinbarungen im Einzelfall mit der Möglichkeit zur Einholung pseudonymisierter Preisangebote vor. Für die zu vereinbarenden Preise stellen die jeweils geltenden Festbeträge nach **Abs. 4** die Obergrenze dar. Die Leistungserbringer haben nach Maßgabe des **Abs. 5** Beratungspflichten gegenüber den Versicherten. Informationspflichten der Krankenkassen gegenüber dem Versicherten regelt **Abs. 6**. Die Krankenkassen überwachen die Einhaltung der vertraglichen und gesetzlichen Pflichten der Leistungserbringer nach Maßgabe des **Abs. 7**, hier wohl vornehmlich durch Auffälligkeit- und Stichprobenprüfungen. Nach Maßgabe des **Abs. 8** hat der GKV-Spitzenverband Rahmenempfehlungen zur Sicherung der Qualität in der Hilfsmittelversorgung abzugeben. Der GKV-Spitzenverband wird zudem nach **Abs. 9** verpflichtet, zusammen mit den Spitzenorganisationen auf Leistungserbringerseite auf Bundesebene Rahmenempfehlungen abzugeben, die die Vereinfachung und Vereinheitlichung der Durchführung und Abrechnung der Versorgung mit Hilfsmitteln zum Inhalt haben. Hier werden nach weiterer Ergänzung des Abs. 9 auch elektronische Formen und Dienste der Anwendungen der Telematikinfrastruktur vorgegeben. 5

Mit dem Gesetz zur Weiterentwicklung der Gesundheitsversorgung (Gesundheitsversorgungweiterentwicklungsgesetz – GVWG) ist § 127 Abs. 3 Satz 3 und Abs. 5 Satz 4 redaktionell angepasst worden, vgl. BT-Drs. 19/26822 S. 82. 5a

## B. Verträge zur Versorgung mit Hilfsmitteln

### I. Verträge nach Abs. 1 Satz 1 und Möglichkeit einer pandemiebedingten Kostenanpassung (Abs. 1 Satz 2)

Die Versorgung der Versicherten mit Hilfsmitteln wird durch **Verträge nach Maßgabe des Abs. 1** gesichert. Krankenkassen, ihre Landesverbände oder Arbeitsgemeinschaften schließen im Wege von Vertragsverhandlungen Verträge mit Leistungserbringern oder Verbänden oder sonstigen Zusammenschlüssen der Leistungserbringer über Einzelheiten der Versorgung mit Hilfsmitteln. Vertragsgegenstand sind weiterhin der **Wiedereinsatz** von Hilfsmitteln, die **Qualität** der Hilfsmittel und zusätzlich zu erbringende Leistungen, die Anforderungen an die Fortbildung der Leistungserbringer, die Preise und die Abrechnung, Abs. 1 Satz 1. 6

**Vertragspartei** sind folglich auf der **Krankenkassenseite** die Krankenkassen, ihre Landesverbände oder Arbeitsgemeinschaften. Auf der **Leistungserbringerseite** sind **Vertragspartei** die Leistungserbringer, deren Verbände oder sonstige Zusammenschlüsse. Auf Leistungserbringerseite kommen insbesondere Verbände in Betracht, die bestimmte Handwerksberufe vertreten. Leistungserbringer müssen jedoch nicht zwingend einer Innung (vgl. § 52 HandwO) oder einem Verband angehören; Verträge können auch einzelne Leistungserbringer mit der Krankenkassen Seite abschließen. Dies führt zwangsläufig zu einer gewissen Schwächung der Leistungserbringerseite, vgl. *Schneider* in jurisPK-SGB V § 127 Rn. 21, 22. Dabei gehe die selbstständige Stellung des einzelnen Leistungserbringers bereits auf die Rechtslage ab 01.04.2007 zurück. Empfehlenswert mag hier eine 7

§ 127 SGB V  Verträge

kollektive Interessenvertretung sein, die letztlich auch im Interesse einer guten Versorgungsqualität liegen dürfte.

8   Die **Verträge nach Abs. 1 Satz 1** sind **Rahmenverträge**, mit denen Bedingungen der Leistungserbringung nach den Vorgaben dieser Regelung konkretisiert werden. Dabei geht der Gesetzgeber erkennbar von einer **Mehrzahl** möglicher Leistungserbringer aus, vgl. *Nolte* in KassKomm SGB V § 127 Rn. 5, 6. In der Praxis wendet sich ein Versicherter mit einer ärztlichen Verordnung an einen Hilfsmittellieferanten; dabei hat der Versicherte ein Auswahlrecht unter den Leistungserbringern mit Versorgungsvertrag, vgl. § 33 Abs. 5a und 5b, Abs. 6. Leistungserbringer ohne Versorgungsvertrag kommen für eine Krankenkassenleistung nicht in Betracht. Soweit Krankenkassen beraten, haben diese die Wahlfreiheit der Versicherten bezüglich des Leistungserbringers zu wahren, vgl. BSG Urt. v. 25.09.2001 – B 3 KR 3/01 R – SozR 3–2500 § 69 Nr. 1, hier auch zu einem öffentlich-rechtlichen Unterlassungsanspruch als Rechtsbehelf.

9   Als Vertragsinhalt führt **Abs. 1 Satz 1** eine Reihe von **Regelungsinhalten** an. Dazu gehört der **Wiedereinsatz von Hilfsmitteln**. Hilfsmittel sollen den Versicherten auch leihweise überlassen werden, soweit dies vertretbar unzweckmäßig ist; dabei kann auch zwischen Hilfsmitteln zur mehrmaligen Verwendung (etwa Pflegebett mit Geräten) und Verbrauchsartikeln (etwa einer Wechseldruck-Matratze zur einmaligen Verwendung) differenziert werden. Aufgeführt wird weiter die **Qualität der Hilfsmittel** als Vertragsinhalt. Diese Regelungsvorgabe wird auch in Abs. 7 Satz 2 aufgegriffen, als zur Sicherung der Qualität in der Hilfsmittelversorgung Auffälligkeit- und Stichprobenprüfungen durchgeführt werden. Angeführt werden weiter die Anforderungen an die **Fortbildung** der Leistungserbringer. Die **Fortbildung** ist entsprechend den Vereinbarungen wahrzunehmen und auch nachzuweisen. Auch diese vertraglich konkretisierten Verpflichtungen werden von den Krankenkassen überwacht und Verstöße nach Maßgabe des Abs. 7 Satz 6 und 7 verfolgt und ggf. geahndet. Als weiterer Vertragsinhalte werden die **Preise** und Regeln für das **Abrechnungsverfahren** angeführt; dabei ist auch eine eventuelle **Selbstbeteiligung** der Versicherten (Mehrkostenregelung, aber regelmäßig mit der Verpflichtung, auch Hilfsmittel ohne Mehrkosten verfügbar zu halten, Abs. 1 Satz 3) zu regeln, vgl. *Schneider* in jurisPK-SGB V § 127 Rn. 26.

10  Mit dem GPVG ist **Abs. 1 Satz 2** mit Wirkung vom **01.01.2021** eingefügt worden. Danach können die Vertragsparteien in den Verträgen nach Abs. 1 Satz 1 auch einen Ausgleich der Kosten für **erhöhte Hygienemaßnahmen infolge der COVID-19-Pandemie** vereinbaren. Die Arbeitsfähigkeit dieses Leistungsbereichs soll auch während der Pandemie sichergestellt sein. Hierzu sollen die Leistungserbringer und die Krankenkassen die Möglichkeit erhalten, bei Bedarf einen Ausgleich etwaig gestiegener Kosten der Leistungserbringer für erhöhte Hygienemaßnahmen vereinbaren zu können, vgl. BT-Drs. 19/24727 S. 57. Dabei solle die persönliche Schutzausrüstung mit umfasst sein. Die Vereinbarungen sollten entsprechend dem tatsächlichen Bedarf produktgruppen- und leistungsspezifisch angemessen getroffen werden.

### II. Verpflichtung zur Eröffnung von Vertragsverhandlungen (Abs. 1 Satz 3)

11  Dem Kontext von Abs. 1 Satz 1 und Satz 3 (in der Fassung bis 31.12.2020 Satz 2) ist der Anspruch auf Vertragsverhandlungen zu entnehmen. Im Rahmen der vorgegebenen Vertragsinhalte haben die Krankenkassen, ihre Landesverbände oder Arbeitsgemeinschaften jedem Leistungserbringer oder Verband oder sonstigen Zusammenschlüssen der Leistungserbringer Vertragsverhandlungen zu ermöglichen, **Abs. 1 Satz 3**.

12  »Vertragsverhandlungen« bedeutet, dass die Vertragsinhalt zwischen den Vertragsparteien auszuhandeln sind; dem würde ein allein eröffnetes Beitrittsrecht zu von der Krankenkassenseite vorgegebenen Bedingungen nicht entsprechen, vgl. *Schneider* in jurisPK-SGB V § 127 Rn. 29. Daraus folgt, dass die Krankenkassen auch nicht unter einer Mehrzahl von Leistungserbringern auszuwählen haben; auch im Fall, dass die Krankenkassen von einer ausreichenden Auswahl von bereits vertraglich eingebundenen Leistungserbringern ausgehen, dürfen nicht aus diesem Grund Vertragsverhandlungen verweigert oder abgebrochen werden, vgl. *Schneider* a.a.O. unter Bezugnahme auf

BT-Drs. 19/17589 S. 208. Die Regelung ist auch im Zusammenhang mit dem nicht mehr gewollten Ausschreibungsverfahren zu sehen, in der Praxis häufig verbunden mit der Verpflichtung des Versicherten, an **einen** bestimmten Leistungserbringer (ohne Auswahlmöglichkeit, jedenfalls ohne Mehrkosten) gebunden zu sein; dieses frühere Verfahren war im Hinblick auf die Preisgünstigkeit nicht selten mit Qualitätsproblemen behaftet.

Mit der Aufnahme von Vertragsverhandlungen ist zudem **keine Auswahlentscheidung** verbunden. 13
Jeder geeignete Leistungserbringer hat grundsätzlich die Möglichkeit zum Vertragsschluss, weshalb auch **kein öffentlicher Auftrag** i.S.d. Art. 1 Abs. 2 der EU-Richtlinie 2014/24 vorliegt, vgl. *Nolte* in KassKomm SGB V § 127 Rn. 6. Dieser Rechtslage entspricht zudem die Regelung zur Schiedsstelle, indem hier eine **Schiedsperson** tätig wird, vgl. **Abs. 1a**. Die Schiedsperson wird vertragsgestaltend und vertragsfördernd tätig, es handelt sich nicht um einen zwingend herbeizuführenden Vertragsschluss. Als Vertragspartner hat die Krankenkassenseite sich aber als Träger mit öffentlich-rechtlicher Verantwortung fair und chancengleich gegenüber Bewerbern zu verhalten. Deutlich wird dies auch in Beitrittsrecht nach Abs. 2.

### III. Regelung von Einzelheiten der Versorgung und Hilfsmittelverzeichnis (Abs. 1 Satz 4 und 5)

In den Verträgen nach Abs. 1 Satz 1 sind eine hinreichende Anzahl an **mehrkostenfreien Hilfs-** 14
**mitteln** (also ohne Selbstkostenanteil etwa), die Qualität der Hilfsmittel, die notwendige Beratung der Versicherten und die **sonstigen zusätzlichen Leistungen** i.S.d. § 33 Abs. 1 Satz 5 sicherzustellen und es ist für eine wohnortnahe Versorgung der Versicherten zu sorgen, **Abs. 1 Satz 4** (in der Fassung bis 31.12.2020 Satz 3). Erfasst werden damit Einzelfragen der Versorgung, die in dieser Regelung nochmals konkretisiert werden. **§ 33 Abs. 1 Satz 5** regelt parallel dazu für den Leistungsbereich, dass der Anspruch des Versicherten auch zusätzlich zur Bereitstellung des Hilfsmittels zu erbringende, notwendige Leistungen umfasst. Dabei handelt es sich etwa um die notwendige Änderung, Instandsetzung und Ersatzbeschaffung von Hilfsmitteln, die Ausbildung in ihrem Gebrauch und, soweit zum Schutz der Versicherten vor unvertretbaren gesundheitlichen Risiken erforderlich, die nach dem Stand der Technik zu Erhaltung der Funktionsfähigkeit und der technischen Sicherheit notwendigen Wartungen und technischen Kontrollen.

Den Verträgen sind **mindestens** die im **Hilfsmittelverzeichnis** nach § 139 Abs. 2 festgelegten An- 15
forderungen an die Qualität der Versorgung und Produkte zugrunde zu legen, wie aus **Abs. 1 Satz 5** (in der Fassung bis 31.12.2020 Satz 4) folgt. Die im Hilfsmittelverzeichnis vorgegebenen Qualitätsanforderungen sind damit zwingend zu erfüllen. Dies schließt nach Abs. 1 Satz 5 jedoch nicht aus, dass weitergehende, höhere Anforderungen an die Qualität festgelegt werden, vgl. *Nolte* in KassKomm SGB V § 127 Rn. 6.

### IV. Vorgaben für die Bekanntmachung und Information (Abs. 1 Satz 6 bis 8)

**Abs. 1 Satz 6** (in der Fassung ab 01.10.2020 bis 31.12.2020 Satz 5) legt fest, dass die Absicht 16
der Krankenkassenseite, über die Versorgung mit bestimmten Hilfsmitteln Verträge zu schließen, auf einem geeigneten Portal der EU oder mittels einem vergleichbaren unionsweit publizieren Medium öffentlich bekannt zu machen ist. Diese Regelung ist mit dem Medizinprodukte-EU-Anpassungsgesetz vom 28.04.2020 – BGBl. I S. 960 eingefügt worden. Das Inkrafttreten zum 01.10.2020 – im Gegensatz zu weiteren Regelungen zum 23.05.2020 – sollte Zeit zur Umsetzung eröffnen. Durch die Regelung soll die notwendige Transparenz über die Vertragsabschlussabsichten der Krankenkassenseite gefördert werden. Dies solle es den potentiell interessierten Wirtschaftsteilnehmern ermöglichen, von den wesentlichen Merkmalen der geplanten Verträge Kenntnis zu nehmen, vgl. BT-Drs. 19/17589 S. 196 zu Nr. 4 Buchst. a Doppelbuchst. aa.

**Abs. 1 Satz 7** (in der Fassung bis 31.12.2020 Satz 6), gleichfalls mit dem Medizinprodukte- 17
EO-Anpassungsgesetz, jedoch mit Wirkung vom 23.05.2020, eingefügt, beauftragt den GKV-Spitzenverband, bis zum 30.09.2020 ein einheitliches und verbindliches Verfahren für die Bekanntmachung der Absichten, Verträgen nach § 127 Abs. 1 zu schließen, festzulegen. Das Verfahren soll

### § 127 SGB V  Verträge

eine Bekanntmachung der Vertragsschlussabsichten auf einem geeigneten Portal der EU oder einem vergleichbaren Medium enthalten. Die Vertragsschlussabsichten aller Krankenkassen sollen nach Produktgruppen aufgeschlüsselt übersichtlich und gebündelt dargestellt werden, vgl. BT-Drs. 19/17589 S. 196.

18  Über die Inhalte abgeschlossener Verträge einschließlich der Vertragspartner sind andere Leistungserbringer auf Nachfrage unverzüglich zu informieren, **Abs. 1 Satz 8** (in der Fassung bis 31.12.2020 Satz 7). Die Regelung erlangt vornehmlich im Hinblick auf das Beitrittsrecht nach Abs. 2 Bedeutung. Nur wenn Leistungserbringer die erforderlichen Kenntnisse über das Vertragsgeschehen haben, können diese ein Beitrittsrecht auch wahrnehmen.

### V. Berechtigung zur Anpassung oder Kündigung bei Veränderungen (Abs. 1 Satz 9)

19  Werden nach Abschluss des Vertrages die Anforderungen an die Qualität der Versorgung und der Produkte nach § 139 Abs. 2 durch Fortschreibung des Hilfsmittelverzeichnisses verändert, liegt darin eine wesentliche Änderung der Verhältnisse, die die Vertragsparteien zur Vertragsanpassung oder Kündigung berechtigt, **Abs. 1 Satz 9** (in der Fassung bis 31.12.2020 Satz 8). Die Regelung entspricht dem Grundsatz, dass den Anforderungen des Hilfsmittelverzeichnisses in jedem Fall zu entsprechen ist, Abs. 1 Satz 5. Es wäre widersinnig, wenn diese zwingenden Festlegungen nicht ausreichend in das Vertragsgeschehen einbezogen würden.

### VI. Regelung durch Schiedsperson bei Nichteinigung (Abs. 1a)

20  Das **Schiedsverfahren nach Abs. 1a** ist mit Wirkung vom 23.05.2020 mit dem Medizinprodukte-EU-Anpassungsgesetz eingefügt worden. Leistungserbringer haben generell einen **Anspruch auf Vertragsverhandlungen**; dieses Recht soll mit dem Schiedsverfahren über eine **Schiedsperson** realisiert werden können. Eine Schiedsperson kann etwa einbezogen werden, wenn Vertragsverhandlungen ohne erkennbaren oder nachvollziehbaren Grund abgebrochen oder versagt werden. Die Krankenkassenseite kann sich nicht auf eine Überversorgung oder das Vorhandensein einer ausreichenden Zahl von Leistungserbringern berufen, wohl aber Defizite in der Eignung oder Qualität eines Leistungserbringers geltend machen. Nach dem »ausdrücklichen Willen des Gesetzgebers« sollen »jederzeit allen Leistungserbringern Vertragsverhandlungen ermöglicht« werden, vgl. BT-Drs. 19/17589 S. 196.

21  Die Schiedsperson wird grundsätzlich durch die Vertragspartner bestimmt, **Abs. 1a Satz 3**. können sich die Vertragspartner auf eine Schiedsperson nicht einigen, wird diese von der Aufsichtsbehörde nach Maßgabe des Abs. 1a Satz 3 innerhalb eines Monats nach Vorliegen der für die Bestimmung der Schiedsperson notwendigen Informationen bestimmt.

22  Im Falle der **Nichteinigung** wird der streitige Inhalt der Verträge nach Abs. 1 auf Anruf einer der Verhandlungspartner durch eine von den jeweiligen Vertragspartnern zu bestimmende unabhängige Schiedsperson innerhalb von 3 Monaten ab Bestimmung der Schiedsperson festgelegt. Voraussetzung für die Anrufung einer Schiedsperson ist in jedem Fall, dass mindestens einer der Vertragspartner intensive Bemühungen zur Erreichung eines Vertrages auf dem Verhandlungswege nachweisen kann, **Abs. 1a Satz 2**. Regelmäßig wird ein Vertragspartner Vertragsverhandlungen für gescheitert erklären, nachdem er sich ernsthaft um eine Einigung bemüht hat, vgl. *Schneider* in jurisPK-SGB V § 127 Rn. 33.

23  Für die Entscheidung gilt **§ 319 BGB entsprechend**; nicht verbindlich kann eine Entscheidung sein, wenn diese unbillig sein sollte. Nach den allgemeinen Grundsätzen des Verfahrens mit einer Schiedsperson sind Klagen gegen Entscheidungen gegen die jeweiligen Vertragspartner zu richten, **Abs. 1a Satz 10 und 11**. Insoweit ist auch ein gerichtliches Verfahren bezüglich der Überprüfung eines Schiedsspruchs begrenzt, vgl. auch BSG Urt. v. 21.03.2018 – B 6 KA 31/17 R – SozR 4–2500 § 132e Nr. 1 und eingehend hierzu *Schrinner* jurisPR-MedizinR 6/2018 Anm. 1 sowie *Penner/Fries* in SGb 2019, 59.

Der Schiedsspruch, mit dem eine Schiedsperson den Inhalt eines Vertrags festsetzt, ergeht **nicht** 24
**als Verwaltungsakt**. Richtige Klageart für die Geltendmachung der Rechtswidrigkeit des von einer
Schiedsperson festgesetzten Vertrags (hier zur hausarztzentrierten Versorgung) ist die Feststellungs-
klage, hier näher auch zum Feststellungsinteresse vgl. BSG, Entscheidung vom 25.03.2015 – B 6
KA 9/14 R – SozR 4–2500 § 73b Nr. 1 mit Anm. *Ebsen* SGb 2018, 788. Zur Kündigung eines
Einzelvertrags vgl. auch LSG Sachsen Urt. v. 18.12.2018 – L 9 KR 25/15, hier näher zu § 127
Abs. 2a Satz 4 SGB V a.F.

### VII. Beitrittsrecht nach Abs. 2

Das Beitrittsrecht eröffnet jedem geeigneten Leistungserbringer das Recht, nach seiner Wahl einem 25
Versorgungsvertrag beizutreten. Das Beitrittsrecht entsprach bereits der Rechtslage bis 10.05.2019
und war als Abs. 2a a.F. mit dem GKV-OrgWG eingefügt worden. Der Beitritt ist eine einseitige
Willenserklärung und macht den **Leistungserbringer** zum **Vertragspartner** der vertragschließenden
Krankenkasse. Das Beitrittsrecht gilt nicht nur für inländische Leistungserbringer, sondern auch
für Leistungserbringer aus anderen Mitgliedstaaten der EU, vgl. *Nolte* in KassKomm SGB V § 127
Rn. 15 (auch arg. Abs. 1 Satz 6 zur EU-weiten Bekanntgabe einer Vertragsabsicht).

Zwingende Voraussetzung für die erfolgreiche Ausübung des Beitragsrechts ist die **Eignung** des 26
**Leistungserbringers**. Die Eignung wird grundsätzlich durch ein **Zertifikat** einer **Präqualifizie-
rungsstelle** nachgewiesen. Dies folgt maßgeblich aus § 126 Abs. 1a und 2 i.V.m. Abs. 2 Satz 6. Zur
Feststellung der Eignung vgl. LSG Sachsen Urt. v. 18.12.2018 – L 9 KR 25/15.

Das Beitrittsrecht soll durch die **Informationspflicht der Krankenkassen** nach **Abs. 1 Satz 8** unter- 27
stützt werden; das Recht auf Information folgt dem Recht zum Beitritt, vgl. *Schneider* in jurisPK-
SGB V § 127 Rn. 40. dabei soll das Informationsrecht von Verbänden begrenzt sein, vgl. BSG
Urt. v. 22.04.2015 – B 3 KR 2/14 R – SozR 4–2500 § 127 Nr. 5.

### VIII. Ausschluss von Vergaberecht für Verträge nach Abs. 1

Der Gesetzgeber wollte mit der teilweisen Neufassung des § 127 die Anwendung des Vergaberechts 28
ausschließen, vgl. BT-Drs. 19/8351 S. 202 sowie 19/17589 S. 209 und *Schneider* in jurisPK-SGB V
§ 127 Rn. 41. Entscheidend für Realisierung dieser Zielsetzung ist die tatsächliche Ausgestaltung
der Rechtslage für die Einbeziehung von Leistungserbringern, vgl. Schneider a.a.O. Rn. 41. Kartellrecht ist schon deshalb ausgeschlossen, weil die Krankenkassen zum Abschluss von Verträgen
nach Abs. 1 im Rahmen der gesetzlichen Vorgaben verpflichtet sind. Für das Vergaberecht weist
*Schneider* (a.a.O. Rn. 42) zu Recht darauf hin, dass es nach § 69 Abs. 3 darauf ankomme, ob der
Abschluss von Verträgen nach § 127 Abs. 1 als Vergabe eines öffentlichen Auftrags anzusehen sei.
§ 69 Abs. 3 sei auch im Hinblick auf sein Verhältnis zu § 127 Abs. 1 richtlinienkonform auszulegen. Nach der Richtlinie 2014/24/EU seien öffentliche Aufträge auszuschreiben, soweit mit ihnen
der Schwellenwert erreicht werde; ein Vertragsschluss ohne vorherige Ausschreibung stelle eine unzulässige de-facto-Vergabe dar, vgl. auch *Nolte* in KassKomm SGB V § 127 Rn. 15.

Krankenkassen können grundsätzlich öffentliche Auftraggeber i.S.d. § 99 Abs. 2 GWB sein und 29
Beschaffungsverträge können dem Begriff des öffentlichen Auftrags nach § 103 GWB zugeordnet
werden. Wesentlicher Bestandteil eines **öffentlichen Auftrags** ist, dass mit dem Zuschlag eine **Auswahlentscheidung** zwischen mehreren Anbietern getroffen wird. Wird mit jedem Anbieter ein Vertrag zu denselben Bedingungen abgeschlossen, **fehlt** es an einer **Auswahlentscheidung**, vgl. *Schneider* in jurisPK-SGB V § 127 Rn. 44 unter Bezugnahme auf EuGH Urt. v. 02.06.2016 – C-410/
14 mit Anm. *Luthe* SGb 2018, 207. Dabei solle allein die Einräumung eines Beitrittsrechts nicht
ausreichen, zumal eine gewisse Selektivwirkung über die Vereinbarung von Preisen erfolgen könne.
Über die Preise könnten sogar Konkurrenzsituationen eintreten. Die Möglichkeit einer Schlichtung
nach Maßgabe des Abs. 1a Reiche insoweit auch nicht aus.

Im Ergebnis wird jedoch davon auszugehen sein, dass die Leistungserbringer von den Krankenkas- 30
sen **nicht selektiv** über das Vertragsrecht gesteuert werden, vielmehr entscheidend den **Versicherten**

das **Wahlrecht zukommt**, vgl. *Schneider* in jurisPK-SGB V § 127 Rn. 47. Der Gesetzgeber stellt nach dem Kontext der Regelung zur Hilfsmittelversorgung auf die **Vielfalt der Leistungserbringer** ab. Auch bei einem Schiedsverfahren durch eine Schiedsperson steht eine in der Qualität gesicherte, ausreichende und zweckmäßige Versorgung im Vordergrund. Erst in zweiter Reihe werde auf eine wirtschaftliche Versorgung und marktübliche Preise abgestellt, anders wohl *Lutze* in Hauck/Noftz SGB V § 127 Rn. 89 ff. Vergaberecht dürfte damit jedenfalls nach der Rechtslage ab 11.05.2019 nicht zur Anwendung kommen; allerdings dürfte die Praxis insoweit und deren Bewertung weiter beobachtet werden.

31  Unabhängig vom Ausschluss des Kartellrechts oder Vergaberecht ist die **Krankenkassenseite** aufgrund ihrer öffentlich-rechtlichen Stellung zu **fairen, chancengleichen** und **transparenten Verhandlungen** verpflichtet, auch soweit dies im Verfahrensrecht oder im untergesetzlichen Recht nicht bereits zwingend vorgegeben ist. Es handelt sich dabei um einen **allgemeinen Grundsatz**, dem öffentlich-rechtliche Körperschaften unterworfen sind.

### C. Vereinbarung im Einzelfall mit einem Leistungserbringer (Abs. 3)

32  Soweit für ein erforderliches Hilfsmittel keine Verträge der Krankenkasse nach Abs. 1 mit Leistungserbringern bestehen oder durch Vertragspartner eine Versorgung der Versicherten in einer für sie zumutbaren Weise nicht möglich ist, trifft die Krankenkasse eine Vereinbarung im Einzelfall mit einem Leistungserbringer, **Abs. 3 Satz 1 1. Hs.** Entsprechende Einzelverträge waren ebenso nach der Rechtslage bis 10.05.2019 vorgesehen und greifen insbesondere, wenn sehr spezielle Hilfsmittel, etwa für schwerstbehinderte Patienten und mit einem hohen Anpassungsaufwand, erforderlich sind.

33  Nach **Abs. 3 Satz 1 2. Hs.** gelten Abs. 1 Satz 4 und 5 (in der Fassung bis 31.12.2020 3 und 4) entsprechend. Im Rahmen der redaktionellen Anpassung an die Aufnahme des Abs. 1 Satz 2 zur Vereinbarung der Übernahme pandemiebedingter Kosten ist auch diese Regelung in Abs. 3 Satz 1 2. Hs. mit Wirkung vom 01.01.2021 einbezogen worden. Damit werden die Vorgaben zur Beratung der Versicherten wie auch eine wohnortnahe Versorgung in Bezug genommen sowie die Entsprechung der Qualität gemäß den Anforderungen des Hilfsmittelverzeichnisses. Vornehmlich der Beratung kommt hier herausragende Bedeutung zu, vgl. *Nolte* in KassKomm SGB V § 127 Rn. 18.

34  Die Vereinbarung **trifft die Krankenkasse**, wie aus Abs. 3 Satz 1 folgt. Auch hier sind die Modalitäten der Versorgung, insbesondere der Preis, im Einzelfall verhandelt werden. Auch hier kann die Krankenkasse die Eignung des Lieferanten bei einer Versorgung nach Abs. 3 nach § 126 Abs. 1a Satz 2 2. Hs. feststellen, vgl. *Schneider* in jurisPK-SGB V § 127 Rn. 51. Der Abschluss der Vereinbarung liegt in der Verantwortung der Krankenkasse; diese ist zum Abschluss mit dem vom Versicherten ausgewählten Leistungserbringer nicht verpflichtet, wohl aber zu einer Leistung, wenn diese von der gebotenen Versorgung umfasst ist.

35  Bei der entsprechenden Vereinbarung wird die Krankenkasse schon aus Gründen der Wirtschaftlichkeit auch auf den Preis achten. Deshalb eröffnet **Abs. 3 Satz 2** die Möglichkeit, dass die Krankenkasse auch bei anderen Leistungserbringern in pseudonymisierter Form Preisangebote einholen kann (Ermessen).

36  In den Fällen des **§ 33 Abs. 1 Satz 6** – in der Fassung ab 20.07.2021 Satz 9 – (Wahl eines über das notwendige Maß hinausgehendes Hilfsmittel) und **§ 33 Abs. 6 Satz 3** (berechtigtes Interesse an der Wahl eines Leistungserbringers, der nicht Vertragspartner der Krankenkasse ist, auch in Verbindung mit Mehrkosten) gilt **Abs. 3 Satz 1** entsprechend, wie aus **Abs. 3 Satz 3** folgt. Die Krankenkasse wird auch in diesen Fällen deshalb nach den Grundsätzen des Abs. 3 Satz 1 Vertragsverhandlungen führen. Zu den **Mehr- und Folgekosten** vgl. auch BSG Urt. v. 23.01.2003 – B 3 KR 7/02 R – SozR 4–2500 § 33 Nr. 1. Zu Mehrkosten im Zusammenhang mit Hilfsmitteln vgl. LSG Berlin-Brandenburg Beschl. v. 17.10.2018 – L 9 KR 76/18 KL ER, ferner BSG Urt. v. 25.03.2015 – B 6 KA 9/14 R – SozR 4–2500 § 73b Nr. 1, hier auch im Rahmen eines Schiedsspruchs.

## D. Festbeträge und Festbetrag als Preisobergrenze (Abs. 4)

Für Hilfsmittel, für die ein Festbetrag festgesetzt wurde, können in den Verträgen nach Abs. 1 und 3 Preise höchstens bis zur Höhe des Festbetrags vereinbart werden. Der Festbetrag stellt damit eine Preisobergrenze dar. Ebenso kann jedoch auch ein Preis unterhalb des Festbetrags vereinbart werden, wobei sich dann der Vergütungsanspruch des Leistungserbringers entsprechend verringert, vgl. *Becker* in Becker/Kingreen SGB V § 107 Rn. 30, ferner *Nolte* in KassKomm SGB V § 127 Rn. 19. Zur Festbetragsfestsetzung für Hilfsmittel, hier Einlagen, vgl. eingehend LSG Berlin-Brandenburg Urt. v. 11.03.2020 – L 1 KR 178/17 KL.

## E. Beratungspflicht der Leistungserbringer (Abs. 5)

Die Leistungserbringer haben die Versicherten **vor Inanspruchnahme der Leistung** zu **beraten**, Abs. 5 und hier in Anlehnung an Abs. 4a in der Fassung bis 10.05.2019, aufgenommen durch das HHVG. Die **Beratung** beinhaltet, welche Hilfsmittel und ergänzenden Leistungen i.S.d. § 33 Abs. 1 Satz 5 (Änderung, Instandhaltung und Ersatzbeschaffung von Hilfsmitteln, Ausbildung im Gebrauch, Wartung und technische Kontrollen) **konkret erforderlich** sind. Im Falle des § 33 Abs. 1 Satz 6 (gemeint Satz 9 in der Fassung des TSVG, worauf *Schneider* in jurisPK-SGB V § 127 Rn. 56 zu Recht hinweist, hier Hilfsmittel, die über das Maß des Notwendigen hinausgehen; klargestellt mit dem GVWG mit Wirkung vom 20.07.2021) sind die Versicherten **vor** der Wahl der Hilfsmittel oder zusätzlicher Leistungen auch über die von Ihnen zu tragenden **Mehrkosten** zu informieren.

Durch die **Beratungspflicht** soll auch der Gefahr entgegengewirkt werden, dass Versicherte über Gebühr und ohne hinreichenden Anlass zusätzliche Leistungen in Anspruch nehmen; dies soll durch die **Dokumentationspflicht** – schriftlich oder elektronisch, **Abs. 5 Satz 2 und betr. Mehrkosten Abs. 5 Satz 5** – nachvollziehbar sein, vgl. BT-Drs. 18/10186 S. 33 sowie *Schneider* in jurisPK-SGB V § 127 Rn. 57, hier auch mit dem Hinweis, dass die Rechtsfolgen insoweit offen seien. Angemessene Rechtsfolge könne nur sein, dass insoweit ein zusätzlicher Vergütungsanspruch des Leistungserbringers nicht besteht. Das kann auch eine vergleichbare Kompensation sein, ggf. auch – vornehmlich bei einer Häufung von entsprechenden Fällen – aufsichtsrechtlich relevant werden. Näheres ist in den Verträgen nach § 127 zu regeln, Abs. 5 Satz 3.

Zu Mehrkostenvereinbarungen mit Zuzahlungspflicht durch den Versicherten vgl. LSG Berlin-Brandenburg Urt. v. 11.03.2020 – L 1 KR 178/17 KL, hier auch in Verbindung mit Festbetragsregelungen.

## F. Information der Versicherten (Abs. 6)

Die Krankenkassen haben ihre Versicherten über die zur Versorgung berechtigten Vertragspartner und über die wesentlichen Inhalte der Verträge zu **informieren**, Abs. 6 Satz 1. Die Regelung soll maßgeblich zu höherer Transparenz beitragen, vgl. BT-Drs. 16/3100 S. 141. Die **Informationspflicht** erstreckt sich insbesondere auch auf wesentliche Inhalte der Verträge einschließlich der Preise, verbunden mit einer Veröffentlichungspflicht (**Abs. 6 Satz 4**), vgl. *Schneider* in jurisPK-SGB V § 127 Rn. 58. Zur Informationspflicht vgl. LSG Nordrhein-Westfalen Urt. v. 27.06.2019 – L 16 KR 541/18 zur Hilfsmittelversorgung im Hörgeräteakustikbereich.

Die Informationspflicht besteht seitens der Krankenkassen allerdings **nur auf Nachfrage**, wenn die Versicherten bereits einen Leistungserbringer gewählt oder die Krankenkassen auf die Genehmigung der beantragten Hilfsmittelversorgung verzichtet haben, **Abs. 6 Satz 2**. Die Krankenkassen werden dann jedoch regelmäßig im Rahmen der Abrechnung tätig, vgl. BT-Drs. 18/10186 S. 34. Soll der Versicherte vor »Überraschungen« geschützt werden, so mag es zweckmäßig sein, eine entsprechende Beratung nach Maßgabe des Abs. 6 Satz 2 zu beantragen bzw. einzuleiten. Die Krankenkassen können (Ermessen) der Beratungspflicht auch dadurch genügen, dass sie den Vertragsärzten entsprechende Informationen zur Verfügung stellen, **Abs. 6 Satz 3**.

### G. Überwachungspflicht der Krankenkassen bezüglich der Leistungserbringer (Abs. 7)

43 **Abs. 7 und 8**, als Abs. 5a und 5b mit dem HHVG in der Fassung bis 10.05.2019 eingefügt, treffen Regelungen zur Überwachung der Leistungserbringer durch die Krankenkassen. Dabei erfasst Abs. 7 maßgeblich das Verfahren zur Überwachung und erlegt mit Abs. 8 dem GKV-Spitzenverband auf, entsprechende Rahmenempfehlungen abzugeben (war bis zum 30.06.2017 datiert). Rechtliche Änderungen führen zwangsläufig dazu, die entsprechenden Rahmenempfehlungen anzupassen.

44 **Abs. 7** erfasst in erster Reihe die Einhaltung der vertraglichen und gesetzlichen Pflichten der Leistungserbringer nach dem SGB V und speziell zum Hilfsmittelrecht. Zur Sicherung der **Qualität** in der Hilfsmittelversorgung führen die Krankenkassen Auffälligkeits- und Stichprobenprüfungen durch, **Abs. 7 Satz 2**. Die Durchführung von Kontrollen einschließlich der Qualitätsprüfung setzt voraus, dass die Krankenkassen über die entsprechenden Daten verfügen und diese durch Auskünfte ergänzen lassen können; dies sind einrichtungsbezogene Daten wie auch versichertenbezogene Daten.

45 Die Leistungserbringer sind deshalb nach **Abs. 7 Satz 3** verpflichtet, den Krankenkassen auf Verlangen die für die Prüfungen nach Abs. 7 Satz 1 erforderlichen **einrichtungsbezogene Informationen und Auskünfte** zu erteilen und die von den Versicherten unterzeichnete Bestätigung über die Durchführung der Beratung nach Abs. 5 Satz 1 vorzulegen (hier in Verbindung mit Abs. 5 Satz 2 und 5). Einrichtungsbezogen sind etwa die Daten, die die Qualifikation des Personals betreffen, die Durchführung von Beratungsgesprächen, die Benennung von Produkten oder auch die Durchführung von Reparaturen.

46 Soweit es für die **Prüfungen nach Abs. 7 Satz 1** erforderlich ist und der Versicherte schriftlich oder elektronisch **eingewilligt** hat, können die Krankenkassen von den Leistungserbringern auch die personenbezogene Dokumentation über den Verlauf der Versorgung einzelner Versicherter anfordern. Die Einwilligung ist zwingend; zu entsprechenden Vorgaben vgl. auch ergänzend (und mit Regelungsvorrang) Art. 7 DSGVO; die Abgabe einer Einwilligung setzt regelmäßig die entsprechende Information über Zweck und Zielsetzungen voraus (Stichwort: Informierter Versicherter, vgl. *Klement* in Simitis, Datenschutzrecht Art. 7 DSGVO Rn. 72). Ist die Einwilligung erteilt, sind die Leistungserbringer insoweit zur Datenübermittlung verpflichtet, **Abs. 7 Satz 5**.

47 **Abs. 7 Satz 6 und 7** regeln Vorgaben und insbesondere Rechtsfolgen bei Verstößen im Hinblick auf die Verpflichtungen der Leistungserbringer. Die Krankenkassen stellen vertraglich sicher, dass Verstöße der Leistungserbringer gegen ihre vertraglichen und gesetzlichen Pflichten nach dem SGB V angemessen geahndet werden, **Abs. 7 Satz 6**. Schwerwiegende Verstöße sind der Stelle, die das Zertifikat nach § 126 Abs. 1a Satz 2 erteilt hat, mitzuteilen, **Abs. 7 Satz 7**. Ein entsprechendes Zertifikat ist zwingende Voraussetzung für die Erbringung von Leistungen im GKV-Bereich; die insoweit festgestellte Eignung eines Leistungserbringers kann dann besonders gründlich und spezifisch geprüft und ggf. auch versagt oder entzogen werden. Zur Sanktionierung von Vertragsverletzungen vgl. LSG Rheinland-Pfalz Urt. v. 27.06.2019 – L 5 KR 55/18; Revision anhängig gemacht unter Az.: B 3 KR 8/19 R.

### H. Rahmenempfehlungen zur Qualitätssicherung (Abs. 8)

48 **Abs. 8** verpflichtet den GKV-Spitzenverband Rahmenempfehlungen zur Sicherung der Qualität in der Hilfsmittelversorgung abzugeben (Vorgabedatum war 30.06.2017). In diesen Rahmenempfehlungen sollen insbesondere Regelungen zum Umfang der Stichprobenprüfungen in den jeweiligen Produktbereichen getroffen werden. Weitere Regelungsinhalte sind Überwachungsinstrumente insoweit und die Regelung, wann Auffälligkeiten für entsprechende Prüfungen anzunehmen sind.

Der GKV-Spitzenverband hat dieser Vorgaben mit den **Rahmenempfehlungen zur Sicherung der** 49
**Qualität in der Hilfsmittelversorgung gemäß § 127 Abs. 5b vom 26.06.2017** entsprochen. In
den Rahmenempfehlungen sind verschiedene Vorgehensweisen und Instrumente beschrieben, wie
etwa Datenauswertungen, Testkäufe oder auch Reaktionen auf Beschwerden. Näher geregelt ist
hier der Prüfauftrag der Krankenkassen, hier noch zu § 127 in der Fassung bis 10.05.2019. Näher
konkretisiert sind Überwachungsinstrumente (Beschwerden der Versicherten, Datenauswertungen,
Auswertungen von Unterlagen und Dokumentationen mit weiteren Differenzierungen, Evaluation
des Versorgungsprozesses durch Testkäufe, Versichertenbefragungen und Einbindung des MD).
Weitere Regelungen (Nr. 4) betreffen Stichprobenprüfungen und (Nr. 5) Indikationen für Auffälligkeiten.

### I. Rahmenempfehlungen zur Durchführung und Abrechnung der Versorgung (Abs. 9)

Der GKV-Spitzenverband und die Spitzenorganisationen der Leistungserbringer haben gemein- 50
sam **Rahmenempfehlungen zur Vereinfachung und Vereinheitlichung der Durchführung und Abrechnung der Versorgung** abzugeben. Zu den Vereinbarungsparteien vgl. Hinweise zu Abs. 1. Die
Rahmenempfehlungen sind ein von Gesetzes wegen vorgegebener Vertrag zwischen den Vertragsparteien, verbindlich für die Krankenkassen und die Leistungserbringer; die Verbindlichkeit folgt
zumindest aus Abs. 9 Satz 10, indem die Empfehlungen den Verträgen nach Abs. 1 und 3 zugrunde
zu legen sind (Verbindlichkeitskette, so dass sich die Frage einer Normwirkung nicht stellt), vgl.
*Schneider* in jurisPK-SGB V § 127 Rn. 66 und *Nolte* in KassKomm SGB V § 127 Rn. 19, anders
wohl *Luthe* in Hauck/Noftz SGB V Rn. 177.

Das Zustandekommen der Rahmenempfehlungen (und ggf. auch Überarbeitungen pp.) Ist durch 51
eine Schiedsklausel unter Mitwirkung einer **Schiedsperson** abgesichert. Zur Stellung der Schiedsperson und zum Schiedsverfahren insoweit vgl. auch die Hinweise zu Abs. 1a oben (Abs. 9 Satz 2
bis 4).

In den **Empfehlungen** können auch Regelungen über die in § 302 Abs. 2 Satz 1 und Abs. 3 ge- 52
nannten Inhalte getroffen werden, **Abs. 9 Satz 5**. Allerdings soll in den Empfehlungen nicht (nochmals) auf Fragestellungen aus dem Hilfsmittelverzeichnis eingegangen werden, wie aus **Abs. 9
Satz 6** folgt. Die Regelung zu Abs. 9 ist mit dem DVG um **Abs. 9 Satz 7** erweitert worden, wonach
in den Empfehlungen zudem die notwendigen Regelungen für die Verwendung von Verordnungen
von Leistungen nach § 33 in **elektronischer Form** zu treffen sind. Mit Wirkung vom 20.10.2020
ist mit dem PDSG als Inhalt vorgegeben worden, dass für die Übermittlung der elektronischen
Verordnung die Dienste der Anwendungen der **Telematikinfrastruktur** nach **§ 334 Abs. 1 Satz 2**
(gleichfalls in der Fassung mit Wirkung vom 20.10.2020) genutzt werden sollen, sobald diese
Dienste zur Verfügung stehen.

Mit **Abs. 9 Satz 9** wird aufgegeben, dass die Regelungen mit den Festlegungen der BMV nach § 86 53
vereinbar sein müssen. Die Verbindlichkeit der Regelungen wird mit **Abs. 9 Satz 10** über die Vertragskonstruktion abgesichert.

Verfügbar sind insoweit die »**Rahmenempfehlungen zur Vereinfachung und Vereinheitlichung der** 54
**Durchführung und Abrechnung der Versorgung mit Hilfsmitteln gemäß § 127 Abs. 9 SGB V
vom 19.11.2019**. Hier sind auch die Verbände aufgeführt, die als Spitzenverbände der Leistungserbringer an der Vertragsfindung beteiligt waren bzw. sind. Geregelt werden u.a. Inhalte und Partner der Rahmenempfehlungen (§ 2), der Datenschutz (§ 3), ein elektronischer Kostenvoranschlag
(§ 4), die Beratungsdokumentation nach § 127 Abs. 5 Satz 1 und 2 (§ 5), die Mehrkostendokumentation nach § 127 Abs. 5 Satz 5 (§ 6), die Vereinheitlichung von vertraglich geforderten Erhebungsbögen (§ 7), der Vertragsschluss bei Rahmenempfehlungen (§ 8), Regelungen zur Kündigung
(§ 9) und ferner auch die salvatorische Klausel (§ 10) und das Inkrafttreten der Rahmenempfehlungen (§ 11). Im Anhang zu den Rahmenempfehlungen finden sich die Rechtsgrundlagen und die
Gesetzesbegründung.

## § 128 Unzulässige Zusammenarbeit zwischen Leistungserbringern und Vertragsärzten

(1) ¹Die Abgabe von Hilfsmitteln an Versicherte über Depots bei Vertragsärzten ist unzulässig, soweit es sich nicht um Hilfsmittel handelt, die zur Versorgung in Notfällen benötigt werden. ²Satz 1 gilt entsprechend für die Abgabe von Hilfsmitteln in Krankenhäusern und anderen medizinischen Einrichtungen.

(2) ¹Leistungserbringer dürfen Vertragsärzte sowie Ärzte in Krankenhäusern und anderen medizinischen Einrichtungen nicht gegen Entgelt oder Gewährung sonstiger wirtschaftlicher Vorteile an der Durchführung der Versorgung mit Hilfsmitteln beteiligen oder solche Zuwendungen im Zusammenhang mit der Verordnung von Hilfsmitteln gewähren. ²Unzulässig ist ferner die Zahlung einer Vergütung für zusätzliche privatärztliche Leistungen, die im Rahmen der Versorgung mit Hilfsmitteln von Vertragsärzten erbracht werden, durch Leistungserbringer. ³Unzulässige Zuwendungen im Sinne des Satzes 1 sind auch die unentgeltliche oder verbilligte Überlassung von Geräten und Materialien und Durchführung von Schulungsmaßnahmen, die Gestellung von Räumlichkeiten oder Personal oder die Beteiligung an den Kosten hierfür sowie Einkünfte aus Beteiligungen an Unternehmen von Leistungserbringern, die Vertragsärzte durch ihr Verordnungs- oder Zuweisungsverhalten selbst maßgeblich beeinflussen.

(3) ¹Die Krankenkassen stellen vertraglich sicher, dass Verstöße gegen die Verbote nach den Absätzen 1 und 2 angemessen geahndet werden. ²Für den Fall schwerwiegender und wiederholter Verstöße ist vorzusehen, dass Leistungserbringer für die Dauer von bis zu zwei Jahren von der Versorgung der Versicherten ausgeschlossen werden können.

(4) ¹Vertragsärzte dürfen nur auf der Grundlage vertraglicher Vereinbarungen mit Krankenkassen über die ihnen im Rahmen der vertragsärztlichen Versorgung obliegenden Aufgaben hinaus an der Durchführung der Versorgung mit Hilfsmitteln mitwirken. ²Die Absätze 1 bis 3 bleiben unberührt. ³Über eine Mitwirkung nach Satz 1 informieren die Krankenkassen die für die jeweiligen Vertragsärzte zuständige Ärztekammer.

(4a) ¹Krankenkassen können mit Vertragsärzten Verträge nach Absatz 4 abschließen, wenn die Wirtschaftlichkeit und die Qualität der Versorgung dadurch nicht eingeschränkt werden. ²§ 126 Absatz 1 Satz 2 und 3 sowie Absatz 1a gilt entsprechend auch für die Vertragsärzte. ³In den Verträgen sind die von den Vertragsärzten zusätzlich zu erbringenden Leistungen und welche Vergütung sie dafür erhalten eindeutig festzulegen. ⁴Die zusätzlichen Leistungen sind unmittelbar von den Krankenkassen an die Vertragsärzte zu vergüten. ⁵Jede Mitwirkung der Leistungserbringer an der Abrechnung und der Abwicklung der Vergütung der von den Vertragsärzten erbrachten Leistungen ist unzulässig.

(4b) ¹Vertragsärzte, die auf der Grundlage von Verträgen nach Absatz 4 an der Durchführung der Hilfsmittelversorgung mitwirken, haben die von ihnen ausgestellten Verordnungen der jeweils zuständigen Krankenkasse zur Genehmigung der Versorgung zu übersenden. ²Die Verordnungen sind den Versicherten von den Krankenkassen zusammen mit der Genehmigung zu übermitteln. ³Dabei haben die Krankenkassen die Versicherten in geeigneter Weise über die verschiedenen Versorgungswege zu beraten.

(5) ¹Absatz 4 Satz 3 gilt entsprechend, wenn Krankenkassen Auffälligkeiten bei der Ausführung von Verordnungen von Vertragsärzten bekannt werden, die auf eine mögliche Zuweisung von Versicherten an bestimmte Leistungserbringer oder eine sonstige Form unzulässiger Zusammenarbeit hindeuten. ²In diesen Fällen ist auch die zuständige Kassenärztliche Vereinigung zu informieren. ³Gleiches gilt, wenn Krankenkassen Hinweise auf die Forderung oder Annahme unzulässiger Zuwendungen oder auf eine unzulässige Beeinflussung von Versicherten nach Absatz 5a vorliegen.

(5a) Vertragsärzte, die unzulässige Zuwendungen fordern oder annehmen oder Versicherte zur Inanspruchnahme einer privatärztlichen Versorgung anstelle der ihnen zustehenden Leistung der gesetzlichen Krankenversicherung beeinflussen, verstoßen gegen ihre vertragsärztlichen Pflichten.

(5b) Die Absätze 2, 3, 5 und 5a gelten für die Versorgung mit Heilmitteln entsprechend.

(6) ¹Ist gesetzlich nichts anderes bestimmt, gelten bei der Erbringung von Leistungen nach den §§ 31 und 116b Absatz 7 die Absätze 1 bis 3 sowohl zwischen pharmazeutischen Unternehmern, Apotheken, pharmazeutischen Großhändlern und sonstigen Anbietern von Gesundheitsleistungen als auch jeweils gegenüber Vertragsärzten, Ärzten in Krankenhäusern und Krankenhausträgern entsprechend. ²Hiervon unberührt bleiben gesetzlich zulässige Vereinbarungen von Krankenkassen mit Leistungserbringern über finanzielle Anreize für die Mitwirkung an der Erschließung von Wirtschaftlichkeitsreserven und die Verbesserung der Qualität der Versorgung bei der Verordnung von Leistungen nach den §§ 31 und 116b Absatz 7. ³Die Sätze 1 und 2 gelten auch bei Leistungen zur Versorgung von chronischen und schwer heilenden Wunden nach § 37 Absatz 7 gegenüber den Leistungserbringern, die diese Leistungen erbringen.

| Übersicht | Rdn. | | Rdn. |
|---|---|---|---|
| A. Regelungsinhalt | 1 | III. Auffälligkeiten bei der Ausführung von Verordnungen, die Krankenkassen bekannt werden (Abs. 5) | 51 |
| B. Abgabe von Hilfsmitteln an Versicherte über Depots – Depotverbot (Abs. 1) | 11 | | |
| C. Keine Beteiligung der Vertragsärzte an der Durchführung der Versorgung mit Hilfsmitteln – Entgeltverbot (Abs. 2) | 21 | IV. Information der zuständigen Kassenärztlichen Vereinigung (Abs. 5 Satz 2 und 3) | 55 |
| D. Ahndung von Verstößen (Abs. 3) | 31 | V. Annahme eines Verstoßes gegen die vertragsärztlichen Pflichten (Abs. 5a) | 57 |
| E. Vergütung durch Krankenkassen bei Versorgung mit Hilfsmitteln (Abs. 4 bis 5) | 38 | VI. Ausdehnung des Zuwendungsverbotes auf die Heilmittelversorgung (Abs. 5b) | 62 |
| I. Durchführung der Versorgung mit Hilfsmitteln | 40 | F. Einbeziehung der Tatbestände nach § 31, § 116b Abs. 7 SGB V, bei Versorgung mit Arznei- und Verbandmitteln einschließlich ambulanter Krankenhausbehandlung (Abs. 6) | 64 |
| II. Information der zuständigen Ärztekammer | 50 | | |

## A. Regelungsinhalt

§ 128 gilt in der Fassung des Art. 1 Nr. 11 HHVG vom 04.04.2017 (BGBl. I S. 778) mit Wirkung vom 11.04.2017. 1

§ 128 wurde mit dem aktuellen Regelungsziel einer unzulässigen Zusammenarbeit zwischen Leistungserbringern und Vertragsärzten mit Art. 1 Nr. 2d GKV-OrgWG mit Wirkung vom 01.04.2009 eingefügt, mit Gesetz vom 17.07.2009 wesentlich erweitert und verschärft sowie mit dem GKV-VStG vom 22.12.2011 und dem HHVG vom 04.04.2017 nochmals erweitert und weiter konkretisiert. Zuvor waren Regelungen zum Hilfsmittelverzeichnis unter dieser Paragraphenbezeichnung geregelt, die sich nunmehr unter § 139 finden lassen. 2

Die Regelung erfasst **Fälle einer unzulässigen Zusammenarbeit zwischen Leistungserbringern und Vertragsärzten**. Die hier beschriebenen und damit erfassten Fallgestaltungen sollen in der Praxis zu Problemen mit der Annahme geführt haben, diese könnten zu einer Unwirtschaftlichkeit der Versorgung, zu überhöhten Kosten oder auch zu unberechtigten Vorteilen bei Leistungserbringern führen, vgl. BT-Drs. 16/10609 S. 73. Diesen »Fehlentwicklungen« solle die Vorschrift entgegenwirken, zum Normzweck vgl. auch *Schneider* in jurisPK-SGB V § 128 Rn. 6; Versicherte sollten ihr Wahlrecht ohne Beeinflussung durch Vertragsärzte ausüben können. Die Regelung ist damit auch von einer kritischen Grundhaltung gegenüber den Vertragsärzten geprägt. 3

Es handelt sich um **Ausnahmetatbestände,** die wiederum kodifiziert Vertragsärzten Anlass geben können, eine **klare wirtschaftliche Trennung** zum eigenen Versorgungsbereich, zum 4

## § 128 SGB V  Unzulässige Zusammenarbeit zwischen Leistungserbringern und Vertragsärzten

Versorgungsbereich mit Hilfsmitteln – sowie auch zu Heilmitteln im Zuge der Ergänzung durch Abs. 5b – vorzunehmen. Dabei werden auch **wirtschaftliche Vorteile und Beteiligungen** im Sinne einer Überlassung von Geräten und Materialien, Räumlichkeiten, Schulungen oder auch Anteilen an Firmen gleichgestellt.

5  In der Praxis wird weiter darauf hingewiesen, dass die Teilnahme an **Anwendungsbeobachtungen** (AWB) der Pharmaindustrie stets mit großer Vorsicht und kritisch zu begleiten ist. Jedenfalls darf dies keinen Einfluss auf das Verordnungsverhalten haben und die Teilnahme sollte transparent gemacht werden. Kooperationen zwischen Vertragsarzt und Krankenhaus können gleichfalls i.S.d. § 128 kritisch sein. Deshalb empfiehlt die Praxis Regelungen für den Konsiliararzt, den Belegarzt, den Honorararzt, eine prä- und poststationäre Behandlung, ambulante Operationen und stationsersetzender Leistungen, die gleichzeitige Tätigkeit als Krankenhausarzt und Vertragsarzt sowie die besondere Versorgung nach § 140a. Beim Abschluss von **Kooperationsverträgen** sind jeweils die Aspekte hinsichtlich des Strafrechts (insbes. §§ 299, 299a, 299b und 300 StGB), des Berufsrechts (MBO) sowie des Sozialrechts (SGB V usw.) einzubeziehen.

6  Die Regelung steht allerdings stets im Konflikt mit dem **Vorteil**, den eine **unmittelbare Versorgung der Leistungsberechtigten mit Hilfsmitteln** mit sich bringt. Die Versorgung mit Arzneimitteln und Hilfsmitteln durch Ärzte ist in ausländischen Gesundheitssystemen durchaus vorgesehen; für den Patienten bedeutet dies kurze Wege und schnelle Versorgung; allerdings werden hier teilweise auch kritische Kostensteigerungen und Verflechtungen beschrieben, etwa für das System in Japan. Will ein Versicherter das Krankenhaus nach der Behandlung eines Beinbruchs verlassen, benötigt dieser dringend zumindest Gehstützen. Hilfsmitteldepots und die Beteiligung hieran sind dem Vertragsarzt nach Abs. 1 zwar untersagt; hiervon sind jedoch Notfälle ausgenommen, etwa in Übereinstimmung mit den Materialien »Gehstützen und Bandagen zur Erstversorgung«.

7  Die Regelung des § 128 **erlaubt** die unmittelbare Beteiligung von Vertragsärzten, Krankenhäusern und Einrichtungen an der Versorgung mit Hilfsmitteln **nur**, soweit dies im Rahmen des **Abs. 4** durch Beteiligung und Finanzierung der Krankenkassen **transparent** gemacht wird. Zudem wird die **Ärztekammer** über eine derartige Mitwirkung informiert. Damit stimmt die Regelung in **Abs. 6 Satz 2** überein: »zulässige Vereinbarungen von Krankenkassen mit Leistungserbringern über finanzielle Anreize für die Mitwirkung an der Erschließung von Wirtschaftlichkeitsreserven sollen unberührt bleiben«. Für die **Praxis** bedeutet dies, dass sich **Vertragsärzte** zumindest in Grenzfällen durch eine Mitteilung und Einbeziehung der Krankenkassen und/oder Kassenärztlichen Vereinigungen »**absichern**« sollten. Allein Transparenz in jeder Hinsicht kann zur Vermeidung von Beanstandungen beitragen. § 128 enthält für die Vertragsärzte, ebenso aber auch für Krankenhäuser und medizinische Einrichtungen ein **Unsicherheitspotenzial**, auf das die Krankenkassen und KVen bzw. KZVen hinweisen sollten.

8  Der **Regelungsinhalt** des § 128 erfasst:
 – Die Abgabe von Hilfsmitteln an Versicherte über **Depots** bei Vertragsärzten (Abs. 1 Satz 1) oder Krankenhäuser und andere medizinische Einrichtungen (Abs. 1 Satz 2) ist generell **unzulässig**.
 – Erlaubt ist diese Abgabeform **nur für Hilfsmittel**, die zur **Versorgung in Notfällen** benötigt werden (Beispiel Gehstützen) (Abs. 1 Satz 1).
 – Leistungserbringer dürfen **Vertragsärzte** an der Durchführung der Versorgung mit Hilfsmitteln weder durch **Entgelte** noch durch **wirtschaftliche Vorteile oder Zuwendungen** beteiligen (Abs. 2 Satz 1), auch nicht mittels entsprechender privatärztlicher Leistungen (Abs. 2 Satz 2).
 – Der Begriff der »unzulässigen Zuwendungen« in diesem Sinne ist mit **Abs. 2 Satz 3** mit Wirkung vom 1.1.2012 erweitert worden: »Unzulässige Zuwendungen sind auch die **unentgeltliche oder verbilligte Überlassung von Geräten und Materialien** und Durchführung von **Schulungsmaßnahmen**, die Gestellung von **Räumlichkeiten** oder **Personal** oder die Beteiligung an den Kosten hierfür sowie **Einkünfte aus Beteiligungen an Unternehmen** von Leistungserbringern, die Vertragsärzte durch ihr Verordnungs- oder Zuweisungsverhalten selbst maßgeblich beeinflussen«. Zu Fallgestaltungen vgl. LSG Nordrhein-Westfalen Beschl. v. 02.09.2013 – L 5 KR

431/13 B ER; zur Beteiligung an Personalkosten vgl. LG Dortmund Urt. v. 29.08.2013 – 13 O 24/07, MPR 2014, 20.
- **Verstöße gegen die Vorgaben nach Abs. 1 und 2 sind zu ahnden** (Abs. 3 Satz 1), was die Krankenkassen vertraglich sicherzustellen haben. Schwerwiegende oder wiederholte **Verstöße** sind mit dem Ausschluss von Leistungserbringern zu ahnden (Abs. 3 Satz 2).
- Soweit Vertragsärzte auf der Grundlage vertraglicher Vereinbarungen mit Krankenkassen – erlaubt – an der Durchführung der Versorgung mit Hilfsmitteln mitwirken, werden die **Leistungen unmittelbar von den Krankenkassen vergütet (Abs. 4 Satz 1)**. Dabei ist die Ärztekammer durch die jeweilige Krankenkasse zu informieren (Herstellung von Transparenz, Abs. 4 Satz 3). Mögliche Verstöße gegen Abs. 1 bis 3 bleiben unberührt und verfolgbar, Abs. 4 Satz 2.
- Werden Krankenkassen Auffälligkeiten im Zusammenhang mit der Zuweisung von Versicherten an bestimmte Leistungserbringer oder eine sonstige Form unzulässiger Zusammenarbeit bekannt, haben diese die **Ärztekammer** gleichfalls zu informieren, vgl. **Abs. 4 Satz 3**.
- **Verträge** i.S.d. Abs. 4 (Verträge der Krankenkassen mit Vertragsärzten zur Durchführung der Versorgung mit Hilfsmitteln) dürfen die Wirtschaftlichkeit und Qualität der Versorgung nicht einschränken, **Abs. 4a Satz 1,** wobei § 126 zu beachten ist, hier insbes. § 126 Abs. 1 Satz 2 und 3 zur Eignung sowie Abs. 1a zum Präqualifizierungsverfahren (Vertragsärzte müssen dieselben Voraussetzungen, auch in berufsrechtlicher und gewerberechtlicher Hinsicht, erfüllen, wie jeder Leistungsanbieter). Eine Vergütung hat – der Transparenz wegen – über die Krankenkassen zu laufen. Entsprechende Verträge sind zur Genehmigung der Versorgung der jeweils zuständigen Krankenkasse vorzulegen (zu übersenden), hier auch unter Einbeziehung der konkreten Versorgung nach Maßgabe des **Abs. 4b**.
- Die Informationspflicht der Ärztekammern gegenüber den Krankenkassen gelten auch in Fällen »**unzulässiger Zusammenarbeit« nach Abs. 5**, auch unter Einbeziehung der Kassenärztlichen Vereinigungen nach Maßgabe der Fassung mit Wirkung vom 1.1.2012. Auch Fälle der unzulässigen Beeinflussung von Versicherten sollen nach **Abs. 5 Satz 3** unter Bezugnahme auf Abs. 5a von der Pflicht zur »Information« umfasst sein.
- Abs. 5a erfasst das nach dieser Vorschrift sanktionierte Verhalten von Vertragsärzten als Verstoß gegen ihre vertragsärztlichen Pflichten.
- Die Regelung zu § 128, die in erster Reihe die Versorgung mit Hilfsmitteln betrifft, wird nach **Abs. 5b auch auf Heilmittel** erstreckt.
- Gem. **Abs. 6** werden auch Fälle des »unerlaubten Zusammenwirkens« »zwischen pharmazeutischen Unternehmern, Apotheken, pharmazeutischen Großhändlern und sonstigen Anbietern von Gesundheitsleistungen als auch jeweils gegenüber Vertragsärzten, Ärzten in Krankenhäusern und Krankenhausträgern« gleichgestellt, hier auch auf die Fälle der ambulanten spezialfachärztlichen Versorgung nach § 116b – neben § 31. Davon sollen allerdings »zulässige« Vereinbarungen mit dem Ziel, **erlaubte finanzielle Anreize** und die Erschließung von **Wirtschaftlichkeitsreserven** sowie die Verbesserung der Qualität der Versorgung bei der Verordnung von Leistungen zu erreichen, unberührt bleiben. Als zulässig ist etwa die Belieferung von Apothekern zum Herstellerabgabepreis angesehen worden, nicht aber dies in Verbindung mit der Zusage, bevorzugt diese Arzneimittel abgeben zu müssen, vgl. KG Urt. v. 11.09.2012 – 5 U 57/11, PharmR 2013, 33, MedR 2013, 373.

Zur **Umsetzung des § 128 Abs. 1** (Hilfsmittelabgabe über Depots) hat der GKV-Spitzenverband der Krankenkassen unter dem Datum des 31.03.2009 (entspricht noch Stand 01/2021) **Hinweise** gegeben; die Ausführungen wurden mit den Verbänden der Krankenkassen auf Bundesebene abgestimmt. In den Hinweisen wird auf § 3 der Musterberufsordnung – MBO-Ä – Bezug genommen. Die arbeitsteilige Zusammenarbeit zwischen Vertragsärzten und sonstigen Leistungserbringern im Sinne des SGB V habe zu zahlreichen rechtlichen Auseinandersetzungen geführt. Dabei ist auch der Grundsatz der Unabhängigkeit (vgl. § 30 MBO-Ä) sowie der unerlaubten Zuwendungen nach § 32 MBO-Ä einzubeziehen, während erlaubte Zusammenarbeit befürwortet wird (vgl. §§ 29, 29a MBO-Ä).

10 Systematisch steht § 128 in einer **Reihe mit weiteren berufsrechtlichen, strafrechtlichen und wettbewerbsrechtlichen Regelungen** (vgl. *Luthe* in Hauck/Noftz § 128 SGB V Rn. 3) und soll hier mögliche Konflikte in Verbindung mit der Vorhaltung und Vermarktung insbesondere von Hilfsmitteln neben der vertragsärztlichen Versorgung ausschließen bzw. dieses Betätigungsfeld transparent (so Abs. 4 bis 4b) machen. Der Korruption soll ergänzend auch durch das Gesetz zur Bekämpfung von Korruption im Gesundheitswesen vom 30.05.2016 – BGBl. I S. 1254 entgegengewirkt werden. Zeitgleich sind § 81a sowie § 197a erweitert worden. In Reaktion auf die Entscheidung des BGH (GS – Beschl. v. 29.03.2012 – GSSt 2/11, NJW 2012, 2530) sind § 299a StGB (Bestechlichkeit im Gesundheitswesen), § 299b StGB (Bestechung im Gesundheitswesen) und § 300 StGB (Besonders schwere Fälle der Bestechlichkeit und Bestechung im geschäftlichen Verkehr und im Gesundheitswesen) eingefügt worden.

### B. Abgabe von Hilfsmitteln an Versicherte über Depots – Depotverbot (Abs. 1)

11 Die Abgabe von Hilfsmitteln an Versicherte über **Depots** bei Vertragsärzten ist **unzulässig**, soweit es sich nicht um Hilfsmittel handelt, die zur **Versorgung in Notfällen** benötigt werden, **Abs. 1 Satz 1**. Ausweislich der Materialien böten Depots Leistungserbringern in besonderem Maße einen »Anreiz« dafür, durch »unzulässige Zuwendungen« für die Einrichtung eines Depots dem Vertragsarzt unzulässige wirtschaftliche Vorteile und damit dem Leistungserbringer ungerechtfertigte Wettbewerbsvorteile zu verschaffen, vgl. *Schneider* in jurisPK-SGB V § 128 Rn. 7, 9.

12 Die Regelung beinhaltet ein **gesetzliches Verbot**, unabhängig davon, ob die **Abgabe von Hilfsmitteln korrekt gehandhabt** wird. Adressaten des Depotverbots sind die Hilfsmittelerbringer, vgl. *Langstradt* in Becker/Kingreen SGB V § 128 Rn. 6. Dies gilt auch unabhängig davon, ob das **Wahlrecht der Versicherten** unter den versorgungsberechtigten Leistungserbringern durch ein Hilfsmitteldepot bei dem konkreten Vertragsarzt tatsächlich eingeschränkt wird.

13 Das **Depotverbot** ist auf **Hilfsmittel** nach § 33 begrenzt; deshalb wird der herkömmliche Sprechstundenbedarf nicht erfasst, ebenso auch Hilfsstoffe, Ersatzteile, Testgeräte oder Produktmuster, wenn diese den Versicherten nicht dauerhaft und allenfalls leihweise für kurze Zeit überlassen werden, vgl. *Luthe* in Hauck/Noftz § 128 SGB V Rn. 13; *Lungstras* in Becker/Kingreen SGB V § 128 Rn. 7.

14 **Abs. 4 Satz 1** enthält allerdings eine Ausnahme, als hier die Mitwirkung der Vertragsärzte an der Hilfsmittelversorgung **nach Maßgabe von Abs. 4a und Abs. 4b** gestattet werden kann (Ermessen der Krankenkassen, sog. verkürzter Versorgungsweg; vgl. zum Begriff LSG Bayern Urt. v. 24.03.2015 – L 5 KR 383/11). Durch die Beteiligung der Krankenkassen, die besondere Form der Abrechnung sowie die Unterrichtung der Kassenärztlichen Vereinigung wird die **gebotene Transparenz** hergestellt, die geeignet ist, Missbrauch auszuschließen. Ohne die Möglichkeit nach Abs. 4 Satz 1 wäre die Regelung in Abs. 1 Satz 1 im Hinblick auf die Schwere des Eingriffs in die Berufsfreiheit möglicherweise verfassungsrechtlich kritisch zu sehen. Lediglich in **Abs. 2 Satz 3 am Ende** wird nicht auf die Möglichkeit der Beeinflussung, sondern auf eine tatsächliche Beeinflussung abgestellt.

15 Das Vorhalten von Hilfsmitteln in Form eines Depots wird für zulässig erachtet (und bedarf keiner speziellen Genehmigung), soweit es sich um **Hilfsmittel** handelt, die zur **Versorgung in Notfällen benötigt** werden; zu »Notfalldepots vgl. OLG Köln Urt. v. 18.05.2018 – 6 U 6/18. Eine Abgrenzung und Festlegung dieser Regelung erfolgt nicht ausdrücklich, kann jedoch in Anlehnung an die Materialien, die insoweit Gehstützen und bestimmte Bandagen anführen, **ausgelegt** werden. Die Abgrenzung ist zudem der Konkretisierung in Richtlinien zugänglich. Generell wird dies in § 3 der MBO-Ä nochmals aufgegriffen, allerdings auch nicht wesentlich konkretisiert. Bei einer Zusammenarbeit mit Dritten sind die Grenzen bei Fachberufen im Gesundheitswesen in § 29a MBO-Ä erfasst. Der **Notfallbedarf** kann von Facharzt zu Facharzt bzw. Krankenhaus und medizinischer Einrichtung **unterschiedlich** sein. Denkbar ist auch in Absprache mit der Krankenkasse, dass bei einer regional schwierigen Versorgungslage der Notfallbedarf angepasst konkretisiert wird.

Möglicherweise entgegen der der »Depotverordnung« zugrundeliegenden Definition des Notfalls 16 differenziert *Luthe* (in Hauck/Noftz § 128 SGB V Rn. 14) überzeugend auch danach, dass die **konkreten Versorgungsmöglichkeiten** einzubeziehen sind; so kann ein »Notfall« mit raschem Versorgungsbedarf außerhalb der üblichen Öffnungszeiten von Sanitätshäusern oder Apotheken eher gegeben sein. Wenn auch schwer handhabbar wäre eine solche Differenzierung, auch unter Einbeziehung regional unterschiedlicher Versorgungsstrukturen, an sich sinnvoll (vgl. auch *Mündrich/Hartmann* SGb 2009, 395 zum Tatbestand der »unzulässigen Zusammenarbeit«). Allerdings darf die »Notfallklausel« nicht dahin ausgelegt werden, dass etwa eine Versorgung über den Arzt (ohne Depoterlaubnis nach Abs. 4) zulässig wäre, wenn der Versicherte behindert ist und für ihn die persönliche Beschaffung des Hilfsmittels belastend wäre, vgl. *Schneider* in jurisPK-SGB V § 128 Rn. 12.

**Abs. 1 Satz 2** erstreckt die Unzulässigkeit der Abgabe von Hilfsmitteln an Versicherte über Depots 17 auch auf **Krankenhäuser** und **andere medizinische Einrichtungen**. Bei Krankenhäusern ist allerdings zu berücksichtigen, dass diese Hilfsmittel als Gesamtleistung anbieten und deshalb von § 128 ausgenommen sind, ebenso auch berufsgenossenschaftliche Unfallkliniken und Reha-Kliniken der gesetzlichen Rentenversicherung, vgl. *Luthe* in Hauck/Noftz § 128 SGB V Rn. 9. Soweit Einrichtungen von § 128 nicht ausgenommen sind, gilt hier die Regelung, dass das Vorhalten und die Abgabe von Hilfsmitteln (nur) im Rahmen der **Versorgung in Notfällen** zulässig ist.

Die Regelung erfasst nicht den Tatbestand, dass **Hilfsmittel durch Dritte vorgehalten** werden, auf 18 die sowohl Vertragsärzte wie auch Krankenhäuser und andere medizinische Einrichtungen verweisen. Eine entsprechende Sach- sowie Ortsnähe der Versorgung legt allerdings eine **Überprüfung** nach § 128 Abs. 2 bis 6 nahe, mit der hier gebotenen **Transparenz** (Verbot der wirtschaftlichen Beteiligung, auch unter Berücksichtigung privatärztlicher Leistungen, Vergütung über Krankenkassen, Informationen der zuständigen Ärztekammer und Überprüfung im Hinblick auf eine unzulässige Zusammenarbeit usw.).

Zur **Umsetzung des § 128 Abs. 1** (Hilfsmittelabgabe über Depots) hat der **GKV-Spitzenverband** 19 **Hinweise** gegeben. Im Ergebnis sei den Ärzten danach untersagt, im Zusammenhang mit der Ausübung ihrer ärztlichen Tätigkeit Waren oder andere Gegenstände abzugeben oder unter ihrer Mitwirkung abgeben zu lassen sowie gewerbliche Dienstleistungen zu erbringen oder erbringen zu lassen, soweit nicht die Abgabe der Produkte oder Dienstleistungen wegen ihrer **Besonderheiten notwendiger Bestandteil der ärztlichen Therapie** seien.

Der Begriff des Depots wird näher beschrieben; dabei handele es sich um eine Bevorratung be- 20 ziehungsweise Lagerung von Hilfsmitteln »bei« Vertragsärzten oder in Krankenhäusern oder in anderen medizinischen Einrichtungen, sofern die Produkte nicht für Notfallversorgungen benötigt würden; zum Begriff »bei« vgl. *Lungstras* in Becker/Kingreen SGB V § 128 Rn. 8. In einer Liste werden Hilfsmittel hinsichtlich ihrer Zuordnung in der Notfallpraxis näher beschrieben. Die Einrichtung eines Depots »bei« einen Vertragsarzt oder einem Krankenhaus bedeutet nicht, dass diese Eigentümer der Einrichtung oder etwa Kommission mehrere der Hilfsmittel sein müssen und es kann auch eine gewisse räumliche Entfernung zur Praxis bestehen, und dennoch ein Verstoß gegen das Depotverbot vorliegen, vgl. *Lungstras* in Becker/Kingreen SGB V § 128 Rn. 8. Zum **Begriff des Depots** i.S.d. § 128 gehört, dass dort eine »**Abgabe**« an Versicherte der GKV erfolgt, vgl. *Lungstras* in Becker/Kingreen SGB V § 128 Rn. 11.

## C. Keine Beteiligung der Vertragsärzte an der Durchführung der Versorgung mit Hilfsmitteln – Entgeltverbot (Abs. 2)

Leistungserbringer dürfen nach **§ 128 Abs. 2 Satz 1** Vertragsärzte, Ärzte in Krankenhäusern und 21 anderen medizinischen Einrichtungen nicht gegen Entgelt oder Gewährung sonstiger wirtschaftlicher Vorteile an der Durchführung der Versorgung mit Hilfsmittel beteiligen oder solche Zuwendungen im Zusammenhang mit der Verordnung von Hilfsmitteln gewähren. Vertragsärzte sollen **unbeeinflusst von eigenen finanziellen Interessen** über die Verordnung von Hilfsmitteln entscheiden. Dazu gehört, dass diese finanziell durch die Verschreibung bestimmter Hilfsmittel oder gar über eine Beeinflussung des Versicherten **keine finanziellen Vorteile** – auch mittelbar – erlangen sollen. Um entsprechende **Konfliktsituationen** zu verhindern, werden ausweislich der Materialien den Leistungserbringern sämtliche Geldzahlungen und sonstige Zuwendungen an Vertragsärzte im Zusammenhang mit der Versorgung von Hilfsmitteln ausdrücklich untersagt.

22 Das von **Abs. 2** geregelte Zuweisungsverbot in Form von einem unzulässigen Zusammenwirken zwischen Hilfsmittelerbringer und ärztlichen Leistungserbringern lässt sich mit *Lungstras* (in Becker/Kingreen SGB V § 128 Rn. 13, 15, 16 und 17) in **drei Erscheinungsformen** erfassen, die sanktioniert werden. Dies gilt (1.) für eine wirtschaftliche Beteiligung an der Versorgung nach Maßgabe des **Abs. 2 Satz 1 1. Alternative,** (2.) für Zuwendungen im Zusammenhang mit der Verordnung von Hilfsmitteln nach **Abs. 2 Satz 1 2. Alternative** sowie (3.) für eine unzulässige Vergütung für private ärztliche Zusatzleistungen nach Maßgabe des **Abs. 2 Satz 2.**

23 Mit dem Verbot von Zuwendungen und Beteiligungen von Ärzten an der Versorgung, einschließlich eines Zusammenhangs mit der Versorgung (Ausnahme nach Abs. 4), ist grundsätzlich auch der **sog. verkürzte Versorgungsweg** ausgeschlossen (dieser war noch nach BGH Urt. v. 29.06.2000 – I ZR 59/98 und v. 15.11.2002 – I ZR 275/99 für zulässig erachtet worden). Zur Vermeidung von Interessenkonflikten soll eine wirtschaftliche Beteiligung von Ärzten vermieden werden, vgl. *Luthe* in Hauck/Noftz § 128 SGB V Rn. 17. Auch für **Blutzuckermesssysteme** gilt das **Depotverbot** nach § 128, obgleich es sich im Übrigen um Arzneimittel handelt, vgl. LSG Nordrhein-Westfalen Beschl. v. 02.09.2013 – L 5 KR 431/13 B ER. Die **Werbung** mit dem **verkürzten Versorgungsweg** kann auch wettbewerbsrechtlich unzulässig sein, vgl. LG Flensburg Urt. v. 08.11.2013 – 6 O 87/13, KrV 2014, 35, WPR 2014, 248, hier betr. einen HNO-Arzt im Zusammenhang mit Hörgeräten.

24 Dies kann – und darf – aber nicht ausschließen, dass der **Vertragsarzt bzw. die Ärzte in Krankenhäusern und anderen medizinischen Einrichtungen bezüglich der angebotenen Hilfsmittel Empfehlungen** (zum Begriff vgl. auch BSG Urt. v. 25.02.2015 – B 3 KR 13/13 R – SozR 4–2500 § 33 Nr. 44) abgeben. Dies gilt insbesondere auch deshalb, weil die Versorgung mit Hilfsmitteln von Krankenkasse zu Krankenkasse bei unterschiedlicher Vertragsgestaltung und Versorgung wenig transparent und für den Versicherten häufig nicht zu beurteilen sein wird; die Möglichkeit »objektiver Information« nach Abs. 4b in der Fassung ab 23.7.2009 soll hier als Abhilfe dienen. Diesem Ziel dient auch die Klarstellung in **Abs. 6 Satz 2,** wonach »die Verbesserung der Qualität der Versorgung bei der Verordnung von Leistungen« – hier nach § 31 und § 116b – als Ziel anerkannt wird. Die Vorgehensweise des Vertragsarztes darf allerdings nicht zu wirtschaftlichen Vorteilen – in welcher Form auch immer – für diesen führen.

25 Vertragsärzte sollen im Zusammenhang mit der Versorgung mit Hilfsmitteln nur nach Maßgabe des § 128 Abs. 4 wirtschaftlich beteiligt sein können, wobei die Durchführung der Versorgung mit Hilfsmitteln dann auch durch die **unmittelbare Vergütung über die Krankenkassen die notwendige Transparenz schafft.**

26 Unzulässig ist nach **Abs. 2 Satz 2** auch die Zahlung einer Vergütung für **zusätzliche privatärztlicher Leistungen** durch Leistungserbringer, die im Rahmen der Versorgung mit Hilfsmitteln von Vertragsärzten erbracht werden. Vertragsärzte sind berechtigt, neben der vertragsärztlichen Leistung auch **privatärztliche Leistungen anzubieten** und **zu erbringen,** soweit diese nicht im Rahmen der vertragsärztlichen Versorgung zulässig sind. Hier sind insbesondere sog. IGeL-Leistungen zulässig. Diese dürfen jedoch **nicht zur Umgehung des Verbots unzulässiger Zusammenarbeit** zwischen Leistungserbringern und Vertragsärzten führen. Insoweit greift Abs. 2 Satz 2 auch in die IGeL-Abrechnungsmöglichkeit ein, vgl. auch *Luthe* in Hauck/Noftz § 128 SGB V Rn. 19.

27 Mit dem **Gesetz zur Änderung arzneimittelrechtlicher und anderer Vorschriften** wurde Abs. 2 **Satz 3 angefügt.** Mit dem Begriff der wirtschaftlichen Vorteile im Sinne des Abs. 2 Satz 1 werden auch die **unentgeltliche und verbilligte Überlassung** von Geräten und Materialien und

Durchführung von Schulungsmaßnahmen sowie die Gestellung von Räumlichkeiten oder Personal oder die Beteiligung an den Kosten hierfür erfasst.

**Abs. 2 Satz 3** erstreckt das **Zuwendungsverbot auch** auf die **Beteiligung an Unternehmen von Leistungserbringern** im Hilfsmittelbereich (zur Vermeidung von »Umgehungen«, vgl. BT-Drs. 17/6906 S. 85), hier auch unter Bezugnahme auf die »aktuelle Rechtsprechung des BGH«, die allerdings nicht näher spezifiziert wird (zu denken wäre an das kostenlose Angebot einer Arzneimitteldatenbank, BGH Urt. v. 17.08.2011 – 1 ZR 13/10, GesR 2011, 697). Einkünfte aus solchen Beteiligungen seien unzulässige Zuwendungen, wenn deren Höhe durch das Verordnungs- und Zuweisungsverhalten von den Vertragsärzten selbst maßgeblich beeinflusst werden könne. In der **Broschüre »Richtig kooperieren«** (Stand Oktober 2016) werden verschiedene wirtschaftliche Vorteile angeführt; hierauf wird Bezug genommen. 28

Parallel zu den sozialrechtlichen Vorschriften stehen die **strafrechtlichen Regelungen,** die bezüglich der Tatbestände allerdings teilweise an sozialrechtliche Tatbestände anknüpfen. Hier wird insbesondere auf §§ 299a, 299b und 300 StGB hingewiesen. **Berufsrechtlich** ergeben sich die Regelungen weitgehend aus der MBO-Ä, hier etwa bezüglich der Verletzung der ärztlichen Unabhängigkeit nach § 30 MBO-Ä oder einer unerlaubten Zuweisung nach § 31 MBO-Ä. Neben § 128 ist das Verbot der Zuweisung gegen Entgelt nach § 73 Abs. 7, § 128 Abs. 5a anzuführen, ferner auch die Zuwendungsverbote bei Arzneimitteln nach § 128 Abs. 6 i.V.m. § 31 und § 116b Abs. 7, dass Umgehungsverbot bei Teilberufsausübungs-Gemeinschaften nach § 33 Abs. 2 Satz 3 Ärzte-ZV. Erlaubt sind Kooperationsformen mit zulässigen Vergütungsabsprachen nach Maßgabe von § 115a und § 115b, hier insbesondere Kooperationen im Rahmen der vor- und nachstationären Behandlung im Krankenhaus und der ambulanten Operationen. Im Zusammenhang mit den Tatbeständen nach § 128 Abs. 2 können auch Verstöße gegen das Heilmittelwerbegesetz wie auch das GWB vorliegen. 29

Dem **Zuwendungsverbot** nach § 128 Abs. 2 und Abs. 6 Satz 1 2. Hs. soll ein sog. »Partnerprogramm« (Belieferung eines Apothekers zum Herstellerpreis in Verbindung mit der Zusage, bevorzugt das Arzneimittel bei aut-idem-Substitution zu wählen) nicht verstoßen, wohl aber gegen § 10 ApothG, § 4 Nr. 1 UWG, vgl. näher KG Urt. v. 11.09.2012 – 5 U 57/11, PharmR 2013, 33, MedR 2013, 373. Zu einem Fall von Betrug und Untreue durch einen Vertragsarzt, hier zur Täuschung und zum Vermögensschaden der Krankenkassen bei Beschreibung von Röntgenkontrastmitteln in über Mengen und Kick-Back-Zahlungen an den verordnenden Arzt BGH Beschl. v. 25.07.2017 – 5 StR 46/17, GesR 2017, 639, hier auch neben der strafrechtlichen Seite die Rechtsfolge, dass der betrügerisch agierende Leistungserbringer seinen Zahlungsanspruch insgesamt verliert. Zur Übermengenbestellung vgl. auch LG Hamburg Beschl. v. 18.08.2016 – 618 KLs 6/15, MedR 2017, 574. 30

### D. Ahndung von Verstößen (Abs. 3)

Die Krankenkassen stellen **vertraglich sicher,** dass Verstöße gegen die Verbote nach § 128 Abs. 1 und 2 **angemessen geahndet** werden, Abs. 3 Satz 1. Den Krankenkassen wird damit ausweislich der Materialien aufgegeben, für diese Fälle etwa auch **angemessene Vertragsstrafen** vorzusehen, vgl. zur Implementierungspflicht der Krankenkassen *Lungstras* in Becker/Kingreen SGB V § 128 Rn. 23, ferner zu Sanktionen und zur Ahndung *Schneider* in jurisPK-SGB V § 128 Rn. 23, 25. 31

Aufgegeben wird eine **Absicherung durch die Krankenkassen,** die bezüglich der Durchsetzung der Zielsetzung des § 128 bei den **Leistungserbringern** ansetzt. Mit den Leistungserbringern soll das Verbot unzulässiger Zusammenarbeit mit Vertragsärzten, Krankenhäusern und medizinischen Einrichtungen vertraglich vereinbart werden, **verbunden mit Sanktionen** im Sinne des **Abs. 3 Satz 2.** Hier ist eine generelle Regelung des GKV-Spitzenverbandes zweckmäßig, um die **Durchsetzung** der Regelung **einheitlich** abzusichern; andernfalls wären Leistungserbringer und im Zusammenhang damit letztlich auch Vertragsärzte, Krankenhäuser und medizinische Einrichtungen einer unzumutbaren Rechtsvielfalt ausgesetzt, die zudem kaum zu einer hier notwendigen »**Verhaltenskultur**« führen könnte. 32

33 Die **Regelung des Abs. 3** gibt die Absicherung den Krankenkassen auf, nicht den Kassenärztlichen Vereinigungen, die im Regelfall für die korrekte Durchführung der vertragsärztlichen Versorgung zu sorgen haben. Allerdings werden die **Kassenärztlichen Vereinigungen** nach Abs. 5 Satz 2 gleichermaßen als Informationsempfänger einbezogen und nach Abs. 5a im Rahmen der Wahrung »vertragsärztlicher Pflichten« angesprochen.

34 Für den Fall schwerwiegender und wiederholter Verstöße ist – vertraglich festgelegt – vorzusehen, dass **Leistungserbringer für die Dauer von bis zu zwei Jahren von der Versorgung der Versicherten ausgeschlossen** werden können. Diese Sanktionen richten sich verschärft an Leistungserbringer, die sich entweder in erheblichem Maße regelungswidrig verhalten oder in breitem Maße – wenn auch geringfügig – in zu beanstandender Weise vorgehen. Vergleichbar dem Disziplinarrecht für Vertragsärzte gilt hier der **Grundsatz der Verhältnismäßigkeit** (vgl. *Luthe* in Hauck/Noftz § 128 SGB V Rn. 22), der bei der durchaus diffusen Rechtslage auch die Mittel des Hinweises, der Verwarnung und der Abmahnung einschließen sollte. Die Krankenkassen haben insoweit einen Gestaltungsspielraum »nach unten und oben«, vgl. *Lungstras* in Becker/Kingreen SGB V § 128 Rn. 23, vgl. auch *Schneider* in jurisPK-SGB V § 128 Rn. 23, 24.

35 Neben dem Grundsatz der Verhältnismäßigkeit ist auch der Grundsatz des **Übermaßverbotes** zu beachten. Aus dem **Verhältnismäßigkeitsgebot** folgt auch, auf die Ursachen von Verstößen abzustellen – vergleichbar dem Strafrecht – und Erstverstöße mit einfacheren Disziplinierungsmitteln zu ahnden und mit einer umfassenden Aufklärung zu verbinden. Unabhängig davon kann bei einem pflichtwidrigen Verhalten auch der Vergütungsanspruch verloren gehen, vgl. BSG Urt. v. 02.07.2013 – B 1 KR 49/12 R – SozR 4–2500 § 129 Nr. 9, was die schwerwiegendere »Sanktion« sein kann; so auch nach LG Hamburg Beschl. v. 08.08.2016 – 618 KLs 6/15, MedR 2017, 574.

36 **Schwerwiegende Verstöße** liegen bei wiederholtem oder gar fortgesetztem **Fehlverhalten** vor oder auch bei wirtschaftlich ganz erheblichen ungerechtfertigten Vorteilen (vgl. zur **Abwägung** und Zulässigkeit BVerfG Beschl. v. 07.05.2014 – 1 BvR 3571/13, NJW 2014, 2340, NZS 2014, 661, hier Ausschluss einer Grundrechtsverletzung). Hier ist auch einzubeziehen, inwieweit vorsätzliche und mit »krimineller Energie« im weiteren Sinne »Verdeckungshandlungen« vorgenommen worden sind. Dies wird vornehmlich bezüglich der Festlegung eines Ausschlusses von der Versorgung bzw. dessen Dauer von entscheidendem Einfluss sein. Diese Maßnahmen stehen neben anderen Sanktionsregelungen, insbesondere Straftatbeständen, wie Untreue oder Betrug oder nach einer entsprechenden Regelung auch nach §§ 299a bis 300 StGB im Rahmen der Bekämpfung von Korruption.

37 Nach der gesetzlichen Konstruktion handelt es sich um **Vertragsstrafen.** Vertragsstrafen müssen im Sinne der jeweiligen gesetzlichen Zielsetzung bewertet werden, vgl. OLG Köln Urt. v. 22.09.1999 – 13 U 47/99, ArztuR 2000, 3. Zur Vertragsstrafe im Disziplinarrecht vgl. BSG Urt. v. 05.02.1985 – 6 RKa 31/83 – SozR 1500 § 78 Nr. 26. Vertragsstrafen unterliegen der **Inhaltskontrolle**, vgl. BGH Urt. v. 18.01.2001 – VII ZR 238/00, NJW 2001, 2330. Zur Regelung von Vertragsstrafen vgl. §§ 336 ff. BGB. **Voraussetzung** ist deren **Vereinbarung im Vorhinein**, vgl. näher auch zu den Voraussetzungen im Verhältnis zu Leistungserbringern LSG Niedersachsen-Bremen Urt. v. 24.11.2010 – L 1 KR 72/09, hier m.w.N.. Vgl. im Überblick hierzu *Großkopf/Schanz* RDG 2016, 220.

### E. Vergütung durch Krankenkassen bei Versorgung mit Hilfsmitteln (Abs. 4 bis 5)

38 § 128 Abs. 4 regelt die Durchführung der Versorgung mit Hilfsmitteln unter Beteiligung von Vertragsärzten und unter Mitwirkung der Krankenkassen. Transparenz wird auch durch die **Information der Ärztekammer** hergestellt. Ferner wird das Verordnungsverhalten von Vertragsärzten im Hinblick auf eine unzulässige Zusammenarbeit aufgrund des **Abs. 5** im Hinblick auf **Auffälligkeiten** überprüft.

39 Dem Regelungskomplex nach **Abs. 4, Abs. 4a und Abs. 4b** kann insgesamt die Zielvorstellung entnommen werden, dass Wirtschaftlichkeit und Zweckmäßigkeit der Versorgung wesentlich sind und

mittels Transparenz der Vorgehensweise regelwidrige Vermögensvorteile ausgeschlossen werden sollen. Mutmaßlich insoweit »verdächtige« oder »kritische« Abläufe sollen deshalb generell untersagt sein, aber mit Ausnahmen, die vertretbar erscheinen. Diese Zielsetzung könnte bei der Auslegung im Einzelfall bedeutsam sein. Für die Praxis bedeutet dies, dass insoweit betroffene Leistungserbringer (Vertragsärzte, Krankenhäuser, Heil- und Hilfsmittelproduzenten oder Lieferanten usw.) ggf. kritische Vorgänge oder Grenzfälle »transparent« machen, etwa gegenüber Krankenkassen oder der KV, wenngleich dies auch die Eigenverantwortung nicht mindert. Das Kontrollsystem sollte zudem so breit angelegt sein (Mehraugenprinzip, Wechsel in der Zuständigkeit), dass auch Rechtsverstöße unter Mitwirkung von Bediensteten einer Krankenkasse erfasst werden können; auch das kann letztlich nicht ausgeschlossen werden.

## I. Durchführung der Versorgung mit Hilfsmitteln

**Nach § 128 Abs.** 4 dürfen Vertragsärzte nur auf der Grundlage vertraglicher Vereinbarungen mit Krankenkassen über die ihnen im Rahmen der vertragsärztlichen Versorgung unterliegenden Aufgaben hinaus an der **Durchführung der Versorgung mit Hilfsmitteln mitwirken**. Zwingend ist für diesen Fall, dass die zusätzlichen Leistungen **unmittelbar von den Krankenkassen zu vergüten** sind, letztlich auch der Transparenz wegen. Eine Zahlung durch die Leistungserbringer, wie diese der früheren Rechtslage wohl entsprach, ist danach unzulässig. Es darf nur eine **der Leistung angemessene Vergütung** erfolgen; **angemessen** ist in der Regel die vertraglich vereinbarte Vergütung, ohne auch nur im weiteren Sinne geldwerte Vorteile für den Vertragsarzt. 40

Nach dem Arbeitspapier der KBV zu »Richtig kooperieren« entspricht dies der Grundregel für die Kooperation, dass »**Leistung und Gegenleistung in einem angemessenen Verhältnis stehen sollten**«. Was angemessen sei und welche Vergleichsgröße heranzuziehen sei, könne den gebührenrechtlichen Regelungen entnommen werden, etwa dem EBM, diagnosebezogenen Fallpauschalen, der Gebührenordnung für Ärzte oder Vergütungstabellen etwa für angestellte Ärzte an kommunalen Krankenhäusern oder Universitätskliniken. Abgrenzungsschwierigkeiten werden anerkannt. Bei Zweifeln empfiehlt die KBV, die zuständige KV bzw. die Ärztekammer einzubeziehen. Bei **Krankenhäusern** und anderen medizinischen Einrichtungen ist allerdings stets zu berücksichtigen, inwieweit die Versorgung mit Hilfsmitteln Teil des Gesamtversorgungsauftrags ist und damit etwa Teil der stationären Versorgung nach § 39. 41

Dem Gesetzgeber ist offensichtlich wichtig, dass in Abs. 4 ausdrücklich geregelt ist, dass Vertragsärzte **nur auf der Grundlage vertraglicher Vereinbarungen** mit Krankenkassen über die ihnen im Rahmen der vertragsärztlichen Versorgung obliegenden Aufgaben hinaus an der **Durchführung der Versorgung mit Hilfsmitteln mitwirken dürfen**. Wichtig soll ferner die Klarstellung sein, dass auch in diesem Fall die Verbote und Verpflichtungen nach § 128 Abs. 1 bis 3 gelten. Ärzte haben zudem die Möglichkeit, am Präqualifizierungsverfahren nach § 126 teilzunehmen, vgl. *Schneider* in jurisPK-SGB V § 128 Rn. 29. 42

Teilweise haben die **Krankenkassen** im Bereich der **Hörakustik** entsprechende Vereinbarungen unter Beteiligung von Hörgeräteakustiker im verkürzten Versorgungsweg abgeschlossen, wobei allerdings das Bundeskartellamt es untersagt hat, mit Krankenkassen Verträge abzuschließen, die den verkürzten Versorgungsweg bei Hörgeräten ausschließen, vgl. *Lungstras* in Becker/Kingreen SGB V § 128 Rn. 27 unter Bezugnahme auf eine Entscheidung des Bundeskartellamts; einschlägig dürfte allerdings BKartA Beschl. v. 11.04.2007 – B 3 – 578/06, AG 2008, 43 sein. 43

Dies hat in Verbindung mit **Abs. 4a** zur Folge, dass auch hier **Wirtschaftlichkeit und Qualität** der Leistung gewährleistet sein müssen. Es muss die vorgegebene **Eignung** einschließlich der berufsrechtlichen und/oder gewerberechtlichen Voraussetzungen gegeben sein. Zudem soll die Wahlfreiheit des Versicherten beachtet werden. Die Beratung der Versicherten sowie die notwendigen Dienstleistungen müssen gewährleistet sein. Einer »weniger strengen Handhabung der in § 127 SGB V genannten Kriterien« (so wohl *Luthe* in Hauck/Noftz § 128 SGB V Rn. 31 a.E.) kann kaum zugestimmt werden. Schließlich muss im Verhältnis zu »normalen« Versorgungsformen 44 überzeugende Gründe für die Annahme von Abs. 4, Abs. 4a vorliegen, etwa regional bedingte Versorgungssituationen oder sonstige überzeugende Vorteile auch aus der Sicht der Krankenkassen.

45  In **Abs. 4a** wird der mögliche **Vereinbarungsinhalt konkretisiert.** Krankenkassen können (Ermessen, mit der Folge, dass ein einklagbarer Anspruch insoweit nicht besteht, allerdings Selbstbindung möglich und Grundsatz eines fairen und transparenten Vergabeverfahren mit Chancengleichheit geboten) danach mit Vertragsärzten Verträge nach Abs. 4 abschließen, wenn die **Wirtschaftlichkeit und Qualität der Versorgung dadurch nicht eingeschränkt** werden. **Zusätzliche Leistungen** sind **unmittelbar** von den Krankenkassen an die Vertragsärzte **zu vergüten,** worauf auch in der Neufassung in Abs. 4a hingewiesen wird, vgl. *Schneider* in jurisPK-SGB V § 128 Rn. 30.

46  Aus der Bezugnahme in **Abs. 4a Satz 2** auf § 126 Abs. 1 Satz 2 und 3 sowie Abs. 1a bezüglich der teilnehmenden Vertragsärzte müssen diese für die von ihnen erbrachten Teilleistungen die Voraussetzungen für eine ordnungsgemäße Herstellung, Abgabe und Anpassung der Hilfsmittel erfüllen. Ausweislich der Verweisung auf § 126 Abs. 1a gilt, dass auch hier das Präqualifizierungsverfahren entsprechend gilt.

47  **Abs. 4a Satz 3 bis 5** konkretisiert die Anforderungen an Verträge im verkürzten Versorgungsweg. Die Vergütung erfolgt im Verhältnis von Krankenkassen zu Vertragsärzten, wie aus Abs. 4a Satz 4 folgt und nicht etwa über die Abrechnung entsprechend der vertragsärztlichen Honorierung. Jede Mitwirkung der Leistungserbringer an der **Abrechnung** und die Abwicklung der Vergütung der von den Vertragsärzten erbrachten Leistungen ist nach der zwingenden Regelung des Abs. 4a Satz 5 **unzulässig.** Vergütungsbeziehungen zwischen Leistungserbringern und Vertragsärzten sollen dadurch von vornherein ausgeschlossen sein, um der gebotenen Transparenz zu entsprechen, vgl. *Lungstras* in Becker/Kingreen SGB V § 128 Rn. 30 unter Hinweis auf BT-Drs. 16/13428 S. 92.

48  **Abs. 4b** bezieht die **Krankenkassen** bezüglich der Verträge nach Abs. 4 auch im Rahmen der Durchführung ein. Vertragsärzte, die auf der Grundlage von Verträgen nach Abs. 4 an der Durchführung der Heilmittelversorgung mitwirken, haben die von ihnen ausgestellten Verordnungen der jeweils zuständigen Krankenkasse zur Genehmigung der Versorgung zu übersenden.

49  In die Regelung werden **auch die Versicherten** einbezogen, für die die Verfahrensweise häufig wenig durchsichtig ist, zumal die Leistungserbringer von Krankenkasse zu Krankenkasse unterschiedlich sein können. Die Verordnungen sind den Versicherten mit den Krankenkassen zusammen mit der Genehmigung zu übermitteln, **Abs. 4b Satz 2.** Dabei haben die Krankenkassen die Versicherten in geeigneter Weise über die verschiedenen Versorgungswege zu beraten, vgl. *Lungstras* in Becker/Kingreen SGB V § 128 Rn. 32. **Alternativen der Beratung** sind denkbar, aber in der Praxis schwerlich möglich, jedoch wird die Krankenkasse ihre vertraglich beschrittenen Wege kaum infrage stellen wollen, sondern eher diese zu erklären versuchen und im Hinblick auf die Wirtschaftlichkeit als günstig herausstellen. Zu erwarten ist allerdings – und dies dürfte realisierbar sein – eine weitgehende objektive Information durch die Krankenkassen.

## II. Information der zuständigen Ärztekammer

50  **Abs. 4 Satz 3** legt fest, dass die für die jeweiligen Vertragsärzte zuständige Ärztekammer über eine Mitwirkung nach Abs. 4 Satz 1 durch die Krankenkassen **zu unterrichten** ist. Die Ärztekammer wird die entsprechenden Daten aufzubereiten und verfügbar zu halten haben; die **Einbeziehung der Ärztekammer** stellt sicher, dass alle approbierten Ärzte erfasst werden können. Die Regelung soll allerdings ausdrücklich nur Vertragsärzte einbeziehen, wird nach hier vertretener Auffassung jedoch weit ausgelegt.

## III. Auffälligkeiten bei der Ausführung von Verordnungen, die Krankenkassen bekannt werden (Abs. 5)

51  **Abs. 5** erweitert die Informationspflicht der Krankenkassen gegenüber den Ärztekammern in Abs. 5 nochmals. Die **Informationspflicht** (unter Hinweis auf Abs. 4 Satz 3) **gilt danach entsprechend,**

wenn Krankenkassen Auffälligkeiten bei der Ausführung von Verordnungen von Vertragsärzten bekannt werden, die auf eine mögliche Zuweisung von Versicherten an bestimmte Leistungserbringer oder eine sonstige Form unzulässiger Zusammenarbeit hindeuten. Diese Regelung beinhaltet eine breite Möglichkeit von Kontrollfunktionen zur Abklärung von Auffälligkeiten. Die Regelung soll darauf abzielen, **Auffälligkeiten** in dem Sinne nachzugehen, die auf eine mögliche Zuweisung von Versicherten an bestimmte Leistungserbringer oder sonstige unzulässige Praktiken in der Zusammenarbeit mit Leistungserbringern hindeuten. In der Praxis handelt es sich nicht selten um Hinweise, die Versicherte den Krankenkassen gegenüber machen, etwa auch bei »Beanstandungen«.

**Abs. 5** ist allerdings im Lichte des **Abs. 1 und Abs. 2** des § 128 zu sehen; die hier erfassten Tatbestände der unzulässigen Zusammenarbeit zwischen Leistungserbringern und Vertragsärzten sollen letztlich erfasst werden. Deshalb wird eine Form der »Auffälligkeitsprüfung« geregelt. Parallelen können zu § 106, § 296 hergestellt werden, zumal »auch« die **Kassenärztliche Vereinigung** informiert werden muss, wenngleich es sich bei der Wirtschaftlichkeitsprüfung in der vertragsärztlichen Versorgung sowie bei den dort angeführten Auffälligkeitsprüfungen um Sonderregelungen handelt. 52

Dem Wortlaut nach könnte als »Auffälligkeit« etwa bekannt werden, dass Patienten eines bestimmten Arztes bestimmte Leistungserbringer in Anspruch nehmen; dies könnte als **Auffälligkeit einer Überprüfung** unterzogen werden. Dies kann allerdings allein auf eine für den Arzt mit keinerlei Vorteilen verbundenen Empfehlung aufgrund seines Erfahrungsstandes zurückzuführen sein, vgl. *Schneider* in jurisPK-SGB V § 128 Rn. 34. Dies lässt für sich genommen (noch) nicht den Tatbestand einer unzulässigen Zusammenarbeit zu. In einem solchen Verhalten dürfen auch keine unzulässigen Praktiken einer Zusammenarbeit mit Leistungserbringern gesehen werden, wie diese die Materialien anführen. Es dürfte zudem zulässig sein, wenn ein Vertragsarzt nach einer »Adresse« gefragt wird und er einen Leistungserbringer benennt (vorausgesetzt, daraus werden keinerlei Vorteile hergeleitet, welcher Art auch immer). 53

Die Feststellung von Auffälligkeiten bei der Ausführung von Verordnungen von Vertragsärzten für sich genommen gibt noch keinen Anlass, zwingend auf ein Fehlverhalten zu schließen; in der Praxis wird die Umsetzung der Vorschrift deshalb sorgfältig zu beobachten sein. Dabei sind auch die **regionalen Verhältnisse** einzubeziehen; in ländlichen Gegenden und Regionen mit einer geringen Bevölkerungsdichte werden kaum Versorgungsalternativen bestehen. 54

### IV. Information der zuständigen Kassenärztlichen Vereinigung (Abs. 5 Satz 2 und 3)

Bei **Auffälligkeiten**, die bei deren **Ausführung von Verordnungen von Vertragsärzten** bekannt werden, die auf eine mögliche Zuweisung von Versicherten an bestimmte Leistungserbringer oder eine sonstige Form **unzulässiger Zusammenarbeit** hindeuten, ist nach **Abs. 5 Satz 2** in der Fassung mit Wirkung vom 01.01.2012 auch die zuständige **Kassenärztliche Vereinigung zu informieren**. Das Gleiche gilt, wenn Krankenkassen Hinweise auf die Forderung oder Annahme unzulässiger Zuwendungen oder auf eine unzulässige Beeinflussung von Versicherten nach Abs. 5a (Verweisung auf privatärztliche Versorgung anstelle zustehender Leistungen der GKV) vorliegen, vgl. *Schneider* in jurisPK-SGB V § 128 Rn. 34. 55

Mit der Regelung soll sichergestellt werden, dass auch die Kassenärztlichen Vereinigungen von **Hinweisen auf Fehlverhalten ihrer Mitglieder** Kenntnis erhalten und geeignete Maßnahmen zur Abstellung etwaiger Verstöße gegen die vertragsärztlichen Pflichten treffen können, wie die Materialien ausweisen, vgl. BT-Drs. 17/6906 S. 85. 56

### V. Annahme eines Verstoßes gegen die vertragsärztlichen Pflichten (Abs. 5a)

**Vertragsärzte**, die **unzulässige Zuwendungen** fordern oder annehmen oder Versicherte zur **Inanspruchnahme einer privatärztlichen Versorgung** anstelle der ihnen zustehenden Leistungen der GKV beeinflussen, verstoßen gegen ihre **vertragsärztlichen Pflichten**, Abs. 5a. Damit können auch **disziplinarrechtliche Maßnahmen** in Betracht kommen, wenn entsprechende Tatbestände bei Vertragsärzten festgestellt werden. In gravierenden Fällen und wiederholten Verstößen kann dies bis zur 57 zeitweisen oder unbefristeten Entziehung der Zulassung zur vertragsärztlichen Versorgung führen (vgl. LSG Nordrhein-Westfalen Urt. v. 28.02.2007 – L 11 KA 32/06, allerdings bei zwischenzeitlich abweichender materiellrechtlicher Rechtslage). In den Regelungen auf der Grundlage des Abs. 5a ist in Verbindung mit § 73 Abs. 7 keine »Bunderechtswidrigkeit« zu sehen, hier unter Bezugnahme auf Art. 74 Abs. 1 Nr. 12 GG, vgl. *Lungstras* in Becker/Kingreen SGB V § 128 Rn. 35 und zu Abs. 5a Rn. 37.

58 Die Regelung ist zweiteilig aufgebaut und erfasst im 1. Teil auch eine **berufsrechtliche** Sanktionierung neben den Ärztekammern auch durch das Vertragsarztrecht und damit die KVen. In einem 2. Teil werden über die Regelungen des **BMV-Ä** hinaus Einfluss auf die Ausweitung der IGeL-Leistungen genommen, jedenfalls im Zusammenhang mit dem Sanktionspotenzial des § 128, vgl. *Lungstras* a.a.O. Rn. 37, 38. Für die Anwendung der Regelung ist nicht erheblich, ob der Arzt die entsprechenden Zuwendungen **fordert oder** ob er diese »lediglich« **annimmt**, nachdem er diese angeboten bekommen hat oder einfach hinnimmt.

59 Der **Vertragsarzt ist** verpflichtet, die Leistungen als **Sachleistungen** oder **Dienstleistungen** zu erbringen, auf die der Versicherte Anspruch hat, unabhängig davon, inwieweit der Vertragsarzt möglicherweise einer Wirtschaftlichkeitsprüfung nach § 106 ausgesetzt sein mag. Wenn der Vertragsarzt den Versicherten veranlasst, in Fällen von der Möglichkeit der privatärztlichen Verschreibung Gebrauch zu machen, obgleich Arzneimittel, hier speziell Hilfsmittel oder auch Heilmittel (vgl. Abs. 5b), als **Sachleistung oder Dienstleistung hätten verschrieben** werden müssen, ist der Tatbestand nach Abs. 5a erfüllt.

60 Davon sind Tatbestände zu unterscheiden, in denen der Arzt auf Leistungen hinweist, auf die **kein Anspruch nach dem SGB V** oder Satzungsrecht gegenüber der Krankenkasse besteht, die dieser jedoch für zweckmäßig erachtet (sog. IGel-Leistungen etwa, vgl. *Leopold* WzS 2011, 340 und *Gerlinger/Schmucker* G+G Beilage 2011, Wissenschaft Nr. 4, 23). Zum Verbot der Bezahlung von IGeL-Leistungen durch Hilfsmittel-Leistungserbringer vgl. *Mündnich/Hartmann* SGb 2009, 395.

61 Allerdings ist auch hier Zurückhaltung geboten, es darf nicht der Eindruck erweckt werden, die Leistung sei unverzichtbar. Die Verweigerung der Inanspruchnahme zusätzlicher Leistungen darf sich auch nicht nachteilig für den Versicherten in irgendeiner Weise auswirken. Ein gegenteiliges Verhalten würde zudem mit der MBO-Ä nicht im Einklang stehen, vgl. § 7 MBO-Ä zur Behandlung Grundsätzen und Verhaltensregelungen unter § 8 MBO-Ä zur Aufklärungspflicht, ferner auch zur Wahrung der ärztlichen Unabhängigkeit in Verbindung mit §§ 30 bis 33 MBO-Ä bei der Zusammenarbeit mit Dritten.

### VI. Ausdehnung des Zuwendungsverbotes auf die Heilmittelversorgung (Abs. 5b)

62 **Abs. 5b** erstreckt die Anwendung des § 128 Abs. 2, 3, 5 und 5a auch auf die Versorgung mit Heilmitteln entsprechend. Die Ausdehnung des Zuwendungsverbots und der damit in Zusammenhang stehenden Regelungen auf die Heilmittelversorgung soll ausweislich der Materialien geboten sein, weil auch dort entsprechende Fehlentwicklungen beklagt würden, vgl. BT-Drs. 17/6906 S. 86.

63 Zu **Abs. 5b** wird mit überzeugenden Gründen (vgl. *Luthe* in Hauck/Noftz § 128 SGB V Rn. 36b) eingewandt, dass die Regelung **kaum als präzise genug** angesehen werden könne, eine Grundlage für Sanktionen abzugeben. Soweit Heilmittelbringer einbezogen sein sollten, bliebe **unklar**, ob und in welchem Umfang diese auch an Inhalte des § 128 gebunden seien. **Unklar** sei auch, ob der in Abs. 5b in Bezug genommene Abs. 5a nur auf das Handeln von Vertragsärzten bei der Heilmittelversorgung abziele oder auch die Heilmittelerbringer erfasse. Nähere Vorgaben speziell für Heilmittel enthält die Vorschrift nicht, vgl. *Schneider* in jurisPK-SGB V § 128 Rn. 37.

### F. Einbeziehung der Tatbestände nach § 31, § 116b Abs. 7 SGB V, bei Versorgung mit Arznei- und Verbandmitteln einschließlich ambulanter Krankenhausbehandlung (Abs. 6)

64 Ist gesetzlich nichts anderes bestimmt, gelten bei der Erbringung von Leistungen nach § 31 (Arznei- und Verbandmittel) und § 116b Abs. 7 (in der Fassung bis 31.12.2011 Abs. 6) (Verordnung von

Leistungen im Rahmen der ambulanten Behandlung, die dort näher konkretisiert sind, im Rahmen des Leistungskataloges der ambulanten Behandlung im Krankenhaus) **§ 128 Abs. 1 bis 3** sowohl zwischen pharmazeutischen Unternehmen, Apotheken, pharmazeutischen Großhändlern und sonstigen Anbietern von Gesundheitsleistungen als auch jeweils gegenüber Vertragsärzten, Ärzten in Krankenhäusern und Krankenhausträgern entsprechend. Diese beiden Gruppen von **Adressaten** werden hier erfasst.

Mit der Regelung soll ausgeschlossen werden, dass finanzielle Vorteile im Zusammenhang mit der Versorgung von Versicherten ohne Wissen und Beteiligung der Krankenkassen gewährt werden. Die Regelung gilt ausweislich der Materialien (vgl. BT-Drs. 16/12256 S. 65) für die **ambulante Versorgung** im Rahmen der vertragsärztlichen Versorgung und für Krankenhäuser, soweit sie aufgrund gesetzlicher oder vertraglicher Regelungen zur ambulanten Behandlung berechtigt sind. Der **stationäre Bereich** der Krankenhäuser ist nicht einbezogen, so dass hier etwa Rabatte im Arzneimittel- und Verbandmittelbereich nicht durch Abs. 6 ausgeschlossen sind. Abs. 6 erfasst auch – wie § 128 generell – nur den GKV-Bereich; zu den tatbestandlichen Voraussetzungen vgl. *Lungstras* in Becker/Kingreen SGB V § 128 Rn. 41 bis 43.

65

Die Regelung in **Abs. 6 Satz 2** schränkt die Möglichkeit der Krankenkassen, im gesetzlichen vorgesehenen Rahmen Vereinbarungen mit Leistungserbringern zur Erschließung von Wirtschaftlichkeitsreserven und einer Verbesserung der Qualität der Versorgung nicht ein. Krankenkassen können finanzielle Anreize ausweisen, um Wirtschaftlichkeitsreserven zu erschließen und/oder die Versorgungsqualität zu verbessern, vgl. *Luthe* in Hauck/Noftz § 128 SGB V Rn. 42; *Lungstras* in Becker/Kingreen SGB V § 128 Rn. 43. Die Regelung stellt stets maßgeblich auf die ausreichende Information der Krankenkassen ab; diese ist, trifft diese selbst Vereinbarungen, stets gegeben, weshalb derartige Vereinbarungen nicht als zu beanstanden anzusehen sind. Diese unterliegen allerdings dem Grundsatz der **Gleichbehandlung** oder zumindest dem **Grundsatz der Chancengleichheit** aller zur Versorgung beitragenden Leistungserbringer; dies kann die Krankenkasse im Einzelfall darlegungspflichtig machen.

66

Gegen den Regelungsinhalt des Abs. 6 werden **verfassungsrechtliche Bedenken** insoweit erhoben, als die Einbeziehung aller »Akteure in der gesamten Lieferkette vor dem Hintergrund des Gleichheitssatzes oder auch berufsrechtlicher Bestimmungen verfassungsrechtlich rechtfertigbar« sei, vgl. näher *Lungstras* in Becker/Kingreen SGB V § 128 Rn. 44. Die Einbeziehung der Arzneimittelversorgung sei erfolgt, weil wohl der Gesetzgeber hier ein höheres Maß an zu beanstandenden Vorgängen angenommen habe. **Berufsrechtlich** sei bereits fraglich, ob auch die ferneren Lieferebenen tatsächlich genau denselben Beschränkungen ihrer Berufsausübungsfreiheit unterworfen werden dürften wie die Vertragsärzte und Apotheker. Auch seien rechtstatsächlich entsprechende Einflüsse kaum verifizierbar, weshalb eine **restriktive Anwendung des Abs. 6 geboten** sei.

67

Die Kritik ist von Gewicht, hat ihre Ursache jedoch maßgeblich in der Schwierigkeit, zwar unlauteres Verhalten in **Grundregeln erfassen zu können** (vgl. die Zusammenfassung der Grundregeln im Arbeitspapier der KBV, Stand 2016, nachgewiesen im Internet unter »Richtig kooperieren«), im **Hinblick auf Sanktionen** allerdings unter Anwendung strafrechtlicher und disziplinarrechtlicher Grundsätze ein erhebliches Maß an Präzisierung und Konkretisierung erforderlich ist. Zudem ist anerkannt, dass Vorgaben aufgrund der Ermächtigungsregelungen im Leistungserbringerrecht konkretisiert werden können und dürfen. In diesem Sinne erscheint Abs. 6 anwendbar.

68

**Abs. 6 Satz 3** wurde mit dem HHVG mit Wirkung vom **11.04.2017** angefügt. Abs. 6 Satz 1 und 2 gelten auch bei Leistungen zur Versorgung von chronischen und schwer heilenden Wunden nach § 37 Abs. 7 gegenüber den Leistungserbringern, die diese Leistungen erbringen. **§ 37 Abs. 7**, gleichfalls mit Wirkung vom 11.04.2017 eingefügt, gibt dem Gemeinsamen Bundesausschuss auf, in Richtlinien unter Berücksichtigung bestehender Therapieangebote das Nähere zur Versorgung von chronischen und schwer heilenden Wunden zu regeln. Die Versorgung von chronischen und schwer heilenden Wunden kann auch in spezialisierten Einrichtungen an einem geeigneten Ort außerhalb der Häuslichkeit von Versicherten erfolgen.

69

70 Eine der in § 128 erfassten Konstellation entspreche hinsichtlich der **Interessenlage** auch die Erbringung von Leistungen zur **Versorgung von chronischen und schwer heilenden Wunden**, wie die Materialien zu Abs. 6 Satz 3 (BT-Drs. 18/10186 S. 35) ausweisen. Durch die **Ausweitung der Regelung** solle ausgeschlossen werden, dass Wundzentren sich durch die Abgabe von Verbandmittel bestimmter Hersteller oder gar eines bestimmten Herstellers **finanzierten**, vgl. *Schneider* in jurisPK-SGB V § 128 Rn. 43 und eindeutig BT-Drs. 18/10186 zur Zielsetzung des Gesetzgebers: Keine Finanzierung über die Abgabe von Verbandmitteln bestimmter Hersteller; in der Praxis geschieht dies durch Leistungserbringer speziell zur Wundbehandlung mit Hausbesuch allerdings durchaus.

71 Es solle **kein »Abhängigkeitsverhältnis«** möglich sein. Deshalb würden die Regelungen des § 128 Abs. 1 bis 3, mit denen einem »kollusiven Zusammenwirken der Leistungserbringer« bei der Erbringung von Heilmitteln, Verbands- und Arzneimitteln und bei Leistungen der ambulanten spezialfachärztliche Versorgung entgegengewirkt werden solle, ausdrücklich auch auf die Erbringung von Leistungen zur Versorgung von chronischen und schwer heilenden Wunden erstreckt. Unzulässig sei insbesondere die Zuwendung in Form einer Gestellung von Räumlichkeiten oder Personal oder die Beteiligung an den Kosten hierfür sowie die Abgabe von Verbandmittel über Depots bei Vertragsärzten.

72 Auch in Materialien zu § 37 Abs. 7 wird auf die Regelungen zur unzulässigen Zusammenarbeit zwischen Leistungserbringern und Vertragsärzten nach § 128 Abs. 1 bis 3 hingewiesen, vgl. BT-Drs. 18/10186 S. 27, 28). Mit der Änderung zu § 37 Abs. 7 solle die Wundversorgung in der GKV gestärkt werden. Probleme mit chronischen oder schwer heilenden Wunden erfasster zahlreiche Menschen; die Zahl werde mit 3 bis 4 Millionen allein in Deutschland angegeben. Diese seien häufig die Folge von Gefäßerkrankungen, Diabetes, Bettlägerigkeit, postoperativen Wundheilungsstörungen sowie schweren traumatischen Verletzungen. Vor allem ältere Patienten seien häufiger betroffen. Versicherte bedürften einer Wundbehandlung, die dem aktuellen Stand der Versorgung entspreche und individuell angepasst sei. In diesem Zusammenhang seien auch neue Wege der Versorgung zu berücksichtigen; insoweit gebe es gut funktionierende Modelle.

### § 129 Rahmenvertrag über die Arzneimittelversorgung, Verordnungsermächtigung

(1) ¹Die Apotheken sind bei der Abgabe verordneter Arzneimittel an Versicherte nach Maßgabe des Rahmenvertrages nach Absatz 2 verpflichtet zur
1. Abgabe eines preisgünstigen Arzneimittels in den Fällen, in denen der verordnende Arzt
   a) ein Arzneimittel nur unter seiner Wirkstoffbezeichnung verordnet oder
   b) die Ersetzung des Arzneimittels durch ein wirkstoffgleiches Arzneimittel nicht ausgeschlossen hat,
2. Abgabe von preisgünstigen importierten Arzneimitteln, wenn deren für den Versicherten maßgeblicher Abgabepreis unter Berücksichtigung der Abschläge nach § 130a Absatz 1, 1a, 2, 3a und 3b um den folgenden Prozentwert oder Betrag niedriger ist als der Abgabepreis des Bezugsarzneimittels:
   a) bei Bezugsarzneimitteln mit einem Abgabepreis bis einschließlich 100 Euro: mindestens 15 Prozent niedriger,
   b) bei Bezugsarzneimitteln mit einem Abgabepreis von über 100 Euro bis einschließlich 300 Euro: mindestens 15 Euro niedriger,
   c) bei Bezugsarzneimitteln mit einem Abgabepreis von über 300 Euro: mindestens 5 Prozent niedriger;
in dem Rahmenvertrag nach Absatz 2 können Regelungen vereinbart werden, die zusätzliche Wirtschaftlichkeitsreserven erschließen,
3. Abgabe von wirtschaftlichen Einzelmengen und
4. Angabe des Apothekenabgabepreises auf der Arzneimittelpackung.

²Bei der Abgabe eines Arzneimittels nach Satz 1 Nummer 1 haben die Apotheken ein Arzneimittel abzugeben, das mit dem verordneten in Wirkstärke und Packungsgröße identisch ist, für ein gleiches Anwendungsgebiet zugelassen ist und die gleiche oder eine austauschbare Darreichungsform besitzt; als identisch gelten dabei Packungsgrößen mit dem gleichen Packungsgrößenkennzeichen nach der in § 31 Absatz 4 genannten Rechtsverordnung. ³Dabei ist die Ersetzung durch ein wirkstoffgleiches Arzneimittel vorzunehmen, für das eine Vereinbarung nach § 130a Abs. 8 mit Wirkung für die Krankenkasse besteht, soweit hierzu in Verträgen nach Absatz 5 nichts anderes vereinbart ist. ⁴Eine Ersetzung durch ein wirkstoffgleiches Arzneimittel ist auch bei Fertigarzneimitteln vorzunehmen, die für in Apotheken hergestellte parenterale Zubereitungen verwendet werden, wenn für das wirkstoffgleiche Arzneimittel eine Vereinbarung nach § 130a Absatz 8a mit Wirkung für die Krankenkasse besteht und sofern in Verträgen nach Absatz 5 nichts anderes vereinbart ist. ⁵Besteht keine entsprechende Vereinbarung nach § 130a Abs. 8, hat die Apotheke die Ersetzung durch ein preisgünstigeres Arzneimittel nach Maßgabe des Rahmenvertrages vorzunehmen. ⁶Abweichend von den Sätzen 3 und 5 können Versicherte gegen Kostenerstattung ein anderes Arzneimittel erhalten, wenn die Voraussetzungen nach Satz 2 erfüllt sind. ⁷§ 13 Absatz 2 Satz 2 und 12 findet keine Anwendung. ⁸Bei der Abgabe von importierten Arzneimitteln und ihren Bezugsarzneimitteln gelten die Sätze 3 und 5 entsprechend; dabei hat die Abgabe eines Arzneimittels, für das eine Vereinbarung nach § 130a Absatz 8 besteht, Vorrang vor der Abgabe nach Satz 1 Nummer 2. ⁹Satz 1 Nummer 2 gilt nicht für biotechnologisch hergestellte Arzneimittel und antineoplatische Arzneimittel zur parenteralen Anwendung. ¹⁰Der Spitzenverband Bund der Krankenkassen hat dem Bundesministerium für Gesundheit bis zum 31. Dezember 2021 einen Bericht über die Auswirkungen von Satz 1 Nummer 2 vorzulegen. ¹¹Das Bundesministerium für Gesundheit leitet diesen Bericht an den Deutschen Bundestag weiter mit einer eigenen Bewertung zur Beschlussfassung, ob eine Regelung nach Satz 1 Nummer 2 unter Berücksichtigung des Berichts weiterhin notwendig ist.

§ 129 Abs. 1 Satz 12 SGB V in der Fassung ab 16.08.2022:

¹²Die Regelungen für preisgünstige Arzneimittel nach Satz 1 Nummer 1 und den Sätzen 2 bis 7 gelten entsprechend für im Wesentlichen gleiche biotechnologisch hergestellte biologische Arzneimittel, für die der Gemeinsame Bundesausschuss in den Richtlinien nach § 92 Absatz 1 Satz 2 Nummer 6 eine Austauschbarkeit in Bezug auf ein biologisches Referenzarzneimittel festgestellt hat.

(1a) ¹Der Gemeinsame Bundesausschuss gibt in den Richtlinien nach § 92 Abs. 1 Satz 2 Nr. 6 unverzüglich Hinweise zur Austauschbarkeit von Darreichungsformen unter Berücksichtigung ihrer therapeutischen Vergleichbarkeit. ²Der Gemeinsame Bundesausschuss bestimmt in den Richtlinien nach § 92 Absatz 1 Satz 2 Nummer 6 die Arzneimittel, bei denen die Ersetzung durch ein wirkstoffgleiches Arzneimittel abweichend von Absatz 1 Satz 1 Nummer 1 Buchstabe b ausgeschlossen ist; dabei sollen insbesondere Arzneimittel mit geringer therapeutischer Breite berücksichtigt werden. ³Der Gemeinsame Bundesausschuss gibt in den Richtlinien nach § 92 Absatz 1 Satz 2 Nummer 6 für die ärztliche Verordnung Hinweise zur Austauschbarkeit von biologischen Referenzarzneimitteln durch im Wesentlichen gleiche biotechnologisch hergestellte biologische Arzneimittel im Sinne des Artikels 10 Absatz 4 der Richtlinie 2001/83/EG unter Berücksichtigung ihrer therapeutischen Vergleichbarkeit. ⁴Die Hinweise sind erstmals bis zum 16. August 2020 zu bestimmen. ⁵Spätestens bis zum 16. August 2022 gibt der Gemeinsame Bundesausschuss in den Richtlinien nach § 92 Absatz 1 Satz 2 Nummer 6 ebenfalls Hinweise zur Austauschbarkeit von biologischen Referenzarzneimitteln durch Apotheken. ⁶Zur Umsetzung des Regelungsauftrags erhält der Gemeinsame Bundesausschuss auf Verlangen Einsicht in die Zulassungsunterlagen bei der zuständigen Bundesoberbehörde. ⁷Das Nähere regelt der Gemeinsame Bundesausschuss in seiner Verfahrensordnung.

(2) Der Spitzenverband Bund der Krankenkassen und die für die Wahrnehmung der wirtschaftlichen Interessen gebildete maßgebliche Spitzenorganisation der Apotheker regeln in einem gemeinsamen Rahmenvertrag das Nähere.

(3) ¹Der Rahmenvertrag nach Absatz 2 hat Rechtswirkung für Apotheken, wenn sie
1. einem Mitgliedsverband der Spitzenorganisation angehören und die Satzung des Verbandes vorsieht, daß von der Spitzenorganisation abgeschlossene Verträge dieser Art Rechtswirkung für die dem Verband angehörenden Apotheken haben, oder
2. dem Rahmenvertrag beitreten.

²Apotheken dürfen verordnete Arzneimittel an Versicherte als Sachleistungen nur abgeben und können unmittelbar mit den Krankenkassen nur abrechnen, wenn der Rahmenvertrag für sie Rechtswirkung hat. ³Bei der Abgabe verordneter Arzneimittel an Versicherte als Sachleistungen sind Apotheken, für die der Rahmenvertrag Rechtswirkungen hat, zur Einhaltung der in der nach § 78 des Arzneimittelgesetzes erlassenen Rechtsverordnung festgesetzten Preisspannen und Preise verpflichtet und dürfen Versicherten keine Zuwendungen gewähren.

(4) ¹Im Rahmenvertrag nach Absatz 2 ist zu regeln, welche Maßnahmen die Vertragspartner auf Landesebene ergreifen können, wenn Apotheken gegen ihre Verpflichtungen nach Absatz 1, 2 oder 5 verstoßen. ²In dem Rahmenvertrag ist zu regeln, in welchen Fällen einer Beanstandung der Abrechnung durch Krankenkassen, insbesondere bei Formfehlern, eine Retaxation vollständig oder teilweise unterbleibt; kommt eine Regelung nicht zustande, entscheidet die Schiedsstelle nach Absatz 8. ³Bei gröblichen und wiederholten Verstößen ist vorzusehen, daß Apotheken von der Versorgung der Versicherten bis zur Dauer von zwei Jahren ausgeschlossen werden können. ⁴Ferner ist vorzusehen, dass Apotheken bei einem gröblichen oder einem wiederholten Verstoß gegen Absatz 3 Satz 3 Vertragsstrafen von bis zu 50 000 Euro für jeden Verstoß erhalten, wobei die Gesamtvertragsstrafe für gleichgeartete und in unmittelbarem zeitlichem Zusammenhang begangene Verstöße 250 000 Euro nicht überschreiten darf. ⁵Wird eine Vertragsstrafe nach Satz 4 ausgesprochen, kann vorgesehen werden, dass die Berechtigung zur weiteren Versorgung bis zur vollständigen Begleichung der Vertragsstrafe ausgesetzt wird. ⁶Die Vertragspartner bestimmen im Rahmenvertrag die für die Ahndung von Verstößen gegen ihre Verpflichtungen nach Absatz 1, 2 oder 5 oder gegen Absatz 3 Satz 3 zuständige Stelle oder die zuständigen Stellen und regeln das Nähere zur Einleitung und Durchführung des Verfahrens, einschließlich der Verwendung der vereinnahmten Vertragsstrafen. ⁷Kommt eine Regelung nach Satz 4 oder Satz 6 nicht bis zum 30. Juni 2021 zustande, entscheidet die Schiedsstelle nach Absatz 8.

(4a) ¹Im Rahmenvertrag nach Absatz 2 sind bis zum 31. März 2020 die notwendigen Regelungen für die Verwendung von Verschreibungen von Leistungen nach § 31 in elektronischer Form zu treffen. ²Es ist festzulegen, dass für die Übermittlung der elektronischen Verordnung die Dienste der Anwendungen der Telematikinfrastruktur nach § 334 Absatz 1 Satz 2 genutzt werden, sobald diese zur Verfügung stehen. ³Die Regelungen müssen vereinbar sein mit den Festlegungen der Bundesmantelverträge nach § 86.

(4b) Im Rahmenvertrag nach Absatz 2 ist ebenfalls das Nähere zur erneuten Abgabe und Abrechnung eines mangelfreien Arzneimittels für versicherte Personen im Fall des § 31 Absatz 3 Satz 7 zu vereinbaren, insbesondere zur Kennzeichnung entsprechender Ersatzverordnungen und zur Mitwirkungspflicht der Apotheken nach § 131a Absatz 1 Satz 3.

(4c) ¹Eine bedarfsgerechte Versorgung der Versicherten mit rabattierten Arzneimitteln ist von den Vertragspartnern nach Absatz 2 sicherzustellen. ²Ist ein rabattiertes Arzneimittel bei Vorlage der ärztlichen Verordnung nicht verfügbar, ist die Apotheke unmittelbar zur Abgabe eines lieferbaren wirkstoffgleichen Arzneimittels nach Maßgabe des § 129 Absatz 1 Satz 2 berechtigt. ³Ist bei einer Abgabe nach Satz 2 kein Arzneimittel zum Festbetrag verfügbar, trägt die Krankenkasse abweichend von § 31 Absatz 2 Satz 1 die Mehrkosten. ⁴Das Nähere zur unmittelbaren Abgabe nach den Sätzen 2 und 3 und zur Abrechnung ist im Rahmenvertrag nach Absatz 2 festzulegen.

(5) ¹Die Krankenkassen oder ihre Verbände können mit der für die Wahrnehmung der wirtschaftlichen Interessen maßgeblichen Organisation der Apotheker auf Landesebene ergänzende Verträge schließen. ²Absatz 3 gilt entsprechend. ³In dem Vertrag nach Satz 1 kann abweichend vom Rahmenvertrag nach Absatz 2 vereinbart werden, dass die Apotheke die Ersetzung wirkstoffgleicher Arzneimittel so vorzunehmen hat, dass der Krankenkasse Kosten nur in Höhe eines zu vereinbarenden durchschnittlichen Betrags je Arzneimittel entstehen. ⁴Verträge nach Satz 3 in der bis zum 12. Mai 2017 geltenden Fassung werden mit Ablauf des 31. August 2017 unwirksam.

(5a) Bei Abgabe eines nicht verschreibungspflichtigen Arzneimittels gilt bei Abrechnung nach § 300 ein für die Versicherten maßgeblicher Arzneimittelabgabepreis in Höhe des Abgabepreises des pharmazeutischen Unternehmens zuzüglich der Zuschläge nach den §§ 2 und 3 der Arzneimittelpreisverordnung in der am 31. Dezember 2003 gültigen Fassung.

(5b) ¹Apotheken können an vertraglich vereinbarten Versorgungsformen beteiligt werden; die Angebote sind öffentlich auszuschreiben. ²In Verträgen nach Satz 1 sollen auch Maßnahmen zur qualitätsgesicherten Beratung des Versicherten durch die Apotheke vereinbart werden. ³In der besonderen Versorgung kann in Verträgen nach Satz 1 das Nähere über Qualität und Struktur der Arzneimittelversorgung für die an der besonderen Versorgung teilnehmenden Versicherten auch abweichend von Vorschriften dieses Buches vereinbart werden.

(5c) ¹Für Zubereitungen aus Fertigarzneimitteln gelten die Preise, die zwischen der mit der Wahrnehmung der wirtschaftlichen Interessen gebildeten maßgeblichen Spitzenorganisation der Apotheker und dem Spitzenverband Bund der Krankenkassen auf Grund von Vorschriften nach dem Arzneimittelgesetz vereinbart sind. ²Für parenterale Zubereitungen aus Fertigarzneimitteln in der Onkologie haben die Vertragspartner nach Satz 1 die Höhe der Preise nach Satz 1 neu zu vereinbaren. ³Kommt eine Vereinbarung nach Satz 1 oder 2 ganz oder teilweise nicht zustande, entscheidet die Schiedsstelle nach Absatz 8. ⁴Die Vereinbarung nach Satz 2 ist bis zum 31. August 2017 zu treffen. ⁵Die Vereinbarung oder der Schiedsspruch gilt bis zum Wirksamwerden einer neuen Vereinbarung fort. ⁶Gelten für Fertigarzneimittel in parenteralen Zubereitungen keine Vereinbarungen über die zu berechnenden Einkaufspreise nach Satz 1, berechnet die Apotheke ihre tatsächlich vereinbarten Einkaufspreise, höchstens jedoch die Apothekeneinkaufspreise, die bei Abgabe an Verbraucher auf Grund der Preisvorschriften nach dem Arzneimittelgesetz, nach Absatz 3 Satz 3 oder auf Grund von Satz 1 gelten, jeweils abzüglich der Abschläge nach § 130a Absatz 1. ⁷Kostenvorteile durch die Verwendung von Teilmengen von Fertigarzneimitteln sind zu berücksichtigen. ⁸Der Spitzenverband Bund der Krankenkassen und die Krankenkasse können von der Apotheke Nachweise über Bezugsquellen und verarbeitete Mengen sowie die tatsächlich vereinbarten Einkaufspreise und vom pharmazeutischen Unternehmer über die Abnehmer, die abgegebenen Mengen und die vereinbarten Preise für Fertigarzneimittel in parenteralen Zubereitungen verlangen. ⁹Sofern eine Apotheke bei der parenteralen Zubereitung aus Fertigarzneimitteln in der Onkologie einen Betrieb, der nach § 21 Absatz 2 Nummer 1b Buchstabe a erste Alternative des Arzneimittelgesetzes tätig wird, beauftragt, können der Spitzenverband Bund der Krankenkassen und die Krankenkasse von der Apotheke auch einen Nachweis über den tatsächlichen Einkaufspreis dieses Betriebs verlangen. ¹⁰Der Anspruch nach Satz 8 umfasst jeweils auch die auf das Fertigarzneimittel und den Gesamtumsatz bezogenen Rabatte. ¹¹Klagen über den Auskunftsanspruch haben keine aufschiebende Wirkung; ein Vorverfahren findet nicht statt. ¹²Die Krankenkasse kann ihren Landesverband mit der Prüfung beauftragen.

(5d) ¹Für Leistungen nach § 31 Absatz 6 vereinbaren die für die Wahrnehmung der wirtschaftlichen Interessen gebildete maßgebliche Spitzenorganisation der Apotheker und der Spitzenverband Bund der Krankenkassen die Apothekenzuschläge für die Abgabe als Stoff und für Zubereitungen aus Stoffen gemäß der auf Grund des § 78 des Arzneimittelgesetzes erlassenen Rechtsverordnung. ²Die Vereinbarung nach Satz 1 ist bis zum 29. Februar 2020 zu treffen. ³Kommt eine Vereinbarung nach Satz 1 ganz oder teilweise nicht zustande, entscheidet die Schiedsstelle nach Absatz 8. ⁴Die Vereinbarung oder der Schiedsspruch gilt bis zum Wirksamwerden einer neuen Vereinbarung fort. ⁵Absatz 5c Satz 8 und 10 bis 12 gilt entsprechend. ⁶Der Spitzenverband Bund der Krankenkassen und die Krankassen können auch von Arzneimittelgroßhändlern und Arzneimittelimporteuren Nachweise über die Abnehmer, die abgegebenen Mengen und die vereinbarten Preise für Leistungen nach § 31 Absatz 6 verlangen.

(5e) ¹Versicherte haben Anspruch auf pharmazeutische Dienstleistungen durch Apotheken, die über die Verpflichtung zur Information und Beratung gemäß § 20 der Apothekenbetriebsordnung hinausgehen und die die Versorgung der Versicherten verbessern. ²Diese pharmazeutischen Dienstleistungen umfassen insbesondere Maßnahmen der Apotheken zur Verbesserung der Sicherheit und Wirksamkeit einer Arzneimitteltherapie, insbesondere bei
1. der Anwendung bestimmter Wirkstoffe, die nur in besonderen Therapiesituationen verordnet werden,
2. der Behandlung chronischer schwerwiegender Erkrankungen,
3. der Behandlung von Patienten mit Mehrfacherkrankungen und Mehrfachmedikation und
4. der Behandlung bestimmter Patientengruppen, die besondere Aufmerksamkeit und fachliche Unterstützung bei der Arzneimitteltherapie benötigen.

³Diese pharmazeutischen Dienstleistungen können auch Maßnahmen der Apotheken zur Vermeidung von Krankheiten und deren Verschlimmerung sein und sollen insbesondere die pharmazeutische Betreuung von Patientinnen und Patienten in Gebieten mit geringer Apothekendichte berücksichtigen. ⁴Die für die Wahrnehmung der wirtschaftlichen Interessen gebildete maßgebliche Spitzenorganisation der Apotheker vereinbart mit dem Spitzenverband Bund der Krankenkassen im Benehmen mit dem Verband der Privaten Krankenversicherung die pharmazeutischen Dienstleistungen nach den Sätzen 1 bis 3 sowie das Nähere zu den jeweiligen Anspruchsvoraussetzungen, zur Vergütung der erbrachten Dienstleistungen und zu deren Abrechnung. ⁵Die Vereinbarung nach Satz 4 ist bis zum 30. Juni 2021 zu treffen. ⁶Kommt eine Vereinbarung bis zu diesem Zeitpunkt ganz oder teilweise nicht zustande, entscheidet die Schiedsstelle nach Absatz 8. ⁷Die Vereinbarung oder der Schiedsspruch gilt bis zum Wirksamwerden einer neuen Vereinbarung fort.

(5f) Das Bundesministerium für Gesundheit evaluiert im Einvernehmen mit dem Bundesministerium für Wirtschaft und Energie bis zum 31. Dezember 2023 die Auswirkungen der Regelung des Absatzes 3 Satz 2 und 3 auf die Marktanteile von Apotheken und des Versandhandels mit verschreibungspflichtigen Arzneimitteln.

(5g) Apotheken können bei der Abgabe verschreibungspflichtiger Arzneimittel im Wege des Botendienstes je Lieferort und Tag einen zusätzlichen Zuschlag in Höhe von 2,50 Euro zuzüglich Umsatzsteuer erheben.

(6) ¹Die für die Wahrnehmung der wirtschaftlichen Interessen gebildete maßgebliche Spitzenorganisation der Apotheker ist verpflichtet, die zur Wahrnehmung der Aufgaben nach Absatz 1 Satz 4 und Absatz 1a, die zur Herstellung einer pharmakologisch-therapeutischen und preislichen Transparenz im Rahmen der Richtlinien nach § 92 Abs. 1 Satz 2 Nr. 6 und die zur Festsetzung von Festbeträgen nach § 35 Abs. 1 und 2 oder zur Erfüllung der Aufgaben nach § 35a Abs. 1 Satz 2 und Abs. 5 erforderlichen Daten dem Gemeinsamen Bundesausschuss sowie dem Spitzenverband Bund der Krankenkassen zu übermitteln und auf Verlangen notwendige Auskünfte zu erteilen. ²Das Nähere regelt der Rahmenvertrag nach Absatz 2.

(7) Kommt der Rahmenvertrag nach Absatz 2 ganz oder teilweise nicht oder nicht innerhalb einer vom Bundesministerium für Gesundheit bestimmten Frist zustande, wird der Vertragsinhalt durch die Schiedsstelle nach Absatz 8 festgesetzt.

(8) ¹Der Spitzenverband Bund der Krankenkassen und die für die Wahrnehmung der wirtschaftlichen Interessen gebildete maßgebliche Spitzenorganisation der Apotheker bilden eine gemeinsame Schiedsstelle. ²Sie besteht aus Vertretern der Krankenkassen und der Apotheker in gleicher

Zahl sowie aus einem unparteiischen Vorsitzenden und zwei weiteren unparteiischen Mitgliedern. ³Über den Vorsitzenden und die zwei weiteren unparteiischen Mitglieder sowie deren Stellvertreter sollen sich die Vertragspartner einigen. ⁴Kommt eine Einigung nicht zustande, gilt § 89 Absatz 6 Satz 3 entsprechend.

(9) ¹Die Schiedsstelle gibt sich eine Geschäftsordnung. ²Die Mitglieder der Schiedsstelle führen ihr Amt als Ehrenamt. ³Sie sind an Weisungen nicht gebunden. ⁴Jedes Mitglied hat eine Stimme. ⁵Die Entscheidungen werden mit der Mehrheit der Mitglieder getroffen. ⁶Ergibt sich keine Mehrheit, gibt die Stimme des Vorsitzenden den Ausschlag. ⁷Klagen gegen Festsetzungen der Schiedsstelle haben keine aufschiebende Wirkung.

(10) ¹Die Aufsicht über die Geschäftsführung der Schiedsstelle führt das Bundesministerium für Gesundheit. ²Es kann durch Rechtsverordnung mit Zustimmung des Bundesrates das Nähere über die Zahl und die Bestellung der Mitglieder, die Erstattung der baren Auslagen und die Entschädigung für Zeitaufwand der Mitglieder, das Verfahren, sein Teilnahmerecht an den Sitzungen sowie über die Verteilung der Kosten regeln.

§ 129 gilt in der Fassung des Art. 1 Nr. 2 Gesetz zur Stärkung der Vor-Ort-Apotheken vom 09.12.2020 (BGBl. I S. 2870) mit Wirkung vom 01.01.2021 bis 15.08.2022.    1

§ 129 Abs. 1 Satz 12 wird in der Fassung des Art. 6 Nr. 1 Buchst. b Doppelbuchst. cc i.V.m. Nr. 2 Buchst. d EIRD vom 12.12.2020 (BGBl. I S. 2594) m.W.v. 16.08.2022 angefügt.    2

§ 129 regelt mit dem Ziel der **Wirtschaftlichkeit der Versorgung mit Arzneimitteln** die Vorgaben für einen schiedsamtsfähigen **Rahmenvertrag** über die Arzneimittelversorgung, der nach **Abs. 2** zwischen dem GKV-Spitzenverband und den maßgeblichen Spitzenorganisationen der **Apotheker** (Deutscher Apothekerverband e.V. Berlin, -DAV) abgeschlossen wird, hier mit einer zentralen Regelungsfunktion. Apotheken werden zu wirtschaftlichem Handeln verpflichtet, vgl. *Luthe* in Hauck/Noftz SGB V § 129 Rn. 2. Das Vorhandensein eines wirksamen Rahmenvertrages ist wesentlich, wie auch die Absicherung durch ein Schiedsverfahren nach Abs. 7 bis 10 belegt. Zudem sind die **Apotheken** (teils unterschiedlich wird der Begriff Apotheker oder Apotheken verwendet) **nur dann** an der Versorgung beteiligt, wenn diese einen Rahmenvertrag Kraftzugehörigkeit zu einem Verband oder über eine ausdrückliche Beitrittserklärung gebunden sind. Bei Redaktionsstand (01/2021) gilt der Rahmenvertrag in der Fassung vom 01.01.2019; der Rahmenvertrag unterliegt erfahrungsgemäß gewissen Änderungen und Ergänzungen (nachgewiesen im Internet, mit einer ausführlichen Änderungsübersicht).    3

Ergänzend hierzu und unter Beachtung (und Vorrang) des Rahmenvertrages können zwischen den **Krankenkassen** (oder auch einer Mehrheit von Krankenkassen) und den **Apothekerverbänden auf Landesebene** weitergehende Vereinbarungen getroffen werden (vgl. **Abs. 5**), im Einzelfall auch länderübergreifend; Abweichungen vom Rahmenvertrag sind mit Ablauf des 31.08.2017 unwirksam geworden. Soweit nicht verschreibungspflichtige Arzneimittel an Versicherte zu Lasten der Krankenkassen abgegeben werden dürfen, konkretisiert dies **Abs. 5a**. **Abs. 5b** ermöglicht Apotheken die Beteiligung an der »besonderen« Versorgung (zuvor auch teilweise als »integrierte Versorgung« erfasst), vgl. § 140a in der Fassung ab 23.07.2015 und nachfolgend ab 11.04.2017) und **Abs. 5c** regelt die Preisfindung bei Fertigarzneimitteln.    4

Für die Versorgung mit Arzneimitteln sind unterschiedliche Rahmenverträge maßgeblich. Für **Vertragsärzte** gelten die in regelmäßigen Abständen fortgeschriebenen Rahmenvorgaben nach § 84 Abs. 7 (nachgewiesen von der KBV im Internet, zum Redaktionsstand 01/2018 die Rahmenvorgaben Stand 01.10.2017 für 2018). Maßgeblich ist die jeweilige ärztliche Verordnung (für die **Rezepte sind Farben** festgelegt: Rosa für Verordnungen aller GKV-Versicherter, blau für Privatpatienten, grün für Medikamente, die nicht verschreibungspflichtig sind, gelb für Arzneimittel aus dem Betäubungsmittelbereich, mit Zusatzregelungen, weiß für sog. T-Rezepte mit bestimmten Wirkstoffen).    5

Die **Krankenkassen** der GKV **bedienen sich der Apotheken,** soweit die Versicherten mit Arzneimitteln zu versorgen sind. Die Apotheken geben die Arzneimittel aufgrund einer **Verordnung des**    6

Vertragsarztes dem **Versicherten**, der im Einzelfall selbst durch einen Zuzahlungsanspruch oder durch eine Mehrzahlung, soweit alternativ ein bestimmtes Arzneimittel in Anspruch genommen wird, **wirtschaftlich beteiligt** ist. Die **Schlüsselfunktion zur Arzneimittelversorgung** wird allein dem jeweiligen **Vertragsarzt** zugeschrieben, als dieser über die Verordnung von Arzneimitteln zur Versorgung des Versicherten entscheidet und diese veranlasst, vgl. auch Regelungen zu § 84 Abs. 7, BSG Urt. v. 03.08.2006 – B 3 KR 6/06 R – SozR 4–2500 § 129 Nr. 2; *Manthey*, Der Vertragsarzt als »Schlüsselfigur« der Arzneimittelversorgung, GesR 2010, 601, ferner auch *Axer* in Becker/Kingreen SGB V § 129 Rn 4.

7 Die Gesamtbewertung mit einer **vertragsrechtlichen Verankerung** hat das BSG offensichtlich **aufgegeben**, vgl. BSG Urt. v. 17.12.2009 – B 3 KR 13/08 R – SozR 4–2500 § 129 Nr. 5, GesR 2010, 693 mit Beitrag von *Manthey* GesR 2010, 601, *Geis* GesR 2011, 641 und *Wesser* jurisPR-MedizinR 7/2010 Anm. 3 sowie im Anschluss daran Urt. v. 28.09.2010 – B 1 KR 3/10 R – SozR 4–2500 § 129 Nr. 6. Der **Zahlungsanspruch** des Apothekers richte sich unmittelbar nach dem Leistungserbringerrecht, es bestehe eine öffentlich-rechtlich verankerte Leistungsberechtigung und Leistungsverpflichtung für die Apotheken zur Abgabe von vertragsärztlich verordneten Arzneimitteln an die Versicherten, wobei die Apotheken hieraus abgeleitet einen in Normverträgen weiter geregelten **Vergütungsanspruch** gegenüber den **Krankenkassen** haben, vgl. *Wodarz* in Sodan, Handbuch Krankenversicherungsrecht, § 27 Rn. 34.

8 Im Überblick sind folgende Regelungen getroffen worden:

9 **Abs. 1** legt fest, dass die Apotheken bei der Abgabe verordneter Arzneimittel an Versicherte nach Maßgabe des – jeweils maßgeblichen – **Rahmenvertrages** nach Abs. 2 verpflichtet sind. Die einzelnen Verpflichtungen werden in Abs. 1 Satz 1 konkretisiert. Nach **Abs. 1 Satz 1 Nr. 2**, hier in der Fassung des Gesetzes für mehr Sicherheit in der Arzneimittelversorgung mit Wirkung vom 16.08.2019 und i.V.m. **Abs. 1 Satz 8**, hat die Apotheke unter den dort genannten Voraussetzungen nach Maßgabe des Rahmenvertrages preisgünstige importierte Arzneimittel abzugeben (zum Begriff vgl. § 13 Rahmenvertrag). **Abs. 1 Satz 1 Nr. 3** verpflichtet den Apotheker, bei unbestimmten Mengenangaben des Arztes nach Maßgabe des Rahmenvertrages wirtschaftliche Einzelmengen abzugeben. **Abs. 1 Satz 3 bis 6**, eingefügt mit Wirkung vom 16.08.2019, verpflichtet zur Ersetzung durch ein wirkstoffgleiches Arzneimittel, auch bei Fertigarzneimitteln, und verpflichtet zur Ersetzung durch ein preisgünstigeres Arzneimittel nach Maßgabe des Rahmenvertrages. **Abs. 1 Satz 9 bis 11** sieht in der späteren Neufassung durch das EIRD rückwirkend zum 16.08.2019 Regelungen zur Ersetzung eines wirkstoffgleichen Arzneimittels auf im Wesentlichen gleiche biologische Arzneimittel (Biosimilars) vor; bei den Biosimilars handelt es sich in Verbindung mit EU-Richtlinie 2001/83 um Präparate, die dem Originalpräparat in ihrer Zusammensetzung zwar ähnlich aber nicht gleich sind, weshalb diese nicht die Definition eines Generikums erfüllen, vgl. zum Biosimilar-Austausch *Sucker-Sket* AZ 2019, Nr. 6, 3. Diese sollen gemäß **Abs. 1 Satz 12 mit Wirkung vom 16.08.2022** zudem in eine aut-idem-Regelung einbezogen werden, vgl. *Axer* in Becker/Kingreen SGB V § 129 Rn. 28.

10 **Abs. 1a** regelt weitere Hinweise zur Austauschbarkeit von Darreichungsformen, hier mit näherer Konkretisierung durch den Gemeinsamen Bundesausschuss. Die Austauschbarkeit erfolgt auf der Grundlage von Richtlinien. Näheres regelt der Rahmenvertrag. Es werden zudem Hinweise zur Austauschbarkeit von biologischen Referenzarzneimitteln durch im Wesentlichen gleiche biotechnologisch hergestellte biologische Arzneimittel i.S.d. Art. 10 Abs. 4 EU-Richtlinie 2001/83 unter Berücksichtigung der therapeutischen Vergleichbarkeit gegeben, **Abs. 1a Satz 3**. Die Hinweise sind erstmals bis zum 16.08.2020 zu bestimmen, **Abs. 1a Satz 4** und spätestens bis zum 16.08.2022 gibt der Gemeinsame Bundesausschuss in den Richtlinien ebenfalls Hinweise zur Austauschbarkeit von biologischen Referenzarzneimitteln durch Apotheken, Abs. 1a Satz 5.

11 **Abs. 2** bestimmt die Ermächtigung – und zugleich Verpflichtung – zur Regelung maßgeblicher Kriterien in einem gemeinsamen **Rahmenvertrag**. Gegenüber landesrechtlichen Verträgen sind Rahmenverträge nach § 129 Abs. 2 als höherrangiges Recht anzusehen, vgl. LSG Niedersachsen-Bremen

Urt. v. 31.08.2011 – L 1 KR 63/09. Dieser wird vom **GKV-Spitzenverband** sowie von den maßgeblichen Spitzenorganisationen der Apotheker, die in der Praxis vom **Deutschen Apothekerverband e.V.** vertreten werden, abgeschlossen. Der **Rahmenvertrag stellt einen öffentlich-rechtlichen Normenvertrag** dar, vgl. *Axer* in Becker/Kingreen SGB V § 129 Rn. 11, 12, als kollektivvertragliche Reglung (*Axer* a.a.O. Rn. 6), was im Übrigen durch die Möglichkeit eines Schiedsverfahrens und damit einer »Zwangsregelung« belegt wird. Maßgeblich ist der aufgrund der Änderungen erfolgte Rahmenvertrag mit Fortschreibungen (nachgewiesen vom GKV-Spitzenverband im Internet).

Der **Rahmenvertrag** bezieht die Apotheken **nach Abs. 3** regelmäßig über die **Mitgliedschaft** auf Verbandsebene ein (vgl. **Abs. 3 Nr. 1**), die wiederum Voraussetzung für die Teilnahme an der Versorgung, insbesondere aber an der Abrechnung der erbrachten Leistungen, ist. Dadurch tritt die Bindungswirkung ein. Eine eigenständige Zulassung zur Versorgung ist für den Arzneimittelbereich nicht vorgesehen. Soweit die mitgliedschaftlichen Rechte nicht bestehen (Apotheker müssen wohl Mitglied in der jeweiligen, auf Landesebene eingerichteten Apothekenkammer sein, nicht aber in Apothekerverbänden), besteht die Möglichkeit des **Beitritts**, vgl. **Abs. 3 Nr. 2**, vgl. *Schneider* in jurisPK-SGB V § 129 Rn. 14; es bedarf nach hier vertretener Auffassung keiner Einwilligung/Zustimmung anderer Vertragspartner, vgl. *Luthe* in Hauck/Noftz SGB V § 129 Rn. 24a, auch unter Hinweis darauf, dass andernfalls Grundsätze des Selektivvertrags übernommen würden, der gerade nicht gegeben ist. Da der Rahmenvertrag kraft Gesetzes nur für die Krankenkassen bindend ist (vgl. *Luthe* in Hauck/Noftz SGB V § 129 Rn. 37, hier näher zu Wirkung und Wirksamkeit des Rahmenvertrags), bedarf es somit der konkreten Einbindung der Apotheker, die meist über die Verbandszugehörigkeit erfolgt. 12

Nach **Abs. 4** können im Rahmenvertrag **Sanktionen** geregelt werden, wenn Apotheken gegen ihre Verpflichtungen nach Abs. 1, 2 oder 5 verstoßen, wobei nach **Abs. 4 Satz 3** bei **gröblichen und wiederholten Verstößen** vorzusehen ist, dass Apotheken von der Versorgung der Versicherten **bis zur Dauer von zwei Jahren** ausgeschlossen werden können. Im Hinblick auf die Eingriffsrechte bedurfte es insoweit einer gesonderten Ermächtigungsgrundlage, auch im Hinblick auf Art. 12 GG. Grundlage des **Vertragsverhältnisses zwischen Krankenkassen und Apotheker** ist bei der Versorgung eines Versicherten mit Arzneimitteln **nicht** das in der GKV geltenden **Sachleistungsprinzip**, sondern dass in § 129 vorgegebene Rechtsverhältnis aufgrund eines **Rahmenvertrags**, vgl. BSG Beschl. v. 17.05.2000 – B 3 KR 19/99 B, MedR 2001, 649. 13

Bei Regelungen nach **Abs. 4 Satz 3** handelt es sich um Eingriffe in die Berufstätigkeit von ganz erheblichem Gewicht, die die Ausschöpfung milderer Mittel voraussetzen und hohe tatbestandliche Voraussetzungen erfordern. Zudem wird infrage gestellt, ob **Abs. 4 Satz 3** hierfür eine **ausreichende Ermächtigungsgrundlage** ist (»mehr als fraglich« nach *Luthe* in Hauck/Noftz SGB V § 129 Rn. 42); dies gelte auch im Hinblick auf die unscharfe Verweisung auf »Vertragspartner« bezüglich der sanktionsberechtigten Instanz. Eine Vollzugsmöglichkeit wird aber durch LSG Baden-Württemberg Urt. v. 20.09.2016 – L 11 KR 674/15, KrV 2016, 252 grundsätzlich anerkannt). Zum – grundsätzlich zulässigen und nicht zu beanstandenden – normenvertraglichen **Vergütungsausschluss** (der Apotheker kann nach Ablauf eines zumutbaren Zeitraums keine Vergütung mehr verlangen) vgl. BSG Urt. v. 03.07.2012 – B 1 KR 16/11 R – SozR 4–2500 § 129 Nr. 7. **Rechtsmissbräuchlich** kann die Anwendung die Regelung zum Vergütungsausschluss allerdings sein, wenn der Apotheker keine hinreichende Vorsorge treffen konnte. Zum Anspruchsverlust vgl. BVerfG Beschl. v. 07.05.2014 – 1 BvR 3571/13, NJW 2040, 2340, vgl. aber auch die differenzierte Regelung zur Retaxation. Mit dem Gesetz zur Stärkung der Vor-Ort-Apotheken sind für gröbliche oder wiederholte Verstöße mit Abs. 4 Satz 4 bis 7 erhebliche Sanktionen zur Ahndung mit Wirkung vom 01.01.2021 aufgenommen worden. 14

Nach **Abs. 4a** sind Regelungen im Rahmenvertrag zu § 31 zur Verwendung von Verschreibungen (Begriff in der Fassung des DVG statt Verordnung) in elektronischer Form zu treffen, hier auch unter Bezugnahme auf die Telematikinfrastruktur nach § 334 Abs. 1 Satz 2. Ferner sind nach **Abs. 4b** Regelungen im Rahmenvertrag zur erneuten Abgabe und Abrechnung zu vereinbaren. 15

Ferner ist eine bedarfsgerechte Versorgung der Versicherten mit rabattierten Arzneimitteln nach Abs. 2 sicherzustellen, wie aus **Abs. 4c** in der Fassung des GKV-FKG folgt.

16 **Abs. 5** eröffnet die Möglichkeit, die Regelungen in den **Rahmenverträgen auf Landesebene** durch die maßgeblichen Organisationen unter Beteiligung der Krankenkassen oder ihrer Verbände zu erweitern. Diese ergänzenden Verträge auf Landesebene (vgl. *Luthe* in Hauck/Noftz SGB V § 129 Rn. 48) dürfen allerdings **nicht im Gegensatz zum Rahmenvertrag** stehen. Daraus wird deshalb zu Recht abgeleitet, dass ein Vertrag nach Abs. 5 Satz 3 zwischen Krankenkasse und Apotheke einen Rahmenvertrag nur ergänzen, nicht aber ersetzen kann, vgl. SG Marburg Urt. v. 10.09.2014 – S 6 KR 84/14 mit Anm. *Grau* DAZ 2014, Nr. 45, 22. Krankenkassen haben als Träger öffentlicher Rechte vornehmlich hier fair und chancengleich zu agieren.

17 Bei Abgabe eines **nicht verschreibungspflichtigen Arzneimittels** gilt bei der Abrechnung nach § 300 der für die Versicherten maßgebliche Arzneimittelabgabepreis in Höhe des Abgabepreises des pharmazeutischen Unternehmens nach Maßgabe des **Abs. 5a**. Es greift damit eine besondere Form der preislichen Bindung, obgleich die Preisbindung nach der Arzneimittelpreisverordnung nach § 78 AMG nur für verschreibungspflichtige Arzneimittel gilt; bei den nicht verschreibungspflichtigen Arzneimitteln wird vom Herstellerpreis ausgegangen und es werden die Zuschläge nach §§ 2 und 3 Arzneimittelpreisverordnung hinzugerechnet. Die Abgabe nicht verschreibungspflichtiger Arzneimittel ist auf wenige Fallgestaltungen begrenzt, vgl. auch § 34 Abs. 1 und konkretisiert im Abschnitt F der Arzneimittel-Richtlinie, jedoch nicht generell ausgeschlossen.

18 Apotheken können nach Maßgabe des **Abs. 5b an vertraglich vereinbarten Versorgungsformen beteiligt** werden, wobei die Angebote nach Abs. 5b Satz 1 öffentlich auszuschreiben sind. Gegenstand der Verträge soll auch eine qualitätsgesicherte Beratung der Versicherten sein. Nach **Abs. 5b Satz 3** können die **Besonderheiten der »besonderen«** (zuvor nur der integrierten) **Versorgung** und die damit verbundene Arzneimittelversorgung geregelt werden, vgl. § 140a näher zur »besonderen Versorgung«; damit ist der Begriff weiter geworden, schließt aber jedenfalls die hergebrachte integrierte Versorgung ein, auch unter Einschluss der Arzeimittelversorgung über Apotheken. Damit muss allerdings der **besonderen Zielsetzung** der Form dieser Versorgung entsprochen werden. Verträge zur integrierten Versorgung etwa, für deren Anschubfinanzierung die Krankenkassen Gesamtvergütungsanteile einzubehalten haben, liegen nicht vor, wenn die Verträge mit ihren integrativen Elementen innerhalb der Regelversorgung verbleiben und damit keine Leistungen der Regelversorgung ersetzen, vgl. BSG Urt. v. 06.02.2008 – B 6 KA 27/07 R – SozR 4–2500 § 140d Nr. 1, GesR 2008, 260 mit Aufsatz *Leber* GesR 2008, 185.

19 Nicht nur die **Krankenkassen**, sondern auch der **GKV-Spitzenverband** können von der Apotheke einen Nachweis über Bezugsquellen und verarbeitete Mengen sowie die tatsächlich vereinbarten Einkaufspreise und vom pharmazeutischen Unternehmer über die vereinbarten Preise für Fertigarzneimittel in parenteralen Zubereitungen (vgl. dazu auch LSG Berlin-Brandenburg Beschl. v. 14.10.2010 – L 1 SF 191/10 B Verg, auch zu vergaberechtlichen Fragen) verlangen. Die Rechtsgrundlage für die Auskunftspflicht ist mit Abs. 5c Satz 9 bis 11 wesentlich konkretisiert worden, so dass insoweit auch Bedenken hinsichtlich der Auskunftspflicht Rechnung getragen wird (vgl. BT-Drucks. 18/10208 S. 31 zum AMVSG). Im Hinblick auf die notwendigen Erfahrungen und auch im Hinblick auf den gebotenen Nachdruck kann die **Krankenkasse ihren Landesverband** mit der Prüfung beauftragen, wobei teilweise die Krankenkasse mit dem Landesverband identisch ist, wie etwa im AOK-Bereich.

20 **Abs. 5d** wurde mit dem Gesetz für mehr Sicherheit in der Arzneimittelversorgung mit Wirkung vom 16.08.2019 eingefügt. § 31 Abs. 6 regelt den Anspruch auf Versorgung mit Cannabis bei schwerer Erkrankung.

21 **Abs. 5e bis 5f** sind mit dem **Gesetz zur Stärkung der Vor-Ort-Apotheken** mit Wirkung vom 15.12.2020 und Abs. 5g mit Wirkung vom 01.01.2021 eingefügt worden. Hier sind Ansprüche des Versicherten auf pharmazeutische Dienstleistungen durch Apotheken näher konkretisiert. Abs. 5f sieht eine Evaluation betreffend die Auswirkungen der Regelung zu Marktanteilen von Apotheken

und Versandapotheken vor. Abs. 5g eröffnet die Möglichkeit (können – Ermessen) zu einem Zuschlag von 2,50 € zuzüglich Umsatzsteuer für Bodendienste am Lieferort.

Abs. 6 regelt die **Übermittlungspflicht von Daten** im Zusammenhang mit den Aufgaben zur Herstellung einer pharmakologisch-therapeutischen und preislichen Transparenz unter Berücksichtigung der Richtlinien und der gesetzlichen Vorgaben, die die Spitzenorganisationen der Apotheker wahrzunehmen haben. Die Informationspflicht bezieht die laufende Übermittlung von Daten betr. Arzneimittel wie auch die Übermittlung im Einzelfall. Zum Risiko des vom pharmazeutischen Unternehmen zu tragenden Risikos auch unverschuldet verursachter Angaben in der Lauer-Taxe vgl. BSG Urt. v. 02.07.2013 – B 1 KR 18/12 R – SozR 4–2500 § 130a Nr. 9. 22

Abs. 7 bis 10 regelt Einzelfragen zum **Schiedsamtsverfahren** als Schlichtungsregelung. Soweit ein Rahmenvertrag nicht zustande kommt, ist dieses Verfahren zwingend. Mit dem AMNOG ist die Regelung mit Wirkung vom 01.01.2011 an eine Änderung zu § 89 angepasst worden. In Abs. 9 Satz 7 ist – wie auch an anderer Stelle bei vergleichbarer Rechtslage bereits geregelt – nunmehr gleichfalls mit Wirkung vom 01.01.2011 festgelegt worden, dass **Klagen gegen Festsetzung der Schiedsstelle keine aufschiebende Wirkung** haben, wodurch das Verfahren insgesamt beschleunigt werden soll. Mit dem TSVG ist die Anpassung an § 89 in der Fassung ab **11.05.2019** erfolgt, auch bezüglich der Ermächtigung des BMG zum Erlass einer Rechtsverordnung zum Schiedsverfahren nach Maßgabe des **Abs. 10 Satz 2**. 23

### § 129a Krankenhausapotheken

¹Die Krankenkassen oder ihre Verbände vereinbaren mit dem Träger des zugelassenen Krankenhauses das Nähere über die Abgabe verordneter Arzneimittel durch die Krankenhausapotheke an Versicherte, insbesondere die Höhe des für den Versicherten maßgeblichen Abgabepreises. ²Die nach § 300 Abs. 3 SGB V getroffenen Regelungen sind Teil der Vereinbarungen nach Satz 1. ³Eine Krankenhausapotheke darf verordnete Arzneimittel zulasten von Krankenkassen nur abgeben, wenn für sie eine Vereinbarung nach Satz 1 besteht. ⁴Die Regelungen des § 129 Absatz 5c Satz 8 und 12 gelten für Vereinbarungen nach Satz 1 entsprechend.

§ 129a gilt in der Fassung des Art. 1 Nr. 7a AMVSG vom 04.05.2017 (BGBl. I S. 1050) mit Wirkung vom 13.05.2017. 1

§ 129a regelt die Abgabe von Arzneimitteln durch eine **Krankenhausapotheke** im Rahmen der **ambulanten Versorgung** der Versicherten. Ohne einen entsprechenden Vertrag ist die Abgabe auf Kosten der Krankenkassen nicht möglich, vgl. *Axer* in Becker/Kingreen SGB V § 129a Rn. 1. Die ambulante Versorgung ist insbesondere im Rahmen der §§ 116a und 116b von praktischer Relevanz geworden, die teilweise auch mit einer aufwendigen Arzneimittelversorgung verbunden ist. Weiterhin sind auch §§ 137f, 137g und § 140a Abs. 3 Satz 1 Nr. 1 (»besondere Versorgung«, zuvor § 140b Abs. 4 Satz 3 SGB V a.F.) anzuführen. Zu Umsatzsteuerfragen vgl. BSG Urt. v. 09.04.2019 – B 1 KR 5/19 R – SozR 4–2500 § 129a Nr. 2 mit Anm. *Makoski* GuP 2019, 192. 2

Im Bereich der **stationären Versorgung** ist die Versorgung mit Medikamenten bereits Teil der stationären Gesamtversorgung. Die Regelung ist damit Bestandteil des nichtärztlichen Leistungserbringungsrechts (zur Systematik vgl. *Schneider* in jurisPK-SGB V § 129a Rn. 2). Die Abgabe durch die Krankenhausapotheke setzt voraus (vgl. **Satz 3**), dass die **Krankenkassen Vereinbarungen mit dem Träger** des zugelassenen Krankenhauses (vgl. § 108) über die Abgabe verordneter Arzneimittel **abschließen**. Einer solchen Vereinbarung bedarf es insbesondere, weil die Preisvorschriften des AMG für Krankenhausapotheken nicht gelten, vgl. *Luthe* in Hauck/Noftz SGB V § 129a Rn. 3 unter Bezugnahme auf die Materialien, ferner *Schneider* in jurisPK-SGB V § 129a Rn. 9. Zur Korrektur der **Umsatzsteuerfestsetzung** im Falle einer rückwirkend entfallenden Umsatzsteuerpflicht vgl. LSG Baden-Württemberg Urt. v. 16.01.2018 – L 11 KR 1723/17, KrV 2018, 70, hier regelmäßig keinen Anspruch auf Erstattung für die Vergangenheit; vgl. bei Zytostatika SG Saarland Urt. v. 13.12.2017 – S 1 KR 1235/14. 3

4 Die nach § 300 Abs. 3 getroffenen Regelungen sind nach Satz 2 von Gesetzes wegen Teil der Vereinbarungen, die die Krankenkassen mit dem Träger des zugelassenen Krankenhauses festlegen. Dabei handelt es sich um nähere Regelungen zur Arzneimittelabrechnung, insbesondere auch zur Verwendung spezifischer Kennzeichen betreffend die Fertigarzneimittel, Hersteller und die jeweils beteiligten Apotheken.

5 Nach Satz 4 kann die Krankenkasse in Verbindung mit § 129 Abs. 5 Satz 8 und 12 (in der Fassung bis 12.05.2017 Satz 4 und 5) von der Apotheke **Nachweise über Bezugsquellen und verarbeitete Mengen** sowie die tatsächlich vereinbarten Einkaufspreise und vom pharmazeutischen Unternehmer über die vereinbarten Preise für Fertigarzneimittel in parenteralen Zubereitungen verlangen. Diese Verpflichtung entspricht Verpflichtungen, wie diese auch öffentlichen Apotheken oblagen. Die Krankenkasse kann ihren Landesverband mit der Prüfung beauftragen. Die Nachweispflicht war in der Praxis (bestätigt durch LSG Bayern Urt. v. 24.05.2016 – L 5 KR 442/13; Revision anhängig gemacht unter Az.: B 3 KR 13/16 R) in Frage gestellt und etwa auf die Auskunft über Durchschnittspreise ohne weitere Transparenzgewährung begrenzt worden. Dies hat zu einer Erweiterung des § 129 Abs. 5 geführt, die in Satz 4 folglich ab 13.05.2017 in Bezug genommen wird.

6 Zur **Abgrenzung von ambulanter und stationärer Versorgung** im Zusammenhang mit der Versorgung von Versicherten vgl. BSG 27.11.2014 – B 3 KR 12/13 R – SozR 4–2500 § 129a Nr. 1, NZS 2015, 262 mit Anm. *Wesser* jurisPR-MedizinR 2/2015 Anm. 2: Eine in den Räumen eines Krankenhauses durchgeführte ambulante Behandlung (hier Chemotherapie) durch einen zur vertragsärztlichen Versorgung ermächtigten Krankenhausarzt wird nicht aufgrund einer wegen unvorhergesehener Komplikationen unmittelbar anschließenden stationären Behandlung im gleichen Haus zum Bestandteil einer einheitlichen vollstationären Krankenhausbehandlung. Die **Abgabe von Arzneimitteln im Rahmen einer ambulanten Behandlung durch die Krankenhausapotheke** zulasten der GKV bedarf der **Verordnung durch einen ermächtigten Krankenhausarzt**, vgl. LSG Baden-Württemberg Urt. v. 16.01.2018 – L 11 KR 3798/16, RDG 2018, 184.

### § 130 Rabatt

(1) Die Krankenkassen erhalten von den Apotheken für verschreibungspflichtige Fertigarzneimittel sowie für Zubereitungen nach § 5 Absatz 3 der Arzneimittelpreisverordnung, die nicht § 5 Absatz 6 der Arzneimittelpreisverordnung unterfallen, einen Abschlag von 1,77 Euro je Arzneimittel, für sonstige Arzneimittel einen Abschlag in Höhe von 5 vom Hundert auf den für den Versicherten maßgeblichen Arzneimittelabgabepreis.

(1a) *(aufgehoben).*

(2) ¹Ist für das Arzneimittel ein Festbetrag nach § 35 festgesetzt, bemisst sich der Abschlag nach dem Festbetrag. ²Liegt der maßgebliche Arzneimittelabgabepreis nach Absatz 1 unter dem Festbetrag, bemisst sich der Abschlag nach dem niedrigeren Abgabepreis.

(3) ¹Die Gewährung des Abschlags setzt voraus, dass die Rechnung des Apothekers innerhalb von zehn Tagen nach Eingang bei der Krankenkasse beglichen wird. ²Das Nähere regelt der Rahmenvertrag nach § 129.

1 § 130 gilt in der Fassung des Art. 1 Nr. 8 AMVSG vom 04.05.2017 (BGBl. I S. 1050) mit Wirkung vom 13.05.2017.

2 Die Krankenkassen erhalten von den **Apotheken für verschreibungspflichtige Fertigarzneimittel** wie auch für sonstige Arzneimittel **Abschläge**. Derartige **Abschläge auf Arzneimittelpreise** gehen auf eine lange Entwicklung (vgl. dazu *Schnapp* VSSR 2003, 343, erstmals ab 01.01.1914 in der RVO eingeführt) zurück, wobei die Rechtsprechung der Auffassung, es handle sich um eine unzulässige Berufsausübungsregelung (Art. 12 GG) und verfassungswidrige Sonderabgabe (so wohl *Schnapp* a.a.O.; kritisch zur Verfassungsmäßigkeit auch *Dettling* GesR 2006, 81, 82, ferner *Wallerath* SGb 2006, 505), nicht gefolgt ist, vgl. BSG Urt. v. 01.09.2005 – B 3 KR 34/04 R – SozR 4–2500 § 130

Nr. 1, GesR 2006, 186 sowie vom 08.07.2015 – B 3 KR 17/14 R – SozR 4–2500 § 130 Nr. 3, ferner auch BVerfG Beschl. v. 13.09.2005 – 2 BvF 2/03, DVBl 2005, 1503). Vgl hierzu ebenso *Wigge* A&A 2013, 51 und eingehend *Ulrich*, Finanzierungslücken bei medizinischen Innovationen, ferner auch *Luthe* in Hauck/Noftz SGB V § 130 Rn. 5.

Argumentativ gehe vielmehr um eine geringfügige **Kürzung des Anspruchs des Apothekers** gegen die Krankenkasse und damit um eine geringfügige Schmälerung durch einen gesetzlich festgelegten Abschlag (Rabatt), der durch die Bindung an die Wahrung der **Zehntagefrist nach Rechnungseingang für die Zahlung**, vgl. Abs. 3, den Charakter eines Skontos erhalte und damit mit einer **Gegenleistung** verbunden sei. Zudem stelle der Rabatt einen zulässigen Mengenrabatt dar (vgl. BSG Urt. v. 01.09.2005 – B 3 KR 34/04 R a.a.O. Rn. 34, 35); so auch mit weiteren Hinweisen SG Marburg Urt. v. 10.09.2014 – S 6 KR 84/14. 3

Bei der Festlegung der Rabattgewährung unterscheidet der Gesetzgeber zwischen **Arzneimitteln mit Festsetzung eines Festbetrags** (so in Abs. 2) wie auch **ohne eine solche Festsetzung** (so in Abs. 1), wobei diese Vorgabe für die Festlegung des maßgeblichen Ausgangspreises von Bedeutung ist. Bei der Rabattgewährung wird weiterhin zwischen **verschreibungspflichtigen** Fertigarzneimitteln (Abs. 1 1. Hs.) und **sonstigen Arzneimitteln** (Abs. 1 2. Hs., etwa verschreibungspflichtige Arzneimittel, die in der Apotheke hergestellt werden, nicht verschreibungspflichtige Arzneimittel, die nach § 34 Abs. 1 ausnahmsweise verordnet werden können wie auch arzneimittelgemäß § 44, § 47 AMG) unterschieden, was für den **Berechnungsmodus** des Abschlags von Bedeutung ist (feste Abschlagsbetrag bei verschreibungspflichtigen Fertigarzneimitteln, im Übrigen eine prozentuale Berechnung), vgl. *Luthe* in Hauck/Noftz SGB V § 130 Rn. 6. 4

Der **Rabatt** ist von dem für den Versicherten maßgeblichen **Arzneimittelabgabepreis** einzuräumen. Der **Arzneimittelabgabepreis** ergibt sich aus dem **Herstellerabgabepreis** (bei verschreibungspflichtigen Arzneimitteln einheitlich, vgl. § 78 AMG und VO, aber ausgenommen Festbeträge und Vereinbarungen vom Hersteller festgelegt wird; zur Preiskorrektur vgl. § 130b zwischen GKV-Spitzenverband und pharmazeutischen Unternehmen; zur Höhe vgl. die Lauertaxe). Es gilt hier Preisbindung. Bei apothekenpflichtigen Arzneimitteln sind der Großhandelszuschlag sowie der Apothekenzuschlag einzubeziehen, ferner auch die Mehrwertsteuer, vgl. *Schneider* in jurisPK-SGB V § 130 Rn. 8. 5

Die Entwicklung der Höhe des Abschlags bestärkte den Gesetzgeber eines GKV-VSG, den **Abschlag von Gesetzes wegen auf 1,77 € festzusetzen** und das **Anpassungsverfahren** (unter Aufhebung von Abs. 1 Satz 2 und 3) **nicht mehr vorzusehen**. Diese Vorgehensweise entspricht zudem einem Vorschlag des Deutschen Apothekerverbandes (DAV) und des GKV-Spitzenverbandes, da das gesetzlich vorgesehene Verfahren zu »erheblichen Streitereien« Anlass gegeben habe (beruhend auf einer bereits zum 01.07.2014 getroffenen Abrede). Zu der mit Wirkung vom 23.07.2015 aufgehobenen – weil gegenstandslos gewordenen – Regelung in Abs. 1 Satz 2 und 3 vgl. Erläuterungen I 2 und II 2. 6

Sollte der Gesetzgeber, der nunmehr die gesetzliche Festlegung i.H.v. 1,77 € vorgenommen hat, nochmals zu einem **Vertragsprinzip** zurückkehren, nennt *Luthe* (in Hauck/Noftz SGB V § 130 Rn. 8) hierfür maßgebliche Kriterien, nämlich u.a. die Leistungsgerechtigkeit, als Beurteilungsmaßstab die Vergütungssumme für die Leistungen aller Apotheken, die Kosten bei einer wirtschaftlichen Betriebsführung und die Gesamtentwicklung im Rahmen der Feststellung der Leistungsgerechtigkeit, wobei es sich um unbestimmter Rechtsbegriffe handelt die – in der Praxis nach Durchführung eines Schiedsverfahrens – nur sehr eingeschränkt einer gerichtlichen Kontrolle unterworfen sein würden. Zur Rechtsentwicklung vgl. eingehend *Armbruster* in Eichenhofer/Wenner SGB V § 130 Rn. 7 ff., mit den Stichworten Gesamtbewertung, Leistungsgerechtigkeit und wirtschaftliche Betriebsprüfung als Durchschnitt, vgl. ferner BSG Urt. v. 08.10.2014 – B 3 KR 7/14 R – SozR 4–5560 § 17c Nr. 2, SGb 2014, 670 sowie zur Schiedsstelle nach § 80 SGB XII – einer Parallele zu § 130 Abs. 1 SGB V, BSG Urt. v. 23.07.2014 – B 8 SO 2/13 R – SozR 4–3500 § 77 Nr. 1, Sozialrecht aktuell 2014, 257 mit Anm. *Timm* GuP 2015, 75. 7

8  Für **Festbetragsarzneimittel** gilt nach **Abs. 2 eine Sonderregelung,** die gleichfalls mehrfach geändert worden ist und maßgeblich durch ein angestrebtes Einsparungsvolumen geprägt wird. Für Arzneimittel, für die ein **Festbetrag** (vgl. §§ 35–35a war als Bezugsvorschrift schon länger ohne Bedeutung, wurde jedoch erst förmlich ab 13.05.2017 herausgenommen) festgelegt ist, bemisst sich der **Abschlag nach dem Festbetrag.** Bei einem gegenüber dem Festbetrag niedrigeren Arzneimittelabgabepreis ist dieser Abgabepreis für die Bemessung des Abschlags maßgeblich, **Abs. 2.** Da der Rabatt bei verschreibungspflichtigen Fertigarzneimitteln im Hinblick auf Abs. 1 ohne Rücksicht auf den tatsächlichen Verkaufspreis festzulegen ist, ist die praktische Bedeutung von Abs. 2 gering, vgl. *Schneider* in jurisPK-SGB V § 130 Rn. 13.

9  Wählen Versicherte **Kostenerstattung** (vgl. auch § 53), ist die **Leistungspflicht der Krankenkasse** grundsätzlich auf den Umfang der sonst zu gewährenden Sach- und Dienstleistungen begrenzt; es verstößt auch nicht gegen das Grundgesetz, dass die Erstattungshöhe durch den bei einer Naturalleistung der Krankenkasse zu gewährenden **Apotheken- und Herstellerrabatt** begrenzt ist, vgl. BSG Urt. v. 08.09.2009 – B 1 KR 1/09 R – SozR 4–2500 § 13 Nr. 22, SGb 2010, 656 mit Anm. *Littmann* SGb 2010, 661. Bei Systemversagen sollte jedoch die volle Kostenerstattung greifen, vgl. BSG Urt. v. 02.09.2014 – B 1 KR 11/13 R.

10  Auch sollen **Rabatte nach §§ 130, 130a** nicht zulasten des Versicherten in Abzug zu bringen sein; **§ 13 Abs. 3 Satz 1 stelle auf die dem Versicherten tatsächlich entstandenen Kosten ab,** so die Vorinstanz, hier LSG Nordrhein-Westfalen Urt. v. 28.02.2013 – L 5 KN 182/10 KR, PharmR 2013, 360 mit Anm. *Stallberg* PharmR 2013, 365.

11  **Abs. 3** legt fest, dass der Abschlag nur erfolgen darf, wenn die Rechnung des Apothekers innerhalb von zehn Tagen nach Eingang bei der Krankenkasse beglichen wird. Dies wird nach höchstrichterlicher Rechtsprechung auch als **Gegenleistung zum Abschlag angesehen,** vgl. BSG Urt. v. 01.09.2005 – B 3 KR 34/04 R – SozR 4–2500 § 130 Nr. 1, GesR 2006, 186, teilweise auch als Argument für die Verfassungsmäßigkeit der Rabattregelung. Einzelheiten sind Gegenstand des Rahmenvertrages nach § 129 Abs. 3 Satz 2, hier insbesondere auch von § 9 des Rahmenvertrages.

12  Ein **Streit zwischen Apotheker und Krankenkasse** über die **Rückzahlung** eines einbehaltenen **Abschlags** betrifft keine Angelegenheit, in der der Vertrag auf Bundesebene betroffen sein könnte, mit der Folge, dass das SG Berlin gem. § 57a Abs. 4 SGG – Sitz der KBV – zuständig wäre, vgl. SG Marburg Urt. v. 10.09.2014 – S 6 KR 84/14. Keine Anwendung findet die 10-Tage-Frist, wenn die **Berechnungselemente** für die Vergütung nachträglich und rückwirkend **geändert** werden, hier im Zusammenhang mit der Anpassung für 2009, vgl. SG Berlin Urt. v. 10.11.2014 – S 81 KR 2981/13, KrV 2015, 37 mit Anm. *Krasney* KrV 2015, 37; vgl. ebenso SG Aachen Urt. v. 19.08.2014 – S 13 KR 385/13; im Revisionsverfahren auf andere Weise erledigt.

13  In der **Arzneimittelwerbung** wurde eine irreführende Preisgegenüberstellung bei Angabe eines um 5 % überhöhten Vergleichspreis angenommen, hier gem. § 5 Abs. 1 Satz 1 UWG, vgl. BGH Urt. v. 31.03.2016 – I ZR 31/15, WPR 2016, 1217.

## § 130a Rabatte der pharmazeutischen Unternehmer

(1) [1]Die Krankenkassen erhalten von Apotheken für zu ihren Lasten abgegebene Arzneimittel einen Abschlag in Höhe von 7 vom Hundert des Abgabepreises des pharmazeutischen Unternehmers ohne Mehrwertsteuer. [2]Für Arzneimittel nach Absatz 3b Satz 1 beträgt der Abschlag nach Satz 1 6 vom Hundert. [3]Pharmazeutische Unternehmer sind verpflichtet, den Apotheken den Abschlag zu erstatten. [4]Soweit pharmazeutische Großhändler nach Absatz 5 bestimmt sind, sind pharmazeutische Unternehmer verpflichtet, den Abschlag den pharmazeutischen Großhändlern zu erstatten. [5]Der Abschlag ist den Apotheken und pharmazeutischen Großhändlern innerhalb von zehn Tagen nach Geltendmachung des Anspruches zu erstatten. [6]Satz 1 gilt für *Fertigarzneimittel,* deren Apothekenabgabepreise aufgrund der Preisvorschriften nach dem Arzneimittelgesetz oder aufgrund des § 129 Absatz 3 Satz 3 oder Absatz 5a bestimmt sind, sowie

für Arzneimittel, die nach § 129a abgegeben werden. ⁷Die Krankenkassen erhalten den Abschlag nach Satz 1 für Fertigarzneimittel in parenteralen Zubereitungen, für Fertigarzneimittel, aus denen Teilmengen entnommen und abgegeben werden, sowie für Arzneimittel, die nach § 129a abgegeben werden, auf den Abgabepreis des pharmazeutischen Unternehmers ohne Mehrwertsteuer, der bei Abgabe an Verbraucher auf Grund von Preisvorschriften nach dem Arzneimittelgesetz oder nach § 129 Absatz 3 Satz 3 gilt. ⁸Wird nur eine Teilmenge des Fertigarzneimittels abgerechnet, wird der Abschlag nur für diese Mengeneinheiten erhoben.

(1a) ¹Vom 1. August 2010 bis zum 31. Dezember 2013 beträgt der Abschlag für verschreibungspflichtige Arzneimittel einschließlich Fertigarzneimittel in parenteralen Zubereitungen abweichend von Absatz 1 16 Prozent. ²Satz 1 gilt nicht für Arzneimittel nach Absatz 3b Satz 1. ³Die Differenz des Abschlags nach Satz 1 zu dem Abschlag nach Absatz 1 mindert die am 30. Juli 2010 bereits vertraglich vereinbarten Rabatte nach Absatz 8 entsprechend. ⁴Eine Absenkung des Abgabepreises des pharmazeutischen Unternehmers ohne Mehrwertsteuer gegenüber dem Preisstand am 1. August 2009, die ab dem 1. August 2010 vorgenommen wird, mindert den Abschlag nach Satz 1 in Höhe des Betrags der Preissenkung, höchstens in Höhe der Differenz des Abschlags nach Satz 1 zu dem Abschlag nach Absatz 1; § 130a Absatz 3b Satz 2 zweiter Halbsatz gilt entsprechend. ⁵Für Arzneimittel, die nach dem 1. August 2009 in den Markt eingeführt wurden, gilt Satz 4 mit der Maßgabe, dass der Preisstand der Markteinführung Anwendung findet. ⁶Hat ein pharmazeutischer Unternehmer für ein Arzneimittel, das im Jahr 2010 zu Lasten der gesetzlichen Krankenversicherung abgegeben wurde und das dem erhöhten Abschlag nach Satz 1 unterliegt, auf Grund einer Preissenkung ab dem 1. August 2010 nicht den Abschlag gezahlt, obwohl die Preissenkung nicht zu einer Unterschreitung des am 1. August 2009 geltenden Abgabepreises des pharmazeutischen Unternehmers um mindestens 10 Prozent geführt hat, gilt für die im Jahr 2011 abgegebenen Arzneimittel abweichend von Satz 1 ein Abschlag von 20,5 Prozent. ⁷Das gilt nicht, wenn der pharmazeutische Unternehmer den nach Satz 6 nicht gezahlten Abschlag spätestens bis zu dem Tag vollständig leistet, an dem der Abschlag für die im Dezember 2010 abgegebenen Arzneimittel zu zahlen ist. ⁸Der erhöhte Abschlag von 20,5 Prozent wird durch eine erneute Preissenkung gegenüber dem am 1. August 2009 geltenden Abgabepreis des pharmazeutischen Unternehmers gemindert; Satz 4 gilt entsprechend.

(2) ¹Die Krankenkassen erhalten von den Apotheken für die zu ihren Lasten abgegebenen Impfstoffe für Schutzimpfungen nach § 20i einen Abschlag auf den Abgabepreis des pharmazeutischen Unternehmers ohne Mehrwertsteuer, mit dem der Unterschied zu einem geringeren durchschnittlichen Preis nach Satz 2 je Mengeneinheit ausgeglichen wird. ²Der durchschnittliche Preis je Mengeneinheit ergibt sich aus den tatsächlich gültigen Abgabepreisen des pharmazeutischen Unternehmers in den vier Mitgliedstaaten der Europäischen Union oder den anderen Vertragsstaaten des Abkommens über den Europäischen Wirtschaftsraum, in denen der wirkstoffidentische Impfstoff abgegeben wird, mit den am nächsten kommenden Bruttonationaleinkommen, gewichtet nach den jeweiligen Umsätzen und Kaufkraftparitäten. ³Absatz 1 Satz 3 bis 5, Absätze 6 und 7 sowie § 131 Absätze 4 und 5 gelten entsprechend. ⁴Der pharmazeutische Unternehmer ermittelt die Höhe des Abschlags nach Satz 1 und den durchschnittlichen Preis nach Satz 2 und übermittelt dem Spitzenverband Bund der Krankenkassen auf Anfrage die Angaben zu der Berechnung. ⁵Kann der Abschlag nach Satz 1 nicht ermittelt werden, gilt Absatz 1 Satz 1 entsprechend. ⁶Das Nähere regelt der Spitzenverband Bund der Krankenkassen. ⁷Bei Preisvereinbarungen für Impfstoffe, für die kein einheitlicher Apothekenabgabepreis nach den Preisvorschriften auf Grund des Arzneimittelgesetzes oder nach § 129 Absatz 3 Satz 3 gilt, darf höchstens ein Betrag vereinbart werden, der dem entsprechenden Apothekenabgabepreis abzüglich des Abschlags nach Satz 1 entspricht.

(3) Die Absätze 1, 1a und 2 gelten nicht für Arzneimittel, für die ein Festbetrag auf Grund des § 35 festgesetzt ist.

(3a) ¹Erhöht sich der Abgabepreis des pharmazeutischen Unternehmers ohne Mehrwertsteuer gegenüber dem Preisstand am 1. August 2009, erhalten die Krankenkassen für die zu ihren

Lasten abgegebenen Arzneimittel ab dem 1. August 2010 bis zum 31. Dezember 2022 einen Abschlag in Höhe des Betrages der Preiserhöhung; dies gilt nicht für Arzneimittel, für die ein Festbetrag auf Grund des § 35 festgesetzt ist. [2]Zur Berechnung des Abschlags nach Satz 1 ist der Preisstand vom 1. August 2009 erstmalig am 1. Juli 2018 und jeweils am 1. Juli der Folgejahre um den Betrag anzuheben, der sich aus der Veränderung des vom Statistischen Bundesamt festgelegten Verbraucherpreisindex für Deutschland im Vergleich zum Vorjahr ergibt. [3]Für Arzneimittel, die nach dem 1. August 2010 in den Markt eingeführt werden, gilt Satz 1 mit der Maßgabe, dass der Preisstand der Markteinführung Anwendung findet. [4]Bei Neueinführungen eines Arzneimittels, für das der pharmazeutische Unternehmer bereits ein Arzneimittel mit gleichem Wirkstoff und vergleichbarer Darreichungsform in Verkehr gebracht hat, ist der Abschlag auf Grundlage des Preises je Mengeneinheit der Packung zu berechnen, die dem neuen Arzneimittel in Bezug auf die Packungsgröße unter Berücksichtigung der Wirkstärke am nächsten kommt. [5]Satz 4 gilt entsprechend bei Änderungen zu den Angaben des pharmazeutischen Unternehmers oder zum Mitvertrieb durch einen anderen pharmazeutischen Unternehmer. [6]Für importierte Arzneimittel, die nach § 129 Absatz 1 Satz 1 Nummer 2 abgegeben werden, gilt abweichend von Satz 1 ein Abrechnungsbetrag von höchstens dem Betrag, welcher entsprechend den Vorgaben des § 129 Absatz 1 Satz 1 Nummer 2 niedriger ist als der Arzneimittelabgabepreis des Bezugsarzneimittels einschließlich Mehrwertsteuer, unter Berücksichtigung von Abschlägen für das Bezugsarzneimittel aufgrund dieser Vorschrift. [7]Abschläge nach Absatz 1, 1a und 3b werden zusätzlich zu dem Abschlag nach den Sätzen 1 bis 5 erhoben. [8]Rabattbeträge, die auf Preiserhöhungen nach Absatz 1 und 3b zu gewähren sind, vermindern den Abschlag nach den Sätzen 1 bis 6 entsprechend. [9]Für die Abrechnung des Abschlags nach den Sätzen 1 bis 6 gelten die Absätze 1, 5 bis 7 und 9 entsprechend. [10]Absatz 4 findet Anwendung. [11]Das Nähere regelt der Spitzenverband Bund der Krankenkassen ab dem 13. Mai 2017 im Benehmen mit den für die Wahrnehmung der wirtschaftlichen Interessen gebildeten maßgeblichen Spitzenorganisationen der pharmazeutischen Unternehmer auf Bundesebene. [12]Der Abschlag nach Satz 1 gilt entsprechend für Arzneimittel, die nach § 129a abgegeben werden; Absatz 1 Satz 7 gilt entsprechend. [13]Für Arzneimittel zur spezifischen Therapie von Gerinnungsstörungen bei Hämophilie gilt Satz 1 mit der Maßgabe, dass der Preisstand des 1. September 2020 Anwendung findet.

(3b) [1]Für patentfreie, wirkstoffgleiche Arzneimittel erhalten die Krankenkassen ab dem 1. April 2006 einen Abschlag von 10 vom Hundert des Abgabepreises des pharmazeutischen Unternehmers ohne Mehrwertsteuer; für preisgünstige importierte Arzneimittel gilt Absatz 3a Satz 6 entsprechend. [2]Eine Absenkung des Abgabepreises des pharmazeutischen Unternehmers ohne Mehrwertsteuer, die ab dem 1. Januar 2007 vorgenommen wird, vermindert den Abschlag nach Satz 1 in Höhe des Betrages der Preissenkung; wird der Preis innerhalb der folgenden 36 Monate erhöht, erhöht sich der Abschlag nach Satz 1 um den Betrag der Preiserhöhung ab der Wirksamkeit der Preiserhöhung bei der Abrechnung mit der Krankenkasse. [3]Die Sätze 1 und 2 gelten nicht für Arzneimittel, deren Abgabepreis des pharmazeutischen Unternehmers ohne Mehrwertsteuer mindestens um 30 vom Hundert niedriger als der jeweils gültige Festbetrag ist, der diesem Preis zugrunde liegt. [4]Satz 2 zweiter Halbsatz gilt nicht für Preiserhöhungen, die sich aus der Anhebung des Preisstands vom 1. August 2009 nach Absatz 3a Satz 2 ergeben. [5]Absatz 3a Satz 8 bis 11 gilt entsprechend. [6]Satz 2 gilt nicht für ein Arzneimittel, dessen Abgabepreis nach Satz 1 im Zeitraum von 36 Monaten vor der Preissenkung erhöht worden ist; Preiserhöhungen vor dem 1. Dezember 2006 sind nicht zu berücksichtigen. [7]Für ein Arzneimittel, dessen Preis einmalig zwischen dem 1. Dezember 2006 und dem 1. April 2007 erhöht und anschließend gesenkt worden ist, kann der pharmazeutische Unternehmer den Abschlag nach Satz 1 durch eine ab 1. April 2007 neu vorgenommene Preissenkung von mindestens 10 vom Hundert des Abgabepreises des pharmazeutischen Unternehmers ohne Mehrwertsteuer ablösen, sofern er für die Dauer von zwölf Monaten ab der neu vorgenommenen Preissenkung einen weiteren Abschlag von 2 vom Hundert des Abgabepreises nach Satz 1 gewährt.

(4) ¹Das Bundesministerium für Gesundheit hat nach einer Überprüfung der Erforderlichkeit der Abschläge nach den Absätzen 1, 1a und 3a nach Maßgabe des Artikels 4 der Richtlinie 89/105/EWG des Rates vom 21. Dezember 1988 betreffend die Transparenz von Maßnahmen zur Regelung der Preisfestsetzung bei Arzneimitteln für den menschlichen Gebrauch und ihre Einbeziehung in die staatlichen Krankenversicherungssysteme die Abschläge durch Rechtsverordnung mit Zustimmung des Bundesrates aufzuheben oder zu verringern, wenn und soweit diese nach der gesamtwirtschaftlichen Lage, einschließlich ihrer Auswirkung auf die gesetzliche Krankenversicherung, nicht mehr gerechtfertigt sind. ²Über Anträge pharmazeutischer Unternehmer nach Artikel 4 der in Satz 1 genannten Richtlinie auf Ausnahme von den nach den Absätzen 1, 1a und 3a vorgesehenen Abschlägen entscheidet das Bundesministerium für Gesundheit. ³Das Vorliegen eines Ausnahmefalls und der besonderen Gründe sind im Antrag hinreichend darzulegen. ⁴§ 34 Absatz 6 Satz 3 bis 5 und 7 gilt entsprechend. ⁵Das Bundesministerium für Gesundheit kann Sachverständige mit der Prüfung der Angaben des pharmazeutischen Unternehmers beauftragen. ⁶Dabei hat es die Wahrung der Betriebs- und Geschäftsgeheimnisse sicherzustellen. ⁷§ 137g Absatz 1 Satz 7 bis 9 und 13 gilt entsprechend mit der Maßgabe, dass die tatsächlich entstandenen Kosten auf der Grundlage pauschalierter Kostensätze berechnet werden können. ⁸Das Bundesministerium für Gesundheit kann die Aufgaben nach den Sätzen 2 bis 7 auf eine Bundesoberbehörde übertragen.

(5) Der pharmazeutische Unternehmer kann berechtigte Ansprüche auf Rückzahlung der Abschläge nach den Absätzen 1, 1a, 2, 3a und 3b gegenüber der begünstigten Krankenkasse geltend machen.

(6) ¹Zum Nachweis des Abschlags übermitteln die Apotheken die Arzneimittelkennzeichen über die abgegebenen Arzneimittel sowie deren Abgabedatum auf der Grundlage der den Krankenkassen nach § 300 Abs. 1 übermittelten Angaben maschinenlesbar an die pharmazeutischen Unternehmer oder, bei einer Vereinbarung nach Absatz 5, an die pharmazeutischen Großhändler. ²Die pharmazeutischen Unternehmer sind verpflichtet, die erforderlichen Angaben zur Bestimmung des Abschlags an die für die Wahrnehmung der wirtschaftlichen Interessen maßgeblichen Organisationen der Apotheker sowie den Spitzenverband Bund der Krankenkassen zur Erfüllung ihrer gesetzlichen Aufgaben auf maschinell lesbaren Datenträgern zu übermitteln. ³Die für die Wahrnehmung der wirtschaftlichen Interessen gebildeten maßgeblichen Spitzenorganisationen der Apotheker, der pharmazeutischen Großhändler und der pharmazeutischen Unternehmer können in einem gemeinsamen Rahmenvertrag das Nähere regeln.

(7) ¹Die Apotheke kann den Abschlag nach Ablauf der Frist nach Absatz 1 Satz 4 gegenüber pharmazeutischen Großhändlern verrechnen. ²Pharmazeutische Großhändler können den nach Satz 1 verrechneten Abschlag, auch in pauschalierter Form, gegenüber den pharmazeutischen Unternehmern verrechnen.

(8) ¹Die Krankenkassen oder ihre Verbände können mit pharmazeutischen Unternehmern Rabatte für die zu ihren Lasten abgegebenen Arzneimittel vereinbaren. ²Dabei kann insbesondere eine mengenbezogene Staffelung des Preisnachlasses, ein jährliches Umsatzvolumen mit Ausgleich von Mehrerlösen oder eine Erstattung in Abhängigkeit von messbaren Therapieerfolgen vereinbart werden. ³Verträge nach Satz 1 über patentfreie Arzneimittel sind so zu vereinbaren, dass die Pflicht des pharmazeutischen Unternehmers zur Gewährleistung der Lieferfähigkeit frühestens sechs Monate nach Versendung der Information nach § 134 Absatz 1 des Gesetzes gegen Wettbewerbsbeschränkungen und frühestens drei Monate nach Zuschlagserteilung beginnt. ⁴Der Bieter, dessen Angebot berücksichtigt werden soll, ist zeitgleich zur Information nach § 134 Absatz 1 des Gesetzes gegen Wettbewerbsbeschränkungen über die geplante Annahme des Angebots zu informieren. ⁵Rabatte nach Satz 1 sind von den pharmazeutischen Unternehmern an die Krankenkassen zu vergüten. ⁶Eine Vereinbarung nach Satz 1 berührt die Abschläge nach den Absätzen 3a und 3b nicht; Abschläge nach den Absätzen 1, 1a und 2 können abgelöst werden, sofern dies ausdrücklich vereinbart ist. ⁷Die Krankenkassen oder ihre Verbände können Leistungserbringer oder Dritte am Abschluss von Verträgen nach Satz 1 beteiligen oder diese mit

dem Abschluss solcher Verträge beauftragen. [8]Die Vereinbarung von Rabatten nach Satz 1 soll für eine Laufzeit von zwei Jahren erfolgen. [9]In den Vereinbarungen nach Satz 1 sind die Vielfalt der Anbieter und die Sicherstellung einer bedarfsgerechten Versorgung der Versicherten zu berücksichtigen. [10]Satz 1 gilt nicht für Impfstoffe für Schutzimpfungen nach § 20i.

(8a) [1]Die Landesverbände der Krankenkassen und die Ersatzkassen können zur Versorgung ihrer Versicherten mit in Apotheken hergestellten parenteralen Zubereitungen aus Fertigarzneimitteln in der Onkologie zur unmittelbaren ärztlichen Anwendung bei Patienten mit pharmazeutischen Unternehmern Rabatte für die jeweils verwendeten Fertigarzneimittel vereinbaren. [2]Vereinbarungen nach Satz 1 müssen von den Landesverbänden der Krankenkassen und den Ersatzkassen gemeinsam und einheitlich geschlossen werden. [3]Absatz 8 Satz 2 bis 9 gilt entsprechend. [4]In den Vereinbarungen nach Satz 1 ist die Sicherstellung einer bedarfsgerechten Versorgung der Versicherten zu berücksichtigen.

(9) [1]Pharmazeutische Unternehmer können einen Antrag nach Absatz 4 Satz 2 auch für ein Arzneimittel stellen, das zur Behandlung eines seltenen Leidens nach der Verordnung (EG) Nr. 141/2000 des Europäischen Parlaments und des Rates vom 16. Dezember 1999 zugelassen ist. [2]Dem Antrag ist stattzugeben, wenn der Antragsteller nachweist, dass durch einen Abschlag nach den Absätzen 1, 1a und 3a seine Aufwendungen insbesondere für Forschung und Entwicklung für das Arzneimittel nicht mehr finanziert werden.

## Übersicht

| | Rdn. |
|---|---|
| A. Regelungsinhalt | 1 |
| B. Rabatte der pharmazeutischen Unternehmer | 19 |
|   I. Verpflichtung zur Gewährung von Rabatten | 20 |
|   II. Einbeziehung der Krankenhausapotheken nach § 129a SGB V (Abs. 3a Satz 12) und Hämophilie-Arzneimittel (Abs. 3a Satz 13) | 25 |
|   III. Befristet erhöhter Herstellerabschlag für verschreibungspflichtige Arzneimittel ohne Festbetrag (Abs. 1a) | 28 |
| C. Rabattgewährung bei Preiserhöhungen | 29 |
|   I. Regelungen zur Verfahrensweise bei Preiserhöhungen | 30 |
|   II. Erhöhung des Abgabepreises gegenüber Preisstand 01.08.2009 und befristetes Preismoratorium (Abs. 3a Satz 1 bis 3) | 32 |
|   III. Neueinführung von Arzneimitteln (Abs. 3a Satz 4 und 5) | 37 |
|   IV. Importierte Arzneimittel und weitere Maßnahmen zur Preisbegrenzung (Abs. 3a Satz 6 bis 11) | 40 |
|   V. Patentfreie wirkstoffgleiche Arzneimittel (Abs. 3b – Generika) | 42 |
|   VI. Impfstoffe (Abs. 2) | 49 |
| D. Verfahren zur Durchführung der Rabattgewährung | 53 |
|   I. Ermächtigung zum Erlass einer Rechtsverordnung zur Abänderung von Abschlägen (Abs. 4) | 53 |
|   II. Feststellung von Ausnahmen vom Preismoratorium und vom erhöhten Herstellerrabatt auf Antrag (Abs. 4 Satz 2 bis 8) | 55 |
|   III. Antrag auf Feststellung betr. Arzneimittel zur Behandlung von seltenen Leiden (Abs. 9) | 61 |
|   IV. Ansprüche auf Rückzahlung von Abschlägen durch pharmazeutische Unternehmen (Abs. 5) | 64 |
|   V. Nachweisführung durch die Apotheken und Verrechnungsmöglichkeiten (Abs. 6 und 7) | 66 |
| E. **Vertragliche Vereinbarungen über zusätzliche Rabatte (Abs. 8)** | 70 |
|   I. Vereinbarung von Rabatten nach Abs. 8 Satz 1 | 71 |
|     1. Anwendung von Vergaberecht | 73 |
|     2. Modelle von Vereinbarungen | 90 |
|     3. Anforderungen an das Verfahren durch die Krankenkassen | 95 |
|   II. Inhalte von Rabattvereinbarungen und Rechtsfolgen (Abs. 8 Satz 2 bis 6) | 103 |
|     1. Vorgaben nach Satz 2, 5 und 6 | 108 |
|     2. Berücksichtigung der Lieferfähigkeit von pharmazeutischen Unternehmern (Abs. 8 Satz 3 und 4) | 110 |
|     3. Ausschreibung von Rabattverträgen für Generika | 118 |
|     4. Rabattvereinbarungen bei patentgeschützten Arzneimitteln | 119 |
|   III. Beteiligung von Leistungserbringern (Abs. 8 Satz 7) | 120 |
|   IV. Befristung von Vereinbarungen im Regelfall (Abs. 8 Satz 8) | 121 |
|   V. Beachtung der Vielfalt der Anbieter (Abs. 8 Satz 9) | 123 |
|   VI. Rabattverträge über Fertigarzneimittel in parenteralen Zubereitungen (Abs. 8a) | 126 |

## A. Regelungsinhalt

§ 130a gilt in der Fassung des Art. 1 Nr. 35 GVWG vom 11.07.2021 (BGBl. S. 2754) mit Wirkung vom 20.07.2021.

*(unbesetzt)*

Für Arzneimittel, die zulasten der GKV abgegeben werden, sind **Rabatte der pharmazeutischen Unternehmer** an die Krankenkassen zu entrichten. Dabei zeichnet der Gesetzgeber **zwei Wege** auf, nämlich einerseits Verpflichtungen des pharmazeutischen Unternehmers zum Preisnachlass kraft Gesetzes (vornehmlich § 130a Abs. 1 bis 7) sowie andererseits die Möglichkeit eines Vertrages zwischen Krankenkasse und pharmazeutischem Unternehmer (vornehmlich § 130a Abs. 8). Eine wesentliche Änderung ist durch § 130b insoweit erfolgt, als pharmazeutische Unternehmer die Festsetzung von Arzneimitteln nicht mehr frei vornehmen können. Diese müssen in einer »frühen Nutzenbewertung« den Nachweis eines Zusatznutzens erbringen, wobei die Bewertung des Nutzens unverzüglich nach Markteinführung erfolgt, § 35 Abs. 1 Satz 3 SGB V, § 4 Abs. 3 AM-NutzV. Arzneimittel aus dem Bestandsmarkt werden hier von jedoch nicht erfasst, weshalb ein Preismoratorium bis Ende 2022 (in der Fassung des AMVSG) vorgegeben ist.

**Systematisch** stehen § 130a, § 130b (Vereinbarungen zwischen dem GKV-Spitzenverband und pharmazeutischen Unternehmern über Erstattungsbeträge für Arzneimittel und Verordnungsermächtigung, in der Fassung ab 01.03.2018) **sowie § 130c** (Verträge von Krankenkassen mit pharmazeutischen Unternehmern) im **Zusammenhang** (vgl. *Luthe* in Hauck/Noftz SGB V 04/20 § 130a Rn. 4b, 4c), wobei die Rabattierungsvorschrift des § 130a inhaltlich auch in der privaten Krankenversicherung eine Parallele findet, vgl. § 1 AM-RabattG.

An der **Abwicklung der Rabatte** nach § 130a sind die **Krankenkassen**, die **Apotheken** sowie die **pharmazeutischen Unternehmer** beteiligt, ggf. auch der Apothekengroßhandel, vgl. BSG Urt. v. 29.04.2010 – B 3 KR 3/09 R – SozR 4–2500 § 130a Nr. 6. Die Krankenkassen behalten den Betrag entsprechend dem Rabatt bzw. Abschlag zum Herstellerabgabepreis (vgl. zum Begriff näher BSG Urt. v. 02.07.2013 – B 1 KR 18/12 R – SozR 4–2500 § 130a Nr. 9) ein, wobei die pharmazeutischen Unternehmer verpflichtet sind, den Rabattbetrag binnen zehn Tagen den Apotheken zu zahlen (ggf. über die Großhändler abgewickelt). **Abs. 6** regelt die Nachweispflichten der Apotheken zur Abrechnung des Abschlags.

Zur Stärkung des Vertragsprinzips erhalten die Krankenkassen und pharmazeutischen Unternehmen zudem die Möglichkeit zu direkten vertraglichen Vereinbarungen. Eine **gerichtliche Überprüfung** ist sowohl im Verhältnis Apotheker zu Krankenkasse (vgl. BSG Urt. v. 27.10.2009 – B 1 KR 7/09 R – SozR 4–2500 § 130a Nr. 4) als auch Apotheker zum pharmazeutischen Unternehmer (vgl. BSG Urt. v. 17.12.2009 – B 3 KR 14/08 R – SozR 4–2500 § 130a Nr. 5) denkbar.

**§ 130a regelt Rabatte,** die letztlich die **pharmazeutischen Unternehmer einzuräumen haben,** auch wenn diese über die pharmazeutischen Großhändler und Apotheker **abgewickelt** werden. Die Vereinbarung nach **Abs. 8** bedarf regelmäßig der Anwendung der **vergaberechtlichen Vorschriften** im Wettbewerb und im Wege transparenter Vergabeverfahren mit Ausschreibung. Hier sind mit dem Vergaberechtsmodernisierungsgesetz – VergRModG vom 17.02.2016 – BGBl. I S. 203 mit Wirkung vom 18.04.2016 – auch mittelbar – und mit Art. 1a Zweites Gesetz zur Änderung des Buchpreisbindungsgesetzes vom 31.07.2016 – BGBl. I S. 1937 mit Wirkung vom 06.08.2016 – hier zu § 69 – umfangreiche Änderungen erfolgt. Zusätzlich ist **Abs. 8 durch Satz 3 und 4 mit Wirkung vom 01.03.2018** dahingehend ergänzt worden, als – auch zur Stärkung von mittelständischen Unternehmen – auf die Gewährleistung der Lieferfähigkeit Rücksicht zu nehmen ist. Vorrangig wiederum gegenüber § 130a Abs. 8 sind **Verträge** von Krankenkassen mit pharmazeutischen Unternehmern **nach § 130c**, beides Selektivverträge; § 130a Abs. 8 setzt damit im Ergebnis voraus, dass ein bundesweit geltender Erstattungsbetrag nicht festgesetzt worden ist (s.o. zur Systematik).

Die Verpflichtung zur Einräumung von **Rabatten** bei pharmazeutischen Unternehmen ist **grundsätzlich für verfassungsgemäß erachtet** worden, vgl. BVerfG Beschl. v. 13.09.2005 – 2 BvF 2/

03 – SozR 4–2500 § 266 Nr. 9, MedR 2006, 45, ferner auch Nachweise zu § 130 und BVerfG Beschl. v. 01.11.2010 – 1 BvR 261/10 – SozR 4–2500 § 130a Nr. 7, NZS 2011, 580. Fragen der Verfassungsmäßigkeit des Regelungsbereichs des § 130a ist in der Rechtsprechung mehrfach geprüft worden.

9 Nach **Abs. 1 Satz 1** erhalten die Krankenkassen von Apotheken zu ihren Lasten abgegebene Arzneimittel einen **Abschlag 7 Prozent** (6 % bei Generika, Abs. 3b Satz 1) des Abgabepreises des pharmazeutischen Unternehmens ohne Mehrwertsteuer, wobei die pharmazeutischen Unternehmer verpflichtet sind, den Apotheken den Abschlag zu erstatten. Für Generikahersteller gilt bereits ein erheblicher Wettbewerb, vgl. BT-Drs. 18/606 S. 12). Ein Arzneimittel unterliegt als »**patentfrei**« der Generikaabschlagspflicht, wenn sein **Wirkstoff** nicht (mehr) durch ein Patent oder ein ergänzendes Schutzzertifikat geschützt ist; sonstige begleitende Patente sind insoweit unbeachtlich, vgl. BSG Urt. v. 30.09.2015 – B 3 KR 1/15 R – SozR 4–2500 § 130a Nr. 10, hier zu »Plavix«.

10 Parallel zu **Abs. 2** wurde eine Regelung zum **Abgabepreis von Impfstoffen für Schutzimpfungen nach § 20i** eingefügt. Überprüfungen hatten ergeben, dass gerade Schutzimpfungen im europäischen Vergleich in Deutschland besonders teuer abgegeben würden. Zur Funktionsweise des Referenzpreissystems *Barth/Hammerschmidt* u.a. in GesundhWes 2014, 232.

11 Einschneidend wirken die gesetzlichen Regelungen, die mit dem Gesetz zur Änderung krankenversicherungsrechtlicher und anderer Vorschriften mit Wirkung vom 30.07.2010 in Kraft getreten sind, so auch ein Preismoratorium aufgrund des AMVSG bis **31.12.2022**, angesichts steigender bzw. anhaltend hoher Aufwendungen für Arzneimittel verlängert, vgl. Abs. 3a Satz 1. Mit der Regelung in **Abs. 3a Satz 2** mit Wirkung vom 13.05.2017 können pharmazeutische Hersteller die Preise der zulasten der GKV abgegeben Arzneimittel unter Vollziehung eines »**Inflationsausgleich**« entsprechend erhöhen, ohne dass diese Erhöhung durch den Preismoratoriumsabschlag gemindert wird; steigende Personal- und Sachkosten, die dem pharmazeutischen Hersteller entstehen, können so berücksichtigt werden, vgl. BT-Drs. 18/10208 S. 31.

12 Regelungen im Rahmen des Abs. 3a sind nach Maßgabe des **Abs. 3a Satz 11** mit Wirkung vom 13.05.2017 »im Benehmen Anfangszeichen oben mit den für die Wahrnehmung der wirtschaftlichen Interessen gebildeten maßgeblichen Spitzenorganisationen der pharmazeutischen Unternehmer auf Bundesebene zu regeln; hierdurch soll die Position der pharmazeutischen Unternehmer gestärkt und ihre Argumentation besser einbezogen werden können. Zusätzlich ist mit Wirkung vom 13.05.2017 **Abs. 3a Satz 12** angefügt worden. Auch für Arzneimittel, die durch Krankenhausapotheken im Rahmen der ambulanten Behandlung nach § 129a abgegeben werden, haben Krankenkassen Anspruch auf den Abschlag nach Abs. 3a Satz 1. Der Abschlag wird ausweislich der Verweisung auf Abs. 1 Satz 7 auf den Abgabepreis des pharmazeutischen Unternehmers ohne Mehrwertsteuer bemessen. **Abs. 3a Satz 13** in der Fassung ab 16.08.2019 stellt für Arzneimitteln bei Hämophilie auf den Preisstand des 31.08.2020 ab.

13 Von **erheblicher praktischer Bedeutung** war und ist die Möglichkeit der **Vereinbarung zusätzlicher Rabatte nach Abs. 8,** wovon in erheblichem Umfang Gebrauch gemacht worden ist, Abs. 8 Satz 1; diese Regelung gilt jedoch nicht für Impfstoffe für Schutzimpfungen nach § 20i, **Abs. 8 Satz 10** in der Fassung ab 11.05.2019. Die Krankenkassen oder ihre Verbände können mit pharmazeutischen Unternehmern Rabatte für die zu ihren Lasten abgegebenen Arzneimittel vereinbaren. Dabei kann insbesondere eine mengenbezogene Staffelung des Preisnachlasses, **ein jährliches Umsatzvolumen mit Ausgleich von Mehrerlösen** oder eine Erstattung in Abhängigkeit von messbaren Therapieerfolgen vereinbart werden, **Abs. 8 Satz 2;** damit soll zugleich der Möglichkeit des Abschlusses von **Verträgen zwischen Krankenkassen und pharmazeutischen Unternehmen** nach Maßgabe des § 130c entsprochen werden.

14 Mit Wirkung vom 01.03.2018 wurde **Abs. 8 Satz 3 und 4** eingefügt, wonach Verträge nach Abs. 8 Satz 1 über patentfreie Arzneimittel so zu vereinbaren sind, dass die Pflicht des pharmazeutischen Unternehmers zur Gewährleistung der Lieferfähigkeit frühestens 6 Monate nach Versendung der Information nach § 134 Abs. 1 GWB und frühestens 3 Monate nach Zuschlagserteilung beginnt. Mit dieser Regelung sollen insbesondere mittelständische Unternehmer dahingehend geschützt werden, dass diese sich auf die Lieferfähigkeit einstellen können, vgl. BT-Drs. 18/10208 S. 37, 38.

Mit der Regelung in **Abs. 8 Satz 8** wurde festgelegt, dass die Vereinbarung von Rabatten nach Abs. 8 Satz 1 **für eine Laufzeit von zwei Jahren** erfolgen soll. Mit der Regelung soll eine **gewisse Verstetigung der Rabattverträge** erreicht werden (vgl. BT-Drs. 17/2413 S. 30). Eine längere Laufzeit soll aber zugleich vermieden werden, um einem berechtigten Interesse von Anbietern Rechnung tragen zu können, die auch beteiligt werden könnten. Mit der Regelung in **Abs. 8 Satz 9** wird dem Grundsatz entsprochen, dass auch dabei der **Vielfalt der Anbieter** Rechnung zu tragen ist, hier auch in Anlehnung an Grundsätze des Wettbewerbsrechts. In der Praxis könne dem auch entsprochen werden, indem eine **Aufteilung der Mengen auf mehrere Anbieter** erfolge. 15

**Abs. 4** erlegt – nach wie vor – dem BMG die Pflicht auf, die **Erforderlichkeit von Abschlägen laufend zu überprüfen,** hier auch unter Berücksichtigung der gesamtwirtschaftlichen Lage und einschließlich der Auswirkungen auf die gesetzliche Krankenversicherung. Diese Verpflichtung gilt etwa auch für die Änderungen durch das 14. SGB V-ÄndG betr. die **Anhebung des Mengenrabatts** von 6 auf 7 % (Abs. 1 Satz 1) oder die **Verlängerung des Preismoratoriums** nach Abs. 3a, erneut bis Ende 2022 verlängert. Die **technische Abwicklung der Gewährung von Rabatten** erfolgt nach Maßgabe des **Abs. 6 bis 7.** Zur Abrechnung der Vorgänge werden die **Arzneimittelkennzeichen** verwendet, über die letztlich die Abrechnung zwischen Apotheken, pharmazeutischen Großhändlern und pharmazeutischen Unternehmen möglich wird; auch hier werden Einzelheiten in einem gemeinsamen Rahmenvertrag geregelt. 16

Der Abschlag ist den **Apotheken und pharmazeutischen Großhändlern** nach Abs. 1 Satz 4 **innerhalb von zehn Tagen** nach Geltendmachung des Anspruchs von den Krankenkassen **zu erstatten.** Die Apotheke kann den Abschlag aber nach Ablauf der Frist nach Abs. 1 Satz 4 gemäß **Abs. 7** gegenüber **pharmazeutischen Großhändlern verrechnen. Pharmazeutische Großhändler** können diesen Abschlag wiederum, auch in pauschalierter Form, gegenüber den **pharmazeutischen Unternehmern verrechnen,** Abs. 7 Satz 2. Bei der **Abgabe der Arzneimittel** sind die Beachtung der Verordnung sowie die Vorgaben für den **Apotheker** konsequent einzuhalten. 17

**Pharmazeutische Unternehmer** können nach Abs. 9 einen **Antrag** nach § 130a Abs. 4 Satz 2 auch für ein Arzneimittel stellen, das zur **Behandlung eines seltenen Leidens zugelassen** ist (hier unter Bezugnahme auf EGVO 141/2000). Dem Antrag ist stattzugeben, wenn der **Antragsteller nachweist,** dass durch einen Abschlag nach Abs. 1, 1a und 3a seine **Aufwendungen insbesondere für Forschung und Entwicklung für das Arzneimittel nicht mehr finanziert** werden. Zu sog. **Orphan Drugs** gibt es **Übersichten** anerkannter Arzneimittel (bis Ende 2018 ca. 160 Orphan Drugs gegen rund 130 Krankheiten); Näheres ist im Internetangebot der vfa (die forschenden Pharmaunternehmen) nachgewiesen, vgl. auch *Anders* A&R 2017, 80. 18

§ 130a Abs. 2 Satz 3 wurde bzgl. der Verweisung auf die Regelung in § 131 Abs. 5 ausgedehnt durch Art. 1 Nr. 35 Gesetz zur Weiterentwicklung der Gesundheitsversorgung (Gesundheitsversorgungsweiterentwicklungsgesetz – GVWG) vom 11.07.2021 (BGBl. I S. 2754) mit Wirkung vom 20.07.2021. Es handelt sich um eine Folgeänderung zu § 131, mit der ein Verweis angepasst wird, vgl. BT-Drs. 19/26822 S. 83. 18a

## B. Rabatte der pharmazeutischen Unternehmer

§ 130a regelt eine Reihe von **Abschlägen** vom **Abgabepreis,** für die in erster Reihe die pharmazeutischen Unternehmer in Anspruch genommen werden. Ausgangsnorm ist Abs. 1. In der Zeit vom 01.08.2010 bis 31.12.2013 galt ein erhöhter Preisabschlag nach Abs. 1a. Preisabschläge gelten auch für Impfstoffe nach Maßgabe des Abs. 2. 19

### I. Verpflichtung zur Gewährung von Rabatten

Aus der Regelung des **Abs. 1** ist die Grundlage für die Erhebung des Rabattes der pharmazeutischen Unternehmer zu entnehmen. Dieser gilt zusätzlich zum Kassenrabatt seitens der Apotheken und unabhängig von diesem (auch bei Festbeträgen) nach § 130, vgl. *Hess* in KassKomm 07/2020 § 130a Rn. 3. Der allgemeine Herstellerrabatt wird zusätzlich zum Kassenrabatt nach § 130 beim Apotheker erhoben 20 und ist diesem und ggf. dem pharmazeutischen Großhändler nach Abs. 1 Satz 2 bis 4 vom pharmazeutischen Unternehmer zu erstatten. Grundlage für die Berechnung der Handelszuschläge von Großhandel und Apotheken nach der Arzneimittelpreisverordnung ist der Herstellerabgabepreis vor Steuer.

21 Die Krankenkassen erhalten von Apotheken zu ihren Lasten abgegebenen Arzneimittel einen **Abschlag in Höhe von 7 %** des Abgabepreises (6 % bei Generika) des pharmazeutischen Unternehmers ohne Mehrwertsteuer (wirtschaftlich fällt dieser in die Kostenlast des pharmazeutischen Unternehmers, der diesen innerhalb von zehn Tagen den Apotheken bzw. den Großhändlern zu erstatten hat, Abs. 1 Satz 5). Bis 31.03.2014 betrug der Abschlag grundsätzlich über lange Zeit 6 % und befristet auch 16 % gem. Abs. 1 Satz 1. Zur **Erhöhung des Herstellerabschlags** auf den **Abgabepreis von 6 auf 7 %** (Abs. 1 Satz 1) verweisen die Materialien darauf, dass dieser **Herstellerabschlag**, der seiner Eigenart nach als Mengen- bzw. Großabnehmerrabatt zu qualifizieren und verfassungsrechtlich nicht zu beanstanden sei, vgl. BVerfGE 114, 196 ff. Diese fallen in die Dispositionsbefugnis der Vertragspartner, so etwa BSG Urt. v. 01.09.2005 – B 3 KR 34/04 R – SozR 4-2500 § 130 Nr. 1, GesR 2006, 186 zum gleichgelagerten Apothekenrabatt nach § 130; vgl. ferner BSG Urt. v. 20.12.2018 – B 3 KR 6/17 R – SozR 4-2500 § 129 Nr. 14).

22 Gemäß § 1 AMRabG gilt der **Herstellerabschlag** seit dem Jahr **2011** auch gegenüber den Unternehmen der **privaten Krankenversicherung** und den **Trägern der Kosten in Krankheits-, Pflege- und Geburtsfällen nach beamtenrechtlichen Vorschriften**. Der **Herstellerabschlag** unterliegt der jährlichen Überprüfung seiner weiteren Rechtfertigung nach Maßgabe des Abs. 4.

23 Der **Rabatt** gilt auch für zulasten der GKV abgegebene, nicht rezeptpflichtige Arzneimittel, weil für diese **Arzneimittel nach § 129 Abs. 5a** gleichfalls ein Abgabepreis des Herstellers bestimmt ist, wie aus **Abs. 1 Satz 6** folgt. Die Einführung der **Abschlagsregelung**, die pharmazeutische Unternehmen belastet, ist für **verfassungsgemäß** erachtet worden (vgl. Hinweise zum Regelungsinhalt und kritisch hierzu *Schnapp* VSSR 2003, 343; *Dettling* GesR 2006, 81). Die Eingriffssituation bedinge, dass der Gesetzgeber stets den **Grundsatz der Verhältnismäßigkeit** (auch im Sinne einer Überwachungspflicht) einzubeziehen habe, weshalb auch Regelungen in diesem Sinne mit Wirkung vom 30.07.2010 ausdrücklich vorgesehen seien, die gerechtfertigte Ausnahmen zuließen, vgl. **Abs. 4 Satz 2 bis 8, Abs. 9**.

24 Zur Versandapotheke vgl. EuGH Urt. v. 19.10.2016 – C-148/15, GesR 2016, 801; die nationale Regelung zur Preisbindung kann ausländische Versandapotheken nicht einbeziehen, vgl. *Wesser* jurisPR-MedizinR 10/2016 Anm. 2; die Entscheidung ist zwar ohne unmittelbaren Einfluss auf den inländischen Warenverkehr, könnte aber im Hinblick auf eine Ungleichbehandlung relevant werden. Der **Ausschluss** einer niederländischen Versandapotheke von der Geltendmachung der **Herstellerrabatte** gemäß § 130a bei Teilnahme an der Arzneimittelversorgung aufgrund individueller Verträge stellt keine Verletzung von Grundrechten durch Absehen von einer Vorlage an den EuGH dar; es sei auch kein Eingriff in die Berufsfreiheit mit Erfolg zu rügen, vgl. BVerfG Beschl. v. 24.03.2016 – 2 BvR 1305/10 u.a. mit Anm. *Heppt* GesR 2016, 428.

### II. Einbeziehung der Krankenhausapotheken nach § 129a SGB V (Abs. 3a Satz 12) und Hämophilie-Arzneimittel (Abs. 3a Satz 13)

25 Es sind **Arzneimittel einbezogen**, die durch Krankenhausapotheken im Rahmen der **ambulanten** Behandlung nach § 129a abgegeben werden, vgl. **Abs. 1 Satz 6**. Auch hier haben die Krankenkassen einen Anspruch auf den Herstellerabschlag. Bei Krankenhausapotheken gilt die Besonderheit, dass diese **nicht** der **Arzneimittelpreisbindung** unterliegen, vgl. § 1 Abs. 3 Nr. 1 AMPreisV, sondern die Preise sind nach § 129a Satz 3 bei einer Abgabe zulasten der Krankenkassen zwingend mit diesen zu vereinbaren (vgl. auch *Luthe* PharmR 2011, 193). Auf jeden Fall soll vermieden werden, dass die Krankenkassen höhere Kosten haben, als diese bei einer sog. Offizinapotheke anfallen würden, vgl. auch arg. Abs. 1 Satz 6 2. Halbsatz. Der Abschlag wird ohne Mehrwertsteuer bemessen, der bei Abgabe des Arzneimittels durch eine öffentliche Apotheke aufgrund von Preisvorschriften des AMG vom pharmazeutischen Unternehmer erhoben würde, vgl. *Luthe* in Hauck/Noftz SGB V

02/17 § 130a Rn. 13. Damit erfolgt zugleich auch eine **Gleichstellung von öffentlichen Apotheken und Krankenhausapotheken,** vgl. kritisch *Robbers/Webel* KH 2010, 125 m.N.

Mit Wirkung vom 15.12.2020 ist in **Abs. 1 Satz 6** auch **§ 129 Abs. 3 Satz 2** in Bezug genommen; danach kann sich die Geltung der Preisvorschriften nicht nur aus dem AMG, sondern auch nach **§ 129 Abs. 3 Satz 3** ergeben, vgl. BT-Drs. 19/21732 S. 21 zum Vor-Ort-Apotheken-Stärkungsgesetz. Bei der Abgabe verordneter Arzneimittel an Versicherte als Sachleistungen sind Apotheken, für die der Rahmenvertrag Rechtswirkungen hat, zur Einhaltung der in der nach § 78 AMG erlassenen Rechtsverordnung festgesetzten Preisspannen und Preise verpflichtet und dürfen Versicherten keine Zuwendungen gewähren, vgl. so § 129 Abs. 3 Satz 3. 26

**Abs. 3a Satz 13** in der Fassung ab 16.08.2019 regelt: Für Arzneimittel zur spezifischen Therapie von Gerinnungsstörungen bei Hämophilie gilt Abs. 3a Satz 1 mit der Maßgabe, dass der Preisstand des 01.09.2020 (Datum mit Wirkung vom 23.05.2020 vom 31.08.2020 in den 01.09.2020 geändert, um einen einheitlichen Geltungsbeginn auch im Verhältnis zu den Parallelvorschriften festzulegen) Anwendung findet. 27

### III. Befristet erhöhter Herstellerabschlag für verschreibungspflichtige Arzneimittel ohne Festbetrag (Abs. 1a)

Mit der für die **Zeit vom 01.08.2010 bis 31.12.2013** – und damit **bereits ausgelaufen,** vgl. auch BT-Drs. 18/201 S. 7 zur Gesamtkonzeption von Abschlägen und Rabatten – festgelegten **Erhöhung des Abschlags für verschreibungspflichtige Arzneimittel** abweichend vom Grundsatz des Abs. 1 (6 % des Abgabepreises des pharmazeutischen Unternehmers ohne Mehrwertsteuer) **auf 16 %** bedeutete eine in erheblichem Maße eingreifende Regelung, die mit dem Gesetz zur Änderung krankenversicherungsrechtlicher und anderer Vorschriften mit Wirkung vom 01.08.2010 (in Kraft getreten am 30.07.2010) vorgenommen worden ist. Der in Abs. 1a geregelte Sonderrabatt von 16 % galt nach Abs. 1a Satz 2 nicht für Generika, vgl. auch *Schneider* in jurisPK-SGB V 06/2016 § 130a Rn. 36. Im Hinblick auf das Auslaufen der Regelungen in Abs. 1a wie auch die Fälle der Umgehung von Rabattbewährungen durch die sog. Preisschaukel wird Abs. 1a nicht mehr erläutert (vgl. aber *Schneider* in jurisPK-SGB V Vorauflage 01/2017 § 130a Rn. 24, 25). 28

### C. Rabattgewährung bei Preiserhöhungen

Die Einräumung von Rabatten, die zudem von Gesetzes wegen vorgeschrieben wird, kann dazu Anlass geben, diese in der Höhe zu **umgehen**. Dazu bieten sich verschiedene Möglichkeiten an, insbesondere durch die Veränderung von Packungsgrößen, die Zusammensetzung von Arzneimitteln wie auch durch Preiserhöhungen der verschiedensten Art. Beschrieben wird dies in der Literatur mit der »**Preisschaukel**«, vgl. *Müller* ZM 2010, Nr. 17, 20 sowie *Stallberg* PharmR 2011, 38 und *Luthe* in Hauck/Noftz SGB V Vorauflage 02/17 § 130a Rn. 3a »Preiserhöhungen und Schaukelpreise« sowie *ders.* SGb 2011, 316, ferner *Schneider* in jurisPK-SGB V 01/2017 § 130a Rn. 25. Zum Missbrauch hätten geradezu Abs. 1a Satz 4 a.F. eingeladen, indem Preisabsenkungen und Anhebungen entsprechend den Stichtagen gesteuert worden seien. 29

### I. Regelungen zur Verfahrensweise bei Preiserhöhungen

Die Festsetzung der Preise für Arzneimittel erfolgt nicht von Gesetzes wegen oder auf Veranlassung einer Regierungsstelle, sondern der pharmazeutische Unternehmer setzt den Preis für sein Arzneimittel grundsätzlich frei fest (für neue Arzneimittel allerdings mit der Einschränkung nach § 130b mit einer Nutzenbewertung und Prüfung unter Einbeziehung des GKV-Spitzenverbandes und der PKV) und ist darin auch verfassungsrechtlich geschützt, vgl. BVerfG Nichtannahmebeschl. v. 01.11.2010 – 1 BvR 261/10 – SozR 4-2500 § 130a Nr. 7, NZS 2011, 580, allerdings **nicht** vor Abschlägen. Er unterliegt damit der Konkurrenz anderer Hersteller. Mit den Regelungen des **Abs. 3a und Abs. 3b** will der Gesetzgeber jedoch eine Umgehung der Regelung durch Preisänderungen vermeiden. 30

31 Erhöht sich der Abgabepreis des pharmazeutischen Unternehmers unter den in Abs. 3a Satz 1 genannten Voraussetzungen, greift die Abschlagregelung (unter Einbeziehung einer Preiserhöhung). Diese Regelung ist jedoch nach **Abs. 3a Satz 1 2. Halbsatz ausdrücklich für Arzneimittel ausgenommen**, für die ein **Festbetrag** auf Grund des **§ 35** festgesetzt ist. Hier sind die Interessen der Krankenkassen bereits durch die Festbetragsregelung ausreichend berücksichtigt.

### II. Erhöhungen des Abgabepreises gegenüber Preisstand 01.08.2009 und befristetes Preismoratorium (Abs. 3a Satz 1 bis 3)

32 Erhöht sich der Abgabepreis des pharmazeutischen Unternehmers ohne Mehrwertsteuer gegenüber dem **Preisstand am 01.08.2009**, erhalten die Krankenkassen für die zu ihren Lasten abgegebenen Arzneimittel ab dem 01.08.2010 bis zum **31.12.2022** (sog. Preismoratorium, zuvor bis zum 31.12.2013 sowie bis zum 31.03.2014 und bis zum 31.12.2017 befristet, dann durch das AMVSG verlängert) einen **Abschlag in Höhe des Betrages der Preiserhöhung, sog. Preismoratorium**, vgl. BT-Drs. 18/201 S. 7 bis 9. Dies gilt in konsequenter Fortführung der Regelung in Abs. 3 **nicht** für Preiserhöhungsbeträge **oberhalb des Festbetrags, Abs. 3a Satz 1 2. Hs.** In den Materialien zu den Verlängerungstatbeständen werden diese jeweils umfänglich begründet.

33 Die **Verlängerung des Preismoratoriums bis zum 31.12.2022** (mit dem AMVSG) wurde ausweislich der Materialien (vgl. BT-Drs. 18/10208 S. 32, 33) damit begründet, dass der (erneute) Eingriff in die Berufsausübungsfreiheit der pharmazeutischen Unternehmer gerechtfertigt sei. Die Funktionsfähigkeit der GKV sei – wie mehrfach vom BVerfG bestätigt – ein gewichtiger Gemeinwohlgrund. Zum **Ende des Jahres 2022** werde **das Segment der patentgeschützten Arzneimittel**, für die aufgrund des Umstandes, dass sie vor der Einführung der Nutzenbewertung von Arzneimitteln mit neuen Wirkstoffen durch das AMNOG in den Verkehr gebracht worden seien, kein Erstattungsbetrag vereinbart und auch kein Festbetrag festgesetzt worden sei, weitgehend von anderen Regulierungsinstrumenten erfasst sein.

34 **Preismoratorien stellen erhebliche Eingriffe** in die Rechte pharmazeutische Unternehmer dar; diese Eingriffe werden verfassungsrechtlich mit der besonderen Situation der GKV und weitergehend auch der Krankenversicherung generell als mit der Berufsfreiheit nach Art. 12 GG vereinbar verstanden, sind allerdings im Hinblick auf den freien Wettbewerb, vornehmlich auf EU-Ebene nicht unproblematisch. Ansätze können der Entscheidung des EuGH v. 19.10.2016 – C-148/15 entnommen werden. Daraus folgt die **Beobachtungsverpflichtung nach Abs. 4**, die letztlich auch mit einer Abänderungsverpflichtung verbunden sein kann, vgl. BT-Drs. 18/201 S. 7 bis 9 und 18/606 S. 12, 13.

35 **Abs. 3a Satz 2** (neu) wurde mit dem AMSVG mit Wirkung vom **13.05.2017** eingefügt. Zur Berechnung des Abschlags nach Abs. 3a Satz 1 ist der Preisstand vom 01.08.2009 **erstmalig am 01.07.2018** und jeweils am **1. Juli der Folgejahre um den Betrag anzuheben**, der sich aus der Veränderung des vom statistischen Bundesamt festgelegten Verbraucherpreisindex für Deutschland im Vergleich zum Vorjahr ergibt. Ausweislich der Materialien (BT-Drs. 18/10208 33) wird die Regelung auch als Einführung eines Inflationsausgleich verstanden. Pharmazeutische Hersteller könnten die Preise der zulasten der GKV abgegeben Arzneimittel entsprechend erhöhen, ohne dass diese Erhöhung durch den Preismoratoriumsabschlag gemindert werde. Damit könnten steigende Personal- und Sachkosten von den pharmazeutischen Herstellern berücksichtigt werden. Auch werde durch einen Inflationsausgleich verhindert, dass aufgrund der Entwicklung einzelner Kostenfaktoren die Gewinnspannen der pharmazeutischen Industrie mit der Dauer immer stärker gekürzt würden.

36 Ab **Verlängerung des Preismoratoriums** werde – ausweislich der Materialien – eine am Verbraucherpreisindex für Deutschland orientierte **Minderung** der aufgrund des Preismoratoriums zu leistenden **Abschläge** eingeführt, hier **ab 01.07.2018** und jeweils in den Folgejahren am 1. Juli eines Jahres.

### III. Neueinführung von Arzneimitteln (Abs. 3a Satz 4 und 5)

Mit der Regelung in **Abs. 3a Satz 4** will der Gesetzgeber vermeiden, dass pharmazeutische Unternehmer die Festschreibung des Preisstandes durch **Änderungen in der Packungsgröße oder der Wirkstärke umgehen** können. Bei **Neueinführungen** eines Arzneimittels, für das der pharmazeutische Unternehmer bereits ein Arzneimittel mit gleichem Wirkstoff und vergleichbarer Darreichungsform in Verkehr gebracht hat, ist der Abschlag auf der Grundlage des Preises der **Mengeneinheit der Packung** zu berechnen, die dem neuen Arzneimittel in Bezug auf die Packungsgröße unter Berücksichtigung der Wirkstärke am nächsten kommt. 37

Dabei wird auch die **Darreichungsform** berücksichtigt. Die Regelung zielt etwa auf die Fallgestaltung ab, dass die Wirkstärke eines Arzneimittels beispielsweise halbiert (statt 600 mg nur 300 mg wirksamer Stoff) und deshalb eine doppelte Dosis empfohlen wird, verbunden mit einer im Hinblick auf die Wirkstärke letztlich verbundenen Preiserhöhung; diese Vorgehensweise würde entsprechend erfasst werden können. 38

Die Regelung in **Abs. 3a Satz 4** gilt entsprechend bei Änderungen zu den Angaben des pharmazeutischen Unternehmers oder zum Mitvertrieb durch einen anderen pharmazeutischen Unternehmer, vgl. **Abs. 3a Satz 5**. Auch hierdurch soll eine mögliche Umgehung des Preismoratoriums durch Änderungen in der Absatzlogistik vermieden werden. 39

### IV. Importierte Arzneimittel und weitere Maßnahmen zur Preisbegrenzung (Abs. 3a Satz 6 bis 11)

Für importierte Arzneimittel, die nach § 129 abgegeben werden, gilt abweichend von **Abs. 3a Satz 1** nach **Abs. 3a Satz 6** ein Abrechnungsbetrag von höchstens dem Betrag, der entsprechend den Vorgaben des § 129 Abs. 1 Nr. 2 niedriger ist als der Arzneimittelabgabepreis des Bezugsarzneimittels einschließlich Mehrwertsteuer, unter Berücksichtigung von Abschlägen für das Bezugsarzneimittel aufgrund der Regelung in § 130a. Für **importierte Arzneimittel** gilt deshalb die Regelung, dass bei **Reimporten oder Parallelimporten** der Ausgleich von Preiserhöhungen auf einen Betrag nach Maßgabe des Abs. 3a Satz 6 begrenzt ist, hier in Übereinstimmung mit den Materialien in BT-Drs. 17/2170 S. 51, 52. 40

Die gesetzlichen Krankenkassen dürfen auch **vor einem Abschluss von Rabattverträgen Mindestanforderungen an die Lieferfähigkeit der Bieter** stellen, hier auch bezüglich der Lieferkapazitäten bei Arzneimittel-Importeuren. Sie seien insoweit nicht auf die Möglichkeit zu verweisen, bei Leistungsausführungen Vertragsstrafen oder Schadensersatzansprüche geltend machen zu können, vgl. OLG Düsseldorf Vergabesenat Beschl. v. 25.06.2014 – VII-Verg 38/13, VergabeR 2015, 71. Unabhängig davon könnten Arzneimittelimporteure jederzeit Rabattvertragsverhandlungen gemäß § 130a Abs. 8 führen, ohne dass sie dafür zunächst das Preisabstandsgebot gemäß § 129 Abs. 1 Satz 1 Nr. 2 einhalten müssten, vgl. SG Saarland Urt. v. 18.07.2014 – S 1 KR 343/11. 41

### V. Patentfreie wirkstoffgleiche Arzneimittel (Abs. 3b – Generika)

Für patentfreie, wirkstoffgleiche Arzneimittel trifft **Abs. 3b** (Abschlag auf Generika) eine Regelung, die im Zuge der Änderungen durch das Gesetz zur Änderung krankenversicherungsrechtlicher und anderer Vorschriften vom 24.07.2010 lediglich **redaktionell angepasst** worden ist. **Abs. 3b** sieht grundsätzlich einen **Abschlag von 10 % vor** und eine Minderung des Abschlags bei Preissenkungen ab dem 01.01.2007. Auch hier soll der Missbrauch der Regelung, etwa zur Verrechnung des Generika-Abschlags mit Preissenkungen, ausgeschlossen werden, wenn zuvor Preiserhöhungen gezielt vorgenommen worden sind. Dies wird in der Literatur auch als **Preisschaukel** beschrieben und war mit dem Ziel der Umgehung von Rabatten eingesetzt worden, vgl. BT-Drs. 16/4247 S. 67. Der Gesetzgeber hat dies mit der zu Abs. 1a Satz 5 bis 8 mit dem AMNOG angefügten Regelung nochmals zu erfassen versucht, vgl. BT-Drs. 17/3698 S. 54. 42

43 Ein Arzneimittel unterliegt als »**patentfrei**« der **Generikaabschlagspflicht**, wenn sein Wirkstoff nicht (mehr) durch ein Patent oder ein ergänzendes Schutzzertifikat geschützt ist. Sonstige begleitende Patente sind insoweit unbeachtlich, vgl. BSG Urt. v. 30.09.2015 – B 3 KR 1/15 R – SozR 4–2500 § 130a Nr. 10, hier näher auch zum Begriff der »Wirkstoffgleichheit«. Nur bei **Wirkstoffgleichheit** kommt die Generikaregelung zum Tragen. Maßgeblich ist die chemische Identität, vgl. *Luthe* in Hauck/Noftz SGB V 04/20 § 130a Rn. 22b. Enthielten Arzneimittel pharmakologisch-therapeutisch vergleichbaren Wirkstoffe, seien bei diesen regelmäßig keine identischen, sondern nur »verwandte Stoffe« gegeben. Bei der **Generikaabschlagspflicht** handelt es sich um einen grundsätzlich gerechtfertigten Eingriff in die Berufsfreiheit der pharmazeutischen Unternehmen (wird ausgeführt), vgl. BSG Urt. v. 30.09.2015 – B 3 KR 1/15 R – SozR 4–2500 § 130a Nr. 10.

44 Einzubeziehen sei auch **§ 4 Abs. 19 AMG sowie § 24b Abs. 2 Satz 1 und 2 AMG**, wonach die Zulassung als Genehmigung erfordere, dass das betreffende Arzneimittel die gleiche Zusammensetzung der Wirkstoffe nach Art und Menge und die gleiche Darreichungsform wie das **Referenzarzneimittel** aufweisen und die Bioäquivalenz durch Bioverfügbarkeitsstudien nachgewiesen worden sei. Die Regelung besagt weiter, dass die verschiedenen Salze, Ester, Ether, Isomere, Mischungen von Isomeren, Komplexe oder Derivate eines Wirkstoffes als ein und derselbe Wirkstoff gelten würden, es sei denn, ihre Eigenschaften unterschieden sich erheblich hinsichtlich der Unbedenklichkeit oder der Wirksamkeit.

45 **Abs. 3b Satz 7** (bis 15.08.2019 Satz 6) i.V.m. Satz 2, 3, 5 und 6 **eröffnet** eine – legale, wenn auch aufwendige und nur im Einzelfall interessante – Möglichkeit für den pharmazeutischen Unternehmer, bei einer einmaligen bis zum 01.07.2007 vorgenommenen Preiserhöhung, einer danach erfolgten Preissenkung und einer Preissenkung um 10 % sowie einem für zwölf Monate zu gewährenden weiteren Abschlag von 2 % den in Abs. 3b Satz 1 fälligen Abschlag »abzulösen«, vgl. *Luthe* in Hauck/Noftz SGB V 04/20 § 130a Rn. 23, der darauf hinweist, dass die Regelungen in Abs. 3b Satz 6 und 7 (bis 15.08.2019 Satz 5 und 6) nicht gegen die Verfassung verstießen, wie aus BVerfG Nichtannahmebeschl. v. 15.06.2007 – 1 BvR 866/07, NZS 2008, 34 folge; es besteht kein Vertrauensschutz gegenüber Regelungen, welche die Umgehung einer Gesetzesänderung neutralisieren sollen.

46 Maßgeblich für die **Auslegung des Abs. 3b Satz 1** sei bei dem Inverkehrbringen von patentfreien, wirkstoffgleichen Arzneimitteln der Wettbewerbsbezug. Der Leitfaden zur Definition des Generikaabschlags nach Abs. 3b des GKV-Spitzenverbandes sei verbindlich, vgl. SG Berlin Urt. v. 31.05.2013 – S 81 KR 1980/10 mit Beitrag *Grundmann/Thiermann* PharmR 2014, 500. **Arzneimittel** unterfielen im Übrigen nicht der Generikaabschlagspflicht nach Abs. 3b Satz 1, **solange** ergänzende Schutzzertifikate wirksam seien, vgl. so wohl SG Berlin Urt. v. 21.11.2012 – S 208 KR 99/11; nachgehend BSG Urt. v. 30.09.2015 – B 3 KR 1/15 R – SozR 4–2500 § 130a Nr. 10, PharmR 2016, 94, aber abweichend zu Recht mit dem Ergebnis, dass »**sonstige begleitende Patente**« unbeachtlich seien und es auf die Patentfreiheit des »Wirkstoffs« ankomme.

47 Abschlagsfrei bleiben nach **Abs. 3b Satz 3 Arzneimittel**, deren Einkaufspreis einschließlich Mehrwertsteuer mindestens **um 30 % niedriger** ist als der jeweils gültige Festbetrag. Durch **Beschluss des GKV-Spitzenverbandes** können diese Arzneimittel gem. § 31 Abs. 3 Satz 4 auch von der **Zuzahlung** durch die Versicherten freigestellt werden, wenn durch eine entsprechende **Erhöhung des Versorgungsanteils** gegenüber dem Wegfall an Zuzahlungsbetrag Einsparungen in den Arzneimittelausgaben seitens der Krankenkassen zu erwarten sind.

48 Mit der **Bezugnahme auf Abs. 3a Satz 8 bis 11** (zuvor Satz 7 bis 10) in **Abs. 3b Satz 5** (bis 15.08.2019 Satz 4) werden Preiserhöhungsabschläge, hier bezogen auf den zehnprozentigen Rabatt, berücksichtigt. Für den gesamten Regelungsbereich gilt, dass das **BMG eine Überprüfungspflicht** bezüglich der Preisfestsetzung und der Abschläge trifft. Dem GKV-Spitzenverband können weitere Regelungsbefugnisse nach Abs. 4 Satz 8 entsprechend übertragen werden.

## VI. Impfstoffe (Abs. 2)

Die Krankenkassen erhalten von den Apotheken für die zu ihren Lasten abgegebenen **Impfstoffe** 49
**für Schutzimpfungen nach § 20i** (ohne Begrenzung auf **Abs. 1** dieser Norm, hier in der Fassung des GKV-FKG mit Wirkung vom 01.04.2020) einen **Abschlag auf den Abgabepreis** des pharmazeutischen Unternehmers ohne Mehrwertsteuer, mit dem der Unterschied zwischen einem geringeren durchschnittlichen Preis nach Maßgabe des Abs. 2 Satz 2 in der Fassung des TSVG mit Wirkung vom 11.05.2019 je Mengeneinheit ausgeglichen wird.

Der durchschnittliche Preis je Mengeneinheit ergibt sich aus den **tatsächlich gültigen Abgabe-** 50
**preisen des pharmazeutischen Unternehmers** in den vier Mitgliedstaaten der EU mit dem am nächsten kommenden Bruttonationaleinkommen, gewichtet nach den jeweiligen Umsätzen und Kaufkraftparitäten, Abs. 2 Satz 2, vgl. *Stallberg* PharmR 2011, 38. Abgestellt wird auf Preise, die der pharmazeutische Unternehmer tatsächlich erhält, im Einzelfall auch erst nach entsprechenden Festlegungen oder Vertragsverhandlungen, vgl. *Luthe* in Hauck/Noftz SGB V 04/20 § 130a Rn. 14d (**tatsächlich gültige Abgabepreise** im Gegensatz zu öffentlich zugänglichen Listenpreisen).

Die Mitteilungspflicht besteht nur insoweit, als diese nicht vertretbaren **Verschwiegenheitspflich-** 51
**ten** entgegensteht, hier unter Bezugnahme auf BT-Drs. 17/2413 S. 31. Dabei werden die Daten des statistischen Amtes der EU zugrunde gelegt. Um **verzerrende Preiseffekte** aufgrund unterschiedlicher Packungsgrößen **zu vermeiden**, bietet sich als Berechnungsgrundlage eine Mengeneinheit pro Impfstoff an, was einer **Impfdosis** entspricht, vgl. BT-Drs. 17/3698 S. 54. Die Ermittlung des Abschlags wird dem pharmazeutischen Unternehmer auferlegt, Abs. 2 Satz 4 (Höhe des Abschlags nach Satz 1 und den durchschnittlichen Preis nach Satz 2); dies wird dem GKV-Spitzenverband übermittelt.

Bei Preisvereinbarungen für Impfstoffe, für die kein einheitlicher Apotheken Abgabepreis nach den 52
Preisvorschriften aufgrund des AMG oder nach § 129 Abs. 3 Satz 3 gilt, darf höchstens ein Betrag vereinbart werden, der dem entsprechenden Apotheken Abgabepreis abzüglich des Vorschlags nach Satz 1 entspricht, hier Abs. 2 Satz 7 in der Fassung ab 15.12.2020. Dies beruhe auf der Regelung in § 129 Abs. 3 Satz 3, vgl. BT-Drs. 19/21732 S. 23.

## D. Verfahren zur Durchführung der Rabattgewährung

### I. Ermächtigung zum Erlass einer Rechtsverordnung zur Abänderung von Abschlägen (Abs. 4)

**Abs. 4 Satz 1** ermächtigt das BMG, durch Rechtsverordnung Rabattregelungen aufzuheben oder 53
zu verringern, nachdem zuvor eine Überprüfung durchgeführt worden ist. Die **Grundsätze von Transparenz und Gleichbehandlung**, die an sich für öffentlich-rechtliche Körperschaften selbstverständlich sind, sind mit Bezug zum Vergaberecht in **Art. 76 Abs. 1 RL 2014/24/EG** ausdrücklich normiert (und etwa zwingend auch für sog. zulässige hauseigene Verfahren, vgl. Erläuterungen zu Abs. 8). Unverändert bleibt damit die **Verpflichtung des Gesetzgebers** nach dieser Richtlinie, die Wirkungen des Abschlags zum Ausgleich von Preiserhöhungen nach Abs. 1, 1a und Abs. 3a **regelmäßig zu überprüfen**, um auf diese Weise deren Notwendigkeit transparent werden zu lassen.

In § 57 Abs. 5 SGG (in der Fassung des Art. 2 Nr. 3a AMNOG mit Wirkung vom 01.01.2011) 54
wird geregelt, dass in Angelegenheiten nach § 130a Abs. 4 und 9 das Sozialgericht örtlich zuständig ist, in dessen Bezirk die zur Entscheidung berufene Behörde ihren Sitz hat, vgl. dazu *Groß* in Lüdtke/Berchtold, Sozialgerichtsgesetz, 5. Aufl. 2017, § 57 Rn. 19.

### II. Feststellung von Ausnahmen vom Preismoratorium und vom erhöhten Herstellerrabatt auf Antrag (Abs. 4 Satz 2 bis 8)

Ausweislich der Materialien soll die Regelung in Abs. 4 Satz 2 bis 8 der Umsetzung der Richtlinie 55
89/105/EWG auch insoweit Rechnung tragen, als pharmazeutische Unternehmer in Ausnahmefällen wegen Vorliegens besonderer Gründe **eine Abweichung** von dem Preismoratorium und dem erhöhten Herstellerrabatt **beantragen** können, vgl. *Hess* in KassKomm SGB V 07/2020 § 130a

Rn. 18. Nach hier vertretener Auffassung folgt dies zudem aus dem **Grundsatz der Verhältnismäßigkeit**; auch das BVerfG ist in seinen Entscheidungen davon ausgegangen, dass in der Rabattregelung und der Regelung zum Preismoratorium ein **Eingriff** in schützenswerte Rechtspositionen zu sehen ist, der jedoch aus den besonderen Gründen der Versorgung der Versicherten und der Finanzierung der GKV **gerechtfertigt** erscheint.

56 Nach **Abs. 4 Satz 2** kann ein pharmazeutischer Unternehmer einen **Antrag auf Ausnahme** von den vorgesehenen **Abschlägen nach Abs. 1, Abs. 1a und Abs. 3a** stellen. Als **besondere Gründe** in diesem Sinne werden ausweislich der Materialien (vgl. BT-Drs. 17/2170 S. 52) nur solche anerkannt, die eine ausnahmslose Anwendung der für alle betroffenen Unternehmer geltenden gesetzlichen Regelungen im konkreten Fall als **nicht sachgerecht** erscheinen lassen, auch im Hinblick auf **eine besondere Marktsituation und die finanzielle Leistungsfähigkeit eines Unternehmens**. Eine vergleichbare Regelung hat der Gesetzgeber für den Fall von Arzneimitteln zur Behandlung seltener Leiden ausdrücklich in Abs. 9 vorgesehen, hier im Interesse betroffener Versicherter.

57 Dabei mag eine **schützenswerte Interessenlage** der pharmazeutischen Unternehmer beim Gesetzgeber in neuerer Zeit durchaus mehr Anerkennung finden, wie dies etwa in der Berücksichtigung der Lieferfähigkeit mittelständischer Unternehmer in Abs. 8 Satz 3 mit Wirkung vom 01.03.2018 oder der Berücksichtigung eines Inflationsausgleich (Abs. 3a Satz 2 mit Wirkung vom 13.05.2017) sowie in dem »sich ins Benehmen setzen« nach Abs. 3a Satz 11 mit Wirkung vom 13.05.2017 der Fall ist.

58 Für das Verfahren eines **Antrags nach Abs. 4 Satz 2** ist ein differenziertes Vorgehen in **Satz 3 bis 8** festgelegt worden. Selbstverständlich erscheint, dass das Vorliegen eines Ausnahmefalls und die besonderen Gründe im Antrag **hinreichend darzulegen** sind, **Abs. 4 Satz 3**. Mit der **Befreiungsmöglichkeit des Abs. 4 von dem Preismoratorium** und dem erhöhten Herstellerrabatt seien die Vorgaben des Art. 4 EWG-Richtlinie 89/105/EWG umgesetzt worden; hiernach ausgesprochene Befreiungen stellten daher keine Beihilfe i.S.v. Art. 107 AEUV dar, vgl. LSG Hessen Beschl. v. 25.10.2012 – L 8 KR 110/12 B ER, PharmR 2013, 81. Dabei wird **§ 34 Abs. 6 Satz 3 bis 5 und 7** zum Verfahren in Bezug genommen. Die **Anträge sind beim** BMG zu stellen. Diesem obliegt die **Ermittlung von Amts** wegen, wobei der Antragsteller jedoch **maßgeblich mitzuwirken** hat. Das BMG kann Sachverständige zur Prüfung der Angaben des pharmazeutischen Unternehmers einbeziehen, **Abs. 4 Satz 5**. In den Verfahrensvorschriften ist sichergestellt, dass Betriebs- und Geschäftsgeheimnisse gewahrt werden, **Abs. 4 Satz 6**, vgl. *Hess* in KassKomm SGB V 07/2020 § 130a Rn. 18.

59 Für das Verfahren ist zudem vorgesehen, dass **kostendeckende Gebühren** geltend gemacht werden, die den Personal- und Sachaufwand, der tatsächlich entstanden ist, einbeziehen, hier unter Bezugnahme auf § 137g Abs. 1 Satz 7 bis 9 und 13 in **Abs. 4 Satz 7**; aus Gründen der Praktikabilität werden **pauschalierte Kostenansätze** für zulässig erachtet. **Regelungen zum Verfahren** hat das BMG festzulegen, wobei das BMG auch ermächtigt wird, eine **Bundesoberbehörde** mit der Durchführung zu beauftragen, **Abs. 4 Satz 8**.

60 Die **wirtschaftliche Situation eines antragstellenden Unternehmens** ist einer umfassenden unternehmensbezogenen Betrachtung zu unterziehen. Konzerninterne Verlagerungen sind zu »durchleuchten«. Das Bundesamt für Wirtschaft und Ausfuhrkontrolle (**BAFA**) sei in solchen Fällen berechtigt, nähere **Daten** zur finanziellen Situation der übrigen konzernangehörigen Unternehmen und Gesellschafter anzufordern und im Falle der Nichtvorlage den Antrag auf Befreiung vom Preismoratorium und **vom** erhöhten Herstellerrabatt abzulehnen, vgl. LSG Hessen Beschl. v. 25.10.2012 – L 8 KR 110/12 B ER, PharmR 2013, 81, ferner zum Merkblatt der BAFA LSG Hessen Beschl. v. 22.01.2018 – L 8 KR 441/17 B ER, hier um Antrag auf vorläufige Befreiung vom Herstellerrabatt nach § 130a Abs. 4 Satz 3.

### III. Antrag auf Feststellung betr. Arzneimittel zur Behandlung von seltenen Leiden (Abs. 9)

61 Zur Korrektur von Rabatten und Herstellerabschlägen trägt auch die Regelung des **Abs. 9** bei. Insoweit besteht ein innerer Zusammenhang zur Regelung in Abs. 4 Satz 2 bis 8. Pharmazeutische

Unternehmen können danach einen **Antrag nach Abs. 4 Satz 2 auch für ein Arzneimittel** stellen, das zur Behandlung eines **seltenen Leidens** nach der Verordnung 141/2000/EG und des Rates vom 16.12.1999 zugelassen ist. Mit der Zulassung ist in der Regel eine »bestimmte Indikation, Dosierung, Altersgruppe und Applikationsform« verbunden, vgl. *Luthe* in Hauck/Noftz SGB V 04/20 § 130a Rn. 52; dem pharmazeutischen Unternehmer sei es freigestellt, auch einen Antrag als »**Orphan Drug**« nach europäischem Recht bei der Europäischen Arzneimittelbehörde zu beantragen; für das Anerkennungsverfahren nach Abs. 9 könne dies nützlich sein und beschleunigend wirken.

Die **entsprechenden Arzneimittel** – derzeit etwa 160 (Stand 2018) – werden im Internet nachgewiesen (vgl. Angaben der »Forschenden Pharma-Unternehmen« – vfa. Hinzu kommen Arzneimittel, die diesen Status nicht mehr besitzen, da dieser nach 10 Jahren nicht mehr geführt wird; diese Arzneimittel haben aber weiterhin die entsprechende Funktion. Die Vergabe erfolgt auf EU-Ebene durch die Kommission; Zulassungsbehörde ist die EMA (European Medicines Agency). Unabhängig vom Patentschutz besteht dann 10 Jahre eine Marktexklusivität (fast alle diese Medikamente seien ausweislich vfa noch im Markt; hierfür werden bestimmte Gebühren reduziert oder erlassen. Zu diesen »Vorteilen« zählt auch Abs. 9. 62

Dem Antrag ist nach **Abs. 9 Satz 2** stattzugeben, wenn der Antragsteller nachweist, dass durch einen Abschlag nach Abs. 1, Abs. 1a und Abs. 3a seine Aufwendungen insbesondere für Forschung und Entwicklung für das Arzneimittel nicht mehr finanziert werden; entscheidend ist der Forschungsaufwand, ggf. durch einen Wirtschaftsprüfer bestätigt. Die zu Abs. 9 verfügbare Rechtsprechung befasst sich maßgeblich auch mit Rechtswegfragen (vgl. BGH Beschl. v. 15.07.2008 – X ZB 17/08, NJW 2008, 3222 und BSG Beschl. v. 06.10.2008 – B 3 SF 2/08 R), wobei diese Fragen ab 01.01.2011 mit der Zuständigkeit der ordentlichen Gerichte nicht mehr streitig ist. In Übereinstimmung mit den Materialien (vgl. BT-Drs. 17/2170 S. 53) wird damit **sichergestellt,** dass diese Arzneimittel **weiterhin für die Versorgung zur Verfügung stehen.** 63

### IV. Ansprüche auf Rückzahlung von Abschlägen durch pharmazeutische Unternehmen (Abs. 5)

Der pharmazeutische Unternehmer kann nach **Abs. 5** berechtigte Ansprüche auf Rückzahlung der **Abschläge nach Abs. 1, 1a, 2, 3a und 3b** gegenüber der begünstigten Krankenkasse geltend machen. Die Regelung soll dem **pharmazeutischen Unternehmer** ermöglichen, vornehmlich wegen des **automatisierten Einzugs von gesetzlichen Abschlägen zugunsten der Krankenkassen,** im Streitfall Rückforderungsansprüche für gewährte Abschläge **unmittelbar** gegenüber der begünstigten Krankenkasse geltend machen zu können (vgl. BT-Drs. 17/3698 S. 55). Nach hier vertretener Auffassung dürfte der pharmazeutischen Unternehmer im Regelfall zur fristgerechten Zahlung der Abschläge an die Apotheker (ggf. nach Vereinbarung auch an den Großhandel) zu zahlen haben, um seine eigenen Ansprüche zu sichern. Dies dürfte für die Konstellation sprechen, dass der pharmazeutische Unternehmer regelmäßig eigene Forderungen geltend macht. 64

Die Verweisungen **auf Abs. 5** in Abs. 1 Satz 3 und Abs. 6 Satz 1 und 2 (beruhend auf der Fassung des BSSichG) sind gegenstandslos geworden, vgl. *Hess* in KassKomm SGB V 07/2020 § 130a Rn. 19; die dadurch bedingte Änderung zu Abs. 1 bzw. Abs. 6 hat der Gesetzgeber auch anlässlich der umfangreichen Änderungen zum 13.05.2017 bzw. 01.03.2018 nicht vorgenommen. Zur Anwendung des Abs. 5, hier i.V.m. § 130 Abs. 3b, vgl. LSG Berlin-Brandenburg Urt. v. 02.09.2020 – L 9 KR 563/16. 65

### V. Nachweisführung durch die Apotheken und Verrechnungsmöglichkeiten (Abs. 6 und 7)

**Abs. 6** verpflichtet die Apotheken, den Nachweis darüber zu führen und führen zu können, dass die Abschläge der GKV zugutegekommen sind. Dies ist durch Vereinbarungen abzusichern, die Gegenstand eines gemeinsamen Rahmenvertrages unter Einbeziehung der Spitzenorganisationen der Apotheker, der pharmazeutischen Großhändler und der pharmazeutischen Unternehmer sind. Dessen **Rechtsqualität** wird teilweise als öffentlich-rechtlicher Normenvertrag qualifiziert, vgl. *Axer* 66 in Becker/Kingreen SGB V 2020 § 130a Rn. 8. Auf die Regelung in Abs. 6 wird wegen des weiteren Regelungsinhalts Bezug genommen. Dieser Auffassung wird mit dem überzeugenden Hinweis entgegengetreten, dass Nichtmitglieder der Spitzenorganisation der Apotheker nicht zwingend einbezogen sind und es insoweit auch keines Beitritts bedurfte, vgl. zu Recht *Luthe* in Hauck/Noftz SGB V 04/20 § 130a Rn. 31. Der Verweis auf Abs. 5 ist gegenstandslos.

67 **Pharmazeutische Unternehmen** tragen gegenüber Apothekern, Ärzten und Krankenkassen das **Risiko** auch unverschuldet verursachter falscher Angaben in der Lauer-Taxe, welche nicht rückwirkend korrigierbar sind, vgl. im Zusammenhang mit Abs. 6 BSG Urt. v. 02.07.2013 – B 1 KR 18/12 R – SozR 4–2500 § 130a Nr. 9.

68 Abs. 7 regelt die Möglichkeit der Verrechnung im Verhältnis von Apotheker und Großhändler. Die Apotheke kann den Abschlag nach Ablauf der Frist des Abs. 1 Satz 4 (zehn Tage nach Geltendmachung des Anspruchs, wobei die Frist als eingehalten gilt, wenn am letzten Tag die Zahlung zur Überweisung an die Bank gegeben wird – entsprechend der Verwaltungsregelung hierzu) gegenüber pharmazeutischen Großhändlern verrechnen. Pharmazeutische Großhändler können den danach verrechneten Abschlag, auch in pauschalierter Form, gegenüber den pharmazeutischen Unternehmen verrechnen, vgl. hierzu *Schneider* in jurisPK-SGB V 12/2020 § 130a Rn. 56.

69 Zur **Abgabe der notwendigen Informationen** zur Berechnung (in automatisierter Form, da die Abwicklung weitgehend automatisiert erfolgt) ist der **pharmazeutische Unternehmer** gegenüber dem GKV-Spitzenverband und den Wirtschaftsverbänden der Apotheker **verpflichtet**, Abs. 6 Satz 3. Alle Beteiligten können wiederum eine Rahmenvereinbarung untereinander treffen, vgl. *Luthe* in Hauck/Noftz SGB V 04/20 § 130a Rn. 34.

### E. Vertragliche Vereinbarungen über zusätzliche Rabatte (Abs. 8)

70 Die Vereinbarung von Rabatten nach **Abs. 8 Satz 1** soll für eine Laufzeit von zwei Jahren erfolgen, Abs. 8 Satz 8. Dabei ist der Vielfalt der Anbieter Rechnung zu tragen, Abs. 8 Satz 9, zugleich aber auch der Sicherstellung einer bedarfsgerechten Versorgung der Versicherten, hier in der Fassung ab 16.08.2019. Damit solle eine **Verstetigung der Rabattverträge** erreicht werden. Vergleichbar der Regelung in § 97 Abs. 3 GWB solle bei der Auftragsvergabe der Vielfalt der Anbieter Rechnung getragen werden; auf die eingehende Begründung zum Gesetzentwurf (vgl. BT-Drs. 17/2413 S. 30) wird Bezug genommen. Mit dem AMVSG wurde mit Wirkung vom **01.03.2018 Abs. 8 Satz 3 und 4 eingefügt**, hier maßgeblich auch im Sinne von Schutzvorschriften zugunsten mittelständiger Unternehmer betr. die Lieferfähigkeit, auch unter Berücksichtigung bei der Ausschreibung.

#### I. Vereinbarung von Rabatten nach Abs. 8 Satz 1

71 Die Krankenkassen und ihre Verbände können mit pharmazeutischen Unternehmern Rabatte für die zu ihren Lasten abgegebenen Arzneimittel vereinbaren, **Abs. 8 Satz 1**. Dabei kann insbesondere eine mengenbezogene Staffelung des Preisnachlasses, ein jährliches Umsatzvolumen mit Ausgleich von Mehrerlösen oder eine Erstattung in Abhängigkeit von messbaren Therapieerfolgen vereinbart werden, **Abs. 8 Satz 2**. Rabatte nach Abs. 8 Satz 1 sind von den pharmazeutischen Unternehmen an die Krankenkassen zu vergüten, Abs. 8 Satz 5.

72 Zusätzlich zu den Abschlägen nach § 130a Abs. 1, Abs. 1a und Abs. 2 können die Krankenkassen damit **Rabatte für die zu ihren Lasten abgegebenen Arzneimittel** vereinbaren, **Abs. 8 Satz 1**, verbunden mit der Möglichkeit, diese durch die Abschläge nach Abs. 1, Abs. 1a und Abs. 2 abzulösen, sofern dies ausdrücklich vereinbart ist. Entsprechende Rabattvereinbarungen sollen eine Laufzeit von zwei Jahren haben (vgl. Abs. 8 Satz 8), um zu einer gewissen Kontinuität beizutragen; zugleich sollen die Rabattvereinbarungen nicht für einen längeren Zeitraum festgelegt werden, um auch anderen Anbietern die Möglichkeit der Beteiligung zu öffnen. Die Nachteile für chronisch kranke Patienten, nach zwei Jahren ggf. einen Arzneimittelwechsel hinnehmen zu müssen (vgl. *Schneider* in jurisPK-SGB V 12/2020 § 130a Rn. 75 im Hinblick auf die Compliance beim Patienten), werden in Kauf genommen und sind dann entsprechend zu erklären.

## 1. Anwendung von Vergaberecht

Nach derzeitiger Rechtslage unterliegen **Verträge nach Abs. 8 dem Kartell- und Vergaberecht**, vgl. *Schneider* in jurisPK-SGB V 12/2020 § 130a Rn. 64, geregelt durch § 69. Es handelt sich nicht um Verträge, zu denen die Krankenkasse zum Abschluss verpflichtet ist. Vielmehr ist den Krankenkassen der Abschluss eines Vertrages nach § 130a Abs. 8 freigestellt, ebenso auch *Luthe* in Hauck/Noftz SGB V 04/20 § 130a Rn. 4c und *Axer* in Becker/Kingreen SGB V § 130a Rn. 27, 28.

73

Mit § 69 Abs. 2 wird nicht festgelegt, **in welchen Fällen die** tatbestandlichen Voraussetzungen nach §§ 97 ff. GWB vorliegen. Es handelt sich um eine **Rechtsgrundverweisung**, nicht allein eine Rechtsfolgenverweisung, vgl. *Schneider* in jurisPK-SGB V 12/2020 § 130a Rn. 65 bis 70. Die Anwendung dieser Vorschriften setzt nach § 115 GWB in der Fassung ab 18.04.2016 (zuvor § 99 GWB a.F.) voraus, dass es sich **bei der Vergabe um einen öffentlichen Auftrag** im Sinne dieser Regelung handelt. Ausweislich der Materialien soll dies wesentlich davon abhängen, ob und inwieweit die Krankenkassen auf die Auswahlentscheidung, welcher Vertragsgegenstand im einzelnen Versorgungsfall abgegeben wird, Einfluss nehmen können. Die Materialien führen hier als Fälle die Arzneimittelrabattverträge gemäß § 129 Abs. 1 Satz 3 an, indem die Verpflichtung der Apotheken zur Ersetzung eines wirkstoffgleichen Arzneimittels als Einflussnahme der Krankenkassen auf die Auswahlentscheidung des Vertragsgegenstandes als öffentlicher Auftrag zu qualifizieren sein könnte.

74

Ohne Übergangszeit und unter Einbeziehung bereits anhängiger Verfahren sind allein **die ordentlichen Gerichte zuständig** (vgl. § 29 SGG, § 51 Abs. 3 SGG, § 207 SGG). Zugleich wurde in § 57 Abs. 5 SGG (Art. 2 Nr. 3a AMNOG) geregelt, dass in Angelegenheiten nach § 130 Abs. 4 und 9 das Sozialgericht örtlich zuständig ist, in dessen Bezirk die zur Entscheidung berufene Behörde ihren Sitz hat. Zuständig bleiben die **Sozialgerichte** auch in Streitigkeiten nach § 130a, die **nicht mit dem Vergaberecht** im Zusammenhang stehen, vgl. *Axer* in von Becker/Kingreen SGB V § 130a Rn. 30; *Hess* in KassKomm SGB V § 130a Rn. 29, hier auch zur Rechtsentwicklung. Bei Streitigkeiten ist seit der Neuordnung der Zuständigkeit (wieder) die ordentliche Gerichtsbarkeit anzurufen, vgl. § 51 SGG. Für das Nachprüfungsverfahren ist die Zuständigkeit der Vergabekammern zuständig, vgl. § 104 Abs. 1 GWG, auf Bundesebene die Vergabekammern des Bundes nach §§ 104, 106 Abs. 1, 106 a Abs. 1 Nr. 2. Dagegen richtet sich dann die sofortige Beschwerde mit der Zuständigkeit der Oberlandesgerichte entsprechend § 69 Abs. 2 Satz 4, § 116 Abs. 3 GWB, regelmäßig mit der – abänderbaren – aufschiebenden Wirkung.

75

Die **Rechtsprechung** scheint **Bedenken** gegen das Verfahren **nicht zu folgen**, mit durchaus überzeugenden Gründen, vgl. OLG Düsseldorf Beschl. v. 17.02.2014 – VII-Verg 2/14, VergabeR 2014, 560: Unternehmen, die eine Bietergemeinschaft eingehen, träfen eine Vereinbarung, die eine Verhinderung, Einschränkung oder Verfälschung des Wettbewerbs bezwecken oder bewirken könnten, und die deswegen verboten seien. Dabei bilde bereits den **Tatbestand einer möglichen Wettbewerbseinschränkung in Vergabeverfahren**, dass sich die an einer Bietergemeinschaft (diese sind nach § 43 Abs. 2 Satz 1 VgV in der Fassung ab 18.04.2016 nunmehr ausdrücklich statthaft; im Lichte dieser Regelung in § 43 Abs. 2 und 3 VgV ist die Entscheidung zu sehen und nachfolgend zu verfahren) beteiligten Unternehmen verpflichteten, von eigenen Angeboten abzusehen und mit anderen Unternehmen nicht zusammenzuarbeiten.

76

Im Beschl. v. 17.02.2014 wird noch angeführt: Die **Bildung einer Bietergemeinschaft zwischen branchenangehörigen Unternehmen sei nur zulässig**, wenn die beteiligten Unternehmen ein jedes für sich zu einer Teilnahme an der Ausschreibung mit einem eigenen Angebot aufgrund ihrer betrieblichen oder geschäftlichen Verhältnisse **nicht leistungsfähig** seien, und erst ein **Zusammenschluss zu einer Bietergemeinschaft** diese in die Lage versetzte, sich daran mit Erfolgsaussicht zu beteiligen. Zur Zweckmäßigkeit des Zusammenschlusses von zwei pharmazeutischen Unternehmen im Vergabeverfahren für Rabattvereinbarungen vgl. auch dies konkretisierend BKartA Bonn 1. Vergabekammer des Bundes Beschl. v. 16.01.2014 – VK 1–119/19, KrV 2014, 120. Auf § 43 Abs. 2 und 3 VgV ab 18.04.2016 wird Bezug genommen.

77

*Dalichau*

78 Mit dem AMNOG wurde der kartellrechtliche Schutz erweitert, vgl. § 69 Abs. 2. Es gilt der Grundsatz, dass Kartellrecht nicht zur Anwendung kommt, soweit Krankenkassen zum Abschluss von Vereinbarungen von Gesetzes wegen verpflichtet sind, hier im Gegensatz zu Selektivverträgen. Für die Rechtsverfolgung sind einheitlich die ordentlichen Gerichte zuständig, vgl. § 51 Abs. 3 SGG. Zum **Wettbewerbsrecht** in der GKV vgl. eingehend – gleichfalls nach der Rechtslage bis 17.04.2016 – *Wallrabenstein* NZS 2015, 48, hier auch zu Kooperationsverboten nach §§ 1 bis 3 GWB, zur Stellung als öffentlicher Auftraggeber, zu den Schwellenwerten sowie eingehend zum Lauterkeitsrecht, vornehmlich im Verhältnis der Krankenkassen zu den Leistungserbringern.

79 Nach Inkrafttreten des Vergaberechtsmodernisierungsgesetzes – VergRModG mit einer **Neufassung des Teil 4 GWB** – Vergabe von öffentlichen Aufträgen und Konzessionen mit §§ 97 bis 184 GWG und Abänderung zur früheren Regelungsfolge sowie der **Vergabeverordnung** – VgV (Art. 1 Vergaberechtsmodernisierungsverordnung – VergRModVO vom 12.04.2016 (BGBl. I S. 624), beide mit Wirkung vom 18.04.2016 hat sich die Rechtslage zum Wettbewerbsrecht – auch mit Bezug zum SGB V – wesentlich geändert. Hinzugekommen ist die Änderung von § 69 Abs. 2 sowie die Neuaufnahme von **§ 69 Abs. 3 und 4** durch Art. 1a Zweites Gesetz zur Änderung des Buchpreisbindungsgesetzes vom 31.07.2016 (BGBl. I S. 1937) mit Wirkung vom 06.08.2016 (Art. 2 Abs. 2).

80 In wesentlichen **Grundsätzen** stellen sich die **Vergaberegelung** wie folgt dar (vgl. näher *Hansen* NZS 2016, 814; *Probst* VergabeR 2019, 136; *Ohrtmann* Sozialrecht aktuell Sonderheft 2020, 212):

81 Das Vergabeverfahren wird maßgeblich in der **VgV** auf der Rechtsgrundlage von §§ 113, 114 Abs. 2 Satz 4 GWB konkretisiert. Daneben sind u.a. – mit geringerer Bedeutung für das SGB V – die Sektorenverordnung (SekrVO), die Konzessionsvergabeverordnung (KonzVgV) sowie die Vergabestatistikverordnung (VergStatVO) vorgelegt worden. Die Verdingungsordnungen behalten weiterhin ihre Geltung, vornehmlich für Vergaben unterhalb der Schwellenwerte. Hier gelten zudem die allgemeinen Grundsätze für öffentlich-rechtliche Körperschaften einer chancengleichen, transparenten und fairen Vergabe.

82 Das **Vergaberecht des GWB** ist weiterhin maßgeblich aufgrund des **§ 69 Abs. 2** anwendbar und mit Wirkung vom 06.08.2016 durch **§ 69 Abs. 3 und** – vornehmlich – **4** ergänzt worden. Hier ist ein verfahrenstechnisch vereinfachtes Recht für öffentliche Dienstleistungsaufträge nach den §§ 63 und 140a vorgegeben, hier unter Bezugnahme auf die Begrifflichkeiten nach Anhang XIV der RL 2014/24 EU (Vergaberichtlinie).

83 Neben der EU-Vergaberichtlinie kommen generell noch die Konzessionsrichtlinie RL 2014/23/EU sowie die Sektorenrichtlinie RL 2014/25/EU zur Anwendung, hier in Ablösung der RL 2004/18/EG und RL 2004/17/EG mit Wirkung vom 18.04.2016. Dieses Datum ist vielfältig für das Wettbewerbsrecht bedeutsam, EU-rechtlich sowie betr. die gesetzlichen und verordnungstechnischen Grundlagen.

84 **Krankenkassen sind juristische Personen des öffentlichen Rechts** (vom EuGH bestätigt, s.o.), hier i.S.v. § 99 Nr. 2 Buchst. a GWB n.F. und kommen als Konzessionsgeber in Betracht, § 101 Abs. 1 Nr. 1 GWB n.F. § 103 GWB n.F. übernimmt die Begrifflichkeiten aus dem EU-Recht auch bezüglich des Vorliegens eines öffentlichen Auftrags. Auch Dienstleistungskonzessionen werden einbezogen, vgl. Hansen in NZS 2016, 814, 816. Für **öffentliche Liefer- und Dienstleistungsaufträge** verbleibt es bei einem **Schwellenwert**, der zur Anwendung des GWB-Rechts führt, wobei auch unterhalb dieses Schwellenwertes die genannten allgemeinen Grundsätze für eine Vergabe gelten. Der **Schwellenwert** wird etwa alle zwei Jahre **angepasst** und beträgt bis 31.12.2019 221.000 € und ab 01.01.2020 214.000 € – EUV 2019/1827 – 1930 vom 30.10.2019 – i.V.m. § 106 GWB und ohne nationale USt (aber mit Abweichungen nach § 69 Abs. 4). Pandemiebedingt gibt es ab März 2020 »Vergaberechtliche Erleichterungen«, die im Internet nachgewiesen werden.

85 Zum **Verfahren** für den sog. oberschwelligen Bereich bei Vergaben sind – i.V.m. der VgV – eine **Reihe von Änderungen ab 18.04.2016** festzustellen. Nach § 97 Abs. 1 Satz 2 GWB n.F. sind die

»Grundsätze der Wirtschaftlichkeit und der Verhältnismäßigkeit« zu wahren, hier im Sinne einer **effektiven Verwendung der Mittel** und auch die Einbeziehung der Interessen der Bieter. Es dürfen nach § 97 Abs. 3 GWB ausdrücklich »**Aspekte der Qualität und der Innovation sowie soziale und umweltbezogene Aspekte**« nach Maßgabe des Teils 4 des GWB n.F. berücksichtigt werden. Hansen (NZS 2016, 814, 817) weist zu Recht auf »mehr Rechtssicherheit und die Sicherung von Freiräumen der öffentlichen Hand« in der **Gestaltung des Verfahrens** hin, etwa auf In-House-Verfahren nach § 108 Abs. 1 bis 5 GWB n.F. oder Möglichkeiten der Zusammenarbeit nach § 108 Abs. 6 GWB n.F. Alternativ stehen die Verfahrensmöglichkeiten nach § 119 GWB n.F. zur Verfügung, hier i.V.m. der VgV (offenes Verfahren, nicht offenes Verfahren, Teilnahmewettbewerb usw.).

Vorgeschrieben ist die **elektronische Abwicklung** des Verfahrens, § 97 Abs. 5, § 113 GWB n.F., was einen hohen Grad an digitaler Sicherheit verlangen dürfte. Vergabeverfahren und Auftragsausführung werden in §§ 119 ff. GWB n.F. näher konkretisiert, verbunden mit besonderen Methoden und Instrumenten in Vergabeverfahren (§ 120 GWB n.F.). Die **Leistungsbeschreibung** hat den Auftragsgegenstand »so eindeutig und erschöpfend wie möglich zu beschreiben, vgl. § 121 GWB n.F. Eignung von Unternehmen (§ 122 GWB n.F.), zwingende Ausschlussgründe (§ 123 GWB n.F.) und fakultative Ausschlussgründe (§ 124 GWB n.F. sind sorgfältig zu prüfen, allerdings mit der Möglichkeit einer sog. Selbstreinigung nach § 125 GWB n.F.

86

Der **Zuschlag** erfolgt an das wirtschaftlichste Angebot, § 127 GWB n.F., weshalb auch die Zuschlagskriterien so präzise wie möglich anzugeben und nachfolgend zu beachten sind, im Sinne der »Gewährleistung eines wirksamen Wettbewerbs«, § 127 Abs. 4 GWB n.F., aber auch unter Einbeziehung von qualitativen, umweltbezogenen und sozialen Aspekten«, vgl. *Krönke* NVwZ 2016, 568,

87

In Umsetzung der Vorgaben für **soziale Dienstleistungen** gelten Besonderheiten (nicht aber für Waren wie Arzneimitteln, Hilfsmitteln usw.) gem. Anhang XIV zur RL 2014/24/EU (öffentlicher Dienstleistungsauftrag bzw. Dienstleistungskonzession), mit einer freieren Wahl der Verfahrensarten, vgl. § 130 GWB n.F., § 65 VgV., mit längeren Laufzeiten und weiteren Eignungskriterien. Es gilt der **besondere Schwellenwert** für **soziale Dienstleistungen**, der mit einer »fehlenden Binnenmarktrelevanz« bei Dienstleistungen begründet wird, vgl. *Hansen* NZS 2016, 814, 819.

88

Schließlich hat der Gesetzgeber mit **§ 69 Abs. 4** die Möglichkeiten für Selektivverträge nach **§ 63** (Grundsätze für Modellvorhaben) und nach **§ 140a** (Besondere Versorgung, unter Einbeziehung der integrierten Versorgung) deutlich erweitert (in der Fassung ab 06.08.2016). Auf die Erläuterungen zu § 69 Abs. 4 wird Bezug genommen. Auch dies betrifft allein die »Vergabe öffentlicher Dienstleistungsaufträge über soziale und andere besondere Dienstleistungen« im Sinne des Anhangs XIV der Richtlinie 2014/24/EU vom 26.02.2014 (nicht Waren). Abweichend von § 119 Abs. 1 und § 130 Abs. 1 Satz 1 GWB n.F., § 14 VgV – nunmehr in der Fassung ab 02.04.2020 –, kommen weitere Verfahren in Betracht. Stets sind jedoch die »**Grundsätze der Transparenz und der Gleichbehandlung** zu gewährleisten«, § 69 Abs. 4 Satz 1, Grundsätze, die nach hier vertretener Auffassung allgemein für die Vorgehensweise öffentlich-rechtlicher juristischer Personen gelten, auch im Sinne eines fairen Verfahrens. Über die Verfahrensvariante nach § 69 Abs. 4 hatte der GKV-Spitzenverband bis 17.04.2019 dem BMG zu berichten, so dass das Verfahren einer gewissen Beobachtung unterliegt. Die VgV ist vielfach geändert worden, bei Redaktionsstand 01/2021 zuletzt in der Fassung des Art. 4 Gesetz vom 12.11.2020 – BGBl. I S. 2392.

89

### 2. Modelle von Vereinbarungen

**Rabattvereinbarungen** nach Abs. 8 mit Krankenkassen bzw. Verbänden und pharmazeutischen Herstellern sind vornehmlich im **Generikabereich** zu finden. Die Einbeziehung mehrerer Hersteller zu Bietergemeinschaften war zeitweise durchaus umstritten, da an sich das – in jeder Hinsicht, auch qualitativ (vgl. vornehmlich ab 18.04.2016 § 97 Abs. 3 GWB n.F.) – **wirtschaftlichste Angebot** zu wählen ist, vgl. etwa wohl nicht mehr h.M. LSG Baden-Württemberg Beschl. v. 23.01.2009 – L 11 WB 5971/08 u.a., ZMGR 2009, 84, VergabeR 2009, 452. Hier können aber insbesondere Rahmenvereinbarungen kritisch sein, wenn ein und dieselbe Rahmenvereinbarung

90

für eine Fallgruppe »exklusiv« abgeschlossen wird, vgl. hierzu *Luthe* in Hauck/Noftz SGB V 11/14 § 130a Rn. 37. Hier wird jeweils auf einen Ausgleich in der Marktmacht auf der Geber- und Nehmerseite abzustellen sein, was letztlich Sinn und Zweck des Wettbewerbsrechts ist, vgl. hierzu BKartA Beschl. v. 12.08.2016 – VK 1–42/15, auch zu Begrifflichkeiten. Deutlich wird die Umsetzung an Modellen, die sich insoweit herausgebildet haben. Vgl. zur Anwendung des § 97 GWB i.V.m. dem SGB V OLG Düsseldorf Beschl. v. 07.01.2019 – Verg 30/18.

91 In der Praxis stehen Ausschreibungen unter Nennung bestimmter relevanter Wirkstoffe im Vordergrund. **Abs. 8 Satz 2** in der Fassung ab 01.01.2011 konkretisiert dies zudem, ohne dass die Aufzählung vollständig ist, wie aus dem Wort »insbesondere« folgt: Es kann insbesondere eine **mengenbezogene Staffelung des Preisnachlasses**, ein **jährliches Umsatzvolumen mit Ausgleich von Mehrerlösen** oder eine **Erstattung in Abhängigkeit von messbaren Therapieerfolgen** vereinbart werden. Da die Versicherten nicht zwingend an rabattierte Arzneimittel gebunden sind, wenngleich diese auch finanziell günstiger sind, und gegen Aufpreis ausweichen können, ist seitens der pharmazeutischen Unternehmer dies einzuplanen.

92 *Hess* (in KassKomm SGB V § 130a Rn. 23) verweist insoweit auf die Möglichkeit, Steigerungen im Umsatz mit entsprechenden **Steigerungsrabatten** zu erfassen. Eine solche Vereinbarung könne sich auch auf das komplette Sortiment eines pharmazeutischen Unternehmers beziehen, insoweit auch als **Portfolio-Vertrag** bezeichnet.

93 Vereinbarungen nach **Abs. 8** könnten in Übereinstimmung mit der Auffassung des BMG auch auf **einzelne Indikationen eines Arzneimittels** abstellen. Problematisch sei diese Spezifizierung allerdings, weil diese regelmäßig nicht mit der Verordnung seitens des Vertragsarztes angestimmt werden könne und deshalb auch der Apotheker nicht die notwendigen Informationen zur Umsetzung habe, vgl. *Hess* in KassKomm SGB V 09/2016 § 130a Rn. 24.

94 In der Praxis werde auch von dem sog. **Open-House-Modell mit Mindestrabatten bei Generika** gearbeitet; hier sei der Bewerberkreis offen und alle Bieter könnten ohne Gebietsfestlegung einbezogen werden, vgl. *Luthe* in Hauck/Noftz SGB V 12/2020 § 130a Rn. 67; es liegt damit bei Open-House-Modellen **kein vergaberechtlicher öffentlicher Auftrag** vor, vgl. **EuGH** Urt. v. 02.06.2016 – C-410/14 (auf Veranlassung des OLG Düsseldorf, vgl. Beschl. v. 13.08.2014 –VII-Verg 13/14, NZS 2014,822, VergabeR 2015, 34 und *Axer* in Becker/Kingreen SGB V § 130a Rn. 28 mit eingehenden Hinweisen. Vgl. dazu näher *Luthe* SGb 2011, 372, *Dörn* VergabeR 2012, 480, *Gaßner/Strömer* NZS 2014, 811, *Ulfshöfer* PharmR 2015, 85 und VergabeR 2015, 42, hier jeweils auch im Zusammenhang mit § 130a Abs. 8. Vgl. ferner *Gaßner/Sauer* PharmR 2018, 288 und *Luthe* SGb 2018, 206.

### 3. Anforderungen an das Verfahren durch die Krankenkassen

95 Im **Vergabeverfahren** zum Abschluss eines Arzneimittelrabattvertrages hat die **Krankenkasse** die **Leistung eindeutig und erschöpfend zu beschreiben**, so dass alle Bewerber die Beschreibung im gleichen Sinne verstehen müssen und die Angebote miteinander verglichen werden können, vgl. hierzu näher LSG Nordrhein-Westfalen Beschl. v. 10.02.2010 – L 21 KR 60/09 SFB. Der Gesetzgeber des VergRModG vom 17.02.2016 hat diesem Aspekt mehrfach besonderes Gewicht gegeben, vgl. etwa § 121 GWB in der Fassung ab 18.04.2016. Um eine **einwandfreie Preisermittlung** zu ermöglichen, seien alle die Preisermittlung beeinflussenden Umstände festzustellen und in den Fertigungsunterlagen anzugeben. Berechtigte Beanstandungen führen dazu, dass die Aufforderung zur Angebotsabgabe zu wiederholen sei. Das **Risiko der Vollständigkeit und Fehlerhaftigkeit der Verdingungsunterlagen** trage allein die Krankenkasse als Auftraggeber. Die **Prüfungsobliegenheit der Bieter** beziehe sich lediglich auf die Vollständigkeit der Unterlagen.

96 Der **Auftraggeber soll verlangen können**, dass der **Bieter seine Lieferfähigkeit** im Hinblick auf die Zurverfügungstellung der Rabattarzneimittel in hinreichender Menge nachweist; dies könne auch die Benennung von Lieferanten und damit Drittunternehmen beinhalten, vgl. BKartA Bonn Vergabekammer des Bundes Beschl. v. 10.09.2014 – VK 1–66/14 und nachgehend OLG Düsseldorf,

Vergabesenat, Beschl. v. 19.11.2014 – VII-Verg 30/14, hier näher auch zum **Umfang dessen, was als Information im Vorfeld seitens der Krankenkassen verlangt** werden kann. Zuschlagskriterien müssten mit dem Auftragsgegenstand »zusammenhängen« und damit »in Verbindung stehen«. Sie müssten sich aber nicht unmittelbar aus dem ausgeschriebenen Leistungsgegenstand ergeben.

Bezüglich der **notwendigen Prognose** beinhalte dies auch Eignungsnachweise zur Sicherstellung 97 des Erfüllungsinteresses; hier gelte der Grundsatz, dass die Nachweise nicht unverhältnismäßig, nicht unangemessen und für den Bieter nicht unzumutbar sein dürften. Im Lichte dieser Entscheidung dürfte es **zweckmäßig** sein, auf die **Anforderung der Leistungsfähigkeit** und deren **Glaubhaftmachung** in der Ausschreibung hinzuweisen.

Davon unberührt bleibt die allgemeine **Verpflichtung der Krankenkassen** als öffentlich-rechtliche 98 Auftraggeber und Behörden, gegenüber den **Leistungserbringern** und beim Abschluss von Vereinbarungen allgemeingültige Grundsätze einzuhalten. Dazu gehört der Grundsatz der Gleichbehandlung gleicher Sachverhalte, der Grundsatz der Chancengleichheit – gleichgültig ob Ausschreibung oder nicht, etwa bei niedrigen Werten – und der Transparenz sowie der Grundsatz der Fairness. Vgl. dazu näher *Wallrabenstein* NZS 2015, 48, hier auch eingehend zum Lauterkeitsrecht generell. Dies gilt verstärkt auch nach Vorlage des VergModG ab 18.04.2016, ebenso auch für die Besonderheiten bei sozialen Dienstleistungen.

Bei **Verfahren zum Abschluss von Rabattverträgen gemäß Abs. 8** muss zwar nicht in jedem Fall 99 ein **förmliches Vergabeverfahren** stattfinden, es ist jedoch in allen Fällen ein **transparentes, diskriminierungsfreies, verhältnismäßiges und nachprüfbares Auswahlverfahren** durchzuführen. Die **Krankenkassen** müssen **Leistungen** mit Rücksicht auf Bewerber **erschöpfend beschreiben** und **Ausschreibungen gegebenenfalls in Lose zerlegen**, um auch kleineren und mittleren Unternehmen eine Beteiligung bei umsatzstarken Wirkstoffen zu ermöglichen, Grundsatz der Verhältnismäßigkeit, vgl. LSG Baden-Württemberg Beschl. v. 27.02.2008 – L 5 KR 507/08 ER-B, MedR 2008, 309, ZMGR 2008, 154. Krankenkassen haben aber nicht Wirtschaftspolitik und deren Ziele zu beachten, auch wenn diese Interesse am Erhalt tragfähiger Herstellerstrukturen im Arzneimittelmarkt haben mögen; Wirtschaftlichkeit und Sicherstellen einer qualitativ hochstehenden Versorgung haben Vorrang.

Im **Vergabenachprüfungsverfahren** soll allein zu prüfen sein, ob der Auftraggeber die **Bestimmungen** 100 **über das Vergabeverfahren eingehalten** hat, vgl. LSG Nordrhein-Westfalen Beschl. v. 08.10.2009 – L 21 KR 44/09 SFB, hierzu nachgehend BVerfG Nichtannahmebeschl. v. 01.11.2010 – 1 BvR 261/10. Vgl. ferner ebenso LSG Nordrhein-Westfalen Beschl. v. 08.10.2009 – L 21 KR 36/09 SFB.

Das Verfahren der Krankenkasse zum Abschluss einer **Rabattvereinbarung** (§ 130a Abs. 8) unter- 101 liegt dem **Transparenzgebot,** mit der Folge, dass eine Ausschreibung **öffentlich bekannt zu machen** ist und alle möglichen Bieter die **Verdingungsunterlagen** vollständig erhalten; die Krankenkasse hat sich deshalb grundsätzlich auch an die Verdingungsunterlagen zu halten und muss gerechtfertigte Abweichungen dokumentiert begründen, vgl. LSG Nordrhein-Westfalen Beschl. v. 28.01.2010 – L 21 KR 68/09 SFB. Zur **Vollständigkeit** der Verdingungsunterlagen vgl. auch LSG Nordrhein-Westfalen Beschl. v. 10.02.2010 – L 21 KR 60/09 SFB.

Ist ein Angebot unauskömmlich, führt dies nicht automatisch zum Angebotsausschluss. Vielmehr 102 ist **zu prüfen**, ob der Bieter hiermit **wettbewerbskonforme Ziele verfolgt** und, ob er den Auftrag trotzdem ordnungsgemäß erfüllen kann, vgl. BKartA Beschl. v. 09.12.2015 – VK 2–107/15, ZfBR 2016, 402, ferner auch Beschl. v. 19.01.2016 – VK 1–124/15 zum sog. Kaskadenprinzip, hier auch im Vergabeverfahren für Arzneimittel-Rahmenrabattvereinbarungen. Diese Grundsätze dürften auch über den 18.04.2016 hinaus maßgeblich bleiben.

### II. Inhalte von Rabattvereinbarungen und Rechtsfolgen (Abs. 8 Satz 2 bis 6)

**Abs. 8** eröffnet ergänzend zu den von Gesetzes wegen festgelegten Rabatten den Krankenkassen und 103 ihren Verbänden – bei Letzteren möge eine besondere Marktmacht zu vermuten sein –, vertraglich

**§ 130a SGB V**  Rabatte der pharmazeutischen Unternehmer

**weitere Rabatte** zu vereinbaren. Dabei haben sich bestimmte Modelle herausgebildet. Für rabattierte Arzneimittel ist in weiterem Maße eine Substitution durch den Apotheker in der Praxis möglich, verbunden mit einer zusätzlichen Möglichkeit zu mehr Wettbewerb zugunsten der Krankenkassen (wenn auch kritisch gerade dazu *Hess* in KassKomm SGB V 07/2020 § 130a Rn. 15 zu Naturalrabatten und zu Arzneimittel im biotechnologischen Herstellungsprozess BSG Urt. v. 20.12.2018 – B 3 KR 11/17 – SozR 4–2500 § 130a Nr. 12 sowie *Hess* a.a.O. Rn. 15a).

104 Die Verträge nach Abs. 8 sind öffentlich-rechtliche Verträge, wobei dies den **öffentlich-rechtlichen Beziehungen der Krankenkassen und Apotheken** nach der Rechtslage ab 2000 – mit einem vorangehenden zivilrechtlichen Schwerpunkt – entspricht. Hierfür spricht auch § 69 als Ausgangsnorm für Regelungen zwischen Krankenkassen und Leistungserbringern und damit auch den Apotheken, vgl. *Luthe* in Hauck/Noftz SGB V 02/17 § 130a Rn. 36, auch unter Hinweis auf BSG Urt. v. 12.05.2005 – B 3 KR 32/04 R – SozR 4–2500 § 69 Nr. 1, GesR 2005, 409, SGb 2006, 56 und Bespr. von *Müller* NZS 2006, 583.

105 Streitig ist bereits, ob es sich um **öffentliche Aufträge** i.S.d. § 103 GWB in der Fassung ab 18.04.2016 handelt, vgl. ablehnend zur Vorgängervorschrift *Engelmann* SGb 2008, 133, 148. Allerdings ist im Hinblick auf die Rechtsprechung des EuGH unstreitig, dass die Krankenkassen öffentliche Auftraggeber sind, vgl. *Ebsen* BKK 2010, 76, 78 unter Bezugnahme auf EuGH Urt. v. 11.06.2009 – C 300/07, ZESAR 2009, 395 mit Anmerkung von *Weydt* ZESAR 2009, 402 und *Kingreen* NJW 2009, 241. Soweit die Kassen in den Fokus von Vergaberecht und Wettbewerbsmissbrauchsrecht gestellt werden, ist auch nach herkömmlicher Auffassung zu sehen, dass die Krankenkassen als **Hoheitsträger an die Grundrechte gebunden** sind und sich willkürfrei und sachgerecht zu verhalten haben (vgl. *Ebsen* BKK 2010, S. 77).

106 Die **pharmazeutischen Unternehmer sind zwar keine Leistungserbringer** im engeren Sinne, da diese keine unmittelbaren Leistungen an Versicherte erbringen. Diese sind jedoch durch **vielfältige, sozialversicherungsrechtlich relevante Regelungen** bezüglich Nutzenbewertung, Preisfindung, Rabatte und Abdeckung der gebotenen Versorgung so eng in das Versorgungssystem eingebunden, dass dies die Feststellung erlaubt, dass auch die **pharmazeutischen Unternehmer in »ein öffentlich-rechtliches Verhältnis der Gleichordnung zum Staat** eingetreten sind, ohne dass es hierbei auf ihre Stellung als Leistungserbringer entscheidend ankäme«, vgl. *Luthe* in Hauck/Noftz SGB V 02/17 § 130a Rn. 36.

107 Bei der **Auslegung von Vereinbarungen** soll der **übereinstimmende Wille** der an dem Abschluss eines Vertrages beteiligten Parteien dem Vertragswortlaut vorgehen, wenn die Parteien ihren übereinstimmenden Willen einander zu erkennen geben, vgl. SG Würzburg Urt. v. 18.11.2014 – S 6 KR 232/13; allerdings dürfen dadurch nach hier vertretener Auffassung die Rechte Dritter nicht beeinträchtigt werden, insbesondere wenn sich diese auf den Wortlaut der Vereinbarung verlassen haben.

**1. Vorgaben nach Satz 2, 5 und 6**

108 **Abs. 8 Satz 2, 5 und 6** (entsprechend bis 28.02.2018 Abs. 2 bis 4) regelt Grundsätze im Zusammenhang mit dem Abschluss von Rabattvereinbarungen. **Abs. 8 Satz 2** führt – ohne eine abschließende Aufzählung – eine Reihe von Regelungszielen an, so die mengenbezogene Staffelung des Preisnachlasses, ein jährliches Umsatzvolumen mit Ausgleich von Mehrerlösen oder eine Erstattung in Abhängigkeit von messbaren Therapieerfolgen, vgl. Erläuterungen Rdn. 90 ff. **Rabatte** sind von den pharmazeutischen Unternehmern an die Krankenkassen **zu vergüten**, ohne dass sich hieraus Auswirkungen auf den Abgabepreis des Arzneimittels ergeben, **Abs. 8 Satz 5** (bis 28.02.2018 Satz 3). Eine Vereinbarung über Rabatte berührt die Abschläge nach § 130a Abs. 3a und Abs. 3b SGB V nicht; diese Abschläge können zusätzlich zu den Rabatten nach Abs. 8 vereinbart werden, **Abs. 8 Satz 6** (bis 28.02.2018 **Satz 4**). Zudem eröffnet **Abs. 8 Satz 6 2. Hs.** (bis 28.02.2018 Abs. 8 Satz 4 2. Hs.) die Möglichkeit, Abschläge nach den Abs. 1, Abs. 1a und Abs. 2 abzulösen, sofern dies ausdrücklich vereinbart ist. Erforderlich ist eine ausdrückliche, eine Mehrbelastung der

Krankenkassen ausschließende Vereinbarung, wie auch aus den Materialien in BT-Drs. 17/2170 zu Abs. 8 Satz 4 folgt.

Bei der Ausschreibung einer Lieferung von **Inkontinenzartikeln** soll der öffentliche Auftraggeber, hier ein Träger aus dem Bereich der gesetzlichen Krankenkassen, das mit der Auftragsvergabe an ein einziges Unternehmen verbundene **Risiko** eines vollständigen oder teilweisen **Lieferungsausfalls** oder einer **Lieferverzögerung** durch eine **Loslimitierung** vermeiden können, vgl. OLG Düsseldorf Beschl. v. 07.12.2011 – VII-Verg 99/11, VergabeR 2012, 494. Nicht nur Lieferverträge und Dienstleistungsverträge als solche, sondern **auch Rahmenvereinbarungen** hierüber unterliegen dem **Vergaberecht**. Zur Preisbindung für verschreibungspflichtige Arzneimittel vgl. zudem EuGH Urt. v. 19.10.2016 – C-148/15 und dazu Mitteilung des Deutschen Bundestags Nr. 07/16 vom 01.11.2016. 109

## 2. Berücksichtigung der Lieferfähigkeit von pharmazeutischen Unternehmern (Abs. 8 Satz 3 und 4)

**Abs. 8 Satz 3 und 4** wurde mit Art. 2 AMVSG mit Wirkung vom **01.03.2018** eingefügt. Verträge nach Abs. 8 Satz 1 über patentfreie Arzneimittel sind danach so zu vereinbaren, dass die Pflicht des pharmazeutischen Unternehmers zur Gewährleistung der Lieferfähigkeit frühestens 6 Monate nach Versendung der Information nach § 134 Abs. 1 GWB und frühestens 3 Monate nach Zuschlagserteilung beginnt, Abs. 8 Satz 3 in der Fassung ab 01.03.2018. Der Bieter, dessen Angebot berücksichtigt werden soll, ist zeitgleich zur Information nach § 134 Abs. 1 GWB über die geplante Annahme des Angebots zu informieren, Abs. 8 Satz 4 in der Fassung ab 01.03.2018. 110

Ausweislich der Materialien hierzu (vgl. BT-Drs. 18/10208 S. 37) wird einleitend auf die **Bedeutung von Rabattverträgen zur Regulierung der Ausgaben für Arzneimittel in der GKV** unter Hinweis auf die Entwicklung der Ausgaben eingegangen. Nach § 97 Abs. 4 Satz 1 GWB seien bei der Vergabe von öffentlichen Aufträgen ausdrücklich mittelständische Interessen vornehmlich zu berücksichtigen. Gerade auch diesen Interessen mittelständischer pharmazeutischer Unternehmer werde mit der Neuregelung Rechnung getragen. Hier müssten Fristen zur Herstellung der Lieferfähigkeit und Sicherstellung einer ausreichenden Produktion angemessen berücksichtigt werden. Vertragsstrafen und Schadensersatzforderungen seien hier nicht unmittelbar das gebotene Mittel. 111

**Rabattverträge** seien deshalb – soweit die Neuregelung Anwendung findet und damit nur auf neue Vereinbarungen – so abzuschließen, dass diese Produktionszeiten stärker berücksichtigen. Die Regelung gelte nur, sofern Verträge über patentfreie Arzneimittel geschlossen würden, da ansonsten kein besonderes Schutzbedürfnis gesehen werde. 112

**Ausschreibungen von Rabattverträgen** unterfielen grundsätzlich dem **Vergaberecht**. Nach der Auswahl des Gewinnes durch die Krankenkasse schreibe das Vergaberecht vor, dass zunächst die Unterlegenen informiert würden, § 134 Abs. 1 GWB. Erst 15 Kalendertage nach Ablauf einer sogenannten Stillhalte- oder Wartefristen dürfe später der Zuschlag erfolgen, der den Vertragsschluss bewirke. Diese **Frist verkürzte sich auf 10 Kalendertage**, wenn die Information auf elektronischem Weg oder per Fax versendet werde. Im Falle eines Rechtsbehelfs greife ein gesetzliches Zuschlagsverbot, gegebenenfalls mit einem Verfahren vor dem OLG (hier näher beschrieben). 113

Vor diesem Hintergrund werde für den **Beginn der Frist von 6 Monaten** in Abs. 8 Satz 3 (neu) nicht auf die Erteilung des Zuschlags, sondern auf die Versendung der Information nach § 134 Abs. 1 GWB abgestellt. Andernfalls könnte es zu rabattvertragsfreien Zeiten im Fall von Nachprüfungsverfahren kommen, wenn etwa bestehende Rabattverträge während dieser Zeit ausliefen oder die im Angebot angegebene Bindefrist des Bieters überschritten werde. Um dieser Gefahr zu begegnen werde am Zeitpunkt der Informationspflicht nach § 134 Abs. 1 GWB angesetzt. 114

Nach **§ 134 Abs. 1 GWB** seien nur die Bieter und Bewerber zu informieren, deren Angebote nicht berücksichtigt werden sollten. Die Neuregelung schreibe für Rabattverträge nach Abs. 8 Satz 1 auch eine Information des Bieters oder der Bieter vor, dessen oder deren Angebote berücksichtigt werden 115 solle bzw. sollten und ermögliche diesem bzw. diesen damit, seine oder ihre Produktion – vorbehaltlich des Ausgangs des Rechtsschutzverfahrens – darauf einzustellen.

116 Die **Pflicht des pharmazeutischen Unternehmers zur Gewährleistung der Lieferfähigkeit** dürfe damit – in Übereinstimmung mit der Regelung und den Materialien – in Anwendung der Regelung ab 01.03.2018 frühestens 6 Monate nach Versendung der Information § 134 Abs. 1 GWB einsetzen. Erst ab diesem Zeitpunkt dürften den pharmazeutischen Unternehmer dann auch Sanktionen wie Vertragsstrafen und Schadensersatzforderungen wegen Nichterfüllung der Lieferverpflichtung treffen. Der **Beginn der Rabattverträge** bleibe bei der Neuregelung unberührt. Es gebe durchaus auch pharmazeutische Unternehmer, die zu einem frühen Vertragsbeginn in der Lage seien, ihrer Lieferverpflichtung nachzukommen, was durch starre Fristen für den Beginn des Rabattvertrages nicht behindert werden solle.

117 **Sanktionen** könnten pharmazeutische Unternehmer aber unabhängig vom Zeitpunkt des Vertragsbeginns erst 6 Monate nach Versendung der Information gemäß § 134 Abs. 1 GWB treffen. So bleibe eine **angemessene Zeit** für den pharmazeutischen Unternehmer, sich auf den Beginn der Gewährleistungspflicht einzustellen. Um sicherzustellen, dass dem pharmazeutischen Unternehmer – auch im Fall eines Rechtsschutzverfahrens – eine angemessene Zeit zur Produktion bleibe, dürfe die Gewährleistungspflicht frühestens 3 Monate nach Zuschlagserteilung beginnen.

### 3. Ausschreibung von Rabattverträgen für Generika

118 Für den Bereich der Generika sind Ausschreibungen von Rabattverträgen in der Praxis häufig zu finden, hier zu unterschiedlichen Modellen. In der Praxis haben sich hier bestimmte Vorgehensweisen herausgebildet; in diesem Zusammenhang weist *Luthe* (in Hauck/Noftz SGB V 04/20 § 130a Rn. 37) auf das Modell des Verfahrensabschlusses mit einem Hersteller oder einer Bietergemeinschaft pro Wirkstoff, sogenanntes **AOK-Modell**, mit mehreren Herstellern pro Wirkstoff, das **Modell der Ersatzkassen**, und mit allen interessierten Anbietern, die den vorgegebenen Rabattrahmen einhielten, das sogenannte **Open-House-Modell**, hin, vgl. *Luthe* SGb 2018, 206. Zur Freistellung vom Vergaberecht vgl. EuGH Urt. v. 02.06.2016 – C-410/14.

### 4. Rabattvereinbarungen bei patentgeschützten Arzneimitteln

119 Dem **Rabattvertrag** kommen im Unterschied zu den Generika bei patentgeschützten Arzneimitteln **keine Steuerungswirkungen** zugunsten des rabattierten Arzneimittels zu, denn er habe keine den Absatz des betroffenen Arzneimittels fördernde Wirkung. So würde bei patentgeschützten Arzneimitteln die Anreizfunktion des § 129 Abs. 1 entfallen, da die Substitutionspflicht nicht für patentgeschützte Arzneimittel gelte. Schließlich werde dem pharmazeutischen Unternehmer auch kein Exklusivrecht zugesichert, vgl. näher *Luthe* a.a.O. Rn. 48. **Für eine Anwendung der Regeln über Rabattverträge** bei **patentgeschützten Arzneimitteln** könne sprechen, dass sich der Apotheker veranlasst sehen könnte, etwa einem rabattierten Arzneimittel den Vorzug gegenüber einem Importarzneimittel zu geben, wodurch sich Absatzchancen für den pharmazeutischen Unternehmer verbessern könnten.

### III. Beteiligung von Leistungserbringern (Abs. 8 Satz 7)

120 Die Krankenkassen oder ihre Verbände können nach **Abs. 8 Satz 7** (in der Fassung bis 28.02.2018 Satz 5) Leistungserbringer oder Dritte am Abschluss von Rabattverträgen nach Abs. 8 Satz 1 beteiligen oder diese mit dem Abschluss solcher Verträge beauftragen. Dies öffnet vornehmlich die Möglichkeit, im Zusammenhang mit Wahltarifangeboten der Krankenkassen zur ärztlichen Behandlung nach § 73b (hausarztzentrierte Versorgung), § 140a (besondere Versorgung, hier auch nach Maßgabe des § 69 Abs. 4 in der Fassung ab 06.08.2016) entsprechende Vereinbarungen zu treffen.

### IV. Befristung von Vereinbarungen im Regelfall (Abs. 8 Satz 8)

121 Die Vereinbarung von **Rabatten nach Abs. 8 Satz 1** soll für eine **Laufzeit von zwei Jahren** erfolgen, **Abs. 8 Satz 8** (bis 28.03.2018 Satz 6). Hierbei handelt es sich um eine Regellaufzeit, vgl. *Hess* in

KassKomm SGB V 07/2020 § 130a Rn. 27. Die Festlegung von Laufzeiten habe einerseits der gebotenen Verstetigung der Leistungsgewährung und andererseits dem auch für die Krankenkassen bestehenden Interesse an neuen Anbietern und neuen Bedingungen zu entsprechen. **Überzeugende sachbezogene Gründe** können für eine kürzere oder auch eine längere Laufzeit sprechen, wenn die Orientierung am Regelfall nicht verloren geht. Gründe für Abweichungen können mit der **Herstellerstruktur** zum Zeitpunkt des Vertragsschlusses erklärt werden, etwa wenn hier Veränderungen in naher Zukunft anstehen oder auch **inhaltlich** fachlich bedingt geboten sind, aber auch bei anstehenden **Änderungen der Rechtslage**.

Vertragliche Regelungen wie die Festbetragseinführung im Rahmen eines **Arzneimittel-Rabattvertrags** sind nur dann vergaberechtswidrig, wenn dem Bieter eine kaufmännisch vernünftige Kalkulation unzumutbar ist. Die **Zumutbarkeitsschwelle** liegt bei Rahmenverträgen höher als bei anderen Verträgen, denn Rahmenvereinbarungen wohnen naturgemäß **erhebliche Kalkulationsrisiken** inne, die typischerweise vom **Bieter** zu tragen sind. Tritt aufgrund des Rabattvertrags dennoch eine Situation ein, in der dem Bieter ein Festhalten am Vertrag unzumutbar ist, kann er den **Vertrag außerordentlich kündigen**, vgl. BKartA Beschl. v. 21.01.2016 – VK 1–132/15, hier zu § 97 GWB in der Fassung bis 17.04.2015. 122

### V. Beachtung der Vielfalt der Anbieter (Abs. 8 Satz 9)

Bei den Vereinbarungen ist der **Vielfalt der Anbieter Rechnung zu tragen,** Abs. 8 Satz 9 (in der Fassung bis 28.03.2018 Satz 7). Dieser Zielsetzung ist nach Abs. 8 Satz 8 zu entsprechen, indem Vereinbarungen befristet sind und neue Bewerber Zugang erhalten. Der Beachtung der Vielfalt der Anbieter entspricht die Verpflichtung der Krankenkassen zur Fairness und zur Chancengleichheit. Stets sind Gesichtspunkte der Wirtschaftlichkeit und Qualitätssicherung vorrangig; nur um der Vielfalt wegen dürfen diese Anforderungen nicht hintangestellt werden. 123

Die Vergabe von **Arzneimittel-Rahmenrabattvereinbarungen** nach dem sog. »**Kaskadenprinzip**«, wonach der Bieter mit dem preiswertesten Angebot vorrangig beauftragt wird und die Bieter auf den nachfolgenden Listenplätzen nachrangig als Ersatzversorger beauftragt werden, falls es Erfüllungsprobleme seitens des Vorrangsversorgers gibt, ist für den **Ersatzversorger weder unzumutbar noch vergaberechtswidrig**, vgl. BKartA Beschl. v. 19.01.2016 – VK 1–124/15. Nach der Rechtslage ab 18.04.2016 haben die Krankenkassen insoweit allerdings mehr Möglichkeiten zur Gestaltung, als beim Zuschlag nach § 127 Abs. 1 GWB mit Wirkung vom 18.04.2016 zwar auch eine »Preisvergabe« möglich ist, ebenso aber auch eine Vergabe, die **qualitative, umweltbezogene oder soziale Aspekte berücksichtigt**, vgl. auch *Hansen* NZS 2016, 814, 817 unter Hinweis auf *Krönke* NVwZ 2016, 568, 570. 124

(unbelegt) 125

### VI. Rabattverträge über Fertigarzneimittel in parenteralen Zubereitungen (Abs. 8a)

**Abs. 8a**, eingefügt mit Wirkung vom 13.05.2017, eröffnet die Möglichkeit, **Rabattvereinbarungen** auch für die Versorgung der Versicherten mit **parenteralen Zubereitungen aus Fertigarzneimitteln in der Onkologie** zu schließen, vgl. *Schneider* in jurisPK-SGB V 12/2020 § 130a Rn. 77. Derartige Vereinbarungen müssen von den Landesverbänden der Krankenkassen und den Ersatzkassen gemeinsam und einheitlich geschlossen werden, **Abs. 8a Satz 2** in der Fassung ab 16.08.2019. Verträge, die etwa von einzelnen Krankenkassen abgeschlossen worden sein sollten, sind damit nicht wirksam, vgl. *Hess* in KassKomm SGB V 07/2020 § 130a Rn. 27b. 126

Ziel der Verträge nach **Abs. 8a** soll einerseits eine **wirtschaftliche Versorgung** der Versicherten sein. Andererseits soll eine bedarfsgerechte Versorgung gewährleistet sein., **Abs. 8a Satz 4**. Verträge werden zur Vermeidung von Lieferengpässen in der Praxis auch mit mehreren Unternehmern geschlossen, was zulässig ist, vgl. BT-Drs. 18/10208 S. 34, 35. 127

Parallel zum Vertragsschluss nach Abs. 8a erfasst **§ 129 Abs. 5c** (ebenso) Zubereitungen aus Fertigarzneimitteln. Bei der Abgabe einer in der Apotheke angefertigten Zubereitung aus einem oder 128 mehreren Stoffen kann der Apotheker nach § 5 Abs. 1 AMPreisV einen Festzuschlag von 90 % auf die Apothekeneinkaufspreise sowie einen Rezepturzuschlag nach § 5 Abs. 3 AMPreis V erheben, vgl. *Luthe* in Hauck/Noftz SGB V 04/2020 § 129 Rn. 66. Bei Fertigarzneimitteln gilt der Einkaufspreis nach § 3 Abs. 2 AMPreisV. Nach § 129 Abs. 5c Satz 2 bis 5 ist für parenterale Zubereitungen aus Fertigarzneimitteln in der Onkologie zwingend eine Vereinbarung zu treffen, sog. Hilfstaxe. Ersatzweise ist die Zuständigkeit der Schiedsstelle nach § 129 Abs. 8 angezeigt, was für verpflichtende Regelungen kennzeichnend ist (etwa im Unterschied zu Abs. 8 oder auch Abs. 8a). Im Hinblick auf die zwangsläufig damit verbundenen hohen Kosten der geregelten Zubereitungen im Onkologiebereich (und wohl auch im Hinblick auf vereinzelte, aber schwerwiegende Fehlleistungen) ist der GKV-Spitzenverband berechtigt, einen Auskunftsanspruch nach § 129 Abs. 5c Satz 8 durch Verwaltungsakt gegenüber dem Leistungserbringer geltend zu machen, vgl. BSG Urt. v. 03.05.2018 – B 3 KR 13/16 R. Die Auskunftsberechtigung ist legitim, vgl. *Luthe* in Hauck/Noftz SGB V 04/2020 § 129 Rn. 70.

129 Die Regelungsvorgaben nach § 129 Abs. 5c sind zwingend, während mit der Regelung in § 130a Abs. 8a allein die Möglichkeit zum nicht erzwingbaren Vertragsschluss eröffnet (»Handlungsoption«, vgl. *Schneider* in jurisPK-SGB V 12/2020 § 130a Rn. 79). Ein Rahmenvertrag i.S.d. Abs. 8a dürfte deshalb auch keine Regelungen über die Zuschläge der Apotheker für die Herstellung der Zubereitung vorsehen, vgl. *Stallberg* PharmR 2019, 444. Der nach Abs. 8a vereinbarte Rabatt ist von den **pharmazeutischen Unternehmen** zu gewähren, nicht von den Apothekern, wie dies abgrenzend klar geregelt ist. Wird ein Rabattvertrag über Fertigarzneimittel zur Verwendung in parenterale Zubereitungen nach Abs. 8a abgeschlossen, führt dies bei dem Apotheker nach § 129 Abs. 1 Satz 4 zu einer **Substitutionspflicht**.

130 Die Regelungen nach § 129 Abs. 5c und § 130a Abs. 8a sind damit auf unterschiedlichen Ebenen wirksam. Wirtschaftlichkeitsreserven sollen weitgehend im Hinblick auf die zwingende Vereinbarung der Hilfstaxe auf Bundesebene erschlossen werden. Vergleichbar der Relation zwischen Festbetragsfestsetzung für Generika nach § 35 und Rabattvereinbarungen nach § 130a Abs. 8 müsse sich eine vertretbare Relation in der **Steuerung auf beiden Ebenen** herausbilden, worauf zu Recht *Hess* (in KassKomm SGB V 07/2020 § 130a Rn. 27b) hinweist. Durch die kassenartenübergreifende Vereinbarung (nochmals mit Abs. 8a Satz 2 mit Wirkung vom 16.08.2019 zwingend festgelegt) sollte das Wirtschaftlichkeitsgebot insbesondere im Hinblick auf die Reduzierung von sog. »Verwürfen« (Restmenge von Fertigarzneimitteln, die nicht verwendet werden konnten, vgl. *Axer* in Becker/Kingreen SGB V § 130a Rn. 33 unter Hinweis auf BT-Drs. 18/10208 S. 34 und 19/8753 S. 63) berücksichtigt und zur Gewährleistung der Sicherstellung im Einzelfall auch Verträge mit mehreren pharmazeutischen Unternehmern geschlossen werden.

131 Die für Rabattverträge geltenden Vorschriften nach Abs. 8 Satz 2 bis 9 gelten entsprechend für die Verträge gem. **Abs. 8a Satz 3**. Zulässig ist so etwa die Vereinbarung einer mengenmäßigen Staffelung des Preisnachlasses, eines jährlichen Umsatzvolumens mit Ausgleich von Mehrerlösen oder eine Erstattung in Abhängigkeit von messbaren Therapieerfolgen. Dies gilt entsprechend auch für die weiteren Gestaltungsvorgaben nach Abs. 8 Satz 3 bis 9. Zur »Umgehung« von Rabattverträgen, hier auch unter Bezugnahme auf BSG Urt. v. 25.11.2015 – B 3 KR 16/15 R – SozR 4-2500 § 129 Nr. 11 vgl. LSG Sachsen Urt. v. 30.05.2017 – L 1 KR 244/16, KrV 2017, 256 und nachgehend einbezogen in BSG Beschl. v. 05.03.2018 – 1 KR 45/17 B. Zu Rabattvereinbarungen für parenterale Zubereitungen nach AMVSG und GSAV – Zulässigkeit und Grenzen, vgl. *Stallberg* PharmR 2019, 440, ferner zum Gesetz für mehr Sicherheit in der Arzneimittelversorgung *Lietz/Zumdick* PharmR 2019, 493 und zur Versorgung mit Zytostatikazubereitungen *Püschel* in Werberecht und Absatzförderung/Preisrecht, Marburger Schriften zum Gesundheitswesen, Band 31,2 1019, 115.

§ 130b Vereinbarungen zwischen dem Spitzenverband Bund der Krankenkassen und pharmazeutischen Unternehmern über Erstattungsbeträge für Arzneimittel, Verordnungsermächtigung

(1) ¹Der Spitzenverband Bund der Krankenkassen vereinbart mit pharmazeutischen Unternehmern im Benehmen mit dem Verband der privaten Krankenversicherung auf Grundlage des Beschlusses des Gemeinsamen Bundesausschusses über die Nutzenbewertung nach § 35a Absatz 3 mit Wirkung für alle Krankenkassen Erstattungsbeträge für Arzneimittel, die mit diesem Beschluss keiner Festbetragsgruppe zugeordnet wurden. ²Dabei soll jeweils ein Vertreter einer Krankenkasse an der Verhandlung teilnehmen; das Nähere regelt der Spitzenverband Bund der Krankenkassen in seiner Satzung. ³Für Arzneimittel nach § 129a kann mit dem pharmazeutischen Unternehmer höchstens der Erstattungsbetrag vereinbart werden. ⁴§ 130a Absatz 8 Satz 6 gilt entsprechend. ⁵Die Vereinbarung soll auch Anforderungen an die Zweckmäßigkeit, Qualität und Wirtschaftlichkeit einer Verordnung beinhalten. ⁶Der pharmazeutische Unternehmer soll dem Spitzenverband Bund der Krankenkassen die Angaben zur Höhe seines tatsächlichen Abgabepreises in anderen europäischen Ländern übermitteln. ⁷Die Verhandlungen und deren Vorbereitung einschließlich der Beratungsunterlagen und Niederschriften zur Vereinbarung des Erstattungsbetrages sind vertraulich.

(1a) ¹Bei einer Vereinbarung nach Absatz 1 können insbesondere auch mengenbezogene Aspekte, wie eine mengenbezogene Staffelung oder ein jährliches Gesamtvolumen, vereinbart werden. ²Eine Vereinbarung nach Absatz 1 kann auch das Gesamtausgabenvolumen des Arzneimittels unter Beachtung seines Stellenwerts in der Versorgung berücksichtigen. ³Dies kann eine Begrenzung des packungsbezogenen Erstattungsbetrags oder die Berücksichtigung mengenbezogener Aspekte erforderlich machen. ⁴Das Nähere zur Abwicklung solcher Vereinbarungen, insbesondere im Verhältnis zu den Krankenkassen und im Hinblick auf deren Mitwirkungspflichten, regelt der Spitzenverband Bund der Krankenkassen in seiner Satzung.

(2) ¹Eine Vereinbarung nach Absatz 1 soll vorsehen, dass Verordnungen des Arzneimittels von der Prüfungsstelle als bei den Wirtschaftlichkeitsprüfungen nach den §§ 106 bis 106c zu berücksichtigende Praxisbesonderheiten anerkannt werden, wenn der Arzt bei der Verordnung im Einzelfall die dafür vereinbarten Anforderungen an die Verordnung eingehalten hat. ²Diese Anforderungen sind in den Programmen zur Verordnung von Arzneimitteln nach § 73 Absatz 9 Satz 1 zu hinterlegen. ³Das Nähere ist in den Verträgen nach § 82 Absatz 1 zu vereinbaren.

(3) ¹Für ein Arzneimittel, das nach dem Beschluss des Gemeinsamen Bundesausschusses nach § 35a Absatz 3 keinen Zusatznutzen hat und keiner Festbetragsgruppe zugeordnet werden kann, soll ein Erstattungsbetrag nach Absatz 1 vereinbart werden, der nicht zu höheren Jahrestherapiekosten führt als die nach § 35a Absatz 1 Satz 7 bestimmte zweckmäßige Vergleichstherapie. ²Sind nach § 35a Absatz 1 Satz 7 mehrere Alternativen für die zweckmäßige Vergleichstherapie bestimmt, soll der Erstattungsbetrag nicht zu höheren Jahrestherapiekosten führen als die wirtschaftlichste Alternative. ³Absatz 2 findet keine Anwendung. ⁴Soweit nichts anderes vereinbart wird, kann der Spitzenverband Bund der Krankenkassen zur Festsetzung eines Festbetrags nach § 35 Absatz 3 die Vereinbarung abweichend von Absatz 7 außerordentlich kündigen. ⁵Für ein Arzneimittel, für das ein Zusatznutzen nach § 35a Absatz 1 Satz 5 als nicht belegt gilt, ist ein Erstattungsbetrag zu vereinbaren, der zu in angemessenem Umfang geringeren Jahrestherapiekosten führt als die nach § 35a Absatz 1 Satz 7 bestimmte zweckmäßige Vergleichstherapie. ⁶Sind nach § 35a Absatz 1 Satz 7 mehrere Alternativen für die zweckmäßige Vergleichstherapie bestimmt, ist ein Erstattungsbetrag zu vereinbaren, der zu in angemessenem Umfang geringeren Jahrestherapiekosten führt als die wirtschaftlichste Alternative. ⁷Für Arzneimittel nach § 35a Absatz 3b Satz 1 wird der Erstattungsbetrag regelmäßig nach Ablauf der vom Gemeinsamen Bundesausschuss gesetzten Frist zur Durchführung einer anwendungsbegleitenden Datenerhebung und nach erneutem Beschluss über die Nutzenbewertung neu verhandelt. ⁸Sofern sich im Fall der Arzneimittel, die zur Behandlung eines seltenen Leidens nach der Verordnung (EG)

Nr. 141/2000 zugelassen sind, anhand der gewonnenen Daten keine Quantifizierung des Zusatznutzens belegen lässt, ist ein Erstattungsbetrag zu vereinbaren, der in angemessenem Umfang zu geringeren Jahrestherapiekosten führt als der zuvor vereinbarte Erstattungsbetrag. [9]Der Spitzenverband Bund der Krankenkassen kann auch vor Ablauf der vom Gemeinsamen Bundesausschuss gesetzten Frist eine Neuverhandlung des Erstattungsbetrags nach Maßgabe der Sätze 7 und 8 verlangen, wenn der Gemeinsame Bundesausschuss im Rahmen der Überprüfung nach § 35a Absatz 3b Satz 9 zu dem Ergebnis kommt, dass die Datenerhebung
1. nicht durchgeführt werden wird oder nicht durchgeführt werden kann oder
2. aus sonstigen Gründen keine hinreichenden Belege zur Neubewertung des Zusatznutzens erbringen wird.

(3a) [1]Der nach Absatz 1 vereinbarte Erstattungsbetrag gilt einschließlich der Vereinbarungen für die Anerkennung von Praxisbesonderheiten nach Absatz 2 für alle Arzneimittel mit dem gleichen neuen Wirkstoff, die ab dem 1. Januar 2011 in Verkehr gebracht worden sind. [2]Er gilt ab dem 13. Monat nach dem erstmaligen Inverkehrbringen eines Arzneimittels mit dem Wirkstoff. [3]Wird auf Grund einer Nutzenbewertung nach Zulassung eines neuen Anwendungsgebiets ein neuer Erstattungsbetrag vereinbart, gilt dieser ab dem 13. Monat nach Zulassung des neuen Anwendungsgebiets. [4]In den Fällen, in denen die Geltung des für ein anderes Arzneimittel mit dem gleichen Wirkstoff vereinbarten Erstattungsbetrags im Hinblick auf die Versorgung nicht sachgerecht wäre oder eine unbillige Härte darstellen würde, vereinbart der GKV-Spitzenverband mit dem pharmazeutischen Unternehmer abweichend von Satz 1 insbesondere einen eigenen Erstattungsbetrag. [5]Der darin vereinbarte Erstattungsbetrag gilt ebenfalls ab dem 13. Monat nach dem erstmaligen Inverkehrbringen eines Arzneimittels mit dem Wirkstoff mit der Maßgabe, dass die Differenz zwischen dem Erstattungsbetrag und dem bis zu dessen Vereinbarung tatsächlich gezahlten Abgabepreis auszugleichen ist. [6]Das Nähere, insbesondere zur Abgrenzung der Fälle nach Satz 4, ist in der Vereinbarung nach Absatz 9 zu regeln.

(4) [1]Kommt eine Vereinbarung nach Absatz 1 oder 3 nicht innerhalb von sechs Monaten nach Veröffentlichung des Beschlusses nach § 35a Absatz 3 oder nach § 35b Absatz 3 zustande, setzt die Schiedsstelle nach Absatz 5 den Vertragsinhalt innerhalb von drei Monaten fest. [2]Die Schiedsstelle entscheidet unter freier Würdigung aller Umstände des Einzelfalls und berücksichtigt dabei die Besonderheiten des jeweiligen Therapiegebietes. [3]Der im Schiedsspruch festgelegte Erstattungsbetrag gilt ab dem 13. Monat nach dem in § 35a Absatz 1 Satz 3 genannten Zeitpunkt mit der Maßgabe, dass die Preisdifferenz zwischen dem von der Schiedsstelle festgelegten Erstattungsbetrag und dem tatsächlich gezahlten Abgabepreis bei der Festsetzung auszugleichen ist. [4]Die Schiedsstelle gibt dem Verband der privaten Krankenversicherung vor ihrer Entscheidung Gelegenheit zur Stellungnahme. [5]Klagen gegen Entscheidungen der Schiedsstelle haben keine aufschiebende Wirkung. [6]Ein Vorverfahren findet nicht statt. [7]Absatz 1 Satz 7 gilt entsprechend.

(5) [1]Der Spitzenverband Bund der Krankenkassen und die für die Wahrnehmung der wirtschaftlichen Interessen gebildeten maßgeblichen Spitzenorganisationen der pharmazeutischen Unternehmer auf Bundesebene bilden eine gemeinsame Schiedsstelle. [2]Sie besteht aus einem unparteiischen Vorsitzenden und zwei weiteren unparteiischen Mitgliedern sowie aus jeweils zwei Vertretern der Vertragsparteien nach Absatz 1. [3]Das Bundesministerium für Gesundheit kann an der Beratung und Beschlussfassung der Schiedsstelle teilnehmen. [4]Die Patientenorganisationen nach § 140f können beratend an den Sitzungen der Schiedsstelle teilnehmen. [5]Über den Vorsitzenden und die zwei weiteren unparteiischen Mitglieder sowie deren Stellvertreter sollen sich die Verbände nach Satz 1 einigen. [6]Kommt eine Einigung nicht zustande, gilt § 89 Absatz 6 Satz 3 entsprechend.

(6) [1]Die Schiedsstelle gibt sich eine Geschäftsordnung. [2]Über die Geschäftsordnung entscheiden die unparteiischen Mitglieder im Benehmen mit den Verbänden nach Absatz 5 Satz 1. [3]Die Geschäftsordnung bedarf der Genehmigung des Bundesministeriums für Gesundheit. [4]Im

Übrigen gilt § 129 Absatz 9 und 10 Satz 1 entsprechend. ⁵In der Rechtsverordnung nach § 129 Absatz 10 Satz 2 kann das Nähere über die Zahl und die Bestellung der Mitglieder, die Erstattung der baren Auslagen und die Entschädigung für Zeitaufwand der Mitglieder, das Verfahren, das Teilnahmerecht des Bundesministeriums für Gesundheit an den Sitzungen sowie über die Verteilung der Kosten geregelt werden.

(7) ¹Eine Vereinbarung nach Absatz 1 oder 3 oder ein Schiedsspruch nach Absatz 4 kann von einer Vertragspartei frühestens nach einem Jahr gekündigt werden. ²Die Vereinbarung oder der Schiedsspruch gilt bis zum Wirksamwerden einer neuen Vereinbarung fort. ³Bei Veröffentlichung eines neuen Beschlusses zur Nutzenbewertung nach § 35a Absatz 3 oder zur Kosten-Nutzen-Bewertung nach § 35b Absatz 3 für das Arzneimittel sowie bei Vorliegen der Voraussetzungen für die Bildung einer Festbetragsgruppe nach § 35 Absatz 1 ist eine Kündigung vor Ablauf eines Jahres möglich.

(7a) ¹Für Arzneimittel zur spezifischen Therapie von Gerinnungsstörungen bei Hämophilie, für die ein Erstattungsbetrag nach Absatz 3 vereinbart oder nach Absatz 4 festgesetzt wurde, kann die Vereinbarung oder der Schiedsspruch von jeder Vertragspartei innerhalb von drei Monaten nach dem 1. September 2020 gekündigt werden, auch wenn sich das Arzneimittel im Geltungsbereich dieses Gesetzes nicht im Verkehr befindet. ²Im Fall einer Kündigung nach Satz 1 ist unverzüglich erneut ein Erstattungsbetrag nach Absatz 3 zu vereinbaren.

(8) ¹Nach einem Schiedsspruch nach Absatz 4 kann jede Vertragspartei beim Gemeinsamen Bundesausschuss eine Kosten-Nutzen-Bewertung nach § 35b beantragen. ²Die Geltung des Schiedsspruchs bleibt hiervon unberührt. ³Der Erstattungsbetrag ist auf Grund des Beschlusses über die Kosten-Nutzen-Bewertung nach § 35b Absatz 3 neu zu vereinbaren. ⁴Die Absätze 1 bis 7 gelten entsprechend.

(8a) ¹Der nach Absatz 1 vereinbarte oder nach Absatz 4 festgesetzte Erstattungsbetrag gilt ungeachtet des Wegfalls des Unterlagenschutzes des erstmalig zugelassenen Arzneimittels für alle Arzneimittel mit dem gleichen Wirkstoff fort. ²Bei einem Arzneimittel, für das bereits ein anderes Arzneimittel mit dem gleichen Wirkstoff in Verkehr gebracht worden ist und für das der Erstattungsbetrag nach Satz 1 fortgilt, bestimmt der pharmazeutische Unternehmer den höchstens zulässigen Abgabepreis auf Grundlage des fortgeltenden Erstattungsbetrages und des diesem zugrunde liegenden Preisstrukturmodells; der pharmazeutische Unternehmer kann das Arzneimittel unterhalb dieses Preises abgeben. ³Abweichend von Satz 1 gelten die Absätze 1 bis 8 und 9 bis 10 ungeachtet des Wegfalls des Unterlagenschutzes des erstmalig zugelassenen Arzneimittels entsprechend, soweit und solange im Geltungsbereich dieses Gesetzes für den Wirkstoff noch Patentschutz besteht. ⁴Wird für Arzneimittel ein Festbetrag nach § 35 Absatz 3 festgesetzt, gelten die Sätze 1 und 3 für diese Arzneimittel nicht. ⁵Der Spitzenverband Bund der Krankenkassen kann von der nach § 77 des Arzneimittelgesetzes zuständigen Bundesoberbehörde Auskunft über das Datum des Wegfalls des Unterlagenschutzes des erstmalig zugelassenen Arzneimittels verlangen. ⁶Der pharmazeutische Unternehmer übermittelt dem Spitzenverband Bund der Krankenkassen auf Anfrage die Laufzeit des Patentschutzes nach Satz 3 unter Angaben des Tages der Patentanmeldung sowie der entsprechenden Patentnummer innerhalb von vier Wochen nach Zugang der Anfrage. ⁷Das Nähere zur Bestimmung des Abgabepreises nach Satz 2 regeln die Verbände nach Absatz 5 Satz 1 bis zum 31. Januar 2022 in der Rahmenvereinbarung nach Absatz 9. ⁸Zur Bestimmung des Abgabepreises nach Satz 2 durch den pharmazeutischen Unternehmer auf Grundlage der Regelungen nach Satz 7 veröffentlicht der Spitzenverband Bund der Krankenkasse unverzüglich nach Wegfall des Unterlagenschutzes und des Patentschutzes nach Satz 3 des erstmalig zugelassenen Arzneimittels auf seiner Internetseite das Preisstrukturmodell des fortgeltenden Erstattungsbetrages nach Satz 1.

(9) ¹Die Verbände nach Absatz 5 Satz 1 treffen eine Rahmenvereinbarung über die Maßstäbe für Vereinbarungen nach Absatz 1. ²Darin legen sie insbesondere Kriterien fest, die neben dem Beschluss nach § 35a und den Vorgaben nach Absatz 1 zur Vereinbarung eines Erstattungsbetrags

nach Absatz 1 heranzuziehen sind. ³Für Arzneimittel, für die der Gemeinsame Bundesausschuss nach § 35a Absatz 3 einen Zusatznutzen festgestellt hat, sollen die Jahrestherapiekosten vergleichbarer Arzneimittel sowie die tatsächlichen Abgabepreise in anderen europäischen Ländern gewichtet nach den jeweiligen Umsätzen und Kaufkraftparitäten berücksichtigt werden. ⁴In der Vereinbarung nach Satz 1 sind auch Maßstäbe für die Angemessenheit der Abschläge nach Absatz 3 Satz 5, 6 und 8 zu vereinbaren. ⁵In der Vereinbarung nach Satz 1 ist auch das Nähere zu Inhalt, Form und Verfahren der jeweils erforderlichen Auswertung der Daten nach § 217f Absatz 7 und der Übermittlung der Auswertungsergebnisse an den pharmazeutischen Unternehmer sowie zur Aufteilung der entstehenden Kosten zu vereinbaren. ⁶Kommt eine Rahmenvereinbarung nicht zustande, setzen die unparteiischen Mitglieder der Schiedsstelle die Rahmenvereinbarung im Benehmen mit den Verbänden auf Antrag einer Vertragspartei nach Satz 1 fest. ⁷Kommt eine Rahmenvereinbarung nicht innerhalb einer vom Bundesministerium für Gesundheit gesetzten Frist zustande, gilt Satz 6 entsprechend. ⁸Eine Klage gegen Entscheidungen der Schiedsstelle hat keine aufschiebende Wirkung. ⁹Ein Vorverfahren findet nicht statt. ¹⁰Absatz 1 Satz 7 gilt entsprechend.

(10) Der Gemeinsame Bundesausschuss, der Spitzenverband Bund der Krankenkassen und das Institut für Qualität und Wirtschaftlichkeit im Gesundheitswesen schließen mit dem Verband der privaten Krankenversicherung eine Vereinbarung über die von den Unternehmen der privaten Krankenversicherung zu erstattenden Kosten für die Nutzen-Bewertung nach § 35a und für die Kosten-Nutzen-Bewertung nach § 35b sowie für die Festsetzung eines Erstattungsbetrags nach Absatz 4.

Übersicht

| | | Rdn. | | | Rdn. |
|---|---|---|---|---|---|
| A. | Regelungsinhalt | 1 | D. | Vereinbarung eines Erstattungsbetrags nach Abs. 3 und Geltung des Erstattungsbetrags nach Abs. 3a | 70 |
| B. | Vereinbarung eines Erstattungsbetrags für nicht festbetragsfähige Arzneimittel mit neuen Wirkstoffen (Abs. 1) | 35 | I. | Vereinbarung eines Erstattungsbetrags bei Arzneimitteln ohne Zusatznutzen, die keiner Festbetragsgruppe zugeordnet werden können (Abs. 3) | 70 |
| I. | Vereinbarung eines Erstattungsbetrags | 41 | | | |
| II. | Kosten-Nutzen-Verhältnis als Entscheidungsgrundlage | 46 | II. | Geltung des Erstattungsbetrags für alle Arzneimittel mit dem gleichen neuen Wirkstoff (Abs. 3a) | 77 |
| III. | Teilnahme eines Vertreters einer Krankenkasse an der Verhandlung (Abs. 1 Satz 2) | 48 | E. | **Schiedsverfahren (Abs. 4 bis 8)** | 83 |
| IV. | Abwicklung der Rabattregelung (Abs. 1 Satz 2 bis 5 a.F. und nach § 78 Abs. 3a AMG und § 2 AMPreisV) | 50 | I. | Festsetzung des Vertragsinhalts durch Schiedsstelle (Abs. 4) | 84 |
| | | | II. | Bildung einer Schiedsstelle (Abs. 5) | 88 |
| V. | Vereinbarungen betr. Arzneimittel nach § 129a SGB V (Abs. 1 Satz 3) und über die Ablösung von Abschlägen (Abs. 1 Satz 4) | 52 | III. | Geschäftsordnung der Schiedsstelle (Abs. 6) | 91 |
| | | | IV. | Verbindlichkeit von Vereinbarung und Schiedsspruch sowie Kündigungsmöglichkeit (Abs. 7) | 93 |
| VI. | Beachtung von Verordnungsgrundsätzen (Abs. 1 Satz 5) | 55 | | | |
| VII. | Mitteilung von Abgabepreisen in anderen europäischen Ländern | 57 | V. | Arzneimittel zur spezifischen Therapie von Gerinnungsstörungen bei Hämophilie (Abs. 7a) | 101 |
| VIII. | Gesetz über Rabatte für Arzneimittel | 59 | VI. | Beantragung einer Kosten-Nutzen-Bewertung nach § 35b SGB V und Rechtsfolgen (Abs. 8) | 104 |
| IX. | Vertraulichkeit der Verhandlungen und deren Vorbereitung (Satz 7) | 63 | | | |
| X. | Vereinbarung von mengenbezogenen Aspekten (Abs. 1a) | 65 | F. | **Rahmenvereinbarung über die Maßstäbe von Vereinbarungen nach Abs. 1 (Abs. 9)** | 106 |
| C. | Anerkennung eines Arzneimittels als Praxisbesonderheit bei der Richtgrößenprüfung (Abs. 2) | 67 | G. | Vereinbarung über Kostenerstattung mit dem Verband der privaten Krankenversicherung (Abs. 10) | 117 |

## A. Regelungsinhalt

§ 130b gilt in der Fassung des Art. 1 Nr. 36 GVWG vom 11.07.2021 (BGBl. I S. 2754) mit Wirkung vom 20.07.2021. Zu den Änderungen ab 20.07.2021 vgl. Rdn. 34a. 1

*(unbesetzt)* 2

Mit § 130b werden der **GKV-Spitzenverband** und der jeweilige **pharmazeutische Unternehmer** – im Benehmen mit dem Verband der privaten Krankenversicherung – verpflichtet, Erstattungsbeträge für Arzneimittel, die keiner Festbetragsgruppe zugeordnet wurden, auf der Grundlage des Beschlusses des Gemeinsamen Bundesausschusses über die **Nutzenbewertung nach § 35a Abs. 3** mit Wirkung für alle Krankenkassen zu vereinbaren, Abs. 1 Satz 1. Zu Arzneimitteln ohne Zusatznutzen vgl. Abs. 3, hier auch die Fallgestaltung, dass zu späterer Zeit die Zuordnung zu einer Festbetragsgruppe möglich werden sollte. Der pharmazeutische Unternehmer gibt das Arzneimittel zum Erstattungsbetrag ab, § 78 Abs. 3a Satz 1 AMG (in der Fassung ab 15.12.2020), soweit ein Erstattungsbetrag maßgeblich ist. § 130b wird damit zur »wichtigsten Kostenbegrenzungsvorschrift der GKV für neue bzw. patentgeschützte Arzneimittel«, vgl. *Baierl* in jurisPK-SGB V 06/2020 § 130b Rn. 1. 3

Die **Nutzenbewertung von Arzneimitteln nach § 35a** Abs. 1 ist i.V.m. der Verordnung über die Nutzenbewertung von Arzneimitteln nach § 35a Abs. 1 für Erstattungsvereinbarungen nach § 130b (**Arzneimittel-Nutzenbewertungsverordnung – AM-NutzenV** – in der jeweils aktuellen Fassung mit dem AMNOG eingeführt worden. Dabei sieht die Regelung in § 35a die »**frühe Nutzenbewertung**« vor, die auch bei einer begrenzten Studienlage und unter Auswertung der bei Arzneimitteln mit neuen Wirkstoffen meist auf die Zulassungsunterlagen beschränkten Informationsmöglichkeiten innerhalb enger zeitlicher Vorgaben durchgeführt wird. Die Nutzenbewertung dient entscheidend der Festlegung eines angemessenen Erstattungsbetrages. 4

Bezüglich der Nutzenbewertung wird mit dem Ziel einer Verstetigung der Arbeitsweise auf **europäischer Ebene** angestrebt, hier ein Vorschlag der EU-Kommission vom 31.01.2018 betr. eine Änderung der Richtlinie 2011/25/EU. Vgl. hierzu *Schmidt/Ermisch u.a.*, Pläne der EU zur Harmonisierung des Health Technology Assessment (HTA), Welt der Krankenversicherung 2018, 176. 5

§§ **130a, 130b und 130c** stehen im **Systemzusammenhang**, vgl. *Luthe* in Hauck/Noftz 11/18 § 130b Rn. 8, 9; *Baierl* in jurisPK-SGB V 06/2020 § 130b Rn. 30. Hier kommt § 130a die Funktion einer allgemeinen Rabattierungsvorschrift zu, hier vornehmlich Rabatte nach § 130a Abs. 8. § 130b regelt die Vorgaben für Vereinbarungen oder ggf. Schiedssprüche. Demgegenüber handelt es sich bei § 130c um eine spezielle Norm im Verhältnis zu § 130a, mit der Möglichkeit, hier gleichfalls einen Selektivvertrag abzuschließen, wobei § 130c Abs. 1 Satz 5 gezielt auf die Anwendung des § 130a Abs. 8 verweist, mit der »Aufforderung« zur Ausschreibung. 6

§ 130b verpflichtet in **Abs. 1** den GKV-Spitzenverband und pharmazeutische Unternehmer, für nicht einer Festbetragsgruppe zugeordnet Arzneimittel mit neuen Wirkstoffen bundesweit einheitliche **Erstattungsbeträge** in Form von Rabatten auf die Listenpreise zu vereinbaren. Die Regelung beruht auf der Anwendung des § 35a Abs. 1 und 3 i.V.m. dem Beschluss des Gemeinsamen Bundesausschusses zur Nutzenbewertung. **Abs. 1a** ermächtigt die Vertragspartner der Erstattungsvereinbarungen, den Erstattungsbetrag nach **Mengen-, insbesondere auch Umsatzvolumen,** zu staffeln. **Abs. 2** sieht eine Vereinbarung für Arzneimittel mit einem belegten Zusatznutzen mit dem Inhalt vor, nach der Verordnungen des Arzneimittels von der Prüfungsstelle als wirtschaftlich i.S.v. § 106 bis § 106c und als Praxisbesonderheit anerkannt werden. Voraussetzung ist, dass der Vertragsarzt bei der Verordnung im Einzelfall die dafür vereinbarten **Anforderungen eingehalten** hat. Dies ist näher in Programmen zur Verordnung von Arzneimitteln nach § 73 Abs. 9 Satz 1 festgelegt und Gegenstand von Verträgen i.S.d. § 82 Abs. 1, vgl. *Baierl* in jurisPK-SGB V 06/2020 § 130b Rn. 122. 7

## § 130b SGB V   Erstattungsbeträge für Arzneimittel

8   Die **Maßstäbe der Beurteilung** ergeben sich insbesondere aus § 7 Abs. 2 AM-NutzenV (vgl. näher Erläuterungen II.2). Zu methodischen Fragen der frühen Nutzenbewertung vgl. *Windeler* GesR 2011, 92, zur Durchführung vgl. *Ecker/Hußmann* PharmR 2011, 389 sowie im Zusammenhang mit Festbeträgen *Sauer/Zierenberg* A&R 2011, 262; grundsätzlich hierzu *Hess* GesR 2011, 65 und *Huster* GesR 2011, 76. Zu den **Erfahrungen mit der frühen Nutzenbewertung** aus Sicht der Industrie vgl. *Baertschi/Runge* Strategien für mehr Effizienz und Effektivität im Gesundheitswesen, Allokation im marktwirtschaftlichen System, Band 65, 2013, 169 sowie *Natz/Sude* A&R 2013, 211. Zu aktuellen Erfahrungen vgl. *Sodan/Ferlemann* PharmR 2018, 239 und *Engelke* PharmR 2018, 161 sowie für neue Arzneimittel *Stallberg* PharmR 2018, 202.

9   **Abs. 1 Satz 4** verweist auf die Regelung in § 130a Abs. 8 Satz 6, die entsprechend gilt. Eine Vereinbarung nach § 130a Abs. 8 Satz 1 berührt danach die Abschläge nach § **130a Abs. 3a** (Abschlag nach Preisstand 01.08.2009 bis zum **31.12.2022**; verlängert, zuvor bis Ende 2017; – gilt nicht für Arzneimittel, für die ein Festbetrag aufgrund des § 35 festgesetzt ist, gleichfalls in der Fassung ab 01.04.2014) und **§ 130a Abs. 3b** (Abschlag für patentfreie, wirkstoffgleiche Arzneimittel) nicht.

10   Durch eine Vereinbarung nach § 130b Abs. 1 kann der **Herstellerabschlag ganz oder teilweise abgelöst** werden, wenn die **Vertragspartner dies ausdrücklich vorsehen**, was nach dieser Regelung auch für Rabatte nach § 130a Abs. 3b gilt. Hierbei soll auch vereinbart werden können, **wie** sich eine Erhöhung des Listenpreises auf den vereinbarten Rabatt auswirkt.

11   Zur **umfassenden Einbeziehung aller Informationen** gehört auch die Berücksichtigung des Abgabepreises für das Arzneimittel in anderen europäischen Ländern, soweit die Mitteilung dem pharmazeutischen Unternehmer aus rechtlichen Gründen möglich ist, **Abs. 1 Satz 6** (in der Fassung bis 31.03.2014 Satz 9). Die **Angaben zum Abgabepreis** können nicht 1:1 in Euro oder einer Währungsrelation übernommen werden, sondern sind mit der Wirtschaftsleistung und den Gesundheitsleistungen des jeweiligen Landes in Bezug zu setzen, vgl. *Luthe* in Hauck/Noftz 11/18 § 130b Rn. 51, wobei zu Recht auf die Schwierigkeiten eines Vergleichs hingewiesen wird, wenn regional teilweise dirigistische Maßnahmen auf die Preisbildung einwirken. Zudem ist die Information davon abhängig, dass diese aus rechtlichen Gründen möglich ist, hier unter Bezugnahme auf BT-Drs. 17/2413 S. 31. Auch ist hier der Grundsatz der Vertraulichkeit besonders relevant, vgl. Abs. 1 Satz 7.

12   Zwangsläufig greift der Regelungskomplex zu den Rabattbestimmungen auf den Abgabepreis auch in **Grundrechte** des **pharmazeutischen Unternehmers** ein, vgl. *Luthe* in Hauck/Noftz 11/18 § 130b Rn. 14 ff. Als Berufsausübungsregelung i.S.d. Art. 12 GG sind diese Bestimmungen jedoch grundsätzlich vertretbar, auch im Verhältnis zur privaten Krankenversicherung, vgl. *Luthe* a.a.O. Rn. 15 (legitimes Mittel im Rahmen der Verhältnismäßigkeit).

13   Der **Eingriff in das tangierte Grundrecht** des pharmazeutischen Unternehmers ist – auch in der jeweils gegebenen konkreten Anwendung – nur zu rechtfertigen, wenn dies durch transparente, die Chancengleichheit beachtende und faire sowie nachvollziehbare (und damit auch überprüfbares) **Verfahrensschritte** unter Beachtung der Wettbewerbssituation abgesichert ist. Die **Vereinbarungen** müssen wiederum dem **Grundsatz der Chancengleichheit** entsprechen. **Maßstäbe** sind gleich und gleichgewichtig anzuwenden, wobei Verordnungsrecht und untergesetzliches Recht, wie Rahmenvereinbarungen dies sicherstellen sollen. Nur so ist dann auch eine auf die Prüfung des Verfahrens bzw. der korrekt durchgeführten Verfahrensschritte eingeschränkte gerichtliche Kontrolle vertretbar.

14   **Bei den Vereinbarungen** der Erstattungsbeträge für Arzneimittel, die keiner Festbetragsgruppe zugeordnet wurden, soll jeweils ein **Vertreter einer Krankenkasse** an der Verhandlung teilnehmen. Das Nähere (insbesondere zur Auswahl) soll der GKV-Spitzenverband in seiner Satzung regeln. Der Gesetzgeber verspricht sich durch die Regelung die **Einbeziehung von Erfahrungswissen**, zumal *insbesondere auch ein Vertreter der Krankenkassen in Betracht kommen soll, der »praktische Erfahrungen und Einschätzungen aus dem operativen Geschäft der Krankenkasse in die Verhandlungen einbringen« könne* (vgl. BT-Drs. 18/606 S. 13).

Die **Verhandlungen zwischen GKV-Spitzenverband und pharmazeutischen Unternehmern** 15
können im Hinblick auf einen kostenorientierten Erstattungsbetrag **erfolgsorientiert und
fair** (zum Grundsatz des »fairen Verfahrens« im Zusammenhang mit § 130b vgl. LSG Berlin-
Brandenburg Beschl. v. 28.02.2013 – L 7 KA 106/12 KL ER, NZS 2013; vgl. eingehend auch
LSG Berlin-Brandenburg Beschl. v. 19.03.2015 – L 1 KR 499/14 KL ER, insbesondere zum Gebot des rechtlichen Gehörs; ferner BSG Beschl. v. 27.10.2020 – B 1 KR 45/20 B und LSG Bayern
Beschl. v. 30.10.2020 – L 20 KR 151/20) nur geführt werden, wenn auch **vertrauliche Daten einbezogen** werden. Dies erfordert anderseits einen **vergleichbaren Informationsstand** (vgl. dazu auch
Abs. 9 Satz 4, hier auch zur Einbeziehung der Leistungsdaten) und andererseits, dass die Verhandlungen **einschließlich der Vorbereitung vertraulich geführt** werden, auch bezüglich der **Beratungsunterlagen sowie der Niederschriften**. Dies wird mit **Abs. 1 Satz 7** (in der Fassung bis 31.03.2014
Satz 10) ausdrücklich festgelegt und bindet die Verfahrensbeteiligten zwingend (so auch § 10 der
Rahmenvereinbarung nochmals und eingehend zur »Geheimhaltungspflicht«).

Die Regelung des **§ 130b Abs. 1** greift in **Grundrechte des pharmazeutischen Unternehmers** ein, 16
vgl. **Art. 12 GG**, weshalb das gesamte Verfahren im Hinblick auf **Verfassungskonformität** zu prüfen ist, vgl. *Baierl* in jurisPK-SGB V 2016 § 130b Rn. 69. Deshalb erscheint die Forderung nach
einem in »zeitlicher und sachlicher Hinsicht tragbaren und in sich widerspruchsfreien Bewertungsverfahren« berechtigt. Mit der Übernahme der Regelungen zur Abrechnung der Erstattungsbeträge
nach § 130b in **§ 78 Abs. 3a AMG und § 2 und 3 AMPreisV** ist die Fragestellung nunmehr auf
diesen Regelungsbereich »übergeleitet« worden.

**Abs. 1a** in der Fassung des AMVSG mit Wirkung vom 13.05.2017 eröffnet die Möglichkeit, bei 17
einer Vereinbarung nach Abs. 1 insbesondere auch **mengenbezogene Aspekte,** wie eine mengenbezogene Staffelung oder ein jährliches Gesamtvolumen, zu vereinbaren. Solche Vereinbarungen
»können« getroffen werden, liegen damit im **Ermessen der Vertragsparteien.** Eine Vereinbarung
nach Abs. 1 kann nach Abs. 1a Satz 2 auch das Gesamtausgabenvolumen des Arzneimittels unter
Beachtung seines Stellenwerts in der Versorgung berücksichtigen. Vergleichbar etwa auch der Regelung in Abs. 3 Satz 5 und 6 mit Wirkung vom 13.05.2017 ist auch hier auf die konkrete Versorgungssituation abzustellen. Das Nähere zur **Abwicklung solcher Vereinbarungen,** insbesondere
im Verhältnis zu den Krankenkassen und im Hinblick auf deren Mitwirkungspflichten, regelt der
GKV-Spitzenverband in seiner Satzung (vgl. Anlage 4 zur Satzung des GKV-Spitzenverbandes bezüglich Verfahren zur Teilnahme von Krankenkassen an den Erstattungsbetragsverhandlungen nach
§ 130b Abs. 1).

Mit der Regelung in **Abs. 2** eröffnet der Gesetzgeber die Möglichkeit, das Verordnungen des Arz- 18
neimittels von der Prüfstelle als bei den Wirtschaftlichkeitsprüfungen nach §§ 106 bis 106c (in der
Fassung ab 01.01.2017) zu berücksichtigende Praxisbesonderheiten anerkannt werden, wenn der
Arzt bei der Verordnung im Einzelfall die dafür vereinbarten Anforderungen an die Verordnung
eingehalten hat. Voraussetzung ist, dass der Arzt bei der Verordnung im Einzelfall die dafür **vereinbarten Anforderungen an die Verordnung** eingehalten hat, **Abs. 2 Satz 1.** Das Nähere hierzu ist in
Verträgen nach § 82 Abs. 1 zu vereinbaren.

Für ein Arzneimittel, das nach dem Beschluss des Gemeinsamen Bundesausschusses nach **§ 35a** 19
**Abs. 3 keinen Zusatznutzen** hat und **keiner Festbetragsgruppe zugeordnet** werden kann, ist gemäß **Abs. 3 Satz 1 ein Erstattungsbetrag nach Abs. 1 zu vereinbaren.** Dieser darf nicht zu höheren
Jahrestherapiekosten als die nach § 35a Abs. 1 Satz 7 bestimmte zweckmäßige Vergleichstherapie
führen. Ergeben sich Alternativen hinsichtlich der Zweckmäßigkeit von Vergleichstherapien, wird
mit der Regelung klargestellt, dass hier wiederum ein Erstattungsbetrag zu vereinbaren ist, der nicht
zu höheren Jahrestherapiekosten führt als die wirtschaftlichste der möglichen Alternativen für die
zweckmäßige Vergleichstherapie (so auch die Materialien in BT-Drs. 17/13770 S. 24).

Die **Vereinbarung nach Abs. 3 Satz 1** i.V.m. Abs. 1 kann vom **GKV-Spitzenverband** – vorbehalt- 20
lich einer entgegenstehenden Vereinbarung – abweichend von der Kündigungsmöglichkeit nach
Abs. 7 **außerordentlich** zur Festsetzung eines Festbetrags nach § 35 Abs. 3 Satz 4 (in der Fassung bis

**§ 130b SGB V** Erstattungsbeträge für Arzneimittel

31.07.2013 Satz 3) gekündigt werden. Zu den Grundlagen und Zielen der Frühbewertung im Zusammenhang mit § 130b Abs. 3 vgl. näher *Hess* GesR 2011, 65, 67 und *ders.*, Strategien für mehr Effizienz und Effektivität im Gesundheitswesen, Allokation im marktwirtschaftlichen System, Band 65, 2013, 145 sowie zu »Rechtsfragen der fakultativen Frühbewertung von Arzneimitteln« eingehend *Gaßner* RPG 2012, 6 und *ders.* MPR 2015, 109. Zur zweckmäßigen Vergleichstherapie vgl. *Luthe* in Hauck/Noftz SGB V 02/17 § 130b Rn. 56 sowie zu den Jahrestherapiekosten a.a.O. Rn. 57.

21 **Abs. 3** ist durch **Satz 5 und 6** mit Wirkung vom 13.05.2017 erweitert worden. Ausweislich der Materialien (BT-Drs. 18/10208 S. 36) sei nach der Rechtslage bis 12.05.2017 zu beanstanden, dass nicht habe unterschieden werden können, ob sich aufgrund der Bewertung der vom pharmazeutischen Unternehmer eingereichten Unterlagen ein Zusatznutzen nicht bestätigt habe oder ob der Zusatznutzen nach § 35a Abs. 1 Satz 5 als nicht belegt gelte. Nach Abs. 3 Satz 5 (neu) ist bei der Vereinbarung eines Erstattungsbetrages zwischen diesen beiden Fällen zu unterscheiden. Gelte ein Zusatznutzen nach § 35a Abs. 1 Satz 5 als nicht belegt, sei ein angemessener Abschlag auf den sich nach Abs. 3 Satz 1 und 2 ergebenden Betrag vorzusehen. Maßstäbe für die Angemessenheit der Abschläge sind in der **Rahmenvereinbarung** nach Abs. 9 zu **regeln.**

22 **Abs. 3 Satz 7 bis 9** wurde mit dem GSAV mit Wirkung vom **16.08.2019 angefügt,** hier betreffend die Arzneimittel mit besonderen Zulassungen der EMA (European Medicines Agency – Europäische Arzneimittelagentur mit Sitz in Amsterdam). Insoweit gilt der Hinweis von *Baierl* (in jurisPK-SGB V 06/2020 § 130b Rn. 27), dass der Erstattungsbetrag bei Arzneimitteln mit bedingter Zulassung oder einer Zulassung unter außergewöhnlichen Umständen nach dem Verfahren des Art. 14 Abs. 7 oder Abs. 8 EGV 726/2004 sowie bei Arzneimitteln zur Behandlung eines seltenen Leidens regelmäßig neu zu verhandeln seien, sobald eine vom Gemeinsamen Bundesausschuss gesetzte Frist für die Durchführung einer Datenerhebung verstrichen sei und der Gemeinsame Bundesausschuss einen erneuten Beschluss zur Nutzenbewertung gefasst habe. Lasse sich zur Behandlung eines seltenen Leidens keine Quantifizierung des Zusatznutzens gegenüber der gesetzlichen Fiktion nach § 35a Abs. 1 Satz 11 belegen, seien angemessene Abschläge vergleichbar Abs. 3 Satz 5 und 6 von dem zu vereinbaren Erstattungsbetrag vorzunehmen.

23 **Abs. 3a** wurde mit dem 14. SGB V-ÄndG mit Wirkung vom 01.04.2014 eingefügt und regelt, dass der nach § 130b Abs. 1 vereinbarte **Erstattungsbetrag für alle Arzneimittel mit demselben Wirkstoff** für **alle anderen Arzneimittel mit dem gleichen Wirkstoff** gilt. Ist damit bereits ein **Erstattungsbetrag vereinbart,** ist dieser regelmäßig auch für die weiteren Arzneimittel mit dem gleichen Wirkstoff anzuwenden. Dies gilt insbesondere auch bei Reimporten und Parallelimporten oder auch im Rahmen eines Mitvertriebs, vgl. BT-Drs. 18/606 S. 13.

24 Kommt eine **Vereinbarung nach Abs. 1 oder 3** (nicht erfasst ist die Vereinbarung betreffend einer Praxisbesonderheit nach Abs. 2) nicht innerhalb von **sechs Monaten** nach Veröffentlichung des Beschlusses über die Nutzenbewertung nach § 35a Abs. 3 oder nach § 35b Abs. 3 zustande, setzt die **Schiedsstelle** (vgl. Abs. 5) den **Vertragsinhalt innerhalb von drei Monaten fest, Abs. 4** Satz 1. Auch die Wirksamkeit des Schiedsspruchs ist an enge zeitliche Grenzen geknüpft (ab dem 13. Monat nach dem in § 35a Abs. 1 Satz 3 genannten Zeitpunkt). Im Rahmen des **Schiedsverfahrens** gilt ebenso der Grundsatz der Vertraulichkeit nach **Abs. 1 Satz 7**. Mit der Regelung in **Abs. 4 Satz 2** mit Wirkung vom 13.08.2013 wurde klargestellt, dass der **Schiedsstelle** – wie auch den Vertragsparteien – ein **eigener Entscheidungsspielraum** zusteht, vgl. BT-Drs. 17/13770 S. 24.

25 Für die **Einrichtung der Schiedsstelle,** die vom GKV-Spitzenverband und den für die Wahrnehmung der wirtschaftlichen Interessen gebildeten maßgeblichen Spitzenorganisationen der pharmazeutischen Unternehmer auf Bundesebene gebildet wird, gilt die Regelung in **Abs. 5**. Die Schiedsstelle besteht aus einem unparteiischen Vorsitzenden und zwei weiteren unparteiischen Mitgliedern sowie aus jeweils zwei Vertretern der Vertragsparteien. **Beratend** können **Patientenorganisationen** nach § 140f SGB V an den Sitzungen der Schiedsstelle **teilnehmen.** Der **Verband der privaten Krankenversicherung** ist an der Schiedsstelle nach Abs. 5 nicht unmittelbar beteiligt, wohl aber ist diesem rechtliches Gehör – in den Grenzen vertretbarer Verfahrensschritte – zu gewähren, **Abs. 4**

**Satz 4.** Ein Einvernehmen ist allerdings nicht erforderlich, vgl. *Luthe* in Hauck/Noftz SGB V 11/18 § 130b Rn. 69. Die Entscheidung der Schiedsstelle ist sorgfältig zu begründen, vgl. LSG Berlin-Brandenburg Urt. v. 28.06.2017 – L 9 KR 213/16 KL, NZS 2017, 698. Fehle es daran, sei der Schiedsspruch rechtswidrig. Es muss zudem gerichtlich nachvollziehbar sein, welchen Sachverhalt die Schiedsstelle ihrer Entscheidung zugrunde gelegt habe.

Mit dem TSVG ist mit Wirkung vom 11.05.2019 **Abs. 5 Satz 3** eingefügt worden, wonach das BMG an der Beratung und Beschlussfassung der Schiedsstelle teilnehmen kann. Sollten sich die Beteiligten über den Vorsitzenden und die 2 weiteren unparteiischen Mitglieder nicht einigen können, kommt nach Abs. 5 Satz 6 (aufgenommen als Satz 5) zeitgleich die Anwendung von § 89 Abs. 6 Satz 3 zur Anwendung, wonach die Aufsichtsbehörde nach Maßgabe der Regelung tätig wird. 26

Nach Maßgabe des **Abs. 6** gibt sich die Schiedsstelle eine **Geschäftsordnung,** in der auch eine Regelung zur Erstattung der Aufwendungen der Mitglieder zu treffen ist. Die Geschäftsordnung bedarf der Genehmigung durch das BMG; die Prüfung ist auf die Einhaltung des gesetzlich vorgegebenen Rahmens begrenzt, vgl. *Luthe* in Hauck/Noftz SGB V 11/18 § 130b Rn. 82. 27

**Abs. 7** begrenzt die **Kündigungsmöglichkeit,** die frühestens **ein Jahr nach Wirksamwerden der Vereinbarung** erfolgen darf. Ein Schiedsspruch ist gleichgestellt. Bis zum Wirksamwerden einer neuen Vereinbarung gilt die frühere Vereinbarung weiter, sodass **kein** vertragsloser Zustand eintreten kann. Die Kündigungsregelung ist eine spezielle Regelung im Verhältnis zu § 59 SGB X; die hier nicht erfasste Möglichkeit der Anpassung nach § 59 SGB X dürfte damit aber nicht ausgeschlossen sein, vgl. *Luthe* PharmR 2011, 193 mit weiteren Nachweisen. Abweichend davon besteht ein **Recht zur außerordentlichen Kündigung** durch den GKV-Spitzenverband mit dem Ziel der Überführung eines Arzneimittels in die Festbetragsregelung nach Maßgabe des **Abs. 3 Satz 3**. 28

**Abs. 7 Satz 4 bis 8** wurde mit dem GKV-FKG mit Wirkung vom **01.04.2020** angefügt. Geregelt werden die Auswirkungen aus einem Wegfall des Unterlagenschutzes des erstmalig zugelassenen Arzneimittels auf wirkstoffgleiche Arzneimittel. Der pharmazeutische Unternehmer und der GKV-Spitzenverband können für die Zeitspanne zwischen Wegfall des Unterlagenschutzes und Beendigung des Patentschutzes auch eine Anpassung des Erstattungspreises an veränderte Rahmenbedingungen unter Berücksichtigung des Preisgefüges vereinbaren, vgl. *Hess* in KassKomm SGB V 07/2020 § 130b Rn. 14a. Auf die Erläuterungen und hierzu wird Bezug genommen. 29

**Abs. 7a** – eingefügt mit dem AMVSG mit Wirkung vom 13.05.2017 – eröffnet die Möglichkeit, dass aufgrund dieser Regelung in begründeten Einzelfällen von der Vorgabe abgewichen werden kann, dass der Erstattungsbetrag nicht zu höheren Jahrestherapiekosten führen darf als die zweckmäßige Vergleichstherapie, vgl. BT-Drs. 18/11449 S. 37. Von dieser Möglichkeit könne innerhalb eines Übergangszeitraums auch für Arzneimittel Gebrauch gemacht werden, für die bereits vor Inkrafttreten der Regelung ein Erstattungsbetrag vereinbart oder von der Schiedsstelle festgesetzt worden sei. Die Übergangsregelung sei auch anwendbar für Arzneimittel, die derzeit in Deutschland nicht im Verkehr seien. 30

**Abs. 8** eröffnet jeder Vertragspartei die Möglichkeit, **nach einem Schiedsspruch** nach Abs. 4 beim Gemeinsamen Bundesausschuss eine Kosten-Nutzen-Bewertung nach § 35b zu beantragen. Hierdurch wird der **Schiedsspruch nicht berührt.** Erfolgt eine **Kosten-Nutzen-Bewertung nach § 35b Abs. 3,** ist der Erstattungsbetrag nach Abs. 8 Satz 3 unter Berücksichtigung dieser Bewertung neu zu vereinbaren. Für dieses Verfahren gelten im Übrigen Abs. 1 bis 7 gemäß Abs. 8 Satz 4 entsprechend. Eine Vereinbarung nach Abs. 1 setzt voraus, dass die **Kriterien** hierfür festgelegt sind. Dieser Zielsetzung soll eine **Rahmenvereinbarung** über Maßstäbe für Vereinbarungen nach § 130b Abs. 1 gemäß **Abs. 9** dienen, vgl. BT-Drs. 17/13770 S. 24). In der Rahmenvereinbarung werden insbesondere **Kriterien** festgelegt, die neben dem Beschluss nach § 35a und den Vorgaben nach Abs. 1 zur Vereinbarung eines Erstattungsbetrages nach Abs. 1 heranzuziehen sind, **Abs. 9 Satz 2**. 31

In der Vereinbarung nach **Abs. 9 Satz 1** sind auch **Maßstäbe für die Angemessenheit der Abschläge** nach **Abs. 3 Satz 5 und 6** zu vereinbaren, wie aus Abs. 9 Satz 4 in der Fassung ab 13.05.2017 folgt. 32

§ 130b SGB V    Erstattungsbeträge für Arzneimittel

Abs. 9 Satz 4 ist eine Folgeregelung zu Ergänzung des Abs. 3 durch Satz 5 und 6. Kommt eine Rahmenvereinbarung nicht zustande, ist auch diese einer Schiedsregelung unterworfen, **Abs. 9 Satz 6** (bis 12.05.2017 Satz 5 und wiederum bis 31.12.2011 Satz 4), wobei eine **Klage gegen die Festsetzung durch die Schiedsstelle keine aufschiebende Wirkung** hat. Zu Erfahrungen aufgrund erster Entscheidungen der Schiedsstelle nach § 130b Abs. 5 vgl. *Anders* A&R 2013, 263. Mit Wirkung vom 29.12.2015 ist die **Regelung mit Abs. 9 Satz 6 bis 9** (zum Zeitpunkt der Einfügung der Regelung und bis 12.05.2017 Satz 5 bis 8) **weiter differenziert** worden. Dem BMG wird eingeräumt, den Vertragspartnern eine Frist zum Abschluss einer Rahmenvereinbarung zu setzen, mit der Möglichkeit, bei deren Nichteinhaltung der Frist auch ohne Antrag einer Vertragspartei eine Entscheidung der Schiedsstelle herbeizuführen. Die Rahmenvereinbarung über die Maßstäbe für Vereinbarungen nach § 130b Abs. 1 ist so notwendig für das Verfahren insgesamt, dass diese gesetzliche Erweiterung erfolgt ist.

33  In einer **Rahmenvereinbarung** nach **Abs. 9 Satz 1** ist nach **Abs. 9 Satz 5** (zuvor bis 12.05.2017 Satz 4) auch das Nähere zu Inhalt, Form und Verfahren der jeweils erforderlichen Auswertung der Daten nach § 217f Abs. 7 und der Übermittlung der **Auswertung der Ergebnisse** an den pharmazeutischen Unternehmer sowie zur Aufteilung der entstehenden **Kosten** zu regeln. Die **Vereinbarung** nach § 130b wird, wie in **Abs. 1 Satz 7** (dies wird im Gebot der Geheimhaltung auch in § 10 der Rahmenvereinbarung aufgegriffen) ausdrücklich festgelegt, **vertraulich** vorbereitet und verhandelt, wenn auch das Ergebnis später transparent zu machen ist. Hier wird eine Reihe von vertraulichen Daten sowohl seitens des pharmazeutischen Unternehmers als auch vonseiten des Krankenkassenbereichs einbezogen. Dies stellt hohe Anforderungen an den Datenschutz und an den Schutz von Geschäftsgeheimnissen; diesen Anforderungen ist organisatorisch entsprechend Rechnung zu tragen. Zu den zentralen Reformelementen des AMNOG, auch zu Abs. 10, vgl. *Ebsen* GuP 2011, 41. Hier eröffnet **§ 217f Abs. 7** die Einbeziehung anonymisierter Daten. Im Lichte der DSGVO und damit datenschutzrechtlich ist die Pflicht zur Geheimhaltung und Gewährleistung der Vertraulichkeit i.S.d. Art. 38 Abs. 5 DSGVO zu sehen; eine Ahndung bei Verstößen ist weitgehend dem nationalen Recht übertragen, vgl. *Drewes* in Simitis Datenschutzrecht 2019 Art. 38 DSGVO Rn. 51, 52.

34  Im Hinblick auf die Einbeziehung der **Interessen der privaten Krankenversicherung**, auch im Hinblick auf die Beteiligung der privaten Krankenversicherung im Zusammenhang mit dem Erstattungsbetrag nach Abs. 1, ist die Regelung in **Abs. 10** in der Ausschussberatung aufgenommen worden (angemessene Beteiligung an Sach- und Personalkosten mit der Möglichkeit der Pauschalierung).

34a Mit Art. 1 Nr. 36 Gesetz zur Weiterentwicklung der Gesundheitsversorgung (Gesundheitsversorgungsweiterentwicklungsgesetz – GVWG) vom 11.07.2021 (BGBl. I S. 2754) mit Wirkung vom 20.07.2021 wurde **Abs. 6 Satz 4** bezüglich der Verweisung ergänzt und **Abs. 7 Satz 4 bis 8** aufgehoben. Ferner wurde **Abs. 8a eingefügt. Der Regelungsinhalt des Abs. 7 Satz 4 bis 8 wurde in die neue Regelung des Abs. 8a überführt**. Nach den bereits geltenden Regelungen gelte der Erstattungsbetrag ungeachtet des Wegfalls des Unterlagenschutzes des erstmalig zugelassenen Arzneimittels für alle Arzneimittel mit dem gleichen Wirkstoff als Preisobergrenze fort, jedoch entfalle die Erstattungsbetragsvereinbarung nach § 130b Abs. 1 oder 4 nach Wegfall des Unterlagenschutzes ersatzlos, es sei denn, die Vereinbarung gelte aufgrund des auch nach Wegfall des Unterlagenschutzes andauernden Patentschutzes weiter, vgl. BT-Drs. 19/26822 S. 83. In diesem Zusammenhang entfielen auch die Bestandteile der Erstattungsbetragsvereinbarung, die die Übertragung des Erstattungsbetrags auf ein anderes Arzneimittel mit dem gleichen Wirkstoff, aber etwa anderer Dosierung, Darreichungsform oder Werkstätte, regelten; auf die in BT-Drs. 19/26822 S. 83, 84 wird insoweit Bezug genommen.

### B. Vereinbarung eines Erstattungsbetrags für nicht festbetragsfähige Arzneimittel mit neuen Wirkstoffen (Abs. 1)

35  § 130b wurde mit dem AMNOG mit Wirkung vom 01.01.2011 eingefügt, mit der Zielsetzung, den GKV-Spitzenverband und die jeweiligen pharmazeutischen Unternehmer zu verpflichten, *einen Erstattungsbetrag* für **nicht festbetragsfähige Arzneimittel mit neuen Wirkstoffen** (zum Begriff vgl. § 48 Abs. 1 Nr. 3 AMG zur Verschreibungspflicht) mit Wirkung für alle Krankenkassen zu vereinbaren. Dabei sind neben den Beschlüssen des Gemeinsamen Bundesausschusses

insbesondere die Erkenntnisse der **Feststellung des Nutzens eines Arzneimittels** nach § 35a sowie des Kosten-Nutzen-Verhältnisses nach § 35b zu berücksichtigen.

Ziel der Regelung in § 130b ist es auch – i.V.m, weiteren Vorschriften – zur **Kostensenkung der Versorgung mit Arzneimitteln** beizutragen. Dabei bezieht der Gesetzgeber zunehmend die **private Krankenversicherung** ein, vgl. § 78 Abs. 3 Satz 2 AMG sowie zur Geltung von Vereinbarungen auch für die privaten Krankenversicherungen und die Beihilfe nach § 78 Abs. 3a AMG, in der Fassung ab 13.05.2017, vgl. *Sodan/Ferlemann* in PharmR 2018, 239. 36

Die **Vereinbarung ist »im Benehmen«** mit dem Verband der privaten Krankenversicherung herbeizuführen; »im Benehmen« ist hier mehr als nur Anhörung, aber weniger als Zustimmung; zur Herstellung des »Benehmens« vgl. BSG Urt. v. 23.06.2015 – B 1 KR 20/14 R – SozR 4–2500 § 108 Nr. 4 und Urt. v. 28.03.2019 – B 3 KR 2/18 R sowie Urt. v. 08.08.2019 – B 3 KR 16/18 R, ferner auch im Rahmen der Bildung des Erstattungsbetrags LSG Berlin-Brandenburg Urt. v. 28.06.2017 – L 9 KR 213/16 KL, NZS 2017, 698, mit Bespr. *Huster* NZS 2017, 681 sowie LSG Berlin-Brandenburg Urt. v. 27.01.2020 – L 9 KR 82/19 KL zur Schiedsstellenentscheidung nach Abs. 5. 37

In den **Verhandlungen** wie auch in der **Vorbereitung** hierzu werden vielfältige **vertrauliche Unterlagen** einbezogen. Auch wenn das Ergebnis veröffentlicht wird, sind doch die Verhandlungen sinnvoll und ergebnisorientiert nur **mit der gebotenen Vertraulichkeit zu führen**, vgl. dazu **Abs. 1 Satz 7**, **Abs. 4 Satz 7** sowie **Abs. 9 Satz 4**, hier auch zu den in den Verhandlungen verfügbaren Daten, sowie **Abs. 9 Satz 6** auch hier zur gebotenen Vertraulichkeit nach Abs. 1 Satz 7. 38

Die **Aufforderung zur Einreichung von Nutzenbewertungsdossiers** zur Bestandsmarkt-Nutzenbewertung durch den Gemeinsamen Bundesausschuss – auch als Bestandsmarktaufruf bezeichnet – leitet ein Normsetzungsverfahren ein und wird deshalb nicht als Verwaltungsakt bewertet, vgl. eingehend LSG Berlin-Brandenburg Urt. v. 15.05.2013 – L 7 KA 105/12 KL mit Anm. *Ternick* AMK 2013, Nr. 7, 10. Der Heilung eines Verfahrensfehlers im Rahmen des Normsetzungsverfahrens sind deutliche Grenzen gesetzt, vgl. LSG Berlin-Brandenburg Beschl. v. 01.03.2017 – L 9 KR 437/16 KL ER, PharmR 2017, 205, GesR 2017, 670. Auch dabei handelt es sich um **Vorbereitungshandlungen,** denen typischerweise keine **Verwaltungsaktqualität** zukommen soll, vgl. LSG Berlin-Brandenburg 15.05.2013 – L 7 KA 105/12 KL unter Bezugnahme auf BSG Urt. v. 27.08.2011 – B 4 AS 1/10 R – SozR 4–4200 § 16 Nr. 9. 39

Letztlich solle im Ergebnis der **Rechtsschutz** unmittelbar gegen die Aufforderung zur Dossiereinreichung gesetzlich ausgeschlossen sein, worin kein Verstoß gegen den Grundsatz effektiven Rechtsschutzes nach Art. 19 Abs. 4 GG zu sehen sei (vgl. auch LSG Berlin-Brandenburg Beschl. v. 28.02.2013 – L 7 KA 106/12 KL ER, KrV 2013, 79, PharmR 2013, 230 – NZS 2013, 584, hier auch zu den Auskünften, die der Gemeinsame Bundesausschuss im Rahmen seiner Beratungsaufgaben nach § 35a Abs. 7 SGB V, §§ 8 und 10 AM-NutzenV gibt). Dieser Auffassung wird gefolgt. Allerdings sollte dies im Lichte der Prozessökonomie gesehen werden; offensichtliche, gewichtige und nicht mehr heilbare Rechtsverstöße sollten auch bereits vorzeitig überprüfbar sein. 40

### I. Vereinbarung eines Erstattungsbetrags

Der GKV-Spitzenverband und die jeweiligen pharmazeutischen Unternehmer werden nach **Abs. 1 Satz 1** verpflichtet, auf der Grundlage des Beschlusses des Gemeinsamen Bundesausschusses über die Nutzenbewertung nach § 35a Abs. 3 mit Wirkung für alle Krankenkassen **Erstattungsbeträge für Arzneimittel**, die mit diesem Beschluss keiner Festbetragsgruppe zugeordnet wurden, zu vereinbaren. Die Regelung knüpft maßgeblich an die **Nutzenbewertung** an, die mit dem AMNOG mit Wirkung vom 01.01.2011 konkretisiert und erweitert worden ist. Der Gemeinsame Bundesausschuss beauftragt aufgrund eines Antrags nach § 130b Abs. 8 das Institut für Qualität und Wirtschaftlichkeit im Gesundheitswesen, vgl. auch § 35b Abs. 1 Satz 1. 41

Die Versicherten können auch **Arzneimittel** zu Lasten der GKV verschrieben bekommen, die **zugelassen,** aber noch nicht einer Kosten-Nutzen-Bewertung unterzogen worden sind. Deshalb hat der 42

Gesetzgeber des AMNOG zum einen eine **Frühbewertung des medizinischen Nutzens eines neuen Arzneimittels mit neuen Wirkstoffen** sowie zum anderen ein hierfür neu zugelassenes Anwendungsgebiet geregelt, das innerhalb kurzer Zeit zu einer **interessengerechten Erstattungsregelung** führen soll. Auch wenn der Nutzen eines Arzneimittels nach der Feststellung des Gemeinsamen Bundesausschusses gemäß § 35a beschlossen worden ist, sollen die **Jahrestherapiekosten** in einem angemessenen Verhältnis zum festgestellten Nutzen stehen. Die Feststellungen des Gemeinsamen Bundesausschusses geben den Rahmen für die Vereinbarung des Erstattungsbetrags vor (vgl. BT-Drs. 17/2413 S. 31).

43 Wird ein **Erstattungsbetrag** für Arzneimittel entsprechend der Vorgabe nach Abs. 1 Satz 1 vereinbart, hat dies keinen unmittelbaren Einfluss auf das **Verordnungsverhalten des Vertragsarztes**. Insoweit entspricht die Rechtslage der Rechtsfolge bei Festsetzung von Festbeträgen. Mittelbar wird jedoch das **Verordnungsverhalten des Vertragsarztes** durch die Beachtung des Grundsatzes der Wirtschaftlichkeit im Hinblick auf eine Wirtschaftlichkeitsprüfung nach § 106 beeinflusst. Die **Therapiefreiheit** bleibt jedoch erhalten, auch mit der Möglichkeit, dass der Versicherte in vertretbaren Fällen und in Kenntnis der Sachlage zu (an sich vermeidbaren, aber »gewollten«) Mehrkosten herangezogen wird.

44 Mit der Regelung in **Abs. 1 Satz 1** wird vorgegeben, dass die Vereinbarung zwischen dem GKV-Spitzenverband und den jeweiligen pharmazeutischen Unternehmern im »**Benehmen**« (vgl. weniger als Zustimmung und Einwilligung, aber mehr als Anhörung, vgl. *Freudenberg* in jurisPK-SGB V 2016 § 85 Rn. 215) mit dem **Verband der privaten Krankenversicherung zu vereinbaren** sind, vgl. auch Abs. 10. Der Verband der privaten Krankenversicherung ist damit an der Vereinbarung nicht beteiligt und kann auch auf den Inhalt unmittelbar **keinen Einfluss** nehmen; mittelbar ist dieser jedoch im Rahmen der »Benehmensherstellung« einbezogen. Mit **§ 78 Abs. 3a AMG** wurde klargestellt, dass der pharmazeutische Unternehmer das Arzneimittel zum **Erstattungsbetrag** (nicht mehr Rabatt) abgibt, sobald eine Vereinbarung über einen Erstattungsbetrag besteht. Dieser Regelung wurde die AMPreisV in dessen § 2 Abs. 1 und § 3 Abs. 2 angepasst.

45 Unabhängig vom Rechtsverhältnis des Apothekers zum Großhändler oder pharmazeutischen Unternehmer oder Krankenkasse begrenzt § 78 AMG (vgl. zur Preisgestaltung insbesondere § 78 AMG mit Wirkung vom 01.08.2013 und mit Bezug zu Preisverhandlungen *Schickert* PharmR 2013, 152) die **Möglichkeiten der Apotheken**, dem **Versicherten zusätzlich Vorteile zukommen** zu lassen, erheblich, vgl. OVG Sachsen-Anhalt Beschl. v. 13.07.2011 – 1 M 95/11 zu einem »Apotheken-Bonus« sowie OVG Nordrhein-Westfalen Beschl. v. 28.11.2011 – 13 B 1136/11 zur Überlassung von »Pinguin-Talern« bei der Abgabe von rezeptpflichtigen Arzneimitteln oder OLG Stuttgart Urt. v. 25.08.2011 – 2 U 21/11 zum Skonto bei Rezepteinlösung. Zur Reichweite der Preisbindung vgl. OLG Frankfurt Urt. v. 02.11.2017 – 6 U 164/16, PharmR2018, 16, sog. Bäckerei-Gutschein-Fall.

### II. Kosten-Nutzen-Verhältnis als Entscheidungsgrundlage

46 Die Vereinbarung nach **Abs. 1 Satz 1** schließt maßgeblich an das **Ergebnis der Nutzenbewertung** an. Dieses ist Grundlage für die Vereinbarung des Erstattungsbetrags für **nicht festbetragsfähige Arzneimittel mit neuen Wirkstoffen**. Deshalb wird auf die Regelungen zur Nutzenbewertung von Arzneimitteln mit neuen Wirkstoffen nach § 35a mit Wirkung vom 01.04.2020 sowie die Kosten-Nutzen-Bewertung von Arzneimitteln nach § 35b und die Erläuterungen hierzu Bezug genommen. Der Gemeinsame Bundesausschuss weist im Internet eine **Übersicht über Wirkstoffe** nach, mit der Möglichkeit, den Wirkstoff sowie das Therapiegebiet einzugeben; dies gilt auch für Orpan Drug-Fragen. Es werden auch Angaben zum Verfahrensstand gemacht sowie auf den Beginn des Bewertungsverfahrens hingewiesen (etwa Verfahren abgeschlossen, Stellungnahmeverfahren eröffnet oder Verfahren nach § 35a begonnen, Beschlussfassung wird vorbereitet usw.). Zur Nutzenbewertung medizinischer Dienstleistungen vgl. *Windeler/Lange* Bundesgesundhbl 2015, 220 sowie zum Zusammenhang mit dem Kartellrecht *Burholdt/Kluckert* GuP 2015, 7.

47 Dabei wird maßgeblich auf die **Grundsätze der AM-NutzenV** abgestellt. Zur AM-NutzenV vgl. auch im Zusammenhang mit der Fassung ab 2014 *Lietz* KrV 2015, 177 und *Burholt/Kluckert* GuP 2015, 7 sowie zur Bewertung *Wien* NZS 2015, 736. Eine Mischpreisbildung ist regelmäßig

unzulässig, vgl. *Stallberg* PharmR 2017, 212. Wesentliche Grundlage der Entscheidung ist in einem frühen Stadium das **Dossier des pharmazeutischen Unternehmers**, das maßgeblich an die Zulassungsunterlagen anknüpfen wird, vgl. **§ 4 AM-NutzenV**, nunmehr in der Fassung ab 13.05.2017. Dabei erfolgt die **Nutzenbewertung** nach **Maßgabe des § 7 AM-NutzenV**. Die Nutzenbewertung kann auch zu dem Ergebnis führen, dass ein Arzneimittel mit einem **Festbetragsarzneimittel** vergleichbar ist und deshalb einer **Festbetragsgruppe zugeordnet** wird (dann greift die Regelung nach Abs. 1 nicht); ist die **Zuordnung zu keiner Festbetragsgruppe möglich, vgl. Abs. 3**.

### III. Teilnahme eines Vertreters einer Krankenkasse an der Verhandlung (Abs. 1 Satz 2)

Der **GKV-Spitzenverband** vereinbart mit **pharmazeutischen Unternehmern** »im Benehmen« 48 mit dem Verband der privaten Krankenversicherung auf Grundlage des Beschlusses des Gemeinsamen Bundesausschusses über die **Nutzenbewertung** nach § 35a Abs. 3 (vgl. dazu BSG Urt. v. 10.09.2020 – B 3 KR 11/19 R, hier zu deren gerichtlicher Überprüfung) mit Wirkung für alle Krankenkassen **Erstattungsbeträge für Arzneimittel**, die mit diesem Beschluss keiner Festbetragsgruppe zugeordnet wurden, **Abs. 1 Satz 1**. Dabei soll jeweils ein **Vertreter einer Krankenkasse** an der Verhandlung teilnehmen, **Abs. 1 Satz 2 1. Hs.**

Ausweislich der Materialien (vgl. BT-Drs. 18/606 S. 13) sollen durch die Mitwirkung eines Vertreters oder Beschäftigten einer Krankenkasse **praktische Erfahrungen** und **Einschätzungen** aus 49 dem **operativen Geschäft** der Krankenkasse in die Verhandlungen eingebracht werden können; zudem soll der Versorgungsaspekt gestärkt werden. Es sollte sich um ein Vorstandsmitglied handeln oder ein mit den Fragen der Arzneimittelversorgung befasster Beschäftigter der Krankenkasse, vgl. *Luthe* in Hauck/Noftz SGB V 11/18 § 130b Rn. 42a; *Baierl* in jurisPK-SGB V 06/2020 § 130b Rn. 175. Der Vertreter der Krankenkassen unterliegt – auch ohne Stimmrecht – gleichermaßen der **Verschwiegenheitspflicht** nach **Abs. 1 Satz 7** in der Fassung ab 01.04.2014. Das Vorbringen dieses Vertreters sollte in die Vertragsfindung einbezogen werden, auch wenn dies nicht ausdrücklich festgelegt ist. Das Nähere regelt der **GKV-Spitzenverband** in seiner Satzung, **Abs. 1 Satz 2 2. Hs.**

### IV. Abwicklung der Rabattregelung (Abs. 1 Satz 2 bis 5 a.F. und nach § 78 Abs. 3a AMG und § 2 AMPreisV)

**Ab 01.04.2014** wurden die Bestimmungen über den **Abgabepreis** und die **Preisbildung** auch für **Arz-** 50 **neimittel mit Erstattungsbetrag** in § 78 AGM und in der AMPreisV »gebündelt und dort abschließend geregelt« (vgl. BT-Drs. 18/606 S. 13). Das Nebeneinander von Regelungen im SGB V und im AMG habe sich ausweislich der Materialien nicht gewährt und zu »missverständlichen Auslegungen« geführt.

Die Bestimmungen über den Abgabepreis und die Preisbildung wurden in § 78 Abs. 3a AMG und 51 in **§ 2 Abs. 1 und § 3 Abs. 2 Nr. 2 AMPreisV** in der Fassung ab 01.04.2014 – zwischenzeitlich weiter angepasst – damit getroffen. Gilt für ein Arzneimittel ein **Erstattungsbetrag** nach § 130b, gibt der pharmazeutische Unternehmer das Arzneimittel zum Erstattungsbetrag ab. Damit bedurfte es keiner Regelung mehr (im SGB V) über die Weitergabe von Preisregelungen in der Handelskette, vgl. *Baierl* in jurisPK-SGB V 06/2020 § 130b Rn. 178.

### V. Vereinbarungen betr. Arzneimittel nach § 129a SGB V (Abs. 1 Satz 3) und über die Ablösung von Abschlägen (Abs. 1 Satz 4)

Für **Arzneimittel nach § 129a betreffend Krankenhausapotheken** kann mit dem pharmazeutischen Unternehmer höchstens der Erstattungsbetrag nach § 130b Abs. 1 vereinbart werden, vgl. 52 **Abs. 1 Satz 3**. Für Arzneimittel zur **Abgabe bei der ambulanten Krankenhausbehandlung**, deren Preise frei zu vereinbaren sind, darf der **Erstattungsbetrag** bei der Preisvereinbarung damit nicht überschritten werden. Durch diese Regelung soll gewährleistet werden, dass für Krankenhausambulanzen keine höheren Preise für Arzneimittel im Vergleich zur Verordnung durch Vertragsärzte gelten, vgl. zu der ebenfalls in der Ausschussberatung eingefügten Regelung BT-Drs. 17/3698 S. 55. Aus der Regelung in Abs. 1 Satz 3 ist aber zugleich auch abzuleiten, dass die Vereinbarung nach

§ 129a eigenständig im Verhältnis zu § 130b ist und durch Letztere nicht ersetzt werden kann, vgl. *Luthe* in Hauck/Noftz SGB V 11/18 § 130b Rn. 47.

53 **Abs. 1 Satz 4 legt fest, dass § 130a Abs. 8 Satz 6** (in der Fassung bis 28.02.2018 Satz 4) **entsprechend gilt**. Eine Vereinbarung zwischen den Krankenkassen und ihren Verbänden mit pharmazeutischen Unternehmen über Rabatte für die zu ihren Lasten abgegebenen Arzneimittel nach § 130a Abs. 8 Satz 1 berührt die Abschläge nach § 130a Abs. 3a und 3b nicht. Diese sind damit nach dem Gesetzeswortlaut nicht ablösbar, vgl. so eingehend *Luthe* in Hauck/Noftz SGB V 11/18 § 130b Rn. 48, entgegen der insoweit ungenauen Materialien zum AMNOG in BT-Drs. 17/2413 S. 31.

54 Abschläge nach § 130a Abs. 1, 1a und 2 können abgelöst werden, sofern dies **ausdrücklich vereinbart** ist. Soweit damit Krankenkassen oder ihre Verbände **Vereinbarungen über Rabatte** nach § 130a Abs. 8 oder § 130c treffen, kann der gesetzliche Rabatt abgelöst werden. Rabatte und sonstige Ausgleichsbeträge, die sich aus diesen Verträgen ergeben, sind gesondert und unmittelbar zwischen den Vertragsparteien abzurechnen, wie die Materialien ausweisen (vgl. BT-Drs. 17/3698 S. 55, ferner *Baierl* in jurisPK-SGB V 06/2020 § 130b Rn. 179).

### VI. Beachtung von Verordnungsgrundsätzen (Abs. 1 Satz 5)

55 Eine Vereinbarung nach **Abs. 1 Satz 1** soll auch **Anforderungen an die Zweckmäßigkeit, Qualität und Wirtschaftlichkeit einer Verordnung** beinhalten, wie in **Abs. 1 Satz 5** (in der Fassung bis 31.3.2014 Satz 8) ausdrücklich festgelegt wird. Damit ist gemeint, dass Vereinbarungen über die Versorgung zu den Beschlüssen des Gemeinsamen Bundesausschusses über die Feststellung des Nutzens nach § 35a oder des Kosten-Nutzen-Verhältnisses nach § 35b **nicht im Widerspruch stehen** dürfen. Als Maßstab dient § 12 als Ausgangsnorm für Wirtschaftlichkeit in der Versorgung. Weitere Rechtsgrundlage ist auch das einschlägige Richtlinienrecht, vornehmlich die Arzneimittel-Richtlinie; vgl. auch § 7 AM-NutzenV, vgl. *Luthe* in Hauck/Noftz SGB V 06/2020 § 130b Rn. 49. Der **Zusammenhang** von **Regelungsvorgaben** und **Verordnungsverhalten** des Vertragsarztes ist in den Verhandlungen zu berücksichtigen. Vgl. hierzu Abs. 2 sowie den Bezug zu §§ 106 bis 106c zur Wirtschaftlichkeitsprüfung, hier in der Fassung ab 01.01.2017, vgl. *Baierl* in jurisPK-SGB V 06/2020 § 130b Rn. 180.

56 Ausweislich dieser Regelung können auch (zusätzliche) **Bestimmungen über eine Qualitätssicherung** – sowie Zweckmäßigkeit und Wirtschaftlichkeit, auch über die Richtlinienvorgaben hinaus – **vorgesehen** werden, wenn diese in einem sachlichen Zusammenhang mit der Vereinbarung des Erstattungsbetrags stehen, vgl. BT-Drs. 17/2413 S. 31 und *Stöhr* MedR 2010, 214. Der Arzt hat die vom Gemeinsamen Bundesausschuss aufgestellten Standards einzuhalten und darf den medizinischen Mindeststandard nicht unterschreiten.

### VII. Mitteilung von Abgabepreisen in anderen europäischen Ländern

57 Der pharmazeutische Unternehmer soll dem GKV-Spitzenverband die Angaben zur Höhe seines **tatsächlichen Abgabepreises in anderen europäischen Ländern** übermitteln, **Abs. 1 Satz 6** (in der Fassung bis 31.03.2014 Satz 9). Als »Soll-Vorschrift« ist die Regelung für den pharmazeutischen Unternehmer durchaus verpflichtend und nicht allein in sein Ermessen gestellt. Diese Daten sollen in eine gerechte Bewertung zum Erstattungsbetrag einbezogen werden, vgl. *Baierl* in jurisPK-SGB V 06/2020 § 130b Rn. 181. Dies gilt in Übereinstimmung mit den Materialien (vgl. BT-Drs. 17/2413 S. 31) allerdings nur mit der Maßgabe, als dies **dem pharmazeutischen Unternehmer nicht aus rechtlichen Gründen unmöglich** ist (zur »Konfliktsituation« für den pharmazeutischen Unternehmer vgl. *Luthe* in Hauck/Noftz SGB V 11/18 § 130b Rn. 52, 53: »Unzulässiges« sowie »Unmögliches« kann nicht verlangt werden).

58 Zudem sieht **Abs. 9 Satz 3** in der Fassung des 2. AMGÄndG ausdrücklich vor, dass für Arzneimittel, für die der Gemeinsame Bundesausschuss nach § 35a Abs. 3 einen Zusatznutzen festgestellt hat, die **Jahrestherapiekosten** vergleichbarer Arzneimittel sowie die tatsächlichen Abgabepreise in **anderen europäischen Ländern**, gewichtet nach den jeweiligen Umsätzen und Kaufkraftparitäten, berücksichtigt werden sollen. Kriterien für einen Vergleich sind etwa, dass eine mit Deutschland

vergleichbarer Wirtschaftsleistung gewährleistet sein muss (unter Einbeziehung von BIP, kaufkraftbereinigt sowie der Einkommens- Lebens- und Gesundheitsverhältnisse, auch im Sinne der Lebenserwartung), und die Gesundheitsausgaben vergleichbar sind, einschließlich des Preisbildungssystems bei Arzneimitteln, vgl. *Luthe* a.a.O. Rn. 51; vgl. ferner *Baierl* in jurisPK-SGB V 06/2020 § 130b Rn. 183, 184.

### VIII. Gesetz über Rabatte für Arzneimittel

Anwendung findet das »Gesetz über Rabatte für Arzneimittel« – AMRabG in der Fassung vom 22.12.2010 – BGBl. I S. 2262, hier in der Fassung des Art. 7 Gesetz vom 09.12.2020 – BGBl. I S. 2870, vgl. dazu *Geiger* PharmR 2011, 437; die Literatur und auch die Rechtsprechung befassen sich überwiegend mit Fragen der Umsatzsteuer. *Papier/Kronke* halten dieses Gesetz für **verfassungswidrig** (PharmR 2015, 269); die den pharmazeutischen Unternehmen durch das AMRabG auferlegte Pflicht zur Gewährung von Abschlägen sei zu beanstanden und stelle eine unzumutbare Belastung dar; bislang ist dieser Auffassung nicht gefolgt worden; dies würde zudem das System der Preissteuerung in Frage stellen, das aber als solches Akzeptanz findet. **Keine Verfassungswidrigkeit** sieht auch BGH Urt. v. 30.04.2015 – I ZR 127/14, NJW 2016, 66; die Regelungen und Differenzierungen von Maßnahmen zur Kosteneinsparung nach einzelnen Leistungsbereichen seien sachgerecht. 59

Die **pharmazeutischen Unternehmer** haben den **Unternehmen der privaten Krankenversicherung** und den Trägern der Kosten in Krankheits-, Pflege- und Geburtsfällen nach beamtenrechtlichen Vorschriften für verschreibungspflichtige Arzneimittel, deren Kosten diese ganz oder teilweise erstattet haben, nach dem Anteil der Kostentragung Abschläge entsprechend § 130a Abs. 1, 1a, 2, 3, 3a und 3b zu gewähren. Dies gilt entsprechend auch für weitere hier genannte Träger. Der **Nachweis** wird nach Maßgabe des § 2 AMRabG geführt und unterliegt der **Prüfung durch Treuhänder** nach § 3 AMRabG. § 4 AMRabG regelt die **Angaben auf dem Verordnungsblatt** und § 5 AMRabG die **Datenübermittlung** durch pharmazeutische Unternehmer (über die maßgeblichen Meldestellen ABDATA und IFA GmbH). 60

Gesetzliche und private Krankenversicherung sollten als jeweils eigene Säule für die ihnen zugewiesenen Personenkreise durch das AMRabG einen **dauerhaften und ausreichenden Versicherungsschutz** gegen das Risiko der Krankheit auch in »sozialen Bedarfssituationen« sicherstellen. Schließlich werde durch die Regelung auch **Gemeinwohlbelangen** entsprochen, weshalb insoweit keine verfassungsrechtlichen Bedenken nach hier vertretener Auffassung ersichtlich seien (ebenso BGH Urt. v. 30.04.2015 – I ZR 127/14, NJW 2016, 66, s.o.). 61

Für den **Nachweis der Abschlagsberechtigung** hat der Gesetzgeber ein **vereinfachtes Verfahren**, vergleichbar der Regelung für die GKV, vorgesehen. Die Abrechnung erfolge über eine **zentrale Stelle**, die beim Verband der privaten Krankenversicherung gebildet werde. Mit dem AMVSG hat das AMRabG durch die **Einfügung des § 1a AMRabG** (Anspruch auf **Ausgleich des Differenzbetrags zwischen Erstattungsbetrag und tatsächlichem Abgabepreis**) mit Wirkung vom 13.05.2017 weiter Bedeutung erlangt. 62

### IX. Vertraulichkeit der Verhandlungen und deren Vorbereitung (Satz 7)

Die Verhandlungen und deren Vorbereitung einschließlich der Beratungsunterlagen und Niederschriften zur Vereinbarung des Erstattungsbetrages sind **vertraulich**, Abs. 1 Satz 7. Der **Grundsatz der Vertraulichkeit** wird auch auf das Schiedsverfahren nach Abs. 4 Satz 7 durch Bezugnahme auf Abs. 1 Satz 7 erstreckt; der Grundsatz der Vertraulichkeit ist zudem in die Rahmenvereinbarung nach Abs. 9 Satz 1 gem. Abs. 9 Satz 6 einzubeziehen. Bezüglich des Grundsatzes der Vertraulichkeit nehmen die Materialien (vgl. BT-Drs. 17/6906 S. 86) **§ 3 Nr. 4 IFG** (Schutz von öffentlichen Belangen) in Bezug. 63

Mit der Regelung in **Abs. 1 Satz 7** soll sichergestellt werden, dass zwar das Ergebnis der Verhandlungen öffentlich ist, die Verhandlungen über den Erstattungsbetrag, die Entscheidungen der Schiedsstelle – vgl. Abs. 4 – und die Verhandlungen über die Rahmenvereinbarung – vgl. Abs. 9 – selbst 64 jedoch einer umfassenden Vertraulichkeit unterliegen. Die Vertraulichkeitsverpflichtung gilt auch für den Vertreter oder Bediensteten einer Krankenkasse, der nach Abs. 1 Satz 2 in der Fassung ab 01.04.2014 zu den Vertragsverhandlungen hinzugezogen wird, vgl. BT-Drs. 18/606 S. 13; dies gilt auch für Vertreter des BMG, die hierzu für das Schiedsverfahren eine Berechtigung erhalten haben, Abs. 5 Satz 3. Die **Vertraulichkeit** bleibt auch nach erfolgreicher Umsetzung **erhalten,** vgl. auch BT-Drs. 17/6906 S. 86. Problematisch könnte die **weitere Vertraulichkeit** bei **Identität der Vertragspartner** sein; dies kann Gegenstand der Vereinbarung nach Abs. 9 sein. Im Zweifelsfalle ist die Vertraulichkeit **fallbezogen** zu wahren.

### X. Vereinbarung von mengenbezogenen Aspekten (Abs. 1a)

65  Mit Abs. 1a für den Vertragspartnern die Möglichkeit eingeräumt, die Vereinbarung eines Erstattungsbetrages nach dem jeweiligen Mengenvolumen zu staffeln oder an einjähriges Gesamtvolumen zu binden. Die jeweilige Lösung muss Unterversorgungsgesichtspunkten sinnvoll sein, vgl. *Hess* in KassKomm SGB V 07/2020 § 130b Rn. 7a. Nach Abs. 1a Satz 2 kann auch ein Gesamt Ausgabenvolumen vereinbart werden, das dem Stellenwert dieses neuen Wirkstoffes in der Versorgungrechnung trägt; hier wäre ein potentieller Patientenbezug herzustellen, vgl. *Hess* a.a.O. Das nähere zur Abwicklung solcher Vereinbarungen regelt der GKV-Spitzenverband in seiner Satzung, Abs. 1a Satz 4.

66  **Kritisch** wird gegen diese Regelungsmöglichkeit eingewandt, dass sie aus Sicht der Leistungserbringer den richtigen Erstattungsbetrag nicht erkennen lasse und dieser sei auch für den Arzt zum Zeitpunkt der Verordnung nicht erkennbar. Hierdurch könnte der Erstattungsbetrag seine verordnungslenkende Wirkung verlieren, vgl. so *Baierl* in jurisPK-SGB V 06/2020 § 130b Rn. 185. demgegenüber sei jedoch zu berücksichtigen, dass die verordnungslenkende Wirkung dieser Regelung ohnedies sehr begrenzt sei, etwa Anerkennung als Praxisbesonderheit für bestimmte Versichertengruppen.

### C. Anerkennung eines Arzneimittels als Praxisbesonderheit bei der Richtgrößenprüfung (Abs. 2)

67  Ab 01.01.2017 erstreckt sich die Verweisung mit der Neuordnung der Wirtschaftlichkeitsregelungen im Vertragsarztrecht in Abs. 2 auf **§§ 106 bis 106c** (mit der entsprechenden regionalen Umsetzung der Regelungen, einschließlich der entsprechenden Aufgreifkriterien). Mit dieser Vereinbarung erfolgt eine (allerdings nur generelle) Anerkennung des Arzneimittels als Praxisbesonderheit bei der Richtgrößenprüfung. Dies setzt aber voraus, dass die Voraussetzungen für eine indikationsgerechte, zweckmäßige und wirtschaftliche Versorgung mit dem jeweiligen Arzneimittel vereinbart werden. Diese Vereinbarung muss dann der verordnete Arzt einhalten, wird dann aber im Rahmen der Wirtschaftlichkeitsprüfung insoweit privilegiert, vgl. *Baierl* in jurisPK-SGB V 06/2020 § 130b Rn. 188.

68  Alternativ dazu können die **Praxisbesonderheiten** im Einzelfall dargelegt und nachgewiesen werden, § 103 Abs. 5a Abs. 3. Andernfalls erfolgt bei Überschreitung der vereinbarten Richtgrößenvolumina um 25 % eine Erstattungsverpflichtung, vgl. § 84 Abs. 6, Abs. 1 nach Maßgabe dieser Regelung. **Praxisbesonderheiten** können insbesondere aus einer speziellen Qualifikation des Arztes sowie der Zusammensetzung des Patientenklientels (bekannte Umweltschäden, spezieller sozialer Hintergrund, Betreuung einer Altenwohnanlage oder sonstige »Problemgruppen«, vgl. *Baierl* in jurisPK-SGB V 06/2020 § 130b Rn. 190) herrühren.

69  Auch wenn das verschriebene Arzneimittel generell als Praxisbesonderheit anerkannt ist, haben die **Prüfgremien die Möglichkeit zu prüfen**, ob die Voraussetzungen für die Verordnung von dem Vertragsarzt eingehalten worden sind und die **Anerkennung als Praxisbesonderheit zu Recht erfolgt** ist. Insoweit darf von der Regelung keine allzu große Wirkung auf die Praxis aus der Sicht des Vertragsarztes erwartet werden; ein Streit über die grundsätzliche Anerkennung im Rahmen einer Praxisbesonderheit kann bei **Einhaltung der Indikationsmerkmale** zur Vermeidung von Streitigkeiten

bei der Wirtschaftlichkeitsprüfung beitragen. Die Anwendung der Regelung setzt zwingend voraus, dass die **Anforderungen an die Verordnung festgelegt** sind. Das Nähere ist in Verträgen nach § 82 Abs. 1 (Inhalt der Gesamtverträge und als dessen Bestandteil die Bundesmantelverträge) zu vereinbaren.

D. **Vereinbarung eines Erstattungsbetrags nach Abs. 3 und Geltung des Erstattungsbetrags nach Abs. 3a**

I. **Vereinbarung eines Erstattungsbetrags bei Arzneimitteln ohne Zusatznutzen, die keiner Festbetragsgruppe zugeordnet werden können (Abs. 3)**

Für ein Arzneimittel, das nach dem Beschluss des Gemeinsamen Bundesausschusses nach § 35a Abs. 3 **keinen Zusatznutzen** (vgl. zum Begriff § 5 AM-NutzenV, hier in der Fassung ab 16.08.2019; vgl. zur Anwendung LSG Berlin-Brandenburg Urt. v. 27.01.2020 – L 9 KR 82/19 KL sowie *Lietz/ Zumdick* PharmR 2019, 493) hat und **keiner Festbetragsgruppe** (vgl. § 35 Abs. 1 i.V.m. der Arzneimittel-Richtlinie nach § 92 Abs. 1 Satz 2 Nr. 6) zugeordnet werden kann, soll (im Wortlaut bis 12.05.2017 »ist«) ein **Erstattungsbetrag nach Abs. 1 zu vereinbaren**. 70

Dieser Erstattungsbetrag darf aber nicht zu **höheren Jahrestherapiekosten** führen als die nach § 35a Abs. 1 Satz 7 bestimmte **zweckmäßige Vergleichstherapie** (zum Begriff vgl. § 6 AM-NutzenV), Abs. 3 Satz 1 2. Satzteil. Bei den **Jahrestherapiekosten** sind die »Behandlungsdauer, der Verbrauch für das zu bewertende Arzneimittel und die zweckmäßige Vergleichstherapie sowie die Kosten des zu bewertenden Arzneimittels« unter Berücksichtigung der Fach- und Gebrauchsinformationen einzubeziehen, vgl. *Luthe* in Hauck/Noftz SGB V 11/18 § 130b Rn. 57; vgl. auch BT-Drs. 17/13770 S. 24). 71

Aus dem **Regelungszusammenhang** folgt zugleich, dass Versicherte auf ein Arzneimittel, das **keinen Zusatznutzen** gegenüber einer Vergleichstherapie hat und auch **keiner Festbetragsgruppe** zugeordnet werden kann, nur Anspruch haben, wenn der **GKV dadurch keine Mehrkosten** gegenüber gleichwertigen Arzneimitteln entstehen; eine davon abweichende Verfahrensweise wäre unwirtschaftlich (vgl. § 12, wonach Versicherte keinen Anspruch auf unwirtschaftliche Leistungen haben). Dem wird jedoch dadurch begegnet, dass die **Erstattungsfähigkeit von Arzneimitteln ohne Zusatznutzen durch die Vereinbarung eines Erstattungsbetrags** für das Arzneimittel zwischen GKV-Spitzenverband und dem pharmazeutischen Unternehmer **abgesichert** wird. Vorrang hat generell die Zielsetzung, **Arzneimittel ohne Zusatznutzen möglichst einer Festbetragsgruppe zuzuordnen**. Die Anerkennung von Verordnungen als Praxisbesonderheiten nach Abs. 2 Satz 1 findet bei Arzneimitteln ohne Zusatznutzen und ohne Festbetragsgruppe keine Anwendung, vgl. Abs. 3 Satz 3 und *Luthe* in Hauck/Noftz SGB V 11/18 § 130b Rn. 59. 72

Abs. 3 ist mit dem **AMVSG** mit Wirkung vom 13.05.2017 um **Satz 5 und 6** ergänzt worden. Nach § 35a Abs. 1 Satz 5 gilt ein Zusatznutzen als nicht belegt, wenn der pharmazeutische Unternehmer die erforderlichen Nachweise trotz Aufforderung durch den Gemeinsamen Bundesausschuss nicht rechtzeitig oder nicht vollständig vorliegt, wie die Materialien hierzu (BT-Drs. 18/10208 S. 36) ausweisen. Es werden die Rechtsfolgen für den Fall geregelt, dass der Gemeinsame Bundesausschuss in seinem Beschluss nach § 35a Abs. 3 einen Zusatznutzen als nicht belegt erachtet. Gelte ein Zusatznutzen nach § 35a Abs. 1 Satz 5 als nicht belegt, sei künftig ein angemessener Abschlag auf den nach Abs. 3 Satz 1 in 2 ergebenden Betrag vorzusehen. Reiche ein **pharmazeutischer Unternehmer** – so weiter die Materialien hierzu, vgl. BT-Drs. 18/10208 S. 36, **keine oder unvollständige Unterlagen** ein, sei ein **angemessener Abschlag auf den Erstattungsbetrag sachgerecht.** 73

Abs. 3 Satz 7 bis 9 ist mit dem Gesetz für mehr Sicherheit in der Arzneimittelversorgung (nichtamtlich GSAV) mit Wirkung vom **16.08.2019** eingefügt worden. Für Arzneimittel nach **§ 35a Abs. 3b Satz 1** (Arzneimittel mit bedingter Zulassung oder einer Zulassung unter außergewöhnlichen Umständen nach dem Verfahren des Art. 14 Abs. 7 oder Abs. 8 EGV 726/2004 sowie bei Arzneimitteln zur Behandlung eines seltenen Leidens) wird der Erstattungsbetrag regelmäßig nach Ablauf der vom Gemeinsamen Bundesausschuss gesetzten Frist zur Durchführung einer anwendungsbegleitende 74

Datenerhebung und nach erneutem Beschluss über die Nutzenbewertung neu verhandelt. Sofern sich im Fall der Arzneimittel zur Behandlung eines seltenen Leidens **keine Quantifizierung** des Zusatznutzens gegenüber der gesetzlichen Fiktion des § 35a Abs. 1 Satz 11 belegen lässt, sind wie in den Fällen von Abs. 3 Satz 5 und 6 **angemessene Abschläge** von dem zu vereinbarenden Erstattungsbetrag vorzunehmen, wie die Materialien (BT-Drs. 19/8753 S. 65) ausweisen.

75 Die Vorschrift soll ausweislich der Materialien einen Anreiz setzen, anwendungsbegleitende Datenerhebungen durchzuführen, und gleichzeitig verhindern, dass der Erstattungsbetrag dauerhaft gleichhoch bleibt, obwohl keine hinreichenden Belege für einen Zusatznutzen vorhanden sind die Maßstäbe zur Angemessenheit der Abschläge seien in der Rahmenvereinbarung nach Abs. 9 zu regeln.

76 Bei den **Arzneimitteln mit bedingter Zulassung** oder einer **Zulassung unter außergewöhnlichen Umständen** nach dem Verfahren des Art. 14 Abs. 7 oder Abs. 8 EUV 726/2004 bleibe es bei dem Verfahren des § 130b Abs. 3 Satz 1. Bei **nicht belegtem Zusatznutzen** solle der zu vereinbarende Erstattungsbetrag nicht zu höheren Jahrestherapiekosten führen als die zweckmäßige Vergleichstherapie. Die Regelung sei verbal als »**Soll-Vorschrift**« abgefasst und ermögliche es, hiervon in begründeten Fällen abzuweichen. Komme der Gemeinsame Bundesausschuss vor Ablauf der gesetzten Frist im Rahmen der Überprüfung nach § 35a Abs. 3b Satz 6 zu dem Ergebnis, dass entgegen den Erwartungen die anwendungsbegleitende Datenerhebung aus welchen Gründen auch immer **nicht mit Erfolg** durchgeführt werden könne oder werde, müsse der GKV-Spitzenverband nicht den Fristablauf abwarten, bevor er in **neue Verhandlungen** über den Erstattungsbetrag eintreten könne. Für den neu zu vereinbaren Erstattungsbetrag gelte vielmehr in Übereinstimmung mit den Materialien ebenfalls, dass dieser in angemessenem Umfang zu geringeren Jahrestherapiekosten führen müsse, vgl. *Baierl* in jurisPK-SGB V 06/2020 § 130b Rn. 202.

### II. Geltung des Erstattungsbetrags für alle Arzneimittel mit dem gleichen neuen Wirkstoff (Abs. 3a)

77 Mit der Regelung in **Abs. 3a** wird festgelegt, dass der auf der Basis einer Nutzenbewertung vereinbarte **Erstattungsbetrag** (einschließlich der Vereinbarungen für die Anerkennung von Praxisbesonderheiten nach Abs. 2) regelmäßig für **alle anderen Arzneimittel mit dem gleichen Wirkstoff** gilt. Ist für ein Arzneimittel bereits ein Erstattungsbetrag vereinbart, findet dieser auch auf weitere Arzneimittel mit dem gleichen Wirkstoff Anwendung. Dabei kann es sich um Reimporte oder Parallelimporte oder auch um den Fall eines Mitvertriebs handeln. Diese Regelung gilt für **alle Arzneimittel, die ab dem 01.01.2011 in Verkehr gebracht** wurden und noch werden (Abs. 3a Satz 1 a.E.).

78 Die vorgesehene **Phase der freien Preisbildung** ist für alle Arzneimittel mit dem gleichen neuen Wirkstoff **auf die ersten 12 Monate** nach **erstmaligem Inverkehrbringen** eines Arzneimittels mit dem Wirkstoff begrenzt (Abs. 3a Satz 1). Wird ein Erstattungsbetrag für das Arzneimittel vereinbart, gilt der Erstattungsbetrag ab dem 13. Monat (Abs. 3a Satz 2 – hier zum Geltungszeitraum des vereinbarten Erstattungsbetrages). Erfolgt während des erstmaligen Inverkehrbringens oder anschließend erneut ein Inverkehrbringen von einem Arzneimittel mit dem gleichen neuen Wirkstoff, so verhindert die Regelung in Abs. 3a, dass erneut eine Phase der freien Preisbildung beginnt. Dies gilt auch, wenn insoweit ein **anderer pharmazeutischer Unternehmer tätig** oder das Arzneimittel mit einer **abweichenden Nutzung** präsentiert wird, vgl. BT-Drs. 18/606 S. 13.

79 Wird ein **neues Anwendungsgebiet** für ein Arzneimittel benannt und erfolgt eine **Zulassung mit** diesem Anwendungsgebiet, so ist der Zusatznutzen nach § 35a Abs. 1 **erneut** zu bewerten. Wird aufgrund einer Nutzenbewertung nach Zulassung eines neuen Anwendungsgebiets ein neuer Erstattungsbetrag vereinbart, gilt dieser ab dem 13. Monat nach Zulassung des neuen Anwendungsgebiets, **Abs. 3a Satz 3** mit Wirkung vom 01.04.2014. Der Erstattungsbetrag gilt für alle Arzneimittel mit dem gleichen neuen Wirkstoff. Auch hier greift der Grundsatz, dass dieser für alle pharmazeutischen Unternehmer maßgeblich ist, die ein Arzneimittel mit dem gleichen Wirkstoff in Verkehr

bringen, vgl. hierzu BT-Drs.18/606 S. 13, worauf *Luthe* in Hauck/Noftz SGB V 02/17 § 130b Rn. 61d a.E. hinweist.

Diese Regelung, die insbesondere **keine** erneute »freie Phase« vor Wirksamwerden eines Erstattungsbetrags zulassen soll, kann ausweislich der gesetzlichen Regelung in Übereinstimmung mit den Materialien (vgl. BT-Drs. 18/606 S. 14) dazu führen, dass diese **Begrenzung nicht sachgerecht** ist oder auch eine **unbillige Härte darstellen** könnte (**Abs. 3a Satz 4**). Näheres ist in der **Vereinbarung nach Abs. 9** zu regeln, Abs. 3a Satz 6. 80

In welchen Fällen die Anwendung der Regelung nach **Abs. 3 Satz 1** nicht sachgerecht wäre oder eine **unbillige Härte** darstellen würde, ist von Gesetzes wegen **nicht festgelegt**. Dieser Tatbestand muss zudem für den pharmazeutischen Unternehmer eine **unbillige Härte** darstellen **oder** im Hinblick auf den Versorgungsstatus **nicht sachgemäß** sein. Dies zu konkretisieren sollte Gegenstand einer Vereinbarung nach Abs. 9 sein, vgl. *Baierl* in jurisPK-SGB V 06/2020 § 130b Rn. 207. Die Vertragspartner haben hier zur Abgrenzung beizutragen. 81

Die Regelung in **Abs. 3a**, die letztlich eine erneute oder gar mehrfache Eröffnung der Phase der freien Preisbildung bei Arzneimitteln mit dem gleichen neuen Wirkstoff ausschließen soll, erfasst **nur** die Fallgestaltung, wenn bereits ein **Erstattungsbetrag gilt** (hierauf weisen die Materialien in BT-Drs. 18/606 S. 14 ausdrücklich hin). Gilt ein Erstattungsbetrag (noch) nicht, vereinbart der GKV-Spitzenverband mit dem weiteren pharmazeutischen Unternehmer einen Erstattungsbetrag in Anwendung des Abs. 1 unter Prüfung des Zusatznutzens entsprechend den Vorgaben des Gemeinsamen Bundesausschusses, vgl. *Baierl* in jurisPK-SGB V 06/2020 § 103b Rn. 205, 206. 82

### E. Schiedsverfahren (Abs. 4 bis 8)

Zum Abschluss von Vereinbarungen nach Abs. 1 besteht eine Verpflichtung, die im Falle fehlender Einigung durch ein Schiedsverfahren durchgesetzt werden kann. 83

#### I. Festsetzung des Vertragsinhalts durch Schiedsstelle (Abs. 4)

Kommt eine **Vereinbarung** nach Abs. 1 oder 3 – die Regelung betreffend eine Zuordnung eines Arzneimittels als Praxisbesonderheit nach Abs. 2 wird nicht erfasst – **nicht innerhalb von sechs Monaten** nach Verwirklichung des Beschlusses nach **§ 35a Abs. 3** (Nutzenbewertung) oder nach **§ 35b Abs. 3** (Kosten-Nutzen-Bewertung) zustande, setzt die **Schiedsstelle den Vertragsinhalt innerhalb von drei Monaten** fest. Durch die **engen Zeitvorgaben** wird erreicht, dass auch bei Durchführung eines Schiedsverfahrens Erstattungsbeträge für Arzneimittel innerhalb etwa eines Jahres festgelegt werden können. Dies ist nur möglich, wenn dies auf der Grundlage einer **frühen Nutzenbewertung** erfolgt. 84

Soweit es sich nicht um eine Vereinbarung nach Abs. 3 handelt, soll die Schiedsstelle auch die Höhe des tatsächlichen Abgabepreises in anderen europäischen Ländern einschließlich der dortigen Jahrestherapiekosten berücksichtigen, soweit verfügbar. In **Abs. 4 Satz 2** mit Wirkung vom 13.08.2013 wurde ausdrücklich festgelegt, dass die Schiedsstelle »unter freier Würdigung aller Umstände des Einzelfalles entscheidet und dabei die Besonderheiten des jeweiligen Therapiegebietes« berücksichtigt, vgl. BT-Drs. 17/13770 S. 24). Die **Rahmenvereinbarung** stellt für die Vertragspartner und die Schiedsstelle einen **Orientierungsrahmen** dar, der jedoch nicht zwingend eine bestimmte Entscheidungsfindung vorgibt und gar festlegt (im Wortlaut der Materialien keinen »Entscheidungsalgorithmus determiniere«). Mit dem **vorgegebenen Zeitrahmen** wird erreicht, dass der im Schiedsspruch festgelegte Erstattungsbetrag ab dem 13. Monat nach dem in § 35a Abs. 1 Satz 3 genannten Zeitpunkt gilt, vgl. Abs. 4 Satz 3. 85

Auch im Rahmen des Schiedsverfahrens wird der **Verband der privaten Krankenversicherung** einbezogen, vergleichbar Abs. 1 Satz 1; diesem ist **Gelegenheit zur Stellungnahme** zu geben, vgl. **Abs. 4 Satz 4**. Rechtlich handelt es sich hier um eine Form der Anhörung, die mit keinem besonders hohen 86

## § 130b SGB V — Erstattungsbeträge für Arzneimittel

Verbindlichkeitsgrad verbunden ist, vgl. *Luthe* in Hauck/Noftz SGB V 11/18 § 130b Rn. 69; *Baierl* in jurisPK-SGB V 06/2020 § 130b Rn. 212.

87 Bezüglich dieses Schiedsverfahrens haben **Klagen gegen Entscheidungen der Schiedsstelle keine aufschiebende Wirkung** (Abs. 4 Satz 5) und auch ein Vorverfahren findet nicht statt (Abs. 4 Satz 6), wie dies der Gesetzgeber mehrfach im Zusammenhang mit Schiedsverfahren geregelt hat. Zur Beschleunigung des Verfahrens trägt auch die **Zuständigkeit** eines bestimmten Landessozialgerichts nach **§ 29 Abs. 4 Nr. 3 SGG** (LSG Berlin-Brandenburg, wohl im Hinblick auf den Sitz des Gemeinsamen Bundesausschusses) bei. Entscheidungen der Schiedsstelle sind durch die Gerichte nur eingeschränkt überprüfbar (vgl. BSG Urt. v. 19.07.2006 – B 6 KA 44/05 R – SozR 4–2500 § 88 Nr. 1 sowie vom 14.12.2005 – B 6 KA 25/04 R, USK 2005, 119). Die Schiedsstellenentscheidung ist ein »**vertragsgestaltender Verwaltungsakt**«, vgl. *Luthe* in Hauck/Noftz SGB V 11/18 § 130b Rn. 73 unter Bezugnahme auf BSG Urt. v. 25.11.2010 – B 3 KR 1/10 R – SozR 4–2500 § 132a Nr. 5, GesR 2011, 756 mit Anm. *Griep* PflR 2011, 387 und *Shirvani* SGb 2011, 550 sowie *Rolfs* Sozialrecht aktuell 2013, 250. Vgl. eingehend auch *Reese* zur »Kontrolldichte im System der frühen Nutzenbewertung« in Herausforderungen und Perspektiven des Pharmarechts, Marburger Schriften zum Gesundheitswesen, Band 23, 2014, 37. Der Schiedsspruch einer Schiedsstelle zur Festlegung des von den Krankenkassen zu zahlenden Erstattungsbetrags für Arzneimittel mit neuen Wirkstoffen und Teil-Zusatznutzen muss die Gründe für die Entscheidung (nur) wenigstens andeutungsweise erkennen lassen, vgl. BSG Urt. v. 04.07.2018 – B 3 KR 21/17 R – SozR 4–2500 § 130b Nr. 2; mit Anm. *Pitz* NZS 2019, 9; *Rehborn* GesR 2019, 424 und *Krasney* GuP 2019, 9 sowie eingehend im Zusammenhang *Schömann* jurisPR-MedizinR 1/2019 Anm. 3, hier auch zur »Beachtung von den Gesetzen der Logik sowie Grundsätzen allgemeiner Lebenserfahrung«; diesen Anforderungen dürfe eine Entscheidung nicht widersprechen.

### II. Bildung einer Schiedsstelle (Abs. 5)

88 Abs. 5 regelt die **Bildung einer »gemeinsamen Schiedsstelle«**. Zuständig sind der **GKV-Spitzenverband** und die für die Wahrnehmung der wirtschaftlichen Interessen gebildeten maßgeblichen Spitzenorganisationen der **pharmazeutischen Unternehmer** auf Bundesebene. Zur praktischen Tätigkeit der Schiedsstelle vgl. *Anders* A&R 2013, 263 und zum Verfahren *Penner* GuP 2012, 14, ferner im Hinblick auf die Preisbildung *Penske/Derkum* A&R 2017, 147 und *Wiggel/Schütz* A&R 2017, 255.

89 Die **Besetzung der Schiedsstelle** besteht aus einem unparteiischen Vorsitzenden (mit Stellvertreter) und zwei weiteren unparteiischen Mitgliedern (mit Stellvertretern) sowie jeweils zwei Vertretern der Vertragsparteien (GKV-Spitzenverband und die Seite der pharmazeutischen Unternehmer). Über den **Vorsitzenden** und die **zwei weiteren unparteiischen Mitglieder** sowie deren Stellvertreter sollen sich die **Verbände einigen**, Abs. 5 Satz 5. Kommt eine Einigung nicht zu Stande, gilt § 89 Abs. 6 Satz 3 gem. § 130b Abs. 5 Satz 6 (als Satz 5 eingefügt mit dem TSVG; zuvor bis 10.05.2019 § 89 Abs. 3 Satz 4 bis 6, hier in der Fassung ab 29.12.2015). Die Aufsichtsbehörde wird tätig. Es soll das **Vereinbarungsprinzip** gestärkt werden; sind die Mitglieder **einvernehmlich** bestimmt, wird aus dieser Bestimmung eine höhere Akzeptanz bei den Beteiligten angenommen werden können, vgl. auch BT-Drs. 18/6905 S. 74, 75.

90 Das **BMG** kann an der Beratung und Beschlussfassung der Schiedsstelle teilnehmen, Abs. 5 Satz 3 in der Fassung des TSVG. Die Patientenorganisationen nach § 140f können beratend an den Sitzungen der Schiedsstelle teilnehmen, Abs. 5 Satz 4.

### III. Geschäftsordnung der Schiedsstelle (Abs. 6)

91 Die Schiedsstelle gibt sich nach **Abs. 6 Satz 1** eine Geschäftsordnung. Über den **Inhalt der Geschäftsordnung** entscheiden die unparteiischen Mitglieder »im Benehmen« (als allgemeiner Rechtsbegriff zwischen Anhörung und Zustimmung zu bewerten, wohl aber mit zeitgerechten und umfassenden Informationen verbunden, wobei ein Einvernehmen anzustreben ist, vgl. *Luthe* in Hauck/Noftz SGB V 11/18 § 130b Rn. 81) mit den Verbänden nach Abs. 5 Satz 1, wobei die **Geschäftsordnung der Genehmigung durch das BMG bedarf**, Abs. 6 Satz 2 und 3.

Die **Aufsicht über die Geschäftsführung** der Schiedsstelle hat das **BMG** inhaltlich begrenzt wahrzunehmen, entsprechend § 129 Abs. 10 auf die Einhaltung der Vorschriften einschließlich der Geschäftsordnung (vgl. *Luthe* in Hauck/Noftz SGB V 02/17 § 130b Rn. 83). Zur Organisation und zum Verfahren vgl. *Spiegel* KrV 2013, 241. Es gelten die **Besonderheiten,** die in der – aufgrund der Ermächtigung in § 130b Abs. 6 erlassenen – »Verordnung über die Schiedsstelle für Arzneimittelversorgung und die Arzneimittelabrechnung – Schiedsstellenverordnung – SchStV« in der Fassung vom 06.05.2019 – BGBl. I S. 646, Stand 01/2021 – berücksichtigt sind (etwa zur Beratung und Beschlussfähigkeit nach § 8 Abs. 1 Satz 1 Nr. 2 der Verordnung). Im Übrigen wird bezüglich der **Schiedsstelle** auf die Regelung des **§ 129 Abs. 9 und 10** verwiesen. 92

### IV. Verbindlichkeit von Vereinbarung und Schiedsspruch sowie Kündigungsmöglichkeit (Abs. 7)

Jede Vertragspartei kann die Vereinbarung **frühestens ein Jahr nach Wirksamwerden kündigen** (**erster** Kündigungsgrund), wobei dies auch im Falle eines Schiedsspruchs gilt. Die Vereinbarung bzw. der Schiedsspruch gelten **bis zum Wirksamwerden einer neuen Vereinbarung** fort, so dass ein regelungsloser Zustand vermieden wird und die zunächst getroffene Vereinbarung oder Regelung durch Schiedsspruch weiter Bestand hat. 93

Die Regelung in Abs. 7 ist eine Sondervorschrift zu § 59 SGB X und hat gegenüber der allgemeinen Vorschrift zum öffentlich-rechtlichen Vertrag Vorrang, vgl. *Luthe* in Hauck/Noftz SGB V 02/17 § 130b Rn. 85, 86. Dadurch dürfte allerdings die Möglichkeit der Anpassung einer vertraglichen Regelung entsprechend § 59 SGB X, soweit diese gesetzeskonform vertretbar sein sollte, nicht ausgeschlossen sein. 94

**Abs. 7 Satz 3** eröffnet allerdings auch die **Kündigung vor Ablauf eines Jahres** für den Fall (**zweiter** Kündigungsgrund), dass ein neuer Beschluss zur Nutzenbewertung nach § 35a Abs. 3 oder zur Kosten-Nutzen-Bewertung nach § 35b Abs. 3 für das Arzneimittel veröffentlicht wird. Dies gilt auch für den Fall, dass **eine Festbetragsgruppe nach § 35 Abs. 1 gebildet** wird, der das Arzneimittel zugeordnet werden kann. Hier soll das Ziel unterstützt werden, sowohl eine aktuelle Nutzenbewertung für die Erstattung heranzuziehen als auch möglichst eine Zuordnung zu einer Festbetragsgruppe zu realisieren. 95

**Abs. 7 Satz 4 bis 8** wurde mit dem GKV-FKG mit Wirkung vom 22.03.2020 eingefügt und mit Wirkung vom 23.05.2020 im Hinblick auf Satzbezeichnungen redaktionell korrigiert. Geregelt werden Auswirkungen aus dem Wegfall des Unterlagenschutzes des erstmalig zugelassenen Arzneimittels auf wirkstoffgleiche Arzneimittel, vgl. BT-Drs. 19/17155 S. 129,130. Der Erstattungsbetrag bildet dann nach § 78 Abs. 3a AMG den Höchstpreis, so dass im Wettbewerb stehende pharmazeutische Unternehmer das Arzneimittel auch zu einem Betrag unterhalb des Erstattungsbetrages abgeben können, wie die Materialien ausweisen. Die Klarstellung sei erforderlich geworden, da bisher nicht eindeutig geregelt gewesen sei, welche Auswirkungen der Ablauf des Unterlagenschutzes auf den Erstattungsbetrag habe und alle vor 2012 zugelassen Arzneimittel mit neuen Wirkstoffen in absehbarer Zeit ihren Unterlagenschutz verlieren würden. 96

In **Abs. 7 Satz 5** in der Fassung ab 22.03.2020 wird geregelt, dass die Vereinbarung nach Abs. 1 oder der Schiedsspruch nach Abs. 4 über einen Erstattungsbetrag ungeachtet des Wegfalls des Unterlagenschutzes des erstmalig zugelassenen Arzneimittels entsprechend fortgelten, soweit und solange für den Wirkstoff noch **Patentschutz** nach § 16, § 16a Patentgesetz besteht. In dieser besonderen Konstellation sei es ausweislich der Materialien sachgerecht, dass auch vereinbarte und festgesetzte Vertragsinhalte nach **Abs. 1a** und die Vereinbarung einer **Praxisbesonderheit nach Abs. 2** grundsätzlich weiterhin zur Anwendung kämen, da es während der Patentlaufzeit des Wirkstoffes des erstmals zugelassenen Arzneimittels für den Wettbewerber **nicht möglich sei, ein Generikum** auf den Markt zu bringen. Falls im Einzelfall erforderlich, könnten der pharmazeutische Unternehmer und der GKV-Spitzenverband die Vereinbarungen in diesen klar abgegrenzten Zeitraum auch an sich verändernde Rahmenbedingungen, wie etwa ein verändertes Preisgefüge, anpassen. 97

98 Mit **Abs. 7 Satz 6** in der Fassung ab 22.03.2020 wird geregelt, dass die Vorgaben nach Abs. 7 Satz 4 und 5 nicht gelten, wenn für den Wirkstoff des erstmals zugelassenen Arzneimittels ein Festbetrag nach § 35 Abs. 3 festgesetzt wird.

99 Mit **Abs. 7 Satz 7** kann der GKV Spitzenverband von der nach § 77 AMG zuständigen Bundesoberbehörde Auskunft über das Datum des Wegfalls des Unterlagenschutzes des erstmalig zugelassenen Arzneimittels verlangen. Das konkrete Datum des Wegfalls des Unterlagenschutzes des erstmalig zugelassenen Arzneimittels sei ausweislich der Materialien (BT-Drs. 19/17155 S. 130) nicht für alle Verfahrensbeteiligten transparent, so dass es sachgerecht sei, dass der GKV Spitzenverband nach Abs. 7 Satz 7 von der nach § 77 AMG zuständigen Bundesoberbehörde, dem Bundesinstitut für Arzneimittel und Medizinprodukte oder dem Paul-Ehrlich-Institut, Auskunft über dieses Datum verlangen könne.

100 Da die **Patentlaufzeit** ohne unverhältnismäßigen Aufwand allein dem pharmazeutischen Unternehmer bekannt sei, werde dieser nach **Abs. 7 Satz 8** verpflichtet diese an den GKV-Spitzenverband auf Anfrage zu übermitteln. Auf diese Weise sei gewährleistet, dass die Vertragsparteien sowohl das Datum des Wegfalls des Unterlagenschutzes als auch die Patentlaufzeit bereits hinreichend in den Verhandlungen nach § 130b berücksichtigen könnten.

### V. Arzneimittel zur spezifischen Therapie von Gerinnungsstörungen bei Hämophilie (Abs. 7a)

101 Abs. 7a wurde mit dem GSAV mit Wirkung vom **16.08 2019** eingefügt und regelt ein außerordentliches Kündigungsrecht für Arzneimittel zur spezifischen Therapie von Gerinnungsstörungen bei Hämophilie, für die ein Erstattungsbetrag nach Abs. 3 vereinbart oder nach Abs. 4 festgesetzt wurde; Abs. 7a wurde nachgehend noch bezüglich des Datums angepasst (statt 31.08.2020 der 01.09.2020, hier im Sinne eines **einheitlichen Inkrafttretens** der erfassten Regelungen für Arzneimittel zur spezifischen Therapie von Gerinnungsstörungen bei Hämophilie zur Vermeidung von Versorgungsschwierigkeiten, vgl. BT-Drs. 19/18967 S. 68, 69). Die zuvor unter dieser Absatzbezeichnung im Zuge des AMVSG aufgenommene Übergangsregelung (vgl. BT-Drs. 18/11449 S. 37, 38) war durch Zeitablauf gegenstandslos geworden.

102 Die neu aufgenommene Regelung steht im Zusammenhang mit der Herausnahme von plastischen und gentechnologisch hergestellten **Gerinnungsfaktorenzubereitungen** aus dem Vertriebsweg nach § 47 Abs. 1 Satz 1 Nr. 2 Buchstabe a AMG und der Folgeänderung in § 130d. Aufgrund dieser Änderungen kann es ausweislich der Materialien (BT-Drs. 19/8753 S. 65) erforderlich sein, dass für **Arzneimittel zur spezifischen Therapie von Gerinnungsstörungen bei Hämophilie**, für die bereits ein Erstattungsbetrag nach Abs. 3 vereinbart oder von der Schiedsstelle nach Abs. 4 festgesetzt wurde, die Vereinbarung oder der Schiedsspruch von jeder Vertragspartei innerhalb eines Übergangszeitraums gekündigt werden kann, damit die nach § 130d bis zum 01.09.2020 gemeldeten oder festgesetzten Herstellerabgabepreise für Arzneimittel, die den Arzneimitteln zur spezifischen Therapie von Gerinnungsstörungen bei Hämophilie als zweckmäßige Vergleichstherapie dienen, berücksichtigt werden können.

103 Die **Übergangsregelung** sei auch anwendbar für Arzneimittel, die derzeit in Deutschland **nicht** im Verkehr seien, jedoch nicht für Arzneimittel, die der pharmazeutische Unternehmer aufgrund der Rahmenvereinbarung nach Abs. 9 vor Beginn der Verhandlungen über einen Erstattungsbetrag aus dem Verkehr genommen hatte. Der kurze Zeitraum für die Kündigung der Vereinbarung von drei Monaten sei sachgerecht, um einerseits die Möglichkeit für eine erneute Vereinbarung eines Erstattungsbetrags zu eröffnen und gleichzeitig den Zeitraum zu begrenzen, indem bereits geschlossene Verfahren wiedereröffnet werden könnten.

### VI. Beantragung einer Kosten-Nutzen-Bewertung nach § 35b SGB V und Rechtsfolgen (Abs. 8)

104 Nach einem **Schiedsspruch nach Abs. 4** kann jede Vertragspartei beim Gemeinsamen Bundesausschuss eine **Kosten-Nutzen-Bewertung nach § 35b** beantragen, Abs. 8 Satz 1 (einseitige

Beauftragung einer Kosten-Nutzen-Bewertung, vgl. *Baierl* in jurisPK-SGB V 06/2020 § 130b Rn. 239). Das Ergebnis dieser Kosten-Nutzen-Bewertung dient dann als Grundlage für erneute Verhandlungen; sind diese Verhandlungen nicht erfolgreich, wird die Schiedsstelle tätig; auf das **Verfahren nach Abs. 1 bis 7** wird in **Abs. 8 Satz** 4 ausdrücklich verwiesen. Auf diese Weise kann der Erstattungsbetrag festgelegt werden.

Dabei sind die mit einer erneuten Kosten-Nutzen-Bewertung und deren Einbeziehung in Verhandlungen verbundenen Zeiträume einzubeziehen, die sich im Fall einer Versorgungsstudie nochmals deutlich verlängern (vgl. zum Verfahren *Luthe* in Hauck/Noftz SGB V 11/18 § 130b Rn. 88, 89). Während der Zeit der Verlängerung bleibt der Schiedsspruch wirksam, weshalb den **Erstverhandlungen** und dem evtl. notwendigen Schiedsspruch entscheidende Bedeutung zukommt). Zum systematischen Zusammenhang des Regelungskomplexes, auch mit Bezug zum Arzneimittelmarkt, vgl. *Kingreen* NZS 2011, 441.

### F. Rahmenvereinbarung über die Maßstäbe von Vereinbarungen nach Abs. 1 (Abs. 9)

Abs. 9 sieht die **Erstellung einer Rahmenvereinbarung über die Maßstäbe für Vereinbarungen nach Abs. 1** vor. Hierfür sind der GKV-Spitzenverband sowie die für die in der Wahrnehmung der wirtschaftlichen Interessen gebildeten maßgeblichen Spitzenorganisationen der pharmazeutischen Unternehmer auf Bundesebene (Verbände nach Abs. 5 Satz 1) zuständig. Verfügbar ist (Stand 01/2021) die »Rahmenvereinbarung nach § 130b Abs. 9 SGB V« (unter Beteiligung des GKV-Spitzenverbandes einerseits und andererseits des Bundesverbandes der Arzneimittel-Hersteller e.V., des Bundesverbandes der Pharmazeutischen Industrie e.V., dem Pro Generika e.V., dem Verband Forschender Arzneimittelhersteller e.V. sowie der Verbände der pharmazeutischen Unternehmer).

In der **Rahmenvereinbarung** sind insbesondere die **Kriterien** festzulegen, die neben dem Beschluss nach § 35a und den Vorgaben nach Abs. 1 zur Vereinbarung eines Erstattungsbetrags nach dieser Regelung heranzuziehen sind. Damit sollen **Richtlinien** für vorgegebene, einheitliche **Maßstäbe** geschaffen werden, die den **Abschluss von Vereinbarungen erleichtern** sollen und auch der Gleichbehandlung dienen. Aufgrund dieser Richtlinien soll eine Erstattung vereinbart werden, die für den **festgestellten Zusatznutzen angemessen** ist und einen Ausgleich der Interessen der Versichertengemeinschaft mit denen des pharmazeutischen Unternehmers darstellt (vgl. BT-Drs. 17/2413 S. 32). Zum Verfahren vgl. *Scriba* VSSR 2013, 175 und *Spiegel* KrV 2013, 241.

Wesentliche Grundlage für die **Findung des Erstattungspreises** sind die **Feststellungen zum therapeutisch relevanten Zusatznutzen** aufgrund einer Nutzenfeststellung nach § 35a; solange eine Kosten-Nutzen-Bewertung nach § 35b nicht vorliegt, soll die Ermittlung des Preises durch Verhandlungen auf Grundlage von Informationen zu Therapiekosten, zum Preis des Arzneimittels in anderen Ländern und zu den Preisen beziehungsweise Erstattungsbeträgen anderer vergleichbarer Arzneimittel erfolgen. Aufgrund dieser Informationen hätten die Vertragsparteien die Möglichkeit, im Einvernehmen den Erstattungsbetrag zu vereinbaren.

Die **Jahrestherapiekosten** vergleichbarer Arzneimittel im **europäischen Ausland** sollen unter Einbeziehung der tatsächlichen **Abgabepreise gewichtet** nach den jeweiligen **Umsätzen und Kaufkraftparitäten** berücksichtigt werden, vgl. **Abs. 9 Satz 3**. Damit soll ein qualitativ besserer Vergleich ermöglicht werden, der in die Verhandlungen einbezogen werden kann (vgl. zur Zielsetzung auch BT-Drs. 17/10156 S. 96). Im Hinblick auf die Regelung in Abs. 9 Satz 3 ist mit Wirkung vom 13.8.2013 der Regelungsinhalt von Abs. 4 Satz 2 durch dessen Neufassung mit einem anderen Regelungsinhalt weggefallen.

Regelungen zu **Rahmenvereinbarungen** finden sich auch in § 20i, im Zusammenhang mit der Prävention durch Schutzimpfungen, hier zur Durchführung der Maßnahmen und zur Erstattung der Sachkosten, ferner in § 21 Abs. 2 und 3 im Zusammenhang mit der Gruppenprophylaxe, wobei ersatzweise bei Nichtzustandekommen einer Regelung zum Erlass einer Rechtsverordnung die Landesregierung ermächtigt wird, sowie in § 26 Abs. 3 Satz 2 bezüglich der Durchführung der Maßnahmen bei Kinderuntersuchungen.

111 In **Abs. 9 Satz 6** (als Satz 5 a.F. aufgenommen und ersetzt durch die Sätze 5 bis 8 durch Gesetz vom 21.12.2015 – BGBl. I S. 2408, wobei Satz 5 bis 8 nachfolgend ab 13.05.2017 Satz 6 bis 9 wurden) werden die Vorgaben hier noch differenzierter dargelegt. Kommt eine **Rahmenvereinbarung** nicht zu Stande, setzen die unparteiischen Mitglieder der Schiedsstelle die Rahmenvereinbarung im Benehmen mit den Verbänden auf Antrag einer Vertragspartei nach Abs. 9 Satz 1 fest, **Abs. 9 Satz 6**. Kommt eine Rahmenvereinbarung nicht innerhalb einer vom BMG gesetzten Frist zu Stande, gilt Abs. 9 Satz 6 entsprechend, **Abs. 9 Satz 7** (klargestellt mit dem TSVG mit Wirkung vom 11.05.2019). Dem **BMG** wird damit die Möglichkeit eingeräumt, den Vertragspartnern eine Frist zum Abschluss einer Rahmenvereinbarung zu setzen. Nach Ablauf dieser Frist setzen die unparteiischen Mitglieder der Schiedsstelle den Inhalt der Rahmenvereinbarung auch **ohne** Antrag einer Vertragspartei fest, wie nunmehr vorgegeben ist. Diese Regelung bedurfte es ausweislich der Materialien (vgl. BT-Drs. 18/6.9.2005 S. 75) für Fälle, wenn sich die Vertragspartner nicht einigen und keine Seite einen entsprechenden Antrag stelle. Im Hinblick auf die verfügbare Regelung ist die vorgesehene »Zwangsregelung« allein für Folgeänderungen relevant. Die Regelungen in der Rahmenvereinbarung werden durch die Anlagen 1 bis 4 ergänzt, ebenfalls im Internet nachgewiesen.

112 Eine Klage gegen Entscheidungen der Schiedsstelle hat auch nach der Neufassung keine aufschiebende Wirkung, **Abs. 9 Satz 8**; ein Vorverfahren findet nicht statt, **Abs. 9 Satz 9**.

113 Auch für die **Rahmenvereinbarung** gilt nach **Abs. 9 Satz 10** (in der Fassung bis 28.12.2015 Satz 6 und in der Fassung bis 12.05.2017 Satz 9) die Regelung in **Abs. 1 Satz 7** (bis 31.03.2014 Satz 10) entsprechend: »Die Verhandlungen und deren Vorbereitung einschließlich der Beratungsunterlagen und Niederschriften zur Vereinbarung des Erstattungsbetrages sind vertraulich.« Auf die Erläuterungen zu Abs. 1 Satz 7 wird Bezug genommen. Die Geheinhaltungspflicht wird auch in der Rahmenvereinbarung unter § 10 aufgegriffen und konkretisiert geregelt.

114 **Abs. 9 Satz 4** wurde mit dem AMVSG mit Wirkung vom 13.05.2017 aufgenommen, wobei es sich wiederum um die Anpassung an die zeitgleich aufgenommen Regelung in Abs. 3 Satz 5 und 6 handelt. In der Vereinbarung nach Abs. 9 Satz 1 sind auch Maßstäbe für die Angemessenheit der Abschläge nach Abs. 3 Satz 5 und 6 zu vereinbaren.

115 Ferner ist in **Abs. 9 Satz 5** geregelt, dass in der Vereinbarung nach **Abs. 9 Satz 1** auch das Nähere zu **Inhalt, Form und Verfahren** der jeweils erforderlichen Auswertung der Daten nach § 217f **Abs. 7** und der **Übermittlung der Auswertungsergebnisse** an den **pharmazeutischen Unternehmer** sowie zur Aufteilung der entstehenden **Kosten** zu vereinbaren ist. Die Regelung soll wesentlich dazu beitragen, die vertraulich zu führenden Verhandlungen über die Vereinbarung der Erstattungsbeträge auf eine **aussagekräftige Informationsgrundlage**, die allen Verhandlungspartnern zur Verfügung steht und nicht etwa nur den GKV-Spitzenverband, stellen zu können.

116 Dazu eröffnet **§ 217f Abs. 7** die Möglichkeit, die im Rahmen des **Risikostrukturausgleichs** verfügbaren Daten entsprechend anonymisiert und losgelöst vom Bezug zu einzelnen Krankenkassen **aufzubereiten** und zur **Grundlage der Verhandlungen zu nehmen**. Diese Aufgabe ist dem **GKV-Spitzenverband** zugeschrieben, der von dieser Möglichkeit Gebrauch machen kann. Die Vertragspartner haben in der **Rahmenvereinbarung** Einzelheiten zur Auswertung wie auch zur Verfahrensweise festzulegen, vgl. näher auch BT-Drs. 17/8005 S. 157, 158 vorläufige Fassung, hier näher auch zur weiteren Zielsetzung des Gesetzgebers. Es ist erforderlich, Daten über das tatsächliche Versorgungsgeschehen in der GKV einbeziehen zu können und eine für alle Beteiligten übereinstimmende Informationsgrundlage sicherzustellen. Dies sollte nach § 217f in einer Rahmenvereinbarung konkret geregelt werden, einschließlich einer Verständigung darüber, welche Auswertungen einbezogen werden, vgl. zum Verfahren *Luthe* in Hauck/Noftz SGB V 11/18 § 130b Rn. 103a.

### G. Vereinbarung über Kostenerstattung mit dem Verband der privaten Krankenversicherung (Abs. 10)

117 Der Gemeinsame Bundesausschuss, der GKV-Spitzenverband und das IQWiG (Institut für Qualität und Wirtschaftlichkeit im Gesundheitswesen nach § 139a, nicht zu verwechseln

mit dem Institut für Qualitätssicherung und Transparenz im Gesundheitswesen nach § 137a) schließen mit dem Verband der privaten Krankenversicherung nach Abs. 10 eine **Vereinbarung über die von den Unternehmen der privaten Krankenversicherung zu erstattenden Kosten** für die Nutzen-Bewertung nach § 35a, für die Kosten-Nutzen-Bewertung nach § 35b sowie für die Festsetzung eines Erstattungsbetrags nach Abs. 4 für die Tätigkeit der Schiedsstelle im Zusammenhang mit der Findung des Abgabepreises, vgl. *Baierl* in jurisPK-SGB V 06/2020 § 130b Rn. 267.

Diese Regelung ist mit der Ausschussberatung (vgl. BT-Drs. 17/3698 S. 27, 55 f.) aufgenommen worden, parallel zur verstärkten Einbeziehung der privaten Krankenversicherung in die Regelung des § 130b einschließlich der Einfügung des Gesetzes über Rabatte für Arzneimittel nach Art. 11a AMNOG. In der gesetzlichen Regelung wird offensichtlich davon ausgegangen, dass die einzelnen privaten Krankenkassen bezüglich der Kostenvereinbarungen über den Verband »eingebunden« sind, was durchaus kritisch gesehen werden kann, vgl. *Luthe* in Hauck/Noftz SGB V 11/18 § 130b Rn. 105. Im Übrigen dürfte es sich um öffentlich-rechtliche Verträge handeln, an denen auch privatrechtlich organisierte juristische Personen beteiligt sind. Jedenfalls handelt es sich **nicht um Normsetzungsverträge**, die eine gewisse Allgemeinverbindlichkeit haben könnten, ebenso *Luthe* in Hauck/Noftz SGB V 11/18 § 130b Rn. 105.

118

Im Hinblick darauf, dass auch die **private Krankenversicherung** wie auch die Beihilfestellen an der Absenkung der Arzneimittelpreise partizipiert, erscheint es gerechtfertigt, diese an den **Sach- und Personalkosten angemessen zu beteiligen**. Dabei können sich die Beteiligten auf eine weitgehende Pauschalierung der Kostenerstattung verständigen; dem Verband der privaten Krankenversicherung obliegt es, die Kostenbeteiligung im Sinne der Materialien (vgl. BT-Drs. 17/3698 S. 56) auf die einzelnen Unternehmen umzulegen.

119

## § 130c Verträge von Krankenkassen mit pharmazeutischen Unternehmern

(1) ¹Krankenkassen oder ihre Verbände können abweichend von bestehenden Vereinbarungen oder Schiedssprüchen nach § 130b mit pharmazeutischen Unternehmern Vereinbarungen über die Erstattung von Arzneimitteln sowie zur Versorgung ihrer Versicherten mit Arzneimitteln treffen. ²Dabei kann insbesondere eine mengenbezogene Staffelung des Preisnachlasses, ein jährliches Umsatzvolumen mit Ausgleich von Mehrerlösen oder eine Erstattung in Abhängigkeit von messbaren Therapieerfolgen vereinbart werden. ³Durch eine Vereinbarung nach Satz 1 kann eine Vereinbarung nach § 130b ergänzt oder ganz oder teilweise abgelöst werden; dabei können auch zusätzliche Rabatte auf den Erstattungsbetrag vereinbart werden. ⁴§ 78 Absatz 3a des Arzneimittelgesetzes bleibt unberührt. ⁵Die Ergebnisse der Bewertungen nach den §§ 35a und 35b, die Richtlinien nach § 92, die Vereinbarungen nach § 84 und die Informationen nach § 73 Absatz 8 Satz 1 sind zu berücksichtigen. ⁶§ 130a Absatz 8 gilt entsprechend.

(2) Die Krankenkassen informieren ihre Versicherten und die an der vertragsärztlichen Versorgung teilnehmenden Ärzte umfassend über die vereinbarten Versorgungsinhalte.

(3) Die Krankenkassen oder ihre Verbände können mit Ärzten, kassenärztlichen Vereinigungen oder Verbänden von Ärzten Regelungen zur bevorzugten Verordnung von Arzneimitteln nach Absatz 1 Satz 1 entsprechend § 84 Absatz 1 Satz 5 treffen.

(4) Arzneimittelverordnungen im Rahmen einer Vereinbarung nach Absatz 3 Satz 1 sind von der Prüfungsstelle als bei den Wirtschaftlichkeitsprüfungen nach den §§ 106 bis 106c zu berücksichtigende Praxisbesonderheiten anzuerkennen, soweit dies vereinbart wurde und die vereinbarten Voraussetzungen zur Gewährleistung von Zweckmäßigkeit, Qualität und Wirtschaftlichkeit der Versorgung eingehalten sind.

(5) ¹Informationen über die Regelungen nach Absatz 3 sind in den Programmen zur Verordnung von Arzneimitteln nach § 73 Absatz 9 Satz 1 zu hinterlegen. ²Das Nähere ist in den Verträgen nach § 82 Absatz 1 zu vereinbaren.

**§ 130c SGB V**  Verträge von Krankenkassen mit pharmazeutischen Unternehmern

1 § 130c gilt in der Fassung des Art. 1 Nr. 11 AMVSG vom 04.05.2017 (BGBl. I S. 1050) mit Wirkung vom 13.05.2017.

2 § 130c eröffnet jeder Krankenkasse oder ihren Verbänden abweichend oder ergänzend von der **Vereinbarung auf Bundesebene** – und damit etwa neben § 73b, § 130a Abs. 8 oder § 140a –, die Versorgung mit innovativen Arzneimitteln in eigener Initiative durch Selektivverträge zu regeln. Voraussetzung ist jedoch, dass bereits eine **Vereinbarung auf Bundesebene nach § 130b Abs. 1 zu diesen Arzneimitteln** vorliegt. Im Übrigen haben die Vertragsparteien – Krankenkassen oder ihre Verbände und pharmazeutische Unternehmer – einen **erheblichen Gestaltungsspielraum**.

3 Im Ergebnis führt dies zum **Vorrang von § 130b** – hier als Kollektivvertrag ausgestaltet – im Verhältnis zu § 130c, vgl. *Luthe* in Hauck/Noftz § 130c Rn. 3 unter Bezugnahme auf von *Dewitz* in Beck-OK § 130c SGB V Rn. 2, allerdings auch zum Vorrang von **Selektivverträgen nach § 130c** im Verhältnis zu § 130a und insbesondere zu dessen Abs. 8, vgl. *Luthe* a.a.O. Rn. 4. Zugleich handelt es sich bei den **Selektivverträgen nach § 130c** schon im Hinblick auf die Regelung und Anbindung an Vorschriften des SGB V um **öffentlich-rechtliche Verträge**, ohne dass es einer näheren Klärung der Rechtsstellung der hieran beteiligten pharmazeutischen Unternehmer ankommt. Zur Ausschreibung von Rabattverträgen für Kontrastmittel als Sprechstundenbedarf vgl. LSG Baden-Württemberg Beschl. v. 22.02.2021 – L 4 KR 200/21 ER-B.

4 **Leistungserbringer**, etwa vergleichbar Vertragsärzten oder Apotheken, sind die pharmazeutischen Unternehmer schon im Hinblick auf die meist fehlende Einbindung im Verhältnis zu Versicherten nicht. Allerdings sind diese in das Versorgungssystem so eng und vielfältig einbezogen, auch in Kollektivverträge an anderer Stelle, dass dies die Annahme von **öffentlich-rechtlichen Selektivverträgen nach § 130c** rechtfertigt. Damit stimmt überein, dass im Streitfall die Sozialgerichte nach § 51 Abs. 2 Satz 1 SGG zuständig sind, vgl. *Luthe* in Hauck/Noftz SGB V § 130c Rn. 10, 11.

5 Die Verträge nach § 130c können an verschiedene Kriterien anknüpfen, etwa eine **mengenbezogene Staffelung des Preisnachlasses**, ein **jährliches Umsatzvolumen** mit **Ausgleich von Mehrerlösen** oder eine **Erstattung in Abhängigkeit von messbaren Therapieerfolgen**, vgl. **Abs. 1 Satz 2**. Durch eine Vereinbarung nach § 130c Abs. 1 kann auch eine Vereinbarung nach **§ 130b ergänzt oder abgelöst** werden, vgl. **Abs. 1 Satz 3**. Im Hinblick auf die Zeitfolge – im Hinblick auf den Vorlauf nach § 130b im Verhältnis zu den Selektivverträgen nach § 130c – »frühestens ein Jahr nach Markteinführung i.S.v. § 35a Abs. 1 Satz 2 SGB V« kann allerdings – trotz offensichtlicher Regelungsvorzüge – ein Abschluss für die pharmazeutischen Unternehmer nur noch von einem geringeren Interesse sein, vgl. *Luthe* in Hauck/Noftz SGB V § 130c Rn. 5.

6 Der **Vorteil von Selektivverträgen nach § 130c** kann aber in Übereinstimmung mit den Materialien für alle Beteiligten darin liegen, dass hier »qualitätsorientierte Vergütungsmodelle« und vielfältig gestaltete Vereinbarungen bis zu einer »Versorgungsoptimierung bei gleichzeitiger Kostenreduktion« getroffen werden könnten, vgl. *Luthe* a.a.O. Rn. 6. Die Regelung in § 130c wird ausweislich der Materialien (vgl. BT-Drs. 17/2413 S. 32) maßgeblich damit begründet, den Krankenkassen im »**Wettbewerb**« untereinander eine »bessere Patientenversorgung, höhere Qualität und geringere Kosten« zu ermöglichen.

7 Die Vertragspartner sind jedoch an **vorhandene Ergebnisse** und **Bewertungen** nach Maßgabe des **Abs. 1 Satz 5**, insbesondere zur Nutzenbewertung wie auch zum Richtlinienrecht, gebunden.

8 Bei den Verträgen nach § 130c handelt es sich somit um **selektivvertragliche** (im Gegensatz zu kollektivvertraglichen Vereinbarungen, die für die Beteiligten zwingend sind) bzw. **vertragswettbewerbliche Vereinbarungen**, die damit – entsprechend den jeweiligen Regelungen – der Ausschreibungspflicht und wettbewerbsrechtlichen Kriterien unterliegen (vgl. zur Abgrenzung *Ebsen* KrV 2010, 139, 140 ff., *Axer* in Becker/Kingreen SGB V § 130c Rn. 5, ferner auch Erläuterungen II.2). Dem entspricht auch die **Verweisung auf § 130a Abs. 8 in Abs. 1 Satz 5**. Krankenkassen werden als öffentliche Auftraggeber im Sinne des GWB tätig; es gilt der sog. **Schwellenwert** nach § 106 GWB

in der Fassung ab 18.04.2016 i.V.m. § 2 VgV; der Schwellenwert bei Liefer- und Dienstleistungsaufträgen beträgt ab 01.01.2018 221.000 € (zuvor noch 209.000 €).

**Selektivvertragliche Regelungen** unterliegen keinem Kontrahierungszwang; deshalb ist auch kein 9
Schiedsverfahren vorgesehen, abweichend von § 130b; derartige Vereinbarungen könnten zwangsweise nicht durchgesetzt werden. Wohl aber können Verträge nach § 130c an Schiedsvereinbarungen nach § 130b anschließen.

Die Regelung in § 130c enthält im Übrigen eine **Reihe von Gestaltungsmöglichkeiten**, bei deren 10
Umsetzung es sich um Entscheidungen handelt, die im Einzelfall für einzelne Beteiligte von **erheblicher wirtschaftlicher Bedeutung** sind oder werden können. Dies gilt neben den pharmazeutischen Unternehmern auch für die insoweit beteiligten **Vertragsärzte** (vgl. Abs. 3). Deshalb gelten allgemeine Grundsätze für eine **Gleichbehandlung**, die von den Krankenkassen zu beachten sind. Neben Art. 12 Abs. 1 GG ist insbesondere Art. 3 Abs. 1 GG maßgeblich; diese Regelung verwehrt es staatlichen Stellen bei der Vergabe öffentlicher Aufträge, das Verfahren oder die Kriterien der Vergabe **willkürlich** zu bestimmen, vgl. BVerfG Beschl. v. 01.11.2010 – 1 BvR 261/10, A&R 2011, 38, mit weiteren Nachweisen. Die Materialien (vgl. BT-Drs. 17/2413 S. 32, 33) verweisen deshalb auch auf die Notwendigkeit der Ausschreibung, dem Schutz vor einer »Oligopolisierung« sowie die Nutzung der Möglichkeit der Bildung angemessener »Sach- und Teillose« bzw. »Regionallose«.

Auch wenn die Vereinbarungen, insbesondere auch mit Vertragsärzten, nicht erzwungen werden 11
können, werden in **Abs. 4** Regelungen getroffen, die auf ein wirtschaftliches Verhalten, verbunden mit Beschränkungen in der Wirtschaftlichkeitsprüfung, **erheblichen Einfluss** nehmen. Der Gestaltungsrahmen ist außerordentlich weit, auch mit der Möglichkeit, dass Vertragsärzte selbst an Rabattverträgen nach § 130a Abs. 8 beteiligt und in diese eingebunden werden können.

**Abs. 2** verpflichtet die Krankenkasse zur Information der Versicherten und der an der Versorgung 12
beteiligten Vertragsärzte über die vereinbarten Versorgungsinhalte; dem entspricht auch die **spezielle Information an Vertragsärzte über die Praxissoftware** (vgl. Abs. 5), wobei das Nähere vertraglich zu vereinbaren ist. Die Ärzte sollen, auch wenn zeitliche Vorgaben von Gesetzes wegen nicht festgelegt sind, zeitnah und zudem im Rahmen der diesen zur Verfügung stehenden Programme informiert werden, *Luthe* in Hauck/Noftz SGB V § 130c Rn. 27 unter Bezugnahme auf von *Dewitz* in Beck-OK SGB V § 130c Rn. 9. **Versicherte** sollen durch diese **Informationen** bei der Kassenwahl unterstützt werden; die Informationen dienen jedoch in erster Reihe den konkret bei der Krankenkasse bereits Versicherten.

**Abs. 3** eröffnet den Krankenkassen die Möglichkeit, die Vertragsärzte bezüglich ihres Verordnungs- 13
verhaltens in eine Regelung nach Abs. 1 einzubeziehen. In Übereinstimmung mit der Rechtslage verweisen die Materialien insbesondere auf die **Freiwilligkeit jeglicher Vereinbarungen** dieser Art. Entsprechende Vereinbarungen über die **bevorzugte Verordnung von Arzneimitteln nach Abs. 1 Satz 1** können die Krankenkassen entsprechend § 84 Abs. 1 Satz 5 mit den **Vertragsärzten, den Kassenärztlichen Vereinigungen oder Verbänden von Ärzten** treffen. § 84 Abs. 1 Satz 5 bleibt unberührt.

Nach Maßgabe des **Abs. 4** haben die Vereinbarungen erhebliche Auswirkungen auf eine zweck- 14
mäßige und wirtschaftliche Versorgung mit Arzneimitteln, indem die Voraussetzungen für die Anerkennung als Praxisbesonderheit mit dem Arzt vereinbart werden kann. Praxisbesonderheiten können je nach Fachrichtung, Qualifikation und Zusammensetzung des Patientengutes anerkannt werden, vgl. § 84 Abs. 6, §§ 106 bis 106c (mit einer weitgehenden Regionalisierung im Rahmen der Umsetzung). Die Inanspruchnahme nach **Anerkennung als Praxisbesonderheit** setzt allerdings – nach der Rechtslage bis 31.12.2016 wie auch ab 01.01.2017 – voraus, dass der Vertragsarzt die Anforderungen bezüglich der Zweckmäßigkeit, Wirtschaftlichkeit und Qualität der Verordnung einhält, worauf auch die Materialien hinweisen, vgl. BT-Drs. 17/3698 S. 56.

Im Hinblick auf die **umfangreichen und differenzierten Regelungen** über Abschläge und 15
Rabatte, jeweils in Anknüpfung an eine Nutzenbewertung (vgl. § 35a) oder auch eine

**§ 130d SGB V** Preise für Arzneimittel zur Therapie von Gerinnungsstörungen bei Hämophilie

Kosten-Nutzen-Bewertung (vgl. § 35b) und unter Einbeziehung der Arzneimittel-Richtlinien des Gemeinsamen Bundesausschusses und weiterer Rechtsgrundlagen, erlaubt § 130c erhebliche **weitere Gestaltungsmöglichkeiten** jetzt speziell den Krankenkassen bzw. ihren Verbänden.

16 Abs. 5 gibt auf, die **Information** über die entsprechenden Regelungen in die **Programme** für Vertragsärzte und gleichgestellte Leistungserbringer aufzunehmen. Nur so werden die Leistungserbringer in der Lage sein, entsprechend zu verschreiben. Die Bundesmantelverträge konkretisieren die Anforderungen an die **Praxissoftware** insoweit.

### § 130d Preise für Arzneimittel zur Therapie von Gerinnungsstörungen bei Hämophilie

(1) ¹Pharmazeutische Unternehmer haben dem Spitzenverband Bund der Krankenkassen für Arzneimittel zur spezifischen Therapie von Gerinnungsstörungen bei Hämophilie bis zum 30. November 2019 als Herstellerabgabepreis einen mengengewichteten arithmetischen Mittelwert unter Übermittlung der dem ermittelten Mittelwert zugrundeliegenden Preise, die für die Jahre 2017 und 2018 bei der Direktabgabe durch den pharmazeutischen Unternehmer nach § 47 Absatz 1 Satz 1 Nummer 2 Buchstabe a des Arzneimittelgesetzes tatsächlich vereinbart worden sind, sowie der zu diesen Preisen abgegebenen Mengen zu melden. ²Satz 1 gilt nicht für Arzneimittel, für die ein Erstattungsbetrag nach § 130b vereinbart oder festgesetzt worden ist. ³Die Übermittlung der Preise und Mengen erfolgt in maschinell verwertbarer Weise unter Angabe des jeweiligen Vertragspartners.

(2) Die Krankenkassen haben dem Spitzenverband Bund der Krankenkassen für Arzneimittel zur spezifischen Therapie von Gerinnungsstörungen bei Hämophilie bis zum 30. November 2019 für die Jahre 2017 und 2018 die Preise und die dazugehörigen Mengen in maschinell verwertbarer Weise unter Angabe der Betriebsstättennummer zu melden, die bisher im Direktbezug über den pharmazeutischen Unternehmer nach § 47 Absatz 1 Satz 1 Nummer 2 Buchstabe a des Arzneimittelgesetzes abgerechnet wurden.

(3) ¹Der Spitzenverband Bund der Krankenkassen prüft den vom pharmazeutischen Unternehmer gemeldeten Herstellerabgabepreis nach Absatz 1 unter Berücksichtigung der von den Krankenkassen nach Absatz 2 gemeldeten Daten auf Plausibilität. ²Kann die Plausibilität des gemeldeten Herstellerabgabepreises nicht festgestellt werden oder kommt ein pharmazeutischer Unternehmer seiner Verpflichtung nach Absatz 1 nicht nach, setzt der Spitzenverband Bund der Krankenkassen den mengengewichteten arithmetischen Mittelwert unter Berücksichtigung der Daten nach Absatz 2 als Herstellerabgabepreis fest. ³Dem pharmazeutischen Unternehmer ist zuvor Gelegenheit zur Stellungnahme zu geben.

(4) Das Nähere, insbesondere zur Gewährleistung der einheitlichen Ermittlung des Herstellerabgabepreises durch die pharmazeutischen Unternehmer, zu Art und Umfang der Datenübermittlung von Preisen und Mengen nach den Absätzen 1 und 2 und zur Meldung des ermittelten Herstellerabgabepreises nach Absatz 1, regelt der Spitzenverband Bund der Krankenkassen im Benehmen mit den für die Wahrnehmung der wirtschaftlichen Interessen gebildeten maßgeblichen Spitzenorganisationen der pharmazeutischen Unternehmer auf Bundesebene.

(5) ¹Der Herstellerabgabepreis nach Absatz 1 oder Absatz 3 gilt ab dem 1. September 2020. ²Klagen gegen die Festsetzung nach Absatz 3 haben keine aufschiebende Wirkung; ein Vorverfahren findet nicht statt.

| Übersicht | Rdn. | | Rdn. |
|---|---|---|---|
| A. Regelungsinhalt | 1 | I. Plausibilität des gemeldeten Herstellerabgabepreises (Abs. 3) | 8 |
| B. Meldepflichten | 5 | | |
| I. Meldepflicht der pharmazeutischen Unternehmer (Abs. 1) | 5 | II. Regelung zur einheitlichen Ermittlung des Herstellerabgabepreises (Abs. 4) | 10 |
| II. Meldepflicht der Krankenkassen (Abs. 2) | 7 | III. Geltung des Herstellerabgabepreises und Rechtsschutz (Abs. 5) | 13 |
| C. Verfahren zur Preisfindung | 8 | | |

Preise für Arzneimittel zur Therapie von Gerinnungsstörungen bei Hämophilie § 130d SGB V

## A. Regelungsinhalt

§ 130d gilt in der Fassung des Art. 4 Nr. 14 Zweites Gesetz zum Schutz der Bevölkerung bei einer epidemischen Lage von nationaler Tragweite vom 19.05.2020 (BGBl. I S. 1018) mit Wirkung vom 23.05.2020. 1

§ 130d regelt die **Preisfindung** für Arzneimittel zur Therapie von Gerinnungsstörungen bei Hämophilie. Geregelt wird das **Verfahren** zur Bestimmung des **Herstellerabgabepreises**. Diese Preise sind ab dem 01.09.2020 in Kraft. Mit Ablauf dieser Frist hat die Vorschrift keine unmittelbare Funktion mehr, vgl. *Schneider* in jurisPK-SGB V § 130d Rn. 7. 2

Die **pharmazeutischen Unternehmer** hatten nach Abs. 1 bis zum 30.11.2019 dem GKV-Spitzenverband ihrer Herstellerabgabepreise zu melden. Nach **Abs. 2** hatten die **Krankenkassen** die von ihnen gezahlten Preise an den GKV-Spitzenverband zu melden. Die von den Herstellern gemeldeten Preise wurden unter Hinzuziehung der Daten der Krankenkassen durch den GKV-Spitzenverband nach Maßgabe des **Abs. 3** geprüft. Über das Verfahren zur Ermittlung und Meldung der Preise hatte der GKV-Spitzenverband nach **Abs. 4** im Benehmen mit den Spitzenorganisationen der pharmazeutischen Unternehmer Näheres zu regeln. Die neuen Herstellerabgabepreise gelten nach Abs. 5 ab dem 01.09.2020. 3

Verfassungs- und verfahrensrechtlich sind verschiedene Fragen im Zusammenhang mit der Versorgung von Hämophilie-Arzneimitteln aufgekommen. Diese betreffen etwa das Verhältnis der Patienten zu Hämophiliezentren oder auch die Förderung von Importen in diesem Zusammenhang; auf Literaturangaben wird Bezug genommen. 4

## B. Meldepflichten

### I. Meldepflicht der pharmazeutischen Unternehmer (Abs. 1)

Pharmazeutische Unternehmer hatten dem GKV Spitzenverband für Arzneimittel zur spezifischen Therapie von Gerinnungsstörungen bei Hämophilie bis zum 30.11.2019 als **Herstellerabgabepreis** einen mengengewichteten arithmetischen Mittelwert unter Übermittlung der dem ermittelten Mittelwert zugrunde liegenden Preise, die für die Jahre 2017 und 2018 bei der Direktabgabe durch den pharmazeutischen Unternehmer nach § 47 Abs. 1 Satz 1 Nr. 2 Buchstabe a AMG tatsächlich vereinbart worden waren, sowie der zu diesen Preisen abgegebenen Mengen zu melden. Zur **Meldung** verpflichtet waren insoweit beteiligte pharmazeutische Unternehmer. Die Regelung betraf Arzneimittel zur Therapie bei Hämophilie A und Hämophilie B sowie zur Therapie des Von-Willebrand-Syndroms und anderer angeborener und erworbener Gerinnungsfaktorenmangelerkrankungen, vgl. *Schneider* in jurisPK-SGB V § 130d Rn. 8. 5

Die Daten waren **bis zum 30.11.2019** in maschinenlesbarer Form zu übermitteln. **Vorgaben** für die Abwicklung des Verfahrens waren insoweit durch den GKV-Spitzenverband nach Abs. 4 zu regeln. Sanktioniert war eine Säumnis bezüglich der Mitteilungspflicht nicht; zudem bestand auch die Möglichkeit einer Mitteilung im Wege der Anhörung im Rahmen der Feststellung der Preise durch den GKV-Spitzenverband, vgl. *Luthe* in Hauck/Noftz 10/20 § 130d Rn. 7. 6

### II. Meldepflicht der Krankenkassen (Abs. 2)

**Abs. 2** kodifiziert eine Meldepflicht der Krankenkassen, parallel bis zum 30.11.2019. Gleichfalls auf maschinell verwertbarer Weise unter Angabe der Betriebsstättennummer waren die Meldungen an den GKV-Spitzenverband abzugeben. Auch hier waren Einzelheiten vom GKV-Spitzenverband nach Maßgabe des Abs. 4 zu regeln. 7

## C. Verfahren zur Preisfindung

### I. Plausibilität des gemeldeten Herstellerabgabepreises (Abs. 3)

Dem GKV-Spitzenverband war nach **Abs. 3** aufgegeben, die jeweils von den pharmazeutischen Unternehmern und von den Krankenkassen gemeldeten Daten auf **Plausibilität** hin zu 8 prüfen. Soweit der GKV-Spitzenverband von pharmazeutischen Unternehmern im Sinne des Abs. 2 keine Daten oder keine plausiblen Daten gemeldet bekommen hatte, setzte der GKV-Spitzenverband selbst einen mengengewichteten arithmetischen Mittelwert als Herstellerabgabepreis fest. In diesem Verfahren war dem pharmazeutischen Unternehmer zuvor Gelegenheit zur Äußerung zu geben. Auch hierfür waren die Vorgaben des GKV-Spitzenverbandes nach Abs. 4 maßgeblich.

9 Das **Ergebnis der Plausibilitätsprüfung** war durch rechtsbehelfsfähigen Verwaltungsakt festzusetzen. Daraus folgt, dass eine entsprechende Entscheidung auch überprüfbar war bzw. ist, hier mit der Klage ohne Vorverfahren, Abs. 5 Satz 2, vgl. *Luthe* in Hauck/Noftz SGB V § 130d Rn. 14.

**II. Regelung zur einheitlichen Ermittlung des Herstellerabgabepreises (Abs. 4)**

10 Das **Nähere**, insbesondere zur Gewährleistung der einheitlichen Ermittlung des Herstellerabgabepreises durch die pharmazeutischen Unternehmer, zu Art und Umfang der Datenübermittlung von Preisen und Mengen macht Abs. 1 und 2 und zur Meldung des ermittelten Herstellerabgabepreises nach Abs. 1 war durch den GKV-Spitzenverband im Benehmen (vgl. dazu *Luthe* in Hauck/Noftz SGB V Rn. 17, hier auch zum Einigungsdissens, »im Benehmen« ist »weniger« als Einvernehmen, aber »mehr« als Anhörung) mit den für die Wahrnehmung der wirtschaftlichen Interessen gebildeten maßgeblichen Spitzenorganisationen der pharmazeutischen Unternehmer auf Bundesebene zu regeln.

11 Die Regelung stellt rechtlich eine **Vereinbarung** zwischen den Beteiligten dar, ohne Bindungswirkung nach außen; der Auffassung, dass es sich um eine Allgemeinverfügung handle (so wohl von *Dewitz* in Beck-OK SGB V § 130d Rn. 11), wird nicht gefolgt. Die Regelung ist allein Grundlage und Entscheidungshilfe für das Vorgehen in diesem konkreten Fall.

12 **Außenwirkung** könnte allein die Festsetzung des Herstellerabgabepreises haben, vgl. *Luthe* in Hauck/Noftz SGB V § 130d Rn. 18.

**III. Geltung des Herstellerabgabepreises und Rechtsschutz (Abs. 5)**

13 Der Herstellerabgabepreis gilt nach Abs. 5 ab dem 01.09.2020. Klagen gegen die Festsetzung nach Abs. 3 durch den GKV-Spitzenverband haben keine aufschiebende Wirkung; ein Vorverfahren findet nicht statt.

14 Das Datum des »1. September 2020« war erst mit Wirkung vom 23.05.2020 klargestellt worden. Hierzu weisen die Materialien (BT-Drs. 19/18967 S. 68) darauf hin, dass mit dem größtenteils am 16.08.2019 in Kraft getretenen GSAV der Sondervertriebsweg für Arzneimittel zur spezifischen Therapie von Gerinnungsstörungen bei Hämophilie aufgehoben und die Preisbildung für diese Arzneimittel geregelt wurde. Es war vorgesehen, dass die Änderungen einheitlich ein Jahr nach Inkrafttreten des GSAV wirksam werden sollten. Aufgrund eines redaktionellen Versehens sei jedoch kein einheitliches Datum für das Inkrafttreten geregelt worden (wird in den Materialien im Verhältnis von AMG, AMPreisV GSAV und SGB V spezifiziert). Zur Vermeidung möglicher Versorgungsschwierigkeiten und finanzieller Risiken der Krankenkassen sei festgelegt worden, dass die jeweils genannten Regelungen (unter Einbeziehung von § 130b und § 130d) einheitlich zum 01.09.2020 Inkrafttreten sollten.

**§ 131 Rahmenverträge mit pharmazeutischen Unternehmern**

(1) ¹Der Spitzenverband Bund der Krankenkassen und die für die Wahrnehmung der wirtschaftlichen Interessen gebildeten maßgeblichen Spitzenorganisationen der pharmazeutischen Unternehmer auf Bundesebene schließen einen Rahmenvertrag über die Arzneimittelversorgung in der gesetzlichen Krankenversicherung. ²In dem Rahmenvertrag ist das Nähere zu regeln über die Verpflichtung der pharmazeutischen Unternehmer zur Umsetzung der Datenübermittlung nach Absatz 4 Sätze 1 bis 3, insbesondere über

1. die zur Herstellung einer pharmakologisch-therapeutischen und preislichen Transparenz erforderlichen Daten,
2. die für die Abrechnung nach § 300 erforderlichen Preis- und Produktinformationen sowie
3. das Datenformat.

³In dem Rahmenvertrag kann geregelt werden, dass die Vertragspartner zur Erfüllung ihrer Verpflichtungen nach Absatz 4 Sätze 1 bis 3 Dritte beauftragen können. ⁴Der Rahmenvertrag wird im Hinblick auf die in die Arzneimittelversorgung nach § 31 Absatz 1 einbezogenen Produkte im Benehmen mit den für die Wahrnehmung der wirtschaftlichen Interessen gebildeten maßgeblichen Verbänden auf Bundesebene für diese Produkte vereinbart.

(2) Der Rahmenvertrag nach Absatz 1 kann sich erstrecken auf
1. die Ausstattung der Packungen,
2. Maßnahmen zur Erleichterung der Erfassung von Preis- und Produktinformationen und für die Auswertung von Arzneimittelpreisdaten, Arzneimittelverbrauchsdaten und Arzneimittelverordnungsdaten, insbesondere für die Ermittlung der Zusammenstellung der Arzneimittel nach § 92 Absatz 2 und die Festsetzung von Festbeträgen.

(3) ¹Besteht bereits ein Rahmenvertrag nach Absatz 1, ist dieser von den Vertragsparteien bis zum 1. November 2021 an die geänderten Anforderungen nach den Absätzen 1 und 2 anzupassen. ²Kommt ein Rahmenvertrag ganz oder teilweise nicht zustande, wird der Vertragsinhalt insoweit auf Antrag einer Vertragspartei nach Absatz 1 Satz 1 durch die unparteiischen Mitglieder der Schiedsstelle nach Absatz 3a im Benehmen mit den Vertragsparteien innerhalb von drei Monaten festgesetzt. ³Die Schiedsstelle gibt den Verbänden nach Absatz 1 Satz 4 vor ihrer Entscheidung Gelegenheit zur Stellungnahme. ⁴Kommt der Rahmenvertrag nicht innerhalb einer vom Bundesministerium für Gesundheit gesetzten Frist zustande, gilt Satz 2 entsprechend. ⁵Eine Klage gegen eine Entscheidung der Schiedsstelle hat keine aufschiebende Wirkung. ⁶Ein Vorverfahren findet nicht statt.

(3a) ¹Der Spitzenverband Bund der Krankenkassen und die für die Wahrnehmung der wirtschaftlichen Interessen gebildeten maßgeblichen Spitzenorganisationen der pharmazeutischen Unternehmer auf Bundesebene bilden eine gemeinsame Schiedsstelle. ²Sie besteht aus einem unparteiischen Vorsitzenden und zwei weiteren unparteiischen Mitgliedern sowie aus jeweils sechs Vertretern der Vertragsparteien nach Absatz 1. ³Über den Vorsitzenden und die zwei weiteren unparteiischen Mitglieder sowie deren Stellvertreter sollen sich die Verbände nach Satz 1 einigen. ⁴Kommt eine Einigung nicht zustande, gilt § 89 Absatz 6 Satz 3 entsprechend. ⁵Das Bundesministerium für Gesundheit kann an der Beratung und Beschlussfassung der Schiedsstelle teilnehmen.

(3b) ¹Die Schiedsstelle gibt sich eine Geschäftsordnung. ²Über die Geschäftsordnung entscheiden die unparteiischen Mitglieder im Benehmen mit den Verbänden nach Absatz 3a Satz 1. ³Die Geschäftsordnung bedarf der Genehmigung des Bundesministeriums für Gesundheit. ⁴Im Übrigen gilt § 129 Absatz 9 und 10 Satz 1 entsprechend. ⁵In der Rechtsverordnung nach § 129 Absatz 10 Satz 2 kann das Nähere über die Zahl und die Bestellung der Mitglieder, die Erstattung der baren Auslagen und die Entschädigung für Zeitaufwand der Mitglieder, das Verfahren, das Teilnahmerecht des Bundesministeriums für Gesundheit an den Sitzungen sowie über die Verteilung der Kosten geregelt werden.

(3c) ¹Der Rahmenvertrag nach Absatz 1 oder ein Schiedsspruch nach Absatz 3 kann von einer Vertragspartei frühestens nach einem Jahr gekündigt werden. ²Der Rahmenvertrag oder der Schiedsspruch gilt bis zum Wirksamwerden eines neuen Rahmenvertrages oder eines Schiedsspruches fort.

(4) ¹Die pharmazeutischen Unternehmer sind verpflichtet, dem Gemeinsamen Bundesausschuss sowie dem Spitzenverband Bund der Krankenkassen die Daten zu übermitteln, die erforderlich sind

1. zur Herstellung einer pharmakologisch-therapeutischen und preislichen Transparenz im Rahmen der Richtlinien nach § 92 Absatz 1 Satz 2 Nummer 6,
2. zur Festsetzung von Festbeträgen nach § 35 Absatz 1 und 2 oder zur Erfüllung der Aufgaben nach § 35a Absatz 1 Satz 2 und Absatz 5 und
3. zur Wahrnehmung der Aufgaben nach § 129 Absatz 1a.

²Die pharmazeutischen Unternehmer sind verpflichtet, dem Gemeinsamen Bundesausschuss sowie dem Spitzenverband Bund der Krankenkassen auf Verlangen notwendige Auskünfte zu den in Satz 1 genannten Daten zu erteilen. ³Für die Abrechnung von Fertigarzneimitteln, von Verbandmitteln und von Produkten, die gemäß den Richtlinien nach § 92 Absatz 1 Satz 2 Nummer 6 zu Lasten der gesetzlichen Krankenversicherung verordnet werden können, übermitteln die pharmazeutischen Unternehmer und sonstigen Hersteller an die in § 129 Absatz 2 genannten Verbände sowie an die Kassenärztliche Bundesvereinigung und den Gemeinsamen Bundesausschuss im Wege elektronischer Datenübertragung und maschinell verwertbar auf Datenträgern
1. die für die Abrechnung nach § 300 erforderlichen Preis- und Produktangaben einschließlich der Rabatte nach § 130a,
2. die nach § 130b vereinbarten Erstattungsbeträge einschließlich der Rabatte nach § 130a,
3. die nach § 130d ermittelten oder festgesetzten Herstellerabgabepreise einschließlich der Rabatte nach § 130a,
4. den für den Versicherten maßgeblichen Arzneimittelabgabepreis nach § 129 Absatz 5a sowie
5. für Produkte nach § 31 Absatz 1 Satz 2 und Absatz 1a Satz 1 und 4 ein Kennzeichen zur Verordnungsfähigkeit zu Lasten der gesetzlichen Krankenversicherung.

⁴Die pharmazeutischen Unternehmer und sonstigen Hersteller können Dritte mit der Erfüllung ihrer Verpflichtungen nach den Sätzen 1 bis 3 beauftragen. ⁵Das Nähere zur Übermittlung der in Satz 3 genannten Angaben an den Spitzenverband Bund der Krankenkassen vereinbaren die Vertragspartner nach Absatz 1; solche Vereinbarungen können auch die weiteren nach Satz 2 berechtigten Datenempfänger mit den für die Wahrnehmung der wirtschaftlichen Interessen gebildeten maßgeblichen Spitzenorganisationen der pharmazeutischen Unternehmer auf Bundesebene schließen. ⁶Die Verbände nach § 129 Absatz 2 können die Übermittlung der Angaben nach Satz 3 innerhalb angemessener Frist unmittelbar von dem pharmazeutischen Unternehmer und dem sonstigen Hersteller verlangen.

(5) ¹Die Verbände nach § 129 Absatz 2 können fehlerhafte Angaben selbst korrigieren und die durch eine verspätete Übermittlung oder erforderliche Korrektur entstandenen Aufwendungen geltend machen; das Nähere ist im Vertrag nach § 129 Absatz 2 zu regeln. ²Die nach Absatz 4 Satz 3 übermittelten Angaben oder, im Fall einer Korrektur nach Satz 1, die korrigierten Angaben sind verbindlich. ³Die pharmazeutischen Unternehmer und sonstigen Hersteller sind verpflichtet, die in § 129 Absatz 2 genannten Verbände unverzüglich über Änderungen der der Korrektur zugrundeliegenden Sachverhalte zu informieren. ⁴Die Abrechnung der Apotheken gegenüber den Krankenkassen und die Erstattung der Abschläge nach § 130a Absatz 1, 1a, 2, 3a und 3b durch die pharmazeutischen Unternehmer an die Apotheken erfolgt auf Grundlage der Angaben nach Absatz 4 Satz 3. ⁵Die Korrektur fehlerhafter Angaben und die Geltendmachung der Ansprüche kann auf Dritte übertragen werden. ⁶Zur Sicherung der Ansprüche nach Absatz 4 Satz 6 können einstweilige Verfügungen auch ohne die Darlegung und Glaubhaftmachung der in den §§ 935 und 940 der Zivilprozessordnung bezeichneten Voraussetzungen erlassen werden. ⁷Entsprechendes gilt für einstweilige Anordnungen nach § 86b Absatz 2 Satz 1 und 2 des Sozialgerichtsgesetzes.

(6) ¹Die pharmazeutischen Unternehmer sind verpflichtet, auf den äußeren Umhüllungen der Arzneimittel das Arzneimittelkennzeichen nach § 300 Abs. 1 Nr. 1 in einer für Apotheken maschinell erfaßbaren bundeseinheitlichen Form anzugeben. ²Das Nähere regelt der Spitzenverband Bund der Krankenkassen und die für die Wahrnehmung der wirtschaftlichen Interessen gebildeten maßgeblichen Spitzenorganisationen der pharmazeutischen Unternehmer auf Bundesebene in Verträgen.

§ 131 gilt in der Fassung des Art. 1 Nr. 37 GVWG vom 11.07.2021 (BGBl. I S. 2754) mit Wirkung vom 20.07.2021.  1

§ 131, mit Wirkung vom 20.07.2021 neu gefasst, verpflichtet den GKV-Spitzenverband und die Spitzenorganisationen der pharmazeutischen Unternehmer, einen **Rahmenvertrag über die Arzneimittelversorgung in der gesetzlichen Krankenversicherung** zu schließen. Es handelt sich – abweichend von der Rechtslage bis 19.07.2021 – nicht nur um eine Ermächtigung, vergleichbar dem Rahmenvertrag über die Arzneimittelversorgung nach § 129 Abs. 2 zwischen GKV-Spitzenverband und dem Deutschen Apothekerverband e.V.. **Regelungsinhalt** i.S.d. **Abs. 2** sind im Hinblick auf die Packungsgrößenverordnung mit Wirkung vom 20.07.2021 nicht mehr die therapiegerechte Packungsgrößen nach Nr. 1 a.F., wohl aber die Erfassung der Arzneimitteldaten (Nr. 1 und 2). Deshalb ist auch Abs. 3 und die Bezugnahme auf die entsprechende Anwendung der Regelung in § 129 Abs. 3 (für Apotheker) auf pharmazeutische Unternehmer weggefallen (vgl. BT-Drs. 19/26822 S. 84). Der Regelungsinhalt wird in Abs. 2 nicht abschließend vorgegeben.  2

**Abs. 3** in der Fassung ab 20.07.2021 regelt nunmehr, dass der Vertrag als **öffentlich-rechtlicher Normenvertrag** unabhängig von Mitgliedschaft oder Beitritt der pharmazeutischen Unternehmer Wirksamkeit hat. Die Vertragsparteien sind zudem verpflichtet, den Rahmenvertrag bis zum 01.11.2021 an die geänderten Anforderungen nach Abs. 1 und 2 anzupassen. Kommt eine Einigung nicht zustande, ist ein **Schiedsverfahren nach Abs. 3 Satz 2** vorgesehen, hier **i.V.m. Abs. 3a bis Abs. 3c**, jeweils in der Fassung ab **20.07.2021**. Es wird damit geregelt, dass abweichend von § 131 in der Fassung bis 19.07.2021 der Rahmenvertrag von Vertragspartnern verpflichtend zu schließen ist; die Beitrittsmöglichkeit von pharmazeutischen Unternehmen oder sonstigen Herstellern wird gestrichen, schon im Hinblick auf die verbindliche Rechtswirkung für alle Meldeverpflichteten, vgl. BT-Drs. 19/26822 S. 84.  3

Der **Rahmenvertrag** hat die **neuen Instrumente der Arzneimittelversorgung einzubeziehen**, insbesondere die **Frühbewertung** (vgl. § 35a sowie die Arzneimittel-Nutzenbewertungsverordnung – AM-NutzenV). Dabei wird vonseiten der Pharmaunternehmen – in erster Reihe der forschenden Pharma-Unternehmen, VFA, die besonders betroffen sein dürften – eingewandt, dass man im Ausland durchaus übertragbare Erfahrungen mit **wertbasierten Verhandlungen** gemacht habe, jedoch dadurch vermeidbare weitere Vorschriften dann abgebaut werden müssten.  4

§ 131 reiht sich in die Vorschriften betreffend die Rechtsbeziehungen zu Apotheken und pharmazeutischen Unternehmen nach §§ 129–131 im Leistungserbringerrecht ein. Hier greifen Leistungsrecht und Leistungserbringerrecht ineinander. Das Leistungsrecht regelt eine Reihe von Tatbeständen, die erheblichen Einfluss auf das Leistungserbringerrecht haben und von diesem wiederum in Bezug genommen werden. Dies gilt etwa für die Regelung zu Festbeträgen nach § 35, zur Bewertung des Nutzens von Arzneimitteln mit neuen Wirkstoffen nach § 35a sowie für die Kosten-Nutzen-Bewertung nach § 35b oder die zulassungsüberschreitende Anwendung von Arzneimitteln in klinischen Studien. So setzt die Vereinbarung zwischen GKV-Spitzenverband und pharmazeutischen Unternehmern über Erstattungsbeträge für Arzneimittel nach § 130b wiederum zumindest die **Nutzenbewertung** nach § 35a voraus.  5

Das Recht der Arzneimittelversorgung in der GKV wird maßgeblich durch den **finanziellen Aufwand** geprägt, der wiederum entscheidend durch die Leistungen bestimmt wird, die **Vertragsärzte** und **Krankenhäuser** als Sachleistungen **verschreiben** bzw. abgeben. Dem Vertragsarzt ist eine zentrale Steuerungsfunktion zugewiesen, vgl. BSG Urt. v. 02.07.2013 – B 1 KR 49/12 R – SozR 4–2500 § 129 Nr. 9 und nachgehend BVerfG Nichtannahmebeschl. v. 07.05.2014 – 1 BvR 3571/13, NJW 2014, 2340.  6

Zum **Begriff des Arzneimittels** vgl. § 2 AMG. Dabei schließt die Preisregulierung in der GKV an die **Arzneimittelpreisbildung nach dem AMG** an, wobei in jüngster Zeit neben Festbetragsregelungen massiv auch auf den **Herstellerabgabepreis** Einfluss genommen wird (vgl. §§ 130a, 130b, 130c). Zu den Vorgaben für Verträge vgl. § 129 sowie zu wettbewerbs- und kartellrechtlichen  7

Zusammenhängen § 69 mit Verweisung auf die GWB-Vorschriften und Erläuterungen hierzu. Dabei werden den Apotheken **Pflichten zur Abgabe preisgünstiger Arzneimittel** auferlegt, besondere Regelungen für Importarzneimittel vorgegeben, vgl. § 129 Abs. 1 Satz 1 Nr. 2, sowie die Abgabepflicht für Rabattarzneimittel festgelegt, vgl. § 129 Abs. 1 Satz 1, § 130 Abs. 8a. **Preisabschläge** prägen den Vergütungsanspruch sowohl im Bereich der Apotheken wie auch der **pharmazeutischen Unternehmen**, vgl. §§ 130–130c.

8   Hinzu kommen **Vereinbarungen über die Abrechnung von Arzneimitteln**, vgl. § 300 Abs. 3, § 129, mit der Möglichkeit bzw. Notwendigkeit, **Apothekenrechenzentren** einzubeziehen, vgl. § 300 Abs. 2 Satz 1. In diesem Zusammenhang sind die Verträge mit pharmazeutischen Unternehmen nach § 131 Abs. 1 bis 3 sowie die weiteren Pflichten der pharmazeutischen Unternehmer (Abs. 4 und 5) zu sehen.

9   Im Einzelnen gilt:

10  **Abs. 1** eröffnet dem GKV-Spitzenverband und den für die Wahrnehmung der wirtschaftlichen Interessen der pharmazeutischen Unternehmer gebildeten Spitzenorganisationen einen **Vertrag über die Arzneimittelversorgung nach der Rechtslage ab 01.07.2021 verpflichtend** und nicht mehr nur auf freiwilliger Basis in der GKV zu schließen. Derartige Verträge sind **öffentlich-rechtlicher** Natur (vgl. *Wodarz* in Sodan, Handbuch Krankenversicherungsrecht, 2. Aufl. 2014, § 27 Rn. 83 unter Bezugnahme auf BVerfG Beschl. v. 13.09.2005 – 2 BvF 2/03 – SozR 4–2500 § 266 Nr. 9). Nach der **Rechtslage ab 20.07.2021** sind diese Verträge zudem unabhängig von einem Beitritt oder einer Mitgliedschaft; deshalb ist auch eine Beitrittsmöglichkeit gegenstandslos.

11  Der mögliche Vertragsinhalt wird in **Abs. 2** nicht abschließend aufgeführt; das **Wort »kann«** mag hier auch die Funktion eines »insbesondere« haben. Eine Vereinbarung kann auch **nur einen Teil** dieser Fragen erfassen, ebenso können aber **auch weitere Fragen einbezogen** werden; dies entspricht dem Grundsatz der Freiwilligkeit dieser Vereinbarungen. Dies gilt weiter, auch wenn der Bezug zu therapiegerechten und wirtschaftlichen Packungsgrößen im Hinblick auf die Packungsgrößenverordnung gestrichen worden ist.

12  **Abs. 3** erfasst mit Wirkung vom 20.07.2021 einen neuen Regelungsinhalt; der Rahmenvertrag ist von Vertragspartnern verpflichtend zu schließen. Als verpflichtender Vertrag kann der Regelungsinhalt bei **fehlender Einigung durch eine Schiedsstelle** festgesetzt werden, **Abs. 3 Satz 2**. Besonderheiten dieses Regelungskomplexes werden in **Abs. 3a und Abs. 3b** vorgegeben; anstelle einer zunächst vorgesehenen Schiedsstelle nach § 130b Abs. 5 ist hier eine **neue Schiedsstelle** festgelegt worden. Damit soll eine angemessene Beteiligung der am Rahmenvertrag beteiligten Verbände sichergestellt werden, mit sechs Vertretern des GKV-Spitzenverbandes sowie sechs Vertretern der für die Wahrnehmung der wirtschaftlichen Interessen gebildeten maßgeblichen Spitzenorganisationen der pharmazeutischen Unternehmer auf Bundesebene und unter Einbeziehung der unabhängigen Mitglieder mit insgesamt 15 Mitgliedern.

13  Ein **weiterer Regelungsbereich** wird mit **Abs. 4** erfasst, indem **pharmazeutische Unternehmer von Gesetzes wegen** verpflichtet werden, **Auskunft über Daten** im Zusammenhang mit der **Arzneimittelversorgung** zu geben, etwa zur Festbetragsfestsetzung, zu Auswirkungen der Arzneimittelrichtlinien oder auch der Anwendung der aut-idem-Regelung. Hier sind zugleich **Schnittstellen** zu Verpflichtungen nach dem AMG und der Arzneimittelpreisverordnung gegeben, vgl. *Hess* in Kasseler Kommentar SGB V 06/2012 § 131 Rn. 5. Den Kreis der »Verpflichteten« erweitert **Abs. 4 Satz 2** durch die Einbeziehung von Verbandmitteln und näher beschriebener Produkte. Mit Wirkung vom 16.08.2019 sind als zu übermitteln »die nach § 130b SGB V vereinbarten Erstattungsbeträge und die nach § 130d SGB V ermittelten oder festgesetzten Herstellerabgabepreise« hinzugenommen worden. Mit **Abs. 4 Satz 3** wird die vertragliche Möglichkeit eröffnet, dass sich die pharmazeutischen Unternehmer und sonstigen Hersteller zur Erfüllung ihrer Verpflichtungen – der Praxis folgend – Dritter bedienen können. In **Abs. 4 Satz 4** werden die Vertragsverhältnisse für die Datenübermittlung nach Abs. 4 Satz 2 klargestellt.

Abweichend von der Rechtslage bis 19.07.2021 wird das **Korrekturverfahren** im Zusammenhang mit der Datenübermittlung gesondert in **Abs. 5** geregelt. Die Regelungskompetenz hierfür liegt nach der Klarstellung in **Abs. 5 Satz 1** bei den Vertragspartner nach § 129 Abs. 2. Abs. **5 Satz 3** in der Fassung ab 20.07.2021 regelt die Verpflichtung der pharmazeutischen Unternehmer, die Vertragspartner über neue Sachverhalte im Rahmen des Korrekturverfahren zu informieren. 14

Die **Daten** sind in mehrfacher Hinsicht **erforderlich**. Die Abrechnung der Apotheken gegenüber den Krankenkassen und die Erstattung der Abschläge nach § 130a Abs. 1, 1a, 2, 3a und 3b durch die pharmazeutischen Unternehmer und Apotheken erfolgt auf Grundlage der Angaben nach Abs. 4 Satz 2; dies gilt entsprechend für die Hersteller von Verbandmitteln und Produkten i.S.d. Abs. 4 Satz 2 in der Fassung ab 30.04.2018. Eine **Fehlerkorrektur** ist auch durch den GKV-Spitzenverband sowie die Spitzenorganisationen der Apotheker möglich. Zur **Sicherung der Ansprüche auf Übermittlung** der Angaben nach Satz 2 innerhalb angemessener Frist durch pharmazeutischen Unternehmer – entsprechend Abs. 4 Satz 4 – können einstweilige Verfügungen auch ohne die Darlegung und Glaubhaftmachung der Voraussetzungen nach §§ 935 und 940 ZPO erlassen werden, gem. Abs. 4 Satz 9 für den zivilrechtlichen Ansatz. 15

**Abs. 6** (in der Fassung bis 19.07.2021 Abs. 5) verpflichtet die pharmazeutischen Unternehmen, das **bundeseinheitliche Arzneimittelkennzeichen** zu verwenden; insoweit wird auf die Vereinbarung über die Abrechnung von Arzneimitteln nach **§ 300 Abs. 3** Bezug genommen. Einzelheiten werden in einem Rahmenvertrag zur Umsetzung der gesetzlichen Pflichten geregelt. 16

## § 131a Ersatzansprüche der Krankenkassen

(1) ¹Ist ein zu Lasten der gesetzlichen Krankenkasse abgegebenes Arzneimittel mangelhaft und erfolgt aus diesem Grund ein Arzneimittelrückruf oder eine von der zuständigen Behörde bekannt gemachte Einschränkung der Verwendbarkeit des Arzneimittels, gehen die in § 437 des Bürgerlichen Gesetzbuchs bezeichneten Rechte des Abgebenden gegen seinen Lieferanten auf die Krankenkasse über, soweit diese dem Abgebenden für die Abgabe des Arzneimittels eine Vergütung gezahlt hat. ²Für den Rücktritt, die Minderung oder den Schadensersatz bedarf es einer sonst nach § 323 Absatz 1 des Bürgerlichen Gesetzbuchs oder § 281 Absatz 1 Satz 1 des Bürgerlichen Gesetzbuchs erforderlichen Fristsetzung nicht. ³Der Abgebende hat seinen Ersatzanspruch oder ein zur Sicherung dieses Anspruchs dienendes Recht unter Beachtung der geltenden Form- und Fristvorschriften zu wahren und bei dessen Durchsetzung durch die Krankenkasse soweit erforderlich mitzuwirken.

(2) ¹Der Spitzenverband Bund der Krankenkassen vereinbart mit den für die Wahrnehmung der wirtschaftlichen Interessen gebildeten maßgeblichen Spitzenorganisationen der pharmazeutischen Unternehmer auf Bundesebene und Vertretern des pharmazeutischen Großhandels die näheren Einzelheiten für die Geltendmachung und Abwicklung der Ersatzansprüche der Krankenkassen. ²In den Vereinbarungen können insbesondere Pauschbeträge und eine Abtretung von Regressansprüchen vereinbart werden.

### Übersicht

| | Rdn. | | Rdn. |
|---|---|---|---|
| A. Regelungsinhalt | 1 | II. Befreiung der Krankenkassen von Erklärungen nach Maßgabe des Abs. 1 Satz 2 | 13 |
| B. Übergang von Ansprüchen auf die Krankenkassen (Abs. 1) | 6 | III. Verpflichtung des bisherigen Anspruchsinhabers zur Wahrung der Rechte und Unterstützung der Krankenkassen (Abs. 1 Satz 3) | 17 |
| I. Übergang von Ersatzansprüchen der abgebenden Stelle von Arzneimittel bei Rückruf oder bekannt gemachten Einschränkungen eines Arzneimittels (Abs. 1 Satz 1) | 6 | C. Vereinbarung zu näheren Einzelheiten über die Abwicklung (Abs. 2) | 18 |

# § 131a SGB V  Ersatzansprüche der Krankenkassen

## A. Regelungsinhalt

1  § 131a gilt in der Fassung des Art. 12 Nr. 12 GSAV vom 09.08.2019 (BGBl. I S. 1202) mit Wirkung vom 16.08.2019.

2  § 131a normiert einen gesetzlichen **Anspruchsübergang** (cessio legis) bezüglich der Ansprüche auf der Versorgungsseite (Apotheken, pharmazeutische Großhändler) gegen pharmazeutische Unternehmer auf die Krankenkassen für den Fall, dass ein abgegebenes **Arzneimittel mangelhaft** ist oder die **Verwendbarkeit des Arzneimittels eingeschränkt** wird, etwa auch durch eine zuständige Behörde. Der Anspruchsübergang ist geboten und damit Normzweck, weil – bedingt auch durch die Versorgung der Versicherten durch Sachleistung – die Krankenkassen keine unmittelbaren Ansprüche gegenüber dem pharmazeutischen Unternehmer haben, wohl aber einen **wirtschaftlichen Schaden**. Demgegenüber haben die Apotheken bzw. die Versorgungskette Ansprüche in Form von **Gewährleistungsrechten** (vgl. § 437, § 434 BGB) gegenüber dem pharmazeutischen Unternehmer, jedoch nach Erhalt der Vergütung keinen Schaden.

3  Der gebotene Anspruchsübergang ist nach Maßgabe des § 131a **näher zu regeln**, bezüglich der Abwicklung in den Rahmenverträgen nach § 129 Abs. 2. Im Rahmen der Abwicklung sind **Pauschbeträge** möglich, da eine bis ins Einzelne gehende Berechnung mit einzelnen Packungen etwa mit einem zu hohen Verwaltungsaufwand verbunden wäre.

4  § 131a SGB erfasst **Ersatzansprüche** der Krankenkassen, die leistungsrechtlich § 31 Abs. 3 Satz 7 und 8 entsprechen. In einem solchen Fall wird der Versicherte bei einer Ersatzverordnung von der Zuzahlungspflicht freigestellt. Wird der Vertragsarzt zu einer **Ersatzverordnung** veranlasst, wird dies als Praxisbesonderheit für den behandelnden Vertragsarzt anerkannt, § 106b. Die Kennzeichnung von Ersatzverordnungen folgt den Regelungen in § 82 Abs. 4, § 129 Abs. 4b und § 300 Abs. 3 Satz 1 Nr. 5, vgl. *Schneider* in jurisPK-SGB V § 131a Rn, 2 unter Bezugnahme auf *Lietzl/Zumdick* PharmR 2019, 502, 503.

5  Für die Durchsetzung von übergegangenen Ansprüchen ist im Falle einer streitigen Geltendmachung der **Zivilrechtsweg** nach § 13 GVG gegeben. In Übereinstimmung mit den Materialien gehen zivilrechtliche Ansprüche auf die Krankenkassen über und behalten durch die Legalzession ihre Rechtsnatur, vgl. *Schneider* in jurisPK-SGB V § 131a Rn. 17.

## B. Übergang von Ansprüchen auf die Krankenkassen (Abs. 1)

### I. Übergang von Ersatzansprüchen der abgebenden Stelle von Arzneimittel bei Rückruf oder bekannt gemachten Einschränkungen eines Arzneimittels (Abs. 1 Satz 1)

6  Ist ein zulasten der GKV abgegebenes Arzneimittel **mangelhaft** oder erfolgt aus diesem Grund ein **Arzneimittelrückruf** oder eine von der zuständigen Behörde bekannt gemachte Einschränkung der Verwendbarkeit des Arzneimittels, gehen die in § 437 BGB bezeichneten Rechte des Abgebenden gegen seinen Lieferanten auf die Krankenkasse über. Voraussetzung hierfür ist, dass die Krankenkasse dem Abgebenden für die Abgabe des Arzneimittels eine Vergütung gezahlt hat, Abs. 1 Satz 1.

7  Der Gesetzgeber verfolgt mit der Regelung eines gesetzlichen Anspruchsübergangs die Schließung einer Regelungslücke für den Fall, dass ein zulasten der GKV abgegebenes Arzneimittel mit einem schwerwiegenden Mangel behaftet ist, der zu einem Arzneimittel Rückruf oder zu einer Einschränkung der Verwertbarkeit des Arzneimittels führt, vgl. BT-Drs. 19/8753 S. 66. Der Normzweck folgt aus der typischen Abwicklung der Versorgung der Versicherten mit Arzneimitteln als Sachleistung. Die GKV erwirbt die abgegebenen Arzneimittel nicht selbst, sondern übernimmt gegenüber dem Vertriebsweg (Apotheken, Großhandel für Arzneimittel usw.) die Kosten.

8  Daraus folgt, dass zwischen der **GKV und dem pharmazeutischen Unternehmer** keine unmittelbare Rechtsbeziehung besteht. Dies habe dann zur Folge, dass die Krankenkassen zwar einen wirtschaftlichen Schaden haben können, aber keine unmittelbaren Ansprüche gegen den pharmazeutischen

Unternehmer oder den Arzneimittelgroßhändler geltend machen könnten. Die Apotheken wiederum, die die Arzneimittel vom pharmazeutischen Unternehmer oder vom Arzneimittelgroßhändler erwerben oder mit diesem in einer vertraglichen Beziehung stehen würden, hätten zwar **Gewährleistungsrechte**, aber selbst **keinen Schaden**. Für ihre Tätigkeit hätten diese von den Krankenkassen nach den Regeln des SGB V eine Vergütung erhalten.

§ 131a setzt ein mangelhaftes Arzneimittel voraus, wenn dieses zulasten der GKV abgegeben worden ist. Die Abgabe folgt nach den Grundsätzen des Leistungsrechts. Der Versicherte realisiert sein Anspruch auf das Arzneimittel nach Verordnung durch den Vertragsarzt über eine Apotheke. 9

Bezüglich des Vorliegens eines Mangels verweist Abs. 1 Satz 1 auf BGB-Recht, hier auf § 437 BGB. Ist die Sache mangelhaft, kann der Käufer, wenn die Voraussetzungen nach § 437 BGB erfüllt sind, die Rechte nach dieser Vorschrift geltend machen. Abgeändert wird die Rechtsverfolgung durch Abs. 1 Satz 2, als bestimmte Voraussetzungen für die Rechtsverfolgung nicht zu erfüllen sind (vgl. Erläuterungen unten). Eine Sache ist mangelhaft, wenn diese bei Übergang der Gefahr nicht die vereinbarte Beschaffenheit hat oder aber, wenn diese die nach dem Vertrag vorausgesetzte Verwendung oder gewöhnliche Verwendung oder zu erwartende Beschaffenheit nicht aufweist. 10

Insoweit wird die Geltendmachung von Ansprüchen nach Abs. 1 neben dem Vorliegen eines Mangels davon abhängig gemacht, dass **wegen des Mangels** ein Arzneimittelrückruf oder eine von der zuständigen Behörde bekannt gemachte **Einschränkung der Verwendbarkeit** erfolgt ist. Die Anwendung des § 131a ist von dieser Voraussetzung abhängig, vgl. *Schneider* in jurisPK-SGB V § 131a Rn. 6. 11

Ein **Arzneimittelrückruf** kann durch den pharmazeutischen Unternehmer wie auch durch die zuständige Behörde, etwa nach § 69 AMG, erfolgen. Einen Fall der Einschränkung der Verwertbarkeit umschreiben die Materialien mit der Möglichkeit, dass ein Arzneimittel zur Vermeidung eines dann eintretenden Therapienotstandes nicht zurückgerufen werden kann wohl aber nur mit Einschränkungen oder Sicherheitsvorkehrungen weiterverwendet werden können. Abgestellt wird auf Mängel i.S.d. § 434 Abs. 1 Satz 2 Nr. 2 BGB. 12

## II. Befreiung der Krankenkassen von Erklärungen nach Maßgabe des Abs. 1 Satz 2

Die **Gewährleistungsrechte des Abgebenden** (regelmäßig Apotheke und Leistungserbringerkette), gegen den pharmazeutischen Unternehmer oder den Arzneimittelgroßhändler nach § 437 BGB gehen **unmittelbar auf die Krankenkasse** über, soweit diese der Apotheke für die Abgabe des Arzneimittels eine Vergütung gezahlt hat, Abs. 1 Satz 1. Die für die für die Abwicklung erforderliche Regelung trifft **Abs. 1 Satz 2**: Für den Rücktritt, die Minderung oder den Schadensersatz bedarf es einer sonst nach § 323 Abs. 1 BGB oder § 281 Abs. 1 Satz 1 BGB erforderlichen **Fristsetzung nicht**. 13

Aufgrund der **Interessenlage** in der **Lieferkette** gilt ausweislich der Materialien der im Kaufrecht vorgesehene Vorrang der **Nacherfüllung nicht**, Abs. 1 Satz 2. Die Frage, in welchen Fällen ein Arzneimittel **mangelhaft** ist richtet sich nach den Bestimmungen des BGB. Die Materialien (a.a.O.) führen insoweit **Qualitätsmängel** an, etwa aufgrund von Produktionsfehlern, aber auch Arzneimittelfälschungen. Erfasst von dem Anspruchsübergang würden allerdings nur solche Mängel, die zu einem **Arzneimittelrückruf**, entweder vom pharmazeutischen Unternehmer oder durch die zuständige Behörde veranlasst, oder zu einer von der zuständigen Behörde bekannt gemachten Einschränkung der Verwertbarkeit des Arzneimittels führen. Als mögliche Konstellation führen die Materialien die Situation an, wenn ein Arzneimittel trotz eines schwerwiegenden Mangels nicht zurückgerufen werden könne, weil ansonsten ein **Therapienotstand** drohen würde, und das Arzneimittel mit besonderen Einschränkungen oder Sicherheitsvorkehrungen vorläufig weiter angewendet werden müsse. 14

15 Bezüglich der in Abs. 1 Satz 2 angeführten Rechte gilt Folgendes: Ein **Rücktritt** nach § 346 BGB führt zur Rückabwicklung des Schuldverhältnisses und damit auch zur Rückzahlung des Kaufpreises. Im Falle der **Minderung** nach § 441 BGB wird der Kaufpreis herabgesetzt. Regelmäßig ist allerdings auch der Apothekenzuschlag als entgangener Gewinn des Apothekers und die Vergütung durch die Krankenkasse in voller Höhe zu erfassen, was über den Anspruch auf **Schadensersatz** nach § 280, § 281 BGB erfolgen kann. Ein eigener Schaden des Apothekers wird für die Geltendmachung von Ansprüchen durch die Krankenkasse **nicht** vorausgesetzt, wie auch die Materialien ausweisen, vgl. BT-Drs. 19/8753 S. 66. Ein **anzuerkennender normativer Schaden** bei den Apothekern liegt damit vor, vgl. *Schneider* in jurisPK-SGB V § 131a Rn. 10. Im Ergebnis würden damit Ansprüche des Abgebenden auf Rückerstattung des von ihm geleisteten Kaufpreises in **voller** Höhe erfasst.

16 In diesem Zusammenhang seien **Gegenrechte** nicht anzuerkennen, da der Gesetzgeber i.S.d. § 131a von einer bedingungslosen Erstattungspflicht der Lieferanten ausgehe, vgl. *Schneider* a.a.O. Rn. 10 unter Bezugnahme auf *Weiß* in Krauskopf, Soziale Krankenversicherung, § 131a SGB V Rn. 14, 15.

### III. Verpflichtung des bisherigen Anspruchsinhabers zur Wahrung der Rechte und Unterstützung der Krankenkassen (Abs. 1 Satz 3)

17 Der Abgebende hat seinen **Ersatzanspruch** oder ein zur Sicherung dieses Anspruchs dienendes Recht unter Beachtung der geltenden Form- und Fristvorschriften zu wahren und bei dessen **Durchsetzung** durch die Krankenkasse soweit erforderlich **mitzuwirken**. Dies beinhaltet in Übereinstimmung mit den Materialien (BT-Drs. 19/8753 S. 67) auch die erforderliche **Unterstützung**, etwa durch Auskunftserteilung oder durch Zurverfügungstellung entsprechender Unterlagen und Kaufbelege. Näheres sei bezüglich der Einzelheiten in den Rahmenverträgen nach § 129 Abs. 2 zu vereinbaren.

### C. Vereinbarung zu näheren Einzelheiten über die Abwicklung (Abs. 2)

18 **Abs. 2 Satz 1** gibt dem **GKV-Spitzenverband** auf, mit den für die Wahrnehmung der wirtschaftlichen Interessen gebildeten maßgeblichen Spitzenorganisationen der pharmazeutischen Unternehmer auf Bundesebene und Vertretern des pharmazeutischen Großhandels (Letztere sind ausweislich der Materialien nicht auf Bundesebene organisiert) die näheren **Einzelheiten** für die **Geltendmachung und Abwicklung der Ersatzansprüche** der Krankenkassen zu vereinbaren.

19 In den Vereinbarungen können insbesondere **Pauschbeträge** und eine **Abtretung** von **Regressansprüchen** vereinbart werden, hier in der Fassung der Ausschussberatung (BT-Drs. 19/10681 S. 50). Pauschbeträge sind zweckmäßig, da eine packungsgenaue Ermittlung der Höhe der Ersatzansprüche aufgrund der »Zahl der an der Vertriebskette beteiligten Akteure und der Zahl der möglicherweise betroffenen Arzneimittel für alle Beteiligten mit einem sehr hohen Verwaltungsaufwand verbunden wäre«.

20 Die Vorgaben für die Abwicklung sind in **Abs. 2 Satz 2** in der Ausschussberatung nochmals spezifiziert worden: Klargestellt werde, dass es sich **nicht um eine gemeinsame dreiseitige Vereinbarung** zwischen der Spitzenorganisation der pharmazeutischen Unternehmer, dem GKV-Spitzenverband und dem pharmazeutischen Großhandel handeln müsse. Vielmehr könnten auch **gesonderte Vereinbarungen** mit den jeweiligen Beteiligten geschlossen werden, etwa mit einzelnen Unternehmen des pharmazeutischen Großhandels oder deren Verbänden. In den Vereinbarungen könnten daher auch **individuelle Haftungsmodalitäten** geregelt werden, etwa die **Abtretung von Regressansprüchen** des pharmazeutischen Großhandels, die dieser seinerseits gegen pharmazeutische Unternehmer hätte, an die Krankenkasse. Letzteres hätte für die anspruchsberechtigte Krankenkasse den Vorteil, dass sie **direkt** gegen den verantwortlichen pharmazeutischen Unternehmer vorgehen könne. Der pharmazeutische Großhandel wäre hierdurch entlastet, weil er nicht selber wegen seiner Haftung beim pharmazeutischen Unternehmer Rückgriff nehmen müsste.

## § 132 Versorgung mit Haushaltshilfe

(1) ¹Über Inhalt, Umfang, Vergütung sowie Prüfung der Qualität und Wirtschaftlichkeit der Dienstleistungen zur Versorgung mit Haushaltshilfe schließen die Krankenkassen Verträge mit geeigneten Personen, Einrichtungen oder Unternehmen. ²Die Bezahlung von Gehältern bis zur Höhe tarifvertraglich vereinbarter Vergütungen sowie entsprechender Vergütungen nach kirchlichen Arbeitsrechtsregelungen kann dabei nicht als unwirtschaftlich abgelehnt werden; insoweit gilt § 71 nicht. ³Der Leistungserbringer ist verpflichtet, die entsprechende Bezahlung der Beschäftigten nach Satz 2 jederzeit einzuhalten und sie auf Verlangen einer Vertragspartei nachzuweisen. ⁴Im Fall der Nichteinigung wird der Vertragsinhalt durch eine von den Vertragspartnern zu bestimmende unabhängige Schiedsperson festgelegt. ⁵Einigen sich die Vertragspartner nicht auf eine Schiedsperson, so wird diese von der für die Vertrag schließende Krankenkasse zuständigen Aufsichtsbehörde bestimmt. ⁶Die Kosten des Schiedsverfahrens tragen die Vertragsparteien zu gleichen Teilen. ⁷Abweichend von Satz 1 kann die Krankenkasse zur Gewährung von Haushaltshilfe auch geeignete Personen anstellen.

(2) ¹Die Krankenkasse hat darauf zu achten, dass die Leistungen wirtschaftlich und preisgünstig erbracht werden. ²Bei der Auswahl der Leistungserbringer ist ihrer Vielfalt, insbesondere der Bedeutung der freien Wohlfahrtspflege, Rechnung zu tragen.

| Übersicht | Rdn. | | Rdn. |
|---|---|---|---|
| A. Regelungsinhalt | 1 | II. Inanspruchnahme Dritter | 13 |
| B. Versorgung mit Haushaltshilfe | 9 | III. Grundsätze für die Leistungserbringung | |
| I. Anstellung geeigneter Personen | 9 | und die Auswahl der Leistungserbringer | 18 |

### A. Regelungsinhalt

§ 132 gilt in der Fassung des Art. 1 Nr. 37a GVWG vom 11.07.2021 (BGBl. I S. 2754) mit Wirkung vom 20.07.2021. Auf die Änderungen wird in Rdn. 8a eingegangen. 1

§ 132 umfasst die Versorgung mit Haushaltshilfe. Die häuslicher Pflegehilfe ist Gegenstand der sozialen Pflegeversicherung (SGB IX). Die Versorgung mit häuslicher Krankenpflege wird in § 132a eigenständig geregelt. Realisiert wird die **Haushaltshilfe in drei Versorgungsformen**, nämlich im Wege der **Kostenerstattung** bei selbst beschaffter Hilfsperson, der **Leistungserbringung durch Beschäftigte der Krankenkasse** selbst (wohl selten) sowie durch die Inanspruchnahme von **Leistungserbringern**, mit denen die Krankenkassen Rahmenverträge abgeschlossen haben (wohl zunehmend in der Praxis, u.U. in Verbindung mit weiteren Leistungen, auch der häuslichen Krankenpflege). 2

Mit der **Neufassung des Abs. 1** mit Wirkung vom 23.07.2015 wird, in Übereinstimmung mit den Materialien in BT-Drs. 18/4095 S. 118, 119, der **gestiegenen Bedeutung der Leistungen zur Versorgung mit Haushaltshilfe** durch Leistungserbringer Rechnung getragen. So wurde der bisherige Leistungsanspruch der Versicherten auf Versorgung mit Haushaltshilfe erweitert: Die Krankenkassen **sollen** (statt bisher können) nunmehr in ihrer Satzung bestimmen, dass sie in anderen als den in § 38 Abs. 1 genannten Fällen **Haushaltshilfe erbringen,** wenn Versicherten wegen Krankheit die Weiterführung des Haushalts nicht möglich ist (§ 38 Abs. 2). Außerdem können die Krankenkassen im Bereich Haushaltshilfe zusätzliche **Satzungsleistungen nach § 11 Abs. 6** anbieten. 3

An der Möglichkeit der Kostenerstattung bei Selbstbeschaffung wird festgehalten, hier in Übereinstimmung mit den Materialien, vgl. BT-Drs. 18/4095 S. 118, 119, § 38 Abs. 4. Mit dem neuen Satz 1 würden die **Krankenkassen verpflichtet,** mit geeigneten Personen, Einrichtungen oder Unternehmen Verträge über den Inhalt, den Umfang, die **Vergütung** sowie die Prüfung der Qualität und Wirtschaftlichkeit der Dienstleistungen zur Versorgung mit Haushaltshilfe zu schließen. Von Seiten entsprechender Vertragsleistungserbringer wurde in der Vergangenheit zunehmend 4

Kritik daran geäußert, dass die **Vergütungen** im Bereich der Fachkräfteeinsätze zur Gewährung von **Haushaltshilfe nicht mehr leistungsgerecht** und **kostendeckend** seien. Vor diesem Hintergrund wird in Anlehnung an die Vorschrift des § 132a (Versorgung mit häuslicher Krankenpflege) eine **Schiedsstellenregelung** vorgesehen; Tariflohn dürfte als untere Grenze inhaltlich zwingend sein.

5 **Abs. 1 Satz 2 bis 4** übernimmt im Wesentlichen die für Verträge über die Versorgung mit häuslicher Krankenpflege getroffenen Regelungen und entsprechen dem dort üblichen (Schieds-)Verfahren. Zum **Schiedsverfahren** im Bereich der häuslichen Krankenpflege vgl. BSG Urt. v. 29.06.2017 – B 3 KR 31/15 R. **Abs. 1 Satz 5** übernimmt die Regelung zur (wohl kaum relevanten) **Möglichkeit der Anstellung geeigneter Personen durch Krankenkassen**. Zum materiellrechtlichen Anspruch des Versicherten auf **Haushaltshilfe** vgl. § 38.

6 Nach der **Gesamtkonzeption der Versorgung mit Haushaltshilfe** bieten sich – auch nach der Neufassung des Abs. 1 mit Wirkung vom 23.07.2015 – die **drei Versorgungsformen** an, die durchweg der vertragsärztlichen Verschreibung unterliegen und an den materiellrechtlichen Leistungsanspruch in § 38 (mit einer Zuzahlungspflicht) anknüpfen (im Rahmen der Eigenverantwortung des Versicherten und den häuslichen Verhältnissen, auch bezüglich verfügbarer Personen).

7 Der Versorgung nach § 132 entspricht die Leistung nach § 38 SGB V, § 24h SGB V sowie § 10 KVLG; diese Regelung steht zu weiteren Vorschriften, die vergleichbare Leistungen gewähren, in Konkurrenz. Bei einer ambulanten Pflege im Haushalt kann eine **Ersatzpflege** nach § 39 SGB XI – Häusliche Pflege bei Verhinderung der Pflegeperson – in Betracht kommen. Nachrangig gegenüber § 38 besteht ein Anspruch auf Hilfe zur **Weiterführung des Haushalts** nach **sozialhilferechtlichen Grundsätzen**, § 70 SGB XII. **Häusliche Pflege** kommt auch bei Durchführung einer Interventionsmaßnahme in Betracht, wenn eine Haushaltshilfe notwendig ist, vgl. § 28 SGB VI, § 42 SGB VII, § 54 SGB IX. Die **Umsetzung der Versorgung** durch die Krankenkasse ist **nicht näher festgelegt**. Die Krankenkassen haben damit einen weit gehenden Handlungsspielraum, sind aber nach der Rechtslage ab 23.07.2015 zu Vereinbarungen verpflichtet. Verfügbar ist ein Rahmenvertrag gem. §§ 132 und 132a zur Erbringung von häuslicher Krankenpflege und Haushaltshilfe mit Wirkung vom 01.03.2017, mit Anlagen von über 100 Seiten.

8 Die **fristlose Kündigung eines bestehenden Versorgungsvertrages** setzt zu ihrer Zulässigkeit eine **ordnungsgemäße Anhörung des Leistungserbringers** voraus. Hier sind alle entscheidungserheblichen **Tatsachen** anzusprechen, damit der gekündigte Pflegedienst in der Lage ist, sich mit den Argumenten auseinanderzusetzen, vgl. LSG Berlin-Brandenburg Beschl. v. 05.09.2006 – L 9 B 261/06 KR ER. Zum einstweiligen Rechtsschutz bei Kündigung eines mit einem ambulanten Pflegedienst geschlossen Versorgungsvertrages vgl. LSG Nordrhein-Westfalen Beschl. v. 30.07.2015 – L 11 KR 303/15 B ER.

8a **§ 132 Abs. 1 Satz 2 und 3** wurde durch Art. 1 Nr. 37a Gesetz zur Weiterentwicklung der Gesundheitsversorgung (Gesundheitsversorgungsweiterentwicklungsgesetz – GVWG) vom 11.07.2021 (BGBl. I S. 2754) mit Wirkung vom **20.07.2021** eingefügt. Ergänzend werde in Übereinstimmung mit den Materialien (BT-Drs. 19/30560 S. 44, 45) geregelt, dass die Bezahlung von Gehältern nicht als unwirtschaftlich abgelehnt werden könne, wenn die Leistungserbringer ihren Beschäftigten Gehälter bis zur Höhe tarifvertraglich vereinbarter Vergütungen oder entsprechender Vergütungen nach kirchlichen Arbeitsrechtsregelungen bezahlten. Es werde klargestellt, dass der Grundsatz der Beitragssatzstabilität dem nicht entgegengehalten werden könne. Für Leistungserbringer sollten damit Anreize gesetzt werden, die Mitarbeiter entsprechend zu entlohnen. Die Regelungen entsprächen den für die Vergütung von Leistungen der häuslichen Krankenpflege bestehenden Vorgaben in § 132a Abs. 4 Satz 7 und 8.

### B. Versorgung mit Haushaltshilfe

#### I. Anstellung geeigneter Personen

9 **Versicherte erhalten Haushaltshilfe**, wenn ihnen wegen Krankenhausbehandlung oder wegen einer Leistung nach § 23 Abs. 2 oder 4, § 24, § 37, § 40 oder § 41 SGB XI die Weiterführung des

Haushalts nicht möglich ist, **§ 38 Abs. 1 Satz 1**. Voraussetzung ist, dass **im Haushalt ein Kind lebt**, das bei Beginn der Haushaltshilfe das 12. Lebensjahr noch nicht vollendet hat oder das behindert und auf Hilfe angewiesen ist. Diese Leistung kann durch **Satzung** konkretisiert und auch erweitert werden, vgl. § 38 Abs. 2, § 11 Abs. 6. Der **Eigenverantwortung des Versicherten** entspricht, dass der Anspruch auf Haushaltshilfe **nur** besteht, soweit eine im Haushalt lebende Person den Haushalt nicht weiterführen kann, § 38 Abs. 3. Die Leistungserbringung ist in § 132 nicht umfassend geregelt, vielmehr ist § 38, auch bezüglich der Leistungsalternativen, mit heranzuziehen. Die Leistung ist grundsätzlich zu zahlungspflichtig, vgl. § 38 Abs. 5.

Für die Realisierung der Leistung Haushaltshilfe, vgl. § 38, hat die Krankenkasse **unterschiedliche Möglichkeiten** (vgl. *Ricken* SGb 2009, 414). Die Anstellung geeigneter Personen geht als Möglichkeit der Realisierung in Eigenregie, die nach hier vertretener Auffassung nicht der Begrenzung nach § 140 (»Eigeneinrichtungen« der Krankenkassen) unterliegt, vgl. *Kaempfe* in Becker/Kingreen § 140 SGB V Rn. 1, nicht vor; im Regelfall wird die Anstellung unwirtschaftlich sein, zumal aus dem Pflegebereich zahlreiche Leistungserbringer vorhanden sind. Üblicherweise wird die Haushaltshilfe als Sachleistung durch Verträge mit geeigneten Dritten (entsprechenden Leistungserbringern mit unterschiedlicher Organisationsform, die auch weitere entsprechende Leistungen anbieten) realisiert.

Ferner verbleibt die Möglichkeit der Kostenerstattung. Einer Kostenerstattung sind allerdings nach Maßgabe des § 38 Abs. 4 Grenzen gesetzt, soweit enge Verwandte tätig werden; hier wird von einer familienhaften Mithilfe auszugehen sein und nur Fahrkosten und Verdienstausfall erstattet werden können, soweit sich die Aufwendungen im Rahmen halten.

Das Rechtsverhältnis zwischen Versicherten und Krankenkasse ist öffentlich-rechtlich organisiert, die bürgerlich-rechtlichen Ansprüche bleiben jedoch in einem Schadensfall in sinngemäßer Anwendung von § 66 (Unterstützung bei Behandlungsfehlern) dem Versicherten auch gegenüber der Krankenkasse erhalten. Insoweit könnte auch das Patientenrechtegesetz zur Anwendung kommen, vgl. *Wenner* SGb 2013, 162.

## II. Inanspruchnahme Dritter

**Abs. 1 Satz 1** (Satz 2 in der Fassung bis 22.07.2015) sieht als weitere Möglichkeit vor, dass die Krankenkasse für die Leistungserbringer andere geeignete Personen, Einrichtungen oder Unternehmen in Anspruch nimmt. **Abs. 1 Satz 2 bis 4** regelt die Möglichkeit eines **Schiedsverfahrens**. Damit wird das weite Spektrum von Leistungsanbietern deutlich.

Über **Inhalt, Umfang, Vergütung sowie Prüfung der Qualität und Wirtschaftlichkeit der Dienstleistungen zur Versorgung mit Haushaltshilfe** schließen die **Krankenkassen** nach Abs. 1 **Verträge** mit geeigneten Personen, Einrichtungen oder Unternehmen. Diese Verträge wirken dann drittbegünstigend. Die Leistung wird dann als Sachleistung seitens der Krankenkasse erbracht, die mit geeigneten Leistungsanbietern Rahmenverträge schließt, wobei die konkrete Leistung entsprechend der vertragsärztlichen Verschreibung, hinsichtlich der Berechtigung geprüft und auch im Umfang festgelegt (vgl. § 38), durch den Versicherten in Anspruch genommen wird.

Die Krankenkassen können entsprechend der **Rahmenverträge** mit Leistungsanbietern oder deren Verbänden über die künftige Inanspruchnahme abschließen. Die Vereinbarungen können auch Regelungen über die Rechtsbeziehungen zum Leistungsberechtigten beinhalten. In der Praxis sind hierzu sog. Verbands-Rahmenverträge wie auch Rahmen-Versorgungsverträge mit potentiellen Leistungserbringern abgeschlossen worden, vgl. *Luthe* in Hauck/Noftz SGB V § 132 Rn. 11.

Sind die **Beitrittsbedingungen erfüllt**, sollte ein Anspruch des Leistungserbringers auf Einbeziehung bestehen. Dies entspricht dem Umstand, dass die Entscheidung über den Vertragsschluss nicht im Ermessen der Krankenkasse steht, sondern als öffentlich-rechtliche Regelung entsprechende Verträge mit Leistungserbringern abzuschließen sind.

17 Bei Inanspruchnahme der Leistungen nach § 38 wird regelmäßig zwischen Leistungsberechtigtem und Leistungserbringer ein **Dienstleistungsvertrag** begründet. Dieser berechtigt den Versicherten, von dem Leistungserbringer die Leistung Haushaltshilfe zu verlangen (Drittbegünstigter, nach den Grundsätzen des Leistungserbringungsrechts im Dreiecksverhältnis Krankenkasse, Leistungserbringer, Versicherter). Die dementsprechende Hauptpflicht der Honorierung wird jedoch aufgrund der Rahmenvereinbarung durch die Krankenkasse geleistet. Die Regelung lässt es damit auch zu, dass der **Versicherte** unter mehreren Leistungsanbietern **auswählen** kann und eine der freien Arztwahl entsprechende Situation gegeben ist. Entsprechenden **Wünschen des Versicherten** ist, wenn dadurch keine Kostensteigerung eintritt, Rechnung zu tragen, etwa bezüglich bestimmter Leistungsanbieter, auch mit weltanschaulicher Ausrichtung, vgl. auch § 2 Abs. 3, BSG Urt. v. 13.07.2004 – B 1 KR 11/04 R – SozR 4–2500 § 13 Nr. 4, NZS 2005, 421.

### III. Grundsätze für die Leistungserbringung und die Auswahl der Leistungserbringer

18 Bereits Abs. 1 Satz 1 (in der Fassung bis 22.07.2015 Satz 2) konkretisiert die Verpflichtung der Krankenkasse, bei der Vertragsgestaltung bestimmte **Grundsätze** zu beachten. Diese beziehen sich auf Inhalt, Umfang, Vergütung sowie Prüfung der Qualität und Wirtschaftlichkeit der Dienstleistungen. Diese Grundsätze werden in Abs. 2 weiter konkretisiert. Die Krankenkasse hat darauf zu achten, dass die Leistungen wirtschaftlich und preisgünstig erbracht werden.

19 Sind die Voraussetzungen für den **Abschluss eines Vertrages** nach Abs. 1 Satz 1 erfüllt, besteht ein Anspruch, ohne dass eine Bedarfsprüfung vorgesehen ist, vgl. *Rixen* in Becker/Kingreen SGB V § 132 Rn. 4. Zum Anspruch auf Abschluss einer entsprechenden Vereinbarung vgl. BSG Urt. v. 17.07.2008 – B 3 KR 23/07 R – SozR 4–2500 § 69 Nr. 4 mit weiteren Nachweisen, hier insbesondere zur Gleichbehandlung gegenüber konkurrierenden Anbietern bei einer marktbeherrschenden Stellung der Krankenkasse. Die Krankenkasse hat deshalb die **Wettbewerbssituation** zu beachten und nach **Abs. 2 Satz 2** bei der Auswahl der Leistungserbringer deren **Vielfalt Rechnung zu tragen**. Die Bedeutung der freien Wohlfahrtspflege wird in Abs. 2 Satz 2 besonders herausgestellt, was bislang in der Rechtsprechung nicht infrage gestellt worden ist. Die Auswahl durch die Krankenkasse beinhaltet die **Prüfung der Eignung der ausgewählten Leistungserbringer**. Dies schließt die fachliche Befähigung ein. Die ausgewählten Dienstleister müssen die Leistung fachlich, qualitativ, preislich und zeitlich in dem notwendigen Umfang erbringen können und auch tatsächlich erbringen.

20 Eine **förmliche »Zulassung« ist nicht vorgesehen**. Im Hinblick auf die Wettbewerbssituation zwischen mehreren möglichen Leistungserbringern kann die Einbeziehung oder die Verweigerung der Einbeziehung von Leistungsanbietern auch als – anfechtbarer – Verwaltungsakt und damit als justitiabel anzusehen. Für die öffentlich-rechtliche Rechtsnatur der Entscheidung der Krankenkasse spricht bereits, dass die Vereinbarung mit dem Leistungserbringer der Versorgung im Rahmen des Leistungsanspruchs des Versicherten dient, vgl. § 38, ohne dass der Krankenkasse die Möglichkeit eingeräumt ist, die Versorgung zwingend privatrechtlich zu organisieren. Aus dem Umstand, dass zwischen den Leistungsanbietern eine Wettbewerbssituation besteht, folgt nicht etwa, dass das Rechtsverhältnis der Krankenkasse oder ihres Verbandes zu den Leistungserbringern oder deren Verbänden zwangsläufig privatrechtlich zu verstehen ist.

21 **Bestimmte Vertragsformen** werden in § 132 nicht vorgegeben, als »Ausdruck der Vertragsfreiheit« kann allerdings auch ein **Verbands-Rahmenvertrag** als möglich und zweckmäßig angesehen werden. Dort können auch erhöhte Pauschalen für Sonderbesuche in der Nachtzeit vorgegeben werden, vgl. LSG Hessen Urt. v. 19.05.2011 – L 8 KR 223/09. Die Krankenkassen haben mit den Leistungserbringern – meist auf der Grundlage von Rahmenverträgen – **Verträge über die zu erbringenden Dienstleistungen** zu schließen. Denkbar sind Verträge zwischen einzelnen Krankenkassen und einzelnen Leistungsanbietern, ebenso aber auch Rahmenverträge unter Einbeziehung von Landesverbänden der Krankenkassen und Verbänden von Leistungsanbietern, etwa Organisationen der freien Wohlfahrtspflege. Dabei ist die Rahmenvereinbarung selbst als öffentlich-rechtlich einzustufen. Im Streitfall sind die Sozialgerichte für die Überprüfung zuständig. Das Abrechnungsverhältnis selbst

kann jedoch als zivilrechtlich anzusehen sein, vgl. *Eichenhofer* RPG 2007, 59 sowie *Knispel* NZS 2006, 120.

Die konkrete Vereinbarung im Einzelfall kann den Umfang der Dienstleistung konkretisieren. Im Übrigen bedürfen Leistungen der häuslichen Krankenpflege grundsätzlich der **vorherigen Beantragung durch den Versicherten** und der vorherigen Bewilligung gegenüber dem Versicherten durch die zuständige Krankenkasse, vgl. LSG Baden-Württemberg Urt. v. 20.07.2010 – L 11 KR 1960/09), so dass die Prüfung von Qualität und Wirtschaftlichkeit durch die Krankenkasse erfolgen kann. Die Beachtung des **Grundsatzes der Wirtschaftlichkeit** prägt das gesamte Leistungserbringerrecht wie auch das Leistungsrecht. Zum Grundsatz der Wirtschaftlichkeit vgl. auch § 12 und speziell für das Leistungserbringerrecht § 70. 22

Die Gerichte sind gehindert, **einzelne Vertragsinhalte, wie Verzugszinsen**, die ein Vertragsteil bei den Vertragsverhandlungen gegenüber dem anderen nicht hat durchsetzen können, **nachträglich zum Gegenstand des Vertrages zu machen**, vgl. BSG Urt. v. 28.09.2005 – B 6 KA 71/04 R. Zu Verzugszinsen vgl. BSG Urt. v. 03.08.2006 – B 3 KR 7/06 R – SozR 4–2500 § 129 Nr. 3. Eine **Vergütungsvereinbarung**, die für die routinemäßige Abrechnung mit zahlreichen Pflegediensten vorgesehen ist, ist **eng nach ihrem Wortlaut und dem systematischen Zusammenhang** auszulegen. Zur Auslegung bezüglich Medikamentengabe vgl. LSG Hessen Urt. v. 29.06.2006 – L 1 KR 7/05, PflR 2007, 289. 23

Ist ein Pflegedienst dem jeweiligen geltenden Rahmenvertrag zur **Durchführung der häuslichen Krankenpflege**, häuslichen Pflege und Haushaltshilfe **nicht wirksam beigetreten**, können hierauf Zahlungsansprüche nicht gestützt werden, vgl. LSG Nordrhein-Westfalen Urt. v. 26.10.2006 – L 16 KR 21/06, PflR 2007, 386; vgl. nachgehend BSG Urt. v. 24.01.2008 – B 3 KR 2/07 R, hier mit dem Ergebnis der Zurückverweisung an das LSG. Zum Abschluss einer Vergütungsvereinbarung vgl. BSG Urt. v. 17.07.2008 – B 3 KR 23/07 – SozR 4–2500 § 69 Nr. 4; eine Krankenkasse dürfe einen mit ihr durch Versorgungsvertrag verbundenen Leistungserbringer ohne sachlich gerechtfertigten Grund weder unmittelbar noch mittelbar unterschiedlich behandeln, wenn sie eine marktbeherrschende oder marktstarke Stellung innehabe. Zu einem unkorrekten Angebot vgl. zum Anspruch auf Abschluss BSG Urt. v. 17.07.2008 – B 3 KR 23/07 – SozR 4–2500 § 69 Nr. 4. Zur Kündigung bei gröblicher Pflichtverletzung des Leistungserbringers vgl. LSG Nordrhein-Westfalen Beschl. v. 30.07.2015 – L 11 KR 303/15 B ER. 24

## § 132a Versorgung mit häuslicher Krankenpflege

(1) ¹Der Spitzenverband Bund der Krankenkassen und die für die Wahrnehmung der Interessen von Pflegediensten maßgeblichen Spitzenorganisationen auf Bundesebene haben unter Berücksichtigung der Richtlinien nach § 92 Abs. 1 Satz 2 Nr. 6 gemeinsam Rahmenempfehlungen über die einheitliche und flächendeckende Versorgung mit häuslicher Krankenpflege abzugeben; für Pflegedienste, die einer Kirche oder einer Religionsgemeinschaft des öffentlichen Rechts oder einem sonstigen freigemeinnützigen Träger zuzuordnen sind, können die Rahmenempfehlungen gemeinsam mit den übrigen Partnern der Rahmenempfehlungen auch von der Kirche oder der Religionsgemeinschaft oder von dem Wohlfahrtsverband abgeschlossen werden, dem die Einrichtung angehört. ²Vor Abschluss der Vereinbarung ist der Kassenärztlichen Bundesvereinigung und der Deutschen Krankenhausgesellschaft Gelegenheit zur Stellungnahme zu geben. ³Die Stellungnahmen sind in den Entscheidungsprozess der Partner der Rahmenempfehlungen einzubeziehen. ⁴In den Rahmenempfehlungen sind insbesondere zu regeln:
1. Eignung der Leistungserbringer einschließlich Anforderungen an die Eignung zur Versorgung nach § 37 Absatz 7,
2. Maßnahmen zur Qualitätssicherung und Fortbildung,
3. Inhalt und Umfang der Zusammenarbeit des Leistungserbringers mit dem verordnenden Vertragsarzt und dem Krankenhaus,
4. Grundsätze der Wirtschaftlichkeit der Leistungserbringung einschließlich deren Prüfung,

5. Grundsätze der Vergütungen und ihrer Strukturen einschließlich der Transparenzvorgaben für die Vergütungsverhandlungen zum Nachweis der tatsächlich gezahlten Tariflöhne oder Arbeitsentgelte sowie erstmals bis zum 30. Juni 2019 Grundsätze für die Vergütung von längeren Wegezeiten, insbesondere in ländlichen Räumen, durch Zuschläge unter Einbezug der ambulanten Pflege nach dem Elften Buch,
6. Grundsätze zum Verfahren der Prüfung der Leistungspflicht der Krankenkassen sowie zum Abrechnungsverfahren einschließlich der für diese Zwecke jeweils zu übermittelnden Daten und
7. Anforderungen an die Eignung der Pflegefachkräfte, die Leistungen im Rahmen einer Versorgung nach § 37 Absatz 8 erbringen, sowie Maßnahmen zur Gewährleistung der Wirtschaftlichkeit der im Rahmen einer Versorgung nach § 37 Absatz 8 erbrachten Leistungen.

[5]Um den Besonderheiten der intensivpflegerischen Versorgung im Rahmen der häuslichen Krankenpflege Rechnung zu tragen, sind in den Rahmenempfehlungen auch Regelungen über die behandlungspflegerische Versorgung von Versicherten, die auf Grund eines besonders hohen Bedarfs an diesen Leistungen oder einer Bedrohung ihrer Vitalfunktion einer ununterbrochenen Anwesenheit einer Pflegekraft bedürfen, vorzusehen. [6]In den Rahmenempfehlungen nach Satz 4 Nummer 6 können auch Regelungen über die nach § 302 Absatz 2 Satz 1 und Absatz 3 in Richtlinien geregelten Inhalte getroffen werden; in diesem Fall gilt § 302 Absatz 4. [7]Die Inhalte der Rahmenempfehlungen sind den Verträgen nach Absatz 4 zugrunde zu legen.

(2) [1]Kommt eine Rahmenempfehlung nach Absatz 1 ganz oder teilweise nicht zu Stande, können die Rahmenempfehlungspartner die Schiedsstelle nach Absatz 3 anrufen. [2]Die Schiedsstelle kann auch vom Bundesministerium für Gesundheit angerufen werden. [3]Sie setzt innerhalb von drei Monaten den betreffenden Rahmenempfehlungsinhalt fest.

(3) [1]Der Spitzenverband Bund der Krankenkassen und die für die Wahrnehmung der Interessen von Pflegediensten maßgeblichen Spitzenorganisationen auf Bundesebene bilden erstmals bis zum 1. Juli 2017 eine gemeinsame Schiedsstelle. [2]Sie besteht aus Vertretern der Krankenkassen und der Pflegedienste in gleicher Zahl sowie aus einem unparteiischen Vorsitzenden und zwei weiteren unparteiischen Mitgliedern. [3]Die Amtsdauer beträgt vier Jahre. [4]Über den Vorsitzenden und die zwei weiteren unparteiischen Mitglieder sowie deren Stellvertreter sollen sich die Rahmenempfehlungspartner einigen. [5]Kommt eine Einigung nicht zu Stande, gilt § 89 Absatz 6 Satz 3 entsprechend. [6]Das Bundesministerium für Gesundheit kann durch Rechtsverordnung mit Zustimmung des Bundesrates das Nähere über die Zahl und die Bestellung der Mitglieder, die Erstattung der baren Auslagen und die Entschädigung für den Zeitaufwand der Mitglieder, das Verfahren sowie über die Verteilung der Kosten regeln. [7]§ 129 Absatz 9 und 10 Satz 1 gilt entsprechend.

(4) [1]Über die Einzelheiten der Versorgung mit häuslicher Krankenpflege, über die Preise und deren Abrechnung und die Verpflichtung der Leistungserbringer zur Fortbildung schließen die Krankenkassen Verträge mit den Leistungserbringern. [2]Wird die Fortbildung nicht nachgewiesen, sind Vergütungsabschläge vorzusehen. [3]Dem Leistungserbringer ist eine Frist zu setzen, innerhalb derer er die Fortbildung nachholen kann. [4]Erbringt der Leistungserbringer in diesem Zeitraum die Fortbildung nicht, ist der Vertrag zu kündigen. [5]Die Krankenkassen haben darauf zu achten, dass die Leistungen wirtschaftlich und preisgünstig erbracht werden. [6]Verträge dürfen nur mit zuverlässigen Leistungserbringern abgeschlossen werden, die die Gewähr für eine leistungsgerechte und wirtschaftliche Versorgung bieten. [7]Die Bezahlung von Gehältern bis zur Höhe tarifvertraglich vereinbarter Vergütungen sowie entsprechender Vergütungen nach kirchlichen Arbeitsrechtsregelungen kann dabei nicht als unwirtschaftlich abgelehnt werden; insoweit gilt § 71 nicht. [8]Der Leistungserbringer ist verpflichtet, die entsprechende Bezahlung der Beschäftigten nach Satz 6 jederzeit einzuhalten und sie auf Verlangen einer Vertragspartei nachzuweisen. [9]Im Fall der Nichteinigung wird der Vertragsinhalt durch eine von den Vertragspartnern zu bestimmende unabhängige Schiedsperson innerhalb von drei Monaten festgelegt. [10]Einigen sich die Vertragspartner nicht auf eine Schiedsperson, so wird diese von der für die vertragschließende Krankenkasse zuständigen Aufsichtsbehörde innerhalb eines Monats nach Vorliegen der für die Bestimmung der Schiedsperson notwendigen Informationen bestimmt.

¹¹Die Kosten des Schiedsverfahrens tragen die Vertragspartner zu gleichen Teilen. ¹²Bei der Auswahl der Leistungserbringer ist ihrer Vielfalt, insbesondere der Bedeutung der freien Wohlfahrtspflege, Rechnung zu tragen. ¹³Die Leistungserbringer sind verpflichtet, an Qualitäts- und Abrechnungsprüfungen nach § 275b teilzunehmen; § 114 Absatz 2 des Elften Buches bleibt unberührt. ¹⁴Soweit bei einer Prüfung nach § 275b Absatz 1 Satz 1 bis 3 Qualitätsmängel festgestellt werden, entscheiden die Landesverbände der Krankenkassen oder die Krankenkassen nach Anhörung des Leistungserbringers, welche Maßnahmen zu treffen sind, erteilen dem Leistungserbringer hierüber einen Bescheid und setzen ihm darin zugleich eine angemessene Frist zur Beseitigung der festgestellten Mängel. ¹⁵Der Leistungserbringer hat der Krankenkasse anzuzeigen, dass er behandlungspflegerische Leistungen im Sinne des Absatzes 1 Satz 5 erbringt, wenn er diese Leistungen für mindestens zwei Versicherte in einer durch den Leistungserbringer oder einen Dritten organisierten Wohneinheit erbringt. ¹⁶Abweichend von Satz 1 kann die Krankenkasse zur Gewährung von häuslicher Krankenpflege geeignete Personen anstellen.

## Übersicht

| | Rdn. | | | Rdn. |
|---|---|---|---|---|
| A. Regelungsinhalt | 1 | C. | Ersatzweise Möglichkeit zur Anrufung einer Schiedsstelle betr. Rahmenempfehlungen (Abs. 2) | 56 |
| B. Rahmenempfehlungen (Abs. 1) | 24 | D. | Einrichtung einer Schiedsstelle und deren Ausgestaltung (Abs. 3) | 59 |
| I. Leistung der häuslichen Krankenpflege | 26 | E. | Versorgungsverträge mit Leistungserbringern (Abs. 4) | 65 |
| II. Vereinbarung von Rahmenempfehlungen (Abs. 1 Satz 1 bis 3) | 33 | I. | Verträge über Einzelheiten der Versorgung (Abs. 4 Satz 1) | 70 |
| 1. Ebenen der Vereinbarung und Rechtscharakter | 34 | II. | Abschluss und Beendigung von Verträgen, Fortbildung und Vergütung (Abs. 4 Satz 2 bis 4) | 77 |
| 2. Vertragspartner der Rahmenempfehlungen | 40 | III. | Wirtschaftliche und preisgünstige Leistungserbringung sowie Gewähr hierfür sowie Tarifrecht (Abs. 4 Satz 5 bis 8) | 84 |
| 3. Berücksichtigung der Richtlinien des Gemeinsamen Bundesausschusses | 43 | IV. | Festlegung durch unabhängige Schiedsperson (Abs. 4 Satz 9 bis 11) | 92 |
| 4. Abschluss von Rahmenempfehlungen | 44 | V. | Kriterien für eine Auswahl von Leistungserbringern (Abs. 4 Satz 12) | 99 |
| 5. Einbeziehung von KBV und Deutscher Krankenhausgesellschaft | 45 | VI. | Pflicht zur Teilnahme an Qualitäts- und Abrechnungsprüfungen (Abs. 4 Satz 13) | 101 |
| III. Inhalt der Rahmenempfehlungen – Katalog nach Abs. 1 Satz 4 Nr. 1 bis 6 und Abs. 1 Satz 6 | 46 | VII. | Pflicht zur Anzeige einer Leistungserbringung an Personengruppe (Abs. 4 Satz 14) | 104 |
| IV. Einbeziehung der Besonderheiten der intensivpflegerischen Versorgung (Abs. 1 Satz 5) | 51 | VIII. | Anstellung geeigneter Personen durch die Krankenkassen (Abs. 4 Satz 15) | 107 |
| V. Inhalte der Rahmenempfehlungen sind Verträgen nach Abs. 4 zugrunde zu legen (Abs. 1 Satz 7) | 55 | | | |

## A. Regelungsinhalt

§ 132a gilt in der Fassung des GVWG vom 11.07.2021 (BGBl. I S. 2754) mit Wirkung vom 20.07.2021.   **1**

§ 132a Abs. 1 Satz 5 und Abs. 4 Satz 14 werden durch Art. 2 Nr. 2 GKV-IPReG vom 23.10.2020 (BGBl. I S. 2220) mit Wirkung vom 31.10.2023 aufgehoben.   **2**

Die Erläuterungen folgen weitgehend der Fassung gem. Art. 1 Nr. 72 TSVG vom 06.05.2019 (BGBl. I S. 646) mit Wirkung vom 11.05.2019. Zu den Änderungen ab 20.07.2021 vgl. Rdn. 23a.   **3**

§ 132a wurde mit dem 2. GKV-NOG mit Wirkung vom 01.07.1997 eingefügt. § 132a schließt an den Leistungsanspruch zur häuslichen Krankenpflege nach § 37 an; diese Regelung ist im Zuge   **4**

## § 132a SGB V   Versorgung mit häuslicher Krankenpflege

der Rechtsentwicklung mehrfach erweitert worden und hat vielfachen Bezug zur Pflegeversicherung (SGB XI). Maßgeblich für den Leistungsanspruch sind wiederum die Richtlinien des Gemeinsamen Bundesausschusses hierzu – HKP-Richtlinien, vgl. Erläuterungen zu § 37, bei Redaktionsstand 02/2021 in der Fassung vom 17.09.2020 mit Wirkung vom 05.12.2020.

5   § 132a ermöglicht es dem **GKV-Spitzenverband,** gemeinsam und einheitlich mit den maßgeblichen **Spitzenorganisationen** betr. die Erbringung häuslicher **Krankenpflege** auf Bundesebene (Vertreter der Pflegedienste i.S.d. § 71 SGB XI, vgl. *Schaks* in Sodan, Handbuch Krankenversicherungsrecht, § 28 Rn. 24 mit weiteren Nachweisen) gemeinsame **Rahmenempfehlungen** über eine **einheitliche Versorgung mit häuslicher Krankenpflege** zu vereinbaren. Rahmenempfehlungen können auch unter Beteiligung von Kirchen oder Religionsgemeinschaften sowie dem Wohlfahrtsverband abgeschlossen werden, vgl. Abs. 1 Satz 1 Hs. 2. Dabei soll durch die Rahmenempfehlungen »eine einheitliche und flächendeckende (Letzteres ausdrücklich mit Wirkung vom 11.04.2017 mit dem HHVG eingefügt) Versorgung« erreicht werden. Verfügbar ist ein Rahmenvertrag gem. §§ 132 und 132a zur Erbringung von häuslicher Krankenpflege und Haushaltshilfe in der jeweils aktuellen Fassung, mit Anlagen von mehr als 100 Seiten.

6   Die Regelung zielt darauf ab, für das **gesamte Bundesgebiet** eine qualitativ gleichwertige Versorgung zu gewährleisten. Dabei trägt § 132a der Vielfalt des Trägerangebots Rechnung, vgl. auch § 71 SGB XI. Kritik aus der Praxis veranlasste den Gesetzgeber mit dem PSG III auch ein **Schiedsverfahren (Abs. 2)** vorzusehen. Mit Wirkung vom 29.12.2015 war **Abs. 1 Satz 4 Nr. 5** um die Angaben zu »Transparenzvorgaben für die Vergütungsverhandlungen zum Nachweis der tatsächlich gezahlten Tariflöhne oder Arbeitsentgelte« erweitert worden (hier noch als Satz 1 Nr. 6) und ab 01.01.2019 wiederum neu gefasst. Der Gesetzgeber hatte mehrfach Fristen zur Abgabe und Anpassung ergebnislos vorgegeben (bis 2013 und zum 01.06.2016) und deshalb von einer erneuten Fristsetzung abgesehen, vgl. BT-Drs. 18/10510 S. 130, 131. Mit dem PpSG sind Ergänzungen zur Entlohnung der Mitarbeiterinnen und Mitarbeiter sowie der besseren Vergütung von Wegezeiten aufgenommen worden.

7   In den **Rahmenempfehlungen** sind auch die Grundsätze zum Verfahren zur Prüfung der Leistungspflicht der Krankenkassen sowie zum Abrechnungsverfahren einschließlich der für diese Zwecke jeweils übermittelten Daten zu regeln. Dies gilt auch für die Anwendung der **Abrechnungsvorschriften** nach § 302, wobei nach Maßgabe des **§ 302 Abs. 4 die Rahmenempfehlungen Vorrang** gegenüber Richtlinien haben, vgl. Abs. 1 Satz 6.

8   **Abs. 1 Satz 2 und 3** schreibt vor, dass der **KBV** und die **DKG** vor Abschluss der Verträge **Gelegenheit zur Stellungnahme** zu geben ist und die Stellungnahmen in den Entscheidungsprozess einzubeziehen sind. Dabei handelt es sich um kein sonderlich starkes Recht, zumal evtl. Einwänden nicht gefolgt werden muss, vgl. *Schaks* in Handbuch Krankenversicherungsrecht § 28 Rn. 25. Die Inhalte habe jedoch in die Entscheidungsfindung einzufließen.

9   Die Rahmenempfehlungen sind wiederum auf der Grundlage der **Richtlinien des Gemeinsamen Bundesausschusses** nach § 92 Abs. 1 Satz 2 Nr. 6 (vgl. Richtlinien über die Verordnung von »häuslicher Krankenpflege«) zu erarbeiten, vgl. *Altmiks* in Kass.Komm SGB V 03/2020 § 132a Rn. 15. Die **Rahmenempfehlungen** der Spitzenverbände wie auch die **Richtlinien** des Gemeinsamen Bundesausschusses haben in Übereinstimmung mit der höchstrichterlichen Rechtsprechung **unterschiedliche Regelungsgegenstände und Zielrichtungen** (vgl. BSG a.a.O. Rn. 28).

10  Die **Richtlinien** setzen als **normativ wirkende Regelungen** an der vertragsärztlichen Verordnung an und beschrieben zu diesem Zweck die einzelnen Arten und den Umfang der von den Vertragsärzten zu verantwortenden Krankenpflegeleistungen. Demgegenüber sollten die **Rahmenempfehlungen** Empfehlungen »über die einheitliche Versorgung mit häuslicher Krankenpflege« abgeben und dabei insbesondere auch »Inhalte der häuslichen Krankenpflege einschließlich deren Abgrenzung« regeln. Die Geltung ist – im Gegensatz zu den Richtlinien – nicht normativ, sondern wirkt auf vertraglicher Ebene. Eine normative Wirkung ist auch nicht erforderlich. Es genügt, wenn diese für den Abschluss von Verträgen **rechtlich binden**, vgl. *Hess* in KassKomm SGB V Vorauflage 10/2014 § 132a Rn. 6; *Altmiks* in KassKomm SGB V 03/2020 § 132a Rn. 16, 17, unter Hinweis darauf, dass aus

Abs. 1 Satz 7 in der Fassung ab 01.01.2017 ein höheres Maß der Verbindlichkeit folge; vgl. weiter *Rixen* in Becker/Kingreen SGB V § 132a Rn. 2.

Die **Bewertung des sog. Partnerschaftsmodells** und des Nebeneinanders von Rahmenvereinbarung und Richtlinien musste längere Zeit unter der Sachlage bewertet werden, dass die Rahmenvereinbarung nicht zustande gekommen war (und auch nur in Teilen realisiert werden konnte) und zunächst die Richtlinien über längere Zeit bereits verfügbar waren und sind, vgl. eingehend *Rixen* in Becker/Kingreen SGB V 2020 § 132a Rn. 3 und zuvor BSG Urt. v. 31.05.2006 – B 6 KA 69/04 R – SozR 4–2500 § 132a Nr. 3, GesR 2007, 90. Die Reihenfolge bezüglich der Verfügbarkeit von Rahmenvereinbarung und Richtlinien hat an der rechtlichen Bewertung jedoch nichts geändert; allerdings waren im Rahmen der Vertragsfindung nach Abs. 2 verschiedene Tatbestände in den Verträgen zu regeln, die nachfolgend Gegenstand der Rahmenvereinbarung wurden. 11

Um den **Besonderheiten der intensivpflegerischen Versorgung** im Rahmen der **häuslichen Krankenpflege** Rechnung zu tragen, gehört es zum weiteren Inhalt nach **Abs. 1 Satz 5** in der Fassung ab 01.01.2017, in den Rahmenempfehlungen auch Regelungen über die behandlungspflegerische Versorgung von Versicherten, die aufgrund eines besonders hohen Bedarfs an diesen Leistungen oder einer Bedrohung ihrer Vitalfunktion einer ununterbrochenen Anwesenheit einer Pflegekraft bedürfen, vorzusehen. Mit der Neuregelung soll auch die aktuelle Diskussion um die Sicherstellung der notwendigen Versorgungsqualität bei der Erbringung von Leistungen der Beatmungspflege aufgegriffen und geregelt werden, vgl. BT-Drs. 18/10510 S. 131. 12

Zudem wird mit **Abs. 1 Satz 7** in der Fassung ab 01.01.2017 (verstärkend) klargestellt, dass die Inhalte der Rahmenempfehlungen in den Verträgen nach Abs. 4 zugrunde zu legen sind, vgl. *Altmiks* in KassKomm SGB V 03/2020 § 132a Rn. 17. 13

Die schleppende und nur teilweise Realisierung der Rahmenempfehlungen nach Abs. 1 veranlasste den Gesetzgeber des PSG III mit Wirkung vom 01.01.2017 in **Abs. 2 (neu)** eine **Schiedsstelle** vorzusehen, die nach Maßgabe dieser Regelung von den Vertragspartnern wie **auch vom BMG** angerufen werden kann. Die Zusammensetzung wie auch Regelungen zur Arbeitsweise dieser Schiedsstelle werden in Abs. 3 geregelt (einschließlich Amtsdauer, Bestellung der Mitglieder, Erstattung der Auslagen usw., wobei Klagen gegen Festsetzung der Schiedsstelle keine aufschiebende Wirkung haben, wie üblicherweise geregelt). Die **Schiedsstelle** wird gemeinsam vom GKV-Spitzenverband und den für die Wahrnehmung der Interessen von Pflegediensten maßgeblichen Spitzenorganisationen auf Bundesebene gebildet. 14

**Abs. 4** eröffnet die Möglichkeit, **Verträge** (wohl auf Landesebene) **abzuschließen** und die Versorgung der Versicherten mit Leistungen der häuslichen Krankenpflege möglichst einheitlich und wirtschaftlich zu regeln. Die Verträge sind Grundlage für die Leistungserbringung; ein **förmliches Zulassungsverfahren** ist daneben **nicht** vorgesehen (vgl. *Schaks* in Sodan, Handbuch Krankenversicherungsrecht, § 28 Rn. 29; *Schneider* in jurisPK-SGB V 06/2020 § 132a Rn. 33), vielmehr werden die insoweit erforderlichen Prüfkriterien bezüglich des Leistungserbringers nach Vorgaben des Abs. 4 wie auch der **Rahmenvereinbarung** (soweit existent) konkretisiert. 15

Dabei sind die **Richtlinien** des Gemeinsamen Bundesausschusses zu berücksichtigen, denen Normcharakter zukommt, wie auch die **Rahmenvereinbarung nach Abs. 1 Satz 1** (ohne Normwirkung, aber bindend nach Abs. 1 Satz 7), die **für die Vertragsparteien verbindlich** ist. Die Verordnung häuslicher Krankenpflege erfolgt bei medizinischer Notwendigkeit, wobei ausweislich dieser Richtlinien der **Eigenverantwortung des Versicherten** ein hoher Stellenwert zukommt und **wirtschaftliche Versorgungsalternativen** zu berücksichtigen sind. Vornehmlich im Bereich der **häuslichen Krankenpflege** werden von den Krankenkassen unter verstärkter Einschaltung des MD (in der Organisationsform ab 2020/2021, vgl. § 278 SGB V, in der Nachfolge zum MDK) die Notwendigkeit und die Dauer der Verordnungsinhalte geprüft, um auch einer Ausweitung der Leistungsmenge entgegenzuwirken. 16

**Abs. 4** greift bereits bestehende Bestimmungen zur Versorgung mit häuslicher Krankenpflege sowie über Preise und Abrechnung auf. Es soll ein Beitrag zu einer qualitätsgesicherten Leistungserbringung in der häuslichen Krankenpflege geleistet werden. Dies schließt zwingend die Fortbildung ein, 17

§ 132a SGB V    Versorgung mit häuslicher Krankenpflege

vgl. Abs. 1 Satz 4 Nr. 2. Bei der **Vertragsfindung** sind **Wirtschaftlichkeit, Preisgünstigkeit und Vielfaltsangebot** jeweils angemessen zu berücksichtigen, vgl. *Schaks* in Handbuch Krankenversicherungsrecht 2014 § 28 Rn. 33; *Altmiks* in KassKomm SGB V 03/2020 § 132a Rn. 25 bis 33a. Erfüllt ein interessierter Leistungsberechtigter die Voraussetzungen, hat dieser regelmäßig einen Anspruch auf Vertragsschluss, schon im Hinblick auf den **Grundsatz der Vielfalt der Anbieter**, vgl. *Schaks* a.a.O. Rn. 34. Abzustellen ist auf die Richtlinie des GKV-Spitzenverbandes über die Durchführung und den Umfang von Qualitäts- und Abrechnungsprüfungen gem. § 275b von Leistungserbringern mit Verträgen nach § 132a Abs. 4 (Qualitätsprüfungs-Richtlinie häusliche Krankenpflege – OPR-HKP) mit Anlagen 1 bis 3 in der jeweils aktuellen Fassung unter Bezugnahme auf § 282 Abs. 2 Satz 3.

18  Ob **Abweichungen im Leistungsangebot** die Ablehnung eines Anbieters rechtfertigen, ist fraglich und die Kriterien sind streitig. Allein auf den Preis und daraus abgeleitet auf eine »Diskriminierung« abzustellen, erscheint kritisch, so aber wohl (noch) BSG Beschl. v. 27.05.2004 – B 3 KR 29/03 B, vgl. *Schaks* a.a.O. Rn. 35 unter Bezugnahme auf *Schneider* in jurisPK-SGB V 12/2016 § 132a Rn. 10. Ob dann die Hinzuziehung des Leistungserbringers im Einzelfall erfolgt, wird vom Versicherten in Verbindung mit der Verordnung entschieden; ein Auswahlrecht des Versicherten ist durchaus gerechtfertigt.

19  Pflegeeinrichtungen haben zudem die jeweils geforderte, vertraglich **vereinbarte Qualifikation** der Mitarbeiter zu erfüllen, auch wenn die Leistung ansonsten ordnungsgemäß durchgeführt wird, vgl. BGH Urt. v. 08.10.2015 – III ZR 93/15, GesR 2015, 752; PflR 2016, 33; vgl. ferner LSG Berlin-Brandenburg Urt. v. 14.12.2016 – L 9 KR 9/14 (erfolglose NZB).

20  Der Fall, dass eine **entsprechende Einigung nicht zustande kommt**, ist in den Verträgen dahingehend zu regeln, dass eine von den Parteien zu bestimmende unabhängige **Schiedsperson** tätig wird; diese soll den Vertragsinhalt **binnen drei Monaten** festlegen, vgl. in der Fassung ab 01.01.2017 **Abs. 4 Satz 7.** Bei fehlender Einigung bestimmt die Aufsichtsbehörde diese Person; dies erfolgt **innerhalb eines Monats** nach Vorliegen der für die Bestimmung der Schiedsperson notwendigen Informationen, Abs. 4 Satz 8. Bereits mit den Änderungen zu Abs. 2 Satz 6 und 7 ab 29.12.2015 bis 31.12.2016 sollte das Verfahren beschleunigt werden, nachdem die Fassung ab 2013 erhebliche Zeit in Anspruch genommen hatte und inhaltlich recht umstritten war und nur »unvollständig« ist, vgl. BT-Drs. 18/10510 S. 132, 133.

21  Der **Schiedsspruch der Schiedsperson** ergeht **nicht als Verwaltungsakt** (hier zur hausarztzentrierten Versorgung entsprechend); richtige Klageart ist deshalb bei einer behaupteten Rechtswidrigkeit eines Vertrags die **Feststellungsklage**, vgl. BSG Urt. v. 25.03.2015 – B 6 KA 9/14 R – SozR 4-2500 § 73b Nr. 1. Die Schiedsperson ist »Vertragshelfer« und **unterscheidet** sich maßgeblich von der Schiedsstelle, die etwa selbst Beteiligter eines Verfahrens sein kann.

22  Zum **Schriftformerfordernis** der Kündigung eines Versorgungsvertrags (§ 59 Abs. 2 SGB X) reicht der Zugang gegenüber einem Vertreter, vgl. BSG Beschl. v. 22.04.2015 – B 3 KR 26/14 B. **Regelungslücken in einem Vertrag** (hier die Leistung »Abnehmen von Kompressionsverbänden« nach § 132a Abs. 2 sollten nicht durch eine analoge Anwendung (hier §§ 315, 316, 612, 818 BGB) einer anderen Gebührenposition (hier »Anlegen«) geschlossen werden, vielmehr bedürfe es einer Regelung in einem Schiedsverfahren, vgl. LSG Berlin-Brandenburg Urt. v. 24.04.2015 – L 9 KR 124/13. Zum **Einstweiligen Rechtsschutz** gegen die **Kündigung** eines mit einem ambulanten Pflegedienst geschlossenen Versorgungsvertrags vgl. LSG Nordrhein-Westfalen Beschl. v. 30.07.2015 – L 11 KR 303/15 B ER. Zur Auswahl des Leistungserbringers durch den Versicherten, hier auch im einstweiligen Rechtschutz, vgl. LSG Berlin-Brandenburg Beschl. v. 28.06.2017 – L 1 KR 146/17 B ER, PflR 2017, 665.

23  **Abs. 1 Satz 5 und Abs. 4 Satz 14** werden durch Art. 2 Nr. 2 Gesetz zur Stärkung von intensivpflegerischer Versorgung und medizinische Rehabilitation in der gesetzlichen Krankenversicherung (Intensivpflege- und Rehabilitationsstärkungsgesetz – GKV-IPReG) vom 23.10.2020 (BGBl. I S. 2220) mit Wirkung vom **31.10.2023** aufgehoben, vgl. auch BT-Drs. 19/19368 S. 41. Es handelt sich um eine Folgeänderung zur zeitgleichen Neuregelung der Versorgung mit außerklinischer Intensivpflege in § 132j.

**§ 132a Abs. 1 Satz 4 Nr. 7** wurde angefügt, **Abs. 4 Satz 6** geändert (»zuverlässigen« eingefügt) und **Abs. 4 Satz 14** eingefügt durch Art. 1 Nr. 38 Gesetz zur Weiterentwicklung der Gesundheitsversorgung (Gesundheitsversorgungsweiterentwicklungsgesetz – **GVWG**) vom **11.07.2021** (BGBl. I S. 2754) mit Wirkung vom **20.07.2021**. Mit Abs. 1 Satz 4 Nr. 7 soll die Gewähr für eine leistungsgerechte und wirtschaftliche Versorgung sichergestellt werden, hier mit Verträgen mit zuverlässigen Leistungserbringern, vgl. BT-Drs. 19/26822 S. 86. In der Ausschussberatung sind weitere Änderungen erfolgt: Der GKV-Spitzenverband und die für die Wahrnehmung der Interessen von Pflegediensten maßgeblichen Spitzenorganisationen auf Bundesebene erhalten den Auftrag, in den Rahmenempfehlungen die Anforderungen an die Eignung der qualifizierten Pflegefachpersonen zu regeln, die über die Dauer und Häufigkeit bestimmter ärztlich verordneter Maßnahmen der häuslichen Krankenpflege entscheiden können, vgl. BT-Drs. 19/30560 S. 45. Um die Wirtschaftlichkeit im Rahmen einer Versorgung nach § 37 Abs. 8 erbrachten Leistungen zu gewährleisten, erhielten die Rahmenempfehlungspartner den Auftrag, entsprechende Maßnahmen zu vereinbaren. Mit den Änderungen werde festgelegt, dass auch Leistungserbringer, die ausschließlich Leistungen der häuslichen Krankenpflege erbrächten, zur Nachbesserung von im Rahmen der Qualitätsprüfung nach § 275b festgestellten Qualitätsmängeln aufgefordert werden könnten.

## B. Rahmenempfehlungen (Abs. 1)

Das **Leistungserbringerrecht nach § 132a** schließt an den **Anspruch auf häusliche Krankenpflege nach § 37** an. Die Möglichkeiten der häuslichen Krankenpflege sind fortlaufend erweitert worden. § 132a Abs. 1 bis 3 beinhaltet Vorgaben für **Rahmenempfehlungen auf Bundesebene**, während **Abs. 4** (in der Fassung bis 31.12.2016 Abs. 2) Vorgaben für **Verträge zwischen den Krankenkassen und den Leistungserbringern** – hier auch mit einem Verbund von Krankenkassen und einem Verbund von Leistungserbringern – regelt. Basis für beide – Rahmenempfehlungen und Verträge – sind neben den gesetzlichen Regelungen die HKP-Richtlinie. Mit dem PpSG ist zu Abs. 1 mit Wirkung vom 01.01.2019 eine Regelung zur besseren Vergütung der Wegezeiten, insbesondere in ländlichen Räumen, hinzugekommen (vgl. BT-Drs. 19/5592 S. 116 in der Fassung der Ausschussberatung). Maßgeblich sind zum Redaktionszeitpunkt (02/2021) die Richtlinien vom 14.10.2020.

Sollte die Versorgung mit häuslicher Krankenpflege nicht ausreichen, steht auch die Kurzzeitpflege nach **§ 39c** (und zu den Versorgungsverträgen § 132h) zur Verfügung. Hier werden Regelungsformen der Pflegeversicherung (vgl. § 42 SGB XI) auf das Krankenversicherungsrecht angepasst übernommen.

### I. Leistung der häuslichen Krankenpflege

Der Regelung zur Leistungserbringung von häuslicher Krankenpflege entspricht der **Leistungsanspruch nach § 37**. § 37 erfasst in **Abs. 1 die Krankenhausersatzpflege** und in **Abs. 2 die Pflege zur Sicherung der ärztlichen Behandlung** und beschreibt damit die wesentlichen Anlässe für die Bewilligung von häuslicher Krankenpflege. Bei einem Palliativbezug ist auch die »Spezialisierte ambulante Palliativversorgung« angezeigt, vgl. § 37b.

Die Leistung nach § 37 (hier in der Fassung ab 29.10.2020 bzw. ab 31.10.2023) wird regelmäßig als **Dienstleistung** (als sog. Naturalleistung) nach dem Sachleistungsgrundsatz der GKV erbracht. Nach Maßgabe des § 37 Abs. 4 können die Kosten für eine selbst beschaffte Pflegekraft – nach ärztlicher Verschreibung und Unterrichtung der Krankenkasse, wenn diese keine Krankenpflegekraft stellen kann, vgl. *Rixen* in Becker/Kingreen SGB V § 37 Rn. 14) – auch in angemessener Höhe erstattet werden.

Inhaltlich umfasst die häusliche Krankenpflege die Behandlungspflege, teilweise aber auch Grundpflege und hauswirtschaftliche Versorgung (soweit nicht § 38 greift, wobei in der Praxis auch beide Regelungsziele zugleich abgedeckt werden können, vgl. Erläuterungen zu §§ 37, 38, wenn die Anspruchsvoraussetzungen zu **beiden** Leistungsbereichen erfüllt sind). Reicht die Krankenhausersatzpflege nicht, kommt die Kurzzeitpflege nach § 39c (mit Versorgungsvertrag nach § 132h) in Betracht; auch diese ist nachrangig, etwa gegenüber SGB XI-Leistungen.

Auf die **Krankenhausersatzpflege** als Leistung der häuslichen Krankenpflege (§ 37 Abs. 1) besteht ein **Rechtsanspruch**. Voraussetzung ist, dass der **Berechtigte versichert** ist, einschließlich der Möglichkeit der Familienversicherung, dass **Leistungen** im Haushalt, in der Familie oder an einem geeigneten Ort **nicht möglich** sind und dass Krankenhausbehandlung geboten (der Begriff »geboten« soll im Sinne von »erforderlich« verstanden werden, vgl. BSG Urt. v. 28.01.1999 – B 3 KR 4/98 R – SozR 3–2500 § 37 Nr. 1 und vom 20.04.1988 – 3/8 RK 16/86 – SozR–2200 § 185 Nr. 5), aber nicht ausführbar ist, etwa weil diese nicht verfügbar ist, vermieden oder verkürzt werden soll. Die Leistungsberechtigung über einen konkreten Haushalt hinaus auch auf Einrichtungen des betreuten Wohnens und auf Schulen und Kindergärten, bei hohem Pflegeaufwand auch auf Werkstätten für behinderte Menschen.

30 Eine **Krankenhausbehandlung** ist **erforderlich**, wenn die notwendige medizinische Versorgung nur mit den besonderen Mitteln eines Krankenhauses durchgeführt werden kann, etwa im Hinblick auf eine spezielle apparative Ausstattung, besonders geschultes Personal sowie die jederzeitige Eingriffsmöglichkeit eines Arztes, vgl. BSG Urt. v. 28.01.1999 – B 3 KR 4/98 R – SozR 3–2500 § 37 Nr. 1, NZS 2000, 27 mit weiteren Nachweisen.

31 Die **Krankenhausvermeidungspflege** beinhaltet die **Behandlungspflege** und die **Grundpflege** sowie die **hauswirtschaftliche Versorgung** (§ 37 Abs. 1 Satz 2). Der Anspruch ist grundsätzlich auf vier Wochen je Krankheitsfall begrenzt, § 37 Abs. 1 Satz 4, kann aber auch unter Einbeziehung des MD (vgl. § 275, hier in der Organisationsform ab 2020/2021, vgl. § 278 in der Nachfolge des MDK) für einen längeren Zeitraum bewilligt werden, Abs. 1 Satz 4 und Verlängerung nach Satz 5. Nach Satzungsrecht kann diese Leistung nach Maßgabe des § 11 Abs. 6 erweitert werden, vgl. *Marburger* betr. die Freiräume der Krankenkassen im Zusammenhang mit der Leistungsgewährung, Die Leistungen 2014, 169 sowie *ders.* ZfF 2013, 82.

32 **Näheres zur häuslichen Krankenpflege** wird in den Richtlinien über die Verordnung von häuslicher Krankenpflege in der vertragsärztlichen Versorgung nach § 92 Abs. 1 Satz 2 Nr. 6 und Abs. 7 (**Häusliche Krankenpflege-Richtlinie**) vom Gemeinsamen Bundesausschuss vom 17.09.2009 in der jeweils aktuellen Fassung und meist schon mit abgeschlossenen Beschlussfassungen, die noch nachgehend in Kraft treten, geregelt; auf die jeweils aktuellen Nachweise des Gemeinsamen Bundesausschuss im Internet wird Bezug genommen.

### II. Vereinbarung von Rahmenempfehlungen (Abs. 1 Satz 1 bis 3)

33 Der GKV-Spitzenverband **hat** nach **Abs. 1 Satz 1** mit den für die »Wahrnehmung der Interessen von Pflegediensten maßgeblichen Spitzenorganisationen auf Bundesebene **Rahmenempfehlungen** über die einheitliche Versorgung mit häuslicher Krankenpflege abzugeben«. Diese Rahmenempfehlungen, für deren Vereinbarung ein Termin bis zum 01.07.2013 vorgeben war, sind unter dem 10.12.2013 mit Wirkung vom 01.01.2014 »abgegeben« worden, allerdings nur in Teilbereichen (zu den beteiligten Stellen vgl. auch *Altmiks* in KassKomm SGB V 03/2020 § 132a Rn. 7). Damit ist der gesetzliche Auftrag im Grunde nicht ausreichend erfüllt worden (so die Bewertung in den Materialien zum PSG III in BT-Drs. 18/10510 S. 130, 131). Ein weiterer Auftrag ist mit Wirkung vom 29.12.2015 erfolgt, der bis zum 1. Juni 2016 zu erfüllen war, hier vornehmlich auch unter Berücksichtigung von Abs. 1 Satz 4 Nr. 6 in der Fassung ab 29.12.2015 bis 31.12.2016, nachfolgend Satz 4 Nr. 5. Mit Wirkung vom 01.01.2017 hat der Gesetzgeber von weiteren Fristsetzungen abgesehen und ein Schiedsverfahren insoweit vorgesehen (vgl. Abs. 2 und zur Einrichtung Abs. 3), verbunden mit einem Antragsrecht des BMG (Abs. 2 Satz 2).

#### 1. Ebenen der Vereinbarung und Rechtscharakter

34 § 132a regelt **verschiedene Ebenen** von generellen Vorgaben bis zur Vereinbarung im Einzelfall und hier unter Anwendung der **Rahmenempfehlungen** nach Abs. 1, die wiederum mit den **Richtlinien** des Gemeinsamen Bundesausschusses zur häuslichen Krankenpflege (HKP-Richtlinie) abzugleichen sind. Die **Richtlinien** setzten als **normativ** wirkende Regelungen an der vertragsärztlichen Versorgung an und sind in dem Rahmenempfehlungen zwingend zu beachten, vgl. *Altmiks* in KassKomm SGB V 03/2020 § 132a Rn. 17, nach Abs. 4 »zugrunde zu legen«). Diese beschriebe zu diesem Zweck die einzelnen **Arten** und den **Umfang** der von den Vertragsärzten zu verantwortenden Krankenpflegeleistungen auch mit Wirkung für die Versicherten und für die Krankenkassen.

Bezüglich der **normativen Wirkung** der Richtlinien wird auf die Erläuterungen zu § 92 Bezug genommen.

Demgegenüber sollten die **Rahmenempfehlungen** Empfehlungen über die einheitliche Versorgung mit häuslicher Krankenpflege abgeben und dabei insbesondere auch Inhalte der häuslichen Krankenpflege einschließlich deren Abgrenzung regeln, hier unter Bezugnahme auf § 132a Abs. 1 Satz 4 Nr. 1. Diese Rahmenempfehlungen sind rechtlich nicht »normativ« verbindlich, wohl auch nicht nach der Rechtslage ab 01.01.2017, wenngleich auch eine **Verpflichtung** zu deren »Ablieferung« besteht, Abs. 1 Satz 7 und *Rixen* in Becker/Kingreen SGB V § 132a Rn. 5 unter Hinweis auf einen höheren Grad der Verbindlichkeit. Rechtsverbindlich werden diese jedoch als **Vertragsinhalt**, indem Verträge auf der Grundlage der Rahmenempfehlungen (wie auch zwangsweise und von Gesetzes wegen der Richtlinien) abzuschließen sind, vgl. *Luthe* in Hauck/Noftz SGB V 03/17 § 132a Rn. 9; *Schneider* in jurisPK-SGB V 06/2020 § 132a Rn. 13; *Altmiks* in KassKomm SGB V 03/2020 § 132a Rn. 16. 17, mit Differenzierungen. 35

**Ziel dieser Empfehlungen,** die nach der Rechtslage ab 01.01.2017 im Wege eines Schiedsverfahrens (vgl. Abs. 2 und 3 in der Fassung ab 01.01.2017), auch auf Antrag des BMG »durchgesetzt« werden können, ist es, eine im ganzen **Bundesgebiet qualitativ gleichwertige Versorgung** zu gewährleisten. Dazu zählen ausweislich der Materialien insbesondere auch **inhaltliche Leistungsbeschreibungen** einschließlich der Abgrenzung der einzelnen Arten der häuslichen Krankenpflege, hier der **Grundpflege,** der **Behandlungspflege** sowie der **hauswirtschaftlichen Versorgung.** Rahmenempfehlungen sollten das »Wie« und nicht das »Ob« oder das »Was« der einzelnen Pflegemaßnahme regeln (hier auch als sogenanntes Partnerschaftsmodell beschrieben, vgl. *Schaks* in Sodan, Handbuch Krankenversicherungsrecht, § 28 Rn. 28). 36

Die **Richtlinien** (des Gemeinsamen Bundesausschusses) und die **Rahmenempfehlungen** (unter Mitwirkung des GKV-Spitzenverbandes) enthalten somit unterschiedliche Regelungsgegenstände im Prozess fortschreitender Konkretisierung des Rechts der Versicherten auf Leistungen häuslicher Krankenpflege. Dieser funktionalen Aufteilung kann in Übereinstimmung mit den Materialien nicht entgegengehalten werden, dass den Richtlinien stets Vorrang zukommen müsse, schon im Hinblick auf ihre normative Wirkung in der Rangordnung von Regelungen. Bezüglich des Rechtscharakters der Empfehlungen wird mit *Luthe* (in Hauck/Noftz SGB V 03/17 § 132a Rn. 8, 9) davon auszugehen sein, dass diesen – im Gegensatz zu Rahmenverträgen – **keine** den Richtlinien des Gemeinsamen Bundesausschusses vergleichbare Rechtswirkung zugeordnet werden kann. 37

Von den **Rahmenempfehlungen** der Vereinbarungspartner unter maßgeblicher Mitwirkung des GKV-Spitzenverbandes und den **Richtlinien** des Gemeinsamen Bundesausschusses sind wiederum **Rahmenverträge** zwischen **Krankenkassen und Leistungserbringern** bzw. Pflegediensten zur Versorgung i.S.d. Abs. 2 sowie deren Konkretisierung im Einzelfall zu unterscheiden. Der **Vereinbarungsebene** zwischen **Krankenkassen und Leistungserbringern** kommt auch insoweit eine entscheidende Bedeutung zu, als ein **förmliches Zulassungsverfahren nicht vorgesehen** ist und mit dem Vertragsschluss zugleich Fragen der Wirtschaftlichkeit, Preisgünstigkeit und Qualität einbezogen werden. Dies hat Auswirkungen bis zur Vergütung, ggf. auch zivilrechtlich: Ein Mitarbeiter eines Pflegedienstes muss über die vereinbarte Qualifikation verfügen, um den Vergütungsanspruch zu rechtfertigen, vgl. BGH Urt. v. 08.10.2015 – III ZR 93/15, GesR 2015, 752. 38

Dazu gehört auch die Erfüllung der **Fortbildungspflicht nach Abs. 4 Satz 2 bis 4** (vergleichbar Abs. 2 Satz 1 bis 4 in der Fassung bis 31.12.2016), mit allen Konsequenzen und mit Nachfristsetzungen, einschließlich der Möglichkeit der Kündigung von Verträgen. Auf dieser Ebene wird zudem die Frage des **Anspruchs auf Vertragsschluss** bewertet, verbunden mit der Regelung durch eine Schiedsperson. 39

## 2. Vertragspartner der Rahmenempfehlungen

**Rahmenempfehlungen** werden zwischen dem **GKV-Spitzenverband** (vgl. §§ 213, 217a) und den **Spitzenorganisationen von Pflegediensten auf Bundesebene** vereinbart. Soweit hier der Begriff der **Pflegedienste** verwendet wird, ergibt sich inhaltlich eine Parallele zum **Recht der sozialen Pflegeversicherung,** vgl. § 71 SGB XI. Dies gilt jedenfalls begrifflich für **Pflegedienste,** wenngleich auch 40 für den Bereich des SGB XI dieser Begriff **mit Bezug zum Zulassungsrecht** der Leistungserbringer für das **SGB XI** (speziell geregelt, Zulassung durch Versorgungsvertrag nach Maßgabe des § 72 Abs. 1 Satz 1 SGB XI) weiter konkretisiert wird. Dies schließt jedoch nicht aus, dass Krankenkassen an einen höheren Standard bezüglich der Ausbildung und Qualitätssicherung bei Pflegediensten für den Bereich der sozialen Pflegeversicherung anknüpfen.

41 **Spitzenorganisationen der Pflegedienste** können die **Rechtmäßigkeit der Richtlinie zur häuslichen Krankenpflege** im Wege der Feststellungsklage zur gerichtlichen Überprüfung stellen. Demgegenüber sind jedoch **Klagen einzelner Pflegedienste unzulässig,** wohl aber ist eine »Incidenter-Prüfung« gegeben, vgl. LSG Sachsen Urt. v. 18.12.2009 – L 1 KR 89/06. Der Gemeinsame Bundesausschuss ist befugt, in Richtlinien zur häuslichen Krankenpflege einen **abschließenden Leistungskatalog verordnungsfähiger Krankenpflegemaßnahmen** vorzugeben, vgl. BSG Urt. v. 31.05.2006 – B 6 KA 69/04 R – SozR 4–2500 § 132a Nr. 3, GesR 2007, 90, PflR 2007, 227.

42 Der **Kreis der Vertragspartner** wird nicht von Gesetzes wegen genau abgegrenzt, sondern unterliegt einer gewissen Erfahrung und damit auch Wertung des GKV-Spitzenverbandes und dann schließlich auch der Vertragspartner selbst, vgl. *Luthe* in Hauck/Noftz SGB V 03/17 § 132a Rn. 7 sowie BT-Drs. 13/7264 S. 68; *Altmiks* in KassKomm AFG V 03/2020 § 132a Rn. 5 bis 7.

### 3. Berücksichtigung der Richtlinien des Gemeinsamen Bundesausschusses

43 Bei der Erarbeitung der Rahmenempfehlungen sind die **Richtlinien des Gemeinsamen Bundesausschusses zur häuslichen Krankenpflege** (HKP-Richtlinien) nach § 92 Abs. 1 Satz 2 Nr. 6 zu berücksichtigen. Die normative Wirkung, die zudem zu einer umfassenden Rechtswirkung führt, ist allgemein anerkannt, vgl. für viele BSG Urt. v. 01.07.2014 – B 1 KR 15/13 R – SozR 4–2500 § 137 Nr. 4, hier auch zur inhaltlichen Regelungsbefugnis; vgl. ferner BSG Urt. v. 07.05.2020 – B 3 KR 4/19 R, Die Leistungen Beilage 2020, 308 mit Anm. *Walther* GesR 2020, 712 und *Klopstock* NZS 2020, 908. Die HKP-Richtlinien sind zwingendes Recht und Rahmenempfehlungen dürfen zu diesen nicht in einem Widerspruch stehen, vgl. *Altmiks* in KassKomm SGB V 03/2020 § 132a Rn. 15.

### 4. Abschluss von Rahmenempfehlungen

44 **Rahmenempfehlungen** sind zwischen dem GKV-Spitzenverband und den Spitzenorganisationen der Pflegedienstebene einvernehmlich zu vereinbaren. Die **Möglichkeiten einer Beschleunigung der Einigung** einschließlich von Formen der Ersatzvornahme sind eingehend erörtert worden, vgl. *Rixen* in Becker/Kingreen SGB V § 132a Rn. 3, allerdings zwischenzeitlich durch den Abschluss einer Vereinbarung und dessen »Abgabe« nur teilweise gegenstandslos geworden. Weiteres ist im Sinne der »verschärften« Auftragserteilung ab 01.01.2017 (vgl. Abs. 2 und 3, mit Schiedsverfahren) geboten.

### 5. Einbeziehung von KBV und Deutscher Krankenhausgesellschaft

45 Vor dem Abschluss einer Vereinbarung ist der **Kassenärztlichen Bundesvereinigung** (KBV) wie auch der **Deutschen Krankenhausgesellschaft** (DKG) »Gelegenheit zur **Stellungnahme**« zu geben, vgl. Abs. 1 Satz 2. Die **Stellungnahmen** sind in den Entscheidungsprozess der Partner der Rahmenempfehlungen **einzubeziehen**, vgl. Abs. 1 Satz 3. Dabei handelt es sich um ein nicht sehr hoch eingestuftes Beteiligungsrecht, das jedoch im Hinblick auf die Verbesserung bei Schnittstellenproblemen sowie der Zusammenarbeit von Vertragsärzten, Krankenhäusern und anschließender häuslicher Krankenpflege wichtig erscheint, vgl. *Altmiks* in KassKomm SGB V 03/2020 § 132a Rn. 9.

### III. Inhalt der Rahmenempfehlungen – Katalog nach Abs. 1 Satz 4 Nr. 1 bis 6 und Abs. 1 Satz 6

46 Abs. 1 Satz 4 regelt **inhaltliche Angaben für Rahmenempfehlungen**. Angeführt werden hier (nach der Rechtslage ab 01.01.2017 sowie 01.01.2019)
– (Nr. 1) Eignung der Leistungserbringer,

- (Nr. 2) Maßnahmen zur Qualitätssicherung und Fortbildung,
- (Nr. 3) Inhalt und Umfang der Zusammenarbeit des Leistungserbringers mit dem verordnenden Vertragsarzt und dem Krankenhaus,
- (Nr. 4) Grundsätze der Wirtschaftlichkeit der Leistungserbringung einschließlich deren Prüfung,
- (Nr. 5) Grundsätze der Vergütungen und ihrer Strukturen einschließlich der Transparenzvorgaben für die Vergütungsverhandlungen zum Nachweis der tatsächlich gezahlten Tariflöhne oder Arbeitsentgelt (Letzteres mit Wirkung vom 29.12.2015 und erweitert mit Wirkung vom 01.01.2019, unter ausdrücklicher Einbeziehung von Wegezeiten, insbesondere in ländlichen Räumen, aber nicht nur in diesen, wie in der Ausschussberatung klargestellt, vgl. BT-Drs. 19/5593 S. 116) sowie
- (Nr. 6) Grundsätze zum Verfahren der Prüfung der Leistungspflicht sowie zum Abrechnungsverfahren (mit Wirkung vom 30.10.2012). In den Rahmenempfehlungen nach Nr. 6 können auch Regelungen über die nach § 302 Abs. 2 Satz 1 und Abs. 3 in Richtlinien geregelte Inhalte getroffen werden; in diesem Fall gilt § 302 Abs. 4, wie aus Abs. 1 Satz 6 folgt (s.u. näher).

Die Vereinbarung von **Rahmenempfehlungen** ist als sog. »Muss-Regelung« mit Wirkung vom 30.10.2012 verschärft, zunächst auch eine Frist vorgegeben und ab 01.01.2017 die Möglichkeit eines Schiedsverfahrens (Abs. 2 und 3) festgelegt worden. Es sind zudem auch **Vorgaben für die Bewilligung von häuslicher Krankenpflege** durch die Krankenkassen aufzunehmen, nachdem hier eine unterschiedliche Verfahrensweise festgestellt und beanstandet worden war (vgl. BT-Drs. 17/10170 S. 26). Mit den Ergänzungen war das Verfahren nochmals beschleunigt worden (Fristen für eine Festlegung des Vertragsinhalts durch eine Schiedsperson sowie die Bestimmung einer Schiedsperson). 47

In den **Rahmenempfehlungen** ist zudem das **Abrechnungsverfahren** vorzugeben, wie dies in **Abs. 1 Satz 4 Nr. 6** (in der Fassung bis 31.12.2016 Satz 4 Nr. 7) ausdrücklich geregelt ist. Darüber hinaus können – dies ist mit dem Wortlaut »können« nicht zwingend festgelegt – Regelungen i.S.d. § 302 (Abrechnung der sonstigen Leistungserbringer, hier in der Fassung ab 29.07.2017) aufgenommen werden, Abs. 1 Satz 6. Damit sind Regelungen möglich, die das Nähere über **Form und Inhalt des Abrechnungsverfahrens** bestimmen (vgl. § 302 Abs. 2) sowie über Voraussetzungen und Verfahren bei der Teilnahme am elektronischen Datenträgeraustausch (vgl. § 302 Abs. 3) vorgeben. Eine Rahmenempfehlung betr. die Abrechnung hat Vorrang vor Richtlinien, vgl. § 302 Abs. 4. 48

Vorgaben für Rahmenempfehlungen werden zum **Gegenstand von Verträgen nach Abs. 4** (vergleichbar Abs. 2 in der Fassung bis 31.12.2016), soweit hier mangels entsprechender Rahmenempfehlungen nach Abs. 1 ein **Regelungsbedarf** besteht. Allerdings reichte das dem Gesetzgeber nicht mehr, wie aus der verschärften Verpflichtung zur Abgabe von Rahmenempfehlungen bereits nach Abs. 1 Satz 5 in der Fassung bis 31.12.2016 folgte und mit Abs. 2 und 3 in der Fassung ab 01.01.2017 folgt. Die **Vorgaben über den Inhalt einer Rahmenempfehlung** können mit der tatsächlich zustande gekommenen Vereinbarung vom 10.12.2013 abgeglichen werden, belegen aber, dass nur Teilbereiche abgedeckt sind. Erst nachfolgend sind die Rahmenempfehlungen »vollständiger« vorgelegt worden und damit nicht zu allen möglichen Regelungsgegenständen, vgl. *Schneider* in jurisPK-SGB V 06/2020 § 132a Rn. 23, nunmehr jedoch wiederum nachfolgend in der Fassung vom 14.10.2020 (§ 1 verantwortliche Pflegefachkraft, § 2 Verordnungs- und Genehmigungsverfahren, § 3. Dokumentation der häuslichen Krankenpflege, § 4 außerklinische ambulante Intensivpflege – ab 31.12.2023 gesonderte Regelung, § 5 psychiatrische häusliche Krankenpflege, § 6 Regelungen zu den Grundsätzen der Vergütung und ihrer Strukturen einschließlich der Transparenzvorgaben für die Vergütungsverhandlungen zum Nachweis der tatsächlich gezahlten Tariflöhne und Arbeitsentgelte und für die Vergütung von längeren Wegezeiten, § 7 Abrechnung und Datenträgeraustausch – DTA, § 8 Inkrafttreten und Kündigung). 49

Die Rahmenempfehlungen sind – weder Rechtsnormen noch Allgemeinverfügungen, vgl. *Luthe* in Hauck/Noftz SGB V 03/17 § 132a Rn. 9 – nur **incidenter** im Rahmen eines Leistungsverfahrens überprüfbar, etwa im Rahmen der Abrechnung oder auch einem streitig gewordenen Anspruch auf 50

Beteiligung. Streitig und selbstständig überprüfbar könnte wohl allein das Stadium des Abschlusses der Rahmenvereinbarung werden, etwa wenn eine Spitzenorganisation nicht oder nicht verfahrensgerecht einbezogen wird, vgl. zur Überprüfung LSG Berlin-Brandenburg Urt. v. 24.07.2015 – L 1 KR 382/10 ZVW, ferner Urt. v. 11.02.2015 – L 9 KR 283/12.

### IV. Einbeziehung der Besonderheiten der intensivpflegerischen Versorgung (Abs. 1 Satz 5)

51 Um den **Besonderheiten der intensivpflegerischen Versorgung** im Rahmen der häuslichen Krankenpflege Rechnung zu tragen, sind in den **Rahmenempfehlungen** auch Regelungen über die **behandlungspflegerische Versorgung** von Versicherten, die aufgrund eines besonders hohen Bedarfs an diesen Leistungen oder einer Bedrohung ihrer Vitalfunktion einer ununterbrochenen Anwesenheit einer Pflegekraft bedürfen, **Abs. 1 Satz 5 in der Fassung ab 01.01.2017** (unter Aufgabe der früheren Fristsetzung für Rahmenempfehlungen in der Fassung bis 31.12.2016, vgl. *Altmiks* in KassKomm SGB V 12/2017 § 132a Rn. 10).

52 **Abs. 1 Satz 5 ist bis zum 30.10.2023 befristet,** wie auch Abs. 4 Satz 14 (Art. 2 Nr. 2 GKV-IPReG vom 23.10.2020 – BGBl. I S. 2220). Es handelt sich um **Folgeänderungen** zur Ausgliederung des Anspruchs auf außerklinische Intensivpflege, die nicht mehr nach § 37 Abs. 2 gewährt wird. Zum Leistungserbringerrecht vgl. nachfolgend § 132l in der Fassung ab 29.10.2020, hier auch zur Ermächtigung zum Erlass von Rahmenempfehlungen, BT-Drs. 19/19368 S. 41, zum Leistungsrecht § 37c in der Fassung ab 29.10.2020.

53 Mit der Regelung in Abs. 1 Satz 5 sollte die aktuelle Diskussion um die **Sicherstellung der notwendigen Versorgungsqualität bei der Erbringung von Leistungen der Beatmungspflege** aufgegriffen werden, wie die Materialien hierzu belegen, vgl. BT-Drs. 18/10510 S. 131. Für die Beschreibung der betreffenden Leistungen werde die im Entwurf eines Gesetzes zur Errichtung eines Transplantationsregisters verwendete Formulierung übernommen. **Außerklinische Intensivpflege** könne als Leistung der häuslichen Krankenpflege auch in zugelassenen Pflegeeinrichtungen nach § 43 SGB XI oder sonstigen Wohnformen erbracht werden. Beispiele hierfür seien spezielle Einrichtungen für dauernd bettlägerige Kinder oder sonstige Wohngruppen oder Wohngemeinschaften für Beatmungspatienten. In den Materialien zum GKV-IPReG – BT-Drs. 19/19368 S. 2, 3 – werden Probleme im Zusammenhang mit der Leistungserbringung – Qualitäts- und Versorgungsmängel – wie auch der Abrechnung beschrieben, denen der Gesetzgeber mit Folgeregelungen entgegenzutreten versucht.

54 Die **Wahl des Wohnortes** obliege – hier noch nach der Rechtslage bis 28.10.2020 – dabei dem Versicherten und dürfe nicht von etwaigen Wirtschaftlichkeitserwägungen der Pflegeeinrichtungen oder Krankenkassen abhängen. Die Regelung diene dem Ziel, die Versorgungsqualität im Bereich der außerklinischen Intensivpflege zu stärken und bundesweit einheitliche Qualitäts- und Versorgungsstandards zu gewährleisten. Voraussetzung ist aber stets, dass die kontinuierliche und qualitativ wie fachlich gebotene Versorgung sichergestellt ist; zur Bewältigung eventueller Komplikationen dürfte dies der freien Wahl des Wohnortes Grenzen setzen.

### V. Inhalte der Rahmenempfehlungen sind Verträgen nach Abs. 4 zugrunde zu legen (Abs. 1 Satz 7)

55 Die **Inhalte der Rahmenempfehlungen** sind den Verträgen nach Abs. 4 mit den Einzelheiten der Versorgung mit häuslicher Krankenpflege zugrunde zu legen, **Abs. 1 Satz 7**. Damit würden die Verbindlichkeit der Rahmenempfehlungen erhöht und ihre Inhalte als bundesweit einheitliche Versorgungsstandards für die Erbringung und Abrechnung von Leistungen häuslicher Krankenpflege gestärkt, wie die Materialien hierzu (BT-Drs. 18/10510 S. 131) ausweisen. Daraus mag keine »absolute Verbindlichkeit« hergeleitet werden können, wohl aber würden Abweichungen im Einzelfall der besonderen, ausdrücklichen Rechtfertigung und eines »sachlichen Grundes« bedürfen, vgl. *Altmiks* in KassKomm SGB V 03/2020 § 132a Rn. 17, ferner auch *Schneider* in jurisPK-SGB V 06/2020 § 132a Rn. 26.

## C. Ersatzweise Möglichkeit zur Anrufung einer Schiedsstelle betr. Rahmenempfehlungen (Abs. 2)

Kommt eine Rahmenempfehlung nach Abs. 1 ganz oder teilweise nicht zustande, können die Rahmenempfehlungspartner die Schiedsstelle nach Abs. 3 anrufen, wobei Abs. 2 Satz 1 ein Anrufungsrecht auch dem BMG einräumt. Die Einführung eines Schiedsverfahrens beruht ausweislich der Materialien (BT-Drs. 18/10510 S. 131) auf der **Erkenntnis**, dass eine fristgerechte und umfassende Abgabe von Rahmenempfehlungen zu den in Abs. 1 Satz 4 (und weiteren) aufgezählten obligatorischen Empfehlungsinhalten aufgrund der »Heterogenität der für die Wahrnehmung der Interessen von Pflegediensten maßgeblichen Spitzenorganisationen auf Bundesebene und den unterschiedlichen Interessenlagen und Prioritäten bei den Rahmenempfehlungspartnern Schwierigkeiten« bereitete. 56

Mit **Abs. 2** wird eine **Schiedsregelung** eingeführt, mit der die Effektivität bei der Abgabe der Rahmenempfehlungen erhöht werden soll, vgl. BT-Drs. 18/10510 S. 131. Mit der Schiedsregelung erhielten die Empfehlungspartner die Möglichkeit, Rahmenempfehlungen über die einheitliche Versorgung mit häuslicher Krankenpflege insgesamt oder zu einzelnen Empfehlungsinhalten im Wege einer Mehrheitsentscheidung innerhalb von drei Monaten durch eine gemeinsame Schiedsstelle festzulegen. Die Schiedsstelle werde auf Antrag eines Empfehlungspartners oder auf Antrag des BMG tätig. 57

Die **Schiedsstelle** setzt nach **Abs. 2 Satz 3** innerhalb von **drei Monaten** (als sog. Ordnungsfrist, vgl. *Altmiks* in KassKomm SGB V 03/2020 § 132a Rn. 21) den betreffenden Rahmenempfehlungsinhalt fest. Auch dies soll zur Beschleunigung und Realisierung der Rahmenempfehlungen beitragen. 58

## D. Einrichtung einer Schiedsstelle und deren Ausgestaltung (Abs. 3)

**Abs. 3 in der Fassung ab 01.01.2017** konkretisiert die Vorgaben für die Einrichtung der Schiedsstelle und legt deren Handlungsrahmen teilweise fest, auch unter Bezugnahme auf vergleichbare Vorschriften für Schiedsstellen. 59

Der **GKV-Spitzenverband** und die für die Wahrnehmung der Interessen von Pflegediensten maßgeblichen **Spitzenorganisationen** auf **Bundesebene** (vgl. zum Begriff, der mit Wertungen verbunden ist, auch Erläuterungen I.1, unter Hinweis auf die Notwendigkeit einer gewissen Bedeutung der Spitzenorganisation, vgl. *Altmiks* in KassKomm SGB V 03/2020 § 132a Rn. 22) bilden erstmals bis zum 01.07.2017 eine gemeinsame Schiedsstelle. Als maßgeblich i.S.d. Abs. 3 soll eine Spitzenorganisation im Sinne der Materialien hierzu (BT-Drs. 18/10510 S. 132) dann anzusehen sein, wenn sie im Zeitpunkt des Amtsbeginns der Schiedsstelle die Voraussetzungen des § 1 der Patientenbeteiligungsverordnung in entsprechender Anwendung erfüllt und darüber hinaus entweder die Interessen der Gruppe einer rechtlich anerkannten Spezialisierung oder eines Anteils von 5 Prozent der Pflegedienste vertritt. 60

Die Schiedsstelle besteht aus **Vertretern der Krankenkassen** und der **Pflegedienste** in gleicher Zahl sowie aus einem unparteiischen Vorsitzenden und zwei weiteren unparteiischen Mitgliedern, **Abs. 3 Satz 2**. Über die Zahl und die Bestellung der Mitglieder (s.u.) kann das BMG mit Zustimmung des Bundesrates eine Regelung durch Rechtsverordnung treffen. Die Amtsdauer beträgt 4 Jahre, **Abs. 3 Satz 3**. 61

Über den **Vorsitzenden und die zwei weiteren unparteiischen Mitglieder** sowie deren Stellvertreter sollen sich die Rahmenempfehlungspartner einigen, wie aus **Abs. 3 Satz 4** folgt. Kommt eine Einigung nicht zustande, gilt **§ 89 Abs. 6 Satz 3** (in der Fassung des TSVG ab 11.05.2019, bis 10.05.2019 § 89 Abs. 3 Satz 5 und 6 a.F.) entsprechend. Es erfolgt eine Bestellung der genannten Mitglieder der Schiedsstelle durch die für das jeweilige Schiedsamt zuständige Aufsichtsbehörde, nachdem sie den Vertragsparteien eine Frist zur Einigung gesetzt hat und diese Frist abgelaufen ist. Kam es in entsprechender Anwendung der Bezugsregelungen bis 10.05.2019 nicht zu einer Einigung über den Vorsitzenden, die unparteiischen Mitglieder oder die Stellvertreter aus der 62 gemeinsam erstellten Liste, entschied nach der Regelung bis 10.05.2019 das Los, wer das Amt des Vorsitzenden, der weiteren unparteiischen Mitglieder und der Stellvertreter auszuüben hatte. Die Amtsdauer betrug in diesem Fall ein Jahr und ist damit verkürzt.

63  Das BMG kann durch **Rechtsverordnung** mit Zustimmung des Bundesrates das Nähere über die Zahl und die Bestellung der Mitglieder, die Erstattung der baren Auslagen und die Entschädigung für den Zeitaufwand der Mitglieder, das Verfahren sowie die Verteilung der Kosten regeln. Dabei handelt es sich um übliche Regelungen, die auch für andere Schiedsverfahren Anwendung finden. Zur Abwicklung von Schiedsverfahren im Sozialrecht vgl. eingehend das Handbuch von *Schnapp/Düring*, Berlin, 2016, hier unter Einbeziehung verschiedener Schiedsverfahren sowie allgemeiner Grundsätze hierfür. Es handelt sich um ein »echtes« **Schiedsverfahren**, nicht etwa nur um die Tätigkeit einer Schiedsperson, wie dies im Falle des Abs. 4 für die Vertragsfindung vorgesehen ist.

64  Ferner wird in **Abs. 3 Satz 7** die Regelung in **§ 129 Abs. 9 und 10 Satz 1** zur entsprechenden Anwendung in Bezug genommen; hierauf wird verwiesen.

**E. Versorgungsverträge mit Leistungserbringern (Abs. 4)**

65  Über die Einzelheiten der Versorgung mit häuslicher Krankenpflege (vgl. § 37), über die Preise und deren Abrechnung und die Verpflichtung der Leistungserbringer zur **Fortbildung** schließen die Krankenkassen Verträge mit den Leistungserbringern, vgl. Abs. 4 Satz 1 in der Fassung ab 01.01.2017 (bis 31.12.2016 Abs. 2 Satz 1 a.F.; der Regelungsinhalt des Abs. 2 in der Fassung bis 31.12.2016 ist weitgehend in Abs. 4 mit Wirkung vom 01.01.2017 übernommen worden). Ergänzend wird in **Abs. 4 Satz 6** klargestellt, dass an Leistungserbringer, mit denen Verträge über die Erbringung häuslicher Krankenpflege abgeschlossen werden sollten, Mindestanforderungen zu erfüllen haben, die den Grundprinzipien der GKV entsprechen, wie die Materialien (BT-Drs. 18/10510 S. 132) ausweisen.

66  Zudem sind – über den Regelungsinhalt des Abs. 2 in der Fassung bis 31.12.2016 hinaus – in Abs. 4 Satz 11 und 12 mit Wirkung vom 01.01.2017 und ab 01.01.2019 entsprechend **Abs. 4 Satz 13 und 14** die Anforderungen zur Teilnahme an **Qualitäts- und Abrechnungsprüfungen** sowie zur Pflicht, die Erbringung intensivpflegerischer Leistungen in stationsähnlichen Wohnformen gegenüber der jeweiligen Krankenkasse anzuzeigen (was auch abrechnungstechnische Folgen hat), **konkretisiert** worden.

67  Den Verträgen kommt zudem eine **inhaltliche Bedeutung** zu. Soweit in den Rahmenempfehlungen aufgeführte Inhalte vorgegeben sind, wird auf sie verwiesen werden. Soweit solche Inhalte dort **nicht getroffen** worden sind (und dies sind durchaus – noch – einige Leistungsbereiche) und damit **Rahmenempfehlungen** mit den Inhalten **nach Abs. 1 nicht verfügbar** sind, sind die inhaltlichen Vorgaben in Abs. 4 umzusetzen. Zur Schiedsordnung nach Abs. 4 vgl. BSG Urt. v. 29.06.2017 – B 3 KR 31/15 R – SozR 4–2500 § 132a Nr. 11.

68  Die Vertragsparteien nach Abs. 4 sind befugt, **Lücken zu füllen**, die Gegenstand der Rahmenempfehlungen nach Abs. 1 sein könnten, vgl. auch BSG Urt. v. 07.12.2006 – B 3 KR 5/06 R – SozR 4–2500 § 132a Nr. 2, allerdings zu einer sZt. deutlich »dünneren« Vereinbarungslage. Die gilt für den Vertragsschluss nach Abs. 4 auch bei einem nicht durchgeführten Schiedsverfahren, vgl. noch zu Abs. 2 a.F. LSG Berlin-Württemberg Urt. v. 18.11.2015 – L 5 KR 2883/13; nachgehend BSG Urt. v. 29.06.2017 – B 3 KR 31/15 R, hier die Berufungsinstanz bestätigend. Vgl. eingehend hierzu LSG Berlin-Brandenburg Urt. v. 24.04.2015 – L 9 KR 124/13, hier auch unter Ausschluss auch von §§ 315, 316, 612 und 818 BGB, konkret im Fall des nicht geregelten Abnehmens von Kompressionsverbänden und damit einer analogen Heranziehung einer anderen Gebührenposition. Rechtlich handelt es sich bei den Versorgungsverträgen um **öffentlich-rechtliche Verträge**, vgl. § 54 SGB X.

69  Bezüglich der Vereinbarungsebenen sind hier wiederum die Rahmenverträge (mit Zulassungswirkung) sowie die **Inanspruchnahme der Leistung durch den Versicherten** zu unterscheiden.

Hier ergibt sich eine Parallele zum Anspruch auf Versorgung mit Haushaltshilfe, vgl. § 132. Hier gilt: **Verschiedene Vertragsstufen** kennzeichnen die **Leistungsbeziehungen** bei einer **Inanspruchnahme Dritter.** Mit *Ricken* (Anm. zu BSG Urt. v. 24.01.2008 – B 3 KR 2/07 R, SGb 2009, 424) kann hier zwischen dem »Verbands-Rahmenvertrag«, dem »Rahmen-Versorgungsvertrag« und dem einzelnen Pflege- und Dienstvertrag unterschieden werden.

## I. Verträge über Einzelheiten der Versorgung (Abs. 4 Satz 1)

Verträge werden zwischen den **Krankenkassen** und den **Leistungserbringern** geschlossen, ebenso aber auch durch einen **Verband von Krankenkassen** und einen **Verband von Pflegediensten,** wobei jedoch eine rechtlich verbindliche Grundlage für den Abschluss entsprechender Vereinbarungen vorhanden sein muss. Vornehmlich in Verträgen auf übergeordneter Grundlage können allgemeine Vorgaben geregelt werden, die dann im **Einzelfall und konkret auf bestimmte Leistungserbringer** erweitert werden, vgl. *Schneider* in jurisPK-SGB V 06/2020 § 132a Rn. 34, 35, auch zum Begriff »Pflegedienste«, unter Bezugnahme auf § 71 SGB XI, ferner *Schneider* in jurisPK-SGB V 06/2020 § 132a Rn. 42, 43. 70

**Abs. 4** beinhaltet die Befugnis zum **Abschluss von Rahmenverträgen,** die dann Grundlage für die einzelne Leistungserbringung sind, verbunden mit der Zulassungswirkung eines solchen Vertrages. In der Ermächtigungsregelung hierzu sind keine näheren Vorgaben betr. die Leistungserbringer sowie die Qualifikation enthalten, wohl aber zur **Vereinbarung der Fortbildung.** Zulässig sind hier **wiederum Rahmenverträge,** in denen die wesentlichen Inhalte der Rahmen-Versorgungsverträge festgelegt werden, vgl. *Luthe* in Hauck/Noftz SGB V § 132a Rn. 11. Auf der **Basis dieser Rahmenverträge** können dann Verträge nach **Abs. 4** mit der Konkretisierung von Leistungen abgeschlossen werden, die die konkrete Zulassung zur Leistung beinhalten einschließlich der »Preise«. 71

Zur Frage, ob Rahmenverträge auf Verbandsebene von den Krankenkassen abzuschließen sind, vgl. das Rechtsgutachten von *Schwerdtfeger,* 2000 sowie näher auch *Ricken* SGb 2009, 417 als Anm. zu BSG Urt. v. 24.01.2008 – B 3 KR 2/07 R – SozR 4–2500 § 132a Nr. 4, SGb 2009, 414; zu Rahmenverträgen mit dem Zusammenhang von Preis und Qualität vgl. auch LSG Baden-Württemberg Urt. v. 21.02.2017 – L 11 KR 4278/15, KrV 2017, 126 und BSG Urt. v. 29.06.2017 – B 3 KR 31/15 R – SozR 4–2500 § 132a Nr. 11. 72

Verträge mit den einzelnen Leistungserbringern haben **statusbegründende Funktion** und entsprechen der **Zulassung** bei anderen Leistungserbringern (zur Zulassungswirkung vgl. auch BSG Urt. v. 24.01.2008 – B 3 KR 2/07 R – SozR 4–2500 § 132a Nr. 4 und eingehend Urt. v. 27.11.2014 – B 3 KR 6/13 R – SozR 4–2500 § 132a Nr. 7 mit Anm. *Philipp* Sozialrecht aktuell 2015, 122). Grundsätzlich besteht – sind die Voraussetzungen erfüllt – ein **Anspruch auf Vertragsschluss ohne Bedarfsprüfung,** vgl. *Altmiks* in KassKomm SGB V 03/2020 § 132a Rn. 26. **Abs. 4 Satz 12** (bis 31.12.2016 Abs. 2 Satz 9, bis 31.12.2018 Satz 10) erlegt den Krankenkassen auf, bei der **Auswahl der Leistungserbringer** ihrer Vielfalt, insbesondere der Bedeutung der freien Wohlfahrtspflege, Rechnung zu tragen. Aus dieser Regelung kann jedoch keine Rechtsgrundlage für eine Bedarfsprüfung abgeleitet werden. Der **Anspruch eines Leistungsanbieters auf Vergütung häuslicher Pflegeleistungen** setzt grundsätzlich das Vorliegen eines **(wirksamen) Vertrages zwischen dem Krankenversicherungsträger und dem Leistungserbringer** über die Durchführung häuslicher Pflege- und Versorgungsleistungen gem. § 132a voraus. 73

Die gesetzlichen Krankenkassen dürfen als Voraussetzung für den Vertragsabschluss verlangen, dass die **leitende Pflegefachkraft** eine abgeschlossene Ausbildung in der Krankenpflege hat, vgl. näher BSG Urt. v. 07.12.2006 – B 3 KR 5/06 R – SozR 4–2500 § 132a Nr. 2. Mit dem Pflegeberufereformgesetz (vgl. BGBl. 2017, 2581) und einem neuen Pflegeberufegesetz – PflBG ab 01.01.2020 folgt hier eine engere Verbindung der Pflegeberufe und zudem eine grundlegende Neuordnung. Die **Krankenkasse** darf hierbei jedoch **nicht willkürlich vorgehen** und unterschiedliche Anforderungen stellen; zum **Schadensersatzanspruch** eines nicht ärztlichen Leistungserbringers gegen eine 74

## § 132a SGB V Versorgung mit häuslicher Krankenpflege

gesetzliche Krankenkasse im Zusammenhang mit dem **Verbot der Ungleichbehandlung** vgl. LSG Niedersachsen-Bremen Urt. v. 20.09.2006 – L 4 KR 123/04.

75 Eine **Bedarfsprüfung** findet bezüglich der Leistungserbringer nicht statt. Sind die Voraussetzungen nach § 132a Abs. 2 erfüllt, auch hinsichtlich der **personellen und qualitativen Voraussetzungen**, besteht ein Anspruch des Leistungserbringers auf Abschluss eines entsprechenden Rahmenvertrages. Dieser Rahmenvertrag ist dann Grundlage für die Tätigkeit im Einzelfall, wobei der Versicherte regelmäßig zwischen Pflegediensten auswählen kann, soweit das Maß des Wirtschaftlichen und Zweckmäßigen beachtet ist (vgl. dazu näher § 37).

76 Die Krankenkasse hat bei der Prüfung der vom Leistungserbringer zu erfüllenden **persönlichen und sachlichen Voraussetzungen für einen Versorgungsvertrag über Haushaltshilfe und häusliche Krankenpflege** das **Beschleunigungsgebot** zu beachten. Die zivilrechtlichen Grundsätze über die Haftung wegen schuldhafter Verletzung von Pflichten aus einem vorvertraglichen Schuldverhältnis gelten entsprechend für öffentlich-rechtliche Vertragsbeziehungen zwischen nicht ärztlichen Leistungserbringern und Krankenkassen. Mit dem **Rahmenvertrag** zwischen der Krankenkasse und dem Leistungserbringer entsteht ein öffentlich-rechtliches **Dauerrechtsverhältnisses**. Dieses ist **regelmäßig befristet**, es besteht jedoch ein **Anspruch auf Verlängerung**, wenn die Voraussetzungen weiter erfüllt sind. Zur Kündigung vgl. LSG Berlin-Brandenburg Beschl. v. 05.09.2006 – L 9 B 261/06 KR ER.

**II. Abschluss und Beendigung von Verträgen, Fortbildung und Vergütung (Abs. 4 Satz 2 bis 4)**

77 Verträge nach § 132a werden zwischen den **Krankenkassen** und den **Pflegediensten** beziehungsweise auf **Verbandsebene** geschlossen. Im Rahmen dieser Vereinbarungen wird es als zulässig angesehen, dass die Krankenkassen Vorgaben für die Tätigkeit im Bereich des SGB XI auch für die Versorgung mit häuslicher Krankenpflege übernehmen. Für **ambulante Pflegeeinrichtungen** i.S.d. § 71 Abs. 1 SGB XI ist erforderlich, dass diese unter der **ständigen Verantwortung einer ausgebildeten Pflegefachkraft** stehen.

78 Mit dem **Begriff des (Kranken-) Pflegedienstes** werden selbstständig wirtschaftende Einrichtungen erfasst, die unter dieser Leitung beziehungsweise Verantwortung Pflegebedürftige in ihrer Wohnung pflegen und hauswirtschaftlich versorgen. Alle Träger von geeigneten, wirtschaftlich arbeitenden Pflegediensten haben i.V.m. Art. 12 GG einen Anspruch auf Abschluss eines Versorgungsvertrags. Ein gesondertes Zulassungsverfahren und eine Bedarfsprüfung findet nicht statt, vgl. LSG Berlin-Brandenburg Urt. v. 11.02.2015 – L 9 KR 283/12 unter Bezugnahme auf BSG Urt. v. 24.09.2002 – B 3 A 1/02 R und Erläuterungen oben.

79 Auf die Durchführung und den Nachweis der gebotenen Fortbildung legt der Gesetzgeber mit **Abs. 4 Satz 2 bis 4** ein besonderes Gewicht. Nicht zuletzt auch zur Verfahrensvereinfachung wird auf den »Nachweis« abgestellt; allein die Durchführung einer Fortbildungsmaßnahme reicht nicht aus. Lediglich bei einer Verzögerung der Ausstellung des Fortbildungsnachweises kann hier Näheres vereinbart werden. Es können die Grundsätze herangezogen werden, die auch für andere Fälle der Fortbildung, etwa auch im vertragsärztlichen Bereich, gelten, vgl. *Schneider* in jurisPK-SGB V 06/2020 § 132a Rn. 36.

80 Wird die **Fortbildung nicht nachgewiesen**, sind Vergütungsabschläge in den Verträgen nach Abs. 4 gemäß Abs. 4 Satz 2 vorzusehen. Dem Leistungserbringer ist eine Frist zu setzen, innerhalb derer er die Fortbildung nachholen kann, **Abs. 4 Satz 3**. Erbringt der Leistungserbringer in diesem Zeitraum die Fortbildung nicht (hier stellt der Gesetzgeber nicht mehr auf den Nachweis, sondern die Fortbildung selbst ab), ist der Vertrag zu kündigen. Aus dem **Grundsatz der Verhältnismäßigkeit** folgt allerdings, dass eine ausreichende Nachfrist zu setzen und im Einzelfall im Hinblick auf die gravierenden Rechtsfolgen einer Kündigung mit Augenmaß und unter Gewichtung aller Einzelumstände vorzugehen ist. Zum Erfordernis der Fortbildung vgl. vergleichsweise im Vertragsarztrecht auch BSG Urt. v. 29.06.2017 – B 3 KR 31/15 R – SozR 4–2500 § 132a Nr. 11 und im Zusammenhang mit § 132a LSG Hamburg Urt. v. 28.05.2020 – L 1 KR 73/19 KL, KrV 2020, 211.

Leistungserbringer im Rahmen der Versorgung mit häuslicher Krankenpflege waren zur **Fortbildung** ebenso nach der Rechtslage bis 31.12.2016 verpflichtet, vgl. BSG Urt. v. 20.04.2016 – B 3 KR 18/15 R – SozR 4–2500 § 132a Nr. 9: »Von dem Grundsatz, dass ein Vergütungsanspruch für Leistungen der häuslichen Krankenpflege nur auf der Grundlage eines entsprechenden Vertrags zwischen dem Leistungserbringer und der Krankenkasse des Versicherten besteht, darf nur in besonderen Ausnahmefällen abgewichen werden«. Dem **Leistungserbringer** ist nach Abs. 4 Satz 3 eine **Frist** zu setzen, innerhalb derer er die **Fortbildung** nachholen kann. Erbringt der Leistungserbringer in diesem Zeitraum die Fortbildung nicht, ist der Vertrag nach Abs. 4 Satz 4 zu kündigen. 81

Zur **Wirksamkeit der isolierten Kündigung einer Qualitätsvereinbarung** durch eine Krankenkasse, wenn diese **im Rahmen eines Vertrages über häusliche Krankenpflege** mit ergänzender Vergütungsvereinbarung nach § 132a Abs. 2 abgeschlossen worden ist, vgl. LSG Berlin-Brandenburg Urt. v. 28.01.2011 – L 1 KR 140/09; nachgehend BSG Urt. v. 22.11.2012 – B 3 KR 10/11 R – SozR 4–2500 § 132 Nr. 6, unter Abänderung und Stattgabe der Revision der Klägerseite (hier jeweils noch nach der Rechtslage, nach der dies in Abs. 2 a.F. geregelt war). Hier ist das BSG zum Ergebnis gekommen, dass eine **Kündigung nur einer Vereinbarung** während der Laufzeit der übrigen Vereinbarungen **nicht** möglich ist, wenn die Vereinbarungen über die Vergütung insgesamt in einem untrennbaren Zusammenhang stehen. 82

Ist **nach Kündigung des bestehenden Rahmenvertrages** über die Vergütung von Leistungen der häuslichen Krankenpflege eine neue vertragliche Beziehung nicht zustande gekommen, so könne das **Fehlen einer vertraglichen Einigung über den Preis** nicht durch das Leistungsbestimmungsrecht einer Partei entsprechend § 315 oder § 316 BGB ersetzt werden, vgl. LSG Berlin-Brandenburg Urt. v. 08.11.2013 – L 1 KR 47/11; vergleichbar auch Urt. v. 24.04.2015 – L 9 KR 124/13. 83

### III. Wirtschaftliche und preisgünstige Leistungserbringung sowie Gewähr hierfür sowie Tarifrecht (Abs. 4 Satz 5 bis 8)

Die Krankenkassen haben nach **Abs. 4 Satz 5** (in der Fassung bis 31.12.2016 Abs. 2 Satz 5) darauf zu achten, dass die **Leistungen wirtschaftlich und preisgünstig erbracht** werden. Gegenstand der Vereinbarungen zwischen Krankenkassen und Leistungserbringer sind nach Abs. 2 Satz 1 Preise und deren Abrechnung, eine wirtschaftliche Leistungserbringung wie auch die Fortbildungsverpflichtung. Eine **weitere Konkretisierung** enthält die Regelung des § 132a nicht, vielmehr mag dies Gegenstand einer Rahmenvereinbarung sein. Da auch die **Vielfalt der Leistungserbringer** zu den Zielvorstellungen gehört, kann im Einzelfall geboten sein, nicht notwendigerweise den »billigsten« Anbieter auszuwählen, sondern der Zielsetzung nach Abs. 4 Satz 12 (bis 31.12.2018 Satz 10) Rechnung zu tragen. **Wirtschaftlichkeit und Vielfalt der Leistungserbringer** sind als **Zielvorstellungen** in Einklang zu bringen, vgl. *Altmiks* in KassKomm SGB V 03/2020 § 132a Rn. 32. 84

Die Möglichkeit der **Regelung von Preisen** eröffnet zugleich auch die **Vereinbarung unterschiedlicher, von Leistungserbringer zu Leistungserbringer abweichender Preise**. Dies bedingt eine Preisgrenze nach unten wie auch nach oben; die Ausschöpfung der Preisgrenze nach oben muss nicht zwingend unwirtschaftlich sein, wenn dem die Leistungen entsprechen oder wenn diese Preise örtlich oder fachbezogen gerechtfertigt sind. Zum einen kann die **Kostenstruktur** unterschiedlich sein, zum anderen können aber auch die **örtlichen Gegebenheiten höhere Kosten** bedingen. Zum bereicherungsrechtlichen Anspruch und dessen Grenzen in diesem Zusammenhang vgl. LSG Berlin-Brandenburg Urt. v. 24.04.2015 – L 9 KR 124/13. 85

Dem Rechtsgedanken des »Weitergeltens bis zu einer Neuregelung« hat der Gesetzgeber zudem in zahlreichen Regelungen des SGB V vorgegeben, um einen vertragslosen Zustand zu vermeiden wie auch die Beteiligten zu einer Neuregelung mit einem gewissen Druck zu verpflichten. Liegt ein vertragsloser Zustand vor, können Leistungen der häuslichen Krankenpflege nicht so vergütet werden, als ob ein Vertragsverhältnis zwischen Pflegedienst und Krankenkassen bestünde, vgl. LSG Hamburg Urt. v. 24.01.2007 – L 1 KR 19/06, NZS 2007, 660. Wenn schon eine fehlende Abrechnungsposition einem Anspruch entgegenstehen kann, vgl. LSG Berlin-Brandenburg 86

Urt. v. 24.04.2015 – L 9 KR 124/13, sollte dies erst recht bei fehlender vertraglicher Grundlage gelten.

87 Nach dem Willen des Gesetzgebers sollen die Krankenkassen über die **Preise und deren Abrechnung Verträge mit den Leistungserbringern** abschließen, vgl. § 132a Abs. 2. Kommen solche Verträge nicht zustande, liegt ein **vertragsloser Zustand** vor, der nicht schlicht dadurch überbrückt werden kann, dass Leistungen der häuslichen Krankenpflege erbracht, abgerechnet und vergütet werden, so als ob das Vertragsverhältnis fortbestünde. Ansprüche aus Aufwendungsersatz nach §§ 683 ff. BGB sollen mangels wirklichen oder mutmaßlichen Willens der Krankenversicherung nicht bestehen; befürwortet wird in der Rechtsprechung u.a. die Verpflichtung der Krankenkasse zum **Wertersatz**, vgl. § 812 Abs. 1 Satz 1 BGB, § 818 Abs. 2 BGB, vgl. LSG Hamburg Urt. v. 31.10.2007 – L 1 KR 21/07, PflR 2008, 172; allerdings umstritten, vgl. anders wohl LSG Berlin-Brandenburg Urt. v. 24.04.2015 – L 9 KR 124/13; das »Alles oder Nichts-Prinzip« können aber wohl nur der Gesetzgeber oder die Vertragsparteien abändern, etwa vergleichbar dem Apothekenrecht bei nur geringfügigen Abweichungen mit der Folge von Teilleistungen; davon unterscheidet sich aber der »vertragslose Zustand«.

88 Ein **Anspruch des Pflegedienstes auf Vergütung** erbrachter Leistungen der häuslichen Krankenpflege entsteht nur, wenn die **Krankenkasse diese genehmigt** hat. Dabei handelt es sich um eine **Auftragserteilung** gegenüber dem Pflegedienst im konkreten Leistungsfall, die gleichzeitig den **Umfang des Auftrags** festgelegt. Erst damit liegt ein **wirksamer Auftrag** vor, im Rahmen dessen der Pflegedienst tätig werden kann. Ein **ambulanter Pflegedienst** hat für die Erbringung ärztlich verordneter Leistungen der **häuslichen Krankenpflege** auch nach den Grundsätzen des Bereicherungsrechts **keinen Zahlungsanspruch** gegen die Krankenkasse, vgl. LSG Hamburg Urt. v. 20.10.2011 – L 1 KR 50/09, RDG 2012, 24.

89 **Vergütungsregelungen** zwischen einer **Krankenkasse** und einem **Verband** nichtärztlicher Leistungserbringer, die für die routinemäßige Abwicklung von zahlreichen Pflegedienstleistungen, etwa auch der Wundversorgung im Rahmen häuslicher Krankenpflege, vorgesehen sind, sind stets **eng** nach ihrem Wortlaut, ergänzend noch nach dem systematischen Zusammenhang, **auszulegen**, vgl. LSG Baden-Württemberg Beschl. v. 26.09.2012 – L 11 KR 883/12; vgl. ebenso LSG Berlin-Brandenburg Urt. v. 24.04.2015 – L 9 KR 124/13. Die Annahme einer Diskriminierung bei Vergütungsvereinbarungen kommt nur dann in Betracht, wenn bei **gleicher Ausgangsposition** ohne jeden nachvollziehbaren Grund einem **Teil der Anbieter** eine **Anpassung** an gestiegene Kosten **gewährt wird, einem anderen Teil aber nicht**, vgl. LSG Hessen Urt. v. 29.01.2015 – L 8 KR 254/13 (hier näher zum Willkürverbot für öffentlich-rechtliche Körperschaften); vgl. näher auch BSG Urt. v. 22.11.2012 – B 3 KR 10/11 R – SozR 4-2500 § 132a Nr. 6.

90 Im Zuge des Gesetzes zur Stärkung des Pflegepersonals (**Pflegepersonal-Stärkungsgesetz – PpSG**) ist die Berücksichtigung tarifvertraglicher Vereinbarungen mit Wirkung vom **01.01.2019** ausdrücklich einbezogen worden (**Abs. 4 Satz 7 und 8**): Die Bezahlung von Gehältern bis zur Höhe tarifvertraglich vereinbarter Vergütungen sowie entsprechender Vergütungen nach kirchlichen Arbeitsrechtsregelungen kann dabei nicht als unwirtschaftlich abgelehnt werden; insoweit gilt § 71 (Grundsatz der Beitragssatzstabilität, der nicht entgegengesetzt werden kann) nicht, Abs. 4 Satz 7. Der Leistungserbringer ist verpflichtet, die entsprechende Bezahlung der Beschäftigten nach Abs. 4 Satz 6 jederzeit einzuhalten und sie auf Verlangen einer Vertragspartei nachzuweisen, vgl. *Schneider* in jurisPK-SGB V 06/2020 § 132a Rn. 46.

91 Mit **Abs. 4 Satz 7 und 8** ist in § 132a eine Regelung aus dem Pflegeversicherungsrecht übernommen worden, **§ 89 Abs. 1 Satz 4 SGB XI**, um damit einen Anreiz für eine entsprechende Entlohnung der Mitarbeiter und Mitarbeiterinnen zu setzen. Um sicherzustellen, dass die Vergütungen bei den Beschäftigten ankämen, würden die Leistungserbringer ausweislich der Materialien (BT-Drs. 19/5593 S. 116) verpflichtet, die entsprechende Bezahlung der Mitarbeiter und Mitarbeiterinnen jederzeit einzuhalten und sie auf Verlangen der Krankenkassen nachzuweisen,

hier vergleichbar § 89 Abs. 3 Satz 3, § 84 Abs. 7 SGB XI. Damit würden die Rahmenempfehlungen des GKV-Spitzenverbandes und der für die Wahrnehmung der Interessen von Pflegediensten maßgeblichen Organisationen auf Bundesebene ergänzt. In diesen seien nach **Abs. 1 Satz 4 Nr. 5** in der Fassung ab **01.01.2019 Transparenzvorgaben** für die Vergütungsverhandlungen zum Nachweis der tatsächlich gezahlten Tariflöhne oder Arbeitsentgelte zu regeln, vgl. *Schneider* in jurisPK-SGB V 06/2020 § 132a Rn. 45.

### IV. Festlegung durch unabhängige Schiedsperson (Abs. 4 Satz 9 bis 11)

Kurz zur Rechtsentwicklung: Mit dem GMG war bereits in Abs. 2 Satz 6 bis 8 in der Fassung bis 31.12.2016 eine Schlichtungsregelung eingefügt worden; Abs. 2 Satz 6 in der Fassung bis 31.12.2016 war mit Wirkung vom 29.12.2015 neu gefasst und Abs. 2 Satz 7 ergänzt worden, maßgeblich mit der Beschleunigung des Verfahrens durch die Vorgabe von Fristen. In den Verträgen war entsprechend zu regeln, dass im Falle einer Nichteinigung eine von den Parteien zu bestimmende unabhängige **Schiedsperson** den Vertragsinhalt festlegt, und zwar nach der Fassung ab 29.12.2015 binnen drei Monaten. Diese Vorgabe ist in Abs. 4 Satz 7, in der Fassung ab 01.01.2019 Satz 9, **übernommen** worden. 92

Einigen sich die Vertragspartner nicht auf eine Schiedsperson, so wird diese von der für die vertragsschließende Krankenkasse zuständigen **Aufsichtsbehörde** bestimmt, **Abs. 4 Satz 10** (in der Fassung bis 31.12.2018 Satz 8), und zwar innerhalb eines Monats nach Vorliegen der für die Bestimmung der Schiedsperson notwendigen Informationen. Die **Kosten des Schiedsverfahrens** tragen die **Vertragspartner** zu gleichen Teilen, **Abs. 4 Satz 11** (bis 31.12.2016 Abs. 2 Satz 8, bis 31.12.2018 Abs. 4 Satz 9). 93

Die Vorschriften des **§ 89 über das Schiedsamt sind nicht entsprechend anwendbar.** Die unabhängige **Schiedsperson** nach Abs. 4 ist **keine Behörde i.S.v. § 31 SGB X**, denn sie ist keine Stelle, die Aufgaben öffentlicher Verwaltung wahrnimmt, vgl. LSG Berlin-Brandenburg Beschl. v. 29.08.2007 – L 1 B 311/07 KR ER, GesR 2007, 528; es handelt sich auch nicht um eine »öffentlich-rechtliche Stelle« i.S.v. § 31 SGB X. Die Entscheidung einer **unabhängigen Schiedsperson** nach § 132a Abs. 2 Satz 6 soll keinen Verwaltungsakt i.S.d. § 31 SGB X, sondern eine **Leistungsbestimmung** durch einen Dritten nach § 317 BGB darstellen (vgl. *Hess* in KassKomm SGB V Vorauflage 10/2014 § 132a Rn. 8a; ebenso auch *Schaks* in Sodan, Handbuch Krankenversicherungsrecht, 2014 § 28 Rn. 36; *Altmiks* in KassKomm SGB V 03/2020 § 132a Rn. 35). 94

Wird der Maßstab für die Entscheidung durch eine unabhängige Schiedsperson von den Vertragsparteien nicht näher konkretisiert, hat die **Schiedsperson nach § 317 Abs. 1 BGB nach billigem Ermessen zu entscheiden.** In einem gerichtlichen Verfahren soll dann lediglich zu überprüfen sein, ob die Entscheidung der Schiedsperson **offensichtlich unbillig** ist. Dabei dürfte auch »schlichte Unbilligkeit« ausreichen, vgl. *Altmiks* in KassKomm SGB V 03/2020 § 132a Rn. 37 unter Bezugnahme auf BSG Urt. v. 25.11.2010 – B 3 KR 1/10 R – SozR 4-2500 § 132a Nr. 5 und Urt. v. 23.06.2016 – B 3 KR 26/15 R – SozR 4-2500 § 132a Nr. 10. Es ist der Schiedsperson auch nicht zuzumuten, ein evtl. Prozessrisiko zu tragen, vgl. auch LSG Hessen Urt. v. 29.01.2015 – L 8 KR 264/13. Zu den Verfahren ist die Schiedsperson nicht notwendig beizuladen, vgl. BSG Urt. v. 25.11.2010 – B 3 KR 1/10 R – SozR 4-2500 § 132a Nr. 5, GesR 2011, 756. Zu den Anforderungen an die **erkennbare Interessenabwägung** bei Anordnung der sofortigen Vollziehung vgl. nachgehend LSG Berlin-Brandenburg Beschl. v. 10.08.2012 – L 1 KR 290/12 B ER, wobei die Frage, ob die Auswahlentscheidung über die Schiedsperson rechtmäßig ist, regelmäßig dem Hauptsacheverfahren vorbehalten bleiben sollte. 95

**Kritisch** und mit durchaus **gewichtigen Argumenten** wird die Regelung als solche gesehen: Zur Rechtskontrolle in Bestimmungsverfahren betreffend die Schiedsperson im Falle des § 132a vgl. näher *Zuck* NZS 2014, 401, hier mit einer kritischen Stellungnahme: Im Hinblick auf das **Fehlen konkreter Vorgaben** betreffend die Kostenlast sei die Regelung rechtsstaatswidrig und verstoße 96 außerdem gegen das **Prinzip der Verhältnismäßigkeit,** wird her näher ausgeführt; von der Rechtsprechung wird die Kritik wohl nicht übernommen.

97 Eine Anwendung der Regelungen zum Schiedsperson sieht nach dem SGB V auch § 39a (Stationäre und ambulante Hospizleistungen), § 65c (klinische Krebsregister), § 73b (hausarztzentrierte Versorgung), § 110 (Kündigung von Versorgungsverträgen mit Krankenhäusern), § 125 und § 127 (Rahmenempfehlungen und Verträge in der Heil- und Hilfsmittelversorgung), § einer 32 (Versorgung mit Haushaltshilfe), § 132b (Versorgung mit Sozialtherapie), § 132d (spezialisierte ambulante Palliativversorgung), § 132e (Versorgung mit Schutzimpfungen) sowie § 211 (Aufgaben der Landesverbände) vor. Rechtsprechung und Erfahrungen mit diesen Regelungen können sinngemäß auch hier angewandt werden.

98 Zur Tätigkeit der Schiedsperson wie auch zum Schiedsverfahren mit einer Schiedsperson werden eine Reihe von Entscheidungen im Zusammenhang mit § 132a nachgewiesen: Die Amtsermittlungspflicht nach § 20 SGB X soll nicht für Schiedsperson gelten, vgl. BSG Urt. v. 23.06.2016 – B 3 KR 26/15 R – SozR 4–2500 § 132a Nr. 10 mit Anm. *Shirvani* SGb 2017, 478; die Entscheidung der Schiedsperson soll kein Schiedsvertrag, sondern ein Schiedsgutachten sein, vgl. LSG Baden-Württemberg Urt. v. 21.02.2017 – L 11 KR 4278/15, KrV 2017, 126; die Durchführung eines Schiedsverfahrens im Bereich der häuslichen Krankenpflege ist keine Sachurteilsvoraussetzungen vor Erhebung der allgemeinen (echten) Leistungsklage, BSG Urt. v. 29.06.2017 – B 3 KR 31/15 R – SozR 4–2500 § 132a Nr. 11; zur Bestimmung einer Schiedsperson vgl. LSG Sachsen Urt. v. 13.03.2019 – L 1 KR 50/13; zur Streitfestsetzung bei Bestimmung einer Schiedsperson vgl. LSG Bayern Beschl. v. 21.05.2019 – L 20 KR 113/19 B; in einem Schiedsverfahren nach Abs. 4 Satz 7 sind die Beteiligten in ihrem Sach- und Rechtsvortrag sowie im Stellen von Anträgen grundsätzlich frei, vgl. LSG Sachsen Beschl. v. 06.01.2020 – L 9 KR 342/18 B ER; zur Nichtumsetzung eines Schiedsspruches durch eine Krankenkasse vgl. LSG Hamburg Urt. v. 28.05.2020 – L 1 KR 73/19 KL, KrV 2020, 211; zur Durchsetzung eines Anspruchs aufgrund eines Schiedsspruchs, nunmehr i.S.d. Abs. 4 Satz 9, steht dem Gläubiger allein die allgemeinen Leistungsklage nach § 54 Abs. 5 SGG zu, vgl. LSG Baden-Württemberg Urt. v. 16.10.2020 – L 4 KR 438/20; Revision anhängig gemacht unter Az.: B 3 KR 18/20 R.

### V. Kriterien für eine Auswahl von Leistungserbringern (Abs. 4 Satz 12)

99 Bei der Auswahl der Leistungserbringer ist ihrer Vielfalt, insbesondere der Bedeutung der freien Wohlfahrtspflege, Rechnung zu tragen, **Abs. 4 Satz 12** (in der Fassung bis 31.12.2018 Satz 10). Auch insoweit schließt der Gesetzgeber an die Regelung des Abs. 2 in der Fassung bis 31.12.2016 an, hier an Abs. 2 Satz 9. Die Vielfalt der Leistungsträger ist auch mit dem Versicherten in Bezug zu bringen; dieser kann bei einer entsprechenden Einstellung auch einen besonderen Bezug zu bestimmten Leistungsträgern haben, etwa hinsichtlich religiöser oder weltanschaulicher Vorgaben.

100 Zur Vielfalt des Angebots an Leistungserbringern vgl. auch BSG Urt. v. 23.06.2016 – B 3 KR 26/15 R – SozR 4–2500 § 132a Nr. 10.

### VI. Pflicht zur Teilnahme an Qualitäts- und Abrechnungsprüfungen (Abs. 4 Satz 13)

101 Die Leistungserbringer sind nach **Abs. 4 Satz 13** (in der Fassung bis 31.12.2018 Satz 11) verpflichtet, an »Qualitäts- und Abrechnungsprüfungen nach § 275b teilzunehmen; § 114 Abs. 2 SGB XI bleibt unberührt«. Diese Regelung ist mit dem PSG III mit Wirkung vom 01.01.2017 neu aufgenommen worden, entspricht jedoch hergebrachten Grundsätzen zur Bedeutung von Qualitätsprüfungen und Abrechnungsprüfungen. Es wird jedoch i.S.d. Abs. 4 eine konkrete Vertragsgrundlage für die Vereinbarung entsprechender Regelungen vorgegeben, die im Falle von Verletzung oder Nachlässigkeit auch geahndet werden kann, bis zur Auflösung eines Versorgungsvertrags.

§ 275b in der Fassung ab 01.01.2017 regelte die Durchführung und den Umfang von **Qualitäts- und Abrechnungsprüfungen** bei Leistungen der häuslichen Krankenpflege durch den MDK. Für die Durchführung der Prüfungen i.S.d. § 275b Abs. 1 galten die Grundsätze nach § 114a Abs. 1 bis 3a SGB XI wie auch § 276 Abs. 2 Satz 3 bis 9 entsprechend. Zur Neuorganisation des Medizinischen Dienstes (MD als Körperschaft des öffentlichen Rechts – in der Nachfolge des MDK ab 2020/2021 mit Übergangsregelung) vgl. § 278.

102

§ 114a Abs. 1 SGB XI in der Fassung ab 01.01.2020 regelt die Durchführung der Qualitätsprüfungen durch den MDK, dem Prüfdienst des Verbandes der privaten Krankenversicherung e.V. und die von den Landesverbänden der Pflegekassen bestellten Sachverständigen im Rahmen ihres Prüfauftrags nach § 114 SGB XI. Diese Prüfungen bleiben unberührt, mit der Folge, dass insoweit Prüfung nicht gegenseitig anerkannt oder zusammengefasst werden. Ob sich ihr in der Praxis Schnittstellen ergeben, wird damit nicht ausgeschlossen.

103

### VII. Pflicht zur Anzeige einer Leistungserbringung an Personengruppe (Abs. 4 Satz 14)

Der Leistungserbringer hat der Krankenkasse nach der mit **Abs. 4 Satz 14** (Abs. 4 Satz 12) in der Fassung bis 30.10.2023 inhaltlich neu aufgenommenen Regelung **anzuzeigen,** dass er **behandlungspflegerische Leistungen i.S.d. Abs. 1 Satz 5** (ebenfalls in der Fassung bis 30.10.2023) **erbringt,** wenn er diese Leistungen für mindestens zwei Versicherte in einer durch den Leistungserbringer oder einen Dritten organisierten Wohneinheit erbringt. Mit der Regelung in Abs. 1 Satz 5 sind die Leistungen der intensivpflegerischen Versorgung im Rahmen der häuslichen Krankenpflege einbezogen, die einen besonders hohen Bedarf an Leistungen erfordern. Kann ein Leistungserbringer hier mehrere Versicherte zugleich versorgen, bringt dies erhebliche personelle Vorteile, die auch Gegenstand der Vergütung werden sollen.

104

**Abs. 4 Satz 14 ist bis zum 30.10.2023 befristet,** wie auch Abs. 1 Satz 5 (Art. 2 Nr. 2 GKV-IPReG vom 23.10.2020 – BGBl. I S. 2220). Es handelt sich um **Folgeänderungen** zur Ausgliederung des Anspruchs auf außerklinische Intensivpflege, die nicht mehr nach § 37 Abs. 2 gewährt wird. Zum Leistungserbringerrecht vgl. nachfolgend § 132l in der Fassung ab 29.10.2020, hier auch zur Ermächtigung zum Erlass von Rahmenempfehlungen, BT-Drs. 19/19368 S. 41, zum Leistungsrecht § 37c in der Fassung ab 29.10.2020.

105

Sollte dies nicht angezeigt werden, wird dies im Einzelfall erhebliche vergütungstechnische Folgen auslösen und könnte auch strafrechtliche Konsequenzen haben, wenn dies vergütungsrechtlich relevant sein sollte. Mit der Anzeigepflicht hat der Gesetzgeber auf Unregelmäßigkeiten reagiert, die in diesem Leistungsbereich vorgekommen sein sollen, vgl. *Altmiks* in KassKomm SGB V 03/2020 § 132a Rn. 40 und eingehend dazu BT-Drs. 19/19368 S. 2, 3, Materialien zum GKV-IPReG.

106

### VIII. Anstellung geeigneter Personen durch die Krankenkassen (Abs. 4 Satz 15)

Abs. 4 Satz 15 ermächtigt die Krankenkassen, zur Gewährung von häuslicher Krankenpflege geeignete Personen **ersatzweise** anzustellen. In Übereinstimmung mit § 140 sind **Eigeneinrichtungen der Krankenkassen** (zur Einrichtung einer rechtlich unselbständigen Eigeneinrichtung einer Krankenkasse vgl. BSG Urt. v. 08.09.2015 – B 1 KR 36/14 R, NZS 2016, 63, GesR 2016, 24; vgl. auch Nachweise zu § 105) grundsätzlich nur nachrangig zu betreiben. Ist eine Pflegeeinrichtung vorhanden, ist es grundsätzlich nicht zulässig, neben diesem Leistungserbringer seitens der Krankenkasse – sozusagen in Konkurrenz – tätig zu werden. Die Anstellung von geeigneten Personen durch die Krankenkasse wird nur in einem **besonderen Ausnahmefall** in Betracht kommen und eine solche Vorgehensweise bereits regelmäßig unwirtschaftlich sein; aufsichtsrechtliche Konsequenzen wären dann die Folge. Im Zusammenhang mit dem Präventionsgesetz vgl. zur Eigeneinrichtung auch *Schneider* SGb 2015, 599. In Abgrenzung hierzu vgl. zu Kommunen als Trägerinnen von MVZ's *Kingreen/Kühling* DÖV 2018, 890.

107

## § 132b Versorgung mit Soziotherapie

(1) Die Krankenkassen oder die Landesverbände der Krankenkassen können unter Berücksichtigung der Richtlinien nach § 37a Abs. 2 mit geeigneten Personen oder Einrichtungen Verträge über die Versorgung mit Soziotherapie schließen, soweit dies für eine bedarfsgerechte Versorgung notwendig ist.

(2) ¹Im Fall der Nichteinigung wird der Vertragsinhalt durch eine von den Vertragspartnern zu bestimmende unabhängige Schiedsperson festgelegt. ²Einigen sich die Vertragspartner nicht auf eine Schiedsperson, so wird diese von der für die vertragsschließende Krankenkasse zuständigen Aufsichtsbehörde innerhalb eines Monats nach Vorliegen der für die Bestimmung der Schiedsperson notwendigen Informationen bestimmt. ³Die Kosten des Schiedsverfahrens tragen die Vertragspartner zu gleichen Teilen.

| Übersicht | Rdn. | | Rdn. |
|---|---|---|---|
| I. Regelungsinhalt | 1 | | |

### I. Regelungsinhalt

1 § 132b gilt in der Fassung des Art. 5 Nr. 4 PsychVVG vom 19.12.2016 (BGBl. I S. 2986) mit Wirkung vom 01.01.2017.

2 Der Leistungskatalog der ambulanten Versorgung wurde durch die Einführung der Leistung »Soziotherapie« in § 37a erweitert. **Versicherte, die wegen schwerer psychischer Erkrankungen nicht in der Lage sind, ärztliche Leistungen selbstständig in Anspruch zu nehmen,** haben Anspruch auf Verordnung von Soziotherapie für höchstens 120 Stunden innerhalb von drei Jahren, § 37a. Die Leistung zielt darauf ab, die Notwendigkeit einer stationären Versorgung in den näher beschriebenen Fällen abzuwenden und neben einer besseren Versorgung zugleich auch Kosten einzusparen. Zum materiellrechtlichen Leistungsanspruch vgl. näher die Erläuterungen zu § 37a. § 132b regelt die Vorgaben seitens der Leistungserbringer. Zum Zusammentreffen mit SAPV vgl. SG Kassel Urt. v. 24.01.2018 – S 12 KR 390/17. Zur Transmission von Ergebnissen erfolgreicher Innovationsfonds-Projekte in die GKV-Versorgung vgl. *Bohm/Dudey* G+G Beilage 2019 Wissenschaft, Nr. 3, 22.

3 Der Gemeinsame Bundesausschuss hat hierzu **Richtlinien** zu erlassen, vgl. § 92 Abs. 1 Satz 2 Nr. 6. Maßgeblich ist die neu gefasste Soziotherapie-Richtlinie – ST-RL vom 22.01.2015 mit Wirkung vom 15.04.2015 in der Fassung vom 16.03.2017 mit Wirkung vom 08.06.2017 (Stand 08/2018). Unter Berücksichtigung der Richtlinie können die Krankenkassen und ihre Verbände auf Landesebene mit geeigneten Personen oder Einrichtungen Verträge über die Versorgung mit Soziotherapie schließen. Die Anforderungen an die Leistungserbringer haben die Spitzenverbände der Krankenkassen auf Bundesebene einheitlich und gemeinsam festzulegen.

4 Der Gesetzgeber sieht in der Soziotherapie einen Beitrag zur besseren Versorgung der in Betracht kommenden Patienten und bezieht sich insoweit auf die Ergebnisse eines Modellprojekts »Ambulante Rehabilitation psychisch Kranker«. Die KBV wendet hinsichtlich dieses Programms kritisch ein, dass es angesichts dieser Vorgaben nicht zu rechtfertigen sei, dass die Leistung nur unter einer rigiden Budgetvorgabe und ohne angemessene Finanzierungsgrundlage eingeführt werde.

5 Mit der **Neufassung der Soziotherapie-Richtlinie** vom 22.01.2015 wurde das Spektrum der Diagnosen und der Fähigkeitsstörungen, bei denen die Verordnung einer Soziotherapie in Betracht kommt, erweitert und präzisiert, wie aus der Begründung hierzu folgt. Mit Wirkung vom 08.06.2017 ist die Richtlinie um die Verordnungsbefugnis von Psychotherapeuten erweitert worden (vgl. hierzu auch die eingehende Begründung zur Beschlussfassung vom 16.03.3017, nachgewiesen im Internet vom GBA). Maßgeblich ist zum Redaktionsstand die Richtlinie in der Fassung vom 17.09.2020 mit Wirkung vom 01.10.2020.

Vergleichbar kritisch ist die »Zulassung« durch Vertragsschluss zu sehen, die mit einer **Bedarfs-** 6
**prüfung** verbunden ist. Ohnedies ist die Versorgung mit entsprechenden Leistungen schwierig und
häufig eine Anbindung an psychiatrische Institutsambulanzen oder Abteilungen, vgl. § 118, sozialpädiatrische Zentren, vgl. § 119, oder in Zusammenarbeit mit Fachärzten zweckmäßig, vgl. *Hess*
in KassKomm SGB V § 132b Rn. 4 und nachfolgend *Altmiks* in KassKomm SGB V § 132b Rn. 6
zur Facheignung. Zudem sind an die Berufszulassungsregelung im Hinblick auf Art. 12 GG strenge
Anforderungen zu stellen, auch deshalb, weil die Leistung der fachärztlichen Verordnung und der
Genehmigung durch die Krankenkasse bedarf, vgl. *Schaks* in Sodan, Handbuch Krankenversicherungsrecht, § 28 Rn. 41.

Die **Bedeutung der ambulanten Soziotherapie nach** § 37a wird allgemein als wichtiger Beitrag 7
anerkannt, Krankenhausaufenthalte zu vermeiden oder zu verkürzen und einen unverzichtbaren
Beitrag für die medizinische Versorgung besonders vulnerabler Personengruppen zu leisten, vgl.
BT-Drs. 18/10289 (neu) S. 54. **Die flächendeckende Versorgung mit ambulanter Soziotherapie**
sei daher von besonderer Bedeutung, wobei allerdings die Umsetzung in den Ländern sehr unterschiedlich und in vielen Ländern nur unzureichend sei.

Eine Regelung in **Abs. 2** ist wiederum mit dem **PsychVVG mit Wirkung vom 01.01.2017** angefügt 8
worden, wonach im Fall der Nichteinigung über den Vertragsinhalt nach Abs. 1 dieser durch eine
von den Vertragspartnern zu bestimmende unabhängige Schiedsperson festlegen kann.

## § 132c Versorgung mit sozialmedizinischen Nachsorgemaßnahmen

(1) Die Krankenkassen oder die Landesverbände der Krankenkassen können mit geeigneten
Personen oder Einrichtungen Verträge über die Erbringung sozialmedizinischer Nachsorgemaßnahmen schließen, soweit dies für eine bedarfsgerechte Versorgung notwendig ist.

(2) Der Spitzenverband Bund der Krankenkassen legt in Empfehlungen die Anforderungen an
die Leistungserbringer der sozialmedizinischen Nachsorgemaßnahmen fest.

§ 132c gilt in der Fassung des Art. 1 Nr. 2f GKV-OrgWG vom 15.12.2008 (BGBl. I S. 2426) mit 1
Wirkung vom 18.12.2008.

§ 132c wurde mit dem GKV-Modernisierungsgesetz mit Wirkung vom 01.01.2004 eingefügt. Die 2
Regelung eröffnet den Krankenkassen die Möglichkeit,
- sozialmedizinische Nachsorgemaßnahmen zu erbringen, vgl. § 43 Abs. 2, hier näher zum materiellrechtlichen Leistungsanspruch, sowie
- Verträge mit geeigneten Leistungserbringern zu schließen, § 132c Abs. 1.

§ 132c regelt summarisch die Rechtsstellung der Leistungserbringer sozialmedizinischer Nach- 3
sorgemaßnahmen. Diese Regelung zum Leistungserbringerrecht entspricht dem **Leistungsanspruch nach § 43 Abs. 2:** »Die Krankenkasse erbringt aus medizinischen Gründen in unmittelbarem Anschluss an eine Krankenhausbehandlung nach § 39 Abs. 1 SGB V oder stationäre
Rehabilitation erforderliche sozialmedizinische Nachsorgemaßnahmen für chronisch kranke
oder schwerstkranke Kinder und Jugendliche, die das 14. Lebensjahr, in besonders schwerwiegenden Fällen das 18. Lebensjahr, noch nicht vollendet haben, wenn die Nachsorge wegen
der Art, Schwere und Dauer der Erkrankung notwendig ist, um den stationären Aufenthalt zu
verkürzen oder die anschließende ambulante ärztliche Behandlung zu sichern. Die Nachsorgemaßnahmen umfassen die im Einzelfall erforderliche Koordinierung der verordneten Leistungen sowie Anleitung und Motivation zu deren Inanspruchnahme. Angehörige und ständige
Betreuungspersonen sind einzubeziehen, wenn dies aus medizinischen Gründen erforderlich
ist.« Die Leistung wird als **Sachleistung** bzw. Dienstleistung erbracht und auf diese besteht –
bei Erfüllung der Voraussetzungen – ein **Rechtsanspruch**, auch wenn die Realisierung der
Genehmigung durch die Krankenkasse bedarf. Mit der Genehmigung werden vornehmlich
Einzelfragen der Umsetzung geregelt.

§ 132c SGB V    Versorgung mit sozialmedizinischen Nachsorgemaßnahmen

4   Maßgeblich sind die **Soziotherapie-Richtlinien vom 08.06.2017** sowie die **Begutachtungsanleitung Ambulante Soziotherapie (Stand 14.08.2018)**, herausgegeben vom GKV-Spitzenverband, in der jeweils aktuellen Fassung. Der GKV-Spitzenverband hält eine Reihe von Mustern für die Verordnung nach § 37a einschließlich Betreuungsplan sowie ein Muster für eine Überweisung im Internet vor. Hierauf wird Bezug genommen.

5   **Leistungserbringer** sozialmedizinischer Nachsorgemaßnahmen müssen ein **verbindliches schriftliches und strukturiertes Konzept** zu diesen Leistungen nachweisen, einschließlich entsprechender Aussagen zum vorhandenen und zu erwartenden **Versorgungsbedarf**. Das Konzept muss auch Angaben zu den zu versorgenden Zielgruppen enthalten und den daraus resultierenden spezifischen Anforderungen entsprechen. Ferner müssen Angaben zu den **Leistungsinhalten** enthalten sein sowie die **personellen, räumlichen und sonstigen Anforderungen nachgewiesen und erläutert** werden. Schließlich ist auch die Zusammenarbeit des **interdisziplinären Nachsorgedienstes**, auch in Verbindung mit stationären Einrichtungen, darzulegen und sicherzustellen.

6   Die **personellen Anforderungen** richten sich auch nach dem **Einzugsgebiet** und der zu versorgenden **Zielgruppe**. Die **Leitung** der sozialmedizinischen Nachsorgeeinrichtung sollte eine **Vollzeitkraft** übernehmen. Aus der interdisziplinären Zusammensetzung des Nachsorgeteams folgt, dass die genannten **Berufsgruppen** vertreten sind; als **Berufsgruppen** werden angeführt:
    – Kinderkrankenschwester/Kinderkrankenpfleger (dies gilt entsprechend für die neuen Berufsbezeichnungen dieser Berufsgruppe),
    – Diplom-Sozialarbeiter, Diplom-Sozialpädagogen, Diplom-Psychologen,
    – Fachärzte für Kinder- und Jugendmedizin.

7   Soweit **Fachkräfte** nicht unmittelbar im Nachsorgeteam tätig sind, ist die **Zusammenarbeit durch geeignete Verträge** mit diesen nachzuweisen. Ein eigenständiges Zulassungsverfahren ist neben dem Vertragsschluss nicht vorgesehen, so dass diesen Verträgen zugleich auch die Zulassungswirkung zukommt. Die Krankenkassen können nicht selbständig Leistungsanbieter sein; § 132c enthält keine entsprechende Ermächtigung, etwa vergleichbar § 132a Abs. 2 Satz 10. Die Empfehlungen enthalten weiterhin detaillierte Vorgaben für die Qualifikation der Teammitglieder, die räumliche und technische Ausstattung einschließlich der notwendigen Mobilität, zu den Organisationsformen, zu Kooperationsvereinbarungen zwecks Zusammenarbeit, zur Dokumentation sowie zur Qualitätssicherung.

8   Die entsprechenden **Qualitätsanforderungen** hinsichtlich der Struktur der Leistungen ergeben sich aus der Bestimmung des GKV-Spitzenverbandes »zu **Voraussetzungen, Inhalt und Qualität der sozialmedizinischen Nachsorgemaßnahmen nach § 43 Abs. 2 SGB V**«; hierzu ermächtigt § 43 Abs. 2 Satz 4. Die **Verordnung dieser Leistung**, die neben der **Genehmigung durch die Krankenkasse** Leistungsvoraussetzung ist, soll nach dem Verordnungsvordruck zu den Bestimmungen der sozialmedizinischen Nachsorge vorgenommen werden. Diese Bestimmungen erfassen insbesondere die **häusliche Versorgungssituation** bei chronisch kranken oder schwerstkranken Kindern und Jugendlichen, die das 14. Lebensjahr und in besonders schwerwiegenden Fällen das 18. Lebensjahr noch nicht vollendet haben. Eltern und Betreuungspersonen seien mit der Versorgungssituation oftmals überfordert. Neben Leistungen nach § 37b (spezialisierte ambulante Palliativversorgung) kommen Leistungen nach § 43 Abs. 2 nicht in Betracht.

9   **Näheres** wird zudem in den »**Empfehlungen der Spitzenverbände der Krankenkassen zu den Anforderungen an die Leistungserbringer sozialmedizinischer Nachsorgemaßnahmen nach § 132c SGB V**« vom 01.07.2005 in der Fassung vom 30.06.2008 geregelt, wobei diesen **Empfehlungen** (die Ermächtigungsgrundlage wurde mit dem GKV-WSG aufgehoben und kurze Zeit später mit dem GKV-OrgWG wieder eingefügt) angesichts der knappen gesetzlichen Vorgaben entscheidende Bedeutung zukommt (vgl. *Schaks* in Sodan, Handbuch Krankenversicherungsrecht, § 28 Rn. 45). Die Rechtswirkungen der »Empfehlungen«, für die nachfolgend der GKV-Spitzenverband zuständig ist, ist allerdings deutlich begrenzt, vgl. *Schneider* in jurisPK-SGB V § 132c Rn. 9. § 132c Abs. 2 wurde durch **Art. 1 Nr. 2f GKV-OrgWG** mit Wirkung vom 18.12.2008 wiederum

angefügt. Nachdem die Regelung mit der Begründung der »Verschlankung der Aufgaben des Spitzenverbandes Bund der Krankenkassen« mit Wirkung vom 01.07.2008 gestrichen worden war, hat der Gesetzgeber nach **Umwandlung des Anspruchs auf sozialmedizinische Nachsorgemaßnahmen** (vgl. § 43 Abs. 2) in eine Leistung mit **Rechtsanspruch** die **Ermächtigung zum Erlass von Empfehlungen wieder für sachgerecht** erachtet. Damit will der Gesetzgeber zur Verbesserung der qualitätsgesicherten Versorgung der Versicherten mit sozialmedizinischen Nachsorgemaßnahmen beitragen. Vgl. die Richtlinien in der Fassung vom 08.06.2017 sowie die Begutachtungsanleitung Stand 14.08.2018.

Den **Empfehlungen die Spitzenverbände** der Krankenkassen – in der Nachfolge der GKV-Spitzenverband – zu den Anforderungen an die Leistungserbringer sozialmedizinischer Nachsorgemaßnahmen ist ein **Dokumentationsbogen** für sozialmedizinische Nachsorgemaßnahmen beigefügt; die Empfehlungen wie auch der Dokumentationsbogen werden im Internetangebot des GKV-Spitzenverbandes nachgewiesen. Die Empfehlungen haben als Ziel, durch **einheitliche Anforderungen an die Leistungserbringer für sozialmedizinische Nachsorgemaßnahmen** eine qualitätsgesicherte, dem Stand der medizinischen Erkenntnisse entsprechende Versorgung der Versicherten mit sozialmedizinischen Nachsorgemaßnahmen zu gewährleisten. Nach § 132c Abs. 1 können auf der Grundlage dieser Empfehlungen und unter Berücksichtigung der **Rahmenvereinbarung nach § 43 Abs. 2** die Krankenkassen oder die Landesverbände der Krankenkassen mit geeigneten Personen oder Einrichtungen **Verträge** über die Erbringung sozialmedizinischer Nachsorgemaßnahmen **schließen, soweit dies für eine bedarfsgerechte Versorgung** – mit einer weit gehenden Verpflichtung der Krankenkassen, vgl. Erläuterungen II.3 – **notwendig** ist.

10

Die Gerichte sind ohne konkrete Hinweise nicht verpflichtet, breit gestreut die **sozialmedizinischen Grundlagen der »Anhaltspunkte für die ärztliche Gutachtertätigkeit im sozialen Entschädigungsrecht«** – AHP – im Einzelnen zu erfragen und dann – ungezielt – nach etwa widersprechenden neueren Erkenntnissen der medizinischen Wissenschaft zu suchen. Sie können vielmehr davon ausgehen, dass der **Ärztliche Sachverständigenbeirat** – Sektion Versorgungsmedizin – regelmäßig die ihm gestellte Aufgabe erfüllt und bei jeder Ausgabe der AHP sowie danach durch laufende Überarbeitung neue Erkenntnisse und Fortschritte in der medizinischen Wissenschaft über die Auswirkungen von Gesundheitsstörungen berücksichtigt, BSG Urt. v. 18.09.2003 – B 9 SB 3/02 R – SozR 4-3250 § 69 Nr. 2, SGb 2004, S. 378.

11

## § 132d Spezialisierte ambulante Palliativversorgung

(1) ¹Der Spitzenverband Bund der Krankenkassen vereinbart mit den maßgeblichen Spitzenorganisationen der Hospizarbeit und Palliativversorgung auf Bundesebene unter Berücksichtigung der Richtlinien nach § 37b Absatz 3 erstmals bis zum 30. September 2019 einen einheitlichen Rahmenvertrag über die Durchführung der Leistungen nach § 37b. ²Den besonderen Belangen von Kindern ist durch einen gesonderten Rahmenvertrag Rechnung zu tragen. ³In den Rahmenverträgen sind die sächlichen und personellen Anforderungen an die Leistungserbringung, Maßnahmen zur Qualitätssicherung und die wesentlichen Elemente der Vergütung festzulegen. ⁴Der Deutschen Krankenhausgesellschaft, der Vereinigung der Pflegeeinrichtungen auf Bundesebene sowie der Kassenärztlichen Bundesvereinigung ist Gelegenheit zur Stellungnahme zu geben. ⁵Die Rahmenverträge sind in geeigneter Form öffentlich bekannt zu machen. ⁶Personen oder Einrichtungen, die die in den Rahmenverträgen festgelegten Voraussetzungen erfüllen, haben Anspruch auf Abschluss eines zur Versorgung berechtigenden Vertrages mit den Krankenkassen einzeln oder gemeinsam nach Maßgabe des Rahmenvertrages nach Satz 1 oder Satz 2 und unter Wahrung des Gleichbehandlungsgrundsatzes. ⁷In dem Vertrag nach Satz 6 werden die Einzelheiten der Versorgung festgelegt. ⁸Dabei sind die regionalen Besonderheiten angemessen zu berücksichtigen.

(2) ¹Im Fall der Nichteinigung wird der Inhalt der Verträge nach Absatz 1 durch eine von den jeweiligen Vertragspartnern zu bestimmende unabhängige Schiedsperson festgelegt. ²Einigen

sich die Vertragspartner nicht auf eine Schiedsperson, so wird diese im Fall der Rahmenverträge nach Absatz 1 Satz 1 oder Satz 2 vom Bundesversicherungsamt und im Fall der Verträge nach Absatz 1 Satz 6 von der für die vertragschließenden Krankenkassen zuständigen Aufsichtsbehörde bestimmt. ³Die Kosten des Schiedsverfahrens tragen die Vertragspartner zu gleichen Teilen. ⁴Widerspruch und Klage gegen die Bestimmung der Schiedsperson haben keine aufschiebende Wirkung.

(3) ¹Krankenkassen können Verträge, die eine ambulante Palliativversorgung und die spezialisierte ambulante Palliativversorgung umfassen, auch auf Grundlage der §§ 73b oder 140a abschließen. ²Die Qualitätsanforderungen in den Rahmenverträgen nach Absatz 1 und in den Richtlinien nach § 37b Absatz 3 und § 92 Absatz 7 Satz 1 Nummer 5 gelten entsprechend.

1 § 132d gilt in der Fassung des Art. 7 Nr. 10a PpSG vom 11.12.2018 (BGBl. I S. 2394) mit Wirkung vom 01.01.2019.

2 § 132d wurde mit dem GKV-WSG mit Wirkung vom 01.04.2007 eingefügt und regelt für den Bereich der spezialisierten ambulanten Palliativversorgung (SAPV) den Bereich der **Leistungserbringung** (hier im systematischen Zusammenhang mit dem Leistungserbringerrecht, mit Regelungen, die regelungstechnisch den §§ 132 bis 132c entsprechen, vgl. *Schneider* in jurisPK-SGB V § 132d Rn. 2). Leistungsrechtlich schließt § 132d an § 37b an; diese Regelung ist gleichfalls mit dem GKV-WSG aufgenommen worden. § 132d Abs. 2 wurde ferner mit dem GKV-WSG an die Organisationsreform der Krankenkassen mit der Einrichtung des Spitzenverbandes Bund der Krankenkassen mit Wirkung vom 01.07.2008 angepasst und mit Wirkung vom 08.12.2015 um ein Schiedsverfahren (Abs. 1 Satz 3 bis 5) sowie erhöhte Gestaltungsmöglichkeiten der Vertragspartner im Sinne einer vernetzten Palliativversorgung (Abs. 3) erweitert.

3 Die geltende Fassung des § 132d geht auf das Pflegepersonal-Stärkungsgesetz (vgl. Erläuterungen unter I.2) zurück und ist am 01.01.2019 in Kraft getreten. Bei gleicher Zielsetzung – weiterer Ausbau der SAPV, wobei die Aufbauphase weitgehend abgeschlossen sein dürfte, vgl. BT-Drs. 19/5593 S. 116 – wurden § 132d praktisch neu gefasst. Anlass war eine Entscheidung des OLG Düsseldorf (Beschl. v. 15.06.2016 – VII-Verg 56/15, NZS 2016, 741, KrV 2016, 155), nach der es sich bei Verträgen zur SAPV um Ausschreibungsgesetze öffentliche Verträge handele, wenn bei der Zulassung zu diesem Vertragssystem keine im Vorhinein festgelegten Bedingungen gelten würden und eine Auswahl unter den interessierten Leistungserbringern vorgenommen werde.

4 Die Erkenntnis, dass sich die Einrichtung der SAPV bei den vernetzten Strukturen (vgl. hierzu, auch mit Auswirkungen auf die sozialversicherungsrechtliche Bewertung SG Kassel Urt. v. 24.01.2018 – S 12 KR 390/17) mit einem Ausschreibungsverfahren nur schwer vereinbaren lasse hat die Krankenkassen veranlasst, zu einem **open-House-Verfahren** überzugehen. Mit jedem Leistungserbringer, der festgelegte Anforderungen erfüllt, wird ein **Versorgungsvertrag** abgeschlossen. Realisiert wird dies auch im Rahmen eines **offenen Zulassungsverfahrens**, bei dem die Zulassungsvoraussetzungen auf **kollektiver Ebene** zwischen den Verbänden der Krankenkassen und den für die Hospizarbeit und die Palliativversorgung zuständigen Verbänden festgelegt werden. Beide Verfahren unterfielen ausweislich der Materialien (BT-Drs. 19/5593 S. 117) nicht dem Vergaberecht, wenn bei ihnen keine Auswahl unter Leistungserbringern vorgenommen werde und sie folglich kein Exklusivrecht zur Versorgung vermittelten.

5 In der Abwicklung ist nach der **Rechtslage ab 01.01.2019** entscheidend, dass ein **Rahmenvertrag** die bisherigen Rahmenempfehlungen nach Abs. 2 in der Fassung bis 31.12.2018 (vgl. Erläuterungen unter III.) **ersetzt**. Dieser **einheitliche Rahmenvertrag** soll bis zum **30.09.2019** zwischen dem GKV-Spitzenverband und mit den maßgeblichen Spitzenorganisationen der Hospizarbeit und Palliativversorgung auf Bundesebene vereinbart werden. Basis sind die **Richtlinien** zur Durchführung der Leistungen nach § 37b. Der Rahmenvertrag ist auf Bundesebene zu erarbeiten und soll bundesweit möglichst vergleichbare Versorgungsbedingungen gewährleisten, vgl. BT-Drs. 19/5593 S. 117. Entsprechend dieser Umstellung ist der weitere Regelungsinhalt des § 132d angepasst worden; auf die Erläuterungen unter II. wird Bezug genommen. Im Hinblick auf die Abwicklung des

Verfahrens nach der Rechtslage bis 31.12.2018 werden die Erläuterungen hierzu gleichfalls nach nachgewiesen (unter III.).

§ 37b als leistungsbegründende Norm zielt auf eine **bessere Palliativversorgung im ambulanten Bereich** ab. Versicherte mit einer nicht heilbaren, fortschreitenden und weit fortgeschrittenen Erkrankung bei einer zugleich begrenzten Lebenserwartung, die eine besonders aufwendige Versorgung benötigen, haben **Anspruch auf spezialisierte ambulante Palliativversorgung**. Nach Maßgabe des § 37b Abs. 2 gilt dies auch für den stationären Pflegebereich. Zur Übernahme von Kosten durch die Krankenkasse vgl. SG Aachen Urt. v. 20.08.2013 – S 13 KR 271/12, PflR 2013, 773 und Anm. *Roßbruch* PflR 2013, 779. Zur palliativmedizinischen Versorgung in Deutschland vgl. *Stiel/Ostgathe* G+G Beilage 2015 Wissenschaft, Nr. 1, 23; vgl. ferner *Friedemann/Nauck/Jansky* DMW 2018, 558.

Die Leistung ist durch einen **Vertragsarzt** oder einen **Krankenhausarzt** zu verordnen (auf eine Genehmigung durch die Krankenkasse ist im weiteren Gesetzgebungsverfahren ausdrücklich verzichtet worden) und beinhaltet die ärztliche und pflegerische Versorgung einschließlich der Schmerztherapie und Symptomkontrolle.

§ 37b Abs. 3 ermächtigt den **Gemeinsame Bundesausschuss**, Inhalt und Umfang der Palliativversorgung, das Verhältnis zur ambulanten Versorgung wie auch die Zusammenarbeit der Leistungserbringer in Richtlinien zu regeln. In Abgrenzung hierzu ist die Rechtsstellung der stationären Hospize in § 39a geregelt; allerdings eröffnet Abs. 3 mit Wirkung vom 08.01.2015 Möglichkeiten der **Vernetzung**, die prägend für die SAPV ist. Entsprechend ist die Richtlinie zur Verordnung von spezialisierter ambulanter Palliativversorgung vom Gemeinsamen Bundesausschuss vom 20.12.2007 in der Fassung vom 15.04.2010 mit Wirkung vom 25.06.2010 (ohne weitere Beschlussfassung Stand 03/2019, wobei die Änderungen ab 08.12.2015 und insbesondere ab 01.01.2019 zu Änderungen Anlass geben könnten) ergangen. Über die Umsetzung sind jeweils jährlich Berichte über die Umsetzung der Richtlinie vorgelegt worden. Auf die jährlich erstellten und vom Gemeinsamen Bundesausschuss nachgewiesenen Berichte wird Bezug genommen.

Im Zusammenhang mit der **spezialisierten ambulanten Palliativversorgung** hatte der Gesetzgeber in § 132d Abs. 2 dem GKV-Spitzenverband unter Beteiligung der DKG, der Vereinigungen der Träger der Pflegeeinrichtungen auf Bundesebene, der Spitzenorganisationen der Hospizarbeit und der Palliativversorgung sowie der KBV aufgegeben, **Empfehlungen vorzulegen**. Hierzu sind die Gemeinsamen Empfehlungen vom 23.08.2008 in der Fassung vom 05.11.2012 (Redaktionsstand 03/2019), vom GKV-Spitzenverband im Internet nachgewiesen, ergangen. Diese **Empfehlungen** sind unter Beteiligung zahlreicher an der Versorgung beteiligter Verbände erstellt worden (Nachweis in den Empfehlungen). Näher geregelt sind hier Zielsetzung, Zulassungsvoraussetzungen, Inhalt und Umfang der Leistungen, organisatorische Voraussetzungen, personelle Anforderungen und Qualitätssicherung. Diese Empfehlungen werden nach der Rechtslage ab 01.01.2019 durch einen Rahmenvertrag abgelöst.

**Grundlage für die Leistungserbringung** sind öffentlich-rechtliche Verträge der Krankenkassen oder ihren Verbänden mit geeigneten Leistungserbringern (s.o. zur Rechtslage ab 01.01.2019). Zulässig sind hier im Rahmen des **Abs. 3 Vernetzungen** mit anderen Versorgungsformen (Hausarztzentrierte Versorgung nach § 73b oder besondere Versorgungsformen nach § 140a, was terminologisch die integrierte Versorgung in der Fassung ab 23.07.2015 mit einschließt), vgl. *Schneider* in jurisPK-SGB V § 132d Rn. 9).

Wenn auch ein **einzelner Versicherter** keinen Einfluss auf die Infrastruktur insoweit nehmen kann, wird das Bestehen eines Anspruchs von Leistungserbringern auf einen Vertragsschluss unterschiedlich gesehen. Hier wird wohl überwiegend ein **Anspruch auf Abschluss eines Vertrages mit selektiver Wirkung** angenommen, wenn ein Leistungserbringer geeignet ist und die Versorgung der Versicherten noch nicht sichergestellt ist, vgl. *Luthe* in Hauck/Noftz SGB V § 132d Rn. 8; *Rixen* in Becker/Kingreen SGB V § 132d Rn. 4 sowie *Engelmann* WzS 2015, 67; der Auffassung wird gefolgt.

§ 132e SGB V    Versorgung mit Schutzimpfungen

12 Für die Praxis sind **Musterverträge** für regional begrenzte allgemeingültige Abkommen zwischen Krankenkassen und Leistungserbringern verfügbar. Diese werden zur Grundlage für die Gestaltung von individuellen Verträgen verwendet und damit an die konkreten Gegebenheiten angepasst. Dabei sind ab 08.12.2015 die erweiterten Möglichkeiten zur Vernetzung von Leistungen einzubeziehen. Die Musterverträge zur SAPV für die einzelnen Bundesländer werden – wie auch umfangreiche Informationen unter dem Nachweis von Berichten, Vordrucken und Stellungnahmen – von der **Deutschen Gesellschaft für Palliativmedizin** im Internet nachgewiesen. Eine Anpassung an die Rechtslage ab 01.01.2019 ist wohl erst teilweise erfolgt und im Weiteren zu erwarten.

### § 132e Versorgung mit Schutzimpfungen

(1) [1]Die Krankenkassen oder ihre Verbände schließen mit Kassenärztlichen Vereinigungen, Ärzten, Einrichtungen mit ärztlichem Personal, deren Gemeinschaften, den obersten Landesgesundheitsbehörden oder den von ihnen bestimmten Stellen, Verträge über die Durchführung von Schutzimpfungen nach § 20i. [2]Als Gemeinschaften im Sinne des Satzes 1 gelten auch Vereinigungen zur Unterstützung von Mitgliedern, die Schutzimpfungen nach § 20i durchführen. [3]Es sind insbesondere Verträge abzuschließen mit

1. den an der vertragsärztlichen Versorgung teilnehmenden Ärzten oder deren Gemeinschaften,
2. den Fachärzten für Arbeitsmedizin und Ärzten mit der Zusatzbezeichnung »Betriebsmedizin«, die nicht an der vertragsärztlichen Versorgung teilnehmen, oder deren Gemeinschaften und
3. den obersten Landesgesundheitsbehörden oder den von ihnen bestimmten Stellen.

[4]In Verträgen mit den Fachärzten für Arbeitsmedizin, Ärzten mit der Zusatzbezeichnung »Betriebsmedizin« und sonstigen Ärzten, die nicht an der vertragsärztlichen Versorgung teilnehmen, oder deren Gemeinschaften sind insbesondere Regelungen zur vereinfachten Umsetzung der Durchführung von Schutzimpfungen, insbesondere durch die pauschale Bereitstellung von Impfstoffen, sowie Regelungen zur vereinfachten Abrechnung, insbesondere durch die Erstattung von Pauschalbeträgen oder anteilig nach den Versichertenzahlen (Umlageverfahren) vorzusehen. [5]In Verträgen mit den obersten Landesgesundheitsbehörden oder den von ihnen bestimmten Stellen sind insbesondere folgende Regelungen vorzusehen:

1. Regelungen zur Förderung von Schutzimpfungen durch den öffentlichen Gesundheitsdienst,
2. Regelungen zur vereinfachten Umsetzung der Durchführung von Schutzimpfungen nach § 20 Absatz 5 Satz 1 und 2 des Infektionsschutzgesetzes, insbesondere durch die pauschale Bereitstellung von Impfstoffen, soweit die Krankenkassen zur Tragung der Kosten nach § 20 Absatz 5 Satz 3 des Infektionsschutzgesetzes verpflichtet sind,
3. Regelungen zur vereinfachten Erstattung der Kosten nach § 69 Absatz 1 Satz 3 des Infektionsschutzgesetzes, soweit die Krankenkassen zur Tragung der Kosten nach § 20 Absatz 5 Satz 3 und 4 des Infektionsschutzgesetzes verpflichtet sind und die Länder die Kosten vorläufig aus öffentlichen Mitteln bestreiten, insbesondere durch die Erstattung von Pauschalbeträgen oder anteilig nach den Versichertenzahlen (Umlageverfahren) und
4. Regelungen zur Übernahme der für die Beschaffung von Impfstoffen anfallenden Kosten des öffentlichen Gesundheitsdienstes durch die Krankenkassen für Personen bis zum vollendeten 18. Lebensjahr aus Mitgliedstaaten der Europäischen Union, deren Versicherteneigenschaft in der gesetzlichen Krankenversicherung zum Zeitpunkt der Durchführung der Schutzimpfung noch nicht festgestellt ist und die nicht privat krankenversichert sind.

[6]Einigen sich die Vertragsparteien nach Satz 1 nicht innerhalb einer Frist von drei Monaten nach einer Entscheidung gemäß § 20i Absatz 1 Satz 3 oder nach Erlass oder Änderung der Rechtsverordnung nach § 20i Absatz 3 Satz 1, legt eine von den Vertragsparteien zu bestimmende unabhängige Schiedsperson den jeweiligen Vertragsinhalt fest. [7]Einigen sich die Vertragsparteien nicht auf eine Schiedsperson, so wird diese von der für die vertragsschließende Krankenkasse oder für den vertragsschließenden Verband zuständigen Aufsichtsbehörde bestimmt. [8]Die Kosten des

Schiedsverfahrens tragen die Vertragspartner zu gleichen Teilen. ⁹Endet ein Vertrag nach Satz 1 oder endet eine Rahmenvereinbarung nach § 20i Absatz 3 Satz 3 in der bis zum 10. Mai 2019 geltenden Fassung, so gelten seine oder ihre Bestimmungen bis zum Abschluss eines neuen Vertrages oder bis zur Entscheidung der Schiedsperson vorläufig weiter.

(2) ¹Die Kassenärztliche Bundesvereinigung meldet bis zum 15. Januar eines Kalenderjahres den Bedarf an saisonalen Grippeimpfstoffen auf Grundlage der durch die Vertragsärztinnen und Vertragsärzte geplanten Bestellungen an das Paul-Ehrlich-Institut. ²Das Paul-Ehrlich-Institut prüft den nach Satz 1 übermittelten Bedarf unter Berücksichtigung einer zusätzlichen Reserve von 10 Prozent, in den Jahren 2020 und 2021 von 30 Prozent, durch Vergleich mit den nach § 29 Absatz 1d des Arzneimittelgesetzes mitgeteilten Daten von Inhabern der Zulassungen von saisonalen Grippeimpfstoffen bis zum 15. März eines Kalenderjahres. ³Die Prüfung nach Satz 2 erfolgt im Benehmen mit dem Robert Koch-Institut. ⁴Das Ergebnis der Prüfung teilt das Paul-Ehrlich-Institut unverzüglich der Kassenärztlichen Bundesvereinigung und den Inhabern der Zulassungen von saisonalen Grippeimpfstoffen mit.

(3) Die Inhaber von Zulassungen von saisonalen Grippeimpfstoffen melden die voraussichtlichen Preise für Grippeimpfstoffe für die kommende Impfsaison bis spätestens zum 1. März eines Jahres an die Kassenärztliche Bundesvereinigung.

(4) In den Verträgen nach Absatz 1 ist eine Erhöhung der Impfquoten für die von der Ständigen Impfkommission beim Robert Koch-Institut gemäß § 20 Absatz 2 des Infektionsschutzgesetzes empfohlenen Schutzimpfungen anzustreben.

| Übersicht | Rdn. | | Rdn. |
|---|---|---|---|
| A. Regelungsinhalt | 1 | III. Entscheidung durch unabhängige Schiedsperson (Abs. 1 Satz 6 bis 8) | 27 |
| B. Anspruch auf Schutzimpfungen | 11 | | |
| C. Versorgung mit Schutzimpfungen | 17 | IV. Fortgeltungsregelung für Verträge nach Satz 9 | 33 |
| I. Vertragspartner für die Versorgung mit Schutzimpfungen (Abs. 1 Satz 1 bis 4) | 19 | D. Bedarfsplanung und Meldungen betr. saisonale Grippeimpfstoffe (Abs. 2 und 3) | 34 |
| II. Inhalt von Verträgen mit Leistungserbringern und mit den obersten Landesgesundheitsbehörden (Abs. 1 Satz 5) | 22 | | |

A. Regelungsinhalt

§ 132e gilt in der Fassung des Art. 1 Nr. 39 GVWG vom 11.07.2021 (BGBl. I S. 2754) mit Wirkung vom 20.07.2021. Die Erläuterungen gehen weitgehend auf die Fassung durch Art. 4 Nr. 15 Zweites Gesetz zum Schutz der Bevölkerung bei einer epidemischen Lage von nationaler Tragweite vom 19.05.2020 (BGBl. I S. 1018) mit Wirkung vom 23.05.2020 ein. Zu den weitergehenden Änderungen vgl. Hinweise unter Rdn. 10a. 1

§ 132e Abs. 2 soll geändert und neuer Abs. 4 soll angefügt werden durch Gesetzentwurf zum GVSG Stand 03/21 (BT-Drs. 19/26942). 2

In § 132e wird im Zusammenhang mit der Versorgung mit Schutzimpfungen das **Recht der Leistungserbringer** geregelt. Vergleichbar entsprechenden Regelungen zum **Leistungserbringerrecht** für andere Leistungsbereiche werden hier Bestimmungen zu den Vertragspartnern, zum **Vertragsinhalt** sowie zur Leistungsberechtigung getroffen. Die Regelung ist mit dem GKV-WSG mit Wirkung vom 01.04.2007 eingefügt worden, parallel zur Neuregelung der materiell-rechtlichen Ansprüche auf Schutzimpfungen, vgl. nachfolgend § 20i. Im Hinblick auf das Versorgungssystem liegt die Besonderheit darin, dass **Impfleistungen außerhalb der vertragsärztlichen Versorgung** organisiert werden, vgl. *Altmiks* in KassKomm SGB V § 132e Rn. 2. Die Zugehörigkeit von Impfleistungen zur vertragsärztlichen Versorgung ist deshalb höchstrichterlich auch offengelassen worden, hier unter Bezugnahme auf BSG Urt. v. 25.01.2017 – B 6 KA 7/16 R – SozR 4–2500 § 106 Nr. 57 mit Anm. *Clemens* MedR 2017, 1001. 3

## § 132e SGB V  Versorgung mit Schutzimpfungen

4 In **Abs. 1** ist das Leistungserbringerrecht zur Durchführung von Schutzimpfungen und in **Abs. 2 und 3** die Versorgung mit Impfstoffen bzw. mit Meldungen zu diesen geregelt. Impfstoffe sollen flächendeckend und auf vielfältigen Wegen realisiert verfügbar sein. Deshalb hat der Gesetzgeber den gesamten Impfmarkt zugänglich gemacht. Damit sollte noch mehr Versorgungssicherheit erreicht werden, wobei hier noch Erfahrung mit der bevölkerungsweiten Grippeimpfung (sog. Schweinegrippe) einwirkten und Erfahrungen mit der Pandemie 2020/2021 einwirken werden. Vereinbarungen gelten regelmäßig bis zum Abschluss neuer Vereinbarungen weiter.

5 Alle an der **vertragsärztlichen Versorgung teilnehmenden Ärzte** können gemäß Abs. 1 Satz 1 **Impfleistungen** erbringen. Zum GKV-WSG ist in den Materialien der Hinweis enthalten, dass ca 90 % der Impfungen durch Haus- oder Kinderärzte erfolge, vgl. BT-Drs. 16/4247 S. 47. Für die Erbringung von Impfleistungen bedarf es jedoch keiner vertragsärztlichen Zulassung. Darüber hinaus gilt dies deshalb auch für die **weiteren, hier genannten Einrichtungen** und etwa auch für Betriebsärzte und bestimmte Fachärzte für Arbeitsmedizin, soweit diese nicht bereits in die vertragsärztliche Versorgung einbezogen sein sollten. Schon mit dem **PrävG** wurde der Kreis der Berechtigten mit Wirkung vom 25.07.2015 entsprechend erweitert. Weitere entsprechende Regelungen sind mit dem TSVG mit Wirkung vom 11.05.2019 und dem Masernschutzgesetz mit Wirkung vom 01.03.2020 erfolgt.

6 Sind die Tatbestandsvoraussetzungen hinsichtlich Eignung und Bedarf erfüllt, so ist ein **Anspruch auf Vertragsschluss** anzunehmen, auch wenn hiervon die Materialien abzuweichen scheinen, vgl. bereits *Schaks* in Sodan, Handbuch Krankenversicherungsrecht § 38 Rn. 56 unter Bezugnahme auf BT-Drs. 16/4247 S. 47. Dem Vertragsschluss hat der Gesetzgeber entscheidende Bedeutung beigemessen, wie auch der Schiedsregelung unter Einbeziehung einer Schiedsperson nach Abs. 1 Satz 6 bis 8 folgt.

7 Maßgeblich sind die **Richtlinien des Gemeinsamen Bundesausschusses über Schutzimpfungen nach § 20i Abs. 1 – Schutzimpfungs-Richtlinie** – vom 18.10.2007 (noch zu § 20d), mit häufigen Änderungen, hier in der Fassung vom 15.10.2020 mit Wirkung vom 23.12.2020 (Redaktionsstand 02/2021), fortlaufend mit den Anpassungen zur Umsetzung der STIKO-Empfehlungen. Die Richtlinie regelt die **Einzelheiten zu Voraussetzungen, Art und Umfang der Leistungen für Schutzimpfungen** auf der Grundlage der Empfehlungen der ständigen Impfkommission (STIKO) beim Robert-Koch-Institut gemäß dem IfSG und unter besonderer Berücksichtigung der Bedeutung der Schutzimpfungen für die öffentliche Gesundheit, § 20i Abs. 1 Satz 3.

8 Die **Aufwendungen für Präventivleistungen** der GKV betragen allein für Schutzimpfungen weit über 2 Milliarden Euro (lt. Anlage der Statistik der GKV). Vgl. auch die jeweiligen Stellungnahmen des GKV-Spitzenverbandes zur Leistungspflicht der Krankenkassen bei Influenzaschutzimpfungen; vgl. hier aber auch zum Katalog von Impfungen mit dem Ziel, eine Reihe von Krankheiten durch einen ausreichend dichten Impfschutz ganz verhindern zu können. Zudem ist im Rahmen der Impfungen bei der Pandemie 2020/2021 der Bund als Kostenträger tätig geworden, hier einschließlich der Förderung der Entwicklung und der Fertigung von Impfstoffen mit mehreren Milliarden Euro. Zur Wirkung von Impfungen kann auf die Veröffentlichungen des Paul-Ehrlich-Instituts in Langen Bezug genommen werden. Ein System zur Anmeldung des Bedarfs an Grippeimpfstoffen (**Abs. 2** in der Fassung ab 23.05.2020) und Regelungen zu Preisinformationen betr. Grippeimpfstoffe (**Abs. 3** mit Wirkung vom 16.08.2019) sollen zu einer besseren Transparenz dieses Versorgungsbereichs beitragen.

9 Generell besteht in **Deutschland keine Impfpflicht**. Es gibt jedoch eine **Reihe von Impfungen**, die von der STIKO **empfohlen** sind, wenn deren Indikation jeweils gegeben ist. Teilweise sind hier Empfehlungen der WHO zu berücksichtigen; vgl. Nachweise im Internet unter www.g-ba.de.

10 Die Bemühungen, die **Versorgung mit Impfstoffen auf breiter Basis** und in allen Regionen sicher zu stellen, sind nachfolgend so weitergeführt worden, dass der Gesetzgeber auf Verträge über die Versorgung mit Impfstoffen i.S.d. Abs. 2 mit Wirkung vom 13.05.2017 ganz verzichtet hat. Bestehende Verträge können nicht verlängert werden, vgl. *Altmiks* in KassKomm SGB V § 132e

Rn. 19, 20. Zur Versorgung mit Impfstoffen stehen damit die **Impfstoffe aller Hersteller für die Versorgung zur Verfügung.** Dadurch sollen Engpässe von vornherein vermieden werden.

**§ 132e Abs. 2** wurde geändert (erstreckt auf die Jahre 2020 und 2021) sowie **Abs. 4** angefügt durch Art. 1 Nr. 39 Gesetz zur Weiterentwicklung der Gesundheitsversorgung (Gesundheitsversorgungsweiterentwicklungsgesetz – GVWG) vom 11.07.2021 (BGBl. I S. 2754) mit Wirkung vom **20.07.2021.** Der erhöhte Sicherheitszuschlag von 30 % auf die Impfsaison wird auch auf 2021/2022 erstreckt. Im neuen Abs. 4 werden die Vertragspartner nach Abs. 1, insbesondere die Krankenkassen bzw. ihre Verbände und die Kassenärztlichen Vereinigungen, aufgefordert, in ihren Vereinbarungen eine Erhöhung der Impfungsquoten für die von der STIKO gemäß § 20 Abs. 2 IfSG empfohlenen Schutzimpfungen einschließlich der saisonalen Grippeschutzimpfungen und Maßnahmen zur Verteilung der Grippeimpfstoffdosen in Regionen anzustreben, vgl. in Übereinstimmung mit BT-Drs. 19/26822 S. 86. Wird dem gefolgt und dadurch ein Übermaß an Impfstoff bereitgehalten, kann dies nach hier vertretener Auffassung den Beteiligten nicht angelastet werden. 10a

### B. Anspruch auf Schutzimpfungen

§ 20i (in der Fassung ab 19.11.2020 bei Redaktionsschluss, bis 24.07.2015 § 20d) regelt die **primäre Prävention durch Schutzimpfungen.** § 20i regelt, dass **Schutzimpfungen in den Leistungskatalog als Anspruchsleistungen der GKV** als wesentlicher Teil der Prävention **übernommen** werden. Im Pandemiefall 2020/2021 hat sich auch der Bund als Kostenträger bereiterklärt. Schutzimpfungen sind kosteneffektiv und tragen wesentlich dazu bei, Krankheitskosten zu vermeiden. Auf diese Weise kann es auch gelingen, bestimmte Krankheiten vollständig auszurotten, wie dies etwa bei Polio der Fall ist und bei Masern fast erreicht werden kann (vgl. die Empfehlungen im jeweils aktuellen Bulletin). 11

Ausgenommen sind Impfungen, die **ausschließlich aufgrund eines durch eine nicht berufliche Auslandsreise erhöhten Gesundheitsrisikos** angezeigt sind, § 20i Abs. 1 Satz 1. Durch eine nicht beruflich bedingte Auslandsreise hervorgerufene private Risiken sollen nicht durch die Solidargemeinschaft als Pflichtleistungen finanziert werden, § 20i Abs. 1 Satz 2. Lediglich **ausnahmsweise,** etwa wenn zum **Schutz der öffentlichen Gesundheit** ein besonderes Interesse daran besteht, der Einschleppung einer übertragbaren Krankheit in die Bundesrepublik Deutschland vorzubeugen, fällt die Impfleistung in die Kostenlast der Krankenkasse. Liegt dieser Tatbestand vor, besteht ein Anspruch auf die Impfleistung auf Kosten der Krankenkasse. Zur Zulässigkeit der Wirtschaftlichkeitsprüfung bei Impfstoffverordnung und zwingende Orientierung an Vorjahreszahlen bei Bestellung von Impfmitteln vgl. *Ruppel* jurisPR-MedizinR 12/2017 Anm. 4, aber auch § 132e Abs. 2 und 3. 12

§ 20i setzt voraus, dass der **Gemeinsame Bundesausschuss** Einzelheiten zu Voraussetzungen, Art und Umfang der Leistungen **in Richtlinien nach § 92** bestimmt. Der Gemeinsame Bundesausschuss berücksichtigt dabei wiederum die **Empfehlungen der Ständigen Impfkommission beim Robert Koch-Institut** (Stiko) gemäß § 20 Abs. 2 Infektionsschutzgesetz (Abs. 1 Satz 3). Der Gemeinsame Bundesausschuss ist an die Empfehlungen der Ständigen Impfkommission gebunden und hat **Abweichungen** zu den von ihm zu erlassenden Richtlinien **besonders zu begründen.** Aktuell maßgeblich der Pandemie 2020/2021 entwachsen besteht auch Anspruch auf Testungen und bestimmte Schutzmasken, § 20i Abs. 3. 13

Zu den **rechtlichen Aspekten des Impfens** von Kindern und Jugendlichen gemäß den Empfehlungen der Ständigen Kommission (STIKO) am Robert-Koch-Institut (RKI) vgl. *Ratzel* GesR 2013, 399, hier näher auch zur Einwilligungsfähigkeit von älteren Jugendlichen. Bei nicht volljährigen Jugendlichen sei eine Einwilligungsfähigkeit erforderlich, die im Einzelfall auch bei unter Sechzehnjährigen gegeben sein könne, hier näher auch zu den Rechtsfolgen bei einem Schaden im Sinne des Infektionsschutzgesetzes (IfSG). Zur Impfaufklärung vgl. *Zuck* GesR 2016, 673. 14

Mit den **Präventionsgesetz** vom 25.07.2015 erfolgte eine deutliche Erweiterung der Präventionsvorschriften der §§ 20 ff., mit Leistungen zur Gesundheitsförderung und Prävention in Lebenswelten 15

(§ 20a), einer Regelung zur nationalen Präventionsstrategie (§ 20d) sowie einer nationalen Präventionskonferenz (§ 20e), verbunden mit Landesrahmenvereinbarungen (§ 20f) und Modellvorhaben (§ 20g). In diesen Bereich sind Impfungen ein wesentlicher Teil der möglichen Prävention, vgl. § 20i in Übernahme des § 20d a.F.

16 Impfempfehlungen können zur Übernahme der Impfkosten durch den Kostenträger führen, vgl. VG Neustadt (Weinstraße) Urt. v. 09.04.2014 – 1 K 1018/13.NW. Solange die rabattierten Impfstoffe nach Abs. 2 ausgewählt und abgegeben werden mussten, hatte dies Einfluss auf den Vergütungsanspruch des Apothekers, vgl. LSG Baden-Württemberg Urt. v. 24.01.2017 – L 11 KR 4746/15; Revision anhängig gemacht unter Az.: B 3 KR 5/17 R und *Schömann* jurisPR-SozR 13/2017 Anm. 2. Für Rechtsstreitigkeiten zur Impf-Reihenfolge im Pandemiefall 2020/2021 ist der Verwaltungsrechtsweg gegeben, vgl. VG Gelsenkirchen Beschl. v. 11.01.2021 – 20 L 1812/20 und eingehend zum Rechtsweg in Abgrenzung zur Sozialgerichtsbarkeit VG Berlin Beschl. v. 27.01.2021 – 14 L 2/21.

## C. Versorgung mit Schutzimpfungen

17 **Krankenkassen und mögliche Leistungserbringer** (deutlich erweitert und zur Steigerung der Impfgelegenheiten breiter gestreut ab 2019/2020) schließen Verträge über die Durchführung von Schutzimpfungen nach § 20i Abs. 1 und 2 (in der Fassung bis 24.07.2015 § 20d). Die einbezogenen Impfungen selbst folgen aus § 20i Abs. 1 SGB V, § 2 Nr. 9 InfSchG sowie den Richtlinien des Gemeinsamen Bundesausschusses unter Einbeziehung der jeweiligen Empfehlungen. Als Leistungserbringer im Sinne des Abs. 1 kommen in erster Reihe die an der **vertragsärztlichen Versorgung teilnehmenden Ärzte** in Betracht und hier auch eine Reihe von spezialisierten Ärzten, etwa für Arbeitsmedizin oder Betriebsmedizin ohne Teilnahme an der vertragsärztlichen Versorgung, darüber hinaus auch **Einrichtungen mit geeignetem ärztlichen Personal** (unter Einbeziehung der Ärzte in stationären Pflegeeinrichtungen, auch wenn diese nicht unter ärztlicher Leitung stehen) und der **öffentliche Gesundheitsdienst**. Nach dem Präventionsgesetz sind auch Betriebsärzte und bestimmte Fachärzte für Arbeitsmedizin einbezogen, um weitere Möglichkeiten für ein breites Impfangebot ausschöpfen zu können. Zum Gesetzeszweck vgl. in diesem Zusammenhang *Luthe* in Hauck/Noftz SGB V § 132e Rn. 5.

18 Die Durchführung von Schutzimpfungen richtet sich maßgeblich nach dem Infektionsschutzgesetz; die Durchführung ist nach § 73 Abs. 2 nicht Gegenstand der vertragsärztlichen Versorgung und daher unmittelbar durch die jeweilige Krankenkasse sicherzustellen, vgl. *Luthe* in Hauck/Noftz SGB V § 132e Rn. 7, auch der Hinweis auf § 20i.

### I. Vertragspartner für die Versorgung mit Schutzimpfungen (Abs. 1 Satz 1 bis 4)

19 Auf der einen Seite sind Vertragspartner die **Krankenkassen** oder ihre Verbände. Diese Verträge sind auf der anderen Seite zu schließen mit Kassenärztlichen Vereinigungen, geeigneten Ärzten, Gemeinschaften von Ärzten, Einrichtungen mit geeignetem ärztlichen Personal oder dem öffentlichen Gesundheitsdienst. In der Praxis werden Schutzimpfungen (ausgenommen wenige spezielle Fälle, wie etwa Gelbfiberimpfung) häufig von **niedergelassenen Ärzten** geleistet (wohl von Haus- und Kinderärzten zu etwa 90 %). Ärzte verfügen zudem über das notwendige Wissen über Schutzimpfungen und können sich auch über aktuelle Entwicklungen in diesem Bereich zeitnah unterrichten. Deshalb konnte der Gesetzgeber hier von besonderen Maßnahmen der Qualifikation absehen. Dabei gilt es auch, Versicherte hinsichtlich der Vorteile bei doch geringem Risiko entsprechend zu überzeugen. Ausnahmen hiervon hat der Gesetzgeber zur Bewältigung der Pandemie 2020/2021 mit der Einrichtung von Impfzentren durch die Länder vorgesehen, dabei aber die Versorgung mit Impfstoffen durch den Bund hintangestellt.

20 **Abs. 1 Satz 2** konkretisiert dem Begriff der Gemeinschaften i.S.d. Satz 1 dahingehend, dass auch Vereinigungen zur Unterstützung von Mitgliedern, die Schutzimpfungen durchführen, einbezogen sind, konkretisiert in **Abs. 1 Satz 3**: An der vertragsärztlichen Versorgung teilnehmende

Ärzte und deren Gemeinschaften (**Nr. 1**), Fachärzte für Arbeitsmedizin und Ärzte mit der Zusatzbezeichnung Betriebsmedizin, die nicht an der vertragsärztlichen Versorgung teilnehmen, oder deren Gemeinschaften (**Nr. 2**) und die obersten Landesgesundheitsbehörden und die von ihnen bestimmten Stellen (**Nr. 3**). Anzustreben ist in Verträgen eine **vereinfachte Abrechnung**, etwa auch durch Pauschalbeträge oder anteilig nach den Versicherten zahlen durch ein Umlageverfahren, **Abs. 1 Satz 4**.

Aufgabe der **Krankenkassen** ist es, den **Anspruch** auf **Schutzimpfungen** im Rahmen der Versorgung der Versicherten **sicherzustellen**. Für Impfungen kommen nahezu alle Vertragsärzte in Betracht. Impfleistungen sind zudem **außerhalb** der **vertragsärztlichen** Versorgung organisiert, vgl. *Schneider* in jurisPK-SGB V § 132e Rn. 7; *Altmiks* in KassKomm SGB V § 132e Rn. 2. Vertragsärzte können über Vereinbarungen mit den Kassenärztlichen Vereinigungen tätig werden. 21

**II. Inhalt von Verträgen mit Leistungserbringern und mit den obersten Landesgesundheitsbehörden (Abs. 1 Satz 5)**

Der **Inhalt der Verträge** nach § 132e wird in dieser Regelung **nicht weiter konkretisiert**. Wohl aber ist die Schutzimpfungs-Richtlinie für alle Vertragsparteien und damit auch für den Inhalt der Verträge verbindlich, hier mit den jeweils häufiger erfolgenden Ergänzungen, vgl. Nachweise im Internetangebot des Gemeinsamen Bundesausschusses. Die Verträge haben das Ziel, die Versorgung mit Schutzimpfungen zu realisieren, woraus der Vertragsinhalt folgt. Zu regeln sind der Leistungsinhalt, die Bedingungen und Umstände für die Leistungserbringung, eine Vereinbarung über Preise sowie die Abrechnungsmodalitäten. 22

Die Verträge über die Leistungserbringung sind **öffentlich-rechtliche** Verträge, im Zuge des § 69 in Anlehnung an die §§ 125 ff., im Streitfall mit der Zuständigkeit der Sozialgerichte, vgl. *Luthe* in Hauck/Noftz SGB V § 132e Rn. 13 mit umfangreichen Nachweisen zur Rechtsprechung. Als **Rahmenverträge** dienen diese als Grundlage für die Leistungserbringung. Soweit Vertragsärzte einbezogen sind, kommt den Verträgen keine Zulassungsfunktion im engeren Sinne zu. **Vertragsinhalt** ist regelmäßig eine unbestimmte Zahl künftiger Leistungen; es wird eine Berechtigung zur Erbringung der Impfleistungen eröffnet, die zudem bezüglich der Vertragsärzte außerhalb der Gesamtvergütungen erfolgt, vgl. *Altmiks* in KassKomm SGB V § 132e Rn. 10. 23

Wenn auch § 132e keinen Anspruch auf einen Versorgungsvertrag im Einzelfall kodifiziert ist (die Leistungserbringer haben keinen gesetzlichen Anspruch auf Abschluss entsprechender Verträge, vgl. *Luthe* in Hauck/Noftz SGB V § 132e Rn. 14), zeigt doch das Schiedsverfahren (Abs. 1 Satz 6 bis 8, aber allein durch Schiedsperson), dass letztlich bei Erfüllung der Voraussetzungen ein Vertragsschluss herbeigeführt werden kann. Deshalb wird im Ergebnis ein Anspruch auf Vertragsschluss letztlich zu bejahen sein, vgl. auch *Altmiks* in KassKomm SGB V § 132e Rn. 11 unter Bezugnahme auf *Welti* in Becker/Kingreen SGB V § 132e Rn. 5 und *Knittel* in Krauskopf, SGB V, § 132e Rn. 11. 24

Die Inhalte von Verträgen mit den **obersten Landesgesundheitsbehörden** (bewusst so konkretisiert und nicht mehr unspezifisch auf den »öffentlichen Gesundheitsdienst«, vgl. BT-Drs. 19/15164 S. 60) oder den von ihnen bestimmten Stellen werden in Abs. 1 Satz 5 Nr. 1 bis 4 konkretisiert. Dabei handelt es sich um Regelungen zur Förderung von Schutzimpfungen durch den Öffnungsgesundheitsdienst, auch mit Regelungen zur vereinfachten Umsetzung der Durchführung der Schutzimpfungen, zur vereinfachten Erstattung der Kosten und zu Regelungen zur Übernahme der für die Beschaffung von Impfstoffen anfallenden Kosten des Öffnen Gesundheitsdienstes (Nr. 2 bis 4). Auf die Materialien hierzu zum Masernschutzgesetz in BT-Drs. 19/15164 S. 60 wird Bezug genommen. 25

Bezüglich der **Verträge mit den zuständigen Landesbehörden** sind Pflichtinhalte vorgegeben, hier mit dem TSVG eingeführt, vgl. *Luthe* in Hauck/Noftz SGB V § 132e Rn. 19. Die Vertragspartner können Regelungen zur Förderung von Schutzimpfungen durch den öffentlichen Gesundheitsdienst vorsehen. Kosten können nach dem IfSG vereinfacht umgesetzt werden, auch unter 26 vorläufiger oder endgültiger Kostenübernahme durch die Länder (so etwa im Falle der Pandemie 2020/2021). Verschiedene Möglichkeiten eines vereinfachten Erstattungsverfahren sollen alternativ möglich sein. Es handelt sich um Regelungen, die im Schiedsverfahren durchgesetzt werden können, vgl. *Luthe* a.a.O. Rn. 19.

### III. Entscheidung durch unabhängige Schiedsperson (Abs. 1 Satz 6 bis 8)

27 **Abs. 1 Satz 6 bis 8** (eingefügt als Abs. 1 Satz 3 bis 5 mit Wirkung vom 01.01.2011 und nachfolgend auch Satz 4 bis 7, vgl. *Luthe* in Hauck/Noftz SGB V § 132e Rn. 20) sieht für den Fall, dass eine Vereinbarung nicht zustande kommt, die **Benennung einer Schiedsperson** vor, auf die sich die Vertragsparteien zu einigen haben. Dem Regelungsinhalt folgend, dass wenigstens rechtlich kein Anspruch auf Leistungsbeteiligung besteht (vgl. *Luthe* in Hauck/Noftz SGB V § 132e Rn. 14), wenn auch faktisch im Sinne eines fairen und chancengerechten Verfahrens, ist **kein Schiedsverfahren** i.S.d. § 89 vorgegeben worden. Durch die Regelung unter Einbeziehung einer Schiedsperson soll das Zustandekommen von Impfvereinbarungen sichergestellt werden, vgl. *Schaks* in Sodan, Handbuch Krankenversicherungsrecht § 28 Rn. 56a.

28 Kommt eine Einigung über die Schiedsperson nicht zustande, wird diese von der Aufsichtsbehörde benannt. Voraussetzung für ein Schiedsverfahren mit der Benennung einer unabhängigen Schiedsperson ist, dass entsprechende Verhandlungen zielstrebig mit Einigungswillen durchgeführt worden sind, jedoch letztlich nicht erfolgreich abgeschlossen werden konnten. Für die **Kosten** des Schiedsverfahrens haben die Vertragsparteien hälftig aufzukommen. Die Regelung entspricht § 132a Abs. 2; zur rechtlichen Bedeutung der Schiedsperson und des Schiedsspruchs vgl. auch *Luthe* in Hauck/Noftz SGB V § 132e Rn. 24 bis 28. Der Schiedsspruch habe die gesetzlichen Wertentscheidungen, etwa zum Wirtschaftlichkeitsgebot, und die konkreten gesetzlichen Anforderungen zu berücksichtigen. Die Begründung kann sich grundsätzlich auf die vorgebrachten Angaben der Beteiligten beschränken. Rechtlich besteht die Parallele zur Schlichtung nach § 317 BGB, auch im Sinne einer Vertragshilfe. Die Schiedsperson wird nicht hoheitlich tätig, zumal ihr entsprechende Rechte nicht übertragen sind.

29 Auf die Erläuterungen zu § 132a wird im Übrigen aber ergänzend Bezug genommen, hier betr. Einsetzung, Verfahren und Überprüfung der Entscheidung. Die Tätigkeit der **Schiedsperson** wird als die eines Vertragshelfers verstanden, weshalb der Schiedsspruch auch kein Verwaltungsakt ist, in Anlehnung an § 319 Abs. 1 BGB, wenngleich auch hier bereits bei »**schlichter Unbilligkeit**« des Schiedsspruchs (und nicht erst bei offenbarer Unbilligkeit) ein gerichtlicher Eingriff möglich ist, vgl. *Altmiks* in KassKomm SGB V § 132e Rn. 15, 16 unter Hinweis auf BSG Urt. v. 23.06.2016 – B 3 KR 26/15 R – SozR 4–2500 § 132a Nr. 10.

30 Mit Wirkung vom 11.05.2019 wurde durch das TSVG die Regelung in Abs. 1 Satz 4 a.F. um die Vorgabe des § 20 Abs. 4 Satz 1 IfSG a.F. zu ergänzen; diese Regelung wurde mit dem GSAV mit Wirkung vom 16.08.2019 aufgehoben und die Schiedsregelung auf den Fall des § 20i Abs. 3 Satz 1 umgestellt, hier zum Erlass einer Rechtsverordnung.

31 Im Schrifttum wird die Frage diskutiert, ob **Vergaberecht** trotz der Einrichtung des Schiedsverfahrens durch eine Schiedsperson Anwendung finden kann. Insoweit wird darauf hingewiesen, dass durch eine solche Regelung europäisch verpflichtendes Vergaberecht/Kartellrecht nicht hintangestellt werden kann, vgl. *Luthe* in Hauck/Noftz SGB V § 132e Rn. 47. **Vergaberecht** ist grundsätzlich nicht anzuwenden, wenn Verträge **grundsätzlich mit sämtlichen Anbietern abzuschließen** sind, die die **Kriterien** nach den gesetzlichen Vorgaben erfüllen, vgl. *Luthe* a.a.O. Rn. 44 unter Bezugnahme auf EuGH Urt. v. 01.03.2018 – C-9/17, NZBau 2018, 366. Vergaberecht könne zur Anwendung kommen, wenn eine **mittelbare Selektivität** vorliege oder sich die Krankenkassen **bewusst** für die Anwendung von **Vergaberecht** entschieden haben sollten, zur Verfahrensweise vgl. BGH Urt. v. 12.11.1991 – KZR 22/90, NJW 1992, 1237.

Abgestellt werde für die Annahme von Vergaberecht teilweise auf die **Zusicherung von Exklusivität beim Auftragsnehmer,** wobei dies zu Recht kritisch gesehen wird. Für die Annahme eines öffentlichen Auftrags soll grundsätzlich ausreichend sein, wenn sich für den Leistungserbringer faktisch ein **Wettbewerbsvorteil** ergebe. Hiervon sei dann auszugehen, wenn nur ein einzelnes oder wenige Unternehmen auf den Inhalt des Vertrages Einfluss nehmen könnten und Dritte nur die **Wahl** zwischen dem **Beitritt zum Vertrag** zu den von einem anderen zu dessen Bedingungen bereits ausgehandelten Vertrag **oder** dem **Verzicht** auf die Teilnahme bleibe. Es bleibe den **Krankenkassen** unbenommen, die Auftragsdurchführung auf einige wenige Anbieter zu beschränken und mithin **Vergaberecht** anzuwenden; einer gesonderten gesetzlichen Legitimation bedürfe dies nicht, sondern liege im **Beschaffungsermessen der Krankenkassen,** vgl. *Luthe* a.a.O. Rn. 48, auch mit dem Hinweis (Rn. 49), dass für die einschlägigen personennahen Dienstleistungen mit § 130 GWB (in der Fassung ab 18.04.2016) in Verbindung mit der VgV zahlreiche Vereinfachungen im Verfahren und Flexibilität ermöglicht worden sei. 32

### IV. Fortgeltungsregelung für Verträge nach Satz 9

**Satz 9** wurde als Satz 6 mit dem GKV-VSG mit Wirkung vom 23.07.2015 angefügt. Endet danach ein Vertrag nach Satz 1, der die Versorgung mit Schutzimpfungen regelt, so gelten seine Bestimmungen bis zum Abschluss eines neuen Vertrages oder bis zur Entscheidung der Schiedsperson vorläufig weiter. Dies gilt entsprechend auch für eine Rahmenvereinbarung nach § 20i Abs. 3 Satz 3 in der bis zum 10.05.2019 geltenden Fassung. Mit dieser Regelung wird eine kontinuierliche Versorgung bei einer verbindlichen vertraglichen Grundlage durch die genannten Personen und ohne Erfordernis eines Kostenerstattungsverfahrens sichergestellt, vgl. auch *Altmiks* in KassKomm SGB V § 132e Rn. 12, ferner auch *Luth* in Hauck/Noftz SGB V § 132e Rn. 43. 33

### D. Bedarfsplanung und Meldungen betr. saisonale Grippeimpfstoffe (Abs. 2 und 3)

Maßgeblich sind Abs. 2 in der Fassung des TSVG ab 11.05.2019 bzw. Abs. 2 Satz 2 mit Wirkung vom 23.05.2020 und Abs. 3 in der Fassung mit Wirkung vom 16.08.2019. Abs. 2 in der Fassung des AMNOG mit Wirkung vom 01.01.2011 enthielt eine mehrfach geänderte und konkretisierte Regelung zur Versorgung mit Impfstoffen, die mit dem AMVSG mit Wirkung vom 13.05.2017 **wieder aufgehoben** wurde. Die Reglementierung durch Abs. 2 habe sich auch in der angepassten Form (unter Einbeziehung von mindestens zwei Unternehmen zur Vermeidung von Engpässen) nicht bewährt, vgl. BT-Drs. 18/11449 S. 38. Um dies zu vermeiden, sollten künftig die Impfstoffe aller Hersteller für die Versorgung zur Verfügung stehen. 34

**Abs. 2** in der Fassung ab 11.05.2019 sieht ein **mehrstufiges Meldeverfahren** vor, das es zulässt, den **voraussichtlichen Bedarf** von saisonalen Grippeimpfstoffen bewerten zu können, vgl. *Schneider* in jurisPK-SGB V § 132e Rn. 33. Die KBV meldet bis zum 15. Januar eines Kalenderjahres den Bedarf an saisonalen Grippeimpfstoffen auf Grundlage der durch die Vertragsärzte geplanten Bestellungen (im GKV-Bereich im Wege des Sprechstundenbedarfs, vgl. *Schneider* in jurisPK-SGB V § 132e Rn. 33) an das Paul-Ehrlich-Institut, **Abs. 2 Satz 1**. Das Paul-Ehrlich-Institut prüft den nach Abs. 2 Satz 1 übermittelten Bedarf unter Berücksichtigung einer zusätzlichen Reserve von 10 %, im Jahr 2020 von 30 % (Pandemie bedingt für dieses Jahr mit Wirkung vom 23.05.2020 heraufgesetzt), durch Vergleich mit den nach § 29 Abs. 1d AMG mitgeteilten Daten von Inhabern der Zulassungen von saisonalen Grippeimpfstoffen bis zum 15. März eines Kalenderjahres, **Abs. 2 Satz 2**. Die aufgrund der Meldungen gebotene Prüfung nach Abs. 2 Satz 2 erfolgt im Benehmen (weniger als Einvernehmen und mehr als Anhörung) mit dem Robert Koch-Institut, **Abs. 2 Satz 3**. Dieses Ergebnis wird nach **Abs. 2 Satz 4** unverzüglich der KBV und den Inhabern der Zulassungen von saisonalen Grippeimpfstoffen mitgeteilt. 35

Die **Mitteilung** an die **pharmazeutischen Unternehmer** wird mit der Annahme verbunden, dass diese ihre **Produktion** an den gemeldeten Bedarfszahlen ausrichten. Weitere Steuerungsmechanismen werden gesetzlich nicht vorgegeben. Allerdings ist der Gesetzgeber etwa in der Produktion von Impfstoffen für die Pandemie 2020/2021 von einer weitergehenden »Planwirtschaft« ausgegangen, 36 auch teilweise mit der Übernahme von Produktionsrisiken. Hier bestehen zudem ein besonderes Risiko und ein besonderer Handlungsdruck.

37 Inwieweit sich dies auch auf Grippeimpfstoffe auswirken könnte, bleibt offen, vgl. zu diesen Überlegungen *Schneider* in jurisPK-SGB V § 132e Rn. 34, 45, auch mit dem kritischen Hinweis, dass die Bestimmung des voraussichtlichen Bedarfs ausschließlich auf die Vertragsärzte gestützt wird. Dies widerspreche der Zielsetzung des Masernschutzgesetzes, im Interesse einer **Ausweitung von Schutzimpfungen** den Kreis der zulässigen Leistungserbringer **möglichst breit** auszudehnen.

38 Abs. 3 in der Fassung des GSAV mit Wirkung vom 16.08.2019 sieht vor, dass die Inhaber von Zulassungen für saisonale Grippeimpfstoffe die **voraussichtlichen Preise** für Grippeimpfstoffe für die kommende Saison bis spätestens zum 1. März eines Jahres an die KBV melden. Bei der Planung und Bereitstellung von Impfstoffen soll die Zusammenarbeit aller Beteiligten befördert werden, vgl. BT-Drs. 19/10681 S. 86. Die Meldung an die KBV führt wiederum zur Information der Vertragsärzte. Nach Sinn und Zweck der Regelung im Lichte des Masernschutzgesetzes sollte die Information auch allen an Impfungen beteiligten Stellen weitergegeben werden, wie *Schneider* (in jurisPK-SGB V § 132e Rn. 37) zu Recht meint. Die **Mitteilung der Preise** soll aber auch Gelegenheit geben, im Sinne der **Wirtschaftlichkeit** unter den Anbietern eine Auswahl zu treffen. Die pharmazeutischen Unternehmer erwarteten von den Apotheken verbindliche Bestellungen für Grippeimpfstoffe jeweils im März des laufenden Jahres. Zur berücksichtigen ist allerdings, dass die Preise nicht endgültig verbindlich sein können, vgl. BT-Drs. 19/10681 S. 88 und im Gesetzestext »voraussichtliche Preise«.

## § 132f Versorgung durch Betriebsärzte

Die Krankenkassen oder ihre Verbände können in Ergänzung zur vertragsärztlichen Versorgung und unter Berücksichtigung der Richtlinien nach § 25 Absatz 4 Satz 2 mit geeigneten Fachärzten für Arbeitsmedizin oder den über die Zusatzbezeichnung »Betriebsmedizin« verfügenden Ärzten oder deren Gemeinschaften Verträge über die Durchführung von Gesundheitsuntersuchungen nach § 25 Absatz 1, über Maßnahmen zur betrieblichen Gesundheitsförderung, über Präventionsempfehlungen, Empfehlungen medizinischer Vorsorgeleistungen und über die Heilmittelversorgung schließen, soweit diese in Ergänzung zur arbeitsmedizinischen Vorsorge erbracht werden.

| Übersicht | Rdn. | | Rdn. |
|---|---|---|---|
| A. Regelungsinhalt | 1 | II. Vertragspartner von Verträgen und | |
| B. Versorgung durch Betriebsärzte | 5 | Vertragsschluss | 13 |
| I. Aufgaben der Ärzte, Anforderungen und Leistungen | 5 | III. Vertragsinhalte | 18 |

### A. Regelungsinhalt

1 § 132f gilt in der Fassung des Art. 1 Nr. 19 PrävG vom 17.07.2015 (BGBl. I S. 1368) mit Wirkung vom 25.07.2015.

2 Die Krankenkassen werden in § 132f in der Fassung ab 25.07.2015 ermächtigt, in Ergänzung zur vertragsärztlichen Versorgung mit den Betriebsärztinnen und Betriebsärzten oder deren Gemeinschaften Verträge über die Durchführung von Gesundheitsuntersuchungen nach § 25 Abs. 1 (nachfolgend in der Ausschussberatung erweitert) zu schließen; vgl. zu den Materialien BT-Drs. 18/4282 S. 44. Verträge sollen auch Maßnahmen zur betrieblichen Gesundheitsförderung, über Präventionsempfehlungen, über Empfehlungen medizinischer Vorsorgeleistungen und über die Heilmittelversorgung einbeziehen, soweit diese in Ergänzung zur arbeitsmedizinischen Vorsorge erbracht werden, wie dies in der Ausschussberatung (vgl. BT-Drs. 18/5261 S. 27, 59) festgelegt worden ist.

Sog. Betriebsärzte (hier die nach § 132f erfassten Ärzte) können hier **außerhalb der Zulassung als** 3
**Vertragsarzt** in den genannten Bereichen (Gesundheitsuntersuchungen nach § 25, Maßnahmen der betrieblichen Gesundheitsförderung, Präventionsempfehlungen und Empfehlungen medizinischer Vorsorgemaßnahmen sowie Heilmittelversorgung) tätig werden. Unscharf bleibt der Begriff der »Empfehlungen«, die als Leistung an sich nicht vorgesehen sind, vielmehr allein die Erbringung oder die Verordnung solcher Leistungen, vgl. *Luthe* in Hauck/Noftz SGB V § 132f Rn. 7 unter Hinweis auf § 73 Abs. 2 Satz 1 Nr. 7 gemeint sein mag, dass die Empfehlung dahingehend, dass Weitere mit einem Vertragsarzt abzustimmen. Die nach § 132f tätig werdenden Fachärzte haben – obgleich nicht in das vertragsärztliche Versorgungssystem eingegliedert – das einschlägige Richtlinienrecht des Gemeinsamen Bundesausschusses zu beachten, hier vornehmlich in den Aufgabenbereichen Gesundheitsförderung, Präventionsempfehlungen und Heilmittelversorgung, vgl. *Luthe* in Hauck/Noftz SGB V § 132f Rn. 10. Dies sollte vertraglich abgesichert sein.

Mit der **Überschrift zu § 132f** wird der Kreis der Leistungserbringer nur unscharf umschrieben, als 4
der Begriff des Betriebsarztes an § 8 Arbeitssicherheitsgesetz (ASiG) (hier »Unabhängigkeit bei der Anwendung der Fachkunde) anschließt, während nach dem Gesetzeswortlaut »geeignete **Fachärzte für Arbeitsmedizin** und Fachärzte, die über die Zusatzbezeichnung **Betriebsmedizin** verfügen, oder deren Gemeinschaften« Vertragspartner sein sollen. Grundsätzlich sind auch **Rahmenverträge** denkbar und zweckmäßig, wobei allerdings die Möglichkeit eines **Beitrittsrechts nicht geregelt** ist, so dass ein Rahmenvertrag als Grundlage und Bezugsregelung zum Gegenstand eines Einzelvertrags zu machen sein wird, vgl. sinngemäß so auch *Luthe* in Hauck/Noftz SGB V § 132f Rn. 14 a.E.

## B. Versorgung durch Betriebsärzte
### I. Aufgaben der Ärzte, Anforderungen und Leistungen

**Betriebsärzte** werden in den Präventionsbereich mit dem PrävG ausdrücklich einbezogen, soweit 5
ein Bezug zur arbeitsmedizinischen Vorsorge besteht. Dies beruht auf der Erfahrung, dass Prävention maßgeblich auch im beruflichen und damit arbeitsmedizinischen Bereich geleistet werden muss. Die unter den Begriff der Betriebsärzte geführten Fachärzte für Arbeitsmedizin und Ärzte mit der Zusatzbezeichnung Betriebsmedizin werden hier **außerhalb einer Zulassung als Vertragsarzt** in den näher beschriebenen Aufgabenbereichen tätig. Entsprechend erfolgt auch die Honorierung unmittelbar zwischen Arzt und Krankenkasse und wird nicht in die Gesamtvergütung (vgl. § 85) einbezogen.

Erfasst sind **Gesundheitsuntersuchungen nach § 25**. Versicherte haben ab Vollendung des 18. Le- 6
bensjahres einen entsprechenden leistungsrechtlichen Anspruch, der zielgruppengerecht differenziert und entsprechend abgestimmt besteht. Dabei handelt es sich im Schwerpunkt um Maßnahmen der sekundären Prävention, vgl. *Kingreen* in Becker/Kingreen SGB V § 25 Rn. 1.

Ferner sind **Maßnahmen der betrieblichen Gesundheitsförderung i.S.d. § 20b** in der Fassung des 7
PrävG aufgeführt. Nach § 20b fördern Krankenkassen mit Leistungen zur Gesundheitsförderung in Betrieben – hier zum Begriff betriebliche Gesundheitsförderung als Legaldefinition – insbesondere den Aufbau und die Stärkung gesundheitsfördernder Strukturen. Ziel ist die Verbesserung der gesundheitlichen Situation und die Stärkung gesundheitlicher Ressourcen und Fähigkeiten der Beschäftigten Versicherten. Hier besteht zudem eine Verantwortlichkeit von Betriebsärzten und Fachkräften für Arbeitssicherheit, vgl. BT-Drs. 18/5261 S. 54. Konkretisiert wird dies regelmäßig in den Satzungen der Krankenkassen, mit Bezug zu § 132f auch als Vertragsinhalt.

Weiterhin sind »**Präventionsempfehlungen**« und »**Empfehlungen medizinischer Vorsorgemaß-** 8
**nahmen**« aufgeführt, wobei diese Begriffe nicht weiter konkretisiert sind, jedoch im Hinblick auf das Leistungsspektrum des SGB V unscharf bleiben, vgl. kritisch *Schneider* in jurisPK-SGB V § 132f Rn. 5. Präventionsempfehlungen lassen ein Bezug zu § 20 Abs. 5 zu und Empfehlungen medizinischer Vorsorgeleistungen zu § 23. Der Begriff der Empfehlungen kann hier nur bedeuten, dass lediglich Hinweise gegeben werden dürfen, nicht jedoch die Leistungen selbst.

9   Dies hätte **klargestellt werden können**, zumal wiederum eine »Heilmittelversorgung« dem Wortlaut nach auch die Verschreibung entsprechender Leistungen beinhaltet (was im Hinblick auf die Zweckmäßigkeit durch einen Betriebsarzt im Sinne des § 132f – auch im Einzelfall – zu berücksichtigen sein dürfte). Der Begriff »Empfehlungen« könnte hier in der Praxis bedeuten, dass die Gesundheitsuntersuchungen vollständig nicht nur im Hinblick auf Diagnosen durchgeführt werden, sondern auch Empfehlungen für eine mögliche Therapie einbezogen sind.

10  Angeführt wird schließlich auch der **Bereich der »Heilmittelversorgung«**. Der Wortlaut gebietet den Bezug zu § 73 Abs. 2 Satz 1 Nr. 7; danach sind Leistungen dieser Art grundsätzlich nur als vertragsärztliche Tätigkeit zulässig. Betriebsärzte können auf der für sie maßgeblichen vertraglichen Grundlage diese Leistungen nunmehr auch zulasten der GKV verordnen. Damit der Heilmittelversorgung ggf. auch weiter medizinische Belange einzubeziehen sein dürften, wird diese Erweiterung bezüglich der Heilmittelversorgung nach hier vertretener Auffassung für wenig zweckmäßig erachtet. Hier mögen Erfahrungen diese Auffassung korrigieren oder bestätigen.

11  Mit der **Konkretisierung der fachlichen Anforderungen** an die in Betracht kommenden Ärzte im Gesetzestext dürften diese vollständig umschrieben werden. Vertraglich sind dann keine weiteren zusätzlichen fachlichen Anforderungen gerechtfertigt (vgl. *Luthe* in Hauck/Noftz SGB V § 132f Rn. 11). Soweit Fort- und Weiterbildung in Bezug zu nehmen sind, dürfte deshalb nur auf die für diesen Personenkreis allgemein geltenden Vorschriften abgestellt werden. Zulässig wird erachtet, wenn dieser Standard auch Vertragsinhalt wird. Wohl aber sind Einzelheiten der Vertragserfüllung zu konkretisieren (vgl. Erläuterungen unten), im Einzelfall auch hinsichtlich sachnotwendiger Mindestanforderungen oder Konkretisierung des Tätigkeitsrahmens, vgl. *Luthe* a.a.O.

12  § 132f ist Versorgung ist **leistungsrechtlich in dem Gesamtkonzept einer nationalen Präventionsstrategie unter Einbeziehung der gesetzlichen Rentenversicherung und der sozialen Pflegeversicherung** zu sehen. Hierbei entwickeln die Krankenkassen gemeinsam mit den Trägern der gesetzlichen Renten- und Unfallversicherung und den Pflegekassen eine gemeinsame nationale Präventionsstrategie und gewährleisten deren Umsetzung und Fortschreibung im Rahmen einer nationalen Präventionskonferenz, vgl. §§ 20d bis 20e. Die nationale Präventionskonferenz wird durch ein jährliches Präventionsforum beraten, vgl. § 20e Abs. 2. Die Landesverbände der Kranken- und Ersatzkassen einschließlich der Pflegekassen schließen zur Umsetzung der nationalen Präventionsstrategie mit den Trägern der gesetzlichen Rentenversicherung der gesetzlichen Unfallversicherung und den in den Ländern zuständigen Stellen gemeinsame Rahmenvereinbarungen auf Landesebene ab, § 20 f.

## II. Vertragspartner von Verträgen und Vertragsschluss

13  Vertragspartner sind auf der einen Seite die Krankenkassen und ihrer Verbände und auf der anderen Seite Fachärzte für Arbeitsmedizin oder Ärzte, die über die Zusatzbezeichnung Betriebsmedizin verfügen sowie entsprechende Gemeinschaften oder Verbände. Soweit Verbände oder Gemeinschaften tätig werden, wird dies zwangsläufig keiner Einzelverträge, sondern Rahmenverträge betreffen.

14  Der **Abschluss von Rahmenverträgen** wird in § 132f nicht ausgeschlossen, jedoch auch nicht ausdrücklich angeführt. Solche Verträge dürften zweckmäßig sein, auch um den Vertragsinhalt im Einzelfall zu begrenzen und möglichst bundeseinheitlich einen verbindlichen Standard fördern zu können. Eine Regelung, deren Rahmenvertrag von Gesetzes wegen zum Inhalt des Einzelvertrages machen könnte (etwa über eine Verbandszugehörigkeit oder eine Beitrittsmöglichkeit) wird nicht vorgegeben und kann auch nicht fingiert werden. Rahmenverträge sind deshalb zum Gegenstand von Einzelverträgen zu machen, vgl. *Luthe* in Hauck/Noftz SGB V § 132f Rn. 14 a.E.

15  Der **Vertragsschluss im Einzelfall**, vornehmlich mit Bezug zur Rechtsstellung des Leistungserbringers, wird **nicht weiter konkretisiert** bis auf die Voraussetzungen hinsichtlich der beruflichen und fachlichen Vorgaben. Ein **Anspruch** der Betriebsärzte (hier gemeint als Sammelbegriff im Sinne der Überschrift zu § 132f) **auf Vertragsschluss** wird **allgemein nicht angenommen**, vgl. *Luthe* in Hauck/Noftz SGB V § 132f Rn. 15; *Scheider* in jurisPK-SGB V § 132f Rn. 10. Der

Gesetzeswortlaut bestätigt dies auch durch das Wort »können« und gestaltet dies als Ermessensleistung der Krankenkassen aus. Verfassungsrechtlich wird dies als Berufsausübungsregelung (die Tätigkeit eines Betriebsarztes wird insoweit nur durch einen Teilbereich berührt) im Hinblick auf Art. 12 GG nicht als bedenklich angesehen, vgl. *Luthe* a.a.O. Rn. 15.

Es gelten jedoch die Voraussetzungen für **Krankenkassen als öffentlich-rechtliche Träger** im Hinblick auf die Anwendung von Rechtsnormen und vertraglichen Regelungen. Die Krankenkassen sind sowohl bezüglich einer Auswahl oder weiteren Vergaberegelungen an die **Grundsätze der Transparenz, Chancengleichheit und Fairness geboten** und unterliegen insoweit insbesondere dem **Gleichheitsgebot**. Diese dürfen nicht willkürlich einzelne hier erfasste Betriebsärzte einbeziehen und andere ausschließen. Es werden Sachgründe verlangt, wenn ein Vertragsschluss abgelehnt oder mit einer zusätzlichen Beschwer für den Betroffenen verbunden angeboten würde. Auch hier könnten Rahmenverträge zum Rechtsfrieden wesentlich beitragen. 16

Ob die Krankenkassen an einer Begrenzung wesentlich interessiert sind, mag im Hinblick auf die Zielsetzung der Norm, das Leistungsspektrum auch in der »Lebenslage« Betrieb gemäß § 20b realisierbar zu machen, mag ohnedies fraglich erscheinen. Vergaberecht nach § 69 Abs. 2 ist grundsätzlich nicht ausgeschlossen, dürfte in der Praxis allerdings im Hinblick auf den Schwellenwert (für Dienstleistungen mit Sozialversicherungsbezug grundsätzlich ab 01.01.2018 221.000 €) kaum relevant sein, vgl. näher hierzu *Luthe* in Hauck/Noftz SGB V § 132f Rn. 16. 17

### III. Vertragsinhalte

**Nähere Vorgaben über den Inhalt der Verträge** sind nicht vorgegeben, sind jedoch der Zielsetzung der Gesamtregelung einschließlich der Aufgaben der hier erfassten Betriebsärzte (Fachärzte für Arbeitsmedizin und Ärzte mit der Zusatzbezeichnung Betriebsmedizin) zu entnehmen. 18

**Vertraglich** können diese Ärzte, die nicht dem Vertragsarztrecht unterliegen, auf die Einhaltung der für Vertragsärzte geltenden Regelungen verpflichtet werden, soweit sie in die Leistungserbringung mit einbezogen sind, vgl. *Schneider* in jurisPK-SGB V § 132f Rn. 13. Auch bezüglich der **Honorierung** können Grundsätze entsprechend einbezogen werden, wobei dies jedoch keineswegs zwingend vorgegeben ist. Verbindlich ist allerdings die Einhaltung des richtigen Rechts des Gemeinsamen Bundesausschusses vertraglich vorzugeben. Dies gilt im Schwerpunkt für die Richtlinien zur Gesundheitsförderung, zu Präventionsempfehlungen wie auch zur Heilmittelversorgung. 19

Dabei sind die für die vertragsärztliche Versorgung geltenden **Richtlinien des Gemeinsamen Bundesausschusses für Gesundheitsuntersuchungen nach § 25 Abs. 1** zu berücksichtigen. Ziel dieser Öffnungsklausel ist es, den erwerbstätigen Versicherten einen **niederschwelligen Zugang** zu Gesundheitsuntersuchungen zu ermöglichen, wie die Materialien ausweisen. Gegenstand der Verträge können **nur solche Untersuchungsleistungen** sein, die nicht bereits als Bestandteil einer arbeitsmedizinischen Vorsorge vorgesehen sind. Soweit möglich, sind die Gesundheitsuntersuchungen durch die Betriebsärztin oder den Betriebsarzt anlässlich einer arbeitsmedizinischen Vorsorge zu erbringen. 20

Mit der **Erweiterung des Leistungsspektrums** in der Ausschussberatung sollen Verträge zwischen Krankenkassen und Betriebsärztinnen und Betriebsärzten auch über Maßnahmen ermöglicht werden, die der Umsetzung der Ergebnisse betrieblicher Gesundheitsuntersuchungen dienen, etwa in Gestalt von betrieblichen Präventionsprogrammen oder physiotherapeutischen Leistungen. 21

Zur **betrieblichen Gesundheitsförderung** im engeren Sinne vgl. § 20b in der Fassung ab 25.07.2015 sowie ab 01.01.2016 und § 20c zur Prävention arbeitsbedingter Gesundheitsgefahren. Auch mit Bezug zur betrieblichen Gesundheitsförderung können Modellvorhaben nach Maßgabe des § 20g in der Fassung ab 25.07.2015 gefördert werden. Zu Gesundheitsuntersuchungen vgl. näher § 25 in der Fassung ab 25.07.2015 (mit einer Änderung durch das Gesetz zur Neuordnung des Rechts zum Schutz vor der schädlichen Wirkung ionisierender Strahlung mit Wirkung vom 31.12.2018), wobei die entsprechenden Richtlinien durch den Gemeinsamen Bundesausschuss anzupassen waren. 22

## § 132g  Gesundheitliche Versorgungsplanung für die letzte Lebensphase

(1) [1]Zugelassene Pflegeeinrichtungen im Sinne des § 43 des Elften Buches und Einrichtungen der Eingliederungshilfe für behinderte Menschen können den Versicherten in den Einrichtungen eine gesundheitliche Versorgungsplanung für die letzte Lebensphase anbieten. [2]Versicherte sollen über die medizinisch-pflegerische Versorgung und Betreuung in der letzten Lebensphase beraten werden, und ihnen sollen Hilfen und Angebote der Sterbebegleitung aufgezeigt werden. [3]Im Rahmen einer Fallbesprechung soll nach den individuellen Bedürfnissen des Versicherten insbesondere auf medizinische Abläufe in der letzten Lebensphase und während des Sterbeprozesses eingegangen, sollen mögliche Notfallsituationen besprochen und geeignete einzelne Maßnahmen der palliativ-medizinischen, palliativ-pflegerischen und psychosozialen Versorgung dargestellt werden. [4]Die Fallbesprechung kann bei wesentlicher Änderung des Versorgungs- oder Pflegebedarfs auch mehrfach angeboten werden.

(2) [1]In die Fallbesprechung ist der den Versicherten behandelnde Hausarzt oder sonstige Leistungserbringer der vertragsärztlichen Versorgung nach § 95 Absatz 1 Satz 1 einzubeziehen. [2]Auf Wunsch des Versicherten sind Angehörige und weitere Vertrauenspersonen zu beteiligen. [3]Für mögliche Notfallsituationen soll die erforderliche Übergabe des Versicherten an relevante Rettungsdienste und Krankenhäuser vorbereitet werden. [4]Auch andere regionale Betreuungs- und Versorgungsangebote sollen einbezogen werden, um die umfassende medizinische, pflegerische, hospizliche und seelsorgerische Begleitung nach Maßgabe der individuellen Versorgungsplanung für die letzte Lebensphase sicherzustellen. [5]Die Einrichtungen nach Absatz 1 Satz 1 können das Beratungsangebot selbst oder in Kooperation mit anderen regionalen Beratungsstellen durchführen.

(3) [1]Der Spitzenverband Bund der Krankenkassen vereinbart mit den Vereinigungen der Träger der in Absatz 1 Satz 1 genannten Einrichtungen auf Bundesebene erstmals bis zum 31. Dezember 2016 das Nähere über die Inhalte und Anforderungen der Versorgungsplanung nach den Absätzen 1 und 2. [2]Den Kassenärztlichen Bundesvereinigungen, der Deutschen Krankenhausgesellschaft, den für die Wahrnehmung der Interessen der Hospizdienste und stationären Hospize maßgeblichen Spitzenorganisationen, den Verbänden der Pflegeberufe auf Bundesebene, den maßgeblichen Organisationen für die Wahrnehmung der Interessen und der Selbsthilfe der pflegebedürftigen und behinderten Menschen, dem Medizinischen Dienst Bund, dem Verband der Privaten Krankenversicherung e. V., der Bundesarbeitsgemeinschaft der überörtlichen Träger der Sozialhilfe sowie der Bundesvereinigung der kommunalen Spitzenverbände ist Gelegenheit zur Stellungnahme zu geben. [3]§ 132d Absatz 1 Satz 3 bis 5 gilt entsprechend.

(4) [1]Die Krankenkasse des Versicherten trägt die notwendigen Kosten für die nach Maßgabe der Vereinbarung nach Absatz 3 erbrachten Leistungen der Einrichtung nach Absatz 1 Satz 1. [2]Die Kosten sind für Leistungseinheiten zu tragen, die die Zahl der benötigten qualifizierten Mitarbeiter und die Zahl der durchgeführten Beratungen berücksichtigen. [3]Das Nähere zu den erstattungsfähigen Kosten und zu der Höhe der Kostentragung ist in der Vereinbarung nach Absatz 3 zu regeln. [4]Der Spitzenverband Bund der Krankenkassen regelt für seine Mitglieder das Erstattungsverfahren. [5]Die ärztlichen Leistungen nach den Absätzen 1 und 2 sind unter Berücksichtigung der Vereinbarung nach Absatz 3 aus der vertragsärztlichen Gesamtvergütung zu vergüten. [6]Sofern diese ärztlichen Leistungen im Rahmen eines Vertrages nach § 132d Absatz 1 erbracht werden, ist deren Vergütung in diesen Verträgen zu vereinbaren.

(5) [1]Der Spitzenverband Bund der Krankenkassen berichtet dem Bundesministerium für Gesundheit alle drei Jahre über die Entwicklung der gesundheitlichen Versorgungsplanung für die letzte Lebensphase und die Umsetzung der Vereinbarung nach Absatz 3. [2]Er legt zu diesem Zweck die von seinen Mitgliedern zu übermittelnden statistischen Informationen über die erstatteten Leistungen fest.

### § 132g SGB V — Gesundheitliche Versorgungsplanung für die letzte Lebensphase

§ 132g gilt in der Fassung des Art. 1 Nr. 9 MDK-Reformgesetz vom 14.12.2019 (BGBl. I S. 2789) mit Wirkung vom 01.01.2020. **1**

Mit § 132g, aufgenommen mit dem HPG mit Wirkung vom 08.12.2015, werden Leistungsinhalte für die **gesundheitliche Vorsorgeplanung** für die letzte Lebensphase geregelt und damit auch Leistungsansprüche des Versicherten (insbesondere Abs. 1 und 2). Die Inhalte bestehen nach **Abs. 1 Satz 2** in der **Beratung** über die medizinisch-pflegerische Versorgung und Betreuung in der letzten Lebensphase. Ihnen sollen Hilfen und Angebote der Sterbebegleitung aufgezeigt werden. Zugelassene Pflegeeinrichtungen »können« diese Leistungen anbieten (Ermessen). Vorgesehen ist eine **Fallbesprechung** entsprechend den individuellen Bedürfnissen des Versicherten nach Maßgabe des **Abs. 1 Satz 3**, die **auch mehrfach angeboten** werden kann, **Abs. 1 Satz 4**, und hier insbesondere in mehreren Schritten. **2**

Materiellrechtlich entspricht § 132g, worin die Leistungsseite nur pauschal angeführt und die Inhalte den Vertragsparteien nach Abs. 1 und 3 übertragen sind, dem Leistungsanspruch in § 39b (Hospiz- und Palliativberatung durch die Krankenkassen). Versicherte haben **Anspruch auf individuelle Beratung und Hilfestellung durch die Krankenkasse** zu den Leistungen der Hospiz- und Palliativversorgung. Der Anspruch umfasst auch die Erstellung einer Übersicht der Ansprechpartner der regional verfügbaren Beratungs- und Versorgungsangebote. Die Krankenkasse leistet bei Bedarf Hilfestellung bei der Kontaktaufnahme und Leistungsinanspruchnahme. **3**

Die **Beratung** soll mit der Pflegeberatung nach § 7a SGB XI und anderen bereits in Anspruch genommenen Beratungsangeboten abgestimmt werden. Auch hier wird geregelt, dass Angehörige und anderer Vertrauenspersonen an der Beratung zu beteiligen sind. Auf den weiteren Regelungsinhalt in § 39b wird Bezug genommen. Nach hier vertretener Auffassung ist der Leistungsanspruch allerdings **nur nach Regelung der Leistungserbringerseite** nach § 132g realisierbar; insoweit steht zwangsläufig der **Rechtsanspruch** auf diese Leistung nach § 39b im Konflikt. **4**

Nach **Abs. 2 Satz 1** sind neben dem Hausarzt auch Angehörige und weitere Vertrauenspersonen zu beteiligen, was im Zweifel der Realität näherkommen wird. Inhalt der Besprechung sind zudem geeignete **Maßnahmen der palliativ-medizinischen, palliativ-pflegerischen und psychosozialen Versorgung**. Hierbei können Einschränkungen entsprechend einem individuellen Versorgungsplanung besprochen werden; solche Entscheidungen können zudem Gegenstand einer Vorsorgeerklärung sein. Nicht zuletzt beinhaltet die Beratung neben medizinischen, pflegerischen und hospizbezogenen Fragen die ebenso die seelsorgerische Begleitung, die sichergestellt werden soll. Das **Beratungsangebot** kann von der Einrichtung nach **Abs. 1 Satz 1** selbst, aber auch in Kooperation mit anderen regionalen Beratungsstellen durchgeführt werden, vgl. *Schneider* in jurisPK-SGB V § 132g Rn. 4, 6. **5**

Zugleich werden die **Vorgaben für Vereinbarungen** zwischen dem GKV-Spitzenverband und den Vereinigungen auf Bundesebene der Träger von insoweit nach Abs. 1 Satz 1 in Betracht kommenden Einrichtungen konkretisiert (**Abs. 3**), vgl. *Schneider* in jurisPK-SGB V § 132g Rn. 13. Maßgeblich ist die **Vereinbarung vom 13.12.2017** (abgefragt 02/2021), veröffentlicht im Internet; hierauf wird Bezug genommen; ausweislich der Präambel wird die Leistung nach § 132g in die gesundheitliche Versorgungsplanung einbezogen. Im Rahmen der Vertragsfindung ist einer Reihe von im Gesundheitsrecht maßgeblichen Stellen **Gelegenheit zur Stellungnahme** zu geben, **Abs. 3 Satz 2**. Für Vereinbarungsfindung ist im Falle fehlender Einigung die Einbeziehung einer **unabhängigen Schiedsperson** vorgesehen, **Abs. 3 Satz 3** in Verbindung mit § 132d Abs. 1 Satz 3 bis 5. **6**

Die Leistungen sind durch die **Krankenkasse zu finanzieren, Abs. 4 Satz 1 bis 4**, hier mit Regelungen durch den GKV-Spitzenverband. Die **ärztlichen Leistungen** werden aus der vertragsärztlichen Gesamtvergütung und hier auch unter Aufnahme von EBM-Ziffern vergütet, **Abs. 4 Satz 5**. Es ist auch eine Finanzierung im Rahmen eines Vertrages nach § 132d Abs. 1 vorgesehen, vgl. **Abs. 4 Satz 6**. **7**

§ 132h SGB V    Versorgungsverträge mit Kurzzeitpflegeeinrichtungen

8   Abs. 5 erlegt dem GKV-Spitzenverband eine **Berichtspflicht** über die Entwicklung der gesundheitlichen Versorgungsplanung nach § 132g sowie die Umsetzung der Vereinbarung auf. Es ist nach der Erstberichterstattung im Abstand von drei Jahren weiterhin zu berichten. Diese Frist entspricht **Berichtspflichten nach anderen Vorschriften** dieses Leistungsbereichs, etwa nach § 37b Abs. 4; es ist anzunehmen, dass diese Berichtspflichten zusammengefasst erfüllt werden.

### § 132h Versorgungsverträge mit Kurzzeitpflegeeinrichtungen

Die Krankenkassen oder die Landesverbände der Krankenkassen können mit geeigneten Einrichtungen Verträge über die Erbringung von Kurzzeitpflege nach § 39c schließen, soweit dies für eine bedarfsgerechte Versorgung notwendig ist.

1   § 132h gilt in der Fassung des Art. 6 Nr. 13b KHSG vom 10.12.2015 (BGBl. I S. 2229) mit Wirkung vom 01.01.2016.

2   § 39c Satz 1 regelt, dass Versicherte Anspruch auf die im Einzelfall erforderliche **Kurzzeitpflege** entsprechend § 42 SGB XI für eine Übergangszeit haben, wenn Leistungen der häuslichen Krankenpflege nach § 37 Abs. 1a bei schwerer Krankheit oder wegen akuter Verschlimmerung einer Krankheit, insbesondere nach einem Krankenhausaufenthalt, nach einer ambulanten Operation oder nach einer ambulanten Krankenbehandlung, nicht ausreichen, um ein Verbleiben in der Häuslichkeit zu ermöglichen, vgl. BT-Drs. 18/6586 S. 113 (aufgenommen in der Ausschussberatung).

3   Die Kurzzeitpflege ist eine **vollstationäre Pflegeleistung**. Die Krankenkasse »erbringt« diese Leistung, woraus ein Rechtsanspruch hierauf hergeleitet werden kann und ist zudem Sachleistung; allerdings wird den Krankenkassen ein gewisser Zeitraum zur **Einrichtung der Infrastruktur einzuräumen** sein. Im Hinblick auf den Leistungsinhalt bestehen Zusammenhänge zur Kurzzeitpflege nach § 42 SGB XI, weshalb diese Parallelen auch für die Leistungserbringung nach § 132h nutzbar sein dürften.

4   Mit der Kurzzeitpflege als Leistung der GKV kann zudem auch das Bestreben unterstützt werden, Zeiten eines Krankenhausaufenthaltes auf das medizinisch notwendige Maß zu begrenzen oder auch einen Krankenhausaufenthalt zu vermeiden, obgleich Krankenhauspflege im engeren Sinne nicht erforderlich ist. Zugleich kann ein Beitrag zum **Entlassmanagement**, das dem Krankenhausträger obliegt (vgl. § 39 Abs. 1a), geleistet werden. Dann kann eine Kurzzeitpflege bei Bedarf auch in eine vollstationäre Pflege (§ 43 SGB XI) übergeleitet werden.

5   § 132h regelt den Abschluss von Versorgungsverträgen mit Einrichtungen, die diese Kurzzeitpflegeleistungen erbringen können. Vertragspartner sind die Krankenkassen oder die Landesverbände der Krankenkassen sowie entsprechende Einrichtungen. Gesetzessystematisch ist die Regelung den Beziehungen der Krankenkassen zu den Leistungserbringern (§§ 69 ff.) und hier wiederum den Beziehungen zu sonstigen Leistungserbringern (§§ 132 ff.) zugeordnet. Nach § 132h »können« die Krankenkassen oder ihre Landesverbände mit geeigneten Einrichtungen entsprechende Versorgungsverträge schließen; diesen ist damit ein Ermessen im Einzelfall eingeräumt.

6   Kennzeichnend sind hier **Vereinbarungen auf Landesebene** zwischen Krankenkassenverbänden und Verbänden von Leistungserbringern; vgl. etwa für Sachsen die Vereinbarung der AOK zwecks Leistungserbringung in vollstationären Pflegeeinrichtungen mit Zulassung nach § 72 SGB XI vom 28.09.2017 mit Regelungen zu den Leistungsgrundlagen, zur Vergütung, zur Abrechnung und zum Vertragsabschluss, hier für die Zeit ab 01.11.2017.

### § 132i Versorgungsverträge mit Hämophiliezentren

[1]Die Krankenkassen oder ihre Landesverbände schließen mit ärztlichen Einrichtungen, die auf die qualitätsgesicherte Behandlung von Gerinnungsstörungen bei Hämophilie durch hämostaseologisch qualifizierte Ärztinnen oder Ärzte spezialisiert sind, oder mit deren Verbänden Verträge über die Behandlung von Versicherten mit Gerinnungsstörungen bei Hämophilie. [2]In

diesen Verträgen soll die Vergütung von zusätzlichen, besonderen ärztlichen Aufwendungen zur medizinischen Versorgung und Betreuung von Patientinnen und Patienten mit Gerinnungsstörungen bei Hämophilie, insbesondere für die Beratung über die Langzeitfolgen von Gerinnungsstörungen, die Begleitung und Kontrolle der Selbstbehandlung, die Dokumentation nach § 14 des Transfusionsgesetzes und die Meldung an das Deutsche Hämophilieregister nach § 21 Absatz 1a des Transfusionsgesetzes sowie für die Notfallvorsorge und -behandlung geregelt werden. ³Im Fall der Nichteinigung wird der Vertragsinhalt durch eine von den Vertragspartnern nach Satz 1 gemeinsam zu benennende unabhängige Schiedsperson innerhalb von drei Monaten festgelegt. ⁴Einigen sich die Vertragspartner nicht auf eine Schiedsperson, so wird diese von der für die vertragschließende Krankenkasse oder für den vertragsschließenden Verband zuständigen Aufsichtsbehörde innerhalb eines Monats nach Vorliegen der für die Bestimmung der Schiedsperson notwendigen Informationen bestimmt. ⁵Die Kosten des Schiedsverfahrens tragen die Vertragsparteien zu gleichen Teilen.

§ 132i gilt in der Fassung des Art. 12 Nr. 13 GSAV vom 09.08.2019 (BGBl. I S. 1202) mit Wirkung vom 16.08.2019. 1

Mit § 132i, eingefügt mit Wirkung vom 16.08.2019, werden die Krankenkassen oder ihre Landesverbände von Gesetzes wegen zum Abschluss von **Verträgen mit spezialisierten ärztlichen Einrichtungen** oder deren Verbänden zur Behandlung von Versicherten mit **Gerinnungsstörungen bei Hämophilie** verpflichtet. Die Versorgung erfolgt regelmäßig in spezialisierten ärztlichen Einrichtungen und kann hier vertragsärztlich oder ambulant spezialfachärztlich oder auch in ambulanten Zentren in Krankenhäusern angegliedert realisiert werden, vgl. BT-Drs. 19/8753 S. 67. Zur Verordnung von Gerinnungsfaktoren und zur Wahl des kostengünstigeren Bezugswegs Über pharmazeutische Unternehmen bzw. Großhändler anstelle von Apotheken vgl. LSG Niedersachsen-Bremen Urt. v. 10.06.2020 – L 3 KA 27/18. 2

In den **Verträgen** soll die ärztliche Vergütung von zusätzlichen, besonderen Aufwendungen zur Behandlung von Patienten mit Gerinnungsstörungen bei Hämophilie geregelt werden. Im Vordergrund steht die **Vergütung** für die intensive ärztliche Begleitung und Kontrolle der Selbstbehandlung, die ärztliche Dokumentation wie auch die Meldung an das Deutsche Hämophilieregister nach § 21 Abs. 1a TFG. Zugleich sollen mit den Vereinbarungen die Möglichkeiten aufgrund der **Weiterentwicklung zur Behandlung von Gerinnungsstörungen** einbezogen werden können. 3

Entsprechende **Musterverträge** sind seitens des AOK-Bundesverbandes wie auch der vdek-Ebene verfügbar; entsprechende Hinweise werden im Internet nachgewiesen. Inhaltlich sind Unterschiede auf Vertragsebene gegeben, auf die insbesondere von Seiten der AOK's mehrfach hingewiesen wird. In Deutschland werden **Faktorpräparate** zur Behandlung der Hämophilie im Rahmen des Direktvertriebs nach § 47 AMG durch Ärzte bestellt und an die Patienten mit Hämophilie abgegeben. Neue therapeutische Optionen, die kein Faktorprodukt sind und daher nicht dem Direktvertrieb unterliegen, Verlangen nach Lösungen; hinzu kommen auch innovative gentechnologischer Ansätze, vgl. auch Hinweise in BT-Drs. 19/8753 S. 67. Der Vertriebsweg von Arzneimitteln bleibt weiter in Diskussion. 4

### § 132j Regionale Modellvorhaben zur Durchführung von Grippeschutzimpfungen in Apotheken

(1) ¹Die Krankenkassen oder ihre Landesverbände haben mit Apotheken, Gruppen von Apotheken oder mit den für die Wahrnehmung der wirtschaftlichen Interessen maßgeblichen Organisationen der Apotheker auf Landesebene, wenn diese sie dazu auffordern, Verträge über die Durchführung von Modellvorhaben in ausgewählten Regionen zur Durchführung von Grippeschutzimpfungen bei Personen, die das 18. Lebensjahr vollendet haben, in Apotheken mit dem Ziel der Verbesserung der Impfquote abzuschließen. ²In den Verträgen ist zu den Grippeschutzimpfungen in Apotheken insbesondere Folgendes zu regeln:
1. die Voraussetzungen für deren Durchführung,

2. deren Durchführung,
3. deren Vergütung und
4. deren Abrechnung.

³§ 63 Absatz 3, 3a Satz 2 bis 4 und Absatz 5 Satz 3 und 4 ist entsprechend anzuwenden.

(2) Vor Abschluss eines Vertrages nach Absatz 1 sind zu den jeweiligen Vertragsinhalten Stellungnahmen des Robert Koch-Instituts und des Paul-Ehrlich-Instituts einzuholen; die Stellungnahmen sind zu berücksichtigen.

(3) Die Verträge nach Absatz 1 sind der für die Krankenkasse oder den Landesverband zuständigen Aufsichtsbehörde und der für die Überwachung der Apotheken zuständigen Behörde vor Beginn der Durchführung des Modellvorhabens vorzulegen.

(4) Im Rahmen der Modellvorhaben dürfen Apothekerinnen und Apotheker Grippeschutzimpfungen bei Personen durchführen, die das 18. Lebensjahr vollendet haben,
1. soweit Berufsrecht dem nicht entgegensteht und
2. wenn
   a) die Apothekerinnen und Apotheker hierfür ärztlich geschult sind und ihnen die erfolgreiche Teilnahme an der Schulung bestätigt wurde und
   b) in der jeweiligen Apotheke eine geeignete Räumlichkeit mit der Ausstattung vorhanden ist, die für die Durchführung einer Grippeschutzimpfung erforderlich ist.

(5) Die ärztliche Schulung, an der Apothekerinnen und Apotheker teilnehmen müssen, um Grippeschutzimpfungen durchführen zu dürfen, hat insbesondere die Vermittlung der folgenden Kenntnisse, Fähigkeiten und Fertigkeiten zu umfassen:
1. Kenntnisse, Fähigkeiten und Fertigkeiten zur Durchführung von Grippeschutzimpfungen einschließlich der Aufklärung und Einholung der Einwilligung der zu impfenden Person,
2. Kenntnis von Kontraindikationen sowie Fähigkeiten und Fertigkeiten zu deren Beachtung und
3. Kenntnis von Notfallmaßnahmen bei eventuellen akuten Impfreaktionen sowie Fähigkeiten und Fertigkeiten zur Durchführung dieser Notfallmaßnahmen.

(6) ¹Über die Schulung schließen die Vertragspartner nach Absatz 1 Satz 1 gemeinsam Verträge mit Anbietern der Schulung. ²Vor Abschluss der Verträge sind zu den jeweiligen Vertragsinhalten Stellungnahmen des Robert Koch-Instituts und des Paul-Ehrlich-Instituts einzuholen; die Stellungnahmen sind zu berücksichtigen.

(7) ¹Die Modellvorhaben sind im Regelfall auf längstens fünf Jahre zu befristen. ²Sie sind nach allgemein anerkannten wissenschaftlichen Standards zu begleiten und auszuwerten.

| Übersicht | Rdn. | | Rdn. |
|---|---|---|---|
| A. Regelungsinhalt | 1 | C. Voraussetzungen für die Leistungserbringung | 24 |
| B. Verträge zur Durchführung von Grippeschutzimpfungen | 6 | I. Persönliche und räumliche Voraussetzungen (Abs. 4) | 25 |
| I. Vertragspartner (Abs. 1 Satz 1) | 7 | | |
| II. Regelungsinhalte (Abs. 1 Satz 2) | 8 | II. Ärztliche Schulung (Abs. 5) | 29 |
| III. Anwendbare Regelungen zu Modellvorhaben gem. § 63 SGB V (Abs. 1 Satz 3) | 14 | III. Verträge über die Durchführung von Schulungen (Abs. 6) | 32 |
| IV. Abschluss von Verträgen und rechtliche Vorgaben hierfür | 18 | IV. Befristung von Modellvorhaben und wissenschaftliche Auswertung (Abs. 7) | 34 |
| V. Wirksamkeitsvoraussetzungen mit der Vorlage von Verträgen (Abs. 2 und 3) | 21 | | |

## A. Regelungsinhalt

§ 132j gilt in der Fassung des Art. 2 Nr. 5a Masernschutzgesetz vom 10.02.2020 (BGBl. I S. 148) mit Wirkung vom 01.03.2020.

Mit § 132j soll im Rahmen von **regionalen Modellvorhaben** zur Durchführung von Grippeschutzimpfungen in Apotheken in ausgewählten Regionen eine Erhöhung der Impfquote bei Grippeschutzimpfungen erreicht werden. Es handelt sich um Modellprojekt in Anlehnung an § 63, vgl. **Abs. 1 Satz 3**. Verpflichtet werden allein die Krankenkassen zur Durchführung der Modellvorhaben unter den genannten Bedingungen; die Ergebnisse sollen nach **Abs. 7** Gegenstand einer **Auswertung** werden. Die Krankenkassen wenden sich insoweit an Apotheken, Gruppen von Apotheken oder die für die Wahrnehmung der wirtschaftlichen Interessen maßgeblichen Organisationen der Apotheker (**Abs. 1 Satz 1**) zum Abschluss entsprechender Verträge (**Abs. 1 Satz 2**).

Die **Wirksamkeit** eines **Vertrages** setzt die Stellungnahme des Robert Koch-Instituts und des Paul-Ehrlich-Instituts voraus, **Abs. 2**. Verträge sind zudem der für die Krankenkassen zuständigen Aufsichtsbehörde und der für die Überwachung der Apotheken zuständigen Behörde vor Beginn der Durchführung der Modellvorhaben vorzulegen, **Abs. 3**.

Die **Durchführung des Modellvorhabens** setzt entsprechende **personelle und räumliche** Gegebenheiten voraus. Die Durchführung muss berufsrechtlich erlaubt und die Apotheker entsprechend ärztlich geschult werden, **Abs. 4**. Die zu vermittelnden Kenntnisse, Fähigkeiten und Fertigkeiten konkretisiert Abs. 5 (Aufklärung und Einholung der Einwilligung der zu impfenden Person, Kenntnisse von Kontraindikationen und Kenntnisse von Notfallmaßnahmen bei eventuellen akuten Impfreaktionen). Die **Schulungsinhalte** werden vertraglich festgelegt, **Abs. 6**, auch hier wiederum unter Einbeziehung des Robert Koch-Instituts und des Paul-Ehrlich-Instituts. Die **Gefährdungshaftung** nach § 84 AMG (Haftung des pharmazeutischen Unternehmers) findet Anwendung; zum Impfschadensprozess vgl. Elke Roos in ZFSH/SGB 2020, 210 und dieselbe zu Beweiserleichterungen im Impfschadensrecht durch neue Akzente in der EuGH-Rechtsprechung in ZFSH/SGB 2018, 146.

Die Modellvorhaben sind nach **Abs. 7** auf längstens fünf Jahre zu befristen und sollen wissenschaftlich begleitet sowie ausgewertet werden. Berichtspflichten sind nicht weiter konkretisiert, wohl aber das BMG über die Ergebnisse informiert sein.

## B. Verträge zur Durchführung von Grippeschutzimpfungen

§ 132j regelt die Teilnahme der Apotheken an der Versorgung der GKV-Versicherten mit Schutzimpfungen im Rahmen von Modellvorhaben. Verpflichtet hierzu werden allein die Krankenkassen, die entsprechende Verträge anzubieten haben. Ziel ist die Steigerung der Impfquote bei Grippeschutzimpfungen. Dieses soll erreicht durch die Einbeziehung der Apotheken in den Kreis der möglichen Leistungserbringer erreicht werden. Die Vorbereitung sowie der Abschluss von entsprechenden Verträgen mit der Möglichkeit der Leistungserbringer durch Apotheker setzt erhebliche Vorbereitungen voraus, vgl. *Schneider* in jurisPK-SGB V § 132j Rn. 6 unter Bezugnahme auf *Sucker-Sket* DAZ 2020, Nr. 9, 9 mit dem Hinweis, dass dies nicht vor Ende 2020 erreichbar sein dürfte.

### I. Vertragspartner (Abs. 1 Satz 1)

Vertragspartner sind auf Kassenseite die einzelnen Krankenkassen und/oder ihre Landesverbände, § 207. Aufseiten der Apotheker sind dies einzelne Apotheken, Gruppen von Apotheken oder die Apothekerverbände, vgl. *Luthe* in Hauck/Noftz SGB V § 132j Rn. 6.

### II. Regelungsinhalte (Abs. 1 Satz 2)

Gegenstand der Verträge ist die Durchführung von Modellvorhaben für die Durchführung von Grippeschutzimpfungen. Abs. 2 Nr. 1 und 2 konkretisiert dies nochmals. Das Vorhandensein entsprechender Verträge ist zwingende Voraussetzung für die Durchführung des Modellvorhabens und aufgrund dieser Verträge Abwicklung der Grippeschutzimpfungen.

9  Die Verträge nach § 132j sind **öffentlich-rechtliche Verträge** (vgl. *Luthe* a.a.O. Rn. 7) in Form von Rahmenverträgen zur Durchführung von Modellvorhaben betreffend Grippeschutzimpfungen. Allein **Grippeschutzimpfungen** werden erfasst, nicht etwa auch weitere Impfungen. Wie hier mit Impfungen etwa die Pandemie bedingt verfahren werden soll, hängt davon ab, inwieweit spätere Folgeimpfungen der Begriff der Grippeschutzimpfungen zugeordnet werden können.

10 **Inhaltlich** wird vorgegeben, dass die zu impfende Personen das **18. Lebensjahr** vollendet haben müssen, Abs. 4 einleitend. In den Materialien wird dies mit dem Hinweis erläutert (BT-Drs. 19/15164 S. 60, 61), dass bei Kindern und Jugendlichen mit einer Indikation für die Grippeschutzimpfungen macht den Empfehlungen der Ständigen Impfkommission es sich in der Regel um chronisch kranke Kinder und Jugendliche handele. Es sei davon auszugehen, dass Personen in dieser Altersgrenze von Kinder- und Jugendärzten bzw. Hausärzten betreut und auch geimpft wurden. Darüber hinaus sollte nur volljährige Personen in Apotheken geimpft werden, die selbst in die Impfung einwilligen könnten (vgl. bei Minderjährigen auch Art. 8 DSGVO mit Wirkung vom 25.05.2018).

11 Zu beachten ist § 22 IfSG; vertraglich dürfte eine entsprechende **Dokumentationspflicht**, etwa im Impfausweis oder in einer Impfungsbescheinigung, berücksichtigt werden. Zum Datenschutz vgl. Abs. 1 Satz 3.

12 Zu regeln ist die Frage der Vergütung und die Abrechnung von Sachleistungen und Dienstleistungen. Für die Grippeimpfstoffe gilt § 1 Abs. 3 Nr. 3a AMPreisVO. Geregelt wird dies regelmäßig in Rahmenverträgen. Die Dienstleistung sind die Folgekosten einschließlich Haftung pp. im Wege der gebotenen Kalkulation einzubeziehen.

13 Vertraglich zu regeln sind schließlich auch der Geltungsbereich, die wissenschaftliche Begleitung und Auswertung. Die Voraussetzungen für den Vertragsschluss nach Abs. 2 und Abs. 3 sind zu beachten. Die Erfüllung der persönlichen, sächlichen und räumlichen Voraussetzungen in Verbindung mit Abs. 5 und 6 sind ebenfalls Vertragsgegenstand oder durch entsprechende Verweisungen gesondert zu regeln.

### III. Anwendbare Regelungen zu Modellvorhaben gem. § 63 SGB V (Abs. 1 Satz 3)

14 **Abs. 1 Satz 3** verweist auf Vorschriften für **Modellvorhaben nach § 63** (in der Fassung ab 01.01.2020) und nimmt hier einige Regelungen gezielt in Bezug. Ausweislich der Materialien soll in erster Reihe der **Datenschutz** gewährleistet werden, vgl. BT-Drs. 19/15164 S. 61. Durch die Bezugnahme auf § 63 Abs. 3, Abs. 3a Satz 2 bis 4 und Abs. 5 Satz 3 und 4 würden die dort geregelten sozialdatenschutzrechtlichen Vorgaben – unter anderem Abweichungsmöglichkeiten von den Vorgaben des SGB X im erforderlichen Umfang mit Einwilligung der Versicherten sowie die Information der Datenschutzaufsichtsbehörden – auch für Modellvorhaben zur Durchführung von Grippeschutzimpfungen in Apotheken zur Anwendung kommen.

15 Darüber hinaus folgten aus der EUV 2016/679 – in der Praxis als Datenschutz-Grundverordnung – **DSGVO** bezeichnet – weitere Vorgaben, die einzuhalten seien, wie etwa die Möglichkeit des Widerrufs einer Einwilligung gemäß Art. 7 Abs. 3 DSGVO oder die Löschungspflicht nach Abschluss des Modellvorhabens gemäß Art. 5 Abs. 1 Buchst. e und Art. 17 Abs. 1 Buchst. a DSGVO, wonach Daten unverzüglich zu löschen seien, die für Zwecke nicht mehr notwendig seien, für die sie erhoben oder auf sonstige Weise verarbeitet worden seien.

16 **§ 63 Abs. 3 Satz 1** sieht im Zusammenhang mit der Durchführung von Modellvorhaben Abweichungen u.a. von den **§§ 69 bis 140h** vor, soweit es für die Modellvorhaben erforderlich ist. Dies betrifft in der Praxis häufig die Schnittstellen zwischen ambulanter und stationärer Versorgung, auch bezüglich der Vergütung, vgl. *Koch* in jurisPK-SGB V § 63 Rn. 24. Abweichungen von den Vorschriften des **Datenschutzrechts (10. Kapitel SGB V** mit §§ 284 ff.) werden erforderlich, weil

die Modellvorhaben nach § 65 wissenschaftlich begleitet und ausgewertet werden müssen. Dafür ist eine **Vielzahl von Daten** erforderlich, vgl. *Koch* a.a.O. Rn. 26. Dies gilt auch hier, wenngleich die wissenschaftliche Auswertung in § 132j nicht detailliert vorgegeben wird. § 63 Abs. 3 Satz 4 regelt, dass von § 284 Abs. 1 Satz 5 nicht abgewichen werden darf; der **Sozialdatenschutz** gemäß § 35 SGB I, §§ 67 ff. SGB X soll damit Bestand haben.

**§ 63 Abs. 3a Satz 2 bis 4 und Abs. 5 Satz 3 und 4** erfassen weitere Regelungen zur Datenverwendung bei Modellvorhaben. **Abweichungen** bedürfen der schriftlichen oder elektronischen **Einwilligung** (vgl. bezüglich der Hinweise und Informationen an den Versicherten Art. 7 DSGVO) und sind ausdrücklich nur zulässig, soweit dies zur Zielerreichung der Modellvorhaben erforderlich ist, **§ 63 Abs. 3a Satz 2**. Der Grundsatz der Zweckbindung entspricht hier einer gewissen Redundanz, als sich dies auch aus Art. 5, Art. 6 DSGVO ergibt. Redundant ist auch der Hinweis in § 63 Abs. 3a Satz 3, als die Einwilligung einer entsprechenden Unterrichtung des »informierten« Versicherten bedarf; auch dies ergibt sich bereits aus Art. 7 DSGVO. Dies gilt auch für § 63 Abs. 3a Satz 4, indem die **Einwilligung** sich auf **Zweck**, Inhalt, Art, Umfang und Dauer der Verarbeitung der personenbezogenen Daten sowie die daran Beteiligten zu erstrecken hat. Die ausdrückliche Bezugnahme von **§ 63 Abs. 3a Satz 2 bis 4** mag jedoch die Beachtung der Datenschutzgrundsätze bestärken; dies kann auch nochmals Gegenstand in den Verträgen sein. Dies gilt entsprechend auch für die Bezugnahme auf die Regelung in § 63 Abs. 5 Satz 3 und 4, indem vor Beginn des Modellvorhabens der jeweils zuständige Landesbeauftragte für den Datenschutz zu unterrichten ist. 17

### IV. Abschluss von Verträgen und rechtliche Vorgaben hierfür

In den Verträgen zu den Grippeschutzimpfungen in Apotheken sind insbesondere die Voraussetzungen für deren Durchführung, deren Durchführung, deren Vergütung und deren Abrechnung zu regeln, **Abs. 1 Satz 2** (vgl. Erläuterungen oben). Der Gesetzgeber wollte den Leistungserbringern (Apotheken) durchaus einen durchsetzbaren Anspruch auf einen Vertrag einräumen, wenn Krankenkassen dazu auffordern, hier wohl im Sinne einer »rechtlichen Verpflichtung der Krankenkassen«, vgl. BT-Drs. 19/15164 S. 60. Es soll sich jedoch nur um **Modellvorhaben** handeln und die Heranziehung von Leistungserbringern ist regional und durch weitere Einschränkungen begrenzt. Apotheker können nicht flächendeckend und unbedingt zum Vertragsschluss berechtigt sein, vgl. *Schneider* in jurisPK-SGB V § 132j Rn. 16. 18

Die Krankenkassen können deshalb nur insoweit zum **Vertragsschluss verpflichtet** sein, soweit eine **ausgewählte Region** betroffen ist und das Ausmaß eines Modellversuchs nicht überschritten wird, vgl. *Schneider* in jurisPK-SGB V § 132j Rn. 17. Die Krankenkassen haben zudem das Recht, den Vertragsschluss mit den Apotheken auf bestimmte Regionen und an eine bestimmte Zahl von Leistungserbringern zu beschränken, vgl. *Schneider* a.a.O. Rn. 18. 19

Dies soll jedoch **Vergaberecht** nicht ausschließen, **§ 69 Abs. 3**, da die Krankenkassen als öffentliche Auftraggeber eine Auswahlentscheidung zu treffen haben. Da die Verträge über die Erbringung von Schutzimpfungen durch Apotheker im Rahmen eines Modellversuchs abgeschlossen würden und § 132j überdies § 63 ausdrücklich in Bezug nehmen, finden auf den Abschluss der Verträge die in § 69 Abs. 4 vorgesehenen besonderen Verfahrenserleichterungen für die Vergabe und Dienstleistungsaufträge im Rahmen von Modellversuchen Anwendung, hier unter Bezugnahme auf *Engelmann* in jurisPK-SGB V § 69 Rn. 120 bis 131. 20

### V. Wirksamkeitsvoraussetzungen mit der Vorlage von Verträgen (Abs. 2 und 3)

Wirksamkeitsvoraussetzung für den Vertragsschluss regeln die Abs. 2 und 2. Diese Voraussetzungen gehen über die Willenseinigung der Vertragsparteien nach Satz 1 hinaus, vgl. *Schneider* in jurisPK-SGB V § 132j Rn. 15. 21

**Vor Abschluss eines Vertrages** nach Abs. 1 sind zu den jeweiligen Vertragsinhalten Stellungnahmen des Robert Koch-Instituts und des Paul-Ehrlich-Instituts einzuholen; die Stellungnahmen sind zu 22

§ 132j SGB V  Regionale Modellvorhaben zur Durchführung von Grippeschutzimpfungen

berücksichtigen, **Abs. 2**. Die Verfahrensweise ist insoweit klar beschrieben, als etwa die Einholung einer Auskunft nicht ausreicht. Der Inhalt der jeweiligen Stellungnahme ist als Grundlage der Verträge zu übernehmen, vgl. *Schneider* in jurisPK-SGB V § 132j Rn. 15.

23 Ferner sind die Verträge nach Abs. 1 der für die Krankenkasse oder den Landesverband zuständigen Aufsichtsbehörde einerseits und der für die Überwachung der Apotheken zuständigen Behörde andererseits **vor Beginn** der Durchführung des Modellvorhabens vorzulegen, **Abs. 3**. Es werden also jeweils die zuständigen **Aufsichtsbehörden** für den Krankenkassenbereich und den Leistungserbringerbereich (Apotheken) einbezogen. Die Einbeziehung der Aufsichtsbehörden sollen einerseits deren **Information** dienen und andererseits Gelegenheit dazu geben, bei nicht vertretbaren Vertragsinhalten einschreiten zu können. Deshalb ist eine **rechtzeitige Vorlage** notwendig. Diese ist dann erfolgt, wenn den Aufsichtsbehörden vor der geplanten Umsetzung der Verträge noch genügend Frist zur Prüfung und für eine eventuelle Untersagung des Vorhabens bleibt, vgl. *Schneider* in jurisPK-SGB V § 132j Rn. 15.

### C. Voraussetzungen für die Leistungserbringung

24 Während Abs. 1 bis 3 wie auch 7 Grundlagen für die Vertragsfindung regeln, werden in Abs. 4 bis 6 vornehmlich persönliche und räumliche Voraussetzungen vorgegeben, die an der Modellvorhaben teilnehmende Apotheker zu erfüllen haben. Dabei handelt es sich durchaus um aufwändige Vorgaben, die zwar überzeugen, es jedoch fraglich erscheinen lassen, ob diese Voraussetzungen in das typische Arbeitsfeld des Apothekers eingegliedert werden können und deshalb das notwendige Interesse finden.

#### I. Persönliche und räumliche Voraussetzungen (Abs. 4)

25 Im Rahmen der Modellvorhaben dürfen Apotheker Grippeschutzimpfungen bei Personen durchführen, wenn diese das **18. Lebensjahr vollendet** haben (s.o., auch im Hinblick auf eine wirksame Einwilligung und die hier zu erwartenden Jugendlichen mit Vorerkrankungen).

26 Voraussetzung für eine Teilnahme an Modellvorhaben ist, dass **Berufsrecht (Abs. 4 Nr. 1)** dem nicht entgegensteht. Berufsrecht bezieht sich regelmäßig auf **Landesrecht**. Verbieten landesrechtliche Berufsordnungen den Apothekern ausdrücklich die Ausübung der Heilkunde, so stehen solche berufsrechtlichen Regelungen einer Beteiligung entgegen. Hier erwartet der Bundesgesetzgeber wohl eine Anpassung des Landesrechts. Beschrieben wird auch, dass Apothekerkammern der Länder einer solchen Änderung kritisch gegenüberstehen, vgl. *Schneider* in jurisPK-SGB V § 132l Rn. 20 unter Hinweis auf *Sucker-Sket* DAZ 2020, Nr. 9, 9 und DAZ 2020, Nr. 17 S. 61 für Änderungen einer Berufsordnung.

27 Voraussetzung für die Teilnahme an Modellvorhaben ist weiter, dass Apotheker hierfür ärztlich geschult sind und ihnen die erfolgreiche Teilnahme an der Schulung bestätigt wurde, **Abs. 4 Nr. 2 Buchst. a**. Die Vorgaben für eine entsprechende Schulung werden Abs. 5 konkretisiert und Schulungsinhalte nach Maßgabe des Abs. 6 vereinbart.

28 Für die Teilnahme an Modellvorhaben wird weiter verlangt, dass die jeweilige Apotheke eine **geeignete Räumlichkeit mit der Ausstattung** aufzuweisen hat, die für die Durchführung einer Grippeschutzimpfungen erforderlich ist, **Abs. 4 Nr. 2 Buchst. b**. Die Impfung sollte in Übereinstimmung mit den Materialien (BT-Drs. 19/15164 S. 61 und dem folgend *Schneider* in jurisPK-SGB V § 132j Rn. 21) in einem Raum durchgeführt werden, der die Privatsphäre der Patienten schützt und die Möglichkeit der Durchführung von Maßnahmen bei Sofortreaktionen einschließlich einer entsprechenden Ausstattung bietet. Dazu könne insbesondere auch eine Liege gehören.

#### II. Ärztliche Schulung (Abs. 5)

29 Eine Leistungserbringung betreffend Schutzimpfungen gehört nicht zur Berufsausbildung eines Apothekers; eine entsprechende Qualifikation setzt deshalb der Gesetzgeber auch nicht voraus, sondern kodifiziert **Vorgaben für einen »überschaubaren Fortbildungsaufwand«**, vgl. *Schneider* in

jurisPK-SGB V § 132j Rn. 22. Die Fortbildung umfasst die Beratung und Information der Versicherten, die notwendigen Kenntnisse über Grippeimpfungen (und nur diese und nicht weitere Impfungen sind mit umfasst) und insbesondere die gebotenen Kenntnisse im Falle von Sofortreaktionen und Notfällen. **Räumlich** wird deshalb auch eine Liege in einem abgesonderten Raum der Apotheke offensichtlich erwartet, vgl. BT-Drs. 19/15164 S. 61.

Die **Schulung** muss zwingend **durch Ärzte** erfolgen und muss die Kenntnisse, Fähigkeiten und Fertigkeiten umfassen, die für das Durchführen einer Schutzimpfung den Umgang mit Kontraindikationen und eventuell Notfällen beinhalten (Abs. 5 Nr. 2 und 3). Die Schulung umfasst auch die zu leistende Aufklärung und Einholung der Einwilligung der zu impfenden Person (Abs. 5 Nr. 1). Dabei sind die Anforderungen an eine Einwilligung sinngemäß zu erfüllen, wie diese vergleichbar in Art. 7 DSGVO für den Sozialdatenschutz vorgegeben sind. Es wird auch hier zu verlangen sein, dass Versicherte unter Einbeziehung des Gesundheitszustandes, von Vorerkrankungen und Risiken ausreichend informiert werden. Zu den Grundgedanken der Einwilligung gehört nach dem Rechtsverständnis des Art. 7 DSGVO, dass der Betreffende sich der Kriterien bewusst wird und ausreichend informiert ist. 30

Abs. 5 regelt den Nachweis über die Vermittlung der entsprechenden Kenntnisse nicht näher. Es erscheint jedoch geboten, dass über die in Abs. 5 festgelegten Mindestkenntnisse eine entsprechende Bescheinigung erteilt wird. Der Sicherheit halber sollte die Schulung, um zu überzeugen, auch beinhalten, sich über die erworbenen Kenntnisse, Fähigkeiten und Fertigkeiten zu vergewissern. Auch die Materialien geben hierzu keine Vorgaben. 31

### III. Verträge über die Durchführung von Schulungen (Abs. 6)

Über die Schulung schließen die Vertragspartner **gemeinsam Verträge** mit Anbietern der Schulung, **Abs. 6 Satz 1.** Auch hier wird vor Abschluss der Verträge festgelegt, dass zu den jeweiligen Vertragsinhalten Stellungnahmen des Robert Koch-Instituts und des Paul-Ehrlich-Instituts einzuholen sind. Die **Stellungnahmen** sind zu berücksichtigen. Auch hier muss die Zeitplanung entsprechend vorsehen, dass die Stellungnahmen angefordert und abgegeben und die Stellungnahmen in die Vertragsfindung einbezogen werden können. 32

Soweit die Umsetzung von Vorgaben, die aus den Stellungnahmen folgen, umfangreicher sein sollten, dürfte eine weitere Abstimmung mit dem jeweiligen Institut zu erwarten sein. Der Gesetzgeber will offensichtlich den Erfahrungshintergrund beider Institutionen in die Verträge über die Schulung berücksichtigt wissen. Eine dialogische Vorgehensweise dürfte dann zweckmäßig sein. 33

### IV. Befristung von Modellvorhaben und wissenschaftliche Auswertung (Abs. 7)

Die Modellvorhaben sind im Regelfall auf längsten fünf Jahre zu befristen. Eine solche Befristung ist durchaus üblich und kann auch unterschritten werden, vgl. § 63. Ein Anspruch auf Fortsetzung des Modellvorhabens wird nicht anerkannt, vgl. *Luthe* in Hauck/Noftz SGB V § 132j Rn. 21. Die Frist darf wohl unterschritten, nicht jedoch überschritten werden. 34

Abs. 7 Satz 2 sieht vor, die Modellvorhaben nach allgemein anerkannten wissenschaftlichen Standards zu begleiten und auszuwerten. Das weitere Verfahren bei der Begleitung und Auswertung wird nicht konkretisiert, üblich ist jedoch eine entsprechende Berichterstattung, hier wohl an die Aufsichtsbehörden und das BMG jedenfalls zur Information. Erwartet werden Erkenntnisse zur Verbesserung der individuellen Quote gegen Influenza durch Grippeschutzimpfungen in der Apotheke, vgl. BT-Drs. 19/15164 S. 61. Nach hier vertretener Auffassung sollte auch einbezogen werden, ob sich der Aufwand der einzelnen Apotheke wirtschaftlich rechtfertigt, ob die unterbliebene Einbeziehung von Ärzten zweckmäßig ist und auch wie sich die jeweils im Umfeld tätige Ärzteschaft zu diesem Vorhaben einstellt. Bei den Versicherten, die sich in Apotheken impfen lassen würden, dürfte es sich erwartungsgemäß um solche Personen handeln, die offensichtlich ärztlich sonst nicht betreut werden. Dies vermag die Risikolage für den Apothekenbereich durchaus erhöhen. 35

## § 132k Vertrauliche Spurensicherung

¹Die Krankenkassen oder ihre Landesverbände schließen gemeinsam und einheitlich auf Antrag des jeweiligen Landes mit dem Land sowie mit einer hinreichenden Anzahl von geeigneten Einrichtungen oder Ärzten Verträge über die Erbringung von Leistungen nach § 27 Absatz 1 Satz 6. ²In den Verträgen sind insbesondere die Einzelheiten zu Art und Umfang der Leistungen, die Voraussetzungen für die Ausführung und Abrechnung sowie die Vergütung und Form und Inhalt des Abrechnungsverfahrens zu regeln. ³Die Leistungen werden unmittelbar mit den Krankenkassen abgerechnet, die Vergütung kann pauschaliert werden. ⁴Das Abrechnungsverfahren ist so zu gestalten, dass die Anonymität des Versicherten gewährleistet ist. ⁵Kommt ein Vertrag ganz oder teilweise nicht binnen sechs Monaten nach Antragstellung durch das Land zustande, gilt § 132i Satz 3 bis 5 entsprechend mit den Maßgaben, dass Widerspruch und Klage gegen die Bestimmung der Schiedsperson keine aufschiebende Wirkung haben.

| Übersicht | Rdn. | | Rdn. |
|---|---|---|---|
| A. Regelungsinhalt | 1 | II. Vertragsparteien | 7 |
| B. Verträge zur vertraulichen Spurensicherung | 4 | III. Vertragsinhalte | 12 |
| | | IV. Verpflichtung zum Vertragsschluss | 18 |
| I. Erbringung von Leistungen nach § 27 Abs. 1 Satz 6 SGB V | 4 | V. Schiedsverfahren (Satz 5) | 21 |

### A. Regelungsinhalt

1 § 132k gilt in der Fassung des Art. 2 Nr. 5a Masernschutzgesetz vom 10.02.2020 (BGBl. I S. 148) mit Wirkung vom 01.03.2020.

2 § 132k wurde mit Wirkung vom 01.03.2020 mit dem Masernschutzgesetz als Regelung zum Leistungserbringerrecht und parallel zu einem **Leistungsanspruch nach § 27 Abs. 1 Satz 6** (Leistungen zur vertraulichen Spurensicherung am Körper, einschließlich der erforderlichen Dokumentation sowie Laboruntersuchungen und einer ordnungsgemäßen Aufbewahrung der sichergestellten Befunde, mit weiterer Differenzierung nach Maßgabe der Vorschrift) eingefügt. Die Regelung greift die vertrauliche Spurensicherung bei Misshandlungen und sexualisierter Gewalt auf der Leistungserbringerseite auf. Zwar standen auch nach der Rechtslage bis Februar 2020 entsprechende Leistungen durch Fachberatungsstellen und ein unterschiedliches lokales Engagement zur Verfügung. Zudem war häufig der Schritt zu Strafverfolgungsbehörden bereits in einem frühen, für das Opfer zu frühen Zeitpunkt und mit Gefährdungen verbunden, erforderlich, vgl. BT-Drs. 19/15164 S. 62.

3 Es wird vorgegeben, dass die Krankenkassen oder ihre Landesverbände gemeinsam und einheitlich auf **Antrag des jeweiligen Landes** mit dem Land (jeweils für ein Bundesland) sowie mit einer **hinreichenden Anzahl von geeigneten Einrichtungen**, etwa Krankenhäusern oder spezialisierten Ärzten, Verträge über die vertrauliche Spurensicherung schließen. Potentiellen Opfern steht danach ein geordnetes System zur Spurensicherung zur Verfügung, geordnet bezüglich der Ansprechpartner, der Leistungen und der Finanzierung. Die Abrechnung folgt über die Krankenkassen und die Vergütung kann pauschaliert werden. Das Abrechnungsverfahren muss die Anonymität des Versicherten gewährleisten. Für den Fall, dass ein Einvernehmen über einen Vertrag ganz oder teilweise nicht zustande kommt, wird das Schiedsverfahren nach Maßgabe des § 132i Satz 3 bis 5 in Bezug genommen, Satz 5.

### B. Verträge zur vertraulichen Spurensicherung

#### I. Erbringung von Leistungen nach § 27 Abs. 1 Satz 6 SGB V

4 Zur Krankenbehandlung hören nach § 27 Abs. 1 Satz 6 mit Wirkung vom 01.03.2020 auch Leistungen zur vertraulichen Spurensicherung am Körper, einschließlich der erforderlichen Dokumentation sowie Laboruntersuchungen und einer ordnungsgemäßen Aufbewahrung der sichergestellten Befunde, bei Hinweisen auf drittverursachte Gesundheitsschäden, die Folge einer Misshandlung,

eines sexuellen Missbrauchs, eines sexuellen Übergriffs, einer sexuellen Nötigung oder einer Vergewaltigung sein können. Ein Leistungsanspruch auf Behandlung unter Einschluss einer Beratung und Maßnahmen zur Sicherung bestand bereits nach der Rechtslage bis 02/2020. Die Rechtslage wurde jedoch aus der Sicht der Opfer als unvollständig empfunden, war bezüglich der Kosten nicht befriedigend geregelt und für den Betroffenen, der sich ohnedies in einer schwierigen Lage befand, belastend organisiert.

Der Anspruch nach § 27 Abs. 1 Satz 6 zielt darauf ab, den ansich versicherungsfremden **Leistungsanspruch auf vertrauliche Spurensicherung** auch organisatorisch sicherzustellen. Es wird ein **niedrigschwelliger Zugang zur Beweissicherung** geschaffen, vgl. *Fahlbusch* in jurisPK-SGB V § 27 Rn. 86. Gewährt werden Leistungen zur Sicherung von beweistechnisch relevanten Spuren und eine den Anforderungen an eine Spurensicherung entsprechende Dokumentation, etwa von Verletzungen, sowie Laborleistungen, wie etwa Untersuchung auf Giftstoffe, KO-Tropfen oder Alkohol. Umfasst ist in Übereinstimmung mit den Materialien auch der Transport und die für Straf- und Zivilverfahren notwendige langfristige Lagerung der entsprechenden Spuren nach rechtsmedizinischen Maßstäben. 5

Nicht mit umfasst sein sollen die **Kosten für das Material zur Spurensicherung**, etwa Spurensicherungskits und mögliche spätere Analysen der sichergestellten Spuren, vgl. *Fahlbusch* a.a.O. Rn. 87. Diese Leistungen fallen regelmäßig in die Kostenlast der Strafverfolgungsbehörden und werden durch diese realisiert. 6

## II. Vertragsparteien

Die Verträge werden gemeinsam und einheitlich auf **Antrag des jeweiligen Landes** geschlossen. Daraus wird geschlossen, dass für jedes Bundesland jeweils nur ein Vertrag zustande kommen soll, vgl. *Schneider* in jurisPK-SGB V § 132k Rn. 6; *Luthe* in Hauck/Noftz SGB V § 132k Rn. 6. Die Besonderheit ist hier, dass in jedem Fall das Land beteiligt ist, schon im Hinblick auf eine mögliche Strafverfolgung. 7

Beteiligt ist die Krankenkassenseite. Hier ist zu beachten, dass der Vertragsschluss gemeinsam und einheitlich zu erfolgen hat. Die Krankenkassenseite kann nur geschlossen einbezogen werden, vgl. *Schneider* in jurisPK-SGB V § 132k Rn. 9; *Luthe* in Hauck/Noftz SGB V § 132k Rn. 7. 8

Auf der Leistungserbringerseite sind dies »eine hinreichende Anzahl von geeigneten Einrichtungen oder Ärzten«. Ob es sich um ärztliche Einrichtungen handeln muss, wird nicht ausdrücklich festgelegt; dies wird jedoch nach hier vertretener Auffassung angenommen, vgl. *Schneider* in jurisPK-SGB V § 132k Rn. 9, anders wohl *Luthe* in Hauck/Noftz SGB V § 132k Rn. 8 mit dem Hinweis, dass etwa auch mit medizinischen Kenntnissen und Personal ausgestattete Hilfs- und Beratungseinrichtungen, etwa Fachberatungsstellen für sexuell missbrauchte Menschen, geeignet sein könnten. Dem dürfte jedoch entgegenstehen, dass der Gesetzgeber bewusst eine ärztliche Anbindung und Professionalisierung anstrebte, vgl. BT-Drs. 19/15164 S. 62. 9

Als **Einrichtungen** sind alle auf Dauer angelegte, mit sachlichen und personellen Mitteln ausgestattete Organisationseinheiten zu verstehen, deren Zweck die »Erzeugung medizinischer Erkenntnisse und Dokumentationsaufgaben« i.S.d. § 132k bzw. § 27 Abs. 1 Satz 6 sind, vgl. *Luthe* in jurisPK-SGB V § 132k Rn. 8. Für die Eignung steht die Möglichkeit der **Spurensicherung** im Vordergrund. Die Spurensicherung muss so qualifiziert und schnell erfolgen, wie diese auch für ein anschließendes Strafverfahren geeignet erscheint. Dies kann spezielle fachärztliche Kenntnisse erfordern, etwa gynäkologische, aber auch kriminalmedizinische Erfahrungen und Fertigkeiten. Zudem muss die Spurensicherung **jederzeit**, auch an Sonn- und Feiertagen, verfügbar sein, wenn nur so das Ziel, **verwertbare Spuren zu sichern**, erreicht werden kann. 10

Einrichtungen und Ärzte sind zudem in einer **hinreichenden Anzahl** zur Leistungserbringung zuzulassen (Ermessen der Krankenkassenseite). Dabei müssen auch Bedarfsspitzen, Verhinderungen und Veränderungen im Bedarf eingerechnet werden. Da spezielle Kenntnisse und auch Erfahrungen erforderlich sind, darf der Kreis von Leistungsanbietern nicht zu groß werden, muss aber wiederum groß genug sein. 11

# § 132k SGB V  Vertrauliche Spurensicherung

### III. Vertragsinhalte

12  Der Vertragsinhalt orientiert sich am Leistungsanspruch nach § 27 Abs. 1 Satz 6, hier mit den Erfordernissen der Spurensicherung und Dokumentation, vgl. *Luthe* in Hauck/Noftz SGB V § 132k Rn. 10. in und Verträgen sind insbesondere Einzelheiten zu Art und Umfang der Leistungen, die Voraussetzungen für die Ausführung – insbesondere die Erlangung und Pflege rechtsmedizinischen Erkenntnisse im Hinblick auf die Spurensicherung – und Abrechnung sowie die Vergütung und Form und Inhalt des Abrechnungsverfahrens zu regeln, vgl. BT-Drs. 19/15164 S. 62. Die Leistungen werden mittelbar mit der Krankenkasse abgerechnet. Für vertragsärztliche Leistungen bedeutet dies ausweislich der Materialien, dass die Abrechnung ohne Beteiligung der jeweiligen KV erfolge. Die Vergütung könne pauschaliert werden.

13  Beteiligt am Vertrag ist auch das Land. Hieraus leitet der Gesetzgeber eine eingeschränkte Kostenträgerschaft des Landes und seiner Polizei in denjenigen Fällen ab, in denen Betroffene eine Anzeige zur Strafverfolgung erstattet haben, vergleiche. BT-Drs. 19/15164 S. 62. Mit der Regelung in § 27 Abs. 1 Satz 6 und § 132k steht die Inanspruchnahme der Möglichkeiten der Spurensicherung nach diesem Regelungskomplex im Vordergrund, zumal dies der betroffenen Person die Möglichkeit eingeräumt, risikofrei Bedenkzeit für eine Anzeige zu gewinnen, vgl. insoweit zu Recht *Luthe* in Hauck/Noftz SGB V § 132k Rn. 12. Dem Vorschlag, die Länder pauschal an Kosten zu beteiligen, wird jedoch im Ergebnis nicht gefolgt (so wohl *Schneider* in jurisPK-SGB V § 132k Rn. 15; anders und wie hier *Luthe* in Hauck/Noftz SGB V § 132k Rn. 12).

14  Denkbar mag jedoch eine Vereinbarung dahingehend sein, dass sich das Land – wohl am besten – pauschal beteiligt und sich dann auch in die Strukturen einbringt; dafür fehlt es jedoch an einer Ermächtigung des Gesetzgebers, vgl. zu Recht *Luthe* in Hauck/Noftz SGB V § 132k Rn. 13, 14. Eine solche Vereinbarung darf jedoch die bewusst mehrfach – auch bei der Abrechnung vorgegebene – **Anonymität** und Sicherung im Interesse des/der Betroffenen in Frage stellen. Eine Kostenbeteiligung des Landes im Einzelfall würde jedoch zwangsläufig die Anonymität gefährden wenn nicht gar ausschließen.

15  Auf die **Sicherung der Anonymität** der betroffenen Person wird maßgeblich auch im **Abrechnungsverfahren** wertgelegt, **Satz 4**. An die Krankenkasse zu übermitteln sind lediglich die Bezeichnung der Krankenkasse, der Einrichtung oder des Arztes sowie die erbrachten Leistungen und Vergütungspositionen, vgl. BT-Drs. 19/15164 S. 62. Das Risiko von Missbrauch im Zuge der Abrechnung wird offensichtlich bewusst in Kauf genommen, da hier auch die Rechte der Krankenkassen letztlich begrenzt werden, vgl. auch *Schneider* in jurisPK-SGB V § 132k Rn. 14.

16  Zu **Einschränkungen der Meldepflicht** vgl. auch § 294a Abs. 1 Satz 2 und 3 (in der Fassung ab 11.04.2017 bis 31.12.2023 – Mitteilung von Krankheitsursachen und drittverursachten Gesundheitsschäden). Diese Einschränkungen bleiben unberührt, worauf die Materialien ausdrücklich hinweisen, vgl. BT-Drs. 19/15164 S. 62. Die **Mitteilungspflichten** von Vertragsärzten sind hier näher konkretisiert. Bei Hinweisen auf **drittverursachte Gesundheitsschäden**, die Folge einer Misshandlung, eines sexuellen Missbrauchs, eines sexuellen Übergriffs, einer sexuellen Nötigung oder einer Vergewaltigung einer oder eines **volljährigen Versicherten** sein können, besteht die Mitteilungspflicht nach § 294a Abs. 1 Satz 1 nur dann, wenn die oder der Versicherte in die Mitteilung ausdrücklich eingewilligt hat, § 294a Abs. 1 Satz 3.

17  Bei Verdacht (»Anhaltspunkte« bzw. »Hinweise«) auf Schädigung von Kindern und Jugendlichen besteht **nur eine eingeschränkte** Übermittlungspflicht. Hier soll ein **Behandlungserfolg** nicht gefährdet werden, vgl. *Michels* in Becker/Kingreen SGB V § 294a Rn. 2a. Hier sind zudem die §§ 176 StGB einzubeziehen, ferner auch § 294a Abs. 1 Satz 2. Wegen der Gesamtproblematik wird auf *Koch* in jurisPK-SGB V § 294a Rn. 10 Bezug genommen.

### IV. Verpflichtung zum Vertragsschluss

18  Die Krankenkassenseite (Krankenkassen bzw. Landesverbände der Krankenkassen) sind zum Vertragsschluss nach Satz 1 verpflichtet. Dies gilt nicht für die Leistungserbringer. Da allein eine

»hinreichende Anzahl« und damit einer Bedarfslage folgend Leistungserbringer bestellt werden, haben diese kein subjektives Recht auf einen Vertragsschluss, vgl. *Schneider* in jurisPK-SGB V § 132k Rn. 16. Diese haben jedoch Rechte auf Beteiligung in einem Vergabeverfahren, soweit dieses Anwendung finden sollte. Zudem hat die Krankenkassenseite in der Funktion als öffentlich-rechtliche Körperschaft fair, chancengleich und transparent zu verfahren.

Vergaberecht kommt nach § 69 Abs. 3 in Betracht, hier gemäß § 119 Abs. 1 GWB bei einer Vergabe öffentlicher Aufträge in den genannten Verfahren. Auch soweit der Schwellenwert nicht erreicht sein sollte, gelten die Grundsätze von Transparenz Ungleichbehandlung, vgl. *Luthe* in Hauck/Noftz SGB V § 132k Rn. 17. Zur Anwendung von Vergaberecht vgl. *Schneider* in jurisPK-SGB V § 132k Rn. 26, 27. 19

Auf die Leistung nach § 27 **Abs. 1 Satz 6** besteht ein Anspruch. Dies vermag die **Länder** zu verpflichten, den Abschluss eines Vertrages nach § 132k zur Umsetzung des § 27 Abs. 1 Satz 6 »ohne schuldhaftes Zögern« zu **beantragen**, vgl. *Schneider* in jurisPK-SGB V § 132k Rn. 18. 20

### V. Schiedsverfahren (Satz 5)

Kommt ein Vertrag ganz oder teilweise nicht binnen 6 Monaten nach Antragstellung durch das Land zustande, gilt § 132i Satz 3 bis 5 entsprechend mit der Maßgabe, dass Widerspruch und Klage gegen die Bestimmung der Schiedsperson **keine aufschiebende** Wirkung haben. In Bezug genommen werden die Vorschriften zum Schiedsverfahren. Der Vertragsinhalt ist im Falle der Nichteinigung durch eine von den Vertragsparteien gemeinsam zu benennende **unabhängige Schiedsperson** festzulegen. Können sich die Vertragsparteien auf die **Schiedsperson** nicht einigen, wird diese durch die **Aufsichtsbehörde** bestimmt. Die Kosten des Schiedsverfahrens haben die Vertragsparteien zu gleichen Teilen zu tragen. 21

Das Verfahren über eine **Schiedsperson** kommt einer Schlichtung gleich, bei der sich die Vertragsparteien auf die Leistungsbestimmung durch einen Dritten i.S.d. § 317 BGB einigen. Es handelt sich um eine Form der Schlichtung, vgl. *Luthe* in Hauck/Noftz SGB V § 132k Rn. 19. Voraussetzung ist, dass die Vertragsparteien in Verhandlungen stehen oder diese zumindest angebahnt sind. Nicht mit umfasst soll dagegen die Frage sein, ob eine Krankenkasse einem **einzelnen Leistungserbringer** oder einem von der Vielzahl von Leistungserbringern beauftragten Verband Vertragsverhandlungen bzw. einen Vertragsabschluss und damit die Zulassung zu gewähren hat oder verweigern darf. Hier soll der **Rechtsweg** außerhalb eines Schlichtungsverfahrens angezeigt sein, vgl. *Luthe* in Hauck/Noftz SGB V § 132k Rn. 21. 22

## § 132l Versorgung mit außerklinischer Intensivpflege, Verordnungsermächtigung

(1) ¹Der Spitzenverband Bund der Krankenkassen und die Vereinigungen der Träger von vollstationären Pflegeeinrichtungen auf Bundesebene, die Leistungen nach § 43 des Elften Buches erbringen, die für die Wahrnehmung der Interessen der Erbringer von Leistungen nach Absatz 5 Nummer 3 maßgeblichen Spitzenorganisationen auf Bundesebene und die für die Wahrnehmung der Interessen von Pflegediensten maßgeblichen Spitzenorganisationen auf Bundesebene haben unter Einbeziehung des Medizinischen Dienstes Bund und unter Berücksichtigung der Richtlinien nach § 92 Absatz 1 Satz 2 Nummer 6 bis zum 31. Oktober 2022 gemeinsame Rahmenempfehlungen über die einheitliche und flächendeckende Versorgung mit außerklinischer Intensivpflege zu vereinbaren. ²Vor Abschluss der Vereinbarung ist der Kassenärztlichen Bundesvereinigung und der Deutschen Krankenhausgesellschaft Gelegenheit zur Stellungnahme zu geben. ³Die Stellungnahmen sind in den Entscheidungsprozess der Partner der Rahmenempfehlungen einzubeziehen. ⁴Die Inhalte der Rahmenempfehlungen sind den Verträgen nach Absatz 5 zugrunde zu legen.

(2) In den Rahmenempfehlungen sind im Hinblick auf den jeweiligen Leistungsort nach § 37c Absatz 2 Satz 1 insbesondere zu regeln:
1. personelle Anforderungen an die pflegerische Versorgung einschließlich der Grundsätze zur Festlegung des Personalbedarfs,

§ 132l SGB V   Versorgung mit außerklinischer Intensivpflege, Verordnungsermächtigung

2. strukturelle Anforderungen an Wohneinheiten nach Absatz 5 Nummer 1 einschließlich baulicher Qualitätsanforderungen,
3. Einzelheiten zu Inhalt und Umfang der Zusammenarbeit des Leistungserbringers mit der verordnenden Vertragsärztin oder dem verordnenden Vertragsarzt, dem Krankenhaus und mit weiteren nichtärztlichen Leistungserbringern,
4. Maßnahmen zur Qualitätssicherung einschließlich von Anforderungen an ein einrichtungsinternes Qualitätsmanagement und Maßnahmen zur Fortbildung,
5. Grundsätze der Wirtschaftlichkeit der Leistungserbringung einschließlich deren Prüfung,
6. Grundsätze zum Verfahren der Prüfung der Leistungspflicht der Krankenkassen sowie zum Abrechnungsverfahren einschließlich der für diese Zwecke nach § 302 jeweils zu übermittelnden Daten,
7. Grundsätze der Vergütungen und ihrer Strukturen einschließlich der Transparenzvorgaben für die Vergütungsverhandlungen zum Nachweis der tatsächlich gezahlten Tariflöhne oder Arbeitsentgelte und
8. Maßnahmen bei Vertragsverstößen.

(3) $^1$Kommt eine Rahmenempfehlung nach Absatz 2 ganz oder teilweise nicht zustande, können die Rahmenempfehlungspartner die Schiedsstelle nach Absatz 4 anrufen. $^2$Die Schiedsstelle kann auch vom Bundesministerium für Gesundheit angerufen werden. $^3$Sie setzt innerhalb von drei Monaten den betreffenden Rahmenempfehlungsinhalt fest.

(4) $^1$Der Spitzenverband Bund der Krankenkassen, die Vereinigungen der Träger von vollstationären Pflegeeinrichtungen auf Bundesebene, die Leistungen nach § 43 des Elften Buches erbringen, die für die Wahrnehmung der Interessen von Leistungserbringern nach Absatz 5 Nummer 3 maßgeblichen Spitzenorganisationen auf Bundesebene und die für die Wahrnehmung der Interessen von Pflegediensten maßgeblichen Spitzenorganisationen auf Bundesebene bilden eine gemeinsame Schiedsstelle. $^2$Sie besteht aus sechs Vertretern der Krankenkassen, je zwei Vertretern der vollstationären Pflegeeinrichtungen, der Leistungserbringer nach Absatz 5 Nummer 3 und der Pflegedienste sowie aus einem unparteiischen Vorsitzenden und einem weiteren unparteiischen Mitglied. $^3$Für jedes Mitglied werden zwei Stellvertreter bestellt. $^4$Die beiden unparteiischen Mitglieder haben je drei Stimmen. $^5$Jedes andere Mitglied hat eine Stimme. $^6$Eine Stimmenthaltung ist unzulässig. $^7$Die gemeinsame Schiedsstelle trifft ihre Entscheidung mit der einfachen Mehrheit der Stimmen ihrer Mitglieder. $^8$Ergibt sich keine Mehrheit, geben die Stimmen des Vorsitzenden den Ausschlag. $^9$Die Amtsdauer der Mitglieder beträgt vier Jahre. $^{10}$Die Rahmenempfehlungspartner nach Absatz 1 Satz 1 sollen sich über den Vorsitzenden und das weitere unparteiische Mitglied sowie deren Stellvertreter einigen. $^{11}$Kommt eine Einigung nicht zustande, erfolgt eine Bestellung des unparteiischen Vorsitzenden, des weiteren unparteiischen Mitglieds und deren Stellvertreter durch das Bundesministerium für Gesundheit, nachdem es den Rahmenempfehlungspartnern eine Frist zur Einigung gesetzt hat und diese Frist abgelaufen ist. $^{12}$Das Bundesministerium für Gesundheit kann durch Rechtsverordnung mit Zustimmung des Bundesrates das Nähere über die Bestellung der Mitglieder, die Erstattung der baren Auslagen und die Entschädigung für den Zeitaufwand der Mitglieder, das Verfahren sowie über die Verteilung der Kosten regeln. $^{13}$§ 129 Absatz 9 Satz 1 bis 3 und 7 sowie Absatz 10 Satz 1 gilt entsprechend.

(5) $^1$Über die außerklinische Intensivpflege einschließlich deren Vergütung und Abrechnung schließen die Landesverbände der Krankenkassen und die Ersatzkassen gemeinsam und einheitlich Verträge mit zuverlässigen Leistungserbringern, die
1. eine Wohneinheit für mindestens zwei Versicherte betreiben, die Leistungen nach § 37c in Anspruch nehmen,
2. Leistungen nach § 43 des Elften Buches erbringen,
3. Leistungen nach § 103 Absatz 1 des Neunten Buches in Einrichtungen oder Räumlichkeiten im Sinne des § 43a des Elften Buches in Verbindung mit § 71 Absatz 4 des Elften Buches erbringen oder

4. außerklinische Intensivpflege an den in § 37c Absatz 2 Satz 1 Nummer 4 genannten Orten erbringen.

²Die Bezahlung von Gehältern bis zur Höhe tarifvertraglich vereinbarter Vergütungen sowie entsprechender Vergütungen nach kirchlichen Arbeitsrechtsregelungen kann dabei nicht als unwirtschaftlich abgelehnt werden. ³Auf Verlangen der Landesverbände der Krankenkassen und der Ersatzkassen oder einer Krankenkasse ist die Zahlung dieser Vergütungen nachzuweisen. ⁴Die Leistungserbringer sind verpflichtet, ein einrichtungsinternes Qualitätsmanagement durchzuführen, das den Anforderungen des Absatzes 2 Nummer 4 entspricht, und an Qualitäts- und Abrechnungsprüfungen nach § 275b teilzunehmen; § 114 Absatz 2 des Elften Buches bleibt unberührt. ⁵Soweit bei einer Prüfung nach § 275b Absatz 1 Satz 1 bis 3 Qualitätsmängel festgestellt werden, entscheiden die Landesverbände der Krankenkassen oder die Krankenkasse nach Anhörung des Leistungserbringers, welche Maßnahmen zu treffen sind, erteilen dem Leistungserbringer hierüber einen Bescheid und setzen ihm darin zugleich eine angemessene Frist zur Beseitigung der festgestellten Mängel. ⁶Verträge nach § 132a Absatz 4 gelten so lange fort, bis sie durch Verträge nach Satz 1 abgelöst werden, längstens jedoch für zwölf Monate nach Vereinbarung der Rahmenempfehlungen nach Absatz 1.

(6) ¹Im Fall der Nichteinigung wird der Inhalt des Versorgungsvertrages nach Absatz 5 durch eine von den Vertragspartnern zu bestimmende unabhängige Schiedsperson innerhalb von drei Monaten festgelegt. ²Einigen sich die Vertragspartner nicht auf eine Schiedsperson, so wird diese vom Bundesamt für Soziale Sicherung innerhalb eines Monats bestimmt. ³Die Kosten des Schiedsverfahrens tragen die Vertragspartner zu gleichen Teilen.

(7) Die Krankenkassen informieren die für die infektionshygienische Überwachung nach § 23 Absatz 6 Satz 1 und Absatz 6a Satz 1 des Infektionsschutzgesetzes zuständigen Gesundheitsämter über jeden Leistungserbringer, der in ihrem Auftrag Leistungen der außerklinischen Intensivpflege erbringt.

(8) ¹Die Landesverbände der Krankenkassen und die Ersatzkassen erstellen gemeinsam und einheitlich eine Liste der Leistungserbringer, mit denen Verträge nach Absatz 5 bestehen und veröffentlichen sie barrierefrei auf einer eigenen Internetseite. ²Die Liste ist einmal in jedem Quartal zu aktualisieren. ³Sie hat Angaben zu Art, Inhalt und Umfang der mit dem Leistungserbringer vertraglich vereinbarten Leistungen der außerklinischen Intensivpflege zu enthalten; sie kann personenbezogene Daten zum Zweck der Kontaktaufnahme mit dem Leistungserbringer enthalten. ⁴Die Liste darf keine versichertenbezogenen Angaben enthalten und leistungserbringerbezogene Angaben nur, soweit diese für die Kontaktaufnahme mit dem Leistungserbringer erforderlich sind. ⁵Versicherte, die Anspruch auf Leistungen der außerklinischen Intensivpflege nach § 37c haben, erhalten auf Anforderung von ihrer Krankenkasse einen barrierefreien Auszug aus der Liste nach Satz 1 für den Einzugsbereich, in dem die außerklinische Intensivpflege stattfinden soll.

§ 132l gilt in der Fassung des Art. 1 Nr. 39a GVWG vom 11.07.2021 (BGBl. I S. 2754) mit Wirkung vom 20.07.2021. Die Erläuterungen gehen weitgehend auf die Fassung durch Art. 1 Nr. 14 GKV-IPReG vom 23.10.2020 (BGBl. I S. 2220) mit Wirkung vom 29.10.2020 ein. Zu den Änderungen vgl. unten Rdn. 11a.   1

§ 132l wurde mit dem Gesetz zur Stärkung von intensivpflegerischer Versorgung und medizinische Rehabilitation in der gesetzlichen Krankenversicherung (Intensivpflege- und Rehabilitationsstärkungsgesetz – GKV-IPReG) vom 23.10. 2020 (BGBl. I S. 2220) eingefügt. In Übereinstimmung mit den Materialien zum Gesetzentwurf (BT-Drs. 19/19368 S. 38, 39) und zur Ausschussberatung (BT-Drs. 19/20720 S. 22, 57, 58) gilt Folgendes:   2

Abs. 1 regelt, dass die Krankenkassen und die Verbände der Leistungserbringer auf Bundesebene Rahmenempfehlungen über die Leistungserbringung der außerklinischen Intensivpflege   3

## § 132l SGB V — Versorgung mit außerklinischer Intensivpflege, Verordnungsermächtigung

vereinbaren. Diese sollen mit einheitlichen Qualitätsvorgaben und Standards zu mehr Transparenz und Verlässlichkeit des Versorgungsgeschehens beitragen. Da Einrichtungen der Kurzzeitpflege nicht mehr als Leistungsorte außerklinische Intensivpflege nach § 37c Abs. 2 vorgesehen würden, entfalle auch die Erforderlichkeit, entsprechende Leistungserbringer bei der Vereinbarung der Rahmenempfehlungen zu berücksichtigen, wie in der Ausschussberatung klargestellt wird. Der Verweis auf § 42 SGB XI werde deshalb gestrichen. Rahmenempfehlungen für die Versorgung mit außerklinischer Intensivpflege seien nach bisheriger Rechtslage im Kontext der Rahmenempfehlungen für die Versorgung mit häuslicher Krankenpflege nach § 132a Abs. 1 Satz 1 über eine einheitliche und flächendeckende Versorgung abzugeben. Hinsichtlich der Rahmenempfehlungen für die Versorgung mit außerklinischer Intensivpflege nach § 132l solle insoweit keine Änderung erfolgen. Deshalb werde klargestellt, dass auch künftig für die Leistungserbringung der außerklinischen Intensivpflege Rahmenempfehlungen über eine einheitliche und flächendeckende Versorgung zu vereinbaren seien. Dies unterstreiche die Erforderlichkeit einheitlicher Standards – insbesondere Qualitätsstandards in der Versorgung mit außerklinische Intensivpflege. Die Rahmenempfehlungspartner hätten darauf hinzuwirken, dass die Versorgung mit außerklinischer Intensivpflege flächendeckend erfolge – und nicht etwa nur in Ballungsräumen.

4 In **Abs. 2** werden die inhaltlichen Anforderungen an die Rahmenempfehlungen konkretisiert. In den Rahmenempfehlungen sind im Hinblick auf den jeweiligen Leistungsort nach § 37c Abs. 2 Satz 1 (Intensivpflege-Wohngemeinschaften, vollstationäre Pflegeeinrichtungen, die Leistungen nach §§ 42 oder 43 SGB XI erbringen, Einrichtungen i.S.d. § 43a Satz 1 i.V.m. § 71 Abs. 4 Nr. 1 SGB XI oder Räumlichkeiten i.S.d. § 43a Satz 3 i.V.m. § 71 Abs. 4 Nr. 3 SGB XI, Häuslichkeit des Versicherten) jeweils konkrete Vorgaben beispielsweise zum vorzuhaltenden Personal und zur Kooperation mit weiteren Leistungserbringern, beispielsweise Heilmittelerbringern, zu treffen. Dies umfasst auch Regelungen zur Sicherstellung der Umsetzung der mit der Verordnung außerklinische Intensivpflege dokumentierten notwendigen Maßnahmen zur Beatmungsentwöhnung und zur Dekanülierung. Die in den Rahmenempfehlungen getroffenen Vorgaben sind in den Verträgen nach Abs. 5 zugrunde zu legen.

5 **Abs. 3** enthält eine Schiedsregelung für den Fall, dass sich die Vereinbarungspartner nicht auf gemeinsame Rahmenempfehlungen einigen können. Entweder die Rahmenvereinbarungspartner oder das BMG können eine Schiedsstelle anrufen, wenn eine Vereinbarung ganz oder teilweise nicht zustande kommt. Um ein zügiges Schiedsverfahren zu gewährleisten, wird geregelt, dass die Schiedsstelle innerhalb von 3 Monaten nach Anrufung zu entscheiden hat.

6 In **Abs. 4** werden Regelungen zur Zusammensetzung und zur Organisation der Schiedsstelle getroffen. Es wird eine **gemeinsame Schiedsstelle** gebildet, die sich aus 6 Vertretern der Krankenkassen, hier 2 Vertretern der vollstationären Pflegeeinrichtungen, die Leistungen nach § 43 SGB XI erbringen (die Bezugnahme auf § 42 SGB X ist in der Ausschussberatung entfallen, da Einrichtungen der Kurzzeitpflege nicht mehr als Leistungsorte außerklinischer Intensivpflege vorgesehen werden), für Leistungserbringer nach Abs. 5 Nr. 3 und für ambulante Pflegedienste maßgeblichen Spitzenorganisationen sowie aus einem unparteiischen Vorsitzenden und einem weiteren unparteiischen Mitglied zusammensetzt. Über den Vorsitzenden der Schiedsstelle und das weitere unparteiische Mitglied sowie deren Stellvertreter sollen sich die Rahmenempfehlungspartner einigen. Kommt eine Einigung nicht zustande, erfolgt eine Bestellung insoweit durch das BMG nach Maßgabe der Regelung. Durch Rechtsverordnung mit Zustimmung des Bundesrates kann das BMG weitere Einzelheiten über Zusammensetzung und Organisation der Schiedsstelle regeln.

7 **Zu Abs. 5:** Verträge mit den Leistungserbringern über die Erbringung von außerklinischer Intensivpflege werden gemeinsam und einheitlich als Kollektivverträge durch die Landesverbände der Krankenkassen bzw. mit dem Verband der Ersatzkassen nach gleichen Maßstäben und mit gleichen Rahmenbedingungen geschlossen, denn der hochsensible Versorgungsbereich der außerklinischen Intensivpflege ist nicht für den Wettbewerb zwischen Krankenkassen geeignet. Die Rahmenempfehlungen nach Abs. 1 sind den Verträgen zugrunde zu legen. Voraussetzung ist damit u.a., dass die Leistungserbringer ein internes Qualitätsmanagement durchführen. Die

Leistungserbringer haben dabei insbesondere die Maßnahmen zur Qualitätssicherung durchzuführen, die auch den Prüfungen nach § 275b unterliegen. Die Entwicklung von Regelungen zur Qualitätssicherung nach dem SGB XI zur speziellen Krankenbeobachtung in der ambulanten Pflege sowie in neuen Wohnformen nach § 113b Abs. 4 Nr. 3 und 6 SGB XI ist zu beachten. Durch Regelungen zur Leistungserbringung durch besonders qualifizierte Leistungserbringer soll die zeitweise Versorgung durch Familienangehörige, wie sie gerade durch Eltern bei intensivpflegebedürftigen Kindern in der Praxis häufig geleistet wird, nicht ausgeschlossen werden, auch die Leistungserbringung im Rahmen eines persönlichen Budgets nach § 2 Abs. 2 Satz 2 bleibt möglich. Um vertragslose Zustände zu vermeiden, wird eine Übergangsregelung für bisherige Verträge nach § 132a Abs. 4 eingeführt.

Abs. 5 ist in der Fassung der **Ausschussberatung** erweitert worden. Verträge zur Erbringung außerklinische Intensivpflege können nur mit Leistungserbringern abgeschlossen werden, die insoweit die notwendige **Zuverlässigkeit** für ein Vertragsschluss aufweisen würden, hier näher auch zum Begriff der Zuverlässigkeit. Ebenso ist hier auch die Bezugnahme auf § 42 SGB XI mangels einschlägiger Tätigkeit der Einrichtungen der Kurzzeitpflege weggefallen. Zusätzlich werde geregelt, dass die **Bezahlung von Gehältern** bis zur Höhe tarifvertraglich vereinbarter Vergütungen sowie entsprechende Vergütungen nach kirchlichen Arbeitsrechtsregelungen nicht als unwirtschaftlich abgelehnt werden könnten und der Leistungserbringer verpflichtet sei, die Bezahlung jederzeit einzuhalten und auf Verlangen einer Vertragspartei nachzuweisen. 8

In **Abs. 6** wird ein **Schlichtungsmechanismus** geregelt, falls sich die Vertragspartner nicht auf einen Vertragsinhalt einigen können. In diesen Fällen wird der Vertragsinhalt durch eine **unabhängige Schiedsperson** festgelegt. Die Schiedsperson hat innerhalb von 3 Monaten nach ihrer Beauftragung zu entscheiden. Es wird zudem geregelt, dass bei Nichteinigung auf eine Schiedsperson die zuständige Aufsichtsbehörde diese innerhalb eines Monats nach Maßgabe der Regelung bestimmen wird. Die Kosten werden anteilig getragen. In der Ausschussberatung sind Abs. 6 Satz 1 und 2 redaktionell angepasst worden. Es wird geregelt, dass die Schiedsperson durch das Bundesamt für Soziale Sicherung (in der Nachfolge des BVA) bestimmt werden kann. 9

Zu Abs. 7: Um den für die infektionshygienische Überwachung nach § 23 Abs. 6 Satz 1 und Abs. 6a Satz 1 Infektionsschutzgesetz zuständigen Gesundheitsämter die Durchführung dieser Überwachung bürokratiearm zu ermöglichen, wird eine Meldeverpflichtung der Krankenkassen über entsprechende Leistungsfälle eingeführt. 10

Abs. 8 ist in der Ausschussberatung angefügt worden. Für Versicherte mit einem Leistungsanspruch auf außerklinische Intensivpflege nach § 37c werde mehr **Transparenz** über die zur Verfügung stehenden **Leistungserbringer** geschaffen. Um die Auswahl geeigneter Leistungserbringer im hochspezialisierten Bereich der außerklinischen Intensivpflege zu erleichtern, erstellten künftig die Landesverbände der Krankenkassen und die Ersatzkassen gemeinsam und einheitlich eine barrierefreie Liste der Leistungserbringer, mit denen Verträge nach Abs. 5 bestünden. Die **Liste** sei einmal im Quartal zu aktualisieren, im **Internet** zu veröffentlichen und habe ich für jeden Leistungserbringer Angaben zu Art, Inhalt und Umfang des vertraglich vereinbarten Leistungsumfangs zu enthalten. Die Liste dürfe keine versichertenbezogenen Angaben enthalten, weil diese für die Herstellung von Transparenz nicht notwendig seien. Soweit es für die Herstellung der Transparenz für die Versicherten erforderlich sei, könne die Liste jedoch leistungserbringerbezogene Angaben auch mit Bezug zu dort beschäftigten Personen enthalten, wie zum Beispiel Angaben zu Ansprechpartnern bei dem jeweiligen Leistungserbringer. Versicherte erhielten von ihrer Krankenkasse auf Anforderung eine **barrierefreie Liste** dieser infrage kommenden Leistungserbringer speziell für den Einzugsbereich, in dem die außerklinische Intensivpflege stattfinden solle. 11

§ 132l Abs. 5 Satz 5 wurde mit Art. 1 Nr. 39a Gesetz zur Weiterentwicklung der Gesundheitsversorgung (Gesundheitsversorgungsweiterentwicklungsgesetz – **GVWG**) vom 11.07.2021 (BGBl. I S. 2754) mit Wirkung vom **20.07.2021** eingefügt. Die Regelung geht auf die Ausschussberatung (BT-Drs. 19/30560 S. 45) zurück. Die Möglichkeit, Nachbesserungen bei im Rahmen von 11a

# § 132m SGB V  Versorgung mit Leistungen der Übergangspflege im Krankenhaus

Qualitätsprüfungen nach § 275b festgestellten Mengen einzufordern, solle für die Krankenkassen nicht nur bei Leistungserbringern der häuslichen Krankenpflege bestehen, sondern auch bei Leistungserbringern der außerklinischen Intensivpflege, mit denen künftig Verträge nach § 132l Abs. 5 geschlossen würden. Diese Vertragsabschlüsse könnten frühestens nach Verabschiedung der Rahmenempfehlungen nach § 132l Abs. 1 erfolgen; hierfür sei den Rahmenempfehlungspartnern eine Frist bis zum 31.10.2022 eingeräumt.

### § 132m Versorgung mit Leistungen der Übergangspflege im Krankenhaus

¹Die Landesverbände der Krankenkassen und die Ersatzkassen schließen mit der Landeskrankenhausgesellschaft oder mit den Vereinigungen der Krankenhausträger im Land Verträge über die Einzelheiten der Versorgung mit Leistungen der Übergangspflege nach § 39e sowie deren Vergütung. ²Im Fall der Nichteinigung wird der Vertragsinhalt durch die Schiedsstelle nach § 18a Absatz 1 des Krankenhausfinanzierungsgesetzes auf Antrag einer Vertragspartei innerhalb von drei Monaten festgelegt.

1  § 132m gilt in der Fassung des Art. 1 Nr. 39b GVWG vom 11.07.2021 (BGBl. I S. 2754) mit Wirkung vom 20.07.2021.

2  § 132m wurde durch Art. 1 Nr. 39b Gesetz zur Weiterentwicklung der Gesundheitsversorgung (Gesundheitsversorgungsweiterentwicklungsgesetz – GVWG) vom 11.07.2021 (BGBl. I S. 2754) mit Wirkung vom 20.07.2021 eingefügt. Die Regelung ist mit der Ausschussberatung (BT-Drs. 19/30560 S. 45) aufgenommen worden. Die Landesverbände der Krankenkassen und Ersatzkassen hätten danach mit der Landeskrankenhausgesellschaften oder mit den Vereinigungen der Krankenhausträger im Land Verträge über die Einzelheiten der Versorgung mit einer Übergangspflege im Krankenhaus nach § 39e sowie deren Vergütung zu schließen. Im Fall der Nichteinigung werde der Vertragsinhalt in Übereinstimmung mit den Materialien durch die Schiedsstelle nach § 18a Abs. 1 KHG auf Antrag einer Vertragspartei innerhalb von drei Monaten festgelegt.

3  Können im unmittelbaren Anschluss an eine Krankenhausbehandlung erforderliche Leistungen der häuslichen Krankenpflege, der Kurzzeitpflege, Leistungen zur medizinischen Rehabilitation oder Pflegeleistungen nach dem SGB XI nicht oder nur unter erheblichem Aufwand erbracht werden, erbringt die Krankenkasse Leistungen der Übergangspflege in dem Krankenhaus, in dem die Behandlung erfolgt ist, § 39e Abs. 1 Satz 1. Auch diese Regelung ist parallel mit Wirkung vom 20.07.2021 aufgenommen worden.

4  Mit § 39e ist ein neuer Anspruch, hier auf Übergangspflege im Krankenhaus, eingeführt worden. Voraussetzung ist, dass eine anderweitige, näher beschriebene Versorgung andernfalls nicht möglich ist. Die Leistung kann nur im Krankenhaus erbracht werden, indem die oder der Versicherte zuvor behandelt worden ist. Die Leistung ist unabhängig davon, ob eine Pflegebedürftigkeit nach dem SGB XI besteht. Die Übergangspflege im Krankenhaus umfasst die Versorgung mit Arznei-, Heil- und Hilfsmitteln, die Aktivierung der Versicherten, die Grund- und Behandlungspflege, ein Entlassmanagement, Unterkunft und Verpflegung sowie im Einzelfall erforderliche ärztliche Behandlung. Die Übergangspflege hat in Übereinstimmung mit den Materialien (BT-Drs. 19/30560 S. 27) die Aufgabe, die in Aussicht genommene ambulante oder stationäre Versorgung vorzubereiten, zu unterstützen und zu fördern. Ein Anspruch auf Übergangspflege im Krankenhaus besteht für längstens zehn Tage je Krankenhausbehandlung. Die Leistung ist nachrangig.

### § 133 Versorgung mit Krankentransportleistungen

(1) ¹Soweit die Entgelte für die Inanspruchnahme von Leistungen des Rettungsdienstes und anderer Krankentransporte nicht durch landesrechtliche oder kommunalrechtliche Bestimmungen festgelegt werden, schließen die Krankenkassen oder ihre Landesverbände Verträge über die Vergütung dieser Leistungen unter Beachtung des § 71 Abs. 1 bis 3 mit dafür geeigneten Einrichtungen oder Unternehmen. ²Kommt eine Vereinbarung nach Satz 1 nicht zustande und

sieht das Landesrecht für diesen Fall eine Festlegung der Vergütungen vor, ist auch bei dieser Festlegung § 71 Abs. 1 bis 3 zu beachten. ³Sie haben dabei die Sicherstellung der flächendeckenden rettungsdienstlichen Versorgung und die Empfehlungen der Konzertierten Aktion im Gesundheitswesen zu berücksichtigen. ⁴Die vereinbarten Preise sind Höchstpreise. ⁵Die Preisvereinbarungen haben sich an möglichst preisgünstigen Versorgungsmöglichkeiten auszurichten.

(2) Werden die Entgelte für die Inanspruchnahme von Leistungen des Rettungsdienstes durch landesrechtliche oder kommunalrechtliche Bestimmungen festgelegt, können die Krankenkassen ihre Leistungspflicht zur Übernahme der Kosten auf Festbeträge an die Versicherten in Höhe vergleichbarer wirtschaftlich erbrachter Leistungen beschränken, wenn

1. vor der Entgeltfestsetzung den Krankenkassen oder ihren Verbänden keine Gelegenheit zur Erörterung gegeben wurde,
2. bei der Entgeltbemessung Investitionskosten und Kosten der Reservevorhaltung berücksichtigt worden sind, die durch eine über die Sicherstellung der Leistungen des Rettungsdienstes hinausgehende öffentliche Aufgabe der Einrichtungen bedingt sind, oder
3. die Leistungserbringung gemessen an den rechtlich vorgegebenen Sicherstellungsverpflichtungen unwirtschaftlich ist.

(3) Absatz 1 gilt auch für Leistungen des Rettungsdienstes und andere Krankentransporte im Rahmen des Personenbeförderungsgesetzes.

(4) § 127 Absatz 9 gilt entsprechend.

§ 133 gilt in der Fassung des Art. 1 Nr. 74b TSVG vom 06.05.2019 (BGBl. I S. 646) mit Wirkung vom 11.05.2019, 1

§ 133 regelt die Versorgung des Versicherten mit **Krankentransportleistungen**. Der Regelung entspricht der **leistungsrechtliche Anspruch** nach § 60. 2

Während § 133 Abs. 1 die Fallgestaltung regelt, dass landesrechtliche oder kommunalrechtliche Bestimmungen für den Krankentransport fehlen, sog. **Vertragsmodell**, erfasst § 133 Abs. 2 die Fallgestaltung, dass die **Entgelte** für die Inanspruchnahme von **Rettungsdienstleistungen** landesrechtlich oder auch auf kommunaler Ebene festgelegt sind, sog. **Festbetragsmodell**. 3

Die Rettungsdienste werden durchweg auf der **Grundlage der Rettungsdienst- bzw. Feuerwehrgesetze der Länder** tätig und umfassen den Einsatz von **Rettungswagen, Notarztwagen und Rettungshubschraubern**. Träger der Rettungsdienste, die als öffentliche Aufgabe der Daseinsvorsorge verstanden werden, vgl. BGH Urt. v. 21.02.1989 – KZR 7/88, NJW 1989, 2325, sind regelmäßig als Gebietskörperschaften die Kreise und kreisfreien Städte oder Zweckverbände mit dem »Ziel Rettungsdienst«. Mit der Durchführung dürfen regelmäßig **geeignete Organisationen**, wie das DRK und andere Hilfsorganisationen, etwa der ADAC, **beauftragt** werden. Der Rettungsdienst ist ein **eigenständiges Versorgungssystem**, das nicht Bestandteil der vertragsärztlichen Versorgung ist. Zur Daseinsvorsorge insoweit vgl. LSG Baden-Württemberg Urt. v. 20.07.2020 – L 4 BA 3646/18; Revision anhängig gemacht unter Az.: B 12 R 10/20 R. 4

Die **Rettungsdienste** sind von »**anderen Krankentransporten** « zu unterscheiden, auch wenn diese **einfache Krankentransporte** durchführen, wie etwa auch Taxen oder Mietwagen. Hier gilt zudem das PersBefG; diese Transporte werden nicht als Rettungstransporte erfasst. Die Zuständigkeit der Krankenkassen kann aus der Regelung des Abs. 3 hergeleitet werden. 5

Der Vorbehalt landesrechtlicher Regelungen gemäß § 133 Abs. 3 i.V.m. § 133 Abs. 1 soll die **Landeskompetenz** zur **Regelung von Rettungsdiensten** nach Art. 70 Abs. 1 GG respektieren, während für **nicht qualifizierte Krankentransporte** dem Bund nach Art. 74 Abs. 1 Nr. 22 GG (Kraftfahrwesen) eine konkurrierende Gesetzgebungskompetenz zusteht, von der er für den Bereich der Personenbeförderung mit dem PBefG auch – wenn auch sehr begrenzt – Gebrauch gemacht hat, vgl. BSG Urt. v. 30.01.2001 – B 3 KR 2/00 R – SozR 3-2500 § 60 Nr. 5, NZS 2002, 31. Die **Abgrenzung von Rettungsdienstleistungen** (in der Regel Transporte in Notfällen, meist bei Unfällen) 6

§ 133 SGB V    Versorgung mit Krankentransportleistungen

und **anderen Krankentransporten** (hier wiederum qualifizierte Krankentransporte mit der Notwendigkeit einer besonderen Ausstattung und/oder personenbezogenen Qualifikation sowie einfachen Krankentransporten) folgt damit aus dem **Landesrecht**, weshalb sich auch im SGB V keine begriffliche Abgrenzung findet, vgl. *Schneider* in jurisPK-SGB V § 133 Rn. 2.

7 Landesrechtliche Regelungen haben insoweit weitgehend Vorrang. Maßgeblich sind die **Rettungsdienstgesetze der Länder**. Zu den qualifizierten Krankentransporten vgl. etwa § 28 Abs. 3 RDG für Baden-Württemberg, Art. 34 Abs. 2 RDG für Bayern, § 21 Abs. 1 RDG für Berlin (mit einer Sonderstellung des Rettungsdienstes der Feuerwehr), § 58 Abs. 1 Satz 1 HilfeleistungsG für Bremen, § 10a RDG für Hamburg, § 10 RDG für Hessen, § 11 As. 1 RDG für Mecklenburg-Vorpommern, § 15, § 15a RDG für Niedersachen mit einer Differenzierung nach Dienstleistungsauftrag und Konzession, § 12 RDG für Rheinland Pfalz, § 10 RDG für das Saarland, § 32 BRKG für Sachsen, § 39 RDG für Sachsen-Anhalt, § 8a RDG für Schleswig-Holstein sowie § 20 RDG für Thüringen. Für Streitigkeiten über die Festsetzung von Krankentransportentgelten durch die Schiedsstelle nach § 21 RDG Berlin ist der Verwaltungsrechtsweg gegeben, vgl. BVerwG Beschl. v. 07.05.2020 – 3 B 2/20, LKV 2020, 319 mit Anm. *Wahrendorf* jurisPR-SozR 21/2020 Anm. 4.

8 **Abs. 1** regelt Fragen zu den **Verträgen** über die **Vergütung der Krankentransportleistungen** (Vertragsmodell). Die Krankenkassen und ihre Verbände werden zur vertraglichen Regelung verpflichtet. Die Verträge werden kraft Satzung mit Bindungswirkung in den Mitgliedstaaten übernommen. In den Verträgen sind auch Bestimmungen über die Abrechnung der Leistungen zu treffen. Sog. **einfache Krankentransporte** unterfallen nicht den Rettungsdienstgesetzen der Länder, weshalb hier das Vertragsmodell durchweg gilt. Bei **sog. qualifizierten Krankentransporten** (Rettungsdienste, die mit kraft Landesrecht mit Rettungsdienstleistungen beauftragt sind) gilt Abs. 1 nur dann in vollem Umfang in Ländern, in denen die Entgelte für Rettungsdienstleistungen nicht oder nur subsiär landesrechtliche festgelegt sind, vgl. *Kingreen* in Becker/Kingreen SGB V § 133 Rn. 10, alle Länder außer Brandenburg, Nordrhein-Westfalen und teilweise Berlin außerhalb der Berliner Feuerwehr, wobei in Letzteren das Vertragsmodell anwendbar ist, soweit die Entgelte nicht landes- oder kommunalrechtlich festgelegt sind, hier nur für die öffentlich-rechtlichen Rettungsdienste. Für die privaten Unternehmen gilt wiederum die Notwendigkeit einer Vereinbarung nach Abs. 1, vgl. BSG Urt. v. 20.11.2008 – B 3 KR 25/07 R – SozR 4–2500 § 133 Nr. 3, Sozialrecht aktuell 2009, 140.

9 Für den **Versicherten** selbst stellen die Transportleistungen **Sachleistungen** – korrekter auch Dienstleistungen – dar, wie auch der Zuzahlungsregelung in § 60 Abs. 2 Satz 3 entnommen werden kann (weshalb regelmäßig kein Beförderungsvertrag zwischen Versichertem und Leistungserbringer besteht, vgl. *Schneider* in jurisPK-SGB V § 133 Rn. 2. Andererseits müssen sich die Verträge auf die Regelung der Vergütung und Abrechnung beschränken; insbesondere ist eine Bedarfsprüfung nicht zulässig, vgl. *Schneider* a.a.O. Rn. 2.

10 Mit dem **GKV-Gesundheitsreformgesetz 2000** ist der bisherige Abs. 1 Satz 1 **durch die neuen Sätze 1 und 2 ersetzt** worden. Mit dieser Regelung soll im Zusammenhang mit der Budgeteinhaltung den gesetzlichen Vorgaben des § 71 Nachdruck verliehen werden. Bei einer fehlenden Einigung in Verhandlungen über den Abschluss von Vergütungsverträgen im Bereich des Rettungsdienstes und des Krankentransportes sollen die Grundsätze des § 71 (Beitragssatzstabilität, dessen Bedeutung mit der Einführung des Einheitsbeitrags allerdings begrenzt worden ist) beachtet werden. Mit Wirkung vom 01.07.2008 wurde die Regelung in Abs. 1 Satz 1 an die **Organisationsreform** der **Krankenversicherung** angepasst.

11 Damit ergibt sich folgende **Rechtslage**: Die Krankenkassen oder ihre Landesverbände haben Verträge über die Vergütung von Leistungen des Rettungsdienstes und andere Krankentransporte, Fallgestaltung des Abs. 1, wie auch Leistungen im Rahmen des Personenbeförderungsgesetzes nach Abs. 3 zu schließen. Es gilt das **Vertragsmodell**, dem alle sogenannten einfachen Krankentransporte zuzurechnen sind, da entsprechende landesrechtliche oder kommunalrechtliche Regelungen hierfür

nicht bestehen, vgl. *Kingreen* in Becker/Kingreen SGB V § 133 Rn. 11, hier mit Hinweisen auf das Landesrecht.

Dabei sind auch die **Richtlinien des Gemeinsamen Bundesausschusses über die Verordnung von Krankentransportleistungen** zu beachten. Maßgeblich sind die »**Richtlinien** über die Verordnung von Krankenfahrten und Krankentransportleistungen und Rettungsfahrten nach § 92 Abs. 1 Nr. 12 »vom 22.1.2004 (BAnz Nr. 18 S. 1342) in der Fassung vom 17.09.2020 mit Wirkung vom 01.10.2020 und zur »Tragehilfe durch die Feuerwehr« OVG Sachsen Urt. v. 23.01.2019 – 5 A 391/17 – SächsVBl 2020, 46. Zu § 6 Abs. 3 Satz 1 der Richtlinien kritisch SG Berlin Urt. v. 02.09.2011 – S 81 KR 372/11; es fehle an einer gesetzlichen Grundlage. 12

Nach **Abs. 4** mit Wirkung vom 01.01.2012 gilt die Regelung des **§ 127 Abs. 9** (in der Fassung bis 10.05.2019 Satz 6) **entsprechend**. Hiernach haben der GKV-Spitzenverband und die zur Wahrnehmung der Interessen der maßgeblichen Spitzenorganisationen auf Bundesebene gemeinsam Rahmenempfehlungen zur **Vereinfachung und Vereinheitlichung** der **Durchführung und Abrechnung der Versorgung** »abzugeben«; die Regelung, die für den Hilfsmittelbereich abgefasst ist, ist sinngemäß auf die Versorgung mit **Krankentransportleistungen** anzuwenden. 13

Werden die **gesetzlichen Voraussetzungen für den Vertragsschluss** erfüllt, besteht ein **Anspruch auf Abschluss eines entsprechenden Vertrages**, ohne dass eine **Bedarfsprüfung** zulässig wäre, vgl. zum Anspruch auf Gleichbehandlung auch BSG Urt. v. 20.11.2008 – B 3 KR 25/07 R – SozR 3–2500 § 133 Nr. 3. Zur Bestimmung eines **Entgelts für Krankentransporte durch einen privaten Anbieter** im Rahmen des einstweiligen Rechtsschutzes vgl. LSG Schleswig-Holstein Beschl. v. 06.03.2015 – L 5 KR 206/14 B ER, NZS 2015, 384. 14

Zu den **Problemen der Finanzierung** der gebotenen Notfallsanitäterausbildung vgl. *D. Prütting* KrV 2017, 1, hier auch zu den verschiedenen Kostenträgern und deren Verhältnis zueinander, zur Ausbildungsvergütung, zur Regelungskompetenz der Länder wie auch zum Rechtsschutz. 15

## § 134 Vereinbarung zwischen dem Spitzenverband Bund der Krankenkassen und den Herstellern digitaler Gesundheitsanwendungen über Vergütungsbeträge; Verordnungsermächtigung

(1) ¹Der Spitzenverband Bund der Krankenkassen vereinbart mit den Herstellern digitaler Gesundheitsanwendungen mit Wirkung für alle Krankenkassen Vergütungsbeträge für digitale Gesundheitsanwendungen. ²Die Vergütungsbeträge gelten nach dem ersten Jahr nach Aufnahme der jeweiligen digitalen Gesundheitsanwendung in das Verzeichnis für digitale Gesundheitsanwendungen nach § 139e unabhängig davon, ob die Aufnahme in das Verzeichnis für digitale Gesundheitsanwendungen nach § 139e Absatz 3 dauerhaft oder nach § 139e Absatz 4 zur Erprobung erfolgt. ³Gegenstand der Vereinbarungen sollen auch erfolgsabhängige Preisbestandteile sein. ⁴Die Hersteller übermitteln dem Spitzenverband Bund der Krankenkassen
1. die Nachweise nach § 139e Absatz 2 und die Ergebnisse einer Erprobung nach § 139e Absatz 4 sowie
2. die Angaben zur Höhe des tatsächlichen Vergütungsbetrags bei Abgabe an Selbstzahler und in anderen europäischen Ländern.

⁵Die Verhandlungen und deren Vorbereitung einschließlich der Beratungsunterlagen und Niederschriften zur Vereinbarung des Vergütungsbetrags sind vertraulich. ⁶Eine Vereinbarung nach diesem Absatz kann von einer Vertragspartei frühestens nach einem Jahr gekündigt werden. ⁷Die bisherige Vereinbarung gilt bis zum Wirksamwerden einer neuen Vereinbarung fort.

(2) ¹Kommt eine Vereinbarung nach Absatz 1 nicht innerhalb von neun Monaten nach Aufnahme der jeweiligen digitalen Gesundheitsanwendung in das Verzeichnis für digitale Gesundheitsanwendungen nach § 139e zustande, setzt die Schiedsstelle nach Absatz 3 innerhalb von drei Monaten die Vergütungsbeträge fest. ²Wenn durch eine Verzögerung des Schiedsverfahrens die Festlegung der Vergütungsbeträge durch die Schiedsstelle nicht innerhalb von drei Monaten

## § 134 SGB V — Vereinbarung über Vergütungsbeträge; Verordnungsermächtigung

erfolgt, ist von der Schiedsstelle ein Ausgleich der Differenz zwischen dem Abgabepreis nach Absatz 5 und dem festgesetzten Vergütungsbetrag für den Zeitraum nach Ablauf der drei Monate nach Satz 1 bis zur Festsetzung des Vergütungsbetrags vorzusehen. ³Die Schiedsstelle entscheidet unter freier Würdigung aller Umstände des Einzelfalls und berücksichtigt dabei die Besonderheiten des jeweiligen Anwendungsgebietes. ⁴Die Schiedsstelle gibt dem Verband der Privaten Krankenversicherung vor ihrer Entscheidung Gelegenheit zur Stellungnahme. ⁵Absatz 1 Satz 4 gilt entsprechend. ⁶Klagen gegen Entscheidungen der Schiedsstelle haben keine aufschiebende Wirkung. ⁷Ein Vorverfahren findet nicht statt. ⁸Frühestens ein Jahr nach Festsetzung der Vergütungsbeträge durch die Schiedsstelle können die Vertragsparteien eine neue Vereinbarung über die Vergütungsbeträge nach Absatz 1 schließen. ⁹Der Schiedsspruch gilt bis zum Wirksamwerden einer neuen Vereinbarung fort.

(2a) Wird eine digitale Gesundheitsanwendung nach Abschluss der Erprobung gemäß § 139e Absatz 4 Satz 6 in das Verzeichnis für digitale Gesundheitsanwendungen aufgenommen, erfolgt die Festsetzung des Vergütungsbetrags für die aufgenommene digitale Gesundheitsanwendung durch die Schiedsstelle abweichend von Absatz 2 Satz 1 innerhalb von drei Monaten nach Ablauf des dritten auf die Entscheidung des Bundesinstituts für Arzneimittel und Medizinprodukte nach § 139e Absatz 4 Satz 6 folgenden Monats, wenn eine Vereinbarung nach Absatz 1 in dieser Zeit nicht zustande gekommen ist.

(3) ¹Der Spitzenverband Bund der Krankenkassen und die für die Wahrnehmung der wirtschaftlichen Interessen gebildeten maßgeblichen Spitzenorganisationen der Hersteller von digitalen Gesundheitsanwendungen auf Bundesebene bilden eine gemeinsame Schiedsstelle. ²Sie besteht aus einem unparteiischen Vorsitzenden und zwei weiteren unparteiischen Mitgliedern sowie aus jeweils zwei Vertretern der Krankenkassen und der Hersteller digitaler Gesundheitsanwendungen. ³Für die unparteiischen Mitglieder sind Stellvertreter zu benennen. ⁴Über den Vorsitzenden und die zwei weiteren unparteiischen Mitglieder sowie deren Stellvertreter sollen sich die Verbände nach Satz 1 einigen. ⁵Kommt eine Einigung nicht zustande, erfolgt eine Bestellung des unparteiischen Vorsitzenden, der weiteren unparteiischen Mitglieder und deren Stellvertreter durch das Bundesministerium für Gesundheit, nachdem es den Vertragsparteien eine Frist zur Einigung gesetzt hat und diese Frist abgelaufen ist. ⁶Die Mitglieder der Schiedsstelle führen ihr Amt als Ehrenamt. ⁷Sie sind an Weisungen nicht gebunden. ⁸Jedes Mitglied hat eine Stimme. ⁹Die Entscheidungen werden mit der Mehrheit der Stimmen der Mitglieder getroffen. ¹⁰Ergibt sich keine Mehrheit, gibt die Stimme des Vorsitzenden den Ausschlag. ¹¹Das Bundesministerium für Gesundheit kann an der Beratung und Beschlussfassung der Schiedsstelle teilnehmen. ¹²Die Patientenorganisationen nach § 140f können beratend an den Sitzungen der Schiedsstelle teilnehmen. ¹³Die Schiedsstelle gibt sich eine Geschäftsordnung. ¹⁴Über die Geschäftsordnung entscheiden die unparteiischen Mitglieder im Benehmen mit den Verbänden nach Satz 1. ¹⁵Die Geschäftsordnung bedarf der Genehmigung des Bundesministeriums für Gesundheit. ¹⁶Die Aufsicht über die Geschäftsführung der Schiedsstelle führt das Bundesministerium für Gesundheit. ¹⁷Das Nähere regelt die Rechtsverordnung nach § 139e Absatz 9 Nummer 7.

(4) ¹Die Verbände nach Absatz 3 Satz 1 treffen eine Rahmenvereinbarung über die Maßstäbe für die Vereinbarungen der Vergütungsbeträge. ²Bei der Rahmenvereinbarung über die Maßstäbe ist zu berücksichtigen, ob und inwieweit der Nachweis positiver Versorgungseffekte nach § 139e Absatz 2 Satz 2 Nummer 3 erbracht ist. ³Kommt eine Rahmenvereinbarung nicht zustande, setzen die unparteiischen Mitglieder der Schiedsstelle nach Absatz 3 die Rahmenvereinbarung im Benehmen mit den Verbänden auf Antrag einer Vertragspartei nach Absatz 3 Satz 1 fest. ⁴Kommt eine Rahmenvereinbarung nicht innerhalb einer vom Bundesministerium für Gesundheit gesetzten Frist zustande, gilt Satz 3 entsprechend. ⁵Absatz 2 Satz 4, 6, 7 und 9 gilt mit der Maßgabe, dass die unparteiischen Mitglieder Festsetzungen zu der Rahmenvereinbarung innerhalb von drei Monaten treffen, entsprechend.

(5) ¹Bis zur Festlegung der Vergütungsbeträge nach Absatz 1 gelten die tatsächlichen Preise der Hersteller von digitalen Gesundheitsanwendungen. ²In der Rahmenvereinbarung nach Absatz 4

ist das Nähere zu der Ermittlung der tatsächlichen Preise der Hersteller zu regeln. ³In der Rahmenvereinbarung nach Absatz 4 kann auch Folgendes festgelegt werden:
1. Schwellenwerte für Vergütungsbeträge, unterhalb derer eine dauerhafte Vergütung ohne Vereinbarung nach Absatz 1 erfolgt, und
2. Höchstbeträge für die vorübergehende Vergütung nach Satz 1 für Gruppen vergleichbarer digitaler Gesundheitsanwendungen, auch in Abhängigkeit vom Umfang der Leistungsinanspruchnahme durch Versicherte.

³Höchstbeträge nach Satz 3 Nummer 2 müssen für Gruppen vergleichbarer digitaler Gesundheitsanwendungen auch in Abhängigkeit davon festgelegt werden, ob und inwieweit der Nachweis positiver Versorgungseffekte nach § 139e Absatz 2 Satz 2 Nummer 3 bereits erbracht ist. ⁵Die nach Satz 3 Nummer 2 für den Fall der vorläufigen Aufnahme in das Verzeichnis für digitale Gesundheitsanwendungen zur Erprobung nach § 139e Absatz 4 zu vereinbarenden Höchstpreise müssen dabei geringer sein als bei einer unmittelbaren dauerhaften Aufnahme nach § 139e Absatz 2 und 3. ⁶Werden in der Rahmenvereinbarung nach Absatz 4 für eine Gruppe vergleichbarer digitaler Gesundheitsanwendungen keine Höchstbeträge nach Satz 3 Nummer 2 festgelegt, kann das Bundesministerium für Gesundheit den Verbänden nach Absatz 3 Satz 1 eine Frist von drei Monaten zur Festlegung von Höchstbeträgen nach Satz 3 Nummer 2 für diese Gruppe vergleichbarer digitaler Gesundheitsanwendungen setzen. ⁷Kommt eine Festlegung von Höchstbeträgen nach Satz 6 nicht in der vom Bundesministerium für Gesundheit gesetzten Frist zustande, gilt Absatz 4 Satz 3 entsprechend.

### Übersicht

| | Rdn. | | Rdn. |
|---|---|---|---|
| A. Regelungsinhalt | 1 | Rahmenvereinbarung (Abs. 4 Satz 1 und 2) | 24 |
| B. Vereinbarung von Vergütungsbeträgen für digitale Gesundheitsanwendungen | 11 | II. Verfahren bei Nichtzustandekommen der Rahmenvereinbarung (Abs. 4 Satz 3 bis 5) | 28 |
| I. Obligatorische Preisvereinbarungen und Abwicklung (Abs. 1) | 14 | III. Ermittlung der tatsächlichen Preise der Hersteller (Abs. 5 Satz 1 und 2) | 29 |
| II. Festsetzung durch die Schiedsstelle (Abs. 2) | 18 | IV. Festlegung von Schwellenwerten (Abs. 5 Satz 3 Nr. 1) | 31 |
| III. Bildung einer Schiedsstelle, Zusammensetzung und Verfahren (Abs. 3) | 21 | V. Festlegung von Höchstbeträgen (Abs. 5 Satz 3 Nr. 2, Satz 4 und Satz 5) | 32 |
| C. Rahmenvereinbarung (Abs. 4 und 5) | 24 | | |
| I. Maßstäbe für die Vereinbarung von Vergütungsbeträgen in einer | | | |

## A. Regelungsinhalt

§ 134 gilt in der Fassung Art. 1 Nr. 14 DVPMG vom 03.06.2021 (BGBl. I S. 1309) mit Wirkung vom 09.06.2021. Den Erläuterungen liegt weitgehend § 134 in der Fassung durch Art. 1 Nr. 20 DVG vom 09.12.2019 (BGBl. I S. 2562) mit Wirkung vom 19.12.2019 zugrunde. Zu den nachfolgenden Änderungen vgl. unten Rdn. 10a–f. 1

§ 134 ist mit dem **Digitale-Versorgung-Gesetz – DVG** mit Wirkung vom **19.12.2019** in das SGB V aufgenommen worden. In der Digitalisierung und in innovativen Versorgungsstrukturen liegen große Chancen für eine bessere Gesundheitsversorgung in Deutschland, worauf die Materialien (BT-Drs. 19/13438 S. 1) hinweisen. Unter den gegebenen rechtlichen Rahmenbedingungen sei das »deutsche Gesundheitssystem bei der Implementierung digitaler Lösungen und neuer innovativer Formen der Zusammenarbeit jedoch nur eingeschränkt adaptiv und agil«. Technische und strukturelle Möglichkeiten sowie damit verbundene Verbesserungspotenziale für die Versorgung würden nicht ausreichend genutzt. 2

Ein wesentlicher Teil des **Maßnahmenpaketes des DVG** ist die Versorgung mit **digitalen Gesundheitsanwendungen** (§ 33a), die zeitgleich in das Leistungsrecht des SGB V aufgenommen worden sind. Versicherte haben Anspruch auf Versorgung mit Medizinprodukten niedriger Risikoklasse, deren 3

Hauptfunktion wesentlich auf digitalen Technologien beruht und die dazu bestimmt sind, bei den Versicherten und in der Versorgung durch Leistungserbringer die Erkennung, Überwachung, Behandlung oder Linderung von Krankheiten oder die Erkennung, Behandlung, Linderung oder Kompetenzsicherung von Verletzungen oder Behinderungen zu unterstützen, **Legaldefinition für den Begriff der digitalen Gesundheitsanwendungen, vgl. § 33a Abs. 1 Satz 1** mit Wirkung vom 23.05.2020. Wiederum zeitgleich ist die Erstellung eines **Verzeichnisses** für digitale Gesundheitsanwendungen mit einer Verordnungsermächtigung in § 139e vorgegeben worden, hier parallel zum Hilfsmittelverzeichnis.

4 Dem **Leistungsanspruch auf digitale Gesundheitsanwendungen** entspricht im **Leistungserbringerrecht** § 134. Dem GKV-Spitzenverband und den Herstellern digitaler Gesundheitsanwendungen als Vereinbarungspartner wird aufgegeben, die **Verhandlungen von Vergütungsbeträgen** vorzubereiten und nach den Vorgaben der Regelung durchzuführen. Für den Fall fehlender Einigung wird eine **Schiedsstelle** eingerichtet (**Abs. 3**), die nach Maßgabe des **Abs. 2** tätig wird. Die Vorgaben für die Festlegung von Vergütungsbeträgen für digitale Gesundheitsanwendungen sind gesetzgebungstechnisch der Regelung für **Arzneimittel** mit neuen Wirkstoffen nach **§ 130b** nachgebildet. Allerdings stellen die Vergütungsbeträge nach § 134 keine Endpreise dar. **§ 33a Abs. 1 Satz 4** trifft abweichend eine Mehrkostenregelung. Versicherte haben bei Wahl eines Produktes, dessen Kosten den Vergütungsvertrag nach § 134 übersteigt, die Mehrkosten selbst zu tragen, vgl. *Kluckert* SGb 2020, 197, 202. Ein hier zur Anwendung kommendes »Fast-Track-Verfahren« bedeutet in seiner meist angewandten Form ein »Verfahren mit einer komplikationslosen und schnellen Erholungsphase«, vgl. auch *Kemmerer/Vivekens* MPR 2020, 80.

5 Zusätzlich wird die Vergütung ärztlicher und psychotherapeutischer Begleitleistungen geregelt, die von der Vergütung der Hersteller digitaler Gesundheitsanwendungen abzugrenzen sind. Diesbezüglich ist die **Vergütung in § 87 Abs. 5c** – wiederum zeitlich parallel zu § 134 – geregelt; wenn auch nur von »ärztlichen Leistungen« die Rede ist, bezieht dies auch psychotherapeutische Begleitleistungen ein, arg. § 72 Abs. 1 Satz 2, vgl. *Kluckert* SGb 2020, 197, 203.

6 Durchaus **kritisch** wird die Zuständigkeit des GKV-Spitzenverbandes hinsichtlich der Aufnahme digitaler Gesundheitsanwendungen in die Regelversorgung der GKV bewertet. Nach der bewährten Systemstruktur sollte dies normalerweise der **Gemeinsame Bundesausschuss** sein, der für die Konkretisierung des Leistungskatalogs durch Nutzenbewertungen zuständig sei und über entsprechende Erfahrung und Personal verfüge, vgl. hierzu berichtend *Kluckert* SGb 2020, 197, 201 und Stellungnahmen des G-BA. Zur systematischen Einordnung der Aufnahme digitaler Gesundheitsanwendungen im Versorgungssystem vgl. *Kluckert* zu den »Determinanten für Zugang und Vergütung« a.a.O. S. 197, 198, zur evidenzbasierten Medizin im Rahmen der Regelversorgung in der GKV a.a.O. S. 198, 199 sowie zu »Problemen der Nutzenbewertung bei digitalen Medizinprodukten« a.a.O. S. 199.

7 § 134 Abs. 1 Satz 1 regelt den Grundsatz, dass die von den Krankenkassen an die Hersteller von digitalen Gesundheitsanwendungen zu zahlenden **Vergütungen** für alle Krankenkassen einheitlich vom GKV Spitzenverband mit dem jeweiligen Hersteller vereinbart werden. Die vereinbarten Preise gelten jedoch nach Abs. 1 Satz 2 erst nach dem einem Jahr nach der Aufnahme der digitalen Gesundheitsanwendungen in das Verzeichnis nach § 139e. **Erfolgsabhängige Vergütungsbestandteile** sollen nach **Abs. 1 Satz 3** vorgesehen werden. Maßgeblich zur Vorbereitung von Verhandlungen haben die Hersteller gemäß **Abs. 1 Satz 4 Nr. 1** dem GKV Spitzenverband Nachweise über den medizinischen Nutzen der digitalen Gesundheitsanwendungen zu übermitteln. Ferner sind die tatsächlichen Abgabepreise für Selbstzahler und in anderen europäischen Ländern mitzuteilen, **Abs. 1 Satz 3 Nr. 2**. Die Verhandlungen sind vertraulich, **Abs. 1 Satz 5**. Preisvereinbarungen sind mindestens für ein Jahr verbindlich und gelten bis zu einer neuen Vereinbarung weiter, **Abs. 1 Satz 6 und 7**.

8 Erfolgt binnen Jahresfrist nach Aufnahme der digitalen Gesundheitsanwendungen in das Verzeichnis nach § 139e keine Einigung über den Preis, wird eine Schiedsstelle tätig, **Abs. 2 Satz 1**, die innerhalb von 3 Monaten nach Maßgabe des **Abs. 2 Satz 2 bis 9** eine Entscheidung zu treffen

hat. Die Zusammensetzung der Schiedsstelle und die entsprechenden Verfahrensvorgaben folgen aus **Abs. 3**.

Der GKV-Spitzenverband und die Spitzenorganisationen der Hersteller digitaler Gesundheitsanwendungen haben eine **Rahmenvereinbarung** über Maßstäbe für die Vereinbarung der Vergütungsbeträge zu treffen, **Abs. 4 Satz 1**. Dabei ist ein Nachweis über den medizinischen Nutzen zu berücksichtigen, Abs. 4 Satz 2. Kann eine Einigung über den Inhalt der Rahmenvereinbarung nicht fristgerecht erfolgen ist auch hier die Entscheidung durch eine Schiedsstelle vorgesehen. **Abs. 4 Satz 3 bis 5**. 9

Bis zur Festlegung der Preise durch eine Vereinbarung nach Abs. 1 gelten gemäß **Abs. 5 die Preise des Herstellers**. Die Ermittlung der Preise folgt nach Maßgabe des Abs. 5 Satz 2 entsprechend den **Vorgaben in der Rahmenvereinbarung nach Abs. 4**. Nach Maßgabe des Abs. 5 Satz 3 sind Abweichungen von den für die Preise geltenden Regelungen nach Maßgabe der Rahmenvereinbarung zulässig, hier mittels **Schwellenwerten** für Vergütungsbeträge nach **Abs. 5 Satz 3 Nr. 1** und **Höchstbeträgen nach Abs. 5 Satz 3 Nr. 2 sowie Satz 4 und 5**. Die Preise für zur Erprobung eines Verzeichnis nach § 139e aufgenommenen Anwendungen müssen niedriger sein als die für Anwendungen mit bereits nachgewiesenem Nutzen, vgl. *Schneider* in jurisPK-SGB V § 134 Rn. 8. Die Regelungen zu **Abs. 4 und Abs. 5 sind in der Ausschussberatung** zu § 134 wesentlich **erweitert** worden (zum Nachweis positiver Versorgungseffekte, Verlängerung der Erprobungszeit nach § 139e Abs. 4, Anreiz für einen frühzeitigen Nachweis positiver Versorgungseffekte, Vergütungsabschläge nach Abs. 5 bei noch ausstehendem Nachweis positiver Vergütungseffekte). 10

§ 134 Abs. 1 Satz 2 wurde geändert (Regelung zur Vergütung der Hersteller digitaler Gesundheitsanwendungen), Abs. 2 Satz 1 wurde geändert (Verkürzung des Verhandlungszeitraums auf neun Monate), Abs. 2 Satz 2 wurde neu gefasst (Ausgleich an Hersteller bei verzögertem Schiedsverfahren), Abs. 2a wurde eingefügt (zeitliche Begrenzung der Fortzahlung des tatsächlichen Herstellungspreis), Abs. 4 Satz 5 wurde neu gefasst und in der Ausschussberatung unter Beifügung einer Fristsetzung ergänzt und Abs. 5 Satz 6 und 7 wurde angefügt durch Art. 1 Nr. 14 Gesetz zur digitalen Modernisierung von Versorgung und Pflege (Digitale-Versorgung-und-Pflege-Modernisierungs-Gesetz – DVPMG) vom 03.06.2021 (BGBl. I S. 1309) mit Wirkung vom 09.06.2021. Zur Begründung des Gesetzentwurfs vgl. BT-Drs. 19/27652 S. 105, 106 sowie betreffend Abs. 4 Satz 5 die Begründung zur Ausschussberatung in BT-Drs. 19/29384 S. 195. 10a

Bzgl. **Abs. 1 Satz 2** handelt es sich um eine Klarstellung. Die Vergütung der Hersteller digitaler Gesundheitsanwendungen auf Grundlage des Herstellerpreises umfasse ausweislich der Materialien einen Zeitraum von 12 Monaten. Dieser könne nicht verlängert werden. Die Regelung gelte unabhängig davon, ob die Aufnahme zunächst zur Erprobung oder dauerhaft erfolge. 10b

**Abs. 2 Satz 1** verkürzt die Frist des Verhandlungszeitraums auf 9 Monate. **Abs. 2 Satz 2** verkürzt die Frist zur Festlegung der Vergütungsbeträge. Die Notwendigkeit einer Verrechnung von Differenzbeträgen aufgrund der Fortgeltung des tatsächlichen Herstellerpreises nach Ablauf des zwölften Erstattungsmonats werde danach nur noch erforderlich sein, wenn sich das Schiedsverfahren entgegen der gesetzlichen Fristen verzögere. 10c

Durch **Abs. 2a** solle eine missbräuchliche Ausweitung der nach dem Abschluss der Erprobung andauernden Fortzahlung des tatsächlichen Herstellerpreises bis zum Abschluss der Verhandlungen und der beginnenden Rückbeziehung auf den 12. Monat nach Abschluss der Erprobung entgegenwirken. Es werde festgelegt, dass die Verhandlungen über den Vergütungsvertrag auf Grundlage der Ergebnisse der Erprobung binnen drei Monaten nach der Entscheidung des Bundesinstituts für Arzneimittel und Medizinprodukte erfolgen müsse. 10d

Mit **Abs. 4 Satz 5** werde ein Redaktionsversehen korrigiert. Festsetzung der Schiedsstelle über die Inhalte der Rahmenvereinbarung seien innerhalb von 3 Monaten zu treffen. Dies gelte auch für die Festlegung von Höchstbeträgen als Bestandteil der Rahmenvereinbarung nach § 134 Abs. 5, wie in der Ausschussberatung (BT-Drs. 19/29384 S. 195) festgelegt wurde. 10e

**§ 134 SGB V**  Vereinbarung über Vergütungsbeträge; Verordnungsermächtigung

10f Abs. 5 Satz 6 und 7 wurde in Kenntnis der Tatsache angefügt, dass die Festlegung gruppenbezogener Höchstbeträge durch die Vertragspartner der Rahmenvereinbarung ein wichtiges Instrument zur Schaffung von Kostenvorhersehbarkeit für die GKV und von Investitionsschwäche für die Hersteller digitaler Gesundheitsanwendungen sei. Die Vorgaben für gruppenbezogene Höchstbeträge werden hier weiter konkretisiert.

### B. Vereinbarung von Vergütungsbeträgen für digitale Gesundheitsanwendungen

11 Digitale Anwendungen (zum Leistungsanspruch vgl. § 33a) werden im ersten Jahr grundsätzlich nach dem **herstellerseitig festgelegten Abgabepreis** von den Krankenkassen vergütet, vgl. BT-Drs. 19/13438 S. 57). Das ist danach regelmäßig der Zeitraum, in dem die Erprobung und Evaluation der digitalen Gesundheitsanwendungen nach vorläufiger Aufnahme in das Verzeichnis für digitale Gesundheitsanwendungen (§ 139e) erfolgt. Dieses Verzeichnis wird beim Bundesinstitut für Arzneimittel und Medizinprodukte (BfArM) geführt. Die hierbei gewonnenen **Erkenntnisse** über nachweisbare positive Versorgungseffekte werden nach Maßgabe der Rahmenvereinbarungen (**Abs. 4**) für die **Preisfindung** und den künftigen Erstattungspreis einheitlich für alle Krankenkassen vereinbart (Abs. 1) oder auch in einem Schiedsverfahren festgesetzt (Abs. 2).

12 Der **Eingriff** in die freie Preisgestaltung der Hersteller wird nach Auffassung der Materialien (a.a.O. S. 57) »nur unwesentlich eingeschränkt«; dieser wird wohl weniger stark eingeschränkt als dies im Rahmen des § 130b der Fall ist, jedoch durchaus auch als umstritten bewertet, vgl. *Kluckert* SGb 2020, 197, 202, 203, vornehmlich auch im Hinblick auf eine Mehrkostenregelung bei einem nachfolgenden »Ausgleich« bei einem rückwirkend festgelegten Rückzahlungsbetrag, vgl. § 134 Abs. 2 Satz 2.

13 **Leistungsrechtlich** (vgl. § 33a) wollte der Gesetzgeber grundsätzlich das **Sachleistungsprinzip** angewandt wissen. Eine Kostenerstattung sollte nur greifen, wenn aus besonderen Gründen der Bezug der Leistung beim Hersteller auf Rechnung der Krankenkassenseite nicht möglich ist. Die Regelung in § 33a sieht die **Mischfinanzierung** vor, verbunden mit einer Mehrzahlung durch den Versicherten, vgl. *Schneider* in jurisPK-SGB V § 134 Rn. 14, und damit auch ein Kostenerstattungsverfahren. Hier greift aber durchaus die Höchstbetragsregelung nach Abs. 4 und 5, konkretisiert in der Ausschussberatung zu § 134. Die **Leistungserbringung** in Form der **Sachleistung** setzt stets eine Vereinbarung der Krankenkassenseite mit der Herstellerseite aufgrund der Rahmenvereinbarung vor; hier mag die Regelung in § 134 durchaus Raum für weitere Vereinbarungen zwischen den Vereinbarungspartnern geben, vgl. *Schneider* a.a.O. Rn. 15.

### I. Obligatorische Preisvereinbarungen und Abwicklung (Abs. 1)

14 Der GKV Spitzenverband vereinbart mit den Herstellern digitaler Gesundheitsanwendungen mit Wirkung für alle Krankenkassen Vergütungsbeträge für digitale Gesundheitsanwendungen, Abs. 1 Satz 1. Vergleichbare Regelungen gelten für Arzneimittel nach § 130b, an die die Regelung in § 134 zudem angelehnt sind. Vergleichbar ist die Regelung zum Ausgleich der Differenz zwischen dem Herstellerpreis und dem mit den Krankenkassen vereinbarten Vergütungsvertrag, soweit die Preisvereinbarung nicht fristgerecht zustande kommt, vgl. Abs. 2 Satz 2, verbunden mit einer durchaus kritischen Rückwirkung.

15 Für die **Preisfindung** und inhaltlich für die **Preisgestaltung** ist maßgeblich auf die **medizinische Zweckmäßigkeit** abgestellt. Erfolgsabhängige Preisbestandteile haben nach **Abs. 1 Satz 3** Gewicht. Insoweit ist auf den medizinischen Nutzen abzustellen, der gemäß § 139e Abs. 2 festgestellt sein sollte und regelmäßig nach einem Jahr der probehalber im Verzeichnis aufgenommenen digitalen Gesundheitsanwendungen als bewertet feststehen sollte.

16 Zur **Vereinbarung** zwischen den Vereinbarungspartnern haben die Hersteller dem GKV-Rohrspitzenverband die **Nachweise** nach § 139e Abs. 2 und die Ergebnisse der Erprobung nach § 139e Abs. 4 (Abs. 1 Satz 3 Nr. 1) sowie die Angabe zur Höhe des tatsächlichen Vergütungsbetrags bei Abgabe an Selbstzahler und in anderen europäischen Ländern (Abs. 1 Satz 3 Nr. 2) zu

übermitteln. Damit wird das Interesse der Krankenkassenseite an der Kenntnis von Referenzpreisen bezüglich einer Vereinbarungsfindung anerkannt, vgl. *Schneider* in jurisPK-SGB V § 134 Rn. 17. Dem entspricht, dass die Verhandlungen und deren Vorbereitung einschließlich der Beratungsunterlagen und Niederschriften zur Vereinbarung des Vergütungsbetrags **vertraulich sind, Abs. 1 Satz 5,** hier auch über den Abschluss der Feststellungen hinaus. Allerdings wird eine Auswertung im Rahmen des § 119 SGG in einem nachfolgenden gerichtlichen Verfahren nicht ausgeschlossen, vgl. *Schneider* a.a.O. Rn. 18.

Für den Abschluss von Vereinbarungen wird die Anwendung von Kartellrecht (§ 69 Abs. 2 SGG) schon im Hinblick auf die Verpflichtung der Krankenkassenseite zum Vertragsschluss abgelehnt. Die Anwendbarkeit von **Vergaberecht** dürfte mangels öffentlichen Auftrags im Sinne von § 103 GWB schon mangels Auswahlentscheidung der Krankenkassen und der Verpflichtung, mit jedem Hersteller eine Vereinbarung abschließen zu müssen, ausgeschlossen sein, vgl. *Schneider* in jurisPK-SGB V § 134 Rn. 21. 17

## II. Festsetzung durch die Schiedsstelle (Abs. 2)

**Abs. 2 Satz 1** erfassten Anwendungsfall, dass eine Vereinbarung nach Abs. 1 nicht innerhalb eines Jahres nach Aufnahme der jeweiligen digitalen Gesundheitsanwendungen in das Verzeichnis für digitale Gesundheitsanwendungen nach § 139e zustande kommt. In diesem Fall setzt die Schiedsstelle nach Abs. 3 innerhalb von drei Monaten die Vergütungsbeträge fest. Dabei ist ein Ausgleich der Differenz zum Abgabepreis nach Abs. 5 für die Zeit nach Ablauf der Jahresfrist nach Abs. 2 Satz 1 festzusetzen, **Abs. 2 Satz 2** (eine der Zuständigkeiten der Schiedsstelle). 18

Diese Fallkonstellation wird in Abs. 2 weiter geregelt: Die Schiedsstelle entscheidet in diesem Fall unter freier Würdigung aller Umstände des Einzelfalls und berücksichtigt dabei die Besonderheiten des jeweiligen Anwendungsgebietes, **Abs. 2 Satz 3**. Dabei ist dem Verband der Privaten Krankenversicherung e.V. vor der Entscheidung von der Schiedsstelle Gelegenheit zur Stellungnahme zu geben. Auch hier handelt es sich um eine der Fallgestaltungen, in die die PKV bereits eingebunden ist. Die **Verpflichtung der Hersteller** zur Übermittlung von Nachweisen über die Ergebnisse einer Erprobung wie auch über die Höhe der des tatsächlichen Vergütungsbetrages bei Abgabe an Selbstzahler oder in anderen europäischen Ländern gilt gemäß **Abs. 2 Satz 5** durch Verweisung **entsprechend**. 19

**Abs. 2 Satz 6** legt – wie häufig in diesen Fallgestaltungen – fest, dass Klagen gegen Entscheidungen der Schiedsstelle **keine aufschiebende Wirkung** haben. Nach **Abs. 2 Satz 7** findet ein **Vorverfahren nicht** statt. Die getroffene Regelung soll nach Maßgabe des **Abs. 2 Satz 8** Bestand haben: Frühestens ein Jahr nach Festsetzung der Vergütungsbeträge durch die Schiedsstelle können die Vertragsparteien eine neue Vereinbarung über die Vergütungsbeträge nach Abs. 1 schließen. Insoweit greift die Regelung auch in die Dispositionsfreiheit der Vertragsbeteiligten ein. Schließlich legt **Abs. 2 Satz 9** fest, dass der Schiedsspruch bis zum Wirksamwerden einer neuen Vereinbarung fort gilt, so dass ein vertragsloser Zustand insoweit ausgeschlossen wird. 20

## III. Bildung einer Schiedsstelle, Zusammensetzung und Verfahren (Abs. 3)

Abs. 3 regelt die Zusammensetzung und Verfahrensregeln der Schiedsstelle. Organisation und Verfahren der Schiedsstelle sind der Regelung in § 130b nachgebildet. Die Schiedsstelle setzt sich aus 3 unparteiischen Mitgliedern und Stellvertretern (über diese müssen sich die Vertragsparteien einigen, ansonsten Bestimmung durch das BMG) zusammen, von denen ein Mitglied der Vorsitzende ist. Die Schiedsstelle ist insoweit paritätisch besetzt, jeweils aus 2 Vertretern der Krankenkassen und der Hersteller. Die Schiedsstelle wird auf Dauer eingerichtet, nicht etwa nur für einen konkreten Fall. In einem speziellen Fall nach Abs. 4 wird die Schiedsstelle **allein** durch die unparteiischen Mitglieder tätig, **Abs. 4 Satz 3**. 21

Die Schiedsstelle ist, etwa anders als im Fall einer Schiedsperson, Behörde im Sinne des SGB X. Die **Aufsicht** über die Geschäftsführung der Schiedsstelle für das BMG. Dieses regelt auch das nähere 22 durch die **Rechtsverordnung** nach § 139e Abs. 9 Nr. 7, Abs. 3 Satz 16 und 17. Die Möglichkeit der Einflussnahme des BMG auf das Schiedsverfahren ist durchaus bemerkenswert. Von der Ermächtigung hat das BMG mit der Digitale Gesundheitsanwendungen-Verordnung (DiGAV) vom 08.04.2020 (BGBl. I S. 768) mit Wirkung vom 21.04.2020 Gebrauch gemacht. Im Vordergrund stehen Regelungen im Zusammenhang mit dem Verfahren und den Anforderungen zur Prüfung der Erstattungsfähigkeit digitaler Gesundheitsanwendungen. Das Schiedsverfahren ist Gegenstand des Abschnitts 8 mit §§ 34 bis 42 DiGAV; auf die Regelung wird Bezug genommen.

23 **Schiedsstellenentscheidungen** sind – wie auch die öffentlich-rechtlichen Verträge nach § 134 – vor den Sozialgerichten nach § 51 Abs. 1 Nr. 2 SGG anfechtbar. Es ist die Anfechtungs- und Feststellungsklage (vgl. BSG Urt. v. 08.08.2019 – B 3 KR 16/18 R – SozR 4–2500 § 130b Nr. 4; auf den Feststellungsantrag ist ggf. hinzuwirken, vgl. BSG Urt. v. 28.03.2019 – B 3 KR 2/18 R – SozR 4–2500 § 130b Nr. 3) geboten, ohne Vorverfahren, Abs. 2 Satz 7 bei der Schiedsstelle. Es gelten die allgemeinen Grundsätze für die begrenzte gerichtliche Überprüfung von Schiedsstellenentscheidungen, vgl. zu einem Fall der Mischpreisbildung im Arzneimittelbereich BSG Urt. v. 04.07.2018 – B 3 KR 21/17 R – SozR 4–2500 § 130b Nr. 2, ferner auch BSG Urt. v. 08.08.2019 – B 3 KR 16/18 R a.a.O.

## C. Rahmenvereinbarung (Abs. 4 und 5)

### I. Maßstäbe für die Vereinbarung von Vergütungsbeträgen in einer Rahmenvereinbarung (Abs. 4 Satz 1 und 2)

24 Nach **Abs. 4 Satz 1** ist eine Rahmenvereinbarung über die Maßstäbe für die Vereinbarungen der Vergütungsbeträge zu treffen, **Abs. 4 Satz 1**. Die Rahmenvereinbarung ist ein **öffentlich-rechtlicher Vertrag**, vgl. *Schneider* in jurisPK-SGB V § 134 Rn. 26. Regelungsinhalt sind allgemeine Vorgaben, die im konkreten Einzelfall von anderen Stellen angewandt werden.

25 Dabei werden im Zusammenhang mit § 134 verschiedene **Regelungsgegenstände** für Rahmenvereinbarungen benannt (vgl. auch *Schneider* a.a.O. Rn. 26): Die Maßstäbe für die Preisvereinbarungen gemäß Abs. 1 Satz 1 sind nach **Abs. 3 Satz 1** aufzustellen; hier ist zu berücksichtigen, ob für die jeweilige digitale Gesundheitsanwendung der **Nachweis** des medizinischen Nutzens insgesamt oder für Einzelfunktionen und Anwendungsbereiche bereits erbracht worden ist. Ferner umfasst dies die Regelung einer **Verlängerung des Probezeitraums nach § 139e Abs. 4** wie auch **Vergütungsabschläge** nach Ablauf des ersten Erstattungsjahres bei weitergehender Erprobung als Anreiz für ein beschleunigtes Verfahren. Gegenstand einer Rahmenvereinbarung kann auch die Festlegung eines **Schwellenwertes** sein, unterhalb dessen keine vertragliche Bestimmung des Preises von einzelnen digitalen Gesundheitsanwendungen erfolgt, vgl. **Abs. 5 Satz 3 Nr. 1** (Bagatellgrenze bei sonst so hohem Verfahrensaufwand). Schließlich kann die Rahmenvereinbarung auch **Höchstbeträge** nach Maßgabe des **Abs. 5 Satz 3 Nr. 2** enthalten, hier vornehmlich mit dem Ziel, die für finanzielle Belastung der GKV zu begrenzen und dem gebotenen Preiswettbewerb zu entsprechen. Zur Schiedsfähigkeit solche Regelungen vgl. Abs. 4 Satz 3. Zum Schwellenwert wie auch zu Höchstbeträgen vgl. Erläuterungen unten.

26 Bei der Rahmenvereinbarung über die Maßstäbe ist zu berücksichtigen, ob und inwieweit der **Nachweis positiver Versorgungseffekte** nach § 139e Abs. 2 Satz 2 Nr. 3 erbracht ist, wie in § 134 Abs. 4 Satz 2 im Wege der Ausschussberatung weiter vorgegeben worden ist.

27 **Abs. 4** regelt ausweislich der Materialien zu Abs. 4 Satz 2 die kollektivvertragliche Rahmenvereinbarung über die Maßstäbe der Vergütungsverhandlungen zwischen dem GKV-Spitzenverband und dem jeweiligen Hersteller digitaler Gesundheitsanwendungen, in denen die Vergütungen nach dem ersten Erstattungsjahr vereinbart werden. Durch die Ergänzung in **Abs. 4 Satz 2** werde klargestellt, dass die Maßstäbe abbilden müssten, ob und inwieweit der Nachweis positiver Versorgungseffekte insgesamt oder für einzelne Funktionen oder Anwendungsbereiche erbracht sei. Für Anwendungen, die sich auch nach dem ersten Erstattungsjahr insgesamt oder für einzelne Funktionen oder Anwendungsbereiche noch **in Erprobung** befänden, etwa nach Verlängerung der Erprobungszeit nach

§ 139e Abs. 4, müssten entsprechende **Vergütungsabschläge** vorgesehen werden. Damit bestehe ein **Anreiz**, die Erprobung frühzeitig abzuschließen und eine höhere Vergütung auf Grundlage bereits erbrachter Nachweise positiver Versorgungseffekte vereinbaren zu können. An diese Regelung ist Abs. 4 Satz 4 angepasst worden.

### II. Verfahren bei Nichtzustandekommen der Rahmenvereinbarung (Abs. 4 Satz 3 bis 5)

Kommt eine **Rahmenvereinbarung** nicht zustande, setzen die unparteiischen Mitglieder der Schiedsstelle nach Abs. 3 die **Rahmenvereinbarung im Benehmen mit den Verbänden** auf Antrag einer Vertragspartei nach Abs. 3 Satz 1 fest, **Abs. 4 Satz 3**. Kommt eine Rahmenvereinbarung nicht innerhalb einer vom BMG gesetzten Frist zustande, gilt Satz 3 entsprechend, **Abs. 4 Satz 4**. **Abs. 4 Satz 5** nimmt die Regelung in Abs. 2 Satz 2 bis 7 und 9 als entsprechend geltend in Bezug und damit die Regelung zum Schiedsverfahren. 28

### III. Ermittlung der tatsächlichen Preise der Hersteller (Abs. 5 Satz 1 und 2)

Bis zur **Festlegung der Vergütungsbeträge** nach Abs. 1 gelten die tatsächlichen Preise der Hersteller von digitalen Gesundheitsanwendungen. Die Zahlungspflicht der Krankenkassenseite ist mit dieser Regelung von Gesetzes wegen festgelegt. Abgestellt wird auf die »**tatsächlichen Preise**«. Was hierunter zu verstehen ist, ist nach Maßgabe des **Abs. 5 Satz 2** aufgrund der Vorgaben einer Rahmenvereinbarung nach Abs. 4 konkretisiert. Damit wird die **Kostenlast** der Krankenkassenseite **begrenzt** und diese auch vor »Mondpreisen« geschützt. **Notwendige Informationen** hat der Hersteller nach **Abs. 1 Satz 4 Nr. 2** und damit im Sinne der Ermittlung tatsächlicher Marktpreise zu geben. Zudem sind die Krankenkassen befugt, marktgängige Preise eigenständig zu ermitteln, vgl. *Schneider* in jurisPK-SGB V Rn. 23. 29

Der GKV-Spitzenverband hat in einem Positionspapier vom 02.12.2020 festgestellt, dass sich die Höchstpreisregelung im Ergebnis, vornehmlich als Grenzwert, **nicht bewährt** habe. Bei digitalen Gesundheitsanwendungen sei es nach den Feststellungen zu Preissteigerungen i.H.v. 400 bis 500 % gegenüber dem früheren Selbstzahlerpreis gekommen, vgl. auch Hinweis von *Schneider* in jurisPK-SGB V § 134 Rn. 23.1. Hier wird gesetzgeberisch ein Regelungsbedarf angemeldet. 30

### IV. Festlegung von Schwellenwerten (Abs. 5 Satz 3 Nr. 1)

In der Rahmenvereinbarung nach Abs. 4 kann auch Konkretes über Schwellenwerte für Vergütungsbeträge, unterhalb derer eine dauerhafte Vergütung ohne Vereinbarung nach Abs. 1 erfolgt, festgelegt werden (**Abs. 5 Satz 3 Nr. 1**). Ausweislich der Materialien (BT-Drs. 19/13438 S. 58) können kollektivvertraglich Erstattungsgrenzen geregelt werden. Das betreffe hier **Bagatellgrenzen** für preisgünstige digitale Gesundheitsanwendungen, bei deren Unterschreiten das Verfahren der schiedsfähigen Preisvereinbarungen nach Abs. 1 entfalle und der Herstellerpreis dauerhaft erstattet werde (dem Grundsatz eines verhältnismäßigen Verfahrens folgend). 31

### V. Festlegung von Höchstbeträgen (Abs. 5 Satz 3 Nr. 2, Satz 4 und Satz 5)

In der Rahmenvereinbarung nach Abs. 4 können (und sollten auch) **Vorgaben für Höchstbeträge für die vorübergehende Vergütung nach Abs. 5 Satz 1** für Gruppen vergleichbarer digitaler Gesundheitsanwendungen festgelegt werden, auch in Abhängigkeit vom Umfang der Leistungsinanspruchnahme durch den Versicherten. **Höchstbeträge** in diesem Sinne (**Abs. 5 Satz 3 Nr. 2**) müssen für Gruppen vergleichbarer digitaler Gesundheitsanwendungen auch in Abhängigkeit davon festgelegt werden, ob und inwieweit der **Nachweis** positiver Versorgungseffekte nach § 139e Abs. 2 Satz 2 Nr. 3 bereits erbracht ist, **Abs. 5 Satz 4**. Die nach Abs. 5 Satz 3 Nr. 2 für den Fall der vorläufigen Aufnahme in das Verzeichnis für digitale Gesundheitsanwendungen zu Erprobung nach § 139e Abs. 4 zu vereinbarenden Höchstpreise müssen dabei **geringer** sein als bei einer unmittelbaren dauerhaften Aufnahme nach § 139e Abs. 2 und 3. 32

33  Abs. 5 regelt ausweislich der Materialien zur Ausschussberatung (BT-Drs. 19/14867 S. 96) die Vergütung der digitalen Gesundheitsanwendungen im **ersten Erstattungsjahr** unabhängig von der Frage einer unmittelbar endgültigen oder einer zunächst vorläufigen Aufnahme der digitalen Gesundheitsanwendungen in das Verzeichnis für digitale Gesundheitsanwendungen. Die dafür bei den Verbänden auf Seiten der Hersteller und der Krankenkassen kollektivvertraglich festgelegten **Höchstbeträge** für Gruppen vergleichbarer Gesundheitsanwendungen müssten danach differenziert werden, ob und inwieweit der **Nachweis** positiver Versorgungseffekte insgesamt oder für einzelne Funktionen oder Anwendungsbereiche bereits von Anfang an erbracht sei oder innerhalb des ersten Jahres erbracht werde. Für Produkte, zu denen entsprechende **Nachweise** noch nicht vorlägen und die sich dazu in der Erprobung befänden, müssten entsprechende **Vergütungsabschläge** vorgesehen werden. Damit bestehe ein **Anreiz**, den Nachweis positiver Versorgungseffekte bereits frühzeitig bei Antragstellung auf Aufnahme in das Verzeichnis für digitale Gesundheitsanwendungen nach § 139e zu erbringen. Die Funktionstüchtigkeit dieses Regelungskonzepts wird allerdings vom GKV-Spitzenverband aufgrund von Erfahrung belegt in Frage gestellt, vgl. Stellungnahme vom 02.12.2020.

## § 134a Versorgung mit Hebammenhilfe

(1) [1]Der Spitzenverband Bund der Krankenkassen schließt mit den für die Wahrnehmung der wirtschaftlichen Interessen gebildeten maßgeblichen Berufsverbänden der Hebammen und den Verbänden der von Hebammen geleiteten Einrichtungen auf Bundesebene mit bindender Wirkung für die Krankenkassen Verträge über die Versorgung mit Hebammenhilfe, die abrechnungsfähigen Leistungen unter Einschluss einer Betriebskostenpauschale bei ambulanten Entbindungen in von Hebammen geleiteten Einrichtungen, die Anforderungen an die Qualitätssicherung in diesen Einrichtungen, die Anforderungen an die Qualität der Hebammenhilfe einschließlich der Verpflichtung der Hebammen zur Teilnahme an Qualitätssicherungsmaßnahmen sowie über die Höhe der Vergütung und die Einzelheiten der Vergütungsabrechnung durch die Krankenkassen. [2]Die Vertragspartner haben dabei den Bedarf der Versicherten an Hebammenhilfe unter Einbeziehung der in § 24f Satz 2 geregelten Wahlfreiheit der Versicherten und deren Qualität, den Grundsatz der Beitragssatzstabilität sowie die berechtigten wirtschaftlichen Interessen der freiberuflich tätigen Hebammen zu berücksichtigen. [3]Bei der Berücksichtigung der wirtschaftlichen Interessen der freiberuflich tätigen Hebammen nach Satz 2 sind insbesondere Kostensteigerungen zu beachten, die die Berufsausübung betreffen.

(1a) [1]Die Vereinbarungen nach Absatz 1 Satz 1 zu den Anforderungen an die Qualität der Hebammenhilfe sind bis zum 31. Dezember 2014 zu treffen. [2]Sie sollen Mindestanforderungen an die Struktur-, Prozess- und Ergebnisqualität umfassen sowie geeignete verwaltungsunaufwendige Verfahren zum Nachweis der Erfüllung dieser Qualitätsanforderungen festlegen.

(1b) [1]Hebammen, die Leistungen der Geburtshilfe erbringen und die Erfüllung der Qualitätsanforderungen nach Absatz 1a nachgewiesen haben, erhalten für Geburten ab dem 1. Juli 2015 einen Sicherstellungszuschlag nach Maßgabe der Vereinbarungen nach Satz 3, wenn ihre wirtschaftlichen Interessen wegen zu geringer Geburtenzahlen bei der Vereinbarung über die Höhe der Vergütung nach Absatz 1 nicht ausreichend berücksichtigt sind. [2]Die Auszahlung des Sicherstellungszuschlags erfolgt nach Ende eines Abrechnungszeitraums auf Antrag der Hebamme durch den Spitzenverband Bund der Krankenkassen. [3]In den Vereinbarungen, die nach Absatz 1 Satz 1 zur Höhe der Vergütung getroffen werden, sind bis zum 1. Juli 2015 die näheren Einzelheiten der Anspruchsvoraussetzungen und des Verfahrens nach Satz 1 zu regeln. [4]Zu treffen sind insbesondere Regelungen über die Höhe des Sicherstellungszuschlags in Abhängigkeit von der Anzahl der betreuten Geburten, der Anzahl der haftpflichtversicherten Monate für Hebammen mit Geburtshilfe ohne Vorschäden und der Höhe der zu entrichtenden Haftpflichtprämie, die Anforderungen an die von der Hebamme zu erbringenden Nachweise sowie die Auszahlungsmodalitäten. [5]Dabei muss die Hebamme gewährleisten, dass sie bei geringer Geburtenzahl unterjährige Wechselmöglichkeiten der Haftpflichtversicherungsform in Anspruch nimmt. ⁶Die erforderlichen Angaben nach den Sätzen 3 bis 5 hat die Hebamme im Rahmen ihres Antrags nach Satz 2 zu übermitteln. ⁷Für die Erfüllung der Aufgaben nach Satz 2 übermitteln die Krankenkassen dem Spitzenverband Bund der Krankenkassen leistungserbringer- und nicht versichertenbezogen die erforderlichen Daten nach § 301a Absatz 1 Satz 1 Nummer 2 bis 6.

(1c) Die Vertragspartner vereinbaren in den Verträgen nach Absatz 1 Satz 1 bis zum 30. September 2014 zusätzlich zu den nach Absatz 1 Satz 3 vorzunehmenden Vergütungsanpassungen einen Zuschlag auf die Abrechnungspositionen für Geburtshilfeleistungen bei Hausgeburten, außerklinischen Geburten in von Hebammen geleiteten Einrichtungen sowie Geburten durch Beleghebammen in einer Eins-zu-eins-Betreuung ohne Schichtdienst, der von den Krankenkassen für Geburten vom 1. Juli 2014 bis zum 30. Juni 2015 an die Hebammen zu zahlen ist.

(1d) ¹Die Vertragsparteien vereinbaren in den Verträgen nach Absatz 1 Satz 1 Regelungen über
1. die Leistungen der Hebammenhilfe, die im Wege der Videobetreuung erbracht werden,
2. die technischen Voraussetzungen, die erforderlich sind, um die Leistungen der Hebammenhilfe nach Nummer 1 im Wege der Videobetreuung zu erbringen, und
3. die Leistungen der Hebammenhilfe, die im Zusammenhang mit dem Einsatz einer digitalen Gesundheitsanwendung erbracht werden.

²Die Vereinbarungen nach Satz 1 Nummer 2 sind im Einvernehmen mit dem Bundesamt für Sicherheit in der Informationstechnik und im Benehmen mit der oder dem Bundesbeauftragten für den Datenschutz und die Informationsfreiheit sowie der Gesellschaft für Telematik zu treffen. ³Die Vereinbarung nach Satz 1 Nummer 2 ist dem Bundesministerium für Gesundheit zur Prüfung vorzulegen. ⁴Für die Prüfung gilt § 369 Absatz 2 und 3 entsprechend. ⁵Die Vereinbarungen nach Satz 1 Nummer 3 sind auf Grundlage der vom Bundesinstitut für Arzneimittel und Medizinprodukte nach § 139e Absatz 3 Satz 2 bestimmten Leistungen der Hebammenhilfe, die zur Versorgung mit digitalen Gesundheitsanwendungen erforderlich sind, zu treffen.

(1e) ¹Die Vertragspartner vereinbaren in den Verträgen nach Absatz 1 Satz 1 Pauschalen, die im Verfahren zur Finanzierung von Kosten für die Ausbildung von Hebammenstudierenden in ambulanten hebammengeleiteten Einrichtungen und bei freiberuflichen Hebammen Bestandteil des nach § 17a Absatz 3 des Krankenhausfinanzierungsgesetzes zu vereinbarenden Ausbildungsbudgets werden. ²Die Pauschalen nach Satz 1 sind erstmals bis zum 31. Dezember 2019 mit Wirkung für diejenigen Hebammen und hebammengeleiteten Einrichtungen, die sich zur berufspraktischen ambulanten Ausbildung von Hebammenstudierenden verpflichtet haben, zu vereinbaren. ³Für die Kosten der Weiterqualifizierung, die dazu dient, die Hebamme erstmals für die Praxisanleitung nach § 14 des Hebammengesetzes zu qualifizieren, ist eine eigene Pauschale zu bilden. ⁴Der Spitzenverband Bund der Krankenkassen veröffentlicht die Pauschalen auf seiner Internetseite; dies gilt auch für eine Festlegung durch die Schiedsstelle gemäß Absatz 3 Satz 3.

(2) ¹Die Verträge nach Absatz 1 haben Rechtswirkung für freiberuflich tätige Hebammen, wenn sie
1. einem Verband nach Absatz 1 Satz 1 auf Bundes- oder Landesebene angehören und die Satzung des Verbandes vorsieht, dass die von dem Verband nach Absatz 1 abgeschlossenen Verträge Rechtswirkung für die dem Verband angehörenden Hebammen haben, oder
2. einem nach Absatz 1 geschlossenen Vertrag beitreten.

²Hebammen, für die die Verträge nach Absatz 1 keine Rechtswirkung haben, sind nicht als Leistungserbringer zugelassen. ³Das Nähere über Form und Verfahren des Nachweises der Mitgliedschaft in einem Verband nach Satz 1 Nr. 1 sowie des Beitritts nach Satz 1 Nr. 2 regelt der Spitzenverband Bund der Krankenkassen.

(2a) ¹Der Spitzenverband Bund der Krankenkassen führt eine Vertragspartnerliste, in der alle zur Leistungserbringung zugelassenen freiberuflichen Hebammen nach Absatz 2 geführt werden. ²Diese enthält folgende Angaben:
1. Bestehen einer Mitgliedschaft in einem Berufsverband und Name des Berufsverbandes oder
2. Beitritt nach Absatz 2 Nummer 2 und dessen Widerruf sowie
3. Unterbrechung und Beendigung der Tätigkeit,
4. Vorname und Name der Hebamme,
5. Anschrift der Hebamme beziehungsweise der Einrichtung,
6. Telefonnummer der Hebamme,
7. E-Mail-Adresse der Hebamme, soweit vorhanden,
8. Art der Tätigkeit,
9. Kennzeichen nach § 293.

³Die Hebammen sind verpflichtet, die Daten nach Satz 2 sowie Änderungen unverzüglich über den Berufsverband, in dem sie Mitglied sind, an den Spitzenverband Bund der Krankenkassen zu übermitteln. ⁴Hebammen, die nicht Mitglied in einem Berufsverband sind, haben die Daten sowie Änderungen unmittelbar an den Spitzenverband Bund der Krankenkassen zu übermitteln. ⁵Nähere Einzelheiten über die Vertragspartnerliste und die Datenübermittlungen vereinbaren die Vertragspartner im Vertrag nach Absatz 1. ⁶Sie können im Vertrag nach Absatz 1 die Übermittlung weiterer, über die Angaben nach Satz 2 hinausgehender Angaben vereinbaren, soweit dies für die Aufgabenerfüllung des Spitzenverbandes Bund der Krankenkassen erforderlich ist.

(2b) ¹Der Spitzenverband Bund der Krankenkassen informiert über die zur Leistungserbringung zugelassenen Hebammen. ²Er stellt auf seiner Internetseite ein elektronisches Programm zur Verfügung, mit dem die Angaben nach Absatz 2a Satz 2 Nummer 4 und 6 bis 8 sowie gegebenenfalls weitere freiwillig gemeldete Angaben abgerufen werden können.

(2c) ¹Der Spitzenverband Bund der Krankenkassen ist befugt, die Daten nach Absatz 2 zur Erfüllung seiner Aufgaben nach dieser Vorschrift zu verarbeiten. ²Er ist befugt und verpflichtet, die Daten nach Absatz 2a an die Krankenkassen zu übermitteln.

(3) ¹Kommt ein Vertrag nach Absatz 1 ganz oder teilweise nicht zu Stande, wird der Vertragsinhalt durch die Schiedsstelle nach Absatz 4 festgesetzt. ²Der bisherige Vertrag gilt bis zur Entscheidung durch die Schiedsstelle vorläufig weiter. ³Kommt im Fall des Absatzes 1d bis zum 31. Dezember 2019 eine Vereinbarung nicht zustande, haben die Vertragspartner nach Absatz 1 die Schiedsstelle nach Absatz 4 hierüber unverzüglich zu informieren; diese hat von Amts wegen ein Schiedsverfahren einzuleiten und innerhalb von sechs Wochen die Pauschalen nach Absatz 1e festzulegen. ⁴Für die nach dem erstmaligen Zustandekommen einer Vereinbarung nach Absatz 1e oder einer Schiedsstellenentscheidung nach Satz 2 zu treffenden Folgeverträge gelten die Sätze 1 und 2.

(4) ¹Der Spitzenverband Bund der Krankenkassen und die für die Wahrnehmung der wirtschaftlichen Interessen gebildeten maßgeblichen Berufsverbände der Hebammen sowie die Verbände der von Hebammen geleiteten Einrichtungen auf Bundesebene bilden eine gemeinsame Schiedsstelle. ²Sie besteht aus Vertretern der Krankenkassen und der Hebammen in gleicher Zahl sowie aus einem unparteiischen Vorsitzenden und zwei weiteren unparteiischen Mitgliedern. ³Die Amtsdauer beträgt vier Jahre. ⁴Über den Vorsitzenden und die zwei weiteren unparteiischen Mitglieder sowie deren Stellvertreter sollen sich die Vertragspartner einigen. ⁵Kommt es nicht zu einer Einigung über die unparteiischen Mitglieder oder deren Stellvertreter, entscheidet das Los, wer das Amt des unparteiischen Vorsitzenden, der weiteren unparteiischen Mitglieder und der Stellvertreter auszuüben hat; die Amtsdauer beträgt in diesem Fall ein Jahr. ⁶Im Übrigen gilt § 129 Abs. 9 und 10 entsprechend.

(5) ¹Ein Ersatzanspruch nach § 116 Absatz 1 des Zehnten Buches wegen Schäden aufgrund von Behandlungsfehlern in der Geburtshilfe kann von Kranken- und Pflegekassen

gegenüber freiberuflich tätigen Hebammen nur geltend gemacht werden, wenn der Schaden vorsätzlich oder grob fahrlässig verursacht wurde. ²Im Fall einer gesamtschuldnerischen Haftung können Kranken- und Pflegekassen einen nach § 116 Absatz 1 des Zehnten Buches übergegangenen Ersatzanspruch im Umfang des Verursachungs- und Verschuldensanteils der nach Satz 1 begünstigten Hebamme gegenüber den übrigen Gesamtschuldnern nicht geltend machen.

| Übersicht | Rdn. | | Rdn. |
|---|---|---|---|
| A. Regelungsinhalt............... | 1 | Haftpflichtversicherungsprämien (Abs. 1c)................. | 48 |
| B. Versorgung mit Hebammenhilfe ...... | 14 | VI. Pauschalen zur Finanzierung von Kosten für die Ausbildung (Abs. 1d)...... | 50 |
| I. Vertragspartner (Abs. 1 und 6) ....... | 14 | C. Verträge über Hebammenhilfe........ | 54 |
| 1. Rechtsbeziehungen und Rechtsstellung der Hebammen ............ | 14 | I. Anspruch auf Hebammenhilfe........ | 54 |
| 2. Vertrag und Vertragsgegenstand .... | 22 | II. Regelungsinhalt (Abs. 2)............ | 55 |
| 3. Hebammenvergütung.............. | 30 | III. Führen einer Vertragspartnerliste (Abs. 2a).................. | 63 |
| II. Berücksichtigung der wirtschaftlichen Interessen, insbesondere von Kostensteigerungen bei der Berufsausübung (Abs. 1 Satz 3) ................ | 33 | IV. Information durch den GKV-Spitzenverband über zur Leistungserbringung zugelassene Hebammen im Internet (Abs. 2b)................ | 69 |
| III. Vereinbarungen über die Qualität der Hebammenhilfe (Abs. 1 und 1a) ...... | 35 | V. Befugnis des GKV-Spitzenverbandes zur Verarbeitung von Daten (Abs. 2c) .... | 71 |
| IV. Vereinbarung über einen Sicherstellungszuschlag (Abs. 1b)........... | 41 | D. Schiedsstellenregelung (Abs. 3 und 4) . | 73 |
| V. Übergangsregelung zur finanziellen Entlastung bei steigenden | | E. Regressbeschränkung (Abs. 5)......... | 79 |

## A. Regelungsinhalt

§ 134a gilt in der Fassung des Art. 1 Nr. 15 DVPME vom 03.06.2021 (BGBl. I S. 1309) mit Wirkung vom 09.06.2021. Die Erläuterungen zu § 134a entsprechen weitgehend der Fassung durch Art. 3 HebRefG vom 22.11.2019 (BGBl. I S. 1759) mit Wirkung vom 01.10.2019. Zu den nachfolgenden Änderungen vgl. die Hinweise unter Rdn. 13a, b. **1**

§ 134a regelt die Versorgung von Versicherten mit Leistungen freiberuflich tätiger Hebammen sowie Entbindungspflegern (Abs. 6). Zum materiell-rechtlichen Anspruch auf ambulante oder stationäre Entbindung vgl. § 24 f. Die Zulassung erfolgt auf einer vertraglichen Grundlage nach Maßgabe von bundeseinheitlichen Verträgen. Inhalt sind nach **Abs. 1 Satz 1** die Versorgung mit freiberuflich erbrachter Hebammenhilfe, die abrechnungsfähigen Leistungen, die Anforderungen an die Qualitätssicherung sowie die Höhe der Vergütungen und deren Abrechnung. Im Rahmen der Verträge sollen neben der Bedarfssituation vornehmlich die Qualität der Leistungen, die Beitragsstabilität sowie die berechtigten Interessen der Hebammen berücksichtigt werden. Deshalb werden in **Abs. 1a** die Anforderungen an die Qualitätssicherung konkretisiert. **Abs. 1b** regelt einen Sicherstellungszuschlag bei nicht ausreichender Vergütung und **Abs. 1c** einen zeitlich befristeten Zuschlag auf die Abrechnungspositionen für bestimmte Leistungen. **Abs. 1d** in der Fassung ab 01.10.2020 regelt eine Vereinbarung zum Verfahren zur Finanzierung von Kosten für die Ausbildung von Hebammenstudierenden in ambulanten hebammengeleiteten Einrichtungen sowie die Möglichkeit zur Vereinbarung von Pauschalbeträgen zur Finanzierung. **2**

Zur Leistung **zugelassen** sind nach **Abs. 2** nur Hebammen kraft **Mitgliedschaft** in einem vertragschließenden Berufsverband oder kraft **Beitritts** zu den Verträgen. Zur »Mindestgröße« eines Verbandes vgl. LSG Berlin-Brandenburg Urt. v. 18.01.2018 – L 1 KR 316/13, mit der Folge, dass ein Verband mit einer verschwindend geringen Menge von Mitgliedern nicht »als maßgeblich« anzusehen sei. Abs. 2a, 2b und 2c wurden mit Wirkung vom 11.05.2019 eingefügt: **Abs. 2a** gibt dem GKV-Spitzenverband auf, eine Vertragspartner Liste zugelassener freiberuflicher Hebammen **3** zu führen. **Abs. 2b** sieht die Information über zugelassene Hebammen im Internet vor und **Abs. 2c** regelt eine Ermächtigung des GKV-Spitzenverbandes zur Verwendung von Daten.

4   Eine **Schiedsstellenregelung nach Abs. 3 und 4** sichert das Vorliegen entsprechender Verträge (so der Vertrag nach § 134a in der Fassung vom 05.09.2017). Die Geltendmachung eines Ersatzanspruchs nach § 116 Abs. 1 SGB X seitens der Kranken- und Pflegekassen ist bei einfacher Fahrlässigkeit nach Maßgabe des **Abs. 5** ausgeschlossen, was sich günstig auf die Höhe der Haftpflichtversicherung auswirken sollte.

5   Der **Hebammenhilfe** schreibt der Gesetzgeber, auch im Zusammenhang mit der freien Wahl des Geburtsortes – Hausgeburt, Geburt in einer Hebammeneinrichtung oder einem Krankenhaus (vgl. § 24f Satz 2) –, besondere Bedeutung zu, vgl. BT-Drs. 18/1657. Die **Leistung der Hebammenhilfe** im ambulanten Bereich habe Hebammen, die in geburtsschwachen Regionen oder in Teilzeit tätig seien und schwer in der Lage seien, die gestiegenen Haftpflichtprämien aus der Vergütung für ihre Tätigkeit zu kompensieren, erheblich belastet. Zugleich sieht der Gesetzgeber Anlass, die **Anforderungen an die Qualitätssicherung von Hebammen** und ebenso auch in den von **hebammengeleiteten Einrichtungen** (Letzteres war mit der Änderung durch das PNG fraglich geworden) zu konkretisieren, Vereinbarungen hierüber vorzugeben (Abs. 1 Satz 1 und 2 sowie Abs. 1a in der Fassung ab 06.06.2014) und an die **Erfüllung dieser Qualitätsanforderungen Leistungen** zu knüpfen. Zum Vorliegen und zu Abrechnungsfragen durch Hebammengemeinschaften vgl. LSG Bayern Urt. v. 01.03.2018 – L 4 KR 498/17.

6   Bei der Berücksichtigung der **wirtschaftlichen Interessen** der freiberuflich tätigen Hebammen im Rahmen des Abs. 1 Satz 2 sind insbesondere **Kostensteigerungen** zu beachten (Abs. 1 Satz 3), die die Berufsausübung betreffen. In der Praxis sind dies insbesondere deutliche Steigerungen bei der **Berufshaftpflichtversicherung** (vgl. BT-Drs. 17/6906 S. 86, mit Beiträgen von jährlich mehr als 6.000 €, vgl. Angaben des GKV-Spitzenverbandes hierzu). Dies hat der Gesetzgeber mit dem **GKV-FQWG** erneut aufgegriffen (vgl. BT-Drs. 18/1657 S. 68, 69 Vorabfassung) und mit auf Dauer angelegten und vorläufigen Hilfestellungen, verbunden mit der Erfüllung von Qualitätsanforderungen, geregelt bzw. zu regeln versucht (jedenfalls aus der Sicht der Berufsverbände nur bedingt).

7   Nach hier vertretener Auffassung sollte eine **staatliche Abdeckung dieses Risikos**, jedenfalls im Sinne eines Grundbetrags, erwogen werden. Bei etwa 5.000 freiberuflich tätigen Hebammen, davon gut 2.000 in wechselnder Aufgabenstellung mit und ohne Hausgeburten, ist die Zahl von realisiertem Risiko nicht sehr hoch, ein Schadensfall dann aber mit riesigen Beträgen verbunden.

8   Besonderes Gewicht kommt den **Qualitätsanforderungen** an die **Hebammenhilfe** zu, die alle Bereiche der Hebammenhilfe erfassen sollen. Die Vertragsparteien haben entsprechende **Vereinbarungen** zu treffen. Die Inhalte einer solchen Vereinbarung wurden in **Abs. 1a** mit dem GKV-FQWG mit Wirkung vom 06.06.2014 erneut konkretisiert und sind ausweislich des Gesetzestextes bis zum 31.12.2014 zu treffen. Die **Vereinbarungen** sollen **Mindestanforderungen** an die Struktur-, Prozess- und Ergebnisqualität umfassen sowie »geeignete verwaltungsunaufwändige Verfahren« zum Nachweis der Erfüllung dieser Qualitätsanforderungen festlegen. Dabei handelt es sich um Mindestanforderungen in Bezug auf **sämtliche Dimensionen der Versorgungsqualität**.

9   Diesen Anforderungen kommt auch Bedeutung im Hinblick auf die Berufshaftung zu. Es entspricht der Gesamtkonzeption des GKV-FQWG, die **Qualitätsanforderungen** bezüglich der Versorgungsqualität besser **abzusichern** und zugleich seitens des GKV-Spitzenverbandes **Hilfestellungen zur Bewältigung der gestiegenen Berufshaftpflicht-Beiträge** – gekoppelt an den Nachweis von Qualitätssicherungsmaßnamen – zu geben..

10  Die **zivilrechtliche Rechtsprechung** hat sich mehrfach mit **Geburtsschäden** zu befassen gehabt, vgl. aktuell BGH Urt. v. 20.05.2014 – VI ZR 187/13, MDR 2014, 830, auch im Sinne einer Mitverursachung; hier ist bei erkennbaren Problemen eine eingehende Dokumentation erforderlich, vgl. OLG Hamm Urt. v. 11.04.2014 – I-26 U 6/13, GesR 2014, 416, wobei hier die Verantwortlichkeit des ärztlichen Personals zur Aufklärung – und nicht der Hebamme – festgestellt worden ist.

Schadensfälle mögen zwar die Ausnahme sein, können aber im Einzelfall zu einem ganz erheblichen Aufwand führen, die mit einer langwierigen Versorgung der betroffenen Kinder verbunden sein können (insbesondere bei Sauerstoffmangel während der Geburt und Gehirnschäden). Vgl. ferner zur Krankenhaushaftung BGH Urt. v. 08.11.2016 – VI ZR 594/15, GesR 2017, 94.

Als besonders **problematisch** stellt sich die **wirtschaftliche** Situation für Hebammen dar, die in einem geringeren Umfang Geburten als Hebammenleistungen erbringen, sei es regional bedingt oder auch wegen einer zeitlich herabgesetzten Arbeitszeit. **Regelungen** sind insbesondere über die **Höhe des Sicherstellungszuschlags** in Abhängigkeit von der Anzahl der betreuten Geburten, der Anzahl der haftpflichtversicherten Monate für Hebammen mit Geburtshilfe ohne Vorschäden und der Höhe der zu entrichtenden Haftpflichtprämie sowie der Auszahlungsmodalitäten zu treffen. Dabei sind die Hebammen verpflichtet, eine ihrer Tätigkeit angepasste Haftpflichtprämien zu vereinbaren, um auch auf diese Weise die **Kosten zu senken**. Hebammen sind verstärkt in der Familienhilfe und in der Hilfe vor und nach der Geburt tätig; auch hieran können **Prämien angepasst** sein. — 11

In den **Richtlinien des Gemeinsamen Bundesausschusses** ist der Bereich der Hebammenhilfe allein in den Mutterschaftsrichtlinien (vgl. § 92 Abs. 1 Satz 2 Nr. 4) nur ansatzweise geregelt, wobei hier auch die Sachkunde aus einschlägigen Verbänden einbezogen werden kann (vgl. *Luthe* in Hauck/Noftz SGB V 03/17 § 134a Rn. 7). Dieser Regelungsbereich fällt in die **Regelungszuständigkeit des GKV-Spitzenverbandes**; zudem können Krankenkassen **Mehrleistungen** kraft Satzung nach § 11 Abs. 6 erbringen. — 12

Im Hinblick auf die **Hebammenhilfe** sind eine Reihe von **Vereinbarungen, Verträge und Übergangsregelungen** maßgeblich (**nachgewiesen vom GKV-Spitzenverband unter »Hebammenhilfevertrag«**). — 13

§ 134a **Abs. 1d** wurde eingefügt, der bisherige Abs. 1d wurde **neuer Abs. 1e, Abs. 3 Satz 3 und 4** wurden redaktionell angepasst und **Abs. 6 wurde aufgehoben** durch Art. 1 Nr. 15 Gesetz zur digitalen Modernisierung von Versorgung und Pflege (Digitale-Versorgung-und-Pflege-Modernisierungs-Gesetz – DVPMG) vom 03.06.2021 (BGBl. I S. 1309) mit Wirkung vom 09.06.2021. Zur Begründung des Gesetzentwurfs vgl. BT-Drs. 19/27652 S. 106. In der Ausschussberatung ist die Wortwahl »im Wege der Videobetreuung« aufgenommen worden, vgl. BT-Drs. 19/29384 S. 195. — 13a

Im Rahmen der Corona-Pandemie hätten die Vertragspartner des Hebammenhilfevertrags kurzfristig eine **Leistungserbringung im Wege der Videobetreuung** ermöglicht. Diese Möglichkeit gelte es zu verstetigen. Die Vertragspartner nach § 134a würden verpflichtet, für Leistungen, die sich für eine Leistungserbringung im Wege der Videobetreuung eigneten, in ihren Verträgen rechtliche Grundlagen zu schaffen. Um eine sichere videotechnische Leistungserbringung durch Hebammen zu gewährleisten, seien in den Verträgen nach § 134a auch die technischen Voraussetzungen zur Leistungserbringung im Wege der Videobetreuung durch die Hebammen zu regeln. Zudem seien Regelungen durch die Vertragspartner des Hebammenhilfevertrags über Leistungen der Hebammenhilfe zu treffen, die im Zusammenhang mit dem Einsatz digitale Gesundheitsanwendungen erbracht würden. Die weiteren Änderungen seien Folgeänderungen. Die Aufhebung des **Abs. 6** sei eine Folgeänderung zu §§ 3 und 74 Hebammengesetz. — 13b

## B. Versorgung mit Hebammenhilfe

### I. Vertragspartner (Abs. 1 und 6)

#### 1. Rechtsbeziehungen und Rechtsstellung der Hebammen

§ 134a stellt auf vertragliche Regelungen zwischen den **Berufsverbänden für Hebammen und Entbindungspfleger** sowie den **Krankenkassen** ab. § 134a erfasst die **freiberufliche Tätigkeit von Hebammen und Entbindungspflegern**. Letztere sind nach Abs. 6 den Hebammen gleichgestellt. — 14

Diese Tätigkeit ist von den in einem **Krankenhaus** angestellten Hebammen und Entbindungspflegern zu unterscheiden; hier gilt Arbeitsrecht im Verhältnis zum **Krankenhaus**. Unabhängig hiervon — 15 gilt auch hier das Hebammenprivileg, wonach stets Hebammen einzubeziehen sind, Notfälle ausgenommen (vgl. auch § 24f SGB V, § 4 Abs. 3 HebG mit Wirkung vom 01.01.2020, zuvor § 4 Abs. 1 Satz 2 HebG a.F.). Näheres über den Beruf, das Studium, die Anerkennung von Berufsqualifikationen, das Erbringen von Dienstleistungen, Zuständigkeiten und Aufgaben der Behörden sowie Bußgeldvorschriften wird im Gesetz über das Studium und den Beruf von Hebammen (Hebammengesetzes – HebG) vom 22.11.2019 – BGBl. I S. 1759, weitgehend mit Wirkung vom 01.01.2020, geregelt.

16 **Hebammen und Entbindungspfleger** sind Personen, die diese Berufsbezeichnung aufgrund einer **Erlaubnis** nach dem HebG führen dürfen, vgl. bis 31.12.2019 §§ 1 ff. (HebG) vom 04.06.1985 – BGBl. I S. 902 in der Fassung des Art. 36 G. vom 15.08.2019 – BGBl. I S. 1307, zur Vertragshistorie vgl. *Schneider* in jurisPK-SGB V 06/2020 § 134a Rn. 10 bis 13, neu gefasst durch Art. 1 Hebammenreformgesetz – HebRefG om 22.11.2019 – BGBl. I S. 1759, weitgehend mit Wirkung vom 01.01.2020. Die **berufsrechtlichen Vorgaben** sind für die Krankenkassen zwingend; eine zusätzliche Eignungsprüfung erfolgt deshalb nicht. Die Erlaubnis zum Führen der Berufsbezeichnung folgt aus § 3 bis 8 HebG. Moderne Ausbildungsgänge sind kompetenzorientiert aufgebaut und zudem durch eine Akademisierung der Ausbildung gekennzeichnet. Zum Widerruf der Erlaubnis zum Führen der Berufsbezeichnung »Hebamme« vgl. § 7 HebG.

17 Die Ausübung der Tätigkeit unterliegt mit Bezug zur Krankenversicherung ebenso dem Gebot der **Qualitätssicherung** wie auch der **Wirtschaftlichkeit**.

18 Als **Berufsverband** (Berufsorganisation) wird insbesondere der **Deutsche Hebammenverband e.V.** mit Sitz in Karlsruhe tätig (vgl. Nachweise im Internet unter www.hebammenverband.de). Auf Landesebene sind entsprechende Verbände (Hebammenlandesverbände) eingerichtet. Der Verband ist zudem regelmäßig Träger der Einrichtungen des Netzwerkes der Geburtshäuser. Der Verband engagiert sich insbesondere auch bei aktuellen Problemen, die sich im Zusammenhang mit der Tätigkeit von Hebammen vornehmlich aus den hohen Versicherungskosten und einer angemessenen Vergütung ergeben. Der Verband setzt sich für eine wohnortnahe und niedrigschwellige geburtshilfliche Versorgung und Verbesserung der Versorgung von Müttern und Neugeborenen, dem Erhalt der Wahlfreiheit des Geburtsortes für Frauen und dem Erhalt und Ausbau der Versorgung mit Hebammenhilfe ein. Dazu gehörten Vergütungen, die den aktuellen Problemen entsprechen könnten. Dabei müsse auch die Haftpflichtproblematik einbezogen werden, wobei ein vorläufiges Angebot des GKV-Spitzenverbandes von Verbandsseite angenommen und zudem in eine gesetzliche Regelung einbezogen worden ist (vgl. Art. 1 Nr. 4b GKV-FQWG).

19 Als Berufsverband wird auch der **Bund freiberuflicher Hebammen Deutschlands e.V.** mit Sitz in Frankfurt am Main mit rund 1.000 Mitgliedern tätig. Dieser Berufsverband wird vielfach aktiv, bietet für Mitglieder einen Zugang zur Rechtsberatung und zu Versicherungsfragen. Aktiv ist der Verband auch in der Vertrags- und Vergütungsfindung nach der Rechtslage ab 01.07.2015 mit Bezug zum GKV-Spitzenverband. Auch dieser Berufsverband ist mit dem Schwerpunktthema »Versicherungsschutz« befasst und wendet sich insoweit und darüber hinaus im Sinne einer Geburtskultur an eine interessierte Öffentlichkeit (Stichwort: Bewahrung von Frauenwissen).

20 Für die Frage, ob ein Verband i.S.d. § 134a **als maßgeblicher Berufsverband der Hebammen anerkannt werden kann**, soll es nicht wesentlich auf den Inhalt der für einen ganz anderen Bereich erlassenen Patientenbeteiligungsverordnung ankommen. Vielmehr müssten die Voraussetzungen vor dem Hintergrund der den maßgeblichen Berufsverbänden durch das Gesetz übertragenen Aufgaben und Funktionen und unter Berücksichtigung der sich aus der bisherigen Vertragspraxis ergebenden Gebräuche bestimmt werden. Ein Verband, der nur für eine verschwindend geringe Menge von Mitgliedern sprechen könne, sei nicht als maßgeblicher Verband i.S.d. § 134a anzuerkennen. Eine hinreichende Repräsentation der durch den Vertrag potentiell betroffenen Hebammen ergebe sich nicht dadurch, dass sich der Verband auf die Vertretung von Hausgeburtshebammen beschränke, vgl. LSG Berlin-Brandenburg Urt. v. 18.01.2018 – L 1 KR 316/13.

Da die **Hebammenleistungen** vorrangig im Rahmen des **Sachleistungs- bzw. Dienstleistungsprin-** 21
**zips** seitens der Krankenkasse erbracht werden, trifft die Krankenkasse die Vergütungspflicht; die
Leistungspflicht erfolgt zugunsten der Versicherten. Zwischen Hebamme oder Entbindungspfleger
und der Versicherten kommt ein **Dienstvertrag** mit zivilrechtlicher Abwicklung zustande, vgl. *Luthe* in Hauck/Noftz SGB V 03/17 § 134a Rn. 14. Hinzu kommt das **Abrechnungsverhältnis** zwischen Hebamme und Krankenkasse, vgl. *Luthe* a.a.O. Rn. 15. Zum Vorliegen und zur Abrechnung
von Leistungen durch Hebammengemeinschaften vgl. LSG Bayern Urt. v. 01.03.2018 – L 4 KR
498/17, mit verschiedenen Parallelentscheidungen; in der Revisionsinstanz verglichen unter Az.: B
3 KR 7/18 R; die Argumentation, die Behandlung sei durch zwei verschiedene Hebammen erfolgt,
wird abrechnungstechnisch nicht anerkannt.

### 2. Vertrag und Vertragsgegenstand

Die **Verträge** über die Versorgung mit **Hebammenhilfe** sind **öffentlich-rechtliche und bundes-** 22
**einheitlich abgeschlossene Kollektivverträge**, vgl. § 53 SGB X, § 69 SGB V (und zwar nach hergebrachter Rechtslage nur einen Kollektivvertrag, vgl. SG Berlin Urt. v. 11.09.2013 – S 81 KR
1172/13, KrV 2014, 37. Soweit diese Verträge nach den Vorschriften des SGB V des SGB X
nicht abschließend geregelt sind, kommen auch Vorschriften des BGB entsprechend zur Anwendung, vgl. *Luthe* in Hauck/Noftz, SGB V,03/17 § 134a Rn. 16, 17 unter Bezugnahme auf BSG
Urt. v. 24.01.2008 – B 3 KR 2/07 R – SozR 4–2500 § 132a Nr. 4, SGb 2009, 414, NZS 2009, 35,
hier auch zum vorvertraglichen Schuldverhältnis.

Das HebG in der Fassung ab 01.01.2020 erfasst die Ausführung und Abrechnung der Hebam- 23
menhilfe über einen »Vertrag über die Hebammenhilfe« nach Abs. 1 Satz 1. Der Gesetzgeber
wollte ersichtlich insoweit keine Änderung herbeiführen, wie auch aus der Hebammenhilfe-
Gebührenverordnung ersehen werden kann, vgl. *Schneider* in jurisPK-SGB V 06/2020 § 134a
Rn. 15. Die abrechnungsfähigen Leistungen der Hebammen im Einzelnen werden in dem Vertrag
über die Versorgung mit Hebammenhilfe aufgelistet. Dies ändert jedoch an der Versorgungspraxis nichts, dass freiberufliche Hebammen, vornehmlich im Hinblick auf das Haftungsrisiko, sich
überwiegend auf die Vor- und Nachsorge im Rahmen der Geburtshilfe beschränken, vgl. *Schneider*
a.a.O. Rn. 15 unter Bezugnahme auf *Ertel* SGb 2019, 14.

Für das **Leistungserbringungsrecht** auch für Hebammen gilt der Gedanke partnerschaftlichen 24
Verhaltens zwischen Krankenkasse und Leistungserbringer (»Partnerschaftlichkeit als Orientierungsrahmen« vgl. *Luthe* in Hauck/Noftz 03/17 § 134a Rn. 18), wobei aus der Aufnahme einer
Schiedsverfahrensregelung (so Abs. 4, maßgeblich in der Fassung des TSVG mit Wirkung vom
11.05.2019, parallel zu § 89) das gesteigerte Interesse an einer vertraglichen Grundlage für den Regelungsbereich folgt. Dabei ist das Gestaltungsrecht der Vertragsparteien zu wahren, insbesondere
durch die Gerichte. Von der Möglichkeit eines Schiedsverfahrens ist zudem aktuell für die Vereinbarungen ab 01.07.2015 Gebrauch gemacht worden.

**Vertragspartner** ist einerseits der **GKV-Spitzenverband**, in dessen Verantwortung der Regelungs- 25
bereich der Hebammenhilfe weitgehend liegt. Anderseits sind **Berufsverbände** der Hebammen
beteiligt; ein Beteiligungsrecht wird regelmäßig anzunehmen sein, wenn der Verband wenigstens
5 % der maßgeblichen Berufsgruppe vertritt, auch im Falle der Vertretung einer speziellen Berufsgruppe, vgl. hierzu SG Berlin Urt. v. 11.09.2013 – S 81 KR 1172/13, KrV 2014, 37, hier zur Beschränkung auf die maßgeblichen Berufsverbände der Hebammen und zur Maßgeblichkeit eines
Verbandes.

**Leistungserbringer** (freiberuflich tätige Hebammen oder Entbindungspfleger), die keinem Be- 26
rufsverband angehören, können nicht über einen Berufsverband in die Vertragsbindung einbezogen werden. Diesen wird jedoch die **Möglichkeit des Beitritts** zum Vertrag eröffnet, wie aus
Abs. 2 Satz 1 Nr. 2 folgt. Die **Bindungswirkung** durch Verträge (aufgrund einer Mitgliedschaft in
einem Berufsverband oder durch Beitritt) ist allerdings zwingend, weshalb Hebammen, für die die

Verträge nach Abs. 1 keine Rechtswirkungen haben, nicht als Leistungserbringer zugelassen sind, vgl. Abs. 2 Satz 2.

27 Vertragsgegenstand i.S.d.s Abs. 1 Satz 1 ist die Versorgung mit Hebammenhilfe, wobei **Vertragsinhalt** die abrechnungsfähigen Leistungen, die Höhe der Vergütungen für die Leistungen der Hebammenhilfe einschließlich der Modalitäten der Abrechnung, der Datenübermittlung und der Anwendung des § 301a (Abrechnung der Hebammen und der von ihnen geleiteten Einrichtungen, hier in der Fassung ab 30.10.2012) sind. Einbezogen werden auch Anforderungen an die Qualität der Hebammenhilfe.

28 Ferner haben die **Vertragspartner** bei der Vertragsfindung nach **Abs. 1 Satz 2** den Bedarf der Versicherten an Hebammenhilfe unter Einbeziehung der in § 24f Satz 2 geregelten Wahlfreiheit der Versicherten und deren Qualität (vornehmlich in Hinsicht auf die Versorgungsqualität, weniger der Qualität der einzelnen Hebammenleistung), den Grundsatz der Beitragssatzstabilität sowie die berechtigten wirtschaftlichen Interessen der freiberuflich tätigen Hebammen zu berücksichtigen.

29 Soweit die Regelung auf dem **Bedarf** der Versicherten an Hebammenhilfe abstellt, soll überwiegend die Wahlfreiheit der Versicherten gewahrt sein. Eine **Bedarfsprüfung** bei der Zulassung von Hebammen ist nicht vorgesehen, vielmehr sind alle beruflich qualifizierten Hebammen, die entweder einem Verband angehören oder einem Vertrag beigetreten sind, zuzulassen, Abs. 2 Satz 1.

### 3. Hebammenvergütung

30 Die **Vergütung der Hebammenhilfe** freiberuflicher Hebammen – nur deren Tätigkeit wird in § 134a erfasst, nicht etwa die der angestellten Hebammen in Krankenhäusern – richtete sich früher nach einer Gebührenverordnung, die das BMG erlassen hatte. In Schritten ist die Abrechnung ab dem Jahr 2007 bezüglich der Vergütungsfestsetzung in vertragliche Vergütungsvereinbarungen überführt worden.

31 Zum **Hebammenhilfe-Vertrag** nach § 134a wie auch zu den jeweils aktuellen und früheren Vergütungsvereinbarungen vgl. die ausführlichen Nachweise des GKV-Spitzenverbandes im Internet unter »www.g-ba.de/Versorgungsbereiche der GKV/Hebammen«. Hier sind auch die Vorgaben zur Versichertenbestätigung geregelt und die entsprechenden Abrechnungsformalitäten angegeben. Zum Vertrag ab 25.09.2015 mit Anhängen und Anlagen, weitgehend ab 2018 bzw. 2019 sowie bezüglich Qualitätssicherung ab 2020, vgl. Nachweis im Internet. Für die Zeit der Ausbreitung des Coronavirus SARS-CoV2 sind befristet Sonderregelungen getroffen worden, gleichfalls im Internet nachgewiesen. Im Internet werden zudem eine Vielzahl weiterer Vereinbarungen nachgewiesen, insbesondere auch zur Haftpflichtproblematik.

32 Aus der **Vergütungsvereinbarung** folgt der **Vergütungsanspruch der Hebamme** oder des Entbindungspflegers. Mangels eines Über-Unterordnungsverhältnisses wird der Anspruch vor den Sozialgerichten mit der **Leistungsklage** gelten zu machen sein, vgl. *Schneider* in jurisPK-SGB V 06/2020 Rn. 38 unter Bezugnahme auf LSG Niedersachsen Urt. v. 12.07.2000 – L 4 KR 15/99, E-LSG KR-186 sowie auf BSG Urt. v. 23.03.2006 – B 3 KR 6/05 R zum Anspruch auf Prozesszinsen, hier jedoch bei einer Rehabilitationsklinik.

### II. Berücksichtigung der wirtschaftlichen Interessen, insbesondere von Kostensteigerungen bei der Berufsausübung (Abs. 1 Satz 3)

33 Bereits nach Abs. 1 Satz 2 haben die Vertragspartner (auch) »die berechtigten wirtschaftlichen Interessen der freiberuflich tätigen Hebammen zu berücksichtigen«, vgl. *Schneider* in jurisPK-SGB V 06/2020 § 134a Rn. 14. Dies schließt grundsätzlich die Berücksichtigung der jeweils und im Regelfall gegebenen Kostenstruktur ein. Maßgeblich ist hier auf die Vereinbarung mit dem Stand ab 15.07.2018 bzw. Fortschreibungen abzustellen.

34 Mit Abs. 1 Satz 1 wurde klargestellt, dass die **Vertragspartner** in den Verträgen nach Abs. 1 weiterhin auch die Anforderungen an die Qualitätssicherung in den von Hebammen geleiteten

Einrichtungen zu vereinbaren haben. Den Vertragspartnern wurde ferner aufgegeben, die verpflichtende Teilnahme der Hebammen an **Qualitätssicherungsmaßnahmen** zu regeln. Die Problematik der Haftpflichtversicherung ist mit dem **GKV-FQWG** mit Wirkung vom 06.06.2014 – nachdem bereits zuvor für die Zeit ab 01.01.2014 und gestuft ab 01.07.2014 Regelungen getroffen worden waren – erneut aufgegriffen worden. Nach dem Stand 01.07.2015 waren die Sicherstellungszuschläge streitig geworden; der GKV-Spitzenverband hat die Schiedsstelle angerufen. Abzustellen ist nunmehr auf den Stand 15.07.2018 (bei Redaktionsstand 02/2021). Langfristig dürfte die Haftpflichtproblematik wohl besser durch eine staatliche Auffangversicherung, die dann konkret ergänzt würde, gelöst werden können; denkbar wäre auch eine Fondslösung; ein besonderes öffentliches Interesse dürfte nicht zu verneinen sein. Das abzudeckende Risiko ist in der Summe bundesweit überschaubar, im Einzelfall aber nicht selten riesig und auf lange Zeit ausgelegt.

### III. Vereinbarungen über die Qualität der Hebammenhilfe (Abs. 1 und 1a)

Als Anlage zur Vereinbarung über Maßnahmen zur **Qualitätssicherung** der Versorgung von Früh- und Neugeborenen ist die Qualitätsvereinbarungen gültig ab 25.09.2015 mit weiteren Unteranlagen maßgeblich. Dieser Regelungskomplex (Abs. 1 Satz 1 und Abs. 1a) war mit dem GKV-FQWG mit Wirkung vom 06.06.2014 nochmals »verdichtet« und konkreter geregelt worden; zudem werden vom Nachweis der Teilnahme bzw. Durchführung von Maßnahmen der Qualitätssicherung Leistungen und insbesondere **zusätzliche Leistungen** abhängig gemacht (Abs. 1b Satz 1). Diese Maßnahmen gelten ebenso für von Hebammen geleitete Einrichtungen, wie dies in Abs. 1 Satz 1 mit Wirkung vom 06.06.2014 nochmals klargestellt wird, vgl. *Schreiber* in jurisPK-SGB V 06/2020 § 134a Rn. 16 zu den Qualitätsanforderungen. 35

Parallel dazu können Vorgaben aus der **Vereinbarung zur Struktur- und Prozessqualität** für Geburtshäuser herangezogen werden, hier auch mit einem ausführlichen Katalog für den Vorzug einer Klinik unter ärztlicher Leitung bei mutmaßlichen Komplikationen sowie Muster für eine Behandlungsvereinbarung. Die Übertragung auf Hausgeburten wird streitig gestellt, weil dieser Standard wohl kaum realisierbar sein dürfte. 36

Vertraglich sind **Mindestanforderungen** an die üblichen Formen der Qualität festzulegen, nämlich an die Strukturqualität, die Prozessqualität und die Ergebnisqualität. Allerdings dürfen Mindeststandards nicht als Regelstandards gesehen werden (vgl. *Luthe* in Hauck/Noftz SGB V 03/17 § 134a Rn. 32). Vielmehr unterliegen Qualitätsstandards der laufenden Fortentwicklung, dem medizinischen und pflegerischen Erkenntnisstand folgend; dies könne in einer Dynamisierungsklausel aufgefangen werden, vgl. *Luthe* a.a.O. Rn. 33. Dies beinhaltet Vorgaben für die persönlichen und sächlichen Anforderungen, die Erbringung von Leistungen sowie auch die Evaluierung der Ergebnisse der Leistungen. Zu den Qualitätsanforderungen vgl. näher auch die Materialien zum GKV-FQWG in BT-Drs. 18/1307. Zu den Qualitätsanforderungen gehört auch die prophylaktische Einplanung der Verlegung in eine Klinik in einer Mindestzeit sowie die Berücksichtigung von mütterlichen und kindlichen Notlagen. 37

Der **Aufwand für die Realisierung der Qualitätsanforderungen** soll in Übereinstimmung mit den Materialien so realisiert werden, dass dieser **vertretbar** erscheint, zugleich aber alle Stufen der Qualitätssicherung eingehalten werden und die notwendige Dokumentation und Kontrollmöglichkeit sichergestellt ist. Einerseits soll die Arbeit der Hebammenhilfe nicht mit unnötiger Bürokratie belastet werden, andererseits sind jedoch die notwendigen Nachweise »verwaltungsunaufwändig« (so BT-Drs. 17/10170 S. 26) erforderlich. 38

Die hier festgelegten Anforderungen dürften auch berufspolitische Bedeutung haben, da diese zwangsläufig den **Standard** für haftungsrechtliche Fragen vorgeben. Die Materialien sprechen hier von einem »Mindeststandard«, der somit – nachweisbar – nicht unterschritten werden darf. 39

Abs. 1a war durch das GKV-FQWG mit Wirkung vom 06.06.2014 neu gefasst worden. Der **Sicherung der notwendigen Versorgungsqualität in der Geburtshilfe** komme eine besondere Bedeutung 40 zu. Aus diesem Grund sähen die gesetzlichen Regelungen für Leistungen der Hebammenhilfe bereits ausdrücklich die **Vereinbarung von Qualitätsanforderungen** vor. Mit der Neufassung des Abs. 1a würden der Spitzenverband Bund der Krankenkassen und die maßgeblichen Berufsverbände nunmehr verpflichtet, die im Vertrag nach Abs. 1 Satz 1 zu treffenden **Anforderungen an die Qualität der Hebammenhilfe** bis zum 31. Dezember 2014 (und auch fortzuschreiben, was teilweise nur mittels Schiedsstelle möglich war) zu **vereinbaren**. Die Einhaltung der entsprechenden Qualitätsanforderungen sei insbesondere auch für die Geltendmachung eines Sicherstellungszuschlages nach Abs. 1b (neu) erforderlich. Satz 2 übernehme die bereits geltende Regelung, dass die Qualitätsvereinbarungen **Mindestanforderungen** an die Struktur-, Prozess- und Ergebnisqualität umfassten sowie geeignete verwaltungsunaufwändige Verfahren zum Nachweis der Erfüllung dieser Qualitätsanforderungen festlegen sollten.

### IV. Vereinbarung über einen Sicherstellungszuschlag (Abs. 1b)

41 Mit der Regelung in **Abs. 1b** (mit Wirkung vom 06.06.2014 eingefügt) wurde ein **Sicherstellungszuschlag** eingeführt. **Hebammen**, die wegen **geringer Geburtenzahlen** und **hoher Haftpflichtprämien** finanziell überfordert wären, sollen durch die Regelung **dauerhaft entlastet** werden. Damit soll zugleich eine flächendeckende Versorgung mit Geburtshilfe auch in Regionen mit einer geringeren Zahl von Geburten sichergestellt werden. Auch die hier gebotene Einigung ist allein durch ein Schiedsverfahren erreicht worden, vgl. *Schneider* in jurisPK-SGB V 06/2020 § 134a Rn. 20.

42 Alle **Modalitäten für den Sicherstellungszuschlag** sollen in einer Vereinbarung zwischen den Vertragspartnern nach Abs. 1 Satz 1 geregelt werden, Abs. 1b Satz 3. Diese Regelung war bis zum 01.07.2015 zu treffen; gleichzeitig lief die vorläufige Regelung nach Abs. 1c aus. Zur Regelung vgl. Nachweise unter den Hinweisen zum Regelungsinhalt.

43 Ein **abschließender Katalog** von Regelungsinhalten i.S.d. **Abs. 1b** wird nicht festgelegt, wohl aber werden wichtige Inhalt angeführt, die vereinbart werden sollten (»insbesondere«). Zu regeln sind die **Höhe** des Sicherstellungszuschlags in Abhängigkeit von der Anzahl der betreuten Geburten und die **Anzahl** der haftpflichtversicherten Monate für Hebammen mit Geburtshilfe ohne Vorschäden. Die Regelung geht damit davon aus, dass die **Hebamme selbst zur Kostenminderung beiträgt** und den Zeitraum, in dem eine Haftpflichtversicherung wirksam werden soll, begrenzt. Zur Tätigkeit einer Hebamme gehören eine Reihe von Aufgaben, die **nicht** mit der Geburtshilfe in Zusammenhang stehen, wie etwa die Familienhilfe sowie Betreuungsleistungen vor und nach der Geburt. Auch hier ist eine **Haftpflichtversicherung** notwendig, die jedoch mit wesentlich niedrigeren Prämien abgeschlossen werden kann.

44 Von der Möglichkeit, eine **öffentlich-rechtliche Haftung** oder Versorgung im Falle von Geburtsschäden als Basis zur Verfügung zu stellen, hat der Gesetzgeber abgesehen. Derartige Leistungen werden **nur einkommensabhängig** im Wege der Sozialhilfe zur Verfügung gestellt, allerdings mit sehr umfangreichen Leistungen, wie etwa zur Eingliederungshilfe, vgl. § 53 SGB XII in der Fassung ab 01.01.2020. Weiterer Regelungsinhalt sind die **Modalitäten für die Abwicklung**. Dies schließt die Benennung aller Daten ein, die die Hebamme im Rahmen der Beantragung anzugeben und glaubhaft oder nachzuweisen hat. Weiterhin sind die Auszahlungsmodalitäten festzulegen.

45 Kommt die Vereinbarung nicht oder nicht fristgerecht zu Stande, sieht Abs. 3 die **Festsetzung des Vertragsinhalts** durch die **Schiedsstelle** (in Abgrenzung zum Schiedsamt, etwa nach § 89 oder zur Schiedsperson, mit einem weitgehenden Bestimmungsrecht der Vertragsparteien, vgl. *Luthe* in Hauck/Noftz SGB V 03/17 § 134a Rn. 18) nach Abs. 4 vor. Vom Schiedsverfahren ist hier Gebrauch gemacht worden.

46 **Abs. 1b Satz 7** stellt sicher, dass der GKV-Spitzenverband die nach § 301a Abs. 1 Satz 1 Nr. 2 bis 6 erforderlichen Daten erhält. Diese Daten werden nicht versichertenbezogen übermittelt, wohl aber zu weiteren Bearbeitung leistungserbringerbezogen. Mit Abs. 1b werde ausweislich der Materialien ein **Sicherstellungszuschlag** eingeführt, um Hebammen, die wegen geringer Geburtenzahlen und hoher Haftpflichtprämien ansonsten finanziell überfordert wären, dauerhaft zu entlasten und

damit auch in Zukunft eine flächendeckende Versorgung mit Geburtshilfe einschließlich der freien Wahl des Geburtsortes zu gewährleisten. **Notwendige Qualitätsaspekte** seien dabei angemessen zu berücksichtigen. Hebammen erhielten einen **Anspruch auf einen Sicherstellungszuschlag**, wenn die nach Abs. 1 **vereinbarte Vergütung** für Leistungen der Geburtshilfe in Relation zu der von der Hebamme im Einzelfall zu zahlenden Prämie für ihre notwendige Berufshaftpflichtversicherung wegen einer zu geringen Anzahl an betreuten Geburten **nicht ausreichend** sei und sie die Qualitätsanforderungen nach Abs. 1a erfüllten.

Die Hebamme habe dabei – so weiter die Materialien hierzu – zu gewährleisten, dass sie ihrerseits von den Möglichkeiten zur **Reduzierung der Haftpflichtprämie** durch unterjährigen **Wechsel der Versicherungsform** Gebrauch mache, um unnötige Kosten für die Solidargemeinschaft zu vermeiden. Mit der Verpflichtung zum Wechsel der Versicherungsform sollten gleichzeitig falsche Anreize, nur Geburten in geringer Anzahl zu betreuen, verhindert werden. Die **Auszahlung** erfolge auf Antrag der Hebamme durch den GKV-Spitzenverband jeweils nach Ende eines Abrechnungszeitraums. Dies könne beispielsweise das Ende eines Versicherungsjahres sein. Auch **Abschlagszahlungen** seien möglich. Die Hebamme habe die für die Erfüllung der Anspruchsvoraussetzungen notwendigen Daten dem GKV-Spitzenverband zu übermitteln. 47

### V. Übergangsregelung zur finanziellen Entlastung bei steigenden Haftpflichtversicherungsprämien (Abs. 1c)

Die Regelung zu einem Sicherstellungszuschlag nach Maßgabe des Abs. 1b setzt eine bestimmte Vereinbarung voraus, für die der Gesetzgeber einen Zeitraum bis zum 01.07.2015 eingeräumt hatte; diese ist bezüglich weiterer Anlagen erst ab 01.01.2018 wirksam geworden. In der Praxis waren zudem bereits Vereinbarungen für die Zeit ab 01.01.2014 (vgl. Nachweise des GKV-Spitzenverbandes im Internet) getroffen worden. Bei einer streitigen Anschlussregelung dürfte Abs. 3 Satz 2 mit der Rechtsfolge der Weiterführung der bestehenden Regelung bzw. Rechtslage geboten sein. 48

Bis zum 30.09.2014 hatten die Vertragspartner nach Abs. 1 Satz 1 für den Zeitraum vom 01.07.2014 bis 30.06.2015 einen Zuschlag zur Abdeckung von erhöhten und insoweit zu berücksichtigen Kosten in einer entsprechenden Regelung zu vereinbaren. Neben der Vergütungsanpassung betrifft dies einen **Zuschlag zu den Abrechnungspositionen** für **Geburtshilfeleistungen** bei Hausgeburten, außerklinischen Geburten in von Hebammen geleiteten Einrichtungen sowie Geburten durch Beleghebammen in einer 1-zu-1-Betreuung ohne Schichtdienst. Eine entsprechende Vereinbarung ist mit Wirkung bis zum 30.06.2015 abgeschlossen und damit der Regelungszweck des Abs. 1c erfüllt worden. 49

### VI. Pauschalen zur Finanzierung von Kosten für die Ausbildung (Abs. 1d)

**Abs. 1d** ist mit Wirkung vom 01.10.2019 mit dem HebRefG eingefügt worden. Die Regelung dient der **Finanzierung** der praktischen Ausbildung von Hebammen (Praxiseinsätze) als Teil des Studiums. Mit der Akademisierung des Hebammenberufs wird im HebG verpflichtend ein berufspraktischer Teil des Studiums vorgegeben, vgl. § 13 HebG und BT-Drs. 19/10612 S. 72. Damit freiberuflich tätige Hebammen einen **Anreiz** haben, sich in der **Ausbildung** von Hebammenstudierenden zu **engagieren**, und damit sie nicht mit Kosten belastet werden, die durch die berufspraktische Ausbildung entstehen, sieht § 17a KHG vor, dass das Ausbildungsbudget nach § 17a Abs. 3 KHG auch die Ausbildungskosten der freiberuflichen Hebammen und hebammengeleiteten Einrichtungen umfasst, wie die Materialien weiter ausweisen. Dementsprechend erhielten die für die Durchführung des berufspraktischen Teils des Hebammenstudiums verantwortlichen Krankenhäuser auch Zahlungen aus dem Ausgleichsfonds, mit denen die Kosten für die ambulante Ausbildung von Hebammenstudierenden abgegolten würden. Diese Beträge seien von den Krankenhäusern an die ausbildenden freiberuflichen Hebammen und hebammengeleiteten Einrichtungen weiterzuleiten. 50

51 Zur **leichteren Abwicklung** wird den Vertragspartnern eingeräumt, auf Bundesebene **Pauschalen** zu vereinbaren. Über die Ausgestaltung der Pauschalen haben sich die Vertragspartner des Hebammenhilfevertrags zu einigen Diese Pauschalen sind dann maßgeblich.

52 Für die **Kosten der Weiterqualifizierung**, die dazu dient, die Hebamme erstmals für die Praxisanleitung nach § 14 HebG zu qualifizieren, ist eine eigene Pauschale zu bilden. Dies ist geboten, da die Kosten in der Regel nur einmal zu Beginn der Ausbildung anfallen, vgl. BT-Drs. 19/10612 S. 72, 73 und *Schneider* in jurisPK-SGB V 06/2020 § 134a Rn. 22.

53 Im Zusammenhang mit Abs. 1d ist in **Abs. 3 Satz 3 und 4** ein Verfahren zur Vereinbarung von **Pauschalen** vorgesehen. Bei fehlender Einigung wird nach Information der Schiedsstelle ein Schiedsverfahren von Amtswegen durchgeführt, vgl. **Abs. 3 Satz 4**, jeweils in der Fassung ab 01.10.2019.

## C. Verträge über Hebammenhilfe

### I. Anspruch auf Hebammenhilfe

54 Die Entscheidungsfreiheit bei der **Wahl des Geburtsortes** soll erhalten bleiben (hierauf weisen auch die Materialien zum GKV-FQWG ausdrücklich hin, vgl. BT-Drs. 18/1657 S. 68), wobei sich die Wahl eines Krankenhauses zwingend aufdrängen wird, wenn Risiken zu erwarten sind, die ärztliche Hilfeleistung – etwa auch eine mögliche Versorgung von Neugeborenen – notwendig machen wird. Zur **Hebammenhilfe** vgl. bezüglich der Sorgfaltspflichten *Dießner* medstra 2019, 18; zum Bezug zur Berufshaftpflicht vgl. *Ertl* SGb 2019, 13.

### II. Regelungsinhalt (Abs. 2)

55 In den Vereinbarungen zur Versorgung mit Hebammenhilfe auf Leistungserbringerseite werden die abrechnungsfähigen Leistungen, die Anforderungen an die Qualitätssicherung, die Höhe der Vergütung wie auch Einzelheiten der Abrechnung der Vergütung geregelt. Dabei werden **Pauschalen für die Betriebskosten** der ambulanten Entbindungen in entsprechenden Einrichtungen (Geburtshäusern) einbezogen, wie dies nunmehr vorgegeben ist (vgl. noch abweichend hiervon BSG Urt. v. 21.02.2006 – B 1 KR 34/04 R – SozR 4–2200 § 197 Nr. 1, NZS 2006, 648). Der Vereinbarungsinhalt wird durch die Ergänzungen zu Abs. 1 Satz 1 sowie Abs. 1a und Abs. 1b – sowie für eine Übergangszeit nach Abs. 1c – umfangreicher. Vornehmlich sind verstärkt **Qualitätsanforderungen** (sowohl an die Versorgungsqualität und damit vom Einzelfall losgelöst als auch an die Einfallqualität) und deren Nachweis sowie die Modalitäten für Zuschläge und Sicherstellungszuschläge einzubeziehen. Ob diese ausreichend in das Berufsrecht nach dem HebG einfließen mag zumindest in Frage gestellt werden, vgl. *Luthe* in Hauck/Noftz SGB V 03/17 § 134a Rn. 12.

56 Ein fortgesetzter Abrechnungsbetrug einer freiberuflichen Hebamme kann als Berufspflichtverletzung zum Widerruf der Erlaubnis zum Führen der Berufsbezeichnung »Hebamme« führen, vgl. OVG Lüneburg Beschl. v. 04.03.2014 – 8 LA 138/13, GesR 2014, 378 mit Aufsatz *Braun* NZS 2014, 769, hier auch zur vergleichsweisen und abweichenden Rechtslage zur Approbation eines Arztes.

57 Eine **Bedarfsprüfung** ist nicht vorgesehen (vgl. *Luthe* in Hauck/Noftz SGB V 03/17 § 134a Rn. 28), weshalb sich mit dem Bedarfskriterium keine Bedarfsprüfung verbinde). Entsprechende Verträge können freiberufliche Hebammen schließen oder diesen Verträgen beitreten; entsprechend der Satzung reicht es aus, dass diese **Mitglied eines Verbandes** sind. Es erfolgt – sind die beruflichen Anforderungen erfüllt – dann **keine gesonderte Prüfung** mehr im Sinne eines **Bedarfs** für die Tätigkeit oder einer ausdrücklichen **Zulassung**. Zu Recht wird ein Kooperationsvertrag zwischen zwei Hebammen mit einer Konkurrenzschutz- und Vertragsstrafenklausel als gesetz- und rechtswidrig i.S.v. § 138 Abs. 1 BGB angesehen, vgl. so näher OLG München Urt. v. 15.01.2014 – 20 U 3001/13 mit Anm. *Steinbrück* AMK 2014, Nr. 7, 14.

58 Die jeweilige Hebamme bzw. der Entbindungspfleger wird **von der Versicherten ausgewählt** (vgl. *Luthe* in Hauck/Noftz SGB V 03/17 § 134a Rn. 14, wobei dies als Dienstvertrag mit speziellen

Inhalten darstellt). Die Vergütung durch die Krankenkasse erfolgt entsprechend der getroffenen Vereinbarung.

Sog. **Beleghebammen** könnten angesichts der Spezialvorschrift in § 2 Abs. 1 Satz 2 KHEntgG nicht als Dritte i.S.v. § 2 Abs. 2 Satz 2 Nr. 2 KHEntgG angesehen werden; dem Vergütungsanspruch einer Beleghebamme stehe nicht entgegen, dass die **Hebammenhilfe im Rahmen von stationären Behandlungen der betreffenden Versicherten erbracht** worden sei; bei diesen Leistungen handele es sich nicht um allgemeine Krankenhausleistungen i.S.d. § 2 KHEntgG, vgl. LSG Hessen Urt. v. 18.07.2011 – L 1 KR 401/10, KHE 2011/150. 59

Die konkrete Abrechnung im Rahmen des SGB V richtet sich nach § 301a. **§ 301a** (»Abrechnung der Hebammen und der von ihnen geleiteten Einrichtungen«) regelt die **Abrechnung der freiberuflich tätigen Hebammen** einschließlich der von Hebammen geleiteten Einrichtungen, erweitert mit Wirkung vom 30.10.2012. Diese sind **verpflichtet und berechtigt** (zugleich auch im Sinne der Sozialdatenschutzregelung, unter Beachtung der Regeln ab 25.05.2018 im Zuge der DSGVO sowie der Neufassung des 2. Kapitel des SGB X), die zur **Abrechnung ihrer Leistungen erforderlichen Daten** im Wege der elektronischen Datenübertragung oder auf maschinell verwertbaren Datenträgern **an die leistungspflichtigen Krankenkassen zu übermitteln**; insoweit ist § 301a Ermächtigungsnorm. § 302 Abs. 2 gilt entsprechend, vgl. Abs. 2. Zur Datentransparenz in Verbindung mit dem Datenschutz vgl. *Weichert* MedR 2020, 539. 60

Dieser Regelung in § 301a bedarf es als Ermächtigungsnorm, da diese Tatbestände dort nicht erfasst sind, denn die Hebammen werden nicht als »sonstige Leistungserbringer« tätig, die zwingend Leistungen auf »ärztliche Verordnung« erbringen. Dem steht nicht entgegen, dass eine vorhandene ärztliche Verordnung beigefügt wird. 61

**§ 301 Abs. 1 Satz 1** führt in Nr. 1 bis 6 Angaben an, die von der Übermittlung erfasst sind. Entbindungspfleger sind hier nach § 301a Abs. 1 Satz 3 i.V.m. § 134a Abs. 5 – ebenfalls – gleichgestellt, sodass es einer jeweiligen Anführung im Gesetzeswortlaut nicht mehr bedurfte (Regelung gleichfalls mit Wirkung vom 30.10.2012). 62

### III. Führen einer Vertragspartnerliste (Abs. 2a)

Abs. 2a wurde mit dem TSVG mit Wirkung vom 11.05.2019 eingefügt. Danach führt der GKV-Spitzenverband eine Vertragspartner Liste, in der alle zur Leistungserbringung zugelassenen freiberuflichen Hebammen nach Abs. 2 geführt werden, **Abs. 2a Satz 1**. Die Angaben in dieser Vertragspartnerliste werden in **Abs. 2a Satz 2 Nr. 1 bis 9** konkretisiert und enthalten neben den Kommunikationsdaten Daten mit Bezug zur GKV, zur Dauer der Berufstätigkeit und zur Mitgliedschaft in einem Berufsverband. 63

Die **Notwendigkeit** eines solchen Verzeichnisses wird in den Materialien (BT-Drs. 19/8351 S. 206) umfänglich damit begründet, dass es in der Praxis schwerfalle, für die Vor- und Nachsorge sowie die Geburtshilfe mit vertretbarem Aufwand **eine Hebamme zu finden**, die zur Übernahme der Betreuung bereit sei. Die Kontaktdaten, die in diesem Verzeichnis nachgewiesen würden, seien für die Versicherten zweckmäßig. Bereits vor Verfügbarkeit eines solchen Verzeichnisses seien über den GKV-Spitzenverband Kontaktdaten von Hebammen mit deren Einverständnis weitergegeben worden. 64

Mit dem Verzeichnis nach Abs. 2a wird auch der Hebammenhilfevertrag mit den entsprechenden Leistungen und Leistungsangeboten berücksichtigt. Angegeben werde etwa die **Art der Tätigkeit**, die eine Hebamme anbiete, etwa Schwangerenbetreuung, Wochenbettbetreuung, Geburten im häuslichen Umfeld, Beleggeburten, Geburtskurse in hebammengeleiteten Einrichtungen oder Praxen etwa. So könne eine gezielte und effiziente Suche durchgeführt werden; Versicherten werde bekannt, welche nachgefragten Leistungen eine Hebamme nicht mit anbiete. 65

Die Hebammen sind nach **Abs. 2a Satz 3** verpflichtet, die Daten nach Abs. 2a Satz 2 sowie Änderungen unverzüglich über den Berufsverband, in dem sie Mitglied sind, an den GKV-Spitzenverband zu übermitteln. 66

67 Hebammen, die nicht Mitglied in einem Berufsverband sind, haben die Daten sowie Änderungen unmittelbar an den GKV-Spitzenverbands übermitteln, **Abs. 2a Satz 4**.

68 Nähere **Einzelheiten** über die Vertragspartnerliste und die Datenübermittlungen vereinbaren die Vertragspartner im **Vertrag** nach Abs. 1. Die Übermittlung weiterer Daten **kann** vereinbart werden, soweit dies für die Aufgabenerfüllung des GKV-Spitzenverbandes erforderlich sein sollte, **Abs. 2a Satz 5 und 6**. Dabei soll auch die Interessenlage des GKV-Spitzenverbandes einbezogen werden. Bei den zusätzlichen Daten kann es sich um solche handeln, die erforderlich sind, um Folgeregelungen treffen zu können, die sich im Fall von Änderungen im Hebammenhilfevertrag ergeben können. Im Bereich der Hebammenhilfe sei, abweichend vom ärztlichen Leistungsbereich, die gesamte Gestaltung des Leistungsbereichs einschließlich des Leistungs- und Vergütungsverzeichnisses, in die Hände der Vertragspartner gelegt.

### IV. Information durch den GKV-Spitzenverband über zur Leistungserbringung zugelassene Hebammen im Internet (Abs. 2b)

69 Der **GKV-Spitzenverband** informiert über die zur Leistungserbringung zugelassenen Hebammen. Er stellt auf seiner **Internetseite** ein elektronisches Programm zur Verfügung, mit dem die Angaben nach Abs. 2a Satz 2 Nr. 4 (Vorname und Name der Hebamme) und 6 (Telefonnummer der Hebamme), 7 (E-Mail-Adresse der Hebamme, soweit vorhanden) und 8 (Art der Tätigkeit) sowie ggf. weitere freiwillig gemeldete Angaben abgerufen werden können.

70 Diese Daten ermöglichen ausweislich der Materialien (BT-Drs. 19/8351 S. 206, 207) eine **gezielte Kontaktaufnahme** mit denjenigen Hebammen, die auch die nachgefragten Leistungen erbrächten. Die freiwilligen Angaben, etwa Erreichbarkeitszeiten, Tätigkeitsschwerpunkte, besondere Qualifikationen, gäben zusätzlich hilfreiche Informationen für die Auswahl der Hebammen, mit denen dann letztlich Kontakt aufgenommen werde. Der GKV-Spitzenverband kann zusätzlich zu dem elektronischen Sachverzeichnis auf der Internetseite eine **App** zur Verfügung stellen.

### V. Befugnis des GKV-Spitzenverbandes zur Verarbeitung von Daten (Abs. 2c)

71 Der GKV-Spitzenverband ist nach **Abs. 2c** befugt, die **Daten** nach Abs. 2 zur Erfüllung seiner Aufgaben nach dieser Vorschrift **zu verarbeiten**. Er ist nach **Abs. 2c Satz 2** befugt und verpflichtet, die Daten nach Abs. 2a an die **Krankenkassen zu übermitteln**. Abs. 2c ist in diesem Fall Erlaubnisnorm (vgl. Art. 6 DSGVO) zur Verarbeitung der entsprechenden Daten. Der erweiterte **Begriff der Verarbeitung** (Art. 4 Nr. 2 DSGVO) schließt auch die Übermittlung ein.

72 Durch die Veröffentlichung der Daten der Hebammen **ohne** ihre Einwilligung – die Hebammen können auch zusätzlich selbst Daten einbringen, dann aber zwangsläufig mit Einwilligung (vgl. Art. 7 DSGVO, hier auch zur Zweckgerichtetheit – würden keine Rechte der Hebammen verletzt. In der **Güterabwägung** zwischen dem Versorgungsinteresse der Frauen einerseits und dem Recht der Hebammen, ihre beruflichen Daten nicht ohne Einwilligung offenbaren zu müssen, komme dem **Versorgungsinteresse** ein höheres Gewicht zu, unter anderem unter Anführung der schutzwürdigen Interessen im Gesundheitsbereich. Der Eingriff in das **Recht auf informationelle Selbstbestimmung** sei zudem verhältnismäßig, indem lediglich die mitzuteilenden beruflichen Daten veröffentlicht würden. Von einer Veröffentlichung der Adresse, die einen stärkeren Eingriff in die Rechte der Hebammen bedeuten würde, sei bewusst abgesehen worden. Auf die insoweit eingehende Begründung zur Rechtfertigung des Verzeichnisses in datenschutzrechtlicher Hinsicht in den Materialien (BT-Drs. 19/8351 S. 207) wird Bezug genommen.

## D. Schiedsstellenregelung (Abs. 3 und 4)

73 **Abs. 3 und 4** sieht eine **Schiedsstellenregelung** vor, die greift, wenn ein Vertrag ganz oder teilweise nicht bis zum Ablauf bestimmter Fristen nach Maßgabe des Abs. 3 zustande gekommen ist. **Abs. 3** beruht in der geltenden Fassung auf Änderungen durch das HebRefG mit Wirkung vom

01.10.2019. Der Vertragsinhalt wird von der Schiedsstelle nach **Abs. 4** festgesetzt. Bis zur Entscheidung der Schiedsstelle gilt der bisherige Vertrag, soweit vorhanden, weiter.

Auch Vereinbarungen, die nach **Abs. 1b** oder als Übergangregelung nach Abs. 1c zu treffen sind bzw. waren, können bzw. konnten von der Schiedsstelle festgesetzt werden. Hiervon ist im Hinblick auf eine fehlende Einigung (Stand 01.07.2015) mittels Anrufung durch den GKV-Spitzenverband Gebrauch gemacht worden. Zur Einordnung der Schiedsstelle in das Schiedssystem – vornehmlich des SGB V und SGB XI – vgl. *Luthe* in Hauck/Noftz SGB V 13/17 § 134a Rn. 18, ferner auch *Schneider* in jurisPK-SGB V 06/2020 § 134a Rn. 34 bis 36. 74

Gegenstandslos gewordene Zeitvorgaben sind in Abs. 3 mit Wirkung vom 01.10.2019 gestrichen und mit Bezug zu **Abs. 2d neue Zeitvorgaben** aufgenommen worden. Im neuen **Abs. 3 Satz 3** wird den Vertragspartnern des Hebammenhilfevertrags für den Vertragsschluss nach dem **neuen Abs. 1d** eine Frist bis zum 31.12.2019 gesetzt. Diese **Fristsetzung** ist ausweislich der Materialien (BT-Drs. 19/10612 S. 73) notwendig, damit einerseits den das Ausbildungsbudget verhandelnden Vertragspartnern **bei Verhandlungsbeginn die Pauschalen nach Abs. 1d bekannt** sind und damit andererseits diejenigen freiberuflichen Hebammen und hebammengeleiteten Einrichtungen, die bereits im Sommersemester 2020 ihr Studium aufnehmende Hebammenstudierende ausbilden, auch schon **Ausgleichszahlungen** erhalten. Sollte eine Einigung nicht erfolgen, ist ein **Schiedsverfahren** vorgesehen; die Vertragspartner haben für diesen Fall unverzüglich die Schiedsstelle nach Abs. 4 über das Scheitern der Verhandlungen zu informieren. Das Schiedsverfahren wird dann von Amts wegen eingeleitet und innerhalb einer Frist von 6 Wochen werden die Pauschalen festgelegt. 75

Der GKV-Spitzenverband bildet eine gemeinsame **Schiedsstelle**, die aus Vertretern der Vertragsparteien in gleicher Zahl sowie einem **unparteiischen Vorsitzenden** und **zwei weiteren unparteiischen Mitgliedern** besteht. Bezüglich der Geschäftsordnung der Schiedsstelle sowie der Aufsicht durch das BMG verweist Abs. 4 Satz 5 auf die Regelung in § 129 Abs. 9 und 10 (in der Fassung vom 01.01.2021 bis 15.08.2022) in entsprechender Anwendung. Die Amtsdauer beträgt vier Jahre. Über die unparteiischen Mitglieder (Vorsitzender und Mitglieder) sollen sich die Vertragspartner einigen; im Falle einer fehlenden Einigung gilt die Regelung in § 89 Abs. 6 Satz 3 (hier in der Fassung ab 11.05.2019, in Verbindung mit den Änderungen zum Schiedsstellenrecht durch das TSVG) entsprechend, mit der Folge, dass die aufsichtsrechtlichen Regelungen Anwendung finden. 76

Klagen Vertragspartner gegen eine Beanstandung durch die Aufsichtsbehörde, wird die Klage als Anfechtungsklage geführt. Auch gegen die Entscheidungen der Schiedsstelle, die als **Verwaltungsakt** gewertet werden, können Rechtsmittel eingelegt werden; ohne Durchführung eines Widerspruchsverfahrens ist die Anfechtungsklage geboten, vgl. *Welti* in Becker/Kingreen SGB V § 134a Rn. 8. **Entscheidungen der Schiedsstelle** werden nach deren Ermessen gefällt und sind insoweit nur eingeschränkt gerichtlich überprüfbar, insbesondere auf die Einhaltung von Verfahrensvorschriften und Gesetzesrecht (vgl. *Welti* a.a.O. Rn. 9). 77

Bei der Neufassung des Abs. 3 mit Wirkung vom 06.06.2014 handele sich ausweislich der Materialien um eine **Folgeänderung** zu der bereits mit dem GKV-WSG gestrichenen Frist in Abs. 1 sowie zu den in den neuen Absätzen 1a, 1b und 1c geregelten **Fristen** für die **Vereinbarung von Qualitätsanforderungen** und von **Zuschlägen** zur Entlastung von Hebammen im Hinblick auf die gestiegenen Prämien zur Haftpflichtversicherung. Die **Festsetzung des Vertragsinhalts durch die Schiedsstelle** erfolge nur (gemeint, statt »nun«), wenn nach Kündigung eines Vertrages oder bei Ablauf einer von den Vertragspartnern vereinbarten Vertragslaufzeit ein neuer Vertrag zum Ablauf der Vertragslaufzeit nicht zustande komme oder die Vereinbarungen nach Abs. 1a, Abs. 1b oder Abs. 1c innerhalb der vom Gesetzgeber vorgegebenen Fristen nicht zustande kommen sollten. In **Satz 2** werde zudem **klargestellt**, dass der bisherige Vertrag bis zur Entscheidung durch die Schiedsstelle nur vorläufig weiter gelte. Die Schiedsstelle habe damit die Möglichkeit, den neuen Vertragsinhalt **ab dem Zeitpunkt des Ablaufes der Laufzeit** des bisherigen Vertrages festzusetzen (und damit nicht nur prospektiv, wie dies bei vergleichbaren Regelungen stets der Fall sei). 78

### E. Regressbeschränkung (Abs. 5)

79  Abs. 5 wurde eingefügt und der bisherige Abs. 5 wurde neuer Abs. 6 durch das GKV-VSG mit Wirkung vom 23.07.2015. Zur Begründung des Gesetzentwurfs vgl. BT-Drs. 18/4095 S. 119, 120. Die Leistungen der gesetzlichen Krankenversicherung bei Schwangerschaft und Mutterschaft umfassten ausweislich der Materialien hierzu ärztliche Betreuung und Hebammenhilfe. Erforderlich ist eine **ausreichende Berufshaftpflichtversicherung** abzuschließen. Im Schadensfall geht ein wesentlicher Teil der Schadensregulierungskosten auf die Regressforderungen der Kranken- und Pflegeversicherung zurück, hier unter Anwendung des § 116 SGB X.

80  Mit der Regelung des neuen Abs. 5 wird ausgeschlossen, dass die **Kranken- und Pflegekassen die Ansprüche, die gemäß § 116 Abs. 1 SGB X auf sie übergegangen** sind, gegenüber einer freiberuflich tätigen Hebamme uneingeschränkt geltend machen können. Die **Kranken- und Pflegekassen können die Mittel**, die sie für die Behandlung und Pflege eines geschädigten Kindes oder der Mutter aufbringen, im **Haftungsfall** folglich nicht mehr ohne Weiteres regressieren, soweit eine **freiberuflich tätige Hebamme haftet**. Der Regressausschluss ist dabei ausdrücklich auf nicht grob schuldhaft verursachte Behandlungsfehler in der Geburtshilfe beschränkt.

81  Gem. § 100 VVG wirkt die **Freistellung** auch gegenüber einem Versicherungsunternehmen, bei dem die Berufshaftpflichtversicherung der Hebamme besteht, vgl. *Luthe* in Hauck/Noftz SGB V 03/17 § 134a Rn. 73, unter Hinweis darauf, dass dies zu niedrigeren Prämien beitragen könne, hier unter Hinweis auf BT-Drs. 18/4095 S. 120, 121.

82  Durch **Abs. 5 Satz 2** wird der Fall einer **gesamtschuldnerischen Haftung** einer freiberuflichen Hebamme geregelt, deren Inanspruchnahme durch die Regressbegrenzung ausgeschlossen ist.

## § 135 Bewertung von Untersuchungs- und Behandlungsmethoden

(1) ¹Neue Untersuchungs- und Behandlungsmethoden dürfen in der vertragsärztlichen und vertragszahnärztlichen Versorgung zu Lasten der Krankenkassen nur erbracht werden, wenn der Gemeinsame Bundesausschuss auf Antrag eines Unparteiischen nach § 91 Abs. 2 Satz 1, einer Kassenärztlichen Bundesvereinigung, einer Kassenärztlichen Vereinigung oder des Spitzenverbandes Bund der Krankenkassen in Richtlinien nach § 92 Abs. 1 Satz 2 Nr. 5 Empfehlungen abgegeben hat über
1. die Anerkennung des diagnostischen und therapeutischen Nutzens der neuen Methode sowie deren medizinische Notwendigkeit und Wirtschaftlichkeit – auch im Vergleich zu bereits zu Lasten der Krankenkassen erbrachte Methoden – nach dem jeweiligen Stand der wissenschaftlichen Erkenntnisse in der jeweiligen Therapierichtung,
2. die notwendige Qualifikation der Ärzte, die apparativen Anforderungen sowie Anforderungen an Maßnahmen der Qualitätssicherung, um eine sachgerechte Anwendung der neuen Methode zu sichern, und
3. die erforderlichen Aufzeichnungen über die ärztliche Behandlung.

²Der Gemeinsame Bundesausschuss überprüft die zu Lasten der Krankenkassen erbrachten vertragsärztlichen und vertragszahnärztlichen Leistungen daraufhin, ob sie den Kriterien nach Satz 1 Nr. 1 entsprechen. ³Falls die Überprüfung ergibt, daß diese Kriterien nicht erfüllt werden, dürfen die Leistungen nicht mehr als vertragsärztliche oder vertragszahnärztliche Leistungen zu Lasten der Krankenkassen erbracht werden. ⁴Die Beschlussfassung über die Annahme eines Antrags nach Satz 1 muss spätestens drei Monate nach Antragseingang erfolgen. ⁵Das sich anschließende Methodenbewertungsverfahren ist innerhalb von zwei Jahren abzuschließen. ⁶Bestehen nach dem Beratungsverlauf im Gemeinsamen Bundesausschuss ein halbes Jahr vor Fristablauf konkrete Anhaltspunkte dafür, dass eine fristgerechte Beschlussfassung nicht zustande kommt, haben die unparteiischen Mitglieder gemeinsam einen eigenen Beschlussvorschlag für eine fristgerechte Entscheidung vorzulegen; die Geschäftsführung ist mit der Vorbereitung des Beschlussvorschlags zu beauftragen. ⁷Der Beschlussvorschlag der unparteiischen Mitglieder muss Regelungen zu den notwendigen Anforderungen nach Satz 1 Nummer 2 und 3 enthalten,

wenn die unparteiischen Mitglieder vorschlagen, dass die Methode die Kriterien nach Satz 1 Nummer 1 erfüllt. [8]Der Beschlussvorschlag der unparteiischen Mitglieder muss Vorgaben für einen Beschluss einer Richtlinie nach § 137e Absatz 1 und 2 enthalten, wenn die unparteiischen Mitglieder vorschlagen, dass die Methode das Potential einer erforderlichen Behandlungsalternative bietet, ihr Nutzen aber noch nicht hinreichend belegt ist. [9]Der Gemeinsame Bundesausschuss hat innerhalb der in Satz 5 genannten Frist über den Vorschlag der unparteiischen Mitglieder zu entscheiden.

(1a) Für ein Methodenbewertungsverfahren, für das der Antrag nach Absatz 1 Satz 1 vor dem 31. Dezember 2018 angenommen wurde, gilt Absatz 1 mit der Maßgabe, dass das Methodenbewertungsverfahren abweichend von Absatz 1 Satz 5 erst bis zum 31. Dezember 2020 abzuschließen ist.

(2) [1]Für ärztliche und zahnärztliche Leistungen, welche wegen der Anforderungen an ihre Ausführung oder wegen der Neuheit des Verfahrens besonderer Kenntnisse und Erfahrungen (Fachkundenachweis), einer besonderen Praxisausstattung oder anderer Anforderungen an die Versorgungsqualität bedürfen, können die Partner der Bundesmantelverträge einheitlich entsprechende Voraussetzungen für die Ausführung und Abrechnung dieser Leistungen vereinbaren. [2]Soweit für die notwendigen Kenntnisse und Erfahrungen, welche als Qualifikation vorausgesetzt werden müssen, in landesrechtlichen Regelungen zur ärztlichen Berufsausübung, insbesondere solchen des Facharztrechts, bundesweit inhaltsgleich und hinsichtlich der Qualitätsvoraussetzungen nach Satz 1 gleichwertige Qualifikationen eingeführt sind, sind diese notwendige und ausreichende Voraussetzung. [3]Wird die Erbringung ärztlicher Leistungen erstmalig von einer Qualifikation abhängig gemacht, so können die Vertragspartner für Ärzte, welche entsprechende Qualifikationen nicht während einer Weiterbildung erworben haben, übergangsweise Qualifikationen einführen, welche dem Kenntnis- und Erfahrungsstand der facharztrechtlichen Regelungen entsprechen müssen. [4]Abweichend von Satz 2 können die Vertragspartner nach Satz 1 zur Sicherung der Qualität und der Wirtschaftlichkeit der Leistungserbringung Regelungen treffen, nach denen die Erbringung bestimmter medizinisch-technischer Leistungen den Fachärzten vorbehalten ist, für die diese Leistungen zum Kern ihres Fachgebietes gehören. [5]Die nach der Rechtsverordnung nach § 140g anerkannten Organisationen sind vor dem Abschluss von Vereinbarungen nach Satz 1 in die Beratungen der Vertragspartner einzubeziehen; die Organisationen benennen hierzu sachkundige Personen. [6]§ 140f Absatz 5 gilt entsprechend. [7]Das Nähere zum Verfahren vereinbaren die Vertragspartner nach Satz 1. [8]Für die Vereinbarungen nach diesem Absatz gilt § 87 Absatz 6 Satz 10 entsprechend.

(3) bis (6) (weggefallen)

| Übersicht | Rdn. | | Rdn. |
|---|---|---|---|
| A. Regelungsinhalt | 1 | II. Neue Untersuchungs- und Behandlungsmethoden | 39 |
| B. Prüfung und Empfehlung neuer Untersuchungs- und Behandlungsmethoden durch den Gemeinsamen Bundesausschuss | 25 | III. Ansprüche bei Systemversagen | 43 |
| | | IV. Verfahrensschritte des Gemeinsamen Bundesausschusses | 51 |
| I. Sicherung der Behandlungsqualität | 30 | V. Überprüfung zulasten der Krankenkassen erbrachter Leistungen (Abs. 1 Satz 2 und 3) | 73 |
| 1. Begriff der Qualitätssicherung und Verpflichtung zur Qualitätssicherung | 30 | VI. Fristen des Gemeinsamen Bundesausschusses für die Durchführung des Bewertungsverfahrens – Methodenbewertungsverfahren und Aufgaben der unparteiischen Mitglieder (Abs. 1 Satz 4 bis 9, Abs. 1a) | 78 |
| 2. § 135 SGB V im Zusammenhang mit Maßnahmen der Qualitätssicherung | 31 | | |
| 3. Funktion des Gemeinsamen Bundesausschusses bei der Sicherung und Förderung der Qualität der Leistungserbringung | 37 | VII. Rechtsprechung | 86 |
| | | C. Qualitätssicherungsvereinbarungen (Abs. 2) | 91 |

# § 135 SGB V  Bewertung von Untersuchungs- und Behandlungsmethoden

| | Rdn. | | Rdn. |
|---|---|---|---|
| I. Fachkundenachweis und Anforderungen an die Versorgungsqualität (Abs. 2 Satz 1) | 94 | III. Übergangsweise Qualifikationsregelung (Abs. 2 Satz 3) | 101 |
| II. Qualitätssicherungsvereinbarungen mit Bezug zu besonderen Untersuchungs- und Behandlungsmethoden und landesrechtliche Regelungen (Abs. 2 Satz 2) | 99 | IV. Vorbehalt für die Erbringung bestimmter medizinisch-technischer Leistungen durch Fachärzte (Abs. 2 Satz 4) | 103 |
| | | V. Einbeziehung der nach § 140g SGB V anerkannten Organisationen (Abs. 2 Satz 5) | 105 |
| | | VI. Verfahrensfragen (Abs. 2 Satz 6 bis 8) | 106 |

## A. Regelungsinhalt

1 § 135 gilt in der Fassung des Art. 2 Nr. 3 EIRD vom 12. 12. 2019 (BGBl. I S. 2494) mit Wirkung vom 18.12.2019.

2 § 135 Abs. 1 regelt die **Bewertung von Untersuchungs- und Behandlungsmethoden**. Neue Untersuchungs- und Behandlungsmethoden dürfen in der **vertragsärztlichen und der vertragszahnärztlichen Versorgung** zulasten der Krankenkassen unter den Voraussetzungen des **Abs. 1 Satz 1** nur erbracht werden, wenn der **Gemeinsame Bundesausschuss** eine entsprechende **Empfehlung** abgegeben hat (»**Verbot mit Erlaubnisvorbehalt**«, § 135 für den ambulanten Bereich, vgl. *Ihle* in jurisPK-SGB V 06/2020 § 135 Rn. 11), anders für den stationären Krankenhausbereich mit einer »**Erlaubnis mit Verbotsvorbehalt**«, vgl. § 137c, vgl. *Weidenbach* in Sodan, Handbuch Krankenversicherungsrecht, § 29 Rn. 17. Hiervon hängt zudem die **Abrechnungsfähigkeit** der Leistung ab; grundsätzlich dürfen Leistungen nicht abgerechnet werden, die diesen Anforderungen nicht entsprechen. Letztlich findet § 135 im allgemeinen Grundsatz des § 2 Abs. 1 Satz 3 eine Parallele, vgl. *Ihle* in jurisPK-SGB V 06/2020 § 135 Rn. 8 in Verbindung mit dem Wirtschaftlichkeitsgebot nach § 12, vgl. *Ihle* a.a.O. Rn. 9, hier zu den systematischen Zusammenhängen.

3 Die **Ergebnisse** – und damit Empfehlungen – werden in der **Richtlinie zu Untersuchungs- und Behandlungsmethoden der vertragsärztlichen Versorgung nach § 92 Abs. 1 Satz 2 Nr. 5** (NUB-Richtlinie – früher BUB-Richtlinie) aufgeführt; maßgeblich ist die Richtlinie in der Fassung vom 17.01.2006, zuletzt geändert am 20.11.2020 mit Wirkung vom 24.02.2021 (Stand 02/2021, mit häufigen Änderungen, jeweils aktuell im Internet nachgewiesen); zuständig für Veränderungen ist der Unterausschuss Methodenbewertung. Die Anlage I beinhaltet die anerkannten Untersuchungs- oder Behandlungsmethoden, die Anlage II die Methoden, die nicht als vertragsärztliche Leistungen zulasten der Krankenkasse erbracht werden dürfen sowie die Anlage III die Methoden, deren Bewertungsverfahren ausgesetzt ist.

4 **Abs. 1** schließt die **Leistungspflicht der Krankenkassen** für neue Untersuchungs- und Behandlungsmethoden grundsätzlich so lange aus, bis diese vom Gemeinsamen Bundesausschuss als **zweckmäßig anerkannt** sind. Hat der **Gemeinsame Bundesausschuss** über die Anerkennung einer neuen Methode allerdings ohne sachlichen Grund nicht oder nicht zeitgerecht entschieden (das Verfahren hierzu ist mit dem GKV-WSG beschleunigt und konkretisiert worden), kann ausnahmsweise ein **Kostenerstattungsanspruch** des **Versicherten** nach § 13 Abs. 3 in Betracht kommen, vgl. BSG Beschl. v. 09.11.2006 – B 10 KR 3/06 B; zur Begrenzung der Kostenerstattung vgl. BSG Urt. v. 26.05.2020 – B 1 KR 21/19 R und zur nicht fristgerechten Entscheidung durch die Krankenkasse vgl. BSG Urt. v. 27.08.2019 – B 1 KR 14/19 R – SozR 4–2500 § 13 Nr. 50.

5 Die **Verfahrensregelungen sind insoweit** erweitert worden; der Gemeinsame Bundesausschuss muss **innerhalb von sechs Monaten** seit Vorliegen der maßgeblichen Erkenntnisse entscheiden und kann nochmals eine Verlängerung von **weiteren sechs Monaten** eingeräumt bekommen. Ein sich anschließendes Methodenbewertungsverfahren ist innerhalb von zwei Jahren abzuschließen, Abs. 1 Satz 5 in der Fassung ab 18.12.2019. Kommt innerhalb dieser Frist **kein Beschluss** zustande, darf die Untersuchungs- und Behandlungsmethode in der vertragsärztlichen oder vertragszahnärztlichen

Versorgung zulasten der Krankenkassen erbracht werden, Abs. 1 Satz 6 bis 9 in der Fassung ab 18.12.2019. Die Verfahrensweise sei verfassungsrechtlich insgesamt grundsätzlich gebilligt, hier unter Bezugnahme auf BVerfG Beschl. v. 06.12.2005 – 1 BvR 347/98 – SozR 4-2500 § 27 Nr. 5, zu einer früheren Fassung. Unabhängig hiervon muss eine Beschlussfassung über die Annahme eines Antrags nach Abs. 1 Satz 1 spätestens drei Monaten nach Antragseingang erfolgen, so **Abs. 1 Satz 4 in der Fassung ab 23.07.2015**. Das sich anschließende Methodenbewertungsverfahren ist in der Regel innerhalb von spätestens zwei (in der Fassung bis 17.12.2019 drei) Jahren abzuschließen, Abs. 1 Satz 5 in der Fassung ab 18.12.2019. Abs. 1a in der Fassung ab 18.12.2019 trifft eine Übergangsregelung zu Abs. 1 Satz 5 mit der Maßgabe, dass zuvor anhängig gemachte Verfahren bis zum 31.12.2020 abzuschließen waren.

Der **Gemeinsame Bundesausschuss** wird auf **Antrag** eines Unparteiischen nach § 91 Abs. 2 Satz 1, einer Kassenärztlichen Bundesvereinigung, einer Kassenärztlichen Vereinigung oder des GKV-Spitzenverbandes tätig. Die Patientenvertretung etwa ist zu einer solchen Antragstellung **nicht** berechtigt und kann nur eine Gegenvorstellung, etwa beim GKV-Spitzenverband, vorbringen. Die **Abgabe der Bewertung erfolgt nach Abs. 1 Satz 1** 6
– über die Anerkennung des diagnostischen und therapeutischen Nutzens der neuen Methode sowie deren medizinischer Notwendigkeit und Wirtschaftlichkeit – auch im Vergleich zu bereits zulasten der Krankenkassen erbrachten Methoden – nach dem jeweiligen **Stand der wissenschaftlichen Erkenntnisse in der jeweiligen Therapierichtung** (Nr. 1),
– über die **notwendige Qualifikation der Ärzte**, die apparativen Anforderungen sowie Anforderungen an Maßnahmen der Qualitätssicherung, um eine sachgerechte Anwendung der neuen Methode zu sichern (Nr. 2) und
– über die **erforderlichen Aufzeichnungen** über die ärztliche Behandlung (Nr. 3).

Der **Begriff der neuen Untersuchungs- und Behandlungsmethode** wird allgemein als umfassender verstanden, als dies mit dem Begriff des § 87 als ärztliche Leistung beschrieben wird (vgl. *Ihle* in jurisPK-SGB V 06/2020 § 135 Rn. 12, 22, auch zum Begriff »neu«). Diese stellt, im Gesetz nicht näher definiert, einen unbestimmten Rechtsbegriff dar, vgl. *Weidenbach* in Sodan, Handbuch Krankenversicherungsrecht, § 29 Rn. 19. Der Begriff bezeichnet ein **medizinisches Vorgehen**, dem ein eigenes theoretisch-wissenschaftliches Konzept zugrunde liegt, das sich **von anderen Therapien unterscheide** und eine **systematische Anwendung in der Behandlung bestimmter Krankheiten** rechtfertigen soll, vgl. auch BVerfG Nichtannahmebeschl. v. 02.02.2006 – 1 BvR 2678/05 – SozR 4-2500 § 135 Nr. 2. 7

Näheres über die **Vorgehensweise des Gemeinsamen Bundesausschusses** wird in der **Verfahrensordnung** mit der Einfügung eines weiteren (5.) Kapitels geregelt. Hier wird in § 9 der **Verfahrensordnung** die Ermittlung der stellungnahmeberechtigten Organisationen und Sachverständigen und in den weiteren Vorschriften die Vorgehensweise einschließlich der Durchführung der notwendigen Ermittlungen geregelt. Auf die Verfahrensordnung des Gemeinsamen Bundesausschusses wird Bezug genommen. § 9 Abs. 2 der Verfahrensordnung sieht vor, dass grundsätzlich und insbesondere bei Zweifeln an der Beurteilung einer als neu bezeichneten Methode eine Stellungnahme des Bewertungsausschusses gemäß § 87 einzuholen ist. 8

Der **Überprüfung des Gemeinsamen Bundesausschusses** unterliegen auch **zulasten der Krankenkassen** erbrachte vertragsärztliche und vertragszahnärztlichen Leistungen, die **bereits eingeführt und anerkannt** sind, hier für den ambulanten Bereich, im Unterschied zu § 137c für den stationären Bereich. Hier ist (laufend oder zumindest bei Anlass) zu überprüfen, inwieweit diese Methoden den **Kriterien nach Abs. 1 Satz 1 Nr. 1 (noch) entsprechen, Abs. 1 Satz 2**. Ergibt die Überprüfung, das die **Voraussetzungen** hierfür **nicht (mehr)** erfüllt werden, dürfen die Leistungen nicht mehr als vertragsärztliche oder vertragszahnärztlichen Leistungen zulasten der Krankenkassen erbracht werden, **Abs. 1 Satz 3**. Insoweit handelt es sich um ein dynamisches System, das geeignet ist und insbesondere den Gemeinsamen Bundesausschuss verpflichtet, die **medizinische Weiterentwicklung** zu berücksichtigen und entsprechend einzubeziehen. Nur so kann gerechtfertigt werden, dass die **Abrechnung von Leistungen** von der Bewertung von Untersuchungs- und Behandlungsmethoden 9 durch den Gemeinsamen Bundesausschuss abhängig gemacht wird. Dabei ist der Gesetzgeber des GKV-WSG offensichtlich interessiert gewesen, dieses **Verfahren zeitnah und zügig durchgeführt zu wissen**, auch um **mehr Sicherheit in die Leistungsverpflichtung** und die damit verbundene Abrechnung im System der GKV zu erzielen. Zur Beobachtungspflicht des GBA vgl. BSG Urt. v. 13.05.2015 – B 6 KA 14/14 R – SozR 4–2500 § 34 Nr. 17 und Urt. v. 11.07.2017 – B 1 KR 30/16 R – SozR 4–2500 § 27 Nr. 29.

10 Einen **Anspruch auf Einleitung eines Verfahrens** zur Überprüfung der Behandlungsmethode beim Gemeinsamen Bundesausschuss durch die zur Führung des Hilfsmittelverzeichnisses zuständigen Stellen hat ein **Hersteller von Hilfsmitteln** nur dann, wenn die **Studienlage eine positive Abschätzung des Nutzens der Methode** als wahrscheinlich erscheinen lässt und ihre positive Bewertung auch nicht aus anderen Gründen als ausgeschlossen erscheint, hier in Weiterentwicklung von BSG Urt. v. 31.08.2000 – B 3 KR 21/99 R – SozR 3–2500 § 139 Nr. 1, vgl. BSG Urt. v. 12.08.2009 – B 3 KR 10/07 R – SozR 4–2500 § 139 Nr. 4, GesR 2009, 630, hier zur Ablehnung der Magnetodyn-Methode durch die Rechtsprechung, auch als Ausnahmemethode. Zur Erhebung der **Feststellungsklage** mit dem Ziel der Änderung von Richtlinien vgl. BSG Urt. v. 21.03.2012 – B 6 KA 16/11 R – SozR 4–1500 § 55 Nr. 12, MedR 2013, 256. Hier können auch die Grundsätze über die »defensive Konkurrentenklage« zur Anwendung kommen, vgl. BSG Urt. v. 14.05.2014 – B 6 KA 28/13 R – SozR 4–2500 § 135 Nr. 22.

11 Im Ergebnis führt die Regelung nach **Abs. 1 Satz 1** zu einem **Verbot der Leistung mit Erlaubnisvorbehalt**, begrenzt auf den **ambulanten Leistungsbereich** (und abweichend von § 137c). Dies hat die Rechtsprechung bereits mit den sog. Nikolausbeschluss des BVerfG veranlasst, auch **Sonderfälle bei Vorliegen eines Systemmangels anzuerkennen**, vgl. BVerfG Beschl. v. 06.12.2005 – 1 BvR 347/98 – SozR 4–2500 § 27 Nr. 5, BVerfGE 115, 25, ZFSH/SGB 2006, 20, NJW 2006, 891, GesR 2006, 72 mit zahlreichen Anmerkungen und Besprechungen. Diese Entscheidung des BVerfG ist nahezu wortgleich nachfolgend Gesetzestext des § 2 Abs. 1a geworden.

12 Eine **weitergehende Leistungsverpflichtung der GKV** wird anerkannt, auch wenn es an einer **entsprechenden Empfehlung des Gemeinsamen Bundesausschusses fehlt**, wenn die Krankenkasse wegen eines **Mangels des gesetzlichen Leistungssystems nicht zur Leistungserbringung in der Lage ist** und damit ein sog. Systemmangel vorliegt. Die Krankenkassen dürfen zwar ihren Versicherten eine **neuartige Therapie** mit einem Rezepturarzneimittel, die vom Gemeinsamen Bundesausschuss bisher nicht empfohlen ist, grundsätzlich nicht gewähren, weil sie an das Verbot nach Abs. 1 Satz 1 und die das Verbot konkretisierenden Richtlinien des Gemeinsamen Bundesausschusses gebunden sind, vgl. BSG Urt. v. 27.03.2007 – B 1 KR 30/06 R, SGb 2007, 287 mit Anm. *Löffler* SuP 2007, 331.

13 Die Regelung in **Abs. 2** erfasst im Schwerpunkt **Vereinbarungen**, die zur **Qualitätssicherung** geeignet sind. Soweit die **notwendigen Kenntnisse und Erfahrungen**, die als Qualifikation vorausgesetzt werden müssen, in **landesrechtlichen Regelungen zur ärztlichen Berufsausübung**, insbesondere solchen des Facharztrechts, bundesweit inhaltsgleich und hinsichtlich der Qualitätsvoraussetzungen mit gleichwertigen Qualifikationen eingeführt sind, sind diese als notwendige und ausreichende Voraussetzung anerkannt, **Abs. 2 Satz 1**. Diese Anforderungen gelten grundsätzlich auch für die **belegärztliche Tätigkeit**, vgl. BSG Urt. v. 17.03.2010 – B 6 KA 3/09 R – SozR 4–2500 § 121 Nr. 4, MedR 2011, 117.

14 Für die **ärztlichen und zahnärztlichen Leistungen**, die wegen der Anforderungen an ihre Ausführung oder wegen der Neuheit des Verfahrens besonderer Kenntnisse und Erfahrungen (Fachkundenachweis), einer besonderen Praxisausstattung oder anderer Anforderungen an die Versorgungsqualität bedürfen, können die Partner der Bundesmantelverträge einheitlich entsprechend der Voraussetzungen für die Ausführung und Abrechnung dieser Leistungen vereinbaren, **Abs. 1 Satz 2**. Hier besteht aber eine Bindung an das ärztliche Berufsausübungsrecht, vgl. *Flint* in Hauck/Noftz SGB V 11/12 § 135 Rn. 112, mit dem Vorrang bundesrechtlicher Fachkundeanforderungen für Vertragsärzte unter Einschränkung des landesrechtlichen ärztlichen Berufsrechts.

Generell werden bezüglich der **Qualitätssicherung** die **Strukturqualität**, etwa die Qualität eines 15
Arztes oder des helfenden Personals, die Ausstattung der Arbeitsstätte usw., die **Prozessqualität**,
etwa die Indikation, die Durchführung der ärztlichen Behandlung, die Diagnostik, die Therapie
usw. und die **Ergebnisqualität**, d.h. der Erfolg ärztlicher Behandlung, die Heilungsdauer, therapiebedingte Komplikationen usw. **einbezogen.** Während Abs. 2 Satz 1 bislang maßgeblich auf die
**Strukturqualität** abgestellt hatte, ist maßgeblich auf die **Versorgungsqualität** – auch im Sinne eines
Oberbegriffs – insgesamt, hier auch unter Einbeziehung der **Prozessqualität** und **Ergebnisqualität** abzustellen. Dies erscheint im Hinblick auf die Materialien (vgl. BT-Drs. 17/8005 S. 158 v.F.)
umso dringlicher, als häufig **Überschneidungen** zur Prozessqualität und Ergebnisqualität im Verhältnis zur Strukturqualität und damit der Bewertung innerhalb der Versorgungsqualität **festzustellen** sind. Eine **eindeutige Abgrenzung zwischen den Qualitätsdimensionen** sei nicht immer
sachgerecht möglich. Andererseits reichten häufig Maßnahmen der Strukturqualität nicht aus, um
umfassend die Qualität der Leistungserbringung bei diesen ausgewählten Untersuchungs- und Behandlungsmethoden zu sichern und beurteilen zu können.

**Qualität zu messen** ist im medizinischen Bereich schwierig und richtet sich maßgeblich nach medi- 16
zinischen Standards für die Beurteilung von Qualität. Die **Entwicklung solcher Qualitätsmaßstäbe**
ist neben der Einigung über die Methode die größte Schwierigkeit, insbesondere für bestimmte
Bereiche der Medizin, etwa die Psychiatrie und Psychotherapie. Mit der Möglichkeit, auf die **Versorgungsqualität** abzustellen, kann die Aussage für die Anforderungen deutlich erweitert werden,
etwa auch bezüglich von Empfehlungen zur Stufendiagnostik, zum Diagnoseverhalten, zur Überprüfung von Nebenwirkungen wie auch zur Krankheitsdauer insgesamt und ggf. auch zur Letalität.

**Abs. 2** regelt Fachkundenachweise. Für **bestimmte ärztliche Leistungen**, etwa zytologische Unter- 17
suchungen, humangenetische Leistungen, nuklearmedizinische Leistungen, sonographische Leistungen usw. sind bereits seit längerer Zeit inhaltsgleiche Fachkundeanforderungen **vereinbart** worden, denen die jeweilig betroffenen Ärzte zu entsprechen zu haben. Die Festlegung **apparativer
Anforderungen** ist dabei notwendigerweise in Verträgen nach **Abs. 2** nicht zwingend eingeschlossen, könnte aber und sollte auch Gegenstand von **Richtlinien** sein. Soweit ein **Fachkundenachweis**
nicht geführt werden kann, sind teilweise längere Übergangszeiten festgelegt worden, um den Ärzten die Gelegenheit zu geben, die nötigen Qualifikationsnachweise erwerben zu können oder die
Tätigkeit nach Ablauf einer Übergangszeit nicht mehr weiter auszuüben.

Wird die **Erbringung ärztlicher Leistungen erstmalig von einer Qualifikation abhängig** gemacht, 18
so können die Vertragspartner für Ärzte, welche entsprechende Qualifikationen **nicht** während einer
**Weiterbildung** erworben haben, **übergangsweise Qualifikationen** einführen, welche dem Kenntnis-
und Erfahrungsstand der facharztrechtlichen Regelungen entsprechen müssen, **Abs. 2 Satz 3** (vgl.
*Flint* in Hauck/Noftz SGB V 11/12 § 135 Rn. 116). Auch diese Regelung dient maßgeblich dem
**Grundsatz des Vertrauensschutzes** und der **Verhältnismäßigkeit** als Übergangsregelung; den Ärzten ist Gelegenheit zu geben, soweit vertretbar, eine Tätigkeit noch auszuüben, die Qualifikation
nachzuholen oder zu späterer Zeit die Tätigkeit aufzugeben, vgl. auch BSG Urt. v. 18.03.1998 – B
6 KA 23/97 R – SozR 3–2500 § 135 Nr. 9.

**Abweichend** von **Abs. 2 Satz 2** können die Vertragspartner i.S.d. Abs. 2 Satz 1 zur Sicherung der 19
Qualität und Wirtschaftlichkeit der Leistungserbringung **Regelungen** treffen, nach denen die Erbringung bestimmter medizinisch-technischer Leistungen den Fachärzten vorbehalten ist, für die
diese Leistungen zum Kern ihres Fachgebietes gehören, **Abs. 2 Satz 4**. Auch hier steht der Gedanke der **Übergangsfrist** im Vordergrund, insbesondere auch im Hinblick auf Investitionen für
medizinisch-technische Leistungen in Form von Apparaten etwa, aber auch speziellem Personal.
Auch diese Regelung ist allerdings nach dem **Grundsatz der Verhältnismäßigkeit** und der Zielsetzung, medizinische Leistungen auf einem hohen Niveau anbieten und sicherstellen zu können, nach
hier vertretener Auffassung **einschränkend** anzuwenden; jedenfalls dürfen auch bei Anerkennung
existenzieller Interessen der betroffenen Ärzte notwendige Ziele einer ausreichenden und sicheren
Versorgung nicht infrage gestellt werden. Gründe der Wirtschaftlichkeit sollen jedoch maßgeblich
sein: Kardiologen mit der Zusatzbezeichnung »MRT-fachgebunden« dürfen so aus Gründen der

§ 135 SGB V  Bewertung von Untersuchungs- und Behandlungsmethoden

Wirtschaftlichkeit der vertragsärztlichen Versorgung von der Erbringung kernspintomographischer Leistungen ausgeschlossen werden, vgl. BSG Urt. v. 02.04.2014 – B 6 KA 24/13 R – SozR 4–2500 § 135 Nr. 21, ZMGR 2014, 338 mit Anm. *Berner* MedR 2015, 60.

20 Mit der weiteren Ergänzung des **Abs. 2 durch Satz 5 bis 8** sind verfahrensrechtliche Vorschriften hinzugekommen, die insbesondere Beteiligungsrechte anerkannter Organisationen festlegen sollen, wie durch eine Verweisung auf § 140g, hier zur Beteiligung von Patienten-Interessen durch Bezugnahme auf die entsprechenden Stellen hierfür. Damit soll ausweislich der Materialien die Verlässlichkeit der Beteiligung gestärkt werden, die die Partner des Bundesmantelvertrages weiter konkretisieren können. Die Regelung in **Abs. 2 Satz 5** gibt zudem den Organisationen auf, sachkundige Personen zu benennen, was im Hinblick auf eine ergebnisorientierte Beteiligung unverzichtbar ist.

21 § **140f Abs. 5 wird in Abs. 2 Satz 6** ausdrücklich in Bezug genommen; hier wird festgelegt, dass die sachkundigen Personen im Rahmen der Interessenvertretungen der Patientinnen und Patienten **Reisekosten** nach dem Bundesreisekostengesetz und nach den Vorschriften des Landes über Reisekostenvergütung, Ersatz des Verdienstausfalls in entsprechender Anwendung des § 41 Abs. 2 SGB IV sowie einen Pauschbetrag für Zeitaufwand erhalten; der **Anspruch** richtet sich gegen die Gremien, in denen diese Personen als sachkundige Person mit beratend tätig sind.

22 Das Nähere zum Verfahren vereinbaren die Vertragspartner i.S.d. Abs. 2 Satz 1, wozu die Regelung in **Abs. 2 Satz 7** ausdrücklich ermächtigt.

23 Für die Vereinbarungen nach Abs. 2 soll nach **Abs. 2 Satz 8** die Regelung in § 87 Abs. 6 Satz 10 (in der Fassung des TSVG mit Wirkung vom 11.05.2019, zuvor Satz 9) entsprechend gelten. Der Gesetzgeber will insoweit die **notwendige Transparenz** herbeiführen; es ist eine Veröffentlichung Deutschen Ärzteblatt geboten oder alternativ auch im Internet; sobald eine Bekanntmachung im Internet erfolgt, ist im Deutschen Ärzteblatt auf die Fundstelle entsprechend hinzuweisen.

24 Zu § 135 wird eine außerordentlich umfangreiche Rechtsprechung nachgewiesen, die sich zudem mit einer Reihe spezieller Therapien befassen; auf die Nachweise in entsprechenden Datenbanken wird Bezug genommen. Ferner sind u.a. Fragen der Teilnahmeverpflichtung an der Weiterbildung, die Abrechenbarkeit von Leistungen (unter Ausschluss verschiedener spezieller Behandlungsmethoden, abweichend von § 137c), Fragen eines sog. Systemversagens, Fachgebietsabgrenzungen, einer Genehmigungsfiktion oder der Einhaltung von Indikationsbereichen Gegenstand der Rechtsprechung.

**B. Prüfung und Empfehlung neuer Untersuchungs- und Behandlungsmethoden durch den Gemeinsamen Bundesausschuss**

25 § 135 Abs. 1 zielt darauf ab, die **Bewertung von neuen Untersuchungs- und Behandlungsmethoden zeitnah** durch den Gemeinsamen Bundesausschuss zu überprüfen. Der Gesetzgeber hat mit dem GKV-WSG die Befugnisse des Gemeinsamen Bundesausschusses erweitert, **zugleich** aber auch das Leistungsrecht von dessen positiver **Empfehlung zwingend abhängig** gemacht (vgl. BT-Drs. 16/3100 S. 145).

26 Es gilt für neue Untersuchungs- und Behandlungsmethoden und neue Heilmittel für die vertragsärztliche Versorgung nach § 135 ein »Verbot mit Erlaubnisvorbehalt«; abweichend hiervon ist für den stationären Krankenhausbereich nach § 137c eine »Erlaubnis mit Verbotsvorbehalt« maßgeblich. Für den Krankenhausbereich wird ein internes Kontrollsystem vermutet, das diese Vorgehensweise rechtfertigt, vgl. Weidenbach in Sodan, Handbuch Krankenversicherungsrecht, 2014 § 29 Rn. 37. Soweit nicht ein **Systemversagen** (vgl. BVerfG 06.12.2005 – 1 BvR 347/98 – SozR 4–2500 § 27 Nr. 1 – sog. Nikolausentscheidung) festgestellt wird (vgl. auch *Weidenbach* in Sodan, Handbuch Krankenversicherungsrecht, 2014 § 29 Rn. 28), dürfen Leistungen, die zu den neuen Untersuchungs- und Behandlungsmethoden zu rechnen sind, damit nur erbracht werden, wenn eine insoweit **positive Empfehlung des Gemeinsamen Bundesausschusses** vorliegt.

27 Neue **Untersuchungs- und Behandlungsmethoden** dürfen im Rahmen der vertragsärztlichen Versorgung nur **abgerechnet** werden, wenn diese entsprechend **positiv** bewertet sind. Sind entsprechende

Methoden nicht anerkannt, hat der **Versicherte** insoweit grundsätzlich **keinen Leistungsanspruch und auch keinen Anspruch auf Kostenerstattung**, wenn er diese Leistung selbst beschafft, und der **Arzt keinen Anspruch auf Abrechnung** im Rahmen der vertragsärztlichen Tätigkeit.

Die Durchführung des **Bewertungsverfahrens** durch den Gemeinsamen Bundesausschuss richtet sich maßgeblich nach dessen Verfahrensordnung (VerfO-G-BA); auf die entsprechenden Regelungen wird verwiesen. Die Entscheidungen des Gemeinsamen Bundesausschusses wirken als rechtsgestaltende Entscheidungen allein in die Zukunft, weshalb sich am **Verbot einer Abrechnung für abgeschlossene Behandlungsfälle** nichts ändert, vgl. BSG Urt. v. 19.02.2003 – B 1 KR 18/01 R – SozR 4-2500 § 135 Nr. 1, NZS 2004, 99 sowie Urt. v. 22.03.2005 – B 1 A 1/03 R – SozR 4-2400 § 89 Nr. 3. Die in einem ordnungsgemäßen Verfahren getroffene Entscheidung über eine neue Untersuchungs- oder Behandlungsmethode mit dem Ergebnis, dass diese ausgeschlossen bleibt, soll **keiner inhaltlichen Überprüfung durch die Verwaltung und die Gerichte** unterliegen, hier auch mit weiteren Nachweisen. 28

Die Regelung ist im Kontext mit weiteren Bestimmungen zu neuen Untersuchungs- und Behandlungsmethoden zu sehen, so zum Krankenhausbereich die Regelung in § 137c Abs. 1 (abweichend mit einer »Erlaubnis bei Verbotsvorbehalt«) und zum Heilmittelbereich auch unter Einbeziehung von § 9 Abs. 3 der Verfahrensordnung des Gemeinsamen Bundesausschusses. 29

## I. Sicherung der Behandlungsqualität

### 1. Begriff der Qualitätssicherung und Verpflichtung zur Qualitätssicherung

Der **Begriff der Qualitätssicherung** wird im Gesetz nicht näher festgelegt; darunter ist im Hinblick auf den Zusammenhang von § 2 Abs. 1, § 70 Abs. 1, § 12 mit der Qualitätssicherung des SGB V der Bezug zu einem allgemeinen Standard der medizinischen Erkenntnisse hier und zugleich wirtschaftlichen Gestaltung von Strukturen, Prozessen und Ergebnissen bei der medizinischen Versorgung der Versicherten herzustellen, vgl. Weidenbach in Sodan, Handbuch Krankenversicherungsrecht, 2014, § 29 Rn. 2. Allgemein anerkannt ist die Erfassung der Qualitätssicherung unter den Begriffen Strukturqualität, Prozessqualität und Ergebnisqualität, vgl. *Roters* in KassKomm SGB V 09/2016 vor §§ 135 bis 139d Rn. 10. 30

### 2. § 135 SGB V im Zusammenhang mit Maßnahmen der Qualitätssicherung

§ 135 dient maßgeblich der Sicherung der Qualität der Leistungserbringung, indem der Gemeinsame Bundesausschuss verpflichtet wird, Richtlinien zu erlassen, die wiederum über die vertragsärztliche Einbindung der Leistungserbringer unmittelbar Einfluss auf den **Behandlungsanspruch des Versicherten** haben, vgl. § 27 Abs. 1. Auch hier ist der **allgemein anerkannte Stand der medizinischen Erkenntnisse**, vgl. § 137c, § 2, zu berücksichtigen; dies gilt auch für die **integrierte Versorgung**, vgl. § 140a, § 137 f. 31

Für den Bereich der **Heilmittelversorgung** ist die spezielle Regelung des **§ 138** (Neue Heilmittel) heranzuziehen, die gleichfalls Empfehlungen des Gemeinsamen Bundesausschusses vorsieht. Die Vertragsärzte sind in das Versorgungssystem eingebunden, vgl. § 95 Abs. 3. Die Richtlinien des Gemeinsamen Bundesausschusses sind als Bestandteil der Bundesmantelverträge anzusehen, vgl. § 92 Abs. 8 und Vertragsärzte können grundsätzlich nur Leistungen abrechnen, die nach dem Leistungserbringungsrecht zugelassen sind. 32

Aus der Anerkennung einer neuen medizinischen Untersuchungs- oder Behandlungsmethode durch den Gemeinsamen Bundesausschusses folgt die Verpflichtung des **Bewertungsausschusses**, die Leistungen im **Einheitlichen Bewertungsmaßstab – EBM –** angemessen zu berücksichtigen, vgl. § 87 Abs. 2. 33

§ 135 steht wiederum im Kontext zu weiteren Vorschriften und Maßnahmen der Qualitätssicherung. So sind die **Leistungserbringer** verpflichtet, die **Qualität** der erbrachten Leistungen zu sichern und weiter zu entwickeln, vgl. § 135a Abs. 1. § 135 erfasst neue Untersuchungs- und 34

Behandlungsmethoden im Bereich der vertragsärztlichen (ambulanten) Versorgung mit der Konsequenz einer **Verbotsregelung mit Erlaubnisvorbehalt**, der für den stationären **Krankenhausbereich eine Erlaubnisregelung mit Verbotsvorbehalt** gegenübersteht, vgl. § 137c Abs. 1.

35 Das **Verfahren zur Anerkennung von neuen Untersuchungs- und Behandlungsmethoden** ist langwierig. So besteht die Gefahr, dass das insoweit vorgesehene Verfahren des Gemeinsamen Bundesausschusses aktuelle medizinische Entwicklungen nicht ausreichend berücksichtigen kann. Teilweise soll dem durch die **Regelung über die Erprobung** von Methoden »bei Anerkennung eines ausreichenden Potenzials« der Untersuchungs- oder Behandlungsmethode nach § 137e Abs. 1 entsprochen werden. Zwingend ist die Anerkennung eines entsprechenden therapeutischen Nutzens durch den Gemeinsamen Bundesausschuss auch bei neuen Heilmitteln, vgl. § 138. Der **Begriff der Methode** umfasst nicht nur die spezielle ärztliche Leistung, sondern schließt auch diagnostische und therapeutische Maßnahmen ein, ebenso auch Arzneimittel und Medizinprodukte, die für die Methode kennzeichnend sind, vgl. *Ihle* in jurisPK-SGB V 06/2020 § 135 Rn. 21.

36 Für bestimmte Untersuchungs- und Behandlungsmethoden können die Partner der Bundesmantelverträge **einheitliche Qualifikationserfordernisse** nach § 135 Abs. 2 vereinbaren. In die Qualitätserfordernisse sind auch die **Kassenärztlichen Vereinigungen** nach § 136 Abs. 1 eingebunden. Maßgeblich ist der Gemeinsame Bundesausschuss in Aufgaben der Qualitätssicherung eingebunden.

### 3. Funktion des Gemeinsamen Bundesausschusses bei der Sicherung und Förderung der Qualität der Leistungserbringung

37 Der Gemeinsame Bundesausschuss (vgl. § 91) gestaltet über das **Richtlinienrecht mit Normcharakter** maßgeblich das gesamte Leistungs- und Leistungserbringerrecht der GKV. Richtlinien binden gleichermaßen Leistungserbringer, Krankenkassen, Versicherte und Dritte, schon im Hinblick auf die **Normwirkung**; zum Rechtscharakter wie auch zu Überprüfung vgl. Erläuterungen zu § 92. Eine vergleichbar zentrale Steuerungsfunktion kommt auch dem GKV-Spitzenverband zu. Der Gemeinsame Bundesausschuss hat im System der GKV vornehmlich über das Richtlinienrecht eine zentrale Steuerungsfunktion, vgl. Weidenbach in Sodan, Handbuch Krankenversicherungsrecht, § 29 Rn. 6; zur Methodenbewertung *Axer* in KrV 2015, 97, KrV 2016, 85 und Sozialrecht aktuell 2016, 34, ferner auch in GesR 2020, 409.

38 Im Hinblick auf § 135 sind dem Gemeinsamen Bundesausschuss bezüglich der Prüfung und Anerkennung von Untersuchungs- und Behandlungsmethoden zentrale Aufgaben übertragen. § 137 überträgt deshalb dem Gemeinsamen Bundesausschuss die Verpflichtung, zur Sicherstellung der medizinischen Qualitätsstandards für die vertragsärztliche Versorgung und für zugelassene Krankenhäuser sprechende Richtlinien und Beschlüsse zu erlassen. Dabei kann sich der Gemeinsame Bundesausschuss **des Instituts für Qualität und Wirtschaftlichkeit im Gesundheitswesen** nach § 139a bedienen. Zur Umsetzung und Qualitätssicherung und Darstellung der Qualität bedient sich der Gemeinsame Bundesausschuss fachlich unabhängiger Institutionen gem. § 137a. In der Fassung ab 25.07.2014 betrifft die Regelung das **Institut für Qualitätssicherung Transparenz im Gesundheitswesen**. Dieses Institut ist für den Auftragskatalog nach § 137a Abs. 3 Satz 2 zuständig. Das Institut arbeitet im Auftrag des Gemeinsamen Bundesausschusses an Maßnahmen zur Qualitätssicherung und zur Darstellung der Versorgungsqualität im Gesundheitswesen.

## II. Neue Untersuchungs- und Behandlungsmethoden

39 Bezüglich des **Begriffs** der neuen Untersuchungs- und Behandlungsmethoden kann auf § 9 VerfO-G-BA zurückgegriffen werden.

40 Als »**neue**« **Untersuchungs- und Behandlungsmethode** für Zwecke des § 135 Abs. 1 Satz 1 können danach nur Leistungen gelten, die nicht als abrechnungsfähige (die Möglichkeit der Abrechenbarkeit kann als formales Abgrenzungsmerkmal herangezogen werden, vgl. *Flint* in Hauck/Noftz SGB V 11/12 § 135 Rn. 49; *Roters* in KassKomm SGB V 09/2016 § 135 Rn. 6; zum Begriff »neu« vgl. näher *Ihle* in jurisPK-SGB V 06/2020 § 135 Rn. 22 und *Axer* GesR 2020, 409) ärztliche oder

zahnärztliche Leistungen im Einheitlichen Bewertungsmaßstab (EBM) oder Bewertungsmaßstab (Bema) enthalten sind oder die als Leistungen im EBM oder im Bema enthalten sind, deren Indikation oder deren Art der Erbringung, bei zahnärztlichen Leistungen einschließlich des zahntechnischen Herstellungsverfahrens, aber wesentliche Änderungen oder Erweiterungen erfahren haben. Die für die Bewertung der Methode maßgeblichen Kriterien unterliegen nur einer eingeschränkten gerichtlichen Kontrolle, vgl. *Roters* in KassKomm SGB V 09/2020 § 135 Rn. 5b unter Hinweis auf BSG Urt. v. 02.09.2014 – B 1 KR 11/13 R.

Dabei ist der **Begriff der »Methode«** von der ärztlichen **Einzelleistung abzugrenzen**, vgl. *Flint* in Hauck/Noftz SGB V 11/12 § 135 Rn. 49 sowie *Roters* in KassKomm SGB V 09/2020 § 135 Rn. 5 und in Verbindung mit dem »Anwendungsgebiet« a.a.O. Rn. 5a. Kennzeichnend für eine ärztliche Untersuchung- und Behandlungsmethode sei eine medizinische Vorgehensweise, der ein eigenes theoretisch-wissenschaftliches Konzept zu Grunde liege, dass sie von anderen Vorgehensweisen unterscheide und dass ihre systematische Anwendung in der Untersuchung oder Behandlung bestimmter Krankheiten rechtfertigen solle. Bestehen **Zweifel**, ob es sich um eine »neue« Methode im Sinne der vorangehenden Definition handelt (vgl. § 9 Abs. 2 VerfO-G-BA), so ist eine Stellungnahme des Bewertungsausschusses gem. § 87 einzuholen. 41

Erfasst werden auch Untersuchungs- und Behandlungsmethoden, die im Rahmen der **belegärztlichen Tätigkeit** erbracht werden, vgl. ausdrücklich BSG Urt. v. 17.03.2010 – B 6 KA 3/09 R – SozR 4–2500 § 121 Nr. 4, MedR 2011, 117, ferner LSG Schleswig-Holstein Urt. v. 18.07.2017 – L 4 KA 17/15 sowie *Seifert* GesR 2015, 601. 42

### III. Ansprüche bei Systemversagen

Der **Systemmangel** allein begründet noch nicht den Leistungsanspruch gegenüber der Krankenkasse; Voraussetzung ist vielmehr weiter, dass bezüglich des konkreten Falles eine **Versorgungslücke festzustellen** ist, wobei die Voraussetzungen in der Rechtsprechung (vgl. eingehend *Ihle* in jurisPK-SGB V 06/2020 § 135 Rn. 30 bis 38, ferner auch § 2) unterschiedlich bewertet werden, teilweise im Sinne einer Vermutung für eine Versorgungslücke, wenn eine **gewisse Aussicht auf Erfolg nicht abgestritten** werden kann und damit letztlich glaubhaft gemacht wird. Eine entsprechende Versorgungslücke ist etwa im zahnärztlichen Bereich bei Einlagefüllungen im Zusammenhang mit Allergieproblemen anerkannt worden, vgl. BSG Urt. v. 02.09.2014 – B 1 KR 3/13 R – SozR 4–2500 § 28 Nr. 8. 43

Auch bei **Anerkennung einer Versorgungslücke** muss verlangt werden, dass die Arzneimittel- und Behandlungsqualität allgemeinen Grundsätzen entspricht und durch die Behandlung nicht noch ein Übermaß an **Gefahr im Verhältnis zum angestrebten Ziel** geschaffen wird. Um ein Arzneimittel zulasten der GKV außerhalb seiner Zulassung verordnen zu dürfen, bedarf es während und außerhalb eines arzneimittelrechtlichen Zulassungsverfahrens einer gleichen Qualität der wissenschaftlichen Erkenntnisse über Nutzen und Risiken des Arzneimittels, hier in Fortführung von BSG Urt. v. 19.03.2002 – B 1 KR 37/00 R – SozR 3–2500 § 31 Nr. 8, vgl. BSG Urt. v. 26.09.2006 – B 1 KR 1/06 – SozR 4–2500 § 31 Nr. 5, GesR 2007, 88, NZS 2007, 489. 44

Im Rahmen der **Sonderfälle der Versorgung** bei Systemmangel und Versorgungslücke sind im Rahmen der Einbeziehung von Arzneimitteln die Prüfungen durch das **Bundesinstitut für Arzneimittel und Medizinprodukte – BfArM** – zu berücksichtigen und ergänzend heranzuziehen, vgl. Angaben im Internet unter bfarm.de. Häufig sind Arzneimittel in Zusammenhang mit Fällen des sogenannten Systemmangels **Teil eines ärztlichen Behandlungskonzeptes**, das insgesamt zur Disposition gestellt wird, sei es in Verbindung mit weiteren Therapien oder des zusätzlichen Einsatzes von Hilfsmitteln oder Heilmitteln, wobei der Erfolg maßgeblich auf ein **Gesamtkonzept** abstellt. Auch hierzu hat sich die Rechtsprechung mit zahlreichen **Einzelfällen** befasst, vornehmlich auch im Hinblick auf die **Eilbedürftigkeit** im einstweiligen Anordnungsverfahren, verbunden mit einer gewissen Vermutung für das (neue) Behandlungskonzept (vgl. dazu grundsätzlich *Walter* jurisPR-MedizinR 2010, Anm. 6, vgl. auch die Nachweise unter Erläuterungen II.7). 45

46 Mit dem Beschluss des BVerfG vom 06.12.2005 ist die Voraussetzung anerkannt, dass es sich um eine **Behandlung einer lebensbedrohlichen Erkrankung** handelt (auch hierzu liegt eine umfangreiche Rechtsprechung vor; fortgesetzt unter der Regelung in § 2 Abs. 1a). Eine solche Erkrankung kann grundsätzlich nur angenommen werden, wenn diese als **lebensbedrohlich angesehen** wird oder eine regelmäßig tödlich verlaufende Erkrankung behandelt werden soll. Voraussetzung ist, dass bezüglich dieser Krankheit **keine allgemein anerkannte, medizinischem Standard entsprechende Behandlung**, die die GKV vorsieht, **zur Verfügung steht und** die angestrebte Behandlungsmethode eine **nicht ganz fern liegende Aussicht auf Heilung** oder wenigstens auf eine **spürbare positive Einwirkung** auf den Krankheitsverlauf zur Folge hat. Dabei muss bereits anerkannt werden, wenn durch die **Behandlungsmethode** der Verlauf der Erkrankung **nennenswert verzögert** wird, auch wenn eine Heilung nicht erfolgen kann. Vornehmlich die zuletzt genannte Voraussetzung hat die Rechtsprechung wiederholt veranlasst, Leistungen zuzusprechen.

47 Ob **allgemein anerkannte, dem medizinischen Stand entsprechende Methoden zur Verfügung stehen**, wird im Einzelfall **umstritten** sein. Versicherte können in **notstandähnlichen Situationen** insoweit unter engen Voraussetzungen Anspruch auf die Versorgung mit Arzneimitteln von in Deutschland oder EU-weit nicht zugelassenen Import-Fertigarzneimitteln haben, vgl. BSG Urt. v. 04.04.2006 – B 1 KR 7/05 R – SozR 4–2500 § 31 Nr. 4, GesR 2007, 24, NJW 2007, 1380, hier Behandlungsmethoden aus den USA betreffend. In jedem Fall wird seitens der GKV eingewandt werden, es stünden **Standardtherapien** zur Verfügung, die in dem **jeweiligen Stadium der Erkrankung mit Aussicht auf Erfolg angewandt** werden könnten. In diesen Kontext ist die **neue Methode** zu sehen und **zu bewerten**, wobei die Bewertung das Verfahren des Gemeinsamen Bundesausschusses nicht zu ersetzen vermag. Diesem Vortrag ist die **erforderliche Aussicht im Sinne einer positiven Einwirkung auf den Krankheitsverlauf entgegenzusetzen**, was zwangsläufig zu einer **medizinischen Auseinandersetzung** mit der Problematik führt und damit zu **unterschiedlichen Bewertungen führen kann** (und meistens führen wird).

48 Im Hinblick auf die **ständige Forschungstätigkeit und Weiterentwicklungen der Behandlungsmethoden** ist der Gesetzgeber sichtbar bemüht, nicht nur die Empfehlung des Gemeinsamen Bundesausschusses zur Leistungsvoraussetzung zu erheben, sondern auch dieses Verfahren angemessen zu beschleunigen, vgl. § 135 Abs. 1 Satz 4 und 5 in der Fassung des GKV-WSG. Unabhängig davon kann ein **Systemmangel** eintreten, verbunden mit einer **Versorgungslücke**, wenn eine Entscheidung des Gemeinsamen Bundesausschusses noch nicht herbeigeführt werden konnte. In der Praxis erfolgt die Realisierung des Anspruchs oft auf Kosten des Leistungsberechtigten, der dann versucht, im Wege der Kostenerstattung, vgl. § 13, die Kosten von der Krankenkasse wieder zu erhalten. Häufig handelt es sich bei den neuen Behandlungsmethoden um die Versorgung mit **Arzneimitteln**, deren Kosten binnen kurzer Zeit die Leistungsfähigkeit des Versicherten übersteigen; dies gilt auch für **Behandlungsmethoden**, die in einem Teilbereich entsprechende Arzneimittel einbeziehen; die Ansprüche werden dann regelmäßig im Wege des **einstweiligen Rechtsschutzes** vor den Sozialgerichten verfolgt, da bei lebensbedrohlichen Erkrankungen ein Hauptsacheverfahren kaum abgewartet werden kann.

49 In der Praxis werden die Fallgestaltungen häufig im Wege des **einstweiligen Rechtsschutzes** geltend gemacht. Eine von der Krankenkasse abgelehnte Krankenbehandlung kann vom Versicherten im Wege des **einstweiligen Rechtsschutzes** durch eine vorläufig vollstreckbare Verpflichtung der Krankenkasse zur – gegenüber dem Leistungserbringer zu erklärenden – **Zusage der Kostenübernahme** durchgesetzt werden, vgl. mehr LSG Sachsen-Anhalt Beschl. v. 15.04.2010 – L 10 KR 5/10 B ER.

50 In der Rechtsprechung wird bisweilen auch der sog. »**Seltenheitsfall**« angenommen. Zum Seltenheitsfall vgl. BSG Urt. v. 01.12.2020 – B 1 KR 70/20 B, ferner auch vom 18.06.2020 – B 3 KR 19/19 B. So war etwa die Verwendung von Cannabisblüten zur Behandlung einer akuten intermittierenden Porphyrie streitig geworden, vgl. hierzu auch LSG Baden-Württemberg Urt. v. 27.02.2015 – L 4 KR 3786/13; allerdings greift hier wohl nicht die Voraussetzung für die Annahme einer lebensbedrohlichen Erkrankung und damit ein Systemversagen. Cannabisblüten betreffend ist zudem nachfolgend eine gesetzliche Regelung gefolgt, vgl. § 31 Abs. 6 mit Wirkung vom 10.03.2017.

## IV. Verfahrensschritte des Gemeinsamen Bundesausschusses

Das Bewertungsverfahren untergliedert sich nach § 14 VerfO-G-BA in die sektorenübergreifende und damit **einheitliche Bewertung** des Nutzens und der **medizinischen Notwendigkeit** sowie die **sektorspezifische Bewertung der Wirtschaftlichkeit und Notwendigkeit im Versorgungskontext**. Für die Durchführung der einheitlichen und sektorenübergreifenden Bewertung des Nutzens und der medizinischen Notwendigkeit ist für jede Methode, die nach formaler Prüfung und Priorisierung des Antrags zur Beratung ansteht, jeweils eine **Themengruppe** zuständig, die nach § 15 VerfO-G-BA eingerichtet wird (vgl. § 14 Abs. 2 VerfO-G-BA). 51

Der für den Antrag zuständige **Unterausschuss** berät auf Basis des Berichts der Themengruppe und nach sektorspezifischer Bewertung der Wirtschaftlichkeit und Notwendigkeit im Versorgungskontext gemäß der Entscheidungsgrundlagen nach §§ 19 und 20 VerfO-G-BA über das **Ergebnis des Bewertungsverfahrens** und legt dem für den Antrag zuständigen Beschlussgremium einen **Beschlussentwurf** zur Entscheidung nach § 21 VerfO-G-BA vor (vgl. § 14 Abs. 3 VerfO-G-BA). Dem Beschlussgremium, dem kein Antrag auf Beratung der Methode vorliegt, ist der Bericht zur Kenntnis zu geben und ist dort zu beraten. Für die Bewertung der Wirtschaftlichkeit der Methode kann das Beschlussgremium den Auftragnehmer der vorangegangenen Nutzenprüfung zu spezifischen Fragen um Auskunft bitten oder weitere Aufträge veranlassen. 52

Das **Bewertungsverfahren** nach § 135 Abs. 1 Satz 1 kann durch eine Kassenärztliche Bundesvereinigung, eine Kassenärztliche Vereinigung sowie durch den Spitzenverband Bund der Krankenkassen und in der Fassung des GKV-WSG durch einen Unparteiischen (den Vorsitzenden oder ein mitsitzendes unparteiisches Mitglied) des Gemeinsamen Bundesausschusses **beantragt** werden (vgl. auch regelungsübergreifend die Zusammenfassung der Antragsrechte in § 11 Abs. 2 VerfO-G-BA) 53

Die **Antragstellung** ist für die Befassung durch den Gemeinsamen Bundesausschuss notwendig; dieser kann nicht »von Amts wegen« tätig werden, vgl. *Flint* in Hauck/Noftz SGB V 11/12 § 135 Rn. 52 und zur **Antragsbefugnis** *Ihle* in jurisPK-SGB V 06/2020 § 135 Rn. 39 bis 42, soweit nicht ein unparteiisches – und damit antragsberechtigtes – Mitglied tätig wird. Zur **Antragstellung** vgl. § 11 Abs. 3 VerfO-G-BA; der Antrag ist **schriftlich** bei der Geschäftsstelle des Gemeinsamen Bundesausschusses einzureichen. Er muss die zu prüfende Methode in ihrer Art, die zu prüfenden Indikationen und indikationsbezogenen Zielsetzungen beschreiben, die Rechtsgrundlagen der beantragten Entscheidung angeben und soll eine substanziierte Begründung enthalten; dies relativiert die Möglichkeiten, die damit **einzelne** Antragsberechtigte haben könnten. In der Begründung sind nach § 11 Abs. 4 VerfO-G-BA bezüglich der indikationsbezogenen Angaben zum Nutzen, zur medizinischen Notwendigkeit und zur Wirtschaftlichkeit der zu beratenden Methode jeweils auch Angaben im Vergleich zu bereits erbrachten Methoden zu machen und mit Unterlagen gemäß § 17 VerfO-G-BA zu belegen. 54

Angaben über die spezielle Zielpopulation, zu »Versorgungsaspekten von Alter, biologischem und sozialem Geschlecht« sowie lebenslagenspezifischen Besonderheiten und die erforderlichen organisatorischen Rahmenbedingungen der zu überprüfenden Methode können erforderlich sein. In der Begründung sind außerdem Angaben zur **Relevanz und Dringlichkeit der beantragten Prüfung** zu machen, auf die eine Priorisierung gemäß § 12 gestützt werden kann. Der **Gemeinsame Bundesausschuss** kann hier nach seiner Beurteilung **Prioritäten** setzen und so Einfluss auf die Prüfungsreihenfolge nehmen, vgl. *Flint* in Hauck/Noftz SGB V 11/12 § 135 Rn. 58. Auch bleibt dem Gemeinsamen Bundesausschuss die Möglichkeit nach § 92 Abs. 1 Satz 1 3. Hs. zum **Ausschluss oder zur Einschränkung von Leistungen**, wenn der anerkannte Stand der medizinischen Erkenntnisse dies im Hinblick auf Nutzen und Wirtschaftlichkeit gebieten sollten. 55

Schließlich hat der Gemeinsame Bundesausschuss auch einen Gestaltungsspielraum, der die Ablehnung einer Methode auch gestattet, wenn ähnliche und gleichwertige Methoden bereits verfügbar sein, vgl. *Flint* in Hauck/Noftz SGB V 11/12 § 135 Rn. 62. Fachlich ist der Gemeinsame Bundesausschuss unabhängig und unterliegt allein der Rechtskontrolle des BMG, vgl. *Flint* a.a.O. Rn. 63. 56

57 Ziel sind »Abgabe von **Empfehlungen**« nach Abs. 1 Satz 1 Nr. 1, Nr. 2 oder Nr. 3:

58 **Zu Abs. 1 Satz 1 Nr. 1:**

59 Die **Anerkennung des diagnostischen und therapeutischen Nutzens** der neuen Methode (vgl. hierzu insbesondere BSG Urt. v. 12.08.2009 – B 3 KR 10/07 R – SozR 4–2500 § 139 Nr. 4; ferner Urt. v. 24.04.2018 – B 1 KR 29/17 R – SozR 4–2500 § 2 Nr. 11) sowie deren Notwendigkeit und Wirtschaftlichkeit, vgl. BSG Urt. v. 27.03.2007 – B 1 KR 17/06 R, USK 2007, 25, auch im Vergleich zur bereits zulasten der Krankenkassen erbrachten Methoden, nach dem jeweiligen Stand der wissenschaftlichen Erkenntnisse in der jeweiligen Therapierichtung, ist Ziel der Empfehlungen nach Abs. 1 Satz 1 Nr. 1.

60 Die **Bewertung der Frage**, ob ein diagnostischer und therapeutischer Nutzen der neuen Methode im Vergleich zu **bereits anerkannten Methoden** gegeben ist, ist nach den Grundsätzen der **evidenzbasierten Medizin** (vgl. *Roters* in KassKomm SGB V 09/2020 § 135 Rn. 8 und 9) unter Berücksichtigung des anerkannten Standes der wissenschaftlichen Erkenntnisse zu beurteilen. **Nutzen und Risiken der Methode** müssen wissenschaftlich **begründet und nachprüfbar** bewertet werden. Hier objektive wissenschaftliche Maßstäbe anzulegen, mag nicht selten schwierig sein; im Rahmen der Prüfung und Begründung muss dies wenigstens so **weit wie möglich** angestrebt werden, ggf. unter Darstellung unterschiedlicher Bewertungsmöglichkeiten, vgl. *Roters* in KassKomm SGB V § 135 09/2020 Rn. 9 mit Nachweisen, wobei die Rechtsprechung weitgehend zu einer Anerkennung der Vorgehensweise kommt. Nicht zuletzt ist ein übereinstimmender Standard bei der Überprüfung anzuwenden, schon im Hinblick auf die gebotene Rechtssicherheit sowie die Gleichbehandlung, vgl. *Flint* in Hauck/Noftz SGB V 11/12 § 135 Rn. 67.

61 **Aufsichtsrechtlich oder gerichtlich** beanstandet werden können praktisch nur **Verfahrensfehler** wie auch **Methodenfehler** seitens des Gemeinsamen Bundesausschusses. Inhaltlich ist die Bewertungsentscheidung nur insoweit überprüfbar und dann auch anfechtbar. Die wissenschaftlichen Erkenntnisse sind nach dem aktuellen Stand einzusetzen. Der Gemeinsame Bundesausschuss kann sich hier der Beratung durch Sachverständige und insbesondere der **Institute** nach § 137a und § 139a bedienen, die wiederum in eigener Verantwortung sachverständigen Rat beiziehen können. Die Vielfalt der Methoden und Therapierichtungen ist angemessen zu berücksichtigen. Fehlt es an einer nachprüfbaren Wirksamkeit, führt dies regelmäßig zur **Einstellung der weiteren Prüfung**. Dies schließt aber nicht aus, dass – etwa in Krankenhäusern – hierzu weitere Forschung betrieben wird, vgl. etwa zur Protonentherapie BSG Urt. v. 06.05.2009 – B 6 A 1/08 R – SozR 4–2500 § 94 Nr. 2, GesR 2009, 581; in der Folgezeit sind hierzu konkret erkenntnisreiche Forschungsergebnisse erzielt worden.

62 Die **Klage von Herstellern und Vertreibern von Medizinsystemen** gegen die Anerkennung einer konkurrierenden Behandlungsmethode durch den Gemeinsamen Bundesausschuss beurteilt sich nach den für **defensive Konkurrentenklagen** geltenden Maßstäben. Die **Anerkennung einer Behandlungsmethode durch den Gemeinsamen Bundesausschuss** verletzt die Anbieter konkurrierender Behandlungsmethoden nicht in ihren Rechten und berechtigt diese daher nicht, die Anerkennung der konkurrierenden Verfahren gerichtlich prüfen zu lassen, vgl. BSG Urt. v. 14.05.2014 – B 6 KA 28/13 R – SozR 4–2500 § 135 Nr. 22. Die **Anbieter konkurrierender Behandlungsmethoden** sollen jedoch **berechtigt** sein, die an die Erbringung der konkurrierenden Behandlungsmethoden gestellten Anforderungen gerichtlich überprüfen zu lassen. Die **fehlende Leistungspflicht der Krankenkasse**, wenn eine positive Empfehlung des Gemeinsamen Bundesausschusses fehlt, bestätigt LSG Berlin-Brandenburg Urt. v. 18.12.2014 – L 1 KR 328/13, KHE 2014/97.

63 **Zu Abs. 1 Satz 1 Nr. 2:**

64 Die **notwendige Qualifikation der Ärzte** (wobei diese nicht »zurückwirken« kann, vgl. BSG Beschl. v. 03.02.2010 – B 6 KA 20/09 B sowie bei Psychologischen Psychotherapeuten BSG Urt. v. 28.10.2009 – B 6 KA 11/09 R, USK 2009, 101), die apparativen Anforderungen sowie Anforderungen an Maßnahmen der Qualitätssicherung, um eine sachgerechte Anwendung der neuen Methode zu sichern, kann nach Abs. 1 Satz 1 Nr. 2 Ziel einer Empfehlung sein.

**Zu Abs. 1 Satz 1 Nr. 3:**

Empfehlungen sind ferner betr. die **erforderlichen Aufzeichnungen** über die ärztliche Behandlung abzugeben. Entsprechend der Regelung in Satz 1 Nr. 2 ist Voraussetzung, dass eine neue Untersuchungs- oder Behandlungsmethode als solche anerkannt ist. Dokumentationspflichten sind selbstverständlich, zumal regelmäßig eine Evaluation betr. die neue Methode durchzuführen ist.

Kennzeichnend für den **Verfahrensgang** ist im Regelfall, dass der Gemeinsame Bundesausschuss einen nicht unerheblichen Handlungsrahmen hat. Stets ist dabei jedoch die **Nachvollziehbarkeit des Verfahrens** zu beachten und den Regeln der Verfahrensordnung folgend das Verfahren zu dokumentieren, da **maßgeblich (nur) hier** eine Überprüfung ansetzen kann:

Das Plenum und die zuständigen Beschlussgremien beschließen somit, soweit gesetzlich vorgesehen auf Antrag, die **Einleitung des Beratungsverfahrens** und beauftragen soweit erforderlich einen Unterausschuss mit seiner Durchführung. Zur Wahrnehmung der Überprüfungspflicht nach § 7 Abs. 4 VerfO-B-GA sollen die Unterausschüsse unaufgefordert ein **Beratungsverfahren** wieder aufgreifen, wenn sie Änderungsbedarf erkennen; das Antragserfordernis nach Satz 1 bleibt unberührt. Ohne Beschluss nach Satz 1 kann der Unterausschuss ein Beratungsverfahren einleiten, wenn eine besondere **Eilbedürftigkeit** besteht. Der Gemeinsame Bundesausschuss ermittelt den **allgemein anerkannten Stand der medizinischen Erkenntnisse** auf der Grundlage der evidenzbasierten Medizin. Ergibt sich aus den Beratungen, dass ein Konsens zu einem Beschlussentwurf in wesentlichen Punkten nicht erreicht werden kann, ist zeitnah eine Entscheidung des zuständigen Unterausschusses oder Beschlussgremiums herbeizuführen.

Nach **Abschluss der Vorarbeiten** ist dem für den empfohlenen Beschluss zuständigen Gremium ein **Beschlussentwurf** mit den tragenden Gründen vorzulegen und durch den Vorsitzenden des Unterausschusses oder einen vom Unterausschuss bestellten Berichterstatter vorzutragen. Die **tragenden Gründe** enthalten auch eine Auseinandersetzung mit den Stellungnahmen nach Abschnitt E entsprechend der Beschlussvorlage nach § 36 VerfO-G-BA sowie eine Auswertung eingeholter Gutachten; die Gutachten werden nicht veröffentlicht (vgl. § 5 VerfO-G-BA).

Der **Gemeinsame Bundesausschuss entscheidet** nach Vorlage durch Beschluss nach Maßgabe der Geschäftsordnung (vgl. § 6 VerfO-G-BA). Er kann eine Beschlussvorlage mit verbindlichen Vorgaben zum weiteren Vorgehen an den Unterausschuss zurückverweisen.

Das Verfahren soll weitgehend **transparent** geführt werden; dem entspricht bereits die Veröffentlichung dahingehend, dass bestimmte Untersuchungs- und Behandlungsmethoden beziehungsweise Leistungen der Krankenkassen zur Überprüfung anstehen, vgl. § 13 VerfO-G-BA.

Die **Empfehlungen** des Gemeinsamen Bundesausschusses fließen in **Richtlinien** nach § 92 Abs. 1 ein. Auf die insoweit erlassenen, ergänzten und fortlaufend neu erlassenen Richtlinien wird verwiesen, vgl. § 92 sowie das Internetangebot des Gemeinsamen Bundesausschusses sowie der KBV bzw. KZBV. Verwiesen wird auch auf die insoweit bestehenden Rechtsschutzmöglichkeiten bezüglich des Richtlinienrechts (vgl. BSG Urt. v. 06.05.2009 – B 6 A 1/08 R – SozR 4.2500 § 94 Nr. 2, MedR 2010 347), verbunden mit besonderen Regelungen zur Zuständigkeit der Landessozialgerichte nach dem 8. SGG-Änderungsgesetz mit Wirkung vom 01.04.2008.

### V. Überprüfung zulasten der Krankenkassen erbrachter Leistungen (Abs. 1 Satz 2 und 3)

Der Gemeinsame Bundesausschuss überprüft die zulasten der Krankenkassen erbrachten vertragsärztlichen und vertragszahnärztlichen Leistungen daraufhin, ob diese den Kriterien nach Abs. 1 Satz 1 Nr. 1 entsprechen, vgl. **Abs. 1 Satz 2**. Hier bedarf es keines Antrags, vielmehr kann der Gemeinsame Bundesausschuss von Amts wegen tätig werde. Häufig wird dieser allerdings auf Anregung hin aktiv werden, insbesondere veranlasst durch die Institute nach § 137a, § 139a. Auch hier dürfte der Gemeinsame Bundesausschuss einen weiten Handlungsspielraum hinsichtlich der Durchführung und Abwicklung, mit dem Recht, entsprechend den verfügbaren Kapazitäten

Prioritäten zu setzen, vgl. *Flint* in Hauck/Noftz SGB V 11/12 § 135 Rn. 83; *Ihle* in jurisPK-SGB V 06/2020 § 135 Rn. 64.

74 Ergibt die **Überprüfung**, dass diese Kriterien nicht erfüllt werden, dürfen die Leistungen nicht mehr als vertragsärztliche oder vertragszahnärztlichen Leistungen zulasten der Krankenkassen erbracht werden, **Abs. 1 Satz 3**. Abweichend hiervon gilt für den stationären Bereich die Erlaubnis mit Verbotsvorbehalt nach § 137c (vgl. *Flint* in Hauck/Noftz SGB V 11/12 § 135 Rn. 84; *Ihle* in jurisPK-SGB V 06/2020 § 135 Rn. 65), weshalb die Parallele zu § 137c allein »ergebnisorientiert« ist. Diese Verfahrensweise ist zwingend; ergeht als Ergebnis eine entsprechende Richtlinie (regelmäßig die Aufnahme in die Anlage zur Richtlinie im Katalogverfahren), so darf diese Leistung nicht mehr verschrieben werden und die Krankenkassen dürften die Leistungen nicht mehr erbringen.

75 Ausnahmen greifen lediglich im Falle von einem (dann aber außerordentlich selten anzuerkennenden) **Systemversagen**, soweit diese in der Rechtsprechung anerkannt werden, vgl. Erläuterungen oben. Die Prüfung der Methoden soll dazu dienen, Klarheit in den Leistungskatalog zu bringen und Ausnahmen so weit wie möglich zu begrenzen, auch der Rechtsklarheit wegen für Vertragsärzte, Krankenkassen und Versicherte.

76 Die Berechtigung zur Teilnahme an der vertragsärztlichen Versorgung kann **nicht rückwirkend zuerkannt** werden; ebenso kann auch die **Berechtigung zur Erbringung bestimmter Leistungen nicht zurückwirken**, auch bezüglich neuer Untersuchungs- und Behandlungsmethoden, vgl. BSG Beschl. v. 03.02.2010 – B 6 KA 20/09 B, ferner auch LSG Hamburg Urt. v. 15.08.2013 – L 1 KR 6/10 unter Bezugnahme auf BSG Urt. v. 16.02.2005 – B 1 KR 18/03 R – SozR 4–2500 § 39 Nr. 4.

77 Ausnahmen sind denkbar, soweit die Wirksamkeit von Methoden in einem **Modellvorhaben** geprüft werden, vgl. §§ 63 bis 65. Der Gemeinsame Bundesausschuss wird dann die Entscheidung über die neue Untersuchungs- oder Behandlungsmethode aussetzen. Die Leistungspflicht ist dann jedoch auf den Modellversuch begrenzt und kann nicht außerhalb dessen gelten, vgl. *Flint* in Hauck/Noftz SGB V 11/12 § 135 Rn. 105 und *Egger* G+G 2005, Nr. 10, 18.

### VI. Fristen des Gemeinsamen Bundesausschusses für die Durchführung des Bewertungsverfahrens – Methodenbewertungsverfahren und Aufgaben der unparteiischen Mitglieder (Abs. 1 Satz 4 bis 9, Abs. 1a)

78 Zur Beschleunigung des Bewertungsverfahrens im Gemeinsamen Bundesausschuss sind die Vorgaben in Abs. 1 Satz 4 bis 9, nunmehr in der Fassung ab 18.12.2019, festgelegt worden. Mit dem GKV-WSG war bereits Abs. 1 Satz 6 und 7 in der Fassung bis 17.12.2019 (als Satz 4 und 5 mit Wirkung vom 01.04.2007) eingefügt worden. Die Regelung zielte bereits darauf ab, das **Bewertungsverfahren zu beschleunigen**. Das Ziel einer Beschleunigung hatte den Gesetzgeber des GKV-WSG mit Wirkung vom 23.07.2015 erneut veranlasst, Abs. 1 Satz 4 und 5 (neu) einzufügen, mit einer Frist zur Beschlussfassung innerhalb von drei Monaten nach Antragseingang sowie einer Regelfrist für das Methodenbewertungsverfahren von drei Jahren (in der Fassung ab 18.12.2019 von zwei Jahren).

79 Zur Beschleunigung des Verfahrens soll vornehmlich die **Verkürzung der Frist** für den Abschluss eines Methodenbewertungsverfahrens von **drei auf zwei Jahre** beigetragen. Zudem entfalle die Möglichkeit, eine Fristüberschreitung im Einzelfall damit zu rechtfertigen, dass auch bei Straffung des Verfahrens im Einzelfall eine längere Verfahrensdauer als erforderlich angesehen worden sei, vgl. BT-Drs. 19/10523 S. 104.

80 Das in Abs. 1 Satz 6 und 7 in der Fassung bis 17.12.2019 geregelte Verfahren zur Beschleunigung einer Entscheidung, das durch eine doppelte Frist von jeweils 6 Monaten und das gesonderte Verlangen nach einer Beschlussfassung durch die Antragsberechtigten oder das BMG gekennzeichnet war, habe sich in der Praxis ausweislich der Materialien (BT-Drs. 19/10523 S. 104) nicht bewährt. Ist nach dem Beratungsverlauf im Gemeinsamen Bundesausschuss ein **halbes Jahr vor Fristablauf** konkret absehbar, dass eine **fristgerechte Beschlussfassung nicht mehr zustande** kommt, haben die

unparteiischen Mitglieder (in der Ausschussberatung ist die Beschlussfassung vom unparteiischen Vorsitzenden auf die unparteiischen Mitglieder erstreckt worden, vgl. BT-Drs. 19/13589 S. 64) gemeinsam einen eigenen Beschlussvorschlag für eine fristgerechte Entscheidung vorzulegen; die Geschäftsführung ist mit der Vorbereitung des Beschlussvorschlags zu beauftragen, **Abs. 1 Satz 6** mit Wirkung vom 18.12.2019. Die Beschlussvorlage muss Regelungen zu den notwendigen Anforderungen nach Abs. 1 Satz 1 Nr. 2 (notwendige Qualifikation der Ärzte, apparative Anforderungen und Qualitätssicherung) und Nr. 3 (erforderliche Aufzeichnungen über die ärztliche Behandlung) enthalten, wenn die unparteiischen Mitglieder vorschlagen, dass die Methode die Kriterien nach Abs. 1 Satz 1 Nr. 1 erfüllt.

Wird die **Anerkennung des Nutzens einer Methode** vorgeschlagen, muss der Beschlussvorschlag 81 damit auch die erforderlichen Anforderungen an die Qualifikation der Leistungserbringer und die Sicherung der Qualität der Anwendung der Methode sowie an die Dokumentation der Leistungserbringung enthalten, **Abs. 1 Satz 8**. Wenn die unparteiischen Mitglieder die Feststellung vorschlagen, dass die Methode das Potenzial einer erforderlichen Behandlungsalternative bietet, muss der Beschlussvorschlag in Übereinstimmung mit den Materialien auch Vorgaben für die **Erprobungsrichtlinie** nach § 137e beinhalten.

Durch die Regelung soll nach wie vor die **zeitnahe Aufnahme von Innovationen in den Leis-** 82 **tungskatalog** der gesetzlichen Krankenversicherung unterstützen und gleichzeitig der **frühzeitige Ausschluss von Untersuchungs- und Behandlungsmethoden**, die keinen diagnostischen oder therapeutischen Nutzen besitzen, medizinisch nicht notwendig oder unwirtschaftlich sind, klargestellt werden.

**Abs. 1 Satz 9** liegt schließlich fest, dass der Gemeinsame Bundesausschuss innerhalb der in Absatz- 83 ansatz 5 genannten Frist (innerhalb von 2 Jahren bei sich anschließende Methodenbewertungsverfahren) über den Vorschlag der unparteiischen Mitglieder zu entscheiden hat.

Im Zusammenhang mit den Änderungen mit Wirkung vom 18.12.2019 ist die Regelung in **Abs. 1a** 84 als Übergangsregelung für laufende Methodenbewertungsverfahren aufgenommen worden. Abweichend von Abs. 1 Satz 5 gilt für solche Verfahren, die zum Zeitpunkt des Inkrafttretens des Gesetzes bereits seit 2 Jahren gelaufen waren oder deren Fristablauf bei Anwendung der Zweijahresfrist vor dem 31.12.2020 läge, als abweichende Frist für den Abschluss des Verfahrens der 31.12.2020, vgl. auch BT-Drs. 19/10523 S. 105.

**Abs. 1** schließt die **Leistungspflicht der Krankenkassen** für neue Untersuchungs- und Behand- 85 lungsmethoden so lange aus, bis diese vom Gemeinsamen Bundesausschuss als zweckmäßig anerkannt sind. Hat der **Gemeinsame Bundesausschuss** über die Anerkennung einer neuen Methode **ohne sachlichen Grund nicht oder nicht zeitgerecht entschieden**, kann ausnahmsweise ein **Kostenerstattungsanspruch des Versicherten** nach § 13 Abs. 3 in Betracht kommen, wenn die Wirksamkeit der Methode festgestellt wird, vgl. BSG Beschl. v. 09.11.2006 – B 10 KR 3/06 B, hier allerdings noch nach der überholten Rechtslage

### VII. Rechtsprechung

Eine Reihe von **Behandlungsmethoden** ist von der Rechtsprechung als Leistung der GKV ab- 86 gelehnt worden. Wegen der bei Gericht anhängig gemachten Prüffälle wird auf die verfügbaren Datenbanken Bezug genommen.

Das **Hilfsmittelverzeichnis** schaffe lediglich eine **Auslegungshilfe**, die im Streitfall zudem für die 87 **Gerichte unverbindlich** sei, vgl. BSG Urt. v. 10.04.2008 – B 3 KR 8/07 R – SozR 4-2500 § 127 Nr. 2, hier auch zur Frage, ob die Behandlung mit motorisierten Bewegungsschienen eine **neue Untersuchungs- und Behandlungsmethode** nach § 135 Abs. 1 sei, SG Berlin Urt. v. 25.05.2011 – S 73 KR 1416/09.

Im Hinblick auf den **unterschiedlichen Ansatz** für die vertragsärztliche Versorgung nach § 135 88 (Verbot mit Erlaubnisvorbehalt) und nach § 137c in der stationären Krankenhausversorgung

(Erlaubnis mit Verbotsvorbehalt) ist stets zu prüfen, ob und in welchem Umfang eine »Umgehung« der Vorgaben vorliegen könnte. Und auch für den stationären Bereich gilt, dass eine **Methode »dem allgemein anerkannten Stand der medizinischen Erkenntnisse«** entsprechen muss, vgl. LSG Rheinland-Pfalz Urt. v. 05.02.2015 – L 5 KR 228/13, hier zur Ablehnung der Leistungspflicht der GKV zur Liposuktion bei Lipödem; vgl. ebenso LSG Hessen Urt. v. 29.01.2015 – L 8 KR 339/11, hier auch unter Hinweis auf die Wirtschaftlichkeit nach § 12; diese sei gleichermaßen für die Leistungserbringer stationärer Leistungen zwingend.

89  Auf **Qualitätsmängel** bestehender Versorgungsangebote darf die KV grundsätzlich nur dann mit der Genehmigung weiterer Versorgungsaufträge für **Dialyseleistungen** reagieren, wenn sie auch die Genehmigung gegenüber den Anbietern widerruft, die die Anforderungen nicht erfüllen, vgl. BSG Urt. v. 28.10.2015 – B 6 KA 43/14 R – SozR 4–5540 § 6 Nr. 2. Bestimmte **Leistungen** können als **fachfremd** qualifiziert werden, mit der Folge, dass die vertragsärztliche weder erbracht noch abgerechnet werden können, vgl. BSG Urt. v. 04.05.2016 – B 6 KA 13/15 R – SozR 4–2500 § 135 Nr. 25. Eine **Behandlungsmethode** ist im Vergleich zu einer herkömmlichen Therapie »neu«, wenn sie hinsichtlich des medizinischen Nutzens, möglicher Risiken und in Bezug auf die Wirtschaftlichkeit wesentliche, bisher nicht vom Gemeinsamen Bundesausschuss geprüfte **Änderungen** aufweist, die sich insbesondere aus einer bisher nicht erprobten Wirkungsweise oder aus einer Änderung des Anwendungsgebiets ergeben können, vgl. BSG Urt. v. 11.05.2017 – B 3 KR 6/16 R – SozR 4–2500 § 33 Nr. 51.

90  Zum **neueren höchstrichterlich entschiedenen Fällen**: Anspruch bei spürbar positiver Einwirkung auf den Krankheitsverlauf, vgl. BSG Urt. v. 24.04.2018 – B 1 KR 29/17 R – SozR 4–2500 § 2 Nr. 11. Anwendung der Vereinbarung zur Ultraschalldiagnostik, vgl. BSG Urt. v. 16.05.2018 – B 6 KA 16/17 R – SozR 4–5531 Nr. 33076 Nr. 1. Erteilung einer qualifikationsbezogenen Genehmigung zur Erbringung bestimmter Leistungen, vgl. BSG Urt. v. 08.08.2018 – B 6 KA 47/17 R – SozR 4–2500 § 135 Nr. 27. Qualitätssicherung zur Laboratoriumsmedizin, vgl. BSG Urt. v. 24.10.2018 – B 6 KA 45/17 R – SozR 4–2500 § 135 Nr. 28. Neue, bislang in vom GBA nicht empfohlene Methode bei bestimmter Immuntherapie, vgl. BSG Urt. v. 06.11.2018 – B 1 KR 30/18 R – SozR 4–1500 § 164 Nr. 8. Zur schmerztherapeutischen Versorgung durch Akupunktur vgl. BSG Urt. v. 13.02.2019 – B 6 KA 56/17 R – SozR 4–5531 Nr. 30790 Nr. 1. Methoden, die lediglich das Potenzial einer erforderlichen Behandlungsalternative bieten, vgl. BSG Urt. v. 28.05.2019 – B 1 KR 32/18 R – SozR 4–2500 § 137c Nr. 13. Ablehnung bei Liposuktion BSG Urt. v. 27.08.2019 – B 1 KR 14/19 R – SozR 4–2500 § 13 Nr. 50. Aussetzung des Verfahrens mangels fehlender Kenntnisse für abschließende Bewertung, vgl. BSG Urt. v. 11.09.2019 – B 6 KA 17/18 R – SozR 4–2500 § 137e Nr. 4. Zur Erweiterung von Fachgebietsgrenzen BSG Beschl. v. 30.10.2019 – B 6 KA 22/19 B. Voraussetzungen für die Erweiterung eines qualifikationsgebundenen Zusatzbudgets, vgl. BSG Urt. v. 13.05.2020 – B 6 KA 10/19 R – SozR 4–2500 § 87b Nr. 25. ambulante ärztliche Leistungen im EU-Ausland, keine Genehmigungsfiktion, BSG Urt. v. 26.05.2020 – B 1 KR 21/19 R. Qualifikationsbezogene Genehmigung zur Erbringung und Abrechnung fachgebietsfremder Leistungen, BSG Urt. v. 15.07.2020 – B 6 KA 19/19 R – SozR 4–2500 § 135 Nr. 30. Ausschluss der Leistung von Hyperthermie, vgl. BSG Beschl. v. 16.07.2020 – B 1 KR 43/19 B.

## C. Qualitätssicherungsvereinbarungen (Abs. 2)

91  Parallel zur Bewertung neuer Untersuchungs- und Behandlungsmethoden dient insbesondere die Festlegung von Voraussetzungen für die Ausführung und Abrechnung der Leistungen der Qualitätssicherung; hier kommen insbesondere landesrechtliche Regelungen zur ärztlichen Berufsausübung der Qualitätssicherung zur Anwendung. **Richtlinienrecht und landesrechtliche Maßnahmen ergänzen sich.** Es erscheint insbesondere auch zulässig, dass in Richtlinien zu einer landesrechtlichen Konkretisierung Anlass gegeben wird. Insoweit greift eine Wechselwirkung bzw. ein Zusammenwirken der Regelungen nach § 135 Abs. 1 und Abs. 2 ein (zum Verhältnis von Abs. 2 zu Abs. 1 vgl. insoweit auch *Flint* in Hauck/Noftz SGB V 11/12 § 135 Rn. 124, 125; *Ihle* in jurisPK-SGB V 06/2020 § 135 Rn. 66 bis 68; *Roters* in KassKomm SGB V 09/2020 § 135 Rn. 29, 30).

Mit dem GKV-VStG sind die Vorgaben für die Qualitätssicherung zu Abs. 2 Satz 1 mit Wirkung 92
vom 01.01.2012 über die Strukturqualität hinaus auf die **Versorgungsqualität** insgesamt ausgedehnt worden; damit eröffnen sich weitere Möglichkeiten der Gestaltung von **Maßnahmen der Qualitätssicherung,** insbesondere auch unter Einbeziehung der Prozessqualität sowie der Ergebnisqualität. Ferner können einzelne **Qualitätsdimensionen überschreitende Anforderungen** berücksichtigt werden. Zudem sind die Anforderungen an die Patientenbeteiligung wie auch der Transparenz mit Abs. 2 Satz 5 bis 8 mit Wirkung vom 01.01.2012 erweitert worden.

Regelungen im EBM-Ärzte können ihre gesetzliche Grundlage neben § 87, § 82 Abs. 1 auch in 93
§ 135 Abs. 2 haben, vgl. BSG Urt. v. 09.04.2008 – B 6 KA 40/07 R – SozR 4–2500 § 87 Nr. 16, NZS 2009, 338.

### I. Fachkundenachweis und Anforderungen an die Versorgungsqualität (Abs. 2 Satz 1)

Für **ärztliche und zahnärztliche Leistungen,** welche wegen der Anforderungen an ihrer Ausführung 94
oder wegen der Neuheit des Verfahrens **besonderer Kenntnisse und Erfahrungen** (Fachkundenachweis), einer **besonderen Praxisausstattung** oder andere **Anforderungen an die Versorgungsqualität** bedürfen, können die **Partner** der Bundesmantelverträge einheitlich entsprechende Voraussetzungen für die Ausführung und Abrechnung dieser Leistungen **vereinbaren.** Abs. 2 Satz 1 erfasst **Vereinbarungen zur Qualitätssicherung der Versorgungsqualität** schlechthin, und nicht allein der Strukturqualität, wie dies nach der Fassung bis 31.12.2011 vorgegeben war. Damit kann das **Spektrum der Qualitätssicherung** weiter ausgeschöpft werden, insbesondere auch unter Einbeziehung der **Prozessqualität** und der **Ergebnisqualität.** Der Gesetzgeber verbindet damit die Zielsetzung, die Qualität der Leistungserbringung bei den jeweils ausgewählten Untersuchungs- und Behandlungsmethoden besser sichern und beurteilen zu können, vornehmlich im Hinblick auf Überschneidungen zwischen den verschiedenen Qualitätsdimensionen, denen nicht immer sachgerecht entsprochen werden kann.

**Abs. 2** stellt auf die Anforderungen an die Ausführung oder die Neuheit des Verfahrens und daraus folgend besondere Kenntnisse und Erfahrungen ab. Zum **Fachkundenachweis** vgl. auch LSG 95
Niedersachsen-Bremen Urt. v. 17.10.2012 – L 3 KA 70/11, hier betr. Ultraschall-Vereinbarung, LSG Berlin-Brandenburg Urt. v. 20.02.2013 – L 7 KA 60/11, MedR 2014, 54, hier zur Abrechnungsgenehmigung betr. MRT Herz und Blutgefäße sowie LSG Nordrhein-Westfalen Urt. v. 28.05.2014 – L 11 KA 36/11; nachgehend BSG Urt. v. 04.05.2016 – B 6 KA 13/15 R – SozR 4–2500 § 135 Nr. 25, im Ergebnis bestätigend im Sinne der Klageabweisung. Zum Fachkundenachweis bei Ermächtigung vgl. BSG Urt. v. 25.01.2017 – B 6 KA 11/16 R – SozR 4–5540 § 5 Nr. 2. Zur Gleichbehandlung von Radiologen und Kardiologen vgl. BVerfG Nichtannahmebeschl. v. 02.05.2018 – 1 BvR 3042/14, GesR 2018, 520. Zur Erteilung einer qualifikationsbezogenen Genehmigung zur Erbringung bestimmter Leistungen vgl. BSG Urt. v. 08.08.2018 – B 6 KA 47/17 R – SozR 4–2500 § 135 Nr. 27. Betr. Spezialabor vgl. Urt. v. 24.10.2018 – B 6 KA 45/17 R – SozR 4–2500 § 135 Nr. 28. Zur Abrechnung fachgebietsfremder Leistungen vgl. BSG Urt. v. 15.07.2020 – B 6 KA 19/19 R – SozR 4–2500 § 135 Nr. 30.

Zur **besonderen Praxisausstattung** vgl. LSG Nordrhein-Westfalen Urt. v. 28.03.2007 – L 11 KA 96
9/06; in Bezug auf die Bindung an die Fachgebietsgrenzen vgl. auch BSG Urt. v. 14.12.2011 – B 6 KA 31/10 R – SozR 4–2500 § 106a Nr. 8, hier im Fall einer Gemeinschaftspraxis. Die Regelung stellt weiter auch alternativ auf weitere Anforderungen an die **Strukturqualität** ab.

Erfüllt ein Arzt die **Anforderungen an die Qualifizierung** bzw. **apparative Ausstattung** (vgl. hierzu 97
und zum Gerätenachweis SG Marburg Urt. v. 25.04.2007 – S 12 KA 995/06) **nicht,** darf er diese Leistungen weder erbringen noch im Rahmen der Abrechnung geltend machen; lediglich im Falle des Abs. 2 Satz 3 besteht eine Ausnahme, wenn die Erbringung ärztlicher Leistungen **erstmalig** von einer bestimmten Qualifikation abhängig gemacht werden; hier besteht für eine **Übergangszeit** die Möglichkeit zur Anpassung der Qualifikation, soweit dies medizinisch und im Interesse der Versicherten vertretbar erscheint. Zur Praxisausstattung vgl. auch BSG Urt. v. 15.07.2020 – B 6 KA 19/19 R – SozR 4–2500 § 135 Nr. 30.

98 Es bestehen eine **Reihe von Qualitätssicherungsvereinbarungen** für besondere Untersuchungs- und Behandlungsmethoden; diese werden vom GBA sowie den KVen im Internet nachgewiesen, vgl. *Roters* in KassKomm SGB V 09/2016 § 135 Rn. 31.Dies gilt etwa für die Akupunktur (vgl. die Akupunkturempfehlungen sowie näher LSG Nordrhein-Westfalen Beschl. v. 17.10.2007 – L 16 B 32/07 KR ER, auch zum Leistungsanspruch), die Arthroskopie (vgl. BSG Urt. v. 16.05.2001 – B 6 KA 87/00 R – SozR 3–5533 Nr. 2449 Nr. 2), Blutreinigungsverfahren, Funktionsanalysen von Herzschrittmachern, Maßnahmen der interventionellen Radiologie, die invasive Kardiologie die Kernspintomographie, die Koloskopie (vgl. LSG Rheinland-Pfalz Urt. v. 02.04.2009 – L 5 KA 10/08 und nachgehend BSG Beschl. v. 03.02.2010 – B 6 KA 20/09 B, hier auch zu dem Grundsatz, dass eine Rückwirkung der Berechtigung nicht zulässig ist), die Mammographie, Langzeit-EKG-Untersuchungen, Magnetresonanz-Angiografie, fototherapeutische Keratektomie, die Rehabilitation, die fotodynamische Therapie am Augenhintergrund, Schlafapnoe, Schmerztherapie, Strahlendiagnostik und Strahlentherapie, Ultraschalldiagnostik sowie Zervix-Zytologie.

**II. Qualitätssicherungsvereinbarungen mit Bezug zu besonderen Untersuchungs- und Behandlungsmethoden und landesrechtliche Regelungen (Abs. 2 Satz 2)**

99 Soweit für die notwendigen Kenntnisse und Erfahrungen, welche als Qualifikationen vorausgesetzt werden müssen, in **landesrechtlichen Regelungen zur ärztlichen Berufsausübung**, insbesondere solchen des Facharztrechts, **bundesweit inhaltsgleich** und hinsichtlich der Qualitätsvoraussetzungen nach Abs. 2 Satz 1 **gleichwertige** Qualifikationen eingeführt sind, sind diese notwendige und zugleich aber auch ausreichende Voraussetzung. Entsprechende Regelungen sind in **Weiterbildungsordnungen** (vgl. LSG Schleswig-Holstein Urt. v. 12.02.2007 – L 4 KA 37/05; die Weiterbildungsordnung ist auch für die Abgrenzung von Fachgebieten von Bedeutung) festgelegt. Die hierin zugleich enthaltene Einschränkung der Vorrangigkeit des landesrechtlichen ärztlichen Berufsrechts ergebe sich aus der Notwendigkeit bundeseinheitlicher Fachkundeanforderungen für Vertragsärzte im bundeseinheitlichen Leistungsrecht der GKV, vgl. *Flint* in Hauck/Noftz SGB V 11/12 § 135 Rn. 115 unter Bezugnahme auf *Roters* in KassKomm SGB V 09/2020 § 135 Rn. 32.

100 Zur **Orientierung** dient die **Musterberufsordnung** sowie die **Musterweiterbildungsordnung**. Qualitätssicherungsvereinbarungen bestehen vornehmlich für besondere Untersuchungs- und Behandlungsmethoden; diese legen neben dem **Fachkundenachweis** insbesondere auch die **apparativen Voraussetzungen für die Erbringung dieser Leistungen** fest.

**III. Übergangsweise Qualifikationsregelung (Abs. 2 Satz 3)**

101 Wird die Erbringung ärztlicher Leistungen erstmalig von einer Qualifikation abhängig gemacht, so können die Vertragspartner für Ärzte, welche entsprechende Qualifikation nicht während einer Weiterbildung erworben haben, **übergangsweise** entsprechende **Qualifikationen** einführen, welche dem Kenntnis- und Erfahrungsstand der facharztrechtlichen Regelungen entsprechen müssen. Ärzte müssen **sich** auf entsprechende Qualifikationen und dadurch bedingte Investitionen **einstellen** können. Die Regelung dient maßgeblich der Anerkennung eines hieraus erwachsenden **Vertrauens**, das vergleichbar einem eingerichteten und ausgeübten Gewerbebetrieb für eine **Übergangszeit** schützenswert erscheint, vgl. *Ihle* in jurisPK-SGB V 06/2020 § 135 Rn. 72.

102 Dabei sind jedoch **zwingende medizinische Gründe gegenüber dem Vertrauensschutz** (der ohnedies begrenzt ist, auch nicht aus unterbliebenen Beanstandungen aus einem Vorquartal hergeleitete werden kann, vgl. LSG Baden-Württemberg Urt. v. 29.04.2009 – L 5 KA 4385/07 und nachgehend BSG Beschl. v. 17.03.2010 – B 6 KA 23/09) **vorrangig**. Die Übergangsregelung muss insgesamt – auch im Sinne einer Interessenabwägung unter Einbeziehung des Schutzes der Versicherten – fachlich vertretbar sein. Zu einer Übergangsregelung, hier zur Arthroskopie-Vereinbarung, vgl. BSG Urt. v. 06.09.2000 – B 6 KA 36/99 R – SozR 3–2500 § 135 Nr. 15. Zu übergangsweisen Qualifikationen vgl. BVerfG Nichtannahmebeschl. v. 02.05.2018 – 1 BvR 3042/14, GesR 2018, 520.

### IV. Vorbehalt für die Erbringung bestimmter medizinisch-technischer Leistungen durch Fachärzte (Abs. 2 Satz 4)

Abs. 2 Satz 4 ermächtigt die Vertragspartner abweichend von den Vorgaben nach Abs. 2 Satz 1 zur Sicherung der Qualität und der Wirtschaftlichkeit der Leistungserbringung Regelungen zu treffen, nach denen die Erbringung bestimmter medizinisch-technischer Leistungen den Fachärzten vorbehalten ist, für die diese Leistungen zum Kern ihres Fachgebietes gehören, vgl. *Ihle* in jurisPK-SGB V 2016 § 135 Rn. 70. Im Ergebnis soll diese Form der Ermächtigung bei – regelmäßig aufwändigen und für den Versicherten auch belastenden – medizinisch-technischen Leistungen, wie etwa der Computertomographie. 103

Hier greifen insbesondere Regelungen, die für medizinisch-technische Leistungen (vgl. näher BSG Urt. v. 11.10.2006 – B 6 KA 1/05 R – SozR 4–2500 § 135 Nr. 10, GesR 2007, 209) Vorgaben im Rahmen der ärztlichen Weiterbildung beinhalten. Inhaltlich fällt hier die enge Bindung an das landesrechtliche Weiterbildungsrecht, vergleichbar Abs. 2 Satz 2, weg, vgl. *Flint* in Hauck/Noftz SGB V 11/12 § 135 Rn. 118. Zudem handelt es sich um Berufsausübungsregelungen i.S.d. Art. 12 GG und sind deshalb im Ergebnis nicht zu beanstanden, vgl. *Ihle* in jurisPK-SGB V 06/2020 § 135 Rn. 73. 104

### V. Einbeziehung der nach § 140g SGB V anerkannten Organisationen (Abs. 2 Satz 5)

Die **Beteiligung der Patientenvertreter** entspricht auch in diesem Bereich der Praxis, wie die Materialien ausweisen; allerdings soll diese Beteiligung auch **förmlich abgesichert** werden, vgl. BT-Drs. 17/8005. Die Patientenbeteiligung könne im Übrigen durch die Partner des Bundesmantelvertrages weiter konkretisiert werden, vgl. *Ihle* in jurisPK-SGB V 2016 § 135 Rn. 71. Auf die Erläuterungen zu § 140g wird Bezug genommen, ferner auch auf *Meinhardt/Plamper/Brunner* zur Beteiligung von Patientenvertretern im Gemeinsamen Bundesausschuss, Bundesgesundhbl 2009, 96 sowie *Plamper/Meinhardt* Bundesgesundhbl 2008, 81; vgl. ferner *Ihle* in jurisPK-SGB V 06/2020 § 135 Rn. 74. Im Bereich der Patientenvertretung sind bereits mehrere Organisationsformen und Einrichtungen sowie Patientennetze tätig, vgl. Nachweis im Internet mit entsprechenden Suchprogrammen. 105

### VI. Verfahrensfragen (Abs. 2 Satz 6 bis 8)

**Abs. 2 Satz 6** mit Wirkung vom 01.01.2012 **nimmt § 140f Abs. 5** ausdrücklich in Bezug. Hier wird – ergänzend zu Abs. 2 Satz 5 – festgelegt, dass die sachkundigen Personen im Rahmen der Interessenvertretungen der Patientinnen und Patienten **Reisekosten** nach dem Bundesreisekostengesetz und nach den Vorschriften des Landes über Reisekostenvergütung, Ersatz des Verdienstausfalls in entsprechender Anwendung des § 41 Abs. 2 SGB IV sowie einen Pauschbetrag für Zeitaufwand erhalten. 106

Der **Anspruch** richtet sich gegen die Gremien, in denen diese Personen als sachkundige Personen mit beratend tätig sind. 107

**Abs. 2 Satz 7** mit Wirkung vom 01.01.2012 ermächtigt die Vertragspartner nach Abs. 2 Satz 1 dazu, das Nähere zum Verfahren i.S.d. Abs. 2 Satz 1 zu regeln. 108

Mit Fragen der Veröffentlichung befasst sich Abs. 2 Satz 8 mit Wirkung vom 01.01.2012: Für die Vereinbarungen nach Abs. 2 soll nach **Abs. 2 Satz 8 die Regelung in § 87 Abs. 6 Satz 10** (in der Fassung bis 10.05.2019 Satz 9) entsprechend gelten. Der Gesetzgeber will insoweit die **notwendige Transparenz** herbeiführen. Es ist eine Veröffentlichung im Deutschen Ärzteblatt geboten oder alternativ auch im Internet. Sobald eine Bekanntmachung im Internet erfolgt, ist im Deutschen Ärzteblatt auf die Fundstelle entsprechend hinzuweisen. 109

## § 135a Verpflichtung der Leistungserbringer zur Qualitätssicherung

(1) Die Leistungserbringer sind zur Sicherung und Weiterentwicklung der Qualität der von ihnen erbrachten Leistungen verpflichtet. Die Leistungen müssen dem jeweiligen Stand der wissenschaftlichen Erkenntnisse entsprechen und in der fachlich gebotenen Qualität erbracht werden.

(2) Vertragsärzte, medizinische Versorgungszentren, zugelassene Krankenhäuser, Erbringer von Vorsorgeleistungen oder Rehabilitationsmaßnahmen und Einrichtungen, mit denen ein Versorgungsvertrag nach § 111a besteht, sind nach Maßgabe der §§ 136 bis 136b und 137d verpflichtet,
1. sich an einrichtungsübergreifenden Maßnahmen der Qualitätssicherung zu beteiligen, die insbesondere zum Ziel haben, die Ergebnisqualität zu verbessern und
2. einrichtungsintern ein Qualitätsmanagement einzuführen und weiterzuentwickeln, wozu in Krankenhäusern auch die Verpflichtung zur Durchführung eines patientenorientierten Beschwerdemanagements gehört.

(3) Meldungen und Daten aus einrichtungsinternen und einrichtungsübergreifenden Risikomanagement- und Fehlermeldesystemen nach Absatz 2 in Verbindung mit § 136a Absatz 3 dürfen im Rechtsverkehr nicht zum Nachteil des Meldenden verwendet werden. Dies gilt nicht, soweit die Verwendung zur Verfolgung einer Straftat, die im Höchstmaß mit mehr als fünf Jahren Freiheitsstrafe bedroht ist und auch im Einzelfall besonders schwer wiegt, erforderlich ist und die Erforschung des Sachverhalts oder die Ermittlung des Aufenthaltsorts des Beschuldigten auf andere Weise aussichtslos oder wesentlich erschwert wäre.

1 § 135a gilt in der Fassung des Art. 6 Nr. 14 KHSG vom 10.12.2015 (BGBl. I S. 2229) mit Wirkung vom 01.01.2016.

2 Mit § 135a wird der **allgemeine Grundsatz** festgeschrieben, dass **Leistungserbringer in jedem Fall zur Qualitätssicherung verpflichtet** sind (vgl. auch *Weidenbach* in Sodan, Handbuch Krankenversicherungsrecht, § 29 Rn. 10). Damit kommt der Regelung eher die Funktion einer **Auffangvorschrift** zu. Systematisch hätte die Vorschrift den Abschnitt »Sicherung der Qualität der Leistungserbringung« einleiten sollen; gesetzgebungstechnisch ist dies unterblieben, da die verabschiedete Fassung erst im Vermittlungsverfahren und dann an bereiter Stelle aufgenommen worden war, vgl. *Blöcher* noch in jurisPK-SGB V 2012 § 135a Rn. 2 Fn. 4 und 5. Auch soweit die Verpflichtung zur Leistungserbringung nach dem jeweiligen Stand der wissenschaftlichen Erkenntnisse und der fachlich gebotenen Qualität in **Richtlinien oder Empfehlungen nicht konkretisiert** ist, ist diesem Grundsatz konsequent Rechnung zu tragen.

3 § 135a legt fest, **dass allen Leistungserbringern die Verantwortung für die Sicherung und Fortentwicklung der Qualität** der von ihnen verantworteten Leistungen obliegt. Auch hier wird der Begriff des Leistungserbringers vorausgesetzt; dieser richtet sich maßgeblich nach dem jeweiligen materiellen Recht und schließt natürliche wie auch juristische Personen ein, vgl. auch § 69 zum Leistungsbringerrecht. Es wird damit klargestellt, dass jeder Leistungserbringer auch dann zur Qualitätssicherung verpflichtet ist, wenn hierüber **keine** näheren Vereinbarungen bestehen. Dies wird in **Abs. 1 Satz 2** dahingehend konkretisiert, dass die **Leistungen dem jeweiligen Stand der wissenschaftlichen Erkenntnisse** (vgl. BSG Urt. v. 01.09.2005 – B 3 KR 3/04 R – SozR 4–2500 § 40 Nr. 2, NZS 2006, 485) entsprechen und in der **fachlich gebotenen Qualität erbracht** werden müssen. Dem entspricht § 2 Abs. 1 Satz 3, als »Qualität und Wirksamkeit der Leistungen dem allgemein anerkannten Stand der medizinischen Erkenntnisse zu entsprechen und den medizinischen Fortschritt zu berücksichtigen« haben.

4 Die Regelung ist auch hier **dynamisch** angelegt, indem auf die Sicherung und Weiterentwicklung der Qualitätsanforderungen abgestellt wird, vgl. *Blöcher* in jurisPK-SGB V 2016 § 135a Rn. 6 zum »aktuell anerkannten Standard«, ferner *Becker* in Becker/Kingreen SGB V 2014 § 135a Rn. 5.

Dabei sind **alle Stufen der Qualitätssicherung** einbezogen, soweit hier auf die Strukturqualität, die Prozessqualität und die Ergebnisqualität abgestellt wird.

Kennzeichnend für die **Strukturqualität** sind die Qualifikationen der Leistungserbringer und die Ausstattung, für die **Prozessqualität** die Abläufe, Behandlung, Diagnose und Therapie sowie für die **Ergebnisqualität** der (jeweils angestrebte) Erfolg der Behandlung (mit den bei Dienstleistungen zwangsläufig gebotenen Grenzen) einschließlich der Patientenzufriedenheit, die Nachhaltigkeit der Behandlung, Komplikationsprobleme und letztlich auch der Heilungserfolg oder auch der jeweils angestrebte Behandlungserfolg. Der Gewinnung **objektiver Daten** hierzu soll die Regelung in Abs. 3 dienen, die einen Nachteil für den Meldenden ausschließen sollen. 5

Legt **Abs. 1 Satz 1 die in Satz 2** konkretisierte Verpflichtung zur Sicherung und Weiterentwicklung der Qualität damit ausdrücklich fest, sind Verstöße gegen diesen Grundsatz auch »sanktionsbewehrt« und haben Einfluss auf die Leistungsabrechnung. Ohnedies ist die Übereinstimmung der Leistungen mit den anerkannten Kriterien für ihre fachliche Erbringung (Qualität) Gegenstand der Beurteilung der **Wirtschaftlichkeit** im Rahmen der Wirtschaftlichkeitsprüfung nach § 106 Abs. 2a (vgl. ab 01.01.2017 §§ 106 bis 106c), wenngleich hier auch »insbesondere« auf die Beachtung der Richtlinien des Gemeinsamen Bundesausschusses Bezug genommen wird. Verstöße gegen **generell anerkannte Grundsätze der Qualität und Qualitätssicherung** beeinträchtigen die Wirtschaftlichkeit der Leistungserbringung (vgl. auch BSG Urt. v. 06.05.2009 – B 6 KA 3/08 R, MedR 2010, 276). 6

Im Rahmen des umfassenden und vielgestaltig aufgebauten Regelwerks zur Qualitätssicherung ist allerdings eine sehr weitgehende **Konkretisierung** der Verpflichtung zur Qualitätssicherung in der Praxis erfolgt, nochmals mit dem KHSG mit Wirkung vom 01.01.2016 weitergeführt. Zur Patientenorientierung in deutschen Krankenhaus-Qualitätsberichten vgl. *Lenders/Menning/Kugler* KrV 2011, 177 sowie zur Qualität von Qualitätsindikatoren *G. Blumenstock* in Bundesgesundhbl 2011, 154. 7

Mit der Regelung des **Abs. 2** werden die Verpflichtungen zur Qualitätssicherung für Vertragsärzte, Vertragszahnärzte, zugelassene Krankenhäuser sowie Erbringer von ambulanten und stationären Vorsorgeleistungen und Rehabilitationsleistungen unter Bezugnahme auf den Versorgungsvertrag nach § 111a erfasst. Die mit **Abs. 2** angesprochenen Leistungserbringer sind nach **Maßgabe der §§ 136 bis 136c** (bis 31.12.2015 § 137) **und 137d** verpflichtet, sich »an einrichtungsübergreifenden Maßnahmen der Qualitätssicherung zu beteiligen, die insbesondere zum Ziel haben, die »Ergebnisqualität zu verbessern« und damit einrichtungsextern wirksam werden, vgl. *Blöcher* in jurisPK-SGB V 01/2016 § 135a Rn. 16 (**Abs. 2 Nr. 1**), wie auch »einrichtungsintern ein Qualitätsmanagement einzuführen und weiterzuentwickeln« (**Abs. 2 Nr. 2**). 8

**Abs. 2 Nr. 2** ist mit Wirkung vom 26.02.2013 im Zuge der **Verbesserung der Rechte von Patienten** dahingehend ergänzt worden, dass die Krankenhäuser auch ein **patientenorientiertes Beschwerdemanagement** einzurichten und vorzuhalten haben. Damit das Beschwerdemanagement die Patientensicherheit gut erfüllen könne, müsse es verschiedenen Anforderungen genügen, die in der Regelung mit dem Begriff »patientenorientiert« erfasst würden (vgl. näher BT-Drs. 17/10488 S. 33). Die Verantwortung hierfür trage jedes einzelne Krankenhaus und das Beschwerdemanagement sei den jeweiligen Verhältnissen des Krankenhauses anzupassen. Das Entlassmanagement nach § 39 Abs. 1a ist hier nicht ausdrücklich angeführt, obgleich diesem mehr Gewicht als dem Beschwerdemanagement zukommen sollte. 9

Positive Auswirkungen des Qualitätsmanagements erwartet der Gesetzgeber für alle Leistungsbereiche, weshalb auch die **Leistungserbringer** im ambulanten Bereich erstmals **gesetzlich verpflichtet** werden, systematisch und umfassend die Qualität ihrer Arbeit zu hinterfragen und Anstrengungen zu unternehmen, die Qualität ihrer Leistungen zu verbessern (vgl. BT-Drs. 15/1525 S. 124). Dabei geht der Gesetzgeber davon aus, dass der Umfang der Maßnahmen im Zusammenhang mit dem Qualitätsmanagement im ambulanten Bereich nicht zwingend gleichzusetzen ist mit dem Aufwand, der im stationären Bereich erforderlich ist. Zudem sei davon auszugehen, dass der Aufwand 10 in einem angemessenen Verhältnis insbesondere in Bezug auf die personelle und strukturelle Ausstattung zu stehen habe.

11 Die Regelung ist unter Einbeziehung von Einrichtungen, mit denen ein **Versorgungsvertrag nach § 111a** besteht, bewusst ergänzt worden. Die Regelung zielte maßgeblich auf eine **Verbesserung von Qualität und Effizienz** von Leistungen in Einrichtungen des Müttergenesungswerks oder gleichartigen Einrichtungen ab und bezieht konsequenterweise die entsprechenden Einrichtungen und Leistungen in die Qualitätssicherung ein.

12 Mit dem **GKV-VStG** wurde Abs. 2 Satz 2 mit Wirkung vom 01.01.2012 gestrichen, inhaltlich jedoch – zusammengefasst mit weiteren Regelungen – in § 299 Abs. 1 aufgenommen; zugleich wurde die Regelung an legal definierte **datenschutzrechtliche Fachbegriffe** angepasst. So wird nicht mehr der Begriff des »Zur-Verfügung-Stellens« der Daten verwendet, sondern die Daten sind zu »erheben, verarbeiten oder nutzen«, soweit dies erforderlich und in Richtlinien und Beschlüssen des Gemeinsamen Bundesausschusses – auch für Zwecke der Qualitätssicherung nach § 135a Abs. 2 – vorgesehen ist. Zu den datenschutzrechtlichen Anforderungen für Verfahren der Qualitätssicherung in § 299 und zu den Anforderungen der versichertenbezogenen Daten für Zwecke der Qualitätsprüfung vgl. BSG Beschl. v. 15.05.2019 – B 6 KA 27/18 B – SozR 4-2500 § 299 Nr. 1; es gelten die Grundsätze der DSGVO mit Wirkung vom 25.05.2018.

13 Mit Wirkung vom 26.02.2013 ist **Abs. 3** angefügt worden. Mit der Regelung soll erreicht werden, dass Fehlermeldesysteme zur Erfassung von einrichtungsinternen und einrichtungsübergreifenden Fehlern grundsätzlich **nicht zu rechtlichen Nachteilen von Meldenden** verwendet werden dürfen. Meldende sind vor einer gegen sie selbst gerichteten Verwendung geschützt; auch arbeitsrechtliche Sanktionen sollen ausgeschlossen sein (vgl. BT-Drs. 17/11710). Nur so könne erreicht werden, dass die **Fehlermeldesysteme** als wichtige Erkenntnisquelle für Risikosituationen bei medizinischen Behandlungen, versehen mit korrekten und mit der Realität übereinstimmenden Daten und Erkenntnissen, und damit letztlich zur Patientensicherheit genutzt werden könnten. Dies schließe jedoch die **Verfolgung schwerer Verfehlungen**, insbesondere eine strafrechtliche Verfolgung, nicht aus; auch könnten die **Patientenakten** weiterhin als Quellen für die Überprüfung genutzt werden (vgl. näher Abs. 3 Satz 2).

14 Schwerpunktmäßig im Bereich der Pflege (und damit mit Bezug zur Pflegeversicherung) wird **das Deutsche Netzwerk für Qualitätsentwicklung in der Pflege – DNQP** tätig. Dabei erstreckt sich die Tätigkeit zugleich auch auf die Schnittstelle zwischen Pflegeversicherung und Krankenversicherung, wenn die Förderung der Pflegequalität auf der Basis von Praxis- und Expertenstandards in allen Einsatzfeldern in der Pflege thematisiert wird. Zu den Expertenstandards vgl. näher § 113a SGB XI.

### § 135b Förderung der Qualität durch die Kassenärztlichen Vereinigungen

(1) ¹Die Kassenärztlichen Vereinigungen haben Maßnahmen zur Förderung der Qualität der vertragsärztlichen Versorgung durchzuführen. ²Die Ziele und Ergebnisse dieser Qualitätssicherungsmaßnahmen sind von den Kassenärztlichen Vereinigungen zu dokumentieren und jährlich zu veröffentlichen.

(2) ¹Die Kassenärztlichen Vereinigungen prüfen die Qualität der in der vertragsärztlichen Versorgung erbrachten Leistungen einschließlich der belegärztlichen Leistungen im Einzelfall durch Stichproben; in Ausnahmefällen sind auch Vollerhebungen zulässig. ²Der Gemeinsame Bundesausschuss entwickelt in Richtlinien nach § 92 Abs. 1 Satz 2 Nr. 13 Kriterien zur Qualitätsbeurteilung in der vertragsärztlichen Versorgung sowie nach Maßgabe des § 299 Absatz 1 und 2 Vorgaben zu Auswahl, Umfang und Verfahren der Qualitätsprüfungen nach Satz 1; dabei sind die Ergebnisse nach § 137a Absatz 3 zu berücksichtigen.

(3) Die Absätze 1 und 2 gelten auch für die im Krankenhaus erbrachten ambulanten ärztlichen Leistungen.

(4) ¹Zur Förderung der Qualität der vertragsärztlichen Versorgung können die Kassenärztlichen Vereinigungen mit einzelnen Krankenkassen oder mit den für ihren Bezirk zuständigen Landesverbänden der Krankenkassen oder den Verbänden der Ersatzkassen unbeschadet der Regelungen des § 87a gesamtvertragliche Vereinbarungen schließen, in denen für bestimmte Leistungen einheitlich strukturierte und elektronisch dokumentierte besondere Leistungs-, Struktur- oder Qualitätsmerkmale festgelegt werden, bei deren Erfüllung die an dem jeweiligen Vertrag teilnehmenden Ärzte Zuschläge zu den Vergütungen erhalten. ²In den Verträgen nach Satz 1 ist ein Abschlag von dem nach § 87a Absatz 2 Satz 1 vereinbarten Punktwert für die an dem jeweiligen Vertrag beteiligten Krankenkassen und die von dem Vertrag erfassten Leistungen, die von den an dem Vertrag nicht teilnehmenden Ärzten der jeweiligen Facharztgruppe erbracht werden, zu vereinbaren, durch den die Mehrleistungen nach Satz 1 für die beteiligten Krankenkassen ausgeglichen werden.

§ 135b gilt in der Fassung des Art. 6 Nr. 15 KHSG vom 10.12.2015 (BGBl. I S. 2229) mit Wirkung vom 01.01.2016. 1

§ 135b schließt inhaltlich an § 136 in der Fassung bis 31.12.2015 an und stimmt im Wortlaut – bis auf einige redaktionelle Änderungen, unter Streichung des überholten Datums in Abs. 4 Satz 1, überein. Die Neufassung steht mit der Neugliederung der §§ 135 ff. durch das KHSG im Zusammenhang. 2

§ 135b regelt konkret die **Förderung der Qualität durch die Kassenärztlichen Vereinigungen**, gleichgestellt die Kassenzahnärztlichen Vereinigungen (vgl. *Roters* in KassKomm SGB V 9/2013 § 136 Rn. 3 unter Bezugnahme auf § 72 Abs. 1 Satz 2, wobei die Streichung von Abs. 1 Satz 3 keine abweichende Beurteilung zulasse; zur Anwendung im zahnärztlichen Bereich vgl. SG Marburg Urt. v. 20.06.2012 – S 12 KA 812/11). Entsprechende Maßnahmen sind durchzuführen, **Abs. 1 Satz 1**. Die Regelung verpflichtet diese, die Ergebnisse zu dokumentieren und zu veröffentlichen (**Abs. 1 Satz 2**) und zielt maßgeblich auf eine Unterstützung der Vertragsärzte bei der Erfüllung der in § 135a auferlegten Verpflichtungen ab, vgl. *Roters* a.a.O. Rn. 4). 3

Darüber hinaus obliegt den Kassenärztlichen Vereinigungen die **Prüfung der Qualität durch Stichproben im Einzelfall**, im Ausnahmefall auch durch volle Erhebungen (**Abs. 2 Satz 1**). Die Verbindung mit der Wirtschaftlichkeitsprüfung ist zulässig und wohl auch zweckmäßig. Für die Auswahl und Vorbereitung der Prüfungen wird im Übrigen **§ 299 Abs. 1 und 2** (Datenerhebung, -verarbeitung und -nutzung für Zwecke der Qualitätssicherung) in Bezug genommen. Die Prüfung im Einzelfall beinhaltet keine Regelprüfung, etwa in Zeitabständen. Die Einzelprüfung erfolgt im Regelfall als Stichprobenprüfung; die »Vollerhebung« stellt den Ausnahmefall dar und muss anlassbezogen geboten sein, vgl. *Roters* in KassKomm SGB V 9/2013 § 136 Rn. 6, 7. 4

Die **Prüfung der Qualität** führt zu Konsequenzen, wenn **Mängel in der Versorgung** festgestellt werden. Dies kann bei schwerwiegenden Mängeln zur **sofortigen Vollziehung** eines Widerrufs der Genehmigung zur Ausführung und Abrechnung von Dialyseleistungen bei fehlender Eignung führen; zur Überprüfung einer solchen Anordnung mit dem Ziel der Wiederherstellung der aufschiebenden *Wirkung* vgl. LSG Niedersachsen-Bremen Beschl. v. 16.07.2012 – L 3 KA 48/12 B ER, NZS 2012, 835, hier im Sinne der Bestätigung der Anordnung bei ausreichender Begründung durch die KV. 5

Dabei sollen **Maßstäbe und Kriterien zur Qualitätsbeurteilung** in der vertragsärztlichen Versorgung durch den Gemeinsamen Bundesausschuss in **Richtlinien** vorgegeben werden (**Abs. 2 Satz 2**). Diese Richtlinien sind in vielfältigem Umfang und zudem auch zu Spezialgebieten verfügbar; der Katalog von Richtlinien ist jedoch keineswegs abschließend. Solange und soweit derartige Richtlinien nicht vorliegen, sollen die Kassenärztlichen Vereinigungen gleichfalls die erforderlichen Maßnahmen durchführen. Ohnedies obliegt die Verpflichtung zur Qualitätssicherung nach § 135a allen Leistungserbringern unabhängig davon, ob eine Konkretisierung in einer Richtlinie oder anderen untergesetzlichen Regelungen erfolgt ist. Insoweit wird den Kassenärztlichen Vereinigungen ein 6 eigenständiges Gestaltungsrecht eingeräumt, mit der Folge, dass entsprechende Vorgaben als untergesetzliches Recht verbindlich werden.

7 In Ausführung der Ermächtigung wird auf die Richtlinien der Kassenärztlichen Bundesvereinigung für Verfahren zur Qualitätssicherung (**Qualitätssicherungs-Richtlinien der KBV**) gem. § 75 Abs. 7 vom 22.12.2010 hingewiesen (mit strukturellen Voraussetzungen unter Buchstabe A und zu Verfahren zur Qualitätssicherung unter Buchstabe B). Zur Frage der **Wirksamkeit der Richtlinien der Kassenärztlichen Bundesvereinigung für Verfahren zur Qualitätssicherung** vgl. BSG Urt. v. 02.04.2014 – B 6 KA 15/13 R – SozR 4–1300 § 47 Nr. 1, GesR 2014, Nr. 11, 678. Soweit **Krankenhäuser** ambulante ärztliche Leistungen erbringen, gilt dies entsprechend, **Abs. 3**.

8 In gesamtvertraglichen Vereinbarungen konnten und können mit der Krankenkassenseite (seit dem 01.01.2009; das Datum ist als überholt in die Fassung ab 01.01.2016 nicht übernommen worden) unbeschadet des § 87a, bis 31.12.2011 der §§ 87a bis 87c für bestimmte Leistungen **einheitlich strukturierte und elektronisch dokumentierte besondere Leistungs-, Struktur- und Qualitätsmerkmale festgelegt** werden. Ärzte, die an dem jeweiligen Vertrag **teilnehmen** und die Bedingungen **erfüllen**, erhalten **Zuschläge**. Ärzte, die nicht teilnehmen, sollen **nach Maßgabe des Abs. 4 Satz 2 Abschläge** von dem Orientierungswert nach § 87 Abs. 2e. Hinsichtlich der Kostenseite soll dies insgesamt damit kostenneutral abgewickelt werden.

9 Die Regelung stellt damit eine **geeignete Rechtsgrundlage** dar, Maßstäbe der Qualitätssicherung auch in die **Gesamtverträge** und in die Prüfaufgaben der Kassenärztlichen Vereinigungen einbeziehen zu können. Dies erlaubt insbesondere die Einführung eines **Qualitätsmanagements** in der vertragsärztlichen Praxis, wobei dies stets in einem angemessenen Verhältnis zum personellen Umfang stehen muss, wie auch Maßnahmen der Qualitätssicherung bei ärztlichen Untersuchungs- und Behandlungsmethoden (vgl. *Weidenbach* in Sodan, Handbuch Krankenversicherungsrecht, § 29 Rn. 48 mit weiteren Nachweisen Fn. 85).

10 Mit der Regelung in **Abs. 4** sind somit **regionale vergütungsbezogene Qualitätssicherungskonzepte** möglich, die mit finanziellen Auswirkungen durch einen **Zuschlag** zum regionalen Punktwert, aber auch mit Abschlägen verbunden werden können. Damit werden **Strukturverträge**, die bei einzelnen Kassenärztlichen Vereinigungen für bestimmte Leistungen, etwa Koloskopien oder kurative Mammographien mit Erfolg vereinbart worden waren, auf einer breiteren fachlichen und räumlichen Ebene möglich.

### § 135c Förderung der Qualität durch die Deutsche Krankenhausgesellschaft

(1) Die Deutsche Krankenhausgesellschaft fördert im Rahmen ihrer Aufgaben die Qualität der Versorgung im Krankenhaus. Sie hat in ihren Beratungs- und Formulierungshilfen für Verträge der Krankenhäuser mit leitenden Ärzten im Einvernehmen mit der Bundesärztekammer Empfehlungen abzugeben, die sicherstellen, dass Zielvereinbarungen ausgeschlossen sind, die auch finanzielle Anreize insbesondere für einzelne Leistungen, Leistungsmengen, Leistungskomplexe oder Messgrößen hierfür abstellen. Die Empfehlungen sollen insbesondere die Unabhängigkeit medizinischer Entscheidungen sichern.

(2) Der Qualitätsbericht des Krankenhauses nach § 136b Absatz 1 Satz 1 Nummer 3 hat eine Erklärung zu enthalten, die unbeschadet der Rechte Dritter Auskunft darüber gibt, ob sich das Krankenhaus bei Verträgen mit leitenden Ärzten an die Empfehlungen nach Absatz 1 Satz 2 hält. Hält sich das Krankenhaus nicht an die Empfehlungen, hat es unbeschadet der Rechte Dritter anzugeben, welche Leistungen oder Leistungsbereiche von solchen Zielvereinbarungen betroffen sind.

1 § 135c gilt in der Fassung des Art. 6 Nr. 15 KHSG vom 10.12.2015 (BGBl. I S. 2229) mit Wirkung vom 01.01.2016.

Abs. 1 wurde inhaltlich als § 136a (in der Fassung bis 31.12.2015) mit dem KFRG mit Wirkung vom 09.04.2013 (wieder) neu aufgenommen und regelt in dieser Fassung die **Förderung der Qualität durch die Deutsche Krankenhausgesellschaft**. Damit wird die Deutsche Krankenhausgesellschaft als Träger der Interessen der Krankenhäuser in die **Verantwortung für die Qualitätssicherung** förmlich einbezogen, hier maßgeblich im Hinblick auf **Vereinbarungen mit leitenden Ärzten**. Regelungen in Verträgen der Krankenhäuser mit leitenden Ärzten könnten wesentlichen Einfluss auf die Qualität der Versorgung in den Einrichtungen nehmen und besonderen Zielvereinbarungen, auch mit der Vereinbarung von Bonusleistungen, könnten **ethischen und versorgungstechnischen Zielsetzungen** entgegenstehen, wie die Materialien (vgl. BT-Drs. 17/12221 S. 24) ausweisen.

Satz 2 gibt der **Deutschen Krankenhausgesellschaft** auf, in ihren **Beratungs- und Formulierungshilfen** für Verträge der Krankenhäuser mit leitenden Ärzten im Einvernehmen mit der Bundesärztekammer **Empfehlungen** abzugeben (zur rechtlichen Beurteilung von Empfehlungen vgl. *Hart* MedR 2012, 1, wobei hier die rechtliche Besonderheit der Zuständigkeit der DKG gegeben ist). In diesen Empfehlungen ist sicherzustellen, dass **Zielvereinbarungen**, die auf **finanzielle Anreize** bei einzelnen Leistungen abstellen, ausgeschlossen sind. In Umsetzung dieses Auftrags sind die Empfehlungen vom 24.04.2013 ergangen, die zusätzlich und im Zusammenhang mit den Beratungs- und Formulierungshilfen der DKG für Verträge der Krankenhäuser mit leitenden Ärzten zu sehen sind und sich ausschließlich auf die nach zu erfassenden leistungsbezogenen Zielvereinbarungen beschränken. Diese Empfehlungen sind unter dem 02.04.2014 ergänzt worden, hier im Sinne einer Verschärfung bezüglich der Anforderungen an Bonusregelungen (die Empfehlungen werden etwa von der DKG im Internet nachgewiesen).

Diesen **Empfehlungen** entspricht, dass die Chefärzte in ihrer Verantwortung für die Diagnostik und Therapie des einzelnen Behandlungsfalls unabhängig und keinen Weisungen des Krankenhauses unterworfen sind, Zielvereinbarungen mit ökonomischen Inhalten den berufsrechtlichen Regelungen, insbesondere § 23 Abs. 2 MBO-Ä zu entsprechen haben und auch mit der notwendigen Sensibilität umzusetzen sind. **Finanzielle Anreize** dürfen niemals die Unabhängigkeit der medizinischen Entscheidung beeinflussen.

Der Gesetzgeber will mit dieser Regelung offensichtlich festgeschrieben wissen, dass die **ethischen und berufsrechtlichen Anforderungen** angesichts der durchaus berechtigten wirtschaftlichen Zielsetzung eines Krankenhauses abgesichert werden müssen.

Satz 3 hebt die Sicherung der **Unabhängigkeit ärztlicher Entscheidungen** als wesentliche Zielsetzung der Empfehlungen hervor, worauf die Materialien ausdrücklich hinweisen, vgl. BT-Drs. 17/12221 S. 25. Finanzielle Anreize sollen nicht ausgeschlossen bleiben, sich jedoch stets in Grenzen der Vorgaben des Abs. 1 (zuvor § 136a in der Fassung bis 31.12.2015), der MBO, standesrechtlicher Grundsätze und ethischer Anforderungen zu halten.

Daneben sind auch die **Grenzen der Zusammenarbeit** zwischen Vertragsärzten und Krankenhäusern, die Gegenstand weiterer Regelungen sind, einzubeziehen. Nach hier vertretener Auffassung wird einer von der Selbstverwaltung getragenen und von den einschlägigen Berufsverbänden sowie den Kassenärztlichen Vereinigungen – auch unter Beteiligung der Krankenkassenseite als Kostenträger – verantworteten Regelung dieses Konfliktbereichs vor strafrechtlichen Sanktionen – die damit in schweren Fällen nicht ausgeschlossen sind – der Vorzug gegeben. Auf diese Weise kann auch rascher weiteren Entwicklungen in diesem Bereich Rechnung getragen werden, soweit diese als nicht vertretbar angesehen werden sollten. Der Gesetzgeber hat in Abs. 1 (zuvor § 136a in der Fassung bis 31.12.2015) diesen Weg aufgezeigt.

In **Umsetzung der Regelung** sind die **Empfehlungen** zu leistungsbezogenen Zielvereinbarungen vom 24.04.2013 vorgelegt worden. Diese sind unter dem 17.09.2014 ergänzt worden, wonach sich Zielvereinbarungen nicht mehr auf Leistungskomplexe bzw. Leistungsaggregationen oder Case-Mix-Volumina erstrecken sollten. Die Empfehlungen sind zu beachten, jedoch nicht zwingend für ein Krankenhaus; Abweichungen sind jedoch in den jeweiligen Berichten anzugeben und zweckmäßigerweise zu begründen.

9 Abs. 2 (vergleichbar mit dem Regelungsinhalt von § 137 Abs. 3 Satz 1 Nr. 4 in der Fassung bis 31.12.2015) sieht vor, dass der **Inhalt und Umfang eines Qualitätsberichts für Krankenhäuser festzulegen** ist. Zu den informationstechnischen Nutzungsbedingungen vgl. näher OVG Nordrhein-Westfalen Urt. v. 15.04.2014 – 8 A 1129/11, DVBl 2014, 930, hier näher zum IWG. Die Berichte müssen Aussagen über die Umsetzung der Qualitätssicherungsmaßnahmen sowie der Mindestmengenregelung enthalten. Darüber hinaus wird in der Fassung des GKV-WSG vorgegeben, dass der Gemeinsame Bundesausschuss zusätzlich dazu verpflichtet wird, einen **einheitlichen und gemeinsam abgestimmten Datensatz zu vereinbaren**, mit dem die **Informationen des Krankenhauses umfassend und vollständig**, einschließlich erläuternder Anmerkungen des Krankenhauses, dokumentiert sind. Ein **standardisiertes Verfahren** ermöglicht es, die Daten für Patientinnen und Patienten für eine **vergleichende Qualitätsdarstellung der Krankenhäuser verfügbar** zu machen und dadurch insbesondere die **Qualitätstransparenz** zu stärken (vgl. zur Zielsetzung der Transparenz im Gesundheitswesen einschließlich der Informationspflicht des Gemeinsamen Bundesausschusses grundlegend *Wegener* NZS 2008, 561).

10 Der vom **AOK Bundesverband** betriebene »Krankenhausnavigator« soll nicht offensichtlich rechtswidrig sein. Eine **nur durchschnittliche Bewertung** soll jedenfalls dann keinen **Anordnungsgrund** im Wege des einstweiligen Rechtsschutzes rechtfertigen, wenn sich bereits gezeigt habe, dass die Bewertung nicht zu einem Rückgang der Behandlungsfälle geführt habe, vgl. so LSG Berlin-Brandenburg Beschl. v. 11.06.2014 – L 1 KR 301/13 B ER. Zum Krankenhausnavigator vgl. *Friedrich Schnapp/Patrick Schnapp* NZS 2015, 201 und *Friedrich Schnapp* NZS 2014, 281.

11 Die Regelung in **Abs. 2** (hier noch als § 137 Abs. 3 Satz 1 Nr. 4) wurde bezüglich des Satz 2 mit **KFRG** (BGBl. I S. 617) mit Wirkung vom **09.04.2013** neu gefasst. Hier wird die Umsetzung der Empfehlungen der DKG nach Abs. 1 (hier entsprechend § 136a in der Fassung bis 31.12.2015) nachgefragt, die unter dem 24.04.2013 vorgelegt worden ist (vgl. Erläuterungen zu Abs. 1). Die Angaben sind in einem Qualitätsbericht zu erklären, auch hinsichtlich der Zielvereinbarungen. Die Empfehlungen sollen die fachliche Unabhängigkeit der medizinischen Entscheidungen sichern und insoweit die leitenden Ärzte (Schiffsärzte) in die Verantwortung einbeziehen. Wirtschaftliche Anreize im Krankenhaus für die Durchführung bestimmter Operationen müssten erkennbar sein. Mit der gebotenen Transparenz soll sichergestellt werden, dass die Unabhängigkeit der medizinischen Entscheidung in jedem Fall gesichert ist.

## § 136 Richtlinien des Gemeinsamen Bundesausschusses zur Qualitätssicherung

(1) ¹Der Gemeinsame Bundesausschuss bestimmt für die vertragsärztliche Versorgung und für zugelassene Krankenhäuser grundsätzlich einheitlich für alle Patienten durch Richtlinien nach § 92 Absatz 1 Satz 2 Nummer 13 insbesondere
1. die verpflichtenden Maßnahmen der Qualitätssicherung nach § 135a Absatz 2, § 115b Absatz 1 Satz 3 und § 116b Absatz 4 Satz 4 unter Beachtung der Ergebnisse nach § 137a Absatz 3 sowie die grundsätzlichen Anforderungen an ein einrichtungsinternes Qualitätsmanagement und
2. Kriterien für die indikationsbezogene Notwendigkeit und Qualität der durchgeführten diagnostischen und therapeutischen Leistungen, insbesondere aufwändiger medizintechnischer Leistungen; dabei sind auch Mindestanforderungen an die Struktur-, Prozess- und Ergebnisqualität festzulegen.

²Soweit erforderlich erlässt der Gemeinsame Bundesausschuss die notwendigen Durchführungsbestimmungen. ³Er kann dabei die Finanzierung der notwendigen Strukturen zur Durchführung von Maßnahmen der einrichtungsübergreifenden Qualitätssicherung insbesondere über Qualitätssicherungszuschläge regeln.

(2) ¹Die Richtlinien nach Absatz 1 sind sektorenübergreifend zu erlassen, es sei denn, die Qualität der Leistungserbringung kann nur durch sektorbezogene Regelungen angemessen gesichert werden. ²Die Regelungen nach § 136a Absatz 4 und § 136b bleiben unberührt.

(3) Der Verband der Privaten Krankenversicherung, die Bundesärztekammer sowie die Berufsorganisationen der Pflegeberufe sind bei den Richtlinien nach § 92 Absatz 1 Satz 2 Nummer 13 zu beteiligen; die Bundespsychotherapeutenkammer und die Bundeszahnärztekammer sind, soweit jeweils die Berufsausübung der Psychotherapeuten oder der Zahnärzte berührt ist, zu beteiligen.

§ 136 gilt in der Fassung des Art. 5 Nr. 5 PsychVVG vom 19.12.2016 (BGBl. I S. 2986) mit Wirkung vom 01.01.2017. 1

§ 136 wurde im Zuge einer Neugliederung der Qualitätssicherungsvorschriften der §§ 135 ff. in der Fassung bis 31.12.2015 mit Wirkung vom 01.01.2016 mit dem KHSG aufgenommen und mit dem PsychVVG mit Wirkung vom 01.01.2017 zu Regelungen zur Finanzierung bestimmter Strukturen – auch betr. Qualitätssicherungszuschläge – ergänzt. Inhaltlich schließt die Regelung an § 137 Abs. 1 Satz 1 und 2 (teilweise), Abs. 2 sowie Abs. 1 Satz 3 in der Fassung bis 31.12.2015 an. 2

Als Grundsatzvorschrift gibt § 136 dem **Gemeinsamen Bundesausschuss** auf, für die vertragsärztliche Versorgung und für zugelassene Krankenhäuser **Richtlinien zur Qualitätssicherung** gemäß § 92 Abs. 1 Satz 2 Nr. 13 zu erlassen. **Abs. 1** ermächtigt zum Erlass von Richtlinien zur Qualitätssicherung für die vertragsärztliche Versorgung sowie die Krankenhausversorgung und gibt dem Gemeinsamen Bundesausschuss die Richtlinienkompetenz. Weitere – konkrete – Vorgaben hierzu, die vormals in § 137 in der Fassung bis 31.12.2015 erfasst waren, sind nunmehr u.a. in § 136a und § 136b in der Fassung ab 01.01.2016 bzw. 01.01.2017 geregelt. 3

Die Qualitätssicherung soll sektorenübergreifend erfolgen und ermöglichen, die Instrumente der Qualitätssicherung effizient zu nutzen. Zudem sollen die Anforderungen an die Qualitätssicherung **möglichst einheitlich und stringent** gestaltet werden. Die Kompetenz des Gemeinsamen Bundesausschusses erstreckt sich neben § 135a Abs. 2 auch auf Leistungen nach § 115b (ambulantes Operieren) sowie § 116b Abs. 4 Satz 4 (ambulante spezialfachärztliche Versorgung) unter Beachtung des § 137a Abs. 3; die Aufzählung ist nicht abschließend und ermächtigt auch zu weiteren Regelungen zum Qualitätsbereich im weiteren Sinne. Dabei regeln die Vorgaben nur einen **Mindeststandard** für die medizinische Versorgung, schließen aber ebenso den Regelungsbereich der Selektivverträge nach §§ 73b (hausarztzentrierte Versorgung, mit einer Änderung ab 01.01.2017) und 140a (besondere Versorgung, einschließlich der sog. integrierten Versorgung) ein. 4

In der Regelung des **Abs. 1 Satz 1 Nr. 1** wird der Gemeinsame Bundesausschuss verpflichtet, die für die Leistungserbringer anzuwendenden Maßnahmen der **einrichtungsübergreifenden Qualitätssicherung mittels eines Qualitätsmanagements** festzulegen (vgl. *Metzner* GSP 2012, Nr. 4, 25 – Wie kann man Qualitätskriterien einbauen?). »Einrichtungsübergreifende Maßnahmen« zielen hinsichtlich der Qualitätsbeurteilung auf einen Vergleich zu anderen Leistungserbringern, vgl. *Blöcher* in jurisPK-SGB V § 137 Rn. 17; vgl. auch 01/2016 § 136 Rn. 12, 14, hier auch mit Einzelhinweisen zu Richtlinien, in denen diese Zielsetzung umgesetzt ist. Mit der Verpflichtung des Gemeinsamen Bundesausschusses zur Einrichtung des »Instituts für Qualitätssicherung und Transparenz im Gesundheitswesen« hat dieser entsprechende Aufträge an das Institut zu vergeben, vgl. § 137a Abs. 3 in der Fassung ab 25.07.2014, § 137b in der Fassung ab 01.01.2016. 5

Die Regelung **ermächtigt** maßgeblich dazu, das **einrichtungsinterne Qualitätsmanagement festzulegen** (vgl. Abs. 1 Satz 1 Nr. 1 2. Satzteil). Die Einführung und Umsetzung von **Qualitätsmanagementsystemen** hängt stark von den spezifischen Gegebenheiten und Bedingungen der einzelnen Einrichtungen ab und ist auf dieser Basis effektiv und wirtschaftlich zu gestalten. Das einrichtungsinterne Qualitätsmanagement zielt darauf ab, unter Mitwirkung aller Mitarbeiter die Qualität in den Mittelpunkt der Bemühungen zu stellen, vgl. *Roters* in KassKomm SGB V 09/2017 § 136 Rn. 17, 18. 6

**Abs. 1 Satz 1 Nr. 1** wurde noch in der Zuordnung zu § 137 Abs. 1 in der Fassung bis 31.12.2015 mit dem GKV-VStG mit Wirkung vom 01.01.2012 an die zeitgleich erfolgte Neufassung des § 116b – Ambulante spezialfachärztliche Versorgung – angepasst, hier unter Verweisung auf § 116b 7

Abs. 3 Satz 3. Dabei handelte es sich jedoch um den Gesetzentwurf zu § 116b und nicht die spätere Ausschussfassung (vgl. BT-Drs. 17/8005 S. 47); gemeint war wohl § 116b Abs. 4 Satz 4 in der Fassung ab 01.01.2012 (zu neuen Verantwortlichkeiten vgl. *Weller* VSSR 2012, 353). Dies ist auch mit dem GKV-FQWG nicht berücksichtigt worden, wohl dann aber mit dem KHSG ab 01.01.2016.

8 Mit der Regelung in **Abs. 1 Satz 1 Nr. 2** werden **Kriterien** für die indikationsbezogene Notwendigkeit und Qualität der durchgeführten diagnostischen und therapeutischen Leistungen erfasst, insbesondere unter Berücksichtigung **aufwendiger medizintechnischer Leistungen**. Dabei werden messbare Kriterien angestrebt, die es zulassen, zwischen »einer guten und einer schlechten Qualität« unterscheiden zu können, vgl. *Roters* in KassKomm SGB V 09/2017 § 136 Rn. 21. Zur Ausgestaltung einer Mindestbehandlungszahl als strukturelle Anforderung zur Qualitätssicherung vgl. OVG Lüneburg Beschl. v. 10.04.2013 – 13 LA 223/11, KHE 2013/9.

9 Hier sind ausdrücklich die **Mindestanforderungen** an die **Strukturqualität, Prozessqualität und Ergebnisqualität** angeführt. Mit der in der Ausschussberatung ausdrücklich aufgenommenen Wortwahl des »**insbesondere**« kommt zum Ausdruck, dass der Gemeinsame Bundesausschuss **über die gesetzlich ausdrücklich genannten Inhalte der Richtlinien zur Qualitätssicherung hinaus** auch andere für notwendig befundene Regelungsgegenstände der Qualitätssicherung aufgreifen und festlegen kann. Der Gemeinsame Bundesausschuss kann in Richtlinien zur Qualitätssicherung Mindestvoraussetzungen der stationären Versorgung Versicherter als Vergütungsvoraussetzung regeln, hier auch zu Abs. 1 Satz 1 Nr. 2, vgl. BSG Urt. v. 01.07.2014 – B 1 KR 15/13 R – SozR 4–2500 § 137 Nr. 4.

10 Mit **Abs. 1 Satz 2** wird festgelegt, dass der Gemeinsame Bundesausschuss auch die notwendigen **Durchführungsbestimmungen und Grundsätze für Konsequenzen**, insbesondere in Form von **Vergütungsabschlägen für Leistungserbringer**, die ihre Verpflichtungen zur Qualitätssicherung nicht einhalten, zu erlassen hat. Die Materialien verweisen darauf, dass als Konsequenz auch die Einladung zu bestimmten Kolloquien oder Praxisbegehungen festgelegt werden können. Mit § 137 Abs. 1 in der Fassung ab 01.01.2016 ist die Regelungsbefugnis betr. Durchführungsbestimmungen gleichfalls und zudem konkret geregelt. Zu **vergütungsrechtlichen Auswirkungen** bei Nichteinhaltung der Qualitätssicherungsrichtlinie (hier zum Bauchaortenaneurysma) vgl. LSG Hessen Urt. v. 15.04.4013 – L 1 KR 383/12, NZS 2013, 737, KHE 2013/20; fehle es an einer **Regelung in der Richtlinie**, stehe der Verstoß grundsätzlich dem Vergütungsanspruch **nicht** entgegen, wenn die Leistung als solche erbracht worden sei.

11 **Abs. 1 Satz 3**, eingefügt mit Wirkung vom 01.01.2017, zielt in Übereinstimmung mit den Materialien (vgl. BT-Drs. 18/9528 S. 50) darauf ab, dass die Kompetenz zur Festlegung von Durchführungsbestimmungen neben Regelungen zur Organisation und zu erforderlichen Strukturen für die Umsetzung von Maßnahmen der Qualitätssicherung **auch Regelungen zur Finanzierung bestimmter Strukturen**, etwa der Landesarbeitsgemeinschaft nach § 5 der Richtlinie zur einrichtungs- und sektorenübergreifenden Qualitätssicherung, umfasse. Dies beinhaltet eine Ermächtigung des Gemeinsamen Bundesausschusses, die Finanzierung dieser Strukturen auf geeignete Weise, etwa auch durch Qualitätssicherungszuschläge, zu regeln.

12 **Abs. 2** betrifft die sektorenübergreifende Qualitätssicherung. Sektorenbezogen sollen Qualitätssicherungsbestimmungen nur dann geregelt werden, wenn andernfalls die Qualität der Leistungserbringung nicht angemessen gesichert werden kann. Ist dies der Fall, wäre dies zu begründen. Mit Abs. 2 Satz 2 werden die in Bezug genommenen Regelungen in § 136a Abs. 4 und § 136b zu speziellen Regelungen im Verhältnis zu Abs. 1 benannt, wobei auch § 136c und § 135 Abs. 1 Satz 1 diese Rechtswirkung zukommen sollte, vgl. *Roters* in KassKomm SGB V 09/2017 § 136 Rn. 27, mit dem berechtigten Hinweis, dass die Regelungsgegenstände nicht abschließend benannt worden seien, etwa mit der Möglichkeit zur Benennung von Mindestmengen, hier unter Hinweis auf LSG Bayern Urt. v. 16.03.2016 – L 12 KA 59/14, aber abweichend im Rechtszug hierzu BSG Urt. v. 29.11.2017 – B 6 KA 32/16 R.

Nach **Abs. 3** (vergleichbar der Regelung in § 137 Abs. 1 Satz 3 in der Fassung bis 31.12.2015) sind 13 der **Verband der Privaten Krankenversicherung e.V.**, die **Bundesärztekammer** sowie die **Berufsorganisationen der Pflegeberufe** bei der Richtlinienabfassung zu beteiligen. Mit dem GKV-VStG war hierzu mit Wirkung vom 01.01.2012 festgelegt worden, dass auch die **Bundespsychotherapeutenkammer** und die **Bundeszahnärztekammer** zu beteiligten sind, allerdings nur insoweit, als die Berufsausübung der Psychotherapeuten oder der Zahnärzte berührt ist. Durch die Regelung wird einerseits sichergestellt, dass die Interessen dieser Berufsgruppen im Rahmen der Regelungen zur Qualitätssicherung angemessen berücksichtigt werden, andererseits die Gremien des Gemeinsamen Bundesausschusses nicht durch eine ständige Beteiligung, die mit den entsprechenden organisatorischen Folgen verbunden wäre, belastet werden.

**§ 136a Richtlinien des Gemeinsamen Bundesausschusses zur Qualitätssicherung in ausgewählten Bereichen**

(1) ¹Der Gemeinsame Bundesausschuss legt in seinen Richtlinien nach § 136 Absatz 1 geeignete Maßnahmen zur Sicherung der Hygiene in der Versorgung fest und bestimmt insbesondere für die einrichtungsübergreifende Qualitätssicherung der Krankenhäuser Indikatoren zur Beurteilung der Hygienequalität. ²Er hat die Festlegungen nach Satz 1 erstmalig bis zum 31. Dezember 2016 zu beschließen. ³Der Gemeinsame Bundesausschuss berücksichtigt bei den Festlegungen etablierte Verfahren zur Erfassung, Auswertung und Rückkopplung von nosokomialen Infektionen, antimikrobiellen Resistenzen und zum Antibiotika-Verbrauch sowie die Empfehlungen der nach § 23 Absatz 1 und 2 des Infektionsschutzgesetzes beim Robert Koch-Institut eingerichteten Kommissionen. ⁴Die nach der Einführung mit den Indikatoren nach Satz 1 gemessenen und für eine Veröffentlichung geeigneten Ergebnisse sind in den Qualitätsberichten nach § 136b Absatz 1 Satz 1 Nummer 3 darzustellen. ⁵Der Gemeinsame Bundesausschuss soll ihm bereits zugängliche Erkenntnisse zum Stand der Hygiene in den Krankenhäusern unverzüglich in die Qualitätsberichte aufnehmen lassen sowie zusätzliche Anforderungen nach § 136b Absatz 6 zur Verbesserung der Informationen über die Hygiene stellen.

(2) ¹Der Gemeinsame Bundesausschuss legt in seinen Richtlinien nach § 136 Absatz 1 geeignete Maßnahmen zur Sicherung der Qualität in der psychiatrischen und psychosomatischen Versorgung fest. ²Dazu bestimmt er insbesondere verbindliche Mindestvorgaben für die Ausstattung der stationären Einrichtungen mit dem für die Behandlung erforderlichen therapeutischen Personal sowie Indikatoren zur Beurteilung der Struktur-, Prozess- und Ergebnisqualität für die einrichtungs- und sektorenübergreifende Qualitätssicherung in der psychiatrischen und psychosomatischen Versorgung. ³Die Mindestvorgaben zur Personalausstattung nach Satz 2 sollen möglichst evidenzbasiert sein und zu einer leitliniengerechten Behandlung beitragen. ⁴Der Gemeinsame Bundesausschuss bestimmt zu den Mindestvorgaben zur Personalausstattung nach Satz 2 notwendige Ausnahmetatbestände und Übergangsregelungen. ⁵Den betroffenen medizinischen Fachgesellschaften ist Gelegenheit zur Stellungnahme zu geben. ⁶Die Stellungnahmen sind durch den Gemeinsamen Bundesausschuss in die Entscheidung einzubeziehen. ⁷Bei Festlegungen nach den Sätzen 1 und 2 für die kinder- und jugendpsychiatrische Versorgung hat er die Besonderheiten zu berücksichtigen, die sich insbesondere aus den altersabhängigen Anforderungen an die Versorgung von Kindern und Jugendlichen ergeben. ⁸Der Gemeinsame Bundesausschuss hat die verbindlichen Mindestvorgaben und Indikatoren nach Satz 2 erstmals bis spätestens zum 30. September 2019 mit Wirkung zum 1. Januar 2020 zu beschließen. ⁹Der Gemeinsame Bundesausschuss hat als notwendige Anpassung der Mindestvorgaben erstmals bis zum 30. September 2021 mit Wirkung zum 1. Januar 2022 sicherzustellen, dass die Psychotherapie entsprechend ihrer Bedeutung in der Versorgung psychisch und psychosomatisch Erkrankter durch Mindestvorgaben für die Zahl der vorzuhaltenden Psychotherapeuten abgebildet wird. ¹⁰Informationen über die Umsetzung der verbindlichen Mindestvorgaben zur Ausstattung mit therapeutischem Personal und die nach der Einführung mit den Indikatoren nach Satz 2 gemessenen und für eine Veröffentlichung geeigneten Ergebnisse sind in den Qualitätsberichten nach § 136b Absatz 1 Satz 1 Nummer 3 darzustellen.

(2a) ¹Der Gemeinsame Bundesausschuss beschließt bis spätestens zum 31. Dezember 2022 in einer Richtlinie nach Absatz 2 Satz 1 ein einrichtungsübergreifendes sektorspezifisches Qualitätssicherungsverfahren für die ambulante psychotherapeutische Versorgung. ²Er hat dabei insbesondere geeignete Indikatoren zur Beurteilung der Struktur-, Prozess- und Ergebnisqualität sowie Mindestvorgaben für eine einheitliche und standardisierte Dokumentation, die insbesondere eine Beurteilung des Therapieverlaufs ermöglicht, festzulegen. ³Der Gemeinsame Bundesausschuss beschließt bis zum 31. Dezember 2022 zusätzlich Regelungen, die eine interdisziplinäre Zusammenarbeit in der ambulanten psychotherapeutischen Versorgung unterstützen.

(3) ¹Der Gemeinsame Bundesausschuss bestimmt in seinen Richtlinien über die grundsätzlichen Anforderungen an ein einrichtungsinternes Qualitätsmanagement nach § 136 Absatz 1 Satz 1 Nummer 1 wesentliche Maßnahmen zur Verbesserung der Patientensicherheit und legt insbesondere Mindeststandards für Risikomanagement- und Fehlermeldesysteme fest. ²Über die Umsetzung von Risikomanagement- und Fehlermeldesystemen in Krankenhäusern ist in den Qualitätsberichten nach § 136b Absatz 1 Satz 1 Nummer 3 zu informieren. ³Als Grundlage für die Vereinbarung von Vergütungszuschlägen nach § 17b Absatz 1a Nummer 4 des Krankenhausfinanzierungsgesetzes bestimmt der Gemeinsame Bundesausschuss Anforderungen an einrichtungsübergreifende Fehlermeldesysteme, die in besonderem Maße geeignet erscheinen, Risiken und Fehlerquellen in der stationären Versorgung zu erkennen, auszuwerten und zur Vermeidung unerwünschter Ereignisse beizutragen.

(4) ¹Der Gemeinsame Bundesausschuss hat auch Qualitätskriterien für die Versorgung mit Füllungen und Zahnersatz zu beschließen. ²Bei der Festlegung von Qualitätskriterien für Zahnersatz ist der Verband Deutscher Zahntechniker-Innungen zu beteiligen; die Stellungnahmen sind in die Entscheidung einzubeziehen. ³Der Zahnarzt übernimmt für Füllungen und die Versorgung mit Zahnersatz eine zweijährige Gewähr. ⁴Identische und Teilwiederholungen von Füllungen sowie die Erneuerung und Wiederherstellung von Zahnersatz einschließlich Zahnkronen sind in diesem Zeitraum vom Zahnarzt kostenfrei vorzunehmen. ⁵Ausnahmen hiervon bestimmen die Kassenzahnärztliche Bundesvereinigung und der Spitzenverband Bund der Krankenkassen. ⁶§ 195 des Bürgerlichen Gesetzbuchs bleibt unberührt. ⁷Längere Gewährleistungsfristen können zwischen den Kassenzahnärztlichen Vereinigungen und den Landesverbänden der Krankenkassen und den Ersatzkassen sowie in Einzel- oder Gruppenverträgen zwischen Zahnärzten und Krankenkassen vereinbart werden. ⁸Die Krankenkassen können hierfür Vergütungszuschläge gewähren; der Eigenanteil der Versicherten bei Zahnersatz bleibt unberührt. ⁹Die Zahnärzte, die ihren Patienten eine längere Gewährleistungsfrist einräumen, können dies ihren Patienten bekannt machen.

(5) ¹Der Gemeinsame Bundesausschuss kann im Benehmen mit dem Paul-Ehrlich-Institut in seinen Richtlinien nach § 92 Absatz 1 Satz 2 Nummer 6 für die vertragsärztliche Versorgung und für zugelassene Krankenhäuser Anforderungen an die Qualität der Anwendung von Arzneimitteln für neuartige Therapien im Sinne von § 4 Absatz 9 des Arzneimittelgesetzes festlegen. ²Er kann insbesondere Mindestanforderungen an die Struktur-, Prozess- und Ergebnisqualität regeln, die auch indikationsbezogen oder bezogen auf Arzneimittelgruppen festgelegt werden können. ³Zu den Anforderungen nach den Sätzen 1 und 2 gehören, um eine sachgerechte Anwendung der Arzneimittel für neuartige Therapien im Sinne von § 4 Absatz 9 des Arzneimittelgesetzes zu sichern, insbesondere
1. die notwendige Qualifikation der Leistungserbringer,
2. strukturelle Anforderungen und
3. Anforderungen an sonstige Maßnahmen der Qualitätssicherung.

⁴Soweit erforderlich erlässt der Gemeinsame Bundesausschuss die notwendigen Durchführungsbestimmungen. ⁵§ 136 Absatz 2 und 3 gilt entsprechend. ⁶Arzneimittel für neuartige Therapien *im Sinne von § 4 Absatz 9 des Arzneimittelgesetzes* dürfen ausschließlich von Leistungserbringern angewendet werden, die die vom Gemeinsamen Bundesausschuss beschlossenen Mindestanforderungen nach den Sätzen 1 bis 3 erfüllen.

(6) ¹Der Gemeinsame Bundesausschuss legt in einer Richtlinie erstmals bis zum 31. Dezember 2022 einheitliche Anforderungen für die Information der Öffentlichkeit zum Zweck der Erhöhung der Transparenz und der Qualität der Versorgung durch einrichtungsbezogene risikoadjustierte Vergleiche der an der vertragsärztlichen Versorgung teilnehmenden Leistungserbringer und zugelassenen Krankenhäuser auf der Basis der einrichtungsbezogenen Auswertungen nach Maßgabe des § 299 (Qualitätsdaten) fest. ²Er trifft insbesondere Festlegungen zu Inhalt, Art, Umfang und Plausibilisierung der für diesen Zweck durch den Gemeinsamen Bundesausschuss oder einen von ihm beauftragten Dritten einrichtungsbezogen zu verarbeitenden Qualitätsdaten sowie zu Inhalt, Art, Umfang und Verfahren der Veröffentlichung der risikoadjustierten Vergleichsdaten in übersichtlicher Form und in allgemein verständlicher Sprache. ³Die Erforderlichkeit der Datenverarbeitung für die Information der Öffentlichkeit zum Zweck der Erhöhung der Transparenz und der Qualität der Versorgung durch einrichtungsbezogene risikoadjustierte Vergleiche ist in der Richtlinie darzulegen. ⁴Die Veröffentlichung der Vergleichsdaten hat einrichtungsbezogen und mindestens jährlich auf Basis aktueller Qualitätsdaten zu erfolgen. ⁵Die Ergebnisse der Beauftragung des Instituts für Qualitätssicherung und Transparenz im Gesundheitswesen gemäß § 137a Absatz 3 Satz 2 Nummer 5 und 6 sollen in der Richtlinie nach Satz 1 berücksichtigt werden. ⁶Der Gemeinsame Bundesausschuss evaluiert regelmäßig die in der Richtlinie bestimmten Qualitätsdaten und Vergleichsdaten im Hinblick auf ihre Eignung und Erforderlichkeit zur Erreichung des festgelegten Ziels. ⁷Über die Ergebnisse hat der Gemeinsame Bundesausschuss dem Bundesministerium für Gesundheit alle zwei Jahre, erstmals bis zum 31. Dezember 2024, zu berichten. ⁸Mit der Evaluation nach Satz 6 kann der Gemeinsame Bundesausschuss das Institut nach § 137a beauftragen.

| Übersicht | Rdn. | | Rdn. |
|---|---|---|---|
| A. Regelungsinhalt | 1 | E. Qualitätskriterien für die Versorgung mit Füllungen und Zahnersatz (Abs. 4) | 48 |
| B. Richtlinien zur Sicherung der Hygiene und Hygienequalität (Abs. 1) | 16 | F. Ermächtigung zur Festlegung von Richtlinien über die Anforderungen an die Qualität der Anwendung neuartiger Therapien (Abs. 5) | 53 |
| I. Richtlinien zur Hygienesicherung (Abs. 1 Satz 1 bis 3) | 16 | | |
| II. Umsetzung und Qualitätsberichte (Abs. 1 Satz 4 und 5) | 24 | G. Richtlinie zu Anforderungen für die Information der Öffentlichkeit zum Zweck der Erhöhung der Transparenz und der Qualität – Hinweise auf Abs. 6 de lege lata | 57 |
| C. Richtlinien zur Sicherung der Qualität in der psychiatrischen und psychosomatischen Versorgung (Abs. 2 und 2a) | 30 | | |
| D. Richtlinien über die grundsätzlichen Anforderungen an ein einrichtungsinternes Qualitätsmanagement (Abs. 3) | 40 | | |

## A. Regelungsinhalt

§ 136a gilt in der Fassung des Art. 1 Nr. 40 GVWG vom 11.07.2021 (BGBl. I S. 2754) mit Wirkung vom 20.07.2021. Die Erläuterungen erfassen schwerpunktmäßig § 136a in der Fassung des Art. 3 Nr. 2 KHZG vom 23.10.2020 (BGBl. I S. 2208) mit Wirkung vom 29.10.2020. Zu den Änderungen ab 20.07.2021 vgl. Erläuterungen unter Rdn. 15a–g. 1

*(unbesetzt)* 2

§ 136a greift eine Reihe von speziellen Regelungen auf, die überwiegend in **Richtlinienrecht** zu überführen sind. § 136a steht in einem systematischen Zusammenhang mit den §§ 136 bis 139d mit »programmatischen Grundsätzen aus den §§ 2 Abs. 1 Satz 3, 70 Abs. 1 SGB V – Qualität, Wirksamkeit und Humanität – sowie Wirtschaftlichkeit nach § 12 SGB V«, vgl. *R. Klein* in jurisPK-SGB V § 136a Rn. 9. Mit § 136a werden konkret Richtlinienaufträge an den Gemeinsamen Bundesausschuss festgelegt, aufbauend auf der »Grundnorm« zum Richtlinienrecht nach § 136. 3

4 Dies sind betr. § 136a **Regelungen zur Sicherung der Hygiene** (Hygieneischerung und Hygienequalität) einschließlich der entsprechenden Berichterstattung (**Abs. 1**), zur Sicherung der **Qualität in der psychiatrischen und psychosomatischen Versorgung** (**Abs. 2** und anknüpfend an § 137 Abs. 1c in der Fassung bis 31.12.2015 und mit dem PsychVVG mit Wirkung vom 01.01.2017 deutlich erweitert) sowie Richtlinien über die grundsätzlichen Anforderungen an ein **einrichtungsinternes Qualitätsmanagement** (**Abs. 3** und anknüpfend an § 137 Abs. 1d in der Fassung bis 31.12.2015 und umgesetzt mit einer »Bestimmung von Anforderungen an einrichtungsübergreifende Fehlermeldesystem« unter Regelung der Voraussetzungen für die Vereinbarung eines Vergütungszuschlags). Hinzu kommen **Qualitätskriterien für die Versorgung mit Füllungen und Zahnersatz** nach **Abs. 4**, anknüpfend an § 137 Abs. 4 in der Fassung bis 31.12.2015. Mit Wirkung vom 16.08.2019 ist Abs. 5 hinzugekommen, hier mit einer Ermächtigung des Gemeinsamen Bundesausschusses zu Richtlinien über die Anforderungen an die Qualität der Anwendung für neuartige Therapien.

5 Mit dem Infektionsschutzgesetz ist der Gemeinsame Bundesausschuss (vgl. *Friedrich R. München* in PflR 2011, 327) ermächtigt worden, insbesondere auch **Richtlinien zur Sicherung der Hygiene in der Versorgung** – vornehmlich mit Bezug zum Krankenhausbereich – zu beschließen. Dies sollte erstmalig bereits bis zum 31.12.2012 erfolgen, wobei die Erkenntnisse unverzüglich in **Qualitätsberichte** aufgenommen und auf breiter Basis transparent gemacht werden sollten (§ 137 Abs. 1a und 1b in der Fassung ab 04.08.2011). Anlass war und ist die hohe Zahl von nosokomialen Infektionen in Deutschland, vgl. BT-Drs. 17/5178 S. 1, die zudem zunehmend Auswirkungen auf die **ambulante Folgebehandlung** hat (vgl. die vergütungsrechtlichen und qualitätssichernden Regelungen in § 87). Diese Regelungen bedürfen ebenso einer eingehenden Qualitätssicherung im Richtlinienrecht, wobei die hierfür erforderlichen Erkenntnisse fortlaufend und engmaschig erlangt werden sollen. Die Kompetenzerweiterung zielt darauf an, den Hygienestandard in der medizinischen Versorgung der Versicherten bewerten und vergleichen zu können, vgl. *R. Klein* in jurisPK-SGB V § 136a Rn. 12.

6 Geboten sind geeignete Maßnahmen zur Sicherung der Hygiene in der Versorgung im Sinne einer einrichtungsübergreifende Qualitätssicherung, vgl. *R. Klein* a.a.O. Rn. 13: Diese **Ausgangssituation** hat zu einer **Reihe von Richtlinien und Maßnahmen** zu den einzelnen Spezialgebieten nach Abs. 1 bis 4 geführt. Dabei ist der Gemeinsame Bundesausschuss **nicht** dafür zuständig, die Einhaltung der Hygieneverordnungen und Hygieneempfehlungen zu kontrollieren, sondern hat die **Anforderungen** festzulegen, die Kliniken und Praxen als spezielle **Qualitätssicherungsmaßnahmen** auch im Hygienebereich zu erfüllen haben. In Verbindung damit stehen Qualitätsindikatoren, die geeignet sind, die Hygienequalität zu bewerten und mit Bezug zu verschiedenen Leistungserbringern zu vergleichen, wobei Letzteres wegen unterschiedlicher landesrechtlicher Regelungen jedenfalls personell nicht einfach ist (so auch die Hinweise des Gemeinsamen Bundesausschusses, der auf entsprechende Qualitätssicherungsregelungen im Internet hinweist).

7 Anzuführen sind die **Regelungen zum Qualitätsbericht der Krankenhäuser (Qb-R)** vom 16.05.2013 in der jeweils aktuellen Fassung. Krankenhäuser sind verpflichtet, Angaben zu ihrem Hygienepersonal zu machen, die die Vergleichbarkeit der Informationen auf Bundesebene erhöhen. Dies werde erreicht, in dem man sich bei den Bezeichnungen des Fachpersonals an den Empfehlungen der Kommission für Krankenhaushygiene und Infektionsprävention (KRINKO) mit dem Titel »Personelle und organisatorische Voraussetzungen zur Prävention nosokomialer Infektionen« sowie an den Krankenhaushygieneverordnungen auf Landesebene orientiere.

8 Nachfolgend zu § 137 Abs. 1 Satz 3 in der Fassung bis 31.12.2015 ist die Anpassung in § 137 Abs. 1c (eingeführt mit dem PsychEntG vom 21.07.2012 – BGBl. I S. 1613) an die Einführung eines pauschalierenden Entgeltsystems für psychiatrische und psychosomatische Einrichtungen mit notwendigen Maßnahmen zur **Qualitätssicherung** mit Wirkung vom 01.01.2013 erfolgt (vgl. dazu auch den Bericht vom 4. Kölner Medizinrechtstag von *Schmitz-Luhn* MedR 2013, 95). Diese Regelung ist in § 136a Abs. 2 in der Fassung ab 01.01.2016 übernommen worden. Hier wird der Gemeinsame Bundesausschuss beauftragt, in seinen Richtlinien die erforderlichen Festlegungen

zur Sicherung der Qualität in der entsprechenden Versorgung zu treffen und insbesondere Empfehlungen zudem für die Versorgung erforderlichen therapeutischen Personal sowie Indikatoren zur Bewertung der Qualität zu entwickeln. Maßnahmen der Qualitätssicherung sollen zudem zeitgleich mit dem Beginn der **Konvergenzphase** zur Einführung eines neuen Entgeltsystems im Psychiatriebereich in den stationären Einrichtungen greifen.

Mit dem PsychVVG ist **Abs. 2 Satz 1 bis 6** in Ablösung des Abs. 2 Satz 1 a.F. mit Wirkung vom 01.01.2017 neu gefasst worden; zugleich sind **Abs. 2 Satz 7 und späterer Satz 10** (zunächst Satz 9) angepasst und in **Abs. 2 Satz 8** eine neue Fristenvorgabe (zwischenzeitlich überholt) aufgenommen worden. Der Bedeutung der Personalausstattung bezüglich Anzahl und Qualifikation entsprechend wird der Auftrag an den Gemeinsamen Bundesausschuss bezüglich der Mindestvorgaben konkretisiert. Im Hinblick auf das Auslaufen der Geltung der Psych-PV ab dem Jahr 2020 liegt ein Schwerpunkt der dem Gemeinsamen Bundesausschuss aufgegebene Regelungsauftrag bei der Personalausstattung. 9

**Abs. 2 Satz 9** ist mit Wirkung vom 23.11.2019 eingefügt worden, hier mit einem Auftrag an den Gemeinsamen Bundesausschuss betr. Personalvorgaben, und hier noch mit »bettenbezogenen« Mindestvorgaben. Auf Letzteres hat der Gesetzgeber ab 23.10.2020 nicht mehr abgestellt und zudem dort genannte Fristen deutlich verlängert. Eine »bettenbezogene« Mindestvorgabe für den stationären Bedarf im Psychotherapiebereich bilde den **Bedarf** nur ungenügend ab; vielmehr müsse der konkreten Versorgungs- und Behandlungssituation ausreichend Rechnung getragen werden können, vgl. BT-Drs. 19/22126 S. 54. Für den Bereich der psychiatrischen und psychosomatischen Versorgung verbindliche Mindestvorgaben für die Ausstattung der stationären Einrichtungen betr. Personal ist in Umsetzung des Auftrags die »Personalausstattung Psychiatrie und Psychosomatik-Richtlinie« (PPP-RL) am 19.09.2019 beschlossen worden und am 01.01.2020 in Kraft getreten, hier in der Fassung vom 15.10.2020 mit Wirkung vom 01.01.2021. Zu den PPP-RL vgl. LSG Berlin-Brandenburg Beschl. v. 28.04.2020 – L 9 KR 152/20 KL ER, hier allerdings fehlendes Rechtsschutzbedürfnis für Eilantrag. 10

**Abs. 2a** wurde mit Wirkung vom 23.11.2019 eingefügt, hier mit einem Regelungsauftrag des Gemeinsamen Bundesausschusses für ein datengestütztes einrichtungsübergreifendes Qualitätssicherungsverfahren in der ambulanten Psychotherapie unter Einbeziehung qualitätsrelevanter Aspekte. 11

**Abs. 3** schließt an § 137 Abs. 1d in der Fassung bis 31.12.2015 an und ist mit dem Gesetz zur Verbesserung der Rechte von Patientinnen und Patienten vom 20.2.2013 (BGBl. I S. 277) mit Wirkung vom 26.02.2013 eingefügt worden. Hier wird der Gemeinsame Bundesausschuss damit beauftragt, die Richtlinien zum **einrichtungsinternen Qualitätsmanagement** durch Maßnahmen zur Stärkung der **Patientensicherheit** zu ergänzen. Dazu sollen insbesondere Mindeststandards von Risikomanagement- und Fehlermeldesystemen gehören, um die Verbreitung solcher Systeme in Arztpraxen und Krankenhäusern zu unterstützen (vgl. dazu näher *Reis* ErgoMed 2014, Nr. 2, 34 sowie speziell zum Krankenhausbereich *Goldbach*, Risikomanagementsysteme im Krankenhaus – Sozialrechtliche Pflicht und haftungsrechtlicher Standard, Forum Wirtschaftsrecht, Band 16, 2014). Das **Risiko- und Fehlermanagement** gehöre zu den wichtigsten Elementen des einrichtungsinternen Qualitätsmanagements, worauf die Materialien hinweisen. 12

**Abs. 4** schließt an die Regelung in § 137 Abs. 4 in der Fassung bis 31.12.2015 an und legt spezifisch für den **vertragszahnärztlichen Bereich** fest, dass die angeführten Qualitätskriterien für bestimmte, dort angeführte Leistungen einzuhalten sind. Hier werden bis ins Einzelne Vorgaben für **gewährleistungsrechtliche Ansprüche** zwischen den Vertragszahnärzten und den Kassenzahnärztlichen Vereinigungen im Verhältnis zu den Versicherten festgelegt. **Zivilrechtliche Ansprüche** bleiben hiervon unberührt. **Abs. 4 Satz 9** erlaubt zudem Zahnärzten, die Patienten eine die gesetzlichen Vorgaben übersteigende Gewährleistungsfrist einräumen, diese ihren Patienten bekannt zu machen. 13

Zu **Schadensersatzansprüchen der Krankenkasse** bei »Kickback-Zahlungen« vgl. LSG Nordrhein-Westfalen Urt. v. 19.10.2011 – L 11 KA 29/09. Zur zivilrechtlichen Seite der prothetischen Versorgung: sei der **Zahnarzt** mit der **Eingliederung** und Anpassung von **Zahnersatz** beauftragt, handele 14 es sich um einen **Dienstvertrag**; vom Sonderfall völliger Unbrauchbarkeit abgesehen schulde der Patient daher auch für eine suboptimale Leistung des Zahnarztes deren Vergütung, vgl. OLG Koblenz Urt. v. 08.10.2014 – 5 U 624/14, VersR 2015, 1513, MedR 2015, 885. Zum Schadensregress gegen einen Zahnarzt bei mangelhafter zahnprothetischer Versorgung sowie zur Zumutbarkeit einer Fortsetzung der Behandlung vgl. BSG Urt. v. 10.05.2017 – B 6 KA 15/16 R – SozR 4–5555 § 21 Nr. 3, WzS 2017, 291; maßgeblich wird hier auf die Zumutbarkeit im Einzelfall abgestellt.

15 Abs. 5 mit Wirkung vom 16.08.2019 gibt dem Gemeinsamen Bundesausschuss vor, in Richtlinien Anforderungen an die Qualität für neuartige Therapien vorzugeben.

15a § 136a Abs. 6 wurde durch Art. 1 Nr. 40 Gesetz zur Weiterentwicklung der Gesundheitsversorgung (Gesundheitsversorgungsweiterentwicklungsgesetz – GVWG) vom 11.07.2021 (BGBl. I S. 2754) mit Wirkung vom **20.07.2021** angefügt. Der Gemeinsame Bundesausschuss wird durch diese Regelung ausweislich der Materialien zum Gesetzentwurf (BT-Drs. 19/26822 S. 86–89) ausdrücklich aufgefordert, einheitliche Regelungen zur Information der Öffentlichkeit durch einrichtungsbezogene risikoadjustierte Vergleiche in einer Richtlinie der Selbstverwaltung vorzugeben. Mit der Regelung blieben nach anderen Vorschriften bestehende Ermächtigungen des Gemeinsamen Bundesausschusses zur Datenverarbeitung und Information unberührt. Zudem gilt dies auch für die Vorgaben nach der Datenschutz-Grundverordnung – DSGVO.

15b Mit **Abs. 6 Satz 1** werde der Gemeinsame Bundesausschuss beauftragt, einer Richtlinie zur Förderung der Transparenz und Sicherung der Qualität in der Versorgung zu erlassen, die einheitliche Anforderungen für die Information der Öffentlichkeit durch Vergleiche der zugelassenen Krankenhäuser sowie der an der vertragsärztlichen Versorgung teilnehmenden Leistungserbringenden festgelegt. Die Regelung erfasse neben den zugelassenen Krankenhäusern sowie zur vertragsärztlichen Versorgung zugelassenen Ärzte als auch die zugelassenen medizinischen Versorgungszentren und die ermächtigten Ärzte sowie die ermächtigten Einrichtungen, unter Bezugnahme auf § 95 Abs. 1.

15c Mit Abs. 6 Satz 1 würden die bestehenden Regelungsaufträge zum Qualitätsbericht sowie zum Qualitätsprü ergänzt. Die Richtlinie solle erstmals bis zum 31.12.2022 erlassen werden. Die bis 19.07.2021 bestehenden Regelungen gem § 136b Abs. 1 Satz 1 Nr. 3, Abs. 6 und 7 sowie § 137a Abs. 3 Nr. 5 und 6 blieben unberührt.

15d Gem. § 137a Abs. 3 Satz 2 Nr. 5 solle das Institut für Qualitätssicherung und Transparenz im Gesundheitswesen (IQTIG) damit beauftragt werden, auf der Grundlage geeigneter Daten aus den Qualitätsberichten der Krankenhäuser einrichtungsbezogen vergleichende risikoadjustierte Übersichten über die Qualität der maßgeblichen Bereichen der stationären Versorgung zu erstellen und allgemeinverständlich zu veröffentlichen. Hierbei sollten auch Vorschläge einbezogen werden, wie auf der Grundlage geeigneter Daten die Qualität in der ambulanten und stationären Versorgung dargestellt werden könnten, hier unter Bezugnahme auf § 137a Abs. 3 Satz 2 Nr. 6. Der Gemeinsame Bundesausschuss habe am 17.01.2019 einen entsprechenden Auftrag erteilt, hier mit Nachweis. Gegenstand des Auftrags seien auch temporäre Sonderveröffentlichungen zu den Themen planungsrelevante Qualitätsindikatoren und Mindestmengen im Rahmen des Gesamtkonzepts. Der Bericht des IQTIG solle bis zum 31.12.2021 vorliegen.

15e Der Gemeinsame Bundesausschuss solle im Anschluss an die Berichtserteilung durch das IQTIG auf der Grundlage dieser Ergebnisse eine Richtlinie beschließen, in der einheitliche Anforderungen für eine allgemeinverständliche Information der Öffentlichkeit über die Qualität in der Versorgung insbesondere durch die Veröffentlichung von einrichtungsbezogenen vergleichenden risikoadjustierten Übersichten festgelegt würden. Der Gemeinsame Bundesausschuss habe zu prüfen, ob die Anforderungen sektorenübergreifenden oder sektorenbezogen einheitlich zu regeln seien. Ferner werden in den Materialien die Grundlagen für die Information der Öffentlichkeit weiter konkretisiert. In seiner Richtlinie habe der Gemeinsame Bundesausschuss gem. **Abs. 6 Satz 2** zudem Festlegungen zu Inhalt, Art, Umfang und Plausibilisierung der für den Zweck der Information der Öffentlichkeit zur Erhöhung der Transparenz und der Qualität der Versorgung zu verarbeitenden Daten in den maßgeblichen Versorgungsbereich zu treffen, was in den Materialien näher konkretisiert wird.

Die jeweilige Eignung und Erforderlichkeit der zu verarbeitenden einrichtungsbezogenen Auswertungen sowie der risikoadjustierten Vergleichsdaten für den Zweck der Information der Öffentlichkeit zur Erhöhung der Transparenz und der Qualität der Versorgung seien nach **Abs. 6 Satz 3** in der vom Gemeinsamen Bundesausschuss zu erlassenen Richtlinie zu bestimmen. Soweit personenbezogene Daten der Leistungserbringer darin verarbeitet werden sollten, sei dem Bundesbeauftragten für den Datenschutz und die Informationsfreiheit nach § 91 Abs. 5a Gelegenheit zur Stellungnahme zu geben. Die Veröffentlichung habe nach Abs. 6 Satz 4 einrichtungsbezogen zu erfolgen. Die Vergleichbarkeit der Ergebnisse der Qualitätssicherung sei sicherzustellen. Mit der Neuregelung solle für den Gemeinsamen Bundesausschuss ein Instrument geschaffen werden, die Öffentlichkeit regelmäßig und einrichtungsvergleichend über die Erfüllung von Qualitätskriterien durch Leistungserbringende anhand der Auswertungsergebnisse der nach § 299 verarbeiteten Daten zu informieren. Die Maßnahme sei geeignet und erforderlich, um mehr Transparenz und weitere Qualitätsverbesserungen in der medizinischen Versorgung zu erzielen. Die Qualitätsberichterstattung der Krankenhäuser erfolgten einem jährlich zu veröffentlichenden Format, das sich lediglich auf die jeweilige Einrichtung beziehe.

15f

In der Gesamtbewertung kommen die Materialien zu dem Ergebnis, dass die Regelung **verhältnismäßig** sei. Die Maßnahme berühre die Berufsfreiheit der vertragsärztlichen Leistungserbringenden und ihr Recht auf informationelle Selbstbestimmung sowie den Schutz ihrer Betriebs- und Geschäftsgeheimnisse. Dies sei hier gerechtfertigt. Neu an der Regelung sei, dass die nach bestehenden Richtlinien und Beschlüssen erhobenen und geprüften Daten zum Zweck der Information der Öffentlichkeit einrichtungsbezogen, vergleichend und risikoadjustiert ausgewertet und veröffentlicht werden sollten. Nach **Abs. 6 Satz 5** solle der Gemeinsame Bundesausschuss die Ergebnisse der Beauftragung des IQTIG gem. § 137a Abs. 3 Satz 2 Nr. 5 und 6 im Rahmen der von ihm nach Abs. 6 Satz 1 zu erlassenden Richtlinie berücksichtigen. Mit **Abs. 6 Satz 6** werde der Gemeinsame Bundesausschuss verpflichtet, regelmäßig zu überprüfen, ob die von ihm in seiner Richtlinie für einrichtungsbezogene Vergleiche ausgewählten Qualitätsdaten und risikoadjustierten Vergleichsdaten sich in den jeweiligen Versorgungsbereichen für die Zielerreichung eigneten und erforderlich seien. Auf die weiteren ausführlichen Hinweise in den Materialien wird Bezug genommen.

15g

**B. Richtlinien zur Sicherung der Hygiene und Hygienequalität (Abs. 1)**

**I. Richtlinien zur Hygienesicherung (Abs. 1 Satz 1 bis 3)**

In **Abs. 1 Satz 1 Satz 1** (und hier betr. Abs. 1 Satz 1 bis 3 in Anlehnung an § 137 Abs. 1a in der Fassung bis 31.12.2015) wird der Gemeinsame Bundesausschuss beauftragt, in seinen **Richtlinien** Anforderungen an die Qualität der Hygiene in der Versorgung festzulegen. Dabei steht die Regelung im Kontext zu den weiteren **einrichtungsübergreifenden Richtlinien** mit dem Ziel der Qualitätssicherung, hier unter ausdrücklicher Einbeziehung der Strukturqualität, Prozessqualität und Ergebnisqualität. Im Hinblick auf die Gefahren durch nosokomiale Infektionen ist dieser Fragenkreis nach wie vor hochaktuell, vgl. *Roters* in KassKomm SGB V 09/2017 § 136a Rn. 3; *R. Klein* in jurisPK-SGB V § 136a Rn. 12.

16

Der Gemeinsame Bundesausschuss wird weiter ermächtigt und verpflichtet, »**Indikatoren** festzulegen, mit denen **relevante Qualitätsaspekte** der hygienischen Versorgung geprüft und zwischen den Einrichtungen verglichen« werden können (vgl. BT-Drs. 17/5178 S. 21). Zu den haftungsrechtlichen Konsequenzen vgl. *Schultze-Zeu/Riehn* VersR 2012, 1208 und zu den Regelungen ambulant/stationär im Vergleich *Egger* GuP 2013, 141.

17

Diese Anforderungen sind im Kontext des Gesetzes zur Änderung des **Infektionsschutzgesetzes** zu sehen, das inhaltlich als Reaktion auf die hohe Zahl von schwer behandelbaren Krankenhausinfektionen mit dann erforderlichen Folgebehandlungen im ambulanten Bereich zu sehen ist. Auf die entsprechenden **Ergebnisse** wird Bezug genommen (vgl. zum Überblick *München* PflR 2011, 327 unter Hinweis auf die epidemiologischen Daten des Krankenhaus-Infektions-Surveillance-Systems (KISS – die derzeit umfassendste Datenbank, wobei jedoch neue Datenerhebungen hinzukommen

18

sollen) mit einer Hochrechnung von MRSA-Infektionen, die erstmalig im Krankenhaus aufgetreten seien (übernommen in BT-Drs. 17/5178 S. 1); vgl. ferner eingehend *Klauber/Geraedts*, Krankenhaus-Report 2014 – Schwerpunkt Patientensicherheit, 2014, mit umfangreichen statistischen Angaben sowie *Harney* in Tagungsbericht zur 10. Medizinrechtlichen Jahresarbeitstagung in Berlin, NZS 2015, 415 und *Bergmann/Wever* MedR 2014, 482. Vgl. ferner zu Handlungsmaximen *Schimmelpfennig* RDG 2017, 66.

19 Vornehmlich **Intensivpatienten** seien in letzter Zeit häufiger von anderen multiresistenten Erregern (MER) betroffen, wobei die Behandlung mit wirksamen Antibiotika zunehmend schwieriger oder gar ausgeschlossen sei. Dies habe zur Initiative betr. nosokomialer Infektionen Anlass gegeben (Nachweise im Internet unter www.nrz-hygiene.de/surveillance/kiss/cdad-kiss/, vgl. auch weitere Nachweise bei *München* PflR 2011, 327, 328). Es sind **Empfehlungen der Kommission für Krankenhaushygiene und Infektionsprävention (KRINKO)** beim Robert Koch-Institut verfügbar, vgl. **§ 23 IfSG** in der Fassung ab 01.03.2020, wodurch der Stellenwert der Kommissionsempfehlungen erheblich angehoben worden ist und diese praktisch Normcharakter bekommen haben, auch hinsichtlich der Realisierung im Krankenhausbereich und weiteren Anwendungsbereichen.

20 Die haftungsrechtlichen Auswirkungen sind im Krankenhausbereich nicht unkritisch aufgenommen worden, zumal die **Empfehlungen auch relativ präzise personelle Anforderungen** aufgestellt haben, vgl. hierzu *Greiff* ASR 2015, 46 sowie zu Management-Fragen *Süss* RP-Reha 2015, Nr. 2, 27 und eingehend *Stöhr* GesR 2015, 257. Erforderlich ist damit ein Hygienemanagement mit umfangreichen Kontrollmaßnahmen; letztlich muss Hygiene als Ziel begriffen, intern gewollt und als selbstverständlich realisiert werden.

21 Zu aktuellen Regelungen zur **Krankenhaushygiene** vgl. auch *Spahn* KrV 2011, 68 sowie im Hinblick auf Patientenrechte *Klein* NZS 2011, 655, ferner zur gesetzlichen Regelung *Malzahn/Schillinger* G+G 2011, Nr. 1, 6 und *Meyers-Middendorf* ersatzkasse magazin 2011, Nr. 5/6, 12. Zur Hygiene bei der Aufbereitung von Medizinprodukten vgl. Bundesinstitut für Arzneimittel und Medizinprodukte in Bundesgesundhbl 2012, 1244 sowie dies aus rechtlicher Sicht *Patrick Lissel* in ZMGR 2012, 84; vgl. ferner *Stöhr* zu Qualität, Qualitätssicherung und Haftung – Infektionsschutz im Krankenhaus GesR 2015, 257 und *Süss* zu rechtlichen Grundlagen des Hygienemanagements in Reha-Einrichtungen, RP-Reha 2015, Nr. 2, 27. Zur Haftung für Hygienemängel vgl. *Grübnau-Rieken* PKR 2020, 146.

22 Inhaltlich handelt es sich um Indikatoren zur Messung der Hygienequalität, die eine vergleichende Bewertung der Hygienesituation in den Krankenhäusern ermöglicht; diese sind »risikoadjustiert« zu erheben, vgl. *Roters* in Kasseler Komm. SGB V 09/2017 § 136a Rn. 4 und zum Begriff *Roters* a.a.O. § 135a Rn. 7, müssen jedoch zugleich auch »zur Veröffentlichung geeignet« sein. Zusätzlich sollen fortlaufend **weitere Erkenntnisse** und Erfahrungen gesammelt werden, auch unter Einbeziehung der Vergütungsregelungen nach § 87 im ambulanten Bereich, die später insgesamt Gegenstand von auf Jahresabstände verdichtete Veröffentlichungen ab 01.01.2013 sein sollen. Mit Fragen der Hygiene befassen sich eine Reihe von Richtlinien, so für Maßnahmen der Qualitätssicherung für nach § 108 zugelassene Krankenhäuser vgl. auch § 136b in der Fassung ab 01.01.2016.

23 Die **Berichtspflicht** wurde entsprechend angepasst. Die Veröffentlichungen sollen dann jährlich erfolgen, auch unter Einbeziehung des Hygienebereichs nach Abs. 1. Zum »neuen« Hygienegesetz und seinen Implikationen für Krankenhäuser vgl. *Mattner/Schmidt* KH 2012, 124 und zur Krankenhaushygiene sowie die Erfassung im Bericht *Lissel* ZMGR 2012, 84; zum »vorangegangenen Krankenhaushygienegesetz« und generell zur Fragestellung vgl. *Spahn* KrV 2011, 68 sowie Nachweise zu § 136b in der Fassung ab 01.01.2016.

## II. Umsetzung und Qualitätsberichte (Abs. 1 Satz 4 und 5)

24 Dem **Gemeinsamen Bundesausschuss** sind hierzu wichtige Aufgaben übertragen (vgl. Abs. 1 Satz 4 und 5 in Anlehnung an § 137 Abs. 1b in der Fassung bis 31.12.2015). Der Gemeinsame Bundesausschuss weist in seiner Internetübersicht hierzu ausdrücklich darauf hin, **nicht** dafür **zuständig** zu

sein, die Einhaltung der Hygieneverordnungen und -empfehlungen **zu kontrollieren**. Hier würden allein die **Anforderungen** festgelegt, die Kliniken und Praxen im Rahmen spezieller Qualitätssicherungsmaßnahmen – auch zur Hygiene – erfüllen sollen. Bestimmt würden auch die **Qualitätsindikatoren**, mit deren Hilfe die **Hygienequalität bewertet** und **verglichen** werden könne. Bezüglich der jeweils aktuellen Fassung der Richtlinien wird auf die aktuellen Internetnachweise Bezug genommen. In enger Zusammenarbeit mit Hygieneeinrichtungen (vornehmlich dem Robert-Koch-Institut werden die aktuellen Erkenntnisse dann zeitnah in Normen berücksichtigt.

Bei seinen **Festlegungen** solle der Gemeinsame Bundesausschuss auch die »Erkenntnisse aus schon etablierten Systemen zur Erfassung, Auswertung und Meldung von nosokomialen Infektionen, antimikrobiellen Resistenzen und zum Antibiotika-Verbrauch sowie die Empfehlungen der beim Robert Koch-Institut angesiedelten Kommissionen« berücksichtigen. Rechtsgrundlage hierfür sei **Abs. 1** (hier in Anlehnung an § 137 Abs. 1a und 1b in der Fassung bis 31.12.2015). 25

Seit dem Jahr 2005 seien **Krankenhäuser**, die für die Versorgung von GKV-Patienten zugelassen seien, gesetzlich dazu verpflichtet, regelmäßig einen strukturierten **Qualitätsberichte** zu erstellen. Näheres hierzu wird in den »**Regelungen zum Qualitätsbericht der Krankenhäuser – Qb-R**« vorgegeben. Ergebnisse würden zudem veröffentlicht (zum Stand 04/2018 in der Fassung vom 15.06.2017 mit Wirkung vom 22.07.2017, auch mit Anpassungen vom 17.11.2017 und vom 21.12.2017, auch betr. das Berichtsjahr 2017, mit Wirkung vom 21.02.2018). Dabei werde verstärkt auch das Ziel der Hygienequalität einbezogen, etwa durch Angaben zur personellen Ausstattung hierfür. Seit 2012 sind weitergehende Angaben verpflichtend. Die Berichte sind im Internet veröffentlicht; hierzu stehen mehr als 15 Suchmaschinen verschiedener Träger und Einrichtungen zur Verfügung (u.a. auch die sog. weiße Liste der Bertelsmann-Stiftung in Zusammenarbeit mit Patientenorganisationen), die der Gemeinsame Bundesausschuss nachweist. 26

Der Zielsetzung sei dienlich, wenn man sich bei den **Bezeichnungen des Fachpersonals** an den »Empfehlungen der Kommission für Krankenhaushygiene und Infektionsprävention (KRINKO) mit dem Titel ´Personelle und organisatorische Voraussetzungen zur Prävention nosokomialer Infektionen` sowie an den Krankenhaushygieneverordnungen auf Landesebene« orientiere. Unterschiedliche länderspezifische berufsrechtliche Regelungen erschwerten allerdings den Vergleich. 27

Mit der Richtlinie über Maßnahmen der Qualitätssicherung in Krankenhäusern – QSKH-RL wurde eine externe stationäre Qualitätssicherung geregelt und damit ein bundeseinheitliches Verfahren vorgegeben, nach dem Krankenhäuser bestimmte qualitätsrelevante medizinische und pflegerische Daten dokumentieren müssen. Diese Richtlinie ist am 01.01.2021 außer Kraft getreten und in der **Richtlinie zur datengestützten Einrichtungsübergreifende Qualitätssicherung – DeQS-RL vom 19.07.2018** in der Fassung vom 30.11.2020 mit Wirkung vom 19.01.2021 aufgegangen. Hier sind 15 Verfahren zu einzelnen Sachgebieten aufgeführt und jeweils auch die Möglichkeit zum Vergleich von Leistungserbringern unter Auswertung der Daten bei den Krankenkassen eröffnet. Dies gilt entsprechend etwa auch für die Qesü-RL, wie überhaupt in der DeQS-RL mehrere frühere Richtlinienbereiche einbezogen worden sind; dies gilt auch für eine Reihe weiterer Richtlinien. 28

Der Gemeinsame Bundesausschuss hat **Qualitätsanforderungen** auch für die **Versorgung von Früh- und Neugeborenen** vorgelegt. Anzuführen ist die Richtlinie über Maßnahmen zur Qualitätssicherung der Versorgung von Früh- und Reifgeborenen – QFR-RL in der Fassung vom 20.11.2020 mit Wirkung vom 01.12.2020. 29

**C. Richtlinien zur Sicherung der Qualität in der psychiatrischen und psychosomatischen Versorgung (Abs. 2 und 2a)**

**Abs. 2** (in Anlehnung an die Regelung in § 137 Abs. 1c in der Fassung bis 31.12.2015) wurde mit dem PsychEntG mit Wirkung vom 01.01.2013 eingefügt und steht mit der Einführung eines **pauschalierenden Entgeltsystems** für psychiatrische und psychosomatische Einrichtungen sowie den damit verbundenen notwendigen Maßnahmen zur Qualitätssicherung im Zusammenhang (vgl. 30

hierzu auch *Schmitz-Luhn* MedR 2013, 95 zum 4. Kölner Medizinrechtstag zum Thema »Das Patientenrechtegesetz – Neue Regeln, besseres Recht?«).

31 Mit der **Einführung eines neuen Entgeltsystems** über mehrere Jahre – angelegt bis Anfang 2022 – soll der Weg von der krankenhausindividuellen Verhandlung kostenorientierter Budgets hin zu einer **pauschalierenden leistungsorientierten Krankenhausvergütung** in diesem Spezialgebiet konsequent fortgesetzt werden, wie die Materialien hierzu (vgl. BT-Drs. 17/8986 S. 1) ausweisen. In diesen Zusammenhang wird die Absicherung der Personalausstattung, die Qualitätssicherung und auch die Möglichkeit der Messung der Qualität der Versorgung in Verbindung gebracht.

32 Zudem hat **Abs. 2** mit dem PsychVVG mit Wirkung vom **01.01.2017** eine wesentliche Erweiterung und zu Satz 1 bis 6 auch Neufassung erfahren. Dies gilt insbesondere für Vorgaben für die Personalausstattung, zumal die Psych-PV ab dem Jahr 2020 außer Kraft getreten ist. Die **Versorgungsqualität** hänge ausweislich der Materialien (BT-Drs. 18/9528 S. 51) in besonderem Maße von Anzahl und Qualifikation des therapeutischen Personals ab. Während nach der Rechtslage bis 31.12.2016 allein Empfehlungen als ausreichend angesehen worden waren, sind nunmehr **Richtlinien** des Gemeinsamen Bundesausschusses geboten. Es werden danach **verbindliche Mindestvorgaben eingeführt**, die den Umfang des zur notwendigen Versorgung der Patienten vorzuhalten Personals umschreiben. Der Gemeinsame Bundesausschuss hatte die verbindlichen Mindestvorgaben und Indikatoren i.S.d. Abs. 2 Satz 2 in der Fassung ab 01.01.2017 erstmals bis spätestens 30.09.2019 mit Wirkung zum 01.01.2020 zu beschließen, **Abs. 2 Satz 8**.

33 Zudem wurden die entsprechenden Vorgaben für die Qualitätsberichte nach **Abs. 2 Satz 10** (in der Fassung ab 01.01.2017 bis 22.11.2019 Satz 9) entsprechend angepasst, damit die für eine Veröffentlichung geeigneten Ergebnisse auch transparent verfügbar sind.

34 Der Gemeinsame Bundesausschuss hat nach **Abs. 2 Satz 9 in der Fassung ab 29.10.2020** (aufgenommen mit Wirkung vom 15.11.2019) als notwendige Anpassung der Mindestvorgaben i.S.d. Abs. 2 Satz 8 erstmals bis zum 30.09.2021 mit Wirkung zum 01.01.2022 (Fristen verlängert) sicherzustellen, dass die **Psychotherapie** entsprechend ihrer Bedeutung in der Versorgung psychisch und psychosomatisch Erkrankter durch Mindestvorgaben (unter ausdrücklicher Aufgabe des Angaben »bettenbezogene Mindestvorgaben«) für die Zahl der vorzuhaltenden Psychotherapeuten abgebildet wird.

35 Ausweislich der Materialien zur Aufnahme des **Abs. 2 Satz 9** ist die gegenwärtige Bedeutung der Psychotherapeuten für die Versorgung zu berücksichtigen, vgl. BT-Drs. 18/13585 S. 89. Dazu habe der Gemeinsame Bundesausschuss auf Grundlage der ersten Geltungszeiträume der neuen Mindestvorgaben und der ihm dann vorliegenden Erkenntnisse die **Berufsbilder** des Psychologischen Psychotherapeuten und des Kinder- und Jugendlichenpsychotherapeuten entsprechend der diesen Berufsgruppen zukommenden Aufgabenwahrnehmung in den **Mindestvorgaben zu berücksichtigen**. Den hier noch vorgesehenen »Bettenbezug« hat der Gesetzgeber in der Fassung des KHZG mit Wirkung vom 29.19.2020 aufgegeben, vgl. zur Begründung BT-Drs. 19/22126 S. 54. Für den Bereich der psychiatrischen und psychosomatischen Versorgung verbindliche Mindestvorgaben für die Ausstattung der stationären Einrichtung mit Personal ist in Umsetzung des Auftrags die Personalausstattung Psychiatrie und Psychosomatik-Richtlinie (PPP-RL) am 19.09.2019 beschlossen und am 01.01.2020 in Kraft getreten, hier in der Fassung vom 15.10.2020 mit Wirkung vom 01.01.2021. Im Hinblick auf die notwendige **Flexibilität der Kliniken** hinsichtlich der vorhandenen psychotherapeutischen Ressourcen sei ein »Bettenbezug« nicht zweckmäßig. Vielmehr sei auf den **Patientenbedarf** abzustellen. Damit eine **valide Datenerhebung** erfolgen könne, seien zudem die zuvor zu **Abs. 2 Satz 9** vorgegebenen **Fristen** zu verlängern gewesen.

36 **Abs. 2a** ist mit Wirkung vom 23.11.2019 eingefügt worden. Danach beschließt der Gemeinsame Bundesausschuss bis spätestens 31.12.2022 in einer **Richtlinie nach Abs. 2 Satz 1 ein einrichtungsübergreifendes sektorspezifisches Qualitätssicherungsverfahren** für die **ambulante psychotherapeutische Versorgung**. Dieses ist ausweislich der Materialien (BT-Drs. 19/13585 S. 89) auf

die Messung und Bewertung qualitätsrelevanter Aspekte im Rahmen einer psychotherapeutischen Behandlung gerichtet, **Abs. 2a Satz 1**, vgl. *R. Klein* in jurisPK-SGB V § 136a Rn. 23

Das **Qualitätssicherungsverfahren** solle insbesondere zur kontinuierlichen Qualitätsförderung und Unterstützung einer leitliniengerechten Versorgung dienen. Dafür habe der Gemeinsame Bundesausschuss nach **Abs. 2a Satz 2** Indikatoren festzulegen, die über die Struktur-, Prozess- und Ergebnisqualität Aufschluss geben könnten. Dies setze u.a. voraus, dass wesentliche qualitative Aspekte psychotherapeutischer Leistungen, die in der Psychotherapie-Richtlinie des Gemeinsamen Bundesausschusses geregelt seien und zulasten der GKV erbracht werden könnten, in dem Qualitätssicherungsverfahren abgebildet würden. Die für ein Qualitätssicherungsverfahren regelmäßig notwendigen **Dokumentationsvorgaben** des Gemeinsamen Bundesausschusses sollten dabei in diesem Zusammenhang ausdrücklich auch ermöglichen, dass der **Therapieverlauf** – also der Prozess von der Indikationsstellung über die Behandlungsplanung bis hin zu den Behandlungsergebnissen – betrachtet werden könne. 37

Für die **Umsetzung des Regelungsauftrags** ist dem Gemeinsamen Bundesausschuss eine Frist bis Jahresende 2022 vorgegeben, um auf eine zielgerichtete Beratung und Beschlussfassung hinzuwirken, **Abs. 2a Satz 3**. Mit der gleichen Fristsetzung erhalte der Gemeinsame Bundesausschuss nach Abs. 2a Satz 3 darüber hinaus die Aufgabe, Regelungen zu treffen, die eine **Kooperation** zwischen unterschiedlichen Vertragsärzten sowie Vertragspsychotherapeuten in der ambulanten psychotherapeutischen Versorgung unterstützten. Die interdisziplinäre Kooperation und der Austausch insbesondere zwischen den genannten Gruppen von Leistungserbringern in der ambulanten psychotherapeutischen Versorgung seien vor allem im Interesse einer stärkeren Patientenorientierung für die Entwicklung der Versorgungsqualität von besonderer Bedeutung. 38

Im Sinne der **Zielsetzungen** kommen ausweislich der Materialien insbesondere Festlegungen des Gemeinsamen Bundesausschusses zu Qualitätszirkeln, Fallkonferenzen sowie Intervisions- oder Supervisionsgruppen in Betracht. Dem Gemeinsamen Bundesausschuss sei dabei **freigestellt**, in **welcher Richtlinie** er die Regelungen verankere; infrage kämen etwa die Psychotherapie-Richtlinie, die Qualitätsmanagement-Richtlinie oder eine spezifische Strukturqualitätsrichtlinie. Zu kritischen Anmerkungen zur PPP-RL in diesem Zusammenhang vgl. *R. Klein* in jurisPK-SGB V § 136a Rn. 10.1, 10.2 unter Bezugnahme auf *Günther/Rupprecht/Bagha/Ziereis* f&w 2020, 366 sowie 905. 39

### D. Richtlinien über die grundsätzlichen Anforderungen an ein einrichtungsinternes Qualitätsmanagement (Abs. 3)

**Abs. 3** (in Anlehnung an § 137 Abs. 1d a.F.) war mit dem Gesetz zur Verbesserung der Rechte von Patientinnen und Patienten mit Wirkung vom 26.02.2013 eingefügt worden und steht mit einer Reihe von Maßnahmen im Zusammenhang, mit der die einrichtungsinterne und einrichtungsübergreifende Qualität – auch unter Einbeziehung von Patientenerfahrungen – verbessert werden soll. Zu den Patientenrechten in diesem Zusammenhang vgl. *Wenner* SGb 2013, 162 sowie *Egger* GuP 2013, 141 und *Marburger* WzS 2013, 131; vgl. ferner zur Weiterentwicklung *Erik Hahn* in SGb 2015, 133, *Joschko/Spranger* in SuP 2015, 121 und *Schrappe* zur Patientensicherheit in Bundesgesundhbl 2015, 4. **Abs. 3** gibt insoweit Vorgaben für ein **Risikomanagement- und Fehlermeldesystem**, das in der Praxis auch als »Critical Incident Reporting Systems« – CIRS realisiert wird. Zu einer Vielzahl hierauf gestützter Richtlinien vgl. *R. Klein* in jurisPK-SGB V § 136a Rn. 24. 40

Mit **Satz 1** wird der Gemeinsame Bundesausschuss beauftragt, **Richtlinien** zur Einrichtung eines internen Qualitätsmanagements in Bezug auf Maßnahmen zur **Stärkung der Patientensicherheit** zu beschließen. Mit dem Gesetzesauftrag wird der Gemeinsame Bundesausschuss verpflichtet, **Mindeststandards** für **Risikomanagementsysteme** und **Fehlermeldesysteme** festzulegen, um so die Verbreitung solcher Systeme in Arztpraxen und Krankenhäusern zu unterstützen. Im Zuge der gebotenen Dynamik sind »Mindeststandards« stets anzupassen und in der Praxis ein höheres Versorgungsniveau anzustreben, vgl. *Roters* in KassKomm SGB V 09/2013 § 137 Rn. 24j. 41

**42** Risikomanagement und Fehlermanagement sind wichtige Elemente im Rahmen des **einrichtungsinternen Qualitätsmanagements**, vgl. *Blöcher* in jurisPK-SGB V Vorauflage 07/2015 § 137 Rn. 34. Insoweit sind durch den Gemeinsamen Bundesausschuss Mindeststandards zu entwickeln. Dabei sollen alle möglichen **Erkenntnisquellen** ermittelt und in das Richtlinienrecht einbezogen werden. Dazu gehören auch alle verfügbaren und geeigneten **Informationsquellen**, auch über das Beschwerdeverfahren unter Patientenbeteiligung, in erster Reihe aber eine Analyse einrichtungsinterner **Patientenschadensfälle**, Erkenntnisse der **Haftpflichtversicherungsträger** und ein umfassendes **Fehlermeldesystem**. Auf die umfangreiche Begründung zu **Satz 1** in der Fassung des § 137 Abs. 1d mit Wirkung vom 26.02.2013 in den Materialien, vgl. BT-Drs.17/10488 S. 33, wird Bezug genommen.

**43** Die Verbesserung der Leistung durch umfassende Qualitätssicherung soll letztlich der **Patientensicherheit** dienen und hier in erster Reihe in den Krankenhäusern zeitlich vorangetrieben werden. Für die Vorlage eines entsprechenden Beschlusses zur Einarbeitung der Vorgaben war dem **Gemeinsamen Bundesausschuss** eine **Frist** von 12 Monaten eingeräumt (26.2.2014) worden. Die »Qualitätsmanagement-Richtlinie vertragsärztliche Versorgung: Umsetzung des § 137 Absatz 1d Satz 1 SGB V« wurde am 23.1.2014 mit umfangreichen Änderungen beschlossen und ist – mit den Änderungen – am 17.4.2014 (nachgewiesen im Internet, hier auch mit tragenden Gründen zum Beschluss und Prüfungsergebnis des BMG) in Kraft getreten. Betroffen ist die »Richtlinie über grundsätzliche Anforderungen an ein einrichtungsinternes Qualitätsmanagement für Vertragsärztinnen und Vertragsärzte, Vertragspsychotherapeutinnen und Vertragspsychotherapeuten, medizinischer Versorgungszentren, Vertragszahnärztinnen und Vertragszahnärzte sowie zugelassene Krankenhäuser«– Qualitätsmanagement-Richtlinie – QM-RL in der Fassung vom 17.12.2015 mit Wirkung vom 16.11.2016 und zuvor bereits als »Richtlinie über grundsätzliche Anforderungen an ein einrichtungsinternes Qualitätsmanagement für die an der vertragsärztlichen Versorgung teilnehmenden Ärzte, Psychotherapeuten und medizinischen Versorgungszentren« vom 18.10.2005 – und damit in der Fassung vom 23.01.2014 mit Wirkung vom 17.04.2014.

**44** Über die **Umsetzung von Risikomanagement- und Fehlermeldesystemen** in Krankenhäusern ist in den **Qualitätsberichten** nach **Abs. 3 Satz 2** zu informieren. Damit wird auf die **formellen Berichtspflichten** dieser Regelung Bezug genommen, insbesondere auf die Anforderungen an einen jährlich zu veröffentlichenden strukturierten Qualitätsbericht der zugelassenen Einrichtungen.

**45** Als Grundlage für die **Vereinbarung von Vergütungszuschlägen** nach § 17b Abs. 1a Nr. 4 KHG bestimmt der Gemeinsame Bundesausschuss nach **Abs. 3 Satz 3** Anforderungen an einrichtungsübergreifende Fehlermeldesysteme, die in besonderem Maße geeignet erscheinen, Risiken und Fehlerquellen in der stationären Versorgung zu erkennen, auszuwerten und letztlich zur Vermeidung unerwünschter Ereignisse beizutragen. Über **Vergütungszuschläge** soll damit auch die Qualitätssicherung einbezogen und letztlich honoriert werden. Vertretbar erscheint dies nur, wenn alle hier verfügbaren Angaben, Gefahrenkonstellationen und Fehlerursachen **transparent** gemacht werden. In jedem Fall muss ausgeschlossen sein, dass allein durch schlüssige Darlegung ein hohes Maß an Qualität kundgetan wird und hieran die Honorierung ohne ausreichende Prüfung oder Prüfbarkeit anschließt.

**46** Zu den Aufgaben des Gemeinsamen Bundesausschusses gehört es aber allein, Voraussetzungen für einen Vergütungszuschlag vorzugeben, weshalb dies auch das daraufhin erlassene Regelungswerk als »Bestimmung« erklärt, vgl. *Roters* in KassKomm SGB V 09/2017 § 136a Rn. 12, 12a. Verfügbar ist insoweit die Anfangszeichen Bestimmung von Anforderungen an einrichtungsübergreifende Fehlermeldesysteme – üFMS-B« vom 17.03.2016, nachgewiesen vom Gemeinsamen Bundesausschuss im Internet, wobei insbesondere auf Mindestanforderungen nach § 3 Abs. 1 üFMS-B in Übereinstimmung mit *Roters* a.a.O. Rn. 12a Bezug genommen wird. Kennzeichnend soll die frei zugängliche Einrichtung über das Internet sein, wobei Meldungen zu kritischen und unerwünschten Ereignissen sowie Fehlern, Beinahe-Schäden und sonstigen Risiken entgegengenommen würden. Es solle ein strukturiertes Meldeformular verfügbar sein und die eingegangenen Meldungen sollten durch Experten analysiert werden. Mitarbeiter sollten bei Meldungen geschützt werden und deshalb die Maßnahmen freiwillig, anonym und sanktionsfrei erfolgen können.

In Anlehnung an die Materialien (vgl. BT-Drs 17/10488 S. 34) könnte ein wesentlicher **Maßstab** für die Festlegung der Anforderungen der **vollständig umgesetzte PDCA-Zyklus** (steht für die englischen Begriffe P wie plan und planen, D für to do und Tun, C für check und überprüfen sowie A für act oder veranlassen; vgl. hierzu auch *Neitzel* ErgoMed 2014, Nr. 4, 6, hier als strukturierter Prozess zu realisieren) sein, der insbesondere fordern würde, dass bei einem Fehlermeldesystem neben Fehlermeldung und Fehlersammlung auch **Handlungsstrategien** entwickelt und der Erfolg eingeleiteter Maßnahmen überprüft würde (hier sind bereits verschiedene kommerzielle Angebote für Einrichtungen verfügbar). 47

### E. Qualitätskriterien für die Versorgung mit Füllungen und Zahnersatz (Abs. 4)

**Abs. 4** verpflichtet den Gemeinsamen Bundesausschuss, auch Qualitätskriterien für die Versorgung mit Füllungen und Zahnersatz zu beschließen. In verfahrensrechtlicher Hinsicht wird durch **Abs. 4 Satz 2** festgelegt, dass bei der Vorgabe von Qualitätskriterien für Zahnersatz der Verband Deutscher Zahntechniker-Innungen zu beteiligen ist und deren Stellungnahmen in die Entscheidung einzubeziehen sind. 48

Die **Festsetzung eines Schadensregresses** gegen einen Zahnarzt, der bei mangelhafter **zahnprothetischer Versorgung** zur **Nachbesserung** bereit ist, setzt voraus, dass dem Versicherten die Fortsetzung der Behandlung bei diesem Zahnarzt nicht zumutbar gewesen ist; bezogen auf Behandlungszeiträume seit Einführung der Gewährleistung für Zahnersatz zum 01.01.1989 gilt dies auch in Fällen, in denen eine Neuanfertigung des Zahnersatzes erforderlich ist, vgl. hierzu näher BSG Urt. v. 10.05.2017 – B 6 KA 15/16 R – SozR 4-5555 § 21 Nr. 3 und Besprechung von *Windels-Pietzsch* GesR 2018, 91, *Sanfort* MedR 2018, 53 und *Prehn* NZS 2017, 738, hier näher auch zur Zumutbarkeit eines Zahnersatzwechsels neben der Frage, inwieweit eine Behandlung Fortsetzung zumutbar ist und wieweit die Mitwirkungspflichten des Patienten reichen. 49

Unabhängig davon können **Schadensersatzansprüche**, etwa wegen sog. Kickback-Zahlungen bestehen, vgl. LSG Nordrhein-Westfalen Urt. v. 19.10.2011 – L 11 KA 29/09. 50

**Abs. 4 Satz 3** legt fest, dass der Zahnarzt für Füllungen und für die Versorgung mit Zahnersatz eine **zweijährige Gewähr** übernimmt. Dies hat zur Folge, dass **identische und Teilwiederholungen von Füllungen** sowie die Erneuerung und Wiederherstellung von Zahnersatz einschließlich Zahnkronen in diesem Zeitraum vom Zahnarzt **kostenfrei** vorzunehmen sind. Von dieser Verpflichtung können jedoch durch die Kassenzahnärztliche Bundesvereinigung sowie den GKV-Spitzenverband **Ausnahmen** bestimmt werden. Die Bestimmung über die regelmäßige Verjährungsfrist, die drei Jahre beträgt, vgl. § 195 BGB, bleibt unberührt. 51

Zulässig sind **längere Gewährleistungsfristen**, die nach Maßgabe des **Abs. 4 Satz 7** unter maßgeblicher Beteiligung der Verbände vereinbart werden können, wofür dann seitens der Krankenkassen Vergütungszuschläge gewährt werden können, der Eigenanteil der Versicherten bei Zahnersatz allerdings unberührt bleibt. Die Regelung in **Abs. 4 Satz 9** lässt es ausdrücklich zu, dass die Einräumung einer längeren Gewährleistungsfrist den Patienten bekannt gemacht werden darf. 52

### F. Ermächtigung zur Festlegung von Richtlinien über die Anforderungen an die Qualität der Anwendung neuartiger Therapien (Abs. 5)

Nach **Abs. 5** mit Wirkung vom 16.08.2019 **kann** der Gemeinsame Bundesausschuss im Benehmen mit dem **Paul-Ehrlich-Institut** (diese Regelung ist in der Ausschussberatung redaktionell angepasst worden, vgl. BT-Drs. 19/10681 S. 89) In seinen Richtlinien für die vertragsärztliche Versorgung und für zugelassene Krankenhäuser hat der Gemeinsame Bundesausschuss Anforderungen an die Qualität der Anwendung von Arzneimitteln für neuartige Therapien i.S.v. **§ 4 Abs. 9 AMG** festzulegen. Geregelt werden können insbesondere **Mindestanforderungen** an die Struktur-, Prozess- und Ergebnisqualität; diese kann auch Indikationen bezogen oder bezogen auf Arzneimittelgruppen festgelegt werden. **Arzneimitteln für neuartige Therapien** i.S.v. § 4 Abs. 9 AMG umfassen Gentherapeutika, somatische Zelltherapeutika und biotechnologisch bearbeitete Gewebeprodukte. Es 53 handelt sich ausweislich der Materialien um Arzneimittel, bei denen die Qualität und Erfolg der Arzneimitteltherapie in besonderem Maße von der **sachgerechten Anwendung des Arzneimittels abhängig** sind. Entsprechende Maßnahmen dienen deshalb der Sicherstellung der sachgerechten Anwendung wie auch dem Interesse der Patientensicherheit.

54 Der Gemeinsame Bundesausschuss kann nach **Abs. 5 Satz 2** insbesondere **Mindestanforderungen an die Struktur-, Prozess- und Ergebnisqualität** festlegen. Dies schließt nach **Abs. 5 Satz 3** die notwendige Qualifikation des an der Versorgung beteiligten Personals ein. Einbezogen sind auch strukturelle Anforderungen sowie Anforderungen an Prozesse etwa bei der Diagnose, Vorbereitung, Herstellung, Transport, Anwendung, Kontrolle oder Behandlung von Komplikationen betreffend

55 **Abs. 5 Satz 4** ermächtigt den Gemeinsamen Bundesausschuss, erforderliche Durchführungsbestimmungen zu regeln, etwa Nachweise zur Einhaltung der Anforderungen nach Abs. 5 Satz 1 bis 3. Die **Beschlussfassung** des Gemeinsamen Bundesausschusses soll unter Einbeziehung von Stellungnahmen der Fachkreise und von Betroffenen erfolgen. Dabei soll auch der Verband der PKV einbezogen sein, **Abs. 5 Satz 5**.

56 Arzneimitteln für neuartige Therapien, die hier zur Anwendung kommen, bedürfen einer besonderen **arzneimittelrechtlichen Zulassung**. Daraus folgt, dass der Gemeinsame Bundesausschuss in diesem Zusammenhang das Paul-Ehrlich-Institut anhört und eine Zusammenarbeit eröffnet wird, **Abs. 5 Satz 6**. Arzneimittel für neuartige Therapien dürfen nach **Abs. 5 Satz 7** ausschließlich von solchen Leistungserbringern angewendet werden, die die Mindestanforderungen erfüllen, die der Gemeinsame Bundesausschuss zur Sicherung einer sachgerechten Anwendung von Arzneimitteln für neuartige Therapien beschlossen hat, vgl. zu Vorgaben näher BT-Drs. 19/8753 S. 68.

### G. Richtlinie zu Anforderungen für die Information der Öffentlichkeit zum Zweck der Erhöhung der Transparenz und der Qualität – Hinweise auf Abs. 6 de lege lata

57 Mit Art. 1 Nr. 40 Entwurf eines Gesetzes zur Weiterentwicklung der Gesundheitsversorgung (Gesundheitsversorgungweiterentwicklungsgesetz – GVWG) – BR-Drs. 12/21 vom 01.01.2021 ist die Einfügung von **Abs. 6 zu § 136a** vorgesehen. Der Gemeinsame Bundesausschuss legt danach in einer Richtlinie erstmals bis Ende 2022 einheitliche Anforderungen für die Information der Öffentlichkeit zum Zweck der Erhöhung der Transparenz und der Qualität der Versorgung durch einrichtungsbezogene Risikoadjustierung der Vergleiche der an der vertragsärztlichen Versorgung teilnehmenden Leistungserbringer und zugelassenen Krankenhäuser auf der Basis der einrichtungsbezogenen Auswertungen nach Maßgabe des § 299 (Qualitätsdaten) fest. Auf den weiteren Inhalt dieser Regelung, die auch mit einer Ergebnisüberprüfung (Evaluation) verknüpft ist, wird im Hinblick auf den Gesetzgebungsstand lediglich hingewiesen. Der Regelungsgegenstand lässt vermuten, dass dieser erheblich in Rechte betroffener Leistungserbringer eingreift und deshalb umstritten sein dürfte; der Vergleich zu § 115 SGB XI betreffend die Qualitätsdarstellung von Pflegeeinrichtungen drängt sich auf.

### § 136b Beschlüsse des Gemeinsamen Bundesausschusses zur Qualitätssicherung im Krankenhaus

(1) ¹Der Gemeinsame Bundesausschuss fasst für zugelassene Krankenhäuser grundsätzlich einheitlich für alle Patientinnen und Patienten auch Beschlüsse über
1. die im Abstand von fünf Jahren zu erbringenden Nachweise über die Erfüllung der Fortbildungspflichten der Fachärzte und der Psychotherapeuten,
2. einen Katalog planbarer Leistungen, bei denen die Qualität des Behandlungsergebnisses von der Menge der erbrachten Leistungen abhängig ist, sowie Mindestmengen für die jeweiligen Leistungen je Arzt oder Standort eines Krankenhauses oder je Arzt und Standort eines Krankenhauses,

3. Inhalt, Umfang und Datenformat eines jährlich zu veröffentlichenden strukturierten Qualitätsberichts der zugelassenen Krankenhäuser,
4. vier Leistungen oder Leistungsbereiche, zu denen Verträge nach § 110a mit Anreizen für die Einhaltung besonderer Qualitätsanforderungen erprobt werden sollen; bis zum 31. Dezember 2023 beschließt der Gemeinsame Bundesausschuss hierzu weitere vier Leistungen oder Leistungsbereiche.

²§ 136 Absatz 1 Satz 2 gilt entsprechend. ³Der Verband der Privaten Krankenversicherung, die Bundesärztekammer sowie die Berufsorganisationen der Pflegeberufe sind bei den Beschlüssen nach den Nummern 1 bis 5 zu beteiligen; bei den Beschlüssen nach den Nummern 1 und 3 ist zusätzlich die Bundespsychotherapeutenkammer zu beteiligen.

(2) ¹Die Beschlüsse nach Absatz 1 Satz 1 sind für zugelassene Krankenhäuser unmittelbar verbindlich. ²Sie haben Vorrang vor Verträgen nach § 112 Absatz 1, soweit diese keine ergänzenden Regelungen zur Qualitätssicherung enthalten. ³Verträge zur Qualitätssicherung nach § 112 Absatz 1 gelten bis zum Inkrafttreten von Beschlüssen nach Absatz 1 und Richtlinien nach § 136 Absatz 1 fort. ⁴Ergänzende Qualitätsanforderungen im Rahmen der Krankenhausplanung der Länder sind zulässig.

(3) ¹Der Gemeinsame Bundesausschuss prüft kontinuierlich die Evidenz zu bereits festgelegten Mindestmengen sowie die Evidenz für die Festlegung weiterer Mindestmengen und fasst innerhalb von zwei Jahren nach Aufnahme der Beratungen Beschlüsse über die Festlegung einer neuen oder zur Anpassung oder Bestätigung einer bereits bestehenden Mindestmenge. ²In den Beschlüssen kann der Gemeinsame Bundesausschuss insbesondere
1. vorsehen, dass Leistungen nur bewirkt werden dürfen, wenn gleichzeitig Mindestmengen weiterer Leistungen erfüllt sind, sowie
2. gleichzeitig mit der Mindestmenge Mindestanforderungen an die Struktur-, Prozess- und Ergebnisqualität nach § 136 Absatz 1 Satz 1 Nummer 2 festlegen.

³Der Gemeinsame Bundesausschuss soll bei den Mindestmengenfestlegungen nach Absatz 1 Satz 1 Nummer 2 Übergangsregelungen sowie Regelungen für die erstmalige und für die auf eine Unterbrechung folgende erneute Erbringung einer Leistung aus dem Katalog festgelegter Mindestmengen vorsehen. ⁴Er soll insbesondere die Auswirkungen von neu festgelegten Mindestmengen möglichst zeitnah evaluieren und die Festlegungen auf der Grundlage des Ergebnisses anpassen. ⁵Das Bundesministerium für Gesundheit kann beantragen, dass der Gemeinsame Bundesausschuss die Festlegung einer Mindestmenge für bestimmte Leistungen prüft. ⁶Für die Beschlüsse nach Absatz 1 Satz 1 Nummer 2, zu denen das Beratungsverfahren vor dem 19. Juli 2022 begonnen hat, ist § 136b sowie die Verfahrensordnung des Gemeinsamen Bundesausschusses in der bis zum 19. Juli 2021 geltenden Fassung zugrunde zu legen.

(4) Der Gemeinsame Bundesausschuss regelt in seiner Verfahrensordnung mit Wirkung zum 19. Juli 2022 das Nähere insbesondere
1. zur Auswahl einer planbaren Leistung nach Absatz 1 Satz 1 Nummer 2 sowie zur Festlegung der Höhe einer Mindestmenge,
2. zur Festlegung der Operationalisierung einer Leistung,
3. zur Einbeziehung von Fachexperten und Fachgesellschaften,
4. zur Umsetzung des Prüfauftrags und zur Einhaltung der Fristvorgabe nach Absatz 3 Satz 1 sowie
5. zu den Voraussetzungen einer Festlegung von gleichzeitig mit der Mindestmenge zu erfüllenden Mindestanforderungen an Struktur-, Prozess- und Ergebnisqualität.

(5) ¹Wenn die nach Absatz 1 Satz 1 Nummer 2 erforderliche Mindestmenge bei planbaren Leistungen voraussichtlich nicht erreicht wird, dürfen entsprechende Leistungen nicht bewirkt werden. ²Einem Krankenhaus, das die Leistungen dennoch bewirkt, steht kein Vergütungsanspruch zu. ³Für die Zulässigkeit der Leistungserbringung muss der Krankenhausträger gegenüber den Landesverbänden der Krankenkassen und den Ersatzkassen für Krankenhausstandorte in ihrer

Zuständigkeit jährlich darlegen, dass die erforderliche Mindestmenge im jeweils nächsten Kalenderjahr auf Grund berechtigter mengenmäßiger Erwartungen voraussichtlich erreicht wird (Prognose). [4]Eine berechtigte mengenmäßige Erwartung liegt in der Regel vor, wenn das Krankenhaus im vorausgegangenen Kalenderjahr die maßgebliche Mindestmenge je Arzt oder Standort eines Krankenhauses oder je Arzt und Standort eines Krankenhauses erreicht hat. [5]Der Gemeinsame Bundesausschuss regelt im Beschluss nach Absatz 1 Satz 1 Nummer 2 das Nähere zur Darlegung der Prognose. [6]Die Landesverbände der Krankenkassen und die Ersatzkassen müssen für Krankenhausstandorte in ihrer Zuständigkeit ab der Prognose für das Kalenderjahr 2023 bei begründeten erheblichen Zweifeln an der Richtigkeit die vom Krankenhausträger getroffene Prognose durch Bescheid widerlegen (Entscheidung); der Gemeinsame Bundesausschuss legt im Beschluss nach Absatz 1 Satz 1 Nummer 2 mit Wirkung zum 1. Januar 2022 Regelbeispiele für begründete erhebliche Zweifel fest. [7]Die Landesverbände der Krankenkassen und die Ersatzkassen übermitteln dem Gemeinsamen Bundesausschuss einrichtungsbezogene Informationen der erfolgten Prognoseprüfungen, soweit dies für Zwecke der Qualitätssicherung und ihrer Weiterentwicklung erforderlich und in Beschlüssen nach Absatz 1 Satz 1 Nummer 2 vorgesehen ist. [8]Der Gemeinsame Bundesausschuss informiert die für die Krankenhausplanung zuständigen Landesbehörden standortbezogen über das Prüfergebnis der abgegebenen Prognosen. [9]Bei den Entscheidungen nach Satz 6 und den Übermittlungen nach Satz 7 und 8 handeln die Landesverbände der Krankenkassen und die Ersatzkassen gemeinsam und einheitlich. [10]Gegen die Entscheidung nach Satz 6 ist der Rechtsweg vor den Gerichten der Sozialgerichtsbarkeit gegeben. [11]Ein Vorverfahren findet nicht statt; Klagen gegen die Entscheidungen nach Satz 6 haben ab der Prognose für das Jahr 2023 keine aufschiebende Wirkung. [12]Bis zur Prognose für das Jahr 2022 sind § 136b sowie die Beschlüsse nach Absatz 1 Satz 1 Nummer 2 und die Verfahrensordnung des Gemeinsamen Bundesausschusses in der bis zum 19. Juli 2021 geltenden Fassung zugrunde zu legen.

(5a) [1]Die für die Krankenhausplanung zuständige Landesbehörde kann Leistungen aus dem Katalog nach Absatz 1 Satz 1 Nummer 2 bestimmen, bei denen die Anwendung des Absatzes 5 Satz 1 und 2 die Sicherstellung einer flächendeckenden Versorgung der Bevölkerung gefährden könnte. [2]Die Landesbehörde entscheidet auf Antrag des Krankenhauses im Einvernehmen mit den Landesverbänden der Krankenkassen und den Ersatzkassen für diese Leistungen über die Nichtanwendung des Absatzes 5 Satz 1 und 2. [3]Bei den Entscheidungen nach Satz 2 handeln die Landesverbände der Krankenkassen und die Ersatzkassen gemeinsam und einheitlich. [4]Die Nichtanwendung des Absatzes 5 Satz 1 und 2 ist auf ein Kalenderjahr zu befristen, wiederholte Befristungen sind zulässig. [5]Die Landesbehörde hat über die Bestimmung gemäß Satz 1 und über Entscheidungen zur Nichtanwendung gemäß Satz 2 den Gemeinsamen Bundesausschuss sowie das Bundesministerium für Gesundheit zu informieren und die Entscheidung zu begründen.

(6) [1]In dem Bericht nach Absatz 1 Satz 1 Nummer 3 ist der Stand der Qualitätssicherung insbesondere unter Berücksichtigung der Anforderungen nach § 136 Absatz 1 und § 136a sowie der Umsetzung der Regelungen nach Absatz 1 Satz 1 Nummer 1 und 2 darzustellen. [2]Der Bericht hat auch Art und Anzahl der Leistungen des Krankenhauses auszuweisen sowie Informationen zu Nebendiagnosen, die mit wesentlichen Hauptdiagnosen häufig verbunden sind, zu enthalten. [3]Ergebnisse von Patientenbefragungen, soweit diese vom Gemeinsamen Bundesausschuss veranlasst werden, sind in den Qualitätsbericht aufzunehmen. [4]Der Bericht ist in einem für die Abbildung aller Kriterien geeigneten standardisierten Datensatzformat zu erstellen. [5]In dem Bericht sind die besonders patientenrelevanten Informationen darzustellen. [6]Besonders patientenrelevant sind insbesondere Informationen zur Patientensicherheit und hier speziell zur Umsetzung des Risiko- und Fehlermanagements, zu Maßnahmen der Arzneimitteltherapiesicherheit, zur Einhaltung von Hygienestandards sowie zu Maßzahlen der Personalausstattung in den Fachabteilungen des jeweiligen Krankenhauses.

(7) [1]Die Qualitätsberichte nach Absatz 1 Satz 1 Nummer 3 sind über den in dem Beschluss festgelegten Empfängerkreis hinaus vom Gemeinsamen Bundesausschuss, von den Landesverbänden der Krankenkassen und den Ersatzkassen im Internet zu veröffentlichen. [2]Zum Zwecke

der Erhöhung von Transparenz und Qualität der stationären Versorgung können die Kassenärztlichen Vereinigungen sowie die Krankenkassen und ihre Verbände die Vertragsärzte und die Versicherten auf der Basis der Qualitätsberichte auch vergleichend über die Qualitätsmerkmale der Krankenhäuser informieren und Empfehlungen aussprechen. ³Das Krankenhaus hat den Qualitätsbericht auf der eigenen Internetseite leicht auffindbar zu veröffentlichen.

(8) ¹Der Gemeinsame Bundesausschuss hat das Institut nach § 137a bei den nach Absatz 1 Satz 1 Nummer 4 ausgewählten vier Leistungen oder Leistungsbereichen mit einer Untersuchung zur Entwicklung der Versorgungsqualität während des Erprobungszeitraums zu beauftragen. ²Gegenstand der Untersuchung ist auch ein Vergleich der Versorgungsqualität von Krankenhäusern mit und ohne Vertrag nach § 110a. ³Auf der Grundlage der Untersuchungsergebnisse nach Satz 1, die bis zum 31. Dezember 2028 vorliegen, beschließt der Gemeinsame Bundesausschuss bis zum 31. Oktober 2029 Empfehlungen zum Nutzen der Qualitätsverträge zu den einzelnen Leistungen und Leistungsbereichen sowie Empfehlungen zu der Frage, ob und unter welchen Rahmenbedingungen Qualitätsverträge als Instrument der Qualitätsentwicklung weiter zur Verfügung stehen sollten. ⁴In dem Beschluss über die Empfehlungen nach Satz 3 hat der Gemeinsame Bundesausschuss darzustellen, inwieweit auf der Grundlage der Untersuchungsergebnisse erfolgreiche Maßnahmen aus den Qualitätsverträgen in Qualitätsanforderungen nach § 136 Absatz 1 Satz 1 überführt werden sollen. ⁵Ab dem Jahr 2021 veröffentlicht der Gemeinsame Bundesausschuss auf seiner Internetseite regelmäßig eine aktuelle Übersicht der Krankenkassen und der Zusammenschlüsse von Krankenkassen, die Qualitätsverträge nach § 110a geschlossen haben, einschließlich der Angaben, mit welchen Krankenhäusern und zu welchen Leistungen oder Leistungsbereichen sowie über welche Zeiträume die Qualitätsverträge geschlossen wurden. ⁶Das Institut nach § 137a übermittelt dem Gemeinsamen Bundesausschuss die hierfür erforderlichen Informationen.

§ 136b gilt in der Fassung des Abs. 1 Nr. 41 GVWG vom 11.07.2021 (BGBl. I S. 2754) mit Wirkung vom 20.07.2021. 1

§ 136b steht mit den §§ 135–139d in einem engen gesetzessystematischen Zusammenhang mit den programmatischen Grundsätzen aus den §§ 2 Abs. 1 Satz 3, 70 Abs. 1 – Qualität, Wirksamkeit und Humanität – sowie dem Wirtschaftlichkeitsgebot nach § 12, vgl. *R. Klein* in jurisPK-SGB V 08/2021 § 136b Rn. 5. Hier werden – wie teilweise auch in den Vorschriften im systematischen Zusammenhang – konkrete Aufträge an den Gemeinsamen Bundesausschuss zum Erlass von untergesetzlichem Recht – vornehmlich Richtlinien – erteilt. Dies gilt auch für § 136b mit Beschlüssen zur Qualitätssicherung im Krankenhaus, vgl. zum Normzweck *R. Klein* a.a.O. Rn. 8 (»durch Beschlüsse die Anforderungen an die Qualitätssicherung für den stationären Bereich sektorenbezogen festzulegen«). Mit dem GVWG wurden mit Wirkung vom 20.07.2021 in § 136b grundlegende Anpassungen betreffend die Beschlüsse des Gemeinsamen Bundesausschusses zur Qualitätssicherung im Krankenhaus vorgenommen, vgl. BT-Drs. 19/26822 S. 89–95; zugleich erfolgten Vorgaben für eine Anpassung der Verfahrensordnung des Gemeinsamen Bundesausschusses. 2

**Abs. 1** (in Anlehnung an § 137 Abs. 3 in der Fassung bis 31.12.2015) ermächtigt den Gemeinsamen Bundesausschuss, Beschlüsse für zugelassene Krankenhäuser zu erlassen. Dabei wird dem Gemeinsamen Bundesausschuss in **Abs. 1 Satz 1 Nr. 1** (in Anlehnung an § 137 Abs. 1 Satz 1 Nr. 1 in der Fassung bis 31.12.2015) aufgegeben, Anforderungen zur Erfüllung der **Fortbildungspflichten** der im Krankenhaus tätigen **Fachärzte** festzulegen. Die Materialien stellen klar, dass es sich dabei **nicht um die Vorgabe von Fortbildungsinhalten** für die jeweiligen Fachgebiete handelt, die den berufsrechtlichen Bestimmungen, insbesondere den Weiterbildungsregelungen, obliegen. Die Vereinbarungen sollen sich vielmehr auf Vorgaben zum Nachweisverfahren der Fortbildungsverpflichtungen erstrecken. Die Regelung dient dem Ziel, die **Qualifikation von Fachärzten nachweisbar stets auf einem aktuellen Stand zu halten**. Dabei wird häufiger auch der Zusammenhang zur Krankenhausplanung hergestellt, vgl. *Obermöller/Gruhl*, GSP 2015, Nr. 2, 27 sowie *Quaas*, GesR 2014, 129. Hinzuweisen ist etwa auf die Regelungen zur Fortbildung im Krankenhaus/FKH-R 3 mit Fortbildungspunkten und Fortbildungszertifikaten. Mit Wirkung vom 20.07.2021 wurden die vom Gemeinsamen Bundesausschuss zu fassenden Beschlüsse zur Qualitätssicherung in Krankenhäusern konkretisiert.

4 Mit der Regelung in **Abs. 1 Satz 1 Nr. 2** (in Anlehnung an § 137 Abs. 1 Satz 1 Nr. 2 in der Fassung bis 31.12.2015) wird der Gemeinsame Bundesausschuss beauftragt, einen **Katalog der planbaren Leistungen** zu erstellen, bei denen in besonderem Maße ein Zusammenhang zwischen der Anzahl der durchgeführten Eingriffe und der Qualität der Leistungen besteht. Die Regelung beruht auf der Erfahrung, dass eine erforderliche Qualität bei einer zu geringen Zahl von Leistungen, insbesondere etwa bei chirurgischen Eingriffen, nicht erreicht werden kann. Die gesetzliche Regelung ermächtigt dazu, die **erforderliche Mindestanzahl je Arzt oder Krankenhaus** bezüglich dieser Leistungen festzulegen. Vgl. dazu auch *Knispel* in jurisPR-SozR 15/2021 Anm. 3 zur Mindestmengenprognose. Die Befugnis des Gemeinsamen Bundesausschusses, insbesondere Ausnahmen für festgelegte Mindestmengen bei nachgewiesener hoher Qualität vorzusehen, wurde mit Wirkung vom 20.07.2021 aufgehoben.

5 Zum **vorläufigen Rechtsschutz** im Zusammenhang der **Mindestmengenregelung**, jedoch zur Versagung des Anordnungsgrundes bei fraglichem allgemeinem Rechtsschutzbedürfnis vgl. LSG Berlin-Brandenburg Beschl. v. 30.10.2012 – L 9 KR 260/12 KL ER so wie auch zum Fehlen am Feststellungsinteresse bei Vorhandensein einer unbefristeten Ausnahmegenehmigung LSG Berlin-Brandenburg Urt. v. 21.12.2011 – L 7 KA 93/11 KL, KHE 2011/159 mit Anm. *Thomae*, GesR 2012, 478, ferner LSG Hamburg Beschl. v. 11.08.2020 – L 1 KR 73/20 B ER und LSG Berlin-Brandenburg Beschl. v. 08.01.2021 – L 26 KR 394/20 B ER, hier auch zur Mindestmengenprognose. Zur Abrechnung intensivmedizinischer Komplexleistungen und zur Zulässigkeit der Vorgaben für OPS-Kodierungen durch das DIMDI vgl. BSG Urt. v. 18.07.2013 – B 3 KR 25/12 R – SozR 4–5562 § 7 Nr. 4, GesR 2014, 108. Zu Anforderungen an die Prognose für die Mindestmengenregelung vgl. *Ulmer* in jurisPR-SozR 9/2020 Anm. 2, hier auch zum Rechtsstand. Zur näheren Ausgestaltung der Mindestmengenregelung vgl. Rdn. 12.

6 **Abs. 1 Satz 1 Nr. 3** (in Anlehnung an § 137 Abs. 3 Satz 1 Nr. 4 in der Fassung bis 31.12.2015) sieht vor, dass der **Inhalt und Umfang eines Qualitätsberichts für Krankenhäuser festzulegen** ist. Zu den informationstechnischen Nutzungsbedingungen vgl. näher OVG Nordrhein-Westfalen Urt. v. 15.04.2014 – 8 A 1129/11, DVBl 2014, 930, auch zum IWG. Die Berichte müssen Aussagen über die Umsetzung der Qualitätssicherungsmaßnahmen sowie der **Mindestmengenregelung** enthalten (zur Abwicklung wie auch zu Verfahrensregelungen zur Bewältigung von Festlegungen und Übergangsregelungen vgl. **Abs. 3**). Darüber hinaus wird in der Fassung des GKV-WSG vorgegeben, dass der Gemeinsame Bundesausschuss zusätzlich dazu verpflichtet wird, einen **einheitlichen und gemeinsam abgestimmten Datensatz zu vereinbaren**, mit dem die **Informationen des Krankenhauses umfassend und vollständig**, einschließlich erläuternder Anmerkungen des Krankenhauses, dokumentiert sind. Ein **standardisiertes Verfahren** ermöglicht es, die Daten für Patientinnen und Patienten für eine vergleichende Qualitätsdarstellung der Krankenhäuser verfügbar zu machen und dadurch insbesondere die **Qualitätstransparenz** zu stärken. Zum strukturierten Qualitätsbericht vgl. LSG Berlin-Brandenburg Urt. v. 22.01.2020 – L 1 KR 126/17 KL und LAG Mecklenburg-Vorpommern Urt. v. 28.01.2021 – 5 Sa 118/19.

7 Mit Wirkung vom 01.01.2016 aufgenommen wurde die Regelung in **Abs. 1 Satz 1 Nr. 4**. Danach hat der Gemeinsame Bundesausschuss **vier Leistungen oder Leistungsbereiche auszuwählen**, zu denen Verträge nach § 110a mit Anreizen für die Einhaltung besonderer Qualitätsanforderungen erprobt werden sollen. Der Gemeinsame Bundesausschuss soll die Wahl haben, ob einzelne Leistungen oder ganze Leistungsbereiche als Vereinbarungsgegenstand bestimmt werden. Dieser Auftrag wird in **Abs. 8 weiter konkretisiert**. Allerdings erscheint es im Hinblick auf die spätere Evaluierung der **Wirkungen von Qualitätsverträgen** nicht sinnvoll, diese für Leistungen oder Leistungsbereiche vorzusehen, in denen zur gleichen Zeit **weitere** Qualitätssicherungsinstrumente eingesetzt würden. In diesem Fall könnte die Bewertung bezüglich der Qualitätsanforderungen schwierig sein. Die **Auswirkungen** sollen in einer eingehenden Evaluation überprüft und festgestellt

werden, ob und inwieweit sich die Versorgungsqualität durch den Abschluss von Qualitätsverträgen verbessert hat. Mit dem GVWG wird der Gemeinsame Bundesausschuss beauftragt, in den Jahren 2021–2023 vier weitere Leistungen oder Leistungsbereiche festzulegen, bei denen Qualitätsverträge nach § 110a erprobt werden sollen. Es sollen dann insgesamt acht entsprechende Bereiche verfügbar sein. Zudem wird dem Gemeinsamen Bundesausschuss aufgegeben, in eigener Verantwortung geeignete Bereiche einschließlich einer Verpflichtung zur Evaluierung zu prüfen.

Neu aufgenommen wurde mit Wirkung vom 01.01.2016 auch die Regelung in **Abs. 1 Satz 1 Nr. 5** in der Fassung bis 19.07.2021, wonach ein Katalog von Leistungen oder Leistungsbereichen vom Gemeinsamen Bundesausschuss auszuwählen ist, der sich für eine qualitätsabhängige **Vergütung mit Zuschlägen und Abschlägen** eignen könnte, hier in Verbindung mit **Qualitätszielen und Qualitätsindikatoren**. **Qualitätsziel** könne (nur als Beispiel) etwa die Wiederherstellung der Beweglichkeit bei Gelenksersatz sein und als **Qualitätsindikator** käme (wiederum nur als Beispiel) die Messgröße der postoperativen Beweglichkeit in Betracht. Durch Zuschläge und Abschläge bei Leistungen oder Leistungsbereichen könnten unterschiedliche Qualitätsindikatoren herangezogen werden, etwa eine geringe Komplikationsrate für Zuschläge oder postoperative Infektionsraten für Abschläge. Dieser Regelungsbereich in Abs. 1 Satz 1 Nr. 5 wurde in **Abs. 9** in der Fassung bis 19.07.2021 **weiter konkretisiert**. Beide Regelungen (Abs. 1 Satz 1 Nr. 5 und Abs. 9) wurden mit dem GVWG mit Wirkung vom 20.07.2021 aufgehoben. **8**

Um die Qualität der stationären Versorgung zu fördern und weiterzuentwickeln solle sich Qualität auch bei der **Vergütung der Krankenhausleistung** bemerkbar machen (vgl. BT-Drs. 18/5372 S. 88). **Qualitätszuschläge** kämen deshalb für außerordentlich gute und Qualitätsabschläge für unzureichende Qualität i.S.d. § 5 Abs. 3a KHEntgG in Betracht. Der Gemeinsame Bundesausschuss sollte nach Abs. 9 Satz 2 alle erforderlichen Bestimmungen für ein **geeignetes Verfahren** zu treffen haben. Die dafür notwendigen aktuellen **Daten** waren i.S.d. **Abs. 9 Satz 3** zu übermitteln. Die Informationen hätten über eine geeignete Internetplattform nach Maßgabe des **Abs. 9 Satz 4** zur Information angeboten werden sollen. Diese Informationen sollten zudem in die Krankenhausplanung und damit den zuständigen Landesbehörden gem. **Abs. 9 Satz 5 und 6** zufließen. Dieser Regelungsbereich ist mit dem GVWG mit Wirkung vom 20.07.2021 **aufgegeben** worden, bei dem unerwartete Umsetzungshindernisse entgegengestanden hätten, vgl. BT-Drs. 19/26822 S. 90. Auch einbezogenen Fachexperten hätten Zweifel daran geäußert, dass die Zu- und Abschläge unter den gegenwärtigen Rahmenbedingungen als Instrumentarium zur Qualitätsentwicklung eingesetzt werden sollten (wird näher und eingehend begründet). **9**

Mit **Abs. 1 Satz 2** wird der Gemeinsame Bundesausschuss durch die Verweisung auf § 136 Abs. 1 Satz 2 zum Erlass der **notwendigen Durchführungsbestimmungen** ermächtigt. Der Verband der PKV, die Bundesärztekammer sowie die Berufsorganisationen der Pflegeberufe sind bei der Beschlussfassung gem. **Abs. 1 Satz 3** einzubeziehen; dies gilt zusätzlich auch für die Bundespsychotherapeutenkammer bei den Beschlüssen nach Abs. 1 Satz 1 Nr. 1 und Nr. 3. **10**

**Abs. 2** schließt an die Regelung in § 137 Abs. 3 Satz 6–9 in der Fassung bis 31.12.2015 an. Die Beschlüsse zu den Anforderungen an die Qualitätssicherung sollen nach **Abs. 2 Satz 1** unmittelbar Verbindlichkeit für die Krankenhäuser haben. Die **Länder** werden nach **Abs. 2 Satz 2** ermächtigt, **ergänzende Qualitätsvorgaben im Rahmen der Krankenhausplanung vorzugeben**, wobei hier auch das **einrichtungsinterne Qualitätsmanagement** einbezogen werden kann. Mit den Änderungen in der Ausschussberatung ist klargestellt worden, dass damit auch die Qualitätsanforderungen der Länder im Rahmen der Krankenhausplanung bezüglich der **Führung klinischer Krebsregister** einbezogen sind. Den klinischen Krebsregistern kommt ausweislich der Materialien bereits deshalb besondere Bedeutung zu, da durch diese **gezielte Aussagen über die Qualität der onkologischen Versorgung und die hier erbrachten Leistungen** einschließlich der **Versorgungsqualität** insgesamt eröffnet werden; letztlich soll die Versorgung durch Qualitätsvergleiche **transparent** gemacht und in der Folgezeit verbessert werden. **11**

12  **Abs. 3 bis 5a** erfassen die **Mindestmengenregelung.** Dabei wurde Abs. 3 in der Fassung bis 19.07.2021 regelungstechnisch ab 20.07.2021 in **Abs. 3 und 4** aufgeteilt. Abs. 4 in der Fassung bis 19.07.2021 wurde **neuer Abs. 5** und mehrfach geändert. Abs. 5 in der Fassung bis 19.07.2021 wurde **neuer Abs. 5a** mit Wirkung vom 20.07.2021. Vom Gemeinsamen Bundesausschuss ist ein Mindestmengenkatalog nach Maßgabe des Abs. 1 Satz 1 Nr. 2 i.V.m. Abs. 4 für ausgewählte **planbare stationäre Leistungen** zu erstellen (hier in der Mm-R mit acht Leistungsbereichen). Ausnahmen von der Mindestmengenregelung sind mit Wirkung vom 20.07.2021 nicht mehr zulässig.

13  Die **Mindestmengenregelung** zielt darauf ab, besonders schwierige und auch häufige Eingriffe aus Gründen der Qualitätssicherung nur von solchen Kliniken durchführen zu lassen, deren Ärzte hiermit **ausreichend Erfahrung** haben. Die Mindestmengenregelung wurde im April 2002 eingeführt und beruht auf dem Umstand, dass ein Zusammenhang zwischen der **Anzahl der operativen Eingriffe** und deren **Behandlungsergebnissen** bestehe, vgl. *R. Klein* in jurisPK-SGB V 08/2021 § 136b Rn. 16. Die **Rechtmäßigkeit von Mindestmengen** ist umstritten, vgl. *R. Klein* a.a.O. Rn. 19, wenngleich das BSG auch bestimmte Verfahrensregelungen geklärt hat, vgl. *Knispel* in jurisPR-SozR 15/2021 Anm. 3 und BSG Urt. v. 25.03.2021 – B 1 KR 16/20 R; die Widerlegung einer Mindestmengenprognose ist **Verwaltungsakt** und bedarf als Eingriff in die Rechte des Krankenhausträgers der **Anhörung**; vgl. ferner *Makoski* in jurisPR-MedizinR 7/2021 Anm. 2. Zu den Mindestmengenprozessen vgl. *Becker/Heitzig*, KrV 2021, 156 sowie zur Abrechnungsberechtigung *Wever*, MedR 2021, 854 und *Mohr/Saß/Träger*, GesR 2021, 218. Zu den Anforderungen an die Prognose vgl. *Ulmer* in jurisPR-SozR 9/2020 Anm. 2. Zur verfassungsrechtlichen Problematik vgl. *Hase* mit dem Beitrag »Qualitätssicherung in der GKV als Grundrechtsverletzung? – Überlegungen aus Anlass des Streits über die Mindestmengen-Regelungen des Gemeinsamen Bundesausschusses« in Festschrift weiterdenken – Recht an der Schnittstelle zur Medizin, München, 2020, 389.

14  **Abs. 3** regelt Aufträge an den Gemeinsamen Bundesausschuss im Zusammenhang mit der Mindestmengen-Regelung. **Abs. 3 Satz 1** verpflichtet den Gemeinsamen Bundesausschuss ausdrücklich, den wissenschaftlichen Erkenntnisstand zur Festlegung bestehender und weiterer Mindestmengen kontinuierlich zu prüfen und darüber zu entscheiden, vgl. BT-Drs. 19/26822 S. 90, 91. Um ein effizientes, strukturiertes und zügiges Beratungsverfahren von Mindestmengen zu fördern, sei für die Beratung und Beschlussfassung durch den Gemeinsamen Bundesausschuss jeweils eine gesetzliche Frist von 2 Jahren vorgegeben, vgl. dazu *R. Klein* in jurisPK-SGB V 08/2021 § 136b Rn. 24.2.

15  **Abs. 3 Satz 2 Nr. 1** gibt dem Gemeinsamen Bundesausschuss die Befugnis, für die Zulässigkeit der Erbringung bestimmter Eingriffe vorzusehen, dass neben der konkreten Mindestmenge dieses Eingriffs auch **eine oder mehrere Mindestmengen weiterer Eingriffe** erfüllt sind. Ein verknüpfen der Regelung erscheine ausweislich der Materialien insbesondere fachlich erforderlich bei Eingriffen am selben Knochen, Organ oder Gelenk, bei denen jeweils die Qualität des Behandlungsergebnisses von der Menge der erbrachten Leistungen abhängig sei. Abs. 3 Satz 2 Nr. 2 gebe dem Gemeinsamen Bundesausschuss die Aufgabe, soweit es fachlich geboten sei, Mindestanforderungen an Struktur-, Prozess- und Ergebnisqualität in die Mindestmengenregelung aufzunehmen. Abs. 3 Satz 3 a.F. habe den Ausnahmetatbestand zur Vermeidung unbilliger Härten bei nachgewiesener, hoher Qualität unterhalb der festgelegten Mindestmenge erfasst; diese Regelung ist aufgehoben worden. Weiterhin möglich blieben Übergangsregelungen und Sonderregelungen für die erstmalige oder erneute Erbringung mindestmengenrelevanter Leistungen durch Krankenhäuser. Der Gemeinsame Bundesausschuss habe diesbezüglich bereits das Nähere in seiner Mindestmengenregelung normiert. Abs. 3 Satz 4 regelt den Auftrag, die Auswirkungen von Mindestmengen zeitnah zu evaluieren und Anpassungen vorzunehmen. Das BMG kann nach **Abs. 3 Satz 5** die Prüfung zur Festlegung von Mindestmengen beantragen. **Abs. 3 Satz 6** trifft eine **Übergangsregelung**: Für die Beschlüsse nach Abs. 1 Satz 1 Nr. 2, zu denen das Beratungsverfahren vor dem 19.07.2022 begonnen hat, ist § 136b sowie die Verfahrensordnung des Gemeinsamen Bundesausschusses in der bis zum 19.07.2021 geltenden Fassung zugrunde zu legen.

**Abs. 4** in der Fassung ab 20.07.2021 gibt dem Gemeinsamen Bundesausschuss auf, weitere Regelungen zur in der Verfahrensordnung vorzunehmen. Die Festlegung einer Mindestmenge soll »operationalisiert und transparent gestaltet« werden (vgl. BT-Drs. 19/26822 S. 92). Dabei werde insbesondere nach **Abs. 4 Nr. 2** dem Gemeinsamen Bundesausschuss aufgegeben, in seiner Verfahrensordnung verbindliche Vorgaben zur Art und Weise der Festlegungen der Operationalisierung zählbaren Leistungen vorzunehmen. **Abs. 4 Nr. 3** gibt dem Gemeinsamen Bundesausschuss auf, ein einheitliches Verfahren zur Beteiligung von Fachexperten und Fachgesellschaften zu regeln. **Abs. 4 Nr. 4** erfasst die Umsetzung des Prüfauftrags und die Einhaltung der Fristvorgabe (2 Jahre). **Abs. 4 Nr. 5** gibt auf, Regelungen zu den Voraussetzungen einer Festlegung von gleichzeitig mit der Mindestmenge zu erfüllenden Mindestanforderungen an Struktur-, Prozess- und Ergebnisqualität vorzugeben.

**Abs. 5** in der Fassung ab 20.07.2021 übernimmt in **Abs. 5 Satz 1** den Grundsatz, dass entsprechende Leistungen nicht bewirkt werden dürfen, wenn die erforderliche Mindestmenge bei planbaren Leistungen voraussichtlich nicht erreicht wird (Prognoseentscheidung). Einem Krankenhaus, das die Leistungen dennoch bewirkt, steht nach **Abs. 5 Satz 2** kein Vergütungsanspruch zu. Für die Zulässigkeit der Leistungserbringung muss der Krankenhausträger gegenüber den Landesverbänden der Krankenkassen und den Ersatzkassen für Krankenhausstandorte in ihrer Zuständigkeit jährlich darlegen, dass die erforderliche Mindestmenge im jeweils nächsten Kalenderjahr aufgrund berechtigter mengenmäßiger Erwartungen voraussichtlich erreicht wird (Legaldefinition für den Begriff der Prognose in diesem Zusammenhang). Die **Widerlegung einer Mindestmengenprognose** eines Krankenhausträgers durch die Landesverbände der Krankenkassen und die Ersatzkassen ist ein Verwaltungsakt (§ 31 Satz 1 SGB X). Bereits durch die Beseitigung der Widerlegungsentscheidung lebt die für die Leistungsberechtigung des Krankenhauses erforderliche Mindestmengenprognose wieder auf; eine positive Feststellung der Leistungsberechtigung ist dann nicht mehr erforderlich. Wegen des Eingriffs in die Rechte des Krankenhausträgers bedarf die Widerlegungsentscheidung einer **Anhörung** vor Erlass der Entscheidung, vgl. *Knispel* in jurisPR-SozR 15/2021 Anm. 3 unter Bezugnahme auf BSG Urt. v. 25.03.2021 – B 1 KR 16/20 R, wobei zahlreiche weitere materiellrechtliche Fragen zur Mindestmengen-Regelung noch als offen bezeichnet werden können.

Mit **Abs. 5 Satz 3** wird klargestellt, dass Krankenhausträger ihre Prognose an die Landesverbände der Krankenkassen und Ersatzkassen zu übermitteln haben, in deren Zuständigkeit sich der Krankenhausstandort befindet. **Abs. 5 Satz 6** trifft weiterhin eine entsprechende Zuständigkeitsbestimmung, was vornehmlich für Nordrhein-Westfalen im Hinblick auf das Vorhandensein von 2 Landesverbänden zu Abgrenzungsproblemen geführt haben soll, vgl. *R. Klein* in jurisPK-SGB V 08/2021 § 136b Rn. 27.8. Informationspflichten sind in **Abs. 5 Satz 7 und 8** geregelt. Die Landesverbände der Krankenkassen und die Ersatzkassen sollen **nach Abs. 5 Satz 9** gemeinsam und einheitlich handeln. Nach **Abs. 5 Satz 10** ist die Zuständigkeit der Sozialgerichte vorgegeben. Klagen haben nach Abs. 5 Satz 11 ab der Prognose für das Jahr 2023 keine aufschiebende Wirkung (mehr). Andernfalls ist jeweils eine gerichtliche Entscheidung erforderlich (Herstellung der aufschiebenden Wirkung bzw. Entscheidung, dass keine aufschiebende Wirkung erfolgt); durch gerichtliche Entscheidung im einstweiligen Verfahren kann jeweils eine abweichende Entscheidung herbeigeführt werden, wobei die Darlegungslast jeweils verschieden gesehen werden mag. Zur Übergangsregelung vgl. Abs. 5 Satz 12.

**Abs. 5a** schließt in der Fassung ab 20.07.2021 an Abs. 5 in der Fassung bis 19.07.2021 an. Geregelt wird die Möglichkeit der Länder, Ausnahmetatbestände zu bestimmen, wenn die flächendeckende Versorgung der Bevölkerung gefährdet sein mag. Zu dieser in der Ausschussberatung zum GVWG aufgenommenen Regelung vgl. BT-Drs. 19/30560 S. 45. Nach Abs. 5a Satz 2 entscheiden die Landesbehörden auf Antrag eines Krankenhauses, ob in diesen Ausnahmefällen unterhalb der Mindestmenge das Leistungsverbot und der Vergütungsausschluss nach Abs. 5 Satz 1 und 2 Anwendung findet. Maßgeblich ist die Versorgungssituation. Es muss sicher sein, dass auch konkrete Nachteile für Patienten durch weite Anfahrtswege vermieden werden können, ohne dass die medizinische Versorgung infrage gestellt wird. Die Anwendung der Regelung setzt voraus, dass zwischen

Landesbehörden, Landesverbänden der Krankenkassen und Ersatzkassen Einvernehmen hergestellt werden kann; andernfalls greift die Ausnahmeregelung nicht, vgl. BT-Drs. 19/30560 S. 46. Die Landesverbände der Krankenkassen und Ersatzkassen sollen gemeinsam und einheitlich handeln, Abs. 5a Satz 3 und können die Regelung nach Maßgabe des Abs. 5a Satz 4 für jeweils ein Kalenderjahr ausschließen. Nach Abs. 5a Satz 5 besteht eine Berichts- und Begründungspflicht.

20 **Mindestmengenregelungen** sollen vom **Gemeinsamen Bundesausschuss allgemein zugänglich zu begründen** sein. Die **erforderliche Gewissheit** dafür, dass die Qualität des Behandlungsergebnisses in besonderem Maße von der **Menge der erbrachten Leistungen abhänge**, könnten nur belastbare wissenschaftliche Belege erbringen. »Planbar« im Sinne der gesetzlichen **Mindestmengenregelung** sind Krankenhausleistungen, welche die dafür vorgesehenen Krankenhaus-Zentren in der Regel medizinisch sinnvoll und für die Patienten zumutbar erbringen können, vgl. BSG Urt. v. 18.12.2012 – B 1 KR 34/12 R, SozR 4–2500 § 137 Nr. 2, GesR 2013, 363, NZS 2013, 544. Zur Anforderung an die Prognose vgl. auch *Heitzig*, KrV 2020, 123, hier auch zum Eilrechtsschutz.

21 Mit dem Ziel, strukturierte Qualitätsberichte für Patienten nutzbar zu machen und den Informationswert zu erhöhen, sind mit **Abs. 6** gesetzliche Vorgaben für eine verstärkte **Patientenorientierung** festgelegt worden, hier auch in Ergänzung und Fortführung zu § 137 Abs. 3 Satz 1 Nr. 4 in der Fassung bis 31.12.2015. Die Angaben sind in einem Qualitätsbericht zu erklären, auch hinsichtlich der Zielvereinbarungen. Die Empfehlungen sollen die fachliche Unabhängigkeit der medizinischen Entscheidungen sichern und insoweit die leitenden Ärzte (wie Chefärzte) in die Verantwortung einbeziehen. Wirtschaftliche Anreize im Krankenhaus für die Durchführung bestimmter Operationen müssten erkennbar sein. Mit der gebotenen Transparenz soll sichergestellt werden, dass die Unabhängigkeit der medizinischen Entscheidung in jedem Fall gesichert ist.

22 Als **Erkenntnisquellen** sollen auch **Patientenbefragungen** einbezogen, **Abs. 6 Satz 3**, und in den Bericht zur Qualität aufgenommen werden. Besonders patientenrelevante Informationen sollen in übersichtlicher Form und in allgemein verständlicher Sprache zusammengefasst werden, **Abs. 6 Satz 5**. Diese Regelung ist mit Wirkung vom 20.07.2021 neu gefasst und konkretisiert worden, auch mit dem Auftrag an den Gemeinsamen Bundesausschuss, einheitliche Regelungen zur Information der Öffentlichkeit vorzugeben. Dies gilt für bestimmte Informationen, wie solche zur Patientensicherheit, zum Risiko- und Fehlermanagement oder zur Arzneimitteltherapie Sicherheit nach Maßgabe des **Abs. 6 Satz 6**. Dabei steht die Zielsetzung der Erhöhung von Transparenz und Qualität im Vordergrund, vgl. **Abs. 7**. Das jeweils betroffene Krankenhaus hat den Qualitätsbericht auf der eigenen Internetseite leicht auffindbar zu veröffentlichen, **Abs. 7 Satz 3**.

23 **Kritisch** ist anzumerken, dass hier **Daten in erheblichem Umfang** unmittelbar zur Information herangezogen und veröffentlicht werden, etwa auch durch Patientenbefragungen, die wohl nicht immer sicher hinterfragt werden können. Die **Verantwortlichkeit** für die Richtigkeit oder Vertretbarkeit wie auch die sachgerechte Einordnung entsprechender Daten ist offenbar nicht näher geregelt; jedenfalls sind mehrere Stellen beteiligt. Daraus könnten Rechtsfolgen erwachsen, die – auch – im Wege einstweiligen Rechtsschutzes zur Überprüfung vorgelegt werden dürften. Insoweit wird auf die Problematik für den Pflegebereich nach § 115 Abs. 1a SGB XI zu Transparenzberichten Bezug genommen, wobei hier sogar ein ordnungsgemäßes und überprüfbares Verwaltungsverfahren vorgeschaltet ist.

24 **Abs. 8** regelt Näheres zu **Qualitätsverträgen**. Bislang sind vier Leistungen oder Leistungsbereiche festgelegt worden, hier mit Anreizen für die Einhaltung besonderer Qualitätsanforderungen, § 110a. Dem Gemeinsamen Bundesausschuss ist nach Abs. 1 Satz 1 Nr. 4 mit Wirkung vom 20.07.2021 aufgegeben, vier weitere Leistungen oder Leistungsbereiche bis 2023 festzulegen, bei denen Qualitätsverträge nach § 110a erprobt werden sollen. Bei der Auswahl hat der Gemeinsame Bundesausschuss die Verpflichtung zur Evaluierung der Qualitätsverträge einzubeziehen. Hierfür ist das Institut nach § 137a Abs. 1 (IQTiG) zuständig, vgl. dazu die QSKH-RL in der aktuellen Fassung. Mit Abs. 8 Satz 3 wird die Evaluationsverpflichtung des Gemeinsamen

Bundesausschusses ergänzt um den Auftrag, auf der Grundlage der Evaluationsergebnisse bis Ende 2028 eine Bewertung vorzunehmen und daraus abzuleitende Empfehlungen bis Oktober 2029 zu beschließen. Abs. 8 Satz 4 mit Wirkung vom 20.07.2021 wurde dem Gemeinsamen Bundesausschuss aufgegeben, im Beschluss über die Empfehlungen zu den Evaluationsergebnissen auch darzulegen, inwieweit dieser beabsichtige, diese Maßnahmen in Qualitätsanforderungen zu übertragen, vgl. *R. Klein* in jurisPK-SGB V 08/2021 § 136b Rn. 37.1, 37.2 und 37.3. Abs. 8 Satz 5 verpflichtet den Gemeinsamen Bundesausschuss, ab 2021 während der Erprobung regelmäßig durch Veröffentlichungen auf seiner Internetseite Transparenz darüber herzustellen, welche Krankenkassen oder Zusammenschlüsse von Krankenkassen Qualitätsverträge nach § 110a abgeschlossen haben; nach Abs. 8 Satz 6 sind dem Gemeinsamen Bundesausschuss die notwendigen Daten vom IQTiG für diese Veröffentlichungen zu übermitteln.

### § 136c Beschlüsse des Gemeinsamen Bundesausschusses zu Qualitätssicherung und Krankenhausplanung

(1) [1]Der Gemeinsame Bundesausschuss beschließt Qualitätsindikatoren zur Struktur-, Prozess- und Ergebnisqualität, die als Grundlage für qualitätsorientierte Entscheidungen der Krankenhausplanung geeignet sind und nach § 6 Absatz 1a des Krankenhausfinanzierungsgesetzes Bestandteil des Krankenhausplans werden. [2]Der Gemeinsame Bundesausschuss übermittelt die Beschlüsse zu diesen planungsrelevanten Qualitätsindikatoren als Empfehlungen an die für die Krankenhausplanung zuständigen Landesbehörden; § 91 Absatz 6 bleibt unberührt.

(2) [1]Der Gemeinsame Bundesausschuss übermittelt den für die Krankenhausplanung zuständigen Landesbehörden sowie den Landesverbänden der Krankenkassen und den Ersatzkassen regelmäßig einrichtungsbezogen Auswertungsergebnisse der einrichtungsübergreifenden Qualitätssicherung zu nach Absatz 1 Satz 1 beschlossenen planungsrelevanten Qualitätsindikatoren sowie Maßstäbe und Kriterien zur Bewertung der Qualitätsergebnisse von Krankenhäusern. [2]Die Maßstäbe und Kriterien müssen eine Bewertung der Qualitätsergebnisse von Krankenhäusern insbesondere im Hinblick darauf ermöglichen, ob eine in einem erheblichen Maß unzureichende Qualität im Sinne von § 8 Absatz 1a Satz 1 und Absatz 1b des Krankenhausfinanzierungsgesetzes und § 109 Absatz 3 Satz 1 Nummer 2 vorliegt. [3]Hierfür hat der Gemeinsame Bundesausschuss sicherzustellen, dass die Krankenhäuser dem Institut nach § 137a zu den planungsrelevanten Qualitätsindikatoren quartalsweise Daten der einrichtungsübergreifenden Qualitätssicherung liefern. [4]Er soll das Auswertungsverfahren einschließlich des strukturierten Dialogs für diese Indikatoren um sechs Monate verkürzen.

(3) [1]Der Gemeinsame Bundesausschuss beschließt erstmals bis zum 31. Dezember 2016 bundeseinheitliche Vorgaben für die Vereinbarung von Sicherstellungszuschlägen nach § 17b Absatz 1a Nummer 6 des Krankenhausfinanzierungsgesetzes in Verbindung mit § 5 Absatz 2 des Krankenhausentgeltgesetzes. [2]Der Gemeinsame Bundesausschuss hat insbesondere Vorgaben zu beschließen
1. zur Erreichbarkeit (Minutenwerte) für die Prüfung, ob die Leistungen durch ein anderes geeignetes Krankenhaus, das die Leistungsart erbringt, ohne Zuschlag erbracht werden können,
2. zur Frage, wann ein geringer Versorgungsbedarf besteht, und
3. zur Frage, für welche Leistungen die notwendige Vorhaltung für die Versorgung der Bevölkerung sicherzustellen ist.

[3]Bei dem Beschluss sind die planungsrelevanten Qualitätsindikatoren nach Absatz 1 Satz 1 zu berücksichtigen. [4]Der Gemeinsame Bundesausschuss legt in dem Beschluss auch das Nähere über die Prüfung der Einhaltung der Vorgaben durch die zuständige Landesbehörde nach § 5 Absatz 2 Satz 5 des Krankenhausentgeltgesetzes fest. [5]Den betroffenen medizinischen Fachgesellschaften ist Gelegenheit zur Stellungnahme zu geben. [6]Die Stellungnahmen sind bei der Beschlussfassung zu berücksichtigen.

(4) ¹Der Gemeinsame Bundesausschuss beschließt bis zum 31. Dezember 2017 ein gestuftes System von Notfallstrukturen in Krankenhäusern, einschließlich einer Stufe für die Nichtteilnahme an der Notfallversorgung. ²Hierbei sind für jede Stufe der Notfallversorgung insbesondere Mindestvorgaben zur Art und Anzahl von Fachabteilungen, zur Anzahl und Qualifikation des vorzuhaltenden Fachpersonals sowie zum zeitlichen Umfang der Bereitstellung von Notfallleistungen differenziert festzulegen. ³Der Gemeinsame Bundesausschuss berücksichtigt bei diesen Festlegungen planungsrelevante Qualitätsindikatoren nach Absatz 1 Satz 1, soweit diese für die Notfallversorgung von Bedeutung sind. ⁴Den betroffenen medizinischen Fachgesellschaften ist Gelegenheit zur Stellungnahme zu geben. ⁵Die Stellungnahmen sind bei der Beschlussfassung zu berücksichtigen. ⁶Der Gemeinsame Bundesausschuss führt vor Beschlussfassung eine Folgenabschätzung durch und berücksichtigt deren Ergebnisse.

(5) ¹Der Gemeinsame Bundesausschuss beschließt bis zum 31. Dezember 2019 Vorgaben zur Konkretisierung der besonderen Aufgaben von Zentren und Schwerpunkten nach § 2 Absatz 2 Satz 2 Nummer 4 des Krankenhausentgeltgesetzes. ²Die besonderen Aufgaben können sich insbesondere ergeben aus
a) einer überörtlichen und krankenhausübergreifenden Aufgabenwahrnehmung,
b) der Erforderlichkeit von besonderen Vorhaltungen eines Krankenhauses, insbesondere in Zentren für seltene Erkrankungen, oder
c) der Notwendigkeit der Konzentration der Versorgung an einzelnen Standorten wegen außergewöhnlicher technischer und personeller Voraussetzungen.

³Zu gewährleisten ist, dass es sich nicht um Aufgaben handelt, die bereits durch Entgelte nach dem Krankenhausentgeltgesetz oder nach den Regelungen dieses Buches finanziert werden. ⁴§ 17b Absatz 1 Satz 10 des Krankenhausfinanzierungsgesetzes bleibt unberührt. ⁵Soweit dies für die Erfüllung der besonderen Aufgaben erforderlich ist, sind zu erfüllende Qualitätsanforderungen festzulegen, insbesondere Vorgaben zur Art und Anzahl von Fachabteilungen, zu einzuhaltenden Mindestfallzahlen oder zur Zusammenarbeit mit anderen Einrichtungen. ⁶Den betroffenen medizinischen Fachgesellschaften ist Gelegenheit zur Stellungnahme zu geben. ⁷Die Stellungnahmen sind bei der Beschlussfassung zu berücksichtigen.

(6) Für Beschlüsse nach den Absätzen 1 bis 5 gilt § 94 entsprechend.

| Übersicht | Rdn. | | Rdn. |
|---|---|---|---|
| A. Regelungsinhalt | 1 | D. Vorgaben für die Vereinbarung von Sicherstellungszuschlägen (Abs. 3) | 45 |
| B. Qualitätsindikatoren als Grundlage für Entscheidungen der Krankenhausplanung (Abs. 1) | 20 | I. Vorgaben nach Abs. 3 Satz 1 und Satz 2 Nr. 1 bis 3 | 50 |
| I. Planungsrelevante Qualitätsindikatoren (Abs. 1 Satz 1) | 22 | II. Beschluss zu planungsrelevanten Qualitätsindikatoren (Abs. 3 Satz 3 bis 6) | 60 |
| II. Weiterleitung (Abs. 1 Satz 2) | 28 | E. Gestuftes System von Notfallstrukturen in Krankenhäusern (Abs. 4) | 63 |
| C. Übermittlung einrichtungsbezogener Auswertungsergebnisse zur Qualitätssicherung (Abs. 2) | 32 | F. Vorgaben zur Konkretisierung der besonderen Aufgaben von Zentren und Schwerpunkten (Abs. 5) | 81 |
| I. Information der Länder durch den Gemeinsamen Bundesausschuss (Abs. 2 Satz 1) | 36 | G. Bezugnahme auf § 94 SGB V für Beschlüsse nach § 136c SGB V (Abs. 6) | 89 |
| II. Konkretisierung der planungsrelevanten Qualitätsindikatoren (Abs. 2 Satz 2) | 37 | | |
| III. Sicherstellung der Übermittlung planungsrelevanter Qualitätsindikatoren durch die Krankenhäuser an das IQTIG und Auswertungsverfahren (Abs. 2 Satz 3 und 4) | 43 | | |

## A. Regelungsinhalt

§ 136c gilt in der Fassung des Art. 1 Nr. 76b TSVG vom 06.05.2019 (BGBl. I S. 646) mit Wirkung vom 11.05.2019.

§ 136c steht mit §§ 135 bis 139d im systematischen Zusammenhang der »programmatischen Grundsätze aus den §§ 2 Abs. 1 Satz 3, 70 Abs. 1 SGB V – Qualität, Wirksamkeit und Humanität – sowie dem Wirtschaftlichkeitsgebot nach § 12 SGB V«, vgl. *R. Klein* in jurisPK-SGB V § 136c Rn. 9. § 136c, eingefügt mit dem KHSG mit Wirkung vom 01.01.2016, regelt Vorgaben für den Gemeinsamen Bundesausschuss zu **Qualitätsindikatoren zur Struktur-, Prozess- und Ergebnisqualität**, die als Grundlage für qualitätsorientierte Entscheidungen der Krankenhausplanung geeignet sind, vgl. **Abs. 1 Satz 1**.

Die planungsrelevanten Qualitätsindikatoren stellen das zentrale Instrument für die qualitätsorientierte Krankenhausplanung dar, vgl. *Roters* in KassKomm SGB V 12/2019 § 136c Rn. 4. Die Beschlüsse zu diesen planungsrelevanten Qualitätsindikatoren sind den für die Krankenhausplanung zuständigen Landesbehörden als Empfehlung zu übermitteln, **Abs. 1 Satz 2**. Damit soll auch eine Beplanung von Einzelleistungen oder Leistungsbereiche der Krankenhäuser in den Ländern ermöglicht werden, die bisher nur Abteilungen insoweit einbezogen hätten, vgl. *Becker* in Becker/Kingreen SGB V 2020 § 136c Rn. 3. Dieser Verfahrensweise sollen die Empfehlungen angepasst werden, vgl. BT-Drs. 18/5372 S. 89. Für die Beschlüsse nach § 136c gilt § 94 betr. das Wirksamwerden von Richtlinien, Abs. 6 in der Fassung ab 01.01.2019.

Die **Empfehlungen** des Gemeinsamen Bundesausschusses (»Beschlüsse«) zu den planungsrelevanten Qualitätsindikatoren gem. § 136c sind **Bestandteil des Krankenhausplans**, § 6 Abs. 1a KHG in der Fassung ab 01.01.2016, allerdings nicht zwingend, vgl. *Becker* in Becker/Kingreen SGB V § 136c Rn. 4. Durch **Landesrecht** kann die Geltung der planungsrelevanten Qualitätsindikatoren ganz oder teilweise ausgeschlossen oder eingeschränkt werden und es können weitere Qualitätsanforderungen zum Gegenstand der Krankenhausplanung gemacht werden, **§ 6 Abs. 1a Satz 2 KHG** in der Fassung ab 01.01.2016. Ob die Regelungsbefugnisse von Bundesrecht und Landesrecht einen verfassungswidrigen Eingriff in die Gesetzgebungskompetenz der Länder beinhalten, wird diskutiert, wohl aber durchweg nicht angenommen, vgl. *Roters* in KassKomm SGB V 12/2019 § 136c Rn. 13. Die Beschlüsse sind damit jedenfalls **normativ unverbindlich**, vgl. *Roters* in KassKomm SGB V 12/2019 § 136c Rn. 6, wohl aber eine »faktisch verbindliche Wirkung« kraft Überzeugung; vgl. auch *Becker* in Becker/Kingreen SGB V § 136c Rn. 4. Zur Wirkung vgl. aber § 8 Abs. 1a und Abs. 1b KHG, mit einem auch nur begrenzten, »teilweisen« Ausschluss aus dem Leistungsbereich.

Mit **Abs. 1 Satz 3** a.F. wurde dem Gemeinsamen Bundesausschuss aufgegeben, einen ersten Beschluss bis zum 31.12.2016 zu fassen (vgl. dazu die festgelegten Indikatoren durch Beschluss vom 15.12.2016, Satz 3 mit dem TVSG deshalb mit Wirkung vom 11.05.2019 als gegenstandslos aufgehoben). Ausweislich der Materialien (vgl. BT-Drs. 18/5372 S. 90) können hier nur bereits vorhandene Erkenntnisse und Erfahrungssätze einbezogen werden; »offene Fragen« werden bewusst in Kauf genommen. Dabei kann auch die Unterstützung des Instituts nach § 137a (IQTIG) mit sachverständigen Aussagen in Anspruch genommen werden. In weiteren Fortschreibungen können dann kontinuierlich weitere planungsrelevante Indikatoren bestimmt werden und notwendige Anpassungen erfolgen.

Der Gemeinsame Bundesausschuss hat gem. **Abs. 2** an die für die Krankenhausplanung **zuständigen Landesbehörden** regelmäßig einrichtungsbezogener Auswertungsergebnisse bezüglich der beschlossenen planungsrelevanten Qualitätsindikatoren zu übermitteln; dies schließt auch Maßstäbe und Kriterien zur Bewertung der Qualitätsergebnisse von Krankenhäusern ein. Diese Informationen sollen die Bewertung ermöglichen, ob ein **Krankenhaus im Vergleich anderen Einrichtungen gute, durchschnittliche oder unzureichende Qualität** aufweist, vgl. *Blöcher* in jurisPK-SGB V 2016 § 136c Rn. 7.

| § 136c SGB V | Beschlüsse des Gemeinsamen Bundesausschusses zu Qualitätssicherung |

7   **Abs. 2 Satz 2** in der Fassung ab 29.07.2017 legt fest, dass die Maßstäbe und Kriterien eine Bewertung der Qualitätsergebnisse von Krankenhäusern insbesondere im Hinblick darauf ermöglichen müssen, ob eine in einem erheblichen Maß unzureichende Qualität i.S.v. § 8 Abs. 1a Satz 1 und Abs. 1b KHG und § 109 Abs. 3 Satz 1 Nr. 2 vorliegt. Mit dieser Ergänzung sollen die planungsrelevanten Qualitätsindikatoren konkretisiert werden. Die Länder sollen dadurch eine fundierte fachliche Grundlage erhalten, auf die sie die Planung Entscheidungen stützen können, vgl. BT-Drs. 18/12587 S. 54. Die Materialien verweisen darauf, dass es zur vollständigen Umsetzung des gesetzlichen Auftrags stärker differenzierter Maßstäbe und Kriterien zur Bewertung der Qualitätsergebnisse bedürfe. Die Länder müssten in die Lage versetzt werden qualitätsorientierte Planungsentscheidungen treffen zu können. Dabei müsse zumindest beurteilt werden können, ob ein **Krankenhaus** in einem **Leistungsbereich** bzw. in einer **Abteilung** eine im Vergleich mit anderen Häusern **gute, durchschnittliche oder unzureichende Qualität** aufweise, hier unter Bezugnahme auf BT-Drs. 18/5372 S. 90; vgl. näher Erläuterungen III 2.

8   Nach **Abs. 2 Satz 3** (in der Fassung bis 28.07.2017 Satz 2) hat der Gemeinsame Bundesausschuss sicherzustellen, dass die Krankenhäuser dem Institut nach § 137a zu den planungsrelevanten Qualitätsindikatoren quartalsweise Daten der einrichtungsübergreifenden stationären Qualitätssicherung liefern. Nur so kann das Institut die notwendige Beratungsfunktion wiederum wahrnehmen. Mit **Abs. 2 Satz 4** (in der Fassung bis 28.07.2017 Satz 3) wird den Gemeinsamen Bundesausschuss aufgegeben, das **Auswertungsverfahren** einschließlich des strukturierten Dialogs mit der Datenvalidierung für die Planung relevanten Indikatoren **deutlich zu verkürzen**. Die Materialien gehen insoweit von einer Auskunft von Fachexperten aus, die eine Verkürzung um bis zu 6 Monate für realistisch halten, ohne dass dies einer »Soll-Zeit« in Bezug genommen wird.

9   Mit **Abs. 3** wird dem Gemeinsamen Bundesausschuss aufgegeben, **bundeseinheitliche Vorgaben für die Vereinbarung von Sicherstellungszuschlägen** zu beschließen. Insoweit wird § 17b Abs. 1 Satz 6 KHG in der Fassung ab 26.05.2020 in Bezug genommen. Sicherstellungszuschläge sollen es ermöglichen, die **Finanzierung von Krankenhäusern** zu gewährleisten, die im Hinblick auf die **regionale Versorgungsstruktur notwendig** sind, jedoch ohne diese Zuschläge nicht geführt werden können.

10  Keinesfalls sollen **Sicherstellungszuschläge** dazu dienen, eine unwirtschaftliche Führung des Krankenhauses zu unterstützen. Deshalb ist auf die Ursachen von Finanzierungslücken abzustellen; bisweilen können Gründe ursächlich sein, die **sowohl** regional bedingt und die Bewilligung von Sicherstellungszuschlägen rechtfertigen **als auch** auf Unwirtschaftlichkeit schließen lassen. Hier besteht die Möglichkeit, Sicherstellungszuschläge mit der Auflage zu Änderungen im Sinne der Vermeidung von Unwirtschaftlichkeit zu bewilligen. Zudem werden die Vorgaben zur Konkretisierung der besonderen Aufgaben von Zentren und Schwerpunkten nach § 2 Abs. 2 Satz 2 Nr. 4; zu diesem Begriff vgl. *Kübler* ersatzkasse magazin 2017 Nr. 9/10, 12.

11  Bezüglich der **Sicherstellungszuschläge** sind nach **Abs. 3 Satz 2** Vorgaben zu beschließen, die geeignet sind, die Bewilligung von Sicherstellungszuschlägen zu rechtfertigen. Ohne eine abschließende Aufzählung in **Satz 2 Nr. 1 bis 3** werden dort Kriterien für die Rechtfertigung der Leistung genannt, wie die **Erreichbarkeit** eines geeigneten Krankenhauses in Minutenwerten, die **Kriterien für die Annahme eines geringen Versorgungsbedarfs** wie auch die Frage, für welche Leistungen die **notwendige Vorhaltung für die Versorgung der Bevölkerung sicher**zustellen ist. Bei der Beschlussfassung soll den medizinischen Fachgesellschaften Gelegenheit zur Stellungnahme gegeben werden. Eine **erste Beschlussfassung** war bis zum **31.12.2016** vorzunehmen; dem Wortlaut in **Abs. 3 Satz 1** »erstmals« ist zu entnehmen, dass bei weiteren Erkenntnissen eine fortlaufende Anpassung zu erfolgen hat. Maßgeblich sind die Regelungen für die Vereinbarung von Sicherstellungszuschlägen gem. § 136c Abs. 3 vom 24.11.2016 in der Fassung vom 01.10.2020 mit Wirkung vom 09.12.2020 (Redaktionsstand März 2021).

12  **Abs. 4** enthält Regelungen zu einem **gestuften Notfallsystem** in **Krankenhäusern**. Dem liegt die Erfahrung zu Grunde, dass die Feststellung von Notfallleistungen durch Krankenhäuser bisweilen

nicht ausreichend bewertet werden kann (apparativ, personell wie auch organisatorisch, zeitlich begrenzt oder Rund-um-die-Uhr). Ein solches gestuftes System von Notfallstrukturen in Krankenhäusern, einschließlich einer Stufe für die Nichtteilnahme an der Notfallversorgung, sollte bis zum 31.12.2017 (zuvor war Ende 2016 vorgesehen gewesen, geändert mit dem PsychVVG mit Wirkung vom 10.11.2016) vom Gemeinsamen Bundesausschuss beschlossen werden. Maßgeblich sind die Regelungen zu einem gestuften System von Notfallstrukturen in Krankenhäusern gem. § 136c Abs. 4 vom 19.04.2018 in der Fassung vom 20.11.2020 mit Wirkung vom 01.11.2020, wobei bereits weiterer Beschlussfassungen hinzugekommen sind (Redaktionsstand März 2021), s.u.

Zur **Ausgangssituation** vgl. Deutsche Krankenhausgesellschaft und Deutsche Gesellschaft interdisziplinäre Notfall- und Akutmedizin e.V. in »**Gutachten** zur ambulanten Notfallversorgung im Krankenhaus – Vollkostenkalkulation und Strukturanalyse«, mit Auszügen in KH 2015, 211. Zu Strukturproblemen der Gesundheitsversorgung in Deutschland und hier auch zur Notfallversorgung und Aufgabenverteilung zwischen vertragsärztlich organisiertem Notdienst und der Notfallversorgung im Krankenhaus *Wenner* MedR 2015, 175. 13

Für jede Stufe der Notfallversorgung sollen **Mindestvorgaben** zur Art und Anzahl von Fachabteilungen, zur Anzahl und Qualifikation des vorzuhaltenden Fachpersonals sowie zum zeitlichen Umfang der Bereitstellung von Notfallleistungen differenziert festgelegt werden. Auch hier soll den medizinischen Fachgesellschaften Gelegenheit zur Stellungnahme gegeben werden. Diese Vorgaben sollen dann geeignet sein, **die Umsetzung der Bewertung** zu realisieren. Für die Zuweisung von Notfallpatienten kann diese Stufung von ganz entscheidender Bedeutung sein, zumal bislang der »Facharzt für Notfallmedizin« nicht realisierbar ist. 14

Im Zuge der Vorgabe in **Abs. 4** sind die »Regelungen zu einem **gestuften System von Notfallstrukturen in Krankenhäusern gemäß § 136c Abs. 4 SGB V**«, erlassen vom Gemeinsamen Bundesausschuss unter dem 19.04.2018 und mit Wirkung vom 19.05.2018 in der Fassung vom 20.11.2020 mit Wirkung vom 01.11.2020 verfügbar. Der Beschlusstext, tragende Gründe zum Beschluss und auch zu den Anlagen sind im Internet verfügbar. Dieser **Beschlussfassung** sind umfangreiche Ermittlungen der Betroffenen medizinischen Fachgesellschaften für ein gestuftes System von Notfallstrukturen vorangegangen. Auf die Erläuterungen zu Abs. 4 und die umfangreichen Nachweise des Gemeinsamen Bundesausschusses im Internet wird Bezug genommen, ferner auf *Münzel*, Zum neuen gestuften System von Notfallstrukturen in Krankenhäusern, PKR 2018, 151 und *Lux/Draheim*, Zu- und Abschläge für das gestuftes System von Notfallstrukturen, KH 2019, 111. 15

Mit Wirkung vom 10.11.2016 ist **Abs. 4 Satz 6** mit dem **PsychVVG** angefügt worden, wonach der Gemeinsame Bundesausschuss vor einer Beschlussfassung eine Folgenabschätzung durchzuführen und deren Ergebnisse zu berücksichtigen hat. Eine aussagekräftige Folgenabschätzung sei erforderlich, weil die bislang vorliegenden Konzepte für ein gestuftes System von Notfallstrukturen stark voneinander abwichen und die jeweiligen Auswirkungen nicht hinreichend abschätzbar seien, vgl. BT-Drs. 18/10289 (neu) S. 55. 16

**Abs. 5 und 6** wurden mit dem Pflegepersonal-Stärkungsgesetz – PpSG mit Wirkung vom **01.01.2019** angefügt. Mit dem Krankenhausstrukturgesetz war den Vertragsparteien auf Bundesebene bereits aufgegeben worden, Festlegungen zur Konkretisierung der besonderen Aufgaben von Zentren und Schwerpunkten als Voraussetzung für die Vereinbarung von Krankenhaus individuellen Zuschlägen zu treffen, § 9 Abs. 1a Nr. 2 KHEntgG, vgl. *Bergmann/Wever* MedR 2018, 965. Der Gemeinsame Bundesausschuss wird im Zuge dieser Regelung mit Abs. 5 Satz 1 beauftragt, bis zum 31.12.2019 Festlegungen zur Konkretisierung von besonderen Aufgaben von Zentren und Schwerpunkten nach § 2 Abs. 2 Satz 2 Nr. 4 KHEntgG zu treffen, vgl. BT-Drs. 19/5593 S. 117. 17

Zu **Abs. 5** ist auf die **Regelungen zur Konkretisierung der besonderen Aufgaben von Zentren und Schwerpunkten gem. § 136c Abs. 5** mit umfangreichen Anlagen vom 05.12.2019 in der Fassung vom 20.11.2020 mit Wirkung vom 18.12.2020 unter Einbeziehung der Beschlussfassung vom 20.02.2021 hinzuweisen. 18

§ 136c SGB V    Beschlüsse des Gemeinsamen Bundesausschusses zu Qualitätssicherung

19 **Abs. 6** bewirkt, dass auch die Beschlüsse des Gemeinsamen Bundesausschusses entsprechend den Richtlinien dem BMG vorzulegen und von diesem zu prüfen sind. Die Regeln für Richtlinien gelten hier entsprechend, Verweisung auf § 94.

**B. Qualitätsindikatoren als Grundlage für Entscheidungen der Krankenhausplanung (Abs. 1)**

20 Die nach Satz 1 vom Gemeinsamen Bundesausschuss zu beschließenden planungsrelevanten Qualitätsindikatoren sollten den Ländern ausweislich der Materialien der Ausgangsfassung **Kriterien für qualitätsorientierte Entscheidungen der Krankenhausplanung** nach § 8 Abs. 1a und 1b KHG liefern. Sie würden nach § 6 Abs. 1a KHG **Bestandteil des Krankenhausplans**, soweit die zuständige Landesregierung dies nicht durch Rechtsverordnung ausschließe. Durch die **Anwendung der Qualitätsindikatoren** würden die **Länder** in die Lage versetzt, bei ihren Planungsentscheidungen neben Aspekten der Leistungsfähigkeit und Wirtschaftlichkeit von Krankenhäusern auch die **Versorgungsqualität der Einrichtungen zu berücksichtigen**. Auf diesem Wege könnten Erkenntnisse aus der Qualitätssicherung des Gemeinsamen Bundesausschusses auch im Rahmen der Krankenhausplanung umgesetzt werden.

21 Diese Möglichkeiten sind mit Wirkung vom 01.01.2019 um die **besonderen Aufgaben von Zentren und Schwerpunkten** von Krankenhäusern mit dem Ziel von krankenhausindividuellen Zuschlägen aufgrund von Konkretisierungen des Gemeinsamen Bundesausschusses nach § 2 Abs. 2 Satz 2 Nr. 4 KHEntgG – bis Ende 2019 festzulegen – erweitert worden.

**I. Planungsrelevante Qualitätsindikatoren (Abs. 1 Satz 1)**

22 Der Gemeinsame Bundesausschuss beschließt nach **Abs. 1 Satz 1** Qualitätsindikatoren zur **Struktur-, Prozess- und Ergebnisqualität** und damit zu allen üblichen Stufen der Qualität, die als Grundlage für qualitätsorientierte Entscheidungen der Krankenhausplanung geeignet sind. Diese werden nach **§ 6 Abs. 1a KHG** Bestandteil des Krankenhausplans, Abs. 1 Satz 1. **§ 6 Abs. 1a KHG** in der Fassung ab 01.01.2016 regelt, dass die Empfehlungen des Gemeinsamen Bundesausschusses zu den planungsrelevanten Qualitätsindikatoren nach § 136c Abs. 1 Bestandteil des Krankenhausplans sind.

23 Durch **Landesrecht** kann die Geltung der planungsrelevanten Qualitätsindikatoren gem. § 6 Abs. 1a Satz 2 KHG **ganz oder teilweise ausgeschlossen** oder **eingeschränkt** werden und es können aber auch **weitere Qualitätsanforderungen** zum Gegenstand der Krankenhausplanung gemacht werden. Damit ist »ein Weniger«, aber auch »ein Mehr« möglich, **normativ** bleiben die Entscheidungen des Gemeinsamen Bundesausschusses so aber »**unverbindlich**«, vgl. *Roters* in KassKomm SGB V 12/2016 § 136c Rn. 6. Die Festlegungen haben dennoch praktisch erhebliches Gewicht und geben Standards vor.

24 Die nach Satz 1 vom Gemeinsamen Bundesausschuss zu beschließenden planungsrelevanten Qualitätsindikatoren sollten ausweislich der Materialien zur Ausgangsfassung den Ländern **Kriterien für qualitätsorientierte Entscheidungen der Krankenhausplanung nach § 8 Abs. 2 KHG** liefern. Dadurch würden die Länder in die Lage versetzt, bei ihren Planungsentscheidungen neben Aspekten der Leistungsfähigkeit und Wirtschaftlichkeit von Krankenhäusern auch **Qualitätsaspekte** zu berücksichtigen. Dem diesen auch die Erweiterungen nach Abs. 5 in der Fassung ab 01.01.2019 bezüglich der besonderen Aufgaben von Zentren und Schwerpunkten. Auf diesem Wege können Erkenntnisse aus der externen stationären Qualitätssicherung des Gemeinsamen Bundesausschusses auch im Rahmen der Krankenhausplanung umgesetzt werden.

25 Die Indikatoren könnten alle Dimensionen der **Versorgungsqualität** im Krankenhaus betreffen. Dabei werde die Zuordnung von Leistungen zu den planungsrelevanten Qualitätsindikatoren angestrebt. Neben **Ergebnis- und Prozessindikatoren** (z.B. Komplikationsraten bei bestimmten Eingriffen oder Durchführungsquoten bei notwendiger Antibiotikaprophylaxe) kämen als Indikatoren zur **Strukturqualität** z. B. auch **konkrete apparative oder bauliche Anforderungen** sowie **Maßzahlen zur Personalausstattung** in Betracht.

In den Ländern erfolge bisher regelmäßig keine Beplanung einzelner Leistungen oder Leistungs- 26
bereiche, sondern von Abteilungen. Damit die Indikatoren sich für Zwecke der Planung eigneten,
müssten diese daher z. B. in der **Zusammenschau eines Indikatorensets** die Bewertung der Versorgungsqualität einer Abteilung ermöglichen. Um trotz des unterschiedlichen Leistungsgeschehens
in Abteilungen gleicher Art zu sachgerechten Indikatoren zu gelangen, könne der Gemeinsame
Bundesausschuss etwa auf Grundlage von Anforderungen der Weiterbildung in den jeweiligen Abteilungen Grundleistungsbereiche benennen, die das typische Leistungsspektrum der jeweiligen
Abteilungsart abbildeten und als Basis für die festzulegenden Indikatoren gelten könnten. Es obliege dann dem jeweiligen Land zu prüfen, ob diese Grundleistungsbereiche auch für die spezifische
Versorgungssituation in den Krankenhäusern des Landes als sachgerecht angesehen würden.

Mit den **planungsrelevanten Qualitätsindikatoren** sollen die Länder somit in die Lage versetzt 27
werden, bei ihren **Planungsentscheidungen** neben Aspekten der Leistungsfähigkeit und Wirtschaftlichkeit von Krankenhäusern auch **Qualitätsaspekte** zu berücksichtigen (vgl. BT-Drs. 18/
5372 S. 89). Konkret können als Ergebnis- und Prozessindikatoren etwa apparative oder bauliche
Anforderungen sowie Maßzahlen zur Personalausstattung in Betracht kommen. Dabei wird für die
Länder nunmehr die Möglichkeit eröffnet, auch einzelne Leistungen oder Leistungsbereiche bei der
Beplanung zu berücksichtigen.

## II. Weiterleitung (Abs. 1 Satz 2)

Der Gemeinsame Bundesausschuss übermittelt die Beschlüsse zu den in Abs. 1 Satz 1 genannten 28
**planungsrelevanten Qualitätsindikatoren als Empfehlungen** an die für die Krankenhausplanung
zuständigen **Landesbehörden**. Landesrechtlich kann gem. § 6 Abs. 1a Satz 2 2. Hs. KHG ausgeschlossen werden, dass die Empfehlungen Bestandteil des Krankenhausplans werden. Modifizierungen und Ergänzungen sind seitens der Länder möglich.

**Abs. 1 Satz 2 zweiter Hs.** stelle ausweislich der Materialien klar, dass die Regelung in Abs. 1 Satz 2 29
keinen Einfluss auf die Verbindlichkeit von Qualitätsanforderungen des Gemeinsamen Bundesausschusses gem. § 91 Abs. 6 insbesondere für die Leistungserbringer – in diesem Fall die Krankenhäuser – habe. Der **empfehlende Charakter** der vom Gemeinsamen Bundesausschuss zu beschließenden Qualitätsindikatoren gelte ausschließlich im Verhältnis zu den für die Krankenhausplanung zuständigen Ländern, vgl. *Roters* in KassKomm SGB V 12/2019 § 136c Rn. 9 bis 11; darin liegt kein
verfassungswidriger Eingriff in die Gesetzgebungskompetenz der Länder, vgl. *Roters* a.a.O. Rn. 12.

Die Regelung in **§ 91 Abs. 6** »bleibt damit unberührt« (Abs. 1 Satz 2 2. Hs.): Die Beschlüsse des 30
Gemeinsamen Bundesausschusses mit Ausnahme der Beschlüsse zu Entscheidungen nach § 136d
sind für die Träger gem. § 91 Abs. 1 Satz 1 (KBV, DKG und GKV-Spitzenverband als gemeinsamer
Bundesausschuss), deren Mitglieder und Mitgliedskassen sowie die Versicherten und Leistungserbringer verbindlich. Der **empfehlende Charakter** der vom Gemeinsamen Bundesausschuss zu
beschließenden Qualitätsindikatoren soll somit ausschließlich im Verhältnis zu den für die Krankenhausplanung **zuständigen Ländern** gelten, vgl. BT-Drs. 18/5372 S. 90.

Eine **Regelungswirkung** entfalten die festgelegten Indikatoren über **§ 8 Abs. 1a und 1b KHG**, 31
indem zu ermitteln ist, ob Plankrankenhäuser nicht nur vorübergehend eine in einem erheblichen
Maß unzureichende Qualität aufweisen. Diese Feststellung kann sich (und wird sich in der Praxis
regelmäßig) auf Teilbereiche beschränken, soweit die Indikatoren dies belegen, vgl. *Roters* in KassKomm SGB V 12/2019 § 136c Rn. 13.

## C. Übermittlung einrichtungsbezogener Auswertungsergebnisse zur Qualitätssicherung (Abs. 2)

Um den Ländern die Beurteilung der Versorgungsqualität in den Krankenhäusern zu ermögli- 32
chen, soll der Gemeinsame Bundesausschuss den für die Krankenhausplanung zuständigen Landesbehörden regelmäßig **einrichtungsbezogen Auswertungsergebnisse** der einrichtungsübergreifenden stationären Qualitätssicherung zu nach Abs. 1 Satz 1 beschlossenen planungsrelevanten

Qualitätsindikatoren sowie Maßstäbe und Kriterien zur Bewertung dieser Qualitätsergebnisse übermitteln, wie die Materialien zur Ausgangsfassung belegen. Dies erfolgt ergänzend zu § 299, vgl. *R. Klein* in jurisPK-SGB V § 136c Rn. 16. Die zu liefernden Maßstäbe und Kriterien zur Bewertung der **Auswertungsergebnisse** müssten die Länder in die Lage versetzen, mindestens beurteilen zu können, ob ein **Krankenhaus in einem Leistungsbereich** bzw. in einer **Abteilung** eine im Vergleich mit anderen Häusern gute, durchschnittliche oder unzureichende Qualität aufweise. Die Übermittlung der einrichtungsbezogenen Auswertungsergebnisse erfolge dabei zum Zwecke der Qualitätssicherung im Rahmen der Krankenhausplanung und umfasse nach dem Gebot der Datensparsamkeit nur die dafür erforderlichen Daten, also insbesondere keine versichertenbezogenen Angaben, vgl. *Roters* in KassKomm SGB V 12/2019 § 136c Rn. 14.

33 Damit den Ländern die genannten Informationen regelmäßig zur Verfügung gestellt werden können, hat der Gemeinsame Bundesausschuss nach **Abs. 2 Satz 3** (in der Fassung bis 28.07.2017 Satz 2) durch entsprechende Verpflichtungen der Krankenhäuser in seinen Richtlinien sicherzustellen, dass diese dem **Institut nach § 137a** (gemeint das IQTIG) quartalsweise Daten der einrichtungsübergreifenden stationären Qualitätssicherung zu den planungsrelevanten Qualitätsindikatoren liefern. Da die Länder die Auswertungsergebnisse nach Maßgabe ihrer landesrechtlichen Bestimmungen bei Planungsentscheidungen berücksichtigen wollen, sei es von besonderer Bedeutung, dass die entsprechenden Daten möglichst zeitnah, vollständig und valide vorliegen.

34 Der Gemeinsame Bundesausschuss erhält nach **Abs. 2 Satz 4** (in der Fassung bis 28.07.2017 Satz 3) aus diesem Grund den Auftrag, das **Auswertungsverfahren** einschließlich des strukturierten Dialogs mit der Datenvalidierung für die planungsrelevanten Indikatoren zu verkürzen. Nach Auskunft von Fachexperten sei eine Verkürzung um bis zu sechs Monate realistisch.

35 Durch die kontinuierliche **Beobachtung der Auswertungsergebnisse** können die Länder zeitnah bei Veränderungen der Versorgungsqualität Korrekturen an den im Krankenhausplan verbindlich gestellten Indikatoren vornehmen oder im Rahmen ihrer Beteiligung im Gemeinsamen Bundesausschuss Änderungsvorschläge für die Beschlüsse nach Abs. 1 einbringen, wie in den Materialien ausgeführt wird.

### I. Information der Länder durch den Gemeinsamen Bundesausschuss (Abs. 2 Satz 1)

36 Der Gemeinsame Bundesausschuss übermittelt nach **Abs. 2 Satz 1** den für die Krankenhausplanung zuständigen **Landesbehörden** regelmäßig einrichtungsbezogen **Auswertungsergebnisse der einrichtungsübergreifenden stationären Qualitätssicherung** zu nach Abs. 1 Satz 1 beschlossenen **planungsrelevanten Qualitätsindikatoren** sowie Maßstäbe und Kriterien zur Bewertung der Qualitätsergebnisse von Krankenhäusern, **Abs. 2 Satz 1**. Die Maßstäbe und Kriterien zur Bewertung der Auswertungsergebnisse sollen in Übereinstimmung mit den Materialien (vgl. BT-Drs. 18/5372 S. 90) die **Länder** in die Lage versetzen, damit mindestens beurteilen zu können, ob ein Krankenhaus in einem Leistungsbereich oder auch in einer Abteilung eine im Vergleich mit anderen Krankenhäusern eine **gute, durchschnittliche oder unzureichende Qualität** aufweist. Realistisch ist diese Bewertung allerdings immer nur in dem Umfang und der Sicherheit. In dem bzw. in der die Daten erhoben und verfügbar sind; das bedingt kontinuierliche Evaluation insoweit. Ziel ist es jeweils, einrichtungsbezogen tragfähige **Auswertungsergebnisse** mit dem Zweck der Qualitätssicherung im Rahmen der Krankenhausplanung **erhalten** zu können.

### II. Konkretisierung der planungsrelevanten Qualitätsindikatoren (Abs. 2 Satz 2)

37 Nach **Abs. 2 Satz 2** in der Fassung ab 29.07.2017 müssen die Maßstäbe und Kriterien eine **Bewertung der Qualitätsergebnisse von Krankenhäusern** insbesondere im Hinblick darauf ermöglichen, ob eine in einem **erheblichen Maß unzureichende Qualität** i.S.v. § 8 Abs. 1a und Abs. 1b KHG und § 109 Abs. 3 Satz 1 Nr. 2 vorliegt. Ausweislich der Materialien (BT-Drs. 18/12587 S. 54) sollen mit der Ergänzung die planungsrelevanten Qualitätsindikatoren konkretisiert werden können. Es werde klargestellt, dass die Maßstäbe und Kriterien, die der Gemeinsame Bundesausschuss den

Ländern für die Krankenhausplanung zusammen mit den planungsrelevanten Qualitätsindikatoren nach Abs. 1 und 2 zu übermitteln habe, die Feststellung erlauben müssten, ob in erheblichem Maß unzureichende Qualitätsergebnisse vorliegen.

**Ziel** ist es letztlich, den **Ländern** eine fundierte fachliche Grundlage zu geben, auf die sie Planungsentscheidungen (§ 8 Abs. 1a und Abs. 1b KHG) stützen können. Dabei weisen die Materialien darauf hin, dass die **Länder** auf die **Geltung** planungsrelevanter Qualitätsindikatoren nach § 6 Abs. 1a Satz 2 KHG durch einen vollständigen oder teilweisen Ausschluss oder durch Einschränkungen **Einfluss nehmen können**, aber auch durch Erweiterungen, vgl. *Roters* in KassKomm SGB V 12/2019 § 136c Rn. 14. 38

Die insoweit relevanten Daten sind zudem auch für die **Landesverbände der Krankenkassen** und die **Ersatzkassen** von Bedeutung, als hiermit stärker differenzierte Bewertungsmaßstäbe und Bewertungskriterien für ihre Entscheidungen zum **Abschluss** oder zur **Kündigung von Versorgungsverträgen** nach § 109 Abs. 3 verfügbar werden. 39

Aus den Beratungen im Gemeinsamen Bundesausschuss zur Erstfassung der Richtlinie QI-RL habe sich die Erkenntnis ergeben, dass **stärker differenzierte Bewertungsmaßstäbe und Bewertungskriterien erforderlich** seien, um dem gesetzlichen Auftrag besser entsprechen zu können, vgl. BT-Drs. 18/12587 S. 54. Nur so könnten qualitätsorientierte Planungsentscheidungen sachgerecht getroffen und eine Zuordnung von Krankenhäusern bezüglich der Leistungsfähigkeit erreicht werden. 40

Die Materialien (BT-Drs. 18/12587 S. 54) bestätigen, dass den **Ländern im Rahmen ihrer Planungshoheit** insbesondere die abschließende planungsrechtliche Entscheidung obliege, ob ein Krankenhaus ganz oder teilweise aus dem Krankenhausplan herausgenommen bzw. nicht in diesen aufgenommen wird. Hier in erster Reihe aus dem Grund, weil es nicht nur vorübergehend eine in einem erheblichen Maß unzureichende Qualität aufweist, konkret unter Bezugnahme auf § 8 Abs. 1a Satz 1 und Abs. 1b KHG. Die **Planungshoheit der Länder** bleibe auch bei Zulieferung von konkreten Maßstäben und Kriterien für die in erheblichem Maße unzureichende Qualität bereits dadurch gewahrt, dass die Länder nach § 6 Abs. 1a Satz 2 KHG die Geltung der planungsrelevanten Qualitätsindikatoren ganz oder teilweise ausschließen oder einschränken könnten. Diese könnten zudem weitere Qualitätsanforderungen zum Gegenstand der Krankenhausplanung machen. 41

Dadurch wird auch eventuellen **verfassungsrechtlichen Bedenken** bezüglich eines Eingriffs in die Gesetzgebungskompetenz der Länder ausreichend begegnet, worauf *Roters* (in KassKomm SGB V 12/2019 § 136c Rn. 12) zu Recht hinweist. Die Länder hätten **ausreichend eigene Entscheidungskompetenzen** und »**Abweichungsmöglichkeiten**«, auch bezüglich der maßgeblichen Indikatoren, was auch durch § 8 Abs. 1a KHG nicht in Frage gestellt werde. Zwar ordne § 8 Abs. 1a KHG eine zwingende Rechtsfolge an und räume somit den zuständigen Behörden kein Rechtsfolgenermessen ein, da die Krankenhäuser mit den beschriebenen Qualitätsmängeln insoweit ganz oder teilweise nicht in den Krankenhausplan aufgenommen werden dürften oder aus diesem entsprechend herauszunehmen seien. Davon bleibe jedoch die Bestimmung der relevanten Qualitätsvorgaben in der Regelungshoheit der Länder, einschließlich eines entsprechenden Tatbestandsermessens. 42

### III. Sicherstellung der Übermittlung planungsrelevanter Qualitätsindikatoren durch die Krankenhäuser an das IQTIG und Auswertungsverfahren (Abs. 2 Satz 3 und 4)

Im Sinne der Zielsetzung des **Abs. 2 Satz 1** hat der Gemeinsame Bundesausschuss sicherzustellen, dass die Krankenhäuser dem Institut nach § 137a (IQTIG) **quartalsweise Daten** der einrichtungsübergreifend stationären Qualitätssicherung zu den planungsrelevanten Qualitätsindikatoren liefern, Abs. 2 Satz 3 (in der Fassung bis 28.07.2017 Satz 2). Die **Länder** benötigen diese Daten dann zeitnah für Planungsentscheidungen, weshalb auch auf eine zeitnahe, vollständige und valide Datenübermittlung zu achten ist, vgl. *Roters* in KassKomm SGB V 12/2019 § 136c Rn. 15. 43

Das bislang geübte **Auswertungsverfahren** soll nach Feststellungen von Fachleuten zeitlich gestrafft werden können. Deshalb wird dem Gemeinsamen Bundesausschuss mit **Abs. 2 Satz 4** 44 (in der Fassung bis 28.07.2017 Satz 3) aufgegeben, das Auswertungsverfahren einschließlich des strukturierten Dialogs für die Indikatoren um 6 Monate zu verkürzen; ein Bezugszeitraum, der verkürzt werden soll, wird allerdings nicht benannt. Insgesamt gilt, dass dieses Verfahren zeitlich straff durchzuführen ist, um der Zielsetzung nach Abs. 1 Satz 1 i.V.m. Abs. 2 Satz 1 entsprechen zu können.

### D. Vorgaben für die Vereinbarung von Sicherstellungszuschlägen (Abs. 3)

45 Nach Abs. 3 sind die Voraussetzungen für die **Vereinbarung von Sicherstellungszuschlägen** für somatische Krankenhäuser wie auch für psychiatrische und psychosomatische Einrichtungen (vgl. § 17d Abs. 2 Satz 5 KHG) durch den G-BA zu beschließen (zum Hintergrund zu dieser Regelung vgl. *Becker* in Becker/Kingreen SGB V § 136c Rn. 6). In einer nicht abgeschlossenen Aufzählung gibt die Vorschrift dem Gemeinsamen Bundesausschuss in Übereinstimmung mit den Materialien vor, zu welchen Aspekten dieser Vorgaben zu beschließen hat, vgl. *Roters* in KassKomm SGB V 12/2019 § 136c Rn. 17, 18.

46 Zu den Aspekten, zu denen der G-BA bis zum 31. Dezember 2016 Vorgaben zu beschließen hatte, zählen die **Erreichbarkeit alternativer Krankenhäuser** gemessen in Minuten Fahrtzeit (vgl. Abs. 3 Satz 2 Nr. 1). Eine Vorgabe zur Erreichbarkeit sei für die Prüfung in Übereinstimmung mit den Materialien relevant, ob die Leistung in einem anderen geeigneten Krankenhaus erbracht werden könne und somit die **Sicherstellung der flächendeckenden Versorgung der Bevölkerung gefährdet** sei. Die Vorgaben müssten so ausgestaltet sein, dass sie regionalen Besonderheiten, die die Erreichbarkeit beeinflussten (z. B. Topographie, Verkehrsinfrastruktur und -lage), hinreichend Rechnung tragen, vgl. *R. Klein* in jurisPK-SGB V § 136c Rn. 20, 21.

47 Eine weitere obligatorische Vorgabe betreffe die Frage, **wann ein geringer Versorgungsbedarf** bestehe (vgl. Abs. 3 Satz 2 Nr. 2). Eine entsprechende Festlegung sei notwendig, um einen **geringen Versorgungsbedarf** von **Unwirtschaftlichkeiten** als mögliche Ursache von Defiziten in einem Krankenhaus **unterscheiden** zu können. Mit dem **Sicherstellungszuschlag** sollten **nur Defizite auf Grund eines geringen Versorgungsbedarfs**, nicht jedoch Defizite auf Grund von Unwirtschaftlichkeiten ausgeglichen werden, vgl. *Becker* in Becker/Kingreen SGB V § 136c Rn. 7.

48 Daneben hat der Gemeinsame Bundesausschuss eine Vorgabe zu der Frage zu beschließen, **für welche Leistungen** die notwendige Vorhaltung für die Versorgung der Bevölkerung sicherzustellen ist, da nur hierfür Sicherstellungszuschläge vereinbart werden dürfen (vgl. weiter die Materialien und Abs. 3 Satz 2 Nr. 3). Bei der Festlegung, welche Leistungen für die Versorgung der Bevölkerung notwendig vorzuhalten sind, ist ein enger Maßstab anzuwenden. Neben **Leistungen der Notfallversorgung** (im Sinne der rettungsdienstlichen Definition) können Leistungen einbezogen werden, bei denen unmittelbare diagnostische oder therapeutische Versorgung erforderlich ist. Da es sich um eine nicht abgeschlossene Aufzählung handele, könne der Gemeinsame Bundesausschuss darüber hinaus auch zu weiteren Aspekten Vorgaben festlegen, wie hier ausgeführt wird.

49 Die zu beschließenden **planungsrelevanten Qualitätsindikatoren** hat der Gemeinsame Bundesausschuss bei den Vorgaben für die planungsrelevanten Qualitätsindikatoren zu berücksichtigen (vgl. Abs. 3 Satz 3 und hierzu in Übereinstimmung mit den Materialien). Hierdurch werde das Verhältnis zwischen den **Sicherstellungszuschlägen** und **Qualitätsaspekten** bestimmt. Daher sei zum einen festzulegen, inwieweit ein Krankenhaus, das bei den planungsrelevanten Indikatoren unzureichende Qualität aufweise, einen Sicherstellungszuschlag vereinbaren könne. Denkbar sei z. B., die Vereinbarung eines **Sicherstellungszuschlags mit einer Auflage** zur Durchführung von Maßnahmen zur Qualitätssteigerung zu versehen. Zum anderen sei festzulegen, wie mit Krankenhäusern umzugehen sei, die zwar grundsätzlich als Alternative für ein Krankenhaus, das einen Sicherstellungszuschlag vereinbaren möchte, in Frage kämen, jedoch bei den planungsrelevanten Indikatoren unzureichende Qualität aufwiesen.

## I. Vorgaben nach Abs. 3 Satz 1 und Satz 2 Nr. 1 bis 3

**Abs. 3 Satz 1** gab dem Gemeinsamen Bundesausschuss auf, erstmals bis zum 31.12.2016 – diese sind fristgerecht im November 2016 vorgelegt worden und werden vom Gemeinsamen Bundesausschuss im Internet vorgehalten, auch mit den umfangreichen tragenden Gründen nebst Anlagen – bundeseinheitliche Vorgaben für die Vereinbarung von Sicherstellungszuschlägen nach § 17b Abs. 1a KHG i.V.m. § 5 Abs. 2 KHEntgG zu beschließen, vgl. *R. Klein* in jurisPK-SGB V § 136c Rn. 20. Zugleich ist dem Gemeinsamen Bundesausschuss aufgegeben, diese Vorgaben dann auch fortzuschreiben, und zwar i.S.d. Satz 2 Nr. 1 bis 3, unter Berücksichtigung der »planungsrelevanten Qualitätsindikatoren« (Abs. 3 Satz 3) sowie mit Festlegungen für die zur Prüfung der Einhaltung der Vorgaben zuständige Landesbehörde nach § 5 Abs. 2 Satz 5 KHEntgG. Dabei werden »besondere Aufgaben von Zentren und Schwerpunkten« von Abs. 5 in der Fassung ab 01.01.2019 gesondert erfasst.

Zur **Sicherstellung** einer für die **Versorgung der Bevölkerung notwendigen Vorhaltung von Leistungen**, die aufgrund des **geringen Versorgungsbedarfs** mit den auf Bundesebene vereinbarten Fallpauschalen und Zusatzentgelten **nicht kostendeckend** finanzierbar ist, vereinbaren die Vertragsparteien nach § 11 KHEntgG bei Erfüllung der Vorgaben, wozu auch die Vorgaben § 136c Abs. 3 zählen, **Sicherstellungszuschläge** nach § 17b Abs. 1a KHG, vgl. § 5 Abs. 2 KHEntgG (zum »Pay-for-Performance«-Ansatz vgl. *Miljak/Rupp* DMW 2016, 133; dazu näher auch eingehend *Häusler* VSSR 2017, 325 zu »Zu- und Abschlägen bei stationären Krankenhausleistungen zur Qualitätssicherung« sowie regional bezogen *Augurzky/Graf u.a.* GSP 2018, Nr. 4–5, 64). Näheres ist in der Sicherstellungszuschläge-Regelung konkretisiert. Hier in der Fassung ab 23.05.2018, BAnz AT vom 22.05.2018 B 1; zur Ausdehnung auf den Fachabteilungen für Kinder- und Jugendmedizin als Basisangebot vgl. Hinweise des G-BA vom 01.10.2020.

Soweit allgemeine Krankenhausleistungen nicht oder noch nicht in die Entgelte nach § 17b Abs. 1 Satz 1 KHG einbezogen werden können, weil der Finanzierungstatbestand nicht in allen Krankenhäusern vorliegt, sind bundeseinheitliche **Regelungen für Zuschläge oder Abschläge** zu vereinbaren, wobei hier eine nicht abschließende Liste nach § 17b Abs. 1a Nr. 1 bis Nr. 8 KHG verfügbar ist. Hierzu gehört auch die **Finanzierung der Sicherstellung** einer für die Versorgung der Bevölkerung notwendigen Vorhaltung von Leistungen (Abs. 1a Nr. 6 der genannten Positionen). Da die rechtlichen Vorgaben nicht abschließend sind, können hier auch Einzelumstände im Ergebnis einbezogen werden.

Im Ergebnis sollen mit dem **Sicherstellungszuschlag** nur Fallgestaltungen erfasst werden, bei denen die Versorgung der Bevölkerung aufgrund eines geringen Versorgungsbedarfs **sonst nicht wirtschaftlich realisiert** werden kann. Dies wird insbesondere Einrichtungen in der Fläche betreffen, bei einer verhältnismäßig dünnen Besiedelung oder bei einer topographisch »ungünstigen« Lage, einschließlich der Verkehrsinfrastruktur. **Sicherstellungszuschläge** sollen dagegen **nicht** dazu beitragen, eine unwirtschaftliche Krankenhausführung mit zu finanzieren.

In der Praxis wird die **Abgrenzung** eines relevanten geringen Versorgungsbedarfs zu einer unwirtschaftlichen Krankenhausführung nicht einfach sein. Für die Praxis bietet sich die Möglichkeit an, Sicherstellungszuschläge mit **Auflagen** zu verbinden, mit denen zeitgleich festgestellte Unwirtschaftlichkeiten abgestellt werden (vgl. auch Abs. 3 Satz 2 Nr. 2).

Der Auftrag an den Gemeinsamen Bundesausschuss nach Abs. 3 Satz 1 wird in **Abs. 3 Satz 2 Nr. 1 bis 3** bezüglich der Vorgaben, die bei der Beschlussfassung zu berücksichtigen sind, konkretisiert. Die Aufzählung ist nicht abschließend, wie aus dem Wort »insbesondere« folgt. Jedenfalls aber sollten die genannten Kriterien in die Beschlussfassung einbezogen werden.

**Abs. 3 Satz 2 Nr. 1** führt die Erreichbarkeit (in **Minutenwerten**) für die Prüfung an, ob die Leistungen durch ein anderes geeignetes Krankenhaus, das die Leistungsart erbringt, ohne Zuschlag erbracht werden können. Die Sicherstellung der flächendeckenden Versorgung der Bevölkerung muss auf diese Weise gesichert sein. Die Erreichbarkeit ist dabei ein wesentlicher Beurteilungsfaktor, hier unter Nennung von Topographie, Verkehrsinfrastruktur und Verkehrslage. Zur Erreichbarkeit vgl. näher *Roters* in KassKomm SGB V 12/2019 § 136c Rn. 22.

57 Damit kann ein **Versorgungsumfeld** bestimmt werden, mit der Möglichkeit, festzulegen, inwieweit die notwendige Versorgung nur über defizitär arbeitende Krankenhäuser sichergestellt werden kann, vgl. *Roters* in KassKomm SGB V 12/2016 § 136c Rn. 23; vgl. *Becker* in Becker/Kingreen SGB V § 136d Rn. 7 sowie *Roters* in KassKomm SGB V 12/2019 § 136c Rn. 23. Offen lässt die Regelung jedoch, ob bei **zwei konkurrierenden defizitären Einrichtungen** beide zu bezuschussen sind. Hier erscheint es sachgerecht, jedenfalls Schwerpunkte bezüglich des Abdeckungsbereichs vorzunehmen. Ein Mangel der Regelung sei – so *Roters* zu Recht –, dass ambulante Versorgungsangebote außer Betracht blieben und so Fehlsteuerungen bei der Notfallversorgung nicht ausgeschlossen werden könnten, hier unter Hinweis auch auf Abs. 4. Zu berücksichtigen sei auch, dass die Regelung keine bundesweite minutengerechte Krankenhaus Erreichbarkeit sichern könne. Zur notwendigen Vorhaltung von Leistungen bei weniger als 1000 Menschen und Abwägungen im Einzelfall vgl. *Roters* in KassKomm SGB V 12/2019 § 136c Rn. 24.

58 **Abs. 3 Satz 2 Nr. 2** bezieht die Frage ein, **wann ein geringer Versorgungsbedarf** besteht. Der Sicherstellungszuschlag soll nicht zwingend jeden Versorgungsbedarf fördern. Die Festlegung, wann ein geringer Versorgungsbedarf besteht, ist in Übereinstimmung mit den Materialien (vgl. BT-Drs. 18/5372 S. 91) notwendig, um einen geringen Versorgungsbedarf von Unwirtschaftlichkeiten als mögliche Ursache von Defiziten in einem Krankenhaus unterscheiden zu können. Nur Defizite aufgrund eines geringen Versorgungsbedarfs, nicht jedoch Defizite aufgrund von Unwirtschaftlichkeiten, sollen ausgeglichen werden. Über die zu erwartende Bevölkerungsentwicklung (weitere Konzentration in Wirtschaftsräumen und teilweise Entvölkerung in ländlichen Bereichen) haben die Länder teilweise langfristige Prognosen erarbeiten lassen, etwa in Hessen bis zum Jahr 2050. Diese Prognosen bedürfen stets der Nachsteuerung und unterliegen vielfach aktuellen Entwicklungen, wie etwa in Deutschland der Zuzug weiterer Bewohner, der Ausbau der Internetversorgung oder neuer Möglichkeiten, ländliche Räume »attraktiver« zu machen, vgl. *Roters* in KassKomm SGB V 12/2019 § 136c Rn. 25.

59 **Abs. 3 Satz 2 Nr. 3** bezieht die Frage ein, für **welche Leistungen** die notwendige Vorhaltung für die Versorgung der Bevölkerung sicherzustellen ist. Aus der Beschlussfassung des Gemeinsamen Bundesausschusses soll sich damit ergeben, **für welche Leistungen** die Vorhaltung gelten soll. Dabei soll in Übereinstimmung mit den Materialien ein **enger Maßstab** anzuwenden sein, vgl. BT-Drs. 18/5372 S. 91. Neben Leistungen der **Notfallversorgung** (vgl. hierzu auch Abs. 4), hier im Sinne der rettungsdienstlichen Definition, könnten Leistungen einbezogen werden, bei denen eine unmittelbare diagnostische oder therapeutische Versorgung erforderlich sei. Ausweislich der Materialien ist hier eine bevorzugte Behandlung von den für die Sicherstellung in Betracht kommen stationären Einrichtungen erlaubt, die eine bessere Qualität aufweisen, vgl. BT-Drs. 18/5372 S. 91. Dabei bleibt jedoch unklar, ob diese **Qualitätsvorzüge** allein anhand der planungsrelevanten Qualitätsindikatoren zu bestimmen sind, wobei viel dafür spricht, dass der in § 8 Abs. 2 Satz 2 KHG bewusst offengelassen **Abwägungsgrundsatz** auch für die Bestimmung der als zur Sicherstellung erforderlichen Krankenhäuser Anwendung finden soll, vgl. so überzeugend *Roters* in KassKomm SGB V 12/2019 § 136c Rn. 26, auch zu »gestuften Notfallstrukturen«, hierzu auch Abs. 4.

### II. Beschluss zu planungsrelevanten Qualitätsindikatoren (Abs. 3 Satz 3 bis 6)

60 Bei dem Beschluss des Gemeinsamen Bundesausschusses sind die **planungsrelevanten Qualitätsindikatoren nach Abs. 1 Satz 1** zu berücksichtigen, **Abs. 3 Satz 3**. Auf diese Weise wird das Verhältnis zwischen den Sicherstellungszuschlägen und den Qualitätsaspekten bestimmt, vgl. BT-Drs. 18/5372 S. 91. Die Regelung gibt dazu Anlass, die **Vereinbarung eines Sicherstellungszuschlags** mit der Auflage zur Durchführung von Maßnahmen zur Qualitätssteigerung zu versehen. Sinn und Zweck des Sicherstellungszuschlags ist es nicht, Unzulänglichkeiten bezüglich der Qualität eines Krankenhauses unbeachtet zu lassen.

Der Gemeinsame Bundesausschuss legt nach **Abs. 3 Satz 4** in dem Beschluss auch das Nähere über die Prüfung der Einhaltung der Vorgaben durch die zuständige Landesbehörde nach § 5 Abs. 2 Satz 5 KHEntgG fest. Hierzu kann, wiederum in Übereinstimmung mit den Materialien, etwa die Erreichbarkeit in Minutenwerten festgelegt werden, abgestellt auf Verkehrsmittel oder die konkrete Verkehrssituation unter Zugrundelegung maßgeblicher Messpunkte. Wie schwierig dies im Einzelfall sein kann, belegt die aktuelle Entwicklung zur Verkürzung der Verjährungsfrist auf zwei Jahre nach § 109 Abs. 5 mit der fraglichen Norm des § 325 als Übergangsregelung und als Folge eine Klageflut vor den Sozialgerichten. »Auslöser« war hier die Zeitvorgabe für die Anerkennung der neurologischen Komplexbehandlung des akuten Schlaganfalls – OPS 8–981, vgl. *Wahl* in jurisPK-SGB V 01/2019 § 109 Rn. 197.2 und 197.3 (Stand 03/2020). 61

**Abs. 3 Satz 5** schreibt vor, dass den betroffenen medizinischen Fachgesellschaften Gelegenheit zur Stellungnahme zu geben und dass diese Stellungnahme nach **Abs. 3 Satz 6** bei der Beschlussfassung zu berücksichtigen ist (hier im Sinne rechtlichen bzw. fachlichen Gehörs). Dies setzt nach hier vertretener Auffassung voraus, dass für diese Gelegenheit zur Stellungnahme die notwendigen Informationen bezüglich der beabsichtigten Beschlussfassung zur Verfügung gestellt werden und ausreichend Zeit eingeräumt wird, dies zu prüfen und sich äußern zu können. Ferner muss wiederum die Möglichkeit bestehen, die Stellungnahme in die Beschlussfassung einarbeiten zu können. Da die Beschlussfassung regelmäßig mit einer Begründung versehen sein sollte, dürften die Stellungnahmen auch hier einfließen. 62

### E. Gestuftes System von Notfallstrukturen in Krankenhäusern (Abs. 4)

Durch die Regelung in **Abs. 4 Satz 1** erhält der Gemeinsame Bundesausschuss in Übereinstimmung mit den Materialien zur Ausgangsfassung den Auftrag, ein **Stufensystem** der **Teilnahme an der Notfallversorgung festzulegen**. Die Entwicklung eines solchen Stufensystems der Teilnahme an der Notfallversorgung solle strukturelle Voraussetzungen definieren, z. B. zur Vorhaltung der Art und Anzahl bestimmter Abteilungen, zur Anzahl von Intensivbetten und vorhandener medizintechnischer Ausstattung sowie zur Anzahl und Qualifikation des vorzuhaltenden Personals, vgl. *R. Klein* in jurisPK-SGB V § 136c Rn. 24. 63

Hingewiesen sei auf die Regelungen zu einem gestuften System von Notfallstrukturen und Krankenhäusern gem. **§ 136c Abs. 4 vom 19.04.2018** in der Fassung vom **20.11.2020** mit Wirkung vom **01.11. 2020**, hier mit weiteren Regelungen zu einem gestuften System von Notfallstrukturen in Krankenhäusern sowie einer Ausnahmeregelung zur **Aufnahmebereitschaft** für beatmungspflichtige Intensivpatienten vom 20.11. 2020. Vgl. hierzu *Gaß* zur Reform der ambulanten Notfallversorgung, KH 2020, 201, ferner *Niehues/Wessels/Brachmann* zu integrierten Notfallzentren, KH 2020, 211. 64

Zudem sei zu berücksichtigen, ob eine **Rund-um-die-Uhr-Bereitschaft an allen Tagen bestehe**. Die Stufen könnten auch Differenzierungen nach Indikationsbereichen vorsehen. Die **unterste Stufe** sei unter Berücksichtigung der Vorgaben für die beim Sicherstellungszuschlag für die Versorgung notwendigen Leistungen der Notfallversorgung festzulegen. Die **höchste Stufe** sei z. B. für eine umfassende Notfallversorgung in Universitätskliniken oder Kliniken der Maximalversorgung vorzusehen, vgl. *R. Klein* in jurisPK-SGB V § 136c Rn. 24 a.E. 65

**Abs. 4 Satz 3** verpflichtet den Gemeinsamen Bundesausschuss, festgelegte planungsrelevante Qualitätsindikatoren bei den Vorgaben für die Notfallversorgung zu berücksichtigen, soweit diese hierfür Relevanz besäßen. Dies kommt in Übereinstimmung mit den Materialien insbesondere bei Indikatoren zur Strukturqualität für Leistungsbereiche in Betracht, die in die Notfallversorgung einbezogen werden sollten. In Abhängigkeit der als Mindestvoraussetzungen für differenzierte Stufen festgelegten strukturellen Voraussetzungen sollten Krankenhäuser der Höhe nach gestaffelte Zuschläge für ihre Beteiligung an der Notfallversorgung erhalten, die nach § 9 Abs. 1a Nr. 5 KHEntgG von den Vertragspartnern auf Bundesebene bis zum 30. Juni 2017 zu vereinbaren seien. Bei einer **Nichtbeteiligung** an der Notfallversorgung sind verbindlich Abschläge nach § 9 Abs. 1a Nr. 5 KHEntgG zu erheben. 66

67  Zur **Entwicklung der Notfallversorgung** vgl. *Rüddel/Baum u.a.* in Welt der Krankenversicherung 2018, 90; zur Strukturreform in der Kliniklandschaft vgl. HM 2018, Nr. 2, 6 und zum Streit um Notfallstrukturen in Krankenhäusern KH 2018, 284. Betreffend Zu- und Abschläge für das gestuftes System von Notfallstrukturen vgl. *Lux/Draheim* KH 2019, 111 und zu den 3 Stufen für die Notfallversorgung *Beerheide* DÄ 2019, A 64. Verhandlungsstrategien finden sich bei *Heumann/Kühn/Fröhlich* f&w 2019, 144.

68  Im Einzelnen gilt Folgendes:

69  Abs. 4 Satz 1 gab dem Gemeinsamen Bundesausschuss auf, **bis 31.12.2017** (zunächst bis Ende 2016 festgelegt und mit dem PsychVVG mit Wirkung vom 10.11.2016 verlängert) ein **gestuftes System von Notfallstrukturen in Krankenhäusern** zu beschließen. Dabei soll die Beschlussfassung auch die Möglichkeit einschließen, dass ein Krankenhaus an der Notfallversorgung **nicht** teilnimmt (hier als gesonderte Stufe bestimmt). In der Praxis ist die Eignung eines Krankenhauses für Notfälle oft nicht deutlich erkennbar und unscharf, obgleich hier etwa bei den Rettungsdiensten und in der Notfallorganisation Klarheit bestehen muss. Dabei ist die Notfallversorgung in den Krankenhäusern von der Organisation des ärztlichen Notdienstes unterscheiden.

70  Der **Beschluss über ein gestuftes System von Notfallstrukturen** beinhaltet nach **Abs. 4 Satz 2**, dass für jede Stufe der Notfallversorgung insbesondere **Mindestvorgaben** zur Art und Anzahl von Fachabteilungen, zur Anzahl und Qualifikation des vorzuhaltenden Fachpersonals sowie zum zeitlichen Umfang der Bereitstellung von Notfallleistungen **differenziert festzulegen** sind. Dabei ist insbesondere zu berücksichtigen, ob eine Rund-um-die-Uhr-Bereitschaft an allen Tagen besteht, vgl. BT-Drs. 18/5372 S. 91. Zur Basisnotfallversorgung und den verschiedenen Stufen vgl. eingehend *Roters* in KassKomm SGB V 12/2019 § 136c Rn. 35a, 35b und 35c.

71  In einer **höchsten Stufe** wird die umfassende Notfallversorgung erbracht werden können, etwa in Universitätskliniken oder Kliniken der Maximalversorgung. Der Gemeinsame Bundesausschuss ist verpflichtet, nach **Abs. 4 Satz 3** festgelegte planungsrelevante Qualitätsindikatoren bei den Vorgaben für die Notfallversorgung zu berücksichtigen. Diese Festlegungen sind auch in **fiskalischer** Hinsicht relevant, als der Höhe nach gestaffelte **Zuschläge für die Beteiligung an der Notfallversorgung** entsprechend § 9 Abs. 1a Nr. 5 KHEntgG in der Fassung ab 01.01.2016 von den Vertragspartnern auf Bundesebene bis zum 30.06.2017 zu vereinbaren waren. Ist ein Krankenhaus an der Notfallversorgung nicht beteiligt, sind verbindlich Abschläge nach dieser Regelung zu erheben.

72  Qualitätsorientierte Entscheidung der Krankenhausplanung i.S.d. Abs. 1 Satz 1 sind auch im Rahmen der Notfallversorgung zu berücksichtigen, **vgl. Abs. 4 Satz 3**.

73  Für die Beschlussfassung des Gemeinsamen Bundesausschusses für das gestufte System von Notfallstrukturen in Krankenhäusern ist die **Beteiligung der betroffenen medizinischen Fachgesellschaften** in Form der Gelegenheit zur Stellungnahme in **Abs. 4 Satz 4** ausdrücklich vorgesehen, wobei die Stellungnahmen bei der Beschlussfassung zu berücksichtigen sind. Hier gelten die Erläuterungen zu **Abs. 3 Satz 5 und 6 entsprechend**. Es sind die notwendigen Informationen über die Beschlussfassung zu geben, es muss ausreichend Zeit für eine Stellungnahme eingeräumt sein und diese muss angemessen berücksichtigt werden.

74  Vornehmlich im Hinblick auf die in der Praxis häufig **unterschiedliche Fachrichtung von Ärzten für den Notfalldienst** kann zu differenzierten Stellungnahmen der medizinischen Fachgesellschaften durchaus Anlass bestehen. Die Regelung könnte in der weiteren Entwicklung auch die Frage nach der Zweckmäßigkeit der Einrichtung eines Facharztes für Notfallmedizin geben (die bei den medizinischen Fachgesellschaften wohl bislang wenig Zustimmung zu finden scheint) oder diesem Leistungsspektrum in der Weiterbildung ein besonderes Gewicht mit nachweisbaren Kenntnissen und Erfahrungen des jeweiligen Arztes einräumen. In der **Maximalversorgung** wird zudem auch einzubeziehen sein, wie mehrere Fachrichtungen im **Team** zu einer optimalen Notfallversorgung beitragen können.

**Abs. 4 Satz 6** wurde mit Wirkung vom 10.11.2016 mit dem PsychVVG angefügt, wonach der Gemeinsame Bundesausschuss **vor Beschlussfassung eine Folgenabschätzung durchzuführen** und deren **Ergebnisse zu berücksichtigen** hat. Eine aussagekräftige **Folgenabschätzung**, etwa im Hinblick auf die Patientenversorgung sowie auf die Versorgungsstrukturen, ist ausweislich der Materialien (vgl. BT-Drs. 18/10289 (neu) S. 55) erforderlich, weil die bislang vorliegenden Konzepte für ein gestuftes System von Notfallstrukturen stark voneinander abwichen und die jeweiligen Auswirkungen nicht hinreichend abschätzbar seien. Insbesondere werde noch nicht deutlich genug, welche Auswirkungen die vorliegenden Konzepte auf die Funktions- und Tragfähigkeit des sensiblen Bereichs der stationären Notfallversorgung hätten. Daher werde der Gemeinsame Bundesausschuss beauftragt, entsprechende Analysen durchzuführen und bei seiner Beschlussfassung zu berücksichtigen.

Zu Regelungen in einem **gestuften System von Notfallstrukturen** in Krankenhäusern gem. § 136c Abs. 4 vgl. die »Erstfassung« unter dem Beschlussdatum des 19.04.2018 mit Wirkung vom 19.05.2018, zum Redaktionszeitpunkt 03/2021 vom 20.11.2020 mit Wirkung vom 01.11.2020, hier insbesondere auch zur pandemiebedingten Versorgung von beatmungspflichtigen Intensivpatienten. **Ziele** der Regelung sind die sichere Erreichbarkeit von Krankenhäusern, eine verbesserte Qualität und eine zielgenaue Finanzierung. Dabei verdiene die Sicherung in strukturschwachen Gebieten besondere Aufmerksamkeit, wie seitens des Gemeinsamen Bundesausschusses in einer Erklärung vom 19.04.2018 herausgestellt wurde. Von den etwa 1750 Allgemeinkrankenhäusern würden nach der Neuregelung etwa 1120 Krankenhäuser, und damit etwa 64 %, (gestuft) Zuschläge erhalten. Nicht erfasste Krankenhäuser, die keine Zuschläge erhielten, leisteten auch bislang kaum Notfalldienst.

Auch in **strukturschwachen Gebieten** solle zumindest eine Basis-Notfallversorgung (Stufe 1 – mindestens Fachabteilungen Chirurgie/Unfallchirurgie sowie Innere Medizin, Intensivstation mit mindestens 6 Betten) möglich sein. Sicherstellungszuschlägen sollen dazu beitragen, diese Strukturen erhalten zu können. Die Erfüllung der allgemeinen Hilfeleistungspflicht verbleibt auch bei Krankenhäusern, die diese Voraussetzungen nicht erfüllen.

In diesem Zusammenhang ist im Hinblick auf die Entwicklung der Richtlinien zu den Regelungen der Notfallstufen auf die Abnahme des Endberichtsfolgenabschätzung der gestuften Notfallversorgung vom 05.07.2018 hinzuweisen. Dies gilt ferner für Regelungen zu einem gestuften System von Notfallstrukturen in Krankenhäusern gem. § 136c Abs. 4 vom 19.04.2018, ferner die Bestimmung der Stellungnahme Berechtigten medizinischen Fachgesellschaften zu Regelungen zu einem gestuften System von Notfallstrukturen in Krankenhäusern aus dem Jahr 2016.

Die Regelungen des Gemeinsamen Bundesausschusses zu einem gestuften System von Notfallstrukturen in Krankenhäusern gem. § 136c Abs. 4 mit Wirkung vom 19.05.2018 (und Fortschreibung) werden im Internet nachgewiesen. Regelungsinhalts sind Allgemeine Vorschriften (Ziel der Regelung und Gegenstand der Regelung), Grundlagen des gestuften System von Notfallstrukturen, §§ 3 bis 7, Anforderungen an die Basis Notfallversorgung mit §§ 8 bis 12, Anforderungen an die erweiterte Notfallversorgung, §§ 13 bis 17, Anforderungen an die umfassende Notfallversorgung, §§ 18 bis 22, spezielle Notfallversorgung, §§ 23 bis 28, und Regelungen zum Inkrafttreten und Übergangsbestimmungen einschließlich einer Evaluation nach § 31 der Richtlinien. Damit werden zugleich die konkreten Anforderungen an die jeweiligen Stufen der Notfallversorgung vorgegeben, vgl. § 1 Abs. 2, § 2 Abs. 1 der Beschlussfassung.

Die Festlegungen in der Beschlussfassung werden als »Regelungen« überschrieben und sind wiederum in die Richtlinien Bedarfsplanung einbezogen.

### F. Vorgaben zur Konkretisierung der besonderen Aufgaben von Zentren und Schwerpunkten (Abs. 5)

Mit dem PpSG ist **Abs. 5** zur Konkretisierung der besonderen Aufgaben von Zentren und Schwerpunkten nach § 2 Abs. 2 Satz 2 Nr. 4 KHEntgG mit Wirkung vom 01.01.2019 aufgenommen worden. Insoweit verweisen die Materialien (BT-Drs. 19/5593 S. 117 – hier werden maßgeblich die Gründe für die Ergänzung durch Abs. 5 angeführt) darauf, dass der Gesetzgeber die Vertragsparteien auf Bundesebene beauftragt habe, Festlegungen zur Konkretisierung der besonderen Aufgaben von Zentren und Schwerpunkten als Voraussetzung für die Vereinbarung von krankenhausindividuellen Zuschlägen zu treffen, § 9 Abs. 1a Nr. 2 KHEntgG. Hierbei sollten vor allem die besonderen Aufgaben von den Regelaufgaben eines Krankenhauses abgegrenzt werden, die nicht bereits anderweitig vergütet werden. Festlegungen zur Konkretisierung der besonderen Aufgaben, die durch die Bundesschiedsstelle nach § 18a Abs. 6 KHG getroffen werden müssten, hätten nicht zu erforderlichen Klarstellung geführt, und bislang nicht ermöglicht, dass Krankenhäuser, die besondere Aufgaben leisteten, regelhaft entsprechende Zuschläge erhielten, vgl. *Roters* in KassKomm SGB V 12/2019 § 136c Rn. 38.

82  Vor diesem Hintergrund zu Einfügung des **Abs. 5** wurde der Gemeinsame Bundesausschuss mit **Abs. 5 Satz 1** entsprechend beauftragt, bis zum 31.12.2019 die angeführten Festlegungen zu treffen. Der Auftrag an den Gemeinsamen Bundesausschuss betreffe im Wesentlichen allein den Krankenhausbereich, so das nach § 91 Abs. 2a Satz 1 für die Beschlussfassung alle 5 Stimmen der Leistungserbringerseite auf die von der DKG benannten Mitglieder übertragen werde.

83  Hinzuweisen ist insoweit auf die **Regelungen zur Konkretisierung der besonderen Aufgaben von Zentren und Schwerpunkten gem. § 136c Abs. 5 vom 05.12.2019** in der Fassung vom **20.11.2020 mit Wirkung vom 18.12.2020**, wobei noch die Beschlussfassung vom 20.02.2021 einzubeziehen ist. Die Regelung bilde zugleich auch die Grundlage für die **Vereinbarung von Zuschlägen**. In ihren Anlagen spezifiziert die Regelung die **Qualitätsanforderungen** und besondere Aufgaben der einzelnen Zentrumsarten.

84  Die besonderen Aufgaben werden in **Abs. 5 Satz 2** Buchstabe a bis c angeführt, ohne insoweit eine abschließende Aufzählung zu enthalten (Wortlaut »insbesondere«). Angeführt werden als besondere Aufgaben eine überörtliche und krankenhausübergreifender Aufgabenwahrnehmung, die Erforderlichkeit von besonderen Vorhaltungen eines Krankenhauses, insbesondere in Zentren für seltene Erkrankungen, oder die Notwendigkeit der Konzentration der Versorgung an einzelnen Standorten wegen außergewöhnlicher technischer und personeller Voraussetzungen.

85  Die Regelung ist mit **Entgeltvorteilen** versehen. Deshalb ist nach **Abs. 5 Satz 3** zu gewährleisten, dass es sich nicht um Aufgaben handelt, die bereits durch Entgelte nach dem KHEntgG oder nach den Regelungen des SGB V finanziert werden. Die Materialien (BT-Drs. 19/5593 S. 118) weisen in diesem Zusammenhang darauf hin, dass der Beschluss einer Abgrenzung der krankenhausplanerisch zu übertragenden besonderen Aufgaben von den Regelaufgaben eines Krankenhauses zu gewährleisten habe.

86  **§ 17b Abs. 1 Satz 10 KHG** bleibt unberührt, **Abs. 5 Satz 4**. Erfasst sind besondere Einrichtungen, deren Leistungen insbesondere aus medizinischen Gründen, wegen einer Häufung von schwerkranken Patienten oder aus Gründen der Versorgungsstrukturen mit den Entgeltkatalogen noch nicht sachgerecht vergütet werden. Diese können zeitlich befristet aus dem Vergütungssystem ausgenommen werden Unabhängig davon, ob die Leistungen mit den Entgeltkatalogen sachgerecht vergütet werden, ist bei Palliativstationen oder – einheiten, die räumlich und organisatorisch abgegrenzt sind und über mindestens 5 Betten verfügen, dafür ein schriftlicher Antrag des Krankenhauses ausreichend, vgl. *Roters* in KassKomm SGB V 12/2019 § 136c Rn. 36.

87  Inhaltlich sieht **Abs. 5 mit Satz 5** weiter vor, dass, soweit dies für die Erfüllung der **besonderen Aufgaben** erforderlich ist, zu erfüllende **Qualitätsanforderungen festzulegen** sind, insbesondere Vorgaben zur Art und Anzahl von Fachabteilungen, zu einzuhaltenden Mindestfallzahlen und zur Zusammenarbeit mit anderen Einrichtungen. Besondere Aufgaben nach § 2 Abs. 2 Satz 4 KHEntgG setzen die Ausweisung oder Festlegung im Krankenhausplan des Landes oder eine gleichartige Festigung durch die zuständige Landesbehörde im Einzelfall gegenüber dem Krankenhaus voraus. Dementsprechend werden die Länder – entsprechend der gängigen Praxis – nach § 92 Abs. 7f Satz 1 im Wege eines Mitberatungsrechts im Gemeinsamen Bundesausschuss eingebunden, worauf die Materialien (BT-Drs. 19/5593 S. 118 hinweisen.

Auch insoweit ist den betroffenen **medizinischen Fachgesellschaften** Gelegenheit zur Stellung- 88
nahme zu geben. Die Stellungnahmen sind bei der Beschlussfassung zu berücksichtigen, **Abs. 5
Satz 6 und 7.**

### G. Bezugnahme auf § 94 SGB V für Beschlüsse nach § 136c SGB V (Abs. 6)

Für **Beschlüsse** nach Abs. 1 bis 5 gilt **§ 94 (Wirksamwerden von Richtlinien) entsprechend.** Damit 89
sind die vom Gemeinsamen Bundesausschuss nach § 136c gefassten Beschlüsse dem **BMG** vorzulegen, das die Beschlüsse gem. § 94 Abs. 1 prüft. Eine an sich für Richtlinien geltende Regelung
des SGB V wird damit **auch auf die Beschlüsse des Gemeinsamen Bundesausschusses erstreckt.**
Dabei haben Klagen gegen Maßnahmen des BMG keine aufschiebende Wirkung. Die Beschlüsse
sind im Bundesanzeiger und deren tragende Gründe im Internet zu veröffentlichen. Ob es eigens
dieser Regelung bedurft hätte und welche Ziele der Gesetzgeber mit dieser verfolge wird in Frage
gestellt, vgl. *Roters* in KassKomm SGB V 12/2019 § 136c Rn. 43 (sei »skurril« und systematisch im
Hinblick auf die unterschiedlichen Regelungsformen nicht erfassbar).

## § 136d Evaluation und Weiterentwicklung der Qualitätssicherung durch den Gemeinsamen Bundesausschuss

Der Gemeinsame Bundesausschuss hat den Stand der Qualitätssicherung im Gesundheitswesen festzustellen, sich daraus ergebenden Weiterentwicklungsbedarf zu benennen, eingeführte Qualitätssicherungsmaßnahmen auf ihre Wirksamkeit hin zu bewerten und Empfehlungen für eine an einheitlichen Grundsätzen ausgerichtete sowie sektoren- und berufsgruppenübergreifende Qualitätssicherung im Gesundheitswesen einschließlich ihrer Umsetzung zu erarbeiten. Er erstellt in regelmäßigen Abständen einen Bericht über den Stand der Qualitätssicherung.

§ 136d gilt in der Fassung des Art. 6 Nr. 15 KHSG vom 10.12.2015 (BGBl. I S. 2229) mit Wir- 1
kung vom 01.01.2016.

§ 136d (in Anlehnung an § 137b, allerdings mit neuer Überschrift) überträgt dem Gemeinsamen 2
Bundesausschuss **zentrale Aufgaben im Zusammenhang mit der Sicherung der Qualität der Leistungserbringung.** Die Möglichkeit der Übertragung dieser Aufgaben auf eine Arbeitsgemeinschaft
ist mit Wirkung vom 01.01.2004 weggefallen; zeitgleich ist die Zuständigkeit des Gemeinsamen
Bundesausschusses begründet worden. Als Aufgaben zur Förderung der Qualitätssicherung führt
die Regelung an:
– Feststellung des Standes der Qualitätssicherung im Gesundheitswesen,
– Benennung des sich hieraus ergebenden Weiterentwicklungsbedarfs,
– Bewertung eingeführter Qualitätssicherungsmaßnahmen auf ihre Wirksamkeit hin,
– Empfehlungen für eine an einheitlichen Grundsätzen ausgerichtete sowie sektoren- und berufsgruppenübergreifende Qualitätssicherung im Gesundheitswesen sowie
– Umsetzung entsprechender Empfehlungen in der Praxis.

Nach dieser Regelung ist der **Stand der Qualitätssicherung** im Gesundheitswesen **festzustellen** 3
und die sektorenübergreifende Qualitätssicherung zu verbessern (vgl. *Freudenberg* in jurisPK-
SGB V 2012 § 137b Rn. 7; 01/2016 § 136d Rn. 12). Dadurch soll zugleich auch die **Transparenz** verbessert und der notwendige Handlungsaufwand ermittelt werden können. Dies ist
zu einer **eigenständigen Aufgabe des Gemeinsamen Bundesausschusses** geworden; die zuvor
erfolgte Übertragung an die 1993 gegründete Arbeitsgemeinschaft (unter Mitarbeit der Bundesärztekammer, der Kassenärztlichen Bundesvereinigung, der Deutschen Krankenhausgesellschaft,
der Spitzenverbände der Krankenkassen, des Verbandes der privaten Krankenversicherungsträger
und der Berufsorganisationen der Krankenpflegeberufe) zur Förderung der Qualitätssicherung in
der Medizin ist damit ab 01.01.2004 weggefallen. Zudem war zuvor eine Anbindung an die frühere Konzertierte Aktion vorgegeben gewesen, vgl. *Freudenberg* in jurisPK-SGB V 2012 § 137b
Rn. 8.

4 Damit wird die Aufgabe beim Gemeinsamen Bundesausschuss zusammengefasst und kann auch aus gleicher Hand in entsprechende **Empfehlungen** umgesetzt werden. Ausweislich der Materialien werden dadurch zugleich **Doppelstrukturen vermieden**, obgleich die eigenständige Verpflichtung etwa der Kassenärztlichen Vereinigungen zur Qualitätssicherung nicht berührt bleibt, vgl. § 136, auch im Sinne einer Auffangzuständigkeit. Mit dieser Regelung soll eine »einheitliche Gestaltung der Qualitätssicherung in der Gesetzlichen Krankenversicherung erleichtert« werden (vgl. BT-Drs. 15/1525 S. 126).

5 Der Gemeinsame Bundesausschuss kann sich nach Maßgabe des § 137a der Tätigkeit eines **unabhängigen Instituts** (konkret des Instituts für Qualitätssicherung und Transparenz nach dessen Einrichtung, hier in der Fassung des § 137a mit Wirkung vom 25.07.2014 – IQTIG) und weiterer Sachverständiger bedienen sowie hier auch Ergebnisse der **Tätigkeit des Instituts für Qualität und Wirtschaftlichkeit im Gesundheitswesen** (IQWIG), vgl. § 139a, einbeziehen.

6 Zur Realisierung der Aufgaben nach § 136d soll der Gemeinsame Bundesausschuss **Empfehlungen** für eine an einheitlichen Grundsätzen orientierte sektorenübergreifende **Qualitätssicherung** erstellen. Da die Verbindlichkeit dieser Empfehlungen nicht weiter konkretisiert wird, werden diese jeweils auf vertraglicher Basis im Rahmen der Zulassung einzubeziehen sein (diese seien »unverbindlich«, vgl. *Roters* in KassKomm SGB V 08/2012 § 137b Rn. 4).

7 Der Qualitätssicherung dienen auch **Qualitätssicherungskonferenzen des Gemeinsamen Bundesausschusses**, die etwa jährlich stattfinden (so für das Jahr 2015 am 01./02.10.2015 in Berlin); die jeweiligen Berichte werden vom Gemeinsamen Bundesausschuss im Internet nachgewiesen. Neben den **Richtlinien** des Gemeinsamen Bundesausschusses berührt dies Fragen des Qualitätsmanagements, der externen Qualitätssicherung, der Struktur-, Prozess- und Ergebnisqualität, der Qualitätsbeurteilung und Qualitätsprüfung, der Fortbildungspflichten, der Mindestmengenregelung, insbesondere im Krankenhausbereich, die Qualitätsberichte der Krankenhäuser und weiterführende Informationen. Dieser Regelungsbereich ist in den §§ 135 ff. mit dem KHSG mit Wirkung vom 01.01.2016 neu geordnet und erweitert worden, hier auch mit einer neuen Verortung des Regelungsinhalts des neuen § 136d.

8 Über den **Stand der Qualitätssicherung** hat der Gemeinsame Bundesausschuss in regelmäßigen Abständen einen **Bericht** zu erstellen. Dieser Bericht soll der Transparenz im Gesundheitswesen dienen und diese weiter verbessern. Zu den laufenden Berichten über die Qualitätssicherungskonferenzen vgl. die Nachweise des Gemeinsamen Bundesausschusses im Internet, zuletzt unter lfd. Nr. 6 die Berichte für das Jahr 2014 (zwei Plenarveranstaltungen und zwölf vertiefende Fachforen, hier mit einem Schwerpunkt bezüglich der Transparenz über die Qualität in der stationären und in der ambulanten Versorgung).

## § 137 Durchsetzung und Kontrolle der Qualitätsanforderungen des Gemeinsamen Bundesausschusses

(1) $^1$Der Gemeinsame Bundesausschuss hat zur Förderung der Qualität ein gestuftes System von Folgen der Nichteinhaltung von Qualitätsanforderungen nach den §§ 136 bis 136c festzulegen. $^2$Er ist ermächtigt, neben Maßnahmen zur Beratung und Unterstützung bei der Qualitätsverbesserung je nach Art und Schwere von Verstößen gegen wesentliche Qualitätsanforderungen angemessene Durchsetzungsmaßnahmen vorzusehen. $^3$Solche Maßnahmen können insbesondere sein
1. Vergütungsabschläge,
2. der Wegfall des Vergütungsanspruchs für Leistungen, bei denen Mindestanforderungen nach § 136 Absatz 1 Satz 1 Nummer 2 nicht erfüllt sind,
3. die Information Dritter über die Verstöße,
4. die einrichtungsbezogene Veröffentlichung von Informationen zur Nichteinhaltung von Qualitätsanforderungen.

$^4$Die Maßnahmen sind verhältnismäßig zu gestalten und anzuwenden. $^5$Der Gemeinsame Bundesausschuss trifft die Festlegungen nach den Sätzen 1 bis 4 und zu den Stellen, denen die

Durchsetzung der Maßnahmen obliegt, in grundsätzlicher Weise in einer Richtlinie nach § 92 Absatz 1 Satz 2 Nummer 13. ⁶Die Festlegungen nach Satz 5 sind vom Gemeinsamen Bundesausschuss in einzelnen Richtlinien und Beschlüssen jeweils für die in ihnen geregelten Qualitätsanforderungen zu konkretisieren. ⁷Bei wiederholten oder besonders schwerwiegenden Verstößen kann er von dem nach Satz 1 vorgegebenen gestuften Verfahren abweichen.

(2) ¹Der Gemeinsame Bundesausschuss legt in seinen Richtlinien über Maßnahmen der einrichtungsübergreifenden Qualitätssicherung eine Dokumentationsrate von 100 Prozent für dokumentationspflichtige Datensätze der Leistungserbringer fest. ²Er hat bei der Unterschreitung dieser Dokumentationsrate Vergütungsabschläge vorzusehen, es sei denn, der Leistungserbringer weist nach, dass die Unterschreitung unverschuldet ist.

(3) ¹Der Gemeinsame Bundesausschuss regelt in einer Richtlinie die Einzelheiten zu den Kontrollen des Medizinischen Dienstes der Krankenversicherung nach § 275a, die durch Anhaltspunkte begründet sein müssen, die die Einhaltung der Qualitätsanforderungen nach § 136 Absatz 1 Satz 1 Nummer 2 oder § 136a Absatz 5 zum Gegenstand haben oder als Stichprobenprüfungen erforderlich sind. ²Er trifft insbesondere Festlegungen, welche Stellen die Kontrollen beauftragen, welche Anhaltspunkte Kontrollen auch unangemeldet rechtfertigen, zu Art, Umfang und zum Verfahren der Kontrollen sowie zum Umgang mit den Ergebnissen und zu deren Folgen. ³Die Krankenkassen und die die Kontrollen beauftragenden Stellen sind befugt und verpflichtet, die für das Verfahren zur Durchführung von Stichprobenprüfungen erforderlichen einrichtungsbezogenen Daten an die vom Gemeinsamen Bundesausschuss zur Auswahl der zu prüfenden Leistungserbringer bestimmte Stelle zu übermitteln, und diese Stelle ist befugt, die ihr übermittelten Daten zu diesem Zweck zu verarbeiten, soweit dies in der Richtlinie nach Satz 1 vorgesehen ist. ⁴Der Gemeinsame Bundesausschuss hat bei den Festlegungen nach Satz 2 vorzusehen, dass die nach Absatz 1 Satz 5 für die Durchsetzung der Qualitätsanforderungen zuständigen Stellen zeitnah einrichtungsbezogen über die Prüfergebnisse informiert werden. ⁵Er legt fest, in welchen Fällen der Medizinische Dienst der Krankenversicherung die Prüfergebnisse wegen erheblicher Verstöße gegen Qualitätsanforderungen unverzüglich einrichtungsbezogen an Dritte, insbesondere an jeweils zuständige Behörden der Länder zu übermitteln hat. ⁶Die Festlegungen des Gemeinsamen Bundesausschusses nach den Sätzen 1 und 2 sollen eine möglichst aufwandsarme Durchführung der Kontrollen nach § 275a unterstützen.

| Übersicht | Rdn. | | | Rdn. |
|---|---|---|---|---|
| A. Regelungsinhalt. | 1 | C. | Kontrolle von Vorgaben des Gemeinsamen Bundesausschusses (Abs. 3) | 47 |
| B. Gestuftes System von Folgen der Nichteinhaltung von Qualitätsanforderungen. | 15 | I. | Regelung der Einzelheiten zu den Kontrollen des MD (Abs. 3 Satz 1) | 48 |
| I. Ermächtigung zur Festlegung von Folgen und Abweichungen bei besonders schweren Verstößen (Abs. 1 Satz 1 und Satz 7) | 16 | II. | Konkretisierung des Regelungsauftrags durch konkrete Festlegungen (Abs. 3 Satz 2) | 54 |
| II. Ermächtigung zu Durchsetzungsmaßnahmen (Abs. 1 Satz 2) | 21 | III. | Ermächtigung zur Übermittlung von Daten zwecks Stichprobenprüfungen (Abs. 3 Satz 3) | 61 |
| III. Offener Katalog von Maßnahmen zur Durchsetzung (Abs. 1 Satz 3) | 25 | IV. | Regelung der Information der für die Durchsetzung zuständigen Stellen (Abs. 3 Satz 4) | 64 |
| IV. Grundsatz der Verhältnismäßigkeit (Abs. 1 Satz 4) | 34 | V. | Bestimmung von Fällen, in denen der MD einrichtungsbezogene Prüfergebnisse unverzüglich an Dritte weiterzugeben hat (Abs. 3 Satz 5) | 65 |
| V. Festlegungen im Wege des Richtlinienrechts (Abs. 1 Satz 5 und 6) | 37 | VI. | Förderung des Grundsatzes einer aufwandsarmen Durchführung der Kontrollen (Abs. 3 Satz 6) | 68 |
| VI. Anwendung einer Dokumentationsrate von 100 Prozent in Krankenhäusern (Abs. 2) | 42 | | | |

**§ 137 SGB V** Durchsetzung und Kontrolle der Qualitätsanforderungen

**A. Regelungsinhalt**

1 § 137 gilt in der Fassung des Art. 1 Nr. 42 GVWG vom 11.07.2021 (BGBl. I S. 2754) mit Wirkung vom 20.07.2021. Die Erläuterungen entsprechen weitgehend der Fassung zu § 137 durch Art. 1 Nr. 9a MDK-Reformgesetz vom 14.12.2019 (BGBl. I S. 2789) mit Wirkung vom 01.01.2020. Zu den Änderungen vgl. Erläuterungen unter Rdn. 14a.

2 Mit dem Entwurf eines Gesetzes zur Weiterentwicklung der Gesundheitsversorgung (Gesundheitsversorgungsweiterentwicklungsgesetz – GVWG) vom 01.01.2021 – BR-Drs. 12/21 ist beabsichtigt, § 137 Abs. 2 Satz 1 zu ändern, und hier maßgeblich das Wort »Krankenhäuser« durch das Wort »Leistungserbringer« zu ersetzen. Im »Gleichlauf« soll die Dokumentationspflicht mit der Erweiterung auch auf ambulante Leistungserbringer ausgedehnt werden. Dabei könne der Gemeinsame Bundesausschuss Besonderheiten berücksichtigen und eine Übergangsregelung vorsehen, vgl. BR-Drs. 12/21 S. 106,107.

3 § 137 wurde mit dem KHSG mit Wirkung vom 01.01.2016 – im Zuge der Neuordnung der Qualitätssicherungsvorschriften der §§ 135 ff. – neu aufgenommen. Mit den §§ 135 bis 139d steht § 137 im Regelungszusammenhang, vgl. *R. Klein* in jurisPK-SGB V § 137 Rn. 8. Gegenstand der Bestimmung sind Regelungen zur Durchsetzung und zu Kontrollen der Qualitätsanforderungen, die der Gemeinsame Bundesausschuss vorrangig in **Richtlinien** vorzugeben hat. Vom Gemeinsamen Bundesausschuss ist ein **gestuftes System von Folgen** für den **Fall der Nichteinhaltung von Qualitätsanforderungen** festzulegen (**Abs. 1 Satz 1**). Bei wiederholten oder besonders schwerwiegenden Verstößen kann von einem »gestuften Verfahren« abgewichen (**Abs. 1 Satz 7**) und dies im Richtlinienrecht mit besonderen Reaktionsmöglichkeiten vorgesehen werden.

4 Die **Abstufung** soll entsprechend Art und Schwere von Verstößen gegen wesentliche Qualitätsanforderungen angemessene Maßnahmen vorsehen. Einen – nicht abschließenden (wie aus dem Wortlaut »insbesondere« folgt, hier wohl nur im Sinne von Beispielen, vgl. *Roters* in KassKomm SGB V § 137 Rn. 6) – **Katalog von Maßnahmen** führt **Abs. 1 Satz 3** an, etwa Vergütungsabschläge oder Vergütungswegfall sowie Informations- und Veröffentlichungsfolgen. Die Maßnahmen im Richtlinienrecht, das generell der Genehmigung des BMG bedarf, sollen **verhältnismäßig** sein, was in **Abs. 1 Satz 4** – redundant – ausdrücklich angeführt wird und selbstverständlich erscheint. Allerdings kommt dem Verhältnismäßigkeitsprinzip hier in vielfacher Hinsicht und bei der gesamten Gestaltung des Verfahrens nach § 137 eine besondere Bedeutung zu, indem die **Auswahl der »Instrumente«** zweckmäßig, erforderlich, angemessen und unter Beachtung des Gestaltungsermessens zu erfolgen hat, vgl. *Roters* in KassKomm SGB V § 137 Rn. 4.

5 Die Regelungen sollen – auch im Zusammenhang mit Richtlinien zur speziellen Qualitätssicherung – **jeweils konkrete Verfahrenshinweise** enthalten, etwa zu den Stellen, die hier tätig werden. In Übereinstimmung mit den Materialien können dies die Kassenärztlichen Vereinigungen, Krankenkassen, Landesarbeitsgemeinschaften für sektorübergreifende Qualitätssicherung oder Lenkungsgremien der externen stationären Qualitätssicherung auf Landesebene sein. Konkrete Verfahrensregelungen sollen eine konsequente Verfolgung von Verstößen gegen Qualitätsregelungen ermöglichen, woran es ausweislich der Materialien bislang gefehlt haben soll, vgl. BT-Drs. 18/5372 S. 93 unten.

6 Die **Beachtung von Maßnahmen der Qualitätssicherung** in Krankenhäusern ist »zu 100 Prozent« (so der Gesetzeswortlaut) und damit lückenlos zu **dokumentieren, Abs. 2**. Auch geringfügige Abweichungen würden nicht geduldet, vgl. BT-Drs. 18/5372 S. 93 unter Hinweis auf eine nicht ausreichende »Dokumentationsrate von 95 Prozent«. Mit der Neufassung des Abs. 2 Satz 1 mit Wirkung vom 01.01.2017 ist dies nochmals auch von Gesetzes wegen klargestellt worden, betrifft aber nicht den Bereich etwa der vertragsärztlichen Versorgung, sondern allein Krankenhäuser, wie ausdrücklich ergänzt wurde. Eine Unterschreitung der Dokumentationsrate ist mit einem Abschlag zu versehen, Abs. 2 Satz 2, wobei das Krankenhaus bezüglich der Ursachen nachweispflichtig ist, vgl. *Roters* in KassKomm SGB V § 137 Rn. 15.

**Abs. 3** gibt dem Gemeinsamen Bundesausschuss auf, im Richtlinienrecht auch Einzelheiten zu den Kontrollen des **MD** (Medizinischer Dienst in der Organisationsregelung ab 2020/2021, in der Nachfolge des MDK) nach § 275a zu regeln. Allerdings sind Kontrollen stets anlassbezogen angezeigt und nicht etwa »regelmäßig«, wobei die **Anhaltspunkte** dafür Gegenstand der Regelung werden sollen. Mit Wirkung vom 29.07.2017 und verstärkt ab 01.01.2020 sind **ausdrücklich auch Stichprobenprüfungen** zur Validierung der Qualitätssicherungsdaten vorgesehen; dies eröffnet die Möglichkeit, auch statistisch »unauffällige« Krankenhäuser einer Qualitätskontrolle zu unterziehen, etwa bezüglich der lückenlosen Dokumentationspflicht. Ein Schwerpunkt verbleibt wohl bei den Anhaltspunkten, vgl. BT-Drs. 18/12587 S. 54.

Auch sollen die Verfahrensvorschriften möglichst konkret vorgegeben werden, um die **Durchsetzung stringent abzusichern**, vgl. **Abs. 3 Satz 1** (in der Fassung ab 01.01.2020) **und 2**. Der Gemeinsame Bundesausschuss regelt in einer **Richtlinie** die Einzelheiten zu den **Kontrollen des MD** (der Gesetzgeber verwendet hier noch die Bezeichnung bis 31.12.2019) nach § 275a, die durch Anhaltspunkte begründet sein müssen, die die **Einhaltung der Qualitätsanforderungen** nach § 136 Abs. 1 Satz 1 Nr. 2 oder § 136a Abs. 5 SGB V zum Gegenstand haben oder als Stichprobenprüfungen erforderlich sind. Mit der Ergänzung ab 01.01.2020 ist dem Gemeinsamen Bundesausschuss aufgegeben, auch die festgelegten Qualitätsanforderungen in regelmäßige Kontrollen einzubeziehen. Dabei könne der Gemeinsame Bundesausschuss ausweislich der Materialien (BT-Drs. 19/14871 S. 112) insbesondere vorsehen, dass Kontrollen erfolgten, wenn ein Krankenhaus erstmalig oder nach einer Unterbrechung von 12 Monaten erkläre, eine Leistung im Sinne der genannten Richtlinien erbringen zu wollen oder ein Krankenhaus einen befristeten Zuschlag für die Finanzierung von Mehrkosten aufgrund dieser Richtlinien gemäß § 17b Abs. 1a Nr. 5 KHG begehre.

Klargestellt wird zudem, dass **Stichprobenprüfungen** nicht nur zur Validierung der Qualitätssicherungsdaten durchgeführt werden dürfen, sondern auch dann, wenn sie insgesamt zur Kontrolle der Einhaltung von Qualitätsanforderungen erforderlich sind (Ergänzung mit Wirkung vom 01.01.2020). Die regelmäßige Überprüfung der Einhaltung der Qualitätsanforderungen bereits vor der Leistungserbringung diene auch der Rechtssicherheit bezüglich der Frage, ob eine Leistung zulasten der GKV erbracht werden dürfe.

Zu regeln ist ferner, wann Kontrollen unangemeldet durchgeführt werden und schließt Vorgaben zu »Art, Umfang und zum Verfahren der Kontrollen sowie zum Umgang mit den Ergebnissen und zu deren Folgen« ein (**Abs. 3 Satz 2**).

Das Verfahren soll zudem in jeder Hinsicht **zeitnah abgewickelt** werden, vgl. **Abs. 3 Satz 4** (in der Fassung bis 31.12.2019 Satz 3); dieses soll aber eine »möglichst aufwandsarme Durchführung der Kontrollen nach § 275a SGB V« ermöglichen, **Abs. 3 Satz 6** (in der Fassung bis 31.12.2019 Satz 5). Der MD wird mit der Umsetzung der Kontrollen deutlich mehr belastet werden; die in Abs. 3 Satz 2 genannten Stellen werden (nur) als Auftraggeber aktiv.

Die Vorgaben sollen auch die Folgen bei erheblichen Qualitätsverstößen einbeziehen, **Abs. 3 Satz 5** (in der Fassung bis 31.12.2019 Satz 4); dies erscheint im Hinblick auf die bundesweite Gleichbehandlung der Krankenhäuser geboten. Wichtig ist dies auch bezüglich des **zu erwartenden Rechtsschutzes**, der sich dann mehr auf die **Inhalte** und das **gewählte Verfahren** als auf die Verhältnismäßigkeit der Bewertungsfolgen konzentrieren kann, immer vorausgesetzt, das Richtlinienrecht entspricht dem Grundsatz der Verhältnismäßigkeit.

**Zusammengefasst** gehen die Vorgaben für das festzulegende Verfahren dahin, möglichst präzise hinsichtlich aller Verfahrensschritte, der Beteiligten und deren Durchführung, keinesfalls hochkomplex ausgestaltet, ein zügiges Verfahren ermöglichend und aufwandsarm bezüglich der Kontrollen zu sein. Dieser Auftrag dürfte nicht leicht zu erfüllen sein.

Im Streitfall wird der **einstweilige Rechtsschutz** (vgl. §§ 86a, 86b SGG) vorrangig in Anspruch genommen werden (vgl. näher Kummer, Formularbuch des Fachanwalts Sozialrecht, 2016, Kap. 48). Im Hinblick auf durchaus einschneidende Folgen für betroffene Krankenhäuser wird häufig ein

**§ 137 SGB V** Durchsetzung und Kontrolle der Qualitätsanforderungen

Anordnungsgrund für den einstweiligen Rechtsschutz angenommen werden können. Die Prüfung des **Anordnungsanspruchs** wird dann maßgeblich Verfahrensschritte und deren korrekte Durchführung beinhalten. Zu Vorgaben für den Eilrechtsschutz vgl. LSG Berlin-Brandenburg Beschl. v. 28.04.2020 – L 9 KR 152/20 KL ER, hier zur PPP-RL.

14a § 137 **Abs. 2 Satz 1** (Verwendung des weiteren Begriffs der »Leistungserbringer«) sowie **Abs. 2 Satz 2** (Verdeutlichung der Verpflichtung auch der ambulanten Leistungserbringer zur Beteiligung an der Einrichtungsübergreifende Qualitätssicherung) wurden geändert durch Art. 1 Nr. 42 GVWG vom 11.07.2021 (BGBl. I S. 2754) mit Wirkung vom **20.07.2021**. Zur Begründung des Gesetzentwurfs vgl. BT-Drs. 19/26822 S. 95. Mit der Erweiterung der Dokumentationspflichten nach Abs. 2 Satz 1 auch auf ambulante Leistungserbringer werde ein Gleichlauf der Regelungen für die Leistungserbringer im Rahmen der sektorenübergreifenden Qualitätssicherung gefördert. Mit Abs. 2 Satz 2 wird die Verpflichtung zur Dokumentation verschärft, auch mit der Ermächtigung zur Sanktionierung über Vergütungsabschläge. Dem Gemeinsamen Bundesausschuss wird die Möglichkeit eingeräumt Übergangsregelungen zur Dokumentation vorzusehen.

### B. Gestuftes System von Folgen der Nichteinhaltung von Qualitätsanforderungen

15 Die Anforderungen zur Qualitätssicherung, die der Gemeinsame Bundesausschuss in **Richtlinien** oder **Beschlüssen** (hier eingeschränkt, wenn Regelungsgegenstand) festlegt, sind für Leistungserbringer verbindlich (§§ 91 Abs. 6). Schutz und Vertrauen der Patientinnen und Patienten erfordern, dass diese Qualitätsanforderungen konsequent eingehalten werden, worauf die Materialien zur Ausgangsfassung hinweisen. Hierfür bedürfe es nach den bisherigen Erfahrungen, insbesondere mit der Erfüllung von Strukturvorgaben, **klarer Regelungen zur Durchsetzung** für die Fälle, in denen Leistungserbringer die Qualitätsanforderungen nicht einhielten.

#### I. Ermächtigung zur Festlegung von Folgen und Abweichungen bei besonders schweren Verstößen (Abs. 1 Satz 1 und Satz 7)

16 **Abs. 1 Satz 1** soll in Übereinstimmung mit den Materialien klarstellen, dass der Gemeinsame Bundesausschuss gesetzlich **ermächtigt und beauftragt** ist, an die Nichteinhaltung von Qualitätssicherungsanforderungen Konsequenzen zu knüpfen, die entsprechend dem **Verhältnismäßigkeitsgrundsatz** (Abs. 1 Satz 4) je nach Art und Schwere des Verstoßes **stufenweise** einzusetzen sind. Hierfür habe der Gemeinsame Bundesausschuss, dem Wortlaut der Regelung nach, ein **gestuftes System** von **angemessenen Folgen vorzusehen**, welche bei Qualitätsverstößen zur Anwendung kämen.

17 **Abs. 1 Satz 1** gibt dem Gemeinsamen Bundesausschuss auf, zur Förderung der Qualität ein gestuftes System von Folgen der Nichteinhaltung von Qualitätsanforderungen nach den §§ 136 bis 136c festzulegen, vgl. *R. Klein* in jurisPK-SGB V 01/2021 § 137 Rn. 11. Die Regelung schließt damit an wichtige Rechtsgrundlagen für das Richtlinienrecht an: Die Bezugnahme auf **§ 136** betrifft die Richtlinien des Gemeinsamen Bundesausschusses zur Qualitätssicherung, die Bezugnahme auf **§ 136a** die Richtlinien des Gemeinsamen Bundesausschusses zur Qualitätssicherung in ausgewählten Bereichen, die Bezugnahme auf **§ 136b** die Beschlüsse des Gemeinsamen Bundesausschusses zur Qualitätssicherung im Krankenhaus sowie die Bezugnahme auf **§ 136c** Beschlüsse des Gemeinsamen Bundesausschusses zur Qualitätssicherung und Krankenhausplanung. Damit ist das breite Spektrum der Vorgaben zur Qualitätssicherung einbezogen; diese Vorschriften sind – zusammen mit § 137 – mit dem KHSG mit Wirkung vom 01.01.2016 erweitert und systematisch neu geordnet worden. In der Folgezeit sind diese durchweg erheblich erweitert worden.

18 Die **Regelungen zur Qualitätssicherung** in dem entsprechenden Richtlinienrecht sind für die **Leistungserbringer verbindlich**, vgl. § 91 Abs. 6, § 136b Abs. 2 Satz 1. In den Materialien beschriebene Erfahrungen (vgl. BT-Drs. 18/5372 S. 92 und S. 93 unten) gehen dahin, dass es bislang an der **Durchsetzung und Durchsetzbarkeit** der bereits verfügbaren Qualitätssicherungsvorschriften

gefehlt habe. Leistungserbringer hätten die Qualitätsanforderungen nicht mit der notwendigen Konsequenz eingehalten, ohne dass dies habe ausreichend sanktioniert werden können.

Zur **Durchsetzung** von Folgen bei Nichteinhaltung von Qualitätsanforderungen sieht Abs. 1 Satz 1 nunmehr ein »gestuftes System« vor, das der Gemeinsame Bundesausschuss zu entwickeln habe. Dieser generelle Auftrag wird im weiteren Regelungsinhalt des § 137 konkretisiert, und zwar hinsichtlich der Durchsetzungsmaßnahmen in Abs. 1 und 2 und bezüglich der Verfahrensvorgaben in Abs. 3. 19

Mit **Abs. 1 Satz 7** wird klargestellt, dass von dem nach Abs. 1 Satz 1 und 2 geforderten **stufenweisen Vorgehen** bei »**wiederholten** oder **besonders schwerwiegenden Verstößen**« gegen Qualitätsanforderungen abgewichen werden kann. Dem Gemeinsamen Bundesausschuss stehe es danach frei, für diese Fälle abweichende Regelungen zu treffen. Im Hinblick auf den Verhältnismäßigkeitsgrundsatz muss es sich um gewichtige Verstöße handeln, die entweder in regelmäßigen Abständen wiederholt oder mit besonders gravierenden Auswirkungen erfolgt sind; dies wird neben einer ausreichenden Dokumentation auch eine überzeugende Begründung erfordern, vgl. *R. Klein* in jurisPK-SGB V § 137 Rn. 12, 13. 20

## II. Ermächtigung zu Durchsetzungsmaßnahmen (Abs. 1 Satz 2)

Nach **Abs. 1 Satz 2** ist der Gemeinsame Bundesausschuss ermächtigt, neben Maßnahmen zur Beratung und Unterstützung bei der Qualitätsverbesserung **je nach Art oder Schwere von Verstößen** gegen wesentliche Qualitätsanforderungen **angemessene Durchsetzungsmaßnahmen** vorzusehen, auch solche mit Sanktionscharakter, gewichtet nach der Schwere der Verstöße und mit differenzierter Eingriffsintensität, wie die Materialien zur Ausgangsfassung belegen. 21

Als Maßnahmen zur Förderung der Qualitätsverbesserung kommen damit ausdrücklich auch **Beratungs- und Fortbildungsangebote** in Betracht, hier auch als »mildestes Mittel«, vgl. *Roters* in KassKomm SGB V § 137 Rn. 5. Mit Hilfe dieser Angebote sollen die Leistungserbringer darin unterstützt werden, die **Qualitätsanforderungen** einzuhalten. Im Zusammenhang mit der Stufung nach Abs. 1 Satz 1 sind damit solche Angebote mit einzubeziehen und entsprechen in der »Stufung« dem **Gebot der Verhältnismäßigkeit**. 22

Das »gestuftes System« soll an Art und Schwere von Verstößen gegen wesentliche Qualitätsanforderungen insoweit anknüpfen, als dafür jeweils **angemessene Durchsetzungsmaßnahmen** vorzusehen sind. Ziel ist an sich nicht zwingend die Sanktion, sondern letztlich die **Durchsetzung der Qualitätsanforderungen**. Sanktionen können sowohl spezialpräventiv die Einrichtung zwingen, zügig den Qualitätsanforderungen zu entsprechen, aber auch generalpräventiv wirksam werden, vornehmlich im Hinblick auf drohende Informationen und Veröffentlichungen, und dazu beitragen, Qualitätsanforderungen einen höheren Stellenwert einzuräumen und den Anforderungen zu entsprechen. 23

Auf **Art und Schwere von Verstößen** abzustellen folgt bereits aus dem Gebot der **Verhältnismäßigkeit** von Maßnahmen, dessen Beachtung eigens in Abs. 1 Satz 4 bestätigt wird (an sich selbstverständlich und deshalb redundant). Daraus abgeleitet folgt dann die **unterschiedliche Eingriffsintensität**, die der Gemeinsame Bundesausschuss im Richtlinienrecht entsprechend vorzugeben hat, vgl. BT-Drs. 18/5372 S. 92. 24

## III. Offener Katalog von Maßnahmen zur Durchsetzung (Abs. 1 Satz 3)

Die Maßnahmen, die als Durchsetzungsmaßnahmen in Betracht kommen, werden in Abs. 1 Satz 3 Nr. 1 bis 4 weiter konkretisiert, wenngleich es sich hier auch nur um Regelungsalternativen handelt, deren **Aufzählung nicht abschließend** ist. Vielmehr soll die Aufzählung als solche von Beispielen verstanden werden, vgl. *Roters* in KassKomm SGB V § 137 Rn. 6. 25

Der Gemeinsame Bundesausschuss kann ausweislich der Materialien im Rahmen seines Gestaltungsspielraums aber auch zusätzlich Folgen bestimmen. Die Vorschrift ermögliche dem Gemeinsamen 26

Bundesausschuss damit ein breites Spektrum an Konsequenzen. Geregelt werden könnten nach der exemplarischen Aufzählung insbesondere **Konsequenzen finanzieller Art** wie Vergütungsabschläge oder sogar das Entfallen des Vergütungsanspruchs (Nr. 1 und 2). Letzteres könne der Gemeinsame Bundesausschuss dem Wortlaut nach für Leistungen vorsehen, bei denen **Mindestanforderungen an die Struktur-, Prozess- und Ergebnisqualität** nach § 136 Abs. 1 Satz 1 Nr. 2 nicht eingehalten würden. Zu Mindestanforderungen vgl. LSG Nordrhein-Westfalen Urt. v. 14.02.2019 – L 5 KR 46/17 mit Auswirkungen auf den Vergütungsanspruch.

27 Dies entspreche der Rechtsprechung des BSG bei Krankenhausleistungen (vgl. etwa BSG Urt. v. 19.04.2016 – B 1 KR 28/15 R – SozR 4–2500 § 137 Nr. 7). Danach sei eine nach zwingenden normativen Vorgaben ungeeignete Versorgung nicht im Rechtssinne erforderlich (§ 39) mit der Folge, dass hierfür keine Vergütung beansprucht werden könne. Leistungen, die solche Mindestanforderungen der Qualität nicht erfüllten, verstießen gegen das **Qualitätsgebot aus § 2 Abs. 1 Satz 3** und seien weder ausreichend, noch zweckmäßig oder wirtschaftlich i.S.v. § 12 Abs. 1 Satz 1.

28 In Betracht kommen damit **Vergütungsabschläge**, wie diese im Richtlinienrecht bereits mehrfach zum Instrumentarium gehören (vgl. auch § 125 sowie § 132a). Mit Abs. 1 Satz 3 Nr. 1 ist insoweit nunmehr eine förmliche Ermächtigungsgrundlage verfügbar.

29 Weiter angeführt wird der **Wegfall des Vergütungsanspruchs** für Leistungen, bei denen Mindestanforderungen nach § 136 Abs. 1 Satz 1 Nr. 2 nicht erfüllt sind. Der **Wegfall jeglichen Vergütungsanspruchs** ist, wenn wesentliche Teile einer Leistung an sich erbracht sind, nicht unumstritten. Auch deshalb ist für das Arzneimittelrecht etwa eine differenzierte Regelung für geringfügigen Abweichungen von den Vorgaben als regelbar anerkannt. Mit der Bestimmung in **Abs. 1 Satz 3 Nr. 2** handelt es sich um einen schwerwiegenden Eingriff in die Rechtsposition des Leistungserbringers; die Anwendung ist deshalb verhältnismäßig zu gestalten und anzuwenden, vgl. auch Abs. 1 Satz 4.

30 Die Materialien begründen die Vorgaben zu Abs. 1 Satz 3 Nr. 2 eingehend, vgl. BT-Drs. 18/5372 S. 92, 93, worauf Bezug genommen wird, auch unter Hinweis auf BSG Urt. v. 01.07.2014 – B 1 KR 15/13 R – SozR 4–2500 § 137 Nr. 4, wonach der Gemeinsame Bundesausschuss in Richtlinien zur Qualitätssicherung Mindestvoraussetzungen der stationären Versorgung Versicherter als Vergütungsvoraussetzung regeln könne. Die Versagung der Vergütung, wenn die Mindestvoraussetzungen schon nicht erfüllt werden, dürfte kaum zu beanstanden sein.

31 **Abs. 1 Satz 3 Nr. 3 und Nr. 4** sehen als Maßnahmen die **Information Dritter** über die Verstöße wie auch eine **einrichtungsbezogene Veröffentlichung** von Informationen zur Nichteinhaltung von Qualitätsanforderungen vor. Im Hinblick auf die Transparenz von Maßnahmen der Qualitätssicherung und deren Einhaltung, vornehmlich auch im Zuge der Patienteninformation, erscheinen diese Maßnahmen konsequent. Ihrer Realisierung bedeutet jedoch einen **erheblichen Eingriff in die Rechtsposition des Leistungserbringers** und unterliegt damit in **besonderem Maße dem Grundsatz der Verhältnismäßigkeit**. Auch in **tatsächlicher Hinsicht** erscheinen Maßnahmen nach Abs. 1 Satz 3 Nr. 3 und insbesondere nach Nr. 4 davon abhängig, dass die jeweiligen Tatbestände verfahrensgerecht und sorgfältig ermittelt sowie erwiesen sind.

32 Unter die Reihe geeigneter Maßnahmen fielen ausweislich der Materialien insbesondere Mitteilungen an die für die Krankenhausplanung zuständigen Landesbehörden aber auch Informationen an Gesundheitsämter oder im Transplantationsbereich an die Überwachungs- und Prüfungskommission bei der Bundesärztekammer. Die Weitergabe von Erkenntnissen über Qualitätsverstöße sei vor allem dann von Bedeutung, wenn die zu informierende Stelle nur in Kenntnis dieser Informationen ihre Aufgaben (z. B. Gesundheitsämter im Bereich der Krankenhaushygiene) sachgerecht erfüllen könne. Explizit berechtigt sei der Gemeinsame Bundesausschuss nach **Abs. 1 Satz 3 Nr. 4** außerdem, die Unterrichtung der Öffentlichkeit über die Nichteinhaltung von Qualitätsanforderungen vorzugeben.

33 Dies könne insbesondere bei **Qualitätsmängeln**, welche die Patientensicherheit gefährdeten, oder bei erheblichen Verstößen gegen Transparenzpflichten in Betracht kommen. Dies bedarf dann aber einer nachprüfungsfesten Grundlage und muss im Sinne des Verhältnismäßigkeitsgrundsatzes

gerechtfertigt sein. In der Öffentlichkeit wird oft »nachträglich« diskutiert, warum Unterrichtungen nicht schneller erfolgen; dabei muss aber die beschriebene Abwägung mit einbezogen werden. Nicht ausgeschlossen erscheint es in seltenen und geeigneten Ausnahmefällen, erst einmal auf ein Prüfverfahren und dann weitergehenden Informationen hinzuweisen.

### IV. Grundsatz der Verhältnismäßigkeit (Abs. 1 Satz 4)

Abs. 1 Satz 4 schreibt ausdrücklich vor, dass die Maßnahmen »verhältnismäßig zu gestalten und anzuwenden« sind. Damit haben die Maßnahmen dem Grundsatz der Verhältnismäßigkeit zu entsprechen, der verfassungsrechtlich abgesichert ist und zu den Grundsätzen des Verwaltungsverfahrensrechts gehört. Das heiße in Übereinstimmung mit den Materialien zur Ausgangsfassung, dass bei **Qualitätsverstößen eingriffsstärkere Maßnahmen** wie Vergütungsabschläge regelmäßig erst zur Anwendung kommen dürften, wenn etwa Unterstützungsangebote oder weniger belastende Durchsetzungsmaßnahmen nicht zum Erfolg geführt hätten. 34

Die **förmliche Anführung dieses Grundsatzes** ist im SGB V offensichtlich nur im Rahmen des § 137 erfolgt, was dessen Anwendung ein besonderes Gewicht gibt, allerdings als Grundsatz selbstverständlich ist. Die Schwere eines Eingriffs ist im Wege einer **Gesamtabwägung** mit dem Regelungsziel in ein nachvollziehbares und vertretbares Verhältnis zu bringen, vgl. BSG Urt. v. 23.06.2010 – B 6 KA 7/09 R – SozR 4–5520 § 32 Nr. 4. 35

Auf die umfangreiche **Rechtsprechung** zum Grundsatz der **Verhältnismäßigkeit** in Maßnahmen der Leistungserbringung kann Bezug genommen werden, vgl. für viele BSG Urt. v. 25.03.2015 – B 6 KA 24/14 R – SozR 4–5520 § 33 Nr. 13, auch unter Hinweis auf das Gemeinwohl BSG Urt. v. 02.04.2014 – B 6 KA 24/13 R – SozR 4–2500 § 135 Nr. 21, GesR 2014, 743 mit Anm. *Berner* MedR 2015, 60 sowie im Rahmen der Mindestmengenregelung BSG 12.09.2012 – B 3 KR 10/12 R – SozR 4–2500 § 137 Nr. 1, GesR 2013, 179. Im Zusammenhang mit dem Vergütungsanspruch vgl. auch BSG Urt. v. 19.04.2016 – B 1 KR 28/15 R – SozR 4–2500 § 137 Nr. 7. Zur verhältnismäßigen Gestaltung von Maßnahmen vgl. SG Duisburg Urt. v. 14.12.2020 – S 60 KR 2374/19, hier im förmlichen Anschluss an BSG Urt. v. 19.04.2016 – B 1 KR 28/15 R. 36

### V. Festlegungen im Wege des Richtlinienrechts (Abs. 1 Satz 5 und 6)

Der Gemeinsame Bundesausschuss trifft die Festlegungen nach **Abs. 1 Satz 1 bis 4** und zu den Stellen, denen die Durchsetzung der Maßnahmen obliegt, in grundsätzlicher Weise in einer Richtlinie nach § 92 Abs. 1 Satz 2 Nr. 13, **Abs. 1 Satz 5**. Die generelle **Festlegung der Konsequenzen**, die an Verstöße gegen Qualitätsanforderungen geknüpft werden könnten, soll die Transparenz und Rechtssicherheit der Durchsetzung von Qualitätssicherungsvorgaben ausweislich der Materialien stärken, vgl. BT-Drs. 18/5372 S. 93. 37

Abs. 1 Satz 5 gibt dem Gemeinsamen Bundesausschuss in Übereinstimmung mit den Materialien zur Ausgangsfassung vor, die Festlegungen zu den Folgen von Qualitätsverstößen sowie zu den Stellen, die diese Folgen durchzusetzen haben, grundsätzlich in einer Richtlinie zu regeln. Die generelle Festlegung der **Konsequenzen**, die an Verstöße gegen Qualitätsanforderungen geknüpft werden können, stärkt die Transparenz und Rechtssicherheit der Durchsetzung von Qualitätssicherungsvorgaben. Bei der Festlegung der für die Durchsetzung der Folgen zuständigen Stellen kommen je nach Maßnahme und Leistungsbereich unterschiedliche Akteure in Betracht, z. B. die Kassenärztlichen Vereinigungen oder die Krankenkassen, insbesondere für die Durchsetzung von Vergütungsfolgen. Die **Maßnahmen zur Unterstützung der Qualitätsverbesserungen** können als Aufgabe auch den Landesarbeitsgemeinschaften für sektorenübergreifende Qualitätssicherung oder den Lenkungsgremien der externen stationären Qualitätssicherung auf Landesebene übertragen werden. Die Richtlinie bedarf der Prüfung durch das BMG (§ 94 Abs. 1). 38

Durch die Regelung in **Abs. 1 Satz 6** erhält der Gemeinsame Bundesausschuss den **Auftrag**, die grundsätzlichen Regeln zu den **Folgen der Nichteinhaltung von Qualitätsanforderungen** nach Abs. 1 Satz 4 in den einzelnen Richtlinien und Beschlüssen zur Qualitätssicherung zu konkretisieren. 39

**§ 137 SGB V**  Durchsetzung und Kontrolle der Qualitätsanforderungen

In den spezifischen Beschlüssen zu Qualitätsanforderungen sind danach jeweils auch Regelungen zu den Folgen ihrer Nichteinhaltung und den jeweils anzuwendenden Durchsetzungsmaßnahmen zu treffen, worauf in den Materialien hingewiesen wird. Dabei sei in Bezug auf unterschiedlich schwere Verstöße gegen Qualitätsanforderungen auch in diesen themenbezogenen Festlegungen das nach Abs. 1 Satz 1 und 2 vorgeschriebene gestufte Vorgehen zu beachten.

40 Bei der **Festlegung** der für die Durchsetzung der Folgen zuständigen Stellen kommen je nach Maßnahme und Leistungsbereich **unterschiedliche Akteure** in Betracht. Die Materialien führen insoweit die Kassenärztlichen Vereinigungen und die Krankenkassen an, beide vornehmlich im Hinblick auf Vergütungsfolgen. Die Aufgabe könne aber auch den Landesarbeitsgemeinschaften für sektorenübergreifende Qualitätssicherung oder den Lenkungsgremien der externen stationären Qualitätssicherung auf Landesebene übertragen werden.

41 Die Festlegungen nach **Abs. 1 Satz 5** sind vom Gemeinsamen Bundesausschuss damit in einzelnen Richtlinien und Beschlüssen jeweils für die in diesen geregelten Qualitätsanforderungen zu konkretisieren, wie aus **Abs. 1 Satz 6** folgt. Dabei wird in Bezug auf unterschiedlich schwere Verstöße gegen Qualitätsanforderungen auch in diesen themenbezogenen Festlegungen das nach Abs. 1 Satz 1 und 2 vorgeschriebene **gestufte Vorgehen** in Anwendung des Verhältnismäßigkeitsgrundsatzes zu beachten sein.

### VI. Anwendung einer Dokumentationsrate von 100 Prozent in Krankenhäusern (Abs. 2)

42 Der Gemeinsamen Bundesausschuss legt in der Richtlinie über Maßnahmen der Qualitätssicherung in Krankenhäusern (**Abs. 1 Satz 1**) eine »Dokumentationsrate von 100 % für dokumentationspflichtige Datensätze« fest, **Abs. 2 Satz 1** (eine bezüglich der Prozentangabe durchaus ungewöhnlicher Wortlaut). Mit der Neufassung des Abs. 2 Satz 1 ist dies ausdrücklich auf »Krankenhäuser« begrenzt worden (hier die QSKH-RL, vgl. *Roters* in KassKomm SGB V § 137 Rn. 14). Vergleichbare Anordnungen in anderen Richtlinien etwa sind damit nicht ausgeschlossen, jedoch aufgrund des Abs. 2 Satz 1 nicht zwingend und möglicherweise auch anzustreben, vgl. *Roters* a.a.O. mit Nachweisen.

43 Gesetzlich werde damit verdeutlicht, dass die Verpflichtung der Krankenhäuser zur Beteiligung an der einrichtungsübergreifenden Qualitätssicherung nach § 135a Abs. 2 Satz 1 Nr. 1 durch entsprechende Dokumentationspflichten konsequent und vollständig umzusetzen sei, vgl. BT-Drs. 18/5372 S. 93.

44 Abs. 2 Satz 1 enthalte in Übereinstimmung mit den Materialien die Verpflichtung des Gemeinsamen Bundesausschusses, in den **Richtlinienbestimmungen** für die einrichtungsübergreifende Qualitätssicherung im Krankenhaus eine **Dokumentationsrate von 100 Prozent vorzugeben**. Damit werde gesetzlich verdeutlicht, dass die Verpflichtung der Krankenhäuser zur Beteiligung an der einrichtungsübergreifenden Qualitätssicherung nach § 135a Abs. 2 Satz 1 Nr. 1 durch entsprechende **Dokumentationspflichten** umzusetzen sei.

45 Daran anknüpfend schreibt **Abs. 2 Satz 2** vor, dass jede Unterschreitung der 100-prozentigen Dokumentationsrate vom Gemeinsamen Bundesausschuss mit Vergütungsabschlägen zu sanktionieren ist, falls das jeweilige Krankenhaus nicht nachweist, dass der Dokumentationsausfall unverschuldet ist. Der Gemeinsame Bundesausschuss sei ausweislich der Materialien danach gehalten, die Erhebung von Vergütungsabschlägen pro nicht dokumentierten Datensatz abweichend von der aktuellen Regelung auch außerhalb des Transplantationswesens (hier sei die gesetzliche Vorgabe bereits erfüllt) nicht erst bei einer Unterschreitung der Dokumentationsrate von 95 Prozent, sondern bei jedem Verstoß gegen die 100-Prozent-Vorgabe vorzusehen.

46 Der Gemeinsame Bundesausschuss hat bei der Unterschreitung dieser Dokumentationsrate somit **Vergütungsabschläge** nach § 8 Abs. 4 KHEntgG oder § 8 Abs. 4 Bundespflegesatzverordnung vorzusehen. Hiervon darf nur abgewichen werden, wenn das Krankenhaus nachweist, dass die Unterschreitung **unverschuldet** ist. Die Nachweispflicht wie auch das Nachweisrisiko trifft das

Krankenhaus, vgl. *Roters* in KassKomm SGB V § 137 Rn. 15. Mit dieser Regelung in **Abs. 2 Satz 2** wird die Konsequenz deutlich, mit der die Dokumentationspflicht durchgesetzt werden soll.

### C. Kontrolle von Vorgaben des Gemeinsamen Bundesausschusses (Abs. 3)

Für die **Durchsetzung** von Vorgaben des Gemeinsamen Bundesausschusses zur Qualitätssicherung sei es in Übereinstimmung mit den Materialien von wesentlicher Bedeutung, dass deren Einhaltung **auch kontrolliert** wird. Das **bisherige Fehlen von Prüfmechanismen** habe zu **erheblichen Umsetzungsdefiziten** bei der Erfüllung von Qualitätsanforderungen geführt. So lasse sich teilweise bereits aus den Qualitätsberichten ablesen, dass Krankenhäuser Leistungen erbrächten, obwohl sie die vom Gemeinsamen Bundesausschuss hierfür festgelegten Anforderungen nicht erfüllten (z.B. Mindestmengen). Durch die Regelung in § 275a erhalte der MD in der Nachfolge des MDK ab 2020/2021) deshalb nunmehr die Aufgabe, die **Einhaltung von Qualitätsanforderungen** des Gemeinsamen Bundesausschusses sowie die **Richtigkeit der Dokumentation** für die einrichtungsübergreifende Qualitätssicherung im Krankenhaus zu überprüfen. 47

### I. Regelung der Einzelheiten zu den Kontrollen des MD (Abs. 3 Satz 1)

In einer Richtlinie hat der Gemeinsame Bundesausschuss **Einzelheiten zu den Kontrollen des MD** nach § 275a zu regeln. Die durchzuführenden Kontrollen sollen nicht regelhaft erfolgen, sondern nach **Abs. 3 Satz 1** durch Anhaltspunkte begründet sein. Nach der Fassung **ab 29.07.2017** schließt dies zusätzlich auch **erforderliche »Stichprobenprüfungen zur Validierung der Qualitätssicherungsdaten«** ein. 48

Anknüpfend an die Regelung nach **§ 275a** erteilt **Abs. 3 Satz 1** ausweislich der Materialien dem Gemeinsamen Bundesausschuss den Auftrag, die notwendigen Einzelheiten zu den Prüfungen des MD in einer Richtlinie zu regeln. Der Gemeinsame Bundesausschuss sei danach ermächtigt, alle Regelungen zu treffen, die erforderlich seien, damit die Prüfungen die Umsetzung der Qualitätssicherung wirkungsvoll unterstützten. Neben der Überprüfung von Qualitätsanforderungen aus Richtlinien und Beschlüssen habe der MD insbesondere auch die **Dokumentation für die externe stationäre Qualitätssicherung** zu prüfen. Dies sei geboten, weil die Verlässlichkeit dieser Dokumentation die Voraussetzung für wichtige neue Instrumente der Qualitätssicherung sei. Nur wenn die mit der Qualitätssicherung erhobenen Daten die Qualität der Leistungen sachgerecht wiedergäben, könnten diese Daten rechtssicher als Grundlage z. B. für eine qualitätsabhängige Vergütung oder für eine qualitätsorientierte Krankenhausplanung herangezogen werden. 49

**§ 275a** in der Fassung ab 01.01.2020 regelt die **Durchführung** und den **Umfang** von Qualitätskontrollen in Krankenhäusern durch den MD. Der **MD** führt nach Maßgabe der Regelung in § 275a und der Richtlinie des Gemeinsamen Bundesausschusses nach § 137 Abs. 3 Kontrollen zur Einhaltung von Qualitätsanforderungen in den nach § 108 zugelassenen Krankenhäusern durch; die Beanstandungsquote seitens der Krankenkassen war ein wesentlicher Grund für die MDK-Reform, die weitgehend ab dem 2020 wirksam geworden ist und organisatorisch (nunmehr der MD als eigenständige Körperschaft des öffentlichen Rechts) wohl 2021 umgesetzt wird. 50

Dies schließt auch Stichprobenprüfungen ein. Damit könnten auch »statistisch unauffällige Krankenhäuser« einbezogen werden, vgl. BT-Drs. 18/12587 S. 54. Auch ausnahmslos gute Ergebnisse bei der externen Qualitätssicherung könnten vom Gemeinsamen Bundesausschuss als Anhaltspunkt für Kontrollen durch den MD festgelegt werden, hier auch unter Bezugnahme auf BT-Drs. 18/5372 S. 94 in BT-Drs. 18/12587 S. 55. 51

Mit dem MDK-Reformgesetz ist **Abs. 3 Satz 1** um Anhaltspunkte bezüglich der »**Einhaltung der Qualitätsanforderungen nach § 136 Abs. 1 Satz 1 Nr. 2 oder § 136a Abs. 5 SGB V**« mit Wirkung vom **01.01.2020** erweitert worden. Entsprechend wurde dem Gemeinsamen Bundesausschuss der Auftrag erteilt, in seiner Richtlinie zu den Kontrollen des MD auch zu regeln, dass der MD neben den durch Anhaltspunkte ausgelösten Prüfungen sowie den Stichprobenprüfungen die Erfüllung der in den Richtlinien des Gemeinsamen Bundesausschusses festgelegten Qualitätsanforderungen 52 gemäß § 136 Abs. 1 Satz 1 Nr. 2 i.V.m. § 92 Abs. 1 Satz 2 Nr. 13 oder § 136a Abs. 5 i.V.m. § 92 Abs. 1 Satz 2 Nr. 6 regelmäßig kontrolliert. Dabei kann der Gemeinsame Bundesausschuss insbesondere vorsehen, dass Kontrollen erfolgen, wenn ein Krankenhaus erstmalig oder nach einer Unterbrechung von 12 Monaten erklärt, eine Leistung im Sinne der genannten Richtlinien erbringen zu wollen oder ein Krankenhaus einen befristeten Zuschlag für die Finanzierung von Mehrkosten aufgrund dieser Richtlinien gemäß § 17b Abs. 1a Nr. 5 KHG begehrt.

53 Mit der Ergänzung wird zugleich klargestellt, dass Stichprobenprüfungen nicht nur zur Validierung der Qualitätssicherungsdaten durchgeführt werden dürften, sondern auch dann, wenn sie insgesamt zur Kontrolle der Einhaltung von Qualitätsanforderungen erforderlich seien, vgl. BT-Drs. 19/14871 S. 112. Die Regelung ergänze die Prüfung der Strukturmerkmale gemäß § 275d und stelle eine hohe Versorgungsqualität sicher. In den genannten Qualitätsrichtlinien normiere der Gemeinsame Bundesausschuss insbesondere die Mindestanforderungen an die Struktur-, Prozess- und Ergebnisqualität, die von den Leistungserbringern einzuhalten seien. Die regelmäßige Überprüfung der Einhaltung der Qualitätsanforderungen bereits **vor** der Leistungserbringung diene auch der Rechtssicherheit bezüglich der Frage, ob eine Leistung zulasten der GKV erbracht werden dürfe.

## II. Konkretisierung des Regelungsauftrags durch konkrete Festlegungen (Abs. 3 Satz 2)

54 **Voraussetzung** für die **Durchführung** einer solchen Kontrolle ist nach § 275a Abs. 1 Satz 2, dass der MD hierzu von einer vom Gemeinsamen Bundesausschuss in der Richtlinie nach Abs. 3 festgelegten Stelle oder einer Stelle nach § 275a Abs. 4 **beauftragt** wurde (»anlassbezogen«). Von sich aus und ohne Auftrag soll der MDK grundsätzlich nicht tätig werden; werden dem MDK Missstände oder Qualitätsmängel – aus welchem Grund oder Anlass auch immer – bekannt, ist der MDK allerdings wiederum selbst meldepflichtig.

55 Abs. 3 Satz 2 konkretisiere den Regelungsauftrag in Übereinstimmung mit den Materialien um konkrete Festlegungen, die der Gemeinsame Bundesausschuss in jedem Fall zu treffen habe. Danach habe er zunächst **Bestimmungen zur Auslösung und Durchführung der unangemeldeten Kontrollen vorzusehen.** Dies betreffe insbesondere Regelungen, **welche Stelle bei welchen Anhaltspunkten Kontrollen des MD** auch in unangemeldeter Form veranlassen könne.

56 Als **Auftraggeber** für die Kontrollen kommen insbesondere die Stellen aus den Organisationsstrukturen der Qualitätssicherung in Betracht, denen die Aus- und Bewertung der von den Krankenhäusern übermittelten Qualitätsdaten obliegt. Dies sind im Rahmen der externen stationären Qualitätssicherung die **Lenkungsgremien auf Landesebene** und das Institut nach § 137a (IQ-TIG). Insbesondere in Bezug auf die Einhaltung von Qualitätsanforderungen aus Richtlinien zur Struktur- und Prozessqualität kann aber auch eine **Beauftragung durch die Krankenkassen** sinnvoll sein. Denn ihnen gegenüber haben die Krankenhäuser im Rahmen der Pflegesatzvereinbarungen regelmäßig die Einhaltung solcher Vorgaben durch Selbstauskünfte zu erklären.

57 Hinzu kommen neben den Prüfungen aufgrund konkreter Anhaltspunkte auch Prüfungen als Stichprobenprüfungen. Die Voraussetzungen hierfür sind im Richtlinienrecht zu erfassen. Vgl. auch näher die Richtlinie zu planungsrelevanten Qualitätsindikatoren – plan. QI-RL vom 15.12.2016 in der Fassung vom 14.05.2020 mit Wirkung vom 14.05.2020, hier mit einer umfangreichen Anlage mit Beispielen für die Praxis.

58 Anzuführen ist hier auch die **Richtlinie zu Kontrollen des Medizinischen Dienstes – MD-QK-RL vom 21.12.2017 in der Fassung vom 18.06.2020 mit Wirkung vom 17.12.2020**, ebenfalls ergangen auf der Grundlage des § 90 137 Abs. 3, vgl. *R. Klein* in jurisPK-SGB V § 137 Rn. 26, 27.

59 Die Kontrollen seien dem Wortlaut nach – soweit eine Anlassprüfung durchgeführt wird – **anlassbezogen** zu gestalten. Regelmäßige Routinekontrollen schieden nach der Rechtslage bis 28.09.2017 aus, sind aber als Stichprobenprüfungen ab 29.07.2017 vorgesehen. Als **Anhaltspunkte** für begründete Kontrollen kommen in Übereinstimmung mit den Materialien z. B. Hinweise auf Qualitätsmängel, Auffälligkeiten bei Ergebnissen der externen Qualitätssicherung oder auch Angaben in

Qualitätsberichten in Betracht. Auch ausnahmslos gute Ergebnisse bei der externen Qualitätssicherung könnten vom Gemeinsamen Bundesausschuss als Anhaltspunkt für unangemeldete Kontrollen vorgesehen werden. Im Hinblick auf den **Prüfungsumfang**, der vom G-BA festzulegen sei, seien grundsätzliche Festlegungen als auch Bestimmungen möglich, die jeweils eine Konkretisierung für einzelne Prüfkonstellationen beinhalteten. Mit den Vorgaben zum Verfahren der Prüfungen sei insbesondere ein **transparentes und einheitliches Vorgehen des MD** bei den Kontrollen sicherzustellen. Die geforderten Festlegungen zum Umgang mit den Prüfergebnissen und ihren Folgen zielten darauf ab, die notwendigen Konsequenzen aus den Ergebnissen der Kontrollen zu gewährleisten.

Mit der veranlassten Kontrolle durch den MD soll grundsätzlich auch festgelegt werden, **in welchem Umfang eine Kontrolle als angezeigt angesehen** wird. Mit den Vorgaben zum Verfahren der Prüfungen sei insbesondere ein **transparentes und einheitliches Vorgehen** des MD bei den Kontrollen sicherzustellen. Dieser Voraussetzung wird besondere Bedeutung zukommen, weil insbesondere bei **belastenden Tatsachenfeststellungen** seitens der Leistungserbringer, hier konkret der Krankenhäuser, Rechtsschutz in Anspruch genommen werden dürfte. Sobald die Information dritter Stellen wie auch eine einrichtungsbezogene Veröffentlichung anstehen sollte, hat dies erhebliche Auswirkungen und Konsequenzen für die Einrichtung. Das **Prüfergebnis** muss deshalb nachvollziehbar und belegbar sein, wenn dieses zur Grundlage von Durchsetzungsmaßnahmen von Bestand sein soll. 60

### III. Ermächtigung zur Übermittlung von Daten zwecks Stichprobenprüfungen (Abs. 3 Satz 3)

Die Krankenkassen und die die Kontrollen beauftragenden Stellen sind nach **Abs. 3 Satz 3** in der Fassung ab **01.01.2020** befugt und verpflichtet, die für das Verfahren zur Durchführung von Stichprobenprüfungen erforderlichen einrichtungsbezogenen **Daten** an die vom Gemeinsamen Bundesausschuss zur Auswahl der zu prüfenden Leistungserbringer bestimmte Stellen **zu übermitteln**, und diese Stelle ist befugt, die ihr übermittelten Daten zu diesem Zweck zu **verarbeiten**, soweit dies in der Richtlinie nach Abs. 3 Satz 1 vorgesehen ist. Die Regelung entspricht Abs. 3 Satz 1 und 2, wonach der Gemeinsame Bundesausschuss ermächtigt ist, in seiner Richtlinie zu den Kontrollen des MD auch das Nähere zu Art, Umfang und Verfahren der Kontrollen zu regeln und dabei das jeweils geeignete Verfahren festzulegen. Diese Befugnis umfasst auch die Berechtigung des Gemeinsamen Bundesausschusses, für das Verfahren zur Durchführung von Stichprobenprüfungen eine Stelle zu bestimmen, die die Auswahl der zu kontrollierenden Leistungserbringer durchführt, vgl. BT-Drs. 19/14871 S. 112. Mit der **Neuregelung in Abs. 3 Satz 3** werde ausschließlich klargestellt, dass die dazu bestimmte Stelle zur Verarbeitung der hierfür erforderlichen einrichtungsbezogenen Daten berechtigt sei. 61

Mit der Änderung werden die Krankenkassen und andere die Prüfung beauftragende Stellen **ermächtigt und verpflichtet**, der vom Gemeinsamen Bundesausschuss für die Durchführung der Stichprobenprüfung bestimmten Stelle die für das Verfahren erforderlichen einrichtungsbezogenen **Daten zu übermitteln**. In der Regel verfügten die Krankenkassen oder die anderen beauftragende Stellen ausweislich der Materialien (BT-Drs. 19/14871 S. 112) über die Informationen darüber, welche Leistungserbringer die zu prüfenden Leistungen erbracht hätten oder die zu kontrollierenden Qualitätsanforderungen erfüllten. Die **Befugnis** umfasse auch die **Berechtigung**, der zur Auswahl der zu prüfenden Leistungserbringer bestimmten Stelle die Prüfungsergebnisse der Kontrollen der MD´s zwecks Berücksichtigung im Verfahren zur Ziehung der Stichprobe zu **übermitteln**. Dies diene insbesondere dem Ziel, regelmäßig unauffällige Leistungserbringer aus der Stichprobe herausnehmen zu können. 62

Darüber hinaus wird die vom Gemeinsamen Bundesausschuss mit der Auswahl der zu prüfenden Leistungserbringer im Rahmen der **Stichprobenziehung** beauftragte Stelle zur **Verarbeitung** der ihr **übermittelten einrichtungsbezogenen Daten** für den **Zweck** dieser Auswahl **befugt**. Für die Übermittlung und die Verarbeitung der Daten als Oberbegriff i.S.d. Art. 4 Nr. 2 DSGVO mit Wirkung vom 25.05.2018 gelten die Grundsätze der DSGVO, hier vornehmlich die Grundsätze zur gesetzlich festgelegten **Zwecksetzung** sowie zur **Ermächtigung zur Verarbeitung**, vgl. Art. 5, Art. 6 DSGVO. 63

### IV. Regelung der Information der für die Durchsetzung zuständigen Stellen (Abs. 3 Satz 4)

64 Der Gemeinsame Bundesausschuss hat nach **Abs. 3 Satz 4** (in der Fassung bis 31.12.2019 Satz 3) im Rahmen der Regelung der Anhaltspunkte für Kontrollen vorzusehen, dass die nach Abs. 1 Satz 5 für die Durchsetzung der Qualitätsanforderungen zuständigen Stellen **zeitnah einrichtungsbezogen** über die Prüfergebnisse informiert werden. Die Stellen, die die Verantwortung dafür tragen, dass notwendige Konsequenzen aus den Prüfergebnissen gezogen werden, sollen in Übereinstimmung mit den Materialien auch die erforderlichen Informationen erhalten, vgl. BT-Drs. 18/5372 S. 94. Der Gemeinsame Bundesausschuss soll danach angemessene Fristen für die zeitnahe Information vorgeben, um auch hier Rechtsklarheit in der Verwaltungsführung zu erreichen.

### V. Bestimmung von Fällen, in denen der MD einrichtungsbezogene Prüfergebnisse unverzüglich an Dritte weiterzugeben hat (Abs. 3 Satz 5)

65 Der Gemeinsame Bundesausschuss legt nach **Abs. 3 Satz 5** (in der Fassung bis 31.12.2019 Satz 4) fest, in welchen Fällen der MD die Prüfergebnisse wegen erheblicher Verstöße gegen Qualitätsanforderungen unverzüglich einrichtungsbezogen an Dritte, insbesondere an jeweils zuständige Behörden der Länder zu übermitteln hat. In den festgelegten Fällen ist die Übermittlung zwingend und steht nicht im Ermessen des MD. Zwangsläufig wird es sich dabei um **besonders schwerwiegende Verstöße gegen Qualitätsanforderungen** und **akute Qualitätsmängel** handeln. Diese Fallgruppe wird möglichst genau zu beschreiben sein.

66 In den Fällen des **Abs. 3 Satz 5** gehe es ausweislich der Materialien hierbei darum, bei besonders schwerwiegenden Verstößen gegen Qualitätsanforderungen und akuten Qualitätsmängeln, den notwendigen direkten Informationsfluss an die jeweils zuständigen Stellen zu gewährleisten. Festzulegen seien damit neben den **Fallkonstellationen**, in denen insbesondere **Gefahren für die Patientensicherheit** eine direkte Weitergabe der Prüfergebnisse erforderten, auch die Stellen, denen diese zu übermitteln seien. In Betracht kämen hier insbesondere Gesundheitsbehörden der Länder und kommunale Gesundheitsämter.

67 Dies gilt verstärkt für **Fallkonstellationen**, in denen **Gefahren für die Patientensicherheit** auch eine direkte Weitergabe der Prüfergebnisse etwa an Gesundheitsbehörden der Länder und kommunale Gesundheitsämter zur Folge hat. Regelmäßig bedeutet dies eine Information der Öffentlichkeit, zumindest über entsprechende Informationsportale oder in entsprechenden Fällen auch an die Presse (etwa Infektion mehrerer Säuglinge in einer solchen Station durch typische Krankenhauskeime). Auch hier gilt der Grundsatz der Verhältnismäßigkeit, mit allen Gewichtungen und Abwägungen im Einzelfall, wobei eine valide Tatsachengrundlage unverzichtbar erscheint, stets in Abwägung der drohenden weiteren Gefahren bei einem Zeitverzug.

### VI. Förderung des Grundsatzes einer aufwandsarmen Durchführung der Kontrollen (Abs. 3 Satz 6)

68 Nach **Abs. 3 Satz 6** (in der Fassung bis 31.12.2019 Satz 5) sollen die Kontrollen nach § 275a »möglichst aufwandsarm durchgeführt werden«. Hier wird die Regelung in § 275a Abs. 1 Satz 3 übernommen, wonach die Kontrollen ebenfalls »aufwandsarm zu gestalten sind« und hier noch mit dem Zusatz, dass diese auch unangemeldet durchgeführt werden können. Inwieweit solche Kontrollen unangemeldet durchgeführt werden sollen, kann Gegenstand des Richtlinienrechts sein.

69 Hierdurch sollten der Mehraufwand sowohl für den MD als auch für die Krankenhäuser begrenzt werden, wie die Materialen hierzu ausdrücklich ausweisen. In diesem Sinne könnten beispielsweise Regelungen, die auf klar formulierte Kontrollaufträge mit eingegrenzten Prüfgegenständen hinwirkten, den Aufwand für alle Beteiligten im Rahmen halten.

### § 137a Institut für Qualitätssicherung und Transparenz im Gesundheitswesen

(1) ¹Der Gemeinsame Bundesausschuss nach § 91 gründet ein fachlich unabhängiges, wissenschaftliches Institut für Qualitätssicherung und Transparenz im Gesundheitswesen. ²Hierzu errichtet er eine Stiftung des privaten Rechts, die Trägerin des Instituts ist.

(2) ¹Der Vorstand der Stiftung bestellt die Institutsleitung mit Zustimmung des Bundesministeriums für Gesundheit. ²Das Bundesministerium für Gesundheit entsendet ein Mitglied in den Vorstand der Stiftung.

(3) ¹Das Institut arbeitet im Auftrag des Gemeinsamen Bundesausschusses an Maßnahmen zur Qualitätssicherung und zur Darstellung der Versorgungsqualität im Gesundheitswesen. ²Es soll insbesondere beauftragt werden,
1. für die Messung und Darstellung der Versorgungsqualität möglichst sektorenübergreifend abgestimmte risikoadjustierte Indikatoren und Instrumente einschließlich Module für Patientenbefragungen auch in digitaler Form zu entwickeln,
2. die notwendige Dokumentation für die einrichtungsübergreifende Qualitätssicherung unter Berücksichtigung des Gebotes der Datensparsamkeit zu entwickeln,
3. sich an der Durchführung der einrichtungsübergreifenden Qualitätssicherung zu beteiligen und dabei, soweit erforderlich, die weiteren Einrichtungen nach Satz 3 einzubeziehen,
4. die Ergebnisse der Qualitätssicherungsmaßnahmen in geeigneter Weise und in einer für die Allgemeinheit verständlichen Form zu veröffentlichen,
5. auf der Grundlage geeigneter Daten, die in den Qualitätsberichten der Krankenhäuser veröffentlicht werden, einrichtungsbezogen vergleichende risikoadjustierte Übersichten über die Qualität in maßgeblichen Bereichen der stationären Versorgung zu erstellen und in einer für die Allgemeinheit verständlichen Form im Internet zu veröffentlichen; Ergebnisse nach Nummer 6 sollen einbezogen werden,
6. für die Weiterentwicklung der Qualitätssicherung zu ausgewählten Leistungen die Qualität der ambulanten und stationären Versorgung zusätzlich auf der Grundlage geeigneter Sozialdaten darzustellen, die dem Institut von den Krankenkassen nach § 299 Absatz 1a auf der Grundlage von Richtlinien und Beschlüssen des Gemeinsamen Bundesausschusses übermittelt werden, sowie
7. Kriterien zur Bewertung von Zertifikaten und Qualitätssiegeln, die in der ambulanten und stationären Versorgung verbreitet sind, zu entwickeln und anhand dieser Kriterien über die Aussagekraft dieser Zertifikate und Qualitätssiegel in einer für die Allgemeinheit verständlichen Form zu informieren.

³In den Fällen, in denen weitere Einrichtungen an der Durchführung der verpflichtenden Maßnahmen der Qualitätssicherung nach § 136 Absatz 1 Satz 1 Nummer 1 mitwirken, haben diese dem Institut nach Absatz 1 auf der Grundlage der Richtlinien des Gemeinsamen Bundesausschusses zur einrichtungsübergreifenden Qualitätssicherung die für die Wahrnehmung seiner Aufgaben nach Satz 2 erforderlichen Daten zu übermitteln. ⁴Bei der Entwicklung von Patientenbefragungen nach Satz 2 Nummer 1 soll das Institut vorhandene national oder international anerkannte Befragungsinstrumente berücksichtigen.

(4) ¹Die den Gemeinsamen Bundesausschuss bildenden Institutionen, die unparteiischen Mitglieder des Gemeinsamen Bundesausschusses, das Bundesministerium für Gesundheit und die für die Wahrnehmung der Interessen der Patientinnen und Patienten und der Selbsthilfe chronisch kranker und behinderter Menschen maßgeblichen Organisationen auf Bundesebene können die Beauftragung des Instituts beim Gemeinsamen Bundesausschuss beantragen. ²Das Bundesministerium für Gesundheit kann das Institut unmittelbar mit Untersuchungen und Handlungsempfehlungen zu den Aufgaben nach Absatz 3 für den Gemeinsamen Bundesausschuss beauftragen. ³Das Institut kann einen Auftrag des Bundesministeriums für Gesundheit ablehnen, es sei denn, das Bundesministerium für Gesundheit übernimmt die Finanzierung der Bearbeitung des Auftrags. ⁴Das Institut kann sich auch ohne Auftrag mit Aufgaben nach

§ 137a SGB V  Institut für Qualitätssicherung und Transparenz im Gesundheitswesen

Absatz 3 befassen; der Vorstand der Stiftung ist hierüber von der Institutsleitung unverzüglich zu informieren. ⁵Für die Tätigkeit nach Satz 4 können jährlich bis zu 10 Prozent der Haushaltsmittel eingesetzt werden, die dem Institut zur Verfügung stehen. ⁶Die Ergebnisse der Arbeiten nach Satz 4 sind dem Gemeinsamen Bundesausschuss und dem Bundesministerium für Gesundheit vor der Veröffentlichung vorzulegen.

(5) ¹Das Institut hat zu gewährleisten, dass die Aufgaben nach Absatz 3 auf Basis der maßgeblichen, international anerkannten Standards der Wissenschaften erfüllt werden. ²Hierzu ist in der Stiftungssatzung ein wissenschaftlicher Beirat aus unabhängigen Sachverständigen vorzusehen, der das Institut in grundsätzlichen Fragen berät. ³Die Mitglieder des wissenschaftlichen Beirats werden auf Vorschlag der Institutsleitung einvernehmlich vom Vorstand der Stiftung bestellt. ⁴Der wissenschaftliche Beirat kann dem Institut Vorschläge für eine Befassung nach Absatz 4 Satz 4 machen.

(6) Zur Erledigung der Aufgaben nach Absatz 3 kann das Institut im Einvernehmen mit dem Gemeinsamen Bundesausschuss insbesondere Forschungs- und Entwicklungsaufträge an externe Sachverständige vergeben; soweit hierbei personenbezogene Daten übermittelt werden sollen, gilt § 299.

(7) Bei der Entwicklung der Inhalte nach Absatz 3 sind zu beteiligen:
1. die Kassenärztlichen Bundesvereinigungen,
2. die Deutsche Krankenhausgesellschaft,
3. der Spitzenverband Bund der Krankenkassen,
4. der Verband der Privaten Krankenversicherung,
5. die Bundesärztekammer, die Bundeszahnärztekammer und die Bundespsychotherapeutenkammer,
6. die Berufsorganisationen der Krankenpflegeberufe,
7. die wissenschaftlichen medizinischen Fachgesellschaften,
8. das Deutsche Netzwerk Versorgungsforschung,
9. die für die Wahrnehmung der Interessen der Patientinnen und Patienten und der Selbsthilfe chronisch kranker und behinderter Menschen maßgeblichen Organisationen auf Bundesebene,
10. der oder die Beauftragte der Bundesregierung für die Belange der Patientinnen und Patienten,
11. zwei von der Gesundheitsministerkonferenz der Länder zu bestimmende Vertreter sowie
12. die Bundesoberbehörden im Geschäftsbereich des Bundesministeriums für Gesundheit, soweit ihre Aufgabenbereiche berührt sind.

(8) Für die Finanzierung des Instituts gilt § 139c entsprechend.

(9) Zur Sicherstellung der fachlichen Unabhängigkeit des Instituts hat der Stiftungsvorstand dafür Sorge zu tragen, dass Interessenkonflikte von Beschäftigten des Instituts sowie von allen anderen an der Aufgabenerfüllung nach Absatz 3 beteiligten Personen und Institutionen vermieden werden.

(10) ¹Der Gemeinsame Bundesausschuss kann das Institut oder eine andere an der einrichtungsübergreifenden Qualitätssicherung beteiligte Stelle beauftragen, die bei den verpflichtenden Maßnahmen der Qualitätssicherung nach § 136 Absatz 1 Satz 1 Nummer 1 erhobenen Daten auf Antrag eines Dritten für Zwecke der wissenschaftlichen Forschung und der Weiterentwicklung der Qualitätssicherung auszuwerten. ²Jede natürliche oder juristische Person kann hierzu beim Gemeinsamen Bundesausschuss oder bei einer nach Satz 1 beauftragten Stelle einen Antrag auf Auswertung und Übermittlung der Auswertungsergebnisse stellen. ³Das Institut oder eine andere nach Satz 1 beauftragte Stelle übermittelt dem Antragstellenden nach Prüfung des berechtigten Interesses die anonymisierten Auswertungsergebnisse, wenn dieser sich bei der Antragstellung zur Übernahme der entstehenden Kosten bereit erklärt hat. ⁴Der Gemeinsame

Bundesausschuss regelt in der Verfahrensordnung für die Auswertung der nach § 136 Absatz 1 Satz 1 Nummer 1 erhobenen Daten und die Übermittlung der Auswertungsergebnisse unter Beachtung datenschutzrechtlicher Vorgaben und des Gebotes der Datensicherheit ein transparentes Verfahren sowie das Nähere zum Verfahren der Kostenübernahme nach Satz 3. ⁵Der Gemeinsame Bundesausschuss hat zur Verbesserung des Datenschutzes und der Datensicherheit das für die Wahrnehmung der Aufgaben nach den Sätzen 1 und 3 notwendige Datenschutzkonzept regelmäßig durch unabhängige Gutachter prüfen und bewerten zu lassen; das Ergebnis der Prüfung ist zu veröffentlichen.

(11) ¹Der Gemeinsame Bundesausschuss beauftragt das Institut, die bei den verpflichtenden Maßnahmen der Qualitätssicherung nach § 136 Absatz 1 Satz 1 Nummer 1 erhobenen Daten den für die Krankenhausplanung zuständigen Landesbehörden oder von diesen bestimmten Stellen auf Antrag für konkrete Zwecke der qualitätsorientierten Krankenhausplanung oder ihrer Weiterentwicklung, soweit erforderlich auch einrichtungsbezogen sowie versichertenbezogen, in pseudonymisierter Form zu übermitteln. ²Die Landesbehörde hat ein berechtigtes Interesse an der Verarbeitung der Daten darzulegen und sicherzustellen, dass die Daten nur für die im Antrag genannten konkreten Zwecke verarbeitet werden. ³Eine Übermittlung der Daten durch die Landesbehörden oder von diesen bestimmten Stellen an Dritte ist nicht zulässig. ⁵In dem Antrag ist der Tag, bis zu dem die übermittelten Daten aufbewahrt werden dürfen, genau zu bezeichnen. ⁵Absatz 10 Satz 3 bis 5 gilt entsprechend.

## Übersicht

| | Rdn. |
|---|---|
| **A. Regelungsinhalt** | 1 |
| **B. Auftrag zur Gründung eines Instituts für Qualitätssicherung und Transparenz im Gesundheitswesen und Bestellung der Institutsleitung (Abs. 1 und 2)** | 27 |
| I. Auftrag für die Gründung eines Instituts nach Abs. 1 Satz 1 | 30 |
| II. Errichtung als Stiftung des privaten Rechts (Abs. 1 Satz 2) | 34 |
| III. Beteiligung des BMG | 37 |
| **C. Auftrag des Instituts und Inhalt zu erteilender Aufträge (Abs. 3)** | 39 |
| I. Arbeitsfelder des Instituts (Abs. 3 Satz 1) | 39 |
| II. Aufgabenkatalog nach Abs. 3 Satz 2 Nr. 1 bis 4 | 41 |
| III. Information über die Qualität von maßgeblichen Bereichen der Krankenhausversorgung durch vergleichende risikoadjustierte Übersichten (Abs. 3 Satz 2 Nr. 5) | 48 |
| IV. Darstellung der Qualität ausgewählter Leistungen der ambulanten und stationären Versorgung auch auf der Basis von sog. Routinedaten der Krankenkassen (Abs. 3 Satz 2 Nr. 6) | 55 |
| V. Bewertungskriterien für die Vielfalt von Zertifikaten und Qualitätssiegeln im Gesundheitswesen und Information über den Gehalt (Abs. 3 Satz 2 Nr. 7) | 60 |
| VI. Mitwirkung weiterer Einrichtungen an der Durchführung der verpflichtenden Maßnahmen der Qualitätssicherung (Abs. 3 Satz 3) | 62 |
| **D. Auftragsrecht an das Institut und Antragsrecht (Abs. 4)** | 64 |
| I. Recht zur Beantragung einer Beauftragung des Instituts beim Gemeinsamen Bundesausschuss (Abs. 4 Satz 1) | 65 |
| II. Unmittelbares Auftragsrecht des BMG (Abs. 4 Satz 2) | 69 |
| III. Recht zur Ablehnung eines Auftrags des BMG (Abs. 4 Satz 3) | 70 |
| IV. Selbstbefassungsrecht des Instituts sowie dessen Begrenzung (Abs. 4 Satz 4 und Satz 5) | 72 |
| V. Pflicht zur Vorlage von Ergebnissen nach dem Selbstbefassungsrecht vor dessen Veröffentlichung (Abs. 4 Satz 6) | 75 |
| **E. Absicherung anerkannter wissenschaftlicher Standards (Abs. 5)** | 77 |
| I. Arbeitsergebnisse des Instituts entsprechen dem allgemein anerkannten Stand der wissenschaftlichen Erkenntnisse (Abs. 5 Satz 1) | 77 |
| II. Einrichtung eines wissenschaftlichen Beirats und dessen Bestellung (Abs. 5 Satz 2 und 3) | 80 |
| III. Recht des wissenschaftlichen Beitrags zu Vorschlägen für die Aufgabenbearbeitung (Abs. 5 Satz 4) | 83 |
| **F. Recht zur Vergabe von Aufträgen durch das Institut (Abs. 6)** | 84 |
| I. Vergabe an externe Sachverständige und Einvernehmen hierfür (Abs. 6 Satz 1 1. Hs.) | 84 |

| | Rdn. | | Rdn. |
|---|---|---|---|
| II. Anwendung des § 299 SGB V bezüglich der Übermittlung personenbezogener Daten | 86 | einrichtungsübergreifenden Qualitätssicherung (Abs. 10 Satz 1) | 101 |
| G. Verpflichtung zur Beteiligung von Institutionen an der Entwicklung von Inhalten (Abs. 7) | 88 | II. Antragsrecht betr. sekundäre Datennutzung sowie Prüfung des Antrags und Kostenfrage (Abs. 10 Satz 2 und 3) | 103 |
| H. Grundsätze für die Finanzierung des Instituts (Abs. 8) | 93 | III. Verpflichtung des Gemeinsamen Bundesausschusses zur Regelung des Verfahrens (Abs. 10 Satz 4) | 107 |
| I. Sicherstellung der fachlichen Unabhängigkeit des Instituts (Abs. 9) | 95 | IV. Regelhafte Überprüfung des Verfahrens zur sekundären Datennutzung (Abs. 10 Satz 5) | 111 |
| J. Regelung der sekundären Datennutzung (Abs. 10) | 101 | K. Übermittlung von Daten an die für die Krankenhausplanung zuständigen Landesbehörden (Abs. 11) | 113 |
| I. Ermächtigung des Gemeinsamen Bundesausschusses zur Auftragserteilung betr. Nutzung der Daten aus der | | | |

## A. Regelungsinhalt

1 § 137a gilt in der Fassung des Art. 1 Nr. 43 GVWG vom 11.07.2021 (BGBl. I S. 2754) mit Wirkung vom 20.07.2021. Die Erläuterungen beziehen weitgehend die Fassung durch Art. 123 Nr. 20
2 DSAnpUG-EU) vom 20.11.2019 (BGBl. I S. 1626) mit Wirkung vom 26.11.2019 ein; zu den Änderungen vgl. Erläuterungen unter Rdn. 26a–c.

2 Mit dem **Entwurf** eines Gesetzes zur Weiterentwicklung der Gesundheitsversorgung (Gesundheitsversorgungsweiterentwicklungsgesetz – GVWG vom 01.01.2021 – BR-Drs. 12/21 sind Änderungen auch zu § 137a vorgesehen: § 137a Abs. 3 Satz 2 Nr. 1 soll geändert und ein weiterer Satz betreffend Patientenbefragungen angefügt werden; auf die Begründung insbesondere zur Patientenbefragung vgl. a.a.O. S. 107 unter Nr. 43. Regelungsgegenstand sind Vorgaben und Anforderungen an eine Patientenbefragung und deren Auswertung.

3 **§ 137a** zielt auf eine »institutionelle und wissenschaftlich unabhängige Unterstützung des Gemeinsamen Bundesausschusses für die Umsetzung der einrichtungsübergreifenden Qualitätssicherung« ab, vgl. *Roters* in KassKomm SGB V 03/2020 § 137a Rn. 2. § 137a führt die Umsetzung der Qualitätssicherung und Darstellung der Qualität und damit die einrichtungs- und sektorenübergreifenden Qualitätssicherung weiter, anknüpfend an die »Geschäftsstelle Qualitätssicherung (BQS) ab 2001 und nachfolgend an das Institut für angewandte Qualitätsförderung und Forschung im Gesundheitswesen (AQUA GmbH). Diese **Aufgabenstellung** in Form von Maßnahmen zur Qualitätssicherung und zur Darstellung der Versorgungsqualität im Gesundheitswesen wird **konkretisiert**.

4 Dem **Gemeinsamen Bundesausschuss** wird in **Abs. 1** aufgegeben, »ein fachlich unabhängiges, wissenschaftliches Institut für Qualitätssicherung und Transparenz im Gesundheitswesen« (Abs. 1 Satz 1) in der Form einer Stiftung des privaten Rechts (Abs. 1 Satz 2) zu gründen. Dies führt zum »**Institut für Qualitätssicherung und Transparenz im Gesundheitswesen (IQTiG)**«. In der Form ergeben sich **Parallelen** zum **Institut für Qualität und Wirtschaftlichkeit im Gesundheitswesen (IQWIG)** nach § 139a bis § 139c, allerdings mit einer abweichenden Aufgabenstellung. Parallelen bestehen insbesondere in der Organisationsform (Stiftung des privaten Rechts) und in der Finanzierung sowie der Rechtsstellung mit einer wissenschaftlich-fachlichen Unabhängigkeit.

5 Neben den **bisherigen Aufgaben nach § 137a** wurden dem **neuen Institut** in Übereinstimmung mit den Materialien **zusätzliche Aufgaben** zur Förderung der Qualitätsorientierung der Versorgung übertragen. So gehört die **Ermittlung der Versorgungsqualität** auch auf der Basis von sog. **Routinedaten der Krankenkassen** nach § 284 Abs. 1 sowie eine bessere Information über die Qualität der Leistungserbringung zu den Aufgaben des Instituts. Der Wechsel zu einer dauerhaften

Institutsstruktur sichere ausweislich der Materialien die sachgerechte und wirtschaftliche Aufgabenerfüllung und stärke die fachliche Unabhängigkeit der wissenschaftlichen Zuarbeit für den Gemeinsamen Bundesausschuss. Durch die nachhaltige Verankerung der Institutsaufgaben könne kontinuierlich auf entwickelte Kompetenzen, Verfahrensabläufe und bereits gewonnene Erkenntnisse zurückgegriffen werden. Diese **Kontinuität** bei der wissenschaftlichen Unterstützung der Qualitätssicherung sei im Hinblick auf die wachsende Bedeutung von Qualitätsaspekten für die Weiterentwicklung der Versorgung dringend erforderlich.

Die **Aufgabe war nach § 137a a.F.** entsprechend einem Ausschreibungsverfahren im Jahr 2007 mit dem **AQUA-Institut** (»Angewandte Qualitätsförderung und Forschung im Gesundheitswesen«) 2009 aufgenommen worden, hatte sich auch im Verhältnis von Gemeinsamen Bundesausschuss und AQUA nicht als tragfähig erwiesen, weshalb ab 2014 ein Neustart durch eine Neuregelung in § 137a vorgegeben wurde. Dabei wurden Erfahrungen mit dem IQWIG (vgl. § 139a Abs. 1) gleich konkret kodifiziert wie etwa die Stiftungsregelung. Dem **Gründungsauftrag** zum »Institut für Qualitätssicherung und Transparenz im Gesundheitswesen« (IQTIG) wurde von den Partnern der Selbstverwaltung am 09.01.2015 erfolgreich **vollendet.** Sodann ist das Institut **stufenweise aufgebaut** worden und hat zum **Jahresbeginn 2016 seine Tätigkeit aufgenommen;** vgl. zur Historie *Roters* in KassKomm SGB V 03/2020 § 137a Rn. 2.

6

Mit der **Beauftragung zur Gründung** eines Instituts für Qualitätssicherung und Transparenz im Gesundheitswesen soll die Aufgabenstellung (vgl. Abs. 3) mit der **notwendigen Kontinuität** realisiert werden können. Neben den in § 137a in der Fassung des GKV-WSG bereits enthaltenen **Aufgaben** werden dem Institut **zusätzliche Aufgaben** zur Förderung der Qualitätsorientierung der Versorgung übertragen. Dabei sollen auch bereits **verfügbare Daten** (Routinedaten der Krankenkassen nach § 284 Abs. 1 etwa) ausgewertet und aufbereitet werden. Eine **dauerhafte Institutsstruktur** soll die sachgerechte und wirtschaftliche Aufgabenerfüllung, so die Materialien in BT-Drs. 18/1307 S. 33, sicherstellen.

7

Dem **BMG wird eine steuernde Funktion** eingeräumt, auch wenn die fachliche Unabhängigkeit des Instituts mehrfach herausgestellt wird. Das **BMG** ist im Vorstand der Stiftung vertreten und hat – abweichend von anderen Stellen – ein eigenständiges, allerdings von der Sicherstellung der Finanzierung abhängiges Auftragsrecht gegenüber dem Institut, vgl. Abs. 4 Satz 2.

8

Die bisherigen Aufgaben werden um die Entwicklung von »**Modulen der Patientenbefragung**« erweitert. Zusätzlich wird der **Auftrag** erteilt (**Abs. 3 Satz 2 Nr. 5**) »auf der Grundlage geeigneter Daten, die in den Qualitätsberichten der Krankenhäuser veröffentlicht werden, einrichtungsbezogen vergleichende **risikoadjustierte** Übersichten über die Qualität in maßgeblichen Bereichen der stationären Versorgung zu erstellen und in einer für die Allgemeinheit verständlichen Form im Internet zu veröffentlichen«.

9

Dabei sollen auch **Ergebnisse zur Qualitätssicherung** zu ausgewählten Leistungen aus der ambulanten und stationären Versorgung (**Abs. 3 Satz 2 Nr. 6**) einbezogen werden. Der **Risikoadjustierung** (risikoangepasst, entsprechend dem jeweiligen Risiko bei Qualitätsproblemen) kommt dabei eine besondere Bedeutung zu (nochmals verstärkt durch die Ausschussfassung, vgl. BT-Drs. 18/1657 S. 71), mit der Folge, dass die **Daten** in veröffentlichten Qualitätsberichten **entsprechend gewichtet** werden.

10

Vornehmlich die Aufgabe der **Veröffentlichung in der Qualitätsberichterstattung** kann durchaus brisant sein und verfassungsrechtlichen Bezug haben, vgl. *Schnapp* NZS 2014, 281; dieser hält etwa die Qualitätsberichterstattung des AOK-Bundesverbandes für grundrechtswidrig. Die Brisanz dieser Aufgabe wird deutlich, wenn die Parallele zu § 115 Abs. 1a SGB XI zu den **Transparenzberichten** hergestellt wird. Der **Interessenlage** aller Beteiligten kann nur entsprochen werden, wenn das hier gebotene **Verfahren**, zu dem der Gemeinsame Bundesausschuss Verfahrensregelungen zu geben hat, **transparent** und **konsequent nachprüfbar geführt** wird und als Basis für die Qualitätsberichterstattung zur Verfügung steht. Dennoch wird die Inanspruchnahme einstweiligen Rechtsschutzes nach hier vertretener Auffassung nicht ausbleiben. Für die Veröffentlichung, die über das Internet

11

eine weite und regelmäßig nicht rückholbare Wirkung entfaltet, muss eine klare Verantwortlichkeit geregelt sein.

12 In **Abs. 3 Satz 2 Nr. 7** erhält das einzurichtende Institut den Auftrag, **Bewertungskriterien** für die **Vielfalt von Zertifikaten und Qualitätssiegeln** im Gesundheitswesen zu erarbeiten und auf der Basis dieser Kriterien allgemein verständlich über den Gehalt der Zertifikate zu informieren. Als Beispiel wird hier das Hygienesiegel angeführt, vgl. BT-Drs. 18/1307 S. 35. Auch diese Maßnahme soll zu mehr Transparenz und in der Folge zu einer größeren Aussagekraft von Zertifikaten qualitätssichernd beitragen.

13 Dem steuernden Einfluss des Gemeinsamen Bundesausschusses kommt erhebliche Bedeutung zu. Dessen **Richtlinien** erstrecken sich in der Wirksamkeit nach **Abs. 3 Satz 3** (Datentransfer an andere Institutionen, vgl. *Roters* in KassKomm SGB V 03/2020 § 137a Rn. 24; *Freudenberg* in jurisPK-SGB V 06/2020 § 137a Rn. 56) auch auf die dort genannten Einrichtungen, etwa die Landesgeschäftsstellen für Qualitätssicherung (LQS). Die Bindungswirkung der Richtlinien, vgl. § 91 Abs. 6, wird damit erweitert.

14 Das IQTiG arbeitet im Auftrag des Gemeinsamen Bundesausschusses, der in der Mehrzahl der Fälle die Aufträge vergibt und verantwortet, vgl. **Abs. 3 Satz 1**. **Abs. 4** regelt das **Antragsrecht** (in **Satz 1 bis 3**) und das Selbstbefassungsrecht (in **Satz 4 bis 6**) betr. das IQTiG. Weitere Stellen können beim Gemeinsamen Bundesausschuss die Beauftragung **beantragen**, der dann die Aufträge nach seiner Prüfung und unter seiner Verantwortung an das Institut vergibt, **Abs. 4 Satz 1**. Zur **Antragstellung beim Gemeinsamen Bundesausschuss** sind wiederum die diesen bildenden Institutionen berechtigt, nämlich die Kassenärztlichen Bundesvereinigungen, die Deutsche Krankenhausgesellschaft und der GKV-Spitzenverband, vgl. § 91 Abs. 1 Satz 1.

15 **Abs. 4 Satz 1** führt auch die unparteiischen Mitglieder des Gemeinsamen Bundesausschusses, das BMG und die für die Wahrnehmung der Interessen der Patientinnen und Patienten und der Selbsthilfe chronisch kranker und behinderter Menschen maßgeblichen Organisationen auf Bundesebene an, die zur Beantragung beim Gemeinsamen Bundesausschuss berechtigt sind. Der Gemeinsame Bundesausschuss prüft (und steuert wohl auch) die Aufträge an das Institut. Dem Gemeinsamen Bundesausschuss wird bei der Prüfung der Anträge ein **Handlungsermessen** einzuräumen sein, aber kein beliebiger Spielraum zur Weiterleitung; zu erwarten ist eine sachliche Befassung und ggf. zielorientierte Steuerung, vgl. *Freudenberg* in jurisPK-SGB V 06/2020 § 137a Rn. 58.

16 Nur das **BMG** kann das Institut auch unmittelbar beauftragen (**Abs. 4 Satz 2**). Dem Institut steht dann aber ein Recht zur Ablehnung des Auftrags zu, es sei denn, das BMG stellt die **Finanzierung** sicher (**Abs. 4 Satz 3**); ist die Finanzierung gesichert, wird die Beauftragung damit verbindlich.

17 **Abs. 4 Satz 4 bis 6** regelt das **Selbstbefassungsrecht** des Instituts. Dieses Recht ist zudem Ausdruck der rechtlichen Unabhängigkeit des IQTiG, vgl. *Roters* in KassKomm SGB V 03/2020 § 137a Rn. 28. Das IQTiG kann sich aus eigener Initiative – durch die Institutsleitung oder den wissenschaftlichen Beirat angestoßen – ohne Auftrag mit Aufgaben nach Abs. 3 befassen. Dies dürfte auch das Recht beinhalten, entsprechend erteilte Aufträge zu erweitern; zum Selbstbefassungsrecht nach Abs. 4 Satz 4 vgl. *Freudenberg* in jurisPK-SGB V 06/2020 § 137a Rn. 61. Dieses Recht wird allerdings auf **10 % der dem Institut zur Verfügung stehenden Haushaltsmittel begrenzt**. Zudem besteht im Falle der Selbstbefassung die Verpflichtung, die Ergebnisse vorab dem Gemeinsamen Bundesausschuss und dem BMG »vorzulegen«. Damit soll diesen die Vorbereitung einer Stellungnahme ermöglicht werden, die dann wohl parallel veröffentlicht werden kann. Auch den Materialien ist nicht zu entnehmen, dass der Gemeinsame Bundesausschuss oder das BMG eine Veröffentlichung unterbinden können; in der Praxis wird jedoch einer konstruktiven Zusammenarbeit auch im »Procedere« der Vorzug zu geben sein. Vgl. hierzu *Mau* f&w 2019, 1000 und *Weber* f&w 2020, 524.

18 Nach **Abs. 5** hat das Institut zu gewährleisten, dass die Aufgaben i.S.d. Abs. 3 auf der Grundlage der **maßgeblichen, international anerkannten Standards der Wissenschaften** erfüllt werden (Einhaltung der wissenschaftlichen Standards). Um dies sicherzustellen, ist in der Stiftungssatzung die

Einrichtung eines wissenschaftlichen Beirats aus unabhängigen Sachverständigen vorzusehen, vgl. *Freudenberg* in jurisPK-SGB V 06/2020 § 137a Rn. 63. Der **wissenschaftliche Beirat** kann auch Einfluss auf die Befassung mit Aufgaben nach dem **Selbstbefassungsrecht** nehmen, vgl. **Abs. 5 Satz 4.**

**Abs. 6** räumt dem Institut die Befugnis ein, im **Einvernehmen mit dem Gemeinsamen Bundesausschuss** »insbesondere« (das Wort wurde mit dem PsychVVG mit Wirkung vom 01.01.2017 eingefügt und erweitert den Handlungsrahmen des IQTiG; zu § 139a Abs. 3 betr. das IQWiG ist diese Formulierung nicht verwendet worden) Forschungs- und Entwicklungsaufträge an **externe Sachverständige** zu vergeben. Dem Einvernehmen entspricht ein »Zustimmungserfordernis« des Gemeinsamen Bundesausschusses, vgl. *Freudenberg* in jurisPK-SGB X 2016 § 137a Rn. 67, auch hier nach näherer Konkretisierung in der Verfahrensordnung. Unter dem 21.01.2016 sind zur Zusammenarbeit mit fachlich unabhängigen wissenschaftlichen Instituten Beschlüsse zur Geschäfts- und Verfahrensordnung erfolgt, die zum Redaktionszeitpunkt noch nicht in Kraft getreten sind. Gründe in der Verfahrensordnung hierfür können etwa einerseits fehlende persönliche oder sachliche Ressourcen (**Kapazität**) sein und andererseits die Einbeziehung von Spezialwissen oder speziell ausgestatteten Einrichtungen (notwendige **Expertise in Spezialbereichen**, vgl. BT-Drs. 18/1307 S. 36). Für die Datenübermittlung wird auf § 299 Bezug genommen. 19

**Abs. 7** regelt, welche Einrichtungen für die Aufgaben nach Abs. 3 zu beteiligen sind. Es werden Institutionen benannt (Abs. 7 Nr. 1 bis 12). Neben den wesentlichen Einrichtungen nach dem Recht der GKV sind auch Berufsorganisationen, wissenschaftliche Fachgesellschaften und entsprechende Netzwerke, Patientenvertretungen, Bund und Länder sowie Bundesoberbehörden benannt; deren Sachverstand soll einbezogen werden, vgl. *Freudenberg* in jurisPK-SGB V 06/2020 § 137a Rn. 71. In Übereinstimmung mit den Materialien kann das **Beteiligungsrecht** sowohl in der Form einer **Mitwirkung**, etwa in Arbeitsgruppen, als auch in einem **Recht zur Stellungnahme** bei der Entwicklungsarbeit bestehen. Hierzu soll ein Methodenpapier erstellt werden, in dem die Beteiligung für den Regelfall ausgestaltet wird; die Beteiligung wird nach hier vertretener Auffassung maßgeblich auch vom einzelnen Auftrag abhängen. 20

**Abs. 8** regelt die **Finanzierung** des Instituts und nimmt insoweit auf § **139c** für das Institut für Qualität und Wirtschaftlichkeit im Gesundheitswesen gem. § 139a Bezug (Finanzierung über einen Systemzuschlag, vgl. *Freudenberg* in jurisPK-SGB V 06/2020 § 137a Rn. 73; *Roters* in KassKomm SGB V 03/2020 § 137a Rn. 35). Die **Finanzierung** erfolgt **jeweils zur Hälfte** durch die Erhebung eines Zuschlags für jeden abzurechnenden Krankenhausfall und durch die zusätzliche Anhebung der Vergütungen für die ambulante vertragsärztliche und vertragszahnärztliche Versorgung nach den §§ 85 und 87a um einen entsprechenden Vomhundertsatz. Auf die Berechnungsregelung des § 139c wird wegen weiterer Einzelheiten verwiesen. 21

**Abs. 9** regelt Vorgaben zur Sicherstellung der fachlichen Unabhängigkeit des Instituts, der eine tragende Bedeutung zukommt. Deshalb hat der Stiftungsvorstand Sorge dafür zu tragen, dass **Interessenkonflikte** von Beschäftigten des Instituts sowie vor allen anderen an der Aufgabenerfüllung beteiligten Personen und Institutionen **vermieden** werden. In der Praxis wird dies zur Abgabe entsprechender Erklärungen und Versicherungen der Beteiligten führen und in Grenzfällen auch zur **Offenlegung möglicher Interessenkonflikte**. Die Regelung des Abs. 9 lässt erkennen, dass bereits durch die Auswahl beteiligter Personen ein Interessenkonflikt möglichst vermieden werden soll. Bei sehr speziellen Fragestellungen wird nicht auszuschließen sein, dass der Anschein von Interessenkonflikten bestehen kann; in diesen Fällen kann nach hier vertretener Auffassung durch **Transparenz und Offenlegung der Problematik begegnet** werden, vgl. *Freudenberg* in jurisPK-SGB V 06/ 2020 § 137a Rn. 74. 22

**Abs. 10** regelt die Voraussetzungen zur **Nutzung der Daten** aus der einrichtungsübergreifenden Qualitätssicherung für Zwecke der Forschung und Weiterentwicklung der Qualitätssicherung, auch als »**sekundäre Datennutzung**« (vgl. *Freudenberg* in jurisPK-SGB V 06/2020 § 137a Rn. 75) bzw. **als Datenauswertung auf Antrag Dritter** bezeichnet, vgl. BT-Drs. 18/1307 S. 37. Hier wird der 23

Gemeinsame Bundesausschuss ermächtigt, das Institut oder eine andere an der Qualitätssicherung beteiligte Einrichtung zu beauftragen, diese Daten auf Antrag auszuwerten und die Auswertungsergebnisse zu Forschungszwecken und zur Weiterentwicklung der Qualitätssicherung zur Verfügung zu stellen. Der **Auftrag** kann ausdrücklich auch an eine andere Stelle gegeben werden; die Regelung knüpft an eine entsprechende **sekundäre Datennutzung** für den Bereich der Dialyseversorgung an, die sich in der Praxis bewährt haben soll; zudem wird auch diese Form der sekundären Datennutzung durch die Regelung letztlich sanktioniert (vgl. *Theisen/Drabik/Lüngen/Stock*, Qualitätssicherung in deutschen Krankenhäusern – »Einrichtungsübergreifende Qualitätssicherung« im Vergleich zur »Qualitätsmessung aus Routinedaten« – Ein direkter Vergleich am Beispiel »Dekubitus«, GesundhWes 2011, 803).

24 Den **Antrag auf eine sekundäre Datennutzung** kann nach Abs. 10 Satz 2 jede natürliche oder juristische Person stellen, die Erkenntnisse zu Forschungszwecken oder zur Weiterentwicklung der Qualitätssicherung benötigt. Von einer Begrenzung der Antragstellung hat der Gesetzgeber bewusst abgesehen, um insoweit auch **neu aufkommenden Interessen entsprechen** zu können. Der Antrag setzt ein **berechtigtes Interesse** und wohl auch die entsprechenden **Fähigkeiten** für eine Nutzung voraus. Wird dem Antrag entsprochen, übermittelt das Institut oder eine dafür beauftragte Stelle die entsprechenden (anonymisierten) Daten nach Erklärung der Bereitschaft zur Kostenübernahme, **Abs. 10 Satz 3**.

25 Das **Verfahren** hierzu soll der Gemeinsame Bundesausschuss in einer **Verfahrensordnung** (zur sekundären Datennutzung ist gem. § 6 Verfahrensordnung ein Antragsformular verfügbar, nachgewiesen im Internet vom IQTiG) regeln und hierbei besonders dem **Datenschutz Rechnung** tragen; damit kann auch der Gleichbehandlung von Interessenten und interessierten Stellen Rechnung getragen werden. Zudem ist das IQTiG gem. Beschluss vom 16.06.2016 mit einem Auftrag verpflichtet, die Verfahrensordnung des Gemeinsamen Bundesausschusses zu beachten. Zur Zusammenarbeit mit fachlich unabhängigen wissenschaftlichen Instituten Beschlüsse zur Geschäfts- und Verfahrensordnung sind entsprechende Beschlüsse erfolgt. **Abs. 10 Satz 5** schreibt vor, dass die Beachtung des Datenschutzes und die Datensicherheit in einem **Datenschutzkonzept** regelmäßig durch unabhängige Gutachter geprüft und bewertet werden. Die Ergebnisse sind zu veröffentlichen. Es gelten zudem, wenn auch nicht ausdrücklich geregelt, die Grundsätze der DSGVO mit Wirkung vom 25.05.2018; zur Zertifizierung eine Datenschutzkonzepts vgl. *Scholz* in Simitis Datenschutzrecht Art. 42 DSGVO Rn. 18 ff., 22, 23.

26 Nach **Abs. 11 in der Fassung ab 01.01.2016** beauftragt der Gemeinsame Bundesausschuss das Institut, die bei den verpflichtenden Maßnahmen der Qualitätssicherung nach § 136 Abs. 1 Satz 1 Nr. 1 erhobenen Daten den **für die Krankenhausplanung zuständigen Landesbehörden** oder von diesen bestimmten Stellen **auf Antrag** für konkrete Zwecke der qualitätsorientierten Krankenhausplanung oder ihrer Weiterentwicklung zu übermitteln. Die Übermittlung darf nur in pseudonymisierter Form erfolgen und muss, soweit die Daten einrichtungsbezogen sowie versichertenbezogen sind, erforderlich sein. Die Landesbehörde hat ein berechtigtes Interesse darzulegen und sicherzustellen, dass die Daten nur entsprechend genutzt werden; die Nutzung und Speicherung müssen zeitlich begrenzt sein eine Weitergabe ist ausgeschlossen, hier nach Maßgabe des Abs. 11 Satz 2 bis 5. Alle Formen der Nutzung, Übermittlung oder Speicherung einschließlich der Löschung werden im Begriff der Verarbeitung nach Art. 4 Nr. 2 DSGVO begrifflich zusammengefasst; entsprechend ist auch Abs. 11 Satz 2 durch das 2. DSAnpUG-EU mit Wirkung vom 26.11.2019 an diese Vorgabe angepasst worden. Die **verstärkte Einbeziehung der Länder** in den Informationskreislauf wie auch in Entscheidungen entspricht der Entwicklung zur Verantwortlichkeit der Länder für die Infrastruktur der Gesundheitsversorgung.

26a § 137a Abs. 3 Satz 2 Nr. 1 wurde geändert (Streichung des Wortes »ergänzende« und Einbeziehung auch digitaler Wege zur Datenerhebung bei Patientenbefragungen) sowie **Abs. 3 Satz 4** angefügt (IQTIG solle bei der Entwicklung von Patientenbefragungen weitgehend auf vorhandene anerkannte Befragungsinstrumente zurückgreifen) durch Art. 1 Nr. 43 Gesetz zur Weiterentwicklung der Gesundheitsversorgung (Gesundheitsversorgungsweiterentwicklungsgesetz – GVWG) vom

11.07.2021 (BGBl. I S. 2754) mit Wirkung vom 20.07.2021. Zur Begründung des Gesetzentwurfs vgl. BT-Drs. 19/26822 sowie Streichung des Wortes »ergänzende« in Abs. 3 Satz 2 Nr. 1 in der Ausschussberatung BT-Drs. 19/30560 S. 47.

Mit der Streichung des Wortes »ergänzende« soll ausweislich der Materialien in **Abs. 3 Satz 1 Nr. 1** klargestellt werden, dass Patientenbefragungen im Rahmen von Verfahren zur Qualitätssicherung des Gemeinsamen Bundesausschusses nicht zwingend mit anderen Datenerhebungen etwa durch Dokumentation von Leistungserbringern verbunden sein müssten. Die Formulierung »Module für ergänzende Patientenbefragungen« habe ursprünglich verdeutlichen sollen, dass Patientenbefragungen neben den weiterhin zu nutzenden anderen Datenquellen der Qualitätssicherung als zusätzliche Erkenntnisgrundlage bei der Erhebung der Versorgungsqualität entwickelt und etabliert werden sollten. Inwieweit Patientenbefragungen auch eigenständig eingesetzt werden könnten, um Qualitätaspekte der Versorgung zu ermitteln und welche Konsequenzen an die Ergebnisse von Patientenbefragungen geknüpft werden sollten, sei vom Gemeinsamen Bundesausschuss unter Berücksichtigung der Entwicklungsergebnisse und Empfehlungen des IQTIG im jeweiligen Versorgungskontext zu beurteilen. Das Missverständnis, dass Patientenbefragungen stets nur als Teil weiterer Datenerhebungen eingesetzt werden könnten, werde durch die Streichung ausgeräumt. Die Ergänzung zur Entwicklung von Patientenbefragungen **auch in digitaler Form** werde mit der Änderung ab 20.07.2021 weiterhin kodifiziert; so könne von einer Befragung mittels Papierfragebögen nach und nach abgesehen werden. Welches **Medium** im Einzelfall besser geeignet sei, sei konkret zu entscheiden. Bei einer digitalen Befragung seien die Vorgaben des § 299 Abs. 4 Satz 11 zu beachten. 26b

Mit der Ergänzung durch **Abs. 3 Satz 4** wurde vorgegeben, dass das IQTIG bei der Entwicklung von Patientenbefragungen im Rahmen der datengestützten einrichtungsübergreifenden Qualitätssicherung möglichst auf vorhandene national oder international anerkannte Befragungsinstrumente zurückgreifen solle. Dadurch könnten Ressourcen für den Entwicklungsaufwand gespart und die Vergleichbarkeit von Befragungsergebnissen auch im internationalen Kontext gefördert werden. Das Verfahren sei vom IQTIG jeweils in Abstimmung mit dem Gemeinsamen Bundesausschuss zu prüfen, auch mit der Möglichkeit, vorhandene Befragungsmedien abzuändern; diese müssen zudem barrierefrei sein. 26c

## B. Auftrag zur Gründung eines Instituts für Qualitätssicherung und Transparenz im Gesundheitswesen und Bestellung der Institutsleitung (Abs. 1 und 2)

Mit Abs. 1 wurde dem Gemeinsamen Bundesausschuss aufgegeben, mit dem Ziel der **Kontinuität bei der wissenschaftlichen Untersuchung der Qualitätssicherung** ein eigenständiges Institut für Qualitätssicherung und Transparenz im Gesundheitswesen (abgekürzt IQTiG) zu gründen, im Rahmen der gesetzlichen Vorgaben zu beauftragen und an den Entscheidungen mitzuwirken. Damit soll eine dauerhafte Institutsstruktur für diesen Aufgabenbereich verfügbar sein; zum Grundkonzept vgl. *Roters* in KassKomm SGB V 03/2020 § 137a Rn. 3. 27

Dabei stellt der Gesetzgeber Parallelen zum Institut für Qualität und Wirtschaftlichkeit im Gesundheitswesen (IQWiG) nach **§ 139a** her, insbesondere bezüglich der Organisationsform (mit der Verantwortlichkeit einer dafür gegründeten privatrechtlichen Stiftung bei einer maßgeblichen Einflussnahme des BMG, nach § 139a noch alternativ und in § 137a zwingend, nachdem sich diese Organisationsform bewährt hatte) und der Finanzierung. Zugleich werden die Inhalte und Aufgaben gegenüber § 137a in der Fassung bis 24.07.2014 deutlich erweitert und auch die Ermittlung der Versorgungsqualität auf der Grundlage von Routinedaten der Krankenkassen nach § 284 Abs. 1 einbezogen. 28

Das IQTIG wurde am 09.01.2015 gegründet, in Stufen aufgebaut und hatte im Januar 2016 seine Tätigkeit aufgenommen. Das aufgrund einer Auftragserteilung in § 137a a.F. aus dem Jahr 2007 im Jahr 2009 realisierte Projekt des AQUA-Instituts (vgl. Erläuterungen I.1) wurde nicht weitergeführt; Projekte wurden in das IQTIG überführt. Das IQTIG soll zur besseren **Transparenz über** 29

§ 137a SGB V    Institut für Qualitätssicherung und Transparenz im Gesundheitswesen

die **Qualität der Versorgung** beitragen. Hierzu soll es u.a. **Qualitätsvergleiche** zu **Krankenhausleistungen veröffentlichen**, damit sich die Patientinnen und Patienten, z.B. bei der Wahl eines Krankenhauses, über die Qualität der Leistungen und Einrichtungen leichter informieren können. Zahlreiche Plattformen für Informationen zu diesem Bereich (Stichwort »weiße Liste«) sind zudem verfügbar. Das nutze den Patientinnen und Patienten, sei aber auch eine wichtige Hilfestellung für Leistungserbringer.

### I. Auftrag für die Gründung eines Instituts nach Abs. 1 Satz 1

30 **Abs. 1 Satz 1** verpflichtet den **Gemeinsamen Bundesausschuss**, ein »fachlich unabhängiges, wissenschaftliches Institut für Qualitätssicherung und Transparenz im Gesundheitswesen« zu gründen. Wesentliche Aufgabe dieses Instituts ist die wissenschaftliche Unterstützung der Qualitätssicherung und der Darstellung der Versorgungsqualität. Dies hat zur Einrichtung des IQTIG geführt.

31 Ein entscheidendes Kriterium ist die **fachliche Unabhängigkeit** des Instituts, trotz seiner institutionellen Nähe zum Gemeinsamen Bundesausschuss, vgl. *Roters* in KassKomm SGB V 03/2020 Rn. 4. Dabei sollen organisatorische und strukturelles Sicherungsmaßnahmen verhindern, dass durch Weisungsrechte in das Institut eingegriffen werden kann sowie Interessenkollisionen bei den Mitarbeitern die Unabhängigkeit infrage stellen können

32 Eng mit der fachlichen Unabhängigkeit steht die **organisatorische und wirtschaftliche Unabhängigkeit** des IQTiG im Zusammenhang. Diese Unabhängigkeit besteht, obgleich auch Führungsmitglieder des Gemeinsamen Bundesausschusses vertreten sind. Insoweit hat der Gesetzgeber Organisationsstrukturen des IQWiG nach § 139a bis § 139c übernommen und teilweise auf diese Bezug genommen. Näheres wird in der Satzung zu dieser als Stiftung des öffentlichen Rechts geführten Institution geregelt. In der Satzung werden die Aufgaben der Stiftungsorgane und insbesondere des Vorstands geregelt, näher auch die Überwachung der ordnungsgemäßen Geschäftsführung, vgl. § 6 Abs. 2 der Satzung. Dem entspricht die ausschließliche fachliche Verantwortung der wissenschaftlichen Leitung des Instituts nach § 7 Abs. 7 der Satzung.

33 Nach **Abs. 1 Satz 1** muss es sich weiter um ein »wissenschaftliches« Institut handeln. Die **Wissenschaftlichkeit** ist ein wesentliches Merkmal dieser Konstruktion, zumal Qualität auch wissenschaftlich erfasst, qualifiziert und entsprechend berichtet werden soll. Damit soll zugleich die Erforderlichkeit der Qualitätssicherung besser und mit der gebotenen Überzeugung erfassbar gemacht werden.

### II. Errichtung als Stiftung des privaten Rechts (Abs. 1 Satz 2)

34 Nach **Abs. 1 Satz 2** hat der Gemeinsame Bundesausschuss eine **Stiftung des privaten Rechts** zu errichten, die Trägerin des Instituts ist. Während die Regelung in § 139a Abs. 1 Satz 2 die Frage der Rechtsform noch in einer »Kann-Bestimmung« regelt, wird die Rechtsform der Stiftung des privaten Rechts in Abs. 1 Satz 2 ausdrücklich festgelegt. Diese Stiftung hat **Rechtsfähigkeit**, um die Aufgaben mit der notwendigen Kompetenz wahrnehmen zu können. Die Materialien verweisen bezüglich der **Organisationsform** auf die Regelungen zum Institut für Qualität und Wirtschaftlichkeit im Gesundheitswesen – IQWiG – nach § 139a Abs. 1, vgl. BT-Drs. 18/1307 S. 33.

35 Auf die **Satzung des IQWiG**, vgl. § 139a, wird vergleichsweise Bezug genommen (nachgewiesen im Internet vom IQWiG und vom IQTIG). Es wird nach § 4 Abs. 3 ein Finanzausschuss der Stiftung eingesetzt, der die Organe der Stiftung berät und insbesondere den von der Institutsleitung vorbereiteten Haushaltsplan und den Jahresabschluss prüft. Die Aufgaben des Stiftungsrats werden näher beschrieben. Das vom BMG benannte Mitglied bleibt so lange im Amt, bis das BMG ein neues Mitglied benennt. Die Rechte der Stiftungsaufsicht bleiben unberührt. Weitere Regelungen betreffen das Institut, das hier vorgesehene Kuratorium, den auch im Falle des § 137a vorgesehenen **wissenschaftlichen Beirat**, den Finanzausschuss, die Protokollierung der Organbeschlüsse, die **Vertretung der Stiftung** (die rechtsfähig ist und der Staatsaufsicht unterliegt, vgl. § 15 der Satzung), die Aufbringung der Mittel, das Geschäftsjahr, die Staatsaufsicht, Satzungsänderung und Liquidation

und den Vermögensanfall. Die Parallelen zur Satzung des IQWIG, wenn auch mit kleinen, wohl aufgabenbedingten Differenzierungen, sind offensichtlich und gewollt.

Das IQTiG ist mit einer Stiftung als **Rechtsträger privatrechtlich organisiert.** Dies hat zur Folge, 36 dass das IQTiG **keine hoheitlichen Befugnisse** hat und auch nicht entsprechend beliehen wurde. Insoweit stimmt dies mit der Umsetzung des IQWiG überein. Aufgabenstellung und Aufgabenausübung erfolgten rein wissenschaftlich und für den Auftraggeber, meist der Gemeinsame Bundesausschuss, unverbindlich; die Ergebnisse des Instituts haben allein Empfehlungscharakter, vgl. *Roters* in KassKomm SGB V 12/2016 § 137a Rn. 6, 7, auch arg. § 137b.

### III. Beteiligung des BMG

Dem **Vorstand** der Stiftung wird in **Abs. 2 Satz 1** die Bestellung der **Institutsleitung** mit Zustim- 37 mung des BMG übertragen. Das BMG entsendet zudem ein Mitglied in den Vorstand der Stiftung. Damit wird das BMG in die Wahrnehmung der Aufgaben des Stiftungsvorstandes einbezogen. In der Satzung der Stiftung ist dies angemessen zu berücksichtigen, was in § 7 Abs. 6 der Satzung berücksichtigt ist.

Nicht geregelt ist, ob und inwieweit die **Institutsleitung** vor Ablauf der Bestellungsfrist **abberufen** 38 werden kann. Eine Abberufung aus wichtigem Grund dürfte nicht ausgeschlossen sein, vgl. so auch *Freudenberg* in jurisPK-SGB V 06/2020 § 137a Rn. 41. Als »**actus contrarius**« dürfte dies entsprechend der Bestellung mit der entsprechenden Mehrheit und wiederum mit Zustimmung des BMG möglich sein, vgl. *Roters* in KassKomm SGB V 03/2020 § 137a Rn. 8. An einen **wichtigen Grund** wären strenge Anforderungen zu stellen sein, um jeglichen Zusammenhang zu wissenschaftlichen Inhalten pp. im Sinne der gebotenen Unabhängigkeit auszuschließen. Allenfalls schwerwiegende und vorsätzliche Verstöße gegen das Regelwerk wären denkbar, die geeignet wären, dass Vertrauen in das IQTIG nachhaltig zu schädigen. Überprüfbar erscheint insoweit, ob die hohen Anforderungen an die Wissenschaftlichkeit der Arbeit des Instituts auch konsequent eingehalten werden, wobei hierfür die Institutsleitung zuvorderst verantwortlich ist, vgl. § 7 Abs. 4 der Satzung.

## C. Auftrag des Instituts und Inhalt zu erteilender Aufträge (Abs. 3)

### I. Arbeitsfelder des Instituts (Abs. 3 Satz 1)

Das Institut arbeitet im **Auftrag des Gemeinsamen Bundesausschusses** (ggf. auch an einem Auf- 39 trag des BMG nach Maßgabe des Abs. 4 Satz 2 und 3) an Maßnahmen zur Qualitätssicherung und zur Darstellung der Versorgungsqualität im Gesundheitswesen, wie die Regelung des **Abs. 3 Satz 1** zusammenfassend festlegt. Damit sind die **Arbeitsfelder** umschrieben, in denen das Institut im Auftrag des Gemeinsamen Bundesausschusses tätig wird (vgl. BT-Drs. 18/1307 S. 34). Der Aufgabenbereich wurde somit, im Unterschied zur Gesetzesfassung bis 24.07.2014, weiter gefasst. Zugleich wurde klargestellt, dass die **Auftragserteilung** an das Institut im Regelfall durch den **Gemeinsamen Bundesausschuss** erfolgt.

Die vom Institut durchgeführten **Verfahren** und daraus erwachsenden Empfehlungen haben jeden- 40 falls **keinen Normcharakter** (vgl. *Freudenberg* in jurisPK-SGB V 06/2020 § 137a Rn. 55, zur »Unverbindlichkeit« der Arbeitsergebnisse des Instituts) und bedürfen mit dem Ziel der Verbindlichkeit der Umsetzung durch den Gemeinsamen Bundesausschuss durch Richtlinienrecht wie auch andere Rechtsformen, die dann für verbindlich erklärt werden, etwa durch vertragliche Bindung. Allerdings sind die Ergebnisse **als Standard aussagekräftig** und insoweit »wirksam«; **zu berücksichtigen** sind diese auch nach § 137f Abs. 2 Satz 2 unter ausdrücklicher Bezugnahme auf § 137a Abs. 3.

### II. Aufgabenkatalog nach Abs. 3 Satz 2 Nr. 1 bis 4

Die **Aufzählung der Aufgaben** nach Abs. 3 Satz 2 ist zwar recht umfassend, aber nach dem Wortlaut 41 »insbesondere« nicht abschließend. Dazu gehört nach **Abs. 3 Satz 2 Nr. 1** die **Messung und Darstellung der Versorgungsqualität**, wobei möglichst sektorenübergreifend abgestimmte Indikatoren und Instrumente zu entwickeln sind. Ausweislich der Materialien hat die Institution für die hier bestimmte Messung und Darstellung der Versorgungsqualität auf der Grundlage der Feststellung des verfügbaren Wissens Indikatoren und Messinstrumente der Qualität unter Berücksichtigung möglichst sektorenübergreifender und ergebnisorientierter Behandlungspfade zu entwickeln. Ein solches Vorgehen soll die **Stringenz der Qualitätssicherung stärken** und dazu beitragen, den bürokratischen Aufwand der Datenerhebung zu reduzieren.

42 Der Gesetzeswortlaut geht von »**risikoadjustierten** Indikatoren« aus; zur Risikoadjustierung vgl. *Roters* in KassKomm SGB V 03/2020 § 137a Rn. 14). Damit sollen die Indikatoren gewichtet werden; es gibt wichtige, weniger wichtige, aber auch ganz besonders wichtige Faktoren (Beispiel Pflege in Pflegeheim: Was nützt freundliche Betreuung, gutes Essen, schöne Wohnumgebung, wenn Pflege und medizinische Leistungen unzulänglich sind; eine »gemittelte Note« wäre nicht aussagekräftig). Würden alle Faktoren gleich bewertet, führte dies zu einer fehlerhaften Gewichtung. Die Gewichtung, die auch ausdrücklich in Abs. 3 Satz 2 Nr. 5 in Bezug auf die Qualitätsberichterstattung (»vergleichende risikoadjustierte Übersichten«) angeführt wird, hat bei einer Veröffentlichung eine entscheidende Bedeutung.

43 Zusätzlich schließen die Aufgaben hiernach die Entwicklung von »**Modulen für ergänzende Patientenbefragungen**« ein. Hiermit soll eine weitere Informationsquelle eröffnet werden. Derartige Module können insbesondere in die Bewertung der Erfolgsqualität einfließen, aber auch die Feststellungen zu den weiteren Qualitätsstufen ergänzen.

44 Nach **Abs. 3 Satz 2 Nr. 2** ist die Institution weiter inhaltlich damit zu beauftragen, die **notwendige Dokumentation** für die einrichtungsübergreifende Qualitätssicherung unter Berücksichtigung des Gebots der Datenvermeidung und **Datensparsamkeit** (ein Grundsatz des Art. 5 Abs. 1 DSGVO mit Wirkung vom 25.05.2018; vgl. *Freudenberg* in jurisPK-SGB V 2016 § 137a Rn. 46) zu entwickeln. Entscheidend sind die Stichworte »Zweckbindung, angemessen, erheblich, notwendig oder auch anonymisiert möglich sowie auf das zwingend erforderliche Maß reduziert, vgl. BT-Drucks. 16/3100 S. 148«. Damit wird ausweislich der Materialien die Aufgabe erfasst, die Dokumentationsinhalte der Leistungserbringer zu erarbeiten. Dabei habe die Institution zu beachten, dass die Anforderungen an die Qualität der Dokumentation auf das zwingend erforderliche Maß reduziert würden. Diese Vorschrift diene dazu, die **bürokratischen Belastungen für die Leistungserbringer so gering wie möglich zu halten** und die **Effektivität der Qualitätssicherungsbemühungen so weit wie möglich zu stärken**. Zugleich dient dieser Auftragspunkt – gleich den Aufgaben in Abs. 3 Satz 2 Nr. 3 und 4 – dem Gebot der Datensparsamkeit, vgl. BT-Drs. 18/1307 S. 34).

45 In **Abs. 3 Satz 2 Nr. 3** (in der Fassung bis 24.7.2014 Abs. 2 Satz 1 Nr. 3) wird die **Institution** beauftragt, sich an der Durchführung der einrichtungsübergreifenden Qualitätssicherung zu beteiligen und, soweit erforderlich, die weiteren Einrichtungen nach Abs. 3 Satz 3 einzubeziehen. Die Beauftragung beinhaltet damit, sich an der **Durchführung der einrichtungsübergreifenden Qualitätssicherung zu beteiligen**. Dies umfasst auch die für die einrichtungsübergreifende Qualitätssicherung **erforderliche Datenauswertung nach § 299**, worauf die Materialien zur Fassung bis 24.07.2014 hinweisen.

46 Abs. 3 Satz 2 Nr. 3 ermöglicht, dass auch **andere Institutionen auf Landesebene** im Rahmen der einrichtungsübergreifenden Qualitätssicherung Aufgaben wahrnehmen können. Beispielsweise können **Qualitätsprüfungen** für die zugelassenen Krankenhäuser auch von den Landesgeschäftsstellen für Qualitätssicherung und für den vertragsärztlichen Bereich von den Kassenärztlichen Vereinigungen durchgeführt werden. Die erforderliche **Transparenz** über die Versorgungsqualität wird nur dann erreicht, wenn die Ergebnisse zur Versorgungsqualität nachvollziehbar, vergleichbar und für alle Anwender gut zugänglich dargestellt werden. Durchführungsbestimmungen haben dies zu berücksichtigen.

47 **Abs. 3 Satz 2 Nr. 4** beinhaltet die Beauftragung der Institution, die **Ergebnisse der Qualitätssicherungsmaßnahmen** durch die Institution in geeigneter Weise und in einer **für die Allgemeinheit verständlichen Form zu veröffentlichen**, auch als Auftrag zur »Bürgerinformation« erfasst, vgl.

*Roters* in KassKomm SGB V 03/2020 § 137a Rn. 17. Dies schließt ausweislich der Materialien ein, die Ergebnisse der Qualitätsbemühungen insbesondere den Bürgerinnen und Bürgern und allen Interessierten zur Verfügung zu stellen. Da die Daten weitgehend auf die Leistungserbringer und deren apparative Ausstattung zurückgehen, verlangt die aufgabengemäße Entwicklung des Instruments die Auswahl, Risikoadjustierung und hinreichende Validierung einschließlich der Angaben zu ihrer ordnungsgemäßen Generierung, vgl. *Roters* a.a.O. Rn. 18.

### III. Information über die Qualität von maßgeblichen Bereichen der Krankenhausversorgung durch vergleichende risikoadjustierte Übersichten (Abs. 3 Satz 2 Nr. 5)

Als weitere Aufgabe führt **Abs. 3 Satz 2 Nr. 5** an, auf der Grundlage geeigneter **Daten**, die in den **Qualitätsberichten der Krankenhäuser** veröffentlicht werden, einrichtungsbezogen vergleichende risikoadjustierte Übersichten über die Qualität in maßgeblichen Bereichen der stationären Versorgung zu erstellen und in einer für die Allgemeinheit verständlichen Form im Internet **zu veröffentlichen**, zusammengefasst auch als Übersichten zur Qualität stationärer Versorgung beschrieben, vgl. *Roters* in KassKomm SGB V 03/2020 § 137a Rn. 19. Dabei sollen Ergebnisse der Aufgaben nach Abs. 3 Satz 2 Nr. 6 (ausgewählte Leistungen betreffen die Qualität der ambulanten und stationären Versorgung) ausdrücklich einbezogen werden.

Die **vergleichende Qualitätsberichterstattung** über Krankenhäuser durch Kassenverbände, etwa den AOK-Bundesverband im AOK-Krankenhaus Navigator wie auch andere vergleichbare Programme (Nachweise im Internet), werden verfassungsrechtlich teilweise **kritisch** bewertet, vornehmlich im Hinblick auf das Recht am eingerichteten und ausgeübten Gewerbebetrieb nach Art. 14 Abs. 1 GG, vgl. *Schnapp* NZS 2014, 281. Als Grundlage der Qualitätsberichterstattung auf dieser Ebene wird § 137 in Bezug gebracht. Hier enthält Abs. 3 Satz 2 Nr. 5 eine eigenständige Ermächtigung zur Qualitätsberichterstattung »in allgemein verständlicher Form«.

Wesentliche Voraussetzung für eine korrekte Erfüllung dieses Auftrags ist die **Risikoadjustierung** der zugrunde gelegten Daten. Im Rahmen der Positionsbestimmung der DKG-Expertengruppe werden Qualitätsmessung und Risikoadjustierung im Zusammenhang gesehen. Dies entspricht den Vorgaben des AQUA-Instituts, der Vorgängerinstitution des IQTiG. So werden statistische Verfahren zur **Risikoadjustierung** verwendet, um Therapieerfolge, Komplikationsraten, Qualitätsindikatoren oder anderer Maßzahlen auch unterschiedlich zusammengesetzte Patientengruppen inhaltlich sinnvoll vergleichen zu können. Wenn etwa in einer **gut ausgestatteten Klinik** häufig Risikoschwangerschaften betreut werden, ist auch bei optimaler Betreuung hier mit mehr Komplikationen zu rechnen als in einer Klinik, die vorrangig bei unkomplizierter Schwangerschaft aufgesucht wird. Ein **sinnvoller Vergleich der Komplikationsraten** aus beiden Kliniken ist **ohne Risikoadjustierung nicht möglich**.

Die Faktoren für eine Risikoadjustierung werden von den maßgeblichen Institutionen in der wissenschaftlichen Literatur recherchiert und über Datenanalysen identifiziert. In der Regel wirken sich neben Alter und Geschlecht unterschiedliche Begleiterkrankungen oder der Allgemeinzustand der Patienten aus. Dies können aber auch zahlreiche weitere Faktoren sein, etwa die Zusammensetzung des Patientengutes und deren Datenlage als ein maßgeblicher Faktor (so wird die Mortalität in einem Hospiz nahezu 100 Prozent sein; der Faktor Mortalität ist dann kaum aussagekräftig).

**Qualitätsberichterstattung** ist im System der GKV und der Pflegeversicherung nicht neu. Hier kann die Parallele zur Berichterstattung nach **§ 115 Abs. 1a SGB XI** herangezogen werden. Zur **Transparenzberichterstattung** vgl. näher *Dalichau* in SGB XI Erläuterungen zu § 115 Abs. 1a SGB XI. Die Berichterstattung selbst gibt lediglich das Ergebnis wieder, dem eine verfahrenstechnisch festgelegte Prüfung der Pflegeeinrichtung vorangeht. Die Pflegeeinrichtung hat Anspruch auf die **Einhaltung von Verfahrensregeln**, verbunden mit rechtlichem Gehör und mit der Möglichkeit, auf Prüfergebnisse eingehen zu können. Es wird empfohlen, auch für die **Qualitätsberichterstattung** nach **Abs. 3 Satz 2 Nr. 5** vergleichbare Kriterien zu entwickeln und diese in Verfahrensvorschriften, jedenfalls als untergesetzliches Recht und mit Bindungswirkung gegenüber den Prüfgremien, festzulegen.

53 Bedenken gegen die **Verfahrensweise** sollen dann nicht bestehen, wenn »der Einfluss auf wettbewerbsrechtliche Faktoren ohne Verzerrung der Marktverhältnisse nach Maßgabe der rechtlichen Vorgaben für staatliches Informationshandeln« erfolge, vgl. *Freudenberg* in jurisPK-SGB V 06/ 2020 § 137a Rn. 51 unter Bezugnahme auf BSG 16.05.2013 – B 3 P 5/12 R – SozR 4–3300 § 115 Nr. 2 – zu § 115 Abs. 1a SGB XI – mit Beitrag *Axer* GesR 2015, 193, hier auch zur »Unzulässigkeit einer vorbeugenden Unterlassungsklage«. Unverzichtbar sind sichere, transparente und nachvollziehbare Fakten bei einer ergebnissicheren Verfahrensweise zur Qualitätsbeurteilung von Leistungen. **Risikoadjustiert** bedeutet konkret etwa auch, dass patientenbestätigt eine gute Essensauswahl eines Krankenhauses nicht geeignet sein kann, Hygienemängel oder medizinische Leistungsdefizite in Bewertungsziffern – auch nur geringfügig – »auszugleichen«. Zur Qualitätsmessung und Risikoadjustierung vgl. *Becker/Stausberg u.a.* KH 2016, 954.

54 Auch im Rahmen der **Aufgaben nach Abs. 3 Satz 2 Nr. 5** weisen die Materialien bereits auf die **Risikoadjustierung** der **Daten** hin, vgl. BT-Drs. 18/1307 S. 24; in der Ausschussberatung ist diese Voraussetzung ausdrücklich in den Gesetzeswortlaut aufgenommen worden. Die Regelung lässt zudem die Einbeziehung von Routinedaten zu, um auch so eine umfassendere Bewertung zu ermöglichen (hier auch in der Bezugnahme auf Abs. 3 Satz 2 Nr. 6).

### IV. Darstellung der Qualität ausgewählter Leistungen der ambulanten und stationären Versorgung auch auf der Basis von sog. Routinedaten der Krankenkassen (Abs. 3 Satz 2 Nr. 6)

55 Als Aufgabe des Instituts führt **Abs. 3 Satz 2 Nr. 6** an, für die Weiterentwicklung der Qualitätssicherung zu ausgewählten Leistungen **die Qualität** der ambulanten und stationären Versorgung zusätzlich auf der Grundlage geeigneter Sozialdaten **darzustellen**, die dem Institut von den Krankenkassen nach **§ 299 Abs. 1a** auf der Grundlage von Richtlinien und Beschlüssen des Gemeinsamen Bundesausschusses übermittelt werden (vgl. *Freudenberg* in jurisPK-SGB V 03/2020 § 137a Rn. 52, 53). Dies beinhaltet den **Auftrag, die Qualität ausgewählter Leistungen der ambulanten und stationären Versorgung** auch auf der Grundlage von sogenannten **Routinedaten** der Krankenkassen, etwa Abrechnungs- und Leistungsdaten, die von ihnen nach § 284 Abs. 1 versicherten- und einrichtungsbezogen erhoben und gespeichert werden, **zu ermitteln** und für den Gemeinsamen Bundesausschuss als Entscheidungsgrundlage zur Weiterentwicklung der Qualitätssicherung **darzustellen** (vgl. Materialien in BT-Drs. 18/1307 S. 34).

56 Die **Nutzung** von bei den Krankenkassen vorhandenen Daten zur **Messung und Darstellung der Versorgungsqualität** ergänzt in Übereinstimmung mit den Materialien den Erkenntnisgewinn aus spezifischen Qualitätssicherungsdaten, wie die Materialien weiter darlegen. Die **Routinedatennutzung** soll insbesondere dazu dienen, **Qualitätsdefizite** möglichst frühzeitig zu erkennen und mit gezielten Qualitätssicherungsmaßnahmen **gegensteuern** zu können. Die Auswahlentscheidung, bei welchen Leistungen die Qualität auf der Basis von Routinedaten untersucht werden soll, trifft der Gemeinsame Bundesausschuss.

57 Die **erweiterte Nutzung** der bei den Krankenkassen bereits vorliegenden Daten zur Erhebung der Versorgungsqualität hat – so weiter die Materialien hierzu – den Vorteil, dass für die **Leistungserbringer kein zusätzlicher Dokumentationsaufwand entsteht**. Für die Qualitätserhebungen sind nach dieser Regelung allerdings **nur solche Routinedaten** heranzuziehen, die geeignet sind, **Aufschluss über Qualitätsaspekte** zu geben. Hier beinhaltet der Verweis auf § 299 Abs. 1a die notwendige Verknüpfung mit der Rechtsgrundlage für die Nutzung und Übermittlung der nach § 284 Abs. 1 erhobenen und gespeicherten Daten für die Zwecke der Qualitätssicherung.

58 In den **Richtlinien oder Beschlüssen des Gemeinsamen Bundesausschusses** ist festzulegen, dass und in welcher Weise die von den Krankenkassen zu übermittelnden Daten nach Maßgabe des § 299 Abs. 1a für Zwecke der Qualitätssicherung heranzuziehen sind. Hierfür gelten zudem die datenschutzrechtlichen Anforderungen nach § 299 Abs. 1 Satz 3 bis 7 entsprechend. Die Materialien verweisen insoweit auch auf die Anwendung des **Gebots der Datensparsamkeit** und **Datensicherheit** (nach der Rechtslage ab 25.05.2018 vgl. Art. 5 Abs. 1 DSGVO), die vom Gemeinsamen

Bundesausschuss bei den Entscheidungen zur Nutzung von Routinedaten zu beachten seien, vgl. BT-Drs. 18/1307 S. 34.

Vereinbarungen nach § 137d zur Qualitätssicherung in Vorsorge und Rehabilitation, die ebenfalls in § 299 Abs. 1a angeführt sind, sind **ausdrücklich nicht** in den Anwendungsbereich der Routinedatennutzung durch das Institut einbezogen, vgl. *Freudenberg* in jurisPK-SGB V 06/2020 § 137a Rn. 53. Andererseits soll es dem Institut erlaubt sein, **Routinedaten**, die andere Stellen, etwa »Register« (Krebsregister z.B.) oder Fachgesellschaften, öffentlich zur Verfügung stellten, in die **Gesamtbewertung einzubeziehen**. Transparenz wird teilweise auch nur dadurch zu erreichen sein, wenn eine Einseitigkeit der Informationen vermieden und ein hinreichendes Informationsgleichgewicht hergestellt wird, vgl. *Roters* in KassKomm SGB V 03/2020 § 137a Rn. 20 unter Bezugnahme auf BVerfG Beschl. v. 26.06.2002 – 1 BvR 558/91 und 1428/91, NJW 2002, 2621 (hier zur Veröffentlichung eine Liste glykolhaltiger Weine – Informationen zur Sicherung der Markttransparenz und zur Konflikt- und Krisenbewältigung unter Beachtung des Gebots der Sachlichkeit und Richtigkeit, hierzu Informationskompetenz der Bundesregierung).

### V. Bewertungskriterien für die Vielfalt von Zertifikaten und Qualitätssiegeln im Gesundheitswesen und Information über den Gehalt (Abs. 3 Satz 2 Nr. 7)

Nach **Abs. 3 Satz 2 Nr. 7** soll das **Institut** vorrangig beauftragt werden, Kriterien zur Bewertung von Zertifikaten und Qualitätssicherung, die in der ambulanten und stationären Versorgung verbreitet sind, zu entwickeln und anhand dieser Kriterien über die Aussagekraft dieser Zertifikate und Qualitätssiegel in einer für die Allgemeinheit verständlichen Form zu **informieren**. Die Materialien (vgl. BT-Drs. 18/1307 S. 35) führen insoweit das Hygienesiegel an. Zu einer irreführenden Werbung für ein Hygienesiegel vgl. LG Berlin Urt. v. 02.02.2010 – 15 O 249/09, WRP 2010, 672 und KG Urt. v. 27.03.2012 – 5 U 39/10, WRP 2012, 993. Zum Medizinprodukterecht vgl. BSG Urt. v. 29.11.2017 – B 6 KA 34/16 R sowie in Verbindung mit dem Qualitätsmanagement *Fünfgeld/Mittelmeier* KH 2018, 120 sowie *Plagemann* in Festschrift für Franz-Josef Dahm, S. 327.

Die **Bewertungskriterien** und Informationen zu den Zertifikaten und Siegeln böten ausweislich der Materialien eine **Hilfestellung für Patientinnen und Patienten bei der Beurteilung,** welche Aussagen einer Zertifizierung in Bezug auf Qualität entnommen und welche Schlüsse aus einem Zertifikat gerade nicht abgeleitet werden könnten. Dadurch werde **Transparenz** über die Aussagekraft von Zertifikaten und Qualitätssiegel hergestellt und ihre Einordnung ermöglicht.

### VI. Mitwirkung weiterer Einrichtungen an der Durchführung der verpflichtenden Maßnahmen der Qualitätssicherung (Abs. 3 Satz 3)

In den Fällen, in denen **weitere Einrichtungen** an der Durchführung der verpflichtenden Maßnahmen der Qualitätssicherung nach § 136 Abs. 1 Satz 1 Nr. 1 mitwirken, haben diese dem **Institut** auf der Grundlage der **Richtlinien** des Gemeinsamen Bundesausschusses zur einrichtungsübergreifenden Qualitätssicherung die für die **Wahrnehmung seiner Aufgaben** (vgl. Abs. 3 Satz 2 Nr. 1 bis 7) **erforderlichen Daten** zu übermitteln.

Nach **Abs. 3 Satz 3** besteht eine **Verpflichtung** zur Datenübermittlung. Entsprechend ist auch § 21 KHEntgG mit der Regelung zur Datenübermittlung mit Wirkung vom 01.01.2016 (nachfolgend mit Wirkung vom 14.12.2019) angepasst worden, vgl. *Freudenberg* in jurisPK-SGB V 06/2020 § 137a Rn. 57; auf die danach bestehenden Pflichten und Befugnisse wird Bezug genommen. Auch diese Vorschrift gilt im Lichte der DSGVO mit Wirkung vom 25.05.2018, hier etwa im Hinblick auf die Zweckbindung, Art. 6 DSGVO. Mit **Abs. 3 Satz 3** wird zugleich die **Bindung dieser Institutionen** an die **Richtlinien** des Gemeinsamen Bundesausschusses über die Regelung des § 91 Abs. 6 hinaus erstreckt, vgl. BT-Drs. 18/1307 S. 35. Über die vom IQTIG zu entwickelnden Kriterien soll darüber hinaus »ihre Aussagekraft bewertet und das Ergebnis in verständlicher Form der Allgemeinheit zugänglich gemacht werden«, vgl. *Roters* in KassKomm SGB V 03/2020 § 137a Rn. 23, 24 unter Bezugnahme auf BT-Drs. 18/1307 S. 35.

## D. Auftragsrecht an das Institut und Antragsrecht (Abs. 4)

64 **Abs. 4 Satz 1 bis 3** trifft Regelungen zur Beauftragung und **Abs. 4 Satz 4 bis 6** solche zur Selbstbefassung. **Abs. 4** regelt Fragen der Beauftragung des Instituts, wobei die Beauftragung in erster Reihe durch den Gemeinsamen Bundesausschuss erfolgt. Dem **BMG** werden insoweit **weitergehende Rechte** eingeräumt, vgl. **Abs. 4 Satz 2**, wobei die Ausführung durch das Institut im Einzelfall von der Übernahme der Finanzierung abhängig gemacht werden kann, vgl. **Abs. 4 Satz 3**. Zudem regelt **Abs. 4** ein **Selbstbefassungsrecht** des Instituts und damit dessen Möglichkeit, selbst Aufgaben i.S.d. Abs. 3 Satz 2 – und nur innerhalb dieses Rahmens, allerdings unter dem Vorbehalt des »insbesondere«, und damit nach hier vertretener Auffassung mit einer gewissen Erweiterungstendenz – wahrzunehmen. Dieses vielfach eingeschränkte Recht steht unter dem Vorbehalt des **Abs. 4 Satz 4 bis 6**.

### I. Recht zur Beantragung einer Beauftragung des Instituts beim Gemeinsamen Bundesausschuss (Abs. 4 Satz 1)

65 **Abs. 4 Satz 1** regelt die **Befugnis zur Beantragung** beim Gemeinsamen Bundesausschuss mit dem Ziel, über dieses das Institut nach Abs. 1 zu beauftragen. Diese Berechtigung wird den den gemeinsamen Bundesausschuss bildenden Institutionen eingeräumt. Dies sind nach § 91 Abs. 1 Satz 1 die Kassenärztlichen Bundesvereinigungen, die Deutsche Krankenhausgesellschaft und der GKV-Spitzenverband.

66 Ein entsprechendes **Antragsrecht** wird auch den **unparteiischen Mitgliedern des Gemeinsamen Bundesausschusses**, dem **BMG** (soweit dieses nicht nach Abs. 4 Satz 2 vorgeht) und den für die Wahrnehmung der Interessen der **Patientinnen und Patienten** und der **Selbsthilfe** chronisch kranker und behinderter Menschen maßgeblichen **Organisationen** auf Bundesebene eingeräumt. Auch dieses Antragsrecht richtet sich an den Gemeinsamen Bundesausschuss, der dann in eigener Verantwortung das Institut beauftragt.

67 Die **Rechtsposition** des **Gemeinsamen Bundesausschusses** im Falle der Entgegennahme von Anträgen, deren Prüfung und Weiterleitung an das Institut ist **nicht näher geregelt**. Die Vorgaben hierfür können nur dem Sachzusammenhang und Sinn und Zweck der Regelung des § 137a entnommen werden. Danach sind entsprechende Antragsrechte nicht beliebig zu bewerten. Die Verfahrensweise kann Gegenstand von Verfahrensvorschriften sein. Der **Gemeinsame Bundesausschuss** wird hier nicht nach freiem Ermessen verfahren dürfen, sondern ist nach hier vertretener Auffassung zur sachgerechten Prüfung nach entsprechenden Kriterien verpflichtet. Die Regelung ist wiederum im **Kontext des Abs. 7** mit einem sehr weitgehenden Beteiligungsrecht einer großen Zahl von Institutionen zu sehen. Das Recht zur Beantragung ist insoweit ein demgegenüber qualifiziertes Recht und räumt eine gewisse Rechtsposition ein.

68 Das **Antragsrecht** räumt dem Gemeinsamen Bundesausschuss ein Recht zur Prüfung ein. Diese kann die »Weitergabe« etwa mit der Begründung **ablehnen**, der beantragte Auftrag entspreche nicht dem Leistungsspektrum des Instituts oder ist bereits vergleichbar abgearbeitet worden. Eine Begründung wird der Gemeinsame Bundesausschuss in jedem Fall abzugeben haben. Das Recht zur Prüfung schließt auch die **Bewertung der Dringlichkeit** und damit einer Priorisierung ein, vgl. *Freudenberg* in jurisPK-SGB V 06/2020 § 137a Rn. 56.

### II. Unmittelbares Auftragsrecht des BMG (Abs. 4 Satz 2)

69 Das **BMG** kann das **Institut unmittelbar mit Untersuchungen und Handlungsempfehlungen** zu den Aufgaben nach Abs. 3 für den Gemeinsamen Bundesausschuss beauftragen. Das **BMG** hat insoweit eine **Sonderstellung**, verbunden mit einem unmittelbaren Auftragsrecht, vgl. BT-Drs. 18/1307 S. 35. Das Recht bezieht sich auf **Untersuchungen und Handlungsempfehlungen** zu den Aufgaben nach Abs. 3, die vom Gemeinsamen Bundesausschuss bei der weiteren Entwicklung der Qualitätssicherung berücksichtigt werden sollen. Damit unterscheidet sich die Rechtsposition von der Beauftragung als solche, wenngleich sich auch das BMG unmittelbar an

das Institut wenden kann. Dem **BMG** wird ausweislich der Materialien ermöglicht, »wichtige Fragestellungen der Qualitätssicherung aufzugreifen und Beratungsprozesse im Gemeinsamen Bundesausschuss auf Grundlage der Ergebnisse der Institutsbefassung zu befördern«. Allerdings hängt die Ausübung dieses Rechts von der Sicherstellung der Finanzierung nach Maßgabe des Abs. 4 Satz 3 ab.

### III. Recht zur Ablehnung eines Auftrags des BMG (Abs. 4 Satz 3)

Das Institut kann einen **Auftrag des BMG ablehnen**, es sei denn, das BMG übernimmt die **Fi-** 70 **nanzierung** der Bearbeitung des Auftrags. Die Formulierung bewirkt letztlich, dass das Institut bei Absicherung der Finanzierung **verpflichtet** ist, für das BMG entsprechend tätig zu werden. Voraussetzung ist allerdings, dass sich der Auftrag des BMG im Rahmen des Abs. 3 Satz 2 und damit innerhalb des Leistungsspektrums des IQTiG hält.

Die Ablehnung eines Auftrags ist im Sinne der Materialien (vgl. BT-Drs. 18/1307 S. 35) zu begrün- 71 den, wobei als **Grund** für eine Ablehnung insbesondere ein Mangel an personellen und finanziellen Ressourcen anzuerkennen ist. Verfügt das Institut über die entsprechenden Finanzmittel, hat dieses dem Auftrag mit den verbleibenden Möglichkeiten entsprechend zu organisieren. So jedenfalls kann die Regelung in Abs. 4 Satz 3 im Kontext zu Abs. 4 Satz 2 verstanden werden.

### IV. Selbstbefassungsrecht des Instituts sowie dessen Begrenzung (Abs. 4 Satz 4 und Satz 5)

Abs. 4 Satz 4 räumt dem Institut ein **Selbstbefassungsrecht** ein (vgl. zum Begriff BT-Drs. 18/1307 72 S. 35; ein solches Recht ist im Übrigen an anderer Stelle des Leistungsrechts nicht zu finden, auch abweichend vom IQWIG nach § 139a). Das Institut wird hier ermächtigt, sich **auch außerhalb von einer Auftragserteilung durch den Gemeinsamen Bundesausschuss** oder das BMG mit Fragestellungen zur Qualitätssicherung nach **Abs. 3** zu befassen. An den Katalog oder zumindest an Sinn und Zweck des Katalogs (vgl. »insbesondere«) ist das Institut gebunden. Die Inhalte dieser Arbeit und die sich daraus ergebenden Ergebnisse seien dann **allein vom Institut zu verantworten**. Dabei wird das Selbstverfassungsrecht als Ausdruck der fachlichen und auch teilweise haushalterischen Unabhängigkeit des IQTiG gesehen, vgl. *Roters* in KassKomm SGB V 03/2020 § 137a Rn. 28, im Umgang auf 10 % der jeweils jährlichen Haushaltsmittel begrenzt. Dabei wirkt sich auch die Regie des wissenschaftlichen Beirats nach Maßgabe des Abs. 5 Satz 4 aus, der Vorschläge zur Befassung machen kann.

Diese Aufgabe wird inhaltlich mehrfach »abgesichert«: So besteht eine **Informationspflicht** der 73 **Institutsleitung** über die Inhalte der Selbstbefassung gegenüber dem **Stiftungsvorstand**. Dies entspricht der Verantwortung des Stiftungsvorstands für den Einsatz der Ressourcen und dessen Kontrollfunktion im Sinne einer ordnungsgemäßen Geschäftsführung. Zudem ist der Umfang des Selbstbefassungsrechts auf 10 Prozent der dem Institut – auf das Jahr bezogen – zur Verfügung stehenden Haushaltsmittel begrenzt, **Abs. 4 Satz 5**. Deshalb bleibt die überwiegende Tätigkeit im Auftragsweg stets erhalten. »Steuern« kann das IQTIG eine Mehrleistung mit Eigeninitiative nur so, indem dieses sich einen entsprechenden Auftrag geben lässt. Gegen diese Umgehung der »10-Prozent-Grenze« wird im Ergebnis kaum ein Einwand möglich sein, zumal auch hier ausreichend »Sicherungsmechanismen« greifen.

Über den **Stiftungsvorstand** ist wiederum ausweislich der Materialien ein **Informationsfluss** zu den 74 Inhalten der Selbstbefassung zu den Trägerorganisationen des Gemeinsamen Bundesausschusses (Bundesvereinigungen der Kassenärztliche Bundesvereinigungen, Deutsche Krankenhausgesellschaft und GKV-Spitzenverband) und zum BMG sichergestellt. Dieser **Informationsfluss** hat **unverzüglich** stattzufinden. Die genannten Institutionen sollen die Möglichkeit haben, sich zu beteiligen. Nach hier vertretener Auffassung besteht im Übrigen auch die Verpflichtung zur **Beteiligung nach Abs. 7**. Dies steht mit der Zielsetzung des Instituts als Grundverständnis im Einklang, dass die Tätigkeit weitgehend **transparent geleistet** werden soll, vgl. *Freudenberg* in jurisPK-SGB V 06/2020 § 137a Rn. 61.

### V. Pflicht zur Vorlage von Ergebnissen nach dem Selbstbefassungsrecht vor dessen Veröffentlichung (Abs. 4 Satz 6)

75 Der weiteren Absicherung und insbesondere der Möglichkeit des Gemeinsamen Bundesausschusses und des BMG, auf etwaige **Ergebnisse zu reagieren**, dient die Regelung in **Abs. 4 Satz 6**: Die Ergebnisse der Arbeiten nach Abs. 4 Satz 4 sind dem Gemeinsamen Bundesausschuss und dem BMG **vor** der Veröffentlichung vorzulegen. Der Gemeinsame Bundesausschuss wie auch das BMG sollen dadurch ausweislich der Materialien Gelegenheit erhalten, sich **vorab** mit den Ergebnissen zu befassen und eine mögliche Bewertung für den Zeitpunkt der Veröffentlichung vorzubereiten.

76 Die Regelung bewirkt dann aber letztlich auch, dass die **Veröffentlichung der Ergebnisse des Instituts**, die im Wege der Selbstbefassung gewonnen werden, **nicht untersagt** werden kann, vgl. zur Einflussnahmemöglichkeit ebenso *Freundenberg* in jurisPK-SGB V 06/2020 § 137a Rn. 62. Eine Einflussnahme könnte insoweit **allein dem Stiftungsvorstand** zustehen, der auf das Institut einwirken kann. Ergebnisse, die aus der Sicht des Gemeinsamen Bundesausschusses oder des BMG bedenklich erscheinen können, dürften damit in der Regel allein mit einer **Gegendarstellung** bedacht werden können. Als zweckmäßig dürfte sich in der Praxis allerdings die Möglichkeit erweisen, die Vielfalt eines Meinungsbildes in ein – gemeinsames – Ergebnis einzubeziehen und auf diesem Weg mit Alternativmeinungen oder Alternativlösungen Transparenz herzustellen.

### E. Absicherung anerkannter wissenschaftlicher Standards (Abs. 5)

#### I. Arbeitsergebnisse des Instituts entsprechen dem allgemein anerkannten Stand der wissenschaftlichen Erkenntnisse (Abs. 5 Satz 1)

77 Das Institut hat nach **Abs. 5 Satz 1** zu gewährleisten, dass die Aufgaben nach Abs. 3 auf der **Grundlage der maßgeblichen, international anerkannten Standards der Wissenschaften** erfüllt werden. Die Regelung entspricht § 139a Abs. 4 Satz 1 betreffend das Institut für Qualität und Wirtschaftlichkeit im Gesundheitswesen. So ist in Anwendung der Maßstäbe der **evidenzbasierten Medizin** zu prüfen, ob eine Untersuchungs- oder Behandlungsmethode dem medizinischen Standard entspricht. **Grundlage der Bewertung** nach den Maßstäben der evidenzbasierten Medizin ist die »Sammlung, Sichtung, Zusammenfassung und verlässliche Bewertung der weltweiten Fachliteratur«, vgl. *Engelmann* in jurisPK-SGB V 02/2020 § 139a Rn. 36, hier näher zur Evidenz; dem entspricht auch das Anforderungsprofil, das in der Ausschreibung der Institutsleitung im Falle des § 137a angegeben worden ist (vgl. Erläuterungen Rdn. 34 ff.).

78 Einbezogen sind **neben medizinischen Standards** auch solche aus **Wissenschaften**, die in einem Zusammenhang mit diesen Standards stehen, etwa Erkenntnisse der »Pflegewissenschaft, der Sozialwissenschaften, der Gesundheitsökonomie, der Psychologie, der Versorgungsforschung sowie der Ethik«, vgl. *Freudenberg* in jurisPK-SGB V 06/2020 § 137a Rn. 63; dies schließe auch »Maßnahmen zur Qualitätsverbesserung im Daten- und Prozessmanagement« ein.

79 Bezüglich der **Anforderungen** an den **maßgeblichen, international anerkannten** (die Anerkennung ist eine wesentliche Voraussetzung, vgl. *Roters* in KassKomm SGB V 03/2020 § 137a Rn. 30) **Standard der Wissenschaften** wird auf die Erläuterungen zu § 139a Abs. 4 Satz 1 Bezug genommen, hier maßgeblich auch auf die entsprechenden **Evidenzanforderungen**. Internationale Standards sind heranzuziehen, wenn diese »maßgeblich und anerkannt« sein sollten, vgl. *Freudenberg* in jurisPK-SGB V 2016 § 137a Rn. 64. Nicht förmlich einbezogen ist hier die Frage der **ökonomischen Bewertung** von Verfahren. Im Hinblick auf die dem SGB V innewohnende Zielsetzung, Leistungen wirtschaftlich zu erbringen, dürfte auch diese Voraussetzung zwangsläufig in die Bewertung einzubeziehen sein.

#### II. Einrichtung eines wissenschaftlichen Beirats und dessen Bestellung (Abs. 5 Satz 2 und 3)

80 Mit der Zielsetzung, die Aufgaben auf der Grundlage der maßgeblichen, international anerkannten Standards der Wissenschaften zu erfüllen, wird die **Einrichtung eines wissenschaftlichen Beirats**

aus unabhängigen Sachverständigen vorgesehen, der in einer entsprechenden Stiftungssatzung zu verankern ist. Dieser **wissenschaftliche Beirat** hat das Institut in grundsätzlichen Fragen zu beraten, **Abs. 5 Satz 2**.

Die Mitglieder des wissenschaftlichen Beirats werden nach **Abs. 5 Satz 3** auf Vorschlag der Institutsleitung einvernehmlich vom Vorstand der Stiftung bestellt. 81

Die **Einrichtung eines wissenschaftlichen Beirats** entspricht im Übrigen auch der Regelung betreffend das IQWiG nach § 139a, hier nach § 9 der Satzung. Unter Beachtung der **Besonderheiten** der Aufgaben nach § 137a gilt dies entsprechend auch für das IQTiG nach § 137a, hier gleichfalls § 9 der Satzung. 82

### III. Recht des wissenschaftlichen Beitrags zu Vorschlägen für die Aufgabenbearbeitung (Abs. 5 Satz 4)

Der wissenschaftliche Beirat kann dem Institut Vorschläge für eine Befassung nach Abs. 4 Satz 4 machen. Dies folgt bereits aus der **Beratungsfunktion** des wissenschaftlichen Beirats, wird jedoch in der Regelung des Abs. 5 Satz 4 nochmals klargestellt. 83

## F. Recht zur Vergabe von Aufträgen durch das Institut (Abs. 6)

### I. Vergabe an externe Sachverständige und Einvernehmen hierfür (Abs. 6 Satz 1 1. Hs.)

**Abs. 6 1. Hs.** räumt dem IQTiG ein Ermessen zur Erledigung von Aufgaben nach Abs. 3 im Einvernehmen mit dem Gemeinsamen Bundesausschuss ein, **Forschungs- und Entwicklungsaufträge an externe Sachverständige** zu vergeben. Das **Institut** erhält damit ausweislich der Materialien die Möglichkeit, mit **anderen wissenschaftlichen Einrichtungen und Instituten** zusammenzuarbeiten, die die erforderliche **Expertise** im Bereich der Qualitätssicherung im Gesundheitswesen besitzen (vgl. BT-Drs. 18/1307 S. 36). Der dort vorhandene **Sachverstand** könne insbesondere dann für die Institutsaufgaben genutzt werden, wenn eine Expertise in **Spezialbereichen** notwendig sei oder zur Aufgabenerfüllung **zusätzliche Kapazitäten** erforderlich seien. In der Praxis wird dies **regelmäßig** der Fall sein, wenn die qualitativ jeweils bestmögliche Wirkung angestrebt sein sollte. Dies gilt entsprechend für zahlreiche vergleichbare Gremien, etwa auch das IQWiG oder den Gemeinsamen Bundesausschuss sowie den GKV-Spitzenverband. 84

Das **Einvernehmenserfordernis** ist als Zustimmungserfordernis zu verstehen, vgl. *Freudenberg* in jurisPK-SGB V 06/2020 § 137a Rn. 68 und gewährleistet in Übereinstimmung mit den Materialien die notwendige Abstimmung mit dem Gemeinsamen Bundesausschuss zur Einbeziehung externer Sachverständiger bei den Institutsaufträgen, vgl. *Roters* in KassKomm SGB V 03/2020 § 137a Rn. 33. Die Regelungen zum Zustimmungsverfahren sind Gegenstand der Verfahrensordnung. Verschiedentlich sind im Rahmen der Geschäfts- und Verfahrensordnung Beschlüsse zur Zusammenarbeit mit fachlich unabhängigen wissenschaftlichen Instituten erfolgt. 85

### II. Anwendung des § 299 SGB V bezüglich der Übermittlung personenbezogener Daten

Soweit im Zuge der **Vergabe von Forschungs- und Entwicklungsaufträgen an externe Sachverständige** personenbezogene Daten **übermittelt** werden sollen, wird die Regelung in **§ 299** (hier in der Fassung des EIRD ab 01.01.2020) in Bezug genommen, **Abs. 6 2. Hs.** § 299 regelt die Datenerhebung, Datenverarbeitung und Datennutzung für Zwecke der Qualitätssicherung; dabei sind die Begriffe mit der DSGVO mit Wirkung vom 25.05.2018 neu gefasst, vgl. Art. 4 DSGVO. Diese Regelung stellt wiederum einen Bezug zur Qualitätssicherung in § 299 Abs. 3 her. Hier werden insbesondere Daten **ohne** Einwilligung der Betroffenen verarbeitet, vgl. zum erweiterten Begriff der Verarbeitung nach Art. 4 Nr. 2 DSGVO, unter Einbeziehung des Erhebens, der Verarbeitung und der Nutzung wie auch der Löschung von Daten, allerdings unter dem besonderen Schutz der Anonymisierung oder Pseudonymisierung und zudem mit weiteren Sicherungsmaßnahmen. Ein Datenschutzkonzept, vgl. Art. 42 DSGVO, dürfte auch hier angezeigt sein. 86

87 Zur Verarbeitung (vgl. Art. 4 Nr. 2 DSGVO, also auch unter Einbeziehung des Erhebens) von persönlichen Daten zur Evaluation von Krebsfrüherkennungsprogrammen – Ergebnisse einer Bevölkerungsbefragung im Kontext des Krebsfrüherkennung- und -registergesetzes vgl. *Greiner/Nolte u.a.* GesundhWes 2013, 751 sowie zur Qualitätssicherung im Vergleich ambulant/stationär *Egger* GuP 2013, 141 sowie *Klakow-Franck* GuP 2013, 147. Zum Überblick über die rechtlichen Regelungen zur Qualitätssicherung vgl. *Scholz* GuP 2012, 172. Zur »einheitlichen Prüfung von Qualität« vgl. *Kluckhuhn* ZM 2018, Nr. 3, 20.

### G. Verpflichtung zur Beteiligung von Institutionen an der Entwicklung von Inhalten (Abs. 7)

88 **Abs. 7 regelt die Beteiligung** und erweitert diese wesentlich in Anpassung an § 137a in der Fassung ab 25.07.2014. Das **Institut** hat bei der Bearbeitung seiner Aufträge die genannten, fachlich betroffenen Organisationen und Institutionen einzubeziehen. Mit dieser Regelung soll erreicht werden, dass **deren Sachverstand** in die Arbeiten einfließen kann. Der Begriff der Beteilung geht über eine Anhörung hinaus und beinhaltet einen **kontinuierlichen Prozess,** der alle **wesentlichen Verfahrensschritte einbezieht,** nicht nur das Ergebnis, sondern den Entwicklungsprozess.

89 Dabei handelt es sich um eine umfangreiche Liste in **Nr. 1 bis 12,** die die üblichen beteiligten Stellen einbezieht wie die Kassenärztlichen Bundesvereinigungen, die Deutsche Krankenhausgesellschaft oder den GKV-Spitzenverband und – nach den Änderungsgesetzen in letzter Zeit häufiger – auch den Verband der Privaten Krankenversicherung e.V.

90 Einbezogen sind auch die einschlägigen Berufsorganisationen einschließlich der Ärztekammern und Psychotherapeutenkammer auf Bundesebene. Genannt werden wissenschaftliche medizinische Fachgesellschaften sowie das Deutsche Netzwerk Versorgungsforschung. Berücksichtigt werden ferner die für die Wahrnehmung der Interessen der Patientinnen und Patienten und der Selbsthilfe chronisch kranker und behinderter Menschen maßgeblichen Organisationen auf Bundesebene wie auch der Beauftragte der Bundesregierung für die Belange der Patientinnen und Patienten. Zunehmend werden in der Praxis die **Länder** beteiligt; dem entspricht Nr. 11, indem zwei von der Gesundheitsministerkonferenz der Länder zu bestimmende Vertreter benannt werden, die bei Länderinteressen, insbesondere im Versorgungsbereich, einzubeziehen sind. Benannt werden schließlich auch Bundesoberbehörden im Geschäftsbereich des BMG, soweit ihre **Aufgabenbereiche** berührt sind (etwa Robert Koch-Institut, Paul-Ehrlich-Institut oder das Bundesumweltamt; zum Status vgl. die Angaben des BMG im Internet mit Übersicht).

91 Die zu beteiligenden Stellen sind **abschließend** aufgeführt. Dies schließt nach hier vertretener Auffassung allerdings nicht aus, dass auch **weitere Stellen,** soweit dies im Einzelfall gerechtfertigt erscheint, einbezogen werden. Dies mag auch für Stellen im EU-Bereich gelten.

92 Die **Art der Beteiligung** wird im Einzelfall unterschiedlich sein und sowohl als **Mitwirkung** in möglichen Arbeitsgruppen als auch als **Recht zur Stellungnahme** bei der Entwicklungsarbeit realisiert werden können. Die Materialien (vgl. BT-Drs. 18/1307 S. 36) geben hierzu vor, dass die **nähere Ausgestaltung** der Beteiligung durch das Institut etwa in einem Methodenpapier zu regeln sei. Ein **Zustimmungsrecht** kann aus der Nennung in Abs. 7 **nicht** hergeleitet werden. Abweichend von § 139a Abs. 5 Satz 2 für das IQWiG soll das IQTiG nicht verpflichtet sein, etwa Stellungnahmen in seine Arbeitsergebnisse zwingend einzubeziehen, vgl. *Freudenberg* in jurisPK-SGB V 06/2020 § 137a Rn. 72; allerdings folge aus dem **Beteiligungsrecht** doch, dass sich das Institut mit den Stellungnahmen »ernsthaft auseinandersetzen« müsse; dem ist zuzustimmen.

### H. Grundsätze für die Finanzierung des Instituts (Abs. 8)

93 Für die Finanzierung des Instituts gilt § 139c in der Fassung ab 01.01.2013 **entsprechend** (vgl. *Windeler/Lange* Bundesgesundhbl 2015, 220, hier im Zusammenhang mit der Nutzenbewertung). Damit wird ausdrücklich auf eine Regelung Bezug genommen, die für das Institut für Qualität und Wirtschaftlichkeit im Gesundheitswesen festgelegt worden ist. Ausweislich der Materialien (vgl.

BT-Drs. 18/1307 S. 36) regelt der Gemeinsame Bundesausschuss auch hier das Nähere, insbesondere zur Höhe der finanziellen Leistungen sowie zum Verfahren der Mittelbereitstellung.

Die Finanzierung erfolgt nach § 139c Satz 1 dahingehend, dass das Institut jeweils zur Hälfte durch die Erhebung eines Zuschlags für jeden abzurechnenden Krankenhausfall und durch die zusätzliche Anhebung der Verknüpfungen für die ambulante vertragsärztliche und vertragszahnärztliche Versorgung erfolgt, vgl. Bezugnahme auf §§ 85, 87a (Finanzierung über einen sog. **Systemzuschlag** für die drei entsprechend finanzierten Einrichtungen, vgl. *Roters* in KassKomm SGB V 03/2020 § 137a Rn. 35). Der Zuschlag erfolgt in Höhe **eines bestimmten Vomhundertsatzes**. Im Rahmen der **Krankenhausbehandlung** sind die Zuschläge für jeden abzurechnenden Krankenhausbehandlungsfall in den Rechnungen der Krankenhäuser gesondert auszuweisen, vgl. *Engelmann* in jurisPK-SGB V 06/2020 § 139c Rn. 7. Der Zuschlag für die Finanzierung des Instituts wie auch des Gemeinsamen Bundesausschusses wird auf die **Gesamtbeträge** nicht angerechnet und es erfolgt auch **keine Erhöhung der Vergütung**, weshalb die Finanzierung letztlich zulasten der Krankenkassen geht und über den Beitrag abzuwickeln ist (vgl. *Wallrabenstein* in Becker/Kingreen, SGB V § 139c Rn. 2). 94

## I. Sicherstellung der fachlichen Unabhängigkeit des Instituts (Abs. 9)

Zur **Sicherstellung der fachlichen Unabhängigkeit** des Instituts hat der Stiftungsvorstand nach **Abs. 9** dafür Sorge zu tragen, dass **Interessenkonflikte** von Beschäftigten des Instituts sowie von allen anderen an der Aufgabenerfüllung nach Abs. 3 beteiligten Personen und Institutionen **vermieden** werden. Eventuelle **Interessenkollisionen** sollen durch die personelle Zusammensetzung wie auch durch **organisatorische und strukturelle Sicherungsmaßnahmen** verhindert werden, vgl. *Freudenberg* in jurisPK-SGB V 06/2020 § 137a Rn. 74. Durch die spezielle Regelung zur personellen Zusammensetzung in § 137a Abs. 4 soll die Beiziehung von anderweit tätigen Fachleuten nicht eingeschränkt werden; oft ist der Kreis hervorragender Fachkräfte so klein, dass Interessenkollisionen nur durch eine offene Darlegung von beruflichen Zusammenhängen und größtmögliche Transparenz bewältigt werden. 95

Parallel hierzu können die **Grundsätze bezüglich der fachlichen Unabhängigkeit der beauftragten Institutionen** im Rahmen eines Vergabeverfahrens (vgl. LSG Nordrhein-Westfalen Beschl. v. 06.08.2009 – L 21 KR 52/09 SFG) herangezogen werden: Der **Begriff der fachlichen Unabhängigkeit** (hier in § 137 a.F.) setze sich aus den Elementen der **Weisungsfreiheit**, der **organisatorischen Unabhängigkeit**, der **wirtschaftlichen Unabhängigkeit** sowie der **Freiheit von Interessenkollisionen** zusammen. Diese seien gerichtlich voll nachprüfbar. Die Bestimmung solle gewährleisten, dass das Bestehen sachfremder Interessen des Auftragnehmers sich nicht auf die Erfüllung des Vergabeauftrags auswirke. 96

Zur **Vermeidung der fachlichen Abhängigkeit** müsse das Bestehen sachfremder Interessen **offen zu Tage treten**. Es müsse nach der Lebenserfahrung davon ausgegangen werden können, dass sachfremde Interessen vorlägen und diese einen Einfluss auf die Art und Weise der Erledigung des Vergabeauftrags haben würden. Konkret war hierzu entschieden worden, dass das Transparenzgebot etwa verlange, dass Erklärungen eindeutig und widerspruchsfrei sein müssten. 97

Nach hier vertretener Auffassung ist die **fachliche Qualität einer Persönlichkeit**, etwa wenn diese als Fachkraft allgemein anerkannt ist, für eine Mitwirkung **wichtiger** als die vollständige Unabhängigkeit einer sonst nicht in der Qualifikation herausragenden Persönlichkeit. Als **Korrektiv kann und muss** die **vollständige Transparenz** gewährleistet sein. Folgt aus der gebotenen Transparenz, dass hier unterschiedliche Interessenrichtungen einfließen, so hat dies den Vorteil, dass zugleich diese auch mit in die wissenschaftliche Auseinandersetzung einfließen können. Es kann dann dafür gesorgt werden, dass die Vielfalt der relevanten (und nur diese) Interessenrichtungen einbezogen werden kann. 98

Von der Zielsetzung her schließt die Regelung an Abs. 5 in der Fassung bis 24.07.2014 an, wonach der Gemeinsame Bundesausschuss im Rahmen der Beauftragung sicherzustellen hatte, dass die an 99 der Aufgabenerfüllung beteiligten Institutionen und Personen mögliche **Interessenkonflikte offenzulegen** hätten. **Methodisch** weicht die Regelung insoweit von der Bestimmung ab 25.07.2014 ab, als **Abs. 9 nunmehr bereits vorgibt, entsprechende Konfliktsituationen** von vornherein zu **vermeiden**. Dies schließt allerdings nicht aus, weiterhin entsprechende Befragungen von Beteiligten vorzunehmen. Soweit sich im Einzelfall, etwa bei sehr speziellen Fachfragen, ein **Interessenkonflikt** nicht vermeiden lässt und systemimmanent ist, bedingt durch die spezielle Fachkunde, so ist dies nach wie vor **transparent** zu machen. Die entsprechenden Informationen, die hier erfolgen, können dann besser bewertet und eingeordnet werden.

100 Auch die Materialien (vgl. BT-Drs. 18/1307 S. 36, 37) enthalten den Hinweis, dass die Verpflichtung dadurch umgesetzt werden könne, dass der **Stiftungsvorstand Fragebögen** erstellt und **Verfahrensregelungen** erlässt, um **Interessenkonflikte** durch Arbeitsbeziehungen zu Industrie, Verbänden und sonstigen Einrichtungen des Gesundheitswesens **abzufragen und transparent** zu machen. Auch **Interessenkonflikte immaterieller Art**, etwa enge persönliche Beziehungen zu materiell betroffenen Personen (vgl. *Freudenberg* in jurisPK-SGB V 06/2020 § 137a Rn. 74), könnten Gegenstand der Befragung sein. Es erscheine angezeigt, dass die vom Stiftungsvorstand zu treffenden Regelungen auch Bestimmungen zu den **Folgen transparent gemachter Interessenkonflikte** enthielten.

### J. Regelung der sekundären Datennutzung (Abs. 10)

#### I. Ermächtigung des Gemeinsamen Bundesausschusses zur Auftragserteilung betr. Nutzung der Daten aus der einrichtungsübergreifenden Qualitätssicherung (Abs. 10 Satz 1)

101 Der **Gemeinsame Bundesausschuss** kann nach **Abs. 10 Satz 1** das IQTiG oder eine andere an der einrichtungsübergreifenden Qualitätssicherung beteiligten Stelle beauftragen, die bei den verpflichtenden Maßnahmen der Qualitätssicherung nach § 136 Abs. 1 Satz 1 Nr. 1 erhobenen **Daten** auf Antrag eines Dritten für **Zwecke der wissenschaftlichen Forschung und der Weiterentwicklung der Qualitätssicherung** auswerten. Damit wird die sog. **sekundäre Datennutzung**, vgl. BT-Drs. 18/1307 S. 37, näher geregelt. Mit der Bestimmung werde der Gemeinsame Bundesausschuss ermächtigt, die entsprechenden **Aufträge** zu erteilen. Der Auftrag könne ausdrücklich **auch an eine »andere Stelle«** gerichtet werden, die für den Gemeinsamen Bundesausschuss **Auswertungsaufgaben** im Rahmen der einrichtungsübergreifenden Qualitätssicherung wahrnehme.

102 Die Regelung schließt in Übereinstimmung mit den Materialien an **Erfahrungen mit der sekundären Datennutzung** für Qualitätssicherungsdaten der Dialyseversorgung an. Hier sei seit einigen Jahren eine Einrichtung mit **Auswertungsaufgaben** für den Gemeinsamen Bundesausschuss erfolgreich beauftragt.

#### II. Antragsrecht betr. sekundäre Datennutzung sowie Prüfung des Antrags und Kostenfrage (Abs. 10 Satz 2 und 3)

103 Im Rahmen der sekundären Datennutzung eröffnet Abs. 10 Satz 2 die Berechtigung einer jeglichen **natürlichen oder juristischen Person** beim Gemeinsamen Bundesausschuss oder bei einer nach Abs. 10 Satz 1 beauftragten Stelle einen Antrag auf Auswertung und Übermittlung der Auswertungsergebnisse zu stellen.

104 Die **erfolgreiche Antragstellung** setzt allerdings voraus, dass ein berechtigtes – regelmäßig wissenschaftliches – Interesse an den anonymisierten Auswertungsergebnissen besteht. Ein dem entgegenstehendes öffentliches Interesse wird stets einzubeziehen sein, vgl. *Freudenberg* in jurisPK-SGB V 06/2020 § 137a Rn. 78. Das Institut oder eine andere nach Abs. 10 Satz 1 beauftragte Stelle übermittelt nach **Abs. 10 Satz 3** die anonymisierten Auswertungsergebnisse, wenn sich der Antragsteller bei der Antragstellung zur Übernahme der entstehenden **Kosten** bereit erklärt hat. Voraussetzung für die Übermittlung ist damit, dass einerseits ein **berechtigtes Interesse** und andererseits die Erklärung der **Kostenübernahme** vorhanden sind.

Die Daten dürfen keinerlei Zuordnung zu den einzelnen Versicherten oder Leistungserbringern zulassen. Es gelten im Übrigen die Grundsätze der DSGVO mit Wirkung vom 25.05.2018. 105

Ein solches **berechtigtes Interesse** kann ausweislich der Materialien (vgl. BT-Drs. 18/1307 S. 37) angenommen werden, wenn »keine überwiegenden öffentlichen Interessen entgegenstünden«. 106

### III. Verpflichtung des Gemeinsamen Bundesausschusses zur Regelung des Verfahrens (Abs. 10 Satz 4)

Der Gemeinsame Bundesausschuss regelt nach **Abs. 10 Satz 4** in der **Verfahrensordnung** für die Auswertung der nach § 136 Abs. 1 Satz 1 Nr. 1 erhobenen Daten und die Übermittlung der Auswertungsergebnisse unter Beachtung datenschutzrechtlicher Vorgaben und des Gebotes der Datensicherheit ein **transparentes Verfahren** sowie das Nähere zum **Verfahren der Kostenübernahme** nach **Abs. 10 Satz 3**. Damit soll das Verfahren der sekundären Datennutzung handhabbar werden. Hierzu sind Beschlüsse zur Geschäfts- und Verfahrensordnung zwecks Zusammenarbeit mit fachlich unabhängigen wissenschaftlichen Instituten erfolgt. 107

Die in der **Verfahrensordnung** zu treffenden Regelungen zur Einhaltung datenschutzrechtlicher Vorgaben sollten unter anderem die Anforderungen an die Anonymisierung der Daten so beschreiben, dass eine **Reidentifizierung** der Versicherten – auch unter Nutzung von Zusatzwissen des Antragstellenden – **sicher ausgeschlossen** sei. **Methoden** hierfür seien etwa eine »Vergröberung oder Aggregierung«. 108

Damit im Interesse eines **möglichst hohen Datenschutzniveaus** die Expertise der oder des Bundesbeauftragten für den Datenschutz und die Informationsfreiheit einfließen könne, erscheine es zudem angezeigt, dass der **Gemeinsame Bundesausschuss** den oder die Bundesbeauftragten für den Datenschutz hierzu nach **§ 26 Abs. 3 BGSG** in der Fassung bis 24.95.2018 (nachfolgend unter Einbeziehung von §§ 8 bis 16 DSGVO und § 38 BDSG) vornehmlich **um Beratung** bitte. Das **Ergebnis dieser Beratung** werde vom Gemeinsamen Bundesausschuss in der Entscheidung über die Verfahrensgestaltung einzubeziehen sein. Etwaige **Abweichungen** werde er zu begründen und der oder dem Bundesbeauftragten für den Datenschutz und Informationsfreiheit zur Kenntnis zu geben haben. 109

Durch die **Verortung der Regelungen** zur sekundären Datennutzung in die Verfahrensordnung des Gemeinsamen Bundesausschusses werde dem **Transparenzerfordernis** Rechnung getragen und die Regelungssystematik in Bezug auf andere Antragsverfahren beim Gemeinsamen Bundesausschuss eingehalten. Als Teil der Verfahrensordnung bedürften die Regelungen der **Genehmigung des BMG** nach § 91 Abs. 4 Satz 2. Dem gemeinsamen Bundesausschuss obliege es, im Auftragsverhältnis mit der jeweils beauftragten Auswertungsstelle nach Satz 1 sicherzustellen, dass die in der **Verfahrensordnung** geregelten **Anforderungen**, insbesondere im Hinblick auf den Datenschutz, **eingehalten** würden (vgl. BT-Drs. 18/1307 S. 37). 110

### IV. Regelhafte Überprüfung des Verfahrens zur sekundären Datennutzung (Abs. 10 Satz 5)

Der Gemeinsame Bundesausschuss hat nach **Abs. 10 Satz 5** zur Verbesserung des **Datenschutzes und der Datensicherheit** das für die Wahrnehmung der Aufgaben nach Abs. 10 Satz 1 und 3 notwendige **Datenschutzkonzept** regelmäßig durch unabhängige Gutachter prüfen und bewerten zu lassen. Das Ergebnis der Prüfung ist zu veröffentlichen. Zum Datenschutzkonzept vgl. § 22 BDSG in der Fassung ab 25.05.2018 zur Verarbeitung besonderer Kategorien personenbezogener Daten und hierzu *Weichert* in Kühling/Buchner, DSGVO, § 22 BDSG Rn. 3 ff., ferner auch *Heckmann/Scheurer* in Gola/Heckmann BDSG 2019 § 22 Rn. 13 ff., 70. Es gelten die Grundsätze der DSGVO mit Wirkung vom 25.05.2018. 111

Damit soll den jeweils **aktuellen Anforderungen** bezüglich des Datenschutzes und der Datensicherheit entsprochen werden. Ein wichtiger Gegenstand dieser regelmäßigen Überprüfung werde das für die **Umsetzung des Verfahrens zur sekundären Datennutzung** erforderliche **Datenschutzkonzept** und dessen Umsetzung sein. Die regelmäßige Überprüfung durch unabhängige Dritte sei wegen des raschen informationstechnischen Fortschrittes geboten, vgl. BT-Drs. 18/1307 S. 37. 112

## K. Übermittlung von Daten an die für die Krankenhausplanung zuständigen Landesbehörden (Abs. 11)

113 Nach **Abs. 11 Satz 1** in der Fassung ab **01.01.2016** beauftragt das IQTiG, bestimmte erhobenen Daten den für die Krankenhausplanung zuständigen **Landesbehörden** oder von diesen bestimmten Stellen **auf Antrag zu übermitteln**. Bezüglich der zu übermittelnden Daten handelt es sich um die bei den verpflichtenden Maßnahmen der Qualitätssicherung nach § 136 Abs. 1 Satz 1 Nr. 1 erhobenen Daten. Die **Übermittlung** erfolgt für konkrete Zwecke der **qualitätsorientierten Krankenhausplanung** oder ihrer **Weiterentwicklung** und dies soweit erforderlich auch einrichtungsbezogen sowie versichertenbezogen, stets jedoch in pseudonymisierter Form. Dabei kann es sich auch über die Auswertungsergebnisse nach Abs. 10 hinaus um unausgewertete Qualitätssicherungsdaten (Einzeldatensätze) handeln, vgl. *Freudenberg* in jurisPK-SGB V 06/2020 § 137a Rn. 83, 84.

114 **Voraussetzung für die Übermittlung** ist, dass die antragstellende Landesbehörde den **Zweck**, für den die Daten benötigt werden, **konkret benennt** und ein **berechtigtes Interesse** an der Datenverwendung darlegt. Die Regelung entspricht damit einerseits dem verstärkten Interesse der Landesbehörden, verfügbare Daten für Ihre Entscheidungen einbeziehen zu können, und andererseits der zunehmenden Beteiligung der Landesbehörden nicht nur an der Planung, sondern auch an der Versorgungssicherung und Qualitätssicherung. Dies gilt gleichermaßen für den Aufgabenbereich der Krankenversicherung wie auch der Pflegeversicherung. Ebenso werden hier die private Krankenversicherung und die PPV einbezogen.

115 **Abs. 11 Satz 3 bis 5** regelt die datenschutzrechtliche Absicherung der häufig sensiblen Gesundheitsdaten. Die Daten dürfen jeweils nur einem konkreten Zweck dienen, wobei eine Vorratsdatenspeicherung im Zuständigkeitsbereich der Landesbehörden unzulässig ist. Die Landesbehörden wie auch die von diesen bestimmten Stellen dürfen die Daten nur in ihrem Bereich nutzen; eine Übermittlung an Dritte ist nicht zulässig, **Abs. 11 Satz 3**. Bereits mit der Antragstellung ist der Tag genau zu bezeichnen, bis zu dem die übermittelten Daten aufbewahrt werden dürfen.

116 Die Regelung setze ausweislich der Materialien damit voraus, dass die **antragstellende Landesbehörde** den Zweck, für den sie die Daten benötige, konkret benenne und ein berechtigtes Interesse an der Datenverwendung nach **Abs. 11 Satz 2** darlege. Die Daten dürften gemäß **Abs. 11 Satz 3** nur durch die Landesbehörde oder eine von ihr benannte Stelle für die im Antrag benannten konkreten Zwecke verarbeitet und genutzt werden; eine **Zusammenführung mit anderen Datenbeständen** oder **Weitergabe an Dritte sei ausgeschlossen**. Da es sich bei den Daten um sensible personenbeziehbare Gesundheitsdaten handele, sei es zu vermeiden, dass Datenbestände ohne zeitliche Begrenzung auch nach Abschluss des konkreten Zweckes gespeichert würden (Vorratsdatenspeicherung). Daher fordere **Abs. 11 Satz 4** von der Landesbehörde, in ihrem Antrag auch einen **Zeitpunkt anzugeben,** zu dem die **Daten gelöscht würden.**

117 Zudem wird in **Abs. 11 Satz 5** die Regelung in Abs. 10 Satz 3 bis 5 als entsprechend geltend **in Bezug genommen.** Dazu gehört die Bereitschaft, die mit der Übermittlung entstehenden **Kosten** zu übernehmen. Die datenschutzrechtliche Absicherung hat nach Maßgabe der **Verfahrensordnung des Gemeinsamen Bundesausschusses** gemäß Abs. 11 Satz 4 zu erfolgen. Insoweit soll jeweils ein **Datenschutzkonzept** (vgl. § 22 BDSG analog) maßgeblich sein, das der Gemeinsame Bundesausschuss kontinuierlich anpasst, durch unabhängige Gutachter prüfen und bewerten lässt, wobei das Ergebnis der Prüfung veröffentlicht wird. Auch für die Anträge der Landesbehörden zur Datenübermittlung hat der Gemeinsame Bundesausschuss demnach **Verfahrens- und Kostenregelungen** in seiner Verfahrensordnung zu treffen sowie ein Datenschutzkonzept zu erarbeiten und weiterzuentwickeln (Abs. 10 Satz 4 und 5), vgl. *Roters* in KassKomm SGB V 03/2020 § 137a Rn. 40. 41, 43.

118 Als Grundlage für die Gestaltung und Weiterentwicklung einer qualitätsorientierten Krankenhausplanung benötigten die **Länder** ausweislich der Materialien zu Abs. 11 Erkenntnisse aus den Daten der einrichtungsübergreifenden stationären Qualitätssicherung. Mit Hilfe dieser Daten würden die zuständigen Landesbehörden in die Lage versetzt, die **Versorgungsqualität der Krankenhäuser ihres Landes** zu bewerten und in ihre Planungsentscheidungen einfließen zu lassen. Den Ländern

sollten eigene, insbesondere landesbezogene, Auswertungen der Qualitätssicherungsdaten ermöglicht werden. **Zum Prinzip der Datensparsamkeit** in diesem Zusammenhang vgl. *Roters* in KassKomm SGB V 03/2020 § 137a Rn. 43, auch mit dem Begriff der Datenminimierung erfasst, vgl. Art. 5 Abs. 1 Buchst. c DSGVO und hierzu eingehend *Herbst* in Kühling/Buchner DSGVO Art. 5 DSGVO Rn. 55 bis 58, maßgeblich um die Zweckbindung ergänzt, vgl. a.a.O. Rn. 56.

## § 137b Aufträge des Gemeinsamen Bundesausschusses an das Institut nach § 137a

(1) ¹Der Gemeinsame Bundesausschuss beschließt zur Entwicklung und Durchführung der Qualitätssicherung sowie zur Verbesserung der Transparenz über die Qualität der ambulanten und stationären Versorgung Aufträge nach § 137a Absatz 3 an das Institut nach § 137a. ²Soweit hierbei personenbezogene Daten verarbeitet werden sollen, gilt § 299. ³Bei Aufträgen zur Entwicklung von Patientenbefragungen nach § 137a Absatz 3 Satz 2 Nummer 1 soll der Gemeinsame Bundesausschuss ab dem 1. Januar 2022 eine barrierefreie Durchführung vorsehen; für bereits erarbeitete Patientenbefragungen soll er die Entwicklung der barrierefreien Durchführung bis zum 31. Dezember 2025 nachträglich beauftragen.

(2) Das Institut nach § 137a leitet die Arbeitsergebnisse der Aufträge nach § 137a Absatz 3 Satz 1 und 2 und Absatz 4 Satz 2 dem Gemeinsamen Bundesausschuss als Empfehlungen zu. Der Gemeinsame Bundesausschuss hat die Empfehlungen im Rahmen seiner Aufgabenstellung zu berücksichtigen.

| Übersicht | Rdn. | | Rdn. |
|---|---|---|---|
| A. Regelungsinhalt | 1 | C. Zuleitung der Arbeitsergebnisse als Empfehlungen und deren Umsetzung (Abs. 2) | 11 |
| B. Erteilung von Aufträgen durch den Gemeinsamen Bundesausschuss (Abs. 1) | 7 | | |
| I. Erteilung von Aufträgen nach Abs. 1 Satz 1 | 7 | I. Übermittlung von Arbeitsergebnissen an den Gemeinsamen Bundesausschuss (Abs. 2 Satz 1) | 11 |
| II. Beachtung der Datenschutzregelungen (Abs. 1 Satz 2) | 9 | II. Berücksichtigung der Empfehlungen bei der Aufgabenstellung (Abs. 2 Satz 2) | 13 |

## A. Regelungsinhalt

§ 137b gilt in der Fassung des Art. 1 Nr. 44 GVWG vom 11.07.2021 (BGBl. I S. 2754) mit Wirkung vom 20.07.2021. Die Erläuterungen erfassen weitgehend § 137b in der Fassung durch Art. 1 Nr. 76c TSVG vom 06.05.2019 (BGBl. I S. 646) mit Wirkung vom 11.05.2019. Zu den nachfolgenden Änderungen vgl. Erläuterungen unter Rdn. 6a. 1

(*unbesetzt*) 2

§ 137b regelt die Beauftragung des Instituts für Qualitätssicherung und Transparenz im Gesundheitswesen – IQTIG – durch den Gemeinsamen Bundesausschuss (**Abs. 1**) sowie die **Umsetzung der Empfehlungen des IQTIG** durch den **Gemeinsamen Bundesausschuss (Abs. 2)** und wurde in dieser Fassung mit Wirkung vom 01.01.2016 aufgenommen. Die Regelung geht bezüglich des **Abs. 1** auf § 137 Abs. 5 in der Fassung bis 31.12.2015 zurück. Damit steht auch § 137b mit der Neustrukturierung der Qualitätssicherungsregelungen durch das KHSG im Zusammenhang und schließt inhaltlich an § 137a betr. die Vorschrift zum IQTIG an. § 137a betr. das IQTIG weist wiederum zahlreiche Parallelen zu der Regelung zum IQWIG nach § 139a auf. 3

**Aufträge** an das IQTIG vergibt der Gemeinsame Bundesausschuss wie auch das BMG. Inhaltlich handelt es sich um **Maßnahmen zur Entwicklung und Durchführung der Qualitätssicherung** sowie **zur Verbesserung der Transparenz über die Qualität der ambulanten und stationären Versorgung**. Die Vergabe von Aufträgen richtet sich nach § 137a. Danach arbeitet das Institut »im Auftrag des Gemeinsamen Bundesausschusses an Maßnahmen zur Qualitätssicherung und zur Darstellung 4 der Versorgungsqualität im Gesundheitswesen«. Die Auftragsvergabe erfolgt nach näherer Regelung in **§ 137a Abs. 3 Satz 2 Nr. 1 bis 7.** Hierbei gelten die Datenschutzvorschriften in analoger Anwendung des § 299 wie auch der DSGVO und des SGB X, jeweils mit Wirkung ab 25.05.2018 in der jeweils aktuellen Fassung.

5 Nach **Abs. 2 Satz 1** leitet das **IQTIG** die **Arbeitsergebnisse** dem Gemeinsamen Bundesausschuss **als Empfehlungen** zu. Inhaltlich ist dies auf Ergebnisse von Aufträgen des Gemeinsamen Bundesausschusses wie auch des BMG begrenzt (vgl. Verweisung in Abs. 2 Satz 1 auf § 137a Abs. 3 Satz 1 und 2 sowie Abs. 4 Satz 2). Ergebnisse, die auf einer »unbeauftragten Selbstbefassung« beruhen, sind hier nicht erfasst. Allerdings werden auch diese dem Gemeinsamen Bundesausschuss bekannt und können so einbezogen werden.

6 Rechtliche Kompetenzen, die Arbeitsergebnisse in Anweisungen und Normen umzusetzen, hat das IQTIG nicht. Deshalb regelt **Abs. 2 Satz 2**, dass der Gemeinsame Bundesausschuss die **Empfehlungen** im Rahmen seiner Aufgabenstellung zu berücksichtigen hat. Die Ergebnisse aus den Empfehlungen fließen dann regelmäßig in bindende Vereinbarungen oder meist auch Richtlinien mit Normwirkung ein.

6a § 137b Abs. 1 Satz 3 wurde durch Art. 1 Nr. 44 Gesetz zur Weiterentwicklung der Gesundheitsversorgung (Gesundheitsversorgungsweiterentwicklungsgesetz – GVWG) vom 11.07.2021 (BGBl. I S. 2754) mit Wirkung vom 20.07.2021 angefügt. Zur Begründung des Gesetzentwurfs vgl. BT-Drs. 19/26822 S. 96. Mit der Ergänzung wird der Gemeinsame Bundesausschuss zunächst verpflichtet, ab dem Jahr 2022 bei neuen Aufträgen zur Entwicklung von Patientenbefragungen an das IQTIG eine barrierefreie Durchführung vorzugeben. Dies sei ausweislich der Materialien erforderlich, um Menschen mit Behinderungen nicht von Patientenbefragungen im Rahmen von Verfahren der Qualitätssicherung auszuschließen. Der Gemeinsame Bundesausschuss könne der »Soll-Verpflichtung« von der Beauftragung einer barrierefreien Entwicklung nur absehen, wenn gewichtige Gründe gegen die barrierefreie Durchführung sprechen, etwa wenn die Leistung, zu der die Patientenbefragung erfolgen solle, für Menschen mit Behinderungen nicht relevant sei. Solche Gründe wären in der Beauftragung des IQTIG transparent zu machen. Durch die verpflichtende Vorgabe an den Gemeinsamen Bundesausschuss sei gleichzeitig sichergestellt, dass der entstehende zusätzliche Aufwand für die Entwicklung barrierefreier Patientenbefragungen ab dem Jahr 2022 bereits bei der Ressourcenplanung für die Auftragsvergabe durch den Gemeinsamen Bundesausschuss berücksichtigt werde. Auch für bereits entwickelte und gegebenenfalls im Jahr 2022 schon etablierte Patientenbefragungen solle der Gemeinsame Bundesausschuss bis zum 31.12.2025 die barrierefreie Durchführung nachbeauftragen. Diese Übergangsfrist sei erforderlich, um im Interesse einer angemessenen Ressourcenplanung für das IQTIG eine sukzessive Beauftragung und Erarbeitung der barrierefreien Gestaltung vorhandener Verfahren zu ermöglichen.

**B. Erteilung von Aufträgen durch den Gemeinsamen Bundesausschuss (Abs. 1)**

**I. Erteilung von Aufträgen nach Abs. 1 Satz 1**

7 § 137b stellt klar, dass der Gemeinsame Bundesausschuss die Aufgabe hat, an das **Institut für Qualitätssicherung und Transparenz im Gesundheitswesen – IQTIG -Aufträge** zu vergeben. Diese Aufträge sollen zur Entwicklung und Durchführung der Qualitätssicherung sowie zur Verbesserung der Transparenz über die Qualität der ambulanten und stationären Versorgung beitragen. **Abs. 1 Satz 1** schließt an § 137 Abs. 5 in der Fassung bis 31.12.2015 an und war mit dem GKV-FQWG mit Wirkung vom 25.07.2014 angefügt worden. Die Regelung zum Institut für Qualitätssicherung und Transparenz im Gesundheitswesen nach § 137a in der Fassung ab 25.07.2014 und die Erläuterungen hierzu wird in Bezug genommen.

8 Damit hat der Gemeinsame Bundesausschuss die erforderlichen Beauftragungen des IQTIG zu beschließen, wobei sich dies auch bereits aus § 137a ergibt. Die Aufgabenzuweisung wird somit jedoch klar festgelegt.

## II. Beachtung der Datenschutzregelungen (Abs. 1 Satz 2)

Soweit für die Auftragserfüllung **Daten notwendig** sind, verweist die Regelung in **Abs. 1 Satz 2 auf § 299**. § 299 »gilt« und findet nicht nur entsprechende Anwendung. Auf die entsprechenden Möglichkeiten zur **Verfügbarkeit von Daten** bei Aufträgen zur **Entwicklung und Durchführung der einrichtungsübergreifenden Qualitätssicherung** verweisen die Materialien auf § 137a Abs. 3 Satz 2 Nr. 1 und 3 a.F. sowie bezüglich der **Verarbeitung** (klargestellt mit Wirkung vom 11.05.2019 in Anpassung an Art. 4 Nr. 2 DSGVO) **von Sozialdaten zur Ermittlung und Darstellung der Versorgungsqualität** auf § 137a Abs. 3 Satz 2 Nr. 6 a.F.  9

Die Änderungsanpassung an Art. 4 Nr. 2 DSGVO mit dem **weiten Begriff der »Verarbeitung«** von Daten umfasst inhaltlich auch die Übermittlung von Daten, vgl. BT-Drs. 19/8351 S. 207. Mit dem Begriff der Verarbeitung werden zudem weitere Schritte der Verarbeitung personenbezogener Daten erfasst. Dies sei sachgerecht und erforderlich, weil damit ausweislich der Materialien klargestellt werde, dass nicht nur die Übermittlung der Daten an das IQTiG, sondern auch für die Verarbeitung dieser Daten durch das IQTiG bei der Durchführung und Weiterentwicklung von Maßnahmen der Qualitätssicherung im Auftrag des Gemeinsamen Bundesausschusses die Vorgaben des § 299 gelten würden. Diese Regelung sei von der **Öffnungsklauseln des Art. 9 Abs. 4 DSGVO** gedeckt, die erlaube, dass für die Verarbeitung von genetischen, biometrischen oder Gesundheitsdaten zusätzliche Bedingungen oder Beschränkungen eingeführt und aufrechterhalten würden. Durch die Klarstellung des § 299 Abs. 1 Satz 1 werde das IQTiG zudem als maßgeblicher Empfänger von Daten der Qualitätssicherung nunmehr ausdrücklich in den Kreis derjenigen einbezogen, die bei entsprechender Erforderlichkeit personen- und einrichtungsbezogene Daten für Zwecke der Qualitätssicherung verarbeiten dürften.  10

## C. Zuleitung der Arbeitsergebnisse als Empfehlungen und deren Umsetzung (Abs. 2)

### I. Übermittlung von Arbeitsergebnissen an den Gemeinsamen Bundesausschuss (Abs. 2 Satz 1)

Die **Arbeitsergebnisse**, die aus den Aufträgen des Gemeinsamen Bundesausschusses (abgeleitet aus § 137a Abs. 3 Satz 1 und 2) sowie des BMG (abgeleitet aus § 137 Abs. 4 Satz 2) folgen, leitet das IQTIG dem Gemeinsamen Bundesausschuss als **Empfehlungen** zu, **Abs. 2 Satz 1**. Aus der Begrenzung auf Aufträge des Gemeinsamen Bundesausschusses und des BMG folgt, dass die **Selbstbefassungsergebnisse** nach § 137a Abs. 4 Satz 4 bis 6 nicht einbezogen sind.  11

Allerdings sind die Selbstbefassungsergebnisse **vor der Veröffentlichung** nach § 137a Abs. 4 Satz 6 dem Gemeinsamen Bundesausschuss und dem BMG vorzulegen. Diese können kann zwar eine Veröffentlichung – jedenfalls im Regelfall, ausgenommen im Aufsichtsfall – nicht verhindern, werden damit aber stets zeitnah informiert. Der Differenzierung in **Abs. 2 Satz 1** kommt damit keine entscheidende Bedeutung zu; aus dieser folgt letztlich nur, dass die Information von Gemeinsamem Bundesausschuss und BMG jeweils auf einer abweichenden Rechtsgrundlage beruht, vgl. *Freudenberg* in juris PK-SGB V § 137b Rn. 14, 15.  12

### II. Berücksichtigung der Empfehlungen bei der Aufgabenstellung (Abs. 2 Satz 2)

Das IQTIG hat **keine öffentlich-rechtlichen Befugnisse**, Empfehlungen mit Außenwirkung abzugeben. Dazu ist der **Gemeinsame Bundesausschuss** befugt, der nach **Abs. 2 Satz 2** »die Empfehlungen des IQTIG im Rahmen seiner Aufgabenstellung zu berücksichtigen« hat. Dem Gemeinsamen Bundesausschuss obliegt damit die Umsetzung und auch die Zuordnung zum Richtlinienrecht. Hier kommt die Vielzahl von Richtlinien in Betracht, die bereits verfügbar sind und entsprechend ergänzt werden können; es können auch neue Richtlinien beschlossen oder vorhandene Richtlinien zusammengelegt werden, vgl. §§ 91, 92.  13

Die Aufnahme in das **Richtlinienrecht** ist nicht zwingend, es kommen auch **andere Rechtsformen** zur Umsetzung in Betracht. Im Hinblick auf die weitgehend geklärte normative Wirkung von Richtlinien bietet sich allerdings meist diese Regelungsform als geeignet an.  14

## § 137c Bewertung von Untersuchungs- und Behandlungsmethoden im Krankenhaus

(1) ¹Der Gemeinsame Bundesausschuss nach § 91 überprüft auf Antrag eines Unparteiischen nach § 91 Absatz 2 Satz 1, des Spitzenverbandes Bund der Krankenkassen, der Deutschen Krankenhausgesellschaft oder eines Bundesverbandes der Krankenhausträger Untersuchungs- und Behandlungsmethoden, die zu Lasten der gesetzlichen Krankenkassen im Rahmen einer Krankenhausbehandlung angewandt werden oder angewandt werden sollen, daraufhin, ob sie für eine ausreichende, zweckmäßige und wirtschaftliche Versorgung der Versicherten unter Berücksichtigung des allgemein anerkannten Standes der medizinischen Erkenntnisse erforderlich sind. ²Ergibt die Überprüfung, dass der Nutzen einer Methode nicht hinreichend belegt ist und sie nicht das Potenzial einer erforderlichen Behandlungsalternative bietet, insbesondere weil sie schädlich oder unwirksam ist, erlässt der Gemeinsame Bundesausschuss eine entsprechende Richtlinie, wonach die Methode im Rahmen einer Krankenhausbehandlung nicht mehr zulasten der Krankenkassen erbracht werden darf. ³Ergibt die Überprüfung, dass der Nutzen einer Methode noch nicht hinreichend belegt ist, sie aber das Potenzial einer erforderlichen Behandlungsalternative bietet, beschließt der Gemeinsame Bundesausschuss eine Richtlinie zur Erprobung nach § 137e. ⁴Nach Abschluss der Erprobung erlässt der Gemeinsame Bundesausschuss eine Richtlinie, wonach die Methode im Rahmen einer Krankenhausbehandlung nicht mehr zulasten der Krankenkassen erbracht werden darf, wenn die Überprüfung unter Hinzuziehung der durch die Erprobung gewonnenen Erkenntnisse ergibt, dass die Methode nicht den Kriterien nach Satz 1 entspricht. ⁵Die Beschlussfassung über die Annahme eines Antrags nach Satz 1 muss spätestens drei Monate nach Antragseingang erfolgen. ⁶Das sich anschließende Methodenbewertungsverfahren ist in der Regel innerhalb von spätestens drei Jahren abzuschließen, es sei denn, dass auch bei Straffung des Verfahrens im Einzelfall eine längere Verfahrensdauer erforderlich ist.

(2) ¹Wird eine Beanstandung des Bundesministeriums für Gesundheit nach § 94 Abs. 1 Satz 2 nicht innerhalb der von ihm gesetzten Frist behoben, kann das Bundesministerium die Richtlinie erlassen. ²Ab dem Tag des Inkrafttretens einer Richtlinie nach Absatz 1 Satz 2 oder 4 darf die ausgeschlossene Methode im Rahmen einer Krankenhausbehandlung nicht mehr zu Lasten der Krankenkassen erbracht werden; die Durchführung klinischer Studien bleibt von einem Ausschluss nach Absatz 1 Satz 4 unberührt.

(3) ¹Untersuchungs- und Behandlungsmethoden, zu denen der Gemeinsame Bundesausschuss bisher keine Entscheidung nach Absatz 1 getroffen hat, dürfen im Rahmen einer Krankenhausbehandlung angewandt und von den Versicherten beansprucht werden, wenn sie das Potential einer erforderlichen Behandlungsalternative bieten und ihre Anwendung nach den Regeln der ärztlichen Kunst erfolgt, sie also insbesondere medizinisch indiziert und notwendig ist. ²Dies gilt sowohl für Methoden, für die noch kein Antrag nach Absatz 1 Satz 1 gestellt wurde, als auch für Methoden, deren Bewertung nach Absatz 1 noch nicht abgeschlossen ist.

### Übersicht

| | Rdn. |
|---|---|
| A. Regelungsinhalt | 1 |
| B. Überprüfung von Untersuchungs- und Behandlungsmethoden durch den Gemeinsamen Bundesausschuss | 23 |
| I. Überprüfung auf Antrag (Abs. 1 Satz 1) | 30 |
| II. Erlass von Richtlinien als Ergebnis der Prüfung bei nicht belegtem Nutzen (Abs. 1 Satz 2) | 40 |
| III. Erprobung einer Methode bei noch nicht hinreichend belegtem Nutzen (Abs. 1 Satz 3) | 45 |
| IV. Richtlinie nach Abschluss der Erprobung bei nicht anerkannter Methode (Abs. 1 Satz 4) | 49 |
| V. Entscheidungsfristen (Abs. 1 Satz 5 und 6) | 50 |
| C. Ersatzvornahme durch das BMG (Abs. 2) | 53 |
| I. Möglichkeit der Ersatzvornahme (Abs. 2 Satz 1) | 53 |
| II. Ausschluss der Methode von der Leistungspflicht der Krankenkasse (Abs. 2 Satz 2) | 57 |
| D. Anwendung von Untersuchungs- und Behandlungsmethoden (Abs. 3) | 61 |

## A. Regelungsinhalt

§ 137c gilt in der Fassung des Art. 2 Nr. 4 EIRD vom 12.12.2019 (BGBl. I S: 2494) mit Wirkung vom 18.12.2019.  1

**§ 137c überträgt dem Gemeinsamen Bundesausschuss die Überprüfung,** ob eine Methode im Rahmen einer Krankenhausbehandlung (abweichend von der ambulanten vertragsärztlichen Versorgung nach § 135, für die ein Erlaubnisvorbehalt durch Richtlinienrecht gilt) den Kriterien einer ausreichenden, zweckmäßigen und wirtschaftlichen Versorgung der Versicherten unter Berücksichtigung des allgemein anerkannten Standes der medizinischen Erkenntnisse darstellt und diese Methode daher erforderlich ist. Der Gemeinsame Bundesausschuss wird die entsprechende fachliche Prüfung über das Institut (vgl. § 139a zum IQWiG) und damit über Gutachten und weiteren medizinischen Sachverstand vornehmen.  2

Als **Sonderregelung** zu § 137c ist wiederum **§ 137h** in der Fassung ab 23.07.2015 zur »Bewertung neuer Untersuchungs- und Behandlungsmethoden mit Medizinprodukten mit hoher Risikoklasse« zu beachten. Sind die Voraussetzungen nach § 137h gegeben, hat die Regelung Vorrang und begrenzt die Anwendung solcher Methoden nach Maßgabe der Vorschrift.  3

Der Gemeinsame Bundesausschuss wird auf Antrag des Spitzenverbandes Bund der Krankenkassen (genannt GKV-Spitzenverband), der Deutschen Krankenhausgesellschaft oder eines Bundesverbandes der Krankenhausträger tätig.  4

**Gegenstand der Überprüfung** sind **Untersuchungs- und Behandlungsmethoden,** die zulasten der gesetzlichen Krankenkassen im Rahmen einer Krankenhausbehandlung angewandt werden oder angewandt werden sollen mit der beschriebenen Zielsetzung einer ausreichenden, zweckmäßigen und wirtschaftlichen Versorgung. Stets sind nur die Maßnahmen zu erbringen, die dem allgemein anerkannten Stand der medizinischen Erkenntnisse, vgl. § 2 Abs. 1 Satz 3, entsprechen, vgl. *Becker* in Becker/Kingreen SGB V § 137c Rn. 1, auch dann, wenn ein sog. Negativvotum nicht vorliegt; die Voraussetzung des Standes der medizinischen Erkenntnisse ist gerichtlich überprüfbar. Der bei der Krankenbehandlung Versicherter zu beachtende allgemeine Stand der medizinischen Erkenntnisse kann es erfordern, dass betroffene Patienten in einem Indikationsbereich regelmäßig lediglich im Rahmen kontrollierter klinischer Studien behandelt werden, vgl. BSG Urt. v. 17.12.2013 – B 1 KR 70/12 R – SozR 4–2500 § 2 Nr. 4; zur Rechtsprechungsübersicht vgl. *Felix* MedR 2014, 283 und zur innovativen Medizin im Krankenhaus *dies.* NZS 2013, 81.  5

Mit der Regelung in § 137c sollte im Hinblick auf die Rechtslage bis Ende 1999 erreicht werden, dass die Krankenhäuser im Rahmen der stationären Krankenhausversorgung **nicht mehr eigenständig** die Bewertung von neuen Untersuchungs- und Behandlungsmethoden vornehmen konnten. Die Bewertung von Untersuchungs- und Behandlungsmethoden sollte vielmehr im Hinblick auf eine breite Qualitätssicherung zentral erfolgen, vgl. auch BT-Drs. 14/1245 S. 90. Der Gesetzeswortlaut stellt damit auf eine **Erlaubnis** neuer Untersuchungs- und Behandlungsmethoden ab, solange diese **nicht** nach Überprüfung von der Versorgung **ausgeschlossen** sind; deshalb handelt es sich hierbei um eine **Erlaubnis mit Verbotsvorbehalt** (anders, als dies etwa im Falle von § 135 Abs. 1 als Verbot mit Erlaubnisvorbehalt geregelt ist, vgl. *Weidenbach* in Sodan, Handbuch Krankenversicherungsrecht, 2010, § 29 Rn. 37). Im Ergebnis kann damit eine Untersuchungs- und Behandlungsmethode angewandt werden, solange diese nicht nach Überprüfung ausgeschlossen wird.  6

Für den **Einsatz eine Methode im Krankenhausbereich** reicht nicht allein, dass eine Methode im ambulanten Bereich nicht zugelassen ist (Verbot mit Erlaubnisvorbehalt); erforderlich für die Anwendung der Methode ist vielmehr, dass die **Krankenhausbehandlungsbedürftigkeit** gegeben ist, vgl. LSG Berlin-Brandenburg Urt. v. 27.02.2020 – L 1 KR 216/16 und LSG Mecklenburg-Vorpommern Urt. v. 01.12.2020 – L 6 KR 25/17. Zur Erforderlichkeit der Krankenhausbehandlung, hier auch im Zusammenhang mit vorstationärer und nachstationärer Behandlung, vgl. BSG Urt. v. 17.09.2013 – B 1 KR 67/12 R, GesR 2014, 169, NZS 2014, 219. Zur Übernahme der  7

**§ 137c SGB V**   Bewertung von Untersuchungs- und Behandlungsmethoden im Krankenhaus

Kosten für eine unkonventionelle Behandlungsmethode im Krankenhaus, die vom Gemeinsamen Bundesausschuss nicht ausgeschlossen wurde, hier betr. Lipödem, vgl. LSG Baden-Württemberg Urt. v. 17.07.2019 – L 5 KR 447/17.

8   Die **Grenzen der Methodenfreiheit** im stationären Bereich sollen **erst dort erreicht** sein, wo **offensichtlich ungeeignete Behandlungsmethoden** zur Anwendung kommen, vgl. LSG Baden-Württemberg Urt. v. 13.11.2012 – L 11 KR 2254/10; nachgehend BSG Urt. v. 17.12.2013 – B 1 KR 70/12 R – SozR 4–2500 § 2 Nr. 4, mit dem Ergebnis der Zurückverweisung auf die Revision hin, hier im Rahmen eines Zahlungsanspruchs eines Krankenhauses nach § 109 Abs. 4; im Anschluss an die BSG-Rechtsprechung vgl. auch LSG Nordrhein-Westfalen Urt. v. 16.01.2014 – L 16 KR 558/13 zur »Fettabsaugung«. Der Anspruch auf Krankenhausbehandlung erfordere danach, wenn der Gemeinsame Bundesausschuss über die Zulässigkeit einer Behandlungsmethode im Krankenhaus noch nicht entschieden habe, dass die angewandte Methode dem Qualitätsgebot des allgemein anerkannten Standes der medizinischen Erkenntnisse oder den Voraussetzungen grundrechtsorientierter Leistungsauslegung (vornehmlich Systemversagen) genüge. Mit **Abs. 3 in der Fassung ab 23.07.2015** ist insoweit eine Konkretisierung des Grundsatzes »Erlaubnis unter Verbotsvorbehalt« erfolgt, als eine Methode unter den dort genannten Bedingungen »Potential« haben und eine »erforderliche Behandlungsalternative« sein muss.

9   Mit **Abs. 1 Satz 2** wird bewirkt, dass der unmittelbare Ausschluss einer Untersuchung- oder Behandlungsmethode aus der Krankenhausversorgung grundsätzlich »nur dann erfolgen kann, wenn nach **Feststellung des Gemeinsamen Bundesausschusses** der **Nutzen nicht hinreichend belegt ist** und darüber hinaus die überprüfte Methode **kein Potenzial als erforderliche Behandlungsmethode in der stationären Versorgung bietet**«, wie die Materialien ausdrücklich ausweisen, vgl. BT-Drs. 17/6906 S. 86, 87. Ergibt deshalb die **Überprüfung**, dass der **Nutzen einer Methode noch nicht hinreichend belegt** ist, sie aber das **Potenzial** einer erforderlichen Behandlungsalternative bietet, so beschließt der Gemeinsame Bundesausschuss nach **Abs. 1 Satz 3 eine Richtlinie zur Erprobung i.S.d. § 137e**. Die Methode kann dann unter den Bedingungen der Erprobung angewandt und abgerechnet werden.

10   Im Rahmen dieser Überprüfung kann der Gemeinsame Bundesausschuss zu dem **Ergebnis** kommen, dass ein **derartiges Potenzial als Behandlungsalternative fehlt** und kann auch positiv feststellen, dass die **Methode unwirksam oder etwa auch schädlich ist**. Dies wird durch die **Richtlinie** festgelegt und damit Klarheit bezüglich der Methode herbeigeführt. Die Regelung in **Abs. 1 Satz 4** sieht den Erlass einer entsprechenden Richtlinie vor, wenn die Überprüfung unter Hinzuziehung der durch die Erprobung gewonnenen Erkenntnisse ergibt, dass die Methode **nicht den Kriterien nach Abs. 1 Satz 1 entspricht**. Damit ist die Methode aus der Krankenhausversorgung grundsätzlich ausgeschlossen.

11   Die **förmliche Anerkennung** eines **positiven Ergebnisses** der Erprobung ist hier nicht geregelt; aus dem Ergebnis folgt dann aber, dass diese Methode von der Leistungsberechtigung nicht ausgeschlossen ist. Konkreter ist hierzu § 137h SGB V bezüglich der »Bewertung neuer Untersuchungs- und Behandlungsmethoden mit Medizinprodukten hoher Risikoklasse«.

12   Mit der **Entscheidung des BSG v. 21.03.2013 – B 3 KR 2/12 R** setzen sich zudem die Materialien zum **GKV-VSG** (BT-Drs. 18/4095 S. 121 und 18/5123 S. 135) eingehend auseinander und beanstanden eine hier angenommene Entscheidungsbefugnis der einzelnen Krankenkasse, wenn der Gemeinsame Bundesausschuss hierzu (noch) kein Negativvotum zu ihr abgegeben habe. Die sehr detaillierte Auseinandersetzung mit dieser Entscheidung, der der **neue Abs. 3** entgegenwirken solle, vermag aber auch nicht zu entkräften, dass eine Behandlungsmethode »dem allgemein anerkannten Stand der medizinischen Erkenntnisse« zu entsprechen habe; hierbei handelt es sich um eine allgemeine, auch in § 2 vorgegebene Voraussetzung, die zudem im Lichte eines möglichen Potentials einer neuen Methode zu sehen ist. Der Handlungsrahmen in der stationären Versorgung dürfte durch den neuen **Abs. 3** weiter werden, auch mit dem Ziel einer einheitlichen Bewertung bis hin

zur Vergütung; und zudem wird der Gemeinsame Bundesausschuss angehalten, schneller zu prüfen und zu entscheiden.

Das **Interesse an einer Erprobung** kann im besonderen Interesse eines **Medizinprodukteherstellers** (vgl. näher § 137e Abs. 6) oder sonstigen Unternehmens liegen, mit der Folge, dass hier auch eine **angemessene Kostenübernahme** im Rahmen einer **Kostenvereinbarung** vorgenommen werden soll. Kann hier eine zufrieden stellende **Vereinbarung** über die Kostenfolge **nicht erreicht** werden, und ist insgesamt eine Richtlinie zur Erprobung (vgl. § 137e) deshalb nicht zustande gekommen, gilt die Regelung in Abs. 1 Satz 4 entsprechend; dies hat zur Folge, dass dann die Erprobung als »gescheitert« anzusehen ist und die **Methode im Ergebnis** – gleich einem negativen Ergebnis – als **nicht** »den Kriterien nach Abs. 1 Satz 1 entsprechend« anzusehen ist. 13

Das **Ergebnis nach Abs. 1 Satz 5** erscheint nach hier vertretener Auffassung insoweit als nicht unbedenklich, als vielfältige Gründe für das Scheitern einer Kostenübernahme ursächlich sein können; im Ergebnis sollte allein deshalb eine sonst tragfähige und aussichtsreiche Methode nicht »verloren« gehen. Der Gemeinsame Bundesausschuss könnte nach hier vertretener Auffassung deshalb durchaus – wenn auch nur in Ausnahmefällen – gehalten oder sogar besonders interessiert sein, von Amts wegen diese Methode aufzugreifen, insbesondere wenn diese wirtschaftlich und zweckmäßig sein sollte; es käme dann wieder Abs. 1 Satz 1 zur Anwendung. 14

Jede Methode steht allerdings unter einem **generellen Gebot der Wirtschaftlichkeit** und muss nach den Maßstäben des **aktuellen Standes der Medizin** vertretbar sein; dies ist sowohl öffentlich-rechtlich wie auch zivilrechtlich geboten (**Wirtschaftlichkeit und Zweckmäßigkeit**). 15

Die Vorschrift fügt sich damit in die Reihe der **übrigen Vorschriften zur Qualitätssicherung** ein. **Leistungserbringer** sind nach § 135a Abs. 1 Satz 1 generell verpflichtet, die Qualität der erbrachten Leistungen zu sichern und weiterzuentwickeln. Für bestimmte Untersuchungs- und Behandlungsmethoden können einheitliche Qualitätserfordernisse zwischen den Partnern der Bundesmantelverträge vereinbart werden, vgl. § 135 Abs. 2. Auch die Kassenärztlichen Vereinigungen sind zu Maßnahmen der Förderung der Qualität verpflichtet, vgl. § 136 Abs. 1. Zudem können Regelungen über strukturierte Behandlungsprogramme, vgl. § 137f, erfolgen. Der **Gemeinsame Bundesausschuss** kann wiederum **Institutionen** beauftragen, die Fragen der Versorgungsqualität zu prüfen. Insoweit sind vielfach Aufträge an IQWiG sowie an AQUA erteilt worden, vgl. §§ 137a, 139a, oder in speziellen Fällen auch das Robert-Koch-Institut oder weitere Einrichtungen. 16

Die **Zielsetzung in § 137c** stimmt damit mit den Zielsetzungen der §§ 135, 136 überein, als nicht notwendige, unwirtschaftliche oder erfolglose Methoden **nicht in die Leistungspflicht der GKV** fallen sollen. Die **Verantwortung** hierfür fällt nach § 137c in die Zuständigkeit des Gemeinsamen **Bundesausschusses**, der nach Abs. 1 Satz 1 auf Antrag des GKV-Spitzenverbandes, der DKG oder eines Bundesverbandes der Krankenhausträger tätig wird. Dem **BMG** wird eine Möglichkeit zur Beanstandung einer Richtlinie gegeben, vgl. **§ 94 Abs. 1 Satz 1**, und nach **Abs. 2 Satz 1** die Möglichkeit der Ersatzvornahme eingeräumt, wobei dies kaum von praktischer Bedeutung ist. 17

Der Gemeinsame Bundesausschuss wendet im Rahmen von Überprüfungen seine **Verfahrensordnung** an (vgl. Verfahrensordnung des Gemeinsamen Bundesausschusses in der Fassung vom 18.12.2008, in der Fassung vom 18.12.2014 mit Wirkung vom 16.04.2015 mit zahlreichen Anlagen mit erforderlichen Einzelregelungen). Das Bewertungsverfahren folgt methodisch auch den Grundsätzen der **evidenzbasierten Medizin**, vgl. § 135 Abs. 1. 18

Mit der Regelung in **§ 137c Abs. 2** wird das **BMG zum Erlass einer Richtlinie ermächtigt**, wenn eine Beanstandung durch dieses nicht innerhalb einer gesetzten Frist behoben wird. Mit dem Wirksamwerden der Richtlinie darf die ausgeschlossene Methode im Rahmen der Krankenhausbehandlung nicht mehr zulasten der Krankenkassen erbracht werden. Dabei bleiben klinische Studien unberührt. Das Verhältnis dieser Vorschrift zu Abs. 1 bleibt offen, wenn die Methode durch den Gemeinsamen Bundesausschuss jedenfalls für vertretbar gehalten wird. Zur **Erprobung von Methoden** nach § 137e vgl. *Roters/Propp*, veröffentlicht vom Gemeinsamen Bundesausschuss im Internet und 19 wohl auch in MPR 2013, 37. Vgl. ergänzend die **Richtlinie Methoden Krankenhausbehandlung des Gemeinsamen Bundesausschusses** vom 21.03.2006 in der jeweils aktuellen Fassung.

20  Die Regelung in **Abs. 2** ist im Kontext zur Regelung in Abs. 1 zu sehen. Wird eine Behandlungs- und Untersuchungsmethode für die Versorgung von Versicherten nicht mehr für zweckmäßig oder wirtschaftlich erachtet, ergeht eine **entsprechende Richtlinie des Gemeinsamen Bundesausschusses** Diese ist dem BMG vorzulegen, vgl. § 94 Abs. 1 Satz 1. Aus der Regelung des § 94 Abs. 2 folgt, dass diese Richtlinie mit ihrer Bekanntmachung wirksam wird. Eine derartige Behandlungs- und Untersuchungsmethode darf dann nicht mehr zulasten der GKV erbracht werden, **Abs. 2 Satz 2**.

21  Die Regelung lässt allerdings **klinische Studien** zu, wie aus **Abs. 2 Satz 2 2. Hs.** folgt (auch als Studienklausel in der Fassung des GKV-VStG bezeichnet, vgl. *Freudenberg* in jurisPK-SGB V 2012 § 137c). Es soll der medizinische Fortschritt durchaus möglich bleiben, allerdings muss eine solche Anwendung stets wissenschaftlich vertretbar sowie begründbar und entsprechend nach wissenschaftlichen Kategorien begleitet werden. Wird eine Behandlungsmethode zum **Gegenstand einer klinischen Studie** erklärt, kann dieser Studie ein gegenteiliger Beschluss des Gemeinsamen Bundesausschusses – jedenfalls – nach der Rechtslage bis 31.12.2011 nicht entgegengesetzt werden (das Votum des Gemeinsamen Bundesausschusses entfaltet insoweit **keine Sperrwirkung**, vgl. *Becker* in Becker/Kingreen SGB V 2014 § 137c Rn. 6 unter Bezugnahme auf BT-Drs. 14/1245 S. 90).

22  **Abs. 2 Satz 2** ist an die differenzierte Regelung in Abs. 1 angepasst worden: Allein das Fehlen eines hinreichenden Nutzungsbelegs und ein entsprechender Ausschluss der Methode nach Abs. 1 Satz 4 soll einer **weiteren verantwortungsvollen Anwendung der Methode** zu Lasten der Krankenkassen im Rahmen von Studien **nicht entgegenstehen**, auch unter Bezugnahme auf § 137e. Dagegen sind **Methoden**, die nach einer entsprechenden **Feststellung** des Gemeinsamen Bundesausschusses **kein »Potential als erforderliche Behandlungsalternative«** bieten (vgl. BT-Drs. 17/6906 S. 87), insbesondere wenn diese als unwirksam oder sogar schädlich beurteilt worden sind, auch im Rahmen von Studien **von der Kostenübernahme zulasten der Krankenkassen ausgeschlossen**.

### B. Überprüfung von Untersuchungs- und Behandlungsmethoden durch den Gemeinsamen Bundesausschuss

23  § 137c überträgt dem Gemeinsamen Bundesausschuss die **Überprüfung neuer Untersuchungs- und Behandlungsmethoden,** die zulasten der gesetzlichen Krankenkassen im Rahmen der Krankenhausbehandlung angewandt werden oder angewandt werden sollen. Insoweit steht § 137c mit § 137e und § 137h systematisch im Zusammenhang, Zwischen der **Krankenhausbehandlung und der ambulanten Behandlung** wird unterschieden, wie dies in der Ergänzung des § 137c durch das GKV-VSG deutlich wird: **§ 137c Abs. 1** regelt die »Aberkennung« der Untersuchungs- und Behandlungsmethode für den stationären Bereich und § 135 die »Anerkennung« für die ambulante Behandlung, wenn auch mit einigen Differenzierungen, vgl. *Ihle* in jurisPK-SGB V 2012 § 137c Rn. 6. In beiden Fällen, sowohl in der ambulanten als auch in der stationären Behandlung, ist die »vorläufige« Erprobung bei Untersuchungs- und Behandlungsmethoden »mit Potenzial« mit der Folge, dass diese in die Kostenlast der GKV fallen, möglich, vgl. § 137e.

24  Die Regelung für den **ambulanten Bereich** trifft § 135, hier jedoch mit der **Rechtsfolge**, dass eine neue Untersuchungs- und Behandlungsmethode vor deren Anwendung **erst der Anerkennung** durch den Gemeinsamen Bundesausschuss bedarf. Untersuchungs- und Behandlungsmethoden, die für den ambulanten Bereich nicht erfasst sind, dürfen grundsätzlich nicht angewandt werden. Demgegenüber ist für den **stationären Bereich** eine Regelung vorgesehen, die als **Erlaubnis mit der Möglichkeit der Untersagung** (»Erlaubnis mit Verbotsvorbehalt«) der Anwendung durch den Gemeinsamen Bundesausschuss beschrieben werden kann. Das **Krankenhaus** kann bei der stationären Behandlung grundsätzlich jede wirtschaftliche und notwendige Behandlungsmethode anwenden, es sei denn, diese wird durch den Gemeinsamen Bundesausschuss ausgeschlossen. Auch wenn sich der Gesetzgeber des GKV-VSG mit der Entscheidung des BSG v. 21.03.2013 – B 3 KR 2/12 R

kritisch auseinandersetzt, ist grundsätzlich notwendig, dass der allgemein anerkannte Stand der medizinischen Erkenntnisse **und zugleich** aber auch das **Potential** eines Behandlungsfortschritts einer Methode einbezogen wird, vgl. BSG Urt. v. 18.12.2018 – B 1 KR 11/18 R – SozR 4–2500 § 137e Nr. 2; LSG Mecklenburg-Vorpommern Urt. v. 01.12.2020 – L 6 KR 25/17.

Dies soll ausweislich der höchstrichterlichen Rechtsprechung **auch für die ambulante Behandlung durch Krankenhäuser** gelten, als es hier »keiner Empfehlung des Gemeinsamen Bundesausschusses« bedürfe, vgl. BSG Urt. v. 27.03.2007 – B 1 KR 25/06 R – SozR 4–2500 § 116b Nr. 1, NZS 2008, 147. Im Hinblick auf die weitere Rechtsprechung erscheint dies fraglich. Methodisch wird deshalb der Unterschied zwischen der ambulanten und der stationären Behandlung von *Koch* (jurisPK-SGB V § 137c Rn. 4) für den ambulanten Bereich zu Recht als Verbot mit Erlaubnisvorbehalt und für den Krankenhausbereich als Erlaubnis mit Verbotsvorbehalt (so auch *Weidenbach* in Sodan, Handbuch Krankenversicherungsrecht § 29 Rn. 37) beschrieben. Empfiehlt der Gemeinsame Bundesausschuss objektiv willkürlich eine neue Behandlungsmethode nicht für die vertragsärztliche Versorgung, kann ein dem Systemversagen vergleichbarer Rechtszustand gegeben sein, vgl. BSG Urt. v. 07.05.2013 – B 1 KR 44/12 R – SozR 4–2500 § 13 Nr. 29, NZS 2013, 861. 25

Im Bereich der **stationären Leistungserbringung** müssten die Kriterien der evidenzbasierten Medizin nicht erfüllt sein, vgl. LSG Hessen Urt. v. 05.02.2013 – L 1 KR 391/12, KrV 2013, 124. Wird eine in der ambulanten Versorgung ausgeschlossene Behandlungsmethode im stationären Bereich erbracht, soll eine Prüfung dieser stationären Leistungen anhand der in der ambulanten Versorgung geltenden rechtlichen Maßstäbe nicht in Betracht kommen, vgl. LSG Berlin-Brandenburg Urt. v. 18.03.2010 – L 9 KR 280/08 und SG Aachen Urt. v. 06.12.2011 – S 13 KR 369/10, KRS 11.058; dieser Rechtsprechung wird im Ergebnis zugestimmt, mit der Folge, dass grundsätzlich Krankenhausbehandlungsbedürftigkeit gegeben sein muss. Zur evidenzbasierten Medizin vgl. BSG Urt. v. 18.12.2018 – B 1 KR 11/18 R – SozR 4–2500 § 137e Nr. 2. 26

Ergibt die **Überprüfung nach Abs. 1 i.V.m.** § 137e, dass der **Nutzen einer Methode nicht hinreichend belegt** ist, soll diese Methode nach **Abs. 1 Satz 2** aufgrund einer entsprechenden Richtlinie des Gemeinsamen Bundesausschusses im Rahmen einer Krankenhausbehandlung **erst dann** nicht mehr zulasten der GKV erbracht werden dürfen, wenn diese erkennbar kein »Potenzial einer erforderlichen Behandlungsalternative bietet«, insbesondere wie sie schädlich oder unwirksam ist. Im Falle eines entsprechenden »Potenzials« beschließt der Gemeinsame Bundesausschuss eine Richtlinie zur Erprobung nach § 137e. 27

Danach **entscheidet der Gemeinsame Bundesausschuss durch eine Richtlinie**. Entspricht die Methode nach durchgeführter Erprobung **nicht** den erforderlichen Kriterien nach Abs. 1 Satz 1, so darf diese zulasten der GKV nicht mehr erbracht werden. Soweit die **Interessen von Herstellern eines Medizinprodukts oder entsprechenden Unternehmen berührt** ist, sieht § 137e Abs. 6 die Vereinbarung einer Kostenregelung mit Kostenbeteiligung vor; kommt diese nicht zustande, sieht **Abs. 1 Satz 5** vor, dass gleichermaßen durch Richtlinie des Gemeinsamen Bundesausschuss festgestellt werden kann, dass die Methode nicht zulasten der GKV angewandt werden darf. 28

Für die Bewertung neuer Untersuchungs- und Behandlungsmethoden mit Medizinprodukten hoher Risikoklassen wurde mit § 137h mit dem GKV-VSG mit Wirkung vom 23.07.2015 eine – im Verhältnis zu § 137c – spezielle Regelung getroffen. Hierauf wird Bezug genommen. 29

## I. Überprüfung auf Antrag (Abs. 1 Satz 1)

Der **Gemeinsame Bundesausschuss** überprüft auf Antrag des GKV-Spitzenverbandes, der Deutschen Krankenhausgesellschaft (DKG) oder eines Bundesverbandes der Krankenhausträger **Untersuchungs- und Behandlungsmethoden**, die zulasten der gesetzlichen Krankenkassen im Rahmen der **Krankenhausbehandlung** angewandt werden oder angewandt werden sollen (für den ambulanten Bereich vgl. dazu § 135). Die Überprüfung geht dahin, ob die Methode für eine ausreichende, zweckmäßige und wirtschaftliche Versorgung der Versicherten unter Berücksichtigung des **allgemein anerkannten Standes der medizinischen Erkenntnisse erforderlich** ist (vgl. zu dieser 30

Voraussetzung BSG Urt. v. 21.03.2013 – B 3 KR 2/12 R – SozR 4–2500 § 137c Nr. 6, allerdings kritisch hierzu und teilweise abweichend die Materialien zu Abs. 3 nach dem GKV-VSG in BT-Drs. 18/4095 S. 121 und 18/5123 S. 135; ferner BSG Urt. v. 08.10.2019 – B 1 KR 2/19 R – SozR 4–5562 § 6 Nr. 3). **Die Rechtsfolgen der Überprüfung regelt Abs. 1 Satz 2** mit der Möglichkeit, in einer Richtlinie die fehlende Eignung der Methode festzustellen.

31  Die Regelung hat zur Folge, dass **neue Untersuchungs- und Behandlungsmethoden im Krankenhaus erbracht** werden können, auch wenn diese vom Gemeinsamen Bundesausschuss (nicht oder noch nicht) anerkannt **und nicht ausgeschlossen sind**. Wird der Gemeinsame Bundesausschuss **angerufen**, kann dieser feststellen, dass das entsprechende Verfahren **nicht** den Kriterien des Abs. 1 Satz 1 entspricht und damit auch die Abrechnungsbefugnis aberkennen. Damit haben Krankenhäuser einen wesentlich breiteren Handlungsrahmen, als dieser für die ambulante Behandlung eingeräumt wird. Zur Bewertung neuer Untersuchungs- und Behandlungsmethoden mit Medizinprodukten einer hohen Risikoklasse vgl. § 137h in der Fassung des GKV-VSG.

32  In der Praxis wird dies mit der Überlegung gerechtfertigt, dass in einem **Krankenhaus mehrere Ärzte tätig sind** und auch einzelne Abteilungen wie das gesamte Krankenhaus unter einer fachlichen Leitung stehen. Zudem kann regelmäßig eine Überprüfung durch den Gemeinsamen Bundesausschuss herbeigeführt werden. Eine Reihe durchaus umstrittener Behandlungsmethoden konnte auf diese Weise – zumindest zeitweise – im Krankenhausbereich realisiert werden, auch wenn diese langfristig nach entsprechender Überprüfung nicht Bestand haben konnten. Nicht »außer Kraft gesetzt« werden die allgemeinen Grundsätze für eine Behandlung auch im Krankenhaus; die Untersuchungs- und Behandlungsmethode muss grundsätzlich wirtschaftlich sein, vgl. § 12 und BSG Urt. v. 17.12.2013 – B 1 KR 70/12 R – SozR 4–2500 § 2 Nr. 4; zur Erforderlichkeit vor- oder nachstationärer Behandlungen vgl. BSG Urt. v. 17.08.2013 – B 1 KR 67/12 R, GesR 2014, 169, NZS 2014, 219.

33  Zudem muss auch der **allgemein anerkannte Stand der medizinischen Erkenntnisse** bei der entsprechenden Behandlungsmethode **(auch)** im **Krankenhaus** gegeben sein, auch wenn kein negatives Votum des Gemeinsamen Bundesausschusses vorliegt, vgl. BSG Urt. v. 21.03.2013 – B 3 KR 2/12 R – SozR 4–2500 § 137c Nr. 6, MedR 2013, 820. Dieser allgemein anerkannte Stand ist im Lichte des Potentials einer neuen Methode zu sehen, wie aus Abs. 3 des GKV-VSG und insbesondere den Materialien hierzu folgt, vgl. auch BSG Urt. v. 08.10.2019 – B 1 KR 2/19 R – SozR 4–5562 § 6 Nr. 3.

34  Die **Antragsberechtigung** obliegt dem GKV-Spitzenverband, der Deutschen Krankenhausgesellschaft wie auch dem Bundesverband der Krankenhausträger; der Kreis der berechtigten Antragsteller ist damit **abschließend** festgelegt. Weitere Interessenvertretungen, etwa aus Patientensicht, können sich jedoch an eine der genannten Stellen wenden und über diese – deren Mitwirkung vorausgesetzt – eine entsprechende Beantragung veranlassen.

35  Das **Bewertungsverfahren** durch den Gemeinsamen Bundesausschuss entspricht nach hier vertretener Auffassung den **Grundsätzen der Bewertung**, wie diese auch **nach § 135** geboten ist. Dies erscheint schon deshalb gerechtfertigt, weil eine Reihe von Methoden sowohl stationär als auch ambulant eingesetzt wird; würde man etwa aus dem methodisch **unterschiedlichen Ansatz** von § 135 und § 137c auf die **Beweislast** des Verfahrens schließen, mit der Folge, dass im Falle der Nichterweislichkeit der Eignung oder Wirtschaftlichkeit eine Methode unterschiedlich für den Krankenhausbereich und den ambulanten Bereich außerhalb des Krankenhausbereich beurteilt würde, wäre dies im Hinblick auf die Folgen für die Praxis und auch im Hinblick auf den Gleichbehandlungsgrundsatz nicht vertretbar, vgl. bestätigend BSG Urt. v. 06.05.2009 – B 6 A 1/08 R – SozR 4–2500 § 94 Nr. 2, GesR 2009, 581.

36  Liegen **keine hinreichenden Nachweise für die Wirksamkeit einer Untersuchungs- oder Behandlungsmethode** vor, ist diese auch nach § 137c von der weiteren Anwendung auszuschließen. Dies gilt mit Wirkung vom 01.01.2012 allerdings mit der Maßgabe, dass zu prüfen ist, ob die Methode »ein Potenzial einer erforderlichen Behandlungsalternative« hat und eine Richtlinie zur **Erprobung**

von Untersuchungs- und Behandlungsmethoden in Betracht kommt, vgl. § 137e und Erläuterungen Rdn. 40–52. Zur Durchführung der Bewertung wie auch zur Veröffentlichung vgl. § 135. Die Prüfung, ob eine im Krankenhaus angewandte **Untersuchungs- oder Behandlungsmethode die vom Gesetz geforderten Qualitätsstandards erfüllt**, obliegt nicht der Krankenkasse oder den Gerichten, sondern dem dafür nach § 137c SGB V eingerichteten Ausschuss Krankenhaus.

**Klinische Studien zur Erprobung von noch nicht zugelassenen Arzneimitteln** sind als Krankenhausbehandlung von den Krankenkassen in der Regel nicht zu vergüten, vgl. zu § 137 Abs. 1 in der Fassung bis 31.12.2003, BSG Urt. v. 22.07.2004 – B 3 KR 21/03 R – SozR 4–2500 § 137c Nr. 2, GesR 2004, 535. **Neuartige, unerprobte Behandlungsmethoden sollen** gem. § 137c bei einer notwendigen Krankenhausbehandlung keiner Anerkennung durch den Bundesausschuss bedürfen; sie seien nur ausgeschlossen, wenn der Gemeinsame Bundesausschuss eine negative Stellungnahme abgegeben habe, vgl. LSG Nordrhein-Westfalen Urt. v. 17.01.2007 – L 11 KR 6/06. Dies gilt generell, aber mit den oben angeführten Einschränkungen bezüglich der Wirtschaftlichkeit und der Beachtung der Grundsätze des allgemein anerkannten Standes medizinischer Erkenntnisse. 37

Eine **Krankenhausbehandlung** ist nicht bereits deshalb erforderlich, weil eine **bestimmte Leistung nach den Regeln der ärztlichen Kunst zwar ambulant erbracht** werden kann, vertragsärztlich aber **mangels positiver Empfehlung des Gemeinsamen Bundesausschusses** nicht zulasten der gesetzlichen Krankenversicherung geleistet werden darf, vgl. BSG Urt. v. 16.12.2008 – B 1 KR 11/08 R, GesR 2009, 371, KHR 2009, 96. Der Entscheidung wird zugestimmt, da diese dem Regelungskonzept des § 135 und des § 137c – jeweils nach Maßgabe des erst nachfolgend geregelten § 137e – entspricht. 38

Im Übrigen richtet sich die **Anwendung von Untersuchungs- und Behandlungsmethoden**, zu denen der Gemeinsame Bundesausschuss bisher keine Entscheidung nach Abs. 1 getroffen hat, nach Maßgabe des **Abs. 3** in der Fassung des GKV-VSG. 39

### II. Erlass von Richtlinien als Ergebnis der Prüfung bei nicht belegtem Nutzen (Abs. 1 Satz 2)

Ergibt die Überprüfung, dass die Untersuchungs- und Behandlungsmethode, die zur Überprüfung ansteht, **nicht den Kriterien nach Abs. 1 Satz 1 entspricht**, erlässt der Gemeinsame Bundesausschuss eine entsprechende **Richtlinie**. Diese Vorgabe ist für den Gemeinsamen Bundesausschuss zwingend, wenngleich auch die Bewertung der Methode selbst sich in einem Beurteilungsrahmen hält, der die Bewertung wissenschaftlicher Erkenntnisse und entsprechende gutachtliche Stellungnahmen einschließt. **Maßstab ist der allgemein anerkannte Stand der medizinischen Erkenntnisse** für einen **diagnostischen oder therapeutischen Nutzen**. Ebenso müssen aber auch die medizinische Notwendigkeit wie auch die Wirtschaftlichkeit der Methode nachgewiesen sein; dies gilt nach hier vertretener Auffassung auch im Lichte des **Abs. 3** in der Fassung des GKV-VSG. Der Gemeinsame Bundesausschuss kann eine Methode für **bestimmte Indikationen** zulassen und für **weitere Indikationen ausschließen oder einschränken** oder von weiteren Differenzierungen Gebrauch machen. Diese Vorgehensweise folgt bereits aus Abs. 1 Satz 1; vgl. zur differenzierten Vorgehensweise des Gemeinsamen Bundesausschusses *Ihle* in jurisPK-SGB V 06/2020 § 137c Rn. 23, 24. 40

Mit der Regelung in **Abs. 1 Satz 2** mit Wirkung vom 01.01.2012 wird eine **weitere Differenzierung** insoweit geregelt, als die Möglichkeit einer Überprüfung des **mutmaßlichen Potenzials einer Methode** eingeschaltet wird. Ergibt die Überprüfung, dass der Nutzen einer Methode nicht hinreichend belegt ist und sie nicht das Potenzial einer erforderlichen Behandlungsalternative bietet, insbesondere weil sie schädlich oder unwirksam ist, erlässt der Gemeinsame Bundesausschuss eine entsprechende Richtlinie, wonach die Methode im Rahmen einer Krankenhausbehandlung nicht mehr zulasten der Krankenkassen erbracht werden darf. Hier greift der Grundsatz der »Erlaubnis mit Verbotsvorbehalt«; eine derartige Richtlinie realisiert einen Verbotsvorbehalt. Dies **gilt allerdings nicht**, wenn die **Methode noch nicht hinreichend überprüft** ist und ein **mögliches Potenzial** 41 einer erforderlichen Behandlungsalternative bietet. Dann wird die Möglichkeit zum Verfahren nach § 137e mit Wirkung vom 01.01.2012 eröffnet.

42 Entsprechende Richtlinien sind im **Bundesanzeiger** bekannt zu machen. Nach dem GKV-WSG sind die wesentlichen Gründe im **Internet** zugänglich zu machen; die Gutachten selbst werden jedoch nicht veröffentlicht. Diese sind aber im Falle eines Rechtsstreits in das gerichtliche Verfahren – jedenfalls nach hier vertretener Auffassung – auf Veranlassung einzuführen. Für den Krankenhausbereich werden die Richtlinien mit ihrer Bekanntmachung wirksam, wobei hier maßgeblich auf die Veröffentlichung im **Bundesanzeiger** abzustellen sein wird.

43 In der **Richtlinie »Methoden Krankenhausbehandlung«** sind in Anlage I Methoden nachgewiesen die für die Versorgung mit Krankenhausbehandlung erforderlich sind und in Anlage II Methoden, deren Bewertungsverfahren ausgesetzt sind. Methoden, die von der Versorgung der gesetzlichen Krankenversicherung im Rahmen der Krankenhausbehandlung ausgeschlossen sind finden sich in § 4 der Richtlinie.

44 Bezüglich der hier zuzuordnenden Berichte und Richtlinien wird auf die **umfangreichen Angaben des Gemeinsamen Bundesausschusses** im Internet Bezug genommen. Dabei sind auch Unterlagen auf der Rechtsgrundlage nach § 135 einzubeziehen; eine differenzierte Bewertung ein und derselben Leistung danach, ob diese ambulant oder stationär erbracht wird, kann nicht gefolgt werden, vgl. BSG Urt. v. 06.05.2009 – B 6 A 1/08 R – SozR 4–2500 § 94 Nr. 2, GesR 2009, 581. Es können in diesem Zusammenhang außerordentlich umfangreiche Informationen verfügbar sein, etwa zum Thema Hyperthermie mit vielfältigen Differenzierungen. Zur Ablehnung einer Methode mangels ausreichender Nachweise als »Heilmittel« vgl. etwa die Unterlage zur »konduktiven Förderung nach Petö«, was die Rechtsprechung durchweg bestätigt hat (ausgeschlossen als **Heilmittel**, nicht aber als sozialhilferechtliche Eingliederungsmethode, vgl. BSG Urt. v. 29.09.2009 – B 8 SO 19/08 R – SozR 4–3500 § 54 Nr. 6, SGb 2010, 649 mit Anm. *Pattar* SGb 2010, 652). Es geht im Zusammenhang mit der Überprüfung nach § 137c allein um **die Leistungspflicht der GKV.**

### III. Erprobung einer Methode bei noch nicht hinreichend belegtem Nutzen (Abs. 1 Satz 3)

45 Ergibt die Überprüfung, dass der **Nutzen einer Methode** noch nicht hinreichend belegt ist, sie aber das **Potenzial einer erforderlichen Behandlungsalternative bietet**, beschließt der Gemeinsame Bundesausschuss eine **Richtlinie zur Erprobung nach § 137e Abs. 1 Satz 3**. Der Gemeinsame Bundesausschuss hat in Übereinstimmung mit den Materialien (vgl. BT-Drs. 17/6906 S. 87) wie auch nach dem Wortlaut des Abs. 1 Satz 3 **kein Ermessen**, wenn die Voraussetzungen für eine Überprüfung gegeben sind; die Frage, ob die Voraussetzungen erfüllt sind, werde auch durch die Gerichte voll überprüfbar, soweit hier eine Beschwerde Betroffener vorliegen sollte. Allerdings besteht im Falle einer **Methode**, deren **technische Anwendung maßgeblich auf dem Einsatz eines Medizinproduktes** beruht, die Notwendigkeit einer **Kostenvereinbarung** mit dem jeweiligen Unternehmer; wenn diese **nicht** zustande kommt, soll das verkürzte Verfahren zum Ausschluss dieser Methode nach Abs. 1 Satz 5 in Betracht kommen.

46 Durch die mit dem **GKV-VStG** neu geschaffene Erprobungsregelung nach § **137e** kann der Gemeinsame Bundesausschuss unter Aussetzung seines Bewertungsverfahrens gemäß § 135, § 137c bei vorhandenem Potenzial einer Untersuchungs- oder Behandlungsmethode eine klinische Studie im Rahmen einer so genannten Erprobung auch **selbst initiieren** und sich den gesetzlichen Vorgaben entsprechen finanziell beteiligen. Der Gemeinsame Bundesausschuss legt hierzu in einer **Erprobungsrichtlinie Eckpunkte** für eine Studie fest, mit der eine Bewertung des Nutzens der fraglichen Methode auf einem ausreichend sicheren Erkenntnisniveau möglich gemacht wird. Hier werden zudem die Indikatoren, die Interventionen und die Vergleichsinterventionen sowie patientenrelevanter Beurteilungspunkte weiter einbezogen. Für die **Erstellung des Studienprotokolls**, der wissenschaftlichen Begleitung und der Auswertung der Erprobungsstudie werde eine fachlich

unabhängige wissenschaftliche Inquisition beauftragt, worauf der Gemeinsame Bundesausschuss hinweist.

Zur **Antragsberechtigung** vgl. **§ 137e Abs. 7**, wobei antragsberechtigt Hersteller eines Medizinprodukts sind, auf deren Einsatz die technische Anwendung einer neuen Untersuchungs- oder Behandlungsmethode maßgeblich beruht und auch Unternehmen, die in sonstiger Weise als Anbieter einer neuen Methode ein wirtschaftliches Interesse an einer Erbringung zulasten der GKV haben. Entsprechend den **Vorgaben in der Verfahrensordnung** müssen die Antragsteller u.a. aussagekräftige **Unterlagen zum Potenzial** der betreffenden Methode vorliegen. Entsprechende Formulare und Vorgaben sind im Internetangebot des Gemeinsamen Bundesausschusses verfügbar. 47

Der Gemeinsame Bundesausschuss veröffentlicht aktuell den Stand betr. Methoden, die in der Erprobung stehen. Hierauf wird Bezug genommen. 48

### IV. Richtlinie nach Abschluss der Erprobung bei nicht anerkannter Methode (Abs. 1 Satz 4)

Nach **Abschluss der Erprobung** erlässt der **Gemeinsame Bundesausschuss gemäß Abs. 1 Satz 4 eine Richtlinie**, wonach die Methode im Rahmen einer **Krankenhausbehandlung** nicht mehr zulasten der Krankenkassen erbracht werden darf, wenn die **Überprüfung** unter Hinzuziehung der durch die Erprobung gewonnenen Erkenntnisse ergibt, dass die **Methode nicht den Kriterien nach Abs. 1 Satz 1 entspricht**. Es gilt dann wiederum das Verfahren nach Abs. 1 Satz 1, auch bezüglich der zu erlassenden Richtlinie; die Methode kann grundsätzlich (möglicherweise anders nur bei Systemversagen) nicht mehr zulasten der GKV erbracht werden; es gilt der Grundsatz »Erlaubnis mit Verbotsvorbehalt«, wobei hier der Verbotsvorbehalt greifen würde. Auf die Regelung in § 137e zur Erprobung von Untersuchungs- und Behandlungsmethoden wird ergänzend Bezug genommen. 49

### V. Entscheidungsfristen (Abs. 1 Satz 5 und 6)

**§ 137e Abs. 6** sieht im Rahmen der **Erprobung von Untersuchungs- und Behandlungsmethoden** auch im Rahmen einer Überprüfung nach § 137c Abs. 1 Satz 3 vor, dass an der **Erprobung interessierte Unternehmen** angemessen an den dadurch entstehenden **Kosten** beteiligt werden. Beruht die technische Anwendung der **Methode** maßgeblich auf dem Einsatz eines **Produktes**, darf der Gemeinsame Bundesausschuss einen Beschluss zur Erprobung nach § 137c Abs. 1 nur dann fassen, wenn sich der Hersteller dieses Medizinprodukts oder Unternehmen, die in sonstiger Weise als Anbieter der Methode ein **wirtschaftliches Interesse an einer Erbringung** zulasten der Krankenkassen haben, zuvor gegenüber dem Gemeinsamen Bundesausschuss **bereit erklären**, die im Rahmen der Erprobung nach Maßgabe des § 137e Abs. 5 entstehenden Kosten der wissenschaftlichen Begleitung und Auswertung in **angemessenem Umfang zu übernehmen**. Die Hersteller oder sonstigen Unternehmen **vereinbaren** mit der beauftragten Institution i.S.d. § 137e Abs. 5 das Nähere zur **Übernahme der Kosten**. Bezüglich der Voraussetzungen, der Abgrenzung von relevanten Methoden wie auch zur gerichtlichen Überprüfung vgl. die Erläuterungen zu § 137e. 50

An diese Regelung knüpfte **Abs. 1 Satz 5** in der Fassung bis 10.05.2019 an (nachgehend aufgehoben); diese ist inhaltlich in § 137e eingegliedert worden, hier in der Fassung des TSVG mit Wirkung vom 11.05.2019 als Folgeänderung, vgl. BT-Drs. 19/6337 S. 131. 51

Mit dem **GKV-VSG** soll das **Beratungsverfahren** des Gemeinsamen Bundesausschusses im Hinblick auf die Bewertung von Untersuchungs- und Behandlungsmethoden nach § 137c beschleunigt werden; dem sollen Fristen dienen, die in **Abs. 1 Satz 5 und 6** (in der Fassung bis 10.05.2019 Satz 6 und 7) konkretisiert sind. Über eine Annahme ist binnen drei Monaten zu entscheiden und für die Durchführung sind drei Jahre vorgesehen, allerdings mit **Verlängerungsmöglichkeiten**, wenn dies begründet werden kann. Die Regelung mag im Ergebnis mehr an Anreiz und möglicherweise auch Mahnung sein, das Verfahren zügig anzugehen und durchzuführen. Die Zeitklauseln lassen allerdings im Sinne der notwendigen Prüfungsschritte Verlängerungsmöglichkeiten zu, für die der Gemeinsame Bundesausschuss dann allerding gegenüber der Aufsichtsbehörde darlegungspflichtig wird. 52

## C. Ersatzvornahme durch das BMG (Abs. 2)

### I. Möglichkeit der Ersatzvornahme (Abs. 2 Satz 1)

53  Wird eine Beanstandung des BMG nach § 94 Abs. 1 Satz 2 nicht innerhalb der von diesem gesetzten Frist behoben, kann das **BMG die Richtlinie erlassen**. Das BMG hat die Möglichkeit, den Gemeinsamen Bundesausschuss unter Fristsetzung zur Überprüfung zu veranlassen und auch die Richtlinie im Wege der **Ersatzvornahme** selbst erlassen (erfahrungsgemäß ist eine Ersatzvornahme äußerst selten; eher wird der Druck auf eine Beschlussfassung »erhöht«; zu Aufsichtsbefugnissen des BMG vgl. *Ihle* in jurisPK-SGB V 06/2020 § 137c Rn. 31). Für den Fall der Ersatzvornahme hat das BMG die Möglichkeit, den Ermittlungs- und Sachstand durch den Gemeinsamen Bundesausschuss zu erfragen; dieser ist verpflichtet, die entsprechenden Unterlagen zur Verfügung zu stellen. In der Praxis dürfte die Regelung keine sonderlich große Bedeutung haben, da auch das BMG Schwierigkeiten mit der Ermittlung des Sachstandes haben wird, wenn entsprechende Verzögerungen beim Gemeinsamen Bundesausschuss eingetreten sind. Es ist im Regelfall zu erwarten, dass der Gemeinsame Bundesausschuss einerseits zügig und andererseits umfassend unter Ausschöpfung des verfügbaren Sachverstandes die Ermittlungen durchführt.

54  Die Regelung des **Abs. 2 Satz 1** differenziert nicht nach dem Inhalt der Richtlinie, so dass auch eine **Richtlinie zur Erprobung einer Methode** nach Abs. 1 Satz 3 erfasst sein dürfte.

55  Mit der Regelung in Abs. 2 Satz 2 mit Wirkung vom 01.01.2012 wird zudem klargestellt, dass die **Durchführung klinischer Studien** auch von einem »Verbot« der Abrechnung zulasten der GKV nach Abs. 1 Satz 4 »unberührt bleibt«.

56  In der Praxis ist kein Fall der »Übernahme« durch die Aufsichtsbehörde bekannt; es ist auch kaum zu erwarten, dass dadurch eine »Beschleunigung« möglich wird; die Regelung hat daher eher den Charakter einer Vorschrift, die zur Beschleunigung mahnen soll.

### II. Ausschluss der Methode von der Leistungspflicht der Krankenkasse (Abs. 2 Satz 2)

57  Ist eine **Behandlungsmethode oder Untersuchungsmethode** nach der Entscheidung des Gemeinsamen Bundesausschusses **ausgeschlossen**, darf diese im Rahmen der Krankenhausbehandlung nicht mehr zulasten der gesetzlichen Krankenkassen erbracht werden, wie aus der Regelung des **Abs. 2 Satz 2** zwingend folgt. Dabei hat der Gemeinsame Bundesausschuss nach § 21 Abs. 4 Verfahrensordnung die Möglichkeit, für **kurze Zeit die Entscheidung** auszusetzen, wenn zu erwarten ist, dass der entsprechende Nachweis für den Nutzen geführt werden kann, etwa bereits in Auftrag gegebene Studien nach vorläufiger Bewertung eine Rechtfertigung voraussichtlich erbringen können. Entsprechende Untersuchungen können generell nicht in die Kostenlast der GKV fallen; vielmehr ist es eine Angelegenheit der Arzneimittelhersteller, ggf. anderer Kostenträger, die entsprechenden Mittel hierfür aufzubringen; höchstrichterlich ist dies mehrfach bestätigt worden, vgl. BSG Urt. v. 22.07.2004 – B 3 KR 21/03 R – SozR 4–2500 § 137c Nr. 2. Zu einem Fall des Vergütungswegfalls vgl. BSG Urt. v. 08.10.2019 – B 1 KR 2/19 R – SozR 4–5562 § 6 Nr. 3 mit Anm. *Schütz* NZS 2020, 390 und wohl beim BVerfG anhängig unter Az.: 1 BvR 2896/19.

58  Die Regelung des **Abs. 2 Satz 2** lässt zwar die Abrechenbarkeit zulasten der Krankenkassen nach einer entsprechenden – ablehnenden – Richtlinie des Gemeinsamen Bundesausschusses nicht mehr zu, die **Durchführung klinischer Studien bleibt jedoch unberührt**. Unabhängig davon kann jedoch weitere Forschungsarbeit geleistet werden, und es besteht auch die Möglichkeit, entsprechende Untersuchungsmethoden oder Behandlungsmethoden zu späterer Zeit erneut einer Überprüfung zu unterziehen. Die Erprobung ist nach Abs. 1 Satz 2 auf einen bestimmten Zeitraum zu befristen, hier auch unter Angabe der näheren Bedingungen, Indikationen und Qualifikationsanforderungen, vgl. *Weidenbach* in Sodan, Handbuch Krankenversicherungsrecht, § 29 Rn. 41a, 41b.

Auch diese Regelung ist im Lichte der Möglichkeit zur weiteren Überprüfung von »Potenzial« einer  59
Methode nach **Abs. 1 Satz 3** zu sehen, mit der Möglichkeit des Erlasses einer Richtlinie des Gemeinsamen Bundesausschusses nach § 137e.

Die Möglichkeit, **klinische Studien durchzuführen**, obgleich der Gemeinsame Bundesausschuss  60
eine Untersuchungs- und Behandlungsmethode beanstandet hat, wird **nicht unkritisch** gesehen.
Es wird die Frage aufgeworfen, ob die **Regelung mit § 2 sowie § 17 Abs. 3 Nr. 2 KHG vereinbar sei** und dies im Ergebnis infrage gestellt (Nachweise bei *Weidenbach* in Sodan, Handbuch des Krankenversicherungsrechts, 2014 § 29 Rn. 41 Fn. 77); bei § 137c Abs. 2 Satz 2 2. Hs. als spezielle Regelung im Verhältnis zu den in Bezug genommen Vorschriften werden diese Bedenken nicht geteilt. Unter Bezugnahme auf die höchstrichterliche Rechtsprechung zu Arzneimittelstudien, vgl. BSG Urt. v. 22.07.2004 – B 3 KR 21/03 R – SozR 4–2500 § 137c Nr. 2, wird angenommen, dass klinische Studien für bestimmte Behandlungsmethoden auch dann zulässig sein sollten, wenn diese durch Richtlinien allgemein ausgeschlossen worden seien. Anzustreben ist allerdings stets ein Abgleich von Befugnissen, Qualifikationsanforderungen und Honorierung.

### D. Anwendung von Untersuchungs- und Behandlungsmethoden (Abs. 3)

Durch die **Ergänzung des Abs. 3 in § 137c** wird das in der Krankenhausversorgung geltende  61
**Prinzip der Erlaubnis mit Verbotsvorbehalt** ausweislich der Materialien konkreter im Gesetz geregelt. Die Regelung sei erforderlich, weil die Gesetzesauslegung in der jüngsten höchstrichterlichen **Rechtsprechung** (vgl. etwa BSG Urt. v. 21.03.2013 – B 3 KR 2/12 R) mit dem in § 137c zum Ausdruck gebrachten **Regelungsgehalt in einem Wertungswiderspruch** stehe. Es erfolge eine **gesetzliche Konkretisierung und Klarstellung**, dass für den Ausschluss einer Methode aus der Krankenhausversorgung durch den Gemeinsamen Bundesausschuss und die Ablehnung eines Leistungsanspruchs im Einzelfall durch eine Krankenkasse im Falle des Fehlens eines Beschlusses des Gemeinsamen Bundesausschusses **einheitliche Bewertungsmaßstäbe** gelten würden.

In der **Ausschussberatung** ist der **Satzteil** »sie also insbesondere medizinisch indiziert und not-  62
wendig ist« eingefügt worden, hier mit folgender Begründung: Durch die **Ergänzungen** in der Formulierung des neuen § 137c Abs. 3 werde der **Regelungstext** gemäß den Ausführungen in der Begründung des Regierungsentwurfs **weiter präzisiert**. Die Regelung in § 137c Abs. 3 konkretisiere den **Umfang der Erlaubnis mit Verbotsvorbehalt** und gewährleiste damit die **Teilhabe der Versicherten am medizinischen Fortschritt**. Sie diene dazu, dass den typischerweise schwerer erkrankten Versicherten in der stationären Versorgung mit **besonderem Bedarf nach innovativen Behandlungsalternativen** vielversprechende Heilungs- und Behandlungschancen weiterhin **zeitnah** auch außerhalb von Studien gewährt werden könnten, auch wenn deren Nutzen **noch nicht auf hohem Evidenzlevel belegt** sei. Voraussetzung sei, dass die noch nicht allgemein anerkannte Methode das **Potential einer erforderlichen Behandlungsalternative** biete **und ihre Anwendung nach den Regeln der ärztlichen Kunst erfolge**, also insbesondere die konkrete Behandlung nach fachgerechter ärztlicher Indikationsstellung medizinisch notwendig sei gemäß § 39.

Die Regelung in § 137c Abs. 3 gewährleiste damit **einheitliche Bewertungsmaßstäbe** für **innovati-**  63
**ve Methoden in der stationären Versorgung** sowohl auf der Ebene des Gemeinsamen Bundesausschusses (G-BA), einschließlich des neuen Verfahrens nach § 137h, als auch auf der Ebene der Entscheidung über die Leistungserbringung vor Ort, etwa über den Abschluss einer Vereinbarung über ein Entgelt für die Vergütung neuer Untersuchungs- und Behandlungsmethoden nach § 6 Abs. 2 Satz 3 des Krankenhausentgeltgesetzes (NUB-Entgelt) oder im Rahmen einer Abrechnungsprüfung zwischen Krankenkasse und Krankenhaus.

Mit der Ergänzung des § 137c durch einen neuen Abs. 3 in der Fassung ab 23.07.2015 soll  64
das in der Krankenhausversorgung geltende **Prinzip der Erlaubnis mit Verbotsvorbehalt** damit konkreter im Gesetz geregelt sein, wie die Materialien ausweisen. Die Regelung sei erforderlich, weil die Gesetzesauslegung in der jüngsten höchstrichterlichen **Rechtsprechung** (vgl. etwa BSG Urt. v. 21.03.2013 – B 3 KR 2/12 R) mit dem in § 137c zum Ausdruck gebrachten **Regelungsgehalt**

in einem **Wertungswiderspruch** stehe. Es erfolge eine **gesetzliche Konkretisierung und Klarstellung**, dass für den Ausschluss einer Methode aus der Krankenhausversorgung durch den Gemeinsamen Bundesausschuss und die Ablehnung eines Leistungsanspruchs im Einzelfall durch eine Krankenkasse im Falle des Fehlens eines Beschlusses des Gemeinsamen Bundesausschusses **einheitliche Bewertungsmaßstäbe** gelten würden.

65 Es ist nach § **137c Abs. 1** die Aufgabe des Gemeinsamen Bundesausschusses, **Untersuchungs- und Behandlungsmethoden**, die zu Lasten der gesetzlichen Krankenkassen im Rahmen einer Krankenhausbehandlung angewandt werden, daraufhin zu überprüfen, ob sie für eine **ausreichende, zweckmäßige und wirtschaftliche Versorgung der Versicherten unter Berücksichtigung des allgemein anerkannten Standes der medizinischen Erkenntnisse** erforderlich sind. Eine Methode, deren Nutzen nach Feststellung des Gemeinsamen Bundesausschusses zwar noch nicht hinreichend belegt ist, die aber das **Potential** einer erforderlichen Behandlungsalternative bietet, kann in Übereinstimmung mit den Materialien zu Abs. 3 nach den gesetzlichen Vorgaben im Rahmen der Krankenhausbehandlung weiterhin zu Lasten der Krankenkassen erbracht werden. Erforderlich ist dann aber die Initiierung einer **Erprobung**. Damit sollen dann die für eine fundierte Entscheidung erforderlichen Erkenntnisse für eine fundierte Entscheidung verfügbar gemacht werden.

66 Bis zum Vorliegen dieser Erkenntnisse und einer abschließenden Entscheidung des Gemeinsamen Bundesausschusses kann die **Methode im Krankenhaus angewandt** werden. Parallel dazu ist allerdings auch die Vergütungsfrage zu klären. Die Versorgung der typischerweise schwerer erkrankten Versicherten mit besonderem Bedarf nach innovativen Behandlungsalternativen soll dann weiterhin zur Verfügung stehen.

67 Diese **Wertentscheidung** gilt es auch in dem Fall zu beachten, dass der **Gemeinsame Bundesausschuss noch keine Überprüfung nach § 137c Abs. 1 durchgeführt hat**. Insoweit bedeutet die »Konkretisierung« des Grundsatzes für den Krankenhausbereich »Erlaubnis mit Verbotsvorbehalt«, dass eine inhaltliche Prüfung der Methode zu erfolgen hat. Dies erscheint keineswegs vollkommen neu, vielmehr gebieten allgemeine Grundsätze der Versorgung die Prüfung der Notwendigkeit und der Erfolgsaussicht einer Behandlung.

68 Allerdings muss vermieden werden, dass Krankenkassen eigenständig und im Ergebnis recht unterschiedlich über die Leistungsberechtigung befinden. Auch hier soll Abs. 3 ansetzen: Es stünde mit dem dargestellten Konzept der grundsätzlichen Erlaubnis mit Verbotsvorbehalt nicht in Einklang, wenn jede einzelne Krankenkasse im Einzelfall die Kostenübernahme für eine nach den Regeln der ärztlichen Kunst erfolgende Behandlung mit einer Methode, die das Potential einer erforderlichen Behandlungsalternative biete, mit der Begründung ablehnen könnte, der Nutzen der angewandten Methode sei noch nicht hinreichend belegt. Ebenso wenig wie der **Gemeinsame Bundesausschuss eine Methode mit Potential unmittelbar aus der Krankenhausversorgung ausschließen könne**, könne eine solche negative Leistungsentscheidung stattdessen auf der Ebene der Einzelkasse erfolgen, wie die Materialien ausweisen.

69 In Abs. 3 wird daher in Umsetzung dieser Vorgaben ausdrücklich geregelt, dass innovative Methoden, für die der Gemeinsame Bundesausschuss noch keine Entscheidung getroffen hat, im Rahmen einer nach § 39 erforderlichen **Krankenhausbehandlung zu Lasten der gesetzlichen Krankenkassen** erbracht werden können. Dies betreffe sowohl Methoden, für die **noch kein Antrag** nach § 137c Abs. 1 Satz 1 gestellt worden sei, als auch Methoden, deren **Bewertung** nach § 137c Abs. 1 **noch nicht abgeschlossen** sei, wie wiederum den Materialien zu entnehmen ist. Voraussetzung ist, dass die Methode das Potential einer erforderlichen Behandlungsalternative biete und ihre Anwendung nach den Regeln der ärztlichen Kunst erfolgt, sie also insbesondere im Einzelfall indiziert und erforderlich ist. Das **Potential** einer erforderlichen Behandlungsalternative könne sich etwa daraus ergeben, dass die **Methode aufgrund ihres Wirkprinzips** und der **bisher vorliegenden Erkenntnisse** mit der Erwartung verbunden sei, dass andere aufwändigere, für die Patientin oder den Patienten invasivere oder bei bestimmten Patienten nicht erfolgreiche Methoden ersetzt werden könnten oder die Methode in sonstiger Weise eine **effektivere Behandlung** ermöglichen könne.

Es bleibt im Übrigen bei der Regelung, dass es einer Ausschlussentscheidung nach § 137c Abs. 1 Satz 4 (ggf. i.V.m. Satz 5) bedarf, wenn eine Methode nicht mehr anwendbar sein soll. Methoden, die **nicht** das Potential einer erforderlichen Behandlungsalternative böten, insbesondere weil sie schädlich oder unwirksam seien, dürften weiterhin aber nicht zu Lasten der Krankenkassen erbracht werden. 70

In der **Ausschussberatung** ist der **Satzteil** »sie also insbesondere medizinisch indiziert und notwendig ist« eingefügt worden. Durch die **Ergänzung** soll für den typischerweise schwerer erkrankten Versicherten in der stationären Versorgung der **besondere Bedarf nach innovativen Behandlungsalternativen** mit vielversprechende Heilungs- und Behandlungschancen weiterhin **zeitnah** auch außerhalb von Studien gewährt werden können. Dies soll gelten, auch wenn deren Nutzen **noch nicht auf einem hohem Evidenzlevel belegt** sein sollte. Voraussetzung ist dann aber, dass die noch nicht allgemein anerkannte Methode das **Potential einer erforderlichen Behandlungsalternative** biete **und ihre Anwendung nach den Regeln der ärztlichen Kunst erfolgt**, also insbesondere die konkrete Behandlung nach fachgerechter ärztlicher Indikationsstellung medizinisch notwendig sei gem. § 39. Dabei dürfte auch der Rechtsgedanke des § 137h in der Fassung ab 23.07.2015 einzubeziehen sein, dass zugleich Risiken durch invasive Maßnahmen mit dem Nutzen abzuwägen sind. 71

Die Regelung in Abs. 3 soll **einheitliche Bewertungsmaßstäbe** für **innovative Methoden in der stationären Versorgung** sowohl auf der Ebene des Gemeinsamen Bundesausschusses, einschließlich des neuen Verfahrens nach § 137h, als auch auf der Ebene der Entscheidung über die Leistungserbringung vor Ort, etwa über den Abschluss einer Vereinbarung über ein Entgelt für die Vergütung neuer Untersuchungs- und Behandlungsmethoden nach § 6 Abs. 2 Satz 3 des Krankenhausentgeltgesetzes (NUB-Entgelt) oder im Rahmen einer Abrechnungsprüfung zwischen Krankenkasse und Krankenhaus ermöglichen. 72

Der **bestehende Wertungswiderspruch** in der Gesetzesauslegung in der **jüngsten höchstrichterlichen Rechtsprechung** – unter Hinweis der Materialien auf BSG Urt. v. 21.03.2013 – B 3 KR 2/12 R –, wonach jede einzelne Krankenkasse einem Versicherten die Kostenübernahme für eine Methode mit Potential als erforderliche Behandlungsalternative verwehren könne, während der GBA die gleiche Methode nicht unmittelbar nach § 137c Abs. 1 aus der Versorgung ausschließen dürfte, soll somit **aufgehoben** sein. 73

Es bleibt auch dabei, dass das Krankenhaus etwa im Rahmen einer **Abrechnungsprüfung** darlegen muss, dass die angewandte Untersuchungs- oder Behandlungsmethode zu Lasten der Krankenkasse jeweils erbracht werden durfte. Nach dem verfügbaren Stand der medizinischen Erkenntnisse muss entsprechend dem Wortlaut des Abs. 3 das Potential einer erforderlichen Behandlungsalternative erkennbar werden. Auch hat die Anwendung nach den Regeln der ärztlichen Kunst zu erfolgen und muss somit **insbesondere medizinisch indiziert und notwendig** sein. 74

Für **neue Methoden mit Medizinprodukten hoher Risikoklasse** erfolgt durch die Einführung des **systematischen Bewertungsverfahrens nach § 137h** eine **frühzeitige Prüfung** und eine ggf. **erforderliche Erprobung unter strukturierten Bedingungen** (hier im Fall des § 137h Abs. 1 Satz 4 Nr. 2) durch den Gemeinsamen Bundesausschuss. Methoden, die nach § 137h Abs. 1 Satz 4 Nr. 3 **nicht** das Potential einer erforderlichen Behandlungsalternative bieten, insbesondere weil sie schädlich oder unwirksam sind, dürfen weiterhin nicht zu Lasten der Krankenkassen erbracht werden, hier allerdings an eine förmliche Feststellung durch den Gemeinsamen Bundesausschuss in § 137h gebunden. 75

Versicherte haben als Regelleistung **keinen Anspruch** auf stationäre Krankenhausbehandlung mit Methoden, die lediglich das Potenzial einer erforderlichen Behandlungsalternative bieten, jedoch als Zusatzleistungen im Rahmen von Erprobungsrichtlinien Anspruch auf stationäre Krankenhausbehandlung mit Methoden, die lediglich das Potenzial einer erforderlichen Behandlungsalternative bieten, hier unter Festhalten an BSG Urt. v. 24.04.2018 – B 1 KR 10/17 R und B 1 KR 13/16 R hier BSG Urt. v. 28.05.2019 – B 1 KR 32/18 R – SozR 4–2500 § 137c Nr. 13. Zur Belehrungspflicht eines Krankenhauses bei einer hochrisikobehafteten Operation mit Palliativbezug 76 und Wegfall des Vergütungsrisikos vgl. BSG Urt. v. 08.10.2019 – B 1 KR 3/19 R – SozR 4–2500 § 2 Nr. 14. Zu einer Behandlung im Grenzbereich zur experimentellen Behandlung vgl. BSG Urt. v. 08.10.2019 – B 1 KR 4/19 R – SozR 4–2500 § 12 Nr. 16. Zum Wegfall des Vergütungsanspruchs bei einer hochrisikobehafteten Behandlung BSG Urt. v. 08.10.2019 – B 1 KR 2/19 R – SozR 4–5562 § 6 Nr. 3. Zum Ausschluss der Vergütung bei einer Liposuktion vgl. LSG Nordrhein-Westfalen Urt. v. 27.11.2019 – L 11 KR 830/17; Entscheidungen dieser Art fallen häufiger bei den Sozialgerichten an, vgl. *Kloppstock* NZS 2019, 751.

## § 137d Qualitätssicherung bei der ambulanten und stationären Vorsorge oder Rehabilitation

(1) [1]Für stationäre Rehabilitationseinrichtungen, mit denen ein Vertrag nach § 111 oder § 111a und für ambulante Rehabilitationseinrichtungen, mit denen ein Vertrag über die Erbringung ambulanter Leistungen zur medizinischen Rehabilitation nach § 111c Absatz 1 besteht, vereinbart der Spitzenverband Bund der Krankenkassen auf der Grundlage der Empfehlungen nach § 37 Absatz 1 des Neunten Buches mit den für die Wahrnehmung der Interessen der ambulanten und stationären Rehabilitationseinrichtungen und der Einrichtungen des Müttergenesungswerks oder gleichartiger Einrichtungen auf Bundesebene maßgeblichen Spitzenorganisationen die Maßnahmen der Qualitätssicherung nach § 135a Abs. 2 Nr. 1. [2]Die auf der Grundlage der Vereinbarung nach Satz 1 bestimmte Auswertungsstelle übermittelt die Ergebnisse der Qualitätssicherungsmaßnahmen nach Satz 1 an den Spitzenverband Bund der Krankenkassen. [3]Dieser ist verpflichtet, die Ergebnisse einrichtungsbezogen, in übersichtlicher Form und in allgemein verständlicher Sprache im Internet zu veröffentlichen. [4]Um die Transparenz und Qualität der Versorgung zu erhöhen, soll der Spitzenverband Bund der Krankenkassen die Versicherten auf Basis der Ergebnisse auch vergleichend über die Qualitätsmerkmale der Rehabilitationseinrichtungen nach Satz 1 informieren und über die Umsetzung der Barrierefreiheit berichten; er kann auch Empfehlungen aussprechen. [5]Den für die Wahrnehmung der Interessen von Einrichtungen der ambulanten und stationären Rehabilitation maßgeblichen Spitzenorganisationen ist Gelegenheit zur Stellungnahme zu geben. [6]Die Stellungnahmen sind bei der Ausgestaltung der Veröffentlichung nach Satz 3 und der vergleichenden Darstellung nach Satz 4 einzubeziehen. [7]Der Spitzenverband Bund der Krankenkassen soll bei seiner Veröffentlichung auch in geeigneter Form auf die Veröffentlichung von Ergebnissen der externen Qualitätssicherung in der Rehabilitation anderer Rehabilitationsträger hinweisen. [8]Die Kosten der Auswertung von Maßnahmen der einrichtungsübergreifenden Qualitätssicherung tragen die Krankenkassen anteilig nach ihrer Belegung der Einrichtungen oder Fachabteilungen. [3]Das einrichtungsinterne Qualitätsmanagement und die Verpflichtung zur Zertifizierung für stationäre Rehabilitationseinrichtungen richten sich nach § 37 des Neunten Buches.

(2) [1]Für stationäre Vorsorgeeinrichtungen, mit denen ein Versorgungsvertrag nach § 111 und für Einrichtungen, mit denen ein Versorgungsvertrag nach § 111a besteht, vereinbart der Spitzenverband Bund der Krankenkassen mit den für die Wahrnehmung der Interessen der stationären Vorsorgeeinrichtungen und der Einrichtungen des Müttergenesungswerks oder gleichartiger Einrichtungen auf Bundesebene maßgeblichen Spitzenorganisationen die Maßnahmen der Qualitätssicherung nach § 135a Abs. 2 Nr. 1 und die Anforderungen an ein einrichtungsinternes Qualitätsmanagement nach § 135a Abs. 2 Nr. 2. [2]Dabei sind die gemeinsamen Empfehlungen nach § 37 Absatz 1 des Neunten Buches zu berücksichtigen und in ihren Grundzügen zu übernehmen. [3]Die Kostentragungspflicht nach Absatz 1 Satz 3 gilt entsprechend.

(3) Für Leistungserbringer, die ambulante Vorsorgeleistungen nach § 23 Abs. 2 erbringen, vereinbart der Spitzenverband Bund der Krankenkassen mit der Kassenärztlichen Bundesvereinigung und den maßgeblichen Bundesverbänden der Leistungserbringer, die ambulante Vorsorgeleistungen durchführen, die grundsätzlichen Anforderungen an ein einrichtungsinternes Qualitätsmanagement nach § 135a Abs. 2 Nr. 2.

(4) ¹Die Vertragspartner haben durch geeignete Maßnahmen sicherzustellen, dass die Anforderungen an die Qualitätssicherung für die ambulante und stationäre Vorsorge und Rehabilitation einheitlichen Grundsätzen genügen, und die Erfordernisse einer sektor- und berufsgruppenübergreifenden Versorgung angemessen berücksichtigt sind. ²Bei Vereinbarungen nach den Absätzen 1 und 2 ist der Bundesärztekammer, der Bundespsychotherapeutenkammer und der Deutschen Krankenhausgesellschaft Gelegenheit zur Stellungnahme zu geben.

§ 137d gilt in der Fassung des Art. 1 Nr. 45 GVWG vom 11.07.2021 (BGBl. I S. 2754) mit Wirkung vom 20.07.2021. Mit den Erläuterungen wird weitgehend an die Fassung durch Art. 6 Nr. 12 BTHG vom 23.12.2016 (BGBl. I S. 3234) mit Wirkung vom 01.01.2018 angeknüpft; zu nachfolgenden Änderungen vgl. die Hinweise unter Rdn. 22a.    1

*(unbesetzt)*    2

§ 137d regelt Vorgaben für **Vereinbarungen** zur externen Qualitätssicherung bei **stationären** wie auch bei **ambulanten Rehabilitationseinrichtungen (Abs. 1)** wie auch zur externen Qualitätssicherung und zum internen Qualitätsmanagement bei **stationären Vorsorgeeinrichtungen (Abs. 2)** sowie auch für Vereinbarungen zum internen Qualitätsmanagement im Zusammenhang mit der Leistung von **ambulanten Vorsorgeeinrichtungen** (Abs. 3). Wiederum gemeinsame Vorgaben ergänzend zu Abs. 1 bis 3 regelt Abs. 4. § 137d wurde mit dem **GKV-WSG mit Wirkung vom 01.04.2007 neu gefasst** und mit Wirkung vom 01.07.2008 an die Einrichtung des Spitzenverbandes Bund der Krankenkassen, genannt GKV-Spitzenverband, angepasst.    3

§ 137d verpflichtet somit **Leistungserbringer und Einrichtungen zur Qualitätssicherung bei der ambulanten und stationären Vorsorge oder Rehabilitation**. § 137d ist auf Regelungen zur Qualitätssicherung begrenzt, die einrichtungsübergreifend zu vereinbaren sind. Regelungen zu den einrichtungsinternen Maßnahmen, auch zum Qualitätsmanagement, folgen der Regelung des § 20 SGB IX – in der Fassung des BTHG und der Neufassung des SGB IX ab 01.01.2018 entsprechend § 37 SGB IX, die in Abs. 1 Satz 1 und 2 sowie Abs. 2 Satz 2 in Bezug genommen wird.    4

Bezüglich des Leistungsrechts werden von **§ 137d Abs. 1** erfasst:    5
– ambulante Rehabilitationsleistungen nach § 40 Abs. 1 sowie
– stationäre Rehabilitationsleistungen nach § 40 Abs. 2 (vgl. § 20 Abs. 2a SGB IX und der Regelung im Leistungserbringerrecht nach § 111), ferner
– stationäre Rehabilitationsleistungen für Mütter und Väter nach § 41 (vgl. die Regelung im Leistungserbringerrecht nach § 111a).

Weiter wird das Leistungsrecht zu **§ 137d Abs. 2** wie folgt geregelt:    6
– stationäre Vorsorgeleistungen nach § 23 Abs. 4 (vgl. die Regelung im Leistungserbringerrecht nach § 111) und
– stationäre Vorsorgeleistungen für Mütter und Väter nach § 24 (vgl. die Regelung im Leistungserbringerrecht nach § 111a).

Schließlich wird das Leistungsrecht zu **§ 137d Abs. 3** betreffend ambulante Vorsorgeleistungen in § 23 Abs. 2 geregelt.    7

§ 137d Abs. 1 erfasst die Vereinbarungen zur externen Qualitätssicherung bei stationären und ambulanten Rehabilitationseinrichtungen und schließt an die materiell-rechtlichen Vorgaben in §§ 40, 41 an. Die Ergebnisqualität soll durch einrichtungsübergreifende Maßnahmen der **Qualitätssicherung**, vgl. § 135a Abs. 2 Nr. 1, verbessert werden. Die Bestimmung ist im Zusammenhang mit den Änderungen zu **§ 20 SGB IX**, in der Fassung ab 01.01.2018 § 37 SGB IX, zu sehen; die Rehabilitationsträger vereinbaren nach § 20 Abs. 1 SGB IX, ab 01.01.2018 § 37 Abs. 1 SGB IX, gemeinsame Empfehlungen zur Sicherung und Weiterentwicklung der Qualität der Leistungen sowie zur Durchführung vergleichender Qualitätsanalysen, die dann wiederum Grundlage eines **effektiven Qualitätsmanagements** der Leistungserbringer sind. Hieran sind die gesetzlichen Krankenkassen gemäß **§ 6 Abs. 1 Nr. 1 SGB IX** beteiligt. Die Regelungen nach § 20 SGB IX, ab 01.01.2018 § 37 SGB IX, sowie nach § 137d Abs. 1 sind in der Praxis entsprechend zu koordinieren; deshalb sind    8

## § 137d SGB V  Qualitätssicherung bei der ambulanten und stationären Vorsorge

die Vereinbarungen nach § 137d Abs. 1 »**auf der Grundlage**« – ohne dass dieser Begriff näher konkretisiert wird – **der Empfehlungen nach § 20 Abs. 1 SGB IX** – nachfolgend ab 01.01.2018 § 37 SGB IX – zu treffen.

9 Bereits zu § 37 SGB IX in der Fassung ab 01.01.2018 – Qualifizierung, Zertifizierung – sind die »**Fachlichen Weisungen**«- Reha der Bundesagentur für Arbeit Stand 01.01.2018 verfügbar und im Internet nachgewiesen. Ziel der Vorschrift sei es, die Qualität von Rehabilitationsleistungen zu sichern. § 37 SGB XI korrespondiert mit § 26 SGB IX und stelle für die Reha-Träger eine eigene Rechtsgrundlage dar, gemeinsame Empfehlungen zur Qualitätssicherung abzuschließen. Zur Sicherung und Weiterentwicklung der Qualität der Leistungen haben die Reha-Träger die Gemeinsame Empfehlung »Qualitätssicherung« auf Ebene der Bundesarbeitsgemeinschaft für Rehabilitation e.V. (BAR) vereinbart. Dies beinhaltet die externe wie auch die interne Qualitätssicherung. Die Reha-Träger haben entsprechend § 37 Abs. 4 SGB IX die Möglichkeit, höhere Qualitätsansprüche festzulegen und damit nur Einrichtungen als geeignet anzuerkennen, die diesen höheren Ansprüchen genügen. Ergänzende Regelungen könnten sich beispielsweise über die Anforderungen zu § 59 SGB IX in der Fassung ab 01.01.2018 ergeben.

10 Zur Erbringung ambulanter Leistungen zur medizinischen Rehabilitation vgl. **§ 111c** als eigenständige Regelung, wobei der Regelungsinhalt für die ambulanten und stationären Leistungen angeglichen ist. Die **Landesverbände der Krankenkassen und die Ersatzkassen** schließen mit Wirkung für die Mitgliedskassen einheitliche Versorgungsverträge über die Durchführung der in § 40 Abs. 1 genannten ambulanten Leistungen. Zu aktuellen Zulassung- und Vergütungsfragen im Rehabilitationsrecht vgl. *Trefz/Flachsbarth* PKR 2012, 70 sowie zur Übernahme im Ausland *Luik* jurisPR-SozR 2/2013 Anm. 3. Zur Qualitätssicherung in der medizinischen Rehabilitation vgl. *Dittmann* DVfR forum E, E3–2020.

11 § 137d ist im Zusammenhang mit § 20 SGB IX, ab 01.01.2018 § 37 SGB IX, zu sehen, der in Bezug genommen wird. Da das untergesetzliche Recht weitgehend noch auf § 20 SGB IX abstellt, wird auf diese Regelung bis 31.12.2017 noch hingewiesen. In § 20 SGB IX in der Fassung bis 31.12.2017 werden Maßnahmen der Qualitätssicherung geregelt und zum Erlass gemeinsamer Empfehlungen ermächtigt. Die Erbringer von Leistungen stellen ein Qualitätsmanagement sicher, das durch zielgerichtete und systematische Verfahren und Maßnahmen die Qualität der Versorgung gewährleistet und kontinuierlich verbessert wird, vgl. § 20 Abs. 2 SGB IX in der Fassung bis 31.12.2017, hier in Übereinstimmung mit der Fassung ab 01.01.2018.

12 In diesem Zusammenhang sind **Empfehlungen der Bundesarbeitsgemeinschaft für Rehabilitation – BAR** – erlassen worden, sie umfassen das Glossar für ein einrichtungsinternes Qualitätsmanagement für stationäre Rehabilitationseinrichtungen nach § 20 SGB IX vom 04.06.2009 (im Internet nachgewiesen unter »BAR«). Weitere Unterlagen sind auf der Grundlage des **§ 20 Abs. 2a SGB IX** – unter dem 01.09.2009 herausgegeben – verfügbar, wie die Vereinbarungen zum internen Qualitätsmanagement mit dem Stand 01.10.2009 sowie Informationen zu den Pflichten für die herausgebende Stelle eines rehabilitationsspezifischen Qualitätsmanagement-Verfahrens nach § 20 Abs. 2a SGB IX vom 04.06.2009 (vgl. Erläuterungen II und III).

13 Die **Vorlagen der BAR** sind (Stand 04/2018) unter dem Stichwort »Qualitätsmanagement« durchweg noch auf § 20 SGB IX in der Fassung bis 31.12.2017 abgestellt, so die Vereinbarung zum internen Qualitätsmanagement nach § 20 Abs. 2a SGB IX, einschließlich grundsätzliche Anforderungen, Manual und Festlegungen zum Zertifizierungsverfahren, die Geschäftsordnung, die Liste der auf der Ebene der BAR anerkannten Qualitätsmanagement-Verfahren mit ihren herausgebenden Stellen, zertifizierte stationäre Reha-Einrichtungen und Musterbogen für Herausgebenden Stellen zur Meldung zertifizierter stationäre Reha-Einrichtungen an die BAR. Zusätzlich wird weiteres Informationsmaterial zur Anerkennung von die Reha betreffenden versionsspezifischen Qualitätsmanagement-Verfahren nachgewiesen, ebenso zu den Verpflichtungen für eine herausgebende Stelle und zur Eignung von Zertifizierungsstellen. Ferner ist ein Glossar für ein

einrichtungsinternes Qualitätsmanagement für stationäre Rehabilitationseinrichtungen nach § 20 SGB IX verfügbar. Eine Vielzahl von Formularen für dieses Verfahren werden nachgewiesen.

Die Kosten der Auswertung von **Maßnahmen der einrichtungsübergreifenden Qualitätssicherung** sind von den **Krankenkassen** zu tragen, § 137d Abs. 1 Satz 2. Maßgeblich sind die Anteile an Belegung der Einrichtungen oder Fachabteilungen, vgl. Abs. 1 Satz 2. 14

**§ 137d Abs. 2** regelt die **Vereinbarungen zur externen Qualitätssicherung und zum internen Qualitätsmanagement bei stationären Vorsorgeeinrichtungen.** Zu den materiell-rechtlichen Regelungen vgl. **§ 23 Abs. 4, § 24**. Maßgeblich beteiligt sind der GKV-Spitzenverband, vgl. zur Einrichtung § 217a, auf der einen Seite sowie auf der anderen Seite die auf Bundesebene maßgeblich tätigen **Spitzenorganisationen** für die Wahrnehmung der Interessen der **stationären Vorsorgeeinrichtungen** sowie Einrichtungen des Müttergenesungswerkes und gleichartiger Einrichtungen. 15

Bezüglich der Maßnahmen der Qualitätssicherung wird § 135a Abs. 2 Nr. 1 sowie Abs. 2 Nr. 2 in Bezug genommen – und damit zugleich § 37 SGB IX in der Fassung ab 01.01.2018 (zuvor § 20 SGB IX). Erfasst werden damit Maßnahmen der Qualitätssicherung sowie der Einführung und Weiterentwicklung eines einrichtungsinternen Qualitätsmanagements. Bezüglich der **Kostentragung** schließt der Gesetzgeber ausweislich der Materialien an die Regelungen des Abs. 1 Satz 2 an, auch wenn hier wohl versehentlich auf Abs. 1 Satz 3 verwiesen wird. 16

**Abs. 3** regelt Vorgaben für **Vereinbarungen zum internen Qualitätsmanagement bei den Leistungserbringern ambulanter Vorsorgeeinrichtungen.** Materiell-rechtlich werden Leistungen nach **§ 23 Abs. 2** in Bezug genommen. Die grundsätzlichen Anforderungen an ein **einrichtungsinternes Qualitätsmanagement** richten sich nach **§ 135a Abs. 2 Nr. 2**; hierzu ist eine umfangreiche Literatur verfügbar, auch unter Einbeziehung spezieller Anwendungen, vornehmlich für den stationären Bereich: zum ambulanten Bereich vgl. etwa *Gibis* GSP 2005 Nr. 1/2, 44 und *Herbholz* Bundesgesundhbl 2002, 249. Die Vereinbarungen erfassen dagegen abweichend zur Rechtslage bis 31.03.2007 **nicht die einrichtungsübergreifenden Qualitätssicherungsmaßnahmen** (vgl. dazu § 20 SGB IX in der Fassung bis 31.12.2017 und ab 01.01.2018 § 37 SGB IX), weshalb die Regelung § 135a Abs. 2 Nr. 1 nicht in Bezug nimmt. Hier findet sich auch keine Bezugnahme auf § 20 SGB IX bzw. ab 01.01.2018 auf § 37 SGB IX, wie dies etwa nach Abs. 1 Satz 3 sowie Abs. 2 Satz 2 der Fall ist; dies schließt jedoch nicht aus, einen Regelungsbezug zu § 20 SGB IX bzw. ab 01.01.2018 zu § 37 SGB IX und die hierauf beruhenden gemeinsamen Empfehlungen vorzunehmen. 17

Mit **Abs. 4** werden Regelungen für die Vereinbarungen, die nach Abs. 1 bis 3 zu treffen sind, vorgegeben. Danach ist durch geeignete Maßnahmen sicherzustellen, dass die **Anforderungen an die Qualitätssicherung für die ambulante und stationäre Vorsorge und Rehabilitation einheitlichen Grundsätzen genügen.** Weiterhin sind die Erfordernisse einer **sektorenübergreifenden** sowie **berufsgruppenübergreifenden Versorgung** angemessen zu berücksichtigen, vgl. Abs. 4 Satz 1. Verfahrenstechnisch sind bei den Vereinbarungen nach § 137d Abs. 1 und 2 die Bundesärztekammer, die Bundespsychotherapeutenkammer (ergänzt in der Ausschussberatung zur Fassung des GKV-WSG) sowie die Deutsche Krankenhausgesellschaft zu beteiligen; diesen ist Gelegenheit zur Stellungnahme zu geben und die Stellungnahme ist in die Entscheidungsfindung einzubeziehen. 18

Seit Oktober 1999 arbeiten die Spitzenverbände der gesetzlichen Kranken- und Unfallversicherung, der frühere Verband Deutscher Rentenversicherungsträger (VDR) sowie in der Nachfolge die Deutsche Rentenversicherung Bund einschließlich der Knappschaft, spätere Deutschen Rentenversicherung Knappschaft-Bahn-See, in Angelegenheiten der **Qualitätssicherung in der Rehabilitation** zusammen. Dem liegt eine **gemeinsame Erklärung** zur Zusammenarbeit in der Qualitätssicherung in der medizinischen Rehabilitation zugrunde. Die Qualitätssicherung in der medizinischen Rehabilitation wird als »**QS-Reha-Verfahren**« zusammengefasst. Mit dem GKV-WSG sind inhaltlich wesentliche Änderungen erfolgt. Dazu zählt die Neufassung des § 137d, aber auch **§ 299 Abs. 3** bezüglich der Datenauswertung. Die **Kosten der Auswertung der vereinbarten Maßnahmen der einrichtungsübergreifenden Qualitätssicherung** sind nunmehr von den **Krankenkassen** zu tragen. 19

**§ 137e SGB V**  Erprobung von Untersuchungs- und Behandlungsmethoden

Weiterhin wurde eine Verpflichtung zur Beteiligung der Einrichtungen an einem von den Rehabilitationsträgern auf der Ebene der BAR noch zu vereinbarenden Zertifizierungsverfahren eingeführt, vgl. § 20 Abs. 2, Abs. 2a SGB IX und ab 01.01.2018 § 37 Abs. 2 und Abs. 3 SGB IX. Auf die Gemeinsamen Empfehlungen Qualitätssicherung – noch zu § 20 Abs. 1 SGB IX – wird Bezug genommen.

20 Maßgebliche Regelungen zur **Rehabilitation sind im SGB IX** getroffen und erfassen hier auch **unterschiedliche Zielsetzungen der Rehabilitation**. Zur ambulanten **Rehabilitation** unter Einbeziehung des **SGB V und des SGB IX** (durchweg nach der Fassung bis 31.12.2017) vgl. *Morfeld/ Strahl/Koch* Bundesgesundhbl 2011, 420, *Hibbeler* DÄ 2010, A 634 sowie *Dreher* ASUMed Beilage (ASUpraxis) 2009, Heft 1, 4. Die ambulante Rehabilitation hat – ist diese angezeigt und ausreichend – Vorrang vor einer stationären Rehabilitation, vgl. *Zumbansen* RdLH 2013, 124. Zum Konzept der ambulanten Rehabilitation vgl. *Gerkens* ersatzkasse magazin 2012, Nr. 1/2, 40 sowie zum Leistungsumfang *Morfeld/Strahl/Koch* Bundesgesundhbl 2011, 420.

21 Die **Vereinbarung** zur externen Qualitätssicherung und zum einrichtungsinternen Qualitätsmanagement in der stationären und ambulanten Rehabilitation und der stationären Vorsorge nach § 137d Abs. 1, 2 und 4 ist jedenfalls im Reha-Bereich im Kontext mit den zahlreichen »**Gemeinsamen Empfehlungen**« der BAR zu sehen, die an das Verfahren nach § 14 SGB IX anknüpfen und sich entsprechend auch auf den Bereich der Leistungserbringung erstrecken.

22 Der **Qualitätssicherung** dient auch das **Begutachtungsverfahren**, dem in der Praxis beim Einstieg in den Leistungsbereich entscheidende Bedeutung zukommt; auch das Begutachtungsverfahren unterliegt wiederum der Qualitätssicherung. Hier wird weitgehend der MDK einbezogen. Zur neueren Entwicklung vgl. *Baumgarten*, 7. Informationsveranstaltung zur Reha-Qualitätssicherung für Gutachter im Peer Review-Verfahren, RVaktuell 2013, 166. Auch Gutachten werden einer gewissen Offenheit und Transparenz »ausgesetzt«, um hier dem Ziel der Vorgehensweise nach einheitlichen Grundsätzen (vgl. bereits Empfehlung der BAR hierzu vom 22.03.2004) besser entsprechen zu können. Das Peer-Review-Verfahren ist eine in der Wissenschaft verwendete Methode, die Qualität insbesondere von Veröffentlichungen durch Stellungnahmen »auf gleicher Ebene« besser bewerten zu können. Die Auswirkungen auf das hier notwendige Verfahren lassen sich allerdings nur schwer bewerten. Eine allein ergebnisoriente Statistik (welche Verfahren schlägt der Gutachter vor, in welchem Umfang und mit welchem Aufwand) dürfte allerdings zu kurz greifen.

22a § 137d Abs. 1 Satz 2 bis 7 wurde durch Art. 1 Nr. 45 GVWG vom 11.07.2021 (BGBl. I S. 2754) mit Wirkung vom **20.07.2021** eingefügt. Zur Begründung des Gesetzentwurfs vgl. BT-Drs. 19/26822 S. 96. Mit den Ergänzungen werde der GKV-Spitzenverband ausweislich der Materialien berechtigt und verpflichtet, einrichtungsbezogene Daten aus dem Qualitätssicherungsverfahren Rehabilitation der gesetzlichen Krankenkassen (QS-Reha- Verfahren) zu veröffentlichen. Die Veröffentlichung der Daten zur Struktur-, Prozess- und Ergebnisqualität solle Versicherten ermöglichen, verschiedene Rehabilitationseinrichtungen nach Abs. 1 Satz 1 zu vergleichen und so ihr Wunsch- und Wahlrecht effektiver auszuüben. Die Veröffentlichung solle daneben insbesondere auch Angehörigen sowie Ärzten eine Transparenz über das Versorgungsgeschehen ermöglichen. Von der Veröffentlichung umfasst seien nur Rehabilitationseinrichtungen nach Abs. 1 Satz 1, mit denen Verträge gem. § 111, § 111a oder § 111c bestünden, hier insbesondere Zentren und Kliniken, nicht jedoch einzelne Leistungserbringer. Der GKV-Spitzenverband solle unmittelbar mit der Umsetzung des gesetzlichen Auftrags beginnen, um mittelfristig die Veröffentlichungen vornehmen zu können. Wegen der weiteren Hinweise auf diese Regelung, die in die Zukunft gerichtet ist, wird auf die ausführlichen Nachweise in den Materialien Bezug genommen (BT-Drs. 19/26822 S. 96, 97).

### § 137e Erprobung von Untersuchungs- und Behandlungsmethoden

(1) ¹Gelangt der Gemeinsame Bundesausschuss bei der Prüfung von Untersuchungs- und Behandlungsmethoden nach § 135 oder § 137c zu der Feststellung, dass eine Methode das Potenzial einer erforderlichen Behandlungsalternative bietet, ihr Nutzen aber noch nicht hinreichend

belegt ist, muss der Gemeinsame Bundesausschuss unter Aussetzung seines Bewertungsverfahrens gleichzeitig eine Richtlinie zur Erprobung beschließen, um die notwendigen Erkenntnisse für die Bewertung des Nutzens der Methode zu gewinnen. ²Aufgrund der Richtlinie wird die Untersuchungs- oder Behandlungsmethode in einem befristeten Zeitraum im Rahmen der Krankenbehandlung oder der Früherkennung zulasten der Krankenkassen erbracht.

(2) ¹Der Gemeinsame Bundesausschuss regelt in der Richtlinie nach Absatz 1 Satz 1 die in die Erprobung einbezogenen Indikationen und die sächlichen, personellen und sonstigen Anforderungen an die Qualität der Leistungserbringung im Rahmen der Erprobung. ²Er legt zudem Anforderungen an die Durchführung, die wissenschaftliche Begleitung und die Auswertung der Erprobung fest. ³Für Krankenhäuser, die nicht an der Erprobung teilnehmen, kann der Gemeinsame Bundesausschuss nach den §§ 136 bis 136b Anforderungen an die Qualität der Leistungserbringung regeln. ⁴Die Anforderungen an die Erprobung haben unter Berücksichtigung der Versorgungsrealität zu gewährleisten, dass die Erprobung und die Leistungserbringung durchgeführt werden können. ⁵Die Erprobung hat innerhalb von 18 Monaten nach Inkrafttreten des Beschlusses über die Erprobungsrichtlinie zu beginnen. ⁶Eine Erprobung beginnt mit der Behandlung der Versicherten im Rahmen der Erprobung. ⁷Kommt eine Erprobung nicht fristgerecht zustande, hat der Gemeinsame Bundesausschuss seine Vorgaben in der Erprobungsrichtlinie innerhalb von drei Monaten zu überprüfen und anzupassen und dem Bundesministerium für Gesundheit über die Überprüfung und Anpassung der Erprobungsrichtlinie und Maßnahmen zur Förderung der Erprobung zu berichten.

(3) An der vertragsärztlichen Versorgung teilnehmende Leistungserbringer und nach § 108 zugelassene Krankenhäuser können in dem erforderlichen Umfang an der Erprobung einer Untersuchungs- oder Behandlungsmethode teilnehmen, wenn sie gegenüber der wissenschaftlichen Institution nach Absatz 5 nachweisen, dass sie die Anforderungen nach Absatz 2 erfüllen.

(4) ¹Die von den Leistungserbringern nach Absatz 3 im Rahmen der Erprobung erbrachten und verordneten Leistungen werden unmittelbar von den Krankenkassen vergütet. ²Bei voll- und teilstationären Krankenhausleistungen werden diese durch Entgelte nach § 17b oder § 17d des Krankenhausfinanzierungsgesetzes oder nach der Bundespflegesatzverordnung vergütet. ³Kommt für eine neue Untersuchungs- oder Behandlungsmethode, die mit pauschalierten Pflegesätzen nach § 17 Absatz 1a des Krankenhausfinanzierungsgesetzes noch nicht sachgerecht vergütet werden kann, eine sich auf den gesamten Erprobungszeitraum beziehende Vereinbarung nach § 6 Absatz 2 Satz 1 des Krankenhausentgeltgesetzes oder nach § 6 Absatz 4 Satz 1 der Bundespflegesatzverordnung nicht innerhalb von drei Monaten nach Inkrafttreten des Beschlusses über die Erprobungsrichtlinie zustande, wird ihr Inhalt durch die Schiedsstelle nach § 13 des Krankenhausentgeltgesetzes oder nach § 13 der Bundespflegesatzverordnung festgelegt. ⁴Bei Methoden, die auch ambulant angewandt werden können, wird die Höhe der Vergütung für die ambulante Leistungserbringung durch den ergänzten Bewertungsausschuss in der Zusammensetzung nach § 87 Absatz 5a im einheitlichen Bewertungsmaßstab für ärztliche Leistungen innerhalb von drei Monaten nach Inkrafttreten des Beschlusses über die Erprobungsrichtlinie geregelt. ⁵Kommt ein Beschluss des ergänzten Bewertungsausschusses nicht fristgerecht zustande, entscheidet der ergänzte erweiterte Bewertungsausschuss im Verfahren nach § 87 Absatz 5a Satz 2 bis 7. ⁶Klagen gegen die Festlegung des Vertragsinhalts haben keine aufschiebende Wirkung. ⁷Für die Abrechnung der ambulanten Leistungserbringung nach Satz 4 gilt § 295 Absatz 1b Satz 1 entsprechend; das Nähere über Form und Inhalt des Abrechnungsverfahrens sowie über die erforderlichen Vordrucke für die Abrechnung und die Verordnung von Leistungen einschließlich der Kennzeichnung dieser Vordrucke regeln der Spitzenverband Bund der Krankenkassen, die Deutsche Krankenhausgesellschaft und die Kassenärztliche Bundesvereinigung in einer Vereinbarung. ⁸Kommt eine Vereinbarung nach Satz 7 ganz oder teilweise nicht zustande, entscheidet auf Antrag einer Vertragspartei das sektorenübergreifende Schiedsgremium auf Bundesebene gemäß § 89a.

(5) ¹Für die wissenschaftliche Begleitung und Auswertung der Erprobung schließt der Gemeinsame Bundesausschuss mit den maßgeblichen Wissenschaftsverbänden einen Rahmenvertrag, der insbesondere die Unabhängigkeit der beteiligten wissenschaftlichen Institutionen gewährleistet, oder beauftragt eigenständig eine unabhängige wissenschaftliche Institution. ²An der Erprobung beteiligte Medizinproduktehersteller oder Unternehmen, die als Anbieter der zu erprobenden Methode ein wirtschaftliches Interesse an einer Erbringung zulasten der Krankenkassen haben, können auch selbst eine unabhängige wissenschaftliche Institution auf eigene Kosten mit der wissenschaftlichen Begleitung und Auswertung der Erprobung beauftragen, wenn sie diese Absicht innerhalb eines vom Gemeinsamen Bundesausschuss bestimmten Zeitraums nach Inkrafttreten der Richtlinie nach Absatz 1, der zwei Monate nicht unterschreiten darf, dem Gemeinsamen Bundesausschuss mitteilen. ³Die an der Erprobung teilnehmenden Leistungserbringer sind verpflichtet, die für die wissenschaftliche Begleitung und Auswertung erforderlichen Daten zu dokumentieren und der beauftragten Institution zur Verfügung zu stellen. ⁴Sofern hierfür personenbezogene Daten der Versicherten benötigt werden, ist vorher deren Einwilligung einzuholen. ⁵Für den zusätzlichen Aufwand im Zusammenhang mit der Durchführung der Erprobung erhalten die an der Erprobung teilnehmenden Leistungserbringer von der beauftragten Institution eine angemessene Aufwandsentschädigung.

(6) Die Kosten einer von ihm nach Absatz 5 Satz 1 rahmenvertraglich veranlassten oder eigenständig beauftragten wissenschaftlichen Begleitung und Auswertung der Erprobung trägt der Gemeinsame Bundesausschuss.

(7) ¹Unabhängig von einem Beratungsverfahren nach § 135 oder § 137c können Hersteller eines Medizinprodukts, auf dessen Einsatz die technische Anwendung einer neuen Untersuchungs- oder Behandlungsmethode maßgeblich beruht, und Unternehmen, die in sonstiger Weise als Anbieter einer neuen Methode ein wirtschaftliches Interesse an einer Erbringung zulasten der Krankenkassen haben, beim Gemeinsamen Bundesausschuss beantragen, dass dieser eine Richtlinie zur Erprobung der neuen Methode nach Absatz 1 beschließt. ²Der Antragsteller hat aussagekräftige Unterlagen vorzulegen, aus denen hervorgeht, dass die Methode hinreichendes Potenzial für eine Erprobung bietet. ³Der Gemeinsame Bundesausschuss entscheidet innerhalb von drei Monaten nach Antragstellung auf der Grundlage der vom Antragsteller zur Begründung seines Antrags vorgelegten Unterlagen. ⁴Beschließt der Gemeinsame Bundesausschuss eine Erprobung, entscheidet er im Anschluss an die Erprobung auf der Grundlage der gewonnenen Erkenntnisse unverzüglich über eine Richtlinie nach § 135 oder § 137c. ⁵Die Möglichkeit einer Aussetzung des Bewertungsverfahrens im Falle des Fehlens noch erforderlicher Erkenntnisse bleibt unberührt. ⁶Die Kostentragung hinsichtlich der wissenschaftlichen Begleitung und Auswertung der Erprobung richtet sich nach Absatz 5 Satz 2 oder Absatz 6. ⁷Wenn der Gemeinsame Bundesausschuss die Durchführung einer Erprobung ablehnt, weil er den Nutzen der Methode bereits als hinreichend belegt ansieht, gilt Satz 4 entsprechend.

(8) ¹Der Gemeinsame Bundesausschuss berät Hersteller von Medizinprodukten und sonstige Unternehmen im Sinne von Absatz 7 Satz 1 zu den Voraussetzungen der Erbringung einer Untersuchungs- oder Behandlungsmethode zulasten der Krankenkassen, zu dem Verfahren der Erprobung sowie zu der Möglichkeit, anstelle des Gemeinsamen Bundesausschusses eine unabhängige wissenschaftliche Institution auf eigene Kosten mit der wissenschaftlichen Begleitung und Auswertung der Erprobung zu beauftragen. ²Das Nähere einschließlich der Erstattung der für diese Beratung entstandenen Kosten ist in der Verfahrensordnung zu regeln.

Übersicht

| | Rdn. | | Rdn. |
|---|---|---|---|
| A. Regelungsinhalt | 1 | II. Befristete Erbringung von Leistungen nach Abs. 1 Satz 2 | 29 |
| B. Voraussetzungen für den Beschluss einer Erprobungsrichtlinie | 24 | III. Festlegung des Inhalts der Erprobungsrichtlinie (Abs. 2) | 31 |
| I. Feststellung, dass eine Methode das Potenzial einer erforderlichen Behandlungsalternative bietet | 24 | IV. Beauftragung einer Institution für die Erprobung (Abs. 5 Satz 1 und 2) | 40 |

|  | Rdn. |  | Rdn. |
|---|---|---|---|
| V. Pflichten und Rechte von an der Erprobung teilnehmenden Leistungserbringern (Abs. 5 Satz 3 bis 5) | 47 | III. Vergütung bei Methoden, die auch ambulant angewandt werden (Abs. 4 Satz 4 bis 6) | 61 |
| VI. Kostentragung (Abs. 6) | 49 | D. Initiativrecht der Hersteller, Aussetzung des Bewertungsverfahrens und Kosten (Abs. 7) | 64 |
| C. Rechtslage nach Erlass einer Erprobungsrichtlinie | 52 | | |
| I. Teilnahme von Leistungserbringern (Abs. 3) | 52 | E. Beratung von Herstellern und sonstigen Unternehmen bezüglich der Voraussetzungen der Erbringung einer Untersuchungs- oder Behandlungsmethode (Abs. 8) | 74 |
| II. Vergütung von Leistungen (Abs. 4 Satz 1 bis 3) | 56 | | |

## A. Regelungsinhalt

§ 137e gilt in der Fassung des Art. 1 Nr. 46 GVWG vom 11.07.2021 (BGBl. I S. 2754) mit Wirkung vom 20.07.2021. Die Erläuterungen zu § 137e gehen weitgehend auf die Fassung durch Art. 2 Nr. 5 EIRD vom 12.12.2019 (BGBl. I S. 2494) mit Wirkung vom 18.12.2019 ein. Zu den nachfolgenden Änderungen wird auf die Erläuterungen unter Rdn. 23a Bezug genommen. 1

(*unbesetzt*) 2

§ 137e eröffnet im Rahmen der **Bewertung von Untersuchungs- und Behandlungsmethoden** in der vertragsärztlichen und vertragszahnärztlichen Versorgung zulasten der Krankenkassen (vgl. § 135 für den ambulanten Bereich) sowie der entsprechenden Bewertung im Krankenhausbereich (vgl. § 137c) **weitere Möglichkeiten im Rahmen der Überprüfung**. Die Überprüfung von Untersuchungs- und Behandlungsmöglichkeiten – nach § 135 wie auch nach § 137c – kann ergeben, dass diese zulasten der GKV angewandt werden sollen, wenn diese für eine **ausreichende, zweckmäßige und wirtschaftliche Versorgung der Versicherten** unter Berücksichtigung des allgemein anerkannten **Standes der medizinischen Erkenntnisse erforderlich** sind. Dies wird durch **Richtlinienrecht** – auch für den Fall der Erprobung – vom Gemeinsamen Bundesausschuss positiv festgestellt, oder es kann sich auch ergeben, dass dies nicht der Fall ist, etwa auch, wenn die Methode aufgrund der Überprüfung schädlich oder unwirksam ist. Zum Gesetz zur Errichtung eines Implantateregisters vgl. *Makoski* GuP 2020, 7 und zur Heilmittel-Richtlinie 2020 – Viel Neues für GKV-Versicherte vgl. *Schürkens/Häfner* RP-Reha 2020, Nr. 2, 5. 3

In der **allgemeinen Begründung** zu dieser Regelung wird darauf hingewiesen, dass es für die Einführung von innovativen Untersuchungs- und Behandlungsmethoden in die gesetzliche Krankenversicherung unterschiedliche Wege gebe: Für die **ambulante Versorgung** gilt das **Verbot mit Erlaubnisvorbehalt** (Aufnahme erst nach positiver Entscheidung des Gemeinsamen Bundesausschusses), während im **Krankenhausbereich neue Untersuchungs- und Behandlungsmethoden eingeführt und finanziert** werden können, ohne dass vorher eine Anerkennung der Methode durch den Gemeinsamen Bundesausschuss erforderlich ist (in der Literatur als »Erlaubnis mit Verbotsvorbehalt« bezeichnet). Die **Finanzierung** erfolgt hier über Vereinbarungen der Krankenkassen mit den Krankenhäusern, wenn die Methode im **DRG-System** nach Feststellung des Instituts für das Entgeltsystem im Krankenhaus (InEK) **nicht abgebildet** sein sollte. 4

In die Gesamtplanung ist **§ 137h** (Bewertung neuer Untersuchungs- und Behandlungsmethoden mit Medizinprodukten hoher Risikoklasse) mit Wirkung vom 23.07.2015 einzubeziehen. Mit dieser Regelung wird ein **systematisches sowie obligatorisches und fristgebundenes Verfahren zur Bewertung des Nutzens der Methode** bei Medizinprodukten hoher Risikoklasse durch den Gemeinsamen Bundesausschuss vorgesehen. Dabei stehe die Versorgungssicherheit im Hinblick auf den invasiven Charakter des Eingriffs im Vordergrund, während die Wirtschaftlichkeit oder auch die Kosteneffektivität bei dieser frühzeitigen Nutzenbewertung zunächst außer Betracht bleibt, vgl. *Baierl* in jurisPK-SGB V 06/2020 § 137h Rn. 1. Die Regelung erfasst **nur Medizinprodukte** der 5

**§ 137e SGB V** Erprobung von Untersuchungs- und Behandlungsmethoden

höheren Klassen, während es bei den Medizinprodukten der niedrigen Klassen bei der Regelung des § 137c verbleibt.

6 Der Grundsatz der Möglichkeit zur Anwendung neuer Untersuchungs- und Behandlungsmethoden gilt nur, solange eine Methode nicht auf Antrag eines Antragsberechtigten, wie z.B. des GKV-Spitzenverbandes, vom Gemeinsamen Bundesausschuss überprüft und ausgeschlossen wird, worauf die Materialien hinweisen: Dies hat bisher dazu führen können, dass **innovative Untersuchungs- und Behandlungsmethoden** in Deutschland nicht mehr in der GKV-Versorgung zur Verfügung gestanden haben. Denn der Gemeinsame Bundesausschuss hat **bei noch unzureichendem Nutzenbeleg** nach bisheriger Rechtslage zwar die Möglichkeit des Ausschlusses gehabt, aber **keine wirksame Möglichkeit, auf eine Beseitigung der unzureichenden Evidenzlage** hinzuwirken.

7 Für den Gemeinsamen Bundesausschuss wurde daher die Möglichkeit geschaffen, **innovative Untersuchungs- und Behandlungsmethoden mit Potenzial zeitlich begrenzt** unter strukturierten Bedingungen bei gleichzeitigem Erkenntnisgewinn unter Aussetzung des Bewertungsverfahrens **zu erproben**. Damit erhält der Gemeinsame Bundesausschuss ein **neues Instrument** für die Bewertung von Methoden, deren Nutzen (noch) nicht mit hinreichender Evidenz belegt ist. Es wird erwartet, dass dieses Instrument auch zu einer **wesentlichen Verkürzung der Beratungsverfahren** im Bereich der **Methodenbewertung** führen wird, da es den Beteiligten im Gemeinsamen Bundesausschuss die Entscheidung im Falle eines noch nicht hinreichend belegten Nutzens erleichtert.

8 Hier eröffnet § 137e die Möglichkeit der **Erprobung von Untersuchungs- und Behandlungsmethoden** durch den Gemeinsamen Bundesausschuss oder auf dessen Veranlassung. Die erste Prüfung einer Methode kann damit auch ergeben, dass eine Methode bezüglich ihres **Nutzens noch nicht hinreichend belegt** ist (vgl. § 137c Abs. 1 Satz 2), aber **Entwicklungsmöglichkeiten** (»Potenzial«) beinhaltet; hier wäre dem Gemeinsamen Bundesausschuss nach der Rechtslage bis 31.12.2011 nur die Möglichkeit geblieben, das Prüfverfahren ohne Zwischenergebnis weiterzuführen oder zu einer vorzeitigen Versagung der Anerkennung zu kommen.

9 Hat eine **Methode** das **»Potenzial einer erforderlichen Behandlungsalternative«** (vgl. § 137c Abs. 1 Satz 3), so kann das Verfahren nach § 137e **im Sinne der »Erprobung« eingeleitet** werden; dies geschieht durch eine **Richtlinie**, die Einzelheiten hierzu regelt und damit das Verfahren auf eine rechtsstaatlich tragfähige Grundlage stellt. Diese weitere Möglichkeit lässt **Zeit für eine sorgfältige Prüfung und Bewertung** und erlaubt zugleich deren **Nutzung** unter den jeweils in der Richtlinie festgelegten Bedingungen.

10 Abs. 1 eröffnet dem Gemeinsamen Bundesausschuss die Feststellung, dass eine Methode das **Potenzial einer erforderlichen Behandlungsalternative** bietet. Nach dem Wortlaut in der Fassung ab 18.12.2019 (»muss« statt »kann«, vgl. BT-Drs. 19/10523 S. 105) steht es nicht mehr im **Ermessen des Gemeinsamen Bundesausschusses**, unter Aussetzung seines Bewertungsverfahrens eine Richtlinie zur Erprobung zu beschließen, um die notwendigen Erkenntnisse für die Bewertung des Nutzens der Methode zu gewinnen. Hier sah in Übereinstimmung mit den Materialien § 137c Abs. 1 Satz 3 allerdings bereits in der vorangegangenen Fassung vor, dass in einem solchen Fall ein Richtlinienbeschluss des Gemeinsamen Bundesausschusses zur Erprobung einer Methode **geboten** war.

11 Ein **Potenzial für die Erforderlichkeit einer Methode** soll sich ausweislich der Materialien daraus ergeben können, dass diese aufgrund ihres Wirkprinzips und der bisher vorliegenden Erkenntnisse **mit der Erwartung verbunden** ist, dass andere aufwendigere, für den Patienten invasivere oder bei bestimmten Patienten nicht erfolgreiche Methoden ersetzt werden könnten, die **Methode weniger Nebenwirkungen** habe, sie eine **Optimierung der Behandlung** bedeute oder die Methode in sonstiger Weise eine **effektivere Behandlung** ermögliche könne (so die Materialien, vgl. BT-Drs. 17/6906 S. 87, 88). Die **Verfahrensordnung** des Gemeinsamen Bundesausschusses hat hierzu Einzelheiten zu regeln.

12 Die **Richtlinie zur Erprobung** erlaubt es, die jeweilige Untersuchungs- oder Behandlungsmethode in einem befristeten Zeitraum im Rahmen der Krankenbehandlung und der Früherkennung

zulasten der Krankenkasse zu erbringen, vgl. **Abs. 1 Satz 2**. Dies gilt gleichermaßen für Leistungen im Rahmen der Krankenbehandlung, vgl. § 27, wie auch der Früherkennung von Krankheiten nach §§ 25, 26.

Die **Einleitung eines derartigen Verfahrens** kann durch den Gemeinsame Bundesausschuss selbst erfolgen, dieser kann hierzu aber auch aufgefordert werden (vgl. auch § 135 Abs. 1 Satz 1 oder § 137c Abs. 1 Satz 1, hier durch die dort genannten Stellen). Auch **Hersteller eines Medizinprodukts**, auf dessen Einsatz die technische Anwendung einer neuen Untersuchungs- oder Behandlungsmethode maßgeblich beruht, und Unternehmen, die in sonstiger Weise als Anbieter einer neuen Methode ein wirtschaftliches Interesse an einer Erbringung zulasten der Krankenkassen haben, können beim Gemeinsamen Bundesausschuss nach **Abs. 7 Satz 1 beantragen**, dass dieser eine **Richtlinie zur Erprobung** der neuen Methode beschließt. Dazu hat der Antragsteller entsprechende Unterlagen vorzulegen und hierzu vorzutragen; hierüber hat der Gemeinsame Bundesausschuss nach **Abs. 7 Satz 3** innerhalb von drei Monaten nach Antragstellung und Begründung des Antrags zu entscheiden. Unberührt bleibt die Möglichkeit einer Aussetzung des Bewertungsverfahrens im Falle des Fehlens noch erforderlicher Erkenntnisse, **Abs. 7 Satz 5** in der Fassung ab 11.05.2019, mit Folgeregelungen nach **Abs. 7 Satz 6 und 7** (Kostentragung und Fall der Ablehnung). 13

Die **Richtlinie zur Erprobung** hat nach Abs. 2 die **Vorgehensweise** im Einzelnen zu regeln. Der Gemeinsame Bundesausschuss bestimmt deshalb nach **Abs. 2 Satz 1** die in die Erprobung einbezogenen Indikationen und tatsächlichen, personellen und sonstigen Anforderungen an die Qualität der Leistungserbringung im Rahmen der Erprobung. Damit wird zugleich die **Qualität der Leistungserbringung** für den **Zeitraum der Erprobung** festgelegt; im Einzelfall wird auch geregelt, welche **fachlich geeigneten Ärzte** und **Einrichtungen** für die Durchführung in Betracht kommen. Gleichermaßen werden die **Eckpunkte** für die Studiendurchführung festgelegt, hier auch unter Berücksichtigung des möglichen Patientenkreises, des Beobachtungszeitraumes, der wissenschaftlichen Begleitung und Auswertung der Erprobung oder weiterer methodischer Kriterien. Zugleich können Vorgaben für eine stationäre Behandlung – auch im Sinne von Einschränkungen – festgelegt werden, soweit Krankenhausträger an der Erprobung nicht teilnehmen, vgl. **Abs. 2 Satz 3**. Mit **Abs. 2 Satz 4 bis 7** in der Fassung ab 18.12.2019 wird vorgegeben, dass die Erprobung und die Leistungserbringung durchgeführt werden können. In der Ausschussberatung ist auf die Vorgabe zur Einbeziehung möglichst vieler Versicherte in die Erprobung neuer Untersuchungs- und Behandlungsmethoden sowie auf die Anpassung der Frist für den Beginn der Erprobung verzichtet worden, vgl. BT-Drs. 19/13589 S. 65 zu Nr. 5 Buchst. b. Die Erprobung beginnt mit der Versorgung der Patienten, vgl. BT-Drs. 19/10523 S. 105. 14

An der vertragsärztlichen Versorgung teilnehmende Leistungserbringer oder auch zugelassene Krankenhäuser (vgl. § 108) können in dem erforderlichen Umfang an der **Erprobung einer Untersuchungs- und Behandlungsmethode nach Abs. 3 teilnehmen**, wenn sie gegenüber der wissenschaftlichen Institution, die i.S.d. **Abs. 5** die wissenschaftliche Begleitung und Auswertung übertragen bekommen hat, **nachweisen**, dass sie die **Anforderungen im Sinne der Erprobung nach Abs. 2 erfüllen** können. Damit kann der Kreis der an der Erprobung teilnehmenden Ärzte und Einrichtungen erweitert werden, auch mit der Folge, sicherere und bessere Ergebnisse erzielen zu können. Im Übrigen wird die Methode durch die Erprobung aufgrund einer Richtlinie von der Versorgung **nicht generell ausgeschlossen** (nach dem Grundsatz der Erlaubnis mit Verbotsvorbehalt für die stationären Bereiche ohnedies nicht). Allerdings sind grundsätzlich die **Anforderungen an die Qualität der Leistungserbringung** entsprechend der Erprobungsrichtlinie einzuhalten. Die Möglichkeiten der weiteren Forschung bleiben zudem unberührt. 15

Die Abrechnung und **Vergütung der Leistungen** während der Erprobung erfolgt nach **Abs. 4 Satz 1** unmittelbar durch die **Krankenkasse**. Dabei wird im Regelfall **§ 17b oder § 17d KHG** angewandt, ausnahmsweise die Bundespflegesatzverordnung, soweit Leistungen nach KHG nicht erfasst sind (ausweislich der Materialien in der Ausschussfassung betr. Leistungen der Psychiatrie und Psychosomatik). Die Bezugsvorschriften in Abs. 4 Satz 3 wurden mit dem PsychEntgG vom 21.07.2012 mit Wirkung vom 1.1.2013 geändert; die Änderungen stehen mit der Neufassung der Entgeltregelung 16

## § 137e SGB V  Erprobung von Untersuchungs- und Behandlungsmethoden

im Bereich der psychiatrischen und psychosomatischen Einrichtungen im Zusammenhang und beziehen pauschalierter Pflegesätze nach § 17 Abs. 1a KHG, § 6 Abs. 2 Satz 1 KHEntgG oder § 6 Abs. 4 Satz 1 BPflV (eingefügt mit Wirkung vom 11.05.2019) und § 13 KHEntgG sowie § 13 BPflV ein.

17 Im Einzelfall kann auch ein **Zusatzentgelt** zu vereinbaren sein, soweit die Kostenregelungen dem Aufwand nicht Rechnung tragen; insoweit ist, kommt eine Vereinbarung nicht zustande, ein Schiedsverfahren nach § 13 KHG vorgesehen (mit dem TSVG betr. Abs. 4 Satz 4 und 5 mit Wirkung vom 11.05.2019 an die Änderungen zur Schiedsstellenregelung angepasst). Zur **Vergütung** vgl. ferner Abs. 4 Satz 4 bis 6. Auch hier gilt, dass gegen die Festlegung des Vertragsinhalts **Klagen keine aufschiebende Wirkung** haben.

18 Für die Erprobung und insbesondere deren wissenschaftliche Begleitung und Auswertung **beauftragt der Gemeinsame Bundesausschuss eine unabhängige wissenschaftliche Institution, Abs. 5 Satz 1**. Mit dem EIRD wird mit Wirkung vom 18.12.2019 eine Möglichkeit zur Beschleunigung eröffnet, als dem Gemeinsamen Bundesausschuss eingeräumt wird, auch einen **Rahmenvertrag** mit den maßgeblichen Wissenschaftsbereichen als **Kollektivvertragspartnern** abzuschließen; dies ist in geeigneter Weise öffentlich bekannt zu machen, um die Beteiligung der maßgeblichen Wissenschaftsverbände sicherzustellen.

19 Regelmäßig wird der Auftrag (soweit kein Rahmenvertrag vorliegt) auszuschreiben sein, wobei sich der Gemeinsame Bundesausschuss auch eines externen Dienstleisters bedienen kann, wie die Materialien, vgl. der BT-Drs. 17/6906 S. 89 belegen. Medizinprodukthersteller oder sonstige Unternehmen, die als Anbieter einer zu erproben Methode betroffen sind, können selbst initiativ werden und eine wissenschaftliche Begleitung und Auswertung einleiten; diese haben diese Absicht fristgerecht dem Gemeinsamen Bundesausschuss mitzuteilen, **Abs. 5 Satz 2** in der Fassung ab 11.05.2019 (vgl. BT-Drs. 19/8351 S. 208). **Abs. 5 Satz 3** (aufgenommen als Satz 2) verpflichtet die an der Erprobung teilnehmenden **Leistungserbringer**, die für die **wissenschaftliche Begleitung und Auswertung erforderlichen Daten** zu **dokumentieren** und der beauftragten Institution zur Verfügung zu stellen. Diese Unterlagen werden für das Ergebnis der Erprobung benötigt. **Personenbezogene Daten** dürfen nur nach Einwilligung der Betroffenen und nur soweit für die Erprobung erforderlich verwendet (erhoben, genutzt oder verarbeitet) werden.

20 Für den **zusätzlichen Aufwand** im Zusammenhang mit der Durchführung der Erprobung erhalten die an der Erprobung teilnehmenden Leistungserbringer nach Abs. 5 Satz 5 (zuvor Satz 4) von der beauftragten Institution eine **angemessene Aufwandsentschädigung**.

21 Die Regelungen für die **Kostentragung** hinsichtlich der wissenschaftlichen Begleitung und Auswertung einer Erprobung werden durch die Neufassung des **Abs. 6** mit dem TSVG mit Wirkung vom 11.05.2019 grundlegend vereinfacht. In Übereinstimmung mit den Materialien folgen dieser dem allgemeinen Prinzip: »Wer bestellt, bezahlt«, vgl. BT-Drs. 19/8351 S. 208. Zuvor notwendige Ermittlungen und Prüfungen durch den Gemeinsamen Bundesausschuss entfallen damit.

22 Das **Ergebnis der Erprobung** wird **Gegenstand einer Richtlinie** des Gemeinsamen Bundesausschusses auf der Grundlage der gewonnenen Erkenntnisse i.S.d. § 135 sowie § 137c.

23 **Abs. 8** eröffnet dem Gemeinsamen Bundesausschuss ausdrücklich, Hersteller von Medizinprodukten oder sonstige Unternehmen zu den Voraussetzungen der Erbringung einer Untersuchungs- oder Behandlungsmethode zulasten der Krankenkassen **zu beraten**. Die **Beratung** ist regelmäßig kostenpflichtig, wobei entsprechende Regelungen – meist in Form von Kostenrahmen – in der Verfahrensordnung vorzugeben sind. Mit dem TSVG sind die Inhalte zur Beratung erweitert worden. Dies gilt vornehmlich hinsichtlich der neu geschaffenen Wahlmöglichkeit der Unternehmen nach Abs. 5 Satz 2, die wissenschaftliche Begleitung und Auswertung der Erprobung **selbst** beauftragen zu können.

23a Mit Art. 1 Nr. 46 Gesetz zur Weiterentwicklung der Gesundheitsversorgung (Gesundheitsversorgungweiterentwicklungsgesetz – GVWG) vom 11.07.2021 (BGBl. I S. 2754) wurde Abs. 4 Satz 7 und 8 angefügt. Zur Begründung des Gesetzentwurfs vgl. BT-Drs. 19/26822 S. 97. Die Umsetzung von Richtlinien zur Erprobung von Untersuchungs- und Behandlungsmethoden nach § 137e sollen in der Praxis weiter gefördert werden. Dazu soll die Datenübertragung erweitert werden. Über den Vereinbarungsinhalt soll ein sektorenübergreifendes Schiedsgremium auf Bundesebene gem. § 89a entscheiden können.

**B. Voraussetzungen für den Beschluss einer Erprobungsrichtlinie**

**I. Feststellung, dass eine Methode das Potenzial einer erforderlichen Behandlungsalternative bietet**

Abs. 1 Satz 1 verpflichtet den **Gemeinsamen Bundesausschuss** (nach der Rechtslage bis 17.12.2019 »kann« und damit Ermessen, aber im Hinblick auf den Wortlaut des § 137c Abs. 1 Satz 2 fraglich), unter **Aussetzung seines Bewertungsverfahrens** »gleichzeitig« **eine Richtlinie zur Erprobung zu beschließen**, um die notwendigen Erkenntnisse für die **Bewertung des Nutzens einer Methode** zu gewinnen. Ausgangsregelung für die Prüfung von Untersuchungs- und Behandlungsmethoden sind die Regelungen in §§ 135 und 137c. Vergleichbar ist § 137h in der Fassung ab 23.07.2015, soweit die »Bewertung neuer Untersuchungs- und Behandlungsmethoden mit Medizinprodukten hoher Risikoklasse« ansteht. 24

Eine **nicht dem allgemein anerkannten Stand der medizinischen Erkenntnisse** entsprechende **Behandlungsmethode** kann im Krankenhaus auch dann nicht zulasten der GKV erbracht werden, wenn der Gemeinsame Bundesausschuss kein Negativvotum zu ihr abgegeben hat, vgl. BSG Urt. v. 21.03.2013 – B 3 KR 2/12 R – SozR 4–2500 § 137c Nr. 6, MedR 2013, 820. Der bei einer Krankenhausbehandlung von Versicherten zu beachtende **allgemein anerkannte Stand der medizinischen Erkenntnisse** kann es zudem erfordern, dass betroffene Patienten in einem Indikationsbereich regelmäßig lediglich im Rahmen kontrollierter klinischer Studien behandelt werden, vgl. BSG Urt. v. 17.12.2013 – B 1 KR 70/12 R – SozR 4–2500 § 2 Nr. 4. 25

Hier sieht **Abs. 1 Satz 1** mit der **Erprobung von Untersuchungs- und Behandlungsmethoden** einen wichtigen Zwischenschritt für solche Methoden vor, die das »**Potenzial einer erforderlichen Behandlungsmethode bieten**«, wenn ihr »Nutzen noch nicht hinreichend belegt« ist. Wird diese »Feststellung« vom Gemeinsamen Bundesausschuss getroffen, kann dieser eine Richtlinie zur Erprobung beschließen. Die Prüfung von **Untersuchungs- und Behandlungsmethoden** wird (in der vertragsärztlichen und vertragszahnärztlichen Versorgung) **von § 135** erfasst; diese dürfen in der vertragsärztlichen und vertragszahnärztlichen Versorgung zulasten der Krankenkassen nur erbracht werden, wenn der Gemeinsame Bundesausschuss Empfehlungen über die in § 135 Abs. 1 Satz 1 Nr. 1 bis 3 angeführten Voraussetzungen abgegeben hat. Zum Beschluss des Beschlussgremiums in der jeweils fachbezogen gebotenen Besetzung des Gemeinsamen Bundesausschusses vgl. 2. Kapitel § 14 Abs. 1, 1. Kapitel § 6 VerfO des Gemeinsamen Bundesausschusses. 26

§ 137c in der Fassung ab 23.07.2015 erfasst die **Bewertung von Untersuchungs- und Behandlungsmethoden im Krankenhaus** (zum Zusammenhang von § 137c und § 137e vgl. *Felix* MedR 2014, 283 sowie *Felix/Deister* NZS 2013, 81; vgl. wiederum ergänzend § 137h und *Gassner* MPR 2015, 109, 148; vgl. zur Methodenbewertung auch *Orlowski* GesR 2017, 1). Hier überprüft der Gemeinsame Bundesausschuss auf Antrag des GKV-Spitzenverbandes, der Deutschen Krankenhausgesellschaft oder eines Bundesverbandes der Krankenhausträger die entsprechenden Untersuchungs- und Behandlungsmethoden, die zulasten der GKV im Rahmen der Krankenhausbehandlung angewandt werden oder angewandt werden sollen; die Überprüfung erfolgt daraufhin, ob diese für eine **ausreichende, zweckmäßige und wirtschaftliche Versorgung** der Versicherten unter Berücksichtigung des **allgemein anerkannten Standes der medizinischen Erkenntnisse erforderlich** sind. 27

Wenn eine Methode bei einer noch nicht abgeschlossenen Prüfung ein **ausreichendes Potenzial als erforderliche Behandlungsalternative** bietet, ist in Abs. 1 Satz 2 vorgesehen, eine Richtlinie zur Erprobung der Methode zu erlassen. Dabei sind im Sinne einer **Gesamtbilanz** auch **mögliche** 28

Risiken einzubeziehen. Übersteigen die Risiken einen möglichen Nutzen (bessere, schnellere oder nachhaltiger Heilung pp), so fehlt es an dem erforderlichen Potential, vgl. *Ihle* in jurisPK-SGB V 06/2020 § 137e Rn. 14. Das **Nähere zum Verfahren** bezüglich der Richtlinie zur Erprobung ist in der Verfahrensordnung des Gemeinsamen Bundesausschusses zu regeln, vgl. BT-Drs. 17/6906, S. 88.

## II. Befristete Erbringung von Leistungen nach Abs. 1 Satz 2

29 Aufgrund der Richtlinie zur Erprobung nach Abs. 1 Satz 1 wird die Untersuchungs- oder Behandlungsmethode gemäß **Abs. 1 Satz 2** in einem **befristeten Zeitraum** im Rahmen der Krankenhausbehandlung oder der Früherkennung zulasten der Krankenkassen erbracht. Die Festlegung des Zeitraumes soll angemessen sein, um die notwendigen Erkenntnisse erlangen zu können. Für die Krankenhausbehandlung bleibt es bei der »Erlaubnis mit Verbotsvorbehalt« gem. § 137c auch außerhalb der Erprobung, vgl. *Ihle* in jurisPK-SGB V 06/2020 § 137e Rn. 19, arg. § 137c Abs. 2 Satz 2, aber wohl mit möglichen Einschränkungen nach § 137h bei hoher Risikoklasse. Hier kann **auch § 137e Abs. 2 Satz 2 greifen**, wenn der Gemeinsame Bundesausschuss nach den §§ 136 bis 136b Anforderungen an die Qualität der Leistungserbringung regelt.

30 Dies setzt zudem voraus, dass in **ausreichendem Maße Leistungserbringer zur Erprobung tätig** werden. Diesem Ziel dient auch die Regelung zur Teilnahme an der Erprobung nach Abs. 3 sowie die Möglichkeit der Anwendung der zur Erprobung stehenden Methode entsprechend den Vorgaben in der Richtlinie durch weitere Leistungserbringer, wenn diese die entsprechenden fachlichen und/oder apparativen Voraussetzungen erfüllen. Dem Gemeinsamen Bundesausschuss ist zudem vorbehalten, den **Zeitrahmen zu ändern** und die **Erprobung zu verlängern**, wenn nur auf diese Weise ein sachgerechtes Ergebnis erzielt werden kann, vgl. *Ihle* in jurisPK-SGB V 06/2020 § 137e Rn. 22, 23, auch zur Möglichkeit der Anpassung der Richtlinie.

## III. Festlegung des Inhalts der Erprobungsrichtlinie (Abs. 2)

31 In der **Richtlinie zur Erprobung** regelt der Gemeinsame Bundesausschuss
 – die in die Erprobung einbezogenen **Indikationen** und
 – die **sächlichen, personellen und sonstigen Anforderungen an die Qualität der Leistungserbringung**

32 im Rahmen der Erprobung, **Abs. 2 Satz 1**. Im Rahmen der Beschreibung der Indikationen ist auch anzugeben, inwieweit die Methode das Potenzial einer erforderlichen Behandlungsalternative bieten und daraufhin erprobt werden soll. Dies beinhaltet zudem auch die erforderlichen **Anforderungen an die Qualität der** (befristeten) **Leistungserbringung**. Dadurch soll sichergestellt werden, dass die Erprobung unter »qualifizierten Bedingungen von fachlich geeigneten Ärzten und Einrichtungen durchgeführt« wird (vgl. BT-Drs. 17/6906 S. 88). Schließt die Regelung nach Abs. 1 Satz 2 eine Anpassung der Richtlinie an den Fortgang der Erprobung ein, so dürfte auch eine **inhaltliche Anpassung**, die sich aufgrund des Verfahrens während der Erprobung herausstellt, nicht ausgeschlossen sein.

33 Der Gemeinsame Bundesausschuss legt ferner die **Anforderungen** an die **Durchführung**, die **wissenschaftliche Begleitung** und die **Auswertung der Erprobung** fest, vgl. **Abs. 2 Satz 2**, *Ihle* in jurisPK-SGB ,V 06/2020 § 137e Rn. 26. Die entsprechenden Vorgaben richten sich sowohl an die Institution, die wissenschaftliche Begleitung und Auswertung nach Abs. 5 durchführt, wie auch an die an Erprobung teilnehmenden Ärzte und Einrichtungen.

34 **Abs. 2 Satz 3** legt fest, dass der Gemeinsame Bundesausschuss für Krankenhäuser, die nicht an der Erprobung teilnehmen, nach den §§ 136 bis 136b **Anforderungen an die Qualität der Leistungserbringung** regeln kann (Ermessen). Die Rechtsform für eine solche Regelung wird nicht ausdrücklich festgelegt. Wird Richtlinienrecht gewählt, ist der doch nicht unerhebliche Zeitraum von der Beschlussfassung bis zum Inkrafttreten einzubeziehen. Derartige Regelungen sind geeignet, dem Grundsatz der Leistungsberechtigung mit Verbotsvorbehalt partiell entgegenzuwirken.

In Übereinstimmung mit den Materialien kann die Richtlinie zur Konkretisierung des Auftrags 35 die Festlegung von **Eckpunkten** für die Studiendurchführung beinhalten, vornehmlich auch im Hinblick auf die in Betracht kommende Patientenpopulation, Vergleichstherapien, sog. Endpunkte und Beobachtungszeiträume. In Übereinstimmung mit den Materialien sollen sich die **methodischen Anforderungen** an die Studiendurchführung unter Berücksichtigung der Versorgungsrealität als **hinreichend praktikabel erweisen**, vgl. BT-Drs. 17/6906 S. 88.

In seiner **Verfahrensordnung** hat der Gemeinsame Bundesausschuss im 2. Kapitel §§ 14 bis 28 das 36 Verfahren zur Schaffung und Umsetzung von Erprobungsrichtlinien nach § 137e in den Einzelheiten geregelt. Ergänzend finden sich Regelungen zur Kostenfrage in der Kostenordnung.

Eine **Erprobungsrichtlinie** ist nicht nur auf der Grundlage eines laufenden **Methodenbewertungs-** 37 **verfahrens** nach § 135 (für den vertragsärztlichen oder vertragszahnärztlichen und damit ambulanten Versorgungsbereich mit einem Verbot mit Erlaubnisvorbehalt) oder nach § 137c (für den Krankenhausbereich, hier mit einer Erlaubnisregelung mit Verbotsvorbehalt) von Interesse, sondern auch **auf Antrag** des für die Untersuchungs- und Behandlungsmethode maßgeblich wirtschaftlich interessierten Unternehmers nach Maßgabe des § **137e Abs. 7** (der nach der Rechtslage ab 18.12.2019 auch verstärkt selbst aktiv werden kann). Innerhalb von drei Monaten nach Antragstellung muss der Gemeinsame Bundesausschuss entscheiden.

**Nähere Vorgaben** finden sich in den Anlagen I bis IV zum 2. Kapitel, hier maßgeblich zum Antrag 38 zur Erprobung von Untersuchungs- und Behandlungsmethoden, zum Formular zur Anforderung einer Beratung gem. § 137e Abs. 8, der Gebührenordnung zu Beratungen nach § 137e Abs. 8 sowie zur Kostenordnung für § 137e Abs. 6.

**Abs. 2 Satz 4 bis 7** regelt in der Fassung des EIRD mit Wirkung vom 18.12.2019 weitere Vorgaben 39 zur Durchführung der Erprobung. Danach haben die Anforderungen an die Erprobung unter Berücksichtigung der Versorgungsqualität zu gewährleisten, dass die Erprobung und die Leistungserbringung durchgeführt werden können. Auf die Einbeziehung möglichst vieler Versicherter in die Erprobung neuer Untersuchungs- und Behandlungsmethoden sowie auf die Anpassung der Frist für den Beginn der Erprobung ist in der Ausschussberatung ausdrücklich verzichtet worden (BT-Drs. 19/13589 S. 65). Dennoch ist der Gesetzgeber an einer Beschleunigung des Zugangs innovativer Methoden in die Versorgung interessiert. Die Erprobung kann ergeben, dass eine Anpassung der Richtlinie geboten ist.

### IV. Beauftragung einer Institution für die Erprobung (Abs. 5 Satz 1 und 2)

Der Gemeinsame Bundesausschuss beauftragt für die **wissenschaftliche Begleitung und Auswer-** 40 **tung der Erprobung** eine **unabhängige wissenschaftliche Institution**, Abs. 5 Satz 1. In Übereinstimmung mit den Materialien kann sich der Gemeinsame Bundesausschuss bei der **Ausschreibung** der wissenschaftlichen Begleitung und Auswertung der Erprobung damit eines externen Dienstleisters bedienen. **Abs. 5 Satz 1** in der Fassung des EIRD ab 18.12.2019 dient mit der Änderung der Beschleunigung der Erprobung von Untersuchung- und Behandlungsmethoden mit Potenzial zur Überführung in den Leistungskatalog der GKV. Neben der Einzelbeauftragung eröffnet die Regelung dem Gemeinsamen Bundesausschuss die Möglichkeit, einen Rahmenvertrag mit den maßgeblichen Wissenschaftsbereichen als Korrektiv Vertragspartner abzuschließen. Diese wissenschaftlichen Institutionen können die Erprobung ausweislich der Materialien nach »diskriminierungsfreien verbandsinternen Arbeitsteilungs- und Verfahrensregeln« durchführen, vgl. BT-Drs. 19/13589 S. 65.

Der Gemeinsame Bundesausschuss hat die Absicht, einen solchen **Rahmenvertrag** abzuschließen, 41 in geeigneter Weise **öffentlich bekannt** zu machen, um die **Beteiligung** der maßgeblichen Wissenschaftsverbände **sicherzustellen**. Die Auswertung der Erprobung ist dann entsprechend in der Verantwortung des Gemeinsamen Bundesausschusses sicherzustellen.

42 Im Rahmen der (Einzel-)**Ausschreibung** sind die Grundsätze nach § 69 zu beachten, auch, soweit ein sog. Schwellenwert (hier für Dienstleistungen, jeweils aktuell im Internet nachgewiesen) im Sinne des Wettbewerbsrechts noch nicht erreicht werden sollte (vgl. Erläuterungen zu § 69 Abs. 2). Die **Kosten**, die im Rahmen der Beauftragung entstehen, hat der Gemeinsame Bundesausschuss zu tragen. Die Materialien (vgl. BT-Drs. 17/6906 S. 89 zu Abs. 5) verweisen insoweit darauf, dass die **Finanzierung der sog. Overhead-Kosten der Erprobung** – angeführt werden das Projektmanagement, Datenmanagement oder Monitoring – über den **Systemzuschlag nach § 139c** erfolge.

43 Mit dem Begriff der »**Overhead-Kosten**« werden die **Gemeinkosten** erfasst; dies sind Kosten, die einem Kostenträger nicht direkt zugerechnet werden können und im Rahmen der Kostenträgerrechnung, der Kostenstellenrechnung sowie nach dem Verfahren für die Gemeinkostenrechnung entsprechend einzubringen sind; das schließt auch solche Gemeinkosten ein, die theoretisch einem Kostenträger zugerechnet werden könnten, was jedoch aus wirtschaftlichen Gründen und im Hinblick auf das Gesamtprojekt unterbleibt, vgl. *Ihle* in jurisPK-SGB V 06/2020 § 137e Rn. 41, 42.

44 Soweit eine **Kostenbeteiligung des Herstellers von Medizinprodukten** oder vergleichbaren Unternehmen nach **Abs. 6** in Betracht kommt, sind diese angemessen und im Rahmen der wirtschaftlichen Leistungsfähigkeit an den Kosten zu beteiligen. Auch hier können **Gemeinkosten** anfallen, wenn die Kostenbeteiligung des Herstellers oder Unternehmens entsprechend **angepasst** ist. Da der Gemeinsame Bundesausschuss auch ein **Allgemeininteresse an erfolgreichen neuen Methoden** hat, ist die gemischte Kostenlast des Gemeinsamen Bundesausschusses und des Herstellers oder Unternehmens nicht zu beanstanden; allerdings hat der Gesetzgeber in Abs. 6 ab 11.05.2019 die Kostenregelung vorgegeben, »wer bestellt, bezahlt«. Eine hier allein nach wirtschaftlichen Methoden ausgerichtete Vorgehensweise würde allerdings Sinn und Zweck einer versichertenorientierten Versorgung widersprechen.

45 Mit der Ergänzung in **Abs. 5 Satz 2** mit Wirkung vom 11.05.2019 erhalten die an der Erprobung beteiligten Hersteller von Medizinprodukten oder Unternehmen, die als Anbieter einer neuen Methode ein **wirtschaftliches Interesse** an der Erbringung zulasten der Krankenkassen haben, danach das **Wahlrecht**, die wissenschaftliche Begleitung und Auswertung der Erprobung statt durch den Gemeinsamen Bundesausschuss unmittelbar selbst und auf eigene Kosten zu beauftragen. Dabei ist allerdings in Übereinstimmung mit den Materialien (BT-Drs. 19/6337 S. 131) in Abstimmung mit dem Gemeinsamen Bundesausschuss sicherzustellen, dass die Vorgaben nach **Abs. 2 Satz 2** beachtet werden.

46 Die Regelung ist in der Ausschussberatung um eine **Fristvorgabe** ergänzt worden (BT-Drs. 19/8351 S. 208). Der Gemeinsame Bundesausschuss kann eine Frist für diese Möglichkeit festlegen. Diese darf den Zeitraum von 2 Monaten nach Inkrafttreten der Erprobungsrichtlinie nicht unterschreiten und kann als behördliche Frist nach § 26 Abs. 7 SGB X durch den Gemeinsamen Bundesausschuss verlängert werden, wenn dies im Einzelfall angezeigt erscheint. Durch die Fristvorgabe werden die Unternehmen stärker in die Verantwortung genommen, eine abschließende Entscheidung zu treffen, ob sie die Beauftragung selbst vornehmen wollen oder nicht, und dies dem Gemeinsamen Bundesausschuss mitzuteilen. Das Verfahren werde damit stringenten organisiert. Verstreicht diese Frist, erfolgt die Beauftragung ohne weitere Mitteilung durch den Gemeinsamen Bundesausschuss.

### V. Pflichten und Rechte von an der Erprobung teilnehmenden Leistungserbringern (Abs. 5 Satz 3 bis 5)

47 Die an der Erprobung teilnehmenden Leistungserbringer sind nach **Abs. 5 Satz 3** (in der Fassung bis 10.05.2019 Satz 2) verpflichtet, die für die **wissenschaftliche Begleitung** und **Auswertung erforderlichen Daten zu dokumentieren** und der beauftragten **Institution** zur Verfügung zu stellen. Die **Leistungserbringer** erhalten nach **Abs. 5 Satz 5** (in der Fassung bis 10.05.2019 Satz 4) für den zusätzlichen Aufwand im Zusammenhang mit der Durchführung der Erprobung eine **angemessene Aufwandsentschädigung**. Hier bietet sich eine grundsätzliche Regelung in den Vorschriften des Gemeinsamen Bundesausschusses zum Verfahren an.

**Personenbezogene Daten der Versicherten** dürfen nur insoweit in die Dokumentation einbezogen werden, als diese **erforderlich** sind (vgl. zum Grundsatz der Erforderlichkeit im Datenschutzrecht § 35 SGB I). Zudem ist die **Einwilligung** der Versicherten einzuholen (**Abs. 5 Satz 4**, in der Fassung bis 10.05.2019 Satz 3); der Begriff der Einwilligung beinhaltet, dass diese – im Gegensatz zur Genehmigung – im Vorhinein einzuholen ist, was der Gesetzgeber im Wortlaut jedoch nochmals ausdrücklich bekräftigt hat. Für die Einwilligung gelten die Grundsätze des Art. 7 DSGVO; verlangt wird der »informierte« Versicherte, der verständlich über die Zusammenhänge und Rechtsfolgen aufzuklären ist. 48

## VI. Kostentragung (Abs. 6)

Grundsätzlich waren die **Kosten für die Erprobung als Gemeinkosten** nach Abs. 6 in der Fassung bis 10.05.2019 vom Gemeinsamen Bundesausschuss zu tragen (vgl. Erläuterungen zu Abs. 5 Satz 1). **Abs. 6** eröffnete die Möglichkeit, dass der Gemeinsame Bundesausschuss, waren die Voraussetzungen nach Abs. 6 erfüllt, von dem **Hersteller** eines Produkts oder eines **Unternehmens**, das in sonstiger Weise als Anbieter der Methode ein wirtschaftliches Interesse an einer Erbringung zulasten der Krankenkassen hatte, eine Kostenbeteiligung verlangte; nach dem Gesetzeswortlaut war der Gemeinsame Bundesausschuss hierzu sogar verpflichtet. Vorgesehen war bei einem entsprechenden wirtschaftlichen Interesse eine **angemessene Beteiligung an den Overhead-Kosten**. Dies konnte auch die **volle Kostenbeteiligung** beinhalten, ebenso aber auch eine **teilweise Kostenübernahme**. Eine teilweise Kostenübernahme sollte sich ausweislich der Materialien (vgl. BT-Drs. 17/6906 S. 89 zu Abs. 6) auch an der wirtschaftlichen Leistungsfähigkeit des jeweiligen Unternehmens orientieren, nach hier vertretener Auffassung auch an dem jeweiligen **Allgemeininteresse** an der Durchführung der Erprobung. In Übereinstimmung mit den Materialien konnte die **Bereitschaft zur Kostenbeteiligung** bereits im Stellungnahmeverfahren nach § 92 Abs. 7d mit Wirkung vom 01.01.2012 gegenüber dem Gemeinsamen Bundesausschuss erklärt werden. 49

Die Regelungen für die **Kostentragung** hinsichtlich der wissenschaftlichen Begleitung und Auswertung einer **Erprobung** wurden durch die Neufassung des **Abs. 6 mit Wirkung vom 11.05.2019** grundlegend **vereinfacht**, vgl. BT-Drs. 19/8351 S. 208. Diese folgen allein dem Prinzip: »Wer bestellt, bezahlt« – gleichermaßen bei rahmenvertraglich veranlasster oder eigenständig beauftragter Leistung. Die Kosten einer von einem Unternehmen nach Abs. 5 Satz 2 erfolgten Beauftragung trägt das **Unternehmen**. Beauftragt der **Gemeinsame Bundesausschuss** die wissenschaftliche Begleitung und Auswertung der Erprobung, trägt der Gemeinsame Bundesausschuss auch die Kosten. Es finden dabei in Übereinstimmung mit den Materialien (anders als nach früherer Rechtslage) keine Differenzierungen nach der Größe des Unternehmens oder nach der ambulanten oder stationären Erbringung der Methode sowie keinerlei gegenseitige Kostenerstattungen statt. Damit entfielen entsprechende Ermittlungen und Prüfungen des Gemeinsamen Bundesausschusses. Aufwand und Komplexität würden abgebaut. 50

Zu den Hinweisen zur Regelung durch das TSVG im Gesetzentwurf vgl. noch BT-Drs. 19/6337 S. 132; die Regelung ist sodann in der Ausschussberatung zum TSVG wesentlich verkürzt worden; mit dem EIRD ist nachfolgend die rahmenvertraglich organisierte wissenschaftliche Begleitung pp. hinzugekommen, 51

## C. Rechtslage nach Erlass einer Erprobungsrichtlinie

## I. Teilnahme von Leistungserbringern (Abs. 3)

An der vertragsärztlichen Versorgung teilnehmende Leistungserbringer und zugelassene Krankenhäuser i.S.d. § 108können in dem erforderlichen Umfang (betreffend den Leistungserbringer und betr. die Patientenzahl, vgl. *Ihle* in jurisPK-SGB V 06/2020 § 137e Rn. 25) an der **Erprobung einer Untersuchungs- oder Behandlungsmethode teilnehmen**, wenn sie gegenüber der wissenschaftlichen **Institution** nach Abs. 5 nachweisen, dass sie die Anforderungen nach Abs. 2 erfüllen. 52

53 Letztlich beruht die **Beteiligung einer größeren Zahl von Leistungserbringern** auf einem gegenseitigen Interesse sowohl der Leistungserbringer wie auch der Institution bzw. des Gemeinsamen Bundesausschusses; nur so kann die erforderliche Prüfung im Rahmen der Erprobung in der notwendigen Breite erfolgen.

54 Die Materialien (BT-Drs. 17/6906 S. 88) führen zudem an, dass nicht an der Erprobung teilnehmende **Krankenhäuser** die Untersuchungs- und Behandlungsmethode im Übrigen grundsätzlich weiterhin in der **stationären Versorgung anwenden** können, da diese durch die Erprobungsrichtlinie nicht nach § 137c ausgeschlossen ist. Dem Gemeinsamen Bundesausschuss bleibt es gemäß **Abs. 2 Satz 3** unbenommen, die von ihm nach Abs. 2 Satz 1 festgelegten Anforderungen an die **Qualität der Leistungserbringung innerhalb der Erprobung** durch eine Richtlinie nach § 137 **auch auf die Leistungserbringung außerhalb der Erprobung zu übertragen**, soweit diese Anforderungen nicht gerade aus der besonderen Behandlungssituation der Erprobung resultierten.

55 **Vertragsärzte**, die nicht an einer Erprobung teilnehmen, können dagegen die **Methode** wegen eines noch fehlenden positiven Beschlusses des Gemeinsamen Bundesausschusses nach dem Grundsatz des »**Verbots mit Erlaubnisvorbehalt**« für den ambulanten Versorgungsbereich nach § 135 **nicht anwenden**, vgl. *Ihle* in jurisPK-SGB V 06/2020 § 137e Rn. 25. Auch darin kann ein Anreiz für eine Beteiligung an der Erprobung einer Methode bestehen. Zudem besteht auch die Möglichkeit, dass der Ausschluss von der Versorgung mit der erprobten Methode endgültig festgestellt wird (vgl. Abs. 7 Satz 4).

### II. Vergütung von Leistungen (Abs. 4 Satz 1 bis 3)

56 Die von den **Leistungserbringern nach Abs. 3** im Rahmen der Erprobung erbrachten und (ambulant) verordneten Leistungen werden **unmittelbar von den Krankenkassen vergütet, Abs. 4 Satz 1**. Zuständig ist die jeweilige **Krankenkasse**, der der Versicherte angehört. Dies schließt auch die Kosten eines verordneten Hilfsmittels ein.

57 Bei **voll- und teilstationären Krankenhausleistungen** werden diese nach **Abs. 4 Satz 2** durch Entgelte nach **§ 17b KHG** oder **§ 17d KHG** vergütet. Alleine bestimmte Leistungen der psychotherapeutischen und psychosomatischen Versorgung werden von der **BPflV** erfasst, weshalb diese ausdrücklich – noch in der Ausschussberatung aufgenommen – einbezogen worden ist, hier bis Ende 2016 mit der Möglichkeit der Wahl des Vergütungssystems, vgl. BT-Drs. 18/1657 S. 72.

58 Kommt für eine **neue Untersuchungs- oder Behandlungsmethode**, die mit pauschalierten Pflegesätzen nach § 17 Abs. 1a KHG **noch nicht sachgerecht vergütet** werden kann, eine sich auf den gesamten Erprobungszeitraum beziehende **Vereinbarung** nach § 6 Abs. 2 Satz 1 KHEntgG oder nach § 6 Abs. 4 Satz 1 BPflV nicht innerhalb von 3 Monaten nach Erteilung des Auftrags des Gemeinsamen Bundesausschusses nach Abs. 5 zu Stande, wird ihr Inhalt durch die Schiedsstelle nach § 13 KHEntgG oder nach § 13 BPflV festgelegt, Abs. 4 Satz 3 in der Fassung des TSVG mit Wirkung vom 11.05.2019 wie auch des EIRD in der Fassung ab 18.12.2019.

59 Mit dem **Psych-EntgG ist Abs. 4 Satz 3** hinsichtlich der Bezugsvorschriften geändert und ergänzt worden sowie dann erneut ab 11.05.2019 und 18.12.2019: Die Verweisung auf die Fallpauschalen und Zusatzentgelte nach § 7 Abs. 1 Satz 1 Nr. 1 und 2 KHEntgG ist durch die Bezugnahme auf die pauschalierten Pflegesätze nach § 17 Abs. 1a KHG ersetzt worden, weiterhin ist § 6 Abs. 4 Satz 1 und des Weiteren auch § 13 Bundespflegesatzverordnung in Bezug genommen worden. Zum Entgeltsystem in der Psychiatrie vgl. Schmalisch/Müller in f&w 2020, 150, 154 sowie Timo Runck in f&w 2020, 456.

60 Zum Vorhaben des pauschalierenden Entgeltsystems für psychiatrische und psychosomatische Einrichtungen wird auf die Materialien in BT-Drs. 17/8986 Bezug genommen. Mit der Einführung des **neuen Entgeltsystems** soll der Weg von der krankenhausindividuellen Verhandlung kostenorientierter Budgets hin zu einer pauschalierenden leistungsorientierten Krankenhausvergütung konsequent fortgesetzt und das Leistungsgeschehen transparenter werden. Die **Einführung von**

**Pauschalen** erfordert einen Abgleich der qualitativen Anforderungen, ermöglicht aber zugleich auch einen besseren Vergleich der Leistungen einzelner Einrichtungen untereinander. Die Einführung und Umstellung ist ein längerfristiger Prozess, der bis in das Jahr 2022 geplant wird.

### III. Vergütung bei Methoden, die auch ambulant angewandt werden (Abs. 4 Satz 4 bis 6)

**Abs. 4 Satz 4** trifft eine Regelung bei Methoden, die **auch ambulant angewandt werden** können. Hier wurde die Höhe der Vergütung für die ambulante Leistungserbringung durch die Vertragspartner nach § 115 Abs. 1 Satz 1 vereinbart. Damit wurde die Vergütungsfrage auf der Grundlage von **dreiseitigen Verträgen auf Landesebene** geregelt. Die Materialien erklären die Erweiterung der Zuständigkeit der dreiseitigen Vertragspartner für die Vergütungsverhandlungen damit, dass die an der Erprobung teilnehmenden Krankenhäuser die Behandlung im Rahmen der Erprobung **auch ambulant erbringen** und abrechnen dürften. Es handle sich bei der Erprobung innovativer, ambulant erbringbarer Methoden um einen Bereich ärztlicher Leistungen, zu dem entsprechend **qualifizierte Vertragsärzte** und **Krankenhäuser** als **ambulante Leistungserbringer** in gleicher Weise Zugang erhielten. 61

Abs. 4 Satz 5 wurde durch das TSVG geändert, nachfolgend betr. Abs. 4 Satz 4 und 5 nochmals durch das EIRD mit Wirkung vom 18.12.2019. Bei Methoden, die auch ambulant angewandt werden können, werden die **Höhe der Vergütung** für die ambulante Leistungserbringung durch den ergänzten Bewertungsausschuss in der Zusammensetzung nach § 87 Abs. 5a im EBM für ärztliche Leistungen innerhalb von drei Monaten nach Inkrafttreten des Beschlusses über die Erprobungsrichtlinie geregelt. Kommt ein **Beschluss des ergänzenden Bewertungsausschusses** nicht fristgerecht zustande, entscheidet der ergänzte **erweiterte** Bewertungsausschuss im Verfahren nach § 87 Abs. 5a Satz 2 bis 7, **Abs. 4 Satz 5**. Zuvor waren die Vertragspartner der dreiseitigen Verträge auf Landesebene für die Festlegung der Höhe der Vergütung der ambulanten ärztlichen Erprobungsleistungen zuständig. Durch die **Änderungen** wird die **Zuständigkeit** auf den ergänzten bzw. den um einen unparteiischen Vorsitzenden und ein weiteres unparteiisches Mitglied erweiterten Bewertungsausschuss übertragen. Die Vereinbarung auf Bundesebene dient der **Beschleunigung** des Beginns der Erprobung, vgl. BT-Drs. 19/13589 S. 65. Zudem werden die Fristvorgaben für die Festlegung der Vergütung weiter gestrafft, indem sie an den Zeitpunkt des Inkrafttretens der Erprobungsrichtlinie statt an die Beauftragung der wissenschaftlichen Institutionen anknüpfen. 62

Kommt hier eine Vereinbarung betreffend die Fallgestaltung nach **Abs. 4 Satz 4** nicht innerhalb von drei Monaten nach Erteilung des Auftrags des Gemeinsamen Bundesausschusses nach Abs. 5 zustande, wird der **Inhalt durch die erweiterte Schiedsstelle nach § 115 Abs. 3** innerhalb von sechs Wochen festgelegt, vgl. **Abs. 4 Satz 5**. Die Regelung in **Abs. 4 Satz 6** stellt klar, dass **Klagen** gegen die Festlegung des Vertragsinhalts **keine aufschiebende Wirkung** haben. 63

### D. Initiativrecht der Hersteller, Aussetzung des Bewertungsverfahrens und Kosten (Abs. 7)

Beschließt der Gemeinsame Bundesausschuss eine **Erprobung**, entscheidet dieser im **Anschluss an die Erprobung** auf der Grundlage der gewonnenen Erkenntnisse über eine Richtlinie nach § 135 oder § 137c, vgl. **Abs. 7 Satz 4**. In Übereinstimmung mit den Materialien (vgl. BT-Drs. 17/6906 S. 90) bedarf es bei einer Entscheidung nach § 135 in diesem Fall keines Antrages eines Antragsberechtigten nach § 135 Abs. 1 Satz 1. 64

Den Antragsberechtigten nach § 137c Abs. 1 Satz 1 soll es im Übrigen unbenommen bleiben, auch eine Entscheidung in einem entsprechenden Bewertungsverfahren zu veranlassen. Nach § 137e bleibt die Möglichkeit der Antragstellung nach Abs. 7 Satz 1 bis 3 alternativ verfügbar. Insoweit ist zudem die Möglichkeit eines Verfahrens nach § 137h in der Fassung ab 23.07.2015 – bei hoher Risikoklasse – einzubeziehen. 65

**Antragsberechtigt** sind nach **Abs. 7 Hersteller eines Medizinprodukts**, auf dessen Einsatz die technische Anwendung einer neuen Untersuchungs- und Behandlungsmethode maßgeblich beruht und Unternehmen, die in **sonstiger Weise als Anbieter** einer neuen Methode ein wirtschaftliches 66

Interesse an einer Erbringung zulasten der gesetzlichen Krankenkassen haben. In der **Verfahrensordnung** des Gemeinsamen Bundesausschusses (2. Kapitel §§ 14 bis 28) und den Anlagen hierzu wird das Nähere festgelegt. Danach müssen die Antragsteller unter anderem aussagekräftige Unterlagen zum Potenzial der betreffenden Methode vorlegen.

67 Soweit der Hersteller eines Medizinprodukts oder ein antragsberechtigtes Unternehmen tätig wird, wird der Gemeinsame Bundesausschuss den **finanziellen Aufwand hierfür prüfen** und in seine Haushaltsplanung einbeziehen. Die entsprechenden Feststellungen erfolgen nach pflichtgemäßem Ermessen und unter Berücksichtigung der jeweils mutmaßlichen Potenzialfeststellung. Zur Bearbeitung vgl. 2. Kapitel § 20 Abs. 3 und 4 Verfahrensordnung.

68 Bis zur **Einleitung eines Stellungnahmeverfahrens** zu einer **Erprobungsrichtlinie** werden – im Hinblick auf das Geheimhaltungsinteresse des Antragstellers, von dem auszugehen sein wird – weder im Gemeinsamen Bundesausschuss noch vom IQWiG Gegenstände oder Ergebnisse des Bescheidverfahrens zum vorgelegten Antrag veröffentlicht. Ab dem Zeitpunkt der Einleitung des Stellungnahmeverfahrens zu einer Erprobungsrichtlinie dürfen nach der Verfahrensregelung des Gemeinsamen Bundesausschusses diejenigen Angaben veröffentlicht werden, die zur Wahrnehmung der Stellungnahme rechtserforderlich sind. Begründungsunterlagen, die nicht hochvertraulich sind, können zur Verfügung gestellt werden. Negativ beschiedene Anträge würden – so die Vorgehensweise des Gemeinsamen Bundesausschusses – einschließlich des IQWiG-Berichts generell nicht veröffentlicht.

69 Zur Methodenanwendung vgl. *Gassner* MPR 2015, 109, 148, ferner zum Paradigmenwechsel in der Methodenbewertung *Feix/Ullrich* NZS 2015, 921 und *Fachinger/Nellissen/Siltmann* ZSR 2015, 43. **Methode** sei grundsätzlich eine medizinische Vorgehensweise, der ein eigenes theoretisch-wissenschaftliches Konzept zugrunde liege, welches sie von anderen Verfahren unterscheide und das ihre systematische Anwendung in der Untersuchung und Behandlung bestimmter Krankheiten rechtfertigen solle, hier unter Bezugnahme auf BSG Urt. v. 17.02.2010 – B 1 KR 10/09 R – SozR 4–2500 § 27 Nr. 18. Der Begriff gehe über den der ärztlichen Leistung hinaus; ärztliche Leistungen seien regelmäßig nur Bestandteil einer Methode, hier unter Bezugnahme auf BSG Urt. v. 25.08.1999 – B 6 KA 39/98 R – SozR 3–2500 § 135 Nr. 11. Eine Methode umfasse darüber hinaus alle im Rahmen des ärztlichen Behandlungskonzepts angewandten diagnostischen oder therapeutischen Maßnahmen.

70 **Vorgaben zur Form des Antrags** würden in der Anlage zur Verfahrensordnung näher dargelegt und das Formular in sechs Abschnitte gegliedert, mit allgemeinen Hinweisen für die Antragstellung. Auf die Vorgaben in der Verfahrensordnung wird Bezug genommen. Die Annahme eines Antrags durch die Prüfung sei insoweit nur eine **Zwischenentscheidung** im Verfahren der Erprobung auf Antrag. Hierauf weist auch der Gemeinsame Bundesausschuss hin. Erst in einem weiteren Schritt das Verfahren zu Erprobung auf Antrag eingeleitet, nachdem das entsprechende Potenzial beurteilt worden ist. Zum möglichen zeitlichen Ablauf geben *Roters/Propp* (a.a.O.) eine Übersicht mit einem **Zeitplan**, der erkennen lässt, dass auch das Erprobungsverfahren bereits eine erhebliche Zeit in Anspruch nimmt. Zu aktuellen **Erprobungsregelungen** vgl. die Nachweise des Gemeinsamen Bundesausschusses im Internet.

71 In **Erprobungsrichtlinien** sind **Eckpunkte für eine Studie** festzulegen, die eine Bewertung des Nutzens auf einem ausreichend sicheren Erkenntnisniveau ermöglichen. Die Eckpunkte umfassen insbesondere **Konkretisierungen** zu den entsprechenden Indikationen, Vergleichsinterventionen, patientenrelevanten Endpunkten, dem jeweils benötigten Studientyp sowie zu den sächlichen, personellen und sonstigen Anforderungen an die Qualität der Leistungserbringung. Die von den Antragstellern zu tragenden **Kosten** der Studiendurchführung und -auswertung sowie des Studienprotokolls werden auf der Grundlage dieser Eckpunkte geschätzt. Zum Entwurf der Erprobungsrichtlinien erfolgt jeweils ein Stellungnahmeverfahren.

72 Die wissenschaftliche Begleitung und Auswertung der letztlich beschlossenen Erprobungsstudien erfolgt dann durch eine **fachlich unabhängige wissenschaftliche Institution**. Der Gemeinsame Bundesausschuss wird im Zusammenhang mit der Erprobung von Untersuchungs- und Behandlungsmethoden durch einen **Projektträger** unterstützt. Dessen Hauptaufgabe besteht unter

anderem in der **Vorbereitung und dem Management von Vergabeverfahren** zur Auswahl einer unabhängigen wissenschaftlichen Institution, die dann im Auftrag des Gemeinsamen Bundesausschusses die jeweilige Erprobungsstudie begleitet und auswertet; zum Vergabeverfahren vgl. auch Acikgöz/Gäbler-Rohrig/Brenkse in KH 2019, 774.

**Abs. 7 Satz 5 bis 7** wurde mit dem TSVG mit Wirkung vom 11.05.2019 angefügt. Hier wird ausweislich der Materialien (BT-Drs. 19/6337 S. 132) klargestellt, dass eine **Aussetzung des Bewertungsverfahrens** im Falle des Fehlens noch erforderlicher Erkenntnisse auch nach dem Abschluss einer Erprobung möglich bleibt und der Gemeinsame Bundesausschuss unverzüglich und ohne weiteres Antragserfordernis über eine Aufnahme in die Versorgung zu entscheiden hat, wenn er den Nutzen der Methode bereits als hinreichend belegt ansieht und insoweit die Durchführung einer beantragten Erprobung ablehnt. Damit der Gemeinsame Bundesausschuss seine Richtlinienentscheidung auf eine umfassende Erkenntnislage stützen könne, bedürfe es auch in diesem Fall im Rahmen des abschließenden Methodenbewertungsverfahrens der Durchführung einer systematischen Literaturrecherche durch den Gemeinsamen Bundesausschuss. 73

### E. Beratung von Herstellern und sonstigen Unternehmen bezüglich der Voraussetzungen der Erbringung einer Untersuchungs- oder Behandlungsmethode (Abs. 8)

**Hersteller von Medizinprodukten** wie auch **Unternehmer**, die als sonstige Anbieter einer Methode ein wirtschaftliches Interesse an einer Erbringung zulasten der Krankenkassen haben, können die **Beratung** durch den Gemeinsamen Bundesausschuss **nach Abs. 8** in Anspruch nehmen. Die Beratung kann die Voraussetzungen der Erbringung einer Untersuchungs- oder Behandlungsmethode zulasten der GKV wie auch verfahrenstechnische und methodische Anforderungen beinhalten. 74

In Betracht kommen auch **Einzelfragen eines möglichen Verfahrens**, etwa hinsichtlich der **Patientenpopulation**, einer **Vergleichstherapie** oder **patientenrelevanter Endpunkte**. Die Beratung soll schließlich auch Fragen der **Abgrenzung zur übrigen vertragsärztlichen Versorgung** beinhalten können, vgl. näher die Materialien in BT-Drs. 17/6906 S. 90 zu Abs. 8. Abs. 8 Satz 1 ist mit dem TSVG mit Wirkung vom 11.05.2019 bezüglich der Inhalte der Beratung erweitert worden. Dies gelte insbesondere hinsichtlich der neu geschaffenen Wahlmöglichkeit der Unternehmen nach Abs. 5 Satz 2, die wissenschaftliche Begleitung und Auswertung der Erprobung selbst beauftragen zu können, vgl. BT-Drs. 19/6337 S. 132. 75

Eine Beratung nach Abs. 8 Satz 1 in Verbindung mit Abs. 7 Satz 1 ist **kostenpflichtig, Abs. 8 Satz 2**. Die entsprechenden Kosten sind in der **Verfahrensordnung** des Gemeinsamen Bundesausschusses zu regeln; hier bietet sich eine **Pauschalierung** an, die sich möglicherweise in Stufen an dem Umfang der Beratungstätigkeit orientiert. 76

Der **Gemeinsame Bundesausschuss** berät – nach seinen Informationen – antragsberechtigte Hersteller und Unternehmen als **Anbieter der Methode** für die Vorbereitung etwaiger Erprobungsanträge und zu den Voraussetzungen der Erbringung einer Untersuchungs- oder Behandlungsmethode zulasten der GKV. Die näheren Informationen hierzu finden sich im 2. Kapitel § 21 VerfO. 77

Für die **Anforderung einer Beratung** sei das »Formular zur Anforderung einer Beratung gemäß § 137e Abs. 8« zu verwenden. Wichtige Informationen zur Nutzung und Übermittlung der Beratungsanforderung könnten den »Nutzungshinweisen zur Beratungsanforderung« entnommen werden. Für die **Beratung** würden **Gebühren** erhoben. 78

**Hintergrundinformationen** zur Methodenbewertung würden in einem Informationsblatt »Voraussetzungen der Erbringung einer (neuen) Methode zulasten der gesetzlichen Krankenversicherung«, in einem Informationsblatt »Verfahrenstechnische und methodische Anforderungen an die Bewertung einer Untersuchungs- und Behandlungsmethode«, in einem Informationsblatt »Anforderungen an eine Literaturrecherche und an die Recherche in Studienregistern im Rahmen eines Erprobungsantrags nach § 137e SGB V« sowie in einem Informationsblatt »Fragen der Antragstellung nach § 137e Abs. 7 SGB V« angeboten. 79

## § 137f Strukturierte Behandlungsprogramme bei chronischen Krankheiten

(1) ¹Der Gemeinsame Bundesausschuss nach § 91 legt in Richtlinien nach Maßgabe von Satz 2 geeignete chronische Krankheiten fest, für die strukturierte Behandlungsprogramme entwickelt werden sollen, die den Behandlungsablauf und die Qualität der medizinischen Versorgung chronisch Kranker verbessern. ²Bei der Auswahl der chronischen Krankheiten sind insbesondere die folgenden Kriterien zu berücksichtigen:
1. Zahl der von der Krankheit betroffenen Versicherten,
2. Möglichkeiten zur Verbesserung der Qualität der Versorgung,
3. Verfügbarkeit von evidenzbasierten Leitlinien,
4. sektorenübergreifender Behandlungsbedarf,
5. Beeinflussbarkeit des Krankheitsverlaufs durch Eigeninitiative des Versicherten und
6. hoher finanzieller Aufwand der Behandlung.

³Bis zum 31. Juli 2023 erlässt der Gemeinsame Bundesausschuss insbesondere für die Behandlung von Adipositas Richtlinien nach Absatz 2.

(2) ¹Der Gemeinsame Bundesausschuss nach § 91 erlässt Richtlinien zu den Anforderungen an die Ausgestaltung von Behandlungsprogrammen nach Absatz 1. ²Zu regeln sind insbesondere Anforderungen an die
1. Behandlung nach dem aktuellen Stand der medizinischen Wissenschaft unter Berücksichtigung von evidenzbasierten Leitlinien oder nach der jeweils besten, verfügbaren Evidenz sowie unter Berücksichtigung des jeweiligen Versorgungssektors,
2. durchzuführenden Qualitätssicherungsmaßnahmen unter Berücksichtigung der Ergebnisse nach § 137a Absatz 3,
3. Voraussetzungen für die Einschreibung des Versicherten in ein Programm,
4. Schulungen der Leistungserbringer und der Versicherten,
5. Dokumentation einschließlich der für die Durchführung der Programme erforderlichen personenbezogenen Daten und deren Aufbewahrungsfristen,
6. Bewertung der Auswirkungen der Versorgung in den Programmen (Evaluation).

³Soweit diese Anforderungen Inhalte der ärztlichen Therapie betreffen, schränken sie den zur Erfüllung des ärztlichen Behandlungsauftrags im Einzelfall erforderlichen ärztlichen Behandlungsspielraum nicht ein. ⁴Der Spitzenverband Bund der Krankenkassen hat den Medizinischen Dienst Bund zu beteiligen. ⁵Den für die Wahrnehmung der Interessen der ambulanten und stationären Vorsorge- und Rehabilitationseinrichtungen und der Selbsthilfe sowie den für die sonstigen Leistungserbringer auf Bundesebene maßgeblichen Spitzenorganisationen, soweit ihre Belange berührt sind, sowie dem Bundesamt für Soziale Sicherung und den jeweils einschlägigen wissenschaftlichen Fachgesellschaften ist Gelegenheit zur Stellungnahme zu geben; die Stellungnahmen sind in die Entscheidungen mit einzubeziehen. ⁶Der Gemeinsame Bundesausschuss nach § 91 hat seine Richtlinien regelmäßig zu überprüfen.

(3) ¹Für die Versicherten ist die Teilnahme an Programmen nach Absatz 1 freiwillig. ²Voraussetzung für die Einschreibung ist die nach umfassender Information durch die Krankenkasse erteilte schriftliche oder elektronische Einwilligung zur Teilnahme an dem Programm, zur Verarbeitung der in den Richtlinien des Gemeinsamen Bundesausschusses nach Absatz 2 festgelegten Daten durch die Krankenkasse, die Sachverständigen nach Absatz 4 und die beteiligten Leistungserbringer sowie zur Übermittlung dieser Daten an die Krankenkasse. ³Die Einwilligung kann widerrufen werden.

(4) ¹Die Krankenkassen oder ihre Verbände haben nach den Richtlinien des Gemeinsamen Bundesausschusses nach Absatz 2 eine externe Evaluation der für dieselbe Krankheit nach Absatz 1 zugelassenen Programme nach Absatz 1 durch einen vom Bundesamt für Soziale Sicherung im Benehmen mit der Krankenkasse oder dem Verband auf deren Kosten bestellten unabhängigen Sachverständigen auf der Grundlage allgemein anerkannter wissenschaftlicher Standards

zu veranlassen, die zu veröffentlichen ist. ²Die Krankenkassen oder ihre Verbände erstellen für die Programme zudem für jedes volle Kalenderjahr Qualitätsberichte nach den Vorgaben der Richtlinien des Gemeinsamen Bundesausschusses nach Absatz 2, die dem Bundesamt für Soziale Sicherung jeweils bis zum 1. Oktober des Folgejahres vorzulegen sind.

(5) ¹Die Verbände der Krankenkassen und der Spitzenverband Bund der Krankenkassen unterstützen ihre Mitglieder bei dem Aufbau und der Durchführung von Programmen nach Absatz 1; hierzu gehört auch, dass die in Satz 2 genannten Aufträge auch von diesen Verbänden erteilt werden können, soweit hierdurch bundes- oder landeseinheitliche Vorgaben umgesetzt werden sollen. ²Die Krankenkassen können ihre Aufgaben zur Durchführung von mit zugelassenen Leistungserbringern vertraglich vereinbarten Programmen nach Absatz 1 auf Dritte übertragen. ³§ 80 des Zehnten Buches bleibt unberührt.

(6) (weggefallen)

(7) ¹Die Krankenkassen oder ihre Landesverbände können mit zugelassenen Krankenhäusern, die an der Durchführung eines strukturierten Behandlungsprogramms nach Absatz 1 teilnehmen, Verträge über ambulante ärztliche Behandlung schließen, soweit die Anforderungen an die ambulante Leistungserbringung in den Verträgen zu den strukturierten Behandlungsprogrammen dies erfordern. ²Für die sächlichen und personellen Anforderungen an die ambulante Leistungserbringung des Krankenhauses gelten als Mindestvoraussetzungen die Anforderungen nach § 135 entsprechend.

(8) ¹Der Gemeinsame Bundesausschuss prüft bei der Erstfassung einer Richtlinie zu den Anforderungen nach Absatz 2 sowie bei jeder regelmäßigen Überprüfung seiner Richtlinien nach Absatz 2 Satz 6 die Aufnahme geeigneter digitaler medizinischer Anwendungen. ²Den für die Wahrnehmung der Interessen der Anbieter digitaler medizinischer Anwendungen auf Bundesebene maßgeblichen Spitzenorganisationen ist Gelegenheit zur Stellungnahme zu geben; die Stellungnahmen sind in die Entscheidungen einzubeziehen. ³Die Krankenkassen oder ihre Landesverbände können den Einsatz digitaler medizinischer Anwendungen in den Programmen auch dann vorsehen, wenn sie bisher nicht vom Gemeinsamen Bundesausschuss in die Richtlinien zu den Anforderungen nach Absatz 2 aufgenommen wurden.

| Übersicht | Rdn. | | | Rdn. |
|---|---|---|---|---|
| A. Regelungsinhalt | 1 | VIII. | Bezug zum Risikostrukturausgleich | 73 |
| B. Strukturierte Behandlungsprogramme und Abgrenzung von Versicherungsgruppen | 28 | C. | Durchführung von Programmen | 76 |
| | | I. | Teilnahme der Versicherten an Programmen (Abs. 3) | 76 |
| I. Zuständigkeit des Gemeinsamen Bundesausschusses für die Festlegung von strukturierten Behandlungsprogrammen in Richtlinien (Abs. 1 Satz 1) | 32 | II. | Externe Evaluation der Programme (Abs. 4) | 80 |
| | | III. | Unterstützung durch die Krankenkassen bei der externen Evaluation (Abs. 5) | 82 |
| II. Kriterien für die Auswahl von chronischen Krankheiten (Abs. 1 Satz 2) | 34 | IV. | Informationspflicht und Datenschutz (Abs. 6 a.F. – Art. 14 DSGVO) | 83 |
| III. Anforderungen bezüglich des Inhalts der Richtlinien (Abs. 2 Satz 1 und 2) | 45 | D. | Verträge von Krankenkassen mit zugelassenen Krankenhäusern über eine ambulante ärztliche Behandlung im Rahmen der Durchführung eines strukturierten Behandlungsprogramms (Abs. 7) | 86 |
| IV. Verhältnis der Richtlinien zur ärztlichen Therapiefreiheit (Abs. 2 Satz 3) | 66 | | | |
| V. Beteiligung des Medizinischen Dienstes auf Bund – MDB (Abs. 2 Satz 4) | 68 | | | |
| VI. Beteiligungsrechte im Zusammenhang mit der Erarbeitung von Richtlinien (Abs. 2 Satz 5) | 70 | E. | Förderung der Integration digitaler medizinischer Anwendungen in strukturierten Behandlungsprogrammen (DMP) (Abs. 8) | 93 |
| VII. Verpflichtung des Gemeinsamen Bundesausschusses zur laufenden Überprüfung der erlassenen Richtlinien (Abs. 2 Satz 6) | 72 | | | |

# § 137f SGB V — Strukturierte Behandlungsprogramme bei chronischen Krankheiten

## A. Regelungsinhalt

1 § 137f gilt in der Fassung des Art. 1 Nr. 47 GVWG vom 11.07.2021 (BGBl. I S. 2754) mit Wirkung vom 20.07.2021. Die Erläuterungen zu § 137f beruhen weitgehend auf der Fassung durch Art. 1 Nr. 19 PDSG vom 14.10.2020 (BGBl. I S. 2116) mit Wirkung vom 20.10.2020. Bezüglich der nachfolgenden Änderungen vgl. Erläuterungen unter Rdn. 27a.

2 (*unbesetzt*)

3 § 137f wurde mit dem Gesetz zur Reform des Risikostrukturausgleichs in der GKV mit Wirkung vom 01.01.2002 in das SGB V eingefügt. Zwischenzeitlich wurde die Vorschrift mehrfach geändert. Grundlegende Änderungen hat die Vorschrift mit dem GKV-Versorgungsstrukturgesetz – GKV-VStG erfahren: Mit Wirkung vom 01.01.2012 fiel die Erstellung von Disease-Management-Programmen – **DMP** – als strukturierte Behandlungsprogramme für Patientinnen und Patienten mit bestimmten **chronischen Krankheiten** in die **Zuständigkeit des Gemeinsamen Bundesausschusses**. Dieser hat dazu **Richtlinien** mit unmittelbarer Verbindlichkeit zu beschließen, die der Genehmigung des BMG bedürfen. Mit der Übertragung der Aufgabe an den Gemeinsamen Bundesausschuss verspricht sich der Gesetzgeber eine zügigere Reaktion auf medizinische Entwicklungen.

4 Mit der Neuordnung des Wettbewerbs in der GKV war intensiv auch die Einbeziehung der Morbidität in die Finanzierung geprüft worden. Die Zeit bis zur Einführung eines neuen orientierten **Risikostrukturausgleichs** sollte durch kurzfristig wirksame Maßnahmen überbrückt werden, die einen stärkeren Leistungsausgleich zwischen den Krankenkassen herbeiführen und zugleich die **Anreize zur Verbesserung der Versorgung** insbesondere von **chronisch Kranken** steigern. Dies erfolgt durch die besondere Berücksichtigung der Ausgaben in einem Risikostrukturausgleich für solche chronisch kranken Versicherten, die sich in **zugelassene, qualitätsgesicherte Disease-Management-Programme eingeschrieben** haben. Durch **chronische Erkrankungen** werden weit überdurchschnittliche Kosten verursacht. Zudem haben Untersuchungen ergeben, dass gerade in der Behandlung chronischer Erkrankungen ein **hohes Einsparpotenzial** bei gleichzeitiger **Verbesserung der Versorgung** gegeben ist, vgl. *Baierl* in jurisPK-SGB V 06/2020 § 137f Rn. 1. Auch in diesem Kontext steht die Regelung in § 137f mit dem Regelungsinhalt der strukturierten Behandlungsprogramme bei chronischen Krankheiten. Parallel dazu ist eine Programmkostenpauschale vorgesehen, vgl. § 270 Abs. 1 Buchst. b i.V.m. § 137g und 266 Abs. 7.

5 **Abs. 1 Satz 1** überträgt die Aufgabe, **strukturierte Behandlungsprogramme bei chronischen Krankheiten festzulegen**, damit dem Gemeinsamen Bundesausschuss. Danach sollen strukturierte Behandlungsprogramme entwickelt werden, die den Behandlungsablauf und die Qualität der medizinischen Versorgung chronisch Kranker verbessern.

6 Bei der Auswahl der zu empfehlenden chronischen Krankheiten sollen nach **Abs. 1 Satz 2** folgende **Kriterien** zu berücksichtigen sein:
  – Zahl der von der Krankheit betroffen Versicherten (Nr. 1),
  – Möglichkeiten zur Verbesserung der Qualität der Versorgung (Nr. 2),
  – Verfügbarkeit von evidenzbasierten Leitlinien (Nr. 3),
  – sektorenübergreifender Behandlungsbedarf (Nr. 4),
  – Beeinflussbarkeit des Krankheitsverlaufs durch Eigeninitiative des Versicherten (Nr. 5) und
  – hoher finanzieller Aufwand der Behandlung (Nr. 6).

7 Hier besteht eine Parallele zum Aufgabenbereich des **Instituts für Qualität und Wirtschaftlichkeit im Gesundheitswesen** – IQWiG – nach **§ 139a**. Das Institut wird nach § 139a Abs. 3 zu Fragen von grundsätzlicher Bedeutung für die Qualität und Wirtschaftlichkeit der im Rahmen der GKV erbrachten Leistungen tätig, hier insbesondere auch zur Bewertung evidenzbasierter Leitlinien für die epidemiologisch wichtigsten Krankheiten (§ 139a Abs. 3 Nr. 3) sowie zur Abgabe von Empfehlungen zu Disease-Management-Programmen – DMP (§ 139a Abs. 3 Nr. 4).

8 Mit der Regelung in **Abs. 1 Satz 3** wird dem Gemeinsamen Bundesausschuss vorgeschrieben, weitere in § 408 Satz 1 (vormals § 321 Satz 1) nicht genannte, geeignete chronische Krankheiten fest

und erlässt insbesondere für die Behandlung von Rückenleiden und Depressionen jeweils entsprechend der Richtlinien i.S.d. Abs. 2. Die kurze Frist bis zum 31.12.2016 erschien dem Gesetzgeber im Hinblick auf bereits verfügbarer Versorgungsleitlinien vertretbar, vgl. *Roters* in KassKomm SGB V 07/2020 § 137f Rn 3; nachfolgend sind Anforderungen für Chronische Herzinsuffizienz, chronischer Rückenschmerz, Depression, Osteoporose und Rheumatoide Arthritis festgelegt worden.

Der Gemeinsame Bundesausschuss erlässt nach **Abs. 2 Richtlinien zu den Anforderungen** an die Ausgestaltung von Behandlungsprogrammen i.S.d. Abs. 1. Die unmittelbare Regelung durch den Gemeinsamen Bundesausschuss soll das Verfahren vereinfachen und flexibilisieren sowie die Umsetzung der Inhalte in der Versorgungspraxis beschleunigen, vgl. BT-Drs. 17/6906 S. 91.  9

In den **Richtlinien**, die die früheren Rechtsverordnungen des BMG ersetzen und die Aufgabe, strukturierte Behandlungsprogramme bei chronischen Krankheiten aufzustellen, fortführen, sind die **Anforderungen nach Abs. 2 Satz 2** in der Fassung vom 25.07.2014 zu erfüllen:  10

Zu **Abs. 2 Satz 2 Nr. 1**: Zu regeln sind die Anforderungen an die Behandlung nach dem aktuellen Stand der medizinischen Wissenschaft unter Berücksichtigung von evidenzbasierten Leitlinien oder nach der jeweils besten, verfügbaren Effizienz (von Bedeutung ist der 2. Satzteil, soweit keine Leitlinien im angegebenen Sinne verfügbar sein sollten) sowie unter Berücksichtigung des jeweiligen Versorgungssektors.  11

Zu **Abs. 2 Satz 2 Nr. 2**: Ferner sind die Anforderungen an die durchzuführenden **Qualitätssicherungsmaßnahmen** unter Berücksichtigung der Ergebnisse nach § 137a Abs. 3 (in der Fassung bis 24.07.2014 Abs. 2 Nr. 1 und 2) aufzunehmen. Dies bedeutet die Einbeziehung der Ergebnisse aufgrund der Messung und Darstellung der **Versorgungsqualität** bei möglichst sektorenübergreifend abgestimmten Indikatoren und Instrumenten sowie die notwendige Dokumentation für die **einrichtungsübergreifende Qualitätssicherung** unter Berücksichtigung des Gebots der **Datensparsamkeit**.  12

Zu **Abs. 2 Satz 2 Nr. 3**: Einzubeziehen sind die Anforderungen an Voraussetzungen für die Einschreibung des Versicherten in ein Programm. Hier sollen insbesondere die Diagnosestellung konkretisiert werden wie auch sonstige medizinische Teilnahmevoraussetzungen. Für Versicherte können (und werden) finanzielle Vorteile ausgewiesen, die – wenn auch begrenzt – den Tarif oder die Zuzahlungspflicht betreffen.  13

Zu **Abs. 2 Satz 2 Nr. 4**: Ferner sind die **Anforderungen an Schulungen der Leistungserbringer und der Versicherten** in den Richtlinien zu konkretisieren. Die Regelung ist Ausdruck der Selbstverantwortung des Versicherten, vgl. *Roters* in KassKomm SGB V 07/2020 § 137f Rn. 10).  14

Zu **Abs. 2 Satz 2 Nr. 5**: Einbezogen sind auch die **Anforderungen an die Dokumentation** einschließlich der für die Durchführung der Programme erforderlichen **personenbezogenen Daten** und deren Aufbewahrungsfristen; ergänzend gelten die Grundsätze der DSGVO.  15

Zu **Abs. 2 Satz 2 Nr. 6**: Als Anforderung ist auch die Bewertung der Auswirkungen der Versorgung in den Programmen im Sinne der kontinuierlichen **Evaluation** zu regeln. Die Ausrichtung der **Evaluation** soll nach der Rechtslage ab 1.1.2012 **flexibilisiert** werden. Im Rahmen der **Flexibilisierung** könne der Gemeinsame Bundesausschuss die **Ziele, Inhalte und Verfahren der Evaluation** eigenverantwortlich und gemäß den entsprechend seiner Einschätzung nötigen medizinischen Erfordernissen **ausgestalten** (vgl. näher BT-Drs. 17/6906 S. 92).  16

Mit der Regelung in **Abs. 2 Satz 3** wird klargestellt, dass die Anforderungen für den Regelungsinhalt der Richtlinien nach Abs. 2 Satz 2 zwar Inhalte der ärztlichen Therapie betreffen, den zur Erfüllung des ärztlichen **Behandlungsauftrags im Einzelfall erforderlichen ärztlichen Behandlungsspielraum jedoch nicht einschränken** sollen, vgl. entsprechend auch § 28b Abs. 1 Satz 3 RSAV in der Fassung bis 31.12.2011, betr. frühere Regelung zu den Anforderungen an die Behandlung nach evidenzbasierten Leitlinien unter Bezugnahme auf § 137f Abs. 2 Satz 2); zur Übernahme vgl.  17

# § 137f SGB V  Strukturierte Behandlungsprogramme bei chronischen Krankheiten

*Roters* in KassKomm SGB V 07/2020 § 137f Rn. 13. Allerdings wird die **Therapiefreiheit** durch Vorgaben, die das **Leistungsrecht** durch Richtlinien des Gemeinsamen Bundesausschusses erfährt, zulässigerweise begrenzt.

18 Nach **Abs. 2 Satz 4** hat der GKV-Spitzenverband den **Medizinischen Dienst Bund** (in der neuen Organisationsform des MDK-ReformG ab 2020/2021 und Nachfolge des MDK auf Bundesebene) angemessen zu beteiligen.

19 Vor der Beschlussfassung zu den DMP-Richtlinien im Gemeinsamen Bundesausschuss erhalten neben den bereits bisher stellungnahmeberechtigten Organisationen (vgl. Aufzählung in **Abs. 2 Satz 5**) auch das Bundesamt für Soziale Sicherung (ab 01.01.2020 in der Nachfolge des BVA) – schon bisher im Rahmen der Anhörung beteiligt – und die jeweils einschlägigen wissenschaftlichen **Fachgesellschaften** ein Stellungnahmerecht.

20 **Abs. 2 Satz 6** gibt dem Gemeinsamen Bundesausschuss auf, seine Richtlinien **regelmäßig zu überprüfen**. Hier greift der Gesetzgeber eine Regelung des § 28b Abs. 2 RSAV auf, erhebt diese jedoch in den **Gesetzesrang**; bestimmte Überprüfungsfristen werden hier nicht vorgegeben, vielmehr richten sich diese maßgeblich am Grundsatz einer verantwortungsbewussten Überprüfung und Überwachung entsprechend der medizinischen Entwicklung.

21 **Abs. 3** stellt klar, dass für die Versicherten die **Teilnahme an Programmen nach Abs. 1 freiwillig** ist, Abs. 3 Satz 1. Zudem wird in Abs. 3 Satz 2 festgelegt, dass Voraussetzung für die Einschreibung
– eine umfassende **Information** durch die Krankenkasse und eine
– daraufhin erteilte **schriftliche oder elektronische** (Letzteres mit Wirkung vom 26.11.2019 förmlich klargestellt, aber **widerrufbare, vgl. Abs. 3 Satz 3**) **Einwilligung** zur Teilnahme am **Programm und** zur Erhebung, Verarbeitung und Nutzung der in den Richtlinien des Gemeinsamen Bundesausschusses nach Abs. 2 festgelegten Daten durch die Krankenkasse, die Sachverständigen nach Abs. 4 und die Beteiligten Leistungserbringer sowie
– zur **Übermittlung dieser Daten** an die Krankenkasse ist (hier auch im Lichte der DSGVO).

22 **Art und Umfang der Daten** richten sich maßgeblich nach der **jeweiligen Krankheit**, die in das Programm einbezogen wird. Auch hier gilt der Grundsatz der Datensparsamkeit, so dass nur notwendige Daten einbezogen werden. Die Tatsache, dass der Versicherte am DMP teilnimmt, wird nur elektronisch lesbar in der Krankenversichertenkarte aufgenommen, vgl. § 267 Abs. 2 Satz 4, § 291 Abs. 2 Nr. 7; dies ermöglicht den behandelnden Arzt die Zugehörigkeit zu dem jeweiligen Programm festzustellen und entsprechend bei der Abrechnung zu berücksichtigen.

23 **Abs. 4** regelt, dass die **Krankenkassen oder ihre Verbände** entsprechend den Richtlinien nach Abs. 2 eine **externe Evaluation** der für dieselbe Krankheit nach Abs. 1 zugelassene Programme durch einen vom Bundesamt für Soziale Sicherung (BAS, mit Wirkung vom 01.01.2020 in der Nachfolge des BVA) im Benehmen mit der Krankenkasse oder dem Verband auf deren Kosten bestellten **unabhängigen Sachverständigen** auf der Grundlage allgemein anerkannter wissenschaftlicher Standards zu veranlassen haben. Die **Ergebnisse der Evaluation** sind zu **veröffentlichen**, Abs. 4 Satz 1. Zudem sind nach **Abs. 4 Satz 2 Qualitätsberichte** nach den Vorgaben der jeweiligen Richtlinie für **jedes volle Kalenderjahr** zu erstellen, die jeweils im Folgejahr bis zum 1. Oktober dem BAS (in der Nachfolge des BVA) vorzulegen sind. Diese **Qualitätsberichte** sind im Rahmen der laufenden Überprüfung der Richtlinien nach Abs. 2 Satz 6 sowie auch beim Regelungsinhalt zu berücksichtigen.

24 **Abs. 5** verpflichtet die Verbände der Krankenkassen und den GKV-Spitzenverband ihre Mitglieder beim Aufbau und bei der Durchführung von DMP-Programmen zu unterstützen. Dies kann auch weitere Aufträge beinhalten. Die **Krankenkassen** sind berechtigt, Dritte mit der Durchführung dieser Maßnahmen zu **beauftragen**, wobei die Regelung des § 80 SGB X (der Begriff der »Verarbeitung« ist in Anwendung des Art. 4 Nr. 2 DSGVO weit gefasst und schließt auch die Erhebung oder Nutzung ein) unberührt bleibt. Es gelten die Regelungen des SGB X. Abs. 5 ist damit nicht als eigenständige Ermächtigungsregelung im Sinne der Erhebung, Verarbeitung oder Nutzung von Sozialdaten zu verstehen.

**Abs. 6** ermächtigte in der Fassung bis 25.11.2019 zur Bildung einer **Arbeitsgemeinschaft**, die im Rahmen der **Durchführung strukturierter Behandlungsprogramme** tätig wurde; insoweit bestand eine Sonderregelung zu § 80 Abs. 5 Nr. 2 SGB X bezüglich der Verarbeitung des gesamten Datenbestandes, die hier auf den Auftragnehmer übertragen werden durfte. Im Hinblick auf Art. 14 DSGVO mit Wirkung vom 25.05.2018 ist Abs. 6 förmlich mit Wirkung vom 26.11.2019 aufgehoben worden. 25

Mit Wirkung vom 01.01.2012 wurde **Abs. 7 angefügt.** Die **Krankenkassen** oder ihre Verbände auf Landesebene können danach mit **zugelassenen Krankenhäusern**, die an der Durchführung eines strukturierten Behandlungsprogramms nach Abs. 1 teilnehmen, **Verträge** über eine ambulante ärztliche Behandlung schließen. Dies gilt, soweit die Anforderungen an die ambulante Leistungserbringung in den Verträgen zu den strukturierten Behandlungsprogrammen dies erfordert. Die **Anforderungen** nach § 135 sind bezüglich der sächlichen und personellen Ausstattung Mindestvoraussetzungen, vgl. *Baierl* in jurisPK-SGB V 06/2020 § 137f Rn. 202, und als solche zu erfüllen. Bei der Regelung in Abs. 7 handelt es sich um eine Folgeänderung aus der Neufassung des bisherigen § 116b. Die Regelung in **Abs. 7 entspricht § 116b Abs. 1 in der Fassung bis 31.12.2011**, wonach die ambulante Behandlung durch Krankenhäuser im Rahmen von strukturierten Behandlungsprogrammen geregelt war. Die entsprechende Regelungsgrundlage findet sich nunmehr in **Abs. 7**. 26

**Abs. 8** wurde mit dem TSVG mit Wirkung vom 11.05.2019 angefügt. Mit der Regelung soll die Integration digitaler medizinischer Anwendungen in strukturierte Behandlungsprogramme (DMP) nach § 137f gefördert werden, vgl. BT-Drs. 19/8351 S. 208, 209. 27

Mit Art. 1 Nr. 47 Gesetz zur Weiterentwicklung der Gesundheitsversorgung (Gesundheitsversorgungsweiterentwicklungsgesetz – GVWG) vom 11.07.2021 (BGBl. I S. 2754) wurde mit Wirkung vom **20.07.2021 Abs. 1 Satz 3 neu gefasst.** Hier wird dem Gemeinsamen Bundesausschuss mit einer Frist von zwei Jahren der Erlass eines Behandlungsprogramms für die Behandlung von Adipositas nach Richtlinienrecht aufgegeben. Auf die eingehenden Materialien hierzu, auch zur Adipositas-Problematik generell, wird Bezug genommen. 27a

### B. Strukturierte Behandlungsprogramme und Abgrenzung von Versichertengruppen

Die **strukturierten Behandlungsprogramme** bei chronischen Krankheiten zielen zum einen darauf ab, die Möglichkeiten zur Verbesserung der **Qualität der Versorgung** auszuschöpfen, und zum anderen auch Leistungen **wirtschaftlicher** erbringen zu können. Zudem dient die Erfassung bestimmter chronischer Krankheiten der besseren **Verteilung der Lasten unter den Krankenkassen**, indem deren Behandlung in den **Risikostrukturausgleich** einbezogen wird (vgl. hierzu die Programmkostenpauschale nach § 270 Abs. 1 Satz 1 Buchstabe b). 28

Systematisch beinhalten die strukturierten Behandlungsprogramme, auch in der Abwicklung mit dem Risikostrukturausgleich, eine interessante und zugleich auch komplizierte **Verknüpfung** der Optimierung der **Leistungserbringung**, der Einbeziehung der **Vergütung** und zugleich eines gerechten Lastenausgleichs zwischen den Krankenkassen. DMP sind für die Krankheiten Diabetes mellitus Typ I, Diabetes mellitus Typ II (vgl. hierzu speziell BSG Urt. v. 29.11.2017 – B 6 KA 32/16 R – SozR 4–2500 § 137f Nr. 2), Brustkrebs, Chronisch obstruktive Atemwegserkrankungen (COPD), Asthma und koronare Herzkrankheit (KHK); diese Vorgaben sind in der RSAV näher definiert, vgl. *Baierl* in jurisPK-SGB V 06/2020 § 137f Rn. 147. 29

Mit Wirkung vom 01.01.2012 ist der Auftrag, für geeignete **chronische Krankheiten strukturierte Behandlungsprogramme** zu entwickeln, dem Gemeinsamen Bundesausschuss übertragen worden, der die entsprechenden DMP durch **Richtlinien** zu regeln hat. Dieser führt damit eine Aufgabe weiter, die formal zuvor der Regelung durch Rechtsverordnung vorbehalten war. Der Begriff der DMP ist aus den USA auch nach Anpassung dieses Versorgungskonzepts an deutsche Vorgaben beibehalten worden; dabei werden auch Wettbewerbsgesichtspunkte unter den Krankenkassen einbezogen, vgl. *Roters* in KassKomm SGB V 07/2020 Vor §§ 137f, 137g Rn. 2. Entsprechend dieser Vorgabe ist § 137f angepasst und zugleich erweitert worden. 30

31 Diese **Änderung in der Zuständigkeit** verbindet der Gesetzgeber mit einer »Entbürokratisierung« von Vorschriften (vgl. BT-Drs. 17/6906 S. 46). Zudem entfalle die Notwendigkeit einer Wiederzulassung der Programme, was unter anderem »wesentliche Vereinfachungen der Evaluation« ermögliche (vgl. auch Abs. 2 Satz 2 Nr. 6, wonach die Bewertung der Auswirkungen der Versorgung in den Programmen – Evaluation – nicht mehr mit der Frage einer Wiederzulassung verbunden wird, vgl. BT-Drs. 17/6906 S. 91, 92). Die Umsetzung des Auftrags erfolgt durch den Gemeinsamen Bundesausschuss nach und nach; die kann auch die Aufforderung in einem speziellen Fachgebiet beinhalten, vgl. Abs. 8 in der Fassung ab 11.06.2019.

## I. Zuständigkeit des Gemeinsamen Bundesausschusses für die Festlegung von strukturierten Behandlungsprogrammen in Richtlinien (Abs. 1 Satz 1)

32 Der Gemeinsame Bundesausschuss ist nach der Rechtslage ab 01.01.2012 für die Festlegung von strukturierten Behandlungsprogrammen für geeignete chronische Krankheiten zuständig. Diese strukturierten Behandlungsprogramme – DMP – sollen den Behandlungsablauf und die Qualität der medizinischen Versorgung chronisch Kranker verbessern, **Abs. 1 Satz 1**.

33 Die Regelung steht mit der allgemeinen Zielsetzung des GKV-VStG im Zusammenhang, Vorschriften zu **flexibilisieren** und zu einer Entbürokratisierung von Vorschriften beizutragen. Darüber hinaus wird mit der **Zuständigkeit des Gemeinsamen Bundesausschusses** eine **schnellere und flexiblere Anpassung** der Regelungen und Implementierung in der Fläche erwartet, vgl. BT-Drs. 17/6906 S. 91. Zur kontinuierlichen Überprüfung der Richtlinien vgl. auch Abs. 2 Satz 6. Die **Regelungskompetenz** für die **Inhalte der strukturierten Behandlungsprogramme** wird folglich vom BMG durch Rechtsverordnung auf den **Gemeinsamen Bundesausschuss** durch **Richtlinien übertragen**. Der Gemeinsame Bundesausschuss hatte damit auch die geeigneten chronischen Krankheiten für strukturierte Behandlungsprogramme auszuwählen, wobei allerdings die Richtlinienbeschlüsse des Gemeinsamen Bundesausschusses dem **BMG zur Prüfung** vorzulegen sind, vgl. § 94.

## II. Kriterien für die Auswahl von chronischen Krankheiten (Abs. 1 Satz 2)

34 Abs. 1 Satz 2 Nr. 1 bis 6 führt **Kriterien** an, die bei der **Auswahl der chronischen Krankheiten** für strukturierte Behandlungsprogramme zu berücksichtigen sind. Die **Aufzählung** ist im Hinblick auf den Wortlaut »insbesondere« nicht als **abschließend** anzusehen, führt jedoch **wichtige Kriterien** an, die in jedem Fall zu prüfen sind. Der Begriff in Abs. 1 Satz 2 »zu empfehlenden« ist mit dem GKV-VStG inhaltlich entfallen und mit dem GKV-VSG förmlich auch gestrichen worden, weil nicht mehr Empfehlungen anstehen, sondern der Gemeinsame Bundesausschuss in Richtlinien definitiv regelt, vgl. *Roters* in KassKomm SGB V 07/2020 § 137f Rn. 3.

35 Kriterien sind die **Zahl** der von der Krankheit betroffen **Versicherten** (hohe Prävalenz, Zahl der Neuerkrankungen einschließlich der Überlebensrate), die Möglichkeiten zur **Verbesserung der Qualität der Versorgung** (Beeinflussbarkeit des Krankheitsverlaufs sowie der Mortalität und des Lebensgefühls jeweils im positiven Sinne), die Verfügbarkeit von **evidenzbasierten Leitlinien** (und damit wissenschaftlich orientierte Leitlinien), ein **sektorenübergreifender Handlungsbedarf** (es sind verschiedene Behandlungsbereiche betroffen und die Behandlung ist schnittstellenübergreifend zu koordinieren), die Beeinflussbarkeit des Krankheitsverlaufs durch **Eigeninitiative** des Versicherten (der Versicherte muss bereit sein, aktive mitzuwirken und die notwendige Compliance zu leisten) sowie ein **hoher finanzieller Aufwand** der Behandlung (als chronische Krankheiten sollten die ausgewählten Krankheiten normalerweise hohe Kosten verursachen, so dass mit den Programmen diese Kosten abgesenkt werden können). Da die Aufzählung nicht vollständig ist, können weitere Kriterien zur Berücksichtigung einfließen, die jedoch der vorgegebenen Zielsetzung der Vorschrift entsprechen sollten, vgl. *Baierl* in jurisPK-SGB V 06/2020 § 137f Rn. 140, 141.

36 Insgesamt geht der Gesetzgeber erkennbar davon aus, eine **Verbesserung der Qualität der Versorgung** für einen **nennenswerten Kreis von Betroffenen** zu erzielen, Krankheiten auszuwählen,

für die **notwendige Informationen bereits verfügbar** sind, etwa **evidenzbasierte Leitlinien**, die sich generell für eine Erfassung in einem Programm eignen und auch durch **Eigeninitiative des Versicherten** positiv im Heilungsprozess beeinflusst werden können. Diese müssen schließlich der **Zielsetzung der Wirtschaftlichkeit** der Versorgung im Sinne einer Verbesserung der Versorgung bei einem wirtschaftlicheren Einsatz der finanziellen Aufwendungen entsprechen. Im Einzelnen werden als Kriterien aufgeführt:

**Zahl der von der Krankheit betroffenen Versicherten (Abs. 1 Satz 2 Nr. 1).** Für die Auswahl im Rahmen eines DMP soll eine ausreichende Zahl von Versicherten betroffen sein, auch unter Berücksichtigung der Zahl von Neuerkrankungen und des Krankheitsverlaufs. Der Gemeinsame Bundesausschuss formuliert Anforderungen an evidenzbasierte Leitlinien; er hat diese einzubeziehen, jedoch nicht die Aufgabe, diese zu entwickeln, vgl. *Baierl* in jurisPK-SGB V 06/2020 § 137f Rn. 155, hier zu Abs. 2. Vielmehr wird sich der Gemeinsame Bundesausschuss an möglichen Bewertungen vorhandener Leitlinien orientieren, etwa nach **Evidenzgraden**, die das Ärztliche Zentrum für Qualität in der Medizin (ÄZQ) vergibt. 37

**Möglichkeiten zur Verbesserung der Qualität der Versorgung (Abs. 1 Nr. 2).** Programme müssen auf den Krankheitsverlauf und letztlich auch auf die »Mortalität positiv Einfluss nehmen können« (vgl. *Baierl* in jurisPK-SGB V 06/2020 § 137f Rn. 157). Die laufende Begleitung dieser Maßnahmen, die letztlich auch veröffentlicht werden, beinhaltet, dass eine positive Beeinflussung der Behandlung überhaupt möglich ist. 38

**Verfügbarkeit von evidenzbasierten Leitlinien (Abs. 1 Satz 2 Nr. 3).** Evidenzbasierte Leitlinien (zum Begriff vgl. BSG Urt. v. 29.11.2017 – B 6 KA 32/16 R – SozR 4–2500 § 137f Nr. 2) beinhalten Erkenntnisse über den Krankheitsverlauf und ermöglichen insoweit, mit größerer Sicherheit Vorgaben bezüglich der Behandlungsprogramme festzulegen. Zum Begriff der **Leitlinien** vgl. auch § 23 Abs. 5 für den Bereich der medizinischen Vorsorgeleistungen, § 40 Abs. 3 für Leistungen zur medizinischen Rehabilitation, § 73b Abs. 2 Nr. 2 für die hausarztzentrierte Versorgung, hier zur Behandlung nach der für die hausärztliche Versorgung entwickelten evidenzbasierten und praxiserprobten Leitlinien und § 139a Abs. 3 Nr. 3 im Zusammenhang mit dem Institut der Qualität und Wirtschaftlichkeit im Gesundheitswesen, das **Bewertungen evidenzbasierter Leitlinien** für die epidemiologisch wichtigsten Krankheiten abgeben soll. 39

Die **Leitlinien** sollen **evidenzbasiert** sein und damit auf kontrollierten klinischen Studien oder möglicherweise auch gleichwertigen nachvollziehbaren Erfahrungen beruhen und ein planmäßiges Vorgehen in Diagnostik und Therapie erlauben, vgl. *Roters* in KassKomm SGB V 07/2020 Vor §§ 137f, 137g Rn, 7. Erforderlich ist nach **Satz 2 Nr. 3** eine Entscheidung über die Aufnahme des Patienten in das Programm, auch mit der Möglichkeit, einen Patienten aus dem Programm auszuschließen. Dies setzt zwingend voraus, dass für die Teilnahme klare Vorgaben verfügbar sind, die auch den entsprechenden »administrativen Anforderungen« (vgl. *Baierl* in jurisPK-SGB V 06/2020 § 137f Rn. 161) Rechnung tragen können. 40

**Sektorenübergreifender Behandlungsbedarf (Abs. 1 Satz 2 Nr. 4).** Für die Vorgaben in den DMP ist kennzeichnend, dass verschiedene Behandlungsansätze auch **fachübergreifend** erfasst werden. Damit wird zugleich festgelegt, inwieweit eine solche Behandlung einzuleiten, durchzuführen und zu evaluieren ist; erfahrungsgemäß ist die **Koordination verschiedener Fachbereiche** für eine zielgerichtete Behandlung ohne entsprechende Vorgaben schwierig. Hier sind zudem die Möglichkeiten des Einsatzes spezieller Behandlungsmöglichkeiten nach § 116b erweitert worden; die Richtlinien haben die entsprechenden Vorgaben festzulegen. Zur Durchführung von Schulungen vgl. auch *Baierl* in jurisPK-SGB V Rn. 164, 165. 41

**Beeinflussbarkeit des Krankheitsverlaufs durch Eigeninitiative des Versicherten – Dokumentation und Aufbewahrungsfristen (Abs. 1 Satz 2 Nr. 5).** Die Behandlung komplizierter Erkrankungen setze zwangsläufig die Eigeninitiative des Versicherten und Patienten voraus; dieser werde in das DMP verpflichtend eingebunden; dem entspricht der Grundsatz der Freiwilligkeit der Teilnahme, vgl. Abs. 3 Satz 1, dann aber auch die Verbindlichkeit für den Versicherten im weiteren Ablauf. 42

Die Aufbewahrungsfristen sind seit dem 01.01.2019 nicht mehr in der entsprechenden Richtlinie geregelt, sondern in der DMP-Anforderungen-Richtlinie mit erfasst. Zur Dokumentation gehören die Erstdokumentation, hier auch mit der datenschutzrechtlich relevanten Einwilligungserklärung und die Folgedokumentation. Hier sind zudem die Grundsätze der DSGVO einzubeziehen, vornehmlich bezüglich der vorangehenden Informationen an Versicherten (vgl. Rechtsgedanke des Art. 7 DSGVO).

43 **Hoher finanzieller Aufwand der Behandlung (Abs. 1 Satz 2 Nr. 6).** Mit der Durchführung von DMP wird eine **wirtschaftlichere Versorgung der Versicherten** angestrebt; Ziel ist es, sowohl eine Mindestversorgung sicherzustellen als auch Formen der Überversorgung abzustellen und die Steuerung der Behandlung zu erleichtern. Im Ergebnis kann dies zu einer **qualitativ besseren Versorgung** bei im Verhältnis zur Leistung **geringerem finanziellem Aufwand** der Behandlung führen; jedenfalls ist die Frage des finanziellen Aufwandes im Durchschnitt Gegenstand des DMP im Regelfall, vgl. eingehend hierzu *Baierl* in jurisPK-SGB V 06/2020 § 137f Rn. 173, 174. Dabei wird die **ärztliche Therapiefreiheit** im Einzelfall grundsätzlich nicht eingeschränkt, vgl. **Abs. 2 Satz 3**, wobei der Vertragsarzt allerdings an das Leistungsspektrum der GKV gebunden ist (vgl. auch § 135, § 137c bezüglich der Qualitätssicherung).

44 Mit **Abs. 1 Satz 3 in der Fassung des GKV-VSG** wurde dem **Gemeinsamen Bundesausschuss** mit Wirkung vom 23.07.2015 aufgegeben, bis Ende 2016 **weitere bislang nicht erfasste** (in Bezug genommen wird hier § 408 in der Fassung des PDSG mit Wirkung vom 20.10.2020 – zuvor inhaltsgleich § 321) **geeignete chronische Krankheiten** für den Regelungsbereich des § 137f festzulegen und entsprechende Richtlinien zu erlassen. Diesem wird zudem aufgegeben, hier vornehmlich Richtlinien zur Behandlung von »Rückenleiden und Depressionen« nach Maßgabe des Abs. 2 zu erlassen.

### III. Anforderungen bezüglich des Inhalts der Richtlinien (Abs. 2 Satz 1 und 2)

45 **Abs. 2 Satz 1** mit Wirkung vom 01.01.2012 legt fest, dass der Gemeinsame Bundesausschuss Richtlinien zu den **Anforderungen an die Ausgestaltung von Behandlungsprogrammen** i.S.d. **Abs. 1** erlässt. Soweit entsprechende Regelungen zu DMPs bereits durch Rechtsverordnung erlassen sind, sind diese als Anlagen zur RSAV zum 01.01.2012 aufgehoben worden. Nach hier vertretener Auffassung kann der Regelungsinhalt jedoch weiter angewandt werden (auch arg. BT-Drs. 17/6906 S. 91 linke Spalte unten), bis entsprechende und ggf. auch abweichende Regelungen im Rahmen des Richtlinienrechts getroffen worden sind.

46 **Abs. 2 Satz 2** konkretisiert – ohne eine abschließende Regelung zu treffen, wie das Wort »insbesondere« belegt – in Regelbeispielen (vgl. *Roters* in KassKomm SGB V 07/2020 § 137f Rn. 5) **Anforderungen** bezüglich des Regelungsinhalts (Nr. 1 bis 6).

47 Als Anforderung wird nach **Abs. 2 Satz 2 Nr. 1** die **Behandlung nach dem aktuellen Stand der medizinischen Wissenschaft** unter Berücksichtigung von **evidenzbasierten Leitlinien** oder nach der jeweils besten, verfügbaren **Evidenz** sowie unter Berücksichtigung des jeweiligen Versorgungssektors vorgegeben. Der Gesetzgeber geht dabei davon aus, dass die Richtlinien des Gemeinsamen Bundesausschusses »aufbauend auf den Vorgaben der bisherigen Rechtsverordnung auch **diagnosebezogene Therapieziele** beinhalten werden, auf die die Behandlung, soweit medizinisch sinnvoll und möglich, auf der Grundlage individueller und aktueller Zielvereinbarungen mit dem eingeschriebenen Versicherten auszurichten sein soll« (vgl. BT-Drs. 17/6906 S. 91). Dies soll entsprechend auch für die Vorgaben bezüglich einer **qualitätsorientierten und effizienten Versorgung** im Wege der Zusammenarbeit der verschiedenen Versorgungsebenen gelten, vgl. *Roters* in KassKomm SGB V 07/2020 § 137f R. 6.

48 Die Anforderungen für durchzuführende **Qualitätssicherungsmaßnahmen** erfasst **Abs. 2 Satz 2 Nr. 2**. Diese sind unter Berücksichtigung der Ergebnisse nach § 137a Abs. 3 festzulegen. Gegenstand der zuletzt genannten Regelungen ist im Rahmen der Qualitätssicherung die Beauftragung zur Entwicklung für die Messung und Darstellung der **Versorgungsqualität** durch möglichst

sektorenübergreifend abgestimmte Indikatoren und Instrumente (§ 137a Abs. 3 Satz 2 Nr. 3 insbesondere) sowie die notwendige Dokumentation für die einrichtungsübergreifende **Qualitätssicherung** unter Berücksichtigung des Gebotes der **Datensparsamkeit**. Der Grundsatz der Datensparsamkeit hat nach der DSGVO besonderes Gewicht und wird etwa im Rahmen der Pseudonymisierung (Art. 4 Nr. 5 DSGVO) eingehend erörtert, vgl. *Hansen* in Simitis, Datenschutzrecht, Art. 4 Nr. 5 DSGVO sowie auch Art. 5 DSGVO. Hier sind in Übereinstimmung mit den Materialien auch die **Qualitätsberichte** nach Maßgabe des § 137f Abs. 4 Satz 2 einzubeziehen.

Die Bezugnahme auf § 137a Abs. 3 in der Fassung ab 25.07.2014 entspricht zwar der Zielsetzung vergleichbar der Rechtslage bis 24.07.2014, führt jedoch zu **einer inhaltlichen Erweiterung** der Verweisung, wobei im Einzelnen auf die Erläuterungen zu § 137a Abs. 3 verwiesen wird: 49

Das Institut nach § 137a arbeitet im **Auftrag des Gemeinsamen Bundesausschusses** an Maßnahmen zur Qualitätssicherung und zur Darstellung der Versorgungsqualität im Gesundheitswesen, wie die Regelung des § 137a Abs. 3 Satz 1 zusammenfassend festlegt. Damit sind die **Arbeitsfelder** umschrieben, in denen das Institut im Auftrag des Gemeinsamen Bundesausschusses tätig wird (vgl. BT-Drs. 18/1307 S. 34). Der Aufgabenbereich wird somit, im Unterschied zur Gesetzesfassung bis 24.07.2014 – weiter gefasst. Zugleich wird klargestellt, dass die **Auftragserteilung** an das Institut im Regelfall durch den **Gemeinsamen Bundesausschuss** erfolgt. 50

Zu § 137a Abs. 3 Satz 2 Nr. 1 gehört die **Messung und Darstellung der Versorgungsqualität**, wobei möglichst **sektorenübergreifend abgestimmte Indikatoren und Instrumente zu entwickeln** sind. Ausweislich der Materialien hat die Institution für die hier bestimmte Messung und Darstellung der Versorgungsqualität auf der Grundlage der Feststellung des verfügbaren Wissens **Indikatoren und Messinstrumente** der Qualität unter Berücksichtigung möglichst sektorenübergreifender und ergebnisorientierter **Behandlungspfade** zu entwickeln. Ein solches Vorgehen soll die **Stringenz der Qualitätssicherung stärken** und dazu beitragen, den **bürokratischen Aufwand der Datenerhebung zu reduzieren**. 51

Hier wird zudem von »**risikoadjustierten** Indikatoren« ausgegangen; damit sollen die Indikatoren **gewichtet** werden. Es gibt wichtige, weniger wichtige aber auch ganz besonders wichtige Faktoren. Würden alle Faktoren gleich bewertet, führte dies zu einer fehlerhaften Gewichtung. Die Gewichtung, die auch ausdrücklich in § 137a Abs. 3 Satz 2 Nr. 5 in Bezug auf die Qualitätsberichterstattung angeführt wird, hat bei einer Veröffentlichung eine entscheidende Bedeutung. 52

Des Weiteren schließen die Aufgaben hiernach die Entwicklung von »**Modulen für ergänzende Patientenbefragungen**« ein. Hiermit soll eine zusätzliche Informationsquelle eröffnet werden. Derartige Module können insbesondere in die Bewertung der Erfolgsqualität einfließen, aber auch die Feststellungen zu den weiteren Qualitätsstufen ergänzen. 53

Nach § 137a Abs. 3 Satz 2 Nr. 2 ist die Institution weiter inhaltlich damit zu beauftragen, die **notwendige Dokumentation** für die einrichtungsübergreifende Qualitätssicherung unter Berücksichtigung des Gebots der **Datensparsamkeit** zu entwickeln. Damit wird ausweislich der Materialien die Aufgabe erfasst, die Dokumentationsinhalte der Leistungserbringer zu erarbeiten. Dabei habe die Institution zu beachten, dass die Anforderungen an die Qualität der Dokumentation auf das zwingend erforderliche Maß reduziert würden. Diese Vorschrift diene dazu, die **bürokratischen Belastungen für die Leistungserbringer so gering wie möglich zu halten** und die **Effektivität der Qualitätssicherungsbemühungen so weit wie möglich zu stärken**. Zugleich dient dieser Auftragspunkt – gleich den Aufgaben in § 137a Abs. 3 Satz 2 Nr. 3 und 4 – dem Gebot der Datensparsamkeit, vgl. BT-Drs. 18/1307 S. 34) 54

In § 137a Abs. 3 Satz 2 Nr. 3 (in der Fassung bis 24.07.2014 Abs. 2 Satz 1 Nr. 3) wird die **Institution** beauftragt, sich an der Durchführung der einrichtungsübergreifenden Qualitätssicherung zu beteiligen und, soweit erforderlich, die weiteren Einrichtungen nach Abs. 3 Satz 3 einzubeziehen. Die Beauftragung beinhalte damit, sich an der Durchführung der einrichtungsübergreifende Qualitätssicherung zu beteiligen. Dies umfasse auch die für die einrichtungsübergreifende 55

Qualitätssicherung erforderliche Datenauswertung nach § 299, worauf die Materialien zur Fassung bis 24.07.2014 hinweisen; in der Fassung ab 25.7.2014 wird der entsprechende Bezug in § 137a Abs. 3 Satz 2 Nr. 6 und in Abs. 6 2. Hs. hergestellt. § 137a Abs. 3 Satz 2 Nr. 3 ermögliche darüber hinaus, dass **auch andere Institutionen auf Landesebene** im Rahmen der einrichtungsübergreifenden Qualitätssicherung Aufgaben wahrnehmen könnten. Beispielsweise könnten **Qualitätsprüfungen** für die zugelassenen Krankenhäuser auch von den **Landesgeschäftsstellen für Qualitätssicherung** und für den **vertragsärztlichen Bereich von den Kassenärztlichen Vereinigungen durchgeführt** werden. Die erforderliche **Transparenz** über die Versorgungsqualität werde nur dann erreicht, wenn die **Ergebnisse zur Versorgungsqualität nachvollziehbar, vergleichbar** und für alle **Anwender gut zugänglich dargestellt** würden.

56 § 137a Abs. 3 Satz 2 Nr. 4 beinhaltet schließlich die Beauftragung der Institution, die **Ergebnisse der Qualitätssicherungsmaßnahmen durch die Institution in geeigneter Weise und in einer für die Allgemeinheit verständlichen Form zu veröffentlichen**. Dies schließt ausweislich der Materialien ein, die Ergebnisse der Qualitätsbemühungen insbesondere den Bürgerinnen und Bürgern und allen Interessierten zur Verfügung zu stellen.

57 Ferner wird die Information über die Qualität von maßgeblichen Bereichen der Krankenhausversorgung durch vergleichende risikoadjustierte Übersichten (**§ 137a Abs. 3 Satz 2 Nr. 5**) einbezogen. Auf der Grundlage geeigneter **Daten**, die in den **Qualitätsberichten der Krankenhäuser** veröffentlicht werden, sind einrichtungsbezogen vergleichende risikoadjustierte Übersichten über die Qualität in maßgeblichen Bereichen der stationären Versorgung zu erstellen und in einer für die Allgemeinheit verständlichen Form im Internet zu veröffentlichen. Dabei sollen Ergebnisse der Aufgaben nach § 137a Abs. 3 Satz 2 Nr. 6 (ausgewählter Leistungen betreffen die Qualität der ambulanten und stationären Versorgung) ausdrücklich einbezogen werden. **Qualitätsberichterstattung** ist im System der GKV und der Pflegeversicherung nicht neu. Hier kann die Parallele zur Berichterstattung nach **§ 115 Abs. 1a SGB XI** herangezogen werden. Zur **Transparenzberichterstattung** vgl. näher Dalichau in SGB XI Erläuterungen zu § 115 Abs. 1a SGB XI.

58 Die Verweisung bezieht auch die **Darstellung der Qualität ausgewählter Leistungen der ambulanten und stationären Versorgung** auch auf der Basis von sog. Routinedaten der Krankenkassen (**§ 137a Abs. 3 Satz 2 Nr. 6**) ein. Die **Nutzung** von bei den Krankenkassen vorhanden Daten zur **Messung und Darstellung der Versorgungsqualität** ergänze den Erkenntnisgewinn aus spezifischen Qualitätssicherungsdaten, wie die Materialien weiter darlegen. Die **Routinedatennutzung** soll insbesondere dazu dienen, **Qualitätsdefizite** möglichst frühzeitig zu erkennen und mit gezielten Qualitätssicherungsmaßnahmen **gegensteuern** zu können. Die Auswahlentscheidung, bei welchen Leistungen die Qualität auf der Basis von Routinedaten untersucht werden solle, treffe der Gemeinsame Bundesausschuss.

59 Ferner sind die **Bewertungskriterien für die Vielfalt von Zertifikaten und Qualitätssiegeln im Gesundheitswesen und Information über den Gehalt (§ 137a Abs. 3 Satz 2 Nr. 7)** in Bezug genommen. Nach **Abs. 3 Satz 2 Nr. 7** soll das **Institut** – insbesondere – beauftragt werden, **Kriterien zur Bewertung von Zertifikaten und Qualitätssicherung**, die in der ambulanten und stationären **Versorgung verbreitet** sind, zu entwickeln und anhand dieser Kriterien über die Aussagekraft dieser Zertifikate und Qualitätssiegel in einer für die Allgemeinheit verständlichen Form zu **informieren**.

60 Die Verweisung auf § 137a Abs. 3 schließt generell auch die **Mitwirkung weiterer Einrichtungen an der Durchführung der verpflichtenden Maßnahmen der Qualitätssicherung (§ 137a Abs. 3 Satz 3)** ein. In den Fällen, in denen **weitere Einrichtungen** an der Durchführung der verpflichtenden Maßnahmen der Qualitätssicherung nach § 137 Abs. 1 Satz 1 Nr. 1 mitwirken, haben diese dem **Institut** auf der Grundlage der **Richtlinien** des Gemeinsamen Bundesausschusses zur einrichtungsübergreifenden Qualitätssicherung die für die **Wahrnehmung seiner Aufgaben** (vgl. Abs. 3 Satz 2 Nr. 1 bis 7) erforderlichen **Daten** zu übermitteln.

61 Zu regeln sind weiter die **Voraussetzungen für die Einschreibung des Versicherten in ein Programm, Abs. 2 Satz 2 Nr. 3**. Die Einschreibung soll in der Regel auch finanzielle Vorteile bieten

(zulässig etwa Tarifvorgaben oder Zuzahlungsregelungen, wenn auch begrenzt), wobei allerdings eine aktive verantwortungsbewusste Mitarbeit des Versicherten Teilnahmevoraussetzung ist. Die praktische Bedeutung wird in einem hohen Einschreibgrad deutlich. Dabei geht es um die Anforderungen bezüglich der **Diagnosestellung** und der **medizinischen Teilnahmevoraussetzungen für Versicherte**. Hinzu kommen **administrative Voraussetzungen**, etwa bezüglich der Dauer der Teilnahme. Ferner werden hier auch die Zuweisungen aus dem Gesundheitsfonds zur Deckung der **Programmkosten** erfasst, hier unter Bezugnahme auf § 38 RSAV, § 266 Abs. 7 Satz 1 Nr. 3 SGB V (weiter in der Zuständigkeit der Regelung durch Rechtsverordnung des BMG); Fragen der Berücksichtigung im Rahmen des Risikostrukturausgleichs regelt **§ 28d RSAV** in der Fassung ab 01.01.2012.

Zu regeln sind nach **Abs. 2 Satz 2 Nr. 4** ferner die Anforderungen an **Schulungen der Leistungserbringer und Versicherten**. Ziel ist es auch hier, die Selbstverantwortung des Patienten anzusprechen, die für eine erfolgreiche Behandlung unverzichtbar ist, vgl. *Roters* in KassKomm SGB V 07/2020 § 137f Rn. 10. Dies beinhaltet zum einen die **Organisation der Schulungsveranstaltungen** und die Voraussetzungen für deren Zulassung, vgl. hierzu die Aufgaben des Bundesamtes für Soziale Sicherung – BAS (in der Nachfolge des BVA ab 2020) nach § 137g Abs. 1. Wesentlich für den Erfolg ist die ausreichende Unterrichtung des **Versicherten**, der Eigeninitiative (vgl. Abs. 1 Satz 2 Nr. 5) entwickeln soll; Leitgedanke kann auch hier die Zielsetzung des Art. 7 DSGVO bezüglich der Informiertheit des Versicherten. Es sind auch die Vorgaben für die Teilnahme an zugelassenen Schulungsveranstaltungen festzulegen. Schulungsveranstaltungen sollen auch für **Leistungserbringer** erbracht werden; dies kann im Rahmen von Fortbildungsmaßnahmen erfolgen, für die ohnedies Teilnahmepflicht besteht. Nach hier vertretener Auffassung kann die Teilnahme sowohl für Versicherte als auch für Leistungserbringer als Teilnahmevoraussetzung bestimmt werden.

**Abs. 2 Satz 2 Nr. 5** führt die Regelungen bezüglich der **Anforderungen zur Dokumentation** an. Dies schließt die Regelung der für die Durchführung der Programme erforderlichen **personenbezogenen Daten und deren Aufbewahrungsfristen** ein. Näheres regelt die DMP-Aufbewahrungsfristen-Richtlinien, hier mit derzeit 15 Jahren Aufbewahrungsfrist, auch im Hinblick auf Aufarbeitungsproblemen. Hier gilt der Grundsatz der **Datensparsamkeit**, vgl. auch § 35, vgl. *Roters* in KassKomm SGB V 07/2020 § 137f Rn. 11; *Baierl* in jurisPK-SGB V 06/2020 § 137f Rn. 166 bis 171, hier auch zum indikationsübergreifenden Datensatz. Daten sind zudem so weit wie möglich zu anonymisieren oder pseudonymisieren (vgl. Art. 4 Nr. 5 DSGVO, auch zum Grundsatz der Datensparsamkeit). Im Hinblick auf die Bedeutung des Datenflusses auch für die Finanzierung der Programmkosten bleibt die Regelung durch Rechtsverordnung nach § 266 Abs. 7 Satz 1 Nr. 3 durch das BMG vorbehalten, vgl. auch § 28f RSAV.

Die Anforderungen bezüglich der Bewertung der Auswirkungen der Versorgung in den Programmen im Sinne einer **Evaluation** erfasst **Abs. 2 Satz 2 Nr. 6**. Hier hat der Gesetzgeber die Evaluation inhaltlich nicht mehr davon abhängig gemacht, inwieweit diese für den Fall einer Wiederzulassungsprüfung herangezogen werden können. Deshalb ist der **Gemeinsame Bundesausschuss in der Ausgestaltung der Evaluation freier** (und auch flexibler, vgl. *Roters* in KassKomm SGB V 07/2020 § 137f Rn. 12). Die **Flexibilisierung** ermögliche dem Gemeinsamen Bundesausschuss, die »Ziele, Inhalt und Verfahren der Evaluation eigenverantwortlich und gemäß den entsprechend seiner Einschätzung nötigen medizinischen Erfordernissen auszugestalten«, wie die Materialien (vgl. BT-Drs. 17/6906 S. 92) ausweisen (hierauf verweist auch *Baierl* in jurisPK-SGB V 06/2020 § 137f Rn. 172, 173).

Dabei könne der Gemeinsame Bundesausschuss – aufbauend auf den inzwischen vorliegenden Ergebnissen und gewonnenen Erfahrungen – sowohl die bisherige Systematik einer einzelprogrammbezogenen Evaluation fortführen, soweit er dies für erforderlich halte, oder beispielsweise angepasst an etwaige **medizinische Erfordernisse und Besonderheiten** allein eine Region bezogene vergleichende Evaluation oder auch nur eine auf die Gesamtheit der für eine Krankheit zugelassenen strukturierten Behandlungsprogramme bezogene Evaluation im Vergleich zur Versorgung außerhalb der Programme vorsehen. Die Regelungskompetenz des Gemeinsamen Bundesausschusses beinhalte insbesondere auch die **Vorgaben methodischer Kriterien für die Evaluation**. Dies sei naheliegend und folgerichtig, denn der Gemeinsame Bundesausschuss lege auch die zu erhebenden und zu dokumentierenden **Daten** fest, deren **Zweck** unter anderem der **Durchführung einer Evaluation diene** (so die Materialien a.a.O.).

### IV. Verhältnis der Richtlinien zur ärztlichen Therapiefreiheit (Abs. 2 Satz 3)

66 Soweit diese Anforderungen **Inhalte der ärztlichen Therapie** betreffen, schränken sie den zur Erfüllung des ärztlichen Behandlungsauftrags im Einzelfall erforderlichen ärztlichen Behandlungsspielraum nicht ein, wie die Regelung in **Abs. 2 Satz 3** in der Fassung des GKV-VStG ausdrücklich festgelegt. Die **Inhalte der ärztlichen Therapie stehen in der Verantwortung des jeweiligen behandelnden Arztes**. Dessen Therapieverantwortung bleibt unberührt und hat zudem Vorrang; allerdings wird der behandelnde Arzt sich mit den medizinisch gründlich durchdachten Vorgaben auseinander zu setzen haben. Dabei bleiben die Vorgaben des Gemeinsamen Bundesausschusses durch das **Richtlinienrecht** für den Umfang der **Leistungsgewährung** maßgeblich.

67 Sind die **notwendigen medizinischen Strukturanforderungen** auf Seiten des Krankenhausträgers weder allein noch in Kooperation mit anderen erfüllt, so verstößt die **Ablehnung der Teilnahme** weder gegen den allgemeinen Gleichheitssatz noch gegen das Grundrecht der Berufsausübungsfreiheit (Art. 3 und 12 GG), auch zu Abs. 2 Satz 3, LSG Nordrhein-Westfalen Urt. v. 29.01.2009 – L 16 KR 188/05, KRS 09.077.

### V. Beteiligung des Medizinischen Dienstes auf Bund – MDB (Abs. 2 Satz 4)

68 Der **GKV-Spitzenverband hat den Medizinischen Dienst Bund** (MDB – in der Fassung ab 2020/2021 mit einer eigenständigen Organstellung und Regelungsbefugnissen, in der Nachfolge des »Medizinischen Dienstes des Spitzenverbandes Bund der Krankenkassen – MDS) zu **beteiligen**. Der Medizinische Dienst Bund, vgl. § 282 – ist auch für die Frage der evidenzbasierten Medizin sowie für die vertragsärztliche Versorgung zuständig.

69 Organe des **Medizinischen Dienstes Bund** sind der Verwaltungsrat und der Vorstand, § 282 Abs. 1. Aufgaben und Zusammensetzung des Verwaltungsrates und des Vorstandes werden hier näher geregelt. Der MDB koordiniert und fördert die Durchführung der Aufgaben und die Zusammenarbeit der MD's in medizinischen und organisatorischen Fragen und trägt Sorge für eine einheitliche Aufgabenwahrnehmung, § 283 Abs. 1. Dieser ist als Körperschaft des öffentlichen Rechts in Trägerschaft der MD's organisiert. Neu ist die Kompetenz des MDB nach § 283 Abs. 2 zum Erlass von Richtlinien anstelle des bisher zuständigen GKV-Spitzenverbandes; bereits erlassene Richtlinien gelten aber bis zu einer Neuregelung weiter. Insgesamt sollen umfangreichen Änderungen durch das MDK-REformG die eine weitergehende Unabhängigkeit der MD-Gemeinschaft bewirken, vgl. *Seifert* in Becker/Kingreen SGB V § 283 Rn. 3.

### VI. Beteiligungsrechte im Zusammenhang mit der Erarbeitung von Richtlinien (Abs. 2 Satz 5)

70 In die Entscheidungsfindung hat der **Gemeinsame Bundesausschuss** nach Abs. 2 Satz 5 folgende Stellen einzubeziehen und diesen **Gelegenheit zur Stellungnahme** zu geben. Die **Stellungnahmen sind in die Entscheidungen mit einzubeziehen:**
- die für die Wahrnehmung der Interessen der ambulanten und stationären Vorsorge- und Rehabilitationseinrichtungen und der Selbsthilfe sowie den für die sonstigen Leistungserbringer auf Bundesebene maßgeblichen **Spitzenorganisationen**, soweit ihre Belange berührt sind (dies galt entsprechend auch nach der Rechtslage bis 31.12.2011), sowie ab 01.01.2012 ausdrücklich angeführt,
- das Bundesamt für Soziale Sicherung – BAS (in der Nachfolge des Bundesversicherungsamts – BVA ab 2020, hier neben der neuen Bezeichnung auch erweiterte Aufgaben) und
- die jeweils einschlägigen wissenschaftlichen Fachgesellschaften.

71 Das BAS (in der Nachfolge des BVA) war bereits nach § 137g eingebunden und anzuhören. Nunmehr wird das BAS unmittelbar durch den Gemeinsamen Bundesausschuss angehört.

### VII. Verpflichtung des Gemeinsamen Bundesausschusses zur laufenden Überprüfung der erlassenen Richtlinien (Abs. 2 Satz 6)

Abs. 2 Satz 6 in der Fassung des GKV-VStG verpflichtet den Gemeinsamen Bundesausschuss seine Richtlinien regelmäßig zu überprüfen. Der Pflicht zur Überprüfung entspricht zudem eine Pflicht zur Beobachtung. Nähere Vorgaben enthält die Regelung nicht; diese ist bewusst flexibel abgefasst. Die Notwendigkeit einer Überprüfung ergibt sich aus dem jeweiligen sachlichen Zusammenhang und der auch aus der medizinischen Entwicklung. In Übereinstimmung mit den Materialien sollen die medizinischen Inhalte aktuell einbezogen werden (vgl. BT-Drs. 17/6906 S. 92). Hier kann der jeweilige Erkenntnisfortschritt berücksichtigt werden, vgl. *Roters* in KassKomm SGB V 07/2020 § 137f Rn. 14.

### VIII. Bezug zum Risikostrukturausgleich

**Strukturierte Behandlungsprogramme** sind maßgeblich in den **Risikostrukturausgleich** einbezogen. Dies gilt bezüglich der Versichertengruppen nach **§ 2 Abs. 1 RSAV** in der Fassung ab 01.04.2020. Für die Zuordnung der Versicherten zu den Versichertengruppen nach § 2 RSAV trifft **§ 3 Abs. 2 RSAV** in der Fassung ab 01.04.2020 (Erhebung der Versicherungszeiten) die entsprechende Regelung.

Bei der Ermittlung der **standardisierten Leistungsausgaben** nach den §§ 6 und 7 RSAV sind insbesondere **Aufwendungen** zu berücksichtigen für **medizinische Vorsorgeleistungen** nach § 23 Abs. 2 und 4 und **ergänzende Leistungen zur Rehabilitation** nach § 43, wenn und soweit diese Leistungen im Rahmen eines **strukturierten Behandlungsprogramms** für Versicherte nach § 2 Abs. 1 Satz 3 RSAV erbracht werden (**§ 4 Abs. 1 Satz 1 Nr. 10 RSAV**) oder Programmkosten für in strukturierte Behandlungsprogramme eingeschriebene Versicherte nach § 2 Abs. 1 Satz 3 RSAV, soweit diese Aufwendungen den **Krankenkassen zusätzlich und unmittelbar im Zusammenhang mit der Entwicklung, Zulassung, Durchführung und Evaluation von strukturierten Behandlungsprogrammen** entstehen. Die Aufwendungen sind als Pauschalbeträge zu berücksichtigen, vgl. **§ 4 Abs. 1 Satz 1 Nr. 11 RSAV** (vgl. *Kowalke* zu »Gesundheitsfonds und Morbi-RSA« in SF-Medien Nr. 183 (2010), 11).

Ein weiterer Weg, gesteigerte Aufwendungen unter den Krankenkassen auszugleichen, ist der **morbiditätsorientierte RSA** – auch als Morbi-RSA bezeichnet –, nach dem eine **weitere Differenzierung der Risikogruppen** möglich ist; hier werden auch Faktoren wie Erwerbsminderung, Teilnahme an DMP oder auch der Bezug von Krankengeld einbezogen und eine differenzierte Gruppenzuordnung vorgenommen, die jedoch nicht zwingend den tatsächlichen Gesundheitszustand beziehungsweise den krankheitsbedingten Leistungsaufwand wiedergeben kann. Zudem ist der Gefahr zu begegnen, dass Krankheiten sehr umfangreich erfasst und damit im Ergebnis überbewertet werden. Zu Inhalten des DMP vgl. *Baierl* in jurisPK-SGB V 06/2020 § 137f Rn. 6, bei Herausforderungen wegen Multimorbidität und chronischen Krankheiten Rn. 8, zur Teilnahme der Versicherten und der Leistungserbringer Rn. 9 und zur Konstruktion des Mobi-Risikostrukturausgleich Rn. 21 bis 32.

## C. Durchführung von Programmen

### I. Teilnahme der Versicherten an Programmen (Abs. 3)

Für die **Versicherten** ist die Teilnahme an Programmen nach § 137f Abs. 1 **freiwillig**, wie in **Abs. 3 Satz 1** ausdrücklich festgelegt ist, vgl. *Baierl* in jurisPK-SGB V 06/2020 § 137f Rn. 180. Der Grund hierfür liegt in einer dann anzunehmenden Motivation des Versicherten, die für eine aufwändige dauerhafte Behandlung unverzichtbar ist (vgl. *Baierl* a.a.O.). Die **Teilnahme** der Versicherten ist jedoch von einer **Einschreibung abhängig**, wobei für das jeweilige Programm die **Einschreibungs- und Teilnahmebedingungen** festgelegt sind. Die Regelung wurde mit dem GKV-VStG an die Übertragung der Aufgabe auf den Gemeinsamen Bundesausschuss angepasst. Die Einwilligung zur Teilnahme hat **schriftlich** zu erfolgen, **Abs. 3 Satz 2**, und dieser **Einschreibung** hat eine **umfassende**

Information durch die Krankenkasse voranzugehen, wobei sich die Krankenkasse auch der Hilfe dritter Personen bedienen kann. Eine elektronische Form der Einwilligung wird mit Wirkung vom 26.11.2019 auch förmlich klarstellend akzeptiert. Die Anpassung des Abs. 3 Satz 2 bezüglich des Begriffs der »Verarbeitung« entspricht Art. 4 Abs. 2 DSGVO, hier förmlich angepasst mit dem 2. DSAnpUG-EU mit Wirkung vom 26.11.2019.

77 Weitere Einzelheiten der Einschreibung regelt § 3 der Richtlinie Zusammenführung der Anforderungen an strukturierte Behandlungsprogramme – DMP-A-RL, hier auch bezüglich der allgemeinen Voraussetzungen (zusammengefasst: gesicherte Diagnose, schriftliche oder elektronische Einwilligung und umfassende Information des Versicherten). Zur Teilnahmeerklärung des Versicherten vgl. § 3 Abs. 2 DMP-A-RL und näher *Baierl* in jurisPK-SGB V 06/2020 § 137f Rn. 182. Soweit Vorschriften des RSAV beigezogen werden, sind **wesentliche Änderungen** durch Art. 6 Nr. 7 Gesetz vom 22.03.2020 – BGBl. S. 604 mit Wirkung vom 01.04.2020 erfolgt; frühere §§ 7 bis 15a RSAV wurden aufgehoben, früherer Abschnitt 2 bis 6 (§§ 16 bis 28h) wurden §§ 7 bis 27 RSAV.

78 Erfüllt der Versicherte die Voraussetzungen trotz förmlicher Einschreibung nicht, entspricht etwa seine Teilnahme – jedenfalls in nennenswertem Umfang – nicht den Vorgaben, erfolgt eine »**Ausschreibung« des Versicherten**, mit der Folge, dass die Einschreibung rückgängig gemacht wird. Grund hierfür kann auch eine erkennbar fehlende oder weggefallene Motivation sein. Dies wird zur Folge haben, dass eventuelle Bonus-Leistungen wegfallen. **Anspruch auf Behandlung** hat der Versicherte jedoch nach wie vor und nach den gesetzlichen Vorgaben. Dieser Anspruch darf nicht geschmälert werden, zumal die **Teilnahme insgesamt freiwillig** ist.

79 Der Versicherte hat auch die Möglichkeit nach **Abs. 3 Satz 3**, die **Einwilligung zu widerrufen**.

## II. Externe Evaluation der Programme (Abs. 4)

80 Mit Wirkung vom 01.01.2012 bzw. ab 01.01.2020 erstellt das **Bundesamt für Soziale Sicherung – BAS** (in der Nachfolge des BVA mit Wirkung vom 01.01.2020; zum Aufgabenbereich und den Motiven vgl. BT-Drs. 19/13824 S. 256) einen zusammenfassenden Bericht über die Evaluation aufgrund der Richtlinien des Gemeinsamen Bundesausschusses. Maßstab für die Evaluation ist die Zulassung des Behandlungsprogramms ausweislich der Richtlinien des Gemeinsamen Bundesausschusses generell. Wenn die Evaluation extern vergeben wird, soll dies eine objektive Beurteilung erleichtern, wobei hier keine zwingenden Vorgaben für die Auswahl von Sachverständigen gegeben werden. Überzeugend wird die Evaluation allerdings nur sein, wenn die Unabhängigkeit des Sachverständigen nachvollziehbar dargelegt werden kann.

81 Nach **Abs. 4 Satz 2** in der Fassung des GKV-VStG wird verlangt, dass die Krankenkassen oder ihre Verbände für die Programme für jedes volle Kalenderjahr Qualitätsbericht über die durchgeführten Qualitätssicherungsmaßnamen entsprechend den Vorgaben in den Richtlinien des Gemeinsamen Bundesausschusses zu erstellen haben. Diese sind jeweils dem BAS (in der Nachfolge des BVA) vorzulegen und wiederum Bedingung für die Fortschreibung des Programms nach § 137g Abs. 3. Zu Vorgaben für die Qualitätsberichte vgl. § 2a DMP-Anforderungen-RL (im Internet vom Gemeinsamen Bundesausschuss nachgewiesen). Die Fristen für die Vorlage sind zwingend einzuhalten; bei Säumnis droht die Aufhebung der Programmzulassung, vgl. *Roters* in KassKomm SGB V 07/2020 § 137f Rn. 18 unter Bezugnahme auf BT-Drs. 17/6906 S. 92.

## III. Unterstützung durch die Krankenkassen bei der externen Evaluation (Abs. 5)

82 Die Verbände der Krankenkassen und der Spitzenverband der Krankenkassen unterstützen nach Abs. 5 Satz 1 ihre Mitglieder bei dem Aufbau und der Durchführung von Programmen nach § 137f Abs. 1. Eine Übertragung von Aufgaben auf Dritte ist nach Abs. 5 Satz 2 ausdrücklich gestattet und in das Ermessen der Krankenkassen gestellt; die Regelung des »§ 80 SGB X« betreffend die Verarbeitung (mit dem weiten Begriff nach Art. 4 Nr. 2 DSGVO mit Wirkung vom 25.05.2018 unter Einschluss von Erhebung, Verarbeitung oder Nutzung) von Sozialdaten im Auftrag »bleibt unberührt«. § 137f Abs. 6 (Datenverarbeitung bei gebildeten Arbeitsgemeinschaften) ist allerdings

als spezielle Regelung zu beachten. So ist die Weitergabe von Daten an Dritte ohne eine weitere Ermächtigung nicht zulässig, vgl. *Huster* in Becker/Kingreen SGB V § 137f Rn. 13. Förmliche Änderungen durch das GKV-VStG sind hierzu nicht erfolgt, wohl aber ist generell die DSGVO zu beachten.

### IV. Informationspflicht und Datenschutz (Abs. 6 a.F. – Art. 14 DSGVO)

§ 137f Abs. 6 in der Fassung bis 25.11.2019 regelte insbesondere **Fragen des Datenschutzes**, wenn eine Arbeitsgemeinschaft zur Abwicklung von Verträgen strukturierter Behandlungsprogramme gebildet wurde. An diese Stelle ist mit der Änderung durch das 2. DSAnpUG-EU mit Wirkung vom 26.11.2019 Art. 14 DSGVO getreten, vgl. BT-Drs. 19/4674 S. 366. 83

Ist der Auftragnehmer eine nicht-öffentlich-rechtliche Stelle, so wird die Beachtung der Regelungen des § 80 Abs. 1 bis 5 SGB X von der für den Auftraggeber jeweils zuständigen Aufsichtsbehörde kontrolliert, vgl. *Baierl* in jurisPK-SGB V 06/2020 § 137f Rn. 201. Aufsichtsbehörden haben Anspruch auf Auskunftserteilung und Übermittlung der erforderlichen Daten ggf. nach § 38 BDSG. 84

Art. 14 DSGVO regelt die **Informationspflicht**, wenn die personenbezogenen Daten nicht bei der betroffenen Person erhoben wurden. In diesem Fall ist es Aufgabe des Verantwortlichen (vgl. Art. 4 Nr. 7 DSGVO, ferner auch Art. 24 DSGVO) die nach Art. 14 Abs. 1 Buchst. a bis f DSGVO relevanten Daten mitzuteilen (insbesondere Kontaktdaten, Zwecke für die Verarbeitung personenbezogener Daten und Absicht des Verantwortlichen, solche Daten übermitteln zu wollen). Zusätzliche Informationspflichten regelt Art. 14 Abs. 2 DSGVO, den Zeitpunkt der Information dessen Abs. 3 und die Information über geplante Zweckänderungen dessen Abs. 4. Ausnahmen von der Informationspflichten sieht Art. 14 Abs. 5 DSGVO vor. Informationen müssen möglich sein und sind nicht erforderlich, wenn der Betroffene bereits informiert ist. 85

### D. Verträge von Krankenkassen mit zugelassenen Krankenhäusern über eine ambulante ärztliche Behandlung im Rahmen der Durchführung eines strukturierten Behandlungsprogramms (Abs. 7)

**Verträge über ambulante ärztliche Leistungen von Krankenhäusern** werden zwischen den Krankenkassen oder ihren Verbänden und den zugelassenen Krankenhäusern, die an der Durchführung eines strukturierten Behandlungsprogramms nach Abs. 1 teilnehmen, geschlossen, Abs. 7 in der Fassung ab 1.1.2012; diese Regelung entspricht § 116b Abs. 1, hier mit einer neuen Zuordnung verbunden, vgl. *Roters* in KassKomm SGB V 07/2020 § 137f Rn. 21. Hier sind insbesondere die **Anforderungen an die ambulante Leistungserbringung** bezüglich der **strukturierten Behandlungsprogramme** zu regeln. Der Gesetzgeber eröffnet den Krankenhäusern die Möglichkeit zur ambulanten Versorgung, ohne hier eine Bedarfsprüfung einzuführen. 86

Die Regelung gilt für **Krankenhäuser**, die nach Abs. 1 **tätig** werden. In § 137g wird die Zulassung von Behandlungsprogrammen nach Abs. 1 geregelt; die Programme und die zu ihrer Durchführung geschlossenen Verträge sind unverzüglich, spätestens innerhalb eines Jahres an Änderungen der in den Richtlinien des Gemeinsamen Bundesausschusses nach § 137f bzw. aufgrund einer Rechtsverordnung nach § 266 Abs. 7 genannten Anforderungen anzupassen, vgl. § 137g Abs. 2 Satz 1. **Strukturierte Behandlungsprogramme** werden damit erst zugänglich, wenn diese **zugelassen** sind; Versicherte lassen sich bei entsprechenden chronischen Erkrankungen in solche Programme einschreiben. 87

Mit dem **Begriff der strukturierten Behandlungsprogramme** werden die **Disease-Management-Programme (DMP)** erfasst, die in der Praxis etwa für den Diabetes mellitus Typ I und II, Brustkrebs, koronare Herzkrankheit – KHK – sowie chronisch obstruktive Atemwegserkrankungen, sog. Asthma bronchiale, COPD, entwickelt worden sind und ab 2012 – nach und nach – in die Verantwortung des Gemeinsamen Bundesausschusses übergegangen sind. Über die Strukturierung der Programme soll eine **Verbesserung der Qualität** der medizinischen Versorgung unter wirtschaftlichen Bedingungen erreicht werden. 88

89 Die **Berechtigung des Krankenhauses** zur Leistung setzt eine entsprechende **vertragliche Vereinbarung** voraus, wobei die Einbeziehung der Krankenhäuser notwendig sein muss, ohne dass in diesem Zusammenhang eine Bedarfsprüfung erfolgt. Die Einbeziehung der Krankenhäuser kann aus **sachlich-medizinischen Gründen** geboten sein. Da mit diesen Programmen zugleich auch eine wirtschaftliche Versorgung erfolgen soll, kann bzw. soll ausweislich der Materialien auch die **Wirtschaftlichkeit dieser Programme** in die Zielsetzung mit einbezogen werden (vgl. *Roters* in KassKomm SGB V 07/2020 § 137f Rn. 22).

90 Die **inhaltliche Begrenzung des Leistungskataloges**, der – auch ausweislich der Materialien – entweder auf spezielle, über das vertragsfachärztliche Leistungsniveau hinausgehende Leistungen sowie weitere sehr spezielle Abgrenzungskriterien abstellt, erscheint im Hinblick auf Möglichkeiten einer wirtschaftlicheren Leistungserbringung ambulanter Leistungen durch zugelassene Krankenhäuser gerechtfertigt. Der Leistungskatalog wie auch die Leistungsabwicklung folgt dem Grundsatz der **Verzahnung von ambulanter und stationärer Behandlung**. Damit liegt ein **ausreichender sachlicher Grund** für die Regelungsbefugnis vor.

91 Im Übrigen soll ein »besseres **Ineinandergreifen von stationärer und fachärztlicher Versorgung**« ein wesentlicher Baustein« dafür sein, künftig auch eine **wohnortnahe fachärztliche Versorgung** für die Bevölkerung gewährleisten zu können. Dies gelte insbesondere für **Patienten mit seltenen oder hochkomplexen Erkrankungen** sowie für Patienten, die einen Bedarf an **besonderen spezialärztlichen Leistungen** hätten. Daher werde schrittweise ein **sektorenverbindender Versorgungsbereich** der ambulanten spezialärztlichen Versorgung etabliert, in dem **Krankenhausärzte sowie niedergelassene Fachärzte** unter **gleichen Qualifikationsvoraussetzungen und einheitlichen Bedingungen** die Versorgung von Patienten mit besonderen Krankheitsverläufen oder seltenen Erkrankungen sowie bestimmten hochspezialisierten Leistungen erbringen könnten (vgl. BT-Drs. 17/6906 S. 44, hier auch zur näheren Aufschlüsselung der zur Regelung vorgesehenen Maßnahmen, mit einer Angleichung der Anforderungen und des freien Zugangs der Leistungserbringer, die die Anforderungen erfüllen, sowie mittelfristig der Entwicklung eines diagnosebezogenen Vergütungssystems).

92 Für die **sächlichen und personellen Anforderungen** an die ambulante Leistungserbringung des **Krankenhauses** gelten als Mindestvoraussetzungen die Anforderungen nach **§ 135** entsprechend. Damit werden die dort festgelegten **Qualitätsanforderungen** in Bezug genommen. Eine weitere vertragliche Konkretisierung von Qualitätsanforderungen wird durch die Verweisung nicht ausgeschlossen (vgl. ebenso *Roters* in KassKomm SGB V 07/2020 § 137f Rn. 24), obgleich bereits die Richtlinien des Gemeinsamen Bundesausschusses hierzu alle notwendigen Anforderungen enthalten dürften. Bezüglich der Strukturqualität müssen die besonderen Anforderungen betreffend die **Fachkunde** und die **Ausstattung** erfüllt werden.

### E. Förderung der Integration digitaler medizinischer Anwendungen in strukturierten Behandlungsprogrammen (DMP) (Abs. 8)

93 Der **Gemeinsame Bundesausschuss** prüft bei der Erstfassung einer Richtlinie zu den Anforderungen nach Abs. 2 sowie bei jeder regelmäßigen Überprüfung seiner Richtlinien nach Abs. 2 Satz 6 die Aufnahme geeigneter digitaler medizinischer Anwendungen, Abs. 8 Satz 1. Mit dieser mit dem TSVG mit Wirkung vom 11.05.2019 aufgenommenen Regelung soll die Integration digitaler medizinischer Anwendungen gefördert werden, vgl. BT-Drs. 19/8351 S. 208. Dem entspricht die Prüfpflicht des Gemeinsamen Bundesausschusses. Digitaler Anwendungen können insbesondere im Rahmen des Selbstmanagement die Situation chronisch kranker Menschen verbessern. Im Rahmen einer Schulung können dem Patienten notwendige Informationen und Abläufe nähergebracht werden, vgl. *Roters* in KassKomm SGB V 07/2020 § 137f Rn. 26 unter Hinweis auf BT-Drs. 19/8351 S. 208.

94 Im 6. Kapitel § 4 der VerfO hat der Gemeinsame Bundesausschuss **Kriterien und Verfahren** zur Benennung geeigneter Anwendungen geregelt. Hier wird auf das Ziel des Selbstmanagement hingewiesen. Die üblichen Zertifizierungen müssen vorhanden sein, insbesondere eine CE-Zertifizierung.

Den für die Wahrnehmung der Interessen der Anbieter digitaler medizinischer Anwendungen auf Bundesebene maßgeblichen Spitzenorganisationen ist Gelegenheit zur Stellungnahme zu geben. Die Stellungnahmen sind in die Entscheidung einzubeziehen, Abs. 8 Satz 2. 95

Die Krankenkassen oder ihre Landesverbände können den **Einsatz digitaler medizinischer Anwendungen** in den Programmen auch dann nach Abs. 8 Satz 3 vorsehen, wenn sie bisher nicht vom Gemeinsamen Bundesausschuss in die Richtlinie zu den Anforderungen nach Abs. 2 aufgenommen wurden. Zum Regelungsrang im Verhältnis zu § 140a vgl. *Roters* in KassKomm SGB V 07/2020 § 137f Rn. 27. Zur Anwendung des Abs. 8 vgl. eingehend *Braun* NZS 2019, 566, hier auch zu den damit verbundenen Möglichkeiten und Hürden für die Krankenkassen und Dienstleister. Die neue Regelung sei an einigen Stellen noch unausgewogen und passe nicht richtig in das zur Durchführung von DMP's vorgesehene Vertragssystem, stelle aber einen weiteren positiven Schritt in Richtung Digitalisierung des Gesundheitswesens dar. 96

### § 137g Zulassung strukturierter Behandlungsprogramme

(1) ¹Das Bundesamt für Soziale Sicherung hat auf Antrag einer oder mehrerer Krankenkassen oder eines Verbandes der Krankenkassen die Zulassung von Programmen nach § 137f Abs. 1 zu erteilen, wenn die Programme und die zu ihrer Durchführung geschlossenen Verträge die in den Richtlinien des Gemeinsamen Bundesausschusses nach § 137f und in der Rechtsverordnung nach § 266 Absatz 8 Satz 1 genannten Anforderungen erfüllen. ²Dabei kann es wissenschaftliche Sachverständige hinzuziehen. ³Die Zulassung kann mit Auflagen und Bedingungen versehen werden. ⁴Die Zulassung ist innerhalb von drei Monaten zu erteilen. ⁵Die Frist nach Satz 4 gilt als gewahrt, wenn die Zulassung aus Gründen, die von der Krankenkasse zu vertreten sind, nicht innerhalb dieser Frist erteilt werden kann. ⁶Die Zulassung wird mit dem Tage wirksam, an dem die in den Richtlinien des Gemeinsamen Bundesausschusses nach § 137f und in der Rechtsverordnung nach § 266 Absatz 8 Satz 1 genannten Anforderungen erfüllt und die Verträge nach Satz 1 geschlossen sind, frühestens mit dem Tag der Antragstellung, nicht jedoch vor dem Inkrafttreten dieser Richtlinien und Verordnungsregelungen. ⁷Für die Bescheiderteilung sind Kosten deckende Gebühren zu erheben. ⁸Die Kosten werden nach dem tatsächlich entstandenen Personal- und Sachaufwand berechnet. ⁹Zusätzlich zu den Personalkosten entstehende Verwaltungsausgaben sind den Kosten in ihrer tatsächlichen Höhe hinzuzurechnen. ¹⁰Soweit dem Bundesamt für Soziale Sicherung im Zusammenhang mit der Zulassung von Programmen nach § 137f Abs. 1 notwendige Vorhaltekosten entstehen, die durch die Gebühren nach Satz 7 nicht gedeckt sind, sind diese aus dem Gesundheitsfonds zu finanzieren. ¹¹Das Nähere über die Berechnung der Kosten nach den Sätzen 8 und 9 und über die Berücksichtigung der Kosten nach Satz 10 im Risikostrukturausgleich regelt das Bundesministerium für Gesundheit ohne Zustimmung des Bundesrates in der Rechtsverordnung nach § 266 Absatz 8 Satz 1. ¹²In der Rechtsverordnung nach § 266 Absatz 8 Satz 1 kann vorgesehen werden, dass die tatsächlich entstandenen Kosten nach den Sätzen 8 und 9 auf der Grundlage pauschalierter Kostensätze zu berechnen sind. ¹³Klagen gegen die Gebührenbescheide des Bundesamtes für Soziale Sicherung haben keine aufschiebende Wirkung.

(2) ¹Die Programme und die zu ihrer Durchführung geschlossenen Verträge sind unverzüglich, spätestens innerhalb eines Jahres an Änderungen der in den Richtlinien des Gemeinsamen Bundesausschusses nach § 137f und der in der Rechtsverordnung nach § 266 Absatz 8 Satz 1 genannten Anforderungen anzupassen. ²Satz 1 gilt entsprechend für Programme, deren Zulassung bei Inkrafttreten von Änderungen der in den Richtlinien des Gemeinsamen Bundesausschusses nach § 137f und der in der Rechtsverordnung nach § 266 Absatz 8 Satz 1 genannten Anforderungen bereits beantragt ist. ³Die Krankenkasse hat dem Bundesamt für Soziale Sicherung die angepassten Verträge unverzüglich vorzulegen und es über die Anpassung der Programme unverzüglich zu unterrichten. ⁴Abweichend von § 140a Absatz 1 Satz 4 müssen Verträge, die nach § 73a, § 73c oder § 140a in der jeweils am 22. Juli 2015 geltenden Fassung zur Durchführung der Programme geschlossen wurden, nicht bis zum 31. Dezember 2024 durch Verträge nach

§ 140a ersetzt oder beendet werden; wird ein solcher Vertrag durch einen Vertrag nach § 140a ersetzt, folgt daraus allein keine Pflicht zur Vorlage oder Unterrichtung nach Satz 3.

(3) ¹Die Zulassung eines Programms ist mit Wirkung zum Zeitpunkt der Änderung der Verhältnisse aufzuheben, wenn das Programm und die zu seiner Durchführung geschlossenen Verträge die rechtlichen Anforderungen nicht mehr erfüllen. ²Die Zulassung ist mit Wirkung zum Beginn des Bewertungszeitraums aufzuheben, für den die Evaluation nach § 137f Absatz 4 Satz 1 nicht gemäß den Anforderungen nach den Richtlinien des Gemeinsamen Bundesausschusses nach § 137f durchgeführt wurde. ³Sie ist mit Wirkung zum Beginn des Kalenderjahres aufzuheben, für das ein Qualitätsbericht nach § 137f Absatz 4 Satz 2 nicht fristgerecht vorgelegt worden ist.

| Übersicht | Rdn. | | Rdn. |
|---|---|---|---|
| A. Regelungsinhalt.................. | 1 | III. Abwicklung der Zulassung (Abs. 1 Satz 3 bis 6)..................... | 15 |
| B. Zulassung durch das Bundesamt für Soziale Sicherung (Abs. 1)......... | 8 | IV. Kostentragung (Abs. 1 Satz 7 bis 12)... | 17 |
| I. Zulassung eines strukturierten Behandlungsprogramms (Abs. 1 Satz 1)...... | 9 | V. Klagen gegen Gebührenbescheide (Abs. 1 Satz 13)................ | 20 |
| II. Hinzuziehung wissenschaftlichen Sachverstandes (Abs. 1 Satz 2)........... | 14 | C. Anpassung der Programme (Abs. 2)... | 21 |
| | | D. Aufhebung der Zulassung (Abs. 3).... | 25 |

## A. Regelungsinhalt

1 § 137g gilt in der Fassung des Art. 1 Nr. 5 GPVG vom 22.12.2020 (BGBl. I S. 3290) mit Wirkung vom 01.01.2021.

2 Das **Bundesamt für Soziale Sicherung** (BAS in der Bezeichnung ab 01.01.2020 in der Nachfolge des BVA) erteilt in seiner Funktion als **Zulassungsbehörde** die Zulassung von DMP und der vertraglichen Vereinbarungen auf **Antrag** einer oder mehrerer Krankenkassen oder Krankenkassenverbänden mit den Leistungserbringern entsprechend § 137 f. Dies erfolgt nach den Vorgaben in den Richtlinien des Gemeinsamen Bundesausschusses und der RSAV. Damit wird die bundesweite **Einheitlichkeit der Entscheidungspraxis** sichergestellt. Dies ist im Hinblick auf die Verknüpfung der DMP mit dem Risikostrukturausgleich erforderlich, vgl. *Huster* in Becker/Kingreen SGB V § 137g Rn. 1. Die Zulassung eines DMP ist Verwaltungsakt, vgl. LSG Sachsen-Anhalt Urt. v. 04.12.2012 – L 4 KR 50/08.

3 Auf die **Zulassung** besteht ein **Anspruch** bei Erfüllung der Voraussetzungen. Die Entscheidung kann mit Auflagen und Bedingungen (im Hinblick auf die Möglichkeiten der Abänderung und Aufhebung nach Abs. 2 und 3 allerdings kaum zwingend) versehen werden und ist nach Abs. 1 Satz 4 innerhalb von 3 Monaten zu erteilen, vgl. BSG Urt. v. 21.06.2011 – B 1 KR 21/10 R. Ist eine DMP bereits eingerichtet, kann die Zulassung auch mit dem Tag der Antragstellung wirksam werden, **Abs. 1 Satz 6.**

4 Abs. 1 Satz 7 bis 13 legt fest, dass das BAS kostendeckende Gebühren für die Entscheidung über den Zulassungsantrag erhebt. Zur Finanzierung von Vorhaltekosten vgl. **Abs. 1 Satz 10**; die Finanzierung erfolgt durch den Gesundheitsfonds.

5 Die Anforderungen an die Zulassung strukturierter Behandlungsprogramme nach § 137g sind näher im **5. Abschnitt der RSAV** in der Fassung des GKV-FKG mit Wirkung vom 01.04.2020 geregelt. Dabei entspricht dem früheren § 28h RSAV weitgehend die Neuregelung in § 26 RSAV in der Fassung ab 01.04.2020 (Berechnung der Kosten für die Bescheidung von Zulassungsanträgen).

6 Die Zulassung der DMP erfolgt grundsätzlich (vorbehaltlich von Auflagen und Bedingungen) unbefristet. **Abs. 2** regelt diesem Grundsatz folgend allein die **Anpassung** von DMP an Vorgaben der

Richtlinien des Gemeinsamen Bundesausschusses. Die DMP sollen jeweils dem aktuellen Stand der medizinischen Wissenschaft entsprechen, vgl. BT-Drs. 17/6906 S. 93.

**Abs. 3** hat die Aufhebung der Zulassung von DMP zum Regelungsinhalt. Mit der Möglichkeit, Zulassungen aufheben zu können, entfällt auch die Notwendigkeit einer Befristung, vgl. *Huster* in Becker/Kingreen SGB V § 137g Rn. 3.

### B. Zulassung durch das Bundesamt für Soziale Sicherung (Abs. 1)

Für die Inhalte der Programme sind die Richtlinien nach Maßgabe des § 137f maßgeblich. Die Anforderungen an die Zulassung strukturierter Behandlungsprogramm nach § 137g werden im Abschnitt 5 der RSAV in der Fassung ab 01.04.2020 geregelt, hier der §§ 24 ff. RSAV. Die Neufassung des RSAV ab 01.04.2020 hat zwar Nebenänderungen eine vollständig neue Folge der Vorschriften bewirkt. Die inhaltlichen Anforderungen sind jedoch nicht so wesentlich geändert, dass hieraus unmittelbar eine Änderung etwa vorhandener Behandlungsprogramme folgen dürfte, vgl. *Roters* in KassKomm SGB V Rn. 3.

#### I. Zulassung eines strukturierten Behandlungsprogramms (Abs. 1 Satz 1)

Das **Bundesamt für Soziale Sicherung** (BAS, zuständig nach der Umbenennung des BVA ab 2020) hat auf **Antrag** einer oder mehrerer Krankenkassen oder eines Verbandes der Krankenkassen die Zulassung von Programmen nach § 137f Abs. 1 (DMP) zu erteilen. Voraussetzung ist, dass die Programme und die zu ihrer Durchführung geschlossenen Verträge die in den Richtlinien des Gemeinsamen Bundesausschusses nach § 137f und in der RSAV (unter Bezugnahme auf § 266 Abs. 8 Satz 1 in der Fassung ab 01.04.2020) genannten Anforderungen erfüllen.

Die **wesentlichen Inhalte der DMP-Verträge** haben damit den Vorgaben der genannten Regelungen zu entsprechen. Die Anforderungen an das Verfahren der Einschreibung der Versicherten in ein strukturiertes Behandlungsprogramm nach § 137g einschließlich der Dauer der Teilnahme regelt § 24 RSAV in der Fassung ab 01.04.2020. Ein solches Behandlungsprogramm kann nur zugelassen werden, wenn es die dort genannten Voraussetzungen erfüllt, zusammengefasst eine schriftliche Bestätigung einer gesicherten Diagnose durch den behandelnden Arzt vorliegt, die Einwilligung des Versicherten in die Teilnahme gegeben ist und die vorgesehenen Regelungen über Programminhalte getroffen werden (§ 24 Abs. 1 Nr. 3 RSAV).

Vertragsinhalt sind ferner Anforderungen an die **Qualifikation** und die **Organisationsstruktur** der an Programmen teilnehmenden Leistungserbringer, die Verpflichtung zur Teilnahme an Schulungsveranstaltungen und Fortbildungsmaßnahmen, etwa auch Qualitätszirkeln, sowie die entsprechenden Kommunikations- und Dokumentationspflichten. Die **Vergütungsregelungen** können gesondert im BMV oder auch in einem Gesamtvertrag mit einer KV flächendeckend getroffen werden. Für die speziellen DMP-Leistungen werden vertraglich Honorare vereinbart, die außerbudgetär vergütet werden. Daneben gelten die **allgemeinen Vergütungsregelungen**, vgl. *Baierl* in jurisPK-SGB V § 137f Rn. 79.

Ferner werden die Anforderungen an die Datenverarbeitung konkretisiert, hier weitgehend in Anlehnung an § 25 RSAV in der Fassung ab 01.04.2020. Hier werden Zulassungsvoraussetzungen bezüglich der Datenverarbeitung konkretisiert, vgl. *Roters* in KassKomm SGB V § 137g Rn. 7, 8. Der **Datenschutz** wird nochmals in § 5 Abs. 2 DMP-Anforderungen- Richtlinie konkretisiert, etwa bezüglich der Aufbewahrung der Daten. Wird der Versicherte den Anforderungen objektiv und durch das Verhalten gesichert nicht bzw. nicht mehr gerecht, soll eine »Ausschreibung« erfolgen, vgl. § 24 Abs. 2 RSAV. Maßgeblich ist wohl auf die Aussicht einer »erfolgreichen« Teilnahme des Versicherten abzustellen. Es kann sich aber auch die Situation gegeben sein, dass nicht das Verhalten des Versicherten maßgeblich ist, sondern die Maßnahme als solche die Einbeziehung infrage stellen, auch wenn dies nicht näher geregelt wird.

13  Nach den Angaben des BAS (wohl Stand Anfang 2020) sind über 9.000 Programmzulassungen mit mehr als 7 Millionen eingeschriebenen Versicherten mit der Teilnahme an mehreren Programmen gegeben. Dabei sind etwa für Diabetes mellitus Typ 1 etwa 1500 Zulassungen mit etwa 225.000 Teilnehmern festzustellen, entsprechend für Diabetes mellitus Typ 2 etwa 1.500 Zulassungen mit etwa 4,3 Millionen Teilnehmern. Auf die Daten für die weiteren Zulassungen betreffend Asthma bronchiale, Brustkrebs, COPD und KHK Bezug genommen. Die Zahlen belegen die Relevanz der DMP.

## II. Hinzuziehung wissenschaftlichen Sachverstandes (Abs. 1 Satz 2)

14  Das Bundesamt für Soziale Sicherung kann nach **Abs. 1 Satz 2** wissenschaftliche Sachverständige hinzuziehen; zudem hat das BAS selbst qualifiziertes Personal bereitzustellen, vgl. *Baierl* in jurisPK-SGB V § 137g Rn. 46, auch mit dem Hinweis, dass das BAS insoweit einen gewissen Gestaltungsrahmens hat. Daraus folgt allerdings kein Beurteilungsspielraum für den BAS, vgl. BSG Urt. v. 21.06.2011 – B 1 KR 21/10 R – SozR 4–2500 § 137g Nr. 1.

## III. Abwicklung der Zulassung (Abs. 1 Satz 3 bis 6)

15  Die Zulassung kann nach **Abs. 1 Satz 3** mit Auflagen und Bedingungen versehen werden. Zwingend erscheint diese Regelung allerdings nicht, da eine Befristung grundsätzlich nicht mehr im Regelfall vorgesehen ist und die Möglichkeit zur Änderung (Abs. 2) wie auch zur Aufhebung (Abs. 3) besteht. Ohnedies folgt die Möglichkeit, Auflagen und Bedingungen vorzusehen, aus § 32 SGB X, weshalb die Regelung in Abs. 1 Satz 3 nicht zu Unrecht als redundant angesehen wird, vgl. *Roters* in KassKomm SGB V § 137g Rn. 11.

16  Die Zulassung ist innerhalb von 3 Monaten zu erteilen, wenn die Voraussetzungen gegeben sind, **Abs. 1 Satz 4.** Die Frist nach Abs. 1 Satz 4 gilt als gewahrt, wenn die Zulassung aus Gründen, die von der Krankenkassenseite zu vertreten sind, nicht innerhalb dieser Frist erteilt werden kann, **Abs. 1 Satz 5.** Verzögerungen gehen damit zulasten der antragstellenden Stelle, nicht des BAS. Nach **Abs. 1 Satz 6** wird die Zulassung mit dem Tage wirksam, an dem die in den Richtlinien des Gemeinsamen Bundesausschusses nach § 137f und in der RSAV genannten Anforderungen erfüllt und die Verträge nach Abs. 1 Satz 1 geschlossen sind, **frühestens** mit dem Tag der Antragstellung, jedoch nicht vor dem Inkrafttreten der Richtlinien und der Verordnungsregelungen.

## IV. Kostentragung (Abs. 1 Satz 7 bis 12)

17  Abs. 1 Satz 7 ff. regeln die Berechnung der Verwaltungskosten. Für die Bescheiderteilung sind kostendeckende Gebühren zu erheben, wie Abs. 1 Satz 7 vorschreibt. Die Kosten werden nach dem tatsächlich entstandenen Personal- und Sachaufwand berechnet. Fallen **weitere Verwaltungsausgaben** an, sind diese in die Kostenberechnung hinzuzurechnen. **Vorhaltekosten** sind dagegen nach Abs. 1 Satz 10 aus dem Gesundheitsfonds zu finanzieren, soweit diese durch Gebühren nicht gedeckt sind.

18  Entsprechend der Ermächtigung und entsprechend den Vorgaben nach Abs. 1 Satz 11 und 12 sind näher Regelungen in der RSAV zu treffen und in der Fassung ab 01.04.2020 in deren § 26 in Anlehnung an § 28h RSAV in der Fassung bis 31.03.2020 erfolgt. Die Bescheidung eines Antrags auf Zulassung eines strukturierten Behandlungsprogramms umfasst danach die Tätigkeiten, die unmittelbar durch die Bearbeitung des Antrags veranlasst sind. Der Berechnung der Gebühren sind die Personalkostensätze des Bundes einschließlich der Sachkostenpauschale zugrunde zu legen. Die Personalkostensätze sind je Arbeitsstunde anzusetzen. Wird ein Zulassungsantrag vor der Bescheiderteilung zurückgenommen, wird der Gebührenberechnung der bis dahin angefallene Bearbeitungsaufwand zugrunde gelegt. Auslagen sind den Gebühren in ihrer tatsächlichen Höhe hinzuzurechnen. Vgl. näher, auch zur Rechtsentwicklung, *Baierl* in jurisPK-SGB V § 137g Rn. 62, 63.

19  Demgegenüber erfasst **§ 26 Abs. 2 RSAV** in der Fassung ab 01.04.2020 **Vorhaltekosten.** Dies sind die beim BAS anfallenden notwendigen Kosten, die durch Leistungen im Zusammenhang mit der

Zulassung strukturierten Behandlungsprogramme veranlasst werden, die aber nicht unmittelbar durch die Bescheiderteilung entstehen. Die Vorhaltekosten sind entsprechend zu ermitteln, weil diese in die Kostenlast des Gesundheitsfonds und damit der Krankenkassen fallen.

### V. Klagen gegen Gebührenbescheide (Abs. 1 Satz 13)

Klagen gegen die Gebührenbescheide des BAS haben keine aufschiebende Wirkung. Mit dieser im SGB V häufig anzutreffenden Regelung soll einerseits ein Anreiz zur Einlegung von Rechtsbehelfen mit dem Ziel der Verzögerung vermieden werden, andererseits auch das Verfahren insgesamt beschleunigt werden. Auch sei das BAS auf eine zeitnahe Zahlung der Gebühren angewiesen, vgl. *Baierl* in jurisPK-SGB V § 137g Rn. 65 unter Hinweis auf BT-Drs. 14/7395 S. 6 noch zur Tätigkeit des BVA.

### C. Anpassung der Programme (Abs. 2)

Abs. 2 normiert die Verpflichtung der Krankenkassen oder ihrer Verbände, die Programme und die zu ihrer Durchführung geschlossenen Verträge unverzüglich, spätestens innerhalb eines Jahres, **anzupassen**, wenn die Richtlinien des Gemeinsamen Bundesausschusses nach § 137f oder die in der RSAV genannten Anforderungen geändert werden. Maßgeblich ist auf den Tag des Inkrafttretens der Änderungen abzustellen.

Die **Krankenkasse** hat die angepassten Verträge **unverzüglich dem BAS** vorzulegen sowie über die Anpassung der Programme unverzüglich zu informieren. Damit soll sichergestellt werden, dass die Programme stets qualitativ dem Stand der medizinischen Anforderungen und den Vorgaben entsprechen. Eine vergleichbare Regelung galt bis 31.03.2020 auch nach § 28b Abs. 3 RSA V. **Abs. 1 Satz 1** sieht – auch im Wege der Verwaltungsvereinfachung – einheitlich eine Frist von einem Jahr spätestens vor. Dies dürfte allerdings mit der Vorgabe »unverzüglich« nicht zwingend in Einklang zu bringen sein.

Abs. 2 Satz 1 gilt entsprechend für Programme, deren Zulassung bei Inkrafttreten von Änderungen in Richtlinien des Gemeinsamen Bundesausschusses nach § 137f bzw. der RSAV genannten Anforderungen bereits beantragt ist. Auch hier hat die Krankenkasse dem BAS die angepassten Verträge unverzüglich vorzulegen und dieses über die Anpassung der Programme unverzüglich zu unterrichten, **Abs. 2 Satz 3**.

Abs. 2 Satz 4 ist mit dem GPVG mit Wirkung vom 01.01.2021 angefügt worden. Ausweislich der Materialien (BT-Drs. 19/23483 S. 30) handelt es sich um eine Folgeänderung zu § 140 Abs. 1 Satz 4 in der Fassung ab 01.01.2021 zur Überführung der Altverträge nach § 73a, § 73c und § 140a in der Fassung bis 22.07.2015 geltenden Gesetzesfassung in aktuelles Recht. Es werde sichergestellt, dass die zur Durchführung von zugelassenen strukturierten Behandlungsprogrammen abgeschlossenen Verträge weiter gelten, auch wenn sie als Verträge auf früherer Rechtsgrundlage geschlossen worden seien. Sie müssten weder neu geschlossen werden, noch ergebe sich im Fall einer freiwilligen Anpassung an die aktuelle Rechtslage des § 140a hieraus eine Vorlagepflicht gegenüber dem BAS. Diese Sonderregelung diene der Vermeidung eines hohen Verwaltungsaufwand im Falle der Anpassung der großen Zahl von Verträgen, die bereits im Rahmen des Zulassungsverfahrens nach § 137g geprüft worden seien und die Grundlage für die Behandlung der Versicherten in strukturierten Behandlungsprogramm darstellten.

### D. Aufhebung der Zulassung (Abs. 3)

Die Zulassung eines Programms ist gemäß Abs. 3 zum Zeitpunkt der Änderung der Verhältnisse aufzuheben, wenn das Programm und die zu seiner Durchführung geschlossenen Verträge die rechtlichen Anforderungen nicht mehr erfüllen. Die Zulassung ist nach **Abs. 3 Satz 2** mit Wirkung zum Beginn des Bewertungszeitraums aufzuheben, für den die Evaluation nach § 137f Abs. 4 Satz 1 nicht gemäß den Anforderungen nach Richtlinienrecht durchgeführt wurde. **Abs. 2 Satz 3** regelt, dass die Aufhebung mit Wirkung zum Beginn des Kalenderjahres zu erfolgen hat, für das

*Dalichau*

ein Qualitätsbericht nach § 137f Abs. 4 Satz 2 nicht fristgerecht vorgelegt worden ist. Dies bewirkt, dass die Fristen zur Vorlage zwingend sind. Insgesamt ist Abs. 3 eine gute Alternative zur Befristung von Zulassungen, die sachgerecht erforderliche Entscheidungen zulässt, vgl. *Baierl* in jurisPK-SGB V § 137g Rn. 70.

### § 137h Bewertung neuer Untersuchungs- und Behandlungsmethoden mit Medizinprodukten hoher Risikoklasse

(1) ¹Wird hinsichtlich einer neuen Untersuchungs- oder Behandlungsmethode, deren technische Anwendung maßgeblich auf dem Einsatz eines Medizinprodukts mit hoher Risikoklasse beruht, erstmalig eine Anfrage nach § 6 Absatz 2 Satz 3 des Krankenhausentgeltgesetzes gestellt, hat das anfragende Krankenhaus im Einvernehmen mit dem Hersteller des Medizinprodukts dem Gemeinsamen Bundesausschuss zugleich Informationen über den Stand der wissenschaftlichen Erkenntnisse zu dieser Methode sowie zu der Anwendung des Medizinprodukts, insbesondere Daten zum klinischen Nutzen und vollständige Daten zu durchgeführten klinischen Studien mit dem Medizinprodukt, zu übermitteln. ²Nur wenn die Methode ein neues theoretisch-wissenschaftliches Konzept aufweist, erfolgt eine Bewertung nach Satz 4. ³Vor der Bewertung gibt der Gemeinsame Bundesausschuss innerhalb von zwei Wochen nach Eingang der Informationen im Wege einer öffentlichen Bekanntmachung im Internet allen Krankenhäusern, die eine Erbringung der neuen Untersuchungs- oder Behandlungsmethode vorsehen, sowie weiteren betroffenen Medizinprodukteherstellern in der Regel einen Monat Gelegenheit, weitere Informationen im Sinne von Satz 1 an ihn zu übermitteln. ⁴Der Gemeinsame Bundesausschuss nimmt auf Grundlage der übermittelten Informationen innerhalb von drei Monaten eine Bewertung vor, ob
1. der Nutzen der Methode unter Anwendung des Medizinprodukts als hinreichend belegt anzusehen ist,
2. die Schädlichkeit oder die Unwirksamkeit der Methode unter Anwendung des Medizinprodukts als belegt anzusehen ist oder
3. weder der Nutzen noch die Schädlichkeit oder die Unwirksamkeit der Methode unter Anwendung des Medizinprodukts als belegt anzusehen ist.

⁵Für den Beschluss des Gemeinsamen Bundesausschusses nach Satz 4 gilt § 94 Absatz 2 Satz 1 entsprechend. ⁶Das Nähere zum Verfahren ist erstmals innerhalb von drei Monaten nach Inkrafttreten der Rechtsverordnung nach Absatz 2 in der Verfahrensordnung zu regeln. ⁷Satz 1 ist erst ab dem Zeitpunkt des Inkrafttretens der Verfahrensordnung anzuwenden.

(2) ¹Medizinprodukte mit hoher Risikoklasse nach Absatz 1 Satz 1 sind solche, die der Risikoklasse IIb oder III nach Artikel 9 in Verbindung mit Anhang IX der Richtlinie 93/42/EWG des Rates vom 14. Juni 1993 über Medizinprodukte (ABl. L 169 vom 12.7.1993, S. 1), die zuletzt durch Artikel 2 der Richtlinie 2007/47/EG (ABl. L 247 vom 21.9.2007, S. 21) geändert worden ist, oder den aktiven implantierbaren Medizinprodukten zuzuordnen sind und deren Anwendung einen besonders invasiven Charakter aufweist.

*[Abs. 2 Satz 1 in der Fassung ab 26.05.2021: ¹Medizinprodukte mit hoher Risikoklasse nach Absatz 1 Satz 1 sind solche, die der Risikoklasse IIb oder III nach Artikel 51 in Verbindung mit Anhang VIII der Verordnung (EU) 2017/745 zuzuordnen sind und deren Anwendung einen besonders invasiven Charakter aufweist.]*

²Eine Methode weist ein neues theoretisch-wissenschaftliches Konzept im Sinne von Absatz 1 Satz 2 auf, wenn sich ihr Wirkprinzip oder ihr Anwendungsgebiet von anderen, in der stationären Versorgung bereits eingeführten systematischen Herangehensweisen wesentlich unterscheidet. ³Nähere Kriterien zur Bestimmung der in den Sätzen 1 und 2 genannten Voraussetzungen regelt das Bundesministerium für Gesundheit im Benehmen mit dem Bundesministerium für Bildung und Forschung erstmals bis zum 31. Dezember 2015 durch Rechtsverordnung ohne Zustimmung des Bundesrates.

(3) ¹Für eine Methode nach Absatz 1 Satz 4 Nummer 1 prüft der Gemeinsame Bundesausschuss, ob Anforderungen an die Qualität der Leistungserbringung nach den §§ 136 bis 136b zu regeln sind. ²Wenn die Methode mit pauschalierten Pflegesätzen nach § 17 Absatz 1a des Krankenhausfinanzierungsgesetzes noch nicht sachgerecht vergütet werden kann und eine Vereinbarung nach § 6 Absatz 2 Satz 1 des Krankenhausentgeltgesetzes oder nach § 6 Absatz 4 Satz 1 der Bundespflegesatzverordnung nicht innerhalb von drei Monaten nach dem Beschluss nach Absatz 1 Satz 4 zustande kommt, ist ihr Inhalt durch die Schiedsstelle nach § 13 des Krankenhausentgeltgesetzes oder nach § 13 der Bundespflegesatzverordnung festzulegen. ³Der Anspruch auf die vereinbarte oder durch die Schiedsstelle festgelegte Vergütung gilt für Behandlungsfälle, die ab dem Zeitpunkt der Anfrage nach § 6 Absatz 2 Satz 3 des Krankenhausentgeltgesetzes oder nach § 6 Absatz 4 Satz 2 der Bundespflegesatzverordnung in das Krankenhaus aufgenommen worden sind. ⁴Für die Abwicklung des Vergütungsanspruchs, der zwischen dem Zeitpunkt nach Satz 3 und der Abrechnung der vereinbarten oder durch die Schiedsstelle festgelegten Vergütung entstanden ist, ermitteln die Vertragsparteien nach § 11 des Krankenhausentgeltgesetzes oder nach § 11 der Bundespflegesatzverordnung die Differenz zwischen der vereinbarten oder durch die Schiedsstelle festgelegten Vergütung und der für die Behandlungsfälle bereits gezahlten Vergütung; für die ermittelte Differenz ist § 15 Absatz 3 des Krankenhausentgeltgesetzes oder § 15 Absatz 2 der Bundespflegesatzverordnung entsprechend anzuwenden.

(4) ¹Für eine Methode nach Absatz 1 Satz 4 Nummer 3 entscheidet der Gemeinsame Bundesausschuss innerhalb von sechs Monaten nach dem Beschluss nach Absatz 1 Satz 4 über eine Richtlinie zur Erprobung nach § 137e; eine Prüfung des Potentials der Methode erfolgt nicht. ²Wenn die Methode mit pauschalierten Pflegesätzen nach § 17 Absatz 1a des Krankenhausfinanzierungsgesetzes noch nicht sachgerecht vergütet werden kann und eine Vereinbarung nach § 6 Absatz 2 Satz 1 des Krankenhausentgeltgesetzes oder nach § 6 Absatz 4 Satz 1 der Bundespflegesatzverordnung nicht innerhalb von drei Monaten nach dem Beschluss nach Absatz 1 Satz 4 zustande kommt, ist ihr Inhalt durch die Schiedsstelle nach § 13 des Krankenhausentgeltgesetzes oder nach § 13 der Bundespflegesatzverordnung festzulegen. ³Der Anspruch auf die vereinbarte oder durch die Schiedsstelle festgelegte Vergütung gilt für die Behandlungsfälle, die ab dem Zeitpunkt der Anfrage nach § 6 Absatz 2 Satz 3 des Krankenhausentgeltgesetzes oder nach § 6 Absatz 4 Satz 2 der Bundespflegesatzverordnung in das Krankenhaus aufgenommen worden sind. ⁴Für die Abwicklung des Vergütungsanspruchs, der zwischen dem Zeitpunkt nach Satz 3 und der Abrechnung der vereinbarten oder durch die Schiedsstelle festgelegten Vergütung entstanden ist, ermitteln die Vertragsparteien nach § 11 des Krankenhausentgeltgesetzes oder nach § 11 der Bundespflegesatzverordnung die Differenz zwischen der vereinbarten oder durch die Schiedsstelle festgelegten Vergütung und der für die Behandlungsfälle bereits gezahlten Vergütung; für die ermittelte Differenz ist § 15 Absatz 3 des Krankenhausentgeltgesetzes oder § 15 Absatz 2 der Bundespflegesatzverordnung entsprechend anzuwenden. ⁵Die Methode wird im Rahmen der Krankenhausbehandlung zu Lasten der Krankenkassen erbracht. ⁶Der Gemeinsame Bundesausschuss kann die Voraussetzungen für die Abrechnungsfähigkeit des Medizinprodukts regeln, das im Rahmen der neuen Untersuchungs- und Behandlungsmethode angewendet wird, insbesondere einen befristeten Zeitraum für dessen Abrechnungsfähigkeit festlegen. ⁷Die betroffenen Hersteller haben dem Gemeinsamen Bundesausschuss unverzüglich nach Fertigstellung die Sicherheitsberichte nach Artikel 86 der Verordnung (EU) 2017/745 des Europäischen Parlaments und des Rates vom 5. April 2017 über Medizinprodukte, zur Änderung der Richtlinie 2001/83/EG, der Verordnung (EG) Nr. 178/2002 und der Verordnung (EG) Nr. 1223/2009 und zur Aufhebung der Richtlinien 90/385/EWG und 93/42/EWG des Rates (ABl. L 117 vom 5.5.2017, S. 1) sowie weitere klinische Daten, die sie im Rahmen der ihnen nach Artikel 83 der Verordnung (EU) 2017/745 obliegenden Überwachung nach dem Inverkehrbringen oder aus klinischen Prüfungen nach dem Inverkehrbringen gewonnen haben, zu übermitteln. ⁸Die Anforderungen an die Erprobung nach § 137e Absatz 2 haben unter Berücksichtigung der Versorgungsrealität die tatsächliche Durchführbarkeit der Erprobung und der Leistungserbringung zu gewährleisten. ⁹Die Erprobung ist in der Regel innerhalb von zwei Jahren abzuschließen, es sei

denn, dass auch bei Straffung des Verfahrens im Einzelfall eine längere Erprobungszeit erforderlich ist. [10]Nach Abschluss der Erprobung oder im Falle einer vorzeitigen Beendigung entscheidet der Gemeinsame Bundesausschuss auf Grundlage der vorliegenden Erkenntnisse innerhalb von drei Monaten über eine Richtlinie nach § 137c. [11]Die Möglichkeit einer Aussetzung des Bewertungsverfahrens im Falle des Fehlens noch erforderlicher Erkenntnisse bleibt unberührt.

(5) Für eine Methode nach Absatz 1 Satz 4 Nummer 2 ist eine Vereinbarung nach § 6 Absatz 2 Satz 1 des Krankenhausentgeltgesetzes oder nach § 6 Absatz 4 Satz 1 der Bundespflegesatzverordnung ausgeschlossen; der Gemeinsame Bundesausschuss entscheidet unverzüglich über eine Richtlinie nach § 137c Absatz 1 Satz 2.

(6) [1]Der Gemeinsame Bundesausschuss berät Krankenhäuser und Hersteller von Medizinprodukten, auf deren Wunsch auch unter Beteiligung des Bundesinstituts für Arzneimittel und Medizinprodukte oder des Instituts für das Entgeltsystem im Krankenhaus, im Vorfeld des Verfahrens nach Absatz 1 über dessen Voraussetzungen und Anforderungen im Hinblick auf konkrete Methoden sowie zu dem Verfahren einer Erprobung einschließlich der Möglichkeit, anstelle des Gemeinsamen Bundesausschusses eine unabhängige wissenschaftliche Institution auf eigene Kosten mit der wissenschaftlichen Begleitung und Auswertung der Erprobung nach § 137e Absatz 5 Satz 2 zu beauftragen. [2]Der Gemeinsame Bundesausschuss kann im Rahmen der Beratung prüfen, ob eine Methode dem Verfahren nach Absatz 1 unterfällt, insbesondere ob sie ein neues theoretisch-wissenschaftliches Konzept aufweist, und hierzu eine Feststellung treffen. [3]Vor einem solchen Beschluss gibt er im Wege einer öffentlichen Bekanntmachung im Internet weiteren betroffenen Krankenhäusern sowie den jeweils betroffenen Medizinprodukteherstellern Gelegenheit zur Stellungnahme. [4]Die Stellungnahmen sind in die Entscheidung einzubeziehen. [5]Für den Beschluss gilt § 94 Absatz 2 Satz 1 entsprechend. [6]Für die Hersteller von Medizinprodukten ist die Beratung gebührenpflichtig. [7]Der Gemeinsame Bundesausschuss hat dem Bundesinstitut für Arzneimittel und Medizinprodukte und dem Institut für das Entgeltsystem im Krankenhaus die diesen im Rahmen der Beratung von Medizinprodukteherstellern nach Satz 1 entstandenen Kosten zu erstatten, soweit diese Kosten vom Medizinproduktehersteller getragen werden. [8]Das Nähere einschließlich der Erstattung der entstandenen Kosten ist in der Verfahrensordnung zu regeln.

(7) [1]Klagen bei Streitigkeiten nach dieser Vorschrift haben keine aufschiebende Wirkung. [2]Ein Vorverfahren findet nicht statt.

| Übersicht | | Rdn. | | | Rdn. |
|---|---|---|---|---|---|
| A. | Regelungsinhalt | 1 | C. | Prüfung der Methoden durch den Gemeinsamen Bundesausschuss (Abs. 3 bis 5) | 44 |
| B. | Methode mit dem Einsatz eines Medizinprodukts mit hoher Risikoklasse | 19 | | | |
| I. | Medizinprodukte mit hoher Risikoklasse (Abs. 1 Satz 1 und Abs. 2) und Begriff der Methode mit einem neuen theoretisch-wissenschaftlichen Konzept (Abs. 1 Satz 2) | 22 | I. | Methode nach Abs. 1 Satz 4 Nr. 1 und Abs. 3 | 45 |
| | | | II. | Methode nach Abs. 1 Satz 4 Nr. 3 und Abs. 4 | 55 |
| II. | Einbeziehung des Gemeinsamen Bundesausschusses (Abs. 1) | 39 | III. | Methode nach Abs. 1 Satz 4 Nr. 2 und Abs. 5 | 63 |
| III. | Bewertung durch dem Gemeinsamen Bundesausschuss (Abs. 1) | 42 | D. | Beratung durch den Gemeinsamen Bundesausschuss (Abs. 6) | 66 |
| | | | E. | Keine aufschiebende Wirkung von Klagen und ohne Vorverfahren (Abs. 7) | 72 |

## A. Regelungsinhalt

1   § 137h galt bis zum 25.05.2021 in der Fassung des Art. 4 Nr. 5 Gesetz zur Anpassung des Medizinprodukterechts an die Verordnung (EU) 2017/745 und die Verordnung (Medizinprodukte-EU-Anpassungsgesetz – MPEUAnpG) vom 28.4.2020 (BGBl. I S. 960).

**2** Zu § 137h Abs. 2 Satz 1 gilt Folgendes: Die Geltung dieser Fassung ist gemäß Art. 4 Nr. 5 i.V.m. Art. 17 Abs. 1 Satz 2 Gesetz vom 28.04.2020 – BGBl. I S. 960, dieser in der Fassung des Art. 15 Abs. 2 Nr. 1 Gesetz vom 19.05.2020 – BGBl. I S. 1018 über den 25.05.2020 hinaus bis zum 25.05.2021 verlängert worden. Deshalb gilt ab 26.05.2021 § 137h Abs. 2 Satz 1.

**3** § 137h wurde mit dem **GKV-VSG** mit Wirkung vom 23.07.2015 eingefügt und steht als Sonderregelung zu § 137c inhaltlich mit dieser Regelung im Zusammenhang, vgl. *Leopold* in Hauck/Noftz SGB V 03/18 § 137h Rn. 5. Mit § 137h wird dem **Gemeinsamen Bundesausschuss** unter den dort näher geregelten Voraussetzungen eine **Bewertung neuer Untersuchungs- und Behandlungsmethoden mit Medizinprodukten hoher Risikoklasse** auferlegt. § 137h soll nach Abs. 1 in einem »zentralisierten, obligatorischen und fristgebunden Verfahren eine frühzeitige Bewertung« (vgl. *Leopold* a.a.O. Rn. 3) speziell von Medizinprodukten hoher Risikoklassen realisieren, wobei Einzelheiten in der Verfahrensordnung des Gemeinsamen Bundesausschusses geregelt sind. Ohne § 137h würden diese dem allgemeinen Verfahren nach § 137c unterfallen, ohne dass die speziellen Vorgaben für diese Medizinprodukte berücksichtigt werden könnten.

**4** Mit dem **TSVG** in der Fassung ab **26.05.2020** sind wesentliche Erweiterungen zu § 137h erfolgt. Das Verfahren habe ich ausweislich der Materialien bislang nicht ausreichend etablieren können. Dieses werde daher vereinfacht und die Verantwortung der Hersteller von entsprechenden Medizinprodukten gestärkt. So solle eine »effektive und zügige Durchführung des Verfahrens sichergestellt werden, vgl. BT-Drs. 19/6337 S. 133.

**5** Der **Begriff des Medizinprodukts mit hoher Risikoklasse wird in Abs. 2** konkretisiert, zudem auch in der Medizinproduktemethodenbewertungsverordnung – MeMBV vom 15.12.2015 – BGBl. I S. 2340; dabei wird noch auf die Richtlinie 93/42/EWG (MDD) Bezug genommen, die – zusammen mit der Richtlinie 90/385/EWG über aktive implantierbare Medizinprodukte (AIMD) – die neue EU-V zu Medizinprodukten – MDR ablösen wird, am 25.05.2017 in Kraft getreten ist und ab 26.05.2020 verpflichtend anzuwenden sein wird. **Abs. 3 bis 5** greifen die Bewertungsalternativen in **Abs. 1 Satz 4 Nr. 1 bis 3** auf (Nutzen hinreichend belegt, (Potential ist in der Fassung zur Beschleunigung nicht mehr verlangt, vgl. *Baierl* in jurisPK-SGB V § 137h Rn. 119) vorhanden oder Methode sogar schädlich, Nr. 2 und 3 in der Fassung ab 26.05.2020). Krankenhäuser und Medizinproduktehersteller haben nach **Abs. 6** einen Anspruch auf Beratung durch den Gemeinsamen Bundesausschuss (mit Wirkung vom 26.05.2020 auf Wunsch des Herstellers gegen Kostenerstattung deutlich erweitert), auch vor Einleitung eines Verfahrens, auch mit der Möglichkeit zu verbindlichen Beschlüssen (**Abs. 6 Satz 2 und 3**). Klarstellende bzw. ergänzende Regelungen zum Rechtsschutz im gerichtlichen Verfahren finden sich in **Abs. 7**.

**6** Im Rahmen der Krankenhausbehandlung gilt nach § 137c das Prinzip der grundsätzlichen **Erlaubnis mit Verbotsvorbehalt** bezüglich innovativer Untersuchungs- und Behandlungsmethoden mit Potenzial. Einer positiven Richtlinienentscheidung des Gemeinsamen Bundesausschusses bedarf es für deren Anwendung im Krankenhausbereich – im Unterschied zur ambulanten Behandlung nach § 135 mit dem Grundsatz »Verbotsregelung mit Erlaubnisvorbehalt« – nicht. Dieser Grundsatz gilt auch für § 137h (vgl. *Leopold* in Hauck/Noftz SGB V 03/18 § 137h Rn. 5 und *Baierl* in jurisPK-SGB V § 137h Rn. 25), wenngleich der Gesetzgeber mit dessen Abs. 1 Satz 4 Nr. 1 bis 3 und entsprechend Abs. 3 bis 5 eine Stufung vorgegeben hat, die zeitnah zu einer Bewertung führen soll.

**7** Dieser Grundsatz der **Erlaubnis mit Verbotsvorbehalt** soll bezüglich **besonders invasiver neuer Methoden unter Einsatz eines Medizinprodukts mit hoher Risikoklasse** im Ergebnis eingeschränkt werden, indem die jeweilige Methode zeitlich früher einer – ggf. auch vorläufigen begrenzten Bewertung durch den Gemeinsamen Bundesausschuss unterworfen wird. Die Regelung in **Abs. 1 Satz 1** knüpft an die Anfrage nach § 6 Abs. 2 Satz 3 KHEntG (hier in der Fassung ab 29.10.2020) an. Für die Vergütung neuer Untersuchungs- und Behandlungsmethoden, die mit den Fallpauschalen und Zusatzentgelte noch nicht sachgerecht vergütet werden können, sollen die Vertragsparteien danach entsprechende Vereinbarungen treffen. Vor der Vereinbarung einer gesonderten Vergütung hat das Krankenhaus bis spätestens zum 31. Oktober eines Jahres von den Vertragsparteien

Informationen einzuholen, ob die neue Methode mit dem bereits vereinbarten Fallpauschalen und Zusatzentgelte **sachgerecht abgerechnet** werden kann.

8   In die Abrechnungs- und Bewertungsfrage ist bezüglich der NUB-Anfrage maßgeblich das **InEK**, das »**Institut für das Entgeltsystem im Krankenhaus**« (Nachweise im Internet) einbezogen. Zeitgleich wird dem **anfragenden Krankenhaus aufgegeben**, dem **Gemeinsamen Bundesausschuss Informationen über den Stand der wissenschaftlichen Erkenntnisse** zu dieser Methode sowie zur Anwendung des Medizinprodukts zu übermitteln. Zudem wird mit der Vergütungsanfrage und der Übermittlung der Unterlagen ein **Benehmen mit dem Hersteller derjenigen Medizinprodukte mit hoher Risikoklasse** hergestellt, die in dem Krankenhaus bei der Methode zur Anwendung kommen sollen. Der Medizinproduktehersteller ist zur Mitarbeit nicht verpflichtet; auch kann dieser ein Interesse daran haben, dass (noch) keine Vorlage an den Gemeinsamen Bundesausschuss erfolgt, kann aber die Vorlage nicht verhindern; letztlich erschwert dies aber die Prüfung ganz erheblich, weshalb eine einigende Abstimmung zwischen Krankenhaus und Hersteller erfolgen sollte, vgl. Erläuterungen zu Abs. 1 Satz 2 und *Leopold* in Hauck/Noftz SGB V 03/18 § 137h Rn. 42, 43.

9   Das weitere Verfahren ist durch (sehr) kurze Fristen gekennzeichnet: Der **Gemeinsame Bundesausschuss wird prüfen,** ob die Methode ein **neues theoretisch-wissenschaftliches Konzept aufweist.** Wird dies abgelehnt, wird dies innerhalb von 2 Wochen nach Eingang der Informationen öffentlich bekannt gemacht. Ebenso erfolgt auch für den Fall eine Information, dass ein solches neues Konzept gegeben scheint, eine Unterrichtung von Krankenhäusern, die eine Erbringung der neuen Untersuchungs- oder Behandlungsmethode vorsehen sowie der jeweils betroffenen Medizinproduktehersteller; diesen wird in der Regel während eines Monats Gelegenheit gegeben, **weitere Informationen** zu übermitteln. Regelmäßig werden solche weiteren Informationen nicht zwingend erforderlich sein, da das anzeigende Krankenhaus diese bereits vorgelegt haben dürfte.

10  Der **Gemeinsame Bundesausschuss** nimmt nach **Abs. 1 Satz 4** auf der Grundlage der übermittelten Informationen **innerhalb von drei Monaten eine Bewertung** vor. Eine Bewertung nach Abs. 1 Satz 4 erfolgt jedoch nur, wenn die Methode ein neues theoretisch-wissenschaftliches Konzept aufweist (Abs. 1 Satz 2 mit Wirkung vom 26.05.2020). Diese Bewertung schließt die Zuordnung zu den Alternativen nach **Abs. 1 Satz 4 Nr. 1** (Nutzen der Methode unter Anwendung des Medizinprodukte ist als hinreichend belegt anzusehen), nach **Abs. 1 Satz 4 Nr. 2** (Schädlichkeit oder Unwirksamkeit der Methode unter Anwendung des Medizinprodukts ist als belegt anzusehen) oder nach **Abs. 1 Satz 4 Nr. 3** (weder der Nutzen noch die Schädlichkeit oder die Unwirksamkeit der Methode ist unter Anwendung des Medizinprodukts als belegt anzusehen), Nr. 2 und Nr. 3 jeweils in der Fassung ab 26.05.2020.

11  **Geprüft** wird damit, ob es sich um ein **Medizinprodukt mit hoher Risikoklasse** i.S.d. Abs. 1 Satz 1, Abs. 2 handelt **und** ob die **Methode ein neues theoretisch-wissenschaftliches Konzept aufweist.** Beide Voraussetzungen sind zwingend für das weitere Vorgehen des Gemeinsamen Bundesausschusses, verbunden mit der Gewichtung der Bewertung nach Abs. 1 Satz 4 Nr. 1 bis 3. Die **Prüfkriterien,** auf die Abs. 1 Satz 4 Nr. 1, Nr. 2 und Nr. 3 abstellt, werden jeweils in **Abs. 3 für die Nr. 1,** in **Abs. 4 für die Nr. 3** (in der Fassung ab 26.05.2020) und in **Abs. 5 für die Nr. 2** (in der Fassung ab 26.05.2020) **konkretisiert.**

12  Der **Begriff des Medizinprodukts** mit hoher Risikoklasse wird in **Abs. 2 Satz 1** unter Bezugnahme auf entsprechende EG-rechtlichen Vorgaben (vgl. Gesetzestext, jedoch mit einer Änderung der Rechtsgrundlage, anzuwenden ab 26.05.2021 (vgl. Hinweise zum Gesetzestext), wobei die langen Verlaufsfristen einzuplanen sind, konkretisiert; ebenso reicht aus, dass das Medizinprodukt den aktiven implantierbaren Medizinprodukten zuzuordnen ist, deren Anwendung einen besonders invasiven Charakter aufweist.

13  Der **Begriff des neuen theoretisch-wissenschaftlichen Konzepts** i.S.v. Abs. 1 Satz 3 wird in **Abs. 2 Satz 2** konkretisiert. Die Voraussetzung ist erfüllt, wenn sich ihr »Wirkprinzip oder ihr Anwendungsgebiet von anderen, in der stationären Versorgung bereits eingeführten systematischen

Herangehensweisen wesentlich unterscheidet«. Auch hierzu wird ergänzend auf die Materialien Bezug genommen.

Sowohl der **Begriff des Medizinprodukts mit hoher Risikoklasse** als auch der **Begriff des neuen theoretisch-wissenschaftlichen Konzepts** sind in einer **Rechtsverordnung** des BMG im Benehmen mit dem Bundesministerium für Bildung und Forschung bis Ende 2015 (erstmals, dann mit Fortschreibungen) hinsichtlich der näheren Kriterien zu konkretisieren, **Abs. 2 Satz 3**. 14

Das Verfahren nach § 137h bedingt die im Einzelfall durchaus schwierige Frage nach der **Zuordnung eines Medizinprodukts** mit hoher Risikoklasse und andererseits die ebenso schwierige Frage danach, ob die **Methode ein neues theoretisch-wissenschaftliches Konzept** beinhaltet. Deshalb sieht **Abs. 6 die Beratung von Krankenhäusern und Herstellern von Medizinprodukten** im Vorfeld des Verfahrens nach Abs. 1 über dessen Voraussetzungen und Anforderungen im Hinblick auf konkrete Methoden vor, vgl. **Abs. 6 Satz 1**, unter Einbeziehung der Wünsche des Herstellers deutlich erweitert mit Wirkung vom 26.05.2020. Die Erweiterung sieht eine Kostenregelung vor, die die Hersteller in die Pflicht nimmt, vgl. auch Abs. 6 Satz 6 in der Fassung ab 26.05.2020. Kosten des Bundesinstituts für Arzneimittel und Medizinprodukte sowie des Instituts für das Entgeltsystem im Krankenhaus sind im Rahmen der Beratung von Medizinprodukteherstellern entstandene Kosten zu erstatten, soweit die Hersteller dafür einzustehen haben, Abs. 6 Satz 7 im Zusammenhang mit Satz 1, jeweils in der Fassung ab 26.05.2020. Einzelheiten sind zudem in einer Verfahrensordnung zu regeln, Abs. 6 Satz 8 mit Wirkung vom 26.05.2020 Die Beratung ist allerdings mit Publizitätsschritten des Gemeinsamen Bundesausschusses verbunden, wie aus Abs. 6 Satz 2 bis 4 folgt. 15

Nicht geregelt, aber selbstverständlich ist, dass die Interessenlage vornehmlich der Hersteller von Medizinprodukten im Hinblick auf die Veröffentlichungen gewahrt und gesichert sein müssen. 16

Schließlich wird mit der **Regelung in Abs. 7 klargestellt**, dass **Klagen** bei Streitigkeiten nach § 137h keine aufschiebende Wirkung haben und auch ein Vorverfahren nicht stattfindet. Nur kann die Unsicherheit über die Rechtsfolge von Bewertungen vermieden werden; allerdings kann die aufschiebende Wirkung nach Anrufung des Gerichts und damit auf Antrag bei entsprechender Beschwer und einem materiellrechtlichen Anspruch hergestellt werden. Vergleichbare Regelungen hat der Gesetzgeber im SGB V mehrfach vorgesehen, wenn das Verfahren im Sinne der gebotenen Rechtssicherheit beschleunigt werden soll. 17

Ohnedies ist der **Rechtsschutz begrenzt**, da Regelungen seitens des Gemeinsamen Bundesausschusses durchweg **Normcharakter** haben (vgl. BT-Drs. 18/4095 S. 126); verwaltungstechnische Teilschritte dürften im Regelfall – Ausnahmen bei gravierenden Fehlern erscheinen denkbar und sollten den Rechtsschutz eröffnen, wenn andernfalls ein offensichtlich fehlerhaftes Verfahren zunächst weitergeführt würde – nicht selbständig überprüfbar und damit angreifbar sein, sondern erst mit der Entscheidung durch dem Gemeinsamen Bundesausschuss angefochten werden können, soweit hier Rechtsschutz eröffnet wird. Dies gilt unabhängig davon, dass teilweise auch keine Vorlagepflicht seitens des Gemeinsamen Bundesausschusses an das BMG besteht. 18

### B. Methode mit dem Einsatz eines Medizinprodukts mit hoher Risikoklasse

§ 137h schließt an die Regelung zum Prinzip der grundsätzlichen **Erlaubnis mit Verbotsvorbehalt** (vgl. *Leopold* in Hauck/Noftz SGB V 03/18 § 137h Rn. 5) **für innovative Untersuchungs- oder Behandlungsmethoden** mit Potenzial im Rahmen der Krankenhausbehandlung in § 137c – abweichend zum Grundsatz des Verbots mit Erlaubnisvorbehalt für den ambulanten Bereich nach § 135 – an. § 137h ist eine Sonderregelung zu § 137c; letztere Regelung wäre anzuwenden, wenn und soweit die Voraussetzungen von § 137h nicht gegeben sind (etwa kein Hochrisikoprodukt i.S.d. Abs. 2 vorliegt). Eine positive Richtlinienentscheidung des Gemeinsamen Bundesausschusses ist für die Anwendung auch für die in § 137h erfassten Medizinprodukte mit hoher Risikoklasse grundsätzlich nicht erforderlich. Wohl aber wird eine Klärung angestrebt. Allerdings wird in zeitlichem Zusammenhang mit der Anfrage über die Entgeltfrage nach § 6 Abs. 2 Satz 3 KHEntG (die Anfrage des Krankenhauses soll nach der Rechtslage ab 26.05.2020 »im Einvernehmen mit dem 19

Hersteller des Medizinprodukts « erfolgen) eine **Information** über den Stand der wissenschaftlichen Erkenntnisse zu dieser Methode sowie die Anwendung des Medizinprodukts (unter Einschluss der Daten zum klinischen Nutzen und mit vollständigen Daten zu durchgeführten klinischen Studien mit dem Medizinprodukt, hier in der Fassung ab 26.05.2020) **an den Gemeinsamen Bundesausschuss fällig,** Abs. 1 Satz 1.

20 Dadurch wird zum einen erreicht, dass der Gemeinsame Bundesausschuss über diese – regelmäßig auch für Versicherte belastenden und zudem aufwändigen Methoden – zeitnah unterrichtet wird und das Bewertungsverfahren ggf. unterstützen kann. Zum anderen kann eine **Richtlinie zum** »**Verbot**« **der Anwendung** in GKV Bereich einschließlich der Abrechnung erlassen werden. Dies hat der Gemeinsame Bundesausschuss unverzüglich vorzunehmen, wenn es sich i.S.d. Abs. 1 Satz 4 Nr. 2 (nach der Rechtslage bis 25.05.2020 Nr. 3) um eine Methode unter Anwendung des Medizinprodukts handelt, für die kein Potenzial als Handlungsalternativen festzustellen und/oder die insbesondere als schädlich oder unwirksam anzusehen ist.

21 **Der Gemeinsame Bundesausschuss prüft damit,** ob es sich um ein **Medizinprodukt mit hoher Risikoklasse** i.S.d. Abs. 1 Satz 1, Abs. 2 handelt **und** ob die **Methode ein neues theoretisch-wissenschaftliches Konzept aufweist** (zur Problematik, inwieweit dieser Begriff eine abweichende und eigenständige Bedeutung hat, vgl. *Leopold* in Hauck/Noftz SGB V 03/18 § 137h Rn. 52, was wohl nicht der Fall ist. Allerdings kommt in der Formulierung zum Ausdruck, dass es sich um eine wesentliche Neuerung und nicht nur eine stück- oder schrittweise Neuerung halten sollte). **Beide Voraussetzungen** (Medizinprodukt hoher Risikoklasse und methodisch ein neues theoretisch-wissenschaftliches Konzept) sind **zwingend** für das weitere Vorgehen des Gemeinsamen Bundesausschusses, verbunden – dann – mit der Gewichtung der Bewertung nach Abs. 1 Satz 4 Nr. 1 bis 3. Beide Begriffe sind in einer Rechtsverordnung des BMG konkretisiert; maßgeblich ist die »Medizinproduktemethodenbewertungsverordnung – MeMBV« vom 15.12.2015 – BGBl. I S. 2340 – mit Wirkung vom 01.01.2016, hier insbes. § 4 MeMBV (vgl. dazu *Schäfer-Kucynski* GuP 2017, 238). Entsprechende **Prüfkriterien**, auf die Abs. 1 Satz 4 Nr. 1, Nr. 2 und Nr. 3 abstellt, werden jeweils in **Abs. 3** für die **Nr. 1**, in **Abs. 4 für die Nr. 3** und in **Abs. 5 für die Nr. 2** (bis 25.05.2020 Abs 4 i.V.m. Nr. 2 und Abs. 5 i.V.m. Nr. 3) **konkretisiert**.

I. Medizinprodukte mit hoher Risikoklasse (Abs. 1 Satz 1 und Abs. 2) und **Begriff der Methode mit einem neuen theoretisch-wissenschaftlichen Konzept** (Abs. 1 Satz 2)

22 Das **Vorliegen eines Medizinprodukts** mit **hoher Risikoklasse**, das zum Einsatz kommt, ist eine der Voraussetzungen nach Abs. 1 Satz 1. Der **Begriff der Medizinprodukte** mit hoher Risikoklasse wird in **Abs. 2 Satz 1** konkretisiert. Üblich sind verschiedene Risikoklassen, die sich (nach der Rechtslage bis 25.05.2021) aus Artikel 9 i.V.m. Anhang IX der Richtlinie 93/42/EWG in der Fassung des Art. 2 der Richtlinie 2007/47/EG mit der hier gebotenen Relevanz ergeben und die den Risikoklassen IIb oder III zugeordnet werden können. Hier ist zusätzlich die Konkretisierung in der Rechtsverordnung nach **Abs. 2 Satz 3** vorzunehmen, obgleich die Anwendung der Regelung nicht unter die Bedingung des Vorliegens der Rechtsverordnung gestellt ist. Beispiele sind in den Materialien angegeben.

23 Insoweit ist bereits die **EU-Medizinprodukte-Verordnung** (MDR), in Kraft getreten am 25.05.2017, zu berücksichtigen, die nach einer zunächst 3-jährigen, dann aber verlängerten Übergangszeit ab **26.05.2021 verpflichtend anzuwenden** ist. Entsprechend ist auch Abs. 2 Satz 1 angepasst worden. Einschlägige Gremien sehen den Zeitplan allerdings als knapp bemessen an (vgl. Stellungnahme der BV/Med vom 05.05.2017), mit dem Rat, nach der geltenden Rechtslage möglichst eine Verlängerung der Rechtspositionen anzustreben (zeitliche Probleme mit der Nachzertifizierung, mit der Anregung, als Zertifikate kurz vor Ablauf der 3-jährigen Übergangsfrist zu verlängern, also bis Mitte 2024 – der Kompromiss ist der 26.05.2021, zumindest nach Redaktionsstand März 2020). Mit der Neufassung sind eine Reihe von Neuerungen verbunden, so das sog. Scrutiny-Verfahren für Implantate der Klasse III und aktive Produkte der Klasse IIb, die Arzneimittel zuführen oder ableiten, eine Neuregelung der Marktüberwachung mit kürzeren Meldefristen, zusätzliche Berichtspflichten,

deutlich höhere Anforderungen bei der Erstellung von klinischen Daten, eine zeitlich gestaffelte Einführung einer UDI-Kennzeichnung sowie die Hörklassifizierung bestimmter stofflicher und chirurgisch-invasive Medizinprodukte.

Das Verfahren nach Abs. 1, Abs. 2 betrifft ausweislich der Materialien neue **Untersuchungs- oder Behandlungsmethoden, deren technische Anwendung maßgeblich auf dem Einsatz eines Medizinprodukts mit hoher Risikoklasse** beruhe und für die erstmalig eine NUB-Anfrage an InEK (Institut für das Entgeltsystem im Krankenhaus, Nachweise im Internet unter g.drg.de) gestellt wird. Das erste zu einer neuen Methode anfragende Krankenhaus werde verpflichtet, dem Gemeinsamen Bundesausschuss zugleich **Informationen über den Stand der wissenschaftlichen Erkenntnisse** zu dieser Methode sowie zu der Anwendung des Medizinprodukts zu übermitteln. Weise die Methode kein neues theoretisch-wissenschaftliches Konzept auf und bedürfe daher keiner weiteren Prüfung durch den Gemeinsamen Bundesausschuss, teile dieser dies dem anfragenden Krankenhaus mit und informiere darüber auf seiner Internetseite. Dies könne etwa für die Anwendung von Herzschrittmachern, Hüftprothesen und Defibrillatoren gelten, wenn es sich dabei um bereits etablierte medizinische Verfahren handele, deren Nutzen bekannt sei. Anderenfalls beginne das **Bewertungsverfahren im Gemeinsamen Bundesausschuss**. 24

In der Ausschussberatung zur Ausgangsfassung des Abs. 2 ist eine Klarstellung der Einbeziehung aktiver, implantierbarer Medizinprodukte und rückwirkende Gewährung von NUB-Entgelten bei neuen Methoden mit Medizinprodukten hoher Risikoklasse angestrebt worden: Die Ergänzung diene ausweislich der Materialien hierzu der Klarstellung, dass auch neue Untersuchungs- und Behandlungsmethoden, die maßgeblich auf dem Einsatz eines aktiven, implantierbaren Medizinprodukts beruhten, grundsätzlich dem Verfahren nach § 137h unterlägen. Hiervon sei auch bereits bisher ausgegangen worden. 25

Diese Medizinprodukte seien in ihrem Risikopotential vergleichbar mit Medizinprodukten der höchsten Risikoklasse III, würden aber gem. § 13 Abs. 1 Satz 1 des Medizinproduktegesetzes nicht nach den Klassifizierungsregeln des Anhangs IX der **Richtlinie 3/42/EWG** in eine Risikoklasse eingeordnet, sondern die Vorgaben für aktive implantierbare medizinische Geräte auf EU-Ebene seien in der **eigenständigen Richtlinie 90/385/EWG** geregelt. Da die bisherige Formulierung im Gesetzentwurf an die Zuordnung zu Risikoklassen nach Anhang IX der Richtlinie 93/42/EWG anknüpfe, sei eine klarstellende Ergänzung erforderlich, mit der die aktiven implantierbaren Medizinprodukte ausdrücklich in die Definition der Medizinprodukte mit hoher Risikoklasse i.S.d. § 137h einbezogen würden (vgl. § 137h Abs. 2 Satz 1 nunmehr in der Fassung ab 26.05.2021). 26

Um die verschiedenen »Tatsachen« in einem Verfahren zu bündeln, veröffentlicht der Gemeinsame Bundesausschuss innerhalb von zwei Wochen nach Eingang der Informationen des anfragenden Krankenhauses im Internet einen **Aufruf an andere betroffene Krankenhäuser** sowie die **betroffenen Medizinproduktehersteller** zur Vorlage ergänzender wissenschaftlicher Erkenntnisse zu der Methode und dem Medizinprodukt, wie die Materialien weiter ausweisen. Es sei davon auszugehen, dass bereits das erste Krankenhaus, das den Gemeinsamen Bundesausschuss informiert, **gemeinsam mit dem Medizinproduktehersteller** die vorhandene Evidenz im Wesentlichen zusammenstellen werde, so dass die anderen betroffenen Krankenhäuser in der Regel keine weiteren Unterlagen mehr nachzureichen hätten. Um eine Abstimmung zwischen Krankenhaus und Medizinproduktehersteller sicherzustellen, sei das Krankenhaus verpflichtet, sich vor einer Anfrage nach Satz 1 mit dem Hersteller der Medizinprodukte, die im Rahmen der neuen Methode zur Anwendung kommen sollten, ins Benehmen zu setzen (förmlich geregelt in Abs. 1 Satz 1 ab 26.05.2020). 27

Für die **Übermittlung ggf. ergänzender Informationen** aufgrund seines Aufrufs räume der Gemeinsame Bundesausschuss in der Regel eine **Frist von einem Monat** ein (Regelfrist nach Abs. 1 Satz 3, aber im Einzelfall anzupassen). Auf Grundlage der vorgelegten Informationen (und ggf. eigener Recherchen) habe der Gemeinsame Bundesausschuss **innerhalb von drei Monaten** eine **Bewertungsentscheidung** über zu erwartenden Nutzen oder Schaden (unter Wegfall von Potential ab 26.05.2020) der Methode unter Anwendung des Medizinprodukts zu treffen. Er könne hierbei 28 regelmäßig das **IQWiG** (vgl. § 139a) **einbeziehen**. Bei dem Beschluss des Gemeinsamen Bundesausschusses handele es sich nicht um einen Richtlinienbeschluss, so dass eine Vorlage nach § 94 Abs. 1 (Vorlage an das BMG) nicht erforderlich sei.

29 Da der **Beschluss** jedoch **normsetzenden Charakter** habe und Grundlage für weitere Maßnahmen Gemeinsamen Bundesausschusses nach den Absätzen 3 bis 5 sei, bedürfe er einschließlich der tragenden Gründe der **öffentlichen Bekanntmachung**. § 94 Abs. 2 Satz 1 werde daher für entsprechend anwendbar erklärt. Das Nähere zum Verfahren, insbesondere zur Form der von den Krankenhäusern einzureichenden Informationen und zur Beteiligung weiterer Krankenhäuser sowie der Medizinproduktehersteller, habe der Gemeinsame Bundesausschuss innerhalb von drei Monaten nach Inkrafttreten der Rechtsverordnung nach Abs. 2 in seiner Verfahrensordnung zu regeln. Erst ab Inkrafttreten der Regelungen in der Verfahrensordnung gelte die Verpflichtung nach Satz 1.

30 Der **Begriff** »**Risikoklasse**« wird in Gesetzen und Verordnungen vielfältig verwendet, in der Praxis häufig auch im Finanzbereich, im Brandschutz und dem Feuerwehrbereich sowie in der Feststellung und Bewertung von Gefahren in vielfältiger Hinsicht. Hinzuweisen ist hier auch auf die VO 2013/172/EU betreffend eine Empfehlung der Kommission vom 05.04.2013 über einen gemeinsamen Rahmen für ein System einmaliger Produktkennzeichnung für Medizinprodukte in der Union, hiermit einer Zuordnung zu verschiedenen Risikoklassen, auch zu IIb und III, insbesondere aber auf die Neufassung der MDR, in Kraft ab 25.05.2017 und ab 26.05.2021 (verlängert, zunächst 2020) anzuwenden. Abgestellt wird maßgeblich auf die **Intensität des Eingriffs** im konkreten Fall, etwa durch eine Bestrahlung, das Einbringen von Substanzen für kurze oder längere Zeit oder die Verwendung von Steuerungselementen mit entsprechender Technik.

31 Eine Methode weist ein **neues theoretisch-wissenschaftliches Konzept** i.S.d. Abs. 1 Satz 3 auf, wenn sich ihr Werkprinzip oder ihr Anwendungsgebiet von anderen, in der stationären Versorgung bereits eingeführten systematischen Herangehensweisen wesentlich unterscheidet. Die Materialien (vgl. BT-Drs. 18/4095 S. 124) verweisen insoweit auf die ständige Rechtsprechung des BSG im Zusammenhang mit § 135. Verlangt wird zudem eine **wesentliche Veränderung**; für die Annahme einer solchen reicht es nicht aus, wenn allein so genannte Schrittinnovationen mit dem Behandlungskonzept erreicht werden können. Bereits eingeführten und »bewährte« Konzepte reichen nicht aus, etwa die Anwendung von »Herzschrittmachern, Hüftprothesen oder Defibrillatoren« (vgl. BT-Drs. 18/4095 S. 123). Auch dieser Begriff sollte in der **Rechtsverordnung** nach Abs. 2 Satz 3 weiter konkretisiert werden.

32 Da es sich bei den **beiden Merkmalen** (Medizinprodukt hoher Risikoklasse und neues theoretisch-wissenschaftliches Konzept) **um grundlegende Weichenstellungen** für die Anwendbarkeit des Verfahrens nach Abs. 1 handelt, wurde das BMG ausweislich der Materialien ermächtigt, diese Kriterien im Benehmen mit dem Bundesministerium für Bildung und Forschung in einer **Rechtsverordnung** ohne Zustimmung des Bundesrates (dies war erstmals bis zum 31. Dezember 2015 abzuwickeln, vgl. hier die MeMBV vom 15.12.2015 – BGBl. S. 2340 – mit Wirkung vom 01.01.2016 – bis Redaktionsstand 03/2021 nicht geändert) **näher zu konkretisieren**. Bei der Entscheidung über die Anwendbarkeit des Verfahrens nach Absatz 1 ist der Gemeinsame Bundesausschuss unmittelbar an diese Vorgaben gebunden.

33 Der **Begriff** »**Neues theoretisch-wissenschaftliches Konzept**« wird in **§ 3 MeMBV** dann angenommen, wenn sich ihr Wirkprinzip oder ihr Anwendungsgebiet entsprechend § 3 Abs. 3 MeMBV von anderen, in der stationären Versorgung bereits eingeführten systematischen Herangehensweisen entsprechend § 3 Abs. 2 MeMBV wesentlich unterscheidet. Insoweit ist der Begriff identisch mit Kapitel 2 § 31 VerfO des Gemeinsamen Bundesausschusses. Ob eine Methode in diesem Sinne bekannt ist regelt § 3 Abs. 2 Satz 1 MeMBV. Die Feststellung, ob ein theoretisch-wissenschaftliches Konzept einer Methode zugrundliegt, ist nach § 3 Abs. 3 MeMBV zu beurteilen. Ob sich das Wirkprinzip einer Methode wesentlich von einer bereits eingeführten systematischen Herangehensweise unterscheidet ist nach § 3 Abs. 4 MeMBV zu beurteilen. Dies gilt entsprechend für den Begriff des

Anwendungsgebiets nach § 3 Abs. 5 MeMBV. Liegen nur sog. Schrittinnovationen vor und damit keine wesentlichen Neuerungen, folgt die Abgrenzung entsprechend § 3 Abs. 6 MeMBV.

Bei der Beurteilung, ob ein **neues theoretisch-wissenschaftliches Konzept** vorliegt, sei eine wertende Betrachtung vorzunehmen, vgl. *Leopold* in Hauck/Noftz SGB V 03/18 § 137h Rn. 60. Dabei sei der Schutzzweck des Gesetzes, vor allem die Gewährleistung einer qualitätsgesicherten Versorgung, zu beachten. Es sei daher zu prüfen, ob mit der Methode gesundheitliche Risiken verbunden seien, denen bisher nicht nachgegangen worden sei oder die mangels Erprobung der Methode noch nicht zum Vorschein getreten seien. Hierfür könnten Unterlagen aus dem Konformitätsverfahren nach dem MPG herangezogen werden. — 34

Die **Merkmale »Medizinprodukte mit hoher Risikoklasse«** und **»neues theoretisch-wissenschaftliches Konzept«** (vgl. Abs. 2), deren Vorliegen Voraussetzung für ein Bewertungsverfahren nach Abs. 1 seien, würden in Abs. 2 näher definiert. Demnach seien **Medizinprodukte mit hoher Risikoklasse** i.S.v. Abs. 1 Satz 1 solche, bei denen **kumulativ zwei Voraussetzungen** gegeben seien. **Zum einen** müsse es sich um ein **Medizinprodukt** der Risikoklasse IIb oder III nach Artikel 9 i.V.m. Anhang IX der Richtlinie 93/42/EWG handeln. Zudem müsse die **Anwendung des Medizinprodukts** einen **besonders invasiven Charakter** aufweisen. Bei den wenigen Medizinprodukten der Risikoklasse IIb, die unter diese Definition fallen könnten, könne es sich zum Beispiel um bestimmte Bestrahlungsgeräte handeln. Neben der Anknüpfung an die hohe Risikoklasse des Medizinprodukts sei entscheidend, dass eine neue Untersuchungs- oder Behandlungsmethode mit einem neuen theoretisch-wissenschaftlichen Konzept vorliege. — 35

Die **Definition eines neuen theoretisch-wissenschaftliches Konzepts** i.S.v. Abs. 1 Satz 2 orientiert sich an der von der **ständigen Rechtsprechung des BSG im Zusammenhang mit § 135 geprägten Begriffsbestimmung**. Eine **Methode** weist dann ein neues theoretisch-wissenschaftliches Konzept auf, wenn sich ihr Wirkprinzip oder ihr Anwendungsgebiet von anderen, in der stationären Versorgung bereits etablierten systematischen Herangehensweisen **wesentlich unterscheidet**. **Schrittinnovationen**, die nicht zu einer wesentlichen Veränderung des zugrundeliegenden Behandlungskonzepts führen, unterliegen nicht dem Bewertungsverfahren nach Abs. 1. — 36

Zur **Rechtsprechung** zum Vorliegen eines **eigenständigen theoretisch-wissenschaftlichen Konzepts** vgl. etwa LSG Baden-Württemberg Urt. v. 24.02.2015 – L 11 KR 3297/14 zur Kopforthesentherapie oder LSG Berlin-Brandenburg Urt. v. 10.12.2014 – L 1 KR 25/13 zur kontinuierlichen Messung des Gewebezuckers, hier im Ergebnis Ablehnung der Annahme einer »neuen Behandlungsmethode«. Zum Begriff vgl. auch BSG Urt. v. 02.09.2014 – B 1 KR 11/13 R – SozR 4–2500 § 13 Nr. 32, NZS 2015, 26, hier auch zum Fehlen einer Abrechnungsposition. Die Abrechnungsfrage ist auch nach Abs. 1 Satz 1 Anknüpfungspunkt für die Information an den Gemeinsamen Bundesausschuss. Zur Konkurrenzsituation im Zusammenhang mit der Anerkennung vgl. BSG Urt. v. 14.05.2014 – B 6 KA 28/13 R – SozR 4–2500 § 135 Nr. 22. »Neu« ist eine Methode, wenn diese zum Zeitpunkt der Leistungserbringung nicht als abrechnungsfähige ärztliche Leistung im EBM für vertragsärztliche Leistungen (entsprechend dann auch für den stationären Bereich nach dem KHEntG etwa) enthalten ist, vgl. BSG Urt. v. 17.02.2010 – B 1 KR 10/09 R – SozR 4–2500 § 27 Nr. 18 mit weiteren Nachweisen zur höchstrichterlichen Rechtsprechung und Anm. *Schiffner* SGb 2010, 548. — 37

Nach hier vertretener Auffassung dürfte es sich um eine indizielle Wirkung handeln, die der Abrechnungsfrage zukommen dürfte; allerdings hat auch der Gesetzgeber des GKV-VSG die Abrechnungsfrage zeitlich mit der Information des Gemeinsamen Bundesausschusses in einen Zusammenhang gestellt. Eine Reihe neuerer **Entscheidungen** befassen sich mit dem **Begriff eines eigenständigen theoretisch-wissenschaftlichen Konzepts**, so das LSG Sachsen-Anhalt Urt. v. 23.03.2017 – L 6 KR 24/16 zur lokalen Sauerstoff-Therapie (ablehnend), BSG Urt. v. 11.05.2017 – B 3 KR 6/16 R – SozR 4–2500 § 33 Nr. 51 zur Kopforthesenbehandlung, BSG Urt. v. 11.05.2017 – B 3 KR 17/16 R, gleichfalls zur Kopforthese, nicht vom Leistungskatalog der GKV umfasst, LSG Baden-Württemberg Beschl. v. 31.05.2017 – L 4 KR 4101/16 betr. Liposuktion, LSG Nordrhein-Westfalen — 38

Urt. v. 27.06.2017 – L 1 KR 467/15 zur Behandlung bei Schlafabnoe-Syndrom, sowie LSG Nordrhein-Westfalen Urt. v. 12.07.2017 – L 11 KR 28/16 zur Fettabsaugung. Vgl. ferner BSG Urt. v. 18.12.2018 – B 1 KR 11/18 R – SozR 4–2500 § 137e Nr. 2, hier noch zum Potential einer Untersuchungsmethode.

## II. Einbeziehung des Gemeinsamen Bundesausschusses (Abs. 1)

39 Nach **Abs. 1 Satz 1** erfolgt die **Information des Gemeinsamen Bundesausschusses** durch das anfragende Krankenhaus; diese Anfrage an »im Einvernehmen mit dem Hersteller des Medizinprodukts« zu erfolgen (Abs. 1 Satz 1 in der Fassung ab 26.05.2020). Ferner sind nach der Fassung ab 26.05.2020 neben den Informationen über den Stand der wissenschaftlichen Erkenntnisse zu dieser Methode und zur Anwendung des Medizinprodukts auch die »Daten zum klinischen Nutzen und vollständige Daten zu durchgeführten klinischen Studien mit dem Medizinprodukt« zu übermitteln Der Gemeinsame Bundesausschuss nimmt unverzüglich eine Prüfung dahingehend vor, **ob ein neues theoretisch-wissenschaftliches Konzept** vorliegt. Ist dies nicht der Fall, bedarf es keiner weiteren Prüfung durch den Gemeinsamen Bundesausschuss. Dieser teilt dies dem anfragenden Krankenhaus mit und informiert darüber auch auf seiner Internetseite, so ausweislich der Materialien vgl. BT-Drs. 18/4095 S. 123.

40 Ergibt die vorläufige Prüfung, dass ein **neues theoretisch-wissenschaftliches Konzept** vorliegt oder vorliegen könnte, erfolgt im **Internet ein Aufruf**, mit dem andere betroffene Krankenhäuser sowie die betroffenen Medizinproduktehersteller zur Vorlage ergänzender wissenschaftliche Erkenntnisse zu der Methode und zu dem Medizinprodukt aufgefordert werden. In diesem Verfahren ist von Bedeutung, dass sich **Krankenhaus und Medizinproduktehersteller abstimmen**. Dies zu veranlassen ist das Krankenhaus verpflichtet, weshalb insoweit auch das »ins Benehmen setzen« geboten ist.

41 Für die **Übermittlung dieser ergänzenden Informationen**, die häufig nicht erforderlich sein dürften, da das anfragende Krankenhaus bereits sämtliche Informationen vorgelegt haben dürfte und die im Wesentlichen eine Form des rechtlichen Gehörs ist, setzt der **Gemeinsame Bundesausschuss im Regelfall eine Frist von einem Monat**. Die verfügbaren Unterlagen führen dann zur Bewertung durch den Gemeinsamen Bundesausschuss.

## III. Bewertung durch dem Gemeinsamen Bundesausschuss (Abs. 1)

42 Auf der **Grundlage der Informationen** hat der Gemeinsame Bundesausschuss **innerhalb von 3 Monaten** eine **Bewertungsentscheidung** über zu erwartenden Nutzen oder Schaden (durch die Streichung der Anforderung »Potential« folgt eine wesentliche Erleichterung, vgl. *Baierl* in jurisPK-SGB V § 137h Rn. 119) der Methode (entsprechend Vorgabe nach Abs. 1 Satz 4 Nr. 1 bis 3) i.V.m. dem Medizinprodukt zu treffen. Diese Prüfung beinhaltet aufwändige, regelmäßig schwierigere Fachfragen, für die der Gemeinsame Bundesausschuss entsprechenden Sachverstand hinzuziehen wird, regelmäßig über das IQWiG (vgl. § 139a) und über dieses wiederum weitere Sachverständige.

43 Der **Beschluss** des Gemeinsamen Bundesausschusses mit der Bewertungsentscheidung hat in Übereinstimmung mit den Materialien (vgl. BT-Drs. 18/4095 S. 123) **normsetzenden Charakter**, bedarf der Begründung sowie der öffentlichen Bekanntmachung von Entscheidung und Begründung. Da es sich jedoch nicht um einen Richtlinienbeschluss im engeren Sinne handelt, soll das Genehmigungsverfahren nach § 94 Abs. 1, wiederum in Übereinstimmung mit den Materialien, nicht erforderlich sein. Der Gemeinsame Bundesausschuss regelt dies in Übereinstimmung mit seiner Verfahrensordnung.

## C. Prüfung der Methoden durch den Gemeinsamen Bundesausschuss (Abs. 3 bis 5)

44 Abs. 1 Satz 4 regelt **drei Alternativen** im Zusammenhang mit der Bewertung, die seitens des Gemeinsamen Bundesausschusses vorzunehmen ist. Diese Alternativen in Abs. 1 Satz 4 Nr. 1 bis Nr. 3 werden jeweils in **Abs. 3 bis Abs. 5 konkretisiert**. Zu Abs. 1 Satz 4 Nr. 2 und 3 sind mit Wirkung vom 26.05.2020 wesentliche Änderungen durch das TSVG – u.a. unter Wegfall des Erfordernisses

von Potential – erfolgt. Danach beruht die Entscheidung des Gemeinsamen Bundesausschusses unter Bewertung danach, ob
- (Nr. 1) der Nutzen der Methode unter Anwendung des Medizinprodukts als hinreichend belegt anzusehen ist (wie zuvor auch)
- (Nr. 2) die Schädlichkeit oder die Unwirksamkeit der Methode unter Anwendung des Medizinprodukt als belegt anzusehen ist oder
- (Nr. 3) weder der Nutzen noch die Schädlichkeit oder die Unwirksamkeit der Methode unter Anwendung des Medizinprodukt als belegt anzusehen ist.

### I. Methode nach Abs. 1 Satz 4 Nr. 1 und Abs. 3

Die **Bewertung durch den Gemeinsamen Bundesausschuss** kann dazu führen, dass der **Nutzen der Methode** unter Anwendung des Medizinprodukts als **hinreichend belegt** anzusehen ist. Dies hat zur Folge, dass die Methode zulasten der Krankenkassen im Krankenhaus weiter erbracht werden kann. Für eine Methode nach Abs. 1 Satz 4 Nr. 1 prüft der Gemeinsame Bundesausschuss, ob Anforderungen an die Qualität der Leistungserbringung nach den §§ 136 bis 136b (hier in der Fassung des PsychVVG mit Wirkung vom 01.01.2017) zu regeln sind. 45

Die **Feststellung** hierzu kann bezüglich der Qualität der Leistungserbringung in einer Richtlinie geregelt werden, worauf die Materialien (vgl. BT-Drs. 18/4095 S. 124, hier noch zu § 137a.F.) hinweisen. Solche Regelungen können etwa Fragen der Dokumentation, der Evaluation der Leistungserbringung wie auch die Verfolgung von Nebenwirkungen und Vorkommnissen beinhalten. Dabei handelt es sich um für die Anwendung von (neuen) Methoden durchaus selbstverständliche Vorgaben. Denkbar sind zudem spezielle Vorgaben, mit denen eine mutmaßliche Gefährlichkeit neuer Methoden aufgefangen werden kann. Dies können auch spezielle fachliche Anforderungen sowie spezielle Behandlungsmodalitäten sein. 46

Die Feststellung wird zudem zur Folge haben, dass auf die **Anfrage des Krankenhauses bezüglich der Vergütung eine Klärung herbeizuführen** ist. Hieran ist das InEK maßgeblich beteiligt, auch mit der Prüfung, ob bereits eine Zuordnung der Methode und angemessene Vergütung möglich ist oder – wie im Regelfall – ein Vorschlag für eine entsprechende Vergütung unterbreitet wird, vgl. § 6 Abs. 2 Satz 1 KHEntG oder § 6 Abs. 4 Satz 1 oder 2 BPflV. Hierzu ist das dafür vorgesehene Verfahren durchzuführen. 47

Wenn der Gemeinsame Bundesausschuss auf Grundlage der übermittelten Informationen – hier in Übereinstimmung mit den Materialien – feststellt, dass der **Nutzen der Methode** unter Anwendung des Medizinprodukts als **hinreichend belegt anzusehen** sei, könne die Methode weiterhin zu Lasten der Krankenkassen im Krankenhaus erbracht werden. Der **Gemeinsame Bundesausschuss** könne **Anforderungen an die Qualität der Leistungserbringung in einer Richtlinie** regeln, wenn er dies für erforderlich halte. Dies könne etwa Anforderungen an eine aussagekräftige Dokumentation beinhalten, die eine Evaluation der Leistungserbringung auch im Hinblick auf etwaige Nebenwirkungen oder Vorkommnisse ermögliche. 48

Wenn das **InEK** (InEK GmbH – Institut für das Entgeltsystem im Krankenhaus, hier mit einem jeweils aktuellen Vorschlagsverfahren zur Weiterentwicklung des G-DRG-Systems) auf die Anfrage des Krankenhauses bestätigt habe, dass die Methode mit pauschalierten Pflegesätzen nach § 17 Absatz 1a KHG **noch nicht sachgerecht vergütet** werden könne, habe das **Krankenhaus Anspruch darauf**, dass kurzfristig eine entsprechende Vereinbarung nach § 6 Abs. 2 Satz 1 des Krankenhausentgeltgesetzes oder nach § 6 Absatz 2 Satz 1 der Bundespflegesatzverordnung zustande komme, damit die Erbringung der Methode, deren Nutzen als belegt anzusehen sei, auch **angemessen abgerechnet werden könne**. 49

Erst in der **Ausschussberatung** betr. Abs. 3 sind **Satz 3 und 4** angefügt worden. Die im Gesetzentwurf vorgesehene Nutzenbewertung neuer Untersuchungs- und Behandlungsmethoden mit Medizinprodukten hoher Risikoklasse durch den Gemeinsamen Bundesausschuss sehe vor, dass dieser 50 innerhalb von drei Monaten über den Nutzen, das Potential als erforderliche Behandlungsalternative oder das Fehlen eines Potentials entscheide. Einschließlich der die Bewertung vorbereitenden Maßnahmen könne die Spanne zwischen der Anfrage nach § 6 Absatz 2 Satz 3 KHEntgG (NUB-Anfrage) beim Institut für das Entgeltsystem im Krankenhaus (InEK) und der Entscheidung des Gemeinsamen Bundesausschusses nach dem Gesetzentwurf **viereinhalb Monate** betragen.

51 Komme der Gemeinsame Bundesausschuss zu dem Ergebnis, dass der **Nutzen der neuen Methode** bereits als hinreichend belegt anzusehen sei oder sie zumindest das Potential einer erforderlichen Behandlungsalternative biete, und komme eine Vereinbarung zwischen dem Krankenhaus und den Kostenträgern über ein Entgelt für die Vergütung neuer Untersuchungs- und Behandlungsmethoden nach § 6 Abs. 2 Satz 3 KHEntgG (NUB-Entgelt) zur Finanzierung der neuen Methode nicht innerhalb von drei Monaten nach der Entscheidung des Gemeinsamen Bundesausschusses zu Stande, sehe der Gesetzentwurf vor, dass die **Schiedsstelle das NUB-Entgelt** innerhalb von sechs Wochen festzulegen habe.

52 Um zu verhindern, dass die im Gesetzentwurf vorgesehenen Fristen zu etwaigen Verzögerungen bei der Vereinbarung von NUB-Entgelten und damit der sachgerechten Vergütung von neuen Untersuchungs- und Behandlungsmethoden mit Medizinprodukten hoher Risikoklasse führten, sähen die wortgleichen Ergänzungen in Abs. 3 und Abs. 4 vor, dass der **Anspruch des Krankenhauses auf das vereinbarte oder von der Schiedsstelle festgelegte NUB-Entgelt** bereits für die Patientinnen und Patienten bestehe, die nach der NUB-Anfrage beim InEK in das Krankenhaus aufgenommen worden seien.

53 Da die Krankenhäuser auf Grund der geltenden Erlaubnis mit Verbotsvorbehalt auch **vor** der Bewertung durch den Gemeinsamen Bundesausschuss und vor der Vereinbarung oder Festsetzung eines NUB-Entgelts die Methode erbringen könnten und hierfür regelhaft eine Vergütung erhielten, sei von den Vertragsparteien vor Ort für alle betroffenen Patientinnen und Patienten die Differenz zwischen dem vereinbarten oder festgelegten NUB-Entgelt und der bereits gezahlten Vergütung zu ermitteln, um eine **Doppelvergütung zu vermeiden**, vgl. *Leopold* in Hauck/Noftz SGB V 03/18 § 137h Rn. 75, 76. Die **Auszahlung** des für alle betroffenen Patientinnen und Patienten ermittelten **Differenzbetrags** erfolge nach dem Verfahren gemäß § 15 Abs. 3 KHEntgG oder § 15 Abs. 2 BPflV. Die Nutzung bereits bestehender Verfahren gewährleiste eine aufwandsarme Abwicklung des rückwirkenden Vergütungsanspruchs noch im laufenden Jahr.

54 Da das **NUB-Entgelt höher ausfalle** als die ursprüngliche Vergütung, führe der Änderungsantrag zu **Mehrausgaben für die Kostenträger**, die jedoch nicht quantifizierbar seien, weil die Höhe der NUB-Entgelte und der ursprünglichen Vergütung sowie die Anzahl der betroffenen Behandlungsfälle nicht bekannt seien.

### II. Methode nach Abs. 1 Satz 4 Nr. 3 und Abs. 4

55 Als **weitere Alternative sieht Abs. 1 Satz 4 Nr. 3** als **Bewertungsergebnis** vor, »ob weder der Nutzen noch die Schädlichkeit oder die Unwirksamkeit der Methode unter Anwendung des Medizinprodukts als belegt anzusehen ist«. Für eine Methode nach Abs. 1 Satz 4 Nr. 3 entscheidet der Gemeinsame Bundesausschuss innerhalb von 6 Monaten nach dem Beschluss nach Abs. 1 Satz 4 über eine Richtlinie zur Erprobung nach § 137e. Eine **Prüfung des Potentials der Methode erfolgt nach Abs. 4 Satz 1 2. Hs. nicht**.

56 Nach Abs. 1 Satz 4 Nr. 2 in der Fassung **bis 25.05.2020** war mit Bezug zu **Abs. 4 a.F.** die Fallgestaltung erfasst, dass der Nutzen zwar als noch nicht hinreichend belegt anzusehen war, aber die Methode unter Anwendung des Medizinprodukts das Potenzial (nachfolgend weggefallen, vgl. Abs. 4 Satz 1 2. Hs., s.u.) einer erforderlichen Behandlungsalternative bot. Dieses Ergebnis sollte das Erprobungsverfahren nach § 137e auslösen und zu einer Richtlinie zur Erprobung führen. Das **Erprobungsverfahren** konnte verkürzt oder ausnahmsweise entbehrlich sein, wenn bereits ausreichend Informationen verfügbar waren oder im Einzelfall wegen des geringen mutmaßlichen Schadenspotenzials eine Erprobung nicht für erforderlich gehalten wurde, worauf die Materialien (vgl.

BT-Drs. 18/4095 S. 124) hinweisen, vgl. dazu näher auch *Leopold* in Hauck/Noftz SGB V 03/18 § 137h Rn. 79, wobei fraglich sei, ob für Letzteres Beispiele aus der Praxis gefunden werden könnten. Das **Erprobungsverfahren** war mit **Kosten** verbunden, zu denen auch die Hersteller der Medizinprodukte herangezogen wurden. waren mehrere Hersteller betroffen, hatten sich diese an den Kosten anteilig zu beteiligen. Näheres folgte aus der Regelung in § 137e.

**Krankenhäuser,** die das **Verfahren anwenden** wollen, haben an der Erprobung nach § 137e teilzunehmen. Die **Teilnahme an der Erprobung** ist **Voraussetzung** dafür, dass die Krankenhäuser die Erbringung der Methode noch zulasten der Krankenkassen abrechnen dürfen (letztlich als Ausnahme vom Grundsatz »Erlaubnis mit Verbotsvorbehalt«). Bis zum **Beginn der Erprobungsstudie** kann die Methode dann weiter abgerechnet werden, wie in **Abs. 4 Satz 5** klargestellt wird (»die Methode wird im Rahmen der Krankenhausbehandlung zulasten der Krankenkassen erbracht«). Auch hier wird dem Grundsatz gefolgt, dass für den Krankenhausbereich die »Erlaubnis mit Verbotsvorbehalt« gilt, vgl. § 137c. 57

Als insoweit spezielle Regelung im Verhältnis zu § 137c verlangt **Abs. 4 Satz 5** die Teilnahme an einer Erprobung, wobei nicht teilnehmende Krankenhäuser entsprechende Leistungen nicht abrechnen könnten, vgl. *Leopold* in Hauck/Noftz SGB V 03/18 § 137h Rn. 82. Näheres wird der Gemeinsame Bundesausschuss in der Erprobungsrichtlinie regeln und hier die methodischen und fachlichen Anforderungen konkretisieren, vgl. BT-Drs. 18/4095 S. 125. Nach **Abs. 4 Satz 6** in der Fassung ab **26.05.2020** kann der Gemeinsame Bundesausschuss die Voraussetzungen für die Abrechnungsfähigkeit des Medizinprodukts regeln, das im Rahmen der neuen Untersuchungs- und Behandlungsmethode angewendet wird, insbesondere einen befristeten Zeitraum für dessen Abrechnungsfähigkeit festlegen. Die betroffenen Hersteller haben dem Gemeinsamen Bundesausschuss unverzüglich nach Fertigstellung die Sicherheitsberichte nach den EU-Vorgaben (vgl. Gesetzestext) sowie weitere klinische Daten, die sie im Rahmen der ihnen nach Art. 83 EUV 2017/745 (nach Anwendung ab 26.05.2021) obliegenden Überwachung nach dem Inverkehrbringen gewonnen haben, zu übermitteln, **Abs. 4 Satz 7 in der Fassung ab 26.05.2020.** 58

Hier können auch die Anforderungen an die Methodenerbringung festgelegt werden, vgl. **Abs. 4 Satz 8** (in der Fassung bis 25.05.2020 Satz 6). Die Erprobung selbst soll nach **Abs. 4 Satz 9** (in der Fassung bis 25.06.2020 Satu 7) innerhalb von zwei Jahren abgeschlossen sein (Regelfrist, aber mit Berichtspflichten des Gemeinsamen Bundesausschusses gegenüber dem Gesundheitsausschuss des Deutschen Bundestages. Nach Abschluss der Erprobung oder im Falle einer vorzeitigen Beendigung entscheidet der Gemeinsame Bundesausschuss auf Grundlage der vorliegenden Erkenntnisse innerhalb von 3 Monaten über die Richtlinie nach § 137c, Abs. 4 Satz 10 in der Fassung ab 26.05.2020, vergleichbar Abs. 4 Satz 8 in der Fassung bis 25.05.2020). Die Möglichkeit einer Aussetzung des Bewertungsverfahrens im Falle des Fehlens noch erforderlicher Erkenntnisse bleibt nach Abs. 4 Satz 11 in der Fassung ab 26.05.2020 unberührt. 59

Zur **Regelung der Entgeltfrage** für die gebotene Vergütung ist in der Ausschussberatung die Regelung in Abs. 3 und Abs. 4 ergänzt worden. Eine Verzögerung durch die Entgeltfrage soll dadurch vermieden werden. Der Anspruch des Krankenhauses auf das vereinbarte oder von der Schiedsstelle festgestellte NUB-Entgelt zur Finanzierung der neuen Methode kann damit abgesichert werden. Eine Abrechnung wird auch für laufende Verfahren ermöglicht und über einen rückwirkenden Vergütungsanspruch abgesichert (vgl. BT-Drs. 18/5123 S. 136). 60

In einer **Erprobungsrichtlinie** habt der Gemeinsame Bundesausschuss verschiedene Formen der Beteiligung an der Erprobung vorzusehen. Während es notwendig sein kann, dass eine erforderliche Anzahl von Krankenhäusern an einer **randomisierten, kontrollierten Studie** teilnimmt, die den Nutzenbeleg erbringen soll, können andere Krankenhäuser im Rahmen derselben Erprobung im Sinne einer Beobachtungsstudie flankierende Daten zu Wirksamkeit und Sicherheit liefern und damit ihrer Verpflichtung zur Teilnahme an der Erprobung nachkommen. Der Gemeinsame Bundesausschuss regelt in der Erprobungsrichtlinie nach § 137e Abs. 2 insbesondere die **Anforderungen an die Qualität der Leistungserbringung.** Die Regelung in § 137e Abs. 4 Satz 4 und 5 gewährleiste 61 eine **kurzfristige Vergütungsvereinbarung** auch für die **ambulante Leistungserbringung**, falls die Methode nach den Vorgaben des Gemeinsamen Bundesausschusses im **Rahmen der Erprobung auch ambulant** angewandt werden könne. Die Erprobung sei in der Regel innerhalb eines Zeitraums von höchstens zwei Jahren abzuschließen, es sei denn, dass auch bei Straffung des Verfahrens im Einzelfall eine längere Erprobungszeit erforderlich sei.

62 Der Gemeinsame Bundesausschuss habt dies bei der **Festlegung der Anforderungen an die Erprobung** zu beachten, insbesondere ist sicherzustellen, dass sich die methodischen Anforderungen an die Studiendurchführung unter Berücksichtigung der Versorgungsrealität als hinreichend praktikabel und umsetzbar erweisen. Die **Anforderungen** an die **Erprobung nach § 137e Abs. 2** dürfen nicht ein Maß überschreiten, das die tatsächliche Durchführbarkeit der Erprobung und der Leistungserbringung konterkariert. Nach Abschluss der Erprobung entscheidet der Gemeinsame Bundesausschuss auf Grundlage der gewonnenen Erkenntnisse innerhalb von drei Monaten über eine Richtlinie nach § 137c. Ist auf Grundlage eines Verfahrens nach § 137h eine Erprobung nach § 137e durchgeführt worden, kommt eine erneute Erprobung nach § 137e zu derselben Methode nicht in Betracht.

### III. Methode nach Abs. 1 Satz 4 Nr. 2 und Abs. 5

63 Eine weitere Alternative regelt **Abs. 1 Satz 4 Nr. 3 i.V.m. Abs. 5** in der Fassung des TSVG mit Wirkung vom **26.05.2020**. Der Gemeinsame Bundesausschuss nimmt auf Grundlage der übermittelten Informationen innerhalb von 3 Monaten eine Bewertung vor, ob (Nr. 3) weder der Nutzen noch die Schädlichkeit oder die Unwirksamkeit der Methode unter Anwendung des Medizinprodukts als belegt anzusehen ist. Für eine Methode nach Abs. 1 Satz 4 Nr. 2 ist eine Vereinbarung nach § 6 Abs. 2 Satz 1 KHEntgG oder nach § 6 Abs. 4 Satz 1 BPflV ausgeschlossen; Der Gemeinsame Bundesausschuss entscheidet unverzüglich über eine Richtlinie nach § 137c Abs. 1 Satz 2.

64 Abs. 5 in der Fassung **bis 25.06.2020** sah dagegen noch vor: Die Alternative, dass die **Methode unter Anwendung des Medizinprodukts kein Potenzial für eine erforderliche Behandlungsalternative bot**, wurde in **Abs. 1 Satz 4 Nr. 3 i.V.m. Abs. 5** erfasst. In diesem Fall musste sichergestellt werden, dass entsprechend dem Grundsatz für den Krankenhausbereich nach § 137c »Erlaubnis mit Verbotsvorbehalt« eine Verbotsregelung folgte. Zu dieser war der Gemeinsame Bundesausschuss verpflichtet, die unverzüglich – und innerhalb der gebotenen Verfahrensschritte, wobei einige Wochen unvermeidbar sein waren – zu erfolgen hatte. Dieses Ergebnis hatte zur Folge, dass die Methode für den GKV-Bereich nicht mehr erbracht werden durfte und auch nicht mehr vergütet wurde.

65 Sind die Voraussetzungen des Abs. 5 erfüllt, hat diese zur Folge, dass eine NUB-Entgelt-Vereinbarung (§ 6 Abs. 2 Satz 1 KHEntgG und § 6 Abs. 4 Satz 1 BPflV) betr. diese Methode ausgeschlossen ist, auch mit Wirkung für Selbstzahler und privat versicherte Personen, unter Bezugnahme auf *Hauck/Wiegand* KrV 2016, 1, 8. Änderungen in der Bewertung hat der Gemeinsame Bundesausschuss zu beobachten, auch mit der Folge, dass dann kein Ausschluss der Methode die Folge ist, vgl. *Roters* in KassKomm SGB V § 137h Rn. 40.

### D. Beratung durch den Gemeinsamen Bundesausschuss (Abs. 6)

66 Abs. 6 eröffnet die Möglichkeit einer **Beratung von Krankenhäusern und Herstellern von Medizinprodukten**, die im Vorfeld des Verfahrens nach Abs. 1 dessen Voraussetzungen und Anforderungen betreffen. Da es sich um ein **verpflichtendes Verfahren** handele (so BT-Drs. 18/4095 S. 125), würden Kosten nicht geltend gemacht, da Verfahrensschritte bereits vorgenommen würden, die in der Folge vom Gemeinsamen Bundesausschuss vorgenommen werden müssten.

67 Durch eine Ergänzung mit Wirkung vom 26.05.2020 zu **Abs. 6 Satz 1** wird das Beratungsrecht der Krankenhäuser und Medizinproduktehersteller gestärkt, indem »auf deren Wunsch« auch das Bundesinstitut für Arzneimittel und Medizinprodukte und das Institut für das Entgeltsystem im Krankenhaus in die Beratung durch den Gemeinsamen Bundesausschuss einzubeziehen sind.

Zudem wird klargestellt, dass sich die Beratung nicht nur auf die Einschlägigkeit des Verfahrens nach § 137h bezieht, sondern insbesondere auch auf das Verfahren eine Erprobung einschließlich der Wahlmöglichkeit nach § 137e Abs. 5 Satz 2 zum Gegenstand haben kann. Daraufhin scheint es auch konsequent, wenn mit Abs. 6 Satz 6 bis 8 die weitergehende Beratung gebührenpflichtig ist, vgl. BT-Drs. 19/6337 S. 134 oben zu Doppelbuchst. bb.

In Verbindung mit den Materialien wird deutlich, dass das **Verfahren bereits zu einer Publizität** 68 führen kann. Wenn der Gemeinsame Bundesausschuss eine entsprechende Beschlussfassung im Zusammenhang mit dem Beratungsverfahren beabsichtigt, soll dieser zuvor weiteren betroffenen Krankenhäusern sowie den jeweils betroffenen Medizinprodukteherstellern **Gelegenheit zur Stellungnahme** geben. Bei dem Beschluss des Gemeinsamen Bundesausschusses handelt es sich dann wiederum nicht um einen Richtlinienbeschluss, wohl aber um eine **Feststellung mit normsetzendem Charakter,** mit der Folge der öffentlichen Bekanntmachung. Das Verfahren kann deshalb insgesamt nicht als reines Beratungsverfahren gewertet werden, da dieses bereits in die beschriebene Publizität führen kann.

Auch die Materialien zur Ausgangsfassung verweisen darauf, dass **Krankenhäuser und Hersteller** 69 **von Medizinprodukten** sich im Vorfeld des Verfahrens nach Abs. 1 über dessen Voraussetzungen und Anforderungen im Hinblick auf eine konkrete Methode **beim Gemeinsamen Bundesausschuss beraten** lassen könnten. Auf diese Weise könnten bestehende **Unklarheiten** bereits frühzeitig geklärt werden. Vor dem Hintergrund, dass NUB-Anfragen nach § 6 Abs. 2 Satz 3 KHEntgG beim InEK spätestens jeweils bis zum 31. Oktober eines Jahres einzuholen sind, um für das Folgejahr berücksichtigt werden zu können, sei zu diesem Stichtag auch mit einem erhöhten Arbeitsaufkommen für das Verfahren nach Abs. 1 beim Gemeinsamen Bundesausschuss zu rechnen. Eine **Beratung** beim Gemeinsamen Bundesausschuss im Vorfeld trage dazu bei, das **Verfahren** beim Gemeinsamen Bundesausschuss **zu entzerren**. Da es sich bei dem Verfahren nach Abs. 1 um ein verpflichtendes Verfahren handele und eine Beratung im Vorfeld geeignet ist, dieses Verfahren auch für den Gemeinsamen Bundesausschuss zu erleichtern, würden für die Beratung keine Gebühren erhoben, wohl aber im Sinne der Erweiterungen des Abs. 6 in der Fassung ab 26.05.2020.

Im Rahmen der **Beratung** kann auch bereits **geprüft** werden, ob eine Methode dem Verfahren nach 70 Abs. 1 überhaupt unterfalle, insbesondere ob sie **ein neues theoretisch-wissenschaftliches Konzept aufweist.** Der Gemeinsame Bundesausschuss kann hierzu eine entsprechende Feststellung treffen und damit hinsichtlich der Einschlägigkeit des Verfahrens nach Abs. 1 frühzeitig Rechtssicherheit für betroffene Krankenhäuser und Medizinproduktehersteller schaffen. Die Entscheidung des Instituts für das Entgeltsystem im Krankenhaus über die Möglichkeit zur Vereinbarung eines krankenhausindividuellen NUB-Entgelts nach § 6 Absatz 2 KHEntgG bleibt von der Feststellung des Gemeinsamen Bundesausschusses unberührt.

Wenn der Gemeinsame Bundesausschuss eine entsprechende Beschlussfassung beabsichtige, gibt 71 dieser zuvor weiteren betroffenen Krankenhäusern sowie den jeweils betroffenen Medizinprodukteherstellern Gelegenheit zur Stellungnahme. Bei dem Beschluss des Gemeinsamen Bundesausschusses handele es sich nicht um einen Richtlinienbeschluss, so dass eine Vorlage nach § 94 Abs. 1 (an das BMG) nicht erforderlich ist. Da der **Beschluss** jedoch **normsetzenden Charakter** habe und seine Feststellungen im Hinblick auf das Verfahren nach Abs. 1 verbindlich hat, **bedarf er einschließlich der tragenden Gründe der öffentlichen Bekanntmachung.** § 94 Abs. 2 Satz 1 wird daher für entsprechend anwendbar erklärt, so auch *Leopold* in Hauck/Noftz SGB V 03/18 § 137h Rn. 95 bis 99.

### E. Keine aufschiebende Wirkung von Klagen und ohne Vorverfahren (Abs. 7)

Der allgemeine Rechtsschutz bei Entscheidungen des Gemeinsamen Bundesausschusses wird ver- 72 gleichbar § 137c gewährt, hier unter Hinweis auf § 137e. Dem entspricht der Rechtsschutz bei Entscheidungen i.S.d. § 137h Abs. 5. Zur Umsetzung vgl. *Axer* GesR 2015, 641, 648. Fraglich könnte im Einzelfall sein, ob Rechtsschutz bei einem drohenden wirtschaftlichen Schaden durch die Einleitung oder Fortsetzung eines Prüfverfahrens nach § 137h SGB V droht; für zulässig hält dies *Roters* in KassKomm SGB V 03/2016 § 137h Rn. 45. Dem wird zu folgen sein, wenngleich allein die berufsregelnde Wirkung einer entsprechenden Entscheidung den Rechtsschutz begrenzt; vgl. differenziert *Baierl* in jurisPK-SGB V § 137h Rn. 180.

73 **Klagen bei Streitigkeiten nach § 137h** haben **keine aufschiebende Wirkung** und es findet auch **kein Vorverfahren** statt. Die Regelung soll einer zügigen Durchführung des Verfahrens förderlich sein, wie die Materialien (vgl. BT-Drs. 18/4095 S. 126) ausweisen, vgl. *Baierl* in jurisPK-SGB V 06/2020 § 137h Rn. 180. Eine Einschränkung des Rechtsschutzes folgt zudem auch daraus, dass es sich bei diesen Entscheidungen auch um Maßnahmen mit Rechtsnormcharakter handelt (vgl. BSG Urt. v. 14.05.2014 – B 6 KA 28/13 R – SozR 4-2500 § 135 Nr. 22 – defensive Konkurrentenklage und Anspruch auf gerichtliche Überprüfung, aber Einschränkungen beim Zugang zum Markt durchaus zulässig, vgl. BVerfG Urt. v. 17.12.2002 – 1 BvL 28/95 u.a., GesR 2003, 56, NZS 2003, 144.

74 Auf Antrag (vgl. § 86b Abs. 1 Satz 1 Nr. 2 SGG) kann durch **Beschluss des Gerichts die aufschiebende Wirkung (wieder) hergestellt** werden; ein entsprechender Antrag bedarf des Anordnungsanspruchs (und damit der entsprechenden materiellrechtlichen Erfolgsaussicht) und eines Anordnungsgrundes (drohende Rechtsnachteile ohne die Entscheidung). Zum einstweiligen Rechtsschutz vgl. LSG Thüringen Beschl. v. 12.02.2015 – L 11 KA 1626/14 B ER sowie LSG Hessen Beschl. v. 11.08.2014 – L 4 KA 10/14 B ER.

75 Bei **gravierenden Verfahrensfehlern**, die sich zudem auch auf das Richtlinienergebnis auswirken würden, wird im (seltenen) Ausnahmefall nach hier vertretener Auffassung auch im Vorfeld Rechtsschutz zu gewähren sein. Soweit sich ein Verfahrensfehler im Ergebnis mit Sicherheit fortsetzt entspricht es schon dem Gebot der Verfahrensstraffung und Verfahrenseffektivität, hier für Rechtsklarheit zu sorgen.

76 Eine **vergleichbare Regelung** mit der Rechtsfolge, dass eine **Klage keine aufschiebende Wirkung hat**, findet sich vielfach im SGB V, so zur Kosten-Nutzen-Bewertung von Arzneimitteln in § 35b, ferner zu § 43c betreffend den Zahlungsweg, § 65c betreffend das Klinische Krebsregister, § 71 zur Beitragssatzstabilität, § 73b zur Hausarztzentrierten Versorgung, § 79a zur Verhinderung von Organen und Bestellung eines Beauftragten, sowie in zahlreichen weiteren Fallgestaltungen.

## § 137i Pflegepersonaluntergrenzen in pflegesensitiven Bereichen in Krankenhäusern; Verordnungsermächtigung

(1) ¹Der Spitzenverband Bund der Krankenkassen und die Deutsche Krankenhausgesellschaft überprüfen bis zum 31. August eines Jahres, erstmals bis zum 31. August 2021, im Benehmen mit dem Verband der Privaten Krankenversicherung die in § 6 der Pflegepersonaluntergrenzen-Verordnung festgelegten Pflegepersonaluntergrenzen und vereinbaren im Benehmen mit dem Verband der Privaten Krankenversicherung mit Wirkung vom 1. Januar eines Jahres, erstmals zum 1. Januar 2022, eine Weiterentwicklung der in der Pflegepersonaluntergrenzen-Verordnung festgelegten pflegesensitiven Bereiche in Krankenhäusern sowie der zugehörigen Pflegepersonaluntergrenzen. ²Darüber hinaus legen sie im Benehmen mit dem Verband der Privaten Krankenversicherung bis zum 1. Januar eines Jahres weitere pflegesensitive Bereiche in Krankenhäusern fest, für die sie Pflegepersonaluntergrenzen mit Wirkung für alle zugelassenen Krankenhäuser im Sinne des § 108 bis zum 31. August des jeweils selben Jahres mit Wirkung für das Folgejahr im Benehmen mit dem Verband der Privaten Krankenversicherung vereinbaren.

³Für jeden pflegesensitiven Bereich im Krankenhaus sind die Pflegepersonaluntergrenzen nach den Sätzen 1 und 2 differenziert nach Schweregradgruppen nach dem jeweiligen Pflegeaufwand, der sich nach dem vom Institut für das Entgeltsystem im Krankenhaus entwickelten Katalog zur Risikoadjustierung für Pflegeaufwand bestimmt, festzulegen. ⁴Das Institut für das Entgeltsystem im Krankenhaus hat den Katalog zur Risikoadjustierung für Pflegeaufwand zum Zweck

der Weiterentwicklung und Differenzierung der Pflegepersonaluntergrenzen in pflegesensitiven Bereichen in Krankenhäusern jährlich zu aktualisieren. [5]Für die Ermittlung der Pflegepersonaluntergrenzen sind alle Patientinnen und Patienten gleichermaßen zu berücksichtigen. [6]Die Mindestvorgaben zur Personalausstattung nach § 136 Absatz 1 Satz 1 Nummer 2 und § 136a Absatz 2 Satz 2 und Absatz 5 bleiben unberührt. [7]In den pflegesensitiven Bereichen sind die dazugehörigen Intensiveinheiten, in begründeten Fällen auch Intensiveinheiten außerhalb von pflegesensitiven Krankenhausbereichen, sowie die Besetzungen im Nachtdienst zu berücksichtigen. [8]Die Vertragsparteien nach Satz 1 haben geeignete Maßnahmen vorzusehen, um Personalverlagerungseffekte aus anderen Krankenhausbereichen zu vermeiden. [9]Sie bestimmen notwendige Ausnahmetatbestände und Übergangsregelungen sowie die Anforderungen an deren Nachweis. [10]Für den Fall der Nichterfüllung, der nicht vollständigen oder nicht rechtzeitigen Erfüllung von Mitteilungs- oder Datenübermittlungspflichten sowie für den Fall der Nichteinhaltung der Pflegepersonaluntergrenzen bestimmen die Vertragsparteien nach Satz 1 mit Wirkung für die Vertragsparteien nach § 11 des Krankenhausentgeltgesetzes insbesondere die Höhe und die nähere Ausgestaltung von Sanktionen nach den Absätzen 4b und 5 und schreiben die zu diesem Zweck zwischen dem Spitzenverband Bund der Krankenkassen und der Deutschen Krankenhausgesellschaft getroffene Vereinbarung über Sanktionen bei Nichteinhaltung der Pflegepersonaluntergrenzen vom 26. März 2019, die auf der Internetseite des Instituts für das Entgeltsystem im Krankenhaus veröffentlicht ist, entsprechend fort. [11]Kommt eine Fortschreibung der in Satz 10 genannten Vereinbarung nicht zustande, trifft die Schiedsstelle nach § 18a Absatz 6 des Krankenhausfinanzierungsgesetzes auf Antrag einer Vertragspartei nach Satz 1 innerhalb von sechs Wochen die ausstehenden Entscheidungen. [12]Zur Unterstützung bei der Festlegung der pflegesensitiven Bereiche sowie zur Ermittlung der Pflegepersonaluntergrenzen können sie im Bedarfsfall fachlich unabhängige wissenschaftliche Einrichtungen oder Sachverständige beauftragen. [13]Bei der Ausarbeitung und Festlegung der Pflegepersonaluntergrenzen in pflegesensitiven Bereichen sind insbesondere der Deutsche Pflegerat e. V. – DPR, Vertreter der für Personalfragen der Krankenhäuser maßgeblichen Gewerkschaften und Arbeitgeberverbände, die in § 2 Absatz 1 der Patientenbeteiligungsverordnung genannten Organisationen sowie die Arbeitsgemeinschaft der Wissenschaftlichen Medizinischen Fachgesellschaften e. V. qualifiziert zu beteiligen, indem ihnen insbesondere in geeigneter Weise die Teilnahme an und die Mitwirkung in Beratungen zu ermöglichen sind und ihre Stellungnahmen zu berücksichtigen und bei der Entscheidungsfindung miteinzubeziehen sind.

(2) [1]Bei der Umsetzung der Vorgaben nach Absatz 1 steht das Bundesministerium für Gesundheit im ständigen fachlichen Austausch mit den Vertragsparteien nach Absatz 1 Satz 1 und beteiligt den Beauftragten der Bundesregierung für die Belange der Patientinnen und Patienten sowie Bevollmächtigten für Pflege bei dem in Satz 4 vorgesehenen Verfahrensschritt. [2]Das Bundesministerium für Gesundheit kann zur Unterstützung der Vertragsparteien nach Absatz 1 Satz 1 das Institut nach § 137a mit Gutachten beauftragen; § 137a Absatz 4 Satz 3 gilt entsprechend. [3]Das Bundesministerium für Gesundheit ist berechtigt, an den Sitzungen der Vertragsparteien nach Absatz 1 Satz 1 teilzunehmen, und erhält deren fachliche Unterlagen. [4]Die Vertragsparteien nach Absatz 1 Satz 1 sind verpflichtet, dem Bundesministerium für Gesundheit fortlaufend, insbesondere wenn die Umsetzung der Vorgaben nach Absatz 1 gefährdet ist, und auf dessen Verlangen unverzüglich Auskunft über den Bearbeitungsstand der Beratungen zu geben und mögliche Lösungen für Vereinbarungshindernisse vorzulegen.

(3) [1]Kommt eine der Vereinbarungen nach Absatz 1 ganz oder teilweise nicht zustande, erlässt das Bundesministerium für Gesundheit nach Fristablauf die Vorgaben nach Absatz 1 Satz 1 bis 9 durch Rechtsverordnung ohne Zustimmung des Bundesrates. [2]In der Rechtsverordnung nach Satz 1 können Mitteilungspflichten der Krankenhäuser zur Ermittlung der pflegesensitiven Bereiche sowie Regelungen zu Sanktionen für den Fall geregelt werden, dass ein Krankenhaus Verpflichtungen, die sich aus der Rechtsverordnung oder dieser Vorschrift ergeben, nicht einhält. [3]Das Bundesministerium für Gesundheit kann auf Kosten der Vertragsparteien nach Absatz 1 Satz 1 Datenerhebungen oder Auswertungen in Auftrag geben oder Sachverständigengutachten

einholen. ⁴Das Bundesministerium für Gesundheit kann insbesondere das Institut für das Entgeltsystem im Krankenhaus und das Institut nach § 137a mit Auswertungen oder Sachverständigengutachten beauftragen. ⁵Wird das Institut für das Entgeltsystem im Krankenhaus beauftragt, sind die notwendigen Aufwendungen des Instituts aus dem Zuschlag nach § 17b Absatz 5 Satz 1 Nummer 1 des Krankenhausfinanzierungsgesetzes zu finanzieren. ⁶Für die Aufgaben, die dem Institut für das Entgeltsystem im Krankenhaus nach der Pflegepersonaluntergrenzen-Verordnung oder nach einer Rechtsverordnung nach Satz 1 und nach dieser Vorschrift übertragen sind, gilt das Institut für das Entgeltsystem im Krankenhaus als von den Vertragsparteien nach § 17b Absatz 2 Satz 1 des Krankenhausfinanzierungsgesetzes beauftragt. ⁷Die notwendigen Aufwendungen des Instituts für die Erfüllung dieser Aufgaben sind aus dem Zuschlag nach § 17b Absatz 5 Satz 1 Nummer 1 des Krankenhausfinanzierungsgesetzes zu finanzieren, der erforderlichenfalls entsprechend zu erhöhen ist. ⁸Für die Aufwendungen des Instituts nach § 137a gilt § 137a Absatz 4 Satz 3 entsprechend.

(3a) ¹Das Institut für das Entgeltsystem im Krankenhaus erarbeitet das Konzept zur Abfrage und Übermittlung von Daten, die für die Festlegung von pflegesensitiven Bereichen und zugehörigen Pflegepersonaluntergrenzen im Sinne des Absatzes 1 als Datengrundlage erforderlich sind. ²Soweit für die Herstellung der repräsentativen Datengrundlage nicht Daten aller Krankenhäuser erforderlich sind, legt das Institut für das Entgeltsystem im Krankenhaus in dem Konzept nach Satz 1 auch die Auswahl der Krankenhäuser und die von ihnen zu übermittelnden Daten fest. ³Das Institut für das Entgeltsystem im Krankenhaus bestimmt auf der Grundlage des Konzepts nach Satz 1, welche Krankenhäuser an der Herstellung der repräsentativen Datengrundlage teilnehmen, und verpflichtet sie zur Übermittlung der für die Festlegung von pflegesensitiven Bereichen und zugehörigen Pflegepersonaluntergrenzen erforderlichen Daten. ⁴Die für die Festlegung von pflegesensitiven Bereichen und zugehörigen Pflegepersonaluntergrenzen erforderlichen Daten, die von den Krankenhäusern nicht bereits nach § 21 des Krankenhausentgeltgesetzes übermittelt werden, sind erstmals spätestens bis zum 31. Mai 2019 an das Institut für das Entgeltsystem im Krankenhaus auf maschinenlesbaren Datenträgern zu übermitteln. ⁵Die Vertragsparteien nach § 17b Absatz 2 Satz 1 des Krankenhausfinanzierungsgesetzes vereinbaren Pauschalen, mit denen der Aufwand, der bei den ausgewählten Krankenhäusern bei der Übermittlung der Daten nach Satz 2 entsteht, abgegolten wird. ⁶Die Pauschalen sollen in Abhängigkeit von Anzahl und Qualität der übermittelten Datensätze gezahlt werden. ⁷Die Pauschalen nach Satz 4 sind aus dem Zuschlag nach § 17b Absatz 5 Satz 1 Nummer 1 des Krankenhausfinanzierungsgesetzes zu finanzieren, der entsprechend zu erhöhen ist. ⁸Das Institut bereitet diese Daten in einer Form auf, die eine stations- und schichtbezogene sowie eine nach dem Pflegeaufwand gemäß Absatz 1 Satz 3 entsprechend differenzierte Festlegung der Pflegepersonaluntergrenzen ermöglicht, und stellt sie für die Festlegung von pflegesensitiven Bereichen und zugehörigen Pflegepersonaluntergrenzen im Sinne des Absatzes 1 zur Erfüllung der Aufgaben nach Absatz 1 zur Verfügung.

(4) ¹Für die Jahre ab 2019 haben die Krankenhäuser durch Bestätigung eines Wirtschaftsprüfers, einer Wirtschaftsprüfungsgesellschaft, eines vereidigten Buchprüfers oder einer Buchprüfungsgesellschaft den Vertragsparteien nach Absatz 1 Satz 1, den Vertragsparteien nach § 11 des Krankenhausentgeltgesetzes und der jeweiligen für die Krankenhausplanung zuständigen Behörde den Erfüllungsgrad der Einhaltung der Pflegepersonaluntergrenzen, die in § 6 der Pflegepersonaluntergrenzen-Verordnung, in einer Vereinbarung nach Absatz 1 oder in einer Verordnung nach Absatz 3 Satz 1 festgelegt wurden, differenziert nach Berufsbezeichnungen und unter Berücksichtigung des Ziels der Vermeidung von Personalverlagerungseffekten, nachzuweisen. ²Zu diesem Zweck schreiben die Vertragsparteien nach Absatz 1 Satz 1 mit Wirkung für die Vertragsparteien nach § 11 des Krankenhausentgeltgesetzes die zwischen dem Spitzenverband Bund der Krankenkassen und der Deutschen Krankenhausgesellschaft getroffene Vereinbarung über den Nachweis zur Einhaltung von Pflegepersonaluntergrenzen vom 28. November 2018, die auf der Internetseite des Instituts für das Entgeltsystem im Krankenhaus veröffentlicht ist, jährlich bis zum 1. November, erstmals für das Jahr 2020 zum 1. November 2019, entsprechend

den in einer Vereinbarung nach Absatz 1 oder in einer Verordnung nach Absatz 3 Satz 1 festgelegten Vorgaben zu den Pflegepersonaluntergrenzen fort. ³Die Krankenhäuser übermitteln den Nachweis zum 30. Juni jeden Jahres für das jeweils vorangegangene Kalenderjahr, erstmals für das Jahr 2019 zum 30. Juni 2020. ⁴Der Erfüllungsgrad der Einhaltung der in § 6 der Pflegepersonaluntergrenzen-Verordnung, in einer Vereinbarung nach Absatz 1 oder in einer Verordnung nach Absatz 3 Satz 1 festgelegten Vorgaben, differenziert nach Berufsbezeichnungen, ist in den Qualitätsberichten der Krankenhäuser nach § 136b Absatz 1 Satz 1 Nummer 3 darzustellen. ⁵Kommt eine Fortschreibung der in Satz 2 genannten Vereinbarung bis zum 1. November des jeweiligen Jahres nicht zustande, trifft die Schiedsstelle nach § 18a Absatz 6 des Krankenhausfinanzierungsgesetzes auf Antrag einer Vertragspartei nach Satz 1 innerhalb von sechs Wochen die ausstehenden Entscheidungen. ⁶Die Krankenhäuser teilen zusätzlich den jeweiligen Vertragsparteien nach § 11 des Krankenhausentgeltgesetzes und dem Institut für das Entgeltsystem im Krankenhaus einmal je Quartal die Anzahl der Schichten mit, in denen die in § 6 der Pflegepersonaluntergrenzen-Verordnung, in einer Vereinbarung nach Absatz 1 oder in einer Verordnung nach Absatz 3 Satz 1 festgelegten Pflegepersonaluntergrenzen nicht eingehalten worden sind. ⁷Die Mitteilung muss spätestens bis zum Ablauf von zwei Wochen nach Beginn des folgenden Quartals, aufgeschlüsselt nach Monaten und nach der Art der Schicht, erfolgen. ⁸Das Institut für das Entgeltsystem im Krankenhaus übermittelt den Vertragsparteien nach Absatz 1 Satz 1, den jeweils zuständigen Landesbehörden, den Landesverbänden der Krankenkassen und den Ersatzkassen sowie auf Anforderung dem Bundesministerium für Gesundheit einmal je Quartal eine Zusammenstellung der Angaben nach Satz 6.

(4a) ¹Das Institut für das Entgeltsystem im Krankenhaus veröffentlicht bis zum 15. Februar eines Jahres, erstmals zum 15. Februar 2019, auf seiner Internetseite für jedes Krankenhaus unter Nennung des Namens und des Institutionskennzeichens des jeweiligen Krankenhauses und soweit möglich für jeden Standort eines Krankenhauses gesondert
1. die Angaben der Krankenhäuser über die pflegesensitiven Bereiche in den Krankenhäusern, die diese auf Grund der in § 5 Absatz 3 und 4 der Pflegepersonaluntergrenzen-Verordnung, in einer Vereinbarung der Vertragsparteien nach Absatz 1 oder in einer Verordnung nach Absatz 3 Satz 1 festgelegten Mitteilungspflichten übermittelt haben,
2. die jeweils geltenden Pflegepersonaluntergrenzen und
3. den auf der Grundlage des Katalogs zur Risikoadjustierung für Pflegeaufwand ermittelten Pflegeaufwand in den pflegesensitiven Bereichen in den Krankenhäusern.

²Der Standort eines Krankenhauses bestimmt sich nach § 2 der zwischen dem Spitzenverband Bund der Krankenkassen und der Deutschen Krankenhausgesellschaft nach § 2a Absatz 1 des Krankenhausfinanzierungsgesetzes getroffenen Vereinbarung über die Definition von Standorten der Krankenhäuser und ihrer Ambulanzen vom 29. August 2017, die auf der Internetseite der Deutschen Krankenhausgesellschaft veröffentlicht ist.

(4b) ¹Für Krankenhäuser, die ihre nach § 5 Absatz 3 und 4 der Pflegepersonaluntergrenzen-Verordnung, ihre in einer Vereinbarung der Vertragsparteien nach Absatz 1 oder ihre in einer Verordnung nach Absatz 3 Satz 1 festgelegten Mitteilungspflichten nicht, nicht vollständig oder nicht rechtzeitig erfüllen, haben die Vertragsparteien nach § 11 des Krankenhausentgeltgesetzes entsprechend der Bestimmung nach Absatz 1 Satz 10 Vergütungsabschläge zu vereinbaren. ²Zudem haben die Vertragsparteien nach § 11 des Krankenhausentgeltgesetzes entsprechend der Bestimmung nach Absatz 1 Satz 10 Vergütungsabschläge für Krankenhäuser, die nach Absatz 3a Satz 2 vom Institut für das Entgeltsystem im Krankenhaus zur Lieferung von Daten ausgewählt wurden und ihre Pflicht zur Übermittlung von Daten nach Absatz 3a Satz 3 nicht, nicht vollständig oder nicht rechtzeitig erfüllen, zu vereinbaren. ³Das Institut für das Entgeltsystem im Krankenhaus unterrichtet jeweils die Vertragsparteien nach § 11 des Krankenhausentgeltgesetzes über Verstöße gegen die in den Sätzen 1 und 2 genannten Pflichten der Krankenhäuser.

(4c) Widerspruch und Klage gegen Maßnahmen zur Ermittlung der pflegesensitiven Bereiche in den Krankenhäusern, gegen Maßnahmen zur Festlegung von Pflegepersonaluntergrenzen für die pflegesensitiven Bereiche in den Krankenhäusern sowie gegen Maßnahmen zur Begründung der Verpflichtung der Krankenhäuser zur Übermittlung von Daten nach Absatz 3a Satz 2 und 3 haben keine aufschiebende Wirkung.

(5) ¹Hält ein Krankenhaus die in einer Vereinbarung nach Absatz 1 oder in einer Verordnung nach Absatz 3 Satz 1 oder in der Pflegepersonaluntergrenzen-Verordnung festgelegten verbindlichen Pflegepersonaluntergrenzen nicht ein, ohne dass ein nach Absatz 1 Satz 9 oder Absatz 3 oder in der Pflegepersonaluntergrenzen-Verordnung bestimmter Ausnahmetatbestand vorliegt oder die Voraussetzungen einer nach Absatz 1 Satz 9 oder Absatz 3 oder in der Pflegepersonaluntergrenzen-Verordnung bestimmten Übergangsregelung erfüllt sind, haben die Vertragsparteien nach § 11 des Krankenhausentgeltgesetzes ab dem 1. April 2019 entsprechend der Bestimmung nach Absatz 1 Satz 10 Sanktionen in Form von Vergütungsabschlägen oder einer Verringerung der Fallzahl zu vereinbaren. ²Verringerungen der Fallzahl sind mindestens in dem Umfang zu vereinbaren, der erforderlich ist, um die Unterschreitung der jeweiligen Pflegepersonaluntergrenze auszugleichen. ³Vergütungsabschläge sind in einer Höhe zu vereinbaren, die in einem angemessenen Verhältnis zum Grad der Nichteinhaltung der jeweiligen Pflegepersonaluntergrenze steht. ⁴Die in Satz 1 genannten Sanktionen können durch die Vereinbarung von Maßnahmen ergänzt werden, die das Krankenhaus zur Gewinnung zusätzlichen Pflegepersonals zu ergreifen hat. ⁵In begründeten Ausnahmefällen können die Vertragsparteien nach § 11 des Krankenhausentgeltgesetzes vereinbaren, dass bereits vereinbarte Sanktionen ausgesetzt werden.

(6) Die Vertragsparteien nach Absatz 1 Satz 1 legen dem Deutschen Bundestag über das Bundesministerium für Gesundheit bis zum 31. Dezember 2023 einen wissenschaftlich evaluierten Bericht über die Auswirkungen der festgelegten Pflegepersonaluntergrenzen in den pflegesensitiven Bereichen in Krankenhäusern vor.

## Übersicht

| | Rdn. |
|---|---|
| A. Regelungsinhalt | 1 |
| B. Festlegung pflegesensitiver Bereiche und Personaluntergrenzen (Abs. 1) | 9 |
| I. Auftrag zur Festlegung von verbindlichen Personaluntergrenzen (Abs. 1 Satz 1 bis 4) | 9 |
| II. Vorgaben für die Ermittlung der Personaluntergrenzen (Abs. 1 Satz 5 bis 7) | 15 |
| III. Vermeidung von Verlagerungseffekten und Vergütungsabschläge (Abs. 1 Satz 8 bis 10) | 21 |
| IV. Verfahren zur Festlegung der pflegeintensiven Bereiche und der Pflegepersonaluntergrenzen (Abs. 1 Satz 11 bis 13) | 25 |
| C. Aufgaben und Berechtigungen des BMG (Abs. 2) und Ersatzvornahme durch das BMG (Abs. 3) sowie Aufgaben des Instituts für das Entgeltsystem im Krankenhaus (Abs. 3a) | 31 |
| I. Fachlicher Austausch des BMG und Einbeziehung des IQTIG sowie Berichtspflichten der Vertragsparteien (Abs. 2) | 31 |
| II. Ersatzvornahme durch das BMG (Abs. 3 Satz 1 und 2 sowie Satz 3) | 34 |
| III. Einbeziehung des Instituts für das Entgeltsystem im Krankenhaus (InEK) sowie dessen Tätigkeit (Abs. 3 Satz 4 bis 7) | 37 |
| IV. Aufwendungen des IQTIG nach § 137a SGB V (Abs. 3 Satz 8) | 41 |
| V. Aufgaben des InEK nach Abs. 3a | 42 |
| D. Nachweis des Erfüllungsgrades durch die Krankenhäuser (Abs. 4) sowie Transparenz, Patientenschutz und Mitteilungspflichten | 49 |
| I. Nachweis des Erfüllungsgrades und Vorgaben hierfür (Abs. 4 Satz 1) | 50 |
| II. Vereinbarung über die Ausgestaltung der Nachweise und Verfahren hierzu (Abs. 4 Satz 2 bis 5) | 51 |
| III. Mitteilungspflichten der Krankenhäuser nach Abs. 4 Satz 6 und 7 | 57 |
| IV. Übermittlung einer Zusammenstellung durch das InEK nach Abs. 4 Satz 8 | 59 |
| E. Veröffentlichungen des InEK nach Maßgabe des Abs. 4a und Folgeregelungen nach Abs. 4b und 4c | 60 |
| F. Rechtsfolgen bei Nichteinhaltung verbindlich festgelegter Pflegepersonaluntergrenzen (Abs. 5) | 66 |
| G. Berichtspflicht der Vertragsparteien bis Ende 2022 (Abs. 6) | 71 |

## A. Regelungsinhalt

§ 137i gilt in der Fassung des Art. 1 Nr. 48 GVWG vom 11.07.2021 (BGBl. I S. 2754) mit Wirkung vom 20.07.2021. Die Erläuterungen stellen wesentlich auf § 137i in der Fassung durch Art. 5 Nr. 10a GKV-FKG vom 22.03.2020 (BGBl. I S. 604) mit Wirkung vom 01.04.2020 ab. Zu den nachfolgenden Änderungen vgl. Erläuterungen unter Rdn. 8a.

§ 137i wurde mit Wirkung vom 25.07.2017 in das SGB V aufgenommen und sieht die Einführung von Pflegepersonaluntergrenzen in pflegesensitiven Bereichen vor. Pflegesensitive Bereiche im Krankenhaus waren festzustellen und sodann unter Einbeziehung der Privaten Krankenversicherung bereits bis zum 30.06.2018 mit Wirkung vom 01.01.2019 verbindlichen Pflegepersonaluntergrenzen für alle zugelassenen Krankenhäuser (§ 108) zu vereinbaren. § 137i ist mit dem **Pflegepersonal-Stärkungsgesetz – PpSG mit Wirkung vom 01.01.2019** nochmals deutlich erweitert und konkretisiert worden. Regelungen sind **zwingender gefasst** und mit **Sanktionen** (Abs. 5) verbunden. **Umfangreiche Berichts- und Mitteilungspflichten** sind hinzugekommen, die insgesamt einer Art Neufassung des § 137i – bei Beibehaltung der Zielsetzungen – entsprechen, vgl. BT-Drs. 19/5593 zur Ausschussberatung des PpSG.

Für die Ausgangsfassung des § 137i wurden Ergebnisse und Konsequenzen aus den Beratungen der **Expertenkommission** »Pflegepersonal im Krankenhaus« umgesetzt, wie die Materialien (BT-Drs. 18/12604 S. 78) ausweisen. Nach dem in der Begründung zum Gesetzentwurf des Krankenhausstrukturgesetzes (BT-Drs. 18/5372 S. 62, Begründung zu Artikel 2 Nummer 4 Buchst. i Doppelbuchst. jj) festgelegten **Arbeitsauftrag** sollte die Expertenkommission prüfen, ob im Diagnosis Related Groups (DRG)-System oder über ausdifferenzierte Zusatzentgelte ein erhöhter Pflegebedarf von an Demenz erkrankten bzw. pflegebedürftigen Patientinnen und Patienten oder von Menschen mit Behinderung (**Themenkomplex 1**) und der allgemeine Pflegebedarf (**Themenkomplex 2**) in Krankenhäusern sachgerecht abgebildet werden, und ggf. Verbesserungsvorschläge unterbreiten. Zudem sollte sich die Expertinnen- und Expertenkommission der Frage widmen, auf welche Weise die Verwendung der nach Auslaufen des Pflegestellen-Förderprogramms zur Verfügung gestellten Finanzmittel in Höhe von jährlich bis zu 330 Millionen Euro für die Finanzierung von Pflegepersonal sichergestellt werden kann (**Themenkomplex 3**).

Aus den unter dem 07.03.2017 vorgelegten Schlussfolgerungen aus den Beratungen der Expertenkommission ergab sich ein kurzfristiger gesetzgeberischer Handlungsbedarf bezüglich der **Themenkomplexe 2 und 3** (allgemeiner Pflegebedarf und Sicherstellung) zur Sicherung des Patientenschutzes und der Versorgungsqualität in der pflegerischen Patientenversorgung. Die Erfahrungen, die in anderen Staaten mit Personalmindeststandards gemacht worden seien, zeigten ausweislich der Materialien, dass diese eine wichtige Voraussetzung zur Entlastung des Pflegepersonals in Krankenhäusern seien. Die erforderliche zügige Umsetzung hat dann zur Aufnahme dieses Regelungskomplexes in das Gesetz zur Modernisierung der epidemiologischen Überwachung übertragbarer Krankheiten geführt, ohne hier einen zwingenden Zusammenhang mit den Schwerpunkten dieses Gesetzes aufweisen zu können.

**Pflegesensitive Krankenhausbereiche** sind nach den Vorgaben des Gesetzgebers solche Bereiche, in denen aus Sicht des Patientenschutzes sowie aus Sicht der Versorgungsqualität ein Zusammenhang zwischen der **Anzahl der Pflegekräfte** sowie dem **Vorkommen von unerwünschten Ereignissen** besteht. Solche zu vermeidenden Ereignisse sind etwa Infektionen, ein Dekubitus oder speziell Infektionen der Operationswunde. Dabei sind auch Fehlermeldesysteme sowie Informationen aus dem Beschwerdemanagement der Krankenkassen ausgewertet worden.

Die bis Ende 2017 erfolgte Umsetzung ist in einem Zwischenbericht des GKV-Spitzenverbandes und der DKG an das BMG vom 30.01.2018 zusammengefasst (nachgewiesen vom GKV-Spitzenverband im Internet). Ab dem 01.01.2019 gelten die vereinbarten **Pflegepersonaluntergrenzen** für die Krankenhäuser verbindlich. Diese Zielsetzung ist mit dem Pflegepersonal-Stärkungsgesetz – PpSG weitergeführt worden, verbunden mit weiteren Aufträgen. Auf die Datenlage bezüglich der Vereinbarungen wird Bezug genommen.

7 Seit Juli 2017 arbeiten DKG und GKV-Spitzenverband im Benehmen mit der PKV intensiv an der Normierung von Pflegepersonaluntergrenzen für pflegesensitive Bereiche. Bezüglich der **pflegesensitiven Bereiche** ist eine Einigung dahingehend erfolgt, dass diese in der Neurologie, der Geriatrie, der Herzchirurgie, der Kardiologie, der Unfallchirurgie (für Allgemeine Chirurgie) und der Intensivmedizin festzustellen seien. Die **Erlangung weiterer Erkenntnisse** hierzu wurde eingeleitet, auch durch Befragungen. Es handelt sich ausweislich des **Abs. 1 Satz 4, Abs. 3a, Abs. 5** und weiterer Regelungen jeweils in der Fassung ab 01.01.2019 um ein »**dynamisches Prinzip**«, das unter Mitwirkung aller Beteiligten fortgeschrieben werden soll.

8 Weiterhin haben die Vertragsparteien sich darüber verständigt, den **Pflegebedarf** bzw. die **Pflegelast** bei der Festlegung von **Pflegepersonaluntergrenzen** zu berücksichtigen. Das Institut für Entgeltsysteme im Krankenhaus – InEK – entwickle derzeit ein entsprechendes Pflegelastkonzept, das auf den Pflegepersonalkostenanteilen der DRG's basiere. Im Ergebnis werde ein Pflegelast-Katalog berechnet, der für jede DRG-Position die Pflegelast pro Verweildauer sowie additive Komponenten für pflegekostenrelevante Zusatzentgelte enthalte. Die zu ermittelnde Pflegelast je pflegesensitiven Bereich solle in einem weiteren Schritt bei der Festlegung von Pflegepersonaluntergrenzen Berücksichtigung finden. Bezüglich der weiteren Methodik wird auf die Erläuterungen Bezug genommen.

8a § 137i Abs. 1 Satz 1 wurde bezüglich der Daten geändert, Abs. 1 Satz 2 wurde neu gefasst (Einbeziehung weiterer pflegesensitiver Bereiche), Abs. 1 Satz 6 klarstellend angepasst und Abs. 6 geändert (Verschiebung der Verpflichtung zur Vorlage eines wissenschaftlich evaluierten Berichts über die Auswirkungen der festgelegten Pflegepersonaluntergrenzen in den pflegesensitiven Bereichen in Krankenhäusern um ein Jahr, hier bis zum 31.12.2023) durch Art. 1 Nr. 48 Gesetz zur Weiterentwicklung der Gesundheitsversorgung (Gesundheitsversorgungsweiterentwicklungsgesetz – GVWG) vom 11.07.2021 (BGBl. I S. 2754) mit Wirkung vom 20.07.2021. Zur Begründung dieser in der Ausschussberatung maßgeblich abgefassten Regelung vgl. BT-Drs. 19/30560 S. 47, 48. Auf die eingehenden Hinweise hierzu in den Materialien wird Bezug genommen.

### B. Festlegung pflegesensitiver Bereiche und Personaluntergrenzen (Abs. 1)

#### I. Auftrag zur Festlegung von verbindlichen Personaluntergrenzen (Abs. 1 Satz 1 bis 4)

9 In **Abs. 1 Satz 1** in der Fassung bis 31.12.2018 wurden der GKV-Spitzenverband und die DKG bereits beauftragt, im Benehmen mit dem Verband der PKV **pflegesensitive Bereiche im Krankenhaus festzulegen** und in diesen pflegesensitiven Bereichen im Benehmen mit dem Verband der PKV **Pflegepersonaluntergrenzen** spätestens bis zum 30.06.2018 **mit Wirkung zum 01.01.2019** für die nach § 108 zugelassenen Krankenhäuser, **verbindlich zu vereinbaren**. Bei diesen Pflegepersonaluntergrenzen handelte es sich in Übereinstimmung mit den Materialien (BT-Drs. 18/12604 S. 78) um Verhältniszahlen, die das Mindestverhältnis Pflegekraft pro Patient abbilden, vgl. Zu Abs. 1 Satz 1 a.F. mit Bezug zur Nachfolgeregelung *Engelmann* in jurisPK-SGB V § 137i Rn. 13.

10 Mit Wirkung vom **01.01.2019** wurde der Auftrag in Abs. 1 Satz 1 neu gefasst und weitergeführt, nachdem die »Verordnung zur Festlegung von Pflegepersonaluntergrenzen in pflegesensitiven Bereichen in Krankenhäusern – Pflegepersonaluntergrenzen-Verordnung – PpUGV « vom 11.10.2018 – BGBl. I S. 1632 verfügbar ist. Der GKV-Spitzenverband und die DKG überprüfen danach **bis zum 31.08.2019** im Benehmen mit dem Verband der privaten Krankenversicherung die in § 6 PpUGV festgelegten Pflegepersonaluntergrenzen und vereinbaren im Benehmen mit dem Verband der Privaten Krankenversicherung mit Wirkung vom zum 01.01.2020 einer **Weiterentwicklung** der in der PpUGV festgelegten pflegesensitiven Bereiche in Krankenhäusern sowie der zugehörigen Pflegepersonaluntergrenzen.

11 Maßgeblich ist zum Redaktionszeitpunkt (März 2021) die Verordnung zur Festlegung von Pflegepersonaluntergrenzen in pflegesensitiven Bereichen in Krankenhäusern für das Jahr 2021 – Pflegepersonaluntergrenzen-Verordnung – PpUGV vom 09.11.2020 – BGBl. I S. 2357 – mit Wirkung vom 14.11. 2020, ersetzt Verordnung vom 28.10.2019 – BGBl. I S. 1492.

Zu diesem Zweck haben die **Vertragsparteien auf Bundesebene** ausweislich der Materialien (BT-Drs. 19/5593 S. 118) zum einen die **bereits festgelegten Untergrenzen** aufgrund zwischenzeitlich vorliegender aktuellerer Datengrundlagen zu überprüfen und ggf. deren Höhe anzupassen. Außerdem seien die Untergrenzen in einem entsprechend dem **Institut für das Entgeltsystem im Krankenhaus (InEK)** ermittelten Pflegeaufwand differenzierten Höhe festzulegen. Darüber hinaus hätten die Vertragspartner Pflegepersonaluntergrenzen auch für die **pflegesensitiven Bereiche der Neurologie und der Herzchirurgie** zu vereinbaren (Abs. 1 Satz 2 Nr. 1), für die in der PpUGV noch keine Pflegepersonaluntergrenzen hätten festgelegt werden können. Auch diese Untergrenzen seien in einer entsprechend dem Pflegeaufwand zu differenzierenden Höhe festzulegen. Schließlich hätten sie **in jährlichen Abständen** weitere pflegesensitive Bereiche im Krankenhaus und die hierfür geltenden Pflegepersonaluntergrenzen festzulegen, Abs. 1 Satz 2 Nr. 2. Diese neuen Pflegepersonaluntergrenzen sollten erstmals zum 01.01.2021 gelten, dann aber in einer angepassten Verordnung.

**Abs. 1 Satz 3** konkretisiert die **Vorgehensweise** insoweit weiter: Für jeden pflegesensitiven Bereich im Krankenhaus sind die Pflegepersonaluntergrenzen nach Abs. 1 Satz 1 und 2 differenziert nach Schweregradgruppen nach dem jeweiligen Pflegeaufwand, der sich nach dem vom InEK entwickelten Katalog zur Risikoadjustierung für Pflegeaufwand bestimmt, festzulegen.

**Abs. 1 Satz 4** gibt dem InEK den Auftrag, den Katalog zur Risikoadjustierung für den Pflegeaufwand zum Zweck der Weiterentwicklung und Differenzierung der Pflegepersonaluntergrenzen in pflegesensitiven Bereichen in Krankenhäusern jährlich zu aktualisieren. Schon aus diesem Auftrag folgt, dass das Institut dieser Arbeit nur realisieren kann, wenn hierfür ausreichend Daten zur Verfügung stehen. Diese Daten sind dem Institut zur Verfügung zu stellen, wobei zugleich auch die Information- und Meldepflichten gegenüber Bund und Land erfüllt werden können. Um nicht eine übermäßig große Datenflut insoweit bewegen zu müssen, auch im Hinblick auf den Datenschutz, wird erwogen, jedenfalls für die Tätigkeit des Instituts die Auswahl der Daten unter Einbeziehung insoweit repräsentativer und geeigneter Krankenhäuser zu begrenzen.

## II. Vorgaben für die Ermittlung der Personaluntergrenzen (Abs. 1 Satz 5 bis 7)

Nach **Abs. 1 Satz 5** sind bei der Ermittlung dieser Verhältniszahlen alle Patientinnen und Patienten gleichermaßen, das heißt unterschiedslos zu berücksichtigen. Unterschiede etwa hinsichtlich des Versicherungsstatus spielen daher für die Bildung der Verhältniszahlen keine Rolle. Die Pflegepersonaluntergrenzen gelten gemäß **Abs. 1 Satz 6** (in der Fassung bis 31.12.2018 Satz 3) **nicht für die stationären Einrichtungen der psychiatrischen und psychosomatischen Versorgung**, da die entsprechenden Mindestvorgaben für diese Einrichtungen vom Gemeinsamen Bundesausschuss nach § 136a Abs. 2 festgelegt werden.

Von der Vereinbarung sei insbesondere Pflegepersonal in der unmittelbaren Patientenversorgung auf bettenführenden Stationen zu erfassen (vgl. § 4 Abs. 8 KHEntgG), worauf die Materialien zur Fassung bis 31.12.2018 hinweisen. Dazu zählten examinierte Gesundheits- und Krankenpfleger und -pflegerinnen mit mindestens drei Jahren Berufsausbildung, zusätzlich könnten beispielsweise auch ergänzend Pflegehelferinnen und Pflegehelfer berücksichtigt werden. Die zu treffenden Vorgaben seien im Verhältnis Patient pro Pflegekraft als Personalbelastungszahlen (Fallzahl pro Pflegerin oder Pfleger pro Schicht), sog. »nurse-to-patient-ratios«, darzustellen.

Als pflegesensitive Krankenhausbereiche seien aus Erwägungen des Patientenschutzes und der Qualitätssicherung in der Versorgung solche zu verstehen, für die ein Zusammenhang zwischen der Zahl an Pflegerinnen und Pflegern und dem Vorkommen pflegesensitiver Ergebnisindikatoren, sog. **unerwünschter Ereignisse** evident sei. Dies bedeute, dass **pflegesensitive Krankenhausbereiche für unerwünschte Ereignisse anfällig** seien, soweit dort eine Pflegepersonalunterbesetzung vorliege.

Nach **Abs. 1 Satz 7** sind zur Gewährleistung einer hochwertigen Versorgung in den pflegesensitiven Bereichen die dazugehörigen Intensiveinheiten sowie die Besetzungen im Nachtdienst zu berücksichtigen, wie die Materialien zur Fassung bis 31.12.2018 (BT-Drs. 18/12604 S. 79) weiter ausweisen. Dabei sei zu beachten, dass **Intensiveinheiten** bettenführende eigene Abteilungen oder auch einzelne Betten in anderen, eigenen Fachabteilungen sein könnten. In begründeten Fällen könnten auch für Intensiveinheiten, die **außerhalb** von pflegesensitiven Krankenhausbereichen lägen, sich aber dennoch ihrerseits **als pflegesensitiv erwiesen**, von den Vertragsparteien nach Abs. 1 Satz 1 **Pflegepersonaluntergrenzen** festgelegt werden.

19 Damit solle sichergestellt werden, dass auch für **Intensiveinheiten in nicht pflegesensitiven Bereichen**, in Fällen festgestellter Pflegesensitivität Pflegepersonaluntergrenzen festgelegt werden könnten, ohne dass dadurch die grundsätzliche Beschränkung auf pflegesensitive Bereiche aufgegeben werde. Die Berücksichtigung der Besetzung im **Nachtdienst** gelte für die festzulegenden pflegesensitiven Bereiche; sie könne in begründeten Fällen auch in anderen Bereichen erfolgen.

20 Durch die weitere Konkretisierung der Personalvorgaben, die nachfolgend vorgenommen wurde, sind Abänderungen erfolgt. Zudem ist mit der Personaluntergrenzen-Verordnung – PpUGV und deren Fortschreibung – so für 2021 – eine weitere Differenzierung verfügbar.

### III. Vermeidung von Verlagerungseffekten und Vergütungsabschläge (Abs. 1 Satz 8 bis 10)

21 In **Abs. 1 Satz 8** wird geregelt, dass die Vertragsparteien nach Abs. 1 Satz 1 bei der Festlegung der Pflegepersonaluntergrenzen **geeignete Maßnahmen zur Vermeidung von Personalverlagerungen aus anderen Krankenhausbereichen**, sog. Substitutionseffekte, vorzusehen haben (Vermeidung von Personalverlagerungseffekten aus anderen Krankenhausbereichen). Dadurch solle in Übereinstimmung mit den Materialien (BT-Drs. 18/12604 S. 79) sichergestellt werden, dass eine **Verschlechterung der Versorgungsqualität** in diesen anderen Bereichen nicht eintrete.

22 Die Einhaltung der Pflegepersonaluntergrenzen in pflegesensitiven Bereichen darf folglich nicht zu Lasten der Personalausstattung in anderen Bereichen gehen, was hiermit sichergestellt werden soll. Ein Hinweis auf mögliche Substitutionseffekte könne beispielsweise dann gegeben sein, wenn sich das klinikindividuelle Verhältnis von Pflegepersonal zu Belegungstagen im Bereich der nicht pflegesensitiven Bereiche erkennbar verringert habe. Bei der Beurteilung, ob es zu **unzulässigen Personalverlagerungen** gekommen sei, sei auch die unterschiedliche Pflegepersonalausstattung der jeweiligen Krankenhäuser in der Ausgangslage zu berücksichtigen.

23 Gemäß **Abs. 1 Satz 9** bestimmen die Vertragsparteien nach Abs. 1 Satz 1 – soweit er die Materialien, BT-Drs. 18/12604 S. 79 – zwingend notwendige Ausnahmetatbestände und notwendige Übergangsregelungen. Damit werde sichergestellt, dass bei Wahrung der Verbindlichkeit der Pflegepersonaluntergrenzen Fälle ihrer unverschuldeten Nichteinhaltung Berücksichtigung fänden. In Betracht kämen dabei etwa **kurzfristige Personalengpässe sowie starke Erhöhungen der Patientenzahl durch unvorhersehbare Ereignisse** (beispielsweise Epidemien oder Großschadensereignisse). Notwendige Übergangsregelungen seien von Bedeutung in Fällen wesentlicher Umsetzungshindernisse, die von der einzelnen Einrichtung nicht zu beeinflussen seien, wie beispielsweise ein etwaiger Fachkräftemangel auf dem Arbeitsmarkt. Das **Vorliegen eines unverschuldeten Ausnahmetatbestandes** sowie die Voraussetzungen einer **Übergangsregelung** habe das jeweilige Krankenhaus in geeigneter Weise nachzuweisen.

24 Nach Abs. 1 Satz 7 in der Fassung bis 31.12.2018 haben die Vertragsparteien nach Abs. 1 Satz 1 für den Fall der **Nichteinhaltung der Pflegepersonaluntergrenzen** mit Wirkung für die Vertragsparteien nach § 11 KHEntgG insbesondere die Höhe und die nähere Ausgestaltung von **Vergütungsabschlägen** zu bestimmen. Diese Regelung ist mit dem PpSG mit Wirkung vom 01.01.2019 grundsätzlich übernommen worden, jedoch hinsichtlich der Auswirkungen an Abs. 5 unter Hinweis auf »Sanktionen« statt »Vergütungsabschlägen« angepasst worden. Mit Abs. 1 Satz 7 a.F. sollte die Einhaltung der Pflegepersonaluntergrenzen gefördert werden; dies gilt über den 01.01.2019 hinaus auch für Abs. 1 Satz 10 n.F. Denkbar sei als zusätzliche Maßnahme etwa auch die **Festlegung von Anhörungs- und Konsultationsverfahren**. Beispielsweise könnte bei Unterschreitung der Pflegepersonaluntergrenzen das Krankenhaus in einem solchen Konsultationsverfahren darlegen, inwieweit die Voraussetzungen für das Vorliegen eines Ausnahmetatbestandes gegeben seien.

### IV. Verfahren zur Festlegung der pflegeintensiven Bereiche und der Pflegepersonaluntergrenzen (Abs. 1 Satz 11 bis 13)

Zur Unterstützung bei der **Festlegung der pflegesensitiven Bereiche** sowie zur Ermittlung der **Pflegepersonaluntergrenzen** können die Vertragsparteien im Bedarfsfall **fachliche unabhängige wissenschaftliche Einrichtungen oder Sachverständige** beauftragen, **Abs. 1 Satz 11**. Angesichts des vorgesehenen Zeitrahmens bis Mitte 2018 und des Ziels einer erfolgreichen Festsetzung durch die Selbstverwaltung waren bei der Umsetzung der Pflegepersonaluntergrenzen in pflegesensitiven Krankenhausbereichen sowohl wissenschaftliche als auch typisierend-normative Ansätze denkbar, wie die Materialien (BT-Drs. 18/12604 S. 80) ausweisen. Vor diesem Hintergrund stehe es nach Abs. 1 Satz 8 in der Fassung bis 31.12.2018 im Ermessen der Vertragsparteien nach Abs. 1 Satz 1, ob sie im Bedarfsfall zur Unterstützung bei der Festlegung der pflegesensitiven Bereiche sowie der Ermittlung der Pflegepersonaluntergrenzen fachlich unabhängige wissenschaftliche Einrichtungen oder Sachverständige beauftragen. Sinngemäß gilt dies über den 01.01.2019 hinaus. 25

**Abs. 1 Satz 12** sieht vor, dass bei der Ausarbeitung und Festlegung der Pflegepersonaluntergrenzen in pflegesensitiven Bereichen der Deutsche Pflegerat, Vertreter der für Personalfragen der Krankenhäuser maßgeblichen Gewerkschaften und Arbeitgeberverbände, die in § 2 Abs. 1 Patientenbeteiligungsverordnung genannten Organisationen sowie die Arbeitsgemeinschaft der Wissenschaftlichen Medizinischen Fachgesellschaften e.V. qualifiziert zu beteiligen sind. Das bedeute in Übereinstimmung mit den Materialien (BT-Drs. 18/12604 S. 80), dass den vorgenannten Verbänden in geeigneter Weise die Teilnahme an und die Mitwirkung in Beratungen zu ermöglichen sei. Ihre Stellungnahmen seien zu berücksichtigen und bei der Entscheidungsfindung miteinzubeziehen. 26

Durch diese **qualifizierte Form der Beteiligung** ohne Mitentscheidung werde unterstützt, dass praxisnahe Pflegepersonaluntergrenzen auf Basis der erforderlichen Expertise erarbeitet würden. Insoweit geht der Wortlaut der Materialien im Sinne einer Beteiligung über den Gesetzeswortlaut hinaus. Beteiligung bedeutet, dass die betreffenden Stellen an der Meinungsbildung in allen wesentlichen Verfahrensschritten einbezogen werden, abweichend von der Gelegenheit zur Stellungnahme, die sich auf das Ende des Verfahrens beschränken kann. 27

Kommt eine **Fortschreibung** der in Abs. 1 Satz 10 genannten Vereinbarungen nicht zustande, trifft die **Schiedsstelle** nach § 18a Abs. 6 KHG auf Antrag einer Vertragspartei nach Abs. 1 Satz 1 innerhalb von sechs Wochen die ausstehenden Entscheidungen, Abs. 1 Satz 11. 28

Zum Schiedsverfahren vgl. Näher *Schnapp/Düring*, Handbuch des sozialrechtlichen Schiedsverfahrens, hier insbesondere zu § 18a KHG. Zu den Prinzipien des Verfahrens vor der Schiedsstelle, hier auch zum Beschleunigungsgebot wie auch zum Beibringungsgrundsatz, vgl. *Kuhla* KH 2016, 524 und NZS 2016, 481 sowie zur einschlägigen Rechtsprechung *Düring* WzS 2016, 239. Es handelt sich um ein Schiedsverfahren im förmlichen Sinne und nicht etwa allein um die Benennung einer Schiedsperson. 29

Nach **Abs. 1 Satz 12** steht es im Ermessen der Vertragsparteien (Abs. 1 Satz 1), ob sie sich zur Unterstützung bei der Festlegung der pflegesensitiven Bereiche sowie bei der Ermittlung der Pflegepersonaluntergrenzen fachlich unabhängiger wissenschaftlicher Einrichtungen oder Sachverständiger bedienen. **Abs. 1 Satz 13** führt die zu beteiligenden Verbände und Institutionen an, die bei der Ausarbeitung und Festlegung der Personaluntergrenzen in pflegesensitiven Bereichen qualifiziert zu beteiligen sind. Durch die Beteiligung, die kein Mitentscheidungsrecht beinhaltet, soll erreicht werden, dass praxisnahe Pflegepersonaluntergrenzen auf der Grundlage der erforderlichen Expertise erarbeitet werden. 30

### C. Aufgaben und Berechtigungen des BMG (Abs. 2) und Ersatzvornahme durch das BMG (Abs. 3) sowie Aufgaben des Instituts für das Entgeltsystem im Krankenhaus (Abs. 3a)

#### I. Fachlicher Austausch des BMG und Einbeziehung des IQTIG sowie Berichtspflichten der Vertragsparteien (Abs. 2)

**Abs. 2** enthält in Übereinstimmung mit den Materialien (BT-Drs. 18/12604 S. 80, 81) **notwendigen Verfahrensregelungen**. Hierzu wird damit eine **ständige fachliche Begleitung** der Vertragsparteien 31 nach Absatz 1 Satz 1 durch das BMG und den Beauftragten der Bundesregierung für die Belange der Patientinnen und Patienten vorgesehen. Die Regelungen sind – worauf die Materialien (BT-Drs. 18/12604 S. 80) hinweisen – teilweise an das in § 113c SGB XI geregelte wissenschaftlich fundierte Verfahren zur einheitlichen Bemessung des Pflegepersonalbedarfs in Pflegeeinrichtungen angelehnt.

32  **Abs. 2 Satz 1** sieht vor, dass bei der Umsetzung der Vorgaben nach Abs. 1 das BMG im ständigen fachlichen Austausch mit den Vertragsparteien nach Abs. 1 Satz 1 steht und auch nach Maßgabe der Regelung den Patientenbeauftragten beteiligt. In **Abs. 2 Satz 2** ist geregelt, dass das BMG im Rahmen der fachlichen Begleitung des Vereinbarungsprozesses bei geeigneten Fragestellungen zur **Unterstützung der Vertragsparteien** nach Abs. 1 Satz 1 auch Aufträge an das Institut für Qualitätssicherung und Transparenz im Gesundheitswesen (IQTIG) nach § 137a vergeben kann. Eine entsprechende Anwendung der Finanzierungsregelung des § 137a Abs. 4 Satz 3 sei vorgesehen, wie die Materialien (BT-Drs. 18/12604 S. 80, 81) ausweisen. Nach **Abs. 2 Satz 3** ist das BMG berechtigt, an den Sitzungen der Vertragsparteien nach Abs. 1 Satz 1 teilzunehmen und erhält deren fachliche Unterlagen. Gemäß **Abs. 2 Satz 4** sind die Vertragsparteien (GKV-Spitzenverband und DKG) verpflichtet, dem BMG fortlaufend, insbesondere wenn die Umsetzung der Vorgaben nach Abs. 1 **gefährdet** ist, und auf dessen Verlangen unverzüglich Auskunft über den Bearbeitungsstand der Beratungen nach Abs. 1 zu erteilen und mögliche Lösungen für Probleme vorzulegen, die dem Abschluss einer Vereinbarung im Weg stehen.

33  Sollten die Erfahrungen mit der Bemessung aus dem Pflegebereich (SGB XI) einbezogen werden, wären die Probleme für den Krankenhausbereich noch deutlicher transparent geworden und hätten möglicherweise dazu geführt, eine **weniger ambitionierte Zeitplanung** vorzusehen. Die Vertragsparteien sind offensichtlich davon ausgegangen, inhaltliche Hürden auf eine wie auch immer sich anbietende Informationsmöglichkeiten zu überwinden, um dem Zeitplan gerecht zu werden, wohl auch in der Absicht, in erheblichem Umfang nachbessern zu wollen.

## II. Ersatzvornahme durch das BMG (Abs. 3 Satz 1 und 2 sowie Satz 3)

34  Abs. 3 Satz 1 und 2 in der Fassung des GSAV (wieder eingefügt) wird dem BMG eine Ermächtigungsgrundlage zum Erlass einer Rechtsverordnung für den Fall gegeben, dass die Vertragspartner (Abs. 1) die Vorgaben von Abs. 1 Satz 1 bis 9 nicht in der vorgegebenen Frist umsetzen. Der Inhalt einer solchen Verordnung wird näher bestimmt. Von dieser Ermächtigung ist mit dem Erlass der PpUGV Gebrauch gemacht worden.

35  Aufgrund des Abs. 3 Satz 1 in der Fassung bis 31.12.2018 war bereits die PpUGV erlassen worden, wie auch aus der Eingangsformel zu dieser Verordnung folgt; weshalb die Ermächigungsgrundlage gestrichen wurde, muss deshalb offenbleiben, allerdings ist eine vergleichbare Regelung wieder eingefügt worden. Die PpUGV trat gem. § 9 Satz 1 PpUGV an dem Tag außer Kraft, an dem eine Vereinbarung des GKV-Spitzenverbandes und der DKG im Benehmen mit dem Verband der Privaten Krankenversicherung über Pflegepersonaluntergrenzen in pflegesensitive im Krankenhausbereichen wirksam wird, frühestens aber am 01.01.2020. Zwischenzeitlich ist die PpUGV fortgeschrieben und so an das Jahr 2021 angepasst worden.

36  Das BMG kann nach **Abs. 3 Satz 3** auf Kosten der Vertragsparteien nach Abs. 1 Satz 1 Datenerhebungen oder Auswertungen in Auftrag geben oder Sachverständigengutachten einholen, wohl auch, um entsprechende Vorgaben und Informationen für einer Rechtsverordnung und deren Fortschreibung zu erhalten.

## III. Einbeziehung des Instituts für das Entgeltsystem im Krankenhaus (InEK) sowie dessen Tätigkeit (Abs. 3 Satz 4 bis 7)

37  Bereits die Regelung in Abs. 3 Satz 3 in der Fassung bis 31.12.2018 konkretisierte die Berechtigung des BMG u.a. dahingehend, dass insbesondere, und damit nicht nur, das Institut für das

Entgeltsystem im Krankenhaus – InEK und das IQTIG mit Auswertungen und Sachverständigengutachten beauftragt werden könnten. Sofern das BMG die Vorgaben nach Abs. 1 erlasse und in diesem Zusammenhang das InEK beauftrage, seien die für das Institut in diesem Zusammenhang entstehenden Kosten aus dem DRG-Systemzuschlag nach § 17b Abs. 5 Satz 1 Nr. 1 KHG zu decken, der bei Bedarf entsprechend zu erhöhen sei. Für das IQTIG könne eine Finanzierung entsprechend § 137a Abs. 4 Satz 3 erfolgen, wie die Materialien (a.a.O.) ausweisen. Für die Praxis mag dies eher eine »Druckmöglichkeit« sein; das BMG wird so keine weiteren Entscheidungsgrundlagen ermitteln können, als dies den Vertragsparteien möglich ist, und wohl auch nicht zügiger zu den möglichen Ergebnissen kommen können

**Abs. 3 Satz 4** (zuvor ab 01.01.2019 Satz 2) regelt, dass das BMG insbesondere das Institut für das Entgeltsystem im Krankenhaus (InEK) oder das IQTIG (Institut nach § 137a, hier das Institut für Qualitätssicherung und Transparenz im Gesundheitswesen) beauftragen darf. 38

Wird das InEK beauftragt, sind die notwendigen Aufwendungen des Instituts aus den Zuschlag nach § 17b Abs. 5 Satz 1 Nr. 1 KHG (Zuschlag für jeden abzurechnenden Krankenhausfall nach Maßgabe der Regelung) zu finanzieren, **Abs. 3 Satz 5** (in der Fassung ab 01.01.2019 Satz 3). Zur **Finanzierung** der übertragenen **Aufgaben nach § 17b KHG** vereinbaren die Vertragsparteien nach § 17b Abs. 2 Satz 1 einen Zuschlag für jeden abzurechnenden Krankenhausfall, mit dem die Entwicklung, Einführung und laufende Pflege des Vergütungssystems finanziert werden (DRG-Systemzuschlag); der Zuschlag dient der Finanzierung insbesondere der Entwicklung der DRG-Klassifikation und der codierte Regeln, die Ermittlung der Bewertungsrelationen, der Bewertung der Zu- und Abschläge, der Ermittlung der Richtwerte nach § 17a Abs. 4b KHG, von pauschalierten Zahlungen für die Teilnahme von Krankenhäusern oder Ausbildungsstätten an der Kalkulation und der Vergabe von Aufträgen, auch soweit die Vertragsparteien die Aufgaben durch das InEK wahrnehmen lassen oder das BMG nach § 17b Abs. 7 KHG anstelle der Vertragsparteien entscheidet, Wortlaut folgend § 17b Abs. 5 Satz 1 Nr. 1 KHG. 39

Für die Aufgaben, die dem InEK nach der Pflegepersonaluntergrenzen-Verordnung (PpUGV) und nach § 137i übertragen sind, gilt das InEK als von den Vertragsparteien nach § 17b Abs. 2 Satz 1 KHG (GKV-Spitzenverband, DKG und Verband der privaten Krankenversicherung) beauftragt, **Abs. 3 Satz 6** (zuvor Satz 4). Die notwendigen Aufwendungen des Instituts für die Erfüllung dieser Aufgaben sind aus dem Zuschlag nach § 17b Abs. 5 Satz 1 Nr. 1 KHG zu finanzieren, der »erforderlichenfalls« (Wortlaut mit dem TSVG eingefügt) entsprechend zu erhöhen ist, **Abs. 3 Satz 7**. 40

### IV. Aufwendungen des IQTIG nach § 137a SGB V (Abs. 3 Satz 8)

Für die Aufwendungen des Instituts für Qualitätssicherung und Transparenz im Gesundheitswesen (§ 137a) gilt § 137a Abs. 4 Satz 3 entsprechend. Das Institut kann einen Auftrag des BMG ablehnen, es sei denn, das BMG übernimmt die Finanzierung der Bearbeitung des Auftrags. Soweit nicht aus einer Klausel folgt, dass Aufträge des BMG in die Kostenlast der Vertragsparteien fallen, hat das BMG damit die Finanzierung sicherzustellen. Die Regelung soll eine Ablehnung mit der Begründung verhindern, es fehle an personellen und finanziellen Ressourcen, wie aus der Begründung zu § 137a Abs. 4 Satz 3 (BT-Drs. 18/1307 S. 35) folgt, vgl. *Becker* in Becker/Kingreen SGB V § 137a Rn. 13. 41

### V. Aufgaben des InEK nach Abs. 3a

**Abs. 3a** wurde mit dem PpSG mit Wirkung vom 01.01.2019 im Zuge der weiteren Entwicklung der Regelung zu den Pflegepersonaluntergrenzen in pflegesensitiven Bereichen in Krankenhäusern aufgenommen und bestimmt Aufgaben des Instituts für das Entgeltsystem im Krankenhaus (InEK). Das InEK erarbeitet nach **Abs. 3a Satz 1** spätestens bis zum 31.01.2019 (dieses Datum ist mit dem MDK-ReformG mit Wirkung vom 01.01.2020 gestrichen worden) ein Konzept zur Abfrage und Übermittlung von Daten, die für die Festlegung von pflegesensitiven Bereichen und zugehörigen Pflegepersonaluntergrenzen i.S.d. Abs. 1 als Datengrundlagen erforderlich sind. Dies 42 entspricht der Feststellung, dass für eine ausreichende Bewertung der Pflegepersonaluntergrenzen die erforderlichen Daten erst verfügbar gemacht werden müssen.

43 Zu den angesprochenen **Aufgaben des InEK** vgl. *Engelmann* in jurisPK-SGB V § 137i Rn. 32 bis 35; zur Rechtsstellung vgl. *Engelmann* a.a.O. Rn. 36, 37, unter Hinweis die Entscheidung des OVG Nordrhein-Westfalen (05.02.2020 – 13 A 3354/18) zur Nichtverpflichtung zur Teilnahme eines Krankenhauses an der Kalkulation der Krankenhausentgelte. Krankenhäuser seien zur Teilnahme mangels Ermächtigung des InEK nicht verpflichtet. Allerdings hat der Gesetzgeber durch eine Regelung in § 17b Abs. 3 Satz 6 KHG mit dem **MDK-ReformG** eine ausdrückliche Ermächtigungsgrundlage schaffen. Das InEK dürfte im Rahmen des § 137i als Beliehener tätig werden, wobei bezüglich der Aufgaben eine Konkretisierung in der PpUGV vom 28.10.2019 – BGBl. I S. 1492 erfolgt. Zudem ist das InEK zum Erlass von Verwaltungsakten gegenüber Krankenhäusern gemäß § 137i Abs. 3 Satz 6 befugt. Für die Vertragsparteien kann das InEK damit **Verwaltungsakte** gegenüber betroffenen Krankenhäusern erlassen, vgl. *Engelmann* in jurisPK-SGB V § 137i Rn. 47, hier auch in Anwendung des Abs. 3a Satz 3 (Änderung erfolgte parallel zu § 17b Abs. 3 Satz 6 KHG). Die Befugnis zum Erlass von Verwaltungsakten wird schließlich auch durch Abs. 4c in der Fassung ab 11.05.2019 im Ergebnis bestätigt, vgl. *Engelmann* a.a.O. Rn. 50.

44 Soweit für die Herstellung der »repräsentativen« (eingefügt mit dem MDK-ReformG mit Wirkung vom 01.01.2020) Datengrundlage **nicht Daten aller Krankenhäuser** erforderlich sind, legt das InEK in dem Konzept nach **Abs. 3a Satz 2** auch die **Auswahl der Krankenhäuser** und die **von Ihnen zu übermittelnden Daten** fest. Eine solche Begrenzung vermag auch dem Datenschutz Rechnung tragen; Daten die nicht herangezogen werden, sind zwangsläufig besser geschützt, auch im Falle der Pseudonymisierung und Anonymisierung. Die betroffenen Krankenhäuser haben die entsprechenden Daten an das InEK zu übermitteln, das die Daten in der erforderlichen Form zur Erfüllung der Aufgaben nach Abs. 1 zur Verfügung stellt. Um welche Daten es sich im Einzelnen handele, könne derzeit noch nicht umschrieben werden, worauf die Materialien (BT-Drs. 19/5593 S. 119) hinweisen. Da es sich aber nur um Daten handeln könne, die für die Erfüllung der Aufgaben nach Abs. 1 benötigt würden, sei den Bestimmtheitsgrundsatz (im Sinne der gesetzlichen Ermächtigung) Rechnung getragen.

45 **Abs. 3a Satz 3**, eingefügt mit dem MDK-ReformG mit Wirkung vom 01.01.2020, bestimmt das InEK auf der Grundlage des Konzepts nach Abs. 3a Satz 1, welche Krankenhäuser an der Herstellung der repräsentativen Datengrundlage teilnehmen, und verpflichtet sie zur Übermittlung der für die Festlegung von pflegesensitiven Bereichen und zugehörigen Pflegepersonaluntergrenzen erforderlichen Daten.

46 **Abs. 3a Satz 4** regelt, dass die für die Festlegung der Pflegepersonaluntergrenzen erforderlichen Daten, die von den Krankenhäusern nicht bereits nach § 21 KHEntgG übermittelt werden, erstmals spätestens bis zum 31.05.2019 an das InEK auf maschinenlesbaren Datenträgern zu übermitteln sind. Die Vertragsparteien vereinbaren **Pauschalen**, mit denen der Aufwand, der bei den ausgewählten Krankenhäusern bei der Übermittlung der Daten nach Abs. 3a Satz 2 entsteht, **abgegolten** wird, **Abs. 3a Satz 5**, wobei die Pauschalen in Abhängigkeit von Anzahl und Qualität der übermittelten Datensätze gezahlt werden sollen, **Abs. 3a Satz 6**. Letztlich soll den ausgewählten Krankenhäusern, deren Daten maßgeblich herangezogen werden, kein finanzieller Verlust entstehen.

47 Die **Finanzierung** der Pauschalen erfolgt nach **Abs. 3a Satz 7** aus dem Zuschlag nach § 17b Abs. 5 Satz 1 Nr. 1 KHG; dieser ist um diesen Aufwand entsprechend zu erhöhen.

48 **Abs. 3a Satz 8** umschreibt nochmals die Aufgabe des InEK: Das Institut bereitet diese Daten in einer Form auf, die eine stations- und schichtbezogene sowie eine nach dem Pflegeaufwand gemäß Abs. 1 Satz 3 entsprechend differenzierte Festlegung der Pflegepersonaluntergrenzen ermöglicht, und stellt sie für die Festlegung von pflegesensitiven Bereichen und zugehörigen Pflegepersonaluntergrenzen i.S.d. Abs. 1 zur Erfüllung der Aufgaben nach Abs. 1 zur Verfügung.

## D. Nachweis des Erfüllungsgrades durch die Krankenhäuser (Abs. 4) sowie Transparenz, Patientenschutz und Mitteilungspflichten

Abs. 4 wurde mit dem GSAP mit Wirkung vom 16.08.2019 neu gefasst. Dies betrifft weitgehend die redaktionelle Berücksichtigung des Inkrafttretens der Pflegepersonaluntergrenzen-Verordnung. Durch die Änderung der Sätze 2 und 5 werde klargestellt, dass die von den Selbstverwaltungspartner angeschlossene Nachweisvereinbarung entsprechend der Weiterentwicklung der Pflegepersonaluntergrenzen nach Abs. 1 bzw. Abs. 3 vorzuschreiben und bei einer fehlenden Einigung die Schiedsstelle einzuschalten ist, vgl. BT-Drs. 19/10681 S. 89. 49

### I. Nachweis des Erfüllungsgrades und Vorgaben hierfür (Abs. 4 Satz 1)

**Abs. 4** konkretisiert die **Verpflichtung** der **Krankenhäuser**, durch Bestätigung eines Wirtschaftsprüfers, einer Wirtschaftsprüfungsgesellschaft, eines vereidigten Buchprüfers oder einer Buchprüfungsgesellschaft den **Vertragsparteien** nach Abs. 1 Satz 1 (GKV-Spitzenverband und DKG), den Vertragsparteien nach § 11 KHEntgG (entsprechend § 18 Abs. 2 KHG und damit der Krankenhausträger, die Sozialleistungsträger oder Arbeitsgemeinschaften mit Mindestbeteiligung) und der jeweiligen für die Krankenhausplanung zuständigen Behörde die Einhaltung der nach Abs. 1 oder Abs. 3 festgelegten Vorgaben **nachzuweisen**. Der **Nachweis** betrifft den Erfüllungsgrad der Einhaltung der Pflegepersonaluntergrenzen nach Abs. 1 oder Abs. 3, differenziert nach Berufsbezeichnungen und unter Berücksichtigung des Ziels der Vermeidung von Personalverlagerungseffekten. 50

### II. Vereinbarung über die Ausgestaltung der Nachweise und Verfahren hierzu (Abs. 4 Satz 2 bis 5)

Die **Prüfung** wird im Regelfall anhand der **Dokumentation** über den jeweiligen Personaleinsatz erfolgen. Entsprechende **Dokumentationspflichten** werden zeitgleich mit den Vorgaben nach Abs. 1 von den Vertragsparteien (GKV-Spitzenverband und DKG) **vereinbart**. Nach **Abs. 4 Satz 2** vereinbaren die Vertragsparteien zu diesem Zweck mit Wirkung für die Vertragsparteien nach § 11 KHEntgG die nähere Ausgestaltung der Nachweise. 51

Die **Nachweise** können in Übereinstimmung mit den Materialien (BT-Drs. 18/12604 S. 81, 82) auf einer **Jahresdurchschnittsbetrachtung** basieren, soweit mindestens sichergestellt ist, dass die Besetzung je Schicht erkennbar ist. Bei der Ausgestaltung des Nachweises sei zu berücksichtigen, dass nach **Abs. 1 Satz 5** Personalverlagerungseffekte aus anderen Krankenhausbereichen (**Substitutionseffekte**) zu vermeiden seien. Dabei könnten sich die Vertragsparteien nach Abs. 1 Satz 1 auch an ähnlichen, bereits in anderen Bereichen getroffenen Vereinbarungen orientieren. Sie sollten insbesondere prüfen, inwieweit die **Daten der strukturierten Qualitätsberichte der Krankenhäuser für den Nachweis genutzt** werden könnten und ggf. die Anforderungen an die Qualitätsberichte entsprechend über den Gemeinsamen Bundesausschuss anzupassen seien, damit diese zukünftig dafür nutzbar gemacht werden könnten. 52

Gemäß **Abs. 4 Satz 3** übermitteln die Krankenhäuser den Nachweis zum 30. Juni jeden Jahres für das jeweils vorangegangene Kalenderjahr, erstmals für das Jahr 2019 zum 30. Juni 2020. Die Vertragsparteien nach Abs. 1 Satz 1 benötigten die im Nachweis enthaltenen Informationen insbesondere für den nach Abs. 6 (zuvor Abs. 7) bis zum 31. Dezember 2022 dem Deutschen Bundestag über das BMG vorzulegenden wissenschaftlich evaluierten **Bericht über die Auswirkungen der festgelegten Pflegepersonaluntergrenzen**. 53

Die **Vertragsparteien auf Ortsebene** nach § 11 KHEntgG benötigten diese Informationen, um die **Vergütungsabschläge nach Abs. 5** vorzusehen und etwa das Vorliegen von **Ausnahmetatbeständen** oder die Voraussetzungen für die Anwendung einer **Übergangsregelung** vor Ort identifizieren zu können. Die Länder benötigen diese Informationen, um in die Lage versetzt zu werden, bei einer Unterschreitung von Personaluntergrenzen ggf. auch Konsequenzen in der Krankenhausplanung ziehen zu können. 54

55 **Abs. 4 Satz 4** regelt, dass die Krankenhäuser den Erfüllungsgrad der Einhaltung der Vorgaben nach Abs. 1 oder Abs. 3, differenziert Berufsbezeichnungen (die Differenzierung auch nach »Personalgruppen« ist – wie bei Satz 1 – mit dem 01.01.2019 weggefallen, da allein Pflegekräfte, nicht etwa weitere Berufsgruppen einbezogen sind), in ihren Qualitätsberichten nach § 136b Abs. 1 Satz 1 Nr. 3 darzustellen haben, wie auch die Materialien ausweisen. Auf diese Weise werde Transparenz insbesondere gegenüber den Patientinnen und Patienten geschaffen. Nachzuweisen sei das **tatsächlich vorhandene Personal**, **differenziert** nach Berufsbezeichnungen.

56 Gelinge es den Vertragsparteien nach Abs. 1 Satz 1 mit Wirkung für die Vertragsparteien nach § 11 KHG nicht, eine Vereinbarung über die nähere Ausgestaltung der Nachweise bis zum 30. Juni 2018 zu schließen, treffe nach **Abs. 4 Satz 5** die **Bundesschiedsstelle** nach § 18a Abs. 6 KHG innerhalb von sechs Wochen **ohne Antrag** (wie auch im Fall des Abs. 1 Satz 10) die ausstehenden Entscheidungen. Um ein **zeitnahes Zustandekommen** der Entscheidung der Schiedsstelle sicherzustellen, werde (auch hier) von einem Antragserfordernis für die Einleitung des Schiedsstellenverfahrens abgesehen. Ohne zeitnahes Vorliegen dieser Entscheidung könnte nicht festgestellt werden, ob die Pflegepersonaluntergrenzen von den Krankenhäusern eingehalten würden und ob es zu Personalverlagerungen in pflegesensitive Bereiche gekommen sei, so dass die Pflegepersonaluntergrenzen unterlaufen würden. Die Notwendigkeit der Durchsetzung und Beschleunigung der Anwendung der Pflegepersonaluntergrenzen rechtfertige einen möglichen Eingriff in die Berufsausübungsfreiheit von Krankenhausträgern auf Grund des Fehlens eines Antragserfordernisses. Dies wird damit **vergleichbar der Regelung zu Abs. 1** begründet.

### III. Mitteilungspflichten der Krankenhäuser nach Abs. 4 Satz 6 und 7

57 Die **Krankenhäuser** teilen zusätzlich den jeweiligen Vertragsparteien nach § 11 KHEntgG und dem Institut für das Entgeltsystem im Krankenhaus – InEK – einmal je Quartal die Anzahl der Schichten mit, in denen die Pflegepersonaluntergrenzen nach § 6 PpUGV oder nach den Vorgaben einer Vereinbarung der Vertragsparteien nach Abs. 1 nicht eingehalten worden sind. Die **Mitteilung** muss spätestens bis zum Ablauf von zwei Wochen nach Beginn des folgenden Quartals, aufgeschlüsselt nach Monaten und nach der Art der Schicht, erfolgen.

58 Zu dieser **Mitteilungspflicht** verweisen die Materialien darauf (BT-Drs. 19/5593 S. 120), dass die Vertragsparteien nach § 11 KHEntgG diese Information benötigten, weil an die Nichteinhaltung der Pflegepersonaluntergrenzen nach Abs. 5 Sanktionen zu knüpfen seien. Das InEK leite diese Informationen an die Vertragspartner auf Bundesebene und an die zuständigen Landesbehörden weiter, damit diese ggf. Maßnahmen ergreifen könnten, um künftige Unterschreitungen der Pflegepersonaluntergrenzen zu vermeiden.

### IV. Übermittlung einer Zusammenstellung durch das InEK nach Abs. 4 Satz 8

59 Abs. 4 Satz 8 gilt in der Fassung ab 01.04.2020. Das Institut für das Entgeltsystem im Krankenhaus – InEK – übermittelt den Vertragsparteien nach Abs. 1 Satz 1 und den jeweils zuständigen Landesbehörden einmal je Quartal eine Zusammenstellung der Angaben nach Abs. 4 Satz 6, auf Anforderung auch dem BMG (in der Fassung ab 01.04.2020). Damit wird ein engmaschiges »Überwachungssystem« eingeführt. Die konsequente Auswertung dieser Daten dürften auch nicht ohne Verwaltungsaufwand zu bewältigen sein und erfordern voraussichtlich ein hohes Maß an Automatisierung.

### E. Veröffentlichungen des InEK nach Maßgabe des Abs. 4a und Folgeregelungen nach Abs. 4b und 4c

60 **Abs. 4a bis 4c** wurden mit dem PpSG mit Wirkung vom 01.01.2019 in § 137i eingefügt. Das Institut für das Entgeltsystem im Krankenhaus – InEK – veröffentlicht nach Abs. 4a Satz 1 bis zum **15. Februar eines Jahres**, erstmals zum 15. Februar 2019, auf seiner Internetseite für jedes Krankenhaus unter Nennung des Namens und des Institutionskennzeichens des jeweiligen Krankenhauses und

soweit möglich für jeden Standort eines Krankenhauses gesondert (nach Nr. 1, unter förmlichem Einschluss der Verordnung nach Abs. 3 Satz 1 mit dem GSAV)) die Angaben der Krankenhäuser über die pflegesensitiven Bereiche in den Krankenhäusern, die diese auf Grund der in § 5 Absatz 3 und 4 der Pflegepersonaluntergrenzen-Verordnung oder in einer Vereinbarung der Vertragsparteien nach Absatz 1 übermittelt haben, (nach Nr. 2) die jeweils geltenden Pflegepersonaluntergrenzen und (nach Nr. 3) den auf der Grundlage des Katalogs zur Risikoadjustierung für Pflegeaufwand ermittelten Pflegeaufwand in den pflegesensitiven Bereichen in den Krankenhäusern.

Der **Standort eines Krankenhauses** bestimmt sich nach § 2 KHG der zwischen dem GKV-Spitzenverband und der DKG nach § 2a Abs. 1 KHG (dort Definition von Krankenhausstandorten) getroffenen Vereinbarung über die Definition von Standorten der Krankenhäuser und ihrer Ambulanzen vom 29. August 2017, die auf der Internetseite der Deutschen Krankenhausgesellschaft veröffentlicht ist. 61

Insgesamt dient die Regelung der **Transparenz und dem Patientenschutz**, worauf die Materialien (BT-Drs. 19/5593 S. 120) hinweisen. Eine informierte Entscheidung der Patientinnen und Patienten, welches Krankenhaus aufgesucht werden solle, sei nur möglich, wenn sie über belastbare Informationen darüber verfügten, ob ein Krankenhaus wenigstens die Mindeststandards hinsichtlich seiner Ausstattung mit Pflegepersonal in pflegesensitiven Bereichen einhalte. Aus diesem Grund sei die Veröffentlichung der Angaben der Krankenhäuser über die dort identifizierten pflegesensitiven Bereiche in den Krankenhäusern, die jeweils geltenden Pflegepersonaluntergrenzen sowie den ermittelten Pflegeaufwand erforderlich. Für die Entscheidung der Patientinnen und Patienten sei nicht maßgeblich, ob ein Krankenhaus als Ganzes die Vorgaben für eine qualitativ hochwertiger Versorgung einhalte, sondern ob dies für die konkrete Station gelte, auf der die Behandlung erfolgen solle. 62

Ob Patienten tatsächlich solche Informationen in nennenswerter Zahl auswerten, und das häufig in einer Ausnahmesituation, mag zumindest fraglich sein. Der Regelungsaufwand dürfte nach hier vertretener Auffassung ehe Kontrollzwecken und der Qualitätssicherung dienen. 63

Für Krankenhäuser, die ihre nach § 5 Abs. 3 und 4 PpUGV oder in einer Vereinbarung der Vertragsparteien nach Abs. 1 festgelegten Mitteilungspflichten nicht, nicht vollständig oder nicht rechtzeitig erfüllen, ist nach **Abs. 4b** in der Fassung ab 01.01.2019 durch die Vertragsparteien nach § 11 KHEntgG ein Vergütungsabschlag zu vereinbaren, hier auch unter Einbeziehung der Verordnung nach Abs. 3 Satz 1 in der Fassung des GSAV. Durch die Regelung solle ausweislich der Materialien (BT-Drs. 19/5593 S. 120) die zeitgerechte Einführung der Pflegepersonaluntergrenzen sichergestellt werden. Dies sei nur möglich, wenn die Krankenhäuser ihre Mitteilungspflichten erfüllen, damit ihre pflegesensitiven Bereiche identifiziert und auf dieser Grundlage Pflegepersonaluntergrenzen festgelegt werden könnten. Würden die entsprechenden Mitteilungen nicht in der jeweils vorgesehenen Zeit erfolgen, könnte die Einführung der Pflegepersonaluntergrenzen auf absehbare Zeit verzögert werden. Nach Abs. 4b Satz 2 in der Fassung ab 11.05.2019 sind Vergütungsabschläge für den Fall der Nicht- oder Schlechterfüllung zu vereinbaren. Über Verstöße unterrichtet jeweils das Institut gem. Abs. 4b Satz 3. 64

**Abs. 4c** in der Fassung ab 01.01.2019 und bestätigt durch das TSVG mit Wirkung vom 11.05.2019 sieht vor, dass Widerspruch und Klage gegen die Ermittlung der pflegesensitiven Bereiche in den Krankenhäusern und gegen die für die pflegesensitiven Bereiche in den Krankenhäusern festgelegten Pflegepersonaluntergrenzen keine aufschiebende Wirkung haben. 65

### F. Rechtsfolgen bei Nichteinhaltung verbindlich festgelegter Pflegepersonaluntergrenzen (Abs. 5)

An Regelung bis 31.12.2018 mit dem Anreiz, die Grenzwerte einzuhalten, schließt die **Neufassung des Abs. 5 ab 01.01.2019** an. Hält ein Krankenhaus die nach Abs. 1 oder in der Pflegepersonaluntergrenzen-Verordnung – PpUGV – festgelegten verbindlichen Pflegepersonaluntergrenzen nicht ein, ohne dass ein nach Abs. 1 Satz 9 oder in der PpUGV 66 bestimmter Ausnahmetatbestand vorliegt oder die Voraussetzungen einer nach Abs. 1 Satz 9 oder in der Pflegepersonaluntergrenzen-Verordnung bestimmten Übergangsregelung erfüllt sind, haben die Vertragsparteien nach § 11 KHEntgG ab dem 1. April 2019 entsprechend der Bestimmung nach Abs. 1 Satz 10 **Sanktionen** in Form von **Vergütungsabschlägen** oder einer **Verringerung der Fallzahl** zu vereinbaren, **Abs. 5 Satz 1**. Die Regelung ist mit dem GSAV redaktionell angepasst worden, vgl. BT-Drs. 19/10681 S. 89.

67 Die Vorschrift konkretisiert ausweislich der Materialien (BT-Drs. 19/5593 S. 120, 121) die **Vorgaben für die Vertragsparteien auf Krankenhausebene**, in welchem Umfang welche Sanktionen zu vereinbaren sind, wenn ein Krankenhaus die maßgeblichen Pflegepersonaluntergrenzen nicht einhält, ohne dass es hierfür das Vorliegen der Voraussetzungen einer Ausnahme- oder Übergangsregelung geltend machen kann. Zu Ausnahmetatbeständen und Übergangsregelungen vgl. **§ 8 PpUGV**; danach werden bis zum 31.03.2019 Vergütungsabschläge gemäß Abs. 5 nicht erhoben. Die Pflegepersonaluntergrenzen sind zudem in den Fällen nach § 8 Abs. 2 PpUGV nicht einzubehalten, unter anderem bei kurzfristigen krankheitsbedingten Personalausfällen, die in ihrem Ausmaß über das übliche Maß hinausgehen oder bei starken Erhöhungen der Patientenzahlen, wie beispielsweise bei Epidemien oder bei Großschadensereignissen. Diese Ausnahmetatbestände sind nachzuweisen.

68 **Verringerungen der Fallzahl** sind mindestens in dem Umfang zu vereinbaren, der erforderlich ist, um die Unterschreitung der jeweiligen Pflegepersonaluntergrenze auszugleichen, **Abs. 5 Satz 2**. Vergütungsabschläge sind in einer Höhe zu vereinbaren, die in einem angemessenen Verhältnis zum Grad der Nichteinhaltung der jeweiligen Pflegepersonaluntergrenze steht, **Abs. 5 Satz 3**. Die in Abs. 5 Satz 1 genannten Sanktionen können durch die Vereinbarung von Maßnahmen ergänzt werden, die das Krankenhaus zur Gewinnung zusätzlichen Pflegepersonals zu ergreifen hat, **Abs. 5 Satz 4**. Die Materialien verweisen insoweit auf Maßnahmen zum Personalaufbau; diese können vereinbart werden und hat das Krankenhaus zu ergreifen, um eine Unterschreitung der Untergrenzen in Zukunft verhindern zu können.

69 Kommt eine Vereinbarung über die Sanktionen auf Krankenhausebene nicht zustande, entscheidet auf **Antrag die Schiedsstelle nach § 18a KHG**. Gegen die Entscheidung der Schiedsstelle findet ein Vorverfahren nicht statt, die Klage gegen die Entscheidung hat keine aufschiebende Wirkung, wie sich bereits aus den Schiedsstellenrecht ergibt.

70 In begründeten Ausnahmefällen können die Vertragsparteien nach § 11 KHEntgG vereinbaren, dass bereits vereinbarte Sanktionen ausgesetzt werden, **Abs. 5 Satz 5**. Dies gibt Raum für sachgerechte Entscheidungen im Einzelfall, von denen jedoch nicht willkürlich Gebrauch gemacht werden darf. Transparenz und Chancengleichheit sind hier wichtige Vorgaben; eine geübte Verwaltungspraxis wäre von Vorteil.

### G. Berichtspflicht der Vertragsparteien bis Ende 2022 (Abs. 6)

71 Die Vertragsparteien (GKV-Spitzenverband und DKG) legen dem Deutschen Bundestag über das BMG **bis zum 31. Dezember 2022** einen **wissenschaftlich evaluierten Bericht** über die Auswirkungen der festgelegten Pflegepersonaluntergrenzen in den pflegesensitiven Bereichen in Krankenhäusern vor, Abs. 6 (zuvor Abs. 7; nach Wegfall des Abs. 6 folgte diese Absatzbezeichnung). Die Auswirkungen der neu festgelegten Pflegepersonaluntergrenzen auf die Versorgung der Patientinnen und Patienten sowie ihre finanziellen Auswirkungen sollen möglichst zeitnah evaluiert werden, vgl. BT-Drs. 18/12604 S. 83. Zu vergleichbaren Berichtspflichten vgl. § 20d, § 78c, § 116b, § 217j, § 271a. Die Daten, die Grundlage für die Erfüllung der Berichtspflicht sind, sind deshalb den Vertragsparteien entsprechend zu übermitteln; diese Übermittlung beruht auf einer Ermächtigung hierzu und hat im Einklang mit dem Sozialdatenschutz nach dem SGB X in der Fassung ab 25.05.2018 unter Berücksichtigung der DSGVO zu erfolgen.

## § 137j Pflegepersonalquotienten, Verordnungsermächtigung

(1) ¹Zur Verbesserung der Pflegepersonalausstattung der Krankenhäuser und Sicherung der pflegerischen Versorgungsqualität ermittelt das Institut für das Entgeltsystem im Krankenhaus jährlich, erstmals zum 31. Mai 2020, für jedes nach § 108 zugelassene Krankenhaus einen Pflegepersonalquotienten, der das Verhältnis der Anzahl der Vollzeitkräfte in der unmittelbaren Patientenversorgung auf bettenführenden Stationen zu dem Pflegeaufwand eines Krankenhauses beschreibt. ²Der Pflegepersonalquotient ist für jeden Standort eines Krankenhauses zu ermitteln. ³Der Standort eines Krankenhauses bestimmt sich nach § 2 der zwischen dem Spitzenverband Bund der Krankenkassen und der Deutschen Krankenhausgesellschaft gemäß § 2a Absatz 1 des Krankenhausfinanzierungsgesetzes getroffenen Vereinbarung über die Definition von Standorten der Krankenhäuser und ihrer Ambulanzen vom 29. August 2017, die auf der Internetseite der Deutschen Krankenhausgesellschaft veröffentlicht ist. ⁴Für die Zahl der in Satz 1 genannten Vollzeitkräfte sind die dem Institut nach § 21 Absatz 2 Nummer 1 Buchstabe e des Krankenhausentgeltgesetzes übermittelten Daten zu Grunde zu legen, mit Ausnahme der den Mindestvorgaben zu Personalausstattung nach § 136a Absatz 2 Satz 2 unterfallenden Vollzeitkräfte in der unmittelbaren Patientenversorgung auf bettenführenden Stationen. ⁵Das nach Satz 4 für die Zahl der in Satz 1 genannten Vollzeitkräfte zugrunde zu legende Pflegepersonal, das nicht über eine Erlaubnis zum Führen der Berufsbezeichnung nach § 1 Absatz 1 des Pflegeberufegesetzes, § 58 Absatz 1 oder Absatz 2 des Pflegeberufegesetzes oder § 64 des Pflegeberufegesetzes, auch in Verbindung mit § 66 Absatz 1 oder Absatz 2 des Pflegeberufegesetzes, verfügt, ist bis zur Höhe des jeweils obersten Quartils des an allen Standorten mit den jeweiligen Berufsbezeichnungen eingesetzten Pflegepersonals einzubeziehen. ⁶Für die Ermittlung des Pflegeaufwands erstellt das Institut bis zum 31. Mai 2020 einen Katalog zur Risikoadjustierung des Pflegeaufwands, mit dem für die Entgelte nach § 17b Absatz 1 des Krankenhausfinanzierungsgesetzes tagesbezogen die durchschnittlichen pflegerischen Leistungen abbildbar sind. ⁷Das Institut aktualisiert den Katalog jährlich und veröffentlicht ihn auf seiner Internetseite. ⁸Für die Ermittlung des Pflegeaufwands ermittelt das Institut auf der Grundlage dieses Katalogs aus den ihm nach § 21 Absatz 2 des Krankenhausentgeltgesetzes übermittelten Daten für jeden Standort eines Krankenhauses die Summe seiner Bewertungsrelationen. ⁹Das Institut veröffentlicht unter Angabe des Namens und der Kennzeichen nach § 293 Absatz 1 und 6 eine vergleichende Zusammenstellung der für jeden Standort eines Krankenhauses ermittelten Pflegepersonalquotienten bis zum 31. August eines Jahres, erstmals bis zum 31. August 2021, barrierefrei auf seiner Internetseite.. ¹⁰In der Veröffentlichung weist das Institut standortbezogen auch die prozentuale Zusammensetzung des Pflegepersonals nach Berufsbezeichnungen auf Grundlage der nach § 21 Absatz 2 Nummer 1 Buchstabe e des Krankenhausentgeltgesetzes übermittelten Daten aus.

(2) ¹Das Bundesministerium für Gesundheit wird ermächtigt, auf der Grundlage der durch das Institut für das Entgeltsystem im Krankenhaus nach Absatz 1 ermittelten Pflegepersonalquotienten der Krankenhäuser durch Rechtsverordnung mit Zustimmung des Bundesrates eine Untergrenze für das erforderliche Verhältnis zwischen Pflegepersonal und Pflegeaufwand festzulegen, bei der widerlegbar vermutet wird, dass eine nicht patientengefährdende pflegerische Versorgung noch gewährleistet ist. ²Für den Fall, dass der Pflegepersonalquotient eines Krankenhauses die in der Rechtsverordnung nach Satz 1 festgelegte Untergrenze unterschreitet, vereinbaren der Spitzenverband Bund der Krankenkassen und die Deutsche Krankenhausgesellschaft im Benehmen mit dem Verband der Privaten Krankenversicherung mit Wirkung für die Vertragspartner nach § 11 des Krankenhausentgeltgesetzes die Höhe und nähere Ausgestaltung der Sanktionen nach Absatz 2a. ³Kommt eine Vereinbarung über die Sanktionen nach Satz 2 bis zum 30. Juni 2019 nicht zustande, trifft die Schiedsstelle nach § 18a Absatz 6 des Krankenhausfinanzierungsgesetzes ohne Antrag einer Vertragspartei nach Satz 2 innerhalb von sechs Wochen die ausstehenden Entscheidungen. ⁴Die Rechtsverordnung nach Satz 1 regelt das Nähere
1. zur Festlegung der Untergrenze, die durch den Pflegepersonalquotienten eines Krankenhauses nicht unterschritten werden darf und

2. zu dem Budgetjahr, für das erstmals Sanktionen nach Absatz 2a Satz 1 zu vereinbaren sind.

⁵Das Bundesministerium für Gesundheit prüft spätestens nach Ablauf von drei Jahren die Notwendigkeit einer Anpassung der Untergrenze. ⁶In der Rechtsverordnung nach Satz 1 kann auch geregelt werden, dass die nach Satz 2 von den Vertragspartnern nach § 11 des Krankenhausentgeltgesetzes vereinbarten Sanktionen vorübergehend ausgesetzt werden.

(2a) ¹Unterschreitet der Pflegepersonalquotient eines Krankenhauses die in der Rechtsverordnung nach Absatz 2 Satz 1 festgelegte Untergrenze, haben die Vertragsparteien nach § 11 des Krankenhausentgeltgesetzes entsprechend der Vereinbarung nach Absatz 2 Satz 2 Sanktionen in Form von Vergütungsabschlägen oder einer Verringerung der Fallzahl zu vereinbaren. ²Verringerungen der Fallzahl sind mindestens in dem Umfang zu vereinbaren, der erforderlich ist, um die Unterschreitung des Pflegepersonalquotienten auszugleichen. ³Vergütungsabschläge sind in einer Höhe zu vereinbaren, die in einem angemessenen Verhältnis zum Grad der Unterschreitung steht. ⁴Die in Satz 1 genannten Sanktionen können durch die Vereinbarung von Maßnahmen ergänzt werden, die das Krankenhaus zur Gewinnung zusätzlichen Pflegepersonals zu ergreifen hat. ⁵In begründeten Ausnahmefällen können die Vertragsparteien nach § 11 des Krankenhausentgeltgesetzes vereinbaren, dass bereits vereinbarte Sanktionen vorübergehend ausgesetzt werden.

(3) ¹Für die Aufgaben nach Absatz 1 gilt das Institut für das Entgeltsystem im Krankenhaus als von den Vertragsparteien nach § 17b Absatz 2 Satz 1 des Krankenhausfinanzierungsgesetzes beauftragt. ²Die notwendigen Aufwendungen des Instituts für die Erfüllung dieser Aufgaben sind aus dem Zuschlag nach § 17b Absatz 5 Satz 1 Nummer 1 des Krankenhausfinanzierungsgesetzes zu finanzieren, der erforderlichenfalls entsprechend zu erhöhen ist.

Übersicht

| | | Rdn. | | | Rdn. |
|---|---|---|---|---|---|
| A. | Regelungsinhalt | 1 | C. | Verordnungsermächtigung an das BMG (Abs. 2) | 18 |
| B. | Pflegepersonalquotient als Instrument zur Verbesserung der Pflegepersonalausstattung (Abs. 1) | 8 | I. | Ermächtigung zum Erlass einer Rechtsverordnung mit Vorgaben zur Untergrenze zum Verhältnis Pflegepersonal und Pflegeaufwand und Festlegung von Sanktionen (Abs. 2 Satz 1 bis 3) | 18 |
| I. | Ermittlung eines Pflegepersonalquotienten durch das InEK (Abs. 1 Satz 1 und 2) | 8 | II. | Regelungen in der Rechtsverordnung und Änderungen (Abs. 2 Satz 4 bis 6) | 20 |
| II. | Standort eines Krankenhauses (Abs. 1 Satz 3) | 11 | D. | Vereinbarung von Sanktionen in Form von Vergütungsabschlägen und Abwicklung (Abs. 2a) | 23 |
| III. | Abwicklung der Ermittlung des Pflegeaufwandes (Abs. 1 Satz 4 bis 7) | 13 | E. | Wahrnehmung der Aufgaben durch das InEK und Finanzierung (Abs. 3) | 26 |
| IV. | Übermittlungspflichten des InEK sowie der Vertragsparteien (Abs. 1 Satz 8 und 9) | 16 | | | |

## A. Regelungsinhalt

1 § 137j gilt in der Fassung des Art. 1 Nr. 49 GVWG vom 11.07.2021 (BGBl. I S. 2754) mit Wirkung vom 20.07.2021. Die Erläuterungen zu § 137j stellen maßgeblich auf die Fassung durch Art. 7 Nr. 12 PpSG vom 11.12.2018 (BGBl. I S. 2394) mit Wirkung vom 01.01.2019 ab. Zu nachfolgenden Änderungen vgl. Hinweise unter Rdn. 7a.

2 § 137j wurde mit dem Pflegepersonal-Stärkungsgesetz – PpSG mit Wirkung vom **01.01.2019** eingefügt und dient der Verbesserung der Pflegepersonalausstattung in den Krankenhäusern sowie der Gewährleistung von Patientensicherheit in der pflegerischen Patientenversorgung, wie die Materialien hierzu ausweisen, vgl. BT-Drs. 19/4453 S. 75. Insoweit werden die mit dem Pflegepersonal-Stärkungsgesetz unternommenen Maßnahmen zur Stärkung der Pflege im Krankenhaus sowie die Vorschrift des § 137i ergänzt. § 137i sieht die Einführung von Pflegepersonaluntergrenzen bezogen auf pflegesensitive Bereiche vor.

Eine unzureichende Ausstattung mit Pflegepersonal ist nicht nur in pflegesensitiven Bereichen relevant – wenngleich dort auch besonders deutlich –. Sondern in allen Krankenhausbereichen und für alle pflegerisch zu versorgenden Fällen. In jedem Fall ist eine nicht patientengefährdende Versorgung sicherzustellen. Die Bildung des Pflegepersonalquotienten sowie die durch Rechtsverordnung des BMG festgelegte Untergrenze auf dieser Grundlage lasse die Mindestvorgaben für die Personalausstattung nach § 136a Abs. 2 Satz 2 unberührt, die von dem Gemeinsamen Bundesausschuss festgelegt würden, wie die Materialien (BT-Drs. 19/4453 S. 75) ausweisen.

**Abs. 1** gibt Regelungen zum **Pflegepersonalquotienten**, der als zentrales Instrument zur Verbesserung der Pflegepersonalausstattung der Krankenhäuser und der Sicherung der Versorgungsqualität gesehen wird. Der Pflegepersonalquotient beschreibt das Verhältnis zwischen den Vollzeitkräften im Pflegedienst eines Krankenhauses und dem in dem jeweiligen Krankenhaus anfallenden Pflegeaufwand; in der Ergänzung im Zuge der Ausschussberatung ist dies auf die »unmittelbare Patientenversorgung auf bettenführenden Stationen« bezogen worden. Die Werte werden für jeden Standort eines Krankenhauses bestimmt, vgl. **Abs. 1 Satz 2 und 3.** Hier wird das InEK maßgeblich und bewertend tätig, vgl. **Abs. 1 Satz 4 bis 8.**

**Abs. 2** enthält eine **Verordnungsermächtigung** für die vom BMG zu erlassende Rechtsverordnung. Auf der Grundlage des Krankenhausvergleichs soll eine Untergrenze auf Gesamthausebene eingeführt werden. Ein hoher Pflegeaufwand bei einer verhältnismäßig geringen Pflegepersonalausstattung gilt als **Indikator** für eine patientengefährdende Versorgung. Diese **Vermutung** aufgrund eines unangemessenen Verhältnisses zwischen Pflegepersonalausstattung und Pflegeaufwand kann das Krankenhaus widerlegen. Eine vorübergehende Aussetzung von Sanktionen bei besonderen Umständen ist nach Abs. 2 Satz 6 vorzusehen.

**Abs. 2a**, eingefügt in der Ausschussberatung, gibt den Vertragsparteien auf Krankenhausebene die Vereinbarung von Sanktionen für den Fall vor, dass der Pflegepersonalquotient eines Krankenhauses die Untergrenze unterschreitet. Dem kann durch bestimmte Maßnahmen, auch bezüglich der Vereinbarung eines Personalaufbaus, entgegengewirkt werden.

**Abs. 3** legt fest, dass das Institut für das Entgeltsystem im Krankenhaus – InEK – als von den Vertragsparteien beauftragt gilt. Die notwendigen Aufwendungen sind durch einen Zuschlag nach § 17b Abs. 5 Satz 1 Nr. 1 KHG zu finanzieren, wobei im Zuge der Ausschussberatung ausdrücklich die Möglichkeit einbezogen wurde, erforderlichenfalls den Zuschlag entsprechend zu erhöhen.

**§ 137j Abs. 1 Satz 5** wurde eingefügt (Förderung der Transparenz über den Pflegepersonaleinsatz in den Krankenhäusern mit detaillierten Vorgaben hierzu), Abs. 1 Satz 9 und 10 (neu) neu gefasst (Veröffentlichung auf der Internetseite des InEK barrierefrei nach näheren Angaben, auch unter Einbeziehung der Zusammensetzung des in der Pflege am Bett eingesetzten Pflegepersonals, gegliedert nach Qualifikationsniveau), Abs. 2 Satz 4 Nr. 2 neu gefasst (Verordnungsermächtigung, wobei der Zeitpunkt der erstmaligen Sanktionierung im Fall des Unterschreitens einer Untergrenze bestimmt werden könne) und Abs. 2a Satz 1 geändert (Streichung der Wörter »erstmals für das Budgetjahr 2020«, mit dem Ziel der Anpassung des Verweises auf den neuen § 271 Abs. 7) durch Art. 1 Nr. 49 Gesetz zur Weiterentwicklung der Gesundheitsversorgung (Gesundheitsversorgungsweiterentwicklungsgesetz – GVWG) vom 11.07.2021 (BGBl. I S. 2754) mit Wirkung vom 20.07.2021. Zur Begründung des Gesetzentwurfs vgl. BT-Drs. 19/26822 S. 99–101.

## B. Pflegepersonalquotient als Instrument zur Verbesserung der Pflegepersonalausstattung (Abs. 1)

### I. Ermittlung eines Pflegepersonalquotienten durch das InEK (Abs. 1 Satz 1 und 2)

Zur Verbesserung der Pflegepersonalausstattung der Krankenhäuser und Sicherung der pflegerischen Versorgungsqualität ermittelt das InEK jährlich, erstmals zum 31. Mai 2020, für jedes nach § 108 zugelassene Krankenhaus einen **Pflegepersonalquotienten**, der das **Verhältnis** der Anzahl der Vollzeitkräfte in der unmittelbaren Patientenversorgung auf bettenführenden Stationen zu dem Pflegeaufwand eines Krankenhauses beschreibt, **Abs. 1 Satz 1**.

9   Zentrales Instrument zur Verbesserung der Pflege Personalausstattung der Krankenhäuser auf Gesamthausebene und der Sicherung der Versorgungsqualität in der pflegerischen Patientenversorgung ist ausweislich der Materialien (BT-Drs. 19/4453 S. 75) der **Pflegepersonalquotient**, der das Verhältnis zwischen den Vollzeitkräften im Pflegedienst eines Krankenhauses und dem in dem jeweiligen Krankenhaus anfallenden Pflegeaufwand umschreibt. Dabei ist in der Ausschussberatung die Regelung eingefügt worden, dass dies auf die unmittelbare Patientenversorgung auf bettenführenden Stationen begrenzt ist.

10  Durch die Bildung des Pflegepersonalquotienten werde deutlich, wie viel Pflegepersonal ein Krankenhaus im Verhältnis zu dem in seinem Haus anfallenden Pflegeaufwand einsetzt. Dieser Quotient wird **für jeden Standort** eines Krankenhauses ermittelt, **Abs. 1 Satz 2**.

### II. Standort eines Krankenhauses (Abs. 1 Satz 3)

11  Der Standort eines Krankenhauses bestimmt sich nach § 2 KHG der zwischen dem GKV-Spitzenverband und der DKG gemäß § 2a Abs. 1 KHG getroffenen Vereinbarung über die Definition von Standorten der Krankenhäuser und ihrer Ambulanzen vom 29. August 2017, die auf der Internetseite der Deutschen Krankenhausgesellschaft veröffentlicht ist, **Abs. 1 Satz 3**.

12  Der **Pflegepersonalquotient** wird vom InEK jährlich für jedes Krankenhaus auf der Grundlage der ihm von den Krankenhäusern übermittelten Daten nach § 21 KHEntgG berechnet. Mit der Ergänzung zu Abs. 1 Satz 2 und 3 wird geregelt, dass der Pflegepersonalquotient für jeden Standort eines Krankenhauses zu ermitteln ist. Hierdurch könne sichergestellt werden, dass in jedem Krankenhausstandort eine angemessene Personalausstattung vorgehalten werde, wie die Materialien anführen, vgl. BT-Drs. 19/5593 S. 121.

### III. Abwicklung der Ermittlung des Pflegeaufwandes (Abs. 1 Satz 4 bis 7)

13  Für die Zahl der in Abs. 1 Satz 1 genannten **Vollzeitkräfte** sind die dem Institut nach § 21 Abs. 2 Nr. 1 Buchst. e KHEntgG übermittelten Daten zu Grunde zu legen, mit Ausnahme der den Mindestvorgaben zu Personalausstattung nach § 136a Abs. 2 Satz 2 unterfallenden Vollzeitkräfte in der unmittelbaren Patientenversorgung auf bettenführenden Stationen, **Abs. 1 Satz 4**. Maßgeblich ist damit zum einen die Anzahl der im Jahr durchschnittlich beschäftigten Vollzeitkräfte in der Pflege, wie sie das Krankenhaus im Rahmen der Datenübermittlung übermittelt. Dieser Wert ist in das Verhältnis zu setzen zu der Summe der Bewertungsrelationen nach dem Katalog zur Risikoadjustierung des Pflegeaufwandes.

14  Für die Ermittlung des Pflegeaufwands erstellt das Institut bis zum 31. Mai 2020 einen Katalog zur Risikoadjustierung des Pflegeaufwands, mit dem für die Entgelte nach § 17b Abs. 1 KHG tagesbezogen die durchschnittlichen pflegerischen Leistungen abbildbar sind, **Abs. 1 Satz 5**. Der in den einzelnen Krankenhäusern anfallende Pflegeaufwand wird damit ab dem Jahr 2020 aufgrund des bundeseinheitlichen Pflegeaufwandes Katalogs des Instituts und den Daten nach § 21 KHEntgG durch das InEK für die einzelnen Krankenhäuser berechnet. Da das InEK für die Umsetzung der Pflegepersonaluntergrenzen in pflegesensitive in Bereichen nach § 137i ausweislich der Materialien (BT-Drs. 19/4453S. 76) schon Vorarbeiten für einen Katalog der Risikoadjustierung des Pflegeaufwandes geleistet hat, ist die Erstellung eines solchen Katalogs ohne erheblichen Zeitaufwand für das Institut möglich. Das Institut aktualisiert den Katalog jährlich und veröffentlicht ihn auf seiner Internetseite, **Abs. 1 Satz 6**.

15  Für die Ermittlung des Pflegeaufwands ermittelt das Institut auf der Grundlage dieses Katalogs aus den ihm nach § 21 Abs. 2 KHEntgG übermittelten Daten für jeden Standort eines Krankenhauses die Summe seiner Bewertungsrelationen, **Abs. 1 Satz 7**. Durch Vergleich der für jedes Krankenhaus

berechneten Quotienten könne damit ausweislich der Materialien deutlich gemacht werden, welche Krankenhäuser im Verhältnis zu dem anfallenden Pflegeaufwand viel oder wenig Pflegepersonal einsetzten.

### IV. Übermittlungspflichten des InEK sowie der Vertragsparteien (Abs. 1 Satz 8 und 9)

Das Institut übermittelt eine vergleichende Zusammenstellung der Pflegepersonalquotienten der einzelnen Krankenhäuser nach Satz 1 an das BMG sowie an die Vertragsparteien nach § 9 KHEntgG, **Abs. 1 Satz 8**. Die Vertragsparteien nach § 9 KHEntgG leiten die Zusammenstellung an die betroffenen Vertragsparteien nach § 11 KHEntgG und an die jeweils zuständigen Landesbehörden weiter, **Abs. 1 Satz 9**.

Dies erfassen die Materialien (BT-Drs. 19/4453 S. 76) dahingehend, dass die vom Institut berechneten **Quotienten** der **einzelnen Krankenhäuser** von diesem an das BMG und an die Vertragsparteien auf Bundesebene übermittelt werden, die diese an die für die jeweiligen Krankenhäuser zuständigen Landesbehörden und an die jeweiligen Vertragsparteien auf Krankenhausebene weiterleiten, die diese Angaben für die von Ihnen zu schließen und Vereinbarungen benötigen. Die **Länder** erhielten damit diese Informationen, damit sie ggf. auf die in ihrem Zuständigkeitsbereich unterfallenden Krankenhäuser einwirken könnten, wenn Anhaltspunkte dafür bestünden, dass das Verhältnis zwischen Pflegepersonalausstattung und Pflegepersonalaufwand unangemessen sei. Dies eröffne eine weitgehende Transparenz über die Pflegepersonalausstattung der Krankenhäuser und den auf dieses Personal anfallenden Pflegeaufwand und sei Grundlage für in der Rechtsverordnung zu regelnde Veröffentlichungsmodalitäten der Verhältniszahlen.

## C. Verordnungsermächtigung an das BMG (Abs. 2)

### I. Ermächtigung zum Erlass einer Rechtsverordnung mit Vorgaben zur Untergrenze zum Verhältnis Pflegepersonal und Pflegeaufwand und Festlegung von Sanktionen (Abs. 2 Satz 1 bis 3)

Das BMG wird ermächtigt, auf der Grundlage der durch das InEK nach Abs. 1 ermittelten Pflegepersonalquotienten der Krankenhäuser durch Rechtsverordnung mit Zustimmung des Bundesrates eine Untergrenze für das erforderliche Verhältnis zwischen Pflegepersonal und Pflegeaufwand festzulegen, bei der widerlegbar vermutet wird, dass eine nicht patientengefährdende pflegerische Versorgung noch gewährleistet ist, **Abs. 2 Satz 1**. Für den Fall, dass der Pflegepersonalquotient eines Krankenhauses die in der Rechtsverordnung nach Satz 1 festgelegte Untergrenze unterschreitet, vereinbaren der GKV-Spitzenverband und die DKG im Benehmen mit dem Verband der Privaten Krankenversicherung mit Wirkung für die Vertragspartner nach § 11 KHEntgG die Höhe und nähere Ausgestaltung der Sanktionen nach Abs. 2a, **Abs. 2 Satz 2**. Die Vorgaben für die Vereinbarung von Sanktionen auf Krankenhausebene sollten ausweislich Ergänzungen in der Ausschussberatung künftig nicht mehr durch Rechtsverordnung festgelegt werden, sondern durch Vereinbarung der Vertragsparteien auf Bundesebene, ebenso wie dies im Rahmen des § 137i der Fall ist.

Kommt eine Vereinbarung über die Sanktionen nach Satz 2 bis zum 30. Juni 2019 nicht zustande, trifft die Schiedsstelle nach § 18a Abs. 6 KHG ohne Antrag einer Vertragspartei nach Satz 2 innerhalb von sechs Wochen die ausstehenden Entscheidungen, **Abs. 2 Satz 3**. Im Sinne der Erweiterung der Regelung in der Ausschussberatung handelt es sich um eine Folgeänderung zu Abs. 2 Satz 2. Sofern die Vereinbarung der Vertragsparteien auf Bundesebene nicht innerhalb der vorgesehenen Frist zustande kommt, sind die erforderlichen Festlegungen durch die Schiedsstelle zu treffen.

### II. Regelungen in der Rechtsverordnung und Änderungen (Abs. 2 Satz 4 bis 6)

Die Rechtsverordnung nach Satz 1 regelt (hier in der Ausschussfassung) das Nähere unter Nr. 1 zur Festlegung der Untergrenze, die durch den Pflegepersonalquotienten eines Krankenhauses nicht unterschritten werden darf und unter Nr. 2. zur Veröffentlichung der Pflegepersonalquotienten der Krankenhäuser, **Abs. 2 Satz 4**. Um Personalausstattungen unterhalb der Untergrenze zu begegnen, ist in der Rechtsverordnung auch das nähere zu den Sanktionen zu regeln, die die Vertragsparteien auf Krankenhausebene im Fall einer Unterschreitung der Untergrenze zu vereinbaren haben, vergleiche. BT-Drs. 19/4453 S. 76. Diese Sanktionen seien bereits für das Budgetjahr 2020 zu vereinbaren.

21 In der **Rechtsverordnung** könne auch vorgesehen werden, dass die Sanktionen stufenweise einträten bzw. sich zunächst auf die Vereinbarung von entsprechenden Verbesserungsmaßnahmen auf Ebene der einzelnen Krankenhäuser beziehen würden. Dazu treffe die Rechtsverordnung einer Regelung über eine geeignete Veröffentlichung der Verhältniszahlen der Krankenhäuser.

22 Das BMG prüft spätestens nach Ablauf von drei Jahren die Notwendigkeit einer Anpassung der Untergrenze, **Abs. 2 Satz 5**. In der Rechtsverordnung nach Satz 1 kann auch geregelt werden, dass die nach Satz 2 von den Vertragspartnern nach § 11 KHEntgG vereinbarten Sanktionen vorübergehend ausgesetzt werden, **Abs. 2 Satz 6**.

### D. Vereinbarung von Sanktionen in Form von Vergütungsabschlägen und Abwicklung (Abs. 2a)

23 **Unterschreitet der Pflegepersonalquotient** eines Krankenhauses die in der Rechtsverordnung nach Abs. 2 Satz 1 festgelegte **Untergrenze**, haben die Vertragsparteien nach § 11 KHEntgG entsprechend der Vereinbarung nach Abs. 2 Satz 2 erstmals für das Budgetjahr 2020 **Sanktionen in Form von Vergütungsabschlägen** oder einer Verringerung der Fallzahl zu vereinbaren, **Abs. 2a Satz 1**.

24 **Verringerungen der Fallzahl** sind mindestens in dem Umfang zu vereinbaren, der erforderlich ist, um die Unterschreitung des Pflegepersonalquotienten auszugleichen, **Abs. 2a Satz 2**. Vergütungsabschläge sind in einer Höhe zu vereinbaren, die in einem angemessenen Verhältnis zum Grad der Unterschreitung steht, **Abs. 2a Satz 3**. Alternativ stehen damit Sanktionen in Form von Vergütungsabschlägen sowie Verringerungen der Fallzahl zur Verfügung, worauf auch die Materialien zu der in der Ausschussberatung eingefügten Regelung des Abs. 2a hinweisen, vgl. BT-Drs. 19/5593 S. 121. Vereinbarungen über die Verringerung der Fallzahl würden in erster Reihe in den Leistungsbereichen zu vereinbaren sein, die planbare Leistungen zum Gegenstand hätten. Auf diese Weise könnten die Vertragspartner vermeiden, dass Verringerungen der Fallzahl unaufschiebbare Behandlungen betreffen könnten.

25 Die in Satz 1 genannten Sanktionen können durch die Vereinbarung von Maßnahmen ergänzt werden, die das Krankenhaus zur Gewinnung zusätzlichen Pflegepersonals zu ergreifen hat, **Abs. 2a Satz 4**. Regelungen zum Personalaufbau können getroffen werden, zumal die Personalgewinnung im Einzelfall schwierig sein kann. In begründeten Ausnahmefällen können die Vertragsparteien nach § 11 KHEntgG vereinbaren, dass bereits vereinbarte Sanktionen vorübergehend ausgesetzt werden, **Abs. 2a Satz 5**. Stelle sich im Laufe eines Jahres etwa heraus, dass die Unterschreitung der festgelegten Untergrenze behoben sei, könnten damit die Vertragsparteien auch vereinbaren, dass bereits vereinbarte Sanktionen vorübergehend ausgesetzt würden, vgl. BT-Drs. 19/5593 S. 122.

### E. Wahrnehmung der Aufgaben durch das InEK und Finanzierung (Abs. 3)

26 Für die Aufgaben nach Abs. 1 gilt das Institut für das Entgeltsystem im Krankenhaus als von den Vertragsparteien nach § 17b Abs. 2 Satz 1 KHG beauftragt. ²Die notwendigen Aufwendungen des Instituts für die Erfüllung dieser Aufgaben sind aus dem Zuschlag nach § 17b Abs. 5 Satz 1 Nr. 1 des KHG zu finanzieren, der erforderlichenfalls entsprechend zu erhöhen ist. Die Möglichkeit zur Aufstockung des Zuschlags ist in der Ausschussberatung ausdrücklich aufgenommen worden. Damit können Finanzierungsprobleme von vornherein vermieden werden. Der Gesetzgeber scheint hier mit einem nicht unerheblichen Aufwand zu rechnen, aus dem dann auch entsprechende Kosten folgen können.

### § 137k Personalbemessung in der Pflege im Krankenhaus

(1) ¹Die Vertragsparteien auf Bundesebene im Sinne des § 9 Absatz 1 des Krankenhausentgeltgesetzes stellen im Einvernehmen mit dem Bundesministerium für Gesundheit die Entwicklung

und Erprobung eines wissenschaftlich fundierten Verfahrens zur einheitlichen Bemessung des Pflegepersonalbedarfs in zugelassenen Krankenhäusern im Sinne des § 108 in der unmittelbaren Patientenversorgung auf bettenführenden Stationen nach qualitativen und quantitativen Maßstäben sicher. ²Die Entwicklung und Erprobung ist spätestens bis zum 31. Dezember 2024 abzuschließen. ³Es ist ein bedarfsgerechtes, standardisiertes, aufwandsarmes, transparentes, digital anwendbares und zukunftsfähiges Verfahren über einen analytischen Ansatz unter Hinzuziehung empirischer Daten zu entwickeln, durch das eine fachlich angemessene pflegerische Versorgung in den Krankenhäusern gewährleistet wird. ⁴Die Vertragsparteien nach Satz 1 beauftragen zur Sicherstellung der Wissenschaftlichkeit des Verfahrens auf ihre Kosten fachlich unabhängige wissenschaftliche Einrichtungen oder Sachverständige mit der Entwicklung und Erprobung des Verfahrens; dabei trägt die Deutsche Krankenhausgesellschaft 50 Prozent der Kosten, der Spitzenverband Bund der Krankenkassen 46,5 Prozent der Kosten und der Verband der Privaten Krankenversicherung 3,5 Prozent der Kosten. ⁵Die Mindestvorgaben zur Personalausstattung nach § 136a Absatz 2 Satz 2 bleiben unberührt.

(2) Bei der Durchführung des Auftrags nach Absatz 1 Satz 4 sind insbesondere der Beauftragte der Bundesregierung für die Belange der Patientinnen und Patienten, der Bevollmächtigte der Bundesregierung für Pflege, der Deutsche Pflegerat e. V. – DPR, Vertreter der für Personalfragen der Krankenhäuser maßgeblichen Gewerkschaften und Arbeitgeberverbände, die für die Wahrnehmung der Interessen der Patientinnen und Patienten und der Selbsthilfe chronisch kranker und behinderter Menschen maßgeblichen Organisationen auf Bundesebene sowie die Arbeitsgemeinschaft der Wissenschaftlichen Medizinischen Fachgesellschaften e. V. zu beteiligen.

(3) ¹Die Vertragsparteien nach Absatz 1 Satz 1 legen dem Bundesministerium für Gesundheit vor der Beauftragung nach Absatz 1 Satz 4 und spätestens bis zum 15. Dezember 2021 eine Beschreibung des Inhalts der Beauftragung sowie einen Zeitplan mit konkreten Zeitzielen für die Entwicklung und Erprobung des Verfahrens nach Absatz 1 Satz 1 bis 3 vor. ²Die Beauftragung nach Absatz 1 Satz 4 hat spätestens bis zum 30. Juni 2022 zu erfolgen. ³Die Vertragsparteien nach Absatz 1 Satz 1 sind verpflichtet, dem Bundesministerium für Gesundheit fortlaufend, insbesondere wenn die Umsetzung der Vorgaben nach Absatz 1 oder die Erreichung der gesetzlich oder in dem Zeitplan nach Satz 1 festgelegten Zeitziele gefährdet sind, und auf dessen Verlangen unverzüglich Auskunft über den Bearbeitungsstand der Entwicklung, Erprobung und der Auftragsvergabe sowie über Problembereiche und mögliche Lösungen zu geben.

(4) ¹Wird ein gesetzlich oder ein in dem Zeitplan nach Absatz 3 Satz 1 festgelegtes Zeitziel nicht fristgerecht erreicht und ist deshalb die fristgerechte Entwicklung oder Erprobung gefährdet, kann das Bundesministerium für Gesundheit nach Fristablauf einzelne Verfahrensschritte selbst durchführen. ²Haben sich die Vertragsparteien nach Absatz 1 Satz 1 bis zum 15. Dezember 2021 nicht über den Inhalt der Beauftragung nach Absatz 1 Satz 4 geeinigt, beauftragt das Bundesministerium für Gesundheit die Entwicklung und Erprobung nach Absatz 1 Satz 4 spätestens bis zum 31. August 2022 auf Kosten der Vertragsparteien nach Absatz 1 Satz 1.

1 § 137k gilt in der Fassung des Art. 1 Nr. 49a GVWG vom 11.07.2021 (BGBl. I S. 2754) mit Wirkung vom 20.07.2021.

2 § 137k wurde durch Art. 1 Nr. 49a Gesetz zur Weiterentwicklung der Gesundheitsversorgung (Gesundheitsversorgungsweiterentwicklungsgesetz – GVWG) vom 11.07.2021 (BGBl. I S. 2754) mit Wirkung vom 20.07.2021 eingefügt. Zur Begründung dieser in der Ausschussberatung aufgenommenen Regelung vgl. BT-Drs. 19/30560 S. 48–50.

3 Eine angemessene Personalausstattung in der Pflege im Krankenhaus sei für die Qualität der Patientenversorgung und die Arbeitssituation der Beschäftigten unabdingbar. Zu den Rahmenbedingungen einer guten und motivierten Pflege gehören eine qualitativ und quantitativ am Bedarf ausgerichtete Pflege-Personalausstattung der Krankenhäuser. Um eine angemessene Personalausstattung in der Pflege und eine hochwertige pflegerische Versorgung zu gewährleisten würden der

GKV-Spitzenverband, die DKG und der Verband der Privaten Krankenversicherung gem. § 137k verpflichtet, im Einvernehmen mit dem BMG unter Einbeziehung wissenschaftlichen Sachverstand bis zum 31.12.2024 ein wissenschaftlich fundiertes Verfahren zur einheitlichen Bemessung des Personalbedarfs in der Pflege im Krankenhaus zu entwickeln und zu erproben. Das Pflegepersonalbemessungsverfahren sei für die unmittelbare Patientenversorgung in allen Betten führenden, somatischen Bereichen der Krankenhäuser unter Berücksichtigung des Qualifikationsmixes zu entwickeln. In Entsprechung zu dem in § 113c SGB XI vorgesehenen Verfahren zur Personalbemessung in Pflegeeinrichtungen habe die Entwicklung und Erprobung des Personalbemessungsverfahrens für die Pflege in Krankenhäusern grundsätzlich in jedem Verfahrensschritt im Einvernehmen mit dem BMG zu erfolgen.

4 Auf die umfangreichen weiteren Hinweise in den Materialien zu § 137k wird ergänzend Bezug genommen.

## § 138 Neue Heilmittel

Die an der vertragsärztlichen Versorgung teilnehmenden Ärzte dürfen neue Heilmittel nur verordnen, wenn der Gemeinsame Bundesausschuss zuvor ihren therapeutischen Nutzen anerkannt und in den Richtlinien nach § 92 Abs. 1 Satz 2 Nr. 6 Empfehlungen für die Sicherung der Qualität bei der Leistungserbringung abgegeben hat.

Übersicht                              Rdn.                                    Rdn.
A. Regelungsinhalt.................   1    B. Neue Heilmittel ..................   7

### A. Regelungsinhalt

1 § 138 gilt in der Fassung des Art. 1 Nr. 110 GMG vom 14.11.2003 (BGBl. I S. 2190) mit Wirkung vom 01.01.2004.

2 § 138 regelt die **Verordnungsfähigkeit** neuer Heilmittel zulasten der GKV und schließt an die Bestimmung in § 12 an. Die Bestimmung setzt den **Begriff des Heilmittels**, vgl. auch § 32, voraus. **Heilmittel** sind die von Vertragsärzten verordneten, von entsprechend ausgebildeten, berufspraktisch erfahrenen und nach § 124 zugelassenen Personen persönlich und eigenverantwortlich zu erbringenden medizinischen Dienstleistungen. Für den Begriff des Heilmittels reicht es aus, dass dieses **positiv auf die Gesundheitsstörung** einwirkt und diese therapeutisch beeinflussen kann. Heilmittel müssen dem Heilungszweck dienen und diesen absichern, ohne dass zwingend auf eine unmittelbare Heilwirkung abgestellt wird. Adressaten des § 138 sind die Vertragsärzte, indirekt jedoch auch die Krankenkassen, als diesen insoweit die Kostenübernahme verwehrt wird, vgl. *Butzer* in Becker/Kingreen SGB V § 138 Rn. 1.

3 § 138 macht die **Verordnungsfähigkeit** eines Heilmittels vom Vorhandensein einer **Richtlinie durch den Gemeinsamen Bundesausschuss abhängig**. Die Regelung richtet sich deshalb an den Vertragsarzt, der nur innerhalb der Richtlinie und in Übereinstimmung mit dieser verordnen darf (vgl. *Weidenbach* in Sodan, Handbuch Krankenversicherungsrecht, § 29 Rn. 43). Aus dem Gesamtzusammenhang des Leistungserbringerrechts mit dem Leistungsrecht folgt zugleich, dass der Versicherte weitergehende Ansprüche nicht geltend machen darf und die Krankenkasse auch gehindert ist, weitergehende Kosten zu übernehmen, vgl. § 13, vgl. BSG Urt. v. 19.10.2004 – B 1 KR 27/02 R – SozR 4–2500 § 27 Nr. 1.

4 Im Zusammenhang mit dem **Verfahren nach § 92 Abs. 1 Satz 2 Nr. 6**, mit dem die Anerkennung eines Heilmittels angestrebt wird, ist regelmäßig den Spitzenorganisationen der Heilmittelerbringer entsprechend § 92 Abs. 6 Satz 2 **Gelegenheit zur Stellungnahme** zu geben. Im Falle einer **Anerkennung des therapeutischen Nutzens** und unter Beachtung von § 124 Abs. 2 (Zulassungsvoraussetzungen für Leistungserbringer von Heilmitteln) sowie von § 125 (Rahmenempfehlungen

und Verträge im Zusammenhang mit der Heilmittelerbringung) führt dies zur Leistungspflicht der Krankenkassen.

Eine **ablehnende Entscheidung des Gemeinsamen Bundesausschusses** kann vom Heilmittelerbringer mit der Anfechtungsklage angefochten werden; dem Versicherten bleibt allein die Möglichkeit der Leistungsklage; im Rahmen dieser Klage kann dann inzidenter auch die Entscheidung des Gemeinsamen Bundesausschusses überprüft werden, vgl. *Butzer* in Becker/Kingreen, SGB V § 138 Rn. 3.

Mit dem **GKV-Modernisierungsgesetz – GMG –** wurde **§ 138 mit Wirkung vom 01.01.2004** an die Einrichtung des **Gemeinsamen Bundesausschusses** nach § 91 angepasst.

### B. Neue Heilmittel

Als Leistung der GKV sind **neue Heilmittel** gemäß § 138 so lange ausgeschlossen, bis der Gemeinsame Bundesausschuss den **therapeutischen Nutzen anerkannt** und in Richtlinien entsprechende Empfehlungen, einschließlich der Qualitätssicherung bei der Leistungserbringung, abgegeben hat. Aus diesem Grunde ist auch eine **Kostenerstattung**, vgl. § 13, **ausgeschlossen**, entsprechend dem Ausschluss als Sachleistung bzw. Dienstleistung. Hierzu liegt eine umfangreiche Rechtsprechung vor, auf die Bezug genommen wird.

In der Praxis sind häufig zwei Fallgestaltungen denkbar: Eine neue Methode kann einerseits noch nicht abgerechnet werden, weil eine **entsprechende Bewertung durch den Gemeinsamen Bundesausschuss noch nicht getroffen** worden ist; außer im Fall des Systemversagens (s.u.) ist eine Leistung zulasten der GKV nicht möglich (weder Sachleistung noch Kostenerstattung). Zur **Heilmittel-Richtlinie** vgl. die **Anlage** zu den **nichtverordnungsfähigen Heilmitteln**. Eine **neue Methode** kann aber auch andererseits nicht abgerechnet werden, weil der Gemeinsame Bundesausschuss **bereits festgestellt** hat, dass das betreffende Heilmittel nicht »anerkannt« wird; Letzteres führt zum **Ausschluss von der Leistung**. Der Versicherte kann diese Leistung weder als Sachleistung noch im Wege der Kostenerstattung mit Erfolg geltend machen; die Krankenkasse darf die Kosten nicht übernehmen (insoweit ist dies auch Adressat des § 138).

Der Begriff des **Heilmittels** erfasst ärztlich verordnete **Dienstleistungen**, die einem bestimmten Heilzweck dienen oder auch diesen erhalten und bekräftigen sollen. Zur Erbringung der Dienstleistung sind **nur zugelassene Leistungserbringer** – regelmäßig nur auf ärztliche Verordnung hin – berechtigt (vgl. § 124); nur diese dürfen auch diese Leistungen abrechnen.

Die Regelung stellt auf **neue Heilmittel** ab, wobei hier auf die Verfahrensordnung des Gemeinsamen Bundesausschusses (in der jeweils aktuellen Fassung) Bezug genommen werden kann. Entscheidend ist, dass insoweit die **medizinische Notwendigkeit** festgestellt wird. Die Bewertung der medizinischen Notwendigkeit erfolgt im Hinblick auf die in der Verfahrensordnung näher beschriebene Weise, etwa auch unter dem Gesichtspunkt, ob **eine diagnostische oder therapeutische Interventionsbedürftigkeit**, ein **diagnostischer oder therapeutischer Nutzen** nach dem **allgemein anerkannten Stand der medizinischen Erkenntnisse** vorhanden und keine andere, zweckmäßigere Behandlungsmöglichkeit verfügbar ist. Im Rahmen der **Nutzenbewertung** ist stets auch die **Wirtschaftlichkeit** einzubeziehen. Es ist eine **positive Anerkennung des jeweils neuen Heilmittels** in der Heilmittel-Richtlinie notwendig, vgl. Weidenbach in Sodan, Handbuch Krankenversicherungsrecht, 2014, § 29 Rn. 42, 43. Zum Bewertungsverfahren durch den Gemeinsamen Bundesausschuss vgl. §§ 4 bis 9 Kap. 2 VerfO-G-BA; diese erfolgt auf Antrag; zur **Antragsberechtigung** vgl. § 135 Abs. 1 Satz 1 entsprechend, vgl. *Butzer* in Becker/Kingreen SGB V 2018 § 138 Rn. 2.

Im **Ausnahmefall** kann eine Heilmittelversorgung zulässig sein, wenn das Heilmittel als solches nicht ausdrücklich zugelassen ist, jedoch ein sog. **Systemversagen** vorliegt; insoweit wird auf § 2 Abs. 1a sowie die umfangreiche Rechtsprechung hierzu Bezug genommen, vgl. etwa bereits BSG Urt. v. 26.09.2006 – B 1 KR 3/06 R – SozR 4–2500 § 720 Nr. 10. Zur Fragestellung vgl. *Butzer* in Becker/Kingreen SGB V 2018 § 138 Rn. 5 unter Hinweis darauf, dass die Leistungsberechtigung greifen könnte, soweit eine Regelung in den Heilmittelrichtlinien des Gemeinsamen Bundesausschusses rechtwidrig unterblieben sein sollte.

12 Die Anwendung eines Heilmittels kann auch nicht mit der Begründung geltend gemacht werden, in **anderen Ländern**, etwa auch Ländern der EU, sei dieses Heilmittel anerkannt, vgl. BSG Urt. v. 03.09.2003 – B 1 KR 34/01 R – SozR 4–2500 § 18 Nr. 1 zur sog. Petö-Methode, was allerdings nicht ausschließt, dass eine solche Methode außerhalb des Zuständigkeitsbereichs der GKV etwa im Rahmen der **Eingliederungshilfe** nach Sozialhilfegrundsätzen anerkannt wird, vgl. BSG Urt. v. 29.09.2009 – B 8 SO 19/08 R, FEVS 61, 433; vgl. dazu näher *Pattar* SGb 2010, 652.

13 Der Gemeinsame Bundesausschuss hat **neue Heilmittel einer sorgfältigen Bewertung** zu unterwerfen; das Verfahren ist vergleichbar der Rechtslage nach § 135, wobei auf die entsprechenden Erläuterungen Bezug genommen wird.

14 Im Rahmen der Überprüfung neuer Heilmittel ist maßgeblich auch auf die **Wirtschaftlichkeit der Leistungserbringung** einzugehen. Kommen Heilmittel in Betracht, die der Zielsetzung ebenso gerecht werden, jedoch kostengünstiger sind, so ist diesen der Vorzug zu geben. Dabei sind allerdings die Belange des Versicherten, die mögliche Dauer einer Behandlung und das Vorliegen gesundheitlicher Risiken einzubeziehen. Kann das Ziel der Behandlung mit einem **neuen Heilmittel** risikoärmer und zeitlich zügiger erreicht werden, und ist das neue Heilmittel andererseits auch wirtschaftlich vertretbar, kann dies bereits Grund für eine Zulassung sein.

15 Insoweit ist eine umfangreiche **Rechtsprechung** verfügbar, die hier nur auszugsweise nachgewiesen wird, vgl. u.a. zur Regelungsbefugnis BSG Urt. v. 16.11.1999 – B 1 KR 9/97 R – SozR 3–2500 § 27 Nr. 12, zur Aufnahme einer Diättherapie BSG Urt. v. 28.06.2000 – B 6 KA 26/99 R – SozR 3–2500 § 138 Nr. 1, zur Versagung der Hippotherapie BSG Urt. v. 19.03.2002 – B 1 KR 36/00 R – SozR 3–2500 § 138 Nr. 2. Zur Auslegung des Merkmals »neu« in diesem Zusammenhang vgl. näher BSG Urt. v. 26.09.2006 – B 1 KR 3/06 R – SozR 4–2500 § 27 Nr. 10, SGb 2007, 363. Eine reine »**Binnenanerkennung**« **eines Heilmittels** innerhalb einer besonderen Therapierichtung reicht nicht aus, vielmehr ist eine Anerkennung durch die Richtlinie des Gemeinsamen Bundesausschusses erforderlich, hier zur rhythmische Massage der anthroposophischen Medizin, vgl. LSG Hessen Urt. v. 24.11.2011 – L 8 KR 93/10. Die **Kostenübernahme** für eine im **europäischen Ausland** in Anspruch genommene **Tomatis-Therapie** durch den deutschen Krankenversicherungsträger ist ausgeschlossen, vgl. LSG Nordrhein-Westfalen Urt. v. 13.02.2012 – L 1 KR 605/10. Zur Abgrenzung und Leistungspflicht des Trägers der **Sozialhilfe** vgl. BSG Urt. v. 22.03.2012 – B 8 SO 30/10 R – SozR 4–3500 § 54 Nr. 8. Die **ambulante neuropsychologische Therapie** ist als Behandlungsmethode, etwa nach Schlaganfall, durch den Gemeinsamen Bundesausschuss durch Beschluss vom 24.11.2011 anerkannt worden, soll jedoch für zurückliegende Zeiträume nicht abrechenbar sein, vgl. LSG Hamburg Urt. v. 15.08.2013 – L 1 KR 6/10. Für die Behandlung einer **Epilepsie** mittels therapeutischer Sprachgestaltung liegt eine positive Empfehlung des Gemeinsamen Bundesausschusses nicht vor, vgl. LSG Berlin-Brandenburg Urt. v. 07.03.2014 – L 1 KR 17/12. Zum Weiterbildungserfordernis für Leistungen der manuellen Therapie vgl. BSG Urt. v. 16.03.2017 – B 3 KR 24/15 R – SozR 4–2500 § 125 Nr. 9 sowie zur Abrechnungserlaubnis für Leistungen der manuellen Therapie vgl. BSG Urt. v. 16.03.2017 – B 3 KR 14/16 R.

### § 139 Hilfsmittelverzeichnis, Qualitätssicherung bei Hilfsmitteln

(1) ¹Der Spitzenverband Bund der Krankenkassen erstellt ein systematisch strukturiertes Hilfsmittelverzeichnis. ²In dem Verzeichnis sind von der Leistungspflicht umfasste Hilfsmittel aufzuführen. ³Das Hilfsmittelverzeichnis ist im Bundesanzeiger bekannt zu machen.

(2) ¹Soweit dies zur Gewährleistung einer ausreichenden, zweckmäßigen und wirtschaftlichen Versorgung erforderlich ist, sind im Hilfsmittelverzeichnis indikations- oder einsatzbezogen besondere Qualitätsanforderungen für Hilfsmittel festzulegen. ²Besondere Qualitätsanforderungen

nach Satz 1 können auch festgelegt werden, um eine ausreichend lange Nutzungsdauer oder in geeigneten Fällen den Wiedereinsatz von Hilfsmitteln bei anderen Versicherten zu ermöglichen. [3]Im Hilfsmittelverzeichnis sind auch die Anforderungen an die zusätzlich zur Bereitstellung des Hilfsmittels zu erbringenden Leistungen zu regeln.

(3) [1]Die Aufnahme eines Hilfsmittels in das Hilfsmittelverzeichnis erfolgt auf Antrag des Herstellers. [2]Über die Aufnahme entscheidet der Spitzenverband Bund der Krankenkassen; er kann vom Medizinischen Dienst prüfen lassen, ob die Voraussetzungen nach Absatz 4 erfüllt sind. [3]Hält der Spitzenverband Bund der Krankenkassen bei der Prüfung des Antrags eine Klärung durch den Gemeinsamen Bundesausschuss für erforderlich, ob der Einsatz des Hilfsmittels untrennbarer Bestandteil einer neuen Untersuchungs- oder Behandlungsmethode ist, holt er hierzu unter Vorlage der ihm vorliegenden Unterlagen sowie einer Begründung seiner Einschätzung eine Auskunft des Gemeinsamen Bundesausschusses ein. [4]Der Gemeinsame Bundesausschuss hat die Auskunft innerhalb von sechs Monaten zu erteilen. [5]Kommt der Gemeinsame Bundesausschuss zu dem Ergebnis, dass das Hilfsmittel untrennbarer Bestandteil einer neuen Untersuchungs- oder Behandlungsmethode ist, beginnt unmittelbar das Verfahren zur Bewertung der Methode nach § 135 Absatz 1 Satz 1, wenn der Hersteller den Antrag auf Eintragung des Hilfsmittels in das Hilfsmittelverzeichnis nicht innerhalb eines Monats zurücknimmt, nachdem ihm der Spitzenverband Bund der Krankenkassen das Ergebnis der Auskunft mitgeteilt hat.

(4) [1]Das Hilfsmittel ist aufzunehmen, wenn der Hersteller die Funktionstauglichkeit und Sicherheit, die Erfüllung der Qualitätsanforderungen nach Absatz 2 und, soweit erforderlich, den medizinischen Nutzen nachgewiesen hat und es mit den für eine ordnungsgemäße und sichere Handhabung erforderlichen Informationen in deutscher Sprache versehen ist. [2]Auf Anfrage des Herstellers berät der Spitzenverband Bund der Krankenkassen den Hersteller im Rahmen eines Antragsverfahrens zur Aufnahme von neuartigen Produkten in das Hilfsmittelverzeichnis über Qualität und Umfang der vorzulegenden Antragsunterlagen. [3]Die Beratung erstreckt sich insbesondere auf die grundlegenden Anforderungen an den Nachweis des medizinischen Nutzens des Hilfsmittels. [4]Sofern Produkte untrennbarer Bestandteil einer neuen Untersuchungs- und Behandlungsmethode sind, bezieht sich die Beratung nicht auf das Verfahren nach § 135 Absatz 1 Satz 1. [5]Erfordert der Nachweis des medizinischen Nutzens klinische Studien, kann die Beratung unter Beteiligung der für die Durchführung der Studie vorgesehenen Institution erfolgen. [6]Das Nähere regelt der Spitzenverband Bund der Krankenkassen in der Verfahrensordnung nach Absatz 7 Satz 1. [7]Für die Beratung kann der Spitzenverband Bund der Krankenkassen Gebühren nach pauschalierten Gebührensätzen erheben. [8]Hat der Hersteller Nachweise nach Satz 1 nur für bestimmte Indikationen erbracht, ist die Aufnahme in das Hilfsmittelverzeichnis auf diese Indikationen zu beschränken. [9]Nimmt der Hersteller an Hilfsmitteln, die im Hilfsmittelverzeichnis aufgeführt sind, Änderungen vor, hat er diese dem Spitzenverband Bund der Krankenkassen unverzüglich mitzuteilen. [10]Die Mitteilungspflicht gilt auch, wenn ein Hilfsmittel nicht mehr hergestellt wird.

(5) [1]Für Medizinprodukte im Sinne des § 3 Nummer 1 des Medizinproduktegesetzes in der bis einschließlich 25. Mai 2021 geltenden Fassung gilt der Nachweis der Funktionstauglichkeit und der Sicherheit durch die CE-Kennzeichnung grundsätzlich als erbracht. [2]Der Spitzenverband Bund der Krankenkassen vergewissert sich von der formalen Rechtmäßigkeit der CE-Kennzeichnung anhand der Konformitätserklärung und, soweit zutreffend, der Zertifikate der an der Konformitätsbewertung beteiligten Benannten Stelle. [3]Aus begründetem Anlass können zusätzliche Prüfungen vorgenommen und hierfür erforderliche Nachweise verlangt werden. [4]Prüfungen nach Satz 3 können nach erfolgter Aufnahme des Produkts auch auf der Grundlage von Stichproben vorgenommen werden. [5]Ergeben sich bei den Prüfungen nach Satz 2 bis 4 Hinweise darauf, dass Vorschriften des Medizinprodukterechts nicht beachtet sind, sind unbeschadet sonstiger Konsequenzen die danach zuständigen Behörden hierüber zu informieren.

(6) [1]Legt der Hersteller unvollständige Antragsunterlagen vor, ist ihm eine angemessene Frist, die insgesamt sechs Monate nicht übersteigen darf, zur Nachreichung fehlender Unterlagen

einzuräumen. ²Wenn nach Ablauf der Frist die für die Entscheidung über den Antrag erforderlichen Unterlagen nicht vollständig vorliegen, ist der Antrag abzulehnen. ³Ansonsten entscheidet der Spitzenverband Bund der Krankenkassen innerhalb von drei Monaten nach Vorlage der vollständigen Unterlagen. ⁴Bis zum Eingang einer im Einzelfall nach Absatz 3 Satz 3 angeforderten Auskunft des Gemeinsamen Bundesausschusses ist der Lauf der Frist nach Satz 3 unterbrochen. ⁵Über die Entscheidung ist ein Bescheid zu erteilen. ⁶Die Aufnahme ist zu widerrufen, wenn die Anforderungen nach Absatz 4 Satz 1 nicht mehr erfüllt sind.

(7) ¹Der Spitzenverband Bund der Krankenkassen beschließt bis zum 31. Dezember 2017 eine Verfahrensordnung, in der er nach Maßgabe der Absätze 3 bis 6, 8 und 9 das Nähere zum Verfahren zur Aufnahme von Hilfsmitteln in das Hilfsmittelverzeichnis, zu deren Streichung und zur Fortschreibung des Hilfsmittelverzeichnisses sowie das Nähere zum Verfahren der Auskunftseinholung beim Gemeinsamen Bundesausschuss regelt. ²Er kann dabei vorsehen, dass von der Erfüllung bestimmter Anforderungen ausgegangen wird, sofern Prüfzertifikate geeigneter Institutionen vorgelegt werden oder die Einhaltung einschlägiger Normen oder Standards in geeigneter Weise nachgewiesen wird. ³In der Verfahrensordnung legt er insbesondere Fristen für die regelmäßige Fortschreibung des Hilfsmittelverzeichnisses fest. ⁴Den maßgeblichen Spitzenorganisationen der betroffenen Hersteller und Leistungserbringer auf Bundesebene ist vor Beschlussfassung innerhalb einer angemessenen Frist Gelegenheit zur Stellungnahme zu geben; die Stellungnahmen sind in die Entscheidung einzubeziehen. ⁵Die Verfahrensordnung bedarf der Genehmigung des Bundesministeriums für Gesundheit. ⁶Für Änderungen der Verfahrensordnung gelten die Sätze 4 und 5 entsprechend. ⁷Sofern dies in einer Rechtsverordnung nach Absatz 8 vorgesehen ist, erhebt der Spitzenverband Bund der Krankenkassen Gebühren zur Deckung seiner Verwaltungsausgaben nach Satz 1.

(8) ¹Das Bundesministerium für Gesundheit kann durch Rechtsverordnung ohne Zustimmung des Bundesrates bestimmen, dass für das Verfahren zur Aufnahme von Hilfsmitteln in das Hilfsmittelverzeichnis Gebühren von den Herstellern zu erheben sind. ²Es legt die Höhe der Gebühren unter Berücksichtigung des Verwaltungsaufwandes und der Bedeutung der Angelegenheit für den Gebührenschuldner fest. ³In der Rechtsverordnung kann vorgesehen werden, dass die tatsächlich entstandenen Kosten auf der Grundlage pauschalierter Kostensätze zu berechnen sind.

(9) ¹Das Hilfsmittelverzeichnis ist regelmäßig fortzuschreiben. ²Der Spitzenverband Bund der Krankenkassen hat bis zum 31. Dezember 2018 sämtliche Produktgruppen, die seit dem 30. Juni 2015 nicht mehr grundlegend aktualisiert wurden, einer systematischen Prüfung zu unterziehen und sie im erforderlichen Umfang fortzuschreiben. ³Er legt dem Ausschuss für Gesundheit des Deutschen Bundestages über das Bundesministerium für Gesundheit einmal jährlich zum 1. März einen Bericht über die im Berichtszeitraum erfolgten sowie über die begonnenen, aber noch nicht abgeschlossenen Fortschreibungen vor. ⁴Die Fortschreibung umfasst die Weiterentwicklung und Änderungen der Systematik und der Anforderungen nach Absatz 2, die Aufnahme neuer Hilfsmittel sowie die Streichung von Hilfsmitteln.

(10) ¹Zum Zweck der Fortschreibung nach Absatz 9 Satz 1, 2 und 4 kann der Spitzenverband Bund der Krankenkassen von dem Hersteller für seine im Hilfsmittelverzeichnis aufgeführten Produkte innerhalb einer in der Verfahrensordnung festgelegten angemessenen Frist die zur Prüfung der Anforderungen nach Absatz 4 Satz 1 erforderlichen Unterlagen anfordern. ²Bringt der Hersteller die angeforderten Unterlagen nicht fristgemäß bei, verliert die Aufnahme des Produktes in das Hilfsmittelverzeichnis ihre Wirksamkeit und das Produkt ist unmittelbar aus dem Hilfsmittelverzeichnis zu streichen. ³Ergibt die Prüfung, dass die Anforderungen nach Absatz 4 Satz 1 nicht oder nicht mehr erfüllt sind, ist die Aufnahme zurückzunehmen oder zu widerrufen. ⁴Nach Eintritt der Bestandskraft des Rücknahme- oder Widerrufsbescheids ist das Produkt aus dem Hilfsmittelverzeichnis zu streichen. ⁵Für die Prüfung, ob ein Hilfsmittel noch hergestellt wird, gelten die Sätze 1 bis 3 entsprechend mit der Maßgabe, dass die Streichung auch zu einem späteren Zeitpunkt erfolgen kann.

(11) ¹Vor einer Weiterentwicklung und Änderungen der Systematik und der Anforderungen nach Absatz 2 ist den maßgeblichen Spitzenorganisationen der betroffenen Hersteller und Leistungserbringer auf Bundesebene unter Übermittlung der hierfür erforderlichen Informationen innerhalb einer angemessenen Frist Gelegenheit zur Stellungnahme zu geben; die Stellungnahmen sind in die Entscheidung einzubeziehen. ²Der Spitzenverband Bund der Krankenkassen kann auch Stellungnahmen von medizinischen Fachgesellschaften sowie Sachverständigen aus Wissenschaft und Technik einholen. ³Soweit vor einer Weiterentwicklung und Änderungen der Systematik und der Anforderungen nach Absatz 2 mögliche Berührungspunkte des voraussichtlichen Fortschreibungsbedarfs mit digitalen oder technischen Assistenzsystemen festgestellt werden, ist zusätzlich mindestens eine Stellungnahme eines Sachverständigen oder unabhängigen Forschungsinstituts aus dem Bereich der Technik einzuholen; die Stellungnahmen sind in die Entscheidung einzubeziehen.

§ 139 gilt in der Fassung des Art. 4 Nr. 6 Buchst. b i.V.m. Art. 17 Abs. 1 Satz 2 Gesetz vom 28.04.2020 – BGBl. I S. 960, letzterer in der Fassung des Art. 15 Abs. 2 Nr. 1 Gesetz vom 19.05.2020 – BGBl I S. 1018 mit Wirkung vom 26.05.2021. 1

Nachgehend wurde § 139 Abs. 11 Satz 3 durch Art. 1 Nr. 5a GPVG vom 22.12.2020 – BGBl. I 3299 mit Wirkung vom 01.01.2021 angefügt. 2

§ 139 regelt Vorgaben für das Hilfsmittelverzeichnis und wurde mit dem GKV-WSG mit Wirkung vom 01.04.2007 unter Aufhebung der früheren Regelung zum Hilfsmittelverzeichnis nach § 128a.F. neu gefasst, mit Wirkung vom 01.07.2008 an die Organisationsreform in der GKV angepasst, u.a. an die Einrichtung des Spitzenverbandes Bund der Krankenkassen – genannt GKV-Spitzenverband, und mit dem Heil- und Hilfsmittelversorgungsgesetz – HHVG wesentlich erweitert. Nachgehend sind weitere Änderungen erfolgt. 3

Die Qualitätssicherung bei Hilfsmitteln dient der Sicherung einer wirtschaftlichen und medizinisch einwandfreien Leistungserbringung. § 139 gibt vor, für Hilfsmittel **Qualitätsstandards** zu entwickeln, die der Sicherung einer ausreichenden, zweckmäßigen, funktionsgerechten und wirtschaftlichen Versorgung der Versicherten mit Hilfsmitteln dienen. Die Qualitätsstandards der Hilfsmittel sind in dem zu erstellenden Verzeichnis zu veröffentlichen. Dabei sind nach der Fassung des HHVG zwingend indikations- oder einsatzbezogene besonderer Qualitätsanforderungen für Hilfsmittel festzulegen, **Abs. 2 Satz 1**. Zwingend sind auch die Anforderungen an die zusätzlich zur Bereitstellung des Hilfsmittels zu erbringenden Leistungen zu regeln, **Abs. 2 Satz 3**. 4

**Neue Hilfsmittel**, die in das Hilfsmittelverzeichnis (vgl. den jeweils aktuellen Nachweis im Internet unter gkv-spitzenverband.de) aufgenommen werden, müssen nachweisbar funktionstauglich sein, eine besondere Qualität und einen therapeutischen Nutzen aufweisen. Der **Nachweis** ist von dem Hersteller zu führen (Abs. 2, Abs. 3). Nach einer Überprüfung der Voraussetzungen durch den Medizinischen Dienst (Kann-Bestimmung in Abs. 3 Satz 2) hat der GKV-Spitzenverband über die Aufnahme in das Hilfsmittelverzeichnis zu entscheiden. 5

Versicherte haben **Anspruch auf Hilfsmittel,** § 27 Abs. 1 Satz 2 Nr. 3, § 33. Mit dem **Begriff der Hilfsmittel** werden insbesondere die Versorgung mit Hörhilfen, Körperersatzstücken, orthopädischen und vergleichbaren Mitteln erfasst, die im Einzelfall erforderlich sind, um den Erfolg der Krankenbehandlung zu sichern, einer drohenden Behinderung vorzubeugen oder eine Behinderung auszugleichen. Zum Leistungsrecht vgl. näher § 33. Kein Anspruch auf Hilfsmittel besteht, wenn diese als allgemeine Gebrauchsgegenstände des täglichen Lebens anzusehen (vgl. zur Abgrenzung BSG Urt. v. 30.11.2017 – B 3 KR 3/16 R) oder von der Leistung ausdrücklich ausgeschlossen sind wie insbesondere in zahlreichen Fällen Sehhilfen, wobei Näheres der Gemeinsame Bundesausschuss, vgl. § 92, regelt. Maßgeblich ist die Richtlinie über die Verordnung von Hilfsmitteln in der vertragsärztlichen Versorgung – **Hilfsmittel-Richtlinie** vom 21.12.2011 in der jeweils aktuellen Fassung (bei Redaktionsschluss 17.09.2020 mit Wirkung vom 01.10.2020). 6

## § 139 SGB V   Hilfsmittelverzeichnis, Qualitätssicherung bei Hilfsmitteln

7   Die **Hilfsmittel** werden »strukturiert in einem Hilfsmittelverzeichnis« erfasst, für das der GKV-Spitzenverband zuständig ist. Hilfsmittel sind dort aufzuführen; das **Hilfsmittelverzeichnis** ist im **Bundesanzeiger** – einschließlich der Fortschreibungen – bekannt zu machen, regelmäßig auch im Internet nachgewiesen. Der GKV-Spitzenverband wird mit Abs. 2 ausdrücklich ermächtigt und mit Wirkung vom 11.04.2017 auch verpflichtet, **Qualitätsstandards** festzulegen und bindende Hinweise zur Sicherstellung einer zweckmäßigen und wirtschaftlichen Versorgung mit Hilfsmitteln herbeizuführen. Diese Festlegungen können auch Qualitätsanforderungen betreffen, die eine **ausreichend lange Nutzungsdauer** und die **Wiederverwendung** bei anderen Versicherten ermöglichen, vgl. **Abs. 2 Satz 2**. Ebenso ist eine Festlegung betreffend die Anforderungen zur Bereitstellung des Hilfsmittels zulässig sowie ab 11.04.2017 zwingend, vgl. Abs. 2 Satz 3.

8   Die **Aufnahme** in das Hilfsmittelverzeichnis erfolgt auf **Antrag**, über den der **GKV-Spitzenverband verbindlich entscheidet**. Dem MD (in der Organisationsform ab 2020/2021 in der Nachfolge des MDK) kommt eine Prüfungsfunktion zu, wenn dieser beauftragt wird (Abs. 3 Satz 2 2. Hs.). Die Verantwortung liegt allein beim GKV-Spitzenverband, wie in Abs. 3 Satz 1 festgelegt ist. Damit besteht keine originäre Prüfzuständigkeit des Medizinischen Dienstes mehr. Alternativ könnte der GKV-Spitzenverband etwa das IQWiG gem. § 139a einbeziehen.

9   Mit Wirkung vom 11.04.2017 ist mit **Abs. 3 Satz 3 bis 5** alternativ die Möglichkeit eröffnet worden, dass der Einsatz eines Hilfsmittels untrennbarer Bestandteil einer neuen Untersuchung- oder Behandlungsmethode ist. Ob dies der Fall ist, wird durch eine Auskunft beim Gemeinsamen Bundesausschuss näher geklärt, Abs. 3 Satz 3 und 4, der hierzu eine Auskunft innerhalb von 6 Monaten zu erteilen hat. Soweit der Hersteller seinen Antrag auf Eintragung des Hilfsmittels in das Hilfsmittelverzeichnis aufrechterhält, erfolgt eine entsprechende Eintragung bei Eignung.

10   Sind die Voraussetzungen für die Aufnahme eines Hilfsmittels in das Hilfsmittelverzeichnis erfüllt, besteht ein **Anspruch auf Aufnahme, Abs. 4** (»ist aufzunehmen«). Die Aufnahme in das Hilfsmittelverzeichnis setzt die **Funktionstauglichkeit** wie auch die **Sicherheit des Hilfsmittels** voraus und es müssen die gebotenen **Qualitätsanforderungen** erfüllt sein. **Neue Qualitätsstandards** dürfen im Hilfsmittelverzeichnis **festgelegt** werden, wenn nach dem allgemein anerkannten Stand der medizinischen Erkenntnisse zumindest wahrscheinlich ist, dass diese zur Verbesserung von Qualität und Wirtschaftlichkeit der Betroffenen Hilfsmittel beitragen, vgl. BSG Urt. v. 23.06.2016 – B 3 KR 20/15 R – SozR 4–2500 § 139 Nr. 8. Erforderlich ist, dass der medizinische Nutzen des Hilfsmittels **nachgewiesen** ist (zum Nachweis vgl. BSG Urt. v. 11.05.2017 – B 3 KR 6/16 R – SozR 4–2500 § 33 Nr. 51) und auch die notwendigen Informationen in deutscher Sprache verfügbar sind. An die Stelle des Nachweises des therapeutischen Nutzens tritt der **Nachweis des medizinischen Nutzens** (Abs. 4); eine Begrenzung auf den therapeutischen Nutzen hatte sich in der Praxis als nicht sachgerecht erwiesen.

11   Hat der Herstellernachweise nach Abs. 4 Satz 1 nur für bestimmte Indikationen erbracht, ist die Aufnahme in das Hilfsmittelverzeichnis auf diese Indikationen zu beschränken, **Abs. 4 Satz 8** (mit Wirkung vom 23.05.2020, zuvor Satz 2 in der Fassung ab 11.04.2017). Zudem regelt **Abs. 4 Satz 9 und 10** (mit Wirkung vom 23.05.2020, zuvor Satz 2 und 3 in der Fassung ab 11.04.2017) Mitteilungspflichten bei Änderungen an Hilfsmitteln und bei deren Einstellung.

12   **Abs. 4 Satz 2 bis 7** wurde mit dem **23.05.2020** eingefügt, wobei sich das Inkrafttreten wie folgt gestaltet hat: Eingefügt durch Art. 4 Nr. 6 Buchst. a i.V.m. Art. 17 Abs. 1 Satz 2 MPEUAnpG vom 28.04.2020 (BGBl. I S. 960), letzterer in der Fassung des Art. 15 Abs. 2 Nr. 2 Zweites Gesetz zum Schutz der Bevölkerung bei einer epidemischen Lage von nationaler Tragweite vom 19.05.2020 (BGBl. I 1018). Der Umfang der zur Aufnahme ins Hilfsmittelverzeichnis benötigten Unterlagen und Nachweise von neuartigen Produkten kann vom einzelnen Hersteller ausweislich der Materialien (BT-Drs. 19/17589 S. 197) nicht in allen Fällen vollumfänglich überblickt werden. In den Verfahrensprozess zu beschleunigen, den Herstellern Planungssicherheit für die Durchführung von Studien zum Nachweis des medizinischen Nutzens zu geben und um innovative Produkte den Versicherten schneller zugänglich zu machen, solle der GKV-Spitzenverband künftig auf Anfrage

des Herstellers umfänglicher beraten. Der Nachweis des medizinischen Nutzens könne auch unter Einbeziehung der Beratung und Beteiligung weiteren Sachverstandes erfolgen.

Für **Medizinprodukte** i.S.d. § 3 Nr. 1 Medizinproduktegesetz in der bis 25.05.2020 geltenden Fassung (mit Wirkung vom 26.05.2021 eingefügt) gilt eine Sonderregelung in § 139 Abs. 5. Zudem besteht mit § 137h in der Fassung ab 23.07.2015 eine Sonderregelung zur Bewertung neuer Untersuchungs- und Behandlungsmethoden mit Medizinprodukten hoher Risikoklasse. Die Regelung in **Abs. 5** dient insbesondere der **Vermeidung von Doppelprüfungen**. Bei Medizinprodukten wird der Nachweis der Funktionstauglichkeit im Sinne der Eignung für die vorgesehene Verwendung oder die Erfüllung der vom Hersteller (zum Herstellerbegriff vergleiche. BSG Beschl. v. 07.12.2016 – B 3 KR 28/16 B) vorgegebenen Zweckbestimmung und Produktleistung und der Sicherheit durch die **CE-Kennzeichnung** grundsätzlich und abschließend nachgewiesen (zur Praxis vgl. *König/Schanz* RDG 2017, 208. In diesen Fällen wird der GKV-Spitzenverband grundsätzlich allein die **formale Rechtmäßigkeit dieser Kennzeichnung** nachprüfen. 13

Im Einzelfall schließt dies jedoch nicht aus, durch Stichproben oder **generell eine Prüfung** durchzuführen, wenn hierzu ein begründeter Anlass besteht, vgl. **Abs. 5 Satz 3 und 4**, vgl. dazu kritisch *Diekmann* PaPfleReQ 2009, 64; zur Qualitätsprüfung, auch mit Bezug zum europäischen Recht, vgl. *Wunder* Sozialrecht aktuell Sonderheft 2013, 39 und *Bloch* Sozialrecht aktuell Sonderheft 2013, 44. Ergeben sich bei den Prüfungen Hinweise darauf, dass Vorschriften des Medizinprodukterechts nicht beachtet sind, sind unbeschadet sonstiger Konsequenzen nach der ausdrücklichen Regelung in **Abs. 5 Satz 5** die danach zuständigen Behörden hierüber zu informieren. Dies gilt insbesondere »unabhängig von den Konsequenzen«, die eine solche Feststellung auch in wirtschaftlicher Hinsicht auslösen kann. Eine Konsequenz kann der **Widerruf** der Aufnahme in das Hilfsmittelverzeichnis sein, vgl. **Abs. 6 Satz 5** und BT-Drs. 16/3100 S. 151. 14

**Abs. 6** dient der **Beschleunigung des Verfahrens** zur Aufnahme eines Hilfsmittels in das Hilfsmittelverzeichnis. Der Antragsteller hat vollständige Antragsunterlagen vorzulegen; hierzu ist ihm allein – etwa im Falle der Nachbesserung – eine **Frist bis zu sechs Monaten einzuräumen**. Nach Ablauf der Frist ist der Antrag abzulehnen. Ein vollständiger Antrag ist binnen drei Monaten zu bescheiden, und zwar durch Bescheid (Verwaltungsakt, vgl. Abs. 6 Satz 5 (bis 10.04.2017 Satz 4), hier auch im Vollzug der höchstrichterlichen Rechtsprechung, vgl. BSG Urt. v. 31.08.2000 – B 3 KR 21/99 R – SozR 3–2500 § 139 Nr. 1). Ebenso ist die bereits erwähnte **Aufhebungsentscheidung in Abs. 6 Satz 6** (bis 10.04.2017 Satz 5) geregelt, als nämlich die Aufnahme in das Hilfsmittelverzeichnis zu widerrufen ist, wenn die Anforderungen für die Aufnahme nach § 139 Abs. 4 nicht mehr erfüllt sind. 15

Mit Wirkung vom 11.04.2017 besteht nach Abs. 3 Satz 3 die Zuordnung eines Hilfsmittels als untrennbarer Bestandteil einer neuen Untersuchungs- oder Behandlungsmethode, verbunden mit einer entsprechenden Auskunft an den Gemeinsamen Bundesausschuss nach Maßgabe des Abs. 3 Satz 4 und der Rechtsfolgen nach Abs. 3 Satz 5. Dem entspricht Abs. 6 Satz 4 in der Fassung ab 11.04.2017, als bis zum Eingang einer im Einzelfall nach Abs. 3 Satz 3 angeforderten Auskunft des Gemeinsamen Bundesausschusses der Lauf der Frist nach **Abs. 6 Satz 3** (Vorlage der vollständigen Unterlagen innerhalb von 3 Monaten) **unterbrochen** ist. 16

Entsprechend der **Terminologie** bezüglich der Aufhebungsentscheidungen, vgl. §§ 44 bis 50 SGB X, handelt es sich um eine **Aufhebung** eines ursprünglich rechtmäßigen Aufnahmebescheides oder um eine Rücknahme einer rechtswidrigen Aufnahmeentscheidung, wenn diese von Anfang an fehlerhaft war, etwa mangels Aufnahmevoraussetzungen, vgl. *Engelmann* in jurisPK-SGB V § 139 Rn. 89. Zu einer Fallgestaltung betreffend wassergefüllte Kissen und Wassermatratzen für die Dekubitusprophylaxe – hier Ablehnung infrage gestellt – vgl. LSG Niedersachsen-Bremen Urt. v. 30.04.2014 – L 1 KR 11/12; nachfolgend BSG Urt. v. 23.06.2016 – B 3 KR 20/15 R – SozR 4–2500 § 139 Nr. 8, unter Aufhebung und Zurückverweisung: Neue Qualitätsstandards dürften im Hilfsmittelverzeichnis festgelegt werden, wenn nach dem allgemein anerkannten Stand 17

## § 139 SGB V  Hilfsmittelverzeichnis, Qualitätssicherung bei Hilfsmitteln

der medizinischen Erkenntnisse zumindest wahrscheinlich ist, dass diese zur Verbesserung von Qualität und Wirtschaftlichkeit der Betroffenen Hilfsmittel beitragen könnten. Vertrauensschutz in die Listung als Hilfsmittel werden nicht gewährt. Es kann aber die »richtige« systematische Zuordnung des Hilfsmittels verlangt werden, vgl. BSG Urt. v. 28.03.2019 – B 3 KR 13/17 R – SozR 4–2500 § 139 Nr. 10.

18 Zum **Rechtsschutz**: Bescheide mit der Folge der Aufhebung oder der Rücknahme werden als Anfechtungsklage geführt. Wird seitens des Herstellers die Aufnahme des Produkts in das Hilfsmittelverzeichnis begehrt ist die Anfechtungs- und Verpflichtungsklage geboten, vgl. § 54 Abs. 1 Satz 1 SGG, vgl. BSG Urt. v. 28.09.2006 – B 3 KR 28/05 R – SozR 4–2500 § 139 Nr. 2. **Abs. 6 Satz 5 ist insoweit Spezialvorschrift** zu den §§ 44 ff. SGB X, als der **Vertrauensschutz nach § 45, § 48 SGB X nicht zu gewähren ist**, wenn die Aufrechterhaltung der Aufnahme in das Hilfsmittelverzeichnis streitig wird, vgl. BSG Urt. v. 24.01.2013 – B 3 KR 22/11 R – SozR 4–2500 § 139 Nr. 6. Ein Vorverfahren ist erforderlich, vgl. *Engelmann* in jurisPK-SGB V § 139 Rn. 92 ff., das vom GKV-Spitzenverband zu bescheiden ist, vgl. ebenfalls BSG Urt. v. 28.09.2006 – B 3 KR 28/05 R – SozR 4–2500 § 139 Nr. 2. Steht die Aufnahme eines Hilfsmittels in das Hilfsmittelverzeichnis mit einer neuen Untersuchungs- und Behandlungsmethode nach § 135 Abs. 1 im inhaltlichen Zusammenhang, ist der Gemeinsame Bundesausschuss notwendig beizuladen, vgl. *Engelmann* a.a.O. unter Bezugnahme auf BSG Urt. v. 31.08.2000 – B 3 KR 21/99 R – SozR 3–2500 § 139 Nr. 1.

19 **Abs. 7 wurde mit Wirkung vom 11.04.2017** mit einem neuen Regelungsinhalt aufgenommen und dem GKV-Spitzenverband aufgegeben, eine Verfahrensordnung zur Regelung des Näheren zum Verfahren zur Aufnahme von Hilfsmitteln in das Hilfsmittelverzeichnis nach Maßgabe des Abs. 7 Satz 1, einschließlich des Verfahrens zur Auskunfts-Einholung beim Gemeinsamen Bundesausschuss, zu beschließen (an sich vorzulegen bis 31.12.2017), die zu ihrer Wirksamkeit der Genehmigung durch das BMG bedarf, Abs. 7 Satz 5. Dabei kann ausdrücklich vorgesehen werden, bestimmte Prüfzertifikate geeignete Institutionen anzuerkennen und so Doppeluntersuchungen zu vermeiden. Der Rechtsnatur nach handelt es sich um eine untergesetzliche Rechtsnorm, vgl. *Engelmann* in jurisPK-SGB V § 139 Rn. 103.

20 **Abs. 8** in der Fassung ab 11.04.2017 regelt den Erlass einer Gebührenordnung durch Rechtsverordnung des BMG.

21 **Abs. 9** in der Fassung ab 11.04.2017 regelt die Fortschreibung des Hilfsmittelverzeichnisses, wobei der GKV-Spitzenverband verpflichtet ist, dieses regelmäßig fortzuschreiben. Zum Aktualisierungsauftrag vgl. Auch Abs. 9 Satz 2. Über diese Verpflichtung ist dem BMG einmal jährlich zu berichten, Abs. 9 Satz 3. Die Fortschreibung soll auch die Weiterentwicklung der Qualitäts- und sonstigen Anforderungen gemäß Abs. 2 sowie die Beibehaltung der Aufnahme von Produkten beinhalten, Abs. 9 Satz 4. Das **Verfahren zur Fortschreibung** wird in **Abs. 10** näher geregelt, hier auch zur Rücknahme oder zum Widerruf einer Aufnahme eines Hilfsmittels.

22 **Abs. 11** greift die Regelung in Abs. 8 Satz 3 in der Fassung bis 10.04.2017 auf und verpflichtet zur Gewährung von rechtlichem Gehör sowie zur Abgabe von Stellungnahmen. Bereits nach der Rechtslage bis 10.04.2017 war der GKV-Spitzenverband verpflichtet, im Einzelfall darzulegen, dass vor einer Streichung eines Hilfsmittels den Spitzenorganisationen der betroffenen Leistungserbringer und Hilfsmittelhersteller Gelegenheit zur Stellungnahme gegeben worden war und diese Stellungnahme in die Entscheidung einbezogen wurde, vgl. BSG Urt. v. 23.06.2016 – B 3 KR 20/15 R – SozR 4–2500 § 139 Nr. 8. Zur Förderung der technischen Innovation in der (Pflege-) Hilfsmittelversorgung soll die Einholung von Stellungnahmen technischer Sachverständiger oder Forschungsinstitute bei geplanten Fortschreibungen des Hilfsmittelverzeichnisses, die einen Bezug zu technischen und digitalen Assistenzsystemen aufweisen, erfolgen; diese Stellungnahmen sollen nach **Abs. 11 Satz 3** in der Fassung ab 01.01.2021 einbezogen werden.

## § 139a Institut für Qualität und Wirtschaftlichkeit im Gesundheitswesen

(1) ¹Der Gemeinsame Bundesausschuss nach § 91 gründet ein fachlich unabhängiges, rechtsfähiges, wissenschaftliches Institut für Qualität und Wirtschaftlichkeit im Gesundheitswesen und ist dessen Träger. ²Hierzu kann eine Stiftung des privaten Rechts errichtet werden.

(2) ¹Die Bestellung der Institutsleitung hat im Einvernehmen mit dem Bundesministerium für Gesundheit zu erfolgen. ²Wird eine Stiftung des privaten Rechts errichtet, erfolgt das Einvernehmen innerhalb des Stiftungsvorstands, in den das Bundesministerium für Gesundheit einen Vertreter entsendet.

(3) Das Institut wird zu Fragen von grundsätzlicher Bedeutung für die Qualität und Wirtschaftlichkeit der im Rahmen der gesetzlichen Krankenversicherung erbrachten Leistungen insbesondere auf folgenden Gebieten tätig:
1. Recherche, Darstellung und Bewertung des aktuellen medizinischen Wissensstandes zu diagnostischen und therapeutischen Verfahren bei ausgewählten Krankheiten,
2. Erstellung von wissenschaftlichen Ausarbeitungen, Gutachten und Stellungnahmen zu Fragen der Qualität und Wirtschaftlichkeit der im Rahmen der gesetzlichen Krankenversicherung erbrachten Leistungen unter Berücksichtigung alters-, geschlechts- und lebenslagenspezifischer Besonderheiten,
3. Recherche des aktuellen medizinischen Wissensstandes als Grundlage für die Entwicklung oder Weiterentwicklung von Leitlinien,
4. Bewertungen evidenzbasierter Leitlinien für die epidemiologisch wichtigsten Krankheiten,
5. Abgabe von Empfehlungen zu Disease-Management-Programmen,
6. Bewertung des Nutzens und der Kosten von Arzneimitteln,
7. Bereitstellung von für alle Bürgerinnen und Bürger verständlichen allgemeinen Informationen zur Qualität und Effizienz in der Gesundheitsversorgung sowie zu Diagnostik und Therapie von Krankheiten mit erheblicher epidemiologischer Bedeutung,
8. Beteiligung an internationalen Projekten zur Zusammenarbeit und Weiterentwicklung im Bereich der evidenzbasierten Medizin.

(4) ¹Das Institut hat zu gewährleisten, dass die Bewertung des medizinischen Nutzens nach den international anerkannten Standards der evidenzbasierten Medizin und die ökonomische Bewertung nach den hierfür maßgeblichen international anerkannten Standards, insbesondere der Gesundheitsökonomie erfolgt. ²Es hat in regelmäßigen Abständen über die Arbeitsprozesse und -ergebnisse einschließlich der Grundlagen für die Entscheidungsfindung öffentlich zu berichten.

(5) ¹Das Institut hat in allen wichtigen Abschnitten des Bewertungsverfahrens Sachverständigen der medizinischen, pharmazeutischen und gesundheitsökonomischen Wissenschaft und Praxis, den Arzneimittelherstellern sowie den für die Wahrnehmung der Interessen der Patientinnen und Patienten und der Selbsthilfe chronisch Kranker und behinderter Menschen maßgeblichen Organisationen sowie der oder dem Beauftragten der Bundesregierung für die Belange der Patientinnen und Patienten Gelegenheit zur Stellungnahme zu geben. ²Die Stellungnahmen sind in die Entscheidung einzubeziehen. ³Bei der Bearbeitung von Aufträgen zur Bewertung von Untersuchungs- und Behandlungsmethoden nach Absatz 3 Nummer 1 findet lediglich ein Stellungnahmeverfahren zum Vorbericht statt.

(6) Zur Sicherstellung der fachlichen Unabhängigkeit des Instituts haben die Beschäftigten vor ihrer Einstellung alle Beziehungen zu Interessenverbänden, Auftragsinstituten, insbesondere der pharmazeutischen Industrie und der Medizinprodukteindustrie, einschließlich Art und Höhe von Zuwendungen offen zu legen.

| Übersicht | Rdn. | | Rdn. |
|---|---|---|---|
| A. Regelungsinhalt .................. | 1 | B. Gründung eines Instituts für Qualität und Wirtschaftlichkeit ............. | 21 |

## § 139a SGB V  Institut für Qualität und Wirtschaftlichkeit im Gesundheitswesen

|      |                                                      |    |
|------|------------------------------------------------------|----|
| I.   | Rechtsform des Instituts                             | 25 |
| II.  | Fachliche Unabhängigkeit (Abs. 1 Satz 1)             | 26 |
| III. | Darlegung der beruflichen Einbindung (Abs. 6)        | 29 |
| IV.  | Bestellung der Institutsleitung und Stiftung (Abs. 2)| 31 |
| C.   | **Aufgaben des Instituts (Abs. 3)**                  | 32 |
| I.   | Fragen von grundsätzlicher Bedeutung                 | 33 |

|      |                                                      |    |
|------|------------------------------------------------------|----|
| II.  | Einzelfragen (Nr. 1 bis 8)                           | 35 |
| D.   | **Arbeitsweise des Instituts (Abs. 4 und 5)**        | 36 |
| I.   | Erfüllung der Standards der evidenzbasierten Medizin (Abs. 4 Satz 1) | 36 |
| II.  | Bericht über Arbeitsprozesse und Ergebnisse (Abs. 4 Satz 2) | 41 |
| III. | Einbeziehung sachkundiger Stellen (Abs. 5)           | 42 |

### A. Regelungsinhalt

1 § 139e gilt in der Fassung des Art. 5 Teilhabestärkungsgesetz vom 02.06.2021 (BGBl. I S. 1387) mit Wirkung vom 10.06.2021. § 139e galt zuvor in der Fassung des Art. 1 Nr. 16 DVPMG vom 03.06.2021 (BGBl. I S. 1309) mit Wirkung vom 09.06.2021 (Abs. 2 Satz 2 wurde geändert, Abs. 3 Satz 2 neu gefasst, Abs. 4 Satz 3 geändert, Abs. 5 Satz 2 angefügt sowie Abs. 6 Satz 7 und 8 eingefügt). Ferner galt § 139e wiederum hiervor in der Fassung des Art. 1 Nr. 21 DVG vom 09.12.2019 (BGBl. I S. 2561) mit Wirkung vom 19.12.2019; hierauf stellen die Erläuterungen weitgehend ab; zu nachfolgenden Änderungen vgl. Hinweise unter Rdn. 5a–g.

2 § 139a Abs. 5 Satz 3 wurde durch Art. 2 Nr. 6 EIRD vom 12.12.2019 (BGBl. I S. 2494) mit Wirkung vom 18.12.2019 angefügt.

3 § 139a wurde mit dem GMG mit Wirkung vom 01.01.2004 eingefügt und steht mit §§ 139a bis 139c als ergänzende Regelungen zur Einrichtung und Aufgabenbeschreibung des Instituts für Qualität und Wirtschaftlichkeit im Gesundheitswesen – IQWiG im Zusammenhang, vgl. *Wallrabenstein* in Becker/Kingreen SGB V 2018 § 139a Rn. 1. Die Neuordnung der Versorgung mit Arznei- und Hilfsmitteln soll durch die Einrichtung des IQWiG verbessert werden. § 139a gibt dem Gemeinsamen Bundesausschuss auf, ein »fachlich unabhängiges, rechtsfähiges, wissenschaftliches Institut für Qualität und Wirtschaftlichkeit im Gesundheitswesen zu gründen«. Träger dieses Instituts ist der Gemeinsame Bundesausschuss, **Abs. 1 Satz 1**.

4 Bei dem Institut handelt es sich um ein »**Expertengremium, das in seiner persönlichen und fachlichen Integrität durch Transparenz und Unabhängigkeit gesetzlich und institutionell abgesichert ist**«, vgl. *Engelmann* in jurisPK-SGB V 11/2013 § 139a Rn. 22.1 unter Bezugnahme auf BSG Urt. v. 18.12.2012 – B 1 KR 34/12 R – SozR 4–2500 § 137 Nr. 2, hier wiederum unter Nachweis von BSG Urt. v. 01.03.2011 – B 1 KR 7/10 R – SozR 4–2500 § 35 Nr. 5 und B 1 KR 10/10 R – SozR 4–2500 § 35 Nr. 4 Rn. 74 ff. Die Beachtung der wissenschaftlichen und fachlichen Unabhängigkeit des Instituts ist vorgegeben, verankert in § 4 bis 6 Stiftungsatzung, vgl. *Wallrabenstein* in Becker/Kingreen SGB V 2018 § 139a Rn. 5.

5 Zur Aufgabendurchführung des IQWiG vgl. näher **§ 139b**, hier auch zur Auftragsvergabe durch den Gemeinsamen Bundesausschuss und der Beauftragung durch das BMG und zur Finanzierung vgl. § 139c.

6 Dabei ermächtigt die Regelung in **Abs. 1 Satz 2** von der Möglichkeit einer rechtsfähigen Stiftung des privaten Rechts Gebrauch zu machen, was auch tatsächlich erfolgt ist. Die **Einflussnahme des BMG** wird über die **Institutsleitung**, die im Einvernehmen mit diesem vorzunehmen ist (Abs. 2 Satz 1), sichergestellt, wobei das BMG auch im Falle eines Stiftungsvorstandes durch einen Vertreter beteiligt ist (Abs. 2 Satz 2). Stiftungsorgane sind neben dem Gemeinsamen Bundesausschuss auch ein Stiftungsrat, in dem entsprechend der Satzung die Vorstände der Mitgliedsorganisationen des Gemeinsamen Bundesausschusses vertreten sind.

7 Zu den **Aufgaben des Instituts** zählt es nach **Abs. 3**, zu Fragen von grundsätzlicher Bedeutung für die Qualität und Wirtschaftlichkeit von Leistungen, die im Rahmen der GKV erbracht werden, tätig zu werden. Dabei wird das Institut nach Maßgabe des § 139b tätig, wird also vom Gemeinsamen

Bundesausschuss oder vom BMG beauftragt, wobei jedoch weitere Beteiligte Vorschläge unterbreiten können. Ob damit ein Generalauftrag zulässigerweise verbunden werden kann, ist streitig, ablehnend vgl. *Wallrabenstein* in Becker/Kingreen SGB V § 139b Rn. 7 unter Bezugnahme auf *Kügel* NZS 2006, 232, auch mit dem berechtigten Hinweis, dass dadurch eine Begrenzung auf Grundsatzaufgaben möglich wird und das Institut von Bagatellaufgaben freigestellt werden kann. Die Aufgaben werden in **Abs. 3 Nr. 1 bis 7** näher aufgeschlüsselt, wobei die Aufzählung jedoch **nicht abschließend** (vgl. *Wallrabenstein* in Becker/Kingreen SGB V § 139a Rn. 7) ist, sondern lediglich das Aufgabenspektrum umschreibt:

Das Institut ist zuständig für die **Recherche**, die **Darstellung** und die **Bewertung** des aktuellen medizinischen Wissensstandes zu **diagnostischen und therapeutischen Verfahren** bei ausgewählten Krankheiten (**Abs. 3 Nr. 1**). Aus der Regelung kann hergeleitet werden, dass es zu den Aufgaben des Instituts gehört, den aktuellen medizinischen Wissensstand zu erfassen und darzulegen, auch wenn dieses des Auftrags nach § 139b bedarf. Daraus wird zu Recht der Schluss gezogen, dass das Institut berechtigt ist, eine »institutsinterne Organisation der Wissensgrundlagen« zu erstellen vgl. *Wallrabenstein* in Becker/Kingreen SGB V § 139a Rn. 8. Das IQWiG sollte eine institutionalisierte Wissensbasis für die Arbeit des Gemeinsamen Bundesausschusses darstellen, was eine kontinuierliche Verfolgung der Wissenserfassung beinhaltet und nicht ohne Vorbereitung und stete Fortführung realisiert werden kann.

Zu den **Leistungen**, zu denen Aufträge erfolgen können, gehören auch die **Erstellung von wissenschaftlichen Ausarbeitungen, Gutachten und Stellungnahmen zu Fragen der Qualität und Wirtschaftlichkeit** der im Rahmen der GKV erbrachten Leistungen unter Berücksichtigung alters-, geschlechts- und lebenslagenspezifischer Besonderheiten (**Abs. 3 Nr. 2**). Es handelt sich um allgemeine Vorgaben, die in jede Begutachtung – je nach Relevanz – einzubeziehen sind.

Mit dem DVG wurde mit Wirkung vom 19.12.2019 die Recherche des aktuellen medizinischen Wissensstandes als Grundlage für die Entwicklung oder Weiterentwicklung von Leitlinien aufgenommen (**Abs. 3 Nr. 3**). **Bewertungen von evidenzbasierten Leitlinien** haben für die epidemiologisch wichtigsten Krankheiten zu erfolgen (**Abs. 3 Nr. 4**) und schließen auch die Abgabe von Empfehlungen zu Disease-Management-Programmen ein (**Abs. 3 Nr. 5**).

Eine für die Praxis besonders wichtige Aufgabe ist die **Bewertung des Nutzens und der Kosten von Arzneimitteln**, was auch die umfangreiche **Literatur zur Nutzen-Kosten-Analyse** nach dieser Regelung belegt. Dabei sind die **Möglichkeiten der Bewertung umstritten**, insbesondere auch im Hinblick auf eine **gesundheitsökonomische Bewertung**. Vornehmlich bezüglich dieser Beurteilung bleibt dem Gemeinsamen Bundesausschuss eine vorrangige Entscheidungsbefugnis vorbehalten, der die Breite des Meinungsspektrums in **eigener Verantwortung auszuloten** haben wird, vgl. *Wallrabenstein* in Becker/Kingreen SGB V § 139a Rn. 13 sowie die Erläuterungen zu § 35b (Bewertung des Nutzens und der Kosten von Arzneimitteln); dennoch wird aus »demokratietheoretischen Gründen« die Frage nach der Legitimation gestellt, hier unter Bezugnahme auf *Huster/Penner* VSSR 2008, 221 sowie *Kingreen* NZS 2007, 113.

Mit den **Nutzen- und Kostenbewertungen von Arzneimitteln** wird – schon im Hinblick auf die Rechtswirkungen – die **rechtliche Qualität des Handelns des IQWiG** geprüft, die in den gesetzlichen Vorgaben offen und unklar geblieben ist (vgl. **Abs. 3 Nr. 6** und *Wallrabenstein* in Becker/Kingreen SGB V § 139a Rn. 14, 15); so wird – wohl zu Unrecht im Ergebnis – die Tätigkeit als Beliehener des Gemeinsamen Bundesausschusses, auch im Hinblick auf § 35b, erwogen wie auch die Tätigkeit als Verwaltungshelfer, hier unter Bezugnahme auf *Pitschas* MedR 2008, 34. Für eine öffentlich-rechtliche Anbindung spricht sich *Engelmann* in jurisPK-SGB V Rn. 13 aus. Hier ist die **Unabhängigkeit des IQWiG** maßgeblich zu berücksichtigen, die im Hinblick auf die umfangreiche Transparenz vorbildlich erscheint; die Einbeziehung von bestem Fachwissen zwingt dazu, jedenfalls auch Fachwissen aus der unmittelbaren Berührung mit den Fachbereichen einzubeziehen. Hier kann nur Transparenz mögliche Interessenkonflikte deutlich machen und zugleich zu größtmöglicher Unabhängigkeit veranlassen. Das Handeln kann mit den Grundsätzen des Verwaltungsprivatrechts erfasst werden (vgl. *Wallrabenstein* in Becker/Kingreen SGB V § 139a Rn. 16), wobei die **Gesamtverantwortung** für die **Verwertung der Erkenntnisse des IQWiG beim Gemeinsamen Bundesausschuss liegt**, vornehmlich hier im allein von diesem zu verantwortenden Richtlinienrecht.

13 Erfasst wird weiter die Bereitstellung von für alle Bürgerinnen und Bürger verständlichen allgemeinen **Informationen zur Qualität und Effizienz in der Gesundheitsversorgung, Abs. 3 Nr. 7 1. Alternative**. Die Informationsbefugnisse des IQWiG – hier auch mit erkennbarer Außenwirkung – stehen neben den Befugnissen des Gemeinsamen Bundesausschusses, vgl. *Wallrabenstein* in Becker/Kingreen SGB V 2018 § 139a Rn. 18. Dies schließt entsprechende Veröffentlichungen ein, die weit gehend auch über das Internet aktuell abgewickelt werden können. Von dieser Aufgabe sind auch Feststellungen zu Diagnostik und Therapie von Krankheiten mit erheblicher epidemiologischer Bedeutung mit umfasst, vgl. **Abs. 3 Nr. 7 2. Alternative.**

14 Mit dem GKV-VSG ist mit Wirkung vom 23.07.2015 als weitere ausdrücklich benannte Aufgabe die **Beteiligung an internationalen Projekten zur Zusammenarbeit und Weiterentwicklung im Bereich der evidenzbasierten Medizin** nach **Abs. 3 Nr. 8** hinzugekommen. Schon zuvor nahm das IQWiG an internationalen Projekten teil; so ist jedoch der Kostenaufwand hierfür auch haushaltsrechtlich abgesichert, indem dies eine ausdrücklich genannte Aufgabe ist. Die angefügte **Nr. 8** (als Nr. 7 angefügt) **zu Abs. 3** erweitere ausweislich der Materialien (vgl. BT-Drs. 18/4095 S. 126) den **Aufgabenkatalog des IQWiG** nunmehr auch ausdrücklich um die **Beteiligung an internationalen Projekten** zur Zusammenarbeit und Weiterentwicklung im Bereich der evidenzbasierten Medizin. Hierdurch werde klargestellt, dass die **qualifizierte Erfüllung der Institutsaufgaben** die Einbeziehung in den internationalen Austausch über die Fortentwicklung der Grundlagen der evidenzbasierten Medizin erfordere. Mit der Regelung würden zudem Entscheidungen des Stiftungsrates und Stiftungsvorstands über die Verwendung von Haushaltsmitteln für die Beteiligung des Instituts an internationalen Projekten rechtlich abgesichert.

15 **Abs. 4 Satz 1 und 2** legt fest, dass die Bewertung des medizinischen Nutzens nach den **international anerkannten Standards der evidenzbasierten Medizin** unter Berücksichtigung der Gesetzlichkeiten der **Gesundheitsökonomie** zu erfolgen hat. Ein wichtiger Grundsatz ist die Publizität nach Abs. 4 Satz 2, die gebietet, dass über die Aufgabenerledigung und auch die Ergebnisse nachvollziehbar berichtet wird. Deshalb werden auch Aufträge und Arbeitsergebnisse im Internet nachgewiesen und können in Veröffentlichungen nachvollzogen werden. Diese Transparenz wird allenfalls zum berechtigten Schutz von wirtschaftlichen Interessen eine Grenze finden, die dann aber auch beschrieben werden wird.

16 Das **Bewertungsverfahren** (vgl. **Abs. 5** und **§ 139b**), das in der Praxis weitgehend durch **Sachverständige**, die wiederum das Institut beauftragt, erfolgen wird, soll durchgehend **Gelegenheit zur Stellungnahme** und damit auch **Einflussnahme** von Wissenschaft und Praxis, Arzneimittelherstellern sowie Patientenvertretern geben. Dabei schreibt die Regelung in **Abs. 2 Satz 2** vor, dass die **Stellungnahmen** in die Entscheidung **einzubeziehen** sind. Zum Potenzialbegriff i.S.v. § 137e – im Zusammenhang zu § 139a – vgl. LSG Berlin-Brandenburg Urt. v. 27.06.2018 – L 7 KA 46/14 KL. Mit dem Ziel der Beschleunigung des Verfahrens legt Abs. 5 Satz 3 (mit dem EIRD mit Wirkung vom 18.12.2019 angefügt) fest, dass bei der Bearbeitung von Aufträgen zur Bewertung von Untersuchungs- und Behandlungsmethoden nach Abs. 3 Nr. 1 lediglich ein Stellungnahmeverfahren zum Vorbericht stattfindet, vgl. BT-Drs. 19/13589 S. 66.

17 **Abs. 6** verpflichtet schließlich zur **Offenlegung von Beziehungen** zu Interessenverbänden, Auftragsinstituten sowie eventueller Zuwendungen seitens der Beschäftigten des Instituts, und zwar **vor ihrer Einstellung.** Aus der Regelung kann weiter abgeleitet werden, dass das Transparenzverfahren auch die Zeit des Bestehens eines Beschäftigungsverhältnisses einbezieht; dabei wird die Regelung dem Wortlaut nach zu Recht als zu unscharf beschrieben, vgl. *Wallrabenstein* in Becker/Kingreen SGB V § 139a Rn. 27, mit der Feststellung, diese sei einerseits zu eng (jegliche Art von Beziehungen kann wirksam werden, auch zu Unternehmen und öffentlichen Körperschaften), andererseits

zu weit (offenbleibt, welche Interessenverbände gemeint sind). Der Kritik ist entgegen zu halten, dass jede weitere Konkretisierung wiederum zu Abgrenzungsschwierigkeiten führen kann. Die »Unschärfe« erlaubt zugleich eine umfassendere, Sinn und Zweck der Regelung gerecht werdende Abgrenzung. Auch müssen Beteiligte stets damit rechnen, dass relevante »Verbindungen« bekannt werden. Deren frühe Offenlegung entschärft mögliche Interessenkonflikte, die damit nicht ausgeräumt werden, aber die Mitwirkung einordbar machen. Abzustellen ist vielmehr auf **mutmaßliche Interessenkonflikte**, die im Zusammenhang mit der Tätigkeit für das Institut von Bedeutung sein können; im Zweifel hat die Transparenz Vorrang.

Der **Gemeinsame Bundesausschuss** kann das **Institut für Qualität und Wirtschaftlichkeit im Gesundheitswesen** mit der Bewertung des Nutzens von Arzneimitteln beauftragen. Das Institut selbst kann – und wird dies in der Praxis auch – Fachleute, insbesondere Mediziner, Pharmakologen wie auch erfahrene Praktiker aus den verschiedensten Fachbereichen und unterschiedlichen Therapierichtungen, hinzuziehen. Die Bewertung durch das Institut hat empfehlenden Charakter, wie die Materialien ausdrücklich feststellen. 18

Die **Arbeit dieses Instituts** soll der **Öffentlichkeit bekannt** werden; deshalb hat das Institut in regelmäßigen Abständen über Arbeitsprozesse und Arbeitsergebnisse wie auch die Grundlagen der Entscheidungsfindung zu berichten. Dem Gesetzgeber ist die fachliche Unabhängigkeit außerordentlich wichtig, wie der Regelung des Abs. 6 entnommen werden kann. Deshalb sollen vorhandene Interessen der Beteiligten offengelegt werden, wie auch die gesamte Arbeitsweise transparent sein soll. 19

Die **Erkenntnisse wie auch die Aufgabenerfüllung** sollen unter Anhörung von **Patientenvertretern** und unter deren Einbeziehung beantwortet werden (Abs. 5). Hier findet die Mitwirkung der Patientenvertretung im Gemeinsamen Bundesausschuss eine Parallele. Auf die umfangreichen Materialien (BT-Drs. 15/1525 S. 127; BT-Drs. 16/3100 S. 151; BT-Drs. 16/4247 S. 49 und 18/4095 S. 126) hierzu wird ergänzend verwiesen. 20

### B. Gründung eines Instituts für Qualität und Wirtschaftlichkeit

Das Institut für Qualität und Wirtschaftlichkeit im Gesundheitswesen (IQWiG) ist gemäß **§ 139a Abs. 1 Satz 1** durch den Gemeinsamen Bundesausschuss auf der Rechtsgrundlage des GKV-Modernisierungsgesetzes vom 14.11.2003 gegründet worden. Der Einrichtung dieses Instituts liegt die Zielrichtung zugrunde, das gesundheitspolitische Leistungsgeschehen besser zu strukturieren, auch unter Berücksichtigung finanzieller Überlegungen und unter Einbeziehung einer **Nutzen-Kosten-Analyse** (vgl. Abs. 3 Nr. 5) Verantwortlichkeiten für alle am Gesundheitswesen Beteiligten einschließlich der Versicherten festzulegen. Mit der **Errichtung des IQWiG** bezwecke der Gesetzgeber, den **dynamischen Fortentwicklungsprozess der medizinischen und pflegerischen Leistungen** zu sichern und die **kontinuierliche Einbeziehung neuer wissenschaftlicher Erkenntnisse in eine qualitativ gesicherte Leistungserbringung** so gewährleisten, vgl. *Weidenbach* in Sodan, Handbuch Krankenversicherungsrecht, § 29 Rn. 75 unter Bezugnahme auf BT-Drs. 15/1525 S. 127. 21

Deshalb steht eine **wirtschaftliche** und zugleich aber auch **medizinisch aktuelle Leistungserbringung** durch das System der GKV im Vordergrund. Eine weitere Zielsetzung des Instituts ist es, weite Bereiche der Versorgung **transparent** und **kontrollierbar** zu machen, vgl. *Weidenbach* in Sodan, Handbuch Krankenversicherungsrecht, § 29 Rn. 78. Ein besonderes Gewicht gilt dem **Arzneimittelbereich**, der hinsichtlich des Kostenaufwandes bereits deutlich die Gesamtkosten für die ambulante ärztliche Behandlung überstiegen hat, vgl. auch Angaben zu § 35b. Allerdings ist der **Arzneimittelbereich** zugleich auch hinsichtlich der **Kosten-Nutzen-Bewertung von »herausgehobener Brisanz«**, vgl. *Wallrabenstein* in Becker/Kingreen SGB V 2018 § 139a Rn. 2. Auch wenn das IWQiG selbst an die Öffentlichkeit tritt und treten soll, etwa bezüglich seiner Tätigkeit sowie zu Informationszwecken, werden die Erkenntnisse vom Gemeinsamen Bundesauschuss – wenn auch meist nur nach globaler Prüfung – in den Entscheidungsprozess in eigener Verantwortung übernommen. 22

23  Seine Arbeitsweise hat das IQWiG ausweislich eigener Angaben in einem allgemeinen **Methodenpapier** definiert und veröffentlicht; so sollen die »Vergabe von Aufträgen an Dritte, die Regeln für die Anhörung von Sachverständigen, die Beteiligung von Betroffenen, das externe Review und die Publikation von Ergebnissen« transparent sein (vgl. Internetangebot des Instituts – www.iqwig.de).

24  Die **Aufträge** erhält das Institut vom **Gemeinsamen Bundesausschuss** oder vom **Bundesministerium für Gesundheit**. Die Satzung lässt aber auch das **Aufgreifen von Themen in eigener Regie** zu. Zur Annahme eines Generalauftrags vgl. aber kritisch *Wallrabenstein* in Becker/Kingreen 2018 § 139b Rn. 9. Hier ist bereits ein umfangreicher Katalog von Einzelthemen, aber auch Themen, die den Gesamtzusammenhang des Gesundheitssystems betreffen, aufgearbeitet worden. Bemerkenswert sind dabei die strengen Voraussetzungen, die an die Offenlegung des Vorverständnisses, den jeweiligen methodischen Ansatz und die wirtschaftliche Einbindung beteiligter externer Stellen und Personen im Sinne einer umfassenden **Transparenz** gestellt werden.

### I. Rechtsform des Instituts

25  Das IQWiG wird als Stiftung geführt; dies ist nach dem Gesetzeswortlaut des Abs. 1 Satz 2 lediglich eine Alternative gewesen. Die Satzung in der Fassung vom 28.11.2007 stellt insoweit fest, dass der Gemeinsame Bundesausschuss nach § 91 die **rechtsfähige Stiftung des privaten Rechts** mit dem Namen »Stiftung für Qualität und Wirtschaftlichkeit im Gesundheitswesen« als Trägerin des gleichnamigen Instituts nach § 139a Abs. 1 errichtet. Auf den Inhalt der Satzung (nachgewiesen im Internet) wird Bezug genommen. Stiftungszweck ist die Errichtung des IQWiG, wie aus § 2 Abs. 2 Satz 2 der Stiftungssatzung folgt.

### II. Fachliche Unabhängigkeit (Abs. 1 Satz 1)

26  Das **Institut ist fachlich unabhängig**, vgl. Abs. 1 Satz 1. Dem entsprechen auch die Materialien (vgl. BT-Drs. 15/1525 S. 127, 128). wenn die Bedingungen für eine unabhängige wissenschaftliche Bewertung und fachlich unabhängige Einrichtung hervorgehoben werden. Dabei ist die organisatorische Abhängigkeit vom Gemeinsamen Bundesausschuss insoweit vertretbar, als dieser wiederum in seiner Zusammensetzung wesentliche Beteiligte des Systems der gesetzlichen Krankenversicherung zusammenführt; unberührt bleibt davon die staatliche **fachliche Aufsicht**, hier durch das BMG; dieses kann auch Aufgaben in Auftrag geben, vgl. § 139b. Die fachliche Unabhängigkeit des IQWiG wird zudem in der Verfahrensordnung des Gemeinsamen Bundesausschusses in Kap. 1 § 15 Abs. 2 Satz 2 anerkannt.

27  Die fachliche Unabhängigkeit soll durch jeden einzelnen Beteiligten realisiert werden, indem **Interessenkonflikte**, die aus wirtschaftlichen Verflechtungen mit Verbänden, Herstellern oder Einrichtungen hergeleitet werden könnten, deutlich darzulegen sind. Personen mit solchen Verpflichtungen völlig auszuschließen käme einer unvertretbaren Eingrenzung des verfügbaren Sachverstandes gleich. Den **hier gewählten Weg**, sich nicht auf einen bestimmten Apparat von Fachleuten des Hauses zu verlassen, sondern in die Sachgebiete hineinzugehen und fachlich versierte **Spezialisten** aus diesen Bereichen einzubeziehen, ist methodisch eher geeignet, die Breite des verfügbaren Wissens nutzbar zu machen. Die transparent gemachten persönlichen Beziehungen können dann durch den Nutzer selbst bewertet werden.

28  Der fachlichen Unabhängigkeit entspricht die **institutionelle fachliche Unabhängigkeit** des Instituts. Die Leitung des Instituts – auf die Organisation wird Bezug genommen – ist fachlich unabhängig. Diese kann **Aufträge auch selbst aufgreifen**, erweitern sowie einschränken. Das Institut hat in regelmäßigen Abständen über die Arbeitsprozesse und Arbeitsergebnisse einschließlich der Grundlagen für die Entscheidungsfindung öffentlich zu **berichten**; dabei sind auch Berichte vorgesehen, die allein in der Verantwortung eines Wissenschaftlers liegen, wie auch Arbeiten, die als solche des Instituts verstanden werden sollen. Auffallend ist dabei die stets abgelegte Rechtfertigung *der konkret angewandten Methodik.*

### III. Darlegung der beruflichen Einbindung (Abs. 6)

Zur **Sicherstellung der fachlichen Unabhängigkeit des Instituts** haben die Beschäftigten vor ihrer 29
Einstellung alle Beziehungen zu Interessenverbänden, Auftragsinstituten, insbesondere der pharmazeutischen Industrie und der Medizinprodukteindustrie, einschließlich Art und Höhe der Zuwendungen offenzulegen. Diese Regelung steht mit der Zielsetzung fachlicher und institutionell fachlicher Unabhängigkeit im Sinne der Transparenz im Zusammenhang. Das Institut hat zu entscheiden, inwieweit diese Zusammenhänge einer Mitarbeit entgegenstehen oder transparent gemacht vertretbar erscheinen.

In der Regelung wird **nicht konkretisiert**, welche »**Interessenkonflikte**« vorab zu prüfen sind. Im 30
Hinblick auf die Zielsetzung, Transparenz erzeugen zu wollen, und im Hinblick auf schon beruflich häufig vorgezeichnete Verflechtungen ist die Regelung **weit aufzufassen**. Über den Gesetzeswortlaut hinaus erstreckt sich die **Transparenz** auch auf den gesamten Zeitraum der Beschäftigung oder Tätigkeit für das Institut, und nicht allein auf den Beginn oder deren Aufnahme, vgl. auch *Wallrabenstein* in Becker/Kingreen § 139a 2018 Rn. 25, 26, 27. Auch widersprächen Zuwendungen durch die jeweiligen Institutionen während der Zeit der Beschäftigung dem Unabhängigkeitsgrundsatz. Auch insoweit ist die Regelung zwar berechtigt, doch vornehmlich in Verbindung mit den Materialien von nicht deutlichen Vorbehalten gegenüber dem Verhalten des Pharmabereichs geprägt, vgl. *Wallrabenstein* a.a.O. Rn. 28.

### IV. Bestellung der Institutsleitung und Stiftung (Abs. 2)

Die Bestellung der Institutsleitung hat im **Einvernehmen mit dem BMG** zu erfolgen. Seiner Rechts- 31
natur nach wird das Institut als **Stiftung des privaten Rechts** geführt, sodass dieses Einvernehmen innerhalb des Stiftungsvorstandes erfolgt; das BMG entsendet einen Vertreter in den Stiftungsvorstand. Das vom BMG entsandte Mitglied ist ein Mitglied des aus fünf Mitgliedern bestehenden Vorstandes, die ihr Amt ehrenamtlich ausüben. Davon bleibt die Stiftungsaufsicht unberührt. In der Satzung ist die wissenschaftliche und fachliche Unabhängigkeit des IQWiG ausdrücklich festgeschrieben, vgl. § 4, § 5 und § 6 Abs. 5 der Stiftungssatzung, die auch der GKV-Spitzenverband in seiner Verfahrensordnung mehrfach förmlich anerkennt.

## C. Aufgaben des Instituts (Abs. 3)

Die Aufgaben des Instituts umfassen zum einen **Fragen von grundsätzlicher Bedeutung für die** 32
**Qualität und Wirtschaftlichkeit** der im Rahmen der gesetzlichen Krankenversicherung erbrachten Leistungen, die zum anderen in **speziell aufgezählten Auftragsfeldern** konkretisiert werden, ohne dass der Katalog abschließend ist. Dem trägt die Satzung des Instituts in § 7 unter Anlehnung an den Gesetzeswortlaut des Abs. 3 entsprechend Rechnung.

### I. Fragen von grundsätzlicher Bedeutung

Die **Zusammenarbeit des Gemeinsamen Bundesausschusses** mit dem IQWiG und weiteren fach- 33
lich unabhängigen wissenschaftlichen Institutionen oder Sachverständigen wird in der **Verfahrensordnung** des Gemeinsamen Bundesausschusses in den §§ 38 ff. näher geregelt. Nach **§ 38 Abs. 2 Satz 2 Verfahrensordnung** liegt eine **grundsätzliche Bedeutung einer Frage** in der Regel in einer Frage mit **sektorenübergreifender Versorgungsrelevanz**. Mit dieser Begrenzung kann das IQWiG letztlich vor Bagatellaufträgen weitgehend geschützt werden. Im Übrigen ist das Aufgabenfeld des IQWiG nicht abschließend festgelegt und lässt Raum auch für die Erfassung des Standes der medizinischen Forschung und Entwicklung.

Der **Gemeinsame Bundesausschuss und das IQWiG** arbeiten voneinander fachlich und personell 34
unabhängig, weshalb die Inhalte von Empfehlungen des Instituts allein in dessen Verantwortung stehen. Wird das **Institut vom Gemeinsamen Bundesausschuss beauftragt**, erfolgt die Zusammenarbeit auf der Grundlage der Verfahrensordnung und nach Maßgabe der vom Gemeinsamen Bundesausschuss formulierten Aufträge, vgl. § 39 Abs. 3 Verfahrensordnung. Näheres zu den Aufträgen

und dessen Abwicklung sind in der Verfahrensordnung des Gemeinsamen Bundesausschusses festgelegt.

## II. Einzelfragen (Nr. 1 bis 8)

35 Abs. 3 führt eine Reihe von Gebieten an, auf die sich die wissenschaftliche Tätigkeit des IQWiG erstrecken soll, **ohne dass der Katalog abschließend ist** (vgl. *Wallrabenstein* in Becker/Kingreen SGB V 2018 § 139a Rn. 8). Erfasst werden nach diesem Katalog, der auch nochmals in der Satzung aufgeführt wird:
- (Nr. 1) die **Recherche**, die Darstellung und Bewertung des aktuellen medizinischen Wissensstandes zu diagnostischen und therapeutischen Verfahren bei ausgewählten Krankheiten. Dabei handelt es sich um eine **laufende Aufgabe**, da nur so der aktuelle medizinische Wissensstand parat gehalten werden kann. Das IQWiG solle eine »institutionalisierte Wissensbasis für die Arbeit des Gemeinsamen Bundesausschusses darstellen«, vgl. *Wallrabenstein* in Becker/Kingreen SGB V § 139a Rn. 8, 9. Bei der Bearbeitung von Aufträgen zur Bewertung von Untersuchungs- und Behandlungsmethoden nach Abs. 3 Nr. 1 findet lediglich ein Stellungnahmeverfahren zum Vorbericht statt, Abs. 5 Satz 3.
- (Nr. 2) die **Erstellung von wissenschaftlichen Ausarbeitungen, Gutachten und Stellungnahmen** zu Fragen der Qualität und Wirtschaftlichkeit der im Rahmen der gesetzlichen Krankenversicherung erbrachten Leistungen unter Berücksichtigung aller spezifischen, geschlechtsspezifischen und lebenslagenspezifischen **Besonderheiten**. Hier können insbesondere Unterschiede in der Therapie bei Patienten nach **Altersgruppen** erforscht werden; insbesondere die Versorgung von **Kindern** mit **Arzneimitteln** ist häufig unzulänglich oder wenig erforscht, vgl. *Baltzer* GuP 2012, 46. Dazu gehört auch die Nutzung von Arzneimitteln beziehungsweise der Umstand, dass Arzneimittel wenig Akzeptanz finden und Patienten nicht in dem notwendigen Umfang **Therapietreue** zeigen. Dieses Phänomen wird neuerdings in dem Begriff **Adherence** (Adhärenz, vgl. *Kuhlmann/Halwe* BKK 2004, 493 sowie *Bach* ersatzkasse magazin 2014, Nr. 9/10, 39, hier vornehmlich zur Multimedikation) erfasst und beschreibt das Festhalten an einem Therapieansatz seitens des Patienten.
- (Nr. 3) Recherche des aktuellen medizinischen Wissensstandes als Grundlage für die Entwicklung oder Weiterentwicklung von Leitlinien (mit dem DVG eingefügt).
- (Nr. 4) bis 18.12.2019 Nr. 3, Bewertungen **evidenzbasierter Leitlinien** (vgl. dazu *Kruse* MEDSACH 2010, 74) für die epidemiologisch wichtigsten Krankheiten.
- (Nr. 5) bis 18.12.2019 Nr. 4 Abgabe von **Empfehlungen zu Disease-Management-Programmen (DMP)**. Grundsätzlich gehört die Koordination diagnostischer, therapeutischer und grundpflegerischer Maßnahmen zum Aufgabenbereich der hausärztlichen Versorgung, vgl. § 73 Abs. 1 Satz 2 Nr. 2 SGB V, vgl. LSG Hessen, Urt. v. 20.12.2006 – L 4 KA 44/06. Zur **Nutzenbewertung von DMP** vgl. auch *Graf/Marschall* GSP 2008, Nr. 1, 19 sowie *Börner/Richter* zu strukturierten Behandlungsprogrammen, ErsK 2007, 26, ferner zur Kongruenz und Kontinuität in der Entwicklung von Medizin und Medizinrecht *Hart* MedR 2015, 1 sowie zu medizinischen Leitlinien *Ihle* GesR 2011, 394.
- (Nr. 6) bis 18.12.2019 Nr. 5, Bewertung **des Nutzens und der Kosten von Arzneimitteln**; vornehmlich dieser Frage ist mit dem GKV-WSG ausdrücklich eine wachsende Bedeutung zugeschrieben worden. Die Aufwendungen für den Arzneimittelbereich haben laufend zugenommen, auch anteilsmäßig im Verhältnis zu den Gesamtausgaben für das Gesundheitssystem. Dies wirft die Frage der Legitimation des IQWiG für diese »brisante« (vgl. *Wallrabenstein* in Becker/Kingreen SGB V 2014 § 139a Rn. 2) auf, vgl. *Kingreen* NZS 2007, 113. Diese Fragestellung wird jedoch insoweit entschärft, als der **Gemeinsame Bundesausschuss die Verantwortung** für die von ihm in Auftrag gegebenen Vorgänge und dann erarbeiteten und – vornehmlich in Richtlinien – verwerteten Erkenntnisse trägt. Die dem Verwaltungsprivatrecht zuzuordnende Tätigkeit des IQWiG wird dadurch auch haftungsrechtlich weitgehend unproblematisch. Es bleiben dann **Legitimationsfragen bezüglich des Gemeinsamen Bundesausschusses** (vgl. *Holzner* SGb 2015, 247 zur demokratischen Legitimation sowie *Huster* in Wallrabenstein/Ebsen, Stand und

Perspektiven der Gesundheitsversorgung, S. 95), die jedoch ohne nennenswerte Auswirkungen auf die Rechtsprechung und nicht Gegenstand der Erläuterungen hier sind.
- **(Nr. 7)** bis 18.12.2019 Nr. 6, Bereitstellung von für alle **Bürgerinnen und Bürger verständlichen allgemeinen Informationen zur Qualität und Effizienz in der Gesundheitsversorgung** sowie zu Diagnostik und Therapie von Krankheiten mit **erheblicher epidemiologischer Bedeutung**. Auch dieser Aufgabenbereich ist mit dem GKV-WSG nochmals qualifiziert erweitert worden. Für diese **Aufgabe**, nämlich die Versicherten über Krankheiten, die hohe soziale und volkswirtschaftliche Folgen verursachen und somit eine hohe Versorgungsrelevanz haben, zu informieren, bestand bislang die Zuständigkeit des Gemeinsamen Bundesausschusses. Die **Übertragung auf das Institut** entspricht einer bereits zuvor festzustellenden Praxis, die mit der Regelung in Abs. 3 Nr. 6 nunmehr ausdrücklich bestätigt wird.
- **(Nr. 8)** bis 18.12.2019 Nr. 7, **Beteiligung an internationalen Projekten** zur Zusammenarbeit und Weiterentwicklung im Bereich der evidenzbasierten Medizin. Die Regelung ist mit Wirkung vom 23.07.2015 aufgenommen worden, entspricht aber einer bereits geübten Praxis. Die internationale Anbindung ist für das IQWiG unverzichtbar. Mit der Regelung soll deshalb maßgeblich eine haushaltsrechtliche Grundlage für entsprechende Aufwendungen verfügbar sein, wie die Materialien ausweisen, vgl. BT-Drs. 18/4095 S. 126 und Hinweise auf die Materialien unter A oben.

## D. Arbeitsweise des Instituts (Abs. 4 und 5)

### I. Erfüllung der Standards der evidenzbasierten Medizin (Abs. 4 Satz 1)

Das Institut hat nach **Abs. 4 Satz 1** zu gewährleisten, dass die Bewertung des medizinischen Nutzens nach den international anerkannten Standards der evidenzbasierten Medizin und die ökonomische Bewertung nach den hierfür maßgeblichen international anerkannten Standards, insbesondere der Gesundheitsökonomie, erfolgt. 36

Zielsetzung ist es, **Untersuchungsmethoden oder Behandlungsmethoden auf ihre Eignung und Übereinstimmung mit dem medizinischen Standard zu überprüfen**. Diese Überprüfung ist übernational durchzuführen (zur übernationalen Einbindung vgl. auch Abs. 3 Nr. 7 in der Fassung ab 23.07.2015). Eine wesentliche Voraussetzung für die Erfüllung dieser Aufgabe ist die **Auswertung der weltweit verfügbaren Fachliteratur**. 37

Bezüglich der Effizienzprüfung wird auf die medizinische Fachliteratur verwiesen, vgl. etwa *Francke/Hart,* Bewertungskriterien und Bewertungsmethoden nach dem SGB V, MedR 2008, 2 sowie von *Gruhl/Klemperer,* Nutzerkompetenz durch Qualitätstransparenz, G+G Beilage 2008 Wissenschaft, Nr. 1, 7 und *Glattacker/Jäckel,* Evaluation der Qualitätssicherung – aktuelle Datenlage und Konsequenzen für die Forschung, GesundhWes 2007, 277, ferner auch *Schmitt,* Nutzen und Wirkungen von Innovationen in der Medizintechnologie, KrV 2007, 268. Zur Nutzenbewertung in Verbindung mit europäischer Gesundheitspolitik vgl. *Maier-Rigeau* SF 2015, 78 sowie eingehend zu Kosten-Nutzen-Bewertungen *Münkler* Kosten-Nutzen-Bewertungen in der gesetzlichen Krankenversicherung, 2015. 38

Es entspreche den **Grundsätzen der evidenzbasierten Medizin**, ungeplanten nachträglichen Subgruppenanalysen keinen Beweiswert beizumessen; derartige Subgruppenanalysen seien – anders als a priori im Studienkonzept festgelegte – lediglich zur **Hypothesen-Generierung** geeignet, vgl. LSG Berlin-Brandenburg Urt. v. 10.12.2014 – L 7 KA 79/12 KL, auch zu § 139a. 39

Zur **Mindestmengenproblematik** und zur **Auftragsvergabe an das IQWiG** vgl. BSG Urt. v. 14.10.2014 – B 1 KR 33/13 R – SozR 4-2500 § 137 Nr. 5, SGb 2014, 672; vgl. auch den Abschlussbericht des IQWiG zum Zusammenhang zwischen Leistungsmenge und Qualität, LSG Berlin-Brandenburg Urt. v. 16.01.2015 – L 1 KR 258/12 KL und dazu wiederum BSG Urt. v. 18.12.2012 – B 1 KR 34/12 R – SozR 4-2500 § 137 Nr. 2 zu planbaren Krankenhausleistungen. 40

## II. Bericht über Arbeitsprozesse und Ergebnisse (Abs. 4 Satz 2)

41 Das Institut hat in regelmäßigen Abständen über die Arbeitsprozesse und Arbeitsergebnisse einschließlich der Grundlagen für die Entscheidungsfindung **öffentlich zu berichten**. In der Praxis werden diese Berichte weitgehend auch im Internet und damit in einer leicht zugänglichen Form zur Verfügung gestellt. Jeder Interessierte kann sich über Einzelthemen und die Arbeitsweise des IQWiG unterrichten. Das IQWiG soll in der Öffentlichkeit bekannt werden und kann deshalb auch mit patientenbezogenen Themen hervortreten. Soweit erarbeitet Erkenntnisse vom Gemeinsamen Bundesausschuss verwendet werden, maßgeblich in Richtlinien, bleibt es bei dessen Letzt- und Gesamtverantwortlichkeit.

## III. Einbeziehung sachkundiger Stellen (Abs. 5)

42 Die Regelung des **Abs. 5** stellt klar, dass das Institut in allen wichtigen Abschnitten des Bewertungsverfahrens
- **Sachverständigen** der medizinischen, pharmazeutischen und gesundheitsökonomischen Wissenschaft und Praxis,
- den **Arzneimittelherstellern** sowie
- der für die **Wahrnehmung der Interessen** der Patientinnen und Patienten und der Selbsthilfe chronisch Kranker und behinderter Menschen maßgeblichen **Organisationen** sowie
- der oder dem **Beauftragten der Bundesregierung für die Belange der Patientinnen und Patienten**

43 **Gelegenheit zur Stellungnahme** geben kann und zu geben hat. Diese **Stellungnahmen** sind in den **Entscheidungsprozess einzubeziehen** und werden in der Praxis auch transparent wiedergegeben. In der Praxis wird die Anhörung zudem umfassend und in der Weise durchgeführt, dass die Betroffenen ausreichend Zeit haben, die entsprechenden Angaben vorzubringen. Dies gibt den Arbeitsergebnissen des Instituts besonderes Gewicht. Die Stellungnahmen sind in die Entscheidung einzubeziehen.

44 Zur Patientenbeteiligung vgl. § 140f sowie § 140g. Hier werden Vorgaben für die Wahrnehmung der Interessen der Patientinnen und Patienten und der Selbsthilfeorganisationen festgelegt. Die verstärkte Einbindung der Patientenvertretung lässt es geboten erscheinen, diese bereits im Vorfeld in der Bearbeitung zu realisieren, vgl. *Wallrabenstein* in Becker/Kingreen SGB V § 139a Rn. 24.

45 Bei der Bearbeitung von Aufträgen zur Bewertung von Untersuchungs- und Behandlungsmethoden nach Abs. 3 Nr. 1 findet lediglich ein Stellungnahmeverfahren zum Vorbericht statt, eingefügt mit Wirkung vom 18.12.2019.

## § 139b Aufgabendurchführung

(1) ¹Der Gemeinsame Bundesausschuss nach § 91 beauftragt das Institut mit Arbeiten nach § 139a Abs. 3. ²Die den Gemeinsamen Bundesausschuss bildenden Institutionen, das Bundesministerium für Gesundheit und Soziale Sicherung und die für die Wahrnehmung der Interessen der Patientinnen und Patienten und der Selbsthilfe chronisch kranker und behinderter Menschen maßgeblichen Organisationen sowie die oder der Beauftragte der Bundesregierung für die Belange der Patientinnen und Patienten können die Beauftragung des Instituts beim Gemeinsamen Bundesausschuss beantragen.

(2) ¹Das Bundesministerium für Gesundheit kann die Bearbeitung von Aufgaben nach § 139a Abs. 3 unmittelbar beim Institut beantragen. ²Das Institut kann einen Antrag des Bundesministeriums für Gesundheit als unbegründet ablehnen, es sei denn, das Bundesministerium für Gesundheit übernimmt die Finanzierung der Bearbeitung des Auftrags.

(3) ¹Zur Erledigung der Aufgaben nach § 139a Abs. 3 Nummer 1 bis 6 soll das Institut wissenschaftliche Forschungsaufträge an externe Sachverständige vergeben. ²Diese haben alle

Beziehungen zu Interessenverbänden, Auftragsinstituten, insbesondere der pharmazeutischen Industrie und der Medizinprodukteindustrie einschließlich Art und Höhe von Zuwendungen offen zu legen.

(4) ¹Das Institut leitet die Arbeitsergebnisse der Aufträge nach Absatz 1 und 2 dem Gemeinsamen Bundesausschuss nach § 91 als Empfehlungen zu. ²Der Gemeinsame Bundesausschuss hat die Empfehlungen im Rahmen seiner Aufgabenstellung zu berücksichtigen.

(5) ¹Versicherte und sonstige interessierte Einzelpersonen können beim Institut Bewertungen nach § 139a Absatz 3 Nummer 1 und 2 zu medizinischen Verfahren und Technologien vorschlagen. ²Das Institut soll die für die Versorgung von Patientinnen und Patienten besonders bedeutsamen Vorschläge auswählen und bearbeiten.

(6) ¹Die Arbeitsgemeinschaft der Wissenschaftlichen Medizinischen Fachgesellschaften kann dem Bundesministerium für Gesundheit für Beauftragungen des Instituts mit Recherchen nach § 139a Absatz 3 Nummer 3 Themen zur Entwicklung oder Weiterentwicklung von Leitlinien vorschlagen; sie hat den Förderbedarf für diese Leitlinienthemen zu begründen. ²Das Bundesministerium für Gesundheitsweltthemen für eine Beauftragung des Instituts mit Evidenzrecherchen nach § 139a Abs. 3 Nummer 3 aus. ³Für die Beauftragung des Instituts durch das Bundesministerium für Gesundheit können jährlich bis zu 2 Millionen Euro aus Mitteln zur Finanzierung des Instituts nach § 139c aufgewendet werden. ⁴Absatz 2 Satz 2 findet keine Anwendung.

| Übersicht | Rdn. | | Rdn. |
|---|---|---|---|
| A. Regelungsinhalt | 1 | F. Vorschläge für Forschungsaufträge zur Bewertung medizinischer Verfahren und Technologien beim IQWiG | 33 |
| B. Aufträge an das Institut (Abs. 1) | 15 | | |
| C. Anträge des BMG (Abs. 2) | 21 | | |
| D. Abwicklung der Aufgaben (Abs. 3) | 23 | G. Evidenzrecherchen des IQWiG mit Vorschlagsrecht der Arbeitsgemeinschaft der Wissenschaftlichen Medizinischen Fachgesellschaften (Abs. 6) | 37 |
| E. Abwicklung mit dem Gemeinsamen Bundesausschuss (Abs. 4) | 29 | | |

### A. Regelungsinhalt

§ 139b gilt in der Fassung des Art. 1 Nr. 22 Gesetz vom 09.12.2019 (BGBl. I S. 2562) mit Wirkung vom 19.12.2019. 1

§ 139b **wurde mit dem GKV-Modernisierungsgesetz** mit Wirkung vom 1.1.2004 eingefügt. Einrichtungen und Aufgaben des Instituts für Qualität und Wirtschaftlichkeit im Gesundheitswesen folgen aus § 139a. Die Durchführung der Aufgaben und weitere Aufgaben – etwa nach Abs. 5 – werden in § 139b konkretisiert. **Aufträge erfolgen durch den Gemeinsamen Bundesausschuss**, wobei jedoch antragsberechtigt die den Bundesausschuss bildenden Institutionen, das BMG, Organisationen im Zusammenhang mit der Patientenvertretung wie auch Behindertenverbände einschließlich der Selbsthilfe und erweitert durch Abs. 5 »Versicherte und sonstige interessierte Einzelpersonen« sind. Das BMG hat allerdings in Abs. 2 ein eigenes Antragsrecht eingeräumt bekommen. 2

Nicht unumstritten ist, dass dem **IQWiG ein Generalauftrag** erteilt worden ist, der zudem fortgeschrieben wurde (vgl. Internet-Angaben des Gemeinsamen Bundesausschusses). Grundsätzlich wird das Institut aufgrund von **konkreten Aufträgen** tätig. Andererseits soll das Institut aufgrund der **Erkenntnisse**, die dieses im Rahmen des **Generalauftrags** erwirbt, dem Gemeinsamen Bundesausschuss Hinweise auf konkrete Auftragsthemen oder weitere Aufgaben geben, vgl. *Wallrabenstein* in Becker/Kingreen, SGB V 2018 § 139b Rn. 3, hier auch zu den Haftungskonsequenzen, wonach eine zivilrechtliche Haftung des Instituts nicht ausgeschlossen ist. 3

4 Soweit **Einzelaufträge** erteilt werden, unterliegt die Entscheidung hierüber dem **pflichtgemäßen Ermessen des Gemeinsamen Bundesausschusses**, ersatzweise auch des BMG. Auf die **Verfahrensordnung des Gemeinsamen Bundesausschusses** (nachgewiesen im Internet) wird Bezug genommen. Das BMG ist gleichermaßen wie der Gemeinsame Bundesausschuss zur Antragstellung befugt. Abs. 4 regelt allerdings nur, dass Empfehlungen an den Gemeinsam Bundesausschuss zu geben sind, nicht notwendig an das BMG.

5 Das Institut zieht regelmäßig Experten hinzu, wie in der Regelung des Abs. 3 ausdrücklich festgelegt wird (Vergabe von wissenschaftlichen Forschungsaufträgen an externe Sachverständige). Auch hier wird besonderer Wert auf die **fachliche Unabhängigkeit** der Experten gelegt. Häufig wird es gar nicht zu vermeiden sein, dass diese zwangsläufig in **bestimmte Interessenbereiche** eingebunden sind. Deshalb sollen (mögliche) Interessenkonflikte **transparent** werden; diese sollen dargelegt und im Rahmen der Bewertung einbezogen werden können.

6 Der Wortlaut in **Abs. 3 Satz 1** wird allgemein so verstanden, dass **externe Sachverständige einbezogen werden** »sollen«, dies also entgegen dem Gesetzeswortlaut nicht zwingend ist (»hat«), vgl. *Wallrabenstein* in Becker/Kingreen SGB V 2018 § 139b Rn. 11. Externer Sachverstand soll einbezogen werden; zudem soll das Institut selbst keinen großen Personalaufwand bezüglich seiner Mitarbeiter betreiben. Im Hinblick auf die Personalressourcen ist eine Vergabe ohnedies unvermeidlich und im Sinne der gebotenen Problemnähe zudem von Vorteil.

7 Für die **Sachverständigen**, die im Rahmen des **Abs. 3** tätig werden, gilt die **Offenlegungspflicht** von Interessenkonflikten vergleichbar der Regelung in § 139a Abs. 6. Hierdurch sollen von vornherein Probleme transparent und im Einzelfall auch vermieden werden. Für eine Reihe von Fachfragen werden **nur Sachverständige** in Betracht kommen, die **in dem jeweiligen Fachgebiet tätig** waren oder tätig sind; hier ist im Einzelfall zu klären, ob ein Sachverständiger auszuschließen ist oder ausgeschlossen bleibt. Sind Zuwendungen an den Sachverständigen geflossen oder ist dieser im Hinblick auf die Sachverständigentätigkeit wirtschaftlich abhängig oder beteiligt, ist dessen Möglichkeit zur Mitwirkung fraglich. Erfolgen Stellungnahmen oder Gutachten unter Missachtung dieser Grundsätze, dürfen diese nicht berücksichtigt werden; dem entspricht auch die Verfahrensweise des Instituts. Werden diese Regeln konsequent umgesetzt, sind diese Vorbild für vergleichbare Einrichtungen und entsprechen mit der Transparenz Problemnähe und eine hohe Qualität in der Erkenntnisgewinnung.

8 Aus der Regelung des **Abs. 4 im Kontext mit § 139a** folgt zudem, dass das Institut zwar Aufträge vom Gemeinsamen Bundesausschuss erhält, jedoch für die **Empfehlungen eigenständig verantwortlich ist**. Deshalb wird der Auffassung gefolgt, dass der Gemeinsame Bundesausschuss ebenfalls die **fachliche Unabhängigkeit des Instituts** zu wahren hat. Dies schließt zwar die Befugnis ein, dass der Gemeinsame Bundesausschuss Bedenken gegen Empfehlungen vorbringen kann, dass dies jedoch mit dem Institut letztlich abzustimmen ist, vgl. *Wallrabenstein* in Becker/Kingreen SGB V 2018 § 139b Rn. 19.

9 Aus der **Unabhängigkeit des Instituts** wird auch hergeleitet, dass dieses **eigenständig für fehlerhaftes Vorgehen haftet** und nicht der Gemeinsame Bundesausschuss in Haftung genommen werden kann, vgl. so zu Recht *Wallrabenstein* in Becker/Kingreen SGB V 2018 § 139b Rn. 20 unter Hinweis auf die ablehnende Auffassung von *Pitschas* MedR 2008, 34, 41. Soweit allerdings der **Gemeinsame Bundesausschuss selbst** unter Verwendung dieser Empfehlungen tätig wird, wird hieraus auch eine eigenständige Haftung hergeleitet werden. Eine gegenteilige Auffassung würde voraussetzen, dass der Gemeinsame Bundesausschuss in erheblichem Maße auf die Tätigkeit des Instituts Einfluss nehmen könnte, insbesondere auch in fachlicher Hinsicht, was jedoch nicht der Fall ist. Dies würde dem gesamten Regelungszusammenhang unter Hinweis auf die fachliche Unabhängigkeit entgegenstehen. Dies gilt, auch wenn der **Gemeinsame Bundesausschuss** eine **Prüfung der Ergebnisse nur in globaler Form** und auf Schlüssigkeit hin gerichtet durchführen wird, vgl. SG Berlin Urt. v. 13.01.2010 – S 83 KA 588/07, hier auch zur Besorgnis der Befangenheit der an der Nutzenbewertung des IQWiG beteiligten Mitarbeiter und Sachverständigen.

Der Gemeinsame Bundesausschuss hat jedoch eine **eigenständige Verpflichtung zur Überprüfung** 10
**der Empfehlungen**; hiervon wird dieser durch die Tätigkeit des Instituts nicht freigestellt. Dem
steht die Einschränkung der Überprüfung nach § 35b Abs. 4 im Zusammenhang mit der Arzneimittelüberprüfung nicht entgegen (im Einzelnen umstritten, vgl. Nachweise bei *Wallrabenstein* in
Becker/Kingreen SGB V 2018 § 139b Rn. 21).

Das Institut gibt Empfehlungen für den Gemeinsamen Bundesausschuss. Diese hat der Gemeinsame Bundesausschuss im Rahmen seiner Aufgabenerfüllung zu berücksichtigen, wie in Abs. 4 ausdrücklich festgestellt wird, und in eigener Verantwortung zu »verarbeiten«. 11

Mit der **Regelung in Abs. 5** mit Wirkung vom 23.07.2015 wird **Versicherten und sonstigen in-** 12
**teressierten Einzelpersonen** die Möglichkeit eröffnet, dem IQWiG nach § 139a Abs. 3 Nr. 1 und
2 zu medizinischen Verfahren und Technologien **Bewertungen vorzuschlagen**. Das Institut soll
sodann für die Versorgung von Patienten besonders bedeutsame Vorschläge auswählen und bearbeiten. Hinsichtlich dieser **Aufgabe** tritt das IQWiG in die Nachfolge des **Deutschen Instituts
für medizinische Dokumentation und Information (DIMDI)**, dessen Aufgabe es bislang auch war,
entsprechende Anliegen von Versichertenseite entgegenzunehmen und zu bearbeiten. Im Hinblick
auf die fachlichen Qualifikationen des IQWiG verspricht sich der Gesetzgeber gleichzeitig eine
**Verbesserung in der Berücksichtigung solcher Vorschläge**. Die Regelung zum »Gesetz über ein
Informationssystem zur Bewertung medizinischer Technologien«, in dem der **Aufgabenbereich des
DIMDI konkretisiert** ist, wird zeitgleich mit Art. 18 GKV-VSG wesentlich begrenzt.

§ 139b Abs. 5 wurde mit Art. 1 Nr. 68 Gesetz zur Stärkung der Versorgung in der gesetzlichen 13
Krankenversicherung (GKV-Versorgungsstärkungsgesetz – GKV-VSG) vom 16.07.2015 (BGBl. I
S. 1211) mit Wirkung vom 23.07.2015 angefügt. Zur Begründung des Gesetzentwurfs vgl. BT-Drs. 18/4095 S. 126.

Durch den **neuen Abs. 5** werde die Möglichkeit geschaffen, dass **Versicherte und andere interes-** 14
**sierte Einzelpersonen** Forschungsaufträge zur Bewertung medizinischer Verfahren und Technologien **unmittelbar beim IQWiG** vorschlagen könnten. Bisher habe das **Deutsche Institut für medizinische Dokumentation und Information** die Aufgabe wahrgenommen, auf der Basis einer öffentlichen Themenfindung entsprechende Forschungsaufträge zu erteilen. Um nach dem Wegfall dieser
Aufgabe des Deutschen Instituts für medizinische Dokumentation und Information – Regelung
mit Art. 18 GKV-VSG zur Änderung des MTInfoG betr. das Deutsche Institut für Medizinische
Dokumentation und Information (DIMDI) – einen Weg für den Informations- und Erkenntnisgewinn von Versicherten und sonstigen interessierten Einzelpersonen beizubehalten, ermögliche
der neue Abs. 5 Satz 1, dass **aus Patientensicht relevante Bewertungen** zu medizinischen Verfahren
und Technologien nunmehr **beim IQWiG angestoßen** werden könnten. Auf diese Weise bleibe ein
wichtiger Aspekt der Bürgerbeteiligung bei der Förderung der evidenzbasierten Medizin erhalten.
Die **Akzeptanz und die Nutzbarkeit der Bewertungen** werde dadurch erhöht, dass bei den **Untersuchungen künftig die anerkannte Methodik des IQWiG** Anwendung finde. Zudem sei nach
Abs. 5 Satz 2 geregelt, dass das Institut diejenigen **Vorschläge** zur Bearbeitung **auswählen** solle,
die für die **Versorgung von Patientinnen und Patienten von besonderer Bedeutung** seien. Ihm
obliege es dabei, aus wissenschaftlicher Sicht insbesondere die Relevanz der zu bearbeitenden Fragestellungen für die Patientenversorgung zu bewerten. Da das Institut nach § 139a Abs. 4 Satz 2 über
Arbeitsprozesse und -ergebnisse in regelmäßigen Abständen öffentlich zu berichten habe, werde
durch die Regelung gleichzeitig die **Transparenz** über die aus den Bewertungen gewonnenen Erkenntnisse der evidenzbasierten Medizin gestärkt. Das Institut könne die Ergebnisse auch für die
Erstellung von Patienteninformationen nach § 139a Abs. 3 Nr. 6 nutzen.

**B. Aufträge an das Institut (Abs. 1)**

Der **Gemeinsame Bundesausschuss** nach § 91 beauftragt das Institut – IQWiG – mit Arbeiten 15
nach § 139a Abs. 3. Näheres der **Zusammenarbeit** mit dem IQWiG mit weiteren fachlich unabhängigen wissenschaftlichen Institutionen und Sachverständigen wird in der **Verfahrensordnung**

des Gemeinsamen Bundesausschusses konkretisiert. Nach § 139a Abs. 3 Nr. 7 in der Fassung ab 23.07.2015 gehört dazu auch die Beteiligung an internationalen Projekten zur Zusammenarbeit und Weiterentwicklung im Bereich der evidenzbasierten Medizin. Der Gemeinsame Bundesausschuss kann danach zur Vorbereitung seiner Entscheidungen **Aufträge an das IQWiG** nach Maßgabe der §§ 39 bis 44 Verfahrensordnung oder an **weitere fachlich unabhängige wissenschaftliche Institutionen oder Sachverständige** nach Maßgabe des § 45 Verfahrensordnung vergeben.

16  Das **IQWiG** erarbeitet nach § 139b Empfehlungen im Auftrag des Gemeinsamen Bundesausschusses oder des Bundesministeriums für Gesundheit – BMG –, die vom Gemeinsamen Bundesausschuss im Rahmen seiner Aufgabenstellung zu berücksichtigen sind. Hier arbeiten der Gemeinsame Bundesausschuss und das IQWiG voneinander **fachlich und personell unabhängig**, vgl. § 39 Abs. 2 Satz 1 Verfahrensordnung; dabei liegt der Inhalt der Empfehlungen in der **alleinigen Verantwortung des Instituts**, vgl. § 39 Abs. 2 Satz 2 Verfahrensordnung. Wird das IQWiG vom Gemeinsamen Bundesausschuss beauftragt, erfolgt die Zusammenarbeit auf der Grundlage dieser Verfahrensordnung und nach Maßgabe der vom Gemeinsamen Bundesausschuss formulierten Aufträge.

17  In der Praxis wird auch ein **Generalauftrag** an das Institut für rechtens gehalten. Ein solcher Auftrag ist bereits 2004 erteilt und in der Folgezeit bestätigt worden (nachgewiesen im Internet); im Hinblick auf die Regelung zu Einzelaufträgen wird diese Verfahrensweise nicht als unkritisch angesehen, vgl. *Wallrabenstein* in Becker/Kingreen SGB V 2018 § 139b Rn. 3. Mit dem Generalauftrag soll jedoch erreicht werden, dass das **Institut Basiswissen** ansammeln kann und befähigt wird, im Zusammenhang mit Aufträgen auch das **medizinische Umfeld erfassen** zu können. So gehört es zu den **dauerhaft bestehenden Aufgaben des Instituts**, den aktuellen medizinischen und pflegerischen Wissenstand zu ermitteln und verfügbar zu haben; anders sind auch Einzelaufträge nicht umfassen abzuarbeiten oder weiter zu bearbeiten. Diese auf Dauer angelegte Aufgabe darf aber nicht als »Informationsquelle« für den Gemeinsamen Bundesausschuss verstanden werden; vielmehr handelt es sich in Abgrenzung der Aufgaben von Gemeinsamem Bundesausschuss und IQWiG um eine eigenständige Aufgabe des IQWiG, »institutsintern« die Wissensgrundlagen zu erarbeiten, vgl. *Wallrabenstein* in Becker/Kingreen SGB V 2018 § 139a Rn. 9.

18  Nach allgemeiner Auffassung ist das **Institut fachlich eigenständig** und haftet deshalb auch für dort verursachte Schäden Dritter. Zur Bewertung von Arzneimitteln vgl. ergänzend § 35b.

19  **§ 139b Abs. 1 Satz 2** legt das Recht fest, beim Gemeinsamen Bundesausschuss einen Antrag auf Beauftragung des IQWiG zu erstellen, wobei das Recht des Gemeinsamen Bundesausschusses, das Institut nach § 139b Abs. 1 Satz 1 zu beauftragen, unberührt bleibt.

20  Die Erteilung von **Aufträgen im Einzelfall liegt im Ermessen des Gemeinsamen Bundesausschusses**; maßgeblich sind die Vorschriften der Verfahrensordnung. Bei begründeten Anregungen von dritter Seite, etwa der Patientenvertretung, hat der Gemeinsame Bundesausschuss sorgfältig zu prüfen, ob ein Antragsverfahren eingeleitet wird. Das Institut ist regelmäßig verpflichtet, die Aufträge anzunehmen; dieses kann allerdings geltend machen, mengenmäßig überfordert zu sein, wobei dann aber mittelfristig die Finanzierungsgrundlage angepasst werden muss, vgl. § 139c. Dem Institut muss auch die Berechtigung zur Gewichtung eingeräumt werden, insbesondere auch im Hinblick auf die erweiterte und vom DIMDI übernommene Aufgabe nach Abs. 5 zu bewältigen.

### C. Anträge des BMG (Abs. 2)

21  Das BMG kann die Bearbeitung von Aufgaben nach § 139a Abs. 3 unmittelbar beim IQWiG beantragen. Der fachlichen Unabhängigkeit des Instituts entspricht es, dass dieses einen Antrag des BMG als unbegründet ablehnen kann; dies gilt jedoch nicht, wenn **das BMG die Finanzierung der Bearbeitung des Auftrages übernimmt**. Eine Zurückweisung dürfte dann nur noch im Ausnahmefall möglich sein, etwa wenn elementare Grundsätze des Aufgabenbereichs des IQWiG verletzt sein würden. Hierzu speziell finden sich keine Regelungen in der Verfahrensordnung des Gemeinsamen Bundesausschusses, da hier allein das (unmittelbare) Verhältnis zum BMG berührt ist. Grundsätzlich darf sich das IQWiG auch auf die Auftragslage im Verhältnis zum Gemeinsamen

Bundesausschuss gegenüber dem BMG berufen, vgl. im Ergebnis *Wallrabenstein* in Becker/Kingreen SGB V 2018 § 139b Rn. 9, zu Recht mit dem Hinweis, dass eine evtl. Ablehnung zu begründen ist, was mit inhaltlichen Gründen kaum möglich sein dürfte.

Aus der Regelung, dass der Auftrag durch das Institut zu erfüllen ist, wenn die **Finanzierung der Bearbeitung** durch das BSG sichergestellt wird, folgt, dass die Möglichkeiten der Ablehnung der Ausführung von Aufträgen durch das Institut begrenzt sind. Ist die **Finanzierung sichergestellt** und kann der **Auftrag kapazitätsmäßig** bewältigt werden, hat das Institut den Auftrag aufzugreifen, soweit dieser inhaltlich dem gesetzlichen Rahmen für die Durchführung von Aufgaben entspricht. 22

### D. Abwicklung der Aufgaben (Abs. 3)

Zur Erledigung der Aufgaben nach § 139a Abs. 3 Nr. 1 bis 5 hat das **Institut wissenschaftliche Forschungsaufträge** an externe Sachverständige zu vergeben. Für diese Sachverständigen gelten Anforderungen, die denen entsprechen, wie diese § 139a Abs. 6 angeführt sind. Allerdings muss bei einer Zuziehung hingenommen werden, dass diese Sachverständigen in einem Rechtsverhältnis zu einem Unternehmen, Behörde oder Interessenvertretung stehen und von dieser Seite Mittel erhalten. Diese Sachverständigen haben alle Beziehungen 23
– zu Interessenverbänden,
– zu Auftragsinstituten, insbesondere der pharmazeutischen Industrie und der Medizinprodukteindustrie,
– einschließlich Art und Höhe der Zuwendungen

offenzulegen. Die Verpflichtung zur Angabe der Höhe der Zuwendungen ist nicht unkritisch, wenn bedacht wird, dass nach deutschem Arbeitsrecht Gehälter regelmäßig vertraulich sind, soweit nicht in besonderen Fällen eine Offenbarungspflicht besteht, wie etwa bei den Vorstandmitgliedern einer KV oder KVZ. Hier dürfte die Angabe einer üblichen Entlohnung ausreichen, auch im Sinne des Schutzzwecks der Transparenz. Im Einzelfall ist der Umfang der Tätigkeit anzugeben, damit etwa eine teilweise oder auch nahezu vollständige »Abhängigkeit« deutlich werden kann. Das gilt auch für weitere Gutachtenaufträge eines Sachverständigen.

Das **Transparenzgebot** entspricht dem Regelungsziel des § 139a Abs. 6 wie auch der Arbeitsweise des IQWiG. Die Transparenz erstreckt sich nicht nur auf die methodische Problematik, sondern insbesondere auch auf das Vorverständnis der an der Forschung und Erarbeitung der Empfehlungen beteiligten Personen. 24

Wird ein **Antrag nach § 139b Abs. 1 Satz 2** gestellt, erfolgt die Abwicklung nach Maßgabe des § 40 Verfahrensordnung Gemeinsamer Bundesausschuss. Der Antrag muss den **Auftragsgegenstand** hinreichend genau bestimmen, den **Aufgabenbereich** nach § 139a Abs. 3 benennen, unter der der Auftrag fallen würde, das **Beschlussgremium** des Gemeinsamen Bundesausschusses benennen und eine **Begründung** enthalten. Neben der Zulässigkeit und Bedeutung des Auftrages wird auch dessen **Dringlichkeit** berücksichtigt; eine Reihe von Aufträgen sind deshalb vorläufig zurückgestellt worden, offenbar mit der Begründung, dass diese zeitlich später abgewickelt werden könnten. Die Prüfung und Priorisierung von Aufträgen erfolgt zudem nach Maßgabe des § 41 Verfahrensordnung. 25

Mit dem Auftrag wird das **IQWiG verpflichtet**, die **Verfahrensordnung** zu beachten, in regelmäßigen Abständen über den Stand der Bearbeitung **zu berichten**, den Gremien des Gemeinsamen Bundesausschusses für **Rückfragen** und **Erläuterungen** auch während der Bearbeitung des Auftrages zur Verfügung zu stehen sowie die durch die Geschäftsordnung des Gemeinsamen Bundesausschusses bestimmte **Vertraulichkeit** der Beratungen und Beratungsunterlagen zu beachten. 26

Im **Rahmen der Abwicklung** sieht die Regelung des Abs. 3 Satz 1 ausdrücklich vor, dass das Institut **wissenschaftliche Forschungsaufträge an externe Sachverständige zu vergeben** hat, was allerdings nach hier vertretener Auffassung als »Soll-Vorschrift« verstanden wird, vgl. Erläuterungen I). Bei der Beauftragung und Zusammenarbeit mit weiteren fachlich unabhängigen wissenschaftlichen Institutionen oder Sachverständigen hat das Institut § 45 Verfahrensordnung zu beachten. Die 27

Beauftragung von weiteren fachlich unabhängigen wissenschaftlichen Institutionen oder Sachverständigen soll insbesondere nach der Empfehlung der Beschlussgremien oder der Themengruppe nach § 15 Abs. 1 Verfahrensordnung beschlossen werden.

28 Auch hier sind die **Offenlegungspflichten** für **Sachverständige** zu beachten, vgl. § 46 Verfahrensordnung. Es sind Tatsachen offenzulegen, die die Unabhängigkeit bei dem jeweiligen Beratungsgegenstand potenziell beeinflussen könnten. In der Praxis wird ein **Selbsterklärungsformular** verwendet (nachgewiesen in der Verfahrensordnung, Anlage I zum 1. Kapitel). Erklärungen zu möglichen Interessenkonflikten erfolgen individuell und selbstverantwortlich.

### E. Abwicklung mit dem Gemeinsamen Bundesausschuss (Abs. 4)

29 Das **IQWiG** leitet die **Arbeitsergebnisse** der Aufträge nach § 139b Abs. 1 und 2 dem Gemeinsamen Bundesausschuss nach § 91 als **Empfehlung** zu. Der Gemeinsame Bundesausschuss hat die Empfehlungen im Rahmen seiner Aufgabenstellung zu berücksichtigen, Abs. 4 Satz 2.

30 **Rechtlich stehen die Empfehlungen unterhalb der Richtlinien** des Gemeinsamen Bundesausschusses und beinhalten sachverständige Äußerungen; diesen kommt deshalb keine unmittelbare rechtliche Außenwirkung zu. Fließen die Empfehlungen jedoch in die **Richtlinien** ein, sind **Letztere für alle an der Leistungsgewährung beteiligten Personen und Einrichtungen verbindlich**, auch betreffend den Leistungsanspruch (vgl. BSG Urt. v. 01.09.2005 – B 3 KR 19/04 R – SozR 4–2500 § 37 Nr. 5, SGb 2006, 423). Richtlinien stehen dann in der rechtlichen Verantwortung des Gemeinsamen Bundesausschusses, auch wenn dieser den »Empfehlungen« des IQWiG grundsätzlich folgen soll (vgl. *Wallrabenstein* in Becker/Kingreen SGB V 2018 § 139b Rn. 17. Allerdings steht dem Gemeinsamen Bundesausschuss ein eigenes Prüfungsrecht zu; nur so ist dessen Verantwortlichkeit im Außenverhältnis zu rechtfertigen.

31 Aus der eingeschränkten Rechtswirkung der Empfehlungen wird geschlossen, dass diese nicht gesondert vor Gericht angefochten werden können, und dies zu Recht (vgl. *Wallrabenstein* in Becker/Kingreen SGB V 2018 § 139b Rn. 22). Hier ist Versuchen, der faktischen Bedeutung des IQWiG folgend einen Rechtsschutz in Bezug auf die Arbeitsweise des IQWiG »zu konstruieren«, zu Recht begegnet worden (vgl. dazu ausführliche Nachweise bei *Wallrabenstein* a.a.O.). Das IQWiG bleibt eine privatrechtliche Einrichtung mit entsprechenden Aufgaben; soweit diese in den Bearbeitungsbereich des Gemeinsamen Bundesausschusses fließen, wie im Richtlinienrecht zwangsläufig, wird hiergegen der für Normen verfügbar Rechtsschutz ausreichend gewährt.

32 Da die Verantwortung für die Empfehlungen zwar beim IQWiG liegt, die Verantwortung für die Richtlinie jedoch allein den Gemeinsamen Bundesausschuss trifft, erscheint eine **Beteiligung des IQWiG** im Rahmen der Überprüfung von Richtlinien des Gemeinsamen Bundesausschusses auch **dann nicht zwingend**, wenn diese hinsichtlich der beanstandeten Teile maßgeblich auf Empfehlungen des IQWiG beruhen sollten. Denkbar ist in einem solchen Fall jedoch die **nicht notwendige Beiladung**, wenn dies für das Verfahren zweckmäßig erscheint.

### F. Vorschläge für Forschungsaufträge zur Bewertung medizinischer Verfahren und Technologien beim IQWiG

33 Abs. 5 in der Fassung ab 23.07 2015 eröffnet **Versicherten und sonstigen interessierten Einzelpersonen** beim Institut »**Bewertungen**« und damit **Themen für den IQWiG** nach § 139a Abs. 3 Nr. 1 und 2 zur medizinischen Verfahren und Technologien vorzuschlagen. Damit übernimmt das IQWiG eine Aufgabe, die bislang dem Deutschen Institut für Medizinische Dokumentation und Information (DIMDI) übertragen war und als wichtige Form der Bürgerbeteiligung gilt, hier ausweislich der Materialien vgl. BT-Drs. 18/4095 S. 126.

34 **§ 139a Abs. 3 Nr. 1** betrifft die Recherche, Darstellung und Bewertung des aktuellen medizinischen Wissensstandes zu diagnostischen und therapeutischen Verfahren bei ausgewählten Krankheiten

und beinhaltet an sich eine »Daueraufgabe« des IQWiG. Insoweit können vorgebrachte Themen das Spektrum erweitern und in das Informationssystem des IQWiG einfließen.

**§ 139a Abs. 3 Nr. 2** betrifft die Erstellung von wissenschaftlichen Ausarbeitungen, Gutachten und Stellungnahmen zu Fragen der Qualität und Wirtschaftlichkeit der im Rahmen der GKV erbrachten Leistungen unter Berücksichtigung alters-, geschlechts- und lebenslagenspezifischer Besonderheiten. Hier können Themen durchaus mit einem erheblichen Arbeitsaufwand verbunden sein, weshalb dem IQWiG die Möglichkeit einer Gewichtung einzuräumen ist. Entsprechende Eingaben von Versicherten und interessierten Einzelpersonen dürfen nicht so verstanden werden, dass diese Personen damit das Recht erhalten, vom IQWiG – auch noch gratis – Gutachten oder gutachtliche Ausarbeitungen zu erhalten. Insoweit verbleibt es weit gehend bei den Patientenrechten im Einzelfall, vgl. auch § 66. 35

Für die **eingereichten Vorschläge für Bewertungen** gilt dann die **Methodik des IQWiG**, der ausweislich der Materialien zugesprochen wird, eine noch umfangreichere und tiefer gehendere Bearbeitung zuzulassen. Zudem obliege es dem IQWiG, aus wissenschaftlicher Sicht insbesondere die **Relevanz der zu bearbeitenden Fragestellungen für die Patientenversorgung** zu bewerten. Hierüber habe das **IQWiG auch regelmäßig** bezüglich der Arbeitsprozesse und Arbeitsergebnisse **öffentlich zu berichten**, so dass erwartet wird, dass die Transparenz über die aus den Bewertungen gewonnenen Erkenntnisse der evidenzbasierten Medizin einen wesentlichen Vorteil mit sich bringen wird. Das Institut könne die Ergebnisse auch für die **Erstellung von Patienteninformationen** nach § 139a Abs. 3 Nr. 6 nutzen. 36

**G. Evidenzrecherchen des IQWiG mit Vorschlagsrecht der Arbeitsgemeinschaft der Wissenschaftlichen Medizinischen Fachgesellschaften (Abs. 6)**

**Abs. 6** in der Fassung des DVG mit Wirkung vom **19.12.2019** eröffnet der Arbeitsgemeinschaft der Wissenschaftlichen Medizinischen Fachgesellschaften die gesetzlich verankerte Möglichkeit, auf der Grundlage von Themenvorschlägen, die dem BMG vorgelegt werden können, Unterstützung bei der Entwicklung neuer sowie der Aktualisierung bereits vorhandener Leitlinien zu bekommen, vgl. BT-Drs. 19/13438 S. 59. Das **BMG** kann unter Berücksichtigung der vorgelegten und begründeten Vorschläge Themen für eine Beauftragung des Instituts auswählen, für die es einen **Förderbedarf** sieht, vgl. *Engelmann* in jurisPK-SGB V § 139b Rn. 22. Auf diese Weise werde die zielgerichtete Leitlinienarbeit gefördert. Das **Auftragsvolumen** umfasse bis zu 2 Millionen Euro jährlich. Die Finanzierung erfolgt über den sog. **Systemzuschlag** für das Institut nach § 139c, wobei die entsprechenden Ausgaben im Haushaltsplan des IQWiG vorgesehen würden. Durch die **Nichtanwendbarkeit des § 139b Abs. 2 Satz 2** (Abs. 2 Satz 2) werde klargestellt, dass das Institut eine Beauftragung zur Leitlinienentwicklung bzw. -aktualisierung durch das BMG nicht ablehnen und keine gesonderte Finanzierung beanspruchen könne. 37

## § 139c Finanzierung

Die Finanzierung des Instituts nach § 139a Abs. 1 erfolgt jeweils zur Hälfte durch die Erhebung eines Zuschlags für jeden abzurechnenden Krankenhausfall und durch die zusätzliche Anhebung der Vergütungen für die ambulante vertragsärztliche und vertragszahnärztliche Versorgung nach den §§ 85 und 87a um einen entsprechenden Vomhundertsatz. Die im stationären Bereich erhobenen Zuschläge werden in der Rechnung des Krankenhauses gesondert ausgewiesen; sie gehen nicht in den Gesamtbetrag oder die Erlösausgleiche nach dem Krankenhausentgeltgesetz oder der Bundespflegesatzverordnung ein. Der Zuschlag für jeden Krankenhausfall, die Anteile der Kassenärztlichen und der Kassenzahnärztlichen Vereinigungen sowie das Nähere zur Weiterleitung dieser Mittel an eine zu benennende Stelle werden durch den Gemeinsamen Bundesausschuss festgelegt.

| Übersicht | Rdn. | | Rdn. |
|---|---|---|---|
| A. Regelungsinhalt................ | 1 | B. Finanzierung des IQWiG............ | 5 |

# § 139c SGB V  Finanzierung

## A. Regelungsinhalt

1  § 139c gilt in der Fassung des Art. 4 Nr. 7 PsychEntG vom 21.7.2012 (BGBl. I S. 1613) mit Wirkung vom 01.01.2013.

2  § 139c wurde mit dem **GKV-Modernisierungsgesetz** mit Wirkung vom 1.1.2004 eingefügt. § 139c regelt die **Finanzierung des Instituts für Qualität und Wirtschaftlichkeit im Gesundheitswesen**, § 139a – IQWiG; zu den Materialien vgl. BT-Drs. 15/1525 S. 129. Die Finanzierung des Instituts erfolgt für den Fall der Einrichtung einer Stiftung im Sinne des § 139a Abs. 1 Satz 2 – wie erfolgt – anteilig, die sich letztlich am Patientenaufkommen orientiert.

3  Die Finanzierung erfolgt nach **Satz 1** dahingehend, dass das Institut jeweils zur Hälfte durch die Erhebung eines Zuschlags für jeden abzurechnenden Krankenhausfall und durch die zusätzliche Anhebung der Verknüpfungen für die ambulante vertragsärztliche und vertragszahnärztliche Versorgung erfolgt, vgl. Bezugnahme auf §§ 85, 87a. Der Zuschlag erfolgt in Höhe **eines bestimmten Vomhundertsatzes**. Im Rahmen der **Krankenhausbehandlung** sind die Zuschläge für jeden abzurechnenden Krankenhausbehandlungsfall in den Rechnungen der Krankenhäuser gesondert auszuweisen. Der Zuschlag für die Finanzierung des Instituts wie auch des Gemeinsamen Bundesausschusses wird auf die Gesamtbeträge nicht angerechnet und es erfolgt auch keine Erhöhung der Vergütung, weshalb die Finanzierung letztlich zulasten der Krankenkassen geht und über den Beitrag abzuwickeln ist (vgl. *Wallrabenstein* in Becker/Kingreen, § 139c SGB V 2018 Rn. 2).

4  § 139c Abs. 2 wurde aufgehoben und Satz 1 des bisherigen Abs. 1 hinsichtlich der Angabe »85a« durch die Angabe »87a« ersetzt durch Art. 1 Nr. 117 GKV-WSG vom 26.03.2007 (BGBl. I S. 378) mit Wirkung vom 01.04.2007. Zur Begründung vgl. BT-Drs. 16/3100. Mit dem PsychEntG vom 21.07.2012 ist Satz 2 an die Änderung der Entgeltregelungen für diesen Bereich mit Wirkung vom 01.01.2013 angepasst worden.

## B. Finanzierung des IQWiG

5  Die **Finanzierung des IQWiG** wird durch einen **Zuschlag** zu jedem abzurechnenden Krankenhausfall – gleichermaßen für voll- und teilstationäre Behandlung – sowie aus Anteilen der Vergütung für die ambulante vertragsärztliche und vertragszahnärztliche Vergütung realisiert.

6  Für den **ambulanten vertragsärztlichen und vertragszahnärztlichen Bereich** wird jeweils ein Zuschlag erhoben, mit dem die Finanzierung **zur einen Hälfte** erfolgt; **zur anderen Hälfte** erfolgt die Finanzierung über einen Zuschlag für jeden abzurechnenden Krankenhausfall. Für den Krankenhausbereich gilt, dass in den Rechnungen der Krankenhäuser die Zuschläge gesondert ausgewiesen werden, sodass diese außerhalb der zu vereinbarenden Gesamtbeträge für die Krankenhausbehandlung bleiben wie auch nicht in den Erlösausgleich einbezogen werden.

7  Die **Weiterleitung der Zuschläge** erfolgt für die Krankenhäuser im Auftrag des Gemeinsamen Bundesausschusses über die Landesgeschäftsstellen für Qualitätssicherung; diese erheben ihrerseits Zuschläge zur Finanzierung der stationären Qualitätssicherung gem. § 137 gegenüber den Krankenhäusern. Für den vertragsärztlichen bzw. vertragszahnärztlichen Bereich erfolgt die Weiterleitung über die KVen bzw. KZVen, vgl. *Hess* in KassKomm SGB V 10/2014 § 139c Rn. 6.

8  Die **Festlegung des Zuschlags** erfolgt durch den **Gemeinsamen Bundesausschuss**, der jährlich die Zuschläge für den ambulanten und stationären Bereich beschließt, vgl. Satz 3. Die Zu- und Abschläge werden jeweils aktuell vom GKV-Spitzenverband im Internet vorgehalten. Gegenüber den Vorjahren sind die anteiligen Beträge nicht unerheblich erhöht worden.

## § 139d Erprobung von Leistungen und Maßnahmen zur Krankenbehandlung

Gelangt der Gemeinsame Bundesausschuss bei seinen Beratungen über eine Leistung oder Maßnahme zur Krankenbehandlung, die kein Arzneimittel ist und die nicht der Bewertung nach § 135 oder § 137c unterliegt, zu deren Feststellung, dass sie das Potenzial einer erforderlichen Behandlungsalternative bietet, ihr Nutzen aber noch nicht hinreichend belegt ist, kann der Gemeinsame Bundesausschuss unter Aussetzung seines Bewertungsverfahrens im Einzelfall und nach Maßgabe der hierzu in seinen Haushalt eingestellten Mittel eine wissenschaftliche Untersuchung zur Erprobung der Leistung oder Maßnahme in Auftrag geben oder sich an einer solchen beteiligen. Das Nähere regelt der Gemeinsame Bundesausschuss in seiner Verfahrensordnung.

### Übersicht

| | Rdn. | | Rdn. |
|---|---|---|---|
| A. Regelungsinhalt | 1 | III. Einleitung einer wissenschaftlichen Untersuchung zur Erprobung oder Beteiligung an dieser | 18 |
| B. Leistungen oder Maßnahmen zur Krankenbehandlung im Sinne des Satzes 1 und deren Erprobung | 11 | C. Regelung des Verfahrens in der Verfahrensordnung des Gemeinsamen Bundesausschusses (Satz 2) | 22 |
| I. Geeignete Leistungen oder Maßnahmen im Sinne des Satzes 1 und Abgrenzung | 11 | | |
| II. Potenzial als Behandlungsalternative und Möglichkeiten der Belegung des Nutzens | 16 | | |

### A. Regelungsinhalt

§ 139d gilt in der Fassung des Art. 3 Nr. 7 3. AMGÄndG vom 07.08.2013 (BGBl. I S. 3108) mit Wirkung vom 13.08.2013; zu den Materialien vgl. die Ausschussbegründung in BT-Drs. 17/13770. 1

§ 139d ergänzt die Vorschriften zur **Erprobung von Untersuchungs- und Behandlungsmethoden** nach § 137e und erweitert den Anwendungsbereich für bestimmte **nicht medikamentöse Leistungen und Maßnahmen zur Krankenbehandlung** außerhalb des Anwendungsbereichs des § 137e. Erfasst wird bezüglich der Krankenbehandlung sowohl der ambulante als auch der stationäre Bereich, vgl. *Becker* in Becker/Kingreen SGB V 2018 § 139d Rn. 3, wobei allerdings Arzneimittel ausgenommen sind, vgl. *Becker* a.a.O. Rn. 4. In seiner Zuständigkeit für neue Untersuchungs- und Behandlungsmethoden wird der Gemeinsame Bundesausschuss durchaus mit Verfahren konfrontiert, die bislang **außerhalb** der Prüfzuständigkeit lagen und nunmehr von § 139d erfasst sein könnten. Die Materialien (vgl. BT-Drs. 17/13770 S. 25) führen zum Anwendungsbereich des neuen § 139d hier ein neues Heilmittel i.S.d. § 138 an. 2

Systematisch wird **§ 139d** damit zu einer **Auffangregelung** für die Erprobung neuer Untersuchungs- und Behandlungsmethoden, die vorbehaltlich spezieller Regelungen greift. Diese kommt damit zur Anwendung, soweit es sich nicht um neue Untersuchungs- und Behandlungsmethoden **nach § 135** (ambulanter Bereich) **oder § 137c** (stationärer Bereich) handelt und führt zu einer Erprobung i.S.d. § 137e. Hier wird neben § 137c auch **§ 137h** betr. die »Bewertung neuer Untersuchungs- und Behandlungsmethoden mit Medizinprodukten hoher Risikoklassen« als spezielle Regelung gegenüber § 139d **noch zum Krankenhausbereich** anzuführen sein. Auch hier gilt ein Erprobungsverfahren, das weitgehend an § 137e orientiert ist. 3

Damit wird **systematisch** jedenfalls bezüglich des »Standorts« (vgl. *Becker* in Becker/Kingreen SGB V 2018 § 139d Rn. 2) die »Verortung« der Regelungen wenig übersichtlich, was durch § 137h weiter »bestätigt« wird; §§ 135, 137c, 137h und 137e stehen in einem engen Regelungszusammenhang, während § 139d vornehmlich den Bezug zum mit beteiligten IQWiG herstellt, das aber auch in den anderen Fällen von Untersuchungs- und Behandlungsmethoden einbezogen ist und damit involviert ist. 4

## § 139d SGB V  Erprobung von Leistungen und Maßnahmen zur Krankenbehandlung

5 Der **Erprobung nach § 139d** können damit nach dem insoweit klaren Wortlaut **keine** Arzneimittel sowie solche Leistungen und Maßnahmen zur Krankenbehandlung unterliegen, die bereits von der Bewertung des § 135 oder § 137c – einschließlich § 137h – erfasst wurden oder werden können. Neue Untersuchungs- und Behandlungsmethoden, die regelmäßig eine auf einem »theoretisch-wissenschaftlichen Konzept beruhende systematische Vorgehensweise« beinhalten werden (vgl. *Schmidt-De Caluwe* in Becker/Kingreen, SGB V 2018 § 135 Rn. 3 unter Bezugnahme auf BSG Urt. v. 23.07.1998 – B 1 KR 19/96 R – SozR 3–2500 § 31 Nr. 5, NZS 1999, 245), unterliegen einem in § 135näher festgelegten Verfahren (für den ambulanten Bereich der Verfahrensgrundsatz »Verbot mit Erlaubnisvorbehalt«).

6 Für die Bewertung von Untersuchungs- und Behandlungsmethoden im Krankenhaus gelten nach § 137c besondere Vorgaben (»Erlaubnis mit Verbotsvorbehalt«, allerdings mit Einschränkungen nach § 137h für die Bewertung neuer Untersuchungs- und Behandlungsmethoden mit Medizinprodukten hoher Risikoklasse; diese Regelung geht § 137c und auch § 139d vor). Demgegenüber eröffnet § 139d bezüglich der Einleitung der Prüfung ein weniger förmliches Verfahren, als maßgeblich an »Feststellungen des Gemeinsamen Bundesausschusses« angeknüpft wird; dies schließt nach hier vertretener Auffassung auch Feststellungen im Rahmen der von diesem in Auftrag gegebenen Verfahren ein, etwa durch das IQWiG. Entsprechende Feststellungen kann dann der Gemeinsame Bundesausschuss aufgreifen.

7 Auch im Rahmen einer Prüfung nach § 139d ist maßgeblich das »**Potenzial**« einer Leistung oder **Maßnahme der Krankenbehandlung** zu prüfen, die einer solchen nach § 139d (als zuständige Norm) unterworfen werden kann, wenn der **Nutzen** noch nicht hinreichend belegt ist. Mit der Regelung kann der Gemeinsame Bundesausschuss »unter Aussetzung seines Bewertungsverfahrens im Einzelfall eine wissenschaftliche Untersuchung zur Erprobung der Leistung oder Maßnahme« in Auftrag geben oder sich an einer solchen beteiligen. Neben der Vergabe eines Auftrags ist hier ausdrücklich auch die Beteiligung an einer – im Regelfall bereits laufenden – Prüfung alternativ möglich.

8 Dies ist einschränkend allerdings **nur zulässig** »im **Einzelfall**« und »nach Maßgabe der hierzu in seinen **Haushalt** eingestellten Mittel«. Damit kann im Ergebnis eine mit § 137e Abs. 7 vergleichbare Rechtslage hergestellt werden, indem dort eine »Richtlinie zur Erprobung einer neuen Methode« – auch als Rechtsgrundlage für die Versorgung der Versicherten nach Maßgabe dieser Richtlinie – beschlossen werden kann. Da die vollständige Prüfung einer Methode häufig mehrere Jahre in Anspruch nimmt, kann so eine Methode mit »Potenzial« **bereits während der Erprobungszeit** und unter den näher benannten Bedingungen für die Behandlung zugänglich gemacht werden. Diese Möglichkeit soll offensichtlich auch im Falle des § 139d erschlossen werden können. Der damit erreichbare Beschleunigungseffekt für »potenziell« geeignete Leistungen oder »Maßnahmen von Nutzen« wird damit inhaltlich erweitert.

9 Ein **§ 137e Abs. 7** vergleichbares Verfahren – Erlass einer Richtlinie zur Anwendung einer neuen Methode unabhängig vom Beratungsverfahren usw. – wird jedoch in § 139d **nicht** vorgegeben. Es bedarf somit keiner Richtlinie. Auch das Verfahren wird nicht näher konkretisiert, vielmehr nach Satz 2 der Regelung der Verfahrensordnung des Gemeinsamen Bundesausschusses überlassen. Formale Vorgaben werden damit nicht festgelegt, jedoch wird der Gemeinsame Bundesausschuss eine Regelung zu finden haben, die den an der Leistung Beteiligten (Unternehmern mit Bezug zu Heilmitteln etwa, Leistungserbringern, Krankenkassen und nicht zuletzt Versicherten) die notwendige Versorgungssicherheit gewährleistet.

10 § 139d wurde durch Art. 3 Nr. 7 Drittes Gesetz zur Änderung arzneimittelrechtlicher und anderer Vorschriften vom 7.8.2013 (BGBl. I S. 3108) mit Wirkung vom 13.8.2013 eingefügt. Zur Begründung dieser in der Ausschussberatung aufgenommenen Regelung vgl. BT-Drs. 17/13770 S. 24. Nicht förmlich geändert wurde § 139d durch das **GKV-VSG** vom 16.07.2015 (BGBl. I S. 1211) mit Wirkung vom 23.07.2015. In § 139d Satz 1 hätte allerdings auch die Regelung des § 137h – mit Wirkung vom 23.07.2015 – aufgenommen werden können, bei der es sich um eine

Spezialregelung zu § 137c für den stationären Bereich handelt und die speziell die »Bewertung neuer Untersuchungs- und Behandlungsmethoden mit Medizinprodukten hoher Risikoklassen erfasst.

**B. Leistungen oder Maßnahmen zur Krankenbehandlung im Sinne des Satzes 1 und deren Erprobung**

**I. Geeignete Leistungen oder Maßnahmen im Sinne des Satzes 1 und Abgrenzung**

§ 139d ist als **Ergänzung** zur Erprobung von Leistungen und Maßnahmen zur Krankenbehandlung – insbesondere neben § 135 oder § 137c wie auch § 137h in der Fassung ab 23.07.2015 – konzipiert. Deshalb sind die **Leistungen und Maßnahmen** zur Krankenbehandlung, die von dieser Regelung überhaupt erfasst sein können, **deutlich begrenzt**. Ausgeschlossen sind deshalb Leistungen oder Maßnahmen zur Krankenbehandlung – positiv formuliert –, die bereits als Arzneimittel einbezogen sind oder die (bereits) der Bewertung nach § 135, § 137c oder § 137h unterliegen oder unterliegen können. In Übereinstimmung mit den Materialien (vgl. BT-Drs. 17/13770 S. 25) kann dies etwa bei der **Bewertung eines Heilmittels** im Rahmen des § 138 der Fall sein, das das **Potenzial einer erforderlichen Behandlungsalternative** beinhalten sollte. 11

§ 135 Abs. 1 regelt die Bewertung von Untersuchungs- und **Behandlungsmethoden**. Neue Untersuchungs- und Behandlungsmethoden dürfen in der vertragsärztlichen und der vertragszahnärztlichen Versorgung zulasten der Krankenkassen unter den Voraussetzungen des **Abs. 1 Satz 1** nur erbracht werden, wenn der **Gemeinsame Bundesausschuss** eine entsprechende **Empfehlung** abgegeben hat. Hiervon hängt zudem die **Abrechnungsfähigkeit** der Leistung ab; grundsätzlich dürfen Leistungen nicht abgerechnet werden, die diesen Anforderungen nicht entsprechen. Die **Ergebnisse – und damit Empfehlungen** – werden in der **Richtlinie zu Untersuchungs- und Behandlungsmethoden der vertragsärztlichen Versorgung nach § 92 Abs. 1 Satz 2 Nr. 5** (früher BUB-Richtlinie) aufgeführt; maßgeblich ist die Richtlinie vom 17.01.2006, hier in der Fassung vom 19.02.2015 mit Wirkung vom 16.05.2015, nachgewiesen im Internet vom Gemeinsamen Bundesausschuss; zuständig für Veränderungen ist der Unterausschuss Methodenbewertung. Daneben kann für den **stationären Bereich** die »Richtlinie zu Untersuchungs- und Behandlungsmethoden im Krankenhaus« – **Richtlinie Methoden Krankenhausbehandlung** vom 21.03.2006 in der Fassung vom 19.02.2015 mit Wirkung vom 16.05.2015 angeführt werden. 12

Das **Interesse an einer Erprobung** kann im besonderen Interesse eines **Medizinprodukteherstellers** (vgl. näher § 137e Abs. 6) oder sonstigen Unternehmers liegen, mit der Folge, dass hier auch eine **angemessene Kostenübernahme** im Rahmen einer **Kostenvereinbarung** vorgenommen werden soll. Kann hier eine zufriedenstellende **Vereinbarung** über die Kostenfolge **nicht erreicht** werden, und ist insgesamt eine Richtlinie zur Erprobung (vgl. § 137e) deshalb nicht zustande gekommen, gilt die Regelung in Abs. 1 Satz 4 entsprechend; dies hat zur Folge, dass dann die Erprobung als »gescheitert« anzusehen ist und die **Methode im Ergebnis** – gleich einem negativen Ergebnis – als **nicht** »den Kriterien nach Abs. 1 Satz 1 entsprechend« anzusehen ist. 13

Zudem wird als ungeschriebene, aber systemimmanente **Voraussetzung** für eine Studie zur Erprobung nach § 139d zu verlangen sein, dass die jeweilig erfasste Leistung oder Maßnahme **zulassungsbedürftig** ist. Diese Voraussetzung folgt aus dem Wortlaut »bei seinen Beratungen«, da der Wortlaut auf die Erfassung einer Methode in einer Richtlinie über den therapeutischen Nutzen hinweist. 14

Damit sind die Möglichkeiten der Erprobung nach § 139d durchaus **begrenzt**, weil die relevanten Fallgestaltungen weitgehend von genannten Vorschriften erfasst sein dürften, mit Schwerpunkten im Arzneimittelbereich und den erfassten neuen Untersuchungs- und Behandlungsmethoden. Allerdings werden die relevanten Leistungen und Maßnahmen zur Krankenbehandlung hinsichtlich der Einbeziehung **nur negativ** abgegrenzt; damit kann der Regelung in § 139d die Wirkung einer Auffangregelung zukommen. 15

## § 139d SGB V  Erprobung von Leistungen und Maßnahmen zur Krankenbehandlung

### II. Potenzial als Behandlungsalternative und Möglichkeiten der Belegung des Nutzens

16 In § 139d wird ein Regelungsbestandteil des GKV-VStG insoweit aufgegriffen, als auf das **Potenzial einer erforderlichen Behandlungsalternative** abgestellt wird, wenn der Nutzen einer Leistung oder Maßnahmen zur Krankenbehandlung noch nicht hinreichend belegt ist. In dieser Regelung kommt der Rechtsgedanke des § 137e Abs. 7 zum Tragen: Unabhängig von einem Beratungsverfahren § 135 oder § 137c können Hersteller eines Medizinprodukts, auf dessen Einsatz die technische Anwendung einer neuen Untersuchungs- oder Behandlungsmethode maßgeblich beruht, und Unternehmen, die in sonstiger Weise als Anbieter einer neuen Methode ein wirtschaftliches Interesse an einer Erbringung zulasten der Krankenkassen haben, beim **Gemeinsamen Bundesausschuss beantragen**, dass dieser eine **Richtlinie zur Erprobung der neuen Methode** i.S.d. § 137e Abs. 1 beschließt. Dies ist im Falle der Beantragung näher darzulegen, wobei der Gemeinsame Bundesausschuss innerhalb von bestimmten Fristen tätig werden muss.

17 Von einem **solchen förmlichen Verfahren** hat der Gesetzgeber in § 139d **offensichtlich abgesehen**, immer vorbehaltlich der näheren Regelung nach Satz 2 dieser Bestimmung im Rahmen der Umsetzung durch den Gemeinsamen Bundesausschuss. Maßgeblich ist vielmehr, ob der Gemeinsame Bundesausschuss bei seinen Beratungen über eine Leistung oder Maßnahme zur Krankenbehandlung auf die Möglichkeit eines derartigen Nutzens im Sinne eines ausreichenden Potenzials stößt; dies kann in der Praxis insbesondere auch im Rahmen einer Vergabe eines Auftrags durch den Gemeinsamen Bundesausschuss, jedenfalls nach hier vertretener Auffassung, relevant werden.

### III. Einleitung einer wissenschaftlichen Untersuchung zur Erprobung oder Beteiligung an dieser

18 Stellt der Gemeinsame Bundesausschuss bei **Beratungen über eine Leistung oder Maßnahme zur Krankenbehandlung**, die von der Regelung des § 139d umfasst ist, ein **Potenzial für eine erforderliche Behandlungsalternative fest, ohne dass der Nutzen bereits hinreichend belegt** ist, kann dieser eine wissenschaftliche Untersuchung zur Erprobung in Auftrag geben oder sich an einer solchen Untersuchung beteiligen. Voraussetzung ist damit, dass der Gemeinsame Bundesausschuss zu der Erkenntnis kommt, dass eine Erprobung **notwendig** ist. Nicht notwendig ist diese, wenn bereits ausreichend Erkenntniss verfügbar sind, aber auch, wenn ein Nutzen nicht erkennbar ist. Damit eröffnen sich auch hier – wenn auch gesetzgebungstechnisch anders gefasst – **Alternativen** bezüglich der Feststellung, die § 137h Abs. 1 Satz 4 Nr. 1 bis 3 vergleichbar sind, als der Nutzen als hinreichend belegt anzusehen ist, ein Nutzen erkennbar wird (Potential), aber noch der Erprobung bedarf oder eine Methode erkennbar ohne neuen Nutzen ist oder sogar schädlich oder unwirksam ist.

19 Bezüglich der **Voraussetzung eines »Potentials«** einer erforderlichen Behandlungsalternative bietet sich die Parallele zu § 137e an. Auch hier soll ein vollständig durchgeführtes Verfahren **nicht abgewartet** werden, insbesondere, wenn ein Erlaubnisvorbehalt gilt. In einem geordneten Verfahren sollen neue Methoden **bereits vorzeitig verfügbar** sein und dies unter Bedingungen, die der Gemeinsame Bundesausschuss vorgibt (Qualitätsvoraussetzungen, Voraussetzungen an die Qualifikation der Leistungserbringer, Dokumentation und Evaluation etwa). Stellt sich die Methode als **nicht erforderlich oder nützlich** heraus oder ist der Nutzen nicht relevant, so entfällt die Leistungsberechtigung und damit auch die Abrechenbarkeit; wird das »Potential« bestätigt, gehört die Methode zum Leistungsumfang der GKV. Durch die Möglichkeit der Erprobung nach § 139d wird damit die Prüfung eines »**Systemversagens**« i.S.d. § 2 Abs. 1a vermieden und eine unterschiedliche Vorgehensweise von Krankenkasse zu Krankenkasse vermieden.

20 Ob der Gemeinsame Bundesausschuss eine entsprechende Prüfung bei »**Potential« einleitet**, steht nach dem Wortlaut in seinem Ermessen (»kann«). Einer Richtlinie bedarf es nicht. An Anspruch auf Durchführung besteht jedoch nicht.

21 **Verfahrenstechnisch** ist lediglich vorgegeben, dass dies – hier wohl abweichend von § 137e Abs. 7 Satz 1 – unter **Aussetzung seines Bewertungsverfahrens** und nur im **Einzelfall** vorzunehmen und

nur im Rahmen der in seinem **Haushalt** eingestellten **Mittel** zulässig ist. Dabei ist stets zu prüfen, ob das Ergebnis nicht auf eine günstigere Weise in gleichem Maße erreicht werden kann, wie die Materialien (vgl. BT-Drs. 17/13770 S. 25) ausweisen. Das Verfahren kann auch dahingehend geregelt werden, dass eine Mitfinanzierung organisiert wird.

### C. Regelung des Verfahrens in der Verfahrensordnung des Gemeinsamen Bundesausschusses (Satz 2)

Satz 2 legt fest, dass das Nähere der Gemeinsame Bundesausschuss in seiner **Verfahrensordnung** zu regeln hat. Es bietet sich eine Anbindung an die Verfahren nach § 135 und § 137c bzw. § 137h an, wobei sich das Verfahren nach § 139d – offenbar im Hinblick auf die übrigen Regelungen zur Erprobung – als **vereinfacht** darstellt. Allerdings muss auch dieses den Anforderungen an eine wissenschaftliche Studie entsprechen und dem Methodenkodex des IQWiG entsprechen. Zudem hat sich die Studie auf den Einzelfall zu beschränken. Dies spricht, auch mangels Verweisung des Gesetzgebers in § 139d, für eine eigenständige Regelung dieses Tatbestandes in der Verfahrensordnung des Gemeinsamen Bundesausschusses.

Bezüglich der **Verfahrensordnung** wird auf die allgemeine Regelung im Kap. 1 hingewiesen (allgemeine Verfahrensbestimmungen, Stellungnahmeverfahren und Zusammenarbeit mit dem IQWiG). Im 2. Kapitel sind allgemeine Bestimmungen zum Bewertungsverfahren geregelt, zu dessen Einleitung und Durchführung wie auch zur Entscheidungsfindung und der Beantragung der Erprobung, wobei hier nicht alle Förmlichkeiten gem. § 137e gelten.

### § 139e Verzeichnis für digitale Gesundheitsanwendungen; Verordnungsermächtigung

(1) ¹Das Bundesinstitut für Arzneimittel und Medizinprodukte führt ein Verzeichnis erstattungsfähiger digitaler Gesundheitsanwendungen nach § 33a. ²Das Verzeichnis ist nach Gruppen von digitalen Gesundheitsanwendungen zu strukturieren, die in ihren Funktionen und Anwendungsbereichen vergleichbar sind. ³Das Verzeichnis und seine Änderungen sind vom Bundesinstitut für Arzneimittel und Medizinprodukte im Bundesanzeiger bekannt zu machen und im Internet zu veröffentlichen.

(2) ¹Die Aufnahme in das Verzeichnis erfolgt auf elektronischen Antrag des Herstellers beim Bundesinstitut für Arzneimittel und Medizinprodukte. ²Der Hersteller hat dem Antrag Nachweise darüber beizufügen, dass die digitale Gesundheitsanwendung
1. den Anforderungen an Sicherheit, Funktionstauglichkeit und Qualität einschließlich der Interoperabilität des Medizinproduktes entspricht,
2. den Anforderungen an den Datenschutz entspricht und die Datensicherheit nach dem Stand der Technik gewährleistet und
3. positive Versorgungseffekte aufweist.

³Ein positiver Versorgungseffekt nach Satz 2 Nummer 3 ist entweder ein medizinischer Nutzen oder eine patientenrelevante Struktur- und Verfahrensverbesserung in der Versorgung. ⁴Der Hersteller hat die nach Absatz 8 Satz 1 veröffentlichten Antragsformulare für seinen Antrag zu verwenden.

(3) ¹Das Bundesinstitut für Arzneimittel und Medizinprodukte entscheidet über den Antrag des Herstellers innerhalb von drei Monaten nach Eingang der vollständigen Antragsunterlagen durch Bescheid. ²Die Entscheidung umfasst auch die Bestimmung der ärztlichen Leistungen, der Leistungen der Heilmittelerbringer oder der Leistungen der Hebammenhilfe, die jeweils zur Versorgung mit der jeweiligen digitalen Gesundheitsanwendung erforderlich sind, sowie die Bestimmung der Daten aus Hilfsmitteln und Implantaten, die nach § 374a von der digitalen Gesundheitsanwendung verarbeitet werden. ³Legt der Hersteller unvollständige Antragsunterlagen vor, hat ihn das Bundesinstitut für Arzneimittel und Medizinprodukte aufzufordern, den Antrag innerhalb einer Frist von drei Monaten zu ergänzen. ⁴Liegen nach Ablauf der Frist keine vollständigen Antragsunterlagen vor und hat der Hersteller keine Erprobung nach Absatz 4 beantragt, ist der Antrag abzulehnen.

(4) ¹Ist dem Hersteller der Nachweis positiver Versorgungseffekte nach Absatz 2 Satz 2 Nummer 3 noch nicht möglich, kann er nach Absatz 2 auch beantragen, dass die digitale Gesundheitsanwendung für bis zu zwölf Monate in das Verzeichnis zur Erprobung aufgenommen wird. ²Der Hersteller hat dem Antrag neben den Nachweisen nach Absatz 2 Satz 2 Nummer 1 und 2 eine plausible Begründung des Beitrags der digitalen Gesundheitsanwendung zur Verbesserung der Versorgung und ein von einer herstellerunabhängigen Institution erstelltes wissenschaftliches Evaluationskonzept zum Nachweis positiver Versorgungseffekte beizufügen. ³Im Bescheid nach Absatz 3 Satz 1 hat das Bundesinstitut für Arzneimittel und Medizinprodukte den Hersteller zum Nachweis der positiven Versorgungseffekte zu verpflichten und das Nähere zu den entsprechenden erforderlichen Nachweisen, einschließlich der zur Erprobung erforderlichen ärztlichen Leistungen oder der Leistungen der Heilmittelerbringer oder der Hebammen, zu bestimmen. ⁴Die Erprobung und deren Dauer sind im Verzeichnis für digitale Gesundheitsanwendungen kenntlich zu machen. ⁵Der Hersteller hat dem Bundesinstitut für Arzneimittel und Medizinprodukte spätestens nach Ablauf des Erprobungszeitraums die Nachweise für positive Versorgungseffekte der erprobten digitalen Gesundheitsanwendung vorzulegen. ⁶Das Bundesinstitut für Arzneimittel und Medizinprodukte entscheidet über die endgültige Aufnahme der erprobten digitalen Gesundheitsanwendung innerhalb von drei Monaten nach Eingang der vollständigen Nachweise durch Bescheid. ⁷Sind positive Versorgungseffekte nicht hinreichend belegt, besteht aber aufgrund der vorgelegten Erprobungsergebnisse eine überwiegende Wahrscheinlichkeit einer späteren Nachweisführung, kann das Bundesinstitut für Arzneimittel und Medizinprodukte den Zeitraum der vorläufigen Aufnahme in das Verzeichnis zur Erprobung um bis zu zwölf Monate verlängern. ⁸Lehnt das Bundesinstitut für Arzneimittel und Medizinprodukte eine endgültige Aufnahme in das Verzeichnis ab, so hat es die zur Erprobung vorläufig aufgenommene digitale Gesundheitsanwendung aus dem Verzeichnis zu streichen. ⁹Eine erneute Antragstellung nach Absatz 2 ist frühestens zwölf Monate nach dem ablehnenden Bescheid des Bundesinstitut für Arzneimittel und Medizinprodukte und auch nur dann zulässig, wenn neue Nachweise für positive Versorgungseffekte vorgelegt werden. ¹⁰Eine wiederholte vorläufige Aufnahme in das Verzeichnis zur Erprobung ist nicht zulässig.

(5) Das Bundesinstitut für Arzneimittel und Medizinprodukte informiert die Vertragspartner nach § 87 Absatz 1 zeitgleich mit der Aufnahme digitaler Gesundheitsanwendungen in das Verzeichnis über die ärztlichen Leistungen, die als erforderlich für die Versorgung mit der jeweiligen digitalen Gesundheitsanwendung oder für deren Erprobung bestimmt wurden. Wurde eine Leistung eines Heilmittelerbringers oder einer Hebamme als erforderlich für die Versorgung mit der jeweiligen digitalen Gesundheitsanwendung oder für deren Erprobung bestimmt, informiert das Bundesinstitut für Arzneimittel und Medizinprodukte die Vertragspartner nach § 125 Absatz 1 oder § 134a Absatz 1 über diese Leistung.

(6) ¹Hersteller digitaler Gesundheitsanwendungen, die in das Verzeichnis aufgenommen wurden, sind verpflichtet, dem Bundesinstitut für Arzneimittel und Medizinprodukte unverzüglich anzuzeigen,
1. dass sie wesentliche Veränderungen an den digitalen Gesundheitsanwendungen vorgenommen haben oder
2. dass Änderungen an den im Verzeichnis veröffentlichten Informationen notwendig sind.

²Der Hersteller hat die nach Absatz 8 Satz 1 veröffentlichten Anzeigeformulare für seine Anzeigen zu verwenden. ³Das Bundesinstitut für Arzneimittel und Medizinprodukte entscheidet innerhalb von drei Monaten nach der Anzeige durch Bescheid darüber, ob das Verzeichnis anzupassen ist oder ob die digitale Gesundheitsanwendung aus dem Verzeichnis zu streichen ist. ⁴Erlangt das Bundesinstitut für Arzneimittel und Medizinprodukte Kenntnis von anzeigepflichtigen Veränderungen einer digitalen Gesundheitsanwendung, so hat es dem jeweiligen Hersteller eine Frist zur Anzeige zu setzen, die in der Regel nicht mehr als vier Wochen betragen darf. ⁵Das Bundesinstitut für Arzneimittel und Medizinprodukte kann dem Hersteller gleichzeitig ein Zwangsgeld von bis zu 100 000 Euro androhen und dieses Zwangsgeld im Falle der Nichteinhaltung der Frist zur Anzeige festsetzen. ⁶Kommt der Hersteller der Aufforderung zur Anzeige wesentlicher

Veränderungen nicht innerhalb der gesetzten Frist nach, kann das Bundesinstitut für Arzneimittel und Medizinprodukte die digitale Gesundheitsanwendung aus dem Verzeichnis streichen. ⁷Der Hersteller ist verpflichtet, Veränderungen an der digitalen Gesundheitsanwendung zu dokumentieren. ⁸Das Bundesinstitut für Arzneimittel und Medizinprodukte kann die Vorlage der Dokumentation verlangen, wenn das Bundesinstitut für Arzneimittel und Medizinprodukte Kenntnis davon erhält, dass der Hersteller der Anzeigepflicht nach Satz 1 nicht nachgekommen ist. ⁹Auf Antrag des Herstellers ist eine digitale Gesundheitsanwendung aus dem Verzeichnis zu streichen.

(7) ¹Die Kosten des Verwaltungsverfahrens nach den Absätzen 2, 3, 4 und 6, einschließlich des Widerspruchsverfahrens gegen einen auf Grund dieser Vorschriften erlassenen Verwaltungsakt oder gegen die auf Grund der Rechtsverordnung nach Absatz 9 erfolgte Festsetzung von Gebühren und Auslagen, trägt der Hersteller. ²Die Verwaltungskosten werden nach pauschalierten Gebührensätzen erhoben. ³Kosten für individuell zurechenbare öffentliche Leistungen, die nicht in die Gebühren einbezogen sind, werden als Auslagen gesondert in der tatsächlich entstandenen Höhe erhoben. ⁴Für die Erhebung der Gebühren und Auslagen durch das Bundesinstitut für Arzneimittel und Medizinprodukte gelten die §§ 13 bis 21 des Bundesgebührengesetzes entsprechend.

(8) ¹Das Bundesinstitut für Arzneimittel und Medizinprodukte veröffentlicht im Internet einen Leitfaden zu Antrags- und Anzeigeverfahren sowie elektronische Formulare für vollständige Antrags- und Anzeigeunterlagen in deutscher und englischer Sprache. ²Das Bundesinstitut für Arzneimittel und Medizinprodukte berät die Hersteller digitaler Gesundheitsanwendungen zu den Antrags- und Anzeigeverfahren sowie zu den Voraussetzungen, die erfüllt sein müssen, damit die Versorgung mit der jeweiligen digitalen Gesundheitsanwendung nach § 33a zu Lasten der Krankenkassen erbracht werden kann. ³Für die Beratung können Gebühren nach pauschalierten Gebührensätzen erhoben werden; Absatz 7 Satz 4 gilt entsprechend.

(9) ¹Das Bundesministerium für Gesundheit wird ermächtigt, durch Rechtsverordnung ohne Zustimmung des Bundesrates das Nähere zu regeln zu
1. Den Inhalten des Verzeichnisses, dessen Veröffentlichung, der Interoperabilität des elektronischen Verzeichnisses mit elektronischen Transparenzportalen Dritter und der Nutzung der Inhalte des Verzeichnisses durch Dritte.
2. den nach Absatz 2 Satz 2 nachzuweisenden Anforderungen, einschließlich der Anforderungen an die Interoperabilität und die Erfüllung der Verpflichtung zur Integration von Schnittstellen, sowie zu den positiven Versorgungseffekten,
3. den nach Absatz 4 Satz 2 zu begründenden Versorgungsverbesserungen und zu dem nach Absatz 4 Satz 2 beizufügenden Evaluationskonzept zum Nachweis positiver Versorgungseffekte,
4. den nach Absatz 6 Satz 1 anzeigepflichtigen Veränderungen und der Verpflichtung der Hersteller zur Dokumentation der Vornahme von Veränderungen an der digitalen Gesundheitsanwendung nach Absatz 6 Satz 7,
5. den Einzelheiten der Antrags- und Anzeigeverfahren und des Formularwesens beim Bundesinstitut für Arzneimittel und Medizinprodukte,
6. den Gebühren und Gebührensätzen für die von den Herstellern zu tragenden Kosten sowie den Auslagen nach den Absätzen 7 und 8 Satz 3,
7. der Bestellung der Mitglieder der Schiedsstelle nach § 134, der Erstattung der baren Auslagen und der Entschädigung für den Zeitaufwand der Mitglieder der Schiedsstelle nach § 134, dem Verfahren, dem Teilnahmerecht des Bundesministeriums für Gesundheit und der Patientenorganisationen nach § 140f an den Sitzungen der Schiedsstelle nach § 134 sowie der Verteilung der Kosten.

²Die Regelungen nach Satz 1 Nummer 2 und 3 erfolgen unter Berücksichtigung der Grundsätze der evidenzbasierten Medizin.

(10) ¹Das Bundesamt für Sicherheit in der Informationstechnik legt im Einvernehmen mit dem Bundesinstitut für Arzneimittel und Medizinprodukte und im Benehmen mit der oder dem Bundesbeauftragten für den Datenschutz und die Informationsfreiheit erstmals bis zum

## § 139e SGB V  Verzeichnis für digitale Gesundheitsanwendungen; Verordnungsermächtigung

31. Dezember 2021 und dann in der Regel jährlich die von digitalen Gesundheitsanwendungen nachzuweisenden Anforderungen an die Datensicherheit nach Absatz 2 Satz 2 Nummer 2 fest. ²Das Bundesamt für Sicherheit in der Informationstechnik bietet ab dem 1. Juni 2022 Verfahren zur Prüfung der Einhaltung der Anforderungen nach Satz 1 sowie Verfahren zur Bestätigung der Einhaltung der Anforderungen nach Satz 1 durch entsprechende Zertifikate an. ³Der Nachweis der Erfüllung der Anforderungen an die Datensicherheit durch den Hersteller ist spätestens ab dem 1. Januar 2023 unter Vorlage eines Zertifikates nach Satz 2 zu führen.

(11) ¹Das Bundesinstitut für Arzneimittel und Medizinprodukte legt im Einvernehmen mit der oder dem Bundesbeauftragten für den Datenschutz und die Informationsfreiheit und im Benehmen mit dem Bundesamt für Sicherheit in der Informationstechnik erstmals bis zum 31. März 2022 und dann in der Regel jährlich die Prüfkriterien für die von digitalen Gesundheitsanwendungen nachzuweisenden Anforderungen an den Datenschutz nach Absatz 2 Satz 2 Nummer 2 fest. ²Der Nachweis der Erfüllung der Anforderungen an den Datenschutz durch den Hersteller ist ab dem 1. April 2023 durch Vorlage eines anhand der Prüfkriterien nach Satz 1 ausgestellten Zertifikates nach Artikel 42 der Verordnung (EU) 2016/679 zu führen.

(12) ¹In das Verzeichnis nach Absatz 1 können auch digitale Gesundheitsanwendungen aufgenommen werden, die durch die Träger der Rentenversicherung als Leistungen zur Teilhabe nach dem Sechsten Buch erbracht werden. ²Die Absätze 1 bis 4a und 6 bis 10 gelten entsprechend mit der Maßgabe, dass für digitale Gesundheitsanwendungen nach Satz 1 neben dem Nachweis positiver Versorgungseffekte nach Absatz 2 Satz 2 Nummer 3 zusätzlich der Nachweis des Erhalts der Erwerbsfähigkeit zu führen ist. ³Nähere Regelungen zu dem zusätzlichen Nachweis des Erhalts der Erwerbsfähigkeit durch Rechtsverordnung des Bundesministeriums für Gesundheit nach Absatz 9 Satz 1 bedürfen des Einvernehmens mit dem Bundesministerium für Arbeit und Soziales. ⁴Durch die Regelungen in den Sätzen 1 und 2 werden keine Leistungsverpflichtungen für die Krankenkassen begründet.

| Übersicht | Rdn. | | Rdn. |
|---|---|---|---|
| A. Regelungsinhalt . . . . . . . . . . . . . . . . . . | 1 | C. Information der Vertragspartner der vertragsärztlichen Versorgung und vertragsärztliche Versorgung (Abs. 5) . . . . . | 22 |
| B. Verzeichnis digitaler Gesundheitsanwendungen (Abs. 1 bis 4) . . . . . . . . . . | 6 | D. Folgeregelungen (Abs. 6 bis 8) . . . . . . . . | 24 |
| I. Erstellung und Führung eines Verzeichnisses erstattungsfähiger digitaler Gesundheitsanwendungen (Abs. 1) . . . | 6 | I. Anzeigepflichten der in das Verzeichnis aufgenommenen Hersteller (Abs. 6) . . . . | 24 |
| II. Beantragung der Aufnahme in das Verzeichnis und erforderliche Nachweise (Abs. 2) . . . . . . . . . . . . . . . . . . . . . . . . . . | 8 | II. Kosten des Verwaltungsverfahrens (Abs. 7) . . . . . . . . . . . . . . . . . . . . . . . . . . . | 29 |
| III. Entscheidung über die Aufnahme in das Verzeichnis (Abs. 3) . . . . . . . . . . . . . . . . | 11 | III. Veröffentlichung eines Leitfadens zum Antrags- und Anzeigeverfahren (Abs. 8) . | 31 |
| IV. Aufnahme in das Verzeichnis zur Erprobung (Abs. 4) . . . . . . . . . . . . . . . . . . | 17 | E. Ermächtigung des BMG zum Erlass einer Rechtsverordnung (Abs. 9) . . . . . . | 35 |

## A. Regelungsinhalt

1 § 139e gilt in der Fassung des Art. 5 Teilhabestärkungsgesetz vom 02.06.2021 (BGBl. I S. 1387) mit Wirkung vom 10.06.2021. § 139e galt zuvor in der Fassung des Art. 1 Nr. 16 DVPMG vom 03.06.2021 (BGBl. I S. 1309) mit Wirkung vom 09.06.2021 (Abs. 2 Satz 2 wurde geändert, Abs. 3 Satz 2 neu gefasst, Abs. 4 Satz 3 geändert, Abs. 5 Satz 2 angefügt sowie Abs. 6 Satz 7 und 8 eingefügt). Ferner galt § 139e wiederum hiervor in der Fassung des Art. 1 Nr. 23 DVG vom 09.12.2019 (BGBl. I S. 2561) mit Wirkung vom 19.12.2019; hierauf stellen die Erläuterungen weitgehend ab; zu nachfolgenden Änderungen vgl. Hinweise unter Rdn. 5a–g.

2 § 139e ist mit dem **Digitale-Versorgung-Gesetz – DVG** mit Wirkung vom **19.12.2019** in das SGB V aufgenommen worden. Geregelt wird, im weiteren Sinne vergleichbar dem Hilfsmittelverzeichnis,

die Vorgabe für ein **Verzeichnis für digitale Gesundheitsanwendungen.** Damit im Zusammenhang steht der Leistungsanspruch des Versicherten auf entsprechende Versorgungsleistungen nach **§ 33a** (Sachleistungsanspruch auf Versorgung, allerdings mit Mehrkostenregelung) wie auch dazu entsprechend das Leistungserbringerrecht in **§ 134,** zeitgleich mit dem DVG eingefügt. Die Aufgabe, ein amtliches Verzeichnis der erstattungsfähigen digitalen Gesundheitsanwendungen zu führen und auch über die Aufnahme in ein solches Verzeichnis zu entscheiden, wird mit **§ 139e** dem **Bundesinstitut für Arzneimittel und Medizinprodukte – BfArM** übertragen. Dabei handelt es sich um eine selbstständige Bundesoberbehörde im Aufsichtsbereich des BMG.

Im weiteren Sinne steht die Regelung mit Maßnahmen der **Telematikinfrastruktur,** § 67, § 68, § 291, § 291a § 291b, mit der **Stärkung der Telemedizin,** § 87 Abs. 2a, § 291g und mit der Förderung digitaler Innovationen, § 68a, § 68b, § 140a, § 263a § 284, inhaltlich im Zusammenhang, vgl. *Engelmann* in jurisPK-SGB V § 139e Rn. 1. Vornehmlich auf die Erläuterungen zu § 134 wird ergänzend Bezug genommen. 3

Nach **Abs. 1** wird das **BfArM** verpflichtet, ein Verzeichnis der nach § 33a erstattungsfähigen digitalen Gesundheitsanwendungen zu führen. Zugleich werden die Vorgaben für die Struktur des Verzeichnisses angegeben. Dem Verzeichnis kommt die Wirkung einer Positivliste zu. Die Aufnahme in das Verzeichnis erfolgt auf **Antrag des Herstellers, Abs. 2;** der Begriff des Herstellers wird in § 1 DiGAV (vgl. Abs. 9) geregelt. Dem Antrag sind die entsprechenden **Nachweise** beizufügen, § 2 DiGAV. Das **BfArM entscheidet** nach **Abs. 3** über den Antrag des Herstellers und hat die Erfüllung der Voraussetzungen nach Abs. 2 Satz 2 zu prüfen. Bei Erfüllung der Voraussetzungen besteht ein Rechtsanspruch auf Aufnahme in das Verzeichnis. **Abs. 4** sieht eine vorläufige Aufnahme einer digitalen Gesundheitsanwendungen vor, hier für eine **vorläufige Erprobungsphase** für bis zu 12 Monate. Zwischenzeitlich werden **Erfahrungen gesammelt** und aufgrund dieser sodann über die endgültige Aufnahme entschieden; eine Verlängerung um bis zu 12 Monate ist nach Abs. 4 Satz 7 zulässig, eine wiederholte Aufnahme insoweit allerdings nicht. 4

Mit der Aufnahme in das Verzeichnis sind die gebotenen Informationen der Vertragspartner der vertragsärztlichen Versorgung verbunden, **Abs. 5.** Zudem ist der **EBM** für ärztliche bzw. zahnärztliche Leistungen innerhalb von 3 Monaten an die Versorgung mit entsprechenden Leistungen **anzupassen,** § 87 Abs. 5c. Während der vorläufigen Aufnahme (Erprobungsphase) vereinbaren die Vertragspartner eine entsprechende Vergütung. Ärztliche Leistungen können insbesondere Beratung und Unterstützung des Versicherten beinhalten. Nach **Abs. 6** besteht eine **Anzeigepflicht des Herstellers über Änderungen** bezüglich der digitalen Gesundheitsanwendungen wie auch bezüglich der mitgeteilten Informationen; zur Konkretisierung, vgl. § 18 DiGAV. Der Hersteller ist befugt, die digitalen Gesundheitsanwendungen gemäß **Abs. 6 Satz 7** aus dem Verzeichnis streichen zu lassen. Zur Festsetzung der **Gebühren und Auslagen** vgl. **Abs. 7,** vgl. §§ 13 bis 21 Bundesgebührengesetz. Das BfArM hat die in **Abs. 8** benannten Informations- und Beratungspflichten. **Abs. 9** ermächtigt das **BMG** zum Erlass einer Verordnung; dem hat das BMG mit der Digitaler Gesundheitsanwendungen-Verordnung – DiGAV vom 08.04.2020 entsprochen. 5

§ 139e Abs. 2 Satz 2 wurde geändert, **Abs. 3 Satz 2** neu gefasst, **Abs. 4 Satz 3** geändert, **Abs. 5 Satz 2** angefügt, **Abs. 6 Satz 7 und 8** eingefügt, **Abs. 9 Satz 1 Nr. 1** neu gefasst, **Nr. 2 und 4** geändert sowie **Abs. 10 und 11** angefügt durch Art. 1 Nr. 16 Gesetz zur digitalen Modernisierung von Versorgung und Pflege (Digitale-Versorgung-und-Pflege-Modernisierungs-Gesetz – DVPMG) vom **03.06.2021** (BGBl. I S. 1309) mit Wirkung vom **09.06.2021.** Zur Begründung des Gesetzentwurfs vgl. BT-Drs. 19/27652 S. 107–109. Zu den Änderungen in der Ausschussberatung (Aufgabe der umfangreichen Änderungen zu Abs. 4a betreffend Verlängerung einer initialen Erprobung auf 24 Monate in besonderen Fällen sowie Abs. 11 zusätzlich aufgenommen) vgl. BT-Drs. 19/29384 S. 17–20 sowie zur Begründung S. 195, 196. 5a

Die Änderung zu **Abs. 2 Satz 2 Nr. 1** bezieht ausdrücklich die Interoperabilität (klarstellend) ein; die semantische, syntaktische und technische Interoperabilität sei ein essenzieller Bestandteil der 5b

### § 139e SGB V  Verzeichnis für digitale Gesundheitsanwendungen; Verordnungsermächtigung

Qualität digitaler Gesundheitsanwendungen, hier mit Hilfsmitteln, Medizingeräten oder auch der elektronischen Patientenakte.

5c  Die Neufassung zu **Abs. 3 Satz 2** sieht vor, dass das Bundesinstitut für Arzneimittel und Medizinprodukte im Rahmen der Prüfung der Erstattungsfähigkeit die erforderlichen Leistungen festlegt, um eine regelhafte Vergütung der Heilmittelerbringer und Hebammen bei therapiebegleitendem Einsatz digitaler Gesundheitsanwendungen zu ermöglichen.

5d  **Abs. 5 Satz 2** regelt, dass das Bundesinstitut für Arzneimittel und Medizinprodukte nach Aufnahme in das Verzeichnis für digitale Gesundheitsanwendungen die für die Verhandlungen über die Vergütung maßgeblichen Institutionen informiert, wenn begleitende Leistungen der Heilmittelerbringer oder Hebammen erforderlich seien.

5e  Die Ergänzung zu **Abs. 6 Satz 7 und 8** enthält relevante Veränderungen. Das Bundesinstitut für Arzneimittel und Medizinprodukte ermögliche es den Herstellern digitaler Gesundheitsanwendungen schon nach der Rechtslage bis Juni 2021, anhand eines Selbsteinschätzungsbogens zu beurteilen, ob eine vorgenommene Anpassung an in dem Verzeichnis für digitale Gesundheitsanwendungen gelisteten digitalen Gesundheitsanwendungen eine wesentliche Änderung darstelle, die dem Bundesinstitut für Arzneimittel und Medizinprodukte gegenüber anzuzeigen sei. Hier wird eine Verpflichtung der Hersteller auch mit einem Beitrag zur Patientensicherheit begründet.

5f  Mit der Regelung Abs. 10 und Abs. 11 werden notwendige datenschutzrechtliche Regelungen getroffen. Ergänzend hierzu sind die Vorgaben nach der Datenschutz-Grundverordnung – DSGVO – zu beachten.

5g  § 139e Abs. 12 wurde durch Art. 5 Gesetz zur Stärkung der Teilhabe von Menschen mit Behinderungen sowie zur landesrechtlichen Bestimmung der Träger von Leistungen für Bildung und Teilhabe in der Sozialhilfe (Teilhabestärkungsgesetz) vom 02.06.2021 (BGBl. I S. 1387) mit Wirkung vom 10.06.2021 angefügt. Zur Begründung dieser Ergänzung vgl. BT-Drs. 19/28834 S. 56. Digitale Gesundheitsanwendungen könnten auch im Rahmen der medizinischen Rehabilitation einen Beitrag zur Verbesserung der Versorgung durch Digitalisierung leisten. Mit der Aufnahme digitaler Gesundheitsanwendungen in die Aufzählung der im Rahmen der medizinischen Rehabilitation zu erbringenden Leistungen werde die Rechtsgrundlage für die trägerübergreifende Erbringung entsprechender Leistungen geschaffen. Die Regelung bedeutet die Grundlage dafür, dass im Rahmen der Leistungen zur Teilhabe des SGB VI auch solche digitalen Gesundheitsanwendungen erbracht werden könnten, die in das Verzeichnis nach § 139e Abs. 1 aufgenommen worden seien, wenn für diese zusätzlich der Nachweis eines Beitrags zum Erhalt der Erwerbsfähigkeit erbracht würde. Zugleich werde klargestellt, dass aufgrund der Aufnahme in das Verzeichnis nach § 139e keine Ausweitung der Leistungspflicht der Krankenkassen erfolge. Das Nähere sei unter Berücksichtigung der Besonderheiten der Rentenversicherung durch das BMG im Einvernehmen mit dem BMAS durch Rechtsverordnung zu regeln.

### B. Verzeichnis digitaler Gesundheitsanwendungen (Abs. 1 bis 4)

#### I. Erstellung und Führung eines Verzeichnisses erstattungsfähiger digitaler Gesundheitsanwendungen (Abs. 1)

6  Mit **Abs. 1** wird das **BfArM** verpflichtet, ein **Verzeichnis** der nach § 33a erstattungsfähigen digitalen Gesundheitsanwendungen zu führen, **Abs. 1 Satz 1**. Jede digitale Gesundheitsanwendung erhält eine eindeutige Verzeichnisnummer. Das Verzeichnis wird insgesamt **elektronisch** geführt. Die Aufnahme in das Verzeichnis für digitale Gesundheitsanwendungen erfolgt für die von dem Hersteller angegebenen Indikationen, **§ 20 Abs. 1 DiGAV**. Mit der Aufnahme wird der **Sachleistungsanspruch** nach § 33a konkretisiert, weshalb dem Verzeichnis insoweit die Wirkung einer **Positivliste** zukommt, vgl. *Engelmann* in jurisPK-SGB V § 139e Rn. 8.

7  **Abs. 1 Satz 2** schreibt weiter vor, dass das Verzeichnis nach Gruppen von digitalen Gesundheitsanwendungen **zu strukturieren** ist, die in ihren Funktionen und Anwendungsbereichen vergleichbar

sind. Damit soll eine Systematik vorgegeben werden. Das Verzeichnis und seine Änderungen sind vom BfArM im Bundesanzeiger bekannt zu machen und im Internet zu veröffentlichen, vgl. § 22 DiGAV. Näheres wird in §§ 20 ff. DiGAV vorgegeben.

## II. Beantragung der Aufnahme in das Verzeichnis und erforderliche Nachweise (Abs. 2)

Die **Aufnahme in das Verzeichnis** erfolgt auf elektronischen Antrag des Herstellers beim BfAvM, **Abs. 2 Satz 1**. Der **Hersteller** hat dem Antrag Nachweise darüber beizufügen, dass die digitale Gesundheitsanwendung (Nr. 1) den Anforderungen an Sicherheit, Funktionstauglichkeit und Qualität des Medizinproduktes entspricht, (Nr. 2) den Anforderungen an den Datenschutz entspricht und die Datensicherheit nach dem Stand der Technik gewährleistet und (Nr. 3) positive Versorgungseffekte aufweist. Die Stellung und Funktion des Herstellers konkretisiert § 1 DiGAV. **Hersteller** im Sinne der Verordnung ist der Hersteller des Medizinproduktes im Sinne der jeweils geltenden medizinprodukterechtlichen Vorschriften. Damit ist zugleich ein »dynamischer« Herstellerbegriff kodifiziert. 8

Der **Antragsinhalt** wird in § 2 DiGAV weiter konkretisiert, hier in Nr. 1 bis Nr. 24 und bezieht medizinische, patientenbezogener wie auch preisliche Vorgaben differenziert ein. Der Hersteller kennzeichnet in seinem Antrag die Angaben, bei denen rechtliche Anforderungen an den Schutz der Betriebs- und Geschäftsgeheimnisse oder an den Schutz personenbezogener Daten oder des geistigen Eigentums einer Veröffentlichung entgegenstehen, § 2 Abs. 2 DiGAV. Damit wird auch der Hersteller in die Realisierung der Vertraulichkeit verantwortlich mit einbezogen. Die Verantwortung liegt dennoch auch bei den Vertragsparteien bzw. dem BfAvM. 9

Erst mit der **Ausschussberatung** (vgl. zur Begründung BT-Drs. 19/14867 S. 96) zu § 139e ist die Regelung zu Abs. 2 Satz 3 eingefügt worden, wonach ein positiver Versorgungseffekt nach Abs. 2 Satz 2 Nr. 3 näher umschrieben wurde, nachfolgend auch in § 8 DiGAV. Nach der gesetzlichen Regelung ist dies ein medizinischer Nutzen oder eine patientenrelevante Struktur- und Verfahrensverbesserung in der Versorgung. Offensichtlich wollte der Gesetzgeber die nachfolgende weitere Konkretisierung in der Rechtsverordnung hinsichtlich der Ermächtigung weiter konkretisieren. Ausweislich der Begründung zu dieser Ergänzung wird in den Materialien klargestellt, dass digitale Gesundheitsanwendungen die für die Aufnahme in die Versorgung der GKV erforderlichen Evidenzanforderungen zu erfüllen hätten. Die patientenrelevanten Verfahrens- und Strukturverbesserungen in der Versorgung umfassten dabei insbesondere Aspekte, die im Rahmen der wissenschaftlichen Bewertung von Gesundheitstechnologien (Health Technology Assessment) üblicherweise mit den Dimensionen »ethisch sozial, organisatorisch oder ökonomisch« beschrieben würden. 10

## III. Entscheidung über die Aufnahme in das Verzeichnis (Abs. 3)

Das BfAvM **entscheidet** über den Antrag des Herstellers innerhalb von drei Monaten nach Eingang der vollständigen Antragsunterlagen durch **Bescheid, Abs. 3 Satz 1**. Der Hersteller hat, sind die Aufnahmevoraussetzungen sämtlich gegeben, einen **Rechtsanspruch** auf Aufnahme in das Verzeichnis. Die entscheidende Behörde hat wohl einen Beurteilungsrahmen, Ermessen über die Aufnahme oder etwa im Sinne einer Bedarfsprüfung steht dieser nicht zu. 11

Die digitalen Gesundheitsanwendungen nach § 33a Abs. 3 stellen **Medizinprodukte** der Risikoklasse I oder IIa dar. Der **Nachweis der Sicherheit** und **Funktionstauglichkeit** wird gemäß § 3 Abs. 1 DiGAV regelmäßig durch das **CE-Kennzeichen** für das Medizinprodukt gem. EUV 45/2017 geführt. Das BfAvM übernimmt die Prüfung und das Ergebnis inhaltlich und führt regelmäßig keine erneute Prüfung durch, entsprechend BT-Drs. 19/13438 S. 59. Aus **begründetem Anlass** darf das BfAvM zusätzliche Prüfungen vornehmen. Hierfür können vom Hersteller weitere Unterlagen, auch für ein Konformitätsbewertungsverfahren, verlangt werden, § 3 Abs. 2 BfAvM. Zu den Anforderungen an Datenschutz und Datensicherheit vgl. § 4 DiGAV und an die Qualität § 5 DiGAV mit Spezifikationen in § 6 DiGAV. Für die Erfüllung der Voraussetzungen kann das BfAvM 12

## § 139e SGB V  Verzeichnis für digitale Gesundheitsanwendungen; Verordnungsermächtigung

vom Hersteller den Nachweis durch Zertifikate verlangen, § 7 DiGAV. Zum Begriff der positiven Versorgungseffekte vgl. § 8 DiGAV.

13 Legt der Hersteller **unvollständige Antragsunterlagen** vor, hat ihn das BfArM aufzufordern, den Antrag innerhalb einer Frist von 3 Monaten zu ergänzen, **Abs. 3 Satz 3**. Der Antrag darf nicht allein deshalb bereits abgelehnt werden. Dem entspricht im Übrigen auch eine Beratung und Informationspflicht. Liegen nach Ablauf der **Frist** keine vollständigen Unterlagen vor und hat der Hersteller keine Erprobung nach Abs. 4 beantragt, ist der **Antrag abzulehnen**, Abs. 3 Satz 4. Diese Verfahrensvorgaben sind in der DiGAV entsprechend umgesetzt.

14 Die Entscheidung des BfArM umfasst auch die **Bestimmung der ärztlichen Leistungen**, die zur Versorgung mit der jeweiligen digitalen Gesundheitsanwendung erforderlich sind, **Abs. 3 Satz 2**. Damit sind die sozialversicherungsrechtliche Folgeregelungen einzubeziehen, vgl. *Engelmann* in jurisPK-SGB V 02/2021 § 139e Rn. 15. Sind digitale Gesundheitsanwendungen nach § 87 Abs. 5c dauerhaft in das Verzeichnis für digitale Gesundheitsanwendungen aufgenommen worden, so sind der EBM für ärztliche Leistungen oder zahnärztliche Leistungen innerhalb von 3 Monaten nach der Aufnahme anzupassen, soweit **ärztliche Leistungen für die Versorgung mit der jeweiligen digitalen Gesundheitsanwendungen erforderlich** sind. Dies wird näher in § 87 Abs. 5c, zeitgleich mit § 139e geregelt, konkretisiert. Auf diese Regelung wird Bezug genommen.

15 Die **Entscheidung** über die Aufnahme der digitalen Gesundheitsanwendung erfolgt innerhalb von drei Monaten nach Eingang der vollständigen Antragsunterlagen. Es handelt sich um ein »beschleunigtes Verfahren«, das (unter Übernahme eines an sich in der Chirurgie verwendeten Begriffs) als sog. Fast-Track-Verfahren bezeichnet wird, vgl. *Engelmann* in jurisPK-SGB V 02/2021 § 139e Rn. 16, hier auch im Leitfaden für das Verfahren konkretisiert, den das BfArM erstellt hat und der im Internet nachgewiesen wird. Die Entscheidung ist ein Verwaltungsakt, § 31 SGB X, der entsprechend zu begründen ist und auch angefochten werden kann.

16 Der **Antragsteller** hat die Möglichkeit, **vor** einer Entscheidung über den Aufnahmeantrag den **Antrag zurückzuziehen**. Hiervon Gebrauch zu machen kann **zweckmäßig** sein, wenn die Voraussetzungen für den Antrag (noch nicht oder in der gebotenen Form und den gebotenen Inhalt etwa) nicht erfüllt werden können. Der Hersteller vermeidet so, dass dieser gemäß § 4 Abs. 9 und 10 von einem erneuten Verfahren ausgeschlossen ist. Dieser kann dann zu späterer Zeit einen Antrag ohne Ausschlusswirkung stellen.

### IV. Aufnahme in das Verzeichnis zur Erprobung (Abs. 4)

17 Ist dem Hersteller der Nachweis **positiver Versorgungseffekte** (zum Begriff vgl. § 8 DiGAV) nach Abs. 2 Satz 2 Nr. 3 **noch nicht möglich**, kann er nach Abs. 2 auch beantragen, dass die digitale Gesundheitsanwendung **für bis zu 12 Monate** in das Verzeichnis zur **Erprobung** aufgenommen wird, **Abs. 4 Satz 1**. In diesem Fall hat der Hersteller dem Antrag neben den Nachweisen nach Abs. 2 Satz 2 Nr. 1 und 2 eine **plausible Begründung** des Beitrags der digitalen Gesundheitsanwendung zur Verbesserung der Versorgung und ein von einer herstellerunabhängigen Institution erstelltes wissenschaftliches Evaluationskonzept zum Nachweis positiver Versorgungseffekte beizufügen, **Abs. 4 Satz 2**.

18 Die Darlegung positiver Versorgungseffekte wird in § 9 **DiGAV** konkretisiert. Dieser positive Versorgungseffekt muss mit der Zweckbestimmung nach den jeweils geltenden medizinprodukterechtlichen Vorschriften sowie mit den Funktionen, den Inhalten und den vom Hersteller veröffentlichten Aussagen zu der digitalen Gesundheitsanwendung konsistent sein, § 9 Abs. 2 DiGAV. Zu den Studien zum Nachweis positiver Versorgungseffekte vgl. § 10 DiGAV und in besonderen Fällen § 11 **DiGAV**. Für diagnostische Instrumente wird die Nachweisführung in § 12 **DiGAV** konkretisiert. Die Bewertungsentscheidung über das Vorliegen eines hinreichenden Nachweises hat § 13 **DiGAV** zu entsprechen, mit einer Begründung der Versorgungsverbesserung nach § 14 DiGAV. Zur Vorlage eines wissenschaftlichen **Evaluationskonzeptes** vgl. § 15 DiGAV; dieses muss geeignet sein, die Nachweise nach §§ 10 bis 12 DiGAV zu erbringen.

Von der Möglichkeit einer **vorläufigen Erprobungsphase** dürfte ausweislich des Leistungserbringerrechts nach § 134 durchaus häufiger Gebrauch gemacht werden. Die zu erprobende digitale Gesundheitsanwendung wird vorläufig in das Verzeichnis aufgenommen und dies wird entsprechend vermerkt, **Abs. 4 Satz 4**. Über eine **endgültige Aufnahme** wird durch Bescheid nach Maßgabe des Abs. 4 Satz 6 entschieden. Die Aufnahme zur Erprobung setzt allerdings voraus, dass bereits mit **hinreichender Wahrscheinlichkeit** zu einem späteren Zeitpunkt eine positive Entscheidung erwartet werden kann. Ist für die Bewertung ein längerer Zeitraum (objektiv und fachlich überzeugend) geboten, kann der Zeitraum der vorläufigen Aufnahme um bis zu 12 Monate verlängert werden, **Abs. 4 Satz 7**. Eine solche Feststellung liegt im **Ermessen** des BfAvM (»kann«). Dies gilt auch für die Dauer der Verlängerung die auch für einen Zeitraum kürzer als 12 Monate erfolgen kann, vgl. *Engelmann* in jurisPK-SGB B 02/2021 § 139e Rn. 20.

Kann die vorläufige Erprobungsphase nicht mit einer endgültigen Aufnahme durch Bescheid abgeschlossen werden (Abs. 4 Satz 6) erfolgt nach Maßgabe des **Abs. 4 Satz 8** eine **endgültige Ablehnung** durch Bescheid und zugleich verbunden mit einer Streichung aus dem Verzeichnis. Auch hierbei handelt es sich um einen Verwaltungsakt nach § 31 SGB X.

Wird eine vorläufige Aufnahme in das Verzeichnis **endgültig abgelehnt** (und der Antrag vor einer Entscheidung nicht etwa zurückgenommen, s.o.), so tritt nach **Abs. 4 Satz 9 und 10** eine Sperrwirkung ein. Diese steht einer erneuten Antragstellung für 12 Monate nach dem ablehnenden Bescheid wie auch einer wiederholten **vorläufigen** Antragstellung vollends entgegen. Danach dürfte der Antragsteller die digitale Gesundheitsanwendung nicht mehr zur Erprobung mit Erfolg anbieten können; werden wesentliche inhaltliche Änderungen vorgenommen, dürfte dies als abgewandeltes Produkt gesehen und dann wohl doch wieder eingebracht werden können. Hierzu dürften nach einiger Zeit Erfahrungswerte vorliegen.

### C. Information der Vertragspartner der vertragsärztlichen Versorgung und vertragsärztliche Versorgung (Abs. 5)

In Anlehnung an Abs. 3 Satz 2 sowie Abs. 4 Satz 3 gibt **Abs. 5** dem BfAvM auf, die Vertragsparteien nach **§ 87 Abs. 1** zeitgleich mit der Aufnahme digitaler Gesundheitsanwendungen in das Verzeichnis über die ärztlichen Leistungen zu informieren, die als erforderlich für die Versorgung mit der jeweiligen digitalen Gesundheitsanwendung oder für deren Erprobung bestimmt werden. § 87 Abs. 5c wurde zeitgleich mit § 139e aufgenommen. Sind **digitale Gesundheitsanwendungen** entsprechend **dauerhaft aufgenommen** worden, so sind der **EBM** für den ärztlichen oder zahnärztlichen Leistungsbereich innerhalb von drei Monaten nach Aufnahme anzupassen, soweit ärztliche Leistungen für die Versorgung mit der jeweiligen digitalen Gesundheitsanwendung **erforderlich** sind.

Sind digitaler Gesundheitsanwendungen nach **§ 139e Abs. 4** (nur) **vorläufig** in das Verzeichnis für digitale Gesundheitsanwendungen aufgenommen worden, so **vereinbaren** die Partner der Bundesmantelverträge innerhalb von drei Monaten nach der vorläufigen Aufnahme eine **Vergütung** für ärztliche Leistungen, die während der Erprobungszeit nach Festlegung des BfAvM zur Versorgung und zur Erprobung der digitalen Gesundheitsanwendung **erforderlich** ist. Die Vereinbarung berücksichtigt die Nachweispflichten für positive Versorgungseffekte (vgl. § 8 DiGAV) entsprechend. Auf die weitere Regelung des § 87 Abs. 5c wird Bezug genommen. In Übereinstimmung mit den Materialien (BT-Drs. 19/13438 S. 60) kommen als erforderliche ärztliche Leistungen etwa Beratung oder Unterstützung für den Versicherten in Betracht.

### D. Folgeregelungen (Abs. 6 bis 8)

#### I. Anzeigepflichten der in das Verzeichnis aufgenommenen Hersteller (Abs. 6)

Abs. 6 erlegt dem Hersteller **Anzeigepflichten** über Änderungen der digitalen Gesundheitsanwendungen oder ihrer Informationen auf. Diese sind verpflichtet, dem BfAvM unverzüglich anzuzeigen, (**Nr. 1**) dass sie wesentliche Veränderungen an den digitalen Gesundheitsanwendungen vorgenommen haben oder (Nr. 2) dass Änderungen an den im Verzeichnis veröffentlichten Informationen notwendig sind. Diese Anzeigepflicht ist in § 18 DiGAV unter der Überschrift »wesentliche Änderungen« inhaltlich weiter umschrieben. Für die Anzeige ist das entsprechende veröffentlichte Anzeigeformular zu verwenden, **Abs. 6 Satz 2**.

25  Nach **Eingang** einer entsprechenden **Anzeige** entscheidet das BfArM innerhalb von drei Monaten nach der Anzeige durch **Bescheid** darüber, ob das Verzeichnis anzupassen ist oder ob die digitale Gesundheitsanwendung aus dem Verzeichnis zu streichen ist, **Abs. 6 Satz 3**. Die im Zuge dieser Regelung getroffene Entscheidungen sind durchweg Verwaltungsakte, vgl. *Engelmann* in jurisPK-SGB V § 139e Rn. 25.

26  Erhält das BfArM **Kenntnis** von Änderungen i.S.d. Abs. 6 Satz 1 **ohne** entsprechende Anzeige des Herstellers, so kann es den Hersteller mit einer Frist von bis zu vier Wochen zur Anzeige der Änderungen auffordern und **zugleich** ein Zwangsgeld von bis zu 100.000 € **androhen**. Bei Nichteinhaltung der Anzeigefrist kann das Zwangsgeld festgesetzt werden. Auch hierbei handelt es sich um Verwaltungsakte, vgl. *Engelmann* in jurisPK-SGB V § 139e Rn. 26.

27  **Abs. 6 Satz 6**, eingefügt im Zuge der Ausschussberatung, regelt: Kommt der Hersteller der Aufforderung zur Anzeige wesentlicher Veränderungen nicht innerhalb der gesetzten Frist nach, kann das BfArM die digitale Gesundheitsanwendung **aus dem Verzeichnis streichen**, vgl. auch BT-Drs. 19/14867 S. 96.

28  **Abs. 6 Satz 7** erlaubt es dem Hersteller, auf Antrag eine digitale Gesundheitsanwendung aus dem Verzeichnis **streichen zu lassen**. Die Materialien führen insoweit an (BT-Drs. 19/13438 S. 60), dass es sich insoweit um eine Klarstellung handele; der Hersteller hat die entsprechende Dispositionsbefugnis.

### II. Kosten des Verwaltungsverfahrens (Abs. 7)

29  **Abs. 7** regelt **Kostenfragen**, hier weitgehend in der Fassung der Ausschussberatung, vgl. BT-Drs. 19/14867 S. 96. Das Verwaltungsverfahren im Zusammenhang mit § 139e ist gebührenpflichtig. Dabei werden die Regelungen im Bundesgebührengesetz nach §§ 13 bis 21 in Bezug genommen. Bei der Festsetzung der Gebühren handelt es sich um einen Verwaltungsakt, der auch selbstständig angefochten werden kann.

30  In der Ausschussfassung sind nähere Regelungen zur Erhebung von Gebühren und Auslagen, etwa für eine herstellerindividuell erforderliche Beauftragung von Sachverständigen, zu den Verwaltungskosten im Widerspruchsverfahren und zur Geltung des Bundesgebührengesetzes für das Erhebungsverfahren ergänzt worden. Das Nähere zu den Gebühren und pauschalierten Gebührensätzen solle die DiGAV regeln. Diese Regelungen sind im **Abschnitt 7 der DiGAV** mit §§ 24 bis 33 erfolgt; hierauf wird Bezug genommen.

### III. Veröffentlichung eines Leitfadens zum Antrags- und Anzeigeverfahren (Abs. 8)

31  Das BfArM hat **Informations- und Beratungspflichten** zu erfüllen, die in **Abs. 8** näher spezifiziert werden. Zudem veröffentlicht das BfArM im Internet einen Leitfaden zum Antrags- und Anzeigeverfahren sowie elektronische Formulare für vollständige Antrags- und Anzeigeunterlagen in deutscher und englischer Sprache, **Abs. 8 Satz 1**.

32  Des Weiteren hat das BfArM **Beratungs- und Informationspflichten** nach Maßgabe des **Abs. 8 Satz 2**. Diese Pflichten betreffen die Voraussetzungen zur Versorgung mit der jeweiligen digitalen Gesundheitsanwendung nach § 33a zulasten der Krankenkassen.

33  **Abs. 8 Satz 3** regelt, dass für die Beratungsgebühren nach pauschalierten Gebührensätzen erhoben werden können und Abs. 7 Satz 4 entsprechend gilt (Anwendung der §§ 13 bis 21 Bundesgebührengesetz).

34  Auf den im Internet nachgewiesen Leitfaden des BfArM – mit Sitz in Bonn – wird Bezug genommen, ferner auch auf die weiteren hier gegebenen Hinweise (Leitfaden Diga mit »Schritt für

Schrittanwendung« und Leitfaden Fast Track mit 128 Seiten und bis ins Einzelne gegebene Erläuterungen, ferner auch Leitfaden in englischer Sprache), abgefragt 23.02.2021.

### E. Ermächtigung des BMG zum Erlass einer Rechtsverordnung (Abs. 9)

Mit **Abs. 9 Satz 1** wird das **BMG** ermächtigt, eine Verordnung über das Verfahren und die Anforderungen zur Prüfung der Erstattungsfähigkeit digitaler Gesundheitsanwendungen in der GKV zu erlassen. In **Umsetzung dieser Ermächtigung** ist die »Verordnung über das Verfahren und die Anforderungen zur Prüfung der Erstattungsfähigkeit digitaler Gesundheitsanwendungen in der gesetzlichen Krankenversicherung (Digitale Gesundheitsanwendungen- Verordnung – DiGAV) vom 08.04.2020 – BGBl. I S. 768 mit Wirkung vom 21.04.2020 erlassen worden. Bezüglich der Anforderungen gemäß § 4 Abs. 6 DiGAV wie auch zu §§ 5 und 6 DiGAV sind in der Anlage zur Rechtsverordnung umfangreiche Fragebogen beigefügt. 35

Nach der in der Ausschussberatung getroffenen Ergänzung zu **Abs. 9 Satz 2** haben die Regelungen betreffend die nachzuweisenden Anforderungen an Sicherheit, Funktionstauglichkeit und Qualität des Medizinprodukts, die Anforderungen an den Datenschutz sowie positive Versorgungseffekte wie auch die Versorgungsverbesserungen nach Abs. 4 Satz 2 »unter Berücksichtigung der **Grundsätze der evidenzbasierten Medizin**« zu erfolgen. Zum **Begriff der evidenzbasierten Medizin** vgl. BSG 08.10.2019 – B 1 KR 2/10 R sowie *Kluckert* SGb 2020, 197. Die Bewertung der nachzuweisenden Maßnahmen hat vor allem an der Qualität von Evaluationsstudien zu erfolgen; dabei sollen entsprechende Systeme zu Vorgaben der evidenzbasierten Medizin herangezogen werden, vgl. *Engelmann* in jurisPK-SGB V 02/2021 § 139e Rn. 33. 36

## § 140 Eigeneinrichtungen

(1) ¹Krankenkassen dürfen der Versorgung der Versicherten dienende Eigeneinrichtungen, die am 1. Januar 1989 bestehen, weiterbetreiben. ²Die Eigeneinrichtungen können nach Art, Umfang und finanzieller Ausstattung an den Versorgungsbedarf unter Beachtung der Landeskrankenhausplanung und der Zulassungsbeschränkungen im vertragsärztlichen Bereich angepasst werden; sie können Gründer von medizinischen Versorgungszentren nach § 95 Abs. 1 sein.

(2) ¹Sie dürfen neue Eigeneinrichtungen nur errichten, soweit sie die Durchführung ihrer Aufgaben bei der Gesundheitsvorsorge und der Rehabilitation auf andere Weise nicht sicherstellen können. ²Die Krankenkassen oder ihre Verbände dürfen Eigeneinrichtungen auch dann errichten, wenn mit ihnen der Sicherstellungsauftrag nach § 72a Abs. 1 erfüllt werden soll.

| Übersicht | Rdn. | | Rdn. |
|---|---|---|---|
| A. Regelungsinhalt .................... | 1 | C. Gefährdung der Sicherstellung der Versorgung ........................ | 17 |
| B. Bestandsschutz für Eigeneinrichtungen von Krankenkassen ............... | 6 | I. Ausnahmefall der Errichtung neuer Eigeneinrichtungen................. | 17 |
| I. Bestandsschutz .................... | 12 | II. Neue Eigeneinrichtungen nach Rückfall des Sicherstellungsauftrags .......... | 19 |
| II. Erweiterter Bestandsschutz ........... | 13 | | |

### A. Regelungsinhalt

§ 140 gilt in der Fassung des Art. 4 Nr. 6a VerwVereinfG vom 21.03.2005 (BGBl. I S. 818) mit Wirkung vom 30.03.2005. 1

§ 140 Abs. 1 stellt ausdrücklich klar, dass die der Versorgung der Versicherten dienenden Eigeneinrichtungen der Krankenkassen weiterbetrieben werden können. Eine Anpassung ist nach Maßgabe des **Abs. 1 Satz 2** zulässig. Die Regelung war mit dem GRG aufgenommen worden. Nach Abs. 2 dürfen Krankenkassen neue Eigeneinrichtungen nur errichten, soweit die Durchführung der 2

## § 140 SGB V Eigeneinrichtungen

Aufgaben der Krankenkassen bei der Gesundheitsvorsorge und der Rehabilitation auf andere Weise nicht sichergestellt werden kann. Diese Möglichkeiten werden im Rahmen des auf die Krankenkassen übergehenden Sicherstellungsauftrag nach § 72a Abs. 1 erweitert (**Abs. 2 Satz 2**). Danach sind die Krankenkassen – und nach Abs. 2 Satz 2 auch ihre Verbände – nach **Übergang des Sicherstellungsauftrages** auch befugt, die verschiedensten Verträge einzugehen, um den Sicherstellungsauftrag zu erfüllen. Zur Wahrung der Sicherstellung der Versorgung dürften sich allerdings stets Lösungen im Rahmen der Versorgungsmodelle anbieten, etwa Versorgungszentren oder Verträge mit Leistungserbringern und deren Zusammenschlüssen, vgl. *Kaempfe* in Becker/Kingreen SGB V 2018 § 140 Rn. 1, 2.

3 Davon unabhängig sehen einzelne **Spezialvorschriften** Versorgungsmöglichkeiten vor, die Krankenkassen – vorrangig vor § 140 – erfüllen können bzw. zu erfüllen haben. Anzuführen sind die **Überlassung von Hilfsmitteln** nach § 33 Abs. 5, die Gewährung von **häuslicher Krankenpflege** nach § 37 oder von **Haushaltshilfe** nach § 38, vgl. auch die Leistungserbringervorschriften nach §§ 132, 132a; vgl. hierzu ergänzend *Kaempfe* in Becker/Kingreen SGB V 2018 § 140 Rn. 5 bis 7.

4 Die Vorschrift hat **keine große praktische Bedeutung**; es besteht ein Bestandsschutz für Eigeneinrichtungen der Krankenkassen (vgl. *Kaempfe* in Becker/Kingreen SGB V 2018 § 140 Rn. 3), deren Tätigkeit bis 1989 nicht unumstritten war. Der Gesetzgeber hat die Problematik dahingehend geregelt, grundsätzlich ein Verbot von Eigeneinrichtungen festzulegen, verbunden mit einem, auch erweiterten, Bestandsschutz (**Abs. 1**). Praktische Bedeutung im Bereich der Versorgung hatte die Regelung für die Kieferorthopädie nach mehrfacher Rückgabe der Zulassung von Zahnärzten erlangt, wobei hier allerdings Praxis und Rechtsprechung pragmatische Lösungen gefunden haben (vgl. BSG Urt. v. 27.06.2007 – B 6 KA 37/06 R – SozR 4–2500 § 95b Nr. 1, GesR 2008, 90, NZS 2008, 666).

5 Mit dem Verwaltungsvereinfachungsgesetz wurde **§ 140 Abs. 1 Satz 2** mit Wirkung vom 30.03.2005 angefügt. Danach können die Eigeneinrichtungen nach Art, Umfang und finanzieller Ausstattung an den Versorgungsbedarf unter Beachtung der Landeskrankenhausplanung und der Zulassungsbeschränkungen im vertragsärztlichen Bereich angepasst werden. Die Eigeneinrichtungen können wiederum medizinische **Versorgungszentren** i.S.d. § 95 Abs. 1 gründen; mit dieser Regelung soll eine gewisse Chancengleichheit erreicht werden, wie die Materialien ausweisen.

### B. Bestandsschutz für Eigeneinrichtungen von Krankenkassen

6 Krankenkassen sind dazu verpflichtet, sich zur Versorgung der Versicherten der **Leistungserbringer** zu bedienen. Das Rechtsverhältnis zu den Leistungserbringern ist unterschiedlich geregelt und beruht teilweise auf der Übertragung des Sicherstellungsauftrages auf die Kassenärztlichen Vereinigungen und Kassenzahnärztlichen Vereinigungen für den Bereich der ärztlichen und zahnärztlichen Versorgung einschließlich der psychotherapeutischen Versorgung, jedenfalls weitgehend. Teilweise werden zwischen den **Krankenkassen** und ihren Verbänden sowie den **Leistungserbringern** und ihren Verbänden **Vereinbarungen** geschlossen, die wesentliche Inhalte der Versorgung regeln und mit denen wiederum zugleich eine »Zulassung« zur Leistungserbringung ohne weitere förmliche Entscheidungen verbunden ist. Hier bleibt kaum Raum für Eigeneinrichtungen. Die gesetzliche Regelung geht deshalb davon aus, dass die Versorgung der Versicherten mit **Eigeneinrichtungen die Ausnahme darstellt**.

7 Erfasst werden – neben einem Bestandsschutz – allein noch Fallgestaltungen, bei denen die Versorgung in einem der Versorgungsbereiche nicht mehr sichergestellt werden kann. Dies gilt insbesondere nach Übergang des Sicherstellungsauftrags auf die Krankenkassen nach Abs. 2 Satz 2, § 72a Abs. 1, hier auch unter Einbeziehung der Verbände der Krankenkassen. Allerdings sollte der **Übergang des Sicherstellungsauftrags an die Krankenkassen** zum Abschluss von Vereinbarungen mit Leistungsanbietern und ihren Gruppierungen führen und nicht zu Eigeneinrichtungen, die auch hier nur »ultima ratio« sein können.

Die **Verpflichtung zur Sicherstellung** obliegt den Krankenkassen, wobei der Gesetzgeber diese Aufgabe teilweise oder auch überwiegend auf die Kassenärztlichen Vereinigungen und Kassenzahnärztlichen Vereinigungen übertragen hat, § 72; allerdings obliegt die Sicherstellung in zunehmendem Maße auch den Krankenkassen, vgl. § 72a (zur Wettbewerbssituation vgl. *Graalmann* FfG 2009, 24 und *Gaßner/Eggert* NZS 2011, 249). 8

Der **Sicherstellungsauftrag**, der Grundlage für die Regelung des § 140 ist und Eigeneinrichtungen schützt oder nur erheblich eingeschränkt erlaubt, entspricht wiederum dem **Sachleistungsprinzip** der GKV; die Krankenkassen haben dafür einzustehen, dass die notwendigen Leistungen als »Sachleistungen« oder »Dienstleistungen« zur Verfügung stehen. 9

Eigeneinrichtungen sollen auch nicht dazu dienen, Modellvorhaben von Krankenkassen zu rechtfertigen. Vielmehr bestehen hierzu eigenständige Regelungen, vgl. etwa § 63 mit der Möglichkeit, Versorgungsstrukturen und deren Organisationen weiterzuentwickeln. Die Errichtung von Eigeneinrichtungen stellte eine Umgehung dieser Möglichkeit dar, die nicht zu rechtfertigen wäre. 10

Sollten Krankenkassen rechtswidrig Eigeneinrichtungen errichten, könnten dadurch Beschwerte von der Möglichkeit der Unterlassungsklage, vgl. § 54 Abs. 5 SGG, auf dem Sozialrechtsweg, vgl. § 51 Abs. 1 Nr. 3, Abs. 2 SGG, Gebrauch machen und sich entsprechend wehren. Für den Fall der Schließung eines Knappschaftskrankenhauses vgl. zum Rechtsweg, hier der Rechtsweg zu den Sozialgerichten, VG Gelsenkirchen Beschl. v. 03.07.2008 – 7 L 764/08. 11

### I. Bestandsschutz

Nach **Abs. 1 Satz 1** haben Eigeneinrichtungen der Krankenkassen, die am 01.01.1989 bestanden haben, zeitlich unbefristet Bestandsschutz. Anpassungen sind nach Maßgabe des Abs. 1 Satz 2 zulässig, so dass diese Eigeneinrichtungen nach Maßgabe dieser Vorschrift auch leistungsbereit (weiter-)geführt werden können, vgl. *Kaempfe* in Becker/Kingreen SGB V 2018 § 140 Rn. 3. 12

### II. Erweiterter Bestandsschutz

**Abs. 1 Satz 2** sieht die Möglichkeit der Anpassung von Eigeneinrichtungen der Krankenkassen an den **aktuellen Versorgungsbedarf** vor, auch als erweiterter Bestandsschutz bezeichnet. 13

Die Eigeneinrichtungen können danach an den **Versorgungsbedarf angepasst** werden. Inhaltlich kann dies bezüglich der »Art, des Umfangs und der finanziellen Ausstattung der Einrichtung« erfolgen. Vgl. zu Fragen der **Finanzierung**, insbesondere auch das Kreditaufnahmeverbot für die Krankenkassen, sowie zu **Anpassungsveränderungen** eingehend *Kingreen* SGb 2011, 357, hier näher auch zum funktionalen Zusammenhang zwischen Kreditaufnahmeverbot und Krankenkassenwettbewerb und zur Aufnahme von Darlehn für die Investitionsfinanzierung von Eigeneinrichtungen. Hier stellt sich die Frage, inwieweit der Bestandsschutz nach § 140 für die notwendige Instandhaltung und Modernisierung ausreicht und wie die notwendigen Investitionen finanziert werden können. 14

Soweit eine Anpassung an den **Versorgungsbedarf** erfolgt, ist für den **stationären Bereich** die **Landeskrankenhausplanung** zu berücksichtigen und für den **ambulanten Bereich** sind die **Zulassungsbeschränkungen im vertragsärztlichen Bereich** wirksam; es gelten auch die Einschränkungen für den stationären Bereich, soweit dieser ambulante Leistungen nach dem SGB V erbringt. 15

Die Regelung in **Abs. 1 Satz 2 2. Hs** sieht vor, dass die Eigeneinrichtungen Gründer von **medizinischen Versorgungszentren** nach § 95 Abs. 1 sein können. Die Eigeneinrichtungen würden dann in eine Versorgungsform überführt, die § 95 als regelmäßige Versorgungsform ansieht. Voraussetzung ist aber, dass ein entsprechender Träger gefunden wird. Die Einrichtungen der Krankenkassen werden regelmäßig keine selbstständige Rechtspersönlichkeit haben; Versorgungszentren werden entweder von den dort tätigen Ärzten oder hierfür gebildeten juristischen Personen, vgl. § 140a, begründet werden können. 16

## § 140 SGB V   Eigeneinrichtungen

### C. Gefährdung der Sicherstellung der Versorgung

#### I. Ausnahmefall der Errichtung neuer Eigeneinrichtungen

17 Die Krankenkassen dürfen zur Erfüllung des Sicherstellungsauftrages **grundsätzlich keine neuen Eigeneinrichtungen** begründen. Dieser Grundsatz wird durch **Abs. 2** bestärkt, indem Eigeneinrichtungen nur errichtet werden dürfen, wenn die Krankenkassen die Durchführung ihrer Aufgaben bei der Gesundheitsvorsorge und der Rehabilitation auf andere Weise nicht sicherstellen können. Die Errichtung einer Eigeneinrichtung, die schon im Hinblick auf die Investitionskosten auf längere Zeit angelegt sein wird, stellt die absolute Ausnahme dar.

18 Die Krankenkasse wird deshalb im Falle von Versorgungsmängeln im Hinblick auf den Sicherstellungsauftrag **Aufträge im Einzelfall** vergeben. In grenznahen Gebieten ist auch denkbar, dass Einrichtungen aus dem nahen Ausland für eine Übergangszeit einbezogen werden. Versorgungsmängel im ambulanten Bereich können auch durch eine zeitlich begrenzte Beauftragung von Ärzten aus dem stationären Bereich abgedeckt werden. In weiteren Bereichen der Leistungserbringung erscheint es möglich, dass Einrichtungen, die sonst mit den Krankenkassen nicht zusammenarbeiten, für eine Übergangszeit und zur Vermeidung von Versorgungsengpässen beauftragt werden. Diese und weitere Maßnahmen haben Vorrang vor der Errichtung von Eigeneinrichtungen.

#### II. Neue Eigeneinrichtungen nach Rückfall des Sicherstellungsauftrags

19 **Abs. 2 Satz 2** erfasst die Fallgestaltung, dass der Sicherstellungsauftrag von den Kassenärztlichen Vereinigungen, vgl. § 72a, an die Krankenkassen zurückgefallen ist. Fälle dieser Art sind etwa in Form eines Ärzteboykotts denkbar, wobei dieser wiederum mit einer **Wiederzulassungssperre** konsequent verfolgt wird, vgl. BSG Urt. v. 17.06.2009 – B 6 KA 16/08 R – SozR 4–2500 § 95b Nr. 2. In einem solchen Fall ist die Errichtung einer Eigeneinrichtung auch ohne nähere Abstimmung mit den Kassenärztlichen Vereinigungen oder Kassenzahnärztlichen Vereinigungen grundsätzlich zulässig.

20 Nach hier vertretener Auffassung sollte die Regelung in Abs. 2 Satz 2 jedoch gleichfalls **als Ausnahmeregelung verstanden** werden. Eigeneinrichtungen sollen grundsätzlich die Ausnahme bleiben und die Versorgung soll durch Angebote der Leistungserbringer realisiert werden. Auch in einem solchen Fall wird die Krankenkasse zu prüfen haben, inwieweit der Sicherstellungsauftrag durch entsprechende **Verträge** mit den **Leistungserbringern sichergestellt** werden kann; diese Lösung führt in der Praxis rascher zum Ziel, vermeidet die Errichtung von Einrichtungen, deren Bestand mittelfristig oder längerfristig unwirtschaftlich sein oder werden könnte und dient auch besser dem Ziel einer künftig tragfähigen Regelversorgung.

21 Die Regelung in § 72a (auf die Erläuterungen wird Bezug genommen) stellt eine **Ausnahmeregelung** dar, insbesondere für den Fall des kollektiven Zulassungsverzichts. Krankenkassen sollen in dieser Situation Handlungsmöglichkeiten erhalten. Auch diese Regelung lässt über den gesetzlichen Regelfall hinaus besondere Verträge zur Sicherstellung zu und damit Lösungen, die ohne Eigeneinrichtungen auskommen.

22 Die Krankenkassenverbände dürfen den **Abschluss eines Versorgungsvertrags,** mit dem einer vollstationären geriatrischen Einrichtung erlaubt wird, Rehabilitationsmaßnahmen für gesetzlich Krankenversicherte zu erbringen, nicht mit der Begründung ablehnen, für die Einrichtung bestehe kein Bedarf, weil nach der Bedarfsplanung andere Einrichtungen zur Bedarfsdeckung vorgesehen seien. Das von den Krankenkassen stets zu beachtende Wirtschaftlichkeitsgebot (§ 2 Abs. 4, § 12 Abs. 1) wiederum hat zur Folge, dass bei der Auswahl zwischen zwei oder mehr in gleicher Weise geeigneten, das gleiche Leistungsangebot bereithaltenden Einrichtungen grundsätzlich diejenige mit der Durchführung der Maßnahme zu beauftragen ist, die die günstigsten Vergütungssätze anbietet (BSG Urt. v. 23.07.2002 – B 3 KR 63/01 R – SozR 3–2500 § 111 Nr. 3).

Die **Satzungsbestimmung** einer gesetzlichen Krankenkasse **über ein Modellvorhaben**, wonach 23
die Versicherten Leistungen der häuslichen Krankenpflege nur durch einen von der Krankenkasse
selbst betriebenen Pflegedienst in Anspruch nehmen können, ist **nicht genehmigungsfähig**, BSG
Urt. v. 24.09.2002 – B 3 A 1/02 R – SozR 3–2500 § 63 Nr. 1, GesR 2003, 184, NZS 2003, 654.
Der **Handlungsspielraum der Krankenkassen** wird auch bei Gründung von Tochterunternehmen
durch diese begrenzt: So soll eine **aufsichtsrechtlich relevante Rechtsverletzung** vorliegen, wenn
ein Versicherungsträger (KK) als Alleingesellschafter eine privatrechtliche Gesellschaft gründet und
betreibt, die einen rechtlich anzuerkennenden Zweck nicht verfolgt. Dabei kann seitens der Aufsichtsbehörde auch die Auflösung und Liquidation zu Erzielung von Haushaltswahrheit und Haushaltsklarheit erwogen werden.

### § 140a Besondere Versorgung

(1) ¹Die Krankenkassen können Verträge mit den in Absatz 3 genannten Leistungserbringern über eine besondere Versorgung der Versicherten abschließen. ²Die Verträge ermöglichen eine verschiedene Leistungssektoren übergreifende oder eine interdisziplinär fachübergreifende Versorgung (integrierte Versorgung) sowie besondere Versorgungsaufträge unter Beteiligung der Leistungserbringer oder deren Gemeinschaften. ³Die Verträge können auch Regelungen enthalten, die die besondere Versorgung regional beschränken. ⁴Verträge, die nach den §§ 73a, 73c und 140a in der am 22. Juli 2015 geltenden Fassung geschlossen wurden, sind spätestens bis zum 31. Dezember 2024 durch Verträge nach dieser Vorschrift zu ersetzen oder zu beenden. ⁵Soweit die Versorgung der Versicherten nach diesen Verträgen durchgeführt wird, ist der Sicherstellungsauftrag nach § 75 Absatz 1 eingeschränkt. ⁶Satz 4 gilt nicht für die Organisation der vertragsärztlichen Versorgung zu den sprechstundenfreien Zeiten.

(2) ¹Die Verträge können Abweichendes von den Vorschriften dieses Kapitels, des Krankenhausfinanzierungsgesetzes, des Krankenhausentgeltgesetzes sowie den nach diesen Vorschriften getroffenen Regelungen beinhalten. ²Die Verträge können auch Abweichendes von den im Dritten Kapitel benannten Leistungen beinhalten, soweit sie die in § 11 Absatz 6 genannten Leistungen, Leistungen nach den §§ 20i, 25, 26, 27b, 37a und 37b sowie ärztliche Leistungen einschließlich neuer Untersuchungs- und Behandlungsmethoden betreffen. ³Die Sätze 1 und 2 gelten insoweit, als über die Eignung der Vertragsinhalte als Leistung der gesetzlichen Krankenversicherung der Gemeinsame Bundesausschuss nach § 91 im Rahmen der Beschlüsse nach § 92 Absatz 1 Satz 2 Nummer 5 oder im Rahmen der Beschlüsse nach § 137c Absatz 1 keine ablehnende Entscheidung getroffen hat. ⁴Die abweichende Regelung muss dem Sinn und der Eigenart der besonderen Versorgung entsprechen, sie muss insbesondere darauf ausgerichtet sein, die Qualität, die Wirksamkeit und die Wirtschaftlichkeit der Versorgung zu verbessern. ⁵Wenn Verträge über eine besondere Versorgung zur Durchführung von nach § 92a Absatz 1 Satz 1 und 2 geförderten neuen Versorgungsformen abgeschlossen werden, gelten die Anforderungen an eine besondere Versorgung nach Absatz 1 Satz 1 und 2 und die Anforderungen nach Satz 4 als erfüllt. ⁶Das gilt auch für Verträge zur Fortführung von nach § 92a Absatz 1 Satz 1 und 2 geförderten neuen Versorgungsformen oder wesentlicher Teile daraus sowie für Verträge zur Übertragung solcher Versorgungsformen in andere Regionen. ⁷Für die Qualitätsanforderungen zur Durchführung der Verträge gelten die vom Gemeinsamen Bundesausschuss sowie die in den Bundesmantelverträgen für die Leistungserbringung in der vertragsärztlichen Versorgung beschlossenen Anforderungen als Mindestvoraussetzungen entsprechend. ⁸Gegenstand der Verträge dürfen auch Vereinbarungen sein, die allein die Organisation der Versorgung betreffen. ⁹Die Partner eines Vertrages nach Absatz 1 können sich darauf verständigen, dass Beratungs-, Koordinierungs- und Managementleistungen der Leistungserbringer und der Krankenkassen zur Versorgung der Versicherten im Rahmen der besonderen Versorgung durch die Vertragspartner oder Dritte erbracht werden; § 11 Absatz 4 Satz 5 gilt entsprechend. ¹⁰Vereinbarungen über zusätzliche Vergütungen für Diagnosen können nicht Gegenstand der Verträge sein.

(3) ¹Die Krankenkassen können nach Maßgabe von Absatz 1 Satz 2 Verträge abschließen mit:
1. nach diesem Kapitel zur Versorgung der Versicherten berechtigten Leistungserbringern oder deren Gemeinschaften,
2. Trägern von Einrichtungen, die eine besondere Versorgung durch zur Versorgung der Versicherten nach dem Vierten Kapitel berechtigte Leistungserbringer anbieten,
3. Pflegekassen und zugelassenen Pflegeeinrichtungen auf der Grundlage des § 92b des Elften Buches,
3a. anderen Leistungsträgern nach § 12 des Ersten Buches und den Leistungserbringern, die nach den für diese Leistungsträger geltenden Bestimmungen zur Versorgung berechtigt sind,
3b. privaten Kranken- und Pflegeversicherungen, um Angebote der besonderen Versorgung für Versicherte in der gesetzlichen und in der privaten Krankenversicherung zu ermöglichen,
4. Praxiskliniken nach § 115 Absatz 2 Satz 1 Nummer 1,
5. pharmazeutischen Unternehmern,
6. Herstellern von Medizinprodukten im Sinne der Verordnung (EU) 2017/745,
7. Kassenärztlichen Vereinigungen oder Berufs- und Interessenverbänden der Leistungserbringer nach Nummer 1 zur Unterstützung von Mitgliedern, die an der besonderen Versorgung teilnehmen,
8. Anbietern von digitalen Diensten und Anwendungen nach § 68a Absatz 3 Satz 2 Nummer 2 und 3.

²Die Partner eines Vertrages über eine besondere Versorgung nach Absatz 1 können sich auf der Grundlage ihres jeweiligen Zulassungsstatus für die Durchführung der besonderen Versorgung darauf verständigen, dass Leistungen auch dann erbracht werden können, wenn die Erbringung dieser Leistungen vom Zulassungs-, Ermächtigungs- oder Berechtigungsstatus des jeweiligen Leistungserbringers nicht gedeckt ist. ³Bei Verträgen mit Anbietern von digitalen Diensten und Anwendungen nach Nummer 8 sind die Zugänglichkeitskriterien für Menschen mit Behinderungen zu berücksichtigen.

(3a) ¹Gegenstand der Verträge kann sein
1. die Förderung einer besonderen Versorgung, die von den in Absatz 3 genannten Leistungserbringern selbständig durchgeführt wird, oder
2. die Beteiligung an Versorgungsaufträgen anderer Leistungsträger nach § 12 des Ersten Buches.

²Die Förderung und Beteiligung nach Satz 1 dürfen erfolgen, soweit sie dem Zweck der gesetzlichen Krankenversicherung dienen.

(3b) ¹Gegenstand der Verträge kann eine besondere Versorgung im Wege der Sach- oder Dienstleistung sein
1. im Einzelfall, wenn medizinische oder soziale Gründe dies rechtfertigen, oder
2. in den Fällen, in denen die Voraussetzungen für eine Kostenerstattung der vom Versicherten selbst beschafften Leistungen vorliegen.

²Verträge nach Satz 1 können auch mit nicht zur vertragsärztlichen Versorgung zugelassenen Leistungserbringern geschlossen werden, wenn eine dem Versorgungsniveau in der gesetzlichen Krankenversicherung gleichwertige Versorgung gewährleistet ist.

(4) ¹Die Versicherten erklären ihre freiwillige Teilnahme an der besonderen Versorgung schriftlich oder elektronisch gegenüber ihrer Krankenkasse. ²Die Versicherten können die Teilnahmeerklärung innerhalb von zwei Wochen nach deren Abgabe schriftlich, elektronisch oder zur Niederschrift bei der Krankenkasse ohne Angabe von Gründen widerrufen. ³Zur Fristwahrung genügt die rechtzeitige Absendung der Widerrufserklärung an die Krankenkasse. ⁴Die Widerrufsfrist beginnt, wenn die Krankenkasse dem Versicherten eine Belehrung über sein Widerrufsrecht schriftlich oder elektronisch mitgeteilt hat, frühestens jedoch mit der Abgabe der Teilnahmeerklärung. ⁵Das Nähere zur Durchführung der Teilnahme der Versicherten, insbesondere zur zeitlichen Bindung an die Teilnahmeerklärung, zur Bindung an die vertraglich gebundenen Leistungserbringer und zu den Folgen bei Pflichtverstößen der Versicherten, regeln die

Krankenkassen in den Teilnahmeerklärungen. [6]Die Satzung der Krankenkasse hat Regelungen zur Abgabe der Teilnahmeerklärungen zu enthalten. [7]Die Regelungen sind auf der Grundlage der Richtlinie nach § 217f Absatz 4a zu treffen.

(4a) [1]Krankenkassen können Verträge auch mit Herstellern von Medizinprodukten nach Absatz 3 Satz 1 Nummer 6 über die besondere Versorgung der Versicherten mit digitalen Versorgungsangeboten schließen. [2]Absatz 1 Satz 2 ist nicht anzuwenden. [3]In den Verträgen ist sicherzustellen, dass über eine individualisierte medizinische Beratung einschließlich von Therapievorschlägen hinausgehende diagnostische Feststellungen durch einen Arzt zu treffen sind. [4]Bei dem einzubeziehenden Arzt muss es sich in der Regel um einen an der vertragsärztlichen Versorgung teilnehmenden Arzt handeln.

(5) Die Verarbeitung der für die Durchführung der Verträge nach Absatz 1 erforderlichen personenbezogenen Daten durch die Vertragspartner nach Absatz 1 darf nur mit Einwilligung und nach vorheriger Information der Versicherten erfolgen.

(6) [1]Für die Bereinigung des Behandlungsbedarfs nach § 87a Absatz 3 Satz 2 gilt § 73b Absatz 7 entsprechend; falls eine Vorabeinschreibung der teilnehmenden Versicherten nicht möglich ist, kann eine rückwirkende Bereinigung vereinbart werden. [2]Die Krankenkasse kann bei Verträgen nach Absatz 1 auf die Bereinigung verzichten, wenn das voraussichtliche Bereinigungsvolumen einer Krankenkasse für einen Vertrag nach Absatz 1 geringer ist als der Aufwand für die Durchführung dieser Bereinigung. [3]Der Bewertungsausschuss hat in seinen Vorgaben gemäß § 87a Absatz 5 Satz 7 zur Bereinigung und zur Ermittlung des kassenspezifischen Aufsatzwertes des Behandlungsbedarfs auch Vorgaben zur Höhe des Schwellenwertes für das voraussichtliche Bereinigungsvolumen, unterhalb dessen von einer basiswirksamen Bereinigung abgesehen werden kann, zu der pauschalen Ermittlung und Übermittlung des voraussichtlichen Bereinigungsvolumens an die Vertragspartner nach § 73b Absatz 7 Satz 1 sowie zu dessen Anrechnung beim Aufsatzwert der betroffenen Krankenkasse zu machen.

§ 140a gilt in der Fassung des Art. 4 Nr. 7 Gesetz vom 28.04.2020 – BGBl. I 960 i.V.m. Art. 17 Abs. 1 Satz 2, dieser in der Fassung des Art. 15 Abs. 2 Nr. 1 Gesetz vom 19.05.2020 – BGBl. I S. 1018 mit Wirkung vom **26.05.2021**. 1

Mit der Regelung in § 140a werden die Möglichkeiten der Krankenkassen, Einzelverträge mit Leistungserbringern abzuschließen, zusammengefasst und unter dem **Begriff »Besondere Versorgung«** – statt der bisherigen Begrenzung auf »Integrierte Versorgung« oder eine »besondere ambulante ärztliche Versorgung« nach § 73c in der Fassung bis 22.07.2015 – geregelt, **Abs. 1 Satz 1**. Insgesamt sollen die Gestaltungsmöglichkeiten der Krankenkassen erweitert werden (vgl. BT-Drs. 18/4095 S. 126). Das Verfahren soll vereinfacht und deshalb die gesamte Rechtsmaterie gestrafft und konzentriert werden. Den Bestandsschutz bisheriger Verträge, die mit §§ 73a, 73c und 140a (jeweils in der Fassung bis 22.07.2015) angegeben werden, bleibt gesichert, **Abs. 1 Satz 4** (in der Fassung bis 31.12.2020 Satz 3). Allerdings können bei Änderungen und Ergänzungen die Vorteile der Nachfolgeregelung des § 140a in Anspruch genommen werden. 2

Klargestellt wird in **Abs. 1 Satz 5** (in der Fassung bis 31.12.2020 Satz 4), dass der **Sicherstellungsauftrag** nach § 75 Abs. 1 durch die Verträge zur besonderen Versorgung eingeschränkt wird; es handelt sich um Vertragsinhalte, die ansonsten im Rahmen der vertragsärztlichen Versorgung erbracht würden. Die Ergänzung in **Abs. 1 Satz 6** (in der Fassung bis 31.12.2020 Satz 5) entspricht dem Wortlaut des § 73b Abs. 4 Satz 7. Der **Notdienst** soll einheitlich von den Kassenärztlichen Vereinigungen gem. § 75 Abs. 1b organisiert werden (abzugrenzen vom Rettungsdienst, der weitgehend in landesrechtlicher Verantwortung steht), vgl. *Engelhard* in Hauck/Noftz SGB V 12/20 § 140a Rn. 27. 3

Der Begriff der integrierten Versorgung ist lediglich noch ein Teilaspekt des Regelungsbereichs in § 140a. Die Krankenkassen können nach **Abs. 1 Satz 1** generell über eine **besondere Versorgung** der Versicherten Verträge abschließen, wobei die möglichen Leistungserbringer in **Abs. 3** aufgeführt werden. Die **möglichen Inhalte** werden zusammengefasst in **Abs. 1 Satz 2** und erweitert in 4

## § 140a SGB V  Besondere Versorgung

Abs. 2 – nicht abschließend – beschrieben, indem solche Verträge eine verschiedene Leistungssektoren übergreifende oder auch interdisziplinär fachübergreifende Versorgung (hier mit der Legaldefinition für die integrierte Versorgung) sowie unter Beteiligung vertragsärztliche Leistungserbringer oder deren Gemeinschaften besonderer ambulante ärztliche Versorgungsaufträge vereinbart werden können. Näheres zum Inhalt der Verträge regelt Abs. 2.

5 Solche **Verträge** können nicht erzwungen werden, vielmehr handelt es sich um **Selektivverträge**, die jeweils das Einverständnis und die Mitwirkung der Leistungserbringer und der Krankenkassen bedürfen (zum **Aufsichtsrecht** bei Selektivverträgen vgl. *Keil-Löw* ZMGR 2015, 297 und *Plate/Herbst* NZS 2016, 488; vgl. mit Bezug zu § 140a *Brandt/Engehausen* Welt der Krankenversicherung 2020. 276). Für die Krankenkassen gelten allerdings die allgemeinen Grundsätze des Wettbewerbsrechts, vgl. § 69, sowohl bezüglich einer möglichen Ausschreibung wie auch, soweit eine **förmliche Ausschreibung nicht erfolgt** oder zu erfolgen hat, unter Anwendung der **allgemeinen Grundsätze für Krankenkassen** als öffentlich-rechtliche Körperschaften mit dem Ziel der Chancengleichheit, Transparenz und Beteiligungsmöglichkeit im Verhältnis zu den Leistungserbringern.

6 Bezüglich des **Kreises der möglichen Vertragspartner** wird der Gestaltungsrahmen der Krankenkassen in **Abs. 3** erweitert, weitgehend in Anlehnung an das bisherige Recht, und **abschließend neu gefasst**; die Aufzählung ist abschließend, vgl. *Engelhard* in Hauck/Noftz SGB V 12/20 § 140a Rn. 31. Neu ist die Zulassung der Einbindung der **Kassenärztlichen Vereinigungen**, die allerdings allein für ihre Mitglieder tätig werden dürfen. Von Bedeutung ist insbesondere die Beteiligung Kassenärztlicher Vereinigungen an Verträgen zur Durchführung strukturierter Behandlungsprogramme – DMP – hier im Zusammenhang mit § 73a und § 73c jeweils i.S.d. Fassung bis 22.07.2015.

7 Die **Vertragsinhalte** mit den **Leistungserbringern** werden in **Abs. 2** bezüglich der »Aussagen zu Qualität, Wirtschaftlichkeit und Leistungsinhalt zusammengefasst und der konkrete Leistungsumfang klargestellt«, vgl. BT-Drs. 18/4095 S. 127. Diese Inhalte setzen sich dann in den **Teilnahmevereinbarungen mit den Versicherten**, vgl. Abs. 4, fort. Wie schon bislang möglich wird der inhaltsbezogene Gestaltungsrahmen der Krankenkassen auch im Sinne einer **Fortentwicklung** erweitert. Es können – in Grenzen – auch Leistungen in den Verträgen vereinbart werden, die über den Leistungsumfang der Regelversorgung in der GKV hinausgehen, vgl. **Abs. 2 Satz 2**, vgl. *Engelhard* in Hauck/Noftz SGB V 12/20 § 140a Rn. 89 ff. mit einer Konkretisierung in Abs. 2 Satz 3.

8 Dies sind **Leistungen**, wie diese in § 11 Abs. 6 Gegenstand einer Satzungsregelung sein können; es können aber auch weitergehende Leistungen in Betracht kommen, soweit diese sich als **wirtschaftlich und nützlich erweisen** und insbesondere nicht im Widerspruch zu Richtlinien und Vorgaben des **Gemeinsamen Bundesausschusses** stehen. Möglich sind hier in Übereinstimmung mit den Materialien (vgl. BT-Drs. 18/4095 S. 127) insbesondere **innovative Leistungen**, die noch keinen Eingang in die Regelversorgung gefunden haben. Allerdings darf nach hier vertretener Auffassung wiederum die Zuständigkeit des Gemeinsamen Bundesausschusses zur Prüfung und Feststellung neuer Untersuchungs- und Behandlungsmethoden nicht infrage gestellt oder ausgehöhlt werden. Allerdings sollen Methoden, mit denen sich der Gemeinsame Bundesausschuss noch nicht befasst hat, hier im Rahmen der ambulanten Behandlung nicht ausgeschlossen sein (abweichend von § 135 Abs. 1 – Verbot mit Erlaubnisvorbehalt – und in Anlehnung an § 137c Abs. 1 – Erlaubnis mit Verbotsvorbehalt); dies lässt sich aus dem Wortlaut und wohl auch in Übereinstimmung mit den Materialien, vgl. BT-Drs. 14/1977 S. 172 noch zu § 140b ableiten, vgl. *Engelhard* in Hauck/Noftz SGB V 12/20 § 140a Rn. 93.

9 Soweit **Vereinbarungen** getroffen werden, ist deren **Wirtschaftlichkeit** ebenfalls zu überprüfen. Es gilt das Wirtschaftlichkeitsgebot, vgl. *Engelhard* in Hauck/Noftz SGB V 12/20 § 140a Rn. 98. Dabei soll nach den Materialien (vgl. BT-Drs. 18/4095 S. 128) bedacht werden, dass sich hier die Wirtschaftlichkeit und die Vorteile innovativer Versorgungskonzepte erst nach mehreren Jahren erweisen können.

10 **Abs. 2 Satz 3 bis 6** wurde mit dem GPVG mit Wirkung vom 01.01.2021 anstelle der Sätze 3 und 4 eingefügt. Mit der Vorderentscheidung ist bereits eine Aussage über das Innovationspotenzial der Versorgung getroffen worden, so dass die Anforderungen nach Abs. 1 an das Vorliegen

einer integrierten oder besonderen Versorgung und die Anforderungen des Abs. 2 Satz 4 an die Zweckrichtung der Abweichung von der Regelversorgung zur Versorgungsverbesserung als erfüllt angesehen werden können. Die gesetzliche Fiktion im neuen Abs. 2 Satz 5 verhindert, dass Fördervolumen während oder nach der Forderung von der für die Vertragsschließenden Krankenkassen zuständigen Aufsichtsbehörde insoweit anders beurteilt und deswegen trotz positiver Vorderentscheidung nicht durchgeführt oder fortgesetzt werden können. Die Regelung (Abs. 2 Satz 4 a.F.), dass nach 4 Jahren die Wirtschaftlichkeit nachweisbar sein muss, wird aufgehoben, vgl. BT-Drs. 19/23483 S. 32. **Abs. 2 Satz 9** in der Fassung ab 01.01.2021 regelt Voraussetzungen für eine Beratung und weitere Betreuung.

**Abs. 4 und 5** bestimmen den notwendigen **Regelungsinhalt** hinsichtlich der **Teilnahme der Versicherten** und orientieren sich insoweit an den mit den Leistungserbringern geschlossenen Selektivverträgen. Neu ist die Möglichkeit, die Einzelheiten der »besonderen Versorgung« nicht nur in der Satzung zu regeln (wie bislang), sondern auch in die **Teilnahmeerklärungen** aufzunehmen und erst dort zu konkretisieren. Die Satzung hat aber die **Regelungen zur Abgabe der Teilnahmeerklärung** zu bestimmen, vgl. *Engelhard* in Hauck/Noftz SGB V 12/20 § 140a Rn. 142; soweit bestehe eine Regelungsermächtigung, die nicht die **Teilnahmebedingungen** (vgl. dazu Abs. 4 Satz 5) einschließe. Inhalte sollen und können so konkreter und schneller angepasst realisiert werden. 11

Die Krankenkassen sind allerdings nach hier vertretener Auffassung gehalten, insoweit nicht willkürlich Änderungen vorzunehmen oder verschiedene Versionen von Teilnahmeerklärungen zu verwenden, sondern die notwendige Transparenz zu wahren. Dies könnte auch dadurch geschehen, indem Mustervereinbarungen, etwa über das Internet, zugänglich gemacht werden. Änderungen, auch unter Einbeziehung von Erfahrungen, sind selbstverständlich zulässig. Auch im Verhältnis zu den Versicherten gilt im weiteren Sinne der Grundsatz der Chancengleichheit und Gleichbehandlung. 12

In die Vereinbarungen mit Versicherten sind die **notwendigen Belehrungen**, die Möglichkeit des Widerrufs und die Folgen der Bindung zu konkretisieren; dies muss stets mit der Möglichkeit und dem Angebot zur **Erläuterung und Beratung** verbunden sein. 13

Die **Teilnahme an einer »Besonderen Versorgung«** i.S.d. Abs. 1 Satz 1 bedingt die **Einwilligung** in die erforderliche Erhebung, Verarbeitung und Nutzung personenbezogener Daten der Versicherten. Hierin muss der Versicherte einwilligen, um teilnehmen zu können; zugleich ist er jedoch auch auf die Rechtsfolgen der Einwilligung hinzuweisen und über diese zu informieren. Aus Gründen der Praktikabilität wird eine vorgefertigte schriftliche Information im Regelfall für ausreichend erachtet; die Möglichkeit zu Nachfragen muss bestehen. Bezüglich der Einwilligung gelten die Grundsätze des § 67b SGB X (in der Fassung bis 24.05.2018), wobei die Materialien auch die Anforderungen des § 4a BGSG in der Fassung bis 24.05.2018, vgl. nachgehend nach Wirksamwerden der DSGVO ab 25.05.2018 Art. 4 Nr. 11, Art. 6 Abs. 1, Art, 7 und 8 DSGVO, in Bezug nehmen. 14

**Abs. 4a** in der Fassung des DGVG mit Wirkung vom 19.12.2019 erlaubt den Krankenkassen, Verträge auch mit Herstellern von Medizinprodukten nach Abs. 3 Satz 1 Nr. 6 über die besondere Versorgung der Versicherten mit digitalen Versorgungsangeboten zu schließen. Die Regelung soll einen Anreiz zur Entwicklung innovativer Angebote und der Nutzung Telemedizinische Dienstleistungen setzen, vgl. *Baumann/Matthäus* in jurisPK-SGB V 11/2020 § 140a Rn. 11. 15

Zum **Datenschutz** vgl. Erläuterungen zu **Abs. 5** sowie *Engelhard* in Hauck/Noftz SGB V 12/20 § 140a Rn. 169 ff., 174, auch mit der Möglichkeit der pauschalen Erteilung der Einwilligung, die wohl weiterhin – auch über den 25.05.2018 – zulässig sein sollte, allerdings unter der Voraussetzung umfassender Information des Versicherten, Art. 12 DSGVO und § 13 BDSG in der Fassung ab 25.05.2018. 16

Wie schon zuvor bei den **Strukturverträgen** und auch nach der **integrierten Versorgung** nach der Rechtslage bis 22.07.2015 ist eine »**funktionierende Bereinigung der Gesamtvergütung von entscheidender Bedeutung**«, vgl. BT-Drs. 18/4095 S. 128, 129. Das **Bereinigungsverfahren** soll auch im Fall der »besonderen Versorgung« entsprechend dem Verfahren für die hausarztzentrierte 17

Versorgung nach § 73b Abs. 7 durchgeführt werden. Da dieses Verfahren im Einzelfall recht aufwändig sein und wiederum auch im Einzelfall nur geringe wirtschaftliche Auswirkungen haben kann, wird in **Abs. 6 Satz 2 und 3** – wie in der Ausschussberatung ausdrücklich aufgenommen – die Möglichkeit eröffnet, dass auf das Bereinigungsverfahren verzichtet wird. Hiervon soll jedoch nicht beliebig Gebrauch gemacht werden. Insoweit wird dem **Bewertungsausschuss mit Abs. 6 Satz 3** aufgegeben, Vorgaben zum Bereinigungsverfahren und hier insbesondere zur pauschalen Ermittlung und Übermittlung des Bereinigungsvolumens zu entwickeln.

18 Die Aufsichtsfunktion über die Krankenkassen als Versicherungsträger obliegt bei den bundesunmittelbaren Krankenkassen dem Bundesamt für Soziale Sicherung (BAS, vormals BVA), § 87 Abs. 1 SGB IV, § 90 SGB IV sowie bei den landesunmittelbaren Krankenkassen den für die Sozialversicherung zuständigen obersten Landesbehörde des jeweiligen Landes, § 90 Abs. 3 SGB IV. Eine Vorlagepflicht für Selektivverträge ist aus Gründen der Vereinfachung des Verfahrens entfallen; dies gilt auch für ein Genehmigungsvorbehalt, so dass auch bei einer Beanstandung die Verträge – soweit nicht nichtig – auch bei einer Beanstandung weiter Bestand haben. Den Aufsichtsbehörden kommt damit zwar keine präventive Vertragsprüfung mehr zu, wohl aber eine spezielle geregelte repressive Aufsicht, § 71 Abs. 6 Satz 1, auch verbunden mit einem entsprechenden Anordnungsrecht zur sofortigen Behebung von Rechtsverletzungen, vgl. *Engelhard* in Hauck/Noftz SGB V 12/20 § 140a Rn. 184, auch Sinne einer Erweiterung der Befugnisse gegenüber § 71 Abs. 6 Satz 1, § 89 SGB IV, vgl. *Plate/Herbst* HZS 2016, 488.

19 »Erheblich« sind **Rechtsverletzungen** in diesem Sinne, wenn sie sich »nachhaltig beeinträchtigend auf die Belange der Versicherten oder der Leistungserbringer auswirken«, vgl. *Engelhard* in Hauck/Noftz SGB V 12/20 § 140a Rn. 186, was vornehmlich bei Leistungsausschlusses oder Qualitäts- und Qualitätsanforderungen, die nicht beachtet werden, sowie bei grober Unwirtschaftlichkeit der Fall sein dürfte. Die Aufsichtsbehörde hat dann vielfältige Aufsichtsmittel bis zur außerordentlichen Kündigung eines Vertrages und der Möglichkeit zur Festlegung einstweiliger Maßnahmen einschließlich der Verhängung von Zwangsgeldern. Maßnahmen können auch nachträglich festgestellt werden, wie aus § 71 Abs. 6 Satz 6 folgt, soweit ein berechtigtes Interesse an dieser Feststellung besteht, vgl. *Engelhard* a.a.O. Rn. 190 unter Bezugnahme auf *Platel Herbst* JZS 2016, 488, 491.

20 Dabei haben **Rechtsbehelfe keine aufschiebende Wirkung**, § 71 Abs. 6 Satz 7, wobei jedoch durch Anrufung des zuständigen Gerichts die aufschiebende Wirkung hergestellt werden kann, allerdings wegen der Regelfolge des Ausschlusses der aufschiebenden Wirkung nur bei schwerwiegenden Eingriffen. Engelhard weist auch zu Recht darauf hin, dass zur **Konfliktlösung** insoweit **kein Schiedsverfahren** vorgesehen ist, etwa im Sinne einer ersatzweisen Vertragsfestsetzung, hier im Sinne des allgemeinen Grundsatzes, dass Vereinbarungen nicht schiedsamtsfähig sind (hier Selektivverträge), die nicht gesetzlich und zwingend vorgeschrieben sind und freiwillig erfolgen.

### § 197a Stellen zur Bekämpfung von Fehlverhalten im Gesundheitswesen

(1) Die Krankenkassen, wenn angezeigt ihre Landesverbände, und der Spitzenverband Bund der Krankenkassen richten organisatorische Einheiten ein, die Fällen und Sachverhalten nachzugehen haben, die auf Unregelmäßigkeiten oder auf rechtswidrige oder zweckwidrige Nutzung von Finanzmitteln im Zusammenhang mit den Aufgaben der jeweiligen Krankenkasse oder des jeweiligen Verbandes hindeuten. Sie nehmen Kontrollbefugnisse nach § 67c Abs. 3 des Zehnten Buches wahr.

(2) Jede Person kann sich in Angelegenheiten des Absatzes 1 an die Krankenkassen und die weiteren in Absatz 1 genannten Organisationen wenden. Die Einrichtungen nach Absatz 1 gehen den Hinweisen nach, wenn sie auf Grund der einzelnen Angaben oder der Gesamtumstände glaubhaft erscheinen.

(3) *Die Krankenkassen und die weiteren in Absatz 1 genannten Organisationen haben zur Erfüllung der Aufgaben nach Absatz 1 untereinander und mit den Kassenärztlichen Vereinigungen und Kassenärztlichen Bundesvereinigungen zusammenzuarbeiten.* Der Spitzenverband Bund

der Krankenkassen organisiert einen regelmäßigen Erfahrungsaustausch mit Einrichtungen nach Absatz 1 Satz 1, an dem die Vertreter der Einrichtungen nach § 81a Absatz 1 Satz 1, der berufsständischen Kammern und der Staatsanwaltschaft in geeigneter Form zu beteiligen sind. Über die Ergebnisse des Erfahrungsaustausches sind die Aufsichtsbehörden zu informieren.

(3a) Die Einrichtungen nach Absatz 1 dürfen personenbezogene Daten, die von ihnen zur Erfüllung ihrer Aufgaben nach Absatz 1 erhoben oder an sie weitergegeben oder übermittelt wurden, untereinander und an Einrichtungen nach § 81a übermitteln, soweit dies für die Feststellung und Bekämpfung von Fehlverhalten im Gesundheitswesen beim Empfänger erforderlich ist. Der Empfänger darf diese nur zu dem Zweck verarbeiten, zu dem sie ihm übermittelt worden sind.

(3b) Die Einrichtungen nach Absatz 1 dürfen personenbezogene Daten an die folgenden Stellen übermitteln, soweit dies für die Verhinderung oder Aufdeckung von Fehlverhalten im Gesundheitswesen im Zuständigkeitsbereich der jeweiligen Stelle erforderlich ist:
1. die Stellen, die für die Entscheidung über die Teilnahme von Leistungserbringern an der Versorgung in der gesetzlichen Krankenversicherung zuständig sind,
2. die Stellen, die für die Leistungsgewährung in der gesetzlichen Krankenversicherung zuständig sind,
3. die Stellen, die für die Abrechnung von Leistungen in der gesetzlichen Krankenversicherung zuständig sind,
4. den Medizinischen Dienst und
5. die Behörden und berufsständischen Kammern, die für Entscheidungen über die Erteilung, die Rücknahme, den Widerruf oder die Anordnung des Ruhens einer Approbation, einer Erlaubnis zur vorübergehenden oder der partiellen Berufsausübung oder einer Erlaubnis zum Führen der Berufsbezeichnung oder für berufsrechtliche Verfahren zuständig sind.

Die nach Satz 1 übermittelten Daten dürfen von dem jeweiligen Empfänger nur zu dem Zweck verarbeitet werden, zu dem sie ihm übermittelt worden sind. Der Medizinische Dienst darf personenbezogene Daten, die von ihm zur Erfüllung seiner Aufgaben erhoben oder an ihn übermittelt wurden, an die Einrichtungen nach Absatz 1 übermitteln, soweit dies für die Feststellung und Bekämpfung von Fehlverhalten im Gesundheitswesen durch die Einrichtungen nach Absatz 1 erforderlich ist. Die nach Satz 3 übermittelten Daten dürfen von den Einrichtungen nach Absatz 1 nur zu dem Zweck verarbeitet werden, zu dem sie ihnen übermittelt worden sind.

(4) Die Krankenkassen und die weiteren in Absatz 1 genannten Organisationen sollen die Staatsanwaltschaft unverzüglich unterrichten, wenn die Prüfung ergibt, dass ein Anfangsverdacht auf strafbare Handlungen mit nicht nur geringfügiger Bedeutung für die gesetzliche Krankenversicherung bestehen könnte.

(5) Der Vorstand der Krankenkassen und der weiteren in Absatz 1 genannten Organisationen hat dem Verwaltungsrat im Abstand von zwei Jahren über die Arbeit und Ergebnisse der organisatorischen Einheiten nach Absatz 1 zu berichten. Der Bericht ist der zuständigen Aufsichtsbehörde und dem Spitzenverband Bund der Krankenkassen zuzuleiten. In dem Bericht sind zusammengefasst auch die Anzahl der Leistungserbringer und Versicherten, bei denen es im Berichtszeitraum Hinweise auf Pflichtverletzungen oder Leistungsmissbrauch gegeben hat, die Anzahl der nachgewiesenen Fälle, die Art und Schwere des Pflichtverstoßes und die dagegen getroffenen Maßnahmen sowie der verhinderte und der entstandene Schaden zu nennen; wiederholt aufgetretene Fälle sowie sonstige geeignete Fälle sind als anonymisierte Fallbeispiele zu beschreiben.

(6) Der Spitzenverband Bund der Krankenkassen trifft bis zum 1. Januar 2017 nähere Bestimmungen über
1. die einheitliche Organisation der Einrichtungen nach Absatz 1 Satz 1 bei seinen Mitgliedern,
2. die Ausübung der Kontrollen nach Absatz 1 Satz 2,
3. die Prüfung der Hinweise nach Absatz 2,
4. die Zusammenarbeit nach Absatz 3,

5. die Unterrichtung nach Absatz 4 und
6. die Berichte nach Absatz 5.

Die Bestimmungen nach Satz 1 sind dem Bundesministerium für Gesundheit vorzulegen. Der Spitzenverband Bund der Krankenkassen führt die Berichte nach Absatz 5, die ihm von seinen Mitgliedern zuzuleiten sind, zusammen, gleicht die Ergebnisse mit den Kassenärztlichen Bundesvereinigungen ab und veröffentlicht seinen eigenen Bericht im Internet.

Übersicht

| | | Rdn. | | | Rdn. |
|---|---|---|---|---|---|
| A. | Einführung | 1 | F. | Unterrichtung der Staatsanwaltschaft (Abs. 4) | 9 |
| B. | Stellen zur Bekämpfung von Fehlverhalten bei den Krankenkassen(verbänden) (Abs. 1) | 2 | G. | Berichtspflichten (Abs. 5) | 10 |
| I. | Organisationsverpflichtung | 2 | I. | Berichtspflicht gegenüber dem Verwaltungsrat/der Vertreterversammlung | 10 |
| II. | Aufgabe der Einrichtungen | 4 | II. | Berichtspflicht gegenüber der Aufsichtsbehörde | 11 |
| C. | Jedermann-Hinweis-Recht (Abs. 2) | 6 | | | |
| D. | Allgemeine Zusammenarbeit (Abs. 3) | 7 | III. | Selbstverwaltungsregelungen (Abs. 6) | 12 |
| E. | Übermittlung personenbezogener Daten (Abs. 3a und 3b) | 8 | | | |

## A. Einführung

1 Mit dem GMG (G v. 14.11.2003, BGBl. I S. 2190, im Wesentlichen m.W.v. 01.01.2004) wurde in das Sechste Kapitel des SGB V – das Organisationsrecht der Krankenkassen – die Verpflichtung nach § 197a zur Einrichtung von »**Stellen zur Bekämpfung von Fehlverhalten im Gesundheitswesen**« eingefügt. Bereits zuvor waren bei verschiedenen Krankenkassen(verbänden) Ermittlungs- und Prüfgruppen mit vergleichbarem Aufgabenkreis konstituiert worden (s. etwa *Andrés/Birk* BKK 2007, 82 f.; *Keller* in: Schmehl/Wallrabenstein, Steuerungsinstrumente im Recht des Gesundheitswesens, Bd. 3, S. 25, 30; *Salhi* AusR 2006, 78, 78). Mit dem ebenfalls durch das GMG geschaffenen § 47a Abs. 1 Satz 2 SGB XI werden den Einrichtungen i.S.d. § 197a auch die Aufgaben der Pflegekassen(verbände) betreffend die Bekämpfung von Fehlverhalten im Gesundheitswesen übertragen (s. § 47a SGB XI Rdn. 2), deren Wahrnehmung bereits vor 2004 verschiedentlich bei den Krankenkassen erfolgte (Hauck/Noftz/*Kolmetz* § 47a SGB XI Rn. 4). Mit Blick auf die vergleichbare Interessenlage haben private Krankenversicherungen sowie deren Verbände freiwillig Stellen mit vergleichbaren Aufgaben eingerichtet. Ergänzend zur Einführung s. § 81a SGB V Rdn. 1.

## B. Stellen zur Bekämpfung von Fehlverhalten bei den Krankenkassen(verbänden) (Abs. 1)

### I. Organisationsverpflichtung

2 Die Erläuterungen zu § 81a gelten entsprechend (dort Rdn. 2). Ergänzend: Nach Abs. 1 Satz 1 richten die Krankenkassen, wenn angezeigt ihre Landesverbände, und der Spitzenverband Bund der Krankenkassen die Einrichtungen ein. Im Einzelnen:

2a – Als Träger der gesetzlichen Krankenversicherung sind die Krankenkassen (Körperschaften des öffentlichen Rechts mit Selbstverwaltung, § 29 Abs. 1 SGB IV, § 4 Abs. 1 SGB V) regional oder bundesweit tätig und lassen sich unterschiedlichen Kassenarten zuordnen (s. § 21 Abs. 2 SGB I, § 4 Abs. 2 SGB V). Nach § 26 Abs. 1 Satz 3 KVLG 1989 findet § 197a auch auf die Sozialversicherung für Landwirtschaft, Forsten und Gartenbau Anwendung, welche in Angelegenheiten der Krankenversicherung der Landwirte die Bezeichnung landwirtschaftliche Krankenkasse führt (§ 17 Satz 2 KVLG 1989, § 166 SGB V).

2b – Die Organisationsverpflichtung steht für die Landesverbände der Krankenkassen unter dem Vorbehalt, dass die Errichtung einer Einrichtung »angezeigt« ist (Abs. 1 Satz 1). Die nach Maßgabe des Organisationsrechts der Verbände (s. § 207, § 212 sowie § 36 KVLG 1989) als juristisch selbstständig bestehenden Körperschaften des öffentlichen Rechts (§ 207 Abs. 1 Satz 2) haben daher eine Bewertung des Bedarfs einer eigenen Einrichtung vorzunehmen (BT-Drs. 15/1525 S. 138).

– Diese im Rechts- und Geschäftsverkehr unter der Bezeichnung »GKV-Spitzenverband« firmierende Körperschaft des öffentlichen Rechts wird von den Krankenkassen aller Kassenarten gebildet (§ 217a) und nimmt auf Bundesebene einheitlich Verbandsaufgaben war. Infolge der vergangenen Reform der Verbandsstruktur der GKV hat Abs. 1 Satz 1 durch das GKV-WSG (m.W.v. 01.07.2008, G v. 26.03.2007, BGBl. I S. 378) eine redaktionelle Anpassung erfahren (s. BT-Drs. 16/3100 S. 159).

Allgemein zur **Zulässigkeit einer Aufgabenerledigung** durch Arbeitsgemeinschaften oder Dritte s. § 197b SGB V ggf. i.V.m. § 26 Abs. 2 KVLG 1989 (bspw. wurde als Arbeitsgemeinschaft von mehreren Betriebskrankenkassen die »Arbeitsgruppe gegen Abrechnungsbetrug« gegründet). Aus der gesetzlichen Organisationsverpflichtung folgt die **Kostentragung** für die Errichtung und Unterhaltung der Einrichtung aus Haushaltsmitteln der Körperschaft. Eine die Schaffung neuer Planstellen in der Einrichtung erschwerende Deckelung der Verwaltungsausgaben der Krankenkassen besteht seit Beginn des Jahres 2013 nicht mehr (s. § 4 Abs. 4, zu einer speziellen Ausnahme für das Jahr 2013 s. § 4 Abs. 6 Satz 2 ff.).

## II. Aufgabe der Einrichtungen

Die Erläuterungen zu § 81a gelten entsprechend (dort Rdn. 3 ff.). Ergänzend: Über die vermittels der Kassen(zahn)ärztlichen Vereinigungen mit den Krankenkassen verbundenen ausgewählten Leistungserbringer hinaus kommen infolge der Struktur des GKV-Systems von direkten Vertrags- und Vergütungsbeziehungen mit den Krankenkassen einerseits die Teilnehmer an speziellen Versorgungsmodellen (s. § 73b, § 140a) sowie alle weiteren (nichtärztlichen) Leistungserbringer (nach § 140e auch mit Sitz im europäischen Ausland) als **Verursacher von Fehlverhalten** i.S.d. Abs. 1 Satz 1 in Betracht (bspw. Krankenhäuser, Apotheken [etwa der Retaxation nachfolgende Prüfungstätigkeit aufgrund Mitteilung durch die Fachabteilung, berichtet bei *Wesser* A&R 2011, 77, 79], ambulante Pflegedienste, zu den verschiedenen Leistungserbringern s. das Vierte Kapitel des SGB V). Des Weiteren sind Versicherte und sonstige Personen (bspw. bei [Teil-]Kostenerstattung nach §§ 13 ff. oder Versichertenkartenmissbrauch) sowie Arbeitgeber mit Blick auf die Zahlung des Gesamtsozialversicherungsbeitrages i.S.d. § 28d SGB IV (Krankenkassen als Einzugsstelle i.S.d. §§ 28h, 28i SGB IV; zur Strafbarkeit s. § 266a StGB, dessen Rechtsgut das Interesse der Solidargemeinschaft an der Gewährleistung des Aufkommens der Mittel für die Sozialversicherung bildet, etwa HK-GS/*Beukelmann* § 266a StGB Rn. 2 m.w.N.) zu nennen (*Meseke* KrV 2015, 133, 133; *Reichel* Die Polizei 2006, 20, 21; *Steinhilper* ZMGR 2010, 152, 154). Der **Aufgabenkreis der Verbände** konkretisiert sich aufgrund der Einbindung in das GKV-System auf Tätigkeiten mit Koordinierungs-, Beratungs- und Informationsfunktion (vgl. § 81a SGB V Rdn. 5).

Die Erläuterungen zu § 81a bezogen auf **Einleitung der Prüfungstätigkeit, Prüfungsbefugnisse** sowie **Abschluss der Prüfungstätigkeit** und **Dokumentation der Prüfungstätigkeit** geltend entsprechend (dort Rdn. 6 ff.). Ergänzend: Als ein qualifizierter Hinweisgeber kommt der Medizinische Dienst der Krankenkassen in Betracht, dem im Rahmen seiner Prüfungen unzulässige Leistungserbringung/-abrechnung bekannt werden kann; Aufgrund der Rechtsunsicherheit ob der Zulässigkeit der Übermittlung von Hinweisen auf der Grundlage von § 276 SGB V bzw. § 97 SGB XI werden entsprechende Hinweise jedoch nur selten an die Stellen weitergeben (kritisch und zu Recht für die Schaffung einer ausdrücklichen Übermittlungsbefugnis *Meseke* KrV 2015, 133, 139). Zu Auskunfts- und Vorlagepflichten des Versicherten gegenüber der Krankenkasse auf Verlangen siehe § 28o Abs. 2 SGB IV, § 206 Abs. 1 Satz 1 Nr. 1, Satz 2 SGB V; zur Befragung von Versicherten durch eine Krankenkasse in Bezug auf die Behandlung durch einen vertragsärztlichen Leistungserbringer siehe § 60 Abs. 3 BMVÄ. Zur Abrechnungsprüfung in der vertrags(zahn)ärztlichen Versorgung durch die Krankenkassen siehe § 106d Abs. 3. In ausgewählten Prüfungs- oder Ahndungsverfahren betreffend Vertrags(zahn)ärzte und Psychotherapeuten kommt den Krankenkassen und ihren Verbänden ein Antragsrecht zu (s. näher § 81a SGB V Rdn. 8). Neben **Schadensersatz** kommt als Reaktion auf Fehlverhalten die Geltendmachung einer **Vertragsstrafe** in Betracht. In Rechtsbeziehungen zwischen Krankenkassen und Leistungserbringern auf vertraglicher Grundlage ist die Vereinbarung einer Vertragsstrafe i.S.d.

§§ 339 ff. BGB grds. möglich (etwa KassKomm-*Wehrhahn* § 61 SGB X Rn. 6), hat jedoch nach allg. Grundsätzen im Vorhinein (i.d.R. bei Vertragsschluss) zu erfolgen (s. LSG Niedersachen-Bremen Urt. v. 24.11.2010 – L 1 KR 72/09). Vereinbarungen über Vertragsstrafen bezogen auf den vorliegenden Kontext finden sich bspw. in § 128 Abs. 3, 5b SGB V i.V.m. den jew. Verträgen [unzulässige Zusammenarbeit i.R.d. Hilfsmittel- und Heilmittelversorgung], siehe näher Komm. zu § 128 SGB V Rdn. 54 ff. Anstelle der Entziehung der Zulassung zur Teilnahme am GKV-System kann bei verschiedenen Leistungserbringern auf die Verletzung gesetzlicher oder vertraglicher Pflichten mit der **Kündigung des Versorgungsvertrages** reagiert werden (bspw. bei Verträgen nach § 132a Abs. 4 mit ambulanten Pflegediensten). Neben Ärzten, Zahnärzten und Psychotherapeuten besteht auch für **Apotheker** eine Berufsgerichtsbarkeit zur Ahndung der Verletzung berufsrechtlicher Pflichten (s. bspw. § 67 Abs. 1 Nr. 2 Nds. HKG). Der Widerruf der Approbation als Apotheker wegen nachträglicher Unwürdigkeit oder Unzuverlässigkeit erfolgt durch die zuständige Landesbehörde (s. § 6 Abs. 2, § 12 Abs. 4 BApO; bspw. Nds. Zweckverband zur Approbationserteilung), zum Erlöschen oder Widerruf der Apothekenbetriebserlaubnis durch die jeweils zuständige Landesbehörde s. § 3 (insb. Nr. 3) bzw. § 4 Abs. 2 ApoG. Bei den verschiedenen Gesundheitsfachberufen erfolgt der **Widerruf der Erlaubnis zum Führen der Berufsbezeichnung** wegen Unzuverlässigkeit durch die zuständige Landesbehörde (s. für Gesundheits- und Krankenpfleger § 2 Abs. 2 Satz 2, § 20 KrPflG; Altenpfleger § 2 Abs. 2 Satz 2, § 26 AltPflG). Die Einleitung des jeweiligen Verfahrens erfolgt von Amts wegen.

### C. Jedermann-Hinweis-Recht (Abs. 2)

6 Die Erläuterungen zu § 81a gelten entsprechend (dort Rdn. 10 f.).

### D. Allgemeine Zusammenarbeit (Abs. 3)

7 Die Erläuterungen zu § 81a gelten entsprechend (dort Rdn. 12 f.). Ergänzend: Die Zusammenarbeitsverpflichtung bildet ebenfalls eine **Konkretisierung der allg. Unterstützungsverpflichtung** der Landesverbände (§ 211 Abs. 2) und des Spitzenverbands Bund der Krankenkassen (§ 217f Abs. 2 Satz 1). Für einen allgemeinen Informations- und Erfahrungsaustausch auf europäischer Ebene plädiert *Schmidt-Elvenich* KrV 2005, 19, 20.

### E. Übermittlung personenbezogener Daten (Abs. 3a und 3b)

8 Die Erläuterungen zu § 81a gelten grundsätzlich entsprechend (dort Rdn. 13 ff.). Ergänzend zum Katalog des § 81a, der die Untergliederungen des Kassen(zahn)ärztlichen Bereichs erfasst, bezieht § 197a Abs. 3b – ebenfalls abschließend – die GKV-Organisationen in den Kreis der Adressaten personenbezogener Daten ein. Es sind die Leistungsgewährungsstellen, Abrechnungsstellen sowie der medizinische Dienst der Krankenkassen. Analog zu § 81a verspricht sich der Gesetzgeber auch an dieser Stelle mit der Einbeziehung der Approbations- und Berufszulassungsbehörden sowie den Heilberufskammern vorbeugende und sanktionierende Eingriffe in die Berufsausübung bei festgestelltem beruflichem Fehlverhalten.

### F. Unterrichtung der Staatsanwaltschaft (Abs. 4)

9 Die Erläuterungen zu § 81a gelten entsprechend (dort Rdn. 17 ff.). Ergänzend: Über die **Unterrichtungspflicht nach Abs. 4** hinaus sei bezogen auf die unzulässige Zusammenarbeit i. R. d. Hilfsmittelversorgung (§ 128 Abs. 1 und 2) auf die **Informationspflicht** der Krankenkassen gegenüber den zuständigen Ärztekammern nach § 128 Abs. 5 Satz 1 und 3 i.V.m. Abs. 4 Satz 3 und zuständigen Kassenärztlichen Vereinigungen nach § 128 Abs. 5 Satz 1, 2 und 3 hingewiesen. Für die Versorgung mit Heilmitteln gelten die Vorschriften entsprechend (§ 128 Abs. 5b). Siehe näher die Komm. zu § 128, dort Rdn. 72 ff. Der **Adressat der Unterrichtungspflicht** nach Abs. 4 ist die Körperschaft, für die bei den Orts-, Betriebs- und Innungskrankenkassen sowie den Ersatzkassen der Vorstand als ihr Organ und gesetzlicher Vertreter handelt (§ 35a Abs. 1 SGB IV). Bei Einordnung der Unterrichtungspflicht als Teil der »laufenden Verwaltungsgeschäfte« (allg. zum Begriff Krauskopf/*Baier* § 36 SGB IV Rn. 4 f.) liegt sie bei der Deutschen Rentenversicherung Knappschaft-Bahn-See sowie der

landwirtschaftlichen Krankenkasse im Aufgabenbereich des Geschäftsführers bzw. der Geschäftsführung (§ 36 SGB IV). Die Landesverbände – sofern bei diesen eine Einrichtung nach Abs. 1 konstituiert ist – und der Spitzenverband Bund der Krankenkassen kommen dieser Pflicht durch ihren Vorstand nach (§ 209a Satz 3 bzw. § 217b Abs. 2 Satz 4). Auf die allgemeinen Vorschriften über die **Amtsentbindung/-enthebung** eines Mitglieds des Vorstands in § 35a Abs. 7 i.V.m. § 59 Abs. 2 und 3 SGB IV bzw. eines Geschäftsführers in § 36 Abs. 2 Hs. 2 i.V.m. § 59 Abs. 2 bis 4 SGB IV sowie auf die **Haftung** des Vorstands bzw. Geschäftsführers nach allg. dienst- bzw. arbeitsrechtlichen Regelungen (Krauskopf/*Baier* § 35a SGB IV Rn. 26 sowie § 36 SGB IV Rn. 14) sei hingewiesen.

### G. Berichtspflichten (Abs. 5)

#### I. Berichtspflicht gegenüber dem Verwaltungsrat/der Vertreterversammlung

Die Erläuterungen zu § 81a gelten entsprechend (dort Rdn. 26). Ergänzend: Nach **Abs. 5 Satz 1** obliegt dem Vorstand der Krankenkasse (abweichend bei der landwirtschaftlichen Krankenkasse: dem Geschäftsführer, § 26 Abs. 1 Satz 3 KVLG 1989, s. BT-Drs. 15/1525 S. 155: abweichender Aufbau erfordert Sonderregelung; richtigerweise auch bei der Deutschen Rentenversicherung Knappschaft-Bahn-See, s.a. jurisPK-SGB-V/*Schneider-Danwitz* § 197a Rn. 47), des Landesverbandes – sofern bei diesem eine Einrichtung nach Abs. 1 konstituiert ist – sowie des Spitzenverbandes Bund der Krankenkassen die Pflicht, dem Verwaltungsrat (abweichend bei der landwirtschaftlichen Krankenkasse: der Vertreterversammlung, § 26 Abs. 1 Satz 3 KVLG 1989; richtigerweise auch bei der Deutschen Rentenversicherung Knappschaft-Bahn-See, s.a. Jahn/Sommer/*Klose* § 197a Rn. 15; jurisPK-SGB-V/*Schneider-Danwitz* § 197a Rn. 14) als Selbstverwaltungsorgan im Abstand von 2 Jahren (erstmals bis zum 31.12.2005, diese gesetzliche Vorgabe findet sich infolge einer redaktionellen Neufassung durch das GKV-VStG m. W. v. 01.01.2012 [G v. 22.12.2011, BGBl. I S. 2983] nicht mehr im Gesetzestext) über die Arbeit und Ergebnisse der organisatorischen Einheiten nach Abs. 1 zu berichten. Inhaltliche Vorgaben für den Bericht finden sich – aufgenommen durch das Gesetz zur Bekämpfung von Korruption im Gesundheitswesen (G v. 30.05.2016, BGBl. I S. 1254, m.W.v. 04.06.2016) – in Abs. 5 Satz 3. 10

#### II. Berichtspflicht gegenüber der Aufsichtsbehörde

Die Erläuterungen zu § 81a gelten entsprechend (dort Rdn. 27). Ergänzend: Nach **Abs. 5 Satz 2** ist der Vorstand (vgl. § 35a Abs. 1 SGB IV, § 209a Satz 3, § 217b Abs. 2 Satz 4 SGB V), abweichend bei der landwirtschaftlichen Krankenkasse: der Geschäftsführer, § 26 Abs. 1 Satz 3 KVLG 1989; richtigerweise auch bei der Deutschen Rentenversicherung Knappschaft-Bahn-See, verpflichtet, seinen Bericht nach § 90 SGB IV, § 208 Abs. 1, § 217d Abs. 1 Satz 1 SGB V jeweils für die Krankenkasse oder den Verband zuständigen Aufsichtsbehörde (bei der landwirtschaftlichen Krankenkasse zusätzlich dem Bundesministerium für Ernährung und Landwirtschaft, § 26 Abs. 1 Satz 3 KVLG 1989) zuzuleiten, um die Ausübung ihrer Rechtsaufsicht (s. § 88 Abs. 1 SGB IV [i.V.m. § 208 Abs. 2 Satz 1, § 217d Abs. 2 Satz 2 SGB V]) zu effektivieren. 11

#### III. Selbstverwaltungsregelungen (Abs. 6)

Die Erläuterungen zu § 81a gelten entsprechend (dort Rdn. 28 ff.). 12

## § 341 Elektronische Patientenakte

(1) Die elektronische Patientenakte ist eine versichertengeführte elektronische Akte, die den Versicherten von den Krankenkassen auf Antrag zur Verfügung gestellt wird. Die Nutzung ist für die Versicherten freiwillig. Mit ihr sollen den Versicherten auf Verlangen Informationen, insbesondere zu Befunden, Diagnosen, durchgeführten und geplanten Therapiemaßnahmen sowie zu Behandlungsberichten, für eine einrichtungs-, fach- und sektorenübergreifende Nutzung für Zwecke der Gesundheitsversorgung, insbesondere zur gezielten Unterstützung von Anamnese und Befunderhebung, barrierefrei elektronisch bereitgestellt werden.

(2) Es besteht die Möglichkeit zur Einstellung folgender Daten in die elektronische Patientenakte:
1. medizinische Informationen über den Versicherten für eine einrichtungsübergreifende, fachübergreifende und sektorenübergreifende Nutzung, insbesondere
    a) Daten zu Befunden, Diagnosen, durchgeführten und geplanten Therapiemaßnahmen, Früherkennungsuntersuchungen, Behandlungsberichten und sonstige Untersuchungshaft- und behandlungsbezogene medizinische Informationen,
    b) Daten des elektronischen Medikationsplans nach § 334 Absatz 1 Satz 2 Nummer 4,
    c) Daten der elektronischen Notfalldaten nach § 334 Absatz 1 Satz 2 Nummer 5 und 7,
    d) Daten in elektronischen Briefen zwischen den an der Versorgung der Versicherten teilnehmenden Ärzten und Einrichtungen (elektronische Arztbriefe),
2. Daten zum Nachweis der regelmäßigen Inanspruchnahme zahnärztlicher Vorsorgeuntersuchungen gemäß § 55 Absatz 1 in Verbindung mit § 92 Absatz 1 Satz 2 Nummer 2 (elektronisches Zahn-Bonusheft),
3. Daten gemäß der nach § 92 Absatz 1 Satz 2 Nummer 3 und Absatz 4 in Verbindung mit § 26 beschlossenen Richtlinie des Gemeinsamen Bundesausschusses zur Früherkennung von Krankheiten bei Kindern (elektronisches Untersuchungsheft für Kinder),
4. Daten gemäß der nach § 92 Absatz 1 Satz 2 Nummer 4 in Verbindung mit den §§ 24c bis 24f beschlossenen Richtlinie des Gemein- samen Bundesausschusses über die ärztliche Betreuung während der Schwangerschaft und nach der Entbindung (elektronischer Mutterpass) sowie Daten, die sich aus der Versorgung der Versicherten mit Hebammenhilfe ergeben,
5. Daten der Impfdokumentation nach § 22 des Infektionsschutzgesetzes (elektronische Impfdokumentation),
6. Gesundheitsdaten, die durch den Versicherten zur Verfügung gestellt werden,
7. Daten des Versicherten aus einer von den Krankenkassen nach § 68 finanzierten elektronischen Akte des Versicherten,
8. bei den Krankenkassen gespeicherte Daten über die in Anspruch genommenen Leistungen des Versicherten,
9. Daten des Versicherten aus digitalen Gesundheitsanwendungen des Versicherten nach § 33a,
10. Daten zur pflegerischen Versorgung des Versicherten nach den §§ 24g, 37, 37b, 37c, 39a und 39c und der Haus- oder Heimpflege nach § 44 des Siebten Buches und nach dem Elften Buch,
11. Verordnungsdaten und Dispensierinformationen elektronischer Verordnungen nach § 360,
12. die nach § 73 Absatz 2 Satz 1 Nummer 9 ausgestellte Bescheinigung über eine Arbeitsunfähigkeit und
13. Sonstige von den Leistungserbringern für den Versicherten bereitgestellte Daten, insbesondere Daten, die sich aus der Teilnahme des Versicherten an strukturierten Behandlungsprogrammen bei chronischen Krankheiten gemäß § 137f ergeben.

(3) Die für die elektronische Patientenakte erforderlichen Komponenten und Dienste werden auf Antrag des jeweiligen Anbieters der Komponenten und Dienste nach § 325 von der Gesellschaft für Telematik zugelassen.

(4) Die Krankenkassen, die ihren Versicherten eine elektronische Patientenakte zur Verfügung stellen, sind gemäß § 307 Absatz 4 die für die Verarbeitung der Daten zum Zweck der Nutzung der elektronischen Patientenakte Verantwortlichen nach Artikel 4 Nummer 7 der Verordnung (EU) 2016/679. § 307 Absatz 1 bis 3 bleibt unberührt. Unbeschadet ihrer Verantwortlichkeit nach Satz 1 können die Krankenkassen mit der Zurverfügungstellung von elektronischen Patientenakten für ihre Versicherten Anbieter von elektronischen Patientenakten als Auftragsverarbeiter beauftragen.

(5) Die Telematikinfrastruktur darf nur für solche nach § 325 zugelassenen elektronischen Patientenakten verwendet werden, die von einer Krankenkasse, von Unternehmen der privaten Krankenversicherung oder von den sonstigen Einrichtungen gemäß § 362 Absatz 1 angeboten werden.

(6) Die an der vertragsärztlichen Versorgung teilnehmenden Leistungserbringer haben gegenüber der jeweils zuständigen Kassenärztlichen Vereinigung oder Kassenzahnärztlichen Vereinigung nachzuweisen, dass sie über die für den Zugriff auf die elektronische Patientenakte erforderlichen Komponenten und Dienste verfügen. Wird der Nachweis nicht bis zum 30. Juni 2021 erbracht, ist die Vergütung vertragsärztlicher Leistungen pauschal um 1 Prozent zu kürzen; die Vergütung ist so lange zu kürzen, bis der Nachweis gegenüber der Kassenärztlichen Vereinigung erbracht ist. Das Bundesministerium für Gesundheit kann die Frist nach Satz 1 durch Rechtsverordnung mit Zustimmung des Bundesrates verlängern. Die Kürzungsregelung nach Satz 2 findet im Fall, dass bereits eine Kürzung der Vergütung nach § 291b Absatz 5 erfolgt, keine Anwendung.

(7) Die Krankenhäuser haben sich bis zum 1. Januar 2021 mit den für den Zugriff auf die elektronische Patientenakte erforderlichen Komponenten und Diensten auszustatten und sich an die Telematikinfrastruktur nach § 306 anzuschließen. Soweit Krankenhäuser ihrer Verpflichtung zum Anschluss an die Telematikinfrastruktur nach Satz 1 nicht nachkommen, sind § 5 Absatz 3e Satz 1 des Krankenhausentgeltgesetzes oder § 5 Absatz 5 der Bundespflegesatzverordnung anzuwenden. Die Kürzungsregelung nach Satz 2 findet im Fall, dass bereits eine Kürzung der Vergütung nach § 291b Absatz 5 erfolgt, keine Anwendung.

| Übersicht | Rdn. | | Rdn. |
|---|---|---|---|
| A. Regelungsgegenstand | 1 | D. Zulassung der erforderlichen Komponenten und Dienste | 10 |
| B. Informelle Selbstbestimmung des Versicherten im Rahmen der elektronischen Patientenakte | 2 | E. Datenschutzverantwortung der Krankenkassen und Zugriffsberechtigungen | 11 |
| I. Versichertengeführte Akte | 2 | F. Nutzung der Telematikinfrastruktur durch weitere Versicherte | 12 |
| II. Freiwillige Nutzung | 3 | G. Kürzung der Vergütung der Leistungserbringer bei Nichtteilnahme | 13 |
| C. Daten der elektronischen Patientenakte | 4 | | |

## A. Regelungsgegenstand

Der § 341 beschreibt die zum 01.01.2021 von den Krankenkassen einzuführende elektronische Patientenakte. Die elektronische Patientenakte ist eine digitale, versichertengeführte Akte, die sich i.d.R. auf dem Endgerät des Versicherten befindet. Die Nutzung der elektronischen Patientenakte durch den Versicherten erfolgt freiwillig. Zudem werden im § 341 die möglichen Inhalte der elektronischen Patientenakte benannt und die sich daraus ergebende Nutzungsmöglichkeiten für den Versicherten und die behandelnden Leistungserbringer. Für die sektor- und einrichtungsübergreifende Versorgung sollen die Gesundheitsdaten des Versicherten seinen an der Versorgung teilnehmenden Leistungserbringern gleichermaßen zur Verfügung stehen. Durch abgestimmte Medikationspläne oder nähere Kenntnisse der Vorerkrankungen und erfolgten Therapien oder Behandlungen soll die Behandlungsqualität erhöht werden. Die Einführung der elektronischen Patientenakte soll ebenfalls das Recht des Versicherten auf Auskünfte nach § 305 weiter stärken.

## B. Informelle Selbstbestimmung des Versicherten im Rahmen der elektronischen Patientenakte

### I. Versichertengeführte Akte

In Satz 1 des § 341 Abs. 1 wird klargestellt, dass es sich bei der elektronischen Patientenakte um eine versichertengeführte Akte handelt. Die §§ 336 und 337 räumen den Versicherten das Recht ein, barrierefrei auf die eigenen Daten zuzugreifen. Die Nutzung erfolgt mithilfe einer Benutzeroberfläche auf einem Endgerät (z.B. Smartphone) unter der Voraussetzung eines hohen Sicherheitsstandards. I.S.d. Gleichbehandlung werden die Krankenkassen in § 338 Abs. 1 verpflichtet bis zum 01.01.2022 technische Einrichtungen zu etablieren mit denen Versicherte die kein Endgerät nutzen, ebenfalls Zugriff auf ihre Daten haben. Des Weiteren sieht Satz 1 vor, dass es sich bei der elektronischen Patientenakte um eine Antragsleistung handelt. Der Antrag ist gem. § 9 Satz 1 SGB X an keine bestimmte Form gebunden.

## II. Freiwillige Nutzung

3 Die Nutzung der elektronischen Patientenakte durch den Versicherten erfolgt nach § 341 Abs. 1 Satz 2 freiwillig. Zudem entscheidet der Versicherte darüber, welcher Leistungserbringer welche der in Abs. 2 genannten Informationen in die elektronische Patientenakte überführt. Zusätzlich entscheidet der Versicherte, ob ein Leistungserbringer oder eine andere berechtigte Person (§ 339 Abs. 1) auf die Daten der elektronischen Patientenakte überhaupt zugreifen darf. Er kann Zugriffsberechtigungen für seine Daten vergeben (§ 337 Abs. 3) sowie die Daten teilweise eigenständig löschen (§ 337 Abs. 2 Satz 1). Daneben kann er die Löschung bestimmter Daten von den zugriffsberechtigten Personen i.S.d. §§ 352, 356, 357 und 361 verlangen.

## C. Daten der elektronischen Patientenakte

4 Das Recht der Versicherten auf Auskünfte gegenüber den Krankenkassen, den an der vertragsärztlichen Versorgung teilnehmenden Leistungserbringern und Krankenhäusern ergibt sich aus § 305. Der § 341 greift dieses Recht auf. Eine nicht abschließende Aufzählung der Daten, die auf der elektronischen Patientenakte gespeichert werden können, findet sich in Abs. 2.

5 Bei den Daten der elektronischen Patientenakte handelt es sich um Gesundheitsdaten gemäß Art. 4 Nr. 15 Datenschutz-Grundverordnung (DSGVO). Gesundheitsdaten i.S.d. Art. 4 Nr. 15 DSGVO sind »personenbezogene Daten, die sich auf die körperliche oder geistige Gesundheit einer natürlichen Person, einschließlich der Erbringung von Gesundheitsdienstleistungen, beziehen und aus denen Informationen über den Gesundheitszustand hervorgehen«. Diese unterliegen einem besonderen Schutz.

6 Nr. 1 greift insbesondere die medizinischen Informationen auf, die für die einrichtungs- und sektorenübergreifende Versorgung von Bedeutung sind. Nr. 1a führt die untersuchungs- und behandlungsbezogenen medizinischen Daten auf, die auf Verlangen des Versicherten in die elektronische Patientenakte überführt werden können. Nr. 1b zeigt auf, dass auch der elektronische Medikationsplan in der elektronischen Patientenakte enthalten sein kann. Versicherte haben gemäß § 31a Anspruch auf die Erstellung und Aushändigung eines Medikationsplans, wenn sie mindestens drei verschreibungspflichtige Medikamente anwenden. Der Anspruch auf Aktualisierung des Medikationsplan besteht gegenüber den an der vertragsärztlichen Versorgung teilnehmenden Ärzten und gegenüber den Apothekern. Dieser Anspruch besteht auch im Rahmen der elektronischen Patientenakte (§ 31a Abs. 3 Satz 3). Die elektronische Patientenakte enthält die medizinischen Daten, die für die Notfallversorgung erforderlich sind. Ebenso werden die elektronischen Arztbriefe, zum Austausch nach einer stationären Behandlung oder im Rahmen der vertragsärztlichen Versorgung, gem. Nr. 1d in die elektronische Patientenakte überführt.

7 In die elektronische Patientenakte werden die bisher papiergebunden Untersuchungsausweise (§ 341 Abs. 2 Nr. 2 bis 5) aufgenommen. Um eine einheitliche Standardisierung sicherzustellen trifft die Kassenärztliche Bundesvereinigung im Benehmen mit der Gesellschaft für Telematik und weiteren Organisationen die hierfür notwendigen Vorgaben gem. § 355, sowohl für die elektronische Darstellung der Inhalte, als auch für die semantische und syntaktische Interoperabilität. Im Einzelnen können folgende Untersuchungsausweise auf Wunsch des Versicherten in die elektronischen Patientenakte aufgenommen werden:

- Das elektronische Zahn-Bonusheft, das die in § 55 Abs. 1 Satz 3 tituliert Pflicht der regelmäßigen Inanspruchnahme von Zahnvorsorgeuntersuchungen dokumentiert (Nr. 2).
- Das elektronische Untersuchungsheft, das Untersuchung der Früherkennung von Krankheiten und ihrer körperlichen, geistigen und psycho-soziale Entwicklung (sogenannten U-Untersuchungen) dokumentiert, auf die Kinder und Jugendliche gem. § 26 einen Anspruch haben (Nr. 3).
- Der elektronische Mutterpass, der die Leistungen der §§ 24c bis 24f dokumentiert (Nr. 4).
- Die elektronische Impfdokumentation, die die unverzüglich zu erfolgenden Dokumentation jeder Schutzimpfung (§ 22 IfSG) enthält (Nr. 5).

Nach § 341 Abs. 2 Nr. 6 bis 12 können neben den Gesundheitsdaten, die der Versicherte zur Verfügung stellt, ebenso die von Dritten angebotene Dienstleistungen in Bezug auf eine persönliche Patientenakte gem. § 68 in der elektronischen Patientenakte gespeichert werden. Weiter können die Daten der Krankenkasse über die in Anspruch genommen Leistungen des Versicherten gespeichert werden. Gleiches gilt für die Daten der häuslichen Pflege (§ 24g), häuslichen Krankenpflege (§ 37), spezialisierten ambulanten Palliativversorgung (§ 37b), außerklinischen Intensivpflege (§ 37c), stationären und ambulanten Hospizleistung (§ 39a), Kurzzeitpflege bei fehlender Pflegebedürftigkeit (§ 39c) und Leistung der Pflege aus der gesetzlichen Unfallversicherung (§ 44 SGB VII). Auch die elektronische vertragsärztliche Verordnung (elektronisches Rezept) für die Verordnung von apothekenpflichtigen Arzneimitteln und allen weiteren durch die Vertragsärzte verordnungsfähigen Leistungen und die elektronische Arbeitsunfähigkeitsbescheinigung i.S.d. § 73 Abs. 2 Satz 1 Nr. 9 wird i.R.d. elektronischen Patientenakte eingeführt.

Mit dem Digitale Versorgung und Pflege und Modernisierung Gesetz (DVMG) wurden die digitalen Gesundheitsanwendungen (DiGA) gem. § 33a als speicherbare Daten ergänzt. Unter DiGA's i.S.d. § 33a sind üblicherweise Apps zu verstehen, die als Medizinprodukt vom Bundesinstitut für Arzneimittel und Medizinprodukte in das Verzeichnis für digitale Gesundheitsanwendungen (139e) aufgenommen worden sind. Der Anspruch setzt eine ärztliche oder psychotherapeutische Verordnung oder die Genehmigung der Krankenkasse voraus. Des Weiteren wurde mit DVMG die Möglichkeit der Speicherung von Daten aus der Teilnahme an strukturierten Behandlungsprogrammen bei chronischen Krankheiten (§ 137f), sogenannte Disease-Management-Programme (DMP), ergänzt.

Nach der Gesetzesbegründung des Patientendaten-Schutz-Gesetz (BT-Drs. 19/18793 v. 27.04.2020 S. 113) gilt der Beschlagnahmeschutz auch für die Gesundheitsdaten, die sich auf der elektronischen Patientenakte befinden. Der Beschlagnahmung von Patientenakten steht grundsätzlich § 97 Abs. 1 StPO entgegen. Demnach ergibt sich aus § 97 Abs. 1 Nr. 2 StPO i.V.m. § 11 Abs. 3 StGB, dass der Beschlagnahmeschutz neben der Papierakte auch für die elektronische Patientenakte gilt, die sich auf dem Endgerät des Versicherten befindet. Gleiches gilt, wenn die Akte gemäß § 338 Abs. 1 bei der Krankenkasse geführt wird. Hier greift § 97 Abs. 3 StPO, da die Krankenkasse als »mitwirkende Person« i.S.d. § 53a Abs. 1 Satz 1 StPO behandelt wird.

### D. Zulassung der erforderlichen Komponenten und Dienste

Die Dienste und Komponenten, die für die elektronische Patientenakte erforderlich sind, müssen von der Gesellschaft für Telematik zugelassen werden. Die Gesellschaft für Telematik wurde von der Bundesrepublik Deutschland, vertreten durch das Bundesministerium für Gesundheit (BMG) und weiterer Spitzenorganisationen (§ 306 Abs. 1 Satz 1) gegründet, mit der Aufgabe die Telematikinfrastruktur in Deutschland zu etablieren. Das BMG hält 51 % der Anteile der Gesellschaft für Telematik inne (§ 310 Abs. 2 Satz 1 Nr. 1). § 306 Abs. 3 betont, dass es sich bei den personenbezogenen Daten i.S.d. Art. 9 DSGVO um besonders schutzbedürftige Daten handelt, daher ist ein entsprechendes Schutzniveau i.S.d. Art. 32 DSGVO zu gewährleisten. Die Zulassung der Dienste und Komponenten bedarf eines Antrags des Anbieters und setzt weiter voraus, dass die Dienste und Komponenten funktionsfähig, interoperabel und sicher sind (§ 325 Abs. 2). Die zugelassenen Komponenten und Dienste werden gemäß § 325 Abs. 5 auf der Internetseite der Gesellschaft für Telematik veröffentlicht.

### E. Datenschutzverantwortung der Krankenkassen und Zugriffsberechtigungen

Der Betrieb und die sich daraus ergebende datenschutzrechtliche Verantwortung (Art. 4 Nr. 7 DSGVO) für die Verarbeitung (Art. 4 Nr. 2 DSGVO) von personenbezogenen Daten für die Dienste der elektronischen Patientenakte erfolgt durch den jeweiligen Anbieter (§ 307 Abs. 4). Anbieter der elektronischen Patientenakte ist die Krankenkasse, die dem Versicherten die elektronische Patientenakte zur Verfügung gestellt hat. In § 344 Abs. 2 Satz 2 wird klargestellt, dass die Krankenkassen, die die Daten verarbeiten dürfen, nicht zugriffsberechtigt sind. Wann Krankenkassen Sozialdaten erheben dürfen regelt § 284. Mit dem Patientendaten-Schutz-Gesetz wurde dieser um die Nr. 19 und 20 erweitert. Diese besagen, dass die Krankenkassen zum Zweck der Vorbereitung von

Versorgungsinnovation, zur Information der Versicherten und für die Unterbreitung von Angeboten zu geförderten Versorgungsinnovationen (§ 68b Abs. 1 und 2) Daten erheben und speichern dürfen. Gegen diese Regelung richteten sich zwei Verfassungsbeschwerden. Das BVerfG hat einen Antrag auf Erlass einer einstweiligen Anordnung (BVerfG Beschl. v. 04.01.2021 – 1 BvR 619/20) nicht zur Entscheidung angenommen. Das BVerfG führt in seinem Beschluss aus, dass die Nutzung der elektronischen Patientenakte freiwillig erfolgt. Somit obliegt das Recht auf informelle Selbstbestimmung dem Versicherten, indem er keine Einwilligung auf Nutzung der elektronischen Patientenakte erteilt. In einem weiteren Verfahren (BVerfG Beschl. v. 04.01.2021 – 1 BvQ 108/20) hat das Gericht einen Antrag auf Erlass einer einstweiligen Anordnung abgelehnt, der sich gegen § 68b Abs. 3 und § 284 Abs. 1 Satz 1 Nr. 19 gerichtet hatte. Das Gericht führte aus, dass der Antrag keinen Erfolg habe, da eine noch zu erhebende Verfassungsbeschwerde aus Gründen der Subsidiarität der Verfassungsbeschwerde unzulässig ist (Rdn. 7). Vor der Erhebung einer Verfassungsbeschwerde müssen alle zur Verfügung stehenden und zumutbaren prozessualen Möglichkeiten ergriffen werden (Rdn. 8).

Die jeweiligen Zugriffsberechtigungen obliegen den in §§ 352, 356, 357 und 358 benannten Leistungserbringern. Für den Zugriff auf die Daten bedarf es der Einwilligung des Versicherten (§ 339 Abs. 1). Auch der Zugriff der Leistungserbringer auf die Gesundheitsdaten darf nicht vollumfänglich erfolgen, denn die zuvor genannten Paragrafen sehen spezielle Berechtigungen für die jeweiligen Leistungserbringer vor. Der Zugriff darf nur erfolgen, soweit es für die Versorgung des Versicherten im Einzelfall notwendig ist.

### F. Nutzung der Telematikinfrastruktur durch weitere Versicherte

12 Die Nutzung der Telematikinfrastruktur für die elektronischen Patientenakten ist auch für die Versicherten von privaten Krankenversicherungen, der Postbeamtenkassen, der Krankenversorgung der Bundesbahnbeamten, für Polizeivollzugsbeamte der Bundespolizei und den Soldaten der Bundeswehr möglich (§ 362 Abs. 1), sofern die Zulassung der Komponenten und Dienste durch die Gesellschaft für Telematik (§ 325) erfolgt ist.

### G. Kürzung der Vergütung der Leistungserbringer bei Nichtteilnahme

13 Die an der vertragsärztlichen Versorgung teilnehmenden Leistungserbringer müssen in der Lage sein auf die elektronische Patientenakte zuzugreifen. Die Zugriffsmöglichkeit müssen sie gegenüber ihrer Kassenärztlichen Vereinigung bzw. Kassenzahnärztlichen Vereinigung bis zum 30.06.2021 nachweisen. Erfolgt der Nachweis nicht, wird die Vergütung der vertragsärztlichen Leistung um 1 % gekürzt bis der Nachweis erbracht wurde. Die Krankenhäuser haben bereits zum 01.01.2021 den Zugriff auf die elektronische Patientenakte sicherzustellen. Erfolgt dies nicht, wird zwischen dem Krankenhausträger und den Sozialleistungsträgern oder deren Arbeitsgemeinschaften ein Abschlag i.H.v. 1 % für jede teil- oder vollstationäre Rechnung vereinbart. Mussten die an der vertragsärztlichen Versorgung teilnehmenden Leistungserbringer oder die Krankenhäuser bereits einen Abschlag nach § 291b Abs. 5 gegen sich gelten lassen, da sie ihrer Pflicht zur Prüfung des Online-Abgleichs der elektronischen Gesundheitskarte nach § 291 Abs. 2 nicht nachgekommen sind, müssen sie keinen weiteren Abschlag nach § 341 Abs. 6 Satz 2 oder Abs. 7 Satz 2 gegen sich gelten lassen. Die Regelung wurde bereits mit dem Digitale-Versorgung-Gesetz (DVG) eingeführt und fand sich vorher im § 291 Abs. 1c.

### § 346 Unterstützung bei der elektronischen Patientenakte

(1) Ärzte, Zahnärzte und Psychotherapeuten, die an der vertragsärztlichen Versorgung teilnehmen oder in Einrichtungen, die an der vertragsärztlichen Versorgung teilnehmen oder in zugelassen Krankenhäusern tätig sind, haben auf der Grundlage der Informationspflichten der Krankenkassen nach § 343 die Versicherten auf deren Verlangen bei der Verarbeitung medizinischer Daten in der elektronischen Patientenakte ausschließlich im aktuellen Behandlungskontext zu unterstützen. Die Unterstützungsleistung nach Satz 1 umfasst die Übermittlung von medizinischen Daten in die elektronische Patientenakte und ist ausschließlich auf medizinische

Daten aus der konkreten aktuellen Behandlung beschränkt. § 630c Absatz 4 des Bürgerlichen Gesetzbuchs bleibt unberührt. Die in Satz 1 genannten Ärzte, Zahnärzte, Psychotherapeuten, Einrichtungen und zugelassenen Krankenhäuser können Aufgaben in diesem Zusammenhang, soweit diese übertragbar sind, auf Personen übertragen, die als berufsmäßige Gehilfen oder zur Vorbereitung auf den Beruf bei ihnen tätig sind.

(2) Auf Verlangen der Versicherten haben Apotheker bei der Abgabe eines Arzneimittels die Versicherten bei der Verarbeitung arzneimittelbezogener Daten in der elektronischen Patientenakte zu unterstützen. Apotheker können Aufgaben in diesem Zusammenhang auf zum pharmazeutischen Personal der Apotheke gehörende Personen übertragen.

(3) Ärzte, Zahnärzte und Psychotherapeuten, die an der vertragsärztlichen Versorgung teilnehmen oder in Einrichtungen, die an der vertragsärztlichen Versorgung teilnehmen oder in zugelassen Krankenhäusern tätig sind, haben auf der Grundlage der Informationspflichten der Krankenkassen nach § 343 die Versicherten auf deren Verlangen bei der erstmaligen Befüllung der elektronischen Patientenakte ausschließlich im aktuellen Behandlungskontext zu unterstützen. Die Unterstützungsleistung nach Satz 1 umfasst die Übermittlung von medizinischen Daten in die elektronische Patientenakte und ist ausschließlich auf medizinische Daten aus der konkreten aktuellen Behandlung beschränkt. Die in Satz 1 genannten Leistungserbringer können Aufgaben in diesem Zusammenhang, soweit diese übertragbar sind, auf Personen übertragen, die als berufsmäßige Gehilfen oder zur Vorbereitung auf den Beruf bei ihnen oder in an der vertragsärztlichen Versorgung teilnehmenden Einrichtungen oder in zugelassenen Krankenhäusern tätig sind.

(4) Für Leistungen nach Absatz 2 zur Unterstützung der Versicherten bei der Verarbeitung arzneimittelbezogener Daten in der elektronischen Patientenakte erhalten Apotheken eine zusätzliche Vergütung. Das Nähere zu den Abrechnungsvoraussetzungen für Leistungen der Apotheken nach Absatz 2 vereinbaren der Spitzenverband Bund der Krankenkassen und die für die Wahrnehmung der wirtschaftlichen Interessen gebildete maßgebliche Spitzenorganisation der Apotheker auf Bundesebene mit Wirkung zum 1. Januar 2021. Kommt eine Vereinbarung nach Satz 2 ganz oder teilweise nicht zustande, gilt § 129 Absatz 8.

(5) Für Leistungen nach Absatz 3 erhalten die an der vertragsärztlichen Versorgung teilnehmenden Leistungserbringer sowie Krankenhäuser ab dem 1. Januar 2021 über einen Zeitraum von zwölf Monaten eine einmalige Vergütung je Erstbefüllung in Höhe von 10 Euro.

(6) Die Leistungen nach Absatz 3 dürfen im Rahmen der gesetzlichen Krankenversicherung je Versichertem und elektronischer Patientenakte insgesamt nur einmal erbracht und abgerechnet werden. Das Nähere zu den Abrechnungsvoraussetzungen und -verfahren für Leistungen nach Absatz 3 vereinbaren der Spitzenverband Bund der Krankenkassen, die Kassenärztlichen Bundesvereinigungen sowie die Deutsche Krankenhausgesellschaft mit Wirkung zum 1. Januar 2021. Die Vereinbarung stellt sicher, dass nur eine einmalige Abrechnung der Vergütung für die Leistungen nach Absatz 3 möglich ist.

| Übersicht | Rdn. | | Rdn. |
|---|---|---|---|
| A. Regelungsgegenstand | 1 | C. Vergütung | 3 |
| B. Unterstützungsleistung | 2 | | |

## A. Regelungsgegenstand

Die an der vertragsärztlichen Versorgung teilnehmenden Ärzte, Zahnärzte, Psychotherapeuten und Einrichtungen sowie die zugelassenen Krankenhäuser sind verpflichtet die Versicherten durch inhaltliche Befüllung, Aktualisierung und Pflege der Gesundheitsdaten im Rahmen der elektronischen Patientenakte zu unterstützen. Die Apotheker sind im Rahmen der Abgabe von Arzneimittel ebenfalls verpflichtet die arzneimittelbezogenen Daten auf Wunsch des Versicherten in die elektronische Patientenakte zu überführen. Für diese Unterstützungsleistung erhalten die an der vertragsärztlichen Versorgung teilnehmenden Leistungserbringer, die Krankenhäuser und die Apotheker eine zusätzliche Vergütung.

### B. Unterstützungsleistung

2 Bei der Unterstützung der Versicherten für das Befüllen der elektronischen Patientenakte mit medizinischen Daten (Abs. 1 und 2) unterscheidet der § 346 zwischen der Erstbefüllung (Abs. 3) und der fortwährenden Befüllung während der laufenden Behandlung. Die Unterstützungsleistung bezieht sich auf die inhaltliche Befüllung, die Aktualisierung und Pflege der Gesundheitsdaten und ist für die an der vertragsärztlichen Versorgung teilnehmenden Ärzte, Zahnärzte, Psychotherapeuten und für Einrichtungen, die an der vertragsärztlichen Versorgung teilnehmen (§ 95), sowie zugelassenen Krankenhäusern (§ 108) verpflichtend, sofern der Versicherte dies verlangt. Die Hilfestellung aus § 346 Abs. 1 Satz 1 und Abs. 3 Satz 1 bezieht sich ausschließlich auf den aktuellen Behandlungskontext und kann auf berufsmäßige Gehilfen oder auf Personen, die zur Vorbereitung auf den Beruf bei dem Leistungserbringer tätig sind, übertragen werden. Auch bei der Erstbefüllung der elektronischen Patientenakte stellte § 346 Abs. 3 Satz 2 klar, dass die Befüllung der Daten auf den aktuellen Behandlungskontext beschränkt ist. Somit umfasst die Erstbefüllung nicht die Verpflichtung ältere Daten oder Daten anderer Leistungserbringer nachzuerfassen. Auf eine Erstbefüllung haben die Versicherten nur einen einmaligen Anspruch (§ 346 Abs. 6 Satz 1). Aus § 346 Abs. 2 ergibt sich zusätzlich die Möglichkeit, dass die Daten der Patientenakte um die von Apotheken abgegebene Arzneimittel ergänzt wird. Die Aufgabe der Apotheker ist im Wesentlichen auf die inhaltliche Befüllung, Aktualisierung und Pflege der arzneimittelbezogenen Gesundheitsdaten beschränkt. Die elektronische Patientenakte kann einen elektronischen Medikationsplan (§ 341 Abs. 2 Nr. 1b) enthalten. Weiter sieht sie die Möglichkeit der elektronischen Arzneimittelverordnung (§ 341 Abs. 2 Nr. 11 und § 360) vor, die ab dem 01. Januar 2022 verpflichtend für verschreibungspflichtige Arzneimittel genutzt werden muss. Die Unterstützungsleistung der Apotheker kann auf das pharmazeutische Personal delegiert werden.

### C. Vergütung

3 Die an der vertragsärztlichen Behandlung teilnehmenden Leistungserbringer nach § 95 und die zugelassenen Krankenhäuser nach § 108 erhalten für jede Erstbefüllung i.S.d. § 346 Abs. 3 in der Zeit vom 01. Januar 2021 bis zum 31. Dezember 2021 eine einmalige Vergütung i.H.v. 10 € je Erstbefüllung. Um sicherzustellen, dass die Erstbefüllung nur einmal erbracht und abgerechnet wird, werden die Spitzenorganisationen vom Gesetzgeber in § 346 Abs. 6 beauftragt, Abrechnungsvoraussetzungen und -verfahren zu vereinbaren, die dieses sicherstellen. Ab dem 01. Januar 2022 wird die Vergütung in den einheitlichen Bewertungsmaßstab (EBM) für Ärzte (§ 87 Abs. 2a Satz 28) beziehungsweise für Zahnärzte (§ 87 Abs. 1 Satz 14) übernommen. Die Vergütung für die Befüllung der elektronischen Patientenakte im Laufe der aktuellen Behandlung (§ 346 Abs. 1) ist zum 01. Januar 2021 gem. § 87Abs. 2a Satz 27 für die ärztliche Leistung und gem. § 87 Abs. 1 Satz 13 für die zahnärztliche Leistung im einheitlichen Bewertungsmaßstab (EBM) aufzunehmen. Die zugelassenen Krankenhäuser haben laut § 5 Abs. 3g Satz 1 KHEntG einen Anspruch auf einen Zuschlag von 5 € je teil- und vollstationären Krankenhausfall der Versicherten, die die Befüllung der elektronischen Patientenakte in Anspruch genommen haben. Ab dem 01. Januar 2022 ist in diesem Zuschlag auch die Erstbefüllung inkludiert (§ 5 Abs. 3g Satz 2 KHEntG). Die Apotheken erhalten für die Befüllung der elektronischen Patientenakte mit arzneimittelbezogenen Daten ab dem 01. Januar 2021 eine zusätzliche Vergütung. Hierzu treffen laut § 346 Abs. 4 der Spitzenverband der Krankenkassen und die für die Wahrnehmung der wirtschaftlichen Interessen gebildete Spitzenorganisation der Apotheker auf Bundesebene eine Vereinbarung zur Vergütung und den Abrechnungsvoraussetzungen. Kommt die Vereinbarung nicht zustande, wird diese durch die Schiedsstelle nach § 129 Abs. 8 festgelegt.

## § 360 Elektronische Übermittlung und Verarbeitung vertragsärztlicher elektronischer Verordnungen

(1) Sobald die hierfür erforderlichen Dienste und Komponenten flächendeckend zur Verfügung stehen, ist für die elektronische Übermittlung und Verarbeitung vertragsärztlicher elektronischer Verordnungen von apothekenpflichtigen Arzneimitteln, einschließlich Betäubungsmitteln, sowie von sonstigen in der vertragsärztlichen Versorgung verordnungsfähigen Leistungen die Telematikinfrastruktur zu nutzen.

(2) Ab dem 1. Januar 2022 sind Ärzte und Zahnärzte, die an der vertragsärztlichen Versorgung teilnehmen oder in Einrichtungen tätig sind, die an der vertragsärztlichen Versorgung teilnehmen oder in zugelassenen Krankenhäusern, Vorsorgeeinrichtungen oder Rehabilitationseinrichtungen tätig sind, verpflichtet, Verordnungen von verschreibungspflichtigen Arzneimitteln elektronisch auszustellen und für die Übermittlung der Verordnungen von verschreibungspflichtigen Arzneimitteln Dienste und Komponenten nach Absatz 1 zu nutzen. Für die elektronische Übermittlung von vertragsärztlichen Verordnungen von Betäubungsmitteln und von Arzneimitteln nach § 3a Absatz 1 Satz 1 der Arzneimittelverschreibungsverordnung gilt die Verpflichtung nach Satz 1 ab dem 1. Januar 2023. Die Verpflichtungen nach den Sätzen 1 und 2 gelten nicht, wenn die elektronische Ausstellung oder Übermittlung von Verordnungen von verschreibungspflichtigen Arzneimitteln oder von Arzneimitteln nach § 3a Absatz 1 der Arzneimittelverschreibungsverordnung aus technischen Gründen im Einzelfall nicht möglich ist. Die Verpflichtung nach Satz 2 in Verbindung mit Satz 1 zur elektronischen Ausstellung und Übermittlung vertragsärztlicher Verordnungen von Betäubungsmitteln gilt nicht, wenn die elektronische Ausstellung oder Übermittlung dieser Verordnungen aus technischen Gründen im Einzelfall nicht möglich ist oder wenn es sich um einen Notfall im Sinne des § 8 Absatz 6 der Betäubungsmittelverschreibungsverordnung handelt.

(3) Ab dem 1. Januar 2022 sind Apotheken verpflichtet, verschreibungspflichtige Arzneimittel auf der Grundlage ärztlicher Verordnungen nach Absatz 2 unter Nutzung der Dienste und Komponenten nach Absatz 1 abzugeben. Für die Abgabe von Betäubungsmitteln und von Arzneimitteln nach § 3a Absatz 1 Satz 1 der Arzneimittelverschreibungsverordnung gilt die Verpflichtung nach Satz 1 ab dem 1. Januar 2023. Die Verpflichtungen nach den Sätzen 1 und 2 gelten nicht, wenn der elektronische Abruf der ärztlichen Verordnung nach Absatz 2 aus technischen Gründen im Einzelfall nicht möglich ist.

(4) Ab dem 1. Januar 2023 sind die in Absatz 2 Satz 1 genannten Leistungserbringer sowie Psychotherapeuten, die an der vertragsärztlichen Versorgung teilnehmen oder in Einrichtungen tätig sind, die an der vertragsärztlichen Versorgung teilnehmen oder die in zugelassenen Krankenhäusern, Vorsorgeeinrichtungen oder Rehabilitationseinrichtungen tätig sind, verpflichtet, Verordnungen digitaler Gesundheitsanwendungen nach § 33a elektronisch auszustellen und für deren Übermittlung Dienste und Komponenten nach Absatz 1 zu nutzen. Die Verpflichtung nach Satz 1 gilt nicht, wenn die elektronische Ausstellung oder Übermittlung von Verordnungen nach Satz 1 aus technischen Gründen im Einzelfall nicht möglich ist.

(5) Ab dem 1. Juli 2024 sind die in Absatz 2 Satz 1 genannten Leistungserbringer sowie die in Absatz 4 Satz 1 genannten Psychotherapeuten verpflichtet, Verordnungen von häuslicher Krankenpflege nach § 37 sowie Verordnungen von außerklinischer Intensivpflege nach § 37c elektronisch auszustellen und für deren Übermittlung Dienste und Komponenten nach Absatz 1 zu nutzen. Die Verpflichtung nach Satz 1 gilt nicht, wenn die elektronische Ausstellung oder Übermittlung von Verordnungen nach Satz 1 aus technischen Gründen im Einzelfall nicht möglich ist. Die Erbringer von Leistungen der häuslichen Krankenpflege nach § 37 sowie der außerklinischen Intensivpflege nach § 37c sind ab dem 1. Juli 2024 verpflichtet, die Leistungen unter Nutzung der Dienste und Komponenten nach Absatz 1 auch auf der Grundlage einer elektronischen Verordnung nach Satz 1 zu erbringen. Die Verpflichtung nach Satz 3 gilt nicht, wenn der elektronische Abruf der Verordnung aus technischen Gründen im Einzelfall nicht möglich ist.

(6) Ab dem 1. Juli 2025 sind die in Absatz 2 Satz 1 genannten Leistungserbringer sowie die in Absatz 4 Satz 1 genannten Psychotherapeuten verpflichtet, Verordnungen von Soziotherapie nach § 37a elektronisch auszustellen und für deren Übermittlung Dienste und Komponenten nach Absatz 1 zu nutzen. Die Verpflichtung nach Satz 1 gilt nicht, wenn die elektronische Ausstellung oder Übermittlung von Verordnungen nach Satz 1 aus technischen Gründen im Einzelfall nicht möglich ist. Die Erbringer soziotherapeutischer Leistungen nach § 37a sind ab dem 1. Juli 2025 verpflichtet, die Leistungen unter Nutzung der Dienste und Komponenten nach Absatz 1 auch auf der Grundlage einer elektronischen Verordnung nach Satz 1 zu erbringen. Die Verpflichtung nach Satz 3 gilt nicht, wenn der elektronische Abruf der Verordnung aus technischen Gründen im Einzelfall nicht möglich ist.

(7) Ab dem 1. Juli 2026 sind die in Absatz 2 Satz 1 genannten Leistungserbringer sowie die in Absatz 4 Satz 1 genannten Psychotherapeuten verpflichtet, Verordnungen von Heilmitteln, Verordnungen von Hilfsmitteln, Verordnungen von Verbandmitteln nach § 31 Absatz 1 Satz 1, Verordnungen von Harn- und Blutteststreifen nach § 31 Absatz 1 Satz 1, Verordnungen von Medizinprodukten nach § 31 Absatz 1 sowie Verordnungen von bilanzierten Diäten zur enteralen Ernährung nach § 31 Absatz 5 elektronisch auszustellen und für deren Übermittlung Dienste und Komponenten nach Absatz 1 zu nutzen. Die Verpflichtung nach Satz 1 gilt nicht, wenn die elektronische Ausstellung oder Übermittlung von Verordnungen nach Satz 1 aus technischen Gründen im Einzelfall nicht möglich ist. Heil- und Hilfsmittelerbringer sowie Erbringer der weiteren in Satz 1 genannten Leistungen sind ab dem 1. Juli 2026 verpflichtet, die Leistungen unter Nutzung der Dienste und Komponenten nach Absatz 1 auch auf der Grundlage einer elektronischen Verordnung nach Satz 1 zu erbringen. Die Verpflichtung nach Satz 3 gilt nicht, wenn der elektronische Abruf der Verordnung aus technischen Gründen im Einzelfall nicht möglich ist.

(8) Um Verordnungen nach den Absätzen 5, 6 oder Absatz 7 elektronisch abrufen zu können, haben sich Erbringer von Leistungen der häuslichen Krankenpflege nach § 37 sowie der außerklinischen Intensivpflege nach § 37c bis zum 1. Januar 2024, Erbringer von Leistungen der Soziotherapie nach § 37a bis zum 1. Januar 2025, Heil- und Hilfsmittelerbringer sowie Erbringer der weiteren in Absatz 7 Satz 1 genannten Leistungen bis zum 1. Januar 2026 an die Telematikinfrastruktur nach § 306 anzuschließen.

(9) Versicherte können gegenüber den in Absatz 2 Satz 1 genannten Leistungserbringern sowie den in Absatz 4 Satz 1 genannten Psychotherapeuten wählen, ob ihnen die für den Zugriff auf ihre ärztliche oder psychotherapeutische Verordnung nach den Absätzen 2 und 4 bis 7 erforderlichen Zugangsdaten barrierefrei entweder durch einen Ausdruck in Papierform oder elektronisch bereitgestellt werden sollen. Versicherte können den Sofortnachrichtendienst nach § 312 Absatz 1 Satz 1 Nummer 9 nutzen, um die für den Zugriff auf ihre ärztliche oder psychotherapeutische Verordnung erforderlichen Zugangsdaten in elektronischer Form zum Zweck der Einlösung der Verordnung durch einen Vertreter einem anderen Versicherten zur Verfügung stellen.

(10) Die Gesellschaft für Telematik ist verpflichtet, die Komponenten der Telematikinfrastruktur, die den Zugriff der Versicherten auf die elektronische ärztliche Verordnung nach § 334 Absatz 1 Satz 2 Nummer 6 ermöglichen, als Dienstleistung von allgemeinem wirtschaftlichem Interesse zu entwickeln und zur Verfügung zu stellen. Das Bundesministerium für Gesundheit wird ermächtigt, durch Rechtsverordnung ohne Zustimmung des Bundesrates Schnittstellen in den Diensten nach Absatz 1 sowie in den Komponenten nach Satz 1 und ihre Nutzung durch Drittanbieter zu regeln. Die Funktionsfähigkeit und Interoperabilität der Komponenten sind durch die Gesellschaft für Telematik sicherzustellen. Die Sicherheit der Komponenten des Systems zur Übermittlung ärztlicher Verordnungen einschließlich der Zugriffsmöglichkeiten für Versicherte ist durch ein externes Sicherheitsgutachten nachzuweisen. Dabei ist abgestuft im Verhältnis zum Gefährdungspotential nachzuweisen, dass die Verfügbarkeit, Integrität, Authentizität und Vertraulichkeit der Komponente sichergestellt wird. Die Festlegung der Prüfverfahren und die Auswahl des Sicherheitsgutachters für das externe Sicherheitsgutachten erfolgt durch die Gesellschaft für Telematik im Einvernehmen mit dem Bundesamt für Sicherheit in der Informationstechnik.

Das externe Sicherheitsgutachten muss dem Bundesamt für Sicherheit in der Informationstechnik zur Prüfung vorgelegt und durch dieses bestätigt werden. Erst mit der Bestätigung des externen Sicherheitsgutachtens durch das Bundesamt für Sicherheit in der Informationstechnik dürfen die Komponenten durch die Gesellschaft für Telematik zur Verfügung gestellt werden.

(11) Verordnungsdaten und Dispensierinformationen sind mit Ablauf von 100 Tagen nach Dispensierung der Verordnung zu löschen.

(12) Die Gesellschaft für Telematik ist verpflichtet,
1. bis zum 1. Januar 2022 die Voraussetzungen dafür zu schaffen, dass Versicherte über die Komponenten nach Absatz 10 Satz 1 auf Informationen des Nationalen Gesundheitsportals nach § 395 zugreifen können und dass den Versicherten die Informationen des Portals mit Daten, die in ihrer elektronischen Verordnung gespeichert sind, verknüpft angeboten werden können, und
2. bis zum 1. Januar 2024 die Voraussetzungen dafür zu schaffen, dass Versicherte über die Komponenten nach Absatz 10 Satz 1 zum Zweck des grenzüberschreitenden Austauschs von Daten der elektronischen Verordnung, nach vorheriger Einwilligung in die Nutzung des Übermittlungsverfahrens und technischer Freigabe zum Zeitpunkt der Einlösung der Verordnung bei dem nach dem Recht des jeweiligen anderen Mitgliedstaats der Europäischen Union zum Zugriff berechtigten Leistungserbringer, Daten elektronischer Verordnungen nach Absatz 2 Satz 1 der nationalen eHealth-Kontaktstelle übermitteln können.

(13) Mit Einwilligung des Versicherten können die Rechnungsdaten zu einer elektronischen Verordnung, die nicht dem Sachleistungsprinzip unterliegt, für die Dauer von maximal zehn Jahren in den Diensten der Anwendung nach § 334 Absatz 1 Satz 2 Nummer 6 gespeichert werden. Auf die Rechnungsdaten nach Satz 1 haben nur die Versicherten selbst Zugriff. Die Versicherten können diese Rechnungsdaten zum Zweck der Kostenerstattung mit Kostenträgern teilen.

(14) Mit Einwilligung des Versicherten können Daten zu Verordnungen nach den Absätzen 2 und 4 bis 7 sowie Dispensierinformationen nach § 312 Absatz 1 Satz 1 Nummer 3 automatisiert in der elektronischen Patientenakte gespeichert werden.

(15) Das Bundesministerium für Gesundheit kann die in den Absätzen 2 bis 8 genannten Fristen durch Rechtsverordnung ohne Zustimmung des Bundesrates verlängern.

| Übersicht | Rdn. | | Rdn. |
|---|---|---|---|
| A. Regelungsgegenstand............... | 1 | C. Telematikinfrastruktur.............. | 7 |
| B. Elektronische Verordnung......... | 2 | I. Gesellschaft für Telematik als Anbieter.. | 7 |
| I. Einführung der elektronischen ärztlichen Verordnung................ | 2 | II. Entwicklung und zur Verfügung stellen der Komponenten als Dienstleistungen von allgemeinem wirtschaftlichem Interesse....................... | 8 |
| II. Ausnahmen bezüglich der elektronischen ärztlichen Verordnung......... | 3 | | |
| III. Wahlfreiheit des Versicherten zur elektronischen Nutzung................ | 4 | III. Nationales Gesundheitsportal......... | 9 |
| IV. Rechnungsdaten.................... | 5 | IV. Grenzüberschreitender Austausch von Daten der elektronischen Verordnung .. | 10 |
| V. Makelverbot....................... | 6 | | |

## A. Regelungsgegenstand

Der § 360 regelt die sukzessiv einzuführenden elektronischen Verordnungen. Ab dem 01. Januar 2022 sind vertragsärztliche Verordnungen für verschreibungspflichtige Arzneimittel in elektronischer Form auszustellen. Im nächsten Schritt werden die elektronischen Verordnungen für Betäubungsmittel und die sogenannten T-Rezeptpflichtigen-Arzneimittel, die die Wirkstoffe Lenalidomid, Pomalidomid oder Thalidomid enthalten im Rahmen der elektronischen Verordnung umgesetzt und die Verordnung von digitalen Gesundheitsanwendungen. Es folgt die Verpflichtung häusliche Krankenpflege und außerklinische Intensivpflege elektronisch zu verordnen. Ein weiteres Jahr später sind auch die Verordnungen für Soziotherapie elektronisch auszustellen und im Anschluss die Verordnungen für Heilmittel,

§ 360 SGB V   Elektronische Übermittlung und Verarbeitung vertragsärztlicher Verordnungen

Hilfsmittel, Verbandsmittel, Harn- und Blutteststreifen, Medizinprodukte und bilanzierte Diäten zur enteralen Ernährung. Die Erbringer von häuslicher Krankenpflege, außerklinischer Intensivpflege, Soziotherapie, Heil- und Hilfsmittel müssen ab diesem Zeitpunkt die Leistung auf Grundlage der elektronischen Verordnung erbringen. Das Bundesministerium für Gesundheit kann diese Fristen durch Rechtsverordnung ändern. Den Versicherten steht frei, ob sie die ärztliche Verordnung in Papierform oder auf dem elektronischen Weg nutzen. Überdies wird zum Schutz der Verordnungsdaten der Gesellschaft für Telematik die Aufgabe übertragen, die notwendigen Komponenten für den erforderlichen Zugriff auf die Verordnung zur Verfügung zu stellen. Die Daten aus der elektronischen Verordnung müssen nach 100 Tagen gelöscht werden. Aus Gründen der Behandlungssicherheit und um eine fortlaufende Übersicht der verordneten Arzneimittel sicherzustellen, können, mit Einwilligung des Versicherten, die Daten in der elektronischen Patientenakte abgelegt werden. Die Gesellschaft für Telematik wird verpflichtet weitere Komponenten für die elektronische Versorgung zu schaffen.

## B. Elektronische Verordnung

### I. Einführung der elektronischen ärztlichen Verordnung

2   Im ersten Schritt wird zum 01. Januar 2022 die elektronische Verordnung von verschreibungspflichtigen Arzneimitteln verpflichtend eingeführt. Alle an der vertragsärztlichen Versorgung teilnehmenden Ärzte, Zahnärzte, bzw. die in vertragsärztlichen Einrichtungen, Krankenhäusern oder Vorsorge- oder Rehabilitationseinrichtungen tätigen Ärzte und Zahnärzte müssen ab dem 01. Januar 2022 die Verordnungen für verschreibungspflichtige Arzneimittel in elektronischer Form ausstellen. Der Anspruch auf die Verordnung von Arzneimitteln ergibt sich aus dem § 31 Abs. 1. Die Apotheken müssen auf Grundlage der elektronischen Verordnung die Arzneimittel herausgeben (§ 360 Abs. 3 Satz 1). Ab dem 01. Januar 2023 folgen die Verordnungen von Betäubungsmitteln (§ 31 i.V.m. § 92 Abs. 1 Satz 2 Nr. 6, Betäubungsmittel-Verschreibeverordnung) und sog. T-Rezeptpflichtigen-Arzneimittel, die die Wirkstoffe Lenalidomid, Pomalidomid oder Thalidomid (§ 3a Abs. 1 Satz 1 Arzneimittelverschreibeverordnung) enthalten.

Mit dem Gesetz zur digitalen Modernisierung von Versorgung und Pflege (DVPMG) wurden, neben den Verordnungen für Betäubungsmitteln und T-Rezeptpflichtigen-Arzneimitteln, für weitere Leistungen verpflichtende Umsetzungsdaten für die elektronische Verordnung eingeführt. Ergänzt wurde u.a. die elektronische Verordnung von digitalen Gesundheitsanwendungen und Soziotherapie. Die vertragsärztlich tätigen Psychotherapeuten wurden als Verordner für die elektronische Verordnung in den Abs. 4 bis 7 ergänzt. Für die verpflichtende Verordnung und Übermittlung in elektronischer Form durch die zuvor genannten Leistungserbringer und vertragsärztlich tätigen Psychotherapeuten normiert § 360 Abs. 4 bis 7 folgenden Daten:
- 01. Januar 2023 für die digitalen Gesundheitsanwendungen (Anspruch aus § 33a)
- 01. Juli 2024 für häusliche Krankenpflege (Anspruch i.S.d. § 37) und außerklinische Intensivpflege (Anspruch aus § 37c),
- 01. Juli 2025 für Soziotherapie (Anspruch aus § 37a),
- 01. Juli 2026 für Heil- und Hilfsmittel (Anspruch i.S.d. § 32 und 33), Verbandsmitteln (§ 31 Abs. 1 Satz 1), Harn- und Blutteststreifen (§ 31 Abs. 1 Satz 1), sonstige Medizinprodukte (§ 31 Abs. 1) und bilanzierte Diäten zur enteralen Ernährung (§ 31 Abs. 5).

Für die Erbringer der Leistungen von häuslicher Krankenpflege, außerklinischer Intensivpflege, Soziotherapie, Heilmitteln bzw. die zur Abgabe berechtigten Leistungserbringer von Arzneimitteln (inklusive Betäubungsmitteln und T-Rezeptpflichtigen-Arzneimittel), Hilfsmitteln, Verbandsmitteln, Harn- und Blutteststreifen, Medizinprodukten und Produkten zur enteralen Ernährung von bilanzierten Diäten gelten verpflichtend dieselben Daten für die Erbringung der Leistungen auf Grundlage einer elektronischen Verordnung.

Dem Abs. 1 des § 360 ist zu entnehmen, dass die Übermittlung und Verarbeitung von apothekenpflichtigen Arzneimitteln auch bereits vor dem 01. Januar 2022 erfolgen kann, unter der Voraussetzung, dass die erforderlichen Dienste der Telematikinfrastruktur flächendeckend zur Verfügung stehen.

## II. Ausnahmen bezüglich der elektronischen ärztlichen Verordnung

Ausnahmen der elektronischen Verordnung finden sich in den § 360 Abs. 2 Satz 3 und 4, Abs. 4 Satz 2, Abs. 5 Satz 2, Abs. 6 Satz 2 und Abs. 7 Satz 2. Steht dem verordneten ärztlichen Leistungserbringer oder Psychotherapeut die elektronische Verordnung technisch nicht zur Verfügung, kann von der Erstellung der Verordnung auf elektronischen Weg abgesehen und das bislang praktizierte Verfahren der Papierverordnung angewandt werden. Der Gesetzentwurf zum Patientendaten-Schutz-Gesetz (BT-Drs. 19/18793 S. 128) nennt beispielsweise den Fall, dass die Dienste und Komponenten der Telematikinfrastruktur nicht zur Verfügung stehen oder der Arzt im Rahmen eines Hausbesuches technisch keinen Zugriff hat. Für die Verordnung von Betäubungsmittel kann zudem von einer elektronischen Verordnung abgesehen werden, wenn es sich um eine Notfall-Verschreibung i.S.d. § 8 Abs. 6 Betäubungsmittelverschreibeverordnung handelt. Diese Verordnung muss mit dem Vermerk »Notfall-Verschreibung« gekennzeichnet sein. 3

Für die Abgabe von Arzneimittel (§ 360 Abs. 3 Satz 3), Hilfsmitteln, Verbandmitteln, Harn- und Blutteststreifen, Medizinprodukten, Produkte zur enteralen Ernährung bei bilanzierten Diäten (§ 360 Abs. 7 Satz 4) und die Leistungserbringung von häuslicher Krankenpflege (§ 360 Abs. 5 Satz 4) und Soziotherapie (§ 360 Abs. 6 Satz 4) gilt ebenfalls die Ausnahme, von der elektronischen Verordnung abzusehen, sofern diese technisch nicht zur Verfügung steht.

## III. Wahlfreiheit des Versicherten zur elektronischen Nutzung

Den Versicherten wird freigestellt, ob sie die elektronische Verordnung im Rahmen der elektronischen Patientenakte i.S.d. § 341 Abs. 2 Satz 1 Nr. 11 nutzen oder die Zugangsdaten zur elektronischen Verordnung dem Apotheker oder sonstigen Leistungserbringer in Papierform vorlegen. Der Zugriff auf die Verordnung durch den Apotheker oder sonstiger Leistungserbringer erfolgt auch bei der Vorlage der Zugangsdaten in Papierform über einen QR-Code. Die Verordnungsdaten werden auch dann in der Telematikinfrastruktur abgerufen. Für den Zugang zu den Verordnungsdaten benötigt der Apotheker, wie alle zugriffsberechtigten Personen außer dem Versicherten selbst, einen Heilberufsausweis, um sich zu identifizieren. Dieser wird künftig auch in elektronischer Form ausgestellt (§ 340). Die Gesellschaft für Telematik muss bis zum 01. April 2022 ein sicheres Übermittlungsverfahren für Sofortnachrichten für die Kommunikation zwischen dem Leistungserbringer und den Versicherten zur Verfügung stellen (§ 312 Abs. 1 Satz 1 Nr. 9). Dieser Dienst ist grundsätzlich nur für die Kommunikation zwischen dem Leistungserbringer und dem Versicherten oder der Krankenkasse und dem Versicherten zugelassen. Der Abs. 9 Satz 2 stellt dem Versicherten frei, die Verordnungsdaten über diesen Dienst an eine dritte Person zu übermitteln. 4

## IV. Rechnungsdaten

Rechnungsdaten für Verordnungen können für eine Dauer von zehn Jahren in der elektronischen Patientenakte gespeichert werden. Voraussetzung hierfür ist, dass der Versicherte der Speicherung zugestimmt hat und diese Rechnungen nicht dem Sachleistungsprinzip unterliegen, sondern dass es sich um Rechnungsdaten aus dem Kostenerstattungsprinzip handelt. Das Kostenerstattungsprinzip findet in der privaten Krankenversicherung Anwendung und, sofern ein gesetzlich Krankenversicherter die Kostenerstattung nach § 13 Abs. 2 gewählt hat, in Ausnahmefällen auch hier. 5

## V. Makelverbot

Das Verbot i.S.d. § 31 Abs. 1 Satz 5 und 6 besagt, dass Ärzte und Krankenkassen weder Versicherte dahingehend beraten dürfen, die Verordnung in einer bestimmten Apotheke oder einem bestimmten Leistungserbringer einzulösen. Dies gilt auch für die elektronische Verordnung (§ 31 Abs. 1 Satz 7). Daneben wurde im Rahmen des Patientendaten-Schutz-Gesetzes in § 11 Abs. 1 Satz 1 und Abs. 1a ApoG klargestellt, dass Absprachen und das Sammeln von Verordnungen oder Weiterleitungen von Verordnung nicht gestattet ist, wenn hierdurch Vorteile für sich oder andere gewährt oder versprochen werden. Dies gilt ebenfalls für die elektronische Verordnung. Eine 6

§ 360 SGB V  Elektronische Übermittlung und Verarbeitung vertragsärztlicher Verordnungen

Verfassungsbeschwerde (BVerfG, 12.11.2020 – 1 BvR 2424/20) gegen dies Änderung zum kommerzielle Makeln blieb erfolglos. Im Rahmen des Gesetzes zur digitalen Modernisierung von Versorgung und Pflege wurde der § 11 Abs. 1 ApoG erneut verschärft, indem klargestellt wird, dass das Makelverbot auch für die Zuweisung von elektronischen Verordnungen oder auch für Zugangsdaten zu elektronischen Verordnungen gilt.

## C. Telematikinfrastruktur

### I. Gesellschaft für Telematik als Anbieter

7   Die Anwendung für die Nutzung der elektronischen Verordnung in der Telematikinfrastruktur dürfen laut § 311 Abs. 1 Nr. 10 und § 360 Abs. 10 Satz 2 ausschließlich von der Gesellschaft für Telematik (§ 310) entwickelt und zur Verfügung gestellt werden. Diese gesetzliche Festlegung hat mehrere Hintergründe. Einerseits unterliegen die Gesundheitsdaten gem. Art. 4 Nr. 15 DSGVO einem besonderen Schutz. Andererseits wird durch die Entwicklung und das zur Verfügung stellen der Dienste und Komponenten durch eine einzige Stelle sichergestellt, dass alle Leistungserbringer gleichermaßen an die Dienste angebunden sind und somit unter anderem die freie Apothekenwahl i.S.d. § 31 Abs. 1 Satz 5 gewährleistet wird, da jeder Leistungserbringer gleichermaßen an die Telematikinfrastruktur angebunden ist. Die Möglichkeit eine Schnittstelle für Drittanbieter – für sog. Mehrwertanwendungen – besteht, wenn das Bundesministerium für Gesundheit dieses durch Rechtsverordnung zulässt. Diese Erweiterungsmöglichkeit ist notwendig, da Krankenkassen Anwendungen auf der elektronischen Patientenakte, wie beispielsweise den elektronischen Medikationsplan (§ 341 Abs. 2 Nr. 1b) oder die Notfalldaten (§ 341 Abs. 2 Nr. 1c) von Drittanbietern, zur Verfügung stellen lassen können (§ 341 Abs. 4 Satz 3). Voraussetzung ist hier, dass die Anwendung durch die Gesellschaft für Telematik zugelassen wurde (§ 325). Zudem wird die Gesellschaft für Telematik verpflichtet die Funktionsfähigkeit ihrer Anwendungen sicherzustellen.

### II. Entwicklung und zur Verfügung stellen der Komponenten als Dienstleistungen von allgemeinem wirtschaftlichem Interesse

8   Aus § 360 Abs. 10 Satz 1 geht hervor, dass die Gesellschaft für Telematik mit der Entwicklung der Komponenten und dem zur Verfügung stellen der Dienste mit einer Dienstleistung von allgemeinem wirtschaftlichem Interesse betraut wird. In der Gesetzesbegründung zum Patientendaten-Schutz-Gesetz (BT-Drs. 19/18793 S. 129) wird ausgeführt, dass diese Einordnung rein vorsorglich statuiert wurde. Vielmehr handle es sich um eine Aufgabe ohne Gewinnerzielungsabsicht und stehe bei der sicheren Übermittlung und dem Zugriff auf die sensiblen Gesundheitsdaten keine wirtschaftliche Tätigkeit offen. Es handle sich aber um eine Tätigkeit zum Zweck einer nichtwirtschaftlichen Dienstleistung, die die Gesellschaft für Telematik als Verwaltungskompetenz nach Art. 87 Abs. 3 Satz 2 GG einordnet.

### III. Nationales Gesundheitsportal

9   Zum 01. Januar 2022 muss die Gesellschaft für Telematik Komponenten schaffen, die es den Versicherten ermöglichen auf Informationen aus dem Nationalen Gesundheitsportal über das verordnete Arzneimittel, Inhaltsstoffe und weitere Details aus ihrer Verordnung zugreifen zu können. Dem Gesetzesentwurf zu dem Gesetz zur digitalen Modernisierung von Versorgung und Pflege (BT-Drs. 19/27652 S. 132) ist zu entnehmen, dass ein Abruf der Daten durch das Nationale Gesundheitsportal nicht möglich sein soll und eine Profilbildung nicht erfolgen darf. Das Nationale Gesundheitsportal nach § 395 wird durch das Bundesministerium für Gesundheit betrieben.

### IV. Grenzüberschreitender Austausch von Daten der elektronischen Verordnung

10  Mit dem DVPMG wurde die Gesellschaft für Telematik verpflichtet bis zum 01. Januar 2024 die Möglichkeit zu schaffen, Verordnungen über die nationale Kontaktstelle nach § 291d (eHealth-Kontaktstelle) auszutauschen.

# Elftes Buch Sozialgesetzbuch – SGB XI – Soziale Pflegeversicherung

In der Fassung der Bekanntmachung vom 26. Mai 1994 (BGBl. I S. 1014, 1015), zuletzt geändert durch Artikel 2a des Gesetzes vom 11. Juli 2021 (BGBl. I S. 2754)

## Inhaltsübersicht

| | |
|---|---|
| § 1 | Soziale Pflegeversicherung |
| § 7c | Pflegestützpunkte, Verordnungsermächtigung |
| § 14 | Begriff der Pflegebedürftigkeit |
| § 15 | Ermittlung des Grades der Pflegebedürftigkeit, Begutachtungsinstrument |
| § 28 | Leistungsarten, Grundsätze |
| § 36 | Pflegesachleistung |
| § 37 | Pflegegeld für selbst beschaffte Pflegehilfen |
| § 39 | Häusliche Pflege bei Verhinderung der Pflegeperson |
| § 40 | Pflegehilfsmittel und wohnumfeldverbessernde Maßnahmen |
| § 41 | Tagespflege und Nachtpflege |
| § 42 | Kurzzeitpflege |
| § 43 | Inhalt der Leistung |
| § 45b | Entlastungsbetrag |
| § 47a | Stellen zur Bekämpfung von Fehlverhalten im Gesundheitswesen |
| § 72 | Zulassung zur Pflege durch Versorgungsvertrag |
| § 75 | Rahmenverträge, Bundesempfehlungen und -vereinbarungen über die pflegerische Versorgung |
| § 76 | Schiedsstelle |
| § 77 | Häusliche Pflege durch Einzelpersonen |
| § 78 | Verträge über Pflegehilfsmittel, Pflegehilfsmittelverzeichnis und Empfehlungen zu wohnumfeldverbessernden Maßnahmen |
| § 79 | Wirtschaftlichkeits- und Abrechnungsprüfungen |
| § 82 | Finanzierung der Pflegeeinrichtungen |
| § 84 | Bemessungsgrundsätze |
| § 85 | Pflegesatzverfahren |
| § 86 | Pflegesatzkommission |
| § 87 | Unterkunft und Verpflegung |
| § 87a | Berechnung und Zahlung des Heimentgelts |
| § 88 | Zusatzleistungen |
| § 89 | Grundsätze für die Vergütungsregelung |
| § 91 | Kostenerstattung |
| § 92a | Pflegeheimvergleich |
| § 92b | Integrierte Versorgung |
| § 105 | Abrechnung pflegerischer Leistungen |
| § 115 | Ergebnisse von Qualitätsprüfungen, Qualitätsdarstellung, Vergütungskürzung |
| § 119 | Verträge mit Pflegeheimen außerhalb des Anwendungsbereichs des Wohn- und Betreuungsvertragsgesetzes |
| § 120 | Pflegevertrag bei häuslicher Pflege |

## § 1 Soziale Pflegeversicherung

(1) Zur sozialen Absicherung des Risikos der Pflegebedürftigkeit wird als neuer eigenständiger Zweig der Sozialversicherung eine soziale Pflegeversicherung geschaffen.

(2) In den Schutz der sozialen Pflegeversicherung sind kraft Gesetzes alle einbezogen, die in der gesetzlichen Krankenversicherung versichert sind. Wer gegen Krankheit bei einem privaten Krankenversicherungsunternehmen versichert ist, muß eine private Pflegeversicherung abschließen.

(3) Träger der sozialen Pflegeversicherung sind die Pflegekassen; ihre Aufgaben werden von den Krankenkassen (§ 4 des Fünften Buches) wahrgenommen.

(4) Die Pflegeversicherung hat die Aufgabe, Pflegebedürftigen Hilfe zu leisten, die wegen der Schwere der Pflegebedürftigkeit auf solidarische Unterstützung angewiesen sind.

(5) (nicht abgedruckt)

(6) Die Ausgaben der Pflegeversicherung werden durch Beiträge der Mitglieder und der Arbeitgeber finanziert. Die Beiträge richten sich nach den beitragspflichtigen Einnahmen der Mitglieder. Für versicherte Familienangehörige und eingetragene Lebenspartner (Lebenspartner) werden Beiträge nicht erhoben.

(7) Ein Lebenspartner einer eingetragenen Lebenspartnerschaft gilt im Sinne dieses Buches als Familienangehöriger des anderen Lebenspartners, sofern nicht ausdrücklich etwas anderes bestimmt ist.

| Übersicht | Rdn. | | Rdn. |
|---|---|---|---|
| **A. Aufgaben und Funktionen der Pflegeversicherung (PV)** | 1 | b) Die Mitgliedschaft | 9 |
| I. PV als eigenständiger Versicherungszweig | 1 | c) Anwendbares Recht und Verwaltungs-/Gerichtsverfahren | 11 |
| II. Versichertes Risiko | 4 | 2. Die private Pflegeversicherung (PPV) | 12 |
| III. Aufgabe und Funktion der PV | 5 | a) Organisation der PPV | 12 |
| **B. Organisation der PV** | 6 | b) Der Versicherungsvertrag | 13 |
| I. Allgemeines | 6 | c) Anwendbares Recht und Gerichtsverfahren | 15 |
| II. Zweigliedriges System der PV | 7 | **C. Die Versicherungspflicht** | 17 |
| 1. Die soziale Pflegeversicherung (SPV) | 7 | **D. Finanzierung der Pflegeversicherung** | 20 |
| a) Organisation der SPV | 7 | | |

### A. Aufgaben und Funktionen der Pflegeversicherung (PV)

#### I. PV als eigenständiger Versicherungszweig

1 Zum 01.01.1995 trat das durch das Pflege-Versicherungsgesetz vom 26.05.1994 (BGBl. I S. 1014) geschaffene SGB XI in Kraft (Materialien: BT-Drs. 12/6517, 12/5761, 12/5891, 12/5262). Zu der vorausgegangenen langjährigen Diskussion vgl. die zusammenfassende Darstellung in BVerfG Urt. v. 03.04.2001 – 1 BvR 2014/95, BVerfGE 103, 197 (200 ff.). Zum 01.01.2017 reformierte das Zweite Gesetz zur Stärkung der pflegerischen Versorgung und zur Änderung weiterer Vorschriften (Zweites Pflegestärkungsgesetz – **PSG II**) v. 21.12.2015 (BGBl. I S. 2424) den bisherigen Pflegebegriff (zu den Materialien vgl. BT-Drs 18/5926, vgl. auch die Komm. zu § 14 und § 15 jeweils Rdn. 1). Diese neuen Pflegeansätze wurden durch das Dritte Gesetz zur Stärkung der pflegerischen Versorgung und zur Änderung weiterer Vorschriften (Drittes Pflegestärkungsgesetz – **PSG III**) v. 23.12.2016 (BGBl. I S. 3191) fortgesetzt (zu den Materialien vgl. BT-Drs. 18/9518). Zuletzt haben sich u.a. Änderungen durch das Terminservice- und Versorgungsgesetz (TSVG) vom 06.05.2019 (BGBl. I S. 646), das Gesetz für mehr Sicherheit in der Arzneimittelversorgung (AMVSichG) vom 09.08.2019 (BGBl. I S. 1202, BGBl. I S. 318), das Digitale-Versorgung-Gesetz (DVG) vom 09.12.2019 (BGBl. I S. 2562), das Gesetz zur Regelung des Sozialen Entschädigungsrechts

(EntschRRegG) vom 12.12.2019 (BGBl. I S. 2652), das Gesetz über die Ausbildung zur Anästhesietechnischen Assistentin und zum Anästhesietechnischen Assistenten und über die Ausbildung zur Operationstechnischen Assistentin und zum Operationstechnischen Assistenten (ATA/OTA-AusbG) vom 14.12.2019 (BGBl. I S. 2768), das GKV-Betriebsrentenfreibetragsgesetz (GKV-BRG) vom 21.12.2019 (BGBl. I S. 2913), das Gesetz zur Einführung einer Wohnungslosenberichterstattung sowie einer Statistik untergebrachter wohnungsloser Personen und zur Änderung weiterer Gesetze (WoBerichtsEinfG) vom 04.03.2020, das Fairer-Kassenwettbewerb-Gesetz (GKV-FKG) vom 22.03.2020 (BGBl. I S. 604), das COVID-19-Krankenhausentlastungsgesetz (COVKHEntlG) vom 27.03.2020 (BGBl. I S. 580), das Zweite Gesetz zum Schutz der Bevölkerung bei einer epidemischen Lage von nationaler Tragweite (EpiBevSchG 2) vom 19.05.2020 (BGBl. I S. 1018), das Patientendaten-Schutz-Gesetz (PDSG) vom 14.10.2020 (BGBl. I S. 2115), das Krankenhauszukunftsgesetz (KHZG) vom 23.10.2020 (BGBl. I S. 2208), das Intensivpflege- und Rehabilitationsstärkungsgesetz (GKV-IPReG) vom 23.10.2020 (BGBl. I S. 2220), das Gesundheitsversorgungs- und Pflegeverbesserungsgesetz (GPVG) vom 22.12.2020 (BGBl. I S. 3299), das Zweite Gesetz zur Änderung des Bundeselterngeld- und Elternzeitgesetzes (BEEGÄndG 2) vom 15.02.2021 (BGBl. I S. 239), das Registermodernisierungsgesetz (RegMoG) vom 28.03.2021 (BGBl. I S. 591) und das Gesetz zur Fortgeltung der die epidemische Lage von nationaler Tragweite betreffenden Regelungen (EpiRFortgeltG) vom 29.03.2021 (BGBl. I S. 370) ergeben.

Gem. § 1 Abs. 1 und § 3 Abs. 1 Satz 1 SGB IV gehört die soziale Pflegeversicherung (SPV) neben der gesetzlichen Kranken-, Unfall- und Rentenversicherung einschließlich der Alterssicherung der Landwirte als eigenständiger Zweig zur Sozialversicherung. Gleichzeitig sind auch Personen, die nicht Mitglieder der gesetzlichen Krankenversicherung sind, mit dem Zwang belegt, sich privat gegen das Risiko der Pflegebedürftigkeit abzusichern (§ 23 Abs. 1).

Das Konzept einer möglichst alle Bürger umfassenden Absicherung des Pflegebedürftigkeitsrisikos durch die SPV und die private Pflege-Pflichtversicherung (PPV) begegnet keinen verfassungsrechtlichen Bedenken (BvR Urt. v. 03.04.2001 – 1 BvR 2014/95, BVerfGE 103, 197, 215 ff., 222 ff., SozR 3–1100 Art. 74 Nr. 4).

## II. Versichertes Risiko

Die PV ist als Risikoversicherung ausgestaltet. Die Versicherten erwerben einen grds. entgeltlichen Schutz gegen das Risiko der Pflegebedürftigkeit. Das BVerfG hat den durch die Beitragszahlung erworbenen Pflegeversicherungsschutz zu den durch Art. 14 GG geschützten existenzsichernden Leistungen gezählt (BVerfG Nichtannahmebeschl. v. 07.10.2008 – 1 BvR 2995/06, 1 BvR 740/07, BVerfGK 14, 287–294 = juris Rn. 17 ff.). Zur Pflegebedürftigkeit vgl. §§ 14 und 15. Die PV bietet jedoch keinen Vollschutz, der den jeweiligen individuellen Pflegebedarf vollständig deckt. Vielmehr handelt es sich um eine Teilversicherung, eine Grundsicherung (*Gaa-Unterpaul* in Krauskopf, Soziale Krankenversicherung – Pflegeversicherung § 4 SGB XI Rn. 8). Soweit bei der Pflege Eigenbeteiligungen anfallen, beruht das darauf, dass die Leistungen der PV gerade nicht den vollständigen Bedarf decken, sondern der Höhe nach begrenzt sind (BSG Urt. v. 25.02.2015 – B 3 KR 13/13 R, SozR 4–2500 § 33 Nr. 44, juris Rn. 43). Auch können nur die im SGB XI anerkannten Pflegebedarfe durch die gesetzlich bestimmten Pflegeleistungen gedeckt werden; einen überschießenden bzw. einen weitergehenden Bedarf hat der einzelne Pflegebedürftige zusätzlich und selbst zu decken (vgl. z.B. § 4 Abs. 2).

## III. Aufgabe und Funktion der PV

Pflegebedürftigkeit ist kein singulär auftretendes Risiko, es handelt sich vielmehr um ein **allgemeines Lebensrisiko** (*Unterpaul* in: Krauskopf Soziale Krankenversicherung – Pflegeversicherung § 1 SGB XI Rn. 3). Daher sah es der Gesetzgeber als erforderlich an, die Folgen der Pflegebedürftigkeit nicht nur für den Einzelnen zu mindern, sondern auch die Allgemeinheit vor den aus einer weitgehend fehlenden individuellen Pflegebedürftigkeitssicherung folgenden **gesamtgesellschaftlichen Belastungen** zu bewahren (dazu vgl. BVerfG Urt. v. BvR 03.04.2001 – 1 BvR 2014/

95, BVerfGE 103, 197, 221 ff., SozR 3–1100 Art. 74 Nr. 4; vgl. auch *Unterpaul* in: Krauskopf Soziale Krankenversicherung – Pflegeversicherung § 1 SGB XI Rn. 10; *Schulin* NZS 1994, 433 [435 f.]).

## B. Organisation der PV

### I. Allgemeines

6  Das SGB XI installiert ein **zweigliedriges System** der PV. Zunächst wird in Anlehnung an den in der gesetzlichen Krankenversicherung versicherten Personenkreis (§ 1 Abs. 2 Satz 1) ein eigenständiger Zweig der »gesetzlichen« Pflegeversicherung, die **Soziale Pflegeversicherung** (SPV), geschaffen. Daneben verpflichtet § 1 Abs. 2 Satz 2 die bei einem (privaten) Krankenversicherungsunternehmen gegen Krankheit versicherten Personen, eine **private Pflegeversicherung** (PPV) abzuschließen, und installiert insoweit einen weiteren Versicherungsbereich in der Privatversicherungswirtschaft.

### II. Zweigliedriges System der PV

#### 1. Die soziale Pflegeversicherung (SPV)

##### a) Organisation der SPV

7  Träger der SPV sind gem. § 1 Abs. 3 die rechtlich selbstständigen Pflegekassen. Es handelt sich um eigenständige rechtsfähige Körperschaften des öffentlichen Rechts mit Selbstverwaltung (§ 46 Abs. 2 Satz 1), die sich eine Satzung (zum Inhalt: § 47) zu geben haben.

8  Trotz der rechtlichen Selbstständigkeit sind die Pflegekassen mit den Krankenkassen der Gesetzlichen Krankenversicherung verbunden: Bei jeder Krankenkasse i.S.d. § 4 SGB V ist eine Pflegekasse zu errichten (§ 1 Abs. 3, § 46 Abs. 1 Satz 2), die Organe der Pflegekasse sind die Organe der Krankenkasse (§ 46 Abs. 2 Satz 2), und die Aufgaben der Pflegekasse werden durch die Krankenkassen wahrgenommen (§ 1 Abs. 3).

##### b) Die Mitgliedschaft

9  Wie in allen Bereichen der **Sozialversicherung** ist das Verhältnis von Versichertem zu seiner Pflegekasse ein sog. **Mitgliedschaftsverhältnis**; der Versicherte ist Mitglied der Pflegekasse als Körperschaft des Öffentlichen Rechts. Die Mitgliedschaft bei einer Pflegekasse beginnt mit dem Tag, an dem die Voraussetzungen der Versicherungspflicht i.S.d. §§ 20, 21 vorliegen und endet mit dem Tod des Mitglieds oder mit Ablauf des Tages, an dem die Versicherungspflicht entfällt (§ 49 Abs. 1; zur freiwilligen Mitgliedschaft vgl. § 49 Abs. 3).

10  Ein Wahlrecht, zu welcher Pflegekasse das Versicherungsverhältnis und damit die Mitgliedschaft bestehen soll, existiert nicht. Denn auch hier folgt die PV der GKV: grds. entsteht die Mitgliedschaft bei derjenigen Pflegekasse, die bei der Krankenkasse i.S.d. § 4 SGB V errichtet ist, bei der der Versicherte gesetzlich krankenversichert ist (§ 48 Abs. 1 Satz 1). Die Pflegekasse kann damit nur als Folge eines Wechsels der Krankenkasse gewechselt werden.

##### c) Anwendbares Recht und Verwaltungs-/Gerichtsverfahren

11  Da es sich bei der SPV um ein sozialrechtliches, öffentlich-rechtliches Versicherungssystem handelt, untersteht das Recht der sozialen Pflegeversicherung nicht nur den Vorschriften des **SGB XI** sondern auch dem öffentlich-rechtlichen Regime des **SGB I** (insb. § 31 SGB I) und **SGB IV**. Verwaltungsverfahren und Gerichtsverfahren richten sich nach dem **SGB X** und dem **SGG** (Zuständigkeit der Sozialgerichte gem. § 51 Abs. 1 Nr. 2 SGG).

## 2. Die private Pflegeversicherung (PPV)

### a) Organisation der PPV

Anders als die SPV ist die PPV nicht durch eigenständige Versicherungsträger organisiert. Vielmehr handelt es sich bei der PPV um einen Teilbereich der **Privatversicherungswirtschaft**, der entsprechend den Vorschriften des **VAG** und des **VVG** organisiert ist.

### b) Der Versicherungsvertrag

Das Verhältnis zwischen PPV und Versichertem ist ein **vertragliches Schuldverhältnis**. Dementsprechend existiert grds. **kein Mitgliedsverhältnis** in der PPV (anders nur bei Versicherungsvereinen). Grds. ist der Versicherungsvertrag mit dem Versicherungsunternehmen abzuschließen, bei dem die Versicherung gegen Krankheit besteht. Es besteht **Kontrahierungszwang** (§ 110 Abs. 1 Nr. 1). Im Rahmen des § 23 Abs. 2 besteht jedoch ein **gewisses Wahlrecht** bei der Auswahl der PV.

Die gegenseitigen Rechte und Pflichten ergeben sich aus dem zwischen dem Versicherungsnehmer und dem Versicherungsunternehmen geschlossenen **Pflegeversicherungsvertrag** unter Beachtung der **Versicherungsbedingungen** und der Regelungen des VVG sowie des VAG. Hier enthält aber auch § 110 inhaltliche Vorgaben, wie z.B. das Verbot des Ausschlusses von Vorerkrankungen (§ 110 Abs. 1 Nr. 2 Buchst. a, Abs. 3 Nr. 2).

### c) Anwendbares Recht und Gerichtsverfahren

Bei der PPV handelt es sich um einen Teilbereich der Privatversicherungswirtschaft, der zunächst dem **Vertragsrecht des BGB** unterliegt. Daneben enthalten das **VAG** und das **VVG** Regelungen zur Pflegeversicherung. Als privatrechtlichem Versicherungsverhältnis unterfällt die PPV nicht dem SGB X. Das **SGB XI** ist nur insoweit anwendbar, als dieses ausdrücklich die PPV anspricht. Hierzu enthält § 23 Abs. 1 Satz 2 Bestimmungen zum Umfang der Versicherungsleistungen. Grundlage der Leistungserbringung ist aber in der PPV der individuelle **Versicherungsvertrag**. Ebenfalls enthält § 110 Vorschriften zur PPV (z.B. Kontrahierungszwang, Verbot des Ausschlusses von Vorerkrankungen, keine längeren Wartezeiten als in der SPV, beitragsfreie Mitversicherung von Kindern). Weitere anwendbare Vorschriften finden sich z.B. in §§ 7a Abs. 5; 7b Abs. 4; 18 Abs. 3b; 28 Abs. 1a; 37 Abs. 3; 44; 45b; 91).

Auch wenn es sich in der Sache somit um rein zivilrechtliche Rechtsstreite handelt, für die das Gesetz kein Verwaltungsverfahren vorsieht, sind die Rechtsstreitigkeiten in Angelegenheiten der PPV den **Sozialgerichten** zugewiesen (§ 51 Abs. 1 Nr. 2, Abs. 2 Satz 2 SGG), sodass für das Gerichtsverfahren die Regelungen des SGG gelten. Damit hat der Gesetzgeber hinsichtlich der Gerichtszuständigkeit einen Gleichklang zwischen PPV und SPV und nicht zwischen PPV und PKV hergestellt.

Zur Frage der Verbindlichkeit von privaten Versicherungsunternehmen eingeholten **Gutachten** vgl. BSG Urt. v. 22.04.2015 – B 3 P 8/13 R: Danach hat das BSG seine frühere Rechtsprechung zur Verbindlichkeit von solchen Gutachten aufgegeben. Zwar sehe § 84 Abs. 1 Satz 1 VVG grds. für alle Arten der privaten Schadensversicherung eine Verbindlichkeit vor; diese Vorschrift sei jedoch auf private Pflegepflichtversicherungsverträge nicht anwendbar, weil sie insoweit von den spezielleren Regelungen des § 23 verdrängt werde. In den sozialgerichtlichen Verfahren seien Gutachten beweisrechtlich grds. unterschiedslos allein nach ihrer Überzeugungskraft zu werten. Es sei nicht zu rechtfertigen, den Gutachten der privaten Pflegeversicherung generell einen höheren Beweiswert beizumessen. Dies gelte insbesondere, seitdem der Gesetzgeber das Gutachtenverfahren im SGB XI verbessert und die Rechte der Versicherten hinsichtlich der Auswahl eines Gutachters in § 18 Abs. 3a gestärkt habe, ohne deshalb diesen Gutachten mehr Verbindlichkeit zuzuschreiben. Die Gutachten der privaten Pflegeversicherung, denen kein derartiges Auswahlverfahren des Betroffenen vorangegangen sei, könnten bei Anwendung »gleicher Maßstäbe« dann nicht für die Gerichte verbindlich sein (BSG Urt. v. 22.04.2015 – B 3 P 8/13 R). Zuletzt hat das BSG (Urt. v. 25.11.2015 – B 3 P 3/14 R) zu dieser Frage entschieden. Die Verbindlichkeitsanordnung des § 84 Abs. 1 Satz 1 VVG lasse sich nicht mit den für private Pflegepflichtversicherungsverträge spezielleren Regelungen des § 23 vereinbaren, welche die vollständige materielle Gleichwertigkeit und die weitestgehende verfahrensrechtliche Parallelität der privaten mit der sozialen Pflegeversicherung vorschreibe (BSG Urt. v. 25.11.2015 – B 3 P 3/14 R, juris Rn. 13).

### C. Die Versicherungspflicht

17 Jede krankenversicherte Person im Gebiet der Bundesrepublik Deutschland (§ 3 SGB IV) unterliegt der **Pflegeversicherungspflicht** (§ 1 Abs. 2). Diese Versicherungspflicht besteht unabhängig davon, ob die Person gesetzlich oder privat krankenversichert ist (§ 1 Abs. 2 Satz 1 und 2), maßgeblich ist allein das **Versichertsein gegen Krankheit**. Seit dem 01.01.2009 besteht eine Verpflichtung zur Krankenversicherung (§ 193 Abs. 3 VVG, § 5 Abs. 1, insbesondere Nr. 13 SGB V), sodass auch grds. niemand mehr ohne Pflegeversicherungsschutz verbleibt.

18 Welchem Zweig der PV, der SPV oder der PPV ein Versicherter zuzuordnen ist, bestimmt sich danach, in welchem Zweig der PV die gesetzliche Versicherungspflicht besteht. §§ 20, 21 bestimmen den in der **SPV** pflichtversicherten Personenkreis. Dazu gehören zunächst alle versicherungspflichtigen und die freiwillig versicherten Mitglieder der GKV sowie Empfänger der in § 21 genannten Sozialleistungen. Zur Möglichkeit der freiwilligen Weiterversicherung in der SPV vgl. § 26, zur Möglichkeit der Befreiung von der Versicherungspflicht in der SPV vgl. § 22, zur Familienmitversicherung vgl. § 25.

19 In der **PPV** sind versicherungspflichtig Personen, die gegen das Risiko Krankheit bei einem privaten Krankenversicherungsunternehmen mit Anspruch auf allgemeine Krankenleistungen oder im Rahmen von Versicherungsverträgen, die der Versicherungspflicht nach § 193 Abs. 3 VVG genügen, versichert sind.

### D. Finanzierung der Pflegeversicherung

20 Für die **SPV** bestimmt § 54 Abs. 1, dass die Mittel für die PV durch Beiträge sowie sonstige Einnahmen (§§ 62 ff.) gedeckt werden. Die Beiträge werden durch die Mitglieder und die Arbeitgeber finanziert (§ 1 Abs. 6, § 58 Abs. 1). Mittels eines **Finanzausgleichs** (Ausgleichsfonds), der beim Bundesversicherungsamt durchgeführt wird (§§ 65 ff.), werden die Leistungsaufwendungen sowie die Verwaltungskosten der Pflegekassen nach dem Verhältnis der Beitragseinnahmen der Pflegekassen verteilt und im Ergebnis von allen Pflegekassen gemeinsam getragen. Zur langfristigen Stabilisierung der Beitragsentwicklung in der SPV hat der Gesetzgeber einen Pflegevorsorgefonds (§§ 131 ff.) installiert. Es handelt sich um ein Sondervermögen mit dem Namen »Vorsorgefonds der sozialen Pflegeversicherung« errichtet. Dieses Sondervermögen, das bei der Deutschen Bundesbank geführt wird (§ 134 Abs. 1 Satz 1), ist nicht rechtsfähig (§ 133 Satz 1), es kann jedoch unter seinem Namen im rechtsgeschäftlichen Verkehr handeln, klagen und verklagt werden (§ 133 Satz 2). Der Pflegevorsorgefonds wird aus Zuweisungen des Bundesversicherungsamts entsprechend § 135 ab dem 20.02.2015 bis zum Dezember 2033 gefüllt. Ab dem Jahr 2035 kann das Sondervermögen zur Sicherung der Beitragssatzstabilität der SPV verwendet werden, wenn ohne eine Zuführung von Mitteln an den Ausgleichsfonds eine Beitragssatzanhebung erforderlich würde, die nicht auf über eine allgemeine Dynamisierung der Leistungen hinausgehenden Leistungsverbesserungen beruht (§ 136 Satz 1).

21 Die Beiträge werden errechnet, indem die **beitragspflichtigen Einnahmen** (§ 57, der im Wesentlichen die Regelungen der GKV für anwendbar erklärt) mit dem **Beitragssatz** (§ 55) multipliziert werden (zur Beitragsfreiheit, z.B. für familienversicherte Mitglieder vgl. § 1 Abs. 6 Satz 2 und § 56). Der Beitragssatz ist gesetzlich festgelegt auf **3,05 %** (§ 55 Abs. 1 Satz 1; bis 31.12.2018: 2,55 %, bis 31.12.2014: 2,05 %, bis 31.12.2012: 1,95 %); er erhöht sich für kinderlose Mitglieder nach Ablauf des Monats, in dem das Mitglied das 23. Lebensjahr vollendet hat, um 0,25 % (**Beitragszuschlag** für Kinderlose, § 55 Abs. 3). Dies gründet sich auf die Forderung des BVerfG nach der Berücksichtigung einer sog. Familienkomponente bei der Beitragslast: Wer nicht durch

Kindererziehung zur Aufzucht der nachwachsenden, später die Älteren pflegenden Generation beiträgt, soll zum Ausgleich einen höheren Beitrag tragen (vgl. BVerfG Urt. v. 03.04.2001 – 1 BvR 1629/94, BVerfGE 103, 242, 263 ff., 265 f, 270, 271).

Wer letztlich mit der **Beitragslast** belastet wird, also die **Beiträge zu tragen** hat, bestimmt sich nach den §§ 58 und 59. Den Beitragszuschlag für Kinderlose trägt das Mitglied allein (§ 58 Abs. 1 Satz 3). Dagegen werden die Beiträge der versicherungspflichtig Beschäftigten i.S.d. § 20 Abs. 1 Satz 2 Nr. 1 und 12) von den Mitgliedern und ihren Arbeitgebern jeweils zur Hälfte getragen (§ 58 Abs. 1 Satz 1, zum Sonderfall Sachsen vgl. § 58 Abs. 3); Beiträge für Kurzarbeitergeld trägt der Arbeitgeber allein (§ 58 Abs. 1 Satz 2). Im Übrigen verweist § 59 grds. auf die Regelungen zur Beitragstragung im SGB V. 22

Wer die **Beiträge zu zahlen** hat, also diese als Teil des Gesamtsozialversicherungsbeitrages an die Einzugsstelle (Krankenkasse § 28h SGB IV) abzuführen hat, bestimmt sich nach § 60 i.V.m. den Regelungen des SGB V. 23

Beschäftigte, die in der gesetzlichen Krankenversicherung freiwillig versichert sind, haben gem. § 61 Anspruch auf einen **Beitragszuschuss** gegen ihren Arbeitgeber. 24

Die **PPV** wird abweichend von § 1 Abs. 6 durch die Beiträge der Versicherten und die vom Versicherungsunternehmen erwirtschafteten Finanzmittel finanziert. Der Beitrag wird einkommensunabhängig unter Berücksichtigung der Vorgaben des § 110 errechnet. 25

## § 7c Pflegestützpunkte, Verordnungsermächtigung

(1) Zur wohnortnahen Beratung, Versorgung und Betreuung der Versicherten richten die Pflegekassen und Krankenkassen Pflegestützpunkte ein, sofern die zuständige oberste Landesbehörde dies bestimmt. Die Einrichtung muss innerhalb von sechs Monaten nach der Bestimmung durch die oberste Landesbehörde erfolgen. Kommen die hierfür erforderlichen Verträge nicht innerhalb von drei Monaten nach der Bestimmung durch die oberste Landesbehörde zustande, haben die Landesverbände der Pflegekassen innerhalb eines weiteren Monats den Inhalt der Verträge festzulegen; hierbei haben sie auch die Interessen der Ersatzkassen und der Landesverbände der Krankenkassen wahrzunehmen. Hinsichtlich der Mehrheitsverhältnisse bei der Beschlussfassung ist § 81 Abs. 1 S. 2 entsprechend anzuwenden. Widerspruch und Anfechtungsklage gegen Maßnahmen der Aufsichtsbehörden zur Einrichtung von Pflegestützpunkten haben keine aufschiebende Wirkung.

(1a) Die für die Hilfe zur Pflege zuständigen Träger der Sozialhilfe nach dem Zwölften Buch sowie die nach Landesrecht zu bestimmenden Stellen der Altenhilfe können bis zum 31. Dezember 2023 auf Grund landesrechtlicher Vorschriften von den Pflegekassen und Krankenkassen den Abschluss einer Vereinbarung zur Einrichtung von Pflegestützpunkten verlangen. Ist in der Vereinbarung zur Einrichtung eines Pflegestützpunktes oder in den Rahmenverträgen nach Absatz 6 nichts anderes vereinbart, werden die Aufwendungen, die für den Betrieb des Pflegestützpunktes erforderlich sind, von den Trägern des Pflegestützpunktes zu gleichen Teilen unter Berücksichtigung der anrechnungsfähigen Aufwendungen für das eingesetzte Personal getragen.

(2) Aufgaben der Pflegestützpunkte sind
1. umfassende sowie unabhängige Auskunft und Beratung zu den Rechten und Pflichten nach dem Sozialgesetzbuch und zur Auswahl und Inanspruchnahme der bundes- oder landesrechtlich vorgesehenen Sozialleistungen und sonstigen Hilfsangebote einschließlich der Pflegeberatung nach § 7a in Verbindung mit den Richtlinien nach § 17 Absatz 1a,
2. Koordinierung aller für die wohnortnahe Versorgung und Betreuung in Betracht kommenden gesundheitsfördernden, präventiven, kurativen, rehabilitativen und sonstigen medizinischen sowie pflegerischen und sozialen Hilfs- und Unterstützungsangebote einschließlich der Hilfestellung bei der Inanspruchnahme der Leistungen,

3. Vernetzung aufeinander abgestimmter pflegerischer und sozialer Versorgungs- und Betreuungsangebote.

Auf vorhandene vernetzte Beratungsstrukturen ist zurückzugreifen. Die Pflegekassen haben jederzeit darauf hinzuwirken, dass sich insbesondere die
1. nach Landesrecht zu bestimmenden Stellen für die wohnortnahe Betreuung im Rahmen der örtlichen Altenhilfe und für die Gewährung der Hilfe zur Pflege nach dem Zwölften Buch,
2. im Land zugelassenen und tätigen Pflegeeinrichtungen,
3. im Land tätigen Unternehmen der privaten Kranken- und Pflegeversicherung

an den Pflegestützpunkten beteiligen. Die Krankenkassen haben sich an den Pflegestützpunkten zu beteiligen. Träger der Pflegestützpunkte sind die beteiligten Kosten- und Leistungsträger. Die Träger
1. sollen Pflegefachkräfte in die Tätigkeit der Pflegestützpunkte einbinden,
2. haben nach Möglichkeit Mitglieder von Selbsthilfegruppen sowie ehrenamtliche und sonstige zum bürgerschaftlichen Engagement bereite Personen und Organisationen in die Tätigkeit der Pflegestützpunkte einzubinden,
3. sollen interessierten kirchlichen sowie sonstigen religiösen und gesellschaftlichen Trägern und Organisationen sowie nicht gewerblichen, gemeinwohlorientierten Einrichtungen mit öffentlich zugänglichen Angeboten und insbesondere Selbsthilfe stärkender und generationenübergreifender Ausrichtung in kommunalen Gebietskörperschaften die Beteiligung an den Pflegestützpunkten ermöglichen,
4. können sich zur Erfüllung ihrer Aufgaben dritter Stellen bedienen,
5. sollen im Hinblick auf die Vermittlung und Qualifizierung von für die Pflege und Betreuung geeigneten Kräften eng mit dem Träger der Arbeitsförderung nach dem Dritten Buch und den Trägern der Grundsicherung für Arbeitsuchende nach dem Zweiten Buch zusammenarbeiten.

(3) Die an den Pflegestützpunkten beteiligten Kostenträger und Leistungserbringer können für das Einzugsgebiet der Pflegestützpunkte Verträge zur wohnortnahen integrierten Versorgung schließen; insoweit ist § 92b mit der Maßgabe entsprechend anzuwenden, dass die Pflege- und Krankenkassen gemeinsam und einheitlich handeln.

(4) Der Pflegestützpunkt kann bei einer im Land zugelassenen und tätigen Pflegeeinrichtung errichtet werden, wenn dies nicht zu einer unzulässigen Beeinträchtigung des Wettbewerbs zwischen den Pflegeeinrichtungen führt. Die für den Betrieb des Pflegestützpunktes erforderlichen Aufwendungen werden von den Trägern der Pflegestützpunkte unter Berücksichtigung der anrechnungsfähigen Aufwendungen für das eingesetzte Personal auf der Grundlage einer vertraglichen Vereinbarung anteilig getragen. Die Verteilung der für den Betrieb des Pflegestützpunktes erforderlichen Aufwendungen wird mit der Maßgabe vereinbart, dass der auf eine einzelne Pflegekasse entfallende Anteil nicht höher sein darf, als der von der Krankenkasse, bei der sie errichtet ist, zu tragende Anteil. Soweit sich private Versicherungsunternehmen, die die private Pflege-Pflichtversicherung durchführen, nicht an der Finanzierung der Pflegestützpunkte beteiligen, haben sie mit den Trägern der Pflegestützpunkte über Art, Inhalt und Umfang der Inanspruchnahme der Pflegestützpunkte durch privat Pflege-Pflichtversicherte sowie über die Vergütung der hierfür je Fall entstehenden Aufwendungen Vereinbarungen zu treffen; dies gilt für private Versicherungsunternehmen, die die private Krankenversicherung durchführen, entsprechend.

(5) bis (9) (nicht abgedruckt)

| Übersicht | Rdn. | | Rdn. |
|---|---|---|---|
| A. Pflegestützpunkte | 1 | III. Träger | 5 |
| I. Charakter | 1 | IV. Tätigkeitsfeld | 6 |
| II. Errichtung | 3 | B. Finanzierung | 8 |

## A. Pflegestützpunkte

### I. Charakter

Pflegestützpunkte sollen dazu dienen, die auf der **wohnortnahen Ebene** vorhandenen **Versorgungsangebote** im Bereich der Pflege und der Gesundheitsversorgung so zu vernetzen, dass eine abgestimmte Versorgung und Betreuung der Pflegebedürftigen und der Leistungsberechtigten nach § 45a ermöglicht wird (dazu BT-Drs. 16/7439 S. 74). Dazu richten Pflege- und Krankenkassen mit weiteren Trägern unter einem Dach wohnortnahe und gut erreichbare Pflegestützpunkte auf der Grundlage der im Land vorhandenen Strukturen ein, um eine unabhängige und umfassende Beratung sowie ein Fallmanagement anzubieten (dazu BT-Drs. 16/7439 S. 74). Die für die Hilfe zur Pflege zuständigen Träger der Sozialhilfe nach dem SGB XII sowie die nach Landesrecht zu bestimmenden Stellen der Altenhilfe können unter den Voraussetzungen des Abs. 1a von den Pflege- und Krankenkassen den Abschluss einer Vereinbarung zur Einrichtung von Pflegestützpunkten und so die Errichtung von Pflegestützpunkten in ihrem örtlichen Zuständigkeitsbereich verlangen. Dieses Initiativrecht basiert auf einer Empfehlung der Bund-Länder-Arbeitsgruppe zur Stärkung der Rolle der Kommunen in der Pflege (BT-Drs 18/9518 S. 60). Danach erhält die Stelle, die auf örtlicher Ebene für die Hilfe zur Pflege zuständig ist und die damit in der Regel nach den Bestimmungen der zuständigen obersten Landesbehörde als Träger von Pflegestützpunkten vorgesehen ist, das Initiativrecht zur Einrichtung eines Pflegestützpunktes in ihrem regionalen Einzugsgebiet (BT-Drs. 18/9518 S. 60).

1

Die Einrichtung der Pflegestützpunkte verändert die materiell-rechtliche Verpflichtung der Leistungsträger nicht. Gegenüber dem Leistungsberechtigten bleiben die nach dem SGB V und SGB XI und auch nach den anderen Rechtsvorschriften (z.B. SGB XII) jeweils materiell-rechtlich zuständigen Träger auch weiterhin verpflichtet; allein sie entscheiden über die Leistungsgewährung. Pflegestützpunkten kommt daher **nur beratende, moderierende und koordinierende Funktion** zu. Die Pflegestützpunkte sollen im Rahmen eines umfassenden Versorgungs- und Betreuungskonzeptes eine bessere Koordinierung der unterschiedlichen Versorgungs- und Leistungsbereiche sicherstellen und aufeinander abgestimmte pflegerische und soziale Versorgungs- und Betreungsangebote vernetzen (*Gebhardt* in Krauskopf, Soziale Krankenversicherung – Pflegeversicherung § 7c SGB XI Rn. 2). Auf vorhandene Beratungsstrukturen ist zurückzugreifen (Abs. 2 Satz 2). Sie sind daher bloße räumliche Zusammenfassungen von Beratungsangeboten verschiedener Träger und nehmen daher selbst keine Aufgaben wahr. Sie sind damit keine Behörden i.S.d. § 1 Abs. 2 SGB X. Soweit Abs. 2 Satz 1 Pflegestützpunkten bestimmte Aufgaben zuweist, ist damit lediglich eine an die Träger der Stützpunkte gerichtete Bestimmung gemeint, die Erledigung dieser Aufgaben im Pflegestützpunkt vorzunehmen bzw. anzubieten. Es handelt sich – so BT-Drs. 16/8525 S. 101 f. – nicht um eine unzulässige Mischverwaltung. Im Unterschied zu den ARGEn des § 44b SGB II (dazu vgl. BVerfG Urt. v. 20.12.2007 – 2 BvR 2433/04, 2 BvR 2434/04, BVerfG 119, 331–394, BGBl. I 2008 S. 27), für die eine verfassungsrechtliche Grundlage zur Durchführung der Mischverwaltung geschaffen wurde (Art. 91e GG), handeln die einzelnen Träger des PV hier weiterhin selbstständig, gehen jedoch ihren Aufgaben unter einem gemeinsamen Dach nach.

2

### II. Errichtung

Abs. 1 legt die Initiative zur Errichtung von Pflegestützpunkten in die Hand der **Bundesländer**. Das Land hat zu entscheiden, ob die Pflege- und Krankenkassen Pflegestützpunkte einzurichten haben. Hat das Land dies bestimmt, so muss der Pflegestützpunkt innerhalb von 6 Monaten von den Pflegekassen und den Krankenkassen eingerichtet sein. Den Kassen kommt daher hinsichtlich des »Ob« der Einrichtung kein Ermessen mehr zu. Bei der Ausgestaltung der Pflegestützpunkte (das »Wie«) haben die Träger einen Ermessensspielraum. Eingerichtet sind Pflegestützpunkte erst dann, wenn sie ihren Betrieb tatsächlich aufnehmen. Die Bestimmung des Landes zur Errichtung von Pflegestützpunkten ist eine Allgemeinverfügung gem. § 31 Satz 2 SGB X (zur Anfechtung s. Abs. 1 Satz 5). Die Allgemeinverfügung kann mit Inhalts- und auch Nebenbestimmungen (§ 32 Abs. 2

3

SGB X) versehen werden. So kann das Land die Zahl und das Verteilgebiet der Pflegestützpunkte bestimmen.

4 Auf Grundlage der Einrichtungsbestimmung des Landes haben die Träger (dazu s. Rdn. 5) öffentlich-rechtliche Verträge i.S.d. §§ 53 ff. SGB X über die Einrichtung von Pflegestützpunkten abzuschließen. Kommen diese Verträge nicht innerhalb von 3 Monaten zustande, weist Abs. 1 Satz 2 den Landesverbänden der Pflegekassen das Recht und die Pflicht zu, innerhalb eines weiteren Monats den Inhalt der Verträge einseitig festzulegen. An die Nichteinhaltung dieses straffen Zeitplanes knüpft das Gesetz keine Rechtsfolgen. Daher obliegt es der landesrechtlichen Einrichtungsbestimmung festzulegen, welche Rechtsfolgen die Nichteinhaltung des gesetzlichen Zeitplanes haben soll. Bestimmten Trägern steht nach Abs. 1a das Recht zu, den Abschluss einer Vereinbarung zur Einrichtung von Pflegestützpunkten zu verlangen.

### III. Träger

5 Träger der Pflegestützpunkte sind die am jeweiligen Pflegestützpunkt beteiligten Kosten- und Leistungsträger (Abs. 2 Satz 3, Abs. 1a Satz 2). Gesetzlich beteiligte Leistungsträger sind (vgl. Abs. 1 Satz 1) alle Pflegekassen und die Krankenkassen i.S.d. § 4 SGB V im jeweiligen Land, auch dann, wenn sie am Ort des Pflegestützpunktes selbst keine versicherten Mitglieder haben. Darüber hinaus können weitere Kosten- und Leistungsträger durch Vertrag der Trägerschaft beitreten, z.B. Unternehmen die private Pflege- oder Krankenversicherungen anbieten; nach Abs. 1a haben bestimmte Träger einen Anspruch auf Anschluss eines entsprechenden Vertrages. Auf eine Einbindung anderer Träger in die Trägerschaft der Pflegestützpunkte haben die Pflegekassen hinzuwirken (Abs. 2 Satz 3). Auch ist von den im jeweiligen Land bereits existierenden Beratungsstrukturen auszugehen (Abs. 2 Satz 2). Mit dieser Trägerkonzeption soll die Möglichkeit geschaffen werden, die starren Grenzen zwischen den Zweigen der PV, der offenen örtlichen Altenhilfe, der Hilfe zur Pflege nach dem SGB XII sowie der GKV und PKV zu überwinden (BT-Drs. 16/7439 S. 75; dazu auch von Möwisch/Ruser/*von Schwanenflügel* Pflegereform 2008 Rn. 40). Die PPV hat sich jedoch entschieden, eine eigene Pflegeberatung einzurichten (COMPASS. Private Pflegeberatung GmbH), die seit Januar 2009 deutschlandweit tätig ist (http://www.compass-pflegeberatung.de/).

### IV. Tätigkeitsfeld

6 Pflegestützpunkte zielen auf eine wohnortnahe Beratung, Versorgung und Betreuung der Versicherten. Dazu sind auf der wohnortnahen Ebene vorhandene Versorgungsangebote so zu vernetzen, dass eine abgestimmte Versorgung und Betreuung nicht nur der pflegebedürftigen Personen, sondern auch der Leistungsberechtigten nach § 45a im Rahmen eines Gesamtkonzeptes ermöglicht wird. Mit den in Abs. 2 Satz 1 beschriebenen Tätigkeitsfeldern soll die Beratungs-, Moderations- und Koordinierungsfunktion abgesichert werden. Die BT-Drs. 17/9369 S. 35, 42 geht davon aus, dass die Betroffenen über die im Pflegestützpunkt vorhandenen Beratungsmöglichkeiten nicht hinreichend informiert sind und auch nicht alle Fördermittel zur Errichtung solcher Stützpunkte abgerufen worden seien.

7 Abs. 8 ermächtigt zum Abschluss von Rahmenverträgen zur Arbeit und zur Finanzierung der Pflegestützpunkte, Abs. 9 zur Erarbeitung gemeinsamer und einheitlicher Empfehlungen zur Arbeit und zur Finanzierung von Pflegestützpunkten.

### B. Finanzierung

8 Zunächst war zum Aufbau der Pflegestützpunkte nach Abs. 5 und 6 in der bis 31.12.2015 geltenden Fassung eine Anschubfinanzierung bis zu einem Gesamtbetrag von 60 Mio. € vorgesehen, der nach dem zur Aufteilung des Länderanteils bei gemeinsamen Finanzierungen geschaffenen Königsteiner Schlüssel auf die Bundesländer aufgeteilt wird (zum Königsteiner Schlüssel vgl. http://www.gwk-bonn.de/themen/koenigsteiner-schluessel/). Darüber hinaus sind die für den Betrieb des Pflegestützpunktes erforderlichen Aufwendungen von den Trägern der Pflegestützpunkte entsprechend

ihrer vertraglichen Vereinbarung im Errichtungsvertrag zu tragen (Abs. 4 Satz 2). Der Finanzierungsanteil einer Pflegekasse ist jedoch auf den anteiligen Betrag begrenzt, der dem auch von der Krankenkasse, bei der sie errichtet ist, zu tragenden Anteil entspricht (Abs. 4 Satz 3). Beteiligen sich private Versicherungsunternehmen, die private Pflege-Pflichtversicherung oder private Krankenversicherungen durchführen, nicht an der Finanzierung der Pflegestützpunkte, so haben sie nach Abs. 4 Satz 4 mit den Trägern der Pflegestützpunkte Vereinbarungen über Art, Inhalt und Umfang der Inanspruchnahme der Pflegestützpunkte durch privat Pflege-Pflichtversicherte sowie über die Vergütung zu treffen.

Ist nach § 7c Abs. 1a ein Pflegestützpunkt eingerichtet worden und enthalten weder die entsprechende Vereinbarung noch die Rahmenverträge nach Abs. 6 besondere Regelungen, so werden die Aufwendungen, die für den Betrieb des Pflegestützpunktes erforderlich sind, von den Trägern des Pflegestützpunktes zu gleichen Teilen unter Berücksichtigung der anrechnungsfähigen Aufwendungen für das eingesetzte Personal getragen. 9

## § 14 Begriff der Pflegebedürftigkeit

(1) Pflegebedürftig im Sinne dieses Buches sind Personen, die gesundheitlich bedingte Beeinträchtigungen der Selbständigkeit oder der Fähigkeiten aufweisen und deshalb der Hilfe durch andere bedürfen. Es muss sich um Personen handeln, die körperliche, kognitive oder psychische Beeinträchtigungen oder gesundheitlich bedingte Belastungen oder Anforderungen nicht selbständig kompensieren oder bewältigen können. Die Pflegebedürftigkeit muss auf Dauer, voraussichtlich für mindestens sechs Monate, und mit mindestens der in § 15 festgelegten Schwere bestehen.

(2) Maßgeblich für das Vorliegen von gesundheitlich bedingten Beeinträchtigungen der Selbständigkeit oder der Fähigkeiten sind die in den folgenden sechs Bereichen genannten pflegefachlich begründeten Kriterien:
1. Mobilität: Positionswechsel im Bett, Halten einer stabilen Sitzposition, Umsetzen, Fortbewegen innerhalb des Wohnbereichs, Treppensteigen;
2. kognitive und kommunikative Fähigkeiten: Erkennen von Personen aus dem näheren Umfeld, örtliche Orientierung, zeitliche Orientierung, Erinnern an wesentliche Ereignisse oder Beobachtungen, Steuern von mehrschrittigen Alltagshandlungen, Treffen von Entscheidungen im Alltagsleben, Verstehen von Sachverhalten und Informationen, Erkennen von Risiken und Gefahren, Mitteilen von elementaren Bedürfnissen, Verstehen von Aufforderungen, Beteiligen an einem Gespräch;
3. Verhaltensweisen und psychische Problemlagen: motorisch geprägte Verhaltensauffälligkeiten, nächtliche Unruhe, selbstschädigendes und autoaggressives Verhalten, Beschädigen von Gegenständen, physisch aggressives Verhalten gegenüber anderen Personen, verbale Aggression, andere pflegerelevante vokale Auffälligkeiten, Abwehr pflegerischer und anderer unterstützender Maßnahmen, Wahnvorstellungen, Ängste, Antriebslosigkeit bei depressiver Stimmungslage, sozial inadäquate Verhaltensweisen, sonstige pflegerelevante inadäquate Handlungen;
4. Selbstversorgung: Waschen des vorderen Oberkörpers, Körperpflege im Bereich des Kopfes, Waschen des Intimbereichs, Duschen und Baden einschließlich Waschen der Haare, An- und Auskleiden des Oberkörpers, An- und Auskleiden des Unterkörpers, mundgerechtes Zubereiten der Nahrung und Eingießen von Getränken, Essen, Trinken, Benutzen einer Toilette oder eines Toilettenstuhls, Bewältigen der Folgen einer Harninkontinenz und Umgang mit Dauerkatheter und Urostoma, Bewältigen der Folgen einer Stuhlinkontinenz und Umgang mit Stoma, Ernährung parenteral oder über Sonde, Bestehen gravierender Probleme bei der Nahrungsaufnahme bei Kindern bis zu 18 Monaten, die einen außergewöhnlich pflegeintensiven Hilfebedarf auslösen;
5. Bewältigung von und selbständiger Umgang mit krankheits- oder therapiebedingten Anforderungen und Belastungen:

a) in Bezug auf Medikation, Injektionen, Versorgung intravenöser Zugänge, Absaugen und Sauerstoffgabe, Einreibungen sowie Kälte- und Wärmeanwendungen, Messung und Deutung von Körperzuständen, körpernahe Hilfsmittel,
b) in Bezug auf Verbandswechsel und Wundversorgung, Versorgung mit Stoma, regelmäßige Einmalkatheterisierung und Nutzung von Abführmethoden, Therapiemaßnahmen in häuslicher Umgebung,
c) in Bezug auf zeit- und technikintensive Maßnahmen in häuslicher Umgebung, Arztbesuche, Besuche anderer medizinischer oder therapeutischer Einrichtungen, zeitlich ausgedehnte Besuche medizinischer oder therapeutischer Einrichtungen, Besuch von Einrichtungen zur Frühförderung bei Kindern sowie
d) in Bezug auf das Einhalten einer Diät oder anderer krankheits- oder therapiebedingter Verhaltensvorschriften;
6. Gestaltung des Alltagslebens und sozialer Kontakte: Gestaltung des Tagesablaufs und Anpassung an Veränderungen, Ruhen und Schlafen, Sichbeschäftigen, Vornehmen von in die Zukunft gerichteten Planungen, Interaktion mit Personen im direkten Kontakt, Kontaktpflege zu Personen außerhalb des direkten Umfelds.

(3) Beeinträchtigungen der Selbständigkeit oder der Fähigkeiten, die dazu führen, dass die Haushaltsführung nicht mehr ohne Hilfe bewältigt werden kann, werden bei den Kriterien der in Absatz 2 genannten Bereiche berücksichtigt.

Übersicht

| | Rdn. | | Rdn. |
|---|---|---|---|
| A. Allgemeines | 1 | körperlicher, kognitiver oder psychischer Beeinträchtigungen oder gesundheitlich bedingter Belastungen oder Anforderungen | 14 |
| B. Definition der Pflegebedürftigkeit | 5 | | |
| C. Gesundheitlich bedingte Beeinträchtigungen der Selbständigkeit oder der Fähigkeiten | 7 | E. Bedürfnis nach Hilfe | 17 |
| D. Beeinträchtigungen der Selbständigkeit oder der Fähigkeiten wegen | | F. Dauer der Pflegebedürftigkeit | 19 |
| | | G. Umfang der Pflegebedürftigkeit | 20 |

## A. Allgemeines

1   Zum 01.01.2017 wurde der neue Pflegebedürftigkeitsbegriff und das Neue Begutachtungsassessment (NBA) als Begutachtungsinstrument im Rahmen des Verfahrens zur Feststellung der Pflegebedürftigkeit in der sozialen Pflegeversicherung eingeführt. Die Feststellung von Pflegebedürftigkeit in § 14 – bezogen auf sechs Bereiche (1. Mobilität; 2. kognitive und kommunikative Fähigkeiten; 3.Verhaltensweisen und psychische Problemlagen; 4. Selbstversorgung; 5. Bewältigung von und selbständiger Umgang mit krankheits- oder therapiebedingten Anforderungen und Belastungen; 6. Gestaltung des Alltagslebens und sozialer Kontakte) – mit dem NBA soll dazu führen, dass alle Antragsteller eine pflegefachlich fundierte, differenzierte und der Schwere ihrer jeweiligen Beeinträchtigungen der Selbständigkeit oder der Fähigkeiten entsprechende Einstufung erhalten. Viele Pflegebedürftige, insbesondere solche mit vorrangig kognitiven oder psychischen Beeinträchtigungen, sollen dadurch auch höhere Leistungsansprüche erzielen. Damit sollen vielen Pflegebedürftigen mehr Leistungen zur Verfügung stehen. Dies soll eine weitere Verbesserung der pflegerischen Versorgung ermöglichen und Pflegebedürftige und ihre Familien entlasten. Zu den Materialien vgl. BT-Drs 18/5926.

2   § 14 beinhaltet eine **Definition der Pflegebedürftigkeit** und einzelner Komponenten der Pflegebedürftigkeit. § 15 knüpft daran an und normiert **Regelungen zur Ermittlung des Grades der Pflegebedürftigkeit und zum Begutachtungsinstrument**. Auf den nach §§ 14, 15 festgestellten Pflegegrad stellen die Leistungen des § 28 ab. Ein nur eingeschränkter Katalog an Leistungen besteht für Personen mit dem Pflegegrad 1 (dazu vgl. § 28a). Pflegeberatung (§§ 28 Abs. 1a, 7a) wird auch Versicherten unabhängig von einer bestehenden Pflegebedürftigkeit erbracht. Zu den Leistungen an sonstige Personen, die neben den Leistungen an die pflegebedürftige Person bzw. Versicherte

erbracht werden, also z.B. an Familienangehörige, Pflegepersonen, aber auch sonstige Personen, gehören die Leistungen zur sozialen Sicherung der Pflegepersonen (§ 44), die zusätzlichen Leistungen bei Pflegezeit und kurzzeitiger Arbeitsverhinderung (§ 44a) sowie die Pflegekurse für Angehörige und ehrenamtliche Pflegepersonen (§ 45).

Das **Verfahren** zur Ermittlung der Pflegebedürftigkeit ist in §§ 15, 18, 18a und 18b festgelegt. 3

Die Definition der Pflegebedürftigkeit in § 14 gilt ausschließlich (vgl. Abs. 1) im SGB XI; andere Gesetze (z.B. § 35 BVG, § 34 BeamtVG, § 267 LAG) stellen auf eigenständige Begrifflichkeiten ab. Auch § 61 SGB XII enthält eine eigenständige, wenn auch den Regelungen des SGB XI entsprechende Definition der Pflegebedürftigkeit. 4

### B. Definition der Pflegebedürftigkeit

§ 14 Abs. 1 enthält die **allgemeine Definition** der Pflegebedürftigkeit, die Abs. 2 und 3 beschreiben dagegen jeweils einzelne Bereiche der Pflegebedürftigkeit näher. 5

**Pflegebedürftig** ist eine Person, die wegen gesundheitlich bedingter Beeinträchtigungen der Selbständigkeit oder der Fähigkeiten der Hilfe durch andere bedarf. Grundlage der gesundheitlich bedingten Beeinträchtigungen der Selbständigkeit oder der Fähigkeiten müssen körperliche, kognitive oder psychische Beeinträchtigungen oder gesundheitlich bedingte Belastungen oder Anforderungen sein, die die Person nicht selbständig kompensieren oder bewältigen kann (Abs. 1 Satz 2). Die Pflegebedürftigkeit muss auf Dauer, voraussichtlich für mindestens sechs Monate, und mit mindestens der in § 15 festgelegten Schwere bestehen (Abs. 1 Satz 3). Zentral ist die **Hilflosigkeit wegen gesundheitlich bedingter Beeinträchtigungen der Selbständigkeit oder der Fähigkeiten**, wegen derer die Person der **Hilfe Dritter bedarf**. Kann eine Person die gesundheitlich bedingten Beeinträchtigungen der Selbständigkeit oder der Fähigkeiten noch selbst kompensieren oder bewältigen, bedarf sie dazu also keiner Unterstützung durch Dritte, ist die Person nicht hilfebedürftig. Damit sind die an die Pflegebedürftigkeit anknüpfenden Leistungen auch Teil der gesetzlichen Maßnahmen zur umfassenden Verwirklichung der Teilhabe und des Ausgleiches von behinderungsbedingten Teilhabebeeinträchtigung i. S. d. § 2 Abs. 1 SGB IX (LSG Baden-Württemberg Urt. v. 20.07.2018 – L 8 SB 1348/18); eine GdB-Festsetzung, die als Grundlage für den Ausgleich von Teilhabebeeinträchtigungen in verschiedenen, aber nicht in allen Bereichen der Lebensgestaltung in der Gesellschaft dient, ist für die Feststellung von Pflegebedürftigkeit nicht erforderlich. Es ist insoweit konkret festzustellen, ob und zu welcher Verrichtung eine Person noch in der Lage ist. Dabei ist unbeachtlich, ob die Person die gesundheitlich bedingten Beeinträchtigungen der Selbständigkeit oder der Fähigkeiten noch teilweise oder unter Anleitung und Aufsicht noch selbständig kompensieren oder bewältigen kann, denn auch der Bedarf nach Anleitung, Beaufsichtigung, Unterstützung oder teilweiser Übernahme bedeutet, dass die gesundheitlich bedingten Beeinträchtigungen der Selbständigkeit oder der Fähigkeiten nicht mehr selbst und eigenverantwortlich kompensiert oder bewältigt werden kann. Personen, die die Schwelle der Pflegebedürftigkeit nach Pflegegrad 1 nicht erreichen, sind nach der gesetzlichen Regelung nicht pflegebedürftig. Die bis zum 01.01.2017 bestehende Schwierigkeit, Personen mit **erheblich eingeschränkter Alltagskompetenz**, also mit einem z.B. **demenzbedingten Betreuungsbedarf**, der aber die Schwelle der Pflegestufe I nicht erreicht hat, in die Leistungen der PV einzubeziehen ist dadurch gelöst, dass mit dem neuen Pflegebedürftigkeitsbegriff gerade auch diese Personen erfasst werden sollen. So ist die Unterscheidung zwischen Pflegebedürftigen mit körperlichen Einschränkungen und Demenzkranken weggefallen. Im Zentrum der Pflegebedürftigkeit steht nunmehr der individuelle Unterstützungsbedarf jedes Einzelnen. Dadurch wurde die PV auf eine neue Grundlage gestellt. Der mit den Strukturveränderungen einhergehende erweiterte Finanzbedarf der PV wird durch eine schrittweise Anhebung der Beiträge um insgesamt 0,5 Beitragssatzpunkte gedeckt werden (BMG http://www.bmg.bund.de/ministerium/meldungen/2015/pflegestaerkungsgesetz-ii.html). 6

## C. Gesundheitlich bedingte Beeinträchtigungen der Selbständigkeit oder der Fähigkeiten

7 **Pflegebedürftigkeit** bedeutet, dass gesundheitlich bedingte Beeinträchtigungen der Selbständigkeit oder der Fähigkeiten bestehen. § 14 bestimmt in Abs. 2 und 3, welche Kriterien für das Vorliegen von gesundheitlich bedingten Beeinträchtigungen der Selbständigkeit oder der Fähigkeiten maßgeblich sind. Beeinträchtigungen der Selbständigkeit oder der Fähigkeiten, die dazu führen, dass die **Haushaltsführung** nicht mehr ohne Hilfe bewältigt werden kann, werden bei diesen Kriterien mitberücksichtigt. Diese Bereiche, in denen der Schweregrad der **individuellen Beeinträchtigungen** der Selbständigkeit oder der Fähigkeiten ermittelt wird, umfassen jeweils eine Gruppe artverwandter **Kriterien** oder einen **Lebensbereich** (BT-Drs. 18/5929 S. 109). Sie stellen einen abschließenden Katalog der zu berücksichtigenden Kriterien dar, anhand derer Beeinträchtigungen der Selbständigkeit oder der Fähigkeiten festgestellt werden sollen (BT-Drs. 18/5929 S. 109 f.). Die einzelnen Kriterien werden im Rahmen der Begutachtungs-Richtlinien nach § 17 in der ab Mai 2021 geltenden überarbeiteten Fassung durch den Spitzenverband Bund der Pflegekassen pflegefachlich konkretisiert (**Pflegebedürftigkeits-Richtlinie**; im Internet vgl. dazu https://www.mds-ev.de/fileadmin/dokumente/Publikationen/SPV/Begutachtungsgrundlagen/21_05_17_BRi_Pflegebeduerftigkeit.pdf). Innerhalb der verschiedenen Bereiche ist zu fragen, ob die jeweiligen Kriterien selbständig, überwiegend selbständig, überwiegend unselbständig oder unselbständig ausgeführt werden können. Der Gesetzgeber hat insgesamt sechs Bereiche vorgesehen und dazu pflegefachlich begründete Kriterien bestimmt:

8 **Bereich 1: Mobilität**

*Kriterien: Positionswechsel im Bett, Halten einer stabilen Sitzposition, Umsetzen, Fortbewegen innerhalb des Wohnbereichs, Treppensteigen.*

Dieser Bereich der Mobilität ist inhaltlich mit dem vom bisherigen Begutachtungsinstrument erfassten Bereich des § 14 Abs. 4 a.F. vergleichbar (BT-Drs. 18/5929 S. 110).

Die Einschätzung richtet sich ausschließlich danach, ob die Person in der Lage ist, ohne personelle Unterstützung eine Körperhaltung einzunehmen/zu wechseln und sich fortzubewegen (Pflegebedürftigkeits-Richtlinie Ziff. 4.9.1). Zu beurteilen sind ausschließlich motorische Aspekte wie Körperkraft, Balance, Bewegungskoordination etc. und nicht die zielgerichtete Fortbewegung. Hier werden nicht die Folgen kognitiver Beeinträchtigungen auf Planung, Steuerung und Durchführung motorischer Handlungen abgebildet (Pflegebedürftigkeits-Richtlinie Ziff. 4.9.1).

9 **Bereich 2: Kognitive und kommunikative Fähigkeiten**

*Kriterien: Erkennen von Personen aus dem näheren Umfeld, örtliche Orientierung, zeitliche Orientierung, Erinnern an wesentliche Ereignisse oder Beobachtungen, Steuern von mehrschrittigen Alltagshandlungen, Treffen von Entscheidungen im Alltagsleben, Verstehen von Sachverhalten und Informationen, Erkennen von Risiken und Gefahren, Mitteilen von elementaren Bedürfnissen, Verstehen von Aufforderungen, Beteiligen an einem Gespräch.*

Dieser Bereich der kognitiven und kommunikativen Fähigkeiten beinhaltet grundsätzlich auch solche Kriterien, die bisher im Rahmen der Feststellung einer erheblich eingeschränkten Alltagskompetenz nach § 45a a.F. erfasst wurden, allerdings in pflegefachlich verbesserter und umfassenderer Art und Weise (BT-Drs. 18/5929 S. 110).

Die Einschätzung in diesem Bereich bezieht sich auf die kognitiven Funktionen und Aktivitäten wie Erkennen, Entscheiden oder Steuern etc. und nicht die motorische Umsetzung (Pflegebedürftigkeits-Richtlinie Ziff. 4.9.2). Bei den Kriterien zur Kommunikation (Mitteilen von elementaren Bedürfnissen, Verstehen von Aufforderungen, Beteiligen an einem Gespräch) sind auch die Auswirkungen von Hör-, Sprech- oder Sprachstörungen zu berücksichtigen (Pflegebedürftigkeits-Richtlinie Ziff. 4.9.2). Für die Bewertung der geistigen Funktion ist unerheblich, ob ein zuvor selbständiger Erwachsener eine Fähigkeit verloren hat oder nie ausgebildet hat (Pflegebedürftigkeits-Richtlinie Ziff. 4.9.2).

#### Bereich 3: Verhaltensweisen und psychische Problemlagen

*Kriterien: motorisch geprägte Verhaltensauffälligkeiten, nächtliche Unruhe, selbstschädigendes und autoaggressives Verhalten, Beschädigen von Gegenständen, physisch aggressives Verhalten gegenüber anderen Personen, verbale Aggression, andere pflegerelevante vokale Auffälligkeiten, Abwehr pflegerischer und anderer unterstützender Maßnahmen, Wahnvorstellungen, Ängste, Antriebslosigkeit bei depressiver Stimmungslage, sozial inadäquate Verhaltensweisen, sonstige pflegerelevante inadäquate Handlungen.*

Dieser Bereich der Verhaltensweisen und psychischen Problemlagen beinhaltet grundsätzlich auch solche Kriterien, die bisher im Rahmen der Feststellung einer erheblich eingeschränkten Alltagskompetenz nach § 45a a.F. erfasst wurden, allerdings in pflegefachlich verbesserter und umfassenderer Art und Weise (BT-Drs. 18/5929 S. 110). In diesem Bereich geht es um Verhaltensweisen und psychische Problemlagen als Folge von Gesundheitsproblemen, die immer wieder auftreten und personelle Unterstützung erforderlich machen (Pflegebedürftigkeits-Richtlinie Ziff. 4.9.3). Es geht dabei um die Unterstützung des pflegebedürftigen Menschen bei der Bewältigung von belastenden Emotionen (wie z. B. Panikattacken), beim Abbau psychischer Spannungen, bei der Impulssteuerung, bei der Förderung positiver Emotionen durch Ansprache oder körperliche Berührung, bei der Vermeidung von Gefährdungen im Lebensalltag, bei Tendenz zu selbstschädigendem Verhalten (Pflegebedürftigkeits-Richtlinie Ziff. 4.9.3).

Im Mittelpunkt steht die Frage, inwieweit die Person ihr Verhalten ohne personelle Unterstützung steuern kann (Pflegebedürftigkeits-Richtlinie Ziff. 4.9.3). Von fehlender Selbststeuerung ist auch dann auszugehen, wenn ein Verhalten zwar nach Aufforderung abgestellt wird, aber danach immer wieder aufs Neue auftritt, weil das Verbot nicht verstanden wird oder die Person sich nicht erinnern kann (Pflegebedürftigkeits-Richtlinie Ziff. 4.9.3).

#### Bereich 4: Selbstversorgung

*Kriterien: Waschen des vorderen Oberkörpers, Körperpflege im Bereich des Kopfes, Waschen des Intimbereichs, Duschen und Baden einschließlich Waschen der Haare, An- und Auskleiden des Oberkörpers, An- und Auskleiden des Unterkörpers, mundgerechtes Zubereiten der Nahrung und Eingießen von Getränken, Essen, Trinken, Benutzen einer Toilette oder eines Toilettenstuhls, Bewältigen der Folgen einer Harninkontinenz und Umgang mit Dauerkatheter und Urostoma, Bewältigen der Folgen einer Stuhlinkontinenz und Umgang mit Stoma, Ernährung parenteral oder über Sonde, Bestehen gravierender Probleme bei der Nahrungsaufnahme bei Kindern bis zu 18 Monaten, die einen außergewöhnlich pflegeintensiven Hilfebedarf auslösen.*

Dieser Bereich der Selbstversorgung ist inhaltlich mit dem vom bisherigen Begutachtungsinstrument erfassten Bereich des § 14 Abs. 4 a.F. vergleichbar (BT-Drs. 18/5929 S. 110).

Zu bewerten ist, ob die Person die jeweilige Aktivität praktisch durchführen kann. Es ist unerheblich, ob die Beeinträchtigungen der Selbständigkeit aufgrund von Schädigungen somatischer oder mentaler Funktionen bestehen oder ob Teilaspekte bereits in anderen Modulen berücksichtigt worden sind (Pflegebedürftigkeits-Richtlinie Ziff. 4.9.4).

#### Bereich 5:

*Kriterien: Bewältigung von und selbständiger Umgang mit krankheits- oder therapiebedingten Anforderungen und Belastungen*
*a) in Bezug auf Medikation, Injektionen, Versorgung intravenöser Zugänge, Absaugen und Sauerstoffgabe, Einreibungen sowie Kälte- und Wärmeanwendungen, Messung und Deutung von Körperzuständen, körpernahe Hilfsmittel,*
*b) in Bezug auf Verbandswechsel und Wundversorgung, Versorgung mit Stoma, regelmäßige Einmalkatheterisierung und Nutzung von Abführmethoden, Therapiemaßnahmen in häuslicher Umgebung,*
*c) in Bezug auf zeit- und technikintensive Maßnahmen in häuslicher Umgebung, Arztbesuche, Besuche anderer medizinischer oder therapeutischer Einrichtungen, zeitlich ausgedehnte Besuche*

*medizinischer oder therapeutischer Einrichtungen, Besuch von Einrichtungen zur Frühförderung bei Kindern sowie*
d) *in Bezug auf das Einhalten einer Diät oder anderer krankheits- oder therapiebedingter Verhaltensvorschriften.*

Dieser Bereich der Bewältigung von und selbständiger Umgang mit krankheits- oder therapiebedingten Anforderungen und Belastungen erfasst Kriterien, die im Rahmen der Begutachtung auf der Basis des bisherigen Pflegebedürftigkeitsbegriffs nicht berücksichtigt wurden. Sie sind dem Themenkreis der selbständigen Krankheitsbewältigung zuzuordnen, und zwar insbesondere der krankheitsbezogenen Arbeit, die direkt auf die Kontrolle von Erkrankungen und Symptomen sowie auf die Durchführung therapeutischer Interventionen bezogen ist (BT-Drs. 18/5929 S. 110). Hierbei geht es nicht darum, den Bedarf an Maßnahmen der häuslichen Krankenpflege bzw. Behandlungspflege nach dem SGB V einzuschätzen (BT-Drs. 18/5929 S. 110). Diese Leistungen unterfallen weiterhin der häuslichen Versorgung der GKV; lediglich in der vollstationären Versorgung im Rahmen des § 43 sind sie von der PV erfasst (BT-Drs. 18/5929 S. 110).

Ein Großteil der im Bereich 5 erfassten Maßnahmen und Handlungen kann von erkrankten Personen grds. eigenständig durchgeführt werden, sofern sie über die körperlichen, kognitiven und psychischen Fähigkeiten, z. B. spezifische Fertigkeiten, Motivation oder Kenntnisse verfügen (BT-Drs. 18/5929 S. 110). Dies gilt auch für Maßnahmen, die nur selten von den Erkrankten selbst durchgeführt werden, wie z. B. das Absaugen von Sekret oder die regelmäßige Einmalkatheterisierung (BT-Drs. 18/5929 S. 110). Daher wird häufig ein Hilfebedarf bei der Anleitung und Motivation oder eine Schulung der erkrankten Person zu bestimmten Maßnahmen verknüpft (BT-Drs. 18/5929 S. 110).

In die Bewertung gehen nur die ärztlich angeordneten Maßnahmen ein, die gezielt auf eine bestehende Erkrankung ausgerichtet und für voraussichtlich mindestens sechs Monate erforderlich sind (Pflegebedürftigkeits-Richtlinie Ziff. 4.9.5). Die ärztliche Anordnung kann sich auch auf nicht verschreibungspflichtige Medikamente oder äußerliche Anwendungen oder Übungsbehandlungen beziehen (Pflegebedürftigkeits-Richtlinie Ziff. 4.9.5). Zu bewerten ist, ob die Person die jeweilige Aktivität praktisch durchführen kann. Ist dies nicht der Fall, wird die Häufigkeit der erforderlichen Hilfe durch andere Personen dokumentiert (Anzahl pro Tag/pro Woche/pro Monat). Es ist unerheblich, ob die personelle Unterstützung durch Pflegepersonen oder Pflege(fach-)kräfte erfolgt, und auch, ob sie gem. § 37 SGB V verordnet und abgerechnet wird (Pflegebedürftigkeits-Richtlinie Ziff. 4.9.5).

13  **Bereich 6: Gestaltung des Alltagslebens und sozialer Kontakte:**

*Kriterien: Gestaltung des Tagesablaufs und Anpassung an Veränderungen, Ruhen und Schlafen, Sichbeschäftigen, Vornehmen von in die Zukunft gerichteten Planungen, Interaktion mit Personen im direkten Kontakt, Kontaktpflege zu Personen außerhalb des direkten Umfelds.*

Aus dem Bereich der Gestaltung des Alltagslebens und sozialer Kontakte wurde nach dem alten Recht nur das Kriterium Ruhen und Schlafen teilweise erfasst. Die weiteren in dem Bereich enthaltenen Kriterien wurden als Betreuung und allgemeine Beaufsichtigung qualifiziert, die über die konkrete Anleitung und Beaufsichtigung bei Verrichtungen hinausgeht und bisher nicht zu den maßgeblichen Verrichtungen des bisherigen Pflegebedürftigkeitsbegriffs gehörten (BT-Drs. 18/5929 S. 110). Die bisherigen Formen der Hilfeleistung (unmittelbare Erledigung für den Pflegebedürftigen i.S. einer Kompensation, Anleitung oder Beaufsichtigung) bleiben erhalten, sind aber kein Bestandteil des Pflegebedürftigkeitsbegriffs mehr, sondern werden durch das Leistungsrecht der PV definiert (BT-Drs. 18/5929 S. 110).

Zu bewerten ist, ob die Person die jeweilige Aktivität praktisch durchführen kann (Pflegebedürftigkeits-Richtlinie Ziff. 4.9.6). Nach den Pflegebedürftigkeits-Richtlinien ist unerheblich, ob die Beeinträchtigungen der Selbständigkeit aufgrund von Schädigungen somatischer oder mentaler Funktionen bestehen oder ob Teilaspekte bereits in anderen Modulen berücksichtigt worden sind (Pflegebedürftigkeits-Richtlinie Ziff. 4.9.6).

Den Tagesablauf nach individuellen Gewohnheiten und Vorlieben einteilen und bewusst gestalten und ggf. an äußere Veränderungen anpassen erfordert planerische Fähigkeiten zur Umsetzung von Alltagsroutinen (Pflegebedürftigkeits-Richtlinie Ziff. 4.9.6). Zu beurteilen ist insoweit, ob die Person von sich aus festlegen kann, ob und welche Aktivitäten sie im Laufe des Tages durchführen möchte, z.B. wann sie baden, essen oder zu Bett gehen oder wann sie Fernsehen oder spazieren gehen möchte (Pflegebedürftigkeits-Richtlinie Ziff. 4.9.6).

### D. Beeinträchtigungen der Selbständigkeit oder der Fähigkeiten wegen körperlicher, kognitiver oder psychischer Beeinträchtigungen oder gesundheitlich bedingter Belastungen oder Anforderungen

**Ursächlich** für den Pflegebedarf, also die Beeinträchtigungen der Selbständigkeit oder der Fähigkeiten, muss die Gesundheit sein. Abs. 1 Satz 1 spricht davon, dass die Person **gesundheitlich bedingte Beeinträchtigungen** der Selbständigkeit oder der Fähigkeiten aufweist. Hierzu enthält Satz 2 eine nähere Bestimmung. Es muss sich um Personen handeln, die **körperliche, kognitive oder psychische Beeinträchtigungen** oder **gesundheitlich bedingte Belastungen oder Anforderungen** aufweisen. Andere Ursachen dafür, dass eine Person Beeinträchtigungen der Selbständigkeit oder der Fähigkeiten nicht selbständig kompensieren oder bewältigen kann, wie z.B. das Alter (z.B. bei Kleinkindern) oder der Bildungs- bzw. Fähigkeitsstand als solcher (z.B. bei einer zunehmend technisierten Welt), taugen nicht zur Begründung von Pflegebedürftigkeit i.S.d. § 14 Abs. 1. 14

§ 14 enthält keine nähere Definition der **Krankheiten** oder **Behinderungen** mehr. Erfasst sind nicht lediglich organische Erkrankungen und Behinderungen. Auch geistige und seelische Erkrankungen, wie z.B. Demenz, Depressionen, können Hilfebedarf begründen. **Behandlungsbedürftigkeit** und **Behandlungsfähigkeit** wird **nicht vorausgesetzt** (*Gebhardt*, in Krauskopf, Soziale Krankenversicherung – Pflegeversicherung § 14 SGB XI Rn. 13); es genügt, dass allein aufgrund körperlicher, kognitiver oder psychischer Beeinträchtigungen oder gesundheitlich bedingter Belastungen oder Anforderungen Beeinträchtigungen der Selbständigkeit oder der Fähigkeiten vorliegen. 15

Nach Ziff. 4.8.3. der Richtlinien des GKV-Spitzenverbandes zur Feststellung der Pflegebedürftigkeit ist eine Person selbständig, die eine Handlung bzw. Aktivität alleine, d. h. ohne Unterstützung durch andere Personen oder unter Nutzung von Hilfsmitteln, durchführen kann. Dementsprechend liegt eine Beeinträchtigung von Selbständigkeit nur vor, wenn personelle Hilfe erforderlich ist (Pflegebedürftigkeits-Richtlinie Ziff. 4.8.3). 16

### E. Bedürfnis nach Hilfe

Pflegebedürftigkeit setzt voraus, dass die Person der **Hilfe durch andere** bedarf, weil körperliche, kognitive oder psychische Beeinträchtigungen oder gesundheitlich bedingte Belastungen oder Anforderungen nicht selbständig kompensiert oder bewältigt werden können. Der Hilfebedarf muss auf den in den Kriterien des Abs. 2 beschriebenen, gesundheitlich bedingten Beeinträchtigungen der Selbständigkeit oder der Fähigkeiten beruhen; **andere Ursachen** für einen Hilfebedarf **bleiben außer Betracht** (BT-Drs. 18/5929 S. 109). Die Beeinträchtigungen der Selbständigkeit oder der Fähigkeiten werden personenbezogen und unabhängig vom jeweiligen (Wohn-) Umfeld ermittelt (BT-Drs. 18/5929 S. 109). Innerhalb der sechs Bereiche des § 14 Abs. 2 ist insoweit zu fragen, ob die jeweiligen Kriterien selbständig, überwiegend selbständig, überwiegend unselbständig oder unselbständig ausgeführt werden können. 17

Die bisher in § 14 Abs. 4 a.F. aufgezählten Hilfearten (**Unterstützung, Übernahme, Beaufsichtigung** und **Anleitung**) **sind im neuen § 14 nicht mehr zu finden**. Mit dem bisherigen Pflegebedürftigkeitsbegriff entfiel auch die Fokussierung auf vorwiegend kompensatorischen Hilfen sowie auf die Beschränkung der Anleitung und Beaufsichtigung, soweit sie im engen Kontext der Verrichtungen des täglichen Lebens stehen (BT-Drs. 18/5929 S. 110). Insgesamt werden mit den 18 neu einbezogenen bzw. erweiterten Kriterien der Pflegebedürftigkeit gerade in den Bereichen der Nrn. 2, 3, 5 und 6 Kriterien berücksichtigt, die einen Hilfebedarf im Bereich der **Anleitung, Motivation** und **Schulung** nach sich ziehen und dadurch die Selbständigkeit und Fähigkeiten der Pflegebedürftigen stärken (BT-Drs. 18/5929 S. 110). Eine Anleitung i.S.d. aktivierenden Pflege bleibt ein wichtiger Bestandteil der Leistungserbringung, der durch das NBA zukünftig eine größere Rolle spielen wird (BT-Drs. 18/5929 S. 110). **Auch personelle Hilfen,** also alle unterstützenden Handlungen, die eine Person benötigt, um die betreffenden Aktivitäten durchzuführen (dazu vgl. Pflegebedürftigkeits-Richtlinie Ziff. 4.8.3), sind erfasst. Welche Hilfe erforderlich ist – die Pflegebedürftigkeits-Richtlinie zählt in Ziff. 4.8.3 folgende auf: Aufforderung, Unterstützung bei der Entscheidungsfindung, partielle Beaufsichtigung und Kontrolle, punktuelle Übernahme von Teilhandlungen der Aktivität, Anwesenheit aus Sicherheitsgründen, ständige Motivation i.S.d. motivierenden Begleitung einer Aktivität, ständige Anleitung, ständige Beaufsichtigung und Kontrolle, Übernahme von Teilhandlungen der Aktivität – oder ob mehrere Hilfearten zusammenspielen, ist insoweit unerheblich, als Pflegebedürftigkeit letztlich voraussetzt, dass bei der **Zusammenschau** sämtlicher Hilfen i.S.d. § 15 Abs. 3 die jeweils maßgeblichen Gesamtpunktwerte erreicht werden.

### F. Dauer der Pflegebedürftigkeit

19  Der Hilfebedarf muss nach Abs. 1 Satz 3 voraussichtlich für die **Dauer von mindestens 6 Monaten** bestehen. Bei der Entscheidung, ob die Pflegebedürftigkeit mindestens für die Dauer von 6 Monaten besteht, handelt es sich um eine gerichtlich voll nachprüfbare **Prognoseentscheidung**. Erweist sich die Prognose als falsch und entfällt die Pflegebedürftigkeit noch vor Ablauf der 6 Monate, sind die Pflegeleistungen nicht rückwirkend zurückzufordern, sondern nur für die Zukunft einzustellen (*Gebhardt* Krauskopf, Soziale Krankenversicherung – Pflegeversicherung § 14 SGB XI Rn. 28). Der Sechsmonatszeitraum beginnt mit **Antragstellung** (§ 33 Abs. 1 Satz 1), frühestens mit Eintritt der Hilfebedürftigkeit. Bei der Sechsmonatsfrist handelt es sich nicht um eine Wartezeit, nach deren Ablauf erst Leistungen erbracht werden. Vielmehr werden Leistungen bei entsprechender Prognose (Bestehen von Hilfebedürftigkeit für mindestens 6 Monate) schon ab Antragstellung (§ 33 Abs. 1 Satz 1), frühestens jedoch ab Eintritt der Hilfebedürftigkeit (§ 33 Abs. 1 Satz 2), erbracht.

### G. Umfang der Pflegebedürftigkeit

20  Die Pflegebedürftigkeit muss mit mindestens der in § 15 festgelegten Schwere bestehen. Wird das Mindestmaß an Hilfebedarf des § 15 nicht erreicht, liegt Pflegebedürftigkeit nicht vor.

21  Der Umfang der Pflegebedürftigkeit wird nach § 15 Abs. 1 mittels des Pflegegrades bestimmt. Danach erhalten Pflegebedürftige nach der **Schwere der Beeinträchtigungen** der Selbständigkeit oder der Fähigkeiten einen Grad der Pflegebedürftigkeit (**Pflegegrad**). Dieser wird mit Hilfe eines pflegefachlich begründeten Begutachtungsinstruments ermittelt. Zur Ermittlung des Pflegegrades sind die bei der Begutachtung festgestellten Einzelpunkte in den **sechs Modulen** (§ 15 Abs. 2, § 14 Abs. 2) zu addieren und dem in Anlage 2 festgelegten Punktbereich sowie den sich daraus ergebenden gewichteten Punkten zuzuordnen. Aus den gewichteten Punkten aller Module sind durch Addition die Gesamtpunkte zu bilden. Auf der Basis der erreichten Gesamtpunkte sind pflegebedürftige Personen in einen der nachfolgenden Pflegegrade einzuordnen:
1. ab 12,5 bis unter 27 Gesamtpunkten in den **Pflegegrad 1**: geringe Beeinträchtigungen der Selbständigkeit oder der Fähigkeiten,
2. ab 27 bis unter 47,5 Gesamtpunkten in den **Pflegegrad 2**: erhebliche Beeinträchtigungen der Selbständigkeit oder der Fähigkeiten,
3. ab 47,5 bis unter 70 Gesamtpunkten in den **Pflegegrad 3**: schwere Beeinträchtigungen der Selbständigkeit oder der Fähigkeiten,
4. ab 70 bis unter 90 Gesamtpunkten in den **Pflegegrad 4**: schwerste Beeinträchtigungen der Selbständigkeit oder der Fähigkeiten,
5. ab 90 bis 100 Gesamtpunkten in den **Pflegegrad 5**: schwerste Beeinträchtigungen der Selbständigkeit oder der Fähigkeiten mit besonderen Anforderungen an die pflegerische Versorgung.

## § 15 Ermittlung des Grades der Pflegebedürftigkeit, Begutachtungsinstrument

(1) Pflegebedürftige erhalten nach der Schwere der Beeinträchtigungen der Selbständigkeit oder der Fähigkeiten einen Grad der Pflegebedürftigkeit (Pflegegrad). Der Pflegegrad wird mit Hilfe eines pflegefachlich begründeten Begutachtungsinstruments ermittelt.

(2) Das Begutachtungsinstrument ist in sechs Module gegliedert, die den sechs Bereichen in § 14 Absatz 2 entsprechen. In jedem Modul sind für die in den Bereichen genannten Kriterien die in Anlage 1 dargestellten Kategorien vorgesehen. Die Kategorien stellen die in ihnen zum Ausdruck kommenden verschiedenen Schweregrade der Beeinträchtigungen der Selbständigkeit oder der Fähigkeiten dar. Den Kategorien werden in Bezug auf die einzelnen Kriterien pflegefachlich fundierte Einzelpunkte zugeordnet, die aus Anlage 1 ersichtlich sind. In jedem Modul werden die jeweils erreichbaren Summen aus Einzelpunkten nach den in Anlage 2 festgelegten Punktbereichen gegliedert. Die Summen der Punkte werden nach den in ihnen zum Ausdruck kommenden Schweregraden der Beeinträchtigungen der Selbständigkeit oder der Fähigkeiten wie folgt bezeichnet:
1. Punktbereich 0: keine Beeinträchtigungen der Selbständigkeit oder der Fähigkeiten,
2. Punktbereich 1: geringe Beeinträchtigungen der Selbständigkeit oder der Fähigkeiten,
3. Punktbereich 2: erhebliche Beeinträchtigungen der Selbständigkeit oder der Fähigkeiten,
4. Punktbereich 3: schwere Beeinträchtigungen der Selbständigkeit oder der Fähigkeiten und
5. Punktbereich 4: schwerste Beeinträchtigungen der Selbständigkeit oder der Fähigkeiten.

Jedem Punktbereich in einem Modul werden unter Berücksichtigung der in ihm zum Ausdruck kommenden Schwere der Beeinträchtigungen der Selbständigkeit oder der Fähigkeiten sowie der folgenden Gewichtung der Module die in Anlage 2 festgelegten, gewichteten Punkte zugeordnet. Die Module des Begutachtungsinstruments werden wie folgt gewichtet:
1. Mobilität mit 10 Prozent,
2. kognitive und kommunikative Fähigkeiten sowie Verhaltensweisen und psychische Problemlagen zusammen mit 15 Prozent,
3. Selbstversorgung mit 40 Prozent,
4. Bewältigung von und selbständiger Umgang mit krankheits- oder therapiebedingten Anforderungen und Belastungen mit 20 Prozent,
5. Gestaltung des Alltagslebens und sozialer Kontakte mit 15 Prozent.

(3) Zur Ermittlung des Pflegegrades sind die bei der Begutachtung festgestellten Einzelpunkte in jedem Modul zu addieren und dem in Anlage 2 festgelegten Punktbereich sowie den sich daraus ergebenden gewichteten Punkten zuzuordnen. Den Modulen 2 und 3 ist ein gemeinsamer gewichteter Punkt zuzuordnen, der aus den höchsten gewichteten Punkten entweder des Moduls 2 oder des Moduls 3 besteht. Aus den gewichteten Punkten aller Module sind durch Addition die Gesamtpunkte zu bilden. Auf der Basis der erreichten Gesamtpunkte sind pflegebedürftige Personen in einen der nachfolgenden Pflegegrade einzuordnen:
1. ab 12,5 bis unter 27 Gesamtpunkten in den Pflegegrad 1: geringe Beeinträchtigungen der Selbständigkeit oder der Fähigkeiten,
2. ab 27 bis unter 47,5 Gesamtpunkten in den Pflegegrad 2: erhebliche Beeinträchtigungen der Selbständigkeit oder der Fähigkeiten,
3. ab 47,5 bis unter 70 Gesamtpunkten in den Pflegegrad 3: schwere Beeinträchtigungen der Selbständigkeit oder der Fähigkeiten,
4. ab 70 bis unter 90 Gesamtpunkten in den Pflegegrad 4: schwerste Beeinträchtigungen der Selbständigkeit oder der Fähigkeiten,
5. ab 90 bis 100 Gesamtpunkten in den Pflegegrad 5: schwerste Beeinträchtigungen der Selbständigkeit oder der Fähigkeiten mit besonderen Anforderungen an die pflegerische Versorgung.

(4) Pflegebedürftige mit besonderen Bedarfskonstellationen, die einen spezifischen, außergewöhnlich hohen Hilfebedarf mit besonderen Anforderungen an die pflegerische Versorgung

aufweisen, können aus pflegefachlichen Gründen dem Pflegegrad 5 zugeordnet werden, auch wenn ihre Gesamtpunkte unter 90 liegen. Der Medizinische Dienst Bund konkretisiert in den Richtlinien nach § 17 Absatz 1 die pflegefachlich begründeten Voraussetzungen für solche besonderen Bedarfskonstellationen.

(5) Bei der Begutachtung sind auch solche Kriterien zu berücksichtigen, die zu einem Hilfebedarf führen, für den Leistungen des Fünften Buches vorgesehen sind. Dies gilt auch für krankheitsspezifische Pflegemaßnahmen. Krankheitsspezifische Pflegemaßnahmen sind Maßnahmen der Behandlungspflege, bei denen der behandlungspflegerische Hilfebedarf aus medizinisch-pflegerischen Gründen regelmäßig und auf Dauer untrennbarer Bestandteil einer pflegerischen Maßnahme in den in § 14 Absatz 2 genannten sechs Bereichen ist oder mit einer solchen notwendig in einem unmittelbaren zeitlichen und sachlichen Zusammenhang steht.

(6) Bei pflegebedürftigen Kindern wird der Pflegegrad durch einen Vergleich der Beeinträchtigungen ihrer Selbständigkeit und ihrer Fähigkeiten mit altersentsprechend entwickelten Kindern ermittelt. Im Übrigen gelten die Absätze 1 bis 5 entsprechend.

(7) Pflegebedürftige Kinder im Alter bis zu 18 Monaten werden abweichend von den Absätzen 3, 4 und 6 Satz 2 wie folgt eingestuft:
1. ab 12,5 bis unter 27 Gesamtpunkten in den Pflegegrad 2,
2. ab 27 bis unter 47,5 Gesamtpunkten in den Pflegegrad 3,
3. ab 47,5 bis unter 70 Gesamtpunkten in den Pflegegrad 4,
4. ab 70 bis 100 Gesamtpunkten in den Pflegegrad 5.

### Übersicht

| | Rdn. | | Rdn. |
|---|---|---|---|
| A. System der Pflegegrade | 1 | I. Antragsabhängigkeit der Leistungen | 14 |
| I. Allgemeines | 1 | II. Feststellung der Anspruchsvoraussetzungen durch die Pflegekasse | 15 |
| II. Berechnung der Pflegegrade | 2 | | |
| III. Kinder | 9 | III. Entscheidung durch die Pflegekasse | 20 |
| B. Verfahren zur Feststellung der Pflegebedürftigkeit | 14 | | |

## A. System der Pflegegrade

### I. Allgemeines

1 Seit dem 01.01.2017 werden das Vorliegen und die Schwere der Pflegebedürftigkeit mit einem neuen, pflegefachlich begründeten Begutachtungsinstruments (Neues Begutachtungsassessment – NBA) ermittelt. Dieses beruht auf dem neuen Pflegebedürftigkeitsbegriff nach § 14 und deckt die in § 14 Abs. 2 genannten sechs Bereiche ab (1. Mobilität; 2. kognitive und kommunikative Fähigkeiten; 3. Verhaltensweisen und psychische Problemlagen; 4. Selbstversorgung; 5. Bewältigung von und selbständiger Umgang mit krankheits- oder therapiebedingten Anforderungen und Belastungen; 6. Gestaltung des Alltagslebens und sozialer Kontakte). Die gesonderte Feststellung einer erheblich eingeschränkten Alltagskompetenz nach § 45a a.F. ist daher seit dem 01.01.2017 nicht mehr erforderlich, da das NBA in den Modulen 2 und 3 die in diesem Kontext relevanten Kriterien für Beeinträchtigungen der Selbständigkeit und der Fähigkeiten berücksichtigt. Darüber hinaus werden in den Modulen noch weitere pflegefachlich relevante Kriterien für Beeinträchtigungen der Selbständigkeit und der Fähigkeiten von Personen mit kognitiven und psychischen Beeinträchtigungen erfasst. Der Pflegegrad, der die bisherige Pflegestufe zum 01.01.2017 ablöst und gemäß § 15 (n.F.) in 5 **Pflegegraden** ausgedrückt wird, orientiert sich an der Schwere der Beeinträchtigungen der Selbständigkeit oder der Fähigkeiten. Damit soll sichergestellt werden, dass auch zukünftig diejenigen Pflegebedürftigen Leistungen der Pflegeversicherung erhalten, die wegen der Schwere der Pflegebedürftigkeit auf solidarische Unterstützung angewiesen sind. Zu den Materialien vgl. BT-Drs.18/5926.

## II. Berechnung der Pflegegrade

Entsprechend der Schwere der Beeinträchtigungen der Selbständigkeit oder der Fähigkeiten wird ein Grad der Pflegebedürftigkeit (Pflegegrad) bestimmt (§ 15 Abs. 1 Satz 1). Der Pflegegrad wird mit Hilfe eines pflegefachlich begründeten Begutachtungsinstruments, das entsprechend den fünf Bereichen in § 14 Abs. 2 gegliedert ist, berechnet. Das Bewertungsverfahren gründet auf einer nach den Kategorien des § 14 Abs. 2 differenzierenden, gewichteten Bewertung der Beeinträchtigungen der Selbständigkeit und der Fähigkeiten mit Punktwerten anhand von gesetzlich definierten Kriterien nach der Anlage 1 zu § 15.

Die Berechnung des für die Zuordnung zu einem Pflegegrad relevanten Gesamtpunkts erfolgt mit Hilfe einer mehrschrittigen Berechnungsfolge auf Basis einer pflegefachlich begründeten Bewertungssystematik (BT-Drs. 18/5926 S. 112). Von wesentlicher Bedeutung ist dabei die Umrechnung der Summe der Punkte für die Einzelpunkte in gewichtete Punkte. Die Beeinträchtigungen der Selbständigkeit oder der Fähigkeiten werden in den Modulen – diese entsprechen den sechs Kategorien des § 14 Abs. 2 (vgl. § 15 Abs. 2 Satz 1) – für jedes Kriterium der Bereiche des § 14 Abs. 2 und nach dem Grad ihrer Ausprägung festgestellt (BT-Drs. 18/5926 S. 112). Maßgeblich für die Zuordnung zu einer Kategorie ist eine pflegefachlich begründete Einschätzung durch die Gutachter des MDK oder andere unabhängige Gutachter auf Basis der Richtlinien nach § 17 Abs. 1 (BT-Drs. 18/5926 S. 112). Die Einschätzung erfolgt personenbezogen und unabhängig vom jeweiligen (Wohn-)Umfeld (BT-Drs. 18/5926 S. 112).

Es werden zunächst jedem einzelnen Modul – diese entsprechen den sechs Kategorien des § 14 Abs. 2 (vgl. § 15 Abs. 2 Satz 1) – in Bezug auf die jeweiligen Kriterien der Anlage 1 zu § 15 pflegefachlich fundierte **Einzelpunkte** zugeordnet. Die Einzelpunkte eines Moduls werden nach dem Schweregrad der Beeinträchtigungen der Selbständigkeit oder der Fähigkeiten einem von fünf Punktbereichen der Anlage 2 zu § 15 zugeordnet (BT-Drs. 18/5926 S. 113). Aus den Summen jedes Punktbereichs in einem Modul werden unter Berücksichtigung der in ihm zum Ausdruck kommenden Schwere der Beeinträchtigungen der Selbständigkeit oder der Fähigkeiten sowie einer gesetzlich festgelegten Gewichtung der Module (§ 15 Abs. 2 Satz 8) die in Anlage 2 zu § 15 festgelegten, gewichteten Punkte ermittelt (§ 15 Abs. 2). Aus den gewichteten Punkten aller Module sind durch Addition die Gesamtpunkte zu bilden (§ 15 Abs. 3).

Die Gewichtung der Module bewirkt, dass der Gesamtpunkt und damit Grad der Pflegebedürftigkeit (Pflegegrad) sich nicht unmittelbar durch Summierung aller Einzelpunkte ermitteln lässt (BT-Drs. 18/5926 S. 113). Die Gewichtung der Module erfolgt auf der Basis von empirischen Erkenntnissen und sozialpolitischen Überlegungen (BT-Drs. 18/5926 S. 113). So soll erreicht werden, dass die Schwere der Beeinträchtigungen der Selbständigkeit oder der Fähigkeiten von Personen mit körperlichen Defiziten einerseits und kognitiven oder psychischen Defiziten sachgerecht und angemessen bei der Bildung des Gesamtpunktes berücksichtigt wird (BT-Drs. 18/5926 S. 113).

Auf der Basis der erreichten Gesamtpunkte werden die volljährigen pflegebedürftigen Personen in einen der Pflegegrade eingeordnet:
– ab 12,5 bis unter 27 Gesamtpunkten in den **Pflegegrad 1**: geringe Beeinträchtigungen der Selbständigkeit oder der Fähigkeiten,
– ab 27 bis unter 47,5 Gesamtpunkten in den **Pflegegrad 2**: erhebliche Beeinträchtigungen der Selbständigkeit oder der Fähigkeiten,
– ab 47,5 bis unter 70 Gesamtpunkten in den **Pflegegrad 3**: schwere Beeinträchtigungen der Selbständigkeit oder der Fähigkeiten,
– ab 70 bis unter 90 Gesamtpunkten in den **Pflegegrad 4**: schwerste Beeinträchtigungen der Selbständigkeit oder der Fähigkeiten,
– ab 90 bis 100 Gesamtpunkten in den **Pflegegrad 5**: schwerste Beeinträchtigungen der Selbständigkeit oder der Fähigkeiten mit besonderen

Dabei können nach § 15 Abs. 4 Pflegebedürftige mit besonderen Bedarfskonstellationen, die einen spezifischen, außergewöhnlich hohen Hilfebedarf mit besonderen Anforderungen an die pflegerische Versorgung aufweisen, aus pflegefachlichen Gründen dem Pflegegrad 5 zugeordnet werden, auch wenn ihre Gesamtpunkte unter 90 liegen.

8  Mit § 15 Abs. 5 wird klargestellt, dass bei der Begutachtung auch solche Kriterien zu berücksichtigen sind, die zu einem Hilfsbedarf führen, für den Leistungen des SGB V vorgesehen sind (BT-Drs. 18/5926 S. 114). Dies gilt auch und insbesondere für sog. krankheitsspezifische Pflegemaßnahmen (BT-Drs. 18/5926 S. 114).

### III. Kinder

9  Kinder haben naturgemäß und altersentsprechend einen eigenständigen Hilfe- und Pflegebedarf. Dieser beruht anders, als in § 14 Abs. 1 vorausgesetzt, nicht auf Krankheit und Behinderung. § 15 Abs. 6 sieht daher vor, dass bei Kindern für die Zuordnung zu einem Pflegegrad lediglich der gegenüber einem altersentsprechenden Kind **zusätzliche Hilfebedarf** maßgebend ist (*Udsching* in Udsching/Schütze, SGB XI, § 15 Rn. 38). Dies ist erforderlich, da die Hilfebedürftigkeit altersentsprechend entwickelter Kinder ihrem Entwicklungsstand entspricht und keinen Leistungsanspruch gegen die SPV begründen soll. Nur darüber hinaus gehende Beeinträchtigungen der Selbständigkeit oder der Fähigkeiten sind für den Leistungszugang relevant (BT-Drs. 18/5926 S. 114). Auch bei pflegebedürftigen Kindern erfolgt jedoch eine Einstufung anhand der konkret bestehenden Schwere der Beeinträchtigungen der Selbständigkeit oder der Fähigkeiten in fünf Pflegegrade; die Absätze 1 bis 3 gelten insofern entsprechend (BT-Drs. 18/5926 S. 114).

10  Das neue Begutachtungsinstrument des § 15 gilt grundsätzlich für alle Altersgruppen und ist aus fachlicher Sicht für die Feststellung der Pflegebedürftigkeit auch bei Kindern sehr gut und besser geeignet als das bisherige Verfahren (BT-Drs. 18/5926 S. 114). Da der Bezugspunkt für die Einstufung von Kindern der Vergleich mit einem alterstypisch entwickelten Kind ohne körperliche, kognitive oder psychische Beeinträchtigungen ist, ergeben sich für pflegebedürftige Kinder im Alter bis zu 18 Monaten Besonderheiten (BT-Drs. 18/5926 S. 114). Denn auch Kinder in der altersentsprechend entwickelten Vergleichsgruppe sind von Natur aus in allen Bereichen des Alltagslebens unselbständig; erst mit zunehmendem Alter erlangen sie aufgrund von Entwicklungsfortschritten schrittweise eine größere Selbständigkeit (BT-Drs. 18/5926 S. 114).

11  Für pflegebedürftige **Kinder bis zu 18 Monaten** ist in Abs. 7 eine Sonderregelung getroffen. Sie werden im Sinne einer pauschalierenden Einstufung etwas höher eingestuft als bei der Bemessung nach Abs. 3 und können in diesem Pflegegrad ohne weitere Begutachtung bis zum 18. Lebensmonat verbleiben, soweit zwischenzeitlich kein Höherstufungsantrag gestellt wird oder eine Wiederholungsbegutachtung aus fachlicher Sicht notwendig ist (BT-Drs. 18/5926 S. 115). Damit soll sichergestellt werden, dass pflegebedürftige Kinder im Alter von 18 Monaten einen fachlich angemessenen Pflegegrad erreichen, der die natürlichen Entwicklungsschwankungen sowohl bei den pflegebedürftigen Kindern als auch bei der Vergleichsgruppe der altersentsprechend entwickelten Kinder großzügig auffängt (BT-Drs. 18/5926 S. 115).

12  **Nach dem 18. Lebensmonat** ist eine reguläre Einstufung nach Abs. 3 vorzunehmen, da die Kinder dann aufgrund der gewachsenen Selbständigkeit der Vergleichsgruppe regulär fachlich angemessene Pflegegrade erreichen und die relevanten Entwicklungsfortschritte in kleineren Abständen erfolgen (BT-Drs. 18/5926 S. 114). Jedoch ist auch insoweit in der Bewertung allein die Abweichung von der Selbständigkeit und den Fähigkeiten altersentsprechend entwickelter Kinder zugrunde zu legen (Pflegebedürftigkeits-Richtlinie Ziff. 5). Dabei gehört zur normalen kindlichen Entwicklung auch eine Variabilität aller Entwicklungsschritte, was bei der Begutachtung zu berücksichtigen ist. Kriterien, die entwicklungsbedingt bis zu einem bestimmten Alter auch bei gesunden Kindern als unselbständig zu beurteilen sind, müssen daher im Gutachten entsprechend gekennzeichnet aber nicht beurteilt werden (Pflegebedürftigkeits-Richtlinie Ziff. 5). Aufgabe des Gutachters ist es dabei, analog zur Erwachsenenbegutachtung die festgestellten Beeinträchtigungen und den Grad der Selbständigkeit zu dokumentieren (Pflegebedürftigkeits-Richtlinie Ziff. 5). Erforderlich ist daher eine gründliche Erhebung der kindspezifischen Anamnese, um dem individuellen Entwicklungsverlauf

und den besonderen Versorgungssituationen gerecht zu werden (Pflegebedürftigkeits-Richtlinie Ziff. 5). Eine eingehende Befunderhebung ist zusätzlich erforderlich (Pflegebedürftigkeits-Richtlinie Ziff. 5).

*(unbesetzt)* 13

### B. Verfahren zur Feststellung der Pflegebedürftigkeit

### I. Antragsabhängigkeit der Leistungen

Leistungen der SPV werden nur auf Antrag erbracht (§ 33 Abs. 1 Satz 1). Von Amts wegen erbrachte Leistungen sieht das SGB XI nicht vor. 14

### II. Feststellung der Anspruchsvoraussetzungen durch die Pflegekasse

Die **Pflegekasse** hat den maßgeblichen Sachverhalt unverzüglich (§ 18 Abs. 1 Satz 1, Abs. 3 Satz 1) von Amts wegen zu ermitteln (§ 20 SGB X). Zur Feststellung der Pflegebedürftigkeit sowie der jeweiligen Pflegestufe hat die Pflegekasse den **Medizinischen Dienst der Krankenversicherung (MDK)** einzuschalten **oder einen unabhängigen Gutachter** zu beauftragen (§ 18 Abs. 1 Satz 1) und diesen unverzüglich die Antragsunterlagen weiterzuleiten (§ 18 Abs. 3 Satz 1). Ohne Einschaltung des MDK kann die Pflegekasse über das Vorliegen von Pflegebedürftigkeit entscheiden, wenn es auf die Feststellungen des MDK nicht ankommt (z.B. mangels Mitgliedschaft bei der Pflegekasse oder wegen eines Leistungsausschlusses oder Ruhens der Leistungen gem. §§ 33a, 34). 15

Im Rahmen dieser Prüfungen haben der MDK oder die Gutachter durch eine Untersuchung des Antragstellers die Beeinträchtigungen der Selbständigkeit oder der Fähigkeiten bei den in § 14 Abs. 2 genannten Kriterien nach Maßgabe des § 15 sowie die voraussichtliche Dauer der Pflegebedürftigkeit zu ermitteln. Darüber hinaus sind auch Feststellungen darüber zu treffen, ob und in welchem Umfang Maßnahmen zur Beseitigung, Minderung oder Verhütung einer Verschlimmerung der Pflegebedürftigkeit einschließlich der Leistungen zur medizinischen Rehabilitation geeignet, notwendig und zumutbar sind; insoweit haben Versicherte einen Anspruch gegen den zuständigen Träger auf Leistungen zur medizinischen Rehabilitation. Jede Feststellung hat zudem eine Aussage darüber zu treffen, ob Beratungsbedarf insbesondere in der häuslichen Umgebung oder in der Einrichtung, in der der Anspruchsberechtigte lebt, hinsichtlich Leistungen zur verhaltensbezogenen Prävention nach § 20 Abs. 5 SGB V besteht. 16

Der MDK bzw. der beauftragte Gutachter haben den Pflegebedürftigen in dessen Wohnung zu begutachten (§ 18 Abs. 2 Satz 1). Verweigert der Pflegebedürftige die notwendige Einwilligung zur Untersuchung in seiner Wohnung, kann die Pflegekasse die Leistung versagen oder entziehen (§ 18 Abs. 2 Satz 2); die Mitwirkungsobliegenheiten der §§ 65, 66 SGB I gelten entsprechend (Abs. 2 Satz 3). 17

Soll die Begutachtung durch unabhängige Gutachter stattfinden oder ist innerhalb von 4 Wochen ab Antragstellung keine Begutachtung durch den MDK erfolgt, hat die Pflegekasse dem Antragsteller gem. § 18 Abs. 3a mindestens drei unabhängige Gutachter zur Auswahl zu benennen. Der Antragsteller kann innerhalb einer Woche (§ 18 Abs. 3a Satz 3, 4) einen Wunsch äußern, dem die Pflegekasse Rechnung zu tragen hat; erfolgt keine Benennung durch den Antragsteller, so bestimmt die Pflegekasse den Gutachter. 18

In der PPV erfolgt die Begutachtung durch die **MEDICPROOF GmbH**, die dieselben Maßstäbe anzulegen hat wie der MDK (§ 23 Abs. 6). Das BSG sieht keinen Hinweis darauf, dass zu Lasten der Versicherten ein etabliertes besonderes Näheverhältnis zwischen den privaten Versicherungsunternehmen und den Gutachtern der MEDICPROOF GmbH besteht und sieht keine Veranlassung, an der Qualität und Objektivität der Gutachten zu zweifeln (BSG Urt. v. 22.04.2015 – B 3 P 8/13 R, SozR 4–3300 § 23 Nr. 7). Zur Abweichung von der Bindungswirkung dieser Gutachten nach § 84 VVG vgl. (BSG Urt. v. 25.11.2015 – B 3 P 3/14 R; BSG Urt. v. 22.04.2015 – B 3 P 8/13 R). 19

### III. Entscheidung durch die Pflegekasse

20  Die Pflegekasse hat durch schriftlichen **Verwaltungsakt** (§ 31 Satz 1 SGB X i.V.m. § 18 Abs. 3 Satz 2) über den Leistungsantrag zu entscheiden. Diesen hat sie gem. § 18 Abs. 3 Satz 2 spätestens 25 Arbeitstage nach Antragseingang dem Antragsteller bekannt zu geben (§ 18 Abs. 3 Satz 2 spricht von »mitteilen«, was in der Sache dasselbe sein dürfte). Mit dem Bescheid hat sie dem Antragsteller auch das erstellte Gutachten zu übermitteln (§ 18 Abs. 3 Satz 8).

20a Die Bewilligung einer Leistung stellt einen Dauerverwaltungsakt dar. Dabei können die Zuordnung zu einer Pflegestufe, die Anerkennung als Härtefall sowie die Bewilligung von Leistungen befristet werden (§ 33 Abs. 1 Satz 4 i.V.m. § 32 Abs. 1 SGB X). Eine **Befristung** erfolgt, wenn und soweit eine Verringerung des Hilfebedarfs nach der Einschätzung des MDK zu erwarten ist (§ 33 Abs. 1 Satz 5). Die Befristung kann wiederholt werden und schließt Änderungen bei der Zuordnung zu einer Pflegestufe, bei der Anerkennung als Härtefall sowie bei bewilligten Leistungen im Befristungszeitraum nicht aus, soweit dies durch Rechtsvorschriften des Sozialgesetzbuches angeordnet oder erlaubt ist (§ 33 Abs. 1 Satz 6). Der Befristungszeitraum darf insgesamt die Dauer von 3 Jahren nicht überschreiten (§ 33 Abs. 1 Satz 7). Wiederholte Befristungen sind möglich.

20b **Änderungen in den Verhältnissen**, wie etwa die Zunahme oder der Wegfall von Pflegebedürftigkeit sind gem. § 48 SGB X umzusetzen (dazu vgl. z.B. LSG Hamburg Beschl. v. 30.09.2015 – L 1 P 2/15; LSG Sachsen-Anhalt Urt. v. 28.05.2015 – L 5 P 17/12; LSG Berlin-Brandenburg Urt. v. 21.03.2013 – L 27 P 73/11; LSG Berlin-Brandenburg Urt. v. 05.12.2012 – L 27 P 57/10; LSG Rheinland-Pfalz Urt. v. 05.08.2010 – L 5 P 9/10; LSG Baden-Württemberg Urt. v. 05.03.2010 – L 4 P 2246/09; Bayerisches LSG Urt. v. 05.08.2009 – L 2 P 10/07; zur Pflicht, den aufzuhebenden Bescheid zu benennen: LSG Baden-Württemberg Urt. v. 05.03.2010 – L 4 P 4773/08, juris Rn. 23). Dazu hat die Pflegekasse die Hilfebedürftigkeit regelmäßig zu prüfen (vgl. auch Abs. 2 Satz 5). Eine Herabsetzung bzw. Aufhebung eines Pflegegrades liegt nicht schon dann vor, wenn in einem nach Erlass des Bewilligungsbescheids eingeholten Gutachten der Pflegebedarf maßgeblich geringer eingeschätzt wird als in dem der Bewilligung zugrunde liegenden Erstgutachten; vielmehr kommt es darauf an, ob in tatsächlicher Hinsicht Änderungen eingetreten sind, die nachvollziehbar den Umfang des Hilfebedarfs vermindert haben (LSG Berlin-Brandenburg Beschl. v. 20.01.2014 – L 27 P 47/13 B ER).

21  Erteilt die Pflegekasse den Bescheid über den Antrag **nicht innerhalb von 25 Arbeitstagen** nach Eingang des Antrags – gibt sie also den Bescheid nicht fristgerecht i.S.d. § 39 Abs. 1 SGB X bekannt – oder wird eine der in § 18 Abs. 3 genannten verkürzten Begutachtungsfristen nicht eingehalten, hat die Pflegekasse nach Fristablauf **für jede begonnene Woche der Fristüberschreitung** unverzüglich 70,00 € an den Antragsteller zu zahlen, sofern sie die Verzögerung zu vertreten hat. Das gilt auch nicht, wenn sich der Antragsteller in stationärer Pflege befindet und bereits als mindestens erheblich pflegebedürftig (mindestens Pflegegrad 2) anerkannt ist (§ 18 Abs. 3b); entsprechendes gilt auch für die PPV. Über die Zahlungspflicht dürfte wohl nicht durch Verwaltungsakt zu entscheiden sein, weshalb eine Leistungsklage (§ 54 Abs. 5 SGG) statthaft sein dürfte.

22  Mit der Bekanntgabe der Entscheidung leitet die Pflegekasse gem. § 18a Abs. 1 Satz 1 auch die gesonderte **Rehabilitationsempfehlung** zu. Die Pflegekasse hat dazu umfassend und begründet Stellung zu nehmen und dem Antragsteller mitzuteilen, inwieweit auf der Grundlage dieser Empfehlung die Durchführung einer Maßnahme zur medizinischen Rehabilitation angezeigt ist. Zugleich hat die Pflegekasse den Antragsteller darüber zu informieren, dass mit der Zuleitung einer Mitteilung über den Rehabilitationsbedarf an den zuständigen Rehabilitationsträger dort ein Antragsverfahren auf Leistungen zur medizinischen Rehabilitation entsprechend den Vorschriften des SGB IX ausgelöst wird, sofern der Antragsteller in dieses Verfahren einwilligt (§ 18a Abs. 1 Satz 2). Ohne dessen Zustimmung kann daher ein Verfahren über die Gewährung von Leistungen zur medizinischen Rehabilitation nicht eingeleitet werden (zur Heilung vgl. § 41 Abs. 1 Nr. 1 SGB X).

## § 28 Leistungsarten, Grundsätze

(1) Die Pflegeversicherung gewährt folgende Leistungen:
1. Pflegesachleistung (§ 36),
2. Pflegegeld für selbst beschaffte Pflegehilfen (§ 37),
3. Kombination von Geldleistung und Sachleistung (§ 38),
4. häusliche Pflege bei Verhinderung der Pflegeperson (§ 39),
5. Pflegehilfsmittel und wohnumfeldverbessernde Maßnahmen (§ 40),
6. Tagespflege und Nachtpflege (§ 41),
7. Kurzzeitpflege (§ 42),
8. vollstationäre Pflege (§ 43),
9. Pauschalleistung für die Pflege von Menschen mit Behinderungen (§ 43a),
9a. Zusätzliche Betreuung und Aktivierung in stationären Pflegeeinrichtungen (§ 43b),
10. Leistungen zur sozialen Sicherung der Pflegepersonen (§ 44),
11. zusätzliche Leistungen bei Pflegezeit und kurzzeitiger Arbeitsverhinderung (§ 44a),
12. Pflegekurse für Angehörige und ehrenamtliche Pflegepersonen (§ 45),
12a. Umwandlung des ambulanten Sachleistungsbetrags (§ 45a),
13. Entlastungsbetrag (§ 45b),
14. Leistungen des Persönlichen Budgets nach § 29 des Neunten Buches,
15. zusätzliche Leistungen für Pflegebedürftige in ambulant betreuten Wohngruppen (§ 38a),
16. Ergänzende Unterstützung bei Nutzung von digitalen Pflegeanwendungen (§ 39a) und digitale Pflegeanwendungen (§ 40a),
17. Leistungsanspruch beim Einsatz digitaler Pflegeanwendungen (§ 40b).

(1a) Versicherte haben gegenüber ihrer Pflegekasse oder ihrem Versicherungsunternehmen Anspruch auf Pflegeberatung (§ 7a).

(1b) Bis zum Erreichen des in § 45e Absatz 2 Satz 2 genannten Zeitpunkts haben Pflegebedürftige unter den Voraussetzungen des § 45e Absatz 1 Anspruch auf Anschubfinanzierung bei Gründung von ambulant betreuten Wohngruppen.

(2) (nicht abgedruckt)

(3) Die Pflegekassen und die Leistungserbringer haben sicherzustellen, daß die Leistungen nach Absatz 1 nach allgemein anerkanntem Stand medizinisch-pflegerischer Erkenntnisse erbracht werden.

(4) Pflege schließt Sterbebegleitung mit ein; Leistungen anderer Sozialleistungsträger bleiben unberührt.

| Übersicht | Rdn. | | Rdn. |
|---|---|---|---|
| A. Leistungsgrundsätze | 1 | I. Versichertsein | 9 |
| I. Grundsatz der Selbstbestimmung | 1 | II. Vorversicherungszeit | 10 |
| II. Grundsatz der Aktivierung | 2 | III. Antrag | 11 |
| III. Grundsatz der Eigenverantwortung | 3 | C. Ausschluss bzw. Ruhen der Leistungen | 12 |
| IV. Grundsatz der gemeinsamen Verantwortung | 4 | D. Die einzelnen Leistungen | 16 |
| | | I. Leistungsarten | 16 |
| V. Grundsatz des Vorrangs von Prävention und medizinischer Rehabilitation | 5 | II. Pflegeleistungen | 17 |
| | | III. Pflegeberatung | 19 |
| VI. Grundsatz des Vorrangs der häuslichen Pflege | 6 | IV. Beratungsgutscheine | 20 |
| | | V. Anschubfinanzierung bei Gründung ambulanter Wohngruppen | 23 |
| VII. Grundsatz der Erforderlichkeit, Wirksamkeit und Wirtschaftlichkeit | 7 | VI. Leistungen für Pflegebedürftige der Pflegegruppe 1 | 28 |
| B. Leistungsvoraussetzungen | 9 | | |

## A. Leistungsgrundsätze

### I. Grundsatz der Selbstbestimmung

1 Die PV ist geprägt von der Zielvorstellung, dem Pflegebedürftigen ein **Leben in Würde** zu ermöglichen (§ 2 Abs. 1 Satz 1). Dazu gehört auch, das Leben selbstständig und selbstbestimmt führen zu können. Hierzu stattet das SGB XI den Pflegebedürftigen mit dem Recht, die Art der Pflegeleistung zu wählen, zwischen verschiedenen zugelassenen Leistungserbringern zu wählen (§ 2 Abs. 2 Satz 1, § 29 Abs. 2, § 72 Abs. 1) und einem Wunschrecht (§ 2 Abs. 2 Satz 2 und 3, Abs. 3) aus.

### II. Grundsatz der Aktivierung

2 Die Pflegeleistungen des SGB XI zielen auf die Aktivierung des Pflegebedürftigen hin. Er soll sein Leben möglichst selbst führen. Dazu sollen **vorhandene Fähigkeiten erhalten** und, soweit dies möglich ist, verlorene Fähigkeiten zurückgewonnen werden. Dabei sind auch die Bedürfnisse des Pflegebedürftigen nach Kommunikation zu berücksichtigen.

### III. Grundsatz der Eigenverantwortung

3 Der Grundsatz der Eigenverantwortung erfasst den Versicherten schon **vor dem Eintritt des Versicherungsfalles**. Denn dieser soll nach § 6 Abs. 1 durch gesundheitsbewusste Lebensführung, frühzeitige Beteiligung an Vorsorgemaßnahmen und aktive Mitwirkung an Krankenbehandlung und Leistungen zur medizinischen Rehabilitation dazu beitragen, Pflegebedürftigkeit zu vermeiden. Ist der **Pflegeversicherungsfall eingetreten**, müssen die Pflegebedürftigen an Leistungen zur medizinischen Rehabilitation und der aktivierenden Pflege mitzuwirken, um die Pflegebedürftigkeit zu überwinden, zu mindern oder eine Verschlimmerung zu verhindern (§ 6 Abs. 2).

### IV. Grundsatz der gemeinsamen Verantwortung

4 § 8 Abs. 1 bezeichnet deklaratorisch die pflegerische Versorgung der Bevölkerung als eine gesamtgesellschaftliche Aufgabe. Ansprüche können daraus nicht abgeleitet werden.

### V. Grundsatz des Vorrangs von Prävention und medizinischer Rehabilitation

5 Präventionsleistungen und Leistungen der medizinischen Rehabilitation sind gegenüber den Pflegeleistungen vorrangig (§§ 5, 31). Dazu haben die Pflegekassen bei den zuständigen Leistungsträgern darauf hinzuwirken, dass frühzeitig alle geeigneten Leistungen der Prävention, der Krankenbehandlung und zur medizinischen Rehabilitation eingeleitet werden, um den Eintritt von Pflegebedürftigkeit zu vermeiden (§ 5 Abs. 1). Auch nach Eintritt der Pflegebedürftigkeit haben andere Leistungsträger ihre Leistungen zur medizinischen Rehabilitation und die ergänzenden Leistungen in vollem Umfang einzusetzen und darauf hinzuwirken, die Pflegebedürftigkeit zu überwinden, zu mindern sowie eine Verschlimmerung zu verhindern (§ 5 Abs. 2). Dazu prüfen die Pflegekassen im Einzelfall, welche Leistungen zur medizinischen Rehabilitation und ergänzenden Leistungen geeignet und zumutbar sind, Pflegebedürftigkeit zu überwinden, zu mindern oder ihre Verschlimmerung zu verhüten (§ 31 Abs. 1 Satz 1). Auch kann die Pflegekasse vorläufige Leistungen zur medizinischen Rehabilitation erbringen (§ 32). Um ein Rehabilitationsbedürfnis festzustellen, hat der MDK bzw. der beauftragte Gutachter gem. § 18 Abs. 1 Satz 3 bei der Begutachtung auch Feststellungen darüber zu treffen, ob und in welchem Umfang Leistungen zur medizinischen Rehabilitation geeignet, notwendig und zumutbar sind. Eine Rehabilitationsempfehlung ist dem Antragsteller bzw. Pflegebedürftigen zu übergeben (§ 18a Abs. 1 Satz 1).

### VI. Grundsatz des Vorrangs der häuslichen Pflege

6 Häusliche Pflege hat Vorrang vor einer Pflege außerhalb des Wohnumfeldes des Pflegebedürftigen (§ 3 Satz 1). Dazu hat die PV mit ihren Leistungen **vorrangig die häusliche Pflege** und die Pflegebereitschaft der Angehörigen und Nachbarn zu unterstützen. Leistungen der teil- und vollstationären

Art sind gegenüber häuslicher Pflege nachrangig. Die Nachrangigkeit zeigt sich auch daran, dass für Krisen- und Verhinderungsfälle bei häuslicher Pflege ergänzende teilstationäre Leistungen existieren (Verhinderungspflege, Tages- und Nachtpflege, Kurzzeitpflege, §§ 39, 41, 42).

### VII. Grundsatz der Erforderlichkeit, Wirksamkeit und Wirtschaftlichkeit

Leistungen der SPV sind Versicherungsleistungen, stehen also unter dem Gebot der Finanzierbarkeit des Versicherungssystems. Die zulasten der in der Solidargemeinschaft Versicherten erbrachten Pflegeleistungen müssen daher erforderlich, wirksam und wirtschaftlich sein (§§ 4 Abs. 3, 29 Abs. 1 Satz 1). Welche Leistungen **erforderlich** sind, beurteilt sich anhand des konkreten Einzelfalles und der jeweiligen Pflegebedürftigkeit. **Wirksam** sind Leistungen nicht bereits dann, wenn nur mit ihnen ein vom Schutz der PV abgedeckter Pflegezweck (dazu § 2 Abs. 1 Satz 2) erreicht werden kann, die Leistungen also erforderlich und geeignet sind. Vielmehr umfasst der Begriff der Wirksamkeit auch die immer wieder neu zu beurteilende Frage, ob mit der Pflegeleistung der Leistungszweck tatsächlich erreicht wird. **Wirtschaftlich** sind diejenigen Pflegeleistungen, die unter verschiedenen erforderlichen, gleich wirksamen und gleich geeigneten Pflegeleistungen die günstigsten Leistungen darstellen. Im Rahmen der Wirtschaftlichkeitsprüfung können dem Pflegebedürftigen jedoch nur Maßnahmen entgegengehalten werden, die dem allgemein anerkannten Stand medizinisch-pflegerischer Erkenntnisse entsprechen. Eine diesem Standard entsprechende Versorgung haben die Pflegekassen sicherzustellen (§ 28 Abs. 3). Leistungen, die die Voraussetzungen der Erforderlichkeit, Wirksamkeit und Wirtschaftlichkeit nicht erfüllen, können Pflegebedürftige nicht beanspruchen und dürfen die Leistungserbringer nicht zulasten der SPV bewirken (§ 29 Abs. 1 Satz 2).

7

Dem Gebot zu wirtschaftlichem Verhalten entspricht es, dass Leistungen nur bei Leistungserbringern in Anspruch genommen werden, mit denen die Pflegekassen oder die für sie tätigen Verbände Verträge abgeschlossen haben (§ 29 Abs. 2), die also vertraglich zugelassen (§ 72 Abs. 1) sind.

8

## B. Leistungsvoraussetzungen

### I. Versichertsein

Voraussetzung der Leistungsansprüche gem. §§ 36 ff. ist, dass der Pflegebedürftige pflegeversichert ist (Ausnahme: § 45). Zur Versicherungspflicht vgl. § 1 Rdn. 17 f. Die Ansprüche richten sich gegen die jeweils zuständige Pflegekasse (vgl. § 1 Rdn. 9 f.).

9

### II. Vorversicherungszeit

§ 33 Abs. 2 macht Pflegeleistungen von der Erfüllung einer Wartezeit abhängig. Seit dem 01.07.2008 gilt eine Wartezeit von 2 Jahren, wenn der Versicherte in den letzten 10 Jahren vor der Antragstellung **mindestens 2 Jahre** als Mitglied versichert oder nach § 25 familienversichert war. Zeiten der Weiterversicherung nach § 26 Abs. 2 werden mitberücksichtigt. Für versicherte Kinder gilt die Vorversicherungszeit nach Satz 1 als erfüllt, wenn ein Elternteil sie erfüllt (§ 33 Abs. 2 Satz 3). Auch Versicherungszeiten in der PPV sind anzurechnen (§ 33 Abs. 3).

10

### III. Antrag

Leistungen der Pflegeversicherung werden nur auf **Antrag** erbracht (§ 33 Abs. 1 Satz 1). Die Leistungen werden ab Antragstellung gewährt, frühestens jedoch von dem Zeitpunkt an, in dem die Anspruchsvoraussetzungen vorliegen. Wird der Antrag später als einen Monat nach Eintritt der Pflegebedürftigkeit gestellt, werden die Leistungen vom Beginn des Antragsmonats an gewährt (§ 33 Abs. 1 Satz 2 und 3).

11

## C. Ausschluss bzw. Ruhen der Leistungen

§ 33a schließt Pflegeleistungen aus, wenn diese **missbräuchlich** in Anspruch genommen werden sollen. Im Übrigen ruht der Anspruch auf Leistungen nach § 34 Abs. 1 Nr. 1, wenn und solange

12

sich der Versicherte im **Ausland** aufhält (Ausnahme: vorübergehender Auslandsaufenthalt von bis zu 6 Wochen). Jedoch ruht der Anspruch auf Pflegegeld nach § 37 oder anteiliges Pflegegeld nach § 38 nicht, wenn sich der pflegebedürftige Versicherte in einem Mitgliedstaat der Europäischen Union, einem Vertragsstaat des Abkommens über den Europäischen Wirtschaftsraum oder der Schweiz aufhält. Insoweit ist ein »Export« von Pflegeleistungen ins EU-Ausland möglich. Zur früheren, einen Export von Pflegeleistungen ablehnenden Rechtsprechung vgl. z.B. LSG Nordrhein-Westfalen Beschl. v. 22.02.2010 – L 10 P 6/10 B ER. Zur Rechtsprechung des EuGH vgl. EuGH Urt. v. 16.07.2009 – C-208/07, Slg 2009, I-6095–6135 = ZESAR 2009, 438–447.

13 Gem. § 34 Abs. 1 Nr. 2 ruht der Pflegeleistungsanspruch auch soweit der Versicherte u.a. **Entschädigungsleistungen** wegen Pflegebedürftigkeit nach § 35 BVG, nach dem SGB VII oder aus öffentlichen Kassen aufgrund gesetzlich geregelter Unfallversorgung erhält.

14 Zur Vermeidung von Doppelleistungen ruht der Anspruch auf Leistungen bei häuslicher Pflege auch, soweit im Rahmen des Anspruchs auf **häusliche Krankenpflege** (§ 37 SGB V) auch Anspruch auf Grundpflege und hauswirtschaftliche Versorgung besteht, sowie für die Dauer des stationären Aufenthalts in einer Einrichtung i.S.d. § 71 Abs. 4 (§ 34 Abs. 2). Pflegegeld nach § 37 oder anteiliges Pflegegeld nach § 38 ist dagegen in den ersten 4 Wochen einer vollstationären Krankenhausbehandlung, einer häuslichen Krankenpflege mit Anspruch auf Grundpflege und hauswirtschaftliche Versorgung oder einer Aufnahme in Vorsorge- oder Rehabilitationseinrichtungen nach § 107 Abs. 2 SGB V weiter zu zahlen (§ 34 Abs. 2 Satz 2).

15 Werden zugunsten von Pflegepersonen Leistungen zur sozialen Sicherung nach den §§ 44 und 44a (Leistungen zur sozialen Sicherung der Pflegepersonen; zusätzliche Leistungen bei Pflegezeit) erbracht, entfallen diese auch bei einem vorübergehenden Auslandsaufenthalt oder Erholungsurlaub der Pflegeperson nicht für die Zeit von bis zu 6 Wochen im Kalenderjahr sowie in den ersten 4 Wochen einer vollstationären Krankenhausbehandlung oder einer stationären Leistung zur medizinischen Rehabilitation (§ 34 Abs. 3).

## D. Die einzelnen Leistungen

### I. Leistungsarten

16 Das SGB XI kennt vier Leistungsarten: 1. Dienstleistungen, 2. Sachleistungen, 3. Geldleistungen und 4. Kostenerstattung. Andere Leistungen können nicht erbracht werden. **Dienstleistungen** sind Auskünfte, Beratungen, Betreuungsleistungen. **Sachleistungen** sind Leistungen, die sächlich zur Verfügung gestellt werden, wie z.B. Pflegehilfsmittel und technische Hilfen (*Gaa-Unterpaul* in Krauskopf, Soziale Krankenversicherung – Pflegeversicherung, § 4 SGB XI Rn. 3). **Geldleistungen** sind Leistungen, bei denen mittels Zahlung von Geld der Bedarf gedeckt wird (z.B. Pflegegeld § 37). Die Leistungen werden erbracht für den Bedarf an Grundpflege und hauswirtschaftlicher Versorgung (dazu §§ 14, 15). **Kostenerstattung** kennt das SGB XI z.B. in § 39, § 40 Abs. 2 Satz 2, § 45b und in § 91 Abs. 2.

### II. Pflegeleistungen

17 § 28 Abs. 1 zählt die möglichen Leistungen der PV abschließend auf, begründet jedoch keine Leistungsansprüche. Andere als die genannten Leistungen können nicht gewährt werden. § 28 Abs. 1b erweitert den Katalog des Abs. 1 um zeitlich begrenzt geschaffene Leistungen. In der Sache handelt es sich bei den Leistungen des Abs. 1b Satz 2 um keine zusätzlichen Leistungen, denn bei ihnen handelt es sich um Pflegegeldleistungen (vgl. dazu § 28 Abs. 1 Nr. 2) bzw. Leistungen der häuslichen Betreuung (dazu vgl. § 28 Abs. 1 Nr. 4) an Personen, die i.S.d. §§ 14, 15 an sich nicht pflegebedürftig wären. Zu den Leistungen der Anschubfinanzierung vgl. unten V. Mit dem zum 08.12.2015 in Kraft getretenen Abs. 5 soll klargestellt werden, dass pflegerische Maßnahmen der Sterbebegleitung zu einer Pflege nach dem allgemein anerkannten Stand medizinisch pflegerischer Erkenntnisse in stationärer und ambulanter Pflege gehören, Leistungen anderer Sozialleistungsträger, insbesondere Leistungen der GKV, sowie Leistungen durch Hospizdienste unberührt bleiben

(BT-Drs 18/5170 S. 32 zu Nr. 1 § 28). Jeder Mensch hat das Recht auf ein Sterben unter würdigen Bedingungen, weshalb sterbende Menschen einer umfassenden medizinischen, pflegerischen, psychosozialen und spirituellen Betreuung und Begleitung, die ihrer individuellen Lebenssituation und ihrem hospizlich-palliativen Versorgungsbedarf Rechnung trägt, bedürfen. Ihre besonderen Bedürfnisse sind auch bei der Erbringung von Pflegeleistungen mit zu berücksichtigen (BT-Drs 18/5170 S. 32 zu Nr. 1 § 28).

Die Pflegeleistungen nach den §§ 36, 37 Abs. 1, §§ 38, 40 Abs. 2 und § 41 können auch als Teil eines **Persönlichen Budgets** erbracht werden (§ 35a). Bei Kombinationsleistungen nach § 38 ist nur das anteilige und im Voraus bestimmte Pflegegeld als Geldleistung budgetfähig; auch für Sachleistungen sieht § 35a Sonderregelungen vor (Gutscheinsystem).  18

### III. Pflegeberatung

§ 7a i.V.m. § 28 Abs. 1a hat neben die bereits bisher zu erbringenden **Beratungsleistungen** der Pflegekassen einen eigenständigen **Anspruch** auf Pflegeberatung, sowohl in der SPV als auch in der PPV (§ 7a Abs. 5), gestellt. Hiernach haben Personen, die Leistungen nach dem SGB XI erhalten, Anspruch auf **individuelle qualifizierte Beratung** und Hilfestellung durch einen Pflegeberater oder eine Pflegeberaterin bei der Auswahl und Inanspruchnahme von **Sozialleistungen** sowie sonstigen Hilfsangeboten, die auf die Unterstützung von Menschen mit Pflege-, Versorgungs- oder Betreuungsbedarf ausgerichtet sind. **Pflegestützpunkte** (§ 7c), die zur wohnortnahen Beratung, Versorgung und Betreuung der Versicherten eingerichtet wurden, haben Pflegeberatung i.S.d. § 7a vorzuhalten.  19

### IV. Beratungsgutscheine

Der Gesetzgeber geht davon aus, dass die bisherige Pflegeberatung i.S.d. § 7a die Betroffenen nicht ausreichend erreicht (BT-Drs. 17/9369 S. 35 unter Hinweis auf den Bericht des GKV-Spitzenverbandes »Evaluation der Pflegeberatung nach § 7a Absatz 7 Satz 1 SGB XI« von Juli 2011 sowie eine Studie von Infratest »Wirkungen des Pflege-Weiterentwicklungsgesetzes«, aus dem Jahr 2011). Mit § 7b will der Gesetzgeber diesem Problem begegnen (BT-Drs. 17/9369 S. 35).  20

Nach § 7b Abs. 1 Satz 1 hat die Pflegekasse **unmittelbar** nach erstmaligem Antragseingang **einen Beratungstermin anzubieten**, der grds. innerhalb von 2 Wochen nach Antragseingang durchzuführen ist. Auf Wunsch des Versicherten hat die Beratung in der häuslichen Umgebung stattzufinden und kann auch nach Ablauf der Zwei-Wochen-Frist durchgeführt werden (§ 7b Abs. 1 Satz 3). Der Inhalt der Beratung entspricht derjenigen nach §§ 7, 7a.  21

Die Beratung der Versicherten ist eine eigene Pflicht der **Pflegekasse** bzw. des **privaten Versicherungsunternehmens** (vgl. § 7b Abs. 4). Die Pflegekasse bzw. das private Versicherungsunternehmen (vgl. § 7b Abs. 4) können die Beratung aber auch durch Dritte durchführen lassen. Hierzu können diese dem Antragsteller **Beratungsgutscheine** ausstellen. Diese sollen es den Betroffenen ermöglichen, Beratung bei Beratungsstellen in Anspruch zu nehmen, die von der Kasse in dem Gutschein zu benennen sind. Auch bei einer Beratung durch Beratungsstellen auf der Grundlage eines Beratungsgutscheins ist, wie bei der Beratung durch die Pflegekasse selbst, sicherzustellen, dass die Beratung in der häuslichen Umgebung des Antragstellers oder in der Einrichtung, in der er lebt, innerhalb von 2 Wochen nach Antragseingang erfolgen kann; auch hier kann die Beratung auf Wunsch des Betroffenen später durchgeführt werden (BT-Drs. 17/9369 S. 35).  22

### V. Anschubfinanzierung bei Gründung ambulanter Wohngruppen

Neben der traditionellen stationären Pflege haben sich neue Wohnformen der Pflege entwickelt. Durch diese Zwischenformen zwischen Pflege in häuslicher Umgebung und stationärer Pflege soll ein selbstbestimmtes Leben auch dann ermöglicht werden, wenn ein angemessenes Wohnen in der häuslichen Umgebung nicht mehr möglich scheint, eine stationäre Unterbringung aber nicht erforderlich ist oder von den Betroffenen abgelehnt wird (BT-Drs. 17/9369 S. 42). Der Gesetzgeber  23 hat erkannt, dass viele Menschen sich in ihrer durch Pflegebedürftigkeit veränderten Lebenslage, einen durch Selbstständigkeit geprägten Lebens- und Wohnstil soweit wie möglich behalten möchten (BT-Drs. 17/9369 S. 42). Für die erforderlichen Hilfestellungen im Alltag wünschen sie eine mehr auf das individuelle Wohnen bezogene Unterbringung mit Wahlmöglichkeiten der Hilfe- und Pflegebausteine (BT-Drs. 17/9369 S. 42). Dies kann durch Wohngemeinschaften, wie sie in den §§ 38a und 45e vorgesehen sind, sichergestellt werden. Gebraucht werden daneben aber auch Angebote, die darüber hinausgehen, ohne das Ausmaß einer Vollversorgung im Pflegeheim zu erreichen (BT-Drs. 17/9369 S. 42). In diesem Segment sollen die Träger ihre hohe Professionalität und Qualität bereitstellen und zwar in dem Umfang, in dem Bewohner dies benötigen und wünschen. Insofern bedarf es »ambulantisierter« Betreuungsformen, die bewohnerorientiert vor hochprofessionellem, institutionengestütztem Hintergrund modulhaft individuelle Versorgung anbieten, die bedarfsweise in Anspruch genommen werden kann (BT-Drs. 17/9369 S. 42). Bei diesen Leistungsformen haben Gesichtspunkte der Qualitätssicherung Vorrang und die Heimgesetzgebung der Länder ist zu beachten (BT-Drs. 17/9369 S. 42). Zur wissenschaftlich gestützten Weiterentwicklung und Förderung neuer Wohnformen stellt der Gesetzgeber nach § 45f eine Förderung im Umfang von 10 Mio. € zur Verfügung. Jedoch war bis zum Jahr 2014 die Neugründung von ambulant betreuten Wohngemeinschaften nicht in der Geschwindigkeit angelaufen, wie der Gesetzgeber dies erwartet hatte (BT-Drs. 18/1798 S. 38). Dennoch wird das Ziel der Anschubfinanzierung weiterhin verfolgt (BT-Drs. 18/1798 S. 38).

24 Daneben stellte der Gesetzgeber aus Mitteln, die für den Aufbau von Pflegestützpunkten nach § 92c – seit 01.01.2016 § 7c – bis zum 30.06.2011 nicht abgerufen worden waren (BT-Drs. 17/9369 S. 42), zur Förderung von Neugründungen von ambulanten Wohngemeinschaften von Pflegebedürftigen nach § 38a ein Budget von 30 Mio. € bereit. Die Förderung dieser Neugründungen endet, wenn das Budget von 30 Mio. € erschöpft ist (BT-Drs. 17/9369 S. 42). Jede pflegebedürftige Person, die die Anspruchsvoraussetzungen des § 38a erfüllt, erhält zusätzlich zu dem regelmäßigen Wohngruppenzuschlag von 205 € (dazu vgl. § 38a) und unbeschadet des Anspruchs nach § 40 Abs. 4 einen einmaligen Förderbetrag von bis zu 2.500,00 €, wenn sie an der Gründung der Wohngemeinschaft beteiligt ist (§ 45e Abs. 1 Satz 1; BT-Drs. 17/9369 S. 42). Unabhängig von dem individuellen Anspruch ist der Betrag je Wohngruppe auf 10.000,00 € begrenzt (§ 45e Abs. 1 Satz 2; BT-Drs. 17/9369 S. 42). Er ist bei mehr als vier anspruchsberechtigten Personen anteilig auf die Versicherungsträger der beteiligten Pflegebedürftigen aufzuteilen (§ 45e Abs. 1 Satz 2; BT-Drs. 17/9369 S. 42).

25 Die Träger von stationären Einrichtungen sollen ermutigt werden, Konzepte in diesem Sinne zu entwickeln und umzusetzen (BT-Drs. 17/9369 S. 42). Diese Förderung richtet sich zum einen an die Träger der traditionellen stationären Pflege, die ihr Angebot erweitern können. Sie richtet sich aber auch an andere geeignete Träger, die bisher nicht im stationären Bereich engagiert waren, sowie die Wissenschaft.

26 Gem. § 38a Abs. 1 haben Pflegebedürftige Anspruch auf einen pauschalen Zuschlag i.H.v. 214,00 € (sog. **Wohngruppenzuschlag**) monatlich, wenn (1.) sie mit mindestens zwei und höchstens elf weiteren Personen in einer ambulant betreuten Wohngruppe in einer gemeinsamen Wohnung zum Zweck der gemeinschaftlich organisierten pflegerischen Versorgung leben und davon mindestens zwei weitere Personen pflegebedürftig i.S.d. §§ 14, 15 sind oder eine erhebliche Einschränkung der Alltagskompetenz nach § 45a bei ihnen festgestellt wurde, (2.) sie Leistungen nach § 36 (Pflegesachleistungen), § 37 (Pflegegeld für selbst beschaffte Pflegehilfen) oder § 38 (Kombination von Geldleistung und Sachleistung, sog. Kombinationsleistung), § 45a (Angebote zur Unterstützung im Alltag, Umwandlung des ambulanten Sachleistungsbetrags), oder § 45b (Entlastungsbetrag) beziehen, (3.) eine Person von den Mitgliedern der Wohngruppe gemeinschaftlich beauftragt ist, unabhängig von der individuellen pflegerischen Versorgung allgemeine organisatorische, verwaltende, betreuende oder das Gemeinschaftsleben fördernde Tätigkeiten zu verrichten oder die Wohngruppenmitglieder bei der Haushaltsführung zu unterstützen, und (4.) keine Versorgungsform vorliegt, in der der Anbieter der Wohngruppe oder ein Dritter den Pflegebedürftigen Leistungen anbietet

oder gewährleistet, die dem im jeweiligen Rahmenvertrag nach § 75 Abs. 1 für vollstationäre Pflege vereinbarten Leistungsumfang weitgehend entsprechen. Der Anbieter einer ambulant betreuten Wohngruppe hat die Pflegebedürftigen vor deren Einzug in die Wohngruppe in geeigneter Weise darauf hinzuweisen, dass dieser Leistungsumfang von ihm oder einem Dritten in der Wohngruppe nicht erbracht wird, sondern die Versorgung auch durch die aktive Einbindung ihrer eigenen Ressourcen und ihres sozialen Umfeldes sichergestellt werden kann. Mit dem zum 01.01.2015 in Kraft getretenen PSG I wurden die Leistungsansprüche nach den §§ 38a, 41, 42, 45e auf den Personenkreis der sog. Pflegestufe 0 ausgeweitet (§ 123 Abs. 2 wird zum 01.01.2017 aufgehoben, vgl. Artikel 2 Nr. 46 des Zweiten Gesetzes zur Stärkung der pflegerischen Versorgung und zur Änderung weiterer Vorschriften – Zweites Pflegestärkungsgesetz – PSG II v. 21.12.2015, BGBl. I S. 2424, zur Übergangsregelung vgl. § 123 Abs. 4; zu den Materialien vgl. BT-Drs. 18/1798 S. 21; BT-Drs. 18/2909 S. 41).

Eine Wohngemeinschaft i.S.d. § 38a liegt nur vor, wenn mindestens drei von maximal elf Bewohnern (der konkrete Pflegebedürftige und mindestens zwei, maximal zehn weitere Personen), die in einer Wohneinheit zusammenziehen, einen Anspruch auf Leistungen nach § 38a haben (vgl. § 38a Abs. 1 Nr. 1; BT-Drs. 17/9369 S. 42). 27

### VI. Leistungen für Pflegebedürftige der Pflegegruppe 1

Die Leistungen der §§ 36 ff. knüpfen regelmäßig an das Vorliegen von Pflegebedürftigkeit nach den Pflegegruppen 2 bis 5 an. Pflegebedürftigen der Pflegegruppe 1 kommen nur wenige Ansprüche zu. § 28a Abs. 1 enthält Regelungen für Pflegebedürftige der Pflegegruppe 1. Für diese gewährt die PV bei Pflegegrad 1 die in **§ 28a Abs. 1** aufgeführten folgenden Leistungen (Pflegeberatung gemäß den §§ 7a und 7b, Beratung in der eigenen Häuslichkeit gemäß § 37 Abs. 3, zusätzliche Leistungen für Pflegebedürftige in ambulant betreuten Wohngruppen gemäß § 38a, ohne dass § 38a Abs. 1 Satz 1 Nr. 2 erfüllt sein muss, Versorgung mit Pflegehilfsmitteln gem. § 40 Abs. 1 bis 3 und 5, finanzielle Zuschüsse für Maßnahmen zur Verbesserung des individuellen oder gemeinsamen Wohnumfelds gemäß § 40 Abs. 4, zusätzliche Betreuung und Aktivierung in stationären Pflegeeinrichtungen gemäß § 43b, zusätzliche Leistungen bei Pflegezeit und kurzzeitiger Arbeitsverhinderung gem. § 44a, Pflegekurse für Angehörige und ehrenamtliche Pflegepersonen gemäß § 45). 28

Zudem wird für Pflegebedürftige in häuslicher Pflege der **Entlastungsbetrag** gemäß § 45b Abs. 1 Satz 1 i.H.v. 125 € monatlich gewährt. Dieser kann gemäß § 45b zur Erstattung von Kosten eingesetzt werden, die dem Versicherten im Zusammenhang mit der Inanspruchnahme von Leistungen der Tages- und Nachtpflege sowie der Kurzzeitpflege, von Leistungen der ambulanten Pflegedienste i.S.d. § 36 sowie von Leistungen der nach Landesrecht anerkannten Angebote zur Unterstützung im Alltag i.S.d. § 45a Abs. 1 und 2 entstehen. Wählen Pflegebedürftige des Pflegegrades 1 **vollstationäre Pflege**, gewährt die PV gem. § 43 Abs. 3 einen Zuschuss i.H.v. 125 € monatlich.

### § 36 Pflegesachleistung

(1) Pflegebedürftige der Pflegegrade 2 bis 5 haben bei häuslicher Pflege Anspruch auf körperbezogene Pflegemaßnahmen und pflegerische Betreuungsmaßnahmen sowie auf Hilfen bei der Haushaltsführung als Sachleistung (häusliche Pflegehilfe). Der Anspruch umfasst pflegerische Maßnahmen in den in § 14 Absatz 2 genannten Bereichen Mobilität, kognitive und kommunikative Fähigkeiten, Verhaltensweisen und psychische Problemlagen, Selbstversorgung, Bewältigung von und selbständiger Umgang mit krankheits- oder therapiebedingten Anforderungen und Belastungen sowie Gestaltung des Alltagslebens und sozialer Kontakte.

(2) Häusliche Pflegehilfe wird erbracht, um Beeinträchtigungen der Selbständigkeit oder der Fähigkeiten des Pflegebedürftigen so weit wie möglich durch pflegerische Maßnahmen zu beseitigen oder zu mindern und eine Verschlimmerung der Pflegebedürftigkeit zu verhindern. Bestandteil der häuslichen Pflegehilfe ist auch die pflegefachliche Anleitung von Pflegebedürftigen

und Pflegepersonen. Pflegerische Betreuungsmaßnahmen umfassen Unterstützungsleistungen zur Bewältigung und Gestaltung des alltäglichen Lebens im häuslichen Umfeld, insbesondere
1. bei der Bewältigung psychosozialer Problemlagen oder von Gefährdungen,
2. bei der Orientierung, bei der Tagesstrukturierung, bei der Kommunikation, bei der Aufrechterhaltung sozialer Kontakte und bei bedürfnisgerechten Beschäftigungen im Alltag sowie
3. durch Maßnahmen zur kognitiven Aktivierung.

(3) Der Anspruch auf häusliche Pflegehilfe umfasst je Kalendermonat
1. für Pflegebedürftige des Pflegegrades 2 Leistungen bis zu einem Gesamtwert von 724 Euro,
2. für Pflegebedürftige des Pflegegrades 3 Leistungen bis zu einem Gesamtwert von 1 363 Euro,
3. für Pflegebedürftige des Pflegegrades 4 Leistungen bis zu einem Gesamtwert von 1 693 Euro,
4. für Pflegebedürftige des Pflegegrades 5 Leistungen bis zu einem Gesamtwert von 2 095 Euro.

(4) Häusliche Pflegehilfe ist auch zulässig, wenn Pflegebedürftige nicht in ihrem eigenen Haushalt gepflegt werden; sie ist nicht zulässig, wenn Pflegebedürftige in einer stationären Pflegeeinrichtung oder in einer Einrichtung oder in Räumlichkeiten im Sinne des § 71 Absatz 4 gepflegt werden. Häusliche Pflegehilfe wird durch geeignete Pflegekräfte erbracht, die entweder von der Pflegekasse oder bei ambulanten Pflegeeinrichtungen, mit denen die Pflegekasse einen Versorgungsvertrag abgeschlossen hat, angestellt sind. Auch durch Einzelpersonen, mit denen die Pflegekasse einen Vertrag nach § 77 Absatz 1 abgeschlossen hat, kann häusliche Pflegehilfe als Sachleistung erbracht werden. Mehrere Pflegebedürftige können häusliche Pflegehilfe gemeinsam in Anspruch nehmen.

| Übersicht | Rdn. | | Rdn. |
|---|---|---|---|
| A. Anspruchsvoraussetzungen . . . . . . . . . . . . 1 | | I. Inhalt und Umfang . . . . . . . . . . . . . . . . . . | 5 |
| I. Allgemeine Voraussetzungen . . . . . . . . . . 1 | | II. Zusammentreffen mit Leistungen nach | |
| II. Häusliche Pflege . . . . . . . . . . . . . . . . . . . . . 3 | | § 37 Abs. 2 SGB V . . . . . . . . . . . . . . . . . . . . . | 10 |
| B. Inhalt und Umfang des Anspruchs . . . . . 5 | | C. Kombination von Leistungen . . . . . . . . . | 12 |

## A. Anspruchsvoraussetzungen

### I. Allgemeine Voraussetzungen

1  Die Neudefinition der häuslichen Pflegehilfe und die damit zusammenhängenden Änderungen des § 36 begründen sich durch die Einführung des **neuen Pflegebedürftigkeitsbegriffs** und des damit korrespondierenden Neuen Begutachtungsassessments (NBA) als Begutachtungsinstrument (BT-Drs. 18/5926 S. 119 zu Nr. 17 § 36). Häusliche Pflegehilfe umfasst als Sachleistung körperbezogene Pflegemaßnahmen und pflegerische Betreuungsmaßnahmen (BT-Drs. 18/5926 S. 119 zu Nr. 17 § 36). Die pflegerischen Maßnahmen beziehen sich auf die in § 14 Abs. 2 (n.F.) für die Feststellung der Pflegebedürftigkeit genannten Bereiche (1. Mobilität; 2. kognitive und kommunikative Fähigkeiten; 3. Verhaltensweisen und psychische Problemlagen; 4. Selbstversorgung; 5. Bewältigung von und selbständiger Umgang mit krankheits- oder therapiebedingten Anforderungen und Belastungen; 6. Gestaltung des Alltagslebens und sozialer Kontakte). Daneben umfasst häusliche Pflegehilfe auch Hilfen bei der Haushaltsführung und Betreuungsmaßnahmen (BT-Drs. 18/ 5926 S. 119 zu Nr. 17 § 36). Zur Konkretisierung der bei der **Haushaltsführung** erforderlichen Hilfen i.S.d. § 14 Abs. 3 sind auch die Ergebnisse der Begutachtung im Verfahren des NBA nach § 18 Abs. 5a (n.F.) heranzuziehen (BT-Drs. 18/5926 S. 119 zu Nr. 17 § 36). Zu den Materialien vgl. BT-Drs. 18/5926.

2  **Voraussetzung** des Anspruchs ist zunächst, dass Pflegebedürftigkeit nach den **Pflegegraden 2 bis 5** (dazu vgl. §§ 14, 15) vorliegt und die **versicherungsrechtlichen Voraussetzungen** (Versichertsein, Vorversicherungszeit; vgl. die Kommentierung bei § 28) erfüllt sind.

## II. Häusliche Pflege

§ 36 Abs. 1 Satz 1 setzt die **häusliche Pflege** des Pflegebedürftigen voraus. Häusliche Pflege umfasst die Pflege im eigenen Haushalt des Pflegebedürftigen, ist jedoch nicht auf eine Pflege in der Wohnung des Pflegebedürftigen begrenzt. Nach Abs. 4 Satz 1 kann häusliche Pflegehilfe auch erbracht werden, wenn Pflegebedürftige nicht in ihrem eigenen Haushalt gepflegt werden; sie ist jedoch nicht zulässig, wenn Pflegebedürftige in einer stationären Pflegeeinrichtung oder in einer Einrichtung oder in Räumlichkeiten i.S.d. § 71 Abs. 4 gepflegt werden. Entscheidendes Merkmal der häuslichen Pflege ist daher, dass die Pflege außerhalb von **stationären Einrichtungen** i.S.d. § 71 Abs. 2 und 4 geleistet wird; eine geförderte Pflege in ambulanten Wohngruppen i.S.d. § 38a steht der Pflegesachleistung nicht entgegen, setzt diese vielmehr voraus. Pflege in einem Altenheim, Behindertenwohnheim oder im Rahmen eines Betreuten Wohnens steht einer Pflegesachleistung nicht entgegen, soweit von diesen Einrichtungen oder Wohnformen teil- oder vollstationäre Pflegeleistungen nicht erbracht werden und soweit diese keine stationären Einrichtungen i.S.d. § 71 Abs. 2 und 4 darstellen. Der Anspruch auf Pflegesachleistungen nach § 36 entfällt daher nur, wenn und soweit sich der Pflegebedürftige in einer stationären Einrichtung i.S.d. § 71 Abs. 2 und 4 befindet. Bei teilstationären Leistungen oder Kurzzeitpflege ist ein Anspruch auf Pflegesachleistungen nach § 36 nur für die Zeit des Aufenthalts in der Einrichtung ausgeschlossen. Zum zeitweisen Wechsel von häuslicher Pflege und Pflege in einer stationären Behinderteneinrichtung vgl. § 43a Satz 3.

Mehrere Pflegebedürftige können nach § 36 Abs. 4 Satz 4 häusliche Pflegehilfe auch gemeinsam in Anspruch nehmen (sog. **Pflegepool**). Dabei steht das ganze Leistungsspektrum des Abs. 1 zur Verfügung (*Wahl* in Udsching/Schütze, SGB XI, § 36 Rn. 26). Jedoch führt auch das Poolen von Sachleistungen nicht zu einer Vermehrung von Ansprüchen (*Wahl* in Udsching/Schütze, SGB XI, § 36 Rn. 27), denn auch insoweit wird jedem Pflegebedürftigen nur das zugestanden, was zu seiner Pflege erforderlich ist. Damit handelt es sich beim Pflegepool nur um die gemeinsame Erfüllung mehrerer individueller Sozialleistungsansprüche. Die bei der gemeinsamen Erbringung von Pflegesachleistungen auftretenden Synergien, können daher wohl nur beim Einsatz von ambulanten Pflegediensten bzw. Einzelpflegekräften nach Abs. 4 Satz 3 genutzt werden (*Wahl* in Udsching/Schütze, SGB XI, § 36 Rn. 27).

## B. Inhalt und Umfang des Anspruchs

### I. Inhalt und Umfang

Der Anspruch des § 36 Abs. 1 Satz 1 ist als Sachleistungs- bzw. als Sachleistungsverschaffungsanspruch ausgestaltet; die Pflegekasse stellt damit die Pflege durch eigene Pflegekräfte der Pflegekasse oder durch Pflegekräfte einer ambulanten Pflegeeinrichtung (Pflegedienst) bzw. Einzelpersonen sicher (zum Pflegegeld vgl. § 37 SGB XI). Die Pflegesachleistung i.S.d. § 36 ist auf körperbezogene Pflegemaßnahmen und pflegerische Betreuungsmaßnahmen sowie auf Hilfen bei der Haushaltsführung (häusliche Pflegehilfe) gerichtet. Der Begriff der **pflegerischen Maßnahmen** umfasst dabei sowohl die körperbezogenen Pflegemaßnahmen als auch pflegerische Betreuungsmaßnahmen i.S.d. Abs. 1 Satz 1 (*Wahl* in Udsching/Schütze, SGB XI, § 36 Rn. 8). Zu den **körperbezogenen Pflegemaßnahmen** gehören die personellen Hilfen z.B. im Bereich der Mobilität (»Modul I« vgl. § 14 Abs. 2 Nr. 1) und Selbstversorgung (»Modul II« vgl. § 14 Abs. 2 Nr. 4; dazu vgl. *Wahl* in Udsching/Schütze, SGB XI, § 36 Rn. 9). Die **pflegerischen Betreuungsmaßnahmen** beinhalten letztlich diejenigen Maßnahmen, die nicht zur körperlichen Pflege gehören, also im Grunde diejenigen Pflegemaßnahmen, die eher von den Pflegemodulen II, II, V und VI i.S.d. § 14 Abs. 2 erfasst sind. Dazu gehören die Pflege- und Betreuungsmaßnahmen im Bereichen der kognitiven und kommunikativen Fähigkeiten (§ 14 Abs. 2 Nr. 2), der Verhaltensweisen und der psychischen Problemlagen (§ 14 Abs. 2 Nr. 3), der Bewältigung von und selbständiger Umgang mit krankheits- oder therapiebedingten Anforderungen und Belastungen (§ 14 Abs. 2 Nr. 5) sowie der Gestaltung des Alltagslebens und der sozialen Kontakte (§ 14 Abs. 2 Nr. 6) gehören (*Wahl* in Udsching/Schütze, SGB XI, § 36 Rn. 10).

6 Die Pflegesachleistungen des § 36 sind nicht auf die bloße **Übernahme, Anleitung** oder **Beaufsichtigung** beschränkt (*Wahl* in Udsching/Schütze, SGB XI, § 36 Rn. 15). Vielmehr umfassen diese alle diejenigen Maßnahmen, die erforderlich sind, die **körperbezogene Pflege** als auch **pflegerische Betreuung** mit dem Ziel sicherzustellen, Beeinträchtigungen der Selbständigkeit oder der Fähigkeiten des Pflegebedürftigen so weit wie möglich durch pflegerische Maßnahmen zu beseitigen oder zu mindern und eine Verschlimmerung der Pflegebedürftigkeit zu verhindern (Abs. 2 Satz 1). Dazu gehört auch die **pflegefachliche Anleitung von Pflegebedürftigen** und Pflegepersonen (Abs. 2 Satz 2). Die pflegerischen Betreuungsmaßnahmen umfassen auch **Unterstützungsleistungen** zur Bewältigung und Gestaltung des alltäglichen Lebens im häuslichen Umfeld, insbesondere bei der Bewältigung psychosozialer Problemlagen oder von Gefährdungen, bei der Orientierung, bei der Tagesstrukturierung, bei der Kommunikation, bei der Aufrechterhaltung sozialer Kontakte und bei bedürfnisgerechten Beschäftigungen im Alltag sowie durch Maßnahmen zur kognitiven Aktivierung. **Medizinische Behandlungspflege** gehört dagegen auch weiterhin nicht zur häuslichen Pflege und gehört zur Leistungspflicht der GKV (*Wahl* in Udsching/Schütze, SGB XI, § 36 Rn. 12).

7 Die Pflegesachleistung wird durch eigene Pflegekräfte der Pflegekasse (**Sachleistung**) oder von Pflegekräften einer ambulanten Pflegeeinrichtung, mit der die Pflegekasse einen Versorgungsvertrag geschlossen hat (dann **Sachleistungsverschaffung**) erbracht (Abs. 4 Satz 2). Sie kann jedoch **auch** durch **Einzelpersonen**, die weder bei der Pflegekasse noch bei einer ambulanten Pflegeeinrichtung angestellt sind, übernommen werden (Abs. 4 Satz 3). Dabei können mehrere Pflegebedürftige häusliche Pflegehilfe auch gemeinsam in Anspruch nehmen (Abs. 4 Satz 4). Durch den Einsatz von Pflegekräften der Pflegekassen, von ambulanten Pflegediensten oder sonstiger Pflegekräfte, die mit den Pflegekassen einen Vertrag nach § 77 Abs. 1 (Versorgungsvertrag zur häuslichen Pflege) geschlossen haben und daher die geltenden **Qualitätsstandard** gewährleisten müssen, ist sichergestellt, dass die häusliche Pflege mittels Pflegesachleistungen in geeigneter Weise **sichergestellt** ist.

8 § 36 Abs. 3 begrenzt den Wert der Sachleistungen. Erforderliche, aber über den jeweils maßgeblichen Wert hinausgehende Pflegeleistungen dürfen nach § 36 nicht erbracht werden. Bei Pflegebedürftigen des Pflegegrades 1 gewährt die PV einen Entlastungsbetrag gemäß § 45b Abs. 1 Satz 1 i.H.v. 125 € monatlich (§ 28a Abs. 2 Satz 1). Der Betrag ist zweckgebunden einzusetzen für qualitätsgesicherte Leistungen zur Entlastung pflegender Angehöriger und vergleichbar Nahestehender in ihrer Eigenschaft als Pflegende sowie zur Förderung der Selbständigkeit und Selbstbestimmtheit der Pflegebedürftigen bei der Gestaltung ihres Alltags (§ 45b Abs. 2 Satz 2).

9 Wird die Pflegesachleistung durch einen ambulanten Pflegedienst erbracht, so darf nur ein zugelassener Pflegedienst gewählt werden (§ 29 Abs. 2, § 72 Abs. 1). Darüber hinaus schreibt § 120 den Abschluss eines **Pflegevertrages** zwischen Pflegbedürftigem und Pflegedienst vor (zum Inhalt: § 120 Abs. 3). Vergütungsansprüche stehen dem Pflegedienst bis zur Höhe der Beträge des Abs. 3 nur gegenüber der Pflegekasse zu (§ 120 Abs. 4); erst wenn der Pflegebedürftige darüber hinausgehende Leistungen in Anspruch nimmt, entsteht ein gegen ihn gerichteter Vergütungsanspruch des Pflegedienstes.

## II. Zusammentreffen mit Leistungen nach § 37 Abs. 2 SGB V

10 Mit seiner Entscheidung vom 28.01.1999 hatte das BSG (Urt. v. 28.01.1999 – B 3 KR 4/98 R, BSGE 83, 254 = SozR 3–2500 § 37 Nr. 1) festgestellt, dass der Anspruch eines Pflegebedürftigen auf häusliche Krankenpflege nach § 37 Abs. 2 Satz 1 SGB V (Behandlungssicherungspflege) auch dann nicht die Grundpflege umfasse, wenn die Behandlungspflege ununterbrochen rund um die Uhr geleistet werden müsse (aus neuerer Zeit vgl. BSG Urt. v. 28.09.2017 – B 3 P 3/16 R). Diese Rechtsprechung hat das BSG für die Zeit ab 01.01.2004 aufgegeben (BSG Urt. v. 17.06.2010 – B 3 KR 7/09 R, juris Rn. 25 ff.). Der Anspruch aus § 37 Abs. 2 Satz 1 SGB V werde nach der gesetzlichen Konzeption durch den Anspruch nach § 36 nicht überlagert oder verdrängt, sondern lediglich ergänzt. Auch nach den Änderungen durch das PSG II und PSG III gehört medizinische Behandlungspflege nicht zur häuslichen Pflege (*Wahl* in Udsching/Schütze, SGB XI, § 36 Rn. 12). Daher ist bei gleichzeitiger Erbringung der Leistungen durch dieselbe Fachkraft eine Kostenaufteilung

zwischen Krankenkasse und Pflegekasse vorzunehmen, die dem Grundsatz der Parallelität und Gleichrangigkeit beider Ansprüche Rechnung trage (BSG Urt. v. 17.06.2010 – B 3 KR 7/09 R).

Die Ansprüche aus der GKV nach § 37 Abs. 2 SGB V und aus der PV nach § 36 stehen daher gleichberechtigt nebeneinander. Zur Abgrenzung der Bereiche trennt das BSG – ausgehend von dem im MDK-Gutachten festgestellten Gesamtumfang aller Hilfeleistungen– die von der Pflegekasse geschuldete »reine« Pflege. 11

### C. Kombination von Leistungen

Werden die **Pflegesachleistungen** des § 36 SGB nicht in vollem Umfang in Anspruch genommen, wird **daneben** anteiliges Pflegegeld nach § 37 gezahlt (§ 38). Der Pflegebedürftige ist an seine Entscheidung, Sachleistung und anteiliges Pflegegeld zu beziehen, für 6 Monate gebunden (§ 38 Satz 3). 12

### § 37 Pflegegeld für selbst beschaffte Pflegehilfen

(1) Pflegebedürftige der Pflegegrade 2 bis 5 können anstelle der häuslichen Pflegehilfe ein Pflegegeld beantragen. Der Anspruch setzt voraus, dass der Pflegebedürftige mit dem Pflegegeld dessen Umfang entsprechend die erforderlichen körperbezogenen Pflegemaßnahmen und pflegerischen Betreuungsmaßnahmen sowie Hilfen bei der Haushaltsführung in geeigneter Weise selbst sicherstellt. Das Pflegegeld beträgt je Kalendermonat
1. 316 Euro für Pflegebedürftige des Pflegegrades 2,
2. 545 Euro für Pflegebedürftige des Pflegegrades 3,
3. 728 Euro für Pflegebedürftige des Pflegegrades 4,
4. 901 Euro für Pflegebedürftige des Pflegegrades 5.

(2) Besteht der Anspruch nach Absatz 1 nicht für den vollen Kalendermonat, ist der Geldbetrag entsprechend zu kürzen; dabei ist der Kalendermonat mit 30 Tagen anzusetzen. Die Hälfte des bisher bezogenen Pflegegeldes wird während einer Kurzzeitpflege nach § 42 für bis zu acht Wochen und während einer Verhinderungspflege nach § 39 für bis zu sechs Wochen je Kalenderjahr fortgewährt. Das Pflegegeld wird bis zum Ende des Kalendermonats geleistet, in dem der Pflegebedürftige gestorben ist. § 118 Abs. 3 und 4 des Sechsten Buches gilt entsprechend, wenn für die Zeit nach dem Monat, in dem der Pflegebedürftige verstorben ist, Pflegegeld überwiesen wurde.

(3) Pflegebedürftige, die Pflegegeld nach Absatz 1 beziehen, haben
1. bei Pflegegrad 2 und 3 halbjährlich einmal,
2. bei Pflegegrad 4 und 5 vierteljährlich einmal

eine Beratung in der eigenen Häuslichkeit durch einen zugelassenen Pflegedienst, durch eine von den Landesverbänden der Pflegekassen nach Absatz 7 anerkannte Beratungsstelle mit nachgewiesener pflegefachlicher Kompetenz oder, sofern dies durch einen zugelassenen Pflegedienst vor Ort oder eine von den Landesverbänden der Pflegekassen anerkannte Beratungsstelle mit nachgewiesener pflegefachlicher Kompetenz nicht gewährleistet werden kann, durch eine von der Pflegekasse beauftragte, jedoch von ihr nicht beschäftigte Pflegefachkraft abzurufen. Die Beratung dient der Sicherung der Qualität der häuslichen Pflege und der regelmäßigen Hilfestellung und praktischen pflegefachlichen Unterstützung der häuslich Pflegenden. Die Pflegebedürftigen und die häuslich Pflegenden sind bei der Beratung auch auf die Auskunfts-, Beratungs- und Unterstützungsangebote des für sie zuständigen Pflegestützpunktes sowie auf die Pflegeberatung nach § 7a hinzuweisen. Die Vergütung für die Beratung ist von der zuständigen Pflegekasse, bei privat Pflegeversicherten von dem zuständigen privaten Versicherungsunternehmen zu tragen, im Fall der Beihilfeberechtigung anteilig von den Beihilfefestsetzungsstellen. Die Höhe der Vergütung für die Beratung durch einen zugelassenen Pflegedienst oder durch eine von der Pflegekasse beauftragte Pflegefachkraft vereinbaren die Pflegekassen oder deren Arbeitsgemeinschaften in entsprechender Anwendung des § 89 Absatz 1 und 3 mit dem Träger des zugelassenen Pflegedienstes oder mit der von der Pflegekasse beauftragten Pflegefachkraft unter Berücksichtigung der Empfehlungen nach Absatz 5. Die Vergütung kann nach Pflegegraden gestaffelt werden. Über die Höhe der Vergütung anerkannter Beratungsstellen und von Beratungspersonen der kommunalen Gebietskörperschaften entscheiden ab dem Jahr 2020 die Landesverbände der Pflegekassen unter Zugrundelegung der im jeweiligen Land nach Satz 5 und 6 vereinbarten Vergütungssätze jeweils für die Dauer eines Jahres. Die Landesverbände haben die jeweilige Festlegung der Vergütungshöhe in geeigneter Weise zu veröffentlichen. Pflegebedürftige des Pflegegrades 1 haben Anspruch, halbjährlich einmal einen Beratungsbesuch abzurufen. Beziehen Pflegebedürftige von einem ambulanten Pflegedienst Pflegesachleistungen, können sie ebenfalls halbjährlich einmal einen Beratungsbesuch in Anspruch nehmen; für die Vergütung der Beratung gelten die Sätze 4 bis 9.

(4) bis (5a) (nicht abgedruckt)

(6) Rufen Pflegebedürftige die Beratung nach Absatz 3 Satz 1 nicht ab, hat die Pflegekasse oder das private Versicherungsunternehmen das Pflegegeld angemessen zu kürzen und im Wiederholungsfall zu entziehen.

(7) (nicht abgedruckt)

(8) (nicht abgedruckt)

(9) (nicht abgedruckt)

| Übersicht | Rdn. | | Rdn. |
|---|---|---|---|
| A. Voraussetzungen des Pflegegeldanspruchs | 1 | D. Pflegeberatung, Pflegepflichteinsatz | 8 |
| B. Höhe des Pflegegeldes | 5 | E. Folgen nicht wahrgenommener Beratung | 9 |
| C. Dauer der Pflegegeldzahlungen | 7 | | |

## A. Voraussetzungen des Pflegegeldanspruchs

1 Pflegebedürftige können statt der häuslichen Pflegehilfe als Pflegesachleistungen (§ 36) Pflegegeld erhalten. Mit seinem Antrag hat der Pflegebedürftige zu bestimmen, welche Leistungen er in Anspruch nehmen will. Dabei hat er die Wahl zwischen **der häuslichen Pflegehilfe** (§ 36) und dem **Pflegegeld** (§ 37); gewählt werden kann jedoch auch eine **Kombination** aus beidem (§ 38). Eine Bindung an die getroffene Wahlentscheidung besteht außer im Fall des § 38 nicht.

2 Mit der Wahlmöglichkeit wird die Selbstbestimmung und Eigenverantwortung des Pflegebedürftigen (vgl. §§ 2, 6) sowie die Motivation zur Pflege durch Familienangehörige, Freunde oder Nachbarn gestärkt. Denn mit dem Pflegegeld soll der Pflegebedürftige in die Lage versetzt werden, statt der von der Pflegekasse gestellten Pflegesachleistung sich seine Pflegeleistung selbst einzukaufen bzw. zu organisieren. Das Wahlrecht ist jedoch eingeschränkt, wenn der Pflegebedürftige durch die Wahl des Pflegegeldes sozialhilfebedürftig i.S.d. §§ 53 ff., 61 ff. SGB XII würde (s. dazu § 2 Abs. 1 SGB XII [Ausnahme § 66 Abs. 4 Satz 2 SGB XII]; *Sieper* in Krauskopf, Soziale Krankenversicherung – Pflegeversicherung § 37 SGB XI Rn. 5a). Auch hat der sozialhilfebedürftige Pflegebedürftige im Hinblick auf § 2 Abs. 1 SGB XII unter mehreren in Betracht kommenden Leistungen der Pflegeversicherung zur Reduzierung der Hilfebedürftigkeit die jeweils umfangreichere Leistung in Anspruch zu nehmen (*Sieper* in Krauskopf, Soziale Krankenversicherung – Pflegeversicherung § 37 SGB XI Rn. 5a).

3 **Voraussetzung** des Anspruchs ist zunächst, dass Pflegebedürftigkeit nach **Pflegegrad 2 bis 5** vorliegt und die **versicherungsrechtlichen Voraussetzungen** (Versichertsein, Vorversicherungszeit) erfüllt sind. Darüber hinaus setzt der Anspruch voraus, dass der Pflegebedürftige mit dem Pflegegeld dazu beiträgt, die erforderlichen körperbezogenen Pflegemaßnahmen und pflegerischen

Betreuungsmaßnahmen (zur früher erforderlichen **Grundpflege** und **hauswirtschaftliche Versorgung** LSG Berlin-Brandenburg Urt. v. 08.03.2012 – L 27 P 28/11, NZS 2012, 672–673) in geeigneter Weise selbst **sicher zu stellen**. Das setzt voraus, dass die Pflege im Bereich der erforderlichen körperbezogenen Pflegemaßnahmen und pflegerischen Betreuungsmaßnahmen (zum Begriff vgl. die Kommentierung bei § 36 Rdn. 6 f.) erbracht und durch die häusliche Pflege die erforderlichen körperbezogenen Pflegemaßnahmen und pflegerischen Betreuungsmaßnahmen in geeigneter Weise sicherstellt sind. Nicht sichergestellt ist die häusliche Pflege, wenn die erforderliche Pflege nur unzureichend oder gar nicht durchgeführt wird (LSG Berlin-Brandenburg Urt. v. 30.05.2011 – L 27 P 116/08). **Stationäre Pflege** stellt keine häusliche Pflege dar, ebenso nicht **Kurzzeitpflege** i.S.d. § 42 und **Verhinderungspflege** gem. § 39. Ob die häusliche Pflege die erforderliche Pflege sicherstellt wird im Rahmen der **Pflegepflicht- und Beratungseinsätze** gem. Abs. 3 ff. überprüft. Kann die häusliche Pflege die erforderliche Pflege nicht sicherstellen, scheidet ein Anspruch auf Pflegegeld aus. Unzureichende, unregelmäßige, nur zufällige Hilfeerbringung durch Familienangehörige, Freunde oder Nachbarn oder ohne Bindung an einen mit dem Pflegebedürftigen abgestimmten Zeitplan erfolgende Pflege genügt hierzu nicht (*Sieper* in Krauskopf, Soziale Krankenversicherung – Pflegeversicherung § 37 SGB XI Rn. 11; *Wahl* in Udsching/Schütze, SGB XI, § 37 Rn. 8).

Soweit § 37 Abs. 1 Satz 2 darauf abstellt, dass mit dem Pflegegeld »dessen Umfang entsprechend« die erforderliche Pflege sicherzustellen ist, handelt es sich um einen Hinweis darauf, dass das Pflegegeld nur eine Grundsicherung i. S. einer Teilleistungsversicherung darstellt. Soweit die erforderliche Pflege höhere Aufwendungen mit sich bringt, als aus dem Pflegegeld bezahlt werden können, hat der Pflegebedürftige die darüber hinausgehende Pflege auf eigene Kosten sicher zu stellen. Wird diese den Leistungsumfang der SPV übersteigende Pflege nicht sichergestellt, entfällt infolge der Koppelung des Pflegegeldes an die Sicherstellung der erforderlichen Pflege (Abs. 1 Satz 1) der Anspruch auf das Pflegegeld insgesamt. 4

## B. Höhe des Pflegegeldes

§ 37 Abs. 1 Satz 3 bestimmt die Höhe des Pflegegeldes **in Abhängigkeit zum Pflegegrad**. Dabei ist es nicht erforderlich, dass dem Pflegebedürftigen tatsächlich Aufwendungen in dieser Höhe oder gar höhere Aufwendungen entstanden sind. Insoweit handelt es sich beim Pflegegeld um einen **Pauschalsatz**, der Aufwendungen für sämtliche Pflegeleistungen abdeckt; zum Betrag für Personen mit erheblich eingeschränkter Alltagskompetenz vgl. § 123 Abs. 1 i.V.m. Abs. 2 Satz 1 Nr. 1 sowie Abs. 3 und 4. Ein Verwendungsnachweis ist nicht erforderlich (*Wahl in* Udsching/Schütze, SGB XI, § 37 Rn. 9a). Dass § 37 keinen Anspruch auf Härtefallleistungen vorsieht ist verfassungsgemäß (LSG Baden-Württemberg Urt. v. 17.02.2012 – L 4 P 2762/11). Bei Pflegebedürftigen des Pflegegrades 1 gewährt die PV den Entlastungsbetrag gemäß § 45b Abs. 1 Satz 1 i.H.v. 125 € monatlich (§ 28a Abs. 2 Satz 1). Der Betrag ist zweckgebunden einzusetzen für qualitätsgesicherte Leistungen zur Entlastung pflegender Angehöriger und vergleichbar Nahestehender in ihrer Eigenschaft als Pflegende sowie zur Förderung der Selbständigkeit und Selbstbestimmtheit der Pflegebedürftigen bei der Gestaltung ihres Alltags (§ 45b Abs. 2 Satz 2). 5

Nimmt der Pflegebedürftige die ihm nach § 36 zustehende Sachleistung nur teilweise in Anspruch, erhält er daneben ein anteiliges Pflegegeld (§ 38 Satz 1). Das Pflegegeld wird um den Vomhundertsatz vermindert, in dem der Pflegebedürftige Sachleistungen in Anspruch genommen hat (dazu vgl. SG Nürnberg Urt. v. 18.06.2012 – S 9 P 170/11). 6

## C. Dauer der Pflegegeldzahlungen

Die Leistung beginnt ab Antragstellung, frühestens ab Vorliegen der Anspruchsvoraussetzungen (§ 33 Abs. 1). Pflegegeld wird **monatlich** ausbezahlt und ist zum Monatsbeginn fällig (§§ 40, 41 SGB I). Der Anspruch auf Pflegegeld entfällt mit dem Wegfall der Anspruchsvoraussetzungen. Damit endet der Anspruch auf Pflegegeld, wenn die häusliche Pflege aufgegeben wird, z.B. zugunsten einer stationären Pflege oder einer Kurzzeit- bzw. Verhinderungspflege i.S.d. §§ 42 bzw. 39. Nach § 37 Abs. 2 Satz 1 ist das Pflegegeld für die Tage zu kürzen, für die im Laufe eines 7

Kalendermonats kein Anspruch besteht. Als Ausnahme hierzu sieht § 37 Abs. 2 Satz 2 nunmehr vor, dass die Hälfte des bisher bezogenen Pflegegeldes während einer Kurzzeitpflege nach § 42 für bis zu 8 Wochen und während einer Verhinderungspflege nach § 39 für bis zu 6 Wochen je Kalenderjahr fortgewährt wird. Endet der Anspruch auf Pflegegeld, so ist die Bewilligung von Pflegegeld, die ein Verwaltungsakt mit Dauerwirkung ist, nach § 48 SGB X aufzuheben; nach § 48 SGB X ist auch dann vorzugehen, wenn sich der Pflegebedarf verringert (LSG Mecklenburg-Vorpommern Urt. v. 08.05.2018 – L 6 P 3/13) oder verstärkt hat. Im Fall des Todes des Pflegebedürftigen endet der Anspruch aber erst mit Ablauf des Kalendermonats, in dem der Pflegebedürftige gestorben ist (Abs. 2 Satz 3). Für Zeiten danach gezahltes Pflegegeld ist vom kontoführenden Geldinstitut, ersatzweise vom Verfügenden oder Empfänger der Leistung zurückzuzahlen (§ 37 Abs. 2 Satz 4 i.V.m. § 118 Abs. 3 u. 4 SGB VI).

### D. Pflegeberatung, Pflegepflichteinsatz

8   § 37 belegt in Abs. 3 Satz 1 Pflegebedürftige, die Pflegegeld beziehen, mit der Obliegenheit, sich in der eigenen Häuslichkeit durch qualifizierte Stellen (Abs. 3 Satz 1 und Abs. 8 sowie Abs. 9, zur Anerkennung der Stellen vgl. Abs. 7) beraten zu lassen. Diese **Beratung** dient der **Sicherung der Qualität der häuslichen Pflege**, der Verbesserung der Pflegesituation durch Hilfestellung und pflegefachlichen Unterstützung der pflegenden Personen und nicht zuletzt auch der Prüfung, ob die Voraussetzungen des Pflegegeldanspruchs noch vorliegen (s. Rdn. 3). Die beratenden Stellen haben der Pflegekasse die Durchführung der Beratung zu bestätigen und mit Einwilligung des Pflegebedürftigen die gewonnenen Informationen zur Pflegesituation mitzuteilen (Abs. 4 Satz 1). Die Kosten der Beratung (Abs. 3 Satz 4) sind von der Pflegekasse, dem Versicherungsunternehmen der PPV und ggf. einer Beihilfestelle zu tragen (Abs. 3 Satz 3). Die Pflegedienste und Pflegekassen waren von Gesetzes wegen nicht berechtigt, die Vergütung für Beratungsbesuche nach § 37 Abs. 3 durch generelle Vereinbarungen festzulegen (BSG Urt. v. 17.12.2009 – B 3 P 3/08 R, juris Rn. 23). Für die Vergütung ist allein Abs. 3 Satz 4 maßgeblich (zu Beihilfeberechtigten vgl. VG Köln Urt. v. 19.05.2014 – 19 K 3694/13). Diese Regelung war abschließend; auch § 89 erlaubte hierzu keine ergänzenden Vereinbarungen der Vertragsparteien (BSG Urt. v. 17.12.2009 – B 3 P 3/08 R, juris Rn. 24). Seit 01.01.2019 sieht § 37 Abs. 3 jedoch vor, dass die Vergütung zu vereinbaren ist. Die Vereinbarungspartner vereinbaren nach der neuen Regelung Vergütungssätze für Beratungsbesuche einschließlich des Pflegegrades 1 (BT-Drs. 19/4453 S. 99). Die neue Erstreckung auf den Pflegegrad 1 macht die bisherige gesetzliche Anknüpfung der Vergütungshöhe für Beratungseinsätze für Pflegebedürftige des Pflegegrades 1 an die Vergütungshöhe anderer Pflegegrade entbehrlich (BT-Drs. 19/4453 S. 99).

### E. Folgen nicht wahrgenommener Beratung

9   Abs. 6 knüpft an die Nichtbeachtung der **Beratungsobliegenheit** Rechtsfolgen. Ruft der Pflegebedürftige die Beratung nach Abs. 3 Satz 1 nicht ab, hat die Pflegekasse oder das private Versicherungsunternehmen das **Pflegegeld angemessen zu kürzen** und im Wiederholungsfall **zu entziehen**. Ermessen steht der Pflegekasse insoweit nicht zu. Ist das Pflegegeld nach § 37 Abs. 6 eingestellt und ruft der Pflegebedürftige die Beratung ab, ist die Pflegegeldzahlung am Folgetag wieder aufzunehmen (zur Berechnung des anteiligen Pflegegeldes vgl. Abs. 2 Satz 1).

## § 39 Häusliche Pflege bei Verhinderung der Pflegeperson

(1) Ist eine Pflegeperson wegen Erholungsurlaubs, Krankheit oder aus anderen Gründen an der Pflege gehindert, übernimmt die Pflegekasse die nachgewiesenen Kosten einer notwendigen Ersatzpflege für längstens sechs Wochen je Kalenderjahr; § 34 Absatz 2 Satz 1 gilt nicht. Voraussetzung ist, dass die Pflegeperson den Pflegebedürftigen vor der erstmaligen Verhinderung mindestens sechs Monate in seiner häuslichen Umgebung gepflegt hat und der Pflegebedürftige zum Zeitpunkt der Verhinderung mindestens in Pflegegrad 2 eingestuft ist. Die Aufwendungen der Pflegekasse können sich im Kalenderjahr auf bis zu 1 612 Euro belaufen, wenn die Ersatzpflege

durch andere Pflegepersonen sichergestellt wird als solche, die mit dem Pflegebedürftigen bis zum zweiten Grade verwandt oder verschwägert sind oder die mit ihm in häuslicher Gemeinschaft leben.

(2) Der Leistungsbetrag nach Absatz 1 Satz 3 kann um bis zu 806 Euro aus noch nicht in Anspruch genommenen Mitteln der Kurzzeitpflege nach § 42 Absatz 2 Satz 2 auf insgesamt bis zu 2 418 Euro im Kalenderjahr erhöht werden. Der für die Verhinderungspflege in Anspruch genommene Erhöhungsbetrag wird auf den Leistungsbetrag für eine Kurzzeitpflege nach § 42 Absatz 2 Satz 2 angerechnet.

(3) Bei einer Ersatzpflege durch Pflegepersonen, die mit dem Pflegebedürftigen bis zum zweiten Grade verwandt oder verschwägert sind oder mit ihm in häuslicher Gemeinschaft leben, dürfen die Aufwendungen der Pflegekasse regelmäßig den Betrag des Pflegegeldes nach § 37 Absatz 1 Satz 3 für bis zu sechs Wochen nicht überschreiten. Wird die Ersatzpflege von den in Satz 1 genannten Personen erwerbsmäßig ausgeübt, können sich die Aufwendungen der Pflegekasse abweichend von Satz 1 auf den Leistungsbetrag nach Absatz 1 Satz 3 belaufen; Absatz 2 findet Anwendung. Bei Bezug der Leistung in Höhe des Pflegegeldes für eine Ersatzpflege durch Pflegepersonen, die mit dem Pflegebedürftigen bis zum zweiten Grade verwandt oder verschwägert sind oder mit ihm in häuslicher Gemeinschaft leben, können von der Pflegekasse auf Nachweis notwendige Aufwendungen, die der Pflegeperson im Zusammenhang mit der Ersatzpflege entstanden sind, übernommen werden. Die Aufwendungen der Pflegekasse nach den Sätzen 1 und 3 dürfen zusammen den Leistungsbetrag nach Absatz 1 Satz 3 nicht übersteigen; Absatz 2 findet Anwendung.

| Übersicht | Rdn. | | | Rdn. |
|---|---|---|---|---|
| A. Anspruchsvoraussetzungen | 1 | V. | Erforderlichkeit | 5 |
| I. Allgemeine Voraussetzungen | 1 | B. | Inhalt der Verhinderungspflege | 6 |
| II. Pflege in der häuslichen Umgebung durch Pflegeperson | 2 | C. | Umfang der Verhinderungspflege | 7 |
| | | I. | Kostenerstattungsanspruch | 7 |
| III. Verhinderung der Pflege | 3 | II. | Höchstbetrag | 9 |
| IV. Vorpflegezeit | 4 | III. | Höchstdauer | 10 |

## A. Anspruchsvoraussetzungen

### I. Allgemeine Voraussetzungen

**Voraussetzung** des Anspruchs ist zunächst, dass Pflegebedürftigkeit mindestens in Pflegegrad 2 vorliegt und die **versicherungsrechtlichen Voraussetzungen** (Versichertsein, Vorversicherungszeit) erfüllt sind. 1

### II. Pflege in der häuslichen Umgebung durch Pflegeperson

Der Anspruch auf Verhinderungspflege will den zeitweisen **Ausfall der häuslichen Pflege** (Abs. 1 Satz 1) kompensieren. Damit schließt die Verhinderungspflege an eine reguläre Pflege durch eine Pflegeperson in häuslicher Umgebung an. **Pflegepersonen** sind Personen, die nicht erwerbsmäßig einen Pflegebedürftigen i.S.d. § 14 in seiner häuslichen Umgebung pflegen (**§ 19 Satz 1**). Zur Pflege im häuslichen Umfeld s. § 36 Rdn. 3. Eine **vollstationäre Pflege** schließt den Anspruch aus § 39 aus. Ausgeschlossen ist Verhinderungspflege auch dann, wenn Pflegesachleistungen durch einen ambulanten Pflegedienst i.S.d. § 36 in Anspruch genommen werden. Denn dort ist es Aufgabe des Pflegedienstes bzw. der Pflegekasse, den vorübergehenden Ausfall von Pflegepersonal zu überbrücken (*Wahl* in Udsching/Schütze, SGB XI, § 39 Rn. 5). Der gleiche Gedanke schließt die Verhinderungspflege gem. § 39 auch aus, wenn der Pflegebedürftige im Wege eines Arbeitgebermodells im Rahmen des § 37 die Organisation seiner Pflege selbst zu verantworten hat (*Linke* in Krauskopf, Soziale Krankenversicherung – Pflegeversicherung § 39 SGB XI Rn. 5; a.A. *Wahl* in Udsching/Schütze, SGB XI, § 39 Rn. 5). Dort stehen dann als Alternativen die teilstationäre bzw. 2

die Kurzzeitpflege zur Verfügung. Jedoch hat der Gesetzgeber nunmehr in § 37 Abs. 2 Satz 2 bestimmt, dass der hälftige Anspruch auf Pflegegeld nicht ausgeschlossen ist, während einer Kurzzeitpflege nach § 42 und einer Verhinderungspflege nach § 39 im Umfang von bis zu 8 bzw. 6 Wochen je Kalenderjahr.

### III. Verhinderung der Pflege

3 Die Pflegeperson muss an der Pflege gehindert sein. **An der Pflege gehindert** ist eine Pflegeperson, wenn ihr die konkrete Ausübung der erforderlichen **Pflege unmöglich oder nicht zuzumuten** ist. Dazu benennt § 39 Abs. 1 Satz 1 beispielhaft die Verhinderung durch **Erholungsurlaub** oder **Krankheit**. Andere, vergleichbar gewichtige Verhinderungsgründe kommen ebenfalls in Betracht. Auf ein **Verschulden** der Pflegeperson oder des Pflegebedürftigen kommt es insoweit nicht an. So können etwa eine **Berufstätigkeit** der Pflegeperson (BSG Urt. v. 06.06.2002 – B 3 P 2/02 R, SozR 3–3300 § 39 Nr. 5), eine **Urlaubsreise** des Pflegebedürftigen, die dieser ohne die Pflegeperson unternimmt (*Linke* in Krauskopf, Soziale Krankenversicherung – Pflegeversicherung § 39 SGB XI Rn. 7; *Wiegand* in Schlegel/Voelzke, jurisPK-SGB XI, § 39 SGB XI, Rn. 22; s. auch BSG Urt. v. 17.05.2000 – B 3 P 9/99 R – SozR 3–3300 § 39 Nr. 3), die Teilnahme an einem Familientreffen (LSG Baden-Württemberg Urt. v. 11.05.2007 – L 4 P 2963/06) oder nicht verschiebbare Behördengänge die Verhinderung begründen. Die Verhinderung muss auch nicht über eine gewisse Mindestdauer währen, sodass auch nur stundenweise Verhinderung einen Anspruch nach § 39 Satz 1 begründen kann. **Mangelnde Motivation** zur Pflege oder rein missbräuchliche Abwesenheit der Pflegeperson (LSG Hamburg Urt. v. 18.12.2001 – L 1 P 6/99) rechtfertigen eine Verhinderungspflege nicht. Zur Verhinderungspflege im Ausland (hier: Österreich) vgl. LSG Baden-Württemberg Urt. v. 11.05.2007 – L 4 P 2828/06. Liegt nicht nur eine vorübergehende Verhinderung der Pflegeperson vor, sondern fällt diese auf Dauer aus, besteht ein Anspruch auf Leistungen der Verhinderungspflege nicht. Mit der Rspr. des LSG Baden-Württemberg greift der Anspruch auf Verhinderungspflege nicht bei jeglicher Änderung der häuslichen Pflegesituation, die eine Ersatzkraft erfordert. Denn die Verhinderungspflege ist nicht als Dauerleistung konzipiert, die jährlich zusätzlich zum Pflegegeld mit dem entsprechenden Höchstbetrag zur Verfügung gestellt wird (LSG Baden-Württemberg Urt. v. 12.04.2019 – L 4 P 1878/18, juris Rn. 27). Hierzu hat auch das Bayerische LSG entschieden, dass der Anspruch auf Leistungen der Verhinderungspflege einen vorübergehenden Ausfall der Pflegeperson voraussetzt. Verhinderungspflege liege nicht vor, wenn die Pflege neu organisiert werde, um die bisherigen Pflegepersonen dauerhaft zu entlasten (Bayerisches LSG Urt. v. 30.01.2020 – L 4 P 38/18).

### IV. Vorpflegezeit

4 Anspruchsvoraussetzung ist darüber hinaus, dass die Pflegeperson den Pflegebedürftigen vor der erstmaligen Verhinderung **mindestens 6 Monate** in seiner häuslichen Umgebung gepflegt hat (§ 39 Abs. 1 Satz 2). In die Vorpflegezeit ist jede Zeit einzurechnen, in der die konkrete Pflegeperson den Pflegebedürftigen gepflegt hat. Die Vorpflegezeit muss nicht ununterbrochen sein (BSG Urt. v. 06.06.2002 – B 3 P 11/01 R, SozR 3–3300 § 39 Nr. 4; *Wahl* in Udsching/Schütze, SGB XI, § 39 Rn. 7). Urlaub und Krankheitszeiten der Pflegeperson gelten als Pflegezeit i.S.d. erforderlichen sechsmonatigen Vorpflegezeit. Die Vorpflegezeit ist daher schon dann als erfüllt anzusehen, wenn die zu pflegende Person aufgrund einer nicht nur vorübergehenden Erkrankung einen tatsächlichen Pflegebedarf hatte und durch eine Pflegeperson betreut wurde (LSG Berlin-Brandenburg Beschl. v. 21.02.2011 – L 27 P 16/10 B PKH). Eine beachtliche Unterbrechung der Pflegezeit begründet eine neue Wartezeit nicht (*Linke* in Krauskopf, Soziale Krankenversicherung – Pflegeversicherung § 39 SGB XI Rn. 12).

### V. Erforderlichkeit

5 *Erforderlich* i.S.v. notwendig ist Verhinderungspflege, wenn die Pflege ohne die Pflegeperson nicht gewährleistet ist. Dabei geht es bei der Verhinderungspflege nach § 39 nicht allein um Pflege i.S.d.

Katalogverrichtungen des § 15. Soweit die ehrenamtliche Pflegeperson über die **Katalogverrichtungen** hinaus umfassend Pflege leistet, die bei der Einstufung nicht erfasst wird, ist auch dies von der Verhinderungspflege umfasst (dazu BSG Urt. v. 17.05.2000 – B 3 P 8/99 R, SozR 3–3300 § 39 Nr. 2, juris Rn. 25). Daher ist Verhinderungspflege schon dann erforderlich, wenn der Ausfall der Pflegeperson im Hinblick auf die von dieser tatsächlich geleisteten Pflege unter Einschluss des **sozialen Betreuungsaufwandes** und zusätzlicher Betreuungsleistungen (§§ 45a ff.) auch mithilfe »eingekaufter« Pflegeleistungen i.S.d. § 37 nicht kompensiert werden kann (a.A. *Linke* in Krauskopf, Soziale Krankenversicherung – Pflegeversicherung § 39 SGB XI Rn. 13 ff.). Lässt sich die Verhinderung vermeiden, etwa durch Umdisponieren der Pflege, ist Verhinderungspflege nicht erforderlich (BSG Urt. v. 06.06.2002 – B 3 P 2/02 R, SozR 3–3300 § 39 Nr. 5).

### B. Inhalt der Verhinderungspflege

Inhaltlich soll die Verhinderungspflege den **Ausfall der ehrenamtlichen Pflegekraft kompensieren** 6
(dazu vgl. Bayerisches LSG Urt. v. 10.06.2020 – L 4 P 21/19). Daher ist die Pflege nicht auf die »Katalogpflege« i.S.d. des Ersatzes für die in den Modulen nach § 14 Abs. 2 ausfallenden körperbezogenen Pflegemaßnahmen und pflegerischen Betreuungsmaßnahmen sowie die zusätzlichen Angebote zur Unterstützung im Alltag nach §§ 45a ff. beschränkt. Ersetzt werden kann auch eine soziale Betreuung, die im Rahmen der Pflege durch die Pflegeperson ausgeübt und im Zusammenhang mit der Pflege des Bedürftigen steht. Die Verhinderungspflege stellt nämlich nicht lediglich ein »Surrogat« für das Pflegegeld nach § 37 dar (LSG Baden-Württemberg Urt. v. 18.07.2014 – L 4 P 5119/11). Die Verhinderungspflege hat insoweit den Zweck, dem aus familiärer oder ähnlicher Verbundenheit Pflegenden die Möglichkeit z.B. zum »Urlaub von der Pflege« oder zur Unterbrechung der Pflege im Fall eigener Erkrankung zu eröffnen, ohne die Bedürfnisse des Pflegebedürftigen dadurch zu beeinträchtigen (LSG Baden-Württemberg Urt. v. 18.07.2014 – L 4 P 5119/11). Zu diesen Bedürfnissen gehören jedoch nicht nur körperbezogene Pflegemaßnahmen und pflegerische Betreuungsmaßnahmen, sondern auch sonstige Pflege- und Betreuungsmaßnahmen, die nicht in § 14 Abs. 2 oder §§ 45a ff. genannt sind (LSG Baden-Württemberg Urt. v. 18.07.2014 – L 4 P 5119/11). Daher tritt im Verhinderungsfall der Anspruch nach § 39 nicht an die Stelle der ansonsten zu erbringenden häuslichen Pflegeleistung, sondern enthält eine eigenständige Zusatzleistung, mit der die weitgehende Aufrechterhaltung des bisherigen Betreuungsniveaus angestrebt wird (LSG Baden-Württemberg Urt. v. 18.07.2014 – L 4 P 5119/11 unter Hinweis auf LSG Nordrhein-Westfalen Urt. v. 12.03.2014 – L 10 P 7/14).

### C. Umfang der Verhinderungspflege

#### I. Kostenerstattungsanspruch

Der Anspruch auf Verhinderungspflege ist gem. § 39 als **Kostenerstattungsanspruch** ausgestaltet; 7
es handelt sich nicht um eine Sachleistung. Zu erstatten sind die tatsächlichen Kosten, die der Pflegebedürftige nachzuweisen hat, bis zum Höchstbetrag. Eine Pauschalierung ist nicht zulässig. Auch ist eine vorherige Genehmigung oder auch eine vorherige Antragstellung nicht erforderlich.

Zu ersetzen sind sämtliche Kosten der Verhinderungspflege **bis zum maßgeblichen Höchstbetrag**. 8
Der maßgebliche Höchstbetrag differiert danach, ob die Pflegeperson mit dem Pflegebedürftigen bis zum zweiten Grade verwandt oder verschwägert ist bzw. mit ihm in häuslicher Gemeinschaft lebt (dann Abs. 3) oder nicht (dann Abs. 1 Satz 3). Entsprechend der Rechtsprechung des BSG geht es bei der Verhinderungspflege auch um die Kosten für den Ersatz der Pflegeperson, die über die Katalogverrichtungen hinaus umfassend Pflege leistet, die bei der Einstufung nicht erfasst wird). Folgerichtig hängt deshalb der Umfang der Leistung der Verhinderungspflege auch nicht vom jeweiligen Pflegegrad ab (BSG Urt. v. 17.05.2000 – B 3 P 8/99 R, SozR 3–3300 § 39 Nr. 2, juris Rn. 25). Daher gehören zu den erstattungsfähigen Aufwendungen auch **Reise- und Unterbringungskosten** (BSG Urt. v. 20.04.2016 – B 3 P 4/14 R, BSGE 121, 108–119 = SozR 4–3300 § 34 Nr. 3; *Wahl* in Udsching/Schütze, SGB XI, § 39 Rn. 11), **Verdienstausfall** bei der Pflegeperson (BSG 06.06.2002 – B 3 P 11/01 R, SozR 3–3300 § 39 Nr. 4) oder eine **Vergütung** für

eine tatsächlich entgeltlich beschäftigte Aushilfspflege (BSG Urt. v. 06.06.2002 – B 3 P 11/01 R, SozR 3–3300 § 39 Nr. 4).

## II. Höchstbetrag

9 Der Höhe nach ist der Anspruch begrenzt. Wird die Verhinderungspflege durch Personen ausgeübt, die mit dem Pflegebedürftigen nicht bis zum zweiten Grade verwandt oder verschwägert sind und nicht mit ihm in häuslicher Gemeinschaft leben, gilt für das Kalenderjahr die Höchstgrenze des § 39 Abs. 1 Satz 3. Nach Abs. 2 kann sich eine Erhöhung durch nicht in Anspruch genommene Mittel der Kurzzeitpflege nach § 42 Abs. 2 Satz 2 ergeben. Der für Kurzzeitpflege in Anspruch genommene Erhöhungsbetrag nach § 42 Abs. 2 Satz 3 wird auf den Leistungsbetrag für eine Verhinderungspflege nach § 39 Abs. 1 Satz 3 angerechnet (§ 42 Abs. 2 Satz 5).

9a Bei ehrenamtlicher Ersatzpflege durch Personen, die mit dem Pflegebedürftigen bis zum zweiten Grade verwandt oder verschwägert sind oder mit ihm in häuslicher Gemeinschaft leben, begrenzt Abs. 3 die Kosten auf den Betrag des Pflegegeldes nach § 37 Abs. 1. Jedoch wird durch die Beschränkung des Anspruchs auf 6 Wochen pro Kalenderjahr nicht ein anteiliger Tageshöchstsatz in Höhe von (bisher) 1/28 bzw. (jetzt) 1/42 des Betrages nach § 37 Abs. 1 bestimmt (BSG Urt. v. 12.07.2012 – B 3 P 6/11 R, SozR 4–3300 § 39 Nr 1; LSG Nordrhein-Westfalen Urt. v. 19.05.2011 – L 2 KN 75/10 P). Weitere Aufwendungen können nach Satz 3 bis zur Grenze des Betrages nach Satz 3 (Höchstbetragsbegrenzung auf den Betrag nach Ab. 1 Satz 3) übernommen werden. Wird die Ersatzpflege dagegen erwerbsmäßig ausgeübt, gilt ebenfalls der Höchstbetrag gem. Abs. 1 Satz 3 (vgl. Abs. 3 Satz 2 Hs. 2), der ggf. nach Abs. 2 erhöht werden kann.

9b Nach § 37 Abs. 2 Satz 2 schließt die Verhinderungspflege einen hälftigen Anspruch auf Pflegegeld für bis zu 6 Wochen je Kalenderjahr nicht aus.

## III. Höchstdauer

10 Der Anspruch auf Kostenersatz ist auf die Höchstdauer von **6 Wochen pro Kalenderjahr** beschränkt. Der Zeitraum muss nicht am Stück anfallen. Ein Übertrag unverbrauchter Zeiten in ein folgendes Kalenderjahr ist nicht möglich. Ein Anspruch auf Verhinderungspflege schließt in der Regel einen Anspruch auf Pflegegeld nach § 37 Abs. 1 für denselben Zeitraum aus (BSG Urt. v. 20.04.2016 – B 3 P 4/14 R – BSGE 121, 108–119 = SozR 4–3300 § 34 Nr. 3). Umstritten ist, wie eine lediglich **stundenweise Verhinderungspflege** zu berücksichtigen ist. Während der Spitzenverband Bund der Pflegekassen (§ 39 Nr. 1 [1] des GemRdSchr i.d.F. v. 01.07.2008) davon ausgeht, dass eine Ersatz-/Verhinderungspflege im Umfang von weniger als 8 Stunden am Tag keine Anrechnung auf die Höchstdauer finde (dazu *Linke* in Krauskopf, Soziale Krankenversicherung – Pflegeversicherung § 39 SGB XI Rn. 22), wird im Schrifttum vertreten, dass eine stundenweise Ersatzpflege zwar auf den Höchstbetrag, nicht jedoch auf die Höchstdauer anzurechnen sei, wenn die Pflegeperson weniger als 8 Stunden verhindert sei (so *Richter* in LPK-SGB XI, 4. Aufl. 2014, § 39 Rn. 13); sei die Pflegeperson jedoch 8 Stunden verhindert, werde aber Verhinderungspflege nur für weniger als 8 Stunden in Anspruch genommen, sei dies sowohl auf den Höchstbetrag als auch auf die Höchstdauer anzurechnen (*Richter* in LPK-SGB XI, 4. Aufl. 2014, § 39 Rn. 13). Dagegen hat das BSG entschieden, dass wenn wegen einer mindestens achtstündigen Verhinderung der Pflegeperson Leistungen einer »notwendigen« Ersatzpflege geltend gemacht werden, der Pflegebedürftige damit zu erkennen gebe, dass seine Pflege ohne die Ersatzpflege nicht sichergestellt sei. Daher scheide ein Anspruch auf Pflegegeld in diesen Fällen grds. aus und die Pflege werde mit den Leistungen der Verhinderungspflege sichergestellt (BSG Urt. v. 20.04.2016 – B 3 P 4/14 R, BSGE 121, 108–119 = SozR 4–3300 § 34 Nr. 3). An Tagen, an denen allerdings die Pflege ganz überwiegend noch von der regelmäßig tätigen Pflegeperson und nur für wenige Stunden von der Ersatzpflegeperson erbracht werde, sei die Pflege durch das Zusammenspiel der üblichen Pflege und der Ersatzpflege sichergestellt, sodass in diesem Ausnahmefall auch eine Kumulation der Leistungen gerechtfertigt sei (BSG Urt. v. 20.04.2016 – B 3 P 4/14 R, BSGE 121, 108–119 = SozR 4–3300 § 34 Nr. 3). Trotz des an diesen Tagen geringen Anteils an Ersatzpflege könnten auch für deren Organisation zusätzliche

Aufwendungen entstehen, wobei die gedeckelten Leistungen der Verhinderungspflege einen übermäßigen Leistungsbezug nicht zuließen. Die von den Pflegekassen insoweit in Bezug genommene Acht-Stunden-Grenze sei dabei sachgerecht (BSG Urt. v. 20.04.2016 – B 3 P 4/14 R, BSGE 121, 108–119 = SozR 4–3300 § 34 Nr. 3). Im Ergebnis wird man daher jede Inanspruchnahme einer Ersatzpflegekraft zur Kompensation der ausgefallenen regulären Pflegeperson auf die Höchstdauer anrechnen müssen (*Linke* in Krauskopf, Soziale Krankenversicherung – Pflegeversicherung § 39 SGB XI Rn. 22; *Wiegand* in Schlegel/Voelzke, jurisPK-SGB XI, § 39 SGB XI, Rn. 21), sodass die stundenweise Ersatzpflege als ganzer Tag auf die Höchstdauer von 6 Wochen (42 Tage) anzurechnen ist.

### § 40 Pflegehilfsmittel und wohnumfeldverbessernde Maßnahmen

(1) Pflegebedürftige haben Anspruch auf Versorgung mit Pflegehilfsmitteln, die zur Erleichterung der Pflege oder zur Linderung der Beschwerden des Pflegebedürftigen beitragen oder ihm eine selbständigere Lebensführung ermöglichen, soweit die Hilfsmittel nicht wegen Krankheit oder Behinderung von der Krankenversicherung oder anderen zuständigen Leistungsträgern zu leisten sind. Die Pflegekasse kann in geeigneten Fällen die Notwendigkeit der Versorgung mit den beantragten Pflegehilfsmitteln unter Beteiligung einer Pflegefachkraft oder des Medizinischen Dienstes überprüfen lassen. Entscheiden sich Versicherte für eine Ausstattung des Pflegehilfsmittels, die über das Maß des Notwendigen hinausgeht, haben sie die Mehrkosten und die dadurch bedingten Folgekosten selbst zu tragen. § 33 Abs. 6 und 7 des Fünften Buches gilt entsprechend.

(2) Die Aufwendungen der Pflegekassen für zum Verbrauch bestimmte Pflegehilfsmittel dürfen monatlich den Betrag von 40 Euro nicht übersteigen; bis zum 31. Dezember 2021 gilt ein monatlicher Betrag in Höhe von 60 Euro. Die Leistung kann auch in Form einer Kostenerstattung erbracht werden.

(3) Die Pflegekassen sollen technische Pflegehilfsmittel in allen geeigneten Fällen vorrangig leihweise überlassen. Sie können die Bewilligung davon abhängig machen, daß die Pflegebedürftigen sich das Pflegehilfsmittel anpassen oder sich selbst oder die Pflegeperson in seinem Gebrauch ausbilden lassen. Der Anspruch umfaßt auch die notwendige Änderung, Instandsetzung und Ersatzbeschaffung von Pflegehilfsmitteln sowie die Ausbildung in ihrem Gebrauch. Versicherte, die das 18. Lebensjahr vollendet haben, haben zu den Kosten der Pflegehilfsmittel mit Ausnahme der Pflegehilfsmittel nach Absatz 2 eine Zuzahlung von zehn vom Hundert, höchstens jedoch 25 Euro je Pflegehilfsmittel an die abgebende Stelle zu leisten. Zur Vermeidung von Härten kann die Pflegekasse den Versicherten in entsprechender Anwendung des § 62 Abs. 1 S. 1, 2 und 6 sowie Abs. 2 und 3 des Fünften Buches ganz oder teilweise von der Zuzahlung befreien. Versicherte, die die für sie geltende Belastungsgrenze nach § 62 des Fünften Buches erreicht haben oder unter Berücksichtigung der Zuzahlung nach Satz 4 erreichen, sind hinsichtlich des die Belastungsgrenze überschreitenden Betrags von der Zuzahlung nach diesem Buch befreit. Lehnen Versicherte die leihweise Überlassung eines Pflegehilfsmittels ohne zwingenden Grund ab, haben sie die Kosten des Pflegehilfsmittels in vollem Umfang selbst zu tragen.

(4) Die Pflegekassen können subsidiär finanzielle Zuschüsse für Maßnahmen zur Verbesserung des individuellen Wohnumfeldes des Pflegebedürftigen gewähren, beispielsweise für technische Hilfen im Haushalt, wenn dadurch im Einzelfall die häusliche Pflege ermöglicht oder erheblich erleichtert oder eine möglichst selbständige Lebensführung des Pflegebedürftigen wiederhergestellt wird. Die Zuschüsse dürfen einen Betrag in Höhe von 4 000 Euro je Maßnahme nicht übersteigen. Leben mehrere Pflegebedürftige in einer gemeinsamen Wohnung, dürfen die Zuschüsse für Maßnahmen zur Verbesserung des gemeinsamen Wohnumfeldes einen Betrag in Höhe von 4 000 Euro je Pflegebedürftigem nicht übersteigen. Der Gesamtbetrag je Maßnahme nach Satz 3 ist auf 16 000 Euro begrenzt und wird bei mehr als vier Anspruchsberechtigten

anteilig auf die Versicherungsträger der Anspruchsberechtigten aufgeteilt. § 40 Absatz 1 Satz 2 gilt entsprechend.

(5) Für Hilfsmittel und Pflegehilfsmittel, die sowohl den in § 23 und § 33 des Fünften Buches als auch den in Absatz 1 genannten Zwecken dienen können, prüft der Leistungsträger, bei dem die Leistung beantragt wird, ob ein Anspruch gegenüber der Krankenkasse oder der Pflegekasse besteht und entscheidet über die Bewilligung der Hilfsmittel und Pflegehilfsmittel. Zur Gewährleistung einer Absatz 1 Satz 1 entsprechenden Abgrenzung der Leistungsverpflichtungen der gesetzlichen Krankenversicherung und der sozialen Pflegeversicherung werden die Ausgaben für Hilfsmittel und Pflegehilfsmittel zwischen der jeweiligen Krankenkasse und der bei ihr errichteten Pflegekasse in einem bestimmten Verhältnis pauschal aufgeteilt. Der Spitzenverband Bund der Krankenkassen bestimmt in Richtlinien, die erstmals bis zum 30. April 2012 zu beschließen sind, die Hilfsmittel und Pflegehilfsmittel nach Satz 1, das Verhältnis, in dem die Ausgaben aufzuteilen sind, sowie die Einzelheiten zur Umsetzung der Pauschalierung. Er berücksichtigt dabei die bisherigen Ausgaben der Kranken- und Pflegekassen und stellt sicher, dass bei der Aufteilung die Zielsetzung der Vorschriften des Fünften Buches und dieses Buches zur Hilfsmittelversorgung sowie die Belange der Versicherten gewahrt bleiben. Die Richtlinien bedürfen der Genehmigung des Bundesministeriums für Gesundheit und treten am ersten Tag des auf die Genehmigung folgenden Monats in Kraft; die Genehmigung kann mit Auflagen verbunden werden. Die Richtlinien sind für die Kranken- und Pflegekassen verbindlich. Für die nach Satz 3 bestimmten Hilfsmittel und Pflegehilfsmittel richtet sich die Zuzahlung nach den §§ 33, 61 und 62 des Fünften Buches; für die Prüfung des Leistungsanspruchs gilt § 275 Absatz 3 des Fünften Buches. Die Regelungen dieses Absatzes gelten nicht für Ansprüche auf Hilfsmittel oder Pflegehilfsmittel von Pflegebedürftigen, die sich in vollstationärer Pflege befinden, sowie von Pflegebedürftigen nach § 28 Absatz 2.

(6) Pflegefachkräfte können im Rahmen ihrer Leistungserbringung nach § 36, nach den §§ 37 und 37c des Fünften Buches sowie der Beratungseinsätze nach § 37 Absatz 3 konkrete Empfehlungen zur Hilfsmittel- und Pflegehilfsmittelversorgung abgeben. Wird ein Pflegehilfsmittel nach Absatz 1 Satz 1 oder Absatz 5 oder ein Hilfsmittel nach Absatz 5, das den Zielen von Absatz 1 Satz 1 dient, von einer Pflegefachkraft bei der Antragstellung empfohlen, werden unter den in den Richtlinien nach Satz 6 festgelegten Voraussetzungen die Notwendigkeit der Versorgung nach Absatz 1 Satz 2 und die Erforderlichkeit der Versorgung nach § 33 Absatz 1 des Fünften Buches vermutet. Die Empfehlung der Pflegefachkraft darf bei der Antragstellung nicht älter als zwei Wochen sein. Einer ärztlichen Verordnung gemäß § 33 Absatz 5a des Fünften Buches bedarf es bei Vorliegen einer Empfehlung nach Satz 1 nicht. Die Empfehlung der Pflegefachkraft für ein Pflegehilfsmittel oder ein Hilfsmittel, das den Zielen des Absatzes 1 Satz 1 dient, ist der Kranken- oder Pflegekasse zusammen mit dem Antrag des Versicherten in Textform zu übermitteln. Der Spitzenverband Bund der Krankenkassen, zugleich nach § 53 Satz 1 die Aufgaben des Spitzenverbandes Bund der Pflegekassen wahrnehmend, legt bis zum 31. Dezember 2021 in Richtlinien fest, in welchen Fällen und für welche Hilfsmittel und Pflegehilfsmittel nach Satz 2 die Erforderlichkeit oder Notwendigkeit der Versorgung vermutet wird; dabei ist auch festzulegen, über welche Eignung die empfehlende Pflegefachkraft verfügen soll. In den Richtlinien wird auch das Nähere zum Verfahren der Empfehlung durch die versorgende Pflegefachkraft bei Antragstellung festgelegt. Die Bundespflegekammer und die Verbände der Pflegeberufe auf Bundesebene sind an den Richtlinien zu beteiligen. Der Spitzenverband Bund der Krankenkassen, zugleich nach § 53 Satz 1 die Aufgaben des Spitzenverbandes Bund der Pflegekassen wahrnehmend, wird beauftragt, die in den Richtlinien festgelegten Verfahren in fachlicher und wirtschaftlicher Hinsicht unter Beteiligung des Medizinischen Dienstes Bund, der Bundespflegekammer und der Verbände der Pflegeberufe auf Bundesebene zu evaluieren. Ein Bericht über die Ergebnisse der Evaluation ist dem Bundesministerium für Gesundheit bis zum 1. Januar 2025 vorzulegen.

(7) Die Pflegekasse hat über einen Antrag auf Pflegehilfsmittel oder Zuschüsse zu wohnumfeldverbessernden Maßnahmen zügig, spätestens bis zum Ablauf von drei Wochen nach Antragseingang oder in Fällen, in denen eine Pflegefachkraft oder der Medizinische Dienst nach Absatz 1 Satz 2 beteiligt wird, innerhalb von fünf Wochen nach Antragseingang zu entscheiden. Über einen Antrag auf ein Pflegehilfsmittel, das von einer Pflegefachkraft bei der Antragstellung nach Absatz 6 Satz 2 empfohlen wurde, hat die Pflegekasse zügig, spätestens bis zum Ablauf von drei Wochen nach Antragseingang, zu entscheiden. Kann die Pflegekasse die Fristen nach Satz 1 oder Satz 2 nicht einhalten, teilt sie dies den Antragstellern unter Darlegung der Gründe rechtzeitig schriftlich mit. Erfolgt keine Mitteilung eines hinreichenden Grundes, gilt die Leistung nach Ablauf der Frist als genehmigt.

| Übersicht | Rdn. | | Rdn. |
|---|---|---|---|
| A. Pflegehilfsmittel | 1 | B. Wohnumfeldverbessernde Maßnahmen | 13 |
| I. Anspruchsvoraussetzungen | 1 | I. Anspruchsvoraussetzungen | 13 |
|    1. Allgemeine Voraussetzungen | 1 |    1. Allgemeine Voraussetzungen | 13 |
|    2. Pflegehilfsmittel | 2 |    2. Häusliche Pflege | 14 |
|    3. Erforderlichkeit | 5 |    3. Verbesserung des individuellen Wohnumfeldes | 15 |
|    4. Ausschluss bei Leistungspflicht anderer Träger | 6 |    4. Erforderlichkeit und Wirtschaftlichkeit | 16 |
| II. Inhalt und Umfang des Anspruchs | 7 |    5. Nachrangigkeit | 17 |
|    1. Allgemeines | 7 | II. Inhalt und Umfang des Anspruchs | 18 |
|    2. Verbrauchsmittel | 8 | C. Entscheidung der Pflegekasse, Abs. 6 | 19 |
|    3. Technische Hilfsmittel | 9 | | |
|    4. Anpassung, Instandsetzung, Reparatur, Ersatzbeschaffung | 12 | | |

## A. Pflegehilfsmittel

### I. Anspruchsvoraussetzungen

#### 1. Allgemeine Voraussetzungen

Voraussetzung ist zunächst, dass Pflegebedürftigkeit in mindestens Pflegegrad 1 vorliegt und die versicherungsrechtlichen Voraussetzungen (Versichertsein, Vorversicherungszeit) erfüllt sind. 1

#### 2. Pflegehilfsmittel

Beansprucht werden können nur **Pflegehilfsmittel**. Dabei zielt § 40 lediglich auf Hilfsmittel für die 2
häusliche Pflege (BSG Urt. v. 10.02.2000 – B 3 KR 26/99 R, BSGE 85, 287–293, SozR 3–2500 § 33 Nr. 37). Zur Häuslichkeit vgl. § 36 Rdn. 3. In vollstationärer Unterbringung oder während der Kurzzeitpflege gem. § 41 gehört die Versorgung mit Hilfsmitteln zu den Aufgaben des Pflegeheims, das über die notwendige Grundausstattung verfügen muss (z.B. zur Versorgung mit einem mobilen Patientenlifter Thüringer LSG Urt. v. 28.01.2013 – L 6 KR 955/09; allgemein: Sächsisches LSG Urt. v. 06.12.2012 – L 1 KR 189/10; zuletzt vgl. LSG Baden-Württemberg Urt. v. 15.08.2014 – L 4 P 4137/13). Die Kosten hierfür sind Teil der Pflegesätze (BSG Urt. v. 10.02.2000 – B 3 KR 17/99 R, SozR 3–2500 § 33 Nr. 36). Pflegehilfsmittel, die ein Pflegedienst im Rahmen einer Sachleistungserbringung gem. § 36 einsetzt, fallen ebenfalls nicht unter § 40 Abs. 1 (*Linke* in Krauskopf, Soziale Krankenversicherung – Pflegeversicherung § 40 SGB XI Rn. 8).

**Pflegehilfsmittel** sind alle diejenigen **sachlichen Mittel und Produkte**, die serienmäßig hergestellt 3
oder individuell angefertigt in unverändertem Zustand oder nach entsprechender handwerklicher Zurichtung, Ergänzung oder Änderung zur Erleichterung der Pflege oder zur Linderung der Beschwerden des Pflegebedürftigen beitragen oder ihm eine selbstständigere Lebensführung ermöglichen (*Linke* in Krauskopf, Soziale Krankenversicherung – Pflegeversicherung § 40 SGB XI Rn. 10). Das nach § 78 Abs. 2 Satz 2 erstellte und fortzuschreibende **Hilfsmittelverzeichnis** dient dabei als reine Auslegungs- und Orientierungshilfe für die medizinische und pflegerische Praxis (BSG

Urt. v. 15.11.2007 – B 3 A 1/07 R, BSGE 99, 197–208 = SozR 4–2500 § 33 Nr. 16). Es beinhaltet keine abschließende, die Leistungspflicht begrenzende Positivliste (BSG Urt. v. 15.11.2007 – B 3 A 1/07 R, BSGE 99, 197–208 = BSG SozR 4–2500 § 33 Nr. 16; BSG Urt. v. 11.04.2002 – B 3 P 10/01 R, SozR 3–3300 § 40 Nr. 9; zur PPV vgl. Hessisches LSG Urt. v. 24.06.2020 – L 6 P 17/17; a.A. zur PPV: LSG Berlin-Brandenburg Urt. v. 19.03.2015 – L 30 P 99/12). Hilfsmittel, die den **Zwecken des § 40 Abs. 1 Satz 1 dienen**, sind nach der gesetzlichen Wertung »Pflegehilfsmittel«, und zwar unabhängig davon, ob sie daneben auch die Begriffsmerkmale eines Hilfsmittels i.S.d. § 33 SGB V erfüllen (BSG Urt. v. 16.07.2014 – B 3 KR 1/14 R, SozR 4–3300 § 40 Nr. 11, SozR 4–2500 § 33 Nr. 43, juris Rn. 44). Als Zweck sieht § 40 Abs. 1 Satz 1 vor, dass das Hilfsmittel zur Erleichterung der Pflege, zur Linderung der Beschwerden des Pflegebedürftigen oder zur Ermöglichung einer selbstständigeren Lebensführung dient. Eine Erleichterung der Pflege liegt dabei nur vor, wenn die Hilfen sich auf körperbezogene Pflegemaßnahmen und pflegerischen Betreuungsmaßnahmen bei den Modulen nach § 14 Abs. 2 beziehen (so zur früheren Grundpflege BSG Urt. v. 16.07.2014 – B 3 KR 1/14 R, SozR 4–3300 § 40 Nr. 11, SozR 4–2500 § 33 Nr. 43, juris Rn. 42). Die Ermöglichung einer selbstständigeren Lebensführung erfordert nicht, dass eine selbstständige, also von fremder Unterstützung unabhängige Lebensführung ermöglicht werden soll (BSG Urt. v. 16.07.2014 – B 3 KR 1/14 R, SozR 4–3300 § 40 Nr. 11, SozR 4–2500 § 33 Nr. 43, juris Rn. 44). Vielmehr spricht das Gesetz von einer »selbstständigeren« Lebensführung. Dazu genügt es nach der Rechtsprechung des BSG (Urt. v. 16.07.2014 – B 3 KR 1/14 R, SozR 4–3300 § 40 Nr. 11, SozR 4–2500 § 33 Nr. 43), dass ein bestimmter Aspekt der Lebensführung durch eine regelmäßig verfügbare Hilfestellung leichter oder besser verwirklicht werden kann; über die Ermöglichung einer selbstständigeren Lebensführung hinaus enthält die Vorschrift keine weiteren Anforderungen, die an die Einsatz- und Verwendungsmöglichkeiten des Hilfsmittels zu stellen sind (BSG Urt. v. 16.07.2014 – B 3 KR 1/14 R, SozR 4–3300 § 40 Nr. 11, SozR 4–2500 § 33 Nr. 43; s. auch *Lungstras* in Udsching/Schütze, SGB XI, § 40 Rn. 10).

4 **Allgemeine Gebrauchsgegenstände des täglichen Lebens** sind keine Hilfsmittel (BSG Urt. v. 15.11.2007 – B 3 P 9/06 R, SozR 4–3300 § 40 Nr. 7). Für die Abgrenzung ist – wie bei § 33 SGB V – maßgeblich auf die Zweckbestimmung des Gegenstands abzustellen, die einerseits aus der Sicht der Hersteller, andererseits aus der Sicht der tatsächlichen Benutzer zu bestimmen ist: Geräte, die für die speziellen Bedürfnisse kranker oder behinderter Menschen entwickelt und hergestellt worden sind und die ausschließlich oder ganz überwiegend auch von diesem Personenkreis benutzt werden, sind unabhängig von ihrer Verbreitung keine allgemeinen Gebrauchsgegenstände des täglichen Lebens (BSG Urt. v. 15.11.2007 – B 3 P 9/06 R, SozR 4–3300 § 40 Nr. 7). Umgekehrt ist ein Gegenstand trotz geringer Verbreitung und trotz eines hohen Verkaufspreises als allgemeiner Gebrauchsgegenstand des täglichen Lebens einzustufen, wenn er schon von der Konzeption her nicht vorwiegend für Kranke und Behinderte gedacht ist (BSG Urt. v. 15.11.2007 – B 3 P 9/06 R, SozR 4–3300 § 40 Nr. 7).

### 3. Erforderlichkeit

5 Die Hilfsmittelversorgung muss erforderlich sein. Das bedeutet zum einen, dass die Versorgung dem Grunde nach **notwendig** sein muss, darüber hinaus aber auch das **Maß des Notwendigen** nicht überschreiten darf. Die Notwendigkeit der Hilfsmittelversorgung liegt insoweit vor, wenn das angestrebte Pflegeziel durch den Einsatz des Hilfsmittels erreicht und die Zielerreichung nicht auf einem anderen Weg erfüllt werden kann (SG Detmold Urt. v. 15.09.2016 – S 18 P 123/13). Wählt der Pflegebedürftige ein Hilfsmittel, das zwar dem Grunde nach erforderlich ist, aber das Maß des Notwendigen übersteigt, hat er die Mehrkosten und die dadurch bedingten Folgekosten **selbst zu tragen** (Abs. 1 Satz 3). Jedoch kann von einer Pflegeperson nicht generell verlangt werden, dass Pflegehilfsmittel kostengünstig bei einem Discounter erworben werden (Bayerisches LSG Urt. v. 18.05.2017 – L 4 P 59/13).

## 4. Ausschluss bei Leistungspflicht anderer Träger

Die Versorgung mit Hilfsmitteln zulasten der SPV ist gegenüber den Leistungspflichten anderer Träger **nachrangig** (Abs. 1 Satz 1). Lediglich Hilfsmittel, die gem. §§ 61 ff. SGB XII erbracht werden, gehen den Leistungen der SPV nach (§ 66 SGB XII). Der Nachrang gem. Abs. 1 Satz 1 gilt auch dann, wenn Hilfsmittel anderer Träger auch die Pflege erleichtern, Beschwerden des Pflegebedürftigen lindern oder ihm eine selbstständigere Lebensführung ermöglichen.

6

Verfahrensrechtlich hat der Gesetzgeber in Abs. 5 Satz 1 eine Bestimmung darüber getroffen, wer im Verhältnis zwischen KK und Pflegekasse prüft und über den Antrag entscheidet: Für Hilfsmittel und Pflegehilfsmittel, die sowohl den in § 23 und § 33 SGB V als auch den in § 40 Abs. 1 genannten Zwecken dienen können, prüft der Leistungsträger, bei dem die Leistung beantragt wird, ob ein Anspruch gegenüber der KK oder der Pflegekasse besteht und entscheidet über die Bewilligung der Hilfsmittel und Pflegehilfsmittel (dazu vgl. BSG Urt. v. 16.07.2014 – B 3 KR 1/14 R, SozR 4-3300 § 40 Nr. 11, SozR 4-2500 § 33 Nr. 43). Nach dieser Regelung ist die Abgabe eines bei der Pflegekasse bzw. der KK eingereichten Antrags auf Hilfsmittelversorgung an die jeweils andere Kasse nicht mehr erforderlich und auch nicht mehr erlaubt. Vielmehr ist der jeweils erstangegangene Versicherungsträger verpflichtet, auch über den pflegeversicherungsrechtlichen Anspruch nach § 40 Abs. 1 Satz 1 bzw. den krankenversicherungsrechtlichen Anspruch nach § 33 SGB V abschließend und mit bindender Wirkung gegenüber dem jeweils anderen Versicherungsträger zu entscheiden; im Klageverfahren bedarf es keiner Beiladung (§ 75 SGG) des jeweils anderen Trägers (BSG Urt. v. 16.07.2014 – B 3 KR 1/14 R, SozR 4-3300 § 40 Nr. 11, SozR 4-2500 § 33 Nr. 43).

6a

## II. Inhalt und Umfang des Anspruchs

### 1. Allgemeines

Pflegehilfsmittel werden dem Pflegebedürftigen grds. (Ausnahme gem. Abs. 2 Satz 2 möglich) als **Sachleistungen** zur Verfügung gestellt. Die Pflegebedürftigen können dazu alle Leistungserbringer in Anspruch nehmen, die Vertragspartner ihrer Pflegekasse sind (Abs. 1 Satz 4. i.V.m. § 33 Abs. 6 Satz 1 SGB V).

7

Hat die Pflegekasse Verträge über die Versorgung mit bestimmten Hilfsmitteln geschlossen, erfolgt die Versorgung durch einen Vertragspartner, der den Versicherten von der Pflegekasse zu benennen ist (Abs. 1 Satz 4 i.V.m. § 33 Abs. 6 Satz 2 SGB V). Die Pflegekasse übernimmt die jeweils vertraglich vereinbarten Preise; soweit Festbeträge festgelegt sind, werden die Kosten nur bis zu diesem Betrag übernommen. Darüber hinausgehende Kosten hat der Pflegebedürftige zu tragen (Abs. 1 Satz 3).

7a

### 2. Verbrauchsmittel

Für zum Verbrauch bestimmte Pflegehilfsmittel sieht Abs. 2 Satz 1 einen Höchstbetrag von monatlich 40 € vor; darüber hinausgehende Kosten hat der Pflegebedürftige selbst zu tragen. Der Pflegebedürftige kann statt der Sachleistung auch **Kostenerstattung wählen** (Satz 2). Zum Verbrauch bestimmt sind diejenigen Pflegehilfsmittel, die wegen ihrer Beschaffenheit oder aus hygienischen Gründen regelmäßig nicht mehrfach verwendet werden können, wie z.B. Fingerlinge, Einmalhandschuhe, Mundschutz, Schutzschürzen, Windeln, Desinfektionsmittel.

8

### 3. Technische Hilfsmittel

Technische Pflegehilfsmittel sollen nach § 40 Abs. 3 Satz 1 dem Pflegebedürftigen in allen geeigneten Fällen **leihweise** überlassen werden. Nach Beendigung des Gebrauchs sind geliehene Pflegehilfsmittel an die Pflegekasse zurückzugeben. Wird die leihweise Überlassung eines Pflegehilfsmittels ohne zwingenden Grund abgelehnt, hat der Pflegebedürftige die Kosten des Pflegehilfsmittels in vollem Umfang selbst zu tragen (Abs. 3 Satz 7).

9

10 Die Pflegehilfsmittel sind dem Pflegebedürftigen in **gebrauchsfertigem Zustand** zu überlassen. Soweit erforderlich, sind die Leihmittel anzupassen. Dies kann durch die Pflegekasse bzw. ihren Vertragspartner geschehen; die Pflegekasse kann jedoch auch die Bewilligung der Pflegehilfsmittel davon abhängig machen, dass der Pflegebedürftige das Pflegehilfsmittel selbst anpassen oder sich selbst oder die Pflegeperson in seinem Gebrauch ausbilden lässt (Abs. 3 Satz 2).

11 Für technische Hilfsmittel mit Ausnahme von zum Verbrauch bestimmten Pflegehilfsmitteln haben volljährige Versicherte eine **Zuzahlung** von 10 %, höchstens jedoch 25 € je Pflegehilfsmittel an die abgebende Stelle zu leisten (Abs. 3 Satz 4; zu Befreiungsmöglichkeiten vgl. Abs. 3 Satz 5 und 6) Auf leihweise überlassene Hilfsmittel ist jedoch keine Zuzahlung zu leisten.

**4. Anpassung, Instandsetzung, Reparatur, Ersatzbeschaffung**

12 Pflegehilfsmittel sind dem Pflegebedürftigen in gebrauchsfertigem Zustand zu überlassen. Anpassungen, Instandsetzungen, Reparaturen, Ersatzbeschaffungen oder auch eine Schulung an dem Hilfsmittel hat die Pflegekasse zu übernehmen, soweit dies notwendig ist. Damit sind Pflegehilfsmittel im Rahmen der Leistungspflicht der SPV (Versorgung entsprechend dem allgemein anerkannten Stand der medizinisch-pflegerischen Erkenntnisse) dem veränderten technischen Stand oder einem veränderten Pflegebedarf anzupassen. Lediglich eine höhere Bequemlichkeit oder ein größerer Nutzungskomfort genügt jedoch nicht. Das LSG Baden-Württemberg (Urt. v. 10.06.2011 – L 4 P 2397/10) hat entschieden, dass es sich bei Wartungskosten für einen Treppenlifter nicht um Folgekosten für ein Pflegehilfsmittel handelt, sondern um eine Maßnahme zur Verbesserung des individuellen Wohnumfeldes, die sich nach Abs. 4 richtet.

**B. Wohnumfeldverbessernde Maßnahmen**

**I. Anspruchsvoraussetzungen**

**1. Allgemeine Voraussetzungen**

13 Voraussetzung ist zunächst, dass Pflegebedürftigkeit in mindestens der Pflegegruppe I vorliegt und die versicherungsrechtlichen Voraussetzungen (Versichertsein, Vorversicherungszeit) erfüllt sind.

**2. Häusliche Pflege**

14 Wie die Versorgung mit Pflegehilfsmitteln knüpft § **40 Abs. 4** auch an die häusliche Pflege an (*Leitherer* in KassKomm, § 40 SGB XI Rn. 35; *Linke* in Krauskopf, Soziale Krankenversicherung – Pflegeversicherung § 40 SGB XI Rn. 42). Zur Häuslichkeit s. § 36 Rdn. 3. Handelt es sich nicht um häusliche, sondern um stationäre Leistungen, kommt ein Anspruch nach § 40 nicht in Betracht (vgl. dazu LSG Baden-Württemberg Urt. v. 15.08.2014 – L 4 P 4137/13).

**3. Verbesserung des individuellen Wohnumfeldes**

15 § **40 Abs. 4** zielt darauf ab, das **Wohnumfeld** des Pflegebedürftigen so zu verändern, dass häusliche Pflege ermöglicht, erheblich erleichtert oder eine möglichst selbstständige Lebensführung des Pflegebedürftigen wiederhergestellt wird. Maßnahmen zur Verbesserung des individuellen Wohnumfeldes sind zwar nicht auf die für die Feststellung der Pflegebedürftigkeit maßgebenden Verrichtungen des täglichen Lebens beschränkt, die Einstandspflicht der PV ist jedoch nach der Konzeption des § 40 Abs. 4 auf die Wahrung elementarer Bedürfnisse der Pflegebedürftigen beschränkt (Bayerisches LSG Urt. v. 18.04.2012 – L 2 P 100/10; so auch früher schon BSG Urt. v. 17.07.2008 – B 3 P 12/07 R, SozR 4–3300 § 40 Nr. 9). Diese Rechtsprechung hat das BSG zuletzt im Hinblick auf das Tatbestandsmerkmal der »**Erleichterung der Pflege**« erweiternd klargestellt (BSG Urt. v. 25.11.2015 – B 3 P 3/14 R, juris Rn. 16 ff.). Da der Gesetzgeber nicht jede Form der Pflegeerleichterung bezuschusst wissen wolle, sondern den Leistungsanspruch ausdrücklich auf »erhebliche« Pflegeerleichterungen begrenzt habe, reiche nicht jedwede marginale oder periphere Erleichterung der Pflege aus. Es müsse sich vielmehr um eine »deutliche und spürbare« Erleichterung der Pflege handeln,

um den Zuschuss versicherungsrechtlich und wirtschaftlich zu rechtfertigen. Dies könne z.B. der Fall sein, wenn der Zeitaufwand der Pflegeperson für bestimmte immer wieder anfallende Hilfeleistungen konkret abnehme oder die erforderlichen Kraftanstrengungen der Pflegeperson sich nicht nur in ganz unerheblichem Maße verringert würden. Aus der Perspektive des Pflegebedürftigen könne eine erhebliche Pflegeerleichterung z.B. vorliegen, wenn er sich bei der Pflege weniger anstrengen müsse oder eine für ihn und die Pflegeperson potentiell gefahrvolle Situation vermieden werde, etwa indem die Standsicherheit erhöht und so die Sturzgefahr verringert werde (BSG Urt. v. 25.11.2015 – B 3 P 3/14 R, juris Rn. 19). Maßstab für die Beurteilung der Erheblichkeit der mit einer Maßnahme zur Verbesserung des individuellen Wohnumfeldes angestrebten Erleichterung der Pflege sei, ob die Pflege mit der Maßnahme in zentralen Bereichen des Hilfebedarfs deutlich und spürbar einfacher werde (BSG Urt. v. 25.11.2015 – B 3 P 3/14 R, juris Rn. 17). Das kann auch zu einer Entlastung der Pflegeperson bzw. zur Vermeidung ihrer Überforderung führen. Eine drohende oder schon eingetretene Überforderung der Pflegeperson sei stets ein gewichtiges Indiz dafür, dass die Pflege erheblich erleichtert wird (BSG Urt. v. 25.11.2015 – B 3 P 3/14 R, juris Rn. 17). Erheblich erleichtert wird die häusliche Pflege auch dann, wenn ohne Durchführung der zu bezuschussenden Maßnahmen die Pflegeperson überfordert ist oder zu werden droht und deshalb eine stationäre Unterbringung des Pflegebedürftigen in Betracht zu ziehen wäre (SG Aachen Urt. v. 13.10.2016 – S 15 P 99/15). Gemeint ist insoweit nicht etwa, dass eine eingetretene oder drohende Überforderung tatbestandliche Voraussetzung des Anspruchs wäre, etwa so, dass ohne die Wohnumfeldverbesserung konkret und wahrscheinlich eine stationäre Unterbringung des Pflegebedürftigen bevorstehen müsste (BSG Urt. v. 25.11.2015 – B 3 P 3/14 R, juris Rn. 17), sondern vielmehr, dass die drohende oder eingetretene Überforderung wohl stark darauf hindeutet, dass die Pflege erleichtert werden müsste.

Der **Verbesserung des individuellen Wohnumfelds** dienen alle diejenigen baulichen oder technischen Hilfen oder Veränderungen, die zum Ziel haben, die Wohnung selbst, das Umfeld der Wohnung oder Einrichtungsgegenstände, soweit diese keine Pflegehilfsmittel i.S.d. Abs. 1 sind, so zu verändern, dass sie den pflegebedingten Bedürfnissen des Pflegebedürftigen entsprechen (wohnumfeldverbessernde Maßnahmen). Hierzu zählen neben einfachen technischen Maßnahmen (z.B. Haltegriffe im Bad, Absenkung der Kochstelle) auch größere bauliche Veränderungen (z.B. Verbreiterung von Türen, Einbau eines Aufzuges, Einrichtung einer behindertengerechten Toilette; aus der Rechtsprechung vgl. z.B. Sächsisches LSG Urt. v. 28.05.2015 – L 1 P 27/11 – Einbau einer behindertengerechten Dusche und die Verbreiterung der Badezimmertür; LSG Sachsen-Anhalt Urt. v. 04.12.2013 – L 4 P 28/08 – Einbau eines elektrischen Türöffnungssystems samt notwendiger Schiebetür; zur PPV vgl. LSG Niedersachsen-Bremen Urt. v. 20.02.2014 – L 15 P 28/12 – Umbau einer Dusche und nachgehend BSG Urt. v. 25.11.2015 – B 3 P 3/14 R – Umbau einer Dusche). Das LSG Baden-Württemberg (Urt. v. 10.06.2011 – L 4 P 2397/10) hat entschieden, dass es sich bei Wartungskosten für einen Treppenlifter nicht um Folgekosten für ein Pflegehilfsmittel handelt, sondern um eine Maßnahme zur Verbesserung des individuellen Wohnumfeldes i.S.d. Abs. 4. Das Bayerische LSG hat auch Folgekosten wohnumfeldverbessernder Maßnahmen (hier: Reparaturkosten für technische Hilfen) nicht als nach § 40 Abs. 4 zuschussfähige Maßnahme angesehen (Urt. v. 20.04.2016 – L 2 P 69/13). Bei der Durchführung von wohnumfeldverbessernden Maßnahmen ist es unerheblich, ob die Wohnung im Eigentum des Pflegebedürftigen oder eines Dritten steht. Eine Maßnahme betrifft auch dann das individuelle Wohnumfeld, wenn der Pflegebedürftige in einer betreuten Wohngemeinschaft handelt, die keine stationäre oder teilstationäre Einrichtung ist, sondern i.S.d. § 4 Wohnteilhabegesetz (WTG) ein Ort bleibt, an dem die Zurverfügungstellung der Wohnung nicht zur sozialrechtlichen Leistungserbringung gehört, sondern die Bewohner hierfür selbst verantwortlich sind, weil der Vermieter der Wohnung keinen Bindungen als Leistungserbringer von Pflegeleistungen i.S.d. SGB XI unterliegt (SG Berlin Urt. v. 16.11.2012 – S 209 P 713/12, NZS 2013, 344–348).

### 4. Erforderlichkeit und Wirtschaftlichkeit

16 Die wohnumfeldverbessernden Maßnahmen müssen **erforderlich** sein, um im Einzelfall die häusliche Pflege zu ermöglichen, erheblich zu erleichtern oder eine möglichst selbstständige Lebensführung des Pflegebedürftigen wiederherzustellen. Die Maßnahmen müssen also dem Grunde nach geeignet und **notwendig** sein und dürfen im Umfang das **Maß des Erforderlichen** nicht überschreiten. Erforderlich sind nicht nur Maßnahmen, die die von der Pflegeperson zu erbringenden Pflegeleistungen ersetzen, erleichtern oder eine Überforderung der Pflegeperson verhindern (zum Einbau höhenverstellbarer Kühlschränke vgl. SG Hamburg Gerichtsbeschluss v. 06.08.2012 – S 23 P 70/10; zum Einbau eines Notrufsystems vgl. LSG Saarland Urt. v. 09.06.2010 – L 2 P 1/09; zum Einbau einer rollstuhlgerechten Terrassentür vgl. SG Dortmund Urt. v. 12.03.2010 – S 39 KN 98/08 P). Denn § 40 Abs. 4 setzt nicht in jedem Fall voraus, dass die Maßnahme eine Verrichtung i.S.d. § 14 Abs. 4 betrifft (BSG Urt. v. 03.11.1999 – B 3 P 3/99 R, SozR 3–3300 § 40 Nr. 1). Deshalb können nicht generell Maßnahmen, die der »privaten Lebensführung« dienen, ausgeschlossen werden (BSG Urt. v. 03.11.1999 – B 3 P 3/99 R, SozR 3–3300 § 40 Nr. 1). Jedoch müssen die Maßnahmen zumindest der Wahrung elementarer Bedürfnisse des Pflegebedürftigen dienen (Bayerisches LSG Urt. v. 18.04.2012 – L 2 P 100/10).

### 5. Nachrangigkeit

17 Wohnumfeldverbessernde Maßnahmen kommen nur **subsidiär** (Abs. 4 Satz 1) in Betracht. Kann die Pflege mit den Mitteln der §§ 36 bis 40 Abs. 1 in einem dem allgemein anerkannten Stand der medizinisch-pflegerischen Erkenntnisse entsprechenden Umfang geleistet werden, sind Maßnahmen nach Abs. 4 ausgeschlossen. Als vorrangige Maßnahmen anderer Träger kommen vor allem Maßnahmen der Rehabilitation (z.B. § 16 SGB VI; § 39 Abs. 1 Nr. 2, § 41 SGB VII), der Jugendhilfe (§ 33 Abs. 3 Nr. 1, Abs. 8 Satz 1 Nr. 6 SGB VIII) oder der Eingliederungshilfe (§§ 53 ff. SGB XII) in Betracht. Hierzu hat das BSG (Urt. v. 07.10.2010 – B 3 KR 13/09 R, BSGE 107, 44–56, SozR 4–2500 § 33 Nr. 31) entschieden, dass die Leistungspflicht der Krankenkassen nicht solche Hilfsmittel umfasst, die ein dauerhaft behinderter Versicherter allein wegen der Besonderheiten seiner individuellen Wohnverhältnisse benötigt, die in einer anderen Wohnung also entbehrlich wären.

## II. Inhalt und Umfang des Anspruchs

18 Nach § 40 Abs. 4 können wohnumfeldverbessernde Maßnahmen bezuschusst werden. Damit stellt § 40 Abs. 4 die Entscheidung über das »ob« der Maßnahmen in das pflichtgemäße **Ermessen** (§ 39 SGB I) der Pflegekasse. Im Ermessen steht aber auch die konkrete **Höhe des Zuschusses**. Der Zuschuss ist nach Satz 2 auf maximal 4.000 € je Maßnahme begrenzt (zur Frage des Vorliegens »einer« Maßnahme vgl. LSG Sachsen Urt. v. 28.05.2015 – L 1 P 27/11). Leben mehrere Pflegebedürftige in einer gemeinsamen Wohnung enthalten Abs. 4 Satz 3 und 4 weitere Regelungen; die Zuschüsse dürfen auch dann einen Betrag von 4.000 € je Pflegebedürftigem nicht übersteigen, der Gesamtbetrag ist je Maßnahme auf 16.000 € begrenzt und wird bei mehr als vier Anspruchsberechtigten anteilig auf die Versicherungsträger der Anspruchsberechtigten aufgeteilt. Eine volle Kostenübernahme ist nach der seit 23.10.2012 geltenden Neufassung des Abs. 4 nicht mehr ausgeschlossen, der Pflegebedürftige hat daher nicht mehr zwingend einen **Eigenanteil** zu tragen. Die Pflegekasse hat vielmehr nach pflichtgemäßem Ermessen die Höhe des Zuschusses zu bestimmen; in Betracht kommt je nach Lage des Einzelfalles die Festlegung des Zuschusses von einer angemessenen geringen Kostenbeteiligung bis hin zu einer auf den Höchstbetrag begrenzten vollen Kostenübernahme. Berücksichtigt werden können nur pflegebedingte Kosten; Kosten für die allgemeine Instandhaltung der Wohnung fallen nicht unter § 40 Abs. 4. Für weitere wohnumfeldverbessernde Maßnahmen kommt ein weiterer bzw. zweiter Zuschuss erst dann in Betracht, wenn sich die Pflegesituation objektiv ändert und dadurch im Lauf der Zeit Schritte zur Verbesserung des individuellen Wohnumfeldes erforderlich werden (LSG Berlin-Brandenburg Beschl. v. 16.03.2012 – L 27 P 55/11 B PKH).

## C. Entscheidung der Pflegekasse, Abs. 6

Der neue Abs. 6 bezweckt die Beschleunigung der Bewilligungsverfahren für Pflegehilfsmittel und Zuschüsse für Maßnahmen zur Verbesserung des individuellen Wohnumfelds bei den Pflegekassen (BT-Drs. 19/24727 S. 63 f.). Dies dient damit zum einen der schnellen Klärung von Leistungsansprüchen, zum anderen erhalten die Pflegebedürftigen bei Vorliegen der Anspruchsvoraussetzungen in kurzer Zeit ihre Leistungen. Kann über einen Antrag auf Pflegehilfsmittel oder Zuschüsse zu wohnumfeldverbessernden Maßnahmen nicht innerhalb von drei Wochen nach Antragseingang oder in Fällen, in denen eine Pflegefachkraft oder der Medizinische Dienst beteiligt wird, nicht innerhalb von fünf Wochen nach Antragseingang entschieden werden, muss die Pflegekasse dies dem Pflegebedürftigen unter Darlegung eines hinreichenden Grundes rechtzeitig vor Ablauf der Frist schriftlich mitteilen (BT-Drs. 19/24727 S. 63 f.). Dabei kann die Pflegekasse nicht Gründe anführen, die in ihrem Verantwortungsbereich liegen wie beispielsweise Organisationsmängel oder Arbeitsüberlastung von Mitarbeiterinnen und Mitarbeitern (BT-Drs. 19/24727 S. 64). Ergänzend wurde eine Genehmigungsfiktion für den Fall geschaffen, dass die Mitteilung eines hinreichenden Grundes unterbleibt. In diesem Fall gilt das beantragte Pflegehilfsmittel oder der beantragte Zuschuss zu wohnumfeldverbessernden Maßnahmen nach Ablauf der Frist gem. Abs. 6 als genehmigt (BT-Drs. 19/24727 S. 63 f.).

## § 41 Tagespflege und Nachtpflege

(1) Pflegebedürftige der Pflegegrade 2 bis 5 haben Anspruch auf teilstationäre Pflege in Einrichtungen der Tages- oder Nachtpflege, wenn häusliche Pflege nicht in ausreichendem Umfang sichergestellt werden kann oder wenn dies zur Ergänzung oder Stärkung der häuslichen Pflege erforderlich ist. Die teilstationäre Pflege umfaßt auch die notwendige Beförderung des Pflegebedürftigen von der Wohnung zur Einrichtung der Tagespflege oder der Nachtpflege und zurück.

(2) Die Pflegekasse übernimmt im Rahmen der Leistungsbeträge nach Satz 2 die pflegebedingten Aufwendungen der teilstationären Pflege einschließlich der Aufwendungen für Betreuung und die Aufwendungen für die in der Einrichtung notwendigen Leistungen der medizinischen Behandlungspflege. Der Anspruch auf teilstationäre Pflege umfasst je Kalendermonat
1. für Pflegebedürftige des Pflegegrades 2 einen Gesamtwert bis zu 689 Euro,
2. für Pflegebedürftige des Pflegegrades 3 einen Gesamtwert bis zu 1.298 Euro,
3. für Pflegebedürftige des Pflegegrades 4 einen Gesamtwert bis zu 1.612 Euro,
4. für Pflegebedürftige des Pflegegrades 5 einen Gesamtwert bis zu 1.995 Euro.

(3) Pflegebedürftige der Pflegegrade 2 bis 5 können teilstationäre Tages- und Nachtpflege zusätzlich zu ambulanten Pflegesachleistungen, Pflegegeld oder der Kombinationsleistung nach § 38 in Anspruch nehmen, ohne dass eine Anrechnung auf diese Ansprüche erfolgt.

| Übersicht | Rdn. | | Rdn. |
|---|---|---|---|
| A. Teilstationäre Leistung | 1 | C. Umfang des Anspruchs | 5 |
| B. Voraussetzungen des Anspruchs auf Tages- bzw. Nachtpflege | 3 | D. Kombination mit anderen Leistungen | 7 |

## A. Teilstationäre Leistung

Die Pflegeleistungen der Tages- und Nachtpflege sind als teilstationäre Leistungen ausgestaltet. Sie **ergänzen die häuslichen Pflegeleistungen** i.S.d. §§ 36, 37 und bieten so Alternativen zu einer vollstationären Unterbringung (BT-Drs. 12/5262 S. 66 f., 114). Sie können daher nach Abs. 3 auch in Kombination zu ambulanten Pflegesachleistungen, Pflegegeld oder Kombinationsleistungen nach § 38 erbracht werden. Als teilstationäre Leistung entspricht die Tages- und Nachtpflege in dem Zeitraum, in dem sie in Anspruch genommen wird, dem Leistungsumfang einer vollstationären Unterbringung. Wesentliches Unterscheidungsmerkmal zur vollstationären Pflege ist jedoch, dass die Tages- und Nachtpflege nicht eine ganztägige, sondern lediglich eine **teilzeitige Unterbringung** bedeutet. Im Übrigen werden die Leistungen wie bei einer vollstationären Leistung unter Einschluss der Pflege und Verpflegung sowie der sozialen Betreuung und der medizinischen Behandlungspflege erbracht.

2 Die Tages- und Nachtpflege ist zeitlich nicht begrenzt und unterscheidet sich auch darin von der Kurzzeit- und der Verhinderungspflege. Insoweit kann die Tages- und Nachtpflege die häusliche Pflege mit den Pflegeinstrumenten nach §§ 36, 37 dauerhaft ergänzen (*Sieper* in Krauskopf, Soziale Krankenversicherung – Pflegeversicherung § 41 SGB XI Rn. 2).

### B. Voraussetzungen des Anspruchs auf Tages- bzw. Nachtpflege

3 Voraussetzung des Anspruchs auf Tages- bzw. Nachtpflege ist zunächst, dass Pflegebedürftigkeit nach Pflegegrad 2 bis 5 vorliegt und die versicherungsrechtlichen Voraussetzungen (Versichertsein, Vorversicherungszeit) erfüllt sind. Darüber hinaus setzt § 41 Abs. 1 Satz 1 voraus, dass **häusliche Pflege nicht** in ausreichendem Umfang **sichergestellt** werden kann oder die Tages- bzw. Nachtpflege zur Ergänzung oder Stärkung der häuslichen Pflege erforderlich ist. Damit ist der Anspruch auf Tages- bzw. Nachtpflege untrennbar mit der häuslichen Pflege verknüpft (dazu s. § 36 Rdn. 2). Wird daher häusliche Pflege dem Grunde nach schon gar nicht erbracht, scheidet auch ein Anspruch auf Tages- und Nachtpflege aus.

4 Darüber hinaus setzt der Anspruch aus § 41 Abs. 1 Satz 1 voraus, dass **häusliche Pflege nicht** in ausreichendem Umfang **sichergestellt** werden kann oder die Tages- bzw. Nachtpflege zur Ergänzung oder Stärkung der häuslichen Pflege erforderlich ist. Auf die Ursachen dafür, dass die häusliche Pflege insoweit notleidend, ergänzungs- oder stärkungsbedürftig ist, kommt es nicht an. Als Beispielsfälle kommen in Betracht: der Ausfall von Pflegepersonen, ein zeitweiser Anstieg des Pflegebedarfs oder die Entlastungsbedürftigkeit der Pflegeperson. Wie sich aus Abs. 3 ergibt, genügt es, wenn die Pflege nur zeitweise am Tag nicht sichergestellt werden kann und im Übrigen die Pflege mit Pflegesachleistungen oder Pflegegeld bzw. Kombinationsleistungen nach § 38 sichergestellt ist.

### C. Umfang des Anspruchs

5 Der Anspruch ist gerichtet auf die Pflege in einer **zugelassenen** (§ 72 Abs. 1) **Einrichtung** der Tages- oder Nachtpflege (Abs. 1 Satz 1). Dabei ist der Anspruch, anders als z.B. derjenige nach § 42, in der Dauer nicht beschränkt. Tages- und Nachtpflege als teilstationäre Leistungen sind nur insoweit zeitlich begrenzt, als es sich nur um eine **teilzeitige Pflege** in einer Einrichtung handelt, die somit an einem Tag **nicht 24 Stunden am Stück** umfassen kann. Eine Pflege tagsüber bzw. über die Nacht hinweg oder auch nur stundenweise ist dagegen möglich, wenn außerhalb der Pflege in der teilstationären Einrichtung häusliche Pflege erbracht wird.

6 Inhaltlich ist der Anspruch gem. Abs. 2 eingeschränkt auf die **pflegebedingten Aufwendungen** der teilstationären Pflege, die Aufwendungen der **sozialen Betreuung** und die Aufwendungen für die in der Einrichtung notwendigen Leistungen der **medizinischen Behandlungspflege**. Auch die **Beförderung** zu der Einrichtung und wieder zurück in die häusliche Pflegeumgebung gehört zu den Leistungen der Tages- und Nachtpflege, die die Einrichtungen sicherzustellen haben. Betragsmäßig ist der Anspruch auf die **pflegestufenabhängigen Höchstbeträge** des § 41 Abs. 2 Satz 2 beschränkt. Diese können auch dann ausgeschöpft werden, wenn der Anspruch nur für einen Teil eines Kalendermonats besteht (*Sieper* in Krauskopf, Soziale Krankenversicherung – Pflegeversicherung § 41 SGB XI Rn. 20).

### D. Kombination mit anderen Leistungen

7 Die Leistungen der Tages- und Nachtpflege können mit anderen Pflegeleistungen kombiniert werden (§ 41 Abs. 3). Bei einer Kombination von Leistungen der teilstationäre Tages- und Nachtpflege und ambulanten Pflegesachleistungen, Pflegegeld oder der Kombinationsleistung nach § 38 erfolgt seit dem 01.01.2015 keine Anrechnung mehr auf diese Ansprüche. Die Leistungen können jeweils bis zum Höchstbetrag in Anspruch genommen werden.

Die Ansprüche auf teilstationäre Leistungen der Tages- und Nachtpflege und die Ansprüche auf 8
ambulante Pflegeleistungen sind gleichrangig nebeneinandergestellt. Eine Anrechnung der Inanspruchnahme von Leistungen der Tages- und Nachtpflege auf die für ambulante Pflegeleistungen in der jeweiligen Pflegestufe zur Verfügung stehenden Leistungsbeträge findet nicht mehr statt. Ebenso wenig findet eine Anrechnung der Inanspruchnahme ambulanter Pflegeleistungen auf die für die teilstationäre Pflege nach § 41 Abs. 2 zur Verfügung stehenden Leistungsbeträge statt (dazu vgl. BT-Drs. 18/1798 S. 27 f.).

### § 42 Kurzzeitpflege

(1) Kann die häusliche Pflege zeitweise nicht, noch nicht oder nicht im erforderlichen Umfang erbracht werden und reicht auch teilstationäre Pflege nicht aus, besteht für Pflegebedürftige der Pflegegrade 2 bis 5 Anspruch auf Pflege in einer vollstationären Einrichtung. Dies gilt:
1. für eine Übergangszeit im Anschluß an eine stationäre Behandlung des Pflegebedürftigen oder
2. in sonstigen Krisensituationen, in denen vorübergehend häusliche oder teilstationäre Pflege nicht möglich oder nicht ausreichend ist.

(2) Der Anspruch auf Kurzzeitpflege ist auf acht Wochen pro Kalenderjahr beschränkt. Die Pflegekasse übernimmt die pflegebedingten Aufwendungen einschließlich der Aufwendungen für Betreuung sowie die Aufwendungen für Leistungen der medizinischen Behandlungspflege bis zu dem Gesamtbetrag von 1.612 *[ab 1.1.2022: 1 774]* Euro im Kalenderjahr. Der Leistungsbetrag nach Satz 2 kann um bis zu 1 612 Euro aus noch nicht in Anspruch genommenen Mitteln der Verhinderungspflege nach § 39 Absatz 1 Satz 3 auf insgesamt bis zu 3.224 *[ab 1.1.2022: 3 386]* Euro im Kalenderjahr erhöht werden. Der für die Kurzzeitpflege in Anspruch genommene Erhöhungsbetrag wird auf den Leistungsbetrag für eine Verhinderungspflege nach § 39 Absatz 1 Satz 3 angerechnet.

(3) Abweichend von den Absätzen 1 und 2 besteht der Anspruch auf Kurzzeitpflege in begründeten Einzelfällen bei zu Hause gepflegten Pflegebedürftigen auch in geeigneten Einrichtungen der Hilfe für behinderte Menschen und anderen geeigneten Einrichtungen, wenn die Pflege in einer von den Pflegekassen zur Kurzzeitpflege zugelassenen Pflegeeinrichtung nicht möglich ist oder nicht zumutbar erscheint. § 34 Abs. 2 Satz 1 findet keine Anwendung. Sind in dem Entgelt für die Einrichtung Kosten für Unterkunft und Verpflegung sowie Aufwendungen für Investitionen enthalten, ohne gesondert ausgewiesen zu sein, so sind 60 vom Hundert des Entgelts zuschussfähig. In begründeten Einzelfällen kann die Pflegekasse in Ansehung der Kosten für Unterkunft und Verpflegung sowie der Aufwendungen für Investitionen davon abweichende pauschale Abschläge vornehmen.

(4) Abweichend von den Absätzen 1 und 2 besteht der Anspruch auf Kurzzeitpflege auch in Einrichtungen, die stationäre Leistungen zur medizinischen Vorsorge oder Rehabilitation erbringen, wenn während einer Maßnahme der medizinischen Vorsorge oder Rehabilitation für eine Pflegeperson eine gleichzeitige Unterbringung und Pflege des Pflegebedürftigen erforderlich ist.

| Übersicht | Rdn. | | Rdn. |
|---|---|---|---|
| A. Anspruchsvoraussetzungen . . . . . . . . . . | 1 | III. Nichtausreichen teilstationärer Pflege . . . | 5 |
| I. Anspruch auf häusliche Pflegeleistungen. | 1 | B. Inhalt und Umfang des Anspruchs . . . . | 6 |
| II. Unmöglichkeit der häuslichen Pflege . . . | 2 | | |

### A. Anspruchsvoraussetzungen

#### I. Anspruch auf häusliche Pflegeleistungen

Bei der Kurzzeitpflege handelt es sich um eine die häusliche **Pflege für einen kurzen Zeitraum** 1
ersetzende **vollstationäre Pflegeleistung**. Daher ist zunächst Voraussetzung des Anspruchs, dass überhaupt Anspruch auf häusliche Pflegeleistungen (§§ 36 ff.) besteht. Es muss daher zumindest

Pflegebedürftigkeit nach Pflegegrad 2 bis 5 festgestellt sein, auch müssen die versicherungsrechtlichen Voraussetzungen (Versichertsein, Vorversicherungszeit) erfüllt sein.

## II. Unmöglichkeit der häuslichen Pflege

2 Voraussetzung der Kurzzeitpflege ist, dass häusliche Pflege für Pflegebedürftige der Pflegegrade 2 bis 5 nicht, noch nicht oder nicht im erforderlichen Umfang erbracht werden kann. Wesentlich ist, dass die Erbringung der erforderlichen und ausreichenden häuslichen Pflege ganz oder teilweise **unmöglich** bzw. **verhindert** ist. Auf ein Verschulden kommt es nicht an.

3 Die häusliche Pflege darf nur **zeitweise** unmöglich sein. Es darf sich daher nur um eine vorübergehende Verhinderung der häuslichen Pflege handeln. Ein Anspruch nach § 42 ist daher nicht gegeben, wenn von Beginn an feststeht, dass auf Dauer vollstationäre Pflege nötig ist und es sich wenigstens in der Vorausschau nicht nur um eine vorübergehende Unmöglichkeit häuslicher Pflege handelt (Bayerisches LSG Urt. v. 13.01.2016 – L 6 P 66/14, juris Rn. 22). Nach Wegfall der Leistungsverhinderung bzw. Unmöglichkeit muss daher gewährleistet sein, dass die häusliche Pflege wieder in ausreichendem und erforderlichem Umfang erbracht oder aufgenommen werden kann und soll. Ein Verhinderungsfall liegt nicht vor, wenn die Pflege neu organisiert wird, um die bisherigen Pflegepersonen dauerhaft zu entlasten (Bayerisches LSG Urt. v. 30.01.2020 – L 4 P 38/18).

4 Die **vorübergehende Pflegeverhinderung** ist dabei nicht auf einen Zeitraum von maximal **8 Wochen** im Kalenderjahr (vgl. Abs. 2 Satz 1) beschränkt. Abs. 2 Satz 1 enthält insoweit eine Begrenzung des Leistungsanspruchs in zeitlicher Hinsicht, kein tatbestandsbegrenzendes Element. Kommt jedoch prognostisch betrachtet häusliche Pflege dauerhaft nicht mehr infrage, greift § 42 nicht mehr ein und es kommen nur noch Leistungen der vollstationären Pflege nach § 43 in Betracht (Bayerisches LSG Urt. v. 13.01.2016 – L 6 P 66/14, juris Rn. 22; *Reimer* in Hauck/Noftz, SGB XI, § 42 Rn. 5).

## III. Nichtausreichen teilstationärer Pflege

5 Nach dem Grundsatz des § 3 sind vollstationäre Leistungen, zu denen auch die Kurzzeitpflege gehört, nur nachrangig zu erbringen. Daher ist weitere Voraussetzung des Anspruchs nach § 42, dass auch teilstationäre Pflege i.S.e. Verhinderungspflege (§ 39) nicht ausreicht, um die fehlende häusliche Pflege zu ersetzen. Hierzu nennt Abs. 1 Satz 2 abschließend zwei Fallgestaltungen, in denen teilstationäre Pflegeleistungen nicht ausreichen, um die Pflege sicher zu stellen: Nach **Nr. 1** gilt dies für eine **Übergangszeit im Anschluss an eine stationäre Behandlung** des Pflegebedürftigen. Dabei umfasst der Begriff der stationären Behandlung gleichsam stationäre Krankenhaus- und auch stationäre Rehabilitationsaufenthalte. Darüber hinaus führt **Nr. 2 sonstige Krisensituationen**, in denen vorübergehend häusliche oder teilstationäre Pflege nicht möglich oder nicht ausreichend ist, als Grund für Kurzzeitpflege auf. Das ist regelmäßig der Fall, wenn die ehrenamtliche Pflegeperson ausfällt (dazu *Linke* in Krauskopf, Soziale Krankenversicherung – Pflegeversicherung § 42 SGB XI Rn. 9) oder sich der Pflegebedarf kurzfristig erhöht (BT-Drs. 12/5262 S. 115).

## B. Inhalt und Umfang des Anspruchs

6 Kurzzeitpflege ist eine **vollstationäre Pflegeleistung** und entspricht dieser daher hinsichtlich des Inhalts der Pflegeleistung. Sie wird in stationären Einrichtungen und nicht im häuslichen Wohnbereich des zu Hause gepflegten Pflegebedürftigen erbracht (BSG Urt. v. 18.02.2016 – B 3 P 2/14 R – SozR 4–3300 § 42 Nr. 1). Ein Anspruch auf Kurzzeitpflege im häuslichen Umfeld besteht nicht (LSG Rheinland-Pfalz Urt. v. 19.08.2013 – L 2 P 39/12). Die Kurzzeitpflege umfasst die **ganztägige Unterbringung**, die **Pflege** und die **Verpflegung** (*Sieper* in Krauskopf, Soziale Krankenversicherung – Pflegeversicherung § 42 SGB XI Rn. 12a). Kurzzeitpflege wird erbracht in zugelassenen Pflegeheimen (§ 71 Abs. 2), kann aber nach Abs. 4 im Einzelfall unter den dort genannten Voraussetzungen auch in Einrichtungen erbracht werden, die stationäre Leistungen zur medizinischen Vorsorge oder Rehabilitation erbringen, wenn während einer Maßnahme der medizinischen

Vorsorge oder Rehabilitation für eine Pflegeperson eine gleichzeitige Unterbringung und Pflege des Pflegebedürftigen erforderlich ist; nach Abs. 3 ist ggf. eine Kurzzeitpflege in geeigneten Einrichtungen der Hilfe für behinderte Menschen möglich.

Der Anspruch auf Kurzzeitpflege ist **zeitlich und betragsmäßig beschränkt** (Abs. 2). Nach Abs. 2 Satz 1 besteht der Anspruch nur für die Dauer von **8 Wochen** pro Kalenderjahr. Verhinderungspflege nach § 39 ist nicht anzurechnen (Gem RS. der Spitzenverbände v. 10.10.2002 Nr. 3.1 [1] zu § 42). Die Kurzzeitpflege kann mehrfach im Kalenderjahr in Anspruch genommen werden und auch kürzere Zeiträume umfassen (*Wahl* in Udsching/Schütze, SGB XI, § 42 Rn. 9); eine stundenweise Aufteilung ist im Hinblick auf das Erfordernis der vollstationären Pflege nicht möglich (wie hier: *Sieper* in Krauskopf, Soziale Krankenversicherung – Pflegeversicherung § 42 SGB XI Rn. 12b, der für stundenweise Pflege auf § 41 SGB XI verweist; a.A. *Kruse* in LPK-SGB XI, § 42 Rn. 13). Insgesamt werden jedoch von der Pflegekasse nur Aufwendungen für eine Zeit von bis zu 8 Wochen im Kalenderjahr übernommen; ein Übertrag in ein Folgejahr ist ausgeschlossen (*Sieper* in Krauskopf, Soziale Krankenversicherung – Pflegeversicherung § 42 SGB XI Rn. 12b). 7

Die Pflegekasse übernimmt die **pflegebedingten Aufwendungen**, die Aufwendungen der **sozialen Betreuung** sowie die Aufwendungen für Leistungen der **medizinischen Behandlungspflege** bei Pflegebedürftigen der Pflegegrade 2 bis 5 unabhängig vom jeweiligen Pflegegrad nur bis zu dem in Abs. 2 Satz 2 genannten **Höchstbetrag**. Dabei hat der Pflegebedürftige für nichtpflegebedingte Leistungen, wie Unterkunft und Verpflegungen, auch während der Kurzzeitpflege selbst aufzukommen (§ 4 Abs. 2 Satz 2 Hs. 2). Daneben zahlt die Pflegekasse nach § 37 Abs. 2 Satz 2 auch während einer im Kalenderjahr bis zu 8 Wochen dauernden Kurzzeitpflege die Hälfte des bisher bezogenen Pflegegeldes fort. Der Höchstbetrag nach Abs. 2 Satz 2 kann nach Abs. 2 Satz 3 um bis zu 1.612 € aus noch nicht in Anspruch genommenen Mitteln der Verhinderungspflege nach § 39 Abs. 1 Satz 3 auf insgesamt bis zu 3.224 € im Kalenderjahr erhöht werden. Der für Kurzzeitpflege in Anspruch genommene Erhöhungsbetrag nach § 42 Abs. 2 Satz 3 wird auf den Leistungsbetrag für eine Verhinderungspflege nach § 39 Abs. 1 Satz 3 angerechnet (§ 42 Abs. 2 Satz 4). Auch kann sich nach § 39 Abs. 3 eine Erhöhung des für Verhinderungspflege bestimmten Leistungsbetrages durch nicht in Anspruch genommene Mittel der Kurzzeitpflege nach § 42 Abs. 2 Satz 2 ergeben. 8

## § 43 Inhalt der Leistung

(1) Pflegebedürftige der Pflegegrade 2 bis 5 haben Anspruch auf Pflege in vollstationären Einrichtungen.

(2) Für Pflegebedürftige in vollstationären Einrichtungen übernimmt die Pflegekasse im Rahmen der pauschalen Leistungsbeträge nach Satz 2 die pflegebedingten Aufwendungen einschließlich der Aufwendungen für Betreuung und die Aufwendungen für Leistungen der medizinischen Behandlungspflege. Der Anspruch beträgt je Kalendermonat
1. 770 Euro für Pflegebedürftige des Pflegegrades 2,
2. 1.262 Euro für Pflegebedürftige des Pflegegrades 3,
3. 1.775 Euro für Pflegebedürftige des Pflegegrades 4,
4. 2.005 Euro für Pflegebedürftige des Pflegegrades 5.

Abweichend von Satz 1 übernimmt die Pflegekasse auch Aufwendungen für Unterkunft und Verpflegung, soweit der nach Satz 2 gewährte Leistungsbetrag die in Satz 1 genannten Aufwendungen übersteigt.

(3) Wählen Pflegebedürftige des Pflegegrades 1 vollstationäre Pflege, erhalten sie für die in Absatz 2 Satz 1 genannten Aufwendungen einen Zuschuss in Höhe von 125 Euro monatlich.

(4) Bei vorübergehender Abwesenheit von Pflegebedürftigen aus dem Pflegeheim werden die Leistungen für vollstationäre Pflege erbracht, solange die Voraussetzungen des § 87a Abs. 1 Satz 5 und 6 vorliegen.

# § 43 SGB XI  Inhalt der Leistung

## Übersicht

| | Rdn. | | Rdn. |
|---|---|---|---|
| A. Anspruchsvoraussetzungen | 1 | D. Vorübergehende Abwesenheit | 10 |
| B. Inhalt und Umfang des Anspruchs | 5 | E. Pflege in vollstationären Einrichtungen der Hilfe für behinderte Menschen | 11 |
| C. Leistungszuschuss bei vollstationärer Pflege eines Pflegebedürftigen nach Pflegegrad 1 | 8 | | |

## A. Anspruchsvoraussetzungen

1   Voraussetzung des Anspruchs auf Leistungen der Pflege in vollstationären Einrichtungen ist zunächst, dass Pflegebedürftigkeit der Pflegegrade 2 bis 5 vorliegt und die versicherungsrechtlichen Voraussetzungen (Versichertsein, Vorversicherungszeit) erfüllt sind. Während bisher der Anspruch auch vorausgesetzt hatte, dass **häusliche oder teilstationäre Pflege nicht möglich** ist oder wegen der Besonderheit des einzelnen Falles nicht in Betracht kommt, ist zum 01.01.2017 dieses Tatbestandsmerkmal entfallen. Die Streichung dient der Klarstellung, dass der Anspruch auf vollstationäre Pflege künftig nicht davon abhängig ist, dass häusliche oder teilstationäre Pflege nicht möglich ist oder wegen der Besonderheit des einzelnen Falles nicht in Betracht kommt (BT-Drs. 18/10510 S. 110). Damit gibt es auch bei nicht notwendiger vollstationärer Pflege Leistungen der PV (BT-Drs. 18/10510 S. 110).

2   **Vollstationär** ist eine Einrichtung, in der Pflegebedürftige **ganztägig untergebracht und verpflegt** werden können (**§ 71 Abs. 2 Nr. 2**). Vollstationäre Pflege umfasst die ganztägige Unterbringung, die Pflege und die Verpflegung einschließlich der hierzu erforderlichen Pflegehilfsmittel, soweit diese nicht zu den individuell angepassten Hilfsmitteln, für die stets die Krankenkassen zuständig sind, gehören (LSG Thüringen Urt. v. 28.01.2013 – L 6 KR 955/09). Auch gehört zur vollstationären Pflege die einfache Medikamentengabe jedenfalls dann, wenn der Heimträger sich zur Erbringung allgemeiner Pflegeleistungen in den zwischen ihm und dem Sozialhilfeträger abgeschlossenen Verträgen verpflichtet hat (streitig, so z.B. LSG Berlin-Brandenburg Beschl. v. 03.03.2011 – L 9 KR 284/10 B ER; zur Hilfsmittelversorgung in vollstationären Einrichtungen vgl. Sächsisches LSG Urt. v. 12.09.2018 – L 1 KR 193/15).

3   Nicht mehr erforderlich ist, den Pflegebedürftigen gerade in einer vollstationären Einrichtung pflegen zu müssen. Die Streichung dieses Erfordernisses dient der Klarstellung, dass der Anspruch auf vollstationäre Pflege künftig nicht davon abhängig ist, dass häusliche oder teilstationäre Pflege nicht möglich ist oder wegen der Besonderheit des einzelnen Falles nicht in Betracht kommt (BT-Drs. 18/10510 S. 110). Damit gibt es auch bei nicht notwendiger vollstationärer Pflege Leistungen der PV (BT-Drs. 18/10510 S. 110). Es muss also nur ein Pflegebedarf nach Pflegegrad 2 bis 5 bestehen.

4   Besteht keine Pflegebedürftigkeit nach Pflegegrad 2 bis 5, kommt nach Abs. 3 ein **Zuschuss** zu den Einrichtungskosten i.H.v. 125 € monatlich in Betracht.

## B. Inhalt und Umfang des Anspruchs

5   Auch wenn § 43 Abs. 2 den Anspruch auf Pflege in einer vollstationären Einrichtung in Abhängigkeit vom Pflegegrad 2 bis 5 **betragsmäßig begrenzt**, handelt es sich um eine **Sachleistung**, die die Pflegekasse dem Pflegebedürftigen erbringt (str., so auch *Linke* in Krauskopf, Soziale Krankenversicherung – Pflegeversicherung § 43 SGB XI Rn. 13, 14; ebenso *Leitherer* in KassKomm § 43 SGB XI Rn. 11). In diese Leistungserbringung schaltet sie das Pflegeheim ein. Zwar schließt der Pflegebedürftige mit dem Heim den sog. **Heimvertrag**, in dem u.a. das zu zahlende Entgelt bestimmt wird, doch zahlt die **Pflegekasse** gem. § 87a Abs. 3 die dem Pflegebedürftigen nach § 43 zustehenden Leistungsbeträge **mit befreiender Wirkung** unmittelbar an das Pflegeheim. Daher können Leistungen nach § 43 nur bei zugelassenen Einrichtungen i.S.d. § 72 Abs. 1 i.V.m. § 71 Abs. 2 in Anspruch genommen und von der Pflegekasse erbracht werden (§ 29 Abs. 2). Lediglich dann, wenn kein Vergütungsvertrag i.S.d. §§ 85, 86 besteht, kommt eine Kostenerstattung gem. § 91 in Betracht (beachte die Begrenzung des Kostenerstattungsanspruchs in § 91 Abs. 2).

Mit der Gewährung von Pflegeleistungen in vollstationären Einrichtungen sind die gesamten **pfle-** 6
**gebedingten Aufwendungen,** die Aufwendungen der **sozialen Betreuung** und die Aufwendungen
für Leistungen der **medizinischen Behandlungspflege** abgegolten. Zu den pflegebedingten Aufwendungen gehören die Aufwendungen für die Pflege entsprechend den Modulen des § 14 Abs. 2, die Aufwendungen für die aktivierende Pflege und die Versorgung mit Pflegehilfsmitteln. Auch ist die hauswirtschaftliche Versorgung erfasst. Nicht erfasst sind dagegen die sog. **Pensions- bzw. Hotelkosten,** also die Kosten für das nicht pflegebedingte Wohnen und die Verpflegung in der Einrichtung; diese Aufwendungen tragen die Pflegebedürftigen selbst (§ 4 Abs. 2 Satz 2, vgl. auch § 87 Satz 1).

Die Höhe der von der SPV zu übernehmenden Kosten ist **begrenzt:** Abs. 2 Satz 2 begrenzt den 7
Anspruch auf einen monatlichen, in **Abhängigkeit zum Pflegegrad** stehenden Betrag. Abweichend von Abs. 2 Satz 1 übernimmt die Pflegekasse auch Aufwendungen für Unterkunft und Verpflegung, soweit der nach Abs. 2 Satz 2 in Abhängigkeit zum Pflegegrad gewährte Leistungsbetrag die in § 43 Abs. 2 Satz 1 genannten Aufwendungen übersteigt. Diese Neuregelung soll sicherstellen, dass der Leistungsbetrag nach Abs. 2 Satz 2 für vollstationäre Dauerpflege für Unterkunft und Verpflegung verwandt werden darf, soweit er die pflegerischen Aufwendungen und die Aufwendungen für medizinische Behandlungspflege übersteigt (BT-Drs. 18/10510 S. 110).

## C. Leistungszuschuss bei vollstationärer Pflege eines Pflegebedürftigen nach Pflegegrad 1

Wählen Pflegebedürftige des Pflegegrades 1 vollstationäre Pflege, erhalten sie für die in § 43 Abs. 2 8
Satz 1 genannten Aufwendungen einen Zuschuss in Höhe von 125 € monatlich. Insoweit weicht der Gesetzgeber auch vom Sachleistungsprinzip ab und gewährt einen Zuschuss, mithin eine Form der Kostenerstattung (BT-Drs. 18/5926 S. 128; vgl. auch § 28a Abs. 2). Somit ist sichergestellt, dass auch Pflegebedürftigen des Pflegegrades 1 in vollstationärer Pflege grundsätzlich derselbe Geldbetrag zur Verfügung steht wie Pflegebedürftigen des Pflegegrades 1 in häuslicher Pflege (vgl. § 28a Abs. 2 Satz 1). Auch wird berücksichtigt, dass die Beeinträchtigungen der Selbständigkeit oder der Fähigkeiten in Pflegegrad 1 gering sind.

*(unbesetzt)* 9

## D. Vorübergehende Abwesenheit

Nach § 87a Abs. 1 Satz 5 hat das Pflegeheim für eine **Abwesenheit des Pflegebedürftigen** aus 10
dem Pflegeheim den Pflegeplatz für **bis zu 42 Tage** freizuhalten. Gleiches gilt gem. § 87a Abs. 1 Satz 6 auch für einen 42 Tage überschreitenden Zeitraum, wenn der Pflegebedürftige sich in einem Krankenhaus oder einer Rehabilitationseinrichtung aufhält. In der Zeit wird die Vergütung für das Pflegeheim weitergezahlt. Der Pflegebedürftige erhält insoweit den pauschalen Leistungsbetrag nach § 43 Abs. 2. Während der Abwesenheit werden die monatlichen Leistungspauschalen des § 43 Abs. 2 nicht abgesenkt, es sei denn, dass entsprechend der allgemeinen Kürzungsregelung des § 87a Abs. 1 Satz 7 der von der Pflegekasse zu übernehmende Betrag 75 % des Gesamtbetrages aus Pflegesatz, Entgelt für Unterkunft und Verpflegung und gesondert berechenbaren Investitionskosten nach § 82 Abs. 3 und 4 übersteigen würde (BT-Drs. 16/7439 S. 59).

## E. Pflege in vollstationären Einrichtungen der Hilfe für behinderte Menschen

§ 43a enthält spezielle Regelungen für die **vollstationäre Pflege in Einrichtungen der Behinderten-** 11
**hilfe.** Solche Einrichtungen gehören gem. § 71 Abs. 4 nicht zu den stationären Pflegeeinrichtungen (Pflegeheime) i.S.d. SGB XI (vgl. OVG Niedersachsen Urt. v. 10.02.2015 – 5 LC 79/14; zuletzt vgl. LSG Baden-Württemberg Urt. v. 23.04.2021 – L 4 P 3887/19). § 43a bestimmt eine Beteiligung der Pflegekassen an den Kosten einer Unterbringung bzw. eines Aufenthalts Pflegebedürftiger in derartigen Einrichtungen. Kostenbeteiligung kann jedoch nur für tatsächlich in der Einrichtung verbrachte Tage gewährt werden. Bei anteiliger Pflege zu Hause gilt nach § 43a Satz 3 auch der

§ 45b SGB XI   Entlastungsbetrag

An- und Abreisetag nicht als Tag eines vollstationären Aufenthalts in der Einrichtung. Für diese An- und Abreisetage kann dann anteiliges Pflegegeld nach § 37 beansprucht werden.

12 Nach § 43a beteiligt sich die Pflegekasse an den Aufwendungen für das Heimentgelt **im Umfang von 10 %** des in einer Vergütungsvereinbarung zwischen Einrichtung und Sozialhilfeträger i.S.d. § 75 Abs. 3 SGB XII ausgehandelten Entgelts. Besteht eine solche Vergütungsvereinbarung nicht, ist das mit dem Pflegebedürftigen ausgehandelte Heimentgelt zugrunde zu legen, soweit es den Leistungsgrundsätzen der §§ 75 ff. SGB XII nicht widerspricht (*Krauskopf*, Soziale Krankenversicherung – Pflegeversicherung § 43a SGB XI Rn. 5). Darüber hinaus ist Aufwendungsersatz auf **maximal 266 € pro Kalendermonat** begrenzt. Mit der Aufwendungsbeteiligung sind alle pflegebedingten Aufwendungen, die Aufwendungen der sozialen Betreuung und die Aufwendungen für Leistungen der medizinischen Behandlungspflege abgegolten. Ein darüber hinausgehender Anspruch auf Leistungen gem. § 43 besteht nicht. Solange sich ein Pflegebedürftiger in einer vollstationären Einrichtung der Hilfe für behinderte Menschen aufhält, kann er keine zusätzlichen Betreuungsleistungen zu Lasten der Pflegekasse in Anspruch nehmen (BSG Urt. v. 20.04.2016 – B 3 P 1/15 R, SozR 4–3300 § 45b Nr. 2).

### § 45b SGB XI  Entlastungsbetrag

(1) Pflegebedürftige in häuslicher Pflege haben Anspruch auf einen Entlastungsbetrag in Höhe von bis zu 125 Euro monatlich. Der Betrag ist zweckgebunden einzusetzen für qualitätsgesicherte Leistungen zur Entlastung pflegender Angehöriger und vergleichbar Nahestehender in ihrer Eigenschaft als Pflegende sowie zur Förderung der Selbständigkeit und Selbstbestimmtheit der Pflegebedürftigen bei der Gestaltung ihres Alltags. Er dient der Erstattung von Aufwendungen, die den Versicherten entstehen im Zusammenhang mit der Inanspruchnahme von
1. Leistungen der Tages- oder Nachtpflege,
2. Leistungen der Kurzzeitpflege,
3. Leistungen der ambulanten Pflegedienste im Sinne des § 36, in den Pflegegraden 2 bis 5 jedoch nicht von Leistungen im Bereich der Selbstversorgung,
4. Leistungen der nach Landesrecht anerkannten Angebote zur Unterstützung im Alltag im Sinne des § 45a.

Die Erstattung der Aufwendungen erfolgt auch, wenn für die Finanzierung der in Satz 3 genannten Leistungen Mittel der Verhinderungspflege gemäß § 39 eingesetzt werden. Die Leistung nach Satz 1 kann innerhalb des jeweiligen Kalenderjahres in Anspruch genommen werden; wird die Leistung in einem Kalenderjahr nicht ausgeschöpft, kann der nicht verbrauchte Betrag in das folgende Kalenderhalbjahr übertragen werden.

(2) Der Anspruch auf den Entlastungsbetrag entsteht, sobald die in Absatz 1 Satz 1 genannten Anspruchsvoraussetzungen vorliegen, ohne dass es einer vorherigen Antragstellung bedarf. Die Kostenerstattung in Höhe des Entlastungsbetrags nach Absatz 1 erhalten die Pflegebedürftigen von der zuständigen Pflegekasse oder dem zuständigen privaten Versicherungsunternehmen sowie im Fall der Beihilfeberechtigung anteilig von der Beihilfefestsetzungsstelle bei Beantragung der dafür erforderlichen finanziellen Mittel gegen Vorlage entsprechender Belege über entstandene Eigenbelastungen im Zusammenhang mit der Inanspruchnahme der in Absatz 1 Satz 3 genannten Leistungen. Für Zwecke der statistischen Erfassung bei den Pflegekassen und den privaten Versicherungsunternehmen muss auf den Belegen eindeutig und deutlich erkennbar angegeben sein, im Zusammenhang mit welcher der in Absatz 1 Satz 3 Nummer 1 bis 4 genannten Leistungen die Aufwendungen jeweils entstanden sind.

(3) Der Entlastungsbetrag nach Absatz 1 Satz 1 findet bei den Fürsorgeleistungen zur Pflege nach § 13 Absatz 3 Satz 1 keine Berücksichtigung. § 63b Absatz 1 des Zwölften Buches findet auf den Entlastungsbetrag keine Anwendung. Abweichend von den Sätzen 1 und 2 darf der Entlastungsbetrag hinsichtlich der Leistungen nach § 64i oder § 66 des Zwölften Buches bei

der Hilfe zur Pflege Berücksichtigung finden, soweit nach diesen Vorschriften Leistungen zu gewähren sind, deren Inhalte den Leistungen nach Absatz 1 Satz 3 entsprechen.

(4) Die für die Erbringung von Leistungen nach Absatz 1 Satz 3 Nummer 1 bis 4 verlangte Vergütung darf die Preise für vergleichbare Sachleistungen von zugelassenen Pflegeeinrichtungen nicht übersteigen. Näheres zur Ausgestaltung einer entsprechenden Begrenzung der Vergütung, die für die Erbringung von Leistungen nach Absatz 1 Satz 3 Nummer 4 durch nach Landesrecht anerkannte Angebote zur Unterstützung im Alltag verlangt werden darf, können die Landesregierungen in der Rechtsverordnung nach § 45a Absatz 3 bestimmen.

| Übersicht | Rdn. | | Rdn. |
|---|---|---|---|
| A. Anspruch auf zusätzliche Betreuungsleistungen | 1 | III. Zweckgebundenheit der Aufwendungen. | 4 |
| I. Anspruchsberechtigter Personenkreis | 1 | B. Umfang der Leistung. | 5 |
| II. Entlastungsbetrag bei häuslicher Pflege – Abs. 1 Satz 1 i.V.m. § 45a | 2 | C. Verfahren. | 7 |

## A. Anspruch auf zusätzliche Betreuungsleistungen

### I. Anspruchsberechtigter Personenkreis

Der Anspruch auf Erstattung der Aufwendungen gem. § 45b Abs. 1 Satz 1 knüpft nicht an das Erreichen eines Pflegegrades an; vielmehr handelt es sich um eine **Leistung an pflegebedürftige Versicherte**, die im häuslichen Umfeld gepflegt werden. Besteht überhaupt kein Pflegebedarf, so kommen auch Entlastungsleistungen nicht in Betracht (LSG Baden-Württemberg Beschl. v. 26.10.2016 – L 4 P 2609/16; so auch *Rasch* in Udsching/Schütze, SGB XI, § 45b Rn. 8). Zur Häuslichkeit vgl. § 36 Rdn. 3. Voraussetzung für die Gewährung von zusätzlichen Betreuungsleistungen nach § 45b SGB XI a.F. ist nach der Rechtsprechung des Bayerischen LSG (Urt. v. 13.01.2016 – L 6 P 66/14) ein konkreter Bezug zu häuslicher Pflege, sodass ein Anspruch nicht mehr gegeben ist, wenn der Pflegebedürftige dauerhafter stationärer Pflege bedarf und eine Rückkehr in häusliche Pflege prognostisch nicht mehr zu erwarten ist. Solange sich der Pflegebedürftige in einer vollstationären Einrichtung – auch eine solche der Hilfe für behinderte Menschen – aufhält, können keine zusätzlichen Betreuungsleistungen zu Lasten der Pflegekasse in Anspruch genommen werden; ein Anspruch käme nur in Zeiten in Betracht, in denen sich der Pflegebedürftige z.B. an Wochenenden oder zu Ferienzeiten bei seiner Familie aufhält (BSG Urt. v. 20.04.2016 – B 3 P 1/15 R, SozR 4–3300 § 45b Nr. 2). Der Versicherte muss auch die notwendige Vorversicherungszeit (§ 33 Abs. 2) erfüllt haben.

1

### II. Entlastungsbetrag bei häuslicher Pflege – Abs. 1 Satz 1 i.V.m. § 45a

Der Entlastungsbetrag soll Menschen, die als Pflegepersonen Verantwortung übernehmen und im Pflegealltag oftmals großen Belastungen ausgesetzt sind, Möglichkeiten zur Entlastung eröffnen (BT-Drs. 18/5926 S. 133 f.). Außerdem sollen die Leistungen, für die der Entlastungsbetrag eingesetzt wird, darauf ausgerichtet sein, den Pflegebedürftigen Hilfestellungen zu geben, die ihre Fähigkeit zur selbständigen und selbstbestimmten Gestaltung des Alltags fördern. Um den Bedarf an Leistungen im Zusammenhang mit dem Bereich der körperbezogenen Selbstversorgung (als Kernbereich der bisherigen Grundpflege) abzudecken, steht Pflegebedürftigen der Pflegegrade 2 bis 5 jeweils der reguläre Leistungsbetrag nach § 36 zur Verfügung (BT-Drs. 18/5926 S. 134). Jedoch haben Pflegebedürftige mit Pflegegrad 1 keinen solchen Anspruch. Der Expertenbeirat zur konkreten Ausgestaltung des neuen Pflegebedürftigkeitsbegriffs ging aber davon aus, dass ein großer Teil des Hilfebedarfs der Pflegebedürftigen des Pflegegrades 1 insgesamt über Angehörige und andere privat Pflegende aufgefangen werden würde, insbesondere für Versicherte des Pflegegrades 1, die externe Unterstützungsangebote in Anspruch nehmen möchten oder müssen, z.B. weil sie alleinlebend sind, hat er jedoch gleichwohl eine Kostenerstattung auch für Leistungen der Grundpflege empfohlen (BT-Drs. 18/5926 S. 134). Dementsprechend gilt die Herausnahme von Leistungen im Bereich

2

der Selbstversorgung i.S.d. § 14 Abs. 2 aus § 45b Abs. 1 Satz 3 Nr. 3 nur für die Pflegegrade 2 bis 5. Pflegebedürftige des Pflegegrades 1 hingegen können den Entlastungsbetrag auch für Aufwendungen einsetzen, die ihnen im Zusammenhang mit der Inanspruchnahme von Leistungen im Bereich der Selbstversorgung im Sinne des § 36 entstehen (BT-Drs. 18/5926 S. 134). Die mit den ambulanten Pflegediensten für die Leistungserbringung nach § 36 vereinbarten Vergütungssätze bilden dabei auch bei einer Leistungserbringung für Pflegebedürftige des Pflegegrades 1 die Obergrenze für die von den Versicherten hierfür zu entrichtenden Vergütungen. Der Entlastungsbetrag dient der Erstattung von Aufwendungen, die den Versicherten entstehen im Zusammenhang mit der Inanspruchnahme von Leistungen der Tages- oder Nachtpflege, Leistungen der Kurzzeitpflege, Leistungen der ambulanten Pflegedienste i.S.d. § 36, in den Pflegegraden 2 bis 5 jedoch nicht von Leistungen im Bereich der Selbstversorgung, Leistungen der nach Landesrecht anerkannten Angebote zur Unterstützung im Alltag i.S.d. § 45a (dazu vgl. in Baden-Württemberg: Verordnung der Landesregierung über die Anerkennung der Angebote zur Unterstützung im Alltag nach § 45a Absatz 3 SGB XI, zur Förderung ehrenamtlicher Strukturen und Weiterentwicklung der Versorgungsstrukturen und Versorgungskonzepte nach § 45c Absatz 7 SGB XI sowie über die Förderung der Selbsthilfe nach § 45d SGB XI (Unterstützungsangebote-Verordnung – UstA-VO – v. 17.01.2017, GBl. 2017 S. 49). Der Entlastungsbetrag kann nur für diese Betreuungsangebote in Anspruch genommen werden (so zur vorherigen Rechtslage BSG Beschl. v. 11.08.2016 – B 3 P 22/16 B).

3 Beim Entlastungsbetrag des § 45b handelt es sich um einen Kostenerstattungsanspruch, der zum Ersatz von Aufwendungen im Zusammenhang mit Leistungen der Tages- oder Nachtpflege, der Kurzzeitpflege, zugelassener Pflegedienste oder nach Landesrecht anerkannter niedrigschwelliger Betreuungs- oder Entlastungsangebote eingesetzt werden kann (BT-Drs. 18/5926 S. 134). Die Kostenerstattung muss beantragt werden. Die Pflegebedürftigen müssen – auch um jederzeit einen Überblick über die bezogenen Leistungen und die Höhe des Entlastungsbetrags, der ihnen noch zur Verfügung steht, zu behalten – eine aussagefähige Rechnung sowie ggf. Quittung erhalten, die sie bei ihrer Pflegekasse oder ihrem Versicherungsunternehmen zwecks Kostenerstattung einreichen können (BT-Drs. 18/5926 S. 134).

### III. Zweckgebundenheit der Aufwendungen

4 Erstattet werden nach § 45b Abs. 1 Satz 2 nur Aufwendungen für zweckgebunden eingesetzte qualitätsgesicherte Leistungen zur Entlastung pflegender Angehöriger und vergleichbar Nahestehender in ihrer Eigenschaft als Pflegende sowie zur Förderung der Selbständigkeit und Selbstbestimmtheit der Pflegebedürftigen bei der Gestaltung ihres Alltags (BT-Drs. 18/5926 S. 134). Eine Erstattung nach § 45b ist neben einer **vollstationären Pflegeleistung** nicht möglich (BSG Urt. v. 20.04.2016 – B 3 P 1/15 R, SozR 4–3300 § 45b Nr. 2); doch hat das Pflegeheim Anspruch auf Vereinbarung leistungsgerechter Zuschläge zur Pflegevergütung (§ 87b Abs. 1 Satz 3). Es besteht daher kein Anspruch auf Zahlung des Entlastungsbetrags nach § 45b Abs 1 i.V.m. § 150 Abs 5 bei Inanspruchnahme von »Haushalt-Corona-Hilfe« durch Privatpersonen, wenn ein coronabedingter Versorgungsengpass nicht glaubhaft gemacht wird (LSG Baden-Württemberg Beschl. v. 09.11.2020 – L 4 P 3250/20 ER-B).

## B. Umfang der Leistung

5 § 45b gestaltet den Leistungsanspruch als nachgelagerte Kostenerstattung aus (so auch LSG Nordrhein-Westfalen Urt. v. 18.03.2021 – L 5 P 69/20). Der Versicherte hat die Aufwendungen zunächst vorzuschießen und kann erst im Nachhinein seine Kosten geltend machen. Erstattungsfähig sind **Aufwendungen** des Versicherten, die diesem für zusätzliche Betreuungsleistungen im Zusammenhang mit den in Abs. 1 genannten Leistungen angefallen sind. Erfasst werden daher nicht nur die Kosten der Betreuungsleistung selbst; auch Fahrt- bzw. Transportkosten, Kosten für Unterkunft und Verpflegung, Investitionskosten können erstattet werden (BT-Drs. 14/6949 S. 16). Aus *dem Erfordernis der häuslichen Pflege* hat das Bayerische LSG (Urt. v. 13.01.2016 – L 6 P 66/14) abgeleitet, dass die Gewährung von zusätzlichen Betreuungsleistungen nach § 45b einen konkreten

Bezug zur häuslichen Pflege erfordert und ein Anspruch nicht mehr gegeben ist, wenn der Pflegebedürftige dauerhafter stationärer Pflege bedarf und eine Rückkehr in häusliche Pflege prognostisch nicht mehr zu erwarten ist. Zusätzliche Entlastungsleistungen beinhalten auch die Erbringung von Dienstleistungen, eine die vorhandenen Ressourcen und Fähigkeiten stärkende oder stabilisierende Alltagsbegleitung, organisatorische Hilfestellungen, Unterstützungsleistungen für Angehörige und vergleichbar Nahestehende in ihrer Eigenschaft als Pflegende, insbesondere zur Bewältigung des Pflegealltags, oder andere geeignete Maßnahmen, die der vorgenannten Bedarfsdeckung bzw. Entlastung dienen (BT-Drs. 18/1798 S. 29).

§ 45b Abs. 1 Satz 1 **begrenzt** den Kostenerstattungsanspruch der Höhe nach auf 125 € monatlich. Bis zu dieser Erstattungsgrenze sind die tatsächlich angefallenen Aufwendungen des Versicherten erstattungsfähig. Der jeweilige Grenzwert verfällt nicht mit Ablauf des Kalendermonats, sodass sich der Jahresbetreuungsbetrag aus der Multiplikation der Monate mit Anspruch auf Kostenerstattung nach § 45b mit dem jeweiligen Höchstbetrag ergibt. Die innerhalb eines Kalenderjahres nicht in Anspruch genommenen Leistungsanteile können nach Abs. 1 Satz 5 in das folgende Kalenderhalbjahr übertragen werden. 6

## C. Verfahren

Die Kostenerstattung i.S.d. Abs. 1 Satz 1 wird auf **Antrag**, der auch nachträglich gestellt werden kann, von der zuständigen Pflegekasse durch Verwaltungsakt (§ 31 Satz 1 SGB X) festgesetzt und anschließend erstattet. Der Versicherte hat durch Vorlage entsprechender Belege die entstandenen Eigenbelastungen nachzuweisen. Er muss daher die Betreuungsleistung zunächst vorfinanzieren. 7

## § 47a Stellen zur Bekämpfung von Fehlverhalten im Gesundheitswesen

(1) § 197a des Fünften Buches gilt entsprechend; § 197a Absatz 3 des Fünften Buches gilt mit der Maßgabe, auch mit den nach Landesrecht bestimmten Trägern der Sozialhilfe, die für die Hilfe zur Pflege im Sinne des Siebten Kapitels des Zwölften Buches zuständig sind, zusammenzuarbeiten. Die organisatorischen Einheiten nach § 197a Absatz 1 des Fünften Buches sind die Stellen zur Bekämpfung von Fehlverhalten im Gesundheitswesen bei den Pflegekassen, ihren Landesverbänden und dem Spitzenverband Bund der Pflegekassen.

(2) Die Einrichtungen nach Absatz 1 Satz 2 dürfen personenbezogene Daten, die von ihnen zur Erfüllung ihrer Aufgaben nach Absatz 1 erhoben oder an sie weitergegeben oder übermittelt wurden, untereinander übermitteln, soweit dies für die Feststellung und Bekämpfung von Fehlverhalten im Gesundheitswesen beim Empfänger erforderlich ist. An die nach Landesrecht bestimmten Träger der Sozialhilfe, die für die Hilfe zur Pflege im Sinne des Siebten Kapitels des Zwölften Buches zuständig sind, dürfen die Einrichtungen nach Absatz 1 Satz 2 personenbezogene Daten nur übermitteln, soweit dies für die Feststellung und Bekämpfung von Fehlverhalten im Zusammenhang mit den Regelungen des Siebten Kapitels des Zwölften Buches erforderlich ist und im Einzelfall konkrete Anhaltspunkte dafür vorliegen. Der Empfänger darf diese Daten nur zu dem Zweck verarbeiten, zu dem sie ihm übermittelt worden sind. Ebenso dürfen die nach Landesrecht bestimmten Träger der Sozialhilfe, die für die Hilfe zur Pflege im Sinne des Siebten Kapitels des Zwölften Buches zuständig sind, personenbezogene Daten, die von ihnen zur Erfüllung ihrer Aufgaben erhoben oder an sie übermittelt wurden, an die in Absatz 1 Satz 2 genannten Einrichtungen übermitteln, soweit dies für die Feststellung und Bekämpfung von Fehlverhalten im Gesundheitswesen beim Empfänger erforderlich ist. Die in Absatz 1 Satz 2 genannten Einrichtungen dürfen diese nur zu dem Zweck verarbeiten, zu dem sie ihnen übermittelt worden sind. Die Einrichtungen nach Absatz 1 Satz 2 sowie die nach Landesrecht bestimmten Träger der Sozialhilfe, die für die Hilfe zur Pflege im Sinne des Siebten Kapitels des Zwölften Buches zuständig sind, haben sicherzustellen, dass die personenbezogenen Daten nur Befugten zugänglich sind oder nur an diese weitergegeben werden.

(3) Die Einrichtungen nach Absatz 1 Satz 2 dürfen personenbezogene Daten an die folgenden Stellen übermitteln, soweit dies für die Verhinderung oder Aufdeckung von Fehlverhalten im Zuständigkeitsbereich der jeweiligen Stelle erforderlich ist:
1. die Stellen, die für die Entscheidung über die Teilnahme von Leistungserbringern an der Versorgung in der sozialen Pflegeversicherung sowie in der Hilfe zur Pflege zuständig sind,
2. die Stellen, die für die Leistungsgewährung in der sozialen Pflegeversicherung sowie in der Hilfe zur Pflege zuständig sind,
3. die Stellen, die für die Abrechnung von Leistungen in der sozialen Pflegeversicherung sowie in der Hilfe zur Pflege zuständig sind,
4. die Stellen, die nach Landesrecht für eine Förderung nach § 9 zuständig sind,
5. den Medizinischen Dienst der Krankenversicherung, den Prüfdienst des Verbandes der privaten Krankenversicherung e. V. sowie die für Prüfaufträge nach § 114 bestellten Sachverständigen und
6. die Behörden und berufsständischen Kammern, die für Entscheidungen über die Erteilung, die Rücknahme, den Widerruf oder die Anordnung des Ruhens einer Erlaubnis zum Führen der Berufsbezeichnung in den Pflegeberufen oder für berufsrechtliche Verfahren zuständig sind.

Die nach Satz 1 übermittelten Daten dürfen von dem jeweiligen Empfänger nur zu dem Zweck verarbeitet werden, zu dem sie ihm übermittelt worden sind. Die Stellen nach Satz 1 Nummer 4 dürfen personenbezogene Daten, die von ihnen zur Erfüllung ihrer Aufgaben nach diesem Buch erhoben oder an sie übermittelt wurden, an die Einrichtungen nach Absatz 1 Satz 2 übermitteln, soweit dies für die Feststellung und Bekämpfung von Fehlverhalten im Gesundheitswesen durch die Einrichtungen nach Absatz 1 Satz 2 erforderlich ist. Die nach Satz 3 übermittelten Daten dürfen von den Einrichtungen nach Absatz 1 Satz 2 nur zu dem Zweck verarbeitet werden, zu dem sie ihnen übermittelt worden sind.

## Übersicht

| | Rdn. | | Rdn. |
|---|---|---|---|
| A. Einführung | 1 | 1. Gegenstand der Übermittlungsbefugnis | 6 |
| B. Organisation (Abs. 1 Satz 1 Hs. 1 und Satz 2) | 2 | 2. Umfang der Übermittlungsbefugnis | 7 |
| C. Allgemeine Zusammenarbeit mit Trägern der Sozialhilfe (Abs. 1 Satz 1 Hs. 2) | 4 | 3. Verwendung der personenbezogenen Daten durch den Empfänger | 8 |
| D. Übermittlung personenbezogener Daten (Abs. 2) | 5 | III. Übermittlungsbefugnis für die Träger der Sozialhilfe (Abs. 2 Satz 4 und 5) | 9 |
| I. Allgemeines | 5 | IV. Datensicherheit (Abs. 2 Satz 6) | 12 |
| II. Übermittlungsbefugnis für die Einrichtung nach Abs. 1 Satz 2 (Abs. Satz 2 und 3) | 6 | V. Übermittlungsadressaten (Abs. 3) | 13 |

## A. Einführung

1 Mit dem GMG (G v. 14.11.2003, BGBl. I S. 2190, im Wesentlichen m.W.v. 01.01.2004) wurde durch die Einfügung dieser Vorschrift in das Fünfte Kapitel des SGB XI – das Organisationsrecht der Pflegekassen(verbände) – die Verpflichtung nach § 197a SGB V zur Einrichtung von »**Stellen zur Bekämpfung von Fehlverhalten im Gesundheitswesen**« auch auf die soziale Pflegeversicherung erstreckt. Bezogen auf diesen Aufgabenkreis hat das Gesetz zur Regelung des Assistenzpflegebedarfs in stationären Vorsorge- oder Rehabilitationseinrichtungen (G v. 20.12.2012, BGBl. I S. 2789, m.W.v. 28.12.2012) eine Pflicht zur Zusammenarbeit (einschließlich Befugnisnormen zur gegenseitigen Datenübermittlung) mit einem weiteren Zweig der Sozialversicherung – konkret den für die Hilfe zur Pflege zuständigen Trägern der Sozialhilfe – eingeführt. Ergänzend zur Einführung s. § 197a SGB V Rdn. 1 bzw. § 81a SGB V Rdn. 1.

## B. Organisation (Abs. 1 Satz 1 Hs. 1 und Satz 2)

Nach Abs. 1 Satz 1 Hs. 1 **gilt § 197a SGB V entsprechend** (treffend KassKomm-*Peters* § 47a Rn. 3: »Auch insofern gilt daher ›Pflegeversicherung folgt Krankenversicherung‹.«). Die damit zunächst einbegriffene Organisationsverpflichtung nach Abs. 1 Satz 1 Hs. 1 i.V.m. § 197a Abs. 1 Satz 1 SGB V wird jedoch durch Abs. 1 Satz 2 wieder aufgehoben, welcher bestimmt, dass die organisatorischen Einheiten nach § 197a Abs. 1 SGB V die Stellen zur Bekämpfung von Fehlverhalten im Gesundheitswesen bei den Pflegekassen, ihren Landesverbänden und dem Spitzenverband Bund der Pflegekassen sind. Folglich werden die **Aufgaben** nach § 197a SGB V und § 47a SGB XI von den gleichen organisatorischen Einrichtungen **parallel wahrgenommen** (Berchtold/Huster/Rehborn/*Hebeler* § 47a Rn. 2; Hauck/Noftz/*Kolmetz* § 47a Rn. 15; Jahn/Sommer/*Beckmann-Kösters* Vor §§ 47a ff.; jurisPK-SGB-V/*Schneider-Danwitz* § 197a SGB V Rn. 6; jurisPK-SGB-XI/*Blöcher* § 47a Rn. 8; *Köhler* VerwArch 2009, 391, 416; Krauskopf/*Baier* § 47a Rn. 3; LPK-SGB-XI/*Leonhard* § 47a Rn. 5; Udsching/*Bassen* § 47a Rn. 3a; s.a. BT-Drs. 15/1525, S. 155: »Das Organisationskonzept entspricht dem des Fünften Buches«). Diese Struktur ist Ausdruck des Organisationsmodells der sozialen Pflegeversicherung, welches sich durch eine verwaltungsmäßige Angliederung der Pflegekassen an die Krankenkassen(verbands)strukturen bei grds. gleichzeitiger rechtlicher Selbstständigkeit gegenüber der gesetzlichen Krankenversicherung darstellt (s. § 1 Abs. 3, näher § 46; die Kosten für die Stelle sind Teil der Verwaltungskosten i.S.d. § 46 Abs. 3, Udsching/*Bassen* § 47a Rn. 3a). Im Einzelnen: 2

– Als Träger der sozialen Pflegeversicherung ist bei jeder Krankenkasse eine Pflegekasse eingerichtet (§ 46 Abs. 1 Satz 1 und 2), welche bei den Orts-, Betriebs- und Innungskrankenkassen sowie den Ersatzkassen jeweils eine rechtlich selbstständige Körperschaft des öffentlichen Rechts bildet (§ 29 Abs. 1 SGB IV, § 46 Abs. 2 Satz 1 SGB XI), verwaltungsmäßig aber an die Krankenkasse angebunden ist (s. nur § 46 Abs. 2 Satz 2: sog. Organleihe). Davon abweichend führt die Deutsche Rentenversicherung Knappschaft-Bahn-See die soziale Pflegeversicherung selbst durch (s. § 46 Abs. 1 Satz 3); Gleiches gilt für die landwirtschaftliche Krankenkasse (KassKomm-*Peters* § 46 Rn. 15). Die jeweiligen Aufsichtsbehörden der Pflegekassen sind mit denjenigen der Krankenkassen identisch (§ 46 Abs. 6 Satz 1). 2a

– Rechtlich eigenständige Verbände existieren in der sozialen Pflegeversicherung nicht. Sämtliche Verbandsaufgaben werden durch die Verbände der Krankenkassen wahrgenommen (s. allg. §§ 52, 53; infolge der vergangenen Reform der Verbandsstruktur der GKV hat auch § 47a durch das GKV-WSG [m.W. v. 01.07.2008, G v. 26.03.2007, BGBl. I S. 378] eine redaktionelle Anpassung erfahren). Die jeweiligen Aufsichtsbehörden der Pflegekassenverbände sind mit denjenigen der Krankenkassenverbände identisch (§ 52 Abs. 3 SGB XI i.V.m. § 208 Abs. 1 SGB V bzw. § 53 Satz 2 SGB XI i.V.m. § 217d Satz 1 SGB V). 2b

Als **Leistungserbringer** in der sozialen Pflegeversicherung sind ambulante Pflegeeinrichtungen (Pflegedienste) und stationäre Pflegeeinrichtungen (Pflegeheime) zu nennen (§ 71 Abs. 1 und 2), welche durch Versorgungsvertrag zur pflegerischen Versorgung zugelassen werden (§ 72); als Reaktion auf die Verletzung gesetzlicher oder vertraglicher Pflichten besteht die Möglichkeit der Kündigung (s. § 74). Zur Möglichkeit der Sicherstellung der häuslichen Pflege durch Einzelpersonen s. § 77 Abs. 1 (die abzuschließenden Verträge sind zivilrechtliche Leistungsbeschaffungsverträge, h.M. etwa Udsching/*Udsching* § 77 Rn. 5); zur Versorgung mit Pflegehilfsmitteln als Sachleistung s. § 78 (zur Kostenerstattung § 78 Abs. 2 Satz 2). 3

## C. Allgemeine Zusammenarbeit mit Trägern der Sozialhilfe (Abs. 1 Satz 1 Hs. 2)

In Konkretisierung von § 86 SGB X und als Ergänzung zu Abs. 1 Satz 1 Hs. 1 i.V.m. § 197a Abs. 3 SGB V trifft die Pflegekassen und ihre Verbände die **Verpflichtung**, zur Erfüllung der Aufgaben nach Abs. 1 Satz 1 Hs. 1 i.V.m. § 197a Abs. 1 Satz 1 SGB V **auch mit den** nach Landesrecht bestimmten **Trägern der Sozialhilfe, die für die Hilfe zur Pflege im Sinne des Siebten Kapitels des Zwölften Buches** zuständig sind, **zusammenzuarbeiten** (vgl. näher § 197a SGB V Rdn. 7 sowie § 81a SGB V Rdn. 12). Die durch das Gesetz zur Regelung des Assistenzpflegebedarfs in 4 stationären Vorsorge- oder Rehabilitationseinrichtungen (m. W. v. 28.12.2012, G v. 20.12.2012, BGBl. I S. 2789) eingefügte Vorschrift bildet aus der Sicht des Gesetzgebers eine mit Blick auf »erhebliche Überschneidungen zwischen dem Aufgabenbereich der Pflegekassen und dem Aufgabenbereich der Träger der Sozialhilfe« sachgerechte Reaktion auf eine kriminalpolitische Entwicklung, der zufolge auch die Träger der Sozialhilfe als Kostenträger für die Hilfe zur Pflege (§§ 61 ff. SGB XII) »zunehmend Sachverhalten ausgesetzt« sind, die »auf Unregelmäßigkeiten oder auf rechtswidrige oder zweckwidrige Nutzung von Finanzmitteln im Zusammenhang mit ihrer Aufgabenerfüllung hindeuten.« (BT-Drs. 17/11396 S. 20; gleichlautend Dt. BT Ausschuss für Gesundheit, Ausschuss-Drs. 17[14]0337; zu Schnittstellen bei der Versorgung pflegebedürftiger Personen s. *Udsching* in: Duttge/Dochow/Waschkewitz/Weber, Recht am Krankenbett – Zur Kommerzialisierung des Gesundheitssystems, S. 127, 134 f.). Zugleich folgt die Sinnhaftigkeit der Zusammenarbeit aus dem Tätigwerden der gleichen Leistungserbringer in beiden Systemen für denselben Anspruchsinhaber mit der Folge, dass »im Bereich der Pflege dieselben Akteure im Mittelpunkt der Untersuchungen stehen« (BT-Drs. 17/9669 S. 19). Als Phänomen von Fehlverhalten können etwa unberechtigte Doppelleistungen oder Doppelabrechnungen durch Leistungserbringer genannt werden (Dalichau/Grüner/Müller-Alten § 47a Rn. IV). Für die Träger der Sozialhilfe (zur Struktur s. §§ 3, 97 bis 99 SGB XII) finden sich allgemeine Vorschriften zur Zusammenarbeit mit anderen Institutionen des Sozialwesens in § 86 SGB X sowie § 4 Abs. 1 Satz 1 SGB XII; eine Organisationsverpflichtung vergleichbar §§ 81a, 197a SGB V und § 47a SGB XI existiert dagegen nicht.

### D. Übermittlung personenbezogener Daten (Abs. 2)

#### I. Allgemeines

5 Im Unterschied zur erst nachträglichen Einfügung der Übermittlungsbefugnis in § 81a und § 197a SGB V hat der Gesetzgeber durch das Gesetz zur Regelung des Assistenzpflegebedarfs in stationären Vorsorge- oder Rehabilitationseinrichtungen (m. W. v. 28.12.2012, G v. 20.12.2012, BGBl. I S. 2789) die Zusammenarbeit zwischen den Einrichtungen nach Abs. 1 Satz 2 und ausgewählten Trägern der Sozialhilfe von Beginn an als Verpflichtung auf allgemeiner Ebene sowie mit Befugnissen zur gegenseitigen Übermittlung personenbezogener Daten ausgestaltet (zu Anlass und Grund dieser Vorschriften aus Sicht des Gesetzgebers s.o. Rdn. 4) und damit implizit die Vorschriften des BDSG oder SGB X als nicht hinreichende Befugnisnormen qualifiziert; Bewertungen aus dem Schrifttum liegen dazu – soweit ersichtlich – nicht vor. Die Vorschrift des Abs. 2 enthält **bereichsspezifische Übermittlungsbefugnisse**: einerseits adressiert an die Einrichtungen nach Abs. 1 Satz 2, andererseits an die nach Landesrecht bestimmten Träger der Sozialhilfe, die für die Hilfe zur Pflege im Sinne des Siebten Kapitels des Zwölften Buches zuständig sind. Dagegen handelt es sich bei der Übermittlungsbefugnis nach Abs. 2 Satz 1 um eine entbehrliche Doppelung zur Befugnisnorm aus Abs. 1 Satz 1 Hs. 1 i.V.m. § 197a Abs. 3a Satz 1 SGB V (s. bereits BT-Drs. 17/8005 S. 124 f.).

#### II. Übermittlungsbefugnis für die Einrichtung nach Abs. 1 Satz 2 (Abs. 2 Satz 2 und 3)

##### 1. Gegenstand der Übermittlungsbefugnis

6 Die Vorschrift gestattet die Übermittlung **personenbezogener Daten** (zum Begriff s. allg. Art. 4 Nr. 1 DS-GVO). Erfasst sind also alle Informationen, die sich auf eine identifizierte oder identifizierbare natürliche Person beziehen, mithin etwa Name, Anschrift etc. von Leistungserbringern oder sonstigen Personen. Eine Begrenzung auf Daten, die von der Einrichtung zur Erfüllung ihrer Aufgaben nach Abs. 1 Satz 1 Halbs. 1 i.V.m. § 197a Abs. 1 Satz 1 SGB V erhoben oder an sie weitergegeben oder übermittelt wurden, findet sich im Gesetz nicht ausdrücklich (vgl. dagegen Abs. 2 Satz 1 und 4 sowie § 197a Abs. 3a Satz 1 SGB V).

##### 2. Umfang der Übermittlungsbefugnis

7 Die Erläuterungen zu § 81a SGB V gelten entsprechend (dort Rdn. 15). Ergänzend: Bezugspunkt der **Erforderlichkeitsprüfung** durch die übermittelnde Einrichtung bildet ein vergleichsweise

unscharf formulierter Aufgabenbereich beim Empfänger (»Feststellung und Bekämpfung von Fehlverhalten im Zusammenhang mit den Regelungen des Siebten Kapitels des Zwölften Buches«). Aus der Gesetzgebungshistorie von §§ 81a, 197a SGB V und § 47a SGB XI sowie dem systematischen Zusammenhang bzw. Vergleich mit § 197a Abs. 3a SGB V kann gefolgert werden, dass dies als Feststellung und Bekämpfung von »Unregelmäßigkeiten oder rechtswidriger oder zweckwidriger Nutzung von Finanzmitteln« in Bezug auf die Leistungen nach §§ 61 ff. SGB XII (Hilfe zur Pflege) zu verstehen ist (allg. zur Verpflichtung zur rechtmäßigen und zweckmäßigen Nutzung von Finanzmitteln für die gesetzlich vorgeschriebenen oder zugelassenen Aufgaben s. etwa § 30 SGB IV). Sofern Abs. 2 Satz 2 für eine zulässige Datenübermittlung das Vorliegen von konkreten Anhaltspunkten dafür im Einzelfall verlangt, sind dies Erwägungen, die bereits Inhalt der Erforderlichkeitsprüfung bilden.

### 3. Verwendung der personenbezogenen Daten durch den Empfänger

Die Erläuterungen zu § 81a SGB V gelten entsprechend (dort Rdn. 16). 8

## III. Übermittlungsbefugnis für die Träger der Sozialhilfe (Abs. 2 Satz 4 und 5)

Zu Gegenstand, Umfang der Übermittlungsbefugnis sowie der Verwendung personenbezogener 9
Daten durch den Empfänger gelten die Erläuterungen zu § 81a SGB V entsprechend (dort Rdn. 14 bis 16a). Ergänzend: Ausgehend vom Adressaten der Übermittlungsbefugnis sind sämtliche Daten erfasst, die in Erfüllung des gesamten Aufgabenkreises (s. allg. § 1 SGB XII) erhoben oder an ihn weitergegeben oder übermittelt wurden.

*(unbesetzt)* 10–11

## IV. Datensicherheit (Abs. 2 Satz 6)

Die Verpflichtung zur (technischen wie organisatorischen) Sicherstellung der Begrenzung des Zugangs sowie der Weitergabe auf Befugte wird in Abs. 2 Satz 6 ausdrücklich hervorgehoben (s. allg. § 35 Abs. 1 Satz 2 SGB I). 12

## V. Übermittlungsadressaten (Abs. 3)

Die Vorschrift korrespondiert mit §§ 81a, 197a SGB V (vgl. insoweit § 81a Rdn. 16a, § 197a 13
Rdn. 8) und nennt enumerativ die Adressaten, an die im Bereich der Pflegeversicherung personenbezogene Daten übermittelt werden dürfen. Dabei gelten die Kriterien der ausschließlich zweckgebundenen Verarbeitungsberechtigung zur Feststellung und Bekämpfung von Fehlverhalten auch insoweit. Es werden nur die Einheiten berechtigt, die berufliche, fachliche und wirtschaftliche Überwachungsfunktionen wahrnehmen. Sie sind teilweise Untergliederungen der sozialen Pflegeversicherung, aber auch landesrechtlich bestimmte Förderstellen, Prüfstellen der Kostenträger und bestellter Sachverständiger sowie Berufszulassungsbehörden und berufsständische Einrichtungen wie z.B. Pflegekammern. Durch die Einbeziehung von Berufszulassungsbehörden und Standesorganisationen kann die Datenübermittlung zu Sanktionen bzw. Berufsbeschränkungen führen.

## § 72 Zulassung zur Pflege durch Versorgungsvertrag

(1) Die Pflegekassen dürfen ambulante und stationäre Pflege nur durch Pflegeeinrichtungen gewähren, mit denen ein Versorgungsvertrag besteht (zugelassene Pflegeeinrichtungen). In dem Versorgungsvertrag sind Art, Inhalt und Umfang der allgemeinen Pflegeleistungen (§ 84 Abs. 4) festzulegen, die von der Pflegeeinrichtung während der Dauer des Vertrages für die Versicherten zu erbringen sind (Versorgungsauftrag).

(2) Der Versorgungsvertrag wird zwischen dem Träger der Pflegeeinrichtung oder einer vertretungsberechtigten Vereinigung gleicher Träger und den Landesverbänden der Pflegekassen im Einvernehmen mit den überörtlichen Trägern der Sozialhilfe im Land abgeschlossen, soweit

nicht nach Landesrecht der örtliche Träger für die Pflegeeinrichtung zuständig ist; für mehrere oder alle selbständig wirtschaftenden Einrichtungen (§ 71 Abs. 1 und 2), einschließlich für einzelne, eingestreute Pflegeplätze eines Pflegeeinrichtungsträgers, die vor Ort organisatorisch miteinander verbunden sind, kann, insbesondere zur Sicherstellung einer quartiersnahen Unterstützung zwischen den verschiedenen Versorgungsbereichen, ein einheitlicher Versorgungsvertrag (Gesamtversorgungsvertrag) geschlossen werden. Er ist für die Pflegeeinrichtung und für alle Pflegekassen im Inland unmittelbar verbindlich. Bei Betreuungsdiensten nach § 71 Absatz 1a sind bereits vorliegende Vereinbarungen aus der Durchführung des Modellvorhabens zur Erprobung von Leistungen der häuslichen Betreuung durch Betreuungsdienste zu beachten.

(3) Versorgungsverträge dürfen nur mit Pflegeeinrichtungen abgeschlossen werden, die
1. den Anforderungen des § 71 genügen,
2. die Gewähr für eine leistungsfähige und wirtschaftliche pflegerische Versorgung bieten sowie eine in Pflegeeinrichtungen ortsübliche Arbeitsvergütung an ihre Beschäftigten zahlen, soweit diese nicht von einer Verordnung über Mindestentgeltsätze aufgrund des Gesetzes über zwingende Arbeitsbedingungen für grenzüberschreitend entsandte und für regelmäßig im Inland beschäftigte Arbeitnehmer und Arbeitnehmerinnen (Arbeitnehmer-Entsendegesetz) erfasst sind,
*[ab 1.9.2022:*
*2. die Gewähr für eine leistungsfähige und wirtschaftliche pflegerische Versorgung bieten und die Vorgaben des Absatzes 3a oder Absatzes 3b erfüllen,]*
3. sich verpflichten, nach Maßgabe der Vereinbarungen nach § 113 einrichtungsintern ein Qualitätsmanagement einzuführen und weiterzuentwickeln,
4. sich verpflichten, alle Expertenstandards nach § 113a anzuwenden,
5. sich verpflichten, die ordnungsgemäße Durchführung von Qualitätsprüfungen zu ermöglichen;

ein Anspruch auf Abschluß eines Versorgungsvertrages besteht, soweit und solange die Pflegeeinrichtung diese Voraussetzungen erfüllt. Bei notwendiger Auswahl zwischen mehreren geeigneten Pflegeeinrichtungen sollen die Versorgungsverträge vorrangig mit freigemeinnützigen und privaten Trägern abgeschlossen werden. Bei ambulanten Pflegediensten ist in den Versorgungsverträgen der Einzugsbereich festzulegen, in dem die Leistungen ressourcenschonend und effizient zu erbringen sind.

(3a) Ab dem 1. September 2022 dürfen Versorgungsverträge nur mit Pflegeeinrichtungen abgeschlossen werden, die ihren Arbeitnehmerinnen und Arbeitnehmern, die Leistungen der Pflege oder Betreuung von Pflegebedürftigen erbringen, eine Entlohnung zahlen, die in Tarifverträgen oder kirchlichen Arbeitsrechtsregelungen vereinbart ist, an die die jeweiligen Pflegeeinrichtungen gebunden sind.

(3b) Mit Pflegeeinrichtungen, die nicht an Tarifverträge oder kirchliche Arbeitsrechtsregelungen für ihre Arbeitnehmerinnen und Arbeitnehmer, die Leistungen der Pflege oder Betreuung von Pflegebedürftigen erbringen, gebunden sind, dürfen Versorgungsverträge ab dem 1. September 2022 nur abgeschlossen werden, wenn sie ihren Arbeitnehmerinnen und Arbeitnehmern, die Leistungen der Pflege oder Betreuung von Pflegebedürftigen erbringen, eine Entlohnung zahlen, die
1. die Höhe der Entlohnung eines Tarifvertrags nicht unterschreitet, dessen räumlicher, zeitlicher, fachlicher und persönlicher Geltungsbereich eröffnet ist,
2. die Höhe der Entlohnung eines Tarifvertrags nicht unterschreitet, dessen fachlicher Geltungsbereich mindestens eine andere Pflegeeinrichtung in der Region erfasst, in der die Pflegeeinrichtung betrieben wird, und dessen zeitlicher und persönlicher Geltungsbereich eröffnet ist, oder
3. die Höhe der Entlohnung einer der Nummer 1 oder Nummer 2 entsprechenden kirchlichen Arbeitsrechtsregelung nicht unterschreitet.

Versorgungsverträge, die mit Pflegeeinrichtungen vor dem 1. September 2022 abgeschlossen wurden, sind bis spätestens zum Ablauf des 31. August 2022 mit Wirkung ab 1. September 2022 an die Vorgaben des Absatzes 3a oder Absatzes 3b anzupassen.

(3c) Der Spitzenverband Bund der Pflegekassen legt in Richtlinien, erstmals bis zum Ablauf des 30. September 2021, das Nähere insbesondere zu den Verfahrens- und Prüfgrundsätzen für die Einhaltung der Vorgaben der Absätze 3a und 3b fest. Er hat dabei die Bundesarbeitsgemeinschaft der überörtlichen Träger der Sozialhilfe und der Eingliederungshilfe zu beteiligen. Die Richtlinien werden erst wirksam, wenn das Bundesministerium für Gesundheit sie im Einvernehmen mit dem Bundesministerium für Arbeit und Soziales genehmigt. Beanstandungen des Bundesministeriums für Gesundheit sind innerhalb der von ihm gesetzten Frist zu beheben.

(3d) Pflegeeinrichtungen haben den Landesverbänden der Pflegekassen zur Feststellung des Vorliegens der Voraussetzungen der Absätze 3a oder 3b mitzuteilen, an welchen Tarifvertrag oder an welche kirchlichen Arbeitsrechtsregelungen sie im Fall des Absatzes 3a gebunden sind oder welcher Tarifvertrag oder welche kirchlichen Arbeitsrechtsregelungen im Fall des Absatzes 3b für sie maßgebend sind. Änderungen der Angaben gemäß Satz 1 nach Abschluss des Versorgungsvertrags sind unverzüglich mitzuteilen. Im Jahr 2022 sind alle Pflegeeinrichtungen verpflichtet, den Landesverbänden der Pflegekassen die Angaben gemäß Satz 1 oder Satz 2 spätestens bis zum Ablauf des 28. Februar 2022 mitzuteilen. Die Mitteilung nach Satz 3 gilt, sofern die Pflegeeinrichtung dem nicht widerspricht, als Antrag auf entsprechende Anpassung des Versorgungsvertrags mit Wirkung zum 1. September 2022.

(3e) Pflegeeinrichtungen, die an Tarifverträge oder an kirchliche Arbeitsrechtsregelungen nach Absatz 3a gebunden sind, haben den Landesverbänden der Pflegekassen jährlich bis zum Ablauf des 30. September des Jahres mitzuteilen, an welchen Tarifvertrag oder an welche kirchlichen Arbeitsrechtsregelungen sie gebunden sind. Dabei sind auch die maßgeblichen Informationen aus den Tarifverträgen oder kirchlichen Arbeitsrechtsregelungen für die Feststellung der Entlohnung der Arbeitnehmerinnen und Arbeitnehmer, die Leistungen der Pflege oder Betreuung von Pflegebedürftigen erbringen, zu übermitteln.

(3f) Das Bundesministerium für Gesundheit evaluiert unter Beteiligung des Bundesministeriums für Arbeit und Soziales bis zum 31. Dezember 2025 die Wirkungen der Regelungen der Absätze 3a und 3b und des § 82c.

(4) Mit Abschluß des Versorgungsvertrages wird die Pflegeeinrichtung für die Dauer des Vertrages zur pflegerischen Versorgung der Versicherten zugelassen. Die zugelassene Pflegeeinrichtung ist im Rahmen ihres Versorgungsauftrages zur pflegerischen Versorgung der Versicherten verpflichtet; dazu gehört bei ambulanten Pflegediensten auch die Durchführung von Beratungseinsätzen nach § 37 Absatz 3 auf Anforderung des Pflegebedürftigen. Die Pflegekassen sind verpflichtet, die Leistungen der Pflegeeinrichtung nach Maßgabe des Achten Kapitels zu vergüten.

(5) (aufgehoben)

## Übersicht

| | | Rdn. | | | Rdn. |
|---|---|---|---|---|---|
| A. | Regelung für ambulante und stationäre Pflegeeinrichtungen | 1 | I. | Charakter des Versorgungsvertrages | 9 |
| | | | II. | Vertragsparteien | 10 |
| B. | Zulassung und Vergütung | 2 | III. | Abschluss von Versorgungsverträgen | 13 |
| C. | Erfordernis eines Versorgungsvertrages | 6 | IV. | Inhalt des Versorgungsvertrages | 16 |
| I. | Leistungserbringung nur durch zugelassene Pflegeeinrichtungen | 6 | V. | Bindungswirkung und Rechtswirkungen des Versorgungsvertrages | 17 |
| II. | Pflegeeinrichtungen | 8 | VI. | Kündigung von Versorgungsverträgen | 18 |
| D. | Versorgungsvertrag | 9 | E. | § 112 Qualitätsverantwortung | 21 |

## A. Regelung für ambulante und stationäre Pflegeeinrichtungen

§ 72 enthält Regelungen sowohl für ambulante Pflegeeinrichtungen (Pflegedienste i.S.d. § 71 Abs. 1) als auch für stationäre Pflegeeinrichtungen (Pflegeheime i.S.d. § 71 Abs. 2). 1

## B. Zulassung und Vergütung

2 Das Sach- bzw. Naturalleistungsprinzip der §§ 36 ff. prägt auch das Leistungserbringungsrecht als die Beziehung zwischen Leistungserbringern (Pflegeeinrichtungen i.S.d. § 71 Abs. 1, 2) und den Pflegekassen als den gegenüber dem Pflegebedürftigen zur Leistungsgewährung zuständigen Stellen (Wenzel/*Udsching* Kap. 8 Rn. 76). Insoweit knüpft das SGB XI an die Strukturen des SGB V an (Wenzel/*Udsching* Kap. 8 Rn. 76). Grundlagen des Leistungserbringungsrechts der §§ 69 ff. sind a) die **Zulassung** und b) die **Vergütung**.

3 Die **Zulassung** erfolgt durch individuellen **Versorgungsvertrag** i.S.d. § 72 zwischen der jeweiligen Pflegeeinrichtung und den Landesverbänden der Pflegekassen (LV) i.S.d. § 72 Abs. 2. Dieser Versorgungsvertrag wird beeinflusst durch die Rahmenverträge und Bundesempfehlungen gem. § 75. Die Zulassung zur häuslichen Pflege durch Einzelpersonen setzt einen Zulassungsvertrag mit der Pflegekasse i.S.d. § 77 voraus. Für Pflegehilfsmittel sind in § 78 Verträge des Spitzenverbandes Bund der Pflegekassen vorgesehen. Erst auf Grundlage einer Zulassung darf eine Pflegeeinrichtung **Leistungen zulasten der PV** erbringen.

4 Zugelassene Pflegeeinrichtungen und Pflegedienste sind gegenüber den Pflegekassen zur pflegerischen Versorgung der Versicherten nicht nur befugt, sondern auch **verpflichtet** (§ 72 Abs. 4 Satz 2). Im Einzelfall kann die Pflegeeinrichtung zwar die Durchführung eines Pflegeauftrages ablehnen (*Schütze* in Udsching/Schütze, SGB XI, § 72 Rn. 21; s.a. BSG Urt. v. 07.10.2010 – B 3 P 4/09 R, juris Rn. 13). Soweit die Pflegeeinrichtung aber dem öffentlich-rechtlich begründeten Versorgungsauftrag nachkommt, erfüllt sie den Sachleistungsanspruch des Versicherten gegen die Pflegekasse. Übernimmt die Pflegeeinrichtung daher **in Erfüllung der Sachleistungsverpflichtung der Pflegekasse** die Versorgung der Versicherten, hat sie einen durch Art. 12 Abs. 1 GG geschützten Anspruch auf angemessene Vergütung ihrer Leistungen (BSG Urt. v. 07.10.2010 – B 3 P 4/09 R, juris Rn. 13). Die Pflegeeinrichtung hat daher nicht nur einen Vergütungsanspruch gegen die Pflegekasse; verfahrensrechtlich hat sie auch nach Art. 19 Abs. 4 i.V.m. Art. 12 Abs. 1 GG auch Anspruch darauf, die hierfür maßgebenden Entscheidungen der Pflegekassen gerichtlich überprüfen lassen zu können (BSG Urt. v. 07.10.2010 – B 3 P 4/09 R, juris Rn. 13).

5 Fragen der **Vergütung** sind in gesonderten **Vergütungsvereinbarungen** zu regeln (§§ 82 ff.). Hierzu haben **stationäre Pflegeeinrichtungen** (§ 71 Abs. 2, vgl. Rdn. 8) eine Vergütungsvereinbarung über Pflegesätze (§ 84), über die Kosten der Unterkunft (§ 85) sowie der Verpflegung (§ 85) zu schließen. Des Weiteren sind Leistungs- und Qualitätsmerkmale der Einrichtung (§ 84 Abs. 5) zu vereinbaren. Für vollstationäre Einrichtungen kann zusätzlich auch eine Vereinbarung nach § 87b geschlossen werden. Die Vergütungsvereinbarungen werden wiederum durch die Rahmenverträge gem. § 75 (insb. Abs. 2 Nr. 2, 3) sowie durch Vereinbarungen gem. § 113 (Vereinbarung über Maßstäbe und Grundsätze zur Sicherung und Weiterentwicklung der Pflegequalität) geprägt. **Ambulante Pflegeeinrichtungen** haben Vergütungsverträge nach § 89 zu schließen, deren Inhalt ebenfalls durch die §§ 75 und 113 beeinflusst wird.

## C. Erfordernis eines Versorgungsvertrages

### I. Leistungserbringung nur durch zugelassene Pflegeeinrichtungen

6 § 72 Abs. 1 Satz 1 verpflichtet die Pflegekassen, Leistungen der ambulanten und stationären Pflege nur durch solche Pflegeeinrichtungen zu gewähren, mit denen ein Versorgungsvertrag besteht. Dieser Regelung entspricht im Leistungsrecht § 29 Abs. 2, wonach Leistungsberechtigte Leistungen zulasten der SPV nur bei solchen Leistungserbringern in Anspruch nehmen dürfen, die vertraglich mit der Pflegekasse oder den für sie tätigen Verbänden verbunden sind. Der Versorgungsvertrag befähigt Pflegeeinrichtungen, **Leistungen zulasten der SPV zu erbringen** (Abs. 1 Satz 1, Abs. 4 Satz 1); ohne Versorgungsvertrag dürfen Leistungen zulasten der SPV nicht erbracht werden.

7 Der Versorgungsvertrag nach § 72 Abs. 1 ist für alle Pflegekassen im Inland **unmittelbar verbindlich** (§ 72 Abs. 2 Satz 2). Die Zulassung beinhaltet die **generelle Berechtigung und Verpflichtung**,

Pflegebedürftige zulasten der Pflegeversicherung zu versorgen (BT-Drs. 12/5262 S. 135). Insoweit reicht es aus, dass eine Pflegeeinrichtung **in einem Bundesland zugelassen** ist, um Versicherte aus allen Teilen der Bundesrepublik Deutschland zulasten der SPV versorgen zu können (BSG Urt. v. 24.05.2006 – B 3 P 1/05 R, BSGE 96, 233–238, SozR 4–3300 § 72 Nr. 1; BT-Drs. 12/5262 S. 136; *Knittel* in Krauskopf, Soziale Krankenversicherung – Pflegeversicherung § 72 SGB XI Rn. 13). Das Recht zur bundesweiten Versorgung von Pflegebedürftigen korrespondiert insoweit mit deren Recht auf freie Wahl des Pflegedienstes i.S.d. § 2 Abs. 2 Satz 1 (BSG Urt. v. 24.05.2006 – B 3 P 1/05 R, BSGE 96, 233–238, SozR 4–3300 § 72 Nr. 1).

### II. Pflegeeinrichtungen

Gem. § 71 Abs. 1 sind **ambulante Pflegeeinrichtungen (Pflegedienste)** i.S.d. SGB XI selbstständig wirtschaftende Einrichtungen, die unter ständiger Verantwortung einer ausgebildeten Pflegefachkraft Pflegebedürftige in ihrer Wohnung pflegen und hauswirtschaftlich versorgen. **Stationäre Pflegeeinrichtungen (Pflegeheime)** dagegen sind selbstständig wirtschaftende Einrichtungen, in denen Pflegebedürftige unter ständiger Verantwortung einer ausgebildeten Pflegefachkraft gepflegt werden und ganztägig (vollstationär) oder tagsüber oder nachts (teilstationär) untergebracht und verpflegt werden können (§ 71 Abs. 2; zur Verantwortung einer »verantwortlichen Pflegefachkraft« für die Leistungen in einem Pflegeheim vgl. BSG Urt. v. 22.04.2009 – B 3 P 14/07 R, BSGE 103, 78–91, SozR 4–3300 § 71 Nr. 1). Keine stationären Einrichtungen sind Einrichtungen, in denen die Leistungen zur medizinischen Vorsorge, zur medizinischen Rehabilitation, zur Teilhabe am Arbeitsleben oder am Leben in der Gemeinschaft, die schulische Ausbildung oder die Erziehung kranker oder behinderter Menschen im Vordergrund des Zweckes der Einrichtung stehen, sowie Krankenhäuser (§ 71 Abs. 3). 8

## D. Versorgungsvertrag

### I. Charakter des Versorgungsvertrages

Der Versorgungsvertrag stellt sich als **öffentlich-rechtlicher Vertrag** dar, für den – soweit die §§ 73 ff. keine Regelungen enthalten – die Vorschriften der §§ 53 ff. SGB X sowie die Vorschriften des BGB gelten. Er kommt auf Grundlage zweier öffentlich-rechtlicher Willenserklärungen, dem Angebot und der Annahme, zustande. Die Erklärung der Pflegekassen bzw. ihrer Verbände ist kein Verwaltungsakt i.S.d. § 31 Satz 1 (*Knittel* in Krauskopf, Soziale Krankenversicherung – Pflegeversicherung § 73 SGB XI Rn. 9 ff.). Damit knüpft § 72 nicht an eine Zulassung durch Verwaltungsakt, wie sie z.B. im SGB V (z.B. § 124 SGB V) teilweise vorgesehen ist, an (zur Zulassung durch Verwaltungsakt s. BSG Urt. v. 29.11.1995 – 3 RK 25/94, BSGE 77, 108–119, SozR 3–2500 § 126 Nr. 1). 9

### II. Vertragsparteien

Als **Leistungserbringer** ist am Versorgungsvertrag der Träger der Pflegeeinrichtung beteiligt. Mehrere gleiche Träger können sich durch eine Vereinigung vertreten lassen (Abs. 2 Satz 1). Das bedeutet nicht, dass eine Vertretung gleicher Träger nur durch eine Vereinigung möglich wäre (*Knittel* in Krauskopf, Soziale Krankenversicherung – Pflegeversicherung § 72 Rn. 10). Für mehrere oder alle selbstständig wirtschaftenden Einrichtungen eines Pflegeeinrichtungsträgers, die örtlich und organisatorisch miteinander verbunden sind, kann ein einheitlicher Versorgungsvertrag (Gesamtversorgungsvertrag) geschlossen werden (Abs. 2 Satz 1 Hs. 2). 10

Dabei enthält Abs. 3 Satz 1 qualifizierte Anforderungen, denen ein Leistungserbringer genügen muss, bevor mit ihm ein Versorgungsvertrag abgeschlossen werden kann. Erfüllt die Pflegeeinrichtung diese Voraussetzungen, so steht ihr ein **Anspruch auf Abschluss** eines Versorgungsvertrages zu (Abs. 3. Satz 1 Hs. 2), soweit und solange sie diese Voraussetzungen erfüllt (LSG Baden-Württemberg Urt. v. 18.10.2013 – L 4 P 5153/12, juris Rn. 43). Über die ausdrücklich in § 72 Abs. 3 Satz 1 genannten Voraussetzungen hinaus setzt der Anspruch auf Abschluss eines Versorgungsvertrags nach 11 der Rechtsprechung des Bayerischen LSG (Urt. v. 11.11.2015 – L 2 P 14/13) als allgemeines ungeschriebenes Tatbestandsmerkmal eine positive Prognose voraus, dass zu erwarten ist, dass der Träger der Einrichtung seine Verpflichtungen sowohl gegenüber den Pflegebedürftigen als auch gegenüber den Kostenträgern erfüllen wird; diese zusätzliche Anforderung ergebe sich aus einer entsprechenden Interpretation des Bundesrechts. Die positive Prognose könne z.B. dann verneint werden, wenn begründete Zweifel an der charakterlichen Eignung und Zuverlässigkeit des Einrichtungsträgers bestünden (Bayerisches LSG Urt. v. 11.11.2015 – L 2 P 14/13). Keine Voraussetzung dieses Anspruchs auf Vertragsschluss ist dagegen die bedarfsgerechte Versorgung (so auch zuletzt Bayerisches LSG Urt. v. 11.11.2015 – L 2 P 14/13); **Überkapazitäten** sind kein Versagungsgrund. Insoweit macht Bundesrecht die Zulassung zur stationären als auch zur ambulanten Pflegeversorgung – anders als in der gesetzlichen Krankenversicherung die Versorgung durch Vertragsärzte (vgl. §§ 99 ff. SGB V) und durch Krankenhäuser (vgl. § 109 SGB V) – nach § 72 Abs. 3 Satz 1 Hs. 2 nicht vom Vorliegen eines Versorgungsbedarfs abhängig (BSG Urt. v. 17.12.2009 – B 3 P 3/08 R, juris Rn. 46). Von den faktischen Zugangsschranken aufgrund der Investitionsförderung auf Landesebene (§ 9) abgesehen (dazu vgl. § 82 Abs. 3 Satz 1), sind daher Pflegeeinrichtungen ungeachtet des tatsächlichen Bedarfs durch Versorgungsvertrag zur Erbringung von Pflegeleistungen zuzulassen, wenn sie nur den inhaltlichen Anforderungen nach § 72 Abs. 3 Satz 1 Hs. 1 genügen (BSG Urt. v. 17.12.2009 – B 3 P 3/08 R, juris Rn. 46).

12 Auf Seiten der die Leistung zahlenden Pflegekassen sind am Vertrag die **Landesverbände der Pflegekassen** (LV) beteiligt. Ein Versorgungsvertrag mit einer einzelnen Pflegekasse scheidet daher aus. Mit den überörtlichen **Trägern der Sozialhilfe** im Land (soweit nicht nach Landesrecht die örtlichen Träger zuständig sind) ist Einvernehmen zum Vertragsschluss herzustellen; sie sind jedoch nicht Vertragspartner.

### III. Abschluss von Versorgungsverträgen

13 Der Versorgungsvertrag kommt durch Annahme eines Angebots zustande; sowohl Angebot als auch Annahme sind öffentlich-rechtliche Willenserklärungen der (späteren) Vertragspartner. Der Versorgungsvertrag ist schriftlich abzuschließen (§ 73 Abs. 1). Zum Anspruch auf Abschluss eines Versorgungsvertrages s. Rdn. 11.

14 **Wirksam** wird der Versorgungsvertrag erst, mit Herstellung des Einvernehmens der maßgeblichen Sozialhilfeträger. Einvernehmen ist hergestellt, wenn alle maßgeblichen Sozialhilfeträger dem Vertrag in vollem Umfang zugestimmt haben. Bis zur Herstellung des **Einvernehmens** ist der Versorgungsvertrag schwebend unwirksam. Kommt ein Einvernehmen nicht zustande, gilt § 83 Abs. 1 u. 2 (Mehrheitsbeschluss unter Beteiligung der Träger der Sozialhilfe; bei zweimaligem Scheitern der Beschlussfassungen nacheinander kann die verbindliche Entscheidung des Vorsitzenden und der weiteren unparteiischen Mitglieder der Schiedsstelle nach § 76 verlangt werden).

15 Gegen die Ablehnung eines Versorgungsvertrages durch die LV kann der Leistungserbringer Klage zum Sozialgericht erheben (§ 73 Abs. 2 Satz 1). In der Sache handelt es sich um eine (Leistungs-)Klage auf Annahme eines Vertragsangebots. Ein Vorverfahren findet nicht statt; die Klage hat keine aufschiebende Wirkung (§ 73 Abs. 2 Satz 2).

### IV. Inhalt des Versorgungsvertrages

16 Der Versorgungsvertrag soll die **Rechtsbeziehungen** zwischen Leistungserbringer und Pflegekasse regeln. Er hat die jeweiligen Rechte und Pflichten der Vertragspartner zu bestimmen. Daher sieht Abs. 1 Satz 2 vor, dass in ihm Art, Inhalt und Umfang der allgemeinen Pflegeleistungen (§ 84 Abs. 4), die von der Pflegeeinrichtung während der Dauer des Vertrages für die Versicherten zu erbringen sind (Versorgungsauftrag), festzulegen sind. Bei ambulanten Pflegediensten ist gem. Abs. 3 Satz 3 auch der **räumliche Einzugsbereich** festzulegen, in dem die Leistungen zu erbringen sind. Dennoch ist der Pflegedienst auch für die Erbringung der Leistung außerhalb des Gebiets zugelassen; dort erbrachte Leistungen können zulasten der SPV abgerechnet werden (BSG

Urt. v. 24.05.2006 – B 3 P 1/05 R, BSGE 96, 233–238 = SozR 4–3300 § 72 Nr. 1). Diese Rechtsprechung hält das LSG Sachsen (Beschl. v. 18.10.2013 – L 8 SO 35/13 B ER, juris Rn. 15) für überholt. Denn in § 72 Abs. 3 Satz 3 sei der Einzugsbereich als das Gebiet bestimmt, »in dem die Leistungen zu erbringen sind« (*Wahl* in Schlegel/Voelzke, jurisPK-SGB XI, § 72 Rn. 45). Aus den Gesetzesmaterialien (BT-Drs. 16/7439 S. 67 f.) ergebe sich, dass der im Versorgungsvertrag festgelegte Einzugsbereich für den Pflegedienst in jeder Hinsicht verbindlich sei. Dagegen bestimmt § 89 Abs. 2 Satz 2, dass die Vergütungsvereinbarung für jeden Pflegedienst gesondert abzuschließen ist, und für den nach § 72 Abs. 3 Satz 3 vereinbarten Einzugsbereich gilt, »soweit nicht ausdrücklich etwas Abweichendes vereinbart wird«. Kann daher im Hinblick auf eine Vergütung für Leistungen außerhalb des Einzugsbereichs »Abweichendes« vereinbart werden, so muss die Zulassung des Pflegedienstes ebenfalls über den Einzugsbereich hinausgehen, weshalb der Rechtsprechung des Sächsischen LSG nicht zu folgen sein wird (im Ergebnis so auch *Schütze* in Udsching/Schütze, SGB XI, § 72 Rn. 20). Der Inhalt der Versorgungsverträge wird auch durch Rahmenverträge i.S.d. § 75 bestimmt, deren Bestimmungen den individuellen Absprachen des Versorgungsvertrages vorgehen (§ 75 Abs. 1 Satz 4).

### V. Bindungswirkung und Rechtswirkungen des Versorgungsvertrages

Ist der Versorgungsvertrag wirksam geworden (Vertragsschluss und Einvernehmen der maßgeblichen Sozialhilfeträger), so wird die Pflegeeinrichtung für die Dauer des Vertrages zur pflegerischen Versorgung der Versicherten unmittelbar zugelassen (Abs. 4 Satz 1). Die Vertragsparteien sind verpflichtet, die vereinbarten Leistungen zu erbringen (vgl. Rdn. 4). Der Vertragsinhalt bindet nicht nur die Vertragsparteien, sondern darüber hinaus auch alle anderen Pflegekassen im Inland (Abs. 2 Satz 2). Zugelassene Pflegeeinrichtungen dürfen daher zulasten aller Pflegekassen der SPV Leistungen an Versicherte im Inland erbringen (s. Rdn. 11). 17

### VI. Kündigung von Versorgungsverträgen

Das Gesetz räumt den Vertragsparteien des Versorgungsvertrages ein gesetzliches Kündigungsrecht ein (§ 74). Die **Kündigung der Einrichtungsträger** stellt eine formbedürftige (schriftliche, § 74 Abs. 3 Satz 1) empfangsbedürftige Willenserklärung dar; eines Zugangs bei den Trägern der Sozialhilfe bedarf es nicht. Die **Kündigung durch die LV** stellt einen Verwaltungsakt i.S.d. § 31 Satz 1 SGB X dar (BSG Urt. v. 12.06.2008 – B 3 P 2/07 R, BSGE 101, 6–22, SozR 4–3300 § 79 Nr. 1). Vor den Sozialgerichten kann die Pflegeeinrichtung mit der Anfechtungsklage gem. § 54 Abs. 1, 1. Alt. SGG gegen die Kündigung vorgehen (BSG Urt. v. 12.06.2008 – B 3 P 2/07 R, BSGE 101, 6–22, SozR 4–3300 § 79 Nr. 1). Ein Vorverfahren findet nicht statt; die Klage hat auch keine aufschiebende Wirkung (§ 74 Abs. 3 Satz 2 i.V.m. § 73 Abs. 2 Satz 2). 18

Unter Einhaltung der einjährigen Kündigungsfrist des § 74 Abs. 1 Satz 1 (**ordentliche Kündigung**) kann jede Vertragspartei den Versorgungsvertrag ganz oder teilweise kündigen. Eines Kündigungsgrundes bedarf der Leistungserbringer nicht. Die LV bedürfen zur Kündigung dagegen eines Grundes i.S.d. § 74 Abs. 1 Satz 1. Mögliche Gründe zählt § 74 Abs. 2 abschließend auf. Ein Kündigungsgrund liegt vor, wenn die zugelassene Pflegeeinrichtung nicht nur vorübergehend eine der Voraussetzungen des § 72 Abs. 3 Satz 1 nicht oder nicht mehr erfüllt (dazu vgl. § 79 Rdn. 4, 6) oder die Pflegeeinrichtung ihre Pflicht wiederholt gröblich verletzt, Pflegebedürftigen ein möglichst selbstständiges und selbstbestimmtes Leben zu bieten, die Hilfen darauf auszurichten, die körperlichen, geistigen und seelischen Kräfte der Pflegebedürftigen wiederzugewinnen oder zu erhalten und angemessenen Wünschen der Pflegebedürftigen zur Gestaltung der Hilfe zu entsprechen. Ob eine Kündigung ausgesprochen wird, liegt im Ermessen der LV. Vor Kündigung durch die LV ist das Einvernehmen mit dem zuständigen Träger der Sozialhilfe herzustellen (§ 74 Abs. 1 Satz 2). 19

Ohne Einhaltung einer Kündigungsfrist kann (Ermessen) der Versorgungsvertrag von den LV nur gekündigt werden (**außerordentliche Kündigung**), wenn die Einrichtung ihre gesetzlichen oder vertraglichen Verpflichtungen gegenüber den Pflegebedürftigen oder deren Kostenträgern derart gröblich verletzt, dass ein Festhalten an dem Vertrag nicht zumutbar ist (§ 74 Abs. 2 Satz 1; dazu 20

BSG Urt. v. 12.06.2008 – B 3 P 2/07 R, BSGE 101, 6–22, SozR 4–3300 § 79 Nr. 1). Das gilt insbesondere dann, wenn Pflegebedürftige infolge der Pflichtverletzung zu Schaden kommen oder die Einrichtung nicht erbrachte Leistungen gegenüber den Kostenträgern abrechnet (§ 74 Abs. 2 Satz 2), oder dem Träger eines Pflegeheimes nach den heimrechtlichen Vorschriften die Betriebserlaubnis entzogen oder der Betrieb des Heimes untersagt wird (§ 74 Abs. 2 Satz 3).

### E. § 112 Qualitätsverantwortung

21 Gemäß § 112 Abs. 1 Satz 1 sind die **Träger der Pflegeeinrichtungen** für die Qualität der Leistungen ihrer Einrichtungen einschließlich der Sicherung und Weiterentwicklung der Pflegequalität verantwortlich. Die zugelassenen Pflegeeinrichtungen sind verpflichtet, Maßnahmen der Qualitätssicherung sowie ein Qualitätsmanagement nach Maßgabe von Vereinbarungen nach § 113 durchzuführen, Expertenstandards nach § 113a anzuwenden sowie bei Qualitätsprüfungen nach § 114 mitzuwirken (§ 112 Abs. 2, geändert mit Wirkung zum 01.01.2017 durch Art. 2 Nr. 44 des Zweiten Gesetzes zur Stärkung der pflegerischen Versorgung und zur Änderung weiterer Vorschriften – Zweites Pflegestärkungsgesetz – PSG II – v. 21.12.2015, BGBl. I S. 2424). Bei stationärer Pflege erstreckt sich die Qualitätssicherung neben den allgemeinen Pflegeleistungen auch auf die medizinische Behandlungspflege, die soziale Betreuung, die Leistungen bei Unterkunft und Verpflegung (§ 87) sowie auf die Zusatzleistungen (§ 88). Nach § 115 Abs. 3 Satz 1 sind vereinbarte **Pflegevergütungen zu kürzen**, wenn die Pflegeeinrichtung ihre gesetzlichen oder vertraglichen Verpflichtungen, insbesondere ihre Verpflichtungen zu einer qualitätsgerechten Leistungserbringung auch dem Versorgungsvertrag (§ 72) ganz oder teilweise nicht einhält (dazu vgl. LSG Hessen Urt. v. 27.01.2011 – L 8 P 29/08 KL; LSG Berlin-Brandenburg Urt. v. 24.01.2011 – L 27 P 10/09 KL).

22 Nach § 72 Abs. 3 Nr. 3 dürfen Versorgungsverträge nur mit Pflegeeinrichtungen geschlossen werden, die sich verpflichten, ein Qualitätsmanagement entsprechend den Maßgaben nach § 113 einzuführen und zu entwickeln (BT-Drs. 19/19368 S. 42). Damit sind sie auch verpflichtet, an Qualitätsprüfungen im geforderten Maße mitzuwirken (vgl. § 112 Abs. 2 Satz 1). Angesichts der Bedeutung der Mitwirkung der Einrichtung für den reibungslosen Ablauf von Qualitätsprüfungen, wird diese Verpflichtung durch die Einfügung von Abs. 3 Nr. 5 klargestellt und besonders hervorgehoben (BT-Drs. 19/19368 S. 42). Die Gesetzesmaterialien (BT-Drs. 19/19368 S. 43) weisen explizit darauf hin, dass Versorgungsverträge gem. § 74 Abs. 1 Satz 1 gekündigt werden können, wenn die zugelassene Pflegeeinrichtung nicht nur vorübergehend eine der in § 72 Abs. 3 Satz 1 genannten Voraussetzungen nicht oder nicht mehr erfüllt.

### § 75 Rahmenverträge, Bundesempfehlungen und -vereinbarungen über die pflegerische Versorgung

(1) Die Landesverbände der Pflegekassen schließen unter Beteiligung des Medizinischen Dienstes sowie des Verbandes der privaten Krankenversicherung e. V.im Land mit den Vereinigungen der Träger der ambulanten oder stationären Pflegeeinrichtungen im Land gemeinsam und einheitlich Rahmenverträge mit dem Ziel, eine wirksame und wirtschaftliche pflegerische Versorgung der Versicherten sicherzustellen. Für Pflegeeinrichtungen, die einer Kirche oder Religionsgemeinschaft des öffentlichen Rechts oder einem sonstigen freigemeinnützigen Träger zuzuordnen sind, können die Rahmenverträge auch von der Kirche oder Religionsgemeinschaft oder von dem Wohlfahrtsverband abgeschlossen werden, dem die Pflegeeinrichtung angehört. Bei Rahmenverträgen über ambulante Pflege sind die Arbeitsgemeinschaften der örtlichen Träger der Sozialhilfe oder anderer nach Landesrecht für die Sozialhilfe zuständigen Träger, bei Rahmenverträgen über stationäre Pflege die überörtlichen Träger der Sozialhilfe und die Arbeitsgemeinschaften der örtlichen Träger der Sozialhilfe als Vertragspartei am Vertragsschluß zu beteiligen. Die Rahmenverträge sind für die Pflegekassen und die zugelassenen Pflegeeinrichtungen im Inland unmittelbar verbindlich.

(2) Die Verträge regeln insbesondere:
1. den Inhalt der Pflegeleistungen einschließlich der Sterbebegleitung sowie bei stationärer Pflege die Abgrenzung zwischen den allgemeinen Pflegeleistungen, den Leistungen bei Unterkunft und Verpflegung und den Zusatzleistungen,
1a. bei häuslicher Pflege den Inhalt der ergänzenden Unterstützung bei Nutzung von digitalen Pflegeanwendungen,
2. die allgemeinen Bedingungen der Pflege einschließlich der Vertragsvoraussetzungen und der Vertragserfüllung für eine leistungsfähige und wirtschaftliche pflegerische Versorgung, der Kostenübernahme, der Abrechnung der Entgelte und der hierzu erforderlichen Bescheinigungen und Berichte,
3. Maßstäbe und Grundsätze für eine wirtschaftliche und leistungsbezogene, am Versorgungsauftrag orientierte personelle und sächliche Ausstattung der Pflegeeinrichtungen,
4. die Überprüfung der Notwendigkeit und Dauer der Pflege,
5. Abschläge von der Pflegevergütung bei vorübergehender Abwesenheit (Krankenhausaufenthalt, Beurlaubung) des Pflegebedürftigen aus dem Pflegeheim,
6. den Zugang des Medizinischen Dienstes und sonstiger von den Pflegekassen beauftragter Prüfer zu den Pflegeeinrichtungen,
7. die Verfahrens- und Prüfungsgrundsätze für Wirtschaftlichkeits- und Abrechnungsprüfungen,
8. die Grundsätze zur Festlegung der örtlichen oder regionalen Einzugsbereiche der Pflegeeinrichtungen, um Pflegeleistungen ohne lange Wege möglichst orts- und bürgernah anzubieten,
9. die Möglichkeiten, unter denen sich Mitglieder von Selbsthilfegruppen, ehrenamtliche Pflegepersonen und sonstige zum bürgerschaftlichen Engagement bereite Personen und Organisationen in der häuslichen Pflege sowie in ambulanten und stationären Pflegeeinrichtungen an der Betreuung Pflegebedürftiger beteiligen können,
10. die Verfahrens- und Prüfungsgrundsätze für die Zahlung einer ortsüblichen Vergütung an die Beschäftigten nach § 72 Absatz 3 Satz 1 Nummer 2,
11. die Anforderungen an die nach § 85 Absatz 3 geeigneten Nachweise bei den Vergütungsverhandlungen.

Durch die Regelung der sächlichen Ausstattung in Satz 1 Nr. 3 werden Ansprüche der Pflegeheimbewohner nach § 33 des Fünften Buches auf Versorgung mit Hilfsmitteln weder aufgehoben noch eingeschränkt.

(3) Als Teil der Verträge nach Absatz 2 Nr. 3 sind entweder
1. landesweite Verfahren zur Ermittlung des Personalbedarfs oder zur Bemessung der Pflegezeiten oder
2. landesweite Personalrichtwerte

zu vereinbaren. Dabei ist jeweils der besondere Pflege- und Betreuungsbedarf Pflegebedürftiger mit geistigen Behinderungen, psychischen Erkrankungen, demenzbedingten Fähigkeitsstörungen und anderen Leiden des Nervensystems zu beachten. Bei der Vereinbarung der Verfahren nach Satz 1 Nr. 1 sind auch in Deutschland erprobte und bewährte internationale Erfahrungen zu berücksichtigen. Die Personalrichtwerte nach Satz 1 Nr. 2 können als Bandbreiten vereinbart werden und umfassen bei teil- oder vollstationärer Pflege wenigstens
1. das Verhältnis zwischen der Zahl der Heimbewohner und der Zahl der Pflege- und Betreuungskräfte (in Vollzeitkräfte umgerechnet), unterteilt nach Pflegegrad (Personalanhaltszahlen), sowie
2. im Bereich der Pflege, der Betreuung und der medizinischen Behandlungspflege zusätzlich den Anteil der ausgebildeten Fachkräfte am Pflege- und Betreuungspersonal.

Die Maßstäbe und Grundsätze nach Absatz 2 Nummer 3 sind auch daraufhin auszurichten, dass das Personal bei demselben Einrichtungsträger in verschiedenen Versorgungsbereichen flexibel eingesetzt werden kann.

(4) Kommt ein Vertrag nach Absatz 1 innerhalb von sechs Monaten ganz oder teilweise nicht zustande, nachdem eine Vertragspartei schriftlich zu Vertragsverhandlungen aufgefordert hat, wird sein Inhalt auf Antrag einer Vertragspartei durch die Schiedsstelle nach § 76 festgesetzt. Satz 1 gilt auch für Verträge, mit denen bestehende Rahmenverträge geändert oder durch neue Verträge abgelöst werden sollen.

(5) Die Verträge nach Absatz 1 können von jeder Vertragspartei mit einer Frist von einem Jahr ganz oder teilweise gekündigt werden. Satz 1 gilt entsprechend für die von der Schiedsstelle nach Absatz 4 getroffenen Regelungen. Diese können auch ohne Kündigung jederzeit durch einen Vertrag nach Absatz 1 ersetzt werden.

(6) (nicht abgedruckt)

(7) (nicht abgedruckt)

| Übersicht | Rdn. | | Rdn. |
|---|---|---|---|
| A. Regelung für ambulante und stationäre Pflegeeinrichtungen | 1 | C. Inhalt von Rahmenvereinbarungen | 5 |
| B. Rahmenvereinbarungen auf Landesebene | 2 | D. Empfehlungen und sonstige Vereinbarungen | 6 |

### A. Regelung für ambulante und stationäre Pflegeeinrichtungen

1 § 75 enthält Regelungen für ambulante Pflegeeinrichtungen (§ 71 Abs. 1) als auch für stationäre Pflegeeinrichtungen (§ 71 Abs. 2).

### B. Rahmenvereinbarungen auf Landesebene

2 § 75 Abs. 1 Satz 1 verpflichtet die LV unter Beteiligung des MDK sowie des Verbandes der privaten Krankenversicherung e. V. im Land, mit den Vereinigungen der Träger der ambulanten oder stationären Pflegeeinrichtungen im Land (zu kirchlichen oder freigemeinnützlichen Trägern vgl. Abs. 1 Satz 2) gemeinsam und einheitlich Rahmenverträge auf Landesebene abzuschließen. In den Fällen des Abs. 1 Satz 3 ist der Rahmenvertrag unter Einbeziehung der Arbeitsgemeinschaften der örtlichen Träger der Sozialhilfe sowie ggf. der überörtlichen Träger der Sozialhilfe als Vertragspartei zu schließen. Ziel der Rahmenverträge ist die **Sicherstellung einer wirksamen und wirtschaftlichen pflegerischen Versorgung** der Versicherten in einem Bundesland.

3 Der Rahmenvertrag ist ein **öffentlich-rechtlicher Vertrag**, für den – soweit § 75 keine Maßgaben enthält – die Vorschriften der §§ 53 ff. SGB X sowie die Vorschriften des BGB gelten. Rahmenverträge sind zu schließen (zur Kündigung vgl. Abs. 5). Diesen **Abschlusszwang** untermauert Abs. 4, der für den Fall, dass innerhalb von 6 Monaten, nachdem eine Vertragspartei schriftlich zu Vertragsverhandlungen aufgefordert hat, kein Vertrag zustande kommt, auf Antrag die Festsetzung des Vertragsinhalts durch einen Schiedsspruch der Schiedsstelle nach § 76 bestimmt.

4 Die Rahmenverträge sind für die Pflegekassen und die zugelassenen Pflegeeinrichtungen im Inland **unmittelbar verbindlich** (Abs. 1 Satz 4); ihnen kommt **normative Wirkung** zu (BSG Urt. v. 08.04.1992 – 6 RKa 24/90, BSGE 70, 240, SozR 3-5533 Allg Nr. 1). Von ihrem Inhalt kann auch nicht durch Individualvereinbarung i.S.d. § 72 abgewichen werden (a.A. *Schulin* VSSR 1994, S. 285, 295 f.).

### C. Inhalt von Rahmenvereinbarungen

5 Abs. 2 und 3 zählen den Inhalt von Rahmenverträgen i.S.d. Abs. 1 Satz 1 auf. Dabei benennt **Abs. 3** bestimmte **pflichtige Vertragsinhalte**. Diese befassen sich mit der Personalausstattung und vorgelagert mit der Personalbedarfsermittlung. Die Heimpersonalverordnung bleibt jedoch unberührt (Abs. 3 Satz 4). Sonstige Vertragsinhalte unterliegen den Verhandlungen der Vertragsparteien. **Abs. 2** enthält insoweit lediglich eine **beispielhafte Aufzählung** möglicher Vertragsinhalte.

Kommt eine Einigung über den Inhalt der Rahmenverträge nicht innerhalb von 6 Monaten zustande (Abs. 4), setzt die Schiedsstelle (§ 76) auf Antrag den Inhalt des Vertrages mit Wirkung für und gegen die Vertragspartner des Abs. 1 fest. Zu Rahmenvereinbarungen des Spitzenverbandes Bund der Pflegekassen s. http://www.gkv-spitzenverband.de/pflegeversicherung/richtlinien_vereinbarungen_formulare/richtlinien_vereinbarungen_formulare.jsp. Zur **gerichtlichen Kontrolle** von Rahmenverträgen vgl. LSG Baden-Württemberg Urt. v. 18.10.2013 – L 4 P 5153/12 (zu § 17 Abs. 4 des Rahmenvertrages für vollstationäre Pflege gem. § 75 Abs. 1 für das Land Baden-Württemberg). Zur **aufsichtsrechtlichen Überwachung** von Rahmenverträgen vgl. BVerwG Beschl. v. 28.05.2014 – 8 B 71.13. Zum Verhältnis des Leistungserbringungsrechts nach dem SGB XI und vertraglichen Vereinbarungen bei mittelbarer Inanspruchnahme von Sozialleistungen durch eine private Pflegeversicherung vgl. BGH Urt. v. 15.07.2021 – III ZR 225/20.

### D. Empfehlungen und sonstige Vereinbarungen

Abs. 6 sieht die Vereinbarung gemeinsamer **Empfehlungen zum Inhalt** der Verträge nach § 75 Abs. 1 vor (vgl. dazu die Gemeinsame Empfehlung gem. § 75 Abs. 5 zum Inhalt der Rahmenverträge nach § 75 Abs. 1 zur vollstationären Pflege vom 25.11.1996 – http://www.gkv-spitzenverband.de/media/dokumente/pflegeversicherung/richtlinien__vereinbarungen__formulare/rahmenvertraege__richtlinien_und_bundesempfehlungen/P75VOV9.pdf; zu den Empfehlungen insgesamt vgl. https://www.gkv-spitzenverband.de/pflegeversicherung/richtlinien_vereinbarungen_formulare/richtlinien_vereinbarungen_formulare.jsp). Eine Vereinbarung für die ambulanten und stationären Pflegeeinrichtungen i.S.d. § 75 Abs. 7 ist bisher nicht zustande gekommen.

### § 76 Schiedsstelle

(1) Die Landesverbände der Pflegekassen und die Vereinigungen der Träger der Pflegeeinrichtungen im Land bilden gemeinsam für jedes Land eine Schiedsstelle. Diese entscheidet in den ihr nach diesem Buch zugewiesenen Angelegenheiten.

(2) Die Schiedsstelle besteht aus Vertretern der Pflegekassen und Pflegeeinrichtungen in gleicher Zahl sowie einem unparteiischen Vorsitzenden und zwei weiteren unparteiischen Mitgliedern; für den Vorsitzenden und die unparteiischen Mitglieder können Stellvertreter bestellt werden. Der Schiedsstelle gehört auch ein Vertreter des Verbandes der privaten Krankenversicherung e. V sowie der überörtlichen oder, sofern Landesrecht dies bestimmt, ein örtlicher Träger der Sozialhilfe im Land an, die auf die Zahl der Vertreter der Pflegekassen angerechnet werden. Die Vertreter der Pflegekassen und deren Stellvertreter werden von den Landesverbänden der Pflegekassen, die Vertreter der Pflegeeinrichtungen und deren Stellvertreter von den Vereinigungen der Träger der Pflegedienste und Pflegeheime im Land bestellt; bei der Bestellung der Vertreter der Pflegeeinrichtungen ist die Trägervielfalt zu beachten. Der Vorsitzende und die weiteren unparteiischen Mitglieder werden von den beteiligten Organisationen gemeinsam bestellt. Kommt eine Einigung nicht zustande, werden sie durch Los bestimmt. Soweit beteiligte Organisationen keinen Vertreter bestellen oder im Verfahren nach Satz 4 keine Kandidaten für das Amt des Vorsitzenden oder der weiteren unparteiischen Mitglieder benennen, bestellt die zuständige Landesbehörde auf Antrag einer der beteiligten Organisationen die Vertreter und benennt die Kandidaten.

(3) Die Mitglieder der Schiedsstelle führen ihr Amt als Ehrenamt. Sie sind an Weisungen nicht gebunden. Jedes Mitglied hat eine Stimme. Die Entscheidungen werden mit der Mehrheit der Mitglieder getroffen. Ergibt sich keine Mehrheit, gibt die Stimme des Vorsitzenden den Ausschlag.

(4) und (5) (nicht abgedruckt)

(6) Abweichend von § 85 Abs. 5 können die Parteien der Pflegesatzvereinbarung (§ 85 Abs. 2) gemeinsam eine unabhängige Schiedsperson bestellen. Diese setzt spätestens bis zum Ablauf von 28 Kalendertagen nach ihrer Bestellung die Pflegesätze und den Zeitpunkt ihres Inkrafttretens fest. Gegen die Festsetzungsentscheidung kann ein Antrag auf gerichtliche Aufhebung nur

## § 76 SGB XI  Schiedsstelle

gestellt werden, wenn die Festsetzung der öffentlichen Ordnung widerspricht. Die Kosten des Schiedsverfahrens tragen die Vertragspartner zu gleichen Teilen. § 85 Abs. 6 gilt entsprechend.

**Übersicht**

| | Rdn. | | Rdn. |
|---|---|---|---|
| A. Regelung für ambulante und stationäre Pflegeeinrichtungen | 1 | D. Entscheidung der Schiedsstelle | 4 |
| | | E. Anfechtung von Schiedsentscheidungen | 9 |
| B. Einrichtung der Schiedsstelle | 2 | F. Vereinbarte Schiedsperson | 12 |
| C. Besetzung der Schiedsstelle | 3 | | |

### A. Regelung für ambulante und stationäre Pflegeeinrichtungen

1  § 76 enthält Regelungen für ambulante Pflegeeinrichtungen (§ 71 Abs. 1, s. § 89 Abs. 3 Satz 4) als auch für stationäre Pflegeeinrichtungen (§ 71 Abs. 2).

### B. Einrichtung der Schiedsstelle

2  Für **jedes Bundesland** ist eine Schiedsstelle einzurichten (Abs. 1 Satz 1). Das Nähere regeln die Länder durch RVO (Abs. 5), denen auch die Rechtsaufsicht über die Schiedsstelle zusteht (Abs. 4). Schiedsstellen besitzen **keine Rechtsfähigkeit**, sind aber im Sozialgerichtsverfahren nach §§ 70 Nr. 4, 51 Abs. 2 Satz 1 SGG **beteiligtenfähig** (BSG Urt. v. 14.12.2000 – B 3 P 19/00 R, BSGE 87, 199, 208, SozR 3–3300 § 85 Nr. 1).

### C. Besetzung der Schiedsstelle

3  Die Schiedsstelle soll Streitigkeiten beim Zustandekommen von gesetzlich verpflichtend vorgesehenen Verträgen entscheiden. Dazu ist sie auf **Interessenausgleich** angelegt, ihre Entscheidungen haben **Kompromisscharakter** (BSG Urt. v. 14.12.2000 – B 3 P 19/00 R, BSGE 87, 199, 208, SozR 3–3300 § 85 Nr. 1; a.A. für Schiedsentscheidungen nach § 115 Abs. 3 Satz 3 s. Hessisches LSG Urt. v. 27.01.2011 – L 8 P 29/08 KL, juris Rn. 38 ff.). Sie ist nach § 76 Abs. 2 sowohl mit parteiischen Vertretern (der Pflegekassen und der Pflegeeinrichtungen in gleicher Zahl) als auch mit unparteiischen Mitgliedern (ein Vorsitzender, zwei weitere Mitglieder) besetzt. Unter Anrechnung auf die Mitgliederzahl der Pflegekassen gehören der Schiedsstelle auch jeweils ein Vertreter des Verbandes der privaten Krankenversicherung e. V. sowie der überörtlichen oder nach Maßgabe des Landesrechts der örtlichen Träger der Sozialhilfe an. Zu weiteren Maßgaben der Besetzung vgl. Abs. 2.

### D. Entscheidung der Schiedsstelle

4  Die Schiedsstelle entscheidet nur in den ihr nach dem SGB XI zugewiesenen Angelegenheiten (Abs. 1 Satz 2). Sie wird **nur auf Antrag** einer Vertragspartei hin tätig. Ein Antragsrecht steht **jeder Vertragspartei** zu, soweit das Gesetz die Anrufung der Schiedsstelle vorsieht (§ 75 Abs. 4, § 82a Abs. 4 Satz 2, § 85 Abs. 5 Satz 1, § 87 Satz 3 i.V.m. § 85 Abs. 5 Satz 1, § 89 Abs. 3 Satz 4 i.V.m. § 85 Abs. 5 Satz 1). Auch wenn nur ein Beteiligter die Schiedsstelle anruft, so sind am Schiedsstellenverfahren alle vom Gesetz zu Vertragsparteien bestimmten Kostenträger zu beteiligen; die Beteiligung der Landesverbände der Pflegekassen anstatt der einzelnen Pflegekassen genügt nicht (Bayerisches LSG Beschl. v. 25.02.2015 – L 2 P 55/11 KL). Die **Mitglieder der Schiedsstelle** sind an Weisungen ihrer Herkunftsorganisationen nicht gebunden (Abs. 3 Satz 2). Die Schiedsstelle entscheidet durch **mehrheitlich getroffenen Beschluss**, wobei jedem Mitglied nur eine Stimme zusteht. Ergibt sich keine Mehrheit, gibt die Stimme des Vorsitzenden den Ausschlag (Abs. 3 Satz 5).

5  Das Schiedsverfahren ist stets eröffnet, soweit sog. pflichtige Vertragsinhalte infrage stehen (hierzu s. § 75 Rdn. 5). Insoweit ist bei Nichtzustandekommen einer vertraglichen Einigung ein Verzicht auf die Durchführung eines Schiedsverfahrens nicht möglich, d.h. ein Verzicht wäre unwirksam. Soweit es sich indessen um sog. fakultative Vertragsinhalte handelt, kann auf eine dementsprechende vertragliche Vereinbarung und insoweit auch auf die Durchführung eines Schiedsverfahrens

verzichtet werden (*Knittel* in Krauskopf, Soziale Krankenversicherung – Pflegeversicherung § 91 SGB XI Rn. 3; *Udsching in* Udsching/Schütze, SGB XI, § 91 Rn. 4). Pflegesatzverhandlungen und eventuell nachfolgende Schiedsstellenverfahren sind grds. nach einem zweigliedrigen Prüfmuster durchzuführen: Grundlage der Verhandlung über Pflegesätze und Entgelte ist zunächst die Abschätzung der voraussichtlichen Kosten der in der Einrichtung erbrachten Leistungen nach § 85 Abs. 3 Satz 2 Hs. 1 und Satz 3 (Prognose). Daran schließt sich in einem zweiten Schritt die Prüfung der Leistungsgerechtigkeit nach § 84 Abs. 2 Satz 1 und 4 an (LSG Nordrhein-Westfalen Urt. v. 06.04.2017 – L 5 P 3/16 KL).

Zur Vorbereitung ihrer Entscheidung hat die Schiedsstelle den **Sachverhalt aufzuklären** und ist dabei nicht an das Vorbringen der Beteiligten gebunden. Der Schiedsstelle kommt dabei eine umfassende Aufklärungspflicht zu; Aufklärungsermittlungen dürfen auf beiden Seiten durchgeführt werden (LSG Baden-Württemberg Urt. v. 05.03.2010 – L 4 P 4532/08 KL, juris Rn. 65). Die Schiedsstelle ist nach Ermessen berechtigt, nicht aber verpflichtet, Sachverständigengutachten zu betriebswirtschaftlichen Einzelfragen einzuholen, sie beurteilt die Leistungsgerechtigkeit der von ihr festzusetzenden Pflegesätze und die Angemessenheit der Entgelte für Unterkunft und Verpflegung jedoch in eigener Verantwortung (BSG Urt. v. 26.09.2019 – B 3 P 1/18 R, BSGE 129, 116–135, SozR 4–3300 § 85 Nr. 5). Sie hat den Beteiligten Gelegenheit zu geben, ihr Vorbringen zu belegen bzw. zu widerlegen; sie hat **rechtliches Gehör** zu gewähren (BSG Urt. v. 14.12.2000 – B 3 P 19/00 R, BSGE 87, 199, 208, SozR 3–3300 § 85 Nr. 1). Dabei ist die Schiedsstelle nur zur Entscheidung über jene Punkte berufen, die in den vorangegangenen Vergütungsverhandlungen streitig geblieben sind (BSG Urt. v. 17.12.2009 – B 3 P 3/08 R, juris Rn. 74). Sie darf daher nur über streitige Vertragspunkte entscheiden und muss demgemäß alle Sachverhaltselemente, über welche die Vertragsparteien vorab eine einvernehmliche Regelung getroffen haben oder die aus anderen Gründen nicht mehr umstritten sind, ihrem Schiedsspruch ohne eigene Prüfung zugrunde legen (BSG Urt. v. 17.12.2009 – B 3 P 3/08 R, juris Rn. 74).

6

Der Schiedsspruch erfordert eine im Rahmen eines Beurteilungs-, Gestaltungs- bzw Ermessensspielraums zu treffende Abwägungsentscheidung (Sächsisches LSG Urt. v. 24.04.2018 – L 9 P 7/16 KL). Diese ist zu **begründen**. In der Begründung ist die gefundene Abwägung hinreichend, insbesondere nachvollzieh- und nachprüfbar darzulegen (Sächsisches LSG Urt. v. 24.04.2018 – L 9 P 7/16 KL). Dabei müssen die wesentlichen tatsächlichen und rechtlichen Gründe zumindest angedeutet werden (Sächsisches LSG Urt. v. 24.04.2018 – L 9 P 7/16 KL). Der Begründungsaufwand hängt letztlich von den Einwänden der Verfahrensbeteiligten ab (BSG Urt. v. 29.01.2009 – B 3 P 7/08 R, juris Rn. 42, 43). Sind die Beteiligten des Schiedsstellenverfahrens in mehreren Positionen uneinig und begründen sie ihren Standpunkt mit mehr oder minder nachvollziehbaren Argumenten, so obliegt es der Schiedsstelle darzulegen, was für ihre Entscheidung maßgeblich und daher zur Begründung heranzuziehen ist (Sächsisches LSG Urt. v. 24.04.2018 – L 9 P 7/16 KL). Insoweit kann ein Verweis z.B. auf örtliche Gegebenheiten ausreichen, wenn in der Schiedsstellenverhandlung dazu nichts Abweichendes vorgetragen wird (BSG Urt. v. 29.01.2009 – B 3 P 7/08 R, SozR 4–3300 § 85 Nr. 1, juris Rn. 42, 43). Nicht ausreichend ist dagegen der bloße Hinweis auf eine allgemeine Spruchpraxis der Schiedsstelle (BSG Urt. v. 29.01.2009 – B 3 P 7/08 R, juris Rn. 42, 43). Auch ein summarisches Abhandeln der zahlreichen Streitpunkte »en bloc« reicht hierfür nicht aus (Sächsisches LSG Urt. v. 24.04.2018 – L 9 P 7/16 KL).

7

Mit ihrer Entscheidung setzt die Schiedsstelle fest, was sonst mittels einer Vereinbarung durch die Vertragsparteien geregelt werden sollte (z.B. Pflegesätze; Entgelte für Unterkunft und Verpflegung). Der Schiedsspruch ersetzt daher im Verhältnis der Verfahrensbeteiligten einen Vertrag und ist **Verwaltungsakt** i.S.d. § 31 Satz 1 SGB X (BSG Urt. v. 17.12.2009 – B 3 P 3/08 R, juris Rn. 20; BSG Urt. v. 14.12.2000 – B 3 P 19/00 R, BSGE 87, 199, 208, SozR 3–3300 § 85 Nr. 1; so auch für Rahmenverträge gem. § 75 Abs. 4: SG Dresden Urt. v. 12.10.2006 – S 16 P 31/04; differenzierend *Udsching* in Udsching/Schütze, SGB XI, § 76 Rn. 6; ebenso *Knittel* in Krauskopf, Soziale Krankenversicherung – Pflegeversicherung § 76 SGB XI Rn. 5 ff.). Der Schiedsspruch der Schiedsstelle nach § 76 ist als Verwaltungsakt zu qualifizieren, weshalb der Amtsermittlungsgrundsatz sachnäher

8

ist als der Beibringungsgrundsatz (BSG Urt. v. 25.01.2017 – B 3 P 3/15 R, BSGE 122, 248–264 = SozR 4–3300 § 76 Nr. 1). »Gespalten« ist die Rechtslage bei der Schiedsstelle gem. § 18a KHG: Soweit diese aufgrund der Verweisung von § 120 Abs. 4 SGB V tätig wird, ergeht der vertragsersetzende Schiedsspruch ebenfalls als Verwaltungsakt, gegen den die Anfechtungsklage statthaft ist. Soweit die Schiedsstelle gem. § 18a KHG hingegen nicht aufgrund des SGB V, sondern direkt aufgrund des KHG bzw. des § 13 KHEntgG tätig wird, stellt der Schiedsspruch nur eine Art Vorbereitungsakt dar; erst der nachfolgende Akt der Genehmigung – oder Nicht-Genehmigung –, für die in den Flächenstaaten das Regierungspräsidium zuständig ist, stellt einen Verwaltungsakt dar, und [erst] hiergegen kann das Gericht angerufen werden: vgl. dazu *Clemens*, Grundlegende Fragen des Schiedsverfahrens nach dem KHG, MedR 2012, 769, 775 unter V. 1. mit Hinweis auf die BVerwG-Rechtsprechung; zu den unterschiedlichen Verfahrens- und Rechtswegregelungen vgl. auch *Clemens* MedR 2012, 769 mit Fn. 6).

### E. Anfechtung von Schiedsentscheidungen

9 Soweit das Gesetz eine Anfechtbarkeit nicht ausschließt (z.B. § 82a Abs. 4 Satz 2), ist der Schiedsspruch vor dem Landessozialgericht (§ 29 Abs. 2 Nr. 1 SGG; dazu, auch zur örtlichen Zuständigkeit, vgl. LSG Baden-Württemberg Urt. v. 19.06.2015 – L 4 P 1544/14 KL; LSG Baden-Württemberg Urt. v. 25.01.2013 – L 4 P 758/11 KL; LSG Baden-Württemberg Urt. v. 11.11.2011 – L 4 P 1629/10 KL, NZS 2012, 343, nachgehend BSG Urt. v. 16.05.2013 – B 3 P 2/12 R) anfechtbar. Dazu ist die Schiedsstelle, gegen die die Klage zu richten ist, im Wege einer die Anfechtungsklage (§ 54 Abs. 1 Satz 1, 1. Alt. SGG) konsumierenden **Verpflichtungsklage in Form einer Bescheidungsklage** (§ 54 Abs. 1 Satz 1, 2. Alt. SGG) zu verpflichten, erneut über den Antrag (unter Beachtung der Rechtsauffassung des Gerichts, § 131 Abs. 3 SGG) zu entscheiden (LSG Baden-Württemberg Urt. v. 25.01.2013 – L 4 P 758/11 KL, das nachgehende Revisionsverfahren beim BSG – B 3 P 1/13 R endete durch Klagerücknahme; LSG Baden-Württemberg Urt. v. 11.11.2011 – L 4 P 1629/10 KL, NZS 2012, 343, nachgehend BSG Urt. v. 16.05.2013 – B 3 P 2/12 R; SG Dresden Urt. v. 12.10.2006 – S 16 P 31/04). Eines Vorverfahrens bedarf es nicht (§ 78 Abs. 1 Satz 2 Nr. 2 SGG; § 85 Abs. 5 Satz 4). Die Pflegebedürftigen sind nicht beizuladen (BSG Urt. v. 14.12.2000 – B 3 P 19/00 R, BSGE 87, 199, 208, SozR 3–3300 § 85 Nr. 1). Zum Verfahren des einstweiligen Rechtsschutzes vgl. LSG Mecklenburg-Vorpommern Beschl. v. 21.07.2011 – L 6 P 11/11 ER.

10 Die **gerichtliche Kontrolle** des Schiedsspruches ist **eingeschränkt** (BSG Urt. v. 17.12.2009 – B 3 P 3/08 R, BSGE 105, 126–150 = juris Rn. 67; BSG Urt. v. 29.01.2009 – B 3 P 8/07 R, SozR 4–3300 § 89 Nr. 1 = juris Rn. 19; BSG Urt. v. 29.01.2009 – B 3 P 7/08 R, BSGE 102, 227–248 = SozR 4–3300 § 85 Nr. 1 = juris Rn. 41; BSG Urt. v. 14.12.2000 – B 3 P 19/00 R, BSGE 87, 199–208 = SozR 3–3300 § 85 Nr. 1 = juris Rn. 22; zuletzt LSG Saarland Urt. v. 30.01.2014 – L 11 SO 1/12 KL und LSG Nordrhein-Westfalen Urt. v. 06.04.2017 – L 5 P 3/16 KL). Gerichte dürfen den Schiedsspruch nur daraufhin überprüfen, ob die Ermittlung des Sachverhalts in einem fairen Verfahren unter Wahrung des rechtlichen Gehörs erfolgte, der bestehende Beurteilungsspielraum eingehalten und zwingendes Gesetzesrecht (z.B. die Vorgaben des § 84) beachtet worden ist (BSG Urt. v. 17.12.2009 – B 3 P 3/08 R, BSGE 105, 126–150). Dies erfordert, dass die gefundene Abwägung hinreichend begründet wurde (BSG Urt. v. 17.12.2009 – B 3 P 3/08 R, BSGE 105, 126–150 = juris Rn. 68).

11 Hat die Schiedsstelle Qualitätssicherung (§ 113b) jedoch **nach § 115 Abs. 3 Satz 3** entschieden, so soll deren Schiedsspruch weitergehend gerichtlich überprüft werden können (Hessisches LSG Urt. v. 27.01.2011 – L 8 P 29/08 KL, juris Rn. 39). Zum einen beinhalte die Norm eine Art von Eingriffsbefugnis, die sich an klassischen Instrumenten subordinationsrechtlicher Handlungsformen orientiere (Hessisches LSG Urt. v. 27.01.2011 – L 8 P 29/08 KL, juris Rn. 39). Insoweit gelte für die Frage, ob seitens der Pflegeeinrichtung eine Pflichtverletzung mit Auswirkung auf die Versorgungsqualität der Heimbewohner vorliege, der normale gerichtliche Kontrollmaßstab (Hessisches LSG Urt. v. 27.01.2011 – L 8 P 29/08 KL). Dagegen stünden hinsichtlich der Bestimmung

der Höhe des angemessenen Kürzungsbetrages die Gesichtspunkte der Herbeiführung eines Interessenausgleiches und damit der Einsatz eines (kollektiv-)vertragsrechtlichen Steuerungsinstrumentariums in Rede (Hessisches LSG Urt. v. 27.01.2011 – L 8 P 29/08 KL), weshalb hier der gerichtliche Kontrollmaßstab i.S.d. BSG (vgl. Rdn. 10) eingeschränkt sei.

### F. Vereinbarte Schiedsperson

In den Fällen des § 85 Abs. 5 (auf den auch § 87 Satz 3 und § 89 Abs. 3 Satz 4 verweisen, anders § 75 Abs. 4 und § 82a Abs. 4) kann statt der Schiedsstelle durch die Vertragsparteien eine **unabhängige Schiedsperson** bestellt werden (§ 76 Abs. 6). Gegen deren Entscheidung ist der Rechtsweg nur eröffnet, wenn die Entscheidung der öffentlichen Ordnung widerspricht. Hierzu kann als Auslegungshilfe auf § 1059 Abs. 2 ZPO zurückgegriffen werden. Zur Unabhängigkeit und Unparteilichkeit einer Schiedsperson s. *Karl* Die Gewährleistung der Unabhängigkeit und Unparteilichkeit des Schiedsrichters, Diss. 2004.

12

## § 77 Häusliche Pflege durch Einzelpersonen

(1) Zur Sicherstellung der körperbezogenen Pflege, der pflegerischen Betreuung sowie der Haushaltsführung im Sinne des § 36 soll die Pflegekasse Verträge mit einzelnen geeigneten Pflegekräften schließen, um dem Pflegebedürftigen zu helfen, ein möglichst selbständiges und selbstbestimmtes Leben zu führen oder dem besonderen Wunsch des Pflegebedürftigen zur Gestaltung der Hilfe zu entsprechen; Verträge mit Verwandten oder Verschwägerten des Pflegebedürftigen bis zum dritten Grad sowie mit Personen, die mit dem Pflegebedürftigen in häuslicher Gemeinschaft leben, sind unzulässig. In dem Vertrag sind Inhalt, Umfang, Qualität, Qualitätssicherung, Vergütung sowie Prüfung der Qualität und Wirtschaftlichkeit der vereinbarten Leistungen zu regeln; § 112 ist entsprechend anzuwenden. Die Vergütungen sind für Leistungen der häuslichen Pflegehilfe nach § 36 Absatz 1 zu vereinbaren. In dem Vertrag ist weiter zu regeln, dass die Pflegekräfte mit dem Pflegebedürftigen, dem sie Leistungen der häuslichen Pflegehilfe erbringen, kein Beschäftigungsverhältnis eingehen dürfen. Soweit davon abweichend Verträge geschlossen sind, sind sie zu kündigen. Die Sätze 4 und 5 gelten nicht, wenn
1. das Beschäftigungsverhältnis vor dem 1. Mai 1996 bestanden hat und
2. die vor dem 1. Mai 1996 erbrachten Pflegeleistungen von der zuständigen Pflegekasse aufgrund eines von ihr mit der Pflegekraft abgeschlossenen Vertrages vergütet worden sind.

In den Pflegeverträgen zwischen den Pflegebedürftigen und den Pflegekräften sind mindestens Art, Inhalt und Umfang der Leistungen einschließlich der dafür mit den Kostenträgern vereinbarten Vergütungen zu beschreiben. § 120 Absatz 1 Satz 2 gilt entsprechend.

(2) Die Pflegekassen können bei Bedarf einzelne Pflegekräfte zur Sicherstellung der körperbezogenen Pflege, der pflegerischen Betreuung sowie der Haushaltsführung im Sinne des § 36 anstellen, für die hinsichtlich der Wirtschaftlichkeit und Qualität ihrer Leistungen die gleichen Anforderungen wie für die zugelassenen Pflegedienste nach diesem Buch gelten.

| Übersicht | Rdn. | | Rdn. |
|---|---|---|---|
| A. Regelung für ambulante Pflege | 1 | D. Vertragsinhalt des Zulassungsvertrages | 9 |
| B. Pflege durch zugelassene Einzelpersonen | 2 | E. Vertragsinhalt des Pflegevertrages | 10 |
| C. Voraussetzung des Zulassungsvertrages | 5 | | |

### A. Regelung für ambulante Pflege

§ 77 enthält Regelungen für den Bereich der ambulanten Pflege.

1

### B. Pflege durch zugelassene Einzelpersonen

Im Bereich der **ambulanten Pflege** stehen zur Erbringung der Pflegeleistungen neben ehrenamtlichen nicht zulassungspflichtigen Pflegepersonen nur die zugelassenen ambulanten Pflegedienste

2

§ 77 SGB XI    Häusliche Pflege durch Einzelpersonen

(§ 71 Abs. 1) bereit. Darüber hinaus eröffnet § 77 Abs. 1 auch die Möglichkeit der Zulassung von **selbstständigen Einzelpersonen** zur Erbringung ambulanter Pflegeleistungen. Nach § 77 Abs. 2 können daher einzelne **Pflegekräfte** zur Sicherstellung der häuslichen Pflege bei den Pflegekassen **auch angestellt werden**. Das immer wieder gewählte Modell einer ambulanten Pflege durch osteuropäische Pflegekräfte ist regelmäßig nicht nach dem Modell des § 77 aufgebaut und erlaubt daher keine Pflege unmittelbar zu Lasten der Pflegeversicherung, vielmehr soll hier mit Pflegegeld die ambulante Pflege sichergestellt werden.

3   Die Zulassung der Einzelperson erfolgt durch **öffentlich-rechtlichen Vertrag** gem. §§ 53 ff. SGB X (*Knittel* in Krauskopf, Soziale Krankenversicherung – Pflegeversicherung § 77 SGB XI Rn. 3 f.; a.A. OLG Rostock NZS 1994, 460 unter Berufung auf Kartellrecht), den Pflegekassen schließen sollen. Zwar bestimmt der Wortlaut der Vorschrift keinen absoluten Anspruch auf Abschluss eines Zulassungsvertrages, vielmehr handelt es sich um eine Soll-Vorschrift. Dennoch teilt die BT-Drs. 17/9369 S. 45 mit, die Pflegekassen müssten vertragliche Vereinbarungen mit geeigneten Pflegekräften eingehen, soweit keine konkreten Gründe vorliegen, die dem entgegenstehen. Vor diesem Hintergrund ist die Regelung so zu verstehen, dass **Einzelpersonen** – bei Vorliegen der sachlichen Voraussetzungen – im Regelfall **einen Anspruch auf Abschluss** eines Zulassungsvertrages haben; lediglich im Ausnahmefall steht der Pflegekasse ein Ermessen zu.

4   Durch den Zulassungsvertrag wird die Einzelperson nicht zur allgemeinen Sachleistungserbringung zulasten der SPV berechtigt. In der Sache handelt es sich um einen Leistungsbeschaffungsvertrag, mit dem die Erbringung einer Sachleistung durch die Pflegekasse **zugunsten einzelner Versicherter** sichergestellt werden soll (LSG Niedersachsen Urt. v. 31.03.1998 – L 3 P 31/97, RsDE 43/112; LSG Rheinland-Pfalz Urt. v. 15.07.1999 – L 5 P 29/97). Die vertragliche Zulassung bezieht sich lediglich auf die pflegerische **Versorgung eines konkreten Pflegebedürftigen**. Daher ist Vertragspartner der Einzelperson die jeweils für die Versorgung des einzelnen Pflegebedürftigen zuständige Pflegekasse. Verträge für die Pflege mehrerer Pflegebedürftiger und mit mehreren Pflegekassen sind zulässig (*Knittel* in Krauskopf, Soziale Krankenversicherung – Pflegeversicherung § 77 SGB XI Rn. 3a).

## C. Voraussetzung des Zulassungsvertrages

5   Die näheren Voraussetzungen des Zulassungsvertrages ergeben sich aus Abs. 1 Satz 1. Die Pflege durch Einzelpersonen kann insbesondere bei der Gründung und Realisierung von Wohngruppen sowie Wohn- und Hausgemeinschaften wirtschaftlich sein (BT-Drs. 16/7436 S. 70). Die Zulassung kann nicht davon abhängig gemacht werden, dass die Versorgung durch einen zugelassenen Pflegedienst nicht gewährleistet werden kann.

6   Darüber hinaus muss die Einzelperson **geeignet** sein, eine bedarfsgerechte und gleichmäßige, dem allgemein anerkannten Stand medizinisch-pflegerischer Erkenntnisse entsprechende pflegerische Versorgung der Versicherten zu gewährleisten (§ 69 Satz 1). Eine abgeschlossene pflegerische Berufsausbildung oder eine gar den Anforderungen des § 71 Abs. 3 genügende Qualifikation ist nicht erforderlich (*Knittel* in Krauskopf, Soziale Krankenversicherung – Pflegeversicherung § 77 SGB XI Rn. 5). Der Hinweis auf § 112 bedeutet, dass auch die Einzelperson für die Qualität ihrer Leistungen einschließlich der Sicherung und Weiterentwicklung der Pflegequalität verantwortlich ist. Die Qualität der Pflege und Betreuung ist dabei nicht nur im Zeitpunkt des Vertragsschlusses zu prüfen, vielmehr muss gewährleistet werden, dass sie auf Dauer und auch im Verhinderungsfall sichergestellt wird (LSG Hamburg Urt. v. 13.11.2018 – L 3 P 6/17). Auch insoweit sind Qualitätsprüfungen durchzuführen (*Udsching* in Udsching/Schütze, SGB XI, § 77 Rn. 6).

7   Die **Einzelperson** i.S.d. Abs. 1 wird zwar **selbstständig** tätig, steht jedoch in einem öffentlich-rechtlichen (Beschäftigungs-)Verhältnis zu der sie beauftragenden Pflegekasse und ist – anders als die angestellte Pflegekraft nach Abs. 2 – arbeitsrechtlich nicht Arbeitnehmer (Hessisches LAG Beschl. v. 14.11.2011 – 4 Ta 443/11); zur steuerrechtlichen Beurteilung vgl. BFH Urt. v. 18.08.2015 – V R 13/14). Ein im Rahmen eines Arbeitsvertrages mit einer pflegebedürftigen

Person Beschäftigter hat daher keinen Anspruch auf Vergütung gegenüber dem Sozialhilfeträger, auch wenn die Pflegetätigkeit im Rahmen des sogenannten Arbeitgebermodells erfolgt und deshalb der Sozialhilfeträger an der Finanzierung der Pflege beteiligt ist (Hessisches LSG Urt. v. 30.06.2017 – L 4 SO 84/17 ER). Der Zulassungsvertrag muss der Einzelperson einen Spielraum für selbstständiges Wirtschaften belassen. Andernfalls kommt das Verhältnis einer Scheinselbstständigkeit und damit einer **Anstellung nach Abs. 2** nahe. Sie steht infolge des Vorliegens eines Zulassungsvertrages aber auch weder mit der Pflegekasse noch mit dem Pflegebedürftigen in einem Arbeits- oder Beschäftigungsverhältnis. Vielmehr ist ihr neben dem Vertrag mit der Pflegekasse ein Beschäftigungsverhältnis (zum Zwecke der Pflege) mit dem Pflegebedürftigen untersagt (Abs. 1 Satz 3, zum Übergangsrecht s. Satz 5). Wird dennoch ein Beschäftigungsverhältnis begründet, ist der Zulassungsvertrag von der Pflegekasse nach Abs. 1 Satz 4 zu kündigen. Da der Gesetzgeber zur häuslichen Pflege durch Einzelpersonen in § 77 detaillierte Sonderregelungen geschaffen hat, die ein Vertragsverhältnis zwischen Pflegekraft und der Pflegekasse voraussetzen, ist die Einbeziehung des Arbeitgebermodells in den Anwendungsbereich des § 35a (persönliches Budget) ausgeschlossen (BSG Beschl. v. 28.02.2017 – B 3 P 1/17 B).

Unzulässig sind Verträge mit Verwandten oder Verschwägerten des Pflegebedürftigen bis zum dritten Grad sowie mit Personen, die mit dem Pflegebedürftigen in häuslicher Gemeinschaft leben (Abs. 1 Satz 1 Hs. 2). Diese Personen können allenfalls als ehrenamtliche Pflegepersonen (§ 19) im Rahmen einer Pflege nach § 37 bzw. § 39tätig werden. Der Ausschluss dieser Familienangehörigen (dazu vgl. auch § 1 Abs. 7) ist verfassungsgemäß (LSG Bayern Urt. v. 14.11.2011 – L 2 P 60/11). Insoweit geht die Rechtsprechung davon aus, dass die Pflege durch Angehörige und nahestehende Personen unentgeltlich geleistet wird, selbst wenn der oder die Pflegende eine ausgebildete Pflegekraft ist (LSG Sachsen-Anhalt Beschl. v. 19.01.2012 – L 8 SO 27/10 B ER; LSG Hessen Beschl. v. 30.04.2007 – L 7 SO 14/07 ER; OVG Bremen Beschl. v. 28.11.2008 – S3 A 233/08). Ob auch für die Beauftragung der Präsenzkraft nach § 38a Abs. 1 Nr. 3 das Verbot des Vertragsschlusses mit Familien- oder Haushaltsangehörigen nach § 77 Abs. 1 Satz 1 Hs. 2 greift, hat das BSG zuletzt offen gelassen (BSG Urt. v. 18.02.2016 – B 3 P 5/14 R, BSGE 120, 271–281 = SozR 4–3300 § 38a Nr. 1).

## D. Vertragsinhalt des Zulassungsvertrages

In dem Vertrag sind die Rechte und Pflichten beider Vertragsparteien zu bestimmen. Dazu gehören Bestimmungen zu **Inhalt, Umfang, Qualität, Qualitätssicherung** sowie zur Prüfung der Qualität und **Wirtschaftlichkeit** der vereinbarten Leistungen (Abs. 1 Satz 2). Auch beim Einsatz von Einzelpersonen haben die Pflegekassen die Qualität der Pflege, Betreuung und Versorgung durch geeignete Pflegekräfte nicht nur zum Zeitpunkt des Vertragsabschlusses zu prüfen, sondern auch zu gewährleisten, dass die Qualität der Pflege auf Dauer dem allgemein anerkannten Stand medizinisch-pflegerischer Erkenntnisse entspricht (BT-Drs. 16/7436 S. 70). Die §§ 112 ff. gelten entsprechend. Zu vereinbaren ist auch eine **Vergütung** für Leistungen der Grundpflege, der hauswirtschaftlichen Versorgung sowie für Betreuungsleistungen nach § 36 Abs. 1 (Abs. 1 Satz 2). Die Vergütung bemisst sich nach §§ 89, 90. Bei Streitigkeiten zwischen der Pflegeperson i.S.d. Abs. 1 Satz 1 und der Pflegekasse handelt es sich um sozialrechtliche Streitigkeiten (LAG Hessen Beschl. v. 14.11.2011 – 4 Ta 443/11).

## E. Vertragsinhalt des Pflegevertrages

Die nach Abs. 1 Satz 1 zugelassene Pflegeperson hat mit dem Pflegebedürftigen einen Pflegevertrag i.S.d. § 120 zu schließen (Abs. 1 Satz 6). In diesem Vertrag sind mindestens Art, Inhalt und Umfang der Leistungen einschließlich der dafür mit den Kostenträgern vereinbarten Vergütungen darzustellen (vgl. auch die Kommentierung bei § 120). Durch den Verweis auf § 120 Abs. 1 Satz 2 wird klargestellt, dass die Einzelpflegekraft bei jeder wesentlichen Veränderung des Zustandes des Pflegebedürftigen dies der Pflegekasse mitzuteilen hat.

## § 78 Verträge über Pflegehilfsmittel, Pflegehilfsmittelverzeichnis und Empfehlungen zu wohnumfeldverbessernden Maßnahmen

(1) Der Spitzenverband Bund der Pflegekassen schließt mit den Leistungserbringern oder deren Verbänden Verträge über die Versorgung der Versicherten mit Pflegehilfsmitteln, soweit diese nicht nach den Vorschriften des Fünften Buches über die Hilfsmittel zu vergüten sind. Abweichend von Satz 1 können die Pflegekassen Verträge über die Versorgung der Versicherten mit Pflegehilfsmitteln schließen, um dem Wirtschaftlichkeitsgebot verstärkt Rechnung zu tragen. Die §§ 36, 126 und 127 des Fünften Buches gelten entsprechend.

(2) Der Spitzenverband Bund der Pflegekassen erstellt als Anlage zu dem Hilfsmittelverzeichnis nach § 139 des Fünften Buches ein systematisch strukturiertes Pflegehilfsmittelverzeichnis. Darin sind die von der Leistungspflicht der Pflegeversicherung umfassten Pflegehilfsmittel aufzuführen, soweit diese nicht bereits im Hilfsmittelverzeichnis enthalten sind. Pflegehilfsmittel, die für eine leihweise Überlassung an die Versicherten geeignet sind, sind gesondert auszuweisen. Das Pflegehilfsmittelverzeichnis ist spätestens alle drei Jahre unter besonderer Berücksichtigung digitaler Technologien vom Spitzenverband Bund der Pflegekassen fortzuschreiben. Unbeschadet der regelhaften Fortschreibung nach Satz 4 entscheidet der Spitzenverband Bund der Pflegekassen über Anträge zur Aufnahme von neuartigen Pflegehilfsmitteln in das Pflegehilfsmittelverzeichnis innerhalb von drei Monaten nach Vorlage der vollständigen Unterlagen. Der Spitzenverband Bund der Pflegekassen informiert und berät Hersteller auf deren Anfrage über die Voraussetzungen und das Verfahren zur Aufnahme von neuartigen Pflegehilfsmitteln in das Pflegehilfsmittelverzeichnis; im Übrigen gilt § 139 Absatz 8 des Fünften Buches entsprechend. Die Beratung erstreckt sich insbesondere auch auf die grundlegenden Anforderungen an den Nachweis des pflegerischen Nutzens des Pflegehilfsmittels. Im Übrigen gilt § 139 des Fünften Buches entsprechend mit der Maßgabe, dass die Verbände der Pflegeberufe und der behinderten Menschen vor Erstellung und Fortschreibung des Pflegehilfsmittelverzeichnisses ebenfalls anzuhören sind.

(2a) Der Spitzenverband Bund der Pflegekassen beschließt spätestens alle drei Jahre, erstmals bis zum 30. September 2021, Empfehlungen zu wohnumfeldverbessernden Maßnahmen gemäß § 40 Absatz 4 unter besonderer Berücksichtigung digitaler Technologien, einschließlich des Verfahrens zur Aufnahme von Produkten oder Maßnahmen in die Empfehlungen. Absatz 2 Satz 5 bis 7 gilt entsprechend.

(3) ... (nicht abgedruckt)

(4) ... (nicht abgedruckt)

### Übersicht

| | Rdn. | | Rdn. |
|---|---|---|---|
| A. Regelung für ambulante und stationäre Versorgung mit Pflegehilfsmitteln | 1 | D. Hilfsmittelverzeichnis | 5 |
| B. Verträge über Pflegehilfsmittel | 2 | E. Empfehlungen zu wohnumfeldverbessernden Maßnahmen | 6 |
| C. Festbeträge bei Hilfsmitteln | 4 | | |

### A. Regelung für ambulante und stationäre Versorgung mit Pflegehilfsmitteln

1 § 78 enthält Regelungen für die ambulante und die stationäre Versorgung mit Pflegehilfsmitteln. Außerdem enthält § 78 Regelungen zum Pflegehilfsmittelverzeichnis und zu Empfehlungen zu wohnumfeldverbessernden Maßnahmen.

### B. Verträge über Pflegehilfsmittel

2 Auch die Erbringung von Pflegehilfsmitteln muss **vertraglich** begründet sein (§ 78 Abs. Satz 3 i.V.m. §§ 126, 127 SGB V). Hierzu schließt der Spitzenverband Bund der Pflegekassen mit den Leistungserbringern oder deren Verbänden Verträge über die Versorgung mit Pflegehilfsmitteln

(Abs. 1 Satz 1). Einer vertraglichen Vereinbarung bedarf es nicht, soweit Hilfsmittel nach den Vorschriften des SGB V zu vergüten sind. Zu diesen Hilfsmitteln gehören alle diejenigen Hilfsmittel, die im Rahmen einer Leistungspflicht der GKV erbracht werden (z.B. Hilfsmittel im Rahmen der Behandlungspflege oder im Rahmen von stationären Aufenthalten), auch soweit diese eine Erleichterung der Pflege begründen. Zu den Voraussetzungen und zum Inhalt der Verträge vgl. §§ 126, 127 SGB V.

Mangels gesetzlicher Regelung (vgl. etwa Abs. 2 Satz 1 oder § 72 Abs. 2 Satz 2) binden die nach Abs. 1 Satz 1 auf **Bundesebene** geschlossenen Verträge die Pflegekassen und die einzelnen Leistungserbringer nur dann, wenn die Vertragsparteien ausdrücklich von der jeweiligen Pflegekasse oder dem jeweiligen Leistungserbringer **bevollmächtigt** wurden. Soweit Pflegekassen und/oder Leistungserbringer nicht durch bundesweit geltende Verträge gebunden sind, muss die Leistungserbringung auf anderer vertraglicher Grundlage durchgeführt werden. Hierzu können die **Pflegekassen und die Leistungserbringer** entweder direkt oder mittels einer Vertretung auf Landesebene entsprechende Versorgungsverträge schließen. Von bundesweit geltenden Verträgen kann gem. Abs. 1 Satz 2 durch Vertrag zwischen Pflegekassen und Leistungserbringern abgewichen werden. 3

## C. Festbeträge bei Hilfsmitteln

Zu Festbeträgen bei der Hilfsmittelversorgung verweist § 78 Abs. 1 Satz 3 auf die entsprechende Anwendung des **§ 36 SGB V**. Danach bestimmt der Spitzenverband Bund der Pflegekassen Hilfsmittel, für die Festbeträge festgesetzt werden (§ 36 Abs. 1 Satz 1 SGB V), und setzt für die Versorgung mit diesen Hilfsmitteln einheitliche Festbeträge fest (§ 36 Abs. 2 Satz 1 SGB V). Die Festbeträge sind so festzusetzen, dass sie im Allgemeinen eine ausreichende, zweckmäßige und wirtschaftliche sowie in der Qualität gesicherte Versorgung gewährleisten (§ 36 Abs. 3 i.V.m. § 35 Abs. 5 Satz 1 SGB V). Sie haben Wirtschaftlichkeitsreserven auszuschöpfen, sollen einen wirksamen Preiswettbewerb auslösen und haben sich deshalb an möglichst preisgünstigen Versorgungsmöglichkeiten auszurichten (§ 36 Abs. 3 i.V.m. § 35 Abs. 5 Satz 2 Halbs. 1 SGB V). Die Festbeträge sind im Bundesanzeiger bekanntzumachen (§ 36 Abs. 3 i.V.m. § 35 Abs. 7 Satz 1 SGB V). Zu Klagen gegen die Festsetzung der Festbeträge s. § 36 Abs. 3 i.V.m. § 35 Abs. 7 Satz 2 ff. SGB V. Im Übrigen s. § 36 i.V.m. § 35 Abs. 5 bis 7 SGB V. 4

## D. Hilfsmittelverzeichnis

Der Spitzenverband Bund der Pflegekassen erstellt gem. § 78 Abs. 2 Satz 1 ein systematisch strukturiertes Pflegehilfsmittelverzeichnis, das als Anlage das **Hilfsmittelverzeichnis** der GKV nach § 139 SGB V ergänzt. Das Hilfsmittelverzeichnis ist fortzuschreiben. Dazu enthält Abs. 2 ab Satz 4 nähere Regelungen. Nach § 78 Abs. 2 Satz 2 sind in diesem Verzeichnis die von der Leistungspflicht der PV umfassten Pflegehilfsmittel aufzuführen, soweit diese nicht bereits im Hilfsmittelverzeichnis der GKV enthalten sind. Damit hat der Gesetzgeber jedoch keine abschließende, die Leistungspflicht aus § 40 Abs. 1 bis 3 begrenzende Positivliste geschaffen (BSG 15.11.2007 – B 3 A 1/07 R, BSGE 99, 197–208, SozR 4–2500 § 33 Nr. 16; BSG 11.04.2002 – B 3 P 10/01 R, SozR 3–3300 § 40 Nr. 9). Das Hilfsmittelverzeichnis stellt vielmehr eine **reine Auslegungs- und Orientierungshilfe** für die medizinische und pflegerische Praxis dar (BSG 15.11.2007 – B 3 A 1/07 R, BSGE 99, 197–208, SozR 4–2500 § 33 Nr. 16; LSG Nordrhein-Westfalen 23.05.2012 – L 10 P 1/11, juris). Denn § 78 Abs. 2 berechtigt die Spitzenverbände nicht, Ansprüche der Pflegebedürftigen einzuschränken (BSG 15.11.2007 – B 3 P 9/06 R, SozR 4–3300 § 40 Nr. 7, juris; LSG Schleswig-Holstein 13.03.2009 – L 10 P 10/08, juris). Zum Verfahren der Erstellung bzw. Fortschreibung des Verzeichnisses s. Abs. 2 Satz 4 i.V.m. § 139 SGB V. Ein Eintragungsantrag nach § 139 SGB V enthält für den Fall seiner Ablehnung stets zugleich einen Eintragungsantrag nach § 78 Abs. 2, sofern der Pflegeaspekt bei einem bestimmten Produkt überhaupt eine Rolle spielen kann und der Antrag nicht ausdrücklich auf das Hilfsmittelverzeichnis der GKV beschränkt wird (BSG 22.04.2009 – B 3 KR 11/07 R, BSGE 103, 66–78, SozR 4–2500 § 33 Nr. 22, juris Rn. 10). 5

### E. Empfehlungen zu wohnumfeldverbessernden Maßnahmen

6 Nicht nur im Zusammenhang mit Pflegehilfsmitteln, sondern auch bei den wohnumfeldverbessernden Maßnahmen stellt sich die Frage, wie digitale Technologien den Pflegebedürftigen leichter zugänglich gemacht werden können, ohne dass der pflegerische Nutzen vernachlässigt wird (BT-Drs. 19/24727 S. 65). Der Spitzenverband Bund der Pflegekassen wird daher in Abs. 2a verpflichtet, erstmals bis zum 30.09.2021 Empfehlungen zu wohnumfeldverbessernden Maßnahmen gem. § 40 Abs. 4 unter besonderer Berücksichtigung digitaler Technologien zu beschließen.

7 Ziel dieser Empfehlungen soll sein, ähnlich wie im Hilfsmittelkatalog, Maßnahmen systematisiert aufzuführen, die als wohnumfeldverbessernde Maßnahmen in Betracht kommen (BT-Drs. 19/24727 S. 65). Dabei sollen auch Festlegungen über das Verfahren zur Aufnahme in den Empfehlungskatalog getroffen werden (BT-Drs. 19/24727 S. 65). Dabei wird an Ausführungen aus dem Gemeinsamen Rundschreiben zu den leistungsrechtlichen Vorschriften des SGB XI des Spitzenverbandes Bund der Pflegekassen und der Verbände der Pflegekassen auf Bundesebene angeknüpft und hierbei der Aspekt digitaler Technologien hervorgehoben (BT-Drs. 19/24727 S. 65). Darüber hinaus können auch die Erkenntnisse aus der wissenschaftlichen Gesamtevaluation des Modellprogramms zur Weiterentwicklung neuer Wohnformen nach § 45f hierbei einen wichtigen Beitrag leisten und sollten daher in die weitere Analyse miteinbezogen werden (BT-Drs. 19/24727 S. 65). Unberührt von der Aufnahme einer Maßnahme in den Empfehlungskatalog bleibt die Pflicht der Pflegekassen, Anträge der Anspruchsberechtigten in jedem Einzelfall zu prüfen und bei Vorliegen der Voraussetzungen auch Zuschüsse zu wohnumfeldverbessernden Maßnahmen zu bewilligen, die in den Empfehlungen nicht benannt sind (BT-Drs. 19/24727 S. 65).

## § 79 Wirtschaftlichkeits- und Abrechnungsprüfungen

(1) Die Landesverbände der Pflegekassen können die Wirtschaftlichkeit und Wirksamkeit der ambulanten, teilstationären und vollstationären Pflegeleistungen durch von ihnen bestellte Sachverständige prüfen lassen; vor Bestellung der Sachverständigen ist der Träger der Pflegeeinrichtung zu hören. Eine Prüfung ist nur zulässig, wenn tatsächliche Anhaltspunkte dafür bestehen, dass die Pflegeeinrichtung die Anforderungen des § 72 Abs. 3 S. 1 ganz oder teilweise nicht oder nicht mehr erfüllt. Die Anhaltspunkte sind der Pflegeeinrichtung rechtzeitig vor der Anhörung mitzuteilen. Personenbezogene Daten sind zu anonymisieren.

(2) Die Träger der Pflegeeinrichtungen sind verpflichtet, dem Sachverständigen auf Verlangen die für die Wahrnehmung seiner Aufgaben notwendigen Unterlagen vorzulegen und Auskünfte zu erteilen.

(3) Das Prüfungsergebnis ist, unabhängig von den sich daraus ergebenden Folgerungen für eine Kündigung des Versorgungsvertrags nach § 74, in der nächstmöglichen Vergütungsvereinbarung mit Wirkung für die Zukunft zu berücksichtigen.

(4) Die Landesverbände der Pflegekassen können eine Abrechnungsprüfung selbst oder durch von ihnen bestellte Sachverständige durchführen lassen, wenn tatsächliche Anhaltspunkte dafür bestehen, dass die Pflegeeinrichtung fehlerhaft abrechnet. Die Abrechnungsprüfung bezieht sich
1. auf die Abrechnung von Leistungen, die zu Lasten der Pflegeversicherung erbracht oder erstattet werden, sowie
2. auf die Abrechnung der Leistungen für Unterkunft und Verpflegung (§ 87).

Für die Abrechnungsprüfung sind Absatz 1 Satz 3 und 4 sowie die Absätze 2 und 3 entsprechend anzuwenden.

### Übersicht

| | Rdn. | | Rdn. |
|---|---|---|---|
| A. Regelung für ambulante und stationäre Pflegeeinrichtungen | 1 | C. Folgen der Wirtschaftlichkeitsprüfungen | 6 |
| B. Wirtschaftlichkeitsprüfungen | 2 | D. Abrechnungsprüfungen | 7 |
| | | E. Folgen der Abrechnungsprüfungen | 10 |

## A. Regelung für ambulante und stationäre Pflegeeinrichtungen

§ 79 enthält Regelungen für ambulante Pflegeeinrichtungen (§ 71 Abs. 1) und für stationäre Pflegeeinrichtungen (§ 71 Abs. 2). 1

## B. Wirtschaftlichkeitsprüfungen

§ 79 Abs. 1 Satz 1 räumt den Landesverbänden der Pflegekassen (LV) das Recht ein, die Wirtschaftlichkeit und die Wirksamkeit der ambulanten, teilstationären und vollstationären Pflegeleistungen durch von ihnen bestellte Sachverständige prüfen zu lassen. Die Prüfungen sind auf die Wirtschaftlichkeit und Wirksamkeit der Grundpflege, der Behandlungspflege und der sozialen Betreuung der Pflegebedürftigen beschränkt (BSG Urt. v. 12.06.2008 – B 3 P 2/07 R, BSGE 101, 6–22, SozR 4–3300 § 79 Nr. 1). **Isolierte Wirtschaftlichkeitsprüfungen** (ohne gleichzeitige Wirksamkeitsprüfung) sind unzulässig (BSG Urt. v. 12.06.2008 – B 3 P 2/07 R, BSGE 101, 6–22, SozR 4–3300 § 79 Nr. 1). Zu **Qualitätsprüfungen** vgl. § 115, der in Abs. 3 bei Qualitätsmängeln eine Ermächtigung zur Kürzung der Vergütung beinhaltet. 2

Die Anordnung der Prüfung steht im **Ermessen** der LV; der Pflegekasse steht ein Prüfrecht nach § 79 Abs. 1 Satz 1 nicht zu. Die prüfenden Sachverständigen sind durch die LV gemeinsam (§ 81 Abs. 1 Satz 1) zu bestellen, der Einrichtungsträger ist anzuhören (Abs. 1 Satz 1 Hs. 2; dazu auch *Schütze* in Udsching/Schütze, SGB XI, § 79 Rn. 4). Bei der Auswahl des Sachverständigen ist auf Unabhängigkeit und fachliche Eignung zu achten (BT-Drs. 12/5262 S. 140). 3

Eine Prüfung darf nur angeordnet werden (Abs. 1 Satz 2), wenn **tatsächliche Anhaltspunkte** dafür bestehen, dass die Pflegeeinrichtung die Anforderungen des § 72 Abs. 3 Satz 1 ganz oder teilweise nicht oder nicht mehr erfüllt; **anlasslose Wirtschaftlichkeits- und Wirksamkeitsprüfungen** dürfen seit dem 01.07.2008 nicht mehr durchgeführt werden (zur früheren Rechtslage BSG Urt. v. 12.06.2008 – B 3 P 2/07 R, BSGE 101, 6–22, SozR 4–3300 § 79 Nr. 1). Die Anhaltspunkte für unwirtschaftliche oder unwirksame Leistungserbringung müssen sich auf die Zulassungsvoraussetzungen des § 72 Abs. 3 Satz 1 beziehen und daher ein über einen Einzelfall hinausgehendes Gewicht besitzen. Eine Prüfung von Wirksamkeit und Wirtschaftlichkeit darf nur erfolgen, wenn Anhaltspunkte dafür bestehen, dass vertragliche Pflichten nicht umfassend erfüllt werden (BSG Urt. v. 12.06.2008 – B 3 P 2/07 R, BSGE 101, 6–22, SozR 4–3300 § 79 Nr. 1, SozR 4–3300 § 52 Nr. 1, SozR 4–3300 § 74 Nr. 1, SozR 4–1920 § 52 Nr. 9, juris Rn. 42). Die bloße Klärung der Kostenstruktur der Pflegeeinrichtungen zur Vorbereitung von Pflegesatzverhandlungen ist kein zulässiges Entscheidungsmotiv (BSG Urt. v. 12.06.2008 – B 3 P 2/07 R, BSGE 101, 6–22, SozR 4–3300 § 79 Nr. 1, SozR 4–3300 § 52 Nr. 1, SozR 4–3300 § 74 Nr. 1, SozR 4–1920 § 52 Nr. 9). Im Rahmen des Auswahlermessens bei Durchführung der Prüfung sind die Prüfbereiche hinsichtlich der eigentlichen Prüfziele und der betroffenen Pflegeleistungen erforderlichenfalls einzugrenzen, ggf. sind die Prüfungen auch auf die Wirksamkeit und Wirtschaftlichkeit bestimmter Pflegeleistungen einzuschränken (BSG Urt. v. 12.06.2008 – B 3 P 2/07 R, BSGE 101, 6–22, SozR 4–3300 § 79 Nr. 1, SozR 4–3300 § 52 Nr. 1, SozR 4–3300 § 74 Nr. 1, SozR 4–1920 § 52 Nr. 9, juris Rn. 43). Offen gelassen hat das BSG bisher, ob Wirksamkeit und Wirtschaftlichkeit immer zusammen zu prüfen sind (BSG Urt. v. 12.06.2008 – B 3 P 2/07 R, BSGE 101, 6–22, SozR 4–3300 § 79 Nr. 1, SozR 4–3300 § 52 Nr. 1, SozR 4–3300 § 74 Nr. 1, SozR 4–1920 § 52 Nr. 9, juris Rn. 43; aus der Lit. vgl. *Igl* SGb 2008, 1, 5) oder ob die Prüfung auf einen der beiden Aspekte beschränkt werden kann. Die Pflegeeinrichtung ist vor der Prüfung auf die die Anordnung der Prüfung stützenden Anhaltspunkte für eine unwirtschaftliche oder unwirksame Leistungserbringung hinzuweisen. 4

**Wirksam** sind Leistungen nicht bereits dann, wenn nur mit ihnen ein vom Schutz der PV abgedeckter Pflegezweck (dazu § 2 Abs. 1 Satz 2) erreicht werden kann, sie also erforderlich und geeignet sind. Vielmehr umfasst der Begriff der Wirksamkeit auch die Frage, ob mit der Pflegeleistung der Leistungszweck tatsächlich erreicht wird. **Wirtschaftlich** ist diejenige Pflegeleistung, die unter verschiedenen gleich erforderlichen, gleich geeigneten und gleich wirksamen Pflegeleistungen die günstigste Leistung darstellt. Leistungen, die die Voraussetzungen der Wirksamkeit und 5

Wirtschaftlichkeit nicht erfüllen, können Pflegebedürftige nicht beanspruchen und dürfen die Leistungserbringer nicht bewirken (§ 29 Abs. 1 Satz 2).

### C. Folgen der Wirtschaftlichkeitsprüfungen

6 Eine festgestellte unwirtschaftliche oder unwirksame Leistungserbringung haben die LV bei der nächstmöglichen **Vergütungsvereinbarung** mit dem Leistungserbringer zu berücksichtigen und Maßnahmen zur Sicherung der Wirtschaftlichkeit und Wirksamkeit zu vereinbaren (Abs. 3). Als Folge kann dem LV auch ein **Kündigungsrecht** nach § 74 zustehen (zur Kündigung vgl. BSG Urt. v. 12.06.2008 – B 3 P 2/07 R, BSGE 101, 6–22, SozR 4–3300 § 79 Nr. 1, SozR 4–3300 § 52 Nr. 1, SozR 4–3300 § 74 Nr. 1, SozR 4–1920 § 52 Nr. 9 und § 72 Rdn. 18 ff.). Eine Kündigung lässt sich jedoch nur rechtfertigen, wenn das festgestellte Verhalten nicht nur vorübergehend ist und sich auch mittels einer Vereinbarung i.S.d. § 79 Abs. 3 Satz 2 nicht beseitigen lässt. Auch eine mangelnde Mitwirkung nach Abs. 2 kann zu einer Kündigung nach § 74 führen (*Schütze* in Udsching/Schütze, SGB XI, § 79 Rn. 5).

### D. Abrechnungsprüfungen

7 Nach § 77 Abs. 4 können die LV der Pflegekassen eine Abrechnungsprüfung selbst oder durch von ihnen bestellte Sachverständige durchführen lassen. Die Anordnung der Prüfung steht im **Ermessen** der LV; der Pflegekasse selbst steht ein Prüfrecht nach § 79 Abs. 4 Satz 1 nicht zu. Die LV können die Prüfung selbst vornehmen oder Sachverständige mit der Prüfung beauftragen. Der Einrichtungsträger ist vor der Prüfung **anzuhören**, was sich zwar nicht aus Abs. 4 ergibt, der gerade nicht auf Abs. 1 Satz 1 Hs. 2 verweist. Die Anhörungspflicht ergibt sich aber aus dem Verweis des Abs. 4 Satz 3 auf Abs. 1 Satz 3; die dort bestimmte Pflicht, die Anhaltspunkte, aus denen sich der Verdacht einer falschen Abrechnung ergeben, der Pflegeeinrichtung rechtzeitig vor der Anhörung mitzuteilen, macht nur Sinn, wenn eine Anhörung erforderlich ist.

8 Eine Prüfung darf nur angeordnet werden (Abs. 4 Satz 1), wenn **tatsächliche Anhaltspunkte** dafür bestehen, dass die Pflegeeinrichtung fehlerhaft abrechnet. **Anlasslose Abrechnungsprüfungen** dürfen nicht durchgeführt werden. Vage und wenig konkrete Hinweise reichen daher für die Veranlassung von Prüfungen nicht aus (BT-Drs. 18/9518 S. 73). Die Anhaltspunkte müssen die LV der Pflegekassen vielmehr zu der Überzeugung kommen lassen, dass die Pflegeeinrichtung fehlerhaft abrechnet (BT-Drs. 18/9518 S. 73).

9 Die Abrechnungsprüfung bezieht sich auf die **Abrechnung von Leistungen**, die zu Lasten der PV erbracht oder erstattet werden, sowie auf die Abrechnung der **Leistungen für Unterkunft und Verpflegung** (§ 87). Im Übrigen gelten auch für die Abrechnungsprüfung Abs. 1 Satz 3 und 4 sowie die Abs. 2 und 3 entsprechend. Um die Prüfung ausgewogen, praktikabel und zielführend auszugestalten, sind dazu die Rahmenvertragspartner nach § 75 auf Landesebene aufgefordert, die nähere Ausgestaltung des Verfahrens festzulegen (BT-Drs. 18/9518 S. 73). Bei der Prüfung sollte im Einzelfall auch eine Zusammenarbeit mit den Stellen zur Bekämpfung von Fehlverhalten im Gesundheitswesen (§ 81a und § 197a SGB V sowie § 47a) angestrebt werden (BT-Drs. 18/9518 S. 73).

### E. Folgen der Abrechnungsprüfungen

10 Eine festgestellte fehlerhafte Abrechnung ist zu korrigieren und Leistungen der Pflegekasse bzw. dem Pflegebedürftigen, wenn von diesem gezahlt, zu erstatten. Mit dem Verweis auf Abs. 3 ist das Prüfungsergebnis der Abrechnungsprüfung in der nächstmöglichen **Vergütungsvereinbarung** mit Wirkung für die Zukunft zu berücksichtigen. Als weitere Folge kann dem LV auch ein **Kündigungsrecht** nach § 74 zustehen (zur Kündigung vgl. BSG Urt. v. 12.06.2008 – B 3 P 2/07 R, BSGE 101, 6–22, SozR 4–3300 § 79 Nr. 1, SozR 4–3300 § 52 Nr. 1, SozR 4–3300 § 74 Nr. 1, SozR 4–1920 § 52 Nr. 9, juris und § 72 Rdn. 18 ff.; s. auch *Blöcher* in: Schlegel/Voelzke, jurisPK-SGB XI, § 79 Rn. 38). Eine Kündigung lässt sich jedoch nur rechtfertigen, wenn das festgestellte Verhalten nicht nur vorübergehend ist und sich auch mittels einer Vereinbarung i.S.d. § 79 Abs. 3 Satz 2 nicht beseitigen lässt.

§ 82 Finanzierung der Pflegeeinrichtungen

(1) Zugelassene Pflegeheime und Pflegedienste erhalten nach Maßgabe dieses Kapitels
1. eine leistungsgerechte Vergütung für die allgemeinen Pflegeleistungen (Pflegevergütung) sowie
2. bei stationärer Pflege ein angemessenes Entgelt für Unterkunft und Verpflegung.

Die Pflegevergütung ist von den Pflegebedürftigen oder deren Kostenträgern zu tragen. Sie umfasst auch die Betreuung und, soweit bei stationärer Pflege kein Anspruch auf außerklinische Intensivpflege nach § 37c des Fünften Buches besteht, die medizinische Behandlungspflege. Für Unterkunft und Verpflegung bei stationärer Pflege hat der Pflegebedürftige selbst aufzukommen.

(2) In der Pflegevergütung und in den Entgelten für Unterkunft und Verpflegung dürfen keine Aufwendungen berücksichtigt werden für
1. Maßnahmen einschließlich Kapitalkosten, die dazu bestimmt sind, die für den Betrieb der Pflegeeinrichtung notwendigen Gebäude und sonstigen abschreibungsfähigen Anlagegüter herzustellen, anzuschaffen, wiederzubeschaffen, zu ergänzen, instandzuhalten oder instandzusetzen; ausgenommen sind die zum Verbrauch bestimmten Güter (Verbrauchsgüter), die der Pflegevergütung nach Absatz 1 Satz 1 Nr. 1 zuzuordnen sind,
2. den Erwerb und die Erschließung von Grundstücken,
3. Miete, Pacht, Erbbauzins, Nutzung oder Mitbenutzung von Grundstücken, Gebäuden oder sonstigen Anlagegütern,
4. den Anlauf oder die innerbetriebliche Umstellung von Pflegeeinrichtungen,
5. die Schließung von Pflegeeinrichtungen oder ihre Umstellung auf andere Aufgaben.

(3) Soweit betriebsnotwendige Investitionsaufwendungen nach Absatz 2 Nr. 1 oder Aufwendungen für Miete, Pacht, Erbbauzins, Nutzung oder Mitbenutzung von Gebäuden oder sonstige abschreibungsfähige Anlagegüter nach Absatz 2 Nr. 3 durch öffentliche Förderung gemäß § 9 nicht vollständig gedeckt sind, kann die Pflegeeinrichtung diesen Teil der Aufwendungen den Pflegebedürftigen gesondert berechnen. Gleiches gilt, soweit die Aufwendungen nach Satz 1 vom Land durch Darlehen oder sonstige rückzahlbare Zuschüsse gefördert werden. Die gesonderte Berechnung bedarf der Zustimmung der zuständigen Landesbehörde; das Nähere hierzu, insbesondere auch zu Art, Höhe und Laufzeit sowie die Verteilung der gesondert berechenbaren Aufwendungen auf die Pflegebedürftigen einschließlich der Berücksichtigung pauschalierter Instandhaltungs- und Instandsetzungsaufwendungen sowie der zugrunde zu legenden Belegungsquote, wird durch Landesrecht bestimmt. Die Pauschalen müssen in einem angemessenen Verhältnis zur tatsächlichen Höhe der Instandhaltungs- und Instandsetzungsaufwendungen stehen.

(4) Pflegeeinrichtungen, die nicht nach Landesrecht gefördert werden, können ihre betriebsnotwendigen Investitionsaufwendungen den Pflegebedürftigen ohne Zustimmung der zuständigen Landesbehörde gesondert berechnen. Die gesonderte Berechnung ist der zuständigen Landesbehörde mitzuteilen.

(5) Öffentliche Zuschüsse zu den laufenden Aufwendungen einer Pflegeeinrichtung (Betriebskostenzuschüsse) sind von der Pflegevergütung abzuziehen.

| Übersicht | Rdn. | | Rdn. |
|---|---|---|---|
| A. Vergütung der Leistungen zugelassener Leistungserbringer ................ | 1 | E. Kostentragung durch den Pflegebedürftigen bzw. die Einrichtung .......... | 6 |
| B. Tragung der Kosten ............ | 2 | F. Betriebskostenzuschüsse – Reduzierung des vom Kostenträger zu tragenden Finanzierungsanteils ........... | 10 |
| C. Kostentragung durch die Pflegekassen .. | 3 | | |
| D. Kostentragung durch den Pflegebedürftigen ......... | 5 | | |

## § 82 SGB XI  Finanzierung der Pflegeeinrichtungen

### A. Vergütung der Leistungen zugelassener Leistungserbringer

1   Zur Erbringung der Sachleistungen des SGB XI sind nur die gem. § 72 zugelassenen Pflegeeinrichtungen befugt. Die §§ 82 bis 92b (Achtes Kapitel) regeln die Vergütung der Leistungen der zugelassenen Leistungserbringer i.S.d. § 71 Abs. 1, 2 (zur Zulassung und Vergütung s. § 72 Rdn. 2). § 82 Abs. 1 Satz 1 bestimmt, dass nur Pflegeleistungen der zugelassenen Leistungserbringer zulasten der PV vergütet werden. Ohne Zulassung kann eine Pflegeeinrichtung damit keinen Vergütungsanspruch gegen eine Pflegekasse herleiten. Die jeweils geschuldete Vergütung ist im Rahmen eines Vertrages (§§ 85, 89) zu vereinbaren (BT-Drs. 12/5262 S. 142 f.). Kommt eine solche Vergütungsvereinbarung nicht zustande, gilt § 91. Zweck des § 82 ist es, den Pflegeeinrichtungen eine kostendeckende Finanzierung zu ermöglichen (Bayerisches LSG Urt. v. 04.05.2011 – L 2 P 20/09, juris Rn. 29). Damit sollte nicht den Interessen der Heimbewohner oder von Sozialhilfeträgern an einem möglichst günstigen Entgelt für die Leistungen der Pflegeeinrichtung entsprochen werden (Bayerisches LSG Urt. v. 04.05.2011 – L 2 P 20/09, juris Rn. 29).

### B. Tragung der Kosten

2   § 82 Abs. 1 Satz 2 bestimmt, wer die Pflegevergütung zu tragen hat, letztlich also mit den Kosten der Pflegeleistungen belastet wird. Nach § 82 Abs. 1 Satz 2 sind die Pflegeaufwendungen von den **Pflegebedürftigen** oder deren Kostenträgern zu tragen. **Kostenträger** i.S.d. Vorschrift sind die Pflegekassen, die Sozialhilfeträger sowie sonstige Sozialleistungsträger, soweit sie Pflegeleistungen erbringen. Regelmäßig hat derjenige, der die Kosten zu tragen hat, diese auch zu **zahlen** und ist insoweit **Schuldner** eines gegen ihn gerichteten Entgeltanspruchs des Leistungserbringers.

### C. Kostentragung durch die Pflegekassen

3   Die **Kostenträger** haben im Rahmen des Leistungsrechts (§§ 36 ff., dort z.B. Abs. 3) die Pflegevergütung, also Kosten für die allgemeinen Pflegeleistungen i.S.d. § 82 Abs. 1 Satz 1 Nr. 1 zu tragen. Die Pflegeeinrichtungen sind leistungsgerecht zu vergüten (s. dazu § 84 Abs. 2). Insoweit definiert § 84 Abs. 4 Satz 1 die **allgemeinen Pflegeleistungen** als alle für die Versorgung der Pflegebedürftigen nach Art und Schwere ihrer Pflegebedürftigkeit erforderlichen Pflegeleistungen der Pflegeeinrichtung. Dazu gehören auch die sog. Verbrauchsgüter, die eine Pflegeeinrichtung zu ihrem Betrieb benötigt (§ 82 Abs. 2 Nr. 1 Hs. 2).

4   Im **ambulanten Bereich** gehören zu den allgemeinen Pflegeleistungen die Leistungen der §§ 36, 39 und 40. Im **stationären Bereich** umfassen die allgemeinen Pflegeleistungen die Pflegeleistungen gem. §§ 41, 42, 43. Hierzu gehören die Aufwendungen für die Grundpflege, die aktivierende Pflege und auch die Versorgung mit Pflegehilfsmitteln. Die Pflegevergütung umfasst bei stationärer Pflege **auch** die **soziale Betreuung** und, soweit kein Anspruch auf Krankenpflege nach § 37 SGB V besteht, die **medizinische Behandlungspflege** (§ 82 Abs. 1 Satz 3). Nicht zu den allgemeinen Pflegeleistungen gehören die Aufwendungen für **Unterkunft und Verpflegung** (§ 82 Abs. 1 Satz 1 Nr. 1). Ebenso wenig gehören zu den allgemeinen Pflegeleistungen die in Abs. 2 genannten Investitions- und Kapitalkosten (mit Ausnahme der Verbrauchsgüter). Darüber hinaus sind nach den näheren Voraussetzungen des § 82a **Ausbildungsvergütungen** als Teil der allgemeinen Pflegeleistungen und nach § 82b **Kosten ehrenamtlicher Unterstützung** zu berücksichtigen. Den **Vergütungszuschlag** nach § 84 Abs. 9 als zusätzliche Entgelte zur Pflegevergütung für die Unterstützung der Leistungserbringung durch **zusätzliches Pflegehilfskraftpersonal** in vollstationären Pflegeeinrichtungen hat die Pflegekasse selbst zu tragen; von dem privaten Versicherungsunternehmen ist dieser Zuschlag dem Leistungsberechtigten im Rahmen des vereinbarten Versicherungsschutzes zu erstatten.

### D. Kostentragung durch den Pflegebedürftigen

5   **Zusatzleistungen** und Leistungen, die den Rahmen der Leistungspflicht der Pflegekasse übersteigen (s. § 36 Abs. 3), hat der Pflegebedürftige selbst zu tragen und zu zahlen (dazu vgl. BVerfG, 1. Kammer, Nichtannahmebeschl. v. 13.07.2016 – 1 BvR 617/12). Im stationären Bereich gilt

§ 88. Darüber hinaus haben Pflegebedürftige die **Investitionskosten einschließlich der Kapitalkosten** sowie der Kosten für Miete, Pacht, Erbbauzins, Nutzung oder Mitbenutzung von Grundstücken, Gebäuden oder sonstigen Anlagegütern i.S.d. § 82 Abs. 2 Nr. 1 bzw. Nr. 3 (§ 82 Abs. 3 und 4) zu tragen. Zu den Investitionskosten in diesem Sinne gehören nicht die Kosten für eine in der Einrichtung ggf. speziell erforderliche apparative Ausstattung für die zentrale Sauerstoffversorgung, die zentrale Druckluftversorgung zum trachealen Absaugen, das Monitoring zur Überwachung der Vitalparamater sowie ein Notstromaggregat; diese gehören vielmehr zur medizinischen Behandlungspflege eines im Wachkoma liegenden und tracheotomierten Patienten gehen über die in einem »normalen Pflegeheim« erforderliche Ausstattung hinaus (SG Berlin Urt. v. 09.12.2014 – S 76 KR 1448/10, juris Rn. 39) Bei stationärer Pflege haben sie auch ein **Entgelt für Unterkunft und Verpflegung** zu entrichten (§ 4 Abs. 2 Satz 2, § 82 Abs. 1 Satz 4). Dieses Entgelt für Unterkunft und Verpflegung (Hotelkosten) wird aber nach § 87 vereinbart und ist nur insoweit vom Pflegebedürftigen zu tragen. Die Abgrenzung der Hotelkosten von den Kosten der allgemeinen Pflegeleistungen ist einer Vereinbarung nach § 75 Abs. 2 Nr. 1 bzw. einer VO nach § 83 vorbehalten. Mit Vergütungszuschlägen i.S.d. § 84 Abs. 8 dürfen die Pflegebedürftigen weder ganz noch teilweise belastet werden (§ 84 Abs. 8 Satz 3). Pflegebedürftige dürfen nach § 84 Abs. 9 Satz 3 weder ganz noch teilweise mit dem Vergütungszuschlag als zusätzliche Entgelte zur Pflegevergütung für die Unterstützung der Leistungserbringung durch zusätzliches Pflegehilfskraftpersonal in vollstationären Pflegeeinrichtungen belastet werden.

### E. Kostentragung durch den Pflegebedürftigen bzw. die Einrichtung

§ 82 Abs. 2 beschreibt die in einer Pflegeeinrichtung anfallenden **Investitions- und Kapitalkosten**. 6
Diese dürfen weder in die Pflegevergütung noch in die Kosten für Unterkunft und Verpflegung eingerechnet werden. Investitionskosten sind die mit der Schaffung, dem Betrieb oder der Schließung der Pflegeeinrichtung verbundenen Kosten. Unterschieden wird zwischen **betriebsnotwendigen Kosten** (Abs. 2 Nr. 1, vgl. Abs. 3 Satz 1), wozu auch die von einem Pflegeheim vorzuhaltenden Pflegehilfsmittel gehören (BSG Urt. v. 10.02.2000 – B 3 KR 17/99 R, SozR 3-2500 § 33 Nr. 36), **Mietkosten** (Abs. 2 Nr. 3) und **sonstigen Kosten** (Abs. 2 Nr. 2, 4, 5). Zu den Kapitalkosten gehören die zur Bildung von Kapitalrücklagen für künftige investive Maßnahmen anfallenden Kosten. Zu den betriebsnotwendigen Kosten gehören nicht die sog. Verbrauchsgüter (Abs. 2 Nr. 1 Hs. 2). Diese sind als Teil der Pflegevergütung nach Abs. 1 Satz 1 Nr. 1 von der Pflegekasse zu vergüten. Hierzu hatte das BSG (Urt. v. 08.09.2011 – B 3 P 6/10 R, BSGE 109, 86–96, SozR 4-3300 § 82 Nr. 6; Urt. v. 08.09.2011 – B 3 P 2/11 R, BSGE 109, 96–115, SozR 4-3300 § 82 Nr. 7) entschieden, dass zur gesonderten Berechnung betriebsnotwendiger Aufwendungen dem Grunde nach nur tatsächlich bereits angefallene und wegen § 82 Abs. 2 nicht durch die Vergütung nach § 82 Abs. 1 gedeckte pflegeinfrastrukturbezogene Aufwendungen gehören, die der Einrichtungsträger nicht nach § 82 Abs. 2 Nr. 2, 4 oder 5 dauerhaft selbst tragen soll. Von § 82 Abs. 3 sind daher die Bildung von Kapitalrücklagen für künftige investive Maßnahmen und die Berechnung pauschal bemessener Kosten der laufenden Instandhaltung und Instandsetzung nicht erfasst. Auf diese Entscheidung hat der Gesetzgeber reagiert und nunmehr in Abs. 2 Satz 1 Nr. 1 die Kapitalkosten erfasst, sowie in Satz 6 und 7 auch eine Rechtsgrundlage für die Berechnung von Pauschalen geschaffen; hierzu haben landesrechtliche Regelungen zu ergehen.

Die **Pflegeeinrichtung** hat die Investitionskosten, soweit diese nicht auf den Pflegebedürftigen abgewälzt werden können, selbst zu tragen. Ob solche Kosten auf den Pflegebedürftigen abgewälzt werden können, ergibt sich aus Abs. 3 und 4. 7

Erhält die Pflegeeinrichtung mittels Darlehen (Abs. 3 Satz 2) oder Zuschüssen (Abs. 3 Satz 1) 8
eine **öffentliche Förderung** (vgl. § 9 Satz 2), so kann der Einrichtungsträger vom **Pflegebedürftigen** verlangen, dass dieser den durch die Förderung nicht gedeckten Anteil an den betriebsnotwendigen Investitionsaufwendungen (§ 82 Abs. 2 Nr. 1) oder an den Aufwendungen für Miete, Pacht, Erbbauzins, Nutzung oder Mitbenutzung von Gebäuden oder sonstigen abschreibungsfähigen Anlagegütern i.S.d. § 82 Abs. 2 Nr. 3 trägt (zu landesrechtlichen Förderungen vgl. BSG

Urt. v. 10.03.2011 – B 3 P 1/10 R, B 3 P 2/20 R und B 3 P 3/10 R). Betriebsnotwendig sind Investitionen in die Pflegeinfrastruktur, die für die Aufrechterhaltung des Pflegebetriebs unter Berücksichtigung der Grundsätze wirtschaftlicher Betriebsführung als sachlich erforderlich oder der Höhe nach angemessen sind (LSG Nordrhein-Westfalen Urt. v. 26.05.2020 – L 5 P 38/19). Die Investitionen müssen marktgerechten Bedingungen entsprechen und müssen geeignet sein, bei wirtschaftlicher Betriebsführung den Versorgungsauftrag der Pflegeeinrichtungen zu erfüllen (LSG Nordrhein-Westfalen Urt. v. 26.05.2020 – L 5 P 38/19). Der Einrichtungsträger hat diese Kosten gesondert zu berechnen und dem Pflegebedürftigen auszuweisen (zum Verfahren s. Abs. 3 Satz 3); sie werden als »**gesondert berechenbare Investitionskosten**« (dazu vgl. LSG Berlin-Brandenburg Urt. v. 22.04.2021 – L 30 P 41/17) bezeichnet (§ 87a Abs. 1 Satz 1). Andere Betriebs- bzw. Investitionskosten (§ 82 Abs. 2 Nr. 2, 4, 5) kann der **Einrichtungsträger** vom Pflegebedürftigen nicht verlangen (*Knittel* in Krauskopf, Soziale Krankenversicherung – Pflegeversicherung, § 82 SGB XI Rn. 9 ff.). Das SGB XI begründet keinen bundesrechtlichen Anspruch der Pflegeeinrichtungsträger auf Förderung. Landesrecht kann dies jedoch vorsehen. Nach der Rechtsprechung des BSG verstoßen landesrechtliche Vorschriften, nach denen Pflegeeinrichtungen Investitionskosten Pflegebedürftigen gegenüber nicht gesondert berechnen dürfen, soweit diese Kosten durch Zuwendungen privatrechtlich organisierter Stiftungen und private Spenden gedeckt sind, nicht gegen Bundesrecht (BSG Urt. v. 28.09.2017 – B 3 P 4/15 R, SozR 4-3300 § 82 Nr. 9).

9 Erhält der Einrichtungsträger **keine Förderung** nach Landesrecht, kann er betriebsnotwendige Investitionskosten i.S.d. § 82 Abs. 2 Nr. 1 gesondert berechnen und dem Pflegebedürftigen in Rechnung stellen (Abs. 4). Andere Investitionskosten (z.B. Mietkosten i.S.d. Abs. 2 Nr. 3) und Kosten für Verbrauchsgüter i.S.d. Abs. 2 Nr. 1 Hs. 2 können nicht auf den Pflegebedürftigen umgelegt werden.

### F. Betriebskostenzuschüsse – Reduzierung des vom Kostenträger zu tragenden Finanzierungsanteils

10 Betriebskostenzuschüsse sind als **öffentliche Zuschüsse** zu den laufenden Aufwendungen einer Pflegeeinrichtung von der Pflegevergütung abzuziehen (Abs. 5). Damit reduzieren die Betriebskostenzuschüsse die von den Pflegekassen zu tragenden Kosten der allgemeinen Pflegeleistungen.

### § 84 Bemessungsgrundsätze

(1) Pflegesätze sind die Entgelte der Heimbewohner oder ihrer Kostenträger für die teil- oder vollstationären Pflegeleistungen des Pflegeheims sowie für die Betreuung und, soweit kein Anspruch auf außerklinische Intensivpflege nach § 37c des Fünften Buches besteht, für die medizinische Behandlungspflege. In den Pflegesätzen dürfen keine Aufwendungen berücksichtigt werden, die nicht der Finanzierungszuständigkeit der sozialen Pflegeversicherung unterliegen.

(2) Die Pflegesätze müssen leistungsgerecht sein. Sie sind nach dem Versorgungsaufwand, den der Pflegebedürftige nach Art und Schwere seiner Pflegebedürftigkeit benötigt, entsprechend den fünf Pflegegraden einzuteilen. Davon ausgehend sind bei vollstationärer Pflege nach § 43 für die Pflegegrade 2 bis 5 einrichtungseinheitliche Eigenanteile zu ermitteln; dies gilt auch bei Änderungen der Leistungsbeträge. Die Pflegesätze müssen einem Pflegeheim bei wirtschaftlicher Betriebsführung ermöglichen, seine Aufwendungen zu finanzieren und seinen Versorgungsauftrag zu erfüllen unter Berücksichtigung einer angemessenen Vergütung ihres Unternehmerrisikos. Die Bezahlung von Gehältern bis zur Höhe tarifvertraglich vereinbarter Vergütungen sowie entsprechender Vergütungen nach kirchlichen Arbeitsrechtsregelungen kann dabei nicht als unwirtschaftlich abgelehnt werden. Für eine darüber hinausgehende Bezahlung bedarf es eines sachlichen Grundes. Überschüsse verbleiben dem Pflegeheim; Verluste sind von ihm zu tragen. Der Grundsatz der Beitragssatzstabilität ist zu beachten. Bei der Bemessung der Pflegesätze einer Pflegeeinrichtung können die Pflegesätze derjenigen Pflegeeinrichtungen, die nach

Art und Größe sowie hinsichtlich der in Absatz 5 genannten Leistungs- und Qualitätsmerkmale im Wesentlichen gleichartig sind, angemessen berücksichtigt werden.

(3) Die Pflegesätze sind für alle Heimbewohner des Pflegeheimes nach einheitlichen Grundsätzen zu bemessen; eine Differenzierung nach Kostenträgern ist unzulässig.

(4) Mit den Pflegesätzen sind alle für die Versorgung der Pflegebedürftigen nach Art und Schwere ihrer Pflegebedürftigkeit erforderlichen Pflegeleistungen der Pflegeeinrichtung (allgemeine Pflegeleistungen) abgegolten. Für die allgemeinen Pflegeleistungen dürfen, soweit nichts anderes bestimmt ist, ausschließlich die nach § 85 oder § 86 vereinbarten oder nach § 85 Abs. 5 festgesetzten Pflegesätze berechnet werden, ohne Rücksicht darauf, wer zu ihrer Zahlung verpflichtet ist.

(5) In der Pflegesatzvereinbarung sind die wesentlichen Leistungs- und Qualitätsmerkmale der Einrichtung festzulegen. Hierzu gehören insbesondere
1. die Zuordnung des voraussichtlich zu versorgenden Personenkreises sowie Art, Inhalt und Umfang der Leistungen, die von der Einrichtung während des nächsten Pflegesatzzeitraums erwartet werden,
2. die von der Einrichtung für den voraussichtlich zu versorgenden Personenkreis individuell vorzuhaltende personelle Ausstattung, gegliedert nach Berufsgruppen, sowie
3. Art und Umfang der Ausstattung der Einrichtung mit Verbrauchsgütern (§ 82 Abs. 2 Nr. 1).

(6) Der Träger der Einrichtung ist verpflichtet, mit der vereinbarten personellen Ausstattung die Versorgung der Pflegebedürftigen jederzeit sicherzustellen. Er hat bei Personalengpässen oder -ausfällen durch geeignete Maßnahmen sicherzustellen, dass die Versorgung der Pflegebedürftigen nicht beeinträchtigt wird. Auf Verlangen einer Vertragspartei hat der Träger der Einrichtung in einem Personalabgleich nachzuweisen, dass die vereinbarte Personalausstattung tatsächlich bereitgestellt und bestimmungsgemäß eingesetzt wird. Das Nähere zur Durchführung des Personalabgleichs wird in den Verträgen nach § 75 Abs. 1 und 2 geregelt.

(7) Der Träger der Einrichtung ist ab dem 1. September 2022 verpflichtet, die bei der Vereinbarung der Pflegesätze zugrunde gelegte Bezahlung der Gehälter nach § 82c Absatz 1 oder der Entlohnung nach § 82c Absatz 2 jederzeit einzuhalten und auf Verlangen einer Vertragspartei nachzuweisen. Personenbezogene Daten sind zu anonymisieren. Der Spitzenverband Bund der Pflegekassen legt in Richtlinien bis zum 1. Juli 2022 das Nähere zur Durchführung des Nachweises nach Satz 1 fest. Dabei ist die Bundesarbeitsgemeinschaft der überörtlichen Träger der Sozialhilfe und der Eingliederungshilfe zu beteiligen; den Bundesvereinigungen der Träger von Pflegeeinrichtungen ist Gelegenheit zur Stellungnahme zu geben. § 72 Absatz 3c Satz 3 und 4 gilt entsprechend.

(7a) Der Träger der Einrichtung ist verpflichtet, im Falle einer Vereinbarung der Pflegesätze auf Grundlage der Bezahlung von Gehältern bis zur Höhe tarifvertraglich vereinbarter Vergütungen sowie entsprechender Vergütungen nach kirchlichen Arbeitsrechtsregelungen, die entsprechende Bezahlung der Beschäftigten jederzeit einzuhalten. Auf Verlangen einer Vertragspartei hat der Träger der Einrichtung dieses nachzuweisen. Personenbezogene Daten sind zu anonymisieren. Das Nähere zur Durchführung des Nachweises wird in den Verträgen nach § 75 Absatz 1 und 2 geregelt.

(8) Vergütungszuschläge sind abweichend von Absatz 2 Satz 2 und Absatz 4 Satz 1 sowie unter entsprechender Anwendung des Absatzes 2 Satz 1 und 5, des Absatzes 7 und des § 87a zusätzliche Entgelte zur Pflegevergütung für die Leistungen nach § 43b. Der Vergütungszuschlag ist von der Pflegekasse zu tragen und von dem privaten Versicherungsunternehmen im Rahmen des vereinbarten Versicherungsschutzes zu erstatten; § 28 Absatz 2 ist entsprechend anzuwenden. Mit den Vergütungszuschlägen sind alle zusätzlichen Leistungen der Betreuung und Aktivierung in stationären Pflegeeinrichtungen abgegolten. Pflegebedürftige dürfen mit den Vergütungszuschlägen weder ganz noch teilweise belastet werden.

**(9)** Vergütungszuschläge sind abweichend von Absatz 2 Satz 2 und Absatz 4 Satz 1 sowie unter entsprechender Anwendung des Absatzes 2 Satz 1 und 5, des Absatzes 7 und des § 87a zusätzliche Entgelte zur Pflegevergütung für die Unterstützung der Leistungserbringung durch zusätzliches Pflegehilfskraftpersonal in vollstationären Pflegeeinrichtungen. Der Vergütungszuschlag ist von der Pflegekasse zu tragen und von dem privaten Versicherungsunternehmen im Rahmen des vereinbarten Versicherungsschutzes zu erstatten; § 28 Absatz 2 ist entsprechend anzuwenden. Pflegebedürftige dürfen mit den Vergütungszuschlägen weder ganz noch teilweise belastet werden.

### Übersicht

| | Rdn. |
|---|---|
| A. Pflegesatz – Entgelt für stationäre Pflegeleistungen im Pflegeheim | 1 |
| B. Pflegesatz | 2 |
| C. Vereinbarung | 3 |
| D. Bemessungsgrundsätze | 4 |
| I. Differenzierungsverbot | 4 |
| II. Leistungsgerechte Pflegesätze | 5 |
| III. Wirtschaftlichkeit – Ermöglichung wirtschaftlicher Betriebsführung | 10 |
| IV. Wirtschaftlichkeit – Beitragssatzstabilität | 11 |
| V. Leistungsgerechte Vergütung anhand eines gemischten Gestehungskosten-/Marktvergleichs | 12 |
| 1. Leistungsgerechtigkeit | 12 |
| 2. Erster Prüfungsschritt: Plausible Gestehungskosten | 13 |
| 3. Zweiter Schritt: Vergütungsvergleich mit anderen Einrichtungen | 15 |
| 4. Beurteilung einer leistungsgerechten Vergütung – Angemessenheitskontrolle | 20 |
| a) Maßstab zur Beurteilung der Angemessenheit | 20 |
| b) Vergütungsforderung entspricht bzw. unterschreitet die günstigste Vergütung vergleichbarer Einrichtungen | 24 |
| c) Vergütungsforderung liegt im unteren Drittel der Vergütung vergleichbarer Einrichtungen | 25 |
| d) Vergütungsforderung oberhalb des unteren Drittels der Vergütungen vergleichbarer Einrichtungen | 26 |
| E. Abgeltung der allgemeinen Pflegeleistungen | 29 |
| F. Personalausstattung | 32 |

### A. Pflegesatz – Entgelt für stationäre Pflegeleistungen im Pflegeheim

1 § 84 beinhaltet Grundsätze, anhand derer die Höhe der Pflegesätze bei **stationären Pflegeleistungen** in Pflegeeinrichtungen (§ 71 Abs. 2) zu bestimmen ist; für den ambulanten Bereich gilt § 89. In dem von § 84 gesteckten Rahmen haben die Leistungserbringer und die Kostenträger Vereinbarungen über die Höhe der für stationäre Pflegeleistungen zu zahlenden Entgelte zu treffen, unabhängig davon, ob der Kostenträger oder der Pflegebedürftige die Kosten zu tragen hat. **Kommt eine Vergütungsvereinbarung nicht zustande**, ist entweder nach § 85 Abs. 5 die Schiedsstelle des § 76 anzurufen oder nach § 91 zu verfahren.

### B. Pflegesatz

2 Der Pflegesatz ist das **Entgelt** der Heimbewohner bzw. ihrer Kostenträger für die teil- oder vollstationären **Pflegeleistungen** des Pflegeheims sowie für die **Betreuung** und, soweit kein Anspruch auf Krankenpflege nach § 37 SGB V besteht, für die **medizinische Behandlungspflege** (§ 84 Abs. 1 Satz 1). Kosten der Unterkunft und Verpflegung sind nicht Teil des Pflegesatzes. Der Pflegesatz ist Teil der Pflegevergütung i.S.d. § 82. Kosten, die nicht von der Pflegevergütung erfasst werden, dürfen auch nicht in den Pflegesatz einbezogen werden (*Knittel* in Krauskopf, Soziale Krankenversicherung – Pflegeversicherung § 84 SGB XI Rn. 3).

### C. Vereinbarung

3 Der Pflegesatz ist zu vereinbaren (§ 85 Abs. 1). Der Inhalt dieser **Vergütungsvereinbarung** ist zwischen den Vertragsparteien auszuhandeln; § 83 sieht eine Verordnungsermächtigung vor, die bisher nicht genutzt wurde. In der Vergütungsvereinbarung sind verpflichtend auch die wesentlichen

Leistungs- und Qualitätsmerkmale der Einrichtung, deren Mindestumfang Abs. 5 in Nr. 1 bis 3 bezeichnet, festzulegen. Diese individuell zu vereinbarenden Merkmale kennzeichnen die Pflegeeinrichtung. Im Rahmen dieser Vereinbarung kann von den Personalanhaltszahlen oder Personalrichtwerten, die als allgemein gültige Maßstäbe und Grundsätze für eine wirtschaftliche und leistungsbezogene personelle Ausstattung in einem Rahmenvertrag (§ 75) verbindlich vereinbart wurden, abgewichen werden (BT-Drs. 16/439 S. 71).

## D. Bemessungsgrundsätze

### I. Differenzierungsverbot

§ 82 Abs. 3 enthält ein **doppeltes Differenzierungsverbot**. Zunächst sind die Pflegesätze für alle Heimbewohner eines Pflegeheimes nach **einheitlichen Grundsätzen** zu bemessen sind. Daher sind Pflegesätze der Einrichtung nach im Voraus festgelegten für alle Pflegebedürftigen gleichermaßen geltenden Grundsätzen zu bemessen. Eine **Unterscheidung nach dem Kostenträger** ist unzulässig. Ein Rabatt oder Nachlass auf den vereinbarten Pflegesatz ist genauso unzulässig (BT-Drs. 12/5262 S. 143) wie Aufschläge für Selbstzahler. Die Pflegesätze der Selbstzahler und der in der PPV Versicherten sind nach denselben einheitlichen, in einer Vergütungsvereinbarung festgelegten Grundsätzen zu bemessen wie die Pflegesätze der Versicherten der SPV. Insoweit darf pro Pflegeheim nur eine Pflegesatzvereinbarung geschlossen werden. Ist keine Pflegesatzvereinbarung zustande gekommen (s. dazu § 91), ist auch in diesem Fall eine Differenzierung nach Kostenträgern nicht möglich (*Reimer* in Hauck/Noftz, SGB XI § 84 Rn. 24). Diesen Ansatz bestätigt unter zivilrechtlichen Aspekten § 7 Abs. 3 WBVG im Verhältnis zwischen Einrichtung und Bewohner (dazu vgl. auch *Reimer* in Hauck/Noftz, SGB XI § 84 Rn. 24).

### II. Leistungsgerechte Pflegesätze

Pflegeleistungen sind leistungsgerecht zu vergüten (§ 82 Abs. 1 Satz 1, § 84 Abs. 2 Satz 1). Dabei muss der Pflegesatz der Einrichtung eine angemessene Vergütung seiner Pflegeleistungen sichern. Denn das Pflegeheim kann eine ausreichende Vergütung nicht dadurch erzielen, dass es den vom Pflegesatz nicht gedeckten Aufwand im Einzelfall dem Pflegebedürftigen in Rechnung stellt (BSG Urt. v. 10.02.2000 – B 3 P 12/99 R, BSGE 85, 278, 287, SozR 3–3300 § 43 Nr. 1). Mit dem Pflegesatz sind nämlich alle für die Versorgung des Pflegebedürftigen erforderlichen Pflegeleistungen der Pflegeeinrichtung abgegolten (§ 84 Abs. 4 Satz 1). Daher ist der Pflegesatz anhand des **Versorgungsaufwandes**, den der Pflegebedürftige nach Art und Schwere seiner Pflegebedürftigkeit benötigt, zu bestimmen.

Vorgesehen ist dabei keine Einzelbetrachtung des konkreten Versorgungsaufwandes, vielmehr bestimmt Abs. 2 Satz 2 eine **Typisierung**. Die Pflegesätze sind nach dem Versorgungsaufwand, den der Pflegebedürftige nach Art und Schwere seiner Pflegebedürftigkeit benötigt, entsprechend den fünf Pflegegraden einzuteilen. Davon ausgehend sind bei vollstationärer Pflege nach § 43 für die Pflegegrade 2 bis 5 einrichtungseinheitliche Eigenanteile zu ermitteln. Für die Pflegesätze im vollstationären Bereich sind in den Pflegegraden 2 bis 5 für die jeweilige Pflegeeinrichtung gleich hohe Beträge für die nicht von der PV gedeckten Kosten vorzusehen (**einrichtungseinheitliche Eigenanteile**). Diese werden ausgehend von dem jeweiligen prospektiven Versorgungsaufwand abzüglich der Summe des Leistungsbetrags nach § 43 für die Pflegegrade 2 bis 5 ermittelt (BT-Drs. 18/5926 S. 137). Damit wird erreicht, dass der von den Pflegebedürftigen bzw. vom zuständigen Sozialhilfeträger zu tragende Eigenanteil nicht mehr mit der Schwere der Pflegebedürftigkeit steigt (BT-Drs. 18/5926 S. 137). Um auch bei Änderungen der Leistungsbeträge der PV (z.B. durch eine Leistungsdynamisierung) eine einheitliche Höhe der Eigenanteile zu gewährleisten, sind diese dann für die Pflegeeinrichtung neu zu ermitteln.

Die bisherige Bemessung der Vergütung nach Pflegeklassen ist entfallen (BT-Drs. 18/5926 S. 137). An dem Erfordernis der Leistungsgerechtigkeit der zu vereinbarenden Pflegesätze hat der Gesetzgeber aber unverändert festgehalten. Die **vollstationären Leistungsbeträge** nach § 43 werden in ihrer

Höhe so zueinander gestaffelt, dass sie **zusammen mit** dem **einrichtungseinheitlichen Eigenanteil** im Durchschnitt den der in der vom Spitzenverband Bund der Pflegekassen beauftragten Studie der Universität Bremen zur Erfassung von **Versorgungsaufwänden** in stationären Einrichtungen (EViS) festgestellten Aufwandsrelationen entsprechen (BT-Drs. 18/5926 S. 137).

8 Mit den Pflegesätzen sind alle für die Versorgung der Pflegebedürftigen nach Art und Schwere ihrer Pflegebedürftigkeit erforderlichen Pflegeleistungen der Pflegeeinrichtung (allgemeine Pflegeleistungen) abgegolten. Weitergehende Vergütungen für allgemeine Pflegeleistungen sind unzulässig.

8a Abweichend hiervon sehen Abs. 8 und Abs. 9 zusätzliche Vergütungszuschläge vor, mit denen die Pflegebedürftigen nicht belastet werden dürfen. Mithin haben die Pflegekassen diese Zuschläge zu tragen bzw. die privaten Versicherungsunternehmen im Rahmen des vereinbarten Versicherungsschutzes zu erstatten.

9 Abs. 8 erlaubt abweichend von Abs. 2 Satz 2 und Abs. 4 Satz 1 sowie unter entsprechender Anwendung des Abs. 2 Satz 1 und 5, des Abs. 7 und des § 87a 1 **Vergütungszuschläge** als zusätzliche Entgelte zur Pflegevergütung für die Leistungen nach § 43b. Zur Vergütung der **zusätzlichen Betreuung und Aktivierung**, die über die nach Art und Schwere der Pflegebedürftigkeit notwendige Versorgung hinausgeht (§ 43b) sieht § 84 Abs. 8 Vergütungszuschläge vor (dazu vgl. SG Saarland Urt. v. 08.10.2020 – S 19 P 57/18 WA). Der Empfehlung des Expertenbeirates folgend ist nunmehr von allen voll- und teilstationären Pflegeeinrichtungen verpflichtend neben der Pflegesatzvereinbarung für die Finanzierung des zusätzlichen Betreuungspersonales ein separater Vergütungszuschlag zu vereinbaren (BT-Drs. 18/5926 S. 137). Dabei sind die Vorgaben in § 84 zur Leistungsgerechtigkeit der Vergütung und zur Sicherstellung der Anerkennung von tarifvertraglich vereinbarten Vergütungen sowie entsprechenden Vergütungen nach kirchlichen Arbeitsrechtsregelungen ausdrücklich mit einbezogen (BT-Drs. 18/5926 S. 137).

9a Abs. 9 erlaubt abweichend von Abs. 2 Satz 2 und Abs. 4 Satz 1 sowie unter entsprechender Anwendung des Abs. 2 Satz 1 und 5, des Abs. 7 und des § 87a **Vergütungszuschläge** als zusätzliche Entgelte zur Pflegevergütung für die Unterstützung der Leistungserbringung durch **zusätzliches Pflegehilfskraftpersonal** in vollstationären Pflegeeinrichtungen. Im Zuge einer ersten Stufe in Richtung einer Umsetzung und Vorbereitung der Einführung des Personalbemessungsverfahrens in Pflegeeinrichtungen soll die Personalsituation in allen zugelassenen Einrichtungen der vollstationären Altenpflege einschließlich der Kurzzeitpflege verbessert werden, ohne dass dies mit einer finanziellen Belastung der versorgten Pflegebedürftigen verbunden ist (BT-Drs. 19/23483 S. 39). Dazu werden den Einrichtungen schnell und unbürokratisch zusätzliche Stellen für Pflegehilfskräfte mittels eines Vergütungszuschlags finanziert (BT-Drs. 19/23483 S. 39). Das Verfahren für die Zahlung des Vergütungszuschlages greift das bereits etablierte Verfahren der Vergütungszuschläge für die zusätzliche Betreuung in stationären Pflegeeinrichtungen nach § 84 Abs. 8 und § 85 Abs. 8 auf (BT-Drs. 19/23483 S. 39).

### III. Wirtschaftlichkeit – Ermöglichung wirtschaftlicher Betriebsführung

10 Nach Abs. 2 Satz 4 müssen die Pflegesätze einem Pflegeheim bei wirtschaftlicher Betriebsführung ermöglichen, seinen Versorgungsauftrag zu erfüllen. Die Pflegesätze sind also so zu bemessen, dass das Pflegeheim unter **Ausschöpfung der Wirtschaftlichkeitsreserven** und einer **wirtschaftlichen Betriebsführung** die von ihm im Versorgungsvertrag (§§ 69, 72) übernommenen Verpflichtungen für eine bedarfsgerechte und gleichmäßige, dem allgemein anerkannten Stand medizinisch-pflegerischer Erkenntnisse entsprechende pflegerische Versorgung seiner Bewohner zu sorgen, erfüllen und die dazu erforderlichen Aufwendungen finanzieren kann. Eine **Gewinnerzielung** ist nicht verboten. Denn nach Abs. 2 Satz 6 verbleiben Überschüsse dem Pflegeheim; andererseits hat das Pflegeheim auch **Verluste** aus seiner Tätigkeit selbst zu tragen. Soll im Rahmen der Pflegesätze der Einrichtung ein Zuschlag gewährt werden, der dieser ermöglichen soll, einen Gewinn zu erzielen, so darf dieser Zuschlag nicht unter Zugrundelegung der Entwicklung der Lebenshaltungskosten festgesetzt werden (LSG Baden-Württemberg Urt. v. 19.06.2015 – L 4 P 1544/14 KL, juris Rn. 58 ff.).

## IV. Wirtschaftlichkeit – Beitragssatzstabilität

Die vereinbarten Pflegsätze müssen auch im Hinblick auf die durch die Pflegekassen vertretene Versichertengemeinschaft wirtschaftlich sein. § 84 Abs. 2 Satz 7 enthält insoweit eine Idealvorstellung (i.E. ähnlich: *Reimer* in Hauck/Noftz, SGB XI § 84 Rn. 31), die die Vergütungsverhandlungen i.S.e. Leitlinie beeinflussen soll. Zusätzlich bestimmt § 70 Abs. 2, dass Vergütungsvereinbarungen, die dem **Grundsatz der Beitragssatzstabilität** widersprechen, nichtig sind. Einen einklagbaren Anspruch auf Senkung der Pflegsätze haben die Pflegekassen jedoch auch dann nicht, wenn infolge gestiegener Kosten der Leistungserbringung oder geringerer Beitragseinnahmen eine gesetzliche Erhöhung des Beitragssatzes nicht vermeidbar wäre.

## V. Leistungsgerechte Vergütung anhand eines gemischten Gestehungskosten-/Marktvergleichs

### 1. Leistungsgerechtigkeit

Das SGB XI richtet die Vergütung von Leistungen am Leitbild der Leistungsgerechtigkeit aus (§ 82 Abs. 2 Satz 1). Die Vergütung (Pflegesätze und Entgelte für Unterkunft sowie Verpflegung) ist leistungsgerecht, wenn die **voraussichtlichen Gestehungskosten** der Einrichtung **nachvollziehbar** und **plausibel** dargelegt werden und diese in einem angemessenen und nachprüfbaren Verhältnis zu den **Sätzen anderer Einrichtungen** für vergleichbare Leistungen stehen (BSG Urt. v. 29.01.2009 – B 3 P 7/08 R, SozR 4–3300 § 85 Nr. 1, juris Rn. 22, in teilweiser Abkehr von BSG Urt. v. 14.12.2000 – B 3 P 19/00 R, BSGE 87, 199–208, SozR 3–3300 § 85 Nr. 1). Insoweit setzt die Beurteilung der leistungsgerechten Vergütung eine **zweistufige Prüfung** voraus (BSG Urt. v. 29.01.2009 – B 3 P 7/08 R, SozR 4–3300 § 85 Nr. 1, juris Rn. 22). Entsprechend hat auch die Schiedsstelle (§ 76) vorzugehen (BSG Urt. v. 29.01.2009 – B 3 P 7/08 R, SozR 4–3300 § 85 Nr. 1, juris Rn. 22; LSG Baden-Württemberg Urt. v. 25.01.2013 – L 4 P 758/11 KL; das nachfolgende Verfahren beim BSG – B 3 P 1/13 R – endete durch Klagerücknahme).

### 2. Erster Prüfungsschritt: Plausible Gestehungskosten

Eine Vergütung für stationäre Pflegeleistungen ist leistungsgerecht, wenn sie die Kosten einer Einrichtung hinsichtlich der **voraussichtlichen Gestehungskosten** (eigentlich: des Aufwandes; dazu vgl. *O'Sullivan* in: Schlegel/Voelzke, jurisPK-SGB XI, § 84 Rn. 39) unter **Zuschlag einer angemessenen Vergütung** ihres Unternehmerrisikos und eines etwaigen **zusätzlichen persönlichen Arbeitseinsatzes** sowie einer angemessenen Verzinsung ihres **Eigenkapitals** deckt (BSG Urt. v. 29.01.2009 – B 3 P 7/08 R, SozR 4–3300 § 85 Nr. 1, juris Rn. 24). Dazu hat der Einrichtungsträger die voraussichtlichen Gestehungskosten im Sinne einer Prognose **plausibel** und **nachvollziehbar darzulegen**. Diese Darlegung muss die **Kostenstruktur** des Pflegeheims erkennen lassen und eine **Beurteilung seiner Wirtschaftlichkeit und Leistungsfähigkeit** im Einzelfall zulassen (BSG Urt. v. 29.01.2009 – B 3 P 7/08 R, SozR 4–3300 § 85 Nr. 1, juris Rn. 25). Die Vorlage einer reinen Kostenkalkulation ohne weitere Angaben reicht dazu in aller Regel nicht aus. Als ausreichend sieht es das BSG (Urt. v. 29.01.2009 – B 3 P 7/08 R, SozR 4–3300 § 85 Nr. 1, juris Rn. 25) an, wenn Kostensteigerungen z.B. auf erhöhte Energiekosten zurückzuführen oder im Personalbereich auf die normale Lohnsteigerungsrate begrenzt bzw. durch Veränderungen im Personalschlüssel oder bei der Fachkraftquote bedingt sind. Nicht von vornherein als unplausibel ausgeschlossen ist auch die Erhöhung von Kostenansätzen, die in den Vorjahren aufgrund fehlerhafter Kalkulation oder sogar bewusst zu niedrig angesetzt worden waren; im letzteren Fall besteht allerdings eine besonders **substanziierte Begründungspflicht** des Pflegeheims (BSG Urt. v. 29.01.2009 – B 3 P 7/08 R, SozR 4–3300 § 85 Nr. 1, juris Rn. 25). Dagegen lassen sich Kosten nicht mit einem bloßen Hinweis auf eine Orientierung am durchschnittlichen tariflichen Arbeitgeberaufwand pro Vollzeitstelle begründen (BSG Urt. v. 29.01.2009 – B 3 P 7/08 R, SozR 4–3300 § 85 Nr. 1, juris Rn. 25). Zur Beachtlichkeit von Tariflöhnen im Rahmen des externen Vergleichs s. BSG Urt. v. 16.05.2013 – B 3 P 2/12 R. Nunmehr hat der Gesetzgeber hieran anknüpfend zum 01.01.2015 mit Abs. 2 Satz 5 und Abs. 7 Regelungen zur Berücksichtigung von tarifvertraglichen Lohnkosten getroffen.

14 Zur plausiblen Darlegung seines auf Gestehungskosten (seines Aufwandes) basierenden Kostenansatzes hat der **Einrichtungsträger** zunächst die voraussichtlichen Gestehungskosten zu benennen und durch **Unterlagen** bzw. **Auskünfte** gem. § 85 Abs. 3 Satz 3 u. 4 zu belegen (BSG Urt. v. 29.01.2009 – B 3 P 7/08 R, SozR 4–3300 § 85 Nr. 1, juris Rn. 39). Insoweit müssen die Kosten nicht nachgewiesen sein, es kommt vielmehr auch insoweit nur auf eine **Plausibilitätsprüfung** an (BSG Urt. v. 29.01.2009 – B 3 P 7/08 R, SozR 4–3300 § 85 Nr. 1, juris Rn. 26). Bei Zweifeln über die voraussichtlichen künftigen Gestehungskosten kann die Nachweispflicht der Einrichtung jedoch bis zum Nachweis der in der Vergangenheit angefallenen Kosten reichen (BSG Urt. v. 29.01.2009 – B 3 P 7/08 R, SozR 4–3300 § 85 Nr. 1, juris Rn. 26). Den **Pflegekassen** obliegt es wiederum, die vorgelegte Kalkulation in sich und ggf. auch im Vergleich mit den Werten anderer Einrichtungen auf Schlüssigkeit und Plausibilität zu überprüfen (BSG Urt. v. 29.01.2009 – B 3 P 7/08 R, SozR 4–3300 § 85 Nr. 1, juris Rn. 39). Ziel ist es, festzustellen, ob die vorgelegte Kostenkalkulation eine nachvollziehbare Grundlage für die vergleichende Bewertung auf der zweiten Prüfungsstufe bilden kann. Ist das nicht der Fall, haben die Pflegekassen den Einrichtungsträger substanziiert auf Unschlüssigkeiten hinzuweisen oder durch geeignete Unterlagen anderer Einrichtungen mit Verweis auf deren Kostenstruktur konkret **darzulegen**, dass die aufgestellte Kalkulation der voraussichtlichen Gestehungskosten nicht plausibel erscheint (BSG Urt. v. 29.01.2009 – B 3 P 7/08 R, SozR 4–3300 § 85 Nr. 1, juris Rn. 39). Auf solches substanziiertes Vorbringen hin muss der Einrichtungsträger im Nachweisverfahren nach § 85 Abs. 3 Satz 3 u. 4 weitere Belege dafür beibringen, dass seine Vergütungsforderung auf einer plausiblen Kalkulation der voraussichtlichen Gestehungskosten beruht (BSG Urt. v. 29.01.2009 – B 3 P 7/08 R, SozR 4–3300 § 85 Nr. 1, juris Rn. 39). Ein detailliertes Bestreiten kann aber nicht verlangt werden, wenn die Angaben des Heimträgers zu den voraussichtlichen Personalkosten pauschal sind oder zu bestimmten Berufsgruppen komplett fehlen (LSG Niedersachsen-Bremen Urt. v. 16.08.2018 – L 15 P 9/14 KL).

14a Die **Gestehungskosten**, wie sie bisher genannt wurden, mithin der **Aufwand der Einrichtung**, umfassen den Aufwand der Pflegeeinrichtung, der sich aus dem voraussichtlichen Aufwand zur Versorgung eines Heimbewohners in einer der fünf Pflegegrade und aus der voraussichtlichen Verteilung der Pflegegrade unter den Heimbewohnern im Pflegeheim, also dem sog. Pflegegrad-Mix der Einrichtung (Rothgang/Kalwitzki/Müller/Runte/Unger, BARMER GEK Pflegereport 2015, S. 52) ergibt (*Schütze* in Udsching/Schütze, SGB XI, § 84 Rn. 23). Insoweit müssen die Pflegesätze in der Gesamtbetrachtung leistungsgerecht sein. Das ist der Fall, wenn die Pflegesätze es einer Einrichtung in der Gesamtsumme der Leistungsbeträge der PKen und der Zuzahlungsbeträge der Heimbewohner bei wirtschaftlicher Betriebsführung unter Berücksichtigung einer angemessenen Vergütung ihres Unternehmerrisikos erlauben, die ihre Aufwendungen insgesamt zu finanzieren und so den Versorgungsauftrag (§§ 69, 72) zu erfüllen (*Schütze* in Udsching/Schütze, SGB XI, § 84 Rn. 23). Damit sind bezogen auf die Pflegegrade der §§ 14, 15 zunächst Vergütungsansätze zu ermitteln, die der Einrichtung für jeden Pflegegrad die Erfüllung ihres Versorgungsauftrags ermöglichen (*Schütze* in Udsching/Schütze, SGB XI, § 84 Rn. 24). Dazu ist der **berücksichtigungsfähige Aufwand** der Einrichtung zu ermitteln. Anschließend ist die **voraussichtliche Verteilung der Pflegegrade** unter den Einrichtungsbewohnern abzuschätzen (*Schütze* in Udsching/Schütze, SGB XI, § 84 Rn. 24). Zuletzt ist daraus abzuleiten, welchen **Gesamtaufwand** die Einrichtung voraussichtlich zur Versorgung ihrer Bewohner haben wird, wie die Summe der zu erwartenden Leistungsbeträge nach § 43 voraussichtlich sein wird und wie hoch danach der einrichtungseinheitliche Eigenanteil der Heimbewohner zur Deckung des voraussichtlichen Gesamtaufwands der Einrichtung ausfallen muss (*Schütze* in Udsching/Schütze, SGB XI, § 84 Rn. 24).

### 3. Zweiter Schritt: Vergütungsvergleich mit anderen Einrichtungen

15 Auf der zweiten Prüfebene sind die vom Einrichtungsträger geltend gemachten Kosten einem **Vergütungsvergleich** mit anderen Einrichtungen zu unterziehen. Ein solcher Vergleich kann aber nur angestellt werden, wenn auf erster Prüfungsebene eine plausible Prognose der in der Pflegeeinrichtung zu berücksichtigenden Aufwendungen (»Gestehungskosten«) vorliegt (LSG Niedersachsen-Bremen Urt. v. 16.08.2018 – L 15 P 9/14 KL). Erst wenn die prognostischen Gestehungskosten

einem Vergütungsvergleich mit anderen Einrichtungen standhalten, kann die geforderte Vergütung als **leistungsgerecht** i.S.v. § 84 Abs. 2 Satz 1 anerkannt werden. Das BSG (Urt. v. 29.01.2009 – B 3 P 7/08 R, SozR 4–3300 § 85 Nr. 1, juris Rn. 28) leitet diesen externen Vergütungsvergleich aus § 84 Abs. 2 Satz 4, 7 (jetzt Satz 9) ab, wonach die Pflegesätze wirtschaftlicher Betriebsführung entsprechen müssen und hierbei die Pflegesätze derjenigen Einrichtungen angemessen berücksichtigt werden können, die im Wesentlichen gleichartig sind. Auch wenn nunmehr einrichtungseinheitliche Zuzahlungsbeträge der Heimbewohner (»einrichtungseinheitliche Eigenanteile«, vgl. Abs. 2 Satz 2) vorgesehen sind, diese Zuzahlungsbeträge gerade nicht aufgrund eines externen Vergleich mit anderen Einrichtungen zu ermitteln sind, weil sie nur den Versorgungsaufwand für die verschiedenen Pflegegrade dieser einzelnen Einrichtung widerspiegeln, bestimmt Abs. 2 Satz 9 weiter, dass bei der Bemessung der Pflegesätze einer Pflegeeinrichtung die Pflegesätze derjenigen Pflegeeinrichtungen angemessen berücksichtigt werden können, die nach Art und Größe sowie hinsichtlich der in Abs. 5 genannten Leistungs- und Qualitätsmerkmale im Wesentlichen gleichartig sind. Damit verbleibt es im Ergebnis beim externen Vergleich (*O 'Sullivan* in: Schlegel/Voelzke, jurisPK-SGB XI, § 84 Rn. 42 ff.; *Schütze* in Udsching/Schütze, SGB XI, § 84 Rn. 35), der auf der Basis der für das Heim bestehenden »Gestehungskosten« bzw. dem jeweiligen Aufwand zur Grundlage der Pflegesatzbemessung gemacht wird. Soweit bei der Pflegesatzbemessung auch auf im Wesentlichen gleichartige Leistungsmerkmale anderer Einrichtungen abzustellen ist, muss zusätzlich zu den Pflegesätzen der zum Vergleich heranzuziehenden Einrichtungen die diesen Pflegesätzen zu Grunde gelegte prognostische Verteilung der Pflegegrade einbezogen und hieraus die Vergütungsansätze abgeleitet werden, die in die Pflegesätze eingegangen sind (*Schütze* in Udsching/Schütze, SGB XI, § 84 Rn. 35).

Ein Ermessen kommt den Vertragsparteien dabei nicht zu (BSG Urt. v. 29.01.2009 – B 3 P 7/08 R, SozR 4–3300 § 85 Nr. 1, juris Rn. 30; tendenziell anders wohl BT-Drs. 16/7439 S. 71). Während die Vereinbarung von am durchschnittlichen Marktpreis orientierten Pflegesätzen, also der Inhalt der Vergütungsvereinbarung nur als Vertrag und damit nur mit Willen der Vertragsparteien zulässig ist (so legt BSG Urt. v. 29.01.2009 – B 3 P 7/08 R, SozR 4–3300 § 85 Nr. 1, juris Rn. 30 die frühere Entscheidung BSG Urt. v. 14.12.2000 – B 3 P 19/00 R, BSGE 87, 199–208, SozR 3–3300 § 85 Nr. 1 aus), kann bei der Prüfung der wirtschaftlichen Angemessenheit der geltend gemachten Vergütung, also im Rahmen der Feststellung der leistungsgerechten Vergütung als Grundlage einer späteren Vergütungsvereinbarung, ein **Fremdvergleich** nicht ausgeschlossen werden. (BSG Urt. v. 29.01.2009 – B 3 P 7/08 R, SozR 4–3300 § 85 Nr. 1, juris Rn. 30). Insoweit sieht das BSG das in § 84 Abs. 2 Satz 9 eingeräumte **Ermessen** der Vertragspartner (also nicht nur der Einrichtungsträger) als so **reduziert** an, dass eine Überprüfung nur anhand eines Fremdvergleichs möglich ist (BSG Urt. v. 29.01.2009 – B 3 P 7/08 R, SozR 4–3300 § 85 Nr. 1, juris Rn. 30).

In den externen Vergleich sind grds. **alle Pflegeeinrichtungen** eines bestimmten Bezirks i. S. einer Stadt oder eines Landkreises o.ä. einzubeziehen (BSG Urt. v. 29.01.2009 – B 3 P 7/08 R, SozR 4–3300 § 85 Nr. 1, juris Rn. 37; vgl. auch (Bayerisches LSG Beschl. v. 25.02.2015 – L 2 P 55/11 KL juris Rn. 151). Auf die Einrichtungsgröße oder sonstige äußere Beschaffenheit kommt es dabei nicht an. Unentschieden bleibt (BSG Urt. v. 29.01.2009 – B 3 P 7/08 R, SozR 4–3300 § 85 Nr. 1, juris Rn. 30), ob etwa Besonderheiten im Versorgungsauftrag einer Einrichtung, aber auch sehr personalintensive Betreuungserfordernisse oder besondere Leistungsangebote es rechtfertigen können, einzelne Pflegeheime in diesen Vergleich nicht einzubeziehen. Fehlende oder bestehende Tarifbindungen, die religiöse, weltanschauliche und sozialpolitische Ausrichtung der Trägerinstitutionen oder deren Organisationsform begründen dies jedenfalls nicht (BSG Urt. v. 29.01.2009 – B 3 P 7/08 R, SozR 4–3300 § 85 Nr. 1, juris Rn. 37; zur Beachtlichkeit von Tariflöhnen im Rahmen des externen Vergleichs – dazu vgl. jetzt Abs. 2 Satz 5 und Abs. 7 – vgl. BSG Urt. v. 16.05.2013 – B 3 P 2/12 R). Insoweit ist **BT-Drs. 16/7439** S. 71 zu entnehmen, dass in einen externen Vergleich nur **gleichartige Einrichtungen** einbezogen werden sollen: Einrichtungen, die sich auf besondere Gruppen von Pflegebedürftigen spezialisiert haben (z.B. beatmungspflichtige Menschen, Wachkomapatienten), seien nicht mit Einrichtungen, die allen Gruppen von Pflegebedürftigen von der Stufe I bis zur Stufe III offenstehen, vergleichbar. Auch nicht vergleichbar seien Pflegeheime, die eine große Zahl von Menschen (z.B. 100 Heimbewohner) pflegen, mit Einrichtungen, die nur wenige (z.B. sechs) Pflegebedürftige versorgen, oder auch Dauerpflegeeinrichtungen, die sich auch der Sterbebegleitung widmen, mit Einrichtungen der Kurzzeitpflege oder Pflegeheime mit besonders guter personeller Ausstattung mit solchen, die bei der Personalausstattung an der Untergrenze des Notwendigen liegen (BT-Drs. 16/7439 S. 71). Dazu hat das LSG Niedersachsen-Bremen (Urt. v. 27.06.2014 – L 15 P 70/08 KL, juris Rn. 44) entschieden, dass dem externen Vergleich für die Beurteilung der Angemessenheit der geltend gemachten Pflegesätze entscheidende Bedeutung zukomme und daraus den Schluss gezogen, dass der vollständige Verzicht auf einen externen Vergleich nur als »ultima ratio« in Betracht komme, wenn sich Einrichtungen mit einer vergleichsgeeigneten Struktur schlechthin nicht finden ließen. Da der externe Vergleich eine Gesamtbewertung beinhalte, die sich auch darauf stützen könne, ob der von der Einrichtung geforderte Vergütungssatz im Vergleich mit günstigeren Pflegesätzen und Entgelten anderer Einrichtungen im Hinblick auf die Leistungen der Einrichtung und die Gründe für ihren höheren Kostenaufwand (dennoch) als insgesamt angemessen und deshalb leistungsgerecht i.S.v. § 84 Abs. 2 Satz 1 anzusehen sei, könnten auch solche Einrichtungen zu einem externen Vergleich herangezogen werden, die hinsichtlich ihrer Bewohnerstruktur zwar auf denselben Personenkreis abzielten, jedoch nach einem anderen Betreuungsmodell, z.B. nach dem Hausgemeinschaftsmodell, arbeiteten (LSG Niedersachsen-Bremen Urt. v. 27.06.2014 – L 15 P 70/08 KL, juris Rn. 44).

18 Darüber hinaus können in den externen Vergleich nur diejenigen Heime einbezogen werden, deren **Pflegestandard** fachgerechter und humaner Pflege i.S.d. §§ 11 Abs. 1, 28 Abs. 4, 29 Abs. 1 ohne Einschränkung entspricht (BSG Urt. v. 14.12.2000 – B 3 P 19/00 R, BSGE 87, 199–208, SozR 3–3300 § 85 Nr. 1; BT-Drs. 16/7439 S. 71).

19 Auf der Ebene dieser Prüfungsstufe erlegt das BSG (Urt. v. 29.01.2009 – B 3 P 7/08 R, SozR 4–3300 § 85 Nr. 1, juris Rn. 40) den **Kostenträgern** die Verpflichtung auf, dem Einrichtungsträger alle notwendigen **Informationen zur Verfügung zu stellen**, die einen Vergleich der von der Einrichtung geforderten Vergütung mit den Pflegesätzen anderer Einrichtungen erlauben. Die Angaben haben sich auf **Pflegesätze und Entgelte aller Einrichtungen** in dem einschlägigen räumlichen Markt ohne Unterscheidung nach der Tarifbindung zu erstrecken. Denn die Tarifbindung hat für den Vergleich von Pflegevergütungen als solche keine rechtliche Relevanz (BSG Urt. v. 29.01.2009 – B 3 P 7/08 R, SozR 4–3300 § 85 Nr. 1, juris Rn. 40). Bedeutung kann der Tarifbindung nur zukommen, soweit dies höhere Gestehungskosten bedingt; dies ist im Rahmen der Angemessenheitskontrolle (s. Rdn. 20–23) zu prüfen.

### 4. Beurteilung einer leistungsgerechten Vergütung – Angemessenheitskontrolle

#### a) Maßstab zur Beurteilung der Angemessenheit

20 Leistungsgerecht sind Pflegesätze, soweit sie es einem Pflegeheim bei wirtschaftlicher Betriebsführung ermöglichen, seinen Versorgungsauftrag zu erfüllen (§ 84 Abs. 2 Satz 4). Insoweit sind die Pflegesätze und **Entgelte nicht nur an Marktpreisen zu orientieren**. Sie sind vielmehr an den individuellen Besonderheiten des Pflegeheims auszurichten, als es um den einrichtungsindividuellen Versorgungsauftrag geht (BSG Urt. v. 29.01.2009 – B 3 P 7/08 R, SozR 4–3300 § 85 Nr. 1, juris Rn. 29). Dabei ist die **Wirtschaftlichkeit der Betriebsführung** jedoch nicht anhand des im Einzelfall, sondern anhand des allgemein zur Bewirtschaftung im Rahmen des Versorgungsauftrages erforderlichen Betriebsaufwandes zu prüfen. Maßstab ist der **generalisierte Vergütungsbedarf** eines idealtypischen und wirtschaftlich operierenden Pflegeheimes (BSG Urt. v. 29.01.2009 – B 3 P 7/08 R, SozR 4–3300 § 85 Nr. 1, juris Rn. 29 unter Hinweis auf BVerwG Urt. v. 01.12.1998 – 5 C 17.97, BVerwGE 108, 47, 55 zu § 93 Abs. 2 Satz 2 BSHG). **Obergrenze** der Vergütungsforderung ist daher auch bei nachvollziehbaren prognostischen Gestehungskosten das Maß des im Vergleich mit der Vergütung anderer Einrichtungen **wirtschaftlich Angemessenen**.

21 **Leistungsgerecht** ist eine Pflegevergütung nur dann, wenn sie mit nachvollziehbaren prognostischen Gestehungskosten bzw. Aufwand (vgl. Rdn. 13–14a) unterlegt ist und sich im Hinblick auf die

Vergütung anderer Einrichtungen nicht als unwirtschaftlich erweist (BSG Urt. v. 29.01.2009 – B 3 P 7/08 R, SozR 4–3300 § 85 Nr. 1, juris Rn. 31). Insoweit bestimmt auch das Ergebnis des externen Vergleichs (zweite Prüfungsstufe) die angemessene und leistungsgerechte Pflegevergütung nicht abschließend. Die **Pflegesätze anderer Einrichtungen** können demzufolge **nur eine Vergleichsgröße im Rahmen der Angemessenheitskontrolle nach § 84 Abs. 2 Satz 4 und 7 darstellen**, sind aber keine unmittelbar verbindliche Bemessungsgröße für Pflegesatz und Entgelt. Vielmehr haben die Pflegesatzparteien die Pflegesatzforderung auf ihre wirtschaftliche Angemessenheit auf Grundlage des Vergleiches zu bewerten (BSG Urt. v. 29.01.2009 – B 3 P 7/08 R, SozR 4–3300 § 85 Nr. 1, juris Rn. 22, 28, 29, 31).

**Materieller Maßstab** der von den Vertragsparteien vorzunehmenden Bewertung der Angemessenheit der Vergütung ist **§ 84 Abs. 2 Satz 4**. Leistungsgerecht ist die Vergütung dann, wenn der von der Vergütung abzudeckende und hinreichend nachvollziehbare Aufwand der Einrichtung den Grundsätzen wirtschaftlicher Betriebsführung entspricht und der Aufwand zur Erfüllung des Versorgungsauftrages gerade dieser Einrichtung im Vergleich zu den Pflegesätzen anderer Einrichtungen nicht als unwirtschaftlich anzusehen ist (BSG Urt. v. 29.01.2009 – B 3 P 7/08 R, SozR 4–3300 § 85 Nr. 1, juris Rn. 32). 22

**Wirtschaftlicher Betriebsführung** und damit der **Angemessenheit** entspricht der Vergütungsanspruch regelmäßig ohne weiteres, wenn der geforderte Pflegesatz nebst Entgelt für Unterkunft und Verpflegung **im unteren Drittel der Vergleichsvergütungen** liegt. **Höhere Vergütungen** sind rechtfertigungsbedürftig. Besteht insoweit **Rechtfertigungsbedarf**, hat der Einrichtungsträger die Gründe anzugeben und nachvollziehbar zu belegen, die die höhere Pflegesatzforderung angemessen erscheinen lassen (BSG Urt. v. 29.01.2009 – B 3 P 7/08 R, SozR 4–3300 § 85 Nr. 1, juris Rn. 40). Dazu haben die Kostenträger nach Maßgabe ihrer Marktkenntnis Stellung zu nehmen, sodass sowohl dem Einrichtungsträger als auch im Fall der Anrufung die Schiedsstelle eine sachgerechte Beurteilung der Pflegesatzforderung möglich ist (BSG Urt. v. 29.01.2009 – B 3 P 7/08 R, SozR 4–3300 § 85 Nr. 1, juris Rn. 40). 23

b) **Vergütungsforderung entspricht bzw. unterschreitet die günstigste Vergütung vergleichbarer Einrichtungen**

Entsprechen die nachvollziehbaren voraussichtlichen Pflegesätze bzw. Entgelte für Unterkunft und Verpflegung der ersten Prüfungsstufe den günstigsten Eckwerten vergleichbarer Einrichtungen (zweite Stufe) oder unterschreiten sie diese, ist die geforderte Vergütung ohne weitere Prüfung **stets als leistungsgerecht anzusehen** (BSG Urt. v. 29.01.2009 – B 3 P 7/08 R, SozR 4–3300 § 85 Nr. 1, juris Rn. 33). Insoweit bezeichnet der niedrigste Pflegesatz bzw. das niedrigste Entgelt denjenigen Betrag, der zur Erfüllung des Versorgungsauftrages als noch ausreichend anzusehen ist (BSG Urt. v. 29.01.2009 – B 3 P 7/08 R, SozR 4–3300 § 85 Nr. 1, juris Rn. 33). In diesem Fall kann der Einrichtung eine unwirtschaftliche Betriebsführung schon deshalb nicht entgegengehalten werden (BSG Urt. v. 29.01.2009 – B 3 P 7/08 R, SozR 4–3300 § 85 Nr. 1, juris Rn. 33). 24

c) **Vergütungsforderung liegt im unteren Drittel der Vergütung vergleichbarer Einrichtungen**

Eine im Vergleich zu anderen Pflegeeinrichtungen **höhere Vergütung** vergleichbarer Pflegeleistungen ist stets **rechtfertigungsbedürftig** und nur dann **leistungsgerecht**, wenn sich der von der Vergütung abgedeckte Aufwand der Einrichtung **im Rahmen des wirtschaftlich Angemessenen** hält (BSG Urt. v. 29.01.2009 – B 3 P 7/08 R, SozR 4–3300 § 85 Nr. 1, juris Rn. 35). Zur Bestimmung des wirtschaftlich angemessenen Rahmens ist auf den von der Interessenlage her vergleichbaren Rechtsgedanken des **§ 35 Abs. 5 Satz 4 SGB V** abzustellen (BSG Urt. v. 29.01.2009 – B 3 P 7/08 R, SozR 4–3300 § 85 Nr. 1, juris Rn. 34). Die dort getroffene **Drittel-Regelung** geht davon aus, dass eine Versorgung im unteren Preisdrittel als »preisgünstig« und damit als hinreichend wirtschaftlich anzusehen sei (BSG Urt. v. 29.01.2009 – B 3 P 7/08 R, SozR 4–3300 § 85 Nr. 1, juris Rn. 34). Befinden sich demnach die nachvollziehbaren voraussichtlichen **Kosten** der ersten Prüfungsstufe **im unteren Drittel** der auf der zweiten Prüfungsstufe vergleichsweise ermittelten 25

Pflegesätze bzw. Entgelte, kann eine dementsprechende Vergütungsforderung regelmäßig ohne weiteres als leistungsgerecht angesehen werden (BSG Urt. v. 29.01.2009 – B 3 P 7/08 R, SozR 4-3300 § 85 Nr. 1, juris Rn. 34).

### d) Vergütungsforderung oberhalb des unteren Drittels der Vergütungen vergleichbarer Einrichtungen

26 Eine im Vergleich zu anderen Pflegeeinrichtungen höhere Vergütung vergleichbarer Pflegeleistungen bedarf stets der Rechtfertigung. Sie ist nur dann leistungsgerecht, wenn sich der von der Vergütung abgedeckte Aufwand der Einrichtung im Rahmen des wirtschaftlich Angemessenen hält (BSG Urt. v. 29.01.2009 – B 3 P 7/08 R, SozR 4-3300 § 85 Nr. 1, juris Rn. 35).

27 **Überschreiten** die nachvollziehbaren voraussichtlichen Pflegesätze bzw. Entgelte für Unterkunft und Verpflegung der ersten Prüfungsstufe den Rahmen **des unteren Drittels** vergleichbarer Pflegevergütungen (zweite Stufe), kann sich eine Vergütungsforderung **ausnahmsweise** als leistungsgerecht erweisen. **Rechtfertigung** finden solche höheren Vergütungen, wenn sie (BSG Urt. v. 29.01.2009 – B 3 P 7/08 R, SozR 4-3300 § 85 Nr. 1, juris Rn. 36) auf einem auf der ersten Prüfungsstufe zuvor **nachvollziehbar** prognostizierten **höheren Aufwand der Pflegeeinrichtung** beruht und dieser nach Prüfung **im Einzelfall wirtschaftlich angemessen** ist (vgl. dazu auch *O'Sullivan* in: Schlegel/Voelzke, jurisPK-SGB XI, § 84 Rn. 44). Wirtschaftlich angemessen ist ein solcher höherer Aufwand, soweit die Einrichtung Gründe für einen höheren Pflegesatz oder ein höheres Entgelt für Unterkunft und Verpflegung aufzeigt und diese den Grundsätzen wirtschaftlicher Betriebsführung entsprechen (BSG Urt. v. 29.01.2009 – B 3 P 7/08 R, SozR 4-3300 § 85 Nr. 1, juris Rn. 36). Rechtfertigungsgründe können sich aus **Besonderheiten im Versorgungsauftrag** der Einrichtung ergeben (z.B. besonders personalintensive Betreuungserfordernisse), aus **besonderen Leistungsangeboten** zugunsten der Heimbewohner oder aus einem in der Pflegequalität zum Ausdruck kommenden höheren Personalschlüssel, aus der Einhaltung einer **Tarifbindung** und einem deswegen höheren Personalkostenaufwand oder aus Lage und Größe einer Einrichtung, sofern sich daraus wirtschaftliche Nachteile gegenüber der Lage oder dem Zuschnitt anderer Einrichtungen ergeben und der Sicherstellungsauftrag der Pflegekassen ohne die vergleichsweise teure Einrichtung nicht erfüllt werden kann (BSG Urt. v. 29.01.2009 – B 3 P 7/08 R, SozR 4-3300 § 85 Nr. 1, juris Rn. 36). Denn die Einhaltung der Tarifbindung ist nach § 84 Abs. 2 Satz 5 als wirtschaftlich anzusehen.

28 Letztlich ist eine **Gesamtbewertung** vorzunehmen, in deren Rahmen es darauf ankommt, ob der von der Einrichtung geforderte Vergütungssatz im Vergleich mit günstigeren Pflegesätzen und Entgelten anderer Einrichtungen und im Hinblick auf die Leistungen der Einrichtung und die Gründe für ihren höheren Kostenaufwand als insgesamt **angemessen** und deshalb leistungsgerecht i. S. v. § 84 Abs. 2 Satz 1 anzusehen ist (BSG Urt. v. 29.01.2009 – B 3 P 7/08 R, SozR 4-3300 § 85 Nr. 1, juris Rn. 36).

### E. Abgeltung der allgemeinen Pflegeleistungen

29 Der Pflegesatz gilt alle für die Versorgung des Pflegebedürftigen nach Art und Schwere seiner Pflegebedürftigkeit erforderlichen Pflegeleistungen der Pflegeeinrichtung ab (§ 84 Abs. 4 Satz 1). Damit dürfen für die allgemeinen Pflegeleistungen, soweit nichts anderes bestimmt ist, ausschließlich die nach § 85 oder § 86 vereinbarten oder nach § 85 Abs. 5 festgesetzten Pflegesätze berechnet werden, ohne Rücksicht darauf, wer zu ihrer Zahlung verpflichtet ist (VGH Hessen Urt. v. 08.08.2013 – 10 A 902/13, juris Rn. 25). So gehört z.B. die Wäschekennzeichnung in Pflegeheimen zur Regelleistung »Wäscheversorgung« und ist mit den Pflegesätzen abgegolten (Hess VGH Urt. v. 08.08.2013 – 10 A 902/13). Daher dürfen Pflegeheime für die **allgemeinen Pflegeleistungen** grds. nur die vereinbarten **Pflegesätze** verlangen (§ 84 Abs. 4 Satz 2). **Höhere oder niedrigere Beträge** dürfen nur verlangt werden, soweit dies gesetzlich vorgesehen ist (Abs. 4 Satz 2 i.V.m. § 86 Abs. 2 Satz 2). Die Bindung an die in der Pflegesatzvereinbarung festgelegten Beträge gilt unabhängig von der Kostenträgerschaft, sodass das Pflegeheim für die allgemeinen Pflegeaufwendungen weder vom Kostenträger noch vom Pflegebedürftigen selbst Entgelte verlangen kann, die die vereinbarten Pflegesätze

übersteigen oder sonst davon abweichen. Abweichende Vereinbarungen sind nichtig (§ 32 SGB I). Welche Leistungen in einem Heim Teil der allgemeinen Pflegeleistungen und damit von den sog. Hotelkosten abzugrenzen sind, bestimmt sich nach einer Vereinbarung nach § 75 Abs. 2 Nr. 1 bzw. nach der VO nach § 83.

Die Kollision der Regelungen des Abs. 4 mit den in §§ 41 Abs. 2 Satz 2, 42 Abs. 2 Satz 2, 43 Abs. 2 festgelegten Leistungshöchstgrenzen ist dadurch zu lösen, dass auch über diese Höchstgrenzen hinaus der **Pflegebedürftige** die Leistungen **lediglich** mit dem in der **Vergütungsvereinbarung** vorgesehenen Betrag zu bezahlen hat. Insoweit tritt lediglich ein anderer Schuldner (Pflegebedürftiger statt Pflegekasse) auf, ein abweichendes Entgelt hat dieser jedoch nicht zu zahlen (dazu vgl. *Reimer* in Hauck/Noftz, SGB XI § 84 Rn. 15 ff.). 30

Aufwendungen für Leistungen, die **nicht** zu den **allgemeinen Pflegeleistungen** gehören (z.B. Kosten der Unterkunft und Verpflegung, Zusatzleistungen), können jedoch **gesondert** verlangt werden (dazu § 82 Rdn. 6 bis 9). 31

### F. Personalausstattung

Auch bei Personalengpässen oder -ausfällen darf die Versorgung der Pflegebedürftigen nicht beeinträchtigt werden (Abs. 6). Das Vorhandensein und der bestimmungsgemäße Einsatz von Personal ist auf Verlangen einer Vertragspartei i.S.d. § 75 in einem Personalabgleich nachzuweisen. Zur Personalausstattung hat das BSG (Urt. v. 12.09.2012 – B 3 P 5/11 R, SozR 4–3300 § 115 Nr. 1, juris) entschieden, dass Qualitätsmängel unwiderlegbar vermutet werden, wenn ein Personalabgleich ergeben hat, dass die vereinbarte Personalausstattung über mehrere Monate hinweg um jeweils mindestens 8 % unterschritten worden ist oder ein Heimträger die vereinbarte Personalausstattung planmäßig und zielgerichtet nicht bereitstellt. 32

### § 85 Pflegesatzverfahren

(1) Art, Höhe und Laufzeit der Pflegsätze werden zwischen dem Träger des Pflegeheimes und den Leistungsträgern nach Absatz 2 vereinbart.

(2) Parteien der Pflegesatzvereinbarung (Vertragsparteien) sind der Träger des einzelnen zugelassenen Pflegeheimes sowie
1. die Pflegekassen oder sonstige Sozialversicherungsträger,
2. die für die Bewohner des Pflegeheimes zuständigen Träger der Sozialhilfe sowie
3. die Arbeitsgemeinschaften der unter Nummer 1 und 2 genannten Träger,

soweit auf den jeweiligen Kostenträger oder die Arbeitsgemeinschaft im Jahr vor Beginn der Pflegesatzverhandlungen jeweils mehr als fünf vom Hundert der Berechnungstage des Pflegeheimes entfallen. Die Pflegesatzvereinbarung ist für jedes zugelassene Pflegeheim gesondert abzuschließen; § 86 Abs. 2 bleibt unberührt. Die Vereinigungen der Pflegeheime im Land, die Landesverbände der Pflegekassen sowie der Verband der privaten Krankenversicherung e. V im Land können sich am Pflegesatzverfahren beteiligen.

(3) Die Pflegesatzvereinbarung ist im voraus, vor Beginn der jeweiligen Wirtschaftsperiode des Pflegeheimes, für einen zukünftigen Zeitraum (Pflegesatzzeitraum) zu treffen. Das Pflegeheim hat Art, Inhalt, Umfang und Kosten der Leistungen, für die es eine Vergütung beansprucht, durch Pflegedokumentationen und andere geeignete Nachweise rechtzeitig vor Beginn der Pflegesatzverhandlungen darzulegen; es hat außerdem die schriftliche Stellungnahme der nach heimrechtlichen Vorschriften vorgesehenen Interessenvertretung der Bewohnerinnen und Bewohner beizufügen. Soweit dies zur Beurteilung seiner Wirtschaftlichkeit und Leistungsfähigkeit im Einzelfall erforderlich ist, hat das Pflegeheim auf Verlangen einer Vertragspartei zusätzliche Unterlagen vorzulegen und Auskünfte zu erteilen. Hierzu gehören auch pflegesatzerhebliche Angaben zum Jahresabschluß entsprechend den Grundsätzen ordnungsgemäßer Pflegebuchführung, zur personellen und sachlichen Ausstattung des Pflegeheims einschließlich der Kosten

sowie zur tatsächlichen Stellenbesetzung und Eingruppierung. Dabei sind insbesondere die in der Pflegesatzverhandlung geltend gemachten, voraussichtlichen Personalkosten einschließlich entsprechender Erhöhungen im Vergleich zum bisherigen Pflegesatzzeitraum vorzuweisen. Personenbezogene Daten sind zu anonymisieren.

(4) Die Pflegesatzvereinbarung kommt durch Einigung zwischen dem Träger des Pflegeheimes und der Mehrheit der Kostenträger nach Absatz 2 Satz 1 zustande, die an der Pflegesatzverhandlung teilgenommen haben. Sie ist schriftlich abzuschließen. Soweit Vertragsparteien sich bei den Pflegesatzverhandlungen durch Dritte vertreten lassen, haben diese vor Verhandlungsbeginn den übrigen Vertragsparteien eine schriftliche Verhandlungs- und Abschlußvollmacht vorzulegen.

(5) Kommt eine Pflegesatzvereinbarung innerhalb von sechs Wochen nicht zustande, nachdem eine Vertragspartei schriftlich zu Pflegesatzverhandlungen aufgefordert hat, setzt die Schiedsstelle nach § 76 auf Antrag einer Vertragspartei die Pflegesätze unverzüglich, in der Regel binnen drei Monaten, fest. Satz 1 gilt auch, soweit der nach Absatz 2 Satz 1 Nr. 2 zuständige Träger der Sozialhilfe der Pflegesatzvereinbarung innerhalb von zwei Wochen nach Vertragsschluß widerspricht; der Träger der Sozialhilfe kann im voraus verlangen, daß an Stelle der gesamten Schiedsstelle nur der Vorsitzende und die beiden weiteren unparteiischen Mitglieder oder nur der Vorsitzende allein entscheiden. Gegen die Festsetzung ist der Rechtsweg zu den Sozialgerichten gegeben. Ein Vorverfahren findet nicht statt; die Klage hat keine aufschiebende Wirkung.

(6) Pflegesatzvereinbarungen sowie Schiedsstellenentscheidungen nach Absatz 5 Satz 1 oder 2 treten zu dem darin unter angemessener Berücksichtigung der Interessen der Pflegeheimbewohner bestimmten Zeitpunkt in Kraft; sie sind für das Pflegeheim sowie für die in dem Heim versorgten Pflegebedürftigen und deren Kostenträger unmittelbar verbindlich. Ein rückwirkendes Inkrafttreten von Pflegesätzen ist nicht zulässig. Nach Ablauf des Pflegesatzzeitraums gelten die vereinbarten oder festgesetzten Pflegesätze bis zum Inkrafttreten neuer Pflegesätze weiter.

(7) Bei unvorhersehbaren wesentlichen Veränderungen der Annahmen, die der Vereinbarung oder Festsetzung der Pflegesätze zugrunde lagen, sind die Pflegesätze auf Verlangen einer Vertragspartei für den laufenden Pflegesatzzeitraum neu zu verhandeln; die Absätze 3 bis 6 gelten entsprechend.

(8) Die Vereinbarung des Vergütungszuschlags nach § 84 Absatz 8 erfolgt auf der Grundlage, dass
1. die stationäre Pflegeeinrichtung für die zusätzliche Betreuung und Aktivierung der Pflegebedürftigen über zusätzliches Betreuungspersonal, in vollstationären Pflegeeinrichtungen in sozialversicherungspflichtiger Beschäftigung verfügt und die Aufwendungen für dieses Personal weder bei der Bemessung der Pflegesätze noch bei den Zusatzleistungen nach § 88 berücksichtigt werden,
2. in der Regel für jeden Pflegebedürftigen 5 Prozent der Personalaufwendungen für eine zusätzliche Vollzeitkraft finanziert wird und
3. die Vertragsparteien Einvernehmen erzielt haben, dass der vereinbarte Vergütungszuschlag nicht berechnet werden darf, soweit die zusätzliche Betreuung und Aktivierung für Pflegebedürftige nicht erbracht wird.

Pflegebedürftige und ihre Angehörigen sind von der stationären Pflegeeinrichtung im Rahmen der Verhandlung und des Abschlusses des stationären Pflegevertrages nachprüfbar und deutlich darauf hinzuweisen, dass ein zusätzliches Betreuungsangebot besteht. Im Übrigen gelten die Absätze 1 bis 7 entsprechend.

(9) Die Vereinbarung des Vergütungszuschlags nach § 84 Absatz 9 Satz 1 durch die Vertragsparteien nach Absatz 2 erfolgt auf der Grundlage, dass
1. die vollstationäre Pflegeeinrichtung über zusätzliches Pflegehilfskraftpersonal verfügt,

a) das über eine abgeschlossene, landesrechtlich geregelte Assistenz- oder Helferausbildung in der Pflege mit einer Ausbildungsdauer von mindestens einem Jahr verfügt, oder
b) das berufsbegleitend eine Ausbildung im Sinne von Buchstabe a begonnen hat oder
c) für das die vollstationäre Pflegeeinrichtung sicherstellt, dass es spätestens bis zum Ablauf von zwei Jahren nach Vereinbarung des Vergütungszuschlages nach § 84 Absatz 9 Satz 1 oder nach der Mitteilung nach Absatz 11 Satz 1 eine berufsbegleitende, landesrechtlich geregelte Assistenz- oder Helferausbildung in der Pflege beginnen wird, die die von der Arbeits- und Sozialministerkonferenz 2012 und von der Gesundheitsministerkonferenz 2013 als Mindestanforderungen beschlossenen »Eckpunkte für die in Länderzuständigkeit liegenden Ausbildungen zu Assistenz- und Helferberufen in der Pflege« (BAnz AT 17.02.2016 B3) erfüllt, es sei denn, dass der Beginn oder die Durchführung dieser Ausbildung aus Gründen, die die Einrichtung nicht zu vertreten hat, unmöglich ist,
2. zusätzliche Stellenanteile im Umfang von bis zu 0,016 Vollzeitäquivalenten je Pflegebedürftigen des Pflegegrades 1 oder 2, 0,025 Vollzeitäquivalenten je Pflegebedürftigen des Pflegegrades 3, 0,032 Vollzeitäquivalenten je Pflegebedürftigen des Pflegegrades 4 und 0,036 Vollzeitäquivalenten je Pflegebedürftigen des Pflegegrades 5, mindestens aber 0,5 Vollzeitäquivalenten, für den Pflegesatzzeitraum finanziert werden,
3. notwendige Ausbildungsaufwendungen für das zusätzliche Pflegehilfskraftpersonal, das eine Ausbildung im Sinne von Nummer 1 Buchstabe b oder c durchläuft, finanziert werden, soweit diese Aufwendungen nicht von einer anderen Stelle finanziert werden,
4. die Aufwendungen für das zusätzliche Pflegehilfskraftpersonal weder bei der Bemessung der Pflegesätze noch bei den Zusatzleistungen nach § 88 berücksichtigt werden und
5. die Vertragsparteien Einvernehmen erzielt haben, dass der vereinbarte Vergütungszuschlag nicht berechnet werden darf, soweit die vollstationäre Pflegeeinrichtung nicht über zusätzliches Pflegehilfskraftpersonal verfügt, das über das nach der Pflegesatzvereinbarung gemäß § 84 Absatz 5 Satz 2 Nummer 2 vorzuhaltende Personal hinausgeht.

Bei Pflegehilfskräften, die sich im Sinne von Satz 1 Nummer 1 Buchstabe b oder c in einer Ausbildung befinden, kann die Differenz zwischen dem Gehalt einer Pflegehilfskraft und der Ausbildungsvergütung nur berücksichtigt werden, wenn die Pflegehilfskraft beruflich insgesamt ein Jahr tätig war. Im Übrigen gelten die Absätze 1 bis 7 entsprechend.

(10) Der Spitzenverband Bund der Pflegekassen berichtet dem Bundesministerium für Gesundheit erstmals zum 30. Juni 2021 und anschließend vierteljährlich über die Zahl des durch den Vergütungszuschlag nach § 84 Absatz 9 Satz 1 finanzierten Pflegehilfskraftpersonals, die Personalstruktur, den Stellenzuwachs und die Ausgabenentwicklung. Der Spitzenverband Bund der Pflegekassen legt im Benehmen mit dem Verband der Privaten Krankenversicherung e. V., der Bundesarbeitsgemeinschaft der überörtlichen Träger der Sozialhilfe und den Bundesvereinigungen der Träger stationärer Pflegeeinrichtungen das Nähere für das Vereinbarungsverfahren nach Absatz 9 in Verbindung mit § 84 Absatz 9, für die notwendigen Ausbildungsaufwendungen nach Absatz 9 Satz 1 Nummer 3 sowie für seinen Bericht nach Satz 1 fest. Die Festlegungen nach Satz 2 bedürfen der Zustimmung des Bundesministeriums für Gesundheit im Benehmen mit dem Bundesministerium für Arbeit und Soziales.

(11) Der Träger der vollstationären Pflegeeinrichtung kann bis zum Abschluss einer Vereinbarung nach § 84 Absatz 9 Satz 1 einen Vergütungszuschlag für zusätzliches Pflegehilfskraftpersonal nach § 84 Absatz 9 Satz 2 berechnen, wenn er vor Beginn der Leistungserbringung durch das zusätzliche Pflegehilfskraftpersonal den nach Absatz 2 als Parteien der Pflegesatzvereinbarung beteiligten Kostenträgern den von ihm entsprechend Absatz 9 ermittelten Vergütungszuschlag zusammen mit folgenden Angaben mitteilt:
1. die Anzahl der zum Zeitpunkt der Mitteilung versorgten Pflegebedürftigen nach Pflegegraden,
2. die zusätzlichen Stellenanteile, die entsprechend Absatz 9 Satz 1 Nummer 2 auf der Grundlage der versorgten Pflegebedürftigen nach Pflegegraden nach Nummer 1 berechnet werden,

3. die Qualifikation, die Entlohnung und die weiteren Personalaufwendungen für das zusätzliche Pflegehilfskraftpersonal,
4. die mit einer berufsbegleitenden Ausbildung nach Absatz 9 Satz 1 Nummer 1 Buchstabe b und c verbundenen notwendigen, nicht anderweitig finanzierten Aufwendungen und
5. die Erklärung, dass das zusätzliche Pflegehilfskraftpersonal über das Personal hinausgeht, das die vollstationäre Pflegeeinrichtung nach der Pflegesatzvereinbarung gemäß § 84 Absatz 5 Satz 2 Nummer 2 vorzuhalten hat.

Für die Mitteilung nach Satz 1 ist ein einheitliches Formular zu verwenden, das der Spitzenverband Bund der Pflegekassen im Benehmen mit dem Bundesministerium für Gesundheit, dem Verband der Privaten Krankenversicherung e. V. und der Bundesarbeitsgemeinschaft der überörtlichen Träger der Sozialhilfe bereitstellt. Die nach Absatz 2 als Parteien der Pflegesatzvereinbarung beteiligten Kostenträger können die nach Satz 1 mitgeteilten Angaben beanstanden. Über diese Beanstandungen befinden die Vertragsparteien nach Absatz 2 unverzüglich mit Mehrheit. Die mit dem Vergütungszuschlag nach § 84 Absatz 9 Satz 1 finanzierten zusätzlichen Stellen und die der Berechnung des Vergütungszuschlags zugrunde gelegte Bezahlung der auf diesen Stellen Beschäftigten sind von dem Träger der vollstationären Pflegeeinrichtung unter entsprechender Anwendung des § 84 Absatz 6 Satz 3 und 4 und Absatz 7 nachzuweisen.

Übersicht

| | Rdn. | | Rdn. |
|---|---|---|---|
| A. Regelung für stationäre Pflegeeinrichtungen | 1 | E. Inkrafttreten und Laufzeit des Vertrages. | 7 |
| B. Pflegesatzvereinbarung | 2 | F. Vorzeitige Neufestlegung der Pflegesätze | 10 |
| C. Vertragsparteien | 5 | G. Ersetzende Entscheidung der Schiedsstelle | 11 |
| D. Vertragsinhalt | 6 | H. Vereinbarung von Vergütungszuschlägen | 15 |

### A. Regelung für stationäre Pflegeeinrichtungen

1 § 85 enthält Regelungen für stationäre Pflegeeinrichtungen (§ 71 Abs. 2). Für ambulante Leistungserbringer i.S.d. § 71 Abs. 1 gilt § 89.

### B. Pflegesatzvereinbarung

2 Art, Höhe und Laufzeit der Pflegsätze sind zwischen dem Träger des Pflegeheimes und den in § 85 Abs. 2 bezeichneten Kostenträgern zu vereinbaren. Diese **Vergütungsvereinbarung** ist ein **öffentlich-rechtlicher Vertrag** i.S.d. § 53 Abs. 1 Satz 2, für den – soweit § 85 keine Regelungen enthält – die Vorschriften der §§ 53 ff. SGB X sowie des BGB gelten. Abweichend von den Regelungen über den Vertragsschluss auf der Grundlage zweier Willenserklärungen, kommt die Pflegesatzvereinbarung bereits dadurch zustande, dass sich der Träger des Pflegeheimes mit der Mehrheit der nach § 85 Abs. 2 Satz 1 maßgeblichen Kostenträger, die an der Pflegesatzverhandlung **tatsächlich teilgenommen** haben, einigt (§ 85 Abs. 4 Satz 1). Dabei müssen die Vertragsparteien des Abs. 2 Nr. 1–3 ihr Einverständnis nicht gemeinsam erklären. Es genügt, wenn die jeweiligen Kostenträger einzeln ihre Zustimmung zum Vertragsschluss erklären; die Pflegesatzvereinbarung kommt als Vertrag zustande, sobald die **Mehrheit der Kostenträger zugestimmt** hat. Die Zustimmung der Pflegekassen, der Sozialhilfeträger bzw. ihrer Arbeitsgemeinschaften ist mangels hoheitlicher Entscheidung (fehlendes Über-/Unterordnungsverhältnis) kein Verwaltungsakt i.S.d. § 31 Satz 1 SGB X. Der Vertrag ist **schriftlich** zu schließen (Abs. 4 Satz 2), bei Verstößen gilt § 58 Abs. 1 SGB X i.V.m. § 125 BGB. Die Vertragsparteien können sich **vertreten** lassen (Abs. 4 Satz 3). Die Vertragsbeteiligten können die Vergütung auch durch die **Pflegesatzkommission** nach § 86 Abs. 1 vereinbaren lassen.

3 Der Vertrag wird zwar unmittelbar mit Vertragsschluss wirksam, ist jedoch **auflösend bedingt**. Denn nach § 85 Abs. 5 Satz 2 steht dem **Sozialhilfeträger** i.S.d. Abs. 2 Satz 1 Nr. 2 innerhalb von 2 Wochen nach Vertragsschluss ein **Widerspruchsrecht** zu. Widerspricht der Sozialhilfeträger, entfällt die Wirksamkeit des Vertrages rückwirkend. An dessen Stelle hat die Schiedsstelle die Pflegesätze festzusetzen (Abs. 5 Satz 2).

**Für jedes zugelassene Pflegeheim** ist eine gesonderte Pflegesatzvereinbarung abzuschließen (Abs. 2 Satz 2). Verträge mit mehreren Pflegeheimen kommen nicht in Betracht. Dem steht auch § 86 Abs. 2 nicht entgegen, denn selbst wenn die Pflegesatzkommission einheitliche Pflegesätze vereinbart, handelt es sich doch um **Individualverträge** für jedes einzelne Heim mit lediglich inhaltlich gleichen Pflegesätzen (§ 86 Rdn. 7).

## C. Vertragsparteien

Die Vertragsparteien der Vergütungsvereinbarung werden in § 85 Abs. 2 Satz 1 benannt. Vertragspartei ist einerseits der **Träger des zugelassenen Pflegeheimes**. Für die andere Vertragsseite nennt Abs. 2 Satz 1 in Nr. 1 bis 3 abstrakt die **Pflegekassen** oder sonstige Sozialversicherungsträger, die für die Bewohner des Pflegeheimes zuständigen **Sozialhilfeträger** sowie die **Arbeitsgemeinschaften** dieser Träger als Vertragspartei. Diese Träger sind nur dann Vertragspartei einer Pflegesatzvereinbarung für ein bestimmtes Pflegeheim, wenn auf den jeweiligen Kostenträger oder die Arbeitsgemeinschaft im Jahr vor Beginn der Pflegesatzverhandlungen jeweils mehr als **5 % der Berechnungstage des Pflegeheimes** entfallen (Abs. 2 Satz 1). Erreicht der Kostenträger diese Schwelle nicht, ist er nicht als Vertragspartei an der Pflegesatzvereinbarung zu beteiligen. Es ist dann nach § 91 abzurechnen. Mit § 85 Abs. 2 Satz 1 hat der Bundesgesetzgeber Vertragspartner für die Pflegesatzvereinbarungen abschließend (BSG Beschl. v. 14.02.2014 – B 3 P 19/13 B, juris Rn. 6) bestimmt: Vertragspartei kann auf Trägerseite nur sein, wer die Kosten für die Heimpflege und die anderen in § 43 Abs. 2 Satz 1 genannten Leistungen von in dem betreffenden Pflegeheim lebenden Pflegebedürftigen unmittelbar selbst trägt und dabei das Quorum von 5 % der Belegungstage überschreitet; den einzelnen Trägern gleichgestellt sind die von ihnen gebildeten Arbeitsgemeinschaften. Eine Behörde oder sonstige Einrichtung, die diese Anforderungen nicht selbst erfüllt, kann zwar vom Landesgesetzgeber zum Vertreter des einzelnen Trägers der Sozialhilfe oder einer Arbeitsgemeinschaft bei Aushandlung und Abschluss der Pflegesatzvereinbarung bestimmt werden, nicht aber selbst die Funktion als Vertragspartei übertragen bekommen (BSG Beschl. v. 14.02.2014 – B 3 P 19/13 B). Vertragspartei bleibt auch in seinem solchen Fall nach § 85 Abs. 2 Satz 1 der Vertretene selbst (BSG Beschl. v. 14.02.2014 – B 3 P 19/13 B).

## D. Vertragsinhalt

Die Pflegesatzvereinbarung hat für jedes zugelassene Pflegeheim gesondert Art, Höhe und Laufzeit der Pflegsätze zu bestimmen und die nach § 84 Abs. 5 vorgesehenen Vereinbarungen zu enthalten. Maßstab für die auszuhandelnde **Höhe der Entgelte** sind die Vorgaben der §§ 82 bis 84. Dabei haben die Vertragsparteien die Entgelte **prospektiv** zu vereinbaren (Abs. 3 Satz 1, Abs. 6 Satz 2). § 85 Abs. 3 Satz 2–6 sieht **Informations- bzw. Nachweispflichten** vor (dazu s. § 84 Rdn. 19, 20 ff.). Welche Unterlagen zur Vereinbarung der prospektiven Pflegevergütung im Einzelnen geeignet sind und in Vorbereitung der Vergütungsverhandlungen von den Einrichtungsbetreibern vorgelegt werden müssen, haben die Vereinbarungspartner in den Rahmenverträgen einheitlich auf Landesebene festzulegen (BT-Drs. 18/10510 S. 116). Auch **Vergütungszuschläge** nach § 84 Abs. 8 sind zu vereinbaren.

## E. Inkrafttreten und Laufzeit des Vertrages

Die Vereinbarung hat auch den Zeitpunkt des Inkrafttretens der Pflegesatzvereinbarung zu bestimmen (Abs. 6 Satz 1). Dabei haben die Vertragsparteien einen in der **Zukunft** liegenden Beginn der Vertragslaufzeit zu wählen (Abs. 3 Satz 1); ein **rückwirkendes Inkrafttreten** ist **unzulässig** (Abs. 6 Satz 2). Der Vertragsbeginn soll sich an der Wirtschaftsperiode des Pflegeheimes ausrichten (Abs. 3 Satz 1) und die Interessen der Pflegeheimbewohner angemessen berücksichtigen (Abs. 6 Satz 1). Deren Interessen sind insoweit zu beachten, als diese durch die veränderten Pflegesätze ihrerseits veränderte Zahlungen an das Pflegeheim zu leisten haben. Ihnen soll so Gelegenheit gegeben werden, sich darauf einzustellen.

8 Unmittelbar mit Inkrafttreten entfaltet die Pflegesatzvereinbarung **normative Wirkung**. Sie ist für das Pflegeheim sowie für die in ihm versorgten Pflegebedürftigen und deren Kostenträger unmittelbar verbindlich (Abs. 6 Satz 2 Hs. 2). Eines Umsetzungsaktes (z.B. durch Vertragsänderung) bedarf es nicht. Die Pflegesatzvereinbarungen sowie Schiedsstellenentscheidungen sind insoweit für das Pflegeheim und die Pflegekasse **unmittelbar verbindlich**. Die normative Wirkung erfasst auch dem im Heim versorgten Pflegebedürftigen, auch gegenüber ihm sind die Pflegesatzvereinbarungen sowie Schiedsstellenentscheidungen unmittelbar verbindlich (Abs. 6 Satz 1 Hs. 2). Daher kann ein Pflegeheim auch nicht gegenüber solchen Bewohnern, die Leistungen nach dem SGB XI oder dem SGB XII beziehen, einseitig die Heimentgelte erhöhen (BGH Urt. v. 12.05.2016 – III ZR 279/15). Anderslautende AGB des Pflegeheims verstoßen sie gegen §§ 307, 311 Abs. 1 BGB und sind nichtig (BGH Urt. v. 12.05.2016 – III ZR 279/15). Infolge der unmittelbaren Verbindlichkeit von Pflegesatzvereinbarungen und Schiedsstellenentscheidungen kann der Heimbewohner auch keine materiellen Einwände gegen die Höhe der Entgelte vorbringen (*O'Sullivan* in: Schlegel/Voelzke, jurisPK-SGB XI, § 85 Rn. 70). Unmittelbar mit Inkrafttreten der neuen Pflegesatzvereinbarung schulden daher die Pflegebedürftigen und die Kostenträger (dazu § 82) nur noch die Zahlung des entsprechend der neuen Pflegesatzvereinbarung bestimmten Entgelts; abweichende Vereinbarungen sind nach § 134 BGB nichtig (*Weber* in KassKomm § 85 SGB XI Rn. 33).

9 Auch die Vertragsdauer (**Vertragslaufzeit**) ist zu vereinbaren. Eine Anknüpfung an den Zyklus der Wirtschaftsjahre bietet sich an. Mit **Ablauf der Vertragslaufzeit** endet zwar die vertragliche Bindung der Vertragsparteien, doch ordnet § 85 Abs. 6 Satz 3 bis zum Inkrafttreten einer neuen Pflegesatzvereinbarung die **Fortgeltung** der zuvor vereinbarten Pflegesätze an. Das setzt aber voraus, dass die Vertragsparteien grds. gewillt sind, eine neue Pflegsatzvereinbarung zu treffen. Soll keine neue Pflegesatzvereinbarung mehr getroffen werden, ist § 91 anzuwenden.

### F. Vorzeitige Neufestlegung der Pflegesätze

10 § 85 Abs. 7 räumt den Vertragsparteien das Recht ein, eine **Neuverhandlung** der Pflegesätze für den laufenden Pflegesatzzeitraum zu fordern. Insoweit geht Abs. 7 als Beispiel des **Wegfalls der Geschäftsgrundlage** dem § 59 Abs. 1 Satz 1 SGB X vor. Für die neuen Verhandlungen gelten die Abs. 3 bis 6 entsprechend, insbesondere gilt auch hier das Rückwirkungsverbot des Abs. 6 Satz 2.

### G. Ersetzende Entscheidung der Schiedsstelle

11 Kommt eine Pflegesatzvereinbarung innerhalb der in Abs. 5 Satz 1 genannten Frist nicht zustande, haben die Vertragsparteien nach § 85 Abs. 5 Satz 1 das Recht, die **Schiedsstelle** nach § 76 anzurufen. Welcher Kostenträger in einem konkreten Schiedsstellenverfahren als Verfahrensbeteiligter auftreten darf, ist im SGB XI abschließend geregelt (BSG Urt. v. 17.12.2009 – B 3 P 3/08 R, juris Rn. 28). Gem. § 85 Abs. 5 und 6 (für ambulante Pflegedienste i.V.m. § 89) sind nur diejenigen Vertragsparteien einer Vergütungsvereinbarung, deren Zustandekommen misslungen ist und die gerade durch den Schiedsspruch ersetzt werden soll, an dem Schiedsstellenverfahren zu beteiligen (BSG Urt. v. 17.12.2009 – B 3 P 3/08 R); zu beteiligen sind alle an der Vergütungsvereinbarung zu beteiligenden Vertragsparteien selbst, eine Beteiligung über deren Landesverbände genügt nicht (Bayerisches LSG Beschl. v. 25.02.2015 – L 2 P 55/11 KL und Bayerisches LSG Beschl. v. 25.02.2015 – L 2 P 27/10 KL). Diese ersetzt mit ihrem Schiedsspruch die Vergütungsvereinbarung gem. § 85 Abs. 4 Satz 1 dadurch, dass sie die Pflegesätze bestimmt (§ 85 Abs. 5 Satz 1). Gleiches gilt, wenn der nach Abs. 2 Satz 1 Nr. 2 zuständige Sozialhilfeträger der Pflegesatzvereinbarung innerhalb von 2 Wochen nach Vertragsschluss widerspricht (s. Rdn. 3). Zum Verfahren vor der Schiedsstelle s. § 76 Rdn. 4 ff.

12 Eine Anrufung und auch eine Entscheidung der Schiedsstelle i.S.d. Abs. 5 Satz 1 ist **unzulässig**, sobald die Vertragsparteien eine Pflegesatzvereinbarung geschlossen haben und der zuständige Sozialhilfeträger nicht widerspricht. Gleiches gilt, wenn der Träger des Pflegeheims auf eine Pflegesatzvereinbarung **verzichtet** (dazu s. § 91 Rdn. 3; a.A. *Reimer* in Hauck/Noftz, SGB XI § 85 Rn. 26).

Die Schiedsstelle hat **unverzüglich** (§ 121 Abs. 1 Satz 1 BGB) zu entscheiden. Mit dem PSG III 13
hat der Gesetzgeber weitere Hinweise gegeben, was er unter einer unverzüglichen Schiedsstellenentscheidung versteht – in der Regel hat die Entscheidung der Schiedsstelle binnen drei Monaten nach Antragseingang zu ergehen. Zuvor hat sie den Sachverhalt zu ermitteln, die Beteiligten zu hören und eine mündliche Verhandlung anzuberaumen (dazu s. § 76 Rdn. 4 ff.). Zur Anfechtung der Schiedsentscheidung mittels einer die Anfechtungsklage konsumierenden Verpflichtungsklage s. Abs. 5 Satz 3, 4 und § 76 Rdn. 9. Im Übrigen vgl. zum Verfahren § 76 Rdn. 4 ff.

Ersetzt die Schiedsstelle nach Abs. 5 Satz 1 oder 2 die Pflegesatzvereinbarung, hat der Schiedsspruch 14
auch das **Inkrafttreten** der festgesetzten Pflegesätze zu bestimmen. Das Verbot rückwirkender Vereinbarung der Pflegesätze (Abs. 6 Satz 2) zwingt nicht dazu, dasselbe für den Schiedsspruch anzunehmen (BSG Urt. v. 14.12.2000 – B 3 P 19/00 R, BSGE 87, 199–208, SozR 3–3300 § 85 Nr. 1). Möglich ist es auch, den Schiedsspruch mit Wirkung ab dem Tag der Antragstellung in Kraft zu setzen (BSG Urt. v. 14.12.2000 – B 3 P 19/00 R, BSGE 87, 199–208, SozR 3–3300 § 85 Nr. 1).

### H. Vereinbarung von Vergütungszuschlägen

Abs. 8 und Abs. 9 enthalten Regelungen zu Vergütungszuschlägen. Auch diese sind nicht einseitig 15
festzusetzen, sondern zu vereinbaren. Ohne eine solche Vereinabrung kann die Pflegeeinrichtung einen Vergütungszuschlag nicht verlangen (zur Ausnahme vgl. Abs. 11). Hinsichtlich der Vereinbarung gelten Abs. 1 bis 7 entsprechend.

## § 86 Pflegesatzkommission

(1) Die Landesverbände der Pflegekassen, der Verband der privaten Krankenversicherung e. V., die überörtlichen oder ein nach Landesrecht bestimmter Träger der Sozialhilfe und die Vereinigungen der Pflegeheimträger im Land bilden regional oder landesweit tätige Pflegesatzkommissionen, die anstelle der Vertragsparteien nach § 85 Abs. 2 die Pflegesätze mit Zustimmung der betroffenen Pflegeheimträger vereinbaren können. § 85 Abs. 3 bis 7 gilt entsprechend.

(2) Für Pflegeheime, die in derselben kreisfreien Gemeinde oder in demselben Landkreis liegen, kann die Pflegesatzkommission mit Zustimmung der betroffenen Pflegeheimträger für die gleichen Leistungen einheitliche Pflegesätze vereinbaren. Die beteiligten Pflegeheime sind befugt, ihre Leistungen unterhalb der nach Satz 1 vereinbarten Pflegesätze anzubieten.

(3) Die Pflegesatzkommission oder die Vertragsparteien nach § 85 Abs. 2 können auch Rahmenvereinbarungen abschließen, die insbesondere ihre Rechte und Pflichten, die Vorbereitung, den Beginn und das Verfahren der Pflegesatzverhandlungen sowie Art, Umfang und Zeitpunkt der vom Pflegeheim vorzulegenden Leistungsnachweise und sonstigen Verhandlungsunterlagen näher bestimmen. Satz 1 gilt nicht, soweit für das Pflegeheim verbindliche Regelungen nach § 75 getroffen worden sind.

| Übersicht | Rdn. | | Rdn. |
|---|---|---|---|
| A. Regelung für stationäre Pflegeeinrichtungen .................... | 1 | C. Festsetzung der Pflegesätze durch Pflegesatzkommission ............. | 4 |
| B. Pflegesatzkommission ............. | 2 | I. Vereinbarung der Pflegesätze ......... | 4 |
| | | II. Einheitliche Pflegesätze ............. | 7 |

### A. Regelung für stationäre Pflegeeinrichtungen

§ 86 enthält Regelungen für stationäre Pflegeeinrichtungen (§ 71 Abs. 2). 1

### B. Pflegesatzkommission

Das Gesetz **verpflichtet** die Landesverbände der Pflegekassen, den Verband der privaten Kranken- 2
versicherung e. V., die überörtlichen oder nach Landesrecht bestimmten Träger der Sozialhilfe und

§ 86 SGB XI   Pflegesatzkommission

die Vereinigungen der Pflegeheimträger im jeweiligen Bundesland dazu, regional oder landesweit tätige Pflegesatzkommissionen zu bilden (LSG Hessen Urt. v. 31.01.2013 – L 8 P 25/09). Die Errichtung steht nicht im Belieben der in Abs. 1 Satz 1 angesprochenen Stellen. Die Pflegesatzkommission zielt zum einen auf eine Vereinfachung des Pflegesatzbestimmungsverfahrens durch kollektive Pflegesatzvereinbarungen, die an die Stelle der individuellen Pflegesatzvereinbarungen nach § 85 treten (LSG Hessen Urt. v. 31.01.2013 – L 8 P 25/09, vgl. auch LSG Niedersachsen-Bremen Urt. v. 16.08.2018 – L 15 P 41/15 KL), denn sie ermöglicht bzw. erleichtert verbindliche Verfahrens- und Festlegungsgrundsätze. Zum anderen stellt die Pflegesatzkommission ein Gegengewicht zu der eher sozialträgerfreundlichen Struktur des Verfahrens der Individualvergütungsvereinbarung dar (LSG Hessen Urt. v. 31.01.2013 – L 8 P 25/09). Sie stärkt die Verhandlungsmacht der einzelnen Pflegeeinrichtungen, die im Rahmen der Pflegesatzkommission als Kollektiv agieren können (LSG Hessen Urt. v. 31.01.2013 – L 8 P 25/09). Dem steht auch nicht entgegen, dass § 86 keinen Konfliktlösungsmechanismus für den Fall der Nichteinigung der Beteiligten vorsieht.

3 Die Pflegesatzkommission kann **an Stelle der Vertragsparteien** des § 82 Abs. 2 nach Zustimmung des jeweiligen Pflegeheimträgers die Pflegesätze für Pflegeheime i.S.d. § 85 Abs. 1 Satz 1 vereinbaren. § 86 ermöglicht so eine Vereinfachung des Pflegevergütungsverfahrens durch kollektive Pflegevergütungsvereinbarungen, die an die Stelle der individuellen Pflegevergütungsvereinbarungen nach § 89 treten (LSG Niedersachsen-Bremen Urt. v. 16.08.2018 – L 15 P 41/15 KL). Die Pflegesatzkommission setzt sich zusammen aus den Landesverbänden der Pflegekassen, dem Verband der privaten Krankenversicherung e.V., den überörtlichen oder nach Landesrecht bestimmten Trägern der Sozialhilfe sowie den Vereinigungen der Pflegeheimträger im Land. Ihr Zuständigkeitsbereich kann regional beschränkt werden.

## C. Festsetzung der Pflegesätze durch Pflegesatzkommission

### I. Vereinbarung der Pflegesätze

4 Die Pflegesatzkommission vereinbart an Stelle der Vertragsparteien des § 82 Abs. 2 die Pflegesätze i.S.d. § 85 Abs. 1 Satz 1. Diesem Verfahren muss der betroffene **Pflegeheimträger vorher zugestimmt haben** (§ 86 Abs. 1 Satz 1). Eine Zustimmung der Kostenträger des § 82 Abs. 2 Nr. 1–3 zur Vereinbarung nach Abs. 1 Satz 1 ist nicht erforderlich. Für die Bestimmung der Pflegesätze gelten die Maßgaben der §§ 82 bis 84 sowie die Vorgaben der VO nach § 83. Zum Verfahren vgl. § 85 Abs. 3 bis 7 (Abs. 1 Satz 2). Daraus folgt u.a., dass die Entscheidungen der Pflegevergütungskommission Mehrheitsentscheidungen sind (§ 85 Abs. 4 Satz 1). Kommt eine Pflegesatzvereinbarung nach Abs. 1 Satz 1 oder Abs. 2 Satz 1 nicht rechtzeitig zustande, kann die **Schiedsstelle** angerufen werden (§ 86 Abs. 1 Satz 2 i.V.m. § 85 Abs. 5 Satz 1), die dann die Pflegesätze festzusetzen hat (LSG Niedersachsen-Bremen Urt. v. 16.08.2018 – L 15 P 41/15 KL).

5 Die Pflegesatzkommission **vereinbart** mit Wirkung für und gegen Heimträger, die Pflegebedürftigen und deren Kostenträger (§ 85 Abs. 6 Satz 1 Hs. 2 i.V.m. § 86 Abs. 1 Satz 2) die Pflegesätze. Sie setzt – anders als die Schiedsstelle des § 76 – die Pflegesätze nicht einseitig fest. Sie verhandelt und vereinbart die Pflegesätze; der konkrete **Heimträger** ist **nicht beteiligt**. Mit seiner Zustimmung zum Verfahren (Abs. 1 Satz 1) bevollmächtigt der Heimträger die Kommission zum Vertragsschluss. Daher können an die Zustimmung keine geringeren **Formerfordernisse** gestellt werden als an die Vertretung i.S.d. § 85 Abs. 4 Satz 3, sie ist schriftlich (vgl. § 61 Satz 2 SGB X i.V.m. § 126 BGB) zu erteilen (*Knittel* in Krauskopf, Soziale Kranlversicherung, Pflegeversicherung, § 86 Rn. 3).

6 Die Vereinbarung der Kommission ist **unmittelbar** für die Heimträger, die Pflegebedürftigen und die Kostenträger **verbindlich** (§ 85 Abs. 6 Satz 1 Hs. 2 i.V.m. § 86 Abs. 1 Satz 2). Sie bindet diese, bis eine neue Pflegesatzvereinbarung wirksam wird (Abs. 1 Satz 2 i.V.m. § 8 Abs. 6 Satz 3). § 86 Abs. 3 räumt die Möglichkeit ein, Rahmenvereinbarungen zu treffen.

## II. Einheitliche Pflegesätze

Die Pflegesatzkommission kann nach Abs. 2 einheitliche Pflegesätze **für mehrere Heime** vereinbaren. Dabei handelt es sich nicht um eine Gruppenvereinbarung für mehrere Pflegeheime, vielmehr schließt die Kommission für die Vertragsparteien des § 85 Abs. 2 und für verschiedene Heime jeweils **individuelle Pflegesatzvereinbarungen** mit inhaltlich gleicher Pflegesatzbestimmung. Insoweit handelt es sich um mehrere in Bezug auf den Pflegesatz **inhaltlich gleichlautende Vereinbarungen**. Insoweit müssen die Einrichtungsträger nicht nur der Entscheidung der Kommission als solche zustimmen (dazu Abs. 1 Satz 1), sondern mit ihrer **Zustimmung** die Kommission auch dazu ermächtigen, auch im Hinblick auf ihr Heim einheitliche Pflegesätze zu vereinbaren (Abs. 2 Satz 1). 7

Des Weiteren müssen sich die einheitlichen Pflegesätze auf Pflegeheime **in derselben kreisfreien Gemeinde** oder **in demselben Landkreis** und auf die **gleichen Leistungen** beziehen (zu Beispielsfällen für nicht gleiche Leistungen bzw. nicht gleiche Heime s. § 84 Rdn. 17). Während der räumliche Bezugsrahmen nicht überschritten werden darf, kann der Verhandlungsbezirk auch kleiner gewählt sein (z.B. nur eine kreisangehörige Gemeinde). Stimmen nicht alle Heimträger des Verhandlungsbezirks dem Vorgehen nach Abs. 2 zu, gilt der einheitliche Pflegesatz für deren Einrichtungen nicht. 8

Pflegeheime, die einem einheitlichen Pflegesatz unterliegen, können ihre Leistungen auch **unterhalb des vereinbarten einheitlichen Pflegesatzes anbieten**. Insoweit ist § 86 Abs. 2 Satz 2 eine Ausnahme zu § 84 Abs. 4 Satz 2, die auch für die Vereinbarung von Entgelten für Unterkunft und Verpflegung gilt (§ 87 Satz 3). 9

## § 87 Unterkunft und Verpflegung

Die als Pflegesatzparteien betroffenen Leistungsträger (§ 85 Abs. 2) vereinbaren mit dem Träger des Pflegeheimes die von den Pflegebedürftigen zu tragenden Entgelte für die Unterkunft und für die Verpflegung jeweils getrennt. Die Entgelte müssen in einem angemessenen Verhältnis zu den Leistungen stehen. § 84 Abs. 3 und 4 und die §§ 85 und 86 gelten entsprechend; § 88 bleibt unberührt.

| Übersicht | Rdn. | | Rdn. |
|---|---|---|---|
| A. Regelung für stationäre Pflegeeinrichtungen | 1 | I. Angemessenheit | 4 |
| B. Vereinbarung der Entgelte für Unterkunft und Verpflegung | 2 | II. Differenzierungsverbot | 5 |
| C. Bemessungsgrundsätze | 4 | D. Abgeltung der Kosten für Unterkunft und Verpflegung | 6 |

## A. Regelung für stationäre Pflegeeinrichtungen

§ 87 enthält Regelungen für stationäre Pflegeeinrichtungen (§ 71 Abs. 2). 1

## B. Vereinbarung der Entgelte für Unterkunft und Verpflegung

Zusätzlich zur Pflegesatzvereinbarung haben die Vertragsparteien des § 82 Abs. 2 jeweils **getrennte Vereinbarungen** über die Entgelte für die **Unterkunft** und die Entgelte für die **Verpflegung** im Pflegeheim (Hotelkosten) zu schließen. Zum Zustandekommen der Vereinbarung s. Satz 3 i.V.m. § 85. Auch wenn die Pflegebedürftigen die Kosten für Unterkunft und Verpflegung zu tragen haben (§ 4 Abs. 2 Satz 2, § 82 Abs. 1 Satz 3, § 87 Satz 1) und insoweit die Vereinbarung unmittelbar gegen den **Pflegebedürftigen** wirkt (Satz 3 i.V.m. § 85 Abs. 6 Satz 1), sind Vertragsparteien der Vereinbarungen nach § 87 allein der Heimträger und die in § 82 Abs. 2 Nr. 1–3 genannten Kostenträger. Der Pflegebedürftige ist auch weder an den Vertragsverhandlungen zu beteiligen, noch ist seine Zustimmung erforderlich (BSG Urt. v. 15.03.1995 – 6 RKa 36/93, BSGE 76, 48–52, SozR 3-2500 § 120 Nr. 5). Der Vertragsschluss kann der Pflegesatzkommission übertragen werden (Satz 3 i.V.m. § 86). 2

3 Vereinbarungen über die Entgelte für Unterkunft und Verpflegung (Hotelkosten) sind **zwingend** zu treffen. Sie können im Rahmen von Pflegesatzvereinbarungen geschlossen werden (*Reimer* in Hauck/Noftz, SGB XI § 87 Rn. 7 f.).

## C. Bemessungsgrundsätze

### I. Angemessenheit

4 § 87 Satz 2 verlangt ein angemessenes Verhältnis von den vom Heim zu erbringenden Leistungen für Unterkunft und Verpflegung (Hotelkosten) einerseits und dem Entgelt andererseits. **Angemessen sind die Entgelte, wenn sie sich in einem Vergleich mit Leistungen und Kosten z.B. anderer Heime, Mietspiegeln oder Kosten gewerblicher Beherbergungsbetriebe als billig erweisen** (*Reimer* in Hauck/Noftz, SGB XI, § 87 Rn. 11). Das BSG hat ausgeführt, Kosten für Unterkunft und Verpflegung seien regelmäßig als angemessen und leistungsgerecht zu refinanzieren, soweit sie bei wirtschaftlicher Betriebsführung notwendig sind und dem externen Vergleich mit vergleichbaren Einrichtungen standhalten (BSG Urt. v. 26.09.2019 – B 3 P 1/18 R, BSGE 129, 116–135, SozR 4-3300 § 85 Nr. 5).

### II. Differenzierungsverbot

5 Nach Satz 3 i.V.m. § 84 Abs. 3 sind die Hotelkosten für alle Heimbewohner eines Pflegeheimes nach **einheitlichen Grundsätzen** zu bemessen. Auch dürfen die Entgelte nicht nach dem jeweiligen Kostenträger differenzieren (§ 84 Abs. 3 Hs. 2). Näher dazu vgl. § 84 Rdn. 4 ff.

## D. Abgeltung der Kosten für Unterkunft und Verpflegung

6 Der **Pflegebedürftige** hat die Kosten für Unterkunft und Verpflegung zu tragen (§ 4 Abs. 2 Satz 2; § 82 Abs. 1 Satz 4). Zur näheren Gestaltung der Unterkunft und Verpflegung hat er mit dem Heim einen **Vertrag** abzuschließen (z.B.: HeimV bzw. Wohn-/Betreuungsvertrag i.S.d. WBVG, s. dazu § 119 Rdn. 3 f.). Ist eine Hotelkostenvereinbarung i. S.d § 87 Satz 1 geschlossen, dürfen nur die dort vereinbarten Entgelte gefordert werden. Denn das Hotelentgelt gilt alle für die Versorgung des Pflegebedürftigen erforderlichen Hotelleistungen ab (Satz 3 i.V.m. § 84 Abs. 4 Satz 1). **Niedrigere Entgelte** sind nur zulässig, soweit Hotelkosten nach § 86 Abs. 2 Satz 2 einheitlich für mehrere Heime vereinbart wurden. **Höhere Entgelte** können nur für besondere Komfortleistungen i.S.d. § 88 verlangt werden. Eine notwendige aufwendigere Ernährung (z.B. Diätnahrung) oder eine aufwändige Unterbringung der Pflegebedürftigen (z.B. rollstuhlgerechter Umbau; aufwändiges Pflegebett) begründet keine Erhöhung der nach § 87 Satz 1 vereinbarten Hotelentgelte, denn dieser Aufwand ist mit dem Hotelengelt abgegolten. Abweichende Vereinbarungen sind nichtig.

## § 87a Berechnung und Zahlung des Heimentgelts

(1) Die Pflegesätze, die Entgelte für Unterkunft und Verpflegung sowie die gesondert berechenbaren Investitionskosten (Gesamtheimentgelt) werden für den Tag der Aufnahme des Pflegebedürftigen in das Pflegeheim sowie für jeden weiteren Tag des Heimaufenthalts berechnet (Berechnungstag). Die Zahlungspflicht der Heimbewohner oder ihrer Kostenträger endet mit dem Tag, an dem der Heimbewohner aus dem Heim entlassen wird oder verstirbt. Zieht ein Pflegebedürftiger in ein anderes Heim um, darf nur das aufnehmende Pflegeheim ein Gesamtheimentgelt für den Verlegungstag berechnen. Von den Sätzen 1 bis 3 abweichende Vereinbarungen zwischen dem Pflegeheim und dem Heimbewohner oder dessen Kostenträger sind nichtig. Der Pflegeplatz ist im Fall vorübergehender Abwesenheit vom Pflegeheim für einen Abwesenheitszeitraum von bis zu 42 Tagen im Kalenderjahr für den Pflegebedürftigen freizuhalten. Abweichend hiervon verlängert sich der Abwesenheitszeitraum bei Krankenhausaufenthalten und bei Aufenthalten in Rehabilitationseinrichtungen für die Dauer dieser Aufenthalte. In den Rahmenverträgen nach § 75 sind für die nach den Sätzen 5 und 6 bestimmten Abwesenheitszeiträume, soweit drei Kalendertage überschritten werden, Abschläge von mindestens 25 vom

Hundert der Pflegevergütung, der Entgelte für Unterkunft und Verpflegung und der Zuschläge nach § 92b vorzusehen.

(2) Bestehen Anhaltspunkte dafür, dass der pflegebedürftige Heimbewohner auf Grund der Entwicklung seines Zustands einem höheren Pflegegrad zuzuordnen ist, so ist er auf schriftliche Aufforderung des Heimträgers verpflichtet, bei seiner Pflegekasse die Zuordnung zu einem höheren Pflegegrad zu beantragen. Die Aufforderung ist zu begründen und auch der Pflegekasse sowie bei Sozialhilfeempfängern dem zuständigen Träger der Sozialhilfe zuzuleiten. Weigert sich der Heimbewohner, den Antrag zu stellen, kann der Heimträger ihm oder seinem Kostenträger ab dem ersten Tag des zweiten Monats nach der Aufforderung vorläufig den Pflegesatz nach dem nächsthöheren Pflegegrad berechnen. Werden die Voraussetzungen für einen höheren Pflegegrad vom Medizinischen Dienst nicht bestätigt und lehnt die Pflegekasse eine Höherstufung deswegen ab, hat das Pflegeheim dem Pflegebedürftigen den überzahlten Betrag unverzüglich zurückzuzahlen; der Rückzahlungsbetrag ist rückwirkend ab dem in Satz 3 genannten Zeitpunkt mit wenigstens 5 vom Hundert zu verzinsen.

(3) Die dem pflegebedürftigen Heimbewohner nach den §§ 41 bis 43 zustehenden Leistungsbeträge einschließlich des Leistungszuschlags nach § 43c sind von seiner Pflegekasse mit befreiender Wirkung unmittelbar an das Pflegeheim zu zahlen. Maßgebend für die Höhe des zu zahlenden Leistungsbetrags ist der Leistungsbescheid der Pflegekasse, unabhängig davon, ob der Bescheid bestandskräftig ist oder nicht. Die von den Pflegekassen zu zahlenden Leistungsbeträge werden bei vollstationärer Pflege (§ 43) zum 15. eines jeden Monats fällig.

(4) Pflegeeinrichtungen, die Leistungen im Sinne des § 43 erbringen, erhalten von der Pflegekasse zusätzlich den Betrag von 2.952 Euro, wenn der Pflegebedürftige nach der Durchführung aktivierender oder rehabilitativer Maßnahmen in einen niedrigeren Pflegegrad zurückgestuft wurde oder festgestellt wurde, dass er nicht mehr pflegebedürftig im Sinne der §§ 14 und 15 ist. Der Betrag wird entsprechend § 30 angepasst. Der von der Pflegekasse gezahlte Betrag ist von der Pflegeeinrichtung zurückzuzahlen, wenn der Pflegebedürftige innerhalb von sechs Monaten in einen höheren Pflegegrad oder wieder als pflegebedürftig im Sinne der §§ 14 und 15 eingestuft wird.

| Übersicht | Rdn. | | Rdn. |
|---|---|---|---|
| A. Regelung für stationäre Pflegeeinrichtungen | 1 | IV. Zahlung der Pflegekasse | 7 |
| B. Berechnung des Heimentgelts | 2 | D. Vorübergehende Abwesenheit des Pflegebedürftigen | 9 |
| C. Zahlung des Heimentgelts | 4 | E. Erhöhung des Heimentgelts: Höherer Pflegegrad – höheres Heimentgelt | 10 |
| I. Zahlung des Heimentgelts | 4 | F. Bonus für niedrigeren Pflegegrad | 15 |
| II. Beginn und Ende der Zahlungspflicht | 5 | | |
| III. Fälligkeit | 6 | | |

## A. Regelung für stationäre Pflegeeinrichtungen

§ 87a enthält Regelungen für stationäre Pflegeeinrichtungen (Pflegeheime i.S.d. § 71 Abs. 2). 1

## B. Berechnung des Heimentgelts

Das Entgelt der stationären Pflegeeinrichtung i.S.d. § 71 Abs. 2, das sog. **Gesamtheimentgelt**, 2 setzt sich nach § 87a Abs. 1 Satz 1 zusammen aus dem jeweils maßgeblichen **Pflegesatz**, dem **Entgelt für Unterkunft** und **Verpflegung** sowie den **gesondert berechenbaren Investitionskosten** i.S.d. § 82 Abs. 3 und 4. Die Beträge, die die Pflegekasse für vollstationäre Leistungen nach § 43 Abs. 2 zahlt, stehen den Versicherten nicht als Geldleistung zu, sondern sind Entgelt der Pflegekassen für vom Heim erbrachte Sachleistungen (BSG Urt. v. 16.05.2013 – B 3 P 1/12 R, BSGE 113, 250–258, SozR 4-3300 § 84 Nr. 3, SozR 4-3300 § 43 Nr. 3, SozR 4-3300 § 87a Nr. 2, juris Rn. 9). Insofern ist die Formulierung des § 87a Abs. 3 Satz 1, wonach »die dem pflegebedürftigen Heimbewohner nach den §§ 41 bis 43 zustehenden Leistungsbeträge von seiner Pflegekasse mit befreiender Wirkung unmittelbar an das Pflegeheim zu zahlen« sind, missverständlich (BSG Urt. v. 16.05.2013 – B 3 P 1/12 R, BSGE 113, 250–258, SozR 4–3300 § 84 Nr. 3, SozR 4–3300 § 43 Nr. 3, SozR 4–3300 § 87a Nr. 2). Das Gesamtheimentgelt ist **kalendertäglich** (AG Bad Segeberg Urt. v. 28.05.2014 – 9 C 209/13), beginnend ab dem Tag der Aufnahme des Pflegebedürftigen in das Pflegeheim sowie für jeden weiteren Tag des Heimaufenthalts, zu berechnen (**Berechnungstag**). Damit ist das Gesamtheimentgelt auch für den Tag zu berechnen, an dem der Pflegebedürftige verstirbt oder das Heim aus anderen Gründen auf Dauer verlässt. Für den Fall eines **Umzuges** eines bereits zuvor stationär gepflegten Pflegebedürftigen in ein anderes Heim enthält Abs. 1 Satz 3 eine Sondervorschrift. Nur das aufnehmende Pflegeheim darf für den Verlegungstag das Gesamtheimentgelt berechnen; das abgebende Heim erhält für den Verlegungstag kein Entgelt. Eine monatsweise pauschalierte Berechnung (**Monatspreis**) ist unzulässig. Das Gesamtheimentgelt fällt jeweils **für den gesamten Tag** auch dann an, wenn sich der Pflegebedürftige nicht den ganzen Tag im Heim aufgehalten hat (z.B. am Einzugs- oder Sterbetag). **Abweichende Vereinbarungen** sind nichtig (Abs. 1 Satz 4).

3 Auch während Zeiten **vorübergehender Abwesenheit** des Pflegebedürftigen (Urlaub, Krankenhausaufenthalt, stationäre Rehabilitation etc.) ist das Pflegeheim berechtigt, die Gesamtvergütung zu berechnen (Abs. 1 Satz 7). Allerdings sind in Rahmenverträgen nach § 75 Abs. 2 Nr. 5 Regelungen über Abschläge zu vereinbaren.

## C. Zahlung des Heimentgelts

### I. Zahlung des Heimentgelts

4 Jeder zur Kostentragung Verpflichtete (dazu s. § 82 Rdn. 2 ff.) hat den auf ihn entfallenden Anteil am Gesamtheimentgelt für jeden nach § 87a Abs. 1 Satz 1 und 2 zu bestimmenden Berechnungstag zu **zahlen**. Überzahlte Beträge sind zu erstatten. Ausstehende Zahlungen können gegenüber der Pflegekasse vor dem Sozialgericht mittels einer Leistungsklage (BSG Urt. v. 01.09.2005 – B 3 P 4/04 R, SozR 4–3300 § 43 Nr. 1), gegenüber dem Pflegebedürftigen im Zivilrechtsweg verfolgt werden.

4a § 87a Abs. 1 Satz 2 regelt nicht allein die Zahlungspflicht des Kostenträgers, sondern erfasst ebenso die zivilrechtliche Vergütungspflicht des Heimbewohners (BGH 04.10.2018 – III ZR 292/17, juris). Es handelt sich dabei um eine gegenüber den heimvertraglichen Bestimmungen des Wohn- und Betreuungsvertragsgesetzes (WBTG) vorrangige Sonderregelung zugunsten von Heimbewohnern, die gleichzeitig Leistungsbezieher der PV sind (BGH Urt. v. 04.10.2018 – III ZR 292/17). Dieser Vorrang kommt darin zum Ausdruck, dass abweichende Vereinbarungen nichtig sind (§ 15 Abs. 1 Satz 2 WBVG, § 87a Abs. 1 Satz 4; vgl. dazu BGH Urt. v. 04.10.2018 – III ZR 292/17).

### II. Beginn und Ende der Zahlungspflicht

5 Die **Zahlungspflicht beginnt** mit dem ersten Belegungstag i.S.d. § 87a Abs. 1 Satz 1 und **endet** mit dem letzten Belegungstag i.S.d. § 87a Abs. 1 Satz 1. Insoweit bestimmt Abs. 1 Satz 2, dass die Zahlungspflicht der Heimbewohner oder ihrer Kostenträger mit dem Tag, an dem der Heimbewohner aus dem Heim entlassen wird oder verstirbt, endet. Entlassen ist der Pflegebedürftige nach Kündigung des Heimvertragsverhältnisses auch schon dann, wenn er das Pflegeheim vor Ablauf der Kündigungsfrist endgültig verlässt (BGH Urt. v. 04.10.2018 – III ZR 292/17). Im Fall eines Umzuges in ein anderes Heim endet die Zahlungspflicht gegenüber dem abgebenden Heim am Tag vor dem Umzug (Abs. 1 Satz 3); dafür beginnt die Zahlungspflicht gegenüber dem aufnehmenden Heim bereits am Einzugstag. Zum Heimrecht der Länder bzw. dem WBVG vgl. § 119 Rdn. 2 ff. Die Zahlungspflicht endet dagegen nicht bei einer nur **vorübergehenden Abwesenheit** (s. Rdn. 9).

## III. Fälligkeit

Gemäß § 87a Abs. 3 Satz 3 sind die von den **Pflegekassen** zu zahlenden Leistungsbeträge bei vollstationärer Pflege (§ 43) zum **15. eines jeden Monats** fällig. Im Übrigen kann die Fälligkeit mit der Pflegekasse in einer Vergütungsvereinbarung bzw. mit dem Pflegebedürftigen vereinbart werden. Im Zweifel gilt § 271 Abs. 1 BGB; § 41 SGB I, der nur Ansprüche auf Sozialleistungen betrifft, greift im Verhältnis zwischen Pflegekasse und Heim nicht.

## IV. Zahlung der Pflegekasse

Die Pflegekasse ist verpflichtet, mit dem pro Berechnungstag zu zahlenden **Pflegesatz** die allgemeinen Pflegeleistungen des Heimes, in dem ihr Versicherter untergebracht ist, zu vergüten. Das **Leistungsrecht** begrenzt jedoch in den §§ 41 Abs. 2 Satz 2, 42 Abs. 2, 43 Abs. 2 Satz 2 den Leistungsanspruch des Pflegebedürftigen in betragsmäßiger Hinsicht. Im Umfang dieses **limitierten Leistungsanspruchs** schuldet die Pflegekasse gegenüber dem Pflegebedürftigen die Erbringung stationärer Pflege, gleichzeitig schuldet sie dem Heimträger den auf sie entfallenden Anteil am Gesamtheimentgelt i.H.d. vereinbarten Pflegesatzes für die allgemeinen Pflegeleistungen (s. § 82 Rdn. 2 ff.; zum Verhältnis zwischen Pflegekasse und Einrichtung vgl. auch BSG Urt. v. 07.10.2010 – B 3 P 4/09 R, Rn. 13). Die nach §§ 41 Abs. 2 Satz 2, 42 Abs. 2 und 43 Abs. 2 Satz 2 dem pflegebedürftigen Heimbewohner zustehenden Leistungsbeträge zahlt die Pflegekasse unmittelbar an das Pflegeheim (Abs. 3 Satz 1). Maßgebend für den von der Pflegekasse zu zahlenden Betrag i.S.d. §§ 41 Abs. 2 Satz 2, 42 Abs. 2, 43 Abs. 2 Satz 2 ist der im **Leistungsbescheid** der Pflegekasse gegenüber dem Pflegebedürftigen ausgewiesene Betrag, unabhängig davon, ob der Bescheid bestandskräftig ist oder nicht (Abs. 3 Satz 2).

Mit der **Zahlung des Pflegesatzes** bis zur Höhe der sich aus den §§ 41 Abs. 2 Satz 2, 42 Abs. 2, 43 Abs. 2 Satz 2 ergebenden Höchstgrenzen an den Heimträger befreit sich die Pflegekasse auch von der gegenüber dem Pflegebedürftigen aus §§ 41 Abs. 1, 42 Abs. 1, 43 Abs. 1 stammenden Schuld (insoweit spricht Abs. 3 Satz 1 von **befreiender Wirkung**). Gleichzeitig erfüllt sie mit der Zahlung ihre gegenüber dem Heim aus der Vergütungsvereinbarung stammende Schuld. Beide Schuldverpflichtungen erlöschen unmittelbar mit der Zahlung der Pflegekasse an das Heim. Auch steht dem Heim für das mit dem Pflegesatz abgegoltene Leistungsspektrum kein weitergehender Zahlungsanspruch gegen den Pflegebedürftigen zu. Nur soweit der Pflegebedürftige Leistungen über den von der Pflegekasse nach §§ 41 Abs. 2 Satz 2, 42 Abs. 2, 43 Abs. 2 Satz 2 geschuldeten Betrag hinaus oder **Zusatzleistungen** nach § 88 in Anspruch nimmt, ist er zur Zahlung verpflichtet (hierzu sowie zur Höhe der dann zu zahlenden Beträge s. § 82 Rdn. 6 bis 9 und § 88 Rdn. 4 ff.).

## D. Vorübergehende Abwesenheit des Pflegebedürftigen

Das Pflegeheim hat den Pflegeplatz bei einer **vorübergehenden Abwesenheit des Pflegebedürftigen** für einen Zeitraum von bis zu 42 Tagen im Kalenderjahr freizuhalten (§ 87a Abs. 1 Satz 5). Befindet sich der Pflegebedürftige während der Abwesenheit in einem Krankenhaus oder in einer Rehabilitationseinrichtung, ist der Heimplatz für die gesamte Dauer dieser Aufenthalte freizuhalten (zur Freihaltepflicht vgl. BSG Urt. v. 25.01.2017 – B 3 P 3/15 R, BSGE 122, 248–264, SozR 4–3300 § 76 Nr. 1). Für **eine 3 Tage übersteigende Abwesenheit** sind in Rahmenverträgen gem. § 75 Abs. 2 Nr. 5 Abschläge von mindestens 25 % bei der Pflegevergütung (Pflegesatz), den Entgelten für Unterkunft und Verpflegung und den Zuschlägen bei integrierter Versorgung nach § 92b zu vereinbaren. Diese 3-Tages-Grenze ist festgelegt, ab dem vierten Tag müssen Abschläge vorgesehen werden (BSG Urt. v. 25.01.2017 – B 3 P 3/15 R, BSGE 122, 248–264, SozR 4–3300 § 76 Nr. 1; *O'Sullivan* in: Schlegel/Voelzke, jurisPK-SGB XI, § 87a Rn. 29). Während der ersten 3 Tage ist das volle Gesamtheimentgelt zu zahlen. Das gilt bei jeder vorübergehenden Abwesenheit, auch wenn mehrmals jährlich Abwesenheitszeiten vorkommen (vgl. dazu LSG Sachsen-Anhalt Urt. v. 20.04.2015 – L 4 P 33/10 KL, nachgehend BSG Urt. v. 25.01.2017 – B 3 P 3/15 R, BSGE 122, 248–264, SozR 4–3300 § 76 Nr. 1).

### E. Erhöhung des Heimentgelts: Höherer Pflegegrad – höheres Heimentgelt

10 Wird die Einstufung des Pflegebedürftigen in einen Pflegegrad als unzureichend empfunden, ist dieser zu überprüfen und ggf. zu verändern (dazu s. § 84 Rdn. 8 f.). Unabhängig davon räumt § 87a Abs. 2 dem Heimträger das Recht ein, den Pflegebedürftigen **schriftlich aufzufordern**, bei seiner Pflegekasse die Zuordnung zu einem höheren Pflegegrad zu beantragen (zum Verhältnis zu einem Vorgehen nach § 84 vgl. BSG Urt. v. 16.05.2013 – B 3 P 1/12 R, BSGE 113, 250–258, SozR 4–3300 § 84 Nr. 3, SozR 4–3300 § 43 Nr. 3, SozR 4–3300 § 87a Nr. 2). Auf eine solche Aufforderung hin ist der Pflegebedürftige verpflichtet, einen **Antrag auf höheren Pflegegrad** zu stellen (§ 87a Abs. 3 Satz 2).

11 Kommt der Pflegebedürftige dieser **Obliegenheit** nicht nach, knüpft § 87a Abs. 2 Satz 3 daran das Recht des Pflegeheims, ab dem ersten Tag des zweiten Monats nach der Aufforderung vorläufig den **Pflegesatz nach dem nächsthöheren Pflegegrad** zu berechnen. Zur Zahlung des höheren Entgelts ist dann nicht nur der Pflegebedürftige verpflichtet, sondern auch dessen Kostenträger. **Kostenträger** in diesem Sinne ist nicht nur der Sozialhilfeträger (so gemeinsames Rundschreiben der Spitzenverbände der Pflegekassen zu den leistungsrechtlichen Voraussetzungen v. 10.10.2002), sondern **auch** die **Pflegekasse** (*Reimer* in Hauck/Noftz, SGB XI § 87a Rn. 13), denn es handelt sich um Entgelt für eine Sachleistung der Pflegekasse (BSG Urt. v. 16.05.2013 – B 3 P 1/12 R, BSGE 113, 250–258, SozR 4–3300 § 84 Nr. 3, SozR 4–3300 § 43 Nr. 3, SozR 4–3300 § 87a Nr. 2, juris Rn. 9). Eine aktive **Weigerung**, einen höheren Pflegegrad zu beantragen, ist nicht erforderlich, es genügt auch ein bloßes **Nichtstun** des Pflegebedürftigen (*Reimer* in Hauck/Noftz, SGB XI § 87a Rn. 12). Nicht geregelt ist dagegen der Fall, dass der Pflegebedürftige das Verfahren nicht ernsthaft betreibt, z.B. einen Bescheid ohne weiteres bestandskräftig werden lässt oder seinen Antrag zurücknimmt.

12 Es ist grundsätzlich **Sache des Versicherten**, bei seiner Pflegekasse die ihm aus seiner Sicht zustehende Pflegeleistung zu beantragen (BSG Urt. v. 07.10.2010 – B 3 P 4/09 R, BSGE 107, 37–44, SozR 4–3300 § 87a Nr. 1, juris Rn. 16). Sieht er von einem solchen Antrag ab oder verfolgt er ein Höherstufungsbegehren später nicht bis zu einer bestandskräftigen Entscheidung weiter, bleibt deshalb grundsätzlich auch für den Vergütungsanspruch des Heimträgers die letzte in Bestandskraft erwachsene Entscheidung der Pflegekasse zur Höhe des Pflegegrades maßgeblich (BSG Urt. v. 07.10.2010 – B 3 P 4/09 R, BSGE 107, 37–44, SozR 4–3300 § 87a Nr. 1). Von diesem Vorrang der Durchsetzung eines höheren Leistungsanspruchs durch den Versicherten kann nur dann abgesehen werden, wenn der Heimträger **das Verfahren nach § 87a Abs. 2 durchläuft** und den Versicherten schriftlich und begründet auffordert, einen Höherstufungsantrag zu stellen (BSG Urt. v. 07.10.2010 – B 3 P 4/09 R, BSGE 107, 37–44, SozR 4–3300 § 87a Nr. 1). Nur wenn **sich der Versicherte weigert**, dies zu tun, kann die Fiktion des § 87a Abs. 2 Satz 3 eingreifen, die zugunsten des Heimträgers unterstellt, der Versicherte habe einen begründeten Antrag auf Höherstufung bei seiner Pflegekasse gestellt (BSG Urt. v. 07.10.2010 – B 3 P 4/09 R, BSGE 107, 37–44, SozR 4–3300 § 87a Nr. 1). Fehlt es hieran, kann der Heimträger weder im Verhältnis zum Versicherten noch gegenüber der Pflegekasse erfolgreich eine höhere Pflegevergütung begehren (BSG Urt. v. 07.10.2010 – B 3 P 4/09 R, BSGE 107, 37–44, SozR 4–3300 § 87a Nr. 1). Insoweit scheint das BSG auch die bloße Untätigkeit des Versicherten oder auch das nicht ernsthafte Betreiben eines Höherstufungsverfahrens durch den Versicherten auf eine ordnungsgemäße Aufforderung seitens des Heims hin als einen Fall der Weigerung i.S.d. § 87a Abs. 2 Satz 3 zu verstehen.

13 Der Pflegebedürftige darf nur zur Antragstellung aufgefordert werden, wenn **Anhaltspunkte** dafür bestehen, dass der Pflegebedürftige einem höheren Pflegegrad zuzuordnen ist. Dieses kann sich den Folgen des § 87a Abs. 2 Satz 3 jedoch nicht unter Hinweis darauf entziehen, ausreichende Anhaltspunkte lägen nicht vor. Dies zu klären, ist gerade Aufgabe des Überprüfungsverfahrens bei der Pflegekasse. Die **Aufforderung** hat **schriftlich** zu erfolgen und ist zu **begründen** sowie der Pflegekasse (bei Sozialhilfebezug auch dem zuständigen Sozialhilfeträger) zuzuleiten. Die Begründung hat nachvollziehbar die auf einen höheren Pflegegrad hindeutenden Anhaltspunkte darzulegen.

Bestätigt der **MDK** oder ein unabhängiger Gutachter die Voraussetzungen des höheren Pflegegrades nicht und lehnt die Pflegekasse eine Höherstufung deswegen ab, hat das Pflegeheim dem Pflegebedürftigen den überzahlten Betrag unverzüglich und verzinst mit wenigstens 5 % zurückzuzahlen (§ 87a Abs. 2 Satz 4). Hat die Pflegkasse Beträge überzahlt, sind diese ebenfalls zurückzuzahlen. 14

### F. Bonus für niedrigeren Pflegegrad

Gelingt es infolge aktivierender oder rehabilitativer Maßnahmen, die Pflegebedürftigkeit des Pflegebedürftigen zu minimieren, ist entsprechend den §§ 14, 15 auch der Pflegegrad neu festzustellen. Wird so der Pflegebedürftige in einen niedrigeren Pflegegrad zurückgestuft, erhält die **vollstationäre Pflegeeinrichtung** zusätzlich zum Gesamtheimentgelt des niedrigeren Pflegegrades als **Bonus** einmalig 2.952 € (§ 87a Abs. 4 Satz 1). Das gilt nicht nur, wenn der Pflegebedürftige auf einen niedrigeren Pflegegrad zurückgestuft wurde, sondern auch, wenn festgestellt wurde, dass er nicht mehr pflegebedürftig i.S.d. §§ 14 und 15 ist, also auch Pflegegrad 1 aberkannt wird. Dieser sog. **Anerkennungsbetrag** stellt eine Art Prämie dar, die in erster Linie einen gewissen Ausgleich für die finanziellen Einbußen des Heims darstellen soll, der nicht unbedingt eine entsprechende Verringerung der Kosten gegenübersteht (BSG Urt. v. 30.09.2015 – B 3 P 1/14 R, BSGE 120, 1–11, SozR 4–3300 § 87a Nr. 3, juris Rn. 28). Des Weiteren verfolgt die Prämie auch eine Anreizwirkung (BSG Urt. v. 30.09.2015 – B 3 P 1/14 R, BSGE 120, 1–11, SozR 4–3300 § 87a Nr. 3, juris Rn. 28). Der Anerkennungsbetrag ist nach der Rechtsprechung des LSG Nordrhein-Westfalen (Urt. v. 27.11.2013 – L 10 P 74/12, dazu vgl. nachgehend BSG Urt. v. 30.09.2015 – B 3 P 1/14 R, BSGE 120, 1–11, SozR 4–3300 § 87a Nr. 3, juris Rn. 19; ebenso Gemeinsames Rundschreiben des GKV-Spitzenverbandes v. 01.07.2008; a.A. SG Münster Urt. v. 27.04.2012 – S 6 P 115/11, NZS 2012, 543–544, Sozialrecht aktuell 2012, 170–172, m. Anm. *Philipp*, juris Rn. 25) aber nur dann gerechtfertigt, wenn die Pflegeeinrichtung **über den ohnehin zu erbringenden Pflegestandard hinaus** ein **erkennbares Mehr an Maßnahmen** aktivierender oder rehabilitativer Art im Sinne einer positiven Beeinflussung und eines besonderen Einwirkens auf den Pflegeprozess erbracht hat. Dazu hat die Einrichtung die Durchführung aktivierender oder rehabilitativer Maßnahmen **nachzuweisen** (LSG Nordrhein-Westfalen Urt. v. 27.11.2013 – L 10 P 74/12). Auf dieser Grundlage wird unterstellt, dass die **aktivierenden oder rehabilitativen Maßnahmen** durch die Pflegekräfte der Einrichtung für die Herabstufung ursächlich sind (BT-Drs. 16/7439 S. 73). 15

Dazu hat das **BSG** (Urt. v. 30.09.2015 – B 3 P 1/14 R, BSGE 120, 1–11, SozR 4–3300 § 87a Nr. 3, juris Rn. 19) ausgeführt, unbestritten sei, dass eine dem allgemeinen Pflegestandard entsprechende aktivierende Pflege im Einzelfall das Maß der Pflegebedürftigkeit absenken könne (dazu vgl. auch *O'Sullivan* in jurisPK-SGB XI, § 87a Rn. 61); jedoch sei nicht allein daraus zu schließen, es reiche nach Abs. 4 aus, wenn das Pflegeheim ganz allgemein den Grundsätzen der aktivierenden Pflege folge. Dass sich das Heim nach seinem Konzept und der Ausrichtung seines Leistungsangebotes dem Gedanken der »aktivierenden Pflege« verpflichtet sieht, genügt nicht (BSG Urt. v. 30.09.2015 – B 3 P 1/14 R, BSGE 120, 1–11, SozR 4–3300 § 87a Nr. 3, juris Rn. 20). Vielmehr müssen die Maßnahmen über das allgemeine Prinzip der aktivierenden Pflege hinausgehen (BSG Urt. v. 30.09.2015 – B 3 P 1/14 R, juris Rn. 20). Denn zur aktivierenden Pflege ist jedes Heim schon vom Grunde her gesetzlich und vertraglich verpflichtet (BSG Urt. v. 30.09.2015 – B 3 P 1/14 R, BSGE 120, 1–11, SozR 4–3300 § 87a Nr. 3, juris Rn. 20). Der Anerkennungsbetrag setzt einerseits die Herabstufung eines pflegebedürftigen Bewohners in einen niedrigeren Pflegegrad voraus, erfordert aber darüber hinaus die Durchführung aktivierender oder rehabilitativer Maßnahmen, mithin also **einen das gesetzliche Mindestmaß überschreitenden Umfang an pflegerischen Maßnahmen** (BSG Urt. v. 30.09.2015 – B 3 P 1/14 R, BSGE 120, 1–11, SozR 4–3300 § 87a Nr. 3, juris Rn. 20). Diese aktivierenden oder rehabilitativen Maßnahmen müssen sich zentral auf die Fähigkeiten der Betroffenen beziehen, die nach § 14 Abs. 4 für die Zuordnung zu einem Pflegegrad maßgeblich sind (BSG Urt. v. 30.09.2015 – B 3 P 1/14 R, BSGE 120, 1–11, SozR 4–3300 § 87a Nr. 3, juris Rn. 20), also etwa Mobilität, Körperpflege, Nahrungsaufnahme und Toilettenbenutzung. Hat das Heim dazu **spezielle Angebote gemacht** und hat der Betroffene diese Angebote **regelmäßig genutzt**, greift die Vermutung ein, dass diese überobligatorischen 15a

Anstrengungen zur Herabstufung beigetragen haben (BSG Urt. v. 30.09.2015 – B 3 P 1/14 R, BSGE 120, 1–11, SozR 4–3300 § 87a Nr. 3, juris Rn. 20). Nach der Rechtsprechung des BSG (BSG Urt. v. 30.09.2015 – B 3 P 1/14 R, BSGE 120, 1–11, SozR 4–3300 § 87a Nr. 3, juris Rn. 20) kann auch eine quantitative Ausweitung der aktivierenden Pflege im Einzelfall ausreichen, wie z.B. ein in der Dauer ausgeweitetes begleitetes Rollator-Gehtraining zur Förderung des Ziels des späteren eigenständigen Gehens mit dem Rollator. Ein **Nachweis der Kausalität** der durchgeführten überobligatorischen Maßnahmen ist **nicht erforderlich** (BSG Urt. v. 30.09.2015 – B 3 P 1/14 R, BSGE 120, 1–11, SozR 4–3300 § 87a Nr. 3, juris Rn. 20, vorgehend auch LSG Nordrhein-Westfalen Urt. v. 27.11.2013 – L 10 P 74/12; vgl. Dazu auch Gemeinsames Rundschreiben des GKV-Spitzenverbandes v. 01.07.2008, das »spezielle eigene aktivierende oder rehabilitative Maßnahmen« fordert, an denen der Pflegebedürftige »nachweislich teilgenommen« habe). Das BSG hat auch entschieden (BSG Urt. v. 30.09.2015 – B 3 P 1/14 R, BSGE 120, 1–11, SozR 4–3300 § 87a Nr. 3, juris Rn. 25), dass es nicht darauf ankommt, ob eine eingetretene Reduzierung des Pflegebedarfs auf aktivierende Maßnahmen des Pflegepersonals (wie z.B. Geh-, Aufsteh-, Rollator- oder Toilettentraining, Gedächtnistraining) oder auf die gleichzeitig stattfindenden Maßnahmen der Krankenkassen zur medizinischen Rehabilitation zurückzuführen ist. Damit begründen auch alle Maßnahmen der medizinischen Rehabilitation unabhängig von der Kostenträgerschaft (z.B. der Krankenkasse) den Tatbestand des § 87a Abs. 4, solange sie ambulant im Pflegeheim durchgeführt werden und dem Pflegepersonal eine Veranlasser- und Begleitfunktion zukommt.

15b Der Anerkennungsbetrag nach Abs. 4 ist **nicht zu zahlen**, wenn die Rückstufung auf eine stationäre Krankenbehandlung oder auf eine außerhalb des Heimes durchgeführte Rehabilitationsmaßnahme zurückzuführen ist (BSG Urt. v. 30.09.2015 – B 3 P 1/14 R, BSGE 120, 1–11, SozR 4–3300 § 87a Nr. 3, juris Rn. 26). Gleiches gilt nach der Rechtsprechung des BSG (Urt. v. 30.09.2015 – B 3 P 1/14 R, BSGE 120, 1–11, SozR 4–3300 § 87a Nr. 3, juris Rn. 26) auch dann, wenn die Rückstufung auf dem Einsatz von Hilfsmitteln beruht. Auch kann eine Verschlimmerung des Gesundheitszustands, z.B. fortschreitende Demenz, die Bettlägerigkeit zur Folge hat, den Hilfebedarf vermindern und zu einem niedrigeren Pflegegrad führen, ohne dass ein Mehraufwand des Heims ursächlich wäre. Daher wird der Anspruch auf den Anerkennungsbetrag auch in diesen Fällen nicht ausgelöst (BSG Urt. v. 30.09.2015 – B 3 P 1/14 R, BSGE 120, 1–11, SozR 4–3300 § 87a Nr. 3, juris Rn. 26). Soweit die Rückstufung daher auf Maßnahmen außerhalb der Pflegeeinrichtung zurückzuführen ist (BT-Drs. 16/7439 S. 73) oder nicht das Ergebnis der Durchführung aktivierender oder rehabilitativer Maßnahmen in der Einrichtung ist, ist der Anerkennungsbetrag nicht zu zahlen.

15c Die Durchführung der aktivierenden oder rehabilitativen Maßnahmen und die erfolgte Teilnahme des Pflegebedürftigen ist zu **dokumentieren** (BSG Urt. v. 30.09.2015 – B 3 P 1/14 R, BSGE 120, 1–11, SozR 4–3300 § 87a Nr. 3, juris Rn. 27). Die Pflegedokumentation ist auf Veranlassung der Pflegekasse dem allein zur Einsichtnahme berechtigten **MDK (bzw. SMD) vorzulegen**, wenn ein Heim einen Anerkennungsbetrag nach § 87a Abs. 4 zur Abrechnung stellt (BSG Urt. v. 30.09.2015 – B 3 P 1/14 R, Rn. 27). Es besteht insoweit kein unmittelbares Einsichtsrecht der Pflegekasse (BSG Urt. v. 30.09.2015 – B 3 P 1/14 R, BSGE 120, 1–11, SozR 4–3300 § 87a Nr. 3, juris Rn. 27). Das Heim muss nach der Rechtsprechung des BSG aber grds. nicht nachweisen, dass zwischen den erbrachten Maßnahmen und der Herabstufung in einen niedrigeren Pflegegrad ein Ursachenzusammenhang besteht (BSG Urt. v. 30.09.2015 – B 3 P 1/14 R, Rn. 27); die **Kausalität wird vermutet** (BT-Drs 16/7439 S. 73). Soweit der Gesetzgeber, den Nachweis der Voraussetzungen des Abs. 4 unbürokratisch ausgestaltet sehen wollte, trägt das BSG (Urt. v. 30.09.2015 – B 3 P 1/14 R, BSGE 120, 1–11, SozR 4–3300 § 87a Nr. 3, juris Rn. 29) dem dadurch Rechnung, dass die Anforderungen an die Dokumentation der aktivierenden oder rehabilitativen Maßnahmen nicht zu hoch angesetzt werden dürfen. Danach reicht es regelmäßig aus, wenn das Heim sein Angebot darstellt und belegt, dass der Betroffene von diesem Angebot mehr als nur ganz beiläufig Gebrauch gemacht hat (BSG Urt. v. 30.09.2015 – B 3 P 1/14 R, BSGE 120, 1–11, SozR 4–3300 § 87a Nr. 3, juris Rn. 29). Eine Aufzeichnung dergestalt, dass für jeden Tag zu dokumentieren wäre, an welchen aktivierenden Maßnahmen der Betroffene für wie viele Minuten teilgenommen hat, hält das BSG für nicht geboten (BSG Urt. v. 30.09.2015 – B 3 P 1/

14 R, BSGE 120, 1–11, SozR 4–3300 § 87a Nr. 3, juris Rn. 29). Daher kann neben einer schriftlichen Dokumentation der spezifischen Aktivierungsangebote – jedenfalls bis zu dieser Rechtsprechung – auch eine mündliche Darstellung der für diesen Teil der Pflege zuständigen Pflegekräfte genügen (BSG Urt. v. 30.09.2015 – B 3 P 1/14 R, BSGE 120, 1–11, SozR 4–3300 § 87a Nr. 3, juris Rn. 29).

Ist der Pflegegrad innerhalb von 6 Monaten **wieder zu erhöhen oder der Versicherte wieder als pflegebedürftig i.S.d. §§ 14, 15 anzuerkennen**, ist der **Bonus zurück zu zahlen** (Abs. 4 Satz 3). 15d

## § 88 Zusatzleistungen

(1) Neben den Pflegesätzen nach § 85 und den Entgelten nach § 87 darf das Pflegeheim mit den Pflegebedürftigen über die im Versorgungsvertrag vereinbarten notwendigen Leistungen hinaus (§ 72 Abs. 1 Satz 2) gesondert ausgewiesene Zuschläge für
1. besondere Komfortleistungen bei Unterkunft und Verpflegung sowie
2. zusätzliche pflegerisch-betreuende Leistungen

vereinbaren (Zusatzleistungen). Der Inhalt der notwendigen Leistungen und deren Abgrenzung von den Zusatzleistungen werden in den Rahmenverträgen nach § 75 festgelegt.

(2) Die Gewährung und Berechnung von Zusatzleistungen ist nur zulässig, wenn:
1. dadurch die notwendigen stationären oder teilstationären Leistungen des Pflegeheimes (§ 84 Abs. 4 und § 87) nicht beeinträchtigt werden,
2. die angebotenen Zusatzleistungen nach Art, Umfang, Dauer und Zeitabfolge sowie die Höhe der Zuschläge und die Zahlungsbedingungen vorher schriftlich zwischen dem Pflegeheim und dem Pflegebedürftigen vereinbart worden sind,
3. das Leistungsangebot und die Leistungsbedingungen den Landesverbänden der Pflegekassen und den überörtlichen Trägern der Sozialhilfe im Land vor Leistungsbeginn schriftlich mitgeteilt worden sind.

| Übersicht | Rdn. | | Rdn. |
|---|---|---|---|
| A. Regelung für stationäre Pflegeeinrichtungen............ | 1 | B. Vereinbarung entgeltpflichtiger Zusatzleistungen in Pflegeheimen.......... | 2 |
| | | C. Entgeltpflichtige Zusatzleistungen..... | 4 |

### A. Regelung für stationäre Pflegeeinrichtungen

§ 88 enthält Regelungen für stationäre Pflegeeinrichtungen (Pflegeheime i.S.d. § 71 Abs. 2). 1

### B. Vereinbarung entgeltpflichtiger Zusatzleistungen in Pflegeheimen

Die Pflegekassen haben auch bei Versorgung im Pflegeheim die bedarfsgerechte und gleichmäßige, dem allgemein anerkannten Stand medizinisch-pflegerischer Erkenntnisse entsprechende pflegerische Versorgung des Pflegebedürftigen zu gewährleisten und hierfür die Kosten zu tragen (§ 82). Der Pflegebedürftige hat das Entgelt für die Leitungen für Unterkunft und Verpflegung (Hotelkosten) zu tragen (§ 82). Die **Entgelte** für diese Leistungen sind **in Vereinbarungen gem. §§ 85, 87 festzuschreiben**. Die vereinbarten Entgelte sind auch gegenüber dem Pflegebedürftigen unmittelbar wirksam (§ 85 Abs. 6 Satz 1; § 87 Satz 3); **höhere, niedrigere oder andere Entgelte** können nur verlangt werden, soweit das Gesetz dies zulässt. 2

§ 88 beinhaltet eine Rechtsgrundlage, die das Heim berechtigt, mit dem Pflegebedürftigen eine **Entgeltvereinbarung über Zusatzleistungen** zu treffen. Dieser **zivilrechtliche Vertrag** ist vor Beginn der Leistungserbringung zu schließen, muss die jeweiligen Zusatzleistungen nach Art, Umfang, Dauer und Zeitabfolge sowie die Höhe der Zuschläge und die Zahlungsbedingungen enthalten und bedarf der Schriftform (Abs. 2 Nr. 2). Zur Möglichkeit der Überwachung durch die Heimaufsichtsbehörden nach Landesrecht vgl. BVerwG Beschl. v. 28.05.2014 – 8 B 71.13. 3

## C. Entgeltpflichtige Zusatzleistungen

4 Gem. § 88 Abs. 1 Satz 1 sind Zusatzleistungen, für die gesondert auszuweisende Zuschläge erhoben werden können, Gegenleistungen für besondere Komfortleistungen bei Unterkunft und Verpflegung sowie zusätzliche pflegerisch-betreuende Leistungen (VG Cottbus Urt. v. 22.06. 2020 – 8 K 3018/17). **Entgeltpflichtig** sind nur Leistungen, die das **Maß des Notwendigen übersteigen** und nach §§ 28 ff. daher **nicht zulasten der PV erbracht** werden dürfen. Inhalt und Abgrenzung der notwendigen Leistungen von entgeltpflichtigen Zusatzleistungen sind in Rahmenverträgen nach § 75 festzulegen. Eine vom Heimbetreiber vorgegebene innerbetriebliche Organisationsmaßnahme zur Durchführung einer ihm obliegenden Regelleistungsverpflichtung stellt dabei keine besondere Komfortleistung bei Unterkunft und Verpflegung i.S.d. § 88 Abs. 1 Satz 1 dar (VG Cottbus Urt. v. 22.06.2020 – 8 K 3018/17; so auch Hessischer VGH Urt. v. 08.08.2013 – 10 A 902/13).

5 Entgeltpflichtig sind die Erbringung besonderer Komfortleistungen bei Unterkunft und Verpflegung (Nr. 1) sowie zusätzliche pflegerisch-betreuende Leistungen (Nr. 2; § 88 Abs. 1 Satz 1). Damit können Pflegebedürftige in Heimen **Wahlleistungen** in Anspruch nehmen, die die PV nicht bezahlt. Die Wählbarkeit der Leistung ist gerade charakteristisch für Leistungen i.S.d. § 88 (VG Düsseldorf Urt. v. 09.09.2014 – 26 K 4524/13, juris Rn. 56). Jedoch besteht gerade bei diesen **nicht notwendigen Leistungen** die Gefahr, dass sie nicht nur zweckwidrig und unwirtschaftlich sein können, sondern auch dem Wesen und der Kultur des Pflegens als einer humanen Zuwendung zu dem Pflegebedürftigen widersprechen (BT-Drs. 12/5262 S. 147). So widerspricht die Wahl eines persönlichen »Chefpflegers« den Grundsätzen des SGB XI (BT-Drs. 12/5262 S. 147).

6 Zu den zusätzlichen **pflegerisch-betreuenden Leistungen** gehören z.B. Schönheitspflege, Baden und Duschen, soweit es über den i.S.d. §§ 14, 15 erforderlichen Umfang hinaus geht (zu Körperpflegemitteln vgl. VG Köln Beschl. v. 10.01.2012 – 22 L 1326/11; zur Kennzeichnung von Wäsche vgl. VG Frankfurt Urt. v. 12.02.2013 – 2 K 1336/11.F), kulturelle, literarische und musische Betreuung. Dagegen gehört die soziale Betreuung auch bei stationärer Pflege zu den Leistungen der PV (§§ 41 Abs. 2 Satz 1, 42 Abs. 2, 43 Abs. 2 Satz 1, 82 Abs. 1 Satz 3) und kann daher nicht als Zusatzleistung vereinbart werden. **Komfortleistungen bei Unterkunft und Verpflegung** umfassen z.B. ein größeres oder luxuriöser ausgestattetes Zimmer oder eine höherwertige Verköstigung. Eine erforderliche aber aufwändige Pflege (z.B. Diätkost, aufwändige Pflegebetten) kann als Teil der vom Pflegesatz abgegoltenen allgemeinen Pflegeleistungen nicht zusätzlich entgeltpflichtig vereinbart werden (BT-Drs. 12/5262 S. 147). Dagegen ist das Freihalten eines Bettes in einem Doppelzimmer gegen ein sog. Freihalteentgelt oder im Rahmen eines Komfortzuschlags nicht von den Vorschriften des SGB XI gedeckt (OVG Nordrhein-Westfalen Beschl. v. 06.11.2013 – 12 B 1074/13). Denn bezüglich des Freihalteentgelts, das von Bewohnern erhoben wird, die allein ein Zimmer bewohnen, das als Doppelzimmer genutzt werden könnte, fehlt es an einer über das Maß des Notwendigen hinausgehenden Leistung (OVG Nordrhein-Westfalen Beschl. v. 06.11.2013 – 12 B 1074/13, juris Rn. 48). Die Unterbringung in einem Einzelzimmer stellt sich als solche nicht als Zusatzleistung dar, vielmehr ist das Wohnen in einem Einzelzimmer nach Möglichkeit durch den Pflegeanbieter als Standard anzustreben (OVG Nordrhein-Westfalen Beschl. v. 06.11.2013 – 12 B 1074/13). Zwar kann ein besonders großer Raum grundsätzlich eine Komfortleistung darstellen, doch ist Voraussetzung einer Komfortleistung i.S.d. § 88, dass die Komfortleistung durch den Pflegebedürftigen gewählt werden kann (OVG Nordrhein-Westfalen Beschl. v. 06.11.2013 – 12 B 1074/13, juris Rn. 50; dazu vgl. auch VG Düsseldorf Urt. v. 09.09.2014 – 26 K 4524/13, juris Rn. 56). Daher kann eine Komfortleistung nicht vorliegen, wenn das Heim insgesamt nur Zimmer einer bestimmten Größe verfügt. Kann die gewährte Leistung nicht abgewählt werden, kann auch keine Wahlzusatzleistung/Komfortleistung i.S.d. § 88 Abs. 1 vorliegen (VG Düsseldorf Urt. v. 09.09.2014 – 26 K 4524/13, juris Rn. 54).

## § 89 Grundsätze für die Vergütungsregelung

(1) Die Vergütung der ambulanten Leistungen der häuslichen Pflegehilfe und der ergänzenden Unterstützungsleistungen bei der Nutzung von digitalen Pflegeanwendungen wird, soweit nicht die Gebührenordnung nach § 90 Anwendung findet, zwischen dem Träger des Pflegedienstes und den Leistungsträgern nach Absatz 2 für alle Pflegebedürftigen nach einheitlichen Grundsätzen vereinbart. Sie muss leistungsgerecht sein. Die Vergütung muss einem Pflegedienst bei wirtschaftlicher Betriebsführung ermöglichen, seine Aufwendungen zu finanzieren und seinen Versorgungsauftrag zu erfüllen unter Berücksichtigung einer angemessenen Vergütung ihres Unternehmerrisikos. Die Bezahlung von Gehältern bis zur Höhe tarifvertraglich vereinbarter Vergütungen sowie entsprechender Vergütungen nach kirchlichen Arbeitsrechtsregelungen kann dabei nicht als unwirtschaftlich abgelehnt werden. Für eine darüber hinausgehende Bezahlung bedarf es eines sachlichen Grundes. Eine Differenzierung in der Vergütung nach Kostenträgern ist unzulässig.

(2) Vertragsparteien der Vergütungsvereinbarung sind die Träger des Pflegedienstes sowie
1. die Pflegekassen oder sonstige Sozialversicherungsträger,
2. die Träger der Sozialhilfe, die für die durch den Pflegedienst versorgten Pflegebedürftigen zuständig sind, sowie
3. die Arbeitsgemeinschaften der unter Nummer 1 und 2 genannten Träger,

soweit auf den jeweiligen Kostenträger oder die Arbeitsgemeinschaft im Jahr vor Beginn der Vergütungsverhandlungen jeweils mehr als 5 vom Hundert der vom Pflegedienst betreuten Pflegebedürftigen entfallen. Die Vergütungsvereinbarung ist für jeden Pflegedienst gesondert abzuschließen und gilt für den nach § 72 Abs. 3 Satz 3 vereinbarten Einzugsbereich, soweit nicht ausdrücklich etwas Abweichendes vereinbart wird.

(3) Die Vergütungen können, je nach Art und Umfang der Pflegeleistung, nach dem dafür erforderlichen Zeitaufwand oder unabhängig vom Zeitaufwand nach dem Leistungsinhalt des jeweiligen Pflegeeinsatzes, nach Komplexleistungen oder in Ausnahmefällen auch nach Einzelleistungen bemessen werden; sonstige Leistungen wie hauswirtschaftliche Versorgung, Behördengänge oder Fahrkosten können auch mit Pauschalen vergütet werden. Die Vergütungen haben zu berücksichtigen, dass Leistungen von mehreren Pflegebedürftigen gemeinsam abgerufen und in Anspruch genommen werden können; die sich aus einer gemeinsamen Leistungsinanspruchnahme ergebenden Zeit- und Kostenersparnisse kommen den Pflegebedürftigen zugute. Bei der Vereinbarung der Vergütung sind die Grundsätze für die Vergütung von längeren Wegezeiten, insbesondere in ländlichen Räumen, die in den Rahmenempfehlungen nach § 132a Absatz 1 Satz 4 Nummer 5 des Fünften Buches vorzusehen sind, zu berücksichtigen; die in den Rahmenempfehlungen geregelten Verfahren zum Vorweis der voraussichtlichen Personalkosten im Sinne von § 85 Absatz 3 Satz 5 können berücksichtigt werden. § 84 Absatz 4 Satz 2, Absatz 7 und 7a, § 85 Absatz 3 bis 7 und § 86 gelten entsprechend.

| Übersicht | Rdn. | | Rdn. |
|---|---|---|---|
| A. Regelung für ambulante Pflegeeinrichtungen . . . . . . . . . . . . . . . | 1 | C. Vertragsparteien . . . . . . . . . . . . . . . . . . . . | 3 |
| B. Vergütungsvereinbarung . . . . . . . . . . . . | 2 | D. Bemessungsgrundsätze . . . . . . . . . . . . . | 4 |

## A. Regelung für ambulante Pflegeeinrichtungen

§ 89 enthält Regelungen für ambulante Pflegeeinrichtungen (Pflegedienst § 71 Abs. 1). 1

## B. Vergütungsvereinbarung

Auch hinsichtlich der **Erbringung ambulanter Pflegesachleistungen** ist vorgesehen, dass die zugelassenen Pflegeeinrichtungen ihre Vergütung mit den Pflegekassen vereinbaren (§§ 89, 85) und 2 direkt mit diesen abrechnen. § 89 enthält für den ambulanten Leistungsbereich verfahrensrechtliche und inhaltliche Maßgaben für entsprechende **Vergütungsvereinbarungen**. Vergütungsvereinbarungen sind insoweit nur hinsichtlich der in § 89 genannten Regelungsgegenstände, der Vergütung der ambulanten Leistungen der häuslichen Pflegehilfe gem. § 36 Abs. 1 und 2 und der ergänzenden Unterstützungsleistungen bei der Nutzung von digitalen Pflegeanwendungen (Abs. 1 Satz 1) zulässig (BSG Urt. v. 17.12.2009 – B 3 P 3/08 R, BSGE 105, 126–150, SozR 4–3300 § 89 Nr. 2, juris Rn. 23); die Vergütung der Beratungsbesuche i.S.d. § 37 Abs. 3 ist nicht erfasst und ist vom Pflegedienst festzulegen (s. dazu § 37 Rdn. 8; *Knittel* in Krauskopf, Soziale Krankenversicherung – Pflegeversicherung § 89 SGB XI Rn. 3). Diese Vergütungsvereinbarungen sind als öffentlich-rechtliche Verträge für jeden Pflegedienst gesondert abzuschließen (§ 89 Abs. 1 Satz 2). § 85 Abs. 3 bis 7 und § 86 enthalten Regelungen über das Zustandekommen der Vergütungsvereinbarung (insb. § 85 Abs. 7: Anrufung der Schiedsstelle; § 86: Pflegesatzkommission). Soweit nach § 72 Abs. 3 Satz 3 bei ambulanten Pflegediensten in den Versorgungsverträgen der **räumliche Einzugsbereich** festzulegen ist, schränkt dies den Vergütungsanspruch des Pflegedienstes für außerhalb des vereinbarten Gebietes erbrachte Leistungen nicht ein (§ 72 Rdn. 7; dazu BSG Urt. v. 24.05.2006 – B 3 P 1/05 R, BSGE 96, 233–238, SozR 4–3300 § 72 Nr. 1).

### C. Vertragsparteien

3 Die Vergütungsvereinbarung ist zwischen dem Träger des Pflegedienstes und den in § 89 Abs. 2 genannten Stellen zu schließen. Diese Stellen (Pflegekassen, Sozialhilfeträger, deren Arbeitsgemeinschaften usw.) sind an der konkreten Vergütungsvereinbarung nur zu beteiligen, wenn im Jahr vor Beginn der Vergütungsverhandlungen mehr als 5 % der vom Pflegedienst betreuten Pflegebedürftigen Leistungsberechtigte dieser Träger waren (dazu s.a. BSG Urt. v. 17.12.2009 – B 3 P 3/08 R, BSGE 105, 126–150, SozR 4–3300 § 89 Nr. 2, juris Rn. 36 ff.). Soweit die 5 %-Grenze nicht überschritten wird, ist nach § 91 abzurechnen.

### D. Bemessungsgrundsätze

4 § 89 Abs. 1 Satz 1 überlässt die Vergütung für ambulante Pflegeleistungen und hauswirtschaftliche Versorgung grds. der Vergütungsvereinbarung; eine Gebührenordnung nach § 90 ist nicht erlassen. Die in § 89 Abs. 1 enthaltenen Maßgaben entsprechen denjenigen des § 84, sodass auf die Kommentierung dort verwiesen werden kann (insb. § 84 Rdn. 12 ff.). Die Vergütungsvereinbarung hat **die Entgelte für ambulante Pflegeleistungen** und **hauswirtschaftliche Versorgung** für alle Pflegebedürftigen nach **einheitlichen Grundsätzen** zu bestimmen und muss leistungsgerecht sein. Mit dem zum 01.01.2015 eingeführten Abs. 1 Satz 4 folgt der Gesetzgeber der ständigen Rechtsprechung des BSG (z.B. Urt. v. 16.05.2013 – B 3 P 2/12 R, BSGE 113, 258–270, SozR 4–3300 § 85 Nr. 4) und geht noch darüber hinaus, indem die Wirtschaftlichkeit der Entlohnung der Beschäftigten in Pflegeeinrichtungen mit Gehältern bis zur Höhe tarifvertraglich vereinbarter Vergütungen auf Grundlage von wirksamen und vollzogenen Tarifverträgen sowie entsprechender kirchlichen Arbeitsrechtsregelungen für die Pflegesatz- bzw. Pflegevergütungsverhandlungen gesetzlich festgeschrieben wird – im Falle der Nichtbezahlung der nach § 89 Abs. 1 Satz 4 zugrunde gelegten Gehälter vermutet § 115 Abs. 3a Satz 2 unwiderlegbar eine Verletzung der Verpflichtungen zu einer qualitätsgerechten Leistungserbringung i.S.d. § 115 Abs. 3 Satz 1, die zu Sanktionsmaßnahmen führen kann (vgl. die Kommentierung bei § 115). Mit der Berücksichtigung von Gehältern bis zur Höhe tarifvertraglich vereinbarter Vergütungen sowie entsprechender Vergütungen nach kirchlichen Arbeitsrechtsregelungen sollen Anreize gesetzt werden, die Mitarbeiterinnen und Mitarbeiter entsprechend zu entlohnen (BT-Drs. 18/2909 S. 44), was insbesondere nicht-tarifgebundene Pflegeeinrichtungen ermutigen soll, Einzelverhandlungen zu führen, um die Löhne ihrer Mitarbeiter bis auf Tarifniveau steigern zu können (BT-Drs. 18/10510 S. 116). Soll eine darüber hinausgehende Bezahlung bei der Vergütungsvereinbarung berücksichtigt werden, so bedarf es insoweit nach § 89 Abs. 1 Satz 5 eines sachlichen Grundes, z.B. bei Leitungsverantwortung oder Übernahme besonderer Aufgaben (BT-Drs. 18/10510 S. 116). Durch die Regelung soll der Wettbewerb zwischen Anbietern von Pflegeleistungen nicht mehr über niedrige Gehälter, sondern über Qualität, Effizienz

und Innovation geführt werden (BT-Drs. 18/10510 S. 116). Die Vertragsparteien können – nicht müssen – verschiedene **Vergütungsmodelle** vereinbaren (Abs. 3 Satz 1). Die Vereinbarungspartner sind in der konkreten Ausgestaltung der Vergütungssystematik flexibel, sodass grundsätzlich alle alternativen Vergütungsformen und die daraus erwachsenen Wahl- und Kombinationsmöglichkeiten für die Pflegebedürftigen insbesondere bei der Zusammenstellung ihrer Leistungen umgesetzt werden können (BT-Drs. 18/2909 S. 44/45). Pflegebedürftige sollen sich flexibel und orientiert an ihren persönlichen Bedürfnissen die Leistungen zusammenstellen können, die die Pflegedienste im Rahmen von Pflegeeinsätzen erbringen (BT-Drs. 17/9369 S. 47).

Vereinbart werden können eine **Vergütung nach Zeitaufwand** als auch zugleich ein Vergütungsmodell unabhängig vom Zeitaufwand vorsehen. **Zeitaufwandsunabhängige Vergütungsmodelle** können die Vergütung nach § 89 Abs. 3 Satz 1 in Abhängigkeit vom Leistungsinhalt des jeweiligen Pflegeeinsatzes, in Abhängigkeit von Komplexleistungen oder in Ausnahmefällen auch in Abhängigkeit von Einzelleistungen je nach Art und Umfang der Pflegeleistung bestimmen. Für sonstige Leistungen (z.B. hauswirtschaftliche Versorgung, Behördengänge oder Fahrkosten) können **Pauschalen** vereinbart werden. Die Gesetzesmaterialien (BT-Drs. 17/9369 S. 47) gehen davon aus, dass die Abrechnungen nach Zeitaufwand weitaus besser mit Betreuungsleistungen korrespondieren als die bisher übliche Abrechnung nach Komplexleistungen. In Betracht kommen z.B. Stundenvergütungen, die je nach tatsächlichem Aufwand an Zeit anteilig berechnet werden. Maßstab ist dann der tatsächliche Aufwand an Zeit vor Ort, sodass Formen der Pauschalierung hier unzulässig sind (BT-Drs. 17/9369 S. 47). Die Vergütungen dürfen daher nicht so bemessen werden, dass z.B. für jede angefangene Viertelstunde eine anteilige Stundenvergütung berechnet werden kann. Welche Leistungen der Pflegedienst in dieser Zeit erbringt, obliegt der freien Bestimmung durch den Pflegebedürftigen. Bei der Bestimmung der Vergütungen ist auch zu berücksichtigen, dass Leistungen von mehreren Pflegebedürftigen gemeinsam abgerufen und in Anspruch genommen werden können und sich daraus Zeit- und Kostenersparnisse ergeben. Diese sind wiederum den Pflegebedürftigen zugute zu halten. 5

Die Vergütung muss **leistungsgerecht** sein (Abs. 1 Satz 2) und einem Pflegedienst bei wirtschaftlicher Betriebsführung ermöglichen, seine Aufwendungen zu finanzieren und seinen Versorgungsauftrag zu erfüllen (Abs. 1 Satz 3 bis 5). Auch ist eine Differenzierung nach Kostenträgern unzulässig (Abs. 1 Satz 3). Hierzu ist – wie im stationären Bereich – ein **gemischter Gestehungskosten/Marktpreisvergleich** anzustellen (dazu BSG Urt. v. 17.12.2009 – B 3 P 3/08 R, BSGE 105, 126–150, SozR 4-3300 § 89 Nr. 2, juris Rn. 43 ff.). Grundsätzlich sind – wie auch im stationären Bereich (dazu s. § 84 Rdn. 12 ff.) – Vergütungsverhandlungen auch im ambulanten Bereich nach einem zweigliedrigen Prüfungsmuster durchzuführen (BSG Urt. v. 17.12.2009 – B 3 P 3/08 R, BSGE 105, 126–150, SozR 4-3300 § 89 Nr. 2, juris Rn. 50): 6

**1. Schritt:** Grundlage der Verhandlungen über die Entgelte ist zunächst die Abschätzung der voraussichtlichen Kosten der vom Pflegedienst zu erbringenden Leistungen nach Abs. 3 Satz 4 i.V.m. § 85 Abs. 3 Satz 2 Hs. 1 und Satz 3 (**Prognose der voraussichtlichen Gestehungskosten**). 6a

**2. Schritt:** Auf der Grundlage der plausiblen Kosten der vom Pflegedienst zu erbringenden Leistungen schließt sich in einem zweiten Schritt die Prüfung der Leistungsgerechtigkeit nach Abs. 1 Satz 2 und 3 an, bei dem die Kostenansätze vergleichbarer Leistungen bei anderen Pflegediensten heranzuziehen sind (**externer Vergleich**). 6b

Im Ergebnis sind die Entgelte des Pflegedienstes dann leistungsgerecht, wenn die **voraussichtlichen Gestehungskosten** vom Pflegedienst **nachvollziehbar und plausibel dargelegt** werden und diese in einer von der Pflegekasse darzulegenden **angemessenen** und nachprüfbaren Relation zu den Sätzen anderer Einrichtungen für vergleichbare Leistungen stehen (BSG Urt. v. 17.12.2009 – B 3 P 3/08 R, BSGE 105, 126–150, SozR 4-3300 § 89 Nr. 2, juris Rn. 50, 65 f.). Eine Vergütung ist deshalb grundsätzlich erst dann leistungsgerecht, wenn sie die Kosten einer Einrichtung hinsichtlich der voraussichtlichen Gestehungskosten unter Zuschlag einer angemessenen Vergütung ihres Unternehmerrisikos und eines etwaigen zusätzlichen persönlichen Arbeitseinsatzes sowie 7 einer angemessenen Verzinsung ihres Eigenkapitals deckt (BSG Urt. v. 17.12.2009 – B 3 P 3/08 R, BSGE 105, 126–150, SozR 4–3300 § 89 Nr. 2, juris Rn. 51). Entgelte sind dagegen nicht angemessen, wenn Kostenansätze und erwartete Kostensteigerungen nicht plausibel erklärt werden können oder wenn die begehrten Sätze im Verhältnis zu anderen Pflegediensten unangemessen sind (BSG Urt. v. 17.12.2009 – B 3 P 3/08 R, BSGE 105, 126–150, SozR 4–3300 § 89 Nr. 2). Denn Obergrenze der Vergütung ist – auch bei nachvollziehbar prognostischen Gestehungskosten – das Maß des im Vergleich mit der Vergütung anderer Dienste wirtschaftlich Angemessenen (BSG Urt. v. 17.12.2009 – B 3 P 3/08 R, BSGE 105, 126–150, SozR 4–3300 § 89 Nr. 2, juris Rn. 57).

8 Stets leistungsgerecht in diesem Sinn sind diejenigen Entgelte, die über die günstigsten Eckwerte vergleichbarer Dienste nicht hinausreichen (BSG Urt. v. 17.12.2009 – B 3 P 3/08 R, BSGE 105, 126–150, SozR 4–3300 § 89 Nr. 2, juris Rn. 60 f.). Ohne weitere Prüfung sind darüber hinaus regelmäßig auch diejenigen Entgelte als leistungsgerecht anzusehen, die im unteren Drittel der vergleichsweise ermittelten Vergütungen liegen (BSG Urt. v. 17.12.2009 – B 3 P 3/08 R, BSGE 105, 126–150, SozR 4–3300 § 89 Nr. 2, juris Rn. 62). Entgelte, die oberhalb des unteren Drittels vergleichbarer Pflegevergütungen liegen, können sich als leistungsgerecht erweisen, sofern sie auf einem – zuvor nachvollziehbar prognostizierten – höheren Aufwand des Pflegedienstes beruhen und dieser nach Prüfung im Einzelfall wirtschaftlich als angemessen anzusehen ist (BSG Urt. v. 17.12.2009 – B 3 P 3/08 R, BSGE 105, 126–150, SozR 4–3300 § 89 Nr. 2, juris Rn. 63). Das ist der Fall, soweit der Pflegedienst Gründe für ein höheres Entgelt aufzeigt und diese den Grundsätzen wirtschaftlicher Betriebsführung entsprechen (BSG Urt. v. 17.12.2009 – B 3 P 3/08 R, BSGE 105, 126–150, SozR 4–3300 § 89 Nr. 2). Solche Gründe können sich aus Besonderheiten im Versorgungsauftrag des Pflegedienstes ergeben, aber auch aus dem Standort und der Größe eines Pflegedienstes, wenn sich daraus wirtschaftliche Nachteile gegenüber der Lage oder dem Zuschnitt anderer Anbieter ergeben und der Sicherstellungsauftrag der Pflegekassen ohne den vergleichsweise teuren Pflegedienst nicht erfüllt werden kann (BSG Urt. v. 17.12.2009 – B 3 P 3/08 R, BSGE 105, 126–150, SozR 4–3300 § 89 Nr. 2). Auch die Einhaltung der Tarifbindung und ein deswegen höherer Personalkostenaufwand genügen insoweit stets den Grundsätzen wirtschaftlicher Betriebsführung, was nunmehr auch Abs. 1 Satz 4 klarstellt.

9 Entscheidend kommt es daher nach der Rechtsprechung des BSG (Urt. v. 17.12.2009 – B 3 P 3/08 R, BSGE 105, 126–150, SozR 4–3300 § 89 Nr. 2) darauf an, ob der von einem Pflegedienst geforderte **Vergütungssatz im Vergleich mit günstigeren Entgelten anderer Einrichtungen** im Hinblick auf die Leistungen des Pflegedienstes und die Gründe für ihren höheren Kostenaufwand (dennoch) als **insgesamt angemessen und deshalb leistungsgerecht** i.S.v. § 89 Abs. 1 Satz 2 anzusehen ist. Ist diese Frage zu bejahen, dann sind Vergütungsforderungen auch oberhalb des unteren Vergleichsdrittels wirtschaftlich angemessen (BSG Urt. v. 17.12.2009 – B 3 P 3/08 R, BSGE 105, 126–150, SozR 4–3300 § 89 Nr. 2).

10 Zu den Maßgaben vgl. auch § 84 Rdn. 12 ff. Die Entgeltvereinbarungen dürfen bei verschiedenen Pflegekassen keine unterschiedlichen Vergütungen für gleiche Leistungen oder Differenzierungen nach den Kostenträgern vorsehen (Abs. 1 Satz 5). Das **GWB** findet keine Anwendung (BSG Urt. v. 17.12.2009 – B 3 P 3/08 R, BSGE 105, 126–150, SozR 4–3300 § 89 Nr. 2, juris Rn. 75).

11 Abs. 3 Satz 4 erklärt Vorschriften aus dem Recht der Vergütung stationärer Leistungen für entsprechend anwendbar. Danach dürfen für die allgemeinen Pflegeleistungen, soweit nichts anderes bestimmt ist, **ausschließlich** die nach 89 Abs. 1 **bestimmten Pflegesätze** berechnet werden, ohne Rücksicht darauf, wer zu ihrer Zahlung verpflichtet ist (§ 84 Abs. 4 Satz 2). Dies gilt auch gegenüber den Versicherungsunternehmen der PPV.

## § 91 Kostenerstattung

(1) Zugelassene Pflegeeinrichtungen, die auf eine vertragliche Regelung der Pflegevergütung nach den §§ 85 und 89 verzichten oder mit denen eine solche Regelung nicht zustande kommt, können den Preis für ihre ambulanten oder stationären Leistungen unmittelbar mit den Pflegebedürftigen vereinbaren.

(2) Den Pflegebedürftigen werden die ihnen von den Einrichtungen nach Absatz 1 berechneten Kosten für die pflegebedingten Aufwendungen erstattet. Die Erstattung darf jedoch 80 vom Hundert des Betrages nicht überschreiten, den die Pflegekasse für den einzelnen Pflegebedürftigen nach Art und Schwere seiner Pflegebedürftigkeit nach dem Dritten Abschnitt des Vierten Kapitels zu leisten hat. Eine weitergehende Kostenerstattung durch einen Träger der Sozialhilfe ist unzulässig.

(3) Die Absätze 1 und 2 gelten entsprechend für Pflegebedürftige, die nach Maßgabe dieses Buches bei einem privaten Versicherungsunternehmen versichert sind.

(4) Die Pflegebedürftigen und ihre Angehörigen sind von der Pflegekasse und der Pflegeeinrichtung rechtzeitig auf die Rechtsfolgen der Absätze 2 und 3 hinzuweisen.

| Übersicht | Rdn. | | Rdn. |
|---|---|---|---|
| A. Regelung für ambulante und stationäre Pflegeeinrichtungen | 1 | II. Vergütungsvereinbarung mit dem Pflegebedürftigen | 4 |
| B. Voraussetzungen der Kostenerstatzung | 2 | C. Rechtsfolgen | 5 |
| I. Zugelassene Pflegeeinrichtung ohne Vergütungsvereinbarung mit Pflegekassen | 2 | D. Hinweispflicht | 8 |

### A. Regelung für ambulante und stationäre Pflegeeinrichtungen

§ 91 enthält Regelungen für ambulante Pflegeeinrichtungen (§ 71 Abs. 1) als auch für stationäre Pflegeeinrichtungen (§ 71 Abs. 2). 1

### B. Voraussetzungen der Kostenerstatzung

#### I. Zugelassene Pflegeeinrichtung ohne Vergütungsvereinbarung mit Pflegekassen

Das SGB XI geht grds. davon aus, dass Leistungen nur aufgrund einer **Vergütungsvereinbarung** 2 bezahlt werden können (§§ 82, 85, 87, 89). Infolgedessen hat die zugelassene Pflegeeinrichtung ihre Vergütung zu vereinbaren (§§ 85, 87, 89) und direkt mit den Pflegekassen abrechnen. § 91 regelt den Fall, dass eine Pflegeeinrichtung zwar mittels eines Zulassungsvertrages zur Leistungserbringung zulasten der SPV zugelassen ist, aber eine **Vergütungsvereinbarung nicht getroffen** ist. Leistungen nicht zugelassener Pflegeeinrichtungen können nicht im Wege der Kostenerstattung zulasten der SPV erbracht werden.

Eine Vergütungsvereinbarung i.S.d. §§ 85, 87, 89 kann zwar von der Schiedsstelle ersetzt werden. 3 Dies gilt jedoch nur, soweit die Vertragsparteien gewillt sind, einen Vertrag zu schließen. Eine Vergütungsregelung kann von der Schiedsstelle daher nicht bestimmt werden, wenn eine Vertragsseite schon gar keine Vereinbarung mehr schließen will oder der Leistungserbringer darauf ausdrücklich **verzichtet** (*Knittel* in Krauskopf, Soziale Krankenversicherung – Pflegeversicherung § 91 SGB XI Rn. 3 ff.). Ein Verzicht ist nur bis zum Erlass des Schiedsspruchs möglich (*Udsching* in Udsching/Schütze, SGB XI, § 91 Rn. 4; *Knittel* in Krauskopf, Soziale Krankenversicherung – Pflegeversicherung § 91 SGB XI Rn. 4). Eine Vergütungsvereinbarung kommt i.S.d. Abs. 1 auch dann nicht zustande, wenn die in §§ 85 Abs. 2 Satz 1, 89 Abs. 2 Satz 1 genannten Schwellen einer **Mindestinanspruchnahme** nicht überschritten werden.

## § 91 SGB XI Kostenerstattung

### II. Vergütungsvereinbarung mit dem Pflegebedürftigen

4 Mangels Vergütungsvereinbarung mit der Pflegekasse hat der Leistungserbringer sein Entgelt direkt mit dem **Pflegebedürftigen** zu vereinbaren. Dies erfolgt bei stationärer Leistungserbringung im Wohn- bzw. Betreuungsvertrag nach dem Gesetz zur Regelung von Verträgen über Wohnraum mit Pflege- oder Betreuungsleistungen (WBVG, zuvor Heimvertrag nach dem HeimG, dazu vgl. § 119 Rdn. 3 ff.) oder bei ambulanter Leistungserbringung in einem Pflegevertrag nach § 120 (s. Rdn. 2 ff.). Es handelt sich um **zivilrechtliche Verträge**, für die die Bestimmungen des BGB, modifiziert durch das WBVG, die Landes-Heimregelungen sowie Vorschriften des § 120 gelten.

4a Vorformulierte Bestimmungen in einem Wohn- und Betreuungsvertrag über vollstationäre Pflege zwischen einem Versicherten der PV (Verbraucher) und einer zugelassenen Pflegeeinrichtung ohne Pflegesatzvereinbarung, die eine Verpflichtung des Heimbewohners zur Sicherheitsleistung vorsehen, sind mit § 14 Abs. 4 Satz 1 WBVG vereinbar (BGH Urt. v. 05.04.2018 – III ZR 36/17; vorgehend OLG Köln Urt. v. 16.12.2016 – I-6 U 71/16). Dies gilt auch gegenüber Verbrauchern, die berechtigt sind, Hilfe in Einrichtungen nach dem SGB XII in Anspruch zu nehmen (BGH Urt. v. 05.04.2018 – III ZR 36/17).

### C. Rechtsfolgen

5 Rechtsfolge der Vereinbarung zwischen Pflegeeinrichtung und Pflegebedürftigem ist, dass allein der Pflegebedürftige **Schuldner** des Entgeltanspruchs ist (§ 120 Abs. 4 gilt insoweit nicht). Er hat die Leistung der zugelassenen Pflegeeinrichtung zu bezahlen. Im Gegenzug gewährt ihm § 91 Abs. 1 Satz 1 einen Anspruch gegen die Pflegekasse auf **Ersatz der Kosten** der pflegebedingten Aufwendungen. Dies gilt auch für Versicherte der PPV (Abs. 3). Soweit die Pflegekasse (bzw. die PPV) nicht die vollen Kosten ersetzt (vgl. Rdn. 7), ist ergänzende **Sozialhilfe ausgeschlossen** (Abs. 2 Satz 3). Damit trägt der Pflegebedürftige das Kostenrisiko alleine.

6 Zu den **pflegebedingten Aufwendungen** des § 91 Abs. 2 Satz 1 gehören alle die Leistungen, die im Einzelfall zulasten der SPV zu erbringen sind und die im Rahmen einer Vergütungsvereinbarung mit der Zahlung der Pflegevergütung abgegolten werden (zum stationären Bereich vgl. § 82 Abs. 1 Satz 2; *Knittel* in Krauskopf, Soziale Krankenversicherung – Pflegeversicherung, § 91 SGB XI Rn. 6). **Nicht** dazu gehören die Leistungen für **Unterkunft und Verpflegung** (§ 4 Abs. 2 Satz 2, § 82 Abs. 1 Satz 4).

7 Zu erstatten sind die Kosten für die pflegebedingten Aufwendungen bis zu dem **Maximalbetrag von 80 %** des Betrages, den die Pflegekasse für den einzelnen Pflegebedürftigen nach Art und Schwere seiner Pflegebedürftigkeit nach den §§ 36 bis 43a zu leisten hätte (Abs. 2 Satz 2). Besonders bedeutsam ist diese Deckelung in den Fällen des §§ 36 Abs. 3, 41 Abs. 2 Satz 2 und 43 Abs. 2. Denn die Deckelung führt hier regelmäßig zu einer bedeutenden Selbstbeteiligung des Pflegebedürftigen an den Kosten seiner Pflege.

### D. Hinweispflicht

8 Abs. 4 verpflichtet sowohl die Pflegekasse als auch die Pflegeeinrichtung, den Pflegebedürftigen rechtzeitig auf die Folgen der Inanspruchnahme von Leistungen bei einem Leistungserbringer ohne Vergütungsvertrag hinzuweisen. **Rechtzeitig** ist der Hinweis, wenn der Pflegebedürftige sein Verhalten noch entsprechend den Hinweisen überprüfen und verändern kann (*Knittel* in Krauskopf, Soziale Krankenversicherung – Pflegeversicherung § 91 SGB XI Rn. 11). Hinzuweisen ist insbesondere darauf, dass die Pflegekasse nicht die vollen Kosten der Pflegeleistungen trägt und ergänzende Sozialhilfe ausgeschlossen ist.

§ 92a Pflegeheimvergleich

(1) Die Bundesregierung wird ermächtigt, durch Rechtsverordnung mit Zustimmung des Bundesrates einen Pflegeheimvergleich anzuordnen, insbesondere mit dem Ziel,
1. die Landesverbände der Pflegekassen bei der Durchführung von Wirtschaftlichkeits- und Qualitätsprüfungen (§ 79, Elftes Kapitel),
2. die Vertragsparteien nach § 85 Abs. 2 bei der Bemessung der Vergütungen und Entgelte sowie
3. die Pflegekassen bei der Erstellung der Leistungs- und Preisvergleichslisten (§ 7 Abs. 3)

zu unterstützen. Die Pflegeheime sind länderbezogen, Einrichtung für Einrichtung, insbesondere hinsichtlich ihrer Leistungs- und Belegungsstrukturen, ihrer Pflegesätze und Entgelte sowie ihrer gesondert berechenbaren Investitionskosten miteinander zu vergleichen.

(2) In der Verordnung nach Absatz 1 sind insbesondere zu regeln:
1. die Organisation und Durchführung des Pflegeheimvergleichs durch eine oder mehrere von dem Spitzenverband Bund der Pflegekassen oder den Landesverbänden der Pflegekassen gemeinsam beauftragte Stellen,
2. die Finanzierung des Pflegeheimvergleichs aus Verwaltungsmitteln der Pflegekassen,
3. die Erhebung der vergleichsnotwendigen Daten einschließlich ihrer Verarbeitung.

(3) Zur Ermittlung der Vergleichsdaten ist vorrangig auf die verfügbaren Daten aus den Versorgungsverträgen sowie den Pflegesatz- und Entgeltvereinbarungen über
1. die Versorgungsstrukturen einschließlich der personellen und sächlichen Ausstattung,
2. die Leistungen, Pflegesätze und sonstigen Entgelte der Pflegeheime

und auf die Daten aus den Vereinbarungen über Zusatzleistungen zurückzugreifen. Soweit dies für die Zwecke des Pflegeheimvergleichs erforderlich ist, haben die Pflegeheime der mit der Durchführung des Pflegeheimvergleichs beauftragten Stelle auf Verlangen zusätzliche Unterlagen vorzulegen und Auskünfte zu erteilen, insbesondere auch über die von ihnen gesondert berechneten Investitionskosten (§ 82 Abs. 3 und 4).

(4) Durch die Verordnung nach Absatz 1 ist sicherzustellen, dass die Vergleichsdaten
1. den zuständigen Landesbehörden,
2. den Vereinigungen der Pflegeheimträger im Land,
3. den Landesverbänden der Pflegekassen,
4. dem Medizinischen Dienst,
5. dem Verband der privaten Krankenversicherung e. V. im Land sowie
6. den nach Landesrecht zuständigen Trägern der Sozialhilfe

zugänglich gemacht werden. Die Beteiligten nach Satz 1 sind befugt, die Vergleichsdaten ihren Verbänden oder Vereinigungen auf Bundesebene zu übermitteln; die Landesverbände der Pflegekassen sind verpflichtet, die für Prüfzwecke erforderlichen Vergleichsdaten den von ihnen zur Durchführung von Wirtschaftlichkeits- und Qualitätsprüfungen bestellten Sachverständigen zugänglich zu machen.

(5) (nicht abgedruckt)

(6) Der Spitzenverband Bund der Pflegekassen oder die Landesverbände der Pflegekassen sind berechtigt, jährlich Verzeichnisse der Pflegeheime mit den im Pflegeheimvergleich ermittelten Leistungs-, Belegungs- und Vergütungsdaten zu veröffentlichen.

(7) (nicht abgedruckt)

(8) Die Bundesregierung wird ermächtigt, durch Rechtsverordnung mit Zustimmung des Bundesrates einen länderbezogenen Vergleich über die zugelassenen Pflegedienste (Pflegedienstvergleich) in entsprechender Anwendung der vorstehenden Absätze anzuordnen.

# § 92b SGB XI Integrierte Versorgung

| Übersicht | Rdn. | | Rdn. |
|---|---|---|---|
| A. Pflegeheimvergleich | 1 | II. Erstellung des Pflegeheimvergleichs | 4 |
| I. Ziel und Zweck | 1 | B. Pflegedienstvergleich | 7 |

## A. Pflegeheimvergleich

### I. Ziel und Zweck

1 Schon seit dem Jahr 2001 ist die Bundesregierung ermächtigt, einen Vergleich der Pflegeheime anzuordnen. Dieses Vorhaben wurde aber bisher nur zögerlich angegangen. § 92a beinhaltet die erforderlichen Ermächtigungsgrundlagen und bestimmt die Ziele, die Organisation sowie die Durchführung des Pflegeheimvergleichs.

2 Der Pflegeheimvergleich soll unter anderem beim Abschluss von Leistungs- und Qualitätsvereinbarungen, bei Vergütungsvereinbarungen sowie bei der Prüfung der Wirtschaftlichkeit und Qualität als Hilfe und Vergleichsmaßstab dienen (BT-Drs. 14/5395 S. 32). Im Pflegeheimvergleich sollen die Pflegeheime Einrichtung für Einrichtung länderbezogen verglichen werden. Dadurch soll der Pflegeheimvergleich zu einer Entzerrung und Vereinfachung der Vertrags- und Vergütungsverhandlungen beitragen und den Zeitaufwand für ansonsten notwendige Vorbereitungsarbeiten zu den Verhandlungsrunden verkürzen (BT-Drs. 14/5395 S. 32).

3 Unabhängig vom Pflegeheimvergleich nach § 92a sind die Qualitätsberichte nach § 115 Abs. 1a zu veröffentlichen.

### II. Erstellung des Pflegeheimvergleichs

4 § 92a enthält keine Rechtsgrundlage für die Erstellung des Pflegeheimvergleichs. Vielmehr wird die Bundesregierung zum Erlass einer entsprechenden Rechtsverordnung ermächtigt; die Zustimmung des Bundesrates ist erforderlich. Der Mindestinhalt der Verordnung ist in Abs. 2 geregelt. Bisher ist jedoch eine solche Rechtsverordnung über einen Pflegeheimvergleich nicht zustande gekommen.

5 Nach Abs. 3 ist zur Ermittlung der Vergleichsdaten vorrangig auf die bereits verfügbaren Daten aus den Versorgungsverträgen sowie den Pflegesatz- und Entgeltvereinbarungen sowie auf die Daten aus den Vereinbarungen über Zusatzleistungen zurückzugreifen (zu datenschutzrechtlichen Problemen vgl. *Udsching* in Udsching/Schütze, SGB XI, § 92a Rn. 4). Darüber hinaus haben die Pflegeheime weitere, für den Pflegeheimvergleich relevante Unterlagen vorzulegen und Auskünfte zu erteilen, z.B. zu den Investitionskosten i.S.d. § 82 Abs. 3 und 4. Insoweit sind auch Daten mitzuteilen, die ansonsten einer Prüfung der Pflegekassen nicht zugänglich sind (*Udsching* in Udsching/Schütze, SGB XI, § 92a Rn. 4). Die Vergleichsdaten sind nach Abs. 4 den dort genannten Stellen zugänglich zu machen.

6 Vor Erlass der Rechtsverordnung sieht Abs. 5 die Anhörung des Spitzenverbandes Bund der Pflegekassen, des Verbandes der privaten Krankenversicherung e.V., der Bundesarbeitsgemeinschaft der überörtlichen Träger der Sozialhilfe, der Bundesvereinigung der kommunalen Spitzenverbände und der Vereinigungen der Träger der Pflegeheime auf Bundesebene vor.

## B. Pflegedienstvergleich

7 § 92a Abs. 8 ermächtigt auch zum Erlass einer Rechtsverordnung über einen Pflegedienstvergleich, also einen Vergleich der ambulanten Leistungserbringer. Dazu gelten die Regelungen zum Pflegeheimvergleich gem. § 92a Abs. 1 bis 7 entsprechend.

# § 92b Integrierte Versorgung

(1) Die Pflegekassen können mit zugelassenen Pflegeeinrichtungen und den weiteren Vertragspartnern nach § 140a Absatz 3 Satz 1 des Fünften Buches Verträge zur integrierten Versorgung schließen oder derartigen Verträgen mit Zustimmung der Vertragspartner beitreten.

(2) In den Verträgen nach Absatz 1 ist das Nähere über Art, Inhalt und Umfang der zu erbringenden Leistungen der integrierten Versorgung sowie deren Vergütung zu regeln. Diese Verträge können von den Vorschriften der §§ 75, 85 und 89 abweichende Regelungen treffen, wenn sie dem Sinn und der Eigenart der integrierten Versorgung entsprechen, die Qualität, die Wirksamkeit und die Wirtschaftlichkeit der Versorgung durch die Pflegeeinrichtungen verbessern oder aus sonstigen Gründen zur Durchführung der integrierten Versorgung erforderlich sind. In den Pflegevergütungen dürfen keine Aufwendungen berücksichtigt werden, die nicht der Finanzierungszuständigkeit der sozialen Pflegeversicherung unterliegen. Soweit Pflegeeinrichtungen durch die integrierte Versorgung Mehraufwendungen für Pflegeleistungen entstehen, vereinbaren die Beteiligten leistungsgerechte Zuschläge zu den Pflegevergütungen (§§ 85 und 89). § 140a Absatz 2 Satz 1 bis 3 des Fünften Buches gilt für Leistungsansprüche der Pflegeversicherten gegenüber ihrer Pflegekasse entsprechend.

(3) (nicht abgedruckt)

| Übersicht | Rdn. | | Rdn. |
|---|---|---|---|
| A. Regelung für ambulante und stationäre Pflegeeinrichtungen ............... | 1 | C. Zulassung zur integrierten Versorgung .. <br> D. Durchführung der integrierten Versorgung ............... | 3 <br> 4 |
| B. Integrierte Versorgung ............ | 2 | | |

## A. Regelung für ambulante und stationäre Pflegeeinrichtungen

§ 92b enthält Regelungen sowohl für ambulante als auch für stationäre Pflegeeinrichtungen i.S.d. § 71 Abs. 1 und 2. 1

## B. Integrierte Versorgung

Die integrierte Versorgung ist eine **spartenübergreifende Versorgungsform**, die zur Qualitätssteigerung und Kostenreduktion auf eine stärkere Vernetzung verschiedener Fachdisziplinen und Sektoren zielt. Ausgehend von § 140a SGB V strahlt die Versorgungsform der integrierten Versorgung auch in das SGB XI ein. 2

## C. Zulassung zur integrierten Versorgung

Basis der integrierten Versorgung ist die Zusammenarbeit bzw. Vernetzung der verschiedenen Fachsektoren, die, wie § 92b Abs. 1 zeigt, nicht allein auf die Leistungssektoren des SGB V beschränkt bleiben müssen. Da im SGB XI – wie im SGB V – eine Leistungserbringung nur auf Grundlage einer vertraglichen oder gesetzlichen Zulassung möglich ist, wird die angestrebte **Vernetzung durch einen Vertrag** zwischen den Pflegekassen, zugelassenen Pflegeeinrichtungen und weiteren Vertragspartnern nach § 140a Abs. 3 SGB V erreicht. Die Vertragspartner haben die Erfüllung der Leistungsansprüche der Versicherten in dem Maße zu gewährleisten, zu dem die Leistungserbringer nach dem SGB XI verpflichtet sind. Jedoch können nach § 140a Abs. 2 Satz 2 SGB V auch Leistungen in den Verträgen vereinbart werden, die über den Leistungsumfang der Regelversorgung in der gesetzlichen Krankenversicherung hinausgehen (dazu vgl. BT-Drs. 18/4095 S. 127). Insoweit lässt § 92b Abs. 2 Satz 2 ebenfalls Leistungsvereinbarungen zu, die von den Vorschriften der §§ 75, 85 und 89 abweichende Regelungen treffen, auch erklärt Abs. 2 Satz 4 § 140a Abs. 2 Satz 1 bis 3 SGB V für entsprechend anwendbar. Soweit bereits Verträge über eine integrierte Versorgung bestehen, können die Pflegekassen den Verträgen beitreten (Abs. 1). Eine spezielle Verpflichtung der Krankenkassen bzw. einen Anspruch des Versicherten, umfassend über die Verträge informiert zu werden, besteht nicht (vgl. BT-Drs. 18/4095 S. 142). Nach den Ausführungen der Gesetzesmaterialien (BT-Drs. 18/4095 S. 142) entspringe dies bereits der allgemeinen Auskunfts- und Beratungspflicht nach §§ 13 ff. SGB I. 3

#### D. Durchführung der integrierten Versorgung

4  Im Rahmen der integrierten Versorgung erbringen die Leistungserbringer gegenüber dem versorgungsberechtigten Pflegebedürftigen Sachleistungen, deren Art, Inhalt und Umfang sowie Vergütung sich aus dem mit der Pflegekasse geschlossenen Vertrag i.S.d. Abs. 1 ergibt. Den Pflegekassen wird durch die Möglichkeit zum Abschluss von integrierten Versorgungsverträgen ein weites Aktionsfeld zur Verbesserung der medizinischen und pflegerischen Gesamtversorgung eingeräumt. Zu diesem Zweck dürfen sie innerhalb der in Abs. 2 Satz 2 gezogenen Grenzen **vom geltenden Vertrags- und Vergütungsrecht abweichen**. Nicht zulässig ist es hingegen, die Wirtschaftlichkeitsprüfungen einzuschränken oder die Qualitätsanforderungen abzusenken (BT-Drs. 16/3100 S. 188).

5  Die **Vergütung** der Pflegeeinrichtungen wird im Rahmen der integrierten Versorgung nicht mehr durch die Pflegesatzparteien allein, sondern auch durch die Parteien der integrierten Versorgungsverträge bestimmt (BT-Drs. 16/3100 S. 188). Auch wenn § 92b Abs. 2 Satz 2 eine Abweichung von Vergütungsregelungen zulässt, so dürfen mittels der Pflegevergütungen dennoch keine Aufwendungen vergütet werden, die nicht zum Zuständigkeitsbereich der SPV gehören (BT-Drs. 16/3100 S. 188). Die Regelungen für die Festsetzung der **Entgelte für Unterkunft und Verpflegung** (§ 87), die Bestimmung über die Höhe der **Investitionskostenumlagen** oder der **Zuschläge für Zusatzleistungen** (§ 88) gelten daher auch bei der integrierten Versorgung. Mehraufwendungen, die durch die integrierte Versorgung entstehen, sind über **leistungsgerechte Zuschläge** zu den Pflegesätzen bzw. zu den Vergütungen der ambulanten Pflege (§ 89) gesondert zu vereinbaren und auszuweisen (BT-Drs. 16/3100 S. 188).

6  Mit **§ 92b Abs. 3** wird § 140a Abs. 4 SGB V für entsprechend anwendbar erklärt. Damit erklären die Pflegebedürftigen ihre freiwillige Teilnahme an der besonderen Versorgung schriftlich gegenüber ihrer Pflegekasse. Ein Widerruf der **Teilnahmeerklärung** ist innerhalb von 2 Wochen nach deren Abgabe in Textform oder zur Niederschrift bei der Pflegekasse ohne Angabe von Gründen möglich (§ 140a Abs. 4 Satz 2 SGB V i.V.m. § 92b Abs. 3). Zur Fristwahrung genügt die rechtzeitige Absendung der Widerrufserklärung. Die Widerrufsfrist beginnt, wenn die Pflegekasse dem Versicherten eine Belehrung über sein Widerrufsrecht in Textform mitgeteilt hat, frühestens jedoch mit der Abgabe der Teilnahmeerklärung. Das Nähere zur Durchführung der Teilnahme der Versicherten, insbesondere zur zeitlichen Bindung an die Teilnahmeerklärung, zur Bindung an die vertraglich gebundenen Leistungserbringer und zu den Folgen bei Pflichtverstößen der Versicherten, regeln die Pflegekassen in den Teilnahmeerklärungen. Die Satzung der Pflegekasse hat Regelungen zur Abgabe der Teilnahmeerklärungen zu enthalten.

### § 105 Abrechnung pflegerischer Leistungen

(1) Die an der Pflegeversorgung teilnehmenden Leistungserbringer sind verpflichtet,
1. in den Abrechnungsunterlagen die von ihnen erbrachten Leistungen nach Art, Menge und Preis einschließlich des Tages und der Zeit der Leistungserbringung aufzuzeichnen,
2. in den Abrechnungsunterlagen ihr Kennzeichen (§ 103), spätestens ab dem 1. Januar 2023 die Beschäftigtennummer nach § 293 Absatz 8 Satz 2 des Fünften Buches der Person, die die Leistung erbracht hat, sowie die Versichertennummer des Pflegebedürftigen anzugeben,
3. bei der Abrechnung über die Abgabe von Hilfsmitteln die Bezeichnungen des Hilfsmittelverzeichnisses nach § 78 zu verwenden.

Vom 1. Januar 1996 an sind maschinenlesbare Abrechnungsunterlagen zu verwenden.

(2) Das Nähere über Form und Inhalt der Abrechnungsunterlagen sowie Einzelheiten des Datenträgeraustausches werden vom Spitzenverband Bund der Pflegekassen im Einvernehmen mit den Verbänden der Leistungserbringer festgelegt. Der Spitzenverband Bund der Pflegekassen und die Verbände der Leistungserbringer legen bis zum 1. Januar 2018 die Einzelheiten für eine elektronische Datenübertragung aller Angaben und Nachweise fest, die für die Abrechnung pflegerischer Leistungen in der Form elektronischer Dokumente erforderlich sind. Kommt eine

Festlegung nach Satz 1 oder Satz 2 ganz oder teilweise nicht zustande, wird ihr Inhalt für Abrechnungen von Leistungen der häuslichen Pflegehilfe im Sinne des § 36 sowie von häuslicher Krankenpflege nach § 37 des Fünften Buches durch die Schiedsstelle nach § 132a Absatz 3 Satz 1 des Fünften Buches auf Antrag des Spitzenverbandes Bund der Pflegekassen oder der Verbände der Leistungserbringer bestimmt. Die Schiedsstelle kann auch vom Bundesministerium für Gesundheit angerufen werden. Sie bestimmt den Inhalt der Festlegung innerhalb von drei Monaten ab der Anrufung. Die Regelungen der Rahmenempfehlung nach § 132a Absatz 1 Satz 4 Nummer 6 des Fünften Buches sind bei der Bestimmung durch die Schiedsstelle zu berücksichtigen. Für die elektronische Datenübertragung elektronischer Dokumente ist neben der qualifizierten elektronischen Signatur auch ein anderes sicheres Verfahren vorzusehen, das den Absender der Daten authentifiziert und die Integrität des elektronisch übermittelten Datensatzes gewährleistet. Zur Authentifizierung des Absenders der Daten können auch der elektronische Heilberufs- oder Berufsausweis nach § 339 Absatz 3 Satz 1 des Fünften Buches, die elektronische Gesundheitskarte nach § 291 des Fünften Buches sowie der elektronische Identitätsnachweis des Personalausweises genutzt werden; die zur Authentifizierung des Absenders der Daten erforderlichen Daten dürfen zusammen mit den übrigen übermittelten Daten gespeichert und verwendet werden. § 302 Absatz 2 Satz 2 und 3 des Fünften Buches gilt entsprechend.

(3) Im Rahmen der Abrechnung pflegerischer Leistungen nach § 105 sind vorbehaltlich des Satzes 2 von den Pflegekassen und den Leistungserbringern ab dem 1. März 2021 ausschließlich elektronische Verfahren zur Übermittlung von Abrechnungsunterlagen einschließlich des Leistungsnachweises zu nutzen, wenn der Leistungserbringer
1. an die Telematikinfrastruktur angebunden ist,
2. ein von der Gesellschaft für Telematik nach § 311 Absatz 6 des Fünften Buches festgelegtes Verfahren zur Übermittlung der Daten nutzt und
3. der Pflegekasse die für die elektronische Übermittlung von Abrechnungsunterlagen erforderlichen Angaben übermittelt hat.

Die Verpflichtung nach Satz 1 besteht nach Ablauf von drei Monaten, nachdem der Leistungserbringer die für die elektronische Übermittlung von Abrechnungsunterlagen erforderlichen Angaben an die Pflegekasse übermittelt hat.

| Übersicht | | Rdn. | | | Rdn. |
|---|---|---|---|---|---|
| A. | Abrechnung der Leistungserbringer mit der Pflegekasse | 1 | III. | Abweichende Vereinbarungen der Landesverbände | 4 |
| B. | Abrechnungsunterlagen | 2 | IV. | Elektronische Verfahren | 4a |
| I. | Gesetzlich bestimmter Inhalt | 2 | V. | Auftragsdatenverarbeitung | 5 |
| II. | Festlegungen des Spitzenverbandes Bund der Pflegekassen | 3 | | | |

### A. Abrechnung der Leistungserbringer mit der Pflegekasse

Die Leistungserbringer des SGB XI rechnen ihre Leistungen direkt mit der jeweils zuständigen Pflegekasse ab. § 105 enthält **Mindestanforderungen** zu den Abrechnungsunterlagen. Die Vorschrift wurde zuletzt durch das Gesetz zum Schutz elektronischer Patientendaten in der Telematikinfrastruktur (Patientendaten-Schutz-Gesetz – PDSG) vom 14.10.2020 (BGBl. I S. 2115) m.W.v. 20.10.2020 geändert. 1

### B. Abrechnungsunterlagen

#### I. Gesetzlich bestimmter Inhalt

Die Abrechnungsunterlagen müssen **schriftlich** und **maschinenlesbar** sein (Abs. 1 Satz 2). Inhaltlich müssen sie den Vorgaben des Abs. 1 Satz 1 entsprechen. **Diagnosen** sind nicht zu übermitteln (*Schneider* in Krauskopf – Soziale Krankenversicherung – Pflegeversicherung § 105 SGB XI Rn. 4). 2

**§ 115 SGB XI** Ergebnisse von Qualitätsprüfungen, Qualitätsdarstellung, Vergütungskürzung

**Pflegedokumentationen** sind nur dann als Abrechnungsunterlage einzureichen, wenn dies nach Abs. 2 festgelegt ist. Zur elektronischen Datenerfassung vgl. Abs. 2 Satz 2–4. Mit Abs. 2 Satz 5 können Pflegeeinrichtungen zur Abrechnung ihrer Pflegeleistungen nunmehr auch Rechenzentren einschalten.

### II. Festlegungen des Spitzenverbandes Bund der Pflegekassen

3 Der weitere Inhalt und die Form der Abrechnungsunterlagen sowie Einzelheiten des Datenträgeraustausches werden nach Abs. 2 vom Spitzenverband Bund der Pflegekassen im Einvernehmen mit den Verbänden der Leistungserbringer festgelegt (s. https://www.gkv-datenaustausch.de/leistungserbringer/pflege/pflege.jsp). Kommt eine solche Festlegung ganz oder teilweise nicht zustande, wird ihr Inhalt für Abrechnungen von Leistungen der häuslichen Pflegehilfe sowie von häuslicher Krankenpflege durch die Schiedsstelle nach § 132a Abs. 3 Satz 1 SGB V auf Antrag des Spitzenverbandes Bund der Pflegekassen, der Verbände der Leistungserbringer oder des Bundesministeriums für Gesundheit bestimmt.

### III. Abweichende Vereinbarungen der Landesverbände

4 § 106 gestattet den Landesverbänden, mit Leistungserbringern oder deren Verbände zu vereinbaren, dass der Umfang der zu übermittelnden Abrechnungsbelege eingeschränkt und/oder bei der Abrechnung von Leistungen von einzelnen Angaben i.S.d. § 105 ganz oder teilweise abgesehen werden kann, wenn dadurch eine ordnungsgemäße Abrechnung und die Erfüllung der gesetzlichen Aufgaben der Pflegekassen nicht gefährdet werden.

### IV. Elektronische Verfahren

4a Der neue Abs. 3 ergänzt die Vorgaben zur Abrechnung von pflegerischen Leistungen dahingehend, dass die Leistungserbringer zur Reduzierung von Medienbrüchen und zur Beschleunigung von Abrechnungsverfahren einen Anspruch dahingehend erhalten, dass die Pflegekassen in allen Kommunikationsprozessen im Zusammenhang mit der Abrechnung erbrachter Leistungen elektronische Verfahren nutzen, wenn die Leistungserbringer an die Telematikinfrastruktur angeschlossen sind und sie den Pflegekassen die hierfür erforderlichen Angaben übermittelt haben (vgl. BT-Drs. 19/20708 S. 191). Pflegekassen, die die Telematikinfrastruktur noch nicht nutzen, müssen sich dazu spätestens drei Monate nach Übermittlung der Daten durch die Leistungserbringer an die Telematikinfrastruktur anschließen und bei der Kommunikation ebenfalls von der Gesellschaft für Telematik festgelegte Übermittlungsverfahren nutzen (BT-Drs. 19/20708 S. 191).

### V. Auftragsdatenverarbeitung

5 Mit dem Verweis in Abs. 2 Satz 2 auf § 302 Abs. 2 Satz 2 SGB V ist es möglich, dass die Pflegeeinrichtungen für die Abrechnung ihrer Pflegeleistungen auch Rechenzentren einschalten können. Es handelt sich um eine Auftragsdatenverarbeitung i.S.d. Art. 28 DSGVO bzw. § 80 SGB X. Mit dieser Regelung zur Einschaltung von Rechenzentren sind aber vollständige **Abtretungen** von Pflegehonoraren (z.B. Factoring) noch nicht erfasst (so auch zur früheren Rechtslage: *Pewestorf* in Krauskopf – Soziale Krankenversicherung – Pflegeversicherung § 105 SGB XI Rn. 11 f.). Insoweit ist die Zustimmung des Pflegebedürftigen erforderlich. Ohne **Zustimmung des Pflegebedürftigen** ist die Abtretung von Vergütungsforderungen für Pflegeleistungen nach § 134 BGB, § 203 Abs. 1 Nr. 1 StGB nichtig (OLG Hamm Urt. v. 17.11.2006 – 19 U 81/06, NJW 2007, 849, 851; vgl. auch BSG Urt. v. 10.12.2008 – B 6 KA 37/07 R).

## § 115 Ergebnisse von Qualitätsprüfungen, Qualitätsdarstellung, Vergütungskürzung

(1) Die Medizinischen Dienste, der Prüfdienst des Verbandes der privaten Krankenversicherung e. V. sowie die von den Landesverbänden der Pflegekassen für Qualitätsprüfungen bestellten Sachverständigen haben das Ergebnis einer jeden Qualitätsprüfung sowie die dabei gewonnenen

Daten und Informationen den Landesverbänden der Pflegekassen und den zuständigen Trägern der Sozialhilfe sowie den nach heimrechtlichen Vorschriften zuständigen Aufsichtsbehörden im Rahmen ihrer Zuständigkeit und bei häuslicher Pflege den zuständigen Pflegekassen zum Zwecke der Erfüllung ihrer gesetzlichen Aufgaben sowie der betroffenen Pflegeeinrichtung mitzuteilen. Die Landesverbände der Pflegekassen sind befugt und auf Anforderung verpflichtet, die ihnen nach Satz 1 bekannt gewordenen Daten und Informationen mit Zustimmung des Trägers der Pflegeeinrichtung auch seiner Trägervereinigung zu übermitteln, soweit deren Kenntnis für die Anhörung oder eine Stellungnahme der Pflegeeinrichtung zu einem Bescheid nach Absatz 2 erforderlich ist. Gegenüber Dritten sind die Prüfer und die Empfänger der Daten zur Verschwiegenheit verpflichtet; dies gilt nicht für die zur Veröffentlichung der Ergebnisse von Qualitätsprüfungen nach Absatz 1a erforderlichen Daten und Informationen.

(1a) Die Landesverbände der Pflegekassen stellen sicher, dass die von Pflegeeinrichtungen erbrachten Leistungen und deren Qualität für die Pflegebedürftigen und ihre Angehörigen verständlich, übersichtlich und vergleichbar sowohl im Internet als auch in anderer geeigneter Form kostenfrei veröffentlicht werden. Die Vertragsparteien nach § 113 vereinbaren insbesondere auf der Grundlage der Maßstäbe und Grundsätze nach § 113 und der Richtlinien zur Durchführung der Prüfung der in Pflegeeinrichtungen erbrachten Leistungen und deren Qualität nach § 114a Absatz 7, welche Ergebnisse bei der Darstellung der Qualität für den ambulanten und den stationären Bereich zugrunde zu legen sind und inwieweit die Ergebnisse durch weitere Informationen ergänzt werden. In den Vereinbarungen sind die Ergebnisse der nach § 113b Absatz 4 Satz 2 Nummer 1 bis 4 vergebenen Aufträge zu berücksichtigen. Die Vereinbarungen umfassen auch die Form der Darstellung einschließlich einer Bewertungssystematik (Qualitätsdarstellungsvereinbarungen). Bei Anlassprüfungen nach § 114 Absatz 5 bilden die Prüfergebnisse aller in die Prüfung einbezogenen Pflegebedürftigen die Grundlage für die Bewertung und Darstellung der Qualität. Personenbezogene Daten sind zu anonymisieren. Ergebnisse von Wiederholungsprüfungen sind zeitnah zu berücksichtigen. Bei der Darstellung der Qualität ist die Art der Prüfung als Anlass-, Regel- oder Wiederholungsprüfung kenntlich zu machen. Das Datum der letzten Prüfung durch den Medizinischen Dienst oder durch den Prüfdienst des Verbandes der privaten Krankenversicherung e. V., eine Einordnung des Prüfergebnisses nach einer Bewertungssystematik sowie eine Zusammenfassung der Prüfergebnisse sind an gut sichtbarer Stelle in jeder Pflegeeinrichtung auszuhängen. Die Qualitätsdarstellungsvereinbarungen für den stationären Bereich sind bis zum 31. Dezember 2017 und für den ambulanten Bereich bis zum 31. Dezember 2018 jeweils unter Beteiligung des Medizinischen Dienstes Bund, des Verbandes der privaten Krankenversicherung e. V. und der Verbände der Pflegeberufe auf Bundesebene zu schließen. Die auf Bundesebene maßgeblichen Organisationen für die Wahrnehmung der Interessen und der Selbsthilfe der pflegebedürftigen und behinderten Menschen wirken nach Maßgabe von § 118 mit. Die Qualitätsdarstellungsvereinbarungen sind an den medizinisch-pflegefachlichen Fortschritt anzupassen. Bestehende Vereinbarungen gelten bis zum Abschluss einer neuen Vereinbarung fort; dies gilt entsprechend auch für die bestehenden Vereinbarungen über die Kriterien der Veröffentlichung einschließlich der Bewertungssystematik (Pflege-Transparenzvereinbarungen).«

(1b) Die Landesverbände der Pflegekassen stellen sicher, dass ab dem 1. Januar 2014 die Informationen gemäß § 114 Absatz 1 über die Regelungen zur ärztlichen, fachärztlichen und zahnärztlichen Versorgung sowie zur Arzneimittelversorgung und ab dem 1. Juli 2016 die Informationen gemäß § 114 Absatz 1 zur Zusammenarbeit mit einem Hospiz- und Palliativnetz in vollstationären Einrichtungen für die Pflegebedürftigen und ihre Angehörigen verständlich, übersichtlich und vergleichbar sowohl im Internet als auch in anderer geeigneter Form kostenfrei zur Verfügung gestellt werden. Die Pflegeeinrichtungen sind verpflichtet, die Informationen nach Satz 1 an gut sichtbarer Stelle in der Pflegeeinrichtung auszuhängen. Die Landesverbände der Pflegekassen übermitteln die Informationen nach Satz 1 an den Verband der privaten Krankenversicherung e. V. zum Zweck der einheitlichen Veröffentlichung.

## § 115 SGB XI — Ergebnisse von Qualitätsprüfungen, Qualitätsdarstellung, Vergütungskürzung

(1c) (nicht abgedruckt)

(2) Soweit bei einer Prüfung nach diesem Buch Qualitätsmängel festgestellt werden, entscheiden die Landesverbände der Pflegekassen nach Anhörung des Trägers der Pflegeeinrichtung und der beteiligten Trägervereinigung unter Beteiligung des zuständigen Trägers der Sozialhilfe, welche Maßnahmen zu treffen sind, erteilen dem Träger der Einrichtung hierüber einen Bescheid und setzen ihm darin zugleich eine angemessene Frist zur Beseitigung der festgestellten Mängel. Werden nach Satz 1 festgestellte Mängel nicht fristgerecht beseitigt, können die Landesverbände der Pflegekassen gemeinsam den Versorgungsvertrag gemäß § 74 Abs. 1, in schwerwiegenden Fällen nach § 74 Abs. 2, kündigen. § 73 Abs. 2 gilt entsprechend.

(3) Hält die Pflegeeinrichtung ihre gesetzlichen oder vertraglichen Verpflichtungen, insbesondere ihre Verpflichtungen zu einer qualitätsgerechten Leistungserbringung aus dem Versorgungsvertrag (§ 72) ganz oder teilweise nicht ein, sind die nach dem Achten Kapitel vereinbarten Pflegevergütungen für die Dauer der Pflichtverletzung entsprechend zu kürzen. Über die Höhe des Kürzungsbetrags ist zwischen den Vertragsparteien nach § 85 Abs. 2 Einvernehmen anzustreben. Kommt eine Einigung nicht zustande, entscheidet auf Antrag einer Vertragspartei die Schiedsstelle nach § 76 in der Besetzung des Vorsitzenden und der beiden weiteren unparteiischen Mitglieder. Gegen die Entscheidung nach Satz 3 ist der Rechtsweg zu den Sozialgerichten gegeben; ein Vorverfahren findet nicht statt, die Klage hat aufschiebende Wirkung. Der vereinbarte oder festgesetzte Kürzungsbetrag ist von der Pflegeeinrichtung bis zur Höhe ihres Eigenanteils an die betroffenen Pflegebedürftigen und im Weiteren an die Pflegekassen zurückzuzahlen; soweit die Pflegevergütung als nachrangige Sachleistung von einem anderen Leistungsträger übernommen wurde, ist der Kürzungsbetrag an diesen zurückzuzahlen. Der Kürzungsbetrag kann nicht über die Vergütungen oder Entgelte nach dem Achten Kapitel refinanziert werden. Schadensersatzansprüche der betroffenen Pflegebedürftigen nach anderen Vorschriften bleiben unberührt; § 66 des Fünften Buches gilt entsprechend.

(3a) Eine Verletzung der Verpflichtungen zu einer qualitätsgerechten Leistungserbringung im Sinne des Absatzes 3 Satz 1 wird unwiderlegbar vermutet
1. bei einem planmäßigen und zielgerichteten Verstoß des Trägers der Einrichtung gegen seine Verpflichtung zur Einhaltung der nach § 84 Absatz 5 Satz 2 Nummer 2 vereinbarten Personalausstattung oder
2. bei nicht nur vorübergehenden Unterschreitungen der nach § 84 Absatz 5 Satz 2 Nummer 2 vereinbarten Personalausstattung.

Entsprechendes gilt bei Nichtbezahlung der nach § 84 Absatz 2 Satz 5 beziehungsweise nach § 89 Absatz 1 Satz 4 zu Grunde gelegten Gehälter. *[Satz 2 ab 1.9.2022: Entsprechendes gilt bei Nichtbezahlung der nach § 82c Absatz 1 zugrunde gelegten Gehälter und Entlohnung.]* Abweichend von Absatz 3 Satz 2 und 3 ist das Einvernehmen über den Kürzungsbetrag unverzüglich herbeizuführen und die Schiedsstelle hat in der Regel binnen drei Monaten zu entscheiden. Bei Verstößen im Sinne von Satz 1 Nummer 1 können die Landesverbände der Pflegekassen gemeinsam den Versorgungsvertrag gemäß § 74 Absatz 1, in schwerwiegenden Fällen nach § 74 Absatz 2, kündigen; § 73 Absatz 2 gilt entsprechend.

(3b) Die Vertragsparteien nach § 113 vereinbaren durch den Qualitätsausschuss gemäß § 113b bis zum 1. Januar 2018 das Verfahren zur Kürzung der Pflegevergütung nach den Absätzen 3 und 3a. Die Vereinbarungen sind im Bundesanzeiger zu veröffentlichen und gelten vom ersten Tag des auf die Veröffentlichung folgenden Monats. Sie sind für alle Pflegekassen und deren Verbände sowie für die zugelassenen Pflegeeinrichtungen unmittelbar verbindlich.

(4) Bei Feststellung schwerwiegender, kurzfristig nicht behebbarer Mängel in der stationären Pflege sind die Pflegekassen verpflichtet, den betroffenen Heimbewohnern auf deren Antrag eine andere geeignete Pflegeeinrichtung zu vermitteln, welche die Pflege, Versorgung und Betreuung nahtlos übernimmt. Bei Sozialhilfeempfängern ist der zuständige Träger der Sozialhilfe zu beteiligen.

(5) Stellen der Medizinische Dienst oder der Prüfdienst des Verbandes der privaten Krankenversicherung e. V. schwerwiegende Mängel in der ambulanten Pflege fest, kann die zuständige Pflegekasse dem Pflegedienst auf Empfehlung des Medizinischen Dienstes oder des Prüfdienstes des Verbandes der privaten Krankenversicherung e. V. die weitere Versorgung des Pflegebedürftigen vorläufig untersagen; § 73 Absatz 2 gilt entsprechend. Die Pflegekasse hat dem Pflegebedürftigen in diesem Fall einen anderen geeigneten Pflegedienst zu vermitteln, der die Pflege nahtlos übernimmt; dabei ist so weit wie möglich das Wahlrecht des Pflegebedürftigen nach § 2 Abs. 2 zu beachten. Absatz 4 Satz 2 gilt entsprechend.

(6) In den Fällen der Absätze 4 und 5 haftet der Träger der Pflegeeinrichtung gegenüber den betroffenen Pflegebedürftigen und deren Kostenträgern für die Kosten der Vermittlung einer anderen ambulanten oder stationären Pflegeeinrichtung, soweit er die Mängel in entsprechender Anwendung des § 276 des Bürgerlichen Gesetzbuches zu vertreten hat. Absatz 3 Satz 7 bleibt unberührt.

| Übersicht | Rdn. | | Rdn. |
|---|---|---|---|
| A. Qualitätsprüfungen | 1 | D. Kürzung der Pflegevergütung, § 115 Abs. 3 | 17 |
| B. Veröffentlichung und Bewertung der Prüfungsergebnisse, § 115 Abs. 1, 1a und 1b | 6 | E. Schwerwiegende Mängel, § 115 Abs. 4 bis 6 | 21 |
| C. Mängelbeseitigung, § 115 Abs. 2 | 14 | | |

### A. Qualitätsprüfungen

Gemäß § 28 Abs. 3 haben die Pflegekassen und die Leistungserbringer sicherzustellen, dass die Pflegeleistungen nach dem allgemein anerkannten Stand medizinisch-pflegerischer Erkenntnisse erbracht werden. Zugleich bestimmen §§ 4 Abs. 3, 29 Abs. 1 Satz 1, dass die Pflegeleistungen erforderlich, wirksam und wirtschaftlich sein müssen (vgl. dazu die Kommentierung bei § 28 Rdn. 7). 1

Nach § 114 ist die Qualität der Leistungen der zugelassenen ambulanten und stationären Pflegeeinrichtungen zu prüfen. Die Qualitätsprüfungen erfolgen als Regelprüfung, Anlassprüfung oder Wiederholungsprüfung (§ 114 Abs. 1 Satz 3). Dabei ist zu prüfen, ob die im SGB XI in den einzelnen Vorschriften bestimmten bzw. in den Vereinbarungen zwischen den Leistungserbringern und den Kostenträgern vereinbarten Qualitätsanforderungen erfüllt sind (§ 114 Abs. 2 Satz 2). Geprüft werden insbesondere wesentliche Aspekte des Pflegezustandes und die Wirksamkeit der Pflege- und Betreuungsmaßnahmen (**Ergebnisqualität**; § 114 Abs. 2 Satz 3). Geprüft werden können auch der Ablauf, die Durchführung und die Evaluation der Leistungserbringung (**Prozessqualität**) sowie die unmittelbaren Rahmenbedingungen der Leistungserbringung (**Strukturqualität**; § 114 Abs. 2 Satz 4). Gegenstand der Regelprüfung ist die Qualität der allgemeinen Pflegeleistungen, der medizinischen Behandlungspflege, der sozialen Betreuung einschließlich der zusätzlichen Betreuung und Aktivierung i.S.d. § 87b, der Leistungen bei Unterkunft und Verpflegung (§ 87), der Zusatzleistungen (§ 88) und der nach § 37 SGB V erbrachten Leistungen der häuslichen Krankenpflege. Auch die Abrechnung der genannten Leistungen kann nach § 114 Abs. 2 Satz 6 geprüft werden. Zusätzlich ist auch zu prüfen, ob die Versorgung der Pflegebedürftigen den Empfehlungen der Kommission für Krankenhaushygiene und Infektionsprävention nach § 23 Abs. 1 Infektionsschutzgesetzes entspricht (§ 114 Abs. 2 Satz 7). 2

**Im stationären Bereich** vgl. 3
– zu den Richtlinien des GKV-Spitzenverbandes für die Qualitätsprüfung in Pflegeeinrichtungen nach § 114 SGB XI – Vollstationäre Pflege – vom Mai 2019 im Internet: https://www.mds-ev.de/fileadmin/dokumente/Publikationen/SPV/PV_Qualitaetspruefung/QPR_vollstationaer_190522.pdf
– zu den Richtlinien des GKV-Spitzenverbandes zur Verlängerung des Prüfrhythmus bei guter Qualität und zur Veranlassung unangemeldeter Prüfungen in vollstationären Pflegeeinrichtungen nach § 114c Abs. 1 SGB XI (PruP-RiLi) vom 23.09.2019 im Internet: https://www.

mds-ev.de/fileadmin/dokumente/Publikationen/SPV/PV_Qualitaetspruefung/PruP-RiLi_23_09_2019.PDF
- zu den Maßstäben und Grundsätzen für die Qualität, die Qualitätssicherung und -darstellung sowie für die Entwicklung eines einrichtungsinternen Qualitätsmanagements nach § 113 SGB XI in der vollstationären Pflege vom 23.11.2018, zuletzt geändert in Anlage 3 am 30.07.2019, im Internet: https://www.mds-ev.de/fileadmin/dokumente/Publikationen/SPV/Expertenstandards_113/Pflege_Qualitaet_MuG_stationaer_190730_Gesamt.pdf

4  Im **ambulanten Bereich** vgl.
- PFLEGE-TRANSPARENZVEREINBARUNG AMBULANT (PTVA) vom 07.12.2015 im Internet: https://www.mds-ev.de/fileadmin/dokumente/Publikationen/SPV/Pflegetransparenz/2017-05-17_PTVA_Teil_1.pdf
- Grundlagen der Qualitätsprüfungen nach den §§ 114 ff SGB XI Teil 1a – Ambulante Pflegedienste – vom Oktober 2020 im Internet: https://www.mds-ev.de/fileadmin/dokumente/Publikationen/SPV/PV_Qualitaetspruefung/QPR_Teil_1a_ambulante_Pflegedienste_MDS_2020-10_LZ.pdf
- Qualitätsprüfungs-Richtlinien Grundlagen der Qualitätsprüfungen nach den §§ 114 ff SGB XI Teil 1b – Ambulante Betreuungsdienste vom Mai 2021 im Internet: https://www.mds-ev.de/fileadmin/dokumente/Publikationen/SPV/PV_Qualitaetspruefung/_MDS_QPR1b_ambulanteBetreuungsdienste_05-2021.pdf
- Richtlinien des GKV-Spitzenverbandes nach § 112a SGB XI zu den Anforderungen an das Qualitätsmanagement und die Qualitätssicherung für ambulante Betreuungsdienste vom 17.07.2019 mit Änderung vom 08.02.2021 im Internet: https://www.mds-ev.de/fileadmin/dokumente/Publikationen/SPV/PV_Qualitaetspruefung/RiLi_112a_Ambulante_Betreuungsdienste_QM_QS_210208.pdf
- Qualitätsprüfungs-Richtlinie häusliche Krankenpflege Grundlagen der Qualitätsprüfungen nach § 275b SGB V QPR-HKP vom Oktober 2020 im Internet: https://www.mds-ev.de/fileadmin/dokumente/Publikationen/SPV/PV_Qualitaetspruefung/QPR-HKP_MDS_2020-10_LZ.pdf
- QUALITÄTSPRÜFUNGS-RICHTLINIEN FÜR DIE TAGESPFLEGE (QPR Tagespflege) Richtlinien des GKV-Spitzenverbandes über die Durchführung der Prüfung der in Pflegeeinrichtungen erbrachten Leistungen und deren Qualität nach § 114 SGB XI für die Tagespflege vom 26. Oktober 2020 im Internet: https://www.mds-ev.de/fileadmin/dokumente/Publikationen/SPV/PV_Qualitaetspruefung/201103_QPR_Tagespflege.pdf
- Vereinbarung nach § 115 Abs. 1a SGB XI über die Darstellung und Bewertung der Ergebnisse aus Qualitätsprüfungen nach §§ 114 f. SGB XI – Qualitätsdarstellungsvereinbarung für die Tagespflege (QDVTP) – vom 13.04.2021 im Internet: https://www.mds-ev.de/fileadmin/dokumente/Publikationen/SPV/PV_Qualitaetspruefung/QDV_Tagespflege_final_13.04.2021.pdf
- Maßstäbe und Grundsätze für die Qualität und die Qualitätssicherung sowie für die Entwicklung eines einrichtungsinternen Qualitätsmanagements nach § 113 SGB XI in der teilstationären Pflege (Tagespflege) vom 18.02.2020 im Internet: https://www.mds-ev.de/fileadmin/dokumente/Publikationen/SPV/Expertenstandards_113/200218_MuG_Tagespflege.pdf

5  *(unbesetzt)*

### B. Veröffentlichung und Bewertung der Prüfungsergebnisse, § 115 Abs. 1, 1a und 1b

6  Die Ergebnisse der Qualitätsprüfungen i.S.d. § 114 sind zu veröffentlichen (§ 115 Abs. 1 und Abs. 1a). Dazu sind zunächst die erforderlichen Daten zu erheben, zu übermitteln, zusammenzustellen und zu bewerten. Hierzu ermächtigen § 115 Abs. 1 und Abs. 1a. Das Ergebnis der Erhebungen und Qualitätsprüfungen ist den Landesverbänden der Pflegekassen und den zuständigen Trägern der Sozialhilfe sowie den nach heimrechtlichen Vorschriften zuständigen Aufsichtsbehörden im Rahmen ihrer Zuständigkeit und bei häuslicher Pflege den zuständigen Pflegekassen mitzuteilen (§ 115 Abs. 1 Satz 1).

Gegenüber Dritten sind die Prüfer und die Empfänger der Daten zur Verschwiegenheit verpflichtet (§ 115 Abs. 1 Satz 3). Diese Verschwiegenheitspflicht gilt insbesondere gegenüber dem Pflegebedürftigen. Jedoch ist durch die Veröffentlichungspflicht gem. Abs. 1a die Verschwiegenheit geschwächt. Zur Datenübermittlung an Dritte vgl. Abs. 1c. 7

Nach § 115 Abs. 1a Satz 1 stellen die Landesverbände der Pflegekassen sicher, dass die von Pflegeeinrichtungen erbrachten Leistungen und deren Qualität verständlich, übersichtlich und vergleichbar sowohl im **Internet** als **auch in anderer geeigneter Form kostenfrei** veröffentlicht werden. Inhalt der Darstellungen sind **insbesondere Aussagen zur Ergebnis- und Lebensqualität**, für die Pflegebedürftigen und ihre Angehörigen. Nach BT-Drs. 16/9980 zu Nr. 14 umfasst die Lebensqualität der Bewohner eines Pflegeheimes z.B. Umstände wie die Zulässigkeit eigener Möbel, eigener Erinnerungsstücke, eigener Haustiere und eigener Wäsche, das Bestehen von Auswahlmöglichkeiten beim Essen, das Vorhandensein von Freizeitangeboten und Serviceleistungen (z.B. Friseur). 8

Die **Kriterien** der Veröffentlichungen und der Bewertungssystematik sind nach Abs. 1a Satz 8 im Voraus festzulegen. 9
– Zur Vereinbarung nach § 115 Abs. 1a Satz 8 SGB XI über die Kriterien der Veröffentlichung sowie die Bewertungssystematik der Qualitätsprüfungen der Medizinischen Dienste in der **stationären Pflege:** Vereinbarung nach § 115 Abs. 1a SGB XI über die Darstellung und Bewertung der Qualitätsindikatoren gemäß § 113 Absatz 1a SGB XI und der Ergebnisse aus Qualitätsprüfungen nach §§ 114 f. SGB XI – Qualitätsdarstellungsvereinbarung für die stationäre Pflege (QDVS) – v. 19.03.2019 vgl. im Internet: https://www.mds-ev.de/fileadmin/dokumente/Publikationen/SPV/Expertenstandards_113/QDVS_Vereinbarungstext_190319.pdf.
– Zur Vereinbarung nach § 115 Abs. 1a Satz 8 SGB XI über die Kriterien der Veröffentlichung sowie die Bewertungssystematik der Qualitätsprüfungen der Medizinischen Dienste in der ambulanten Pflege: PFLEGE-TRANSPARENZVEREINBARUNG AMBULANT (PTVA) – Vereinbarung nach § 115 Abs. 1a Satz 8 SGB XI über die Kriterien der Veröffentlichung sowie die Bewertungssystematik der Qualitätsprüfungen nach § 114 Abs. 1 SGB XI von ambulanten Pflegediensten v. 07.12.2015 vgl. im Internet: https://www.mds-ev.de/fileadmin/dokumente/Publikationen/SPV/Pflegetransparenz/2017-05-17_PTVA_Teil_1.pdf.-Zu den Übergangsregelungen ab 01.01.2016 vgl. § 115a SGB XI.

Die **Rechtsprechung** zur Veröffentlichung von Pflegenoten bzw. Pflegequalitätsberichten ist kontrovers. Einerseits sah das SG Münster (Urt. v. 24.08.2012 – S 6 P 43/12) die **Veröffentlichung** von Pflegenoten auf Grundlage der geltenden Pflege-Transparenzvereinbarungen als Verletzung des Grundrechts der Einrichtungsträger auf Berufsausübungsfreiheit (Art. 12 GG), denn die vom Gesetzgeber gestellten Anforderungen an die Veröffentlichung von Transparenzberichten würden allesamt nicht erfüllt; weder gäben diese Berichte verlässlich Auskunft über die Qualität der von den Pflegeeinrichtungen erbrachten Leistungen, noch seien die im Internet veröffentlichten Berichte für die Pflegebedürftigen und ihre Angehörigen verständlich, übersichtlich und vergleichbar (ebenso SG Münster Urt. v. 24.06.2011 – S 6 P 14/11). Auch für das VG Halle/Saale (Beschl. v. 27.06.2014 – 7 B 212/13) spricht einiges dafür, dass die Vorschriften des Gesetzes über Wohnformen und Teilhabe des Landes Sachsen-Anhalt hinsichtlich der Qualitätsberichterstattung der Pflegeeinrichtungen gegen Verfassungsrecht verstoßen; die Verpflichtung zur Qualitätsberichterstattung beschränke sich nicht nur auf die Weitergabe von sachlichen Informationen über die Ausstattung, sondern ziele auf die Abgabe vergleichbarer Werturteile, wobei sie sich auch auf hoheitlich angeordnete Maßnahmen stütze, die der Heimbetreiber dulden müsse, weshalb hierin ein Eingriff in Art. 12 Abs. 1 GG liege. Dagegen hält das LSG Nordrhein-Westfahlen (Urt. v. 15.08.2012 – L 10 P 137/11; s. auch LSG Nordrhein-Westfalen Beschl. v. 21.09.2016 – L 5 P 61/16 B ER) § 115 Abs. 1a für eine ausreichende und verfassungsgemäße Rechtsgrundlage für die Veröffentlichung von Transparenzberichten (so auch LSG Nordrhein-Westfalen Urt. v. 10.05.2010 – L 10 P 10/10 B ER; Sächsisches LSG Beschl. v. 24.02.2010 – L 1 P 1/10 B ER); auch seien deren rechtliche Grenzen durch die Vereinbarung der PTV-S nicht überschritten und die Pflege-Transparenzvereinbarung stationär **PTV-S** hinsichtlich des Zustandekommens und des Inhalts rechtmäßig (zur Pflege-Transparenzvereinbarung 10 ambulant **PTV-A** vgl. LSG Sachsen-Anhalt Beschl. v. 11.08.2011 – L 4 P 8/11 B ER). Nach der Rechtsprechung des LSG Nordrhein-Westfalen (Beschl. v. 02.05.2012 – L 10 P 5/12 B ER, Sozialrecht aktuell 2012, 172–174) ist § 2 Satz 2 der Pflege-Transparenzvereinbarung ambulant (PTV-A) im Wege einer verfassungskonformen Auslegung dahingehend zu korrigieren, dass nicht mindestens 5, sondern mindestens 10 pflegebedürftige Menschen in die Prüfungen einzubeziehen sind (ebenso LSG Halle Beschl. v. 08.07.2011 – L 4 P 44/10 B ER, NZS 2011, 944; bestätigend LSG Nordrhein-Westfalen Beschl. v. 26.02.2014 – L 10 P 120/13 B ER). Das BSG hat eine vorbeugende Unterlassungsklage gegen die künftige Erstellung und Veröffentlichung von Pflegetransparenzberichten als unzulässig angesehen (BSG Urt. v. 16.05.2013 – B 3 P 5/12 R, SozR 4–3300 § 115 Nr. 2, SozR 4–1500 § 54 Nr. 34). Es sei von Verfassungs wegen nicht zu beanstanden, dass der Gesetzgeber für wesentlich aus Steuer- und Beitragsmitteln finanzierte Pflegeeinrichtungen eine Qualitätsprüfung vorsehe und deren Veröffentlichung in geeigneter Weise vorschreibe (BSG Urt. v. 16.05.2013 – B 3 P 5/12 R, SozR 4–3300 § 115 Nr. 2, SozR 4–1500 § 54 Nr. 3).

11 Werden **im Einzelfall** durch die Veröffentlichung der Prüfergebnisse die gesetzlichen Vorgaben überschritten oder ist die Veröffentlichung **inhaltlich offensichtlich fehlerhaft**, ist sie im Hinblick auf mögliche Eingriffe in die durch Art. 12 Abs. 1 GG geschützte Berufsausübungsfreiheit des Pflegedienstbetreibers nicht hinzunehmen (LSG Nordrhein-Westfalen Beschl. v. 05.06.2012 – L 10 P 118/11 B ER, Sozialrecht aktuell 2012, 206–208). Die Veröffentlichung eines fehlerhaft erstellten Transparenzberichts stelle bezüglich einer Pflegeeinrichtung einen nicht gerechtfertigten Eingriff in die Berufsausübungsfreiheit dar und vermittele dem Betroffenen einen Abwehranspruch (LSG Berlin-Brandenburg Beschl. v. 03.08.2012 – L 27 P 39/12 B ER); die Fehlerhaftigkeit könne sich dabei auch aus einer unzureichend ermittelten Tatsachengrundlage als Basis einer Bewertung ergeben (z.B. der Verwendung nicht valider Daten als Basis für eine Benotung). Der Inhalt des Prüfberichts ist falsch, wenn nicht alle überprüften Pflegebedürftigen, auf die ein bestimmtes Kriterium aus den Qualitätsbereichen zutrifft, in dessen Bewertung einbezogen werden (SG Dessau-Roßlau Beschl. v. 09.10.2017 – S 26 P 27/17 ER). Auf die Intensität des Fehlers kommt es insoweit nicht an, sodass auch Verstöße, die nicht als schwerwiegend zu qualifizieren seien, Abwehrrechte begründeten (LSG Berlin-Brandenburg Beschl. v. 03.08.2012 – L 27 P 39/12 B ER; a.A. Hessisches LSG Beschl. v. 28.10.2010 – L 8 P 29/10 B ER; zu einer Sortierfunktion in einem als Internetdatenbank ausgestalteten sog. Pflegeheimnavigator vgl. LSG Berlin-Brandenburg Beschl. v. 16.06.2011 – L 27 P 14/11 B ER; SG Lüneburg Beschl. v. 04.04.2011 – S 5 P 8/11 ER; anders SG Oldenburg Beschl. v. 16.05.2011 – S 91 P 92/10 ER; SG Berlin Beschl. v. 23.02.2011 – S 111 P 550/10 ER).

12 Das Datum der **letzten Prüfung**, die Ergebnisse der Prüfungen, die Einordnung des Prüfergebnisses nach der Bewertungssystematik sowie eine Zusammenfassung der Prüfergebnisse sind in den Einrichtungen an gut sichtbarer Stelle in jeder Pflegeeinrichtung **auszuhängen** (§ 115 Abs. 1a Satz 9). Dadurch sollen die Pflegebedürftigen und deren Angehörigen über die Qualität der Pflege der Einrichtung unmittelbar informiert werden. Der Aushang ergänzt damit die Veröffentlichungen im Internet (dazu vgl. die Ergebnisse der Pflegebegutachtungen auf der Homepage des MDS im Internet unter: http://www.mds-ev.de).

13 Nach **Abs. 1b** sind ab dem 01.01.2014 auch Informationen gem. § 114 Abs. 1 über die Regelungen zur ärztlichen, fachärztlichen und zahnärztlichen Versorgung sowie zur Arzneimittelversorgung und ab dem 01.07.2016 die Informationen gemäß § 114 Absatz 1 zur Zusammenarbeit mit einem Hospiz- und Palliativnetz in vollstationären Einrichtungen für die Pflegebedürftigen und ihre Angehörigen verständlich, übersichtlich und vergleichbar sowohl im Internet als auch in anderer geeigneter Form kostenfrei zur Verfügung zu stellen sowie an gut sichtbarer Stelle in der Pflegeeinrichtung auszuhängen. Die Regelung steht im Zusammenhang mit der in § 114 Abs. 1 neu normierten Verpflichtung für Pflegeheime, unmittelbar im Anschluss an eine Regelprüfung die Landesverbände der Pflegekassen darüber zu informieren, wie die ärztliche, fachärztliche und zahnärztliche Versorgung sowie die Arzneimittelversorgung in der Einrichtung organisiert ist (BT-Drs. 17/9369 S. 50). Die beabsichtigte Veröffentlichung eines auf einer Anlassprüfung beruhenden Transparenzberichts mit bestmöglichen Ergebnissen begründet keinen Anordnungsgrund (LSG

Sachsen-Anhalt Beschl. v. 11.03.2021 – L 1 P 27/20 B ER) und steht daher einer Veröffentlichung nicht entgegen.

### C. Mängelbeseitigung, § 115 Abs. 2

Werden bei den Qualitätsprüfungen **Mängel festgestellt**, so entscheiden die Landesverbände der Pflegekassen nach Anhörung des Trägers der Pflegeeinrichtung und der beteiligten Trägervereinigung unter Beteiligung des zuständigen Trägers der Sozialhilfe, **welche Maßnahmen zu treffen** sind. § 115 Abs. 1 enthält insoweit eine Ermächtigungsgrundlage für qualitätssichernde Maßnahmen gegenüber den Pflegeeinrichtungen.

Die Pflegeeinrichtung ist **anzuhören**, anschließend erteilt die Pflegekasse dem Träger der Einrichtung einen **Bescheid über die angeordnete Maßnahme**. Zugleich ist dem Einrichtungsträger eine angemessene **Frist zur Beseitigung** der festgestellten Mängel zu setzen. Zum Rechtsschutz gegen solche Maßnahmebescheide vgl. LSG Sachsen-Anhalt Beschl. v. 20.04.2015 – L 5 P 14/15 B ER; LSG Bayern Urt. v. 08.07.2014 – L 2 P 80/13; zum Streitwert vgl. LSG Berlin-Brandenburg Beschl. v. 18.09.2014 – L 27 P 46/14 B. Ein Maßnahmebescheid nach § 115 Abs. 2 Satz 1 ist ausreichend bestimmt, wenn das geforderte Verhalten für eine durch Versorgungsvertrag zugelassene Pflegeeinrichtung, bei der die Kenntnis der Maßstäbe und Grundsätze für Qualität und Qualitätssicherung als Geschäftsgrundlage der Vertragsbeziehungen vorausgesetzt werden kann, klar und unzweideutig erkennbar ist (LSG Nordrhein-Westfalen Beschl. v. 16.03.2018 – L 5 P 88/17 B ER).

Kommt der Träger der Pflegeeinrichtung den angeordneten Maßnahmen nicht oder nicht fristgerecht nach, so können die Landesverbände der Pflegekassen gemeinsam den Versorgungsvertrag gem. § 74 Abs. 1, in schwerwiegenden Fällen nach § 74 Abs. 2, **kündigen** (zur fristlosen Kündigung eines Versorgungsvertrages wegen erheblicher Pflichtverletzungen – hier: fehlerhafte Abrechnung von Leistungen – vgl. LSG Niedersachsen-Bremen Beschl. v. 03.01.2017 – L 15 P 47/16 B ER). Dazu vgl. die Kommentierung bei § 72 Rdn. 18 ff. Zum Rechtsschutz gegen eine solche Kündigung vgl. § 73 Abs. 2, der entsprechend gilt.

### D. Kürzung der Pflegevergütung, § 115 Abs. 3

§ 115 Abs. 3 berechtigt die Pflegekassen zur **Kürzung** der mit der stationären Pflegeeinrichtung vereinbarten Pflegevergütungen. Voraussetzung ist, dass diese ihre gesetzlichen oder vertraglichen Verpflichtungen, insbesondere ihre Verpflichtungen zu einer qualitätsgerechten Leistungserbringung aus dem Versorgungsvertrag ganz oder teilweise nicht einhält. Dazu hat das BSG (Urt. v. 12.09.2012 – B 3 P 5/11 R, SozR 4-3300 § 115 Nr. 1) entschieden, dass mit der rückwirkenden Kürzung der Pflegevergütung grundsätzlich nur die Verletzung gesetzlicher oder vertraglicher Pflichten geahndet werden kann, die zu Qualitätsmängeln bei der Pflege geführt haben. Qualitätsmängel würden unwiderlegbar vermutet, wenn ein Personalabgleich ergeben habe, dass die vereinbarte Personalausstattung über mehrere Monate hinweg um jeweils mindestens 8 % unterschritten worden sei oder ein Heimträger die vereinbarte Personalausstattung planmäßig und zielgerichtet nicht bereitstelle (BSG Urt. v. 12.09.2012 – B 3 P 5/11 R, SozR 4-3300 § 115 Nr. 1). In **Abs. 3a** enthält das Gesetz **unwiderlegliche Vermutungen** für eine Verletzung der Verpflichtungen zu einer qualitätsgerechten Leistungserbringung i.S.d. § 115 Abs. 3 Satz 1. Ferner ist zu berücksichtigen, dass sich eine Pflegeeinrichtung, der es gelingt, im Rahmen der Pflegesatzverhandlungen eine Personalmehrung durchzusetzen, ohne bereits über entsprechendes, bislang nicht refinanziertes Personal zu verfügen, der Gefahr eines Regresses nach § 115 Abs. 3 aussetzt (LSG Mecklenburg-Vorpommern Beschl. v. 06.05.2020 – L 6 P 18/19 ER).

Der Kürzungsbetrag ist anhand eines im Voraus festgelegten Verfahrens zu bestimmen. Hierzu haben die Vertragsparteien nach § 113 durch den Qualitätsausschuss gem. § 113b bis zum 01.01.2018 das Verfahren zur Kürzung der Pflegevergütung nach den Abs. 3 und 3a zu vereinbaren. Die Vereinbarungen sind für alle Pflegekassen und deren Verbände sowie für die zugelassenen Pflegeeinrichtungen unmittelbar verbindlich und sind deshalb im Bundesanzeiger zu veröffentlichen

(BT-Drs. 18/12587 S. 60). Kommt im Qualitätsausschuss keine einvernehmliche Einigung zustande, lässt sich der Konflikt über den erweiterten Qualitätsausschuss (§ 113b Abs. 3) lösen (BT-Drs. 18/12587 S. 60). Bis zum Inkrafttreten dieser Gesetzesänderung zum 29.07.2017 war der Kürzungsbetrag im Einvernehmen zu bestimmen; kam ein solches nicht zustande, konnte eine Vertragspartei die **Schiedsstelle** nach § 76 anrufen. Die **(Anfechtungs-) Klage** gegen den Schiedsspruch hatte aufschiebende Wirkung (zum gerichtlichen Prüfungsmaßstab vgl. Hessisches LSG Urt. v. 27.01.2011 – L 8 P 29/08 KL, nachgehend BSG Urt. v. 12.09.2012 – B 3 P 5/11 R, SozR 4–3300 § 115 Nr. 1).

19 Wird die Vergütung gekürzt, ist der bereits gezahlte Vergütungsanteil zurück zu zahlen. Hierzu enthält § 115 Abs. 3 Satz 5 Regelungen. Die Pflegeeinrichtung hat den Kürzungsbetrag selbst zu tragen. Sie darf den durch die Kürzung eingetretenen wirtschaftlichen Ausfall nicht dadurch refinanzieren, dass die Vergütungen oder Entgelte erhöht bzw. angepasst werden.

20 Unabhängig von der Kürzung der Pflegevergütung können **Schadensersatzansprüche** der betroffenen Pflegebedürftigen bestehen. Diese bleiben von der Kürzung unberührt. Bei der Verfolgung von Schadensersatzansprüchen haben die Pflegekassen die Pflegebedürftigen zu unterstützen (§ 115 Abs. 2 Satz 7 i.V.m. § 66 SGB V). Bei Schlechterfüllung eines Heimvertrags steht dem Bewohner ggf. für seinen Eigenanteil ein **Minderungsrecht** zu, das rückwirkend für höchstens 6 Monate geltend gemacht werden kann und nicht von den Minderungsansprüchen der Kostenträger abhängig ist (OLG Düsseldorf Beschl. v. 04.04.2011 – 24 U 130/10, MDR 2011, 907–908, Sozialrecht aktuell 2011, 193–195).

### E. Schwerwiegende Mängel, § 115 Abs. 4 bis 6

21 Wurden **schwerwiegende Mängel** bei der Pflege festgestellt, stehen dem Pflegebedürftigen besondere Rechte zu (zur stationären Pflege vgl. Abs. 4, zur ambulanten Pflege vgl. Abs. 5). So sind bei stationärer Pflege die Pflegekassen verpflichtet, den betroffenen Heimbewohner **in eine andere geeignete Pflegeeinrichtung zu vermitteln**. Dies gilt aber nur auf Antrag des Pflegebedürftigen. Bei ambulanter Pflege kann die Pflegekasse dem Pflegedienst die weitere **Betreuung des Pflegebedürftigen vorläufig untersagen** und dem Pflegebedürftigen einen **anderen geeigneten Pflegedienst vermitteln**.

22 **Schwerwiegend** ist ein Mangel in der Pflege, wenn Pflegebedürftige zu Schaden gekommen sind (§ 74 Abs. 2 Satz 2). Darauf, ob den Träger der Pflegeeinrichtung an dem Schadenseintritt ein Verschulden trifft, kommt es bei der Feststellung eines schwerwiegenden Mangels an sich nicht an; eine daraus resultierende Haftung nach Abs. 6 setzt jedoch voraus, dass der Einrichtungsträger den Mangel zu vertreten hat (§ 276 BGB). Einen schwerwiegenden Mangel stellt auch die Abrechnung nicht erbrachter Leistungen dar (§ 74 Abs. 2 Satz 2).

23 Haftet der Träger der Pflegeeinrichtung nach Abs. 4 und 5 gegenüber den betroffenen Pflegebedürftigen und deren Kostenträgern, so hat er die Kosten der Vermittlung in eine andere ambulante oder stationäre Pflegeeinrichtung zu übernehmen. Die **Kosten** der Verlegung des Pflegebedürftigen in eine andere Einrichtung bzw. die Vermittlung eines anderen Pflegedienstes fallen daher dem Träger der Pflegeeinrichtung zur Last. Dieser haftet nach Abs. 6 sowohl gegenüber dem Pflegebedürftigen und der Pflegekasse für die Kosten der Vermittlung einer anderen ambulanten oder stationären Pflegeeinrichtung. Voraussetzung dieser Haftung ist aber, dass der Träger der Pflegeeinrichtung in entsprechender Anwendung des § 276 BGB den schwerwiegenden Pflegemangel zu vertreten hat.

### § 119 Heimverträge mit Pflegeheimen außerhalb des Anwendungsbereichs des Heimgesetzes

*Für den Vertrag zwischen dem Träger einer zugelassenen stationären Pflegeeinrichtung, auf die das Wohn- und Betreuungsvertragsgesetz keine Anwendung findet, und dem pflegebedürftigen Bewohner gelten die Vorschriften über die Verträge nach dem Wohn- und Betreuungsvertragsgesetz entsprechend.*

Übersicht

A. Regelung für stationäre Pflegeeinrichtungen .......................... 1
B. Die Regelungen des Wohn- und Betreuungsvertragsgesetzes ............. 2
I. Die Heimgesetze und das SGB XI ...... 2
II. Das Wohn- und Betreuungsvertragsgesetz 3
C. Stationäre Pflegeeinrichtungen außerhalb des Anwendungsbereichs des WBVG .......................... 5

## A. Regelung für stationäre Pflegeeinrichtungen

§ 119 enthält Regelungen für stationäre Pflegeeinrichtungen (§ 71 Abs. 2). Für den ambulanten Bereich gilt § 120. **1**

## B. Die Regelungen des Wohn- und Betreuungsvertragsgesetzes

### I. Die Heimgesetze und das SGB XI

Die Föderalismusreform 2006 (zuvor galt das HeimG des Bundes) übertrug den Ländern die **2** Kompetenz zur Regelung des Heimrechts (Art. 74 Abs. 1 Nr. 7 i.V.m. Art. 70 Abs. 1 GG). Diese haben nun durch eigene Gesetze das Heimrecht zu regeln (vgl. z.B. BW: bisher Landesheimgesetz – LHeimG – v. 10.06.2008, GBl. 2008, 169, seit 01.06.2014: Wohn-, Teilhabe- und Pflegegesetz – WTPG v. 20.05.2014, GBl. 2014, 241; BY: Pflege- und Wohnqualitätsgesetz Bayern – PWQG – v. 08.07.2008 GBl. 2008, 346; NRW: Wohn- und Teilhabegesetz – WTG – v. 02.10.2014, GBl. 2014, 241; SH: Selbstbestimmungsstärkungsgesetz – SbStG – Pflegegesetzbuch Schleswig-Holstein – Zweites Buch – v. 17.07.2009, GVOBl. 2009, 402). Soweit noch kein landeseigenes Heimrecht existiert, gilt das HeimG des Bundes fort (zum 30.09.2009 traten allerdings Teile des HeimG außer Kraft, Art. 3 des Gesetzes über die Neuregelung der zivilrechtlichen Vorschriften des Heimgesetzes nach der Föderalismusreform v. 29.07.2009, BGBl I 2009 S. 2319). Die Heimgesetze der Länder enthalten neben ordnungsrechtlichen Vorgaben z.T. auch vertragsrechtliche Regelungen zu Heimverträgen (z.B. §§ 5, 7, 10 LHeimG BW). Auch insoweit wird das Nebeneinander von SGB XI und Landesheimrecht regelmäßig durch Vorbehalte zugunsten des SGB XI gelöst (z.B. § 2 Abs. 4 WTPG BW).

### II. Das Wohn- und Betreuungsvertragsgesetz

Der Bund beansprucht auch nach der Änderung des Art. 74 Abs. 1 Nr. 7 GG unter Berufung **3** auf Art. 74 Abs. 1 Nr. 1 GG die Zuständigkeit für die zivilrechtlichen Beziehungen von Heimbewohnern und Einrichtungen und hat hierfür in dem zum 01.10.2009 in Kraft tretenden Wohn- und Betreuungsvertragsgesetz (**WBVG**, BGBl. I 2009, 2319) neue Regelungen geschaffen (zu verfassungsrechtlichen Fragen vgl. z.B. *Rasch* NDV 2010, 149–152). Diese engen den Raum für die landesrechtlichen Heimvertragsgesetze (z.B. LHeimG BW) ein: Sollte sich aus Art. 74 Abs. 1 Nr. 1 GG eine konkurrierende Bundeskompetenz für bürgerrechtliche Regelungen auch im Heimbereich ergeben, ginge das WBVG den Landesregelungen vor (Art. 31 GG; dazu: Jarass/*Pieroth* GG Art. 31 Rn. 3; nach dem Zeitpunkt differenzierend: *Clemens* in Umbach/Clemens, GG 2002 Art. 31 Rn. 15 ff.). Den Ländern verbliebe dann nur noch der ordnungs- und gewerberechtliche Anwendungsbereich. Zum Verfassungsproblem s.a. Landtag v. BW LT-Drs. 14/4440 S. 4 sowie *Rasch* NDV 2010, 149–152.

Das WBVG betrifft Verträge zwischen volljährigen Verbrauchern und Unternehmern (zum Begriff: §§ 13, 14 BGB), in denen sich der Unternehmer zur Überlassung von Wohnraum und zur Erbringung von Pflege- oder Betreuungsleistungen verpflichtet, die der Bewältigung eines durch Alter, Pflegebedürftigkeit oder Behinderung bedingten Hilfebedarfs dienen (§ 1 Abs. 1 Satz 1 WBVG; zur Kündbarkeit solcher Verträge, vgl. z.B. LG Essen Urt. v. 18.03.2013 – 1 O 181/12, Sozialrecht aktuell 2013, S. 162 ff.). Nicht erfasst sind Verträge, die neben der Überlassung von Wohnraum ausschließlich die Erbringung allgemeiner Unterstützungsleistungen wie die Vermittlung von Pflege- oder Betreuungsleistungen, Leistungen der hauswirtschaftlichen Versorgung oder **4**

Notrufdienste zum Gegenstand haben (§ 1 Abs. 1 Satz 3 WBVG), ohne dass der Vertrag i.S.d. § 1 Abs. 2 WBVG an andere Leistungsvereinbarungen gekoppelt ist. Nehmen Verbraucher Leistungen nach dem SGB XI in Anspruch, müssen die Verträge den Regelungen des Siebten und Achten Kapitels des SGB XI (§§ 69 bis 92c) sowie den aufgrund des Siebten und Achten Kapitels des SGB XI getroffenen Regelungen (u. a. Zulassung der Einrichtung § 72, Rahmenverträge § 75; Vergütungsvereinbarungen § 85) entsprechen (§ 15 Abs. 1 WBVG). Von den Vorgaben des SGB XI abweichende Vereinbarungen sind unwirksam (§ 15 Abs. 1 Satz 2 WBVG). Damit ist das Entgelt für die Leistung des Unternehmers für Pflegebedürftige durch die Vorgaben der mit dem Unternehmer geschlossenen Pflegesatzvereinbarung bestimmt; höhere Entgelte dürfen nicht vereinbart und entgegengenommen werden.

### C. Stationäre Pflegeeinrichtungen außerhalb des Anwendungsbereichs des WBVG

5   Der Anwendungsbereich des WBVG ist nach § 1 Abs. 1 Satz 1 WBVG nicht eröffnet für Verträge mit minderjährigen Verbrauchern. Daher erfasst § 119 zu allermeist Pflegeheime für Jugendliche und Kinder. Für diese ordnet § 119 die entsprechende Anwendung des WBVG an.

6   § 119 ordnet die entsprechende Geltung des WBVG nur für Verträge mit zugelassenen stationären Pflegeeinrichtungen i.S.d. § 72 Abs. 2 an. Soweit das WBVG auch bei volljährigen Pflegebedürftigen nicht eingreift, z.B. weil der Vertrag neben der Überlassung von Wohnraum ausschließlich die Erbringung allgemeiner Unterstützungsleistungen vorsieht (§ 1 Abs. 1 Satz 3 WBVG), liegt in der Regel schon keine stationäre Einrichtung i.S.d. § 71 Abs. 2 vor, sodass dem WBVG auch nach § 119 keine entsprechende Geltung zukommt.

### § 120 Pflegevertrag bei häuslicher Pflege

(1) Bei häuslicher Pflege übernimmt der zugelassene Pflegedienst spätestens mit Beginn des ersten Pflegeeinsatzes auch gegenüber dem Pflegebedürftigen die Verpflichtung, diesen nach Art und Schwere seiner Pflegebedürftigkeit, entsprechend den von ihm in Anspruch genommenen Leistungen, der häuslichen Pflegehilfe im Sinne des § 36 zu versorgen (Pflegevertrag). Bei jeder wesentlichen Veränderung des Zustandes des Pflegebedürftigen hat der Pflegedienst dies der zuständigen Pflegekasse unverzüglich mitzuteilen.

(2) Der Pflegedienst hat nach Aufforderung der zuständigen Pflegekasse unverzüglich eine Ausfertigung des Pflegevertrages auszuhändigen. Der Pflegevertrag kann von dem Pflegebedürftigen jederzeit ohne Einhaltung einer Frist gekündigt werden.

(3) In dem Pflegevertrag sind mindestens Art, Inhalt und Umfang der Leistungen einschließlich der dafür mit den Kostenträgern nach § 89 vereinbarten Vergütungen für jede Leistung oder jeden Leistungskomplex einschließlich ergänzender Unterstützungsleistungen bei der Nutzung von digitalen Pflegeanwendungen gesondert zu beschreiben. Der Pflegedienst hat den Pflegebedürftigen vor Vertragsschluss und bei jeder wesentlichen Veränderung in der Regel schriftlich über die voraussichtlichen Kosten zu unterrichten. Bei der Vereinbarung des Pflegevertrages ist zu berücksichtigen, dass der Pflegebedürftige Leistungen von mehreren Leistungserbringern in Anspruch nimmt. Ebenso zu berücksichtigen ist die Bereitstellung der Informationen für eine Nutzung des Umwandlungsanspruchs nach § 45a Absatz 4.

(4) Der Anspruch des Pflegedienstes auf Vergütung seiner pflegerischen und hauswirtschaftlichen Leistungen der häuslichen Pflegehilfe im Sinne des § 36 und seiner ergänzenden Unterstützungsleistungen im Sinne des § 39a ist unmittelbar gegen die zuständige Pflegekasse zu richten. Soweit die von dem Pflegebedürftigen abgerufenen Leistungen nach Satz 1 den von der Pflegekasse mit Bescheid festgelegten und von ihr zu zahlenden leistungsrechtlichen Höchstbetrag überschreiten, darf der Pflegedienst dem Pflegebedürftigen für die zusätzlich abgerufenen Leistungen keine höhere als die nach § 89 vereinbarte Vergütung berechnen.

| Übersicht | Rdn. | | Rdn. |
|---|---|---|---|
| A. Regelung für ambulante Pflegeeinrichtungen .................... | 1 | C. Inhalt des Pflegevertrages ............ | 8 |
| B. Pflegevertrag bei ambulanter Pflege .... | 2 | D. Entgelt und Entgeltzahlung .......... | 10 |

## A. Regelung für ambulante Pflegeeinrichtungen

§ 120 enthält Regelungen für die ambulante Pflegeversorgung von Pflegebedürftigen durch Pflegeeinrichtungen i.S.d. § 71 Abs. 1. Für stationäre Pflegeeinrichtungen gilt § 119 sowie das Heimrecht der Länder bzw. das Wohn- und Betreuungsvertragsgesetz vom 29.07.2009 (WBVG; BGBl. I S. 2319). 1

## B. Pflegevertrag bei ambulanter Pflege

§ 120 sieht bei **Erbringung häuslicher Pflege** durch einen zugelassenen Pflegedienst (§ 71 Abs. 1) verpflichtend den Abschluss eines **Pflegevertrages** vor (dazu vgl. *Krahmer/Plantholz*, »Wie soll der novellierte § 120 SGB XI umgesetzt werden? – Zum Pflegevertrag im ambulanten Bereich –«, Sozialrecht aktuell 2013, S. 137 ff.). Der Pflegevertrag in der ambulanten Versorgung dient der Information und dem Schutz des Pflegebedürftigen. 2

§ 120 Abs. 1 Satz 1 stellt für den Bereich der häuslichen Pflege klar – bei anderen Pflegeleistungen als häuslicher Pflege i.S.d. §§ 36 bis 40 greift § 120 nicht –, dass ein **zugelassener Pflegedienst**, der die Betreuung eines Pflegebedürftigen beginnt, nicht nur gegenüber der Pflegekasse verpflichtet ist, sondern zugleich gegenüber dem Pflegebedürftigen individualrechtlich die Verpflichtung eingeht, diesen nach Art und Schwere seiner Pflegebedürftigkeit zu pflegen und hauswirtschaftlich zu versorgen, soweit dieser tatsächlich Leistungen der häuslichen Pflegehilfe i.S.d. § 36 in Anspruch nimmt (BT-Drs. 14/5395 S. 47). 3

Der **Pflegevertrag** ist ein rein zivilrechtlicher Vertrag über die Erbringung einer Dienstleistung (§ 611 BGB). § 120 enthält modifizierende Regelungen. Der Pflegevertrag kommt auch ohne vorherige Einigung schon dadurch zustande, dass der zugelassene Pflegedienst den ersten Pflegeeinsatz beginnt (*Knittel* in Krauskopf, Soziale Krankenversicherung – Pflegeversicherung § 120 SGB XI Rn. 3). Denn nach § 120 Abs. 1 Satz 1 übernimmt der Pflegedienst mit Beginn des ersten Pflegeeinsatzes gegenüber dem Pflegebedürftigen die Verpflichtung, diesen entsprechend den von ihm in Anspruch genommenen Leistungen zu pflegen und hauswirtschaftlich zu versorgen (s. Rdn. 3). 4

Der Pflegedienst hat nach Aufforderung der zuständigen Pflegekasse unverzüglich (§ 121 Abs. 1 Satz 1 BGB) eine Ausfertigung des **Pflegevertrages auszuhändigen**. Auch dem Pflegebedürftigen ist eine Ausfertigung des Pflegevertrages zu übergeben (BT-Drs. 14/5935 S. 47). Damit ist der Vertrag **schriftlich** zu schließen (§ 126 BGB) oder zumindest schriftlich zu bestätigen. Jedoch zeigt Abs. 1 Satz 1, dass der Vertrag auch ohne Einhaltung der Schriftform wirksam ist (vgl. OLG Düsseldorf Beschl. v. 01.09.2009 – 24 U 103/08, juris Rn. 25); § 125 Satz 1 BGB gilt nicht. 5

Der Pflegedienst hat der Pflegekasse jede wesentliche **Veränderung** des Zustandes des Pflegebedürftigen unverzüglich **mitzuteilen** (vgl. Abs. 1 Satz 2, Abs. 2 Satz 2 ff.). Mitzuteilen sind sowohl Verschlechterungen als auch Verbesserungen im Pflegezustand. Dies ist unabhängig davon, ob der Pflegezustand durch den Gesundheitszustand oder auch durch die Einflüsse der Pflege beeinflusst worden ist. 6

Gegenüber den Kündigungsregelungen des Dienstvertragsrechts (§ 621 BGB, insb. Nr. 3) enthält § 120 Abs. 2 Satz 2 ein eigenständiges **Kündigungsrecht** (kritisch hierzu: *Krahmer/Plantholz* »Wie soll der novellierte § 120 SGB XI umgesetzt werden? – Zum Pflegevertrag im ambulanten Bereich –«, Sozialrecht aktuell 2013, S. 137 ff., 139). Der BGH (Urt. v. 09.06.2011 – III ZR 203/10, BGHZ 190, 80–89) hat zu den Kündigungsfristen entschieden, dass bei einem Vertrag über ambulante pflegerische Leistungen, die als Sachleistungen gegenüber der Pflegeversicherung abgerechnet werden, die Vergütung nicht i.S.d. § 621 BGB nach Zeitabschnitten bemessen sei. Auch hat er die 7

§ 120 SGB XI   Pflegevertrag bei häuslicher Pflege

von einem ambulanten Pflegedienst gestellte Geschäftsbedingung in einem Vertrag über ambulante pflegerische Leistungen, der Kunde könne den Pflegevertrag mit einer Frist von 14 Tagen ordentlich kündigen, für unwirksam gehalten. Auf diese Entscheidung hat der Gesetzgeber reagiert und in § 120 Abs. 2 Satz 2 bestimmt, dass der Pflegebedürftige den Pflegevertrag **jederzeit fristlos** kündigen kann. Er muss dazu weder Gründe angeben noch eine Form beachten; § 623 BGB gilt gerade nicht. Diese Kündigungsregelung entspricht im Ergebnis derjenigen des Dienstvertrages (vgl. dazu § 621 Nr. 5 BGB).

### C. Inhalt des Pflegevertrages

8   Abs. 3 beschreibt die Mindestinhalte des Pflegevertrages (**Art, Inhalt und Umfang der Leistungen**). Darüber hinaus sind im Vertrag für jede Leistung bzw. jeden Leistungskomplex die nach § 89 vereinbarten **Vergütungen** zu beschreiben (dazu vgl. z.B. *Krahmer/Plantholz* »Wie soll der novellierte § 120 SGB XI umgesetzt werden? – Zum Pflegevertrag im ambulanten Bereich –«, Sozialrecht aktuell 2013, S. 139 ff.). Nach einer zum 01.01.2015 in Kraft getretenen Gesetzesänderung können grds. alle alternativen Vergütungsformen und die daraus erwachsenen Wahl- und Kombinationsmöglichkeiten für die Pflegebedürftigen insbesondere bei der Zusammenstellung ihrer Leistungen umgesetzt werden (BT-Drs. 18/2909 S. 44 f.). Nach § 120 sind die Pflegebedürftigen jedoch vom Pflegedienst vor Vertragsschluss und zeitnah nach jeder wesentlichen Veränderung weiterhin durch einen Kostenvoranschlag über die voraussichtlichen Kosten ihrer konkret beabsichtigten Leistungsinanspruchnahme zu informieren (§ 120 Abs. 3 Satz 2). Dadurch bleibt, ausgedown von der nach § 89 vereinbarten Vergütungsform des Pflegedienstes, die Gestaltungsmöglichkeit mit der damit verbundenen Kostenfolge für die Pflegebedürftigen im Rahmen ihres jeweiligen Pflegearrangements transparent und nachvollziehbar (BT-Drs. 18/2909 S. 45). Eine Pflicht, verschiedene Vergütungsvarianten gegenüberzustellen, besteht nicht mehr.

9   Vereinbart werden können auch Leistungen, die über den Rahmen der Leistungspflicht der SPV hinausgehen (vgl. § 36 Rdn. 6) oder die nicht zu deren Leistungskatalog gehören. Diese hat dann der Pflegebedürftige selbst zu bezahlen.

9a  Für die Pflegebedürftigen ist es für die Sicherstellung der ambulanten pflegerischen Versorgung einschließlich der pflegerischen Betreuung von Bedeutung, dass sie aus dem bestehenden Leistungsangebot vor Ort das jeweils für ihre individuelle Hilfesituation passende Arrangement nach ihren individuellen Bedürfnissen wählen können (vgl. BT-Drs. 19/6337 S. 154). Im Einzelfall hängt die genaue Eignung und Abstimmung der verschiedenen Anbietertypen für die Pflegebedürftigen von der jeweiligen Bedarfskonstellation insgesamt ab, die den zentralen Dreh- und Angelpunkt insbesondere im Rahmen der Pflegeberatung nach § 7a darstellt (BT-Drs. 19/6337 S. 154). Um die Transparenz in der ambulanten Versorgung für die Pflegebedürftigen und ihre Angehörigen zu stärken, ist bei Vereinbarung eines Pflegevertrages für häusliche Pflege die Inanspruchnahme von Sachleistungen mehrerer Leistungserbringer sowie ggf. von Leistungen der nach Landesrecht anerkannten Angebote zur Unterstützung im Alltag nach § 45a Abs. 4 ausdrücklich zu berücksichtigen (BT-Drs. 19/6337 S. 154). Dazu sind Pflegebedürftige beim Abschluss sowie bei Änderungen des Pflegevertrages von dem ambulanten Leistungserbringer zu fragen, ob und in welchem Umfang sie weitere Leistungserbringer bzw. Angebote zur Unterstützung im Alltag zusätzlich nutzen bzw. nutzen wollen (BT-Drs. 19/6337 S. 154). Dabei ist gegebenenfalls auf die damit verbundenen Auswirkungen bei der Abrechnung des Sachleistungsbetrages hinzuweisen (BT-Drs. 19/6337 S. 154). Dadurch wird auch transparent, in welcher Höhe der Sachleistungsbetrag monatlich jeweils ggf. noch zur Verfügung steht. Zugleich können Pflegebedürftige hierdurch Informationen für eine Nutzung des Umwandlungsanspruchs nach § 45a Abs. 4 erhalten (BT-Drs. 19/6337 S. 154).

### D. Entgelt und Entgeltzahlung

10  Zwar hat der Pflegebedürftige im Pflegevertrag dem Pflegedienst die Zahlung einer Vergütung versprochen (§ 611 Abs. 1 BGB). Dennoch richtet sich nach § 120 Abs. 4 Satz 1 der Anspruch des Pflegedienstes auf Vergütung seiner pflegerischen und hauswirtschaftlichen Leistungen zunächst

nicht gegen den Pflegebedürftigen, sondern **unmittelbar gegen die Pflegekasse**. Insoweit und im Umfang ihrer nach dem SGB XI festgelegten **Leistungspflicht** tritt die Pflegekasse an Stelle des Pflegebedürftigen kraft Gesetzes in dessen Schuldnerposition ein; es handelt sich um eine gesetzlich angeordnete **befreiende Schuldübernahme**. Erst wenn der Pflegebedürftige Leistungen in Anspruch nimmt, die die Leistungspflicht der Pflegekasse übersteigen bzw. zu diesen nicht gehören, entsteht ein gegen ihn gerichteter Vergütungsanspruch des Pflegedienstes.

Nimmt der Pflegebedürftige Leistungen in Anspruch, die die **Leistungspflicht** der Pflegekasse deswegen **übersteigen**, weil der Leistungsrahmen z.B. des § 36 Abs. 3 ausgeschöpft ist, ist allein er Schuldner des Entgeltzahlungsanspruchs des Pflegedienstes. § 120 Abs. 4 Satz 2 begrenzt den Rahmen des vereinbarungsfähigen Entgelts dann auf höchstens den Betrag, den der Pflegedienst mit der Pflegekasse nach § 89 als Vergütung vereinbart hat. Nimmt der Pflegebedürftige dagegen Leistungen in Anspruch, die nicht der Leistungspflicht der SPV unterliegen (z.B. Essen auf Rädern), so hat er mit dem Pflegedienst das Entgelt frei zu vereinbaren (vgl. §§ 611 Abs. 1, 612 BGB). 11

# Strafgesetzbuch – StGB

In der Fassung der Bekanntmachung vom 13. November 1998 (BGBl. I S. 3322), zuletzt geändert durch Artikel 1 des Gesetzes vom 12. August 2021 (BGBl. I S. 3544)

### Inhaltsverzeichnis

| | |
|---|---|
| § 203 | Verletzung von Privatgeheimnissen |
| § 205 | Strafantrag |
| § 211 | Mord |
| § 212 | Totschlag |
| § 216 | Tötung auf Verlangen |
| § 217 | Geschäftsmäßige Förderung der Selbsttötung |
| § 218 | Schwangerschaftsabbruch |
| § 218a | Straflosigkeit des Schwangerschaftsabbruchs |
| § 218b | Schwangerschaftsabbruch ohne ärztliche Feststellung, unrichtige ärztliche Feststellung |
| § 218c | Ärztliche Pflichtverletzung bei einem Schwangerschaftsabbruch |
| § 219 | Beratung der Schwangeren in einer Not- und Konfliktlage |
| § 219a | Werbung für den Abbruch der Schwangerschaft |
| § 219b | Inverkehrbringen von Mitteln zum Abbruch der Schwangerschaft |
| § 222 | Fahrlässige Tötung |
| § 223 | Körperverletzung |
| § 224 | Gefährliche Körperverletzung |
| § 226 | Schwere Körperverletzung |
| § 226a | Verstümmelung weiblicher Genitalien |
| § 227 | Körperverletzung mit Todesfolge |
| § 228 | Einwilligung |
| § 229 | Fahrlässige Körperverletzung |
| § 263 | Betrug |
| § 266 | Untreue |
| § 278 | Ausstellen unrichtiger Gesundheitszeugnisse |
| § 299 | Bestechlichkeit und Bestechung im geschäftlichen Verkehr |
| § 299a | Bestechlichkeit im Gesundheitswesen |
| § 299b | Bestechung im Gesundheitswesen |
| § 300 | Besonders schwere Fälle der Bestechlichkeit und Bestechung im geschäftlichen Verkehr und im Gesundheitswesen |
| § 323c | Unterlassene Hilfeleistung |
| § 331 | Vorteilsannahme |
| § 332 | Bestechlichkeit |
| § 333 | Vorteilsgewährung |
| § 334 | Bestechung |
| § 335 | Besonders schwere Fälle der Bestechlichkeit und Bestechung |
| § 335a | Ausländische und internationale Bedienstete |
| § 336 | Unterlassen der Diensthandlung |

## § 203 Verletzung von Privatgeheimnissen

(1) Wer unbefugt ein fremdes Geheimnis, namentlich ein zum persönlichen Lebensbereich gehörendes Geheimnis oder ein Betriebs- oder Geschäftsgeheimnis, offenbart, das ihm als

1. Arzt, Zahnarzt, Tierarzt, Apotheker oder Angehörigen eines anderen Heilberufs, der für die Berufsausübung oder die Führung der Berufsbezeichnung eine staatlich geregelte Ausbildung erfordert,
2.–6. ... *(nicht abgedruckt)*
7. Angehörigen eines Unternehmens der privaten Kranken-, Unfall- oder Lebensversicherung oder einer privatärztlichen oder anwaltlichen Verrechnungsstelle

anvertraut worden oder sonst bekanntgeworden ist, wird mit Freiheitsstrafe bis zu einem Jahr oder mit Geldstrafe bestraft.

(2) Ebenso wird bestraft, wer unbefugt ein fremdes Geheimnis, namentlich ein zum persönlichen Lebensbereich gehörendes Geheimnis oder ein Betriebs- oder Geschäftsgeheimnis, offenbart, das ihm als

1. Amtsträger oder Europäischer Amtsträger,
2.–6. ... *(nicht abgedruckt)*

anvertraut worden oder sonst bekanntgeworden ist. Einem Geheimnis im Sinne des Satzes 1 stehen Einzelangaben über persönliche oder sachliche Verhältnisse eines anderen gleich, die für Aufgaben der öffentlichen Verwaltung erfaßt worden sind; Satz 1 ist jedoch nicht anzuwenden, soweit solche Einzelangaben anderen Behörden oder sonstigen Stellen für Aufgaben der öffentlichen Verwaltung bekanntgegeben werden und das Gesetz dies nicht untersagt.

(2a) ... *(weggefallen)*

(3) Kein Offenbaren im Sinne dieser Vorschrift liegt vor, wenn die in den Absätzen 1 und 2 genannten Personen Geheimnisse den bei ihnen berufsmäßig tätigen Gehilfen oder den bei ihnen zur Vorbereitung auf den Beruf tätigen Personen zugänglich machen. Die in den Absätzen 1 und 2 Genannten dürfen fremde Geheimnisse gegenüber sonstigen Personen offenbaren, die an ihrer beruflichen oder dienstlichen Tätigkeit mitwirken, soweit dies für die Inanspruchnahme der Tätigkeit der sonstigen mitwirkenden Personen erforderlich ist; das Gleiche gilt für sonstige mitwirkende Personen, wenn diese sich weiterer Personen bedienen, die an der beruflichen oder dienstlichen Tätigkeit er in den Absätzen 1 und 2 Genannten mitwirken.

(4) Mit Freiheitsstrafe bis zu einem Jahr oder mit Geldstrafe wird bestraft, wer unbefugt ein fremdes Geheimnis offenbar, das ihm bei der Ausübung oder bei Gelegenheit seiner Tätigkeit als mitwirkende Person oder als bei den in Absätzen 1 und 2 genannten Personen tätiger Datenschutzbeauftragter bekannt geworden ist. Ebenso wird bestraft, wer

1. als in den Absätzen 1 und 2 genannte Person nicht dafür Sorge getragen hat, dass eine sonstige mitwirkende Person, die unbefugt ein fremdes, ihr bei der Ausübung oder bei Gelegenheit ihrer Tätigkeit bekannt gewordenes Geheimnis offenbart, zur Geheimhaltung verpflichtet wurde; dies gilt nicht für sonstige mitwirkende Personen, die selbst eine in den Absätzen 1 oder 2 genannte Person sind,
2. als im Absatz 3 genannte mitwirkende Person sich einer weiteren mitwirkenden Person, die unbefugt ein fremdes, ihr bei der Ausübung oder bei Gelegenheit ihrer Tätigkeit bekannt gewordenes Geheimnis offenbart, bedient und nicht dafür Sorge getragen hat, dass diese zur Geheimhaltung verpflichtet wurde; dies gilt nicht für sonstige mitwirkende Personen, die selbst eine in den Absätzen 1 oder 2 genannte Person sind, oder
3. nach dem Tod der nach Satz 1 oder nach den Absätzen 1 oder 2 verpflichteten Person ein fremdes Geheimnis unbefugt offenbart, das er von dem Verstorbenen erfahren oder aus dessen Nachlass erlangt hat.

(5) Die Absätze 1 bis 4 sind auch anzuwenden, wenn der Täter das fremde Geheimnis nach dem Tod des Betroffenen unbefugt offenbart.

(6) Handelt der Täter gegen Entgelt oder in der Absicht, sich oder einen anderen zu bereichern oder einen anderen zu schädigen, so ist die Strafe Freiheitsstrafe bis zu zwei Jahren oder Geldstrafe.

## Übersicht

| | Rdn. | | Rdn. |
|---|---|---|---|
| A. Allgemeines | 1 | 2. Unbefugt | 43 |
| B. Objektiver Tatbestand | 8 | a) Tatbestandsausschluss, § 203 Abs. 3 Satz 1 StGB | 43a |
| I. Täter | 8 | b) Rechtfertigung, § 203 Abs. 3 Satz 2 StGB | 43b |
| 1. Hauptberufsträger (Abs. 1) | 8 | c) Tatbestandsausschließendes Einverständnis | 44 |
| 2. Berufshelfer (Abs. 3 Satz 1) und sonstige mitwirkende Personen (Abs. 3 Satz 2) | 18 | b) Mutmaßliche Einwilligung | 50 |
| 3. Täterkreis nach dem Tod des Berufsträgers | 23 | c) Offenbarungspflicht, -berechtigung aufgrund spezieller Gesetze | 53 |
| 4. Täterkreis nach Abs. 2 | 24 | d) Zeugnisverweigerungsrechte | 55 |
| II. Geheimnis | 28 | e) Notstand gem. § 34 StGB | 58 |
| 1. Geheimnis (Abs. 1 und Abs. 2 Satz 1) | 28 | IV. Verpflichtungsfehler, § 203 Abs. 4 Satz 2 Nr. 1 und Nr. 2 StGB | 59c |
| a) Fremdes Geheimnis | 28 | C. Subjektiver Tatbestand | 60 |
| b) Anvertraut oder bekannt geworden | 34 | D. Qualifikation (Abs. 6) | 61 |
| 2. Einzelangaben (Abs. 2 Satz 2) | 39 | E. Rechtswidrigkeit | 62 |
| III. Unbefugtes Offenbaren | 41 | F. Schuld | 63 |
| 1. Offenbaren | 42 | G. Konkurrenzen | 64 |

## A. Allgemeines

Die Schweigepflicht ist seit Jahrhunderten Bestandteil des ärztlichen Berufsethos und wurde im Laufe der Zeit zum Straftatbestand fortentwickelt. Der Geheimnisschutz ist ein tragender Pfeiler der Arzt-Patienten-Beziehung. Denn eine Heilbehandlung braucht Vertrauen und ein Patient erwartet Vertraulichkeit. Zudem steht diese private Sphäre unter dem Schutz des Grundgesetzes (Art. 2 Abs. 1 i.V.m. Art. 1 Abs. 1 GG; vgl. BVerfG NJW 1972, 1123, 1124) – und eben auch des Strafgesetzes (§ 203 Abs. 1 Nr. 1). Eine erste Formulierung dieses besonderen Geheimnisschutzes findet sich bereits im Hippokratischen Eid (ca. 400 v. Chr. – Übersetzung v. *Bauer* [1993] »Über alles, was ich während oder außerhalb der Behandlung im Leben der Menschen sehe oder höre und das man nicht nach draußen tragen darf, werde ich schweigen und es geheim halten.«

Die Vorschrift schützt die Privat- und Intimsphäre des Patienten. Das Berufsgeheimnis ist kein Privileg für Ärzte. Im Gegenteil: Für die Ärzte ist es eine Pflicht. Es ist ein Privileg der Patienten, die sich jederzeit vertrauensvoll an einen Arzt wenden können müssen (*Tsambikakis* medstra 2015, 193). Darüber hinaus fordert auch das Allgemeininteresse Freiräume, in denen man sich ohne Vorbehalt anvertrauen darf. Die berufsständischen Interessen werden nur reflexartig erfasst.

Der Straftatbestand ist ein echtes **Sonderdelikt**, d.h. Täter kann nur die im Gesetz benannte Person sein. Anstiftung und Beihilfe sind nach den allgemeinen Grundsätzen möglich. Auf den nicht geheimhaltungspflichtigen Teilnehmer wird § 28 Abs. 1 strafmildernd angewendet.

Die Vorschrift hat durch das Gesetz zur Neuregelung des Schutzes von Geheimnissen bei der Mitwirkung Dritter an der Berufsausübung schweigepflichtiger Personen vom 30.10.2017 (BGBl. I S. 3618) mit Wirkung vom 09.11.2017 eine Erweiterung und teilweise Neufassung erfahren: § 203 Abs. 1 wurde durch das Gesetz geändert, Abs. 2a gestrichen; Abs. 3 und 4 wurden neu gefasst, die ursprünglichen Abs. 4 und 5 wurden zu den Abs. 5 und 6.

§ 203 enthält in Abs. 1 und 2 **zwei Grundtatbestände**; Tathandlung ist jeweils das Offenbaren des geschützten Tatobjekts. Während in Abs. 1 das Offenbaren fremder Geheimnisse unter Strafe gestellt wird, ergänzt Abs. 2 den Anwendungsbereich um spezielle Einzelangaben über persönliche und sachliche Verhältnisse eines anderen.

4a  Den Täterkreis dehnt Abs. 4 Satz 1 auf Hilfspersonen, in der Berufsausbildung befindliche Personen sowie sonstige mitwirkende Personen aus.

4b  § 203 Abs. 4 Satz 2 Nr. 1 und 2 sehen eine Strafbarkeit von Personen nach Abs. 1 bis 3 auch dann vor, wenn diese es unterlassen haben, **Sorge dafür zu tragen**, dass eine mitwirkende Person zur Geheimhaltung verpflichtet wird und diese ein Geheimnis unbefugt offenbart.

5  Zeitlich erweitert Abs. 5 den Strafrechtsschutz über den **Tod des Patienten** hinaus. Eine mutmaßliche Einwilligung kann angenommen werden, wenn das Offenbaren des Geheimnisses z. B. für nahe Angehörige von erheblicher gesundheitlicher (bei genetischer Disposition, ansteckenden Krankheiten als Todesursache etc.) oder rechtlicher Bedeutung ist.

6  Abs. 6 normiert einen Qualifikationstatbestand.

7  Verstöße gegen die Schweigepflicht werden nur auf Antrag verfolgt (vgl. § 205).

## B. Objektiver Tatbestand

### I. Täter

#### 1. Hauptberufsträger (Abs. 1)

8  Täter nach § 203 Abs. 1 Nr. 1 kann nur ein **Angehöriger eines Heilberufs** sein (sog. Sonderdelikt, vgl. Rdn. 3). Dazu zählen Ärzte, Zahnärzte, Tierärzte, Apotheker, ferner die Angehörigen sonstiger Heilberufe, deren Ausübung oder Berufsbezeichnung eine staatlich geregelte Ausbildung erfordert, z.B. Ergo- und Physiotherapeuten, Logopäden, Hebammen, Krankenpfleger, Kinderkrankenschwestern, medizinisch-technische Assistenten, pharmazeutisch-technische Assistenten, Masseure, Diät-Assistenten, Rettungsassistenten, psychologische Psychotherapeuten und Kinder- und Jugendlichenpsychotherapeuten – nicht aber Heilpraktiker, weil deren Ausbildung staatlich nicht geregelt ist.

9  **Arzt** ist, wer die Heilkunde gem. § 2 Abs. 5 BÄO unter der Berufsbezeichnung »Arzt« ausüben darf. Obwohl § 203 eher an den Status als an die Funktion anknüpft, ist eine Täterschaft bei **unwirksamen Bestellungsakten** möglich. Diese faktische Betrachtungsweise führt dazu, dass auch der Praxisinhaber, dessen Approbation unwirksam ist oder der mit einem Berufsverbot belegt ist, genauso der Schweigepflicht unterliegt, wie der sich als Arzt ausgebende Hochstapler (LK/*Schünemann* StGB § 203 Rn. 59).

10  In den Justizvollzugsanstalten ist die ärztliche Versorgung gem. § 158 StVollzG durch hauptamtliche Ärzte sicherzustellen. Sie kann aus besonderen Gründen nebenamtlichen oder vertraglich verpflichteten Ärzten übertragen werden. Diese **Anstaltsärzte** sind nach Abs. 1 Nr. 1 ebenfalls zum Schweigen verpflichtet (in der Regel wird darüber hinaus Abs. 2 greifen). Besondere Offenbarungspflichten ergeben sich aus § 182 StVollzG: Personenbezogene Daten, die der Anstaltsarzt von einem Gefangenen als Geheimnis anvertraut oder über einen Gefangenen sonst bekanntgeworden sind, unterliegen gegenüber der Vollzugsbehörde der Schweigepflicht. Der Arzt hat sich gegenüber dem Anstaltsleiter zu offenbaren, soweit dies für die Aufgabenerfüllung der Vollzugsbehörde oder zur Abwehr von erheblichen Gefahren für Leib oder Leben des Gefangenen oder Dritter erforderlich ist. Der Arzt ist zur Offenbarung ihm im Rahmen der allgemeinen Gesundheitsfürsorge bekanntgewordener Geheimnisse befugt, soweit dies für die Aufgabenerfüllung der Vollzugsbehörde unerlässlich oder zur Abwehr von erheblichen Gefahren für Leib oder Leben des Gefangenen oder Dritter erforderlich ist. Sonstige Offenbarungsbefugnisse bleiben unberührt (vgl. Rdn. 43 ff.). Die offenbarten Daten dürfen nur für den Zweck, für den sie offenbart wurden oder für den eine Offenbarung zulässig gewesen wäre, und nur unter denselben Voraussetzungen verarbeitet oder genutzt werden, unter denen der Anstaltsarzt hierzu selbst befugt wäre.

Besonders schwierig zu beurteilen sind die Grenzen der Schweigepflicht des Anstaltsarztes bei der 11
Diagnose einer AIDS-Erkrankung bzw. einer HIV-Infektion. Nach *Schünemann* (LK/*Schünemann*
StGB § 203 Rn. 157) hat der Anstaltsarzt die Diagnose einer HIV-Infektion wegen der Notwendigkeit, diese bei zahlreichen Maßnahmen des Vollzuges zu berücksichtigen, dem Anstaltsleiter mitzuteilen. Die Übermittlung an weitere Personen (Vollzugspersonal, Mitgefangene) kommt nur unter
den Voraussetzungen des § 34 in Betracht (vgl. Rdn. 58).

Die Schweigepflicht des Abs. 1 Nr. 1 trifft im Grundsatz auch den **Amtsarzt**. Ob eine Offenba- 12
rungsbefugnis jenseits eines tatbestandsausschließenden Einverständnisses (vgl. dazu Rdn. 44) vorliegt, hängt davon ab, ob der Betroffene die Untersuchung aus Rechtsgründen dulden muss. Ist das
der Fall, darf der Amtsarzt das **Ergebnis** der anfragenden Stelle mitteilen. Soll durch die Untersuchung ein Recht erlangt werden, entscheidet der Betroffene autonom und verzichtet ggf. auf Offenbarung und Vergünstigung. Allein das Einverständnis erlaubt dann die Mitteilung des Amtsarztes
(LK/*Schünemann* StGB § 203 Rn. 155; MüKo-StGB/*Ciernak/Niehaus* § 203 Rn. 78). Mitgeteilt
werden darf regelmäßig nur das Ergebnis der Untersuchung.

Der **Betriebsarzt** ist Angestellter des Unternehmens und berät dieses, ohne dass daraus besondere 13
Offenbarungsbefugnisse folgen. Er unterliegt der vollen ärztlichen Schweigepflicht gegenüber dem
eigenen Unternehmen – so sind z.B. Arbeitsunfähigkeitsbescheinigungen ohne die Angabe der Diagnose auszustellen (und vom Arbeitgeber zu akzeptieren).

Nach **§ 203 Abs. 1 Nr. 7** sind taugliche Täter einer Verletzung von Privatgeheimnissen Angehörige 14
eines Unternehmens der privaten Krankenversicherung oder einer privatärztlichen Verrechnungsstelle. Angehörige eines öffentlich-rechtlichen Versicherungsträgers unterfallen der Regelung in
§ 203 Abs. 2.

Die Rechtsprechung hat teilweise neben den berufsständischen Verrechnungsstellen gewerb- 15
liche Factoring-Unternehmen als »privatärztliche Verrechnungsstelle« behandelt (OLG Stuttgart
NJW 1987, 1490; a.A. LG Mannheim Urt. v. 20.11.2014 – 10 S 44/14). Dabei handelt es sich
jedoch um eine unzulässige Analogie, weil nach dem Wortlaut nur Verrechnungsstellen in Betracht
kommen, die von der Ärzteschaft getragen werden. Im Übrigen hat der Gesetzgeber gewerbliche
Verrechnungsstellen schon deshalb nicht berücksichtigt, weil es sie damals noch nicht gab (vgl. SK/
*Hoyer* § 203 Rn. 46).

Nicht unter Nr. 7 fallen die (nicht erwähnten) Inhaber, Leiter, Organe und Bedienstete von Kran- 16
kenanstalten und von medizinischen Zwecken dienenden Untersuchungsanstalten. Das ist nicht
unproblematisch, weil diese Personen zwangsläufig schützenswerte Patientengeheimnisse erfahren.
Sie werden daher regelmäßig unter andere Tatbestandsmerkmale subsumiert. Soweit nicht bei staatlichen und kommunalen Krankenhäusern ohnehin Abs. 2 in Betracht kommt, wird sonstiges Verwaltungspersonal weitgehend als »berufsmäßig tätige Gehilfen« (Abs. 3 Satz 1) des Arztes erfasst
(vgl. Rdn. 18).

**Angehörige** i.S.d. Nr. 7 sind Inhaber, Leiter, Organe, Mitglieder eines Organs und alle Bediensteten, die durch ihre Tätigkeit von den Geheimnissen Kenntnis erlangen können. 17

### 2. Berufshelfer (Abs. 3 Satz 1) und sonstige mitwirkende Personen (Abs. 3 Satz 2)

Ausgeweitet wird der Täterkreis durch Abs. 3 Satz 1, Abs. 4, der die **berufsmäßig tätigen Gehilfen**, 18
die Personen, die bei den Hauptgeheimnisträgern zur Vorbereitung auf den Beruf tätig sind sowie
**die sonstigen Personen**, die an den beruflichen oder dienstlichen Tätigkeiten **mitwirken**, in den
Kreis potentieller Täter mit einbezieht. Die Regelung ist durch das Gesetz zur Neuregelung des
Schutzes von Geheimnissen bei der Mitwirkung Dritter an der Berufsausübung schweigepflichtiger
Personen vom 30.10.2017 (BGBl. I S. 3618) eingefügt worden und am 09.11.2017 in Kraft getreten. Abs. 2a wurde zugleich gestrichen. Anliegen des Gesetzes ist es die Unsicherheiten zu beseitigen, welche im Hinblick auf Personen entstanden ist, die vom Berufsgeheimnisträgern im Sinne
von Abs. 1 und 2 bei der Erfüllung ihrer beruflichen Pflichten hinzugezogen wurden. Im Zuge der

immer stärkeren Spezialisierung, umfassenden Digitalisierung von Informationen und Auslagerung von Serviceleistungen hat diese Thematik in den letzten Jahren immer mehr an Brisanz gewonnen (*Fischer* medstra 2017, 321).

19 **Berufshelfer i.S.d. Abs. 3 Satz 1** (entspricht weitgehend Abs. 3 Satz 2 a.F.) sind alle Personen, die im beruflichen Tätigkeitskreis des nach Abs. 1 Schweigepflichtigen unterstützend tätig werden, und dadurch von fremden Geheimnissen Kenntnis erlangen (können) (sog. interne Personen). Erfasst sind berufsmäßig tätige Gehilfen. Typische ärztliche Gehilfen sind Sprechstundenhilfen, MTA usw. Für die Einordnung als Berufshelfer kommt es darauf an, ob die betreffende Personen aus Sicht des Geheimnisberechtigten in den organisatorischen und weisungsgebundenen internen Bereich der vertrauensbegründenden Sonderbeziehung einbezogen ist.

20 Die unterstützende Tätigkeit muss im **unmittelbaren Zusammenhang** mit der beruflichen Tätigkeit des Hauptberufsträgers stehen und die geheimnisgeschützte Tatsache muss gerade in der Eigenschaft als Hilfskraft zur Kenntnis genommen werden.

21 Die **Krankenhausleitung** wird seit jeher als »Gehilfe des Arztes« behandelt (zur prozessualen Parallelvorschrift § 53a StPO: OLG Oldenburg NStZ 1983, 39; OLG Köln VRS 83, 103; *Tsambikakis*, Strafprozessuale Zeugnisverweigerungsrechte aus beruflichen Gründen, 2011). Das Krankenhauspersonal fällt teilweise unter Abs. 1 Nr. 1 (z.B. Krankenpfleger). Das Pflegepersonal (inkl. Zivildienstleistende) und die technischen Dienste – wie z.B. Labors, Röntgenabteilungen und internen Dokumentationsstellen – werden in so engem zeitlichen, räumlichen und situativen Zusammenhang mit der ärztlichen Behandlung tätig, dass die geforderte Unmittelbarkeit (vgl. Rdn. 20) bejaht werden kann.

22 Personen in der **Vorbereitung auf** ihren **Beruf** sind u.a. Medizinstudierende, Krankenpflegepersonal in Ausbildung.

22a Durch die Neuregelung des Abs. 3 Satz 2 1. Hs. und Abs. 4 sind nunmehr auch **sonstige mitwirkende Personen** erfasst, also solche, die an der beruflichen Tätigkeit der schweigepflichtigen Person mitwirken, dabei aber nicht in die Sphäre des Berufsgeheimnisträgers eingebunden sind (sog. externe Personen). Wie die internen Personen müssen auch diese an der Vorbereitung, Durchführung, Auswertung und Verwaltung der beruflichen Tätigkeit beteiligt sein und dies auf Veranlassung des Berufsgeheimnisträgers erfolgen (BT-Drs. 18/11936 S. 22). Nach h.M. fallen darunter z.B. Mitarbeiter zahntechnischer Labore, Mitarbeiter von Service, Reparatur und Wartung von informationstechnischen Anlagen (BT-Drs. 18/11936 S. 22); Schreibdienste und externe **Buchführungs- und Abrechnungsstellen**.

22b Durch Abs. 3 Satz 2 2. Hs. wird der Personenkreis auf externe Personen ausgeweitet, die **mittelbar** durch die in Hs. 1 Genannten Zugang zu Geheimnissen aus der Berufs- und Dienstsphäre der in Abs. 1 und 2 Genannten erlangen.

### 3. Täterkreis nach dem Tod des Berufsträgers

23 Eine weitere Ausdehnung enthält Abs. 4 Satz 2 Nr. 3. Die dort Genannten werden den Personen gleichgestellt, die das Geheimnis von dem Verstorbenen oder aus dessen Nachlass erlangt haben. Der Täter **erlangt** ein Geheimnis, wenn der Verpflichtete das Geheimnis offenbart. Ein eigenmächtiges rechtswidriges Handeln begründet keine strafbewehrte Schweigepflicht. Sie besteht ferner nicht, wenn der Verstorbene das Geheimnis mit Einwilligung des Betroffenen an den Dritten weitergegeben hat. **Aus dem Nachlass** erlangt wird ein Geheimnis, wenn der Erbe, Testamentsvollstrecker oder der Erbschaftsbesitzer es in Ausübung seiner tatsächlichen oder vermeintlichen Rechte aus dem Nachlass erfahren hat.

### 4. Täterkreis nach Abs. 2

24 Der Täterkreis nach Abs. 1 unterscheidet sich von dem in Abs. 2 und erweitert die Strafbarkeit u.a. auf **Amtsträger**. Ausgangspunkt einer juristischen Subsumtion ist die Legaldefinition des § 11

Abs. 1 Nr. 2, wonach Amtsträger ist, wer nach deutschem Recht Beamter oder Richter ist, in einem sonstigen öffentlich-rechtlichen Amtsverhältnis steht oder sonst dazu bestellt ist, bei einer Behörde oder bei einer sonstigen Stelle oder in deren Auftrag Aufgaben der öffentlichen Verwaltung unbeschadet der zur Aufgabenerfüllung gewählten Organisationsform wahrzunehmen (vgl. hierzu Leipold/Tsambikakis/Zöller/ *Tsambikakis* StGB § 11 Rn. 14 ff.).

Der dem besonderen Teil der Tatbestände des StGB vorangestellte allgemeine Sprachgebrauch legt die Idee einer einheitlichen Verwendung des Begriffs des Amtsträgers nahe. Die Vielfältigkeit der Tatbestände des Besonderen Teils des Strafgesetzbuchs spricht allerdings u.U. dagegen. Der Amtsträger im StGB ist einmal Täter, teilweise Partner des Täters und auf der anderen Seite zu schützendes Opfer. Der Regelungszweck der jeweiligen Norm kann daher zu unterschiedlichen Strafbarkeitsvorstellungen hinsichtlich der Person des Amtsträgers führen. Obwohl sprachlich dieselbe Begrifflichkeit verwandt wird, ist sie inhaltlich von verschiedener Reichweite. Ist der Begriff des Amtsträgers daher im jeweiligen Kontext der Bedeutung der angewandten Strafnorm zu suchen, bedarf es bei der strafbewehrten Schweigepflicht einer individualisierten Betrachtung. 25

Angestellte **kommunaler Krankenhäuser** oder **Universitätskliniken** sind Amtsträger i.S.d. § 203 Abs. 2 Nr. 1, da sie ihre Tätigkeit im Rahmen der sog. Daseinsfürsorge entfalten, hier: Die Erhaltung der Gesundheit der Bürger sowie Heilung von Krankheiten ist Aufgabe der öffentlichen Verwaltung. Auf die gewählte Organisationsform kommt es nicht an (§ 11 Abs. 1 Nr. 2 Buchst. c). 26

Angehörige der freien Berufe wie z.B. Ärzte oder Apotheker sind keine Amtsträger; auch nicht soweit sie Medikamente verordnen (BGHSt 57, 202; Schönke/Schröder/*Hecker* § 11 Rn. 18, 25 m.w.N.). 27

Für die Berufshelfer und sonstigen mitwirkenden Personen der Personen nach Abs. 2 gelten Rdn. 18 ff. entsprechend. 27a

## II. Geheimnis

### 1. Geheimnis (Abs. 1 und Abs. 2 Satz 1)

#### a) Fremdes Geheimnis

Ein Geheimnis i.S.d. Abs. 1 (und Abs. 2 Satz 1) umfasst nur **Tatsachen**, die nach dem erkennbaren Willen des Geheimnisherrn geheim gehalten werden sollen, nur einem begrenzten Personenkreis bekannt sind und an denen der Betroffene ein berechtigtes Geheimhaltungsinteresse hat oder bei eigener Kenntnis der Tatsache haben würde (OLG Köln NJW 2000, 3656). Unbeachtlich ist, um welche Art von Tatsachen es sich handelt und ob die Offenbarung dem Betroffenen peinlich oder seiner sozialen Geltung abträglich ist. Aus § 203 Abs. 5 ergibt sich, dass ein Geheimnis das Leben des Trägers überdauert. Die Schweigepflicht gilt noch nach dem Tod des Patienten. 28

Für den **Arzt** sind alle Tatsachen, die er im Umgang mit seinen Patienten erfährt, ein Geheimnis, v.a. Ergebnisse von Untersuchungen, die Art einer Krankheit und die ergriffenen Therapiemaßnahmen. Dies umfasst im Patientengespräch erlangte Kenntnisse anderer privater Umstände. Nicht nur Informationen, die der Arzt typischer Weise aufgrund des ihm durch das Sonderverhältnis entgegen gebrachten Vertrauens erhält, sind schutzwürdig. Der Geheimnisbegriff wird **weit** ausgelegt (BGHSt 38, 369, 370). 29

Die Tatsache darf nur einer beschränkten Zahl von Personen bekannt oder zugänglich sein. Dies ist bei geschlossenen Insiderkreisen (z.B. Familie, Werksangehörigen eines Unternehmens, Betriebsrat) und bei gut überschaubaren, kontrollierbaren Gruppen der Fall. Der Geheimnischarakter fehlt, wenn die Tatsache **offenkundig** oder sonst für jedermann wahrnehmbar ist, und zwar unabhängig von der Zahl der tatsächlich Wahrnehmenden. Informationen, die der Arzt im Rahmen seiner Aufgabe als Sachverständiger erlangt, unterliegen der Verschwiegenheitspflicht. Ausnahmen bestehen, wenn der Arzt aufgrund gesetzlicher Zwangsbefugnisse agiert (§§ 81 ff., 126a StPO) 30

30a  Geschützt sind selbstverständlich auch Informationen, die ein minderjähriger Patient dem Arzt anvertraut. Abhängig vom Alter des Kindes und der Art der Erkrankung kann im Einzelfall das Recht der Eltern auf Information überwiegen.

31  **Fremd** ist ein Geheimnis, wenn es eine andere Person betrifft. Es kommt nicht darauf an, ob der Geheimnisträger oder Dritte dem nach § 203 zum Schweigen Verpflichteten das Geheimnis mitteilen.

32  Zum **persönlichen Lebensbereich** gehört ein Geheimnis, wenn es den privaten, beruflichen, politischen oder gesellschaftlichen Lebensbereich des Geheimnisträgers betrifft und nicht zugleich einen wirtschaftlichen Wert verkörpert. Die geschützten Umstände müssen nicht ausdrücklich als geheimhaltungsbedürftig bezeichnet werden. Es genügt der konkludente oder mutmaßliche Wille des Verfügungsberechtigten. Da § 203 den Schutz bestimmter Vertrauensverhältnisse gewährleistet, unterfallen Geheimnisse Dritter, die der Patient dem Schweigepflichtigen anvertraut oder sonst bekannt gibt und die im inneren Zusammenhang mit der Behandlung etc. stehen, dem Geheimnisschutz. Geheim sind in aller Regel der Gesundheitszustand des Patienten, die Alkohol- und Drogenabhängigkeit, die Art der Verletzungen, das Bestehen einer frühen Schwangerschaft, die später möglicherweise offenkundig ist. Beim Arzt unterfallen alle Umstände, die mit der Untersuchung des Patienten, der Diagnose sowie der Therapie im unmittelbaren Zusammenhang stehen, dem Geheimnisschutz. Das sachlich begründete Geheimhaltungsinteresse ist nicht nur bei gesundheitlichen, familiären, wirtschaftlichen Umständen gegeben. Bereits die Tatsache, dass sich jemand in ärztliche Behandlung begibt, unterfällt dem Geheimnisschutz. Das Schweigegebot ist unteilbar und entfällt weder in Bezug auf Begleitpersonen des Patienten noch auf Begleitumstände der Beratung (vgl. BGHSt 33, 148).

32a  Unter den Schutz fallen sog. **Drittgeheimnisse**, also personenbezogene Informationen, die nicht den Patienten, sondern (auch) einen Dritten betreffen (z.B. genetische Vorbelastungen). Drittgeheimnisse in einem weiteren Sinne, sind Tatsachen, die bspw. eine Begleitperson anvertraut, weil der Patient sich aufgrund eines Unfalls nicht äußern kann. Auch diese Tatsachen, die im Vertrauen dem Berufsgeheimnisträger mitgeteilt werden, sind von § 203 geschützt (NK-StGB/*Kargl* § 203 Rn. 17).

33  **Betriebs- und Geschäftsgeheimnisse** betreffen Tatsachen im Zusammenhang mit einem Geschäftsbetrieb, an denen der Unternehmer ein wirtschaftliches Interesse hat.

### b) Anvertraut oder bekannt geworden

34  Das Geheimnis muss dem Täter anvertraut oder sonst bekannt geworden sein und zwar in seiner Eigenschaft als Angehöriger der gesetzlich abschließend bezeichneten Berufsgruppen.

35  **Anvertraut** ist das Geheimnis, wenn es dem Arzt mündlich, schriftlich oder auf andere Weise z.B. durch Vorzeigen einer Verletzung derart mitgeteilt wurde, dass sich hieraus das Vertrauen auf das Schweigen manifestiert (vgl. OLG Köln NJW 2000, 3656, 3657).

36  **Sonst bekannt geworden**, sind Tatsachen, die der Schweigepflichtige auf andere Weise erfahren hat. Diese Variante ist weit auszulegen, weil sie jede Form der Kenntniserlangung außerhalb des Anvertrauens erfassen soll (MüKo-StGB/*Ciernak/Niehaus* § 203 Rn. 49). Nur eine im Rahmen einer typischerweise auf Vertrauen angelegten Sonderbeziehung rechtfertigt den strafbewehrten Geheimnisschutz. Ob im konkreten Fall ein Vertrauensverhältnis herrscht oder der Patient seinem Arzt gar misstraut (zur ärztlichen Behandlung im Strafvollzug vgl. *Geppert* Die ärztliche Schweigepflicht im Strafvollzug, S. 15) kommt es nicht an.

37  Die Kenntniserlangung muss gerade **in der Eigenschaft als Arzt** erfolgen und mithin im unmittelbaren Zusammenhang mit der beruflichen oder amtlichen Funktion stehen. Auf welche Weise der Schweigeverpflichtete informiert wird, ist unerheblich. Beobachtungen und Wahrnehmungen anlässlich eines Hausbesuches oder der Behandlung eines Bewusstlosen werden somit von der Schweigepflicht erfasst. Der Betriebsarzt darf bspw. keine Geheimnisse der Werksangehörigen preisgeben,

die er außerhalb einer Untersuchung auf dem Werksgelände erfährt (MüKo-StGB/*Ciernak/Niehaus* § 203 Rn. 49).

Kenntnisse, die der Arzt, über Tatsachen als gerichtlich bestellter **Sachverständiger** oder sonst als Gutachter erlangt, unterfallen der Schweigepflicht. Auch einem als Gutachter tätigem Amtsarzt werden Geheimnisse anvertraut. Darunter fällt alles, was der Arzt in dieser Eigenschaft wahrgenommen hat, gleichgültig ob die Wahrnehmungsmöglichkeit auf einem besonderen Vertrauensakt beruht oder nicht. Zwischen dem ärztlichen Sachverständigen und seinen Probanden wird regelmäßig ein gewisses Vertrauensverhältnis entstehen, das die Erwartung rechtfertigt, der Gutachter werde die gewonnenen Erkenntnisse nur dem Gericht im Rahmen seines Auftrags mitteilen, nicht aber darüber hinaus ausplaudern oder anderweitig offenbaren. (BGHSt 38, 369, 370). 38

### 2. Einzelangaben (Abs. 2 Satz 2)

Für den in Abs. 2 näher bezeichneten (erweiterten) Täterkreis ist nicht nur das unbefugte Offenbaren von Geheimnissen strafbar. Nach Abs. 2 Satz 2 sind den Geheimnissen nach Abs. 1 und Abs. 2 Satz 2 **Einzelangaben** über persönliche oder sachliche Verhältnisse eines anderen gleichgestellt, die für Aufgaben der öffentlichen Verwaltung erfasst sind. Die Angaben müssen sich konkret einzeln auf einen anderen beziehen; zumindest mittelbar muss diese andere Person erkennbar sein. Der Tatbestand ist nicht erfüllt, wenn die Einzelangabe offenkundig ist oder der Geschützte offensichtlich kein Interesse daran hat, dass der Umstand unbekannt bleibt (kritisch zur Erweiterung des sachlichen Schutzbereichs durch Abs. 2 zu einem eigenständigen Datenschutzdelikt Leipold/Tsambikakis/Zöller/*Popp* § 203 Rn. 11). 39

**Erfasst** ist die Einzelangabe, wenn sie in beliebiger Weise gegenständlich fixiert oder gespeichert ist. Elektronische Datenverarbeitung taugt dazu wie klassische Formen der Akten oder Karteikarten. 40

### III. Unbefugtes Offenbaren

Tathandlung ist zunächst nach § 203 Abs. 1, 2, 3 Satz 2 und Abs. 4 Satz 2 Nr. 3 das unbefugte Offenbaren. 41

### 1. Offenbaren

**Offenbaren** ist jedes Mitteilen eines Geheimnisses oder einer Detailangabe an einen Dritten, der hiervon keine oder keine umfassende Kenntnis hatte (BGH NJW 1995, 2915; OLG Koblenz NJW 2008, 2796; BayObLG NJW 1995, 1623; OLG Köln NJW 1980, 898). Diese Mitteilung muss eine Identifikation der Person ermöglichen und sich auf die geheimnisgeschützte Tatsache und die konkrete Person erstrecken. 42

### 2. Unbefugt

Ein Offenbaren erfolgt **unbefugt**, wenn **kein Rechtfertigungsgrund** vorliegt. Da bei wirksamer Einwilligung des Verfügungsberechtigten bereits der Tatbestand entfällt und damit wie ein tatbestandsausschließendes Einverständnis wirkt, hat das Merkmal »unbefugt« insoweit eine Doppelfunktion. 43

#### a) Tatbestandsausschluss, § 203 Abs. 3 Satz 1 StGB

Nach der Neuregelung des Abs. 3 Satz 1 stellt die Weitergabe des Geheimnisses durch die Berufsgeheimnisträger aus Abs. 1 und Abs. 2 an berufsmäßige Gehilfen (Rdn. 18 f.) und den bei den Hauptgeheimnisträgern zur Vorbereitung auf den Beruf Tätigen, kein Offenbaren dar. Der Tatbestand ist in diesem Fall somit ausgeschlossen. 43a

#### b) Rechtfertigung, § 203 Abs. 3 Satz 2 StGB

Nach Abs. 3 Satz 2 ist das Offenbaren durch die primär Verpflichteten (Abs. 1 und 2) gegenüber den externen Personen (Abs. 3 Satz 2, Hs. 1, vgl. Rdn. 22a) und den durch diese hinzugezogenen 43b

Dritte (Abs. 3 Satz 2 Hs. 2, vgl. Rdn. 22b) »nicht unbefugt«, soweit dies für die Inanspruchnahme der Tätigkeit der sonstigen mitwirkenden Personen erforderlich ist. Nach der Gesetzesbegründung soll die Offenbarung in diesem Fall tatbestandsmäßig, aber letztlich erlaubt sein (BT-Drs. 18/11936 S. 28). Es handelt sich somit um einen Rechtfertigungsgrund.

Voraussetzung ist, dass die Offenbarung nur soweit erfolgt, wie es für die Inanspruchnahme der Tätigkeit der sonstigen mitwirkenden Personen erforderlich ist. Dabei spielt es weniger eine Rolle, ob die Inanspruchnahme des externen Dritten als solche notwendig ist, sondern ob die Informationen, die an den Dritten übermittelt werden, als für dessen Tätigkeit tatsächlich notwendig anzusehen sind (BT- Drs. 18/11936 S. 23). So bedarf es als erforderliche Information bspw. für Telefondienstleister des Arztes zumindest den Namen des Betroffenen und dessen Eigenschaft als Patient (BT-Drs.18/11936 S. 28). Die dem Berufsgeheimnisträger bekannt gewordenen Geheimnisse dürfen seine Sphäre nur in einem erforderlichen Ausmaß verlassen (BT-Drs. 18/11936, S. 28). Eine genauere Konkretisierung des Tatbestandsmerkmals ist in der Gesetzesbegründung nicht zu finden, sodass eine Vereinbarkeit mit dem Bestimmtheitsgebot gem. Art. 103 Abs. 2 GG zweifelhaft ist (*Braun/Willkomm*, medstra 2018, 195, 199).

### c) Tatbestandsausschließendes Einverständnis

44 Ein Geheimnis muss nur solange geschützt werden, wie der Träger dies wünscht. Das tatbestandsausschließende Einverständnis bedarf danach einer Zustimmung des Inhabers des betroffenen Rechtsguts, der **dispositionsbefugt** sowie **einsichts- und urteilsfähig** ist.

44a Bei sog. Drittgeheimnissen (s. Rdn. 32a) steht die Verfügungsbefugnis allein dem zu, den das Geheimnis betrifft (str., vgl. *Fischer* StGB § 203 Rn. 70; MüKo-StGB/Ciernak/Niehaus StGB § 203 Rn. 59 f. jeweils m.w.N.).

45 Der Verfügungsberechtigte muss Bedeutung und Wirkung seiner Entscheidung erkennen. **Minderjährige** sind hierzu entsprechend ihrem Reifegrad fähig. Verlangt wird eine tatsächliche Einsichts- und Urteilsfähigkeit.

46 Das Einverständnis bedarf **keiner besonderen Form** und kann sowohl ausdrücklich als auch konkludent erklärt werden. Denkbar wäre es darüber hinaus, die bloße innere Zustimmung genügen zu lassen, denn der Rechtsgutschutz bedarf keines Zugangs der Erklärung. Das konkludente Einverständnis beurteilt sich nach der Verkehrsanschauung. Wirkt der Geheimnisgeschützte an Abläufen mit, die ein Offenbaren von Geheimnissen voraussetzen, wird man ein konkludentes Einverständnis annehmen (*Fischer* StGB § 203 Rn. 67).

47 Ein **konkludentes Einverständnis** hat die Rechtsprechung z.B. angenommen bei der Mitteilung eines Arztes an den Assistenten; der Übermittlung der fachärztlichen Feststellungen an den überweisenden Hausarzt (BGH NJW 1983, 350; OLG Hamm MedR 1995, 328; OLG München NJW 1993, 797); der Weiterleitung von Informationen zur Abrechnung an die Abrechnungsabteilung eines Krankenhauses (LG Bonn NJW 1995, 2419); der Mitteilung ergänzender Tatsachen auf Nachfrage des Gerichts bei Vorlage eines ärztlichen Attests zur Glaubhaftmachung bei krankheitsbedingter Verhandlungsunfähigkeit (OLG Frankfurt NStZ-RR 2005, 235, 237; OLG Karlsruhe NStZ 1994, 141).

47a In der Praxis werden Geheimnisse vielfach unbedacht weitergegeben. Dies gilt v.a. gegenüber Angehörigen oder sonstigen vermeintlich nahestehenden Personen. Ein konkludentes Einverständnis kann jedenfalls nicht ohne Weiteres angenommen werden. Das gilt erst recht gegenüber Mitpatienten.

47b Nahe liegend ist dagegen eine konkludente Einwilligung bei zwingend arbeitsteiligen Arbeiten wie z.B. im Krankenhaus. Hier wird es in der Regel der Verkehrsanschauung entsprechen, dass mit Aufnahme in das Krankenhaus eine schlüssige Erklärung des Patienten dahingehend erfolgt, dass in die üblicherweise mit einer Krankhausbehandlung einhergehenden Informationsflüsse eingewilligt wird (OVG Münster Beschl. v. 01.02.1982 – 6 B 2028/81).

**Kein konkludentes Einverständnis** liegt vor bei der Übermittlung des Ergebnisses einer Einstellungsuntersuchung an den Arbeitgeber, und zwar auch ohne ausdrücklich erklärten entgegenstehenden Willen. Gleiches gilt für die Übermittlung von Patientendaten und Befunden an eine externe Verrechnungsstelle bei Abschluss eines Behandlungsvertrages (BGHZ 115, 123, 128; 116, 268, 273; BGH NJW 1992, 2348; NJW 1993, 2371; OLG Karlsruhe NJW 1998, 831). Bei dieser kann es sich nun aber um eine sonstige mitwirkende Person handeln (vgl. oben Rdn. 43b). Der Behandlungsvertrag enthält keine Einwilligung in die Mitteilung der Diagnose bei Arbeitsunfähigkeit oder krankheitsbedingter Prüfungsverhinderung. 48

Bei der Übermittlung der Ergebnisse betriebsärztlicher Vorsorgeuntersuchungen gegenüber dem Arbeitgeber wird zwischen Einzelbefunden und Gesamtergebnis differenziert (vgl. Rdn. 13). 49

### b) Mutmaßliche Einwilligung

Kann der Verfügungsbefugte seine **Entscheidungskompetenz** dauernd oder vorübergehend **nicht wahrnehmen** oder legt er darauf offensichtlich keinen Wert, tritt die mutmaßliche Einwilligung an die Stelle der tatsächlichen Entscheidung. Sie rechtfertigt das Offenbaren eines Geheimnisses. Da die mutmaßliche Einwilligung an die Stelle der Einwilligung treten soll, müssen – abgesehen von dem fehlenden Zustimmungsakt – zunächst deren Voraussetzungen vorliegen, d.h. der mutmaßlich Einwilligende hat Inhaber des betroffenen Rechtsguts, dispositionsbefugt sowie einsichts- und urteilsfähig zu sein. Eine typische Fallgruppe bildet das bewusstlos in das Krankenhaus eingelieferte Unfallopfer, dessen Angehörige über den Gesundheitszustand informiert werden. Ist es unmöglich oder unverhältnismäßig, das tatsächliche Einverständnis einzuholen, muss gefragt werden, ob der Patient seine Einwilligung erteilen würde, wenn man ihn vorher hätte fragen können, weil die Offenbarung in seinem Interesse liegt. Sein Interesse bestimmt sich nach den subjektiven Präferenzen, mithin den persönlichen Zielen, Wünschen, Bedürfnissen und Wertvorstellungen. Ein Rückgriff auf die mutmaßliche Einwilligung kommt deshalb dann nicht in Betracht, wenn der Rechtsgutsinhaber seine Zustimmung bereits verweigert hat oder sein entgegenstehender Wille dem Täter anderweitig bekannt ist. Es kommt nicht darauf an, ob seine Entscheidung sinnvoll oder nachvollziehbar erscheint: Die mutmaßliche Einwilligung darf nicht dazu verwendet werden, die Autonomie des Einzelnen zu unterlaufen. Nur wenn keine Anhaltspunkte über die besonderen Präferenzen des Betroffenen vorliegen, ist nach intersubjektiven Gesichtspunkten, d.h. danach, was ein vernünftiger Dritter wollen würde, zu entscheiden (BGHSt 45, 221). Stellt sich dann im Nachhinein heraus, dass der mutmaßliche Wille mit dem tatsächlichen Willen des Betroffenen nicht übereinstimmt, bleibt die Tat gleichwohl gerechtfertigt. 50

**Nach dem Tod** des ursprünglich Verfügungsberechtigten kommt eine mutmaßliche Einwilligung zum Tragen, wenn die Angehörigen über den Todeseintritt oder sonstige persönliche Geheimnisse des Verstorbenen benachrichtigt werden, wie z.B. den Umstand einer ansteckenden Krankheit. Soweit von der ärztlichen Schweigepflicht her ernstliche Bedenken gegen eine Einsicht von Erben oder Hinterbliebenen bestehen, kommt der Wahrung des Arztgeheimnisses der Vorrang zu. Ob ausnahmsweise höherrangige Belange den Bruch des Arztgeheimnisses rechtfertigen, kann naturgemäß nur der Arzt selbst entscheiden, weil er für die Entscheidung durch eine dritte Stelle zwangsläufig das Geheimnis erst preisgeben müsste. Er darf aber qualifizierten Rechtsrat einholen. Soweit also nicht schon die Werteabwägung eine Offenbarung rechtfertigt, wird der Arzt gewissenhaft zu prüfen haben, ob Anhaltspunkte dafür bestehen, dass der Verstorbene die ganze oder teilweise Offenlegung der Krankenunterlagen gegenüber seinen Hinterbliebenen bzw. Erben mutmaßlich missbilligt haben würde; bei der Erforschung dieses mutmaßlichen Willens des verstorbenen Patienten wird das Anliegen der die Einsicht begehrenden Personen (Geltendmachung von Ansprüchen, Wahrung nachwirkender Persönlichkeitsbelange des Verstorbenen) eine entscheidende Rolle spielen (BGH NJW 1983, 2627, 2629). 51

**Subjektiv** muss der Täter in **Kenntnis** der rechtfertigenden Umstände handeln. Geht der Täter fälschlicherweise von Umständen aus, bei deren tatsächlichen Vorliegen der Berechtigte mutmaßlich zustimmen würde, befindet er sich in einem die Strafbarkeit aus Vorsatzdelikt ausschließenden 52

Erlaubnistatbestandsirrtum. Irrt er hingegen über die rechtlichen Voraussetzungen der mutmaßlichen Einwilligung stellt dies einen nach § 17 zu behandelnden Verbotsirrtum dar.

### c) Offenbarungspflicht, -berechtigung aufgrund spezieller Gesetze

53  Spezielle Gesetze berechtigen zur Verletzung des persönlichen Lebens- und Geheimbereichs, so z.B. die Anzeigepflicht gem. § 138, eingeschränkt für Ärzte, Psychologische Psychotherapeuten oder Kinder- und Jugendlichenpsychotherapeuten nach § 139 Abs. 3 Satz 2.

54  Besondere Offenbarungspflichten ergeben sich u.a. aus § 807 ZPO, § 159 StPO, § 11 Abs. 4 TPG, §§ 6, 7 Abs. 1 und 2 IfSchG, § 182 Abs. 2 StVollzG, § 18 Abs. 1 SchKG, § 18 PStG, § 202 SGB VII. Ein polizeiliches Auskunftsverlangen nach § 32 Abs. 2 BMG kann im Einzelfall, nicht aber pauschal, zu einer Offenbarungsbefugnis führen (zu den Einzelheiten *Vogel* medstra 2018, 345).

### d) Zeugnisverweigerungsrechte

55  § 203 ist eine materielle Strafnorm. Für sich genommen kollidiert sie mit der Pflicht des Zeugen, vor Gericht die Wahrheit zu sagen. Die prozessuale Aussagepflicht geht der in § 203 Abs. 1 normierten Schweigepflicht sogar vor und wird nur aufgehoben, soweit die Prozessgesetze dem Schweigepflichtigen kein Zeugnisverweigerungsrecht gewähren. Durchbricht das in den Verfahrensordnungen geregelte Zeugnisverweigerungsrecht den Zeugniszwang (vgl. § 383 Abs. 1 Nr. 6 ZPO, § 53 Abs. 1 StPO, § 84 Abs. 1 FGO i.V.m. § 102 AO), so tritt das öffentliche Interesse an der Wahrheitserforschung und Ahndung von Straftaten insoweit hinter den materiellen Schutz der Geheimsphäre zurück. Denn es gibt keine verfahrensrechtliche Regel, wonach die Wahrheit um jeden Preis zu erforschen ist (BGHSt 14, 358, 365).

56  Inwieweit der zeugnisverweigerungsberechtigte Geheimnisträger aussagen darf, wenn **keine Entbindung** vorliegt, richtet sich nach den allgemeinen Regeln. Die Offenbarung ist nicht schon deshalb befugt, weil sie als Zeugenaussage vor Gericht erfolgt (vgl. MüKo-StGB/*Ciernak/Niehaus* § 203 Rn. 91; LK/*Schünemann* StGB § 203 Rn. 128 m.w.N.). Die erforderliche Entbindung darf auch nicht dadurch unterlaufen werden, dass Ermittlungsbehörden bei Zeugenvernehmungen vermeintlich abstrakte Fragen stellen, wenn diese letztlich zu einer Umgehung der Schweigepflicht führen. Ähnlich wie bei der Mosaiktheorie (vgl. BVerfG NJW 2002, 1411, 1412) darf bzw. sollte der Berufsgeheimnisträger auch bei diesen Fragen von seinem Zeugnisverweigerungsrecht Gebrauch machen, da sie »Teilstücke« darstellen, die letztlich zu einer Aussage über das geschützte Geheimnis führen. Dennoch ist zu beachten, dass die Überprüfung von Rechtfertigungsgründen und das hiermit verbundene Urteil über die Befugnis zur Geheimnisoffenbarung Fragen aufwirft, deren rasche und zutreffende Wertung bereits dem Juristen erhebliche Probleme bereitet (vgl. BGHSt 9, 59, 62). Dies muss erst recht für den zur Entscheidung berufenen juristischen Laien gelten, der nach § 203 Abs. 1 zum Schweigen verpflichtet ist. Entschließt er sich auszusagen, trägt er die Last der richtigen Gewichtung der widerstreitenden Interessen. Entspricht seine Wertung den Vorgaben des materiellen Strafrechts, so besteht kein Grund, die Wahrheitsermittlung zurückzudrängen (BGHSt 9, 59, 61). Widerspricht die Aussage dem materiellen Recht, besteht nach der Rechtsprechung kein Vernehmungs- und Verwertungsverbot (BGHSt 18, 146, 147; BGH medstra 2018, 292).

57  Flankierende Schutznorm der Zeugnisverweigerungsrechte aus (heil-)beruflichen Gründen ist § 97 Abs. 1 bis 3 StPO. Das Verhältnis dieser prozessualen Norm zu der materiellen Strafnorm des § 203 ist nur unzureichend geklärt, sodass schon von einem »Irrgarten« gesprochen wurde (*Samson* StV 2000, 55). Weithin werden die Patientenunterlagen im Strafverfahren gegen einen Arzt wegen Abrechnungsbetrugs wohl für beschlagnahmefähig gehalten (vgl. BVerfG MedR 2008, 288; *Wasmuth* NJW 1989, 2297; vgl. auch BGHSt 36, 320; LG Bielefeld StV 2000, 12; *Rudolf* MedR 1991, 253). In diesem Fall wäre aber auch die freiwillige Herausgabe von Patientenakten, um aus Verhältnismäßigkeitsgründen eine ansonsten nicht abwehrbare Durchsuchung abzuwenden, nicht unbefugt i.S.d. § 203. Zur Abwendungsbefugnis vgl. im Einzelnen Löwe/Rosenberg/

*Tsambikakis* StPO § 105 Rn. 62; zum Verhältnis zu § 160a StPO Löwe/Rosenberg/*Tsambikakis* StPO § 105 Rn. 71 ff.

### e) Notstand gem. § 34 StGB

Das Offenbaren eines Patientengeheimnisses kann nach § 34 gerechtfertigt sein, wie z.B. bei der Abwendung von Gefahren für Leib und Leben. Allerdings gewährt § 34 bestenfalls eine **Offenbarungsbefugnis**. Eine Offenbarungspflicht kann daraus nicht folgen. Angesichts des hohen Stellenwerts des aus dem Selbstbestimmungsrecht folgenden Geheimhaltungsinteresses des Patienten ist die Rechtfertigung einer Schweigepflichtverletzung nur bei drohenden Gefahren für Rechtsgüter von einigem Gewicht möglich. Nach der Rechtsprechung kommt eine Rechtfertigung des Bruchs der Schweigepflicht in Betracht, wenn der Schutz eines höherwertigen Interesses nicht auf anderem Wege erreicht werden könne. Der Arzt müsse den Patienten dann zunächst auf die Gefahren seines Handelns hinweisen und versuchen, ihn dazu zu bewegen, das gefahrträchtige Verhalten zu unterlassen. Habe das Zureden des Arztes keinen Erfolg und bleibe der Patient uneinsichtig, dann dürfe der Arzt seine Schweigepflicht brechen und die zuständigen Stellen informieren (BGH NJW 1968, 2288, 2290). Ein Arzt, der die Straßenverkehrsbehörde informiert hatte, weil sein fahruntüchtiger Patient uneinsichtig geblieben war und trotz Warnung weiter am Straßenverkehr teilnehmen wollte, war ebenso gerechtfertigt (BGH NJW 1968, 2288, 2290) wie ein anderer Arzt, der die HIV-Infektion seines Patienten dessen Partnerin gegen seinen Willen offenbart hat (OLG Frankfurt am Main NStZ 2001, 150 – in diesem zivilrechtlichen Urteil spricht sich der Senat im konkreten Fall sogar für eine Offenbarungspflicht aus – zu Recht krit. *Wolfslast* NStZ 2001, 151 f.). Das Kammergericht hielt es für gerechtfertigt, dass Ärzte das Landeskriminalamt über eine mögliche Misshandlung eines Kindes durch seine Eltern in Kenntnis setzten, weil sie von einem begründeten Verdacht einer körperlichen Misshandlung hätten ausgehen dürfen (KG NJW 2014, 640, 641). 58

Unter Berücksichtigung der hierbei zur Anwendung kommenden Grundsätze ist erkennbar, dass eine »Aufweichung« der ärztlichen Schweigepflicht auch nach Vorfällen wie dem Absturz des Germanwings-Flugzeuges nicht erforderlich ist, da bei umfassender Sachverhaltskenntnis des Geheimnisträgers eine durch den Notstand gerechtfertigte und damit befugte Offenbarung möglich ist (vgl. *Dochow* GesR 2018, 137; *Rehborn* GesR 2017, 409, 414; *Hahne* ZMGR 2016, 94, 97 f.). 58a

Ferner ist anerkannt, dass der Arzt Geheimnisse offenbaren darf, soweit dies nötig ist, um sich im **Regressprozess** zu verteidigen oder **Honoraransprüche** durchzusetzen (NK-StGB/*Kargl* § 203 Rn. 68). Der ärztlichen Schweigepflicht unterfallende Geheimnisse dürfen nicht nur zur Durchsetzung von Honoraransprüchen offenbart werden, sondern auch zur Abwehr rechtswidriger Angriffe auf das eigene Vermögen. Ein Arzt darf sich im Prozess zur Sache verteidigen, um Ansprüche abzuwehren, sei es vom Patienten oder auch einem Dritten, der rechtmäßig als Anspruchsinhaber vom Arzt Zahlung wegen behaupteter Behandlungsfehler fordert (OLG München Urt. v. 16.05.2013 – 1 U 4156/12). Im Einzelfall ist es auch gerechtfertigt, eine Strafanzeige gegen einen betrügenden Patienten zu stellen. Ansonsten könnte der Patient unter dem »Deckmantel« der Schweigepflicht ahndungslos Straftaten begehen. 59

Das Interesse des durch eine heterologe Insemination gezeugten Kindes, seine genetische Abstammung zu erfahren, kann im Rahmen der vorzunehmenden Abwägung höher zu bewerten sein als die Interessen des beklagten Arztes und der Samenspender an einer Geheimhaltung der Spenderdaten. In diesem Fall kann das Kind vom behandelnden Arzt Auskunft über seine genetische Abstammung verlangen (OLG Hamm NJW 2013, 1167). 59a

Will der Patient eines Krankenhauses vom Träger der Klinik die Adresse eines Mitpatienten erfahren, damit er gegen diesen einen deliktischen Schadensersatzanspruch wegen einer während des Krankenhausaufenthaltes begangenen vorsätzlichen Körperverletzung geltend machen kann, so ist der Krankenhausträger grundsätzlich zur Auskunft verpflichtet (BGH medstra 2015, 100). Da bei der im entschiedenen Fall im Rahmen des § 35 Abs. 1 Nr. 3 LKHG M-V vorzunehmenden Interessenabwägung das Auskunftsinteresse regelmäßig das Datenschutzinteresse des Schädigers 59b überwiegt, scheidet eine Strafbarkeit der die Auskunft erteilenden Person nach § 203 Abs. 1 Nr. 1, Abs. 3 Satz 2 a.F. aus. Zu berücksichtigen ist hierbei gleichwohl, dass der Name des Patienten und die Tatsache, dass er in dem Krankenhaus in ärztlicher Behandlung war, bereits bekannt waren.

### IV. Verpflichtungsfehler, § 203 Abs. 4 Satz 2 Nr. 1 und Nr. 2 StGB

59c Durch die neu eingefügte Regelung ist in **Abs. 4 Satz 2 Nr. 1 und Nr. 2** ein neuer Straftatbestand geschaffen worden, der in der Form einer **objektiven Strafbarkeitsbedingung** an rechtswidriges Verhalten Dritter anknüpft. Unrechtsgehalt und kriminalpolitischer Nutzen der Vorschrift sind umstritten und werden teilweise angezweifelt. Bemängelt wird etwa der rein symbolische Normzweck (*Brockhaus* medstra 2019, 80, 85).

Nach Abs. 4 Satz 2 machen der Verpflichtete nach Abs. 1 oder 2 oder eine sekundär verpflichtete mitwirkende Person (Abs. 3) sich strafbar, wenn sie nicht dafür Sorge getragen haben, dass die von ihnen einbezogene sonstige mitwirkende Person zur Geheimhaltung verpflichtet wurde, und Letztere das ihr bekannt gewordene Geheimnis unbefugt offenbart (sog. Dritt-Offenbarung).

Die Tathandlung besteht in den Fällen des Nr. 1 und Nr. 2 in dem Unterlassen, Sorge zu tragen, dass eine (unmittelbar oder mittelbar) mitwirkende Person zur Geheimhaltung verpflichtet wird. Das Unterlassen dieser Sorge muss ursächlich für das Fehlen einer Verpflichtung sein.

Der Arzt kann die Geheimhaltungsverpflichtung dadurch erfüllen, dass er selbst oder ein Dritter, z.B. das Praxispersonal, eine entsprechende Geheimhaltungserklärung von der sonstigen mitwirkenden Person einholt (BT-Drs. 18/11936 S. 29). Aufgrund der sicheren Nachweismöglichkeit ist Schriftform dafür ratsam. Die schriftliche Verpflichtungserklärung empfiehlt sich ebenfalls bei der Implementierung von Cloud-Systemen zur Datenverarbeitung (dazu ausführlich *Schuster/Müller* medstra 2018, 323).

59d **Abs. 4 Satz 2 Nr. 3** entspricht im Wesentlichen dem Abs. 3 Satz 3 a.F. Voraussetzung für ein strafbares Offenbaren ist die mittelbare Kenntniserlangung des Täters über eine gem. Abs. 1, 2 direkt oder nach Abs. 4 Satz 1 ihrerseits mittelbar verpflichtete Person, die verstorben ist.

## C. Subjektiver Tatbestand

60 Der subjektive Tatbestand erfordert zumindest **bedingten Vorsatz**; bei der Qualifikation nach Abs. 5 Bereicherungs- oder Schädigungsabsicht (vgl. Rdn. 61). Die Rechtsprechung nimmt bedingten Vorsatz und nicht nur bewusste Fahrlässigkeit an, wenn der Täter den Erfolg als möglich und nicht ganz fern liegend erkennt und dabei billigend in Kauf nimmt (BGH NStZ 2008, 451). Stets – wenn auch in unterschiedlich strenger Ausprägung – wird ein voluntatives Element verlangt (deutlich BGH NStZ-RR 2008, 239). Der Täter kann den Erfolg im Rechtssinne auch »billigen«, wenn ihm der Erfolg »an sich« höchst unerwünscht ist (BGHSt 7, 369). Der Vorsatz muss sich auf alle objektiven Tatbestandsmerkmale erstrecken. Irrt sich der Täter über das Vorliegen eines wirksamen (tatbestandsausschließenden) Einverständnisses des Verfügungsberechtigten, gilt § 16 unmittelbar; irrt er über das Vorliegen der Voraussetzungen eines vom Gesetz anerkannten Rechtfertigungsgrundes, gilt § 16 analog.

## D. Qualifikation (Abs. 6)

61 Abs. 6 enthält eine Qualifikation, wenn der Täter gegen Entgelt (vgl. § 11 Abs. 1 Nr. 9) oder in der **Absicht** gehandelt hat, sich oder einen anderen **zu bereichern** oder einen anderen **zu schädigen**. Strittig ist, ob die Dritt- oder Selbstbereicherungsabsicht auf die Erlangung eines rechtswidrigen Vermögensvorteils gerichtet sein muss (so BGH NStZ 1993, 538, 539).

## E. Rechtswidrigkeit

62 Da die Befugnis des Täters zur Offenbarung bereits tatbestandsausschließend wirkt, kann auf die Ausführungen in Rdn. 44 ff. verwiesen werden.

## F. Schuld

Ein Verbotsirrtum nach § 17 liegt vor, wenn der Täter trotz Kenntnis der tatsächlichen Umstände seiner Schweigepflicht meint, nicht zum Schweigen verpflichtet zu sein. 63

## G. Konkurrenzen

Gelten neben Abs. 1 zugleich Sonderregelungen bezüglich der unbefugten Geheimnisoffenbarung (so insb. im Wirtschaftsrecht, z.B. § 333 Abs. 1 HGB, § 404 Abs. 1 Nr. 2 AktG, § 151 Abs. 2 Nr. 2 GenG, aber auch §§ 206, 355 StGB), gehen diese § 203 vor. Erfüllt der Geheimnisbruch die Voraussetzungen nach Abs. 1 und 2 (z.B. beim Amtsarzt), so liegt nur eine Tat nach § 203 vor. Zum Strafantrag vgl. § 205. 64

## § 205 Strafantrag

(1) In den Fällen des § 201 Abs. 1 und 2 und der §§ 202, 203 und 204 wird die Tat nur auf Antrag verfolgt.... *(nicht abgedruckt)*

(2) Stirbt der Verletzte, so geht das Antragsrecht nach § 77 Abs. 2 auf die Angehörigen über; dies gilt nicht in den Fällen der §§ 202a, 202b und 202d. Gehört das Geheimnis nicht zum persönlichen Lebensbereich des Verletzten, so geht das Antragsrecht bei Straftaten nach den §§ 203 und 204 auf die Erben über. Offenbart oder verwertet der Täter in den Fällen der §§ 203 und 204 das Geheimnis nach dem Tod des Betroffenen, so gelten die Sätze 1 und 2 sinngemäß. ... *(nicht abgedruckt)*

Das Strafantragserfordernis gilt für §§ 203 und 204 und ist eine **Prozessvoraussetzung**. Das Fehlen des Strafantrages hat, weil es sich um eine Verfahrensvoraussetzung handelt, keine wesentlichen sachlich-rechtlichen Auswirkungen. Die Tat bleibt dennoch grundsätzlich rechtswidrig und ggf. schuldhaft begangen. Alle Beteiligungsformen sind möglich und verfolgbar. Die Antragsberechtigung liegt grundsätzlich beim Verletzten (vgl. § 77 Abs. 1); § 77 Abs. 2 enthält Ausnahmeregelungen bei dessen Tod. 1

**Berechtigt**, einen Strafantrag zu stellen, ist der über das Geheimnis Verfügungsberechtigte, also in der Regel die Person, die dem Sonderpflichtigen das Geheimnis anvertraut oder sonst bekannt gegeben hat. Zur Problematik bei Drittgeheimnissen vgl. § 203 StGB Rdn. 44a. 2

Mit dem **Tod des Verletzten** geht das noch nicht ausgeübte Antragsrecht nach § 77 Abs. 2 auf die Angehörigen über. Betrifft das Geheimnis oder die geschützte Einzelangabe nicht den persönlichen Lebensbereich des Verstorbenen, sondern sind diese wirtschaftlich verwertbar, geht das Antragsrecht nach Abs. 2 auf die Erben über. Wird die Geheimnisverletzung i.S.v. § 203 Abs. 5 bzw. § 204 Abs. 2 nach dem Tod des Verfügungsberechtigten begangen, sind die Angehörigen und Erben unmittelbar antragsberechtigt. 3

## § 211 Mord

(1) Der Mörder wird mit lebenslanger Freiheitsstrafe bestraft.

(2) Mörder ist, wer
– aus Mordlust, zur Befriedigung des Geschlechtstriebs, aus Habgier oder sonst aus niedrigen Beweggründen,
– heimtückisch oder grausam oder mit gemeingefährlichen Mitteln oder
– um eine andere Straftat zu ermöglichen oder zu verdecken,
einen Menschen tötet.

## § 212 Totschlag

(1) Wer einen Menschen tötet, ohne Mörder zu sein, wird als Totschläger mit Freiheitsstrafe nicht unter fünf Jahren bestraft.

(2) In besonders schweren Fällen ist auf lebenslange Freiheitsstrafe zu erkennen.

# §§ 211, 212 StGB   Mord/Totschlag

| Übersicht | Rdn. | | Rdn. |
|---|---|---|---|
| A. Grundsätzliches | 1 | 2. Aktive Beteiligung | 25 |
| B. **Grundtatbestand des § 212 StGB** | 6 | 3. Nichthinderung | 29 |
| I. Zeitliche Dimension des strafrechtlichen Lebensschutzes | 6 | IV. Triage | 29a |
| | | C. **Mordqualifikationen (§ 211 StGB)** | 30 |
| II. Sterbehilfe | 9 | I. Tatbezogene Mordmerkmale (2. Gruppe) | 30 |
| 1. Aktiv-direkte Tötung | 9 | | |
| 2. Indirekte Sterbehilfe | 12 | II. Täterbezogene Mordmerkmale der 3. Gruppe | 37 |
| 3. Passive Sterbehilfe | 15 | | |
| 4. Früheuthanasie | 22 | III. Täterbezogene Mordmerkmale der 1. Gruppe | 39 |
| III. Selbsttötung | 23 | | |
| 1. Bewertung durch die Rechtsordnung | 23 | | |

## A. Grundsätzliches

1   Gemeinsamer Anknüpfungspunkt der Strafvorschriften zum Schutz des (geborenen) menschlichen Lebens (näher zu Beginn und Ende des strafrechtlichen Lebensschutzes Rdn. 6 ff.) ist – rechtsgutsbezogen – die vorsätzlich oder fahrlässig, unmittelbar oder mittelbar, durch aktive Intervention oder pflichtwidriges Unterlassen bewirkte Lebenszeitverkürzung (»Todeserfolg«). Dieses Erfolgsunrecht (zur Strafbarkeit des Versuchs vgl. §§ 23 Abs. 1, 12 Abs. 1) bezieht sich, obgleich der Tatbestand das nicht explizit ausweist, ausschließlich auf »andere Personen« (arg. § 223 Abs. 1), sodass die Selbsttötung (auch im Versuch, vgl. § 11 Abs. 1 Nr. 5) nicht strafbar ist (dazu näher Rdn. 23). Sehr verschieden können jedoch die Modalitäten eines hierauf gerichteten **Rechtsgutsangriffs** sein und dementsprechend eine differenzierte Bewertung des Tatgeschehens erzwingen; vom »Durchschnittsfall« (Schönke/Schröder/*Eser/Sternberg-Lieben* Vorbem. §§ 211 ff. Rn. 3) der vorsätzlichen Fremdtötung ausgehend (§ 212) sieht die h.L. (ungeachtet der Problematik einer Abstufbarkeit menschlichen Lebens, siehe aber *Duttge* in: Giezek/Brzezińska, Modifizierte Straftatbestände in der Theorie und in der Praxis, S. 225 ff.; *Mandla* Rössner-FS 2015, S. 845, 866 ff. und 870) drei Unterscheidungen durch den Gesetzgeber selbst im Wege eigenständig gefasster Straftatbestände getroffen: die Tatbestandsabweichung (1) zur fahrlässigen Tötung (§ 222), (2) zur zielgerichteten Fremdtötung in Ausführung eines (ausdrücklichen und ernstlichen) Sterbeverlangens (§ 216) und schließlich (3) zu einer über die vorsätzliche Fremdtötung hinausreichenden und deshalb zwingend (vorbehaltlich der Strafrestaussetzung gem. § 57a; zur »Rechtsfolgenlösung« des BGH beim Heimtückemord u. Rdn. 33) lebenslange Freiheitsstrafe nach sich ziehenden besonderen sozialethischen »Verwerflichkeit« (§ 211).

2   **Gesetzessystematisch** sperrt die Privilegierung des § 216 (so die h.L., siehe aber § 216 StGB Rdn. 2) die Annahme eines (z.B. Habgier-) Mordes, sofern das Tötungsverlangen des Opfers handlungsleitend für den Tatentschluss gewesen ist (zutr. präzisierend v. Heintschel-Heinegg/*Eschelbach* § 216 Rn. 20; MüKo-StGB/*Schneider* § 216 Rn. 72; s.a. BGHSt 2, 258 f.; 13, 162, 165). Ob § 211 mit der st. Rspr. einen selbstständigen Tatbestand bildet (zuletzt BGHSt 50, 1, 5 m. Anm. *Jäger* JR 2005, 477 f.; zweifelnd aber BGH NJW 2006, 1012 f. m. Bspr. *Gropp* Seebode-FS 2008, S. 125 ff.; *Küper* JZ 2006, 612 ff.) oder – vorzugswürdig – mit der ganz h.L. eine Qualifikation zum Totschlag, ist allein für die strafrechtliche Beurteilung von Tatbeteiligten (vgl. § 28 Abs. 1 bzw. 2) relevant.

3   Diese im Vorsatzbereich danach gesetzlich vorgegebene Dreistufigkeit der Tötungsdelikte wird schon seit Langem als **reformbedürftig** angesehen zugunsten einer (auch im Ausland im Vordringen befindlichen) Zweistufigkeit, die zwischen Mord und privilegierbarer Tötung differenziert (dazu eingehend *Eser* Gutachten D zum 53. DJT, 1980, D 86, 106 ff.; *Reizel* Der Mordtatbestand de lege ferenda, S. 236 ff.; *Wania* in: Karsai, Strafrechtlicher Lebensschutz in Ungarn und in Deutschland, S. 109 f.; zuletzt u.a. *Duttge*, KriPoZ 2016, 92 ff.; grds. auch *Haas* ZStW 128 [2016], 316, 362 ff.; s. weiterhin die Reformvorschläge des *AE-Leben* GA 2008, 193, 204 ff., der freilich rechtsfolgenbezogen an der Dreistufigkeit festhalten will [»zweistufiges Modell mit drei Strafrahmen«]; rechtsvergleichend: *Heine* Brauneck-FG 1999, S. 330 ff. und GA 2000, 305 ff.). Der seit Langem

überfälligen Reform hat sich der Gesetzgeber jedoch bisher ebenso verweigert (zu den sehr zurückhaltenden, am »Mordmerkmalskonzept« festhaltenden Vorschlägen der Expertenkommission s. den Abschlussbericht vom 26.05.2015, https://www.bmjv.de/SharedDocs/Downloads/DE/News/Artikel/Abschlussbericht_Experten_Toetungsdelikte.pdf;jsessionid=FD2C7BF5C44DDCBF134937 7DF73371DB.2_cid324?__blob=publicationFile&v=2 zur Reformdebatte auch *Deckers/Fischer/ König/Bernsmann* NStZ 2014, 9 ff.; *Dölling* Streng-FS 2017, S. 3 ff.; *Mitsch* StV 2014, 366 ff. und JR 2015, 122 ff.; *T. Walter* NStZ 2014, 368 ff.) wie jener weiteren, die daraus resultiert, dass die §§ 211 ff. auf die klassische Kriminalität bezogen sind und deshalb die Besonderheiten ärztlichen Handelns nicht berücksichtigen. Obgleich auch hierzu schon eine Reihe konkret ausgearbeiteter Reformentwürfe vorliegen, insbesondere der AE-Sterbehilfe 1986, der Abschlussbericht der Bioethik-Kommission des Landes Rheinland-Pfalz zu »Sterbehilfe und Sterbebegleitung« 2004 (dazu *Duttge* GA 2005, 606 ff.), der AE-Sterbebegleitung 2005 (ausf. *Schöch/Verrel* GA 2005, 553 ff.) und die im Wesentlichen daraus hervorgegangenen Vorschläge der strafrechtlichen Abteilung des 66. DJT 2006 (s.a. *Duttge* GA 2006, 573 ff.; *Ingelfinger* JZ 2006, 821 ff.; *Lorenz* Sterbehilfe – Ein Gesetzentwurf, S. 93 ff.; *Schreiber* NStZ 2006, 473 ff.; *Schroth* GA 2006, 549 ff.), hat sich der Gesetzgeber auf eine rechtsförmliche Verankerung der Patientenverfügung (und des mutmaßlichen Willens samt darauf bezogenen Stellvertreterhandelns, vgl. §§ 1901a ff. BGB i.d.F. des Dritten Betreuungsrechtsänderungsg v. 29.07.2009, BGBl. I S. 2286) beschränkt und überlässt die Konkretisierung und Begrenzung der Tötungsdelikte für Konstellationen innerhalb des Arzt-Patienten-Verhältnisses auch weiterhin Rechtsprechung und Strafrechtswissenschaft (zu Recht krit. *Verrel* in: Duttge, Ärztliche Behandlung am Lebensende, S. 9 ff.). Hingegen hat sich die neuere sog. »Sterbehilfe«-Debatte in der Sonderfrage einer (kurzzeitig erfolgten und inzwischen als verfassungswidrig verworfenen, vgl. § 217a.F.) Neukriminalisierung des assistierten Suizids (dazu etwa *Duttge* medstra 5/2015, 257 f., s. auch u. Rdn. 27) erschöpft. § 217 ist gem. Urt. des BVerfG v. 26.02.2020 (BGBl. I S. 525) mit Art. 2 Abs. 1 i.V.m. Art. 1 Abs. 1, Art. 2 Abs. 2 Satz 2 i.V.m. Art. 104 Abs. 1 und Art. 12 Abs. 1 GG unvereinbar und nichtig. Wie wenig dies dem Anspruch gerecht wird, für den Umgang mit Patienten nahe dem Lebensende »mehr Rechtssicherheit« zu schaffen (vgl. BT-Drs. 16/ 8442 S. 1 f.), zeigt eine vertiefte Analyse der jüngeren strafrechtlichen Grundsatzentscheidung im »**Fall Putz**« (BGHSt 55, 191 ff. m. krit. Bspr. *Duttge* MedR 2011, 36 ff.; *Eidam* GA 2011, 232 ff.; *Höfling* GesR 2011, 199 ff.; *Kubiciel* ZJS 2010, 656 ff.; *Mandla* NStZ 2010, 698 f.; *Spickhoff* in: Löhnig/Schwab u.a., Vorsorgevollmacht und Erwachsenenschutz in Europa, S. 27, 32 ff.; *Walter* ZIS 2011, 76 ff.; *Weidemann* MedR 2012, 15 ff.; *Weißer* GesR 2011, 331 ff.; *Wolfslast/Weinrich* StV 2011, 286 ff.; eher zust. *Engländer* JZ 2011, 513 ff.; *Gaede* NJW 2010, 2925 ff.; *Hecker* JuS 2010, 1027 ff.; *Hirsch* JR 2011, 37 ff.; *Lipp* FamRZ 2010, 1551 ff.; *Rosenau* Rissing-van Saan-FS 2011, S. 547 ff., 561; *Verrel* NStZ 2010, 671 ff.; näher Rdn. 20 und § 216 StGB Rdn. 8).

Hierin hat sich der 2. Strafsenat auch gegen die etablierte **Sterbehilfebegrifflichkeit** jedenfalls insoweit ausgesprochen, als die erlaubte Therapiebegrenzung bislang mit dem Topos der »passiven Sterbehilfe« gekennzeichnet worden ist. In der Tat hat diese Bezeichnung in der klinischen Praxis für erhebliche Unsicherheiten gesorgt (empirisch nachgewiesen u.a. in einer rheinland-pfälzischen Ärztebefragung, vgl. *Weber* DÄBl. 2001, A-3184 ff.; s. zu den »erheblichen Unsicherheiten« bei Vormundschaftsrichtern: *Simon u.a.* MedR 2004, 303 ff.) und das noch immer verbreitete – auch praktisch relevante (vgl. die Ergebnisse der schweizerischen Todesfallstudie, *Bosshard u.a.* DMW 2005, 2887 ff.) – Missverständnis befördert, wonach zwischen dem anfänglichen (»primären«) Therapieverzicht (»withholding«) und einer erst späteren Beendigung/Reduktion lebenserhaltender Maßnahmen (»sekundärer Therapieverzicht« oder »withdrawing«) ein juristisch entscheidender Unterschied liege (vgl. die Nachweise bei *Verrel* Gutachten C zum 66. DJT, 2006, C 54). Der vom BGH jetzt anstelle dessen empfohlene Terminus des »**Behandlungsabbruchs**«, verstanden als neuer »normativ-wertender Oberbegriff« für das »Unterlassen, Begrenzen oder Beenden einer begonnenen medizinischen Behandlung« (BGH NJW 2010, 2963 [amtlicher Ls. 1] und 2967 [Rn. 31]), soll die in Fällen des sog. technischen Behandlungsabbruchs (insbesondere beim Abschalten eines Respirators) bisher erforderliche »wertende Umdeutung aktiven Tuns in ein normatives Unterlassen« (vgl. *Roxin* AT/II § 31 Rn. 117: »Unterlassen durch Tun«; krit. *Fischer* Vorbem. 4

§ 211 ff. Rn. 34 f.; *Hirsch* Lackner-FS 1987, S. 597, 605: »Kunstgriff«; dagegen *Streng* Frisch-FS 2013, S. 739, 749 f.: eindeutig Unterlassen) vermeide. In Wahrheit trifft der neue Begriff jedoch die »erlebte Wirklichkeit« (BGH NJW 2010, 2963, Rn. 20) ebenso wenig, weil er einseitig allein die aktive Beendigung einer laufenden (und nicht das anfängliche Abstandnehmen von einer technisch möglichen) Therapie in den Blick nimmt, was als »Abbruch« zu titulieren dem Selbstverständnis der (insbesondere Palliativ-) Medizin eklatant zuwiderläuft (*Verrel* NStZ 2010, 671, 673). In gleicher Weise sehen sich auch die weiteren, im Kontext der Therapiebegrenzung angebotenen Bezeichnungen (wie »Sterbenlassen«, »Geschehenlassen«, »Therapiezieländerung« oder »allow natural death«, vgl. *Druml* Intensivmedizin und Notfallmedizin 2010, 25, 28) erheblichen Einwänden ausgesetzt (näher *Duttge* in: Kettler/ Simon u.a., Selbstbestimmung am Lebensende, S. 36, 66 f. m.w.N.; zuletzt hierzu eingehend *Habicht* Sterbehilfe – Wandel in der Terminologie, 2009, m. krit. Bspr. *Duttge* GesR 2010, 512).

5 Der Begriff der »**passiven Sterbehilfe**« erklärt sich normativ erst in seiner Kontradiktion zur »aktiven« Tötung, der jedweder »Behandlungsbezug« fehlt, weil der den Todeserfolg herbeiführende Wirkzusammenhang erst »von außen« gesetzt wird. Der vom 2. Strafsenat verlangte »Zusammenhang mit der medizinischen Behandlung eines lebensbedrohlich Erkrankten« (BGH NJW 2010, 2963, 2967 Rn. 33) impliziert somit für die u.U. erlaubte Therapiebegrenzung einen tödlichen Verlauf, der aus der »desintegrierenden«, durch medizinische Intervention nicht mehr aufgehaltenen Wirkung der infausten Erkrankung als tödlicher Anlage im Körper des Patienten (»von innen«) resultiert (treffend *Höfling* JuS 2000, 111, 113: »innerorganismischer Desintegrationsprozess«; s.a. *Schreiber* NStZ 2006, 473, 475: »Kausalitätskriterium«). Ob hierunter auch das Entziehen der sog. »Basisversorgung« (Ernährung, Flüssigkeitsversorgung) bspw. bei Demenzpatienten fällt, ist mit Blick auf die Formulierungen des BGH jedoch streitig (zw. *Magnus* NStZ 2013, 1, 3; mit Recht für eine Abkoppelung vom Kriterium der »lebensbedrohlichen Erkrankung« Spickhoff/*Knauer/Brose* § 216 Rn. 13 f.). Die sog. »**indirekte Sterbehilfe**«, d.h. die gezielte Gabe schmerz- und leidensmindernder Medikamente »unter Inkaufnahme eines möglichen vorzeitigen Todeseintritts als Nebenfolge einer medizinisch indizierten palliativen Maßnahme« (BGH NJW 2010, 2963, 2967 Rn. 34), erweist sich demzufolge gleichfalls als eine Form der »aktiven Sterbehilfe« (zutr. *Schreiber* in: Duttge, Perspektiven des Medizinrechts im 21. Jahrhundert, S. 97, 99), deren (jedenfalls nicht auszuschließender) Rechtsgutsbezug (o. Rdn. 1) einer gänzlichen Herausnahme aus der etablierten Sterbehilfetypologie (wie von der medizinischen Praxis z.T. gefordert, so z.B. *Borasio* Referat zum 66. DJT 2006, in: Ständige Deputation des DJT, Bd. II/1, 2006, N 55, 58 f.; *Fohr* Journal of Palliative Medicine 1998, 315 ff.; *Sahm* ZfL 2005, 45, 48) ebenso entgegensteht wie den auch hier vorgeschlagenen, jedoch die evtl. Lebensverkürzung verschleiernden begrifflichen Neuerungen (z.B. »leidmindernde Behandlung«, »Therapie am Lebensende«; dazu krit. *Duttge* in: Kluge/Markewitz u.a., DIVI-Jahrbuch 2017/18, S. 3, 11). Die therapeutische Zwecksetzung (s. § 1 Abs. 2 MBOÄ) verlangt zweifelsohne nach einer abweichenden Bewertung (i.S.e. Erlaubnis), vermag jedoch an der rechtsgutsspezifischen Relevanz dieser Art von Leidenslinderung nichts zu ändern, die allen »Sterbehilfe«-Typen i.S.e. Beförderung des Sterbens (im Unterschied zur lediglich pflegerischen, »reinen Sterbebegleitung«) gemein ist (weiterführend *Duttge* Comparative Law Review [jap.] 2009, Vol. 3, S. 15 ff.).

## B. Grundtatbestand des § 212 StGB

### I. Zeitliche Dimension des strafrechtlichen Lebensschutzes

6 Die Tötung menschlichen Lebens ist in seiner frühesten Phase (nach In-vitro-Fertilisation) durch das ESchG und ab Nidation des Embryos durch die §§ 218 ff. pönalisiert. Infolgedessen kommt der stärkste Strafrechtsschutz der §§ 211 ff. nach geltendem Recht (für eine Vorverlegung de lege ferenda auf den Zeitpunkt der extrauterinen Lebensfähigkeit *Gropp* GA 2000, 1 ff. sowie in: Schumann, Verantwortungsbewusste Konfliktlösungen bei embryopathischem Befund, S. 19, 38 ff.) nur geborenen Menschen zugute (gegen eine Vorverlagerung qua »verfassungskonformer Auslegung« OLG Bamberg NJW 1988, 2963 f.). Da § 217a.F. jedoch die mütterliche

Tötung des nichtehelichen Kindes bereits während des Geburtsvorgangs erfasste, zieht das Strafrecht die Grenzlinie im Interesse eines umfassenden rechtlichen Schutzes des gesamten Geburtsvorgangs (vgl. Schönke/Schröder/*Eser/Sternberg-Lieben* Vorbem. §§ 211 ff. Rn. 13) abweichend vom Bürgerlichen Recht (§ 1 BGB: »Vollendung der Geburt«) bereits mit dem **Einsetzen der Eröffnungswehen** (BGHSt 10, 5; 31, 348, 350 f., 355 f.; 32, 194, 195 ff.; OLG Dresden MedR 2014, 896, 897; OLG Karlsruhe NStZ 1985, 314, 315; *Hirsch* Eser-FS 2005, S. 309 ff.; *Küper* GA 2001, 515 ff.; a.A. *Herzberg/Herzberg* JZ 2001, 1106 ff.; *Hoven* medstra 2020, 65, 66). Nach dem Willen des Gesetzgebers (vgl. BT-Drs. 13/8587 S. 34, 81) sollte sich hieran auch nach Wegfall der Privilegierung (durch das 6. StrRG 1998) nichts ändern (anerkannt, vgl. BGH NStZ 2008, 393, 394 m. Anm. *Schroeder* JR 2008, 252; ebenso *Sowada* GA 2011, 389, 406). Die Unsicherheit des Übergangs von den Vor- zu den Eröffnungswehen begründet ggf. einen Tatumstandsirrtum (§ 16 Abs. 1 Satz 1). Bei operativer Entbindung (**Kaiserschnitt**) ist maßgeblicher Augenblick das Öffnen des Uterus (BGH NJW 2021, 645; HK-GS/*Rössner/Wenkel* Vorbem. §§ 211 ff. Rn. 7; schon auf die Öffnung der Bauchdecke als kontextgebundener »Auftakt der künstlichen Geburt« abstellend: MüKo-StGB/*Schneider* Vorbem. §§ 211 ff. Rn. 12). Dies gilt auch bei einer Mehrlingsgeburt, denn ein normativ relevanter Unterschied zur Geburt nur eines Kindes ist nicht ersichtlich (BGH NJW 2021, 645, 648; im Ergebnis zustimmend *Neumann* StV 2021, 462, 465).

Diese Grenzziehung gilt ohne Rücksicht auf eine evtl. schwere Schädigung oder mangelnde Lebensfähigkeit des Kindes; entscheidend ist allein, dass das Rechtsgutsobjekt zum Tatzeitpunkt tatsächlich gelebt hat (h.M., vgl. BGHSt 10, 291, 292; verfehlt daher die Einstellungsverfügung der StA Oldenburg NStZ 1999, 461 f. m. abl. Anm. *Tröndle*). Deshalb steht auch der Anencephalus unter dem Schutz der Tötungstatbestände (vgl. *Bottke* in: Dt. Sektion der Internationalen Juristen-Kommission, Lebensverlängerung aus medizinischer, ethischer und rechtlicher Sicht, 1995, S. 35, 59 ff.; *Isemer/Lilie* MedR 1988, 66 f.; *Wolfslast* MedR 1989, 164 ff.; aber auch Maurach/Schroeder/Maiwald/*Hoyer/Momsen* BT/1 § 1 Rn. 10, wonach das missgestaltete Wesen wenigstens »Menschenantlitz« haben müsse, woran es bei sog. »Molen« [= krankhaft entartete Eier] fehle; zur Problematik der sog. »Früheuthanasie« u. Rdn. 22). Dagegen sind allein die §§ 218 ff. anwendbar bei **pränatalen Handlungen, die erst postnatal den Tod herbeiführen**. Denn es kommt für die Beurteilung der Strafbarkeit nicht auf den Zeitpunkt des Erfolgseintritts (arg. § 8 Satz 2), sondern auf jenen Augenblick an, zu dem das täterschaftliche Verhalten »auf das Opfer einwirkt« (BGHSt 31, 348, 352, BGH NStZ 2008, 393, 394), d.h. mit dem tatopferbezogenen »Auftreffen der Schädigungshandlung« (so auch *Hirsch* JR 1985, 336, 338; *Lüttger* Heinitz-FS 1972, S. 359 ff.; *Sowada* GA 2011, 398, 408; abw. HK-GS/*Rössner/Wenkel* Vorbem. §§ 211 ff. Rn. 8; Schönke/Schröder/*Eser/Sternberg-Lieben* Vorbem. §§ 211 ff. Rn. 15: Beginn des »Auswirkens« auf das Kind). Geschieht dies vor Einsetzen der Eröffnungswehen (wie z.B. auch bei Infektion des Fötus mit HIV durch Geschlechtsverkehr mit einer Schwangeren, zutr. MüKo-StGB/*Schneider* Vorbem. §§ 211 ff. Rn. 13), so ist der nachfolgende Todeszeitpunkt irrelevant. Gem. §§ 1 Abs. 1, 18, 21 Abs. 2 PStG, § 31 Abs. 1 bis 3 VO zur Ausführung des PStG muss jedoch nicht nur die Lebend- (nach Trennung vom Mutterleib entweder Herzschlag, natürliche Lungenatmung oder Pulsieren der Nabelschnur), sondern auch die Totgeburt (mehr als 500 g Körpergewicht) angezeigt werden, nicht aber die Fehlgeburt (keine Lebenszeichen und weniger als 500 g); für letztgenannte (sog. »Sternenkind«) hat das Gesetz zur Änderung personenstandsrechtlicher Vorschriften v. 07.05.2013 (BGBl. I S. 1122) jedoch die Möglichkeit geschaffen, dass Personensorgeberechtigte vom Standesamt eine Bescheinigung mit Namensgebung erhalten können (zu den Gründen s. Gesetzentwurf v. 25.05.2012, BR-Drs. 304/12 S. 71 f.); ein Anspruch auf Eintragung in das Geburtenregister besteht jedoch nicht (dazu näher *Weilert* in: Duttge/Viebahn, Würde und Selbstbestimmung über den Tod hinaus, S. 47, 61 ff.). Eine erst nach Beginn oder gar Vollendung der Geburt liegende »Einwirkung« (z.B. durch Übertragung einer der Mutter beigebrachten Virusinfektion erst durch nachgeburtliche Kontakte) ist daher allein nach den §§ 211 ff., 223 ff. zu beurteilen; in gleicher Weise steht auch ein durch (Spät-) Abtreibung zu früh geborenes Kind unter dem Schutz der Tötungstatbestände (SSW/*Momsen* Vorbem. §§ 211 ff. Rn. 13).

8   Am anderen Ende der menschlichen Lebensspanne bildet nach h.M. (im Anschluss an den Report des Ad-hoc-Commitees der Harvard Medical School, abgedruckt in: Journal of the American Medical Association 1968, 337 ff.) der sog. **Hirntod** (»irreversible Hirnfunktionsausfall«) die Grenze zwischen den §§ 211 ff. und jenen Strafvorschriften, die punktuell das postmortale Persönlichkeitsrecht strafrechtlich absichern (vgl. §§ 168, 189). Zwar nicht zu den empirischen Hirntodkriterien, wohl aber zum normativen Todesbegriff enthält das Transplantationsgesetz eine dezidierte Festlegung: Danach muss es mindestens zum »endgültigen, nicht mehr behebbaren Ausfall der Gesamtfunktion des Großhirns, des Kleinhirns und des Hirnstamms« gekommen sein, was nach Verfahrensregeln festzustellen ist, »die dem Stand der Erkenntnisse der medizinischen Wissenschaft entsprechen« (§ 3 Abs. 2 Nr. 2 TPG; Richtlinien der BÄK zur Feststellung des Todes, abgedruckt in: DÄBl. 2015, A-1256 ff.). Dieses für das gesamte (Straf-) Recht einheitliche Todesverständnis (*Saliger* KritV 2001, 382, 407 ff.; Schönke/Schröder/*Eser/Sternberg-Lieben* Vorbem. §§ 211 ff. Rn. 18) hat die abweichenden früheren Auffassungen vom »Totaltod« (vollständiger Ausfall sämtlicher biologischer Lebensregungen) bzw. vom »klinischen Tod« (Herz- und Atmungsstillstand), der von der Pflicht zur notfall- und intensivmedizinischen Reanimation entbinden würde, abgelöst, sieht sich aber neuerdings vermehrt Kritik aus gegensätzlicher Richtung ausgesetzt: Einerseits legt der »Leitgedanke der Irreversibilität« (MüKo-StGB/*Schneider* Vorbem. §§ 211 ff. Rn. 14) eine (weitere) Vorverlegung auf den unumkehrbaren Bewusstseinsverlust als »personentypische kognitive Leistung« nahe (Ausfall der Großhirnrinde, sog. »Teilhirntod«), was insbesondere die sog. »Wachkoma«-Patienten (»persistent vegetative state«, »apallisches Syndrom« oder neuerdings »unresponsive wakefulness syndrome«, zuletzt dazu *Bender/Jox u.a.* DÄBl. 112 [2015], 235 ff.) aus der lebenserhaltenden Versorgung ausschlösse (z.B. *McMahan* in: Kuhse/Singer, A companion to bioethics, S. 250 ff.; *Zaner et al* Death: beyond whole-brain criteria, 1988; dazu näher *Rixen* Lebensschutz und Lebensende, S. 298 ff. m.w.N.; zutr. abl. *Höfling* MedR 2013, 407, 409 ff.). Andererseits wird die anthropologische Grundlage der bestehenden Rechtslage kritisiert (»Überbewertung des Gehirns«) und unter Verweis auf die »Prozesshaftigkeit des Sterbens« (zuletzt vor allem das »White Paper« des President's Council on Bioethics, Controversies in the determination of death, 2008; s.a. *Müller* Ethik in der Medizin 2010, 5 ff.; deshalb für eine »Abkehr von der Ethik der Todesdefinition«: *Stoecker* Der Hirntod, 2010) die Rückkehr zu einem »natürlichen« (biologischen) Todesverständnis (»Tod des Organismus im Ganzen«) gefordert (*Beckmann* ZRP 1996, 219, 221 ff.; *Höfling* JZ 1995, 26 ff., 31 ff. sowie MedR 1996, 6 ff.; *Rixen* Lebensschutz und Lebensende, S. 309 ff., 350 ff.); dies entzöge freilich der Transplantationsmedizin absehbar den rechtlichen Boden (deshalb abl. *Heun* JZ 1996, 213, 218; *Merkel* Jura 1999, 113 ff.; *Schreiber* in: Firnkorn, Hirntod als Todeskriterium, S. 44 ff. sowie in: Amelung-FS 2009, S. 487 ff.; s.a. *Schroth* in: Roxin/Schroth, S. 444, 448 ff. sowie zuletzt die Beiträge in: *Körtner/Kopetzki/Müller*, Hirntod und Organtransplantation. Zum Stand der Diskussion, 2016).

## II. Sterbehilfe

### 1. Aktiv-direkte Tötung

9   Die gezielte Tötung eines Patienten durch aktives Setzen eines tödlichen Kausalverlaufs »von außen« (o. Rdn. 5) ist nach geltendem deutschen Strafrecht selbst im Versuch **ausnahmslos verboten**, gleichgültig, durch welche Person (Ärzte, Pflegekräfte, Angehörige, Fremde), aus welchen Motiven (Mitleid, Wunscherfüllung, Erbschaft) und auf welche Weise (physisch-mechanisch oder chemisch durch Medikamentenüberdosis) begangen. Lediglich hinsichtlich der Unrechtsschwere muss zwischen einer Fremdtötung auf ernstliches, ausdrückliches Verlangen hin (§ 216) und einer solchen ohne solche Aufforderung des Getöteten (§ 212 bzw. § 211) unterschieden werden. Der bloß mutmaßliche Wille genügt hier im Kontext der aktiv-direkten Tötung abweichend von seiner Anerkennung als hinreichende, der expliziten Einwilligung gleichrangige Legitimation im Bereich der Therapiebegrenzung (§ 1901a Abs. 2 BGB, näher u. Rdn. 19) nicht für die Annahme einer minder schweren, in den Rechtsfolgen privilegierten Tat (vgl. auch die tatbestandliche Klassifizierung im »Fall Putz« durch die tatgerichtliche Vorinstanz, LG Fulda ZfL 2009, 97 ff.).

In Abgrenzung zur – grundsätzlich straflosen – Suizidbeihilfe (näher u. Rdn. 25) liegt im Kontext  10
der §§ 212, 216 die »**Herrschaft über den letzten, unwiderruflich zum Tode führenden Akt**« (ausschließlich, str., vgl. auch BGHSt 19, 135, 139 f.: »einseitig fehlgeschlagener Doppelselbstmord«)
bei demjenigen, der die Tötung des Sterbewilligen vornimmt. Bsp.: »Straflos ist, wer das Gift mischt
oder den Revolver lädt, mit dem das Opfer sich selbst tötet; dagegen ist nach § 216 StGB strafbar,
wer einen schwerkranken und sterbewilligen Menschen auf dessen Verlangen durch eine Injektion
oder durch einen Revolverschuss tötet« (*Roxin* in: Roxin/Schroth, S. 75, 106). Von Abgrenzungsschwierigkeiten in Grenzfällen (z.B. Schlucken des Eingeflößten als eigenständiger tatherrschaftlicher Akt?) abgesehen, wird diese diametral gegensätzliche, von jedweder objektiven »Begründetheit« des Sterbewunsches unabhängige Bewertung vielfach als fragwürdig angesehen (grdl. *Geilen*
Euthanasie und Selbstbestimmung, S. 24 ff.; s.a. *Jakobs* Tötung auf Verlangen, Euthanasie und
Strafrechtssystem, S. 25 ff.). Dies hat, auch unter dem Eindruck der niederländischen, belgischen
und luxemburgischen Rechtslage (zu den beiden erstgenannten: *Khorrami* MedR 2003, 19 ff.), die
Kritik an der strikten Fassung des selbst für »aussichtslose Prognosen« geltenden § 216 (so ausdrücklich BGHSt 37, 376 [Ls. 2]) und die Forderung nach einer »begrenzten Freigabe« jedenfalls
de lege ferenda (*Antoine* Aktive Sterbehilfe in der Grundrechtsordnung, S. 367 ff., 409; *Hoerster*
Sterbehilfe im säkularen Staat, S. 169 f.; *Kusch* NJW 2006, 261 ff.; *Lindner* JZ 2006, 373 ff.; *Lüderssen* JZ 2006, 689 ff.; *Rosenau* Roxin-II-FS 2011, S. 577 ff., 590 f.; *Wolfslast* Schreiber-FS 2003,
S. 913, 922 ff.; zuvor bereits § 216 Abs. 2 StGB-E des AE-Sterbehilfe 1986) vorübergehend verstärkt; z.T. wird eine Tötungsbefugnis (auf Verlangen) unter Verweis auf den rechtfertigenden Notstand (§ 34) schon für das geltende Recht behauptet (v. a. *Merkel* Schroeder-FS 2006, S. 297, 320 f.;
zuvor *Chatzikostas* Die Disponibilität des Rechtsgutes Leben in ihrer Bedeutung für die Probleme
von Suizid und Euthanasie, S. 326 f.; *Herzberg* NJW 1986, 1635, 1639; *Otto* Gutachten D zum 56.
DJT, 1986, D 60 und NJW 2006, 2217, 2222). Die Sorge vor »Missbrauch« und einem gesamtgesellschaftlichen »Dammbruch«, die Überzeugung von der »Unantastbarkeit fremden Lebens« und
der Schutz des Opfers vor übereilten, »nicht vollzugsreifen« Sterbeverlangen lässt die h.M. jedoch
am strikten Verbot der Tötung auf Verlangen festhalten (*Dölling* Laufs-FS 2006, S. 767, 771 ff.;
*Ingelfinger* Grundlagen und Grenzbereiche des Tötungsverbots, S. 165 ff.; *Roxin* in: Roxin/Schroth,
S. 116 ff.; *Schreiber* Rudolphi-FS 2004, S. 543 ff.; ebenso Beschluss V, 1 des 66. DJT, 2006). Zur
Legitimationsfrage auch die Komm. zu § 216 StGB Rdn. 1.

Ohne die allgemeine Normgeltung und generalpräventive Kraft des Verbots infrage zu stellen, sieht  11
die Praxis hinsichtlich der **Rechtsfolge** in Fällen einer »poena naturalis« einzelfallbezogen u.U. gem.
§ 60 von Strafe ab (zuletzt AG Berlin-Tiergarten MedR 2006, 298; »fehlgeschlagener Selbstmord«).
Für Konstellationen einer fehlenden Handlungsfähigkeit des Sterbewilligen (wie im Fall »Diane
Pretty«, vgl. EGMR NJW 2002, 2851 ff.) erschiene von hier aus de lege ferenda auch eine Anwendung der §§ 59 ff. (nach Einfügung eines minder schweren Falles in § 216 über die Brücke des § 47
Abs. 2 Satz 2) erwägenswert (so *Duttge* JZ 2006, 899 ff. im Anschluss an BGHSt 46, 279, 291);
denn in solchen Situationen kann »das Lebens*recht* zur schwer erträglichen Lebens*pflicht* werden«
(treffend BGH NStZ 2003, 537 ff. im »Zivildienstleistenden-Fall«).

## 2. Indirekte Sterbehilfe

Dogmatisch-strukturell zählt auch die gezielte Gabe schmerzstillender Medikamente zur »aktiven«  12
Sterbehilfe, sofern damit wenigstens die Möglichkeit eines beschleunigten Todeseintritts einhergeht
(o. Rdn. 5). Daran ändert nichts der Umstand, dass empirisch eine lebensverkürzende Wirkung bei
korrekt angewandter Symptomlinderung nur selten vorkommen oder jedenfalls kaum nachweisbar
sein dürfte (so z.B. *Borasio* Referat zum 66. DJT 2006, in: Ständige Deputation des DJT, Bd. II/
1, 2006, N 55 ff.; *Bosshard/Faisst* Ethik in der Medizin 2006, 120, 123 f.). Soweit diese Folge um
der **gebotenen Leidensminderung** willen als unvermeidbare Nebenfolge notgedrungen in Kauf genommen wird, besteht heute über die prinzipielle Zulässigkeit dieser ärztlichen Maßnahme »nahezu
einhelliger Grundkonsens« (BGHSt 46, 279, 284; bestätigt durch BGH Beschl. v. 26.05.2020 – 2
StR 434/19 und zugleich auf Nichtärzte (examinierte Pflegekrqgt) erweitert, soweit die medizinische Maßnahme den Regeln ärztlicher Kunst entspricht und durch eine mutmaßliche Einwilligung

des Patienten gedeckt ist). Nach wie vor umstritten sind jedoch die zeitlich-personelle und sachliche Reichweite dieser Erlaubnis wie auch ihre strafrechtsdogmatische Begründung.

13 Die bislang vorherrschende »**Notstandslösung**« konnte sich auf die Rspr. des BGH berufen, wonach in Fällen schwersten Leids »die Ermöglichung eines Todes in Würde und Schmerzfreiheit gemäß dem erklärten oder mutmaßlichen Patientenwillen… ein höherwertiges Rechtsgut… [sei] als die Aussicht, unter schwersten, insbesondere sog. Vernichtungsschmerzen noch kurze Zeit länger leben zu müssen« (BGHSt 42, 301, 305 m. Anm. *Dölling* JR 1998, 160; *Schöch* NStZ 1997, 409; *Verrel* MedR 1997, 248). Mit solcher Verobjektivierung wird jedoch die Patientenautonomie untergraben, weswegen die Anwendung des § 34 auf *intra*personale Konflikte mit Recht zunehmend Ablehnung findet (HK-GS/*Duttge* § 34 Rn. 9 m.w.N.; zust. und vertiefend *Engländer* GA 2010, 15 ff.; ebenfalls *Kahlo* Frisch-FS 2013, S. 711, 722): Denn welche Leiden zu welchem »Preis« nicht mehr erduldet werden sollen, kann nur der jeweils Betroffene selbst beurteilen (i.d.S. bereits *Duttge* in: Kettler/Simon u.a., Selbstbestimmung am Lebensende, S. 36, 54). Dass der Betroffene bei hohem Leidensdruck ggf. kein unbedingtes Überlebensinteresse mehr haben könnte, ist der zutreffende Ausgangspunkt der Lehre von der »**Sozialadäquanz**« bzw. vom »**erlaubten Risiko**« (*Herzberg* NJW 1996, 3043, 3048); nur bleibt hier die zugrunde liegende Wertung verdeckt und deshalb die Annahme eines Tatbestandsausschlusses eine bloße Behauptung (insoweit zutreffend *Seibert* Rechtliche Würdigung der aktiven indirekten Sterbehilfe, S. 93 ff., 164; ebenso *Roxin* in: Roxin/Schroth, S. 75, 87: »zu vage«). Da die Wertung letztlich nur in der höchstpersönlichen Entscheidung des Patienten zu finden sein kann, ist es die (tatsächliche oder mutmaßliche) **Einwilligung**, die wie auch sonst (z.B. bei riskanten Operationen) den körperbezogenen Eingriff selbst unter Inkaufnahme eines Lebensrisikos rechtfertigt. Wenn die h.L. hiergegen eine Unverträglichkeit mit der »Einwilligungssperre« des § 216 geltend macht (statt vieler etwa MüKo-StGB/*Schneider* Vorbem. §§ 211 ff. Rn. 109; ebenso der AE-Sterbebegleitung 2005, der methodisch ungereimt auf eine »Kombination« von Einwilligung und Notstand abhebt, vgl. *Schöch/Verrel* GA 2005, 553, 574), so übersieht sie, dass selbige in Fällen einer bloß nicht ausschließbaren Lebensverkürzung gar nicht greift: Steht der therapeutische Zweck im Mittelpunkt des gemeinsamen Interesses, wird der behandelnde Arzt nicht »zur Tötung bestimmt« (ausf. *Duttge u.a.* Preis der Freiheit, S. 82 ff.; a.A. *Neumann* Herzberg-FS 2008, S. 575, 579 f.). Es ist bemerkenswert, dass der BGH in seinem Urteil im »Fall Putz« ganz in diesem Sinne – wenngleich ohne weitere Begründung – allein die »Einwilligung« als Grundlage für eine »gerechtfertigte Handlung der Sterbehilfe« nennt (BGH NJW 2010, 2963, 2967 [Rn. 34]; zuvor bereits *Verrel* JZ 1996, 224, 226). Deren Wirksamkeit hängt freilich nach allgemeinen Grundsätzen (vgl. § 223 Rdn. 12) davon ab, dass die medizinische Intervention indiziert ist und nach Maßgabe des state of the art (d.h. grundätzlich nach Maßgabe eines medizinischen »Standards«) erfolgt.

14 Vor diesem Hintergrund erklärt sich zugleich, warum die sachliche Reichweite der indirekten Sterbehilfe mit Rücksicht auf die begrenzte Geltungskraft der (mutmaßlichen) Einwilligung auf den Bereich des **dolus eventualis** begrenzt ist. Die zuletzt vermehrt geforderte Extension des Erlaubten unter Einbeziehung von Schmerzmedikationen mit *sicherer* Lebensverkürzung (vgl. § 216 Abs. 3 Nr. 1 StGB-E der BMJ-Arbeitsgruppe »Patientenautonomie am Lebensende«, Bericht v. 10.06.2004, S. 50; § 214a AE-Sterbebegleitung 2005, *Schöch/Verrel* GA 2005, 553, 575 f.; Beschluss III., 1b bb des 66. DJT, 2006; von *Neumann* [in: Herzberg-FS 2008, S. 575, 578] zu Unrecht als »h.M.« bezeichnet) kollidiert mit der Wertentscheidung des § 216 und dürfte im Übrigen auch kaum mit dem ärztlichen Standesrecht und Ethos verträglich sein. In Zweifelsfällen sollten die Hinzuziehung eines weiteren Arztes (»Vieraugenprinzip«) und eine sorgfältige Dokumentation von Dosierung und Therapieverlauf ganz selbstverständlich sein. Auf dieser Grundlage ist für eine Begrenzung des Anwendungsbereichs in zeitlich-personeller Hinsicht auf »Sterbende« in der sog. Terminalphase (so die Grundsätze der BÄK zur ärztlichen Sterbebegleitung DÄBl. 2011, A-346 f. [Ziff. I]; BGHSt 42, 301, 305; s. aber auch BGHSt 46, 279, 285: »**tödlich Kranke**«) kein Raum (h.M., statt vieler nur NK-StGB/*Neumann* Vorbem. § 211 Rn. 99; *Roxin* in: Roxin/Schroth,

S. 75, 89; noch weitergehend *Hillenkamp* in: Eckart/Anderheiden, Handbuch Sterben und Menschenwürde, S. 349, 365).

### 3. Passive Sterbehilfe

In gleicher Weise engte der BGH ehedem auch die therapiebegrenzende (= »passive«) Sterbehilfe (zum Begriff s.o. Rdn. 4 f.) grundsätzlich auf die Lebensphase des nahen Todes (»in kurzer Zeit«, »unmittelbare Todesnähe«) ein (sog. »Hilfe *beim* Sterben«) und mahnte mit Rücksicht auf das Lebenserhaltungsinteresse der Patienten zur Vorsicht, wenn die medizinische Behandlung einschließlich der künstlichen Ernährung (PEG-Sonde) bereits im Vorfeld (»Hilfe *zum* Sterben«) eingestellt werden soll (BGHSt 40, 257, 260 f. m. Bspr. *Helgerth* JR 1995, 338 f.; *Lilie* Steffen-FS 1995, S. 273 ff.; *Merkel* ZStW 107 [1995], 545 ff.; *Schöch* NStZ 1995, 155 ff.: »Kemptener Fall«). Das darf jedoch nicht im Sinne einer objektiven Schranke des Erlaubten missverstanden werden: »Denn auch in dieser Situation ist das Selbstbestimmungsrecht des Patienten zu achten« (BGHSt 40, 257, 262 unter Verweis auf BGHSt 32, 367, 379; 35, 246, 249; 37, 376, 378 f.; bekräftigend EGMR medstra 2016, 32, 42; das verfassungsrechtlich geschützte Recht auf selbstbestimmtes Sterben hat das BVerfG zuletzt noch einmal betont, NJW 2020, 905 ff.). Über die eigene leiblich-seelische Integrität zu befinden zählt zum »ureigensten Bereich menschlicher Personalität«; die »Freiheit« des Patienten, nach eigenen Maßstäben jenseits aller ärztlichen Vernunft zu entscheiden, impliziert zugleich, dass er »von Verfassungs wegen allenfalls sich selbst, nicht aber dritten Personen... Rechenschaft schuldet« (BVerfGE 52, 131, 171 ff.). »Das allgemeine Persönlichkeitsrecht (Art. 2 Abs. 1 in Verbindung mit Art. 1 Abs. 2 GG) umfasst als Ausdruck persönlicher Autonomie ein Recht auf selbstbestimmtes Sterben« (BVerfG NJW 2020, 905). Das Recht auf Ablehnung eines Therapieangebots gilt selbst dann, wenn die Behandlung vital indiziert ist und ihr Unterbleiben den sicheren Tod zur Folge hat (bei Einwilligungsfähigen seit Langem anerkannt, vgl. BGHSt 11, 111 ff.). Auch insoweit besteht also (straf-)rechtlich – vom tradierten hippokratischen Grundverständnis abweichend – **keine ärztliche Allzuständigkeit**, sondern eine geteilte Verantwortung (*Duttge* in: Eckart/Forst/Briegel, Repetitorium Intensivmedizin, 67. ErgLfg. 6/2015, Kap. XIV – 13, S. 2 f.).

Diese »Verantwortungspartnerschaft« (Bioethik-Kommission des Landes Rheinland-Pfalz, Sterbehilfe und Sterbebegleitung, 2004, S. 30; *Sowada* in: Kumbier/Teipel/Herpertz, Ethik und Erinnerung, S. 129, 147) weist die Indikationsstellung und Ermittlung der Therapieoptionen dem behandelnden Arzt zu (u. Rdn. 21); die (grds. informierte) Zustimmung (nach ärztlicher Aufklärung) des Patienten bildet jedoch eine eigenständige, zweite Voraussetzung für die Vornahme oder Fortsetzung des Heileingriffs (näher § 223 StGB Rdn. 10 ff.). Demzufolge sperrt bereits der Ausfall auch nur einer dieser beiden »Säulen« (zum »**Zwei-Säulen-Modell**« z.B. *Laufs* NJW 2000, 1757, 1760 m.w.N.; krit. aber *Alt-Epping/Nauck* Ethik in der Medizin 2012, 19, 27: »Patientenwunsch als indikationsdefinierender Co-Faktor«) die Zulässigkeit des Eingriffs, sodass eine Therapiebegrenzung (Unterlassen, Reduzieren oder »aktives« Beenden, s.o. Rdn. 4) sowohl wegen Nicht(-mehr-) Bestehens der ärztlichen Indikation als auch bei Ausübung des patientenseitigen Vetorechts nicht nur erlaubt, sondern u.U. sogar geboten ist (s. auch das Positionspapier der Sektion Ethik der DIVI zu »Therapiezieländerung und Therapiebegrenzung in der Intensivmedizin«, MedR 2012, 647 [Ziff. 2.]).

Solange der Patient einwilligungsfähig ist, trifft er seine Entscheidungen in der jeweils relevanten Entscheidungssituation selbst; dieses höchstpersönliche Recht darf nicht durch Rückgriff auf Stellvertreter/Angehörige oder eine Vorausverfügung unterlaufen werden (abschreckendes Fallbsp. berichtet in: Ethik in der Medizin 2010, 341 f. m. Kommentar *Duttge/Schander*, 345 f.). Erst wenn und soweit Behandlungen und Eingriffe in Frage stehen, die nicht mehr Teil des ärztlichen Aufklärungsgesprächs gewesen sind, bildet die sog. (schriftliche) **Patientenverfügung** (vgl. §§ 1901a ff. BGB, dazu näher die Komm. von *Höfling*; s. zuletzt auch *Dölling* Puppe-FS 2011, S. 1365 ff.; *Spickhoff* in: Löhnig/Schwab u.a., Vorsorgevollmacht und Erwachsenenschutz in Europa, S. 27 ff.; *Sternberg-Lieben* Roxin-II-FS 2011, S. 537 ff.) ungeachtet ihrer strukturellen Defizite (näher *Duttge* Intensiv- und Notfallbehandlung 2005, 171 ff.; in: Albers, Patientenverfügungen,

S. 185 ff.; in: *Coors/Jox/in der Schmitten* Advance Care Planning 2015, S. 39 ff.) nicht mehr nur ein (gewichtiges) Indiz für den mutmaßlichen Willen (in diesem Sinne noch BGHSt 40, 257 ff., 263), sondern (ohne Rücksicht auf das Erkrankungsstadium, vgl. § 1901a Abs. 3 BGB; abw. noch BGHZ 154, 205, 214 f.: »irreversibel tödlicher Verlauf des Grundleidens«) ein der aktuellen Behandlungsanweisung gleichwertiges Medium patientenseitiger Selbstbestimmung. Wie der BGH nunmehr klargestellt hat, entfalten diese neuen betreuungsrechtlichen Vorschriften »auch für das Strafrecht Wirkung« (BGH NJW 2010, 2963, 2966 [Rn. 25] und 2968 [Rn. 40]; krit. zu den Urteilsgründen im Einzelnen: *Duttge* MedR 2011, 36 ff.; *Verrel* NStZ 2010, 671, 674; unmissverständlich jetzt BGH NJW 2011, 161, 162, aber auch *Rissing-von Saan* ZIS 2011, 544, 548: Nichteinhaltung der §§ 1901a ff. führe nicht zwingend zur Strafbarkeit). Eine hinreichend konkrete (zum Problem siehe BGHZ 211, 67 ff.; 214, 62 ff.; BGH NJW 2019, 600, 603: Andeutungstheorie), auf die aktuelle Lebens- und Behandlungssituation zutreffende Patientenverfügung nicht oder ohne Rechtsgrund (z.B. Aufrechterhaltung der Therapie bis zur Klärung durch das Betreuungsgericht, § 1904 Abs. 2, 4 BGB) nur verzögert zu befolgen, kommt einer Zwangsbehandlung gleich, die als Körperverletzungsdelikt zu ahnden ist (dazu nachdrücklich GenStA Nürnberg NStZ 2008, 343 f.).

18 Streitig ist derzeit allerdings die – praktisch überaus bedeutsame – Frage nach der **Interpretationsbefugnis** hinsichtlich des Inhalts einer Patientenverfügung jenseits akuter Notfälle, wenn ein Betreuer/Bevollmächtigter noch nicht bestellt/benannt worden bzw. nicht vor Ort anwesend ist. Das Gesetz ist jedoch nicht nur in seinem Anliegen (Selbstbestimmungsrecht), sondern auch in seiner normtextlichen Aussage eindeutig: Gem. § 1901a Abs. 1 Satz 2 i.V.m. Abs. 5 BGB ist es stets und ausnahmslos Sache des Betreuers/Bevollmächtigten, »dem Willen des Betreuten *Ausdruck* (!) und Geltung zu verschaffen«; soweit also keine Akutsituation vorliegt, muss eine Betreuerbestellung beantragt und die lebenserhaltende Therapie im Umfang des dazu Notwendigen aufrechterhalten werden. Hiervon eine Ausnahme zu postulieren für (vermeintlich) »eindeutige Patientenverfügungen« (so die Empfehlungen der BÄK zum Umgang mit Vorsorgevollmacht und Patientenverfügung in der ärztlichen Praxis v. August 2013, vgl. DÄBl. 110 [2010], A-1580 ff. [Ziff. 2c und 10.1; ähnlich auch BT-Drs. 17/10488 S. 23 zu § 630d Abs. 1 Satz 2 BGB), missachtet die neue Rechtslage (dazu eingehend *Duttge* Intensiv- und Notfallmedizin 2011, 34 ff.; i.E. wie hier auch *Höfling* § 1901a BGB Rdn. 9) und hat (auch straf-)rechtliche Folgen, sollte sich nachträglich ergeben, dass die ärztliche Deutung des Verfügten den Patientenwillen verfehlt hat.

19 Ist eine Patientenverfügung faktisch nicht vorhanden, nicht wirksam errichtet worden oder nicht anwendbar, verlangt § 1901a Abs. 2 Satz 2 BGB vorrangig die Beachtung »**sonstiger Behandlungswünsche**«. Als solche hat der XII. Zivilsenat des BGH all jene Äußerungen des Patienten bezeichnet, die »den Anforderungen an eine Patientenverfügung nicht genügen, weil sie nicht schriftlich abgefasst wurden, keine antizipierte Entscheidung treffen, von einem Minderjährigen verfasst wurden« oder deren Inhalt »nicht sicher auf die aktuelle Lebens- und Behandlungssituation passt« (BGH NJW 2014, 3572, 3576 [Rn. 25]; krit. zur Reichweite *Duttge* JZ 2015, 43, 45; s.a. *Engels* MedR 2015, 513 ff.; *Lindner* MedR 2015, 483 ff.; *Spickhoff* FamRZ 2014, 1913 f.). Sind derartige Bekundungen nicht hinreichend aussagekräftig oder von vornherein nicht bekannt, so hat der Betreuer/Bevollmächtigte den **mutmaßlichen Willen** des Patienten möglichst unter Einbeziehung aller nahen Angehörigen und sonstigen Vertrauenspersonen zu ermitteln (§ 1901a Abs. 2, 5, § 1901b Abs. 2, 3 BGB). An relevanten Indizien nennt § 1901a Abs. 2 Satz 3 BGB wiederum »frühere mündliche oder schriftliche Äußerungen« (was schwierige Abgrenzungsprobleme zur stärkeren Beachtlichkeit von Patientenverfügungen/sonstigen Behandlungswünschen provoziert), dazu »ethische oder religiöse Überzeugungen« und »sonstige persönliche Wertvorstellungen des Betreuten«; nach Abs. 3 sind »Art und Stadium einer Erkrankung des Betreuten« irrelevant. Da die Aufzählung des Gesetzes jedoch keine abschließende ist (»insbesondere«), besteht derzeit Unsicherheit, ob die in BGHSt 40, 257, 263 darüber hinaus genannten Kriterien (»altersbedingte Lebenserwartung«, »Erleiden von Schmerzen«) noch berücksichtigungsfähig sind oder nicht. Ein Rückgriff auf »allgemeine Wertvorstellungen« (so noch Beschluss II. 4.c des 66. DJT, 2006; ebenso *Verrel* Gutachten C zum 66. DJT, 2006, These 8a [S. 120]; mit Recht krit. *Schumann* ZfL 2006, 139 ff.) dürfte durch das gesetzliche Erfordernis individuell-konkreter Kriterien (§ 1901a Abs. 2 Satz 2 BGB, vgl.

auch *Höfling* § 1901a BGB Rdn. 17) nunmehr versperrt sein. In Fällen eines non-liquets gilt die Entscheidungsregel »in dubio pro vita«: »Denn im umgekehrten Fall bestünde das Risiko, dass der Betroffene... zu einem Zeitpunkt aus dem Leben scheiden muss, zu dem er dies noch nicht will« (LG Kleve PflegeR 2010, 164 ff.; s.a. OLG Düsseldorf FamRZ 2001, 1556; OLG Frankfurt FamRZ 2002, 575; OLG Karlsruhe FamRZ 2002, 488; krit. *Verrel* Jakobs-FS 2007, S. 715 ff.).

Diese Grundsätze gelten, wie der BGH in seinem Urteil zum »Fall Putz« klargestellt hat (BGHSt 55, 191 ff.), auch für den »**tätigen Behandlungsabbruch**« (soweit vor dem 30.08.2009 begangen – sog. »Altfälle« – gem. § 2 Abs. 3). Da die §§ 1901a ff. BGB nach dem erklärten Willen des Gesetzgebers aber nichts am Verbot der aktiv-direkten Tötung ändern sollten (vgl. BT-Drs. 16/8442 S. 7 f., 9), mithin eine solche auch nicht auf der Basis einer Patientenverfügung, einer Stellvertreterentscheidung oder einer ärztlichen Deutung des mutmaßlichen Willens erlaubt ist, kann § 216 abweichend von den insoweit irreführenden Urteilsgründen (vgl. BGH NJW 2010, 2963, 2966 [Rn. 29]: § 216 durch pflichtwidriges Unterlassen, jetzt aber *Rissing-van Saan* ZIS 2011, 544, 549 f.: »objektive Zurechnungslösung«) schon tatbestandlich nicht einschlägig sein (näher § 216 StGB Rdn. 8). Fragen wirft zudem die darin umrissene personelle Berechtigung auf, die neben dem behandelnden Arzt auch den Betreuer bzw. Bevollmächtigten sowie Dritte umfassen soll, »soweit sie als von dem Arzt, dem Betreuer oder dem Bevollmächtigten... hinzugezogene Hilfspersonen tätig werden« (BGH NJW 2010, 2963, 2968 Rn. 39). Nimmt man freilich die §§ 1901a ff. BGB beim Wort, so setzt die »nach § 1901a zu treffende Entscheidung« einen dialogischen Prozess und Konsens zwischen Arzt (ggf. mehreren am Behandlungsgeschehen beteiligten Ärzten) und Patientenvertreter voraus (vgl. § 1901b Abs. 1 Satz 2 sowie § 1904 Abs. 2 BGB im Fall eines Dissenses) und gestattet somit kein eigenmächtiges Vorgehen (vgl. *Duttge* MedR 2011, 36). Sieht man hingegen die betreuungsrechtlichen Verfahrensvorschriften für das Strafrecht nicht als bindend an, so erscheint der Ausschluss sonstiger Personen (wie z.B. von Angehörigen ohne Vertretungsbefugnis) zweifelhaft (so *Verrel* NStZ 2010, 671, 674, der die Strafbarkeitsfrage »nur autonom nach *materiell* strafrechtlichen Kriterien« entschieden wissen will; ebenso *Coeppicus* NJW 2011, 2085, 2087 und NJW 2013, 2939, 2941; *Engländer* JZ 2011, 513, 519; dagegen jetzt aber BGH NJW 2011, 161, 162 [m. Anm. *Verrel* NStZ 2011, 276 ff.]: Beachtung der §§ 1901a ff. BGB dient sowohl Selbstbestimmungsrecht als auch Lebensschutz; dezidiert gegen eine Betreuungsrechtsakzessorietät: *Rissing-van Saan* ZIS 2011, 544, 548). Die Einhaltung der §§ 1901a ff. BGB legt, wenn sich ex post das Verfehlen des wahren Patientenwillens erweist, jedenfalls die Annahme eines Erlaubnistatumstandsirrtums (nach h.M. analog § 16 Abs. 1 Satz 1) nahe (vgl. *Gaede* NJW 2010, 2925, 2928; *B. Hoffmann* R & P 2010, 201, 209).

Ist eine therapeutische Behandlung überhaupt nicht **ärztlich indiziert** oder aus faktischen Gründen unmöglich, so besteht von vornherein kein Raum für eine Entscheidung des Patienten oder seines Vertreters (so explizit BGHZ 154, 205, 224 ff.). Denn eine Maßnahme, die nicht oder gar kontraindiziert ist, versteht sich nicht als »ärztlich« und kann deshalb von vornherein nicht beansprucht werden (grdl. BGH NJW 1978, 1206; vertiefend *Duttge* MedR 2005, 706 ff.; *Sternberg-Lieben* Eser-FS 2005, S. 1185, 1189 Fn. 17 a.E.: Arzt ist kein »Befehlsempfänger« seines »Kunden«; gegen eine einseitige Therapiebegrenzung aber *Pawlik* Frisch-FS 2013, S. 697, 704). Freilich zeigen sich in der klinischen Praxis erhebliche Unsicherheiten (zugespitzt in Fällen des sog. »Wachkomas«, s. dazu die Grundsätze der BÄK zur ärztlichen Sterbebegleitung v. Januar 2011, abgedruckt in: DÄBl. 2011, A-346 ff., Ziff. III.; vertiefend *Bender/Jox u.a.* DÄBl. 2015, A-235 ff.; *Duttge* in: Jox/Kuehlmeyer/Marckmann/Racine, Vegetative State: A Paradigmatic Problem of Modern Society, S. 141 ff.), wann eine Erkrankungssituation aussichtslos geworden (»Futility«) und infolgedessen eine »einseitige Behandlungsbegrenzung« zulässig ist (dazu näher *Duttge* NStZ 2006, 479 ff.; *Sternberg-Lieben* Seebode-FS 2008, S. 401, 410 ff.; *Verrel* Jakobs-FS 2007, S. 715 ff., jew. m.w.N.). Für Fälle einer »zweifelhaften Indikation« hat das OLG München mit Blick auf § 1901b Abs. 1 BGB eine Konsultationspflicht gegenüber dem Betreuer/Bevollmächtigten angenommen, deren Missachtung haftungsrechtliche Folgen wegen »rechtswidriger Lebensverlängerung« nach sich ziehen soll (FamRZ 2018, 723 ff. [m. krit. Bspr. *Spickhoff* NJW 2018, 1725 ff.]: Aufklärungspflichtverletzung; zur Vorinstanz siehe LG München MedR 2017, 889 ff. [m. abl. Anm. *Duttge*]: Behandlungsfehler).

Das wirft grundsätzliche Fragen zur Eigenwertigkeit der ärztlichen Indikationsstellung, zur Rechtsstellung des Stellvertreters (siehe *Beckmann* MedR 2018, 556 ff.) und zum zivilrechtlichen Schadensverständnis (»wrongful life«) auf (näher *Prütting* ZfL 3/2018, 95, 97 ff.; *Zimmermann* ZfL 3/2018, 104, 106 ff.). Der BGH hat es jüngst jedoch abgelehnt, das Weiterleben eines Menschen – selbst in leidvollem Zustand – als haftungsrechtlich ersatzfähigen »Schaden« anzuerkennen (Urt. v. 02.04.2019 – VI 13/18). Unklar ist weiterhin, ob in Dissensfällen das Betreuungsgericht auch hierüber zur Entscheidung berufen ist (was der BGH im »Fall Putz« ohne weitere Begründung festgestellt hat: NJW 2010, 2963, 2966 Rn. 24: »... über die medizinische Indikation von Maßnahmen«). Zur »delikaten« Frage des einseitigen Behandlungsabbruchs wegen »Unverhältnismäßigkeit von Aufwand und potentiellem Erfolg« vgl. Schönke/Schröder/*Eser/Sternberg-Lieben* Vorbem. §§ 211 ff. Rn. 30 m.w.N.; dazu ausführlich die Beiträge in: *Duttge/Zimmermann-Acklin* (Hrsg.), Gerecht sorgen. Verständigungsprozesse über den Einsatz knapper Ressourcen bei Patienten am Lebensende, 2013.

### 4. Früheuthanasie

22 Noch immer wenig geklärt ist, unter welchen Voraussetzungen und anhand welcher Kriterien (zur Unanwendbarkeit der Regeln zum »mutmaßlichen Willen« vgl. *Roxin* in: Roxin/Schroth, S. 75, 119; Schönke/Schröder/*Eser/Sternberg-Lieben* Vorbem. §§ 211 ff. Rn. 32a; *Sowada* GA 2011, 389, 408 f.: keine »individuelle Sterbehilfe«; a.A. NK-StGB/*Neumann* Vorbem. § 211 Rn. 137) die auch für **schwer missgebildete Neugeborene** grds. geltende Lebenserhaltungspflicht ihre Grenzen findet (umfassend *Everschor* Probleme der Neugeboreneneuthanasie und der Behandlungsgrenzen bei schwerstgeschädigten Kindern, 2001; *Merkel* Früheuthanasie, 2001; *Nagel* Die ärztliche Behandlung Neugeborener – Früheuthanasie, 2006; *Saati* Früheuthanasie, 2002; zuletzt *Glöckner* Ärztliche Handlungen bei extrem unreifen Frühgeborenen – Rechtliche und ethische Aspekte, 2007, m. Bspr. *Duttge* Ethik in der Medizin 2008, 71 ff.). Die BÄK nennt in ihren »Grundsätzen zur ärztlichen Sterbebegleitung« (2011) drei Personengruppen, bei denen »nach hinreichender Diagnostik und im Einvernehmen mit den Eltern« eine lebenserhaltende Behandlung (jenseits der Leidminderung und menschlichen Zuwendung) u.U. unterbleiben kann: (1) bei Neugeborenen mit schwersten Beeinträchtigungen durch Fehlbildungen oder Stoffwechselstörungen, bei denen keine Aussicht auf Heilung oder Besserung besteht; (2) bei extrem unreifen Kindern, deren unausweichliches Sterben abzusehen ist; (3) bei Neugeborenen, die schwerste zerebrale Schädigungen erlitten haben (Ziff. V., DÄBl. 2011, A-347 f.). Dass es bei weniger schwerwiegenden Beeinträchtigungen hingegen »keinen Grund zur Vorenthaltung oder zum Abbruch lebenserhaltender Maßnahmen [gibt], auch dann nicht, wenn Eltern dies fordern« (so noch Ziff. II. der Grundsätze 2004, in: DÄBl. 2004, A-1298), ist in der aktualisierten Fassung der »Grundsätze« leider ersatzlos gestrichen worden; verwiesen wird anstelle dessen auf das Familiengericht, das zur Entscheidung berufen ist, wenn konkrete Anhaltspunkte dafür bestehen, »dass durch das Verhalten der Sorgeberechtigten das Wohl des Kindes gefährdet wird«. Weitere Orientierungshilfen bieten die »Einbecker Empfehlungen« der Deutschen Gesellschaft für Medizinrecht (in der revidierten Fassung von 1992, abgedruckt in: MedR 1992, 206) und speziell für »Frühgeburten« – nach der Dauer der Schwangerschaft differenzierend – die gemeinsamen Empfehlungen der DGGG u.a. (2007), abrufbar unter: www.awmf.org/leitlinien/detail/ll/024–019.html. Aus der Rspr. vgl. OLG Brandenburg NJW 2000, 2361; OLG Hamm NJW 2007, 2704 m. Bspr. *Spickhoff* FamRZ 2007, 2047 f. – Eine aktiv-direkte Tötung bleibt aber stets strafbar (vgl. BGH NStZ-RR 2006, 270 f., auch zur evtl. Annahme eines minder schweren Falles gem. § 213).

## III. Selbsttötung

### 1. Bewertung durch die Rechtsordnung

23 Der Suizid unterfällt keinem Straftatbestand (vgl. §§ 212, 216) und ist daher im strafrechtlichen Kontext »erlaubt« (vgl. § 11 Abs. 1 Nr. 5). Darüber hinaus ist ein Recht auf selbstbestimmtes Sterben verfassungsrechtlich anerkannt und geschützt. Das allgemeine Persönlichkeitsrecht

umfasst (Art. 2 Abs. 1 i.V.m. Art. 1 Abs. 1 GG) als Ausdruck persönlicher Autonomie ein Recht auf selbstbestimmtes Sterben (BVerfG NJW 2020, 905). Dies steht allerdings einer Negativbewertung jenseits des Strafrechts keineswegs entgegen (zu § 218a Abs. 1 StGB s. die dortige Komm.), weil nicht alles, was der Rechtsordnung zuwiderläuft, zugleich strafbar ist. Allerdings dürften Äußerungen, wie die des BGH inzwischen durch die Klarstellungen des BVerfG von Verfassung wegen **überholt** sein: »Die Rechtsordnung wertet eine Selbsttötung... – von äußersten Ausnahmefällen abgesehen – als rechtswidrig« und stellt diese »lediglich straflos« (BGHSt 46, 279, 285 m. krit. Anm. *Duttge* NStZ 2001, 546 ff.; *Sternberg-Lieben* JZ 2002, 150 ff.); denn niemand dürfe »selbstherrlich über sein eigenes Leben verfügen« (BGHSt 6, 147, 153: Verstoß gegen das »Sittengesetz«). Dagegen hat schon das VG Hamburg in seiner Eilentscheidung gegen den Verein »Sterbehilfe Dr. Roger Kusch e. V.« zwar die Kommerzialisierung des Sterbens aufgrund entgeltlicher Suizidbeihilfe als »sozial unwertig« qualifiziert, jedoch zugleich hervorgehoben, dass »die im Selbstmord zum Ausdruck kommende persönliche Grenzentscheidung eines Menschen zu respektieren [sei], der bei klarem Bewusstsein unbedingt entschlossen ist, sich das Leben zu nehmen« (VG Hamburg MedR 2009, 550, 555). Die Frage, ob rationale, »freiverantwortliche« Selbsttötungen denkbar sind (wovon z.B. § 161 Abs. 1 VVG für private Lebensversicherungen ausgeht), ist aber eine ganz andere als jene, ob **moralische Gründe für ein generelles Verbot des Suizids** Geltung beanspruchen können (eingehend *Wittwer* Selbsttötung als philosophisches Problem, 2003; *ders.* in: Kappert/Gerisch/Fiedler, Ein Denken, das zum Sterben führt, S. 67 ff.). Auf der Grundlage einer freiheitlichen, weltanschaulich neutralen Rechts- und Gesellschaftsordnung (vgl. Art. 2 ff. GG) spricht nichts für die Annahme einer unbedingten *Rechts*pflicht zum Weiterleben (näher *Duttge* in: Kettler/Simon u.a., Selbstbestimmung am Lebensende, S. 36, 41 ff.; wie hier auch *Kutzer* Schöch-FS 2010, S. 481, 483 f.: »unergiebige metaphysische Argumentation«; zur wechselhaften Bewertung des Suizids in der Philosophiegeschichte näher *Decher* Die Signatur der Freiheit, 1999, m. Bspr. *Duttge* GA 2003, 179 ff.; s.a. *v. Engelhardt* in: Wolfslast/Schmidt, Suizid und Suizidversuch, S. 11 ff.).

Die in der Theorie nicht ausschließbare Möglichkeit eines »freiverantwortlichen« (sog. Bilanz-) Suizids dürfte in der Praxis eher selten anzutreffen sein. Nach gefestigter Erkenntnis der psychiatrischen Suizidforschung ist die »Autonomie« des Todeswilligen sehr häufig durch manifeste innere wie äußere Einflussfaktoren erheblich eingetrübt und die Tat i.d.R. Ausdruck der Verzweiflung aufgrund Nichtbewältigung eines schwerwiegenden Lebensproblems (sog. »Appellsuizid«, etwa *Erlemeier* Suizidalität und Suizidprävention im Alter, 2002; *Hell* in: Nationaler Ethikrat, Wie wir sterben: Selbstbestimmung am Lebensende, 2006, S. 165 ff.; *Netz* in: Wolfslast/Schmidt, Suizid und Suizidversuch, S. 81 ff.). Um diese lebensweltliche Realität nicht qua Postulat einer nur »fiktiven **Freiverantwortlichkeit**« (*Schreiber* Jakobs-FS 2007, S. 615, 619 f.) zu verfehlen, bedarf es des positiven Nachweises einer hinreichenden Einsichts- und Urteilsfähigkeit bzw. »Ernstlichkeit« des (»wohlerwogenen«) Selbsttötungswunsches (sog. »Einwilligungslösung«, *Geilen* JZ 1974, 145 ff.; HK-GS/*Rössner*/*Wenkel* Vorbem. § 211 Rn. 11; *Ingelfinger* Grundlagen und Grenzbereiche des Tötungsverbots, S. 228 ff.; NK-StGB/*Neumann* Vorbem. § 211 Rn. 65; *Otto* Wolff-FS 1998, S. 395, 401; zuletzt auch *Herzberg* Neumann-FS, S. 839, 843 f.; *Joerden* MedR 2018, 36, 766 f.; noch anspruchsvoller OLG Hamburg MedR 2017, 139, 142: beruhend »auf tieferer Reflexion« und von »innerer Festigkeit und Zielstrebigkeit« getragen). Insbesondere die damit einhergehenden Schwierigkeiten der Grenzziehung haben jedoch die Gegenauffassung zu stärkerer Normativierung veranlasst, indem der »freie Wille« erst bei entsprechender Anwendbarkeit der die strafrechtliche Verantwortlichkeit für Fremdschädigungen regelnden §§ 19, 20, 35 StGB, § 3 JGG ausgeschlossen sein soll (sog. »Exkulpationslösung«, *Bottke* Suizid und Strafrecht, S. 248 ff.; *Roxin* Pötz-FS 1993, S. 178 f.; MüKo-StGB/*Schneider* Vorbem. §§ 211 ff. Rn. 54 ff.; zuletzt eingehend *Dölling* Maiwald-FS 2010, S. 119, 123 ff.; i.d.S. auch Beschluss IV., 2a des 66. DJT, 2006). Zur praktischen Relevanz dieser Frage vgl. die Falldokumentationen in: ZPallmed 2006, 123 ff. und 2009, 10 ff.; praktische Verhaltensempfehlungen in Suizidfällen gibt *Ulsenheimer* in: Wolfslast/Schmidt, Suizid und Suizidversuch, S. 239, 243 ff.

## 2. Aktive Beteiligung

25 Soweit die »Autonomie« des Suizidenten reicht, ist nach dem Willen des deutschen Gesetzgebers (dagegen § 78 öStGB, Art. 115 schwStGB) auch die Inverantwortungnahme von »Teilnehmern« (**Gehilfen und Anstiftern**, vgl. § 28 Abs. 2) gesperrt. Sowohl die Straflosigkeit der Selbsttötung als auch der Hilfe dazu ist **grundrechtlich geschützt** und steht nicht zur freien Disposition des Gesetzgebers (BVerfG NJW 2020, 905, 914). Strafrechtsdogmatisch folgt die Straflosigkeit der Teilnahme aus dem Prinzip der (limitierten) »Akzessorietät« (vgl. §§ 26 ff., 29), das den Schluss auf eine strafbare Teilnahme verbietet, wo die helfende oder motivierende Beteiligung auf eine »Haupttat« zielt, die selbst kein Unrecht (im strafrechtlichen Sinne, o. Rdn. 23) darstellt. Dies gilt unabhängig von der Lauterkeit der Motive (OLG München NJW 1987, 2940, 2941). Die Straflosigkeit des aktiven Mitwirkens an einem Suizid steht allerdings unter einem doppelten Vorbehalt: *Erstens* kann sich das äußerlich als straflose Teilnahme an einer Selbsttötung erscheinende Geschehen bei wertender Betrachtung mitunter als Fall einer in **mittelbarer Täterschaft** (§ 25 Abs. 1, 2. Alt.) begangenen Fremdtötung erweisen, wenn es an der nötigen »Freiverantwortlichkeit« beim Suizidenten fehlt (vgl. *Dölling* Maiwald-FS 2010, S. 119, 122; MüKo-StGB/*Schneider* Vorbem. §§ 211 ff. Rn. 32; Klassiker: »Sirius-Fall«, BGHSt 32, 38 ff.; zur Problematik der »Todesforen« im Internet näher *Rackow* JA 2003, 218 ff. Eine solche fehlt etwa dann, wenn der Täter sich im Videochat als medizinisch geschultes Personal ausgibt und das Opfer unter Vorspiegelung unwahrer Tatsachen – es handle sich hier um eine Versuchsteilnahme ohne gesundheitsrechtliche Gefahren – dazu bringt, sich selbst lebensgefährliche Stromschläge zuzufügen (LG München II, Urt. v. 20.01.2020 – 1 Ks 21 Js 5718). *Zweitens* wächst dem Mitwirkenden die täterschaftsbegründende Steuerungsherrschaft erst recht dann zu, wenn er »den letzten, unwiderruflich zum Tode führenden Akt« (o. Rdn. 10) selbst vollzieht (vgl. § 216; allerdings nimmt BGHSt 64, 121 ff. zu Recht eine eigenverantwortlich gewollte und verwirklichte Selbsttötung trotz fremder Hilfe an, wenn der Sterbewillige letztlich »die todbringende Handlung« selbst vornimmt). Richtigerweise impliziert diese Orientierung an der Täterlehre sowie der Leitgedanke der »Autonomie« aber – strafbarkeitsbegrenzend – auch eine Übertragung des Rechtsgedankens aus § 25 Abs. 2 (str., näher *Duttge* Otto-FS 2007, S. 227 ff.); bei arbeitsteiligem Zusammenwirken schlägt deshalb die Straflosigkeit der (vom Suizidenten mitbeherrschten) Selbsttötung auf den »Mittäter« durch (i.E. zutreffend *Roxin* NStZ 1987, 345 ff. gegen BGH NStZ 1987, 365: »Scophedal-Fall«). Zur fahrlässigen Mitwirkung an einer Selbsttötung s. Komm. zu § 222 StGB Rdn. 12 ff.

26 Geht mit der Suizidbeihilfe zugleich ein Verstoß gegen das **BtMG** einher (z.B. § 29 Abs. 1 Nr. 1, 6b: Einführen und Überlassen zum unmittelbaren Gebrauch), steht einer Bestrafung insoweit mangels Disponibilität des Rechtsguts nicht die »Eigenverantwortlichkeit« des Suizidenten entgegen (vgl. BGH NStZ 2001, 324, 327 m. Anm. *Duttge* NStZ 2001, 546 ff.; *Sternberg-Lieben* JZ 2002, 150 ff.; s.a. BGHSt 37, 179 ff.; NJW 2000, 2286 ff.; OLG Hamburg MedR 2017, 139, 145). Der Strafrahmen des Verbrechenstatbestands aus § 30 Abs. 1 Nr. 3 BtMG lässt sich nur bei Annahme eines minder schweren Falles (§ 30 Abs. 2 BtMG, ggf. i.V.m. § 47 Abs. 2 Satz 2, §§ 59 ff.) vermeiden (*Duttge* NStZ 2001, 546, 548 f. gegen BGH NStZ 2001, 324, 327, der bereits die »Leichtfertigkeit« ablehnen will). Zuletzt hat das BVerwG allerdings in verfassungskonformer Auslegung des § 5 Abs. 1 Nr. 6 BtMG einen Anspruch auf Erwerb von Betäubungsmitteln (adressiert an BfArM) zum Zwecke der Selbsttötung begründet, sofern sich der suizidwillige Erwerber »wegen einer schweren und unheilbaren Erkrankung in einer extremen Notlage befindet« (MedR 2017, 823, 826). Dies soll immer dann der Fall sein, wenn (1) die schwere und unheilbare Erkrankung »mit gravierenden körperlichen Leiden, insbesondere starken Schmerzen verbunden ist«, (2) der Betroffene »sich frei und ernsthaft entschieden hat, sein Leben beenden zu wollen« und (3) eine andere zumutbare Möglichkeit des Sterbewunsches (insbesondere durch Therapiebegrenzung, o. Rdn. 15 ff.) nicht zur Verfügung steht (ebd.; zust. *R. Merkel* MedR 2017, 828 ff.; abl. *Gärditz* ZfL 2018, 38 ff.; s. auch *Weilert* MedR 2018, 76 ff.). Unklar ist die Rechtslage, ob nach BVerfG NJW 2020, 905 bei verfassungskonformer Auslegung des § 5 Abs. 1 Nr. 6 BtMG Zugang zu einer tödlichen Dosis von Betäubungsmitteln zur Selbsttötung beansprucht werden kann (Im Grundsatz nein, aber in »extremen Notfällen« die einer sorgfältigen Einzelfallprüfung bedürften

nicht ausgeschlossen, vgl. BVerwG NJW 2017, 2215 und BVerwG NJW 2019, 2789: »extreme Notfälle« die eine sorgfältige Einzelfallprüfung notwendig machen). Allerdings sind diese Entscheidungen noch unter der vermeintlichen Strafbarkeit der geschäftsmäßigen Förderung der Selbsttötung ergangen. Bei Geltung dieses Verbot erschien ein Recht auf selbstbestimmtes Sterben nicht in jedem denkbaren Fall gewährleistet. Da dieses Verbot nicht mehr besteht, fehlt es nach VG Köln Urt. v. 24.11.2020 – 7 K 13803/17 an der Erforderlichkeit, das BtMG an dieser Stelle zu lockern.

Das Wirken von Sterbehilfeorganisationen (vor allem »Dignitas« bzw. »Dignitate« und »Sterbehilfe Deutschland e.V.«) hat in den letzten Jahren vermehrt rechtspolitische Aktivitäten in Richtung einer (Neu-) Kriminalisierung der **kommerzialisierten**«, »**organisierten**« bzw. »**geschäftsmäßigen** Suizidvermittlung ausgelöst, die schließlich zu einem neuen Straftatbestand des Verbots der Förderung der geschäftsmäßigen Suizidhilfe (§ 217) führten. Mit Urt. des BVerfG v. 26.02.2020 (BGBl. I S. 525) ist § 217 mit Art. 2 Abs. 1 i.V.m. Art. 1 Abs. 1, Art. 2 Abs. 2 Satz 2 i.V.m. Art. 104 Abs. 1 und Art. 12 Abs. 1 GG für unvereinbar und nichtig erklärt worden. Die Urteilsbegründung formuliert ein »Recht auf selbstbestimmtes Sterben« (BVerfGE 153, 182, 261), das durch § 217a.F. in unverhältnismäßiger Form beschränkt wurde. In der kriminalpolitischen Debatte hat die Verwerfung des § 217a.F. indes keinen Schlussstrich gezogen, sondern Einwürfe um eine strafrechtliche Alternativlösung angeregt (*Eidam* medstra 2020, 257; *Lindner* NStZ 2020, 505, 506 ff. zu den Folgefragen bzgl. § 216). Nicht nur in praktischer Hinsicht, sondern auch aus Gründen der Verhältnismäßigkeit erscheint dagegen eine verwaltungs- bzw. vereinsrechtliche Lösung vorzugswürdiger (näher *Duttge u.a.* Preis der Freiheit, S. 100 f. sowie *ders.* Zeitschrift für medizinische Ethik 2009, 257, 265 f.; ebenso *Hilgendorf* Jahrbuch für Recht und Ethik 2007, S. 479 ff.; NK-StGB/*Neumann* Vorbem. § 211 Rn. 148b; *Roxin* GA 2013, 313, 325: »polizeirechtliches Verbot der organisierten Suizidförderung«; *Saliger* medstra 2015, 132, 138; gegen eine Neukriminalisierung auch die Stellungnahme deutscher Strafrechtslehrerinnen und Strafrechtslehrer in: medstra 2015, 129).

Die grundsätzliche Straffreiheit der Suizidbeihilfe gilt für jedermann, auch für Ärztinnen und Ärzte. Aus Gründen des eigenen Selbstverständnisses hatte das **ärztliche Berufsrecht** bisher einen Widerspruch zum ärztlichen Ethos gesehen (Grundsätze der BÄK zur ärztlichen Sterbebegleitung 2004, Präambel, abgedruckt in: DÄBl. 2004, A-1298). Der 124. Deutsche Ärztetag hat allerdings am 05.05.2021 beschlossen, den Satz »Der Arzt darf keine Hilfe zur Selbsttötung leisten« aus § 16 der (Muster-)Berufsordnung (MBO-Ä) zu streichen (Satz 3).

### 3. Nichthinderung

Nach bis heute nicht explizit widerrufener Auffassung des BGH (vorsichtig selbstkritisch aber BGH NStZ 1988, 127) soll die Straflosigkeit der Suizidbeihilfe einer strafrechtlichen Inverantwortungnahme des untätig bleibenden Garanten wegen **Tötung durch Unterlassen** (bzw. bei Nichtgaranten wegen § 323c StGB s. die dortige Komm.) selbst im Fall einer freiverantwortlichen Selbsttötung nicht entgegenstehen. Sei nach Beginn des Suizidgeschehens noch eine Lebensrettung möglich, so wachse dem Garanten kraft »Tatherrschaftswechsels« die Täterrolle zu, wenn er sich – »grundsätzlich unzulässigerweise« – dem »Todeswunsch des Suizidenten« beuge: Nur soweit die Rettungsmaßnahmen zu schweren und irreparablen (Hirn-) Schäden führten, sei deren Unterbleiben mangels »Zumutbarkeit« hinnehmbar (so BGHSt 32, 367 ff. m. abl. Bspr. *Eser* MedR 1985, 6 ff.; *Gropp* NStZ 1985, 97 ff.; *Roxin* NStZ 1987, 345 ff.; *Sowada* Jura 1985, 84 ff.; zust. dagegen *Herzberg* JZ 1986, 1021 ff.; zuvor bereits BGHSt 13, 162, 165 ff.). Wegen der hierin liegenden Missachtung des Selbstbestimmungsrechts wird diese »Sonderrechtsprechung zum Suizid« heute jedoch allgemein abgelehnt (etwa MüKo-StGB/*Schneider* Vorbem. §§ 211 ff. Rn. 73 f.; NK-StGB/*Neumann* Vorbem. § 211 Rn. 73 ff.; *Schreiber* BGH-FG Bd. IV, 2000, S. 503, 525 f.; sich distanzierend auch *Kutzer* Schöch-FS 2010, S. 481, 489 ff. und zuletzt StA München I, NStZ 2011, 345 f.; LG Berlin NStZ-RR 2018, 246 ff.; LG Deggendorf GesR 2014, 487 f., LG Gießen NStZ 2013, 43 [»unerträglicher Wertungswiderspruch«] und LG Hamburg medstra 2018, 109, 123 m. zust. Anm. *Duttge*); um die vorherrschende Rechtsunsicherheit (von einem fortbestehenden »unkalkulierbaren Risiko« ausgehend: *Hillenkamp* Kühl-FS 2014, S. 521, 530 f.; Beleg: OLG Hamburg MedR 2017,

139, 143 f.; anders hingegen *Saliger* medstra 2015, 132, 136: »praktisch überholt«) zu beseitigen (auch mit Blick auf das Strafbarkeitsrisiko wegen §§ 223 ff., 240 bei aufgedrängten Rettungshandlungen; zur verfassungsrechtlichen Problematik der polizeilichen Befugnisnormen: *Günzel* Das Recht auf Selbsttötung, seine Schranken und die strafrechtlichen Konsequenzen, insb. S. 120 ff.), haben der AE-Sterbebegleitung 2005 und der 66. DJT 2006 für »freiverantwortliche und ernstliche« Suizidtaten eine klarstellende Regelung gefordert. Dieser Forderung kommen jedenfalls Teile der Literatur und jüngsten Rechtsprechung entgegen. Insgesamt widerspricht der BGH zwar nicht explizit der sog. Wittig-Entscheidung (s.o.), aber eine deutliche Aufwertung des Selbstbestimmungsrechts durch den BGH ist unverkennbar (*Kubiciel* NJW 2019, 3033, 3034). Die Garantenstellung des Arztes für das Leben seines Patienten und hiermit die Pflicht zur Abwendung des Todes endet, wenn vereinbarungsgemäß nur noch dessen frei verantwortlicher Suizid begleitet werde (BGH NJW 2019, 3089, 3091; s.a. *Neumann* StV 2020, 126, 128; *Sperlich* ZMGR 2021, 155, 157 f.; *Lorenz* HRRS 2019, 351, 357 f.; *Grünewald* JR 2020, 167,171; *Rissing-van Seel/Verrel* NStZ 2020, 121, 124). Handle der Patient freiverantwortlich, müsse der Arzt nicht mit strafrechtlichen Konsequenzen rechnen, wenn er bei Einleitung von Rettungsmaßnahmen gegen den Willen des Suizidenten handle (etwa LK-StGB/*Rissing-van Saan* § 216 Rn. 26).Die irrige Annahme einer »freiverantwortlichen« Selbsttötung begründet einen Vorsatzausschluss (§ 16 Abs. 1 Satz 1, vgl. NK-StGB/*Neumann* Vorbem. § 211 Rn. 89); nach der Rspr. müsste ihm wenigstens § 16 Abs. 2 (Folge: Strafbarkeit nur wegen § 216) zugute kommen (Schönke/Schröder/*Eser/Sternberg-Lieben* Vorbem. §§ 211 ff. Rn. 40).

## IV. Triage

29a Durch die Corona-Pandemie hat sich ein alter Streit rund um die Verteilung knapper Rettungsressourcen neu entfacht. Es geht dabei um die Frage, wie Behandlungskapazitäten verteilt werden, wenn absehbar ist, dass sie nicht für alle (potentiellen) Patienten reichen werden (vgl. ausführlich Esser/Tsambikakis/*Gerson*, PandemieStrafR, § 3). Der Begriff der Triage (von französisch »trier« ≈ »sortieren«, »aussuchen«, »auslesen«) geht ursprünglich auf die Militärmedizin zurück (*Sowada* NStZ 2020, 452; *Rönnau/Wegner* JuS 2020, 403) und beschreibt Situationen, in denen die vorhandenen personellen und materiellen medizinischen Ressourcen nicht für die Behandlung aller Patienten ausreichen. Das medizinische Personal hat daher über die Verteilung der Ressoucen zu entscheiden. Triage-Situationen zeichnen sich durch **radikale Zeitlichkeit** und ein **kollektives Element** aus (dazu *Gaede/Kubiciel/Saliger/Tsambikakis* medstra 2020, 129, 134). Im Wesentlichen sind zwei Phänomene zu unterscheiden: Die von vornherein unterbliebene Behandlung (»Ex-ante-Triage«) und der Abbruch bereits begonnener Behandlung zu Gunsten anderer Patienten (»Ex-post-Triage«). Die von vornherein unterbliebene Aufnahme indizierter intensivmedizinischer Maßnahmen als auch der Abbruch bereits begonnener und weiter indizierter Maßnahmen können sich als vorsätzlich oder fahrlässig begangenes Tötungsdelikt darstellen. Triage-Situationen implizieren einige normativ bedeutsame Besonderheiten. Zum einen müssen Entscheidungen oft unter großem zeitlichem Druck getroffen und in mehr oder weniger kurzen Zeiträumen auf ihre Fortdauer überprüft werden (radikale Zeitlichkeit). Regeln, welche die Triage-Situation regulieren, müssen daher nicht nur zur einmaligen Verteilung von Rettungschancen in der Lage sein, sondern Kriterien benennen, die über die Dauer und für alle Phasen der Konfliktsituation gelten. Weiterhin beschränkt sich die Basisgleichheit aller von der Triage betroffenen Patienten auf eine faire Berücksichtigung ihrer Überlebensinteressen und -chancen. Insoweit geht es nicht um eine bereits verfestigte Rechtsposition, wie etwa in einer individuellen Arzt-Patienten Beziehung, sondern lediglich um einen gleichen Teilhabeanspruch an knappen medizinischen Gütern (kollektives Element). Die Garantenstellung des behandelnden Arztes vermittelt kein absolutes Recht auf die zugunsten aller zur Verfügung stehenden Ressourcen. Unter keinen Umständen darf Leben gegen Leben abgewogen werden. Jedes menschliche Leben ist als solches gleich wertvoll und genießt ohne Rücksicht auf die Dauer der physischen Existenz des einzelnen Menschen gleichen verfassungsrechtlichen Schutz. Es ist verfassungsrechtlich untersagt, für die Auswahlentscheidungen auf Geschlecht, Herkunft, Alter, sozialen Status oder soziale Rolle der Betroffenen abzustellen.

Überwiegend wird die Triage als rechtfertigende Pflichtenkollision eingeordnet. Bei der Erfüllung 29b
von zwei Handlungspflichten zum Schutz fremder Rechtsgüter, von denen aufgrund der Situation nur eine erfüllbar ist, darf die Strafrechtsordnung dem Bürger nichts Unmögliches abverlangen. Daher handelt nicht rechtswidrig, wer bei der Kollision verschiedenwertiger rechtlicher Pflichten die höherwertige bzw. bei der Kollision gleichwertiger Pflichten eine nach seiner Wahl erfüllt. Die Einordnung als bloß »entschuldigende Pflichtenkollision« ist abzulehnen. Ärztinnen und Ärzten darf mit dem Anspruch auf Gerechtigkeit keine Rechtspflicht zur Erbringung von etwas Unmöglichem auferlegt werden. Der Patient hat zudem nur einen Anspruch auf eine basale Teilhabe- und Verteilungsgerechtigkeit (Kollektives Element). Wäre das Verhalten der Ärztinnen und Ärzte als rechtswidrig anzusehen, müssten spiegelbildlich dem Patienten und seinen Angehörigen Notwehr bzw. Nothilferechte zugestanden werden. Die Folge wären erhebliche Störungen des ohnehin sachlich, zeitlich und emotional stark belasteten Entscheidungsvollzugs bei der Triage. Der Konflikt zwischen Behandlungspflichten und Überlebenschancen könnte dem Zufall überlassen werden, indem das Verfahren »First come, first served« oder ein Los-Verfahren angewendet wird. Der Zufall leistet zwar vordergründig Objektivität, das Kriterium darf aber nur eine ethische Notlösung sein. Denn § 2 Abs. 2 MBO statuiert die ärztliche Pflicht zur gewissenhaften Ausübung des Berufs und zur Orientierung des Handelns am Wohl der Patienten. Geeigneter scheint daher das Kriterium der klinischen Erfolgsaussicht. Das kollektive Moment gestattet und fordert einen Ressourceneinsatz nach normativ steuernden Kriterien, nach denen die Gesamtheit der vom Gesundheitswesen geschützten Personen den prima facie besten Nutzen erfährt. § 34 differenziert nach dem Grad der den betroffenen Rechtsgütern drohenden Gefahren. Dann muss es auch im Rahmen der rechtfertigenden Pflichtenkollision möglich sein, die medizinische Dringlichkeit und die Rettungschancen in eine Interessenabwägung miteinzubeziehen.

Teile der Strafrechtswissenschaft nehmen an, dass sich die Triage in der sogenannten ex ante-Konkurrenz und der sogenannten ex-post Konkurrenz kategorial unterscheiden. Der Entzug eines Beatmungsgeräts zulasten eines sodann versterbenden Patienten sei demnach ein aktiver Tötungsakt, der nach den Grundsätzen rechtfertigender Pflichtenkollision nicht gerechtfertigt werden könne. Die rechtfertigende Pflichtenkollision ist nur bei der Kollision von Handlungspflichten anzuwenden, während für die Kollision einer Handlungs- mit einer Unterlassungspflicht lediglich der strengere rechtfertigende Notstand nach § 34 greifen kann. Diese Differenzierung ist nicht zielführend, denn in beiden Konstellationen kollidieren zwei Behandlungspflichten miteinander. Soweit eine eingeleitete lebenserhaltende medizinische Behandlung unter ständigem Überprüfungsvorbehalt auf ihre Effizienz steht (radikale Zeitlichkeit), relativiert sich der Unterschied erheblich, ob eine Behandlung noch nicht begonnen oder bereits begonnen ist. Es wird außerdem gerade nicht in eine verfestigte Rechtsposition des Patienten eingegriffen (Kollektives Element). Die Unterscheidung zwischen Tun und Unterlassen hat durch die Fortschritte in der Medizin ohnehin an Differenzierungskraft eingebüßt. Die Ausgangslage der Fallgruppen ist in normativer Hinsicht jedoch auch nicht vollständig identisch. Eine geringfügig bessere Prognose kann nicht schon zu einer Neuverteilung führen, denn die Entscheidung, einem Patienten Ressourcen wieder zu entziehen, muss diesem gegenüber unter Berücksichtigung seines gleichen Teilhabeanspruchs auch für die Zukunft legitimiert werden. Da aber auch kein Eingriff in eine fremde Personensphäre zu legitimieren ist, muss anders als bei § 34 kein wesentliches Überwiegen dargelegt werden. Es genügt, für die Begründung der Lageänderung eine deutlich fassbare und damit letztlich evident bessere Aussicht auf einen zwecktauglichen Ressourceneinsatz zu verlangen. Bei der Neuvergabe insbesondere eines Beatmungsplatzes ist somit eine gewisse Schwelle zu beachten. 29c

## C. Mordqualifikationen (§ 211 StGB)

### I. Tatbezogene Mordmerkmale (2. Gruppe)

Prima vista ist die Begehung eines Mordes bzw. Mordversuches in Ausübung ärztlicher bzw. pflegerischer Aufgaben (und nicht nur bei deren Gelegenheit) kaum vorstellbar. Die betreffende Tat müsste hierzu die Gebote ärztlicher Professionalität in krasser, schlechthin krimineller Weise bewusst 30

## §§ 211, 212 StGB  Mord/Totschlag

hintangestellt haben (zu den »Missständen in der Heimpflege« jedoch *Kreuzer* ZRP 2014, 174 ff.). Gleichwohl finden sich Konstellationen, in denen sich eine Anwendung des § 211 aufgrund der bestehenden Unsicherheiten bei der Begrenzung einzelner Mordmerkmale (zur Einbeziehung nicht höchststrafwürdiger Fälle eingehend *AE-Leben* GA 2008, 193 ff.) nicht von vornherein ausschließen lässt. Dies gilt umso mehr, als die Rspr. des BGH der Aufforderung des BVerfG zu einer durchgängig **restriktiven Auslegung** (BVerfGE 45, 187 ff.) nicht gefolgt ist (bzw. dahingehende Bemühungen wieder aufgegeben hat) und sich zugleich einer »negativen Typenkorrektur« (jedenfalls bei einzelnen Merkmalen, so die wohl h.L., vgl. *Eser* JR 1981, 177 ff.; *Geilen* JR 1980, 309 ff.; krit. aber NK-StGB/*Neumann* Vorbem. § 211 Rn. 160: kein regelgebundenes Entscheiden; *Roxin* Widmaier-FS 2008, S. 741, 745) verweigert, d.h. die Mordmerkmale in beiden Richtungen als abschließend betrachtet (krit. zu diesem »Exklusivitäts-Absolutheits-Mechanismus«: *AE-Leben* GA 2008, 193, 196, 213 m.w.N.). Soweit jedoch in Einzelfällen die objektiven Voraussetzungen eines Mordmerkmals einschlägig sein könnten, sollte bei einer auch nur ansatzweise nachvollziehbaren Motivation (z.B. »Mitleid«) jedenfalls die (allerdings in der Rechtspraxis kaum berechenbare, vgl. etwa *Rengier* Küper-FS 2007, S. 473, 484) Handhabung der subjektiven Tatseite (z.B. »Ausnutzungsbewusstsein« bei der Heimtücke) vor der Höchststrafe bewahren.

31 Die Mordmerkmale der zweiten Gruppe beschreiben eine besonders gefährliche oder herausgehoben antisoziale Begehungsweise. »**Heimtücke**« meint dabei nach st. Rspr. das bewusste Ausnutzen der Arg- und Wehrlosigkeit des Opfers in feindlicher Willensrichtung (z.B. BGHSt 32, 382, 383; 39, 353, 368; 48, 255, 256). Arglos ist, wer sich zum Zeitpunkt des ersten mit Tötungsvorsatz geführten Angriffs (vgl. BGH NStZ 2006, 502, 503) keiner Bedrohung seines Lebens oder seiner körperlichen Unversehrtheit (dazu BGH NStZ-RR 1996, 322; StV 1998, 543, 544; NStZ 2002, 368; anders noch BGHSt 27, 322, 324: wenn Begegnung »im Zeichen feindseligen Verhaltens« steht) ausgesetzt sieht; eine »latente Angst« aufgrund früherer Aggressionen hebt die Arglosigkeit des Opfers nicht auf (BGH NStZ 2013, 337, 338: »akuter Anlass«). Einer darüber hinausgehenden Heimlichkeit bedarf es hingegen nicht (vgl. BGH NStZ-RR 1997, 168). Ist die Zeitspanne zwischen dem Erkennen der Gefahr und dem unmittelbar folgenden Angriff so kurz bemessen, dass diesem nicht mehr begegnet werden kann, so ändert das auch bei einem offen feindseligen Entgegentreten nichts an dem »Überraschungsmoment« (SSW/*Momsen* § 211 Rn. 37) und hindert deshalb nicht die Annahme von Arglosigkeit (vgl. BGH NStZ 2005, 688, 691; 2006, 97, 98; 502, 503; 2008, 510, 511). Ebenso dürfte es liegen, wenn in den körperlichen Eingriff zuvor eingewilligt wurde (wie z.B. bei einer geplanten Herz-OP, vgl. *Hofmann* NStZ 2011, 66 f.). Das Opfer muss *infolgedessen* wehrlos, d.h. seiner effektiven Verteidigungsmöglichkeit beraubt sein (Kausalzusammenhang). Daran fehlt es grundsätzlich, wenn die Wehrlosigkeit konstitutionell bedingt ist. Schlafende nehmen ihre vor dem Einschlafen vorhandene Arglosigkeit jedoch mit in den Schlaf (vgl. BGHSt 23, 119, 121; 32, 382, 386; NStZ 2006, 338, 339); für Bewusstlose sollte aus Gründen ihrer Gleichbehandlung dasselbe gelten (wie hier auch *Kutzer* NStZ 1994, 110; NK-StGB/*Neumann/Saliger* § 211 Rn. 57; *Otto* Jura 1994, 141, 149; a.A. BGH NJW 1966, 1823; NStZ 1997, 491 m. Anm. *Spendel* StV 1998, 545). Bei Kleinkindern stellt die Rspr. darauf ab, ob die Arglosigkeit schutzbereiter Dritter ausgenutzt (vgl. BGH NStZ 2006, 338, 339; NStZ-RR 2006, 43) oder der natürliche Abwehrinstinkt des Kindes überlistet wird (BGHSt 8, 216, 218; krit. NK-StGB/*Neumann/Saliger* § 211 Rn. 58; *Rengier* MDR 1980, 1, 6). Ebenso sind Fälle zu beurteilen, in denen **Schwerkranke** oder **Komapatienten** aufgrund ihres körperlichen Zustandes nicht mehr in der Lage sind, die Absicht des Täters zu erkennen und/oder diesem Angriff wirksam entgegenzutreten (BGH NStZ 1997, 490 f.; 2008, 93 f.; StV 2009, 524, 525; zust. *Lackner/Kühl* § 211 Rn. 7; MüKo-StGB/*Schneider* § 211 Rn. 178). Die Zuschreibung einer solchen Schutzfunktion setzt (vor Beginn des Täterhandelns) allerdings eine »gewisse räumliche Nähe zum Tatopfer« voraus (BGH NStZ 2015, 215 f.). Eine solche Funktion können auch schutzbereite Dritte innehaben. Darunter ist jede Person zu verstehen, die den Schutz eines Bewusstlosen vor einer Gefahr für Leib oder Leben dauernd oder vorübergehend übernommen hat und diesen im Augenblick der Tat auch tatsächlich ausübt oder dies deshalb nicht tut, weil sie dem Täter vertraut (BGH NStZ 2008, 93, 94). Bei dem Mord eines Patienten durch einen Pfleger können die anderen auf der Station anwesenden Pflegekräfte schutzbereite

Dritte in diesem Sinne sein (LG Oldenburg Urt. v. 06.06.2019 – 5 Ks 800 Js 54254/17 (1/18)). Allerdings hat das OLG Oldenburg klargestellt, dass keine Garantenstellung mehr für Verantwortliche eines anderen Krankenhauses besteht, die es unterlassen hatten, in den Arbeitszeugnissen auf Verdachtsmomente hinzuweisen (OLG Oldenburg v. 23.07.2021 – 1 Ws 120/21). Allenfalls eine Ingerenz käme zur Begründung der Garantenstellung in Betracht. Auf das Unterlassen der Hinweise im Arbeitszeugnis kann nicht abgestellt werden, da dies bereits das vorwerfbare Unterlassen darstellt, was nicht gleichzeitig das vorwerfbare Vorverhalten sein kann. Es fehle am Pflichtwidrigkeitszusammenhang des Unterlassens für den Taterfolg.

In subjektiver Hinsicht muss der Täter jene Umstände, welche die Arg- und Wehrlosigkeit des Opfers begründen, nicht nur äußerlich wahrgenommen, sondern in ihrer Bedeutung erfasst und bewusst für sein Handeln ausgenutzt haben (st. Rspr., vgl. BGH NStZ 2006, 167 ff.; 502, 503; 503, 504; 2007, 330, 331). Nach BGH NStZ 2008, 93 f. bedarf es aber nicht notwendig der gezielten Herbeiführung oder gar einer Instrumentalisierung der Arglosigkeit, indem etwa Pflegekräfte von ihren Aufgaben gegenüber dem Tatopfer eigens abgelenkt oder sonst in Sicherheit gewogen werden (ebenso BGH NStZ 2013, 339, 340: kein voluntatives Element; krit. und eine strenge Handhabung im Sinne eines »tückisch«-überlegten Sich-zunutze-Machens fordernd: NK-StGB/*Neumann/Saliger* § 211 Rn. 72; ebenso HK-GS/*Rössner/Wenkel* § 211 Rn. 19: »planvoll, listig, verschlagen und/oder berechnend«); die Spontaneität des Tatentschlusses kann ein Beweiszeichen sein, dass der Täter die Arg- und Wehrlosigkeit u.U. nicht erfasst hat (BGH NStZ 2012, 270, 271; 693, 694; 2014, 507, 508; 574 f.; 2015, 392 f.; NStZ-RR 2017, 278, 279: insb. bei affektiven Durchbrüchen und sonstigen heftigen Gemütsbewegungen). Des Weiteren verlangt die Rspr. seit BGHSt 9, 385 ff. eine »**feindselige Willensrichtung**«, an der es immer dann fehlt, wenn der Täter glaubt, »zum Besten« seines Opfers zu handeln. Im Mittelpunkt stehen hier die Fälle eines misslungenen »Mitnahmesuizids« (vgl. BGH StV 1989, 390; NStZ-RR 2000, 327; krit. aber *Schneider* NStZ 2005, 103; differenzierend danach, ob Wille des Opfers beachtet wurde: SSW/*Momsen* § 211 Rn. 50) und jene einer sog. »Mitleidstötung«, um einem todkranken Patienten weiteres Leid oder Siechtum zu »ersparen« (vgl. BGHSt 37, 376 ff. m. Bspr. *Geilen* Spendel-FS 1992, S. 519 ff.; *Langer* JR 1993, 136 ff.; *Roxin* NStZ 1992, 35 f.; BGH NStZ-RR 1997, 42); eine nur »oberflächliche Mitleidsmotivation« (?) soll freilich einem Heimtückemord nicht entgegenstehen (so BGH NStZ 2008, 93, 94).

Eine in weitergehendem Maße am Leitgedanken »besonderer Verwerflichkeit« orientierte restriktive Auslegung (dazu Schönke/Schröder/*Eser/Sternberg-Lieben* § 211 Rn. 26 f. m.w.N.: »verwerflicher Vertrauensbruch«) hat die Rspr. abgelehnt und anstelle dessen bei Vorliegen »außergewöhnlicher« schuldmindernder Umstände zur Vermeidung unbilliger Ergebnisse (lebenslange Freiheitsstrafe) eine Strafmilderung gem. § 49 Abs. 1 erlaubt (sog. »**Rechtsfolgenlösung**«, grdl. BGHSt 30, 105 ff.; bestätigt in BGHSt 48, 255 ff.; NStZ-RR 2004, 294; NStZ 2005, 154 ff.; anders für »gewöhnlich« schuldmindernde Umstände: BGH NStZ 2005, 154). Auf diese Weise wird aber »die Gesetzestreue auf der Tatbestandsseite mit einer Missachtung des Gesetzes auf der Rechtsfolgenseite erkauft« (NK-StGB/*Neumann* Vorbem. § 211 Rn. 162; eingehend *Müller-Dietz* Nishihara-FS 1998, S. 248 ff.; vgl. auch Schönke/Schröder/*Eser/Sternberg-Lieben* § 211 Rn. 10b: »minderschwerer Mord« widersprüchlich).

Eine »**grausame**« Tötung soll immer dann vorliegen, wenn dem Opfer durch die Tötungshandlung als solche (BGHSt 37, 40 f.; NStZ 2008, 29; dazu eingehend *Küper* Seebode-FS 2008, S. 197 ff.) körperliche Schmerzen oder seelische Qualen zugefügt werden, die ihrer Stärke, Dauer oder Wiederholung wegen über das (aus Tätersicht) »zur Tötung erforderliche Maß hinausgehen« (BGH NStZ 1994, 239; StV 1997, 565, 566; NStZ-RR 2006, 236, 237). Das Kriterium der »Unnötigkeit« führt allerdings in die Irre, da der Täter auf diese Weise durch die Wahl der Ausführungsmodalität selbst bestimmen könnte, ob Schmerzen noch Bestandteil der »notwendigen« Tötungshandlung sind (mit Recht krit. *Frister* StV 1989, 343, 344; *Schneider* NStZ 2008, 29, 30). Deshalb ist die Grausamkeit im Sinne eines »zweiten Delikts« (*Küper* Seebode-FS 2008, S. 197, 202) nach eigenständigem, objektivem Beurteilungsmaßstab zu prüfen, ohne dabei jedoch die individuelle

Empfindungsfähigkeit des Opfers zu übersehen (vgl. NK-StGB/*Neumann/Saliger* § 211 Rn. 75 f.; s.a. BGH NStZ 2007, 402, 404: »Fall Dennis«; bei einem Tode durch Verbrennen können wenige Sekunden genügen: BGH NJW 2017, 1252 f.). Personen ohne Empfindungsfähigkeit (z.B. **Bewusstlose**) können daher nicht grausam getötet werden (anders dagegen bei bloßer Bewusstseinstrübung oder partieller Abstumpfung des Gefühlslebens).

35 Subjektiv verlangt die h.M. ein Handeln aus »**gefühlloser und unbarmherziger Gesinnung**« (BGH NStZ 1982, 379; NJW 1986, 265, 266 m. Anm. *Amelung*; *Fischer* § 211 Rn. 58; krit. MüKo-StGB/*Schneider* § 211 Rn. 145 ff.; NK-StGB/*Neumann/Saliger* § 211 Rn. 79). Diese soll jedoch bei Kenntnis des besonderen Leidens regelmäßig zu bejahen sein (LK/*Rissing-van Saan/Zimmermann* § 211 Rn. 136; Schönke/Schröder/*Eser/Sternberg-Lieben* § 211 Rn. 27). Nur ausnahmsweise kann eine hochgradige Gemütsbewegung oder ein Affektstau die Annahme einer tatbeherrschenden »Unbarmherzigkeit« ausschließen (vgl. BGH NStZ 1982, 379 f.; BGHR StGB § 211 Abs. 2 grausam 2).

36 »**Gemeingefährliche Mittel**« sind solche, die eine in ihren Auswirkungen vom Täter nicht beherrschbare Lebensgefahr (so zutr. begrenzend *Krey/Hellmann*/Heinrich BT/1 Rn. 61; MüKo-StGB/*Schneider* § 211 Rn. 130; *Rengier* StV 1986, 405, 407; *Zieschang* Puppe-FS 2011, S. 1301, 1314 f.; a.A. die h.M.: Leibesgefahr genügt) für eine unbestimmte Mehrzahl von Personen (»Breitenwirkung«, nicht: »schlichte Mehrfachtötungen«) begründen (vgl. BGHSt 34, 13, 14; 38, 353, 354; NStZ 2006, 167). Abgestellt wird dabei auf die potentielle Wirkung des Mittels in der konkreten Situation unter Berücksichtigung der persönlichen Fähigkeiten und Absichten des Täters (BGH NStZ 2006, 503, 504; HK-GS/*Rössner/Wenker* § 211 Rn. 6). Mit dieser Formel könnten jedoch u.U. auch solche Tatmittel einbezogen werden, die ihrer »Natur« nach nicht gemeingefährlich sind (z.B. Schusswaffe, Messerstich, Spritze) und diese Qualität allein durch die mangelnden individuellen Fertigkeiten oder durch eine spezifisch »gemeingefährliche« Handhabung des Täters erlangen; solange sich die Angriffsintention aber auf eine einzige Person beschränken und nicht auf beliebige »Repräsentanten der Allgemeinheit« erstrecken soll, fehlt es an einer tatbezogenen »Gemeingefahr«. Die individuellen Fähigkeiten zur Gefahrbeherrschung lassen sich also allenfalls zur Vermeidung der Mordstrafe berücksichtigen, sofern die Ausdehnung der Gefahr auf weitere (beliebige) Personen effektiv ausgeschlossen ist (insoweit h.M., etwa BGH NJW 1985, 1477, 1478; BGHSt 38, 353, 354 f.; *v. Danwitz* Jura 1997, 569 ff.; Schönke/Schröder/*Eser/Sternberg-Lieben* § 211 Rn. 29; s.a. MüKo-StGB/*Schneider* § 211 Rn. 131: Parallele zur teleologischen Reduktion abstrakter Gefährdungsdelikte). Das betr. Mittel muss eingesetzt werden; das bloße Ausnutzen einer bereits bestehenden gemeingefährlichen Situation (Unterlassen) ist damit nicht tatbestandsmäßig (so auch BGH StV 2011, 92 m.w.N.).

## II. Täterbezogene Mordmerkmale der 3. Gruppe

37 Eine spezifische Verwerflichkeit des Handlungszwecks (vgl. BGHSt 7, 287, 290; NStZ-RR 1999, 235, 236: »notfalls über Leichen gehen«) ist Gegenstand der beiden Mordmerkmale aus der dritten Gruppe insofern, als das Tötungsunrecht hier zielgerichtet zur Ermöglichung oder Verdeckung einer weiteren Straftat eingesetzt wird (vgl. BGHSt 41, 8, 9: »Verknüpfung von Unrecht mit weiterem Unrecht«; krit. aber *Küper* JZ 1995, 1158, 1162; *Sowada* JZ 2000, 1035, 1038 f.). Die mit der Tötung verknüpfte, in Vergangenheit (**Verdeckungsabsicht**) oder Zukunft (**Ermöglichungsabsicht**) liegende weitere Tat (im materiell-rechtlichen Sinne, so ausdrücklich BGH NStZ 2015, 693: nicht bei Tötung einer Schwangeren zwecks Bewirken eines Schwangerschaftsabbruchs) muss nach maßgeblicher Tätervorstellung (d.h. selbst bei nur irriger Annahme, vgl. NK-StGB/*Neumann/Saliger* § 211 Rn. 92) im strengen Sinne als Kriminalunrecht zu qualifizieren sein (d.h. unter Ausschluss von Ordnungswidrigkeiten, etwa BGHSt 28, 93 ff.; Schönke/Schröder/*Eser/Sternberg-Lieben* § 211 Rn. 32; SK-StGB/*Sinn* § 211 Rn. 67; a.A. Maurach/Schroeder/Maiwald/*Hoyer/Momsen* BT/1 § 2 Rn. 34: Missverhältnis zwischen Mittel und Zweck »in besonderem Maße«). Auf die Schwere der Tat soll es dagegen nicht ankommen (vgl. BGHSt 46, 73, 81); im »Kannibalen«-Fall hat der BGH als (zu ermöglichende) Bezugstaten neben § 168 auch §§ 131, 184a in Betracht

gezogen (vgl. BGHSt 50, 80 ff. m. Anm. *Kudlich* JR 2005, 343; *Otto* JZ 2005, 799 ff.; *Schiemann* NJW 2005, 2350 ff.). Versuchs- und Fahrlässigkeitstaten sind nicht ausgenommen (unstr.).

Im **ärztlichen oder pflegerischen Kontext** ließen sich als zu verdeckende Bezugstaten gedanklich bspw. ein vorausgegangener Behandlungs- oder Aufklärungsfehler (hierzu BGHSt 56, 277, 288 m. Bspr. *Kudlich* NJW 2011, 2856 ff.; BGH NJW 2021, 326; *Sternberg-Lieben/Reichmann* MedR 2012, 97 ff.; s.a. *Neelmeier* DÄBl. 2012, A-856 ff.; zum Körperverletzungsunrecht vgl. Komm. zu § 223 StGB), ein Abrechnungsbetrug (näher *Tsambikakis/Kessler* Komm. zu § 263 StGB), eine Schweigepflichtverletzung (§ 203) oder eine Vorteilsannahme bzw. Bestechlichkeit (§§ 331 ff. bzw. §§ 299, 299a) konstruieren. Noch schwerer fällt es, sich im benannten Sachzusammenhang die Tötung eines Menschen zwecks Ermöglichung einer künftigen Straftat vorzustellen. Bedeutsam sind allerdings fünf ergänzende Aspekte: Erstens bedarf es grds. keiner Zäsur zu jener Straftat, die ermöglicht oder verdeckt werden soll (so BGHSt 35, 116 ff.; zuletzt BGH NJW 2011, 2223, 2225: auch ein in unvorhergesehener Augenblickssituation spontan gefasster Tötungsentschluss; a.A. noch BGHSt 27, 346 ff.); anderes gilt nur dann, wenn die mehreren Einzelakte zu einer einheitlichen Tötungshandlung gehören (BGH NStZ 2015, 458, 459: »deutliche Zäsur«). Zweitens kann die zu ermöglichende oder zu verdeckende Straftat stets auch die eines Dritten sein (h.M., vgl. BGHSt 9, 180; NK-StGB/*Neumann/Saliger* § 211 Rn. 91). Drittens muss die das Mordunrecht erst begründende Tötung keineswegs beabsichtigt, sondern braucht lediglich bedingt vorsätzlich begangen zu sein (inzwischen unstr., vgl. BGHSt 39, 159, 160; NStZ 2004, 495, 496; NStZ-RR 2018, 174, 175; *Otto* Jura 1994, 141, 152; ausf. *Geilen* Lackner-FS 1987, S. 571 ff.; bei Verdeckungsabsicht freilich nur unter dem Vorbehalt, dass sich die Entdeckung nach Tätervorstellung nicht allein durch den Tod des Opfers verhindern lässt, zutr. HK-GS/*Rössner/Wenkel* § 211 Rn. 35). Viertens soll auch eine Tötung durch Unterlassen (z.B. im Wege rechtswidriger Vorenthaltung lebenserhaltender Maßnahmen) – selbst wenn nur »in Kauf genommen« und nicht »beabsichtigt« – nicht ausgeschlossen sein (str., vgl. einerseits BGH NJW 2021, 326, 329: Verdeckungsabsicht muss tatbeherrschendes Motiv sein; NJW 2000, 1730, 1731; NStZ 2004, 294; 2017, 342, 343; andererseits *Arzt* Roxin-FS 2001, S. 855 ff.; *Haas* Weber-FS 2004, S. 239, 245; grdl. *Schlüchter* BGH-FG Bd. IV, 2000, S. 933 ff.). Fünftens schließlich genügt es nach – freilich bestrittener – Auffassung des BGH, dass der Täter tötet, um außerstrafrechtlichen Konsequenzen zu entgehen (so BGHSt 41, 8 ff.; NStZ 1999, 615; abgrenzend BGH NStZ-RR 2005, 201 f.; zust. *Fischer* § 211 Rn. 69; abl. *Küper* JZ 1995, 1158, 1164; *Mitsch* Krey-FS 2010, S. 351, 370 f.; *Sowada* JZ 2000, 1135 ff.). Im Ganzen bedarf somit nach derzeitiger Rechtslage die Verwirklichung dieser Mordmerkmale (3. Gruppe) nicht mehr als eines »Tötungsversuches mit bedingtem Vorsatz aus Anlass irgendeiner Straftat, sofern nur irgendetwas verheimlicht werden soll« (*AE-Leben* GA 2008, 193, 215; zu weiteren Restriktionsvorschlägen vgl. *Heine* Brauneck-EhrG 1999, S. 315 ff.; NK-StGB/*Neumann/Saliger* § 211 Rn. 109 ff.; *Saliger* ZStW 109 [1997], 302 ff.).

### III. Täterbezogene Mordmerkmale der 1. Gruppe

Der gesetzlichen Systematik entsprechend sind die in der ersten Gruppe zuvörderst benannten Mordmerkmale spezielle Ausprägungen einer sittlich als besonders »niedrig« anzusehenden Motivation. Die Verwerflichkeit eines solchermaßen **gesteigert antisozialen Beweggrundes** resultiert z.T. schon aus seinem Vorhandensein als solchem (z.B. »Mordlust«), z.T. erst aus seinem Auftreten zwecks Instrumentalisierung eines Menschenlebens (z.B. »zur Befriedigung des Geschlechtstriebes«, »Habgier«, s. NK-StGB/*Neumann/Saliger* § 211 Rn. 6). Ist einer der drei typisierten »niedrigen Beweggründe« nicht einschlägig, so herrscht Streit und ist höchstrichterlich bisher nicht abschließend entschieden, ob die »Nähe« zu einem solchen die Annahme eines »*sonst* niedrigen Beweggrundes« erleichtert (so LK/*Rissing-van Saan/Zimmermann* § 211 Rn. 63; MüKo-StGB/*Schneider* § 211 Rn. 72, 86) oder umgekehrt wegen Verfehlens der spezifizierten Anforderungen ausschließt (NK-StGB/*Neumann/Saliger* § 211 Rn. 7).

Im Fall der »**Mordlust**« erfolgt die Tötung aus der »unnatürlichen Freude« (z.B. aus Mutwillen, Angeberei, als Zeitvertreib oder »sportliches Vergnügen«), einen Menschen sterben zu sehen

§§ 211, 212 StGB  Mord/Totschlag

(vgl. BGHSt 34, 59, 60 f.; 47, 128, 133 m. Anm. *Otto* JZ 2002, 567; NJW 1994, 2629, 2630; NStZ 2007, 522, 523 m. Anm. *Eisenberg/Schmitz* NStZ 2008, 95; *Otto* Jura 1994, 141, 144). Kennzeichnend ist die Austauschbarkeit des Opfers und die damit einhergehende *prinzipielle* Missachtung fremden Lebens; der Tötungsvorgang als solcher bildet den alleinigen oder hauptsächlichen Antrieb zur Tatbegehung (HK-GS/*Rössner/Wenkel* § 211 Rn. 22). Das bloße Fehlen eines Tatmotivs genügt hingegen nicht (h.L., vgl. *Fischer* § 211 Rn. 8; *Neumann* JR 2002, 471; *Saliger* StV 2003, 39 f.; MüKo-StGB/*Schneider* § 211 Rn. 52).

41 »**Zur Befriedigung des Geschlechtstriebs**« handelt derjenige, der das Töten als Mittel zur sexuellen Befriedigung (und nicht nur Erregung) sucht (sog. »Lustmord«). Objekt der sexuellen Begierde und der Tötung sind daher personenidentisch (vgl. BGH GA 1963, 84: Tötung eines verteidigungsbereiten Dritten reicht nicht). Die sexuelle Motivation muss während des Tötungsakts handlungsleitend sein (hinsichtlich der Tötung soll in Fällen des sexuellen Missbrauchs dolus eventualis genügen); die gesuchte Befriedigung kann jedoch auch erst im unmittelbaren Anschluss (sog. »Leichenschändung«, vgl. BGHSt 7, 353; 19, 101, 105; NJW 1982, 2565) oder zu einem späteren Zeitpunkt im Betrachten eines Videofilmes über die Tötungstat liegen (so BGHSt 50, 80, 86 m. zust. Anm. *Kubiciel* JA 2005, 763, 764; *Kudlich* JR 2005, 343: Zweck-Mittel-Relation erzwinge keinen unmittelbaren zeitlich-räumlichen Zusammenhang; s. auch BVerfG NJW 2009, 1061, 1063; abl. dagegen *Mitsch* ZIS 2007, 197, 200; NK-StGB/*Neumann/Saliger* § 211 Rn. 12 f.; *Otto* JZ 2005, 799; *Schiemann* NJW 2005, 2350 ff.). Ordnet der Täter das Leben eines anderen der Befriedigung eigener Geschlechtslust unter (z.B. während des Zerstückelns der Leiche), so ist für eine Anwendung der »Rechtsfolgenlösung« (o. Rdn. 33) kein Raum (BGH NStZ 2016, 469, 470; NStZ-RR 2018, 172, 174).

42 »**Habgier**« ist nach st. Rspr. »jede ungewöhnliche, ungesunde und sittlich anstößige Steigerung des Erwerbssinnes« oder das »ungezügelte, rücksichtslose Gewinnstreben um jeden Preis«, das – unabhängig von der Höhe des erstrebten wirtschaftlichen Vorteils und seiner evtl. »Rechtmäßigkeit« (h.M.) – nicht einmal vor dem Zerstören von Menschenleben zurückschreckt (BGHSt 29, 317, 318; StV 1991, 207, 208; NJW 1995, 2365, 2366; 2001, 763; s.a. Schönke/Schröder/*Eser/Sternberg-Lieben* § 211 Rn. 17: »von Hemmungslosigkeit und Rücksichtslosigkeit getrieben«; krit. zur »moralisierenden« Etikettierung *Kargl* StraFo 2001, 365, 367; MüKo-StGB/*Schneider* § 211 Rn. 64: »gedankenlyrische Ausflüge in die Gesinnungsethik«). Einbezogen ist auch das Ziel, Aufwendungen zu ersparen bzw. einen Vermögensverlust zu verhindern (BGHSt 10, 399; NJW 1993, 1664; *Fischer* § 211 Rn. 11; *Mitsch* JuS 1996, 121, 124 f.; SK-StGB/*Horn* § 211 Rn. 14). Ein Handeln in akuter Not, das Vorhandensein von Suchterkrankungen oder psychischen Störungen spricht i.d.R. gegen Habgier (*Fischer* § 211 Rn. 12; HK-GS/*Rössner/Wenkel* § 211 Rn. 25; a.A. BGHSt 29, 317 für Drogenabhängigkeit; krit. Bspr. *Alwart* JR 1981, 293; *Dencker* NStZ 1983, 401; *Paeffgen* GA 1982, 269). Im Fall eines Motivbündels muss das Gewinnstreben das Gesamtbild der Tat prägen, d.h. bewusstseinsdominant sein (vgl. BGHSt 42, 301, 304: Erbschaft ggü. lebensverkürzender Leidminderung; 50, 1, 7 m. zust. Bspr. *Jäger* JR 2005, 477 f.; BGH NJW 2001, 763). Hierdurch soll eine »enge Auslegung« sichergestellt sein, sodass die zur »Heimtücke« entwickelte »Rechtsfolgenlösung« (o. Rdn. 33) nicht auf Habgier-Fälle übertragen werden kann (BGHSt 42, 301, 304 m. Bspr. *Dölling* JR 1998, 160 ff.; *Schöch* NStZ 1997, 409, 410).

43 Zu den »**sonstigen niedrigen Beweggründen**« zählen all jene Antriebe, die »nach allgemeiner sittlicher Wertung auf tiefster Stufe stehen, durch hemmungslose, triebhafte Eigensucht bestimmt und deshalb besonders verwerflich, ja verächtlich sind« (st. Rspr., etwa BGHSt 3, 132 f.; 47, 128, 130; NStZ 2002, 368; NJW 2004, 3051, 3054; NStZ 2006, 338, 340; BGHSt 50, 1, 8). Die für diese »Motivgeneralklausel« (MüKo-StGB/*Schneider* § 211 Rn. 48, 71) erforderliche »Gesamtwürdigung« von Tatumständen, Vorgeschichte, Täterpersönlichkeit, Lebensverhältnissen und Motivation (BGH NStZ 1999, 129; 2006, 97; NJW 2008, 306) vermag nicht deren weitreichende Unbestimmtheit abzumildern. Klar ist immerhin, dass es sich um ganz besonders missbilligenswerte Motive handeln muss, die in keinster Weise mehr »menschlich begreifbar« sind (*Rengier* BT/2,

§ 4 Rn. 17). Aus einer besonders brutalen Begehungsweise kann auf eine menschenverachtende Einstellung des Täters geschlossen werden (BGH NStZ 2013, 470). Ebenso liegt es für ein bewusstes Abreagieren von frustrationsbedingten Aggressionen vor allem dann, wenn das Opfer für die Situation weder personell noch tatsituativ verantwortlich ist (BGH NStZ 2015, 690, 691: »Degradierung des Opfers zum bloßen Objekt«). Häufig wird als Anhaltspunkt das Kriterium eines »krassen Missverhältnisses« zum Anlass der Tat genannt (vgl. LG Oldenburg Urt v. 06.06.2019 – 5 Ks 800 Js 54254/17 (1/18) Rn. 8: zur besonderen Vertrauensstellung eines Krankenpflegers; BGH NStZ 2006, 284, 285; *Otto* BT § 4 Rn. 13; SSW/*Momsen* § 211 Rn. 22). Spezifische Schwierigkeiten ergeben sich bei kulturellen Differenzen (»Blutrache«, »Ehrenmorde« u.ä.); hier ist mit besonderer Sorgfalt zu prüfen, ob der Täter über die nötige Einsicht in die »Niedrigkeit« seiner Beweggründe verfügt hat, dazu näher BGH NJW 1995, 602; 2006, 1008; *Hörnle* Frisch-FS 2013, S. 655 ff.; NK-StGB/*Neumann/Saliger* § 211 Rn. 30 ff. m.w.N.

Im hiesigen Kontext ist insbesondere bedeutsam, dass eine Tötung aus **Mitleid** oder in ausweg- und hoffnungslos erscheinenden Situationen i.d.R. keinen »niedrigen Beweggrund« abbildet (vgl. BGH NStZ-RR 2004, 44 m. Anm. *Trück* NStZ 2004, 497; NStZ 2006, 96). Gleiches gilt für Fälle eines sog. »**Mitnahmesuizids**« (BGH NStZ 1984, 261). Hingegen sprechen die Grundwertungen der Rechtsordnung (hier vor allem: Art. 3 Abs. 3 Satz 2 i.V.m. Art. 1 GG) für die Annahme einer besonderen »Niedrigkeit«, wenn die Tötung einem als **minderwertig** betrachteten Menschen gilt (vgl. BGH NJW 2003, 78; s.a. NK-StGB/*Neumann/Saliger* § 211 Rn. 42: »Missachtung des personalen Eigenwertes des Opfers«). 44

## § 216 Tötung auf Verlangen

(1) Ist jemand durch das ausdrückliche und ernstliche Verlangen des Getöteten zur Tötung bestimmt worden, so ist auf Freiheitsstrafe von sechs Monaten bis zu fünf Jahren zu erkennen.

(2) Der Versuch ist strafbar.

**Übersicht**

| | Rdn. | | Rdn. |
|---|---|---|---|
| A. Grundsätzliches | 1 | 3. Ernstlich | 5 |
| B. Tatbestand | 3 | II. Bestimmung zur Tötung | 6 |
| I. Tötungsverlangen | 3 | III. Vorsätzliche Fremdtötung | 7 |
| 1. Verlangen | 3 | C. Rechtswidrigkeit | 9 |
| 2. Ausdrücklich | 4 | D. Rechtsfolgen | 10 |

## A. Grundsätzliches

Die Tötung eines anderen ist für jedermann und unabhängig vom lebensweltlichen Kontext ausnahmslos strafbar, selbst wenn der Getötete zuvor sein Zutodekommen »ausdrücklich und ernstlich« verlangt hat (s.a. §§ 211, 212 StGB Rdn. 9 f.). Mehrere Gründe sind hierfür bedeutsam: Zum einen wird bezweifelt, ob die zur Realisierung des Todeswunsches stattfindende »Delegation« nicht ernstliche Zweifel an der »Freiverantwortlichkeit« weckt: »Mit letzter Sicherheit wird… ein unwiderruflicher Sterbewille nur dann angenommen werden können, wenn der Kranke selbst Hand an sich legt« (*Roxin* in: Roxin/Schroth, S. 75, 117 und GA 2013, 313, 318 ff.; auch *Duttge* ZfL 2004, 30, 34: »Voreiligkeitsschutz«). Ein solcher generalisierender Individualschutz dürfte jedoch im Lichte des Selbstbestimmungsrechts auch am Lebensende nicht für jeden Einzelfall gleichermaßen überzeugen, zumal das Gesetz gerade Reflexionsvermögen des hernach Getöteten (u. Rdn. 5) voraussetzt. Deshalb werden zum zweiten ordnungsschützend die Gefahren für den Erhalt des »Tötungstabus« (vgl. *Kubiciel* JZ 2011, 248: »Stabilisierung des Tötungsverbots«) und die Notwendigkeit generalpräventiver Vorsorge gegen Missbrauch und einen »Dammbruch« (z.B. *Dölling* Laufs-FS 2006, S. 767, 776 ff.; *Duttge* in: Kettler/Simon u.a., Selbstbestimmung am Lebensende, S. 36, 50 f.; ferner *Hirsch* Lackner-FS 1987, S. 597, 613; *Tröndle* ZStW 99 [1987], 25, 38: »Beweisschwierigkeiten«) betont. Die darüber hinaus des Öfteren in Anspruch 1 genommene »Unveräußerlichkeit« bzw. »Unverzichtbarkeit« menschlichen Lebens (z.B. Maurach/ Schroeder/Maiwald/*Hoyer/Momsen* BT/1 § 1 Rn. 14; dazu näher *Hauck* GA 2012, 202, 204 ff.) hat dagegen weder verfassungs- bzw. menschenrechtlich (vgl. Art. 2 Abs. 2 Satz 1, 3 GG; Art. 2 Abs. 2 EMRK) noch einfachgesetzlich (z.B. § 32; Suizidteilnahme) eine tragfähige rechtliche Basis. Die in anderen Konstellationen erfolgte Gewichtsverschiebung zugunsten des Selbstbestimmungsrechts (insb. i.R.d. Therapiebegrenzung, vgl. §§ 211, 212 StGB Rdn. 15 ff. und die ausdrückliche Bestätigung eines Grundrechts auf selbstbestimmtes Sterben durch BVerfG NJW 2020, 905) befördert die ohnehin schon seit Längerem bestehenden Zweifel an der **Legitimität** des (kategorischen) Verbots (dazu im Überblick MüKo-StGB/*Schneider* § 216 Rn. 2 ff.; eingehend *Sternberg-Lieben* Die objektiven Schranken der Einwilligung im Strafrecht, S. 103 ff.; s. a. *Fischer* Roxin-II-FS 2011, S. 557, 574 ff.; *v. Hirsch/Neumann* GA 2007, 671 ff.; *F. Müller* § 216 StGB als Verbot abstrakter Gefährdung, 2010; *Rosenau* Roxin-II-FS 2011, S. 577 ff.). Durch die Entscheidung des BVerfG NJW 2020, 905 zu § 217 ist das »Legitimationsproblem« des § 216 nochmals verschärft worden (so auch *Leitmeier* NStZ 2020, 508, 514). Als Reaktion auf das Urteil verlangt ein Teil der Literatur eine Änderung des § 216 (vgl. *Rostalski* JZ 2021, 477; *Lindner* NStZ 2020, 505, der die Unverhältnismäßigkeit der Regelung in extremen Ausnahmefällen annimmt, in denen die sterbewillige Person die Handlung nicht mehr selbst durchführen könne (507 f.); ähnlich auch *Schütz/Sitte* GuP 2020, 121, 127 f.).

2 Nach tradierter Sichtweise impliziert das Tötungsverlangen immerhin eine deutliche Unrechtsminderung und hat deshalb eine erheblich gemilderte Strafe (Privilegierung; Vergehen) zur Folge, ohne dass es dafür – weil kein Tatbestandserfordernis – einer honorierungswürdigen Mitleidsmotivation oder Konfliktlage beim Täter bedürfte (*Fischer* § 216 Rn. 3; MüKo-StGB/*Schneider* § 216 Rn. 1). Kerngedanke ist die bewusste »Unterordnung« des Täters unter den die Tat intellektuell beherrschenden, »selbstmordähnlichen« (Maurach/Schroeder/Maiwald/*Hoyer/Momsen* BT/1 § 2 Rn. 60) Sterbewillen des Getöteten, der die Verantwortung des Täters mindert (zur **Bestimmungsmacht des Lebensmüden** auch *Jakobs* Tötung auf Verlangen, Euthanasie und Strafrechtssystem, 1998, S. 16). Eine solche Unrechtsminderung aufgrund der Mitverantwortlichkeit des Opfers (anstelle vollständigen Unrechtsausschlusses oder gänzlicher Irrelevanz) lässt sich allerdings nach Maßgabe der Einwilligungsgrundsätze weder auf Basis einer individual- noch universalschützenden Zwecksetzung (o. Rdn. 1) überzeugend begründen; die minderschwere Qualität der Tat erklärt sich daher erst aus einer Deutung des § 216 als gänzlich eigenständiger, vorgelagerter Rechtsgutsangriff (abstraktes Gefährdungsdelikt; näher *Duttge* in: Giezek/Brzezińska, Modifizierte Straftatbestände in der Theorie und in der Praxis, S. 225 ff. m.w.N.).

## B. Tatbestand

### I. Tötungsverlangen

#### 1. Verlangen

3 Die Tötung muss auf ein »Verlangen« des nachfolgend Getöteten zurückgehen, d.h. auf ein Begehren, mit dem dieser ziel- und zweckgerichtet auf den Täterwillen eingewirkt hat und dadurch zum maßgeblichen Auslöser für das Tatgeschehen geworden ist (»Aufforderungscharakter«). In der Sache deckt sich diese Deutung mit den Grundsätzen zum »**Bestimmen**« eines Anstifters (§ 26, so ausdrücklich E 1962, S. 275; ebenso BGHSt 50, 80, 92: Hervorrufen des Tatentschlusses; Schönke/Schröder/*Eser/Sternberg-Lieben* § 216 Rn. 5; dazu näher *Scheinfeld* GA 2007, 695 ff.), sodass die bloße Einwilligung und Duldung der Tat nicht genügt. Das Begehren kann sich auch an mehrere Personen richten, soweit diese individualisierbar sind (nicht an die Allgemeinheit); sein Inhalt muss aber sein, gerade aus der Hand (einer) dieser Personen den Tod zu empfangen (NK-StGB/ *Neumann/Saliger* § 216 Rn. 11). Erforderlich ist weiterhin das Fortbestehen des jederzeit widerrufbaren Verlangens zum Tatzeitpunkt (näher Leipold/Tsambikakis/*Mitsch* § 216 StGB Rn. 11); nach erfolglosem Versuch verliert es im Zweifel seine Gültigkeit (vgl. BGH NJW 1987, 1092; HK-GS/ *Rössner/Wenkel* § 216 Rn. 9).

## 2. Ausdrücklich

In eindeutiger, unmissverständlicher Weise muss dieses Begehren geäußert worden sein; das Erahnen und Befolgen heimlicher Sterbewünsche reicht nicht (vgl. *Kühl* JR 1988, 338; LK/*Rissing-van Saan* § 216 Rn. 19). Allerdings bestehen keinerlei Formerfordernisse; neben verbalen Äußerungen kommen daher auch Gesten und Gebärden grundsätzlich in Betracht (dann sind aber die Anforderungen an die Feststellung einer **unmissverständlichen Aufforderung** erhöht, vgl. MüKo-StGB/*Schneider* § 216 Rn. 18). Nach BGH NJW 1987, 1092 kann das Verlangen je nach kommunikativen Gewohnheiten der Tatbeteiligten u.U. sogar in Frageform erfolgen. 4

## 3. Ernstlich

Es bedarf einer »**freiverantwortlichen**«, »**überlegten**« und **endgültigen Entschließung** des Sterbewilligen (vgl. MüKo-StGB/*Schneider* § 216 Rn. 19 f.: von »Willensfestigkeit« und »Zielstrebigkeit« gekennzeichnet), die somit keinerlei Willensmängel (z.B. durch Vortäuschung eigener Suizidabsicht) aufweisen darf, die schon der Wirksamkeit einer Einwilligung entgegenstünden (BGH NJW 1987, 1092; *Mitsch* JuS 1996, 309, 313). Auch alters- oder krankheitsbedingte Mängel der natürlichen Einsichts- und Urteilsfähigkeit können die Ernstlichkeit des Verlangens ausschließen (vgl. HK-GS/*Rössner*/*Wenkel* § 216 Rn. 7; s. aber auch NK-StGB/*Neumann*/*Saliger* § 216 Rn. 15, wonach ein genereller Ausschluss der Freiverantwortlichkeit weder bei Kindern/Jugendlichen noch bei psychisch Kranken bestehe; strenger SSW/*Momsen* § 216 Rn. 7: frei von psychischen Störungen); unklar ist trotz hoher praktischer Relevanz, ob eine (schwere) depressive Verstimmung dem Todesverlangen die Ernstlichkeit nimmt (i.d.S. LK/*Rissing-van Saan* § 216 Rn. 20; Schönke/Schröder/*Eser*/*Sternberg-Lieben* § 216 Rn. 8; a.A. MüKo-StGB/*Schneider* § 216 Rn. 20: unbeschwerte Aufforderungen kaum denkbar; *Roxin* Dreher-FS 1977, S. 331, 345). Der BGH hat jedoch entschieden, dass ein Verlangen in depressiver Augenblicksstimmung allenfalls dann den Anforderungen genügt, wenn es »von innerer Festigkeit und Zielstrebigkeit, also von einer tieferen Reflexion des Tatopfers über seinen Todeswunsch getragen« ist; das Fehlen von Willensmängeln ist zwar eine notwendige, aber keine hinreichende Bedingung für die Ernstlichkeit des Todesbegehrens (BGH NStZ 2011, 340 f. und 2012, 85, 86). Damit soll die Wirksamkeit von Tötungsverlangen ausgeschlossen werden, die »beiläufig oder leichthin artikuliert« sind (*Fischer* § 216 Rn. 9a). 5

## II. Bestimmung zur Tötung

Das »Verlangen« muss den Täter erst zur Tötung »bestimmt« haben, d.h. **kausal für dessen Entschluss zu der geforderten Tötung** geworden sein: Daran fehlt es sowohl bei einem bereits Tatentschlossenen (omnimodo facturus) als auch dann, wenn die Tat durch einen anderen, an den sich das Verlangen nicht gerichtet hatte (vgl. SK-StGB/*Sinn* § 216 Rn. 6), oder auf wesentlich andere Weise bzw. unter Missachtung der vom Sterbewilligen vorgegebenen Bedingungen (vgl. HK-GS/*Rössner*/*Wenkel* § 216 Rn. 8) verübt wird. Nach h.M. muss das Verlangen auch »handlungsleitend«, d.h. der bestimmende Tatantrieb gewesen sein (BGHSt 50, 80, 92; BGH NStZ 2016, 469; LK/*Rissing-van Saan* § 216 Rn. 23; MüKo-StGB/*Schneider* § 216 Rn. 26; krit. aber *Kudlich* JR 2005, 342; *Mitsch* ZIS 2007, 197, 199; *Otto* JZ 2005, 799, 800; *Scheinfeld* GA 2007, 695 ff.); wirkt als Motiv neben der Barmherzigkeit für einen schwerkranken Menschen auch das Interesse mit, sich von den eigenen Belastungen der Pflege zu befreien, so ist entscheidend, welcher Antrieb überwiegt (vgl. Schönke/Schröder/*Eser*/*Sternberg-Lieben* § 216 Rn. 9). Steht für den Täter die Verwirklichung eines oder mehrerer Mordmerkmale (z.B. Befriedigung des Geschlechtstriebes und Ermöglichung einer Straftat aus § 168) im Vordergrund, kann das Tötungsverlangen nicht handlungsleitend sein (BGH NStZ-RR 2018, 172, 173). Ob die erste Initiative vom Getöteten oder vom Täter ausging, ist jedoch irrelevant (zutr. NK-StGB/*Neumann*/*Saliger* § 216 Rn. 10; SK-StGB/*Sinn* § 216 Rn. 5). 6

## III. Vorsätzliche Fremdtötung

In Abgrenzung zur grds. straflosen Suizidbeihilfe (s. §§ 211, 212 StGB Rdn. 25) erfordert die »Tötung« i.S.d. § 216 das Innehaben der (ausschließlichen, str.) »**Herrschaft über den letzten,** 7 unwiderruflich zum Tode führenden Akt« (näher §§ 211, 212 StGB Rdn. 10). Darüber hinaus legt die tatbestandliche Struktur die Annahme nahe, dass die »verlangte« Tötung eine solche sein muss, die von dem hierzu handlungsleitend »Bestimmten« auch unmittelbar und zielgerichtet oder zumindest wissentlich verübt wird. Soweit die h. M. dagegen dolus eventualis ausreichen lassen will (wie z.B. LK/*Rissing-van Saan* § 216 Rn. 48; MüKo-StGB/*Schneider* § 216 Rn. 54), schafft sie unlösbare Probleme bei der strafrechtsdogmatischen Handhabung der »indirekten Sterbehilfe« (dazu bereits §§ 211, 212 StGB Rdn. 13 f.). Bei irriger Annahme eines ernstlichen Tötungsverlangens gelten §§ 216, 16 Abs. 2; die Unkenntnis hierüber führt dagegen zur Strafbarkeit gem. § 212 oder § 211 (unstr.).

8   Die Rspr. meint, dass die Tötungshandlung auch durch pflichtwidriges **Unterlassen** begangen werden könne (BGHSt 13, 162, 166; 32, 367, 371 und 377 ff.). Dies soll nicht nur im Drei-Personen-Verhältnis gelten, wenn also der Lebensrettungsgarant nicht verhindert, dass ein Dritter auf Verlangen (aktiv) tötet (insoweit h.M., vgl. OLG Düsseldorf NJW 1973, 2215; NK-StGB/*Neumann/Saliger* § 216 Rn. 9), sondern auch im Zwei-Personen-Verhältnis bei unterbliebener Verhinderung eines in Aussicht genommenen Suizids. Abgelehnt wurde dies für Fälle der ärztlich assistiertern Selbsttötung (Verschaffung der todbringenden Medikamente), da die Garantenstellung des Arztes für das Leben seines Patienten und hiermit die Pflicht zur Abwendung des Todes endet, wenn er vereinbarungsgemäß nur noch dessen freiverantwortlichen Suizid begleitet (BGH Urt. v. 03.07.2019 – 5 StR 393/18, BGHSt 64, 135–146). In Fällen des freiverantwortlichen Suizids kann der Arzt, der die Umstände kennt, somit nicht mit strafrechtlichen Konsequenzen verpflichtet werden, gegen den Willen des Suizidenten zu handeln (vgl. LK-StGB/*Rissing-van Saan* § 216 Rn. 26; BGH Urt. v. 03.07.2019 – 5 StR 132/18, BGHSt 64, 121–135). Im »Fall Putz« hat der BGH den tatbestandlichen Anwendungsbereich sogar noch um Konstellationen des »tätigen Behandlungsabbruchs« erweitert (bereits §§ 211, 212 StGB Rdn. 20), insoweit aber zugleich dem Selbstbestimmungsrecht qua Anerkennung einer »durch Einwilligung gerechtfertigten Sterbehilfe« Rechnung getragen (BGH NJW 2010, 2963, 2966 Rn. 29 und 2967 Rn. 34). Wie sich dies freilich mit der »Einwilligungssperre« des § 216 vereinbaren lassen soll (Rdn. 9), liegt völlig im Dunkeln (näher *Duttge* MedR 2011, 36 ff.); die Friktionen sind nur zu vermeiden, wenn in Parallele zur Nichtrettung eines »herrschaftslosen« Suizidenten nach freiverantwortlichem Suizidbeginn (gem. neuerer Rechtsentwicklung, näher §§ 211, 212 Rdn. 29) auch hier bereits die Tatbestandsmäßigkeit verneint wird (ebenso Spickhoff/*Knauer/Brose*, § 216 StGB Rn. 24 f.; Schönke/Schröder/*Eser/Sternberg-Lieben* § 216 Rn. 10: »Einwilligungssperre des § 216 ausschließlich *gegen aktive Fremdtötung gerichtet*«).

## C. Rechtswidrigkeit

9   Da die Tötung selbst bei ausdrücklichem Verlangen strafbar ist, kann weder einer expliziten noch mutmaßlichen Einwilligung eine rechtfertigende Kraft zukommen (sog. **»Einwilligungssperre«**). Für eine Anwendung des § 34 fehlt es jedenfalls am »wesentlichen Überwiegen« (h.M., u.a. *Coenen* medstra 2020, 85, 90 m.w.N., aber str., a.A. NK-StGB/*Neumann* Vor § 211 Rn. 139 m.w.N.), nach vorzugswürdiger Ansicht darüber hinaus schon an einer Rechtsgutsgefährdung »von außen« (zur Begrenzung auf *inter*personale Konflikte bereits §§ 211, 212 StGB Rdn. 13).

## D. Rechtsfolgen

10  Handelt der Täter rein altruistisch unter Ausschluss einer Gefährdung Unbeteiligter in der Absicht, einem in schwerster Weise unheilbar kranken und leidenden Menschen einen letzten Dienst zu erweisen, so kann sich das Rechtsfolgenermessen des Tatrichters so weit reduzieren, dass nur eine **Verwarnung mit Strafvorbehalt** nach § 59 in Betracht kommt (vgl. BGHSt 46, 279, 290 f.); dazu muss der Tat allerdings der »Stempel der Außergewöhnlichkeit zugunsten des Täters« gleichsam auf die Stirn geschrieben sein (OLG Koblenz GA 1978, 207 f.; LG Nürnberg NJW 2007, 526, 527). Wird der Täter von den *Folgen* seiner Tat so schwer getroffen, dass die Verhängung einer Strafe offensichtlich verfehlt wäre (wie z.B. in Fällen eines einseitig fehlgeschlagenen Doppelsuizids), so

kann das Gericht u.U. sogar von Strafe absehen (§ 60, AG Berlin-Tiergarten MedR 2006, 298; s. aber auch LG Augsburg ZfL 2015, 24, 27: Verlust eines Familienangehörigen und erhebliche Schuldgefühle nicht ausreichend; ebenso *Beckmann* ZfL 2016, 71 f. entgegen AG Köln, ebd.). Eine Verurteilung nach § 216 begründet keinen Fall der Erbunwürdigkeit (**§ 2339 Abs. 1 Nr. 1 BGB**, vgl. BGH NJW 2015, 1382, 1383).

## § 217 Geschäftsmäßige Förderung der Selbsttötung

*(1) Wer in der Absicht, die Selbsttötung eines anderen zu fördern, diesem hierzu geschäftsmäßig die Gelegenheit gewährt, verschafft oder vermittelt, wird mit Freiheitsstrafe bis zu drei Jahren oder mit Geldstrafe bestraft.*

*(2) Als Teilnehmer bleibt straffrei, wer selbst nicht geschäftsmäßig handelt und entweder Angehöriger des in Absatz 1 genannten anderen ist oder diesem nahesteht.*

[Nach Maßgabe der Entscheidungsformel mit GG unvereinbar und nichtig gem. BVerfG Urt. v. 26.02.2020 – 2 BvR 2347/15 u.a.]

Das Verbot der geschäftsmäßigen Beihilfe zur Selbsttötung (§ 217 i.d.F. vom 03.12.2015, BGBl. I S. 2177) ist nach BVerfG Urt. v. 26.02.2020 – 2 BvR 2347/15, BVerfGE 153, 182, 310 **mit dem GG unvereinbar und nichtig.** Die intensiv geführte Debatte um Legitimität und Ausgestaltungsmöglichkeit eines strafbewehrten Verbots der Suizidförderung (s. zur Diskussion ausführlich die Vorauflage Rn. 1 ff.) hat damit ihr vorläufiges Ende erreicht. Nachdem das BVerfG ein Außer-Vollzug-Setzen der Norm im Eilverfahren (Beschl. v. 21.12.2015 – 2 BvR 2347/15) nur unter Bezugnahme auf formale Gesichtspunkte abgelehnt hatte, legt sich die Hauptsacheentscheidung (nach insgesamt elf Verfassungsbeschwerden, s. Beschl. v. 26.06.2018 – u.a. 2 BvR 2506/16) klar fest: Statt einer erst noch auszudifferenzierenden Lösung über den undurchsichtigen Kompromiss einer »verfassungskonformen Auslegung« oder einer »qualitativen Teilnichtigkeitserklärung« (vgl. dazu BeckOK BVerfGG/*von Ungern-Sternberg* § 95 Rn. 15, 34) wählt das Urteil den unmissverständlichen Weg des § 95 Abs. 1 Satz 1, Abs. 3 Satz 1 BVerfGG und erklärt § 217 für nichtig.

1

Die nach mehrjähriger kontroverser Debatte im Anschluss an mehrere gescheiterte Anläufe am 10.12.2015 in Kraft getretene Strafvorschrift hatte den bislang geltenden Grundsatz einer akzessorietätsbedingten Straflosigkeit der Suizidbeihilfe (dazu näher § 212 Rdn. 25) erheblich eingeschränkt. **Zentrales Motiv** des damaligen Gesetzgebers war es zu verhindern, dass suizidförderndes Handeln (wie v.a. das Beschaffen und Zurverfügungstellen eines tödlichen Präparates) vor dem Hintergrund aufsehenerregender Aktivitäten einschlägig bekannter Organisationen/Vereine und Einzelpersonen zunehmend als »normales Dienstleistungsangebot der gesundheitlichen Versorgung« in Erscheinung tritt, so dass alte und/oder kranke Menschen sich vermehrt einem Erwartungsdruck ausgesetzt sehen könnten, auf diese Weise anderen nicht mehr länger zur Last zu fallen (BT-Drs. 18/5373 S. 2, 8, 17: »normale Therapieoption«).

1a

In seiner Entscheidung erteilt das BVerfG diesen Argumenten eine Absage. Die Entscheidungsbegründung stellt im Kern auf das »allgemeine Persönlichkeitsrecht als Ausdruck persönlicher Autonomie« ab und formuliert im Anschluss daran »auch ein Recht auf selbstbestimmtes Sterben, welches das Recht auf Selbsttötung einschließt« (BVerfGE 153, 182, 261). Denkbar wäre auch eine Bezugnahme auf das Recht auf Leben (Art. 2 Abs. 2 GG) oder das Recht auf allgemeine Handlungsfreiheit (Art. 2 Abs. 1 GG) gewesen (dazu mit Nachweisen Anm. *Brunhöber* NStZ 2020, 538, 539). Dieses **Recht auf Selbsttötung** erstreckt sich laut BVerfG auf Fälle einer notwendigen Miteinbeziehung anderer in den Tötungsvorgang (BVerfGE 153, 182, 264) und steht nicht unter dem Vorbehalt einer schweren Erkrankung oder einer anderweitigen Sonderlage des Betroffenen. Das BVerfG unterstellt § 217 einen legitimen Zweck – die Regelung wolle einer Beeinträchtigung der autonomen Individualentscheidung über das eigene Lebensende entgegenwirken (BVerfGE 153, 182, 270) –, bemängelt aber, dass die strafrechtliche Regelung unverhältnismäßig vorgeht. Mit dem Verbot geschäftsmäßiger Suizidbeihilfe ist »das Recht auf Selbsttötung in weiten Teilen faktisch

1b

entleert« (BVerfGE 153, 182, 288). In dessen Folge ist die »Angemessenheit« als notwendige Bedingung eines verhältnismäßigen Gesetzes nicht erfüllt. Die Betroffenheit weiterer Grundrechte reißt das BVerfG nur fragmentarisch an.

1c Mit der Begründung markiert das BVerfG die Grundlinien für die zukünftige Debatte um den heillos umstrittenen Gegenstand der »Sterbehilfe«: Zukünftig kann das Grundrecht auf selbstbestimmtes Sterben als verfassungsrechtlich gesichert gelten und lässt sich bei rechtsrealistischer Betrachtung nicht länger abstreiten. Insoweit ergreift die Verfassungsgerichtsentscheidung Partei zugunsten einer weiten Auslegung der **Individualautonomie** und verabschiedet einen moralphilosophisch abgeleiteten **Paternalismus**, der das personale Selbstbestimmungsrecht einem sittlichen Gebrauchsvorbehalt unterordnet (vgl. Anm. *Duttge* MedR 2020, 570, 571). Mit dieser Stoßrichtung war bereits die vielfältige rechtswissenschaftliche Kritik an der Vorschrift formuliert worden (*Duttge* NJW 2016, 120 ff. und ZStW 129 [2017], 448 ff.; zuvor bereits die »Resolution deutscher Strafrechtslehrer/Innen gegen die Strafbarkeit des assistierten Suizids« medstra 2015, 129 ff.; *Hilgendorf* JZ 2014, 545 ff.; *Hillenkamp* Kühl-FS 2014, S. 521 ff.; *Hoven* MedR 2018, 741 ff.; *Neumann* medstra 2017, 141 ff.; *Rosenau* Yamanaka-FS 2017, S. 325 ff.; *Saliger* medstra 2015, 132 ff.; *Schöch* Kühl-FS 2014, S. 599 ff.; *Verrel* Paeffgen-FS 2015, S. 331 ff.).

1d Darüber hinaus lehnt das BVerfG die rein **moralische Begründung von Strafgesetzen** ganz allgemein ab: »[D]er Erhalt eines tatsächlich bestehenden oder mutmaßlichen Konsenses über Werte- oder Moralvorstellungen [kann] nicht unmittelbares Ziel strafgesetzgeberischer Tätigkeit sein« (BVerfGE 153, 182, 271). In der Vergangenheit waren speziell strafrechtliche Grenzen der gesetzgeberischen Gestaltungsfreiheit noch nicht anerkannt worden (BVerfGE 120, 224, 241 f.). Nunmehr folgt das BVerfG der damaligen abweichenden Meinung des Richters *Hassemer* (BVerfGE 120, 224, 264). Die deutlich verstärkte Betonung der individuellen Entscheidungsfreiheit über höchstpersönliche Rechtsgüter dürfte auch für weitere medizinstrafrechtliche Fragen mit moralischer Aufladung von Bedeutung sein.

2 Damit lässt sich die folgende Positionierung für zukünftige Diskussionen aufrechterhalten: Sofern und soweit sich im konkreten Fall das (erstrebte) Suizidgeschehen als ein »Akt in Freiheit« erweist, fehlt es in toto an einem – noch dazu strafwürdigen – Unrecht (so bereits *Jakobs* Arthur Kaufmann-FS 1993, S. 459, 466: keine »Organisationsanmaßung« bei bloßer Beihilfe). Ansonsten hätte der Gesetzgeber erst recht die Anstiftung zum Suizid unter Strafe stellen müssen (zutr. *Schroth* Yamanaka-FS 2017, S. 345, 356). Das Moment der Geschäftsmäßigkeit ist als solches unrechtsneutral und kann für sich sozialadäquates nicht in rechtswidriges Handeln verwandeln (wie hier auch schon *Eidam* medstra 2016, 17, 19; *Merkel*, Stellungnahme zur Anhörung im Ausschuss für Recht und Verbraucherschutz v. 23.09.2015, S. 4; *Saliger* Selbstbestimmung bis zuletzt, S. 159). Im Übrigen hat ein weltanschaulich neutrales Recht (vgl. Art. 4 Abs. 1, 140 GG) darauf zu verzichten, seinen Normadressaten ein bestimmtes Bild vom »guten [»natürlichen«] Sterben« aufzuoktroyieren und deren Lebensplanung – etwa mit Blick auf die Möglichkeiten der Palliativmedizin – auf eine »Selbstbestimmung à la carte« festzulegen (vgl. *Schöne-Seifert*, Stellungnahme zur Anhörung im Ausschuss für Recht und Verbraucherschutz v. 23.09.2015, S. 5: bloßes »Scheinrecht«; s. auch *Fateh-Moghadam* Suizidbeihilfe: Grenzen der Kriminalisierung, S. 4; *Kreuzer* NK 2018, 142, 147: Verstoß gegen ultima-ratio-Gebot).

## § 218 Schwangerschaftsabbruch

(1) Wer eine Schwangerschaft abbricht, wird mit Freiheitsstrafe bis zu drei Jahren oder mit Geldstrafe bestraft. Handlungen, deren Wirkung vor Abschluß der Einnistung des befruchteten Eies in der Gebärmutter eintritt, gelten nicht als Schwangerschaftsabbruch im Sinne dieses Gesetzes.

(2) In besonders schweren Fällen ist die Strafe Freiheitsstrafe von sechs Monaten bis zu fünf Jahren. Ein besonders schwerer Fall liegt in der Regel vor, wenn der Täter
1. gegen den Willen der Schwangeren handelt oder
2. leichtfertig die Gefahr des Todes oder einer schweren Gesundheitsschädigung der Schwangeren verursacht.

(3) Begeht die Schwangere die Tat, so ist die Strafe Freiheitsstrafe bis zu einem Jahr oder Geldstrafe.

(4) Der Versuch ist strafbar. Die Schwangere wird nicht wegen Versuchs bestraft.

## § 218a Straflosigkeit des Schwangerschaftsabbruchs

(1) Der Tatbestand des § 218 ist nicht verwirklicht, wenn
1. die Schwangere den Schwangerschaftsabbruch verlangt und dem Arzt durch eine Bescheinigung nach § 219 Abs. 2 Satz 2 nachgewiesen hat, daß sie sich mindestens drei Tage vor dem Eingriff hat beraten lassen,
2. der Schwangerschaftsabbruch von einem Arzt vorgenommen wird und
3. seit der Empfängnis nicht mehr als zwölf Wochen vergangen sind.

(2) Der mit Einwilligung der Schwangeren von einem Arzt vorgenommene Schwangerschaftsabbruch ist nicht rechtswidrig, wenn der Abbruch der Schwangerschaft unter Berücksichtigung der gegenwärtigen und zukünftigen Lebensverhältnisse der Schwangeren nach ärztlicher Erkenntnis angezeigt ist, um eine Gefahr für das Leben oder die Gefahr einer schwerwiegenden Beeinträchtigung des körperlichen oder seelischen Gesundheitszustandes der Schwangeren abzuwenden, und die Gefahr nicht auf eine andere für sie zumutbare Weise abgewendet werden kann.

(3) Die Voraussetzungen des Absatzes 2 gelten bei einem Schwangerschaftsabbruch, der mit Einwilligung der Schwangeren von einem Arzt vorgenommen wird, auch als erfüllt, wenn nach ärztlicher Erkenntnis an der Schwangeren eine rechtswidrige Tat nach den §§ 176 bis 179 des Strafgesetzbuches begangen worden ist, dringende Gründe für die Annahme sprechen, dass die Schwangerschaft auf der Tat beruht, und seit der Empfängnis nicht mehr als zwölf Wochen vergangen sind.

(4) Die Schwangere ist nicht nach § 218 strafbar, wenn der Schwangerschaftsabbruch nach Beratung (§ 219) von einem Arzt vorgenommen worden ist und seit der Empfängnis nicht mehr als zweiundzwanzig Wochen verstrichen sind. Das Gericht kann von Strafe nach § 218 absehen, wenn die Schwangere sich zur Zeit des Eingriffs in besonderer Bedrängnis befunden hat.

## Übersicht

| | Rdn. | | Rdn. |
|---|---|---|---|
| A. Grundsätzliches | 1 | b) Ärztliche Erkenntnis | 26 |
| B. Tatbestand | 6 | c) Keine Befristung | 27 |
| I. Tatobjekt | 6 | d) Sonderfall der »embryopathischen Indikation« | 28 |
| II. Tatsubjekt | 9 | | |
| III. Tathandlung | 10 | 2. Kriminologische Indikation, § 218a Abs. 3 StGB | 32 |
| IV. Tatbestandsausschluss, § 218a Abs. 1 StGB | 13 | a) Sexualstraftat | 33 |
| 1. Verlangen | 14 | b) Tatbedingte Kausalität | 35 |
| 2. Beratungsnachweis | 15 | c) Ärztliche Erkenntnis | 36 |
| 3. Eingriff durch approbierten Arzt | 16 | d) Zwölfwochenfrist | 37 |
| 4. Zwölfwochenfrist | 17 | D. Privilegierungen für die Schwangere gem. § 218a Abs. 4 StGB | 38 |
| V. Vorsatz | 18 | I. Satz 1: »Große Fristenlösung« | 39 |
| C. Rechtswidrigkeit | 19 | II. Satz 2: Besondere Bedrängnis | 40 |
| I. § 218a Abs. 2, 3 StGB als leges speciales | 19 | E. Strafschärfungsgründe, § 218 Abs. 2 StGB | 41 |
| II. Allgemeine Voraussetzungen | 20 | I. Satz 2 Nr. 1: »gegen den Willen der Schwangeren« | 42 |
| III. Abbruchsindikationen im Einzelnen | 23 | | |
| 1. Medizinisch-soziale Indikation, § 218a Abs. 2 StGB | 23 | II. Satz 2 Nr. 2: »Gefahr des Todes oder einer schweren Gesundheitsschädigung« | 43 |
| a) Lebens- oder schwerwiegende Gesundheitsgefahr | 24 | | |

## § 218a StGB  Straflosigkeit des Schwangerschaftsabbruchs

### A. Grundsätzliches

1 Die §§ 218 ff. sind auch den Gesundheitsinteressen der Schwangeren (h.M. a.A. Spickhoff/*Knauer*/*Brose* § 219 Rn. 2: bloßer Rechtsreflex), primär jedoch dem **Schutz des ungeborenen Lebens** verpflichtet (insoweit unstr., BGHSt 28, 11, 15). Diesem kommt nach der Rspr. des BVerfG »schon aufgrund seiner Existenz« und »nicht erst durch die Annahme der Mutter« ein eigenständiges Lebensrecht zu (BVerfGE 39, 1 ff.; 88, 203 ff.). Die verfassungsrechtliche Schutzpflicht aus Art. 2 Abs. 2 Satz 1, Art. 1 Abs. 1 GG umfasst somit auch jene Gefahren, die dem Nasciturus durch die Schwangere selbst drohen; der willentliche Abbruch der Schwangerschaft ist daher »für die ganze Dauer der Schwangerschaft grundsätzlich als Unrecht anzusehen« (BVerfGE 88, 203, 252 f.). Dies schließt aber mit Rücksicht auf die existentielle Betroffenheit der Schwangeren die Anerkennung von »Ausnahmelagen« nicht aus, in denen das Austragen des Kindes unzumutbar und deshalb die dahingehende Rechtspflicht suspendiert ist. Eine solche »**Unzumutbarkeit**« muss jedoch aus besonderen Belastungen jenseits der Normalsituation einer Schwangerschaft resultieren und mit einer schlechthin nicht mehr abzuverlangenden Aufopferung eigener Lebenswerte verbunden sein (BVerfGE 88, 203, 257). Die Konkretisierung dieser Ausnahmelagen fällt grundsätzlich in den Beurteilungs- und Gestaltungsspielraum des Gesetzgebers, solange nicht das verfassungsrechtlich gebotene Mindestmaß unterschritten wird (Untermaßverbot). Seiner Schutzpflicht hat dieser allerdings nur Genüge getan, wenn er »ausreichende Maßnahmen normativer und tatsächlicher Art ergreift, die dazu führen, dass ein... angemessener und als solcher wirksamer Schutz erreicht« und insbesondere eine – wenn auch zeitlich begrenzte – Freigabe des Schwangerschaftsabbruchs verhindert wird (BVerfGE 88, 203, 261 f.). Das in §§ 218a Abs. 1, 219 für die ersten 12 Schwangerschaftswochen (p.c.; s.u. Rdn. 7, 17) implementierte »Beratungsschutzkonzept« hat das BVerfG als Ausdruck einer »vertretbaren« Einschätzung des Gesetzgebers im Kern – allerdings auf dem Boden einer kraft Verfassungsrechts zugeschriebenen »Rechtswidrigkeit« der Tat – akzeptiert, zugleich aber eine verfassungsrechtliche Beobachtungs- und ggf. Nachbesserungspflicht auf der Grundlage »verlässlicher Statistiken« statuiert (BVerfGE 88, 203, 263, 269, 309 ff.; dazu vertiefend *Hillenkamp* Eisenberg-FS 2005, S. 301 ff.). Bei einer Abbruchquote von ca. 70 % liegt es freilich nicht fern, das gesetzgeberische Konzept als gescheitert anzusehen (s. *Büchner* in: Büchner/Kaminski, Lebensschutz oder kollektiver Selbstbetrug?, S. 113, 120; BeckOK/*Eschelbach*, § 218a Rn. 14: Beratung »eher ein Ärgernis als eine strafrechtlich effektive Methode zur Verhinderung von Schwangerschaftsabbrüchen«).

2 In »schroffem Gegensatz« dazu (MüKo-StGB/*Gropp* § 218a Rn. 6; umfassend *Berghäuser* Das Ungeborene im Widerspruch, 2015) steht allerdings die weitreichende Gleichstellung des grundsätzlich verbotenen mit dem »rechtmäßigen« Abbruch nach § 218a Abs. 2, 3: Die »Sicherstellungspflicht« hinsichtlich eines »ausreichenden und flächendeckenden Angebots« an Beratungs- und Abbruchseinrichtungen, die privatrechtliche Wirksamkeit der Behandlungsverträge, die Lohnfortzahlung und Gewährung von Sozialhilfe (Steuermittel!) sowie der Ausschluss der Nothilfe zugunsten des ungeborenen Kindes (näher BVerfGE 88, 203, 279, 295, 312, 321 f., 324 f., 328 und 333 f.; s.a. BVerfGE 98, 265 ff.: Art. 12 GG) zeichnen das Bild eines »flagranten Bruchs« der **Einheit der Rechtsordnung** (*Deutsch*/*Spickhoff* Rn. 1059; *Fischer* Vor §§ 218–219b Rn. 10 ff.; *Jakobs* JVL-Schriftenreihe 17 [2000], 34 ff., 37; vertiefend *Duttge* in: Schumann, Verantwortungsbewusste Konfliktlösungen bei embryopathischem Befund, S. 95 ff.) und haben das allgemeine Rechtsbewusstsein nachhaltig beschädigt (vgl. LG Karlsruhe Urt. v. 04.11.2005 – 4 O 208/05: grds. Rechtswidrigkeit allenfalls spezifisch Rechtskundigen überhaupt bekannt, geschweige denn verständlich; BeckOK/*Eschelbach*, § 218a Rn. 1: »Etikettenschwindel«; *Hillgruber* in: Büchner/Kaminski, Lebensschutz oder kollektiver Selbstbetrug, 2006, S. 12 ff.; *Tröndle* Otto-FS 2007, S. 821 ff.; eingehend *Heitzmann* Rechtsbewusstsein in der Demokratie – Schwangerschaftsabbruch und Rechtsverständnis, 2002). Dieser Befund stellt aber nicht den verfassungsrechtlich begründeten Geltungsanspruch des kindlichen Lebensrechts, sondern die pragmatisch motivierten Folgeregelungen infrage (dezidiert a.A. *Merkel* in: Roxin/Schroth, S. 295, 354 ff.: »bloß verbale protestatio facto contraria«); gerade die im Kontext des »beratenen Schwangerschaftsabbruchs« letztlich unkontrollierte

Übertragung der »Letztverantwortung« auf die Schwangere (vgl. BVerfGE 88, 268 ff., 297, 318; zur defizitären Rechtsstellung des Mannes näher *Dietlein/Hannemann* ZfL 2015, 44 ff.) zwingt – im Unterschied zu den »Indikations«-Fällen der §§ 218a Abs. 2, 3 – zur Aufrechterhaltung des Rechtswidrigkeitsurteils trotz des weitreichenden Verzichts auf eine (strafrechtliche) Sanktionierung (wie hier z.B. *Langer* JR 1993, 3, 7 ff.; MüKo-StGB/*Gropp/Wörner* § 218a Rn. 8 ff.; SK-StGB/*Rudolphi/ Rogall* § 218a Rn. 4; zum Recht auf personalisierte Kritik an Abtreibungsärzten/-praxen, sofern das »Rechtswidrigkeits«-Verdikt in seiner Bedeutung klargestellt wird [»dennoch nicht strafbar«]: EGMR ZfL 2016, 20 ff. m. Bspr. *Hillgruber* ZfL 2016, 12 ff.; BVerfG ZfL 2006, 135, 137 und BVerfG stattgebender Kammerbeschl. v. 08.06.2010 – 1 BvR 1745/06; zur zulässigen »sensiblen Gehsteigberatung« VG München ZfL 2016, 114 ff.; s.a. OLG Oldenburg ZfL 2015, 22, 23 f.: insoweit kein Unterhaltsanspruch; abw., i.S.e. [zwangsläufig diffusen] »Mittelwegs« Schönke/Schröder/*Eser/ Weißer* § 218a Rn. 17: »Tatbestandsausschluss mit rechtlicher Ambivalenz«).

Das gesetzliche Regelungskonzept sieht mit Blick auf die Phasen der Embryonalentwicklung für intrauterine Embryonen/Föten (zur Begrifflichkeit s. § 2 Abs. 1 GenDG; näher *Moore/Persaud/Torchia* Embryologie, S. 2: Beginn der Fetalperiode ab 9. Woche p.c.) – extrauterine Embryonen fallen ausschließlich in den Anwendungsbereich des ESchG – einen **vierfach abgestuften Lebensschutz** vor (s.a. *Gropp* in: Schumann, Verantwortungsbewusste Konfliktlösungen bei embryopathischem Befund, S. 19, 22 ff.): (1) Handlungen in der Pränidationsphase (Befruchtung der Keimzellen bis zur Einnistung in die Gebärmutter) nimmt § 218 Abs. 1 Satz 2 vollständig aus der Strafbarkeit aus und verneint schon tatbestandlich einen Schwangerschaftsabbruch. Hierin liegt jedoch keine Wertentscheidung über die (angeblich fehlende) Schutz*würdigkeit* von Embryonen (so aber der in der rechtspolitischen Debatte häufig begegnende Fehlschluss, s. etwa *Schroth* JZ 2002, 170, 173), sondern eine Konzession an die mangelnde Schutz*fähigkeit* in einer Phase, in der die Schwangerschaft i.d.R. weder subjektiv erfahrbar noch objektiv ermittelbar ist (MüKo-StGB/*Gropp/Wörner* Vor §§ 218 ff. Rn. 49; Schönke/Schröder/*Eser/Weißer* Vor § 218 Rn. 35). (2) Ab Nidation handelt es sich stets um einen Schwangerschaftsabbruch, der bis zur 12. Schwangerschaftswoche »seit der Empfängnis« nur dann nicht die Annahme einer »rechtswidrigen Tat« *im strafrechtlichen Sinne* (vgl. § 11 Abs. 1 Nr. 5) nahelegt, wenn die Voraussetzungen der Pflichtberatung gem. §§ 218a Abs. 1 Nr. 1–3, 219 StGB, §§ 5 ff. SchKG erfüllt sind (vgl. *Gropp* in: Schumann, Verantwortungsbewusste Konfliktlösungen bei embryopathischem Befund, S. 21, 23: »Lebensschutz durch Beratung«). Darüber hinaus ist innerhalb derselben Zeitspanne die unrechtsindizierende Wirkung einer Tat i.S.d. § 218 Abs. 1 Satz 1 dann widerlegt (»nicht rechtswidrig«), wenn die Schwangerschaft mit hoher Wahrscheinlichkeit durch ein Sexualverbrechen verursacht worden ist (sog. »kriminologische Indikation«, § 218a Abs. 3). (3) Bis zur 22. Schwangerschaftswoche sieht § 218a Abs. 4 Satz 1 für die Schwangere einen persönlichen Strafausschließungsgrund vor, sofern sie den Abbruch durch einen Arzt vornehmen lässt. Da sich die Nachsicht des Gesetzgebers aber nicht auf die ärztliche Verantwortung erstreckt, zielt diese »große Fristenlösung« auf Schwangerschaftsabbrüche ab, die im Ausland vorgenommen werden (vgl. u. Rdn. 5; s.a. MüKo-StGB/*Gropp/Wörner* § 218a Rn. 81). Die bis zum Inkrafttreten des SFHÄndG 1995 ebenfalls bis zur 22. Schwangerschaftswoche vorgesehene »embryopathische Indikation« (vgl. § 218a Abs. 3 a.F.) ist seither als ungeschriebener Anknüpfungspunkt (s. Schönke/Schröder/*Eser/Weißer* § 218a Rn. 26: »Auffangindikation«) in der sog. »medizinisch-sozialen Indikation« des § 218a Abs. 2 aufgegangen, die den Abbruch der Schwangerschaft im Fall einer gesundheitsbedingten »Unzumutbarkeit« ihrer Fortsetzung bis zum Beginn der Eröffnungswehen als erlaubt bewertet (4). Die hieraus resultierende Problematik der sog. Spätabbrüche wird seither kontrovers diskutiert und hat zuletzt zu ergänzenden Regelungen im SchKG geführt (dazu u. Rdn. 31 sowie näher *Duttge/Bernau* ZfL 2009, 42 ff.; *Hillenkamp* Amelung-FS 2009, S. 425 ff.; *Schreiber* Kreuzer-FS 2009, S. 747 ff.).

Die amtliche Statistik (Statistisches Bundesamt, Fachserie 12, Reihe 3: Gesundheit. Schwangerschaftsabbrüche, 2021), die freilich die **Rechtswirklichkeit** nur unzureichend abbilden dürfte (»erhebliche Zweifel« äußert die DGGG in ihrem Positionspapier zum »Schwangerschaftsabbruch nach Pränataldiagnostik«, 2003, S. 36; s.a. *Büchner* ZfL 2011, 121 f.; *Spieker* Jura 1987, 57 f.: geschätztes Meldedefizit von 50 %), weist für das Jahr 2020 insgesamt 99.948

(gemeldete) Schwangerschaftsabbrüche aus, davon 96.110 (= 96,2 %) nach Durchlaufen der »Pflichtberatung«; auf Grundlage der »medizinisch-sozialen« Indikation erfolgten dagegen nur 3.809 Abbrüche (= 3,8 %), nach »kriminologischer Indikation« lediglich 20. Im Vergleich zu den Vorjahren sind damit in absoluten Zahlen nur leichte Schwankungen zu verzeichnen (2008: 114.484; 2011: 108.867; 2014: 99.715; 2018: 101.209); dies entspricht in Relation zu den Lebendgeburten einem Anteil von ca. 12,9 %. An sog. »Spätabbrüchen«, d.h. bei voraussichtlicher extrauteriner Lebensfähigkeit (ab 22.–24. Woche), verzeichnet die Statistik für denselben Zeitraum (2020) 648 Abbrüche, d.h. hier zeigt sich nach der ansteigenden Tendenz eine leichte Abnahme: 2009: 237; 2010: 462; 2013: 562; 2017: 654. Soziodemographisch ist die Mehrzahl der betroffenen Frauen ledig (57,8 % gegenüber 38,3 % verheirateten Frauen) und zwischen 20 und 35 Jahre alt (66,1 % gegenüber 18,7 % der 35–40-Jährigen sowie 7,4 % der über 40-Jährigen); beachtliche 7.156 Abbrüche (7,2 %) betreffen junge Frauen, die noch minderjährig oder gerade erst volljährig geworden sind.

5  Jenseits des Territorialitätsprinzips (§§ 3, 9) erstreckt sich der räumliche Anwendungsbereich des deutschen Strafrechts auch auf **Auslandstaten**, sofern der Schwangerschaftsabbruch von einem Täter (einer Täterin) vorgenommen wird, der »zur Zeit der Tat Deutscher ist und seine Lebensgrundlage im räumlichen Geltungsbereich dieses Gesetzes hat« (§ 5 Nr. 9, aktives Personalitätsprinzip; zur strafbaren Beihilfe vgl. § 9 Abs. 2 Satz 2 sowie u. Rdn. 12). Diese Regelung soll ersichtlich dem »Abtreibungstourismus« entgegenwirken: Nach ihrer Rückkehr unterliegt die deutsche Schwangere daher dem Zugriff der deutschen Strafverfolgungsbehörden am Maßstab der §§ 218 ff. selbst dann, wenn der Eingriff in gänzlicher Übereinstimmung mit dem Tatortrecht erfolgt ist. Trotz der damit zumeist verwirkten Strafbarkeit nach deutschem Recht (schon deshalb, weil die nach ausländischem Recht erworbene Zulassung nicht den Arztvorbehalt der §§ 218a, 218c erfüllen dürfte, vgl. Schönke/Schröder/*Eser/Weißer* § 218a Rn. 58, str.), soweit nicht zuvor eine Beratung (in Deutschland) in Anspruch genommen wurde (§ 218a Abs. 4 Satz 1), kommt es in der Praxis offenbar nur selten zur Einleitung eines Ermittlungsverfahrens; die Zahl an strafgerichtlichen Verurteilungen (2016: 6) ist »verschwindend gering« (*Ulsenheimer/Gaede* Rn. 911). Zur Problematik der Strafbarkeit deutscher Ärzte im Ausland, selbst wenn diese im Einklang mit dem dortigen Recht handeln, näher NK-StGB/*Merkel* § 218 Rn. 168 (europarechtswidrig?); zur Rechtslage im europäischen Ausland: *Duttge* in: Wewetzer/Wernstedt, Spätabbruch der Schwangerschaft, S. 86 ff.

## B. Tatbestand

### I. Tatobjekt

6  Taugliches Tatobjekt ist die (lebende) **Leibesfrucht im Mutterleib** (»nasciturus« bzw. »Fötus«) nach erfolgter Nidation (= Einnistung des befruchteten Eies in der Gebärmutter, vgl. § 218 Abs. 1 Satz 2). Im Fall einer Mehrlingsschwangerschaft ist jeder Fötus/Embryo potentielles Objekt eines Schwangerschaftsabbruchs, auch im Fall der sog. »Mehrlingsreduktion« (= selektive intrauterine Tötung mittels Fetozid [u. Rdn. 10] bei Fortbestand der Schwangerschaft im Übrigen, dazu u. Rdn. 29 sowie die Stellungnahme der Zentralen Kommission der BÄK zur Wahrung ethischer Grundsätze in der Reproduktionsmedizin, DÄBl. 1989, B-1575 ff.; Leitlinie der DGGG und ihrer AG MedR, 2007, in: AWMF-online). Die Einbeziehung in das Bezugsfeld des strafrechtlichen Schutzanspruchs hängt nicht vom Entwicklungsstatus des Embryos ab, sodass auch schwerstgeschädigte Föten wie z.B. der Anencephalus (Anencephalie = vollständiges oder weitgehendes Fehlen der Großhirnhemisphäre, der Neurohypophyse, des Zwischenhirns und des Schädeldachs) in den Anwendungsbereich des § 218 fallen (vgl. *Merkel* in: Roxin/Schroth, S. 295, 313). Am Erfordernis der »lebenden Frucht« soll es hingegen beim sog. Acardius (= »passive Gewebekultur« ohne eigene Herzanlage und i.d.R. mit weiteren schwersten Fehlbildungen) und bei sog. »Blasenmolen« (= »Abortiveier« ohne [vollständige] Embryonalanlage) fehlen (vgl. *Merkel* in: Roxin/Schroth, S. 295, 312 ff., dort auch zur Ungeeignetheit des Hirn- oder Herztodkriteriums bei frühen Embryonen).

7  Unabhängig von der Anerkennung eines subjekthaften Lebensbeginns schon mit Befruchtung (vgl. § 8 EschG) setzt die Tatbestandsmäßigkeit nach § 218 die abgeschlossene Einnistung des Embryos

in die mütterliche Gebärmutterschleimhaut voraus (arg. Abs. 1 Satz 2). Der damit maßgebliche **Nidationszeitpunkt** liegt statistisch etwa 4 Wochen nach der letzten Menstruation (p. m.) = ca. 13 Tage nach Empfängnis (p. c.); auf die Art der Befruchtung (natürliche Fortpflanzung, IvF, Vergewaltigung) kommt es dabei nicht an. Extrauterine Schwangerschaften (zumeist Eileiterschwangerschaften) sind demzufolge trotz theoretisch offenbar bestehender Möglichkeiten eines »Umdirigierens in reguläre Bahnen« nicht erfasst (näher NK-StGB/*Merkel* § 218 Rn. 11, der mit Recht die »normative Angemessenheit« des Abs. 1 Satz 2 hinterfragt). Umstritten ist der Fortbestand des Strafrechtsschutzes, wenn die Schwangere bei Aufrechterhaltung ihrer Vitalfunktionen einen Hirntod erleidet (zum »Erlanger Baby«-Fall: AG Hersbruck NJW 1992, 3245 ff.; ausf. NK-StGB/*Merkel* § 218 Rn. 118 ff. m.w.N.): Trotz Wegfalls der symbiotischen »Schicksalsgemeinschaft« wird man jedoch nach Schutzzweck und Wortsinn des § 218 von einer künstlichen »Schwangerschaft« ausgehen müssen, deren Abbruch nicht beliebig erlaubt sein kann (wie hier auch *Fischer* § 218 Rn. 3; *Hilgendorf* JuS 1993, 97, 99; *Lackner/Kühl* § 218 Rn. 4; LK/*Kröger* § 218 Rn. 3; a.A. *Bernsmann/ Geilen* in: Wenzel, Rn. 618: »extreme Ausweitung des Tatbestandes«; diff. Schönke/Schröder/*Eser/ Weißer* § 218 Rn. 27: Rettungs*pflicht* nur bei extrauteriner Lebensfähigkeit).

Die Schwangerschaft i.S.d. § 218 endet mit **Einsetzen der Eröffnungswehen** (jüngst BGH NJW 2021, 645 Rn. 16 ff.); für die Abgrenzung zu den §§ 211 bis 216, 222, 223 ff. kommt es auf jenen Moment an, in dem das täterschaftliche Verhalten auf das Opfer einwirkt; für pränatale Handlungen mit postnataler Todesfolge sind daher allein §§ 218 ff. anwendbar (näher §§ 211, 212 StGB Rdn. 6 f. m.w.N.). 8

## II. Tatsubjekt

Die Straftat des § 218 ist kein Sonderdelikt; Täter eines strafbaren Schwangerschaftsabbruchs kann daher jedermann sein. Erfasst ist sowohl der **Fremdabbruch**, sei es durch medizinische Laien oder durch einen Arzt, als auch der **Selbstabbruch** durch die Schwangere (zur privilegierten Bewertung des Selbstabbruchs vgl. §§ 218 Abs. 3, Abs. 4 Satz 2; 218a Abs. 4 Satz 1, 2). Das Zusammenwirken von Arzt und Schwangeren begründet nach allgemeinen Grundsätzen eine mittäterschaftliche Tatbegehung (§ 25 Abs. 2). Beschränkt sich die Beteiligung der Schwangeren darauf, die Vornahme des Abbruchs zuzulassen, so ist sie nur dann Täterin durch aktives Begehen, wenn von ihr die Initiative ausgegangen ist; erschöpft sich ihr Tatbeitrag hingegen darin, das Werk eines anderen bloß duldend hinzunehmen, so ist sie Unterlassungstäterin kraft Beschützergarantenstellung (zutr. i.d.S. differenzierend MüKo-StGB/*Gropp/Wörner* § 218 Rn. 40). Zur Unterlassungsstrafbarkeit auch u. Rdn. 12. 9

## III. Tathandlung

Unter einem »Abbruch« der Schwangerschaft ist **jede todeskausale Einwirkung** auf die Schwangere oder unmittelbar auf die Leibesfrucht – gleich auf welche Weise unternommen – zu verstehen, die das Absterben des noch lebenden Fötus (o. Rdn. 6) im Mutterleib oder den Abgang der Frucht mit tödlicher Folge herbeiführt. Kommt der Fötus zwar vorzeitig, aber lebensfähig zur Welt, so kann es sich bei entsprechendem Tatvorsatz allenfalls um eine Versuchstat handeln (vgl. § 218 Abs. 4). Die üblicherweise praktizierten **Abtreibungsmethoden** sind: (1) Medikamentöser Abbruch (»Abtreibungspille« Mifegyne = Antihormon) bis etwa zur 7. Woche (2017: 20,7 %; zur Wirkweise: *Winkler/Rath* DÄBl. 1999, C-1437 ff.); (2) Curettage (Ausschabung) zwischen der 7. und 12. Woche (2017: 15,3 %); (3) Absaugmethode (chirurgisch) mit anschließender Ausschabung (sog. Vakuumaspiration, 2017: 60,6 %) zwischen der 6. und max. der 12. Woche; (4) Prostaglandin-Hormon-Methode (= Wehen auslösendes Hormon zwecks Auslösen einer Todgeburt, 2017: 2,8 %); (5) Fetozid (= zielgerichtet herbeigeführtes Herzversagen des Kindes mittels Kalium-Chlorid-Spritze oder mittels Injektion in die Nabelschnurvene, vgl. NK-StGB/*Merkel* § 218a Rn. 111; 2017: 656 Fälle = 0,6 %). Die sog. »Nidationshemmer« (Spirale, Intrauterinpessar, Anti-Baby-Pille; zum Wegfall der Rezeptpflicht für die »Pille danach« s. die VO zur Änderung der ArzneimittelverschreibungsVO v. 06.03.2015, BGBl. I S. 278; dazu aber auch die krit. Stellungnahme der DGGG v. 04.03.2015, http://www.dggg.de/presse/pressemitteilungen/mitteilung/ 10 medienstatement-pille-danach/) liegen jenseits eines (grds.) verbotenen Schwangerschaftsabbruchs (§ 218 Abs. 1 Satz 2), wenn sie ausschließlich nidationsverhindernd sind oder im Fall ihrer auch abortiven Wirkung zeitlich noch vor Einnistung des Embryos verwendet werden; bei ärztlicher Intervention vor dem 14. Tag p. c. wird jedenfalls die Annahme eines Tatumstandsirrtums (§ 16 Abs. 1) unwiderlegbar sein (vgl. NK-StGB/*Merkel* § 218 Rn. 15 f., sofern Nidationszeit nicht deutlich überschritten ist; krit. zur Benachteiligung des gewissenhaften Arztes: Schönke/Schröder/*Eser/ Weißer* § 218 Rn. 11; s.a. dort Rn. 46: irrige Annahme von Strafbarkeit bei Verabreichung reiner Nidationshemmer ist strafloses Wahndelikt). Führt die Gabe eines wehenfördernden Präparats zwecks Herbeiführung oder Beschleunigung der Geburt wider Erwarten zum Tod des Kindes, so fehlt es entweder schon objektiv am rechtsgutsspezifischen (auf eine Tötung gerichteten) »Handlungsmerkmal« (NK-StGB/*Merkel* § 218 Rn. 87; ähnlich Schönke/Schröder/*Eser/Weißer* § 218 Rn. 19: »Handlungsrichtung«) oder jedenfalls am Vorsatz (so *Fischer* § 218 Rn. 6; MüKo-StGB/ *Gropp/Wörner* § 218 Rn. 17).

11 Der Schwangerschaftsabbruch kann als mittelbare Folge auch durch **Tötung der Schwangeren** herbeigeführt werden (heute anerkannt, vgl. BGHSt 11, 15 ff.; NStZ 1996, 276); der Vorsatznachweis erfordert jedoch die Kenntnis des Täters vom Bestehen einer Schwangerschaft. Im Fall eines Suizidversuchs der Schwangeren ist zwar bei dadurch herbeigeführtem Abbruch eine Straftat unabweisbar (zum Versuch vgl. § 218 Abs. 4 Satz 2); häufig wird jedoch ein Schuldausschluss wegen Verbotsirrtums (§ 17) oder ein Absehen von Strafe nach § 218a Abs. 4 Satz 2 naheliegen (vgl. *Ostendorf* JuS 1982, 200 f.; die Schuldfähigkeit bezweifelnd: Schönke/Schröder/*Eser/Weißer* § 218 Rn. 26). Die Beteiligung Dritter hieran ist selbst dann, wenn der Schwangerschaftsabbruch unvollendet bleibt, ungeachtet der grds. straflosen Suizidbeihilfe (s. §§ 211, 212 StGB Rdn. 25) nach allg. Grundsätzen strafbar.

12 Der Schwangerschaftsabbruch kann ebenso durch **Unterlassen** begangen werden (h.M.): »Beschützergarant« i.S.d. § 13 Abs. 1 Hs. 1 ist die Schwangere (s. aber auch o. Rdn. 9: Initiative zum Abbruch begründet Tatbegehung durch aktives Tun), daneben auch der Erzeuger des Kindes (näher NK-StGB/*Merkel* § 218 Rn. 100, 124 ff.) sowie der behandelnde Arzt (kraft »tatsächlicher Schutzübernahme«), der aber nicht ohne bzw. gegen den (tatsächlichen oder mutmaßlichen) Willen der Schwangeren lebensrettend intervenieren darf (h.M., anders aber *Merkel* in: Roxin/Schroth, S. 295, 325: Duldungspflicht bei »physisch sehr gering belastenden Eingriffen«; allg. zur Einwilligungsbedürftigkeit ärztlicher Interventionen s. § 223 StGB Rdn. 8 ff., Komm. zu § 228; s.a. Spickhoff/*Knauer/Brose* § 219 Rn. 6: ärztliche Pflicht, alles ihm Mögliche zu tun). Zur Beihilfestrafbarkeit durch ärztliche Nennung einer auch via Internet zu ermittelnden Abtreibungsklinik im Ausland (vgl. § 9 Abs. 2 Satz 2): OLG Oldenburg GesR 2013, 354 m. krit. Anm. *Kudlich* JA 2013, 793; *Ulsenheimer/Gaeder* Rn. 932; differenzierend Schönke/Schröder/*Eser/Weißer* § 218 Rn. 53.

### IV. Tatbestandsausschluss, § 218a Abs. 1 StGB

13 Obgleich der (vorsätzlich herbeigeführte, u. Rdn. 18) Schwangerschaftsabbruch nach § 218 Abs. 1 grundsätzlich mit Strafe bedroht und daher verboten ist (zur unrechtsindizierenden Wirkung der Tatbestandsverwirklichung aufgrund der hierin immanenten Verletzung einer verhaltensspezifischen »Prima-facie-Verbotsnorm« näher *Duttge* Philipps-FS 2005, S. 369 ff.), hat ihn der Gesetzgeber bei Wahrung der in §§ 218a Abs. 1 Nr. 1–3, 219 näher beschriebenen Voraussetzungen zu einer *für das Strafrecht* irrelevanten Tat erklärt. Die von hier aus daher offene Frage, wie die Gesamtrechtsordnung die Tat bewertet (soweit nicht von den §§ 218a Abs. 2, 3 explizit als »nicht rechtswidrig« ausgewiesen), ist jedoch verfassungsrechtlich im Sinne der **Rechtswidrigkeit** beantwortet (vgl. BVerfGE 39, 1 ff.; 88, 203 ff., sowie bereits o. Rdn. 1 f.). Das nach sehr kontroversen rechtspolitischen Auseinandersetzungen (zur Gesetzgebungsgeschichte MüKo-StGB/*Gropp/Wörner* Vor § 218 Rn. 1 ff.) – vorbehaltlich besserer Erkenntnis – implementierte sog. »Beratungsschutzkonzept« lässt sich ungeachtet aller Bemühungen um Aufweis eines legitimierenden Fundaments (zutr. Kritik an einer Überhöhung in Richtung einer »Legitimation durch Verfahren« [*Eser* Hassemer-FG 2000, S. 43 ff.; *Hassemer* Mahrenholz-FS 1994, S. 731 ff.; *Saliger* in: Bernat/Kröll, Recht und Ethik

der Arzneimittelforschung, S. 124, 138 ff.; *Schulz* StV 1994, 38, 41]: NK-StGB/*Merkel* § 218c Rn. 2 m.w.N.; s.a. *Kayßer* Abtreibung und die Grenzen des Strafrechts, S. 151 ff.; zuletzt *Berdin* Bucerius Law School 2/2010, 39 ff.) nur als ein pragmatisch motivierter Sanktionsverzicht allein um der erhofften sozialpädagogischen Wirkungen willen auffassen (eine ernüchternde Bilanz nach 20 Jahren zieht *Büchner* ZfL 2013, 53 ff.). Der Tatbestandsausschluss beschränkt sich auf § 218 und erfasst nicht die eigenständigen Tatbestände der §§ 218b, 218c, 219b (dazu näher *Bernsmann/ Geilen* in: Wenzel, Rn. 622).

### 1. Verlangen

Um sicherzustellen, dass die Schwangere sich den Abbruch nicht von anderen aufdrängen lässt, stellt das Gesetz erhöhte Anforderungen an ihre zustimmende Mitwirkung: Ihre Einwilligung, frei von Willensmängeln und in Kenntnis von »Wesen, Bedeutung und Tragweite« des Eingriffs (näher u. Rdn. 21), ist zwar eine notwendige, aber keine hinreichende Bedingung; vielmehr muss von der Schwangeren darüber hinaus die letztendliche Initiative auf dem Boden einer »ernstlichen« Entschließung (zutr. SSW/*Momsen/Momsen-Pflanz* § 218a Rn. 3; zur »Letztverantwortung« bereits o. Rdn. 2) zweifelsfrei (in ausdrücklich erklärter Weise) ausgehen und ziel- und zweckgerichtet zum **maßgeblichen Auslöser für die Tat** werden (vgl. auch § 216 StGB Rdn. 3 m.w.N.). Bloße »Anregungen« von dritter Seite (Erzeuger, Angehörige) schließen das zwar nicht von vornherein aus; jedoch dürfen diese keinesfalls nötigenden Charakter annehmen (bedenklich deshalb *Merkel* in: Roxin/Schroth, S. 295, 353, wonach es nicht schade, wenn die Schwangere durch den Erzeuger zum Abbruch »gedrängt oder überredet« werde), worauf die Schwangerschaftskonfliktberatung (vgl. § 219 StGB, §§ 5 ff. SchKG) und der abbrechende Arzt (vgl. § 218c) sorgsam zu achten haben. Über ihre persönliche Motivation ist die Schwangere freilich in letzter Konsequenz niemandem Rechenschaft schuldig (*Fischer* § 218a Rn. 12; HK-GS/*Rössner/Wenkel* §§ 218, 218a Rn. 9; s.a. § 5 Abs. 2 Nr. 1 SchKG). 14

### 2. Beratungsnachweis

Des Weiteren muss dem abbrechenden Arzt durch Vorlage der Bescheinigung nach § 219 Abs. 2 Satz 2 (vgl. auch § 7 SchKG) nachgewiesen worden sein, dass sich die Schwangere mindestens 3 Tage vor dem Eingriff tatsächlich einer Schwangerschaftskonfliktberatung i.S.d. § 219 StGB, §§ 5 ff. SchKG unterzogen hat (**Nr. 1**). Die zwingend vorgegebene **Karenzzeit** soll überstürzte Entscheidungen der Schwangeren verhindern; bei der Fristberechnung wird der erste Tag (§ 187 Abs. 1 BGB) nicht mitgezählt. Da für das Fristende nach § 188 Abs. 1 BGB der »*Ablauf* des letzten Tages der Frist« maßgeblich ist, kann der Eingriff erst am vierten, dem Beratungstermin folgenden Tag vorgenommen werden, freilich unabhängig davon, ob dieser auf einen Sonnabend, Sonntag oder Feiertag fällt (arg. e contr. § 193 BGB). Ist die Frist nicht gewahrt oder die vorgelegte Bescheinigung unecht, machen sich bei Kenntnis der Sachlage (sonst: Tatumstandsirrtum, § 16 Abs. 1) alle Beteiligten nach § 218 strafbar (*Lackner/Kühl* § 218a Rn. 5). Hat hingegen die Beratung stattgefunden, jedoch ohne die hierfür geltenden Anforderungen (näher § 219 StGB i.V.m. §§ 5 ff. SchKG) vollumfänglich zu erfüllen, so schließt dies eine Straffreiheit nach § 218a Abs. 1 nicht aus (vgl. Schönke/Schröder/*Eser/Weißer* § 218a Rn. 6: Beratungsfehler sind lediglich als berufsrechtliche Verstöße des Beraters erfassbar). 15

### 3. Eingriff durch approbierten Arzt

Die Durchführung des Eingriffs steht nach **Nr. 2** unter einem Arztvorbehalt, um sicherzustellen, dass die gesundheitlichen Risiken für die Schwangere auf das unvermeidliche Mindestmaß reduziert werden (vgl. BVerfGE 88, 203, 314). Die Approbation für Humanmedizin (einbezogen sind auch Psychiater und ärztliche Psychologen, nicht aber Heilpraktiker) muss in Deutschland erworben worden sein, weil nur insoweit die Kenntnis vom Pflichtenkanon des § 218c erwartet werden kann (zutr. Schönke/Schröder/*Eser/Weißer* § 218a Rn. 58; Spickhoff/*Knauer/Brose* § 219 Rn. 13; ebenso *Fischer* § 218a Rn. 8, soweit der Abbruch im Inland vorgenommen wird; a.A. NK-StGB/*Merkel* 16

§ 218a Rn. 6 f.). Dass die Vornahme eines Schwangerschaftsabbruchs mit Rücksicht auf diesen Gesetzeszweck eine besondere Fachkunde (i.d.R. im Bereich der Gynäkologie) voraussetzt, sollte nicht zweifelhaft sein (vgl. auch § 13 Abs. 1 SchKG); strafrechtlich verlangt ist sie jedoch nicht (zu Recht krit. MüKo-StGB/*Gropp/Wörner* § 218a Rn. 22; das restriktivere Bayerische SchwangerenhilfeergänzungsG v. 09.08.1996 ist durch BVerfGE 98, 265 ff. aufgehoben worden). Den Selbstabbruch durch eine Ärztin sieht die h.M. als vom Gesetz gedeckt an (»**Ärztinnen-Privileg**«, vgl. *Lackner/ Kühl* § 218a Rn. 2; *Laufhütte/Wilkitzki* JZ 1976, 329 ff.; NK-StGB/*Merkel* § 218a Rn. 15; a.A. LK/*Kröger* § 218a Rn. 16). Der abbrechende Arzt darf jedoch nicht personenidentisch mit dem beratenden Arzt sein (vgl. §§ 218c Abs. 1 Nr. 4, 219 Abs. 2 Satz 3); wird hiergegen oder gegen die weiteren Pflichten aus § 218c verstoßen, so begründet dies allerdings eine Strafbarkeit nur hiernach, nicht gem. § 218a Abs. 1 (HK-GS/*Rössner/Wenkel* § 218a Rn. 10).

### 4. Zwölfwochenfrist

17 Schließlich dürfen bis zur Vornahme des Abbruchs »seit der Empfängnis nicht mehr als zwölf Wochen vergangen« sein (**Nr. 3**). In der Praxis orientiert sich die »ärztliche Erkenntnis« freilich an der letzten Regelblutung, sodass von hier ab gerechnet etwa bis zur 14. Schwangerschaftswoche nach § 218a Abs. 1 vorgegangen werden kann (s.a. o. Rdn. 7; die Unschärfe dieser Berechnung monieren SSW/*Momsen/Momsen-Pflanz* § 218a Rn. 5). Diese zeitliche Begrenzung verträgt sich allerdings kaum mit der Anerkennung eines Lebensrechts ohne willkürliche Zäsuren vom Zeitpunkt der Befruchtung an (insoweit zutr. NK-StGB/*Merkel* § 218a Rn. 75) und lässt sich allenfalls mit Blick auf die limitierte Verwendbarkeit weniger belastender Abbruchmethoden (dazu o. Rdn. 10) erklären (dazu auch *Duttge* Future of Comparative Study in Law: The 60th anniversary of The Institute of Comparative Law in Japan, Chuo University, 2011, S. 153 ff.).

### V. Vorsatz

18 Die Kausalität des eigenen Handelns (zum Unterlassen o. Rdn. 12) für das Absterben der Leibesfrucht im oder außerhalb des Mutterleibs (dazu o. Rdn. 10) muss kognitiv erfasst und mindestens »billigend in Kauf« genommen sein; bloße Fahrlässigkeit steht daher nicht unter Strafe, weder für die Schwangere noch für andere Personen (vgl. § 15). Ob hierin insbesondere bei Verletzung ärztlicher Berufspflichten eine bedenkliche Strafbarkeitslücke zu sehen sein könnte, hat die Rspr. unentschieden gelassen (vgl. BVerfG NJW 1988, 2945; BGHSt 31, 348, 353). Mit Blick auf den **Tatbestandsausschluss aus § 218a Abs. 1** erfordert die strafrechtliche Inverantwortungnahme darüber hinaus, dass der Täter *das Fehlen* einer der hierin kumulativ benannten Voraussetzungen (Verlangen, Beratung, Arztvorbehalt, Zwölfwochenfrist) erkannt hat (zutr. NK-StGB/*Merkel* § 218a Rn. 66 ff.); die irrige Annahme aller Umstände eines nach § 218a Abs. 1 straffreien Abbruchs begründet daher einen Tatumstandsirrtum (§ 16 Abs. 1), die irrige Fehlvorstellung, dass die Ausschlussgründe des § 218a Abs. 1 nicht (vollständig) gegeben sind, einen (beim Fremdabbruch, vgl. § 218 Abs. 4) strafbaren Versuch.

## C. Rechtswidrigkeit

### I. § 218a Abs. 2, 3 StGB als leges speciales

19 Unter den in § 218a Abs. 2 bzw. 3 näher beschriebenen Voraussetzungen ist der Schwangerschaftsabbruch »nicht rechtswidrig«. Im Unterschied zu Abs. 1 handelt es sich somit um Rechtfertigungsgründe (unstr.), die historisch aus einer richterrechtlichen Konkretisierung des allgemeinen rechtfertigenden Notstandes hervorgegangen sind (leading case: RGSt 61, 242 ff.; s.a. *Merkel* in: Roxin/Schroth, S. 295, 360: »Spezialfälle des rechtfertigenden Aggressivnotstands«). Schon dies wie überhaupt der Sinn jedweder konkretisierenden Regelung mit materiellen und verfahrensrechtlichen Anforderungen steht dem von der h.M. gebilligten **Rückgriff auf § 34** (z.B. Maurach/*Schroeder/Maiwald* BT/1 § 6 Rn. 33; näher *Gropp* Schreiber-FS 2003, S. 113 ff.) entgegen (zur »Sperrwirkung« rechtlich vorgegebener Verfahren und Zuständigkeiten vgl. HK-GS/*Duttge* § 34 Rn. 23 m.w.N.); die hierfür in Bezug genommenen »Ausnahmefälle« (großzügiger NK-StGB/

*Merkel* § 218 Rn. 136 ff.) lassen sich mit Rücksicht auf das wertbezogene Anliegen der formellen Anforderungen nur bei restriktiver Auslegung und strenger rechtspraktischer Handhabung (akute, existentielle Notlage und gänzliche Unmöglichkeit der Verfahrenskonformität) akzeptieren (ähnlich Schönke/Schröder/*Eser/Weißer* § 218 Rn. 37: nur bei Nichterreichbarkeit eines Arztes; Spickhoff/ *Knauer/Brose* § 219 Rn. 28: »in Extremsituationen«).

## II. Allgemeine Voraussetzungen

Ebenso wie im Rahmen des Abs. 1 darf der Schwangerschaftsabbruch nur von einem approbierten Arzt vorgenommen werden (bereits o. Rdn. 16). Dem Sinn dieses **Arztvorbehalts** wie der näheren Festlegung »originärer ärztlicher Aufgaben« durch die BÄK entsprechend (vgl. Stellungnahme »Persönliche Leistungserbringung« v. 29.08.2008) dürfte die sonst in begrenztem Umfang zulässige Delegation einzelner Aufgaben an medizinisches Hilfspersonal (zur Fahrlässigkeitsstrafbarkeit bei vertikaler Arbeitsteilung s. § 222 StGB Rdn. 10) hier – von randständigen Hilfstätigkeiten abgesehen – ausgeschlossen sein. Darüber hinaus verlangt die h.M. zu Recht auch die Einhaltung der ärztlichen Kunstregeln bei der Durchführung des Eingriffs wie bei der damit verbundenen Versorgung; Defizite im Rahmen einer Nachbehandlung stehen hingegen nicht mehr im Kontext einer »Vornahme« des Schwangerschaftsabbruchs und sind ggf. nach § 223 relevant (wie hier MüKoStGB/*Gropp/Wörner* § 218a Rn. 26; Schönke/Schröder/*Eser/Weißer* § 218a Rn. 59 f.; SK-StGB/ *Rudolphi/Rogall* § 218a Rn. 36; selbst die Nachbehandlung einbeziehend BGHSt 1, 329, 331; 2, 111, 115 f.). Die von der Gegenauffassung (v.a. NK-StGB/*Merkel* § 218a Rn. 9 ff.) nachdrücklich betonte Trennung der betroffenen Rechtsgüter widerspricht ausweislich der »Kurpfuscherklausel« des § 218 Abs. 2 Satz 2 Nr. 2 (u. Rdn. 43) dem Gesetz.

20

Zudem darf – s. § 218 Abs. 2 Satz 2 Nr. 1 (u. Rdn. 42) – auch der Abbruch nach Indikationsstellung nur mit und nicht gegen den Willen der Schwangeren vorgenommen werden. Da die Entschließung der Schwangeren hier maßgeblich durch die Notlage geprägt ist, erweist sich ihre – jederzeit formlos widerrufbare – »**Einwilligung**« abweichend von § 218a Abs. 1 (»Verlangen«, o. Rdn. 14) als hinreichende Bedingung zur Wahrung ihres körperbezogenen Selbstbestimmungsrechts. Die nach allgemeinen Grundsätzen zu bestimmenden Wirksamkeitsvoraussetzungen auf der Grundlage hinreichender Einsichts-, Urteils- und Selbststeuerungsfähigkeit (näher § 228 StGB Rdn. 5 ff.) werden bei **Minderjährigen** fraglich: Obgleich nicht starre Altersgrenzen, sondern die individuelle Reife sowie jeweilige Komplexität und Schwere des Eingriffs maßgeblich sind, sieht die h.M. in der Vollendung des 14. Lebensjahres einen bedeutsamen Orientierungspunkt, an dem sich das Regel-Ausnahme-Verhältnis umkehre (vgl. HK-GS/*Rössner/Wenkel* § 218a Rn. 14; z.T. wird für die Zeitspanne zwischen dem 14. und 16. Lebensjahr jedwede Regelvermutung abgelehnt: MüKoStGB/*Gropp/Wörner* § 218a Rn. 19). Ob es darüber hinaus – trotz Einwilligungsfähigkeit der Minderjährigen – zusätzlich der Zustimmung der Eltern bedarf, ist nicht abschließend geklärt: Die frühere Rspr. schreibt dem elterlichen Erziehungsrecht allgemein bei ärztlichen Heileingriffen erhebliches Gewicht zu und akzeptiert ein Veto des Minderjährigen allenfalls dann, wenn der Eingriff nur relativ indiziert ist (zuletzt BGH NJW 2007, 217 ff.). Von hier aus erklärt sich die im hiesigen Kontext neuerdings verwendete Formel, wonach die Entscheidung der einwilligungsfähigen jungen Mutter grundsätzlich zu akzeptieren sei, solange das Austragen des Kindes nicht die Gefahr eines schweren Gesundheitsschadens mit sich bringe (so *Fischer* § 218a Rn. 16a; dagegen stets ein alleiniges elterliches Entscheidungsrecht annehmend: OLG Hamm NJW 1998, 3424 f.; AG Celle NJW 1987, 2307 ff.); konsequenterweise hätte dasselbe auch zu gelten, wenn sich erhebliche Gesundheitsgefahren aufgrund besonderer Umstände mit der *Vornahme des Abbruchs* verbinden. Dieser »Fürsorgevorbehalt« verträgt sich allerdings schlecht mit der Annahme von Einwilligungsfähigkeit: Ein rechtsdogmatisch stimmiges Konzept müsste die **Zustimmung der Eltern ganz für entbehrlich** halten (i.d.S. AG Schlüchtern NJW 1998, 832 f.; LG Köln GesR 2009, 43, 44; LG München I NJW 1980, 646; ebenso *Deutsch/Spickhoff* Rn. 1064 unter zutr. Hinweis auf die internationale Entwicklung; Schönke/Schröder/*Eser/Weißer* § 218a Rn. 61; *Ulsenheimer/Gaede* Rn. 954; dazu näher *Duttge* in: Wiesemann/Simon, Patientenautonomie, 2013, S. 77, 80); – freilich ist für die Feststellung hinreichender Reflexionsfähigkeit (nicht zuletzt auch über das Bestehen eines

21

eigenständigen Lebensrechts des Ungeborenen, insoweit auch NK-StGB/*Merkel* § 218a Rn. 22: Erfassen des Konflikts und seine »einseitige Lösung« als Problem der Bewertung, Rechtfertigung und Verantwortung) größte Sorgfalt zu fordern. Diese Lösung findet Rückhalt in der jüngeren Rechtsprechung (OLG Hamm NJW 2020, 1373 Rn. 17 ff.). Bei der Einwilligungserklärung handelt es sich demzufolge um eine tatsächliche Handlung. Die Minderjährige ist – soweit im Einzelfall ihre Einsichtsfähigkeit vorliegt – zur alleinigen Entscheidung befugt.

22 Fehlt es an der nötigen Einwilligungsfähigkeit, so entscheiden bei Minderjährigen die Personensorgeberechtigten, i.d.R. also die **Eltern** gemeinschaftlich (vgl. §§ 1626 ff. BGB). Besteht der Verdacht eines Missbrauchs des elterlichen Erziehungsrechts, beim Gutheißen des Abbruchs ebenso wie beim Verweigern der Zustimmung, ist zur Klärung das Familiengericht berufen (vgl. § 1666 BGB, §§ 151 ff., 157 FamFG). Ist die Schwangere trotz ihrer Volljährigkeit einwilligungsunfähig, so bedarf es – von akuten Notfällen abgesehen – der Bestellung eines **Betreuers** (dazu OLG Frankfurt ZfL 2008, 117 ff.). Dieser übt im Außenverhältnis die Funktion eines Stellvertreters aus (§ 1902 BGB), ist jedoch im Innenverhältnis an das »Wohl« der Betreuten gebunden, ihre »Wünsche« eingeschlossen, soweit dies nicht ihrem Wohl zuwiderläuft (vgl. § 1901 Abs. 2, 3 BGB). Im Fall eines konflikthaften Dissenses zwischen der Schwangeren und ihrem Betreuer bedarf es der Entscheidung des Betreuungsgerichts (vgl. § 1908i Abs. 1 i.V.m. § 1837 Abs. 2 BGB, §§ 271 ff. FamFG). Die zwangsweise Durchsetzung eines Schwangerschaftsabbruchs ist aber gegen den Widerstand der Schwangeren nur bei hinreichenden Anhaltspunkten für eine sonst drohende Lebensgefahr zulässig (wie hier auch LK/*Kröger* § 218a Rn. 9; Schönke/Schröder/*Eser/Weißer* § 218a Rn. 61; etwas großzügiger NK-StGB/*Merkel* § 218a Rn. 26: auch bei »drohenden gravierenden Gesundheitsschäden«). Keine prinzipiellen Abweichungen ergeben sich bei Schwangeren im Zustand vorübergehender oder dauerhafter Bewusstlosigkeit (z.B. das Verfallen in einen »persistent vegetative state«, sog. »Wachkoma« oder »apallisches Syndrom«, dazu eingehend die Beiträge in *Jox/Kuehlmeyer/Marckmann/Racine*, Vegetative state: A Paradigmatic Problem auf Modern Society, 2012) oder gar bei Eintritt des Hirntodes (zum »Erlanger Baby«-Fall bereits o. Rdn. 7): Die auch hier stellvertretend für die Schwangere abzugebende Einwilligung in die Vornahme des Abbruchs wird sich allerdings im Fall irreversiblen Verlusts jedweder Lebensperspektiven nur noch schwer begründen lassen (i.E. wie hier wohl die h.M., allerdings z.T. auf § 34 und in diesem Kontext auf eine »Höherwertigkeit der Lebensinteressen« abstellend), von der ärztlichen Feststellung einer gesundheitsbezogenen »Unzumutbarkeit« bei Fortsetzung der Schwangerschaft ganz abgesehen.

22a Nach geltendem Recht hat der **Ehemann** bzw. männliche Lebenspartner kein Mitspracherecht (unstr.). Doch kann die Bereitschaft zur Übernahme der Sorge für das Kind ein bedeutsamer Faktor sein, der die Annahme einer sozial bedingten »medizinischen Indikation« (s. nachfolgend Rdn. 23 ff.) fraglich werden lässt (zutr. Schönke/Schröder/*Eser/Weißer* § 218a Rn. 62; zur Einbeziehung des familiären Umfeldes in das »Beratungsschutzkonzept«: BVerfGE 88, 203, 296 ff.). Da die Entscheidung über die Vornahme eines Schwangerschaftsabbruchs nicht als Gegenstand der gemeinsamen elterlichen Sorge gilt, lehnt es die h.M. ab, dem Ehemann/Vater das Recht zuzugestehen, eine gerichtliche Entscheidung gem. § 1628 BGB herbeizuführen (vgl. *Coester-Waltjen* NJW 1985, 2175 ff.; MüKo-BGB/*Huber* § 1628 Rn. 9 *Stürner* Jura 1987, 75, 79 f.; a.A. AG Köln NJW 1985, 2201; *Deutsch/Spickhoff* Rn. 1063; *Mittenzwei* AcP 187 [1987], 247, 274 ff., 277; *Roth-Stielow* NJW 1985, 2746 f.; ausf. *Dietlein/Hannemann* ZfL 2015, 44 ff.); er kann jedoch gem. § 1666 BGB eine (ggf. Eil-) Entscheidung des Familiengerichts anregen. Zur Problematik des Nothilferechts bereits o. Rdn. 2 sowie HK-GS/*Duttge* § 32 Rn. 35 m.w.N.

### III. Abbruchsindikationen im Einzelnen

#### 1. Medizinisch-soziale Indikation, § 218a Abs. 2 StGB

23 Der Kernbereich einer medizinischen Indikation liegt in dem Grundgedanken, dass bei Lebensgefahr der Schwangeren die Rettung dieses einen Lebens, notfalls selbst auf Kosten des Ungeborenen, per saldo die bessere Entscheidung sei, als den Verlust zweier Leben zu riskieren. Das damit zugrunde gelegte Prinzip des »**überwiegenden Interesses**« (besonders deutlich RGSt 61, 242, 254 ff.)

kann aber auf dem Boden der vorherrschenden Interpretation des § 34 selbst im heute weitgehend unstreitigen Fall des drohenden Suizids den Schwangerschaftsabbruch nicht vollständig legitimieren, sofern – verfassungsrechtlich geboten – von der Gleichrangigkeit zwischen ungeborenem und geborenem Leben ausgegangen wird (zutr. NK-StGB/*Merkel* § 218a Rn. 86 f.). Daran vermag auch die Hilfserwägung von der »gesetzlichen Vorwegabwägung« (eingehend *Gropp* Der straflose Schwangerschaftsabbruch, S. 170 ff.) nichts zu ändern, weil dem Gesetzgeber verwehrt ist, sich im Rahmen seiner Abwägungen von den verfassungsrechtlichen Grundwertungen zu dispensieren. Dies gilt umso mehr, als die indikationsbegründende »Gefahrenlage« für die Schwangere schon seit Langem auf – wenn auch »schwerwiegende« – Gesundheitsgefahren erweitert wurde, und zwar unter Einbeziehung des »seelischen« Gesundheitszustands, ohne dass also eine somatische Beeinträchtigung i.S.d. § 223 vorliegen muss. Die von Gesetzes wegen gebotene »Berücksichtigung der gegenwärtigen und zukünftigen Lebensverhältnisse« hat schließlich eine nochmalige – doppelte – Erweiterung bewirkt: Die (vorwiegend »seelische«) Gesundheitsgefahr kann aus den sozialen Lebensbedingungen resultieren, und zwar auch allein aus den künftig erwarteten wie insb. im Zusammenhang mit den Erziehungsaufgaben (vgl. MüKo-StGB/*Gropp/Wörner* § 218a Rn. 41, 45). Im Zentralbegriff der »**Unzumutbarkeit**« sollen sich alle Faktoren letztendlich bündeln.

### a) Lebens- oder schwerwiegende Gesundheitsgefahr

Die »ärztliche Erkenntnis« (u. Rdn. 26) muss konkrete, tatsächliche Anhaltspunkte dafür zutage fördern, dass die Schwangere bei unveränderter Aufrechterhaltung der Lage das Aufopfern ihres Lebens (auch infolge depressionsbedingter Gefahr eines ernstlich zu erwartenden Suizids, vgl. BGHSt 2, 111, 115; 3, 7, 9; KG NJW-RR 2008, 1557 ff.: keine psychotische Störung erforderlich) oder die Stabilität ihrer psycho-physischen Verfassung in einem Ausmaß riskiert, das die gewöhnlichen Belastungen einer Schwangerschaft ganz erheblich überschreitet (BVerfGE 88, 203, 257; MüKo-StGB/*Gropp/Wörner* § 218a Rn. 45). Die h.M. betont, dass diese zu besorgenden gesundheitlichen Beeinträchtigungen jedoch keinem anerkannten Krankheitsbild zu entsprechen brauchen (vgl. *Fischer* § 218a Rn. 26; Schönke/Schröder/*Eser/Weißer* § 218a Rn. 38); dem wird man freilich nur unter der Bedingung zustimmen können, dass der **Krankheitswert** als solcher und die nötige Erheblichkeit nach ärztlicher Einschätzung »angezeigt« (»indiziert«), d.h. unabhängig von Klassifizierungsfragen zweifelsfrei feststellbar sein müssen (s.a. LK/*Kröger* § 218a Rn. 41: unverzichtbarer »Gesundheitsbezug«). Denn die stillschweigende Anerkennung einer allgemeinen Notlagenindikation wäre weder vom Gesetzestext noch von den verfassungsrechtlichen Vorgaben gedeckt (BVerfGE 88, 203, 271 f.; BayObLG NJW 1990, 2328 ff.). Diese bedeutsame Grenzziehung als objektive Basisvoraussetzung für die sich darauf erst glaubwürdig stützende Feststellung der »Unzumutbarkeit« darf nicht durch eine voreilige Subjektivierung (so aber i.E. NK-StGB/*Merkel* § 218a Rn. 91, 94) unterlaufen werden (zutr. *Fischer* § 218a Rn. 27 a.E.: keine »Umdeutung« von psychischen Belastungen infolge Neuorientierung von Lebensplänen in eine »schwerwiegende Gesundheitsgefahr«; vgl. auch BGH NJW 2002, 886 ff. m. Bspr. *Gehrlein* NJW 2002, 870 ff.).

Die mit Rücksicht auf die persönlich-individuellen – gesundheitlichen wie sozialen/familiären – Verhältnisse zu ermittelnde »**Unzumutbarkeit**« schließt die Orientierung an »Normalitätsstandards« (wie z.B. der »durchschnittlich belastbaren Schwangeren«) aus (insoweit zutr. NK-StGB/*Merkel* § 218a Rn. 91); die gleichwohl nicht der Schwangeren, sondern dem indikationsstellenden Arzt übertragene »Erkenntnis« impliziert aber ein umso kritischeres Infragestellen, je weiter sich die angeführten Gründe von dem allgemein Einsichtigen entfernen (s. bspw. die objektivierende fallgruppengemäße Unterteilung in LG Nürnberg-Fürth Streit 1988, 75 ff.). Darüber hinaus unterliegt der Abbruch dem **ultima-ratio-Gebot**, darf also nur vorgenommen werden, wenn und soweit die der Schwangeren drohende Gefahr »nicht auf andere für sie zumutbare Weise abgewendet werden kann«. Auch insoweit steht das subjektivierte Unzumutbarkeitskriterium unter einem objektiven Glaubwürdigkeitsvorbehalt: Soweit sich die bestehende oder zu besorgende Bedrängnis durch ärztliche (je nach Einzelfall u.U. auch psychiatrische, dezidiert abl. aber NK-StGB/*Merkel* § 218a Rn. 126) oder sozialpflegerische Maßnahmen deutlich abmildern lässt, wächst die Rechtfertigungs- und Begründungslast für eine dennoch erfolgte Indikationsstellung (vgl. *Lackner/*

*Kühl* § 218a Rn. 13). Die spätere Heimunterbringung oder Freigabe des Kindes zur Adoption ist für die Schwangere nicht schon deshalb unzumutbar, weil sie eine solche Option ablehnt (a.A. LG Memmingen NStZ 1989, 227 f.: regelmäßig unzumutbar); vielmehr müssen Gründe erkennbar sein, dass sich hieraus für die Betroffene voraussichtlich gravierende Belastungen ergeben, die für diese nicht tragbar sein werden (vgl. BGHSt 38, 144, 161 f.: ernstliche Gefahr einer schwerwiegenden psychischen Beeinträchtigung; s.a. AG Celle NJW 1987, 2307; *Kluth* FamRZ 1993, 1388; *Starck* JZ 1993, 816, 820; *Weiß* JR 1984, 318 f.). Mit der inzwischen legalisierten »vertraulichen Geburt« (vgl. § 1 Abs. 4, 5; § 2 Abs. 4 sowie §§ 25 ff. SchKG [abgedr. in § 219 StGB Rdn. 10]; weiterhin BR-Drs. 489/13; zur Begründung s. BR-Drs. 214/13 und zur vorangehenden kontroversen Debatte über die sog. »anonyme Kindesabgabe« [sog. »Babyklappe«] s. die gleichnamige Stellungnahme des Deutschen Ethikrates, 2009) besteht inzwischen noch eine weitere Option. Zur streitigen Frage eines evtl. »Totalabbruchs«, wenn die Schwangere eine gezielte »Mehrlingsreduktion« ablehnt, einerseits (befürwortend) *Eberbach* JR 1989, 271 ff.; LK/*Kröger* § 218a Rn. 57; Schönke/Schröder/*Eser/Weißer* § 218a Rn. 34; andererseits NK-StGB/*Merkel* § 218a Rn. 115 (»gut beherrschtes Verfahren«); SK-StGB/*Rudolphi/Rogall* § 218a Rn. 49.

### b) Ärztliche Erkenntnis

26 Die Feststellung der – im Kern gesundheitsbezogenen – Gefahrenlage und deren Schwere sowie die Bewertung der Gesamtlage als »unzumutbar« (unter Mitberücksichtigung der eigenständigen Werthaftigkeit ungeborenen Lebens, so auch MüKo-StGB/*Gropp/Wörner* § 218a Rn. 52) obliegt einem approbierten Arzt auf der Grundlage des aktuellen Standes der medizinischen Wissenschaften. Dieser Arzt darf nicht personenidentisch sein mit jenem, der den Abbruch vornimmt (§ 218b Abs. 1 Satz 1). Der Erweiterung der Indikation um Beeinträchtigungen des »seelischen Gesundheitszustandes« sowie der Einbeziehung der (gegenwärtigen und künftigen) »Lebensverhältnisse« wegen kann der verantwortliche Arzt u.U. an die Grenzen seiner Sachkompetenz gelangen (zutr. *Otto* JR 1992, 210; noch schärfer *Schmitz* Ethik in der Medizin 2009, 113, 119: sachlich fundierte Prüfung unter vorherrschenden Rahmenbedingungen »nahezu unmöglich«); in solchem Fall muss ein weiterer Facharzt (z.B. Psychiater zur Beurteilung eines suizidalen Syndroms) oder ggf. ein Sozialpädagoge hinzugezogen werden (LK/*Kröger* § 218a Rn. 46; Schönke/Schröder/*Eser/Weißer* § 218a Rn. 36; großzügiger *Merkel* in: Roxin/Schroth, S. 295, 369: »Auge, Ohr und Verstand« seien i.d.R. genügende »Erkenntnisquellen«). Auf der Basis vollständiger Informationen (soweit ex ante zugänglich) kommt dem indikationsstellenden Arzt ein **Beurteilungsspielraum** zu, der auch eine evtl. nachfolgende gerichtliche Kontrolle auf eine Vertretbarkeitsprüfung beschränkt (vgl. BGH NJW 1985, 2752 ff. m. krit. Anm. *Kluth* NJW 1986, 2348 ff. und *Stürner* JZ 1986, 123 ff.; BGHSt 38, 144, 156 m. Bspr. *Kluth* JZ 1992, 533; *Lackner* NStZ 1992, 331; missverständlich OLG Düsseldorf NJW 1987, 2306 f. und *Fischer* StV 1990, 336: »weites Ermessen«; näher zum Ganzen *Eser* Baumann-FS 1992, S. 155 ff.).

### c) Keine Befristung

27 Eine Begrenzung der Lebenserhaltungspflicht, die aus einer vitalen Bedrohung der Schwangeren resultiert, verträgt sich nicht mit einer Befristung: Deshalb ist der »medizinisch indizierte« Schwangerschaftsabbruch im Unterschied zu einem solchen nach Beratung (§ 218a Abs. 1, o. Rdn. 17), aber auch zur kriminologischen Indikation (u. Rdn. 32) ohne zeitliche Grenze bis zum Einsetzen der Eröffnungswehen (o. Rdn. 8) erlaubt. Die dadurch ermöglichten **»Spätabbrüche«** (d.h. nach der 22. Schwangerschaftswoche) werden jedoch wegen der hier weiter vorangeschrittenen Entwicklung des Fötus allgemein als »moralisch problematisch« angesehen (grdl. *Wewetzer/Wernstedt* Spätabbruch der Schwangerschaft; s.a. *Weilert* ZfL 2010, 70 ff.; eingehend zur Gesamtproblematik *Dolderer* Menschenwürde und Spätabbruch, 2012); dies hat seinen Grund jedoch nicht in einem »anwachsenden Lebensrecht« des Ungeborenen (zutr. *Hillenkamp* Amelung-FS 2009, S. 425, 443 f.; zur mangelnden Plausibilität dieses Konzepts näher *Duttge* ZRhp 2007, 76 ff.), sondern in der hinzutretenden Option einer kontrollierten Frühgeburt. Diese aus Gründen einer mangelnden Effizienz zur »Gefahrabwendung« jedenfalls grosso modo auszuschließen (so NK-StGB/*Merkel* § 218a

Rn. 109 f.: »frivoles Gottesurteil«) verkennt das ultima-ratio-Gebot (o. Rdn. 25), das bei der hier allein in Frage stehenden »seelischen Indikation« mit Blick auf das spätere »Haben« des Kindes eine strenge Prüfung durch den verantwortlichen Arzt verlangt (treffend *Riha* in: Schumann, Verantwortungsbewusste Konfliktlösungen bei embryopathischem Befund, S. 41, 45: »ein [behindertes] Kind macht nicht – jedenfalls nicht regelhaft erwartbar – psychisch krank«), und überdies die spezifische (arzt-)ethische Problematik einer gezielten Tötung des Kindes mittels Fetozid (eindringlich *Hepp* in: Schumann, Verantwortungsbewusste Konfliktlösungen bei embryopathischem Befund, S. 65, 72 ff.; s.a. *Philipp* ZfL 2000, 71: »Einstandspflicht für den Tod«; rechtliche Bedenken trotz fehlender positivrechtlicher Normierung der Abbruchsmethoden bei *Schumann/Schmidt-Recla* MedR 1998, 497, 501 f.; *Wiebe* ZfL 2002, 74 ff.).

### d) Sonderfall der »embryopathischen Indikation«

Bis zum Inkrafttreten des SFHÄndG 1995 expliziter Anknüpfungspunkt eines erlaubten Schwangerschaftsabbruchs (vgl. § 218a Abs. 2 Nr. 1 a.F.; s. aber auch Abs. 3: nur innerhalb von 22 Wochen), gilt die pränataldiagnostisch begründete Erwartung einer nicht behebbaren (schweren) Schädigung des ungeborenen Kindes nach allg. Auffassung (in diesem Sinne bereits der historische Gesetzgeber, vgl. BT-Drs. 13/1850 S. 26, 51) als **ungeschriebener Anwendungsfall der »medizinisch-sozialen Indikation«**. Obgleich nicht die (erwartete) Schädigung als solche, sondern erst und allein die dadurch bedingte schwerwiegende Gesundheitsgefährdung der Schwangeren (i.d.R. aber allein mit Blick auf nachgeburtliche Sorgepflichten) zum Abbruch berechtigt (und das Gesetz infolgedessen keine »Schwangerschaft auf Probe« anerkennt, so ausdrücklich auch BGH NJW 2010, 2672, 2675; s. ferner BGHZ 151, 133, 139 f.; NJW 2003, 3411, 3412; 2006, 1660, 1661), haftet dieser Indikation – nicht zuletzt aufgrund des in der Praxis offenbar vorherrschenden »Automatismus« (*Hillenkamp* in: Tag, Lebensbeginn im Spiegel des Medizinrechts, S. 213, 224 f.; vgl. auch die Ergebnisse der empirischen Erhebung von *Mansfield/Hopfer/Merteau* Prenatal Diagnosis 1999, 808 ff.; zum weitverbreiteten Fehlverständnis der öffentlichen Meinung vgl. *Schwenzer* Der Gynäkologe 2010, 35, 40; insb. zur Trisomie 21: *Holm Schneider/Binkhoff* ZfL 2013, 2 ff.) – das Stigma einer verschleierten Diskriminierung behinderten Lebens (Art. 3 Abs. 3 Satz 2 i.V.m. Art. 1 Abs. 1 GG) an (*Beckmann* MedR 1998, 155, 159 f.; *Büchner* ZfL 2009, 38; *v. Dewitz* ZfL 2009, 74 ff.; *Otto* ZfL 1999, 55, 57; *Tröndle* NJW 1995, 3009, 3015; s. zuletzt *Duttge* ZfmE 2015, 109 ff.; nach BVerfGE 88, 203, 257 könne aber u.U. auch eine embryopathische Indikation – »ihre hinreichend genaue Umgrenzung vorausgesetzt« – vor der Verfassung Bestand haben). Prognostische Unsicherheiten und der in praxi offenbar zugrunde gelegte geringe Wahrscheinlichkeitsgrad hinsichtlich der erwarteten Schädigung auf der einen (eingeräumt von NK-StGB/*Merkel* § 218a Rn. 99: Pränatalmediziner lassen mitunter schon ein 5-%iges Risiko genügen) und die hinsichtlich der befürchteten Schadensdimension sinkende »Fehlertoleranz« (bei Wegfall des früheren »Schwere«-Erfordernisses) auf der anderen Seite (zutr. hervorgehoben von Schönke/Schröder/*Eser/Weißer* § 218a Rn. 38) sind spezifische Aspekte, die diese Grundproblematik noch verschärfen

Diese löst sich auch im Fall der **selektiven intrauterinen Tötung eines behinderten Zwillings** und der sog. »**Mehrlingsreduktion**« (dazu eingehend *Brücher* Strafrechtliche Probleme der Mehrlingsreduktion, 2012) nicht gänzlich auf, selbst wenn hier i.d.R. die Abwendung einer Lebens- oder schwerwiegenden Leibesgefahr (v.a. Präklampsie/Eklampsie und Thromboembolie) bezweckt ist (zu den strengen Anforderungen vgl. BGH NJW 2002, 886 ff.; s.a. *Merkel* in: Roxin/Schroth, S. 295, 372: »echte, genuin medizinische Indikation«; weiterhin die Leitlinie der DGGG und ihrer AG MedR, 2007, in: AWMF-online, Ziff. 5.2.5.: »keine Indikation allein wegen Mehrlingsschwangerschaft«). Bei deren Feststellung und bei Fehlen jedweder zumutbaren Alternative soll sich die Akzeptabilität des selektiven Fetozids im Wege eines Erst-Recht-Schlusses aus der Zulässigkeit des Totalabbruchs ableiten lassen (z.B. MüKo-StGB/*Gropp/Wörner* § 218a Rn. 63; Schönke/Schröder/*Eser/Weißer* § 218a Rn. 41). Die Annahme eines »quantitativen Minus« (ebd.) verengt jedoch den Blick einseitig auf die Folgen und übersieht das spezifische Dilemma der Auswahl (zur Problematik des »Wieviel« *Merkel* in: Roxin/Schroth, S. 295, 372); die Praxis urteilt, um die weiterreichende ethische Brisanz sog. »Qualitätskriterien« zu vermeiden, zumeist nicht nach medizinischen, sondern nach technischen Gesichtspunkten (insb. danach, welches Kind für die Tötung »am besten erreichbar ist«, vgl. *Hepp/Diedrich* Der Gynäkologe 2008, 167, 173 f.). Zur gesteigerten Bedeutsamkeit ärztlicher Prävention vgl. die Stellungnahme der Zentralen Kommission der BÄK zur Wahrung ethischer Grundsätze in der Reproduktionsmedizin, DÄBl. 1989, B-1575 ff.

30 Das Verschieben der unsichtbar gemachten embryopathischen Indikation unter den »euphemistischen Deckmantel von § 218a Abs. 2 StGB« (*Bernsmann/Geilen* in: Wenzel, Rn. 624) hat insbesondere den **Wegfall der ehedem geltenden 22-Wochen-Frist** (o. Rdn. 27 f.) bewirkt (zu den weiteren Folgen vgl. *Duttge/Bernau* ZfL 2009, 42, 43: Wegfall der verpflichtenden ärztlichen Beratung, Bedenkzeit und spezifischen Dokumentationspflicht) und damit das Anwendungsfeld für Spätabbrüche (o. Rdn. 27) deutlich erweitert. Eine Indikation nach § 218a Abs. 2 rechtfertigt aber nicht die Tötung des Kindes bei bereits geöffnetem Uterus, einschlägig sind dann die §§ 211 ff. (BGH NJW 2021, 645 Rn. 33). Jede Eingrenzung de lege ferenda, sei es durch Wiedereinfügung einer Befristung (i.d.S. der Wissenschaftliche Beirat der BÄK, Erklärung zum Schwangerschaftsabbruch nach Pränataldiagnostik DÄBl. 1998, A-3012 ff.; *Eser/Koch* Schwangerschaftsabbruch und Recht, S. 326; zuletzt auch *Graumann* Ethik in der Medizin 2011, 123 ff.) oder wenigstens durch Verschärfung der gesetzlichen Anforderungen bei extrauteriner Lebensfähigkeit (so der gemeinsame Vorschlag von BÄK und DGGG zur Ergänzung des Schwangerschaftsabbruchsrechts aus medizinischer Indikation v. 15.09.2006), führte implizit zu einer Trennung der Konstellationen und damit explizit zur Sichtbarmachung einer eigenständigen embryopathischen Indikation (hierfür *Czerner* ZRP 2009, 233 ff.), was aber mit Rücksicht auf Art. 3 Abs. 3 Satz 2 GG verfassungsrechtlichen Zweifeln ausgesetzt wäre (o. Rdn. 28; abl. *Duttge* in: Wewetzer/Wernstedt, Spätabbruch der Schwangerschaft, S. 86, 110 ff.; *Hillenkamp* Amelung-FS 2009, S. 425, 445 f.). Der Gesetzgeber hat inzwischen durch Änderung des SchKG (Gesetz v. 26.08.2009, BGBl. I S. 2990) gleichwohl einen Schritt in diese Richtung getan, um durch Einfügung spezifischer Aufklärungs- und Beratungserfordernisse (vgl. § 2a SchKG) in erster Linie die psychosozialen Belange der Schwangeren, dadurch mittelbar aber auch das ungeborene Leben stärker zu schützen (zu den neuen Regelungen näher *Almer* Der Gynäkologe 2010, 32 ff.; *Büchner* ZfL 2009, 38 ff.; *Duttge/Bernau* ZfL 2009, 42 ff.; *Hübner* MedR 2009, 390 ff.; *Kentenich/Vetter/Diedrich* Frauenarzt 2009, 936 ff.; *Schreiber* Kreuzer-FS 2009, S. 747 ff.; *Schumann* Der Gynäkologe 2010, 537 ff.; zu deren Zielsetzung eingehend *Woopen/Rummer* MedR 2009, 31 ff.; skeptisch zur Effizienz einer verstärkten Beratung aber *Schmitz* Ethik in der Medizin 2009, 113 ff.).

31 Im Einzelnen hat der für die Mitteilung der Diagnose verantwortliche Arzt bei einem positiven pränataldiagnostischen Befund der Schwangeren obligatorisch eine medizinische und psychosoziale **Beratung** über die sich hieraus ergebenden Folgen anzubieten; zugleich ist über den Anspruch auf vertiefende Beratung nach § 2 SchKG zu informieren und sind auf Wunsch der Schwangeren ggf. Kontakte zu Beratungsstellen nach § 3 SchKG sowie zu Selbsthilfegruppen oder Behindertenverbänden zu vermitteln (§ 2a Abs. 1 i.V.m. § 1 Abs. 1a Satz 3 SchKG). Dieselbe Verpflichtung trifft nach § 2a Abs. 2 SchKG auch den gem. § 218b Abs. 1 die Indikation stellenden Arzt, soweit das Beratungsangebot nicht schon bei Mitteilung der Diagnose erfolgt ist. Von hier bzw. der Beratung an gerechnet darf zudem die Indikation erst nach Ablauf einer **dreitägigen Bedenkzeit** gestellt werden (zur Fristberechnung o. Rdn. 15), sofern die Schwangerschaft nicht abgebrochen werden muss, »um eine gegenwärtige erhebliche Gefahr für Leib oder Leben der Schwangeren abzuwenden« (§ 2a Abs. 2 Satz 3 SchKG). Die Schwangere kann jedoch auf die Inanspruchnahme des Beratungs- und Vermittlungsangebots verzichten, nicht aber auf die Einhaltung der Karenzzeit (vgl. § 2a Abs. 3 SchKG). Verstöße hiergegen sind mit einer Geldbuße von bis zu 5.000 € sanktionsbedroht (vgl. § 14 Abs. 1 Nr. 1, 2 SchKG). Zusätzliche Aufklärungs- und Beratungspflichten ergeben sich bei Vornahme genetischer Untersuchungen aus §§ 9, 10 i.V.m. § 15 GenDG (zu den Einzelheiten s. die Beiträge von *Henn*, *Stockter* und *Schwerdtfeger* in: Duttge/Engel/Zoll, Das Gendiagnostikgesetz im Spannungsfeld von Humangenetik und Recht, S. 13 ff., 27 ff., 53 ff.).

## 2. Kriminologische Indikation, § 218a Abs. 3 StGB

Mit § 218a Abs. 3 soll der Schwangeren ein rechtskonformer, »unbürokratischer« Weg aus einer Schwangerschaft eröffnet werden, die ihr durch eine Straftat nach den §§ 176 bis 179 aufgezwungen wurde. In solchen Fällen sieht der Gesetzgeber das Austragen des Kindes generaliter als »unzumutbar« an (**gesetzliche Fiktion**), es sei denn, es wird die Einwilligung zum Abbruch (o. Rdn. 21 f.) innerhalb der Zwölfwochenfrist verweigert. Das Absehen von konkreten Feststellungen zur tatsächlichen Befindlichkeit, der Verzicht auf das Subsidiaritätserfordernis (vgl. *Bernsmann/Geilen* in: Wenzel, Rn. 625: »ohne Rücksicht auf andere Lösungsalternativen«) und auf die bis zum Inkrafttreten des SFHÄndG 1995 in § 218b a.F. noch enthaltene Beratungspflicht (krit. *Lackner/Kühl* § 218a Rn. 7a) sind weder gesetzessystematisch (zutr. krit. *Merkel* in: Roxin/Schroth, S. 295, 376) noch im Lichte der Existenz des ungeborenen Kindes und seines Lebensrechts (o. Rdn. 1) plausibel. 32

### a) Sexualstraftat

Das Gesetz beschränkt den Kreis der erfassten Anlasstaten auf den (schweren) sexuellen Missbrauch von Kindern (§§ 176 bis 176b), den sexuellen Übergriff gegenüber Erwachsenen (insb. die Vergewaltigung, auch innerhalb der Ehe, vgl. §§ 177 bis 178) und den sexuellen Missbrauch widerstandsunfähiger Personen (§ 179). **Nicht erfasst** sind hingegen Sexualstraftaten zum Nachteil von Schutzbefohlenen, stationär Untergebrachten oder sonst abhängigen Personen (§§ 174 bis 174c), die Verführung Jugendlicher (§ 182) und der Geschwisterinzest (§ 173; zur Legitimationsproblematik dieser Strafvorschrift grdl. BVerfGE 120, 224 ff. m. Sondervotum *Hassemer* NJW 2008, 1142 ff. und krit. Bspr. *Hörnle* NJW 2008, 2085 ff.; *Roxin* StV 2009, 544 ff.; zur »eugenischen« Argumentation krit. *Duttge* Roxin-II-FS 2011, S. 227 ff.); diese können jedoch bei Feststellung der dafür geltenden Voraussetzungen eine Indikation nach Abs. 2 begründen. Die begangene Tat muss »rechtswidrig« sein (vgl. § 11 Abs. 1 Nr. 5), d.h. auf die Schuldfähigkeit des Täters (§ 20) kommt es nicht an; das Einverständnis des Opfers ist dort unbeachtlich, wo es an der nötigen Freiheit zur sexuellen Selbstbestimmung fehlt (vgl. §§ 176 ff., 179). Nach ganz h.M. soll darüber hinaus auch ein vorsatzausschließender Irrtum des Täters irrelevant sein (LK/*Kröger* § 218a Rn. 59; SSW/*Momsen/Momsen-Pflanz* § 218a Rn. 11), was am Schutzzweck des § 218a Abs. 3 gemessen verständlich, jedoch mit der dogmatisch konsentierten Verbrechenssystematik (»personale Unrechtslehre«) kaum in Übereinstimmung zu bringen ist (vgl. NK-StGB/*Merkel* § 218a Rn. 149 ff. mit dem Vorschlag einer Gesetzesänderung durch Einfügung des Zusatzes: »wenigstens objektiv tatbestandsmäßig«). 33

Das Gesetz stellt auf die **materiell-rechtliche Tatbegehung** ab, deren nähere Ermittlung der »ärztlichen Erkenntnis« überantwortet ist (näher u. Rdn. 36); der Einleitung eines Strafverfahrens bedarf es ebenso wenig wie einer Strafanzeige des Opfers oder gar einer Identifizierung des Täters (unstr.). 34

### b) Tatbedingte Kausalität

Der »ärztlichen Erkenntnis« obliegt darüber hinaus die Feststellung »dringender Gründe« für die Annahme, »dass die Schwangerschaft auf der Tat beruht«. Die h.M. verlangt hierfür eine »**hohe Wahrscheinlichkeit**« (vgl. MüKo-StGB/*Gropp/Wörner* § 218a Rn. 76; Schönke/Schröder/*Eser/Weißer* § 218a Rn. 49; weniger streng NK-StGB/*Merkel* § 218a Rn. 152: Gegebenheit, mit der »ernsthaft zu rechnen ist«); des Weiteren wird man auch auf eine »subjektive Überzeugung« des Arztes nicht verzichten können (ebenso LK/*Kröger* § 218a Rn. 59). Die Zeugungsursächlichkeit der Tat bedingt hinsichtlich ihrer Begehungsweise einen körperlichen Kontakt mit dem Opfer, der i.d.R. – aber nicht notwendig – durch Vollzug des Beischlafs erfolgt ist. 35

### c) Ärztliche Erkenntnis

Während die Beurteilung evtl. körperlicher Verletzungen zur originären Kompetenz allgemeinmedizinischer Sachkunde zählt, steht der verantwortliche Arzt bei der Ermittlung der Ursächlichkeit einer Schwangerschaft mehr noch als im Kontext des § 218a Abs. 2 (o. Rdn. 26) an den **Grenzen seiner ärztlichen Professionalität** und vor praktischen Schwierigkeiten. Seine Aufgabe wird deshalb 36 allgemein darauf beschränkt gesehen, auf der Basis der ihm verfügbaren Erkenntnismittel die Angaben der Schwangeren zu prüfen und nur bei »begründeten Zweifeln« weitere Nachforschungen anstellen bzw. (in Ausnahmefällen) externen (z.B. psychiatrischen) Sachverstand hinzuzuholen (vgl. MüKo-StGB/*Gropp/Wörner* § 218a Rn. 77). Auch wenn der Arzt zu keinen quasi-polizeilichen Ermittlungen verpflichtet ist (vgl. BT-Drs. 13/1850 S. 26; Schönke/Schröder/*Eser/Weißer* § 218a Rn. 50), dürfte es um der Sinnhaftigkeit seiner Prüfpflicht und um der Glaubwürdigkeit der ihm gemachten Angaben willen i.d.R. unerlässlich sein, dass er im Fall eines bereits laufenden Strafverfahrens Einsicht in die Ermittlungsakten nimmt (str., wie hier BVerfGE 88, 203, 213; *Fischer* § 218a Rn. 31, freilich unter dem Vorbehalt, dass die Schwangere einwilligt; abl. *Eser* JZ 1994, 503, 510; *Hermes/Walther* NJW 1993, 2337, 2345; SSW/*Momsen/Momsen-Pflanz* § 218a Rn. 13; zw. NK-StGB/*Merkel* § 218a Rn. 154; SK-StGB/*Rudolphi/Rogall* § 218a Rn. 59); die dadurch nicht auszuschließende Beeinträchtigung des Vertrauensverhältnisses hat der Gesetzgeber durch Überantwortung der Feststellungen an die »ärztliche Erkenntnis« in Kauf genommen. Die Nichterstattung einer Strafanzeige kann jedoch ganz unterschiedliche Gründe haben und bildet deshalb für sich keinen Anlass für Zweifel an der Glaubwürdigkeit der Schwangeren (zutr. Schönke/Schröder/*Eser/Weißer* § 218a Rn. 49).

### d) Zwölfwochenfrist

37 Mit Ablauf der 12. Woche »seit der Empfängnis« (dazu bereits o. Rdn. 17) entfällt die Möglichkeit eines erlaubten Abbruchs nach § 218a Abs. 3. Diese zeitliche Begrenzung ist weder gesetzessystematisch (technischer Unterfall des Abs. 2) noch in der Sache nachvollziehbar, da der kriminogene Grund für die (fingierte) Unzumutbarkeit bestehen bleibt (zu Recht sehr krit. *Eser* JZ 1994, 503, 510; NK-StGB/*Merkel* § 218a Rn. 155 f.: »blanke Willkür«). Die offenbar zugrunde liegende Annahme eines **konkludenten Verzichts auf Inanspruchnahme der Abbruchoption bei Ablauf der Überlegungsfrist** dürfte nicht nur bei missbrauchten Opfern, behinderten Personen oder Jugendlichen mitunter lebensfern sein. Der als Ausweg empfohlene Rückgriff auf die (unbefristete) medizinisch-soziale Indikation (vgl. *Bernsmann/Geilen* in: Wenzel, Rn. 625) erübrigt nicht die sorgfältige Prüfung und Feststellung ihrer Voraussetzungen; in Härtefällen bleibt daher nur der Weg ins Ausland, um entweder bis zur 22. Schwangerschaftswoche (aber nur nach vorangegangener Pflichtberatung nach § 219, u. Rdn. 39) oder – ohne Befristung – durch Geltendmachung einer »besonderen Bedrängnis« (u. Rdn. 40) Straffreiheit zu erlangen (§ 218a Abs. 4 Satz 1 bzw. Satz 2).

## D. Privilegierungen für die Schwangere gem. § 218a Abs. 4 StGB

38 Gemeinsamer Grundgedanke beider – in Satz 1 und 2 enthaltenen – Sonderregelungen ist das Bestreben, die Schwangere – aber nur diese und nicht andere (z.B. den Arzt) – auch bei fehlender Indikation und Versäumen der Zwölfwochenfrist (vgl. § 218a Abs. 1, o. Rdn. 13 ff.) **nach Möglichkeit vor einer Bestrafung zu bewahren**. In ihrer existentiellen Betroffenheit verdient sie selbst dann, wenn sie die Erwartungen der Rechtsordnung nicht erfüllt, vor allem Unterstützung und Beistand, nicht aber Kriminalstrafe.

### I. Satz 1: »Große Fristenlösung«

39 Der ohne Rücksicht auf mögliche Gründe für das Versäumen der Zwölfwochenfrist zwingend Straffreiheit nach sich ziehende **persönliche Strafausschließungsgrund** des § 218a Abs. 4 Satz 1 kommt aber nur zur Anwendung, wenn der Vornahme des Abbruchs eine Beratung i.S.d. § 219 entsprechend den dort vorgegebenen Kautelen durch eine anerkannte Beratungsstelle (dazu näher § 219 StGB Rdn. 6 ff.) vorausgegangen ist. Der den Abbruch durchführende Arzt wird i.d.R. nur im Ausland zu finden sein, weil die Tat rechtswidrig und für deutsche Ärzte strafbar bleibt; für die Schwangere ist lediglich maßgeblich, ob der Arzt die nach Tatortrecht erforderliche Qualifikation besitzt (*Lackner/Kühl* § 218a Rn. 23). Der Einhaltung der dreitägigen Karenzzeit nach § 218a Abs. 1 Nr. 1 (o. Rdn. 15) bedarf es nicht (unstr., vgl. etwa Schönke/Schröder/*Eser/Weißer* § 218a Rn. 71). Nimmt die Schwangere irrig an, dass die 22-Wochen-Frist noch nicht abgelaufen ist, so

ist dies unbeachtlich; § 16 Abs. 2 findet keine analoge Anwendung (str., wie hier LK/*Kröger* § 218a Rn. 58; MüKo-StGB/*Gropp/Wörner* § 218a Rn. 85; a.A. *Fischer* § 218a Rn. 37).

### II. Satz 2: Besondere Bedrängnis

Ist der Schwangerschaftsabbruch wesentlich auf eine Not- oder Zwangslage zurückzuführen, die Belastungen weit jenseits einer »normalen« Schwangerschaft mit sich bringt, so besteht gegenüber der Schwangeren die Möglichkeit, von Strafe abzusehen bzw. das Verfahren einzustellen (vgl. § 153b StPO). Da das Gesetz hierfür keine weiteren Anforderungen nennt, es also insbesondere nicht auf eine vorangegangene Beratung, Einhaltung einer Frist oder die Beteiligung eines Arztes ankommt (krit. zur kriminalpolitischen Sinnhaftigkeit *Geilen* in: Wenzel, 2. Aufl., Rn. 627: Gefahr einer »Bagatellisierung der Beratung oder der Risiken beim Laienabort«), muss die »Bedrängnisklausel« im Lichte des Lebensschutzes **restriktiv ausgelegt** werden (wie hier auch MüKo-StGB/*Gropp/Wörner* § 218a Rn. 87, der eine Konfliktlage vergleichbar den Indikationen nach §§ 218a Abs. 2, 3 verlangt; s.a. *Fischer* § 218a Rn. 39: erfolglose Suche nach abtreibungswilligen Arzt i.d.R. nicht ausreichend; Schönke/Schröder/*Eser/Weißer* § 218a Rn. 76: z.B. Bedrohung durch den Erzeuger; großzügiger NK-StGB/*Merkel* § 218a Rn. 162 mit unklarem Verweis auf § 34).   40

### E. Strafschärfungsgründe, § 218 Abs. 2 StGB

Mit Blick auf die Rechtsfolgen gilt für die Schwangere ausschließlich der gemilderte Strafrahmen des § 218 Abs. 3; die Strafschärfungsgründe des § 218 Abs. 2 finden dagegen nur für Beteiligte an einem Fremdabbruch Anwendung (unstr.). Obgleich formell-rechtlich als Strafzumessungsregeln ausgestaltet, erhöht sich in Wahrheit auch das Unrecht der Tat, wenn Gründe vorliegen, die eine höhere Strafe geboten erscheinen lassen. Die vom Gesetzgeber gewählte **Regelbeispielstechnik** (im Überblick: HK-GS/*Duttge* § 243 Rn. 1 f. m.w.N.; eingehend *Eisele* Die Regelbeispielsmethode im Strafrecht, 2004) ist insofern »wertungsoffen«, als eine Gesamtwürdigung aller Tatumstände Abweichungen in beide Richtungen ermöglicht: Zum einen kann selbst bei Verwirklichung eines Regelbeispiels und dadurch indizierter erhöhter Unrechts- und Schuldschwere die Tat ausnahmsweise aufgrund mildernder Umstände dennoch dem Tatbild der durchschnittlich vorkommenden Fälle vergleichbar sein; zum anderen darf von einem (atypischen) »besonders schweren Fall« auch ausgegangen werden, wenn keines der gesetzlich ausformulierten Regelbeispiele einschlägig ist; diesen kommt dabei allerdings eine maßstabsbildende Funktion zu. Im hiesigen Kontext lässt sich jenseits der in § 218 Abs. 2 benannten Konstellationen an einen **ungeschriebenen besonders schweren Fall** insbesondere denken bei   41
– gewerbsmäßiger Tatbegehung (SK-StGB/*Rudolphi/Rogall* § 218 Rn. 42),
– sonst verwerflicher Motivation des Täters (*Fischer* § 218 Rn. 19),
– Ausnutzung der spezifischen Hilflosigkeit der Schwangeren,
– Missbrauch der Befugnisse oder Stellung als Amtsträger,
– Tötung eines extrauterin lebensfähigen Kindes, ggf. nahe dem Geburtstermin (vgl. SSW/*Momsen/Momsen-Pflanz* § 218 Rn. 18: Stadium der Schwangerschaft kann bedeutsam sein),
– In ausdrücklicher Abwendung von der früheren Rechtsprechung sollen die Strafschärfungsgründe des § 218 Abs. 2 nach BGH NStZ 2021, 423, 424 nunmehr auch bei Verwirklichung eines vorsätzlichen Tötungsdelikts gegen die Schwangere greifen können. BGH NStZ 1996, 276 war noch davon ausgegangen, dass durch §§ 211, 212 das Tötungsunrecht bereits vollumfänglich umfasst sei (vgl. auch MüKo-StGB/*Gropp/Wörner* § 218 Rn. 64).

### I. Satz 2 Nr. 1: »gegen den Willen der Schwangeren«

Sämtliche Modalitäten eines straffreien Abbruchs sind an die (wirksame) Zustimmung (»Einwilligung«) der Schwangeren gebunden (o. Rdn. 21). Wird die Tat von ihr darüber hinaus nicht nur innerlich missbilligt (»geheimer Vorbehalt« genügt nicht), sondern hat sich ihr ablehnender Wille nach außen hin unmissverständlich (ggf. auch durch konkludentes Verhalten) manifestiert (vgl. *Fischer* § 218 Rn. 17; *Lackner/Kühl* § 218 Rn. 19), so erhöht sich die Unrechtsdimension um die darin liegende **Verletzung ihrer Willensbetätigungsfreiheit** (vgl. auch § 240 Abs. 4 Satz 2   42

Nr. 2 sowie zuletzt AG München ZfL 2014, 97 f.). Ist die Befähigung hierzu durch betäubende, berauschende oder ähnlich wirkende Mittel beeinträchtigt, so soll auch ein Handeln in Widerspruch zum mutmaßlichen Willen genügen, sofern dieser mit hinreichender Gewissheit ermittelt werden kann (Schönke/Schröder/*Eser/Weißer* § 218 Rn. 58; a.A. MüKo-StGB/*Gropp/Wörner* § 218 Rn. 63: allenfalls atypischer schwerer Fall). Ein evtl. Widerstand der Schwangeren ist jedoch (ausnahmsweise) unbeachtlich, wenn der gesetzliche Vertreter für sie wirksam die Einwilligung erklärt hat (o. Rdn. 22); im umgekehrten Fall ist der entgegenstehende Wille des Vertreters i.R.d. § 218 Abs. 2 Satz 2 Nr. 1 unbeachtlich (NK-StGB/*Merkel* § 218 Rn. 161). Nach BGH NStZ 2021, 423 besteht ein Verhältnis der Idealkonkurrenz mit §§ 211, 212.

### II. Satz 2 Nr. 2: »Gefahr des Todes oder einer schweren Gesundheitsschädigung«

43 Der aus langer geschichtlicher Erfahrung gespeiste Arztvorbehalt (o. Rdn. 20) soll die mit dem Wirken von »**Kurpfuschern**« einhergehenden Gefahren für Leib oder gar Leben der Schwangeren unterbinden. Eingeschlossen ist aber auch ärztliches Handeln, sofern der Abbruch unter eklatanter Missachtung der leges artis erfolgt und infolgedessen die gesetzlich geforderte Gefahrenlage nach sich zieht (StA Essen ZfL 2004, 140 f., dort auch zum Berufsverbot nach § 70); einer etwaigen Einwilligung der Schwangeren kommt keine rechtfertigende Wirkung zu (vgl. Arzt/Weber/Heinrich/Hilgendorf/*Weber* § 5 Rn. 36; zur neueren Rspr. im Kontext des § 228 vgl. BGHSt 49, 34 ff.; 49, 166 ff. sowie zuletzt BGH NJW 2013, 1379, 1380 ff.). Das Merkmal der »schweren« Gesundheitsschädigung beschränkt sich nicht auf die in § 226 punktuell erfassten besonderen Körperverletzungsfolgen; vielmehr sind alle gravierenden Beeinträchtigungen einbegriffen, welche die Schwangere in ihrer physischen oder psychischen Stabilität oder in ihrer Arbeitsfähigkeit nachhaltig beeinträchtigen (vgl. Schönke/Schröder/*Eser/Weißer* § 218 Rn. 59). Das Gesetz stellt aber nicht auf die reale Herbeiführung dieser Folgen, sondern auf eine konkrete Gefährdungslage ab, sodass die Grundsätze zum erfolgsqualifizierten Delikt (§ 18: »wenigstens« fahrlässig) keine Anwendung finden (dazu allg. *Duttge* Herzberg-FS 2008, S. 309 ff.): Mit Rücksicht auf das Aliud-Verhältnis zwischen Vorsatz und Fahrlässigkeit (dazu näher MüKo-StGB/*Duttge* § 15 Rn. 101 ff. m.w.N.) ist daher das allein auf eine »Leichtfertigkeit« bezogene »**gefahrerfolgsqualifizierte Regelbeispiel**« bei vorsätzlichem Handeln nicht anwendbar (wie hier auch LG Aschaffenburg ZfL 2016, 112, 113; Arzt/Weber/Heinrich/Hilgendorf/*Weber* § 5 Rn. 36; *Lackner/Kühl* § 218 Rn. 20; MüKo-StGB/*Gropp/Wörner* § 218 Rn. 67; a.A. *Fischer* § 218 Rn. 18); i.d.R. wird jedoch ein unbenannter besonders schwerer Fall (o. Rdn. 41) angenommen werden können. Zum Leichtfertigkeitserfordernis aus der Rechtspraxis: BGH NJW 2007, 2565 (Tateinheit mit § 224 Abs. 1 Nr. 5).

### § 218b Schwangerschaftsabbruch ohne ärztliche Feststellung, unrichtige ärztliche Feststellung

(1) Wer in den Fällen des § 218a Abs. 2 oder 3 eine Schwangerschaft abbricht, ohne dass ihm die schriftliche Feststellung eines Arztes, der nicht selbst den Schwangerschaftsabbruch vornimmt, darüber vorgelegen hat, ob die Voraussetzungen des § 218a Abs. 2 oder 3 gegeben sind, wird mit Freiheitsstrafe bis zu einem Jahr oder mit Geldstrafe bestraft, wenn die Tat nicht in § 218 mit Strafe bedroht ist. Wer als Arzt wider besseres Wissen eine unrichtige Feststellung über die Voraussetzungen des § 218a Abs. 2 oder 3 zur Vorlage nach Satz 1 trifft, wird mit Freiheitsstrafe bis zu zwei Jahren oder mit Geldstrafe bestraft, wenn die Tat nicht in § 218 mit Strafe bedroht ist. Die Schwangere ist nicht nach Satz 1 oder 2 strafbar.

(2) Ein Arzt darf Feststellungen nach § 218a Abs. 2 oder 3 nicht treffen, wenn ihm die zuständige Stelle dies untersagt hat, weil er wegen einer rechtswidrigen Tat nach Absatz 1, den §§ 218, 219a oder 219b oder wegen einer anderen rechtswidrigen Tat, die er im Zusammenhang mit einem Schwangerschaftsabbruch begangen hat, rechtskräftig verurteilt worden ist. Die zuständige Stelle kann einem Arzt vorläufig untersagen, Feststellungen nach § 218a Abs. 2 und 3 zu treffen, wenn gegen ihn wegen des Verdachts einer der in Satz 1 bezeichneten rechtswidrigen Taten das Hauptverfahren eröffnet worden ist.

Schwangerschaftsabbruch ohne ärztliche Feststellung, unrichtige ärztliche Feststellung § 218b StGB

| Übersicht | Rdn. | | Rdn. |
|---|---|---|---|
| A. **Grundsätzliches** .................. | 1 | I. Tathandlung .................. | 7 |
| B. **Fehlende ärztliche Feststellung,** | | II. Vorsatz .................. | 8 |
| § 218b Abs. 1 Satz 1 StGB ......... | 2 | III. Konkurrenzen .................. | 9 |
| I. Tathandlung .................. | 2 | D. **Ärztliche Feststellung entgegen** | |
| II. Vorsatz .................. | 5 | **behördlicher Untersagung, § 218b** | |
| III. Rechtfertigender Notstand .......... | 6 | **Abs. 2 StGB** .................. | 10 |
| C. **Unrichtige ärztliche Feststellung,** | | | |
| § 218b Abs. 1 Satz 2 StGB ......... | 7 | | |

## A. Grundsätzliches

Die Feststellung der nach § 218a Abs. 2, 3 zum Abbruch berechtigenden »Unzumutbarkeit«, sei sie **1** durch den Gesundheitszustand der Schwangeren oder durch eine vorausgegangene Verbrechensbegehung bedingt, ist der »ärztlichen Erkenntnis« nach Maßgabe sorgfältiger Prüfung entsprechend den leges artes anvertraut (s. bereits §§ 218, 218a StGB Rdn. 26, 36). Damit keine Schwangerschaft ohne ordnungsgemäße Indikationsstellung vorzeitig beendet wird, enthält § 218b zwei verfahrenssichernde **Gefährdungstatbestände**: Erstens wird der abbrechende Arzt sanktioniert, der seine eigenverantwortliche Entscheidung über das Vorliegen einer Indikation (vgl. MüKo-StGB/ *Gropp/Wörner* § 218b Rn. 1: »Letztverantwortung«) nicht durch vorherige Kenntnisnahme der Feststellungen eines anderen (»neutralen«) Arztes absichert (§ 218b Abs. 1 Satz 1; treffend Spickhoff/ *Knauer/Brose* § 218b Rn. 2: »Vier-Augen-Prinzip«). Zweitens hat auch jener Arzt, der diese Bescheinigung ausstellt, mit einer Strafe zu rechnen, wenn er wider besseres Wissen eine unrichtige Feststellung über die Voraussetzungen des § 218a Abs. 2 oder 3 trifft (§ 218b Abs. 1 Satz 2). Dabei spricht kraft gesetzgeberischer Einschätzung die unwiderlegbare Vermutung für eine unrichtige Feststellung, wenn sie durch einen Arzt erfolgt, der auf diese Weise ein behördliches Verbot infolge einer zuvor im Zusammenhang mit einem Schwangerschaftsabbruch (mutmaßlich) begangenen Straftat (insbesondere gem. §§ 218, 218b Abs. 1, 219a, b) missachtet (§ 218b Abs. 2).

## B. Fehlende ärztliche Feststellung, § 218b Abs. 1 Satz 1 StGB

### I. Tathandlung

Das Gesetz pönalisiert den eigenmächtigen Verzicht des abbrechenden Arztes (nicht der Schwan- **2** geren, Satz 3) auf jene »**Entscheidungshilfe**«, die – wenngleich ohne Bindungswirkung – in den Feststellungen eines anderen Arztes zu finden ist. Enthalten diese eine abweichende, die Indikation ablehnende Beurteilung, so kann das zwar (bei Überschreiten des ärztlichen Beurteilungsspielraums, vgl. §§ 218, 218a StGB Rdn. 26) nach § 218 relevant sein, nicht aber gem. § 218b. Diesen Tatbestand schließt umgekehrt schon die Vorlage und Kenntnisnahme (insoweit a.A. *Fischer* § 218b Rn. 4 und Schönke/Schröder/ *Eser/Weißer* § 218b Rn. 13, wonach die Formulierung des Tatbestands das unterbliebene Zurkenntnisnehmen einer vorgelegten Feststellung etwa wegen angenommener Bedeutungslosigkeit nicht erfasse; hiergegen zutr. *Lackner/Kühl* § 218b Rn. 3; SK-StGB/ *Rogall* § 218b Rn. 16) einer ärztlichen Bescheinigung aus, welche die hierfür geltenden Mindestanforderungen erfüllt.

Die »Feststellung« muss schriftlich durch einen nach deutschem Recht approbierten **Arzt** vorge- **3** nommen worden sein. Fehlt es bei diesem an der berufsrechtlich selbstredend erwarteten (fachärztlichen) Kompetenz, so ist dies aber nach § 218b irrelevant, da von der Strafvorschrift nicht explizit verlangt (Art. 103 Abs. 2 GG); den abbrechenden Arzt zwingt dies jedoch zur erhöhten Sorgfalt bei seiner eigenen Beurteilung (wie hier Schönke/Schröder/ *Eser/Weißer* § 218b Rn. 10; a.A. MüKo-StGB/ *Gropp/Wörner* § 218b Rn. 13: keine wirksame Indikationsstellung i.S.d. § 218b Abs. 1 Satz 1). Anders liegt es, wenn die ärztliche Bescheinigung von einem Arzt stammt, dem die Indikationsstellung durch behördliches Verbot (vorläufig oder endgültig) untersagt ist; eine solche erklärt **Abs. 2** für unwirksam, auch wenn es an einer »ärztlichen« Feststellung genau genommen erst mit Verlust der Approbation fehlt (vgl. HK-GS/ *Wenkel* § 218b Rn. 9; *Lackner/Kühl* § 218b Rn. 8;

NK-StGB/*Merkel* § 218b Rn. 17 will mit Blick auf Abs. 1 Satz 2 auch die wider besseres Wissen unrichtige Feststellung der fehlenden gleichstellen). Zu den **inhaltlichen Anforderungen** genügt das Benennen der wesentlichen Gründe, die für das Ergebnis tragend sind, im Fall des § 218a Abs. 3 auch die Dauer der Schwangerschaft; die bloß pauschale Bejahung oder Verneinung der Indikation ist dagegen – obgleich in der klinischen Praxis offenbar noch immer vorherrschend – unzureichend (h.M.).

4 Die schriftliche Feststellung muss **vor Beginn des Eingriffs** in den Verfügungs- und Kenntnisbereich (str., o. Rdn. 2) des abbrechenden Arztes gelangt sein; die nachträgliche Vorlage reicht nicht (h.M., a.A. aber NK-StGB/*Merkel* § 218b Rn. 8: vor Abschluss noch ausreichend). Vor Vornahme des Eingriffs sieht das Gesetz keine **Karenzzeit** vor (anders bei Abbrüchen nach Pflichtberatung, vgl. § 218a Abs. 1 Nr. 1); eine solche ergibt sich jedoch zwangsläufig, wenn keine ausreichende Bescheinigung vorliegt, die der abbrechende Arzt dann zuerst abzuwarten bzw. anzufordern hat (zum Strafbarkeitsrisiko nach § 218 bei mangelnder Sorgfalt in der eigenen Beurteilung bereits o. Rdn. 2). Zur dreitägigen Bedenkzeit vor Indikationsstellung bei embryopathischem Befund vgl. jetzt §§ 2a Abs. 2 Satz 2, 14 Abs. 1 Nr. 2 SchKG (dazu näher §§ 218, 218a StGB Rdn. 31).

## II. Vorsatz

5 Dem abbrechenden Arzt muss bei Vornahme des Eingriffs bewusst sein, dass ihm (möglicherweise) noch keine (hinreichende) ärztliche Bescheinigung eines anderen Arztes vorliegt (von der er Kenntnis genommen hat, o. Rdn. 2). Liegt eine unzureichende ärztliche Feststellung vor, ohne dass der Arzt die tatsächlichen Umstände hierfür kennt (z.B. dass der bescheinigende Arzt keine Approbation nach deutschem Recht besitzt), so unterliegt er einem **Tatumstandsirrtum** (§ 16 Abs. 1 Satz 1); geht er hingegen irrig von geringeren rechtlichen Anforderungen an eine »ärztliche Feststellung« aus, so liegt lediglich ein unbeachtlicher Subsumtionsirrtum vor, bei genereller Unkenntnis des Rechtsgebots gesonderter Indikationsstellung ein – i.d.R. vermeidbarer – Verbotsirrtum (§ 17).

## III. Rechtfertigender Notstand

6 Sofern die Schwangere durch den mit Einholung der Feststellung verbundenen Zeitaufwand aller Voraussicht nach unvermeidlich einer Todes- oder schweren Gesundheitsgefahr ausgesetzt werden sollte, kann hierauf **ausnahmsweise verzichtet** werden; in diesem Fall erlaubt § 34 die sofortige Vornahme des Abbruchs (h.M., etwa *Fischer* § 218b Rn. 5; *Lackner/Kühl* § 218b Rn. 5; Schönke/Schröder/*Eser/Weißer* § 218b Rn. 18).

## C. Unrichtige ärztliche Feststellung, § 218b Abs. 1 Satz 2 StGB

### I. Tathandlung

7 Trifft jener Arzt, der die Indikationsvoraussetzungen nach § 218a Abs. 2 oder 3 zur Vorlage nach Satz 1 beurteilen soll, wider besseres Wissen eine unrichtige Feststellung, so gefährdet er damit (trotz jener dem abbrechenden Arzt übertragenen Letztverantwortung, o. Rdn. 1 f.) die Beachtung der einem erlaubten Abbruch gesetzten Grenzen. Getroffen ist die Feststellung dann, wenn sie im Anschluss an ihre schriftliche Fixierung den Herrschaftsbereich des Arztes verlassen hat und an die Schwangere, den abbrechenden Arzt oder einen sonstigen Dritten in einer Weise herausgegeben wurde, die ihre Verwendung als förmliche Indikationsfeststellung ohne weiteres möglich erscheinen lässt (vgl. HK-GS/*Wenkel* § 218b Rn. 14; Schönke/Schröder/*Eser/Weißer* § 218b Rn. 28). Die »Unrichtigkeit« bemisst sich in erster Linie nach ihrem Ergebnis, verglichen mit der objektiven Sachlage; Fehler in den Details der Begründung schaden nicht (zutr. *Fischer* § 218b Rn. 7). Daneben ist aber auch von Bedeutung, ob eine hinreichende Untersuchung stattgefunden hat, denn die Feststellung enthält implizit die Erklärung einer umfassenden sachkundigen Prüfung (h.M., statt vieler MüKo-StGB/*Gropp/Wörner* § 218b Rn. 32; *Ulsenheimer/Gaede* Rn. 967: Feststellung

»einfach ins Blaue hinein«). Obgleich der Wortsinn das nicht ausschließt, wird man aber die fälschliche *Verneinung* einer Indikation teleologisch ausschließen dürfen; denn in diesem Fall erschöpft sich das »Unrecht« in einem rechtsgutsirrelevanten Verfahrensverstoß, weil das ungeborene Leben dadurch nicht gefährdet werden kann (sehr str., wie hier Arzt/Weber/Heinrich/Hilgendorf/*Weber* § 5 Rn. 82; *Bernsmann/Geilen* in: Wenzel, Rn. 633; MüKo-StGB/*Gropp/Wörner* § 218b Rn. 32; Schönke/Schröder/*Eser/Weißer* § 218b Rn. 26; SK-StGB/*Rogall* § 218b Rn. 25; i.E. auch *Fischer* § 218b Rn. 7; dagegen Maurach/*Schroeder/Maiwald* BT/1 § 6 Rn. 62; scharf ablehnend auch NK-StGB/*Merkel* § 218b Rn. 21 f.: »strafrechtliche Akklamation ärztlicher Unwahrhaftigkeit zum Schaden von Patientinnen«). Die Missachtung eines behördlichen Feststellungsverbots macht eine gleichwohl vorgenommene Indikationsstellung unwirksam (vgl. Abs. 2), aber nicht »unrichtig« (s.a. u. Rdn. 10).

## II. Vorsatz

Bzgl. der Unrichtigkeit der Feststellung verlangt das Gesetz ein Handeln »wider besseres Wissen«, mithin **dolus directus 2. Grades** (= »sichere Kenntnis«). Hinsichtlich der sonstigen tatbestandsrelevanten Umstände (z.B. Treffen von Feststellungen, zur Vorlage bestimmt) genügt hingegen dolus eventualis. 8

## III. Konkurrenzen

Kommt es aufgrund einer falsch-positiven Indikationsstellung zu einem rechtswidrigen Schwangerschaftsabbruch, so macht sich der feststellende Arzt gem. §§ 218, 27 strafbar; die Strafbarkeit nach § 218b Abs. 1 Satz 2 ist in diesem Fall **subsidiär**. Eigenständige Bedeutung erlangt sie, wenn die Haupttat noch nicht ins Versuchsstadium gelangt ist oder der Abbruch aus einem anderen als dem fälschlich festgestellten Grund objektiv indiziert war (zutr. Schönke/Schröder/*Eser/Weißer* § 218b Rn. 31). Im Verhältnis zum strukturähnlichen Tatbestand des § 278 (Ausstellen unrichtiger Gesundheitszeugnisse, z.B. zwecks betrügerischer Abrechnung der Kosten) liegt Tateinheit (§ 52) vor (HK-GS/*Koch* § 278 Rn. 5). 9

## D. Ärztliche Feststellung entgegen behördlicher Untersagung, § 218b Abs. 2 StGB

Die Nichtbefolgung des behördlichen Feststellungsverbots hat **für sich keine strafrechtlichen Konsequenzen**, sondern ist ausschließlich berufsrechtlich relevant (vgl. *Laufhütte/Wilkitzki* JZ 1976, 336; *Lackner/Kühl* § 218b Rn. 8). Mittelbar wirkt das Verbot jedoch auf den Gefährdungstatbestand des § 218b Abs. 1 Satz 1 zurück, da Feststellungen eines nach Abs. 2 nicht feststellungsbefugten Arztes im dortigen Kontext als nicht existent gelten (o. Rdn. 3). Dagegen bleibt im Rahmen des Abs. 1 Satz 2 die dort geforderte Arzteigenschaft unberührt (vgl. *Fischer* § 218b Rn. 6; s. bereits o. Rdn. 7). 10

## § 218c Ärztliche Pflichtverletzung bei einem Schwangerschaftsabbruch

(1) Wer eine Schwangerschaft abbricht,
1. ohne der Frau Gelegenheit gegeben zu haben, ihm die Gründe für ihr Verlangen nach Abbruch der Schwangerschaft darzulegen,
2. ohne die Schwangere über die Bedeutung des Eingriffs, insbesondere über Ablauf, Folgen, Risiken, mögliche physische und psychische Auswirkungen ärztlich beraten zu haben,
3. ohne sich zuvor in den Fällen des § 218a Abs. 1 und 3 auf Grund ärztlicher Untersuchung von der Dauer der Schwangerschaft überzeugt zu haben oder
4. obwohl er die Frau in einem Fall des § 218a Abs. 1 nach § 219 beraten hat,

wird mit Freiheitsstrafe bis zu einem Jahr oder mit Geldstrafe bestraft, wenn die Tat nicht in § 218 mit Strafe bedroht ist.

(2) Die Schwangere ist nicht nach Absatz 1 strafbar.

## § 218c StGB  Ärztliche Pflichtverletzung bei einem Schwangerschaftsabbruch

**Übersicht**

| | Rdn. | | Rdn. |
|---|---|---|---|
| A. Grundsätzliches | 1 | III. Nr. 3: Dauer der Schwangerschaft | 6 |
| B. Pflichtenkatalog im Einzelnen | 3 | IV. Nr. 4: Personelle Trennung bzgl. Beratung/Abbruch | 7 |
| I. Nr. 1: Gelegenheit zur Darlegung der Gründe | 4 | C. Rechtfertigung | 8 |
| II. Nr. 2: Ärztliche Beratung | 5 | | |

### A. Grundsätzliches

1   Zwecks **verfahrensrechtlicher Absicherung der für das »Beratungsschutzkonzept« geltenden Anforderungen** hat das BVerfG eine Reihe von Pflichten formuliert, die den Arzt betreffen, der den Abbruch auf Verlangen der Schwangeren vornimmt: Er hat – über seine allgemeinen Berufspflichten zur Befunderhebung, Aufklärung sowie ordnungsgemäßen Dokumentation hinaus – insbesondere zu prüfen, ob eine Schwangerschaftskonfliktberatung vorausgegangen und die dreitägige Bedenkzeit gewahrt ist (vgl. § 218a Abs. 1 Nr. 1). Trotz bereits stattgefundener Konfliktberatung muss er sich einen eigenen Eindruck von der Situation und den Gründen verschaffen, welche die Schwangere zum Abbruch drängen. Dabei hat er sein Augenmerk insbesondere darauf zu richten, ob die Frau den Schwangerschaftsabbruch tatsächlich innerlich bejaht oder nötigenden Einflüssen ihres sozialen Umfeldes ausgesetzt ist (BVerfGE 88, 203, 290). In sein Aufklärungs- und Beratungsgespräch muss der Arzt auch die psychologischen Folgen eines Abbruchs einbeziehen und »in geeigneter Weise« nochmals den fundamentalen Eigenwert ungeborenen menschlichen Lebens »zur Sprache bringen« (ebd.). Da die ärztliche Verantwortung zur Vornahme eines Schwangerschaftsabbruchs auch die rechtlichen Anforderungen zu berücksichtigen hat, ist ihm zudem aufgegeben, die Dauer der Schwangerschaft »mittels einer verlässlichen Untersuchungsmethode« zu ermitteln, ohne sich dabei allein auf die Angaben der Schwangeren verlassen zu müssen (ebd.). Damit die vorstehenden Prüfungen nicht faktisch unterlaufen werden, hat das BVerfG außerdem die strikte personelle Trennung zwischen Konfliktberatung und ärztlichem Abbruch vorgegeben: »Beratungsstellen dürfen mit Einrichtungen, in denen Schwangerschaftsabbrüche vorgenommen werden, nicht derart organisatorisch oder durch wirtschaftliche Interessen verbunden sein, dass hiernach ein materielles Interesse der Beratungseinrichtung an der Durchführung von Schwangerschaftsabbrüchen nicht auszuschließen ist; der Arzt, der den Schwangerschaftsabbruch vornimmt, ist als Berater ausgeschlossen« (BVerfGE 88, 203, 212).

2   Die **Gefährdungstatbestände** des § 218c Abs. 1 sollen jene Verhaltensvorgaben, die allein an den abbrechenden Arzt adressiert sind (vgl. Abs. 2), strafrechtlich absichern (BT-Drs. 13/1850 S. 26; krit. *Fischer* § 218c Rn. 1: ärztliche Pflichtwidrigkeiten haben für sich nur Ordnungswidrigkeitencharakter); für Teilnehmer gilt § 28 Abs. 1. Das Gesetz bleibt allerdings in mehrfacher Hinsicht hinter den Vorgaben des BVerfG zurück: Hiernach soll sich der Arzt die Gründe von der Schwangeren »darlegen lassen«, um die Konfliktlage eigenverantwortlich prüfen zu können (BVerfGE 88, 203, 290; vgl. auch *Eser* ZRP 1991, 93 ff.); Nr. 1 des § 218c Abs. 1 beschränkt sich jedoch auf das Einräumen einer »Gelegenheit« zur Äußerung (zu Recht beanstandet bei *Lackner/Kühl* Vor § 218 Rn. 23: »eindeutige Missachtung der Bindung des Gesetzgebers«; *Spickhoff/Knauer/Brose* § 218c Rn. 9: hat offenkundig bloß symbolischen Charakter). Zudem betont das BVerfG, dass die Ermittlung und Mitteilung des Geschlechts aus Gründen des verfassungsrechtlich verankerten Verbots der Geschlechtswahl (vgl. § 3 ESchG für extrakorporal befruchtete Embryonen) grundsätzlich ausgeschlossen bleiben müsse, sofern solches nicht ausnahmsweise medizinisch relevant ist (BVerfGE 88, 203, 291); der Gesetzgeber hat hierfür aber »keine praktische Relevanz in Deutschland« und damit keinen Regelungsbedarf gesehen (vgl. BT-Drs. 13/1850 S. 26). Spätestens nach Inkrafttreten des – freilich nur auf genetische Untersuchungen anwendbaren – § 15 Abs. 1 Satz 2 GenDG besteht dringender Anlass, diese schon seinerzeit wenig plausible Haltung zu überdenken.

## B. Pflichtenkatalog im Einzelnen

Bei allen tatbestandlichen Modalitäten muss es zusätzlich zur jeweiligen Pflichtwidrigkeit (die auch berufsrechtlich sanktionierbar ist) stets zu einem vollendeten Schwangerschaftsabbruch gekommen sein, da der **Versuch nicht unter Strafe gestellt** ist (vgl. § 23 Abs. 1). Die ausdrücklich angeordnete Subsidiarität gegenüber § 218 belässt § 218c ein eigenständiges Anwendungsfeld nur für Konstellationen, in denen der Abbruch entweder schon nicht tatbestandsmäßig (§ 218a Abs. 1) oder aber gerechtfertigt (§ 218a Abs. 2, 3) ist (vgl. HK-GS/*Wenkel* § 218c Rn. 1).

### I. Nr. 1: Gelegenheit zur Darlegung der Gründe

Abweichend von BVerfGE 88, 203, 290 besteht für den abbrechenden Arzt keine Befugnis (und noch weniger eine Pflicht), auf die Darlegung der Gründe für den in Aussicht genommenen Abbruch zu bestehen; jedoch hat er der Schwangeren in ausreichendem Maße »**Gelegenheit**« hierzu einzuräumen, was impliziert, diese danach zu befragen (zutr. *Fischer* § 218c Rn. 3: »positives Bemühen um ein Gespräch«, »bloßes Schweigen« genügt nicht). Schon wenn dies versäumt wird, erfüllt der abbrechende Arzt die Tatmodalität der Nr. 1; umso mehr ist dies der Fall, wenn er die bekundete Bereitschaft der Schwangeren nach Erläuterung ihres Abbruchsverlangens faktisch vereitelt (z.B. dadurch, dass er sie nicht aussprechen lässt, vgl. *Lackner/Kühl* § 218c Rn. 2; Schönke/Schröder/*Eser/Weißer* § 218c Rn. 4).

### II. Nr. 2: Ärztliche Beratung

Gegenstand der zur Vermeidung von Strafe geforderten »Beratung« ist ausweislich der gesetzgeberischen Festlegung die »Bedeutung des Eingriffs«, insbesondere bzgl. »Ablauf, Folgen, Risiken [und] mögliche physische und psychische Auswirkungen«. Den Tatbestand verwirklicht aber nur derjenige Arzt, der überhaupt keine dahingehende (ernstgemeinte) Beratung (oder nur eine »Scheinberatung«) durchführt; eine im Detail fehlerhafte oder unvollständige Beratung hat dagegen allenfalls berufsrechtliche Relevanz, sofern nicht die Mindestanforderungen für die Wirksamkeit der Einwilligung (vgl. §§ 218, 218a StGB Rdn. 21) unterschritten werden (dann ist § 218c subsidiär ggü. § 218). Die **Inhalte** sind annähernd deckungsgleich mit jenen, auf die sich bereits die allgemeine ärztliche Aufklärungspflicht erstreckt (so *Lackner/Kühl* § 218c Rn. 3; LK-*Kröger* § 218c Rn. 8; weitergehend Schönke/Schröder/*Eser/Weißer* § 218c Rn. 5 f.: Lebensrecht des Ungeborenen, Risiko von Infertilität und psychische Spätfolgen als besondere Aspekte); mit »Beratung« ist jedoch mehr als eine bloße Informationsvermittlung gemeint. Nach h. M. soll außerdem die Schwangere nicht auf die Beratung **verzichten** können (i.d.S. *Lackner/Kühl* § 218c Rn. 3; MüKo-StGB/*Gropp/Wörner* § 218c Rn. 8), was wegen der Drittbetroffenheit des Ungeborenen einleuchtet (HK-GS/*Wenkel* § 218c Rn. 5), sich jedoch mit der in § 2a Abs. 3 SchKG ausdrücklich geregelten Verzichtbarkeit der neu implementierten medizinisch-psychologischen Beratung (dazu §§ 218, 218a StGB Rdn. 31) nicht verträgt (SK-StGB/*Rogall* § 218c Rn. 7 lässt bei Weigerung der Schwangeren einen »ernsthaften Beratungsversuch« genügen). Eine zusätzliche Bedenkzeit jenseits der in § 2a Abs. 2 Satz 2 SchKG bzw. § 218a Abs. 1 Nr. 1 StGB bereits vorgegebenen sieht das Gesetz vor Durchführung des Abbruchs nicht mehr vor; nach allgemeinen Grundsätzen muss die Risikoaufklärung aber so rechtzeitig erfolgen, dass die letzte Entscheidung wohlüberlegt getroffen werden kann (vgl. auch *Fischer* § 218c Rn. 4; nicht zutreffend NK-StGB/*Merkel* § 218c Rn. 11: auch unmittelbar vor dem Eingriff ausreichend).

### III. Nr. 3: Dauer der Schwangerschaft

Die nach Abs. 1 (Beratungslösung) ebenso wie nach Abs. 3 (kriminologische Indikation) des § 218a geltende **Zwölfwochenfrist** (vgl. §§ 218, 218a StGB Rdn. 17, 37) darf bei Vornahme des Schwangerschaftsabbruchs noch nicht überschritten sein. Um dies sicherzustellen, ist dem abbrechenden Arzt aufgegeben, die bisherige Dauer der Schwangerschaft eigenverantwortlich und zuverlässig festzustellen (o. Rdn. 1). Die 22-Wochenfrist des § 218a Abs. 4 Satz 1 ist nicht erwähnt, weil es dort nur um eine Strafbefreiung der Schwangeren (s. §§ 218, 218a StGB Rdn. 3, 38 f.) geht (zutr.

Spickhoff/*Knauer/Brose* § 218c Rn. 11). Praktische Bedeutung kommt der Tatmodalität nach Nr. 3 im Verhältnis zu § 218 allerdings i.d.R. nur dann zu, wenn die Frist tatsächlich eingehalten ist, mit der unterbliebenen Prüfung des Gestationsalters aber die Gefahr einer Fristüberschreitung in Kauf genommen wurde (HK-GS/*Wenkel* § 218c Rn. 6; *Lackner/Kühl* § 218c Rn. 4: ausnahmsweise auch bei – vorsatzloser – Fristüberschreitung).

### IV. Nr. 4: Personelle Trennung bzgl. Beratung/Abbruch

7   Hat der Arzt bereits an einer Konfliktberatung nach §§ 218a Abs. 1, 219 mitgewirkt, so scheidet er zwangsläufig aus dem Kreis jener aus, die im Anschluss den Abbruch vornehmen dürfen. Mit diesem auch in § 219 Abs. 2 Satz 3 enthaltenen »**Verbot einer Doppelrolle**« (MüKo-StGB/*Gropp/Wörner* § 218c Rn. 12) soll die Unvoreingenommenheit der Beratung gewährleistet werden, die durch evtl. Interessenkonflikte gefährdet wird (bereits o. Rdn. 1). Die h.M. will das Trennungsgebot aber nur in Bezug auf den jeweils bevorstehenden Eingriff gelten lassen, so dass eine etwaige Beratung bei früheren Abbrüchen nicht schädlich sei (i.d.S. *Lackner/Kühl* § 218c Rn. 5; Schönke/Schröder/*Eser/Weißer* § 218c Rn. 10); diese Deutung wird aber vom Wortsinn des Gesetzes keineswegs erzwungen (entgegen *Fischer* § 218c Rn. 6 lässt sich die Formulierung »in einem Fall« auch im Sinne einer Begrenzung der generellen personenbezogenen Abbruchskonstellation verstehen; insoweit zutr. NK-StGB/*Merkel* § 218c Rn. 14, allerdings i.E. mit der h.M. unter Verweis auf § 219 Abs. 2 Satz 3) und widerstreitet deutlich dem Telos der Vorschrift.

### C. Rechtfertigung

8   In **Notfällen** kann ein tatbestandsmäßiges Versäumnis i.S.d. Nr. 1 oder Nr. 2 durch § 34 gerechtfertigt sein (zur strukturähnlichen Konstellation des § 218b Abs. 1 Satz 1 s. dort Rdn. 6); bei infolgedessen bestehender erheblicher Gesundheits- oder gar Lebensgefahr ist der Abbruch medizinisch indiziert, so dass die Nr. 3, 4 schon tatbestandlich nicht (mehr) anwendbar sind.

### § 219 Beratung der Schwangeren in einer Not- und Konfliktlage

(1) Die Beratung dient dem Schutz des ungeborenen Lebens. Sie hat sich von dem Bemühen leiten zu lassen, die Frau zur Fortsetzung der Schwangerschaft zu ermutigen und ihr Perspektiven für ein Leben mit dem Kind zu eröffnen; sie soll ihr helfen, eine verantwortliche und gewissenhafte Entscheidung zu treffen. Dabei muss der Frau bewusst sein, dass das Ungeborene in jedem Stadium der Schwangerschaft auch ihr gegenüber ein eigenes Recht auf Leben hat und dass deshalb nach der Rechtsordnung ein Schwangerschaftsabbruch nur in Ausnahmesituationen in Betracht kommen kann, wenn der Frau durch das Austragen des Kindes eine Belastung erwächst, die so schwer und außergewöhnlich ist, dass sie die zumutbare Opfergrenze übersteigt. Die Beratung soll durch Rat und Hilfe dazu beitragen, die in Zusammenhang mit der Schwangerschaft bestehende Konfliktlage zu bewältigen und einer Notlage abzuhelfen. Das Nähere regelt das Schwangerschaftskonfliktgesetz.

(2) Die Beratung hat nach dem Schwangerschaftskonfliktgesetz durch eine anerkannte Schwangerschaftskonfliktberatungsstelle zu erfolgen. Die Beratungsstelle hat der Schwangeren nach Abschluss der Beratung hierüber eine mit dem Datum des letzten Beratungsgesprächs und dem Namen der Schwangeren versehene Bescheinigung nach Maßgabe des Schwangerschaftskonfliktgesetzes auszustellen. Der Arzt, der den Abbruch der Schwangerschaft vornimmt, ist als Berater ausgeschlossen.

| Übersicht | Rdn. | | Rdn. |
|---|---|---|---|
| A. Grundsätzliches | 1 | III. Bescheinigung | 5 |
| B. Zielsetzung und Grundstruktur | 2 | C. Organisation und Ablauf | 6 |
| I. Inhalte | 2 | I. Beratungsstelle | 6 |
| II. Keine Mitteilungspflicht der Schwangeren | 4 | II. Äußere Form und Verfahren im Einzelnen | 7 |

| | | | |
|---|---|---|---|
| III. Zuziehung Dritter | 8 | I. Ärztliches Weigerungsrecht | 11 |
| D. Zugang und Vertraulichkeit | 9 | II. Krankenhauspflicht | 13 |
| E. Gesetz zur Vermeidung und Bewältigung von Schwangerschaftskonflikten | 10 | III. Meldepflicht und Statistik | 14 |

## A. Grundsätzliches

Die Wahl eines »Schutzkonzepts«, das in der Frühphase der Schwangerschaft – vgl. § 218a **1** Abs. 1 – auf eine an begrenzenden Indikationen ausgerichtete Strafandrohung und deren Feststellung durch Dritte verzichtet und den Schwerpunkt stattdessen auf die Beratung der schwangeren Frau legt, um sie für das Austragen des Kindes zu gewinnen, impliziert »Rahmenbedingungen, die positive Voraussetzungen für ein Handeln der Frau zugunsten des ungeborenen Lebens schaffen« (BVerfGE 88, 203, 264 und 270). Diese verfassungsrechtlich verankerten, bereits vom BVerfG konkretisierten »Bindungen bei der normativen Ausgestaltung des Beratungsverfahrens« (BVerfGE 88, 203, 281 ff.) sucht § 219 in gesetzesförmliche Gestalt zu gießen (zur gesetzessystematischen Anomalie dieser »Strafvorschrift« ohne eigene Strafandrohung: HK-GS/*Rössner/Wenkel* § 219 Rn. 1) und verweist zur näheren Konkretisierung auf das SchKG (Abs. 1 Satz 5; s. dazu näher u. Rdn. 10). Nach allgemeinen Auslegungsregeln sollen die dort in §§ 5 bis 11 normierten Ergänzungen zu den in § 219 enthaltenen **Beratungsgrundsätzen** eine »Einheit« bilden (BT-Drs. 13/1850 S. 20), die »zusammenzulesen« seien (Lackner/*Kühl* § 219 Rn. 1; Schönke/Schröder/*Eser/Weißer* § 219 Rn. 1/2); soweit jedoch die in § 5 Abs. 1 SchKG formulierte Zielsetzung vorrangig das Selbstbestimmungsrecht der Schwangeren betont und erst an zweiter Stelle den Lebensschutz »in einer erheblich diffuseren Form« (*Geilen* in: Wenzel, 2. Aufl., Rn. 628) anführt, ist normenhierarchisch der mit Art. 2 Abs. 2 Satz 1 GG, § 219 StGB gesetzte Rahmen vorrangig. Der gleichwohl verbleibende Spielraum wird in der Rechtspraxis offenbar sehr unterschiedlich ausgefüllt (ein ernüchterndes Fazit nach 20 Jahren zieht *Büchner* ZfL 2013, 53 ff.).

## B. Zielsetzung und Grundstruktur

### I. Inhalte

Schon von Verfassungs wegen dient die Beratung **primär dem Schutz des ungeborenen Lebens** (§ 219 **2** Abs. 1 Satz 1). Die intendierte Schutzwirkung soll präventiv »durch beratende Einflussnahme auf die einen Schwangerschaftsabbruch erwägende Frau erreicht werden« (BVerfGE 88, 203, 270): »Eine bloß informierende Beratung, die den konkreten Schwangerschaftskonflikt nicht aufnimmt und zum Thema eines persönlich geführten Gesprächs zu machen sucht, ... verfehlte ihren Auftrag; die Beraterinnen und Berater müssen sich von dem Bemühen leiten lassen, die Frau zur Fortsetzung ihrer Schwangerschaft zu ermutigen und ihr Perspektiven für ein Leben mit dem Kind zu eröffnen« (BVerfGE 88, 203, 282; § 219 Abs. 1 Satz 2). Die Notwendigkeit, den »Zwiespalt des Schwangerschaftskonflikts« aufzugreifen, verbietet daher eine Beratung, »die sich lediglich an der im Rahmen des Beratungsgesprächs vorgetragenen Interessenlage der schwangeren Frau orientiert«; vielmehr bedarf es der Klarstellung, »dass das Ungeborene insbesondere auch ihr gegenüber ein eigenes Recht auf Leben hat« und deshalb nach der Rechtsordnung »nur in Ausnahmesituationen... ein Schwangerschaftsabbruch in Betracht gezogen werden darf«: »Dessen muss sich die beratende Person vergewissern und etwa vorhandene Fehlvorstellungen in für die Ratsuchende verständlicher Weise korrigieren« (BVerfGE 88, 203, 283 f.; § 5 Abs. 1 Satz 3 SchKG).

Allerdings ist es letztlich die Schwangere, der in dieser Frühphase die »**Letztverantwortung**« für **3** das weitere Geschehen unter Einschluss eines evtl. Abbruchs übertragen ist (zur damit verknüpften »Appellfunktion« vgl. BVerfGE 88, 203, 268): Ihre Verantwortung wird nur respektiert, wenn die Beratung »ergebnisoffen« geführt wird, d.h. »von der personalen Freiheit der Ratsuchenden ausgeht« (BVerfGE 88, 203, 282; § 5 Abs. 1 Satz 1 SchKG). Die Beratung »soll ermutigen, nicht einschüchtern; Verständnis wecken, nicht belehren; die Verantwortung der Frau stärken, nicht sie bevormunden« (BVerfGE 88, 203, 283; § 5 Abs. 1 Satz 3 SchKG); dazu gehört insbesondere ein takt- und verständnisvolles Eingehen auf die im jeweiligen Fall bestehende Problematik, das keinen Zweifel über die Eigenverantwortlichkeit der Schwangeren aufkommen lässt (Lackner/*Kühl* § 219 Rn. 3). Letztendliches Ziel ist es daher, im Lichte des Lebensschutzes (s. BVerfGE 88, 203, 306: ergebnisoffen, aber zielorientiert) »durch Rat und Hilfe dazu beizutragen, die im Zusammenhang mit der Schwangerschaft bestehende Konfliktlage zu bewältigen und einer Notlage abzuhelfen« (§ 219 Abs. 1 Satz 4).

## II. Keine Mitteilungspflicht der Schwangeren

4   Die Konfliktberatung ist notwendig auf das vertrauensvolle persönliche Gespräch angelegt: Die Suche nach Lösungsmöglichkeiten ist von vornherein »nur möglich, wenn die Schwangere der beratenden Person die wesentlichen Gründe mitteilt, die sie dazu bewegen, einen Abbruch der Schwangerschaft in Erwägung zu ziehen; wenn es auch der Charakter einer Beratung ausschließt, eine Gesprächs- und Mitwirkungsbereitschaft... zu erzwingen, ist doch für eine Konfliktberatung, die zugleich die Aufgabe des Lebensschutzes erfüllen soll, die Mitteilung der Gründe *unerlässlich*« (BVerfGE 88, 203, 284 f.). § 5 Abs. 2 Nr. 1 SchKG beschränkt sich allerdings darauf, eine dahingehende »**Erwartung**« zu formulieren; deren Nichterfüllung hat keinerlei Folgen und steht dem Ausstellen der zur Vornahme des Abbruchs benötigten Bescheinigung nicht entgegen. Darin dürfte in der Tat eine gravierende Schwächung des »Beratungskonzepts« liegen, weil es letztlich dem Belieben der Schwangeren überlassen bleibt, sich auf eine konstruktive Konfliktberatung überhaupt einzulassen und nicht die Hinweise der Beratenden nur passiv über sich ergehen zu lassen (zutr. krit. z.B. *Beckmann* ZfL 1995, 24 f.; *Lackner/Kühl* § 219 Rn. 4: Blockade durch Weigerung; *Tröndle* NJW 1995, 3009, 3017; s.a. *Fischer* § 219 Rn. 3 a.E.: da die Mitwirkung nicht erzwungen werden kann, »ist es für alle Beteiligten recht gleichgültig, was das Gesetz erwartet«; *Bernsmann/Geilen* in: Wenzel, Rn. 628: Inkaufnahme eines »von vornherein feststehenden Leerlaufs der Beratung«).

## III. Bescheinigung

5   Gem. § 219 Abs. 2 Satz 2 StGB, § 7 Abs. 1 SchKG schließt die Konfliktberatung stets mit Ausstellen einer (datums- und namensbezogenen, s. aber auch § 6 Abs. 2 SchKG) Bescheinigung zur Vorlage nach § 218a Abs. 1 Nr. 1, wozu die Beratungsstelle **ausnahmslos** verpflichtet ist. Auch insoweit weisen aber gesetzliche und bundesverfassungsgerichtliche Konkretisierung in unterschiedliche Richtungen: Während § 7 SchKG allein die Belange der Schwangeren im Blick hat und darauf dringt, dass ein evtl. Fortsetzungstermin »unverzüglich« (= ohne schuldhaftes Zögern) stattfindet und in keinem Fall (unter Einberechnung der dreitägigen Karenzzeit, vgl. §§ 218, 218a StGB Rdn. 15) die Zwölfwochenfrist überschritten wird (Abs. 2, 3), legt das BVerfG mehr Wert auf Substanz und Sinnhaftigkeit der Beratung: Danach müsse sichergestellt werden, »dass die schwangere Frau nicht notwendig schon nach dem ersten Beratungsgespräch die Ausstellung der Beratungsbescheinigung verlangen kann«; vielmehr dürfe die Beratungsstelle die Bescheinigung erst ausstellen, »wenn sie (!) die Beratung als abgeschlossen ansieht« (BVerfGE 88, 203, 286). Auch diese Erwartung kann nach geltender Gesetzeslage jedoch folgenlos missachtet werden: Weder darf der Schwangeren die Bescheinigung (dass eine »Beratung« zumindest ordnungsgemäß *angeboten* wurde, zutr. *Fischer* § 219 Rn. 4) verweigert werden (arg. § 7 Abs. 3 SchKG), noch haben Mängel des Beratungsverfahrens Rückwirkungen auf den Tatbestandsausschluss aus § 218a Abs. 1 (sofern es sich nicht von vornherein um eine bloße »Scheinberatung« handelt, näher MüKo-StGB/*Gropp/Wörner* § 219 Rn. 32 ff.). Per Saldo ist also die *Bescheinigung* für den straffreien Schwangerschaftsabbruch unverzichtbar, eine (dem Lebensschutz dienende) *Beratung* dagegen entbehrlich (treffend *Büchner* ZfL 2007, 72, 76; s.a. *Tröndle* Otto-FS 2007, S. 821, 837; zur daraus erwachsenen Problematik der katholischen Schwangerschaftskonfliktberatung vgl. *Beckmann* Der Streit um den Beratungsschein, 2000; *Büchner* Die neue Ordnung 2003, 370 ff.; *Moritz* ZfJ 1999, 480 ff.; *Reis* Um der Klarheit des Zeugnisses willen, 2001; *Sala* JVL-Schriftenreihe 14 [1997], 59 ff.; *Spieker* Die neue Ordnung 1998, 259 ff.; *Tettinger* Ipsen-FS 2000, S. 767 ff.; *Tröndle* ZfL 1997, 51 ff.).

## C. Organisation und Ablauf

### I. Beratungsstelle

Gem. § 219 Abs. 2 Satz 1 darf nur eine staatlicherseits »anerkannte Schwangerschaftskonfliktbera- 6
tungsstelle« die Beratung durchführen und die zum Abbruch berechtigende Bescheinigung ausstellen. Die **Anerkennung** setzt nach § 9 SchKG voraus, dass eine fachgerechte Konfliktberatung i.S.d. §§ 5, 6 SchKG einschließlich aller dazu erforderlichen organisatorischen und personellen Voraussetzungen gewährleistet ist. Dazu sieht § 10 SchKG eine regelmäßige behördliche Überprüfung spätestens nach jeweils 3 Jahren auf Basis der jährlichen Selbstberichte und u. U. der einzelnen Beratungsprotokolle vor. Von Verfassungs wegen verschafft die einmal erfolgte Anerkennung somit keinen rechtlichen Bestandsschutz, sondern muss fortlaufend neu bestätigt werden (BVerfGE 88, 203, 288; zum möglichen Widerruf der Anerkennung OVG Frankfurt (Oder) NJW 2005, 842). Die behördliche Praxis kommt dieser Aufgabe aber offenbar nur unzureichend nach (eindrucksvoller Bericht von *Ellwanger* ZfL 2005, 76 ff.; s. a. *Büchner* ZfL 2013, 21 ff. zu sog. »Familienplanungszentren«). Nach §§ 3, 8 SchKG können zwecks Sicherstellung eines ausreichenden (wohnortnahen) »pluralen Angebots« (§ 3 Satz 3, § 8 Satz 1 SchKG, s. hierzu BVerwGE 152, 255 ff. m. Anm. *Büchner* ZfL 2015, 121 f.: je nach Beratungsbedarf) auch Einrichtungen in »freier Trägerschaft« (Kirchen, Gewerkschaften, Verbände) sowie Ärztinnen und Ärzte (krit. *Büchner* ZfL 2007, 72, 77: Gefahr der »Gespannbildung«) anerkannt werden. Jede anerkannte Beratungsstelle hat gem. § 4 SchKG einen Anspruch auf angemessene Förderung mit öffentlichen Finanzmitteln (nach BVerwGE 121, 270 ff. besteht dieser Anspruch auch für Beratungseinrichtungen, die lediglich die allgemeine Beratung nach § 2 SchKG erbringen und keinen Beratungsschein nach § 7 SchKG ausstellen; dazu *Ellwanger* ZfL 2016, 46 ff.; *Reis* ZfL 2004, 115 ff.; s. aber auch BayVerfGH KirchE 48 [2006], 24 ff. m. Bspr. *Büchner* NVwZ 2007, 1388 ff.; *Richardi* NJW 2006, 1036 ff.).

### II. Äußere Form und Verfahren im Einzelnen

Die nähere Ausgestaltung der Konfliktberatung steht innerhalb des von § 219 Abs. 1 StGB und § 5 7
SchKG vorgegebenen Rahmens je nach den Umständen des Einzelfalls im **pflichtgemäßen Ermessen** der beratenden Person (*Lackner/Kühl* § 219 Rn. 5). Je nach Sachlage müssen der Schwangeren jedoch – unentgeltlich (§ 6 Abs. 4 SchKG) – nicht nur die nötigen Informationen (medizinischer, sozialer und rechtlicher Art) vermittelt, sondern auch praktische Hilfen angeboten werden (§ 5 Abs. 2 Satz 1 Nr. 2, 3 SchKG). Obgleich das Gesetz eine bestimmte äußere Form des Beratungsverfahrens nicht ausdrücklich vorsieht, verlangt seine Sinngebung einen unmittelbaren, persönlichen Kontakt (so auch *Lackner/Kühl* § 219 Rn. 9; MüKo-StGB/*Gropp/Wörner* § 219 Rn. 22, jew. unter Verweis auf § 5 Abs. 2 Satz 1 Nr. 1 SchKG: »Eintreten in die Konfliktberatung«; weiterhin Schönke/Schröder/*Eser/Weißer* § 219 Rn. 15: bloße Aushändigung oder Übersendung allgemein gehaltener Merkblätter und fernmündliche Beratung genügt nicht). Zur Problematik der sog. »Gehsteigberatung« näher VGH Baden-Württemberg ZfL 2011, 97 ff. (m. krit. Anm. *Büchner*) und ZfL 2012, 123 ff. m. Bspr. *Wiebe* ZfL 2013, 49 ff. sowie VG München ZfL 2016, 112 ff.

### III. Zuziehung Dritter

Gem. § 6 Abs. 3 SchKG dürfen – freilich nur im Einvernehmen mit der Schwangeren – bei Bedarf 8
auch **Fachkräfte** mit spezifisch (fach-)ärztlicher, psychologischer, sozialpädagogischer oder juristischer Expertise sowie solche mit besonderer Erfahrung in der Frühförderung behinderter Kinder hinzugezogen werden; empirische Erkenntnisse legen nahe, von diesen Möglichkeiten weit mehr als bisher Gebrauch zu machen (vgl. *Woopen/Rummer* MedR 2009, 130 ff.). Ebenso können auch **Vertrauenspersonen** aus dem familiären oder sonst persönlichen Umfeld der Schwangeren einbezogen werden; die empfohlene »großzügige Handhabung« für den Fall, dass die Initiative hierzu von der Schwangeren ausgeht (so MüKo-StGB/*Gropp/Wörner* § 219 Rn. 20), steht allerdings unter dem Vorbehalt, dass dadurch nicht schädlichen Einflüssen Vorschub geleistet werden darf (BVerfGE 88, 203, 285 f. verlangt, in Zweifelsfällen die Schwangere aufzufordern, »noch einmal ohne Begleitung zu einem Beratungsgespräch zu kommen«). Für einwilligungsfähige Minderjährige

(aber nur nach zuverlässiger Feststellung, zur Problematik näher § 228 StGB Rdn. 6 ff.) gelten keine Besonderheiten: Die Personensorgeberechtigten sind in diesem Fall – anders als bei (möglicher) Einwilligungsunfähigkeit ihres Kindes – weder (mit-)entscheidungs- noch (gegen den Willen der Schwangeren) anwesenheitsberechtigt (wie hier auch MüKo-StGB/*Gropp/Wörner* § 219 Rn. 21). I.d.R. wird es aber empfehlenswert sein zu versuchen, die Minderjährige – ggf. nach einem ersten »Vieraugengespräch« – nach Möglichkeit für die Einbeziehung ihrer Eltern zu gewinnen (i.d.S. auch *Amend-Traut/Bongartz* FamRZ 2016, 5, 10).

### D. Zugang und Vertraulichkeit

9  Jede Schwangere (auch die Minderjährige, o. Rdn. 8) hat einen **Rechtsanspruch auf »unverzügliche« Beratung** (vgl. § 6 Abs. 1 SchKG). I.d.R. wird die »Ratsuchende« dabei allerdings die Beratungsstelle aufsuchen müssen; Beratungsgespräche im Krankenhaus oder im häuslichen Umfeld der Schwangeren sind dadurch aber nicht ausgeschlossen (vgl. Schönke/Schröder/*Eser/Weißer* § 219 Rn. 15). Der Beratungsanspruch entfällt nicht dadurch, dass die Schwangere gegenüber der beratenden Person **anonym** bleiben möchte (vgl. § 6 Abs. 2 SchKG); der »Beratungsstelle« muss sie allerdings ihre Identität preisgeben, um die gewünschte Bescheinigung zu erhalten (vgl. § 7 Abs. 1 SchKG). Damit die nötige Vertraulichkeit gleichwohl in jedem Fall gewährleistet bleibt, hat schon das BVerfG eine Protokollierung verlangt, die keine Rückschlüsse auf die Identität der Beratenen und evtl. hinzugezogener weiterer Personen erlaubt (BVerfGE 88, 203, 288); den vertraulichen Umgang mit den erlangten Informationen sichern darüber hinaus § 203 Abs. 1 Nr. 4a StGB, §§ 53 Abs. 1 Nr. 3a, 53a, 97 StPO.

### E. Gesetz zur Vermeidung und Bewältigung von Schwangerschaftskonflikten

10 **Schwangerschaftskonfliktgesetz** vom 27.07.1992 (BGBl. I S. 1398), zuletzt geändert durch Artikel Artikel 13a des Gesetzes vom 14.12.2019 (BGBl. I S. 2789), Inkrafttreten: 01.01.2020

*Abschnitt 1 Aufklärung, Verhütung, Familienplanung und Beratung*

*§ 1 Aufklärung*

*(1) Die für gesundheitliche Aufklärung und Gesundheitserziehung zuständige Bundeszentrale für gesundheitliche Aufklärung erstellt unter Beteiligung der Länder und in Zusammenarbeit mit Vertretern der Familienberatungseinrichtungen aller Träger zum Zwecke der gesundheitlichen Vorsorge und der Vermeidung und Lösung von Schwangerschaftskonflikten Konzepte zur Sexualaufklärung, jeweils abgestimmt auf die verschiedenen Alters- und Personengruppen.*

*(1a) Die Bundeszentrale für gesundheitliche Aufklärung erstellt entsprechend Absatz 1 Informationsmaterial zum Leben mit einem geistig oder körperlich behinderten Kind und dem Leben von Menschen mit einer geistigen oder körperlichen Behinderung. Das Informationsmaterial enthält den Hinweis auf den Rechtsanspruch auf psychosoziale Beratung nach § 2 und auf Kontaktadressen von Selbsthilfegruppen, Beratungsstellen sowie Behindertenverbände und Verbände von Eltern behinderter Kinder. Die Ärztin oder der Arzt händigt der Schwangeren das Informationsmaterial im Rahmen der Beratung nach § 2a Absatz 1 aus.*

*(2) Die Bundeszentrale für gesundheitliche Aufklärung verbreitet zu den in Absatz 1 genannten Zwecken die bundeseinheitlichen Aufklärungsmaterialien, in denen Verhütungsmethoden und Verhütungsmittel umfassend dargestellt werden.*

*(3) Die Aufklärungsmaterialien werden unentgeltlich an Einzelpersonen auf Aufforderung, ferner als Lehr- oder Informationsmaterialien an schulische und berufsbildende Einrichtungen, an Beratungsstellen, an Frauenärztinnen und Frauenärzte, Ärztinnen und Ärzte sowie medizinische Einrichtungen, die*

*pränataldiagnostische Maßnahmen durchführen, Humangenetikerinnen und Humangenetiker, Hebammen sowie an alle Institutionen der Jugend- und Bildungsarbeit abgegeben.*

*(4) Der Bund macht die Hilfen für Schwangere und Mütter bekannt; dazu gehört auch der Anspruch auf anonyme Beratung nach § 2 Absatz 1 und auf die vertrauliche Geburt. Die Informationen über die vertrauliche Geburt beinhalten auch die Erklärung, wie eine Frau ihre Rechte gegenüber ihrem Kind nach einer vertraulichen Geburt unter Aufgabe ihrer Anonymität und wie sie schutzwürdige Belange gegen die spätere Offenlegung ihrer Personenstandsdaten geltend machen kann. Der Bund fördert durch geeignete Maßnahmen das Verständnis für Eltern, die ihr Kind zur Adoption freigeben.*

*(5) Der Bund stellt durch einen bundesweiten zentralen Notruf sicher, dass Schwangere in Konfliktlagen, die ihre Schwangerschaft verheimlichen, jederzeit und unverzüglich an eine Beratungsstelle nach den §§ 3 und 8 vermittelt werden. Er macht den Notruf bundesweit bekannt und betreibt kontinuierlich Öffentlichkeitsarbeit für den Notruf.*

### § 2 Beratung

*(1) Jede Frau und jeder Mann hat das Recht, sich zu den in § 1 Abs. 1 genannten Zwecken in Fragen der Sexualaufklärung, Verhütung und Familienplanung sowie in allen eine Schwangerschaft unmittelbar oder mittelbar berührenden Fragen von einer hierfür vorgesehenen Beratungsstelle auf Wunsch anonym informieren und beraten zu lassen.*

*(2) Der Anspruch auf Beratung umfasst Informationen über*
1. *Sexualaufklärung, Verhütung und Familienplanung,*
2. *bestehende familienfördernde Leistungen und Hilfen für Kinder und Familien, einschließlich der besonderen Rechte im Arbeitsleben,*
3. *Vorsorgeuntersuchungen bei Schwangerschaft und die Kosten der Entbindung,*
4. *soziale und wirtschaftliche Hilfen für Schwangere, insbesondere finanzielle Leistungen sowie Hilfen bei der Suche nach Wohnung, Arbeits- oder Ausbildungsplatz oder deren Erhalt,*
5. *die Hilfsmöglichkeiten für behinderte Menschen und ihre Familien, die vor und nach der Geburt eines in seiner körperlichen, geistigen oder seelischen Gesundheit geschädigten Kindes zur Verfügung stehen,*
6. *die Methoden zur Durchführung eines Schwangerschaftsabbruchs, die physischen und psychischen Folgen eines Abbruchs und die damit verbundenen Risiken,*
7. *Lösungsmöglichkeiten für psychosoziale Konflikte im Zusammenhang mit einer Schwangerschaft,*
8. *die rechtlichen und psychologischen Gesichtspunkte im Zusammenhang mit einer Adoption.*

*Die Schwangere ist darüber hinaus bei der Geltendmachung von Ansprüchen sowie bei der Wohnungssuche, bei der Suche nach einer Betreuungsmöglichkeit für das Kind und bei der Fortsetzung ihrer Ausbildung zu unterstützen. Auf Wunsch der Schwangeren sind Dritte zur Beratung hinzuzuziehen.*

*(3) Zum Anspruch auf Beratung gehört auch die Nachbetreuung nach einem Schwangerschaftsabbruch oder nach der Geburt des Kindes.*

*(4) Einer Schwangeren, die ihre Identität nicht preisgeben und die ihr Kind nach der Geburt abgeben möchte, ist ein ausführliches ergebnisoffenes Beratungsgespräch zur Bewältigung der psychosozialen Konfliktlage anzubieten. Inhalt des Beratungsgesprächs sind:*
1. *geeignete Hilfsangebote zur Bewältigung der Situation und zur Entscheidungsfindung sowie*
2. *Wege, die der Schwangeren die Aufgabe der Anonymität oder ein Leben mit dem Kind ermöglichen.*

### § 2a Aufklärung und Beratung in besonderen Fällen

*(1) Sprechen nach den Ergebnissen von pränataldiagnostischen Maßnahmen dringende Gründe für die Annahme, dass die körperliche oder geistige Gesundheit des Kindes geschädigt ist, so hat die Ärztin oder der Arzt, die oder der der Schwangeren die Diagnose mitteilt, über die medizinischen und psychosozialen Aspekte, die sich aus dem Befund ergeben, unter Hinzuziehung von Ärztinnen oder Ärzten, die mit dieser Gesundheitsschädigung bei geborenen Kindern Erfahrung haben, zu beraten. Die Beratung*

erfolgt in allgemein verständlicher Form und ergebnisoffen. Sie umfasst die eingehende Erörterung der möglichen medizinischen, psychischen und sozialen Fragen sowie der Möglichkeiten zur Unterstützung bei physischen und psychischen Belastungen. Die Ärztin oder der Arzt hat über den Anspruch auf weitere und vertiefende psychosoziale Beratung nach § 2 zu informieren und im Einvernehmen mit der Schwangeren Kontakte zu Beratungsstellen nach § 3 und zu Selbsthilfegruppen oder Behindertenverbänden zu vermitteln.

(2) Die Ärztin oder der Arzt, die oder der gemäß § 218b Absatz 1 des Strafgesetzbuchs die schriftliche Feststellung über die Voraussetzungen des § 218a Absatz 2 des Strafgesetzbuchs zu treffen hat, hat vor der schriftlichen Feststellung gemäß § 218b Absatz 1 des Strafgesetzbuchs die Schwangere über die medizinischen und psychischen Aspekte eines Schwangerschaftsabbruchs zu beraten, über den Anspruch auf weitere und vertiefende psychosoziale Beratung nach § 2 zu informieren und im Einvernehmen mit der Schwangeren Kontakte zu Beratungsstellen nach § 3 zu vermitteln, soweit dies nicht auf Grund des Absatzes 1 bereits geschehen ist. Die schriftliche Feststellung darf nicht vor Ablauf von drei Tagen nach der Mitteilung der Diagnose gemäß Absatz 1 Satz 1 oder nach der Beratung gemäß Satz 1 vorgenommen werden. Dies gilt nicht, wenn die Schwangerschaft abgebrochen werden muss, um eine gegenwärtige erhebliche Gefahr für Leib oder Leben der Schwangeren abzuwenden.

(3) Die Ärztin oder der Arzt, die oder der die schriftliche Feststellung der Indikation zu treffen hat, hat bei der schriftlichen Feststellung eine schriftliche Bestätigung der Schwangeren über die Beratung und Vermittlung nach den Absätzen 1 und 2 oder über den Verzicht darauf einzuholen, nicht aber vor Ablauf der Bedenkzeit nach Absatz 2 Satz 2.

## § 3 Beratungsstellen

*Die Länder stellen ein ausreichendes Angebot wohnortnaher Beratungsstellen für die Beratung nach § 2 sicher. Dabei werden auch Beratungsstellen freier Träger gefördert. Die Ratsuchenden sollen zwischen Beratungsstellen unterschiedlicher weltanschaulicher Ausrichtung auswählen können.*

## § 4 Öffentliche Förderung der Beratungsstellen

*(1) Die Länder tragen dafür Sorge, dass den Beratungsstellen nach den §§ 3 und 8 für je 40.000 Einwohner mindestens eine Beraterin oder ein Berater vollzeitbeschäftigt oder eine entsprechende Zahl von Teilzeitbeschäftigten zur Verfügung steht. Von diesem Schlüssel soll dann abgewichen werden, wenn die Tätigkeit der Beratungsstellen mit dem vorgesehenen Personal auf Dauer nicht ordnungsgemäß durchgeführt werden kann. Dabei ist auch zu berücksichtigen, daß Schwangere in angemessener Entfernung von ihrem Wohnort eine Beratungsstelle aufsuchen können.*

*(2) Zur Information über die Leistungsangebote im örtlichen Einzugsbereich und zur Sicherstellung einer umfassenden Beratung wirken die Beratungsstellen in den Netzwerken nach § 3 des Gesetzes zur Kooperation und Information im Kinderschutz mit.*

*(3) Die zur Sicherstellung eines ausreichenden Angebotes nach den §§ 3 und 8 erforderlichen Beratungsstellen haben Anspruch auf eine angemessene öffentliche Förderung der Personal- und Sachkosten.*

*(4) Näheres regelt das Landesrecht.*

*Abschnitt 2 Schwangerschaftskonfliktberatung*

## § 5 Inhalt der Schwangerschaftskonfliktberatung

*(1) Die nach § 219 des Strafgesetzbuches notwendige Beratung ist ergebnisoffen zu führen. Sie geht von der Verantwortung der Frau aus. Die Beratung soll ermutigen und Verständnis wecken, nicht belehren oder bevormunden. Die Schwangerschaftskonfliktberatung dient dem Schutz des ungeborenen Lebens.*

*(2) Die Beratung umfasst:*
1. *das Eintreten in eine Konfliktberatung; dazu wird erwartet, dass die schwangere Frau der sie beratenden Person die Gründe mitteilt, derentwegen sie einen Abbruch der Schwangerschaft erwägt; der*

Beratungscharakter schließt aus, dass die Gesprächs- und Mitwirkungsbereitschaft der schwangeren Frau erzwungen wird;
2. jede nach Sachlage erforderliche medizinische, soziale und juristische Information, die Darlegung der Rechtsansprüche von Mutter und Kind und der möglichen praktischen Hilfen, insbesondere solcher, die die Fortsetzung der Schwangerschaft und die Lage von Mutter und Kind erleichtern;
3. das Angebot, die schwangere Frau bei der Geltendmachung von Ansprüchen, bei der Wohnungssuche, bei der Suche nach einer Betreuungsmöglichkeit für das Kind und bei der Fortsetzung ihrer Ausbildung zu unterstützen, sowie das Angebot einer Nachbetreuung.

Die Beratung unterrichtet auf Wunsch der Schwangeren auch über Möglichkeiten, ungewollte Schwangerschaften zu vermeiden.

## § 6 Durchführung der Schwangerschaftskonfliktberatung

(1) Eine ratsuchende Schwangere ist unverzüglich zu beraten.

(2) Die Schwangere kann auf ihren Wunsch gegenüber der sie beratenden Person anonym bleiben.

(3) Soweit erforderlich, sind zur Beratung im Einvernehmen mit der Schwangeren
1. andere, insbesondere ärztlich, fachärztlich, psychologisch, sozialpädagogisch, sozialarbeiterisch oder juristisch ausgebildete Fachkräfte,
2. Fachkräfte mit besonderer Erfahrung in der Frühförderung behinderter Kinder und
3. andere Personen, insbesondere der Erzeuger sowie nahe Angehörige,

hinzuzuziehen.

(4) Die Beratung ist für die Schwangere und die nach Absatz 3 Nr. 3 hinzugezogenen Personen unentgeltlich.

## § 7 Beratungsbescheinigung

(1) Die Beratungsstelle hat nach Abschluß der Beratung der Schwangeren eine mit Namen und Datum versehene Bescheinigung darüber auszustellen, dass eine Beratung nach den §§ 5 und 6 stattgefunden hat.

(2) Hält die beratende Person nach dem Beratungsgespräch eine Fortsetzung dieses Gesprächs für notwendig, soll diese unverzüglich erfolgen.

(3) Die Ausstellung einer Beratungsbescheinigung darf nicht verweigert werden, wenn durch eine Fortsetzung des Beratungsgesprächs die Beachtung der in § 218a Abs. 1 des Strafgesetzbuches vorgesehenen Fristen unmöglich werden könnte.

## § 8 Schwangerschaftskonfliktberatungsstellen

Für die Beratung nach den §§ 5 und 6 haben die Länder ein ausreichendes plurales Angebot wohnortnaher Beratungsstellen sicherzustellen. Diese Beratungsstellen bedürfen besonderer staatlicher Anerkennung nach § 9. Als Beratungsstellen können auch Einrichtungen freier Träger sowie Ärztinnen und Ärzte anerkannt werden.

## § 9 Anerkennung von Schwangerschaftskonfliktberatungsstellen

Eine Beratungsstelle darf nur anerkannt werden, wenn sie die Gewähr für eine fachgerechte Schwangerschaftskonfliktberatung nach § 5 bietet und zur Durchführung der Schwangerschaftskonfliktberatung nach § 6 in der Lage ist, insbesondere
1. über hinreichend persönlich und fachlich qualifiziertes und der Zahl nach ausreichendes Personal verfügt,
2. sicherstellt, dass zur Durchführung der Beratung erforderlichenfalls kurzfristig eine ärztlich, fachärztlich, psychologisch, sozialpädagogisch, sozialarbeiterisch oder juristisch ausgebildete Fachkraft hinzugezogen werden kann,

3. mit allen Stellen zusammenarbeitet, die öffentliche und private Hilfen für Mutter und Kind gewähren, und
4. mit keiner Einrichtung, in der Schwangerschaftsabbrüche vorgenommen werden, derart organisatorisch oder durch wirtschaftliche Interessen verbunden ist, dass hiernach ein materielles Interesse der Beratungseinrichtung an der Durchführung von Schwangerschaftsabbrüchen nicht auszuschließen ist.

### § 10 Berichtpflicht und Überprüfung der Schwangerschaftskonfliktberatungsstellen

(1) Die Beratungsstellen sind verpflichtet, die ihrer Beratungstätigkeit zugrundeliegenden Maßstäbe und die dabei gesammelten Erfahrungen jährlich in einem schriftlichen Bericht niederzulegen.

(2) Als Grundlage für den schriftlichen Bericht nach Absatz 1 hat die beratende Person über jedes Beratungsgespräch eine Aufzeichnung zu fertigen. Diese darf keine Rückschlüsse auf die Identität der Schwangeren und der zum Beratungsgespräch hinzugezogenen weiteren Personen ermöglichen. Sie hält den wesentlichen Inhalt der Beratung und angebotene Hilfsmaßnahmen fest.

(3) Die zuständige Behörde hat mindestens im Abstand von drei Jahren zu überprüfen, ob die Voraussetzungen für die Anerkennung nach § 9 noch vorliegen. Sie kann sich zu diesem Zweck die Berichte nach Absatz 1 vorlegen lassen und Einsicht in die nach Absatz 2 anzufertigenden Aufzeichnungen nehmen. Liegt eine der Voraussetzungen des § 9 nicht mehr vor, ist die Anerkennung zu widerrufen.

### § 11 Übergangsregelung

Die Anerkennung einer Beratungsstelle auf Grund II. 4 der Entscheidungsformel des Urteils des Bundesverfassungsgerichts vom 28. Mai 1993 (BGBl. I S. 820) steht einer Anerkennung auf Grund der §§ 8 und 9 dieses Gesetzes gleich.

### Abschnitt 3 Vornahme von Schwangerschaftsabbrüchen

### § 12 Weigerung

(1) Niemand ist verpflichtet, an einem Schwangerschaftsabbruch mitzuwirken.

(2) Absatz 1 gilt nicht, wenn die Mitwirkung notwendig ist, um von der Frau eine anders nicht abwendbare Gefahr des Todes oder einer schweren Gesundheitsschädigung abzuwenden.

### § 13 Einrichtungen zur Vornahme von Schwangerschaftsabbrüchen

(1) Ein Schwangerschaftsabbruch darf nur in einer Einrichtung vorgenommen werden, in der auch die notwendige Nachbehandlung gewährleistet ist.

(2) Die Länder stellen ein ausreichendes Angebot ambulanter und stationärer Einrichtungen zur Vornahme von Schwangerschaftsabbrüchen sicher.

(3) Die Bundesärztekammer führt für den Bund eine Liste der Ärztinnen und Ärzte sowie der Krankenhäuser und Einrichtungen, die ihr mitgeteilt haben, dass sie Schwangerschaftsabbrüche unter den Voraussetzungen des § 218a Absatz 1 bis 3 des Strafgesetzbuches durchführen, und darf die zu diesem Zwecke erhobenen personenbezogenen Daten verarbeiten. Die Liste enthält auch Angaben über die jeweils angewendeten Methoden zur Durchführung eines Schwangerschaftsabbruchs, soweit diese mitgeteilt werden. Die Bundesärztekammer aktualisiert die Liste monatlich auf der Grundlage der ihr mitgeteilten Informationen, veröffentlicht sie im Internet und stellt sie der Bundeszentrale für gesundheitliche Aufklärung, dem Bundesamt für Familie und zivilgesellschaftliche Aufgaben und den Ländern zur Verfügung.

### § 13a Informationen über einen Schwangerschaftsabbruch

(1) Die Bundeszentrale für gesundheitliche Aufklärung veröffentlicht die von der Bundesärztekammer nach § 13 Absatz 3 geführte Liste und weitere Informationen über einen Schwangerschaftsabbruch, der unter den Voraussetzungen des § 218a Absatz 1 bis 3 des Strafgesetzbuches vorgenommen wird.

(2) *Der bundesweite zentrale Notruf nach § 1 Absatz 5 Satz 1 erteilt Auskunft über die in der Liste nach § 13 Absatz 3 enthaltenen Angaben.*

### § 14 Bußgeldvorschriften

(1) Ordnungswidrig handelt, wer
1. entgegen § 2a Absatz 1 oder Absatz 2 keine Beratung der Schwangeren vornimmt;
2. entgegen § 2a Absatz 2 Satz 2 die schriftliche Feststellung ausstellt;
3. entgegen § 13 Absatz 1 einen Schwangerschaftsabbruch vornimmt;
4. seiner Auskunftspflicht nach § 18 Absatz 1 nicht nachkommt.

(2) Die Ordnungswidrigkeit kann mit einer Geldbuße bis zu fünftausend Euro geahndet werden.

### Abschnitt 4 Bundesstatistik über Schwangerschaftsabbrüche

### § 15 Anordnung als Bundesstatistik

Über die unter den Voraussetzungen des § 218a Abs. 1 bis 3 des Strafgesetzbuches vorgenommenen Schwangerschaftsabbrüche wird eine Bundesstatistik durchgeführt. Die Statistik wird vom Statistischen Bundesamt erhoben und aufbereitet.

### § 16 Erhebungsmerkmale, Berichtszeit und Periodizität

(1) Die Erhebung wird auf das Kalendervierteljahr bezogen durchgeführt und umfaßt folgende Erhebungsmerkmale:
1. Vornahme von Schwangerschaftsabbrüchen im Berichtszeitraum (auch Fehlanzeige),
2. rechtliche Voraussetzungen des Schwangerschaftsabbruchs (Beratungsregelung oder nach Indikationsstellung),
3. Familienstand und Alter der Schwangeren sowie die Zahl ihrer Kinder,
4. Dauer der abgebrochenen Schwangerschaft,
5. Art des Eingriffs und beobachtete Komplikationen,
6. Bundesland, in dem der Schwangerschaftsabbruch vorgenommen wird und Bundesland oder Staat im Ausland, in dem die Schwangere wohnt,
7. Vornahme in Arztpraxis oder Krankenhaus und im Falle der Vornahme des Eingriffs im Krankenhaus die Dauer des Krankenhausaufenthaltes.

Der Name der Schwangeren darf dabei nicht angegeben werden.

(2) Die Angaben nach Absatz 1 sowie Fehlanzeigen sind dem Statistischen Bundesamt vierteljährlich zum jeweiligen Quartalsende mitzuteilen.

### § 17 Hilfsmerkmale

Hilfsmerkmale der Erhebung sind:
1. Name und Anschrift der Einrichtung nach § 13 Abs. 1;
2. Telefonnummer der für Rückfragen zur Verfügung stehenden Person.

### § 18 Auskunftspflicht

(1) Für die Erhebung besteht Auskunftspflicht. Auskunftspflichtig sind die Inhaber der Arztpraxen und die Leiter der Krankenhäuser, in denen innerhalb von zwei Jahren vor dem Quartalsende Schwangerschaftsabbrüche durchgeführt wurden.

(2) Die Angabe zu § 17 Nr. 2 ist freiwillig.

(3) Zur Durchführung der Erhebung übermitteln dem Statistischen Bundesamt auf dessen Anforderung
1. die Landesärztekammern die Anschriften der Ärztinnen und Ärzte, in deren Einrichtungen nach ihren Erkenntnissen Schwangerschaftsabbrüche vorgenommen worden sind oder vorgenommen werden sollen,

2. die zuständigen Gesundheitsbehörden die Anschriften der Krankenhäuser, in denen nach ihren Erkenntnissen Schwangerschaftsabbrüche vorgenommen worden sind oder vorgenommen werden sollen.

**Abschnitt 5 Hilfe für Frauen bei Schwangerschaftsabbrüchen in besonderen Fällen**

### § 19 Berechtigte

(1) Eine Frau hat Anspruch auf Leistungen nach diesem Abschnitt, wenn ihr die Aufbringung der Mittel für den Abbruch einer Schwangerschaft nicht zuzumuten ist und sie ihren Wohnsitz oder gewöhnlichen Aufenthalt im Geltungsbereich dieses Gesetzes hat. Für Frauen, die Anspruch auf Leistungen nach dem Asylbewerberleistungsgesetz haben, gilt § 10a Absatz 3 Satz 4 und 5 des Asylbewerberleistungsgesetzes entsprechend.

(2) Einer Frau ist die Aufbringung der Mittel im Sinne des Absatzes 1 nicht zuzumuten, wenn ihre verfügbaren persönlichen Einkünfte in Geld oder Geldeswert 1 001 Euro (Einkommensgrenze) nicht übersteigen und ihr persönlich kein kurzfristig verwertbares Vermögen zur Verfügung steht oder der Einsatz des Vermögens für sie eine unbillige Härte bedeuten würde. Die Einkommensgrenze erhöht sich um jeweils 237 Euro für jedes Kind, dem die Frau unterhaltspflichtig ist, wenn das Kind minderjährig ist und ihrem Haushalt angehört oder wenn es von ihr überwiegend unterhalten wird. Übersteigen die Kosten der Unterkunft für die Frau und die Kinder, für die ihr der Zuschlag nach Satz 2 zusteht, 294 Euro, so erhöht sich die Einkommensgrenze um den Mehrbetrag, höchstens jedoch um 294 Euro.

(3) Die Voraussetzungen des Absatzes 2 gelten als erfüllt,
1. wenn die Frau laufende Hilfe zum Lebensunterhalt nach dem Zwölften Buch Sozialgesetzbuch, Leistungen zur Sicherung des Lebensunterhalts nach dem Zweiten Buch Sozialgesetzbuch, Ausbildungsförderung im Rahmen der Anordnung der Bundesagentur für Arbeit über die individuelle Förderung der beruflichen Ausbildung oder über die Arbeits- und Berufsförderung Behinderter, Leistungen nach dem Asylbewerberleistungsgesetz oder Ausbildungsförderung nach dem Bundesausbildungsförderungsgesetz erhält oder
2. wenn Kosten für die Unterbringung der Frau in einer Anstalt, einem Heim oder in einer gleichartigen Einrichtung von einem Träger der Sozialhilfe oder der Jugendhilfe getragen werden.

### § 20 Leistungen

(1) Leistungen sind die in § 24b Absatz 4 des Fünften Buches Sozialgesetzbuch genannten Leistungen, die von der gesetzlichen Krankenversicherung nur bei einem nicht rechtswidrigen Abbruch einer Schwangerschaft getragen werden.

(2) Die Leistungen werden bei einem nicht rechtswidrigen oder unter den Voraussetzungen des § 218a Absatz 1 des Strafgesetzbuches vorgenommenen Abbruch einer Schwangerschaft als Sachleistungen gewährt. Leistungen nach dem Fünften Buch Sozialgesetzbuch gehen Leistungen nach diesem Abschnitt vor.

### § 21 Durchführung, Zuständigkeit, Verfahren

(1) Die Leistungen werden auf Antrag durch die gesetzliche Krankenkasse gewährt, bei der die Frau gesetzlich krankenversichert ist. Besteht keine Versicherung bei einer gesetzlichen Krankenkasse, kann die Frau einen Träger der gesetzlichen Krankenversicherung am Ort ihres Wohnsitzes oder ihres gewöhnlichen Aufenthaltes wählen.

(2) Das Verfahren wird auf Wunsch der Frau schriftlich durchgeführt. Die Krankenkasse stellt, wenn die Voraussetzungen des § 19 vorliegen, unverzüglich eine Bescheinigung über die Kostenübernahme aus. Tatsachen sind glaubhaft zu machen.

(3) Die Berechtigte hat die freie Wahl unter den Ärzten, Ärztinnen und Einrichtungen, die sich zur Vornahme des Eingriffs zu der in Satz 2 genannten Vergütung bereit erklären. Ärzte, Ärztinnen und Einrichtungen haben Anspruch auf die Vergütung, welche die Krankenkasse für ihre Mitglieder bei einem nicht rechtswidrigen Schwangerschaftsabbruch für Leistungen nach § 20 zahlt.

(4) *Der Arzt, die Ärztin oder die Einrichtung rechnet Leistungen nach § 20 mit der Krankenkasse ab, die die Bescheinigung nach Absatz 2 Satz 2 ausgestellt hat. Mit der Abrechnung ist zu bestätigen, dass der Abbruch der Schwangerschaft in einer Einrichtung nach § 13 Absatz 1 dieses Gesetzes unter den Voraussetzungen des § 218a Absatz 1, 2 oder 3 des Strafgesetzbuches vorgenommen worden ist.*

(5) *Im gesamten Verfahren ist das Persönlichkeitsrecht der Frau unter Berücksichtigung der besonderen Situation der Schwangerschaft zu achten. Die beteiligten Stellen sollen zusammenarbeiten und darauf hinwirken, dass sich ihre Tätigkeiten wirksam ergänzen.*

### § 22 Kostenerstattung

*Die Länder erstatten den gesetzlichen Krankenkassen die ihnen durch diesen Abschnitt entstehenden Kosten. Das Nähere einschließlich des haushaltstechnischen Verfahrens und der Behördenzuständigkeit regeln die Länder.*

### § 23 Rechtsweg

*Über öffentlich-rechtliche Streitigkeiten in den Angelegenheiten dieses Abschnitts entscheiden die Gerichte der Sozialgerichtsbarkeit.*

### § 24 Anpassung

*Die in § 19 Absatz 2 genannten Beträge verändern sich um den Vomhundertsatz, um den sich der aktuelle Rentenwert in der gesetzlichen Rentenversicherung verändert; ein nicht auf volle Euro errechneter Betrag ist auf- oder abzurunden. Das Bundesministerium für Familie, Senioren, Frauen und Jugend macht die veränderten Beträge im Bundesanzeiger bekannt.*

### Abschnitt 6 Vertrauliche Geburt

### § 25 Beratung zur vertraulichen Geburt

(1) *Eine nach § 2 Absatz 4 beratene Schwangere, die ihre Identität nicht preisgeben möchte, ist darüber zu informieren, dass eine vertrauliche Geburt möglich ist. Vertrauliche Geburt ist eine Entbindung, bei der die Schwangere ihre Identität nicht offenlegt und stattdessen die Angaben nach § 26 Absatz 2 Satz 2 macht.*

(2) *Vorrangiges Ziel der Beratung ist es, der Schwangeren eine medizinisch betreute Entbindung zu ermöglichen und Hilfestellung anzubieten, so dass sie sich für ein Leben mit dem Kind entscheiden kann. Die Beratung umfasst insbesondere:*
1. *die Information über den Ablauf des Verfahrens und die Rechtsfolgen einer vertraulichen Geburt,*
2. *die Information über die Rechte des Kindes; dabei ist die Bedeutung der Kenntnis der Herkunft von Mutter und Vater für die Entwicklung des Kindes hervorzuheben;*
3. *die Information über die Rechte des Vaters,*
4. *die Darstellung des üblichen Verlaufs und Abschlusses eines Adoptionsverfahrens,*
5. *die Information, wie eine Frau ihre Rechte gegenüber ihrem Kind nach einer vertraulichen Geburt unter Aufgabe ihrer Anonymität geltend machen kann, sowie*
6. *die Information über das Verfahren nach den §§ 31 und 32.*

(3) *Durch die Information nach Absatz 2 Satz 2 Nummer 2 und 3 soll die Bereitschaft der Schwangeren gefördert werden, dem Kind möglichst umfassend Informationen über seine Herkunft und die Hintergründe seiner Abgabe mitzuteilen.*

(4) *Die Beratung und Begleitung soll in Kooperation mit der Adoptionsvermittlungsstelle erfolgen.*

(5) *Lehnt die Frau eine vertrauliche Geburt ab, so ist sie darüber zu informieren, dass ihr das Angebot der anonymen Beratung und Hilfen jederzeit weiter zur Verfügung steht.*

### § 26 Das Verfahren der vertraulichen Geburt

*(1) Wünscht die Schwangere eine vertrauliche Geburt, wählt sie*
1. *einen Vor- und einen Familiennamen, unter dem sie im Verfahren der vertraulichen Geburt handelt (Pseudonym), und*
2. *je einen oder mehrere weibliche und einen oder mehrere männliche Vornamen für das Kind.*

*(2) Die Beratungsstelle hat einen Nachweis für die Herkunft des Kindes zu erstellen. Dafür nimmt sie die Vornamen und den Familiennamen der Schwangeren, ihr Geburtsdatum und ihre Anschrift auf und überprüft diese Angaben anhand eines gültigen zur Identitätsfeststellung der Schwangeren geeigneten Ausweises.*

*(3) Der Herkunftsnachweis ist in einem Umschlag so zu verschließen, dass ein unbemerktes Öffnen verhindert wird. Auf dem Umschlag sind zu vermerken:*
1. *die Tatsache, dass er einen Herkunftsnachweis enthält,*
2. *das Pseudonym,*
3. *der Geburtsort und das Geburtsdatum des Kindes,*
4. *der Name und die Anschrift der geburtshilflichen Einrichtung oder der zur Leistung von Geburtshilfe berechtigten Person, bei der die Anmeldung nach Absatz 4 erfolgt ist, und*
5. *die Anschrift der Beratungsstelle.*

*(4) Mit dem Hinweis, dass es sich um eine vertrauliche Geburt handelt, meldet die Beratungsstelle die Schwangere unter deren Pseudonym in einer geburtshilflichen Einrichtung oder bei einer zur Leistung von Geburtshilfe berechtigten Person zur Entbindung an. Diese Einrichtung oder Person kann die Schwangere frei wählen. Die Beratungsstelle teilt bei der Anmeldung die nach Absatz 1 Nummer 2 gewählten Vornamen für das Kind mit.*

*(5) Die Beratungsstelle teilt dem am Geburtsort zuständigen Jugendamt folgende Angaben mit:*
1. *das Pseudonym der Schwangeren,*
2. *den voraussichtlichen Geburtstermin und*
3. *die Einrichtung oder die zur Leistung von Geburtshilfe berechtigte Person, bei der die Anmeldung nach Absatz 4 erfolgt ist.*

*(6) Der Leiter oder die Leiterin der Einrichtung der Geburtshilfe, in der die Schwangere geboren hat, teilt der Beratungsstelle nach Absatz 4 Satz 1 unverzüglich das Geburtsdatum und den Geburtsort des Kindes mit. Das Gleiche gilt bei einer Hausgeburt für die zur Leistung von Geburtshilfe berechtigte Person.*

*(7) Das Standesamt teilt dem Bundesamt für Familie und zivilgesellschaftliche Aufgaben den beurkundeten Namen des Kindes zusammen mit dem Pseudonym der Mutter mit.*

*(8) Nachrichten der Frau an das Kind werden von der Beratungsstelle an die Adoptionsvermittlungsstelle weitergeleitet und dort in die entsprechende Vermittlungsakte aufgenommen; bei nicht adoptierten Kindern werden sie an das Bundesamt für Familie und zivilgesellschaftliche Aufgaben weitergeleitet.*

### § 27 Umgang mit dem Herkunftsnachweis

*(1) Die Beratungsstelle übersendet den Umschlag mit dem Herkunftsnachweis an das Bundesamt für Familie und zivilgesellschaftliche Aufgaben zur sicheren Verwahrung, sobald sie Kenntnis von der Geburt des Kindes erlangt hat.*

*(2) Das Bundesamt für Familie und zivilgesellschaftliche Aufgaben vermerkt den vom Standesamt nach § 26 Absatz 7 mitgeteilten Namen des Kindes auf dem Umschlag, der seinen Herkunftsnachweis enthält.*

### § 28 Beratungsstellen zur Betreuung der vertraulichen Geburt

*(1) Beratungsstellen nach den §§ 3 und 8 können die Beratung zur vertraulichen Geburt durchführen, wenn sie die Gewähr für eine ordnungsgemäße Durchführung des Verfahrens der vertraulichen Geburt*

nach den Bestimmungen dieses Abschnitts bieten sowie über hinreichend persönlich und fachlich qualifizierte Beratungsfachkräfte verfügen.

(2) Um die Beratung zur vertraulichen Geburt wohnortnah durchzuführen, können die Beratungsstellen nach den §§ 3 und 8 eine Beratungsfachkraft nach Absatz 1 hinzuziehen.

### § 29 Beratung in Einrichtungen der Geburtshilfe oder bei Hausgeburten

(1) Der Leiter oder die Leiterin einer Einrichtung der Geburtshilfe, die eine Schwangere ohne Feststellung ihrer Identität zur Entbindung aufnimmt, hat unverzüglich eine Beratungsstelle nach den §§ 3 und 8 im örtlichen Einzugsbereich über die Aufnahme zu informieren. Das Gleiche gilt für eine zur Leistung von Geburtshilfe berechtigte Person bei einer Hausgeburt.

(2) Die unterrichtete Beratungsstelle sorgt dafür, dass der Schwangeren die Beratung zur vertraulichen Geburt und deren Durchführung nach Maßgabe dieses Abschnitts unverzüglich von einer Beratungsfachkraft nach § 28 persönlich angeboten wird. Die Schwangere darf nicht zur Annahme der Beratung gedrängt werden.

(3) Die Verpflichtung nach Absatz 2 besteht auch, wenn die Frau ihr Kind bereits geboren hat.

### § 30 Beratung nach der Geburt des Kindes

(1) Der Mutter ist auch nach der Geburt des Kindes Beratung nach § 2 Absatz 4 und § 25 Absatz 2 und 3 anzubieten. Dies gilt auch dann, wenn kein Herkunftsnachweis erstellt worden ist.

(2) Betrifft die Beratung die Rücknahme des Kindes, soll die Beratungsstelle die Mutter über die Leistungsangebote für Eltern im örtlichen Einzugsbereich informieren. Will die Mutter ihr Kind zurückerhalten, soll die Beratungsstelle darauf hinwirken, dass sie Hilfe in Anspruch nimmt. Die Beratungsstelle bietet der Schwangeren kontinuierlich Hilfestellung zur Lösung ihrer psychosozialen Konfliktlage an.

### § 31 Einsichtsrecht des Kindes in den Herkunftsnachweis

(1) Mit Vollendung des 16. Lebensjahres hat das vertraulich geborene Kind das Recht, den beim Bundesamt für Familie und zivilgesellschaftliche Aufgaben verwahrten Herkunftsnachweis einzusehen oder Kopien zu verlangen (Einsichtsrecht).

(2) Die Mutter kann Belange, die dem Einsichtsrecht entgegenstehen, ab der Vollendung des 15. Lebensjahres des Kindes unter ihrem Pseudonym nach § 26 Absatz 1 Nummer 1 bei einer Beratungsstelle nach den §§ 3 und 8 erklären. Sie hat dabei die Angabe nach § 26 Absatz 3 Satz 2 Nummer 3 zu machen. Die Beratungsstelle zeigt der Mutter Hilfsangebote auf und erörtert mit ihr mögliche Maßnahmen zur Abwehr der befürchteten Gefahren. Sie hat die Mutter darüber zu informieren, dass das Kind sein Einsichtsrecht gerichtlich geltend machen kann.

(3) Bleibt die Mutter bei ihrer Erklärung nach Absatz 2, so hat sie gegenüber der Beratungsstelle eine Person oder Stelle zu benennen, die für den Fall eines familiengerichtlichen Verfahrens die Rechte der Mutter im eigenen Namen geltend macht (Verfahrensstandschafter). Der Verfahrensstandschafter darf die Identität der Mutter nicht ohne deren Einwilligung offenbaren. Die Mutter ist von der Beratungsstelle darüber zu informieren, dass sie dafür zu sorgen hat, dass diese Person oder Stelle zur Übernahme der Verfahrensstandschaft bereit und für das Familiengericht erreichbar ist. Die Beratungsstelle unterrichtet das Bundesamt für Familie und zivilgesellschaftliche Aufgaben unverzüglich über die Erklärung der Mutter und ihre Angaben zur Person oder Stelle.

(4) Das Bundesamt für Familie und zivilgesellschaftliche Aufgaben darf dem Kind bis zum rechtskräftigen Abschluss eines familiengerichtlichen Verfahrens nach § 32 keine Einsicht gewähren, wenn die Mutter eine Erklärung nach Absatz 2 Satz 1 abgegeben und eine Person oder Stelle nach Absatz 3 Satz 1 benannt hat.

### § 32 Familiengerichtliches Verfahren

*(1)* Verweigert das Bundesamt für Familie und zivilgesellschaftliche Aufgaben dem Kind die Einsicht in seinen Herkunftsnachweis nach § 31 Absatz 4, entscheidet das Familiengericht auf Antrag des Kindes über dessen Einsichtsrecht. Das Familiengericht hat zu prüfen, ob das Interesse der leiblichen Mutter an der weiteren Geheimhaltung ihrer Identität aufgrund der durch die Einsicht befürchteten Gefahren für Leib, Leben, Gesundheit, persönliche Freiheit oder ähnliche schutzwürdige Belange gegenüber dem Interesse des Kindes auf Kenntnis seiner Abstammung überwiegt. Ausschließlich zuständig ist das Familiengericht, in dessen Bezirk das Kind seinen gewöhnlichen Aufenthalt hat. Ist eine Zuständigkeit eines deutschen Gerichts nach Satz 3 nicht gegeben, ist das Amtsgericht Schöneberg in Berlin ausschließlich zuständig.

*(2)* In diesem Verfahren gelten die Vorschriften des Ersten Buches des Gesetzes über das Verfahren in Familiensachen und in den Angelegenheiten der freiwilligen Gerichtsbarkeit entsprechend, soweit nachfolgend nichts anderes geregelt ist.

*(3)* Beteiligte des Verfahrens sind:
1. das Kind,
2. das Bundesamt für Familie und zivilgesellschaftliche Aufgaben,
3. der nach § 31 Absatz 3 Satz 1 benannte Verfahrensstandschafter.

Das Gericht kann die Mutter persönlich anhören. Hört es die Mutter an, so hat die Anhörung in Abwesenheit der übrigen Beteiligten zu erfolgen. Diese sind unter Wahrung der Anonymität der Mutter über das Ergebnis der Anhörung zu unterrichten. Der Beschluss des Familiengerichts wird erst mit Rechtskraft wirksam. Die Entscheidung wirkt auch für und gegen die Mutter. In dem Verfahren werden keine Kosten erhoben. § 174 des Gesetzes über das Verfahren in Familiensachen und in den Angelegenheiten der freiwilligen Gerichtsbarkeit ist entsprechend anzuwenden.

*(4)* Erklären sich der Verfahrensstandschafter und die Mutter in dem Verfahren binnen einer vom Gericht zu bestimmenden Frist nicht, wird vermutet, dass schutzwürdige Belange der Mutter nach Absatz 1 Satz 2 nicht vorliegen.

*(5)* Wird der Antrag des Kindes zurückgewiesen, kann das Kind frühestens drei Jahre nach Rechtskraft des Beschlusses erneut einen Antrag beim Familiengericht stellen.

### § 33 Dokumentations- und Berichtspflicht

*(1)* Die Beratungsstelle fertigt über jedes Beratungsgespräch unter dem Pseudonym der Schwangeren eine Aufzeichnung an, die insbesondere Folgendes dokumentiert:
1. die Unterrichtungen nach § 26 Absatz 4 und 5,
2. die ordnungsgemäße Datenaufnahme nach § 26 Absatz 2 sowie die Versendung des Herkunftsnachweises nach § 27 Absatz 1 und
3. die Fertigung und Versendung einer Nachricht nach § 26 Absatz 8.

Die Anonymität der Schwangeren ist zu wahren.

*(2)* Die Beratungsstellen sind verpflichtet, auf der Grundlage der Dokumentation die mit der vertraulichen Geburt gesammelten Erfahrungen jährlich in einem schriftlichen Bericht niederzulegen, der über die zuständige Landesbehörde dem Bundesamt für Familie und zivilgesellschaftliche Aufgaben übermittelt wird.

### § 34 Kostenübernahme

*(1)* Der Bund übernimmt die Kosten, die im Zusammenhang mit der Geburt sowie der Vor- und Nachsorge entstehen. Die Kostenübernahme erfolgt entsprechend der Vergütung für Leistungen der gesetzlichen Krankenversicherung bei Schwangerschaft und Mutterschaft.

*(2)* Der Träger der Einrichtung, in der die Geburtshilfe stattgefunden hat, die zur Leistung von Geburtshilfe berechtigte Person, die Geburtshilfe geleistet hat, sowie andere beteiligte Leistungserbringer können diese Kosten unmittelbar gegenüber dem Bund geltend machen.

(3) *Macht die Mutter nach der Geburt die für den Geburtseintrag erforderlichen Angaben, kann der Bund die nach Absatz 1 übernommenen Kosten von der Krankenversicherung zurückfordern.*

(4) *Die Aufgaben nach den Absätzen 2 und 3 werden dem Bundesamt für Familie und zivilgesellschaftliche Aufgaben übertragen.*

(5) *Das Standesamt teilt dem Bundesamt für Familie und zivilgesellschaftliche Aufgaben im Fall des Absatzes 3 Namen und Anschrift der Mutter sowie ihr Pseudonym mit.*

## I. Ärztliches Weigerungsrecht

Die Mitwirkung an einem Schwangerschaftsabbruch bringt Ärzte u.U. an die Grenzen dessen, was mit ihrer hippokratischen Verpflichtung zur Erhaltung menschlichen Lebens noch vereinbart werden kann. Um einer hieraus resultierenden **höchstpersönlichen Gewissensnot** Rechnung tragen zu können (für eine explizite »Gewissensklausel« de lege ferenda: *Hillenkamp* Schöch-FS 2010, S. 511 ff.), darf nach § 12 Abs. 1 SchKG »niemand« – auch kein medizinisches oder sonstiges Hilfspersonal – zur Mitwirkung gezwungen werden (vgl. NK-StGB/*Merkel* § 218a Rn. 164a: »rechtliche wie rechtsethische Selbstverständlichkeit«). Die Weigerung beansprucht unbedingten Respekt und muss nicht gesondert begründet werden (unstr.); sie erfasst jedoch allein den Abbruch als solchen und nicht die im Vorfeld oder im Rahmen der Nachsorge vorgenommenen Untersuchungen. Für Apotheker gibt es ein vergleichbares Weigerungsrecht – relevant insbesondere bzgl. der »Pille danach« (s. §§ 218, 218a StGB Rdn. 10) – jedoch nicht (krit. *Büchner* ZfL 2015, 21 f.). 11

Dieses Weigerungsrecht kennt allerdings eine **Ausnahme**: Die Gewissensüberzeugung muss stets zurückstehen, wenn das Mitwirken »notwendig ist, um von der Frau eine anders nicht abwendbare Gefahr des Todes oder einer schweren Gesundheitsschädigung abzuwenden« (§ 12 Abs. 2 SchKG). Mit Rücksicht auf Art. 4 GG ist die Mitwirkungspflicht aber auf vital zugespitzte Notstandsfälle beschränkt und erstreckt sich nicht etwa auf den Gesamtbereich der »medizinisch-sozialen« Indikation (vgl. MüKo-StGB/*Gropp/Wörner* § 218a Rn. 101; Schönke/Schröder/*Eser/Weißer* § 218a Rn. 86, dort jew. zu den strafrechtlichen Folgen einer gleichwohl verweigerten Mitwirkung aus § 323c bzw. §§ 211 ff., 223 ff.); außerdem muss gerade auch die Mitwirkung derjenigen Person unvermeidlich sein, die gegen ihre Gewissensüberzeugung in die Pflicht genommen wird. Es ist daher Aufgabe der Klinikleitung, organisatorische Vorkehrungen zu treffen, um eine solche Pflichtenkollision vorbeugend abzuwenden. Jenseits solcher Unvermeidbarkeit dürfen der betreffenden Person aus ihrer Weigerung weder arbeits- noch vertragsrechtlich negative Konsequenzen erwachsen. 12

## II. Krankenhauspflicht

Damit bei der Vornahme des Schwangerschaftsabbruchs die notwendige ärztliche Sorgfalt sichergestellt ist (**Qualitätssicherung**), beschränkt § 13 Abs. 1 SchKG den Eingriffsort auf Krankenhäuser und solche Einrichtungen, in denen auch die notwendige Nachbehandlung gewährleistet ist. Einer stationären Aufnahme bedarf es aber nicht zwingend (Abs. 2). Verstöße werden als Ordnungswidrigkeit geahndet (vgl. § 14 Abs. 1 Nr. 3 SchKG). 13

## III. Meldepflicht und Statistik

Zwecks statistischer Erfassung aller Schwangerschaftsabbrüche sehen §§ 15 bis 18 SchKG eine Meldepflicht an das Statistische Bundesamt vor (s. § 218a StGB Rdn. 4). Gleichwohl dürfte von einem nicht ganz unerheblichen **Dunkelfeld** auszugehen sein. Mit Recht haben die BÄK und die DGGG auch eine Erweiterung der in § 16 SchKG benannten Erhebungsmerkmale angemahnt (Vorschlag zur Ergänzung des Schwangerschaftsabbruchsrechts aus medizinischer Indikation v. 15.09.2006: gesonderte Erfassung der Abbrüche nach embryopathischem Befund, differenziertere Unterteilung hinsichtlich der Schwangerschaftsdauer und explizite Bezifferung der Abbrüche mittels Fetozid. Das Scheitern der Bemühungen um Verbesserung der Statistik im Vorfeld des 14

Gesetzes v. 26.08.2009 (BGBl. I S. 2990) zeigt jedoch, dass der Gesetzgeber offenbar nicht wirklich daran interessiert ist, seiner verfassungsrechtlichen Pflicht zur Bereitstellung »verlässlicher Statistiken mit hinreichender Aussagekraft« (BVerfGE 88, 203, 310 f.) nachzukommen (dazu bereits *Duttge/Bernau* ZfL 2009, 42, 47). Erst auf Initiative von DGGG und Bundesärztekammer wurde das Formular über die Bundesstatistik mittlerweile verbessert (näher *Kentenich/Vetter/Diedrich/Hepp* in: http://www.ggg-b.de/_download/unprotected/aenderung_abbruch_med_indikation_ggg.pdf).

### § 219a Werbung für den Abbruch der Schwangerschaft

(1) Wer öffentlich, in einer Versammlung oder durch Verbreiten eines Inhalts (§ 11 Absatz 3) seines Vermögensvorteils wegen oder in grob anstößiger Weise
1. eigene oder fremde Dienste zur Vornahme oder Förderung eines Schwangerschaftsabbruchs oder
2. Mittel, Gegenstände oder Verfahren, die zum Abbruch der Schwangerschaft geeignet sind, unter Hinweis auf diese Eignung

anbietet, ankündigt, anpreist oder Erklärungen solchen Inhalts bekanntgibt, wird mit Freiheitsstrafe bis zu zwei Jahren oder mit Geldstrafe bestraft.

(2) Absatz 1 Nr. 1 gilt nicht, wenn Ärzte oder auf Grund Gesetzes anerkannte Beratungsstellen darüber unterrichtet werden, welche Ärzte, Krankenhäuser oder Einrichtungen bereit sind, einen Schwangerschaftsabbruch unter den Voraussetzungen des § 218a Abs. 1 bis 3 vorzunehmen.

(3) Absatz 1 Nr. 2 gilt nicht, wenn die Tat gegenüber Ärzten oder Personen, die zum Handel mit den in Absatz 1 Nr. 2 erwähnten Mitteln oder Gegenständen befugt sind oder durch eine Veröffentlichung in ärztlichen oder pharmazeutischen Fachblättern begangen wird.

(4) Absatz 1 gilt nicht, wenn Ärzte, Krankenhäuser oder Einrichtungen
1. auf die Tatsache hinweisen, dass sie Schwangerschaftsabbrüche unter den Voraussetzungen des § 218a Absatz 1 bis 3 vornehmen, oder
2. auf Informationen einer insoweit zuständigen Bundes- oder Landesbehörde, einer Beratungsstelle nach dem Schwangerschaftskonfliktgesetz oder einer Ärztekammer über einen Schwangerschaftsabbruch hinweisen.

1 Der verselbstständigte Vorbereitungstatbestand des § 219a (abstraktes Gefährdungsdelikt) soll vor jeder offenen oder als Information getarnten Propagierung oder Verharmlosung des (legalen oder illegalen) Schwangerschaftsabbruchs und insbesondere vor dessen **Kommerzialisierung** schützen (BT-Drs. 7/1981 S. 17). Die Erlangung eines Vermögensvorteils muss dabei die maßgebende Zielvorstellung des Täters sein (vgl. MüKo-StGB/*Gropp/Wörner* § 219a Rn. 12), ohne dass dieser aber (abweichend von §§ 253, 263) rechtswidrig zu sein braucht; es genügt daher auch bspw. das Streben nach dem »üblichen Arzthonorar« (LK/*Kröger* § 219a Rn. 7). »Grob anstößig« soll eine Werbung (allgemein zu ärztlichen Werbeeinschränkungen BVerfGE 71, 162) immer dann sein, wenn sie – an den allgemeinen gesellschaftlichen Wertvorstellungen gemessen – die Grenzen des »Anstands« evident überschreitet (so *Lackner/Kühl* § 219a Rn. 5; SK/*Rogall* Rn. 12: z.B. in anreißerischer oder den Schwangerschaftsabbruch verherrlichender Weise; s.a. *Fischer* § 219a Rn. 14: die Anstößigkeit kann sich aus der Form oder dem Inhalt der Veröffentlichung ergeben); wo allerdings genau die Grenzen verlaufen, dürfte in verfassungsrechtlich bedenklicher Weise (vgl. Art. 103 Abs. 2 GG) unklar sein (vgl. aber auch LG Bayreuth ZfL 2007, 16 m. Bspr. *Goldbeck*).

2 **Verfassungsrechtliche Bedenken** sind jedoch auch rechtsgrundsätzlich gegen die mit § 219a einhergehende »Vorfeldkriminalisierung« erhoben worden (z.B. Arzt/*Weber*/Heinrich/Hilgendorf § 5 Rn. 40). Im Jahr 2019 ist die Debatte anlässlich eines singulären Strafverfahrens (AG Gießen NStZ 2018, 416; LG Gießen RDG 2019, 86 ff.; OLG Frankfurt a.M. NJW-Spezial 2019, 537; LG Gießen Urt. v. 12.12.2019 – 4 Ns 406 Js 15031/15; OLG Frankfurt a.M. NStZ-RR 2021, 106) neu

entfacht worden. Der Kriminalpolitische Kreis sieht es mehrheitlich als wertungswidersprüchlich an, dass die Strafvorschrift auch solche Kundgaben untersagt, die Modalitäten zu i.S.d. §§ 218a Abs. 2, 3 rechtmäßigen Schwangerschaftsabbrüchen zum Gegenstand haben (ZfL 2018, 31 f.). Ein Teil der Strafrechtswissenschaft plädiert für einen Verzicht auf die Begehungsmodalität des »Anbietens« oder auf eine entsprechende restriktive Auslegung unter Ausschluss »neutraler Informationen« (*Frommel* ZfL 2018, 17 f.; *Gärditz* ZfL 2018, 18, 21; *T. Walter* ZfL 2018, 26, 28 ff.: bei schlichtem Ankündigen oder Anbieten einer gerechtfertigten Abtreibung; *Wörner* NStZ 2018, 417, 418 unter Verweis auf die amtliche Überschrift). Nach dem KG »genügt eine bloße Beschreibung und Funktionserklärung der Dienste nicht. Hinzutreten muss, dass die angebotenen Dienste als in bestimmter Weise zugänglich dargestellt werden« (KG NStZ 2020, 550 Rn. 9). Dass der Gesetzgeber diese Form der aufgedrängten sozialrelevanten Kommunikation per definitionem als »Werbung« begreift und insoweit zu verhindern sucht, lässt sich angesichts der evidenten Abgrenzungsprobleme bei »als Information getarnter Propaganda« (LK/*Kröger* Rn. 1) auch im Lichte der (substantiell ohnehin nicht wesentlich beeinträchtigten) allgemeinen Informationsfreiheit mitnichten als illegitim auffassen (so aber »aus der Perspektive reproduktiver Gesundheit und reproduktiver Rechte« *Lembke/Wapler* RuP 2017, 505 ff.). Mit Blick auf die längst brüchig gewordene Effektivität des »Beratungsschutzkonzepts« (zum verfassungsrechtlichen Untermaßverbot vgl. §§ 218, 218a StGB Rdn. 1) erscheint auch eine Herabstufung zum bloßen Verwaltungsungehorsam (so *Merkel* Stellungnahme anlässlich der öffentlichen Anhörung des Ausschusses für Recht und Verbraucherschutz v. 27.06.2018; für das »Anpreisen« nur tatbestandsloser Abtreibungen auch *T. Walter* ZfL 2018, 26, 30) kaum überzeugend. Das vorläufige Schlusswort des Gesetzgebers findet sich nunmehr in Abs. 4.

**2a** Um die Zugänglichkeit von Informationen über Ärzte/Innen, Krankenhäuser und sonstige Einrichtungen, die Schwangerschaftsabbrüche vornehmen, wie auch über die dabei jeweils angewendeten Methoden zu kanalisieren, hat der Gesetzgeber die Bundesärztekammer zum Führen einer entsprechenden (monatlich zu aktualisierenden) **Liste** verpflichtet. Diese Liste wird von der Bundeszentrale für gesundheitliche Aufklärung veröffentlicht und ist auch über den zentralen Notruf jederzeit in Erfahrung zu bringen (§§ 13, 13a SchKG i.d.F. des Gesetzes v. 22.03.2019, BGBl. I S. 350). Dass mit Abs. 4 Nr. 2 auf diese Informationen (allerdings erweiternd auch auf solche, die von einer anerkannten Beratungsstelle oder einer Ärztekammer zur Verfügung gestellt werden) von Ärzten/Innen, Krankenhäusern oder sonstigen Einrichtungen hingewiesen werden darf, ist folgerichtig. Darüber hinaus erlaubt Abs. 4 Nr. 1 jedoch nunmehr auch öffentliche »Hinweise« auf die »Tatsache« des eigenen Regelangebots zur Vornahme von Schwangerschaftsabbrüchen »unter den Voraussetzungen des § 218a Abs. 1 bis 3«. Den Anbietern ist damit aufgegeben, die generelle strafgesetzliche Relevanz ihres Tuns in Abgrenzung zu »normalen« Dienstleistungen zu benennen (zutr. *Berghäuser* KriPoz 2019, 82, 86 f.: Schutz vor »Irreführung«).

**3** Bedeutsame **Ausnahmen** vom »Werbungsverbot« finden sich zunächst in den Abs. 2 und 3 im Interesse einer funktionsgerechten Unterrichtung von berufsmäßig mit dem Schwangerschaftsabbruch befassten Personen und Einrichtungen. Strafrechtsdogmatisch ist nicht erst die Rechtswidrigkeit, sondern bereits der Tatbestand ausgeschlossen (h.M., vgl. etwa Schönke/Schröder/*Eser/Weißer* § 219a Rn. 9). Konkurrenzrechtlich ist mit § 218 Tateinheit denkbar, wenn es aufgrund einer Werbeaktion nach § 219a zu einem davon tatsächlich beeinflussten Abbruch kommt und dem Täter ein entsprechender Vorsatz nachweisbar ist (HK-GS/*Rössner/Wenkel* § 219a Rn. 12).

**3a** Abs. 4 regelt **weitere Ausnahmen** zu Abs. 1 und präzisiert damit den Bereich straffreier ärztlicher Informationstätigkeit. Abs. 1 soll demnach nicht gelten, wenn Ärzte, Krankenhäuser oder Einrichtungen auf das »Ob« hinweisen, dass sie Schwangerschaftsabbrüche nach § 218a Abs. 1 bis 3 vornehmen oder, wenn sie auf Informationen ausgewählter Behörden über das »wie« des Schwangerschaftsabbruchs hinweisen. Die Rechtsprechung greift die im Jahr 2019 erlassene Vorschrift bislang unterschiedlich auf. Insbesondere die Frage nach der Kriminalisierung auch nur fragmentarischer Informationen über das »Wie« eines Schwangerschaftsabbruchs im Zusammenhang mit Abs. 4 bleibt ungeklärt. Im Kern wird unterschiedlich beurteilt, ob Abs. 4 Nr. 1, 2 alternativ oder kumulativ erfüllt sein müssen (dazu *Lorenz/Turhan* JR 2020, 465, 470 ff.; *Falterbaum* medstra 2021, 224, 230). Einerseits ließe sich also vertreten, dass im Falle eines ärztlichen Verweises auf § 218a Abs. 1–3 (wie ihn § 219a Abs. 4 Nr. 1 fordert) per se ein Tatbestandsausschluss erfolgt. Weitere Hinweise auf das »Wie« des Schwangerschaftsabbruchs sind dann nicht strafbar (so wohl AG Kassel Beschl. v. 05.07.2019 – 284 Ds – 2660 Js 28990/17 Rn. 7). Andererseits vertretbar wäre, die Erfüllung des Abs. 4 Nr. 1 zu fordern und *darüber hinaus* zu verlangen, dass zum Tatbestandsausschluss die Grenzen des Abs. 4 Nr. 2 einzuhalten sind (so OLG Frankfurt a.M. NStZ-RR 2021, 106; KG NStZ 2020, 550 Rn. 23 f.). Der letztgenannte Ansatz entspricht wohl am ehesten der gesetzgeberischen Absicht (vgl. BT-Drs. 19/7693 S. 11), reibt sich aber mit dem Wortlaut des Abs. 4 (*Lorenz/Turhan* JR 2020, 465, 471). Aus diesem Grund wird die Kompromisslösung des Abs. 4 in der Literatur teilweise als gesetzgeberische Fehlleistung bewertet (MüKo-StGB/*Gropp/Wörner* § 219a Rn. 11b).

4 Die **rechtstatsächliche Relevanz** der Strafnorm ist »verschwindend gering« (MüKo-StGB/*Gropp/Wörner* § 219a Rn. 3). Die Strafverfolgungsstatistik weist für das Jahr 2019 zwei Verurteilungen aus (Statistisches Bundesamt, Fachserie 10, Reihe 3, 2019, 32).

### § 219b Inverkehrbringen von Mitteln zum Abbruch der Schwangerschaft

**(1) Wer in der Absicht, rechtswidrige Taten nach § 218 zu fördern, Mittel oder Gegenstände, die zum Schwangerschaftsabbruch geeignet sind, in den Verkehr bringt, wird mit Freiheitsstrafe bis zu zwei Jahren oder mit Geldstrafe bestraft.**

**(2) Die Teilnahme der Frau, die den Abbruch ihrer Schwangerschaft vorbereitet, ist nicht nach Absatz 1 strafbar.**

**(3) Mittel oder Gegenstände, auf die sich die Tat bezieht, können eingezogen werden.**

1 Um vor allem Laienabbrüche und die mit ihnen verbundenen Gefahren für Leben und Gesundheit von Schwangeren bereits im Vorfeld zu unterbinden, untersagt § 219b das **Inverkehrbringen von hierfür objektiv geeigneten Mitteln** (unter Einschluss sog. »dual-use-Mittel«, s. HK-GS/*Rössner/Wenkel* § 219b Rn. 2). Entscheidend ist – abweichend von § 4 Abs. 17 AMG (»Vorrätighalten«) – der Wechsel der tatsächlichen Verfügungsgewalt (zutr. SK-StGB/*Rogall* § 219b Rn. 5). Auf die Entgeltlichkeit, zivilrechtliche Wirksamkeit, Gewerbsmäßigkeit oder Entschlossenheit des Empfängers zur Begehung eines Schwangerschaftsabbruchs kommt es dabei nicht an (vgl. *Lackner/Kühl* § 219b Rn. 3). Erfasst sind ausschließlich abortivtaugliche Mittel und Gegenstände, nicht dagegen solche zur Empfängnisverhütung oder Nidationsverhinderung (*Bernsmann/Geilen* in: Wenzel, Rn. 631). Sowohl Wortsinn als auch Telos legen nahe, die nach § 218a Abs. 1 Nr. 1 »tatbestandslosen« Abbrüche (trotz der insoweit fortbestehenden Rechtswidrigkeit näher §§ 218, 218a StGB Rdn. 1 ff., 13) auszunehmen (zum Begriff der »rechtswidrigen Tat« vgl. § 11 Abs. 1 Nr. 5; wie hier auch die h.M., vgl. *Fischer* § 219b Rn. 4 m.w.N.; MüKo-StGB/*Gropp/Wörner* § 219b Rn. 1: andernfalls in der Vorbereitung strafbar, was nach § 218a Abs. 1 zugelassen ist). Subjektiv bedarf es einer Förderungs*absicht* (z.T. wird gegen den Wortsinn generell unbedingter Vorsatz für ausreichend gehalten, dazu ausf. NK-StGB/*Merkel* § 219b Rn. 8 ff.), die aber bereits in abstracto genügt und nicht auf konkrete Einzeltaten bezogen sein muss (BeckOK/*Eschelbach*, § 219b Rn. 4). Nimmt der Täter die abortive Eignung nur irrig an, so liegt konstruktiv ein Versuch vor, der jedoch straflos ist (Vergehen). Für eine evtl. Teilnahme der Schwangeren begründet **Abs. 2** einen persönlichen Strafausschließungsgrund.

2 Angesichts der bestehenden Möglichkeiten, einen Schwangerschaftsabbruch tatbestandslos (§ 218a Abs. 1) oder rechtmäßig (§ 218a Abs. 2, 3) begehen zu können, ist die praktische Relevanz dieses Vorfeldtatbestandes außerordentlich gering (ebenso SK-StGB/*Rogall* § 219b Rn. 1).

## § 222 Fahrlässige Tötung

Wer durch Fahrlässigkeit den Tod eines Menschen verursacht, wird mit Freiheitsstrafe bis zu fünf Jahren oder mit Geldstrafe bestraft.

**Übersicht**

| | Rdn. | | | Rdn. |
|---|---|---|---|---|
| A. Grundsätzliches | 1 | c) Einverständliche Fremdgefährdung | | 15 |
| B. Fahrlässigkeit | 4 | | | |
| I. Sorgfaltspflichtverletzung | 4 | 3. Insbesondere: Ärztliche Heilbehandlung | | 17 |
| 1. Verhaltensfehler (Veranlassungsmoment) | 4 | II. Pflichtwidrigkeitszusammenhang | | 19 |
| 2. Begrenzung durch erlaubte Risiken | 8 | III. Schutzzweckzusammenhang | | 21 |
| a) Arbeitsteiliges Zusammenwirken | 10 | C. Prozessuales und Reformbestrebungen | | 22 |
| b) Eigenverantwortliche Selbstgefährdung | 12 | | | |

## A. Grundsätzliches

Häufig wird es hinsichtlich der kausal bewirkten Lebenszeitverkürzung (zum tatbestandsmäßigen 1 Erfolg näher §§ 211, 212 StGB Rdn. 1, 6 ff.) oder sub specie beim behandelnden Arzt jedenfalls hinsichtlich der Fehlerhaftigkeit seines Handelns (und infolgedessen Unwirksamkeit der patientenseitigen Einwilligung, vgl. § 223 StGB Rdn. 7, 12) an der nötigen »Kenntnis« bzw. am erforderlichen »Willen« (wenigstens in Form einer »billigenden Inkaufnahme« bzw. »Ernstnahme«, dazu näher HK-GS/*Duttge* § 15 Rn. 19 ff.) fehlen; gem. § 16 Abs. 1 Satz 2 bleibt dann aber die Strafbarkeit wegen Fahrlässigkeit »unberührt«. Im Unterschied zum vorsatzspezifischen »Intentionsunwert« liegt dem Fahrlässigkeitsdelikt eine »**Vermeidepflichtverletzung**« **eigener Art** zugrunde: Der Täter hat es hier nachweislich »versäumt, seinem rechtskonformen Willen hinreichende Durchschlagskraft zu verleihen, obwohl ihm die Schadensvermeidung ohne weiteres möglich und zumutbar gewesen wäre« (MüKo-StGB/*Duttge* § 15 Rn. 88). Diesen »Sorgfaltsmangelunwert« kennzeichnet die h.M. in Anlehnung an § 276 Abs. 2 BGB mit dem (doppeldeutigen) Begriff der »Sorgfaltspflichtverletzung« (vertiefend MüKo-StGB/*Duttge* § 15 Rn. 111 f.), der jenen spezifischen Verhaltensfehler kennzeichnet, der auf der subjektiven Tatseite (str.) den fehlenden Tatvorsatz »kompensiert« (*Burkhardt* in: Wolter/Freund, Straftat, Strafzumessung und Strafprozess im gesamten Strafrechtssystem, S. 99, 130). Das *täterindividuelle* Fehlverhalten folgt somit auch und gerade im Kontext ärztlichen Wirkens keineswegs schon aus der Schädigung als solcher oder aus dem Ausbleiben des erstrebten Heilerfolges (vgl. BGH NJW 1977, 1103; MedR 1987, 192, 193; VersR 1991, 467, 468): Denn auch der geschickteste Arzt kann schlechterdings »nicht mit der Sicherheit einer Maschine« arbeiten (RGZ 78, 432, 435); selbst bei größtmöglichem Wollen und Können ist die vom Menschen zu gewährleistende Sicherheit – noch dazu mit Blick auf die Vorgänge im lebenden Organismus – unvermeidlich begrenzt (*Ulsenheimer/Gaede* Rn. 63 f.; zur Häufigkeit letaler Behandlungsfehler in deutschen Kliniken: *Madea/Doberentz* Rechtsmedizin 2015, 179 ff.).

Daraus ergeben sich zwei wichtige Schlussfolgerungen: *Erstens* kann es eine »objektive Fahrlässigkeit« so wenig geben wie einen »objektiven Vorsatz« (treffend *Jakobs* AT, Abschn. 9 Rn. 13). 2 Vielmehr bedarf es einer auf die jeweilige Tatsituation bezogenen (realistischen) »Vermeidbarkeit« unter Einbeziehung der je individuellen Kenntnisse und Fähigkeiten des Täters (sog. »**individualisierende Fahrlässigkeitslehre**«, näher HK-GS/*Duttge* § 15 Rn. 28 m.w.N.; zuletzt in: Fischer-FS 2018, S. 201 ff.). Hiermit stimmt die im Ansatz generalisierende h. L. insofern überein, als sie bei überdurchschnittlichen (Sonder-) Fähigkeiten sowie bei »Sonderwissen« die Verhaltensanforderungen verschärft (grdl. *Murmann* Herzberg-FS 2008, S. 123 ff.) und bei Überschreiten der täterspezifischen Leistungsgrenze wenigstens die Schuld entfallen lässt (*Roxin/Greco* AT/I § 24 Rn. 57: Individualisierung »nach oben«, Generalisierung »nach unten«). Damit ginge aber für die Unrechtsbegründung die Einheitlichkeit des Bewertungsmaßstabes verloren und wäre die »Pflichtwidrigkeit«

des unterdurchschnittlich Befähigten eine rein normative Zuschreibung, nicht Ausdruck einer täterspezifischen »Vermeidepflichtverletzung« (o. Rdn. 1): Denn diese kann immer nur »eine auf die jeweilige Täterperson in ihrer jeweiligen Tatsituation bezogene, in ihrer Substanz also notwendig nur eine individuelle« sein (*Duttge* Maiwald-FS 2010, S. 133, 149 f.; s.a. *Freund* Küper-FS 2007, S. 63, 73; *Frisch* in: Wolter/Freund, Straftat, Strafzumessung und Strafprozess im gesamten Strafrechtssystem, S. 135, 183 f.: »Das Subjektive ist [...] nicht selbst Teil der Urteilsbasis, sondern nur Auswahlkriterium dafür, welche Segmente der Wirklichkeit noch in die Urteilsbasis eingestellt werden«; SK-StGB/*Hoyer* Anh. zu § 16 Rn. 17).

3 *Zweitens* darf somit das Verfehlen eines kontextspezifischen »**Standards**«, bspw. einer grds. anwendbaren »Sondernorm« (z.B. Leitlinie, Richtlinie, Grundsätze/Empfehlungen der BÄK etc.; dazu näher *Jaeger* § 630a BGB Rn. 27 ff.; *Ulsenheimer* Der Gynäkologe 2013, 345 ff.; s.a. BGH GesR 2008, 361; 2011, 417; ZMGR 2014, 195 ff.; OLG Bamberg VersR 2009, 259), nicht schon als (hinreichender) Beleg für fahrlässiges Verhalten gesehen werden. Zwar erweisen sich zahlreiche Ver- und Gebote als das »Ergebnis einer auf Erfahrung und Überlegung beruhenden umfassenden Voraussicht *möglicher* Gefahren« (z.B. BGHSt 4, 182, 185; OLG Karlsruhe NStZ-RR 2000, 141; s.a. *Schroth* in: Roxin/Schroth, S. 125, 146: fachgesellschaftliche Richt-/Leitlinien als »geronnene ärztliche Erfahrung«); die bloße Möglichkeit eines schadensträchtigen Verlaufs vermag jedoch das Verhalten des Einzelnen nicht anzuleiten. Deshalb läuft eine an »Sondernormen« orientierte Begründung der Pflichtwidrigkeit »Gefahr, die strafrechtliche Verantwortung für Fahrlässigkeit als abstrakte Gefährdungshaftung zu konzipieren« (*Pfefferkorn* Grenzen strafbarer Fahrlässigkeit im französischen und deutschen Recht, S. 221; s a. *Fahl* JA 2012, 808, 811: »weitgehende Irrelevanz«; *Schünemann* Rudolphi-FS 2004, S. 297, 304: »weder eine hinreichende noch eine notwendige Bedingung für die Fahrlässigkeit«). Rechtsgutsbezogen muss stets nicht (nur) das »Vorschriftsgemäße«, sondern das kontext- und situationsspezifisch »Richtige« getan werden; die fahrlässigkeitsspezifische Vermeidepflichtverletzung ist deshalb »erfolgsbezogen« zu begreifen (zutr. MüKo-StGB/*Hardtung* § 222 Rn. 11, 14), und Basis hierfür die »individuelle Erkennbarkeit« der möglichen Tatbestandsverwirklichung (s. z.B. *Schroeder* JZ 1989, 776 ff.). Zur fahrlässigkeits*begrenzenden* Wirkung von »Sondernormen« näher u. Rdn. 8.

## B. Fahrlässigkeit

### I. Sorgfaltspflichtverletzung

#### 1. Verhaltensfehler (Veranlassungsmoment)

4 Das individuelle Erkennen-Können schlägt um in ein fahrlässigkeitsbegründendes Erkennen-*Müssen*, wenn die konkrete Tatsituation »deutliche« Gefahrindikatoren hinsichtlich der bevorstehenden Schädigung aufweist, die der Täter entweder tatsächlich wahrgenommen hat (sog. »**bewusste Fahrlässigkeit**«, hierauf aus finalistischer Sicht beschränkt SK-StGB/*Hoyer* Anh. zu § 16 Rn. 31, 35) oder die ihm aufgrund seines Erfahrungswissens und seiner Befindlichkeit im Tatzeitpunkt zweifelsfrei erkennbar gewesen wären (sog. »**unbewusste Fahrlässigkeit**«). Ganz in diesem Sinne verlangt auch die st. Rspr. den Nachweis »besonderer Umstände«, die dem Beschuldigten die konkrete Gefahr einer tatbestandsspezifischen Rechtsgutsverletzung »vor Augen stellten und Mittel zu ihrer Abwehr *nahelegten*« (BGHSt 6, 282, 286; NJW 1980, 649, 650). Es müssen »äußere Anzeichen« (BGHSt 19, 152, 155) bzw. »tatsächliche Anhaltspunkte« (OLG Stuttgart JR 1997, 517, 518) von solcher Qualität vorgelegen haben, dass sich *jedem* der »Argwohn in hohem Maße hätte aufdrängen müssen« (vgl. RGSt 64, 370, 371; s.a. BGHSt 7, 307, 309; 19, 286, 290). Erst dieses Erfordernis einer »begründeten« (BGH NJW 1951, 770) bzw. »triftigen Veranlassung« (BGHSt 13, 169, 175; NJW 1967, 211, 212; 1971, 1093, 1095; 1973, 1379, 1381; BayObLG NStZ-RR 2002, 152) gewährleistet eine faire, weil situationsgerechte Beurteilung, sorgt also dafür, dass der angebliche Sorgfaltsverstoß nicht bloß »formularmäßig« behauptet wird, ohne »im mindesten ersehen zu lassen, was der Angeklagte hätte bedenken und worauf er seine Aufmerksamkeit hätte richten können und sollen« (RGSt 22, 297, 299). **Kern der Fahrlässigkeit** ist somit nicht, sich überhaupt

(abstrakt) gefährlich verhalten zu haben; Gegenstand des Vorwurfs strafbarer Fahrlässigkeit ist vielmehr ein Zuwiderhandeln gegen das Verbot, *trotz triftigen Anlasses* innerhalb der konkret-situativen Gegebenheiten von dem weiteren Geschehensverlauf in Richtung einer Rechtsgutsbeeinträchtigung nicht oder nicht rechtzeitig Abstand genommen zu haben (dazu ausf. *Duttge* Zur Bestimmtheit des Handlungsunwerts von Fahrlässigkeitsdelikten 2001, S. 310 ff., 353 ff., 373 ff., 410 ff.; im Überblick MüKo-StGB/*Duttge* § 15 Rn. 121 ff.; ganz oder jedenfalls im Grundsatz zust. *Fahl* JA 2012, 808, 811; *Hauck* GA 2009, 280, 288 ff.; *Kraatz* JR 2009, 182 ff.; *Pfefferkorn* Grenzen strafbarer Fahrlässigkeit im französischen und deutschen Recht, S. 206 f., 232 f., 282 f.; SK-StGB/*Hoyer* Anh. zu § 16 Rn. 29 ff., 31: »Risikoanhaltspunkte«; *Sternberg-Lieben* JZ 2001, 1024 sowie *Stratenwerth/Kuhlen* § 15 Rn. 31; *Walther* JZ 2005, 686, 688; *Weigend* Gössel-FS 2002, S. 129, 134 ff.; zuletzt wie hier auch BGH NStZ 2018, 223, 224).

Die anstelle dessen vor allem in der Strafrechtsdogmatik häufig für unverzichtbar gehaltene Orientierung an sog. **Maßfiguren** wie insb. am Leitbild eines »besonnenen und gewissenhaften Angehörigen des betreffenden Verkehrskreises« (statt vieler z.B. *Burgstaller* Das Fahrlässigkeitsdelikt im Strafrecht, S. 54 ff.; *Jescheck/Weigend* § 54 I 2b; *Roxin/Greco* AT/I § 24 Rn. 34) findet in der Strafgerichtsbarkeit ein eher verhaltenes Echo: Zwar begegnet in einzelnen Lebensbereichen z.B. der »verständige, umsichtige und in vernünftigen Grenzen vorsichtige Hundehalter« (BayObLG NJW 1991, 1695; ähnlich OLG Düsseldorf NJW 1992, 2583; OLG Frankfurt a.M. NStZ-RR 2011, 205; OLG Hamm NJW 1996, 1295; LG Verden NStZ 2006, 689), der »sorgfältige Kerzenbenutzer« (BayObLG NJW 1990, 3032) oder der »umwelt- und risikobewusste Rechtsgenosse« (OLG Celle NStE § 324 StGB Nr. 15; OLG Düsseldorf NJW 1991, 1123, 1124; OLG Stuttgart NStE § 324 StGB Nr. 11; s.a. OLG Düsseldorf NJW 1993, 1408: »gewissenhafter und verständiger Tankbefüller i.S.d. § 19k WHG«; LG Hanau NStE § 324 StGB Nr. 10: »durchschnittlich befähigter und motivierter Beamter der gehobenen Verwaltungslaufbahn«; zuletzt BGH NJW 2015, 96, 98: »Pflichten eines im Gewahrsamsvollzug verantwortlichen Polizeibeamten«); eine ergebnisleitende Relevanz kommt diesen pseudo-rationalen »Kunstfiguren« (*Freund/Rostalski* AT § 5 Rn. 23; bereits *Binding* Die Normen und ihre Übertretung, Bd. IV/2 1919, S. 522: »Phantom«; *Armin Kaufmann* ZfRV 1964, 41, 49: »Homunculus aus der Retorte der Rechtswissenschaft«) aber nicht zu (beispielhaft BGH NStZ 2005, 446, 447 [m. Bspr. *Duttge* NStZ 2006, 266, 269; *Walther* JZ 2005, 686 ff.]: rechtliche Anforderungen an eine »rauchende Mutter« ggü. ihren Kleinkindern erst gem. ihrer »sozialen Rolle«, dann aber allein an »konkreter Situation« orientiert). Das gilt in gleicher Weise für die im Kontext der ärztlichen Heilbehandlung aus dem Zivilrecht entlehnte Figur des »umsichtigen und erfahrenen Arztes derselben Fachrichtung« (BGH NStZ 2003, 657, 658; vgl. auch BGH NJW 2000, 2754, 2758 und OLG Hamm MedR 2006, 358, 359: »Standard eines erfahrenen Facharztes«; im Fall einer Außenseitermethode: »Sorgfaltsmaßstab eines [gemeint: besonders] vorsichtigen Arztes«, BGH NJW 2007, 2774, dazu krit. *Spickhoff* MedR 2008, 90; s.a. OLG Dresden StV 2015, 120: »ähnliche Anforderungen« gelten für den verantwortungsvollen Beruf der Hebamme; LG Frankfurt a.M. RDG 2017, 250, 252: »besonnene und gewissenhafte Pflegekraft«); von der Unangemessenheit eines solchen Transfers strafrechtsfremder Dogmatik aus rechtsprinzipiellen Gründen abgesehen (näher *Duttge* GA 2003, 451, 464 f.: zivilrechtlicher Fahrlässigkeitsbegriff ist nicht an fairer Schuldzuschreibung, sondern an den Bedürfnissen des Geschäftsverkehrs ausgerichtet; im Sinne einer weitreichenden Gleichschaltung dagegen *Ulsenheimer/Gaede* Rn. 65 ff.), lässt auch sie keinerlei greifbaren Maßstab erkennen (wie hier *Fischer* § 15 Rn. 26: »tautologisch wirkende Analogien«; *Kremer-Bax* Das personale Verhaltensunrecht der Fahrlässigkeitstat, S. 97: »pure Spekulation«; *Roth* Zur Strafbarkeit leicht fahrlässigen Verhaltens, S. 127 f.: »Zirkelschluss«) und kann demgemäß nur ein inhaltsleerer »Platzhalter« sein für die in Wahrheit relevanten, jedoch nicht offengelegten Bewertungsgesichtspunkte (mit Recht für einen Verzicht zugunsten einer rationalen Rechtsanwendung: *Donatsch* Sorgfaltsbemessung und Erfolg beim Fahrlässigkeitsdelikt, S. 172 ff., 212; *Mikus* Die Verhaltensnorm des fahrlässigen Erfolgsdelikts, S. 48 ff., 119 ff.; SK-StGB/*Hoyer* Anh. zu § 16 Rn. 20).

Keiner besonderen Beurteilung unterfällt jene Konstellation, in welcher der Täter die Gefährlichkeit seines Verhaltens zwar nicht mehr in der »kritischen Tatsituation« kontrollieren, möglicherweise aber schon zu einem früheren Zeitpunkt voraussehen konnte. Da nicht selten erst bei Schadenseintritt die mangelnde Fähigkeit zur Beherrschung des Geschehensverlaufs zutage tritt, setzt die Feststellung einer personalen Fehlleistung eine »Vorgreiflichkeit« des schadensträchtigen Verlaufs schon bei Aufnahme der Betätigung (»**fahrlässige Tätigkeitsübernahme**«) voraus. Nur unter diesem Vorbehalt kann die Rspr. Geltung beanspruchen, wonach als Anknüpfungspunkt für die Fahrlässigkeit »*jedes* in Bezug auf den tatbestandsmäßigen Erfolg sorgfaltswidrige Verhalten« in Betracht komme (vgl. BGHSt 42, 235, 236 f.; für ärztliches Handeln: freiwillige Übernahme oder Fortführung der Behandlung [kein Notfall] trotz fehlender Sachkunde [Fortbildung], persönlicher Befähigung [z.B. Anfänger], Übermüdung, Erkrankung, Medikamenteneinwirkung, sofern er um diesen Mangel weiß oder wissen müsste, vgl. BGHSt 43, 306, 311; BGH JR 1986, 248 ff. m. Anm. *Ulsenheimer*). Das berechtigte Anliegen, die Anforderungen an einen fahrlässigkeitsspezifischen Verhaltensfehler nicht durch solche Vorverlagerung zu unterlaufen, rechtfertigt zwar nicht die Forderung nach strikter Beschränkung aller denkbaren fahrlässigkeitsspezifischen Verhaltensfehler auf das dem Versuchsbeginn beim Vorsatzdelikt entsprechende Stadium (§ 22, so aber *Horn* StV 1997, 264, 265 f.; *Rönnau* JA 1997, 707, 715; *Schlüchter* Grenzen strafbarer Fahrlässigkeit, S. 80; ausf. *Fellenberg* Zeitliche Grenzen der Fahrlässigkeitshaftung, 2000; i.E. auch *Hettinger* GA 1989, 1, 14 ff. sowie Schroeder-FS 2006, S. 209 ff.); freilich wird sich auch nach allgemeinen Grundsätzen eine zeitlich frühere – da zwingend »erfolgsbezogene« (o. Rdn. 3) – »Pflichtwidrigkeit« nur ausnahmsweise feststellen lassen. So liegt es etwa bei Antritt einer längeren Autofahrt für einen an epileptischen Anfällen leidenden Fahrzeugführer, der bereits zuvor in besonderen Belastungssituationen Ausfallerscheinungen erlitten hat (BGHSt 40, 341, 345 f.; s.a. RGSt 59, 355: Übernahme einer »Heilbehandlung« mittels »Gesundbeten«); mit erheblichen Zweifeln behaftet ist dagegen die Annahme entsprechender »Vorgreiflichkeit« des Geschehens, wenn ein schwer alkoholabhängiger Autofahrer während seiner Trunkenheitsfahrt infolge Entzugserscheinungen unerwartet in einen Zustand weit reichender Verwirrtheit verfällt und sodann massive Verkehrsverstöße (u. a. Wenden auf der Autobahn) mit tödlichem Ausgang begeht (so aber OLG Nürnberg NStZ-RR 2006, 248 f.). Denn: Je weiter der behauptete Verhaltensfehler in das Vorfeld der »kritischen Tatsituation« verlagert wird, um so höhere Anforderungen stellen sich an den nötigen Nachweis hinreichend »augenfälliger Warnsignale« (MüKo-StGB/*Duttge* § 15 Rn. 134; zust. LK/*Vogel* § 15 Rn. 306; Matt/Renzikowski/*Gaede* § 15 Rn. 44; Schönke/Schröder/ Sternberg-Lieben/Schuster § 15 Rn. 136).

7 Ungeachtet des einer jeden Fahrlässigkeitstat stets immanenten »Unterlassungsmoments« (grdl. *Duttge* Zur Bestimmtheit des Handlungsunwerts von Fahrlässigkeitsdelikten, S. 308 ff.) gelten für die Abgrenzung von aktivem Begehen und garantenpflichtwidrigem **Unterlassen** (vgl. § 13) die allgemeinen Grundsätze. Der vom BGH entschiedene *Hepatitisfall* (BGH NStZ 2003, 657 f.) veranschaulicht jedoch eindrucksvoll die Untauglichkeit der in st. Rspr. (z.B. BGH NStZ 2005, 446, 447) herangezogenen Leerformel vom »Schwerpunkt der Vorwerfbarkeit« (s.a. *Czerner* JR 2005, 94, 95: »tautologisch«; *Herzberg* Röhl-FS 2003, S. 270, 275 f.: »Scheinlösung«), weil Rechtspflicht nicht die Durchführung einer (jährlichen?) Kontrolluntersuchung (so aber trotz zutr. Ergebnis BGH NStZ 2003, 657 f.), sondern bei deren Säumnis die nachfolgende Abstandnahme von den (unter solchen Umständen unverantwortlich riskanten) Operationen ist (näher *Duttge* JR 2004, 33 ff.; ebenso *Ulsenheimer* StV 2007, 77 ff.). Anstelle dessen ist zu fragen, ob infolge des Verhaltensfehlers eine bereits bestehende Rechtsgutgefahr lediglich (garantenpflichtwidrig) nicht beseitigt (dann: Unterlassen, z.B. bei verspäteter Krankenhauseinweisung, Befunderhebung oder Entscheidungsfindung) oder durch Energieeinsatz kausal und dem Täter zurechenbar erst »von außen« zugeführt wird. In letzterem Fall bildet die Unsorgfältigkeit nur eine (normative) Begleiterscheinung der aktiv bewirkten Schädigung (wie hier *Roxin* Spinellis-FS 2001, S. 945 ff.) wie z.B. bei der Ausgabe einer giftigen Arznei durch einen Apotheker ohne Vorlage eines Rezepts (RGSt 15, 151), der Narkotisierung mit Kokain anstelle des an sich indizierten Novokains (RG Das Recht 1926, 746) oder der Ausgabe nicht desinfizierter Ziegenhaare zur Weiterverarbeitung an Arbeiter (RGSt 63, 211, 213 f., allerdings mit eher auf ein Unterlassen hindeutenden Formulierungen, wie hier aber die h.M.). Weitere Bsp. bei *Ulsenheimer/Gaede* Rn. 141.

Aus der gem. § 13 generell strafbarkeitsbegründenden **Garantenpflicht** ergibt sich aber keineswegs 7a
schon die fahrlässigkeitsspezifische Pflichtwidrigkeit: Diese ist vielmehr abhängig von den konkret-
situativen Gegebenheiten, die bei unverändert fortbestehender Garantenstellung jeweils verschiedene Verhaltenserwartungen auslösen können (h.M., s. etwa Schönke/Schröder/*Sternberg-Lieben/
Schuster* § 15 Rn. 143: einzelfalladäquater Sorgfaltsstandard; offenbar verkannt von OLG Frankfurt
a. M. Beschl. v. 02.11.2018 – 2 Ws 7/18: Räum- und Streupflicht als Unterfall der allgemeinen
Verkehrssicherungspflicht; LG Hannover Urt. v. 11.02.2015 –39 Ks 1362 Js 80554/10: Nichtwahrnehmung einer Überzuckerung des an Diabetes erkrankten Kindes infolge ungenügender
Insulinversorgung durch die garantenpflichtigen Eltern; mit Recht krit. *Krumm* NZFam 2015,
479: »eher Familientragödie als im eigentlichen Sinne kriminelles Unrecht«). Lässt sich etwa im
konkreten Fall ein Gehirntumor nur im Wege einer Positronen-Emissions-Tomographie entdecken,
verfügt der behandelnde Arzt aber nicht über das dazu benötigte PET-Gerät und hat er auch keinen
Anlass, der von ihm durchgeführten Diagnostik mittels CT und MRT zu misstrauen, so kann es
trotz seiner generellen Fürsorgepflicht an der konkret-situativen Vorausseh- und Vermeidbarkeit der
tödlichen Folge fehlen.

### 2. Begrenzung durch erlaubte Risiken

Abstrakt-generelle »Standards« vermögen zwar die Zuschreibung eines individuellen Verhaltensfeh- 8
lers nicht zu begründen (bereits o. Rdn. 3), wohl aber zu begrenzen. Denn in sog. »**Sondernormen**«
prägt sich jener »normative Konsens« aus, der in den verschiedenen Lebenskontexten jeweils (bis
auf Weiteres) festlegt, inwieweit das (in einer »Risikogesellschaft« i.d.R. unvermeidliche) Eingehen von Risiken um der Handlungsfreiheit aller willen gesellschaftlich als »sozialadäquat« toleriert
wird (klassisch *Binding* Die Normen und ihre Übertretung, Bd. IV/2, 1919, § 286; zur Gesamt-
gestalt der Fahrlässigkeitstat als »individuelles Erkennenmüssen der sozialinadäquaten Gefahr« vgl.
*Frisch* in: Wolter/Freund, Straftat, Strafzumessung und Strafprozess im gesamten Strafrechtssystem,
S. 135, 194 und insb. S. 196 f.; *Wolter* Pötz-FS 1993, S. 269, 293 f. und 308). Orientierung geben
zuvörderst die Vorschriften des Gesetzgebers (z.B. § 316; zur Unterbringung von psychisch Kranken: BGHSt 49, 1 ff.; zum Hebammengesetz vgl. OLG Düsseldorf NStZ 1991, 531; zum Gesetz
über das Leichenwesen AG Wennigsen NJW 1989, 786; zu den beruflichen Pflichten eines Apo-
thekers s. Berufsgericht für Heilberufe Münster, medstra 2018, 250, 252); ergänzend finden sich
Vorgaben in Verordnungen (vor allem StVO, StVZO, vgl. BGHSt 4, 182 ff.; 5, 386 ff.; 17, 181 ff.;
BGH VRS 37 [1969], 40), aber auch (allerdings mit begrenzter Wirkkraft, vgl. *Roxin/Greco* AT/
I § 24 Rn. 19) in Unfallverhütungsvorschriften (vgl. BGH NJW 1971, 1093; OLG Hamm
NJW 1969, 2211; OLG Karlsruhe NStZ-RR 2000, 141 f.) und technischen Regelwerken der Be-
rufsverbände (z.B. DIN-Normen, VDE- und DVGW-Vorschriften, VDI-Richtlinien, FIS-Sportre-
geln; allg. zur Relevanz von Sportregeln näher *Rössner* Hirsch-FS 1999, S. 313 ff.; s. auch OLG Ham-
burg NStZ-RR 2015, 209, 210: »keine verbindliche Kraft gegenüber der Allgemeinheit«) sowie in
(auch ungeschriebenen) Regeln der Bautechnik (vgl. § 319) sowie der ärztlichen Kunst (vgl. BGH
NStZ 1987, 505; zu ärztlichen Leit- und Richtlinien sowie Empfehlungen vgl. näher *Dressler* Geiß-
FS 2000, S. 379 ff.; *Hart* MedR 1998, 8 ff., GesR 2011, 387 ff., MedR 2012, 1 ff. sowie ausf. *ders.*,
Ärztliche Leitlinien, 2002; *Igloffstein* Regelwerke für die humanmedizinische Individualbehand-
lung, 2003). Empfehlungen ärztlicher Berufsverbände sind hingegen nur eine nicht verbindliche
»Entscheidungshilfe« (BGHSt 37, 383, 385 f.). Selbst soweit sie grundsätzlich rechtliche Geltung
beanspruchen können, präzisieren Sondernormen das »erlaubte Risiko« lediglich in der Weise, dass
sie dem Normadressaten innerhalb der Reichweite ihres Anwendungsbereiches *regelmäßig* die Sorge vor unerwarteten Schadensereignissen nehmen, ihn also insoweit von der Bürde permanenter
Vorsichtsmaßnahmen befreien. Allerdings gilt dies immer nur für den Regelfall: Den normativen
»Standards« kommt stets nur die Bedeutung eines »Beweisanzeichens« zu, das in seiner Wirkkraft
notwendig unter dem Vorbehalt des Einzelfalls steht (vgl. exemplarisch § 1 StVO).

Diese »Indizwirkung« entfällt daher, wenn nach der konkreten »Verkehrslage« die Gefahr einer 9
Schädigung »besonders naheliegt« (BGH NJW 1960, 1165, 1167), mithin »bestimmte Anzeichen«
(z.B. spielende Kinder, Alarmtöne etc.) für einen dahingehenden Geschehensverlauf ersichtlich sind

(BGHSt 4, 182), die dem Verkehrsteilnehmer (i.w.S.) »Anlass« zu gefahrvermeidendem Verhalten geben (BGHSt 7, 118). Dies gilt vor allem dort, wo Entstehung und Realisierung einer Gefahr nicht unwesentlich vom Verhalten anderer Personen – Dritter oder des potentiellen Opfers selbst – abhängen: Nur solange nicht konkrete Anhaltspunkte für die gegenteilige Annahme vorliegen, darf jeder darauf vertrauen, dass andere sich (ebenfalls) »sorgfaltsgemäß« verhalten (sog. **Vertrauensgrundsatz** als Anwendungsfall des »erlaubten Risikos«, etwa *Roxin/Greco* AT/I § 24 Rn. 22; SK-StGB/*Hoyer* Anh. zu § 16 Rn. 39; s.a. OLG Stuttgart NStZ 1997, 190: »Risikobegrenzung«). Die bisher h.M. stellt dieses Vertrauendürfen allerdings unter einen dreifachen Vorbehalt (vgl. auch *Kühl* § 17 Rn. 39: »immanente Schranken«): *Erstens* sei es nicht auf das Ausbleiben eines schädigenden Ereignisses insgesamt, sondern allein auf das ordnungsgemäße Verhalten anderer zu beziehen. *Zweitens* soll nur derjenige vertrauen dürfen, der sich selbst »verkehrsgerecht« verhalte. *Drittens* wird der in dieser Weise bereits stark relativierte Vertrauensgrundsatz auch thematisch bislang auf den Bereich des Straßenverkehrs sowie auf Fälle des arbeitsteiligen Zusammenwirkens (insb. bei ärztlichen Heileingriffen) beschränkt (dazu u. Rdn. 10 f.). Sämtliche dieser drei Anwendungsschranken sind jedoch inzwischen in Auflösung begriffen und in der Sache unbegründet (näher *Duttge* Zur Bestimmtheit des Handlungsunwerts von Fahrlässigkeitsdelikten, S. 465 ff. sowie in: MüKo-StGB § 15 Rn. 143 ff., jew. m.w.N.; zuletzt *ders.* ZIS 2011, 349 ff.; s.a. *Eidam* JA 2011, 912 ff., 916). Denn ein der Risikogesellschaft adäquater (erweiterter) Vertrauensgrundsatz kann nur den Sinn haben, für alle Lebensbereiche das Ausmaß dessen sichtbar werden zu lassen, was einem jeden innerhalb des eigenbeherrschten Handlungsbereichs an »Risikovorsorge« vernünftigerweise abverlangt werden kann.

### a) Arbeitsteiliges Zusammenwirken

10  Besondere Bedeutung erlangt der Vertrauensgrundsatz jedoch für Fälle des arbeitsteilig-kooperierenden Zusammenwirkens selbst dann, wenn an sich jederzeit Einfluss- und Kontrollmöglichkeiten gegenüber Mitarbeitern, Hilfspersonen usw. ausgeübt werden könnten; denn das Postulieren einer »Pflicht zur lückenlosen Überwachung« würde die – hier: **vertikale** – **Arbeitsteilung** (= fachliche Über-/Unterordnung) de facto unmöglich machen (näher *Stratenwerth* Eb. Schmidt-FS 1961, S. 383 ff.; zuletzt *Deutsch* in: Duttge, Perspektiven des Medizinrechts im 21. Jahrhundert, S. 71 ff.; für die Wundtherapie vertiefend *Duttge* in: German Medical Science Krankenhaushygiene Interdisziplinär 2007, Vol. 2 [2]). Ist die konkrete Aufgabe generell delegierbar und nicht höchstpersönlich erfüllungspflichtig (zur Delegationsfähigkeit von intravenösen Injektionen auf medizinisch-technische Assistenten für Radiologie: OLG Dresden MedR 2009, 410 ff.; allgemein zur Delegationsfähigkeit ärztlicher Leistungen vgl. Gutachten des Sachverständigenrates zur Begutachtung der Entwicklung im Gesundheitswesen 2007, BT-Drs. 16/6339 S. 59 ff.; Empfehlungen der BÄK und KBV v. 29.08.2008, in: DÄBl. 2008, A-2173 ff.; s. auch *Frahm* VersR 2010, 1576, 1579; Ulsenheimer/*Gaede/Bock* Rn. 267 ff.), so erschöpft sich die »Vermeidepflicht« des Vorgesetzten/Auftraggebers in einer sorgfältigen *Auswahl*, ausreichenden *Instruktion* und *stichprobenhaften Überwachung* des Untergebenen oder Beauftragten einschließlich der ex ante notwendig erscheinenden *organisatorischen Vorkehrungen* hinsichtlich der aus dem Zusammenwirken evtl. resultierenden Gefahren aus defizitärer/versäumter Kommunikation und Koordination (letzteres bedeutsam insb. an den sog. Schnittstellen wie im »Thermokauter«-Fall, vgl. BGHZ 140, 309, 314: Explosionsgefahr durch Verwendung eines Glühbrenners im Rahmen einer Augen-OP, wenn der Anästhesiologe zugleich hochkonzentrierten Sauerstoff verwendet; zu weiteren »Schnittstellen«: *Hart* Laufs-FS 2006, S. 843 ff.). Im Einzelnen orientieren sich die Sorgfaltsanforderungen an der Risikoträchtigkeit der übertragenen Aufgabe (vgl. *Spickhoff/Seibl* MedR 2008, 463, 465: um so höher, je schwerer der Eingriff und je größer das Risiko für den Patienten). Mehr ist nur dann veranlasst, wenn die ordnungsgemäße Ausführung der übertragenen Aufgabe (individuell) erkennbar zweifelhaft wird (z.B. BGH MedR 2007, 304 f.: Verantwortlichkeit eines Abteilungsleiters für eine nicht indizierte strahlentherapeutische Behandlung bei Krebspatienten); mit einer evident übermäßig riskanten Handlungsweise des an sich ordnungsgemäß instruierten und fachkundigen Mitarbeiters muss nicht gerechnet werden (AG Aachen Urt. v. 01.01.2014 – 48 Ds-402 Js 422/

09–607/09). Entsprechendes gilt für die strafrechtliche Verantwortlichkeit von **Hilfspersonen** oder beauftragten **Spezialisten** (wie z.B. einem konsiliarisch hinzugezogenen Arzt, vgl. ThürOLG OLG-NL 2004, 97: grds. keine Pflicht zur nochmaligen Durchführung der Anamnese und eigenständigen Befunderhebung; anders dagegen bei bloß zeitlicher Nachfolge von Ärzten derselben Fachrichtung [vgl. KG NJOZ 2004, 594 ff.] oder bei signifikanten Warnsignalen, die ernstliche Zweifel an der zuvor gestellten Diagnose nahelegen [vgl. OLG Köln MedR 2009, 343 ff.]), die sich grundsätzlich auf die Richtigkeit der ihnen übermittelten Anweisungen/Informationen verlassen dürfen, solange die erhöhte Risikoträchtigkeit des Geschehens (d.h. jenseits des abstrakten »Grundrisikos«) nicht konkret greifbar wird (dies hat der BGH im »Gebäudeeinsturz«-Fall verkannt, vgl. BGHSt 53, 38 ff. m. krit. Bspr. *Duttge* HRRS 2009, 145 ff.: »kein Freibrief zum Eingehen unkontrollierbarer Risiken«; s.a. *Bußmann* NStZ 2009, 386; *Kraatz* JR 2009, 182 ff.; *Renzikowski* StV 2009, 443 ff.; richtig dagegen BGHSt 52, 159 ff. m. Anm. *Kühl*: keine Entlastung eines Kfz-Werkstattleiters, wenn Firmeninhaber Gefahr einer defekten Bremsanlage nicht ernst nimmt; *Ulsenheimer* in: Duttge [Hrsg.], Das moderne Krankenhaus: Ort der »desorganisierten Kriminalität«?, S. 77, 80: soweit nicht »Vertrauensbasis erschüttert« wird).

Erst recht beansprucht der Vertrauensgrundsatz Geltung für die **horizontale Arbeitsteilung** 11 (= fachliche Gleichordnung), deren Sinn gerade darin besteht, die Gesamtaufgabe zur wechselseitigen Entlastung auf mehrere Schultern zu verteilen, sodass der einzelnen Person entsprechend ihrer jeweils besonderen Sachkunde nur ein Ausschnitt hiervon zur eigenverantwortlichen Bewältigung übertragen ist (zutr. OLG Naumburg MedR 2005, 232, 233; *Freund* NStZ 2002, 424 f.; ausf. Ulsenheimer/Gaede/*Bock* Rn. 216: »Prinzip der Einzel- und Eigenverantwortlichkeit«). Solange also nicht konkrete Anhaltspunkte für »ernsthafte Zweifel« (BGH NJW 1994, 797, 798: ärztliche Überweisung an Facharzt; OLG Köln NJW-RR 2009, 960 f. für einen zur Durchführung der Operation hinzugezogenen Chirurgen bzgl. Indikationsstellung des überweisenden Arztes; LG Bielefeld Urt. v. 06.10.2017 – 4 O 272/12: nicht aussagekräftiger radiologischer Befund) an der Ordnungsmäßigkeit der Aufgabenerfüllung bestehen oder bereits von Beginn an vorliegen (wie z.B. bei einer »Anfängeroperation«, vgl. OLG Zweibrücken VersR 1989, 165) bzw. Unrichtigkeiten geradezu »ins Auge springen« (BGH NJW 1989, 1536, 1538; s.a. OLG Stuttgart NStZ 2006, 450: Kenntnis des Bauherrn von der Nichteinhaltung »selbst für einen Laien einsichtigen Sicherungsvorkehrungen« durch den Bauunternehmer), dürfen die arbeitsteilig zusammenwirkenden Personen »im Interesse eines geordneten Ablaufs« wechselseitig auf die fehlerfreie Tätigkeit des anderen vertrauen (statt vieler etwa BGH NJW 1980, 649, 650 [Verhältnis von Chirurgen und Anästhesisten; dieses kann sich jedoch im Einzelfall verschieben, siehe BVerfG NJW 2020, 1877 Rn. 53]; LG Hamburg Urt. v. 24.06.2016 – 303 O 173/14: keine Vorabversicherung des Operateurs zur Ordnungsmäßigkeit der Anästhesie; ausf. *Kamps* Ärztliche Arbeitsteilung und strafrechtliches Fahrlässigkeitsdelikt, 1981; *Peter* Arbeitsteilung im Krankenhaus aus strafrechtlicher Sicht, 1992; *Wilhelm* Verantwortung und Vertrauen bei Arbeitsteilung in der Medizin, 1984). Dies hat der BGH im »Wuppertaler Schwebebahn«-Fall (BGHSt 47, 224 ff. m. Anm. *Freund* NStZ 2002, 424 f.; *Kudlich* JR 2002, 468 ff.) verkannt: Mit der absprachegemäßen Übernahme der Arbeiten durch die beiden neu hinzugetretenen Personen wurden die zunächst damit Betrauten aus ihrer Verantwortung entlassen (näher *Duttge* NStZ 2006, 266, 269 f.). Zu Einzelfällen des interdisziplinären Zusammenwirkens im stationären bzw. ambulanten Bereich s. näher Ulsenheimer/Gaede/*Bock* Rn. 225 ff.

b) **Eigenverantwortliche Selbstgefährdung**

Nach st. Rspr. macht sich derjenige, der eine eigenverantwortlich »gewollte« (d.h. erstrebte, als 12 sicher vorausgesehene oder »in Kauf genommene«) sowie verwirklichte Selbstgefährdung lediglich veranlasst, ermöglicht oder fördert, *nicht* wegen eines Körperverletzungs- oder Tötungsdelikts strafbar (BGHSt 24, 342 ff.; 32, 262 ff.; BGH NJW 2000, 2286, 2287; NStZ 2011, 341, 342 m. Anm. *Puppe* JZ 2011, 911 f.; vertiefend *Frisch* JuS 2011, 116, 119 f.; zur straflosen Ermöglichung eines »freiverantwortlichen Suizids« zuletzt LG Berlin NStZ-RR 2018, 246 ff.; LG Hamburg medstra 2018, 109 ff.). Jenseits der hierfür angeführten, jedoch wenig überzeugenden formal-strafrechtsdogmatischen Überlegung anhand des Akzessorietätserfordernisses aus §§ 26, 27 (berechtigte

Kritik bei *Jäger* Zurechnung und Rechtfertigung als Kategorialprinzipien im Strafrecht, S. 10 f.; *Murmann* Die Selbstverantwortung des Opfers im Strafrecht, S. 318, 390; s.a. LK/*Walter* Vor § 13 Rn. 112: »logisch unzutreffend«; *Puppe* ZIS 2013, 45, 46 f.) bildet der Gedanke der **freiverantwortlichen Selbstbestimmung** auf »Opferseite« den ausschlaggebenden Wertungsgesichtspunkt, der eine Zuschreibung des Tatgeschehens zulasten des hieran *nicht täterschaftlich* Beteiligten »sperrt« (MüKo-StGB/*Duttge* § 15 Rn. 152 ff. m.w.N.; wie hier auch NK-StGB/*Neumann* Vor § 211 Rn. 57 ff.; krit. zur nicht immer konsequenten Beachtung durch den BGH: *Fahl* GA 2018, 418 ff.). Insoweit steht einer Inanspruchnahme wegen fahrlässiger Herbeiführung des tatbestandlichen Erfolges das Zurechnungshindernis der eigenverantwortlichen Selbstgefährdung als Ausprägung des (aus Beschuldigtenperspektive) »erlaubten Risikos« entgegen (deshalb unrichtig zur »eigenverantwortlichen Operationsverweigerung«: OLG Celle NJW 2001, 2816 f.).

13 Drei Voraussetzungen müssen hierfür allerdings erfüllt sein: *Erstens* bedarf es einer hinreichend »freiverantwortlich« begangenen Selbstschädigung. Unabhängig von aller sich damit insb. bei Suizidtaten verbindenden Unsicherheit (näher §§ 211, 212 StGB Rdn. 24) beginnt die Zone der Strafbarkeit jedenfalls dort, wo der sich Beteiligende das Risiko kraft überlegenen Sachwissens wesentlich besser erfasst (z.B. anders als der Geschädigte um die hohe Konzentration des Rauschgifts weiß, vgl. BGH NStZ 1986, 266 f.; BayObLG NJW 2003, 371, 372 m. zust. Anm. *Freund/Klapp* JR 2003, 431; *Renzikowski* JR 2001, 248, 249; s.a. BGH NJW 2009, 2611: »reines« Heroin statt Kokain begründet »rechtserheblichen Irrtum«; BGHSt 61, 318, 323 ff.: Unkenntnis der mangelnden Konsumfähigkeit von unverdünntem Reinigungs- und Lösungsmittel; anders *Beulke* Zoll-FS 2012 S. 735 ff., 749: »gesteigertes Erkenntnispotential, auf dessen Nutzung Opfer vertrauen durfte«). Auch kann es an der Eigenverantwortlichkeit fehlen, wenn der sich Gefährdende infolge einer Intoxikationspsychose, eines entzugsbedingten akuten Suchtdrucks oder einer konsumbedingten schweren Persönlichkeitsveränderung nicht (mehr) zu einer hinreichenden Risikoabschätzung in der Lage ist (BGHSt 53, 288, 290; BGH NStZ 2011, 341, 342; StV 2014, 601, 602). Das hinreichende (rechtsgutsbezogene) Risikowissen setzt allerdings nicht die Kenntnis der exakten medizinischen Wirkzusammenhänge zwischen der Einnahme eines bei Überdosierung als lebensgefährlich bekannten Mittels und den Auswirkungen auf das eigene Leben und die eigene körperliche Unversehrtheit voraus (BGH NJW 2014, 1680, 1685). Schwieriger zu beurteilen sind die **Retterfälle**, in denen am Geschehen zunächst unbeteiligte Personen sich durch die Tat zu selbstgefährdendem Handeln herausgefordert sehen. Hier hat der BGH in einem vielbeachteten Urteil auf fahrlässige Tötung erkannt, weil der Täter dem Opfer »ein einsichtiges Motiv für gefährliche Rettungsmaßnahmen« gesetzt habe und deshalb für daraus hervorgehende Folgen verantwortlich sei, sofern es sich nicht »um einen von vornherein sinnlosen oder mit offensichtlich unverhältnismäßigen Wagnissen verbundenen Rettungsversuch handelt« (BGHSt 39, 322, 325 f. m. Bspr. *Amelung* NStZ 1994, 338; *Derksen* NJW 1995, 240 ff.; *Günther* StV 1995, 78 ff.; *Sowada* JZ 1994, 663 ff.; i. d. S. auch OLG Stuttgart NJW 2008, 1971 f. [m. krit. Anm. *Puppe* NStZ 2009, 333 ff.]: selbst überobligatorische, über die berufsbedingte Handlungspflicht hinausreichende Rettungshandlungen seien grds. zurechenbar. Diese Begründung ist jedoch unvollständig, weil mit dem Aspekt der »Herausforderung« lediglich der fahrlässigkeits*begründende* Teil des in Raume stehenden Verhaltensfehlers angesprochen ist (ähnlich *Furukawa* GA 2010, 169, 177 ff., der die gesamte Problematik anhand der »Voraussehbarkeit des Erfolges« lösen will), nicht aber die Möglichkeit einer Begrenzung strafrechtlicher Zurechnung infolge selbst zu verantwortender Verhaltensbestimmung. Diese Entscheidungsfreiheit wird jedoch auch jenseits »von vornherein sinnloser Rettungsversuche« bei nicht zum Eingreifen Verpflichteten regelmäßig angenommen werden können, sofern nicht die Tatsituation (nach dem Rechtsgedanken des § 35) oder die persönliche Befindlichkeit des Retters (nach dem Rechtsgedanken des § 20) der Annahme hinreichender »Freiverantwortlichkeit« entgegenstehen (so im Fall des BGH: Motiv zur Rettung des Bruders und schwere Alkoholisierung). Bei berufsmäßig (wie insb. Angehörigen der Feuerwehr, der Polizei oder auch Ärzten) oder sonst handlungsverpflichteten (zutr. *Radtke/Hoffmann* GA 2007, 201, 211 ff.) Rettern dürfte es dagegen im Rahmen des jeweils auferlegten Pflichtenkreises an der »Eigenverantwortlichkeit« fehlen (so

auch NK-StGB/*Puppe* Vor § 13 Rn. 186; SK-StGB/*Hoyer* Anh. zu § 16 Rn. 44; a.A. *Roxin/Greco* AT/I § 11 Rn. 139; *Strasser* Die Zurechnung von Retter-, Flucht- und Verfolgerverhalten im Strafrecht, S. 230 ff.; diff. LK/*Vogel* § 15 Rn. 245: keine rechtliche Verpflichtung zu »offenbar unverhältnismäßig gefährlichen und offenbar unvernünftigen Rettungshandlungen«; *Schünemann* JA 1975, 715, 721 f.).

*Zweitens* kann das »Prinzip der Selbstverantwortung« kraft Selbstbestimmungsrechts nur so weit Geltung beanspruchen, wie es sich um ein disponibles Rechtsgut handelt. Für Verstöße gegen das **Betäubungsmittelgesetz** lässt sich daher eine Strafbarkeit nicht unter Berufung auf eine »Eigenverantwortlichkeit« des Rauschgiftkonsumenten ablehnen. Der Erfolgsqualifikation des § 30 Abs. 1 Nr. 3 BtMG ist vielmehr gerade die positivrechtliche Wertentscheidung des Gesetzgebers immanent, dass »der Gesichtspunkt der Selbstgefährdung die objektive Zurechnung der Todesfolge *nicht* hindern soll« (BGH NJW 2000, 2286, 2287; s.a. BGHSt 37, 179, 183; *Beulke/Schröder* NStZ 1991, 393 f.; *Hardtung* NStZ 2001, 206, 207 f.; *Rudolphi* JZ 2001, 572, 573 f.; zust. Spickhoff/*Knauer/Brose* § 222 Rn. 63; unzutr. dagegen BGH NStZ 2001, 324, 327 m. abl. Anm. *Duttge* NStZ 2001, 546 ff. und *Sternberg-Lieben* JZ 2002, 153 ff.). *Drittens* setzt schließlich ein sachgerechtes Verständnis von Selbst-»Bestimmung« nicht nur die Kenntnis, sondern zugleich eine (wesentliche) »Urheberschaft« des Bevorstehenden voraus, strafrechtsdogmatisch formuliert also »**Tatherrschaft**« (grdl. *Otto* ZStW 87 [1975], 539 ff.: »Steuerbarkeit«). Diese für Verletzungssachverhalte anerkannte Trennlinie ist, wie der BGH im »Autorennen«-Fall nachdrücklich bestätigt hat, auf Gefährdungssituationen übertragbar (BGHSt 53, 55 ff. m. krit. Bspr. *Duttge* NStZ 2009, 690 ff.; *Puppe* GA 2009, 486 ff.; *Renzikowski* HRRS 2009, 347 ff.; *Roxin* JZ 2009, 399 ff.; zuvor bereits BGH NJW 2004, 2326, 2327; zuletzt BGH StV 2014, 601, 602; OLG Zweibrücken Beschl. v. 16.09.2014 – 1 OLG 1 Ss 23/14): Fehlt es an einer solchen Herrschaft über die dem Schadenseintritt unmittelbar vorausgehende Risikosituation, so handelt es sich nicht mehr um eine eigenverantwortliche *Selbst-*, sondern um eine »einverständliche *Fremd*gefährdung«.

**c) Einverständliche Fremdgefährdung**

Erschöpft sich der Tatanteil des »Opfers« hingegen im bloßen Wissen und einer Zustimmung hinsichtlich des fremdbeherrschten, risikobehafteten Geschehens (wie z.B. bei der Mitfahrt im Pkw eines erkennbar fahruntüchtigen oder sonst erhöhte Risiken eingehenden Fahrers, im Laderaum eines Fahrzeugs ohne Sicherheitsgurte [OLG Zweibrücken JR 1994, 518 m. Anm. *Dölling*] oder auf dem Sozius eines Motorradfahrers, in Fällen des »Autosurfens« [OLG Düsseldorf NStZ-RR 1997, 325 ff. m. Bspr. *Hammer* JuS 1998, 785 ff.] oder bei der Fremdinjektion von Drogen [BGHSt 49, 34 ff. m. Anm. *Mosbacher* JR 2004, 387] bzw. Anwendung »sadomasochistischer Praktiken« [BGHSt 49, 166 ff. m. Anm. *Arzt* JZ 2005, 100 f.; *Hirsch* JR 2005, 472; *Stree* NStZ 2005, 40 f.]), so unterscheidet sich diese von fremder »Urheberschaft« geprägte Konstellation aufgrund der ihr inhärenten Sozialrelevanz kategorial von einer reinen Selbstgefährdung (wie hier auch *Beulke* Otto-FS 2007, S. 207, 214 f.). Infolgedessen bleibt die täterschaftliche Verantwortung des »Risikobeherrschers« von einer »Opferzustimmung« stets unberührt und kann auch eine Einzelfallbewertung **niemals eine Gleichstellung der Fremd- mit der Selbstgefährdung rechtfertigen** (so aber insb. *Roxin* Gallas-FS 1973, S. 241, 252 sowie *Roxin/Greco* AT/I § 11 Rn. 121 ff.: »wenn der Gefährdete das Risiko im selben Maß übersieht wie der Gefährdende, wenn der Schaden die Folge des eingegangenen Risikos und nicht hinzukommender anderer Fehler ist und wenn der Gefährdete für das gemeinsame Tun dieselbe Verantwortung trägt wie der Gefährdende«; zuletzt *ders.* GA 2012, 655 ff.; ähnlich *Hellmann* Roxin-FS 2001, S. 271 ff.; *Otto* Tröndle-FS 1989, S. 157, 175 sowie JZ 1997, 522, 523: wenn »der Verletzte sich frei verantwortlich und in voller Kenntnis des Risikos und der Tragweite seiner Entscheidung in die Gefahrensituation begeben hat«; *Puppe* ZIS 2007, 247, 249 f.; wohl für eine vollständige Gleichstellung: LK/*Vogel* § 15 Rn. 240 f.). In Fortentwicklung der höchstrichterlichen Rspr. sollte das Tatherrschaftskriterium allerdings ernst genommen werden: Der Bereich strafloser Selbstgefährdung ist nicht auf die (alleinige) »Handlungsherrschaft« des Opfers beschränkt (so zuletzt auch OLG Celle NZV 2012, 345, 347 m. Anm.

*Rengier* StV 2013, 27 f.: »Kraftprobe«; s. aber auch OLG Stuttgart StV 2012, 23 f. m. Anm. *Puppe* JR 2012, 163 f.), sondern auch bei »arbeitsteiligem Zusammenwirken« mit dem Täter (sog. »Quasi-Mittäterschaft«, z.B. bei einverständlichem Sexualverkehr mit einem HIV-Infizierten, vgl. BayObLG JR 1990, 473 m. Anm. *Dölling*; s.a. *Grünewald* GA 2012, 364, 370 f.; *T. Walter* NStZ 2013, 637, 676) sowie in Gestaltungen der opferseitig überlegenen Wissens- oder Willensstellung eröffnet (Rechtsgedanke der mittelbaren Täterschaft, z.B. im sog. »Zivildienstleistenden-Fall«, vom BGH verkannt: NJW 2003, 2326, 2327 m. zust. Bspr. *Herzberg* NStZ 2004, 1 ff.; hiergegen zu Recht *Engländer* Jura 2004, 234, 237; in der Sache wie hier auch NK-StGB/*Puppe* Vor § 13 ff. Rn. 184 a.E.; ebenso unzutr. OLG Nürnberg NJW 2003, 454, 455 m. zust. Bspr. *Herzberg* Jura 2004, 670 ff.; wiederum zu Recht abl. *Engländer* JZ 2003, 747 f.; *Roxin/Greco* AT/I § 11 Rn. 129; zum Ganzen näher *Duttge* Otto-FS 2007, S. 227 ff. m.w.N.).

16 Ob die »Autonomie« des Opfers infolge seiner bewussten und gewollten Teilnahme an (von ihm nicht beherrschten) riskanten Geschehensverläufen sich als Manifestation einer rechtfertigenden Einwilligung verstehen lässt (i.d.S. SK-StGB/*Hoyer* Anh. zu § 16 Rn. 96 f.), ist derzeit noch ungeklärt. Die jüngere Rspr. des BGH scheint dies ausweislich des zuletzt entschiedenen »Autorennen«-Falls (o. Rdn. 14) grundsätzlich anzunehmen, allerdings unter dem Vorbehalt, dass nicht die »Grenze zur Sittenwidrigkeit« überschritten sein darf (vgl. BGHSt 53, 55, 62 f.). Bei dem hierfür mittlerweile weithin anerkannten Grenzkriterium der »konkreten Todesgefahr« (vgl. BGHSt 49, 34, 42 und 44; BGHSt 49, 166, 173 f.; s. dazu auch § 228 StGB Rdn. 19) dürfte damit jedoch die zunächst betonte Anwendbarkeit der Einwilligung de facto leerlaufen. Allerdings ist auch der dabei zugrunde gelegte Rekurs auf eine (vermeintliche) »Ausstrahlungswirkung« der §§ 216, 228 für Fallgestaltungen, in denen es an einer intendierten Schädigung von Leib oder gar Leben fehlt, mit erheblichen Zweifeln behaftet; denn verkannt wird dabei der sowohl normativ wie lebensweltlich »tiefgreifende Unterschied zwischen der Einwilligung in die Vernichtung des eigenen Lebens und der Einwilligung in die bloße Lebensgefährdung« (bereits *Schaffstein* Welzel-FS 1974, S. 557, 571; ebenso z.B. SK-StGB/*Hoyer* Anh. zu § 16 Rn. 95; *Stratenwerth* Puppe-FS 2011, S. 1017, 1020). Jedenfalls wird es beim Opfer aber regelmäßig am »billigenden Inkaufnehmen« des tatbestandlichen *Erfolges* fehlen, weil derjenige, der sich einem Risiko aussetzt, gewöhnlich »auf einen glücklichen Ausgang zu vertrauen pflegt« (*Roxin/Greco* AT/I § 11 Rn. 121, § 24 Rn. 108; s.a. schon *Eb. Schmidt* JZ 1954, 369, 372 f.: kein Verwechseln des »Risikowollens« mit dem »Verletztwerdenwollen«). Nach allgemeinen Grundsätzen muss aber die rechtfertigende Einwilligung nicht nur das tatbestandsmäßige Verhalten erfassen, sondern ebenso den Tatenfolg (etwa LK/*Rönnau* Vor § 32 Rn. 164; *Jescheck/Weigend* § 34 V 3; Schönke/Schröder/*Lenckner* Vor § 32 Rn. 34, jew. m.w.N.). Den bei Erfolgsdelikten wesentlichen »Erfolgsunwert« vermag somit eine sog. »**Risikoeinwilligung**« nicht zu kompensieren (wie hier ebenso OLG Zweibrücken Beschl. v. 16.09.2014 – 1 OLG 1 Ss 23/14; *Otto* Geerds-FS 1995, S. 603, 621: kein »Verfügungscharakter«; *Sternberg-Lieben* Geppert-FS 2011, S. 723, 739 f.; ähnlich LK/*Rönnau* Vor § 32 Rn. 168: »methodenunehrliche Fiktion«; NK-StGB/*Puppe* Vor § 13 ff. Rn. 183: »rechtgültige Disposition« nur, wer sein »Rechtsgutsobjekt« nicht nur gefährden, sondern »preisgeben« will; dagegen hat der BGH »beachtliche Argumente« für eine Anerkennung dieser Rechtsfigur gesehen, vgl. BGHSt 49, 166, 175; 55, 121, 134; ebenso befürwortend: *Baumann/Weber/Mitsch/Eisele* § 12 Rn. 54; *Dölling* Geppert-FS 2011, S. 53, 58 f.; *Jäger* Schünemann-FS 2014, S. 421, 431 ff.: »Einwilligung lediglich auf den Handlungsunwert bezogen«; *Kühl* § 17 Rn. 83; *Murmann* Puppe-FS 2011, S. 767, 776 f.; eingehend *Sternberg-Lieben* Die objektiven Schranken der Einwilligung im Strafrecht, S. 213 ff.; ähnlich bereits *Geppert* ZStW 83 [1971], 947, 974).

### 3. Insbesondere: Ärztliche Heilbehandlung

17 Aus der jüngeren Rspr. in Strafsachen können zur Reichweite der »Sorgfaltspflichten« in ärztlich-medizinischen Kontexten folgende Leitsätze festgehalten werden (zu ärztlichen Behandlungsfehlern nach zivilrechtlichen Haftungsgrundsätzen vgl. *Jaeger* in Prütting, Medizinrecht Kommentar, 4. Aufl., § 823 BGB Rn. 36 ff.):

- Der Geschäftsführer einer **Altenpflegeheimeinrichtung** ist nur für »Organisationsverschulden«, mithin für die unsorgfältige Auswahl oder Überwachung des Pflegepersonals verantwortlich, wenn durch dessen fahrlässiges Verhalten ein Heimbewohner zu Tode kommt (OLG Stuttgart PflegeR 2001, 87).
- Der die Operation begleitende **Anästhesist** hat fortlaufend auf eine ausreichende Beatmung des Patienten und auf die Funktionstüchtigkeit der Alarmvorrichtungen zu achten (LG Hamburg Urt. v. 05.02.2013 – 632 KLs 6/12–7200 Js 9/11).
- Zur Pflichtwidrigkeit von Pflegekräften und Pflegeheimleiter bei Pflegefehlern, wenn dadurch die Entstehung eines **Dekubitus** 3. Grades verursacht wird: LG Karlsruhe PflegeR 2004, 563.
- Ein Chefarzt hat geeignete organisatorische Vorkehrungen für eine gefahrenadäquate postoperative Versorgung auch während der Bereitschaftsdienstzeiten sicherzustellen; bei **fachübergreifenden Bereitschaftsdiensten** (zu den erhöhten Anforderungen ihrer Zulässigkeit vgl. *Boemke* NJW 2010, 1562, 1564 f.) sind erkennbare Qualifikationsdefizite unbedingt zu vermeiden (LG Augsburg ArztR 2005, 205: Patientin erlitt nach Schilddrüsenoperation infolge einer Nachblutung einen hypotoxischen Hirnschaden, ohne dass der Assistenzarzt einer internistischen Abteilung die Gefahr rechtzeitig erkannte).
- Eine sorgfältige ärztliche **Diagnose** durch eingehende Befragung und Untersuchung ist auch dann nicht entbehrlich, wenn ein selbstbewusst auftretender Patient aufgrund eines vorausgegangenen Ereignisses selbst einen konkreten Krankheitsverdacht formuliert (OLG Koblenz RDG 2012, 292).
- Bei Komplikationen bzw. ggf. zuvor schon bei Kenntnisnahme von einer Risikoschwangerschaft (hier: Entwicklung von Zwillingen innerhalb einer Fruchtblase) muss die **Hebamme** (rechtzeitig) eine ärztliche Person herbeirufen (OLG Naumburg Urt. v. 11.03.2010 – 1 U 36/09).
- Die Durchführung von Operationen trotz versäumter Kontrolluntersuchungen ist bei dadurch erfolgter **Infizierung** des Patienten mit einem Virus pflichtwidrig (BGH NStZ 2003, 657; zur Abgrenzung zwischen aktivem Tun und Unterlassen o. Rdn. 7).
- Kommt nach Anamnese und Beschwerdesymptomen differenzialdiagnostisch das Vorliegen eines **Myokardinfarkts** in Betracht, so muss der Patient sofort stationär eingewiesen und die Ursache weiter untersucht werden (AG Potsdam Rechtsmedizin 2009, 106).
- Bei unklarer Diagnose hat ein **Notarzt** seinen Überlegungen die vital bedrohlichste Erkrankung zugrunde zu legen und im Zweifel unverzüglich die Krankenhauseinweisung zu veranlassen (LG Potsdam ZMGR 2009, 257; zu den Strafbarkeitsrisiken eines Telenotarzt-Systems s. *Fehn* MedR 2014, 543 ff.).
- Verkennt der Krankenhausarzt nach **Notfalleinlieferung** eine Schädelbasisfraktur, indem bei der Eingangsuntersuchung die durch den Notarzt erfolgte Valiumgabe nicht erkannt, eine gründliche neuropathologische Befunderhebung unterlassen, das Röntgenbild falsch ausgewertet und eine engmaschige klinisch-stationäre Überwachung versäumt wird, so handelt es sich um »gravierende Behandlungsfehler« (LG Augsburg KHuR 2002, 108).
- Der **Off-label-use** eines nur für eine andere Indikation zugelassenen Medikaments (zu Begriff und Erscheinungsformen *Deutsch/Spickhoff* Rn. 1675 ff.) ist nicht unzulässig, verlangt aber eine gründliche Abwägung der Chancen und Risiken im Vergleich zur Standardbehandlung (BGH NJW 2007, 2767 m. Bespr. *Hart* MedR 2007, 631 ff., *Katzenmeier* JZ 2007, 1108 f.); ggf. kann aber auch umgekehrt ein unterlassener off-label-use pflichtwidrig sein (vgl. OLG Köln VersR 1991, 188).
- Zu Identifikationsfehlern vor geplanter **operativer** Entfernung einer Gallenblase: OLG Hamm MedR 2006, 358 f.
- Mitarbeiter/Innen in der **Pflege** haben für eine angemessene körperliche Kontrolle der Heimbewohner und für eine verlässliche Kommunikation im pflegerischen Bereich und im Verhältnis zu den Ärzten zu sorgen; bei ungeklärten Beschwerdebildern ist umgehend eine ärztliche Untersuchung zu veranlassen (AG Brühl PflegeR 2004, 375; zur Verantwortlichkeit bei Entstehen eines Dekubitus s.o.).
- Zu den Kernaufgaben einer (Gesundheits- und Kranken-)**Pflegerin** gehört das eigenverantwortliche Richten und Verabreichen von Medikamenten nach Maßgabe ärztlicher Verordnungen,

- so dass eine abweichende Verfahrensweise mit nachfolgender Medikamentenverwechslung eine Pflichtwidrigkeit begründen kann (LG Frankfurt a.M. RDG 2017, 250).
- Studenten im praktischen Jahr (**PJler**) müssen die ihnen erteilten Anweisungen strikt beachten und dürfen nicht eigenmächtig eine (noch dazu: unbeschriftete) Spritze setzen (LG Bielefeld ZMGR 2013, 446 ff. m. Anm. *Gödicke* MedR 2014, 579 f., s. aber auch zu entlastenden Aspekten im konkreten Fall: *Duttge* JZ 2014, 261 f.).
- Der verantwortliche Arzt einer **psychiatrischen Klinik** hat dafür Sorge zu tragen, dass eine Patientin, bei der latente **Suizidalität** festgestellt worden ist, bei ihrer Aufnahme nach selbsttötungsgeeigneten Gegenständen am Körper und im mitgebrachten Gepäck hin durchsucht wird (OLG Stuttgart NJW 1997, 3103; s.a. OLG Oldenburg ArztRecht 2011, 276 f. zur Überwachungspflicht eines suizidgefährdeten Patienten, aber auch LG Gießen NStZ 2013, 43 zur straflosen Ermöglichung eines »freiverantwortlichen Suizids«).
- Ärzte und Therapeuten einer **psychiatrischen Klinik** haben rechtlich dafür einzustehen (vgl. § 13), dass **untergebrachte Gewalttäter** sich innerhalb der Einrichtung keine gefährlichen Waffen beschaffen oder herrichten, um damit außerhalb Straftaten zu begehen; sie sind verpflichtet, sowohl innerhalb der Klinikmauern als auch beim Verlassen derselben »gründliche Kontrollen der persönlichen Habe der Untergebrachten« durchzuführen (StA Paderborn NStZ 1999, 51 m. Bspr. *Pollähne*); zur Gewähr von Ausgang eines in psychiatrischer Klinik Untergebrachten: BGH NStZ 2004, 151 f. m. Anm. *Puppe* NStZ 2004, 554 ff., *Roxin* StV 2004, 484 ff., *Saliger* JZ 2004, 985; zum »Pflichtwidrigkeitszusammenhang« u. Rdn. 20.
- Im Rahmen von Einsatzfahrten des **Rettungsdienstes** darf grds. darauf vertraut werden, dass andere Verkehrsteilnehmer die verwendeten Sonderzeichen (nach Einräumung einer »zwar kurz zu bemessenden, aber doch hinreichenden Zeit«, um diese wahrzunehmen: LG Hamburg Schaden-Praxis 2011, 245 f.) nicht grob missachten (AG Ludwigslust NZV 2013, 127 ff.); die besonderen Sorgfaltspflichten aus § 35 Abs. 8 StVO (»unter gebührender Berücksichtigung der öffentlichen Sicherheit und Ordnung«) und § 38 StVO (Benutzung des blauen bzw. gelben Blinklichts) beanspruchen jedoch Beachtung (z.B. beim Einfahren in einen Kreuzungsbereich mit erhöhter Geschwindigkeit: LG Hamburg Urt. v. 18.09.2012 – 628 KLs 3/12; s. zuvor bereits OLG Nürnberg VRS 103, 321 ff. und OLG Naumburg NJW-RR 2009, 1187 ff.: Pflicht zu einem »langsamen Hineintasten«; bei einer unübersichtlichen Kreuzung, ggf. sogar Pflicht zur Einhaltung von Schrittgeschwindigkeit: KG NZV 2003, 126 ff.; beim Überfahren einer roten Ampel: OLG Celle Urt. v. 29.09.2010 – 14 U 27/10: »hinreichende Vergewisserungspflicht«; OLG Naumburg NJW 2012, 1232 ff.: »nicht gleichsam blindlings oder auf gut Glück«; beim Einfahren in einen für den Gegenverkehr mit »grün« freigegebenen Kreuzungsbereich: OLG Naumburg NJW-Spezial 2013, 426; zu weiteren Einzelheiten s. *Nimis* NZV 2009, 582 ff.; *Pießkalla* NZV 2007, 438 ff.).
- Die gleichzeitige **Sedierung** und Operation eines Patienten ohne Anwesenheit eines zweiten Arztes ist pflichtwidrig (sog. »Parallelnarkose«, vgl. LG München ArztR 2007, 69, 73 f.; AG München ArztR 2007, 69 ff., dazu ausf. *Neelmeier/Schulte-Sasse* GesR 2013, 78 ff.; *Schulte-Sasse/Bruns* ArztR 2007, 116 ff.; s.a. *Spickhoff/Seibl* MedR 2008, 467 ff.; zuletzt AG Augsburg Urt. v. 21.11.2013 –08 Ls 200 Js 112337/09 [m. Anm. *Neelmeier* VersR 2014, 712 ff.]: umso mehr bei organiatorischen, personellen und apparativen Mängeln der Praxis und sog. Kombinationssedierung).
- Der behandelnde **Substitutionsarzt** eines opiatabhängigen Patienten kann bei missbräuchlicher Verwendung des verschriebenen Substitutionsmedikaments durch den Patienten nur dann als Täter eines Körperverletzungs- oder Tötungsdelikts strafbar sein, wenn die selbstschädigende Handlung des Patienten nicht eigenverantwortlich erfolgte (BGHSt 59, 150 = NJW 2014, 1680, 1685 f. m. Anm. *Patzak* NStZ 2014, 715 f.; *Winkler* A&R 2014, 140). Eine Opiatabhängigkeit führt nicht automatisch zum Ausschluss der Eigenverantwortlichkeit (BGH StV 2012, 282; 2014, 601, 602 f.: »Ein allgemeiner Erfahrungssatz, dass Betäubungsmittelkonsumenten zu einer eigenverantwortlichen Entscheidung nicht fähig sind, besteht nicht«). Zur (auch betäubungsmittel-)strafrechtlichen Entwicklung der höchstrichterlichen Rspr. zur Substitutionsbehandlung näher *Ullmann/Pollähne* StV 2014, 631 ff.

- Im Hinblick auf die Abgabe kontaminierten Blutes gelten für den Leiter einer Einrichtung der **Transfusionsmedizin** grundsätzlich »hohe Sorgfaltsanforderungen« (BGH NJW 2000, 2754: »besonders gefahrenträchtiger Bereich«; zum zeitlichen Umfang der Pflicht des Vertreibers von Blutplasma, nach festgestellter Infektion des Spenders frühere Spenden durch eine Nachtestung zu überprüfen: LG Kassel VersR 2001, 1031; zur pflichtwidrigen Verwechslung einer Blutkonserve aufgrund eines stressbedingten Konzentrationsfehlers: AG Köln Urt. v. 16.05.2012 – 613 Ls 3/12).
- Ein ärztlicher **Urlaubsvertreter** darf eine von dem vertretenen Arzt begonnene Therapie nach dessen Bestrahlungsplan dann nicht ungeprüft weiterführen, wenn für ihn ausreichende Anhaltspunkte für ernste Zweifel an dessen Richtigkeit erkennbar sind (BGHSt 43, 306).
- **Vollbäder** dürfen bei einer epileptischen Patientin nicht ohne hinreichende Sicherstellung von Vorsichtsmaßnahmen verordnet werden (BGHR § 15 StGB Fahrlässigkeit 2).
- Bei der **Herstellung einer Infusion**, von der wissentlich bei geringer Dosiserhöhung eine tödliche Gefahr ausgehen kann, müssen die Minimalanforderungen zur Kontrolle der Menge der Infusion (Rückwiegen, Vier-Augen-Prinzip und Identitätsprüfung des Stoffes) berücksichtigt werden (LG Krefeld Urt. v. 14.07.2019 – 22 KLs 14/18 Rn. 83).
- Auch ein **Heilpraktiker** hat die Pflicht, Gesundheitsschädigungen seiner Patienten zu vermeiden. Das bedeutet insbesondere, dass er bei von ihm erkannten Krankheiten die Inanspruchnahme ärztlicher Hilfe durch den Patienten nicht behindert. Auf eine ggf. dringende schulmedizinische Behandlung hat er hinzuweisen (Bayerischer VGH Beschl. v. 27.05.2020 – 21 CS 20.433 Rn. 20).

Für die Zukunft wird mit zunehmender Dringlichkeit die Frage zu klären sein, ob die durch Ressourcenknappheit bedingte **Ökonomisierung des Gesundheitswesens** (zur »Rationierungsproblematik« aus interdisziplinärer Sicht eingehend *Duttge/Zimmermann-Acklin* Gerecht sorgen..., 2013) den medizinischen »Standard« herabzusetzen vermag (zu den Divergenzen zwischen Sozial-, Zivil- und Strafrecht *Bohmeier/Schmitz-Luhn/Streng* MedR 2011, 704 ff.). Soweit nicht objektivierbar divergente Qualitätserwartungen und damit verschiedene »Verkehrskreise« infrage stehen (z.B. Universitätsklinikum vs. Landkrankenhaus, Spezialist vs. Allgemeinmediziner), wird dies (ausgenommen evtl. Übergangszeiten für die Anschaffung neuer Apparaturen, dazu näher *Stöhr* MedR 2010, 214, 217) derzeit mit Rücksicht auf die beim Patienten betroffenen Rechtsgüter überwiegend (noch) abgelehnt (dazu näher *Dannecker/Streng* MedR 2011, 131 ff., 135 f.; *G. Müller* G. Hirsch-FS 2008, S. 413 ff.; *Sternberg-Lieben* Weber-FS 2004, S. 83 ff. und Geppert-FS 2011, S. 723, 725 ff.; *Ulsenheimer* Kohlmann-FS 2003, S. 319 ff.; dazu auch *Kohte* in: Lilie/Bernat/Rosenau, Standardisierung in der Medizin als Rechtsproblem, S. 79 ff.; s. aber auch Laufs/*Katzenmeier*/Lipp Kap. X Rn. 29 ff., 34; Spickhoff/*Knauer/Brose* § 222 Rn. 27 [»schleichende Beeinflussung des fachärztlichen Standards durch finanzielle Kürzungen«] sowie zuletzt a.A. *Kühl* Wirtschaftlichkeitsgebot und Strafrecht, 2014). Eine vermittelnde Position nimmt die Empfehlung der DGMR ein: »Mangelnde Ressourcen dürfen dem einzelnen Arzt in strafrechtlicher Hinsicht subjektiv nicht zum Vorwurf gereichen« (MedR 2003, 711, 712; ähnlich Spickhoff/*Knauer/Brose* § 222 Rn. 27 f., zwischen einer Begrenzung des »wirtschaftlichen Rahmens« und einer »im Einzelfall sich ergebenden Ressourcenknappheit« differenzierend). Noch ungeklärt ist, inwieweit die für Ressourcenbegrenzungen auf der Leitungsebene von Klinikeinrichtungen verantwortlichen Personen nicht ihrerseits für organisationsbedingte Pflichtwidrigkeiten auf der Ausführungsebene selbst einstehen müssen (dazu näher *Kudlich/Schulte-Sasse* NStZ 2011, 241 ff.; *Kudlich/Koch* in: Duttge [Hrsg.], Das moderne Krankenhaus: Ort der »desorganisierten Kriminalität«?, S. 89 ff.; *Neelmeier/Schulte-Sasse* Rechtsmedizin 2012, 406 ff.). Bislang sind Organisationsverantwortliche allerdings regelmäßig – begründungslos – aus strafrechtlichen Ermittlungen ausgenommen (Ulsenheimer/Gaede/*Bock* Rn. 203; seltener Ausnahmefall: AG Gemünden Urt. v. 03.02.2010 – 1 Ls 801 Js 16954/05).

## II. Pflichtwidrigkeitszusammenhang

Der Grundgedanke einer fahrlässigkeitsspezifischen »Vermeidepflichtverletzung« (o. Rdn. 1) lässt es als selbstverständlich erscheinen, dass nur solche Verhaltensfehler strafrechtliche Relevanz erlangen können, auf die der tatbestandliche Erfolg nachweislich zurückzuführen ist. Neben dem naturgesetzlichen Kausalzusammenhang (i.S.d. Äquivalenztheorie, zu ermitteln nach der conditio-sine-qua-non-Formel; zum »Fortwirkungskriterium« vgl. MüKo-StGB/*Duttge* § 15 Rn. 162 m.w.N.; zur Trennung des naturgesetzlichen vom »rechtlichen Ursachenzusammenhang« vgl. *Ulsenheimer/Gaede* Rn. 504 ff.) bedarf es hierfür einer Verknüpfung der Tatbestandsverwirklichung gerade mit der als »pflichtwidrig« bewerteten Handlung, d.h. der Feststellung, dass bei (gedachtem) »rechtmäßigem Alternativverhalten« die Verwirklichung des gesetzlichen Tatbestandes (d.h. die Herbeiführung des Todes im Unterschied zur bloß kurzzeitigen Lebensverkürzung, vgl. dazu einerseits BGH NStZ 1981, 218; 1985, 26, 27 [konkreter Erfolg abwendbar]; LG Potsdam ZMGR 2009, 257, 258 [bei rechtzeitiger Krankenhauseinweisung hätte Patient Todeszeitpunkt um mindestens 2 Stunden überlebt], andererseits mit Recht abl. *Bernsmann/Geilen* in: Wenzel, Rn. 480; *Ulsenheimer/Gaede* Rn. 506 ff.; zur Problematik des Kausalitätsnachweises auch *Böhmann* Rechtsmedizin 2015, 208 ff.) tatsächlich vermieden worden wäre (zur näheren Begründung grdl. *Küper* Lackner-FS 1987, S. 247 ff.). Weil es sich hierbei allerdings um eine Hypothese handelt, kann es niemals eine absolute Gewissheit geben; die st. Rspr. verlangt jedoch »eine an Sicherheit grenzende Wahrscheinlichkeit dafür, dass der Erfolg bei pflichtgemäßem Verhalten ausgeblieben wäre« (sog. »**Vermeidbarkeitstheorie**«, vgl. BGHSt 11, 1, 3; BGH GA 1988, 184 f.; offen gelassen bei OLG Karlsruhe JR 1985, 479, 480 m. Anm. *Kindhäuser*). Realistischer dürfte allerdings sein, sich bereits mit einer »objektiven Evidenz« (*Köhler* Strafrecht Allg. Teil, S. 200), d.h. mit einer **überwiegenden Wahrscheinlichkeit** zu bescheiden (so MüKo-StGB/*Duttge* § 15 Rn. 180 m.w.N.). Die in der Strafrechtslehre demgegenüber (inzwischen in verschiedenen Varianten) von einer beachtlichen Autorenschar vertretene **Risikoerhöhungslehre**, die sich in ihrer klassischen Formulierung schon mit der Feststellung begnügen will, dass »die Chance des Erfolgseintritts durch das unkorrekte Täterverhalten gegenüber dem erlaubten Risiko erhöht worden ist« (*Roxin* ZStW 74 [1962], 411, 432; in »normativer Reformulierung« *Schünemann* GA 1999, 207, 225 ff.; für eine Ersetzung der Kausalität durch das Kriterium der Risikoerhöhung: *Hoyer* Rudolphi-FS 2004, S. 95 ff.), sieht sich Bedenken in zweierlei Hinsicht ausgesetzt: dass hierdurch zum einen das Verletzungs- in ein Gefährdungsdelikt umgewandelt (*Baumann/Weber/Mitsch/Eisele* § 10 Rn. 90; *Schlüchter* JA 1984, 673, 676; Schönke/Schröder/*Sternberg-Lieben/Schuster* § 15 Rn. 179 f.) und zum anderen gegen den Grundsatz in dubio pro reo verstoßen werde (*Erb* Rechtmäßiges Alternativverhalten und seine Auswirkungen auf die Erfolgszurechnung im Strafrecht, 1991, S. 133 ff.; *Hirsch* Lampe-FS 2003, S. 515, 531 f.; LK/*Vogel* § 15 Rn. 198; *Ulsenheimer* JZ 1969, 364, 366; s.a. SK-StGB/*Jäger* Vor § 1 Rn. 119: »Verbot der Beweislastumkehr«; dagegen jedoch *Roxin/Greco* AT/I § 11 Rn. 90 ff. m.w.N.).

20 Die **Reichweite der Hypothese** zu bestimmen stößt in der Rechtspraxis offenbar immer wieder auf Schwierigkeiten (zu den begegnenden Fehlern auch *Ulsenheimer/Gaede* Rn. 534 ff.): So hatte in einem Fall »pflichtwidriger« Gewährung von unbeaufsichtigtem Ausgang zugunsten eines in stationärer psychiatrischer Behandlung Befindlichen das Tatgericht die Zurechnung der Tötungstaten zum Nachteil der verantwortlichen Ärzte abgelehnt, weil der Täter aufgrund der »maroden Gitterstäbe nicht ausschließbar die ungenügend gesicherte Station jederzeit gewaltsam hätte verlassen und die Verbrechen auch ohne das den Angekl. als rechtswidrig zur Last gelegte Verhalten hätte begehen können«. Der BGH hielt demgegenüber zu Recht fest, dass zur Vermeidung unberechtigter Spekulationen bei der Hypothesenbildung **ausschließlich das pflichtwidrige durch das korrespondierende sorgfaltsgemäße Verhalten des Täters ersetzt werden darf** und im Übrigen der tatsächliche Geschehensverlauf unverändert zugrunde gelegt werden muss: »Darüber hinaus darf von der konkreten Tatsituation nichts weggelassen, ihr nichts hinzugedacht und an ihr nichts verändert werden« (BGH NStZ 2004, 151). Mit anderen Worten: Bei vollkommen gleichbleibender tatsächlicher Situation einschließlich der Verhaltensweisen aller darin involvierten Personen beschränkt sich die Hypothese einzig auf die Frage, ob der tatbestandliche Erfolg sich auch bei sorgfaltsgemäßem Verhalten des Beschuldigten gezeigt hätte (MüKo-StGB/*Duttge* § 15 Rn. 169). Irrelevant sind daher denkbare Ersatztäter (wie ein evtl. nachfolgend unfallverursachender Fahrzeugführer: BGHSt 30, 228 ff. m. Bspr. *Kühl* JR 1983, 32 ff.; *Puppe* JuS 1982, 660 ff.; *Ranft* NJW 1984, 1425 ff.; s.a. BGH NJW 2010, 1087 [mit ausf. Bspr. *Stübinger* ZIS 2011, 602 ff.]: kein

Hinzudenken einer evtl. Untätigkeit der Gebäudebetreiber selbst bei ordnungsgemäßem Gutachten), aber auch eine mögliche Erfolgsherbeiführung durch das Opfer selbst bzw. durch Naturereignisse. Denn jener dem Täter tatsächlich unterlaufene Verhaltensfehler bleibt durch solche in der Tatsituation nicht angelegte Erwägungen unberührt (MüKo-StGB/*Duttge* § 15 Rn. 167). Muss die Hypothese aber genau dort gebildet werden, wo der spezifisch fahrlässigkeitsbegründende Verhaltensfehler liegt, so darf in den **Trunkenheitsfällen** nicht auf das Fahren in nüchternem Zustand als sorgfaltsgemäße Alternative abgestellt (und entsprechend den tatsächlichen Feststellungen ggf. die Unvermeidbarkeit des Verletzungsgeschehens angenommen) werden (so aber *Kühl* § 17 Rn. 63; LK/*Vogel* § 15 Rn. 201 a.E.; *Maiwald* Dreher-FS 1977, S. 437 ff.; *Puppe* Jura 1997, 624, 628 f.). Denn nicht schon im alkoholisierten Zustand bei Fahrtantritt, sondern erst in der mangelnden Beherrschung des Fahrzeugs am Unfallort zeigt sich die erfolgsbezogene Fehlleistung des Täters. Die Rspr. betont deshalb im Ansatz zutreffend, dass maßgeblicher Bezugspunkt der Hypothese nicht das Fahren in fahruntüchtigem Zustand, sondern »ein dem Zustand des Fahrers [...] nicht entsprechendes Fahren« ist (BGHSt 24, 31, 36; s.a. BGH NStZ 2013, 231, 232; BayObLG NStZ 1997, 388, 389; OLG Koblenz VRS 71 [1986], 281, 282). Dieser Verhaltensfehler muss dem Beschuldigten allerdings nachgewiesen und darf nicht einfach unterstellt werden (zutr. Kritik bei *Puppe* NStZ 1997, 389, 390; *Schlüchter* JA 1984, 673, 679).

Im »**Organspende-Skandal**« (LG Göttingen medstra 2016, 249 ff.) kann sich der wegen Manipulation der Zuteilungsreihenfolge eines Spenderorgans zum Nachteil anderer Patienten auf der sog. »Warteliste« (konkret: vorsätzliche Falschangaben gegenüber »Eurotransplant« als der gem. § 12 TPG zuständigen Vermittlungsstelle, s. dazu jetzt §§ 10 Abs. 3 Satz 2, 19 Abs. 2a TPG) beschuldigte Transplantationsmediziner somit nicht darauf berufen, dass – angeblich – auch andere Transplantationsmediziner zur Begünstigung ihrer Patienten Manipulationen vornehmen (insoweit zutr. OLG Braunschweig Beschl. v. 20.03.2013 – Ws 49/13 Rn. 45). Allerdings ist es kaum möglich, mit einer »an Sicherheit grenzender Wahrscheinlichkeit« (o. Rdn. 19) nachzuweisen, dass ein anderer Patient bei manipulationsfreier Vergabe Empfänger des Organs geworden wäre *und infolgedessen tatsächlich länger gelebt hätte* (zutr. BGHSt 62, 223, 242 [m. zust. Bspr. *Duttge* ZfL 2017, 130 ff.; *Kudlich* NJW 2017, 3255, 3256; insoweit auch *Sternberg-Lieben* JZ 2018, 32, 35 f.; abl. *Rissing-van Saan* NStZ 2018, 57, 64]; HK-GS/*M. Heinrich* Vor § 13 StGB Rn. 33; *Verrel* MedR 2014, 464, 465 f.; i.E. ebenso bereits LG Göttingen medstra 2016, 249 ff., wonach die Zuteilungsregeln nicht dem Schutz individuellen Lebens dienen); bloß potentielle Auswirkungen auf nicht näher bestimmte Patienten zu irgendeinem späteren Zeitpunkt begründen jedoch keine erfolgsspezifische Zurechenbarkeit, das dadurch evtl. realisierte Lebensgefährdungsunrecht wird nicht von § 222 erfasst (zutr. *Fateh-Moghadam* MedR 2014, 665 f.; *Kudlich* NJW 2013, 917 ff., mit ebenso zutr. Hinweis darauf, dass sich dann auch ein entsprechender Tötungsvorsatz [= »Tatentschluss«] nicht nachweisen lässt; ähnlich *Bülte* StV 2013, 755 ff.; *Rosenau* Schünemann-FS 2014, S. 689, 695 ff., 699: »Vorsatzfiktion«; *Schneider/Busch* NK 2014, 362, 367 f.; *Schroth* NStZ 2013, 437, 441 ff. sowie *Schroth/ Hofmann* NStZ 2014, 486 ff. entgegen *Rissing-van Saan* NStZ 2014, 233, 239 ff.). 20a

### III. Schutzzweckzusammenhang

Die h.M. verlangt darüber hinaus die Prüfung des sog. »Schutzzweckzusammenhangs«, der die (zurechnungsrelevante) Frage klären soll, ob »die verletzte Sorgfaltspflicht... den Zweck hat, Erfolge der herbeigeführten Art zu verhindern« (Schönke/Schröder/*Sternberg-Lieben/Schuster* § 15 Rn. 157; s.a. *Kühl* § 17 Rn. 68 ff.; *Puppe* Bemmann-FS 1997, S. 227, 244; *Ulsenheimer/Gaede* Rn. 541: »**spezifische Schutzrichtung der verletzten Sorgfaltsnorm**«). Gemeint ist hiermit die jeweils »das erlaubte Risiko begrenzende Sorgfaltsnorm« (*Otto* Schlüchter-GS 2002, S. 77, 83 f.); vor Augen steht dabei der als »Klassiker« geltende »Kreuzungs-Fall«, wonach es nicht Sinn einer Geschwindigkeitsbeschränkung oder einer auf rot geschalteten Ampelanlage sein kann, »das Eintreffen des Fahrzeugs an einem bestimmten Ort zeitlich zu verzögern und dadurch auch die ihrerseits erlaubt begründeten Gefahren zu unterbinden, die aus dem früheren Ankunftsdatum des Kraftfahrers an der Unfallstelle resultieren« (*Küper* Lackner-FS 1987, S. 247, 251; aus der Rspr. vor allem: BGHSt 33, 61 ff.; OLG Karlsruhe NJW 1958, 430). Es liegt freilich auf der Hand, dass der 21 vorausgegangene Verkehrsverstoß mit dem an anderem Ort stattfindenden Unfallereignis schlechterdings »nichts zu tun« hat. Dem Grundverständnis einer »erfolgsbezogenen Vermeidepflichtverletzung« (o. Rdn. 3) folgend wäre es daher niemals in Betracht gekommen, an dem Verstoß gegen das abstrakte Sorgfaltsgebot anzuknüpfen. Hier rächt sich daher die Fixierung auf »Sondernormen«, die dazu zwingt, die im ersten Schritt viel zu weit und unbestimmt geratene Bestimmung der »Sorgfaltspflichtverletzung« in einem zweiten Schritt wieder zurückzunehmen (bereits MüKo-StGB/*Duttge* § 15 Rn. 185 ff.). Wird das Verhaltensgebot dagegen von vornherein präzise ermittelt, besteht kein Bedarf mehr für diese Prüfungsstufe und es erübrigt sich jedwedes Spekulieren über die »Sinngebung« einzelner Sondernormen (Bsp. in MüKo-StGB/*Duttge* § 15 Rn. 188; wie hier auch *Degener* Die »Lehre vom Schutzzweck der Norm« und die strafrechtlichen Erfolgsdelikte, S. 486 ff., 501; MüKo-StGB/*Hardtung* § 222 Rn. 8, 11 ff.).

### C. Prozessuales und Reformbestrebungen

22 Einer »prozessualen **Entkriminalisierung**« (d.h. Verfahrenseinstellung gem. §§ 153, 153a StPO; zuletzt *Cierniak* SVR 2012, 127 ff.) steht im Kontext des § 222 die schwere Tatfolge entgegen (vgl. Schönke/Schröder/*Sternberg-Lieben/Schuster* § 15 Rn. 203a). Deshalb, aber nicht zuletzt auch der stigmatisierenden Wirkung schon bei Bekanntwerden der Nachricht über die Einleitung eines Ermittlungsverfahrens wegen (vgl. *Ulsenheimer/Gaede* Rn. 8) verstummt insbesondere für den Lebensbereich der ärztlichen Heilbehandlung die rechtspolitische Forderung nach einer Beschränkung der Strafbarkeit auf Fälle der Leichtfertigkeit (= grobe Fahrlässigkeit, näher MüKo-StGB/*Duttge* § 15 Rn. 190 ff.) schon seit Längerem nicht mehr (zuletzt *Greiff* Notwendigkeit und Möglichkeiten einer Entkriminalisierung leicht fahrlässigen ärztlichen Handelns, 2005; *Jürgens* Die Beschränkung der strafrechtlichen Haftung für ärztliche Behandlungsfehler, 2005; allg. für sämtliche Fälle der fahrlässigen Tötung: *Koch* Entkriminalisierung im Bereich der fahrlässigen Körperverletzung und Tötung, S. 217 ff.; beschränkt auf § 229: *Geppert* DAR 2002, 11, 14; *Zipf* Krause-FS 1990, S. 437 ff.; ähnlich wohl auch *Koriath* Jung-FS 2007, S. 397, 409: Beschränkung der Fahrlässigkeitsstrafbarkeit auf den »Schutz elementarer Rechtsgüter«). Auf dem Boden des geltenden Gesetzes gibt es jedoch kein dahingehendes »Arztprivileg« (vgl. *Fischer* § 222 Rn. 9a) und lässt sich daher der berechtigten Sorge vor einem zu weit reichenden strafrechtlichen Zugriff (mit den bekannten schädlichen Wirkungen in Richtung einer »Defensivmedizin«, dazu statt vieler etwa *Lauß* MedR 1986, 164 ff.; NJW 1991, 1521 ff.; *Wachsmuth/Schreiber* in: Wachsmuth, Reden und Aufsätze, S. 180 ff.; *Wieland* Strukturwandel der Medizin und ärztliche Ethik, S. 86 ff.) nur dadurch entgegenwirken, dass das fahrlässigkeitsspezifische »Veranlassungsmoment« (o. Rdn. 4) hinreichend ernst genommen wird. Zur Anzeigepflicht bei Verdacht eines »nicht natürlichen Todes« vgl. § 159 StPO sowie Nr. 33 ff. RiStBV (Leichenschau und Exhumierung); zu den strukturellen Problemen bei der Qualifikation der Todesart näher *Madea* Rechtsmedizin 2009, 399 ff. und in: Duttge/Viebahn (Hrsg.), Würde und Selbstbestimmung über den Tod hinaus, S. 89 ff.; *Madea/Rothschild* DÄBl. 107 (2010), A-575 ff.

### § 223 Körperverletzung

(1) Wer eine andere Person körperlich misshandelt oder an der Gesundheit schädigt, wird mit Freiheitsstrafe bis zu fünf Jahren oder mit Geldstrafe bestraft.

(2) Der Versuch ist strafbar.

| Übersicht | Rdn. | | Rdn. |
|---|---|---|---|
| A. Grundsätzliches | 1 | II. Rechtfertigungslösung | 10 |
| B. Tatbestand | 3 | III. Tatbestandslösungen | 14 |
| I. Tatobjekt | 3 | IV. Differenzierte (»zweispurige«) Lösungen | 19 |
| II. Tathandlungen | 4 | V. Eigener Lösungsansatz | 23 |
| III. Vorsatz | 7 | D. Rechtswidrigkeit | 25 |
| C. Der ärztliche Heileingriff | 8 | E. Körperverletzung im Amt | 26 |
| I. Problem | 8 | F. Prozessuales | 27 |

## A. Grundsätzliches

In der **strafrechtlichen Praxis** nimmt der Tatbestand der *vorsätzlichen* Körperverletzung (§ 223) eine weitaus geringere Rolle ein als das Fahrlässigkeitsdelikt (§ 229); regelmäßig liegt ärztlichen Behandlungs-, Organisations- und Aufklärungsfehlern nur eine Nachlässigkeit zugrunde (*Ulsenheimer* in: Laufs/Kern/Rehborn, § 149 Rn. 11). Denn normalerweise will ein behandelnder Arzt seinen Patienten nicht an der Gesundheit schädigen, sondern ihm helfen (so im Kontext des »Göttinger Organspendeskandals« im Grundsatz auch OLG Braunschweig NStZ 2013, 593, 594: »noch höhere Hürden« zur Feststellung einer vorsätzlichen Schädigung, »weil derartige Handlungen eines Arztes zum Nachteil von Patienten nach der Lebenserfahrung regelmäßig die Ausnahme darstellen«; zur Problematik des Kausal- und Zurechnungszusammenhangs bei Manipulation der Warteliste im Vorfeld der Organzuteilung näher § 222 StGB Rdn. 20a); eine dennoch erfolgte Zufügung vermeidbarer körperlicher Schadensfolgen beruht in aller Regel auf mangelnder Erfahrung, mangelndem Wissen oder mangelhafter Prüfung, nicht aber auf einer »wissentlichen« und »willentlichen« Zufügung gesundheitlicher Nachteile (BGH NStZ 2004, 35 f.; BayObLG NStZ-RR 2004, 45; s.a. Rdn. 7). Ganz in diesem Sinne urteilte der BGH: »Bei der Körperverletzung im Arzt-Patienten-Verhältnis ist zu berücksichtigen, dass die Annahme, die Art und Weise der Behandlung eines Patienten durch einen Arzt sei nicht am Wohl des Patienten orientiert, auch bei medizinisch grob fehlerhaftem Verhalten des Arztes häufig fernliegt (…). Selbst erhebliche Sorgfaltspflichtverstöße schließen eine Verurteilung wegen nur fahrlässiger Tat nicht von vornherein aus« (BGH MedR 2014, 812; LG Krefeld Urt. v. 14.07.2019 – 22 KLs 14/18).

Das von den Körperverletzungstatbeständen geschützte Rechtsgut sieht die h.M. ausweislich der Gesetzessystematik in der **körperlichen** (d.h. rein somatischen, unter Ausschluss der psychischen) **Unversehrtheit** des je individuellen Rechtssubjekts (vgl. LK/*Grünewald* § 223 Rn. 1; SSW/*Momsen/Momsen-Pflanz* § 223 Rn. 1 f.; die Angemessenheit eines »einseitig somatologischen Rechtsgutsverständnisses« bezweifelnd: *Bloy* Eser-FS 2005, S. 233, 234; *Bublitz* RW 2011, 28, 29; a.A. SK-StGB/*Wolters* § 223 Rn. 35: Einbeziehung des Selbstbestimmungsrechts als »zweite Spur«). Von anderen wird als Schutzobjekt das »körperliche Wohl« bzw. (subjektive) »Interesse an körperlicher Unversehrtheit« (*Engisch* ZStW 58 [1939], 1, 5) angesehen. Gegen eine Versubjektivierung des § 223 spricht jedoch, dass dadurch der Körper gegenüber dem Willen zur Wahrung körperlicher Unversehrtheit in den Hintergrund gedrängt wird. Die Körperverletzungsdelikte würden zu Delikten gegen die Willensfreiheit umfunktioniert (*Gössel/Dölling* BT/1 § 12 Rn. 53), was ihre Verschiedenheit zu den Freiheitsdelikten unsichtbar machte (LK/*Lilie* Vor § 223 Rn. 1).

## B. Tatbestand

### I. Tatobjekt

Adressat der Körperverletzung ist ein **anderer Mensch** im Zeitpunkt der Einwirkung (§ 8), wobei das Menschsein mit Einsetzen der Eröffnungswehen bzw. im Falle eines vorher vorgenommenen Kaiserschnitts mit Eröffnung des Uterus beginnt (BGH NStZ 2021, 489); pränatal herbeigeführte Schädigungen eines Embryos scheiden als Tathandlung am später geborenen Kind aus, in Betracht kommt lediglich eine Verletzung der werdenden Mutter (dazu näher §§ 211, 212 StGB Rdn. 6 f.).

### II. Tathandlungen

**Die körperliche Misshandlung** versteht sich als eine üble, unangemessene Behandlung, die das Opfer in seinem körperlichen Wohlbefinden mehr als nur unerheblich beeinträchtigt (BGHSt 14, 269, 271; NJW 1990, 3156; NStZ 1997, 123 f.; LK/*Grünewald* § 223 Rn. 21; MüKo-StGB/*Hardtung* § 223 Rn. 26 f.; BGH WKRS 2018, 41199). Erforderlich ist also stets eine negative Veränderung des (auch unbewussten) Körperempfindens aufgrund einer Verschlechterung der somatischen Funktionsfähigkeit (vgl. *Fischer* § 223 Rn. 6 f., 12). Auf das Zufügen von Schmerzen (die aber für sich die Modalität der »Gesundheitsschädigung« erfüllen, u. Rdn. 5) kommt es insoweit nicht an; auch vermindert schmerzempfindliche oder gar nicht schmerzempfängliche Personen können daher ohne weiteres Opfer einer Körperverletzung sein (BGHSt 25, 277, 278 ff.; *Lackner/Kühl* § 223 Rn. 4). Ebenso wenig muss es zu einer (dauerhaften) Verletzungsfolge gekommen sein (BGH NStZ-RR 2015, 211: Ziehen am Penis). Die Erheblichkeit der Beeinträchtigung ist grundsätzlich aus Sicht eines »objektiven Beobachters« und nicht nach dem subjektiven Empfinden des Tatopfers zu beurteilen (so BGHSt 53, 145, 158; OLG München NStZ 2008, 632), soweit sich nicht individuelle Faktoren im konkreten Fall objektivieren lassen (wie z.B. eine neuropathologische Überempfindlichkeit, vgl. NK-StGB/*Paeffgen* § 223 Rn. 8). In der arztrechtlichen Praxis fallen unter diese Tatmodalität insbesondere:

- Einwirkungen unter **Durchbrechung der körperlichen Integrität** (z.B. Herbeiführen von Wunden, Prellungen, Blutabnahme oder das Verabreichen einer Spritze, vgl. LG Waldshut-Tiengen NStZ 2005, 694, 695, nicht jedoch bei einer ausschließlich sexuell motivierten gynäkologischen »Untersuchung«: OLG München NStZ 2008, 632),
- das Auslösen von (wenigstens vorübergehenden) **Funktionsstörungen** sowohl äußerer Körperteile als auch innerer Organe, z.B. Arm- oder Beinbruch, Sehstörung, Narkose, Gehbehinderung, Schock, sofern dieser wenigstens vorübergehend die Unfähigkeit einer Reaktion bewirkt (zur Schockwirkung einer nicht hinreichend fundierten Diagnose vgl. OLG Köln NJW 1987, 2936; Durchfall als Folge eines Schocks soll nach OLG Köln NJW 1997, 2191 jedoch nicht genügen, ebenso wenig ein bloßes Ekelgefühl [sofern dieses nicht einen Brechreiz hervorruft, BGH NStZ 2016, 27] oder die kurzzeitige Verzögerung des Geburtsvorgangs: BGHSt 31, 348, 357 m. insoweit abl. Anm. *Hirsch* JR 1985, 336),
- **Substanzverluste** wie etwa das dauerhafte Einbüßen von Körpergliedern (z.B. von Fußzehen, Fingergliedern, etwa durch Amputation, vgl. RGSt 25, 375, 378, 385 f.), Organen (z.B. Gebärmutter, vgl. BGHSt 11, 111, 115; durchtrennte Eileiter, OLG Koblenz NJW 2006, 2928) und Zähnen (vgl. BGH NJW 1978, 1206), ebenso die Beschneidung von Knaben (sog. Zirkumzision) auch dann, wenn sie religiösen oder sozialen Traditionen entspricht (s. dazu LG Köln NJW 2012, 2128; *Jerouschek* NStZ 2008, 313, 317; *Putzke* NJW MedR 2008, 268 f. sowie die Komm. zu § 1631d BGB),
- das körperliche **Verunstalten** etwa durch Zufügen von Schwellungen, Blutergüssen, Rissen, Narben, Wucherungen, Verbrennungen der Haut (soweit mehr als nur »ganz leichte«, vgl. OLG Schleswig GA 1957, 27; s.a. *Ulsenheimer* in: Laufs/Kern/Rehborn, § 149 Rn. 20).

5 Unter einer »**Gesundheitsschädigung**« ist das Hervorrufen, Steigern oder Verlängern eines (auch nur vorübergehenden) pathologischen, d.h. von der Normalität der körperlichen Funktionen abweichenden Zustands zu verstehen (BGH NStZ 2015, 269: rein emotionale Reaktionen wie Angstzustände sind ausgenommen; auch BGH WKRS 2019, 14595). Taugliches Opfer kann aber auch ein bereits vorgeschädigter Mensch sein (*Fischer* § 223 Rn. 8; NK-StGB/*Paeffgen/Böse* § 223 Rn. 14). Von hinreichender Erheblichkeit erweist sich die Tätereinwirkung, wenn sie zur Wiederherstellung des status quo ante einen Heilungsprozess erforderlich macht (SK-StGB/*Wolters* § 223 Rn. 19; LPK/*Kindhäuser/Hilgendorf* § 223 Rn. 4). Dies wird i.d.R. bejaht bei:

- dem **Herbeiführen eines Krankheitszustands**, etwa von inneren oder äußeren Organen, Knochenbrüchen, Wunden, Infektionen (z.B. durch Übertragung von Hepatitis, BGH JR 2004, 33 ff., oder durch unzureichende Krankenhaushygiene, s. bereits *Deutsch* NJW 1986, 757, 758 f.; zu HIV: BGHSt 36, 1 ff.; 36, 262 ff.; BGH NStZ 2009, 34 f.), Vergiftungen und Hämatomen (*Ulsenheimer* in: Laufs/Kern/Rehborn, § 149 Rn. 22), aber auch infolge einer unsachgemäßen Strahlentherapie (etwa durch Überdosis an Gammastrahlen und dadurch bewirkten Zellveränderungen und -schädigungen sowie Nekrosen, Fibrosen und einer Darmverengung; unzutreffend eine »körperliche Misshandlung« annehmend: BGHSt 43, 306, 308 f. m. krit. Anm. *Jerouschek* JuS 1999, 746; *Wolfslast* NStZ 1999, 133; ebenso *Fischer* § 223 Rn. 7; *Ulsenheimer* in: Laufs/Kern/Rehborn, § 149 Rn. 22) oder eines exzessiven Röntgens (vgl. BGHSt 43, 346, 353 ff. m. Anm. *Rigizahn* JR 1998, 523),

- dem Zufügen oder Aufrechterhalten von **Schmerzen** (Verabreichen eines zur Schmerzlinderung untauglichen Beruhigungsmittels, vgl. BayObLG NStZ-RR 2004, 45; LK/*Grünewald* § 223 Rn. 30; nach MüKo-StGB/*Hardtung* § 223 Rn. 38 ff. soll Schmerzempfinden auch die Misshandlungsalternative begründen können),
- der **Verschlimmerung oder Aufrechterhaltung eines bereits bestehenden Krankheitszustands** (vgl. BGH NJW 1960, 2253: erfolglose Krebsbehandlung; OLG Frankfurt NJW 1988, 2965; NStZ 1991, 235, 236: Erhaltung oder gar Vervielfachung der Tablettenabhängigkeit [Polytoxikomanie]; OLG München MedR 2018, 317, 325 und LG München MedR 2017, 889, 890 f.: Nichtentfernen der PEG-Sonde; ähnlich RGSt 77, 17, 18 f., allerdings auf die durch den Opiatkonsum hervorgerufenen Spritzabzesse abstellend; BayObLG NJW 2003, 371, 372 f. [m. Anm. *Freund/Klapp* JR 2003, 430]: Herbeiführen einer Medikamentenabhängigkeit anlässlich einer **Substitutionsbehandlung Drogenabhängiger**; BGH StV 2008, 464, 465 m. Anm. *Rönnau*: Narkose zu dem Zweck eines sog. »Turbo-Opiatentzugs« [Zuführung belastender Medikamente]; dagegen verneinend bei einer Verbesserung des Allgemeinzustands durch Verschreibung von Suchtersatzmitteln zur Heroinsubstitution: BayObLG NStZ 1995, 188, 189),
- dem **Versetzen in einen Rauschzustand** (durch Verabreichen von Beruhigungsmitteln aufgrund der damit verbundenen geistigen Bewusstseinsveränderung sowie der nach Abklingen der Wirkung eintretenden körperlichen Übelkeit und Suchtbildungsgefahr, vgl. BGH NJW 1970, 519; durch Verabreichung von BtM im Rahmen einer »psycholytischen Psychotherapie«: LG Berlin Urt. v. 10.05.2010 – 1 Kap Js 1885/09; die Verabreichung eines Schlafmittels soll dagegen i.d.R. bloßer »Bagatelleingriff« sein, da der Schlaf als solcher kein pathologischer Zustand ist, vgl. SSW/*Momsen/Momsen-Pflanz* § 223 Rn. 10: anders bei »nachhaltig vertieftem Bewusstseinsausfall« mit pathologischen Neben- oder Folgewirkungen wie Schwindel und Erinnerungsverlust; BGH NStZ 2020, 29, 30 f.: die bloße Feststellung, dass ein Betäubungsmittel verabreicht wurde, genügt nicht),
- **Verabreichung von Dopingmitteln** (HK-GS/*Dölling* § 223 Rn. 5; a.A. LK/*Grünewald* § 223 Rn. 35: Gesundheitsschädigung erst mit diesen Mitteln regelmäßig verbundenen gesundheitlichen Nebenwirkungen) jedenfalls dann, wenn der Athlet über die Neben- und Folgewirkungen nicht entsprechend dem Erkenntnisstand der Disziplin aufgeklärt wurde (zur Frage einer evtl. »Sittenwidrigkeit« der Einwilligung s. NK-StGB/*Paeffgen/Zabel* § 228 Rn. 110 ff. m.w.N.; zur »eigenverantwortlichen Selbstgefährdung« s. § 222 Rdn. 12 ff.).

Beide Verhaltensmodalitäten können unter den Voraussetzungen des § 13 auch durch **Unterlassen** verwirklicht werden (z.B. BGHSt 37, 106, 114). Dazu muss der Garant (etwa ein Arzt kraft gesetzlicher Vorschrift [z.B. gem. § 8 Nds. MVollzG; § 21 Nds. PsychKG; s.a. BGH NJW 1983, 462: Anstaltspersonal gegenüber Untergebrachten in psychiatrischem Krankenhaus; weiterhin *Amelung/Weidemann* JuS 1984, 595, 599: Krankenpfleger für körperliche Unversehrtheit der Insassen einer forensischen Abteilung des Krankenhauses], dienstlichen Auftrags, tatsächlicher Übernahme bzw. konkreter Zusage der Behandlung, Ingerenz [= pflichtwidrigen gefährlichen Vorverhaltens] oder aufgrund seiner Funktion als Bereitschaftsarzt [Garant kraft Übernahme gegenüber der Bevölkerung mit der Konsequenz, in dringenden Erkrankungsfällen zum Eingreifen verpflichtet zu sein, vgl. *Bockelmann* Strafrecht des Arztes, S. 23 f.; s.a. OLG Hamm NJW 1975, 604, 605) Beeinträchtigungen/Verschlimmerungen nicht verhindert oder eine gebotene Leid- und Schmerzlinderung versäumt haben (vgl. BayObLG NStZ-RR 2004, 45: schmerzbeseitigende Nachnarkotisierung; *Tröndle* Anm. zu StA Oldenburg NStZ 1999, 461, 462 f.: neunstündiges Liegenlassen eines nach Spätabtreibung am Leben gebliebenen Frühgeborenen, das wegen fehlender Intubation und Sauerstoffgabe unter hochgradiger Atemnot und an vermeidbaren, erheblichen Schmerzen litt; zur Körperverletzung durch Verschiebung elektiver Eingriffe *Gerson* medstra 2021, 142). Gleiches gilt – mit Dienstantritt – für **Hebammen**, die nach den jeweils geltenden Landeshebammengesetzen Schwangeren und Gebärenden Hilfe zu leisten, dabei deren Gesundheit zu schützen und zu erhalten haben sowie erforderlichenfalls dafür zu sorgen haben, dass ein Arzt beigezogen wird (OLG Dresden MedR 2014, 896).

## III. Vorsatz

7 Der subjektive Tatbestand erfordert mindestens bedingten Vorsatz (dazu allg. HK-GS/*Duttge*, § 15 Rn. 19 ff. m.w.N.), der auf die Herbeiführung einer körperlichen Misshandlung oder Gesundheitsschädigung gerichtet sein muss (BGH StV 2008, 464, 465 m. Anm. *Rönnau*, im konkreten Fall bei sofort eingeleiteten Rettungsbemühungen nach festgestellter unzureichender Überwachung eines »Turboentzugs«-Patienten verneint). Hilfsbereitschaft schließt den Vorsatz nicht notwendig aus, so etwa, wenn bei einem Kaiserschnitt wegen eines Gebärmutterrisses (BGH NJW 2000, 885, 887), wegen Wucherungen (BGH WKRS 1977, 12124) bzw. wegen Verwachsungen am Peritoneum eigenmächtig eine Sterilisation durchgeführt wird, um die Patientin vor den Risiken einer erneuten Schwangerschaft zu bewahren (OLG Koblenz NJW 2006, 2928, 2929). Trotz der bei ärztlichem Handeln unterschiedlichen Fassung des Körperverletzungstatbestands (u. Rdn. 8 ff.) besteht Einigkeit, dass **Gegenstand der vorsatzbegründenden Kognition** stets auch die Missachtung der ärztlichen Behandlungsregeln sein muss (vgl. BGH NStZ 2008, 278: wissentliches Hinwegsetzen über anerkannte Regeln der Heilkunst, die einer Wiederverwendung angebrochener Flaschen des Narkosemittels »Propofol« entgegenstehen; SK-StGB/*Wolters* § 223 Rn. 43; näher u. Rdn. 12). Daran wird es i.d.R. fehlen, es sei denn, der Arzt handelt aus sachfremden Motiven (vgl. BGH NStZ 2004, 35: Arzt ruft keinen Rettungswagen bzw. veranlasst nicht die Verlegung in ein anderes Krankenhaus wegen persönlicher Konflikte und im Bestreben, einen vorausgegangenen Behandlungsfehler nicht offenbar werden zu lassen).

## C. Der ärztliche Heileingriff

### I. Problem

8 Seit RGSt 25, 375, 385 f. qualifiziert die höchstrichterliche Rspr. den ärztlichen Heileingriff ungeachtet seiner therapeutischen Zielsetzung, einer Einhaltung der leges artes (so aber die »Theorie des kunstgerechten Eingriffs«, u. Rdn. 17) und eines evtl. Behandlungserfolges (so aber die »Erfolgstheorie«, u. Rdn. 15) stets als tatbestandsmäßige Körperverletzung (zuletzt BGH NJW 2011, 1088, 1089; 2013, 1688, 1689; zur Übertragbarkeit auf Heilpraktiker vgl. OLG Koblenz NJW-RR 2007, 997). Während hierdurch das körperbezogene **Selbstbestimmungsrecht der Patienten** (vgl. Art. 2 Abs. 2 Satz 1 GG) abgesichert werden soll, sieht die Ärzteschaft darin eine ungerechtfertigte Bemakelung und Diskriminierung ihrer berufsmäßigen Betätigung (zweifelnd auch *Tröndle* MDR 1983, 881 ff.). Nur der Gesetzgeber könnte dieser – kriminalpolitisch verständlichen, aber strafrechtsdogmatisch fragwürdigen – Rspr. den Boden entziehen, was zuletzt im Referentenentwurf zum 6. StrRG (1996/98) mit einem Sondertatbestand der eigenmächtigen Heilbehandlung angestoßen wurde (§ 229 StGB-E). Dieser sollte – ähnlich wie § 110 öStGB – die Patientenautonomie unabhängig von der ärztlichen Indikation und Kunstgerechtheit des Eingriffs absichern; Unklarheiten und Widersprüche in der konkreten Tatbestandsfassung haben seine Umsetzung jedoch verhindert (näher *Cramer* Lenckner-FS 1998, S. 761 ff.; *Freund* ZStW 109 [1997], 455, 475 ff.; *Kargl* GA 2001, 538 ff.; *Schreiber* ZaeFQ 1998, 568 ff.; *Schroeder* Besondere Strafvorschriften gegen Eigenmächtige und Fehlerhafte Heilbehandlung?, 1998). Das Scheitern dieser Reformbemühungen hat zum einen die Rechtfertigungslösung der Rspr. gestärkt und zum anderen dazu geführt, dass der seit mehr als 100 Jahren bestehenden Problematik des ärztlichen Heileingriffs fortdauernde Aktualität zukommt (vgl. *Ulsenheimer/Gaede* Rn. 328). Jüngst hat jedoch der Kriminalpolitische Kreis erneut einen Vorstoß unternommen und den Entwurf eines § 241b (Eigenmächtige medizinische Eingriffe) vorgelegt (medstra 2021, 65).

9 Zum Verständnis der Problematik ist eine Erläuterung der zentralen **medizinischen Fachbegriffe** unabdingbar: Ärztliche **Heilbehandlungen** sind »Eingriffe und andere Behandlungen, die nach den Erkenntnissen und Erfahrungen der Heilkunde und den Grundsätzen eines gewissenhaften Arztes zu dem Zwecke erforderlich sind und vorgenommen werden, um Krankheiten oder Leiden zu verhüten, zu erkennen, zu heilen oder zu lindern« (§ 161 StGB-E 1960; vgl. *Kaufmann* ZStW 73 [1961], 341, 370: therapeutische [z.B. Operation incl. Anästhesie], diagnostische [z.B. Blutentnahme,

Röntgenaufnahme] oder prophylaktische Maßnahmen [z.B. Impfungen]; daran fehlt es bei einem kontraindizierten Eingriff wie im sog. Zahnextraktionsfall BGH NJW 1978, 1206, s. dazu auch *Horn* JuS 1979, 29 ff.; zu den Anforderungen an einen »individuellen Heilversuch« s. *Deutsch/ Spickhoff* Rn. 1332 ff.; zum sog. »compassionate use« vgl. § 21 Abs. 2 Nr. 6 AMG). »**Indiziert**« ist ein Heileingriff, wenn er ex ante medizinisch erforderlich erscheint, um das Leben, die Gesundheit oder das Wohlbefinden des Patienten (auch durch vor- und nachsorgende Maßnahmen) zu erhalten bzw. wiederherzustellen (*Engisch* in: Stich/Bauer, Fehler und Gefahren bei chirurgischen Operationen, S. 1324, 1325), und das angestrebte Behandlungsziel nach ärztlicher Einschätzung mit gewisser Wahrscheinlichkeit zu erreichen vermag (vgl. Rdn. 112; vertiefend zum Indikationsbegriff *Gahl* DMW 2005, 1155 ff.; zwischen medizinischer und ärztlicher Indikation differenzierend: *Neitzke* in: Charbonnier/Dörner/Simon, Medizinische Indikation und Patientenwille, S. 53 ff.; ablehnend etwa für eine ausschließlich sexuell motivierte gynäkologische »Untersuchung«: OLG München NStZ 2008, 632; für »exzessives Röntgen«: BGHSt 43, 346, 354 ff.; für invasive Behandlungsmethoden eines Heilpraktikers: OLG Koblenz NJW-RR 2007, 997 f.; zur Suchtbehandlung mittels substituierender Methadongabe einschränkend BGH NJW 1991, 2359 ff. m. zust. Anm. *Laufs/ Reiling* JZ 1992, 103 ff.; zur Problematik weiterführend einerseits *E. v. Hippel* ZRP 1988, 289 ff., andererseits *Kühne* ZRP 1989, 1 ff.). Irrelevant ist, ob es sich bei der Erkrankung um körperliches oder seelisches Leiden handelt. Die Behandlung erfolgt **lege artis**, wenn sie unter Beachtung der anerkannten Regeln der ärztlichen Heilkunst (= sog. »medizinischer Standard«) vorgenommen wird (statt vieler *Hoyer* in: Igl/Welti Gesundheitsrecht, § 54 Rn. 25 ff.; für eine Gammastrahlenbehandlung unter Überschreitung der üblichen Bestrahlungszeiten um mehr als das Doppelte ablehnend: BGHSt 43, 306, 309 f.; für die Wiederverwendung angebrochener Flaschen mit dem Narkosemittel »Propofol«: BGH NStZ 2008, 278, 279; so auch bei einer dem medizinischen Standard widersprechenden Schönheits-OP, vgl. BGH NStZ-RR 2007, 340, 341: nicht regelgerechte Narkosemethode, fehlende Notfallvorbereitung sowie kein kontinuierliches Patientenmonitoring während des Eingriffs durch qualifiziertes medizinisches Personal). Weicht der Arzt von den in der Fachwissenschaft als hinreichend erprobt geltenden Regeln ab, so liegt ein »Kunst- bzw. Behandlungsfehler« nahe (zum Begriff vgl. *Schreiber* Der medizinische Sachverständige 1976, 71 ff.); dies schließt jedoch Außenseitermethoden nicht von vornherein aus (zuletzt BGH NJW 2017, 2685 f.: Anforderungen an die »medizinische Vertretbarkeit« wachsen mit zunehmender Schwere des Eingriffs).

## II. Rechtfertigungslösung

Nach st. Rspr. ist jede in die körperliche Unversehrtheit eingreifende ärztliche Maßnahme als eine **tatbestandsmäßige Körperverletzung** i.S.d. § 223 zu qualifizieren, deren Rechtfertigung einer Einwilligung des Patienten bedarf (RGSt 25, 375, 380 ff.; BGHSt 11, 111, 112; BGH NStZ 1996, 34; NJW 2000, 885). Sowohl die schwere Operation als auch der bloße Einstich mit einer Injektionsnadel (z.B. zwecks Blutentnahme), jede Anästhesie oder Applikation eines Medikaments erfüllen den objektiven Tatbestand des § 223. Abgestellt wird dabei auf jeden i.R.d. Gesamtintervention vorkommenden Einzelakt, so etwa bei der Entfernung des Appendix (Wurmfortsatz des Blinddarms) das Aufschneiden des Bauches (*Bockelmann* Strafrecht des Arztes, S. 51).

10

Trotz Verwirklichung des Körperverletzungstatbestandes steht bei wirksamer Einwilligung des Patienten (d.h. nach ordnungsgemäßer ärztlicher Aufklärung) der medizinisch indizierte und lege artis durchgeführte Heileingriff im Einklang mit der Rechtsordnung und sperrt als »erlaubtes« (»gerechtfertigtes«) Handeln jede (Straf-) Sanktion (Näheres zur Einwilligung § 228 Rdn. 1 ff., 12 ff.). Die therapeutische Zielsetzung als solche verleiht dem Arzt jedoch ebenso wenig eine Eingriffsbefugnis wie ein evtl. Heilerfolg der durchgeführten Untersuchung/Therapiemaßnahme oder die allgemeine berufsrechtliche Fürsorgeverpflichtung (vgl. § 1 MBO-Ä); vielmehr ist es erst der **Wille des Kranken**, der den behandelnden Arzt dazu legitimiert (RGSt 25, 375, 378 ff.). Denn »selbst ein lebensgefährlich Kranker kann triftige und sowohl menschlich wie sittlich achtenswerte Gründe haben, [z.B.] eine Operation abzulehnen, auch wenn er durch sie und nur durch sie von seinem

11

§ 223 StGB   Körperverletzung

Leiden befreit werden könnte« (BGHSt 11, 111, 114). Dementsprechend liegt es in der alleinigen Verantwortung des (einwilligungsfähigen) Patienten, den Arzt je nach Belieben mit der Behandlung zu beauftragen, diesen Auftrag ggf. zu widerrufen oder sich der Anwendung einer (vorgeschlagenen) Heilmethode oder eines Heilmittels (z.B. eines Arzneimittels) zu verweigern (zur geteilten Verantwortung zwischen Arzt und Patient näher *Duttge* in: Eckart/Forst/Briegel, Repetitorium Intensivmedizin, 67. Erg.Lfg. 2015, Kap. XIV, 13). Fehlt es an einer wirksamen Einwilligung, ist der ärztliche Heileingriff danach rechtswidrig. Geht der behandelnde Arzt aufgrund Verkennens des tatsächlichen Geschehens irrig davon aus, dass der Patient (ordnungsgemäß) aufgeklärt wurde und (wirksam) eingewilligt hat, so liegt ein sog. Erlaubnistatumstandsirrtum gem. § 16 Abs. 1 analog vor (vertiefend HK-GS/*Duttge* § 16 Rn. 12 ff.; zum Erlaubnistatumstandsirrtum bei Aufklärungsfehlern vgl. LG Kempten MedR 2021, 559, 566 m. Anm. *Vogel*). Beinhaltet der Irrtum allerdings (auch) eine rechtlich fehlerhafte Wertung (z.B. hinsichtlich der Aufklärungsanforderungen oder gar i.S. einer Verzichtbarkeit der Einwilligung), handelt es sich lediglich um einen (i.d.R. vermeidbaren) Verbotsirrtum i.S.d. § 17 (so auch AG Moers Urt. v. 22.10.2015 – 601 Ds-103 Js 80/14–44/15).

12  In eine **fehlerhafte**, d.h. gegen die Regeln der ärztlichen Kunst verstoßende **Behandlung** soll der Patient nach h.M. nicht wirksam einwilligen können (BGHSt 43, 306, 309; BGH NStZ-RR 2007, 340, 341; StV 2008, 464, 465 f. m. Anm. *Rönnau*; NStZ 2008, 278, 279; *Fischer* § 223 Rn. 30; dazu näher § 228 Rdn. 20). Hat sich der Arzt jedoch unwissentlich über die anerkannten Behandlungsstandards hinweggesetzt, mithin irrig die Ordnungsmäßigkeit seines Handelns und infolgedessen Wirksamkeit der Einwilligung (als Rechtfertigungs- und nicht bereits Tatbestandsausschlussgrund, in letztgenanntem Sinne aber *Roxin/Greco* AT/I § 13 Rn. 12 ff. m.w.N.; vertiefend *Gropp* GA 2015, 5 ff.) angenommen, so kommt nach den Grundsätzen zum Erlaubnistatumstandsirrtum lediglich eine Fahrlässigkeitsstrafbarkeit (gem. § 222 bzw. § 229i.V.m. § 16 Abs. 1 analog) in Betracht (zutr. *Schroth* in: Roxin/Schroth, S. 21, 23; *Tag* Der Körperverletzungstatbestand im Spannungsfeld zwischen Patientenautonomie und Lex artis, S. 5 f.). Die vorsätzliche Missachtung der ärztlichen Behandlungsregeln schließt jedoch einen Irrtum über die Wirksamkeit der Einwilligung aus (insoweit zutr. *Bauer* Die strafrechtliche Beurteilung des ärztlichen Heileingriffs, S. 8 f.).

13  Eine **kritische Betrachtung** dieses Ansatzes muss unbestreitbar anerkennen, dass er die Patientenautonomie nachhaltig stärkt und strafrechtlich absichert (s.a. *Lilie/Orben* ZRP 2002, 154, 155). Die Einordnung des Heileingriffs als eine stets tatbestandsmäßige Körperverletzung trägt dem personalen Anspruch des Patienten Rechnung, der nicht zum Objekt ärztlicher Vernunft oder des Gemeinschaftsinteresses an der Gesunderhaltung gemacht werden darf (*Kargl* GA 2001, 538, 540). Auch der kriminalpolitische Umstand, dass es de lege lata (zu den Reformbemühungen o. Rdn. 8) jenseits der (unzureichenden) §§ 239, 240 keinen Schutz vor eigenmächtigen Heilbehandlungen gibt (vgl. z.B. *Kaufmann* ZStW 73 [1961], 341, 373 f.; *Krey/Hellmann/Heinrich* BT/1 § 3 Rn. 235), spricht für diese Auffassung. Hiergegen bemüht ein Teil der Lehre und insbesondere die Ärzteschaft das sog. »Messerstecherargument«, wonach die juristische Gleichstellung der ärztlichen Heilbehandlung mit bspw. einem Messerstecher die ärztliche Rolle und Intention in ihrer grundlegenden Zielrichtung verfehle und damit einen ganzen Berufsstand diskreditiere (i.d.S. schon *Binding* BT/1, 2. Aufl. 1902, S. 56; *Bockelmann* Strafrecht des Arztes, S. 62; Maurach/Schroeder/Maiwald/*Hoyer/Momsen* BT/1 § 8 Rn. 24; *Eb. Schmidt* Gutachten zum 44. DJT, Bd. 1, 4. Teil, 1962, S. 45: Wundheilen ist actus contrarius zum »kausalen Wundenschlagen«). Soweit in diesem Sinne somit das generelle Vorliegen eines »sozialadäquaten« Verhaltens angenommen wird, kann nicht die Erwiderung verfangen, es führe der Weg über die rechtfertigende Einwilligung letztlich zu demselben Ergebnis: Denn diese ist einzelfallbezogen und besagt für sich nichts über das generelle Erlaubtsein des Verhaltens in seinem objektiven Charakter. Gewiss trifft es zu, dass die Unrechtsbewertung erst mit Feststellung einer rechtswidrigen Tat abgeschlossen ist, deren Rechtfertigung mithin dazu berechtigt, von einem *in jeder Hinsicht* »erlaubten« Handeln zu sprechen; auf dieser Basis die Tatbestandsmäßigkeit als »rein technische« Festlegung ohne jedwede stigmatisierende Wirkung aufzufassen (so *Hardwig* GA 1965, 161 f.; s.a. LK/*Grünewald* § 223 Rn. 72; *Tröndle* MDR 1983, 881 mit vergleichendem Blick auf Polizeibeamte oder Richter bzw. auf die

Vollstreckung von Durchsuchungs- oder Haftbefehlen), übersieht jedoch die hiermit sehr wohl verknüpfte unrechtsindizierende Wirkung bei Annahme eines Verstoßes gegen das in die Form eines gesetzlichen Tatbestandes gegossene »Prima-facie-Verbot« (dazu vertiefend *Duttge* Philipps-FS 2005, S. 369 ff.; *Renzikowski* Notstand und Notwehr, S. 142 ff.; s.a. MüKo-StGB/*Freund* Vor §§ 13 ff. Rn. 20, 212 m. Fn. 269: »Vorbehaltsurteil«; NK-StGB/*Puppe* Vor § 13 Rn. 24: »verhaltensleitende Funktion«). Zuzugeben ist allerdings, dass von einem »sozialadäquaten« ärztlichen Wirken ohne wirksame Einwilligung des Patienten (»informed consent«) weder rechtlich noch arztethisch (vgl. §§ 7 Abs. 1, 8 MBO-Ä) die Rede sein kann. Diese vermag freilich nur gemeinsam mit den objektiven Behandlungsregeln und nicht von diesen isoliert und für sich allein das Werturteil »erlaubt« zu tragen, was die Konstellation des »kontraindizierten Heileingriffs« nachdrücklich verdeutlicht (näher *Duttge* MedR 2005, 706 ff.). Hier nach § 223 zu bestrafen, aber das qualifizierende Merkmal des »gefährlichen Werkzeugs« i.S.d. § 224 Abs. 1 Nr. 2 bei bestimmungsgemäßem Gebrauch durch eine Arztperson zu verneinen (vgl. BGH NJW 1978, 1206: »keine Verwendung zu Angriffs- oder Kampfzwecken«; *Krey/Hellmann*/Heinrich BT/1 § 3 Rn. 275; s.a. § 224 StGB Rdn. 3), ist wertungswidersprüchlich.

### III. Tatbestandslösungen

Um nicht die gesamte Rechtfertigungslast unter Inkaufnahme strafrechtsdogmatischer Brüche allein der Einwilligung aufzubürden, befürwortet die h.L. einen **Strafbarkeitsausschluss schon auf Tatbestandsebene.** Streitig sind nur die konkreten Anforderungen und der maßgebliche Bezugspunkt hierfür: Leitende Orientierung zur Begründung eines erlaubten Heileingriffs kann entweder der Blick auf das Gesamtergebnis (kein Erfolgsunrecht) oder auf die Fehlerfreiheit der einzelnen ärztlichen Handlungsweise (kein Handlungsunrecht) geben; differenzierende Ansätze kombinieren beide Bezugspunkte in jeweils spezifischer Weise. 14

Die sog. **»Erfolgstheorie«** (vgl. *Bockelmann* JZ 1962, 525, 528; *Kaufmann* ZStW 73 [1961], 341, 372 f.; Maurach/Schroeder/Maiwald/*Hoyer/Momsen* BT/1 § 8 Rn. 24 f.) differenziert in gesamtsaldierender Betrachtung zwischen dem gelungenen und einem misslungenen Heileingriff. Hat die ärztliche Intervention ungeachtet zwischenzeitlich ggf. entstandener Substanzverletzungen am Ende das körperliche Wohl im Ganzen erhöht oder jedenfalls bewahrt, d.h. im besten Falle die Wiederherstellung, Erhaltung oder Sicherung der Patientengesundheit zur Folge, so stellt die Tat rechtsgutsbezogen (o. Rdn. 2) keine »Körperverletzung« dar; dies gelte selbst dann, wenn der betroffene Patient keine (wirksame) Einwilligung abgegeben hat (*Ulsenheimer* in: Laufs/Kern/Rehborn, § 148 Rn. 10; i.S.e. »modifizierten Erfolgstheorie« auch Schönke/Schröder/*Sternberg-Lieben* § 223 Rn. 32, unter Ausschluss »wesentlicher Substanzverluste«). Die Folgenbetrachtung führt somit zu einem Vergleich des Zustands vor und nach Abschluss der Heilbehandlung (im Ganzen), z.B. nach erfolgreicher Amputation mit der zuvor durch das kranke Glied verursachten körperlichen Verfassung (vgl. *Bockelmann* JZ 1962, 525, 527 f.). Bewirkt die Heilbehandlung dagegen per saldo eine Verschlechterung des körperlichen Wohlbefindens, so sei der Eingriff selbst bei Einhaltung der leges artis i.S.d. § 223 tatbestandlich relevant; eine Strafbarkeit hiernach werde jedoch bei einem gutwilligen Arzt, der einen Heil- und keinen Schadenserfolg anstrebe, stets am Vorsatzerfordernis scheitern (vgl. *Gössel/Dölling* BT/1 § 12 Rn. 84; LK/*Grünewald* § 223 Rn. 68). Eine eigenmächtige Heilbehandlung könne nur als Freiheitsdelikt (vgl. §§ 239, 240) sanktioniert werden; die Ahndung als Körperverletzungsdelikt sei Resultat einer »Rechtsgutsvertauschung« (vgl. LK/*Grünewald* § 223 Rn. 69; *Katzenmeier* ZRP 1997, 156, 157; *Kaufmann* ZStW 73 [1961], 341, 373). 15

Diese »Strafbarkeitslücke« ist Gegenstand des ersten von mehreren **kritischen Einwänden:** Denn auf dem Boden dieser Auffassung gerät die Patientenautonomie weit in den Hintergrund und verliert den Schutz des Strafrechts (s. Schönke/Schröder/*Sternberg-Lieben* § 223 Rn. 30: »nicht unbeträchtliche Schutzlücke«). Dass Gesetzeslücken nicht unter Verstoß gegen den Grundsatz »nullum crimen sine lege« (Art. 103 Abs. 2 GG) geschlossen werden dürfen, indem die Körperverletzungstatbestände zu Delikten gegen das Selbstbestimmungsrecht umfunktioniert werden, trifft zu; nur ist das besondere Gewicht des Autonomieprinzips im Arzt-Patienten-Verhältnis 16 rechtlich wie medizinethisch ganz und gar unbestritten (zur Geltung im Kontext des »tätigen Behandlungsabbruchs« zuletzt BGHSt 55, 191 ff.), sodass seine Bedeutungslosigkeit im Rahmen des § 223 mit dieser Grundwertung kollidiert. Hinzu kommt das weitere Bedenken, dass eine dezidierte Erfolgsbetrachtung den behandelnden Arzt unter erheblichen Erfolgsdruck setzt, obgleich der menschliche Organismus aufgrund seiner individuellen Eigengesetzlichkeiten nicht beherrschbar und deshalb auch zivilrechtlich (i.d.R.) kein Heilerfolg geschuldet ist (vgl. §§ 630a Abs. 1, 630b BGB n.F.). Die Betrachtung der ärztlichen Intervention als Ganzes trifft zweifelsohne die allgemeine Lebensanschauung; jedoch ändert dies nichts an einer Betroffenheit der körperlichen Unversehrtheit bei jeder einzelnen ärztlichen Untersuchung, welche in die körperliche Sphäre eindringt (vgl. LPK/*Kindhäuser/Hilgendorf* § 223 Rn. 10; *Cramer* Lenckner-FS 1998, S. 761, 773: Zwischenstadien sind keine zu vernachlässigenden Größen in einem glücklich ausgegangenen Gesamtvorgang). Überdies verfehlt die Erfolgsbetrachtung den verhaltensnormtheoretischen Gehalt des Bestimmtheitsgebotes: Schon im Zeitpunkt seines Handelns muss der Täter wissen können, ob er sich hiermit gegen die Sollensanforderungen des (Straf-) Rechts stellt (statt vieler *Duttge* Zur Bestimmtheit des Handlungswerts von Fahrlässigkeitsdelikten, S. 246 ff.; *ders.* Benakis-FS 2008, S. 155 ff.). Hinge die Strafbarkeit erst von künftigen, vom Arzt in ihrer Entwicklung häufig nicht voraussehbaren Ereignissen ab, so hätte die Strafsanktion kein vorwerfbares Unrecht, sondern bloßes Unglück zum Gegenstand (*Krauß* Bockelmann-FS 1979, S. 557, 562).

17 Die »**Theorie des kunstgerechten Eingriffs**« blickt deshalb ganz auf das Tatverhalten und lässt den Tatbestand des § 223 selbst bei Misslingen des intendierten Heilungserfolges immer dann entfallen, wenn die Behandlung ex ante medizinisch indiziert war und kunstgerecht durchgeführt wurde (*Engisch* ZStW 58 [1939], 1, 5 f.; *Hirsch* Zipf-GS 1999, S. 353, 357; *Lackner/Kühl* § 223 Rn. 8 f.; *Schmidt* Der Arzt im Strafrecht, S. 69 ff.; *Tröndle* MDR 1983, 881; *Welzel* Das deutsche Strafrecht, S. 289). Grundlage dieser Auffassung ist die Annahme, dass tatbestandlich relevant nur eine sog. »Körperinteressenverletzung« sein könne; das »Interesse am Wohlergehen oder subjektiven Wohlbefinden« sei aber gewahrt und nicht verletzt, wenn der ärztliche Eingriff zu Heilzwecken und nach den Regeln der ärztlichen Heilkunst erfolge (vgl. *Engisch* ZStW 58 [1939], 1, 5: selbst wenn einzelne untergeordnete Interessen in Mitleidenschaft gezogen werden). Denn dies stelle sicher, dass sich der Heilerfolg nicht als zufälliges, sondern als spezifisches und ggf. sogar wahrscheinliches Resultat ärztlichen Wirkens erweise (*Engisch* ZStW 58 [1939], 1, 9). Diese Aussicht entfalle, wenn es an der Kunstgerechtheit fehle, was eine tatbestandliche Körper(-interessen-)verletzung begründe (zur Unterscheidung zwischen vorsätzlicher und fahrlässiger Tatbegehung vgl. *Engisch* in: Stich/Bauer, Fehler und Gefahren bei chirurgischen Operationen, S. 1324, 1343).

18 Wiederum kann die eigenmächtige Heilbehandlung aber nicht – von den §§ 239, 240 abgesehen – sanktioniert werden, was der hohen Bedeutung des verfassungsrechtlich verankerten Selbstbestimmungsrechts von Patienten (s. BVerfGE 52, 131, 171 ff.) zuwiderläuft. Wie ein Vergleich mit anderen Deliktstatbeständen zeigt, entfällt die Tatbestandsmäßigkeit (infolge objektiv nachteiliger Einwirkung auf das geschützte Rechtsgut) allenfalls bei tatsächlich erfolgter Zustimmung des Rechtsgutsinhabers (z.B. §§ 123, 242) und nicht schon dann, wenn das Tatverhalten dem Berechtigten im Ergebnis irgendwie nützt (vgl. *Fischer* § 223 Rn. 20; gegen ein »ärztliches Sonderrecht« auch *Sternberg-Lieben* Amelung-FS 2009, S. 325, 327 f.). Das **Autonomieprinzip** verlangt, dass der in seinem körperbezogenen Erhaltungs- und Entfaltungsinteresse betroffene Patient selbst darüber entscheidet, welche Einwirkungen er zulassen will, um sein mittel- und langfristiges Interesse auf Heilung und/oder Leidminderung zu befördern. An der objektiven Rechtsgutsrelevanz des körperlichen Eingriffs (o. Rdn. 2) ändert sich weder dadurch etwas noch durch die Einhaltung der ärztlichen Behandlungsregeln, die im jeweils konkreten Fall zu ermitteln angesichts der begrenzten Geltungskraft von Leitlinien, der grds. bestehenden Methodenfreiheit bei der Wahl der jeweiligen Therapie und des immerwährenden medizinischen Fortschritts ohnehin nicht immer leicht fällt (vgl. *Bauer* Die strafrechtliche Beurteilung des ärztlichen Heileingriffs, S. 71 m.w.N.).

## IV. Differenzierte (»zweispurige«) Lösungen

Um der Einseitigkeit einer entweder erfolgs- oder verhaltensbezogenen Betrachtungsweise zu entgehen, sind differenzierende, »zweispurige« Lösungen entwickelt worden. So hat *Eser* vorgeschlagen, die Tatbestandsmäßigkeit in spezifischer Weise nicht nur am Erfolg des Heileingriffs, sondern zugleich an der Eingriffsintensität auszurichten: Gelungene, d.h. zu einer Wiederherstellung oder Verbesserung (jedenfalls nicht zu einer Verschlechterung) der Gesundheit führende Interventionen sollen danach den objektiven Tatbestand des § 223 immer dann nicht erfüllen, wenn sie ohne »**wesentlichen Substanzverlust**« durchgeführt worden sind. Insoweit fehle es am Erfolgsunwert und sei die strafrechtliche Irrelevanz weder von der Einhaltung der leges artes (soweit nicht grob missachtet, darin liege ausnahmsweise doch eine »Misshandlung« i.S.v. § 223 Abs. 1, 1. Alt., vgl. LK/*Grünewald* § 223 Rn. 70; Schönke/Schröder/*Sternberg-Lieben* § 223 Rn. 32: z.B. bei einer völlig unzureichenden Anästhesie) noch von einer patientenseitigen Einwilligung abhängig. Erfolgreiche eigenmächtige Heilbehandlungen ließen sich dann nur bei Zwangsanwendung oder bei ehrverletzenden Äußerungen über die §§ 239, 240 bzw. § 185 erfassen (*Schröder* NJW 1961, 951, 952 f.). Sind hingegen mit dem Eingriff wesentliche Substanzeinbußen (wie z.B. die Amputation von Gliedmaßen, das Erlöschen von Körperfunktionen, Persönlichkeitsveränderungen durch Psychopharmaka) verbunden oder steht am Ende der ärztlichen Intervention eine Verschlechterung des körperlichen Befindens, so könne nur das Einverständnis des Patienten die Tat zu einer »erlaubten« (nach Schönke/Schröder/*Sternberg-Lieben* § 223 Rn. 33, 37 zu einer tatbestandslosen) machen. Die Wirksamkeit des Einverständnisses ist jedoch durch die Kunstgerechtheit der Behandlung, das Bestehen einer medizinischen Indikation und einer therapeutischen Intention bedingt. Fehlt es an einer dieser Voraussetzungen, so wird eine Strafbarkeit aus § 223 aber regelmäßig (vom Fehlen einer Heilabsicht abgesehen) am Vorsatzerfordernis scheitern.

19

Positiv zu vermerken ist, dass mit dieser differenzierenden Konzeption die bei der »Erfolgstheorie« noch zu beklagende Missachtung des Selbstbestimmungsrechts abgemildert wird, indem die Tatbestandsmäßigkeit des ärztlichen Heileingriffs unabhängig von seinem letztendlichen Erfolg vom Vorliegen eines (hier: tatbestandsausschließenden) Einverständnisses des Patienten abhängt, sofern damit wesentliche Substanzeinbußen einhergehen. Insoweit nähert sich *Eser* – von der abweichenden strafrechtsdogmatischen Einordnung des »Einverständnisses« abgesehen – der Rechtfertigungslösung an. Allerdings ist der infolgedessen verbesserte Schutz des Selbstbestimmungsrechts begrenzt: Er greift lediglich bei Eingriffen, die mit einer »wesentlichen Substanzeinbuße« verbunden sind; ärztliche »Eigenmacht« unterhalb dieser Schwelle bleibt strafrechtlich irrelevant (krit. auch *Bauer* Die strafrechtliche Beurteilung des ärztlichen Heileingriffs, S. 77 f.), obgleich die Patientenautonomie die Entscheidungsfreiheit über sämtliche und nicht lediglich über schwerwiegende körperliche Einwirkungen zum Gegenstand hat. Hinzu kommt die **Ungenauigkeit dieses – gesetzesfernen** (zutr. beanstandet von *Gössel/Dölling* BT/1 § 12 Rn. 77) – **Abgrenzungskriteriums**, dessen näherer Bedeutungsgehalt teilweise auch durch unterschiedliche Begrifflichkeiten (wie »Substanzveränderung«, »Substanzverlust« oder »[wesentlicher] Substanzeingriff«, vgl. Schönke/Schröder/*Sternberg-Lieben* § 223 Rn. 31, 32, 33) unklar bleibt. Die Einbeziehung des Einverständnisses in den Körperverletzungstatbestand verändert schließlich den Rechtsgutscharakter des § 223 (»Versubjektivierung«) und bewirkt dadurch eine Verlagerung der schwierigen Einzelfragen um die ärztliche Aufklärungspflicht in den Tatbestand (vgl. LK/*Grünewald* § 223 Rn. 70).

20

Deshalb gehen *Horn/Wolters* von vornherein von einer **Rechtsgüterkumulation** aus (s. bereits o. Rdn. 2), bei der jedoch die Betroffenheit des einen von einer solchen des anderen strikt zu trennen sei: Liege eine eigenmächtige, das körperbezogene Selbstbestimmungsrecht des Patienten verletzende ärztliche Intervention vor, so sei darin ohne Rücksicht auf den Heilerfolg und eine evtl. Einhaltung der leges artes stets eine »Misshandlung« i.S.d. §§ 223, 229 zu sehen (SK-StGB/*Wolters* § 223 Rn. 35 ff.). Die Unterscheidung zwischen vorsätzlicher und fahrlässiger »Körperverletzung« richte sich danach, ob das Fehlen eines (wirksamen) Einverständnisses erkannt (jedenfalls »billigend in Kauf genommen«) wurde oder der behandelnde Arzt irrig (aber vermeidbar) an einen therapeutischen Konsens geglaubt hat. Die Strafbarkeit ist jedoch insoweit auf den Grundtatbestand

21

beschränkt, da es für die Anwendung der Qualifikationen aus den §§ 224, 226, 227 an einer Quantifizierbarkeit des Selbstbestimmungsrechts fehle (näher SK-StGB/*Wolters* § 223 Rn. 38). Anders liege es dagegen mit Blick auf die Gesundheit als zweitem, von § 223 geschützten Rechtsgut: Hier komme es primär darauf an, ob die Behandlung medizinisch indiziert war und lege artis vorgenommen wurde; sofern ja, entfalle die körperverletzungsspezifische Tatbestandsmäßigkeit (SK-StGB/*Wolters* § 223 Rn. 40). Nur wenn der Eingriff ohne Indikation oder abweichend von den leges artes erfolgt ist, erlangen die Folgen der Intervention Bedeutung: Ergibt sich bei einem Vergleich der Gesamtgesundheit des Patienten nach Abschluss der ärztlichen Intervention mit seinem körperlichen Zustand vor dem Eingriff eine Verbesserung oder jedenfalls keine Verschlechterung, so fehle es an einer »Gesundheitsschädigung« und schließe somit ebenfalls schon die Tatbestandsmäßigkeit aus (SK-StGB/*Wolters* § 223 Rn. 42). Im Fall eines misslungenen Heileingriffs sei bei vorsätzlicher Missachtung der ärztlichen Behandlungsregeln auch die Anwendbarkeit der Qualifikationstatbestände nach §§ 224, 226, 227 nicht gesperrt (SK-StGB/*Wolters* § 223 Rn. 45 f.).

22 Dieser Konzeption gelingt es, das Selbstbestimmungsrecht des Patienten in vollem Umfang (und nicht lediglich auf »wesentliche Substanzeinbußen« beschränkt, o. Rdn. 19 f.) in den Strafrechtsschutz einzubeziehen; insoweit liegt sie im Ergebnis auf der Linie der Rspr. und hat ihr gegenüber sogar den Vorzug, für die (in der Sache berechtigte) Nichtanwendung des § 224 eine plausible Begründung anbieten zu können. Das Erfassen der eigenmächtigen Heilbehandlung macht den Weg frei für eine Tatbestandslösung, die sich an den Besonderheiten des ärztlichen Handelns mit seiner Bindung an die ärztlichen Untersuchungs- und Therapiestandards orientiert. Weniger überzeugend ist allerdings, dass auch bei deren Missachtung ein erfolgreicher Ausgang der Tatbestandsmäßigkeit entgegenstehen soll; dies untergräbt die leges artes und ermöglicht ein gesundheitsbezogen gewiss nicht erwünschtes »Glücksspiel«. Mag hierin vielleicht noch eine Manifestation des Verhältnismäßigkeitsgrundsatzes erkannt werden, so ist jedenfalls strafrechtsdogmatisch ungereimt, dass der Heileingriff einmal (durch Berücksichtigung des Heilerfolges) in seiner Gesamtheit betrachtet und ein andermal aktspezifisch in seine Bestandteile aufgesplittet wird (so zutr. *Bauer* Die strafrechtliche Beurteilung des ärztlichen Heileingriffs, S. 79 f.). Zudem findet sich im Gesetz keinerlei Anhaltspunkt für die hier vorgenommene **strikte Trennung der beiden Tathandlungsvarianten** (»Misshandlung« bzw. »Gesundheitsschädigung«) und deren Zuordnung zu den beiden Rechtsgutsdimensionen: Insbesondere spricht der Normtext auch hinsichtlich der ersten Variante von einem »*körperlichen* Misshandeln«, was sich mit einer ausschließlichen Ausrichtung auf das (wenngleich: körperbezogene) Selbstbestimmungsrecht wenig verträgt.

## V. Eigener Lösungsansatz

23 Es mag in der Rechtspraxis »sinnlos« erscheinen, eine seit mehr als einem Jahrhundert eingewurzelte höchstrichterliche Rspr. in Zweifel zu ziehen (so *Bernsmann/Geilen* in: Wenzel, Kap. 4 Rn. 412); allem Pragmatismus zum Trotz lässt sich jedoch nicht übersehen, **dass die kriminalpolitisch gewollte Absicherung der Patientenautonomie strafrechtsdogmatisch teuer erkauft ist**: Die Einhaltung der leges artis wird system- und sachwidrig zur Bedingung für die Wirksamkeit der Einwilligung (obgleich das Selbstbestimmungsrecht gerade nicht der ärztlichen Vernunfthoheit untergeordnet ist), der nur eine Verkümmerung des Körperverletzungtatbestandes überhaupt zur Relevanz verhilft. Denn von einer »üblen, unangemessenen Behandlung« (Rdn. 4) kann bei einer ärztlichen Untersuchung oder Therapie entsprechend den Regeln der ärztlichen Kunst (also objektiv im Rahmen des »erlaubten Risikos«) nur noch dann gesprochen werden, wenn die in einer Missachtung der Patientenautonomie liegende ärztliche Eigenmacht in die Betrachtung einbezogen wird. Von hier aus ist der Weg geradezu vorgezeichnet (dazu eingehend *Tag* Der Körperverletzungtatbestand im Spannungsfeld zwischen Patientenautonomie und lex artis, 2000; s. auch Spickhoff/*Knauer/Brose* § 223 Rn. 7, 20), die Zustimmung des aufgeklärten Patienten gesetzeswidrig (vgl. § 228) als Bestandteil des Tatbestandes auszuweisen und dies wiederum durch Erweiterung der Rechtsgutsbasis um die Komponente des (körperbezogenen) Selbstbestimmungsrechts straflegitimatorisch abzusichern (gegen eine solche Entmaterialisierung des Rechtsguts aber zutr. NK-StGB/*Paeffgen/Böse* § 223 Rn. 2: Verstoß gegen Art. 103 Abs. 2 GG; *Schroeder* Hirsch-FS 1999, S. 725, 734 ff.).

Unbestreitbarer methodischer Ausgangspunkt kann jedoch nur sein, dass die Deutung des § 223 nicht 24
der kriminalpolitisch erwünschten Erfassung des ärztlichen Heileingriffs folgt, sondern umgekehrt die
strafrechtliche Beurteilung erst das Resultat der nach allgemeinen Grundsätzen erfolgten Auslegung
bildet. In diesem Lichte muss aber zum einen festgehalten werden, dass jenseits des Arzt-Patienten-
Verhältnisses immer schon die punktuelle Einwirkung auf die körperliche Integrität (oberhalb der Erheblichkeitsschwelle) und nicht erst der Blick auf das Gesamtergebnis als rechtsgutsrelevant anzusehen
ist (vgl. *Schroth* in: Roxin/Schroth, S. 21, 29). Ein Heilerfolg ex post kann an diesem aktbezogenen
Erfolgsunwert nichts ändern und noch weniger etwas zur Frage der verhaltensbezogenen »Pflichtwidrigkeit« besagen (unmissverständlich NK-StGB/*Paeffgen/Zabel* § 228 Rn. 58). Von einem Überschreiten des »erlaubten Risikos« (nach h.L. aus »objektiver« Beobachterperspektive, grdl. *Roxin/Greco* AT/
I § 11 Rn. 44 ff., 57; krit. mit Blick auf »Sonderwissen« und Schädigungsabsichten *Duttge* Maiwald-
FS 2010, S. 133 ff.) lässt sich aber erst nach Feststellung eines (objektiven) Behandlungsfehlers, d.h.
bei Missachtung der leges artes bzw. bei fehlerhafter Indikationsstellung sprechen. Dass darüber hinaus
auch die Zustimmung des hinreichend aufgeklärten Patienten notwendig und die Verfügungsbefugnis
des Patienten ein »zentrales Gut mit Verfassungsrang« ist (nachdrücklich *Schroth* in: Roxin/Schroth,
S. 21, 27 ff.), zwingt keineswegs dazu, eigenmächtige Heilbehandlungen als »Körperverletzungen« aufzufassen (a.A. MüKo-StGB/*Hartung* § 223 Rn. 77) – ganz im Gegenteil: Auf der Basis eines körperspezifischen Rechtsgutsverständnisses (Rdn. 2), wie es der gesetzlichen Konzeption zugrunde liegt (vgl.
§ 228: der Rechtsgutsinhaber kann den Unrechtscharakter beseitigen, der dann aber denknotwendig
bereits vorausliegt), ist bei Ordnungsmäßigkeit des körperbezogenen Eingriffs als solchem kein Unrecht geschehen; die eigentliche Unrechtsdimension liegt ausschließlich in einer Verletzung der Patientenautonomie, die begangene Tat ist ein »**Freiheitsdelikt**«. Der unbestrittenen Notwendigkeit einer
»strafrechtlichen Absicherung« (*Schroth* in: Roxin/Schroth, S. 21, 28) kann nur der Gesetzgeber nachkommen (vgl. z.B. § 110 öStGB); das bei einem »Sonderstrafrecht für Ärzte« befürchtete »Übermaß«
(*Deutsch/Spickhoff* Rn. 739) ist keineswegs zwangsläufige Folge (näher *Duttge* MedR 2005, 706 ff.).

## D. Rechtswidrigkeit

In erster Linie kommt, sofern die Zustimmung des (aufgeklärten) Patienten nicht schon als tatbestands- 25
ausschließend angesehen wird (o. Rdn. 14 ff.), eine Rechtfertigung des körperspezifischen Eingriffs
durch (vor der Tat erklärte) **Einwilligung** in Betracht (§ 228). Zu den Wirksamkeitsvoraussetzungen
und Grenzen s. näher Komm. zu § 228, dort ebenso zur mutmaßlichen sowie zur hypothetischen
Einwilligung. Der rechtfertigende Notstand (§ 34) ist nach richtiger Auffassung bei »intrapersonalen
Konflikten« wegen Fehlens einer Gefahrverursachung »von außen« von vornherein nicht anwendbar
(dazu HK-GS/*Duttge* § 34 Rn. 9 m.w.N.; eingehend *Engländer* GA 2010, 15 ff., 22 ff. sowie *Müller*
MedR 2011, 339, 343 zur Fixierung Einwilligungsunfähiger); die gegenteilige h.M. hat sorgsam da-
rauf zu achten, dass auf der Basis der allgemeinen Notstandsregel nicht das Selbstbestimmungsrecht
des Patienten bzw. rechtsförmlich festgelegte Verfahren (z.B. gem. §§ 10 ff. TPG) unterlaufen werden.
Straf- oder gesundheitsschutzrechtliche Eingriffsbefugnisse finden sich in den §§ 81a, 81c StPO, § 20
IfSG, § 101 StVollzG; zu ärztlichen Zwangsmaßnahmen im Rahmen des Betreuungsrechts s. § 1906a
Abs. 1 Satz 1, Abs. 2 BGB sowie dazu v.a. BVerfG FamRZ 2018, 1599; BGH NJW 2018, 1086 ff.
Eine weitere rechtfertigende Eingriffsbefugnis hat der Gesetzgeber jüngst für die Beschneidung männ-
licher Kinder (sog. **Zirkumzision**) geschaffen, dazu näher die Komm. zu § 1631d BGB.

## E. Körperverletzung im Amt

Nach h.M. ist auch der Klinikdirektor (Chefarzt) eines öffentlich-rechtlichen Krankenhauses 26
(z.B. Universitätsklinikum), der (anders als der Vertragsarzt, vgl. BGHSt 57, 202 ff.) vom Täterkreis des **§ 340 Abs. 1** an sich erfasst wird (vgl. § 11 Abs. 1 Nr. 2; zum typologischen Verständnis des Amtsträgerbegriffs näher *Duttge* Steinhilper-FS 2013, S. 203, 213 ff.), nicht in »Ausübung
eines öffentlichen Amtes«, sondern kraft seines ärztlichen Heilauftrages tätig (OLG Karlsruhe
NJW 1983, 352, 353 m. krit. Anm. *Wagner* JZ 1987, 596 ff.; *Fischer* § 340 Rn. 2: kein »Missbrauch von Amtsgewalt«; NK-StGB/*Kuhlen* § 340 Rn. 8; *Ulsenheimer/Gaede* Rn. 619; krit. MüKo-
StGB/*Voßen* § 340 Rn. 18). Es wird jedoch abzuwarten sein, ob die zunehmende Abhängigkeit

## F. Prozessuales

27 Die Tat ist gem. § 230 Abs. 1 relatives Antragsdelikt; hält die Strafverfolgungsbehörde wegen des besonderen öffentlichen Interesses ein Einschreiten von Amts wegen für erforderlich, so bedarf es keines **Strafantrages**. Dies wird regelmäßig dann der Fall sein, »wenn der Täter einschlägig vorbestraft ist, (…) besonders leichtfertig gehandelt hat, durch die Tat eine erhebliche Verletzung verursacht wurde (…) und die Tat ein gegenwärtiges Anliegen der Allgemeinheit ist« (Nr. 234 Abs. 1 RiStBV). Fehlt es hieran, so wird die Tat i.d.R. nur aufgrund einer **Privatklage** verfolgt (vgl. §§ 374 Abs. 1 Nr. 4, 376 StPO); der Klageerhebung muss dabei gem. § 380 StPO ein Sühneversuch vorausgehen. Zur Nebenklage vgl. § 395 Abs. 1 Nr. 1c StPO; zum Täter-Opfer-Ausgleich s. § 46a StGB, §§ 153a Abs. 1 Satz 2 Nr. 5, 155a, b StPO.

28 In der **Verfahrenswirklichkeit** ist die Erstattung einer Strafanzeige i.d.R. durch den negativen Ausgang eines Behandlungsgeschehens und die damit einhergehende Notwendigkeit einer persönlichen Aufarbeitung bedingt (näher *Lilie/Orben* ZRP 2002, 155 f.). Der strafverfahrensrechtliche Amtsermittlungsgrundsatz (vgl. §§ 155, 244 Abs. 2 StPO) ermöglicht die kostenfreie Vorbereitung einer zivilrechtlichen Schadensersatzklage einschließlich der Erlangung eines Sachverständigengutachtens (vgl. *Ulsenheimer/Gaede* Rn. 1246); die Länge der Verfahrensdauer (durchschnittlich 11 Monate, s. *Lilie/Orben* ZRP 2002, 155, 157), die regelmäßige Entscheidungsfindung außerhalb einer öffentlichen Hauptverhandlung (vgl. §§ 153, 153a, 407 ff. StPO) weniger aufgrund von Zeugenaussagen und mehr durch Urkunden- (beschlagnahmte Krankenakten) und Sachverständigenbeweis (Gutachter) sowie die eher geringe Sanktionswahrscheinlichkeit aufgrund der Nachweisschwierigkeiten (v.a. für Behandlungsfehler) lässt jedoch die Einschaltung der ärztlichen Schlichtungsstellen (Gutachterkommissionen) für Patienten wie Ärzte meist zielführender erscheinen (dazu ausf. *Ulsenheimer* in: Laufs/Kern/Rehborn, § 114).

## § 224 Gefährliche Körperverletzung

(1) Wer die Körperverletzung
1. durch Beibringung von Gift oder anderen gesundheitsschädlichen Stoffen,
2. mittels einer Waffe oder eines anderen gefährlichen Werkzeugs,
3. mittels eines hinterlistigen Überfalls,
4. mit einem anderen gemeinschaftlich oder
5. mittels einer das Leben gefährdenden Behandlung

begeht, wird mit Freiheitsstrafe von sechs Monaten bis zu zehn Jahren, in minder schweren Fällen mit Freiheitsstrafe von drei Monaten bis zu fünf Jahren bestraft.

(2) Der Versuch ist strafbar.

### Übersicht

| | Rdn. | | Rdn. |
|---|---|---|---|
| A. Grundsätzliches | 1 | III. Hinterlistiger Überfall (Nr. 3) | 4 |
| B. Qualifizierende Tatvarianten | 2 | IV. Gemeinschaftlich (Nr. 4) | 5 |
| I. Beibringen von Gift oder anderen gesundheitsschädlichen Stoffen (Nr. 1) | 2 | V. Lebensgefährdende Behandlung (Nr. 5) | 6 |
| | | C. Vorsatz | 7 |
| II. Waffe oder anderes gefährliches Werkzeug (Nr. 2) | 3 | D. Strafverfolgung | 8 |

## A. Grundsätzliches

1 Schon wegen der geringen praktischen Relevanz der vorsätzlichen Tatbegehung (vgl. § 223 Rdn. 1) sind die **Qualifikationstatbestände** der §§ 224 bis 227 nur selten Gegenstand eines Arztstrafverfahrens. Im Kontext des § 224 ist Grund für den erhöhten Strafrahmen die stärkere Wirkungsmacht

des Angriffs und damit gefährlichere Begehungsweise, die sich in den einzelnen Tatvarianten ausdrückt. Diese Gefährlichkeit kann entweder aus dem spezifisch schädigenden Stoff (Nr. 1), dem verwendeten Tatmittel (Nr. 2), der Vortäuschung von Friedfertigkeit (Nr. 3), der Personenmehrheit auf Seiten der am Unrecht Beteiligten (Nr. 4) oder einer besonders hohen Gefahrendimension (Nr. 5) resultieren.

## B. Qualifizierende Tatvarianten

### I. Beibringen von Gift oder anderen gesundheitsschädlichen Stoffen (Nr. 1)

»**Gift**« ist jeder organische oder anorganische Stoff, dem je nach konkreter Verwendungsweise (Einatmen, Verschlucken, Aufnahme auf der Haut) durch chemische oder chemisch-physikalische Wirkung die Gefahr einer erheblichen Gesundheitsschädigung (nicht notwendig Gesundheitszerstörung, so noch § 229a.F.) immanent ist (z.B. Arsen, Opiate, hochdosierte Arzneimittel, pflanzliche und tierische Gifte, Dopingpräparate, vgl. *Kargl* NStZ 2007, 489, 490; LG Oldenburg Urt. v. 06.06.2019 – 5 Ks 800 Js 54254/17 (1/18); *Markowetz* Doping. Haftungs- und strafrechtliche Verantwortlichkeit, S. 188). Auch »Stoffe des täglichen Lebens« wie bspw. Speisesalz bei Kleinkindern (BGHSt 51, 18 ff.) oder Zucker bei Diabetikern (Schönke/Schröder/*Sternberg-Lieben* § 224 Rn. 2a) sind nicht von vornherein ausgeschlossen. »**Andere gesundheitsschädliche Stoffe**« unterscheiden sich hiervon in ihrer Wirkweise, indem sie sich auf mechanische, thermische, biologische oder sonstige Weise entfalten (vgl. BGH NStZ-RR 2018, 209, z.B. Alkohol, ätzende oder heiße Flüssigkeit [OLG Dresden NStZ-RR 2009, 337, 338: Kaffee], Bakterien, Viren oder sonstige Krankheitserreger [evtl. in Blutplasma], Gentherapeutika gem. Ziff. 2.1 von Anhang I, Teil IV der Richtlinie 2001/83/EG, radioaktive Stoffe, mangels Stoffqualität dagegen nicht Strahlen). Die Gesundheitsschädlichkeit kann sich aus der Verabreichungsweise, Menge, Konzentration, dem gesundheitlichen Zustand und Lebensalter des Opfers oder dem betroffenen Körperteil ergeben (*Fischer* § 224 Rn. 6). »**Beigebracht**« ist der Stoff, wenn er derart mit dem Körper des Opfers verbunden wird (z.B. durch Verschlucken, Auftragen auf die Haut, Einspritzen), dass er seine gesundheitsschädigende Wirkung entfalten kann (BGHSt 15, 113 ff.; 32, 130, 132 f.; BayObLG NJW 1998, 3366). Eines eigenhändigen Einführens in den Körper bedarf es dabei nicht; schon das Einatmenlassen (z.B. von Rauch) genügt (OLG Hamburg Beschl. v. 01.10.2001 – 1 Ss 107/01). Betrifft die nur kurzzeitige thermische Einwirkung einen nicht empfindlichen Körperteil, so ist u.U. die Bagatellschwelle noch nicht überschritten (OLG Dresden NStZ-RR 2009, 337, 338).

### II. Waffe oder anderes gefährliches Werkzeug (Nr. 2)

Der Begriff »**Waffe**« meint einen beweglichen Gegenstand, der seiner objektiven Beschaffenheit nach bei bestimmungsgemäßem Gebrauch geeignet ist, erhebliche Verletzungen herbeizuführen (BGH NJW 2003, 1677; BGHSt 44, 103, 105; 45, 92, 93). Konkretisierend gibt das Waffengesetz eine gewisse Orientierung. Ein »**anderes gefährliches Werkzeug**« ist nicht dazu bestimmt, wohl aber aufgrund seiner objektiven Beschaffung und seiner (unmittelbar von außen auf den Körper wirkenden, dazu BGH NStZ 2016, 724; näher Schönke/Schröder/*Sternberg-Lieben* § 224 Rn. 3a) Verwendungsweise im konkreten Fall ebenfalls erheblich verletzungsgeeignet (st. Rspr., BGH NStZ 2002, 594; 2007, 95; NStZ-RR 2009, 50; StV 2015, 301, 302; NStZ 2017, 164, 165). Auch im Allgemeinen ungefährliche Tatmittel sind je nach konkretem Gebrauch nicht ausgeschlossen (zahlreiche Bsp. bei *Fischer* § 224 Rn. 16: Haushaltsreiniger, Schere, Nadel, Schlauch, Schnur etc.); sie müssen jedoch »greifbar« sein (d.h. nicht: Gase, Flüssigkeiten, Strahlen, vgl. Schönke/Schröder/*Sternberg-Lieben* § 224 Rn. 6). Wie der Normtext (freilich nicht zwingend, zutr. krit. daher *Jäger* JA 2013, 472, 473 f.; Zweifel auch bei OLG Hamm NStZ-RR 2014, 141) nahelegt (»mittels«), muss die Verletzung zudem unmittelbare Folge des Werkzeuggebrauchs sein (BGH NStZ 2012, 697, 698; BGH WKRS 2017, 15947; HK-GS/*Dölling* § 224 Rn. 3). Im medizinischen Kontext ist bedeutsam, dass ärztliche Instrumente wie z.B. das Skalpell des Chirurgen, die Zange bei der Extraktion eines Zahns oder die Spritze bei der ärztlichen Blutentnahme in der Hand eines »geprüften und approbierten Heilkundigen« (BGH NStZ 1987, 174 m. abl. Anm. *Sowada*

JR 1988, 123; StA Mainz NJW 1987, 2946; anders soll es bei »unerlaubter Ausübung der Heilkunde« liegen (BGH NStZ 1987, 174; LG Bochum Urt. v. 13.11.2019 – 10 KLs – 49 Js 123/18 – 12/19), selbst wenn lediglich die rechtzeitige Erteilung der Approbation oder Anerkennung der ausländischen Zulassung aussteht, vgl. *Ulsenheimer/Gaede* Rn. 624) bei bestimmungsgemäßer Verwendung nicht als gefährliches Werkzeug verstanden werden sollen (da nicht zu Angriffs- oder Verteidigungszwecken eingesetzt, vgl. BGH NJW 1978, 1206; MDR 1987, 445; LG Köln NJW 2012, 2128 m. abl. Anm. *Bartsch* StV 2012, 604 f.). Hierin drückt sich jedoch lediglich das pragmatische Kalkül aus, die (falschetikettierte, s. § 223 StGB Rdn. 23 f.) körperverletzungsbasierte Erfassung des ärztlichen Heileingriffs zur Vermeidung übermäßiger Sanktionierung nicht auch noch auf den (sonst meist einschlägigen) § 224 zu erweitern; jenseits eines ungeschriebenen »Sonderstrafrechts für Ärzte« kann es auch für diese nur auf die jeweils konkrete Gefährlichkeit der Verwendung ankommen (wie hier BeckOK/*Eschelbach* § 224 Rn. 28.1: inkonsequent; *Fischer* § 224 Rn. 15; MüKo-StGB/*Hardtung* § 224 Rn. 50; NK-StGB/*Paeffgen/Böse* § 224 Rn. 17 mit Differenzierung nach dem situationsspezifischem Risikopotential). Entsprechendes gilt für Tätowierungen (zutr. Schönke/Schröder/*Sternberg-Lieben* § 224 Rn. 8).

### III. Hinterlistiger Überfall (Nr. 3)

4 Wird die Körperverletzung im Wege eines plötzlichen, unvorhergesehenen Angriffs begangen (= »Überfall«), indem der Täter planmäßig in einer auf **Verdeckung seiner wahren Absichten** berechnenden Weise vorgeht (um die Abwehr zu erschweren), so handelt er »hinterlistig« (BGH NStZ 2004, 93; 2007, 702; NStZ-RR 2009, 77; NStZ 2012, 698). Der bloße Angriff von hinten oder das bloße Ausnutzen des Überraschungsmoments (z.B. im Schlaf, im narkotisierten Zustand) genügen nicht (BGH NStZ 2005, 40; StraFo 2007, 341; NStZ-RR 2010, 46, 47; 2013, 173, 174). Das heimliche Beibringen eines Schlaf- oder sonstigen Betäubungsmittels ist jedoch als hinreichend angesehen worden (BGH NStZ 1992, 490; NStZ-RR 1996, 100; NStZ 2009, 505, 506: KO-Tropfen).

### IV. Gemeinschaftlich (Nr. 4)

5 Wirken bei der Körperverletzung mindestens zwei Personen am Tatort bewusst zusammen, so erhöht dies ebenfalls die Gefährlichkeit der Begehungsweise. Nach st. Rspr. ist jedoch Mittäterschaft nicht erforderlich (vgl. BGHSt 47, 383 ff.; BGH NStZ-RR 2009, 10; 2012, 341; NJW 2017, 1894; KG StV 2014, 349; a.A. *Krey/Hellmann*/Heinrich BT/1 Rn. 285; NK-StGB/*Paeffgen/Böse* § 224 Rn. 24), was aus dem Beteiligtenbegriff (vgl. § 28 Abs. 2) und den Gesetzesmaterialien entnommen wird, jedoch dem Begriff »gemeinschaftlich« (vgl. § 25 Abs. 2) eigentlich zuwiderläuft. Zudem soll jede physische oder auch nur psychische Unterstützung des unmittelbar Tatausführenden ausreichen (BGH NStZ 2006, 372; 2017, 640; HK-GS/*Dölling* § 224 Rn. 5), sofern dieser die Unterstützungsbereitschaft des anderen nicht bloß irrig annimmt (BGH NStZ-RR 2012, 341). Eine allein durch Anwesenheit am Tatort »passive« Bestärkung des Tatwillens genügt nicht (KG StV 2014, 349; *Fischer* § 224 Rn. 24). Im **ärztlichen Kontext** wird bei derart großzügiger Handhabung die Anwendung auf arbeitsteiliges Zusammenwirken (dazu näher § 222 StGB Rdn. 10) meist naheliegen; dass es hier schon abstrakt an jedweder Gefahrsteigerung fehle (und dementsprechend Nr. 4 keine Anwendung finde, so MüKo-StGB/*Hardtung* § 224 Rn. 50; Spickhoff/*Knauer/Brose* § 224 Rn. 6; *Ulsenheimer/Gaede* Rn. 627), leuchtet bei den spezifischen Gefährdungen durch keineswegs selten vorkommende Kommunikations- oder Koordinationsmängel (beispielhaft LG Bielefeld MedR 2014, 579; zur Reichweite des Vertrauensgrundsatzes näher *Duttge* German Medical Science: Krankenhaushygiene Interdisziplinär 2007, Vol. 2 [2] sowie in ZIS 2011, 349 ff.) nicht ein. Dies gilt umso mehr, wenn eine gemeinschaftliche Tatbegehung auch durch **Unterlassen** bejaht wird, was sich nur mit einer gesetzesfernen Hilfsüberlegung (»keine Gefahrsteigerung«, MüKo-StGB/*Hardtung* § 224 Rn. 48) ausschließen ließe (wie hier auch SSW/ *Momsen/Momsen-Pflanz* § 224 Rn. 39).

### V. Lebensgefährdende Behandlung (Nr. 5)

Eine erhöhte Strafe ist schließlich auch dann verwirkt, wenn die Körperverletzungshandlung als solche in der betreffenden Tatsituation **generell geeignet** ist, das Opfer in Lebensgefahr zu bringen (h.M.); die Gefahr muss sich jedoch weder realisieren (vgl. BGHSt 2, 160, 163; 36, 1, 9; 262, 265; BGH NStZ 2010, 276; OLG Hamm NStZ-RR 2009, 15 f.) noch zu einer akuten Bedrängnislage (»konkrete Gefahr«, so NK-StGB/*Paeffgen/Böse* § 224 Rn. 28; Schönke/Schröder/*Stree* § 224 Rn. 12) verdichtet haben (vgl. BGH NStZ 2007, 339; NStZ-RR 2009, 15; NStZ 2013, 345 f.; 2018, 209, 210). Die Lebensgefährlichkeit kann sich sowohl aus der Eingriffsintensität als auch der Kumulation des Einwirkens ergeben. Letzteres war bspw. relevant im Fall des (ärztlich nicht indizierten) »exzessiven Röntgens« (BGHSt 43, 346, 356 m. Bspr. *Götz u.a.* MedR 1998, 505, 509 ff.; *Rigizahn* JR 1998, 523; *Wolfslast* NStZ 1999, 133); ersteres wurde etwa angenommen bei einem intrauterinen Einspritzen von nicht steriler Seifenlauge beim Schwangerschaftsabbruch (BGHSt 28, 17), beim Aufrechterhalten einer Fixierung unter mangelnder Flüssigkeitszufuhr (BGH NStE Nr. 17 zu § 223a a.F.), bei kosmetischen Eingriffen (Fett absaugen) trotz risikoerhöhender Vorerkrankungen (LSG NRW MedR 2009, 433 ff.) und bei medizinisch nicht indizierter Verabreichung einer toxischen Menge an Medikamenten (vgl. LG Oldenburg Urt. v. 06.06.2019 – 5 Ks 800 Js 54254/17 (1/18)). Hat die Verletzungshandlung nur »sehr selten« einen tödlichen Ausgang, so genügt dies nicht, um die gegenüber § 223 Abs. 1 erhöhte Strafandrohung zu rechtfertigen (BGH StV 2021, 370). Ein nicht zu unterschätzendes Anwendungsfeld besteht für ansteckende, potentiell lebensgefährliche Krankheitserreger (zutr. NK-StGB/*Paeffgen/Böse* § 224 Rn. 30; zu HIV: BGHSt 36, 1, 8; 262 ff.). Eine für den ärztlich-medizinischen Kontext erwogene »teleologische Reduktion« (vgl. Spickhoff/*Knauer/Brose* § 224 Rn. 7) wird hier also (zu Recht) überwiegend abgelehnt.

### C. Vorsatz

Der Täter muss die tatsächlichen Umstände erfasst (und mindestens »billigend in Kauf« bzw. »ernst genommen«) haben, aus denen sich die Gesundheitsschädlichkeit des (Gift-) Stoffes, die Verwendungsgefährlichkeit des Werkzeugs, die Hinterlist seines Angriffs, die Mitbeteiligung anderer bzw. die Eignung zur Lebensgefährdung ergibt. Die Gefährlichkeit als solche sieht hingegen die st. Rspr. nicht als notwendigen **Bestandteil der Kognition** (vgl. BGHSt 19, 352; 36, 1, 15; BGH NStZ-RR 2015, 172, 173; s.a. BGH JZ 2012, 207, 209 f. [m. krit. Anm. *Duttge/Weber*] zum strukturgleichen § 5 HeilprG); dem ist jedoch zu widersprechen, weil erst die zutreffende Einschätzung jener »tatsächlichen Umstände« als »gefährlich« bzw. »gefahrgeneigt« das dem Schutzanspruch des betroffenen Rechtsguts bewusst gegenläufige und deshalb vorsatzspezifische Handeln konstituiert (so die h.L., vgl. etwa MüKo-StGB/*Hardtung* § 224 Rn. 52; Schönke/Schröder/*Sternberg-Lieben* § 224 Rn. 13).

### D. Strafverfolgung

Im Unterschied zur nichtqualifizierten Körperverletzung (§ 223) bedarf es bei der Verfolgung einer Straftat nach § 224 **keines Strafantrages** (§ 230), die Strafverfolgungsorgane ermitteln daher von Amts wegen (vgl. §§ 155, 160 StPO). Der Verletzte kann sich der erhobenen Anklage als Nebenkläger anschließen (§ 395 Abs. 1 Nr. 3 StPO).

### § 226  Schwere Körperverletzung

(1) Hat die Körperverletzung zur Folge, dass die verletzte Person
1. das Sehvermögen auf einem Auge oder beiden Augen, das Gehör, das Sprechvermögen oder die Fortpflanzungsfähigkeit verliert,
2. ein wichtiges Glied des Körpers verliert oder dauernd nicht mehr gebrauchen kann oder
3. in erheblicher Weise dauernd entstellt wird oder in Siechtum, Lähmung oder geistige Krankheit oder Behinderung verfällt,

so ist die Strafe Freiheitsstrafe von einem Jahr bis zu zehn Jahren.

(2) Verursacht der Täter eine der in Absatz 1 bezeichneten Folgen absichtlich oder wissentlich, so ist die Strafe Freiheitsstrafe nicht unter drei Jahren.

(3) In minder schweren Fällen des Absatzes 1 ist auf Freiheitsstrafe von sechs Monaten bis zu fünf Jahren, in minder schweren Fällen des Absatzes 2 auf Freiheitsstrafe von einem Jahr bis zu zehn Jahren zu erkennen.

| Übersicht | Rdn. | | Rdn. |
|---|---|---|---|
| A. Grundsätzliches | 1 | II. Wichtige Körperglieder (§ 226 Abs. 1 Nr. 2) | 4 |
| B. Objektive Tatbestandsmodalitäten | 3 | III. Gesamterscheinung des Verletzten (§ 226 Abs. 1 Nr. 3) | 7 |
| I. Zentrale Sinnes- oder Körperfunktionen (§ 226 Abs. 1 Nr. 1) | 3 | C. Vorsatz | 9 |

## A. Grundsätzliches

1  Geht mit der Körperverletzung nach §§ 223 bis 225 (str. allerdings für die 1. Mod. des § 225, da seelisches »Quälen« nicht von § 223 erfasst ist) eine besonders schwere Folge einher, die sich nachhaltig auf die Lebensqualität und -führung des Verletzten auswirkt (zutr. *Ulsenheimer/Gaede* Rn. 631) wie bei Verlust einer zentral bedeutsamen Sinnes- oder Körperfunktion (Nr. 1), der jedenfalls dauernden Gebrauchsunfähigkeit eines wichtigen Körpergliedes (Nr. 2) oder einer schweren Beeinträchtigung der Gesamterscheinung (Nr. 3), so nimmt die **erfolgsqualifizierte Tat** (§ 18, u. Rdn. 9) **des § 226** Verbrechenscharakter an (§ 12 Abs. 1). Schon der Versuch ist daher stets strafbar (§ 23 Abs. 1). Lässt man als Anknüpfungspunkt für den gefahrspezifischen Zusammenhang (mit der st. Rspr.) schon die Körperverletzungs*handlung* genügen und verlangt nicht, dass die schwere Folge zwingend aus dem Körperverletzungs*erfolg* hervorgegangen ist (dazu § 227 StGB Rdn. 5; näher HK-GS/*Duttge* § 18 Rn. 8 ff.), erscheint ein strafbarer Versuch nicht nur vorstellbar bei Ausbleiben der in Aussicht genommenen schweren Folge (»versuchte Erfolgsqualifikation«), sondern auch bei Eintritt der schweren Folge bereits im Versuchsstadium der grunddeliktischen Körperverletzung (»erfolgsqualifizierter Versuch«), zu dieser Unterscheidung HK-GS/*Duttge* § 18 Rn. 14 ff. Zum Sonderfall der Verstümmelung weiblicher Genitalien s. **§ 226a**.

2  Auch für **ärztliche Heileingriffe** ist, sofern sich der Vorsatz des Täters auf die Fehlerhaftigkeit seines Handelns erstreckt (vgl. § 223 StGB Rdn. 7, 12), die Anwendbarkeit des § 226 nicht ausgeschlossen (vgl. BGH NJW 1978, 1206; BGHSt 45, 219, 226 f.; MüKo-StGB/*Hardtung* § 226 Rn. 4); solange jedoch eine konkrete Aussicht auf wesentliche Besserung »in absehbarer Zeit« (allerdings nicht bloß durch zeitweilige prothetische Hilfen, vgl. BayObLG NStZ-RR 2004, 264 f.) oder auf medizinische Heilung im Wege zumutbarer ärztlicher Intervention (ggf. Operation) besteht, fehlt es an der für alle tatbestandlichen Modalitäten geforderten »Langwierigkeit« der schweren Folge (dazu ausf. MüKo-StGB/*Hardtung* § 226 Rn. 6 ff., 17 f. m.w.N.; s.a. HK-GS/*Dölling* § 226 Rn. 2 a.E.: »wenn Operation aussichtsreich, kein unzumutbares Risiko darstellt und finanziell tragbar«). Zumindest dürfte bei ärztlichem Handeln mit Heilintention regelmäßig von einem minderschweren Fall (Abs. 3) auszugehen sein, sofern nicht die (ggf. mutmaßliche) Einwilligung des (aufgeklärten) Patienten die substanzverletzende Tat (z.B. die Amputation) rechtfertigt.

## B. Objektive Tatbestandsmodalitäten

### I. Zentrale Sinnes- oder Körperfunktionen (§ 226 Abs. 1 Nr. 1)

3  Stets muss die körperliche Funktion als solche und nicht bloß die Gelegenheit ihres Gebrauchs »praktisch verloren« sein. Im Fall der **Sehfähigkeit** (schon eines Auges) nimmt dies die h.M. – unabhängig von einer evtl. Vorschädigung (soweit nicht dadurch bereits die Sehfähigkeit ausgeschlossen war, vgl. OLG Oldenburg NStE § 224 Nr. 5; NK-StGB/*Paeffgen/Böse* § 226 Rn. 22) – jedenfalls bei einer Minderung auf 2 % an (RGSt 71, 119 f.; 72, 321 f.); nach a.A. schon bei einer Reduktion auf 5–10 % (BayObLG NStZ-RR 2004, 264, 265; OLG Hamm GA 1976, 304, 306;

LG Freiburg Justiz 2007, 144 ff.: auf 10 %; aber nicht mehr bei Verringerung auf 20 %: AG Köln MDR 1981, 780). Der Verlust des **Hörvermögens** bedarf jedoch unter Einbeziehung beider Ohren der Feststellung, dass das – u.U. zuvor bereits hörgeschädigte – Opfer jetzt nicht mehr in der Lage ist, durch die Akustik mit seiner Außenwelt in Kontakt zu treten (vgl. *Fischer* § 226 Rn. 3: kein Verstehen artikulierter Laute; s.a. BGHR StGB § 226 Abs. 1 schwere Folgen 4: wenn nur noch »wertlose Restfähigkeit« zurückbleibt). Das **Sprechvermögen** ist nicht schon bei einem Stottern (unstr.), sondern erst dann verloren, wenn artikuliertes Sprechen (auch aufgrund gänzlicher Stimmlosigkeit) infolge Beschädigung des Kehlkopfes, der Zunge oder des Sprachzentrums im Gehirn dauerhaft unmöglich geworden ist (NK-StGB/*Paeffgen/Böse* § 226 Rn. 24). Der durch das 6. StrRG 1998 eingefügte Begriff der **Fortpflanzungsfähigkeit** sollte klarstellen, dass auch die weibliche Empfängnisfähigkeit geschützt ist (davor: »Zeugungsfähigkeit«); diese umfasst ebenso die Austragungs- und Gebärfähigkeit (z.B. BGHSt 10, 312 ff.; 11, 111 ff.: operative Entfernung der Gebärmutter; BGHSt 35, 246 ff.; OLG Köln NStE § 225 Nr. 1: operative Eileiterunterbrechung), bei Männern das Potential zur Erzeugung gesunder Samenzellen; umstr. ist die Einbeziehung der sog. »Beischlaffähigkeit« (dafür MüKo-StGB/*Hardtung* § 226 Rn. 25; SK-StGB/*Wolters* § 226 Rn. 6; dagegen NK-StGB/*Paeffgen/Böse* § 226 Rn. 25). Die Vornahme einer Sterilisation lässt sich auch unter Nutzung moderner Mikrochirurgie nicht sicher rückgängig machen und liegt deshalb ebenfalls im Anwendungsbereich des § 226 (wie hier auch OLG Köln NStE § 225 Nr. 1; SSW/*Momsen/ Momsen-Pflanz* § 226 Rn. 8 f.; a.A. NK-StGB/*Paeffgen/Böse* § 226 Rn. 25 a.E.). Kinder haben die genetische Anlage zur Reproduktion und sind deshalb gleichermaßen in den Schutzbereich einbegriffen; anders soll es aber liegen, wenn die Fähigkeit wegen Alters oder Krankheit verlorengegangen ist (so etwa Schönke/Schröder/*Sternberg-Lieben* § 226 Rn. 1b a.E.).

## II. Wichtige Körperglieder (§ 226 Abs. 1 Nr. 2)

Die strengere, am Wortsinn orientierte Auffassung lässt es nicht genügen, dass der betroffene Körperteil eine »in sich abgeschlossene Existenz mit besonderer Funktion im Gesamtorganismus« aufweist (RGSt 3, 391, 392; OLG Jena Urt. v. 22.11.2007 – 1 Ss 100/07). Vielmehr muss dieser nach **außen hin in Erscheinung treten** und durch ein **Gelenk** mit dem Rumpf oder einem anderen Körperteil verbunden sein (wie hier auch *Fischer* § 226 Rn. 6: Abgrenzung zwischen Körper*teilen* und Körper*gliedern*; HK-GS/*Dölling* § 226 Rn. 3; Schönke/Schröder/*Sternberg-Lieben* § 226 Rn. 2), so z.B. Arme, Beine, Hände, Finger, Zehen, nicht aber innere Organe wie z.B. eine Niere (BGHSt 28, 100 ff. m. Anm. *Hirsch* JZ 1979, 109; a.A. *Otto* Grundkurs Strafrecht – Die einzelnen Delikte, § 17 Rn. 6) oder Funktionseinheiten ohne Gelenkverbindung (wie z.B. Nase, Ohr, Schädeldecke). Das männliche »Glied« wird im Wege systematischer Auslegung von Nr. 1 (»Fortpflanzungsfähigkeit«) erfasst (zutr. MüKo-StGB/*Hardtung* § 226 Rn. 25). 4

Ob das Körperglied »**wichtig**« ist, bestimmt sich nach seiner Bedeutung für den Gesamtorganismus. Die ältere Rspr. hat sich dabei an einem generalisierenden Maßstab orientiert und gefragt, ob der Verlust »für jeden normalen Menschen eine wesentliche Beeinträchtigung des gesamten Körpers in seinen regelmäßigen Verrichtungen« bedeutet (RGSt 6, 346, 347; 62, 161, 162; 64, 201, 202). Hiervon ist der BGH in seinem Urt. v. 15.03.2007 jedoch abgerückt; danach sollen, um »dem heutigen Verständnis eines gleichberechtigten Zusammenlebens von Menschen unterschiedlicher körperlicher Beschaffenheit« gerecht zu werden, auch »individuelle Körpereigenschaften und dauerhafte körperliche (Vor-)Schädigungen des Verletzten« berücksichtigt werden (BGHSt 51, 252, 255 f. m. Anm. *Hardtung* NStZ 2007, 702; SK-StGB/*Wolters* § 226 Rn. 10: z.B. Finger der linken Hand für Linkshänder; abl. *Paeffgen/Grosse-Wilde* HRRS 2007, 363 ff.). Im Lichte einer solchermaßen individualisierenden Betrachtung nach dem Maß der gleichen Opferschädigung ist aber nicht einzusehen, warum nur körperbezogene und nicht auch soziale und berufliche Gegebenheiten für die das betreffende Körperglied von wesentlicher Bedeutung sind (z.B. sämtliche Finger eines Berufspianisten), relevant sein sollen (wie hier auch *Lackner/Kühl* § 226 Rn. 3; *Rengier* BT/2 § 15 Rn. 11; hiergegen aber Maurach/Schroeder/Maiwald/*Hoyer/Momsen* BT/1 § 9 Rn. 21 und unter Verweis auf den körperbezogenen Rechtsgüterschutz: Schönke/Schröder/*Sternberg-Lieben* § 226 Rn. 2). Aus Tätersicht sind auch körperbezogene Prädispositionen nicht notwendig voraussehbar; 5

*Duttge/Gierok*

bei fehlender Erkennbarkeit der erst durch individuelle Gegebenheiten bedingten »Wichtigkeit« wird i.d.R. der spezifisch erfolgsbezogene Fahrlässigkeitsvorwurf (vgl. § 18) entfallen.

6 **Verloren** ist das Körperglied, wenn es physisch vom Körper abgetrennt wurde (vgl. BGH NJW 1988, 2622 f. m. Anm. *Kratzsch* JR 1989, 295); dem Verlust steht nicht schon die Funktionsbeeinträchtigung (vgl. BGH NStZ-RR 2009, 78: Taubheitsgefühl der Finger), wohl aber die dauerhafte Gebrauchsunfähigkeit (z.B. durch Gelenkversteifung) gleich. Nach BGHSt 51, 252, 256 bedarf es jedoch keines vollständigen Funktionsverlustes; ausreichend sei bereits, wenn »als Folge der vorsätzlichen Körperverletzung so viele Funktionen ausgefallen sind, dass das Körperglied weitgehend unbrauchbar geworden ist und von daher die wesentlichen faktischen Wirkungen denjenigen eines physischen Verlusts entsprechen« (bestätigt durch BGH NStZ 2014, 213). Diese besonders schwere Folge muss allein dem Täter zurechenbar sein; hat es das Opfer versäumt, eine ihm mögliche und zumutbare medizinische Behandlung (z.B. Physiotherapie) wahrzunehmen, so schließt das normativ eine täterverursachte »Langwierigkeit« (o. Rdn. 2) aus (so überzeugend gegen BGH NJW 2017, 1763 f.: *Eisele*, JuS 2017, 893 ff.; *Grünewald* NJW 2017, 1764 f.; *Hardtung* medstra 2018, 37 ff.; *Theile* ZJS 2018, 99 ff.). Zu den verschärften Anforderungen des BGH an die tatrichterlichen Darlegungen im Urteil vgl. BGH WKRS 2008, 18362; NStZ-RR 2009, 78.

### III. Gesamterscheinung des Verletzten (§ 226 Abs. 1 Nr. 3)

7 Von einer »**Entstellung**« in »erheblicher Weise« ist immer bei einer Verunstaltung der äußeren Gesamterscheinung die Rede, die in ihrem Gewicht den anderen in § 226 benannten Tatfolgen wertungsmäßig gleichsteht (BGH StV 1992, 115; NStZ 2008, 32, 33; WKRS 2015, 31488; MüKo-StGB/*Hardtung* § 226 Rn. 31: »grober Anhaltspunkt«). Punktuelle Körperverletzungsfolgen müssen von solcher Erheblichkeit sein, dass sie den Menschen im Ganzen stigmatisieren (BGHR StGB § 226 Abs. 1 Entstellung 3: »im Einzelfall bei besonders großen oder markanten Narben oder bei einer Vielzahl von Narben in derselben Körperregion«). Von Dauer ist die Beeinträchtigung des Aussehens dann, wenn eine Irreversibilität zu besorgen ist; die nur zeitweilige Sichtbarkeit für andere, z.B. beim Baden, steht dem nicht entgegen (BGHSt 17, 161, 163). Bsp.: größere Narbe im Gesicht (BGH NJW 1967, 297, 298), auch OP-Narbe von Kniekehle bis Oberschenkel (BGH NStZ 2006, 686), großflächige Verbrennungen (BGH StraFo 2010, 389), Abbrennen beider Brustwarzen bei einer Frau (LG Saarbrücken NStZ 1982, 204), nicht jedoch Narben und Färbungen an der Hand (BGH StV 1992, 115). Bei Verlust von Zähnen soll es darauf ankommen, ob die Entstellung durch zumutbare (im Mindestmaß erfolgsträchtige und nicht mit unvertretbaren Risiken behaftete) kosmetische Operationen oder durch künstliche Surrogate (z.B. Zahnprothese, vgl. BGHSt 24, 315, 317 f. m. Anm. *Hanack* JR 1972, 472; *Ulsenheimer* JZ 1973, 64; anders noch BGHSt 17, 161, 163 ff.) kompensiert oder jedenfalls wesentlich abgemildert werden kann (LG Hamburg NJW 1966, 1876; *Fischer* § 226 Rn. 9a; a.A. Schönke/Schröder/*Sternberg-Lieben* § 226 Rn. 5: künstliche Surrogate können nur zeitweise kaschieren und Entstellung des Körpers nicht beseitigen).

8 Das Verfallen in »**Siechtum, Lähmung oder geistige Krankheit oder Behinderung**« setzt einen chronischen, nicht notwendig unheilbaren (BGH MDR 1968, 16, 17) Krankheitszustand, eine erhebliche Beeinträchtigung der Bewegungsfähigkeit (ggf. auch nur eines Körperteils, BGH NJW 2001, 980 f. m. Anm. *Joerden* JZ 2002, 414) mit nachteiliger Wirkung auf den Körper im Ganzen (BGH NJW 1988, 2622 f.) oder den sukzessiven Verlust der geistigen oder körperlichen Kräfte in einem Ausmaß voraus, die den gesamten Menschen als hinfällig erscheinen lässt (BGH NStZ 1997, 233 f.: schwere Epilepsie). Beispielhaft kommen in Betracht: dauerhafte Bewusstlosigkeit, chronische Schmerzen, »erhebliche Behinderungen beim Gehen, Lesen, Schreiben und Sprechen« (BGH NStZ 1997, 326 f.), u.U. auch Arbeitsunfähigkeit (NK-StGB/*Paeffgen/Böse* § 226 Rn. 33). Der Begriff der »geistigen Krankheit oder [geistigen] Behinderung« reicht über die engen Vorgaben des § 20 hinaus und entspricht den Grundsätzen zu § 174c Abs. 1 (*Schlüchter* Bochumer Erläuterungen zum 6. StrRG, 1998, S. 42; zust. die h.M.; s.a. OLG Köln Beschl. v. 10.05.2007 – 2 Ws 226/07: hirnorganische Schädigung nach Gewalteinwirkung; jetzt auch BGH NStZ 2018,

102, 103: »sämtliche krankheitswertige Schäden an der psychischen Gesundheit« gemäß ICD-10-Klassifikation; a.A. Schönke/Schröder/*Sternberg-Lieben* § 226 Rn. 7: keine eigenständige Bedeutung der »Behinderung«). Bei endogenen und exogenen Psychosen bedarf die Feststellung des Kausal- und gefahrspezifischen Risikozusammenhangs besonderer Sorgfalt (zutr. NK-StGB/*Paeffgen/Böse* § 226 Rn. 35).

## C. Vorsatz

Die Vorsatz-Fahrlässigkeits-Kombination des § 226 Abs. 1 lässt, bezogen auf die schwere Folge, Fahrlässigkeit genügen (§ 18); entgegen st. Rspr., die sich auf die Prüfung einer extensiv verstandenen »Voraussehbarkeit« nach »allgemeiner Lebenserfahrung« beschränkt, liegt die »Sorgfaltspflichtverletzung« aber nicht schon in der Begehung des Grunddelikts aus § 223 (näher HK-GS/*Duttge* § 18 Rn. 6 m.w.N.: spezifisch erfolgsbezogen Sorgfaltspflichtverletzung; die z.T. vorgeschlagene weiterreichende Restriktion auf »Leichtfertigkeit« [so NK-StGB/*Paeffgen/Böse* § 226 Rn. 16 f.; SSW/*Momsen/Momsen-Pflanz* § 226 Rn. 28] widerspricht dem Wortsinn des Gesetzes). **Abs. 2** verlangt hingegen dolus directus 1. oder 2. Grades (»absichtlich« bzw. »wissentlich«); zur Erfüllung dieses Qualifikationstatbestandes reicht es aus, wenn der Täter die schwere Körperverletzung als sichere Folge seines Handelns voraussieht (BGH NJW 2001, 980 f.; NStZ-RR 2006, 174, 175; 2013, 383). Der Vorsatz muss hier aber auch die geforderte »Langwierigkeit« der schweren Beeinträchtigung (o. Rdn. 2) umfassen. Einschlägige Fallgestaltungen sind etwa die Kastration eines geisteskranken Mannes auf Wunsch der Leitung des Pflegeheimes in Kenntnis der fehlenden Zustimmungserklärungen oder die Sterilisierung einer Frau im Rahmen eines operativen Eingriffs entgegen deren zuvor ausdrücklich erklärten Willen (*Ulsenheimer/Gaede* Rn. 634).

## § 226a Verstümmelung weiblicher Genitalien

(1) Wer die äußeren Genitalien einer weiblichen Person verstümmelt, wird mit Freiheitsstrafe nicht unter einem Jahr bestraft.

(2) In minder schweren Fällen ist auf Freiheitsstrafe von sechs Monaten bis zu fünf Jahren zu erkennen.

Übersicht

| | Rdn. | | | Rdn. |
|---|---|---|---|---|
| A. Grundsätzliches | 1 | III. | Täterkreis | 9 |
| B. Tatbestand | 3 | IV. | Vorsatz | 10 |
| I. Tatobjekt | 3 | C. | Rechtfertigung | 11 |
| 1. Äußere Genitalien | 3 | D. | Minderschwere Fälle (Abs. 2) | 12 |
| 2. Weibliche Person | 4 | E. | Verfahrensfragen | 13 |
| II. Tatverhalten: Verstümmeln | 5 | | | |

## A. Grundsätzliches

Die zunehmende »kulturelle und weltanschaulich-religiöse Pluralisierung« (*Ebert* ZStW 130 [2018], 179 ff.; *Hilgendorf* JZ 2014, 821 ff.; *Hörnle* Gutachten zum 70. DJT 2014, C 10 ff.) durch Zuwanderer und Flüchtlinge erschien dem Gesetzgeber ein hinreichender Anlass, trotz bislang geringer empirischer Relevanz (dazu die Umfrage unter Gynäkologen: *Hänselmann/Börsch u.a.* Geburtshilfe und Frauenheilkunde 2011, 205 ff.) einen **Sondertatbestand** (durch Gesetz v. 24.09.2013, BGBl. I S. 3671; s.a. BT-Drs. 17/13707; zuvor BT-Drs. 13/1217) für kulturell bedingte (weibliche) Genitalverstümmelungen zu schaffen (zur rechtspolitischen Debatte näher *Hahn* ZRP 2010, 37 ff.; *Hagemeier/Bülte* JZ 2010, 406 ff.; *Wüstenberg* ZMGR 2012, 263 ff.). Die weibliche Genitalverstümmelung ist als Verfolgungshandlung i.S.d. § 3 Abs. 1 Nr. 1 i.V.m. § 3a Abs. 1 Nr. 1, Abs. 2 Nr. 6 AsylG als geschlechtsspezifische Verfolgung einzustufen (BVerwG Urt. v. 19.04.2018 – 1 C 29/17, NVwZ 2018, 1408, 1412). Sie ist gem. § 3a Abs. 1 Nr. 1 AsylG so gravierend, dass sie eine schwerwiegende Verletzung der grundlegenden Menschenrechte darstellt, unabhängig davon, in welcher Form sie durchgeführt wird. Betroffenen ist daher die Flüchtlingseigenschaft zuzuerkennen (vgl. VG Hannover Urt. v. 04.01.2021 – 5 A 8988/17). Weil Beschneidungen bei Mädchen in afrikanischen und vorderasiatischen Ländern mitunter noch sehr verbreitet sind, wird erwartet, dass deutsche Frauenärzte vermehrt mit Opfern konfrontiert werden könnten. Genitalverstümmelungen waren aber auch schon zuvor strafbar, mindestens als gefährliche (§ 224), bei Verlust der Fortpflanzungsfähigkeit sogar als schwere Körperverletzung (§ 226). Angesichts der bereits dadurch eröffneten Bestrafungsmöglichkeit (jedenfalls von bis zu 10 Jahren Freiheitsstrafe, im Fall des § 226 Abs. 2 bis zu 15 Jahren) dürfte sich § 226a eher als symbolisches Strafrecht verstehen (*Fischer* § 226a Rn. 2a, 7); in der Zeit vom 01.01.2014 bis zum 30.09.2020 wurde in der PKS des Landes Nordrhein-Westfalen keine Straftat gem. § 226a erfasst (Lt.-NRW Drs. 17/12028 S. 2). Zugleich bestehen **verfassungsrechtliche Bedenken** auch im Lichte des Gleichheitssatzes (Art. 3 Abs. 1, 2 GG), weil die Verstümmelung männlicher Genitalien gänzlich ausgenommen ist und unter den Voraussetzungen des § 1631d BGB (s. dortige Komm.) sogar als sozialadäquat gilt (vgl. *Herzberg* ZIS 2012, 486, 491; *Isensee* JZ 2013, 317, 325; *Mandla* FPR 2013, 244, 247; MüKo-StGB/*Hardtung* § 226a Rn. 24 ff.; *Walter* JZ 2012, 1110, 1111 ff. und ZStW 129 [2017], 492, 497; s.a. den Reformvorschlag bei *Hörnle*, Gutachten zum 70. DJT 2014, C 58: geschlechtsneutrale Formulierung der Opferseite).

2 Obgleich die spezifische Körperverletzungsfolge (»Verstümmelung«) in Anlehnung an § 226 die Annahme einer (weiteren) Erfolgsqualifikation (vgl. § 18) plausibel erscheinen ließe (zur Irrelevanz der Handlungsmodalität u. Rdn. 6), spricht vor allem die eigenständige Vertatbestandlichung und die hohe Strafdrohung für eine **echte Qualifikation** zu § 223 (h.M., vgl. § 15). Sollte dem Täter lediglich Fahrlässigkeit nachzuweisen sein, kommt eine Strafbarkeit gem. § 226 Abs. 1 Nr. 1 (»Fortpflanzungsfähigkeit«) in Betracht. Der Verbrechenscharakter der Strafvorschrift (vgl. § 12 Abs. 1) hat zur Folge, dass stets bereits der Versuch strafbar ist (vgl. § 23 Abs. 1).

## B. Tatbestand

### I. Tatobjekt

#### 1. Äußere Genitalien

3 Die Bestimmung beschränkt sich explizit auf Eingriffe an den äußeren Genitalien, sodass ein Verstümmeln der inneren Geschlechtsorgane, insbesondere Verletzungen der Eierstöcke, Eileiter und der Gebärmutter, von vornherein außerhalb des Anwendungsbereichs liegen (BT-Drs. 17/13707 S. 6; krit. *Fischer* § 226a Rn. 7: »abwegig«). Dies ist ein wesentlicher Grund dafür, dass **bei ärztlich-medizinischem Handeln das Strafbarkeitsrisiko** aus § 226a ausnehmend gering ist (zur weiteren Tatbestandsbegrenzung des »Verstümmelns« u. Rdn. 5 ff.). Die äußeren Genitalien sind der Bereich zwischen dem Mons veneris und dem Perineum (mit den großen und kleinen Labien, dem Scheidenvorhof sowie der Klitoris samt ihrer Vorhaut, SK-StGB/*Wolters* § 226a Rn. 11; *Zöller/Thörnich* JA 2014, 167, 170). Die Vagina als Verbindung zwischen inneren und äußeren Geschlechtsorganen zählt nicht dazu.

#### 2. Weibliche Person

4 Geschützt ist jede (aus Tätersicht) *andere* weibliche Person (Selbstverstümmelung ist nicht erfasst) unabhängig von Alter und Einwilligungs(-un-)fähigkeit (BeckOK-StGB/*Eschelbach* § 226a Rn. 6; SK-StGB/*Wolters* § 226a Rn. 10). Sofern eine Person (äußere) weibliche Genitalien aufweist, jedoch personenstandsrechtlich nicht als Frau gilt (z.B. infolge antragsgemäß abweichender Geschlechtszuordnung gem. § 8 Abs. 1 TSG oder bei Vorliegen einer Intersexualität; zur Verfassungswidrigkeit der »großen Lösung« – Zwang zur operativen Anpassung der äußeren Geschlechtsmerkmale – BVerfGE 128, 109 ff.; allg. zur **Trans- und Intersexualität** die Beiträge in: *Duttge/Engell/Zoll* [Hrsg.], Sexuelle Identität und gesellschaftliche Norm, 2010), soll § 226a ebenso anwendbar sein (i.d.S. *Ladiges* RuP 2014, 15, 17); diese teleologisch einleuchtende Position dürfte sich jedoch angesichts der eindeutigen geschlechtsspezifischen Beschränkung des Tatbestandes kaum mit dem Analogieverbot vereinbaren lassen.

## II. Tatverhalten: Verstümmeln

Verstümmeln (s. auch § 109) meint jede mechanische Einwirkung auf den Körper, die zur Zerstörung, zum Verlust oder zur (erheblichen) Beeinträchtigung eines Organs, Körperglieds oder sonstigen Körperteils führt (BeckOK-StGB/*Eschelbach* § 226a Rn. 8; *Fischer* § 226a Rn. 10; *Lackner/Kühl* § 226a Rn. 3). Es muss sich um schädigende Veränderungen an den äußeren Genitalien **von einigem Gewicht** handeln. Vom sprachlichen Kern des Begriffs werden nur solche Verletzungen getragen, die sich nicht auf eine Substanzbeeinträchtigung am einzelnen Körperteil beschränken, sondern die dessen Funktionalität für den gesamten Körper ausschalten (*Wolters* GA 2014, 556, 568). 5

Erfasst werden sollen von der Strafnorm all jene **Erscheinungsformen** der Beschneidung von Frauen, die von der Weltgesundheitsorganisation (WHO) typisiert umschrieben sind (Eliminating female genital mutilation An interagency statement – OHCHR, UNAIDS,..., WHO 2008, online: http://www.who.int/reproductivehealth/publications/fgm/9789241596442/en/; einschränkend *Kraatz* JZ 2015, 246, 250): Hierzu zählen die teilweise oder vollständige Entfernung des äußerlich sichtbaren Teils der Klitoris (Klitoridektomie – Typ Ia) und/oder der Klitorisvorhaut (Klitorisvorhautreduktion – Typ Ib), die teilweise oder vollständige Entfernung des äußerlich sichtbaren Teils der Klitoris und der inneren Schamlippen mit oder ohne Beschneidung der äußeren Schamlippen (Exzision – Typ II), die Verengung der Vaginalöffnung durch einen Nahtverschluss nach dem Aufschneiden und Zusammenfügung der kleinen oder großen Schamlippen (Infibulation – Typ III) sowie weitere Veränderungen an den weiblichen Genitalien wie Durchbohren (Piercing), Einschneiden (Introzision) oder Ausbrennen (Typ IV). Tatbestandsmäßig sind sämtliche Handlungsweisen, die zu einem Verstümmelungserfolg führen (*Rittig* JuS 2014, 499, 500); auf welche Weise die Genitalverstümmelung vorgenommen wird (mechanisch, thermisch, chemisch), ist unerheblich (BT-Drs. 17/13707 S. 6; NK-StGB/*Böse* § 226a Rn. 11). 6

Einer **restriktiven Deutung** des Begriffes »Verstümmeln« bedarf es aber nicht allein wegen der hohen Strafdrohung, sondern ebenso aus Gründen der gleichheitsspezifischen Bedenken gegen § 226a (o. Rdn. 1): Infolgedessen nimmt die h.M. mit Recht sämtliche Handlungsweisen aus, die mit der Beschneidung von Jungen i.S.d. § 1631d BGB vergleichbar sind (*Hörnle* NJW 2014, 34, 35; *Kraatz* JZ 2015, 246, 250; *Renzikowski* NJW 2014, 2540, 2541, *Sotiriadis* ZIS 2014, 320, 324). Da jener neue Rechtfertigungsgrund aber nur bei »männlichen Kindern« zur Anwendung kommen kann, bleibt im hiesigen Kontext eine Strafbarkeit nach § 223 (§ 224) unberührt. Des Weiteren gilt § 226a auch nicht für rein kosmetisch motivierte Eingriffe wie z.B. ein Intimpiercing oder für sonstige »Schönheitsoperationen« im Genitalbereich (BT-Drs. 17/13707 S. 6; *Sotiriadis* ZIS 2014, 320, 324; *Zöller* Schünemann-FS 2014, S. 729, 733; a.A. hingegen *Fischer* § 226a Rn. 12, 15 ff. und *Rittig* JuS 2014, 499, 500, die jedoch insoweit auf eine evtl. rechtfertigende Einwilligung verweisen, zu dieser aber u. Rdn. 11). 7

Die Tat kann unter den Voraussetzungen des § 13 auch durch **Unterlassen** begangen werden. Als Garanten kommen vor allem die Personensorgeberechtigten (i.d.R. Eltern) in Betracht; ob daneben auch Lehrer, Mitarbeiter von Asylantenheimen (zweifelnd *Sotiriadis* ZIS 2014, 320, 335) oder eben Medizinalpersonen zur Erfolgsabwendung verpflichtet (und nicht bloß gem. § 34 berechtigt) sein können, ist unsicher: Richtigerweise wird man annehmen müssen, dass die ärztliche Einstandspflicht (nach Behandlungsübernahme) durch den Behandlungsauftrag bestimmt ist, d. h. der behandelnde Arzt zur Abwendung nur jener Gefahren verpflichtet sein kann, die unmittelbar aus dem Behandlungsverhältnis resultieren (zutr. *Wolfslast* NStZ 2001, 152 in Widerspruch zu OLG Frankfurt am Main NStZ 2001, 150 [Aids-Fall]). 8

## III. Täterkreis

Täter kann jeder sein, der die Verstümmelung i.S.d. § 25 zurechenbar bewirkt (MüKo-StGB-*Hardtung* § 226a Rn. 113). An das täterschaftliche Verhalten sind keine spezifischen Anforderungen der Eigenhändigkeit gestellt, sodass die Tat nach allg. Grundsätzen auch in Mit- oder mittelbarer 9

Täterschaft begangen werden kann. Beihilfe kommt z.B. in Betracht bei Unterstützung von Reisevorbereitungen, Begleitung und Pflege nach dem Eingriff (BeckOK-StGB/*Eschelbach* § 226a Rn. 17; *Fischer* § 226a Rn. 19).

### IV. Vorsatz

10 Der Täter muss vorsätzlich handeln, bedingter Vorsatz genügt (unstr., z.B. *Lackner/Kühl* § 226a Rn. 4; *Zöller/Thörnich* JA 2014, 167, 171; krit. BeckOK-StGB/*Eschelbach* § 226a Rn. 10). Gegenstand des wissensbasierten Wollens (»Inkaufnehmens«) sind alle tatsächlichen Umstände, die sich nach rechtlicher Bewertung als Verstümmelung weiblicher Genitalien darstellen. Eine besondere Zielrichtung ist nicht vorausgesetzt, auch wenn eine religiös oder kulturell geprägte Zwecksetzung meist die Tat prägen dürfte (o. Rdn. 1). Auf mögliche mittelbare Folgen körperlicher und psychischer Art muss sich der Vorsatz nicht erstrecken, auch wenn das dahingehende Schädigungspotential maßgeblich die Sonderregelung motiviert hat (*Fischer* § 226a Rn. 14). Bei der Klitoridektomie bedarf es aber wenigstens der Kenntnis von der Möglichkeit einer nachhaltigen Beeinträchtigung der sexuellen Empfindsamkeit, wobei Fehlvorstellungen über Bedeutung und Maß des weiblichen Sexualempfindens allenfalls einen (vermeidbaren) Verbotsirrtum begründen können (*Wolters* GA 2014, 556, 568). Zu weiteren **Irrtumsfragen**, auch bzgl. der rechtfertigenden Einwilligung (u. Rdn. 11), näher *Rittig* JuS 2014, 499, 500 ff.; *Sotiriadis* ZIS 2014, 320, 333 f.

### C. Rechtfertigung

11 Nach Ansicht des Gesetzgebers kann in eine Genitalverstümmelung niemals rechtfertigend eingewilligt werden; die Unwirksamkeit einer solchen Einwilligung ergebe sich unmittelbar aus § 228 (BT-Drs. 17/13707 S. 6). Angesichts der unterschiedlichen Fallkonstellationen wird die Berechtigung einer derart pauschalen Annahme aber von der h.M. bezweifelt (*Fischer* § 226a Rn. 15 ff.; MüKo-StGB/*Hardtung*, § 226a Rn. 102; SK-StGB/*Wolters* § 226a Rn. 15; i.E. auch Schönke/Schröder/*Sternberg-Lieben* § 226a Rn. 5). Wenn allerdings sichergestellt ist, dass nur gravierendes Verletzungsunrecht in Rede steht (o. Rdn. 5 ff.), lässt sich die Folgerichtigkeit der gesetzgeberischen Annahme nicht bestreiten. Insbesondere dürfte dann bei medizinisch indizierten Eingriffen (z.B. zur Krebsbehandlung) von einer Verstümmelung schon begrifflich-tatbestandlich nicht gesprochen werden können (so auch *Zöller* Schünemann-FS 2014, S. 729, 733). Ebenso liegt es bei Piercings, Tätowierungen und kleineren, nicht religiös oder rituell motivierten chirurgischen Eingriffen. Fällt das Geschehen jedoch in den Anwendungsbereich des § 226a, so verstößt eine evtl. Einwilligung durch die Erziehungsberechtigten gegen das Kindeswohl (h.M., BeckOK-StGB/*Eschelbach* § 226a Rn. 12; Spickhoff/*Knauer/Brose* § 226a Rn. 3: »Missbrauch des Sorgerechts«).

### D. Minderschwere Fälle (Abs. 2)

12 Von Abs. 2 sollen solche Taten erfasst werden, die unter Berücksichtigung von Tatausführung und Tatfolgen **vom Durchschnittsfall so stark abweichen**, dass eine mildere Bestrafung geboten erscheint. Soweit dabei an Konstellationen gedacht wird, in denen das Ausmaß der Körperverletzung nicht wesentlich über kosmetische Eingriffe hinausgeht und die – auch psychischen – Beschwerden des Opfers nicht das von § 226a erwartete Ausmaß erreichen (BT-Drs. 17/13707 S. 6; Schönke/Schröder/*Sternberg-Lieben* § 226a Rn. 7), wird es zumeist schon an der Tatbestandsmäßigkeit fehlen. Welche »besonderen Motivationslagen« u.U. einen minderschweren Fall begründen könnten (so *Fischer* § 226a Rn. 21), lässt sich nicht ohne weiteres erkennen und dürfte nicht vorschnell angenommen werden, um nicht die Maßgaben des Gesetzgebers zu unterlaufen. Schließlich lassen religiöse und/oder rituelle Vorstellungen die Tatbewertung nach dem deutschen Rechtsverständnis unberührt (BeckOK-StGB/*Eschelbach* § 226a Rn. 13). Ein evtl. bestehender Gruppendruck durch das soziale Umfeld kann jedoch das personale Unrecht u.U. mildern (*Schramm* Kühl-FS 2014, S. 603, 621).

## E. Verfahrensfragen

Die Verfolgung der Tat ist bis zur Vollendung des 50. Lebensjahres auf Seiten des Opfers möglich, weil die **Verjährung** gem. § 78b Abs. 1 Nr. 1 bis zur Vollendung des 30. Lebensjahres ruht. Das 49. StGB-Änderungsgesetz vom 21.01.2015 (BGBl. I S. 10) hat nachträglich die Möglichkeit geschaffen, auch **Auslandstaten** zu verfolgen, wenn der Täter zur Tatzeit Deutscher ist oder wenn sich die Tat gegen eine Person richtet, die zur Tatzeit ihren Wohnsitz oder gewöhnlichen Aufenthalt im Inland hat (§ 5 Abs. 9a Buchst. b). Damit ist für den praktisch bedeutsamsten Teil relevanter Fallgestaltungen überhaupt erst der strafrechtliche Zugriff eröffnet; ob die dadurch geweckten Hoffnungen aber am Ende nicht doch de facto enttäuscht werden (was zunächst zur Nichtaufnahme in den Katalog des § 5 veranlasste, *Fischer* § 226a Rn. 1), bleibt abzuwarten. Soweit zur Förderung der Strafverfolgung de lege ferenda die spezialgesetzliche Etablierung einer ärztlichen Anzeigepflicht (über die Befugnis zur Gefahrenabwehr nach § 4 Abs. 3 KKG, § 34 StGB hinaus) gefordert wird (so NK-StGB/*Böse* § 226a Rn. 25), ist zu erinnern, dass die ärztliche Rolle nicht die eines staatlichen Erfüllungsgehilfen ist (dazu im Kontext der Germanwings-Katastrophe *Duttge* medstra 2016, 129 f.).

13

## § 227 Körperverletzung mit Todesfolge

(1) Verursacht der Täter durch die Körperverletzung (§§ 223 bis 226a) den Tod der verletzten Person, so ist die Strafe Freiheitsstrafe nicht unter drei Jahren.

(2) In minder schweren Fällen ist auf Freiheitsstrafe von einem Jahr bis zu zehn Jahren zu erkennen.

Übersicht Rdn. Rdn.
A. Grundsätzliches . . . . . . . . . . . . . . . . . 1   III. Spezifischer Gefahrzusammenhang . . . . . 5
B. Tatbestand . . . . . . . . . . . . . . . . . . . . 3   C. Sonderbereich der ärztlichen Heilbe-
I. Todesfolge . . . . . . . . . . . . . . . . . . . . 3     handlung . . . . . . . . . . . . . . . . . . . . . . 10
II. Fahrlässigkeit . . . . . . . . . . . . . . . . . . 4

## A. Grundsätzliches

Das **erfolgsqualifizierte Delikt** des § 227 setzt eine vorsätzliche Körperverletzung i.S.d. §§ 223 bis 226a voraus und verlangt hinsichtlich der Todesfolge »wenigstens Fahrlässigkeit« (§ 18). Die hohe Strafdrohung erzwingt eine restriktive Interpretation des spezifischen Gefahrzusammenhangs als zentrales Verbindungsstück zum Grunddelikt und damit Rechtsgrund für die erhöhte Strafbarkeit (u. Rdn. 8); de lege ferenda spricht darüber hinaus vieles für eine Beschränkung der Strafbarkeit auf das Maß der Leichtfertigkeit (so auch LK/*Vogel/Bülte* Vor § 15 Rn. 36; *Roxin/Greco* AT/I § 10 Rn. 110; vertiefend *Radtke* Jung-FS 2007, S. 737 ff.; schon de lege lata hierfür plädierend: NK-StGB/*Paeffgen* § 18 Rn. 44 f. und NK-StGB/*Paeffgen/Böse* § 227 Rn. 17).

1

In **Arztstrafsachen** sind Strafanzeigen, aber auch staatsanwaltschaftliche Ermittlungsverfahren offenbar gar nicht selten und in jüngerer Zeit zunehmend auf eine »Körperverletzung mit Todesfolge« bezogen, obgleich es i.d.R. am Körperverletzungsvorsatz fehlt (vgl. § 223 StGB Rdn. 7, 12) und deshalb allenfalls eine fahrlässige Tötung (§ 222) im Raume steht (s. *Ulsenheimer* FS Steinhilper 2013, S. 225, 229 f.). Die Grundkonstellation ist häufig durch das evidente Fehlen einer wirksamen Einwilligung (infolge grob defizitärer oder erschlichener Aufklärung) geprägt, verknüpft mit Pflichtwidrigkeiten bei der Vornahme des Eingriffs. Nur auf letztere und deren spezifische Erfolgsrelevanz (näher u. Rdn. 5 ff.) kommt es aber im Kontext des § 227 an, denn eine »eigenmächtige Heilbehandlung mit Todesfolge« kennt das StGB nicht (treffend *Ulsenheimer/Gaede* Rn. 643). Tendenziell dürften somit in der Rechtspraxis die prozessualen Anforderungen an einen konkreten Anfangsverdacht (vgl. § 152 Abs. 2 StPO) nicht selten zu leicht genommen werden. Immerhin kann sich eine schwere (berufliche wie private) Belastung strafmildernd auswirken (LG Bochum v. 22.09.2016 – 7 Ks 16/15).

2

## B. Tatbestand

### I. Todesfolge

3 Die Körperverletzung muss bei derselben Person eine tödliche Folge nach sich gezogen haben; es genügt also nicht, wenn bspw. der betagte Elternteil während der Operation des Kindes einen tödlichen Herzinfarkt erleidet (zutr. NK-StGB/*Paeffgen/Böse* § 227 Rn. 6: »Identitätskriterium«; zu weiteren im StGB enthaltenen **Todeserfolgsqualifikationen** s. HK-GS/*Duttge* § 18 Rn. 4). Diese »besondere Folge der Tat« (§ 18) kann ohne zeitliche Zäsur aus der vorausgegangenen Verletzung hervorgehen, da der Todeseintritt im medizinischen Sinne stets prozesshaft verläuft (zutr. SSW/*Momsen-Pflanz/Momsen* § 227 Rn. 4). Zur Reichweite des strafrechtlichen Lebensschutzes von geborenen Menschen vgl. §§ 211, 212 StGB Rdn. 6 ff.

### II. Fahrlässigkeit

4 Das Gesetz gibt unmissverständlich vor, dass dem Täter gerade jener Todeserfolg individuell zurechenbar sein muss. Die solchermaßen »**erfolgsbezogen**« imprägnierte »**Sorgfaltspflichtverletzung**« schließt eine Ableitung des Fahrlässigkeitsurteils schon aus der vorsätzlichen Körperverletzung aus (anders st. Rspr., vgl. BGHSt 24, 213, 215; BGH NStZ 1997, 82 f.; 2001, 478 f.; NStZ-RR 2004, 162; BGHSt 51, 18, 21; ebenso SSW/*Momsen-Pflanz/Momsen* § 227 Rn. 21; wie hier dagegen MüKo-StGB/*Hardtung* § 227 Rn. 6). Auch der Rekurs auf eine weit verstandene »Voraussehbarkeit« (BGHSt 48, 34, 39 m. krit. Bspr. *Hardtung* NStZ 2003, 261 f.; *Kühl* JZ 2003, 637 ff.; *Puppe* JR 2003, 123 ff.; *Sowada* Jura 2003, 549 ff.; BGH NJW 2012, 2453, 2454: kein »als Verkettung außergewöhnlicher, unglücklicher Umstände anzusehendes […] Geschehen«; LG Kleve NStZ-RR 2003, 235: »nicht außerhalb aller Lebenswahrscheinlichkeit«) bewirkt »keine nennenswerte Einschränkung« der Strafbarkeit (*Küpper* ZStW 111 [1999], 785, 799; s.a. *Rengier* Geppert-FS 2011, S. 479 ff.: »kein Ende der Erfolgshaftung«). Vielmehr bedarf es der Feststellung einer der Verwirklichung des Grundtatbestands immanenten »deliktsspezifischen Erfolgsgefahr« (*Puppe* AT/1 § 9 Rn. 14), die sich objektiv im jeweiligen besonderen Erfolg realisiert und subjektiv dem Täter bekannt oder aufgrund auffälliger »Warnsignale« leicht erkennbar gewesen ist (vgl. zum Fahrlässigkeitserfordernis näher § 222 StGB Rdn. 4 ff.; in der Sache wie hier *Kühl* Jura 2002, 810, 814; *Küpper* Hirsch-FS 1999, S. 615, 626; Wessels/*Beulke/Satzger* Rn. 1147: konkrete Voraussehbarkeit des tatbestandsspezifischen Gefahrzusammenhangs). Während die so verstandene individuelle (konkret-situative) Erkennbarkeit das genuine Fahrlässigkeitsurteil prägt (vgl. auch *Ulsenheimer/Gaede* Rn. 591, 636: abzustellen auf »individuellen persönlichen Wissens- und Erfahrungsstand«), drückt der objektive Anteil jener Anforderung dasjenige aus, was die h.M. unter der Rubrik des »Unmittelbarkeits-« bzw. »spezifischen Gefahrzusammenhangs« (nachfolgend Rdn. 5 ff.) verhandelt.

### III. Spezifischer Gefahrzusammenhang

5 Die objektive Verknüpfung des Grunddelikts mit der »besonderen Folge« zu jener »Sinneinheit« (*Lackner/Kühl* § 18 Rn. 4), welche die hohe Strafdrohung erst zu erklären vermag, ist im Kontext des § 227 mit dem Erfordernis einer Todesherbeiführung »durch die Körperverletzung (§§ 223 bis 226a)« gekennzeichnet. Schon frühzeitig hat die höchstrichterliche Rspr. allerdings erkannt, dass der Eigenart erfolgsqualifizierter Delikte wegen »eine engere Beziehung gefordert ist, als sie ein Ursachenzusammenhang nach der Bedingungstheorie voraussetzt« (BGH NJW 1971, 152, 153: »Rötzel-Fall«; s.a. BGHSt 33, 322 f.: Folgerung ist »zwingend«; BGHSt 38, 295, 298). Über Jahrzehnte hinweg hat der BGH hierfür das schillernde Kriterium der »**Unmittelbarkeit**« verwendet, dem bei buchstäblichem Erfassen (»ohne weitere Vermittlung«) jedoch das Missverständnis eigen ist, mechanisch-naturalistisch *jede* »Zwischenursache« als Zurechnungshindernis zu begreifen. In der Sache hat die Rspr. aber ganz im Gegenteil nur solche Geschehensverläufe als nicht mehr zurechenbar angesehen, die »außerhalb der Lebenserfahrung schlechthin« lagen (dazu ausf. *Engländer* NStZ 2018, 135, 136 f.).

In diesem Sinne findet sich ein »Unmittelbarkeitszusammenhang« in der **Rspr.** selbst bejaht bei 6
Todesherbeiführung (ausführliche Rspr.-Übersicht: *Kühl* BGH-FG Bd. IV, 2000, S. 237, 246 ff.)
- durch eine tötungstaugliche, aber mit vergleichsweise milder Erstfolge (»Knöchelverletzung«) verbundene vorsätzliche Körperverletzungshandlung, die erst wegen einer Lungenembolie im Krankenhaus infolge mangelnder ärztlicher Aufklärung zum Todeserfolg des hoch betagten Opfers führte (»Hochsitz-Fall«, BGHSt 31, 96 ff. m. abl. Bspr. *Hirsch* JR 1983, 78 ff.; *Jakobs* JR 1986, 380, 382; *Maiwald* JuS 1984, 439, 443 f.; *Puppe* NStZ 1983, 22, 23 f.; zust. dagegen *Stree* JZ 1983, 75 f.),
- durch Herzstillstand infolge eines kräftigen Tritts mit der Schuhspitze gegen den (unterhalb der Rippen befindlichen) Nervus vagus des am Boden liegenden Tatopfers, obgleich ein solcher Geschehensverlauf als »medizinische Rarität« gilt (BGH NStZ 2008, 686: keine »Verkettung außergewöhnlich unglücklicher Umstände«; zu Recht abl. *Dehne-Niemann* StraFo 2008, 126 ff.; *Hardtung* StV 2008, 407 ff.; NK-StGB/*Paeffgen/Böse* § 227 Rn. 10a; zust. dagegen *Steinberg* NStZ 2010, 72, 73),
- durch einen Dritten, der im Interesse des Täters das bereits durch Hammerschläge tödlich verletzte Opfer zwecks Vortäuschen eines Suizids erhängt (»Gummihammer-Fall«, BGH NStZ 1992, 333 ff. m. abl. Anm. *Dencker* NStZ 1992, 311, 313; *Joerden* NStZ 1993, 268 f.; *Puppe* JR 1992, 511, 512 f.),
- durch einen eigenmotivierten Sturz des Opfers aus dem Fenster in panischer Angst vor weiteren schweren Misshandlungen (so in Abkehr vom »Rötzel-Fall« [o. Rdn. 5] der sog. »Fenstersturz-Fall«, BGH NJW 1992, 1708 f. m. zust. Anm. *Graul* JR 1992, 344 ff.; abl. *Mitsch* Jura 1993, 18, 19 f.; ebenso BGH NStZ 2008, 278),
- infolge Verweigerung medizinischer Hilfe durch das schwer verletzte, alkoholkranke Tatopfer (»Behandlungsverweigerungs-Fall«, BGH NStZ 1994, 394; zurückhaltender aber BGH NStZ 2009, 92, 93: mögliche »Unterbrechung des Zurechnungszusammenhangs« bei Nichtinanspruchnahme ärztlicher Hilfe trotz ständig sich verschlechternden Gesundheitszustandes; gegen eine Zurechenbarkeit »mittelbarer, vom Tatgeschehen zeitlich abgegrenzter Handlungen des Opfers« *Fischer* § 227 Rn. 4),
- durch einen in panischer Angst missglückten Tritt in eine Glastüre durch das von den Tätern verfolgte Opfer (»Gubener Ausländer-Hatz-Fall«, BGHSt 48, 34 ff.; zu Recht sehr krit. NK-StGB/*Paeffgen/Böse* § 227 Rn. 10: »Denaturierung« des Unmittelbarkeitserfordernisses; s.a. *Puppe* JR 2003, 123 ff.),
- aufgrund einer Vorschädigung des Opfers (Minderfunktion einer Herzklappe), durch die es stressbedingt im Anschluss an eine mit leichteren Faustschlägen einhergehende tätliche Auseinandersetzung ins tödlich endende Koma fällt (»Taxifahrer-Fall«, vgl. LG Kleve NStZ-RR 2003, 235 m. krit. Bspr. *Duttge* NStZ 2006, 266, 273; ähnlich bereits der »Herzinfarkt-Fall«, BGH NStZ 1997, 341: Tod infolge »Überlastung des Herzens«, sowie zuletzt der »Brechmittel-Fall«, BGH NJW 2012, 2453, 2454).

Im Ganzen lässt die Rspr. »nach wie vor eine klare Linie vermissen« (treffend *Küpper* Hirsch-FS 7
1999, S. 615, 629; *Puppe* AT/1 § 10 Rn. 34: »nicht konsequent angewandt und dadurch desavouiert«; *Steinberg* NStZ 2010, 72, 77: »kein nennenswerter Filter«). Inzwischen hat sie aber eingestanden, dass mit dem postulierten Unmittelbarkeitserfordernis »bestenfalls eine Fragestellung formuliert« ist, eine hinreichend präzise Klärung des gesuchten »inneren Zusammenhangs« aber noch aussteht (BGHSt 33, 322, 323). In neuerer Zeit rekurriert der BGH in Übereinstimmung mit der h.L. terminologisch vorzugswürdig auf einen »**qualifikationsspezifischen Gefahrzusammenhang**« und fragt, ob sich in der besonderen Folge gerade jene »eigentümliche tatbestandsspezifische Gefahr« verwirklicht habe, die bereits der grunddeliktischen Begehung immanent gewesen ist (BGHSt 32, 25, 28; BGH NStZ 1995, 287, 288; 1997, 341; NJW 1999, 1039, 1040 m. Anm. *Hefendehl* StV 2000, 107 ff.; *Momsen* JR 2000, 29 ff.; *Schroth* NStZ 1999, 554; s.a. BGH NStZ 1992, 333: »spezifischer Gefahrverwirklichungszusammenhang«).

Mit Bezug auf § 227 fordert die h.L. konkretisierend, dass die tödliche Folge ihren Ausgang im 8
Körperverletzungs*erfolg* nehmen müsse (sog. »**Letalitätstheorie**«): Erfasst sind danach nur solche

Körperverletzungen, die nicht erst aufgrund von Begleitumständen, sondern »immediata et per se« zum Tode führen (grdl. *Geilen* Welzel-FS 1974, S. 655, 677 ff.; s.a. *Küpper* ZStW 111 [1999], 785, 793: »Todesgefährlichkeit der Körperverletzung«), mit deren Eintritt also »der Tod des Verletzten zwangsläufig feststeht« (*Puppe* AT/1 § 10 Rn. 36: Todeseintritt muss mit Körperverletzungserfolg »in strengem und objektivem Sinne zwangsläufig verknüpft sein«). Neben der Notwendigkeit einer restriktiven Auslegung (o. Rdn. 1) in klarer Abgrenzung zum Vergehensbereich (Schönke/Schröder/ *Sternberg-Lieben* § 227 Rn. 5) wird auch auf den (durch das 6. StrRG geänderten) Gesetzestext verwiesen mit dem Argument, dass der Todeseintritt hiernach aus dem Zustand einer »verletzten Person« hervorgehen müsse (vgl. *Freund* ZStW 109 [1997], 455, 473; *Wolters* JZ 1998, 397, 399). Zwingend ist dieser Gedanke allerdings nicht: Die Gegenauffassung verweist auf den Klammerzusatz in § 227, der nicht nur strafbare Versuchstaten (also Körperverletzungs*handlungen*) nicht ausschließt (i.d.S. BGHSt 48, 34, 38; *Rengier* ZStW 111 [1999], 1, 19 f.), sondern mit §§ 224, 225 (Abs. 3 Nr. 2) Grunddelikte einbezieht, für die das Erfordernis einer letalen Verletzung als Durchgangsstadium zum Todeserfolg nicht naheliegt (vgl. MüKo-StGB/*Hardtung* § 227 Rn. 16; weitere Einwände bei NK-StGB/*Paeffgen/Böse* § 227 Rn. 13 ff.). Im Ganzen dürfte das Konzept der Letalitätsthese daher zu restriktiv sein (so bereits *Wolter* GA 1984, 443, 446 f.). Die st. Rspr. hat deshalb ihr Anknüpfen an die Körperverletzungs*handlung* bis zuletzt durchgehalten (sog. »**Handlungskausalität**«, vgl. BGHSt 14, 110, 112; BGH NStZ 1995, 287, 288; 2003, 149, 150 f.; de facto auch BGH NStZ 2013, 280, 281 m. Bspr. *Jäger* JA 2013, 312 ff.; zust. *Otto* AT § 11 Rn. 10 f.; *Rengier* BT/2 § 16 Rn. 11 f.).

9 In jüngerer Zeit mehren sich allerdings Stimmen, die sich gegen eine »Sonderdogmatik praeter legem« wenden und die allgemeinen **Kriterien der objektiven Zurechnung** zur Anwendung bringen wollen, d. h. Gesichtspunkte der Adäquanz, des Regressverbots und insb. des »Schutzwecks der Norm« (zuletzt eingehend MüKo-StGB/*Hardtung* § 18 Rn. 25 ff.; s.a. *Wolter* JuS 1981, 168, 176; JR 1986, 465, 466). Es dürfte jedoch zu bezweifeln sein, ob damit bereits hinreichend klare und operationalisierbare Kriterien zur Verfügung stehen, die mehr Gewicht beanspruchen können als nur i.S. heuristischer Topoi (zutr. NK-StGB/*Paeffgen* § 18 Rn. 39). Da richtigerweise schon im Rahmen des Fahrlässigkeitsdelikts allein »erfolgsbezogene Sorgfaltspflichten« relevant sind (dazu § 222 StGB Rdn. 3), bleibt die Sorge, ob nicht der Rekurs auf die allgemeine Zurechnungslehre die erstrebte Filterwirkung vernachlässigt (eine zusätzliche Einschränkung verlangt zu Recht *Sowada* Jura 1994, 643, 646). Das aufgrund jener spezifischen »Unrechtsverknüpfung« im Verhältnis zum reinen Fahrlässigkeitsdelikt gesteigerte Unrecht (zutr. MüKo-StGB/*Hardtung* § 18 Rn. 28) impliziert denknotwendig einen höheren Grad an **erfolgsspezifischer Gefährlichkeit des Grunddelikts**, d.h. im Kontext des § 227 einen »lebensgefährlichen Charakter« der Körperverletzung (zutr. *Engländer* GA 2008, 669, 681 ff.; s.a. SK-StGB/*Stein* § 18 Rn. 18 ff.: nur Fälle einer »vorsatznahen fahrlässigen Erfolgsherbeiführung«; in der Sache ebenso *Freund* Frisch-FS 2013, S. 677, 687 ff.). Für ein todesursächliches **Unterlassen** (z.B. vorsätzliches Nichtaufsuchen des Arztes mit schwer verletztem Kind) hat es der BGH bisher nicht genügen lassen, wenn »eine schon vorhandene Todesgefahr nur nicht beseitigt« wird, sondern verlangt, dass »erst durch das Unterbleiben der gebotenen Handlung eine Todesgefahr geschaffen« (BGH NJW 1995, 3194 f. m. zust. Bspr. *Ingelfinger* GA 1997, 573 ff.; abl. *Wolters* JR 1996, 471 ff.) oder jedenfalls »erheblich erhöht« wird (BGH NStZ 2006, 686). Von dieser restriktiven Haltung hat sich jedoch inzwischen der 1. Strafsenat gelöst und lässt es genügen, wenn der Garant den lebensgefährlichen Zustand durch irgendein vorwerfbares (nicht von seinem Vorsatz umfasstes) Vorverhalten geschaffen hat (BGH NStZ 2017, 223 ff. m. krit. Bspr. *Lorenz*). Nach Auffassung des 3. Strafsenats soll es ausreichen, wenn dem untätigen Garanten anzulasten ist, die zum Tode führenden Gewalthandlungen eines aktiv Handelnden nicht verhindert zu haben (BGH NStZ 2017, 410, 411). Einen dogmatisch stringenten und rechtssicheren Maßstab lässt diese Rspr. für den Unterlassungsbereich leider nicht erkennen (ausführlich *Engländer* NStZ 2018, 135 ff.).

## C. Sonderbereich der ärztlichen Heilbehandlung

10 Im ärztlich-medizinischen Kontext hat die Rspr. eine **Strafbarkeit gem. § 227 angenommen**

- im Fall des tödlich verlaufenden Brechmitteleinsatzes gegen einen Drogenhändler, wenn der Eingriff ungeachtet der mangelnden Eilbedürftigkeit ohne die gebotene Aufklärung vorgenommen und trotz eintretender Ohnmacht des Betroffenen ohne Prüfung der Sauerstoffsättigung fortgesetzt wird (BGHSt 55, 121 ff. [m. Bspr. *Brüning* ZJS 2010, 549 ff. und *Eidam* NJW 2010, 2599] sowie NJW 2012, 2453 ff.; s. dazu auch EGMR NJW 2006, 3117 ff.: strenge Beachtung des Verhältnismäßigkeitsprinzips),
- bei der ärztlichen Anweisung gegenüber einem an Diabetes mellitus Erkrankten, das zuvor verordnete Insulin abzusetzen, ohne für eine äquivalente Ersatzmedikation zu sorgen (OLG Düsseldorf MedR 1984, 28 ff.: »Steuerung des Tatgeschehens« infolge »intellektueller Überlegenheit über die Eltern des Kindes«),
- bei behandlungsfehlerhafter Verletzung der Nierenarterie aufgrund eines nicht indizierten Eingriffs und anschließend versäumter sofortiger Verlegung in die nächstgelegene Klinik »aus sachfremden Erwägungen« (anstelle dessen mehrstündige Bemühungen um Stabilisierung des Kreislaufs, vgl. BGH NStZ 2004, 35 f.),
- bei unzulässiger Wiederverwendung eines mit Bakterien kontaminierten Narkosemittels entgegen den Regeln der ärztlichen Kunst und der ausdrücklichen Gebrauchsinformation des Herstellers (BGH MedR 2009, 47),
- bei voreiliger, nicht dringend indizierter lebensgefährlicher Operation (Hirntumor) ohne hinreichende Voruntersuchung, obgleich die Erkrankung bei richtiger Diagnose auch (einstweilen) medikamentös hätte behandelt werden können (BGH StV 1994, 425),
- bei bewusst verzögerter Einweisung einer Patientin, die wegen eines Aufklärungsmangels und wegen Unterschreitung des Standards (fehlende Hinzuziehung eines Anästhesisten bei mehrstündiger Operation) rechtswidrig operiert worden ist, zur cerebralen Reanimation in ein Krankenhaus nach vorausgehender unsachgemäßer Reanimationsbehandlung durch einen Schönheitschirurgen (BGHSt 56, 277 ff. m. Bspr. *Beckemper* ZJS 2012, 132 ff. und *Sternberg-Lieben/Reichmann* MedR 2012, 97 ff.; BGH WKRS 2014, 290979; vgl. auch BVerfG NJW 2016, 44 ff. m. Anm. *Neelmeier* sowie *Neelmeier* NJW 2015, 374 ff.).

Hingegen wurde eine **Strafbarkeit gem. § 227 abgelehnt**, wenn der Todeserfolg 11
- erst im Nachgang einer (zweiten) Operation eingetreten ist, nachdem zuvor die (nach der ersten Operation entstandene) Wundinfektion fehlerhaft mit Zitronensäure behandelt wurde, deren Mitursächlichkeit für den Todeserfolg jedoch nicht festzustellen war (BGH NJW 2011, 1088, 1090 [m. Bspr. *Hardtung* NStZ 2011, 635 ff.; *Kudlich* NJW 2011, 2856 ff.; *Schiemann* NJW 2011, 1046 ff.; *Widmaier* Roxin-II-FS 2011, S. 439 ff.; *Ziemann/Ziethen* HRRS 2011, 395 ff.]: Berge der ärztliche Heileingriff das Risiko, dass sich in seiner Folge eine weitere behandlungsbedürfte Erkrankung einstelle, so müsse der Arzt den Patienten vor dem ersten Eingriff nur dann über die Art und die Gefahren einer bei Verwirklichung des Risikos notwendigen Nachbehandlung aufklären, wenn dieser ein schwerwiegendes, die Lebensführung eines Patienten besonders belastendes Risiko anhaftet, etwa der Verlust eines Organs),
- infolge der im Körper des Patienten bereits vorhandenen zahlreichen Giftstoffe herbeigeführt wurde, von denen der behandelnde Arzt nichts wusste (hämorrhagischen Lungenödem möglicherweise auch Folge einer »normalen Opiatintoxikation«, vgl. BGH NStZ 2008, 150 ff. = MedR 2008, 435 ff.: fahrlässige Tötung wegen Wahl einer Außenseitermethode: sog. »Turboentzug«),
- durch den Atem- und Herzstillstand im Rahmen einer Gebärmutterausschabung eintritt, nachdem der operierende Frauenarzt das Narkosemittel (Propofol) ohne vorherige Anästhesievorbereitung, ohne Hinzuziehung eines weiteren anästhesiologisch ausgebildeten Arztes (entgegen Beipackzettel) und ohne zureichende technische Praxisausrüstung verabreicht hat (LG München I ArztR 2007, 69 f., mit Blick auf die Nichtverurteilung gem. § 227 zw.; ausf. zur Problematik der »Sedierung ohne zweiten Arzt«: *Schulte-Sasse/Bruns* ArztR 2007, 116 ff.).
- infolge einer Überdosis durch missbräuchliche Injektion eines ärztlich verschriebenen Schmerzmittels (Fetanyl) eingetreten ist; obwohl dem Arzt die langjährige Suchterkrankung bekannt war: Hier liegt die Annahme einer eigenverantwortlichen Selbstgefährdung nahe, wenn davon

ausgegangen werden kann, dass der Patient sich der Risiken seines Handelns, insb. der Gefahr einer Überdosis aufgrund der Injektion, bewusst war (BGH WKRS 2014, 10663; anders, wenn das erhöhte Risiko vom Opfer nicht zutreffend erkannt worden ist: BGH NStZ 2017, 223, 225).

## § 228 Einwilligung

Wer eine Körperverletzung mit Einwilligung der verletzten Person vornimmt, handelt nur dann rechtswidrig, wenn die Tat trotz der Einwilligung gegen die guten Sitten verstößt.

| Übersicht | Rdn. | | Rdn. |
|---|---|---|---|
| A. Grundsätzliches | 1 | 2. zur Person des Behandelnden | 16 |
| B. Einwilligung: Wirksamkeitsvoraussetzungen | 2 | 3. zur Person des Aufklärenden | 17 |
| | | V. Sittenwidrigkeit | 19 |
| I. Disponibilität des Rechtsguts | 2 | VI. Subjektives Rechtfertigungselement | 21 |
| II. Einwilligungserklärung | 3 | C. Mutmaßliche Einwilligung | 22 |
| III. Einwilligungsfähigkeit und Freiwilligkeit | 5 | I. Allgemeines | 22 |
| IV. Insbesondere: Ärztliche Aufklärungspflicht | 12 | II. Voraussetzungen im Einzelnen | 23 |
| | | III. Irrtum | 27 |
| 1. zur sachlichen Reichweite | 15 | D. Hypothetische Einwilligung | 28 |

### A. Grundsätzliches

1 Der Umgang mit dem eigenen Körper ist grds. der höchstpersönlichen Entscheidung der jeweiligen Person überantwortet. Ausdruck dieses – körperbezogenen – **Selbstbestimmungsrechts** (Art. 2 Abs. 2 Satz 1 i.V.m. Art. 1 Abs. 1 GG, s.a. § 223 StGB Rdn. 8, 11) ist der gewohnheitsrechtlich anerkannte Rechtfertigungsgrund der Einwilligung, den § 228 voraussetzt und in seiner Wirksamkeit mit einer äußersten Grenze (Verstoß gegen die »guten Sitten«) versieht. Mit seiner Zustimmung in einen körperlichen Eingriff (durch einen anderen wie z.B. bei einem ärztlichen Heileingriff) macht der Rechtsgutsträger von seiner rechtlichen Bestimmungsmacht Gebrauch und erklärt damit implizit, dass er seine höchstpersönliche Sphäre bewusst »der Einwirkung eines bestimmten anderen preisgeben und insoweit auf Strafrechtsschutz verzichten« will (BGHSt 17, 359, 360; ähnlich OLG Oldenburg NJW 1966, 2132, 2133). Verbrechenssystematisch enthält § 228 eine eindeutige Festlegung insofern, als nicht schon das Prima-facie-Verbot (»Tatbestand«), sondern erst auf zweiter Stufe eine Erlaubnisnorm (»Rechtfertigung«) in Rede steht (»nicht rechtswidrig«; dazu allg. HK-GS/*Duttge* Vor §§ 32 ff. Rn. 2; zuletzt wie hier eingehend *Gropp* GA 2015, 5 ff.); die eine Zustimmung des Rechtsgutsträgers stets schon als tatbestandsausschließend begreifende Gegenauffassung (so insb. *Roxin/Greco* AT/I § 13 Rn. 12 ff. sowie zuletzt *ders*. Amelung-FS 2009, S. 269 ff.; s.a. *Jäger* Zurechnung und Rechtfertigung als Kategorialprinzipien im Strafrecht, S. 22 f.; *Rönnau* Willensmängel bei der Einwilligung im Strafrecht, S. 124 ff.; *Tag* Der Körperverletzungstatbestand im Spannungsfeld zwischen Patientenautonomie und Lex artis, S. 285 f.) steht daher jedenfalls im Bereich der §§ 223 ff. im Widerspruch zum Gesetz (s. Spickhoff/*Knauer/Brose* § 223 Rn. 7 [1. Auflage 2011]: »wertende Korrektur«) und nivelliert in der Sache jene beiden wohlweislich getrennten Wertungsstufen (vgl. zur »Rechtfertigungslösung« der höchstrichterlichen Rspr. im Kontext des ärztlichen Heileingriffs § 223 StGB Rdn. 10 ff.).

### B. Einwilligung: Wirksamkeitsvoraussetzungen

#### I. Disponibilität des Rechtsguts

2 Entgegen althergebrachter Auffassung ist dem Menschen jedenfalls de jure selbst die Verfügungsmacht über sein »eigenes« Leben nicht generell entzogen (näher *Neumann* Kühl-FS 2014, S. 569 ff.; dagegen Wessels/Hettinger/*Engländer* BT/1, Rn. 2: »Grundsatz des absoluten Lebensschutzes«; vertiefend *Hauck* GA 2012, 202 ff.; *Velten* Rogall-FS 2018, S. 373 ff.; aber auch *Arthur*

*Kaufmann* Roxin-FS 2001, S. 841, 852: »einen absoluten rechtlichen Lebensschutz hat es nie gegeben«); vielmehr unterliegt sie rechtlichen Schranken nur insoweit, als ein anderer nicht zur zielgerichtet-unmittelbaren Tötung bestimmt werden darf (vgl. § 216; zu den erlaubten Sterbehilfetypen vgl. §§ 211, 212 StGB Rdn. 12 ff.; zur Problematik des Suizides bzw. der Suizidbeihilfe s. §§ 211, 212 StGB Rdn. 23 ff. sowie § 217). Erst recht darf der Einzelne daher über seine körperliche Unversehrtheit verfügen, und zwar auch im Hinblick auf Eingriffe anderer (arg. § 228), soweit die Grenze der »Sittenwidrigkeit« (zu dieser näher u. Rdn. 19 f.) nicht überschritten ist. Dabei kann es sich u.U. auch um lebensgefährliche Eingriffe wie z.B. die **Vornahme einer riskanten Operation** handeln, solange – innerhalb des von medizinischer Indikation und ärztlichen Behandlungsregeln gesetzten Rahmens – der Todeserfolg nur möglich und nicht sicher ist (zur Unanwendbarkeit des § 216 auf Lebensgefährdungen: *Duttge* Otto-FS 2007, S. 227, 230 f. m.w.N., aber str.).

## II. Einwilligungserklärung

Der Rechtsgutsträger (oder sein Vertreter, u. Rdn. 7 ff.) muss **vor der Tat** ausdrücklich oder konkludent seine Zustimmung in die Preisgabe seiner körperlichen Integrität (einschließlich deren zumindest vorübergehend körperbeeinträchtigenden Wirkung, zum notwendigen »Erfolgsbezug« vgl. MüKo-StGB/*Duttge* § 15 Rn. 200 f. m.w.N.; zur Problematik der »Risiko-Einwilligung« näher § 222 StGB Rdn. 16) kundgetan haben (statt vieler Schönke/Schröder/*Sternberg-Lieben* Vor §§ 32 ff. Rn. 43); eine erst nachträgliche Genehmigung (vgl. § 184 BGB) genügt nicht (unstr., z.B. BGHSt 7, 294, 295). Soweit nicht in spezifischen Kontexten ausnahmsweise Schriftform verlangt wird (z.B. § 40 Abs. 1 Satz 3 Nr. 3b AMG, § 6 Abs. 1 Satz 2 TFG, § 4a Abs. 1 Nr. 2 TPG), kann die Einwilligung auch **formfrei** (mündlich) erklärt werden. Ihre Dokumentation ist keine Wirksamkeitsvoraussetzung, sondern dient dem Arzt wie dem Patienten als Informationsquelle primär über den Verlauf des Behandlungsgeschehens (s. § 10 Abs. 1 MBO-Ä, § 630f Abs. 2 Satz 1 BGB: Vertragspflicht), sekundär auch als Beweismittel für den Fall späterer gerichtlicher Auseinandersetzung (vgl. OLG Karlsruhe Urt. v. 12.12.2012 – 7 U 176/11: »nützlich und dringend zu empfehlen«). Zur Verwendung von Einwilligungsformularen und deren AGB-Kontrolle gem. §§ 305 ff. BGB (relevant insb. bei überraschendem oder unangemessen benachteiligendem Inhalt, vgl. §§ 305c, 307 BGB) s. u.a. *Deutsch/Spickhoff* Rn. 1633 ff.; zu einem kommentierten Musterformular für ambulante Operationen siehe FormFB FA-MedR/*Kangarani* Kap. 9 Rn. 1 ff.

Der körperbezogene Eingriff muss noch zum **Zeitpunkt** seiner Vornahme durch die Einwilligung gedeckt sein. Ist sie nicht erst im unmittelbaren Vorfeld, sondern zu einem früheren Zeitpunkt erklärt worden (= **antizipierte oder Vorab-Einwilligung**; zur Anwendbarkeit der – für die Patientenverfügung allerdings Schriftform verlangenden – §§ 1901a ff. BGB auch im Strafrecht vgl. BGH NJW 2011, 161, 162), so bleibt sie bis zu ihrem evtl. Widerruf wirksam; von wenigen Ausnahmefällen abgesehen (vgl. § 40 Abs. 2a Satz 2 Nr. 2 AMG für die datenschutzrechtliche Einwilligung) ist ein solcher **Widerruf** aber bis zum Eingriff jederzeit – schriftlich oder mündlich (vgl. §§ 630d Abs. 3, 1901a Abs. 1 Satz 3 BGB) – möglich und zu beachten (unstr., vgl. *Amelung* ZStW 109 [1997], 489, 516; *Ulsenheimer* in: Laufs/Kern/Rehborn, § 149 Rn. 72; bedenklich *Bernsmann/Geilen* in: Wenzel, Rn. 429, wonach bei einem ohne Lebensgefährdung nicht mehr möglichen Abbruch die Fortsetzung des Eingriffs nach § 34 gerechtfertigt sein könne). Die Wirkkraft einer antizipierten Einwilligung steht naturgemäß unter dem Vorbehalt, dass ihr Inhalt hinreichend eindeutig und konkret ist (zur Patientenverfügung s. BGH NJW 2016, 3297, 3301 f.; 2017, 1737, 1738 f.; NJW 2019, 600, 602): I.d.R. wird sie interpretationsbedürftig sein, was § 1901a Abs. 1 Satz 1 BGB nunmehr ausdrücklich – von Notfällen abgesehen – der Verantwortung eines Betreuers oder Gesundheitsbevollmächtigten zuweist (zur Stellvertretung auch u. Rdn. 7 ff.). Der Abschluss des Arztvertrages enthält grds. noch keine Einwilligung in eine bestimmte Behandlung, weil diese erst nach Diagnosestellung konkretisiert und in ihrer Bedeutung gegenüber dem Patienten erläutert werden muss (zur ärztlichen Aufklärung u. Rdn. 12 ff.). Umgekehrt steht es dem Patienten frei, seine Einwilligung mit einer **Bedingung** zu verknüpfen, insb. hinsichtlich des behandelnden Arztes oder Operateurs zu beschränken (vgl. OLG Koblenz NJW 2008, 1679 ff.; OLG Köln VersR 2009, 785 f.; OLG Oldenburg MedR 2008, 295 f.; *Bender* VersR 2010, 450 ff.; *Ulsenheimer/*

*Gaede* Rn. 564); dies bedarf aber einer ausdrücklichen und unmissverständlichen Erklärung (BGH NJW 2010, 2580, 2581; OLG München NJW-RR 2011, 749 f.). Im Fall einer Missachtung liegt in der nachfolgenden Bezahlung der Arztrechnung keine konkludente Billigung der Behandlersubstitution (OLG Braunschweig GesR 2014, 155 f. entgegen OLG Köln VersR 2007, 115). Ohne eine solche Bestimmung muss der Patient jedoch bei routinemäßigen Eingriffen damit rechnen, dass diese auch von erfahrenen Hilfspersonen vorgenommen werden können (BGH NJW 1962, 682 f.); Gleiches gilt bei Abschluss eines totalen Krankenhausaufnahmevertrages ohne Zusatzvereinbarung (insb. Chefarztklausel) in Bezug auf die nach Dienstplan jeweils zuständigen Ärzte (BGH NJW 2010, 2580, 2581; OLG München NJW-RR 2011, 749 f.; OLG Oldenburg MedR 2008, 295; OLG Saarbrücken RDG 2018, 310, 311); aber auch einer Wahlarztabrede ist für den Verhinderungsfall typischerweise eine Vertretungsregelung immanent (näher *Bender* Dahm-FS 2017, S. 29, 40 ff.). Bezieht sich die Bedingung auf die fachspezifische Durchführung der Behandlung, so ist der behandelnde Arzt daran gebunden, solange er dadurch nicht die ärztlichen Behandlungsregeln oder seine – hieran gebundene (!) – ärztliche Gewissensüberzeugung verletzt; jenseits dieses Rahmens darf und muss er die (Weiter-) Behandlung ablehnen bzw. den Patienten weitervermitteln, erlangt aber kein Recht zur Zwangsbehandlung (so für Pflegeheime ausdrücklich BGH NJW 2005, 2385 f.).

### III. Einwilligungsfähigkeit und Freiwilligkeit

5 Von seinem Selbstbestimmungsrecht kann der Patient in der Lebenswirklichkeit nur dann Gebrauch machen, wenn er über die nötige Mindestbefähigung hierzu verfügt (grdl. *Duttge* in: Wiesemann/Simon Patientenautonomie. Theoretische Grundlagen – Praktische Anwendungen, S. 77 ff.; rechtsvergleichend *Damm* MedR 2018, 939 ff.). Die Regeln des Zivilrechts zur Geschäftsfähigkeit (§§ 104 ff. BGB) enthalten bloß pauschalisierende Altersgrenzen und sind deshalb nicht – auch nicht analog – anwendbar (h.M., vgl. BGHSt 4, 88, 90 f.; NJW 1959, 811; *Deutsch/Spickhoff* Rn. 420: »unpassend«; *Fischer* § 228 Rn. 5; *Ulsenheimer* in: Laufs/Kern/Rehborn, § 149 Rn. 63, so auch in den Gesetzesmaterialien zu § 630d BGB, BT-Drs. 17/10488 S. 23). Die anstelle dessen geforderte Einwilligungsfähigkeit (vgl. § 630d Abs. 1 Satz 2 BGB e contr.) setzt voraus, dass der Patient mit Blick auf eine konkrete Sachlage hinreichend einsichts-, urteils- und selbststeuerungsfähig ist. Er muss – so die Grundformel – mit vollem Verständnis der Sachlage »**Wesen, Bedeutung und Tragweite**« (BGH NStZ 1981, 351) bzw. »Art, Bedeutung und Folgen« des ärztlichen Eingriffs erfassen und damit das Für und Wider seiner Entscheidung gegeneinander abwägen können (BGHZ 29, 33, 36; 176, 180; BGHSt 12, 379, 382 f.; NStZ 2000, 87). § 630e Abs. 1 Satz 2 BGB konkretisiert dies wie folgt: Zu den die Wirksamkeit einer Einwilligungserklärung bedingenden »wesentlichen Umstände« zählen »insbesondere Art, Umfang, Durchführung, zu erwartende Folgen und Risiken der Maßnahme sowie ihre Notwendigkeit, Dringlichkeit, Eignung und Erfolgsaussichten im Hinblick auf die Diagnose oder die Therapie« (sowie im Vergleich zu den jeweiligen Alternativen, Satz 3). Weicht das Votum des Patienten von der »ärztlichen Vernunft« ab, so ist dies grds. kein Indiz für fehlende Einwilligungsfähigkeit: Denn »ein selbst lebensgefährlich Kranker kann triftige und sowohl menschlich wie sittlich achtenswerte Gründe haben, eine Operation abzulehnen, auch wenn er durch sie und nur durch sie von seinem Leiden befreit werden könnte« (BGHSt 11, 111, 114). Diesen Eigenwert der Patientenautonomie hat der BGH im »Zahnextraktionsfall« eklatant missachtet (vgl. BGH NJW 1978, 1206 m. krit. Bspr. *Horn* JuS 1979, 29 ff.; *Hruschka* JR 1979, 519 ff.; *Rogall* NJW 1978, 2344 f.; *Rüping* Jura 1979, 90, 92; zuletzt *Duttge* MedR 2005, 706 ff.).

6 Vorbehaltlich spezialgesetzlicher Begrenzungen (vgl. § 2 Abs. 1 Nr. 3 KastrG: 25 Jahre; Volljährigkeit im Kontext von § 1631c Satz 2 BGB: Sterilisation; § 1901a Abs. 1 BGB: Patientenverfügung; § 8 Abs. 1 Satz 1 Nr. 1a TPG: Lebendorganspende) wird bei Erwachsenen die nötige Befähigung zur Selbstbestimmung grds. vermutet und bedarf bei **Minderjährigen** der gesonderten Feststellung im jeweiligen Einzelfall. Auch sie verfügen jedoch je nach ihrer »geistigen und sittlichen Reife« und je nach Komplexität des Eingriffs u.U. bereits über eine hinreichende »intellektuell-emotive Basis« (NK-StGB/*Paeffgen/Zabel* § 228 Rn. 19), um Bedeutung und Tragweite des Eingriffs ermessen

zu können. Eine gewisse Orientierung soll vorbehaltlich des jeweiligen Einzelfalls (zutr. *Kreße* MedR 2015, 91 ff.: keine fixen Altersgrenzen) das Lebensalter des Minderjährigen innerhalb einer gestuften Abfolge bieten: Erstens ist vor Vollendung des 14. Lebensjahres i.d.R. von fehlender Einwilligungsfähigkeit auszugehen (vgl. *Bernsmann/Geilen* in: Wenzel Kap. 4 Rn. 432, allerdings für den »Bagatellbereich« Ausnahmefälle anerkennend; *Odenwald* Einwilligungsfähigkeit im Strafrecht unter besonderer Hervorhebung ärztlichen Handelns, S. 124 ff.; *Spickhoff* NJW 2000, 2297, 2299 f.; für einen 9-Jährigen klar ablehnend LG Frankenthal MedR 2005, 243, 244). Zweitens wird zwischen dem 14. und 16. Lebensjahr meist jedwede Regelvermutung abgelehnt (und die Beurteilung primär von der Komplexität und Gefährlichkeit des Eingriffs abhängig gesehen, vgl. BGH NJW 1970, 511, 512; BayObLG NJW 1999, 372; LG München I NJW 1980, 646; *Ulsenheimer* in: Laufs/Kern/Rehborn, § 149 Rn. 65; Annahme der Einwilligungsfähigkeit für einen 15-jährigen i.R.e. vereinbarten Zweikampfes BGH NStZ 2021, 494); drittens soll nach Vollendung des 16. Lebensjahres dagegen i.d.R. von einer bereits vorhandenen Einwilligungsfähigkeit ausgegangen werden (vgl. AG Schlüchtern NJW 1998, 832 f.; OLG Hamm GuP 2020, 38: ernsthafte Prüfung bei einer 16-jährigen bzgl. eines Schwangerschaftsabbruchs; a.A. noch OLG Hamm NJW 1998, 3424, 3425: bei Schwangerschaftsabbruch Volljährigkeit erforderlich; zur Verordnung von Kontrazeptiva s. die »Hinweise« der BÄK DÄBl. 1984, A-3170 ff.; Leitlinie der DGGG zu »Empfängnisverhütung. Familienplanung in Deutschland«, 2008, Ziff. 1.1.7; Stellungnahme der AG MedR in der DGGG Frauenarzt 2003, 1109, 1113: ab 16 Jahre i.d.R. unproblematisch, zwischen 14 und 16 Jahren unklar; s.a. *Eser/Koch* in: Huber, Praxis der Gynäkologie im Kindes- und Jugendalter, S. 18, 24 f.).

Umstritten sind die Rechtsfolgen bei festgestellter Einwilligungsfähigkeit des Minderjährigen mit Rücksicht auf das **elterliche Erziehungsrecht** (§§ 1626 ff. BGB): Konsequent wäre die Annahme eines Alleinentscheidungsrechts des Minderjährigen, dem die nötige Befähigung zur Ausübung seines Selbstbestimmungsrechts zugeschrieben worden ist (i.d.S. *Ulsenheimer* in: Laufs/Kern/Rehborn, § 149 Rn. 66 f.; ebenso *Duttge* Comparative Law Review [jp.] 46 [2012], No. 3, 41, 46 f.; jetzt auch *Deutsch/Spickhoff* Rn. 425 f., mit zutr. Kritik am Auseinanderfallen von straf- und zivilgerichtlicher Rspr.; grds. ebenso wie hier Schönke/Schröder/*Sternberg-Lieben* Vor §§ 32 ff. Rn. 42, allerdings mit dem paternalistischen Vorbehalt, dass keine »offensichtliche Fehlentscheidung« getroffen werden dürfe); *Bernsmann/Geilen* formulieren treffend: »Selbst- und Fremdbestimmung schließen sich aus« (in: Wenzel, Rn. 431; OLG Hamm GuP 2020, 38: Minderjährige bedarf zum Schwangerschaftsabbruch nicht der Zustimmung ihrer gesetzlichen Vertreter, sofern sie nach ihrer geistigen und sittlichen Reife die Reichweite ihres Eingriffs erfassen kann und ihren Willen hiernach ausrichtet). Die wohl (noch) h.L. geht jedoch von einer kumulativen Entscheidungsbefugnis von Minderjährigem und Personensorgeberechtigten aus, weil das Erziehungsrecht bei fortgeschrittenem Alter des Jugendlichen zwar zunehmend hinter dessen Recht zur eigenständigen Persönlichkeitsentfaltung zurücktrete, aber erst mit Eintritt der Volljährigkeit gänzlich entfalle (vgl. *Kohte* AcP 185 [1985], 105, 143 ff.; zuletzt *Coester-Waltjen* MedR 2012, 553 ff.; i.S.e. kumulativen Zustimmungsbedürftigkeit auch § 40 Abs. 4 Nr. 3 Satz 4 AMG). Eine noch restriktivere Auffassung belässt das Entscheidungsrecht grds. bei den Sorgeberechtigten und gesteht dem Minderjährigen lediglich ein Vetorecht zu (so vor allem die Rspr., vgl. BGH MedR 2008, 289 ff. [m. zust. Anm. *Lipp*] für den Fall eines nur relativ indizierten Eingriffs; vertiefend NK-StGB/*Paeffgen/Zabel* § 228 Rn. 16: »Veto-Kompetenz«; im Kontext des Schwangerschaftsabbruchs vgl. §§ 218, 218a StGB Rdn. 21).

Fehlt dem Minderjährigen hingegen das erforderliche Mindestmaß an »geistiger und sittlicher Reife«, so muss das – gemeinschaftlich ausgeübte – Einverständnis der Sorgeberechtigten i.d.R. eingeholt werden (§§ 1626, 1629 BGB; zu den Ausnahmefällen vgl. LK/*Rönnau* Vor § 32 Rn. 179; s.a. BGH NJW 1988, 2946 ff. und GesR 2010, 479, 480 f.: »Dreistufentheorie« in Abhängigkeit von der Eingriffsintensität). Wird dies trotz dringlicher Indikation verweigert oder besteht zwischen den Sorgeberechtigten ein nicht auflösbarer Dissens, so ist das Familiengericht nach Maßgabe des »Kindeswohls« zur Entscheidung berufen (§ 1666 BGB, §§ 151 ff. FamFG, vgl. auch OLG Celle

## § 228 StGB    Einwilligung

NJW 1995, 792 f.; OLG Hamm NJW 1968, 212, 213; *Diederichsen* in: Dierks/Graf-Baumann/Lenard, Therapieverweigerung bei Kindern und Jugendlichen, S. 97, 102 f.). Wenn nach herkömmlicher Auffassung Adressat der ärztlichen Aufklärung grds. nur derjenige ist, dem die Gesundheitsfürsorge für den Minderjährigen obliegt, dann beschränkt sich diese bei dessen **Einwilligungsunfähigkeit** allein auf eine solche gegenüber den Eltern (so auch *Lipp* MedR 2008, 289, 293). Die moderne, kinderfreundliche Auffassung erkennt dagegen – jenseits von dringend indizierten Heileingriffen – (auch) »unterhalb« der Einwilligungsfähigkeit eine sog. »Vetofähigkeit« schon bei Vorhandensein eines gewissen Grundverständnisses über Situation und mögliche Konsequenzen der ärztlichen Intervention an (i.d.S. *Ulsenheimer* in: Laufs/Kern/Rehborn, § 149 Rn. 66 ff.; zuletzt *Duttge* in: Wiesemann/Simon Patientenautonomie. Theoretische Grundlagen – Praktische Anwendungen, S. 77, 85 ff.; s.a. § 40 Abs. 4 Nr. 3 Satz 3 AMG: »ist... zu beachten«). Unabhängig davon ist auch dem kindlichen Patienten stets der nötige Respekt geschuldet in Form einer – kindgerechten – Veranschaulichung des Bevorstehenden (so auch § 630e Abs. 5 Satz 1 BGB: »soweit dieser aufgrund seines Entwicklungsstandes und seiner Verständnismöglichkeiten in der Lage ist, die Erläuterung aufzunehmen, und soweit dies seinem Wohl nicht zuwiderläuft«; zur Problematik näher *Rothärmel/Wolfslast/Fegert* MedR 1999, 293 ff.; zutr. Kritik am tradierten »Stille-Post-Prinzip« *Deutsch/Spickhoff* Rn. 992 a.E.).

9   Bei **einwilligungsunfähigen Erwachsenen** ist grundsätzlich in derselben Weise zu verfahren: Für sie ist im Außenverhältnis der vom Patienten zuvor privatautonom bestellte »Gesundheitsbevollmächtigte« (vgl. §§ 1896 Abs. 2 Satz 2, 1901a Abs. 5, 1904 Abs. 5 BGB; dazu näher *Diekmann* Stellvertretung in Gesundheitsangelegenheiten, S. 79 ff.) oder – falls nicht vorhanden – der für den Aufgabenkreis »Gesundheitsfürsorge« gerichtlich bestellte Betreuer vertretungs- und damit entscheidungsbefugt (§§ 1896 Abs. 1, 2, 1902 BGB). Zusätzlich bedarf es allerdings einer betreuungsgerichtlichen Genehmigung bei stationärer Unterbringung (§ 1906 Abs. 2 BGB), ärztlichen Zwangsmaßnahmen (§ 1906a Abs. 2 BGB, dazu BGH NJW 2014, 2497 ff. m. Anm. *Roth* JZ 2015, 253; 2018, 1086, 1088) sowie in solchen Fällen, in denen »die begründete Gefahr besteht, dass der Betreute aufgrund der Maßnahme [= Untersuchung, Heilbehandlung oder ärztlicher Eingriff] stirbt oder einen schweren und länger dauernden gesundheitlichen Schaden erleidet« (§ 1904 Abs. 1 BGB; zur Genehmigungsbedürftigkeit therapiebegrenzender Entscheidungen vgl. *J. Prütting/Winter* Komm. zu § 1904 BGB, Rdn. 1 f.). Im Innenverhältnis ist der Betreuer dem »Wohl« des Betreuten verpflichtet; zu diesem gehört allerdings auch »die Möglichkeit, im Rahmen seiner Fähigkeiten sein Leben nach eigenen Wünschen und Vorstellungen zu gestalten«, sodass »Wünsche« des Betreuten (ggf. in Form einer sog. »Betreuungsverfügung«, zu dieser § 1901c BGB und näher *Lipp* Bienwald-FS 2006, S. 177 ff.) grundsätzlich zu beachten sind (soweit nicht seinem »Wohl« zuwiderlaufend, vgl. § 1901 Abs. 2, 3 Satz 1 BGB). Man wird einem »Veto« des Betreuten somit im Zweifel nur dann keinen Vorrang geben können, wenn ohne Vornahme des ärztlichen Eingriffs die Gefahr des Versterbens oder eines erheblichen gesundheitlichen Schadens besteht (so auch *Deutsch/Spickhoff* Rn. 994 m.w.N.). Die bisherige klinische Praxis, bei Erwachsenen bis zur Offenkundigkeit des Gegenteils das Vorhandensein der nötigen Einwilligungsfähigkeit zu postulieren (s. auch OLG Koblenz NJW 2015, 79, 80: »kein Erfahrungssatz, dass starke Schmerzen die Einwilligungsfähigkeit immer einschränken«), dürfte angesichts der wachsenden Bedeutung neurodegenerativer Erkrankungen (Demenz, Alzheimer, Parkinson) und Fällen schwerer Depression sowie der differenzierten Möglichkeiten intensivmedizinischer Sedierung grundlegend zu hinterfragen sein (dazu näher *Duttge* in: Schicktanz/Schweda, Pro-Age oder Anti-Aging? Altern im Fokus der modernen Medizin, S. 87 ff.).

10   Die Einwilligungsfähigkeit des Patienten ist für die freiverantwortliche Ausübung seines Selbstbestimmungsrechts eine notwendige, aber nicht immer hinreichende Bedingung. Vielmehr muss seine Entscheidung **frei von substantiellen Willensmängeln** sein, d.h. Drohung (z.B. BGHSt 4, 113, 118: Kastration zur Wiedererlangung der Freiheit), Zwang/Nötigung (vgl. BGH MedR 1998, 516, 517: »massive Einschüchterung« und »Drängen« zur Operation), Täuschung und erhebliche Irrtümer machen die Einwilligung unwirksam (unstr.). Eine irreführende/manipulierende »Aufklärung« liegt etwa vor, wenn bewusst wahrheitswidrig

- die Frage nach vorausgegangenen Todesfällen verneint wird (BGH NStZ 2008, 150 ff.: »Turboentzug«),
- die eigene »reichliche« Erfahrung vorgespiegelt und behauptet wird, es handle sich um einen bloßen »Routineeingriff« (StA Düsseldorf – 810 Js 193/96, zit. nach *Ulsenheimer/Gaede* Rn. 560),
- der Patient nicht über solche in der Person des Arztes liegenden Risiken aufgeklärt wird, die Einfluss auf die sachgerechte Durchführung der ärztlichen Heilbehandlung haben könnten (LG Kempten Urt. v. 08.10.2020 – 3 Ns 111 Js 10508/14),
- auf selbst gefertigten Merkblättern ein »komplikationsfreier« Verlauf bei allen bisher durchgeführten Behandlungen angegeben wird (BGH NStZ 2008, 150 ff.: »Turboentzug«),
- wahrheitswidrig die Anwesenheit einer Nachtschwester zugesichert wird (BGH NStZ 2008, 150 ff.: »Turboentzug«),
- die medizinische Indikation für eine zweite Operation vorgespiegelt wird, um den Behandlungsfehler im Rahmen der ersten Operation zu verdecken (BGH NStZ 2004, 442; s. auch § 630c Abs. 2 Satz 2 BGB),
- eine andere als die tatsächlich bestehende Zwecksetzung für eine Lungenpunktion angegeben wird (OLG Karlsruhe NJW 1983, 352),
- ein anderer Zweck angegeben wird zur Erlangung bzw. Verwendung der Blutprobe, um heimlich einen HIV-Test durchzuführen (im Überblick *Ulsenheimer* in: Laufs/Kern/Rehborn, § 149 Rn. 74 f.; näher *Laufs/Laufs* NJW 1987, 2263 ff.; *Michel* JuS 1988, 8 ff.; *Uhlenbruck* MedR 1996, 206 ff.; s. aber auch StA beim KG NJW 1987, 1495 ff.).
- der Eindruck über eine in Wahrheit nicht vorliegende medizinische Qualifikation erweckt und der Patient über das Nichtvorliegen der Qualifikation nicht aufgeklärt wird (LG Bochum Urt. v. 13.11.2019 – 10 KLs-49 Js 123/18–12/19)

Sonstige, nicht bewusst hervorgerufene Fehlvorstellungen des Patienten sind hingegen nur dann relevant, wenn sie für diesen bei seiner Entscheidung (Einwilligung oder Ablehnung) von ausschlaggebendem Gewicht sind (ähnlich wie hier *Lackner/Kühl* § 228 Rn. 8: »normativ wesentliche Einschränkung des Selbstbestimmungsrechts«); ob dabei nur »rechtsgutsbezogene« Irrtümer relevant sind (d.h. solche, in denen über Art, Ausmaß und Gefährlichkeit der Rechtsgutspreisgabe [hier körperliche Unversehrtheit] geirrt wird), ist umstritten (dazu näher NK-StGB/*Paeffgen/Zabel* § 228 Rn. 22 ff.; *Roxin/Greco* AT/I § 13 Rn. 97 ff., jew. m.w.N.). Der bloße **Motivirrtum**, z.B. über die Person des operierenden Arztes (soweit nicht ausdrücklich bestimmt, o. Rdn. 4) oder über die Modalitäten der Unterbringung, steht einer Wirksamkeit der Einwilligung nicht entgegen. Ebenso liegt es bei reinen **Erklärungsirrtümern** (Bsp.: das versehentliche Einwilligen in eine in Wahrheit nicht gewollte Therapieoption); hier ist der Einwilligende durch die jederzeitige Widerrufbarkeit hinreichend geschützt (vgl. *Roxin/Greco* AT/I § 13 Rn. 111).

### IV. Insbesondere: Ärztliche Aufklärungspflicht

Eine fundierte, auf Gründen und sorgsamen Abwägungen beruhende Entscheidung kann der Patient jedoch erst treffen, wenn er die hierfür bedeutsamen Umstände, jedenfalls cum grano salis, kennt. Dazu zählen »zumindest der medizinische Befund, die Art des geplanten Eingriffs und seine voraussichtliche gesundheitliche Tragweite sowie – bezogen auf die konkrete Situation dieses Patienten – die mit und ohne diesen Eingriff zu erwartenden Heilungs- oder Besserungsmöglichkeiten und -aussichten, mögliche andere medizinisch sinnvolle Behandlungsweisen, ferner die mit und ohne diesen Eingriff zu erwartenden oder möglichen, nicht völlig unerheblichen Risiken einer Verschlechterung des Gesundheitszustandes...« (BVerfGE 52, 131, 176; s.a. BGH NJW 2005, 1718 f.). Diese sog. **Selbstbestimmungsaufklärung** ermöglicht den »informed consent« des erst hierdurch zum »therapeutischen Partner« des Behandlungsgeschehens beförderten, ansonsten ganz der ärztlichen Expertise ausgelieferten Laien; sie ist somit integraler Bestandteil der Krankenbehandlung und ärztliche Berufspflicht (§ 8 MBO-Ä; zur Geltung auch für Heilpraktiker vgl. OLG Koblenz NJW-RR 2007, 997 f.). Daneben hat die Aufklärungspflicht auch eine den therapeutischen Behandlungserfolg durch Herstellung der nötigen »compliance« sichernde Dimension (sog. **Sicherungsaufklärung**, s. auch § 630c Abs. 2 Satz 1

§ 228 StGB  Einwilligung

BGB); ferner muss der Patient ggf. auch über die finanziellen Folgen der jeweiligen Therapieoption ins Bild gesetzt werden (sog. **wirtschaftliche Aufklärung**, s. § 630c Abs. 3 Satz 1 BGB; nach *Sternberg-Lieben* Geppert-FS 2011, S. 723, 746 f. begründet eine dahingehende ärztliche Pflichtverletzung aber »keinen körperverletzungsrelevanten Mangel« der Aufklärung). Zu weiteren begrifflichen Differenzierungen (insb. zur Diagnose-, Verlaufs- und Risikoaufklärung als je spezifische Ausprägungen der Selbstbestimmungsaufklärung) vgl. *Deutsch/Spickhoff* Rn. 435 ff.; *Schöch* in: Roxin/Schroth, S. 51, 57 ff. Das Selbstbestimmungsrecht des Patienten bedingt, dass dieser grundsätzlich auf die Aufklärung verzichten kann (**Aufklärungsverzicht**). Dies gilt insbesondere dann, wenn der Patient aufgrund von Vorinformationen oder eigener Sachkunde auch ohne die vorgesehene Aufklärung Inhalt und Tragweite der Behandlung zu überblicken vermag (*Schöch* in: Roxin/Schroth S. 71). Für einen Aufklärungsverzicht genügt es aber nicht, wenn der Behandler lediglich den Eindruck hat, der Patient habe keinen Bedarf an Information (LG Bochum Urt. v. 13.11.2019 – 10 KLs-49 Js 123/18–12/19 Rn. 313).

13 Die Einzelheiten zu Umfang und Reichweite (vgl. auch § 630e Abs. 1 BGB; zum verobjektivierten Wahrheitsverständnis krit. *Duttge* in Informationes Theologiae Europae, S. 193 ff.), zu den persönlichen (grds. eigene Aufgabe des behandelnden Arztes: BGH NJW 2011, 1088, 1090), zeitlichen (nicht ausreichend: Aushändigung eines Aufklärungsbogens Monate vor einer Koloskopie, vgl. OLG Oldenburg MedR 2010, 570 ff.), sprachlichen (vgl. § 630e Abs. 2 Nr. 3 BGB: laienverständlich; zur Aufklärung ausländischer Patienten vgl. KG MedR 2009, 47 ff.) und förmlichen (vgl. § 630e Abs. 2 Nr. 1 BGB: grds. mündlich; nur ausnahmsweise – »in einfach gelagerten Fällen« – telefonisch, vgl. BGH NJW 2010, 2430 ff. m. Bspr. *Debong* ArztRecht 2011, 4 ff.; *Finn* MedR 2010, 857) Modalitäten, zum Adressat der Aufklärung sowie zur Frage des Aufklärungsverzichts (dazu insb. *Harmann* NJOZ 2010, 819 ff.; *Schwill* Aufklärungsverzicht und Patientenautonomie, 2007) gehen auf eine über mehrere Jahrzehnte hinweg verfestigte **Rspr. zur zivilrechtlichen Schadenshaftung** zurück, die bzgl. dieser spezifisch arztrechtlichen Anforderungen – in der »Verschuldensfrage« (Fahrlässigkeit) gelten dagegen Besonderheiten (näher § 222 StGB Rdn. 4 ff.) – unverändert auch der strafrechtlichen Frage nach Vorliegen einer rechtswidrigen Körperverletzung (vgl. § 223 StGB Rdn. 8 ff.) zugrunde liegen (zur Entwicklung dieser Rspr. aus strafrechtlicher Perspektive eingehend *Beppel* Ärztliche Aufklärung in der Rechtsprechung, 2007). Mit Rücksicht auf die rechtsprinzipiellen Besonderheiten des Strafrechts – ultima-ratio-Grundsatz, Gesetzlichkeits- und Schuldprinzip – ist der in der Rechtspraxis übliche Verweis auf die »anerkannten Grundsätze« (des Zivilrechts) zwar – nicht zuletzt wegen der hier zum »Auffangtatbestand« avancierten Haftung für Aufklärungsmängel zur Kompensation der Schwierigkeiten beim Nachweis ärztlicher Behandlungsfehler – schon seit langem Gegenstand nachdrücklicher Kritik (zuletzt im Überblick *Ulsenheimer/Gaede* Rn. 337 ff. m.w.N.; s.a. *Rosenau* in: ders./Hakeri [Hrsg.], Der medizinische Behandlungsfehler, S. 215 ff.; *Schöch* in: Roxin/Schroth, S. 51, 55; *Schreiber* BGH-FG Bd. IV, 2000, S. 503, 513); trotz der vergleichsweise geringen Zahl an höchstrichterlichen Strafurteilen (vgl. *Beppel* Ärztliche Aufklärung in der Rechtsprechung, S. 14 passim) bei keineswegs nur geringer empirischer Relevanz ärztlicher Aufklärungspflichtverletzungen (so *Ulsenheimer/Gaede* Rn. 319 gegen *Lilie/Orben* ZRP 2002, 156 ff.; *Ulrich* ÄRP 1985, 383 ff.) dürfte der häufiger zu hörende Appell, die Anforderungen wenigstens im Strafrecht nicht zu »überspannen« (s.a. BGH NStZ 1996, 35 m. Anm. *Ulsenheimer* NStZ 1996, 132 f.), die Strafverfolgungspraxis bisher nicht davon abgehalten haben, in weitem Umfang den (z.T. überzogenen, vgl. *Tröndle* MDR 1983, 881 ff.; zuletzt *Katzenmeier* in: Wiesemann/Simon, Patientenautonomie. Theoretische Grundlagen – Praktische Anwendungen, S. 90, 96 insb. bzgl. »eingriffsspezifischen, wenn auch äußerst unwahrscheinlichen Risiken«) Aufklärungsanforderungen der zivilrechtlichen Schadenshaftung zu folgen.

14 Innerhalb der – spärlichen – **Rspr. in Strafsachen** finden sich Konkretisierungen der ärztlichen Aufklärungspflicht zu folgenden Aspekten:

## 1. zur sachlichen Reichweite

- vor Entfernung einer diagnostizierten Gebärmuttergeschwulst ist die naheliegende Möglichkeit einer evtl. notwendig werdenden vollständigen Entfernung der Gebärmutter mit der Patientin zu besprechen (BGHSt 11, 111 ff., 115: »Eine falsch verstandene Rücksicht kann sich nur allzu leicht nachträglich als eine der Leidenden unerwünschte Verheimlichung ihres wahren Zustandes herausstellen« [»Myom-Fall«])
- bei Verwendung nicht standardgemäßer Implantate muss trotz ärztlicher Therapiefreiheit über alternative Behandlungsmethoden aufgeklärt werden, wenn substantielle Unterschiede hinsichtlich der Belastungen des Patienten und/oder der Risiken bzw. Erfolgschancen bestehen (BGH NStZ 1996, 34: »Surgibone«-Dübel)
- vor operativer Entfernung eines Tumors ist – soweit ebenfalls eine Standardmethode – zuerst über die Möglichkeit einer medikamentösen (Vor-) Behandlung als evtl. Alternative aufzuklären (BGH StV 1994, 425)
- bei einer Zirkumzision (Entfernung der männlichen Vorhaut, vgl. auch § 1631d BGB) bedarf es bei Fettleibigkeit des Patienten je nach konkretem Einzelfall auch der Aufklärung darüber, dass äußerstenfalls das Annähen des Penisschafts innerhalb der Bauchdecke erforderlich werden könnte mit der Folge eines dann ausgeschlossenen Geschlechtsverkehrs (OLG Hamburg NJW 1975, 603 f.)
- bei einer Osteotomie (chirurgische Korrektur einer Fehlstellung, z.B. von O-Beinen) ist auch über die Risiken einer Osteomyelitis (infektiöse Entzündung des Knochenmarks) und einer Pseudarthrose (ausbleibende Frakturheilung) aufzuklären (BGHR StGB § 223 Abs. 1 Heileingriff 2)
- generell sind die Details des Für und Wider bei einem nicht zwingend erforderlichen, allenfalls relativ indizierten Eingriff (und mehr noch bei rein elektiven Interventionen wie z.B. kosmetischen Operationen, Gefälligkeitssterilisationen oder einer sog. Wunschsectio) weit sorgfältiger darzustellen als bei einem unaufschiebbaren und alternativlosen Eingriff (BGHSt 12, 379, 382)
- ausnahmsweise ist auch über schwerwiegende Risiken einer Folgebehandlung zu informieren, die trotz kunstgerechter Operation nötig werden kann, wenn dadurch die Lebensführung des Patienten besonders belastet wird (BGH NJW 2011, 1088, 1089 [m. Anm. *Kudlich* NJW 2011, 2856; *Schiemann* NJW 2011, 1046]: »Zitronensaft«)

## 2. zur Person des Behandelnden

- in geringfügigen Fällen (z.B. Versorgung kleiner Schnitt- oder Stoßverletzungen) oder sonst, soweit eine Delegation »üblichem und ordentlichem Standard« entspricht, muss nicht darüber informiert werden, dass der Eingriff von einer (erfahrenen) Hilfsperson vorgenommen wird (nach BGHSt 16, 309 ff. selbst bei einem Medizinstudenten, aber nur »in engen Grenzen« [312]; ebenso OLG Karlsruhe RDG 2014, 85 f., soweit die Aufgabe »seinem Ausbildungsstand entspricht«; nach LG Waldshut-Tiengen NStZ 2005, 694 f. aber nicht gedeckt bei einem ohne pflegerische Ausbildung beschäftigten früheren Kfz-Mechaniker bzgl. subkutaner Injektionen; s. bereits o. Rdn. 4)
- soll die Operation absprachewidrig durch einen anderen Arzt vorgenommen werden, so muss der Patient hiervon so rechtzeitig unterrichtet werden, dass er sich für eine Verschiebung der Operation entscheiden kann (OLG Oldenburg MedR 2008, 295 f.)

## 3. zur Person des Aufklärenden

- alle relevanten Informationen über das Pro und Contra des geplanten ärztlichen Eingriffs sind durch den behandelnden Arzt selbst (und nicht von einer Krankenschwester, BGH NJW 1959, 825) oder von einem – allerdings kompetenten – Assistenzarzt vorzunehmen (vgl. BGHR StGB § 223 Abs. 1 Heileingriff 2: nicht bei einer erst wenige Monate zuvor examinierten Assistenzärztin ohne chirurgische oder orthopädische Qualifikation in einer orthopädischen Abteilung; s. auch § 630e Abs. 2 Nr. 1 BGB: »Person..., die über die zur Durchführung der Maßnahme notwendige Ausbildung verfügt«)

## § 228 StGB   Einwilligung

18 Besondere Anforderungen an die gebotene Aufklärung gelten für Neuland- und Außenseitermethoden (dazu BGH NJW 2006, 2477 f. [»Robodoc«] m. Bspr. *Katzenmeier* NJW 2006, 2738 ff. und BGH NJW 2007, 2774 f. [»Racz-Katheder«]; BGH NJW 2020, 1358) sowie in **medizinischen Sonderbereichen** wie vor allem für wissenschaftliche Humanexperimente, individuelle Heilversuche (eingeschlossen den sog. off-label-use bzw. compassionate-use, s. dazu näher *Ulsenheimer* Rissing-van Saan-FS 2011, S. 701, 712 ff.; allgemein *Deutsch/Spickhoff* Rn. 1675 ff.; zur strafrechtlichen Rechtfertigung von Heilversuchen auch *Fehn* PharmR 2014, 91 ff.), klinische Arzneimittel- und Medizinproduktestudien (vgl. § 40 Abs. 1 Satz 3 Nr. 3b, Abs. 2 AMG; § 20 Abs. 1 Satz 4 Nr. 2 MPG, s. zuletzt OLG Hamm MedR 2017, 810, 811), Lebendorganspenden (vgl. § 8 Abs. 1 Nr. 1b, Abs. 2 TPG), die Vornahme einer Kastration (vgl. § 3 KastrG) bzw. Sterilisation (dazu NK-StGB/*Paeffgen/Zabel* § 228 Rn. 99 ff.), die operative Veränderung der Geschlechtszugehörigkeit (vgl. § 8 Abs. 1 Nr. 4 TSG), den Schwangerschaftsabbruch (dazu Komm. zu §§ 218 ff.) und für humangenetische Untersuchungen (vgl. §§ 8 ff. GenDG).

### V. Sittenwidrigkeit

19 Die grds. Disponibilität über die eigene körperliche Unversehrtheit (o. Rdn. 2) findet dort ihre Grenze, wo die (Körperverletzungs-) Tat »trotz der Einwilligung gegen die guten Sitten verstößt«. Diese auf alle Körperverletzungsdelikte (einschließlich § 229), nicht aber auf andere Deliktsbereiche anwendbare Generalklausel wird wegen ihrer Unbestimmtheit z.T. für verfassungswidrig gehalten (so insb. NK-StGB/*Paeffgen/Zabel* § 228 Rn. 44, 53; Amelung-FS 2009, S. 325, 332 ff.; zuletzt *Mitsch* NJW 2015, 1545 f. und *Morgenstern* JZ 2017, 1146 ff.). Unstreitig ist jedenfalls, dass eine Missachtung des »Anstandsgefühls aller billig und gerecht Denkenden« (BGHSt 4, 24, 32; 88, 91) nur in **evidenten, schlechthin inakzeptablen Eingriffen in die körperliche Unversehrtheit** angenommen werden kann; der Begriff der »guten Sitten« muss deshalb restriktiv ausgelegt, auf seinen »rechtlichen Kern« (BGHSt 49, 166, 169; dagegen mit ethisch-moralischen Kategorien vermischend BGHSt 49, 34, 41, krit. dazu *Duttge* NJW 2005, 260 ff.; zu beiden Entscheidungen auch *Kühl* Schroeder-FS 2006, S. 519 ff. und Otto-FS 2007, S. 63 ff.) begrenzt werden (bereits *Duttge* Schlüchter-GS 2002, S. 775, 786). Um dies sicherzustellen, will ein Teil der Lehre ausschließlich auf das Gewicht der Rechtsgutsverletzung und nicht auf weitergehende Zwecke abstellen (vgl. *Dölling* Gössel-FS 2002, S. 209, 211; *Hirsch* Amelung-FS 2009, 181 ff.; *Otto* Tröndle-FS 1989, S. 157, 168); dem folgt die jüngere höchstrichterliche Rspr. jedoch zu Recht nur im Grundsatz (vgl. BGHSt 49, 34, 42; 166, 170 f.: »konkrete Todesgefahr«) und lässt den mit der Tat verfolgten Zweck zumindest dann in die Gesamtbewertung einfließen, wenn eine allein an der Körperverletzungstat orientierte »negative Bewertung... durch einen positiven oder jedenfalls einsehbaren Zweck kompensiert wird« (BGHSt 49, 166, 171; s.a. BGH NStZ 2015, 270, 273). Dementsprechend kann selbst in lebensgefährliche ärztliche Eingriffe, die zum Zwecke der Lebenserhaltung vorgenommen werden, wirksam eingewilligt werden (vgl. auch *Jakobs* Schroeder-FS 2006, S. 507, 515: Bewertung des Tatanlasses ist unvermeidbar; *Hauck* GA 2012, 202, 217 f.: kein »Zweckverbot«). In einem jüngeren Urteil hat der BGH betont, dass ein »Sittenverstoß« trotz hoher Gefährlichkeit der Tat u.U. fehlen kann, wie dieser sich umgekehrt auch bei Taten unterhalb einer »konkreten Todesgefahr« aufgrund der begleitenden Tatumstände (wie z.B. die Besorgnis gruppendynamischer Effekte bei tätlichen Auseinandersetzungen zwischen rivalisierenden Gruppen) begründen lässt (BGHSt 58, 140 ff. = NStZ 2013, 342 ff. m. zust. Anm. *Jäger* JA 2013, 643; abl. hingegen *Hardtung* NStZ 2014, 267; *Sternberg-Lieben* JZ 2013, 953; *Theile* Beulke-FS 2015, S. 557 ff.; s.a. OLG München NStZ 2014, 706, 708: »bei konkreter Gefährdung von Rechtsgütern Dritter«; zuletzt aber wieder gegen eine sittenwidrigkeitsbegründende Relevanz von gesellschaftlichen Vorstellungen und tatmotivierenden Zwecken BGH NStZ-RR 2018, 314 f.).

20 Im Kontext alltäglicher **ärztlicher Heileingriffe** ist mit Blick auf die hier vorliegende Heilungsabsicht eine Unwirksamkeit der Einwilligung demzufolge prima vista fernliegend. Gleichwohl postuliert die h.M. eine solche bereits dann, wenn die Grenzen der medizinischen Indikation bzw. der leges artes überschritten sind; denn in eine fehlerhafte Behandlung könne nicht wirksam eingewilligt werden (vgl. auch § 223 StGB Rdn. 12). Auf diese Weise wird aber die Einhaltung

der ärztlichen Professionalität strafrechtlich abgesichert, ohne dass der Gesetzgeber hierfür einen Straftatbestand bereitgestellt hat (dazu näher *Duttge* MedR 2005, 706 ff.). Diese Missachtung des nullum-crimen-Grundsatzes lässt sich auch nicht durch den – an sich berechtigten – Verweis auf die doppelte Legitimationsbedürftigkeit ärztlichen Handelns (also neben der Patienteneinwilligung stets auch die Wahrung des rollenspezifischen Handlungsspielraums) überspielen (vgl. aber *Bernsmann/Geilen* in: Wenzel, Kap. 4 Rn. 456). Vielmehr dürfte die Grenze erst dort überschritten sein, wo – jenseits des Bagatellbereichs – nicht lediglich fehlerhaftes, sondern arztfremdes Wirken begegnet. Das wird man nur dort nicht von vornherein ausschließen können, wo es nicht um eine »Krankenbehandlung« i. e. S., sondern um sog. »**Enhancement**« (= wunscherfüllende Optimierung, dazu grdl. *Eberbach* MedR 2008, 325 ff.) geht wie z.B. in der kosmetischen Chirurgie, bei leistungssteigernden Psychopharmaka (zum »Gehirndoping« vgl. *Lindner* MedR 2010, 463 ff.; *Kunz* MedR 2010, 471 ff., jew. m.w.N.) oder in Betäubungsmittel- und Dopingfällen (zum Verschreiben suchtfördernder Arzneimittel vgl. OLG Frankfurt NStZ 1991, 235 f.; zur Verabreichung von Morphin entgegen der ärztlichen Verordnung BGH NStZ 2021, 164; medstra 2020, 170; zum »Dopingstrafrecht« vgl. *Kargl* NStZ 2007, 489 ff.). Die »Gefälligkeitssterilisation« verstößt nach h.M. nicht gegen die guten Sitten (dazu NK-StGB/*Paeffgen/Zabel* § 228 Rn. 100 m.w.N.). Gleiches gilt im Bereich der Fortpflanzungsmedizin für die künstliche Befruchtung selbst dann, wenn hierfür eine fremde Samenspende verwendet wird (vertiefend *Bockenheimer-Lucius/Thorn/Wendehorst* Umwege zum eigenen Kind, 2008; *Duttge/Engel/Lipp/Zoll* Heterologe Insemination, 2010). Eine »Verstümmelung weiblicher Genitalien« (§ 226a) dürfte hingegen niemals durch eine Einwilligung rechtfertigbar sein (so ausdrücklich BT-Drs. 17/13707 S. 6).

### VI. Subjektives Rechtfertigungselement

Wie bei allen Rechtfertigungsgründen bedarf auch die rechtfertigende Einwilligung zu ihrer Wirksamkeit einer sie erfassenden **Kenntnis** des Arztes. Fehlt sie, so liegt nach der Rspr. des BGH ein vollendetes Delikt, nach h.L. Versuchsunrecht vor. Die irrige Annahme einer Einwilligungserklärung begründet einen vorsatzausschließenden Erlaubnistatumstandsirrtum (dazu näher HK-GS/*Duttge* § 16 Rn. 12 ff.; zum Erlaubnistatumstandsirrtum bei fehlerhafter Aufklärung vgl. auch LG Kempten MedR 2021, 559, 566). 21

## C. Mutmaßliche Einwilligung

### I. Allgemeines

Kann die tatsächliche Einwilligung des Patienten zu einem medizinisch indizierten Eingriff im Entscheidungszeitpunkt aufgrund fehlender Einwilligungs- oder gar Handlungsfähigkeit nicht oder nicht rechtzeitig eingeholt werden, kommt eine mutmaßliche Einwilligung als **eigenständiger Rechtfertigungsgrund** in Betracht (anerkannt, vgl. RGSt 61, 242, 256; grdl. *Mitsch* ZJS 2012, 38 ff.; verschiedene Ansätze zur materiellen Legitimation der mutmaßlichen Einwilligung diskutiert *Yoshida* Roxin-FS 2001, S. 401 ff.). Anwendungsfälle sind insb. intensivmedizinische Notfallsituationen, in denen das Bewusstsein des Patienten z.B. durch Medikamente erheblich beeinträchtigt und ein Aufschieben des Eingriffs aus ärztlich-medizinischer Sicht bis zur Wiedererlangung der Einwilligungsfähigkeit nicht möglich ist (näher zum Begriff des »Notfalls« *Tachezy* Mutmaßliche Einwilligung und Notkompetenz in der präklinischen Notfallmedizin, S. 22 f.; abgelehnt für eine Eileiterdurchtrennung zur Vorbeugung von zukünftigen Schädigungen durch erneute Schwangerschaften OLG Koblenz NJW 2006, 2928, 2929: Schwangerschaft sei immer risikoverbunden und Entscheidung darüber müsse Patientin treffen können). 22

### II. Voraussetzungen im Einzelnen

Damit das Selbstbestimmungsrecht des Patienten nicht unterlaufen wird, ist die mutmaßliche Einwilligung ggü. der tatsächlich erklärten stets **subsidiär** (unstr.). Auf sie darf deshalb nur zurückgegriffen werden, wenn das Einholen einer Einwilligungserklärung aus objektiver Warte ex ante 23 nicht mehr (rechtzeitig) möglich ist (vgl. BGHSt 16, 309, 312; Schönke/Schröder/*Sternberg-Lieben* Vorbem. §§ 32 ff. Rn. 54). Eine vorausschauende Behandlungsplanung ist deshalb unverzichtbar. Eine während des Eingriffs notwendig werdende **Operationserweiterung** lässt sich nach der Rspr. des BGH nur insoweit auf den mutmaßlichen Willen des Patienten stützen, wie sie dazu dient, eine ansonsten (bei vorübergehendem Abbruch) eintretende *erhebliche* Gefahr für Leben oder Gesundheit zu vermeiden. Kann die Operation ohne Inkaufnahme solcher Gefahren ohne weiteres unterbrochen werden, »so darf i.d.R. eine Operationserweiterung ohne Zustimmung des Patienten auch nicht allein unter dem Gesichtspunkt erfolgen, dass eine weitere Operation [...] für diesen mit zusätzlichen seelischen oder körperlichen Belastungen verbunden wäre« (BGHSt 45, 219, 223; näher *G. Fischer* Deutsch-FS 1999, S. 545, 551 ff.; krit. zu dieser Begrenzung *Gössel/Dölling* BT/1 § 12 Rn. 69). Eine Rechtfertigung soll aber nicht bereits entfallen, »wenn der Arzt es unterlassen hat, den Patienten über eine vorhersehbare, gebotene Operationserweiterung aufzuklären und dadurch die Möglichkeit, eine ausdrückliche Entscheidung herbeizuführen, fahrlässig ungenutzt gelassen hat« (BGHSt 35, 246, 249 m. Anm. *Geppert* JZ 1988, 1024 ff.; *Hoyer* StV 1989, 245; *Müller-Dietz* JuS 1989, 280; Spickhoff/*Knauer/Brose* § 223 StGB Rn. 72); dem ist jedoch mit Blick auf das Selbstbestimmungsrecht der Patienten zu widersprechen (wie hier auch *Deutsch/Spickhoff* Rn. 433: Fahrlässigkeitshaftung; *Ulsenheimer* in: Laufs/Kern/Rehborn, § 149 Rn. 101; s. bereits BGHSt 11, 111, 114).

24 Von den allgemeinen Einwilligungsvoraussetzungen (wie Rechtsgutsdisponibilität, Freiheit von Willensmängeln, kein Sittenverstoß, o. Rdn. 2 ff.) abgesehen bedarf es vor allem der Feststellung, dass der Rechtsgutsträger mutmaßlich mit der ärztlichen Intervention einverstanden gewesen wäre. Maßgeblich ist dabei der **hypothetisch-individuelle Wille** und nicht eine »objektive Vernünftigkeit« (zur Verbindlichkeit des Verbots von Bluttransfusionen bei Angehörigen der »Zeugen Jehovas« vgl. OLG München MedR 2003, 174 ff.; *Hillenkamp* Küper-FS 2007, S. 123 ff.; *Ulsenheimer* Eser-FS 2005, S. 1225 ff.). Kriterien zur Ermittlung dieses Willens sind alle ausdrücklich geäußerten Wünsche, individuelle Interessen, Bedürfnisse sowie persönliche Wertvorstellungen und Überzeugungen (BGHSt 35, 246, 249 f.; 45, 219, 221; für Konstellationen der Therapiebegrenzung am Lebensende vgl. BGHSt 40, 257, 263 sowie § 1901a Abs. 2 Satz 3 BGB, dazu näher Komm. zu §§ 211, 212 StGB Rdn. 19).Dies hat der Tatrichter im Zuge einer Gesamtwürdigung aller Umstände zu prüfen, die für den mutmaßlichen Patientenwillen von Bedeutung sein können (BGHSt 64, 69, 78; BGH NStZ 2021, 164, 165). Ist mit hinreichender Verlässlichkeit ein mutmaßlich ablehnender Patientenwille festzustellen, so scheidet eine Rechtfertigung des Eingriffs selbst dann aus, wenn die dem Patienten zugeschriebene Überzeugung höchst unvernünftig erscheint. Nur wenn keine Anhaltspunkte für eine bestimmte Willensrichtung vorliegen, kann dasjenige zugrunde gelegt werden, was gemeinhin als »normal« und »vernünftig« gilt (BGHSt 35, 246, 249 f.; 45, 219, 221; GenStA Nürnberg NStZ 2008, 343, 344; *Roxin/Greco* AT/I § 18 Rn. 5); dies wird sich dann i.d.R. mit dem ärztlichen Rat decken (zutr. *Hilgendorf* Kühl-FS 2014, S. 509, 514: »bestmögliche medizinische Versorgung«; s.a. LG Kleve PflegeR 2010, 164 ff.: »in dubio pro vita«).

25 Zur Ermittlung des mutmaßlichen Patientenwillens sind primär **Betreuer und Gesundheitsbevollmächtigte** berufen (vgl. § 1901a Abs. 2 Satz 1, Abs. 5 BGB); dem behandelnden Arzt kommt eine originäre Feststellungs- und Entscheidungskompetenz nur dann zu, wenn und soweit Stellvertreter des Patienten nicht erreichbar oder nicht vorhanden sind. Letzterenfalls ist, sobald möglich, beim zuständigen Betreuungsgericht die Bestellung eines Betreuers anzuregen. Den weiteren Familienangehörigen und sonstigen Vertrauenspersonen hat der Gesetzgeber keine »natürliche« Stellvertreterrolle eingeräumt; sie dienen de jure lediglich als Informationsquellen für den zur Ermittlung des mutmaßlichen Patientenwillen Befugten (vgl. § 1901b Abs. 2 BGB; vgl. auch *Ulsenheimer* in: Laufs/Kern/Rehborn, § 139 Rn. 96; krit. *Bernsmann/Geilen* in: Wenzel, Rn. 455: Missachtung gewachsener Familienstrukturen).

26 Das **subjektive Rechtfertigungselement** (dazu allg. HK-GS/*Duttge* Vor §§ 32 ff. Rn. 11 ff.) erfordert die Intention, im Sinne des individuellen Patienten zu handeln. Ob es darüber hinaus

als zusätzliches Rechtfertigungserfordernis einer gewissenhaften (»pflichtgemäßen«) Prüfung bedarf, ist str. (dazu näher *Tachezy* Mutmaßliche Einwilligung und Notkompetenz in der präklinischen Notfallmedizin, S. 65 ff. m.w.N.). Werden neben dem Willen, im Einklang mit dem mutmaßlichen Patientenwillen zu handeln, weitere Motive verfolgt, so steht dies der Annahme eines subjektiven Rechtfertigungswillens nur dann entgegen, wenn dieser hierdurch völlig in den Hintergrund gedrängt wird (BGH NStZ 2021, 164, 166)

### III. Irrtum

Geht der behandelnde Arzt irrtümlich von einer mutmaßlichen Einwilligung aus, so entscheidet 27 sich die Frage, ob lediglich ein **Verbots-** (§ 17) **oder** ein (vorsatzausschließender) **Erlaubnistatumstandsirrtum** (näher HK-GS/*Duttge* § 16 Rn. 12 ff.) anzunehmen ist, nach dem Gegenstand der Fehlvorstellung: Liegt diese allein im tatsächlichen Bereich, steht letzterer in Frage, dagegen nur ersterer bei einer (auch) rechtlichen Fehlbewertung. Für den Fall der Operationserweiterung genügt es daher nicht, wenn der behandelnde Arzt meint, dass der Patient bei vorheriger Befragung zugestimmt hätte (so aber BGHSt 45, 219, 224 f.); vielmehr muss er zugleich die objektiv-rechtlichen Grenzen wahren, dass also nur bei erheblicher Gefahr für Leben oder Gesundheit (o. Rdn. 23) auf den Abbruch der Operation verzichtet werden darf (auf dieser Grundlage zutr. BGHSt 35, 246, 250; strenger Schönke/Schröder/*Sternberg-Lieben*, Vor §§ 32 ff. Rn. 60: nur Todesgefahr schließt erneute Befragung aus). Glaubt er sich unabhängig davon zur Fortsetzung berechtigt, so unterliegt er (jedenfalls auch) einem Bewertungsirrtum, der allenfalls bei Unvermeidbarkeit zur Straflosigkeit führt (vgl. § 17 Satz 1; so auch *Geppert* JZ 1988, 1024, 1028 f.: Verkennen des einwilligungsspezifischen Subsidiaritätserfordernisses).

## D. Hypothetische Einwilligung

Von der mutmaßlichen ist die hypothetische Einwilligung grundlegend zu unterscheiden: Denn 28 für jene besteht grds. eine »Sperrwirkung«, soweit eine tatsächliche Einwilligung noch rechtzeitig – ohne Gefahr im Verzug – hätte eingeholt werden können (*Mitsch* JZ 2005, 279, 280 m.w.N.). Bei der hypothetischen Einwilligung, eine im Zivilrecht schon seit Langem anerkannte Rechtsfigur (s. nun auch § 630h Abs. 2 Satz 2 BGB), geht es um die Relevanz eines **hypothetisch rechtmäßigen ärztlichen Vorgehens nach vorausgegangenem Aufklärungsmangel und dadurch bedingter Unwirksamkeit der Einwilligung**. Während das Zivilrecht auf diese Weise die zivilprozessuale Darlegungs- und Beweislast auszutarieren sucht (zu den strengen Anforderungen näher BGH NJW 1994, 2414, 2415: Widerlegung durch »plausible Darlegung eines Entscheidungskonflikts«; BGH NJW 2007, 217 ff.; OLG Koblenz Beschl. v. 06.03.2018 – 5 U 1076/17: maßgeblich ist Entscheidungssituation ex ante; zuletzt BGH MedR 2017, 132 ff.: nicht anwendbar bei personenbezogen limitierter Einwilligung), ist im Strafrecht bei verbleibenden Zweifeln nach dem Grundsatz »in-dubio-pro-reo« zu entscheiden. Obgleich wegen feststehender Aufklärungspflichtverletzung hinsichtlich eines rechtswidrigen Körperverletzungsdelikts (dazu allg. § 223 StGB Rdn. 8 ff.) keinerlei Zweifel mehr besteht und deshalb eine sanktionierbare Missachtung des Selbstbestimmungsrechts im Raume steht, verlangt die neuere Rspr. des BGH in Strafsachen zusätzlich den Nachweis, dass bei pflichtgemäßer Aufklärung die Einwilligung des Patienten unterblieben wäre (BGH NStZ 1996, 34, 35 m. Anm. *Rigizahn* JR 1996, 72; 2012, 205, 206). Bleiben darüber ernstliche und nicht lediglich theoretische Zweifel bestehen, lässt sich also die Möglichkeit nicht ausräumen, dass der Patient auch bei ordnungsgemäßer Aufklärung dennoch in die angebotene (medizinisch indizierte!) Behandlung eingewilligt hätte, so muss er hiernach freigesprochen werden (BGH NStZ-RR 2004, 16, 17 [auf das konkrete Entscheidungsergebnis des nachträglich zu befragenden Patienten abstellend] m. Bspr. *Kuhlen* JR 2004, 227 ff.; *Puppe* JR 2004, 469; *Rönnau* JZ 2004, 801 ff.; BGH NStZ-RR 2007, 340, 341; NStZ 2012, 205, 206; OLG Koblenz NJW 2006, 2928 f.; s.a. Schönke/Schröder/*Sternberg-Lieben* § 223 Rn. 40g; *Ulsenheimer* NStZ 1996, 132, 133). Zuletzt hat der BGH klargestellt, dass eine Rechtfertigung durch hypothetische Einwilligung nur für einen lege artis durchgeführten Eingriff in Betracht komme (vgl. BGH NStZ-RR 2007, 340, 341;

§ 228 StGB    Einwilligung

NStZ 2011, 343 f.; für eine Anwendbarkeit auch bei »Neulandmethoden« BGH NJW 2013, 1688 f. m. Bspr. *Valerius* HRRS 2014, 22 ff.).

29 Von der prozessualen Problematik sanktionslos bleibender ärztlicher Eigenmacht abgesehen, ist auch die **strafrechtsdogmatische Einordnung** der Rechtsfigur mit erheblichen Unklarheiten behaftet (zur Kritik vertiefend *Duttge* Schroeder-FS 2006, S. 179, 183 ff.; *Gropp* Schroeder-FS 2006, S. 197, 200 ff.; *Jäger* Jung-FS 2007, S. 345 ff.; *Otto* Jura 2004, 679 ff.; *Sickor* JR 2008, 179 ff.; *Sowada* NStZ 2012, 1 ff.; *Sternberg-Lieben* Beulke-FS 2015, S. 299 ff.; krit. auch *Böcker* JZ 2005, 925 f.; *Swoboda* ZIS 2013, 18 ff.; s. dagegen *Kuhlen* Roxin-FS 2001, S. 331 ff.; Müller-Dietz-FS 2001, S. 431 ff.; JR 2004, 227 ff.; *Mitsch* JZ 2005, 279 ff.; *Rosenau* Maiwald-FS 2010, S. 683 ff.; zuletzt *Krüger* Beulke-FS 2015, S. 137 ff., allerdings auf »leichte Aufklärungsfehler« begrenzt; eingehend *Albrecht* Die »hypothetische Einwilligung« im Strafrecht, 2010; *Edlbauer* Die hypothetische Einwilligung als arztstrafrechtliches Haftungskorrektiv, 2009; *Garbe* Wille und Hypothese – Zur Rechtsfigur der hypothetischen Einwilligung im Zivil- und Strafrecht, 2011): Der BGH begreift die hypothetische Einwilligung als Teilaspekt einer Rechtfertigung des ärztlichen Heileingriffs und behandelt sie in der Sache gleich einem Rechtfertigungsgrund, nicht ohne gelegentlich auch von einer fraglichen »Kausalität« zu sprechen. Genauer handelt es sich aber um einen Aspekt der objektiven Zurechnung (so auch *Duttge* Schroeder-FS 2006, S. 179 ff.; *Gropp* Schroeder-FS 2006, S. 197, 200 ff.; *Mitsch* JZ 2005, 279 ff.), der allerdings als haftungsbeschränkendes Korrektiv nur auf der Ebene des objektiven Tatbestandes relevant wird (allg. Schönke/Schröder/ *Eisele* Vor §§ 13 ff. Rn. 91). Deshalb gehen die Bemühungen eines Teils der Strafrechtslehre dahin, die Lehren der objektiven Zurechnung (insb. zum sog. »Pflichtwidrigkeits-« = »Risikozusammenhang«) auf die Ebene der Rechtswidrigkeit zu übertragen: War der Rechtfertigungsmangel für den Eintritt des Erfolges nicht ausschlaggebend, weil derselbe Erfolg auch im Fall einer mangelfreien Rechtfertigung (»rechtmäßiges Alternativverhalten«, »erlaubtes Risiko«) eingetreten wäre, so entfalle danach – freilich im Rahmen der Rechtswidrigkeit – der Risikozusammenhang als Kernaspekt der Erfolgszurechnung (näher *Kuhlen* Roxin-FS 2001, S. 331 ff.; JR 2004, 227 ff.; JZ 2005, 279 ff.).

30 Die **Übertragbarkeit der objektiven Zurechnung auf die Rechtswidrigkeitsebene** ist jedoch bis heute eine nicht begründete Behauptung geblieben (dazu näher *Duttge* Schroeder-FS 2006, S. 179 ff.; *Gropp* Schroeder-FS 2006, S. 197, 200 ff.; *Hefendehl* Frisch-FS 2013, S. 465 ff.; *Puppe* in: Rotsch [Hrsg.], Zehn Jahre ZIS, 2018, S. 409, 417: »frei im deliktssystematischen Raum schwebend«; zweifelnd auch *Mitsch* Achenbach-FS 2011, S. 299, 308 ff.; eingehend *Gaede* Limitiert akzessorisches Medizinstrafrecht oder hypothetische Einwilligung, S. 24 ff.); schließlich »verursachen« die Voraussetzungen eines Rechtfertigungsgrundes nicht einen »Erfolg«, sondern heben das (mit Tatbestandsverwirklichung indizierte) Unrecht auf (zutr. *Puppe* GA 2003, 764, 770; s.a. *Sternberg-Lieben* StV 2008, 190, 191). Insoweit geht es auf der Ebene der Rechtswidrigkeit also nicht um die »Zurechenbarkeit« eines tatbestandlichen »Erfolges«, sondern der erlaubnisbegründenden Umstände, d.h. nicht um den Einwand des »rechtmäßigen«, sondern des »rechtswidrigen« Alternativverhaltens (*Duttge* Schroeder-FS 2006, S. 179, 186). Überdies sieht sich die Figur der hypothetischen Einwilligung der – nicht weniger beachtlichen – Kritik ausgesetzt, dass sie »Reserveursachen« berücksichtige (oder willkürlich-apodiktisch einfach ignoriere, so im Urteil BGH NStZ 2004, 442), obwohl hypothetische Kausalverläufe bzw. »Alternativverläufe« (so die begriffliche Präzisierung bei *Jäger* Jung-FS 2007, S. 345, 350 ff.) – letztendlich bloße »Mutmaßungen« (NK-StGB/*Paeffgen/Zabel* Vor §§ 32 ff. Rn. 168a) – sonst keine Berücksichtigung finden. So entfalle z.B. auch ein Diebstahl nicht etwa dadurch, dass der Bestohlene später vortrage, er hätte dem Dieb die Sache bei Kenntnis der Sachlage geschenkt (zit. nach *Otto* Jura 2004, 679, 683; dagegen – nicht überzeugend – *Rosenau* Maiwald-FS 2010, S. 683, 693).

31 Der logische Selbstwiderspruch einer solchermaßen »fiktiven Kausalität« (*Puppe* GA 2003, 764, 767 sowie in: Rotsch [Hrsg.] Zehn Jahre ZIS, 2018, S. 409, 411 ff.) zeigt sich eindrücklich in den verfahrensrechtlichen Konsequenzen. *Gropp* hat dies treffend veranschaulicht: »Selbst wenn somit die Voraussetzungen eines Rechtfertigungsgrundes nicht vorliegen, wäre ein Rechtfertigungsgrund anzunehmen, wenn die Umstände dafür sprechen, dass die Voraussetzungen für eine Rechtfertigung *hätten* geschaffen werden *können*« (*Gropp* Schroeder-FS 2006, S. 197, 206; ebenso *Sickor*

JR 2008, 179, 180). De facto wird damit das zunächst so nachdrücklich betonte **Selbstbestimmungsrecht des Patienten** prozessual zur Strecke gebracht (statt vieler *Otto* Jura 2004, 679, 683; auch *Saliger* Beulke-FS 2015, S. 257, 265; beachtenswert AG Moers Urt. v. 22.10.2015 – 601 Ds 44/15, 601 Ds-103 Js 80/14–44/15: »erheblich ausgehöhlt«, sowie der Hinweis bei *Jäger* Jung-FS 2007, S. 345, 355 f.: »heimliche Umgestaltung« zu einem Antragsdelikt). Dass Aufklärungsfehler nicht die (z.T. übermäßige, vgl. *Sternberg-Lieben* StV 2008, 190, 193; *Tag* ZStW 127 [2015], 523, 543 ff.) Bestrafung wegen eines Körperverletzungsdelikts legitimieren, lässt sich nicht mittels der hypothetischen Einwilligung, sondern allein durch Einführung eines Sondertatbestandes der »eigenmächtigen Heilbehandlung« beheben (so bereits § 223 Rdn. 24).

## § 229 Fahrlässige Körperverletzung

**Wer durch Fahrlässigkeit die Körperverletzung einer anderen Person verursacht, wird mit Freiheitsstrafe bis zu drei Jahren oder mit Geldstrafe bestraft.**

Wird »durch Fahrlässigkeit« (vgl. Komm. zu § 222) eine andere Person »körperlich misshandelt« 1 oder deren »Gesundheit geschädigt« (dazu näher § 223 StGB Rdn. 4 f., so etwa durch Zufügung bzw. Nichtverhindern unnötiger Schmerzen, vgl. OLG Dresden StV 2015, 120; OLG Düsseldorf NJW 1991, 2979; OLG Köln NJW 1991, 764; rauschbedingte pathologische Folgen wie Übelkeit, Erbrechen, Herzrasen, Orientierungsverlust infolge Kreislaufversagens u.a.m.: OVG Münster NJW 2015, 3387; verfrühtes Verabreichen eines Antibiotikums mit nachfolgender Hirnschädigung, s. AG Limburg PflegeR 2017, 358 ff.), kann die damit verwirkte Straftat grds. nur auf **Strafantrag** des Verletzten hin (binnen einer Frist von 3 Monaten ab Kenntniserlangung von den straftatbegründenden Tatsachen) verfolgt werden (vgl. §§ 77 ff.), es sei denn, die Strafverfolgungsbehörde hält wegen des besonderen öffentlichen Interesses ein Einschreiten von Amts wegen für geboten (§ 230 Abs. 1). Solches wird i.d.R. dann angenommen, wenn der Täter einschlägig vorbestraft ist, roh oder besonders leichtfertig gehandelt hat, durch die Tat eine erhebliche Verletzung verursacht wurde oder dem Opfer wegen seiner persönlichen Beziehung zum Täter nicht zugemutet werden kann, einen Strafantrag zu stellen (Nr. 234 Abs. 1 RiStBV). Stellt der Verletzte trotz tatzeitnaher Verfolgung seiner zivilrechtlichen Ansprüche erst Jahre später Strafanzeige, so spricht dies gegen die Annahme eines (besonderen) öffentlichen Interesses an der Strafverfolgung (StA München I, Verfügung v. 16.01.2003 – 124 Js 11334/02, zit. nach *Ulsenheimer/Gaede* Rn. 616). Fraglich ist, ob dies auch dann in Betracht kommen kann, wenn zuvor ein Verfahren vor der Schlichtungsstelle oder Gutachterkommission stattgefunden hat (verneinend *Ulsenheimer/Gaede* Rn. 617 unter Verweis auf die Umgehung des Schweigerechts für jeden Beschuldigten sowie auf StA Düsseldorf, Verfügung v. 23.05.1995 – 810 Js 83/95 sowie v. 07.07.2000 – 810 Js 579/00). Gem. § 374 Abs. 1 Nr. 4 StPO ist die fahrlässige Körperverletzung zugleich ein Privatklagedelikt.

Gem. **§ 340 Abs. 3** gilt § 229 auch für fahrlässige **Körperverletzungen im Amt**, die also durch Amts- 2 träger (vgl. § 11 Abs. 1 Nr. 2 sowie § 223 StGB Rdn. 26) begangen worden sind. Es gilt dann jedoch nicht der Strafrahmen des § 340, sondern der des § 229 (h.M., vgl. KG NJW 2000, 1352; MüKo-StGB/*Hardtung* § 229 Rn. 26; berechtigte Kritik hieran bei NK-StGB/*Paeffgen/Böse* § 229 Rn. 20).

Zu Reformbestrebungen in Richtung einer »Entkriminalisierung« s. bereits Komm. zu § 222 StGB 3 Rdn. 22; zuletzt hat sich hiermit der 50. Deutsche Verkehrsgerichtstag mit Blick auf Fahrlässigkeitstaten im Straßenverkehr befasst (dazu näher *Bönke* NZV 2012, 1 ff.; *Roeßink* VD 2012, 76 ff.). Damit nicht schon ein »geringfügiger Sorgfaltsverstoß« mit »nur leichter Verletzung« die (i.d.R. belastende und u.U. bereits stigmatisierende) Einleitung eines Ermittlungsverfahrens (vgl. §§ 152 Abs. 2, 160 StPO) auslöst (so aber die h.M., vgl. Spickhoff/*Knauer/Brose* § 229 Rn. 3; *Bernsmann/Geilen* in: Wenzel Rn. 466), muss das Erfordernis hinreichender Konkretisierung des fahrlässigkeitsspezifischen Verhaltensfehlers (anhand des sog. »Veranlassungsmoments«, s. § 222 StGB Rdn. 4) ernst genommen werden. Die vorherrschende Rechtspraxis behilft sich i.d.R. mit einer Verfahrenseinstellung nach den §§ **153, 153a** StPO (krit. *Ulsenheimer/Gaede* Rn. 615 für den Fall gleichzeitiger Bejahung des »besonderen öffentlichen Interesses«).

## § 263 Betrug

(1) Wer in der Absicht, sich oder einem Dritten einen rechtswidrigen Vermögensvorteil zu verschaffen, das Vermögen eines anderen dadurch beschädigt, daß er durch Vorspiegelung falscher oder durch Entstellung oder Unterdrückung wahrer Tatsachen einen Irrtum erregt oder unterhält, wird mit Freiheitsstrafe bis zu fünf Jahren oder mit Geldstrafe bestraft.

(2) Der Versuch ist strafbar.

(3) In besonders schweren Fällen ist die Strafe Freiheitsstrafe von sechs Monaten bis zu zehn Jahren. Ein besonders schwerer Fall liegt in der Regel vor, wenn der Täter
1. gewerbsmäßig oder als Mitglied einer Bande handelt, die sich zur fortgesetzten Begehung von Urkundenfälschung oder Betrug verbunden hat,
2. einen Vermögensverlust großen Ausmaßes herbeiführt oder in der Absicht handelt, durch die fortgesetzte Begehung von Betrug eine große Zahl von Menschen in die Gefahr des Verlustes von Vermögenswerten zu bringen,
3. eine andere Person in wirtschaftliche Not bringt,
4. seine Befugnisse oder seine Stellung als Amtsträger oder Europäischer Amtsträger mißbraucht oder
5. ... (nicht abgedruckt).

(4) § 243 Abs. 2 sowie die §§ 247 und 248a gelten entsprechend.

(5) Mit Freiheitsstrafe von einem Jahr bis zu zehn Jahren, in minder schweren Fällen mit Freiheitsstrafe von sechs Monaten bis zu fünf Jahren wird bestraft, wer den Betrug als Mitglied einer Bande, die sich zur fortgesetzten Begehung von Straftaten nach den §§ 263 bis 264 oder 267 bis 269 verbunden hat, gewerbsmäßig begeht.

(6) Das Gericht kann Führungsaufsicht anordnen (§ 68 Abs. 1).

### Übersicht

| | Rdn. |
|---|---|
| A. Allgemeines | 1 |
| I. Fälle ohne Leistungshintergrund | 5 |
| II. Fälle mit Leistungshintergrund | 6 |
|    1. Falscher Gebührenansatz | 7 |
|    2. »Strohmann«-Fälle | 8 |
|    3. Rabatte, Boni, »Kick-backs« und sonstige Rückvergütungen | 9 |
| B. Objektiver Tatbestand | 11 |
| I. Täuschung | 12 |
|    1. Tatsachen | 13 |
|    2. Täuschen | 15 |
|      a) Täuschen durch aktives Tun | 17 |
|        aa) Ausdrückliches Täuschen | 18 |
|        bb) Konkludentes Täuschen | 19 |
|      b) Täuschen durch Unterlassen | 25 |
| II. Irrtum | 28 |
|    1. Fehlvorstellung | 30 |
|    2. Gedankliches Mitbewusstsein | 34 |
|    3. Fehlende Vorstellung | 36 |
|    4. Zweifel | 38 |
|    5. Kausalität | 39 |
| III. Vermögensverfügung | 40 |
|    1. Unbewusste Vermögensverfügungen | 41 |
|    2. Unmittelbarkeit der Vermögensverfügung | 42 |
|    3. Vermögensverfügung zum Nachteil eines Dritten | 44 |
|    4. Kausalität | 48 |
| IV. Vermögensschaden | 49 |
| C. Subjektiver Tatbestand | 58 |
| I. Vorsatz | 60 |
| II. Bereicherungsabsicht | 61 |
| D. Versuch | 64 |
| E. Schuld | 65 |
| F. Besonders schwere Fälle | 66 |
| I. Gewerbsmäßigkeit | 69 |
| II. Bandenmäßige Begehung | 70 |
| III. Vermögensverlust großen Ausmaßes | 72 |
| IV. Vermögensverlust einer Vielzahl von Personen | 73 |
| G. Qualifikation | 74 |
| H. Konkurrenzen | 76 |
| I. Strafzumessung | 77 |
| J. Folgeverfahren | 80 |

## A. Allgemeines

§ 263 ist der Kerntatbestand des Wirtschaftsstrafrechts der Medizin. Während die Untreue (§ 266) und die Korruptionsdelikte (§§ 299, 331 ff.) erst in den letzten Jahren Gegenstand der Strafverfolgung geworden sind und die Korruptionsdelikte (§§ 299a, 299b) es in den nächsten Jahren werden (zum Verhältnis *Fischer* medstra 2019, 257), gibt es seit Jahrzehnten Ermittlungsverfahren gegen Ärzte wegen des Verdachts des **Abrechnungsbetrugs** (monographisch zum ärztlichen Abrechnungsbetrug *Hellmann/ Herffs* Der ärztliche Abrechnungsbetrug 2006; *Hancok* Abrechnungsbetrug durch Vertragsärzte 2006; *Freitag* Ärztlicher und Zahnärztlicher Abrechnungsbetrug 2009; *Luig* Vertragsärztlicher Abrechnungsbetrug und Schadensbestimmung 2009; *Sievert* Möglichkeiten der Abrechnungsmanipulation im Krankenhaus 2011; *Albrecht* Abrechnungsbetrug in der Chefarztabrechnung 2012; *Stirner* Der privatärztliche Abrechnungsbetrug 2015; *Heintz-Koch* Vertragsärztlicher Abrechnungsbetrug 2018). Ausweislich des Bundeslagebildes Wirtschaftskriminalität 2019 nahm neben den »sinkenden Fallzahlen […] in nahezu allen Teilbereichen der Wirtschaftskriminalität […] [e]inzig beim Abrechnungsbetrug im Gesundheitswesen […] die Anzahl der festgestellten Straftaten zu (+12,3 %)« (S. 16). Nicht zuletzt dürften sich an dieser Stelle die deutlichen Ausdehnungstendenzen der Rechtsprechung im Bereich des Abrechnungsbetruges (vgl. zuletzt BGH NJW 2021, 90; BVerfG Beschl. v. 05.05.2021 – 2 BvR 2023/20, 2 BvR 2041/20; im Einzelnen u. unter Rdn. 22a, 45, 52b) niederschlagen. **1**

Abs. 1 regelt den Grundtatbestand; in Abs. 3 finden sich Strafzumessungsregeln in Gestalt der Regelbeispielstechnik für besonders schwere Fälle. Abs. 5 enthält eine selbstständige (Verbrechens-) Qualifikation für den gewerbsmäßigen Bandenbetrug. **2**

Geschütztes Rechtsgut ist *allein* das **Vermögen**. Die bloße Beeinträchtigung der wirtschaftlichen Dispositionsfreiheit ist nicht tatbestandsmäßig. Betrug ist ein Selbstschädigungs- und Vermögensverschiebungsdelikt. **3**

In der Praxis des Medizinstrafrechts sollten zwei Fallgruppen differenziert betrachtet werden: Zum einen Fälle, in denen tatsächlich eine medizinische Leistung erbracht wird (Fälle mit Leistungshintergrund), zum anderen die Fälle, in denen Leistungen abgerechnet werden, ohne dass eine entsprechende medizinische Leistung überhaupt nur erbracht wird (Fälle ohne Leistungshintergrund). **4**

### I. Fälle ohne Leistungshintergrund

In dieser Fallgruppe sind alle Konstellationen erfasst, in denen tatsächlich *nicht* erbrachte Leistungen abgerechnet werden (sog. Luftleistungen), wie z.B. hinzugefügte Gebührenziffern oder die Abrechnung überhöhter Sachkosten. Diese Fälle erfüllen i.d.R. die objektiven Tatbestandsmerkmale des Betrugs. **5**

### II. Fälle mit Leistungshintergrund

Davon zu unterscheiden sind die Fälle, in denen der Patient im Ergebnis eine medizinische Leistung erhält, es aber an einer rechtlichen Voraussetzung für eine ordnungsgemäße Abrechnung fehlt. I.d.R. ergibt sich ein solches Defizit aus der Qualifikation der Beteiligten oder den Voraussetzungen zur vertragsärztlichen Zulassung. Der Fehler liegt dann bei der Person des Abrechnenden selbst oder in einer unzulässigen Delegation der Leistungserbringung. Der Fehler kann formeller oder materieller Natur sein (ausführlich Volk/Beukelmann/*Tsambikakis*, MAH Wirtschaftsstrafrecht § 31 Rn. 12 ff.). Typische Beispiele sind: **6**

#### 1. Falscher Gebührenansatz

Hierunter fallen alle inkorrekten Abrechnungen, denen eine erbrachte ärztliche Leistung zugrunde liegt, die aber z.B. sozialrechtlich nicht abrechenbar sind, weil bspw. die apparative Ausstattung den Mindestanforderungen nicht genügt, die Grundsätze der persönlichen Leistungserbringung nicht eingehalten wurden, die Leistung im Einzelfall nicht delegierbar oder nachweisbar objektiv unwirtschaftlich war. Auch kann die abgerechnete Leistung tatsächlich erbracht worden und an **7**

# § 263 StGB  Betrug

sich abrechnungsfähig, medizinisch indiziert gewesen und *de lege artis* ausgeführt worden sein. Der Vorwurf kann dann in der fehlenden ordnungsgemäßen Zulassung zum Vertragsarzt liegen, die erst später erkannt wird und zur Versagung eines Honoraranspruchs führt.

### 2. »Strohmann«-Fälle

8   In diesen Fällen rechnet aus unterschiedlichen Gründen nicht der Arzt ab, der die Leistung erbracht hat, sondern ein anderer.

### 3. Rabatte, Boni, »Kick-backs« und sonstige Rückvergütungen

9   Es bestehen umfassende sozial- und privatrechtliche Weitergabepflichten des Arztes für Rabatte, Boni etc. In der Regel darf der Arzt nur die tatsächlich entstandenen Sachkosten berechnen. Behält er Rückvergütungen unzulässig ein, kann das in einen Betrugsvorwurf münden.

10  Die vorgenommene Fallgruppenbildung ist selbstverständlich nicht abschließend. So kann das Verschreiben nicht benötigter oder übertreuerter Medikamente strafbar sein (BGH NJW 2004, 454; NStZ 2004, 266, allerdings nicht nach § 263, sondern nach § 266, vgl. Rdn. 24 und § 266 Rdn. 9). Nach wie vor aktuelle Schwerpunkte in der Praxis der Strafverfolgung sind Luftleistungen, einbehaltene materielle Vorteile und Verstöße gegen die Pflicht zur persönlichen Leistungserbringung.

## B. Objektiver Tatbestand

11  Die Strafbarkeit wegen Betruges setzt voraus, dass der Täter einen anderen über Tatsachen täuscht und dadurch bei dem Geschädigten einen Irrtum herbeiführt oder diesen aufrechterhält. Aufgrund dieses Irrtums verfügt der Getäuschte freiwillig über Vermögen, das ihm oder einem anderen gehört, was zum Eintritt eines Vermögensschadens führt.

### I. Täuschung

12  Tathandlung ist das **Täuschen** einer anderen natürlichen Person über **Tatsachen**.

#### 1. Tatsachen

13  **Tatsachen** sind alle Behauptungen, die einem empirischen Beweis zugänglich sind. Hierzu gehören die sog. inneren Tatsachen, sofern ihnen das Merkmal der objektiven Bestimmtheit und Gewissheit zu eigen ist. Davon abzugrenzen sind Werturteile, wie z.B. Rechtsauffassungen, Meinungsäußerungen oder reklamehafte Anpreisungen, die grundsätzlich nicht beweisbar sind. Etwas anderes gilt allerdings dann, wenn sie zugleich einen Tatsachenkern enthalten. Dies ist anhand der Gesamtumstände zu ermitteln (BGH NJW 2004, 375, 379).

14  Bei dem Verdacht des Abrechnungsbetrugs sind die Rechnungen und die sog. Sammelerklärungen häufig die einzigen täuschungsrelevanten Erklärungen. Sie sind daher zunächst auf ihren **Tatsachengehalt** zu prüfen. Wählt der Arzt einen falschen Gebührenansatz, kann dahinter eine falsche Rechtsansicht stecken, die als bloße Meinungskundgabe zu qualifizieren ist. Eine falsche Subsumtion ist straflos und bleibt es mangels rechtlicher Einstandspflicht, selbst wenn der Arzt den Fehler später erkennt und nicht korrigiert (vgl. im Einzelnen Terbille/Clausen/Schroeder-Printzen/*Sommer/Tsambikakis* MAH Medizinrecht § 3 Rn. 125).

#### 2. Täuschen

15  Die Täuschungshandlung besteht nach dem Wortlaut des Gesetzes in dem Vorspiegeln falscher, Entstellen oder Unterdrücken wahrer Tatsachen. Darunter fällt jedes **Einwirken auf** das intellektuelle **Vorstellungsbild** einer anderen natürlichen Person. Getäuscht werden kann durch positives Tun ebenso wie durch ein Unterlassen.

Beim aktiven Tun ist zwischen der ausdrücklichen und der konkludenten Täuschung zu unterscheiden. 16

#### a) Täuschen durch aktives Tun

Aktiv täuschen kann der Täter durch ausdrückliche Erklärung oder durch konkludentes Verhalten. 17

##### aa) Ausdrückliches Täuschen

Aktives Tun steht in Rede, wenn ausdrücklich die Unwahrheit erklärt wird. Das sind die Fälle 18 »fingierter Leistungen«: Der Arzt täuscht den sachbearbeitenden Mitarbeiter der Kassenärztlichen Vereinigung, durch seine in der Sammelerklärung abgegebene ausdrückliche Versicherung, dass die abgerechneten Leistungen von ihm persönlich oder auf seine Anordnung und unter seiner Aufsicht und Verantwortung von nicht-ärztlichen Hilfspersonen erbracht worden sind und die Abrechnung sachlich richtig und vollständig ist.

##### bb) Konkludentes Täuschen

Neben dem ausdrücklichen Erklären bewusst unwahrer Behauptungen, kann der Täter konkludent 19 täuschen, wenn seinem irreführenden Verhalten **nach der Verkehrsanschauung** ein gewisser **Erklärungswert beizumessen** ist. Davon ist auszugehen, wenn der Täter die Unwahrheit zwar nicht expressis verbis zum Ausdruck bringt, sie aber nach der Verkehrsanschauung durch sein Verhalten miterklärt (BGHSt 51, 165, 169 f.; vgl. auch BGH NStZ-RR 2017, 313). Welcher Inhalt der Erklärung zukommt, bestimmt sich ganz wesentlich durch den Empfängerhorizont und die Erwartungen der Beteiligten. Es ist ein objektiver Maßstab anzulegen, der regelmäßig durch den normativen Gesamtzusammenhang geprägt ist, in dem die Erklärung steht (BGHSt 51, 165, 170).

Der Erklärungswert eines Verhaltens ergibt sich demnach nicht nur daraus, was ausdrücklich zum 20 Gegenstand der Kommunikation gemacht wird, sondern aus den **Gesamtumständen** der konkreten Situation. Dieser unausgesprochene Kommunikationsinhalt wird durch den dem Erklärenden bekannten Empfängerhorizont und damit durch die ersichtlichen Erwartungen der Beteiligten geprägt und durch die Anschauungen der jeweiligen Verkehrskreise und die in der Situation relevanten rechtlichen Normen mitbestimmt. Bei der Ermittlung des Erklärungswertes eines konkreten Verhaltens sind daher sowohl faktische als auch normative Gesichtspunkte zu berücksichtigen (BGHSt 51, 165, 169 f.; vgl. auch BGH NJW 2021, 90, 92).

Ein aus den Gesamtumständen gezogener Schluss darf allerdings nicht zur »Fiktion einer Erklä- 21 rung« verkümmern. Die allgemeine Erwartung, der andere werde sich redlich verhalten, reicht für eine Annahme entsprechender konkludenter Erklärungen nicht aus. Ganz abgesehen davon, dass die Vertragspartner ein Minimum an Redlichkeit im Rechtsverkehr voraussetzen dürfen, das verbürgt bleiben muss, ist die Erwartung, dass keine vorsätzliche sittenwidrige Manipulation des Vertragsgegenstandes durch einen Vertragspartner in Rede steht, unverzichtbare Grundlage jeden Geschäftsverkehrs und nach der Rechtsprechung zugleich miterklärter Inhalt entsprechender rechtsgeschäftlicher Erklärungen (BGHSt 51, 165, 170). Wer eine Forderung geltend macht, erklärt (schlüssig), dass ein entsprechender Anspruch gegenüber dem Schuldner besteht (BGH NStZ 1994, 188).

In der GKV ist die entscheidend auszulegende Erklärung in der Regel die eingereichte **Quartals-** 22 **abrechnung.** Darin versichert der Arzt gegenüber der Kassenärztlichen Vereinigung, dass die Abrechnung sachlich richtig und vollständig ist und die abgerechneten Leistungen von ihm persönlich oder auf seine Anordnung unter seiner Aufsicht und Verantwortung von nichtärztlichem Hilfspersonal erbracht worden sind. Der BGH hat entschieden, dass ein Vertragsarzt mit seiner Abrechnung gegenüber der Krankenkasse nicht nur erklärt, die abgerechnete Leistung falle unter die Leistungsbeschreibung der Gebührennummer, sondern darüber hinaus, dass seine Leistung zu den vertragsärztlichen Versorgungsleistungen gehöre und nach dem Einheitlichen Bewertungsmaßstab abgerechnet werden könne (BGHR StGB § 263 Abs. 1 Täuschung 12). Diese Rechtsprechung gilt auch für den privat liquidierenden Arzt (BGH NJW 2012, 1377; krit. *Saliger* FS I. Roxin S. 307.). Danach gilt ganz allgemein, dass jeder, der eine Leistung einfordert, damit zugleich das Bestehen des Anspruchs behauptet (BGH NJW 2012, 1377, 1379; NStZ 1994, 188; OLG Hamm NStZ 1997, 130). Der Arzt bringt in seiner Abrechnung konkludent zum Ausdruck, dass er nur Gebühren für tatsächlich erbrachte Leistungen, bei getrennt berechneten Sachkosten nur solche außerhalb des allgemeinen Praxisaufwandes geltend macht bzw., dass bei vom Praxispersonal durchgeführten Arbeiten die zur Abrechenbarkeit erforderliche persönliche Einzelanordnung vorlag (BGH NStZ 1995, 85 m. Anm. *Hellmann* NStZ 1995, 232) oder dass die geltend gemachte Leistung grundsätzlich zu den von den einschlägigen Vertragswerken festgelegten und von den zuständigen Gremien konkretisierten vertragsärztlichen Versorgungsleistungen gehört (BGH NStZ 1993, 388).

22a In der neusten Entscheidung des BGH zum Abrechnungsbetrug – in diesem Fall über ein medizinisches Versorgungszentrum – hat der BGH den konkludenten Erklärungsgehalt der Sammelabrechnung in bedenkenswerter Weise weiter ausgedehnt: Mit der Sammelerklärung werde auch das Vorliegen der Voraussetzungen zur vertragsärztlichen Zulassung miterklärt (BGH NJW 2021, 90, 92). Da im zugrunde liegenden Fall der zugelassene Vertragsarzt als Gesellschafter des MVZ lediglich als »Strohmann« für einen Dritten (Apotheker) fungierte, sah der BGH aufgrund des Gestaltungsmissbrauchs die Zulassungsvoraussetzungen ab dem Eintritt des »Strohmanns« nicht mehr als gegeben an und bejahte eine Täuschung über die Abrechnungsvoraussetzungen (zur Begründung der weiteren Tatbestandsmerkmale vgl. u. unter Rdn. 45a, 52b). Diese Einschätzung ist bereits aus sozialrechtlicher Sicht nicht zutreffend (vgl. im Einzelnen *Wodarz/Teubner* medstra 2021, 74, 80 f.). Bedauerlicherweise hat das BVerfG in seiner nachfolgenden Entscheidung (Beschl. v. 05.05.2021 – 2 BvR 2023/20, 2 BvR 2041/20) dazu keine Stellung bezogen.

23 Angesichts der Unbestimmtheit zahlreicher Gebührenziffern und der Unsicherheit ihrer Anwendung ist nicht jede **Falschabrechnung** eine Täuschung. Das gesamte medizinische Gebührenrecht wird nur noch von Spezialisten beherrscht, die sich vielfach selbst uneins sind. Die rechtlichen Bewertungen für medizinische Sachverhalte sind überdies schwierig. Häufig wird eine schlichte Fehlsubsumtion vorliegen (BGH NStZ 1994, 585). Auch schließt richtigerweise die Offenlegung der eigenen Rechtsansicht zur umstrittenen Abrechenbarkeit einer Leistung bei Rechnungsstellung bereits tatbestandlich eine Täuschung aus. Jedenfalls ist in einem solchen Fall ein entsprechender Vorsatz nicht gegeben (BGH medstra 2018, 42, 44 f.).

23a In einer (zivil- oder sozial-)gerichtlichen Auseinandersetzung über die Abrechnung kann den Erklärungen zur Abrechnung kein derart weiter konkludenter Erklärungswert beigemessen werden wie der Abrechnung selbst. Bei dem zur Entscheidung berufenen Richter als Erklärungsadressat gilt ein gegenüber den Patienten abweichender Empfängerhorizont, denn der Richter ist in der streitigen Auseinandersetzung gerade dazu berufen, über die Richtigkeit der Abrechnung zu entscheiden; es handelt sich um eine abweichende Kommunikationssituation. Insbesondere ist zu respektieren, dass im Rechtsstreit legitimer Weise um Rechtsauffassungen gestritten wird, ohne dass hierin eine Erklärung über (falsche) Tatsachen gesehen werden kann.

24 Bei fehlender medizinischer Notwendigkeit einer Arzneimittelverordnung liegt keine Täuschungshandlung des Arztes gegenüber dem Apotheker vor, da weder durch letzteren noch durch die Krankenkasse eine Überprüfung erfolgt (BGH NJW 2004, 454) und der Verordnung deshalb kein Erklärungswert hinsichtlich der medizinischen Notwendigkeit zukommt. Der Quartalsabrechnung lässt sich keine konkludente Erklärung entnehmen, die Zulassung zur vertragsärztlichen Versorgung sei nicht durch Täuschung erschlichen.

### b) Täuschen durch Unterlassen

25 Die Täuschung durch Unterlassen kann strafbar sein, wenn eine Rechtspflicht zum Handeln besteht. Eine solche sog. **Garantenstellung** als Voraussetzung für eine mögliche Strafbarkeit für schlichtes Untätigbleiben setzt eine Rechtspflicht zur Abwendung des deliktischen Erfolgs voraus; eine sittliche Pflicht oder die rein faktische Möglichkeit zur Erfolgsabwendung genügen nicht.

Allerdings muss der Täter imstande sein, die Entstehung des Irrtums zu verhindern bzw. den entstandenen Irrtum zu beseitigen.

Eine Garantenpflicht kann sich aus Gesetz, durch freiwillige tatsächliche Übernahme oder aus der Verantwortlichkeit für bestimmte Gefahrenquellen ergeben. Beim Abrechnungsbetrug sind allein Garantenpflichten, die sich aus dem Gesetz ergeben von Bedeutung. 26

Die **Grenze zwischen** einer **aktiven konkludenten** Täuschung **und** einer Täuschung durch **Unterlassen** bestimmt sich nach dem durch Auslegung zu ermittelnden Erklärungswert des aktiven Verhaltens (BGHSt 39, 165) und ist allgemein mit großen Schwierigkeiten verbunden. Das Verschweigen von Rabatten, Boni, »Kick-Backs« und sonstigen Rückvergütungen ist entgegen der häufig von den Strafverfolgungsbehörden vorgetragenen Meinung keine konkludente Täuschung, sondern ein Unterlassen (vgl. im Einzelnen Terbille/Clausen/Schroeder-Printzen/*Sommer/Tsambikakis* MAH Medizinrecht § 3 Rn. 127; a.A. BGH NStZ 2004, 568, 569: Die Abrechnung des vollen Preises beinhaltet die stillschweigende Erklärung, die Kosten seien tatsächlich und endgültig angefallen; so auch BGH NStZ-RR 2017, 313: Danach enthält die Einreichung von Verordnungen in Zusammenhang mit entsprechenden Rechnungen regelmäßig die stillschweigende Erklärung, diese seien in geltend gemachter Höhe endgültig angefallen und nicht – wie bspw. in dem hier entschiedenen Fall – durch Kick-Back-Zahlungen an den verordnenden Arzt geschmälert). 27

## II. Irrtum

Durch die Täuschungshandlung muss ein Irrtum erregt oder unterhalten werden. Irrtum ist die **Fehlvorstellung über Tatsachen**, also ein Widerspruch zwischen der subjektiven Vorstellung und der Wirklichkeit. Erregt wird der Irrtum, wenn der Täter ihn durch die Einwirkung auf die Vorstellung des Getäuschten hervorgerufen oder zumindest mitverursacht hat. Der Irrtum wird unterhalten, wenn eine bereits vorhandene Fehlvorstellung verstärkt oder seine Aufklärung aktiv verhindert wird. 28

Nutzt der Täter – ohne aufklärungspflichtig zu sein – lediglich einen bereits vorhandenen Irrtum seines Opfers aus, ohne ihn zu verstärken oder dessen Aufklärung zu verhindern, liegt kein Unterhalten eines Irrtums vor. Entscheidend für die Bestimmung des Irrtums ist die tatsächliche **Vorstellung des Opfers**. Infolgedessen ist es irrelevant, ob ein solcher Irrtum auf der Leichtgläubigkeit des Opfers beruht, oder ob es in zumutbarer Weise die Behauptungen des Täters hätte überprüfen können. Ein »Opfermitverschulden« wird nur bei der Strafzumessung zugunsten des Täters berücksichtigt. 29

### 1. Fehlvorstellung

Der Irrtum setzt eine positive Fehlvorstellung des Getäuschten voraus. Fehlvorstellungen können sich nur bei **natürlichen Personen** ergeben. 30

Im Strafverfahren ist eine Fehlvorstellung des Opfers häufig an **Indizien** zu messen, die sich aus **Rechtspflichten** ergeben. Beim Einfordern einer Leistung durch einen Nichtberechtigten kommt es dann darauf an, ob die Prüfung der materiellen Berechtigung innerhalb des Aufgabenkreises des Getäuschten liegt. Andernfalls wird dieser sich in der Regel keine Vorstellung machen und folglich keinem Irrtum unterliegen. Den Apotheker bspw. trifft grundsätzlich keine Pflicht, die ausgestellten Rezepte inhaltlich zu überprüfen (BGH NJW 2004, 454). 31

Bei **arbeitsteilig organisierten Einrichtungen** stellt sich die Frage nach der **Zurechnung des Wissens** Dritter, die im Strafrecht nie weiter geht als die zivilrechtliche Zurechnung. Bei Kollusion zwischen dem Täuschenden und einem die Täuschung Durchschauenden, aber pflichtwidrig den Verfügenden nicht aufklärenden Repräsentanten wäre eine Wissenszurechnung zwar denkbar, sie wird jedoch durch die Handlungszurechnung gem. § 25 Abs. 2 überlagert. Grundsätzlich ist auf die Kenntnis der Vorgesetzten von der Unrichtigkeit von Abrechnungen abzustellen. Auf ihre Vorstellungen und nicht auf die des ihnen nachgeordneten, möglicherweise gutgläubigen Sachbearbeiters kommt es an, weil dieser seine Verfügungsbefugnis ausschließlich aus den Befugnissen des Vorgesetzten ableitet (BGH NJW 2003, 1198). Nicht selten liegen den Kassenärztlichen Vereinigungen 32

Hinweise auf Missbräuche vor. Wenn der Name des abrechnenden Arztes bekannt war, kann ein Irrtum ausgeschlossen sein.

33 Bei der privatärztlichen Abrechnung von Behandlungen unter Verstoß gegen das Prinzip der **persönlichen Leistungserbringung** liegt nicht immer ein Irrtum vor. War der Patient damit einverstanden, dass ein Vertreter die Operation durchführt, kann es an einem Irrtum auch dann fehlen, wenn die entsprechende Klausel im Arztvertrag zivilrechtlich ungültig ist.

### 2. Gedankliches Mitbewusstsein

34 Der Irrtum des Getäuschten muss kein substantiiert ablaufender **Denkprozess** sein, ein »sachgedankliches Mitbewusstsein« genügt ebenso wie die aus bestimmten Tatsachen abgeleitete Vorstellung, dass »alles in Ordnung« sei (BGH NStZ 2007, 213, 215 f.). Hier spiegelt sich der bei der Täuschungshandlung maßgebliche Empfängerhorizont (vgl. Rdn. 19) im Vorstellungsbild des Verfügenden wider.

35 Nach der Rechtsprechung kommt es deshalb nicht darauf an, ob sich ein Rechnungsadressat eine konkrete Vorstellung zu den Einzelheiten der Berechnung gemacht hat. Ausreichend ist die allgemein gehaltene Vorstellung, die Berechnungen seien »in Ordnung«. Das gilt vor allem, wenn die Forderungshöhe die eigenen finanziellen Interessen unmittelbar berührt (BGH NJW 2009, 2900, 2901). Damit geht der Rechnungsempfänger – jedenfalls in der Form des sachgedanklichen Mitbewusstseins (BGHSt 51, 165, 174) – davon aus, dass die Bemessungsgrundlage zutreffend bestimmt und nicht manipulativ zu seinen Lasten erhöht wurde. Wer auf die ordnungsgemäße Abrechnung vertraut und in diesem Bewusstsein Rechnungen als gesetzeskonforme Zahlungsanforderungen ansieht, irrt (BGH NJW 2009, 2900, 2901). Danach führt die nur oberflächliche Form der sachlich-rechnerischen Prüfung ärztlicher Abrechnungen bei den Mitarbeitern der Kassenärztlichen Vereinigung zu der Vorstellung, die Abrechnung habe nur tatsächlich erbrachte Leistungen etc. zum Gegenstand. Lebensnah erscheint diese Auffassung nicht, weil es nun wahrlich keinen Erfahrungssatz gibt, jede Rechnung sei gesetzeskonform (ausführliche Kritik bei Terbille/Clausen/Schroeder-Printzen/*Sommer/Tsambikakis* MAH Medizinrecht § 3 Rn. 133). Noch ferner liegt dies bei der Privatliquidation. Die Rechtsprechung nimmt jedoch ein entsprechendes sachgedankliches Mitbewusstsein beim Privatpatienten an (BGHSt 57, 95, 112). Weitergehend soll neben der Feststellung einer individuellen Vorstellung sogar eine Individualisierung des konkret handelnden Mitarbeiters der Krankenkasse entbehrlich sein, wenn das Tatgericht aus Indizien des äußeren Ablaufs darauf schließen konnte, dass alle Mitarbeiter irrtümlich von dem normativ geprägten Vorstellungsbild ausgingen, es würden nur gerechtfertigte Erstattungsansprüche geltend gemacht (BGH medstra 2015, 298, 300; BGH NJW 2021, 90, 91 f.). Dies ist jedoch angesichts der getrennten Tatbestandsmerkmale »Täuschung« und »Irrtum« mit dem Gesetzlichkeitsprinzip nicht zu vereinbaren.

### 3. Fehlende Vorstellung

36 Ein Irrtum liegt schon vor, wenn die Vorstellungen des Getäuschten in wesentlichen Punkten lückenhaft sind. Gleiches gilt, wenn die Wahrheit der behaupteten Tatsache trotz Zweifel für möglich gehalten wird (vgl. Rdn. 38). Hingegen reicht es nicht aus, wenn sich ein durch die Täuschungshandlung Betroffener über die maßgeblichen Tatsachen **keine** Vorstellungen macht (sog. **ignorantia facti**).

37 Personen, denen nach ihrem Aufgaben- und Pflichtenkreis die Kontrolle gewisser Umstände überhaupt nicht obliegt, machen sich über diese regelmäßig keine Gedanken. Dann liegt das Fehlen eines Irrtums zwar nahe – freilich ohne gänzlich ausgeschlossen werden zu können, weil das potentielle Täuschungsopfer sich im Einzelfall gleichwohl Gedanken über die Berechtigung machen kann. Die Rechtsprechung überwindet diese Verfolgungshürde meist, indem sie gedankliches Mitbewusstsein annimmt (Rdn. 34).

## 4. Zweifel

Der BGH geht davon aus, dass auch der **Zweifelnde** i.S.d. § 263 **irrt**. Zweifel bleiben so lange irrelevant, wie die Wahrheit der Tatsache noch für möglich gehalten wird. Der Getäuschte fällt der List des Täters schließlich auch dann zum Opfer, wenn er trotz seiner Zweifel infolge der Täuschung die Vermögensverfügung vornimmt. Auch bei einem solchen Geschädigten ist noch eine Fehlvorstellung vorhanden, die für die Vermögensverfügung ursächlich wird und unter den tatbestandlichen Begriff des Irrtums subsumiert werden kann (BGH NStZ 2003, 313, 314). Für die Tatbestandsmäßigkeit spielt es keine Rolle, ob bspw. die Sachbearbeiter einer Kassenärztlichen Vereinigung bei sorgfältiger Prüfung die Täuschung durch den Arzt hätten erkennen können. Selbst leichtfertige Opfer werden durch das Strafrecht geschützt (BGH NStZ 2003, 313, 314). Solche Umstände werden aber bei der Strafzumessung berücksichtigt werden müssen. Besteht hingegen zwischen dem Abrechnenden und Abrechnungsadressaten ein offener Streit über die Richtigkeit der Abrechnung und bestreitet der Abrechnungsadressat diese, irrt er nicht zugleich über die Richtigkeit der Abrechnung.

## 5. Kausalität

Die Täuschungshandlung muss i.S.d. sog. **Äquivalenztheorie** kausal für den Irrtum des Getäuschten sein. Eine bloße Mitursächlichkeit genügt. Der Ursachenzusammenhang fehlt, wenn ein bereits bestehender Irrtum ausgenutzt wird.

## III. Vermögensverfügung

Die Vermögensverfügung ist jedes das **Vermögen unmittelbar beeinträchtigende Verhalten** und damit das Bindeglied zwischen Irrtum und Vermögensschaden. Es handelt sich um ein ungeschriebenes Tatbestandsmerkmal des § 263 Abs. 1. Der Getäuschte verfügt über eigenes oder fremdes Vermögen, wodurch der Schaden eintritt. Auf die zivilrechtliche (oder ggf. öffentlich-rechtliche) Wirksamkeit der Verfügung kommt es nicht an; der Begriff ist rein tatsächlich zu verstehen.

### 1. Unbewusste Vermögensverfügungen

Grundsätzlich reichen unbewusste Vermögensverfügungen aus (BGH NJW 1995, 539). Gerade Verhaltensweisen, die dem Opfer schon den vermögensmindernden Charakter seines Verhaltens verschleiern, können eine erhöhte Gefährlichkeit aufweisen.

### 2. Unmittelbarkeit der Vermögensverfügung

Die Vermögensverfügung muss aufseiten des Geschädigten unmittelbar zu einer Vermögensminderung führen. Die Vermögensminderung ist ein **wirtschaftlicher Nachteil** beliebiger Art. An der erforderlichen Unmittelbarkeit fehlt es, wenn die Täuschung des Opfers dem Täter nur die Chance eröffnen soll, weitere deliktische Handlungen zu ermöglichen. Es zählt allein der Abfluss von Vermögensbestandteilen. Die Frage nach einer etwaigen Kompensation stellt sich erst bei der Ermittlung des Vermögensschadens.

Welche Bestandteile überhaupt Vermögen i.S.d. § 263 sind, ist sehr umstritten. Die Rechtsprechung geht im Grundsatz von einem **rein wirtschaftlichen Vermögensbegriff** aus, wonach unter Vermögen die Gesamtheit der wirtschaftlichen Güter eines Rechtsträgers zu verstehen sind, unabhängig davon, ob sie diesem rechtlich zustehen oder nicht (BGHSt 26, 346, 347). Allerdings wird dieser Grundsatz nicht immer streng durchgehalten, weshalb Ausnahmen wie bspw. ein sog. persönlicher Schadenseinschlag zugelassen werden (Rdn. 50).

### 3. Vermögensverfügung zum Nachteil eines Dritten

Beim Betrug müssen nur Getäuschter und Verfügender, allerdings nicht zwingend Verfügender und Geschädigter personenidentisch sein. Daraus ergibt sich die Möglichkeit eines sog. **Dreiecksbetrugs**, an dem mit dem Täter, dem irrtumsbedingt Verfügenden und dem Geschädigten drei Personen beteiligt sind.

45 Der Dreiecksbetrug war bislang die klassische Konstellation des **Abrechnungsbetrugs** im vertragsärztlichen Bereich: Der Arzt täuscht den zuständigen Sachbearbeiter der Kassenärztlichen Vereinigung, irrtumsbedingt veranlasst der eine (zu hohe) Verfügung. Die Kassenärztliche Vereinigung verwaltet nach bisherigem Verständnis die Honorargelder der Ärzte nur treuhänderisch, sodass der Schaden im Ergebnis einen Dritten trifft (die ordnungsgemäß teilnehmenden Vertragsärzte).

45a In seiner neusten Entscheidung zum Abrechnungsbetrug über ein MVZ stellt der BGH hingegen erstmals fest, durch die täuschungsbedingte Auszahlung von Honoraren werde unmittelbar **nur das Vermögen der kassenärztlichen Vereinigung** geschädigt (BGH NJW 2021, 90, 93): Die kassenärztlichen Vereinigungen seien als Körperschaften des öffentlichen Rechts in der Lage, Vermögen zu bilden. Die von den Krankenkassen übergeleiteten Gesamtvergütungen seien ihnen als eigene zugewiesen. Insoweit sei ihnen ein eigenes Guthaben entstanden. Zwar seien die kassenärztlichen Vereinigungen durch die bestehenden Honorarverteilungsmaßstäbe nicht frei darin, wie die eingenommenen Gesamtvergütungen wirtschaftlich einzusetzen sind. Für die Vermögenszuordnung komme es auf wirtschaftliche Gesichtspunkte oder eine Zwecksetzungsbefugnis nicht an. Nicht unmittelbar geschädigt seien hingegen die an der Honorarverteilung beteiligten Ärzte, denn die Minderung der einzelnen Ansprüche auf das Honorar erweise sich lediglich als Reflex der Auszahlung aus dem Vermögen der kassenärztlichen Vereinigungen (BGH NJW 2021, 90, 94). Insoweit sei die Situation mit dem Verhältnis zwischen dem Vermögen einer juristischen Person und deren Gesellschaftern vergleichbar.

46 Die Grundstruktur des Betrugs als Selbstschädigungsdelikt und eine klare Abgrenzung zum Diebstahl erfordern im Rahmen des Dreiecksbetruges eine besondere Beziehung des Verfügenden zu dem betroffenen Drittvermögen. Die Verfügung des Getäuschten muss zurechenbar sein. Die Einzelheiten sind in der Literatur sehr umstritten. Es besteht Einigkeit, dass die rein tatsächliche Möglichkeit des Getäuschten, auf fremdes Vermögen nachteilig einzuwirken, nicht ausreicht. Der Rechtsprechung (der sog. **Lagertheorie** folgend) genügt es, wenn der Verfügende rechtlich oder bloß tatsächlich in der Lage ist, über das fremde Vermögen zu verfügen, sofern er schon vor der Tat im Sinne eines faktischen Näheverhältnisses dem »Lager« des Geschädigten zugerechnet werden musste (BGHSt 18, 221, 223). Das zieht den Kreis möglicher Verfügender sehr weit. Das erforderliche Näheverhältnis wird nicht nur bejaht bei rechtlichen Befugnissen, eigentümerähnlichen Stellungen, Besitzmittlungsverhältnissen und Mitgewahrsam, sondern auch bei bloß untergeordnetem Gewahrsam, Dienstbotenstellungen und ähnlichen Gewahrsamshüterfunktionen. Die typischen Konstellationen des ärztlichen Abrechnungsbetrugs sind so allesamt mit umfasst.

47 Erkennt der Vermögensinhaber den wahren Sachverhalt, ist ihm die Verfügung nur zuzurechnen, wenn ihm die Aufklärung des Getäuschten nicht möglich oder zumutbar war. Durchschaut der Verfügende das Verhalten des Täters, liegt mangels Irrtums nur ein versuchter Betrug vor. Wirkt der Verfügende kollusiv mit dem Täuschenden zusammen, so kommt neben einer (Beihilfe zur) Untreue ein mittäterschaftlicher Betrug in Betracht, wenn sich das Verhalten beider insgesamt als Täuschung des letztlich selbst irrtumsbedingt verfügenden Vermögensinhabers darstellt.

### 4. Kausalität

48 Die Vermögensverfügung muss (i.S.d. **Äquivalenztheorie**) kausale Folge des Irrtums sein.

## IV. Vermögensschaden

49 Nach dem sog. wirtschaftlichen Vermögensbegriff (vgl. Rdn. 43) liegt ein Schaden vor, wenn sich aus dem Vergleich des Vermögens vor und nach der Verfügung ein negativer Saldo ergibt. Die Berechnung des Vermögensschadens erfolgt anhand eines objektiv-individualisierenden Beurteilungsmaßstabs nach dem Prinzip der **Gesamtsaldierung** unter Berücksichtigung einer etwaigen

unmittelbaren Schadenskompensation. Der Vermögensvergleich ist auf den Zeitpunkt zu beziehen, in dem die Vermögensverfügung vollzogen wird (BGH NStZ 2009, 150). Grundsätzlich gilt ein objektiver Maßstab. Dieser verlangt jedoch entgegen der neuerlichen BGH-Entscheidung nicht, beim Blick auf den Zeitpunkt der Abrechnung die bereits zuvor erbrachte ärztliche Leistung – und dies schon gar nicht unter rein zeitlichen Gesichtspunkten – auszublenden (so aber BGH NJW 2021, 90, 94).

Selbst bei ausgeglichener Gesamtsaldierung, kann ein Schaden in den Fallgruppen des sog. **individuellen Schadenseinschlags** bejaht werden. Nach den von der Rechtsprechung entwickelten Grundsätzen ist im Einzelfall auf die individuelle Situation des Opfers abzustellen. Erhält das Opfer objektiv zwar eine gleichwertige Leistung durch die Vermögensverfügung, kann es diese aber nicht oder nicht im vollen Umfang nutzen, wird es durch die Gegenleistung zu weiteren vermögensschädigenden Maßnahmen gezwungen, oder verliert es die Mittel zu einer angemessenen Wirtschafts- und Lebensführung, so kann trotz Kompensation ein Schaden vorliegen (BGHSt 16, 321). In seltenen Fällen lässt sich ein Vermögensschaden sogar begründen, wenn nach den Umständen sogar keine Gegenleistung geschuldet war: die Fehlleitung zweckgebundener öffentlicher Mittel, die der Förderung bestimmter sozialer oder wirtschaftlicher Ziele dienen sollen (z.B. Subventionen) begründet einen Vermögensschaden, wenn der angestrebte Zweck verfehlt wird. 50

Infolge des für die Schadensberechnung vorzunehmenden Wertvergleichs kann ein Vermögensschaden schon zu einem Zeitpunkt gegeben sein, in dem der Vermögensverlust zwar noch nicht endgültig eingetreten ist, aber die Gefahr einer endgültigen Vermögenseinbuße so groß ist, dass sie bereits eine wirtschaftliche Minderung des Gesamtvermögenswertes zur Folge hat (sog. **schadensgleiche Vermögensgefährdung**). 51

Das Tatbestandsmerkmal ist immer problematisch, wenn dem abgerechneten Betrag **werthaltige ärztliche Leistungen** gegenüberstanden, die aus berufs- oder sozialrechtlichen Gründen nicht abgerechnet werden dürfen. Für die GKV hat der BGH die im Sozialversicherungsrecht geltende streng formale Betrachtungsweise für die Betrugsstrafbarkeit nutzbar gemacht (BGH NStZ 1995, 85). Für den Vermögensschaden genügt dann der Umstand, dass die Leistung nicht abrechenbar ist. So ist z.B. der Arzt ohne vertragsärztliche Zulassung nicht berechtigt, an der durch die Kassenärztliche Vereinigung erfolgten Verteilung der von den Kassen bezahlten Honorare teilzunehmen. Aus sozialrechtlichen Gründen sind seine Leistungen nicht abrechenbar. Die Rechtsprechung übernimmt die Wertung für das Strafrecht (BGH medstra 2015, 54, 56 f. – Pflegedienstfall; AG Landsberg MedR 2013, 735, 735 f. – Depotfall). Dabei soll es keine Rolle spielen, dass den Kassen infolge der Behandlung ihrer Patienten durch den Angeklagten Aufwendungen in möglicherweise gleicher Höhe erspart blieben, die ihnen durch die Behandlung durch einen anderen, bei der Kasse zugelassenen Arzt entstanden wären. Denn eine solche Kompensation findet bei der Schadensberechnung nicht statt, zumal ein anderer hypothetischer Sachverhalt zu Grunde gelegt wird und offenbleiben muss, ob ein anderer Arzt die gleiche Behandlungsweise gewählt hätte (BGH NJW 2003, 1198). Diese Grundsätze sind jedoch nicht uneingeschränkt anzuwenden (grundlegend *Volk* NJW 2000, 3385). Paradigmatisch sei die Konstellation vermeintlichen Abrechnungsbetrugs genannt, der durch Ärzte begangen worden sein soll, die sich als Partner einer zugelassenen Gemeinschaftspraxis ausgaben, jedoch faktisch einen Angestelltenstatus innehatten. Ihnen wurde vorgeworfen, sich die Zulassung erschlichen zu haben, was zu vereinzelten Verurteilungen geführt hat (OLG Koblenz MedR 2001, 144). Später hat sich der BGH zu Zweifeln in dieser Frage bekannt (BGH NJW 2003, 1198, 1200). Es ist offengeblieben, ob der Irrtum der Verantwortlichen bei der Kassenärztlichen Vereinigung nicht lediglich eine »Statusfrage« ist und die Abrechnungsvoraussetzungen nicht betrifft, weshalb die Auszahlung des Honorars dann keinen Vermögensschaden verursachen würde. Weil die Kassenärztliche Vereinigung für ihre Zahlung einen adäquaten Gegenwert erhalten hat und die Krankenkassen dadurch von der Verpflichtung zur – erneuten – Erbringung dieser Leistung befreit wurden, liegt nach Ansicht gewichtiger Stimmen aus der Literatur kein Vermögensschaden vor. Das Sozialrecht sanktioniert den Verstoß gegen die Zulassungsvoraussetzungen mit dem Verlust des Honoraranspruchs aus ordnungspolitischen Gründen. Der strafrechtliche 52

Vermögensschutz bleibt dadurch unberührt (*Duttge* in: Schnapp, Rechtsfragen der gemeinschaftlichen Berufsausübung von Vertragsärzten, S. 79, 96; *Grunst* NStZ 2004, 533, 536; *Herffs* wistra 2004, 281, 286; *Kubiciel* medstra 2019, 68; *Volk* NJW 2000, 3385, 3388).

52a Die aus dem Sozialversicherungsrecht entliehene und für den GKV-Betrug nutzbar gemachte streng formale Betrachtungsweise hat der BGH auf die privatärztliche Liquidation übertragen (BGHSt 57, 95, 116; krit. *Brand/Wostry* StV 2010, 619; *Saliger/Tsambikakis* MedR 2013, 284). Für den Vermögensschaden genügt es dann, dass die Leistung nicht abrechenbar ist.

52b In seiner neuesten Entscheidung zum Abrechnungsbetrug durch ein MVZ hat der BGH diese Rechtsprechung fortgeschrieben und auch seine Zweifel verworfen: Unter Ausblendung der erbrachten ärztlichen Leistung, auf die es im Zeitpunkt der Abrechnung nicht ankomme, sieht der BGH keinen Zufluss eines Vermögenswertes im Zusammenhang mit der Zahlung der zu Unrecht verlangten Honorare. Denn strafrechtlich bemakelt sei nicht die Art und Weise der ärztlichen Leistungserbringung, sondern lediglich deren Abrechnung unter Täuschung darüber, dass die sozialrechtlichen Anspruchsvoraussetzungen vorliegen. Durch die Zahlung der KV auf ein nicht geschuldetes Honorar ohne tatsächliches Freiwerden von einer – mangels Erfüllung der Voraussetzungen zur kassenärztlichen Zulassung in Wahrheit nicht bestehenden – Verbindlichkeit werde das Vermögen der KV geschädigt (BGH NJW 2021, 90, 94 f.). Entgegen der Einschätzung der gegenläufigen Literaturstimmen durch den BGH wird diese Entscheidung der Struktur des Betrugstatbestands nicht gerecht: Dessen Ausdehnung bei der (vertrags-)ärztlichen Abrechnung dient nicht dem Schutz des Vermögens im wirtschaftlichen Sinne, sondern abweichenden kriminalpolitisch motivierten Zielen (so auch *Gaede* NJW 2021, 98).

53 Eine durch Täuschung **erschlichene Zulassung** zur vertragsärztlichen Versorgung ist kein Schaden, weil sie noch zu keinem Vermögensabfluss bei der Kassenärztlichen Vereinigung führt. Sie ist nur notwendige Voraussetzung für spätere Abrechnungen ärztlicher Leistungen (BGH NJW 1994, 808).

54 Haben erbrachte Leistungen nicht den abgerechneten Wert, weil sie bspw. nicht vom Arzt persönlich, sondern (unzulässigerweise) vom Hilfspersonal erbracht wurden, liegt ein Vermögensschaden vor (BGH NStZ 1995, 85).

55 Bei der Feststellung des Schadens akzeptiert die Rechtsprechung **Schätzungen** und Hochrechnungen (kritisch *Tsambikakis* medstra 2017, 65). Der BGH hat es für zulässig erachtet, einen Gesamtschaden zu bestimmen, indem der Durchschnitt eines Quartals auf einen Tatzeitraum von mehreren Jahren hochgerechnet wird, wenn hinreichend gesichert ist, dass die Quartale keine Abweichungen zeigen (BGH NStZ 1990, 197). Eine Schadenskompensation in Form von erbrachten, aber formal nicht abrechenbaren Leistungen lehnt die Rechtsprechung ab (BGH NStZ 1995, 85, 86).

56 Auch bei einer Tatserie, wie sie im Fall des Abrechnungsbetrugs meist vorliegt, müssen die Einzelakte und die konkreten Vorgänge, innerhalb der Abrechnungsstellen hinreichend genau bestimmt werden.

57 Derzeit wenig Hoffnung besteht hinsichtlich der Frage, ob sich die Rechtsprechung des BVerfG zum Vermögensschaden bei § 266 (BVerfG NJW 2010, 3209) bzw. § 263 (BVerfG NJW 2012, 907) einschränkend auf den Abrechnungsbetrug auswirken wird. Die Entscheidung BGH NJW 2021, 90 ist ein deutlicher Fingerzeit in die falsche Richtung. Dabei lässt die angemahnte Besinnung auf den Charakter des Straftatbestandes als **Vermögens**delikt jedenfalls die Fallgruppen in trübem verfassungsrechtlichen Licht erscheinen, die rein formale Aspekte für einen Schaden genügen lassen. Die streng formale Betrachtungsweise des Sozialrechts lässt sich danach nicht verfassungskonform in das Strafrecht implementieren. Das gilt auch für deren Übertragung auf die Privatliquidation (BGHSt 57, 95, 116). Soweit die Abrechnungsvoraussetzungen nicht die Qualität der ärztlichen Leistung, sondern nur Statusfragen oder sonstige ordnungspolitische Ziele betreffen, kann der auf den bloßen materiellen Vermögensschutz beschränkte Betrugstatbestand schon von Verfassung wegen nicht verletzt sein (*Saliger* ZIS 2011, 902, 917; vgl. auch *Lindemann* NZWiSt 2012, 334, 338 f.). Ordnungspolitische Ziele werden durch berufsrechtliche Sanktionen

geschützt. Spricht man kunstgerecht erbrachten ärztlichen Leistungen jeglichen wirtschaftlichen Wert ab und erkennt noch nicht einmal an, dass die Krankenkassen oder Kassenärztlichen Vereinigungen gegenüber ihren Patienten durch diese Leistungen von Verbindlichkeiten befreit werden, transportiert man ordnungspolitische Ziele in das Vermögensstrafrecht und nimmt eine unzulässige Rechtsgutvertauschung vor (*Saliger/Tsambikakis* MedR 2013, 284). So wird aber das verfassungsrechtliche Gebot, dass normative Gesichtspunkte bei der Bewertung von Schäden eine Rolle spielen, aber die wirtschaftliche Betrachtung nicht überlagern oder verdrängen dürfen, unterlaufen. Die Entscheidung zum Abrechnungsbetrug durch ein MVZ (BGH NJW 2021, 90) zeigt dies in besonders negativ eindrucksvoller Weise.

## C. Subjektiver Tatbestand

Der Täter muss bezüglich aller objektiven Tatbestandsmerkmale vorsätzlich handeln und darüber hinaus die Absicht haben, sich oder einem anderen rechtswidrig einen Vermögensvorteil zu verschaffen. Der Vermögensvorteil muss zudem mit dem entstandenen Schaden **stoffgleich** sein. 58

Bei dem Vorwurf langjähriger betrügerischer vertragsärztlicher Falschabrechnung kommt den Feststellungen zu den objektiven Umständen erhebliche Bedeutung für die Frage der Nachweisbarkeit der inneren Tatseite zu (BGH NStZ 1994, 585). 59

### I. Vorsatz

Subjektiv muss der Täter zunächst allgemein vorsätzlich handeln, d.h. wenigstens mit Eventualvorsatz (**dolus eventualis**) die objektiven Tatbestandsmerkmale verwirklichen. 60

### II. Bereicherungsabsicht

Über den allgemeinen Vorsatz hinaus, muss der Täter in der Absicht (**dolus directus I. Grades**) handeln, sich oder einem Dritten rechtswidrig einen Vermögensvorteil zu verschaffen. Absicht ist das zielgerichtete Wollen, bei dem der Erfolgseintritt gerade Motivationsgrund (wenn auch nicht notwendig Endzweck) für den Täter ist (BGHSt 16, 1). Der Absicht steht es nicht entgegen, wenn der Eintritt des angestrebten Erfolges nicht sicher ist. Dem Täter muss es also gerade darauf ankommen, den Vermögensvorteil für sich oder einen Dritten zu erlangen. Der Schaden muss »stoffgleich« sein. **Stoffgleichheit** ist gegeben, wenn Schaden und Vorteil sich in der Weise entsprechen, dass sie durch ein und dieselbe Vermögensverfügung vermittelt werden. Der Vorteil muss – bildlich gesprochen – die Kehrseite des Schadens, wenn auch nicht dessen genaues Gegenstück, bilden. Objektiv rechtswidrig ist der Vermögensvorteil, wenn der Täter keinen fälligen und einredefreien Anspruch auf ihn hat. 61

Die **Rechtswidrigkeit** des erstrebten Vorteils ist ein objektives Tatbestandsmerkmal und muss vom Vorsatz des Täters (dolus eventualis genügt) umfasst sein. Ein Irrtum über das Bestehen eines Anspruchs ist ein Tatbestandsirrtum gem. § 16 Abs. 1. 62

Die Auffassung, dass der mit der Abrechnung einer Gebührenziffer erstrebte Vermögensvorteil dann rechtswidrig ist, wenn die von dem Vertragsarzt erbrachte Leistung nach der kassenärztlichen Gebührenordnung nicht abrechenbar ist, ist verfassungsrechtlich nicht zu beanstanden (BVerfG NStZ 1998, 29: von nichtärztlichem Personal aufgrund allgemeiner Dienstanweisung durchgeführte Behandlungsmaßnahmen). 63

## D. Versuch

Der Versuch ist nach Abs. 2 strafbar. Eine Täuschungshandlung, die nur dazu dient, sich in das Vertrauen eines anderen einzuschleichen, um dann erst zu späterer Zeit und an einem anderen Orte eine weitere, die Vermögensverfügung unmittelbar auslösende Handlung zu begehen, erfüllt nicht den Tatbestand des versuchten Betruges, sondern stellt nur eine straflose Vorbereitungshandlung dar (OLG Karlsruhe NJW 1982, 59). Der Betrug ist vollendet, wenn die täuschungsbedingte Gefahr 64 des endgültigen Verlusts eines Vermögensbestandteils zum Zeitpunkt der Verfügung so groß ist, dass sie schon jetzt eine Minderung des Gesamtvermögens zur Folge hat (BGH NStZ 2004, 264).

### E. Schuld

65 Manche Bereiche der ärztlichen Vergütung sind durch ihre Vermengung von rechtlichen und medizinischen Fragen selbst für ausgewiesene Kenner der Materie schwer zu beantworten. Holt sich der betroffene Arzt zu dieser Frage Rechtsrat ein und folgt er dann diesem, kann die Schuld gem. § 17 entfallen. Die Vorschrift regelt die Folgen des Handelns in Unkenntnis eines strafrechtlichen Verbots. Fehlt dem Täter bei Begehung der Tat die **Einsicht Unrecht zu tun**, so handelt er ohne Schuld, wenn er diesen Irrtum nicht vermeiden konnte. Zwar unterwirft die Rechtsprechung Ärzte der Pflicht, sich mit den Rechtsvorschriften kontinuierlich zu befassen, die ihre Berufsausübung regeln. Dennoch kann die Auskunft einer verlässlichen Person die Vermeidbarkeit des Irrtums ausschließen. Verlässlich ist eine zuständige, sachkundige, unvoreingenommene Person, die mit der Erteilung der Auskunft kein Eigeninteresse verfolgt und die Gewähr für eine objektive, sorgfältige, pflichtgemäße und verantwortungsbewusste Auskunftserteilung bietet. Es reicht aus, wenn der Täter sich eingehend bei einem Rechtskundigen erkundigt, den er ohne Verschulden als kompetent ansehen konnte.

### F. Besonders schwere Fälle

66 Beim Abrechnungsbetrug von Relevanz sein können Abs. 3 Nr. 1 (Gewerbsmäßigkeit oder bandenmäßige Begehung) und Nr. 2 (Vermögensverlust großen Ausmaßes oder einer großen Zahl von Menschen). Der **Strafrahmen erhöht** sich dann auf Freiheitsstrafen von 6 Monaten bis zu 10 Jahren.

67 Liegt eines der Regelbeispiele des Abs. 3 vor, ist in der Regel ein besonders schwerer Fall anzunehmen. Eine **Gesamtabwägung** ist dennoch nicht überflüssig, sondern geboten.

68 Die Regelwirkung des § 263 Abs. 3 Satz 2 Nr. 1 kann durch die **besonderen Tatumstände** und das **Nachtatverhalten** des Angeklagten **entkräftet** werden. So entfiel in einem Fall unzulässiger Vertretung im Bereich der GKV mit der Folge, dass die ärztlichen Leistungen im Umfang unzulässiger Vertretung nicht vergütungsfähig waren, die Regelwirkung. Es wurde berücksichtigt, dass die zu Unrecht abgerechneten Leistungen durch die von dem Angeklagten bestellten Vertreter tatsächlich erbracht worden waren und ein erheblicher Teil der Honorare an die Kassenärztliche Vereinigung zurückgezahlt wurde (LG Bochum Urt. v. 21.12.2007 – 2 KLs 35 Js 158/07).

#### I. Gewerbsmäßigkeit

69 Gewerbsmäßig handelt, wer sich aus der wiederholten Tatbegehung eine **fortlaufende Einnahmequelle** von einigem Umfang und einer gewissen Dauer verschaffen will. Eine einmalige Gesetzesverletzung kann für eine solche Annahme ausreichen (BGH NStZ-RR 2006, 106).

#### II. Bandenmäßige Begehung

70 Als Bande gilt der Zusammenschluss von **mindestens drei Personen**, die sich mit dem Willen verbunden haben, künftig für eine gewisse Dauer mehrere selbstständige Betrugstaten zu begehen. Ein gefestigter Bandenwille oder ein Tätigwerden in einem übergeordneten Bandeninteresse ist dabei nicht erforderlich (BGHSt 46, 321, 325 ff.). Mitglied einer Bande kann ein bloßer Gehilfe sein (BGHSt 47, 214).

71 Die von der Rechtsprechung entwickelten Grundsätze zur Bandenangehörigkeit sind auf Betrugstaten im Medizinstrafrecht übertragbar (BGH NStZ 2007, 269; vgl. näher Terbille/Clausen/Schroeder-Printzen/*Sommer/Tsambikakis* MAH Medizinrecht § 3 Rn. 146 ff.).

#### III. Vermögensverlust großen Ausmaßes

72 Ein Vermögensverlust großen Ausmaßes ist nach der Rechtsprechung jedenfalls bei einem Verlust von **€ 50.000,00** erreicht (BGHSt 48, 360). Der Verlust muss tatsächlich eingetreten sein.

## IV. Vermögensverlust einer Vielzahl von Personen

Unter dem Begriff »Menschen« in § 263 Abs. 3 Satz 2 Nr. 2 sind nur **natürliche Personen** zu verstehen. Das Regelbeispiel ist indes nicht erst erfüllt, wenn eine große Zahl von Menschen in die Gefahr geraten ist, ihr Vermögen zu verlieren, sondern bereits dann, wenn der Täter in der Absicht handelt, durch die fortgesetzte Begehung von Betrug eine große Zahl von Menschen in diese Gefahr zu bringen. Die Annahme des besonders schweren Falles ist in aller Regel bereits dann gerechtfertigt, wenn der Täter eine Person in wirtschaftliche Not bringt. Bei entsprechender Absicht reicht bereits die einmalige Tatbegehung zur Erfüllung des Regelbeispiels aus (BGH NStZ 2001, 319). 73

## G. Qualifikation

Abs. 5 enthält eine selbstständige Qualifikation, wenn kumulativ **Gewerbsmäßigkeit** (vgl. Rn. 69) und **bandenmäßige Begehung** (Rn. 70) vorliegt. Der Strafrahmen liegt dann bei Freiheitsstrafe von einem bis zu zehn Jahren (in minder schweren Fällen bei Freiheitsstrafe von sechs Monaten bis zu fünf Jahren). Die Tat ist dann ein **Verbrechen** gem. § 12 Abs. 1. Das führt zu der prozessualen Konsequenz, dass eine Einstellung des Verfahrens nach § 153 StPO oder § 153a StPO genauso wenig in Betracht kommt, wie ein Strafbefehlsverfahren nach §§ 407 ff. StPO. 74

Der Versuch ist nach § 23 Abs. 1 strafbar und der Versuch einer Beteiligung gem. § 30 möglich. 75

## H. Konkurrenzen

Ein tateinheitliches Zusammentreffen von Betrug und Untreue liegt nur dann vor, wenn der Täter bereits bei Vornahme der Täuschung in einem Treueverhältnis i.S.d. § 266 zu dem Getäuschten oder zu dem zu Schädigenden stand (BGH wistra 2009, 106). 76

## I. Strafzumessung

Neben den allgemeinen Regeln der Strafzumessung (vgl. in erster Linie § 46), hat der BGH schon vor einigen Jahren postuliert, dass bei einer sich über zahlreiche Quartale erstreckenden Falschabrechnung angesichts des groben Vertrauensmissbrauchs eine Geldstrafe nur bei Vorliegen außergewöhnlicher Umstände in Betracht kommt. Ansonsten sei eine **Freiheitsstrafe** zu verhängen (BGHSt 36, 322). 77

Zu wenig Beachtung findet in der Praxis der Strafverteidigung in Arztsachen die Möglichkeit eines **Täter-Opfer-Ausgleichs** (§ 46a), der erhebliches Potential für eine wesentliche Strafreduzierung bietet. 78

Wie der Grundgedanke aus § 60 zeigt, der sogar ein Absehen von Strafe in Aussicht stellt, wenn die Folgen der Tat, die den Täter getroffen haben, so schwer sind, dass die Verhängung einer Strafe offensichtlich verfehlt wäre, können **berufsrechtliche** Folgen für den Arzt in Strafzumessung berücksichtigt werden. 79

## J. Folgeverfahren

Ermittlungsverfahren wegen des Verdachts des Abrechnungsbetrugs ziehen nicht selten weitere Folgeverfahren nach sich (näher Terbille/Clausen/Schroeder-Printzen/*Sommer*/*Tsambikakis* MAH Medizinrecht § 3 Rn. 152). Der »einfache« Fall nicht weitergeleiteter geldwerter Rückvergütungen mag dies veranschaulichen: Neben dem strafrechtlichen Ermittlungsverfahren können die vereinnahmten Vorteile steuerlich relevant sein und parallel zu einem **Steuerverfahren** (Festsetzungsverfahren, gegebenenfalls zusätzlich zu einem Steuerstrafverfahren) führen. Ferner ist mit der Geltendmachung von **Schadensersatzansprüchen** zu rechnen. Als Anspruchsteller kommen die Krankenversicherungen, die Kassenärztlichen Vereinigungen und die Patienten in Betracht. Während die Kassen und die Patienten ihre Ansprüche auf dem Zivilrechtsweg versuchen werden durchzusetzen, kann die Kassenärztliche Vereinigung mit (hoheitlichen) Zwangsmitteln arbeiten und bspw. Honorareinbehalte vornehmen. Dann ist mit berufsrechtlichen Verfahren zu rechnen. Verstöße gegen 80

# § 266 StGB Untreue

vertragsärztliche Pflichten können zu einem **Disziplinarverfahren** führen. Gröbliche Verstöße gegen vertragsärztliche Pflichten können mit einer **Entziehung der Zulassung zur vertragsärztlichen Versorgung** geahndet werden. An diesem Verfahren sind neben der kassenärztlichen Vereinigung die Krankenkassen beteiligt. Unabhängig davon kann die Approbationsbehörde wegen Unzuverlässigkeit oder Unwürdigkeit die ärztliche **Approbation** widerrufen. Schließlich gibt es eine ärztliche **Berufsgerichtsbarkeit**, die in den einzelnen Bundesländern unterschiedlich strukturiert ist.

## § 266 Untreue

(1) Wer die ihm durch Gesetz, behördlichen Auftrag oder Rechtsgeschäft eingeräumte Befugnis, über fremdes Vermögen zu verfügen oder einen anderen zu verpflichten, mißbraucht oder die ihm kraft Gesetzes, behördlichen Auftrags, Rechtsgeschäfts oder eines Treueverhältnisses obliegende Pflicht, fremde Vermögensinteressen wahrzunehmen, verletzt und dadurch dem, dessen Vermögensinteressen er zu betreuen hat, Nachteil zufügt, wird mit Freiheitsstrafe bis zu fünf Jahren oder mit Geldstrafe bestraft.

(2) § 243 Abs. 2 und die §§ 247, 248a und 263 Abs. 3 gelten entsprechend.

| Übersicht | Rdn. | | Rdn. |
|---|---|---|---|
| A. Allgemeines | 1 | III. Tathandlung | 20 |
| B. Objektiver Tatbestand | 6 | IV. Vermögensnachteil | 22 |
| I. Missbrauchstatbestand/Treuebruchtatbestand | 6 | C. Subjektiver Tatbestand | 24 |
| | | D. Besonders schwere Fälle | 25 |
| II. Vermögensbetreuungspflicht | 7 | E. Konkurrenzen | 26 |

## A. Allgemeines

1 Die Untreue stellt die vorsätzliche Schädigung fremden Vermögens durch die Verletzung einer Vermögensbetreuungspflicht unter Strafe. Geschütztes Rechtsgut ist allein das **Vermögen**. Es handelt sich um ein sog. **Sonderdelikt**, das nur der Treupflichtige bzw. ein in § 14 genannter Vertreter begehen kann. Für Tatbeteiligte ohne Vermögensbetreuungspflicht kommt nur eine Teilnahme (Anstiftung oder Beihilfe) in Betracht. In einem solchen Fall wäre die Strafe nach §§ 28 Abs. 1, 49 Abs. 1 zu mildern. Der **Versuch** eine Untreue zu begehen, ist nicht strafbar.

2 Lange Zeit spielte die Untreue keine Rolle im Wirtschaftsstrafrecht der Medizin. Die Strafverfolgungsbehörden und Gerichte haben Abrechnungsmanipulationen zunächst als Abrechnungsbetrug an § 263 gemessen und, wenn einzelne Tatbestandsmerkmale nicht erfüllt waren, freigesprochen (vgl. z.B. das BGH wistra 1992, 95 zu Grunde liegende landgerichtliche Urteil). In den letzten Jahren hat sich jedoch neben dem Abrechnungsbetrug die sog. **Arztuntreue** als weiteres Vermögensdelikt im Medizinstrafrecht etabliert.

3 Die Untreue hat wenige, aber weite Tatbestandsmerkmale. Eine solche Konstruktion ist *per se* **extensionsanfällig**. Die wesentlichen Elemente Tathandlung (Pflichtverletzung) und Erfolg (Vermögensnachteil) verschmelzen in der Praxis überdies nicht selten zu einem einzelnen übergeordneten Prüfungspunkt, bei dem vom Taterfolg auf die Tathandlung und umgekehrt zurückgeschlossen wird. Aus all diesen Gründen besteht weitgehend Einigkeit, dass § 266 wegen seiner weiten Fassung inhaltlich beschränkt werden muss. Das gilt vor allem bei der Grenzziehung zum straflosen Versuch in den Fällen eines bedingt vorsätzlich herbeigeführten schadensgleichen Vermögensschadens (vgl. zu alldem *Tsambikakis* StRR 2008, 404). In der Literatur wurden deshalb immer wieder Zweifel an der Verfassungsgemäßheit der Norm geäußert; vielen erschien der Straftatbestand zu unbestimmt.

3a Das BVerfG hat in einer Grundsatzentscheidung am 23.06.2010 (BVerfGE 126, 170 = NJW 2010, 3209) *festgestellt*, dass § 266 nicht ohne Weiteres gegen das Bestimmtheitsgebot verstößt (zu den Auswirkungen des Beschlusses auf die Schadensdogmatik vgl. *Saliger* ZIS 2011, 902).

Die aufsehenerregende Entscheidung des Großen Senats für Strafsachen zur Frage der Bestechlichkeit von Vertragsärzten (BGHSt 57, 202 = NJW 2012, 2530) hatte sich zwar nicht unmittelbar mit § 266 beschäftigen müssen. Die Ausführungen zu dem Verhältnis zwischen Vertragsarzt und Krankenkasse waren aber geeignet, sich mittelbar auf die Annahme bzw. Ablehnung einer Vermögensbetreuungspflicht des Vertragsarztes auszuwirken (ausführlich *Tsambikakis*, Strafbarkeitsrisiken korruptiven Verhaltens niedergelassener Ärzte nach dem Beschluss des Großen Senats für Strafsachen, in: Schiller/Tsambikakis, Kriminologie und Medizinrecht, 2013, S. 217 ff.; *Ransiek* medstra 2015, 92 ff.). 3b

Nach weiteren Entscheidungen des BGH vom 16.08.2016 sowie 25.07.2017 (medstra 2017, 38; 2017, 160) beginnt sich in der höchstrichterlichen Rechtsprechung entgegen der Stimmen der Kritiker in der Literatur wie auch einem *obiter dictum* des OLG Stuttgart (Beschl. v. 10.08.2016 – 4 Ws 282/15) die **Vertragsarztuntreue** (monographisch *Schneider*, Vertragsarztuntreue, 2019) zu etablieren. Die Position der Rechtsprechung scheint sich mit der Zeit verfestigt zu haben (*Schneider* NZWiSt 2020, 10, 12). 4

Die Strafbarkeit des Vertragsarztes bei bewusst falscher Abrechnung wegen Untreue steht und fällt mit der Annahme einer Vermögensbetreuungspflicht des Vertragsarztes für das Vermögen der Krankenkassen (vgl. umfassend – allerdings zur Rechtslage vor der Entscheidung des Großen Senats zur Bestechlichkeit von Vertragsärzten [Rdn. 3b] – *Leimenstoll*, Vermögensbetreuungspflicht des Vertragsarztes?, 2012; *ders.* wistra 2013, 121). Die Frage nach einem etwaigen Vermögensnachteil lässt sich hingegen parallel zur Schadensproblematik beim Betrug beantworten. 5

## B. Objektiver Tatbestand

### I. Missbrauchstatbestand/Treuebruchtatbestand

§ 266 kennt **zwei Begehungsformen**, den sog. Missbrauchstatbestand (§ 266 Abs. 1, 1. Alt.) und den Treuebruchtatbestand (§ 266 Abs. 1, 2. Alt.). Der Missbrauchstatbestand erfasst den Missbrauch einer rechtlichen Befugnis, über fremdes Vermögen zu verfügen. Diese Variante dient dem Schutz des Vermögens in Rechtsbeziehungen, die dem Täter ein rechtliches Können im Außenverhältnis gewähren, das über das rechtliche Dürfen im Innenverhältnis hinausgeht. Der BGH geht in ständiger Rechtsprechung davon aus, der Missbrauchstatbestand sei ein **Unterfall** des Treuebruchtatbestandes (BGH NStZ 1999, 558). Der Meinungsstreit wirkt sich vor allem in der Frage aus, ob für beide Varianten eine Vermögensbetreuungspflicht Tatbestandsvoraussetzung ist – so die h.M. In der Praxis beschränken sich die Strafverfolgungsbehörden deshalb in der Regel darauf, zu prüfen, ob der Treuebruchtatbestand erfüllt ist. Die weitere Kommentierung folgt dieser Praxis. Der Treuebruchtatbestand knüpft nicht an eine formale Stellung des Täters zu dem betroffenen Vermögen, sondern an seine **tatsächliche** Einwirkungsmacht an: Wer als Inhaber einer Vermögensbetreuungspflicht durch eine Pflichtverletzung einen Vermögensnachteil verursacht, macht sich wegen Untreue strafbar. 6

### II. Vermögensbetreuungspflicht

Erste Fälle des Medizinstrafrechts, in denen auf § 266 statt § 263 zurückgegriffen wurde, waren Fälle geldwerter Rückerstattungen mit Röntgenkontrastmittel (OLG Hamm MedR 2005, 236) oder sonstiger »Kick-backs« (BGH NStZ 2004, 568) und Fälle der Verschreibung nicht notwendiger Medikamente (BGH NJW 2004, 454). Diese Konstellationen wurden als eine Form des Missbrauchstatbestands identifiziert, weil der Arzt seine Befugnis zur Vermögensverfügung im Außenverhältnis wirksam, aber im Verhältnis zum Geschäftsherrn bestimmungswidrig ausübt. Die Berechtigung dieser Annahme steht und fällt mit der Frage, ob dem Arzt eine Vermögensbetreuungspflicht für das Vermögen der Krankenkasse obliegt. 7

Die **Vermögensbetreuungspflicht** ist ein fremdnützig typisiertes Schuldverhältnis, bei dem die Vermögensvorsorge eine **wesentliche Hauptpflicht** ist und nicht nur eine beiläufige Bedeutung hat. Damit einhergehen muss eine gewisse Eigenverantwortlichkeit und Selbstständigkeit. 8

**Fremdnützigkeit** liegt vor, wenn die Wahrnehmung fremder Vermögensinteressen den wesentlichen Inhalt des Treueverhältnisses ausmacht; bei Vertragsbeziehungen muss die Vermögensbetreuung Hauptpflicht sein. **Selbstständigkeit** ist gegeben, wenn die Tätigkeit nicht weisungsabhängig ist, sondern eine eigenverantwortliche Dispositionsbefugnis besteht. Für die strengen Anforderungen an eine Vermögensbetreuungspflicht, die der Weite des Tatbestands begegnen sollen, genügen keine ganz untergeordneten oder gar rein mechanischen Tätigkeiten. Die allgemeine Pflicht, einen Vertrag zu erfüllen und dabei auf die Interessen des Vertragspartners Rücksicht zu nehmen, reicht ebenfalls nicht aus. In der Literatur gibt es Vorschläge zur weiteren Eingrenzung der Vermögensbetreuungspflicht (vgl. bspw. *Ransiek* medstra 2015, 92, 96 f.), die bislang von der Rechtsprechung nicht aufgenommen wurden.

8a Die Vermögensbetreuungspflicht kann sich aus dem Gesetz, einem behördlichen Auftrag, Rechtsgeschäft oder tatsächlichen Treueverhältnis ergeben. Bei Letzterem ist ein tatsächliches Vertrauen des Treugebers in eine pflichtgemäße Wahrnehmung seiner Vermögensinteressen erforderlich, es muss eine anvertraute faktische Machtstellung vorliegen (BGH medstra 2019, 289, 290).

9 Der BGH hat erstmalig 2003 eine Vermögensbetreuungspflicht des Arztes gegenüber der Krankenkasse bejaht. Es ging dabei um die nicht indizierte Verordnung von Arzneimitteln. Tragende These war die Annahme, der Vertragsarzt sei als Vertreter der Krankenkassen anzusehen (BGH NJW 2004, 454). Die Sichtweise des BGH beruhte auf Entscheidungen des BSG (BSGE 77, 194; 73, 271), in denen dem Vertragsarzt eine »**Schlüsselrolle**« bei der Verschreibung von Arzneimitteln zugesprochen wurde. Schließlich könne der Versicherte erst dann ein Arzneimittel beanspruchen, wenn es durch den Arzt verschrieben wird. Er konkretisiere das Recht des Patienten auf ärztliche Behandlung und sei ein mit öffentlich-rechtlicher Rechtsmacht beliehener Verwaltungsträger (BGH NJW 2004, 454, 455).

10 Der BGH konstruierte die ärztliche Verordnung rechtlich wie folgt: Die Vertragsärzte geben bei der Verordnung von Arzneimitteln als Vertreter der Krankenkassen eine Willenserklärung ab, namentlich ein Angebot zum Abschluss eines Kaufvertrages über die verordneten Medikamente. Diese Willenserklärung wird dem Apotheker, der Vertragspartner wird, von dem als Boten fungierenden Versicherten überbracht. Mit Aushändigung des Medikaments nimmt der Apotheker dieses Angebot an und schließt so einen Kaufvertrag zwischen ihm und der Krankenkasse (zugunsten des Versicherten) (BGH NJW 2004, 454, 455; NStZ 2004, 568, 569). Der Arzt erfülle bei der Verordnung von Arzneimitteln die im Interesse der Krankenkasse liegende Aufgabe, ihre Versicherten gem. § 31 Abs. 1 SGB V mit Medikamenten zu versorgen. Nach §§ 27 Abs. 1 Satz 1, Satz 2 Nr. 3, 31 Abs. 1 SGB V haben die Versicherten in der gesetzlichen Krankenversicherung einen Anspruch auf Krankenbehandlung. Als Bestandteil der Krankenbehandlung sind Arznei-, Verband-, Heil- und Hilfsmittel als Sachleistung zu erbringen (§ 2 Abs. 2 Satz 1 SGB V). Ein derartiger Sachleistungsanspruch kann grundsätzlich nur dadurch begründet werden, dass ein Vertragsarzt das Arzneimittel auf Kassenrezept verordnet und damit die Verantwortung für die Behandlung übernimmt. Gem. §§ 12 Abs. 1 Satz 2, 70 Abs. 1 Satz 2 SGB V dürfe der Arzt keine Leistungen verordnen, die nicht notwendig, nicht ausreichend oder unzweckmäßig sind (sog. **Wirtschaftlichkeitsgebot**). Hierin komme die besondere Vermögensbetreuungspflicht zum Ausdruck; er dürfe keine unnötigen bzw. unwirtschaftlichen Medikamente verschreiben. Verschreibe der Vertragsarzt ein Medikament unter Verstoß gegen diese Grundsätze, missbrauche er die ihm gesetzlich eingeräumten Befugnisse und damit seine Vertretungsmacht. Dies wirke sich zulasten des Vermögens der Krankenkasse aus (BGH NJW 2004, 454, 456; NStZ 2004, 568, 569 f.).

11 Allerdings hat das BSG diesem Kaufvertrags-Modell zwischenzeitlich eine Absage erteilt (Urt. v. 17.12.2009 – B 3 KR 13/08 R). Alleinige Rechtsgrundlage des Vergütungsanspruchs des Apothekers gegen die Krankenkasse sei § 129 SGB V.

Aufgrund dieser Entscheidung konnten dem BGH neue Argumente entgegengehalten werden (vgl. auch *Dieners* PharmR 2010, 232). Soll eine Vermögensbetreuungspflicht durch Gesetz eingeräumt werden, sind strenge Anforderungen zu stellen, insbesondere muss sich die

Vermögensbetreuungspflicht dann unmittelbar aus dem Gesetz ergeben (*Fischer* StGB § 266 Rn. 15). Im SGB V gibt es indes keine gesetzliche Norm, aus der sich unmittelbar die Befugnis des Vertragsarztes zur Vermögensfürsorge gegenüber den Krankenkassen ergibt. Gem. §§ 11, 27, 28, 72 Abs. 2 SGB V wirkt er zur Sicherstellung der vertragsärztlichen Versorgung zwar mit den Krankenkassen zusammen. Die entscheidende Tätigkeit des Arztes liegt aber in der Ausübung der Heilkunde. Es lässt sich nicht leugnen, dass durch die Tätigkeit des Arztes mittelbar das Vermögen der Krankenkassen berührt wird. Denn als Mitglied der Kassenärztlichen Vereinigung soll er gem. §§ 12 Abs. 1, 70 SGB V Vermögensnachteile von den Krankenkassen fernhalten und nur notwendige und wirtschaftliche Leistungen bewirken bzw. veranlassen. Dies ist jedoch zum einen keine *spezifische* Treuepflicht, welche dem Verhältnis Vertragsarzt-Krankenkasse ein besonderes Gepräge geben würde (*Ulsenheimer* MedR 2005, 622, 626 f.; a.A. mit Bezugnahme auf das Urteil des BSG Spickhoff/*Schuhr* § 266 Rn. 30). Darüber hinaus finden sich keine Normen, aus denen sich konkrete Rechtsbeziehungen zwischen Arzt und Krankenkasse herleiten ließen, insbesondere keine Norm, die den Vertragsarzt bevollmächtigt und zum Vertreter der Krankenkassen einsetzt.

In der Entscheidung des Großen Senats für Strafsachen zur Frage der Bestechlichkeit von Vertragsärzten (BGHSt 57, 202 = NJW 2012, 2530) hat der BGH die Aufgabe des Kaufvertragsmodells durch das BSG explizit bestätigt. Dabei hat er nicht erkennen lassen, wie sich dies auf Tatbestände außerhalb des § 299 aus seiner Sicht auswirkt. **11a**

Das OLG Stuttgart nahm die Entscheidung des Großen Senats zum Anlass in einem *obiter dictum* erhebliche Zweifel an einer Vermögensbetreuungspflicht des Vertragsarztes zu bestätigen (Beschl. v. 10.08.2016 – 4 Ws 282/15). Hingegen bejahte der 4. Strafsenat des BGH ausdrücklich ohne ein Eingehen auf die weitere Anwendbarkeit der Vertreterrechtsprechung (medstra 2017, 30, 41) eine Vermögensbetreuungspflicht des Vertragsarztes in der Treuebruchvariante: Erneut lagen dem BGH nicht indizierte Verordnungen eines Vertragsarztes – in diesem Fall in Gestalt von Heilmittelverordnungen für physiotherapeutische Leistungen ohne vorherige Untersuchung oder sonstige Konsultation des Arztes – zur Entscheidung vor. Der BGH bestätigt die Verurteilung wegen Untreue und bejahte eine Vermögensbetreuungspflicht des Vertragsarztes. Diesem komme eine inhaltlich herausgehobene Hauptpflicht zur Wahrnehmung fremder Vermögensinteressen zu. Da die Krankenkasse die im Verhältnis zum Versicherten bestehende Pflicht zur Krankenbehandlung (vgl. §§ 27 Abs. 1 Satz 2 Nr. 3, 32 SGB V) durch dessen Versorgung mit vertragsärztlich verordneten Heilmitteln erfülle, die Verordnung des Vertragsarztes aber wegen § 15 Abs. 1 Satz 2 SGB V die gesetzlichen Leistungsansprüche der Versicherten auf Sachleistungen konkretisiere, habe der Vertragsarzt bei der Verordnung von Heilmitteln nicht nur eine rein tatsächliche Möglichkeit, auf fremdes Vermögen, nämlich das der Krankenkassen, einzuwirken. Das hierbei von ihm zu beachtende Wirtschaftlichkeitsgebot, das sich insbesondere aus § 12 Abs. 1 und § 70 Abs. 1 SGB V ergibt, begründe nicht lediglich eine unter- oder nachgeordnete Pflicht zur Rücksichtnahme auf das Vermögen der Krankenkassen, sondern vielmehr eine solche Hauptpflicht (BGH medstra 2017, 30, 39). Kraft seiner Rechtsmacht zur Konkretisierung des Anspruchs des gesetzlich Versicherten gegen die Krankenkasse stelle der Vertragsarzt verbindlich die Voraussetzungen des Eintritts des Versicherungsfalles mit Wirkung für den Versicherten und die Krankenkassen. Hierdurch habe der Vertragsarzt gegenüber der Krankenversicherung eine Stellung inne, die durch eine besondere Verantwortung für deren Vermögen gekennzeichnet ist. Aus der selbstverantwortlichen Entscheidungsmöglichkeit und der wirtschaftlichen Bedeutung der Verordnung folgert der BGH eine den Anforderungen einer Vermögensbetreuungspflicht genügende Hauptpflicht (BGH medstra 2017, 30, 40). Dieser Annahme steht nach Ansicht des 4. Strafsenats ebenso wenig entgegen, dass die Grundpflicht eines Arztes auf die Wahrung der Interessen des Patienten gerichtet ist, wie die Prüfpflicht des Heilmittelerbringers und das Prüfrecht der kassenärztlichen Vereinigung und der Krankenkassen in Bezug auf die Verordnung (BGH medstra 2017, 30, 41). Diese Argumentation hat sich der 5. Strafsenat in einer nachfolgenden Entscheidung bereits zunutze gemacht (BGH medstra 2017, 160, 166). **12**

Früher wurde in der Rechtsprechung keine Vermögensbetreuungspflicht des Kassenarztes gegenüber der Krankenkasse angenommen. Das LG Mainz (NJW 2001, 906) hat z.B. in Bezug auf die **13**

§ 266 StGB   Untreue

Pflichtenstellung eines Chefarztes für Kardiologie, der für das Krankenhaus überteuerte Medizinprodukte bezog und hierfür vom Hersteller Schmiergeld erlangte, darauf abgestellt, **Hauptpflicht** des Arztes sei das Einsetzen und nicht das Einkaufen von Herzklappen. Damit wird auf das oben beschriebene Merkmal verwiesen, die Pflicht zur Vermögensfürsorge müsse für die besondere Pflichtenstellung gem. § 266 die wesentliche Hauptpflicht des Arztes gegenüber der Krankenkasse sein. Das LG Halle (wistra 2000, 279, 280) lehnte die Vermögensbetreuungspflicht des Arztes bereits mangels selbstständigen Entscheidungsspielraumes ab: Die Zahlungspflicht der Krankenkasse setze eine medizinisch indizierte Leistung voraus und die Modalitäten der Abrechnung seien genau vorgeschrieben. Im Vordergrund stehe die Pflicht des Arztes, im konkreten Fall die medizinisch indizierten Maßnahmen festzulegen. Hierbei werde das Vermögen der Krankenkassen lediglich mittelbar berührt.

14  Im **Schrifttum** wurde die vermeintliche Vermögensbetreuungspflicht des Arztes gegenüber den Krankenkassen bereits vor den neuerlichen Entscheidungen des BGH aus 2016 und 2017 überwiegend **kritisch** gesehen (anders: Spickhoff/*Schuhr* § 266 Rn. 32 m.w.N.). Die Kritik bezog sich einerseits auf die – abzulehnende – Vertreterstellung des Vertragsarztes gegenüber der Krankenkasse, lehnte aber auch davon unabhängig das Vorliegen einer herausgehobenen Hauptpflicht zur Wahrung der Vermögensinteressen der Krankenkassen ab. Auch die neuerlichen Entscheidungen vermögen nicht zu überzeugen und werden überwiegend kritisch gesehen. Bereits für die ursprüngliche Vertreterkonstruktion gilt, dass der Vertragsarzt kein Vertreter der Krankenkasse beim Abschluss eines Kaufvertrages mit dem Apotheker ist. Der Vertragsarzt steht zu den gesetzlichen Krankenkassen in keiner Rechtsbeziehung, sondern ausschließlich zu seiner Kassenärztlichen Vereinigung. Er ist auch kein beliehener Verwaltungsträger der Krankenkasse, sondern selbstständiger, freiberuflich praktizierender Leistungserbringer. Der niedergelassene Arzt wird weder geschäftlich für die Krankenkasse tätig, noch durch die Krankenkasse in irgendeiner Weise zu ihrem Stellvertreter berufen. Ihm wird weder durch die Krankenkassen eine rechtsgeschäftliche Vertretungsmacht eingeräumt noch eine gesetzliche durch das SGB V (*Geis* wistra 2005, 369, 370; *Schnapp* FS Herzberg 2008 S. 795, 803). Mangels Vollmacht ist die Krankenkasse nicht Geschäftsherr, sondern der Arzt wird allein für die eigene Praxis und im Rahmen eines Vertrages mit seinem Patienten tätig. Hierfür spricht § 15 EKV, wonach die Verordnung von Arzneimitteln allein in der Verantwortung des Vertragsarztes liegt (*Geis* wistra 2005, 369, 370).

15  Die entscheidende Tätigkeit des Arztes ist die **medizinische Behandlung** des Patienten. Die Pflicht zur Vermögensfürsorge stellt keine wesentliche Hauptpflicht des Arztes dar, sondern allenfalls eine Nebenpflicht. In erster Linie ist der Arzt zur Erbringung ärztlicher Leistungen gegenüber dem Patienten verpflichtet (Terbille/Clausen/Schroeder-Printzen/*Sommer/Tsambikakis* MAH Medizinrecht § 3 Rn. 155). Die bewusste gesetzliche Trennung von Kostenträgern und Ärzten soll gerade sicherstellen, dass der Arzt nicht in eine Interessenkollision gerät, die die Sicherstellung einer qualitativen vertragsärztlichen Versorgung gefährdet (*Kraatz* medstra 2017, 336, 339 f.). Soweit er den Behandlungsanspruch aus §§ 11, 27, 28, 72 Abs. 2 SGB V konkretisiert, ließe sich daraus zwar eine Art »Schlüsselrolle« des Arztes bei der Verordnung einer medizinischen Maßnahme ableiten. Dennoch haben seine für die Krankenkasse kostenauslösenden Maßnahmen nichts mit einer *Verwaltung* von Mitteln zu tun. Etwas anderes lässt sich auch dem Wirtschaftlichkeitsgebot des § 12 Abs. 1 SGB V nicht entnehmen. Diese Norm ist nicht nur eine »Ansammlung unbestimmter Rechtsbegriffe« (*Schnapp* FS Herzberg 2008 S. 795, 805); vielmehr zeigt § 106 SGB V, nach dem bei signifikanten Abweichungen vom Verhalten innerhalb einer Fachgruppe eine Wirtschaftlichkeitsprüfung stattfindet, dass die Krankenkasse die Wirtschaftlichkeit überwacht und somit die Möglichkeiten des Arztes von vornherein begrenzt sind. Zudem widerspricht die Tätigkeit der gemeinsamen Prüfstelle nach § 106c SGB V der vom 4. Strafsenat angenommenen Selbstständigkeit des Vertragsarztes bei der Disposition über das Vermögen der Krankenkasse. Dem Vertragsarzt fehlt die selbstständige wirtschaftliche Herrschaft und es ist kein Grund ersichtlich, weshalb ein weitergehender strafrechtlicher Schutz nötig ist, der ohnehin im Rechtsstaat nur ultima ratio sein dürfte. Es geht zu weit, den Untreuevorwurf allein auf einen Verstoß gegen das Wirtschaftlichkeitsgebot zu stützen; dann bestünde ein latentes Strafbarkeitsrisiko bei jeder ärztlichen Entscheidung (*Steinhilper* MedR 2004, 238, 239; *Brandts/Seier* FS Herzberg 2008 S. 811, 819 f.). Zum anderen verpflichtet

§ 12 SGB V nicht nur Ärzte, sondern auch die Versicherten sowie die Krankenkassen selbst. Dies spricht gegen eine einseitige strafbewehrte Inpflichtnahme des Arztes.

*(unbesetzt)* 16–18

Dem Gesetz selbst ist an keiner Stelle eine Treuepflicht des Arztes zu entnehmen; § 72 Abs. 1 Satz 1 SGB V regelt lediglich ein Zusammenwirken der an der vertragsärztlichen Versorgung Beteiligten. Hiernach wirken Ärzte und Krankenkasse zur Sicherstellung der vertragsärztlichen Versorgung zusammen, wobei sie sich durch die Erfüllung unterschiedlicher Verantwortungsbereiche ergänzen (*Kraatz* medstra 2017, 336, 341). 19

Der Große Senat für Strafsachen hatte in seiner Entscheidung zur Bestechlichkeit von Vertragsärzten (BGHSt 57, 202 = NJW 2012, 2530) hierzu grundlegende Ausführungen gemacht, die eine Vermögensbetreuungspflicht des Vertragsarztes ausschließen. Der Beauftragtenstellung des Vertragsarztes im Verhältnis zur gesetzlichen Krankenkasse wurde entgegengestellt, dass die Sicherstellung der ärztlichen Behandlung der gesetzlich Versicherten von den Beteiligten, die in einem »prinzipiellen Interessengegensatz« stehen, in kooperativem Zusammenwirken bewerkstelligt wird. Vertragsärzte und ihre Vertretungen, die Kassenärztlichen Vereinigungen, sowie die Krankenkassen handeln auf einer Ebene der Gleichordnung. »*Schon dieses gesetzlich vorgegebene Konzept gleichgeordneten Zusammenwirkens steht der Annahme einer Beauftragung des Vertragsarztes durch die gesetzlichen Krankenkassen entgegen.*« Das weitere Argument des Großen Senats, der Arzt handele bei wertender Betrachtung im Interesse des Patienten und nicht der Krankenkasse, unterstützt diese Sichtweise. Denn ein Arzt wird vorrangig im Interesse der Gesundheit seines Patienten und nicht nach den Vermögensinteressen der Krankenkassen handeln müssen. 19a

Aus der Tatsache, dass der Arzt mit seiner Verordnung den Anspruch des Patienten auf Behandlung konkretisiert, wird weitergehend gefolgert, dass er im Lager des Patienten stehe, auch wenn er hierbei das Wirtschaftlichkeitsgebot zu beachten hat (*Ulsenheimer* MedR 2005, 622, 626). Des Weiteren verfolgt der Vertragsarzt eigene wirtschaftliche Belange, sodass es zu einem »dreipoligen Interessenwiderstreit« kommt (*Brandts/Seier* FS Herzberg 2008 S. 811, 823), was wiederum gegen eine Vermögensfürsorge als wesentliche Hauptpflicht des Vertragsarztes spricht. 19b

### III. Tathandlung

Tathandlung ist nach der Rechtsprechung die **Verletzung der Vermögensbetreuungspflicht**, also jedes Handeln oder Unterlassen, das im Widerspruch zur Vermögensbetreuungspflicht steht und durch das der Täter seine spezifischen Treuepflichten missachtet. Beim Treubruchtatbestand muss dies kein rechtsgeschäftliches Verhalten sein, rein tatsächliche Handlungen genügen. Ein Vergleich der Befugnisse des Täters im Innen- und Außenverhältnis ist überflüssig, weil der Treuebruchtatbestand schon bejaht werden kann, wenn der Täter bereits im Außenverhältnis nicht zu dem fraglichen Verhalten befugt war. 20

Das **Einverständnis** des Vermögensinhabers in die Tathandlung lässt das Merkmal der Pflichtverletzung entfallen. 21

### IV. Vermögensnachteil

Die Pflichtverletzung muss kausal zu einem Vermögensnachteil geführt haben. Der Begriff des Nachteils in § 266 Abs. 1 entspricht dem **Vermögensschaden** in § 263 (vgl. § 263 Rdn. 49). 22

Hält der Täter **eigene flüssige Mittel** zum jederzeitigen Ersatz der eigenmächtig verwendeten Summe zur Verfügung, liegt kein Vermögensnachteil vor (BGHSt 15, 342, 344). 23

### C. Subjektiver Tatbestand

Subjektiv muss ein allgemeiner Vorsatz des Täters hinsichtlich der Verwirklichung der objektiven Tatbestandsmerkmale gegeben sein, d.h. wenigstens **dolus eventualis**. 24

## D. Besonders schwere Fälle

25 § 266 Abs. 2 verweist auf § 263 Abs. 3. Deshalb sind die für den Betrugstatbestand normierten Regelbeispiele (§ 263 Rdn. 66) als Strafzumessungsvorschriften der Untreue zu beachten.

## E. Konkurrenzen

26 Im Verhältnis zu § 263 kann die Untreue im Verhältnis der Tateinheit stehen.

## § 278 Ausstellen unrichtiger Gesundheitszeugnisse

Ärzte und andere approbierte Medizinalpersonen, welche ein unrichtiges Zeugnis über den Gesundheitszustand eines Menschen zum Gebrauch bei einer Behörde oder Versicherungsgesellschaft wider besseres Wissen ausstellen, werden mit Freiheitsstrafe bis zu zwei Jahren oder mit Geldstrafe bestraft.

| Übersicht | Rdn. | | Rdn. |
|---|---|---|---|
| A. Allgemeines | 1 | III. Tathandlung – Ausstellen | 8 |
| B. Objektiver Tatbestand | 2 | C. Subjektiver Tatbestand | 9 |
| I. Täter – approbierte Medizinalpersonen | 2 | D. Konkurrenzen | 11 |
| II. Tatobjekt – Gesundheitszeugnis | 4 | | |

## A. Allgemeines

1 Nach § 278 macht sich eine approbierte Medizinalperson strafbar, die ein unrichtiges Zeugnis über den Gesundheitszustand eines Menschen zum Gebrauch bei einer Behörde oder Versicherungsgesellschaft wider besseren Wissens ausstellt. Die Vorschrift soll die Beweiskraft ärztlicher Zeugnisse für Behörden und Versicherungsgesellschaften sichern und schützt damit die inhaltliche Richtigkeit von Gesundheitszeugnissen (BGH NStZ-RR 2007, 343, 344). Neue Aktualität erlangt die Vorschrift im Rahmen der SARS-CoV-2-Epidemie, soweit die fehlerhafte Ausstellung von Bescheinigungen zur Befreiung von der »Maskenpflicht« in Frage steht (vgl. dazu Esser/Tsambikakis/*Tsambikakis/Kessler* PandemieStrafR § 1 Rn. 149). Der Straftatbestand ist ein Sonderdelikt, d.h. nur der benannte Personenkreis kommt als Täter infrage. Bei Teilnehmern ist ggf. § 28 Abs. 1 anzuwenden.

## B. Objektiver Tatbestand

### I. Täter – approbierte Medizinalpersonen

2 **Approbierte Medizinalpersonen** (vgl. auch § 203 Rdn. 8 ff.) sind Ärzte, Zahnärzte, Tierärzte, Apotheker, Angehörige sonstiger Heilberufe, deren Ausbildung staatlich geregelt und mit einer Staatsprüfung abgeschlossen wird, wie z.B. Psychotherapeuten, Hebammen, medizinisch-technische Assistenten oder Krankenschwestern und -pfleger, nicht jedoch Heilpraktiker, weil deren Ausbildung nicht staatlich geregelt ist (str., a.A. *Fischer* StGB § 277 Rn. 6; Schönke/Schröder/*Heine/Schuster* StGB § 277 Rn. 3).

3 Ist der Täter nicht approbiert, kommt § 277 in Betracht. Beim Amtsarzt ist an § 348 zu denken.

### II. Tatobjekt – Gesundheitszeugnis

4 **Gesundheitszeugnisse** sind körperlich oder elektronisch fixierte Bescheinigungen, in denen der gegenwärtige, zukünftige oder frühere körperliche oder psychische Gesundheitszustand eines **anderen lebenden Menschen** beschrieben wird, wie z.B. Krankenscheine, Berichte über eine gerichtsmedizinische Blutalkoholanalyse oder Impfscheine. Auch Rezepte sind nach dem LG Köln (medstra 2017, 127) nach dem Schutzweck des § 278 umfasst. Keine Gesundheitszeugnisse sind Bescheinigungen über den ärztlichen Zustand eines Tieres oder über Geburt oder Todesursache eines Menschen.

Das Gesundheitszeugnis muss **unrichtig** sein und in einem wesentlichen Punkt den Tatsachen widersprechen. Die Unrichtigkeit kann sich auf den Befund oder die Beurteilung beziehen (BGHSt 10, 157; OLG Frankfurt StV 2006, 471, 472). Sie liegt ohne weiteres vor, wenn die Feststellungen **wahrheitswidrig** sind. 5

Umstritten ist, ob Angaben **ohne vorherige Untersuchung** *per se* unrichtig sind – also auch dann, wenn sie inhaltlich zutreffend sind. Anders als dies Wortlaut und Zweck der Norm nahelegen, geht die Rechtsprechung i.d.R. von der Unrichtigkeit aus, wenn ein Zeugnis über einen Befund ausgestellt wird, ohne dass eine Untersuchung stattgefunden hat (BGH NStZ-RR 2007, 343, 344). Etwas anderes lässt die Rechtsprechung vereinzelt gelten, wenn sich der Arzt auf andere Weise zuverlässig über den Zustand des Patienten informiert hat (OLG Frankfurt StV 2006, 471, 472; OLG Zweibrücken NStZ 1982, 467, 468). Vorzugswürdig ist es, im *objektiven* Tatbestand auf die inhaltliche Unrichtigkeit abzustellen (differenzierend *Gercke* MedR 2008, 592, 593). Jedenfalls erfasst sind Fälle, bei denen im Gesundheitszeugnis eine Untersuchung behauptet wird, die tatsächlich nicht stattgefunden hat. Diese Angabe ist objektiv unrichtig. 6

(unbesetzt) 7

### III. Tathandlung – Ausstellen

Tathandlung ist das Ausstellen, also das Anfertigen des Attests unter Angabe der approbierten Medizinalperson. 8

## C. Subjektiver Tatbestand

Der subjektive Tatbestand erfordert bezüglich der Unrichtigkeit des Zeugnisses **dolus directus** II. Grades (»wider besseres Wissen«) – im Übrigen zumindest **bedingten Vorsatz**. Das unrichtige Zeugnis muss nach der Tätervorstellung zum Gebrauch bei einer Behörde oder Versicherungsgesellschaft bestimmt sein (NK-StGB/*Puppe/Schumann* § 278 Rn. 3). 9

Geht man mit der Rechtsprechung davon aus, dass eine Diagnose ohne vorherige Untersuchung stets »unrichtig« i.S.d. Gesetzes ist, dann genügt für die Strafbarkeit das sichere Wissen des Arztes, dass keine Untersuchung stattgefunden hat. Ob er von der inhaltlichen Richtigkeit seines Attests überzeugt ist, spielt dann keine Rolle mehr (*Wolfslast* FS Roxin 80 [2011], 1121, 1128). 10

## D. Konkurrenzen

Mit §§ 133, 136 Abs. 1, 218b, 258 steht das Ausstellen unrichtiger Gesundheitszeugnisse i.d.R. in Tateinheit, mit § 263 in Tatmehrheit (str.). § 348 verdrängt § 278 (OLG Düsseldorf StraFo 2000, 133, 134). 11

### § 299 Bestechlichkeit und Bestechung im geschäftlichen Verkehr

(1) Mit Freiheitsstrafe bis zu drei Jahren oder Geldstrafe wird bestraft, wer im geschäftlichen Verkehr als Angestellter oder Beauftragter eines Unternehmens
1. einen Vorteil für sich oder einen Dritten als Gegenleistung dafür fordert, sich versprechen lässt oder annimmt, dass er bei dem Bezug von Waren oder Dienstleistungen einen anderen im inländischen oder ausländischen Wettbewerb in unlauterer Weise bevorzuge, oder
2. ohne Einwilligung des Unternehmens einen Vorteil für sich oder einen Dritten als Gegenleistung dafür fordert, sich versprechen lässt oder annimmt, dass er bei dem Bezug von Waren oder Dienstleistungen eine Handlung vornehme oder unterlasse und dadurch seine Pflichten gegenüber dem Unternehmen verletze.

(2) Ebenso wird bestraft, wer im geschäftlichen Verkehr einem Angestellten oder Beauftragten eines Unternehmens

§ 299 StGB    Bestechlichkeit und Bestechung im geschäftlichen Verkehr

1. einen Vorteil für diesen oder einen Dritten als Gegenleistung dafür anbietet, verspricht oder gewährt, dass er bei dem Bezug von Waren oder Dienstleistungen ihn oder einen anderen im inländischen oder ausländischen Wettbewerb in unlauterer Weise bevorzuge, oder
2. ohne Einwilligung des Unternehmens einen Vorteil für diesen oder einen Dritten als Gegenleistung dafür anbietet, verspricht oder gewährt, dass er bei dem Bezug von Waren oder Dienstleistungen eine Handlung vornehme oder unterlasse und dadurch seine Pflichten gegenüber dem Unternehmen verletze.

| Übersicht | Rdn. | | Rdn. |
|---|---|---|---|
| A. Allgemeines | 1 | f) Unrechtsvereinbarung | 23 |
| B. Objektiver Tatbestand | 24 | 2. Geschäftsherrenvariante, Abs. 1 Nr. 2 | 24 |
| I. Bestechlichkeit im geschäftlichen Verkehr | 3 | II. Bestechung im geschäftlichen Verkehr | 25 |
| 1. Wettbewerbsvariante, Abs. 1 Nr. 1 | 3 | 1. Wettbewerbsvariante, Abs. 2 Nr. 1 | 25 |
| a) Tathandlung | 3 | a) Tathandlung | 25 |
| b) Unternehmen | 4 | b) Weitere objektive Tatbestandsmerkmale | 26 |
| c) Täterkreis | 5 | 2. Geschäftsherrenvariante, Abs. 2 Nr. 2 | 26a |
| d) Handeln im geschäftlichen Verkehr | 19–20 | C. Subjektiver Tatbestand | 27 |
| | | D. Rechtswidrigkeit | 28 |
| e) Vorteil | 22 | E. Konkurrenzen | 29 |

## A. Allgemeines

**1** Das Korruptionsstrafrecht im Gesundheitswesen hat eine epochale Veränderung erfahren: Im Anschluss an die Forderung des Großen Senats für Strafsachen, die später noch vorzustellende Strafbarkeitslücke bei der Bestechung von Vertragsärzten zu schließen (BGHSt 57, 202, 218), hat der Gesetzgeber mit dem Gesetz zur Bekämpfung von Korruption im Gesundheitswesen vom 30.05.2016 (BGBl. I S. 1254) mit Wirkung vom 04.06.2016 die §§ 299a, b als neue Straftatbestände der Bestechung und Bestechlichkeit im Gesundheitswesen erlassen (vgl. *Tsambikakis* medstra 2016, 131 ff.).

**1a** Bereits zuvor hat der Gesetzgeber § 299 durch das Gesetz zur Bekämpfung der Korruption vom 20.11.2015 (BGBl. I S. 2025) mit Wirkung vom 26.11.2015 erheblich erweitert. Nicht zuletzt aus einem europa- und völkerrechtlichen Umsetzungsdruck heraus, stellt § 299 nunmehr zusätzlich eine **nicht wettbewerbsbezogene** Form der Korruption unter Strafe (sog. Geschäftsherrenmodell, vgl. § 299 Abs. 1 Nr. 2 und Abs. 2 Nr. 2 sowie im Einzelnen Rdn. 24 und 26a).

**1b** Nach § 299 Abs. 1 Nr. 1 macht sich strafbar, wer als Angestellter oder Beauftragter eines Unternehmens im geschäftlichen Verkehr einen Vorteil für sich oder einen Dritten als Gegenleistung dafür fordert, sich versprechen lässt oder annimmt, dass er einen anderen bei dem Bezug von Waren oder Dienstleistungen im Wettbewerb in unlauterer Weise bevorzuge. § 299 Abs. 1 Nr. 2 stellt denjenigen unter Strafe, der als Angestellter oder Beauftragter im geschäftlichen Verkehr ohne Einwilligung des Unternehmens einen Vorteil für sich oder einen Dritten als Gegenleistung dafür fordert, sich versprechen lässt oder annimmt, dass er bei dem Bezug von Waren oder Dienstleistungen eine Handlung vornehme oder unterlasse und dadurch seine Pflichten gegenüber dem Unternehmen verletze.

**1c** § 299 Abs. 2 stellt – entsprechend den § 299a, b bzw. §§ 331, 333 bzw. 332, 334 – spiegelbildlich zur (passiven) Bestechlichkeit des Abs. 1 die (aktive) Bestechung unter Strafe. Während Abs. 1 ein **Sonderdelikt** ist, kann Abs. 2 jede natürliche Person begehen. Geschütztes Rechtsgut ist die strafwürdige Störung des Wettbewerbs sowie die abstrakte Gefahr sachwidriger Entscheidungen (BGH NJW 2006, 3290, 3298). § 299 Abs. 1 Nr. 2 bzw. Abs. 2 Nr. 2 schützen die Interessen des Geschäftsherrn unabhängig von einer Wettbewerbslage. Das Geschäftsherrenmodell führt dadurch zu einer erheblichen Ausdehnung der Strafbarkeit. So können nunmehr Fälle im Vorfeld eines Wettbewerbs oder auch Vorteilsgewährungen eines Monopolisten erfasst werden.

Die in der Literatur in den letzten Jahren heftig diskutierte Frage »Ist der Vertragsarzt tauglicher  2
Täter einer Bestechlichkeit im geschäftlichen Verkehr?« hat der Große Senat für Strafsachen 2012
beantwortet (BGHSt 57, 202 = NJW 2012, 2530): »*Ein niedergelassener, für die vertragsärztliche
Versorgung zugelassener Arzt handelt bei der Wahrnehmung der ihm in diesem Rahmen übertragenen
Aufgaben (§ 73 Abs. 2 SGB V; hier: Verordnung von Arzneimitteln) weder als Amtsträger i. S. des
§ 11 Abs. 1 Nr. 2 lit. c StGB noch als Beauftragter der gesetzlichen Krankenkassen i. S. des § 299
StGB.*« Vollgeschriebene Bibliotheksregale können nun wieder entrümpelt werden (vgl. zur Diskussion im Vorfeld der Entscheidung ausführlich die 2. Auflage, insb. Rn. 9 ff. und auch *Tsambikakis* JR 2011, 538 m.w.N.). Wie erwartet, hat der Gesetzgeber reagiert und neue Straftatbestände geschaffen, um materielle Zuwendungen an den Vertragsarzt zur Beeinflussung seiner ärztlichen Entscheidungen unter Strafe zu stellen.

### B. Objektiver Tatbestand

#### I. Bestechlichkeit im geschäftlichen Verkehr

#### 1. Wettbewerbsvariante, Abs. 1 Nr. 1

#### a) Tathandlung

Der Täter des Abs. 1 fordert einen Vorteil, lässt ihn sich versprechen oder nimmt einen solchen  3
an. Mit dem bloßen »**Fordern**« werden auch untaugliche Anbahnungsbemühungen unter Vollendungsstrafe gestellt. Es kommt nicht darauf an, ob die Forderung Erfolg hat, sondern ob sie dem potentiellen Geber zugeht. **Annehmen** und **Sichversprechenlassen** setzen über ein bloß faktisches Verhalten die Einigung beider Teile über Gegenstand und den Zweck der Zuwendung voraus, wobei konkludentes Handeln genügt.

#### b) Unternehmen

Unternehmen ist jede auf gewisse Dauer betriebene **Tätigkeit im Wirtschaftsleben**, die sich durch  4
den Austausch von Leistungen und Gegenleistungen vollzieht. Eine Gewinnerzielungsabsicht ist
keine Tatbestandsvoraussetzung. Sozialen oder wohltätigen Zwecken dienende Betriebe, wie private
Krankenhäuser oder andere medizinische Einrichtungen, werden erfasst, wenn sie wirtschaftlich
tätig sind. Die freiberufliche Betätigung von Ärzten fällt unter § 299.

#### c) Täterkreis

Tauglicher Täter sind Angestellte und Beauftragte des Unternehmens.  5

**Angestellter** ist, wer im Zeitpunkt der Tathandlung in einem (faktischen) Dienstverhältnis zum  6
Geschäftsherrn steht und dessen Weisungen unterworfen ist. Die Tätigkeit muss weder dauerhaft
noch entgeltlich ausgeübt werden. Jedoch muss der Angestellte Einfluss auf die wirtschaftliche Betätigung des Unternehmens nehmen können – vor allem auf den Bezug von Waren oder gewerblichen Leistungen.

Die Wortlautgrenze verbietet es, den **Geschäftsinhaber** als Angestellten anzusehen.  7

**Beauftragter** ist, wer – ohne Geschäftsinhaber oder Angestellter zu sein – befugt für einen Ge-  8
schäftsbetrieb tätig wird. Aufgrund seiner Stellung muss der Beauftragte berechtigt und verpflichtet sein, auf Entscheidungen hinsichtlich des Waren- und Leistungsaustauschs des Unternehmens
Einfluss nehmen zu können. Der Begriff des Beauftragten hat eine Auffangfunktion und ist nicht
nach den Kriterien des bürgerlichen Rechts, sondern nach den tatsächlichen Verhältnissen zu bestimmen.

Umstritten war, ob der **niedergelassene Arzt** tauglicher Täter einer Bestechlichkeit im geschäftli-  9
chen Verkehr ist. Der Große Senat für Strafsachen (BGHSt 57, 202 = NJW 2012, 2530) hat inzwischen entschieden, dass ein niedergelassener, für die vertragsärztliche Versorgung zugelassener Arzt
bei der Wahrnehmung der ihm in diesem Rahmen übertragenen Aufgaben, weder als Amtsträger

i.S.d. § 11 Abs. 1 Nr. 2 Buchst. c noch als Beauftragter der gesetzlichen Krankenkassen i.S.d. § 299 anzusehen ist.

10 Schon die Ausgangsfrage, ob eine gesetzliche Krankenkasse die Merkmale eines geschäftlichen Betriebs im Sinne von § 299 Abs. 1 erfüllt, hat der Große Senat nicht beantwortet. Gleichwohl hat er deutliche Sympathien für diese Lesart erkennen lassen.

11 Der Beauftragtenstellung wurde davon unabhängig grundlegend entgegengestellt, dass die Sicherstellung der ärztlichen Behandlung der gesetzlich Versicherten von den Beteiligten, die in einem »prinzipiellen Interessengegensatz« stehen, in kooperativem Zusammenwirken bewerkstelligt wird. Vertragsärzte und ihre Vertretungen, die Kassenärztlichen Vereinigungen, sowie die Krankenkassen handeln auf einer Ebene der Gleichordnung. »*Schon dieses gesetzlich vorgegebene Konzept gleichgeordneten Zusammenwirkens steht der Annahme einer Beauftragung des Vertragsarztes durch die gesetzlichen Krankenkassen entgegen.*« Diese Darlegungen gelten für die gesamte Versorgung innerhalb der gesetzlichen Krankenversicherung. Eine Beauftragtenstellung des Vertragsarztes für die Krankenkasse gem. § 299 scheidet damit nicht nur für die entschiedene Konstellation der Arzneimittelverordnung aus, sondern auch für andere praxisrelevante Fallgruppen, wie die Heilmittelverordnung oder Zuweisungen (gegen Entgelt) (vgl. ausführlich hierzu und insb. zu den verbliebenen Strafbarkeitsrisiken *Tsambikakis*, Strafbarkeitsrisiken korruptiven Verhaltens niedergelassener Ärzte nach dem Beschluss des Großen Senats für Strafsachen, in: Schiller/Tsambikakis, Kriminologie und Medizinrecht, S. 217 ff.).

12 Das weitere Argument des Großen Senats, der Arzt handele bei wertender Betrachtung im Interesse des Patienten und nicht der Krankenkasse, unterstützt die Übertragbarkeit der Entscheidung auf alle anderen Fälle, in denen der Arzt in seiner Eigenschaft als Vertragsarzt handelt. Denn ein Arzt wird stets im Interesse der Gesundheit seines Patienten handeln müssen. Wird die Rechtsprechung des Großen Senats konsequent umgesetzt, braucht zwischen den diskutierten Fallgruppen nicht unterschieden werden: Der Vertragsarzt ist in Erfüllung seiner vertragsärztlichen Pflichten kein Beauftragter der Krankenkasse.

13–17 *(unbesetzt)*

18 Grundsätzlich und unabhängig von der Entscheidung des Großen Senats für Strafsachen bleibt § 299 anwendbar für alle **angestellten Ärzte**, was vor allem für angestellte Ärzte im MVZ praxisrelevant ist. Das Gleiche gilt für angestellte Krankenhausärzte, soweit diese keine Amtsträger gem. § 11 Abs. 1 Nr. 2 sind (s. § 331 StGB Rdn. 6 ff.). Dann gelten die §§ 331 ff.. Zu beachten sind jedoch nunmehr die spezielleren §§ 299a, b (vgl. dort Rdn. 29).

### d) Handeln im geschäftlichen Verkehr

19–20 *(unbesetzt)*

21 Die Tathandlung (Rdn. 3) erfolgt im geschäftlichen Verkehr. Damit sind alle auf das Unternehmen bezogenen Kontakte gemeint, was **freiberufliche Aktivitäten umfasst**, wenn sie zu Zwecken des Wettbewerbs erfolgen oder dem Erwerb dienen. Rein privates Handeln ist ebenso wenig tatbestandsrelevant wie hoheitliches Handeln. Ersteres ist den Straftatbeständen der Korruption nicht zugänglich, letzteres fällt ggf. unter §§ 331 ff..

### e) Vorteil

22 Gegenstand der Tatbemühungen muss ein Vorteil sein. **Vorteil** ist jede Verbesserung der wirtschaftlichen, rechtlichen oder persönlichen Lage. Darunter fallen ggf. auch immaterielle Vorteile. Sozialadäquate Zuwendungen wie Trinkgelder oder kleine Gelegenheitsgeschenke erfüllen den Tatbestand nicht.

### f) Unrechtsvereinbarung

23 Dem Vorteil auf der einen Seite steht auf der anderen die **unlautere Bevorzugung** des Bestechenden bei dem Bezug von Waren oder gewerblichen Leistungen **im Wettbewerb** gegenüber. Alle strafbaren

Tathandlungen müssen sich auf diese missbilligte Unrechtsvereinbarung im Wettbewerb beziehen. Das Erfordernis der Unrechtsvereinbarung ergibt sich im Gesetzestext aus der Verknüpfung »dafür«. Dass die Straftaten nur im geschäftlichen Verkehr begangen werden können und dass der Bestochene regelmäßig einem Unternehmen zugeordnet werden muss, ist eine bereits erörterte Tatbestandsvoraussetzung (vgl. Rdn. 4). Strafbare Korruption in der Beschreibung des § 299 setzt darüber hinaus voraus, dass der Vorteil im Zusammenhang mit einer Wettbewerbssituation steht. Wettbewerb setzt zumindest zwei Konkurrenten voraus (BGH wistra 2003, 385, 386); bei Monopolisten greift aber nunmehr Abs. 1 Nr. 2. Diese Mitbewerber müssen Waren oder gewerbliche Leistungen gleicher oder verwandter Art herstellen oder in den Verkehr bringen (BGH NJW 2006, 3290, 3298; BGHSt 49, 214, 228). Die Bevorzugung ist unlauter, wenn sie geeignet ist, Mitbewerber durch Umgehung der offengelegten Regeln des Wettbewerbs und durch Ausschaltung der Konkurrenz zu schädigen. Die Handlung muss nicht pflichtwidrig sein (anders bei Abs. 1 Nr. 2, s. Rdn. 24), da der Angestellte in der Regel keine eigenen Pflichten gegenüber den Mitbewerbern bzw. dem Prinzipal haben wird und des Weiteren weder Heimlichkeit noch die objektive Schädigung des eigenen oder dritten Betriebs Voraussetzung einer Strafbarkeit sind.

### 2. Geschäftsherrenvariante, Abs. 1 Nr. 2

Bei dem neu eingeführten Geschäftsherrenmodell sind die wesentlichen Tatbestandsmerkmale wie bei der Nr. 1 auszulegen. Allerdings bedarf es keiner Wettbewerbslage für eine Strafbarkeit. Hinzukommen muss dagegen eine Pflichtverletzung des Täters gegenüber seinem Geschäftsherrn. Die Tathandlung ist deshalb bei Einwilligung des Unternehmens nicht strafbar. Das bloße Abstellen auf eine Pflichtverletzung führt zu einer (zu) weiten Strafbarkeit (insoweit werden verfassungsrechtliche Bedenken geltend gemacht, s. *Gaede* NZWiSt 2014, 281, 287), so dass die Praxis eine einschränkende Auslegung des Merkmals suchen wird. Zu denken ist z.B. an eine wettbewerbsbezogene Auslegung (vgl. *Kubiciel* KPKp 4/2014, 15 f., s. zu Vorschlägen zur Begrenzung der Reichweite des Tatbestands auch *Hoven* NStZ 2015, 553, 557 ff.). 24

## II. Bestechung im geschäftlichen Verkehr

### 1. Wettbewerbsvariante, Abs. 2 Nr. 1

#### a) Tathandlung

Der Tatbestand der (aktiven) **Bestechung** in Abs. 2 entspricht spiegelbildlich dem der (passiven) Bestechlichkeit in Abs. 1. Im Gegensatz zu Abs. 1 ist der Täterkreis indes nicht auf Angestellte oder Beauftragte eines Unternehmens beschränkt. An diese Personen muss sich nur das Angebot des Täters richten. Der Tatbestand erfasst nicht den Wettbewerb um Privatkunden. Tauglicher Täter ist damit jeder, der im geschäftlichen Verkehr zu Zwecken des Wettbewerbs handelt. **Anbieten** ist das Inaussichtstellen, Versprechen die Zusage und Gewähren das tatsächliche Verschaffen des Vorteils. Anbieten und Versprechen sind empfangsbedürftige Willenserklärungen. Konkludente Erklärungen – bei durchgängiger Informationskette auch an Mittelsmänner – reichen aus. Ob sich der Vorteil realisiert, ist unerheblich. 25

#### b) Weitere objektive Tatbestandsmerkmale

Die weiteren objektiven Tatbestandsmerkmale entsprechen denen der Bestechlichkeit (vgl. zu Einzelheiten Rdn. 4 ff.) 26

### 2. Geschäftsherrenvariante, Abs. 2 Nr. 2

Bei dem neu eingeführten Geschäftsherrenmodell sind die wesentlichen Tatbestandsmerkmale wie bei der Nr. 1 auszulegen – allerdings bedarf es keiner Wettbewerbslage für eine Strafbarkeit. Hinzukommen muss dagegen eine Pflichtverletzung des Vorteilnehmers gegenüber seinem Geschäftsherrn. Die Tathandlung ist deshalb bei Einwilligung des Unternehmens des Vorteilnehmers nicht strafbar. Das bloße Abstellen auf die Pflichtverletzung nach dem Wortlaut des Gesetzes 26a führt zu einer (zu) weiten Strafbarkeit (insoweit werden verfassungsrechtliche Bedenken geltend gemacht, s. *Gaede* NZWiSt 2014, 281, 287), so dass die Praxis eine einschränkende Auslegung des Merkmals suchen wird. Zu denken ist z.B. an eine wettbewerbsbezogene Auslegung (vgl. *Kubiciel* KPKp 4/2014, 15 f., s. zu Vorschlägen zur Begrenzung der Reichweite des Tatbestands auch *Hoven* NStZ 2015, 553, 557 ff.).

### C. Subjektiver Tatbestand

27 Der Vorsatz – es genügt **dolus eventualis** – muss neben der Stellung als Angestellter oder Beauftragter, dem Vorliegen eines geschäftlichen Betriebs, der Bevorzugung und der Wettbewerbslage, die die Unlauterkeit begründenden tatsächlichen Umstände umfassen. Bei Abs. 1 muss der Täter ferner in der Absicht handeln, dass der andere den Vorteil als Gegenleistung für die Bevorzugung gewährt; bei Abs. 2 Nr. 1 muss er in **Wettbewerbsabsicht** handeln (*Fischer* StGB § 299 Rn. 40).

### D. Rechtswidrigkeit

28 Eine Einwilligung des Geschäftsherrn lässt die Rechtswidrigkeit nur bei Abs. 1 Nr. 2 bzw. Abs. 2 Nr. 2 entfallen, weil über das primär durch Abs. 1 Nr. 1 bzw. Abs. 2 Nr. 2 geschützte Allgemeinrechtsgut, die Lauterkeit des Wettbewerbs, nicht disponiert werden kann.

### E. Konkurrenzen

29 Die im Rahmen der Unrechtsvereinbarung verwirklichte notwendige Teilnahme tritt hinter die spiegelbildlich vorliegende eigene Täterschaft zurück. Wenn die bevorzugende Handlung ebenfalls strafbar ist, steht sie mit § 299 auch bei einheitlicher Unrechtsvereinbarung in Tatmehrheit. Die einzelnen Begehungsweisen des § 299 werden durch das Vorliegen einer Unrechtsvereinbarung grundsätzlich nicht zu einer einheitlichen Tat im Rechtssinne verbunden. Es handelt sich vielmehr um rechtlich selbstständige Handlungen, die gegenüber der späteren »Annahme« oder dem »Gewähren« eines Vorteils in Tatmehrheit (§ 53) stehen (BGH NStZ 1995, 92). Bei einem einheitlichen Tatgeschehen kommt Idealkonkurrenz in Betracht.

Zum Konkurrenzverhältnis mit §§ 299a, b vgl. dort Rdn. 30.

### § 299a Bestechlichkeit im Gesundheitswesen

Wer als Angehöriger eines Heilberufs, der für die Berufsausübung oder die Führung der Berufsbezeichnung eine staatlich geregelte Ausbildung erfordert, im Zusammenhang mit der Ausübung seines Berufs einen Vorteil für sich oder einen Dritten als Gegenleistung dafür fordert, sich versprechen lässt oder annimmt, dass er
1. bei der Verordnung von Arznei-, Heil- oder Hilfsmitteln oder von Medizinprodukten,
2. bei dem Bezug von Arznei- oder Hilfsmitteln oder von Medizinprodukten, die jeweils zur unmittelbaren Anwendung durch den Heilberufsangehörigen oder einen seiner Berufshelfer bestimmt sind, oder
3. bei der Zuführung von Patienten oder Untersuchungsmaterial

einen anderen im inländischen oder ausländischen Wettbewerb in unlauterer Weise bevorzuge, wird mit Freiheitsstrafe bis zu drei Jahren oder mit Geldstrafe bestraft.

### § 299b Bestechung im Gesundheitswesen

Wer einem Angehörigen eines Heilberufs im Sinne des § 299a im Zusammenhang mit dessen Berufsausübung einen Vorteil für diesen oder einen Dritten als Gegenleistung dafür anbietet, verspricht oder gewährt, dass er
1. bei der Verordnung von Arznei-, Heil- oder Hilfsmitteln oder von Medizinprodukten,

2. bei dem Bezug von Arznei- oder Hilfsmitteln oder von Medizinprodukten, die jeweils zur unmittelbaren Anwendung durch den Heilberufsangehörigen oder einen seiner Berufshelfer bestimmt sind, oder
3. bei der Zuführung von Patienten oder Untersuchungsmaterial

ihn oder einen anderen im inländischen oder ausländischen Wettbewerb in unlauterer Weise bevorzuge, wird mit Freiheitsstrafe bis zu drei Jahren oder mit Geldstrafe bestraft.

Übersicht

| | Rdn. | | | Rdn. |
|---|---|---|---|---|
| A. Allgemeines | 1 | d) | Unlauteres Bevorzugen im Wettbewerb | 19 |
| B. Objektiver Tatbestand | 6 | e) | Im Zusammenhang mit der Ausübung des Berufs | 25 |
| I. Bestechlichkeit im Gesundheitswesen, § 299a StGB | 6 | II. | Bestechung im Gesundheitswesen, § 299b StGB | 26 |
| 1. Täterkreis – Angehöriger eines Heilberufs | 6 | | 1. Täterkreis | 26 |
| 2. Tathandlung – Fordern, sich versprechen lassen oder annehmen | 7 | | 2. Tathandlung – Anbieten, Inaussichtstellen, Versprechen | 27 |
| 3. Vorteil | 11 | C. | Subjektiver Tatbestand | 28 |
| 4. Unrechtsvereinbarung | 13 | D. | Rechtswidrigkeit | 29 |
| a) Verordnung, § 299a Nr. 1 StGB | 14 | E. | Konkurrenzen | 30 |
| b) Bezug, § 299a Nr. 2 StGB | 16 | | | |
| c) Zuführung, § 299a Nr. 3 StGB | 18 | | | |

## A. Allgemeines

Die Straftatbestände zur Korruption im Gesundheitswesen wurden am 14.04.2016 vom Bundestag verabschiedet und sind am 04.06.2016 in Kraft getreten (BT-Drs. 18/8106 S. 12). Anlass für den Gesetzgeber war die **Entscheidung des Großen Senats** für Strafsachen des BGH vom 29.03.2012 (BGHSt 57, 202), nach der ein Vertragsarzt weder Amtsträger i.S.d. § 11 Abs. 1 Nr. 2 lit. c noch Beauftragter gem. § 299 Abs. 1 ist. Damit war der Vertragsarzt kein tauglicher Täter eines Korruptionsdelikts. In den Beschlussgründen forderte der BGH den Gesetzgeber unverhohlen auf, die aufgezeigte Strafbarkeitslücke zu schließen, weil die bestehenden berufsrechtlichen Sanktionsmöglichkeiten nicht genügten. 1

Nachdem ein Gesetzesentwurf des Bundesrates (BT-Drs. 17/14575) in der 17. Wahlperiode wegen des Grundsatzes der parlamentarischen Diskontinuität gegenstandslos geworden war, griff der Gesetzgeber in der 18. Wahlperiode das Gesetzesvorhaben mit einem Referentenentwurf des BMJV, der modifiziert in den **Regierungsentwurf eines Gesetzes zur Bekämpfung von Korruption im Gesundheitswesen** (BT-Drs. 18/6446, B-Reg) mündete, wieder auf. Dieser Entwurf sah über die jetzige Fassung hinaus Strafen vor, wenn der Heilberufsträger seine berufsrechtliche Pflicht zur Unabhängigkeit verletzte und erfasste neben dem Bezug von Arzneimitteln etc. deren Abgabe. Zudem waren nach dem Regierungsentwurf die Delikte der §§ 299a, b durch eine ursprünglich beabsichtigte Änderung des § 301 als relative Antragsdelikte ausgestaltet. Nach deutlicher Kritik an der Strafandrohung bei Verletzung einer Pflicht der Berufsausübung wegen eines möglichen Verstoßes gegen Art. 103 Abs. 2 GG (dazu *Aldenhoff/Valluet* medstra 2015, 195, 196 f.; *Taschke/Zapf* medstra 2015, 332, 336; *Badle* medstra 2015, 139; beschwichtigend *Gädigk* medstra 2015, 268, 270; *Schröder* NZWiSt 2015, 321, 326 ff.; *ders.* NZWiSt 2015, 361 f.; *Dieners* PharmR 2015, 529, 531 f.) wurden diese Tatvarianten aus den Tatbeständen der § 299a, b im weiteren Gesetzgebungsverfahren bei den Verhandlungen im Ausschuss für Recht und Verbraucherschutz gestrichen. Gleichfalls wurden die heilberuflichen Abgabeentscheidungen und der Bezug von Arzneimitteln etc. tatbestandlich auf Fälle des Bezugs zur unmittelbaren Anwendung durch den Heilberufsangehörigen und seiner Berufshelfer beschränkt. Ein halbes Jahrzehnt nach Inkrafttreten der Vorschrift lässt sich feststellen, dass die Zahl der **Ermittlungsverfahren** nach §§ 299a, b gering geblieben ist und eine (höchst-)richterliche Klärung der bestehenden Rechtsfragen weiterhin aussteht. Praktische Auswirkungen zeigen sich vielmehr in Veränderungen der internen 2

Krankenhausorganisation: Compliance und allgemeine Korruptionsvorsorge haben an Bedeutung gewonnen (*Kubiciel* medstra 2019, 193).

3   Dadurch, dass die **Abgabeentscheidungen** aus dem Gesetzesentwurf **gestrichen** wurden, hat der Gesetzgeber den Gegenstand der tauglichen Unrechtsvereinbarung verkleinert und faktisch die Apotheker aus dem tauglichen Täterkreis der Nehmerseite entfernt. Dies betrifft mittelbar auch das Verhältnis der Industrie zum Apotheker, indem Unrechtsvereinbarungen, die das Abgabeverhalten der Apotheker betreffen, in Zukunft straflos bleiben – jedenfalls soweit man in dem Apotheker keinen Amtsträger sieht. Die Begründung, die sich aus der Beschlussempfehlung und dem Bericht des Ausschusses für Recht und Verbraucherschutz ergeben, trägt dieses Ergebnis nicht. Danach sei eine gesonderte Erfassung von Abgabeentscheidung nicht erforderlich, da der Tatbestand schon bei Bezug nur solche Mittel und Produkte umfasse, die zur unmittelbaren Anwendung durch einen Heilberufsangehörigen bzw. dessen Berufshelfer und nicht nur zur Abgabe bestimmt seien. »Werden die Vorteile ausdrücklich bezogen auf die unmittelbare Anwendung als besondere Form der Abgabe gewährt, wie dies bei sogenannten rückwirkenden Zielrabatten der Fall ist, dürfte die Vereinbarung in aller Regel aber auch die vorgelagerte, zwingend erforderliche Bezugsentscheidung beinhalten« (BT-Drs. 18/8106 S. 16). Daran ist richtig, dass bei einer unlauteren Bezugsentscheidung das wettbewerbsspezifische Unrecht bei der Abgabe fortwirken und sich der Bezug als Vorfeldhandlung zur Abgabe darstellen kann (*Geiger* medstra 2016, 9, 13). Der Umstand, dass sich die Anwendungsbereiche dieser Handlungsvarianten überschneiden können, lässt allerdings – nicht zuletzt durch die Begrenzung der Bezugsentscheidung auf Fälle der unmittelbaren Anwendung am Patienten – gerade nicht den zwingenden Schluss zu, dass die Abgabeentscheidung gegenüber der Bezugsentscheidung keinen eigenen Anwendungsbereich hätte. Ein eigenständiger Anwendungsbereich ergibt sich gerade beim Apotheker, der regelmäßig Bezugs- und Abgabeentscheidungen trifft, denen keine unmittelbare Anwendung am Patienten folgt (vgl. dazu *Pragal/Handel* medstra 2016, 22, 26; *Geiger* medstra 2016, 9, 14). Die faktische Herausnahme dieser Berufsgruppe aus dem Täterkreis durch Begrenzung der Tathandlung könnte neben deren Straflosigkeit auf der Nehmerseite zudem gegenüber der direkten Einwirkung auf den Arzt bei seiner Verordnungsentscheidung alternative Beeinflussungswege für die Pharmaindustrie eröffnen, indem eine unmittelbare Einflussnahme auf die Apotheker als mittelbarer Kommunikationskanal zur Verfügung steht. Eine Strafbarkeit der Apotheker als Täter auf der Geberseite im Rahmen des § 299b bleibt auch nach der Streichung der Abgabeentscheidung möglich, wenn der Apotheker bspw. einem Vertragsarzt dafür mietfreie Praxisräume anbietet, damit der Arzt im Gegenzug die Patienten in seine Apotheke schickt.

4   Obwohl der Straftatbestände der § 299a, b im 26. Abschnitt des Strafgesetzbuchs systematisch bei den »Straftaten gegen den Wettbewerb« eingeordnet sind, sollen sie nach der Begründung des Regierungsentwurfs einen **doppelten Rechtsgüterschutz** verfolgen, der einerseits der **Sicherung eines fairen Wettbewerbs im Gesundheitswesen** und andererseits dem **Schutz des Vertrauens der Patienten in die Integrität heilberuflicher Entscheidungen** dient (BT-Drs. 18/6446, B-Reg., S. 12). Ein Modell des doppelten Rechtsgüterschutzes ist jedoch spätestens nach der Streichung der Tatbestandskonstellationen der Verletzung der berufsrechtlichen Pflicht im ursprünglich im Regierungsentwurf vorgesehenen §§ 299a, b Abs. 1 Nr. 2 StGB-E sowie die Auflösung der Anknüpfung der Bezugsentscheidung an die berufsrechtliche Pflicht zur Wahrung der heilberuflichen Unabhängigkeit in §§ 299a, b Abs. 2 StGB-E nicht mehr vertretbar (vgl. *Schröder* NZWiSt 2015, 321, 325; *Gaede* medstra 2015, 263, 264; *Dieners* PharmR 2015, 529, 530; *Brettel/Duttge/Schuhr* JZ 2015, 929, 933). Stattdessen dürfte die **Sicherung eines fairen Wettbewerbs im Gesundheitswesen** das einzig geschützte Rechtsgut darstellen (im Einzelnen hierzu *Tsambikakis* medstra 2016, 131, 132 f.). Denn das grundsätzlich berechtigte Interesse des Patienten, eine von dritter Seite unbeeinflusste Behandlung durch seinen Arzt zu erfahren, setzt im Gefüge der §§ 299a, b nunmehr stets eine auf die Beeinträchtigung des Wettbewerbs gerichtete Handlung voraus. Da Verstöße gegen das Berufsrecht aber regelmäßig als wettbewerbswidrig angesehen werden, hält sich die praktische Bedeutung der Frage in Grenzen.

Die neuen Paragraphen unterscheiden zwischen der passiven Bestechlichkeit (§ 299a) und der aktiven Bestechung (§ 299b). **§ 299a** ist ein **Sonderdelikt**, d.h. Täter kann nur ein Angehöriger eines Heilberufs sein, während **§ 299b** von **jedermann** begangen werden kann. Nr. 1 erfasst in beiden Vorschriften die Konstellation der Verordnung von Arznei-, Heil- oder Hilfsmitteln oder von Medizinprodukten, Nr. 2 deren Bezug zur unmittelbaren Anwendung und Nr. 3 die Zuführung von Patienten oder Untersuchungsmaterial. Die Delikte der §§ 299a, b betreffen das gesamte Gesundheitssystem und beschränken sich – entgegen früherer Überlegungen – nicht nur auf den vertragsärztlichen Bereich oder die Gesetzliche Krankenversicherung. §§ 299a, b wurden darüber hinaus anders als § 299 und im Gegensatz sowohl zum Referenten- als auch Regierungsentwurf als **Offizialdelikt** ausgestaltet, weil die Integrität heilberuflicher Entscheidungen ein überindividuelles Rechtsgut von großer Bedeutung sei. Die Allgemeinheit sei i.d.R. durch die Verwirklichung dieser Tatbestände berührt, so dass sich ein Strafantragserfordernis nicht rechtfertigen lasse (BT-Drs. 18/8106 S. 17 f.).

### B. Objektiver Tatbestand

### I. Bestechlichkeit im Gesundheitswesen, § 299a StGB

#### 1. Täterkreis – Angehöriger eines Heilberufs

Täter des Sonderdelikts der Bestechlichkeit im Gesundheitswesen gem. § 299a kann jeder Angehöriger eines Heilberufs sein, dessen Berufsausübung oder dessen Berufsbezeichnung eine staatlich geregelte Ausbildung erfordert. Die Tätereigenschaft ist mithin ein strafbegründendes persönliches Merkmal i.S.d. § 28 Abs. 1. Der taugliche Täterkreis entspricht dem des § 203 Abs. 1 Nr. 1 (vgl. dort Rdn. 8) und stimmt mit dem Begriff des Art. 74 Abs. 1 Nr. 19 GG überein (*Wigge* NZS 2015, 447, 449). Dazu zählen die **akademischen Heilberufe** wie Ärzte, Zahnärzte, Tierärzte, Apotheker (dazu aber o. Rdn. 3), ferner die Angehörigen der sog. **Gesundheitsfachberufe**, z.B. Ergo- und Physiotherapeuten, Logopäden, Hebammen, Krankenpfleger, Kinderkrankenschwestern, medizinisch-technische Assistenten, pharmazeutisch-technische Assistenten, Masseure, Diät-Assistenten, Rettungsassistenten, psychologische Psychotherapeuten und Kinder- und Jugendlichenpsychotherapeuten – nicht aber Heilpraktiker, weil deren Ausbildung staatlich nicht geregelt ist. Eine Restriktion auf akademische Heilberufe ist nach dem Willen des Gesetzgebers bewusst nicht erfolgt, da auch bei den nicht-akademischen Heilberufen grundsätzlich trotz des geringeren Risikos einer unlauteren Beeinflussung auf diese deren Entscheidung insbesondere aufgrund der hohen Relevanz für die Patienten ebenfalls besonders relevant seien (BT-Drs. 18/6446 S. 16). Zu beachten ist, dass die Berufsgruppe der Apotheker als akademischer Heilberuf zwar nicht ausdrücklich aus dem Anwendungsbereich der Vorschrift herausgenommen wurde, so dass sie grundsätzlich taugliche Täter des § 299a bleiben. Allerdings führte die Streichung der zunächst beabsichtigten Abgabekonstellation im Laufe des Gesetzgebungsverfahrens faktisch zu einer Straflosigkeit der Apotheker im Zusammenhang mit der Bestrafung der Nehmerseite (s. dazu o. Rdn. 3).

#### 2. Tathandlung – Fordern, sich versprechen lassen oder annehmen

Der Täter des Abs. 1 fordert einen Vorteil, lässt ihn sich versprechen oder nimmt einen solchen an. Mit dem bloßen »**Fordern**« werden auch untaugliche Anbahnungsbemühungen unter Vollendungsstrafe gestellt. Es kommt nicht darauf an, ob die Forderung Erfolg hat, sondern darauf, ob sie dem potentiellen Geber zugeht. **Annehmen** und **Sich versprechen lassen** setzen über ein bloß faktisches Verhalten die Einigung beider Teile über Gegenstand und den Zweck der Zuwendung voraus, wobei konkludentes Handeln genügt.

**Fordern** ist jede Erklärung des Täters, mit der er das Begehren als Gegenleistung für eine unlautere Bevorzugung im Wettbewerb ausdrücklich oder konkludent zum Ausdruck bringt. Für das Vorliegen des Forderns ist es unerheblich, ob die Erklärung angenommen wird.

**Annehmen** ist das tatsächliche Entgegennehmen eines Vorteils durch den Täter oder einen Dritten, wobei bei der Annahme durch einen Dritten diesbezüglich Kenntnis und Einverständnis des Täters vorliegen muss.

10 Ein **Sich-versprechen-lassen** liegt vor, wenn der Täter ausdrücklich oder konkludent erklärt, einen angebotenen Vorteil anzunehmen. Es bedarf also im Rahmen des Sich-versprechen-lassens einer Mitwirkungshandlung durch den Vorteilsgeber. Ob es tatsächlich zu einem Austausch der Leistungen kommt, ist unerheblich. Ein Sich-versprechen-lassen ist nicht gegeben, wenn der Täter von einem Angebot ausgeht und dieses annimmt, tatsächlich aber kein Angebot vorlag. In diesem Fall ist dann aber ggf. ein Fordern in Betracht zu ziehen.

### 3. Vorteil

11 Gegenstand der Tatbemühungen muss ein Vorteil sein. Der Vorteilsbegriff des § 299a entspricht demjenigen der §§ 299, 331 StGB sowie §§ 31, 32 MBO. **Vorteil** ist demgemäß jede Verbesserung der wirtschaftlichen, rechtlichen oder persönlichen Lage, auf die der Täter keinen Rechtsanspruch hat. Darunter fallen neben den **materiellen** ggf. auch **immaterielle** Vorteile, sofern diese objektiv messbar sind wie z.B. Ehrungen oder Ehrenämter (BT-Drs. 18/6446, B-Reg., S. 16 f.). Eine Bagatellgrenze ist im Rahmen des § 299a ebenso wie bei § 299 nicht vorgesehen, allerdings können **sozialadäquate** Zuwendungen, bei denen die objektive Eignung zur Beeinflussung einer konkreten heilberuflichen Entscheidung fehlt, den Tatbestand nicht erfüllen (BT-Drs. 18/6446, B-Reg., S. 17; *Kubiciel* MedR 2016, 1, 3). Dazu können z.B. geringfügige und allgemein übliche Werbegeschenke wie Werbekalender oder Kugelschreiber oder kleine Präsente von Patienten gehören. Nachträgliche Zuwendungen werden vom Tatbestand nicht erfasst, so dass bspw. die Annahme eines Geschenks von Patienten, das als Dank für eine bereits durchgeführte Behandlung geleistet wird, nicht strafbar ist (BT-Drs. 18/6446, B-Reg., S. 17). Dabei ist es für die Annahme des Vorteils unerheblich, ob dieser für den Täter oder einen Dritten entsteht, so dass auch die Anstellungskörperschaft des Heilberufsangehörigen Vorteilsempfänger sein kann (*Pragal/Handel* medstra 2015, 337, 340). Auch der **Abschluss eines Vertrages** mit gegenseitigen Leistungspflichten soll nach der Gesetzesbegründung gem. der bei § 299 geltenden Rechtslage ein geeigneter Vorteil unabhängig davon sein können, ob die Leistungen aufgrund des Vertrages als angemessene Gegenleistung für die vertragsgemäßen Pflichten anzusehen sind. Zu beachten ist, dass auch aus grundsätzlich zulässigen **Kooperationsformen** ein Vorteil hergeleitet werden kann, so dass durch den Tatbestand ein abstrakt erhöhtes Strafbarkeitsrisiko begründet wird, dessen Restriktion durch eine konkrete Betrachtung der Verknüpfung von Leistung und Gegenleistung lediglich bei dem normativen Tatbestandsmerkmal der Unrechtsvereinbarung erreicht werden kann (vgl. *Pragal/Handel* medstra 2015, 337, 340, 343; *Wissing/Cierniak* NZWiSt 2016, 41, 43; *Aldenhoff/Valluet* medstra 2015, 195, 198 f.; *Wigge* NZS 2015, 447, 449; *Badle* medstra 2015, 2, 3; *ders.* medstra 2015, 139).

12 Demgemäß sind **Zuwendungen** aus grundsätzlich **zulässigen Kooperationskonstellationen** wie etwa die Durchführung von vor- und nachstationären Behandlungen gem. § 115a SGB V, von ambulanten Behandlungen gem. § 115b SGB V, der ambulanten spezialfachärztlichen Versorgung gem. § 116 SGB V sowie die integrierte Versorgung gem. § 140a ff. SGB V grundsätzlich Vorteile i.S.d. § 299a. Vergütete Anwendungsbeobachtungen sind ebenso wenig von vornherein aus dem Tatbestand auszuschließen wie die Leistung von Honoraren für Vorträge, Gutachter- oder Beratertätigkeiten, Veröffentlichungen, sowie Bonuszahlungen auf sozialrechtlicher Grundlage. Auch Sponsoringverträge können ebenso wie die Gewährung eines Rabatts oder der Gewinn aus einer Beteiligung an einem Unternehmen einen Vorteil darstellen. Bzgl. letzterem ist zu berücksichtigen, dass die Rechtsprechung des BGH in Bezug auf § 31 NdsBOÄ aufgrund des Umgehungscharakters auch dann von einem Vorteil ausgeht, wenn ein naher Angehöriger des Täters als Strohmann an dem Unternehmen beteiligt ist und demgemäß die Ausschüttungen erhält (BGH NJW 2011, 2211, 2217). Als praxisrelevante **einseitige Zuwendungen** kommen Einladungen zu Kongressen oder Fortbildungsveranstaltungen in Betracht, obwohl z.B. die Annahme eines Vorteils in angemessener Höhe gem. § 32 Abs. 2 MBO-Ä dann nicht berufsrechtswidrig ist, wenn dieser ausschließlich für berufsbezogene Fortbildungsveranstaltungen geleistet wird (vgl. *Wissing/Cierniak* NZWiSt 2016, 41, 43). In der Praxis häufig anzutreffen sind insbesondere die Übernahme von Reise- und Übernachtungs- und Bewirtungskosten sowie die Bezahlung von Gebühren für Kongresse oder Seminare (*Dieners* PharmR 2015, 529, 533; *Krüger* GesR 2015, 527, 530; *Gaedel*

*Lindemann/Tsambikakis* medstra 2015, 142, 149). Auch die Überlassung von technischen Geräten (OLG Karlsruhe NJW 2001, 907, 908) und die Bezahlung einer Weihnachtsfeier (BGH NJW 2003, 763, 764) bleiben denkbar.

Für die Praxis bedeutet dies, dass der Vorteilsbegriff kaum geeignet ist, den Tatbestand näher zu begrenzen. Alles, was einen Menschen motiviert, kann letztlich als Vorteil angesehen werden. Ein Unrechtsurteil ist damit allein noch nicht gesprochen. Für die Strafbarkeit kommt es entscheidend auf das Vorliegen einer Unrechtsvereinbarung an (dazu sogleich unter Rdn. 13) – also der Verknüpfung zwischen dem Vorteil und der unlauteren Bevorzugung bei der Verordnung, dem Bezug oder der Zuführung.

### 4. Unrechtsvereinbarung

Dem Vorteil auf der einen Seite steht auf der anderen die **unlautere Bevorzugung** des Bestechenden **im Wettbewerb** gegenüber. Alle strafbaren Tathandlungen müssen sich auf eine solche missbilligte Unrechtsvereinbarung beziehen. Das Erfordernis der Unrechtsvereinbarung ergibt sich im Gesetzestext aus der Verknüpfung »dafür«. Die Unrechtsvereinbarung muss zudem auf eine Konstellation der Nr. 1–3 abzielen, also auf die Verordnung, den Bezug oder die Zuführung. Dabei muss eine inhaltliche Verknüpfung zwischen Vorteilszuwendung und Heilberufsentscheidung bestehen (BGH NStZ-RR 2015, 278, 279; *Pfaffendorf* NZWiSt 2015, 8, 11). Die bloße Annahme eines Vorteils allein genügt diesem Erfordernis nicht. Für die Verwirklichung des § 299a reicht es auch nicht, wenn durch den Vorteil lediglich das allgemeine Wohlwollen des Zuwendungsempfängers gesichert werden soll (*Fischer* StGB § 299 Rn. 22). Die für die §§ 331, 333 für strafbarkeitsgeeignet gehaltene gelockerte Unrechtsvereinbarung ist somit nicht bei § 299a anwendbar, sondern lediglich die engeren Grundsätze des § 299 (BT-Drs. 18/6446, B-Reg., S. 17; *Kubiciel* MedR 2016, 1, 3). Besteht die Vorteilsgewährung zudem lediglich im kausalen Zusammenhang mit der heilberuflichen Leistung wie der Behandlung von Patienten, so kann darin keine geeignete Unrechtsvereinbarung liegen. Anderes gilt aber im Fall eines Verstoßes gegen das berufsrechtliche Verbot der Zuweisung gegen Entgelt. Eine taugliche Unrechtsvereinbarung soll aber dann nicht vorliegen, wenn dem Vertragsarzt Bonuszahlungen auf sozialrechtlicher Grundlage gewährt werden und er dadurch zu einem wirtschaftlichen Verordnungsverhalten animiert werden soll. Dies diene dann nämlich dem wirtschaftlichen Wettbewerb sowie den Interessen des Patienten, etwaige Zahlungen würden nicht für eine unlautere Bevorzugung gewährt (BT-Drs. 18/6446, B-Reg., S. 19).

### a) Verordnung, § 299a Nr. 1 StGB

Nr. 1 erfasst die **Verordnung** von Arznei-, Heil- oder Hilfsmitteln oder von Medizinprodukten. Verordnen ist das Verschreiben zugunsten von Patienten, wobei nicht relevant ist, ob das verschriebene Mittel oder Produkt auch verschreibungspflichtig ist. Eine Verordnung soll dabei in jeder Tätigkeit liegen, bei der ein enger Zusammenhang zur Verschreibung besteht wie z.B. auch die Verordnungsübersendung an einen anderen Leistungserbringer (BT-Drs. 18/8106 S. 16). Keine Verordnung in diesem Sinne wären Fälle der mittelbaren Beeinflussung, bei denen etwa durch Unternehmen auf die Verordnungsempfehlungen durch die medizinischen Fachgesellschaften oder mittels einer Unterstützung von werbenden Selbsthilfegruppen eingewirkt wird (*Pragal/Handel* medstra 2015, 337, 339).

**Arzneimittel** sind in § 2 Abs. 1 AMG, **Medizinprodukte** in § 3 MPG legaldefiniert. Die Begrifflichkeiten der **Heil- und Hilfsmittel** sind an §§ 32, 33 SGB V angelehnt. Diese Begriffe sind jeweils auch im Rahmen der Interpretation des § 299a zugrunde zu legen. Unter Heilmittel fallen danach ärztlich verordnete Dienstleistungen, die auf einen Heilerfolg ausgerichtet sind oder einem Heilzweck dienen und ausschließlich von ausbildungsmäßig befähigtem Personal durchgeführt werden dürfen. Hilfsmittel sind Gegenstände, die eine ersetzende, unterstützende oder entlastende Wirkung entfalten und auf diese Weise die erfolgreiche Krankenbehandlung oder den Ausgleich oder die Vorbeugung einer Behinderung sichern sollen.

15a Bei der Verordnung von Arzneimitteln, die Teil eines sogenannten Patienten-Support-Programms sind, bestehen Strafbarkeitsrisiken für Ärzte (vgl. im Einzelnen hierzu *Ziemann* medstra 2020, 11). Es handelt sich dabei um kostenlose Programme von Pharmaunternehmen, die die Patienten in der Anwendung eines bestimmten Medikamentes unterstützen. Verordnet ein Arzt ein solches Medikament und besteht dafür zwischen ihm und dem Pharmaunternehmen eine Vereinbarung über ein Honorar oder Einkünfte aus dem Programm, so ist darin ein Vorteil zu sehen. Zugleich ist ein Indiz für eine Unrechtsvereinbarung gegeben. Strafbarkeitsrisiken bestehen ebenfalls durch die Ersparnis von Aufwendungen für ärztliche Pflichtleistungen, die der Arzt persönlich schuldet, der Überlassung von korruptiv werbefördernden Werbe- und Verkaufshilfen sowie einer nicht medizinisch-therapeutisch notwendigen Versorgung des Patienten mit einem Wunschmedikament samt unterstützendem Programm (*Ziemann* medstra, 2020, 11, 17).

### b) Bezug, § 299a Nr. 2 StGB

16 Unter Bezug i.S.d. § 299a Nr. 2 ist jede Handlung zu verstehen, die ein **Sich-Verschaffen** zum Gegenstand hat, mithin auch Teil-Handlungen wie die Bestellung, die Abnahme oder die Bezahlung. Die in Betracht kommenden Bezugsentscheidungen beschränken sich aber zur Privilegierung von rein unternehmerischen Entscheidungen, bei denen die Heilberufsangehörigen ausschließlich eigene wirtschaftliche Interessen verfolgen, auf die zur **unmittelbaren Anwendung** durch den Heilberufsangehörigen oder einen seiner Helfer bestimmte Arznei-, Hilfsmittel und Medizinprodukte (*Geiger* medstra 2016, 9, 10; *Gaede* medstra 2015, 263, 264; *Jary* PharmR 2015, 99, 102). Von der Variante der Nr. 2 werden daher z.B. Produkte wie Prothesen, Implantate sowie Arzneimittel, die unmittelbar angewendet werden, erfasst, nicht jedoch etwa Ausstattungsgegenstände für Behandlungsräume wie z.B. ein Behandlungsstuhl (BT-Drs. 18/6446, B-Reg., S. 22; *Gaede* medstra 2015, 263, 264).

Unsicherheiten verbleiben bei Verbrauchsmaterial für den Praxisbedarf, der ebenfalls zum Teil an den Patienten abgegeben bzw. bei dessen Behandlung verwendet wird (*Pragal/Handel* medstra 2015, 337, 342; vgl. auch *Geiger* medstra 2016, 9, 10). Aufgrund des direkten Bezugs solcher Verbrauchsmittel wie z.B. Handschuhe, Alkoholtupfer oder Desinfektionsmittel zur heilberuflichen Tätigkeit könnte hier grundsätzlich eine unmittelbare Anwendung zu bejahen sein. Die nicht bestehende gesonderte Abrechenbarkeit dieser Produkte, deren Abgeltung über den einheitlichen Bewertungsmaßstab erfolgt, spricht aber eher dafür, diesen Bereich ebenfalls dem rein unternehmerischen Kontext zuzuordnen (vgl. auch *Pragal/Handel* medstra 2016, 22, 26; *Gaede*, in: NK-WSS § 299a StGB Rn. 72; a.A. *Fischer* StGB § 299a Rn. 15).

Folgt der Bezug auf eine Verordnung und wird das Mittel oder Produkt sodann unmittelbar angewendet, wie etwa bei der ambulanten Krebs- oder der Substitutionstherapie, ist die vorgelagerte Verordnungsentscheidung i.d.R. Anknüpfungspunkt für die Strafbarkeit. Für die Annahme der Anwendung genügt, dass sie durch einen Berufshelfer des Heilberufsangehörigen durchgeführt wird; eine Anwendung durch diesen selbst ist also nicht notwendig. Erforderlich ist lediglich, dass der Helfer sowohl in organisatorischer als auch weisungsrechtlicher Hinsicht in den Pflichtenkreis des Heilberufsangehörigen eingebunden ist, wobei die Grundsätze des § 203 Abs. 3 Satz 2 (vgl. dort Rdn. 43b) übertragen werden können. Nach der Gesetzesbegründung soll eine Vereinbarung in Bezug auf eine zwingend erforderliche vorherige Bezugsentscheidung i.S.d. Nr. 2 auch dann vorliegen, wenn die Vorteile ausdrücklich gerichtet auf die unmittelbare Anwendung gewährt werden, was etwa bei rückwirkend gewährten Zielrabatten der Fall sein soll (BT-Drs. 18/8106 S. 16).

17 Die Strafbarkeit des Berufshelfers selbst richtet sich nach Teilnahmegrundsätzen, da er i.d.R. kein tauglicher Täter des § 299a ist. Soweit der Gehilfe bestochen wird, unterfällt er als Angestellter dem § 299.

### c) Zuführung, § 299a Nr. 3 StGB

18 Der **Zuführungsbegriff** soll nach dem Willen des Gesetzgebers dem **Zuweisungsbegriff** des Sozial- und Berufsrechts in § 73 Abs. 7 SGB V sowie § 31 MBO-Ä grundsätzlich entsprechen, so dass

hierunter jede Einwirkung auf einen Patienten zu verstehen sei, die mit dem Ziel erfolgt, dessen Auswahlentscheidung in Bezug auf einen Arzt oder anderen Leistungserbringer zu beeinflussen. Die Wahl des Begriffs »Zuführung« statt »Zuweisung« soll nach der Gesetzesbegründung sicherstellen, dass eine Strafbarkeit unabhängig von der Form der Einwirkung auf den Patienten in Betracht komme, so dass auch mündliche und unverbindliche Empfehlungen erfasst seien (BT-Drs. 18/6446, B-Reg., S. 20). Die Begründung der Wahl des Begriffs der »Zuführung« anstatt der »Zuweisung« ist nicht überzeugend. Schon beim Begriff der Zuweisung im Berufs- und Sozialversicherungsrecht ist seine Bedeutung im Grenzbereich des Wortsinns nicht hinreichend geklärt. So wird unter dem Begriff der Zuweisung bereits im Rahmen des § 31 MBO-Ä jede Überweisung oder mündliche und unverbindliche Erklärung verstanden, so dass die Wahl eines anderen Begriffs lediglich die Gefahr einer rechtsunsicheren Interpretation dieser Tatbestandsvariante in sich birgt. Eine Zuführung i.S.d. § 299a könnte auch in einer grundsätzlich zulässigen vertraglichen Kooperation gesehen werden, was Strafbarkeitsrisiken erhöhen kann und Rechtsunsicherheit schürt. Zur Vermeidung von Ermittlungsrisiken muss daher bspw. ein Vergütungsanspruch etwa von Honorarärzten (auch in Teil-Anstellung) unabhängig von der Zuweisung von Patienten gestaltet werden (*Pragal/Handel* medstra 2015, 337, 340; *dies.* medstra 2016, 22, 23). Zudem sollte bei einer Empfehlung sich diese auf sachliche Gründe stützen, eine etwaige Behandlungsalternative aufgezeigt und der Vorgang optimalerweise dokumentiert werden. Erfolgt dies mit der gebotenen Aufklärung des Patienten und entscheidet sich dieser sodann für eine bestimmte Behandlung, ist eine Zuführung bereits begrifflich ausgeschlossen (vgl. auch *Schneider/Ebermann* medstra 2018, 67, 68; *Tsambikakis* FS Fischer S. 599 ff.; a.A. *Dannecker/Schröder* NK-StGB § 299a Rn. 171–173.). Patient ist jeder, der die Leistung eines Angehörigen eines Heilberufs in Anspruch nimmt. Ungeklärt ist derzeit noch, ob die Person Patient sowohl des Vorteilsnehmers wie auch des Vorteilsgebers sein muss. Es dürfte jedoch ausreichen, wenn Patienten durch die Zuführung mangels Heilberufsangehörigen auf der Gegenseite zu Kunden werden oder umgekehrt (*Schneider/Ebermann* medstra 2018, 67, 72). Im Bereich der Patientenvermittlung im sog. Medizintourismus bestehen angesichts der in der Praxis verbreiteten Ausgestaltungsformen nur unter sehr engen Voraussetzungen Strafbarkeitsrisiken in Gestalt der §§ 299a, b (vgl. (*Schneider/Seifert* medstra 2019, 274, 276). Ebenso birgt die Patientenvermittlung über Internetplattformen nicht per se Strafbarkeitsrisiken, jedoch kommt es hierbei auf die konkrete Gestaltung an (im Einzelnen hierzu *Vogel* medstra 2019, 198).

### d) Unlauteres Bevorzugen im Wettbewerb

Strafbare Korruption i.S.d. § 299a setzt darüber hinaus voraus, dass der Vorteil im Zusammenhang mit einer **Wettbewerbssituation** steht. Dabei setzt **Wettbewerb** zumindest zwei Konkurrenten und eine Entscheidung zwischen diesen voraus (BGH NStZ-RR 2015, 278, 279; BGH wistra 2003, 385, 386). Diese Mitbewerber müssen in den Varianten der Nr. 1 und Nr. 2 Arznei-, Heil- oder Hilfsmittel oder Medizinprodukte gleicher oder verwandter Art herstellen oder in den Verkehr bringen. Bei Nr. 3 muss der Nehmer Patienten oder Untersuchungsmaterial zuführen können und der Geber wenigstens mit einem weiteren Wettbewerber um die Patienten oder das Untersuchungsmaterial buhlen. Das kann z.B. fraglich sein, wenn wegen der besonderen örtlichen Gegebenheiten kein anderes Krankenhaus oder Labor für die Zuführung in Betracht kommt (vgl. auch Rdn. 20). Da es sich um ein abstraktes Gefährdungsdelikt handelt, muss die Bevorzugung nicht objektiv eintreten sein, sondern lediglich Gegenstand der Unrechtsvereinbarung sein (*Wissing/Cierniak* NZWiSt 2016, 41, 43). 19

Ob bei **Monopolstellungen** von einem Wettbewerb ausgegangen werden kann, ist nicht abschließend geklärt. Für § 299a ist zunächst zu beachten, dass die im Gesetzesentwurf der Bundesregierung enthaltene Variante des § 299a Abs. 1 Nr. 2 StGB-E – die **Verletzung berufsrechtlicher Pflichten** – gerade auch die Konstellationen erfassen sollte, in der eine Wettbewerbslage wegen Vorliegens einer Monopolstellung nicht gegeben ist. Mit dem Wegfall dieser Tatvariante liegt daher zunächst nahe, dass eine entsprechende Strafbarkeitslücke (legitimerweise) bewusst in Kauf genommen wurde. In der Gesetzesbegründung wird zum einen darauf hingewiesen, dass tatsächliche Monopolstellungen ohnehin selten vorlägen. Die Gesetzesbegründung nennt in diesem 20

Zusammenhang patentgeschützte Medikamente als Beispiel, bei denen Re- oder Parallelimporte die Monopolstellung auflösen würden. Zum anderen sei eine Strafbarkeit selbst nach der jetzigen Fassung des § 299a unter Zugrundelegung der **Situation bei § 299** möglich, da die Rechtsprechung und überwiegende Ansicht davon ausgingen, dass ein Wettbewerb auch bei Monopollagen vorliegen könne. Es komme daher im Rahmen einer einzelfallbezogenen Prüfung darauf an, »wie weit der angemessene räumliche Einzugsbereichs [sic] zu ziehen ist und ob sich in diesem nicht weitere Fachärzte oder Kliniken befinden, an die der Vorteilsnehmer ebenfalls Patienten zu vergleichbaren Behandlungen zuführen könnte. Außerdem wird ähnlich dem Beispiel der Einführung eines neuen Arzneimittels oder Medizinproduktes dann von einem Handeln im Wettbewerb auszugehen sein, wenn die Vorteilsgewährung in der Absicht erfolgt, eine dauerhafte Patientenbindung aufzubauen und weitere Markteintritte und damit eine Wettbewerbslage zu verhindern« (BT-Drs. 18/8106 S. 16). Diese Einschätzung trifft nur eingeschränkt zu. Zwar ist im Rahmen des § 299 anerkannt, dass ein Handeln im Wettbewerb im Zusammenhang mit einer Monopolsituation auch dann vorliegen kann, wenn Vorteile gewährt würden, um die eigene Marktposition langfristig zu sichern und potentielle Wettbewerber auszuschalten (*Fischer* StGB § 299 Rn. 24; *Wissing/Cierniak* NZWiSt 2016, 41, 44), wobei eine engere Auslegung des Wettbewerbsbegriffs eine Wettbewerbslage bei Monopolsituationen nur dann für möglich hält, wenn mit der Wettbewerbssituation spätestens bis zum Zeitpunkt der in Aussicht gestellten Bevorzugung gerechnet werde (dazu MüKo-StGB/*Krick* § 299 Rn. 27). Allerdings wird schon im Rahmen des § 299 erwogen, ob nicht die Rechtsprechung künftig dem Wettbewerbsbegriff eine restriktivere Lesart zugrunde legen wird, da aufgrund der Einführung des Geschäftsherrenmodells im § 299 eine extensive Auslegung zur Erfassung der Monopolsituation nicht mehr erforderlich sei (*Kubiciel* Kölner Papiere zur Kriminalpolitik S. 3 f.; vgl. *Hoven* NStZ 2015, 553, 556). Zudem wird zu beachten sein, dass in der **Gesetzesbegründung des Regierungsentwurfs** zum Gesetz zur Bekämpfung der Korruption im Gesundheitswesen noch davon ausgegangen worden ist, dass die Einführung der Tatbestandsvariante des § 299a Abs. 1 Nr. 2 StGB-E gerade erforderlich sei, um auch Monopolstellungen von Unternehmen einer möglichen Strafbarkeit zuzuführen. Dies wurde wiederum damit begründet, dass es an einer für § 299a Abs. 1 Nr. 1 erforderlichen Wettbewerbslage fehlen könne, wenn ein Unternehmen eine Monopolstellung auf dem Markt innehabe: »Die Vorschrift soll zur Anwendung kommen, wenn es wegen eines Monopols an einer Wettbewerbslage fehlt« (BT-Drs. 18/6446, B-Reg., S. 20; vgl. auch *Wissing/Cierniak* NZWiSt 2016, 41, 45; *Cahnbley* MPR 2015, 145, 146; *Dieners* PharmR 2015, 529, 530 f.). Die finale Gesetzesbegründung verhält sich dazu insoweit inkonsequent, als sie zu der in Bezug auf die Monopolstellung bestehenden Inkongruenz der Anwendbarkeit der Tatbestandsvarianten des § 299a und der Konstellation des § 299a Abs. 1 Nr. 2 StGB-E nicht Stellung nimmt und fehlerhaft von der Anwendung des § 299a auf diese Konstellationen ausgeht. So ist die Annahme der Gesetzesbegründung, dass eine Wettbewerbslage auch dann vorliegen soll, wenn ein Hausarzt mit der im nahen Umkreis einzigen Klinik oder dem einzigen Facharzt eine Absprache über eine Vorteilsgewährung bei der Zuführung von Patienten trifft, schon nach der gegenwärtigen Auslegung des Begriffs des Wettbewerbs i.S.d. § 299 nicht nachvollziehbar, da etwa in strukturschwachen Regionen, in denen eine solche Monopollage i.d.R. besteht, nicht ohne weiteres von der Verdrängung auch nur potentieller Wettbewerber oder einer Verfestigung der Monopolsituation ausgegangen werden kann. Der Hinweis, dass es – ohne nähere Kriterien der Entfernung oder konkreten Patientenbindung zu nennen – bei der diesbezüglichen Bewertung einer Monopollage auf eine einzelfallbezogene Prüfung ankomme, erhöht wiederum die Anwendungsunsicherheit des Tatbestands.

21  Eine bewusste Schutzlücke kann ferner bei Konstellationen angenommen werden, in denen der Vorteil gewährt wird, um den Heilberufsangehörigen bspw. zu einer Verordnung trotz **fehlender medizinischer Indikation** zu bewegen. Zweifel an einer Wettbewerbssituation ließen sich damit begründen, dass rechtswidriges Handeln von vornherein außerhalb des Wettbewerbs liegt. Der Rechtsausschuss geht in seinen Empfehlungen zwar davon aus, dass eine Wettbewerbslage vorliegen könne, weil es nicht darauf ankomme, ob die Vorteilsgewährung auf eine rechtswidrige heilberufliche Entscheidung abziele, sofern der heilberufliche Betrieb nicht insgesamt illegaler Natur sei.

Diese Auslegung verkennt jedoch, dass damit zunächst nur der Rahmen abgesteckt wird, in dem ein Schutz des Wettbewerbs überhaupt legitim ist. Rechtswidrige oder sittenwidrige Geschäftsmodelle werden a priori aus dem Schutzbereich ausgeklammert (vgl. *Fischer* StGB § 299 Rn. 6; Schönke/Schröder/*Eisele* StGB § 299 Rn. 6). Der Umstand, dass strafbare Korruption im Grundsatz möglich ist, wenn nur einzelne Handlungen, nicht aber das gesamte Geschäftsmodell illegal sind, ist jedoch nicht vorgreiflich für die Annahme der Tatbestandserfüllung durch die jeweils illegale Konstellation, bei der wiederum eine am **Wettbewerbsbegriff orientierte** unlautere Bevorzugung vorliegen muss (s. Rdn. 19, 22). In Bezug auf die medizinisch nicht indizierte Behandlung ist zu berücksichtigen, dass ihre bewusste Missachtung nicht ohne weiteres eine beeinträchtigende Wirkung auf den Wettbewerb, sondern eine solche primär auf die körperliche Integrität des Patienten entfaltet. Die Berücksichtigung der fehlenden medizinischen Indikation als geeigneter Gegenstand der unlauteren Bevorzugung würde demgemäß den durch die Körperverletzungsdelikte hinreichend gewährleisteten Schutz der körperlichen Integrität deliktsfremd in den Schutzbereich des § 299a hineintragen – zumal in den Empfehlungen des Rechtsausschusses festgestellt wird, dass die Strafbarkeit wegen Körperverletzungsdelikten in diesen Fällen unberührt bleibe. Eine andere Beurteilung ergibt sich auch nicht dann, wenn man einen doppelten Rechtsgüterschutz im Rahmen des § 299a annehmen wollte (s. dazu o. Rdn. 4), da dieses pluralistische Rechtsgutsverständnis den Begriff des Wettbewerbs, der sich an die entsprechende Begrifflichkeit des übrigen Wettbewerbsstrafrechts des StGB anlehnt, nicht dahingehend beeinflussen kann, dass eine wettbewerbsspezifische Situation bei der unlauteren Bevorzugung auch bei fehlender medizinischer Indikation per se angenommen werden könnte. Eine Berücksichtigung wettbewerbsfremder Rechtsgüter beim Wettbewerbsbegriff würde einer rechtsgutsbezogenen präzisierenden Auslegung des Tatbestands des § 299a entgegenwirken und so dessen Anwendungsunsicherheit erhöhen.

Der Begriff der **Unlauterkeit** des § 299a entspricht demjenigen des § 299 Abs. 1 und 2, so dass auf dessen Grundsätze zurückzugreifen ist. Danach ist die Bevorzugung unlauter, wenn sie geeignet ist, Mitbewerber durch Umgehung der offengelegten Regeln des Wettbewerbs und durch Ausschaltung der Konkurrenz zu schädigen. Die Handlung muss nicht pflichtwidrig sein, Unlauterkeit ist aber dann gegeben, wenn die Entscheidung zwischen den Wettbewerbern auf **sachfremden** Erwägungen beruht, was insbesondere wiederum dann nicht der Fall ist, wenn die Bevorzugung berufsrechtlich zulässig ist. Die Gesetzesbegründung verweist insofern darauf, dass eine Zusammenarbeit im Gesundheitsmarkt politisch durchaus gewollt sei. So seien die Durchführung von vor- und nachstationären Behandlungen gem. § 115a SGB V, von ambulanten Behandlungen gem. § 115b SGB V, der ambulanten spezialfachärztlichen Versorgung gem. § 116 SGB V und der integrierten Versorgung gem. § 140a ff. SGB sowie etwa ein angemessenes Entgelt für eine ambulante Operation durch einen den Patienten zuweisenden Vertragsarzt gem. § 115b Abs. 1 Satz 4 SGB V grundsätzlich zulässig. Der Gesetzesbegründung ist insofern zuzustimmen, als dass eine berufs- bzw. sozialrechtliche Zulässigkeit wegen der negativen Akzessorietät des Strafrechts Legitimationswirkung für dieses entfalten muss (*Gaede* medstra 2015, 263, 165; *Gädigk* medstra 2015, 268, 270; *Aldenhoff/Valluet* medstra 2015, 195, 198 f.; *Wissing/Cierniak* NZWiSt 2016, 41, 43 *Gaede/Lindemann/Tsambikakis* medstra 2015, 142, 150). Allerdings wird diese Legitimationswirkung nach der Gesetzesbegründung mittelbar insofern wieder eingeschränkt, als dass zwar ohne ein »Hinzutreten weiterer Umstände (…) die Honorierung heilberuflicher Leistungen im Rahmen zulässiger beruflicher Zusammenarbeit grundsätzlich nicht den Verdacht begründen« könne, »dass die Einräumung der zugrundeliegenden Verdienstmöglichkeit als Gegenleistung für die Zuweisung des Patienten erfolgen soll und eine Unrechtsvereinbarung vorliegt«, etwas anderes aber wiederum dann gelten solle, »wenn festgestellt wird, dass das Entgelt nicht entsprechend dem Wert der erbrachten heilberuflichen Leistung in wirtschaftlich angemessener Höhe nachvollziehbar festgelegt worden ist und es eine verdeckte Zuweisungsprämie enthält«.

Damit wird zum einen ein **Ermittlungsrisiko** bei der Annahme nicht näher definierter **Indizien** wie die Zugehörigkeit zu einem Täterkreis und das Bestehen einer auffälligen Vergütung auch bei einer grundsätzlich zulässigen Kooperation unter Umständen wahrscheinlich. So bestehen z.B. bei der Zusammenarbeit mit oder Beteiligung an Unternehmen wie etwa Laboren erhöhte

Strafverfolgungsrisiken, wenn durch eine Kumulation von Gewinnbeteiligungen und Verweisungsmöglichkeiten des Vertragsarztes der Anschein einer Verbindung der unternehmerischen mit der behandlerischen Entscheidung und damit einer sachwidrigen Bevorzugung erweckt wird. Dabei ist die Möglichkeit einer Strafbarkeit nicht auf die unmittelbare Knüpfung der Höhe der Gewinnbeteiligung an die zugeführte Patientenzahl beschränkt, sondern kommt auch dann in Betracht, wenn der Arzt nur mittelbar über allgemeine Gewinnausschüttungen an der Steigerung der Patientenzuführungen partizipiert. Sicher nicht in Betracht kommt eine Strafbarkeit hier lediglich dann, wenn die Beeinflussung des Umfangs der Zuführungen durch den Arzt ausgeschlossen ist. Insgesamt darf die Angst vor Strafverfolgung Innovationen nicht bremsen, so dass die strafrechtlichen Grenzen der Unlauterkeit erst übertreten sein sollten, soweit das Verhalten medizinrechtlich nicht mehr vertretbar ist. Bezüglich der Teilnahme an Anwendungsbeobachtungen kann neben der auffälligen Vergütung die Ermangelung eines wissenschaftlichen Zwecks oder eine auffällig hohe Zahl von Teilnehmern einen Anfangsverdacht begründen (*Gaede/Lindemann/Tsambikakis* medstra 2015, 142, 151). Zur Vermeidung eines Strafbarkeitsrisikos sollte stets eine gem. § 33 MBO-Ä schriftliche Vereinbarung geschlossen und diese der Ärztekammer vorgelegt werden (*Gaede/Lindemann/Tsambikakis* medstra 2015, 142, 151).

24 Zum anderen werden **Auslegungsunsicherheiten des Berufsrechts** bzgl. der Zulässigkeit von Kooperationskonstellationen in das Strafrecht hineingetragen und könnten so die Rechtsunsicherheit erhöhen bzw. hier strafbarkeitsbegründende Wirkung entfalten. So ist etwa die Frage, wann ein fehlender hinreichender Grund und damit ein Verstoß gegen das Verbot der Zuweisung gegen Entgelt i.S.d. § 31 Abs. 2 MBO-Ä vorliegt, im Einzelfall nicht sicher zu beantworten, so dass z.B. bei der Zuführung von Patienten durch einen Honorararzt bei der Verordnung von Krankenhausleistungen die Annahme eines Anfangsverdachts grundsätzlich in Betracht kommen kann, wenn z.B. Anhaltspunkte für eine fehlende medizinische Begründung für die Verordnung oder ein unangemessenes Honorar bestehen (*Pragal/Handel* medstra 2016, 22, 23; *Halbe* MedR 2015, 168, 169; *Schneider/Ebermann* HRRS 2015, 116, 120). Nicht hingegen kann ein Anfangsverdacht bereits angenommen werden, wenn die Teilnahme an einer Fortbildungsveranstaltung von der Industrie finanziell unterstützt wird (so aber das Ergebnis eines Austauschs zwischen der Landesärztekammer Thüringen, der kassenärztlichen Vereinigung Thüringen, der Landeskrankenhausgesellschaft Thüringen und Vertretern der Staatsanwaltschaft Erfurt sowie der Generalstaatsanwaltschaft Jena, vgl. Ärzteblatt Thüringen 2017, 292; kritisch *Geiger* medstra 2017, 1993; *Rettenmaier/Rostalski* StV 2018, 313). Auch bei der Beteiligung an einem Unternehmen ist der berufsrechtlich zulässige Bereich des Kooperationsverhaltens nicht sicher festgelegt. So bereitet etwa die Markierung der berufsrechtswidrigen mittelbaren Beteiligung wegen eines Verstoßes gegen das Verbot der Zuweisung gegen Entgelt gem. § 31 MBO Probleme. Relevante und zugleich rechtsunsichere Indizien sollen hier der Umsatz des Unternehmens, der Anteil der Verweisungen des Arztes und die Höhe seiner Beteiligung sein (vgl. OVG Münster zu § 31 BO-NRW, Urt. v. 06.07.2011 – 6t A 1816/09.T). Bzgl. der Gründung einer Berufsausübungsgemeinschaft hat der BGH entschieden, dass das in § 18 Abs. 1 Satz 3 BO-BW enthaltene Verbot der Beteiligung von Radiologen an Teil-Berufsausübungsgemeinschaften wegen eines Verstoßes gegen Art. 12 Abs. 1 GG rechtswidrig sei (BGH NJW-RR 2014, 1188, 1189).

Aufgrund der Unsicherheiten bei der Anwendung des Berufsrechts im strafrechtlichen Kontext hat in der Diskussion um die Auslegung des Merkmals der Unrechtsvereinbarung das Kriterium der Angemessenheit der Vergütung insbesondere von ärztlichen Leistungen eine bedenklich hervorgehobene Bedeutung gewonnen (so die sog. Würzburger Erklärung medstra 2016, 343; *Hartmannsgruber* ZMGR 2018, 150; vgl. hierzu auch *Schneider* medstra 2016, 195, 197 f.). Die teilweise unreflektierte Fokussierung auf dieses Merkmal verkennt, dass berufsrechtlich zulässiges Verhalten, das am Wohl des Patienten und ggf. dessen nach ordnungsgemäßer Aufklärung gebildetem Willen ausgerichtet ist, auch bei unüblich hoher Vergütung nicht das Vorliegen einer Unrechtsvereinbarung begründen kann (vgl. auch *Geiger* medstra 2017, 328; *Badle* medstra 2017, 1). Der Gesetzgeber selbst hat Kooperationen explizit gefördert bzw. erkennt sie an, ohne zugleich ihre Vergütung durch Gebührenvorschriften festzulegen (*Schneider* medstra 2016, 195, 199). Betrachtet man unter Berücksichtigung dessen das Kriterium der Angemessenheit der Vergütung als solches, so hat sich zu dessen Prüfung eine zweistufige Herangehensweise aufgeteilt in die Verhältnismäßigkeit im weiteren Sinne (Frage nach dem manifesten oder latenten Nutzen der Kooperation) und im engeren Sinne (Betrachtung der Vergütungshöhe) herausgebildet (*Schneider* medstra 2016, 195, 197 f.). Ausgeleuchtet ist dies alles noch nicht. Da in der Praxis der Strafverfolgung eine unangemessen hohe Vergütung in Leistungsaustauschverhältnissen im Zusammenhang mit Korruptionsvorwürfen ein gewichtiges Indiz für eine Unrechtsvereinbarung gesehen wird, liegt es nahe, dass eine angemessene Vergütung, bei der sonst keine Anhaltspunkte für eine Unrechtsvereinbarung vorliegen, genügen muss, um bereits keinen (Anfangs-)Verdacht zu erregen.

### e) Im Zusammenhang mit der Ausübung des Berufs

Die Unrechtsvereinbarung muss sich auf solche Handlungen des Heilberufsträgers bzw. seines Berufshelfers beziehen, die im Zusammenhang mit der Ausübung des Berufs stehen, so dass solche Verhaltensweisen als Gegenstand der Unrechtsvereinbarung von vornherein ausscheiden, die außerhalb der beruflichen Tätigkeit liegende private Handlungen darstellen. Hierbei ist zu beachten, dass diese Begrenzung lediglich deklaratorischen Charakter haben dürfte, da eine Reduktion auf berufsspezifische Verhaltensweisen bereits durch die Tatkonstellationen der Verordnung, dem Bezug und der Zuführung sowie der Verknüpfung von Leistung und Gegenleistung hat.

## II. Bestechung im Gesundheitswesen, § 299b StGB

### 1. Täterkreis

Der Tatbestand der (aktiven) **Bestechung** in § 299b entspricht spiegelbildlich dem der (passiven) Bestechlichkeit in § 299a, wobei es sich bei § 299b nicht um ein Sonderdelikt handelt: tauglicher Täter auf der Geberseite kann jeder sein.

### 2. Tathandlung – Anbieten, Inaussichtstellen, Versprechen

Der Tatbestand der (aktiven) **Bestechung** in § 299b entspricht spiegelbildlich dem der (passiven) Bestechlichkeit in § 299a. Im Gegensatz zu § 299a ist der Täterkreis indes nicht auf Heilberufsträger beschränkt. An diese Personen muss sich nur das Angebot des Täters richten. **Anbieten** ist das Inaussichtstellen, Versprechen die Zusage und Gewähren das tatsächliche Verschaffen des Vorteils. Anbieten und Versprechen sind empfangsbedürftige Willenserklärungen. Konkludente Erklärungen – bei durchgängiger Informationskette auch an Mittelmänner – reichen aus. Ob sich der Vorteil realisiert, ist unerheblich.

## C. Subjektiver Tatbestand

Der Vorsatz – es genügt **dolus eventualis** – muss neben der Stellung als Angehöriger eines Heilberufs, der Bevorzugung bei Verordnung, Bezug oder Zuführung und der Wettbewerbslage zum Zeitpunkt der Bevorzugung die die Unlauterkeit begründenden tatsächlichen Umstände umfassen.

## D. Rechtswidrigkeit

Eine rechtfertigende Einwilligung kommt nicht in Betracht, weil über das geschützte Allgemeinrechtsgut der Sicherung des fairen Wettbewerbs im Gesundheitswesen (s. dazu o. Rdn. 4), nicht disponiert werden kann.

## E. Konkurrenzen

Hinsichtlich der Konkurrenzen zu **korruptionsfremden Delikten** wie etwa §§ 223 ff., 263, 266 geht die Begründung des Regierungsentwurfs von einer i.d.R. tateinheitlichen Begehungsweise aus.

In Bezug auf das Verhältnis zu den **weiteren Korruptionstatbeständen**, namentlich der §§ 299, 331 ff. gilt Folgendes: Wird neben § 299a zugleich **§ 299** verwirklicht, soll ebenfalls gemäß der Begründung des Regierungsentwurfs aufgrund des im Gegensatz zu § 299 teilweise differierenden

Rechtsgüterschutzes regelmäßig Tateinheit anzunehmen sein (BT-Drs. 18/6446, B-Reg., S. 16). Angesichts des lediglich reflexhaften Schutzes der außerhalb des fairen Wettbewerbs liegenden Rechtsgüter (s. Rdn. 4) liegt Spezialität der §§ 299a, b aufgrund des spezifischen Täterkreises bzw. der speziellen Tatkonstellationen allerdings näher (*Pragal/Handel* medstra 2015, 337, 344).

Bzgl. der Konkurrenzen zu §§ 331 ff. soll gem. der Gesetzesbegründung auf die zu §§ 299, 331 ff. entwickelten Grundsätze zurückgegriffen werden. In Bezug auf das Verhältnis zwischen § 299 und den §§ 331 ff. ist jedoch umstritten, ob die §§ 331 ff. lex specialis sind oder eine tateinheitliche Begehungsweise möglich ist, so dass die Situation in Bezug auf § 299a nicht sicher vorgezeichnet ist. Die Gesetzesbegründung verweist auf eine bestenfalls sehr eingeschränkt weiterführende Entscheidung des BGH zu § 12 UWG (BT-Drs. 18/6446, B-Reg., S. 16; BGH, Beschl. v. 10.02.1994 – 1 StR 792/93). Zudem ist zu beachten, dass §§ 331 ff. das bedeutsame Rechtsgut der Lauterkeit des öffentlichen Dienstes schützen und hieraus zu folgern sein könnte, dass durch die Annahme einer tateinheitlichen Begehungsweise einer Privilegierung aller im Gesundheitswesen tätigen Heilberufsträger zu begegnen ist. Dies führte jedoch zu einer Benachteiligung der Amtsträger-Heilberufsangehörigen gegenüber den übrigen Amtsträgern in den Fällen, in denen eine Genehmigung i.S.d. § 331 Abs. 3 vorliegt und der Amtsträger im Vertrauen auf diese Genehmigung gehandelt hat. Mangels ausdrücklicher Anwendbarkeit des § 331 Abs. 3 ließen sich diese Friktionen ggf. darüber lösen, bei einer vorliegenden Genehmigung eine unlautere Bevorzugung zu verneinen (*Kubiciel/Tsambikakis* medstra 2015, 11, 15). Für eine Spezialität des § 299a gegenüber den §§ 331 ff. sprechen der spezielle Täterkreis und die spezifischen tatbestandstauglichen Konstellationen des § 299a. Daher ist in Fällen, in denen ein Amtsträger in seiner Eigenschaft als Heilberufsangehöriger handelt und Arzneimittel etc. verordnet, bezieht und unmittelbar anwendet oder Patienten zuführt, von dessen Spezialität gegenüber den §§ 331 ff. auszugehen (zum Referenten- bzw. Regierungsentwurf schon *Pragal/Handel* medstra 2015, 337, 344; *Kubiciel/Tsambikakis* medstra 2015, 11, 15; *Schneider*, Rechtsgutachten BMJV, S. 12). Zwar besteht dann eine Privilegierung der heilberufsangehörigen Amtsträger gegenüber denjenigen Amtsträgern, die nicht Heilberufsangehörige sind, weil *insoweit* (Verordnung, Bezug, Zuführung) die gelockerte Unrechtsvereinbarung nicht tatbestandsmäßig ist. Allerdings lässt sich diese Differenzierung mit der Herstellung einer durch den Gesetzgeber angestrebten Gleichbehandlung aller Heilberufsangehöriger – etwa der Ärzte eines öffentlichen Krankenhauses mit den niedergelassenen Ärzten – unabhängig von ihrer Amtsträgereigenschaft rechtfertigen.

## § 300 Besonders schwere Fälle der Bestechlichkeit und Bestechung im geschäftlichen Verkehr und im Gesundheitswesen

In besonders schweren Fällen wird eine Tat nach den §§ 299, 299a und 299b mit Freiheitsstrafe von drei Monaten bis zu fünf Jahren bestraft. Ein besonders schwerer Fall liegt in der Regel vor, wenn
1. die Tat sich auf einen Vorteil großen Ausmaßes bezieht oder
2. der Täter gewerbsmäßig oder als Mitglied einer Bande handelt, die sich zur fortgesetzten

Begehung solcher Taten verbunden hat.

1 In § 300 finden sich Strafzumessungsregeln in Gestalt der Regelbeispielstechnik für besonders schwere Fälle (vgl. im Einzelnen § 263 StGB Rdn. 77 ff.).

## § 323c Unterlassene Hilfeleistung

(1) Wer bei Unglücksfällen oder gemeiner Gefahr oder Not nicht Hilfe leistet, obwohl dies erforderlich und ihm den Umständen nach zuzumuten, insbesondere ohne erhebliche eigene Gefahr und ohne Verletzung anderer wichtiger Pflichten möglich ist, wird mit Freiheitsstrafe bis zu einem Jahr oder mit Geldstrafe bestraft.

(2) Ebenso wird bestraft, wer in diesen Situationen eine Person behindert, die einem Dritten Hilfe leistet oder leisten will.

## Übersicht

| | Rdn. | | Rdn. |
|---|---|---|---|
| A. Grundsätzliches | 1 | I. Unterlassene Hilfeleistung | 8 |
| B. Tatsituation | 3 | II. Erforderlichkeit | 10 |
| I. Unglücksfall | 3 | III. Möglichkeit | 11 |
| II. Gemeine Gefahr und gemeine Not | 7 | IV. Zumutbarkeit | 13 |
| C. Tatbestandsmäßiges Verhalten (Abs. 1 bzw. Abs. 2) | 8 | V. Vorsatz | 14 |
| | | D. Rechtsfolgen | 15 |

## A. Grundsätzliches

Zwecks Bewahrung eines **Mindestmaßes an mitmenschlicher Solidarität** verlangt die Rechtsordnung bei akuter Gefährdung von Individualrechtsgütern unter Strafandrohung von jedermann helfende Aktivität, soweit dies erforderlich und dem Normadressaten im jeweils konkreten Fall möglich und zumutbar ist. Obgleich hiermit eine allgemeine Nothilfe- und keine Sonderpflicht von Ärztinnen und Ärzten statuiert ist (grdl. RGSt 75, 68, 73; *Schöch* in: Roxin/Schroth, S. 161, 166 f.), führt deren besondere Sachkompetenz signifikant häufiger als bei Nichtärzten zu einem strafrechtlichen Risiko im Fall des Untätigbleibens (vgl. Arzt/Weber/Heinrich/Hilgendorf/*Hilgendorf* § 39 Rn. 9 f.: »zunehmende Verlagerung auf professionelle Retter«; *Bernsmann/Geilen* in: Wenzel, Kap. 4 Rn. 555). Die besondere rechtliche Imprägnierung der ärztlichen Rolle begrenzt aber zugleich die erweiterten tatsächlichen Handlungsmöglichkeiten und darf nicht mit verengtem Blick allein auf den intendierten Rechtsgüterschutz übergangen werden (näher *Duttge* Schöch-FS 2010, S. 599 ff. m.w.N.). Das gilt umso mehr, als allein schon das (vorsätzliche) Nichtbringen der gebotenen Hilfeleistung folgenunabhängig, d.h. selbst bei Ausbleiben einer (weiteren) Schädigung die Strafbarkeit begründet (»echtes Unterlassungsdelikt«). Hat der Arzt bereits die Behandlung oder Versorgung übernommen (was aber nicht schon der Rat eines zufällig vorbeikommenden, nicht zuständigen Arztes bewirkt, vgl. OLG Bamberg GesR 2012, 301 ff.), so trifft ihn (unabhängig von einem wirksamen Vertragsschluss) darüber hinaus als »Beschützergarant« eine strafbewehrte Erfolgsabwendungspflicht (vgl. § 13), deren Missachtung je nach Schadensfolge als (vorsätzlich oder fahrlässig begangenes) Tötungs- oder Körperverletzungsdelikt geahndet wird (»unechtes Unterlassungsdelikt«, vgl. BGHSt 7, 211, 212; 47, 224, 229; NJW 2000, 2741, 2742; ausf. *Ulsenheimer/Gaede* Rn. 143 ff.; zu den Strafbarkeitsrisiken der »impliziten Rationierung« eingehend *Dannecker/A.F. Streng* MedR 2011, 131 ff.).

Einen Sonderfall des Nichthelfens bildet das Behindern dritter Personen, die Hilfe leisten (wollen). Der Gesetzgeber hat durch die jüngere gesellschaftliche Entwicklung (zur »Gaffer«-Problematik s.a. *Lenk* JuS 2018, 229 ff.; umfassend *Schwind* Alle gaffen – keiner hilft, 1998) Anlass gesehen, dies (mit Wirkung zum 30.05.2017 durch das 52. StÄG, BGBl. I S. 1226) ausdrücklich im Wege eines neuen **Abs. 2** kenntlich zu machen. Einbezogen in den Kreis der betroffenen Helfer sind insbesondere professionelle Retter, aber auch Privatpersonen als Ersthelfer. Dass diese sich aus Sorge vor einem »Behindern« der ersteren durch die neue Strafandrohung von tätiger Hilfe auch abgeschreckt sehen (vgl. *Heger/Jahn* KriPoZ 2017, 113, 116) bzw. in eine Dilemmasituation zwischen Nicht-Behindern und Nicht-Untätigkeit, ist im Gesetzgebungsverfahren nicht erkannt worden. Deliktssystematisch handelt es sich in gleicher Weise wie im Falle des Abs. 1 um ein (abstraktes) Gefährdungs- und nicht um ein Erfolgsdelikt (so aber BT-Drs. 18/12153 S. 7), weil es auf den Eintritt eines Verletzungserfolges beim Opfer auch insoweit nicht ankommt (zutr. Arzt/Weber/Heinrich/Hilgendorf/*Hilgendorf* § 35 Rn. 64).

## B. Tatsituation

### I. Unglücksfall

Erst eine akute, existentielle Notlage vermag die strafbewehrte Hilfeleistungspflicht auszulösen. Der sachliche Anwendungsbereich bezieht sich daher in seinem Kern auf Situationen, die eine konkrete Gefahr für das Leben oder (mit gewisser Erheblichkeit) für die Gesundheit eines Menschen in sich bergen (vgl. KG Beschl. v. 24.11.2000 – 1 Ss 330/00 [93/00]: noch nicht bei einem leicht humpelnden Fahrradfahrer). In medizinisch relevanten Sachgestaltungen ist etwa an eine schwere Atemnot, starke Blutungen, einen drohenden Herzinfarkt oder an unerträglich werdende Schmerzen zu denken (s. *Bohmeier/Schmitz-Luhn/Streng* MedR 2011, 704, 709; *Katzenmeier* G. Müller-FS 2009, S. 237 ff.; *Lenckner* in: Forster, Praxis der Rechtsmedizin, 1986, S. 570, 572 f.). Es muss sich aber nicht um einen »Notfall« i.S.d. Notfall- und Rettungsmedizin (in Abgrenzung zum Wahleingriff) handeln (Spickhoff/*Schuhr* § 323c StGB Rn. 16 f.). In derartigen Fällen darf somit selbst dann, wenn es noch nicht zu einer Behandlungsaufnahme gekommen ist (= Beginn der Garantenstellung i.S.d. § 13 Abs. 1), die Hilfeleistung (soweit möglich und zumutbar, dazu u. Rdn. 11 ff.) nicht (z.B. durch sog. »Quartalsverschub«) verweigert werden. An weiteren höchstpersönlichen **Rechtsgütern** sind zweifelsohne auch die Fortbewegungsfreiheit und die sexuelle Selbstbestimmung einbezogen (zutr. HK-GS/*Verrel* § 323c Rn. 4; Schönke/Schröder/*Hecker* § 323c Rn. 5: Ehre). Bei Betroffenheit von Sacheigentum und Vermögen dürfte der Zwang zum »Altruismus« dagegen weder kriminalpolitisch notwendig (arg. § 138) noch mit dem Verhältnismäßigkeitsgrundsatz vereinbar sein (wie hier *Otto* BT § 67 Rn. 4; Schönke/Schröder/*Hecker* § 323c Rn. 5; *Seelmann* JuS 1995, 281, 284; *Zopfs* Seebode-FS 2008, S. 449 ff., 464 f.; für eine quantifizierende Beschränkung: MüKo-StGB/*Freund* § 323c Rn. 26: »gewichtige Gefahren für Sache von bedeutendem Wert«; NK-StGB/*Gaede* § 323c Rn. 6: »existenziell«; SK-StGB/*Rudolphi/Stein* § 323c Rn. 6b: »Sachen von bedeutendem Wert«).

4 Die von der h.M. darüber hinaus geforderte »**Plötzlichkeit**« des gefahrenträchtigen Ereignisses (st. Rspr., zuletzt BGH NJW 2012, 1237, 1239; *Fischer* § 323c Rn. 6) schließt schleichend verlaufende, vorhersehbare Krankheitsverläufe zu Unrecht von vornherein aus (vgl. BGH NJW 1983, 350; anders bei einem [drohenden] Herzinfarkt: BGH NStZ 1985, 409 f.; OLG Zweibrücken VersR 2000, 605; plötzliche Atemnot: OLG Düsseldorf NJW 1995, 799; OLG Köln StraFo 1997, 54, 55; sich steigernde und nahezu unerträglich werdende Bauchschmerzen: OLG Hamm NJW 1975, 604 f.; s.a. OLG Düsseldorf NStZ 1991, 531 m. Anm. *Meurer* JR 1992, 37: plötzliche kritische Situation einer Schwangerschaft). *Ulsenheimer* moniert mit Recht: »Soll der Arzt bei erkannter Blutung mit der Vornahme der Bluttransfusion warten dürfen, bis die sich daraus entwickelnde Symptomatik (Volumenmangelschock) als dramatische Verschlechterung nun – bei erheblich verminderten Erfolgsaussichten – die Hilfeleistungspflicht begründet?« (Laufs/Kern/Rehborn/*Ulsenheimer* § 141 Rn. 18). Das berechtigte Anliegen, die Pflichtigkeit auf solche Situationen zu beschränken, in denen sofortiges Eingreifen unabdingbar erscheint (SSW/*Schöch* § 323c Rn. 7), ist immanenter Bestandteil bereits des Gefahrbegriffs (i.d.S. *Bernsmann/Geilen* in: Wenzel, Kap. 4 Rn. 560) oder aber der »Erforderlichkeit« (u. Rdn. 10). Ebenso wenig verlangt der Normtext (»bei«) zwingend eine räumliche Nähe zum Unglücksort (s. *Spendel* Seebode-FS 2008, S. 377, 382 f.: »bei Gelegenheit oder aus Anlass«), was in Zeiten der modernen Telekommunikation und anbrechenden Telemedizin auch wenig verständlich wäre; bei räumlicher Entfernung kann es jedoch je nach den Umständen des Einzelfalls an der »Möglichkeit« oder »Zumutbarkeit« der Hilfeleistung fehlen (vgl. BGHSt 21, 50, 52 f.; Schönke/Schröder/*Hecker* § 323c Rn. 22 m.w.N.). Auch die Verletzung der ärztlichen Pflicht zum Hausbesuch (vgl. BGH NJW 1979, 1248 ff.; 1986, 2367 f.) vermag unter den weiteren Voraussetzungen des § 323c (einschließlich des Vorsatzerfordernisses!) eine Strafbarkeit zu begründen.

5 Die **Gefahrenlage** setzt nicht voraus, dass es bereits zu einer Schädigung gekommen ist (unstr.); sie impliziert jedoch denknotwendig eine »Krisensituation«, welche die konkrete Möglichkeit einer Verschlechterung der bisherigen Lage im Rahmen der tatbestandsrelevanten Rechtsgutsdimension (Rdn. 3) besorgen lässt (Vermehrung oder Verlängerung von Schmerzen reicht aus: BGHSt 14, 213, 216 f.). Ist der Verunglückte bereits (nachweislich!) verstorben, liegt daher schon objektiv kein Unglücksfall vor (zutr. AG Berlin-Tiergarten NStZ 1991, 236 f. m. insoweit zust. Anm. *Rudolphi*: Beschränkung auf »taugliche Versuche«; MüKo-StGB/*Freund* § 323c Rn. 19 f.; anders BGHSt 17, 166, 168 f. und NStZ 2000, 414 f.: keine Erforderlichkeit). Die Tatsachenbasis des Gefahrenurteils ist somit aus der ex post-Perspektive zu beurteilen, während für die prognostischen Elemente eine (objektive) ex ante-Sicht einzunehmen ist (i.d.S. diff. *Geppert* Jura 2005, 39, 42; NK-StGB/*Gaede* § 323c Rn. 7; SSW/*Schöch* § 323c Rn. 5; z.T. wird generell

auf eine ex post- oder eine ex ante-Perspektive abgestellt). Dadurch werden Schutzbehauptungen abgeschnitten und Normadressaten angehalten, im Zweifel »nichts unversucht zu lassen« (HK-GS/ *Verrel* § 323c Rn. 5).

Der »Unglücksfall« kann durch eine vorsätzlich begangene (Straf-) Tat (eines Dritten, vgl. BGHSt 30, 391, 397; BGH VersR 2013, 1060 f.; OLG Düsseldorf NJW 1983, 767 [versuchte Vergewaltigung], oder des Hilfeleistungspflichtigen selbst, auch im Fall gerechtfertigter Notwehr, vgl. BGHSt 23, 327, 328; NStZ 1985, 501), schicksalhaft oder eigenverantwortlich herbeigeführt sein. Nach tradierter Rspr. ist deshalb auch die versuchte **Selbsttötung** stets (d.h. unabhängig von einer evtl. »Freiverantwortlichkeit«) erfasst (BGHSt 6, 147, 153; 13, 162 ff.; 32, 367, 375 f.; BayObLG JZ 1973, 319 m. Anm. *Geilen;* a.A. aber LG Berlin Urt. v. 08.03.2018 – (502 KLs) 234 Js 339/13 (1/17) Rn. 74 ff.; zweifelnd auch LG Hamburg NStZ 2018, 281, 283 m. krit. Anm. *Duttge* medstra 2018, 124, 125 f.). Die berechtigte Sorge der abw. h.L., dass dadurch die Straflosigkeit der Teilnahme am (selten vorkommenden) freiverantwortlichen Suizid (vgl. §§ 211, 212 StGB Rdn. 25 ff., 29) unterlaufen werden könnte (z.B. *Geppert* Jura 2005, 39, 42; *Lackner/Kühl* § 323c Rn. 2; NK-StGB/*Gaede* § 323c Rn. 5; *Otto* NJW 2006, 2217, 2221 f.; *Schöch* in: Roxin/Schroth, S. 161, 168 f, 175 ff.), ändert nichts am faktischen Bestehen einer objektiven Gefahrensituation (näher *Duttge* Schöch-FS 2010, S. 599, 614); die – sofern anerkannt – aus dem Selbstbestimmungsrecht des Suizidenten resultierende rechtliche Begrenzung des Handlungsspielraums ist nicht im Kontext der »Erforderlichkeit« (i.d.S. OLG München NJW 1987, 2940, 2945 m. zust. Anm. *Herzberg* JZ 1988, 182 ff.; HK-GS/*Verrel* § 323c Rn. 9; *Kutzer* ZRP 2012, 135, 137) oder »Zumutbarkeit« (so BGHSt 32, 367, 381; *Dölling* NJW 1986, 1011, 1012 ff.; *Fischer* § 323c Rn. 5; mit Recht krit. *Schöch* ZRP 1986, 236 f.), sondern im Rahmen der (hier: rechtlichen) »Möglichkeit« (näher u. Rdn. 11 f.) zu beachten. Gleiches gilt im Fall eines **Hungerstreiks** von Strafgefangenen, für den § 101 Abs. 1 Satz 2 StVollzG eine Zwangsernährung bei Bestehen einer gegenteiligen »freien Willensbestimmung« des Inhaftierten verbietet (soweit sich der Hungernde der Gefahrdimension bewusst ist), wie auch bei risikobewussten selbstgefährdenden Aktionen, z.B. bei waghalsigen sportlichen Unternehmungen, Rauschmittelmissbrauch etc. (zur »eigenverantwortlichen Selbstgefährdung« näher § 222 StGB Rdn. 12).

## II. Gemeine Gefahr und gemeine Not

Die beiden alternativ zum Unglücksfall benannten Gefährdungslagen beschreiben Situationen, in denen die konkrete Möglichkeit einer erheblichen Schädigung für die **Allgemeinheit oder Repräsentanten derselben** besteht, d.h. für eine unbestimmte Vielzahl oder bestimmbare Mehrzahl von Personen. In Betracht kommen nicht nur Großschadensereignisse wie Naturkatastrophen, Brände, der Ausfall der Strom- und Wasserversorgung oder eine Giftgaswolke, sondern auch Gefahrenlagen für einzelne Zufallsopfer (vgl. BGHSt 1, 266, 269: auf der Straße liegender Verkehrstoter). Hierzu soll u.a. auch die Infektiösität einer HIV-infizierten Person zählen (so *Lackner/Kühl* § 323c Rn. 3; zw. Schönke/Schröder/*Hecker* § 323c Rn. 9). Die Voraussetzungen einer gemeinen Gefahr bzw. Not können auch in Pandemiesituationen erfüllt sein (*Krüger* medstra 2020, 212).

## C. Tatbestandsmäßiges Verhalten (Abs. 1 bzw. Abs. 2)

### I. Unterlassene Hilfeleistung

Im Rahmen des Erforderlichen, Möglichen und Zumutbaren muss die **wirksamste Hilfe geleistet** werden (vgl. BGHSt 21, 50, 54: »bestmögliche«; AG Saalfeld NStZ-RR 2005, 142, 143; MüKo-StGB/*Freund* § 323c Rn. 82). Diese kann in der Bereitstellung von Hilfsmitteln (BayObLG NJW 1974, 1520: Telefon; Pkw zum Transport), der Einschaltung professioneller Retter (Arzt, Polizei, Rettungsdienst, vgl. BGH NJW 1995, 799) oder einem Appell an den potentiellen Täter bestehen, eine Straftat nicht durchzuführen (BGH MDR 1993, 721). Jede »halbherzige« Hilfe, z.B. die versäumte Einschaltung eines Spezialisten oder Einweisung in ein Krankenhaus, kann hinter dem Gebotenen zurückbleiben und den Tatbestand verwirklichen (vgl. BGH NStZ 1985, 409; *Ulsenheimer/Gaede* Rn. 668 ff. m.w.N.). Da eine verzögerte Hilfeleistung zu einer Verschlechterung der Rettungschancen führen kann, ist stets – nach einer »Schrecksekunde« (vgl. BGH NStZ 2016, 153) – die sofortige Hilfeleistung verlangt (wie hier auch BGHSt 14, 213, 216; *Rengier* BT/2 § 42 Rn. 19; Schönke/Schröder/*Hecker* § 323c Rn. 21: Schutzzweck der Norm; a.A. *Geilen* Jura 1984, 138, 147; *Geppert* Jura 2005, 39, 46; SK-StGB/*Rudolphi/Stein* § 323c Rn. 15: zeitlicher Spielraum).

9 Ein Verwehren der notwendigen Hilfeleistung kann in derselben Tatsituation (Unglücksfall usw.) nach Abs. 2 auch darin liegen, dass der Täter die Bemühungen eines rettungswilligen Dritten behindert. Ein solches »**Behindern**« soll nach dem Willen des Gesetzgebers immer dann anzunehmen sein, wenn die Rettungstätigkeit spürbar, d.h. nicht unerheblich gestört bzw. zumindest erschwert wird, z.B. durch Beschädigen technischer Geräte, Versperren eines Weges, Nicht-Beiseitetreten, Blockieren von Notfallgassen oder Beeinträchtigen ärztlicher Tätigkeit in der Notfallaufnahme (BT-Drs. 18/12153 S. 7). Irrelevant ist dabei, ob die hilfsbedürftige Person dadurch einen Schaden erlitten oder auf andere Weise Hilfe erlangt hat. Die Hilfsmaßnahmen des Dritten müssen nicht zwingend bereits im Gange sein; die erweiterte Fassung des Tatbestands unter Einbeziehung auch bloß hilfs*williger* Personen ist jedoch im Lichte des Gesetzlichkeits- und ultima-ratio-Prinzips auf solche Fälle zu beschränken, in denen dieser Wille bereits äußerlich sichtbar geworden ist (zutr. Spickhoff/*Schuhr* § 323c Rn. 53b: »äußerlich wahrnehmbare Anstalten«).

## II. Erforderlichkeit

10 Welche Hilfeleistung als »optimale Präventivmaßnahme« (*Bernsmann/Geilen* in: Wenzel, Kap. 4 Rn. 565) zur Schadensabwehr notwendig ist, bestimmt sich aus **objektiver ex ante-Sicht** (str., wie hier die h.M., vgl. OLG Karlsruhe NJW 1979, 2360; Schönke/Schröder/*Hecker* § 323c Rn. 2, 14 ff.; a.A. MüKo-StGB/*Freund* § 323c Rn. 76 ff.). Daher ist die nachträgliche Feststellung, dass dem Patienten nicht mehr hätte geholfen werden können, irrelevant (BGH Urt. v. 01.09.2020 – 1 StR 373/19, NStZ 2021, 236, 237); vielmehr muss grundsätzlich jede Rettungschance oder Linderungsmöglichkeit ergriffen werden (HK-GS/*Verrel* § 323c Rn. 9). Einen erbetenen **Hausbesuch** wird derjenige Arzt, der den Patienten nicht kennt, nur selten ablehnen können (vgl. BGHSt 7, 211, 212 f.); denn es gehört grundsätzlich zu den ureigensten ärztlichen Aufgaben, sich selbst vor Ort (und nicht per »Ferndiagnose«), ggf. auch zur Nachtzeit, ein eigenes Bild von der Erkrankung des Patienten zu machen (näher *Ulsenheimer/Gaede* Rn. 670; s.a. *Schöch* in: Roxin/Schroth, S. 161, 169: »jedenfalls bei schweren Krankheitssymptomen«). Ein Bereitschaftsarzt darf sich deshalb nicht darauf beschränken, bei plötzlich auftretenden starken Schmerzen eines Krebspatienten telefonisch ein zweites Morphiumpflaster zu empfehlen (AG Augsburg ZMGR 2005, 70). An der Erforderlichkeit fehlt es somit nur dann, wenn effektive Hilfe bereits von dritter Seite geleistet wird oder ausnahmsweise die »sichere Gewähr« (BGH NStZ 1997, 127) besteht, dass diese mindestens ebenso schnell und wirksam geleistet werden wird bzw. sich das Opfer selbst hinreichend helfen kann.

## III. Möglichkeit

11 Die Hilfeleistungspflicht findet dort ihre Grenze, wo es dem Normadressaten individuell unmöglich ist, das im Lichte der Gefahrenlage Erforderliche zu leisten (»**ultra posse nemo obligatur**«, vgl. *Geppert* Jura 2005, 39, 44; MüKo-StGB/*Freund* § 323c Rn. 77). In tatsächlicher Hinsicht kann dies bspw. aus der räumlichen Entfernung oder aus dem Nichtvorhandensein der benötigten Fachkenntnisse, handwerklichen Fertigkeiten oder technischen Hilfsmittel resultieren (so z.B. der zufällig vor Ort anwesende Arzt: OLG München NJW 2006, 1883, 1884 m. Anm. *Roth* NJW 2006, 2814 ff.). In solchen Fällen ist es aber i.d.R. nicht unmöglich, professionelle Hilfe herbeizurufen. Für Ärztinnen und Ärzte kann aufgrund ihrer überlegenen Fähigkeiten und Kenntnisse bis zur Grenze der »Zumutbarkeit« auch ein Hilfeleisten »zur Unzeit« oder aus größerer Entfernung geboten sein (vgl. BGHSt 2, 296, 298 f.; SSW/*Schöch* § 323c Rn. 15). Trifft der Arzt trotz sofortigen Aufbruchs zu

spät am Unfallort ein, so hat er alles ihm Mögliche getan und seine Pflicht nicht verletzt (unstr., z.B. *Schöch* in: Roxin/Schroth, S. 161, 172).

Die Unmöglichkeit kann sich auch **aus rechtlichen Gründen** ergeben, sei es, dass der Wunsch 12 eines einsichtsfähigen Patienten auf Behandlungsbegrenzung zu respektieren (s. dazu §§ 211, 212 StGB Rdn. 15 ff.; rechtsirrig BGH NJW 1983, 350 m. abl. Anm. *Eser* NStZ 1984, 49; *Geiger* JZ 1983, 153; *Kreuzer* JR 1984, 294 ff.; *Ulrich* MedR 1983, 137) oder der (standes-)rechtliche Rahmen ärztlichen Handelns als solcher (z.B. bei kontraindizierten Eingriffen, Missachtung der leges artis oder bei ärztlich assistiertem Suizid, soweit nicht durch Landes-BO gestattet) überschritten ist: Denn was dem Normadressaten in seiner sozialen Rolle verboten ist (zum komplexen Verhältnis des ärztlichen Standesrechts zur allgemeinen Rechtsordnung näher *Duttge* in: Höver/Baranzke/Schaeffer, Sterbebegleitung: Vertrauenssache, S. 143, 153 ff.), kann schlechterdings nicht geboten sein (grdl. *Duttge* Schöch-FS 2010, S. 599 ff., 615 ff.). Ein (wirksamer) Verzicht des Opfers auf Hilfeleistung (zur streitigen Frage nach der Disponibilität des eigenen Lebens vgl. §§ 211, 212 StGB Rdn. 23 f., § 228 StGB Rdn. 2) ändert nichts am objektiven Bestehen der Gefahrenlage; wenn die h.L. gleichwohl die »Erforderlichkeit« der rettenden Intervention in Abrede stellt (so HK-GS/*Verrel* § 323c Rn. 9; *Lackner/Kühl* § 323c Rn. 5; SSW/*Schöch* § 323c Rn. 16; ebenso OLG München NJW 1987, 2940, 2945 f.; noch anders: *Fischer* § 323c Rn. 32: Rechtswidrigkeit; BGHSt 32, 367, 380 f.: Zumutbarkeit; kritisch zu dieser dogmatischen Einordnung und Begründung *Schöch* in: Roxin/Schroth, S. 161, 175 ff.), so liegt darin eine strafrechtsdogmatische Fehlklassifizierung (eingehend *Duttge* Schöch-FS 2010, S. 599 ff., 614 ff.: »rechtliche Unmöglichkeit«). Bei einem in Gang gesetzten oder unmittelbar bevorstehenden **Suizidgeschehen** ist regelmäßig lebensrettende Aktivität verlangt, es sei denn, der untätig Bleibende hat sich von der ausnahmsweisen »Freiverantwortlichkeit« des Suizids (o. §§ 211, 212 StGB Rdn. 24) verlässlich überzeugt. Nach dem BGH ändert die Freiverantwortlichkeit nichts an dem Vorliegen eines Unglücksfalls (a.A. LG Berlin Urt. v. 08.03.2018 – (502 KLs) 234 Js 339/13 (1/17), medstra 2019, 109, 117. Sie lässt aber die Zumutbarkeit der Hilfeleistung und damit die Strafbarkeit entfallen (BGH Urt. v. 03.07.2019 – 5 StR 132/18, BGHSt 64, 121; BGH Urt. v. 03.07.2019 – 5 StR 393/18, BGHSt 64, 135). I.d.R. wird dem Laien die Feststellung der Freiverantwortlichkeit aber kaum möglich sein.

### IV. Zumutbarkeit

Kann die an sich gebotene Hilfeleistung im zugrunde liegenden Einzelfall nur durch Inkauf- 13 nahme »erheblicher eigenen Gefahren« (z.B. Lebensgefahr durch riskante Rettungsfahrt) oder unter »Verletzung anderer wichtiger Pflichten« erbracht werden (zur erlaubten Hintanstellung der ärztlichen Schweigepflicht näher *Tsambikakis* § 203 StGB Rdn. 58 f.; zur grds. pflichtwidrigen Abgabe eines noch nicht zugelassenen Arzneimittels, sofern nicht die Regeln zum »Compassionate Use« [vgl. § 21 Abs. 2 Nr. 6 AMG, ggf. i.V.m. der AMHV] gewahrt sind, s. *Fehn/Meyer* PharmR 2014, 135, 136 f.), so begrenzt das Tatbestandskorrektiv der »Zumutbarkeit« die Überforderung des Normadressaten auf ein angemessenes Maß (zutr. *Bernsmann/Geilen* in: Wenzel, Kap. 4 Rn. 566). In der Lehre wird in diesem Zusammenhang gerne auf eine Güter- und Interessenabwägung in Anlehnung an § 34 verwiesen (HK-GS/*Verrel* § 323c Rn. 10; Schönke/Schröder/*Hecker* § 323c Rn. 18; SSW/*Schöch* § 323c Rn. 17; anders BGHSt 11, 353 f.: »Sittengesetz«); in Wahrheit geht es jedoch – wie auch das »Zumutbarkeitskriterium« in § 218a Abs. 2 zeigt (näher die dortige Komm.) – allein um die vom Täter aufzuopfernden Interessen (insb. die ihm durch die Hilfeleistung drohenden Schäden, s. BGH NStZ-RR 2017, 212 f.). Sofern die Hilfeleistung die vorhandenen Budgetgrenzen überschreitet, ändert dies zwar nichts am rechtlichen Gebot als solchem (nach bislang h.M. orientiert sich der aus dem medizinisch-beruflichen Standard abgeleitete Sorgfaltsmaßstab nicht am sozialrechtlichen Wirtschaftlichkeitsgebot des § 12 SGB V, im Überblick *Katzenmeier* in: Laufs/Katzenmeier/Lipp, Kap. X Rn. 29 ff.; s.a. *Kohte* in: Lilie/Bernat/Rosenau, Standardisierung in der Medizin als Rechtsproblem, S. 79 ff.; a.A. aber *Kühl* Wirtschaftlichkeitsgebot und Vertragsarzt im Strafrecht, S. 264 ff.); spätestens bei wirtschaftlicher Existenzgefährdung der ärztlichen Praxis bzw. des Krankenhausbetriebes sind jedoch die Grenzen

§ 331 StGB  Vorteilsannahme

der Zumutbarkeit erreicht (zutr. *Sternberg-Lieben* Geppert-FS 2011, S. 723, 725 Fn. 12; s. auch Spickhoff/*Schuhr* § 323c StGB Rn. 43: Verlust eines Stammkunden ist zumutbar). Die **Gefahr der eigenen Strafverfolgung** etwa infolge eines Behandlungsfehlers begründet nach h.M. grundsätzlich keine Unzumutbarkeit (s. jetzt auch arg. § 630c Abs. 2 Satz 2, 3 BGB i.d.F. des PatientenrechteG 2013: Offenbarungspflicht bei therapeutischer Relevanz sowie strafrechtliches Verwertungsverbot); anders kann es allenfalls dann liegen, wenn jene Selbstbelastungsgefahr aus einem Geschehen herrührt, das mit dem Unglücksfall in keinerlei Sachzusammenhang steht (vgl. NK-StGB/*Gaede* § 323c Rn. 12 m.w.N.; zu Recht aber auf eine anonyme Benachrichtigung Dritter verweisend: HK-GS/*Verrel* § 323c Rn. 10). Dem zuvor in Notwehr Handelnden ist eine Hilfeleistung für den verletzten Angreifer nicht per se unzumutbar, sofern er nicht mit neuen Angriffen rechnen muss (vgl. BGHSt 23, 327 f.; NStZ 1985, 501; *Geppert* Jura 2005, 39, 46). Aufschlussreiches Fallmaterial präsentiert *Ulsenheimer/Gaede* Rn. 674.

### V. Vorsatz

14 Das »Wissen« und »Wollen« des Täters muss sämtliche Tatsachen, die den gesetzlichen Tatbestandsmerkmalen des Abs. 1 bzw. Abs. 2 zugrunde liegen, umfassen; dolus eventualis genügt allerdings (unstr.). Die fehlende Kenntnis auch nur in einer Hinsicht begründet einen **Tatumstandsirrtum** (§ 16 Abs. 1 Satz 1), so etwa bei irriger Annahme, dass eine Hilfeleistung erforderlich ist (AG Saalfeld NStZ-RR 2005, 142, 143) bzw. bereits alles Erforderliche getan wurde (vgl. BGH MDR 1993, 722), einer rechtlichen Unmöglichkeit (o. Rdn. 12) mit Rücksicht auf die ärztliche Schweigepflicht oder wegen Übernahme des notärztlichen Telefondienstes (vgl. OLG Karlsruhe NJW 1979, 2360 m. Anm. *Geilen*; JK StGB § 323c/1; OLG Köln NJW 1991, 764). Nimmt der Täter hingegen auf dem Boden einer zutreffenden Tatsachenkenntnis durch fehlerhafte Bewertung irrig an, nicht zur Hilfeleistung verpflichtet zu sein, so handelt es sich um einen **Gebotsirrtum** i.S.d. § 17 (vgl. BGH VersR 2013, 1060, 1062; OLG Hamm NJW 1968, 212, 214; *Geppert* Jura 2005, 39, 47). Nach *Ulsenheimer/Gaede* wird das Vorsatzerfordernis allerdings »im Justizalltag immer wieder übersehen« (Rn. 650 f.).

### D. Rechtsfolgen

15 Eine Verurteilung wegen unterlassener Hilfeleistung hat, sofern das Verfahren nicht wegen geringer oder mäßiger Schuld (ggf. gegen Auflage) eingestellt wird (vgl. §§ 153, 153a StPO), eine Bestrafung mit Geld- oder Freiheitsstrafe bis zu einem Jahr zur Folge. In die konkrete Strafzumessung (vgl. § 46) findet u.a. auch Eingang, ob das Untätigbleiben des Täters (unter Einschluss defizitären Handelns, zum Erfordernis der wirksamsten Hilfe o. Rdn. 8 f.) Schadensfolgen nach sich gezogen hat. In diesem Fall kommt auch ein Schadensersatzanspruch des Opfers in Betracht, da § 323c als »Schutzgesetz« i.S.d. § 823 Abs. 2 BGB gilt. Aufgrund der Mitteilungspflicht nach Nr. 26 MiStra, § 3 Abs. 1a BÄO ist bei ärztlicher Verfehlung zu prüfen, ob (in schweren oder Wiederholungsfällen) ein Entzug der **Approbation** (§ 5 Abs. 2 i.V.m. § 3 Abs. 1 BÄO) oder deren Ruhen (§ 6 Abs. 1 Nr. 1 BÄO) in Betracht kommt (Spickhoff/*Schuhr* § 323c StGB Rn. 59).

### § 331 Vorteilsannahme

(1) Ein Amtsträger, ein Europäischer Amtsträger oder ein für den öffentlichen Dienst besonders Verpflichteter, der für die Dienstausübung einen Vorteil für sich oder einen Dritten fordert, sich versprechen läßt oder annimmt, wird mit Freiheitsstrafe bis zu drei Jahren oder mit Geldstrafe bestraft.

(2) ... (nicht abgedruckt)

(3) Die Tat ist nicht nach Absatz 1 strafbar, wenn der Täter einen nicht von ihm geforderten Vorteil sich versprechen läßt oder annimmt und die zuständige Behörde im Rahmen ihrer Befugnisse entweder die Annahme vorher genehmigt hat oder der Täter unverzüglich bei ihr Anzeige erstattet und sie die Annahme genehmigt.

## Übersicht

| | Rdn. | | Rdn. |
|---|---|---|---|
| A. Allgemeines | 1 | 4. Unrechtsvereinbarung | 26 |
| B. Objektiver Tatbestand | 6 | C. Subjektiver Tatbestand | 29 |
| I. Täter – Amtsträger | 6 | D. Rechtswidrigkeit – Genehmigung | |
| II. Tathandlung – Fordern, Sichversprechenlassen oder Annehmen eines Vorteils | 11 | (§ 331 Abs. 3 StGB) | 31 |
| | | E. Schuld | 34 |
| 1. Fordern, Sichversprechenlassen oder Annehmen | 11 | F. Qualifikation und besonders schwere Fälle | 35 |
| 2. Vorteil | 16 | G. Konkurrenzen | 36 |
| 3. Dienstausübung | 21 | | |

## A. Allgemeines

Das Korruptionsstrafrecht im Gesundheitswesen hat eine epochale Veränderung erfahren: Im Anschluss an die Forderung des Großen Senats für Strafsachen, die später noch vorzustellende Strafbarkeitslücke bei der Bestechung von Vertragsärzten zu schließen (BGHSt 57, 202, 218), hat der Gesetzgeber mit dem Gesetz zur Bekämpfung von Korruption im Gesundheitswesen vom 30.05.2016 (BGBl. I S. 1254) mit Wirkung vom 04.06.2016 die §§ 299a, b als neue Straftatbestände der Bestechung und Bestechlichkeit im Gesundheitswesen erlassen (vgl. im Einzelnen *Tsambikakis* medstra 2016, 131 ff.). 1

Die §§ 331 ff. stellen die Korruption von Amtsträgern unter Strafe. Im Gesundheitswesen spielen diese Bestechungsdelikte vor allem bei Krankenhausärzten eine Rolle, die entweder verbeamtet sind oder funktionell dem Staat zugerechnet werden. Alle anderen angestellten Ärzte unterfallen dem weniger strengen § 299, wobei die Spezialität der neu eingefügten §§ 299a, b zu beachten ist. Anders als beim Amtsträger ist bei § 299 sowie §§ 299a, b eine tatbestandliche Vorteilsannahme aber nicht genehmigungsfähig. § 299 regelt die Korruption im geschäftlichen Verkehr; §§ 299a, b speziell die Korruption im Gesundheitswesen; §§ 331 ff. erfassen die Korruption der öffentlichen Hand. 1a

Nach § 331 macht sich strafbar, wer als Amtsträger für seine Dienstausübung einen Vorteil fordert, sich versprechen lässt oder annimmt. Geschützt sind die **Lauterkeit des öffentlichen Dienstes** und das Vertrauen der Allgemeinheit darin (BGHSt 47, 295, 309). Es genügt der »böse Anschein« der Käuflichkeit (BGHSt 15, 88, 96 f.). 2

§ 331 erfasst die *passive* Vorteilsannahme. Täter kann nur ein Amtsträger (§ 11 Abs. 1 Nr. 2) sein, weshalb es sich um **echte Amtsdelikte** handelt. Spiegelbildlich wird in § 333 die *aktive Vorteilsgewährung* unter Strafe gestellt. Da hier jedermann und nicht nur ein Amtsträger als Täter in Betracht kommt, handelt es sich dabei um Allgemeindelikte. 3

§ 332 ist im Verhältnis zu § 331 Qualifikationstatbestand für pflichtwidriges Handeln (spiegelbildlich wiederum § 334 für § 333). Der jeweilige Abs. 2 all dieser Paragraphen enthält Sonderregeln für Richter, Mitglieder eines Gerichts der Europäischen Union und Schiedsrichter. Insoweit wurde von einem Abdruck und einer Kommentierung abgesehen. 4

Strafzumessungsregeln für besonders schwere Fälle finden sich in § 335. Hier hat sich der Gesetzgeber der Regelbeispielstechnik bedient. § 335a regelt die Anwendung der Vorschriften auf ausländische und internationale Bedienstete. § 336 stellt schließlich die Vornahme von Diensthandlungen deren Unterlassen gleich. 5

## B. Objektiver Tatbestand

### I. Täter – Amtsträger

Der Täter muss Amtsträger sein. Nach § 11 Abs. 1 Nr. 2 ist Amtsträger, wer nach deutschem Recht Beamter oder Richter ist, in einem sonstigen öffentlich-rechtlichen Amtsverhältnis steht oder sonst dazu bestellt ist, bei einer Behörde oder bei einer sonstigen Stelle oder in deren Auftrag Aufgaben 6 der öffentlichen Verwaltung unbeschadet der zur Aufgabenerfüllung gewählten Organisationsform wahrzunehmen.

7 **Vertragsärzte** sind keine Amtsträger (vgl. dazu grundlegend BGHSt 57, 202). Sie sind nicht dazu bestellt, im Auftrag der gesetzlichen Krankenkassen Aufgaben der öffentlichen Verwaltung wahrzunehmen und unterfallen deshalb nicht § 11 Abs. 1 Nr. 2 Buchst. c. Zwar unterfällt die Sicherstellung der vertragsärztlichen Versorgung der Daseinsfürsorge. Für die Bestimmung der Amtsträgereigenschaft des Arztes ist jedoch auf die konkrete ärztliche Leistung abzustellen. Das Verhältnis des Versicherten zum Vertragsarzt wird wesentlich bestimmt von Elementen persönlichen Vertrauens und einer der Bestimmung durch die Krankenkassen entzogenen Gestaltungsfreiheit. Es fehlt deshalb an der notwendigen staatlichen Steuerung. »In diesem Verhältnis [Vertragsarzt-Patient] steht der Gesichtspunkt der individuell geprägten, auf Vertrauen sowie freier Auswahl und Gestaltung beruhenden persönlichen Beziehung in einem solchen Maß im Vordergrund, dass weder aus der subjektiven Sicht der Beteiligten noch nach objektiven Gesichtspunkten die Einbindung des Vertragsarztes in das System öffentlicher, staatlich gelenkter Daseinsfürsorge überwiegt und die vertragsärztliche Tätigkeit den Charakter einer hoheitlich gesteuerten Verwaltungsausübung gewinnt« (BGHSt 57, 202 = BGH NJW 2012, 2530, 2532).

8 Besonderheiten können für angestellte Ärzte einer MVZ-GmbH gelten, wenn diese mehrheitlich von der öffentlichen Hand gehalten wird und Private keine Sperrminorität haben. Hier sind die angestellten Ärzte Amtsträger (*Boemke/Schneider* Korruptionsprävention im Gesundheitswesen, S. 38).

9 **Krankenhausärzte** sind zum Teil Beamte und damit ohne weiteres nach dem Gesetz Amtsträger (§ 11 Abs. 1 Nr. 2 Buchst. a). Gleiches gilt für alle im öffentlichen Dienst angestellten Ärzte (§ 11 Abs. 1 Nr. 2 Buchst. c). Damit sind alle angestellten Ärzte in Universitätskliniken, Kreis-, Bezirks- oder städtischen Krankenhäusern Amtsträger. Bedient sich die öffentliche Hand einer privatrechtlichen Form muss die Anstellung an § 11 Abs. 1 Nr. 2 Buchst. c gemessen werden. Betreibt der Staat ein Krankenhaus, nimmt er grundsätzlich eine Aufgabe der öffentlichen Daseinsvorsorge wahr. Etwas anderes kann bei Mischgesellschaften gelten, in denen Private wenigstens eine Sperrminorität innehalten (BGHSt 50, 299). Kann ein beteiligter privater Unternehmer die maßgeblichen Entscheidungen beeinflussen, liegt die Wahrnehmung öffentlicher Aufgaben fern. Zur MVZ-GmbH s.a. Rdn. 8.

10 Krankenhäuser **kirchlicher Träger** unterfallen den Amtsdelikten ebenso wenig wie Häuser, die von gemeinnützigen Organisationen geführt werden. Steht eine Klinik im Eigentum einer privaten Betreibergesellschaft gelten § 299 bzw. §§ 299a, b.

## II. Tathandlung – Fordern, Sichversprechenlassen oder Annehmen eines Vorteils

### 1. Fordern, Sichversprechenlassen oder Annehmen

11 Der Täter muss einen Vorteil fordern, sich versprechen lassen oder annehmen.

12 **Fordern** ist das einseitige Verlangen einer Leistung. Mit dem bloßen »Fordern« werden auch untaugliche Anbahnungsbemühungen unter Vollendungsstrafe gestellt. Es kommt nicht darauf an, ob die Forderung Erfolg hat, sondern ob sie dem potentiellen Geber zugeht. Es genügt, dass der andere Beteiligte den Zusammenhang zwischen Vorteil und Diensthandlung erfassen soll; ob er diesen Willen erkennt, ist ohne Belang (BGHSt 15, 88).

13 **Sichversprechenlassen** ist die Angebotsannahme eines späteren Vorteils.

14 **Annehmen** ist die tatsächliche Entgegennahme eines Vorteils mit dem Willen, darüber für sich oder einen Dritten zu verfügen.

15 Annehmen und Sichversprechenlassen setzen über ein bloß faktisches Verhalten die Einigung beider Teile über den Gegenstand und Zweck der Zuwendung voraus, wobei konkludentes Handeln genügt.

## 2. Vorteil

**Vorteil** ist jede Leistung, auf die der Amtsträger keinen Anspruch hat und die seine wirtschaftliche, rechtliche oder auch nur **persönliche Lage objektiv verbessert**. Wirtschaftliche Vorteile reichen ebenso wie immaterielle Verbesserungen der Lage. Die Besserstellung muss sich nicht auf den Amtsträger selbst beziehen, sondern kann sich auf einen Dritten auswirken (sog. **Drittvorteil**). Selbst die »altruistische« Korruption ist strafbar. So kann der von einem Klinikarzt mit einem Pharmaunternehmen vereinbarte Vorteil, sich ausschließlich für Patienten oder Mitarbeiter günstig auswirken. Dabei wird keine Saldierung mit der etwaigen Gegenleistung vorgenommen. Der Vorschlag eines Chefarztes gegen eine »Spende« an einen Förderverein, eine Operation persönlich durchzuführen, obwohl der Kassenpatient darauf keinen Anspruch hat, kann ein solcher Vorteil sein (LG Essen GesR 2012, 344 m. Anm. *Tsambikakis*). 16

Im Gesundheitswesen spielen vor allem materielle Vorteile eine Rolle, auch wenn immaterielle Vorteile (z.B. sexuelle Handlungen) ebenfalls vom Tatbestand erfasst sind. Typische materielle Vorteile sind z.B. Geld- und Sachzuwendungen, wie Reisen, Bewirtungen, Einladungen, Rabatte etc. 17

Ein Vorteil kann bereits im Abschluss eines Beratungsvertrages liegen, der Leistungen an den Amtsträger zur Folge hat – und zwar auch dann, wenn diese nur das angemessene Entgelt für die vom Amtsträger aufgrund des Vertrages geschuldeten Leistungen sind (BGHSt 18, 263; 31, 264). In diesen Fällen fehlt es jedoch häufig an einer Unrechtsvereinbarung (*Krais* PharmR 2010, 513, 514; s.a. Rdn. 26 ff.). 18

Geringwertige Vorteile gelten als **sozialadäquat** und sind schon **nicht tatbestandsmäßig** (BGHSt 31, 264, 279). Die Praxis zieht die Grenze derzeit bei einem Wert von ca. 30 € bis 50 € (OLG Hamburg StV 2001, 277, 282; *Fischer* StGB § 331 Rn. 26a; *Lesch* AnwBl. 2003, 261, 266). 19

Der BGH hat bei der **Drittmittelforschung** einen Vorteil ausgeschlossen, soweit vom Amtsträger die hochschulrechtlichen Vorgaben eingehalten werden (BGHSt 47, 295; 48, 44). 20

## 3. Dienstausübung

Strafbar sind Verhaltensweisen des Amtsträgers, die im Zusammenhang mit einer Dienstausübung erfolgen. Der Begriff wird **weit ausgelegt** und umfasst alle Handlungen (und jedes Unterlassen, § 336 Abs. 1), durch die der Amtsträger die ihm übertragenen öffentlichen Aufgaben wahrnimmt. Die Handlung muss ihrer Natur nach mit dem Amt in einer inneren Beziehung stehen und nicht völlig außerhalb des Aufgabenbereichs des Amtsträgers liegen (BGHSt 31, 264, 280). Schon die schlichte Materialauswahl bei mehreren angebotenen Arzneimitteln oder Medizinprodukten fällt für einen Krankenhausarzt hierunter. Durch die weite Auslegung kann auch eine allgemeine *Klimapflege* strafbar sein. 21

Die Dienstausübung ist von der **Privathandlung** abzugrenzen, die außerhalb des Aufgabenbereichs des Amtsträgers liegt (MüKo-StGB/*Korte* § 331 Rn. 110). Privates Handeln bleibt auch während der Dienstzeit privat, auch wenn der Täter dienstlich damit hätte betraut werden *können*. **Nebentätigkeiten** sind keine Dienstausübung und daher nicht strafbewehrt, solange sie nicht ihrerseits eine Amtsträgerstellung begründen. Ob die Nebentätigkeit erlaubt ist, spielt keine Rolle (BGHSt 18, 59, 61). *Scheinbare* Nebentätigkeiten, die allein dazu dienen, den Bezug zur Dienstausübung zu *verschleiern*, unterfallen § 331. 22

Die Dienstausübung muss keineswegs pflichtwidrig sein; auch die Vorteilsannahme für ein **pflichtgemäßes Verhalten** kann strafbar sein – der Anschein der Käuflichkeit kann genügen. 23

Soweit sich die Tat auf eine **zukünftige Dienstausübung** bezieht, braucht diese für eine Strafbarkeit nicht mehr vollzogen zu werden. Maßgeblich ist vielmehr die sog. Unrechtsvereinbarung als strafbarkeitskonstituierendes Kernstück des Tatbestands. 24

Darüber hinaus sind auch **vergangene Dienstausübungen** erfasst, wenn für sie ein Vorteil gewährt wird. Der BGH hat eine Strafbarkeit jedoch dort abgelehnt, wo der Täter lediglich vorgetäuscht hatte, eine in der Vergangenheit liegende Diensthandlung vorgenommen zu haben (BGHSt 29, 300). 25

### 4. Unrechtsvereinbarung

26 Der Vorteil muss »für« die Dienstausübung gefordert (etc.) werden. Damit setzt § 331 Abs. 1 eine (gelockerte) Unrechtsvereinbarung voraus. Gelockert ist sie im Verhältnis zu § 331a.F., der noch eine Verknüpfung mit einer konkreten Diensthandlung verlangte. Nun muss der Vorteil nur in einem **Gegenseitigkeitsverhältnis** mit der Dienstausübung des Amtsträgers allgemein bestehen (BGHSt 49, 275, 281), sodass der **böse Anschein** möglicher **Käuflichkeit** des Amtsträgers entsteht. Die Entgegennahme eines Vorteils ist also nicht erst eine Vorteilsannahme, wenn für eine konkrete Amtshandlung geleistet wird. Die Grenze zur Strafbarkeit ist schon überschritten, wenn der Geber und der Amtsträger davon ausgehen, dass der Amtsträger im Laufe der Zeit mit Entscheidungen zu Geschäften des Gebers befasst sein wird und der unbeteiligte Betrachter den Eindruck gewinnt, dass dieser mit seiner Leistung Einfluss auf anfallende Entscheidungen nehmen will (BGH NJW 2007, 3446). Durch die Öffnung des Tatbestands von der konkreten Diensthandlung auf die allgemeine Dienstausübung fallen repräsentative Aufgaben des Amtsträgers in den Tatbestand. Das kann für die breit gefächerten Aufgaben von Chefärzten oder Klinikgeschäftsführern bedeutsam werden.

27 Eine **ausdrückliche Ausnahme** trotz Vorliegens aller Tatbestandsvoraussetzungen hat die Rechtsprechung für die Akquisition von sog. **Drittmitteln** für die Hochschulforschung gemacht. Insbesondere bei Einhalten der formellen Voraussetzungen des Hochschulrechts (Anzeigen und Genehmigungen) verneint die Rechtsprechung eine Unrechtsvereinbarung, da angesichts der Üblichkeiten in diesem Bereich des Forschungssponsorings Mutmaßungen über einen unlauteren Zusammenhang per se unberechtigt seien (BGH NJW 2002, 2801).

28 Eine Hilfestellung, die bestehenden Unsicherheiten zu minimieren, bieten die von den Ärzte- und Pharmaverbänden erarbeiteten Leitlinien und die darin enthaltenen Prinzipien (vgl. auch BGH NStZ-RR 2003, 171; OLG Köln NStZ 2002, 35):
– **Trennungsprinzip**: Umsatzgeschäfte und konkrete Zuwendungen müssen in jeder Hinsicht entkoppelt sein.
– **Transparenzprinzip**: Alle Kontakte zwischen Pharmafirmen und Krankenhausmitarbeitern müssen offengelegt und genehmigt werden.
– **Dokumentationsprinzip**: Absprachen sind schriftlich und vollständig niederzulegen.
– **Bargeldlosigkeitsprinzip**: Zuwendungen sollen nur in Form von Überweisungen oder Schecks erfolgen.
– **Prinzip der Kontendistanz**: Begünstigte Ärzte dürfen keine Verfügungsmacht über diejenigen Konten haben, auf die Zuwendungen der Industrie fließen; das gilt auch für Fördervereine.
– **Prinzip der Fremdnützigkeit**: Der Zweck der Zuwendungen muss eindeutig im Klinikbereich bestehen; reine Privatinteressen müssen absolut ausgeschaltet sein.
– **Prinzip der Verhältnismäßigkeit**: Leistungen und Gegenleistungen müssen stets in einem angemessenen Verhältnis zueinanderstehen.

### C. Subjektiver Tatbestand

29 Es ist wenigstens *dolus eventualis* bezüglich aller objektiven Tatbestandsmerkmale erforderlich – auch bezüglich der Amtsträgereigenschaft.

30 Der innere Vorbehalt des Amtsträgers, die angebotene oder angesonnene Pflichtverletzung nicht zu begehen, schließt den Tatbestand nicht aus (vgl. BGHSt 15, 88).

### D. Rechtswidrigkeit – Genehmigung (§ 331 Abs. 3 StGB)

31 Die Rechtswidrigkeit kann vor allem durch eine **Genehmigung** nach § 331 Abs. 3 entfallen. Wenn der **zuständige** Dienstherr sämtliche Umstände des Gebens und Nehmens kennt und billigt, rechtfertigt eine Genehmigung das Verhalten des Arztes. Die Annahme kann entweder vorher genehmigt werden oder unverzüglich danach. In diesem Fall muss der Täter unverzüglich beim Dienstherrn

Anzeige erstatten (genau genommen ist dies dann kein Rechtfertigungsgrund mehr, sondern ein Strafaufhebungsgrund).

Die Genehmigung muss sich auf das konkrete Geschäft beziehen, allgemeine Urlaubs- oder Nebentätigkeitsgenehmigungen genügen nicht. 32

Ein »Fordern« kann nie genehmigt werden. 33

### E. Schuld

Die Praxis geht mit der Annahme eines sog. Verbotsirrtums gem. § 17 zurückhaltend um. Daran kann aber z.B. gedacht werden, wenn der Täter irrtümlich davon ausging, die Annahme des Vorteils wäre sozialadäquat gewesen. 34

### F. Qualifikation und besonders schwere Fälle

§ 332 enthält Qualifikationstatbestände zu § 331. § 335 enthält Strafzumessungsregeln für besonders schwere Fälle. Der Gesetzgeber verwendet hierzu die Regelbeispieltechnik (vgl. § 335 Rdn. 1). 35

### G. Konkurrenzen

Jede Tathandlung ist grundsätzlich eine rechtlich selbstständige Straftat. Eine tatbestandliche **Handlungseinheit** liegt jedoch vor, wenn die Entlohnung auf eine Unrechtsvereinbarung zurückgeht, die den zu leistenden Vorteil genau festlegt, mag er auch in bestimmten Teilleistungen zu erbringen sein. Anders ist es hingegen, wenn die zu gewährende Entlohnung von der zukünftigen Entwicklung abhängt, insbesondere, wenn die Vorteilsgewährung »open-end« Charakter trägt. »Jedenfalls dann hat die Vorteilsgewährung zu großes, selbstständiges Gewicht, als dass sie zusammen mit der Unrechtsabrede nur eine Tat bilden kann« (BGHSt 41, 292, 302). 36

Tateinheit ist mit § 263 möglich (BGHSt 15, 88, 99). 37

Hinsichtlich des Konkurrenzverhältnisses zu §§ 299a, b soll auf die zu §§ 299, 331 ff. entwickelten Grundsätze zurückgegriffen werden. Deren Konkurrenzverhältnis ist jedoch umstritten. 38

Für eine Spezialität des § 299a gegenüber den §§ 331 ff. sprechen der spezielle Täterkreis und die spezifischen tatbestandstauglichen Konstellationen des § 299a. Daher ist in Fällen, in denen ein Amtsträger in seiner Eigenschaft als Heilberufsangehöriger handelt und Arzneimittel etc. verordnet, bezieht und unmittelbar anwendet oder Patienten zuführt, von dessen Spezialität gegenüber den §§ 331 ff. auszugehen (vgl. zu den Einzelheiten §§ 299a, b StGB Rdn. 30).

### § 332 Bestechlichkeit

(1) Ein Amtsträger, ein Europäischer Amtsträger oder ein für den öffentlichen Dienst besonders Verpflichteter, der einen Vorteil für sich oder einen Dritten als Gegenleistung dafür fordert, sich versprechen läßt oder annimmt, daß er eine Diensthandlung vorgenommen hat oder künftig vornehme und dadurch seine Dienstpflichten verletzt hat oder verletzen würde, wird mit Freiheitsstrafe von sechs Monaten bis zu fünf Jahren bestraft. In minder schweren Fällen ist die Strafe Freiheitsstrafe bis zu drei Jahren oder Geldstrafe. Der Versuch ist strafbar.

(2) ... (nicht abgedruckt)

(3) Falls der Täter den Vorteil als Gegenleistung für eine künftige Handlung fordert, sich versprechen läßt oder annimmt, so sind die Absätze 1 und 2 schon dann anzuwenden, wenn er sich dem anderen gegenüber bereit gezeigt hat,
1. bei der Handlung seine Pflichten zu verletzen oder,
2. soweit die Handlung in seinem Ermessen steht, sich bei Ausübung des Ermessens durch den Vorteil beeinflussen zu lassen.

## § 333 StGB  Vorteilsgewährung

**Übersicht**

| | Rdn. | | Rdn. |
|---|---|---|---|
| A. Allgemeines | 1 | C. Subjektiver Tatbestand | 4 |
| B. Qualifikationsmerkmale – pflichtwidrige Diensthandlung | 2 | | |

### A. Allgemeines

1 Bestechlichkeit (§ 332) ist ein Qualifikationstatbestand zur Vorteilsannahme (§ 331) für den Fall, dass die **Dienstpflichten verletzt** wurden.

### B. Qualifikationsmerkmale – pflichtwidrige Diensthandlung

2 Im Gegensatz zur allgemeinen Dienstausübung des § 331 (vgl. dort Rdn. 21 ff.) verlangt § 332 eine vorgenommene oder **künftige konkrete** Diensthandlung des Amtsträgers, die zudem **pflichtwidrig** sein muss. Pflichtwidrig ist eine Diensthandlung, wenn sie gegen das Gesetz, Dienstvorschriften oder Anordnungen des Vorgesetzten verstößt. Die Handlung muss nicht strafbar sein.

3 Nach § 332 Abs. 3 genügt es, wenn sich der Täter zu einer Verletzung seiner Dienstpflicht bereit erklärt. Dies kann ausdrücklich geschehen, schlüssiges Verhalten genügt jedoch. Es kommt also allein darauf ein, ob eine Unrechtsvereinbarung vorliegt.

### C. Subjektiver Tatbestand

4 Es ist wenigstens *dolus eventualis* bezüglich aller objektiven Tatbestandsmerkmale erforderlich.

## § 333 Vorteilsgewährung

(1) Wer einem Amtsträger, einem Europäischen Amtsträger, einem für den öffentlichen Dienst besonders Verpflichteten oder einem Soldaten der Bundeswehr für die Dienstausübung einen Vorteil für diesen oder einen Dritten anbietet, verspricht oder gewährt, wird mit Freiheitsstrafe bis zu drei Jahren oder mit Geldstrafe bestraft.

(2) ... (nicht abgedruckt)

(3) Die Tat ist nicht nach Absatz 1 strafbar, wenn die zuständige Behörde im Rahmen ihrer Befugnisse entweder die Annahme des Vorteils durch den Empfänger vorher genehmigt hat oder sie auf unverzügliche Anzeige des Empfängers genehmigt.

**Übersicht**

| | Rdn. | | Rdn. |
|---|---|---|---|
| A. Allgemeines | 1 | 3. Dienstausübung | 8 |
| B. Objektiver Tatbestand | 2 | 4. Unrechtsvereinbarung | 9 |
| I. Tatobjekt – Amtsträger | 3 | C. Subjektiver Tatbestand | 10 |
| II. Tathandlung – Anbieten, Versprechen oder Gewähren eines Vorteils | 4 | D. Rechtswidrigkeit – Genehmigung (§ 333 Abs. 3 StGB) | 11 |
| 1. Anbieten, Versprechen oder Gewähren | 4 | E. Qualifikation und besonders schwerer Fall | 12 |
| 2. Vorteil | 7 | F. Konkurrenzen | 13 |

### A. Allgemeines

1 § 333 stellt die aktive Vorteilsgewährung unter Strafe und ist damit der notwendige Gegenpart zur strafbaren Vorteilsannahme. Im Gegensatz zu § 331 ist die Vorteilsgewährung jedoch ein Allgemeindelikt, das von jedermann begangen werden kann.

### B. Objektiver Tatbestand

2 Im objektiven Tatbestand sind spiegelbildlich die Voraussetzungen des § 331 zu erfüllen.

## I. Tatobjekt – Amtsträger

Während jeder Täter des § 333 StGB sein kann, muss der Bestochene ein Amtsträger sein. Vgl. im Einzelnen § 331 StGB Rdn. 6 ff. 3

## II. Tathandlung – Anbieten, Versprechen oder Gewähren eines Vorteils

### 1. Anbieten, Versprechen oder Gewähren

Die Tathandlungen spiegeln die Modalitäten des § 331 wider. »Anbieten« korreliert mit »Fordern« 4
und zielt auf den Abschluss einer Unrechtsvereinbarung. Es genügt, dass der andere Beteiligte den Zusammenhang zwischen Vorteil und Diensthandlung erfassen soll; ob er diesen Willen erkennt, ist ohne Belang (BGHSt 15, 88).

»Versprechen« ist die Kehrseite von »Sichversprechenlassen« und meint die Vereinbarung selbst 5
(*Fischer* StGB § 333 Rn. 4).

»Gewähren« ist das Gegenstück zu »Annehmen« und wird verstanden als tatsächliche Zuwendung 6
an den Amtsträger oder einen Dritten (BGHSt 49, 275, 298).

### 2. Vorteil

S. § 331 StGB Rdn. 16 ff. 7

### 3. Dienstausübung

S. § 331 StGB Rdn. 21 ff. 8

### 4. Unrechtsvereinbarung

S. § 331 StGB Rdn. 26 ff. 9

## C. Subjektiver Tatbestand

Bezüglich aller Tatbestandsmerkmale einschließlich der Amtsträgereigenschaft des Bestochenen ist 10
wenigstens *dolus eventualis* erforderlich.

## D. Rechtswidrigkeit – Genehmigung (§ 333 Abs. 3 StGB)

Die Rechtswidrigkeit der tatbestandsmäßigen Vorteilsgewährung entfällt, wenn die zuständige Be- 11
hörde im Rahmen ihrer Befugnisse entweder die Annahme des Vorteils durch den Empfänger vorher genehmigt hat oder sie auf unverzügliche Anzeige des Empfängers genehmigt (vgl. zu Einzelheiten § 331 Rdn. 31 ff.).

## E. Qualifikation und besonders schwerer Fall

§ 334 enthält Qualifikationstatbestände. Besonders schwere Fälle erfasst § 335 in der Regelbeispiel- 12
stechnik.

## F. Konkurrenzen

Vgl. zunächst § 331 Rdn. 36 ff. Im Übrigen liegt **Tateinheit** vor, wenn sich die Unrechtsverein- 13
barung sowohl auf die pflichtgemäße Dienstausübung als auch auf die pflichtwidrigen Diensthandlungen bezieht (*Fischer* StGB § 333 Rn. 14).

## § 334 Bestechung

(1) Wer einem Amtsträger, einem Europäischen Amtsträger, einem für den öffentlichen Dienst besonders Verpflichteten oder einem Soldaten der Bundeswehr einen Vorteil für diesen oder

## § 335 StGB Besonders schwere Fälle der Bestechlichkeit und Bestechung

einen Dritten als Gegenleistung dafür anbietet, verspricht oder gewährt, daß er eine Diensthandlung vorgenommen hat oder künftig vornehme und dadurch seine Dienstpflichten verletzt hat oder verletzen würde, wird mit Freiheitsstrafe von drei Monaten bis zu fünf Jahren bestraft. In minder schweren Fällen ist die Strafe Freiheitsstrafe bis zu zwei Jahren oder Geldstrafe.

(2) ... (nicht abgedruckt)

(3) Falls der Täter den Vorteil als Gegenleistung für eine künftige Handlung anbietet, verspricht oder gewährt, so sind die Absätze 1 und 2 schon dann anzuwenden, wenn er den anderen zu bestimmen versucht, daß dieser
1. bei der Handlung seine Pflichten verletzt oder,
2. soweit die Handlung in seinem Ermessen steht, sich bei der Ausübung des Ermessens durch den Vorteil beeinflussen läßt.

| Übersicht | Rdn. | | Rdn. |
|---|---|---|---|
| A. Allgemeines | 1 | C. Versuch | 3 |
| B. Qualifikationsmerkmale – pflichtwidrige Diensthandlung | 2 | D. Subjektiver Tatbestand | 4 |

### A. Allgemeines

1 § 334 ist eine Qualifikation zu § 333 und das aktive Gegenstück zu der nach § 332 strafbaren Bestechlichkeit. Die Tatbestandsmerkmale entsprechen sich daher. Anders als § 332 kann jeder einen Amtsträger (sowie weitere in der Norm genannte Personen) bestechen (Allgemeindelikt), während die Bestechlichkeit ein Sonderdelikt für Amtsträger usw. ist. Die Strafschärfung gegenüber § 333 gründet in der höheren Verwerflichkeit, die sich aus der Pflichtwidrigkeit der vereinbarten Diensthandlung ergibt.

### B. Qualifikationsmerkmale – pflichtwidrige Diensthandlung

2 Die Qualifikationsmerkmale entsprechen denen des § 332. Wegen der Einzelheiten vgl. § 332 Rn. 2 f.

### C. Versuch

3 Der **Versuch** einer Tat nach § 334 Abs. 2 ist gem. § 334 Abs. 2 Satz 2 strafbar. Dies gilt nicht für den Versuch einer Tat nach § 334 Abs. 1.

### D. Subjektiver Tatbestand

4 Es ist wenigstens *dolus eventualis* bezüglich aller objektiven Tatbestandsmerkmale erforderlich.

## § 335 Besonders schwere Fälle der Bestechlichkeit und Bestechung

(1) In besonders schweren Fällen wird
1. eine Tat nach
   a) § 332 Abs. 1 Satz 1, auch in Verbindung mit Abs. 3, und
   b) § 334 Abs. 1 Satz 1 und Abs. 2, jeweils auch in Verbindung mit Abs. 3,
   mit Freiheitsstrafe von einem Jahr bis zu zehn Jahren und
2. eine Tat nach § 332 Abs. 2, auch in Verbindung mit Abs. 3, mit Freiheitsstrafe nicht unter zwei Jahren

bestraft.

(2) Ein besonders schwerer Fall im Sinne des Absatzes 1 liegt in der Regel vor, wenn
1. die Tat sich auf einen Vorteil großen Ausmaßes bezieht,

2. der Täter fortgesetzt Vorteile annimmt, die er als Gegenleistung dafür gefordert hat, daß er eine Diensthandlung künftig vornehme, oder
3. der Täter gewerbsmäßig oder als Mitglied einer Bande handelt, die sich zur fortgesetzten Begehung solcher Taten verbunden hat.

| Übersicht | Rdn. | | Rdn. |
|---|---|---|---|
| A. Allgemeines | 1 | II. Fortgesetzte Begehung (§ 335 Abs. 2 Nr. 2 StGB) | 3 |
| B. Regelbeispielsfälle des § 335 Abs. 2 StGB | 2 | III. Gewerbsmäßigkeit (§ 335 Abs. 2 Nr. 3, 1. Alt. StGB) | 4 |
| I. Vorteil großen Ausmaßes (§ 335 Abs. 2 Nr. 1 StGB) | 2 | IV. Bande (§ 335 Abs. 2 Nr. 3, 2. Alt. StGB) | 5 |

## A. Allgemeines

In § 335 finden sich Strafzumessungsregeln für besonders schwere Fälle in Gestalt der **Regelbeispielstechnik**. Liegt eines der Regelbeispiele des Abs. 2 vor, ist in der Regel ein besonders schwerer Fall anzunehmen. Eine **Gesamtabwägung** ist dennoch nicht überflüssig, sondern geboten. Die Regelwirkung kann durch die besonderen Tatumstände und das Nachtatverhalten des Täters entkräftet werden. 1

## B. Regelbeispielsfälle des § 335 Abs. 2 StGB

### I. Vorteil großen Ausmaßes (§ 335 Abs. 2 Nr. 1 StGB)

Eine feste Wertbemessungsgrenze für einen Vorteil großen Ausmaßes hat sich bisher nicht durchgesetzt. In der Praxis wird ein Vorteil großen Ausmaßes ab einem Betrag von **10.000 € bis 50.000 €** angenommen (vgl. BGH NStZ 2016, 349: € 50.000). 2

### II. Fortgesetzte Begehung (§ 335 Abs. 2 Nr. 2 StGB)

Eine fortgesetzte Begehung setzt **wenigstens drei Taten** voraus. 3

### III. Gewerbsmäßigkeit (§ 335 Abs. 2 Nr. 3, 1. Alt. StGB)

Gewerbsmäßig handelt, wer sich aus der **wiederholten Tatbegehung** eine **fortlaufende Einnahmequelle** von einigem Umfang und einer gewissen Dauer verschaffen will. Eine einmalige Gesetzesverletzung kann für eine solche Annahme ausreichen. 4

### IV. Bande (§ 335 Abs. 2 Nr. 3, 2. Alt. StGB)

Als Bande gilt der Zusammenschluss von **mindestens drei Personen**, die sich mit dem Willen verbunden haben, künftig **für eine gewisse Dauer mehrere selbstständige Korruptionstaten** zu begehen. Ein gefestigter Bandenwille oder ein Tätigwerden in einem übergeordneten Bandeninteresse ist dabei nicht erforderlich (BGHSt 46, 321, 325 ff.). Mitglied einer Bande kann ein bloßer Gehilfe sein (BGHSt 47, 214). 5

## § 335a Ausländische und internationale Bedienstete

(1) Für die Anwendung des § 331 Absatz 2 und des § 333 Absatz 2 sowie der §§ 332 und 334, diese jeweils auch in Verbindung mit § 335, auf eine Tat, die sich auf eine künftige richterliche Handlung oder eine künftige Diensthandlung bezieht, stehen gleich:
1. ... (nicht abgedruckt)
2. einem sonstigen Amtsträger:
   a) ein Bediensteter eines ausländischen Staates und eine Person, die beauftragt ist, öffentliche Aufgaben für einen ausländischen Staat wahrzunehmen;

b) ein Bediensteter einer internationalen Organisation und eine Person, die beauftragt ist, Aufgaben einer internationalen Organisation wahrzunehmen;

c) ein Soldat eines ausländischen Staates und ein Soldat, der beauftragt ist, Aufgaben einer internationalen Organisation wahrzunehmen.

(2) – (3) ... (nicht abgedruckt)

1 § 335a Abs. 1 stellt für die Anwendung der §§ 332 und 334, jeweils auch i.V.m. § 335, auf eine Tat, die sich auf eine künftige Diensthandlung bezieht, einem Amtsträger einen Bediensteten eines ausländischen Staates gleich und eine Person, die beauftragt ist, öffentliche Aufgaben für den ausländischen Staat wahrzunehmen sowie einen Bediensteten einer internationalen Organisation oder eine Person, die beauftragt ist, Aufgaben dieser wahrzunehmen, und in bestimmten Fällen Soldaten.

2 Die Vorschrift wurde durch das Korruptionsbekämpfungsgesetz vom 20.11.2015 (BGBl. I S. 2025) mit Wirkung vom 26.11.2015 neu eingefügt. Sie dient dem Schutz der Lauterkeit des ausländischen öffentlichen Dienstes und des Vertrauens der Öffentlichkeit in diese Lauterkeit (BT-Drs. 18/4350 S. 24).

### § 336 Unterlassen der Diensthandlung

Der Vornahme einer Diensthandlung oder einer richterlichen Handlung im Sinne der §§ 331 bis 335a steht das Unterlassen der Handlung gleich.

1 § 336 stellt das Unterlassen einer Diensthandlung der Vornahme einer solchen Handlung für die §§ 331 bis 335a gleich. Trotz des an dieser Stelle etwas unklaren Wortlauts betrifft die Gleichstellung nicht nur Diensthandlungen, sondern auch die in §§ 331, 333 erwähnte Dienstausübung.

2 Ein Beamter verletzt seine Treu-, Beratungs- und Unterstützungspflicht, wenn er es unterlässt, korruptionsverdächtige Umstände oder sogar klar erkennbares Korruptionsgeschehen seinen Vorgesetzten zu melden. Wird das dienstpflichtwidrige Unterlassen einer Anzeige in eine Unrechtsvereinbarung einbezogen, kann dies den Vorwurf der Vorteilsannahme bzw. Bestechlichkeit begründen (BGH StV 2005, 441).

# Gesetz zur Regelung des Transfusionswesens (Transfusionsgesetz – TFG)

In der Fassung der Bekanntmachung vom 28. August 2007 (BGBl. I S. 2169),
zuletzt geändert durch Artikel 11 des Gesetzes vom 19. Mai 2020 (BGBl. I S. 1018)

## Inhaltsverzeichnis

Vorbemerkung

| | |
|---|---|
| § 1 | Zweck des Gesetzes |
| § 2 | Begriffsbestimmungen |
| § 3 | Versorgungsauftrag |
| § 4 | Anforderungen an die Spendeeinrichtungen |
| § 5 | Auswahl der spendenden Personen |
| § 6 | Aufklärung, Einwilligung |
| § 7 | Anforderungen zur Entnahme der Spende |
| § 8 | Spenderimmunisierung |
| § 9 | Hämatopoetische Stammzellen aus dem peripheren Blut und andere Blutbestandteile |
| § 10 | Aufwandsentschädigung |
| § 11 | Spenderdokumentation, Datenschutz |
| § 11a | Blutdepots |
| § 12a | Richtlinien zum Stand der Erkenntnisse der medizinischen Wissenschaft und Technik zur Gewinnung von Blut und Blutbestandteilen |
| § 13 | Anforderungen an die Durchführung |
| § 14 | Dokumentation, Datenschutz |
| § 15 | Qualitätssicherung |
| § 16 | Unterrichtungspflichten |
| § 17 | Nicht angewendete Blutprodukte |
| § 18 | Stand der medizinischen und zahnmedizinischen Wissenschaft und Technik zur Anwendung von Blutprodukten (nicht kommentiert) |
| § 19 | Verfahren |
| § 21 | Koordiniertes Meldewesen |
| § 21a | Deutsches Hämophilieregister, Verordnungsermächtigung |
| § 24 | Arbeitskreis Blut |
| § 31 | Strafvorschriften (nicht kommentiert) |
| § 32 | Bußgeldvorschriften (nicht kommentiert) |

## Vorbemerkung

Nach der Entdeckung des HI-Virus (HIV) in den 1980er Jahren traten bis Anfang der 1990er Jahre zahlreiche Infektionen insbesondere bei Empfängern mit angeborenen Gerinnungsstörungen auf, die auf verunreinigte Blutprodukte zurückgeführt werden konnten (*Bender*, MedRecht 2007, 533 ff.). 1

Infizierte Patienten, vor allem diejenigen mit einer Hämophilie A, die sog. Bluter, benötigen **Gerinnungsfaktoren**, die aus einer Vielzahl von Blutspenden bestehen. Sie werden oft aus einigen tausend »gepoolten« Spenden gewonnen. Zwischenzeitlich gibt es auch gentechnisch hergestellte Faktoren, denen keine Blutspenden mehr zugrunde liegen.

## Vorb. TFG

Da HIV-Übertragungen auch durch Gerinnungsfaktoren aus gepoolten Blutspenden erfolgen können, obwohl Erkennungsverfahren und Inaktivierungsmethoden im Rahmen der Blutaufbereitung vorhanden sind, werden im Gewinnungs- und Aufbereitungssystem durch die bundeseinheitlichen Vorgaben des TFG insbesondere zur Qualität und Sicherheit beim Umgang, dem Bezug, der Aufbereitung, dem Inverkehrbringen und der Nachverfolgung von Spenderblut und den daraus hergestellten Blutprodukten Lücken geschlossen.

2 Das **Blut- und Plasmaspendewesen** in Deutschland gründet sich im Wesentlichen auf die drei Säulen:
 1) Blutspendedienst des Deutschen Roten Kreuzes und seine Gliederungen (www.drk-blutspende.de).
 2) Blut- und Plasmaspendedienste der Länder und der Kommunen (www.stkb.de).
 3) Plasmapheresezentren bei pharmazeutischen Unternehmen.

Daneben sind einige kleine Einrichtungen wie z.B. Einzelpraxen oder Labore zu nennen sowie der Blutspendedienst der Bundeswehr. Bei der zweiten Säule, den Blut- und Plasmaspendediensten der Länder und Kommunen, handelt es sich im Wesentlichen um deren Einrichtungen und Blutdepots an ihren Kliniken. Sie dienen überwiegend der Selbstversorgung und sind keine Spendeeinrichtungen, die Blut- und Blutprodukte an Dritte veräußern. Sie sind unselbständige Teile der Krankenhäuser und somit an deren Rechtsform gebunden.

3 Eine aktualisierte **Übersicht** über die **Blutspendedienste** in Deutschland ist der Homepage der »Arbeitsgemeinschaft der Ärzte staatlicher und kommunaler Bluttransfusionsdienste e.V. (www.stkb.de) zu entnehmen. Das PEI überprüft die Versorgungslage in den Blutspendediensten regelmäßig und bietet ihnen die Nutzung einer passwortgeschützten spezifischen Datenbank an. Die Regulierung von Engpässen obliegt ihm nicht. Der Versorgungsauftrag ist nach § 3 den Blutspendediensten erteilt.

4 Durch die Vorgaben der Richtlinien des Rates 2002/98/EG und 2004/33/EG zu den technischen **Anforderungen** für Blut und Blutbestandteile sowie 2004/23/EG zur Qualität und Sicherheit der Blutspende und ihrer Weiterverarbeitung wurden zahlreiche fachliche Begriffe wie z.B. Spende und Spendeeinrichtung einschließlich der damit verbundenen ärztlichen Aufgaben in §§ 2, 4 präzisiert, Qualitäts-, Sicherheits-, Dokumentations- und Rückverfolgungsanforderungen sowie Aufbewahrungspflichten neu gefasst bzw. ausgeweitet. Besonderes Augenmerk wurde auf Krankenhausabteilungen mit Blutdepots und die Lagerung von Blutprodukten gelegt; vgl. zur Vertiefung z.B. *Deutsch* in Spickhoff, Medizinrecht.

5 Das Transfusionsgesetz regelt die **Gewinnung** von Blut **und** Blutbestandteilen sowie die **Anwendung** von Blutprodukten. Es verfolgt dabei das Ziel, durch Qualitätsvorgaben an Spender, Spendeeinrichtungen, Hersteller und Anwender mit ausdifferenzierten Verfahrensvorgaben, Dokumentations- und Meldepflichten eine erhöhte Sicherheit im Umgang mit Blut und Blutbestandteilen zu erreichen und Qualitätslücken zu schließen.

6 Die **Herstellung** von Blutprodukten wird im Gegensatz zu ihrer Anwendung im AMG und dessen Verordnungen geregelt. Grundsätzlich bedarf es dazu einer Herstellungserlaubnis nach § 13 AMG. Unternehmen, die Blut oder auch Gewebe lediglich entnehmen, benötigen keine Herstellungserlaubnis, § 14 Abs. 4 Nr. 4 AMG.

7 Soweit zusätzlich **Gewebe** wie Knochenmark verarbeitet werden soll, sind die Bestimmungen des Gewebegesetzes zu berücksichtigen. Bei der Umsetzung des EU-Rechts lässt die Synchronisierung der Normen, vgl. hierzu BT-Drs. 16/3146 v. 25.10.2006, die Gewährleistung eines praktikablen Umgangs vermissen.

## § 1 Zweck des Gesetzes

Zweck dieses Gesetzes ist es, nach Maßgabe der nachfolgenden Vorschriften zur Gewinnung von Blut und Blutbestandteilen von Menschen und zur Anwendung von Blutprodukten für eine sichere Gewinnung von Blut und Blutbestandteilen und für eine gesicherte und sichere Versorgung der Bevölkerung mit Blutprodukten zu sorgen und deshalb die Selbstversorgung mit Blut und Plasma auf der Basis der freiwilligen und unentgeltlichen Blutspende zu fördern.

### Übersicht

| | Rdn. | | | Rdn. |
|---|---|---|---|---|
| A. Grundsätzliches | 1 | III. | Blutspende | 10 |
| B. Tatbestand | 5 | 1. | Unentgeltlichkeit der Blutspende | 10 |
| I. Gewinnung | 5 | 2. | Freiwilligkeit | 11 |
| II. Versorgung | 8 | 3. | Entnahme der Spende | 12 |
| 1. Gesicherte Versorgung | 8 | 4. | Schutz der Mitarbeiter | 13 |
| 2. Bevölkerungsbegriff | 9 | 5. | Risiken für den Empfänger | 14 |

### A. Grundsätzliches

**Blut** wird in der medizinischen Fachwelt als eigenes, lebenswichtiges Organ – analog beispielsweise der Haut oder der Leber – aufgefasst. Es lässt sich nach dem derzeitigen Stand von Wissenschaft und Technik nicht vollständig durch Medikamente oder Flüssigkeiten ersetzen. Blut besitzt eine Vielfalt von Aufgaben, vgl. dazu *Andreesen/Heimpel*, Klinische Hämatologie. Seine bekanntesten sind der Transport von Sauerstoff, Kohlendioxyd, Nähr- und Abfallstoffen sowie von immunologisch wirksamen Substanzen und Zellen. Da Blut, zumindest in den Transportröhren des Körpers, den Blutgefäßen, flüssig ist, kann es bei Verletzungen verloren gehen. Der Körper besitzt im Blut zur Verhinderung von Blutverlusten Gerinnungsfaktoren und -mechanismen, die bei einer Öffnung der Blutgefäße mit dem Kontakt von Eiweißen und Oberflächen außerhalb der Blutgefäße in kaskadenförmige Reaktionen treten, die als Blutgerinnung bezeichnet wird. In deren Folge bilden sich Blutgerinnsel und -pfropfen, die die Öffnungen verschließen und den Blutverlust in der Regel stoppen. 1

Die **Blutmenge** bei einem erwachsenen Menschen mit einem Gewicht von ca. 70 kg beträgt etwa 5 l, bei einem Neugeborenen ca. 350–400 ml. Ein akuter Verlust von etwa 20 % der Blutmenge kann von einem gesunden Menschen noch ohne gesundheitliche Folgen verkraftet werden. Übersteigt der akute Blutverlust diese Menge, drohen gesundheitliche Gefahren, die sich in einem Blutungsschock bis hin zum Verbluten manifestieren können. Des Weiteren gibt es Erkrankungen, die mit einem Mangel an Blutbestandteilen einhergehen und die nur mit Blut und Blutprodukten behandelt werden können wie z.B. Blutarmut, das Fehlen von Gerinnungsfaktoren etc. Blut und Blutprodukte können nur von außen zugeführt werden. Daher ist das medizinische Versorgungssystem insoweit auf Spender angewiesen. 2

Blut wird am häufigsten in Form von **Blutkonserven** für Operationen und zum Ausgleich von Blutverlusten z.B. bei inneren Blutungen, Bluterkrankungen wie Anämie und Leukämie verwendet. Es handelt sich üblicherweise nicht um Vollblut, also unverändertes Spenderblut, sondern um ein aufbereitetes Konzentrat von roten Blutkörperchen, das als **Erythrozytenkonzentrat** bezeichnet wird. Es muss in Kunststoffbeuteln mit 350 ml Inhalt gekühlt aufbewahrt und transportiert werden. Aus Sicherheitsgründen werden bei der Aufbereitung weiße Blutkörperchen eliminiert. Die anderen **Blutbestandteile** werden zu Blutprodukten aufgearbeitet. Letztere sind Produkte, die im Wesentlichen bei Gerinnungsstörungen verabreicht werden müssen wie Thrombozytenkonzentrate und andere Gerinnungsfaktoren. Auch der in der Chirurgie verwendete **Fibrinkleber** wird aus Blutplasma hergestellt. 3

Bestimmte Gerinnungsfaktoren finden besonders bei Patienten mit angeborenen **Gerinnungsstörungen**, im Volksmund als »Bluter« bezeichnet, Anwendung. Des Weiteren wird das **zellfreie Blutplasma** als tief gefrorenes Frischplasma (fresh frozen plasma) vorgehalten, das am häufigsten bei 4

*Lechleuthner*

einer Massentransfusion mit Erythrozytenkonzentraten z.B. bei Schwerverletzten zusätzlich verabreicht werden muss, da es die den Erythrozytenkonzentraten fehlenden Gerinnungsfaktoren enthält. Bei massiven Blutverlusten sind die damit einhergehenden Gerinnungsstörungen gefürchtet, da sie den Erfolg der notwendigen Operationen, die der Blutstillung dienen, gefährden.

## B. Tatbestand

### I. Gewinnung

5   Die **sichere Gewinnung** von Blut und Blutbestandteilen hängt von der Aufbereitungsmethode und Kontrolle des Verfahrens wie der Spenderauswahl und Spenderkontrolle ab. In erster Linie ist auf Eiweiß induzierte Reaktionen zu achten. Blutkonserven enthalten Eiweißstoffe, die das Immunsystem des Empfängers zu Abwehrreaktionen stark stimulieren können und als Unverträglichkeitsreaktionen bezeichnet werden. Diese Reaktionen auf fremde Bluteiweiße können zu schweren Gesundheitsschäden bis hin zum Tode führen. Die am stärksten immunologisch wirksamen Eiweißstoffe sind in vererbbare Gruppen klassifiziert, die Blutgruppen. Die wichtigsten sind das A B 0- und das Rhesussystem. Um das Risiko für Unverträglichkeitsreaktionen zu minimieren, werden bei einer notwendigen Anwendung von Blutkonserven nur die Konserven verabreicht, die in diesen beiden Blutgruppensystemen A B 0 und Rhesus gleiche Merkmale aufweisen. Es gilt jedoch eine Ausnahme: Spender mit der Blutgruppe 0 können auch Empfängern mit den Blutgruppen A, B und AB verabreicht werden. Die Blutgruppen werden mit Labortests und mit Vorort-Tests (Bedsite-Test) ermittelt. Derartige Verfahren gehören heute zu den Standardtests und müssen insoweit als Stand von Wissenschaft und Technik vorausgesetzt werden.

6   Die Aufbereitung muss **hygienisch einwandfrei** erfolgen. Schwerste körperliche Schäden und Todesfälle können insbesondere durch bakteriell verunreinigte Blutkonserven verursacht werden. Die Rechtsprechung, BGH, Urt. v. 19.04.2000 – 3 StR 442/99, knüpft die strafrechtliche Haftung an den groben Behandlungsfehler an. Maßstab für eine hygienisch einwandfreie Handhabung ist der Standard einer durchschnittlichen Facharztqualität zum Behandlungszeitpunkt. Er bezieht sich auf die Kenntnisse und Fertigkeiten des Behandlers. Hinzu kommt das Maß der ärztlichen Sorgfalt, an das hohe Anforderungen zu stellen sind.

7   Die **Auswahl des Spenders** richtet sich nach § 5.

### II. Versorgung

#### 1. Gesicherte Versorgung

8   Eine **gesicherte Versorgung** liegt vor, wenn Angebot und Nachfrage in einem angemessenen Verhältnis zueinander stehen. Blutspendeeinrichtungen versuchen grundsätzlich, Vorräte für 3 Tage anzulegen. Rd. 18 Mio. Einwohner benötigen pro Tag für Krankenhäuser und Arztpraxen bis zu 4.500 Blutkonserven. Sinkt die Vorhaltung auf einen Tagesbedarf, reagieren die Blutspendedienste. Nach § 3 Abs. 2 sind sie zu gegenseitiger Unterstützung verpflichtet. Die Einzelheiten sind in einer bundesweit geltenden Vereinbarung festgelegt. Unbeherrschbare Blutmangelzustände dürfen nicht eintreten. Betroffene Patienten könnten entweder verbluten oder bei schweren, länger dauernden Blutmangelzuständen (Blutmangel-Schock) Folgeerkrankungen erleiden, die zum Tod führen können. Die Gewährleistung der Versorgung mit Blutprodukten liegt im öffentlichen Interesse.

#### 2. Bevölkerungsbegriff

9   Der **Bevölkerungsbegriff** ist umfassend zu verstehen. Das bedeutet, dass alle Menschen, die der Blutversorgung bedürfen, gleichgültig welcher genetischen Herkunft und besonderen körperlichen Belange, adäquat versorgt werden müssen. Auf besondere Empfindlichkeiten von Menschen, das Blutgruppensystem, gene*tische* Besonderheiten etc. ist Rücksicht zu nehmen. Der Bevölkerungsbegriff umfasst alle Einwohner des Staates, bezeichnet also das Staatsvolk. Sind Vereinbarungen zur Blutspende über Staatsgrenzen hinweg geschlossen worden, kann der Begriff erweitert werden.

### III. Blutspende

#### 1. Unentgeltlichkeit der Blutspende

Die **Unentgeltlichkeit** der Blutspende ist Ziel des Gesetzes. Sie bedeutet nicht eine Spendengewinnung ohne Aufwendungsersatz, wobei dieser kein Entgelt darstellt, vgl. § 10. Den Spendern werden die notwendigen Aufwendungen zur Teilnahme an der Spendenaktion erstattet. Flüssigkeiten und feste Kost werden ihnen im notwendigen Umfang zur Verfügung gestellt. Eine Bezahlung der Spende oder eine Sachleistung, die über den Wert von Aufwendungsersatz hinausgeht, erfolgt nicht. Die Forderung nach unentgeltlichen Blutspenden geht auf Vorgaben des Europarates zurück und findet sich im Gemeinschaftskodex für Humanarzneimittel wieder. Dort sind die Forderungen nach Gewährleistung von Qualität, Sicherheit und Wirksamkeit der aus menschlichem Blut oder Blutplasma bestehenden Arzneimittel für alle Einrichtungen der Gemeinschaft und für Einfuhren aus Drittländern niedergelegt worden, Richtlinie des Rates 2001/83/EG Nr. 19 und 20. Weitergehenden Anforderungen an die Unentgeltlichkeit im Sinne einer Vermeidung von Aufwendungsersatz für Blutspenden in der EU, die Einfuhrverbote auslösen könnten, hat der EUGH mit Entscheidung v. 09.12.2010 – C-421/09 eine Absage erteilt.

10

#### 2. Freiwilligkeit

Die **Blutspende muss freiwillig sein.** So werden ca. 80 % der Blutspenden auch freiwillig erbracht. Das Merkmal ist erfüllt, wenn sie ohne Druck oder Zwang Dritter erfolgt. Sie kann auch dann noch freiwillig sein, wenn der Spender durch eine Lüge dazu motiviert worden ist. Glaubt er z.B. der falschen Aussage der Blutbank eines Krankenhauses, dass keine oder zu wenige Spenden seiner seltenen Blutgruppe existieren, die für seine im Krankenhaus befindliche Angehörige dringend benötigt werden, ist das Motiv zu helfen, bestimmend. Er spendet freiwillig. Wird er allerdings durch die falsche Aussage, die Spende sei gesetzlich vorgeschrieben, dazu bewogen, handelt er nicht mehr freiwillig. Er glaubt in diesem Fall, keinen Handlungsspielraum zu besitzen. Der Spender darf den Spendezweck insofern bestimmen, als er z.B. nur für eine bestimmte Person spenden will.

11

#### 3. Entnahme der Spende

Die **Entnahme der Spende** unter fachgerechten Bedingungen, §§ 4 Nr. 2 und 3, 7 Abs. 2, ist für den Spender medizinisch in der Regel wenig problematisch. Es kommen gelegentlich Schwindel, Benommenheit, Unwohlsein, Übelkeit, Erbrechen, Ohnmacht (Synkope) und Blutergüsse an der Einstichstelle vor. Schwerwiegendere Komplikationen sind Infektionen und Entzündungsreaktionen, länger dauernde Nachblutungen bei einer Falschpunktion in eine Arterie, – die Blutspende ist üblicherweise aus einer Vene zu entnehmen-, sowie Schäden an Blutgefäßen (z.B. Einrisse) oder an Nerven. Zur Aufklärung des Spenders vgl. § 6. Die Menge des beim Spender entnommenen Blutes darf grundsätzlich nicht die Menge überschreiten, bei der für den Spender gesundheitliche Gefahren drohen. Durch Voruntersuchungen ist sicher zu stellen, dass die Blutmenge den Toleranzwert nicht übersteigt. Der Toleranzwert ist dabei sehr unterschiedlich und hängt vom Lebensalter, dem aktuellen Gesundheitszustand und von Vorerkrankungen ab. Ganz grob wird ein Blutverlust von 10 % der aktuellen Blutmenge im Allgemeinen ohne Beeinträchtigungen vertragen. Ab 15 % – 20 % ist mit einer Beschleunigung des Herzschlages und ggf. der Atmung zu rechnen. Sobald der Blutverlust durch physiologische Reaktionen wie Kontraktion der Gefäßmuskulatur, Herzschlag, etc. nicht mehr kompensiert werden kann, kommt es zum Absinken des Blutdruckes. Dies führt zunächst zu Schwindel, Bewusstseinstrübung und bei einem Absinken auf unter 80 mm Hg schnell zum Bewusstseinsverlust. Er ist dadurch bedingt, dass die sehr empfindlichen Gehirnzellen nicht mehr ausreichend Blut mit Sauerstoff und Nährstoffen erhalten, sie ihre Tätigkeit daher zunächst einschränken und anschließend absterben. Der Tod tritt durch »Verbluten« ein.

12

### 4. Schutz der Mitarbeiter

13 Die **Mitarbeiter** der Spendeeinrichtung können während der Spende oder der Weiterverarbeitung mit Blut des Spenders in Berührung kommen. Sie können sich durch kontaminierte Injektionsnadeln oder aufgeplatzte Behältnisse bei einem Aufbereitungsvorgang beflecken, bei denen Blut in Augen oder auf Schleimhäute gelangen kann. Zur Verhinderung dieser Zwischenfälle machen die »Technischen Regeln für Biologische Arbeitsstoffe im Gesundheitswesen und in der Wohlfahrtspflege« -TRBA 250 v. 27.03.2014 (GMBl 2014, Nr. 10/11), zuletzt geändert am 02.05.2018 (GMBl Nr. 15) und die Verordnung über Sicherheit und Gesundheitsschutz bei Tätigkeiten mit biologischen Arbeitsstoffen (Biostoffverordnung – BioStoffV) v. 15.07.2013 (BGBl. I S. 2514), zuletzt geändert durch Art. 146 des Gesetzes v. 29.03.2017 (BGBl. I S. 626) Vorgaben. Für die Einhaltung der Regelungen sind grundsätzlich die Unternehmen verantwortlich.

### 5. Risiken für den Empfänger

14 Für den **Empfänger** ist die Verabreichung eines Blutproduktes nicht frei von Gefahren und Risiken. Hierzu gehören die Übertragung von Krankheitskeimen durch Viren, Bakterien, Protozoen, Prionen, etc. Mit einer Übertragung von Blutkonserven und -produkten können zusätzlich alle darin enthaltenen Krankheitskeime mit übertragen werden, wenn diese nicht oder nicht in ausreichendem Maß im Rahmen des Aufbereitungsprozesses eliminiert worden sind. Das Risiko ist erhöht, wenn nicht nur eine 1:1 Übertragung, also ein Spender spendet für einen Empfänger, stattfindet, sondern bei der Herstellung von Blutprodukten, z.B. Gerinnungsfaktoren, das »gepoolte« Blut von tausenden Spendern notwendig ist.

## § 2 Begriffsbestimmungen

Im Sinne dieses Gesetzes

1. ist Spende die bei Menschen entnommene Menge an Blut oder Blutbestandteilen, die Wirkstoff oder Arzneimittel ist oder zur Herstellung von Wirkstoffen oder Arzneimitteln und anderen Produkten zur Anwendung bei Menschen bestimmt ist,
2. ist Spendeeinrichtung eine Einrichtung, die Spenden entnimmt oder deren Tätigkeit auf die Entnahme von Spenden und, soweit diese zur Anwendung bestimmt sind, auf deren Testung, Verarbeitung, Lagerung und das Inverkehrbringen gerichtet ist,
3. sind Blutprodukte Blutzubereitungen im Sinne von § 4 Abs. 2 des Arzneimittelgesetzes, Sera aus menschlichem Blut im Sinne des § 4 Abs. 3 des Arzneimittelgesetzes und Blutbestandteile, die zur Herstellung von Wirkstoffen oder Arzneimitteln bestimmt sind.

Übersicht

| | | Rdn. | | | Rdn. |
|---|---|---|---|---|---|
| A. | Regelungszweck | 1 | II. | Spendeeinrichtungen | 7 |
| B. | Tatbestand | 2 | | 1. Spendenentnahme | 8 |
| I. | Spende | 2 | | 2. Teilaufgaben | 9 |
| | 1. Wirkstoffe | 4 | III. | Blutprodukte | 10 |
| | 2. Arzneimittel | 5 | | 1. Blutprodukte nach AMG | 11 |
| | 3. Anwendung beim Menschen | 5a | | 2. Sera | 12 |
| | 4. Sonderfälle von Spenden | 6 | | 3. Blutbestandteile | 13 |

### A. Regelungszweck

1 Die Vorschrift gibt **Legaldefinitionen** für die Anwendung des Gesetzes. Sie grenzt die Begriffe gegenüber verwandten Gesetzen wie insbesondere dem Arzneimittel- und Gewebegesetz ab.

## B. Tatbestand

### I. Spende

In der Definition des Begriffs **Spende** in § 2 Nr. 1 sind mehrere Merkmale enthalten. Zum einen stellt die entnommene Menge an Blut oder Blutbestandteilen selbst den Wirkstoff oder das Arzneimittel dar. Zum zweiten ist sie Grundlage oder Bestandteil eines weiteren Wirkstoffs oder Arzneimittels. Zum dritten kann sie dazu bestimmt sein, in anderen Produkten Verwendung zu finden. In allen Fällen muss die Spende aber der Anwendung am Menschen dienen, vgl. zu den verschiedenartigen Blutzubereitungen *Kloesel/Cyran*, AMG, § 4 Rn. 11 ff., unten Rdn. 5a.

Der Begriff »**Arzneimittelkomponente**« unterscheidet nicht zwischen Wirkstoff-, Hilfsstoffen, Arznei- und Fertigarzneimitteln i.S.d. §§ 2 Abs. 1 und 2, 4 Abs. 1 AMG, sondern subsumiert jeglichen Bestandteil eines Arzneimittels unabhängig von seiner Wirkweise oder Wirkstärke darunter.

#### 1. Wirkstoffe

Blut und Blutbestandteile fungieren selbst als **Wirkstoffe** Sie werden als direkte Transfusionen verabreicht, bei denen etwa der Volumenmangel des Patienten durch Blut ausgeglichen wird oder Blutbestandteile eine therapeutische Wirkung erzielen. Ihre Gabe ohne weitere Zusätze oder Behandlungen hat Arzneimittelwirkung, vgl. z.B. die Gabe Thrombozytenkonzentrates, das die Gerinnungsfähigkeit des Blutes verbessert.

#### 2. Arzneimittel

Wenn aus Blut und Blutbestandteilen weitere Wirkstoffe, Arzneimittel und andere Produkte hergestellt werden, fungieren Blut und Blutbestandteile als Ausgangsstoffe und damit Arzneimittelkomponenten. Weitere Wirkstoffe können z.B. Plasmazubereitungen sein wie Humanalbumine und Fibrinkleber. Unter den anderen Produkten finden sich ferner Fibrinogen-Konzentrate, die konkrete angeborene und erworbene Mangelzustände beheben können, *Burkhart/Leimbach/Nagl/ Weinauer*, Blutpräparate und therapeutische Anwendung [Hämotherapie] in: Wintermantel/Ha Medizintechnik, S. 473 ff.

#### 3. Anwendung beim Menschen

Eine Blutspende darf nach ihrem Verwendungszweck nur der Aufbereitung und **Anwendung beim Menschen** dienen. Für andere Zwecke wie Laborexperimente oder zur Anwendung an Tieren darf sie nicht gewonnen werden.

#### 4. Sonderfälle von Spenden

Ein Sonderfall einer Spende ist die vorausgehende **Immunisierung** von Spendern mit Krankheitserregern, Toxinen wie z.B. Tetanustoxin, von denen anschließend Spenden zur Herstellung von Immunglobulin – Präparaten gewonnen werden. Hierfür sind spezielle Regelungen im Gesetz vorhanden, §§ 5 Abs. 2, 8. Ein weiterer Sonderfall ist die **Blutstammzellgewinnung**, die in §§ 9, 8 Abs. 2 bis 4 geregelt ist.

### II. Spendeeinrichtungen

In § 2 Nr. 2 werden zwei verschiedene Einrichtungstypen als Spendeeinrichtungen bezeichnet. Beide haben es mit einer wie immer gearteten Spendenentnahme unmittelbar oder mittelbar zu tun.

#### 1. Spendenentnahme

Einrichtungen, die selbst **Spenden entnehmen**, werden als Spendeeinrichtungen bezeichnet. Dabei handelt es sich um Zentren und Kliniken.

## 2. Teilaufgaben

9  Spendeeinrichtungen sind auch solche, deren Tätigkeit auf die Entnahme von Spenden gerichtet ist, die aber nur Teilschritte ausüben, also letztlich auch nur **Teilaufgaben** wahrnehmen. Sie sind auf die Testung, Verarbeitung, Lagerung von Spenden und deren Inverkehrbringen ausgerichtet. Teilaufgaben können in der Praxis z.B. die Weiterverarbeitung von Spenden zu Vorprodukten sein, die Herstellung von Endprodukten, die Lagerung und Bereitstellung für den Vertrieb, Logistik und Transport sowie die Lagerung zur Anwendung am Menschen. Die unterschiedlichen, teilweise unmittelbar aufeinander folgenden Verfahrensschritte sind wie Module trennbar. Daher ist es möglich, dass sich mehrere Einrichtungen, Kliniken und Unternehmen diese Arbeitsschritte teilen. Auch Unternehmen, die nur Teilaufgaben wahrnehmen, sind nach der Definition des Gesetzes Spendeeinrichtungen. Sie unterliegen den Vorgaben dieses Gesetzes in vollem Umfang. Dies gilt indessen nicht, wenn die Spenden nicht zur Anwendung beim Menschen vorbereitet werden. Dies folgt aus der Zielvorgabe des Gesetzes, mehr Sicherheit und Qualität im Transfusionswesen zu gewinnen. Soweit der Teilschritt z.B. in einen arzneimittelrechtlichen Herstellungsprozess einmündet, greifen die Kontrollen des AMG, sodass das TFG keine Anwendung findet. Eine Lücke in der Anwendung der qualitäts- und sicherheitsrelevanten Vorschriften des TFG durch eine Parzellierung von Aufgaben wäre nicht vertretbar. Einrichtungen, die lediglich eine Lagerung von Spenden durchführen, werden als **Blutdepots** bezeichnet, für die in § 11a erleichterte Vorgaben bestehen.

## III. Blutprodukte

10  Der Begriff der **Blutprodukte** ist identisch mit den Formulierungen des § 4 Abs. 2 und 3 AMG. Das Gesetz erweitert ihn aber um Blutbestandteile, die zur Herstellung von Wirkstoffen und Arzneimitteln bestimmt sind. Das Transfusionsgesetz fasst somit aus einer Vielzahl unterschiedlicher Arzneimittel diejenigen zusammen, die erstens aus Blut oder dessen Bestandteilen bestehen oder hergestellt werden und zweitens antikörperhaltige Seren sind. Als Blutprodukte werden auch die Blutbestandteile bezeichnet, aus denen weitere Wirkstoffe und Arzneimittel hergestellt werden. Damit geht der Anwendungsbereich des Gesetzes über die Begriffe hinaus, die der Titel »Blut- und Blutprodukte« zunächst vermuten lässt.

### 1. Blutprodukte nach AMG

11  Der Begriff der **Blutprodukte** nach der Definition des AMG legt eindeutig fest, dass Blutprodukte als Arzneimittel einzustufen sind. Während das TFG von Blutprodukten spricht, verwendet das AMG den Begriff Blutzubereitungen. Durch die Verweisung des TFG auf das AMG wird aber deutlich, dass der Begriff der Blutprodukte nach Art. 3 Buchst. c der Richtlinie 2002/98/EG enger ist, als der arzneimittelrechtliche der Blutzubereitung. Letzterer umfasst nämlich nicht nur ein aus menschlichem Blut oder Plasma gewonnenes therapeutisches Erzeugnis, *Kloesel/Cyran*, AMG, § 4 Rn. 11 ff., sondern auch Arzneimittel, die Anteile von den in § 4 Abs. 2 AMG genannten Blutbestandteilen unabhängig von ihrer Menge, enthalten. **Blutzubereitungen** sind somit Blut-, Plasma- und Serumkonserven. Bei den erstgenannten handelt es sich z.B. um Vollblutkonserven oder Erythrozytenkonzentrate. Bei der zweiten Gruppe geht es um Zellbestandteile wie Erythrozyten, von Thrombozyten befreite, flüssige Blutanteile. Hinzu kommen Blutbestandteile, die zur Herstellung von Wirkstoffen oder Arzneimitteln bestimmt sind. Dass die Mitgliedstaaten der EU engere Vorschriften für die Herstellung von Plasma und den Umgang mit Plasma erlassen dürfen als es das jeweilige Arzneimittelrecht vorsieht, ist vom EuGH mit Entscheidung vom 13.03.2014 – C-512/12 bestätigt worden.

### 2. Sera

12  **Sera** werden aus Blut, Organen, Organteilen oder Organsekreten gesunder, kranker oder krank gewesener oder immunologisch vorbehandelter Lebewesen gewonnen. Sie enthalten Antikörper und werden angewendet, um die therapeutische Wirkung der Antikörper zu übertragen. Sie sind dazu bestimmt, den Zwecken des § 2 Abs. 1 AMG zu dienen.

### 3. Blutbestandteile

**Blutbestandteile** sind im Wesentlichen Erythrozyten, Thrombozyten, Albumine, Fibrinogen und 13
antihämophiles Globulin, *Kloesel/Cyran*, AMG, § 4 Rn. 19. Blutbestandteile werden sowohl aus
Frischblut als auch aus Blutkonserven gewonnen. Das Blut wird in seine Komponenten aufgetrennt. Dabei spielt es keine Rolle, ob die entstehenden Bestandteile später einzeln oder gepoolt
verwendet werden.

## § 3 Versorgungsauftrag

(1) Die Spendeeinrichtungen haben die Aufgabe, Blut und Blutbestandteile zur Versorgung der Bevölkerung mit Blutprodukten zu gewinnen.

(2) Zur Erfüllung der Aufgabe gemäß Absatz 1 arbeiten die Spendeeinrichtungen zusammen. Sie unterstützen sich gegenseitig, insbesondere im Falle des Auftretens von Versorgungsengpässen. Sie legen die Einzelheiten der Zusammenarbeit in einer Vereinbarung fest.

(3) Die spendenden Personen leisten einen wertvollen Dienst für die Gemeinschaft. Sie sind aus Gründen des Gesundheitsschutzes von den Spendeeinrichtungen besonders vertrauensvoll und verantwortungsvoll zu betreuen.

(4) Die nach Landesrecht zuständigen Stellen und die für die gesundheitliche Aufklärung zuständige Bundesoberbehörde sollen die Aufklärung der Bevölkerung über die freiwillige und unentgeltliche Blut- und Plasmaspende fördern.

| Übersicht | Rdn. | | Rdn. |
|---|---|---|---|
| A. Regelungszweck | 1 | 7. Sonderrechtsberechtigte Fahrzeuge | 10 |
| B. Tatbestand | 2 | 8. Planung | 13 |
| I. Versorgungsauftrag | 2 | III. Spenderschutz | 14 |
| II. Zusammenarbeit | 3 | 1. Untersuchungsergebnisse | 14 |
| 1. Unterstützungsverpflichtung | 4 | 2. Gesundheitsschutz | 15 |
| 2. Vereinbarungen | 5 | 3. Betreuung | 16 |
| 3. Wettbewerbsaspekte | 6 | IV. Werbung | 17 |
| 4. Notfallorganisation | 7 | 1. Informationsverfahren | 18 |
| 5. Sonderrechte | 8 | 2. Zuständigkeit | 19 |
| 6. Sonderrechtstransporte | 9 | | |

## A. Regelungszweck

Die Vorschrift definiert den **Versorgungsauftrag**, regelt das Zusammenwirken der Spendeeinrich- 1
tungen und hält das Prinzip der Förderung freiwilliger und unentgeltlicher Spenden fest.

## B. Tatbestand

### I. Versorgungsauftrag

In § 3 Abs. 1 wird der **Versorgungsauftrag** der Spendeeinrichtungen festgelegt. Er besteht in der 2
Gewinnung von Blut und Blutbestandteilen zur Versorgung der Bevölkerung durch Krankenhäuser
und Arztpraxen. Es handelt sich um einen öffentlichen Versorgungsauftrag. Nach der Gesetzesbegründung, BT-Drs. 13/9594, ist Adressat die Gesamtheit der jetzigen und zukünftigen Spendeeinrichtungen. Auf die Wahrnehmung von Teilaufgaben nach § 2 Abs. 2 kommt es nicht an. Die
Verpflichtung aus dem öffentlichen Versorgungsauftrag bedeutet, dass die übernommene Aufgabe
weder beliebig aufgenommen, erweitert noch eingestellt werden darf. Vor diesem Hintergrund hat
der Gesetzgeber die Anforderungen an das Betreiben einer Spendeeinrichtung an bestimmte sächliche und personelle Voraussetzungen geknüpft, §§ 4 ff. Mit der Einbeziehung von Blutbestandteilen
in diesen Versorgungsauftrag ist eine Ausweitung der Verpflichtung über die reine Bluttransfusion
hinaus erfolgt.

## II. Zusammenarbeit

3  In § 3 Abs. 2 werden die Spendeeinrichtungen verpflichtet, sich gegenseitig, insbesondere im Fall des Auftretens von Versorgungsengpässen, zu unterstützen und die Einzelheiten der **Zusammenarbeit** in einer Vereinbarung festzulegen.

### 1. Unterstützungsverpflichtung

4  Regionale Engpässe können bei der Blutversorgung z.B. durch Hygienefragen an Entnahmestellen wie Schulaulen oder Klassenräumen, Infektionsgeschehen besonderer Art, klimatische Besonderheiten wie besonders heiße Sommermonate, Urlaubszeiten oder aus sonstigen Gründen wie z.B. sinkende Spendebereitschaften auftreten. Um die medizinische Versorgung aufrechterhalten zu können, müssen Blut und Blutprodukte daher auch kurzfristig anderweitig besorgt werden können. Der Gesetzgeber hat eine **bundesweite Unterstützungsverpflichtung** ohne weitere Spielräume formuliert. Dabei hat er keine regionalen Begrenzungen vorgenommen. Wenn Defizite auftreten, müssen unterstützende Spendeeinrichtungen allerdings ihren eigenen Tagesbedarf grundsätzlich nicht abgeben.

### 2. Vereinbarungen

5  Der Gesetzgeber hat den **Geltungsbereich** der Vorschrift nicht genau definiert, sodass nicht alle Spendeeinrichtungen untereinander durch Vereinbarungen vernetzt sein müssen. Nach der Gesetzesbegründung reicht es aus, dass Vereinbarungen zwischen den Dachorganisationen geschlossen werden, BT-Drs. 13/9594. Vereinbarungen können regional, überregional und auf Bundesebene getroffen werden. Der Gesetzgeber hat auch keine Beschränkungen für Staatsgrenzen übergreifende Vereinbarungen vorgesehen. In diesen Fällen müssen sich die Vertragspartner aber den Vorgaben des deutschen Rechts unterwerfen. Dessen Vorschriften sind nicht abdingbar.

### 3. Wettbewerbsaspekte

6  Spendeeinrichtungen werden von öffentlichen wie privaten Trägern unterhalten. Die Weiterveräußerung von Spenden aufbereiteter und nicht aufbereiteter Form ist auch unter **Wettbewerbsaspekten** zu beleuchten. Insoweit wird insbesondere auf *Podszun*, ZWeR 2008, 193 ff. verwiesen. Bei der Gewinnung, Aufbereitung und beim Vertrieb von Blut und Blutbestandteilen handelt es sich um ein relevantes Marktgeschehen, so dass auch ein übliches Marktverhalten wie Werbung, das Gewähren von Rabatten, kartellartige Verbünde und ähnliches beobachtet werden können. *Podszun* beschreibt die komplexen und ineinandergreifenden Vorschriften des TFG als starke Regulatoren, die bereits für sich wettbewerbshemmend wirken. Auch die Vorschrift, dass Blutspenden unentgeltlich sein sollen, wird von ihm als Marktzutrittsschranke für Neuunternehmen gewertet. Die Tatsache, dass bereits zu wettbewerbsrechtlichen Sachverhalten Rechtsprechung vorhanden ist, vgl. z.B. OLG Thüringen, Urt. v. 27.09.2006 – 2 U 60/06; LG Wuppertal, Urt. v. 01.02.2006 – 15 O 149/05, und das umgesetzte Finanzvolumen von geschätzt 500 Mio. € pro Jahr sind Hinweise auf einen umkämpften Markt. § 69 Abs. 1 AMG eröffnet gemäß Urt. des OVG Rheinland-Pfalz v. 19.12.2013 – 6 A 10608/13 konkurrierenden Spendeneinrichtungen einen Anspruch darauf, dass angerufene Aufsichtsbehörden auf Antrag tätig werden müssen.

Auch die Gemeinnützigkeit von Gesellschaften mit dem Gesellschaftszweck Förderung des Blutspendewesens wird nicht zwangsläufig anerkannt, da die Sicherstellung einer allgemeinen Grundversorgung dafür nicht ausreichend ist, ArbG Düsseldorf, Beschl. v. 16.03.2010 – 5 BV 215/08. Im Jahr 2020 veranstalteten Studierende der Universität Göttingen, Presseinformation Nr. 068/2020 v. 09.06.2020 unter dem Stichwort »Medisspendenblut« einen bundesweiten Wettbewerb um die Gewinnung der meisten Blutspenden.

### 4. Notfallorganisation

7  Weder im TFG noch in den Richtlinien der Bundesärztekammer wird auf das organisatorische Problem von **Bluttransporten bei Notfällen** konkret eingegangen. Bei besonders schweren Blutungen,

wie sie z.B. nach Unfällen mit Schwerstverletzten auftreten können, sind die Vorräte der Blutdepots – insbesondere bei selteneren Blutgruppen – schnell erschöpft und es müssen zusätzliche Blutkonserven und Blutplasma beschafft werden. Massentransfusionen von mehr als 30 Blutkonserven können dabei zeitkritisch notwendig werden. Sich überlagernde und parallel verlaufende Konserventransporte treten auf und verursachen hohe und nicht zwingend notwendige Kosten. Der fachgerechte Transport mit speziell ausgestatteten Transportfahrzeugen (Kühlboxen) muss den »Richtlinien zur Gewinnung von Blut und Blutbestandteilen und zur Anwendung von Blutprodukten« (Richtlinie Hämotherapie) (zuletzt geändert am 17.02.2017, gem. §§ 12 und 18 TFG, Kapitel 4.7.) genügen. Nicht geregelt sind Haftungsfragen durch Schäden infolge unsachgemäßen Transports, bei lückenhafter Kühlkette, die zu einem verdorbenen Blutprodukt führt und nach Verabreichung Patienten schädigt. Den Transporteur trifft die Verpflichtung des fachgerechten Transports und der Einhaltung der Kühlkette. Da moderne Kühlboxen mit Temperaturaufzeichnungsgeräten ausgerüstet sind, kann der Nachweis der Einhaltung der Kühlkette während des Transportes nachgehalten werden. Aufgrund sehr unterschiedlicher Verfahrensweisen muss beim Auftritt von Schäden jeder konkrete Einzelfall geprüft werden. Die Verantwortlichkeiten sind in vertragliche Regelungen aufzunehmen. Bei Notfällen steigt ohne konkrete und eindeutige Regelungen das Fehler-Risiko für die Beteiligten an. Eine Gefährdungshaftungsregelung kennt das TFG nicht. Insoweit ist auf die allgemeinen vertraglichen bzw. deliktischen Regelungen des BGB zurückzugreifen. Für die haftungsrechtlichen Ansprüche bei der Herstellung bzw. Gewinnung von Blutprodukten und Blutbestandteilen kann im Falle einer Amtspflichtverletzung durch hoheitlich tätige Einrichtungen auch eine Prüfung nach Art. 34 GG i.V.m. § 839 BGB in Betracht kommen.

### 5. Sonderrechte

Transporte zur Abwehr von Lebensgefahr und zur Vermeidung von schweren gesundheitlichen Schäden rechtfertigen grundsätzlich den Einsatz von **Sonderrechten** im **Straßenverkehr**. Transporte werden mit Straßen-, Schienen- und Luftfahrzeugen durchgeführt, die richtlinienkonform, insbesondere mit geeigneten Kühlgeräten ausgerüstet sein müssen. Bodenfahrzeugen werden die entsprechenden Sonderrechtseinrichtungen wie Blaulicht und Mehrtonhörner nach § 35 StVO i.V.m. §§ 38, 52, 70 StVZO zugestanden. Die Transporte von Blutkonserven und Blutplasma sowie anderen Blutprodukten und Geweben wie z.B. Stammzellen, Organen zur Transplantation etc. werden üblicherweise entweder von Fahrzeugen der Spendeeinrichtungen selbst oder von anderen Organisationen und Unternehmen durchgeführt, die ihrerseits miteinander im Wettbewerb um Transportaufträge stehen. Der Gesetzgeber räumt Sonderrechte für private Transporteure nur zur Durchführung hoheitlicher Aufgaben mit der entsprechenden Beleihung oder Eingliederung in das öffentlich-rechtliche System ein. Insoweit erteilte Sonderrechte sind nicht fahrzeug- sondern personengebunden. Sie dürfen damit von privilegierten Personen auch in unterschiedlichen Fahrzeugen genutzt werden, die allerdings jeweils einen fachgerechten Transport gewährleisten müssen. Im öffentlichen Rettungsdienst sind die Sonderrechte fahrzeuggebunden.

### 6. Sonderrechtstransporte

§ 52 Abs. 3 Nr. 5 StVZO a.F. wurde im Jahr 2000 aufgehoben. Die Vorschrift führte zu einem enormen Anwachsen von mit Sonderrechten ausgerüsteten Fahrzeugen. Durch Urt. des BVerwG, Urt. v. 21.02.2002 – 3 C 33/01 wurde die in der Folge restriktive Handhabung der Sonderrechtsvergabe bestätigt. »Die wenigen auf den Einsatz von Blaulicht angewiesenen Bluttransporte [könnten] in Notfällen… ohne Gefährdung der ordnungsgemäßen Versorgung durch die nach § 52 Abs. 3 StVZO rechtmäßig mit Blaulicht ausgestatteten Fahrzeuge durchgeführt werden.«, so auch BVerwG, Beschl. v. 18.03.2009 – 3 63/08. Das OVG NRW hatte mit Urt. v. 01.04.2008 – 8 A 4304/06 die Notfallblutversorgung als Teil der Gefahrenabwehr eingestuft und der zuständigen Landesbehörde aufgegeben, den Bedarf an Notfallbluttransporten zu ermitteln und auf seine Deckung hin zu überprüfen. Die Behörde habe bei dieser Prüfung auf den engeren örtlichen Bereich abzustellen, in dem der ständige Standort der für den Notfallbluttransport vorgesehenen Fahrzeuge liege. Zielorte, die vom ständigen Standort der Fahrzeuge auch unter Einsatz von Blaulicht und

Einsatzhorn nicht mehr in einer dem Notfallbluttransport angemessenen Zeit erreicht werden können, seien nicht zu berücksichtigen. Der Gesetzgeber ist in § 2 Abs. 5 RettG NRW dieser Aufforderung nachgekommen und hat die Beförderung von Arzneimitteln, Blutprodukten aus zellulären Blutbestandteilen, Organen und ähnlichen Gütern »zur Verbesserung des Zustandes lebensbedrohlich Verletzter oder Erkrankter« als Aufgabe des öffentlichen Rettungsdienstes definiert. Da jedoch auch private Unternehmer mit einer Genehmigung nach § 17 RettG NRW Fahrzeuge beschaffen und mit Sonderrechten ausstatten dürfen, besteht die Gefahr der Ausweitung von Sonderrechtsgenehmigungen erneut.

Der öffentlichen Leitstelle steht hinsichtlich des Bedarfs kein Prüfrecht zu, sondern nur der Genehmigungsbehörde und ihrer Aufsicht, die jedoch lediglich zu prüfen haben, ob der öffentliche Rettungsdienst durch einen privaten Unternehmer nachhaltig gestört wird, § 19 Abs. 4 RettG NRW. Die im Verfahren enthaltene Bedarfsplanung nach dem Örtlichkeitsprinzip ist zwar nachvollziehbar, für eine überregionale Betätigung von Unternehmen ähnlich in der Luftrettung bleibt sie jedoch ein stumpfes Schwert. Insoweit müssten Bedarfsplanung und Überwachung überregional angelegt sein.

9a Unternehmer müssen sich **haftungsrechtlich absichern.** Der Haftungsumfang ist mit den Versicherern zu klären. Sonderrechtsfahrten bergen ein erhöhtes Unfallrisiko in sich, Bockting, Verkehrsunfallanalyse bei der Nutzung von Sonder- und Wegerechten gemäß StVO – Konzeptionelle Vorschläge zur Verbesserung der Aus- und Fortbildung, BGW-SP-Mobi17, 2006, www.bg-online.de. Der Fahrzeugführer muss damit rechnen, dass ein Unfall während einer Sonderrechtsfahrt nicht als qualifizierter Dienstunfall im beamtenrechtlichen Sinne anerkannt wird, da er sich bei dieser dienstlichen Tätigkeit nicht einer »typischen Lebensgefahr« aussetzt, VG Koblenz, Urt. v. 05.11.2004 – 6 K 428/04.KO.

### 7. Sonderrechtsberechtigte Fahrzeuge

10 Bei den Fahrzeugen, die rechtmäßig gem. § 52 Abs. 3 StVZO über eine **Sonderrechtsanlage** verfügen, handelt es sich um Fahrzeuge der Feuerwehren, der anderen Einheiten und Einrichtungen des Katastrophenschutzes, des Rettungsdienstes und um Kraftfahrzeuge des Rettungsdienstes, die für Krankentransport oder Notfallrettung besonders eingerichtet und als Krankenkraftwagen anerkannt sind.

11 **Betreiber** dieser Fahrzeuge sind – außer bei behördlichen Fahrzeugen – insbesondere Organisationen und Unternehmen, die neben den Tätigkeiten für den Rettungsdienst, Katastrophenschutz und Krankentransport, auch Spendeeinrichtungen sowie Blut- und Organtransporte gewerblich durchführen. Zu den **Fahrzeugen des Rettungsdienstes** werden neben den reinen Krankenbeförderungsfahrzeugen auch Führungsfahrzeuge und andere Kommandofahrzeuge unterhalten. Durch ihre Einbindung in den öffentlichen Rettungsdienst verfügen sie über eine rechtmäßige Sonderrechtsausstattung. Soweit diese Fahrzeuge in der alleinigen Verfügungsgewalt der jeweiligen Organisation stehen, dürfen damit auch gewerbliche Blut- und Organtransporte sowie Notfallbluttransporte durchgeführt werden. Eine Übersicht, welche Fahrzeuge zu welchem Zweck beschafft und mit Sonderrechtsanlagen ausgerüstet worden sind, liegen den zuständigen Rettungsdienstbehörden oft nicht vor, da insoweit die Organisationshoheit der jeweiligen Unternehmen greift und diese nach geltendem Recht keine Auskünfte geben müssen.

12 **Missbrauchsgefahren** entstehen dadurch, dass der Bluttransporteur und die den Auftrag gebende Klinik die Begriffe Lebensgefahr oder Befürchtung schwerer gesundheitlicher Schäden großzügig auslegen. Bei den Notfallbluttransporten werden zudem durch den privatwirtschaftlichen, mit dem öffentlich-rechtlichen Bereich nicht koordinierten Betrieb nicht zwingend die nächststehenden geeigneten Fahrzeuge benutzt, sondern lediglich die des eigenen Unternehmens. Die Transport-Vergütung erhält die Organisation selbst. So ist es möglich, dass Fahrzeuge mit Sonderrechten einen Anfahrtsweg von mehr als 30 km haben, um eine Blutkonserve innerhalb einer Stadt von einer Klinik A zu einer 2 km entfernten Klinik B zu transportieren.

## 8. Planung

Es fehlt eine zur fachgerechten Durchführung von Notfallbluttransporten koordinierende, behördliche **Planung**. Die Zahlen der erforderlichen Transporte und speziell ausgerüsteten Fahrzeuge, ihr notwendiges Personal im Zuständigkeitsbereich und eine Steuerungsmöglichkeit sollten vorgesehen werden. Nur so kann sichergestellt werden, dass Ressourcen sachgerecht und wirtschaftlich eingesetzt werden. In den Rettungsgesetzen der Länder finden sich insoweit nur Ermessensvorschriften, vgl. § 2 Abs. 2 Satz 2 Niedersächsisches Rettungsdienstgesetz – NRettDG. Eine Steuerung gelingt in Rettungsdienst und Feuerwehr am besten durch die zuständige Rettungsleitstelle. Die zuständige Behörde kann darüber Sonderrechtsfahrten anordnen, untersagen und überwachen. Sie könnte auch die notfallmedizinischen Voraussetzungen, Nachfragen beim auftraggebenden Arzt, Ursachen für eine Lebensgefahr und ähnliches prüfen und überwachen. Der Bedarf an Fahrzeugen, spezieller Ausrüstung und besonders geschultem Personal für fachgerechte Notfallbluttransporte kann ermittelt und bedarfsgerecht vorgehalten werden. Die Einbindung von Dritten wie z.B. Hilfsorganisationen oder anderen spezialisierten Unternehmen, kann und sollte entsprechend der praktizierten Auswahlverfahren für den öffentlichen Rettungsdienst erfolgen. Mit einer derartigen Organisation ist die Zahl der Notfallbluttransporte beispielsweise in der Stadt Köln um 90 % gesunken.

## III. Spenderschutz

### 1. Untersuchungsergebnisse

Da die Realisierung des Gesetzeszwecks auf Spenden fußt, § 1, ist es folgerichtig, die Spender besonders zu schützen, § 3 Abs. 3. Sie stehen in unmittelbarer Beziehung zur Spendeeinrichtung. Der vertrauens- und verantwortungsvolle Umgang mit dem Spender, seinen Daten und seiner Gesundheit sind Pflichten der Spendeeinrichtung. Jeder Spender muss sich vor der Spende umfangreich untersuchen lassen, um mögliche Erkrankungen oder Infektionen für den Empfänger zu vermeiden. Die Untersuchungsergebnisse stehen der Spendeeinrichtung zur Verfügung und dürfen nur auf der Grundlage der §§ 21 ff. weitergegeben werden. Der Spender muss darauf vertrauen können, dass seine gesundheitlichen Daten ausschließlich nach den gesetzlichen Vorgaben erhoben, aufbewahrt, weitergegeben und genutzt werden. Das TFG regelt sowohl den **Datenschutz** als auch das **Meldewesen** für Spender. Zur Aufklärung des Spenders vgl. § 6.

### 2. Gesundheitsschutz

Der Begriff **Gesundheitsschutz** ist im doppelten Sinn zu verstehen. Er bezieht sich sowohl auf den Spender als auch auf den Empfänger. Die Untersuchungen führen die Spendeeinrichtungen in der Regel selbst durch. Der Gesetzgeber hat die Untersuchung außerhalb der Spendeeinrichtung nicht ausgeschlossen. Eine ärztliche Untersuchung außerhalb der Spendeeinrichtung muss allerdings von der Spendeeinrichtung nur dann anerkannt werden, wenn sie nachweislich nach den Richtlinien der Bundesärztekammer ausgeführt worden ist, den dort genannten Vorgaben genügt und dies nachgewiesen wird.

### 3. Betreuung

**Betreuung** bedeutet grundsätzlich keine Therapie. Sie kann im Einzelfall in eine Erst- und Notfallversorgung einmünden. Es handelt sich im Wesentlichen um den Rahmen, in dem sich der Spender vom Spendenaufruf bis hin zum Abschluss seiner Spende befindet. Das bedeutet, dass der Aufruf nötige Informationen über Alter, Gewicht, Ort und mitzubringenden Unterlagen sowie ein zusätzliches Informationsangebot über interessierende Inhalte eines Spendevorgangs z.B. über eine Hotline enthalten muss. Die Spendenentnahmestelle sollte in zumutbarer Entfernung erreichbar und muss sachgerecht ausgestattet sein. Hygienefragen müssen geklärt sein. Die Spendeeinrichtung muss den Anforderungen des § 4 sachlich und personell genügen. Geeignetes Personal in der Spendenstelle muss in seiner Zahl den Spenderzahlen adäquat sein, damit auch in Sondersituationen, z.B. bei Nebenwirkungen Spendern geholfen werden kann. Die Pflichten der §§ 4 ff. müssen eingehalten werden können.

### IV. Werbung

17 Nach den Vorgaben des § 3 Abs. 4 sollen die freiwilligen und unentgeltlichen Blut- und Plasmaspenden durch geeignete Informationsverfahren gefördert werden.

#### 1. Informationsverfahren

18 Spendeeinrichtungen können z.B. durch eigene Medienprodukte werben, aber auch durch Fördermittel gestärkt werden. Eine offensive Bewerbung mit der Aufwandsentschädigung nach § 10 hatte das LG Wuppertal Urt. v. 01.02.2006 – 15 O 149/05 zunächst untersagt, da dies einen Verstoß gegen § 7 Abs. 3 HWG darstelle, »insbesondere wenn die Werbeanzeige im Stellenmarktteil einer Tageszeitung platziert und darin § 10 S. 2 TFG wörtlich wiedergegeben« werde. Der Gesetzgeber hat derartige Maßnahmen zwischenzeitlich durch Änderung des HWG zugelassen.

#### 2. Zuständigkeit

19 **Zuständige Stellen** nach Bundes- und Landesrecht sind vor allem die Bundeszentrale für gesundheitliche Aufklärung – BZgA – und oberste und obere Landesgesundheitsbehörden wie z.B. in Nordrhein-Westfalen das Landesinstitut für Gesundheit und Arbeit. Auch die Kommunen mit ihren Blutspendeeinrichtungen und Rettungsdiensten klären auf. Die Behörden sind indessen keine Werbeträger, sondern leisten Aufklärung.

## § 4 Anforderungen an die Spendeeinrichtungen

Eine Spendeeinrichtung darf nur betrieben werden, wenn
1. eine ausreichende personelle, bauliche, räumliche und technische Ausstattung vorhanden ist,
2. die Spendeeinrichtung oder der Träger von Spendeeinrichtungen eine leitende ärztliche Person bestellt hat, die die erforderliche Sachkunde nach dem Stand der medizinischen Wissenschaft besitzt, und
3. bei der Durchführung der Spendeentnahmen von einem Menschen eine ärztliche Person vorhanden ist.

Die leitende ärztliche Person nach Satz 1 Nr. 2 kann zugleich die ärztliche Person nach Satz 1 Nr. 3 sein. Der Schutz der Persönlichkeitssphäre der spendenden Personen, eine ordnungsgemäße Spendeentnahme und die Voraussetzungen für eine notfallmedizinische Versorgung der spendenden Personen sind sicherzustellen.

| Übersicht | Rdn. | | Rdn. |
|---|---|---|---|
| A. Regelungszweck | 1 | 2. Leitende ärztliche Person | 8 |
| B. Tatbestand | 2 | 3. Persönlichkeitssphäre | 9 |
| I. Ausreichende Ausstattung | 2 | 4. Qualifikation zur Spendenentnahme | 10 |
| 1. Räumliche und bauliche Ausstattung | 3 | III. Genehmigung | 11 |
| 2. Technische Ausstattung | 4 | 1. Verfahren | 11 |
| 3. Personelle Ausstattung | 6 | 2. Zuständigkeit | 12 |
| II. Sachkunde | 7 | 3. Bedarf | 13 |
| 1. Träger | 7 | IV. Ahndung, Maßnahmen | 14 |

### A. Regelungszweck

1 Die Norm beschreibt den Mindeststandard, der für den Betrieb einer Spendeeinrichtung erforderlich ist. Die unbestimmten Rechtsbegriffe müssen durch die Verwaltungspraxis ausgefüllt werden. Eine gleichmäßige Handhabung ist sicher zu stellen.

## B. Tatbestand

### I. Ausreichende Ausstattung

Die Ausstattung von Spendeeinrichtungen nach diesem Gesetz bezieht sich auf vier Komponenten, drei sächliche und eine personelle. Sie muss **ausreichend** sein. Maßstab ist die in der Einrichtung ausgeführte Tätigkeit. Der Begriff beinhaltet auch eine Negativabgrenzung. Die Ausstattung muss nicht optimal, sondern angemessen sein.

#### 1. Räumliche und bauliche Ausstattung

Die **räumliche und bauliche Ausstattung** muss die Aufstellung der notwendigen technischen Ausrüstung ermöglichen und die für die Spendenentnahme bzw. die in der Einrichtung durchgeführten Teilschritte notwendigen Flächen und Räume bereithalten. Die PharmBetrV ist nach § 1 PharmBetrV i.V.m. § 3 TFG anwendbar. Die **bauliche Ausstattung** richtet sich insbesondere nach § 3 PharmBetrV. Der bauliche Zustand muss ordnungsgemäß sein, d.h. in einem guten Erhaltungszustand, ausreichend beleuchtet, klimatisch einwandfrei und vor dem Zugang Unbefugter zu schützen sein.

#### 2. Technische Ausstattung

Die **technische Ausstattung** muss ein **GMP- gerechtes Arbeiten** ermöglichen, d.h. den internationalen Anforderungen an eine »Gute Herstellungspraxis« genügen.

*(entfällt)*

#### 3. Personelle Ausstattung

Die **personelle Ausstattung** bezieht sich nicht nur auf die ärztliche Tätigkeit, sondern auch auf die Aufgaben, die in Teilschritten umgesetzt werden. Neben ärztlichem muss auch nichtärztliches Personal für Dokumentationsaufgaben, ärztliche Unterstützungsmaßnahmen, kaufmännische Fragen, ggf. Fahrdienste, Logistikfragen und anderes vorhanden sein. Die zahlenmäßige Besetzung richtet sich nach dem Arbeitsanfall, den Arbeitszeiten und ist von der Leitung der Spendeeinrichtung angemessen zu kalkulieren, *Hasskarl/ Ostertag*, Transfus Med Hemother 2007; 34: 120–137.

### II. Sachkunde

#### 1. Träger

Die Spendeeinrichtung oder deren Träger müssen eine leitende ärztliche Person bestellen. Die Begriffe Spendeeinrichtung und Träger werden in § 4 Nr. 2 korrekterweise nicht synonym gebraucht. Die Spendeeinrichtung wird von einem **Träger** geführt. Dieser kann eine natürliche oder juristische Person sein. Ist die Spendeeinrichtung Teil einer Organisation wie eines Krankenhauses, kommt es darauf an, ob der Krankenhausträger der Spendeeinrichtung eine eigene personalwirtschaftliche Kompetenz zugesteht und ihr insoweit einräumt, selbst die leitende ärztliche Person zu bestellen.

#### 2. Leitende ärztliche Person

Mit der Bestellung ist eine Aufgabenübertragung verbunden, ohne dass dabei die Notwendigkeit eines bestimmten **Beschäftigungsverhältnisses** festgelegt wird. So kann die leitende ärztliche Person die Aufgaben ehrenamtlich, gegen Honorar, in fester Anstellung bei voller Arbeitszeit oder in einem Teilzeitverhältnis, auf Dauer oder befristet ableisten. Sie muss die erforderliche **Sachkunde** besitzen. Damit hat sie sowohl eine abgeschlossene ärztliche Ausbildung, eine Approbation oder eine entsprechende Berufserlaubnis, die keine die transfusionsmedizinische ärztliche Tätigkeit einschränkende Regelung trifft, und darüber hinaus die Qualifikation im Umgang mit Blutprodukten nachzuweisen. Maßstab der Sachkunde ist der **Stand der medizinischen Wissenschaft**. Mit dieser Umschreibung vermeidet der Gesetzgeber die Forderung nach einer Qualifikation als **Facharzt für**

**Transfusionsmedizin**, der eine 5-jährige Weiterbildungszeit absolviert haben muss. Er eröffnet also der Spendeeinrichtung die Möglichkeit, einen Arzt ohne abgeschlossene Weiterbildung als leitende ärztliche Person zu bestellen, also z.B. nur einen Facharztstandard vorzusehen, wobei ohne Weiterbildungsabschluss Berufserfahrung auf diesem Gebiet ausreichen kann. Da das Gesetz jedoch in den §§ 12 und 18 der Bundesärztekammer durchgängig die Aufgabe der Feststellung des Standes von Wissenschaft und Technik übertragen hat, dürfte die Wahrscheinlichkeit gering sein, dass der Facharztstandard unterschritten wird. Mit der Bestellung der leitenden ärztlichen Person ist nicht zwangsläufig auch die kaufmännische oder Verwaltungsleitung der Spendeeinrichtung verbunden. Beide Aufgaben können getrennt oder in Personalunion wahrgenommen werden. Die leitende ärztliche Person ist bei einer vorgesetzten kaufmännischen Geschäftsführung in ihren fachlichen Entscheidungen an Weisungen nicht gebunden. Das bedeutet, dass sie die notwendige Ausrüstung, Abläufe und therapeutischen Verfahren bestimmen kann, die im Zusammenhang mit der Spende, dem Umgang mit den Spendern und den in der Spendeeinrichtung stattfindenden Aufarbeitungsverfahren bestimmen kann. Diese Prozesse hat sie zu verantworten.

### 3. Persönlichkeitssphäre

9 Die **Persönlichkeitssphäre** des spendenden Menschen ist zu schützen, § 4 Satz 3. Die Spendeeinrichtung ist verpflichtet sicherzustellen, dass Anamnese, Untersuchung, der Spendevorgang und die Dokumentation des Verfahrens so durchgeführt werden, dass Unbefugte weder Einsicht haben noch die Spender unzumutbaren Blicken oder der Hörweite Dritter ausgesetzt sind.

### 4. Qualifikation zur Spendenentnahme

10 Die **Qualifikation zur Spendenentnahme** muss nicht zwingend eine ärztliche sein, § 4 Nr. 3. Es darf aber nur qualifiziertes Personal **unter Verantwortung** eines Arztes, § 7 Abs. 2, tätig werden. Ein Arzt muss also sofort erreichbar sein, wenn sein Eingreifen erforderlich werden sollte. Eine Rufbereitschaft außerhalb der Spendeeinrichtung genügt nicht.

## III. Genehmigung

### 1. Verfahren

11 Ein **förmliches Erlaubnis- oder Genehmigungsverfahren** sieht das Gesetz weder für die Eröffnung und den Betrieb der Spendeeinrichtung noch die Bestellung der leitenden Person vor. Das Vorliegen der Anforderungen wird im Rahmen der Aufsicht durch die zuständigen Landesbehörden überprüft. Fehlende Anforderungen können durch behördliche Anordnungen in Form von Verwaltungsakten erzwungen werden.

### 2. Zuständigkeit

12 **Zuständige Behörden** sind in der Regel die Landesmittelbehörden, die Bezirksregierungen, in den Stadtstaaten grundsätzlich die Landesoberbehörden, die Senatsverwaltungen.

### 3. Bedarf

13 Eine **Bedarfsprüfung** für Spendeeinrichtungen sieht das Gesetz nicht vor. Damit kann grundsätzlich jeder, der die Anforderungen des Gesetzes erfüllt, eine Spendeeinrichtung ins Leben rufen.

## IV. Ahndung, Maßnahmen

14 Werden die Vorgaben des Gesetzes nicht eingehalten und stellt dies die Überwachungsbehörde fest, kann sie Bußgelder verhängen, Verwaltungszwang ausüben und ggf. die Einrichtung zur Gefahrenabwehr schließen. Nach § 32 Abs. 2 Nr. 1 ist die Nichtbeachtung der Anforderung, eine Spendeeinrichtung mit einer leitenden ärztlichen Person auszustatten, ebenfalls bußgeldbewehrt. Ohne sie darf eine Spendeeinrichtung nicht betrieben werden.

## § 5 Auswahl der spendenden Personen

(1) Es dürfen nur Personen zur Spendeentnahme zugelassen werden, die unter der Verantwortung einer ärztlichen Person nach dem Stand der medizinischen Wissenschaft und Technik für tauglich befunden worden sind und die Tauglichkeit durch eine ärztliche Person festgestellt worden ist. Die Zulassung zur Spendeentnahme soll nicht erfolgen, soweit und solange die spendewillige Person nach Richtlinien der Bundesärztekammer von der Spendeentnahme auszuschließen oder zurückzustellen ist.

(2) Bei der Gewinnung von Eigenblut, Blut zur Stammzellseparation und Plasma zur Fraktionierung ist die Tauglichkeit der spendenden Personen auch nach den Besonderheiten dieser Blutprodukte zu beurteilen.

(3) Die für die Leitung der Qualitätskontrolle nach § 14 Absatz 1 Nummer 1 des Arzneimittelgesetzes zuständige Person hat dafür zu sorgen, dass die spendende Person vor der Freigabe der Spende nach dem Stand der medizinischen Wissenschaft und Technik auf Infektionsmarker, mindestens auf Humanes Immundefekt Virus (HIV)-, Hepatitis B- und Hepatitis C-Virus-Infektionsmarker untersucht wird. Bei Eigenblutentnahmen sind diese Untersuchungen nach den Besonderheiten dieser Entnahmen durchzuführen. Anordnungen der zuständigen Bundesoberbehörde bleiben unberührt.

| Übersicht | Rdn. | | Rdn. |
|---|---|---|---|
| A. Regelungszweck | 1 | II. Tauglichkeitsprüfung | 3 |
| B. Tatbestand | 2 | III. Sonderspenden | 4 |
| I. Stand der medizinischen Wissenschaft und Technik | 2 | IV. Spendenfreigabe | 5 |

### A. Regelungszweck

Mit dieser Vorgabe soll sichergestellt werden, dass nur Spendenwillige zur Blutspende zugelassen 1 werden, die dafür nach dem Stand von Wissenschaft und Technik tauglich sind. Mit Tauglichkeit ist im medizinischen Sinne gemeint, dass sie die notwendige Eignung dafür mitbringen, sodass weder ihnen selbst durch den Spendenvorgang noch Dritten durch die Spende selbst gesundheitlicher Schaden entsteht; vgl. OLG Zweibrücken, Urt. v. 27.09.2006 – 2 U 60/06.

### B. Tatbestand

#### I. Stand der medizinischen Wissenschaft und Technik

Der Begriff des **Standes der medizinischen Wissenschaft und Technik** in dieser Vorschrift weicht 2 vom gleichlautenden Begriff in § 4 ab. In § 4 geht es ausschließlich um die ärztliche Qualifikation. In § 5 geht es sowohl um diesen Tatbestand als auch um die Untersuchungsmethode, mit der bestimmte Parameter festgelegt werden, nach der ein Spender für tauglich befunden werden kann, vgl. dazu die Richtlinien der Bundesärztekammer v. 17.02.2017, www.bundesaerztekammer.de/fileadmin/user_upload/downloads/pdf-Ordner/MuE/Richtlinie_Haemotherapie_E_A_2019.pdf zuletzt aufgerufen am 03.05.2021. Zur Bedeutung der Richtlinienfeststellung durch die Bundesärztekammer vgl. §§ 12a, 18).

#### II. Tauglichkeitsprüfung

Die **Tauglichkeitsprüfung** darf nur von einem Arzt vorgenommen werden. Dieser kann in der 3 Spendeeinrichtung oder auch außerhalb tätig sein. Entscheidend ist die Prüfung anhand der o.g. Richtlinien der Bundesärztekammer. Schließt das Prüfungsergebnis negativ ab, soll eine Zulassung zur Spende nicht erfolgen. Diese Aussage entspricht einem grundsätzlichen Beteiligungsverbot. Die Spendeeinrichtung hat in Notzeiten die Möglichkeit, sich über Bedenken hinwegzusetzen und im Rahmen einer Güterabwägung zu entscheiden. Ein Ausschluss von der Spendertätigkeit kommt in

Betracht, wenn nicht behebbare Risiken mit der Spende verbunden sind. Ein Zurückstellen ist immer dann sinnvoll, wenn Spender z.B. akute Infektionen durchmachen, nach deren Beendigung die Spende jedoch brauchbar ist. Der Ausschluss von Spendergruppen, die durch ihr Sexualverhalten wie z.B. durch sexuelle Beziehungen unter Männern charakterisierbar sind, ist nach der Entscheidung des EUGH, Urt. v. 29.04.2015 – C-528/13 unter bestimmten Voraussetzungen zulässig; vgl. dazu auch *Speckmann*, Der Ausschluss von der Blutspende für Männer, die sexuelle Beziehungen zu Männern hatten, nach Maßgabe der EuGH-Rechtsprechung, 2016. Voraussetzung dafür ist, dass durch diese Gruppen nach den im jeweiligen Mitgliedstaat gewonnenen medizinischen, wissenschaftlichen und epidemiologischen Erkenntnissen und Daten ein hohes Übertragungsrisiko für durch Blut übertragbare schwere Infektionskrankheiten besteht.

### III. Sonderspenden

4   Neben der Blutspende für die Herstellung von Blutkonserven und weiteren Produkten gibt es besondere Spender. Dazu gehören solche, die zum **Eigenbedarf** Blut spenden z.B. als Vorbereitung auf eine Operation. Diese Spender sind oft krank und unterliegen anderen Altersgrenzen, so dass eine Weiterverwendbarkeit der Blutspende selten in Betracht kommen kann. Die Applikation von ozonisierten Eigenblutspenden darf nach Auffassung des VG Münster, Urt. v. 17.09.2018 – 5 K 579/18, nicht von Heilpraktikern unternommen werden, da die Maßnahme unter dem Arztvorbehalt steht. Von Spendern können auch bestimmte Antikörper (Immunglobuline) gegen Toxine oder Erreger gewonnen werden, nachdem diese eine bestimmte **Vorimmunisierung** über sich haben ergehen lassen. **Behandlungen** mit bestimmten Medikamenten wie aktuellen Chemotherapien machen Blutspenden an Dritte ungeeignet. § 5 Abs. 2 nennt weitere Produkte, die aus Blutspenden hergestellt werden, zu denen eine besondere Spenderauswahl erforderlich ist.

### IV. Spendenfreigabe

5   Während sich § 5 Abs. 1 und 2 mit der Spenderauswahl befasst, regelt § 5 Abs. 3 die **Spendenfreigabe**. Die Qualitätskontrolle erfolgt nach den Vorgaben des AMG. Durch sie wird die Durchführung bestimmter Untersuchungen bei dem Spender sichergestellt. Nach § 14 Abs. 2a AMG kann die leitende ärztliche Person nach § 4 diese Funktion übernehmen. Soweit die Regelung nur für die arzneimittelrechtliche Verwendung der Spende gelten soll, würden alle Spenden, die nicht nach AMG weiterverarbeitet werden, ohne Qualitätskontrolle frei gegeben werden können. Die in der Vorschrift genannten Untersuchungen sind jedoch Teil des sogenannten »Good Manufacturing Practice« (GMP), sodass davon auszugehen ist, dass eine Spendenfreigabe in jedem Fall einer Qualitätskontrolle analog den Vorschriften des AMG unterliegen muss. In § 14 Abs. 1 Nr. 1 AMG wird zur Qualifikation der Kontrollleitung auf § 15 AMG verwiesen. Der Sachkundenachweis ist danach erbracht, wenn die Approbation als Apotheker, ein Zeugnis über eine nach abgeschlossenem Hochschulstudium der Pharmazie, der Chemie, der Biologie, der Human- oder der Veterinärmedizin abgelegte Prüfung vorliegt sowie eine mindestens zweijährige praktische Tätigkeit auf dem Gebiet der qualitativen und quantitativen Analyse sowie sonstiger Qualitätsprüfungen von Arzneimitteln absolviert wurde. Der Verantwortungsbereich der sachkundigen Person wird nach § 2 Abs. 2 PharmBetrV schriftlich festgelegt, BT-Drs. 13/9295. Der Begriff »Testung auf Infektionsmarker« umfasst sowohl die Testung auf Antikörper, die nach durchlaufenen Infektionen gebildet und im Blut nachweisbar sind, als auch die Testung auf das Virus selbst. Seit einigen Jahren gibt es dazu spezielle Verfahren, z.B. die Polymerase Chain Reaction, kurz PCR genannt, mit der Virusmaterial direkt nachgewiesen werden kann. Gleichzeitig kann die zuständige Bundesoberbehörde jederzeit weitere Anordnungen verfügen, § 5 Abs. 3 Satz 3 TFG, § 28 AMG.

### § 6 Aufklärung, Einwilligung

(1) Eine Spendeentnahme darf nur durchgeführt werden, wenn die spendende Person vorher in einer für sie verständlichen Form über Wesen, Bedeutung und Durchführung der Spendeentnahme und der Untersuchungen sachkundig aufgeklärt worden ist und in die Spendeentnahme

und die Untersuchungen eingewilligt hat. Aufklärung und Einwilligung sind von der spendenden Person schriftlich zu bestätigen. Sie muss mit der Einwilligung gleichzeitig erklären, dass die Spende verwendbar ist, sofern sie nicht vom vertraulichen Selbstausschluss Gebrauch macht.

(2) Die spendende Person ist über die mit der Spendeentnahme verbundene Verarbeitung und Nutzung personenbezogener Daten aufzuklären. Die Aufklärung ist von der spendenden Person schriftlich oder elektronisch zu bestätigen.

### Übersicht

| | Rdn. | | Rdn. |
|---|---|---|---|
| A. Regelungszweck | 1 | III. Verwendbarkeit | 4 |
| B. Tatbestand | 2 | IV. Vertraulicher Selbstausschluss | 5 |
| I. Aufklärungsumfang | 2 | V. Datenschutz | 6 |
| II. Wirksamkeit der Einwilligung | 3 | VI. Formvorgaben | 7 |

## A. Regelungszweck

Da die Spende mit einem körperlichen Eingriff verbunden ist, muss der Spender über seine notwendigen Leistungen und Risiken aufgeklärt werden. Die Vorschrift zielt auf Transparenz, Sicherheit und Selbstbestimmung des Spenders ab. 1

## B. Tatbestand

### I. Aufklärungsumfang

Die **Aufklärungsverpflichtung** nach § 6 Abs. 1 bezieht sich auf die Umstände der Spendeentnahme und die notwendigen Untersuchungen. Die Spende bedeutet einen **körperlichen Eingriff** durch das Einstechen einer Blutentnahmenadel in eine der Körpervenen und die Entnahme von Blut. Damit wird die körperliche Integrität verletzt. **Nebenwirkungen** sind möglich, die zu weiteren Verletzungen führen können. Neben den allgemeinen sind auch individuelle Risiken denkbar. Die Aufklärung muss sich auf alle diese Umstände erstrecken. Die **Untersuchungen** sind zu beschreiben. Auch ihre Risiken und Nebenwirkungen sind zu erläutern. Dabei reicht eine formularmäßige Aufklärung nicht, selbst wenn sie sachkundig erfolgt. In diesen Fällen kann auf die Besonderheiten des einzelnen Spenders nicht eingegangen werden. Die **Sachkunde** muss nicht notwendigerweise durch eine ärztliche Person angeboten werden. Es genügt auch die Information durch anderes geeignetes Personal. Da im Bedarfsfall auch ärztliche Fragestellungen anstehen, sollte die Möglichkeit gegeben werden, einen Arzt hinzuzuziehen. Falls die Aufklärung nicht sachgerecht erfolgt, kann dies zu einer unzureichenden und damit nicht wirksamen Aufklärung führen. Der BGH, NJW 2006, 26 hat sich zum notwendigen Umfang einer Aufklärungsmaßnahme geäußert und einen Schadensersatzanspruch wegen eines rechtswidrigen Eingriffs zugestanden, weil die Aufklärung bei einer fremdnützigen Spende nicht geringer sein darf als bei einem Heileingriff. Bei wiederholten Blutspenden ist in der Regel nur vor der ersten Blutspende eine ärztliche Aufklärung über die Risiken einer Blutspende erforderlich, LG Essen, Urt. v. 01.12.2012 – 1 O 154/11. Zur Aufklärung gehören auch Informationen zur Weiterverwendung der personenbezogenen Daten z.B. an entsprechende Melderegister, vgl. §§ 21, 21a. Inhalt und Umfang einer ärztlichen Aufklärung hat der Gesetzgeber in § 630e BGB zusammengefasst, vgl. bei Aufklärungsfehlern z.B. BGH, Urt. v. 29.01.2019 – VI ZR 117/18. 2

### II. Wirksamkeit der Einwilligung

Die **Einwilligung** kann nicht wirksam erteilt werden, wenn ihr eine unwirksame oder fehlerhafte Aufklärung vorausgeht. Dies ist insbesondere der Fall, wenn die Aufklärung nicht die gesetzlichen Merkmale umfasste, eine nicht sachkundige Person die Aufklärung übernommen hat oder wesentliche Fragestellungen nicht geklärt worden sind. Dazu zählen vor allem fehlende Auskünfte über das Spendeverfahren, seine Aus- und Nebenwirkungen oder die Notwendigkeit und Risiken der Untersuchungen. 3

## III. Verwendbarkeit

4 Die Spende ist nur verwendbar, wenn der Spender sie für verwendbar erklärt, d.h. sie frei gibt. Damit darf die Spendeeinrichtung nicht nur die Spendenentnahme vornehmen, sondern auch die Weiterverarbeitung selbst oder durch Dritte einleiten. Die Spendeeinrichtung darf den **Verwendungszweck** nicht weiter ausdehnen, als Aufklärung und Einwilligung beinhalten. Um Missverständnisse auszuschließen, sind die Aufklärungsinhalte und die Einwilligung zu dokumentieren. Damit wird der Zusammenhang auch für spätere Klärungen deutlich gemacht. Der deutschen Sprache nicht mächtige Personen sollen mit Hilfe von sprachkundigen Personen aufgeklärt werden. Spendeeinrichtungen, die häufig mit einer bestimmten **Fremdsprachengruppe** zu tun haben, sollen Aufklärungs- und Einwilligungsbögen in der entsprechenden Sprache vorhalten.

## IV. Vertraulicher Selbstausschluss

5 Der Spender hat das Recht des **vertraulichen Selbstausschlusses**. Damit werden Spenden in ihrer Verwendbarkeit gesperrt. Dieses Recht besteht auch nach der Abgabe der Spende weiter. Soweit die Verwendbarkeit jedoch bereits erklärt worden ist, besteht das Risiko, dass die Spende auch verwendet worden ist, bevor der Selbstausschluss erklärt wurde. Mit dem Selbstausschluss wird erreicht, dass Blutspenden gesperrt werden, deren Spender zwar von möglichen Risikofaktoren wussten, diese aber vor der Spende aus den verschiedensten Gründen nicht angegeben haben oder angeben wollten. So können z.B. Personen, die in Gruppen spenden und eine Weiterverwendung ihrer Spende für Patienten ausschließen, einer Gruppendiskriminierung entgehen, BT-Drs. 13/9594. Der Selbstausschluss ist vertraulich.

## V. Datenschutz

6 Von den Spendern dürfen die **personenbezogenen Daten** nur für den Verwendungszweck einer rechtmäßig gewonnen Blutspende verarbeitet werden. Der Oberbegriff »Verarbeitung« schließt die Erhebung und Nutzung von Daten ein (BT-Drs. 19/467419 v. 01.10.2018, Art. 12). Über diesen Umstand ist nach § 6 Abs. 2 gesondert aufzuklären. Es reichen die Aufklärungsinhalte nach § 6 Abs. 1 nicht aus, um auch der datenschutzrechtlichen Problematik zu genügen.

## VI. Formvorgaben

7 Die **Formvorgaben** sind zwingend. Bei der Schriftform nach § 126 BGB muss entweder eine eigenhändige Namensunterschrift geleistet oder mit einem notariell beglaubigten Handzeichen abgezeichnet werden. Nach § 126 Abs. 4 BGB kann die Schriftform auch vollständig durch notarielle Beurkundung ersetzt werden. Wenn die Aufklärungsbestätigung, die Einwilligungserklärungen zur Spende und zur Datenverarbeitung sowie die Verwendbarkeitserklärung vom Spender elektronisch abgegeben werden, müssen nach § 126a BGB Ausstellername und eine qualifizierte elektronische Signatur beigefügt werden. Werden die Formvorschriften nicht eingehalten, sind die Erklärungen nach § 125 BGB nichtig. Die Regelungen zur Datenspeicherung und Rückverfolgung sind aus Sicherheitsgründen in das TFG aufgenommen worden, §§ 11, 19–20, 22. Die Spender sollen wissen, was mit ihren Daten passiert.

## § 7 Anforderungen zur Entnahme der Spende

(1) Die anlässlich der Spendeentnahme vorzunehmende Feststellung der Identität der spendenden Person, die durchzuführenden Laboruntersuchungen und die Entnahme der Spende haben nach dem Stand der medizinischen Wissenschaft und Technik zu erfolgen.

(2) Die Entnahme der Spende darf nur durch eine ärztliche Person oder durch anderes qualifiziertes Personal unter der Verantwortung einer ärztlichen Person erfolgen.

| Übersicht | Rdn. | | Rdn. |
|---|---|---|---|
| A. Regelungszweck........... | 1 | II. Laboruntersuchungen........... | 3 |
| B. Tatbestand................ | 2 | III. Qualifizierte Blutentnahme ...... | 4 |
| I. Identitätsfeststellung........ | 2 | | |

## A. Regelungszweck

Bestimmend für das **Spendeentnahmeverfahren** ist der Stand von medizinischer Wissenschaft und Technik. Dieser Qualifikationsanforderung unterliegt auch das die Spende entnehmende Personal. Weitere Bedingungen kommen für die unmittelbare Entnahme der Spende hinzu. 1

## B. Tatbestand

### I. Identitätsfeststellung

Das Gesetz ist an dieser Stelle nicht klar formuliert. Die Feststellung der Identität muss nicht nach dem Stand der medizinischen Wissenschaft und Technik erfolgen. Es geht lediglich um die Prüfung, ob die ausgewiesenen **Personalien der spendewilligen Person** zugeordnet werden können. Dazu sind die Vorlage des Personalausweises, die körperliche Anwesenheit des Spenders und eine einfache Fachkunde der überprüfenden Person in der Regel ausreichend. Zur Identitätsprüfung können dem Prüfer z.B. Personalausweise, Pässe und Abstammungsurkunden vorgelegt werden. Weitere Dokumente sollen ggf. vorhandene besondere Hinweise auf den Spender enthalten, wie gesundheitlich und medizinisch relevante Beeinträchtigungen bzw. Besonderheiten. Auch mit der Herkunft können u.U. bestimmte medizinische Aussagen verbunden werden. Das Identitätsfeststellungsverfahren gilt als unsicher. Soweit weder Pass noch Personalausweis vorgelegt werden, sollte ein alternatives Verfahren bestimmt werden, in dem ein Entscheidungsträger in Zweifelsfällen entscheidet. Soweit Zweifel nicht ausgeräumt werden können, sollte im Einzelfall auf die Spende verzichtet werden. Ein Wechsel auf ein sicheres Verfahren wie z.B. eine erkennungsdienstliche Behandlung wäre indessen unverhältnismäßig. 2

### II. Laboruntersuchungen

Laboruntersuchungen und Spendenentnahmen sind medizinisch determinierte Maßnahmen und haben dem Stand der medizinischen Wissenschaft und Technik zu genügen, vgl. § 12a. 3

### III. Qualifizierte Blutentnahme

Die **Blutentnahme** zum Zweck der Spende muss nach Abs. 2 von einem Arzt oder nichtärztlichem, aber besonders qualifiziertem Personal unter Verantwortung oder Aufsicht eines Arztes vorgenommen werden. Als qualifiziertes nichtärztliches Personal kommen Angehörige medizinischer Assistenzberufe in Betracht, die in das Verfahren der Blutentnahme nach dem jeweiligen Stand von Wissenschaft und Technik i.S.d. Abs. 1 eingearbeitet worden sind. Es ist auch zulässig, bisher nicht in diesem Bereich tätiges Personal nach dem Stand von medizinischer Wissenschaft und Technik zu qualifizieren. Die in den Spendeeinrichtungen gängigen Verfahren müssen gelehrt, die Einarbeitungstätigkeit dokumentiert werden, *Hasskarl/Ostertag*, Transfus Med Hemother 2007, 120–137, zur ärztlichen Verantwortung § 4 Rdn. 7 GOÄ. 4

## § 8 Spenderimmunisierung

(1) Eine für die Gewinnung von Plasma zur Herstellung von speziellen Immunglobulinen erforderliche Spenderimmunisierung darf nur durchgeführt werden, wenn und solange sie im Interesse einer ausreichenden Versorgung der Bevölkerung mit diesen Arzneimitteln geboten ist. Sie ist nach dem Stand der medizinischen Wissenschaft und Technik durchzuführen.

(2) Ein Immunisierungsprogramm darf nur durchgeführt werden, wenn und solange

1. die Risiken, die mit ihm für die Personen verbunden sind, bei denen es durchgeführt werden soll, ärztlich vertretbar sind,
2. die Personen, bei denen es durchgeführt werden soll, ihre schriftliche Einwilligung hierzu erteilt haben, nachdem sie durch eine ärztliche Person über Wesen, Bedeutung und Risiken der Immunisierung sowie die damit verbundene Verarbeitung personenbezogener Daten aufgeklärt worden sind und dies schriftlich oder elektronisch bestätigt haben,
3. seine Durchführung von einer ärztlichen Person, die nach dem Stand der medizinischen Wissenschaft sachkundig ist, geleitet wird,
4. ein dem Stand der medizinischen Wissenschaft entsprechender Immunisierungsplan vorliegt,
5. die ärztliche Kontrolle des Gesundheitszustandes der spendenden Personen während der Immunisierungsphase gewährleistet ist,
6. der zuständigen Behörde die Durchführung des Immunisierungsprogramms angezeigt worden ist und
7. das zustimmende Votum einer nach Landesrecht gebildeten und für die ärztliche Person nach Satz 1 Nr. 3 zuständigen und unabhängigen Ethik-Kommission vorliegt.

Mit der Anzeige an die zuständige Behörde und der Einholung des Votums der Ethik-Kommission nach Nummern 6 und 7 dürfen keine personenbezogenen Daten übermittelt werden. Zur Immunisierung sollen zugelassene Arzneimittel angewendet werden.

(3) Von der Durchführung des Immunisierungsprogramms ist auf der Grundlage des Immunisierungsplanes ein Protokoll anzufertigen (Immunisierungsprotokoll). Für das Immunisierungsprotokoll gilt § 11 entsprechend. Dies muss Aufzeichnungen über alle Ereignisse enthalten, die im Zusammenhang mit der Durchführung des Immunisierungsprogramms auftreten und die Gesundheit der spendenden Person oder den gewünschten Erfolg des Immunisierungsprogramms beeinträchtigen können. Zur Immunisierung angewendete Erythrozytenpräparate sind zu dokumentieren und der immunisierten Person zu bescheinigen.

(4) Die in Absatz 3 Satz 3 genannten Ereignisse sind von der die Durchführung des Immunisierungsprogramms leitenden ärztlichen Person der Ethik-Kommission, der zuständigen Behörde und dem pharmazeutischen Unternehmer des zur Immunisierung verwendeten Arzneimittels unverzüglich mitzuteilen. Von betroffenen immunisierten Personen werden das Geburtsdatum und die Angabe des Geschlechtes übermittelt.

| Übersicht | Rdn. | | Rdn. |
|---|---|---|---|
| A. Regelungszweck | 1 | 2. Aufklärung, Einwilligung | 7 |
| B. Tatbestand | 2 | 3. Ärztliche Sachkunde | 8 |
| I. Sonderspenden | 2 | 4. Immunisierungsplan | 9 |
| 1. Immunglobulingewinnung | 2 | 5. Anzeigepflicht | 10 |
| 2. Risiken, Tauglichkeit | 3 | 6. Zugelassene Arzneimittel | 11 |
| 3. Bedarfsfrage | 4 | 7. Immunisierungsprotokoll | 12 |
| II. Immunisierungsprogramm | 5 | 8. Risikomeldung | 13 |
| 1. Vertretbare Risiken | 6 | | |

## A. Regelungszweck

1 Für die in der Vorschrift genannten **besonderen Spenden** wird den Spendern ein zusätzliches »Opfer« abverlangt. Insofern darf nur der tatsächliche Bedarf gedeckt werden. Eine Gewinnung darüber hinaus zu begrenzen, ist Gesetzeszweck.

## B. Tatbestand

### I. Sonderspenden

#### 1. Immunglobulingewinnung

Bereits zu § 5 Abs. 2 wurde darauf hingewiesen, dass es besondere Spender gibt, deren Tauglichkeit bezogen auf diese Besonderheit hin ermittelt werden muss. Dazu gehören die in § 8 genannten immunisierten Spender. Die **Spenderimmunisierung** findet durch eine Art Impfung statt. Dabei wird dem Spender ein bestimmter, meist abgeschwächter oder inaktiver Krankheitserreger oder ein Gift wie z.B. Tetanustoxin appliziert, worauf die Produktion von Antikörpern angeregt wird. Aus der Spende werden die so erzeugten Immunglobuline als Konzentrate gewonnen und erkrankten Patienten – oft lebensrettend – verabreicht.

#### 2. Risiken, Tauglichkeit

Die Spenderimmunisierung ist nicht gefahrlos. Sie bedeutet einen Eingriff in die körperliche Integrität des zu immunisierenden Spenders und setzt dessen **besondere Tauglichkeit** voraus. Vor diesem Hintergrund ist der Spender umfassend über das Verfahren, seine Risiken und Folgen aufzuklären. Erst dann kann sein Einverständnis eingeholt werden.

#### 3. Bedarfsfrage

Der **Bedarf** ergibt sich aus der Nachfrage nach den aus den Sonderspenden gewonnen Produkten. Neben der Gewinnung von Immunglobulinseren spielt die gentechnische, sehr kostenintensive Herstellung von speziellen Antikörpern, wie monoklonalen Antikörpern, eine zunehmende Rolle. Sie kann den Bedarf an Spenderseren beeinflussen. Immunglobuline halten nur begrenzt. Die durchschnittliche Haltbarkeit liegt bei etwa 18 Monaten. Obwohl das Gesetz keine konkrete Bedarfsprüfung vorsieht, erfolgt eine Regulation über den Markt. Problematisch ist die Bedarfsfrage insbesondere dann zu beurteilen, wenn im Geltungsbereich des Gesetzes die Produktion über den Versorgungsbedarf der Bevölkerung mit dem Zweck angekurbelt wird, die Produkte in das Ausland zu exportieren. Hier verbleiben die Risiken der Immunisierung bei den freiwilligen Spendern. Eine entsprechende Vorgehensweise ist nicht mit § 8 Abs. 1 kompatibel. Der Bevölkerungsbegriff schließt nur die Bevölkerung im Geltungsbereich des Gesetzes ein bzw. bei staatenübergreifenden Abkommen auch die insoweit betroffene Bevölkerung. Zu den Befugnissen der Ethikkommission in diesem Zusammenhang, vgl. § 8 Rdn. 8. Eine bedarfsabhängige Genehmigungspflicht für die Immunglobulinherstellung existiert nicht.

### II. Immunisierungsprogramm

In Abs. 2 werden die Voraussetzungen genannt, unter denen ein **Immunisierungsprogramm** durchgeführt werden darf.

#### 1. Vertretbare Risiken

Die Gefahren, denen sich ein Spender während der Immunisierungsphase unterzieht, müssen ärztlich vertretbar sein. D.h. der zuständige Arzt muss die individuelle psychische und physische Situation feststellen und nach einem Abwägungsprozess entscheiden, ob die Immunisierung ärztlich vertretbar ist. Liegt bei einem Immunisierungswilligen eine chronische entzündliche Erkrankung vor, die zu einer Aktivierung des Immunsystems führt, kann hierin ein Grund liegen, von einer Immunisierung dauerhaft abzusehen. Hat ein Immunisierungswilliger dagegen nur einen grippalen Infekt, kann nach der Genesung ein Immunisierungsprogramm ärztlich durchaus vertretbar sein.

#### 2. Aufklärung, Einwilligung

Die Vorschrift geht über die Regelungen des § 6 hinaus, weil letztere den besonderen Eingriff zur Immunisierung nicht erfassen. Bei Immunisierungswilligen müssen die in Abs. 2 Nr. 1–7 aufgeführten Voraussetzungen vollständig vorliegen. Wird auch nur einer dieser Parameter nicht erfüllt, entfällt die rechtliche Grundlage für das Immunisierungsprogramm. Insoweit muss die Aufklärung die Voraussetzungen des § 6 und darüber hinaus des § 8 Abs. 2 umfassen, um Grundlage für eine **wirksame Einwilligung** des Spenders zu sein. Vgl. zu Formvorschriften § 6 Rdn. 7.

### 3. Ärztliche Sachkunde

8   In § 8 Abs. 2 Nr. 3 geht der Gesetzgeber auf die **Sachkunde** der ärztlichen Person ein, die das Immunisierungsprogramm verantwortlich leitet. Der »Stand der medizinischen Wissenschaft« ist Maßstab für die Qualifikation des Arztes. Als sachkundige ärztliche Person kann somit gelten, wer neben der Qualifikation als Arzt auch eine einschlägige Gebietsbezeichnung führt und über Erfahrungen in der Durchführung von Immunisierungsprogrammen verfügt. Dazu gehören neben den technischen Verfahren auch die Kenntnisse von unerwünschten Reaktionen und deren Beherrschung. Soweit eine Gebietsbezeichnung nicht vorliegt, also die einschlägige Weiterbildung nicht abgeschlossen wurde, kann auf den Facharztstandard abgestellt werden. Dieser ist bei bereits länger dauernder Berufserfahrung ggf. ein Jahr vor dem Weiterbildungsende in der Regel sehr hoch. Die Gesetzesformulierung verlangt die abgeschlossene Weiterbildung zwar nicht, sie kann aber Maßstab sein, wenn mit einer geringeren Qualifikation Fehler geschehen sind und der insoweit erforderliche Stand der medizinischen Wissenschaft nicht eingehalten wurde.

### 4. Immunisierungsplan

9   Nach § 8 Abs. 2 Nr. 4 muss ein **Immunisierungsplan** erstellt werden. Um eine Maßnahme durchführen und anschließend evaluieren zu können, bedarf es nachvollziehbarer und nachprüfbarer Bedingungen. Der Plan ist auf der Grundlage des Standes der medizinischen Wissenschaft zu erstellen.

9a  Um die ethische Vertretbarkeit des körperlichen Eingriffs abschätzen zu können, muss das Votum einer unabhängigen **Ethikkommission** eingeholt werden. **Unabhängig** sind Ethikkommissionen dann, wenn sie kein irgendwie geartetes eigenes Interesse an der Durchführung der Immunisierung haben und nicht von der Spendeneinrichtung abhängig sind oder finanziert werden. Insoweit sind kommerziell arbeitende Ethikkommissionen grundsätzlich nicht geeignet. In den vergangenen Jahren hat sich eine Reihe von Ethikkommissionen bei den Landesärztekammern, Körperschaften des öffentlichen Rechts unter Rechtsaufsicht der Länder, etabliert. Sie sind durch die Heilberufsgesetze der Länder eingeführt worden. Es ist nicht erkennbar, ob das Votum der Ethikkommission auch Gesichtspunkte des Bedarfs umfassen darf, wenn das Immunisierungsprogramm zu einer Produktion führt, die über der notwendigen Versorgung nach Abs. 1 liegt. Wegen des besonderen Risikos für Spender dürfte eine Diskussion unter ethischen Aspekten allerdings angezeigt sein.

### 5. Anzeigepflicht

10  Die Durchführung eines Immunisierungsprogramms ist anzeigepflichtig, § 8 Abs. 2 Nr. 6. Die Anzeige richtet sich an die **zuständige Behörde**. Dies ist zum einen die Überwachungsbehörde nach den Vorschriften der Länder. In der Regel sind es die Bezirksregierungen oder die Obersten Landesbehörden in den Stadtstaaten. Zum anderen muss eine Anzeige auch an das PEI als der oberen zuständigen Bundesbehörde erfolgen. Der Gesetzgeber spricht zwar in Abs. 2 Satz 2 nur von einer zuständigen Behörde und meint nach Sinn und Zweck des Gesetzes und der überregionalen Bedeutung des Immunisierungsprogramms mit hoher Wahrscheinlichkeit nur das PEI, § 27. Die Überwachung vor Ort müssen allerdings die Landesbehörden leisten. Daher sind auch sie in das Anzeigeverfahren einzubeziehen.

### 6. Zugelassene Arzneimittel

11  Die Immunisierung soll mit **zugelassenen Arzneimitteln** erfolgen. Wird gegen die Vorschrift verstoßen, sieht das Gesetz allerdings keine Sanktion vor. In besonderen Fällen dürfen auch nicht

zugelassene Arzneimittel eingesetzt werden, soweit die Ethikkommission ein positives Votum abgibt und die Vorgaben des AMG beachtet worden sind.

### 7. Immunisierungsprotokoll

Die Durchführung der Immunisierung ist lückenlos und mit jedem Verfahrensschritt sowie jedem eingesetzten Produkt zu protokollieren, § 8 Abs. 3. Auf den Spenderschutz und den Immunisierungserfolg stellt das Gesetz besonders ab. Der Schutz der personenbezogenen Daten, Hinweis auf § 11, wird ausdrücklich angemahnt. Hinzu kommt die Verpflichtung, den Spender mit **Informationen** auszustatten. Im Bedarfsfall bei auftretenden Reaktionen oder Komplikationen muss ein nachbehandelnder Arzt die Information darüber erhalten können, welche Arzneimittel dem Spender verabreicht worden sind. Daher muss der Spender die entsprechenden Informationen möglichst in greifbarer Nähe aufbewahren.

### 8. Risikomeldung

§ 8 Abs. 4 regelt die **Risikomeldung.** Die Adressaten für eine unverzügliche Meldung sind enumerativ aufgezählt. Sie haben die Vorkehrungen zur Verhinderung weiterer Probleme insbesondere für Dritte, die an dem Immunisierungsprogramm ebenfalls teilnehmen, zu treffen. Auf das Stufenplanverfahren nach §§ 63 ff. AMG wird verwiesen. Auch in diesem Zusammenhang hat der Schutz des Spenders, vgl. § 8 Abs. 4 Satz 2, einen hohen Stellenwert. Nur Alter und Geschlecht werden weitergegeben.

## § 9 Hämatopoetische Stammzellen aus dem peripheren Blut und andere Blutbestandteile

Die für die Separation von hämatopoetischen Stammzellen aus dem peripheren Blut und von anderen Blutbestandteilen erforderliche Vorbehandlung der spendenden Personen ist nach dem Stand der medizinischen Wissenschaft durchzuführen. § 8 Abs. 2 bis 4 gilt entsprechend.

Übersicht

| | Rdn. | | Rdn. |
|---|---|---|---|
| A. Regelungszweck | 1 | I. Separation von Blutstammzellen | 2 |
| B. Tatbestand | 2 | II. Periphere Blutstammzellenspende | 3 |

### A. Regelungszweck

Die Norm befasst sich mit Spendeverfahren, die nicht durch Spenderimmunisierung angeregt werden, sondern eine **Blutzellenseparation** voraussetzen. Dabei werden aus dem Blut einzelne Bestandteile durch unterschiedliche Methoden gewonnen, während das restliche Blut im Kreislauf des Spenders verbleibt. Von besonderer medizinischer Bedeutung ist die **Blutstammzellenseparation**. Diese wenig differenzierten Zellen kommen im Knochenmark vor, sind teilungsfähig und bilden sich in verschiedene z.B. rote und weiße Blutzellen aus. Da die differenzierten, auch »reif« genannten Blutzellen nur eine Lebensdauer von wenigen Tagen haben, wird deutlich, welche Bedeutung den Blutstammzellen für die Funktionstüchtigkeit des Blutes zukommt. Es gibt Erkrankungen, die zu einer Zerstörung einzelner Blutzellen führen. Die Leukämie, der Blutkrebs weißer Blutzellen, ist die bekannteste. Blutstammzellen können in diesen Fällen helfen, nach einer chemo- oder strahlentherapeutischen Vorbehandlung ein neues, gesundes Blutsystem aufzubauen. Da für die erkrankten Patienten Spender benötigt werden, die Stammzellen spenden und dieses Gewinnungsverfahren von dem normalen Blutspendeverfahren abweicht, sind dafür spezielle Regelungen in das Gesetz aufgenommen worden.

## B. Tatbestand

### I. Separation von Blutstammzellen

2 **Separation** von Blutstammzellen bedeutet die Abtrennung von Stammzellen aus Knochenmark. Dafür bedarf es ähnlich der Spenderimmunisierung einer Vorbehandlung, die nach dem Stand der Wissenschaft zu erfolgen hat. Dafür besonders qualifizierte ärztliche Kräfte müssen fachlich geeignet und berufserfahren sei. Hier findet der § 20b Abs. 1 Satz 3 Nr. 1 AMG sinngemäß Anwendung. Bei der autologen Stammzellseparation erfolgt die Entnahme der Spende aus dem peripheren Blut des Patienten selbst unterstützt durch Medikamentengaben. Bei der allogenen Stammzelltransplantation spendet eine gesunde Person mit Zellen, die denen des Patienten sehr ähnlich sein müssen.

### II. Periphere Blutstammzellenspende

3 Bei der **Knochenmarkspende** werden den Spendern üblicherweise unter Narkose Knochenmark entnommen und daraus extern Stammzellen separiert. Bei der **peripheren Blutstammzellenspende** wird der Spender zunächst mit einem gentechnisch hergestellten Wachstumsfaktor (G-CSF) behandelt, der grippeähnliche Symptome auslösen kann. Nach dieser Vorbehandlung erfolgen die Blutentnahme und anschließend die Stammzellenseparation. Das zuletzt beschriebene Verfahren ersetzt zunehmend die Knochenmarkspende. Da die Verabreichung von Wachstumsfaktor der technischen Durchführung der Immunisierung von Spendern ähnelt, finden die Vorschriften des § 8 Abs. 2 bis 4 analog bei der Blutstammzellenspende Anwendung, § 9 Abs. 1. Zusätzlich ist für die Gewinnung von Stammzellen eine arzneimittelrechtliche **Herstellungserlaubnis** erforderlich, da es sich um einen Stoff handelt, der zu einem Arzneimittel weiterverarbeitet wird, § 13 Abs. 1 AMG.

4 Spender der allogenen Stammzellseparation sind nach § 2 Abs. 1 Nr. 13b SGB VII kraft Gesetzes **unfallversichert**. Dies gilt für das gesamte Verfahren der Blutspendenentnahme, die notwendigen Voruntersuchungen und Nachsorgemaßnahmen. Sie greift damit bei Verletzungen und Erkrankungen, die ursächlich durch den Blutspendevorgang einschließlich etwaiger Spätfolgen hervorgerufen werden und deckt den Weg zum und vom Blutspendedienst und zurück ab. Vgl. zur Diskussion über die Anwendbarkeit des § 104 Abs. 1 SGB VII Spickhoff/*Deutsch*, Medizinrecht TFG § 9 Rn. 12. Zuständige Unfallversicherungsträger folgen aus §§ 121 ff. SGB VII.

## § 10 Aufwandsentschädigung

Die Spendeentnahme soll unentgeltlich erfolgen. Der spendenden Person kann eine Aufwandsentschädigung gewährt werden, die sich an dem unmittelbaren Aufwand je nach Spendeart orientieren soll.

| Übersicht | Rdn. | | Rdn. |
|---|---|---|---|
| A. Regelungszweck | 1 | I. Aufwand | 2 |
| B. Tatbestand | 2 | II. Entschädigungshöhe | 3 |

## A. Regelungszweck

1 Das Moment der **Unentgeltlichkeit** ist bereits im Begriff der Spende enthalten. Eine Aufwandsentschädigung stellt keine Bezahlung dar. Die Vorschrift hat das Ziel, den Spendern ihren notwendigen Aufwand zu ersetzen, ihnen also keine Kosten zuzumuten, die sie ohne die Spende nicht gehabt hätten.

## B. Tatbestand

### I. Aufwand

2 Der Spender wendet Zeit und Körpermaterial auf. Er unternimmt Fahrten zum Spendeort, benötigt eine Terminorganisation, kann Verdienstausfall oder Lohnausfall haben, geht gesundheitliche

Risiken ein, auch wenn ihm eine Unfallversicherung zur Seite steht, vgl. § 9. Die Maßnahmen unterscheiden sich bei den unterschiedlichen **Spendeformen** der Blutspende, der Immunisierung oder Stammzellspende. Der Spende von speziellen Immunglobulinen geht eine »Impfung« mit den entsprechenden Antigenen voraus. Der Spenderkörper muss aktiv Antikörper gegen das Antigen bilden (aktive Impfung). Reicht die Inkubationszeit, die Zeit von der Infektion bis zum Ausbruch der Erkrankung, nicht für eine aktive Impfung aus, können gespendete und aufbereitete Antikörper, Immunglobuline, in Form einer passiven Impfung erabreicht werden. Das Gesetz will die Entschädigung am unmittelbaren Aufwand der jeweiligen Spendeart gemessen wissen.

## II. Entschädigungshöhe

Der Arbeitskreis Blut nach § 24 gibt zur Höhe der Aufwandsentschädigung Stellungnahmen ab. Nach seinem Votum 1 aus dem Jahr 1993 sollte kein höherer Betrag als 25 € gezahlt werden. In seinem Votum 25 von 2001 nannte er keinen Betrag für die Aufwandsentschädigung mehr. Das OVG Rheinland-Pfalz hielt in seinem Urt. v. 19.12.2013 – 6 A 10608/13 einen Betrag von 26 € für unschädlich. Extensives Werben um Blutspenden soll verhindert werden. Infolge des Spendenrückgangs wurde eine politische Diskussion im Jahr 2020 zur Erhöhung des Betrages erneut entfacht. § 7 Abs. 3 HWG enthält eine Werbeverbot für Blutspenden mit Aufwandsentschädigungen und finanziellen Zuwendungen. Getränke oder Imbisse bei der Entnahme von Spenden sind zulässig, haben keinen Belohnungs- oder Aufwandsentschädigungscharakter, sondern dienen der Kräftigung der Spender. Sie sind daher in angemessener Form und Umfang anzubieten.

3

## § 11 Spenderdokumentation, Datenschutz

(1) Jede Spendeentnahme und die damit verbundenen Maßnahmen sind unbeschadet ärztlicher Dokumentationspflichten für die in diesem Gesetz geregelten Zwecke, für Zwecke der ärztlichen Behandlung der spendenden Person und für Zwecke der Risikoerfassung nach dem Arzneimittelgesetz zu protokollieren. Die Aufzeichnungen sind mindestens fünfzehn Jahre, im Falle der §§ 8 und 9 mindestens zwanzig Jahre und die Angaben, die für die Rückverfolgung benötigt werden, mindestens dreißig Jahre lang aufzubewahren und zu vernichten oder zu löschen, wenn die Aufbewahrung nicht mehr erforderlich ist. Sie müssen so geordnet sein, dass ein unverzüglicher Zugriff möglich ist. Werden die Aufzeichnungen länger als dreißig Jahre nach der letzten bei der Spendeeinrichtung dokumentierten Spende desselben Spenders aufbewahrt, sind sie zu anonymisieren.

(1a) Bei hämatopoetischen Stammzellzubereitungen aus dem peripheren Blut oder aus dem Nabelschnurblut ist für die Rückverfolgung zusätzlich die eindeutige Spendennummer gemäß § 2 Nummer 21 der Arzneimittel- und Wirkstoffherstellungsverordnung zu protokollieren und aufzubewahren. Das Bundesministerium für Gesundheit wird ermächtigt, durch Rechtsverordnung, die der Zustimmung des Bundesrates bedarf, von der Verpflichtung nach Satz 1 Ausnahmen vorzusehen.

(2) Die Spendeeinrichtungen dürfen personenbezogene Daten der spendewilligen und spendenden Personen verarbeiten, soweit das für die in Absatz 1 genannten Zwecke erforderlich ist. Sie übermitteln die protokollierten Daten den zuständigen Behörden und der zuständigen Bundesoberbehörde, soweit dies zur Erfüllung der Überwachungsaufgaben nach dem Arzneimittelgesetz oder zur Verfolgung von Straftaten oder Ordnungswidrigkeiten, die im engen Zusammenhang mit der Spendeentnahme stehen, erforderlich ist. Zur Risikoerfassung nach dem Arzneimittelgesetz sind das Geburtsdatum und das Geschlecht der spendenden Person anzugeben.

| Übersicht | Rdn. | | Rdn. |
|---|---|---|---|
| A. Regelungszweck | 1 | II. Aufbewahrungsfristen | 3 |
| B. Tatbestand | 2 | III. Spendeeinrichtung | 3a |
| I. Datenmaterial | 2 | | |

## § 11 TFG Spenderdokumentation, Datenschutz

### A. Regelungszweck

1 Das Gesetz trifft für die Blutspende eigene Regelungen zur **Dokumentation** und zum **Datenschutz**, die den allgemeinen Regelungen des Bundes- und Landesrechts vorgehen. Dies gilt auch für die Bestimmungen der Gesundheitsdatenschutzgesetze der Länder. Die Vorschriften für ärztliche Dokumentationen bei Behandlungs- und Vorsorgefällen sowie die arzneimittelrechtlichen Bestimmungen bleiben unberührt. Die Vorschrift steigert die Rechtssicherheit für die Spendeeinrichtungen.

### B. Tatbestand

#### I. Datenmaterial

2 Der Gesetzgeber unterscheidet zwischen den Spenderdaten und Rückverfolgungsangaben. Unter den **Spenderdaten** versteht man neben den Angaben zur Person auch alle medizinischen Daten, die für eine Spende relevant sind. Dazu gehören Vorerkrankungen, die Ergebnisse von Tests sowie Anzahl und Daten der Spenden. Nicht dazu gehören Informationen, die keine Relevanz für Spenden besitzen, im Wesentlichen nicht gesundheitsbezogene Daten. Zu den **Rückverfolgungsdaten** gehören nur die Informationen, die notwendig sind, um einen Spender auch Jahre nach der Spende noch auffinden zu können. Wird ein Empfänger durch eine verunreinigte Spende krank, müssen Spender und ggf. weitere Empfänger schnellstmöglich aufzufinden und zu identifizieren sein. Personaldaten des Spenders und Identifikationsdaten der Spenden sind unverzichtbar. Nicht zu den Rückverfolgungsangaben gehören weitere medizinische Informationen, die für diesen Zweck nicht erforderlich sind.

#### II. Aufbewahrungsfristen

3 Das Gesetz nennt in § 11 Abs. 1 Satz 2 drei Kategorien von **Aufbewahrungsfristen**:
- a) Mindestens 15 Jahre müssen Dokumentationen über den Gesamtvorgang der Spende einschließlich der Daten der Spender, der Empfänger, des Spendenzwecks und eventueller Besonderheiten während des Spendeverfahrens aufbewahrt werden.
- b) War eine Spenderimmunisierung vorausgegangen, §§ 8, 9, verlängert sich die Aufbewahrungsfrist auf mindestens 20 Jahre.
- c) Die **Rückverfolgungsdaten** müssen unabhängig von der Spendenart mindestens 30 Jahre lang aufbewahrt werden und der unverzügliche Zugriff darauf gesichert sein. Einer der entscheidenden Hintergründe ist die Tatsache, dass sich einige durch Spenden übertragbare Erkrankungen erst nach vielen Jahren beim Empfänger manifestieren können und mit dieser langen Aufbewahrungszeit größtmögliche Sicherheit geschaffen werden soll, den Spender und weitere Empfänger identifizieren zu können. Eine **Löschungs- oder Vernichtungsverpflichtung** schließt sich an, wenn die Aufbewahrung nicht mehr erforderlich ist. Sollten von demselben Spender Dokumentationen länger als 30 Jahre in einer Einrichtung aufbewahrt werden, besteht eine **Anonymisierungspflicht**.

#### III. Spendeeinrichtung

3a Die Spendeneinrichtung ist verpflichtet, die sachgerechte **Datenhaltung und -verarbeitung** zu gewährleisten. Sie hat daher eine entsprechende Organisation aufzubauen. Eine Delegation der Aufgabe sieht das Gesetz nicht vor. Die Einrichtungen dürfen sich allerdings der notwendigen technischen Hilfsmittel bedienen. Betreibt ein Träger mehrere Spendeeinrichtungen, darf er die Daten an zentraler Stelle speichern und verarbeiten. Ein **Outsourcing** kann nicht in Betracht kommen, wenn damit die Verantwortlichkeiten nach dieser Vorschrift verlagert werden. Werden Spendeneinrichtungen aufgelöst, müssen die erhobenen Daten so weitergegeben und an Einrichtungen angedockt werden, dass die Recherchemöglichkeiten im Bedarfsfall weiterhin bestehen. Also eine Datenvernichtung kann in diesem Fall nicht in Betracht kommen.

Dem besonderen Charakter der **Stammzellzubereitungen** dient die Regelung des § 11 Abs. 2. Sie werden insbesondere bei Stammzelltransplantationen zur Leukämiebehandlung verwendet. Sie ist ferner Ausgangspunkt für neue Forschungszweige der theoretischen und klinischen Medizin wie der Hämatologie, Immunologie, Onkologie, Pathologie und Genetik. In der Transplantationsmedizin ist sie ein Gebiet der Regenerativen Medizin und wird bei autologen und allogenen Transplantationen eingesetzt. Die Vorgabe und Aufbewahrungspflicht einer Spendernummer erhöhen Sicherheit und Transparenz im Spendergeschehen. 4

## § 11a Blutdepots

Für Blutdepots der Einrichtungen der Krankenversorgung, die ausschließlich für interne Zwecke, einschließlich der Anwendung, Blutprodukte lagern und abgeben, gelten die Vorschriften des § 3 Abs. 1 Satz 1, 3 und 4, § 4 Abs. 1 Satz 1 und 2, § 7 Abs. 1 Satz 1, Abs. 2 und 4 und § 20 Abs. 2 der Arzneimittel- und Wirkstoffherstellungsverordnung sowie § 16 Abs. 2 und § 19 Abs. 3 entsprechend.

| Übersicht | Rdn. | | Rdn. |
|---|---|---|---|
| A. Regelungszweck | 1 | II. Wirtschaftsverbünde | 3 |
| B. Tatbestand | 2 | III. Unterrichtungspflichten | 4 |
| I. Lagerung | 2 | | |

### A. Regelungszweck

Die Vorschrift setzt die Richtlinie 2002/98/EG v. 27.01.2003 zu Blutspendeeinrichtungen und Blutdepots um und regelt den Umgang mit **Blutdepots**. Dabei handelt es sich um eigenständige Aufgabenträger, die bei Krankenhäusern und vergleichbaren Einrichtungen der Krankenversorgung angesiedelt sind. Für sie finden durch § 11a weitere Bestimmungen aus der Arzneimittel- und Wirkstoffherstellungsverordnung (AMWHV) Anwendung. Obwohl nicht gesondert aufgelistet, gelten die Regelungen zum Qualitätsmanagementsystem, zur guten Herstellungspraxis (GMP) und zur guten fachlichen Praxis und damit zusammenhängend Unterweisungspflichten unmittelbar. Transport und Lagerung sind beschränkt auf innerbetriebliche Vorgänge. In der Praxis werden auch Blutkonserven aus Blutdepots bei Notfällen an andere Krankenhäuser abgegeben, wenn dort ein hoher akuter Bedarf z.B. in Folge von Massenanfällen mit dem Bedarf an Transfusionen besteht. 1

### B. Tatbestand

#### I. Lagerung

Soweit Blutkonserven zwar bestellt und gelagert, aber nicht gebraucht werden, kann aus Blutdepots ein **Zwischenhandel** mit anderen Krankenhäusern entstehen. Hochpreisige Blutkonserven stellen im Verwerfungsfall verlorene Aufwendungen dar, vgl. z.B. *Hohmann-Jeddi*, Blutkonserven kürzer haltbar als gedacht, Pharmazie online 10/2013 v. 05.03.2013. Bis zu 20 % der Blutkonserven verfallen nach Angaben der StKB jährlich, http://www.stkb.de/frame.html. Es kann zu Problemen in der Kühlkettenüberwachung kommen, wenn z.B. Konserven in den Operationssaal gegeben wurden und danach wieder dem Blutdepot zugehen. Unterbrochene **Kühlketten** können das Produkt schädigen und seine weitere Verwendung aus Qualitätsaspekten ausschließen. 2

#### II. Wirtschaftsverbünde

Zunehmend schließen sich Kliniken zu **Wirtschaftsverbünden** zusammen, die arbeitsteilig vorgehen. So übernimmt eine Klinik das Labor, eine andere den Arzneimitteleinkauf und eine dritte das Blutdepot für den Verbund. Dadurch wird die Gesamtheit der beteiligten Kliniken zu einem »innerbetrieblichen« Komplex, bei dem jedoch zusätzliche Transportstrecken zwischen den Häusern entstehen. Dies macht eine besondere Kühlkettenüberwachung erforderlich. Sie ist in § 11a nicht angesprochen. Aber auch darauf finden die Hämotherapie-Richtlinien der 3

Bundesärztekammer – Richtlinien zur Gewinnung von Blut und Blutbestandteilen und zur Anwendung von Blutprodukten (Hämotherapie) – Anwendung. Für Blutdepots gilt ferner § 20 Abs. 2 AMWHV hinsichtlich der Aufbewahrungs- und Dokumentationspflichten.

### III. Unterrichtungspflichten

4  Auf die Anwendung der § 16 Abs. 2 und § 19 Abs. 3 wird besonders hingewiesen. Sie betrifft die **Unterrichtungspflichten** bei unerwünschten Reaktionen oder Nebenwirkungen, die durch die Verabreichung eines Blutproduktes entstanden sind, § 16 Abs. 2, sowie die **Zusammenarbeitspflichten** bei der Rückverfolgung von Infektionen, die durch die Verabreichung von Blutprodukten entstanden sind.

## § 12a Richtlinien zum Stand der Erkenntnisse der medizinischen und zahnmedizinischen Wissenschaft und Technik zur Gewinnung von Blut und Blutbestandteilen

(1) Die Bundesärztekammer kann den allgemein anerkannten Stand der Erkenntnisse der medizinischen Wissenschaft und Technik zur Gewinnung von Blut und Blutbestandteilen ergänzend zu den Vorschriften der Rechtsverordnung nach § 12 im Einvernehmen mit der zuständigen Bundesoberbehörde in Richtlinien feststellen. Die Bewertung des Risikos, das zu einem Ausschluss oder einer Rückstellung von bestimmten Personengruppen von der Spende führt, ist im Fall neuer medizinischer, wissenschaftlicher oder epidemiologischer Erkenntnisse zu aktualisieren und daraufhin zu überprüfen, ob der Ausschluss oder die Rückstellung noch erforderlich ist, um ein hohes Gesundheitsschutzniveau von Empfängerinnen und Empfängern von Blutspenden sicherzustellen. Bei der Erarbeitung der Richtlinien ist die angemessene Beteiligung von Sachverständigen der betroffenen Fach- und Verkehrskreise und der zuständigen Behörden von Bund und Ländern sicherzustellen. Die Richtlinien werden von der zuständigen Bundesoberbehörde im Bundesanzeiger bekannt gemacht.

(2) Die Einhaltung des Standes der Erkenntnisse der medizinischen Wissenschaft und Technik wird vermutet, wenn die Richtlinien der Bundesärztekammer nach Absatz 1 beachtet worden sind.

(3) Die Absätze 1 und 2 gelten für die Bundeszahnärztekammer im Bereich der Zahnheilkunde entsprechend.

| Übersicht | Rdn. | | Rdn. |
|---|---|---|---|
| A. Regelungszweck................. | 1 | IV. Gesetzliche Vermutung............. | 5 |
| B. Tatbestand....................... | 2 | V. Haftung........................ | 6 |
| I. Stand von Wissenschaft und Technik.. | 2 | VI. Aktualisierungspflicht............. | 7 |
| II. Bindungswirkung................ | 3 | VII. Arbeitskreis Blut................ | 8 |
| III. Leitungsverantwortung............ | 4 | | |

### A. Regelungszweck

1  Durch § 12 wird der **Bundesärztekammer** eine Richtlinienkompetenz mit hoher praktischer Relevanz übertragen. Die Ausführungen haben zum Ziel, den »allgemeinen Stand von Wissenschaft und Technik für bestimmte Bereiche« wie Personal, Auswahl der Spender, Identifizierung und Testung, Laboruntersuchungen, etc. zu formulieren. Sachverständige auf allen Ebenen sind zu beteiligen. Dazu zählen Unternehmen, Krankenkassen, Krankenhäuser sowie die zuständigen Behörden. Die »Feststellung des Standes der medizinischen Wissenschaft und Technik ist in erster Linie Aufgabe der Ärzteschaft«, (BT-Drs. 13/9594). Durch die Ergänzung der Überschrift der Norm um die zahnmedizinischen Komponenten von Wissenschaft und Technik wird die insoweit erforderliche Beteiligung besonders hervorgehoben. Die BZÄK erhält eine fakultative Feststellungsbefugnis ihrer Erkenntnisse (BT-Drs. 19/6337 v. 07.12.2018) in den Richtlinien der BÄK, § 12a Abs. 4. Die BÄK nimmt insoweit eine **Bündelungsfunktion** wahr. Sie veröffentlicht die Richtlinien nur im

Einvernehmen mit der zuständigen Bundesoberbehörde, dem Paul-Ehrlich-Institut, im Bundesanzeiger.

## B. Tatbestand

### I. Stand von Wissenschaft und Technik

Von *Bender* wird die Begrifflichkeit »Stand von Wissenschaft und Technik« in diesem Gesetz kritisiert. Er führt aus, dass diese Formulierung »veraltet« und »statisch« sei, wobei eigentlich ein dynamischer, sich laufend ändernder Standard gemeint sein müsse, *Bender*, Der Standard in der klinischen Transfusionsmedizin, MedRecht 2002, 487. Der Begriff definiert einen mindestens einzuhaltenden und sich laufend wandelnden Level, so dass darüber hinaus gehende Verbesserungen und Weiterentwicklungen immer wieder zu berücksichtigen sind. Die Diskussion über eine Festlegung des Begriffs dauern an. Derzeit kursiert in der EU die Definition der ISO 14971/2019: »Entwickeltes Stadium der technischen Möglichkeiten zu einem bestimmten Zeitpunkt, soweit Produkte, Prozesse und Dienstleistungen betroffen sind, basierend auf entsprechenden gesicherten Erkenntnissen von Wissenschaft, Technik und Erfahrung.« Wegen des laufenden Anpassungsbedarfs sollte auf eine feste Definition verzichtet werden.

Von der Spende **ausgeschlossene Personengruppen** können in ihren Persönlichkeitsrechten betroffen sein. Dies ist in der geltenden Fassung der Hämotherapierichtlinie der BÄK v. 2017, zuletzt geändert Dtsch. Ärzteblatt 116/29–30 v. 22.07.2019, berücksichtigt. Angesprochen sind »epidemiologisch begründete befristete Rückstellungen von der Blutspende für bestimmte Gruppen mit erhöhtem Risiko« (BT-Drs. 19/18967). Dieses Vorgehen ist nach der Rechtsprechung des EuGH, C-528/13 v. 29.04.2015 aus gesundheitlichen Präventionsgründen zur Verhinderung der Übertragung schwerer Infektionskrankheiten zulässig. Allerdings ist die BÄK verpflichtet, den Stand der medizinischen Wissenschaft auch insoweit nachzuhalten, als neue medizinische, wissenschaftliche und epidemiologische Erkenntnisse zu berücksichtigen sind, die eine Spende auch dieser Gruppen zulassen können.

### II. Bindungswirkung

*Hasskarl* zweifelt die Zulässigkeit einer derartig weit reichenden Aufgabenübertragung auf eine nichtbehördliche Organisation an. Er fürchtet um die Durchsetzbarkeit der Richtlinien, *Hasskarl*, Transfus Med Hemother 2005, 32.000. Insbesondere fehle die **Bindungswirkung von Richtlinien** für die Spendeneinrichtungen und ihre Ärzte. Er kann sich allenfalls vorstellen, dass die Richtlinien die Ärzte über ihre jeweiligen Landesärztekammern auf Grundlage der Kammer- und Heilberufegesetze binden, vgl. zur analogen Problematik *Prütting*, D. Die Relevanz der Empfehlungen und Entscheidungen des Bundesgesundheitsamtes, Dtsch. Ärzteblatt 1988, 3333. Nach hiesiger Auffassung werden die Richtlinien der BÄK dadurch verbindlich, dass die zuständigen Behörden diese Qualität als Prüfmaßstab für die Umsetzung des Gesetzes anlegen. Um das Problem ggf. gesetzlich zu lösen, hat der Gesetzgeber in § 12 eine Verordnungsermächtigung vorgesehen, mit der die Inhalte der Richtlinien der BÄK bei Bedarf in eine Rechtsverordnung gegossen werden können.

### III. Leitungsverantwortung

Die **Gesamtleitung** einer Spendeeinrichtung sollte aus fachlichen Gründen bei einem verantwortlichen Arzt liegen, da die in den Richtlinien vorgegebenen apparativen, personellen und materiellen Anforderungen und Standards nur durch dessen fachliche Kompetenz umgesetzt werden können. Diese Gesamtverantwortlichkeit wird im Gesetz allerdings nicht vorgeschrieben, § 4. Insofern kann die Leitungsfunktion auch mit juristischen oder natürlichen Personen ohne ärztliche Qualifikation besetzt werden.

### IV. Gesetzliche Vermutung

Immer dann, wenn die Richtlinien der BÄK eingehalten worden sind, darf vermutet werden, dass eine Maßnahme der Spendeneinrichtung nach dem Stand der medizinischen Wissenschaft und

Technik durchgeführt worden ist. Da Spendenentnahmen und der Umgang mit der Spende auch unter diesem Level liegen können, ist die Bindungswirkung, § 12a der Richtlinien, von essenzieller Bedeutung. Eine **Vermutung** kann indessen widerlegt werden. Insoweit kann der von der BÄK definierte Stand von Wissenschaft und Technik im Einzelfall auch als überholt bewiesen werden. Dies wiederum ist relevant für die Haftung des Anwenders. Soweit der Anwender sich an die Richtlinien hält, ist von der Einhaltung des Standes der Wissenschaft und Technik grundsätzlich auszugehen. Dies wirkt sich auf den Schuldvorwurf aus.

### V. Haftung

6 Die Richtlinien der BÄK sind vom Gesetz nicht für verbindlich erklärt worden. Bei einer gesetzlichen Vermutung kann der Gegenbeweis angetreten werden, dass der Stand von Wissenschaft und Technik gerade nicht durch die Richtlinien definiert worden ist. Das bedeutet, dass bei einem Schadenseintritt, der dadurch entstanden ist, dass die Richtlinien fehlerhaft waren, der Anwender sie aber korrekt umgesetzt hat, die BÄK ggf. **haftungsrechtlich** in Anspruch genommen werden kann.

### VI. Aktualisierungspflicht

7 Im Gesetz ist keine **Aktualisierungsvorgabe** für die Richtlinien der BÄK formuliert. Somit gelten sie in der jeweils letzten beschlossenen Fassung. Da die gesetzliche Definition des Standes von Wissenschaft und Technik aber damit vorgegeben wird, folgt bereits aus dieser Tatsache die Verpflichtung der BÄK, die Richtlinien regelmäßig an die sich sehr schnell und dynamisch zeigenden Veränderungsprozesse anzupassen. Die Richtlinien lösen zudem finanzielle Belastungen für die Spendeneinrichtungen aus. Der Grundsatz der Verhältnismäßigkeit muss insoweit beachtet werden.

### VII. Arbeitskreis Blut

8 Im **Arbeitskreis Blut** nach § 24 arbeiten Sachverständige zusammen und formulieren Stellungnahmen und Voten. Zwischen der BÄK und dem Arbeitskreis Blut als zwei nebeneinander agierenden Sachverständigengremien kann es zu Konflikten kommen, deren Auswirkungen unter § 24 angesprochen werden.

## § 13 Anforderungen an die Durchführung

(1) **Blutprodukte** sind nach dem Stand der medizinischen Wissenschaft und Technik anzuwenden. Es müssen die Anforderungen an die Identitätssicherung, die vorbereitenden Untersuchungen, einschließlich der vorgesehenen Testung auf Infektionsmarker und die Rückstellproben, die Technik der Anwendung sowie die Aufklärung und Einwilligung beachtet werden. Ärztliche Personen, die im Zusammenhang mit der Anwendung von Blutprodukten Laboruntersuchungen durchführen oder anfordern, müssen für diese Tätigkeiten besonders sachkundig sein. Die Anwendung von Eigenblut richtet sich auch nach den Besonderheiten dieser Blutprodukte. Die zu behandelnden Personen sind, soweit es nach dem Stand der medizinischen Wissenschaft vorgesehen ist, über die Möglichkeit der Anwendung von Eigenblut aufzuklären.

(2) Die ärztlichen Personen, die eigenverantwortlich Blutprodukte anwenden, müssen ausreichende Erfahrung in dieser Tätigkeit besitzen.

Übersicht

| | Rdn. | | Rdn. |
|---|---|---|---|
| A. Regelungszweck | 1 | III. Rückstellproben | 4 |
| B. Tatbestand | 2 | IV. Erfahrung | 5 |
| I. Eigenblutspende | 2 | V. Aufklärung, Einwilligung | 6 |
| II. Sachkunde | 3 | VI. Haftung | 7 |

## A. Regelungszweck

§ 13 wiederholt im Wesentlichen die **Qualitätsanforderungen** für die **Anwendung** von Blutprodukten, die schon für die Spendengewinnung eingeführt worden sind. Einbezogen ist die Eigenblutspende.

## B. Tatbestand

### I. Eigenblutspende

Der Anwender muss den Empfänger über die Möglichkeit einer **Eigenblutspende**, soweit medizinisch in Betracht kommend, aufklären. Eine Unterlassung ist grundsätzlich nur bei Eingriffen vertretbar, die entweder notfallmäßig erfolgen müssen oder bei denen der Patient durch »innere« Faktoren wie z.B. eine Anämie für eine Eigenblutspende nicht geeignet ist. Jede Eigenblutspende beinhaltet bei der Entnahme die gleichen Risiken wie die Blutspende für Dritte. Dazu gehören Hämatome, Kreislaufreaktionen, Infektionen und seltene Hautnervenverletzungen an der Einstichstelle. Bei der Retransfusion können unerwünschte Reaktionen bei der Verabreichung der Eigenblutspende aus den verschiedensten Ursachen entstehen. Die Eigenblutspende kann insbesondere verdorben oder durch die Herstellung so verändert sein, dass die Retransfusion beim Spender unerwartete Unverträglichkeitsreaktionen oder Infektionen auslösen kann.

### II. Sachkunde

Der Begriff **Sachkunde** findet sich in Abs. 1 als Anforderung für die ärztlichen Personen, die Laboruntersuchungen durchführen. Das bedeutet, dass eine weitere Qualifikation vorausgesetzt wird als Approbation und Berufserlaubnis sie gewähren. Die insoweit Tätigen müssen eine qualifizierte Weiterbildung abgeschlossen haben. Denn die im Unterschied zu Erfahrung und Übung muss eine besondere Sachkunde nachgewiesen und festgestellt werden. Dies erfolgt durch die Qualifizierungsmaßnahme und eine Prüfung. Eine Fortbildung oder Einweisung ohne standardisiertes Verfahren reicht nicht aus. Im Unterschied zu den Anforderungen nach dem Stand der medizinischen Wissenschaft verlangt der Gesetzgeber vorliegend die besondere Sachkunde, so dass die Facharztqualifikation gefordert ist und nicht mehr nur der Facharztstandard.

### III. Rückstellproben

Unter einer **Rückstellprobe** versteht man eine lagerfähige Serum- bzw. Plasmaprobe aus Spenden, die für Rückverfolgungsmaßnamen fachgerecht aufbewahrt werden muss. In der »Richtlinien zur Gewinnung von Blut und Blutbestandteilen und zur Anwendung von Blutprodukten (Hämotherapie)« der Bundesärztekammer für Nachuntersuchungsproben wird festgelegt, dass die Hersteller von Blutkomponenten – außer bei Eigenblut – Rückstellproben ein Jahr über die Laufzeit hinaus aufbewahren müssen und weitere Hinweise des Arbeitskreises Blut zu beachten haben. Es dürfen die in § 14 eröffneten Möglichkeiten der Datenerhebung und -verarbeitung genutzt werden, die für die Funktionsfähigkeit des Betriebes und zur Erfüllung der Meldepflichten notwendig sind. Sie gehen damit spezialgesetzlich über den engen Rahmen des Bundesdatenschutzgesetz (BDSG) hinaus. Auch die Datenschutzgrundverordnung (DSGVO) ist in diesem Kontext zu beachten. Insoweit ändern sich zunächst Begrifflichkeiten wie »Verantwortlicher«, »personenbezogene Daten«, die eine neue Definition erfahren haben.

### IV. Erfahrung

Die in Abs. 2 verlangte **Erfahrung** der ärztlichen Person kann durch Unterweisung in die Anwendung von Blutprodukten erlangt werden. Dabei müssen eine Übung, Wiederholung und Überwachung der Tätigkeit erfolgen. Am besten wird eine schriftliche Bescheinigung eines erfahrenen Arztes eingeholt. Erfahrung kann auch dann gegeben sein, wenn der Arzt schon länger auf einer Station arbeitet, auf der regelmäßig Blutkonserven verabreicht werden. Die Einweisung und Überwachung sollen entsprechend der Hämotherapie -Richtlinie der BÄK, Kapitel 1, Abschnitt 1.6., erfolgen. Von einer ausreichenden Erfahrung kann z.B. ausgegangen werden, wenn in einem Zeitraum von 2 Monaten bei etwa 20 Patienten Blutkonserven einschließlich des dafür erforderlichen Vorabtests (**Bedside-Tests**) verabreicht worden sind.

### V. Aufklärung, Einwilligung

6 Die **Aufklärung** bei der Anwendung von Blutprodukten umfasst ein breites Spektrum, das allerdings in der Norm nicht vollinhaltlich erfasst wird. Die in § 13 Abs. 1 genannten Parameter sind mindestens in das Aufklärungsgespräch einzubeziehen, um den Aufklärungsrahmen zu definieren. Dazu gehören die Identitätssicherung, die notwendigen vorbereitenden Untersuchungen, Testungen auf Infektionsmarker, Rückstellproben, Anwendungstechniken bei der Blutkonservengabe, Art der Dokumentation, Aufbewahrungszeiten, Information und Beratung über Eigenblut- oder Fremdblutspenden, ihre Vor- und Nachteile, Risiken, Verhalten bei Komplikationen. Es ist nicht Aufgabe des Aufklärungsgesprächs, Daten von Spendern preiszugeben. Insofern hat allerdings der Empfänger das Interesse, dass der Zugriff auf die Spenderdaten unverzüglich erfolgen kann. Ihm liegt an einer entsprechend ausgefeilten Organisation der Dokumentation. Das Aufklärungsgespräch ist so offen zu führen, dass dem Empfänger der Spende die Entscheidungsfreiheit der Annahme oder Ablehnung, der Wahl der Eigen- oder Fremdspende, soweit medizinisch machbar, bleibt.

### VI. Haftung

7 Die **Anwendung** der **Eigenblutspende** löst keinen Versicherungsfall nach Unfallversicherungsrecht gem. § 2 Abs. 1 Nr. 13b SGB VII aus. Insoweit sind nur Spender im Drittinteresse geschützt. Eigenblut stellt ein Arzneimittel dar, BGH Urt. v. 11.06.1997 – 3 B 130.6, zu dessen Herstellung es grundsätzlich einer Erlaubnis nach § 13 Abs. 1 AMG bedarf. Dies gilt nach § 13 Abs. 1, Abs. 2b Satz 1 AMG dann nicht, wenn der die Eigenblutspende entnehmende Arzt sie im Rahmen seiner Heilbehandlung wieder einsetzt. Wird die Eigenblutspende auf der Krankenhausstation oder in der Krankenhausapotheke gelagert und von einem anderen als dem die Spende gewinnenden Arzt dem Patienten wieder appliziert, greift der Befreiungstatbestand nicht. Die Eigenblutherstellung ist erlaubnispflichtig. Allerdings bleibt die Einstufung der Eigenblutspende als Arzneimittel nach § 2 AMG und nicht als zulassungspflichtiges Fertigarzneimittel i.S.d. §§ 4 Abs. 1, 22 Abs. 1 AMG bestehen. Damit findet die Gefährdungshaftung des § 84 AMG als Unternehmerhaftung keine Anwendung. Ein Schadensersatzanspruch kann nach § 823 Abs. 1 BGB in Betracht kommen, wenn die Anwendung der Eigenblutspende vorsätzlich oder fahrlässig bei der verfahrenstechnischen Anwendung der Eigenblutspende oder der Verwendung einer unbrauchbar gewordenen Spende schuldhaft die Gesundheit des Empfängers schädigt. Ein Schadensersatzanspruch kann auch nach § 823 Abs. 2 BGB i.V.m. § 12a Abs. 1 Satz 1 geltend gemacht werden, wenn unter Missachtung der Hämotherapierichtlinien, die durch das Schutzgesetz des § 12a für die Anwendung der Eigenblutspende verbindlich geworden sind, schuldhaft Gesundheitsschäden verursacht worden sind.

### § 14 Dokumentation, Datenschutz

(1) Die behandelnde ärztliche Person hat jede Anwendung von Blutprodukten und von Arzneimitteln zur spezifischen Therapie von Gerinnungsstörungen bei Hämophilie für die in diesem Gesetz geregelten Zwecke, für Zwecke der ärztlichen Behandlung der von der Anwendung betroffenen Personen und für Zwecke der Risikoerfassung nach dem Arzneimittelgesetz zu dokumentieren oder dokumentieren zu lassen. Die Dokumentation hat die Aufklärung und die Einwilligungserklärungen, das Ergebnis der Blutgruppenbestimmung, soweit die Blutprodukte blutgruppenspezifisch angewendet werden, die durchgeführten Untersuchungen sowie die Darstellung von Wirkungen und unerwünschten Ereignissen zu umfassen.

(2) Angewendete Blutprodukte und Arzneimittel zur spezifischen Therapie von Gerinnungsstörungen bei Hämophilie sind von der behandelnden ärztlichen Person oder unter ihrer Verantwortung mit folgenden Angaben unverzüglich zu dokumentieren:

1. Patientenidentifikationsnummer oder entsprechende eindeutige Angaben zu der zu behandelnden Person, wie Name, Vorname, Geburtsdatum und Adresse,
2. Chargenbezeichnung,
3. Pharmazentralnummer oder
   – Bezeichnung des Präparates
   – Name oder Firma des pharmazeutischen Unternehmers
   – Menge und Stärke,
4. Datum und Uhrzeit der Anwendung.

Bei hämatopoetischen Stammzellzubereitungen aus dem peripheren Blut oder aus dem Nabelschnurblut sind mindestens die Angaben nach Anhang VI Teil B der Richtlinie 2006/86/EG der Kommission vom 24. Oktober 2006 zur Umsetzung der Richtlinie 2004/23/EG des Europäischen Parlaments und des Rates hinsichtlich der Anforderungen an die Rückverfolgbarkeit, der Meldung schwerwiegender Zwischenfälle und unerwünschter Reaktionen sowie bestimmter technischer Anforderungen an die Kodierung, Verarbeitung, Konservierung, Lagerung und Verteilung von menschlichen Geweben und Zellen (ABl. L 294 vom 25.10.2006, S. 32), die zuletzt durch die Richtlinie (EU) 2015/565 (ABl. L 93 vom 9.4.2015, S. 43) geändert worden ist, in der jeweils geltenden Fassung zu dokumentieren. Bei Eigenblut sind diese Vorschriften sinngemäß anzuwenden. Die Einrichtung der Krankenversorgung (Krankenhaus, andere ärztliche Einrichtung, die Personen behandelt) hat sicherzustellen, dass die Daten der Dokumentation patienten- und produktbezogen genutzt werden können.

(2a) Erfolgt die Anwendung von Arzneimitteln zur spezifischen Therapie von Gerinnungsstörungen bei Hämophilie durch den Patienten im Rahmen der Heimselbstbehandlung, nimmt dieser die Dokumentation entsprechend den Absätzen 1 und 2 vor. Die ärztliche Person, die diesen Patienten wegen Hämostasestörungen dauerhaft behandelt (hämophiliebehandelnde ärztliche Person), hat die Dokumentation des Patienten mindestens einmal jährlich auf Schlüssigkeit und Vollständigkeit hin zu überprüfen und in die eigene Dokumentation zu übernehmen.

(3) Die Aufzeichnungen, einschließlich der EDV-erfassten Daten, müssen mindestens fünfzehn Jahre, die Daten nach Absatz 2 mindestens dreißig Jahre lang aufbewahrt werden. Sie müssen zu Zwecken der Rückverfolgung unverzüglich verfügbar sein. Die Aufzeichnungen sind zu vernichten oder zu löschen, wenn eine Aufbewahrung nicht mehr erforderlich ist. Werden die Aufzeichnungen länger als dreißig Jahre aufbewahrt, sind sie zu anonymisieren.

(3a) Die Einrichtungen der Krankenversorgung, die behandlungsbedürftige Hämophiliepatienten zeitlich begrenzt im Rahmen eines stationären oder ambulanten Aufenthalts behandeln, übermitteln der hämophiliebehandelnden ärztlichen Person Angaben über den Anlass der Behandlung mit Blutprodukten und Arzneimitteln zur spezifischen Therapie von Gerinnungsstörungen bei Hämophilie sowie ihre Dokumentation nach Absatz 2.

(4) Die Einrichtungen der Krankenversorgung dürfen personenbezogene Daten der zu behandelnden Personen verarbeiten, soweit das für die in den Absätzen 1 und 2a genannten Zwecke erforderlich ist. Sie übermitteln die dokumentierten Daten den zuständigen Behörden, soweit dies zur Verfolgung von Straftaten, die im engen Zusammenhang mit der Anwendung von Blutprodukten stehen, erforderlich ist. Zur Risikoerfassung nach dem Arzneimittelgesetz sind das Geburtsdatum und das Geschlecht der zu behandelnden Person anzugeben.

| Übersicht | Rdn. | | Rdn. |
|---|---|---|---|
| A. Regelungszweck | 1 | II. Qualitätssicherung | 3 |
| B. Tatbestand | 1a | III. Aufbewahrungspflichten | 4 |
| I. Fehltransfusionen | 1a | IV. Praxisbestand | 5 |

## § 14 TFG Dokumentation, Datenschutz

### A. Regelungszweck

1 Festgelegt wird eine umfassende **Dokumentationspflicht** der Gesamtbehandlung und Aufklärung der **Risikoerfassung**. §§ 62 bis 63c AMG, Beobachtung, Sammlung und Auswertung von Arzneimittelrisiken, behalten ihre Bedeutung. Auf dieser Grundlage werden auch die besonderen europäischen Regelungen für die Gewinnung und Anwendung hämatopoetischer Stammzellen aus dem peripheren Blut oder aus dem Nabelschnurblut umgesetzt. Analoges gilt für Eigenblutzubereitungen.

### B. Tatbestand
#### I. Fehltransfusionen

1a Die Konkretisierung, wer im Risikofall zu beteiligen ist und welche Arten von Ereignissen zur Risikoerfassung gehören, wird in § 63 AMG geregelt. Dort wird auf einen **Stufenplan** in Form einer Allgemeinen Verwaltungsvorschrift v. 09.02.2005 (BAnz. 2015 S. 2383) abgestellt.

1b **Gentechnisch** hergestellte Plasmaproteine zur Behandlung von Hämostatsstörungen sind von der Vorschrift ebenfalls erfasst. Dies gilt auch für gentechnisch hergestellte Blutgerinnungsfaktorenpräparate wie z.B. zur Hemmkörperbildung. Biologische Produkte können Zukunftsrisiken auslösen.

1c Die **Dokumentationspflichten** folgen bereits aus dem ärztlichen Berufsrecht, § 10 MBOÄ, sind aber für die Risikodokumentation im Transfusionswesen zusätzlich explizit formuliert worden.

2 In Art. 1 Nr. 3.3 des Stufenplans werden der **Missbrauch und Fehlgebrauch** als Arzneimittelrisiken genannt, über die sich die Beteiligten gegenseitig zu unterrichten haben. Zu den unerwünschten Ereignissen zählen nicht nur Nebenwirkungen, die sich auch bei sachgerechter und blutgruppenspezifischer Anwendung ergeben, sondern auch die Ereignisse, die sich bei unsachgemäßer Anwendung der Blutprodukte und gentechnisch hergestellter Plasmaproteine zeigen. Insbesondere gehören dazu auch die gefürchteten **Verwechslungen** von blutgruppenspezifischen Blutprodukten, die zu schweren Gesundheitsstörungen bis hin zum Tode führen können und die als Fehlgebrauch i.S.d. Art. 1 Nr. 3.3. der Verwaltungsvorschrift einzustufen sind. Allerdings besteht hinsichtlich der Unterrichtungspflichten über Fehltransfusionen gegenüber den zuständigen Behörden ein durch das Gesetz ausgelöstes Problem. In Abs. 4 wird nämlich die Weitergabe der Daten zu den gemäß Abs. 1 dokumentierten unerwünschten Ereignissen eingeschränkt. Diese dürfen nur den Behörden übermittelt werden, die eine Verfolgung von Straftaten im engen Zusammenhang mit Blutprodukten durchführen. Dieser Verpflichtung bedarf es eigentlich schon deshalb nicht, weil Behörden, die strafrechtliche Ermittlungen durchführen, diese Einsicht durch Beschlagnahmung der Unterlagen gewinnen können.

2a Eine **Meldepflicht** unerwünschter Ereignisse an die Überwachungsbehörden wurde nicht eingeführt. Lediglich **schwerwiegende unerwünschte Ereignisse** sind gemäß § 16 Abs. 2 der zuständigen Bundesbehörde bekannt zu geben. Betroffene Institutionen bzw. Personen müssen zwar keine Selbstanzeige vornehmen, es fehlt aber an einem flächendeckenden Schutz der Meldeverpflichtungen. Das bedeutet, dass gerade die unerwünschten Ereignisse – vergleichbar mit »Unfällen« – einer Untersuchung nicht zugänglich gemacht werden müssen, obwohl diese für die Sicherheit bei der Anwendung von Blutprodukten ganz besonders bedeutsam sind. Somit bleibt unbekannt, wie oft derartige Ereignisse auftreten und welche möglicherweise gemeinsamen Ursachen diesen zugrunde liegen. In diesem Sinne ist auch die Hämotherapie-Richtlinie der Bundesärztekammer in Kap. 1.7 (Meldewesen) entschärft, die in Umsetzung des § 16, Unterrichtungspflichten dahingehend festlegt, dass »unerwünschte Ereignisse – auch Fehltransfusionen« nur »einrichtungsintern« zu melden sind. Gleichermaßen läuft § 25 ins Leere, in dem die zuständigen Behörden des Bundes und der Länder verpflichtet werden, sich gegenseitig schon bei **Verdachtsfällen** schwerwiegender oder unerwünschter Reaktionen oder Nebenwirkungen von Blutprodukten »unverzüglich« zu informieren. Die Informationen zu Fehltransfusionen kommen dort nicht an.

Die Einfügung der Dokumentationspflicht für die Anwendung von Gerinnungsfaktorenzubereitungen durch den Hämophiliepatienten bei der **Heimselbstbehandlung** ist naturgemäß eine laienhafte Dokumentation, die durch Formularvorgaben erleichtert werden kann. Eine regelmäßig ärztliche Kontrolle auf Schlüssigkeit und Vollständigkeit ist unabdingbar. Sie dient zudem der Vervollständigung der zwingenden ärztlichen Dokumentation. Der Behandler darf sich nicht auf die Dokumentationsumsetzung des Patienten verlassen und muss ihn dabei begleiten. Sonst verstößt er gegen seine eigenen Dokumentationspflichten.

Die **Kommunikation** zwischen stationären Einrichtungen und der ambulanten Versorgung beziehen sich auch auf die Dokumentation, die insoweit auszutauschen ist. Angaben über den Behandlungsanlass sind einzubeziehen.

## II. Qualitätssicherung

In der Organisation und Durchführung von **Qualitätssicherungsmaßnahmen** in den medizinischen Gebieten, in denen hohe Gefahren z.B. durch Verwechslungen drohen wie im Transfusionswesen, befindet man sich noch nicht auf bestem Stand. Im Gegensatz dazu hat die Luftfahrt mit ihrem Flugunfalluntersuchungsgesetz (FlUUG) v. 26. August 1998 (BGBl. I S. 2470), zuletzt geändert durch Art. 153 des Gesetzes v. 20.11.2019 (BGBl. I S. 1626), das in der in Umsetzung der EU Richtlinie 94/56/EG geschaffen wurde, einen besseren Standard erreicht. Nach § 3 Abs. 1 und 2 FlUUG sind Unfälle und Störungen zu dem ausschließlichen Zweck zu untersuchen, nach Möglichkeit die Ursachen aufzuklären. Ziel ist es, künftige Unfälle und Störungen zu verhüten. Damit soll nicht das Verschulden festgestellt, die Haftung geklärt oder Ansprüche untermauert werden. Mit der Regelung konnte in der Luftfahrt die gesetzliche Basis einer »**Fehlerkultur**« geschaffen werden, die von einer reinen Schuldbetrachtung losgelöst ist. Dieser Paradigmenwechsel hin zu einer Fehlerkultur wird immer wieder für die Medizin gefordert (*Haller et al.*, Gynäkologischgeburtshilfliche Rundschau, 45: 147–160; 2005, *Lechleuthner*, Ärztl. Fortbildung und Qualitätssicherung. 95, 463–467; 2001). Dem FlUUG liegt die Philosophie der »maximalen Sicherheit« zugrunde. Sie geht auf das Abkommen von Chicago aus dem Jahr 1944 zurück, das am 07.12.1944 von zahlreichen Staaten unterzeichnet wurde. Es bildet die völkerrechtliche Basis der ICAO, International Civil Aviation Organization, einer Unterorganisation der Vereinten Nationen. Sie gibt regelmäßig Standards und Empfehlungen heraus, die der Sicherheit in der Luftfahrt dienen und die von den Mitgliedsstaaten umgesetzt werden.

## III. Aufbewahrungspflichten

Bezüglich der **Aufbewahrungspflichten** ist zu beachten, dass für die Behandlungsdokumentation eine 15-jährige Aufbewahrungsfrist unabhängig von der Dokumentationsart gilt. Für die Aufzeichnungen der spezifischen Therapie von Gerinnungsstörungen bei Hämophilie in Heimselbstbehandlung ist eine mindestens 30-jährige Aufbewahrung zu gewährleisten, die bei Überschreiten der Frist zu anonymisieren ist. Zur Rückverfolgung bei der Risikoerfassung empfiehlt es sich dringend, in den Arztpraxen und Apotheken, die an Patienten angewendeten oder abgegebenen Blutproduktezubereitungen nach Produktnamen zu dokumentieren und nicht nach Datum der Abgabe. Das leider häufig verwendete Ordnungsprinzip nach Datum erschwert die Rückverfolgbarkeit erheblich, weil die entstehenden Listen im Laufe der möglichen dreißig Jahre unübersehbar lang werden.

## IV. Praxisbestand

In Apotheken an den Patienten auf Rezept abgegebene Blutproduktezubereitungen werden häufig nicht für diesen selbst verwendet, sondern dienen lediglich zum **Auffüllen des Praxisbestandes**, da der Patient das Blutprodukt einer anderen Charge bereits in der Praxis erhalten hat. Das Rezept dient lediglich der patientenbezogenen Abrechnung gegenüber der Krankenkasse. Somit entsteht durch die in § 17 ApoBetrO festgelegte Dokumentationspflicht ein systematischer **Dokumentationsfehler**. In der Apotheke wird eine definierte Chargennummer mit einem anderen Patientennamen zusammen dokumentiert als bei der ärztlichen Dokumentation, deren Dokumentationspflicht

## § 15 TFG  Qualitätssicherung

sich aus § 14 Abs. 2 ergibt. Insofern kann die Dokumentationspflicht des Patientennamens in der Apotheke entfallen, sodass für die Rückverfolgung lediglich die ausreichende Chargennummer herangezogen wird.

6 Nach der europäischen **Datenschutzgrundverordnung**, die durch das Gesetz zur Anpassung des Datenschutzrechts an die Verordnung (EU) 2016/679 und zur Umsetzung der Richtlinie (EU) 2016/680 (Datenschutz-Anpassungs- und -Umsetzungsgesetz EU – DSAnpUG-EU) v. 30.06.2017 (BGBl. I S. 2097) in deutsches Recht übernommen worden ist, hat sich auch das Transfusionsrecht zu richten. Ziel der Regelungen ist die Wahrung berechtigter Interessen sowohl handelnder Unternehmen als auch datenschutzrechtlicher Rechtsinhaber. Betroffene sollen darüber selbst entscheiden, welche personenbezogenen Daten verarbeitet werden dürfen. Dies betrifft z.B. auch die Information über Blutspenden, die der Nutzer bei Online-Diensten abruft. Das Einverständnis für die Erhebung muss gesondert bei dem Besuch von Webseiten erfragt, die erhobenen Daten in angemessener Zeit gelöscht werden. Das Unternehmen hat mitzuteilen, mit welchen Partnern es arbeitet, ob es die Daten selbst sammelt oder weitergibt. Des Weiteren muss es über die Rechte des Nutzers im Hinblick auf seine Daten informieren. Alle Informationen müssen transparent, verständlich und leicht zugänglich beim genutzten Medium zur Verfügung stehen.

## § 15 Qualitätssicherung

(1) Einrichtungen der Krankenversorgung, die Blutprodukte anwenden, haben ein System der Qualitätssicherung für die Anwendung von Blutprodukten nach dem Stand der medizinischen Wissenschaft und Technik einzurichten. Sie haben eine ärztliche Person zu bestellen, die für die transfusionsmedizinischen Aufgaben verantwortlich und mit den dafür erforderlichen Kompetenzen ausgestattet ist (transfusionsverantwortliche Person). Sie haben zusätzlich für jede Behandlungseinheit, in der Blutprodukte angewendet werden, eine ärztliche Person zu bestellen, die in der Krankenversorgung tätig ist und über transfusionsmedizinische Grundkenntnisse und Erfahrungen verfügt (transfusionsbeauftragte Person). Hat die Einrichtung der Krankenversorgung eine Spendeeinrichtung oder ein Institut für Transfusionsmedizin oder handelt es sich um eine Einrichtung der Krankenversorgung mit Akutversorgung, so ist zusätzlich eine Kommission für transfusionsmedizinische Angelegenheiten (Transfusionskommission) zu bilden.

(2) Im Rahmen des Qualitätssicherungssystems sind die Qualifikation und die Aufgaben der Personen, die im engen Zusammenhang mit der Anwendung von Blutprodukten tätig sind, festzulegen. Zusätzlich sind die Grundsätze für die patientenbezogene Qualitätssicherung der Anwendung von Blutprodukten, insbesondere der Dokumentation, einschließlich der Dokumentation der Indikation zur Anwendung von Blutprodukten und Arzneimitteln zur spezifischen Therapie von Gerinnungsstörungen bei Hämophilie, und des fachübergreifenden Informationsaustausches, die Überwachung der Anwendung, die anwendungsbezogenen Wirkungen, Nebenwirkungen und unerwünschten Reaktionen und zusätzlich erforderliche therapeutische Maßnahmen festzulegen.

| Übersicht | Rdn. | | Rdn. |
|---|---|---|---|
| A. Regelungszweck | 1 | IV. Ergebnisqualität | 5 |
| B. Tatbestand | 2 | V. Dokumentationseinschränkungen | 6 |
| I. Qualitätssicherungsmaßnahmen | 2 | VI. Transfusionsverantwortliche Personen | 7 |
| II. Strukturqualität | 3 | VII. Transfusionsbeauftragte Personen | 9 |
| III. Prozessqualität | 4 | VIII. Transfusionskommission | 11 |

### A. Regelungszweck

1 Die Einrichtungen der Krankenversorgung, die Blutprodukte anwenden, werden zur Etablierung eines Qualitätssicherungssystems für die Anwendung von Blutprodukten mit mehreren Qualifikationsstufen verpflichtet.

## B. Tatbestand

### I. Qualitätssicherungsmaßnahmen

In der Medizin hat sich seit den 70er Jahren das Konzept von *Donabedian* durchgesetzt, die **Qualitätssicherungsmaßnahmen** in drei Dimensionen einzuteilen, in Strukturqualität (Input), Prozessqualität (Output) und Ergebnisqualität (Outcome), *Donabedian*, An introduction to quality assurance in health care.

### II. Strukturqualität

Die in § 15 Abs. 1 vorgeschriebene Maßnahmen werden dem Bereich der **Strukturqualität** zugeordnet. Dazu zählt die Bestimmung der ärztlichen Personen, die als Transfusionsverantwortliche und Transfusionsbeauftragte tätig werden, und die als Mitglieder der Transfusionskommissionen handeln. Ebenso fallen die nach § 15 Abs. 2 festzulegenden Qualifikationen der Personen, die Blutprodukte anwenden, in den Bereich der Strukturqualität.

### III. Prozessqualität

Die Festlegungen in § 15 Abs. 2 zur Anwendung der Dokumentation, also die Dokumentation der Tätigkeiten, der Indikationen, des fachübergreifenden Informationsaustausches, die Überwachung der Anwendung, die Dokumentation der anwendungsbezogenen Wirkungen und Nebenwirkungen sowie die Festlegung der zusätzlichen erforderlichen therapeutischen Maßnahmen gehören zum Bereich der **Prozessqualität**.

### IV. Ergebnisqualität

Eine Vorschrift zur **Ergebnisqualität**, dem Outcome, fehlt. Neben § 15 müssen die Einrichtungen der Krankenversorgung i.S.d. § 15 Abs. 1, die auch GKV-Patienten behandeln, wozu nahezu alle Einrichtungen zählen, und die eine Zulassung nach § 108 SGB V besitzen, also Krankenhäuser sind, nach § 137 SGB V ein sehr umfangreiches Qualitätsmanagementsystem besitzen. Dieses System umfasst sehr viel weiter gehende Aspekte als die Regelungen dieses Gesetzes. Insbesondere mit Verweis auf § 135a Abs. 2 SGB V müssen die Einrichtungen sich an übergreifenden Qualitätssicherungen beteiligen, die insbesondere das Ziel haben, die Ergebnisqualität zu verbessern. Damit wird dort die im TFG fehlende dritte Qualitätsdimension, die Ergebnisqualität angesprochen und in ein umfassendes Qualitätsmanagementsystem aufgenommen.

### V. Dokumentationseinschränkungen

Die in § 15 Abs. 2 vorgeschriebene **Dokumentation** der anwendungsbezogenen Wirkungen und Nebenwirkungen sowie der zusätzlich erforderlichen therapeutischen Maßnahmen wirken insofern **einschränkend**, als die nicht anwendungsbezogenen Nebenwirkungen, z.B. die aus Verwechslungen entstandenen, nicht dokumentiert werden müssen, vgl. zur Problematik oben § 14.

### VI. Transfusionsverantwortliche Personen

Die Aufgaben und Verantwortlichkeiten der **transfusionsverantwortlichen Person** sind in den »Richtlinien zur Gewinnung von Blut und Blutbestandteilen und zur Anwendung von Blutprodukten (Hämotherapie)« der BÄK in der Fassung v. 17.02.2017, Kap. 6.2.2, zuletzt geändert am 17.05.2019, konkretisiert. Demnach wird üblicherweise die leitende ärztliche Person der Spendeeinrichtung in entsprechend ausgestatteten Krankenhäusern als Transfusionsverantwortliche bestellt. Sie übernimmt die Verantwortung für das gesamte Transfusionsgeschehen einer Einrichtung. Dazu benötigt sie entsprechende Kompetenzen, die sich in Weisungsbefugnissen gegenüber ärztlichen und nichtärztlichen Beschäftigten ausdrücken können. Diese müssen von der Einrichtungsleitung übertragen werden. Die Transfusionsverantwortlichen müssen zwar transfusionsmedizinisch qualifiziert sein und sollten über hämostaseologische Grundkenntnisse verfügen, sie müssen aber nicht zwangsläufig z.B. im laufenden Krankenhausgeschehen aktiv sein. Es kann sich auch um externe Fachärzte handeln.

8 Die transfusionsverantwortliche Person hat vielfältige **Aufgaben** und ist es, die die Einhaltung der einschlägigen Gesetze, Verordnungen, Richtlinien, Leitlinien und Empfehlungen sicherzustellen hat. Sie muss eine einheitliche Organisation bei der Vorbereitung und Durchführung von hämotherapeutischen Maßnahmen gewährleisten. Das Qualitätssicherungssystem ist fortzuentwickeln. Sie sorgt für die qualitätsgesicherte Bereitstellung der Blutprodukte, ist konsiliarisch bei der Behandlung der Patienten mit Blutprodukten tätig und leitet ggf. die Transfusionskommission. Diese und weitere Konkretisierungen finden sich in der o.g. Richtlinie der BÄK.

8a Soweit bei der Bestellung keine **Haftungsregelungen** getroffen wurden, haftet im Außenverhältnis die Anstellungseinrichtung bei Schäden, die durch Fehler oder Pflichtverletzung der transfusionsverantwortlichen Personen entstehen. Im Innenverhältnis kann die Einrichtung diese unter bestimmten, im jeweiligen Einzelfall zu klärenden Umständen in Regress nehmen.

### VII. Transfusionsbeauftragte Personen

9 **Transfusionsbeauftragte** werden zusätzlich zu den Transfusionsverantwortlichen bestellt und zwar pro Behandlungseinheit eines Krankenhauses oder sonstigen Einrichtung, die Blutprodukte anwendet. Damit erfüllt sie die Funktion der Anwendungsbeobachtung. Die erkennbaren Fehlabläufe oder Risiken muss sie zur Verbesserung der Behandlung aufgreifen und Lösungen zuführen. Systematische Fehler sollen erkannt und abgestellt werden.

10 Als Transfusionsbeauftragter muss ein **Arzt** bestellt werden, der in der Krankenversorgung tätig und transfusionsmedizinisch **qualifiziert** ist. Er muss über eine entsprechende Erfahrung und sollte über hämostaseologische Grundkenntnisse verfügen. Eine umfangreiche Aufgaben- und Pflichtenbeschreibung wird in den »Richtlinien zur Gewinnung von Blut und Blutbestandteilen und zur Anwendung von Blutprodukten (Hämotherapie)« der BÄK in der Fassung v. 17.02.2017, Kap. 6.4.1.3.3, zuletzt geändert am 17.05.2019, gegeben. Zu den Haftungsfragen wird auf Rdn. 8a verwiesen.

### VIII. Transfusionskommission

11 Die **Transfusionskommission** ist erforderlich in akut versorgenden Krankenhäusern oder sonstigen vergleichbaren Einrichtungen der Krankenversorgung, die Spendeeinrichtungen darstellen oder ein Institut für Transfusionsmedizin vorhalten. Federführung hat der Transfusionsverantwortliche. Der Kommission gehören Ärzte der verschiedenen Kliniken an, i.d.R. die Transfusionsbeauftragten, Krankenhausapotheker, ein Vertreter der Krankenpflegeleitung, die leitende MTA des blutgruppenserologischen Labors sowie ein Vertreter der Geschäftsführung. Soweit ein Blutspendedienst betrieben wird, gehören auch dessen sachkundige Personen und ärztliche Leitung dazu. Variationsmöglichkeiten in der Zusammensetzung sind gegeben. Aufgaben bestehen in der Erarbeitung von praktischen Vorgaben für die Sicherstellung der Einhaltung und Umsetzung von relevanten Gesetzen. Dies sind vor allem das Transfusions- und das Arzneimittelgesetz. Die Transfusionskommission hat auch mit der Arzneimittelkommission und dem fachübergreifenden Qualitätsmanagementsystem zusammenzuarbeiten.

### § 16 Unterrichtungspflichten

(1) Treten im Zusammenhang mit der Anwendung von Blutprodukten und Arzneimitteln zur spezifischen Therapie von Gerinnungsstörungen bei Hämophilie unerwünschte Ereignisse auf, hat die behandelnde ärztliche Person unverzüglich die notwendigen Maßnahmen zu ergreifen. Sie unterrichtet die transfusionsbeauftragte und die transfusionsverantwortliche Person oder die sonst nach dem Qualitätssicherungssystem der Einrichtung der Krankenversorgung zu unterrichtenden Personen.

(2) Im Falle des Verdachts der unerwünschten Reaktion oder Nebenwirkung eines Blutproduktes ist unverzüglich der pharmazeutische Unternehmer und im Falle des Verdachts einer schwerwiegenden unerwünschten Reaktion oder Nebenwirkung eines Blutproduktes und eines Arzneimittels zur spezifischen Therapie von Gerinnungsstörungen bei Hämophilie zusätzlich die zuständige Bundesoberbehörde zu unterrichten. Die Unterrichtung muss alle notwendigen Angaben wie Bezeichnung des Produktes, Name oder Firma des pharmazeutischen Unternehmers, die Chargenbezeichnung und, sofern vorhanden, den Einheitlichen Europäischen Code gemäß § 4 Absatz 30a des Arzneimittelgesetzes enthalten. Von der Person, bei der der Verdacht auf die unerwünschten Reaktionen oder Nebenwirkungen aufgetreten ist, sind das Geburtsdatum und das Geschlecht anzugeben.

(3) Die berufsrechtlichen Mitteilungspflichten bleiben unberührt.

| Übersicht | Rdn. | | Rdn. |
|---|---|---|---|
| A. Regelungszweck | 1 | I. Sonstige zu unterrichtende Personen | 3 |
| B. Tatbestand | 3 | II. Berufsrechtliche Meldepflichten | 5 |

## A. Regelungszweck

Das Qualitätssicherungssystem in diesem Gesetz besteht nicht nur aus § 15, Qualitätssicherung, sondern aus einem System der ineinander greifender Vorschriften zur Qualifikation des Personals in § 4, zu Standards in den §§ 12, 18, 24, zur Dokumentation, §§ 11, 14 und zur Überwachung, §§ 16 und 25. Insofern enthält dieses Gesetz nicht nur Vorschriften zur Qualitätssicherung, sondern auch Elemente des Qualitätsmanagements. In diesem Zusammenhang werden auch die Dokumentations- und Unterrichtungspflichten »auf alle Arzneimittel zur spezifischen Therapie von Gerinnungsstörungen bei Hämophilie« erstreckt, BT-Drs. 19/8753, Art. 6 Nr. 9. 1

Die Vorschrift bindet weitere Personen ein, die in die **Mitteilungskette** bei unerwünschten Reaktionen oder Nebenwirkungen beim Umgang mit Blutprodukten aufzunehmen sind. Damit sollen Transparenz und Sicherheit weiter erhöht werden. 2

## B. Tatbestand

### I. Sonstige zu unterrichtende Personen

Unter den **sonstigen zu unterrichtenden Personen** sind diejenigen zu verstehen, die entweder verantwortliche Teilaufgaben erfüllen und/oder in der Leitungsebene der Einrichtung die Gesamtverantwortung tragen (z.B. Geschäftsführer). In den Qualitätshandbüchern der Einrichtung können als sonstige zu unterrichtende Personen auch diejenigen sein, von dem Auftreten der unerwünschten Reaktionen betroffen sind oder weitere Auswirkungen verhindern können. Mit der Benennung von sonstigen zu unterrichtenden Personen stellt die Einrichtung eine Unterrichtung der Verantwortlichen sicher und gewährleistet eine transparente Vorgehensweise, die hilft schnellstmöglich die Auswirkungen der unerwünschten Reaktionen zu begrenzen und weitere Schäden zu verhindern. Die Unterrichtungspflicht im Rahmen der spezifischen Therapie von Gerinnungsstörungen bei Hämophilie umfasst damit Patienten mit Hämophilie A, Hämophilie B, dem Von-Willebrand-Syndrom und anderen angeborenen oder erworbenen Gerinnungsfaktorenmangelerkrankungen, BT-Drs. 19/8753. 3

Aus Schäden, die durch die Mängel der Organisation der Unterrichtungspflichten entstehen, haften die Organisation verantwortlichen Personen (**Organisationsverschulden**). Soweit nach Unterrichtung der unerwünschten Reaktionen Maßnahmen von dafür zuständigen oder damit beauftragten Personen unterbleiben oder fehlerhaft durchgeführt werden, haften diese im Maße ihrer Beteiligung. 4

### II. Berufsrechtliche Meldepflichten

Durch die mögliche europaweite zentrale Zulassung von Arzneimitteln durch die Europäische Arzneimittelagentur (EMA) werden auch entsprechende, in allen Mitgliedstaaten geltende Zulassungsnummern vergeben. Sie sind für die Risikomeldung relevant. 5

6  Mit **berufsrechtlichen Meldepflichten** sind auch die Pflichten an der Therapie im weiteren Sinn beteiligten Heilberufe wie Apotheker und Ärzte angesprochen, die nicht bereits durch dieses Gesetz angesprochen sind. Dabei ist der Bezug zu § 6 MBO-Ä zu sehen, wonach diese zur Mitteilung von unerwünschten Arzneimittelwirkungen an die Arzneimittelkommission der deutschen Ärzteschaft verpflichtet sind. Daneben besteht die berufsrechliche Ahndung bei einer Verletzung der Berufspflichten. Entstehen durch derartige Verstöße Schäden, können sie zivilrechtlich beim Verursacher geltend gemacht werden.

## § 17 Nicht angewendete Blutprodukte

(1) Nicht angewendete Blutprodukte sind innerhalb der Einrichtungen der Krankenversorgung sachgerecht zu lagern, zu transportieren, abzugeben oder zu entsorgen. Transport und Abgabe von Blutprodukten aus zellulären Blutbestandteilen und Frischplasma dürfen nur nach einem im Rahmen des Qualitätssicherungssystems schriftlich oder elektronisch festgelegten Verfahren erfolgen. Im Falle einer elektronischen Festlegung des Verfahrens ist sicherzustellen, dass die elektronischen Dokumente für die jeweiligen Empfänger jederzeit leicht zugänglich sind und dass sie in hinreichender Weise vor unbefugten Manipulationen geschützt sind. Nicht angewendete Eigenblutentnahmen dürfen nicht an anderen Personen angewendet werden.

(2) Der Verbleib nicht angewendeter Blutprodukte ist zu dokumentieren.

| Übersicht | Rdn. | | Rdn. |
|---|---|---|---|
| A. Regelungszweck | 1 | I. Transport und Abgabe | 2 |
| B. Tatbestand | 2 | II. Verbleib | 3 |

### A. Regelungszweck

1  Es wird der Umgang mit **nicht angewendeten Blutprodukten** festgelegt. Eine nicht unbeträchtliche Zahl von Blutkonserven, die z.B. für Operationen bereitgestellt wurden, wird nicht verbraucht. Die Weiterverwendung der Konserve an anderen Patienten, ihre Weiterveräußerung oder eine Verwerfung sind vor dem Hintergrund der gesetzlichen Vorgaben nicht eindeutig geregelte Probleme.

### B. Tatbestand

#### I. Transport und Abgabe

2  **Transport und Abgabe** werden nach dem im Qualitätssicherungssystem schriftlich oder elektronisch festgelegten Verfahren durchgeführt. Abweichungen sind nicht erlaubt. Die Rückgabe der nicht verwendeten Blutkonserve an die Spendeeinrichtung ist zulässig. Die Abgabe an andere Einrichtungen, z.B. in **dringenden Notfällen**, ist ein häufiger Abgabegrund und auch vom Gesetzgeber intendiert. Sie darf dann erfolgen, wenn sichergestellt ist, dass die Qualität der Blutkonserve nach wie vor den Anforderungen entspricht. Das Gesetz geht in § 17 Abs. 1 Satz 1 von einem Abgaberecht im Einzelfall aus. Im Notfall kann eine Güterabwägung nach den Grundsätzen der Verhältnismäßigkeit einen sofortigen ggf. ungeprüften Einsatz erfordern. Für eine regelmäßige geschäftsmäßige Weiterveräußerung der Blutkonserven an andere Einrichtungen außerhalb eines Krankenhauses oder eines Krankenhausverbundes fehlt die rechtliche Grundlage insbesondere im AMG. Insofern ist ein Handel, der immer wieder auch durch einen Transporteur vermittelt wird, mit bereits einmal abgegebenen, d.h. beim Verwender angekommenen Blutprodukten nicht zulässig. Eine hierfür dienliche gesetzliche Ermächtigung mit dementsprechenden Qualitätsanforderungen würde der Praxis gerechter und es ermöglichen, die knappen Blutressourcen wirtschaftlicher und sicherer zu nutzen.

## II. Verbleib

Da der nicht sachgerechte Umgang mit Blutprodukten auch ein Gefahrenpotenzial darstellt, hat der Gesetzgeber für den **Verbleib** nicht verwendeter Blutkonserven eine Dokumentationspflicht vorgesehen.

3

### § 18 Stand der medizinischen und zahnmedizinischen Wissenschaft und Technik zur Anwendung von Blutprodukten

(1) Die Bundesärztekammer stellt im Einvernehmen mit der zuständigen Bundesoberbehörde und nach Anhörung von Sachverständigen unter Berücksichtigung der Richtlinien und Empfehlungen der Europäischen Union, des Europarates und der Weltgesundheitsorganisation zu Blut und Blutbestandteilen in Richtlinien den allgemein anerkannten Stand der Erkenntnisse der medizinischen Wissenschaft und Technik insbesondere für

1. die Anwendung von Blutprodukten, einschließlich der Dokumentation der Indikation zur Anwendung von Blutprodukten und Arzneimitteln zur spezifischen Therapie von Gerinnungsstörungen bei Hämophilie, die Testung auf Infektionsmarker der zu behandelnden Personen anlässlich der Anwendung von Blutprodukten und die Anforderungen an die Rückstellproben,
2. die Qualitätssicherung der Anwendung von Blutprodukten in den Einrichtungen der Krankenversorgung und ihre Überwachung durch die Ärzteschaft,
3. die Qualifikation und die Aufgaben der im engen Zusammenhang mit der Anwendung von Blutprodukten tätigen Personen,
4. den Umgang mit nicht angewendeten Blutprodukten in den Einrichtungen der Krankenversorgung

fest. Bei der Erarbeitung ist die angemessene Beteiligung von Sachverständigen der betroffenen Fach- und Verkehrskreise, insbesondere der Träger der Spendeeinrichtungen, der Spitzenverbände der Krankenkassen, der Deutschen Krankenhausgesellschaft, der Kassenärztlichen Bundesvereinigung sowie der zuständigen Behörden von Bund und Ländern sicherzustellen. Die Richtlinien werden von der zuständigen Bundesoberbehörde im Bundesanzeiger bekannt gemacht.

(2) Es wird vermutet, dass der allgemein anerkannte Stand der medizinischen Wissenschaft und Technik zu den Anforderungen nach diesem Abschnitt eingehalten worden ist, wenn und soweit die Richtlinien der Bundesärztekammer nach Absatz 1 beachtet worden sind.

(3) Die Absätze 1 und 2 gelten für die Bundeszahnärztekammer im Bereich der Zahnheilkunde entsprechend.

*(nicht kommentiert, vgl. § 12a Rdn. 2 f.)*

### § 19 Verfahren

(1) Wird von einer Spendeeinrichtung festgestellt oder hat sie begründeten Verdacht, dass eine spendende Person mit HIV, mit Hepatitis-Viren oder anderen Erregern, die zu schwerwiegenden Krankheitsverläufen führen können, infiziert ist, ist die entnommene Spende auszusondern und dem Verbleib vorangegangener Spenden nachzugehen. Das Verfahren zur Überprüfung des Verdachts und zur Rückverfolgung richtet sich nach dem Stand der wissenschaftlichen Erkenntnisse. Es sind insbesondere folgende Sorgfaltspflichten zu beachten:

1. der Rückverfolgungszeitraum für vorangegangene Spenden zum Schutz vor den jeweiligen Übertragungsrisiken muss angemessen sein,
2. eine als infektiös verdächtige Spende muss gesperrt werden, bis durch Wiederholungs- oder Bestätigungstestergebnisse über das weitere Vorgehen entschieden worden ist,
3. es muss unverzüglich Klarheit über den Infektionsstatus der spendenden Person und über ihre infektionsverdächtigen Spenden gewonnen werden,
4. eine nachweislich infektiöse Spende muss sicher ausgesondert werden,

5. die notwendigen Informationsverfahren müssen eingehalten werden, wobei § 16 Abs. 2 S. 3 entsprechend gilt, und
6. die Einleitung des Rückverfolgungsverfahrens ist unverzüglich der zuständigen Behörde anzuzeigen, wenn die Bestätigungstestergebnisse die Infektiosität bestätigen, fraglich sind oder eine Nachtestung nicht möglich ist; § 16 Abs. 2 S. 3 gilt entsprechend.

Die verantwortliche ärztliche Person der Spendeeinrichtung hat die spendende Person unverzüglich über den anlässlich der Spende gesichert festgestellten Infektionsstatus zu unterrichten. Sie hat die spendende Person eingehend aufzuklären und zu beraten. Sind Blutprodukte, bei denen der begründete Verdacht besteht, dass sie Infektionserreger übertragen, angewendet worden, so sind die Einrichtungen der Krankenversorgung verpflichtet, die behandelten Personen unverzüglich zu unterrichten und ihnen eine Testung zu empfehlen. Vor der Testung ist die schriftliche Einwilligung der behandelten Person einzuholen. Die behandelte Person ist eingehend zu beraten.

(2) Wird in einer Einrichtung der Krankenversorgung bei einer zu behandelnden oder behandelten Person festgestellt oder besteht der begründete Verdacht, dass sie durch ein Blutprodukt gemäß Absatz 1 Satz 1 infiziert worden ist, muss die Einrichtung der Krankenversorgung der Ursache der Infektion unverzüglich nachgehen. Sie hat das für die Infektion oder den Verdacht in Betracht kommende Blutprodukt zu ermitteln und die Unterrichtungen entsprechend § 16 Abs. 2 vorzunehmen. Der pharmazeutische Unternehmer hat zu veranlassen, dass die spendende Person ermittelt und eine Nachuntersuchung empfohlen wird. Absatz 1 Satz 8 gilt entsprechend. Wird die Infektiosität der spendenden Person bei der Nachuntersuchung bestätigt oder nicht ausgeschlossen oder ist eine Nachuntersuchung nicht durchführbar, so findet das Verfahren nach Absatz 1 entsprechend Anwendung.

(3) Die Einrichtungen der Krankenversorgung, die Spendeeinrichtungen und die pharmazeutischen Unternehmer haben mit den zuständigen Behörden des Bundes und der Länder zusammenzuarbeiten, um die Ursache der Infektion nach Absatz 2 zu ermitteln. Sie sind insbesondere verpflichtet, die für diesen Zweck erforderlichen Auskünfte zu erteilen. § 16 Abs. 2 S. 3 gilt entsprechend.

(4) Die nach Absatz 1 bis 3 durchgeführten Maßnahmen sind für Zwecke weiterer Rückverfolgungsverfahren und der Risikoerfassung nach dem Arzneimittelgesetz zu dokumentieren.

| Übersicht | Rdn. | | Rdn. |
|---|---|---|---|
| A. Regelungszweck | 1 | III. Unverzügliches Handeln | 4 |
| B. Tatbestand | 2 | IV. Aufklärungspflicht | 5 |
| I. Begründeter Verdacht | 2 | V. Zusammenarbeit | 6 |
| II. Infektionsstatus | 3 | | |

## A. Regelungszweck

1 In § 19 wird die Spendeeinrichtung verpflichtet, die **Spenden auszusondern**, die entweder sicher mit gefährlichen Krankheitserregern wie z.B. HIV, Hepatitis u.a. infiziert sind oder bei denen der begründete Verdacht auf eine Infizierung besteht. Des Weiteren hat die Spendeeinrichtung dem **Verbleib** vorangegangener Spenden **nachzugehen**.

## B. Tatbestand

### I. Begründeter Verdacht

2 Ein **begründeter Verdacht** auf eine kontaminierte Spende kann darin bestehen, dass die Spende bei einem Test als infiziert erkannt wird. Der Einzelfall ist maßgebend. Von Bedeutung sind belastbare Hinweise und Informationen durch Screeningtests. Sind sie reproduzierbar reaktiv bzw. positiv, müssen sie durch Nachuntersuchungen an derselben oder einer zweiten Blutprobe das Testergebnis

bestätigen, vgl. RKI-Empfehlungen zur Rückverfolgung (look back) infektionsverdächtiger Plasmaspenden für Plasma zur Fraktionierung, www.rki.de/DE/Content/Kommissionen/AK_Blut/Voten/Uebersicht/V_14/V14.html, zuletzt abgerufen am 02.10.2021. In der Praxis löst in der Regel schon ein Anfangsverdacht eine Zurückhaltung der Spendeeinrichtung aus. Ein verdächtiger Spender wird nicht zur Spende zugelassen. Seine Spenden werden nicht verwendet, da die Auswirkungen einer Keimübertragung unermesslich groß sind.

## II. Infektionsstatus

Nach § 19 Abs. 1 Nr. 3 ist der **Infektionsstatus** zu erheben und Klarheit über die Spender- und Spendeneignung herzustellen. Ein verdächtiger Spender und eine verdächtige Spende sind zu sperren. Durch Wiederholungs- und Bestätigungsergebnisse sind jegliche Zweifel auszuräumen. Andernfalls bleiben die Sperrungen bestehen. 3

## III. Unverzügliches Handeln

Die Formulierungen »**unverzüglich**«, also ohne schuldhaftes Zögern, und »Klarheit über den Infektionsstatus der spendenden Person« erwecken den Eindruck, dass von dieser Verpflichtung mehr abhinge als nur die Weiterverwendungsmöglichkeit der bis dahin gesperrten Spende bzw. die Weiterarbeit mit dem Spender. Wenn keine Gefahr im Verzug gegeben ist, kann sich der Spender erst zu einem von ihm selbst bestimmten, sehr viel späteren Zeitpunkt testen lassen. Im Gefahrenfall, wenn also z.B. eine Spende des verdächtigen Spenders in der Vergangenheit schon zum Einsatz gekommen ist, muss sich der Spender »unverzüglich« erneut testen lassen. In diesem Fall besteht nach § 19 Abs. 1 auch eine unverzügliche Unterrichtungspflicht. Testzwang ergibt sich damit nicht generell aus dem Gesetz, sondern aus den Begleitumständen. 4

## IV. Aufklärungspflicht

Die **Aufklärungspflicht** gegenüber dem Spender obliegt der verantwortlichen ärztlichen Person der Spendeeinrichtung nach § 19 Abs. 1 Satz 4. Eine Beratungspflicht ist damit verbunden. Es sollten für diese Aufgabe fachkundige Personen mit entsprechender sozialer Kompetenz bestimmt werden. 5

## V. Zusammenarbeit

Die **Zusammenarbeitsverpflichtung** zwischen den Behörden erstreckt sich auch auf die Unterrichtung bei Infektionsfällen und trägt somit zur Erhöhung der Sicherheit im Umgang mit Blutprodukten bei. Die Infizierungsgefahr mit verunreinigten und infektiösen Blutprodukten kann durch Rückverfolgungsmaßnahmen verringert werden. Die Beteiligten haben sich an der Aufklärung zu beteiligen, um im Sinne der Gefahrenabwehr Schaden von Dritten abzuwenden. 6

## § 21 Koordiniertes Meldewesen

(1) Die Träger der Spendeeinrichtungen und die pharmazeutischen Unternehmer haben der zuständigen Bundesoberbehörde jährlich nach Satz 4 die Zahlen zu dem Umfang der Gewinnung von Blut und Blutbestandteilen sowie zu dem Umfang der Herstellung, des Verlusts, des Verfalls, des Inverkehrbringens, des Imports und des Exports von Blutprodukten und Arzneimitteln zur spezifischen Therapie von Gerinnungsstörungen bei Hämophilie zu melden. Die Einrichtungen der Krankenversorgung haben der zuständigen Bundesoberbehörde jährlich nach Satz 4 die Zahlen zum Verbrauch und Verfall von Blutprodukten und Arzneimitteln zur spezifischen Therapie von Gerinnungsstörungen bei Hämophilie zu melden. Einzelheiten zu den nach den Sätzen 1 und 2 zu meldenden Blutprodukten und Arzneimitteln zur spezifischen Therapie von Gerinnungsstörungen bei Hämophilie werden in der Rechtsverordnung nach § 23 geregelt. Die Meldungen haben nach Abschluss des Kalenderjahres, spätestens zum 1. März des folgenden Jahres, zu erfolgen. Die zuständige Bundesoberbehörde unterrichtet die für die Überwachung zuständige Landesbehörde, wenn die Meldungen wiederholt nicht oder unvollständig erfolgen.

## § 21 TFG Koordiniertes Meldewesen

(1a) Die hämophiliebehandelnde ärztliche Person hat die Anzahl der Patienten mit Gerinnungsstörungen bei Hämophilie, differenziert nach dem Schweregrad der Erkrankung und nach Altersgruppen, sowie die Gesamtmenge der bei diesen Patientengruppen angewendeten Arzneimitteln zur spezifischen Therapie von Gerinnungsstörungen bei Hämophilie nach Satz 3 an das Deutsche Hämophilieregister nach § 21a zu melden. Im Fall der schriftlichen oder elektronischen Einwilligung des behandelten Patienten sind anstelle der Meldung nach Satz 1

1. an die Vertrauensstelle nach § 21a Absatz 2 Satz 1 die personenidentifizierenden Daten nach Maßgabe des nach § 21a Absatz 2 Satz 4 festgelegten Pseudonymisierungsverfahrens und
2. an das Deutsche Hämophilieregister nach § 21a Absatz 1 Satz 1 die pseudonymisierten Daten nach Maßgabe der nach § 21a Absatz 3 Satz 3 getroffenen Festlegungen und des § 2 Absatz 4 Satz 2 Nummer 3 der Transfusionsgesetz-Meldeverordnung, insbesondere
    a) die Angaben zu Alter, Geschlecht und Wohnort des Patienten,
    b) die Behandlungsdaten,
    c) die Angaben zur Krankenkasse,
    d) die Angaben zum Widerruf der Einwilligung des Patienten oder zum Tod des Patienten

zu melden. Die Meldungen haben nach Abschluss des Kalenderjahres, spätestens zum 1. Juli des folgenden Jahres, zu erfolgen. Mit der Meldung nach Satz 1 oder Satz 2 wird die Meldepflicht nach Absatz 1 Satz 2 für Arzneimittel zur spezifischen Therapie von Gerinnungsstörungen bei Hämophilie erfüllt.

(2) Die zuständige Bundesoberbehörde stellt die nach den Absätzen 1 und 1a gemeldeten Daten anonymisiert in einem Bericht zusammen und macht diesen bekannt. Sie hat melderbezogene Daten streng vertraulich zu behandeln.

(3) Die Spendeeinrichtungen übersenden der zuständigen Behörde einmal jährlich eine Liste der belieferten Einrichtungen der Krankenversorgung und stellen diese Liste auf Anfrage der zuständigen Bundesoberbehörde zur Verfügung.

**Übersicht**

| | Rdn. | | Rdn. |
|---|---|---|---|
| A. Regelungszweck......... | 1 | B. Tatbestand......... | 2 |

### A. Regelungszweck

1 Diese Vorschrift dient der **Überwachung des Umfanges** der Gewinnung von Blut und Blutbestandteilen, der Herstellung, des Imports und Exports und des Verbrauchs von Blutprodukten und Plasmaproteinen im Sinne von § 14 Abs. 1 sowie der Anzahl der behandlungsbedürftigen Personen mit angeborenen Hämostasestörungen für das gesamte Bundesgebiet. Damit wird eine Abschätzung möglich, was im »Transfusionswesen« umgeschlagen und verbraucht wird. Es lassen sich daraus Prognosen erstellen und ggf. auch Steuerungsmöglichkeiten erarbeiten, wenn sich Fehlentwicklungen abzeichnen. In den veröffentlichten Übersichten sind allerdings viele Bereiche anonymisiert, sodass die Auswertung und die Beurteilung der Daten nur der zuständigen Behörde möglich sind.

### B. Tatbestand

2 Die **Meldepflichten** sind differenziert geregelt und setzen Praxiserfahrung um. Die detaillierte Erfassung kann Versorgungsengpässen besser entgegenwirken. Dies gilt bei der Verwendung von Blutkomponenten zur Transfusion, die in Deutschland zum Einsatz kommen, kann aber wegen unvollständiger Daten zu Verfall, Herstellung, Import und Export nicht auf Plasmaproteine und die diesbezüglichen Bedarfe in der Krankenversorgung übertragen werden. Speziell Hersteller- und Anwenderdaten fehlen. Zur Bekämpfung dieser Defizite müssen pharmazeutische Unternehmer und Träger von Spendeeinrichtungen auch Zahlenmaterial zum Verlustumfang, zum Verfall und zum Inverkehrbringen liefern.

Über Patienten mit angeborener Hämostasestörung unterliegen behandelnde Ärzte unmittelbarer Meldpflichten an das **Deutsche Hämophilieregister**. Die Daten dürfen allerdings nur nach ausführlicher Aufklärung und Einwilligung der betroffenen Patienten über die pseudonymisierten (ohne Identität des Patienten ggf. mit Code) Datenangaben des § 21a Abs. 4 weitergegeben werden. Die Datenweitergabe, zu der keine Patienteneinwilligung erreicht werden kann, werden aggregiert und anonymisiert, so dass eine Personenzuordnung auch über Codes nicht mehr möglich ist. Bei der Meldung ist es unbeachtlich, ob die Patienten dauerhaft oder nur sporadisch von dem meldepflichtigen Arzt behandelt werden. Die Datenerhebung und Registrierung dient der Ermittlung und Bekämpfung der Krankheiten insbesondere im Kontext mit schädlichen Einwirkungen, ihrer Vermeidung, von Behandlungsstrategien und der Auswirkungen anderer Erkrankungen, vgl. zur Intention des Gesetzgebers ausführlich BT-Drs. 18/11488. 3

Ein **Verstoß** gegen die Meldepflichten ist nach § 32 Abs. 2 Nr. 4 bußgeldbewehrt. Die Ahndung kommt bei Nicht-, nicht richtiger, nicht vollständiger und nicht rechtzeitiger Meldung in Betracht. Der Bußgeldrahmen reicht nach § 32 Abs. 3 2. Hs. bis zu 5.000 €. Zuständige Verwaltungsbehörde ist insoweit nach § 32 Abs. 4 das PEI. 4

## § 21a Deutsches Hämophilieregister, Verordnungsermächtigung

(1) Das Paul-Ehrlich-Institut führt in Zusammenarbeit mit der Gesellschaft für Thrombose- und Hämostaseforschung e. V., der Deutschen Hämophiliegesellschaft zur Bekämpfung von Blutungskrankheiten e. V. und der Interessengemeinschaft Hämophiler e. V. ein klinisches Register unter der Bezeichnung »Deutsches Hämophilieregister«. Das Deutsche Hämophilieregister hat insbesondere folgende Aufgaben:
1. die Erhebung, Zusammenführung, Prüfung und Auswertung der Meldungen nach § 21 Absatz 1a,
2. die Festlegung der Einzelheiten zum Datensatz nach Absatz 3 Satz 3 und § 2 Absatz 4 Satz 2 Nummer 3 der Transfusionsgesetz-Meldeverordnung entsprechend dem Stand der medizinischen Wissenschaft und Technik einschließlich der Fortschreibung des Datensatzes,
3. die Festlegung der Einzelheiten des Pseudonymisierungsverfahrens nach Absatz 2 Satz 4,
4. die Auswertung der erfassten Daten und die Rückmeldung der Auswertungsergebnisse an die hämophiliebehandelnden ärztlichen Personen zur Verbesserung der Versorgung von Patienten mit Gerinnungsstörungen bei Hämophilie,
5. die Bereitstellung notwendiger anonymisierter Daten zur Herstellung von Transparenz zum Versorgungsgeschehen, zu Zwecken der Versorgungsforschung und zur Weiterentwicklung der wissenschaftlichen Grundlagen auf dem Gebiet Gerinnungsstörungen bei Hämophilie nach Absatz 5,
6. die internationale Zusammenarbeit mit anderen Hämophilieregistern,
7. die Förderung der interdisziplinären Zusammenarbeit in der Hämophiliebehandlung.

(2) Das Paul-Ehrlich-Institut richtet unter Einbeziehung eines unabhängigen Dritten eine vom Deutschen Hämophilieregister organisatorisch, personell und technisch getrennte Vertrauensstelle ein. Die Vertrauensstelle erhebt die ihr nach § 21 Absatz 1a Satz 2 Nummer 1 übermittelten personenidentifizierenden Daten, erzeugt daraus ein Pseudonym, übermittelt das Pseudonym an das Deutsche Hämophilieregister und löscht die nur für die Erzeugung des Pseudonyms temporär gespeicherten personenidentifizierenden Daten unverzüglich nach der Übermittlung des Pseudonyms. Es ist ein Pseudonymisierungsverfahren anzuwenden, das nach dem jeweiligen Stand der Technik eine Identifizierung von Patienten ausschließt. Das Pseudonymisierungsverfahren wird vom Deutschen Hämophilieregister in Abstimmung mit dem Bundesbeauftragten für den Datenschutz und die Informationsfreiheit sowie dem Bundesamt für Sicherheit in der Informationstechnik und den nach Absatz 1 Satz 1 Beteiligten festgelegt. Das von der Vertrauensstelle erzeugte Pseudonym darf nur an das Deutsche Hämophilieregister übermittelt, vom

Deutschen Hämophilieregister nur für die in Absatz 1 Satz 2 genannten Aufgaben verarbeitet und an keine andere Stelle übermittelt werden.

(3) Das Deutsche Hämophilieregister erhebt für die in Absatz 1 Satz 2 genannten Aufgaben folgende Daten:
1. die Daten zur meldenden hämophiliebehandelnden ärztlichen Person sowie zum Zeitpunkt und zum Jahr oder Zeitraum der Meldung nach § 2 Absatz 4 Satz 2 Nummer 1 und 2 der Transfusionsgesetz-Meldeverordnung,
2. die von der hämophiliebehandelnden ärztlichen Person übermittelten anonymisierten Daten nach § 21 Absatz 1a Satz 1 sowie
3. im Fall der schriftlichen Einwilligung des behandelten Patienten
    a) das von der Vertrauensstelle nach Absatz 2 erzeugte Pseudonym und
    b) die von der hämophiliebehandelnden ärztlichen Person übermittelten Daten nach § 21 Absatz 1a Satz 2 Nummer 2.

Das Deutsche Hämophilieregister führt das von der Vertrauensstelle nach Absatz 2 übermittelte Pseudonym mit den dem Deutschen Hämophilieregister nach Satz 1 Nummer 3 Buchstabe b übermittelten Daten zusammen. Das Nähere zu Art und Umfang sowie zum Übermittlungsverfahren der an das Deutsche Hämophilieregister zu übermittelnden Daten nach § 21 Absatz 1a Satz 2 Nummer 2 und § 2 Absatz 4 Satz 2 Nummer 3 der Transfusionsgesetz-Meldeverordnung wird vom Deutschen Hämophilieregister in Abstimmung mit der Bundesbeauftragten für den Datenschutz und die Informationsfreiheit und den nach Absatz 1 Satz 1 Beteiligten festgelegt. Bei der Festlegung der Daten nach Satz 3 sind insbesondere diejenigen Daten zu bestimmen, die grundsätzlich auch für die Behandlungsdokumentation erhoben werden und die medizinisch oder methodisch notwendig sind, um
1. die Qualität von Diagnostik oder von der Behandlung von Patienten mit Gerinnungsstörungen bei Hämophilie mit Hilfe geeigneter Indikatoren zu ermitteln,
2. mögliche Begleiterkrankungen und Komplikationen zu erfassen,
3. die Sterblichkeit festzustellen,
4. eine Transparenz zum Versorgungsgeschehen herzustellen,
5. die wissenschaftlichen Grundlagen auf dem Gebiet der Gerinnungsstörungen bei Hämophilie weiterzuentwickeln sowie
6. eine geeignete Validierung oder Risikoadjustierung bei der Auswertung der Daten zu ermöglichen.

Das Deutsche Hämophilieregister macht eine jeweils aktuelle Übersicht über die Art und den Umfang der erfassten Daten sowie zum Übermittlungsverfahren nach Satz 3 im Bundesanzeiger bekannt. Es ist auszuschließen, dass Patienten durch die Verarbeitung der Daten bei der Vertrauensstelle und dem Deutschen Hämophilieregister wieder identifiziert werden können. Im Fall eines Widerrufs der Einwilligung des Patienten oder seines Todes sind dessen Daten zu anonymisieren.

(4) Die hämophiliebehandelnde ärztliche Person klärt ihre Patienten mit Gerinnungsstörungen bei Hämophilie über die Verarbeitung ihrer personenbezogenen Daten und über den Zweck des Deutschen Hämophilieregisters auf. Die Aufklärung umfasst die Information über die Möglichkeit, schriftlich oder elektronisch einzuwilligen
1. in die Aufnahme der pseudonymisierten Patienten- und Behandlungsdaten in das Deutsche Hämophilieregister und
2. zur Verbesserung der Versorgung von Patienten mit Gerinnungsstörungen bei Hämophilie
    a) in die Rückübermittlung dieser Daten an die meldende hämophiliebehandelnde ärztliche Person sowie
    b) in die Übermittlung von Auswertungsergebnissen dieser gemeldeten Daten an die meldende hämophiliebehandelnde ärztliche Person.

Bei fehlender Einwilligung umfasst die Aufklärung die Information, dass die hämophiliebehandelnde ärztliche Person verpflichtet ist, anonymisierte Daten nach § 21 Absatz 1a Satz 1 an das Deutsche Hämophilieregister zu melden, und dass das Deutsche Hämophilieregister anonymisierte Auswertungsergebnisse der nach § 21 Absatz 1a Satz 1 gemeldeten Daten an die meldende hämophiliebehandelnde ärztliche Person zur Verbesserung der Versorgung von Patienten mit Gerinnungsstörungen bei Hämophilie übermittelt. Der Patient ist darüber zu informieren, dass im Fall seines Widerrufs der Einwilligung oder seines Todes seine pseudonymisierten Daten anonymisiert werden. Die Aufklärung ist von den Patienten schriftlich oder elektronisch zu bestätigen.

(4a) Das Deutsche Hämophilieregister kann zur Verbesserung der Versorgung von Patienten mit Gerinnungsstörungen bei Hämophilie die von einer hämophiliebehandelnden ärztlichen Person nach § 21 Absatz 1a Satz 2 Nummer 2 übermittelten pseudonymisierten Daten dieser ärztlichen Person zurückübermitteln, und ihr Auswertungsergebnisse dieser Daten sowie anonymisierte Auswertungsergebnisse der im Register enthaltenen Patienten- und Behandlungsdaten übermitteln.

(5) Das Deutsche Hämophilieregister kann zu Forschungszwecken anonymisierte Daten an die am Deutschen Hämophilieregister Beteiligten nach Absatz 1 Satz 1 und an Dritte übermitteln. Die Übermittlung der anonymisierten Daten erfolgt auf Antrag und nach Abschluss einer Nutzungsvereinbarung. Über den Antrag entscheidet das Paul-Ehrlich-Institut auf der Grundlage eines Entscheidungsvorschlags des Lenkungsausschusses. Die Daten dürfen nur für die in Absatz 1 Satz 2 genannten Aufgaben und unter Beachtung der Publikationsgrundsätze des Deutschen Hämophilieregisters verarbeitet werden.

| Übersicht | Rdn. | | Rdn. |
|---|---|---|---|
| A. Regelungszweck | 1 | B. Tatbestand | 1a |

## A. Regelungszweck

Die Norm regelt die Errichtung und den Betrieb des Registers über Blutstammzellzubereitungen in einer eigenen Vorschrift. Eine Verordnung zum Erlass einer Rechtsverordnung über die notwendigen Angaben für den ordnungsgemäßen Betrieb des Registers ist übernommen worden. 1

## B. Tatbestand

Beim Paul-Ehrlich-Institut (PEI) ist mit § 21a das **Deutsche Hämophilieregister (DHR)** angesiedelt worden. Mit Einwilligung der Patienten werden pseudonymisierte Diagnose- und Behandlungsdaten an das Register übermittelt. Die Bundesoberbehörde **DIMDI** wurde von der Aufgabe entlastet. Das Register verschafft einen schnellen zuverlässigen Überblick über herstellende Einrichtungen, das Inverkehrbringen und den Import von Blutstammzellen. Die erteilten Herstellungs- und Importgenehmigungen sind ebenfalls registriert. Das DHR wird seit 01.08.2019 in neuer Version online betrieben. 1a

Mit der dieser Regelung für den Umgang mit Hämophilie-Patienten hat sich die Praxis für behandelnde Ärzte geändert. Sie müssen den Patienten zur Einzelerfassung im Deutschen Hämophilieregister (DHR) **aufklären** und im Fall der schriftlichen Einwilligung durch den Patienten auch die Einzelmeldung abgeben. Das Transfusionsgesetz schreibt bereits seit 1998 die Meldung von Patienten vor, die unter einer angeborenen Hämostasestörung leiden. Patienten, die wegen Hämophilie und dem Willebrand-Jürgens-Syndrom dauerhaft behandelt werden müssen, sind seit dieser Zeit beim PEI elektronisch erfasst. Die Meldungen werden laufend aktualisiert. Der Aufklärungsrahmen ist weit und erfasst nicht nur die Daten, die an 2 das Register gemeldet werden, sondern auch die Erläuterung über Sinn und Zweck der Datenerhebungsnotwendigkeit. Außerdem muss der aufklärungspflichtige behandelnde Arzt über mögliche ergänzende Daten informieren und deutlich machen, dass die Weitergabe der Daten an eine Einwilligung gebunden ist. Insoweit sind auch das Pro und Contra der Einwilligungsfolgen bzw. ihrer Verweigerung darzulegen. Dabei darf kein unzulässiger Druck zur Abgabe der Einwilligung ausgeübt werden. Dass eine anonymisierte und damit nicht rückverfolgbare Datenübermittlung unabhängig von einer Einwilligung erfolgen kann, ist zu erläutern und deutlich zu machen, dass dies nicht eine Einwilligung des Patienten unterläuft. Zu informieren ist auch über eventuelle Selektivverträge von Krankenversicherungen. Dabei hat der behandelnde Arzt nur über die möglichen Inhalte aufzuklären und nicht die Bedingungen, denen der einzelne Patient durch seinen individuellen Versicherungsvertrag unterliegt, nachzuhalten. Die Aufklärung sollte jedoch den Hinweis auf eine ggf. notwendige Information des Versicherers enthalten. Auch über Widerspruchs- und Rücknahmemöglichkeiten der Einwilligung ist aufzuklären.

3 Die Meldeinhalte, -rahmen und -grenzen sind in der Vorschrift ausführlich geregelt. Die den behandelnden Ärzten auferlegten Verpflichtungen greifen zwar in die **Berufsfreiheit** ein, seien aber durch den höheren Sicherungs- und Therapiezweck und das insoweit geförderte Gemeinwohl legitimiert, so die Amtliche Begründung BT-Drs. 18/11488. Die bis zur gesetzlichen Regelung geübte freiwillige Meldung als milderes Mittel haben den angestrebten Zweck des Schutzes von Leben und körperlicher Unversehrtheit nach Art. 2 Abs. 2 Satz 1 GG nicht erreichen können.

## § 24 Arbeitskreis Blut

Das Bundesministerium für Gesundheit richtet einen Arbeitskreis von Sachverständigen für Blutprodukte und das Blutspende- und Transfusionswesen ein (Arbeitskreis Blut). Der Arbeitskreis berät die zuständigen Behörden des Bundes und der Länder. Er nimmt die nach diesem Gesetz vorgesehenen Anhörungen von Sachverständigen bei Erlass von Verordnungen wahr. Das Bundesministerium für Gesundheit beruft die Mitglieder des Arbeitskreises auf Vorschlag der Berufs- und Fachgesellschaften, Standesorganisationen der Ärzteschaft, der Fachverbände der pharmazeutischen Unternehmer, einschließlich der staatlichen und kommunalen Bluttransfusionsdienste, der Arbeitsgemeinschaft Plasmapherese und der Blutspendedienste des Deutschen Roten Kreuzes, überregionaler Patientenverbände, insbesondere der Hämophilieverbände, des Bundesministeriums der Verteidigung und der Länder. Der Arbeitskreis gibt sich im Einvernehmen mit dem Bundesministerium für Gesundheit eine Geschäftsordnung. Das Bundesministerium für Gesundheit bestimmt und beruft die leitende Person des Arbeitskreises. Es kann eine Bundesoberbehörde mit der Geschäftsführung des Arbeitskreises beauftragen.

| Übersicht | Rdn. | | Rdn. |
|---|---|---|---|
| A. Regelungszweck | 1 | II. Bindungswirkung | 3 |
| B. Tatbestand | 2 | III. Haftung | 4 |
| I. Mitglieder | 2 | | |

### A. Regelungszweck

1 Mit dem Arbeitskreis Blut ist für das Bundesministerium für Gesundheit ein Beirat geschaffen worden, der Sachverständige aus unterschiedlichen Bereichen, u.a. auch der Ärzteschaft, umfasst. In diesen Beirat werden Repräsentanten der verschiedenen Fachgesellschaft und Behörden entsandt. Der Beirat berät das Ministerium bei Verordnungen. Es kann eine Bundesoberbehörde mit der Leitung des Arbeitskreises beauftragen. Derzeit ist der Arbeitskreis Blut beim Robert-Koch-Institut angesiedelt. Der Arbeitskreis erstellt regelmäßig Stellungnahmen und Voten, die öffentlich zugänglich sind.

## B. Tatbestand
### I. Mitglieder

Dem **Arbeitskreis Blut** gehört auch die BÄK an. Damit existieren im Transfusionsgesetz zwei Sachverständigengremien, der Arbeitskreis Blut nach § 24 und die BÄK nach §§ 12a und 18. Beide Gremien arbeiten mit unterschiedlichen Bundesoberbehörden zusammen. Beide äußern sich aber nebeneinander zu teilweise gleichen Sachverhalten. Daher kann es zu Abweichungen und sich **widersprechenden Aussagen** kommen. Vernünftigerweise sollte zwar die aktuellere Aussage Anwendung finden, zumal die Sachverständigen in beiden Gremien nahezu identisch sind, aber der Arbeitskreis Blut hat nur Beratungskompetenz, während die BÄK Richtlinienkompetenz hat. Insoweit geht ihre Aussage vor.

### II. Bindungswirkung

Der Gesetzgeber hat die beiden engagierten und kompetenten Gremien BÄK und Arbeitskreis Blut, die bereits vor Erlass des Gesetzes bestanden, übernommen. Angesichts der damit verbundenen Probleme, sollte überlegt werden, im Interesse der Sicherheit einer Bundesoberbehörde die Aufgabe insgesamt zu übertragen. Jegliche Sachverständigenarbeit und die weitere behördliche Expertise sollten dieser Bundesoberbehörde beratend zugeordnet werden. Damit verbunden werden müssen regelmäßige Aktualisierungen des wissenschaftlichen Standards, die durch eine Bundesfinanzierung abgesichert werden sollten. Teilaufgaben ließen sich bei dieser Konstellation auf Dritte delegieren.

### III. Haftung

Die Beratungskompetenz des Arbeitskreises Blut löst **keine Haftung** aus, wenn bei Befolgen des Rates Schäden auftreten. Das Bundesgesundheitsministerium entscheidet demnach selbst darüber, ob es dem Rat des Arbeitskreises folgen will oder nicht. Damit liegt die Verantwortung bei dem Ministerium.

## § 31 Strafvorschriften

Mit Freiheitsstrafe bis zu einem Jahr oder mit Geldstrafe wird bestraft, wer entgegen § 5 Abs. 3 Satz 1 nicht dafür sorgt, dass die spendende Person vor der Freigabe der Spende auf die dort genannten Infektionsmarker untersucht wird.

## § 32 Bußgeldvorschriften

(1) Ordnungswidrig handelt, wer eine in § 31 bezeichnete Handlung fahrlässig begeht.

(2) Ordnungswidrig handelt, wer vorsätzlich oder fahrlässig
1. entgegen § 4 Satz 1 Nr. 2 eine Spendeeinrichtung betreibt,
2. entgegen § 8 Abs. 2 Satz 1 Nr. 4 oder 6, jeweils auch in Verbindung mit § 9 Abs. 1 Satz 2, ein Immunisierungsprogramm oder eine Vorbehandlung durchführt oder
3. *(aufgehoben)*
4. entgegen § 21 Absatz 1 Satz 1 oder Satz 2 oder Absatz 1a Satz 1, auch in Verbindung mit Satz 2, jeweils auch in Verbindung mit einer Rechtsverordnung nach § 23, eine Meldung nicht, nicht richtig, nicht vollständig oder nicht rechtzeitig macht.

(3) Die Ordnungswidrigkeit kann im Falle des Absatzes 1 mit einer Geldbuße bis zu fünfundzwanzigtausend Euro, in den Fällen des Absatzes 2 Nummer 1 und 2 mit einer Geldbuße bis zu zehntausend Euro und in den übrigen Fällen mit einer Geldbuße bis zu fünftausend Euro geahndet werden.

(4) Verwaltungsbehörde im Sinne des § 36 Absatz 1 Nummer 1 des Gesetzes über Ordnungswidrigkeiten ist in den Fällen des Absatzes 2 Nummer 4 das Paul-Ehrlich-Institut.

# Gesetz über die Spende, Entnahme und Übertragung von Organen und Geweben (Tranplantationsgesetz – TPG)

In der Fassung der Bekanntmachung vom 04. September 2007 (BGBl. I S. 2206), zuletzt geändert durch Artikel 15d des Gesundheitsversorgungsweiterentwicklungsgesetzes vom 11.07.2021 (BGBl. I S. 2754)

## Inhaltsverzeichnis

§ 1     Ziel und Anwendungsbereich des Gesetzes
§ 1a    Begriffsbestimmung
§ 3     Entnahme mit Einwilligung des Spenders
§ 4     Entnahme mit Zustimmung anderer Personen
§ 4a    Entnahme bei toten Embryonen und Föten
§ 8     Entnahme von Organen und Geweben
§ 8a    Entnahme von Knochenmark bei minderjährigen Personen
§ 8b    Entnahme von Organen und Geweben in besonderen Fällen
§ 8c    Entnahme von Organen und Geweben zur Rückübertragung
§ 8d    Besondere Pflichten der Gewebeeinrichtungen
§ 9     Zulässigkeit der Organentnahme und -übertragung, Vorrang der Organspende
§ 17    Verbot des Organ- und Gewebehandels

## § 1 Ziel und Anwendungsbereich des Gesetzes

(1) Ziel des Gesetzes ist es, die Bereitschaft zur Organspende in Deutschland zu fördern. Hierzu soll jede Bürgerin und jeder Bürger regelmäßig im Leben in die Lage versetzt werden, sich mit der Frage seiner eigenen Spendebereitschaft ernsthaft zu befassen und aufgefordert werden, die jeweilige Erklärung auch zu dokumentieren. Um eine informierte und unabhängige Entscheidung jedes Einzelnen zu ermöglichen, sieht dieses Gesetz eine breite Aufklärung der Bevölkerung zu den Möglichkeiten der Organ- und Gewebespende vor.

(2) Dieses Gesetz gilt für die Spende und die Entnahme von menschlichen Organen oder Geweben zum Zwecke der Übertragung sowie für die Übertragung der Organe oder der Gewebe einschließlich der Vorbereitung dieser Maßnahmen. Es gilt ferner für das Verbot des Handels mit menschlichen Organen oder Geweben.

(3) Dieses Gesetz gilt nicht für
1. Gewebe, die innerhalb ein und desselben chirurgischen Eingriffs einer Person entnommen werden, um auf diese ohne Änderung ihrer stofflichen Beschaffenheit rückübertragen zu werden,
2. Blut und Blutbestandteile.

| Übersicht | Rdn. | | Rdn. |
|---|---|---|---|
| A. Ziel und Anwendungsbereich ....... | 1 | IV. Verbot des Handels mit Organen oder Geweben ................... | 13 |
| I. Spende von Organen oder Geweben zum Zwecke der Übertragung ....... | 3 | B. Anwendungsausschluss ........... | 16 |
| II. Entnahme von Organen oder Geweben einschließlich der Vorbereitung ...... | 6 | I. Rückübertragene Gewebe innerhalb ein und desselben chirurgischen Eingriffs... | 17 |
| III. Übertragung der Organe oder Gewebe einschließlich der Vorbereitung ...... | 9 | II. Blut und Blutbestandteile. | 18 |
| | | III. Keine Ausnahme für Knochenmark sowie embryonale Organe und Gewebe . | 19 |

## A. Ziel und Anwendungsbereich

1 § 1 Abs. 1 beschreibt seit Anfang November 2012 das Ziel des Transplantationsrechts. Der Bundestag will die Bereitschaft zur Organspende allgemein fördern, stellt aber klar, dass es um eine informierte und unabhängige Entscheidung jedes Einzelnen geht. Studien zufolge steigt die Bereitschaft zur Organspende, wenn die Menschen gut informiert sind. Das TPG sieht daher eine breite Aufklärung der Bevölkerung zu den Möglichkeiten der Organ- und Gewebespende vor. Einzelheiten hierzu enthalten § 2 Abs. 1 und Abs. 1a. Die privaten Versicherungsunternehmen und gesetzlichen Krankenkassen – s. z.B. § 334 Abs. 1 Nr. 2 SGB V – werden stärker in die Pflicht genommen. Mehr Menschen als bisher sollen die Chance haben, ein lebensrettendes Organ zu erhalten (BT-Drs. 17/9030, S. 3 f. und S. 16). Der entscheidende Hebel ist die Bereitschaft der Bevölkerung zur Organspende. Diese Bereitschaft steigt nach Auffassung des Parlaments, wenn man Voraussetzungen schafft, dass sich jeder regelmäßig und ernsthaft mit der Frage befassen kann. Erklärungen zur Spendebereitschaft sollen dokumentiert werden. § 1 Abs. 2 widmet sich dem Anwendungsbereich des Transplantationsgesetzes. Die Richtlinie 2004/23/EG des Europäischen Parlaments und des Rates vom 31.03.2004 zur Festlegung von Qualitäts- und Sicherheitsstandards für die Spende, Beschaffung, Testung, Verarbeitung, Konservierung, Lagerung und Verteilung von menschlichen Geweben und Zellen (Gewebe-Richtlinie, ABl. EU Nr. L 102, S. 48) wurde wenige Jahre zuvor durch das Gesetz über Qualität und Sicherheit von menschlichen Geweben und Zellen vom 20.07.2007 (Gewebegesetz, BGBl. I S. 1574) in Deutschland umgesetzt. Auch § 1 wurde in diesem Zusammenhang neu gefasst. Die Umsetzung hat es erforderlich gemacht, zwischen Organen und Geweben zu differenzieren. Für den Rechtsanwender ist § 1 Abs. 2 daher neben dem Anwendungsausschluss in § 1 Abs. 3 und den Begriffsbestimmungen in § 1a die zentrale Vorschrift, um herauszufinden, ob der jeweilige Umgang mit menschlichen Organen oder Geweben sich nach dem Transplantationsgesetz zu richten hat.

2 Da die Gewebe-Richtlinie nach Art. 3q, Art. 2 Abs. 1 und Abs. 2a auch auf die autologe Verwendung von Zellen oder Geweben anwendbar ist, also auf die Entnahme und ihre Rückübertragung auf ein und dieselbe Person, wurde das Transplantationsgesetz entsprechend angepasst. Nun ist ausdrücklich nicht mehr die Übertragung auf andere Menschen Voraussetzung für die Anwendung des Gesetzes. Eine Ausnahme gilt nur noch für die Rückübertragung innerhalb ein und desselben chirurgischen Eingriffs nach § 1 Abs. 3 Nr. 1. Die forschungsbedingte Nutzung von Organen und Geweben außerhalb des menschlichen Körpers fällt heraus (BT-Drs. 16/3146, S. 23; Spickhoff/*Scholz/Middel* Rn. 2).

### I. Spende von Organen oder Geweben zum Zwecke der Übertragung

3 Das Gesetz gilt zunächst für die Spende von menschlichen Organen oder Geweben zum Zwecke der Übertragung der Organe oder Gewebe. Für die Definition von Entnahme, Übertragung, Organ und Gewebe wird auf die Kommentierung zu § 1a verwiesen.

4 Nicht definiert ist, was unter einer Spende zu verstehen ist. Im allgemeinen Sprachgebrauch wird hierunter die freiwillige Leistung des Spenders verstanden. Wenn dieses Verständnis auch dem Spendebegriff von § 1 Abs. 2 Satz 1 zugrunde läge, wäre es ausgeschlossen, dass eine dritte Person anstelle des Spenders in die Entnahme und Übertragung einwilligt. So eng ist der Spendebegriff im Transplantationsgesetz jedoch nicht gemeint. Mit Spende ist vielmehr die Entnahme und Übertragung von Organen oder Geweben angesprochen, die nach den Bedingungen des Transplantationsgesetzes vonstatten geht und bei der die Interessen des Spenders in Form einer Einwilligung etc. beachtet werden, s. §§ 2 Abs. 2, 3 Abs. 1 und Abs. 2, 4. Dieser neutrale Spendebegriff entspricht der Gewebe-Richtlinie. Sie definiert in Art. 3d die Spende als Abgabe von zur Verwendung beim Menschen bestimmten menschlichen Geweben oder Zellen und stellt damit ebenfalls nicht auf die Freiwilligkeit des Spenders ab.

5 Nur die Spende zum Zwecke der Übertragung muss sich nach dem Transplantationsgesetz richten. Anders als in der Fassung des Gesetzes vor dem Gewebegesetz ist nicht mehr von Übertragung auf

andere Menschen, sondern schlicht von Übertragung die Rede. Übertragung ist nach § 1a Nr. 7 die Verwendung in oder an einem menschlichen Empfänger sowie die Anwendung beim Menschen außerhalb des Körpers. Eine dieser Maßnahmen muss die Spende also zum Ziel haben. Der Bundestag lässt eine Verwendung sowie Anwendung ausreichen, die für eine Übergangszeit vorgesehen ist, wie dies etwa bei einer Behandlung von Brandverletzungen vorkommt. Es muss keine dauerhafte oder endgültige Übertragung vorgesehen sein.

### II. Entnahme von Organen oder Geweben einschließlich der Vorbereitung

Entnahme ist nach § 1a Nr. 6 die Gewinnung von Organen oder Geweben. Hierunter sind alle Tätigkeiten und Maßnahmen zu verstehen, solche Bestandteile des menschlichen Körpers aus dem Körper herauszutrennen, herauszulösen etc. sowie die mittelbare Gewinnung außerhalb des Körpers, wie dies etwa bei Sektionsresten vorkommt. Die Untersuchung, Aufbereitung, Be- oder Verarbeitung sowie Konservierung etc. zur Vorbereitung der Übertragung sind jedoch nicht Teil des Entnahmebegriffs. Denn § 1a Nr. 8 nennt diese Tätigkeiten neben der Entnahme. 6

Das Gesetz regelt auch die Vorbereitung der Entnahme. Hierunter fallen neben medizinischen und organisatorischen Vorbereitungen durch die Gewebeeinrichtung oder Ärzte auch die Vorbereitungen des Spenders, die nach dem Stand der medizinischen Wissenschaft für die Entnahme notwendig sind oder die Entnahme erleichtern. Dies können beispielsweise Untersuchungen sein. 7

Auch die Entnahme muss zum Zwecke der Übertragung erfolgen. Zur Bedeutung dieser Tatbestandsmerkmale wird auf die Kommentierung oben verwiesen, s. Rdn. 5. 8

### III. Übertragung der Organe oder Gewebe einschließlich der Vorbereitung

Die Übertragung von Organen oder Geweben ist gemäß § 1a Nr. 7 die Verwendung der Bestandteile des menschlichen Körpers in oder an einem menschlichen Empfänger sowie die Anwendung beim Menschen außerhalb des Körpers. 9

Die erste Konstellation spricht die klassische Transplantation an, bei der Organe oder Gewebe in den Körper eines anderen Menschen verpflanzt werden oder an dem Empfänger eingesetzt werden, wie dies etwa mit Haut geschieht, die bei schweren Brandverletzungen übertragen wird. Auch Art. 3l Gewebe-Richtlinie bezeichnet die Verwendung als Einsatz in oder an einem menschlichen Empfänger, was letztlich auf eine andere Umschreibung von Verwendung hinausläuft, für die Rechtsanwendung jedoch keine weitergehende Hilfestellung bedeutet. Es fällt auf, dass der Gesetzgeber die Bezeichnung »Übertragung« aus dem Transplantationsgesetz alter Fassung beibehalten und nicht auf die Definition der Gewebe-Richtlinie »Verwendung beim Menschen« zurückgegriffen hat. 10

Art. 3l Gewebe-Richtlinie bezieht die extrakorporale Anwendung in den Begriff der Verwendung ein. Der Grund hierfür ist, dass bei dieser Art der Verwendung ähnliche Risiken bestehen, wie bei der unmittelbaren Übertragung. Der Gesetzgeber hat dem entsprochen und die Übertragung in § 1a Nr. 7 auch als die Anwendung beim Menschen außerhalb des Körpers definiert. 11

Auch die Vorbereitung der Übertragung wird reguliert. In der Gewebe-Richtlinie wird die Vorbereitung von Entnahme und Übertragung nicht ausdrücklich genannt. Sie erstreckt sich aber nach Art. 3f, g und e umfassend auf die Beschaffung, Verarbeitung und Verwendung, was die Vorbereitung umfassen dürfte. Nach Art. 4 Abs. 2 Gewebe-Richtlinie hindert die Richtlinie die Mitgliedstaaten allerdings ohnehin nicht daran, strengere Schutzmaßnahmen beizubehalten oder einzuführen, wenn diese mit den Bestimmungen des Vertrages im Einklang stehen. Der Bundestag handelt damit jedenfalls im Einklang mit europäischem Recht, wenn er das Transplantationsgesetz auf die Vorbereitung von Entnahme und Übertragung erstreckt. 12

§ 1 TPG  Ziel und Anwendungsbereich des Gesetzes

### IV. Verbot des Handels mit Organen oder Geweben

13  Das Gewebegesetz hat das Verbot des Handels mit Organen auf menschliche Gewebe erstreckt. Dies wurde erforderlich, weil nach der alten Fassung des Gesetzes die Organdefinition Organe, Organteile oder Gewebe umfasste, das Gesetz nun aber zwischen Organen und Geweben differenziert. Um klarzumachen, dass das Verbot des Handels weiterhin Organe und Gewebe erfasst, wurde die Anpassung des Normtextes erforderlich. Das Verbot wird in § 17 näher geregelt. Verstöße gegen dieses Verbot sind nach § 18 strafbewehrt.

14  Was mit Handeltreiben gemeint ist, erläutert der Gesetzgeber auch weiterhin nicht. Von der Möglichkeit, eine Definition bei den Begriffsbestimmungen in § 1a aufzunehmen, hat er keinen Gebrauch gemacht. Der Gesetzesbegründung zur Fassung des Transplantationsgesetzes vor dem Gewebegesetz kann entnommen werden, dass der Gesetzgeber die Bedeutung des wortgleichen Begriffs im Betäubungsmittelgesetz übertragen will (BT-Drs. 13/4355, S. 29 f.). Es bleibt also dabei, dass die Rechtsprechung der Zivilgerichte zum Handeltreiben mit Betäubungsmitteln für das Transplantationsgesetz herangezogen werden muss.

15  Die Kritik an der Weite des betäubungsmittelrechtlichen Begriffs, der nach Meinung vieler auf das Transplantationsgesetz nicht passt, wird also anhalten, vgl. BSG NZS 2004, 531, 533; LSG Nordrhein-Westfalen NWVBl 2001, 401, 408; LG München I NJW 2002, 2655. Unter Handeltreiben ist danach jede eigennützige, auf Güterumsatz gerichtete Tätigkeit zu verstehen, auch wenn es sich nur um eine einmalige oder vermittelnde Tätigkeit handelt, die auch Tausch- und Verschenkungsgeschäfte beinhalten kann. Weder ist dabei die Zuwendung eines Geldbetrages noch der Zufluss einer Gegenleistung des Handeltreibenden erforderlich (BSG NZS 2004, 531, 533).

### B. Anwendungsausschluss

16  Die Ausnahmen vom Transplantationsgesetz wurden durch das Gewebegesetz ebenfalls neu gefasst. Beide Änderungen, sowohl die Ausnahme für Blut und Blutbestandteile, also auch die Privilegierung der autologen Transplantation bei chirurgischen Eingriffen, gehen auf die Gewebe-Richtlinie zurück.

### I. Rückübertragene Gewebe innerhalb ein und desselben chirurgischen Eingriffs

17  Wie beim Anwendungsbereich oben bereits erläutert wurde, gilt die Gewebe-Richtlinie auch für autologe Transplantationen menschlicher Gewebe oder Zellen. Mit der Einführung des Gewebegesetzes hat der Gesetzgeber daher die Einschränkung in § 1 auf Spenden und Entnahmen von Organen zum Zwecke der Übertragung auf andere Menschen gestrichen. § 1 Abs. 3 Nr. 1 macht hiervon nur eine Ausnahme für Gewebe, die innerhalb ein und desselben chirurgischen Eingriffs einer Person entnommen werden, um auf diese rückübertragen zu werden. Diese Ausnahme vom Anwendungsbereich entspricht Art. 2 Abs. 2a Gewebe-Richtlinie, wonach Gewebe und Zellen, die innerhalb ein und desselben chirurgischen Eingriffs als autologes Transplantat verwendet werden, nicht unter die Richtlinie fallen. Bei diesen Eingriffen bestehen nicht die gleichen Gefahren, wie bei einer Übertragung auf Dritte. Hierunter fällt z.B. die Entnahme einer Vene im Rahmen einer Herzbypassoperation (vgl. hierzu *Lipp*, in: Laufs/Katzenmeier/Lipp, Arztrecht, VI.A.I.4. Rn. 16).

### II. Blut und Blutbestandteile

18  Nach § 1 Abs. 2 in der Fassung vor dem Gewebegesetz war Blut vom Anwendungsbereich des TPG ausgenommen. Nun sind gemäß § 1 Abs. 3 Nr. 2 neben Blut auch Blutbestandteile ausgenommen. Dies entspricht Art. 2 Abs. 2b Gewebe-Richtlinie. Sie verweist für die Definition von Blut und Blutbestandteilen auf die Richtlinie 2002/98/EG des Europäischen Parlaments und des Rates vom 27.01.2003 zur Festlegung von Qualitäts- und Sicherheitsstandards für die Gewinnung, Testung, Verarbeitung, Lagerung und Verteilung von menschlichem Blut und Blutbestandteilen. Nach Art. 3b dieser Richtlinie sind Blutbestandteile therapeutische Bestandteile von Blut (Erythrozyten,

Leukozyten, Thrombozyten, Plasma), die durch unterschiedliche Methoden gewonnen werden können. Diese Definition von Blutbestandteilen ist dem Transplantationsgesetz zugrunde zu legen.

### III. Keine Ausnahme für Knochenmark sowie embryonale Organe und Gewebe

§ 8 gilt auch für die Entnahme von Knochenmark, embryonalen Organen und Geweben. In § 8a wurde die Entnahme von Knochenmark bei minderjährigen Personen gesondert geregelt. Eine eigene Regelung für die Entnahme von Organen und Geweben bei toten Embryonen und Föten enthält § 4a. 19

## § 1a Begriffsbestimmung

Im Sinne dieses Gesetzes
1. sind Organe, mit Ausnahme der Haut, alle aus verschiedenen Geweben bestehenden, differenzierten Teile des menschlichen Körpers, die in Bezug auf Struktur, Blutgefäßversorgung und Fähigkeit zum Vollzug physiologischer Funktionen eine funktionale Einheit bilden, einschließlich der Organteile und einzelner Gewebe eines Organs, die unter Aufrechterhaltung der Anforderungen an Struktur und Blutgefäßversorgung zum gleichen Zweck wie das ganze Organ im menschlichen Körper verwendet werden können, mit Ausnahme solcher Gewebe, die zur Herstellung von Arzneimitteln für neuartige Therapien im Sinne des § 4 Abs. 9 des Arzneimittelgesetzes bestimmt sind;
2. sind vermittlungspflichtige Organe die Organe Herz, Lunge, Leber, Niere, Bauchspeicheldrüse und Darm im Sinne der Nummer 1, die nach § 3 oder § 4 entnommen worden sind;
3. […];
4. sind Gewebe alle aus Zellen bestehenden Bestandteile des menschlichen Körpers, die keine Organe nach Nummer 1 sind, einschließlich einzelner menschlicher Zellen;
5. […];
6. ist Entnahme die Gewinnung von Organen oder Geweben;
7. ist Übertragung die Verwendung von Organen oder Geweben in oder an einem menschlichen Empfänger sowie die Anwendung beim Menschen außerhalb des Körpers;

8.–11. […].

| Übersicht | Rdn. | | Rdn. |
|---|---|---|---|
| A. Organdefinition | 1 | D. Entnahme von Organen oder Geweben | 15 |
| B. Definition vermittlungspflichtiger Organe | 9 | E. Übertragung von Organen oder Geweben | 16 |
| C. Gewebedefinition | 12 | | |

### A. Organdefinition

Bis zum Inkrafttreten des Gewebegesetzes im Jahr 2007 gab es im TPG keine Organdefinition, die den Begriff als solchen näher beschrieben hätte. In § 1a Nr. 1 hat der Gesetzgeber im Jahr 2007 eine Begriffsbestimmung vorgenommen, die sich in Teilen an die Organdefinition der Gewebe-Richtlinie anlehnt. Die Definition wurde im August 2012 ergänzt um die Merkmale »differenzierte« Teile des menschlichen Körpers. Außerdem wurde ergänzt, dass Organteile und einzelne Gewebe eines Organs »unter Aufrechterhaltung der Anforderungen an Struktur und Blutgefäßversorgung« verwendet werden können müssen. 1

Die Grunddefinition besagt, dass Organe Teile des menschlichen Körpers sind, die aus verschiedenen Geweben bestehen. Dieser Teil der Definition deckt sich mit Art. 3e Gewebe-Richtlinie. Der Begriff ist aus sich heraus verständlich, wenn man die Gewebedefinition aus § 1a Nr. 4 hinzu nimmt und bedarf deshalb keiner weiteren Erläuterung. Mit der gesetzlichen Ergänzung, dass es sich um »differenzierte« Teile des menschlichen Körpers handeln müsse, wollte der Bundestag 2

### § 1a TPG  Begriffsbestimmung

unterstreichen, dass Organteile und Gewebe nur dann als Organ anzusehen sind, wenn die Anforderung an Struktur und Blutgefäßversorgung wie beim ganzen Organ weiterhin bestehen (BT-Drs. 17/7376, S. 17; BT-Drs. 17/9773, S. 6). Diese beiden Voraussetzungen wurden zeitgleich in das Gesetz aufgenommen und stehen in direktem Zusammenhang mit der Differenziertheit der Teile.

3  Um Organe zu sein, müssen die Teile des menschlichen Körpers zusätzlich in Bezug auf Struktur, Blutgefäßversorgung und Fähigkeit zum Vollzug physiologischer Funktionen eine funktionale Einheit bilden. Art. 3e Gewebe-Richtlinie spricht von einem Teil des menschlichen Körpers, der seine Struktur, Vaskularisierung und Fähigkeit zum Vollzug physiologischer Funktionen mit deutlicher Autonomie aufrechterhält. In der Sache ist dies kein Unterschied. Im Zweifel wird die Organeigenschaft medizinisch-naturwissenschaftlich bestimmt werden müssen.

4  Im Unterschied zur Gewebe-Richtlinie wird die Haut von der Organdefinition ausgenommen; und dies, obwohl die menschliche Haut medizinisch betrachtet als Organ angesehen wird. Dies bedeutet jedoch nicht, dass menschliche Haut vom Anwendungsbereich des Transplantationsgesetzes ausgenommen wäre. Die Haut gilt vielmehr als Gewebe i.S.v. § 1a Nr. 4 (BT-Drs. 16/3146, S. 24). Organe sind damit beispielsweise die in § 1a Nr. 2 genannten Herz, Lunge, Leber, Niere, Bauchspeicheldrüse und Darm.

5  Als Organe gelten aber auch Organteile, die unter Aufrechterhaltung der Anforderungen an Struktur und Blutgefäßversorgung zum gleichen Zweck wie das ganze Organ im menschlichen Körper verwendet werden können. Hier ist also eine funktionale Betrachtung maßgeblich. Das Organteil muss geeignet sein, im menschlichen Körper zum gleichen Zweck wie das Organ übertragen und verwendet werden zu können. Die Anforderungen an Struktur und Blutgefäßversorgung müssen weiterhin bestehen wie beim ganzen Organ. Infrage kommen etwa Lebersegmente, Leber- und Lungenlappen (BT-Drs. 16/3146, S. 24). Umfasst sind allerdings nur Organteile, die zum gleichen Zweck wie das ganze Organ im menschlichen Körper verwendet werden können. Eine Verwendung außerhalb des Körpers, wie dies etwa bei aus der Leber gewonnenen Hepatozyten der Fall ist, die extrakorporal zur Überbrückung bis zu einer Lebertransplantation eingesetzt werden, ist nicht umfasst (BT-Drs. 16/3146, S. 24).

6  Organe sind schließlich einzelne Gewebe eines Organs, die zum gleichen Zweck wie das ganze Organ im menschlichen Körper verwendet werden können. Auch hier hat der Bundestag klargestellt, dass die Anforderungen an Struktur und Blutgefäßversorgung wie beim ganzen Organ weiterhin bestehen müssen. Wie bei den Organteilen sind extrakorporale Verwendungen ausgeschlossen. Die Eignung, das ganze Organ ersetzen zu können, ist auch hier eine medizinische Frage.

7  Zellen wie Pankreasinselzellen, die zur Wiederherstellung der Bauchspeicheldrüsenfunktion transplantiert werden sollen, gehören nicht zur Organdefinition. Dies gilt auch für Gewebe, die zur Herstellung von Arzneimitteln für neuartige Therapien im Sinne von § 4 Abs. 9 AMG bestimmt sind.

8  Die Organdefinition im TPG wirkt sich auf das AMG aus. Nach § 2 Abs. 3 Nr. 8 AMG sind nämlich Organe i.S.d. TPG, wenn sie zur Übertragung auf menschliche Empfänger bestimmt sind, keine Arzneimittel. Die Verordnung 1394/2007/EG des Europäischen Parlaments und des Rates vom 13.11.2007 über Arzneimittel für neuartige Therapien sieht vor, dass insbesondere Pankreasinselzellen und Leberzellen, die substantiell manipuliert werden, um eine Funktion der Pankreas oder der Leber bei dem Patienten zu erfüllen, wegen des aufwendigen Herstellungsverfahrens grundsätzlich zulassungspflichtige Arzneimittel für neuartige Therapien darstellen. Diese Zelltherapeutika unterliegen daher auch nationalem Arzneimittelrecht. Mit der Streichung von Zellen in der Organdefinition von § 1a Nr. 1 wurde erreicht, dass diese Zellen nicht mehr aus der Arzneimitteldefinition herausfallen (BT-Drs. 16/12256, S. 58).

## B. Definition vermittlungspflichtiger Organe

Vermittlungspflichtige Organe sind gemäß § 1a Nr. 2 die Organe Herz, Lunge, Leber, Niere, Bauchspeicheldrüse und Darm. Da der Gesetzgeber hier auf die Organdefinition in der gleichen Norm zurückgreift und die betroffenen Organe abschließend und eindeutig aufzählt, ist die Bestimmung selbsterklärend. Zusätzliche Voraussetzung dafür, dass die genannten Organe vermittlungspflichtige Organe sind, ist jedoch, dass sie nach § 3 oder § 4 entnommen worden sind; es geht also ausschließlich um die Entnahme bei verstorbenen Spendern. § 3 regelt die Entnahme mit Einwilligung des Spenders, § 4 die Entnahme mit Zustimmung der nächsten Angehörigen, nahestehender Personen oder Beauftragter. Im Einzelnen sind dort neben der Einwilligung die Feststellung des Todes des Organ- oder Gewebespenders sowie Pflichten zur Unterrichtung der Angehörigen und zur Aufzeichnung der Organ- oder Gewebeentnahme etc. geregelt. 9

Durch die Bezugnahme auf die Organdefinition in § 1a Nr. 1 ist auch hier klargestellt, dass die Organe nur dann als vermittlungspflichtige Organe gelten, wenn sie im menschlichen Körper verwendet werden sollen. Organe, die außerhalb des Körpers verwendet werden sollen, sind keine vermittlungspflichtigen Organe. Dies hat seinen Grund darin, dass bei einer extrakorporalen Verwendung die Koordinierungs- und Verteilungsregelung der §§ 11 und 12 nicht erforderlich sind. Für vermittlungspflichtige Organe gelten spezielle Anforderungen. Gem. § 9 Abs. 2 Satz 3 ist die Übertragung vermittlungspflichtiger Organe nur zulässig, wenn die Organe durch die Vermittlungsstelle unter Beachtung der Regelungen nach § 12 Abs. 3 Satz 1 vermittelt worden sind. 10

Durch den Verweis auf die Organdefinition in § 1a Nr. 1 ist im Übrigen klargestellt, dass Teile der genannten Organe, die zum gleichen Zweck wie das ganze Organ im menschlichen Körper verwendet werden können, ebenfalls als vermittlungspflichtige Organe gelten. 11

## C. Gewebedefinition

Durch das Gewebegesetz wurde im Jahr 2007 erstmals eine Gewebedefinition in das TPG aufgenommen. Obwohl der Organbegriff auch davor bereits menschliche Gewebe umfasste, hatte der Gesetzgeber ihn ebenso wenig wie den Gewebebegriff definiert. Unter dem Gewebebegriff sind nun sowohl die Gewebedefinition als auch die Definition von Zellen zusammengefasst. Nach der Gewebe-Richtlinie sind Gewebe alle aus Zellen bestehenden Bestandteile des menschlichen Körpers; Zellen sind einzelne menschliche Zellen und Zellansammlungen, die durch keine Art von Bindegewebe zusammengehalten werden. Diesen Gewebebegriff der Richtlinie hat der Gesetzgeber vollständig übernommen, auf eine eigene Zelldefinition jedoch verzichtet. Über diese positive Beschreibung von Gewebe hinaus ist der Gewebebegriff zusätzlich vom Organbegriff abgegrenzt. Gewebe sind nur solche Bestandteile des menschlichen Körpers, die keine Organe nach § 1a Nr. 1 sind. Der Organbegriff hat also Vorrang. Bestandteile oder Teile des menschlichen Körpers, die Organe im Sinne des Gesetzes sind, sind danach keine Gewebe. Zur Verdeutlichung besonderer Abgrenzungsprobleme greifen Spickhoff/*Scholz/Middel* § 1a TPG Rn. 7 die Problematik der vaskularisierten Gewebekomplexe auf. 12

In der Sache umfasst dieser Gewebe und Zellen einschließende Gewebebegriff damit folgende humanbiologische Materialien: Gewebe, die zur unmittelbaren Übertragung beim Menschen bestimmt sind, wie Haut, Hornhaut, ganze Knochen, Herzklappen, Faszien und Sehnen; zur Weiterverarbeitung bestimmte Gewebe, die be- oder verarbeitet werden, bevor sie beim Menschen verwendet werden können, namentlich Plazenta, Knochenmaterialien und Knochenmark, Operations- und Sektionsreste, Krankenhausprodukte wie Tumorgewebe, Gewebefraktionen, Stammzellen und Keimzellen; embryonale und fötale Gewebe. 13

Die besonders bedeutsame Änderung des Gewebegesetzes besteht darin, den Anwendungsbereich des Transplantationsgesetzes auf Knochenmark, embryonale und fötale Gewebe und auf menschliche Zellen zu erweitern (BT-Drs. 16/3146, S. 21). 14

### D. Entnahme von Organen oder Geweben

15 Unter der Entnahme von Organen oder Geweben versteht der Bundestag die Gewinnung dieser Bestandteile des menschlichen Körpers, wie § 1a Nr. 6 entnommen werden kann. Was mit der Gewinnung von Organen oder Geweben gemeint ist, wurde bei der Kommentierung von § 1 Abs. 1 erläutert. Dort ist der Entnahmebegriff ebenfalls enthalten (s. § 1 Rdn. 6). Zusammengefasst ist die Gewinnung von Organen oder Geweben jede Maßnahme, Organe oder Gewebe des menschlichen Körpers aus dem Körper herauszutrennen, herauszulösen etc. Neben dieser unmittelbaren Gewinnung durch Eingriff im oder am menschlichen Körper fällt hierunter auch die mittelbare Gewinnung außerhalb des Körpers, wie im Fall der Nutzung von Sektions- und Operationsresten sowie von Plazenta zur Be- und Weiterverarbeitung (BT-Drs. 16/3146, S. 24).

### E. Übertragung von Organen oder Geweben

16 Bei der Kommentierung von § 1 Abs. 2 Satz 1 (s. § 1 Rdn. 9–11) wurde bereits erläutert, was unter der Übertragung von Organen oder Geweben i.S.v. § 1a Nr. 7 zu verstehen ist. Umfasst ist jede Verwendung in oder an einem menschlichen Empfänger, also beispielsweise die Übertragung eines inneren Organs, ebenso wie die Übertragung von Haut sowie die Anwendung beim Menschen außerhalb des Körpers. Die Einbeziehung extrakorporaler Anwendungen entspricht Art. 3l Gewebe-Richtlinie.

## § 3 Entnahme mit Einwilligung des Spenders

(1) Die Entnahme von Organen oder Geweben ist, soweit in § 4 oder § 4a nichts Abweichendes bestimmt ist, nur zulässig, wenn
1. der Organ- oder Gewebespender in die Entnahme eingewilligt hatte,
2. der Tod des Organ- oder Gewebespenders nach Regeln, die dem Stand der Erkenntnisse der medizinischen Wissenschaft entsprechen, festgestellt ist und
3. der Eingriff durch einen Arzt vorgenommen wird.

Abweichend von Satz 1 Nr. 3 darf die Entnahme von Geweben auch durch andere dafür qualifizierte Personen unter der Verantwortung und nach fachlicher Weisung eines Arztes vorgenommen werden.

(2) Die Entnahme von Organen oder Geweben ist unzulässig, wenn
1. die Person, deren Tod festgestellt ist, der Organ- oder Gewebeentnahme widersprochen hatte,
2. nicht vor der Entnahme bei dem Organ- oder Gewebespender der endgültige, nicht behebbare Ausfall der gesamten Funktion des Großhirns, des Kleinhirns und des Hirnstamms nach Verfahrensregeln, die dem Stand der Erkenntnisse der medizinischen Wissenschaft entsprechen, festgestellt ist.

(3) Der Arzt hat dem nächsten Angehörigen des Organ- oder Gewebespenders über die beabsichtigte Organ- oder Gewebeentnahme zu unterrichten. Die entnehmende Person hat Ablauf und Umfang der Organ- oder Gewebeentnahme aufzuzeichnen. Der nächste Angehörige hat das Recht auf Einsichtnahme. Er kann eine Person seines Vertrauens hinzuziehen.

| Übersicht | Rdn. | | Rdn. |
|---|---|---|---|
| A. Voraussetzungen einer Entnahme | 1 | B. Einbeziehung des nächsten Angehörigen | 16 |

### A. Voraussetzungen einer Entnahme

1 § 3 Abs. 1 und Abs. 2 enthalten die **Voraussetzungen** für eine Entnahme von Organen und Geweben bei toten Spendern. Das Gewebegesetz hat mit einer Ausnahme nur zu redaktionellen Änderungen geführt. Da das Gesetz seither Organe und Gewebe getrennt regelt, wie § 1 Abs. 1 und § 1a

Nr. 1 und Nr. 4 entnommen werden kann, andererseits die Voraussetzungen für Organentnahmen und Gewebeentnahmen gleich sein sollen, wurde § 3 sprachlich angepasst. Es ist von Organen oder Geweben bzw. vom Organ- oder Gewebespender die Rede. Gelockert wurde durch § 3 Abs. 1 Satz 2 der strikte Arztvorbehalt für Gewebeentnahmen.

Erste Voraussetzung für eine Entnahme von Organen oder Geweben ist, dass der Spender in die Entnahme **eingewilligt** hat, § 3 Abs. 1 Satz 1 Nr. 1. Eine Ausnahme hiervon lassen nur zwei Vorschriften zu, § 4 und § 4a. Erstere greift in dem Fall, in dem weder eine schriftliche Einwilligung noch ein schriftlicher Widerspruch des Organ- oder Gewebespenders vorliegt. § 4a findet bei der Entnahme von einem toten Embryo oder Fötus Anwendung, wenn die Schwangere schriftlich eingewilligt hat.

2

Die in § 2 genannten staatlichen Stellen sollen durch **Aufklärung** und die Bereitstellung von Organ- oder Gewebespenderausweisen sicherstellen, dass sich ausreichend potentielle Spender zur Spende erklären. Hinzu kommt ab dem 01.03.2022 die Möglichkeit, sich in das neue Register für Erklärungen zur Organ- und Gewebespende nach § 2a eintragen zu lassen (vgl. dazu mehr unter Rdn. 15a). Wer eine solche Erklärung abgibt, kann nach § 2 Abs. 2 in eine Entnahme einwilligen, ihr widersprechen oder die Entscheidung einer namentlich genannten Person seines Vertrauens übertragen. Die Erklärung kann auf bestimmte Organe oder Gewebe beschränkt werden. Mit dem neuen Gesetz zur Stärkung der Entscheidungsbereitschaft bei der Organspende (BGBl. I 2020, S. 497) sollen die Aufklärungsmöglichkeiten ab dem 01.03.2022 erweitert werden. So sollen nach § 2 Abs. 1 Satz 7 bei der Beantragung, Verlängerung oder persönlichen Abholung von offiziellen Papieren dem Antragsteller Unterlagen über eine potentielle Organspende ausgehändigt und auf weitere Informations- und Beratungsmöglichkeiten sowie die Option, eine Erklärung zur Organ- und Gewebespende im Register abzugeben, hingewiesen werden. Eine solche Erklärung kann außer bei Passstellen der deutschen Auslandsvertretungen auch vor Ort abgegeben werden. Schließlich sollen Hausärzte nach § 2 Abs. 1a ihre Patienten regelmäßig darauf hinweisen, dass sie mit Vollendung des 16. Lebensjahres eine Erklärung zur Organ- und Gewebespende abgeben, ändern und widerrufen können, sowie einer Organspende ab dem 14. Lebensjahr widersprechen können.

3

Die Einwilligung ist an sich **nicht formgebunden**, sie kann auch mündlich erfolgen. Da dies den Beweis einer Einwilligung erschweren kann, fördert der Gesetzgeber eine schriftliche Erklärung durch Organ- oder Gewebespenderausweise. Da von der Einwilligung und dem Widerspruch nach wie vor nur zögerlich Gebrauch gemacht wird, kommt § 3 gegenüber der Entnahme mit Zustimmung anderer Personen nach § 4 geringere Bedeutung zu.

4

Neben der Einwilligung ist Voraussetzung, dass vor der Entnahme der **Tod des Spenders festgestellt** ist. Diese Feststellung soll nach den Regeln erfolgen, die dem Stand der Erkenntnisse der medizinischen Wissenschaft entsprechen, § 3 Abs. 1 Satz 1 Nr. 2. § 16 Abs. 1 Satz 1 Nr. 1 ermächtigt die Bundesärztekammer, in Richtlinien den Stand der Erkenntnisse der medizinischen Wissenschaft für die Regeln zur Feststellung des Todes festzustellen. Dem ist der Wissenschaftliche Beirat der Bundesärztekammer nachgekommen mit den Richtlinien zur Feststellung des Hirntodes, Deutsches Ärzteblatt 95 Heft 30 A-1861. In der Praxis kommt es also darauf an, ob diese Richtlinien eingehalten wurden und ob auf ihrer Grundlage der Todeszeitpunkt festgestellt wurde. Zwischenzeitlich sind auf der Grundlage des § 16 weitere Richtlinien zu relevanten Transplantationen erlassen worden. Sie betreffen insbesondere die Organe Herz, Lunge, Leber, Niere, Pankreas und Dünndarm.

5

An dieser zentralen Stelle des Transplantationsrechts, dem Tod des Spenders als Voraussetzung für die Entnahme von Organen und Geweben, hat der Bundestag den Zustand, der von Rechts wegen als Tod zu gelten hat, nicht selbst bestimmt. Da menschliches Leben durch Art. 2 Abs. 1 Satz 1 GG grundrechtlich geschützt ist, spricht vieles dafür, dass der Gesetzgeber diese wesentliche Frage selbst hätte beantworten müssen. Die medizinische Wissenschaft hätte dann diejenigen Tatsachen nachweisen müssen, die auf den gesetzlich definierten Todeszeitpunkt hinweisen. Nach geltendem

6

Recht ist die **Definition des Todes** jedoch den Medizinern überantwortet. Es kommt auf den Stand der Erkenntnisse der medizinischen Wissenschaft an.

7 Überraschenderweise belässt es der Bundestag nicht bei dieser einen Todesfeststellung. Nach § 3 Abs. 2 Nr. 2 ist die Entnahme auch dann unzulässig, wenn nicht vorher bei dem Spender der endgültige, nicht behebbare Ausfall der Gesamtfunktion des Großhirns, des Kleinhirns und des Hirnstamms nach Verfahrensregeln festgestellt ist, die dem Stand der Erkenntnisse der medizinischen Wissenschaft entsprechen. Das Gesetz verlangt also sowohl die Feststellung des Todes, als auch die *Feststellung des Hirntodes* des Spenders, vgl. zur Problematik *Rixen*, Lebensschutz am Lebensende 1999, S. 225 f., S. 236 ff.

8 Weder das Gesetz noch die Begründung zum Gesetz bringen Klarheit, in welchem Verhältnis die beiden Todesbegriffe zueinander stehen (zum Todesbegriff ausführlich *Klein* MedR 2020, 1007 ff.). Der Änderungsantrag, der in den Deutschen Bundestag eingebracht wurde und auf den die Fassung des Gesetzes zurückgeht, behandelt die beiden Todesbegriffe nicht. Dort ist nur die Rede davon, die Feststellung des Todes richte sich – wie im gesamten deutschen Recht – nach dem Stand der Erkenntnisse der medizinischen Wissenschaft. Diese umfassen die Definition der Todeskriterien nach naturwissenschaftlich-medizinischer Kenntnis, die diagnostischen Verfahren, mit denen die Erfüllung dieser Kriterien festgestellt werden kann, und die dazu erforderliche ärztliche Qualifikation. Den Erkenntnisstand stelle die Bundesärztekammer in Richtlinien fest (BT-Drs. 13/8027, S. 8).

9 Die angesprochenen **Richtlinien** der Bundesärztekammer, die an sich nach § 16 Abs. 1 Satz 1 Nr. 1 die Regeln zur Feststellung sowohl des Todes als auch des Hirntodes feststellen sollen, sind die Richtlinien zur Feststellung des Hirntodes, Deutsches Ärzteblatt 95, Heft 30, 24.07.1998, A-1861. Dort heißt es in der Einleitung, mit dem Hirntod sei naturwissenschaftlich-medizinisch der Tod des Menschen festgestellt. Werde vom Arzt ein äußeres sicheres Zeichen des Todes festgestellt, so sei damit auch der Hirntod nachgewiesen.

10 Nimmt man den Gesetzgeber beim Wort, ist die Entnahme wegen § 3 Abs. 2 Nr. 2 bis zur Feststellung des Hirntodes oder Todes verboten. Nur wenn der so definierte Hirntod mit dem Tod des Spenders übereinstimmt, ist die Entnahme zulässig. Liegt jedoch der Todeszeitpunkt gemäß § 3 Abs. 1 Satz 1 Nr. 2 nach dem jeweiligen Stand der Erkenntnisse der medizinischen Wissenschaft zeitlich nach dem Hirntod, ist die Entnahme erst zulässig, wenn auch der Tod festgestellt ist. Ob, wann und unter welchen Bedingungen beide Zeitpunkte auseinanderfallen, beantwortet die medizinische Wissenschaft.

11 § 5 Abs. 1 Satz 1 fordert, dass die Todesfeststellungen jeweils durch zwei dafür **qualifizierte Ärzte** zu treffen sind, die den Organ- oder Gewebespender unabhängig voneinander untersucht haben (vgl. dazu weiter zur Richtlinie und genauen Qualifikation sowie Unabhängigkeitserfordernis *Neft*, MedR 2019, 537, 538; s. BGH, Urt. v. 29.01.2019 – VI R 495/16). Ausnahmsweise genügt nach Satz 2 die Untersuchung und Feststellung durch einen Arzt, wenn der endgültige, nicht mehr behebbare Stillstand von Herz und Kreislauf eingetreten ist und seitdem mehr als drei Stunden vergangen sind. § 5 Abs. 2 sichert die Unabhängigkeit der den Tod feststellenden Ärzte von den Ärzten, die die Übertragung vornehmen.

12 Gem. § 3 Abs. 1 Satz 1 Nr. 3 und Satz 2 darf die **Entnahme** von Organen nur durch einen Arzt vorgenommen werden. Der Arzt muss also den Eingriff persönlich vornehmen, anderenfalls hätte der Gesetzgeber Formulierungen wie »unter Leitung eines Arztes« oder »im Beisein eines Arztes« gewählt.

13 Das Gewebegesetz hat diesen strikten *Arztvorbehalt* für Gewebeentnahmen gelockert. Nach § 3 Abs. 1 Satz 2 darf die Entnahme von Geweben auch durch andere dafür qualifizierte Personen vorgenommen werden, wenn die Entnahme unter der Verantwortung und nach fachlicher Weisung eines Arztes erfolgt. Der Gesetzgeber meint, es sei zur Sicherung des Transplantierfähigkeit bei Organen erforderlich, dass der Arzt die chirurgische Entnahme selbst durchführe. Demgegenüber

sei es bei Geweben ausreichend, wenn qualifizierte nichtärztliche Personen unter ärztlicher Verantwortung und Weisung entnähmen (BT-Drs. 16/3146, S. 26).

Wie bei der Einwilligung des Spenders, hat auch der **Widerspruch des Spenders** unmittelbar rechtliche Bedeutung für die Entnahme von Organen und Geweben. Er führt gemäß § 3 Abs. 2 Nr. 1 dazu, dass die Entnahme unzulässig ist. Eine Entnahme trotz Widerspruch ist durch § 19 Abs. 2 unter Strafe gestellt. 14

Wie die Einwilligung, kann auch der Widerspruch im **Organ- und Gewebespenderausweis** oder auf andere Weise schriftlich oder mündlich erklärt werden. Er kann auf bestimmte Organe oder Gewebe beschränkt werden. Nach § 2 Abs. 2 Satz 3 kann der Widerspruch vom vollendeten 14. Lebensjahr an erklärt werden, wohingegen die Einwilligung erst vom vollendeten 16. Lebensjahres an erteilt werden darf. Weitere Voraussetzungen, etwa eine Einwilligungs- oder Widerspruchsfähigkeit, macht der Gesetzgeber nicht zur Voraussetzung. Die Erklärung kann jederzeit, ohne weitere Anforderungen, geändert werden. Sie muss auch nicht ausdrücklich als Widerspruch bezeichnet sein, wenngleich dies aus Gründen der Rechtssicherheit zu empfehlen ist. Jede andere Erklärung, die klar zu erkennen gibt, dass der potentielle Spender sich gegen die Entnahme ausspricht, ist ebenso bindend. Allerdings ist ein schriftlicher Widerspruch geeignet, die Zustimmung anderer Personen zur Entnahme zu verhindern. Eine solche Zustimmung ist nach § 4 Abs. 1 Satz 1 nämlich nur möglich, wenn kein schriftlicher Widerspruch des möglichen Spenders vorliegt. 15

*Onlineregister* 15a

Aufgrund des am 19.03.2020 veröffentlichten Gesetzes zur Stärkung der Entscheidungsbereitschaft bei der Organspende (BGBl. I S. 497), dessen Regelungen am 01.03.2022 in Kraft treten, richtet das BfArM ein Register für Erklärungen zur Organ- und Gewebespende ein und verwaltet dieses (§ 2a Abs. 1 Satz 1 n.F.). In besagtem Register können Personen, die das 16. Lebensjahr vollendet haben, zu jeder Zeit eine Erklärung zur Organ- und Gewebespende abgeben, ändern oder widerrufen. Der Widerspruch gegen eine solche Spende kann mit 14 Jahren selbst erklärt werden (§ 2a Abs. 1 Satz 2, 3 n.F.). Gem. § 2a Abs. 1 Satz 4, Abs. 4 n.F. besteht ein Auskunftsanspruch gegen das BfArM über die im Register gespeicherten Informationen für Personen, die eine Erklärung dort abgegeben haben. Unter bestimmten Voraussetzungen darf das BfArM Auskünfte aus dem Register auch an Ärzte oder Transplantationsbeauftragte erteilen. Diese müssen dazu von einem Krankenhaus dem BfArM als auskunftsberechtigt benannt sein und dürfen weder an der Entnahme noch an der Übertragung der Organe oder dem Gewebe des möglichen Organ- oder Gewebespenders beteiligt sein und auch nicht den Weisungen eines Arztes unterstehen, der an diesen Maßnahmen beteiligt ist (§ 2a Abs. 4 Satz 1 n.F.). Weiter darf eine Auskunft zu einem potentiellen Spender erst erfragt werden, wenn der Tod des potentiellen Spenders gemäß § 3 Abs. 1 Satz 1 Nr. 2 festgestellt worden ist **oder** in Behandlungssituationen, in denen der nicht behebbare Ausfall der Gesamtfunktion des Großhirns, des Kleinhirns und des Hirnstamms des möglichen Organ- oder Gewebespenders unmittelbar bevorsteht oder als bereits eingetreten vermutet wird. Die Auskünfte müssen vom BfArM aufgezeichnet werden. Gem. § 2a Abs. 5 soll das Auskunftsverfahren automatisiert werden, sofern die nach dem Datenschutz erforderlichen technischen und organisatorischen Maßnahmen zum Schutz natürlicher Personen getroffen wurden. Die dadurch generierten Abrufe sollen nach § 2a Abs. 5 Satz 4 nur durch geeignete Stichprobenverfahren oder bei speziellem Anlass geprüft werden. Es kann somit nicht davon ausgegangen werden, dass das Verfahren die Auskunft über potentielle Spender behindert. Gleichzeitig besteht jedoch eine erhöhte Gefahr, dass die in § 2a statuierten Voraussetzungen einfach missachtet werden können.

Neben dem *Baerbock/Kipping*-Entwurf, der final zum Gesetz zur Stärkung der Entscheidungsbereitschaft bei der Organspende führte, stand im Januar 2020 die Einführung einer sogenannten doppelten Widerspruchslösung im Raum. Der überfraktionell eingebrachte Entwurf (BT-Drs. 19/11096) sah vor, dass grundsätzlich jede Person als Spender gelten sollte, wenn sie dem nicht zuvor aktiv widersprochen hat. Unzulässig sollte eine Organ- oder Gewebeentnahme indes sein, wenn der mögliche Spender nicht in der Lage war, Wesen, Bedeutung und Tragweite einer Spende zu 15b erkennen und seinen Willen danach auszurichten. Auch dieser Vorschlag sah die Einführung eines Registers vor, in das Bürgerinnen und Bürger ihre Erklärung zur Organ- und Gewebespende eintragen können. Der transplantierende Arzt sollte verpflichtet werden, den Willen eines potentiellen Spenders im Register zu prüfen. Die nächsten Angehörigen oder gleichrangige andere Personen nach § 3 Abs. 3 Satz 1 sollten nach dem Vorschlag nur noch darüber befragt werden, ob ihnen ein gegen eine Organ- oder Gewebespende stehender Wille bekannt sei. Darüber hinaus sollte ihnen außer im Fall von Minderjährigen, die noch keinen Willen gebildet haben, keine Entscheidungsbefugnis mehr zukommen (BT-Drs. 19/11096 S. 5 ff.).

Der Vorschlag, den u.a. Bundesgesundheitsminister Jens Spahn und SPD Gesundheitsexperte Prof. Dr. Karl Lauterbach unterstützten, wurde auch von der Bundesärztekammer präferiert (s. Pressemitteilung zum 121. Deutschen Ärztetag vom 10. Mai 2018, Ärztetag fordert Einführung der Widerspruchslösung zur Organspende).

Die Vertreter der Zustimmungslösung sahen in diesem Vorschlag eine Verletzung der Selbstbestimmung über den eigenen Körper als »zentrales Element menschlicher Würde« (vgl. BT-Drs. 19/11087, S. 2; auch aus soziologisch-religiösen Gründen gegenüber der Widerspruchslösung restriktiv, aber zum Schluss offen *Kreß*, MedR 2019, 192 ff.). Ob mit dem Vorschlag tatsächlich eine Verletzung der Menschenwürde einhergehen würde, ist jedoch fraglich (s. umfassend zu der Verfassungsmäßigkeit der doppelten Widerspruchslösung *Hufen*, NVwZ 2019, 1325 ff. mit Hinweis auf BVerfG, Beschl. v. 18.02.1999 – 1 BvR 2156–98, NJW 1999, 3403, das damals schon die Widerspruchslösung für grundsätzlich zulässig erachtete; kritisch demgegenüber *Höfling*, ZRP 2019, 2, 3 f., der ein umso stärkeres Rechtfertigungsbedürfnis sieht, je weniger die Angehörigen in den Organspendeprozess eingebunden sind).

Neben der Widerspruchs- und der Zustimmungslösung wurde von der AfD zudem eine Vertrauenslösung vorgeschlagen (BT-Drs. 19/11124), die jedoch noch keine konkreten Gesetzesänderungsvorschläge beinhaltete und über die nicht abgestimmt worden ist.

### B. Einbeziehung des nächsten Angehörigen

16 Gem. § 3 Abs. 3 ist der nächste **Angehörige** des Spenders einzubeziehen. Der Arzt hat den nächsten Angehörigen über die beabsichtigte Organ- oder Gewebeentnahme zu unterrichten. Die entnehmende Person, also der Arzt oder die andere dafür qualifizierte Person bei einer Gewebeentnahme, hat außerdem Ablauf und Umfang der Entnahme aufzuzeichnen. Auch diese Aufzeichnung soll die Einbeziehung des nächsten Angehörigen sicherstellen, der ein Recht auf Einsichtnahme in die Aufzeichnungen hat. Er kann hierzu eine Person seines Vertrauens hinzuziehen.

17 Die **Unterrichtung** des nächsten Angehörigen über die beabsichtigte Entnahme soll sicherstellen, dass er die geplante Entnahme kontrollieren kann auch im Hinblick darauf, ob ihm ablehnende Erklärungen des Organspenders bekannt sind. Diese Einbindung des Angehörigen steht im Zusammenhang mit den Einsichtnahmerechten bei der Entnahme mit Zustimmung anderer Personen gemäß § 4 Abs. 4 und im Rahmen des ärztlichen Nachweisverfahrens auf der Grundlage von § 5 Abs. 2 Satz 4 und Satz 5. Die Einbindung der Angehörigen dient daneben dem Zweck, eine transparente und legale Entnahme sicherzustellen und das Vertrauen der Angehörigen zu stärken.

### § 4 Entnahme mit Zustimmung anderer Personen

(1) Liegt dem Arzt, der die Organ- oder Gewebeentnahme vornehmen oder unter dessen Verantwortung die Gewebeentnahme nach § 3 Abs. 1 Satz 2 vorgenommen werden soll, weder eine schriftliche Einwilligung noch ein schriftlicher Widerspruch des möglichen Organ- oder Gewebespenders vor, ist dessen nächster Angehöriger zu befragen, ob ihm von diesem eine Erklärung zur Organ- oder Gewebespende bekannt ist. Ist auch dem nächsten Angehörigen eine solche Erklärung nicht bekannt, so ist die Entnahme unter den Voraussetzungen des § 3 Abs. 1 Satz 1 Nr. 2 und 3, Satz 2 und Abs. 2 Nr. 2 nur zulässig, wenn ein Arzt den nächsten Angehörigen über

eine in Frage kommende Organ- oder Gewebeentnahme unterrichtet und dieser ihr zugestimmt hat. Kommt eine Entnahme mehrerer Organe oder Gewebe in Betracht, soll die Einholung der Zustimmung zusammen erfolgen. Der nächste Angehörige hat bei seiner Entscheidung einen mutmaßlichen Willen des möglichen Organ- oder Gewebespenders zu beachten. Der Arzt hat den nächsten Angehörigen hierauf hinzuweisen. Der nächste Angehörige kann mit dem Arzt vereinbaren, dass er seine Erklärung innerhalb einer bestimmten, vereinbarten Frist widerrufen kann; die Vereinbarung bedarf der Schriftform.

*Zum 01.03.2022:*
*(1) Hat die Auskunft aus dem Register für Erklärungen zur Organ- und Gewebespende nach § 2a Absatz 4 ergeben, dass der mögliche Organ- und Gewebespender keine Erklärung zur Organ und Gewebespende abgegeben hat, und liegt dem Arzt, der die Organ- oder Gewebeentnahme vornehmen oder unter dessen Verantwortung die Gewebeentnahme nach § 3 Abs. 1 Satz 2 vorgenommen werden soll, weder eine schriftliche Einwilligung noch ein schriftlicher Widerspruch des möglichen Organ- oder Gewebespenders vor, ist dessen nächster Angehöriger zu befragen, ob ihm von diesem eine Erklärung zur Organ- oder Gewebespende bekannt ist. Ist auch dem nächsten Angehörigen eine solche Erklärung nicht bekannt, so ist die Entnahme unter den Voraussetzungen des § 3 Abs. 1 Satz 1 Nr. 2 und 3, Satz 2 und Abs. 2 Nr. 2 nur zulässig, wenn ein Arzt den nächsten Angehörigen über eine in Frage kommende Organ- oder Gewebeentnahme unterrichtet und dieser ihr zugestimmt hat. Kommt eine Entnahme mehrerer Organe oder Gewebe in Betracht, soll die Einholung der Zustimmung zusammen erfolgen. Der nächste Angehörige hat bei seiner Entscheidung einen mutmaßlichen Willen des möglichen Organ- oder Gewebespenders zu beachten. Der Arzt hat den nächsten Angehörigen hierauf hinzuweisen. Der nächste Angehörige kann mit dem Arzt vereinbaren, dass er seine Erklärung innerhalb einer bestimmten, vereinbarten Frist widerrufen kann; die Vereinbarung bedarf der Schriftform.*

(2) Der nächste Angehörige ist nur dann zu einer Entscheidung nach Absatz 1 befugt, wenn er in den letzten zwei Jahren vor dem Tod des möglichen Organ- oder Gewebespenders zu diesem persönlichen Kontakt hatte. Der Arzt hat dies durch Befragung des nächsten Angehörigen festzustellen. Bei mehreren gleichrangigen nächsten Angehörigen genügt es, wenn einer von ihnen nach Absatz 1 beteiligt wird und eine Entscheidung trifft; es ist jedoch der Widerspruch eines jeden von ihnen beachtlich. Ist ein vorrangiger nächster Angehöriger innerhalb angemessener Zeit nicht erreichbar, genügt die Beteiligung und Entscheidung des zuerst erreichbaren nächsten Angehörigen. Dem nächsten Angehörigen steht eine volljährige Person gleich, die dem möglichen Organ- oder Gewebespender bis zum seinem Tode in besonderer persönlicher Verbundenheit offenkundig nahegestanden hat; sie tritt neben den nächsten Angehörigen.

(3) Hatte der mögliche Organ- oder Gewebespender die Entscheidung über eine Organ- oder Gewebeentnahme einer bestimmten Person übertragen, tritt diese an die Stelle des nächsten Angehörigen.

(4) Der Arzt hat Ablauf, Inhalt und Ergebnis der Beteiligung der nächsten Angehörigen sowie der Personen nach Absatz 2 Satz 5 und Absatz 3 aufzuzeichnen. Die nächsten Angehörigen sowie die Personen nach Absatz 2 Satz 5 und Absatz 3 haben das Recht auf Einsichtnahme.

| Übersicht | Rdn. | | Rdn. |
|---|---|---|---|
| A. Entnahme mit Zustimmung nächster Angehöriger ................ | 1 | C. Entnahme mit Zustimmung Beauftragter ........................... | 15 |
| B. Entnahme mit Zustimmung Nahestehender ........................ | 13 | D. Aufzeichnungspflichten und Einsichtnahmerechte .................. | 17 |

### A. Entnahme mit Zustimmung nächster Angehöriger

Da es noch immer vergleichsweise selten vorkommt, dass potentielle Spender sich dazu geäußert haben, ob sie in eine Spende einwilligen oder ihr widersprechen, kommt der Entnahme mit Zustimmung anderer Personen gem. § 4 praktisch große Bedeutung zu. Nach dem Gewebegesetz soll 1 bei einer Entnahme mehrerer Organe oder Gewebe die Zustimmung für beide Vorgänge grundsätzlich zusammen erfolgen. Maßgebend für die Zustimmung ist der mutmaßliche Wille des möglichen Spenders, § 4 Abs. 1 Satz 4.

2 Voraussetzung für die Zustimmung eines nächsten Angehörigen des Spenders ist gem. § 4 Abs. 1 Satz 1 zunächst, dass dem Arzt, der die Organ- oder Gewebeentnahme vornehmen oder unter dessen Verantwortung die Gewebeentnahme vorgenommen werden soll, weder eine schriftliche Einwilligung noch ein schriftlicher **Widerspruch** des Spenders vorliegen. Ab dem 01.03.2022 darf zusätzlich keine Erklärung im Register für Erklärungen zur Organ- und Gewebespende nach § 2a Abs. 4 vorliegen, aus der der Wille des Spendenden hervorgeht. Dahinter steckt der Gedanke, dass die Erklärung einer Person zu Lebzeiten zur Organspende unumstößlich und von jedermann zu beachten ist.

3 Um den **maßgeblichen Willen** des Spenders zu erforschen, ist der Arzt daher verpflichtet, den nächsten Angehörigen des Spenders zu befragen, ob ihm eine Erklärung des Spenders zur Organ- oder Gewebespende bekannt ist. Nächste Angehörige sind nach § 1a Nr. 5 in der Rangfolge ihrer Aufzählung
1) der Ehegatte oder der eingetragene Lebenspartner,
2) die volljährigen Kinder,
3) die Eltern oder, sofern der mögliche Organ- oder Gewebespender zur Todeszeit minderjährig war und die Sorge für seine Person zu dieser Zeit nur einem Elternteil, einem Vormund oder einem Pfleger zustand, dieser Sorgeinhaber,
4) die volljährigen Geschwister,
5) die Großeltern.

4 Wenn auch nächste Angehörige eine solche Erklärung nicht kennen, setzt § 4 Abs. 1 Satz 2 weiter voraus, dass ein Arzt den nächsten Angehörigen über eine infrage kommende Organ- oder Gewebeentnahme unterrichtet und dass der nächste Angehörige der Entnahme zugestimmt hat. Die **Unterrichtung** muss der Zustimmung naturgemäß vorausgegangen sein. Die Unterrichtung muss nicht der Arzt vornehmen, der transplantiert. Es genügt, wenn »ein Arzt« den Angehörigen unterrichtet hat. Die Zustimmung kann allerdings nur derjenige Angehörige erteilen, der in den letzten zwei Jahren vor dem Tod des Spenders zu diesem persönlichen Kontakt hatte. Auch dies muss der Arzt durch Befragung feststellen, § 4 Abs. 2 Satz 1 und Satz 2.

5 Selbstverständlich ist auch, dass gem. § 4 Abs. 1 Satz 2 die Entnahme nur unter den Voraussetzungen einer Entnahme mit Einwilligung des Spenders nach § 3 zulässig ist, mit Ausnahme der Voraussetzungen, die an den Willen des Spenders anknüpfen. Gem. § 3 Abs. 1 Satz 1 Nr. 2 und 3, Satz 2 sowie Abs. 2 Nr. 2 muss der **Tod** des Spenders nach Regeln, die dem Stand der Erkenntnisse der medizinischen Wissenschaft entsprechen, festgestellt sein (vgl. dazu § 3 Rdn. 5 ff.). Den Eingriff muss ein Arzt oder bei der Entnahme von Geweben eine andere dafür qualifizierte Person unter der Verantwortung und fachlichen Weisung eines Arztes vornehmen. Schließlich muss der endgültige, nicht behebbare Ausfall der Hirnfunktionen, die den Hirntod nachweisen, festgestellt sein. Zu diesen Entnahmevoraussetzungen wird auf die Kommentierung zu § 3 verwiesen.

6 Durch das Gewebegesetz wurde § 4 Abs. 1 Satz 3 in das Transplantationsgesetz aufgenommen. Danach soll die Zustimmung des nächsten Angehörigen zur Transplantation zusammen eingeholt werden, wenn eine **Entnahme mehrerer Organe** oder Gewebe in Betracht kommt. Man will dem Angehörigen des Verstorbenen nicht zumuten, mehrmals um Zustimmung zur Entnahme verschiedener Organe oder Gewebe gebeten zu werden. Daher muss der Arzt, der eine Entnahme beabsichtigt, im Vorfeld prüfen, welche Organe oder Gewebe nach medizinischer Beurteilung entnommen werden könnten, bevor er an den nächsten Angehörigen herantritt (BT-Drs. 16/3146, S. 26). In begründeten Ausnahmefällen kann hiervon abgewichen werden.

7 Der Gesetzgeber verpflichtet den nächsten Angehörigen, bei seiner Entscheidung den mutmaßlichen Willen des potentiellen Spenders zu beachten. Darüber hinaus macht er keine inhaltlichen oder formalen Vorgaben. Die **Zustimmung** kann also mündlich oder schriftlich erfolgen, alle infrage kommenden Organe oder Gewebe betreffen bzw. sich auf einzelne Organe oder Gewebe

beschränken. Die Zustimmung ist bedingungsfeindlich. Der nächste Angehörige ist also nicht berechtigt, über die ohnehin von Gesetzes wegen zu beachtenden Voraussetzungen bei der Entnahme hinaus weitere Bedingungen an seine Zustimmung zu knüpfen. Eine bedingte Zustimmung ist im Zweifel als Ablehnung der Entnahme zu werten.

Diese Bedingungsfeindlichkeit kommt auch darin zum Ausdruck, dass der Gesetzgeber in § 4 Abs. 1 Satz 6 ausnahmsweise eine Bedingung ermöglicht. Der nächste Angehörige kann danach mit dem Arzt vereinbaren, dass er seine Erklärung innerhalb einer bestimmten, vereinbarten Frist widerrufen kann. Die Vereinbarung muss schriftlich erfolgen. Hiermit soll dem Angehörigen eine Bedenkzeit eingeräumt werden. Gibt er innerhalb der vereinbarten Frist keine Erklärung ab, gilt seine Zustimmung als erteilt. Diese Regelung soll dem Angehörigen, der sich bei der Befragung durch den Arzt über eine Zustimmung zur Entnahme überfordert fühlt, die Verantwortung scheut und deshalb zurückhaltend reagiert, die Zustimmung erleichtern. 8

Gem. § 4 Abs. 1 Satz 4 hat der nächste Angehörige bei seiner Entscheidung einen **mutmaßlichen Willen** des möglichen Organ- oder Gewebespenders zu beachten. Hierauf hat der Arzt nach § 4 Abs. 1 Satz 5 hinzuweisen. Dem Gesetzgeber schwebt vor, dass der Angehörige den mutmaßlichen Willen des potentiellen Spenders aus seiner zu Lebzeiten geäußerten Überzeugung und anderen wesentlichen Anhaltspunkten schöpft, die vermuten lassen, welche Einstellung er zu einer postmortalen Organspende hatte (BT-Drs. 13/8027, S. 9). Sind dem Angehörigen keine Anhaltspunkte für einen mutmaßlichen Willen bekannt, trifft er die Entscheidung eigenständig anstelle des Verstorbenen nach seinem ethisch verantwortbaren Gewissen (BT-Drs. 13/8027, S. 9). Für den Angehörigen kann dies zu einer starken Belastung führen. 9

Gibt es mehrere **gleichrangige** nächste **Angehörige**, was bei volljährigen Kindern oder Eltern der Fall sein kann, genügt es nach § 4 Abs. 2 Satz 3, wenn einer von ihnen beteiligt wird und die Entscheidung trifft. Allerdings ist der Widerspruch eines jeden gleichrangigen nächsten Angehörigen beachtlich. Gibt es also mehrere volljährige Kinder oder leben beide Eltern, so muss eine Spende unterbleiben, wenn einer der Angehörigen der Entnahme widerspricht. Stimmt ein Angehöriger der Entnahme zu und schweigen die übrigen Angehörigen, darf entnommen werden. 10

Wenn ein vorrangiger nächster Angehöriger innerhalb angemessener Zeit nicht erreichbar ist, genügt nach § 4 Abs. 2 Satz 4 die Beteiligung und Entscheidung des **zuerst erreichbaren** nächsten **Angehörigen**. Befindet sich also etwa der Ehegatte des potentiellen Spenders, der nach § 1a Nr. 5 in der Rangfolge vor den volljährigen Kindern steht, unerreichbar im Ausland, sind die volljährigen Kinder jedoch erreichbar, genügt deren Beteiligung und Entscheidung. Die größte Schwierigkeit besteht darin, die angemessene Zeit zu definieren, innerhalb der der vorrangige nächste Angehörige nicht erreichbar ist. Bei der Angemessenheit wird es in erster Linie darauf ankommen, wie lange die für eine Entnahme infrage kommenden Organe oder Gewebe nach Eintritt des Todes für eine Transplantation entnommen werden können. 11

Klar ist nach den Vorgaben des Gesetzes auch, dass die Entnahme nur zulässig ist, wenn ein nächster Angehöriger erreichbar war, unterrichtet wurde und eine Entscheidung getroffen hat. Ist **kein Angehöriger erreichbar**, darf nicht entnommen werden. Eine Freigabe durch staatliche Stellen ist unzulässig. 12

## B. Entnahme mit Zustimmung Nahestehender

Unter bestimmten Voraussetzungen räumt der Gesetzgeber anderen Personen anstelle des nächsten Angehörigen die Entscheidungsbefugnis über die Entnahme ein oder modifiziert die Entscheidungsbefugnis der nächsten Angehörigen. Der erste Fall sind volljährige Personen, die dem möglichen Organ- oder Gewebespender bis zu seinem Tode in **besonderer persönlicher Verbundenheit** offenkundig nahegestanden haben. Solche Personen stehen gem. § 4 Abs. 2 Satz 5 dem nächsten Angehörigen gleich, sie treten neben ihn. Der Grund hierfür ist, dass diese Personen, weil sie dem potentiellen Spender sehr nahe standen, ebenso wie nächste Angehörige einen erklärten oder mutmaßlichen Willen des Verstorbenen kennen oder sich erschließen können und im Allgemeinen gut erreichbar sein werden. Neben Verlobten kommen hierfür insbesondere Personen infrage, die mit dem potentiellen Spender nachweisbar und zweifelsfrei in Lebensgemeinschaft lebten. 13

14  Die Gleichstellung dieser Personen mit nächsten Angehörigen bedeutet, dass sie in gleicher Weise durch einen Arzt zu unterrichten sind und ihre Zustimmung einzuholen ist. Im Verhältnis zu den nächsten Angehörigen genügt es gem. § 4 Abs. 2 Satz 3, dass entweder der Nahestehende oder ein Angehöriger beteiligt wird und eine Entscheidung trifft. Der Widerspruch der dem potentiellen Spender nahe stehenden Person verhindert jedoch die Entnahme, auch wenn die Angehörigen zustimmen wollen. Ist der Nahestehende erreichbar, der nächste Angehörige jedoch nicht innerhalb angemessener Zeit verfügbar, reicht gem. § 4 Abs. 2 Satz 4 die Beteiligung der nahestehenden Person aus und umgekehrt.

### C. Entnahme mit Zustimmung Beauftragter

15  Der nächste Angehörige wird von der Zustimmung nach § 4 Abs. 3 ausgeschlossen, wenn der potentielle Spender die Entscheidung über die Entnahme einem Dritten übertragen hatte. Für diese Ausübung des **Selbstbestimmungsrechts** braucht der mögliche Spender unabhängig von Beweisschwierigkeiten keine Form einhalten, es genügt also auch eine mündliche Übertragung der Entscheidungsbefugnis. Die Übertragung der Entscheidungsbefugnis wird auch in § 2 Abs. 2 Satz 1 angesprochen. Aus § 2 Abs. 2 Satz 2 folgt, dass sie auf bestimmte Organe oder Gewebe beschränkt werden kann.

16  Zu Schwierigkeiten kann es kommen, wenn der Beauftragte es **ablehnt**, das **Entscheidungsrecht** auszuüben, wenn er die Geschäftsfähigkeit verliert oder verstirbt bzw. wenn er nicht innerhalb einer angemessenen Frist erreichbar ist. Hierzu hat der Gesetzgeber keine Regelung getroffen. Der Begründung zum Gesetzentwurf kann entnommen werden, dass in diesen Fällen der nächste Angehörige und die nahe stehende Person die Befugnis des ursprünglich Beauftragten übernehmen (BT-Drs. 13/8027, S. 11).

### D. Aufzeichnungspflichten und Einsichtnahmerechte

17  Dem Gesetzgeber ist bei dieser hoch sensiblen Frage, der Zustimmung zur Entnahme von Organen oder Geweben bei einem Dritten, an Transparenz, Verfahrenssicherung, Rechtsklarheit und Kontrolle gelegen. Er verpflichtet deshalb in § 4 Abs. 4 Satz 1 den Arzt, Ablauf, Inhalt und Ergebnis der Beteiligung der nächsten Angehörigen, Nahestehenden und Beauftragten aufzuzeichnen. Die genannten Personen haben außerdem gem. § 4 Abs. 4 Satz 2 das Recht, die Aufzeichnungen einzusehen (BT-Drs. 13/8027, S. 11). **Aufzeichnungspflicht** und **Einsichtnahmerecht** tragen dazu bei, das Vertrauen in einen ordnungsgemäßen Ablauf der Entnahme und in die Sicherung von Interessen und Rechten der Betroffenen zu stärken (BT-Drs. 13/8027, S. 8).

### § 4a Entnahme bei toten Embryonen und Föten

(1) Die Entnahme von Organen oder Geweben bei einem toten Embryo oder Fötus ist nur zulässig, wenn
1. der Tod des Embryos oder Fötus nach Regeln, die dem Stand der Erkenntnisse der medizinischen Wissenschaft entsprechen festgestellt ist,
2. die Frau, die mit dem Embryo oder Fötus schwanger war, durch einen Arzt über eine in Frage kommende Organ- oder Gewebeentnahme aufgeklärt worden ist und in die Entnahme der Organe oder Gewebe schriftlich eingewilligt hat und
3. der Eingriff durch einen Arzt vorgenommen wird.

In den Fällen des Satz 1 Nr. 3 gilt § 3 Absatz 1 Satz 2 entsprechend. Die Aufklärung und die Einholung der Einwilligung dürfen erst nach der Feststellung des Todes erfolgen.

(2) Der Arzt hat Ablauf, Inhalt und Ergebnis der Aufklärung und der Einwilligung nach Absatz 1 Satz 1 Nr. 2 aufzuzeichnen. Die entnehmende Person hat Ablauf und Umfang der Organ- oder Gewebeentnahme aufzuzeichnen. Die Frau, die mit dem Embryo und Fötus schwanger war, hat das Recht auf Einsichtnahme. Sie kann eine Person ihres Vertrauens hinzuziehen. Die Einwilligung kann schriftlich, elektronisch oder mündlich widerrufen werden.

(3) In den Fällen des Absatzes 1 gilt die Frau, die mit dem Embryo oder Fötus schwanger war, nur für die Zwecke der Dokumentation, der Rückverfolgung und des Datenschutzes als Spenderin.

| Übersicht | Rdn. | | Rdn. |
|---|---|---|---|
| A. Voraussetzungen einer Entnahme bei toten Embryonen und Föten.......... | 1 | C. Erleichterung von Dokumentation, Rückverfolgung und Datenschutz...... | 12 |
| B. Aufzeichnungspflichten und Einsichtnahmerecht.................... | 10 | | |

## A. Voraussetzungen einer Entnahme bei toten Embryonen und Föten

§ 4a regelt die **Entnahme** von Organen oder Geweben **bei** einem **toten Embryo oder Fötus**. Diese Norm wurde erforderlich, nachdem in Umsetzung der Gewebe-Richtlinie (Erwägungsgrund [7]) der Anwendungsbereich des TPG in § 1 Abs. 1 auf embryonale und fötale Organe sowie Gewebe erstreckt wurde. Der Schutzzweck des Gesetzes erfordert ein extensives Verständnis der Termini **Embryo** und **Fötus**, so dass gleichermaßen die Zellentnahme bei einem Embryo wie auch die Kernverschmelzung in vitro erfasst sind (Höfling/*Weber* § 4a TPG Rn. 6; Spickhoff/*Scholz/Middel* § 4a TPG Rn. 3). 1

§ 4a normiert, unter welchen **Voraussetzungen** Organe oder Gewebe bei einem toten Embryo oder Fötus entnommen werden dürfen. Inhaltlich knüpft der Gesetzgeber an die Voraussetzungen einer Entnahme von Organen oder Geweben bei verstorbenen Personen nach § 3 und § 4 an. Vor Inkrafttreten von § 4a orientierte sich die Entnahme von Organen und Geweben bei toten Föten und Embryonen nach den Richtlinien der Bundesärztekammer zur Verwendung fötaler Zellen und fötaler Gewebe. Die Grundsätze der Richtlinie spiegeln sich im Gesetz wieder. Dies sind die schriftliche Einwilligung der Schwangeren gegenüber dem Arzt nach Aufklärung, die Todesfeststellung durch einen Arzt, der weder an der Entnahme noch an der Übertragung der Organe oder Gewebe beteiligt ist sowie die Weisungsfreiheit dieses Arztes. Die letzten beiden Voraussetzungen regelt § 5 Abs. 3. 2

Erste Voraussetzung für die Entnahme von Organen oder Geweben beim toten Embryo oder Fötus ist nach § 4a Abs. 1 Satz 1 Nr. 1, dass der Tod des Embryos oder Fötus nach Regeln, die dem Stand der Erkenntnisse der medizinischen Wissenschaft entsprechen, festgestellt ist. 3

Auch hier, wie in der entsprechenden Regelung in § 3 Abs. 1 Satz 1 Nr. 2 für die Entnahme mit Einwilligung des Spenders, hat der Bundestag davon abgesehen, den rechtlich gültigen Todeszeitpunkt zu definieren. Er beschränkt sich darauf, die Verantwortung hierfür der medizinischen Wissenschaft zu übertragen. Hierzu wurde § 16 Abs. 1 Satz 1 um Nr. 1a ergänzt, wonach die Bundesärztekammer in Richtlinien den Stand der Erkenntnisse der medizinischen Wissenschaft feststellt für die Regeln zur Feststellung des Todes von Embryonen oder Föten. Solche Richtlinien hat die Bundesärztekammer bislang nicht erlassen. Man wird auch hier zurückgreifen auf die Richtlinie der Bundesärztekammer zur Feststellung des Hirntodes (Deutsches Ärzteblatt 95 Heft 30, 24.07.1998, A-1861). Welche verfassungsrechtlichen Argumente dafür streiten, dass der Gesetzgeber den rechtlichen Todeszeitpunkt hätte selbst bestimmen sollen, wurde in der Kommentierung zu § 3 bereits erläutert, s. § 3 Rdn. 5–11. 4

§ 5 Abs. 3 Satz 1 verlangt, dass der Arzt, der den Tod feststellt, weder an der Entnahme noch an der Übertragung beteiligt sein darf. Nach § 5 Abs. 3 Satz 2 darf er auch nicht Weisungen eines Arztes unterstehen, der an diesen Maßnahmen beteiligt ist. Hierdurch wird die Verlässlichkeit der Todesfeststellung und das Vertrauen in den feststellenden Arzt erhöht. Diese Trennung soll sicherstellen, dass der den Tod feststellende Arzt aus der Verwendung fötaler oder embryonaler Gewebe keinen Nutzen ziehen kann und verhindern, dass deshalb Zweifel an seiner Objektivität aufkommen (BT-Drs. 16/3146, S. 26). 5

Zweite Voraussetzung für die Entnahme ist, dass die Frau, die mit dem Embryo oder Fötus schwanger war, in die Entnahme schriftlich eingewilligt hat. Dieser **Einwilligung** muss naturgemäß vorausgehen, dass die Frau durch einen Arzt über eine infrage kommende Organ- oder Gewebeentnahme aufgeklärt worden ist. Um eine freie Entscheidung der Schwangeren sicherzustellen, verlangt § 4a Abs. 1 Satz 3 zusätzlich, dass die Feststellung des Todes sowohl der Aufklärung als auch der Einwilligung vorausgehen muss. Damit erfolgt die Entscheidung zur Spende unabhängig von der vorangegangenen Todesfeststellung (BT-Drs. 16/3146, S. 27). Im Unterschied zur Entnahme mit Einwilligung des Spenders auf der Grundlage von § 3 Abs. 1 Satz 1 Nr. 1 ist hier nur eine schriftliche Einwilligung wirksam. Die Aufklärung durch einen Arzt – es muss also auch hier nicht der Arzt sein, der den Tod feststellt oder 6 der entnimmt – muss inhaltlich von einer Qualität sein, dass die Schwangere sich im Klaren darüber ist, worin sie einwilligt und welche Folgen dies hat. Anderenfalls bleibt die Einwilligung wirkungslos. Insbesondere wenn sie durch Täuschung erwirkt wird und rechtlich keine Wirkung entfaltet, droht dem Entnehmer das Strafbarkeitsrisiko aus § 19 Abs. 2. Auch hier kann die Einwilligung als Generaleinwilligung erfolgen oder einzelne Organe oder Gewebe betreffen.

7  Ebenso wie bei der Entnahme von Organen und Geweben bei lebenden Personen gem. § 8 Abs. 2 Satz 6 kann auch hier die Einwilligung von der Schwangeren nach § 4a Abs. 2 Satz 5 jederzeit schriftlich, elektronisch oder mündlich **widerrufen** werden. Dieser Widerruf ist formlos möglich und ohne Angabe von Gründen wirksam (BT-Drs. 16/3146, S. 27). Bei der Entnahme beim lebenden Spender hat das Widerrufsrecht seine Wurzel im grundrechtlich geschützten Selbstbestimmungsrecht des Spenders, über das er jederzeit verfügen darf. Entsprechendes gilt hier für die Schwangere. Die Entnahme von Organen und Geweben beim Embryo oder Fötus greift ungeachtet einer Grundrechtsträgerschaft von Embryo oder Fötus ebenfalls in das Grundrecht der Schwangeren auf körperliche Unversehrtheit ein.

8  Das Widerrufsrecht macht allerdings nur Sinn, wenn zwischen Todesfeststellung, Aufklärung und Einwilligung sowie Entnahme so viel Zeit bleibt, dass ein Widerruf in Betracht kommt. Um das Widerrufsrecht daher nicht auszuhöhlen, muss ausreichend **Zeit** zwischen Todesfeststellung, Aufklärung und Einwilligung sowie Entnahme verbleiben, wenn nicht zwingend medizinische Gründe entgegenstehen.

9  § 4a Abs. 1 Satz 1 Nr. 3 ordnet für die Entnahme von Organen an, dass der Eingriff durch einen Arzt vorgenommen wird. Dies entspricht § 3 Abs. 1 Satz 1 Nr. 3 für die Entnahme mit Einwilligung des Spenders. Wie dort ermöglicht auch hier § 4a Abs. 1 Satz 2 die Entnahme von Geweben auch durch andere dafür qualifizierte Personen unter der Verantwortung und nach fachlicher Weisung des Arztes. Zur Begründung wird auf die Kommentierung von § 3 Abs. 1 Satz 2 verwiesen, s. § 3 Rdn. 12–13.

### B. Aufzeichnungspflichten und Einsichtnahmerecht

10  § 4a Abs. 2 Satz 1 verpflichtet den durchführenden Arzt, Ablauf, Inhalt und Ergebnis der Aufklärung und der Einwilligung durch die Schwangere aufzuzeichnen. Ablauf und Umfang der Organ- oder Gewebeentnahme sind nach § 4a Abs. 2 Satz 2 wiederum von der entnehmenden Person, also von dem Arzt oder der dafür qualifizierten Person bei Gewebeentnahmen, aufzuzeichnen.

11  Das Recht auf Einsichtnahme hat hier gem. § 4a Abs. 2 Satz 3 die Schwangere. Auch sie hat die Möglichkeit, wie § 4a Abs. 2 Satz 4 vorgibt, eine Person ihres Vertrauens hinzuzuziehen.

### C. Erleichterung von Dokumentation, Rückverfolgung und Datenschutz

12  Bei einer Entnahme von Organen oder Geweben bei einem toten Embryo oder Fötus gilt die Schwangere gem. § 4a Abs. 3 nur für die Zwecke der Dokumentation, der Rückverfolgung und des Datenschutzes als Spenderin. Diese Regelung dient der gesetzestechnischen **Vereinfachung**. Dokumentations-, Rückverfolgungs- und Datenschutzpflichten, wie sie in den §§ 13 ff. verankert sind, beziehen sich auf die personenbezogenen Daten der Frau, die mit dem Fötus oder Embryo schwanger war (BT-Drs. 16/3146, S. 27).

### § 8 Entnahme von Organen oder Gewebe

(1) Die Entnahme von Organen oder Geweben zum Zwecke der Übertragung auf andere ist bei einer lebenden Person, soweit in § 8a nichts Abweichendes bestimmt ist, nur zulässig, wenn
1. die Person
   a) volljährig und einwilligungsfähig ist,
   b) nach Absatz 2 Satz 1 und Satz 2 aufgeklärt worden ist und in die Entnahme eingewilligt hat,
   c) nach ärztlicher Beurteilung als Spender geeignet ist und voraussichtlich nicht über das Operationsrisiko hinaus gefährdet oder über die unmittelbaren Folgen der Entnahme hinaus gesundheitlich schwer beeinträchtigt wird,

2. die Übertragung des Organs oder Gewebes auf den vorgesehenen Empfänger nach ärztlicher Beurteilung geeignet ist, das Leben dieses Menschen zu erhalten oder bei ihm eine schwerwiegende Krankheit zu heilen, ihre Verschlimmerung zu verhüten oder ihre Beschwerden zu lindern,
3. im Fall der Organentnahme ein geeignetes Organ eines Spenders nach § 3 oder § 4 im Zeitpunkt der Organentnahme nicht zur Verfügung steht und
4. der Eingriff durch einen Arzt vorgenommen wird.

Die Entnahme einer Niere, des Teils einer Leber oder anderer nicht regenerierungsfähiger Organe ist darüber hinaus nur zulässig zum Zwecke der Übertragung auf Verwandte ersten oder zweiten Grades, Ehegatten, eingetragene Lebenspartner, Verlobte oder andere Personen, die dem Spender in besonderer persönlicher Verbundenheit offenkundig nahestehen.

(2) Der Spender ist durch einen Arzt in verständlicher Form aufzuklären über
1. den Zweck und die Art des Eingriffs,
2. die Untersuchungen sowie das Recht, über die Ergebnisse der Untersuchungen unterrichtet zu werden,
3. die Maßnahmen, die dem Schutz des Spenders dienen, sowie den Umfang und mögliche, auch mittelbare Folgen und Spätfolgen der beabsichtigten Organ- oder Gewebeentnahme für seine Gesundheit,
4. die ärztliche Schweigepflicht,
5. die zu erwartende Erfolgsaussicht der Organ- oder Gewebeübertragung und die Folgen für den Empfänger sowie sonstige Umstände, denen er erkennbar eine Bedeutung für die Spende beimisst, sowie über
6. die Verarbeitung personenbezogener Daten.

Der Spender ist darüber zu informieren, dass seine Einwilligung Voraussetzung für die Organ- oder Gewebeentnahme ist. Die Aufklärung hat in Anwesenheit eines weiteren Arztes, für den § 5 Absatz 2 Satz 1 und Satz 2 entsprechend gilt, und, soweit erforderlich, anderer sachverständiger Personen zu erfolgen. Der Inhalt der Aufklärung und die Einwilligungserklärung des Spenders sind in einer Niederschrift aufzuzeichnen, die von den aufklärenden Personen, dem weiteren Arzt und dem Spender zu unterschreiben ist. Die Niederschrift muss auch eine Angabe über die versicherungsrechtliche Absicherung der gesundheitlichen Risiken nach Satz 1 enthalten. Die Einwilligung kann schriftlich, elektronisch oder mündlich widerrufen werden. Satz 3 gilt nicht im Falle der beabsichtigten Entnahme von Knochenmark.

(3) Bei einem Lebenden darf die Entnahme von Organen erst durchgeführt werden, nachdem sich der Spender und der Empfänger, die Entnahme von Geweben erst, nachdem sich der Spender zur Teilnahme an einer ärztlich empfohlenen Nachbetreuung bereit erklärt hat. Weitere Voraussetzung für die Entnahme von Organen bei einem Lebenden ist, dass die nach Landesrecht zuständige Kommission gutachtlich dazu Stellung genommen hat, ob begründete tatsächliche Anhaltspunkte dafür vorliegen, dass die Einwilligung in die Organspende nicht freiwillig erfolgt oder das Organ Gegenstand verbotenen Handeltreibens nach § 17 ist. Der Kommission muss ein Arzt, der weder an der Entnahme noch an der Übertragung von Organen beteiligt ist, noch Weisungen eines Arztes untersteht, der an solchen Maßnahmen beteiligt ist, eine Person mit der Befähigung zum Richteramt und eine in psychologischen Fragen erfahrene Person angehören. Das Nähere, insbesondere zur Zusammensetzung der Kommission, zum Verfahren und zur Finanzierung, wird durch Landesrecht bestimmt.

Übersicht Rdn. Rdn.
A. Voraussetzungen einer Entnahme von Organen und Geweben bei Lebenden . . . 1
B. Zusätzliche Voraussetzungen bei nicht regenerierungsfähiger Organen . . . . . . . 23

## § 8 TPG  Entnahme von Organen oder Gewebe

### A. Voraussetzungen einer Entnahme von Organen und Geweben bei Lebenden

1 Im Gegensatz etwa zu Griechenland, Norwegen, Schweden und den Vereinigten Staaten spielt die **Lebendspende** in Deutschland noch immer eine untergeordnete Rolle. Die Bedeutung nimmt aber zu. Die engen Grenzen, die der Gesetzgeber der Lebendspende in § 8 gesetzt hat, werden die Entwicklung jedoch nicht fördern. Die Folgen der Organ- oder Gewebeübertragung für den Empfänger in die Aufklärung des Spenders sind seit der Novellierung des Gesetzes im Jahr 2012 einzubeziehen.

2 Einige Voraussetzungen für die Entnahme von Organen und Geweben bei Lebenden beziehen sich auf die Person des Spenders. Dies sind § 8 Abs. 1 Satz 1 Nr. 1a und c. Danach muss der Spender **volljährig** und **einwilligungsfähig** sein. Die Volljährigkeit richtet sich nach § 2 BGB, der Spender muss also das 18. Lebensjahr vollendet haben.

3 Das TPG definiert nicht, was unter der **Einwilligungsfähigkeit** des Spenders zu verstehen ist. Der Gesetzgeber verfolgt hiermit das Ziel, geistig oder seelisch Behinderte und psychisch kranke Menschen als Lebendspender auszuschließen (BT-Drs. 13/4355, S. 20). Im Umkehrschluss ist einwilligungsfähig derjenige, der nach dem Eindruck des transplantierenden Arztes in der Lage ist, die Bedeutung der Organ- oder Gewebespende sowie die Nachteile und Risiken, die hieraus für ihn gesundheitlich und darüber hinaus entstehen können, zu überblicken. Die so verstandene Einwilligungsfähigkeit wird durch eine psychische Erkrankung oder eine Behinderung jedoch nicht prinzipiell ausgeschlossen. Der transplantierende Arzt hat in diesen Fällen allerdings die Aufklärung besonders sorgfältig vorzunehmen, um die Einwilligungsfähigkeit sicherzustellen.

4 Der Bundestag macht gem. § 8 Abs. 1 Satz 1 Nr. 1a die **Volljährigkeit** und die **Einwilligungsfähigkeit** zur zwingenden Voraussetzung für die Lebendspende. Er hat außerdem nicht vorgesehen, dass die Zustimmung durch einen Sorgeberechtigten oder sonstigen Dritten ersetzt werden kann, wenn der potentielle Spender entweder noch nicht volljährig oder nicht einwilligungsfähig ist. Wegen des drastischen Grundrechtseingriffs, der mit der Entnahme von Organen und Geweben verbunden ist, ist dieses Schweigen des Gesetzgebers als Verbot zu werten, die Zustimmung in Vertretung des Spenders zu erteilen.

5 Zusätzlich muss die Person nach ärztlicher Beurteilung als **Spender geeignet** sein und voraussichtlich nicht über das Operationsrisiko hinaus gefährdet oder über die unmittelbaren Folgen der Entnahme hinaus gesundheitlich schwer beeinträchtigt werden. Ob diese Bedingungen erfüllt werden, obliegt allein der Beurteilung des Arztes. Hierfür sind nur medizinische Maßstäbe ausschlaggebend. Ausschlaggebend für eine solche Beurteilung ist die Situation, die der Arzt vor dem Eingriff vorfindet (s. BT-Drs. 13/4355, S. 20). Dies bringt auch der Gesetzgeber durch die Wortwahl »voraussichtlich« zum Ausdruck. War die Beurteilung des Arztes vor dem Eingriff nach medizinischen Kriterien nachvollziehbar, entspricht sie selbst dann dem Gesetz, wenn sie sich nach dem Eingriff als falsch herausstellt.

6 Mit dem **Operationsrisiko**, über das hinaus der Spender voraussichtlich nicht gefährdet werden darf, meint der Bundestag das allgemeine Operationsrisiko, das etwa durch die Anästhesie ausgelöst wird (BT-Drs. 13/4355, S. 20). Dies bedeutet, dass bei potentiellen Spendern, die aufgrund ihrer Dispositionen erhöhten Operationsrisiken ausgesetzt sind, die Entnahme unterbleiben muss.

7 Gem. § 8 Abs. 1 Satz 1 Nr. 1b ist die Entnahme außerdem nur zulässig, wenn der mögliche Spender nach § 8 Abs. 2 Satz 1 und Satz 2 **aufgeklärt** worden ist. Art. 13 Abs. 2 Gewebe-Richtlinie i.V.m. dem Anhang zur Gewebe-Richtlinie weist detailliert aus, worüber lebende Spender zu informieren sind. Diese Vorgaben wurden in § 8 Abs. 2 Satz 1 und Satz 2 umgesetzt.

8 Die detaillierten Vorgaben für die Aufklärung orientieren sich an der Rechtsprechung zur Patientenaufklärung. Danach sind die Anforderungen an **Inhalt** und **Umfang** der Aufklärung umso höher, je weniger dringend der Eingriff medizinisch indiziert ist. Genau dies ist bei der Lebendspende der Fall, da die Entnahme kein Heileingriff ist (BT-Drs. 16/3146, S. 28). Obwohl die Gewebe-Richtlinie sich nicht auf den Umgang mit Organen bezieht, hat der Gesetzgeber die Anforderungen der Aufklärung für Organe und Gewebe gleich geregelt. § 8 Abs. 2 Satz 1 und Satz 2 zählen die

Inhalte der Aufklärung einzeln auf. Sie sind aus sich heraus verständlich und brauchen deshalb nicht weiter erläutert zu werden. Soweit § 8 keine eigene Regelung enthält, kann auf die aus den § 630d BGB und § 630e BGB bekannten Grundsätze zurückgegriffen werden (*Kreße*, MedR 2019, 529, 530). Das OLG Hamm (VersR 2016, 1572), hat die Organentnahme zur Nierenlebendspende trotz Verfahrensmängeln als nicht rechtswidrig eingestuft und hinsichtlich bestehender inhaltlicher Aufklärungsmängel den Einwand hypothetischer Einwilligung zugelassen. Der BGH hat diese Auffassung in Bezug auf bloße Verfahrensmängel bestätigt, allerdings eine Beweisskepsis hinsichtlich erforderlicher Aufklärungsinhalte hieran geknüpft (BGH NJW 2019, 1076 Rn. 16 ff.). Demgegenüber hat der BGH den Einwand hypothetischer Einwilligung in Anlehnung an § 630h Abs. 2 Satz 2 BGB ebenso wie den allgemeinen schadensrechtlichen Einwand rechtmäßigen Alternativverhaltens im Fall von Lebendorganspenden nicht für anwendbar erachtet und zur Begründung auf die besonderen Umstände und Schutzmaßstäbe des TPG sowie auf eine drohende Sanktionslosigkeit bei ärztlichem Fehlverhalten verwiesen (BGH NJW 2019, 1076 Rn. 37 ff.; bestätigend BGH NJW 2020, 2334). Dieses Judikat mag im konkreten Fall das zutreffende Ergebnis erbringen, ist jedoch im Hinblick auf die Begründung weithin kritikwürdig (vgl. *J. Prütting*, MedR 2019, 554 ff., 559 ff.; *Kreße*, MedR 2019, 529; der BGH hat in seiner Entscheidung vom 11.02.2020 ausdrücklich auf die Kritik verwiesen und den Standpunkt dennoch abgelehnt; ebenso kritisch ggü. dem BGH auch *Spickhoff*, JZ 2019, 522; *Rehborn*, FS Kopetzki, 537, *ders.*, FS Hart, 465).

Die Aufklärung muss durch einen **Arzt** erfolgen, es muss nicht der transplantierende Arzt sein. Der Spender ist insbesondere darüber zu informieren, dass seine Einwilligung Voraussetzung für die Organ- oder Gewebeentnahme ist. Die Aufklärung muss in einer für die spendende Person verständlichen Form erfolgen und sachkundig nach dem Stand der medizinischen Wissenschaft durchgeführt werden. Es kommt darauf an, dass sich die spendende Person umfassend und eindeutig über die Art der Entnahme und der Durchführung informieren kann. Die Aufklärung über die Untersuchungen, die § 8 Abs. 2 Satz 1 Nr. 2 verlangt, soll die spendende Person vor allem darüber in Kenntnis setzen, dass er auf HIV- oder Hepatitis-Viren untersucht wird. Mit den zu erwartenden Erfolgsaussichten der Organ- oder Gewebeübertragung, über die nach § 8 Abs. 2 Satz 1 Nr. 5 aufgeklärt werden muss, sind auch der therapeutische Zweck und potentielle Nutzen der Übertragung gemeint (BT-Drs. 16/3146, S. 29). Der Spender muss gem. § 8 Abs. 2 Satz 1 Nr. 5 auch über die Folgen der Übertragung für den Empfänger aufgeklärt werden. Dies kann die Bereitschaft zur Spende erhöhen, wenn der Spender erfährt, welche Bedeutung die Spende haben wird, etwa wenn es um lebensrettende Übertragungen geht. In jedem Fall trägt dieser Aspekt dazu bei, dem Spender ein Gesamtbild über die Bedeutung und Auswirkungen seiner Spende zu verschaffen. 9

Gem. § 8 Abs. 2 Satz 3 muss der Aufklärung ein **weiterer Arzt** beiwohnen, der gemäß § 5 Abs. 2 Satz 1 und Satz 2 weder an der Entnahme noch an der Übertragung der Organe oder Gewebe beteiligt ist oder Weisungen eines Arztes untersteht, der an diesen Maßnahmen beteiligt ist. Der Begriff der Beteiligung wird vom BGH weit verstanden (BGH, Urt. v. 29.01.2019 – VI ZR 495/16, MedR 2019, 554). Soweit erforderlich müssen daneben andere verständige Personen bei der Aufklärung anwesend sein. Wegen der seelischen Belastungen, die eine Organspende mit sich bringen kann, zielt diese Bestimmung in erster Linie auf sachverständige Psychologen ab. 10

Der Verfahrenssicherung und dem Vertrauen der Beteiligten in die ordnungsgemäße Entnahme und Übertragung dient die Pflicht aus § 8 Abs. 2 Satz 4, den Inhalt der Aufklärung und Einwilligungserklärung des Spenders in einer **Niederschrift** aufzuzeichnen, die von den aufklärenden Personen, dem weiteren Arzt und dem Spender zu unterschreiben ist. Die Niederschrift muss nach Satz 5 dieses Absatzes auch eine Angabe enthalten über die versicherungsrechtliche Absicherung der gesundheitlichen Risiken, die sich aus der Aufklärung des Spenders ergeben. 11

Geht es um die Entnahme von **Knochenmark**, ist es gem. § 8 Abs. 2 Satz 7 nicht erforderlich, dass ein weiterer Arzt und andere sachverständige Personen bei der Aufklärung des Spenders zugegen sind. Dies soll im Hinblick auf die bisherige langjährige Praxis nicht erforderlich sein (BT-Drs. 16/3146, S. 29). 12

Voraussetzung für die Entnahme ist nach § 8 Abs. 1 Satz 1 Nr. 1b außerdem, dass der potentielle **Spender** nach der Aufklärung in die Entnahme **eingewilligt** hat. Der Gesetzgeber gibt weder Form 13 noch Inhalt der erforderlichen Einwilligungserklärung vor. Man wird jedoch aus der Strenge des Gesetzgebers, was die Voraussetzungen einer Lebendspende angeht und angesichts der Tragweite der Einwilligungserklärung verlangen müssen, dass ausdrücklich eingewilligt wird. Dies schließt die Einwilligung durch schlüssiges Verhalten aus. Indirekt hat der Gesetzgeber auch ein Schriftformerfordernis für die Einwilligung etabliert. Nach § 8 Abs. 2 Satz 4 ist nämlich auch die Einwilligungserklärung des Spenders in einer Niederschrift aufzuzeichnen, die u.a. von ihm zu unterschreiben ist. Die allein mündliche Einwilligung genügt also nicht.

14 Das Gesetz verlangt auch, dass die **Einwilligung freiwillig** zustande kommt. Dies folgt indirekt aus § 8 Abs. 3 Satz 2. Die dort genannte Kommission soll nämlich gutachtlich dazu Stellung nehmen, ob begründete tatsächliche Anhaltspunkte dafür vorliegen, dass die Einwilligung in die Organspende nicht freiwillig erfolgt ist. Unfreiwillige, unter Druck abgegebene oder durch Vorteilsgewährung erwirkte Einwilligungen sind danach unwirksam.

15 Weitere Zulässigkeitsvoraussetzung für die Lebendspende ist gem. § 8 Abs. 1 Satz 1 Nr. 2, dass die **Übertragung** des Organs oder Gewebes auf den vorgesehenen Empfänger nach ärztlicher Beurteilung **geeignet** ist, das Leben dieses Menschen zu erhalten oder bei ihm eine schwerwiegende Krankheit zu heilen, ihre Verschlimmerung zu verhüten oder ihre Beschwerden zu lindern. Damit muss auch der Empfänger zur Transplantation geeignet und damit transplantabel sein. Die Eignung ist allein anhand medizinischer Maßstäbe zu bewerten und zwar aus der Perspektive des transplantierenden Arztes vor dem Eingriff (BT-Drs. 13/4355, S. 20). Auch hier gilt daher, wie bei der Beurteilung der Eignung des Spenders und der Risiken nach § 8 Abs. 1 Satz 1 Nr. 1c, dass die Entnahme auch dann dem Gesetz entspricht, wenn sich im Nachhinein herausstellt, dass die Übertragung ungeeignet war. Auch hier wird vorausgesetzt, dass der Arzt seine Beurteilung mit der Sorgfalt vornimmt, die dem Stand der medizinischen Wissenschaft entspricht (BT-Drs. 13/4355, S. 20) und dass er seine Beurteilung auf dieser Grundlage nachvollziehbar begründet. Mit Beschl. v. 06.07.2016 – 1 BvR 1705/15 wurde eine Verfassungsbeschwerde wegen Verweigerung effektiven Rechtsschutzes bei einer Organtransplantation als erfolglos eingestuft. Die Beschwerdeführerin hatte sich als nicht transplantabel beurteilt gegen die Verweigerung der Transplantation gewendet. Das Gericht machte deutlich, dass es mit dem Gebot effektiven Rechtsschutzes vereinbar sei, die Zulässigkeit eines Rechtsschutzbegehrens vom Vorliegen eines schutzwürdigen Interesses abhängig zu machen.

16 Für die Organentnahme setzt § 8 Abs. 1 Satz 1 Nr. 3 daneben voraus, dass ein geeignetes Organ eines Spenders nach § 3 oder § 4 im Zeitpunkt der Organentnahme nicht zur Verfügung steht. Gemeint ist also die Entnahme von Organen bei toten Spendern mit Einwilligung des Spenders oder mit der Zustimmung nächster Angehöriger oder diesen gleichgestellter Personen. Hier kommt die **Nachrangigkeit** der Entnahme von Organen bei lebenden Spendern zum Ausdruck. Wenn die Lebendspende nicht erforderlich ist, weil ein geeignetes Organ eines toten Spenders verfügbar ist, muss die Entnahme unterbleiben, auch wenn der Spender einwilligt.

16a Die Subsidiarität der Lebendspende wird indes von verschiedenen Stimmen in der Literatur kritisch gesehen (vgl. *Höfling*, TPG § 8 Rn. 41 ff. m.w.N.; *Lindner/Schlögl-Flierl*, MedR 2020, 83, 86 f.; vgl. auch Laufs/Katzenmeier/*Lipp*, Arztrecht, VI. Rn. 36 m.w.H.). Insbesondere wird angeführt, dass durch die Nachrangigkeit der Lebendspende die Anzahl der zur Verfügung stehenden Spenderorgane reduziert werden würde. Das Problem wird praktisch indes in weniger Fällen relevant, als dies zunächst den Anschein haben mag. Die Lebendspende ist nur dann unzulässig, wenn es im Zeitpunkt der Entnahme kein anderes Spenderorgan gibt – was angesichts der Organknappheit nur selten der Fall sein wird, denn regelmäßig wird kein Organ eines Toten zur Verfügung stehen. Allerdings sollte rechtspolitisch auch in den Fällen, in denen der Empfänger aus religiösen oder weltanschaulichen Gründen das Organ eines toten Spenders ablehnt, eine Ausnahme vom in § 8 Abs. 1 Satz 1 Nr. 3 statuierten Subsidiaritätsprinzip gemacht werden.

17 Da für die Beurteilung auf den Zeitpunkt der Organentnahme abgestellt wird, wird deutlich, dass die Lebendspende auch dann zulässig ist, wenn zwar grundsätzlich Organe toter Spende zur

Verfügung stünden, diese **Organe** aber **nicht rechtzeitig bereit** gestellt werden können (BT-Drs. 13/4355, S. 20). Diese Konstellation kann insbesondere dann auftreten, wenn der Empfänger des Organs in Lebensgefahr schwebt und nur eine schnelle Übertragung die Gefahr beseitigen kann. Die Subsidiarität der Lebendspende steht und fällt also mit der Verfügbarkeit postmortaler Organspender. Solange nicht ausreichend Organe von toten Spendern zur Verfügung stehen, spielt die Subsidiarität praktisch keine Rolle.

Nach dem Urteil des BGH v. 12.04.2016 – VI ZR 505/14 ist eine kritische Verdachtsberichterstattung in einer Tageszeitung über eine Organentnahme zulässig, wenn sie durch die Wahrnehmung berechtigter Informationsinteressen der Öffentlichkeit gerechtfertigt ist. 17a

§ 8 Abs. 1 Satz 1 Nr. 4 ordnet ergänzend an, dass ein **Arzt** die **Entnahme vornimmt**. Dies gilt für die Entnahme von Organen und Geweben gleichermaßen. Es ist bei der Lebendspende also nicht so, wie bei der Entnahme bei toten Spendern, dass die Entnahme von Geweben auch durch andere dafür qualifizierte Personen unter der Verantwortung und nach fachlicher Weisung eines Arztes vorgenommen werden darf, s. § 3 Abs. 1 Satz 2. 18

§ 8 Abs. 3 Satz 1 verlangt darüber hinaus, dass die Organe erst entnommen werden, nachdem sich der Spender und der Empfänger zur Teilnahme an einer ärztlich empfohlenen **Nachbetreuung** bereit erklärt haben. Bei der Entnahme von Geweben genügt es, wenn sich der Spender zu einer solchen Teilnahme bereit erklärt hat. Ohne diese Erklärungen ist die Entnahme verboten. Ein Verstoß des Arztes gegen diese Pflicht ist allerdings nicht gem. § 19 strafbewehrt. Denn § 8 Abs. 3 wird dort nicht in Bezug genommen. Der Bundestag will damit den Erfolg der Organ- oder Gewebeübertragung auf Dauer sichern, indem die Betroffenen optimal ärztlich und psychisch betreut werden (BT-Drs. 13/4355, S. 21). 19

Bei Organentnahmen verlangt § 8 Abs. 3 Satz 2 schließlich, dass die nach Landesrecht zuständige Kommission dazu Stellung genommen hat, ob begründete tatsächliche Anhaltspunkte dafür vorliegen, dass die Einwilligung in die Organspende nicht freiwillig erfolgt oder das Organ Gegenstand verbotenen Handeltreibens nach § 17 ist. In Satz 3 dieses Absatzes wird bestimmt, dass dieser Kommission ein unabhängiger Arzt und eine Person mit der Befähigung zum Richteramt sowie eine in psychologischen Fragen erfahrene Person angehören müssen. 20

Die Einzelheiten im Zusammenhang mit der Kommission sind durch Landesrecht umzusetzen, § 8 Abs. 3 Satz 4. Die Länder haben hierzu Normen erlassen, auf deren Inhalt verwiesen wird. Auf der Grundlage einiger dieser Gesetze sind Verordnungen erlassen worden, die hier nicht wiedergegeben werden. 21
– § 5a Heilberuf-Kammergesetz Baden-Württemberg,
– Gesetz zur Ausführung des Transplantationsgesetzes und des Transfusionsgesetzes (AGTTG) Bayern,
– § 4d Berliner Kammergesetz,
– § 11b Heilberufsgesetz Bremen,
– § 15h f. Ärztegesetz Hamburg,
– Hessisches Gesetz zur Ausführung des Transplantationsgesetzes (HAGTPG),
– Gesetz zur Ausführung des Transplantationsgesetzes (Transplantationsausführungsgesetz – TPGAG M-V) Mecklenburg-Vorpommern,
– Kammergesetz für die Heilberufe und zur Errichtung der Psychotherapeutenkammer Niedersachsen,
– Gesetz zur Ausführung des Transplantationsgesetzes (AG-TPG) Nordrhein-Westfalen,
– Landesgesetz zur Ausführung des Transplantationsgesetzes (AGTPG) Rheinland-Pfalz,
– Saarländisches Ausführungsgesetz zum Transplantationsgesetz (AGTPG),
– Sächsisches Ausführungsgesetz zum Transplantationsgesetz (SächsAGTPG),
– Gesundheitsdienstgesetz Sachsen-Anhalt,
– Schleswig-holsteinisches Gesetz zur Ausführung des Transplantationsgesetzes (AG-TPG),
– § 17h f. Thüringer Heilberufegesetz.

22 Die **gutachterliche Stellungnahme** der Kommission, ob begründete tatsächliche Anhaltspunkte dafür vorliegen, dass die Einwilligung in die Organspende nicht freiwillig erfolgt, entbindet den transplantierenden Arzt nicht von seiner Verantwortung, die wirksame Einwilligung des Spenders selbst zu überprüfen. Die Äußerung der Kommission stützt den Arzt lediglich und gibt dem Verfahren eine zusätzliche Sicherheit (BT-Drs. 13/4355, S. 21). Damit ist auch deutlich, dass die Kommission durch ihre Stellungnahme nicht befugt ist, Einwände gegen die Entnahme zu erheben oder gar die Entnahme zu verhindern. Die alleinige Verantwortung trägt der transplantierende Arzt, der das Risiko einer strafrechtlichen Verantwortung gem. § 19 Abs. 1 Nr. 1 übernimmt, wenn er das Organ ohne wirksame Einwilligung entnimmt.

### B. Zusätzliche Voraussetzungen bei nicht regenerierungsfähigen Organen

23 Über die zahlreichen und strengen Voraussetzungen einer Entnahme von Organen oder Geweben bei lebenden Spendern hinaus ist die Lebendspende von Organen, die sich nicht wieder bilden können, noch weiter begrenzt worden. Der Gesetzgeber hielt dies für erforderlich, um der Gefahr eines **Organhandels zu begegnen** und sicherzustellen, dass die Spende freiwillig erfolgt (BT-Drs. 13/4355, S. 20).

24 Gem. § 8 Abs. 1 Satz 2 dürfen Nieren, Teile einer Leber oder andere nicht regenerierungsfähige Organe nur entnommen werden, wenn eine Übertragung auf dem Spender nahestehende Personen geplant ist. Das Gesetz benennt ausdrücklich Verwandte ersten oder zweiten Grades, Ehegatten, eingetragene Lebenspartner und Verlobte. Gem. § 1589 BGB sind Verwandte ersten Grades die Eltern und Kinder des Spenders. Wer Ehegatte ist, richtet sich nach bürgerlichem Recht. Bei Lebenspartnern ist das LPartG maßgeblich. Auch für den Verlobtenstatus kommt es auf die Rechtslage nach §§ 1297 ff. BGB an.

25 Infrage für eine Übertragung nicht regenerierungsfähiger Organe kommen daneben alle anderen Personen, die dem Spender in besonderer persönlicher Verbundenheit offenkundig nahestehen. Wie bei der Spende toter Spender mit Zustimmung anderer Personen gem. § 3 Abs. 2 Satz 5 orientiert sich auch die Auslegung hier danach, ob eine gemeinsame Lebensplanung mit innerer Bedeutung zweifelsfrei erkennbar ist (BT-Drs. 13/4355, S. 20). Die Maßstäbe des Gesetzgebers sind streng, es muss eine besondere persönliche Verbundenheit vorliegen, aus der sich ergibt, dass die Person dem Spender offenkundig nahesteht.

26 Das BSG hatte sich mit diesen Tatbestandsmerkmalen im Fall einer sog. **Überkreuz-Lebendspende** zwischen zwei Ehepaaren auseinanderzusetzen (BSG NZS 2004, 531, 534 f.). Die persönliche Verbundenheit muss danach ihrer Art nach einer Verwandtschaft ersten und zweiten Grades, einer Ehe oder einem Verlöbnis in etwa entsprechen. Eine gemeinsame Lebensplanung ist ein Indiz für das Bestehen einer besonderen persönlichen Verbundenheit, jedoch keine zwingende Voraussetzung. Die konkrete Beziehung zwischen Spender und Empfänger des Organs ist daraufhin zu überprüfen, ob sie hinreichend intensiv und gefestigt ist, um die Gefahr von Organhandel, Unfreiwilligkeit und zwischenmenschlichen Problemen im Fall von Komplikationen zu minimieren. In Bezug auf die spezielle Konstellation einer Überkreuz-Spende geeigneter Ehepaare sind die Voraussetzungen von § 8 Abs. 1 Satz 2 nicht bereits deshalb ausgeschlossen, weil sich der Empfänger und der Organspender erst auf der Suche nach einem für eine Überkreuzspende geeigneten Ehepaar kennengelernt haben. Auch allein die relativ kurze Dauer der Beziehung spricht nicht zwingend gegen das Vorliegen einer besonderen persönlichen Verbundenheit. Es reicht jedoch nicht aus, wenn sich der persönliche Kontakt zwischen den Partnern der Lebendspende einzig auf den Zweck der Durchführung der Organspende beschränkt. Wie häufig bei solchen offenen Rechtsbegriffen ist es also eine Frage des Einzelfalls und des Vergleichs von Fällen, ob die Voraussetzungen vorliegen.

26a Teilweise wird aufgrund der engen Voraussetzungen des Kriteriums der »nahestehenden Person« gefordert, dass der Kreis der Spendeberechtigten erweitert wird, um sog. Überkreuz-Lebendspenden, aber auch Ringspenden zuzulassen (*Lindner/Schlögl-Flierl*, MedR 2020, 83, 87 f.; vgl. dazu ausführlich zudem Laufs/Katzenmeier/*Lipp*, Arztrecht, VI. Rn. 37 m.w.N.). Dagegen wird indes angeführt, dass auch im innerfamiliären Bereich unzulässiger Druck zu einer Lebendspende aufgebaut werden könne.

Was **nicht regenerierungsfähige Organe** sind, bestimmt seit dem GewebeG § 1a Nr. 3. Es sind alle Organe, die sich beim Spender nach der Entnahme nicht wieder bilden können. In der Begründung zum Entwurf des GewebeG sind die Niere und der Teil einer Leber als Beispiele genannt. Nach der Legaldefinition in § 1a Nr. 1 sind auch Organteile und einzelne Gewebe Organe, die zum gleichen Zweck wie das ganze Organ im menschlichen Körper verwendet werden können. Hierunter fallen etwa Teile der Bauchspeicheldrüse. 27

## § 8a Entnahme von Knochenmark bei minderjährigen Personen

Die Entnahme von Knochenmark bei minderjährigen Personen zum Zwecke der Übertragung ist abweichend von § 8 Absatz 1 Satz 1 Nr. 1 Buchstabe a und b sowie Nr. 2 mit folgender Maßgabe zulässig:
1. Die Verwendung des Knochenmarks ist für Verwandte ersten Grades oder Geschwister der minderjährigen Personen vorgesehen.
2. Die Übertragung des Knochenmarks auf den vorgesehenen Empfänger ist nach ärztlicher Beurteilung geeignet, bei ihm eine lebensbedrohende Krankheit zu heilen.
3. Ein geeigneter Spender nach § 8 Absatz 1 Satz 1 Nr. 1 steht im Zeitpunkt der Entnahme des Knochenmarks nicht zur Verfügung.
4. Der gesetzliche Vertreter ist entsprechend § 8 Absatz 2 aufgeklärt worden und hat in die Entnahme und Verwendung des Knochenmarks eingewilligt. § 1627 des Bürgerlichen Gesetzbuches ist anzuwenden. Die minderjährige Person ist durch einen Arzt entsprechend § 8 Absatz 2 aufzuklären, soweit dies im Hinblick auf ihr Alter und ihre geistige Reife möglich ist. Lehnt die minderjährige Person die beabsichtigte Entnahme oder Verwendung ab oder bringt sie dies in sonstiger Weise zum Ausdruck, so ist dies zu beachten.
5. Ist die minderjährige Person in der Lage, Wesen, Bedeutung und Tragweite der Entnahme zu erkennen und ihren Willen danach auszurichten, so ist auch ihre Einwilligung erforderlich.

Soll das Knochenmark der minderjährigen Person für Verwandte ersten Grades verwendet werden, hat der gesetzliche Vertreter dies dem Familiengericht unverzüglich anzuzeigen, um eine Entscheidung nach § 1629 Absatz 2 Satz 3 in Verbindung mit § 1796 des Bürgerlichen Gesetzbuches herbeizuführen.

| Übersicht | Rdn. | | Rdn. |
|---|---|---|---|
| A. Regelungsbereich | 1 | E. Aufklärung und Einwilligung des gesetzlichen Vertreters | 7 |
| B. Beschränkung auf Verwandte ersten Grades oder Geschwister | 4 | F. Aufklärung, Ablehnung und Einwilligung des Spenders | 9 |
| C. Eignung zur Heilung lebensbedrohender Krankheiten | 5 | G. Anzeige gegenüber dem Familiengericht | 12 |
| D. Fehlen volljähriger Spender | 6 | | |

### A. Regelungsbereich

Knochenmark unterfällt als Gewebe i.S.v. § 1a Nr. 4 dem Gesetz. Der Bundestag hielt es deshalb für notwendig, den Sonderfall der Entnahme von Knochenmark bei Minderjährigen speziell in § 8a zu regeln und an strenge Voraussetzungen zu knüpfen (BT-Drs. 16/3146, S. 29). 1

§ 8a normiert die Voraussetzungen einer Entnahme von Knochenmark bei Personen, die das 18. Lebensjahr noch nicht vollendet haben, § 2 BGB. 2

In § 8a Satz 1 wird die Entnahme von Knochenmark bei einer minderjährigen Person »abweichend von § 8 Abs. 1 Satz. 1 Nr. 1 Buchstabe a und b sowie Nr. 2« geregelt. Diese Bezugnahme auf einen 3

## § 8a TPG Entnahme von Knochenmark bei minderjährigen Personen

Teil der Voraussetzungen einer Lebendspende bei Volljährigen für die Voraussetzungen der Entnahme von Knochenmark bei minderjährigen Personen ist allerdings nutzlos. Hierdurch werden die Voraussetzungen der Entnahme nicht erweitert. Hiermit wird nur zum Ausdruck gebracht, was an sich nicht erforderlich war, dass § 8a nicht für die Entnahme bei volljährigen Spendern gilt, nicht zwingend eine Einwilligung des Spenders erfordert und die medizinischen Eignungsvoraussetzungen der Übertragung einer Lebendspende bei der Entnahme von Knochenmark bei Minderjährigen ebenfalls nicht greifen. Dies wird aber durch die abschließend geregelten Voraussetzungen von § 8a ohnehin deutlich.

### B. Beschränkung auf Verwandte ersten Grades oder Geschwister

4 Die erste Voraussetzung für eine Entnahme von Knochenmark bei einer minderjährigen Person ist, dass das Knochenmark für Verwandte ersten Grades oder Geschwister der minderjährigen Person Verwendung finden soll, § 8a Satz 1 Nr. 1. Verwandte ersten Grades sind nach § 1589 BGB die Eltern und Kinder des Spenders. Daneben ist nur eine Entnahme zugunsten der Geschwister des Spenders erlaubt.

### C. Eignung zur Heilung lebensbedrohender Krankheiten

5 Nach § 8a Satz 1 Nr. 2 muss die Übertragung des Knochenmarks auf den vorgesehenen Empfänger nach ärztlicher Beurteilung außerdem geeignet sein, beim Empfänger eine **lebensbedrohende Krankheit** zu heilen. Ob die Übertragung des Knochenmarks hierzu geeignet ist, beurteilt sich danach ausschließlich nach medizinischen Maßstäben und obliegt dem Arzt. Rechtlich kann nur geprüft werden, ob die ärztliche Beurteilung plausibel und nachvollziehbar erscheint.

### D. Fehlen volljähriger Spender

6 Dritte Voraussetzung ist, dass gem. § 8a Satz 1 Nr. 3 im Zeitpunkt der Entnahme des Knochenmarks ein **geeigneter Spender** nach § 8 Abs. 1 Satz 1 Nr. 1 **nicht** zur Verfügung steht. Hierin kommt zum Ausdruck, dass die Einbeziehung Minderjähriger als Spender von Knochenmark gegenüber der Lebendspende Volljähriger subsidiär ist. Nur wenn volljährige und einwilligungsfähige Spender, die ordnungsgemäß aufgeklärt worden sind und in die Entnahme eingewilligt haben, die schließlich als Spender geeignet sind und durch die Entnahme nicht über das normale Maß hinaus gefährdet werden, nicht zur Verfügung stehen, darf Knochenmark bei der minderjährigen Person entnommen werden. Für die Beurteilung kommt es auf den Zeitpunkt der Entnahme des Knochenmarks an.

### E. Aufklärung und Einwilligung des gesetzlichen Vertreters

7 Bedingung für eine Entnahme von Knochenmark bei minderjährigen Personen ist weiter, dass der gesetzliche Vertreter des Spenders **aufgeklärt** worden ist und in die Entnahme und die Verwendung des Knochenmarks eingewilligt hat (§ 8a Nr. 4 Satz 1). Gesetzliche Vertreter des minderjährigen Spenders sind nach § 1629 BGB die Eltern, soweit keine Vormundschaft oder Pflegschaft besteht. Bezüglich Inhalt und Form der Aufklärung der gesetzlichen Vertreters verweist das Gesetz auf die Aufklärung des volljährigen Spenders bei der Lebendspende gemäß § 8 Abs. 2. Die Maßstäbe dieser Kommentierung, s. § 8 Rdn. 7–12, gelten auch hier für die Aufklärung der gesetzlichen Vertreter.

8 Die **Einwilligung** nach der Aufklärung muss sich auf die Entnahme und die Verwendung des Knochenmarks beziehen. Auch hier, wie bei § 8, hat der Gesetzgeber weder Form noch Inhalt der erforderlichen Einwilligungserklärung vorgegeben. Auch hier wird man wegen der Tragweite der Einwilligung und der Strenge des Gesetzgebers, die in den Voraussetzungen einer Entnahme bei Minderjährigen zum Ausdruck kommt, eine ausdrückliche Einwilligung verlangen müssen. Indirekt wurde auch bei diesem Fall ein Schriftformerfordernis für die Einwilligung verankert. § 8a Nr. 4 Satz 1 verweist auf § 8 Abs. 2. Nach § 8 Abs. 2 Satz 4 ist die Einwilligungserklärung in einer Niederschrift aufzuzeichnen, die u.a. von dem Aufgeklärten zu unterschreiben ist. Bei der Entscheidung über die

Einwilligung haben die gesetzlichen Vertreter, wie der Verweis auf § 1627 BGB verdeutlicht, in eigener Verantwortung zu entscheiden, müssen hierbei aber das Wohl des Minderjährigen beachten (BT-Drs. 16/3146, S. 29).

### F. Aufklärung, Ablehnung und Einwilligung des Spenders

Neben dem gesetzlichen Vertreter ist nach § 8a Nr. 4 Satz 3 auch der minderjährige potentielle Spender durch einen Arzt entsprechend § 8 Abs. 2 aufzuklären, soweit dies im Hinblick auf Alter und geistige Reife möglich ist. Zu Form und Inhalt der Aufklärung wird auch hier auf die Kommentierung zu § 8 Abs. 2 verwiesen, § 8 Rdn. 7–12. Der Bundestag gibt keine Maßstäbe vor, nach denen der Arzt die Möglichkeit der Aufklärung im Hinblick auf Alter und geistige Reife beurteilen soll. Diese Beurteilung wird daher im Einzelfall schwerfallen, was letztlich darauf hinausläuft, den potentiellen Spender im Zweifel vollständig, wie einen Volljährigen aufzuklären.

9

Lehnt die minderjährige Person die beabsichtigte Entnahme oder Verwendung ab oder bringt sie dies in sonstiger Weise zum Ausdruck, so ist dies nach § 8a Nr. 4 Satz 4 zu beachten. Der Bundestag greift hier auf einen Grundsatz zurück, der zum Schutz nicht einwilligungsfähiger Personen bei der Entnahme regenerierbaren Gewebes in dem Übereinkommen über Menschenrechte und Biomedizin des Europarates vom 04.04.1997 in Art. 20 Abs. 2v verankert ist (BT-Drs. 16/3146, S. 29). Entsprechende Regelungen finden sich in § 41 Abs. 3 Nr. 2 Satz 2 i.V.m. § 40 Abs. 4 Nr. 3 Satz 3 AMG für fremdnützige klinische Prüfungen bei Minderjährigen. Verlangt ist aber nur, dass diese Ablehnung zu beachten ist. Das bedeutet zwar, dass die Ablehnung nicht zwingend dazu führen muss, die Einwilligung zu verweigern. Dies kommt auch darin zum Ausdruck, dass der Gesetzgeber in § 8a Nr. 5 die Voraussetzungen einer Einwilligung der minderjährigen Person als zwingende Voraussetzung gesondert geregelt ist. Faktisch wird dies jedoch regelmäßig dazu führen, dass die Einwilligung der gesetzlichen Vertreter entgegen der Ablehnung nicht dem Wohl des Kindes entspricht und die Einwilligung deshalb wegen des Verweises auf § 1627 BGB verweigert werden muss. Es kann Schwierigkeiten bereiten, herauszufinden, wann die minderjährige Person auf andere Weise zum Ausdruck bringt, dass sie die Entnahme oder Verwendung ablehnt. Wegen der Tragweite eines solchen Eingriffs muss auch hier im Zweifel von einer Ablehnung ausgegangen werden.

10

Neben der **Einwilligung der gesetzlichen Vertreter** verlangt § 8a Nr. 5 auch die Einwilligung des potentiellen Spenders, wenn er in der Lage ist, Wesen, Bedeutung und Tragweite der Entnahme zu erkennen und den Willen hiernach auszurichten. Der Bundestag geht davon aus, dass die für die Einwilligung erforderliche Einsichtsfähigkeit in der Regel vom vollendeten 16. Lebensjahr an gegeben sein kann (BT-Drs. 16/3146, S. 29). Letztlich ist auch dies eine Frage des Einzelfalls. Je nach Reife kann die Einsichtsfähigkeit auch mit vollendetem 14. Lebensjahr oder sogar früher vorliegen. Der transplantierende Arzt muss dies durch Befragen des potentiellen Spenders herausfinden.

11

### G. Anzeige gegenüber dem Familiengericht

Nach bürgerlichem Recht ist das Vormundschaftsgericht befugt, den Eltern die Vertretung für Angelegenheiten zu entziehen, bei denen ein Interessenkonflikt besteht, und gem. § 1909 Abs. 1 BGB einen Pfleger zu bestellen. Die Möglichkeit eines solchen Interessenkonflikts hat der Bundestag ausgemacht, wenn das Knochenmark der minderjährigen Person für Verwandte ersten Grades verwendet werden soll. Zu den Verwandten ersten Grades zählen nach § 1589 BGB die Eltern und Kinder des potentiellen Spenders. Bei dieser Konstellation könnten die Eltern unmittelbar oder mittelbar hinsichtlich der weiteren Kinder von der Übertragung des Knochenmarks profitieren. Um dem Vormundschaftsgericht in diesen Fällen zu ermöglichen, die Vertretung zu entziehen und einen Pfleger zu bestellen, verpflichtet § 8a Satz 2 den gesetzlichen Vertreter, dem Familiengericht die geplante Verwendung des Knochenmarks unverzüglich anzuzeigen, um eine Entscheidung nach § 1629 Abs. 2 Satz 3 i.V.m. § 1796 BGB herbeizuführen.

12

## § 8b Entnahme von Organen und Geweben in besonderen Fällen

(1) Sind Organe oder Gewebe bei einer lebenden Person im Rahmen einer medizinischen Behandlung dieser Person entnommen worden, ist ihre Übertragung nur zulässig, wenn die Person einwilligungsfähig und entsprechend § 8 Absatz 2 Satz 1 und Satz 2 aufgeklärt worden ist und in diese Übertragung der Gewebe oder Organe eingewilligt hat. Für die Aufzeichnung der Aufklärung und Einwilligung gilt § 8 Absatz 2 Satz 4 entsprechend.

(2) Absatz 1 gilt entsprechend für die Gewinnung von menschlichen Samenzellen, die für eine medizinisch unterstützte Befruchtung bestimmt sind.

(3) Für einen Widerruf der Einwilligung gilt § 8 Absatz 2 Satz 6 entsprechend.

| Übersicht | Rdn. | | Rdn. |
|---|---|---|---|
| A. Anwendungsgebiet ............... | 1 | B. Voraussetzungen einer Übertragung .... | 3 |

### A. Anwendungsgebiet

1 In § 8b ist geregelt, unter welchen **Voraussetzungen** Organe oder Gewebe auf Dritte **übertragen** werden dürfen, die an sich nicht für eine Übertragung auf einen anderen Menschen entnommen worden sind. Es handelt sich um Organe oder Gewebe, die bei einer medizinischen Behandlung des Spenders verfügbar werden, um anschließend zur Verwendung bei Dritten ver- oder bearbeitet zu werden. Beispiele sind Operationsreste oder Plazenta (BT-Drs. 16/3146, S. 29).

2 Die Entnahme wird in § 1a Nr. 6 als Gewinnung von Organen oder Geweben definiert. Unter die Gewebedefinition von § 1a Nr. 4 fallen auch menschliche Keimzellen, da Gewebe alle aus Zellen bestehende Bestandteile des menschlichen Körpers sind, einschließlich einzelner menschlicher Zellen. Da § 8b nach Abs. 1 Satz 1 auf die Entnahme aller Organe oder Gewebe bei einer lebenden Person anwendbar ist, ist hiervon an sich auch die Gewinnung von menschlichen Samenzellen umfasst. In § 8b Abs. 2 wird trotzdem noch einmal klargestellt, dass die Voraussetzungen für eine Übertragung von Organen oder Geweben, die bei einer lebenden Person im Rahmen einer medizinischen Behandlung entnommen worden sind, entsprechend gelten für die Gewinnung von menschlichen Samenzellen, die für eine medizinisch unterstützte Befruchtung bestimmt sind. Dies gilt unabhängig davon, ob die Samenzellen operativ oder auf andere Weise gewonnen wurden (BT-Drs. 16/3146, S. 30).

### B. Voraussetzungen einer Übertragung

3 Für die Voraussetzungen einer Übertragung von Organen oder Geweben einschließlich menschlicher Samenzellen, die bei einer lebenden Person im Rahmen einer medizinischen Behandlung – oder bei menschlichen Samenzellen auf andere Weise – entnommen wurden, orientiert sich das Gesetz an der Lebendspende Volljähriger, die in § 8 geregelt ist. Es sind also neben der Einwilligungsfähigkeit eine Aufklärung und Einwilligung Voraussetzung. Aufklärung und Einwilligung sind schriftlich festzuhalten und zu unterschreiben.

4 Die Übertragung bei diesem **Sonderfall** setzt voraus, dass Organe oder Gewebe bei einer lebenden Person im Rahmen einer medizinischen Behandlung dieser Person entnommen worden sind, § 8b Abs. 1 Satz 1. Wegen des oben beschriebenen Anwendungsgebietes kommen hierfür nur medizinische Behandlungen in Betracht, die nicht bereits der Vorbereitung einer Übertragung von Organen und Geweben dienen. Die übertragbaren Organe oder Gewebe müssen bei der medizinischen Behandlung anfallen, ohne dass die Übertragung für die Behandlung eine Rolle spielt. Hierfür kommen alle Operationen sowie Geburten in Betracht (BT-Drs. 16/3146, S. 29). Teil der medizinischen Behandlung muss die Entnahme der Organe oder Gewebe gewesen sein.

5 Gem. § 8b Abs. 1 Satz 1 muss der potentielle Lebendspender zusätzlich **einwilligungsfähig** und entsprechend § 8 Abs. 2 Satz 1 und Satz 2 **aufgeklärt** worden sein. Für das Verständnis dieser

Tatbestandsmerkmale wird auf die Kommentierung zu § 8 Abs. 1 Satz 1 Nr. 1a sowie § 8 Abs. 2 Satz 1 und Satz 2 verwiesen. Für nicht erforderlich hält der Bundestag in diesen Fällen, dass eine weitere ärztliche Person bzw. andere sachverständige Personen bei der Aufklärung anwesend sind. Deshalb wird für die Aufklärung nicht auf § 8 Abs. 2 Satz 3 verwiesen, wonach die zusätzliche Anwesenheit eines Arztes und anderer sachverständiger Personen bei der regulären Lebendspende zwingend ist (BT-Drs. 16/3146, S. 30).

Bei der Entnahme von Organ und Geweben anlässlich einer medizinischen Behandlung sowie bei der Gewinnung von menschlichen Samenzellen, die für eine medizinisch unterstützte **Befruchtung** bestimmt sind, muss der potentielle Spender in die Übertragung der Organe oder Gewebe eingewilligt haben. Eine Einwilligung in die Entnahme ist nicht erforderlich, weil sie schon mit der Einwilligung in die medizinische Behandlung ausgesprochen wurde. 6

Wie bei der Einwilligung in die Standardentnahme bei Lebendspenden gemäß § 8 Abs. 1 Satz 1 Nr. 1b verlangt der Gesetzgeber auch hier gemäß § 8b Abs. 1 Satz 1 **keine bestimmte Form** und keinen bestimmten Inhalt für die Einwilligungserklärung. Wegen der Tragweite des Eingriffs wird man auch hier eine ausdrückliche Einwilligung verlangen müssen. Die Einwilligung als solche muss nicht schriftlich erfolgen, eine mündliche Erklärung genügt. Allerdings muss der potentielle Spender eine durch den Arzt schriftlich aufgezeichnete Einwilligungserklärung unterschreiben, was in der Sache auf ein Schriftformerfordernis hinausläuft. Diese Pflicht folgt aus § 8b Abs. 1 Satz 2, der auf § 8 Abs. 2 Satz 4 verweist. 7

Einwilligungen, die nicht freiwillig erfolgen, sind unwirksam. Gem. § 8b Abs. 3, der auf § 8 Abs. 2 Satz 6 verweist, kann die Einwilligung jederzeit schriftlich, elektronisch oder mündlich widerrufen werden. 8

Der transplantierende Arzt muss die Aufklärung und die Einwilligung des Spenders in einer **Niederschrift** aufzeichnen, die von ihm und dem Spender zu unterschreiben ist (§ 8b Abs. 1 Satz 2). Auch hier dient die Aufzeichnungs- und Unterschriftspflicht der Verfahrenssicherung und sorgt dafür, das Vertrauen in ein transparentes und legales Verfahren zu stärken. 9

## § 8c Entnahme von Organen und Geweben zur Rückübertragung

(1) Die Entnahme von Organen oder Geweben zum Zwecke der Rückübertragung ist bei einer lebenden Person nur zulässig, wenn
1. die Person
    a) einwilligungsfähig ist,
    b) entsprechend § 8 Absatz 2 Satz 1 und Satz 2 aufgeklärt worden ist und in die Entnahme und die Rückübertragung des Organs oder Gewebes eingewilligt hat,
2. die Entnahme und die Rückübertragung des Organs oder Gewebes im Rahmen einer medizinischen Behandlung erfolgen und nach dem allgemein anerkannten Stand der medizinischen Wissenschaft für diese Behandlung erforderlich sind und
3. die Entnahme und die Rückübertragung durch einen Arzt vorgenommen werden.

(2) Die Entnahme von Organen oder Geweben zum Zwecke der Rückübertragung bei einer Person, die nicht in der Lage ist, Wesen, Bedeutung und Tragweite der vorgesehenen Entnahme zu erkennen und ihren Willen hiernach auszurichten, ist abweichend von Absatz 1 Nr. 1 nur zulässig, wenn der gesetzliche Vertreter oder ein Bevollmächtigter entsprechend § 8 Absatz 2 Satz 1 und 2 aufgeklärt worden ist und in die Entnahme und die Rückübertragung des Organs oder Gewebes eingewilligt hat. Die §§ 1627, 1901 Absatz 1 und 3 sowie § 1904 des Bürgerlichen Gesetzbuchs sind anzuwenden.

(3) Die Entnahme von Organen oder Geweben zum Zwecke der Rückübertragung bei einem lebenden Embryo oder Fötus ist unter den Voraussetzungen des Absatz 1 Nr. 2 und 3 nur zulässig, wenn die Frau, die mit dem Embryo oder Fötus schwanger ist, entsprechend § 8 Absatz 2 Satz 1 und 2 aufgeklärt worden ist und die Entnahme und die Rückübertragung des Organs

oder Gewebes eingewilligt hat. Ist diese Frau nicht in der Lage, Wesen, Bedeutung und Tragweite der vorgesehenen Entnahme zu erkennen und ihren Willen hiernach auszurichten, gilt Absatz 2 entsprechend.

(4) Für die Aufzeichnung der Aufklärung und Einwilligung gilt § 8 Absatz 2 Satz 4 entsprechend.

(5) Für einen Widerruf der Einwilligung gilt § 8 Absatz 2 Satz 6 entsprechend.

| Übersicht | Rdn. | | Rdn. |
|---|---|---|---|
| A. Anwendungsgebiet | 1 | D. Voraussetzungen einer Entnahme bei lebenden Embryonen oder Föten | 18 |
| B. Voraussetzungen einer Entnahme bei Einwilligungsfähigen | 3 | E. Aufzeichnungspflichten | 23 |
| C. Voraussetzungen einer Entnahme bei nicht Einwilligungsfähigen | 11 | | |

## A. Anwendungsgebiet

1 § 8c normiert die Voraussetzungen für eine Organ- oder Gewebeentnahme zum Zwecke der **Rückübertragung** auf dieselbe Person. Ein Anwendungsfall ist die Entnahme von Knochenmark, das außerhalb des Körpers bestrahlt und nach der Bestrahlung rückübertragen wird. Gedacht ist auch etwa an die Entnahme von gesunden Hautteilen bei Verbrennungsopfern, die vor der Rückübertragung angezüchtet werden. Wenn die Entnahme und Rückübertragung ein und dieselbe Person betreffen und innerhalb einer medizinischen Behandlung vonstattengehen, knüpft das Gesetz an die Entnahme geringere Voraussetzungen als bei den Transplantationen nach §§ 8 ff., bei denen Spender und Empfänger verschiedene Personen sind (BT-Drs. 16/3146, S. 30).

2 Es genügt die **Einwilligungsfähigkeit**. Es ist nicht erforderlich, dass der Spender volljährig ist. Auch hier, wie bei der Entnahme von Organen und Geweben in besonderen Fällen nach § 8b, ist nicht erforderlich, dass eine weitere ärztliche Person bzw. andere sachverständige Personen an der Aufklärung beteiligt sind. Allerdings gilt der Arztvorbehalt für die Entnahme und Rückübertragung uneingeschränkt.

## B. Voraussetzungen einer Entnahme bei Einwilligungsfähigen

3 § 8c Abs. 1 und Abs. 5 normieren, unter welchen Voraussetzungen die Entnahme von Organen oder Geweben zum Zwecke der Rückübertragung bei einer lebenden und einwilligungsfähigen Person zulässig ist. Neben der Einwilligungsfähigkeit fordert das Gesetz eine **Aufklärung und Einwilligung** in die Entnahme und Rückübertragung, die medizinische Erforderlichkeit von Entnahme und Rückübertragung für diese Behandlung sowie dass ein Arzt die Entnahme und Rückübertragung vornimmt.

4 Grundvoraussetzung ist, dass es sich um eine Entnahme von Organen und Gewebe handelt mit dem **Ziel**, die Bestandteile des menschlichen Körpers auf die gleiche Person **rückzuübertragen**. Es ist selbstverständlich, dass es sich hierbei um lebende Personen handeln muss. Der Gesetzgeber hat also nur diejenigen Fälle im Auge, bei denen schon zum Zeitpunkt der Entnahme die Rückübertragung feststeht. Gedacht ist an medizinische Behandlungen, bei denen es erforderlich ist, Organe, Organteile oder Gewebe zu entnehmen, außerhalb des Körpers zu behandeln und anschließend auf den Patienten rückzuübertragen. Ein Beispiel ist die oben bereits erwähnte Entnahme von Knochenmark zur Bestrahlung außerhalb des Körpers.

5 Der einwilligungsfähige Patient muss entsprechend § 8 Abs. 2 Satz 1 und 2 **aufgeklärt** worden sein und in die Entnahme und Rückübertragung des Organs oder Gewebes eingewilligt haben, § 8c Abs. 1 Nr. 1. Zur Einwilligungsfähigkeit, zu Inhalt und Form der Aufklärung und zur Einwilligung wird auf die Kommentierung der deckungsgleichen Begriffe in § 8 Abs. 1 verwiesen. Einwilligungsfähig ist derjenige, der nach dem Eindruck des transplantierenden Arztes in der Lage ist, die

Bedeutung der Entnahme und Rückübertragung sowie die Nachteile und Risiken, die hieraus für ihn gesundheitlich und darüber hinaus entstehen können, zu überblicken. Auch hier verfolgt der Gesetzgeber das Ziel, geistig oder seelisch behinderte und psychisch kranke Menschen als Spender von einer Rückübertragung auszuschließen (BT-Drs. 13/4355, S. 20). Eine psychische Erkrankung oder eine Behinderung schließen die Einwilligungsfähigkeit aber auch hier nicht prinzipiell aus. Es kommt auf den Einzelfall an. Umfasst sind auch Patienten, die im Koma liegen.

Die Einzelheiten zur Aufklärung ergeben sich hinreichend klar aus § 8 Abs. 2 Satz 1 und Satz 2. 6
Die Anwesenheit eines weiteren Arztes oder einer anderen sachverständigen Person, die § 8 Abs. 2 Satz 3 vorsieht, ist nicht erforderlich. Der Patient muss ausdrücklich in die Entnahme und Rückübertragung einwilligen. Die Einwilligung muss freiwillig zustande kommen und der Patient muss die Einwilligungserklärung, die in der Niederschrift enthalten ist, unterschreiben.

Entnahme und Rückübertragung müssen außerdem im Rahmen einer medizinischen Behandlung 7
erfolgen und nach dem allgemein anerkannten Stand der medizinischen Wissenschaft für diese Behandlung erforderlich sein, § 8c Abs. 1 Nr. 2. Als Rahmen für die Entnahme und Rückübertragung auf ein und dieselbe Person akzeptiert der Bundestag also nur eine **medizinische Behandlung**.

**Beispielhaft** werden in der Begründung zum Gesetzentwurf die Entnahme von Knochenmark ge- 8
nannt, das außerhalb des Körpers bestrahlt wird vor der Rückübertragung und die Entnahme von gesunden Hautteilen bei Verbrennungsopfern, die angezüchtet werden, um anschließend wieder auf den Patienten übertragen zu werden (BT-Drs. 16/3146, S. 30).

Für diese medizinische Behandlung muss es erforderlich sein, dass die jeweiligen Organe, Organtei- 9
le oder Gewebe entnommen und rückübertragen werden. Die **Erforderlichkeit** muss und kann nur der behandelnde Arzt beurteilen. Objektiver Maßstab für seine Beurteilung, die ggf. durch einen medizinischen Gutachter zu bewerten ist, ist der allgemeine anerkannte Stand der medizinischen Wissenschaft.

Wie bei der Lebendspende nach § 8 Abs. 1 Satz 1 Nr. 4 müssen Entnahme und Rückübertragung 10
zwingend durch einen Arzt vorgenommen werden, § 8c Nr. 3. Das Gesetz verlangt nicht, dass die Rückübertragung durch den Arzt erfolgen muss, der die Entnahme vorgenommen hat. Es können unterschiedliche Ärzte sein. Eine Ausnahme vom Arztvorbehalt, wie bei der Entnahme von Geweben bei toten Spendern nach § 3 Abs. 1 Satz 2, ist nicht vorgesehen.

## C. Voraussetzungen einer Entnahme bei nicht Einwilligungsfähigen

Der Bundestag hat auch die Entnahme von Organen oder Geweben zum Zwecke der Rückübertra- 11
gung bei nicht **einwilligungsfähigen Personen** ermöglicht. An die Stelle der Aufklärung und Einwilligung des Patienten treten Aufklärung und Einwilligung der gesetzlichen Vertreter oder Bevollmächtigten. Grundvoraussetzung ist jedoch nach § 8c Abs. 1 Satz 1, dass es sich um eine Entnahme von Organen oder Geweben zum Zwecke der Rückübertragung bei einer Person handelt, die nicht in der Lage ist, Wesen, Bedeutung und Tragweite der vorgesehenen Entnahme zu erkennen und ihren Willen hiernach auszurichten. Die Einwilligungsfähigkeit kann also altersbedingt fehlen, was insbesondere bei Kindern in Betracht kommt, die das 14. Lebensjahr noch nicht vollendet haben. Die Einwilligungsfähigkeit kann allerdings auch volljährigen Patienten aufgrund ihrer intellektuellen Fähigkeiten oder aufgrund Erkrankungen und Behinderungen fehlen. Der behandelnde Arzt muss sich nach den Maßstäben des Gesetzes, die Fähigkeit, Wesen, Bedeutung und Tragweite der vorgesehenen Entnahme zu erkennen und ihren Willen hiernach auszurichten, vergewissern, ob dem Patienten die Einwilligungsfähigkeit fehlt.

Ist der Patient gem. § 8c Abs. 2 Satz 1 nicht einwilligungsfähig, verlangt § 8c Abs. 2 Satz 1 die 12
Aufklärung der gesetzlichen Vertreter oder des Bevollmächtigten entsprechend § 8 Abs. 2 Satz 1 und 2 und die Einwilligung dieser Personen in Entnahme und Rückübertragung. Die Aufklärung entspricht der Aufklärung des Patienten nach § 8c Abs. 1 Nr. 1b, vgl. Rdn. 5–6. Vorrangig aufzuklären ist der gesetzliche Vertreter des Patienten. Bei Minderjährigen sind dies gemäß § 1629

BGB die Eltern oder ein Vormund nach § 1773 BGB; infrage kommt auch eine Pflegschaft auf der Grundlage von §§ 1909 ff. BGB. Bei Volljährigen kann ein Betreuer nach § 1896 BGB zum gesetzlichen Vertreter bestellt worden sein. Hat der Patient rechtswirksam jemanden bevollmächtigt, über eine solche medizinische Behandlung an seiner Stelle zu entscheiden, muss der Bevollmächtigte aufgeklärt werden.

13 Zur Einwilligung in die Entnahme und Rückübertragung des Organs oder Gewebes wird auf die Erläuterungen zur Einwilligung des Patienten nach § 8c Abs. 1 Nr. 1b verwiesen, s. Rdn. 5–6.

14 Gem. § 8c Abs. 2 Satz 2 sind §§ 1627, 1901 Abs. 2 und 3 sowie § 1904 BGB anzuwenden. Dieser Verweis dient dazu, das Wohl der Patienten abzusichern. § 1627 BGB verpflichtet die Eltern, die elterliche Sorge in eigener Verantwortung und im gegenseitigen Einvernehmen zum Wohle des Kindes auszuüben. Bei **Meinungsverschiedenheiten** müssen sie versuchen, sich zu einigen. Richtschnur der elterlichen Sorge auch bei der Entscheidung über eine Entnahme von Organen oder Geweben zur Rückübertragung ist also das Wohl des Kindes. § 1901 Abs. 1 und 3 BGB verpflichtet den Betreuer, die Angelegenheiten des Betreuten so zu besorgen, wie es dessen Wohl entspricht. Zum Wohle des Betreuten gehört auch die Möglichkeit, im Rahmen seiner Fähigkeiten sein Leben nach seinen eigenen Wünschen und Vorstellungen zu gestalten. Der Betreuer hat den Wünschen des Betreuten zu entsprechen, soweit dies dem Wohl der Betreuten nicht zuwiderläuft und dem Betreuer zuzumuten ist. Dies gilt auch für Wünsche, die der Betreute vor der Bestellung des Betreuers geäußert hat, es sei denn, dass er an diesen Wünschen erkennbar nicht festhalten will. Ehe der Betreuer wichtige Angelegenheiten erledigt, bespricht er sie mit dem Betreuten, sofern dies dessen Wohl nicht zuwiderläuft. Auch der Betreuer hat sich also bei der Entscheidung über seine Einwilligung am Wohl des Patienten auszurichten.

15 Gem. § 1904 BGB bedarf darüber hinaus die Einwilligung des Betreuers in eine Untersuchung des Gesundheitszustands, eine Heilbehandlung oder einen ärztlichen Eingriff der Genehmigung des Vormundschaftsgerichts, wenn die begründete Gefahr besteht, dass der Betreute aufgrund der Maßnahme stirbt oder einen schweren und länger dauernden gesundheitlichen Schaden erleidet. Ohne die Genehmigung darf die Maßnahme nur durchgeführt werden, wenn mit dem Aufschub Gefahr verbunden ist. Gem. § 1904 Abs. 2 BGB gilt dies auch für die Einwilligung eines Bevollmächtigten in medizinische Behandlungen. Der Bundestag stellt damit sicher, dass Betreuer und Bevollmächtigte die Einwilligung nicht ohne Genehmigung des Vormundschaftsgerichts erteilen und klären, wann eine Genehmigung erforderlich ist.

16 Anders als bei der Entnahme von Organen oder Geweben bei einem lebenden Embryo oder Fötus nach § 8c Abs. 3, müssen bei einer Entnahme bei nicht einwilligungsfähigen Personen die medizinischen Voraussetzungen und der Arztvorbehalt aus § 8c Abs. 1 Nr. 2 und Nr. 3 nicht beachtet werden. Nach § 8c Abs. 3 Satz 1 ist die Entnahme nur unter den Voraussetzungen des Abs. 1 Nr. 2 und Nr. 3 zulässig. Ein entsprechender Hinweis fehlt in § 8c Abs. 2.

17 Es ist allerdings kein Grund ersichtlich, warum bei nicht einwilligungsfähigen Patienten eine Entnahme und Rückübertragung nicht durch einen Arzt vorgenommen werden müssen und warum Entnahme und Rückübertragung nicht auf medizinische Behandlungen beschränkt sein sollen, die für die Entnahme und Rückübertragung nach dem allgemeinen anerkannten Stand der medizinischen Wissenschaft erforderlich sind. § 8c Abs. 2 ist daher ergänzend so auszulegen, dass die Voraussetzungen aus § 8c Abs. 1 Nr. 2 und Nr. 3 zusätzlich erfüllt sein müssen.

### D. Voraussetzungen einer Entnahme bei lebenden Embryonen oder Föten

18 § 8c Abs. 3 regelt den Sonderfall, dass Organe oder Gewebe einem lebenden Embryo oder Fötus zum Zwecke der Rückübertragung entnommen werden. Dies darf nur mit Einwilligung der Schwangeren oder dem gesetzlichen Vertreter bzw. Bevollmächtigten der Schwangeren erfolgen.

19 Die Entnahme ist zunächst nur zulässig, wenn die Frau, die mit dem Embryo oder Fötus schwanger ist, entsprechend § 8 Abs. 2 Satz 1 und 2 **aufgeklärt** worden ist und in die Entnahme und die

Rückübertragung des Organs oder Gewebes eingewilligt hat (§ 8c Abs. 3 Satz 1). Für die Aufklärung und die Einwilligung wird auf die Kommentierung von § 8c Abs. 1 Nr. 1b verwiesen, Rdn. 5–6.

Eine Besonderheit zur Entnahme bei einwilligungsfähigen oder nicht einwilligungsfähigen Patienten besteht insoweit, als die Aufklärung sich nicht nur auf Risiken, Folgen und Spätfolgen der Entnahme für die Gesundheit des Embryos oder Fötus, sondern auch auf mögliche, auch **mittelbare Folgen** und **Spätfolgen** der Entnahme für die Gesundheit der Schwangeren beziehen muss. Durch § 8c Abs. 5 und den Verweis auf § 8 Abs. 2 Satz 6 ist klargestellt, dass auch hier die Einwilligung jederzeit schriftlich oder mündlich widerrufen werden kann. 20

Ist die Schwangere nicht in der Lage, Wesen, Bedeutung und Tragweite der vorgesehenen Entnahme zu erfassen und ihren Willen hiernach auszurichten, gelten gemäß § 8c Abs. 3 Satz 2 die Vorgaben von § 8c Abs. 2 entsprechend. Ist die Schwangere also nicht einwilligungsfähig, sind der gesetzliche Vertreter oder der Bevollmächtigte entsprechend § 8 Abs. 2 Satz 1 und 2 aufzuklären und die Einwilligung dieser Personen ist erforderlich. Auf die Kommentierung von § 8c Abs. 2 auch im Hinblick auf das zu beachtende Kindeswohl und die Genehmigung des Vormundschaftsgerichts kann zurückgegriffen werden, Rdn. 12–13. Besteht also die begründete Gefahr, dass die Schwangere aufgrund des medizinischen Eingriffs stirbt oder einen schweren und länger dauernden gesundheitlichen Schaden erleidet, müssen gesetzlicher Vertreter oder Bevollmächtigter nach § 1904 BGB die Genehmigung des Vormundschaftsgerichts einholen. 21

Die Entnahme von Organen oder Geweben zum Zwecke der Rückübertragung bei einem lebenden Embryo oder Fötus ist schließlich nach § 8c Abs. 3 Satz 1 nur unter den Voraussetzungen von Abs. 1 Nr. 2 und 3 zulässig. Die Entnahme und Rückübertragung müssen daher im Rahmen einer medizinischen Behandlung erfolgen und nach dem allgemein anerkannten Stand der medizinischen Wissenschaft für diese Behandlung erforderlich sein. Die Entnahme und Rückübertragung muss ein Arzt vornehmen. Näheres kann der Kommentierung von § 8c Abs. 1 Nr. 2 und Nr. 3 entnommen werden, Rdn. 7–10. 22

### E. Aufzeichnungspflichten

Inhalt der Aufklärung und die Einwilligungserklärung des Patienten, des gesetzlichen Vertreters oder Bevollmächtigten bzw. der Schwangeren sind gem. § 8c Abs. 4 i.V.m. § 8 Abs. 2 Satz 4 in einer **Niederschrift** aufzuzeichnen, die von den aufklärenden Personen, dem Patienten oder den ihn vertretenden Personen zu unterschreiben ist. Aufzeichnung und Unterschrift dienen der Verfahrenssicherung und sind darüber hinaus geeignet, das Vertrauen der Beteiligung darin zu stärken, dass Entnahme und Rückübertragung transparent und legal erfolgen. 23

## § 8d Besondere Pflichten der Gewebeeinrichtungen

(1) Eine Gewebeeinrichtung, die Gewebe entnimmt oder untersucht, darf unbeschadet der Vorschriften des Arzneimittelrechts nur betrieben werden, wenn sie einen Arzt bestellt hat, der die erforderliche Sachkunde nach dem Stand der medizinischen Wissenschaft besitzt. Die Gewebeeinrichtung ist verpflichtet,
1. die Anforderungen an die Entnahme von Geweben nach dem Stand der medizinischen Wissenschaft und Technik einzuhalten, insbesondere an die Spenderidentifikation, das Entnahmeverfahren und die Spenderdokumentation,
2. sicherzustellen, dass nur Gewebe von Spendern entnommen werden, bei denen eine ärztliche Beurteilung nach dem Stand der medizinischen Wissenschaft und Technik ergeben hat, dass der Spender dafür medizinisch geeignet ist,
3. sicherzustellen, dass die für Gewebespender nach dem Stand der medizinischen Wissenschaft und Technik erforderlichen Laboruntersuchungen in einem Untersuchungslabor nach § 8e durchgeführt werden,

4. sicherzustellen, dass die Gewebe für die Aufbereitung, Be- oder Verarbeitung, Konservierung oder Aufbewahrung nur freigegeben werden, wenn die ärztliche Beurteilung nach Nummer 2 und die Laboruntersuchungen nach Nummer 3 ergeben haben, dass die Gewebe für diese Zwecke geeignet sind,
5. vor und nach einer Gewebeentnahme bei lebenden Spendern Maßnahmen für eine erforderliche medizinische Versorgung der Spender sicherzustellen und
6. eine Qualitätssicherung für die Maßnahmen nach den Nummern 2 bis 5 sicherzustellen.

Das Nähere regelt eine Rechtsverordnung nach § 16a.

(2) Eine Gewebeeinrichtung hat unbeschadet ärztlicher Dokumentationspflichten jede Gewebeentnahme und -abgabe und die damit verbundenen Maßnahmen sowie die Angaben über Produkte und Materialien, die mit dem entnommenen oder abgegebenen Geweben in Berührung kommen, für die in diesem Gesetz geregelten Zwecke, für Zwecke der Rückverfolgung, für Zwecke einer medizinischen Versorgung des Spenders und für Zwecke der Risikoerfassung und Überwachung nach den Vorschriften des Arzneimittelgesetzes oder anderen Rechtsvorschriften nach Maßgabe einer Rechtsverordnung nach § 16a zu dokumentieren.

(3) Jede Gewebeeinrichtung führt eine Dokumentation über ihre Tätigkeit einschließlich der Angaben zu Art und Menge der entnommenen, untersuchten, aufbereiteten, be- oder verarbeiteten, konservierten, aufbewahrten, abgegebenen oder anderweitig verwendeten, eingeführten und ausgeführten Gewebe sowie des Ursprungs- und des Bestimmungsortes der Gewebe und macht eine Darstellung ihrer Tätigkeit öffentlich zugänglich. Sie übermittelt innerhalb der Fristen nach Satz 5 der zuständigen Bundesoberbehörde jährlich einen Bericht mit den Angaben zu Art und Menge der entnommenen, aufbereiteten, be- oder verarbeiteten, aufbewahrten, abgegebenen oder anderweitig eingeführten und ausgeführten Gewebe einschließlich des Ursprungs- und des Bestimmungsstaates der Gewebe. Der Bericht erfolgt auf einem Formblatt, das die Bundesoberbehörde herausgegeben und im Bundesanzeiger bekannt gemacht hat. Das Formblatt kann auch elektronisch zur Verfügung gestellt und genutzt werden. Der Bericht ist nach Ablauf des Kalenderjahres, spätestens bis zum 1. März des folgenden Jahres zu übermitteln. Die zuständige Bundesoberbehörde stellt die von den Gewebeeinrichtungen übermittelten Angaben anonymisiert in einem Gesamtbericht zusammen und macht diesen öffentlich bekannt. Ist der Bericht einer Gewebeeinrichtung unvollständig oder liegt er bis zum Ablauf der Frist nach Satz 5 nicht vor, unterrichtet die zuständige Bundesoberbehörde die für die Überwachung zuständige Behörde. Die Gewebeeinrichtungen übersenden der zuständigen Behörde mindestens alle zwei Jahre oder auf Anforderung eine Liste der belieferten Einrichtungen der medizinischen Versorgung.

## Übersicht

| | Rdn. | | Rdn. |
|---|---|---|---|
| A. Regelungsgegenstand | 1 | E. Berichtspflichten gegenüber dem Paul-Ehrlich-Institut und Bekanntmachung | 24 |
| B. Anforderungen an Gewebeeinrichtungen | 3 | F. Bereitstellung von Listen der belieferten Einrichtungen der medizinischen Versorgung | 29 |
| C. Dokumentationspflichten zur Gewährleistung gesetzlicher Zwecke | 19 | | |
| D. Tätigkeitsdokumentation und öffentlich zugängliche Darstellung | 22 | | |

## A. Regelungsgegenstand

1 § 8d enthält grundlegende Anforderungen an Gewebeeinrichtungen. Art. 5, 8, 10 Abs. 1 sowie 16, 17 und 19 Gewebe-Richtlinie verpflichten die Mitgliedstaaten, die Überwachung der Beschaffung menschlicher Gewebe und Zellen sowie die Rückverfolgbarkeit sicherzustellen, die Gewebeeinrichtungen zur Registerführung und Berichterstattung zu verpflichten sowie dafür Sorge zu tragen, dass Gewebeeinrichtungen ein Qualitätssicherungssystem etablieren, qualifizierte

verantwortliche Personen benennen und alle Spenden menschlicher Gewebe und Zellen entsprechend getestet werden. Diese Forderungen setzt § 8d in deutsches Recht um (BT-Drs. 16/3146, S. 30).

§ 1a Nr. 8 definiert **Gewebeeinrichtungen** als Einrichtungen, die Gewebe zum Zwecke der Übertragung entnehmen, untersuchen, aufbereiten, be- oder verarbeiten, konservieren, kennzeichnen, verpacken, aufbewahren oder an andere abgeben. § 8d betrifft nur einen Teil dieser Tätigkeiten. Gem. § 8d Abs. 1 Satz 1 bezieht sich die Norm nur auf Gewebeeinrichtungen, die Gewebe entnehmen oder untersuchen. Sie gilt nicht für Laboruntersuchungen, die in § 8d Abs. 1 Satz 2 Nr. 3 erwähnt werden. Für Laboruntersuchungen gilt allein § 8e. Gewebeeinrichtungen, die Gewebe entnehmen oder untersuchen, werden außerdem arzneimittelrechtlich reguliert, wie dem Verweis in § 8d Abs. 1 Satz 1 zu entnehmen ist. Hiermit ist vor allem die Erlaubnis aus § 20b AMG angesprochen. Für Gewebeeinrichtungen, die Gewebe nur aufbereiten, konservieren etc., ohne sie zu entnehmen oder zu untersuchen, gilt ausschließlich Arzneimittelrecht (vgl. § 20c AMG; BT-Drs. 16/3146, S. 30).

## B. Anforderungen an Gewebeeinrichtungen

Gewebeeinrichtungen, die Gewebe entnehmen oder untersuchen, müssen gemäß § 8d Abs. 1 Satz 1, Satz 2 und Satz 3 Anforderungen erfüllen im Hinblick auf die personelle Ausstattung, die Qualitätssicherung, die Versorgung der Spender und die Gewährleistung des Standes der medizinischen Wissenschaft und Technik. Diese Voraussetzungen sind zwingend, Ausnahmen lässt das Gesetz nicht zu. Einzelheiten sind geregelt in der Verordnung über die Anforderungen an Qualität und Sicherheit der Entnahme von Geweben und deren Übertragung nach dem Transplantationsgesetz vom 26.03.2008 (TPG-Gewebeverordnung – TPG-GewV) (BGBl. I S. 512), zuletzt geändert durch Art. 2 des Gesetzes v. 07.07.2017 (BGBl. I S. 2842). Die Verordnung beruht auf der Ermächtigung in § 16a, auf die § 8d Abs. 1 Satz 3 hinweist.

§ 8d Abs. 1 Satz 2 verlangt von jeder Gewebeeinrichtung, einen **Arzt** zu bestellen, der die erforderliche Sachkunde nach dem Stand der medizinischen Wissenschaft besitzt. Dieser Arzt kann zugleich die angemessen ausgebildete Person mit der erforderlichen Berufserfahrung i.S.v. § 20b Abs. 1 Satz 3 Nr. 1 AMG sein, die eine Einrichtung nachweisen muss, damit eine arzneimittelrechtliche Erlaubnis für die Gewinnung von Gewebe und die Laboruntersuchungen erteilt wird.

Der Gesetzgeber gibt keine Hinweise, wann der Arzt die erforderliche **Sachkunde** nach dem Stand der medizinischen Wissenschaft besitzt. Die Gesetzgebungsmaterialien sind hierzu ebenfalls unergiebig. Art. 17 Abs. 1b Gewebe-Richtlinie verlangt neben einer ärztlichen oder biowissenschaftlichen Ausbildung eine mindestens zweijährige praktische Erfahrung in den einschlägigen Bereichen. Übertragen auf § 8d Abs. 1 Satz 1 bedeutet dies, dass der bestellte Arzt mindestens zwei Jahre Erfahrung in der Entnahme und Untersuchung von menschlichen Geweben haben muss, die dem Stand der medizinischen Wissenschaft entsprechen.

§ 8d Abs. 1 Satz 2 Nr. 1 verlangt von den Gewebeeinrichtungen zweitens, die **Anforderungen** an die Entnahme von Geweben nach dem Stand der medizinischen Wissenschaft und Technik einzuhalten, insbesondere an die Spenderidentifikation, das Entnahmeverfahren und die Spenderdokumentation. Die Identität des Spenders, die hier angesprochen ist, dient nicht nur seinem Schutz. Sie soll auch dem Schutz des Patienten dienen (BT-Drs. 16/3146, S. 31).

Näheres zu den Anforderungen an die Entnahme von Geweben enthält § 2 TPG-GewV. Danach ist die Entnahmeeinrichtung zur Einhaltung der Anforderungen für die Entnahme von Geweben nach § 8d Abs. 1 Satz 1 Nr. 1 insbesondere verpflichtet, sicherzustellen, dass die Art und Weise der Entnahme hinsichtlich der Art der gespendeten Gewebe geeignet ist und die für ihre Verwendung erforderlichen biologischen und physikalischen Eigenschaft erhalten bleiben. Zusätzlich und darüber hinaus ist auch hier der Stand der medizinischen Wissenschaft und Technik maßgeblich. Die Einhaltung der gesetzlichen Vorgaben richtet sich nach medizinischen Standards, deren Einhaltung im Streitfall durch Gutachter zu bewerten ist.

§ 8d TPG   Besondere Pflichten der Gewebeeinrichtungen

8   Im Hinblick auf die Spenderauswahl verlangt § 8d Abs. 1 Satz 2 Nr. 2 außerdem die Sicherstellung, dass nur Gewebe von Spendern entnommen wird, bei denen eine ärztliche Beurteilung nach dem Stand der medizinischen Wissenschaft und Technik ergeben hat, dass der **Spender** dafür **medizinisch geeignet** ist. Untersuchung und Feststellung der Geeignetheit des Spenders müssen also durch einen Arzt erfolgen. Der Arzt kann sich dabei durch qualifiziertes Personal unterstützen lassen, etwa hinsichtlich der Feststellung des Blutdrucks, des Gewichts oder des Pulses. Die Entscheidung über die Geeignetheit des Spenders darf der Arzt jedoch nicht delegieren. Die Geeignetheit muss im Hinblick auf die jeweilige Gewebeart beurteilt werden (BT-Drs. 16/3146, S. 31).

9   § 3 TPG-GewV i.V.m. den Anlagen 1 und 2 präzisieren die Anforderungen an die ärztliche Beurteilung der medizinischen Eignung des Spenders. Nach § 3 Abs. 1 TPG-GewV beruht die **ärztliche Beurteilung bei toten Spendern** auf der Risikobewertung in Bezug auf die jeweilige Verwendung und die Art des Gewebes. Dabei sind die in Anlage 1 Nr. 1 genannten Anforderungen zu beachten. Sie besagen, dass zur Spenderevaluierung neben einer Auswertung der Krankenakte des Spenders auch andere Personen, der behandelnde Arzt sowie der Hausarzt etc. heranzuziehen sind soweit diese Informationsquellen geeignet sind. Außerdem ist eine körperliche Untersuchung durchzuführen. Gem. § 3 Abs. 1 Satz 3 TPG-GewV ist der Spender von der Spende auszuschließen, wenn einer der in Anlage 1 Nr. 2 genannten Ausschlussgründe erfüllt ist, sofern nicht im Einzelfall aus medizinischen Gründen aufgrund einer Risikobewertung durch einen Arzt hiervon abgewichen wird. Dort sind unbekannte Todesursachen und andere schwerwiegende Erkrankungen (Autoimmunerkrankungen etc.) aufgezählt.

10   Nach § 3 Abs. 2 TPG-GewV gilt für die **ärztliche Beurteilung des lebenden Spenders** von Geweben mit Ausnahme von Keimzellen das zu toten Spendern soeben Ausgeführte mit dem Unterschied, dass die in Anlage 2 der Verordnung genannten Anforderungen zu beachten sind. Dort sind ebenfalls Vorgaben zur Spenderevaluierung sowie Auswahl- und Ausschlussgründe genannt.

11   Sicherzustellen ist gem. § 8d Abs. 1 Satz 2 Nr. 3 weiterhin, dass die für Gewebespender nach dem Stand der medizinischen Wissenschaft und Technik erforderlichen **Laboruntersuchungen** in einem Untersuchungslabor nach § 8e durchgeführt werden. Die Untersuchungslabore benötigen gem. § 8e Satz 1 eine Erlaubnis nach dem Arzneimittelgesetz.

12   Gemeint ist eine **Erlaubnis** nach § 20b AMG für Laboruntersuchungen, die für die Gewinnung von Gewebe erforderlich sind. Dieser Erlaubnistatbestand geht auf das Gewebegesetz zurück. Er ersetzt die an sich erforderliche Herstellungserlaubnis nach §§ 13 ff. AMG. § 20b AMG hat Art. 5 Abs. 2 Satz 2 Gewebe-Richtlinie in deutsches Recht umgesetzt. Danach müssen die für Spender vorgeschriebenen Untersuchungen von einem qualifizierten Labor ausgeführt werden, das von den zuständigen Behörden zugelassen, benannt, genehmigt oder lizenziert wurde. § 8e Satz 2 verpflichtet die Untersuchungslabore zusätzlich, eine Qualitätssicherung für die nach § 8d Abs. 1 Satz 2 Nr. 3 vorgeschriebenen Laboruntersuchungen sicherzustellen.

13   § 4 TPG-GewV präzisiert diese Vorgaben. Die Entnahmeeinrichtung müssen **mindestens** die in Anlage 3 Nr. I genannten **Laboruntersuchungen** für Gewebespender mit Ausnahme von Keimzellen in einem Untersuchungslabor durchführen oder durchführen lassen. Bei diesen Untersuchungen sind gem. § 4 Satz 2 TPG-GewV die in Anlage 3 Nr. 2 festgelegten Anforderungen einzuhalten. Anlage 3 enthält insbesondere die für Spender vorgeschriebenen biologischen Tests, wie HIV 1 und 2, Hepatitis B etc. sowie detaillierte Vorgaben für die Untersuchungsverfahren. Diese Anforderungen zielen darauf ab, den allgemeinen Stand der medizinischen Wissenschaft und Technik, den § 8d Abs. 1 Satz 2 Nr. 3 für die Laboruntersuchungen einfordert, sicherzustellen. Dazu gehört etwa, dass die biologischen Untersuchungen am Serum oder Plasma des Spenders vorgenommen und dass die Blutproben bei toten Spendern so schnell wie möglich und nicht später als 24 Stunden nach dem Tod entnommen werden.

14   Die Gewebeeinrichtungen haben gem. § 8d Abs. 1 Satz 2 Nr. 4 außerdem sicherzustellen, dass die Gewebe für die Aufbereitung, Be- oder Verarbeitung, Konservierung oder Aufbewahrung nur **freigegeben** werden, wenn die ärztliche Beurteilung nach Nr. 2 und die Laboruntersuchungen nach

Nr. 3 ergeben haben, dass die Gewebe für diese Zwecke geeignet sind. Diese Verfahrensbestimmung soll sicherstellen, dass das Gewebe nicht vor Abschluss der vorgeschriebenen Prüfungen und Untersuchungen angewendet werden kann (BT-Drs. 16/3146, S. 31). Vorher müssen die medizinische Eignung des Spenders gem. § 8d Abs. 1 Satz 2 Nr. 2 und die erforderlichen Laboruntersuchungen nach § 8d Abs. 1 Satz 2 Nr. 3 i.V.m. § 8e durchgeführt worden sein und zu dem Ergebnis geführt haben, dass die Gewebe für die Aufbereitung, Be- oder Verarbeitung etc. geeignet sind.

Diese Ergebnisse sind gemäß § 5 Abs. 1 Nr. 3 und 7 TPG-GewV in einer **Spenderakte** zu dokumentieren, die die Entnahmeeinrichtung vor der Entnahme oder Untersuchung anzulegen hat und in der auch die Einwilligung des Spenders nach § 3 Abs. 1 Nr. 1 oder die Zustimmung des nächsten Angehörigen nach § 4 Abs. 1 dokumentiert werden. Gem. § 5 Abs. 2 Satz 1 TPG-GewV übermittelt die Entnahmeeinrichtung der Gewebeeinrichtung, die das entnommene Gewebe be- oder verarbeitet, einen Entnahmebericht. In dem Bericht ist zu dokumentieren, dass die Gewebe für die Aufbereitung, Be- oder Verarbeitung, Konservierung oder Aufbewahrung i.S.d. § 8d Abs. 1 Satz 2 Nr. 4 freigegeben sind. 15

Bei Lebendspenden ist die **medizinische Versorgung** der Spender bedeutsam. Deshalb verlangt § 8d Abs. 1 Satz 2 Nr. 5 von den Gewebeeinrichtungen, vor und nach einer Gewebeentnahme Maßnahmen für eine erforderliche medizinische Versorgung der Spender sicherzustellen. Die medizinische Versorgung soll sicherstellen, dass der Spender keine gesundheitlichen Nachteile erleidet, die über die mit der Gewebeentnahme unmittelbar verbundenen Beeinträchtigungen hinausgehen (BT-Drs. 16/3146, S. 31). Welche medizinische Versorgung erforderlich ist, müssen auch hier die Ärzte entscheiden. 16

Art. 16 Gewebe-Richtlinie verlangt von den Mitgliedstaaten, alle erforderlichen Maßnahmen zu treffen, um sicherzustellen, dass jede Gewebeeinrichtung ein Qualitätssicherungssystem nach den Grundsätzen der guten fachlichen Praxis einrichtet und auf dem neuesten Stand hält. § 8d Abs. 1 Satz 2 Nr. 6 setzt diese Anforderungen um. Danach muss jede Gewebeeinrichtung eine Qualitätssicherung sicherstellen für die ärztliche Beurteilung der medizinischen Eignung des Spenders, für die erforderlichen Laboruntersuchungen, für die Freigabe des Gewebes, für eine entsprechende Eignung des Gewebes und für die erforderliche medizinische Versorgung des lebenden Spenders. 17

Die TPG-GewV enthält hierzu keine spezifischen Anforderungen. Die Anforderungen der Verordnung an die ärztliche Beurteilung der medizinischen Eignung des Spenders, an Laboruntersuchungen etc. dienen zwar auch dazu, die Qualität dieser Maßnahmen zu gewährleisten. Es ist jedoch kein Qualitätssicherungsprogramm vorgesehen, das die Qualität in einem eigenen Verfahren gewährleistet. Die Gewebeeinrichtungen sind also nach den Vorgaben des Gesetzes frei darin, wie sie die Qualitätssicherung gewährleisten. 18

## C. Dokumentationspflichten zur Gewährleistung gesetzlicher Zwecke

Den Gewebeeinrichtungen werden durch § 8d Abs. 2 umfangreiche **Dokumentationspflichten** auferlegt, die neben schon bestehende ärztliche Dokumentationspflichten treten. Zu dokumentieren sind jede Gewebeentnahme und -abgabe und die damit verbundenen Maßnahmen sowie die Angaben über Produkte und Materialien, die mit den entnommenen oder abgegebenen Geweben in Berührung kommen. Diese Dokumentationspflichten dienen den Zwecken des Transplantationsgesetzes, der Rückverfolgung vom Empfänger zum Spender und umgekehrt, der medizinischen Versorgung des Spenders sowie der Risikoerfassung und Überwachung nach den Vorschriften des Arzneimittelgesetzes oder anderer Rechtsvorschriften. Was die Rückverfolgbarkeit der Gewebe vom Spender zum Empfänger und umgekehrt anbelangt, setzt § 8d Abs. 2 Art. 8 Gewebe-Richtlinie in deutsches Recht um (BT-Drs. 16/3146, S. 31). 19

Die TPG-GewV, auf die § 8d Abs. 2 am Ende verweist und die nach § 16a Satz 2 Nr. 1 auch Anforderungen an die Dokumentation und den Schutz der dokumentierten Daten bezüglich Entnahme und Übertragung von Geweben regeln kann, gibt strenge Dokumentationspflichten vor. § 5 TPG-GewV verlangt, dass die Entnahmeeinrichtungen eine Spenderakte anlegen und Entnahmeberichte 20 an Gewebeeinrichtungen übermitteln. Die Spenderakte muss neben der Spenderidentität und der Einwilligung des Spenders oder Zustimmung der nächsten Angehörigen bzw. Schwangeren weitere Informationen enthalten im Zusammenhang mit der Gewebeentnahme und den Laboruntersuchungen.

21 Die TPG-GewV hat auch Auswirkungen auf die arzneimittelrechtliche Überwachung der Gewebeeinrichtungen. Gem. § 64 Abs. 1 Satz 2 AMG unterliegen die Herstellung und Prüfung von Geweben der Überwachung, soweit sie durch eine Rechtsverordnung nach § 16a geregelt sind. Zur Herstellung gehört nach § 4 Abs. 14 AMG auch das Gewinnen von Gewebe. Gem. § 1a ist die Entnahme wiederum die Gewinnung von Organen oder Geweben. Gewebeeinrichtungen und Untersuchungslabore, sofern die Untersuchung Teil der arzneimittelrechtlichen Herstellung ist, unterliegen damit der arzneimittelrechtlichen Überwachung.

### D. Tätigkeitsdokumentation und öffentlich zugängliche Darstellung

22 Art. 10 Abs. 1 Gewebe-Richtlinie verlangt, dass Gewebeeinrichtungen ein Register über ihre Tätigkeiten führen, einschließlich der Arten und Mengen der beschafften, getesteten, konservierten etc. Gewebe, wie auch über den Ursprung und den Bestimmungsort der zur Verwendung beim Menschen bestimmten Gewebe und Zellen. Der Bericht muss öffentlich zugänglich sein. Diese europarechtlichen Vorgaben hat der Bundestag in § 8d Abs. 3 Satz 1 umgesetzt. Danach hat jede Gewebeeinrichtung eine Dokumentation über ihre Tätigkeit einschließlich der Angaben zu Art und Menge der entnommenen, untersuchten, aufbereiteten, be- oder verarbeiteten, konservierten, aufbewahrten, abgegebenen oder anderweitig verwendeten, eingeführten und ausgeführten Gewebe sowie des Ursprungs- und Bestimmungsortes der Gewebe zu führen. Eine Darstellung ihrer Tätigkeit haben die Gewebeeinrichtungen öffentlich zugänglich zu machen.

23 Diese **öffentlich zugängliche Dokumentation** erleichtert die Überwachung der Gewebeeinrichtungen, fördert das Vertrauen der Öffentlichkeit in die Qualität und Sicherheit der Entnahmen und Laboruntersuchungen sowie in die Zuverlässigkeit der Gewebeeinrichtungen. Die Dokumentationsinhalte sind im Gesetz ausreichend präzise und erschöpfend wiedergegeben. Über die Form der Dokumentation und die Art und Weise, wie die Darstellung der Tätigkeit öffentlich zugänglich zu machen ist, können die Gewebeeinrichtungen frei entscheiden.

### E. Berichtspflichten gegenüber dem Paul-Ehrlich-Institut und Bekanntmachung

24 Art. 10 Abs. 1 Satz 2 Gewebe-Richtlinie fordert, dass die Gewebeeinrichtungen den zuständigen Behörden einen **Jahresbericht** über ihre Tätigkeiten vorlegen. Dementsprechend verlangt § 8d Abs. 3 Satz 2, dass jede Gewebeeinrichtung der zuständigen Bundesbehörde jährlich einen Bericht mit den Angaben zu Art und Menge der entnommenen, aufbereiteten, be- oder verarbeiteten, aufbewahrten, abgegebenen oder anderweitig verwendeten, eingeführten und ausgeführten Gewebe übermitteln.

25 **Zuständige Bundesoberbehörde** ist gem. § 21 das Paul-Ehrlich-Institut. Nach Art. 1 Abs. 1 Satz 1 des Gesetzes über das Bundesinstitut für Impfstoffe und biomedizinische Arzneimittel v. 07.07.1972 (BGBl. I S. 1163, zuletzt geändert durch Art. 50 des Gesetzes v. 31.08.2015 (BGBl. I S. 1474), unterhält der Bund unter der Bezeichnung Paul-Ehrlich-Institut ein Bundesinstitut für Impfstoffe und biomedizinische Arzneimittel als selbstständige Bundesoberbehörde. Diese Bezeichnung hat die Bezeichnung Bundesamt für Sera und Impfstoffe abgelöst.

26 Nach § 8d Abs. 3 Satz 3 und 4 erfolgt der Bericht auf einem **Formblatt**, das das Paul-Ehrlich-Institut herausgegeben und im Bundesanzeiger bekannt gemacht oder elektronisch zur Verfügung gestellt hat. Die Behörde stellt auf ihrer Homepage einen Meldebogen bereit. Der Bericht ist nach Ablauf des Kalenderjahres, spätestens bis zum 1. März des folgenden Jahres zu übermitteln, § 8d Abs. 3 Satz 5. Die Berichte sollen der Behörde einen Überblick über die Tätigkeiten im Gewebesektor ermöglichen. Die Berichte sollen aber auch der Einschätzung dienen, ob der Bedarf an Gewebe in Deutschland gedeckt werden kann (BT-Drs.16/3146, S. 31).

§ 8d Abs. 3 Satz 6 ordnet darüber hinaus an, dass das Paul-Ehrlich-Institut die von den Gewebeeinrichtungen übermittelten Angaben **anonymisiert** in einem **Gesamtbericht** zusammenfasst und öffentlich bekannt macht. Die anonymisierte Bekanntmachung dient dem Schutz von Betriebsgeheimnissen. Die Anonymisierung ist vertretbar, weil der Bericht in erster Linie dazu dient, einen Überblick zu verschaffen über die Gesamtmenge der in Deutschland entnommenen und untersuchten Gewebe. Es geht nicht darum, die Tätigkeit jeder einzelnen Einrichtung dort noch einmal zu dokumentieren. Diesem Ziel dient die Pflicht der Gewebeeinrichtung nach § 8d Abs. 3 Satz 1, eine Darstellung ihrer Tätigkeit öffentlich zugänglich zu machen.

Ist der Bericht einer Gewebeeinrichtung unvollständig oder liegt er bis zum Ablauf des 1. März des folgenden Jahres nicht vor, unterrichtet das Paul-Ehrlich-Institut die für die Überwachung zuständige Behörde. Dies soll den zuständigen Behörden ermöglichen, das korrekte Meldeverhalten im Rahmen der Überwachungstätigkeit durchzusetzen (BT-Drs. 16/3146, S. 32). Welche Behörden für die Überwachung der Gewebeeinrichtungen zuständig sind, richtet sich nach Landesrecht.

### F. Bereitstellung von Listen der belieferten Einrichtungen der medizinischen Versorgung

Schließlich ist die Gewebeeinrichtung gem. § 8d Abs. 3 Satz 8 verpflichtet, der zuständigen Behörde mindestens alle zwei Jahre oder auf Anforderung eine **Liste** der belieferten **Einrichtungen der medizinischen Versorgung** zu übersenden. Dabei sind Ursprungs- und Gewinnungsstaat des Gewebes in den Bericht aufzunehmen. Die Meldung dient der Sicherheit im Hinblick auf Epidemien und deren Auswirkungen.

Einrichtungen der medizinischen Versorgung sind gem. § 1a Nr. 9 Krankenhäuser oder andere Einrichtungen mit unmittelbarer Patientenbetreuung, die fachlich-medizinisch unter ständiger ärztlicher Leitung stehen und in der ärztlich medizinische Leistungen erbracht werden. Einrichtungen der medizinischen Versorgung sind also diejenigen Einrichtungen, in denen menschliches Gewebe übertragen wird. § 13a verpflichtet die Einrichtungen der medizinischen Versorgung daher, jedes übertragene Gewebe von dem behandelnden Arzt oder unter dessen Verantwortung dokumentieren zu lassen. Nach § 13b sind diese Einrichtungen außerdem verpflichtet, schwerwiegende Zwischenfälle und schwerwiegende unerwünschte Reaktionen zu dokumentieren und der Gewebeeinrichtung zu melden.

Die Listen der Einrichtungen der medizinischen Versorgung, die die Gewebeeinrichtungen zur Verfügung gestellt haben, werden im Allgemeinen nur bei Vorkommnissen relevant. In diesen Fällen steht es der zuständigen Behörde frei, die Listen gezielt anzufordern. Allgemein genügt es daher, wenn solche Listen **alle zwei Jahre** vorgelegt werden (BT-Drs. 16/5443, S. 54). Zuständig sind auch hier die nach Landesrecht mit dieser Aufgabe betrauten Behörden. Generell sind dies die Behörden auf der mittleren Stufe der Landesverwaltung, also die Bezirksregierungen oder Regierungspräsidien.

## § 9 Zulässigkeit der Organentnahme und -übertragung, Vorrang der Organspende

(1) Die Entnahme von Organen bei verstorbenen Spendern darf nur in Entnahmekrankenhäusern nach § 9a durchgeführt werden.

(2) Die Übertragung von Organen verstorbener Spender sowie die Entnahme und Übertragung von Organen lebender Spender darf nur in Transplantationszentren nach § 10 vorgenommen werden. Sind Organe im Geltungsbereich dieses Gesetzes entnommen worden, ist ihre Übertragung nur zulässig, wenn die Organentnahme nach § 11 Absatz 4 Satz 5 durch die Koordinierungsstelle organisiert und unter Beachtung der weiteren Regelungen nach § 11 durchgeführt worden ist. Die Übertragung vermittlungspflichtiger Organe ist darüber hinaus nur zulässig, wenn die Organe durch die Vermittlungsstelle unter Beachtung der Regelungen nach § 12 Absatz 3 Satz 1 vermittelt worden sind.

(3) Die mögliche Entnahme und Übertragung eines vermittlungspflichtigen Organs hat Vorrang vor der Entnahme von Geweben; sie darf nicht durch eine Gewebeentnahme beeinträchtigt werden. Die Entnahme von Geweben bei einem möglichen Spender von Organen nach § 9a Absatz 2 Nummer 1 ist erst dann zulässig, wenn eine von der Koordinierungsstelle beauftragte Person dokumentiert hat, dass die Entnahme oder Übertragung von Organen nicht möglich ist oder durch die Gewebeentnahme nicht beeinträchtigt wird.

Übersicht

| | | Rdn. | | | Rdn. |
|---|---|---|---|---|---|
| A. | Bedingungen für die Organentnahme und -übertragung | 1 | IV. | Vermittlung durch die Vermittlungsstelle Stichting Eurotransplant International Foundation (Eurotransplant) | 10 |
| I. | Entnahmekrankenhäuser und deren Aufgaben | 2 | V. | Regelungen für die Vermittlung | 12 |
| II. | Transplantationszentren und deren Aufgaben | 3 | VI. | Regelungen für die Koordinierung der Zusammenarbeit | 16 |
| III. | Privatkrankenanstalten als Transplantationszentren | 9 | B. | Vorrang der Organspenden vor Gewebespenden | 23 |

## A. Bedingungen für die Organentnahme und -übertragung

1   In § 9 wurde die Richtlinie 2010/53/EU des Europäischen Parlaments und des Rates vom 07.07.2010 über Qualitäts- und Sicherheitsstandards für zur Transplantation bestimmte menschliche Organe (Abl. L 207 vom 06.08.2010, S. 14; L 243 vom 16.09.2010, S. 68) in deutsches Recht umgesetzt (BT-Drs. 17/9773, S. 1, 29 f.). Es geht vor allem um EU-weite **Qualitäts- und Sicherheitsstandards** für die neu etablierten Entnahmekrankenhäuser, für Transplantationszentren und andere sogenannte Bereitstellungsorganisationen. Die Vorschriften der §§ 9 ff. sollen auch Manipulationen vorbeugen, die ethisch und strafrechtlich relevant sein können, vgl. dazu auch BGH NJW 2017, 3249. Für Entnahmekrankenhäuser wurde eine eigene Regelung in § 9a geschaffen, die ergänzt wird durch die nun in § 9b enthaltene Verpflichtung dieser Krankenhäuser, einen Transplantationsbeauftragten zu bestellen, dessen Rolle mit dem zweiten Gesetz zur Änderung des Transplantationsgesetzes vom 22.03.2019 noch einmal wesentlich gestärkt worden ist (BGBl. I 2019, S. 352). Nach § 9b Abs. 1 müssen Entnahmekrankenhäuser u.a. sicherstellen, dass der Transplantationsbeauftragte hinzugezogen wird, wenn ein Patient nach ärztlicher Beurteilung als Organspender in Betracht kommt (Nr. 1) und dass dieser Zugang zu den Intensivstationen erhält (Nr. 2). Mit den Neuregelungen soll das zuvor bestehende erhebliche Defizit bei der Erkennung und Meldung potentieller Organspender behoben werden (BT-Drs. 19/6915; zu den verringerten Organspenden und dessen Ursachen siehe *Schulte/Borzikowsky/Rahmel et al.*, DÄBl. 2018, 463 ff.; vgl. zum neuen Gesetz ausführlich und kritisch *Höfling*, GesR 2019, 415 ff.). Daneben werden Anforderungen an die Charakterisierung des Spendeorgans und das System der Rückverfolgbarkeit sowie die Meldung schwerwiegender Zwischenfälle und unerwünschter Reaktionen geregelt (BT-Drs. 17/9773, S. 1, 29 f.). Hierzu wurde § 10a erlassen. § 9 enthält nach dieser Änderung nunmehr in Abs. 1 Bedingungen für die Entnahme von Organen bei verstorbenen Spendern sowie in Abs. 2 für die Übertragung von Organen verstorbener Spender und die Entnahme und Übertragung von Organen lebender Spender. Die Transplantation vermittlungspflichtiger Organe wird untergeordnet durch § 9 Abs. 2 Satz 3 reguliert. Vermittlungspflichtige Organe sind nach der Legaldefinition in § 1a Nr. 2 und § 1a Nr. 1 die Organe Herz, Lunge, Leber, Niere, Bauchspeicheldrüse und Darm sowie Teile und Gewebe dieser Organe, die zum gleichen Zweck wie das ganze Organ im menschlichen Körper verwendet werden können und die mit Einwilligung des Spenders oder anderer Personen entnommen worden sind. Diese Organe sind in aller Regel für den Empfänger überlebenswichtig. Zugleich sind sie knapp. Deswegen wollte der Bundestag für Verteilungsgerechtigkeit sorgen und die gesundheitlichen Risiken für die Empfänger der Organe möglichst gering halten (BT-Drs. 13/4355, S. 21). Er hatte deshalb erhöhte Anforderungen an Einrichtungen gestellt, die *vermittlungspflichtige Organe* übertragen dürfen. Diese Anforderungen wurden modifiziert und im Grunde ausgeweitet auf alle Organtransplantationen. Für übermittlungspflichtige Organe i.S.v.

§ 1a Nr. 2 ist es bei der Besonderheit geblieben, § 9 Abs. 2 Satz 3, dass die Organe durch die Vermittlungsstelle gem. § 12 vermittelt werden müssen. Die Organspende hat Vorrang vor der Gewebespende, § 9 Abs. 2 und 3.

## I. Entnahmekrankenhäuser und deren Aufgaben

Die Entnahme von Organen bei verstorbenen Spendern darf nur in Entnahmekrankenhäusern nach § 9a durchgeführt werden. Entnahmekrankenhäuser sind gem. § 9a Abs. 1 nach § 108 SGB V oder nach anderen gesetzlichen Bestimmungen zugelassene Krankenhäuser, die nach ihrer räumlichen und personellen Ausstattung in der Lage sind, Organentnahmen von möglichen Spendern durchzuführen. Die zuständige Landesbehörde benennt solche Krankenhäuser gegenüber der Koordinierungsstelle gem. § 11 und unterrichtet die Krankenhäuser hierüber schriftlich. Es gibt danach kein spezielles Zulassungsverfahren. Es wird vielmehr an Zulassungsverfahren angeknüpft, die bereits existieren, insbesondere an die Vorschriften des Rechts der gesetzlichen Krankenversicherung, gesetzlichen Unfallversicherung und gesetzlichen Rentenversicherung. In die Krankenhauspläne der Länder aufgenommene Krankenhäuser, Krankenhäuser mit anderen Versorgungsverträgen, Hochschulkliniken sowie Krankenhäuser der Rentenversicherungsträger und Unfallversicherungsträger, die räumlich und personell in der Lage sind, Organentnahmen zu machen, sind damit Entnahmekrankenhäuser und als solche registrierungsfähig. 2

## II. Transplantationszentren und deren Aufgaben

Gem. § 9 Abs. 2 Satz 1 dürfen Organe verstorbener Spender nur in gem. § 10 **zugelassenen** Transplantationszentren übertragen werden. Das Gleiche gilt für die Entnahme und Übertragung von Organen lebender Spender. § 9 Abs. 2 Satz 2 und 3 enthalten weitere Anforderungen für die Koordinierung einer Übertragung sowie die Vermittlung, die weiter unten in diesem Abschnitt (IV. bis VI.) erläutert werden. 3

In den **Zuständigkeitsbereich** der Transplantationszentren fallen bei verstorbenen Spendern nur die Übertragungen von Organen, also die Verwendung von Organen in oder an einem menschlichen Körper sowie die Anwendung beim Menschen außerhalb des Körpers, § 1a Nr. 7. Die Entnahme bei verstorbenen Spendern, also die Gewinnung von Organen oder Geweben, § 1a Nr. 6, muss daher nicht von zugelassenen Transplantationszentren vorgenommen werden. Hierfür sind die Entnahmekrankenhäuser zuständig, §§ 9 Abs. 1, 9a. 3a

Was Transplantationszentren sind und wie sie für die Übertragung vermittlungspflichtiger Organe zugelassen werden, bestimmt § 10 Abs. 1. Nach Abs. 1 Satz 1 handelt es sich um **Krankenhäuser** oder Einrichtungen an Krankenhäusern, die nach § 108 SGB V oder nach anderen gesetzlichen Bestimmungen für die Übertragung von Organen verstorbener Spender sowie für die Entnahme und Übertragung von Organen lebender Spender **zugelassen** sind. Eine Übersicht enthält die Homepage der Deutsche Stiftung Organtransplantation (www.dso.de). 4

Die Zulassung der Krankenhäuser richtet sich nach dem Recht der gesetzlichen Krankenversicherung oder anderen Gesetzen, die Krankenhäuser dazu ermächtigen, Organtransplantationen vorzunehmen. Nach § 108 SGB V, auf den § 10 Abs. 1 Satz 1 für die Zulassung verweist, kommen drei **Arten von Zulassungen** infrage. Dies sind zunächst Krankenhäuser, die nach den landesrechtlichen Vorschriften als Hochschulklinik anerkannt sind; es sind zweitens Krankenhäuser, die in den Krankenhausplan eines Landes aufgenommen sind und schließlich Krankenhäuser, die einen Versorgungsvertrag mit den Landesverbänden der Krankenkassen und den Verbänden der Ersatzkassen abgeschlossen haben. Auch die Anerkennung als Hochschulklinik und die Aufnahme in den Krankenhausplan gilt nach § 109 Abs. 1 Satz 2 SGB V als Abschluss eines Versorgungsvertrages. 5

Zum Versorgungsauftrag dieser Krankenhäuser muss auch die **Übertragung vermittlungspflichtiger Organe** gehören. Dies wird erreicht durch vertragliche Regelungen, die Anerkennung nach Landesrecht sowie die Ausweisung entsprechender Planbetten oder Aufträge im Feststellungsbescheid, mit dem das Krankenhaus in den Krankenhausplan aufgenommen wird. Die Übertragung 6 des Versorgungsauftrags für die Transplantation vermittlungspflichtiger Organe muss eindeutig und ausdrücklich erfolgen, damit die Zulassung als Transplantationszentrum keinen Zweifeln unterliegt, BVerwGE 115, 103.

7 Der **Versorgungsauftrag** verpflichtet das zugelassene Krankenhaus nach § 109 Abs. 4 Satz 2 SGB V, die Versicherten der gesetzlichen Krankenversicherung im Umfang dieses Auftrags zu behandeln und Organtransplantationen vorzunehmen. Die Zulassung setzt voraus, dass die Krankenhäuser die für die medizinischen Eingriffe erforderliche sachliche und personelle Ausstattung bereithalten und die Gewähr bieten, dem Stand der medizinischen Wissenschaft entsprechende Organübertragungen durch geeignete Ärzte vornehmen zu können.

8 Die Zulassung von Krankenhäusern zur Übertragung vermittlungspflichtiger Organe und der damit einhergehende Versorgungsauftrag stellen sicher, dass durch die Spezialisierung die Patienten, die ein Organ erhalten, bestmöglich medizinisch und psychologisch versorgt werden (BT-Drs. 13/2926, S. 16). Um die erforderliche Qualität der Organübertragung und eine bedarfsgerechte, leistungsfähige und wirtschaftliche Versorgung durch die zugelassenen Krankenhäuser zu gewährleisten, verlangt § 10 Abs. 1 Satz 2 zusätzlich, dass bei der Zulassung der Krankenhäuser **Schwerpunkte** für die Übertragung dieser Organe zu bilden sind.

### III. Privatkrankenanstalten als Transplantationszentren

9 Neben den Krankenhäusern, die durch einen Versorgungsvertrag mit den Krankenkassen zugelassen werden, genügt auch eine Zulassung als Privatkrankenanstalt nach § 30 GewO (BT-Drs. 13/4355, S. 22). Es handelt sich hierbei um Einrichtungen, die auf die Versorgung von nicht gesetzlich krankenversicherten Personen spezialisiert sind. Obwohl die Erlaubnisvoraussetzungen von § 30 GewO keine dem Recht der gesetzlichen Krankenversicherung vergleichbare Anforderungen zur Gewährleistung der Qualität der ärztlichen Leistung enthalten, geht der Bundestag davon aus, dass die Anforderungen des Transplantationsgesetzes zur Gewährleistung ordnungsgemäßer Organübertragungen genügen (BT-Drs. 13/4355, S. 22). Auch diese Transplantationszentren sind nach § 10 Abs. 2 Nr. 8 verpflichtet, nach Maßgabe des Rechts der gesetzlichen Krankenversicherung Maßnahmen zur Qualitätssicherung durchzuführen, die einen Vergleich mit anderen Transplantationszentren ermöglichen. Dies gilt auch für die Nachbetreuung von Organspendern. Diese Pflicht der Transplantationszentren stützt die Annahme des Bundestages.

### IV. Vermittlung durch die Vermittlungsstelle Stichting Eurotransplant International Foundation (Eurotransplant)

10 Die Übertragung vermittlungspflichtiger Organe gem. § 9 Abs. 2 Satz 3 ist zusätzlich nur erlaubt, wenn die Organe durch die **Vermittlungsstelle** unter Beachtung der Regelungen nach § 12 Abs. 3 Satz 1 vermittelt worden sind. Näheres zur Vermittlungsstelle enthält § 12 Abs. 1 Satz 1. Danach errichten oder beauftragen der Spitzenverband Bund der Krankenkassen, die Bundesärztekammer und die Deutsche Krankenhausgesellschaft oder die Bundesverbände der Krankenhausträger gemeinsam eine geeignete Einrichtung zur Vermittlung vermittlungspflichtiger Organe. Nach § 12 Abs. 2 Satz 1 kann als Vermittlungsstelle auch eine geeignete Einrichtung beauftragt werden, die ihren Sitz außerhalb des Geltungsbereichs dieses Gesetzes hat und die Organe im Rahmen eines internationalen Organaustauschs unter Anwendung der Vorschriften dieses Gesetzes für die Organvermittlung vermittelt. Die Aufgaben werden durch Vertrag der genannten Organisationen mit der Vermittlungsstelle geregelt, dessen Inhalt teilweise durch § 12 Abs. 4 Satz 2 vorgegeben wird und der gem. § 12 Abs. 5 Satz 1 durch das Bundesministerium für Gesundheit genehmigt werden muss.

11 Auf dieser gesetzlichen Grundlage wurde durch Vertrag vom 12.04.2000 **Eurotransplant** mit Sitz in Leiden in den Niederlanden mit der Vermittlung beauftragt. Sie ist für die Vermittlung aller Organe zuständig, die in Deutschland, Österreich, den Niederlanden, Belgien, Luxemburg, Slowenien und Kroatien entnommen werden. Weil Eurotransplant bei der Verteilung der Organe trotz strenger Regularien über die Verteilung der Organe nach objektiven Maßstäben einen erheblichen

Spielraum hat, der mit einem gesetzlich zuerkannten Vermittlungsmonopol verbunden ist, und es sich dabei andererseits um eine Stiftung niederländischen Rechts handelt, wird bezweifelt, dass Eurotransplant hinreichend verfassungsrechtlich legitimiert ist (ausführlich, pointiert *Höfling* § 12 TPG Rn. 5 ff.; *Schmidt-Aßmann,* Grundrechtspositionen und Legitimationsfragen im öffentlichen Gesundheitswesen, S. 108). Praktisch haben sich diese Zweifel allerdings bislang noch nicht nennenswert ausgewirkt.

## V. Regelungen für die Vermittlung

Die vermittlungspflichtigen Organe müssen durch Eurotransplant unter Beachtung der Regelungen nach § 12 Abs. 3 Satz 1 vermittelt worden sein. Darauf verweist § 9 Abs. 2 Satz 3.

Gem. § 12 Abs. 3 Satz 1 muss die Vermittlungsstelle vermittlungspflichtige Organe nach Regeln vermitteln, die dem Stand der Erkenntnisse der medizinischen Wissenschaft entsprechen, insbesondere nach Erfolgsaussicht und Dringlichkeit für geeignete Patienten. Nach § 9 Abs. 2 Satz 2 sind die Wartelisten der Transplantationszentren als einheitliche Warteliste zu behandeln. § 12 Abs. 3 Satz 3 verlangt außerdem, dass die Vermittlungsentscheidung für jedes Organ unter Angabe der Gründe zu dokumentieren und unter Verwendung der Kennnummer dem Transplantationszentrum und der Koordinierungsstelle zu übermitteln ist. Weiter muss Eurotransplant gem. § 12 Abs. 1 Satz 3 gewährleisten, dass bei außerhalb von Mitgliedsstaaten der Europäischen Union oder außerhalb von anderen Vertragsstaaten des Abkommens über den europäischen Wirtschaftsraum entnommenen Organen, die zum Schutz der Organempfänger erforderlichen Maßnahmen nach dem Stand der Erkenntnisse der medizinischen Wissenschaft durchgeführt werden. Es dürfen gem. § 12 Abs. 1 Satz 4 nur Organe vermittelt werden, die im Einklang mit den am Ort der Entnahme geltenden Rechtsvorschriften entnommen worden sind, soweit deren Anwendung nicht zu einem Ergebnis führt, das mit wesentlichen Grundsätzen des deutschen Rechts, insbesondere mit den Grundrechten, offensichtlich unvereinbar ist. Schließlich sind in dem Vertrag gem. § 12 Abs. 4 Satz 2 Nr. 4 die Überprüfung von Vermittlungsentscheidungen in regelmäßigen Abständen durch eine von den Vertragspartnern bestimmte Prüfungskommission zu regeln.

Mit der Vermittlung nicht im unmittelbaren Zusammenhang stehen die Vorgaben für die Vermittlungsstelle und die finanzielle und organisatorische **Ausstattung** aus § 12 Abs. 1 Satz 2.

Die Regelungen, die die Vermittlungsstelle bei der Übertragung vermittlungspflichtiger Organe zu beachten hat, sind zahlreich und streng. Die Einhaltung wird vertraglich abgesichert durch die Überprüfung von Vermittlungsentscheidungen und durch Kündigungsmöglichkeiten bei Vertragsverletzungen, § 12 Abs. 4 Satz 2 Nr. 4 und Nr. 8.

## VI. Regelungen für die Koordinierung der Zusammenarbeit

Voraussetzung einer Übertragung von Organen, die im Geltungsbereich des TPG entnommen wurden, ist gem. § 9 Abs. 2 Satz 2 schließlich, dass die Entnahme nach § 11 Abs. 4 Satz 5 durch die Koordinierungsstelle organisiert und unter Beachtung der weiteren Regelungen nach § 11 durchgeführt worden ist. Die Bestimmung stärkt die Verantwortung der Koordinierungsstelle, die für die Übertragung aller im deutschen Hoheitsgebiet entnommenen Organe lebender und toter Spender eine Organisationsverantwortung besitzt. Für Organe, die außerhalb deutschen Hoheitsgebietes entnommen werden, gilt § 11 ohne einen hierauf Bezug nehmenden Hoheitsakt des jeweiligen Staates nicht. Deshalb hat der Gesetzgeber diese Regelungen auf Organe beschränkt, die im Geltungsbereich des Transplantationsgesetzes entnommen werden.

Für **Organe**, die **außerhalb** des Geltungsbereiches des Gesetzes in einem anderen Mitgliedstaat der Europäischen Union oder anderen Vertragsstaaten des Abkommens über den europäischen Wirtschaftsraum **entnommen** werden, um die Organe im Geltungsbereich dieses Gesetzes zu übertragen, oder die im Geltungsbereich dieses Gesetzes entnommen werden, um diese Organe in diesen Staaten zu übertragen, muss Eurotransplant (Stichting Eurotransplant International Foundation), die Vermittlungsstelle aus den Niederlanden, gem. § 12 Abs. 4 Satz 1 und Satz 2 Nr. 3a vertraglich verpflichtet werden, die Regelungen des TPG einzuhalten. Für entsprechende Tätigkeiten außerhalb dieser Staaten muss Eurotransplant gem. § 12 Abs. 1 Satz 3 gewährleisten, dass die Organempfänger nach dem Stand der Erkenntnisse der medizinischen Wissenschaft geschützt werden, dass die Qualitäts- und Sicherheitsanforderungen denjenigen nach dem TPG gleichwertig sind sowie dass eine lückenlose Rückverfolgung der Organe sichergestellt ist. Es dürfen gem. § 12 Abs. 1 Satz 4 außerdem nur Organe vermittelt werden, die im Einklang mit den am Ort der Entnahme geltenden Rechtsvorschriften entnommen worden sind, soweit die Anwendung dieser Rechtsvorschriften nicht zu einem Ergebnis führen, das mit wesentlichen Grundsätzen des deutschen Rechts, insbesondere mit den Grundrechten, offensichtlich unvereinbar ist.

18 § 11 Abs. 4 Satz 5 sowie die weiteren Regelungen nach § 11, auf die § 9 Abs. 2 Satz 2 verweist, betreffen die **Zusammenarbeit** von Transplantationszentren und Entnahmekrankenhäusern auf regionaler Ebene bei der Entnahme von Organen einschließlich der Vorbereitung von Entnahme, Vermittlung und Übertragung, § 11 Abs. 1 Satz 1. Um diese gemeinschaftliche Aufgabe auf regionaler Ebene organisatorisch zu bewältigen, verpflichtet § 11 Abs. 1 Satz 2 den Spitzenverband Bund der Krankenkassen, die Bundesärztekammer und die Deutsche Krankenhausgesellschaft eine geeignete Einrichtung als Koordinierungsstelle zu errichten oder zu beauftragen.

19 Durch Vertrag vom 16.07.2000 wurde die Deutsche Stiftung Organtransplantation, eine gemeinnützige Stiftung mit Sitz in Frankfurt am Main, mit der Aufgabe der **Koordinierungsstelle** betraut. Darin wird der Stiftung bundesweit die Verantwortung für den Organspendeprozess einschließlich des Transports vermittlungspflichtiger Organe überantwortet. Organisatorisch ist die Stiftung in sieben Regionen unterteilt, um bundesweit die Zusammenarbeit zwischen Krankenhäusern und Transplantationszentren zu gewährleisten. Nicht zu ihren Aufgaben gehört die Vermittlung der Organe, die gem. § 12 Eurotransplant obliegt.

20 Die **Aufgaben** der Koordinierungsstelle sind durch Vertrag mit Wirkung für die Transplantationszentren und die Entnahmekrankenhäuser geregelt, § 11 Abs. 2 Satz 1. Dieser Vertrag muss nach § 11 Abs. 2 Satz 2 Nr. 1 und Nr. 3 insbesondere die Anforderungen an Maßnahmen regeln, die im Zusammenhang mit einer Organentnahme zum Schutz der Organempfänger erforderlich sind und die Unterstützung der Transplantationszentren bei Maßnahmen zur Qualitätssicherung.

21 Es wird nicht hinreichend deutlich, auf welche weiteren Regelungen aus § 11 in § 9 Abs. 2 Satz 2 verwiesen wird, die bei der Übertragung von Organen zu beachten sind. § 20 Abs. 1 Nr. 5 nimmt Bezug auf die Organisation der Entnahme des Organs durch die Koordinierungsstelle. Trotzdem wäre es zu begrüßen, wenn der Gesetzgeber präziser anordnen würde, welche Regelungen nach § 11 einzuhalten sind. Da § 9 Abs. 2 Satz 2 eine ordnungsgemäße Organübertragung sicherstellen will, sind die Vorschriften aus § 11 besonders wichtig, die im direkten Zusammenhang mit der Entnahme des Organs stehen.

22 Die Bestimmungen über die Konstituierung der Koordinierungsstelle gem. § 11 Abs. 1 Satz 3 und Satz 4 sowie die Mitteilungs- und Informationspflichten nach § 11 Abs. 4 und Abs. 5 sind keine Regeln, die bei der Übertragung nach § 9 Abs. 2 Satz 2 eine Rolle spielen. Ein Verstoß dagegen führt nicht dazu, dass die Organübertragung gemäß § 9 Abs. 2 Satz 2 unzulässig ist. Es besteht keine Pflicht der Krankenhäuser, dem zuständigen Transplantationszentrum den Hirntod potentieller Patienten mitzuteilen. Auch die Koordinierungsstelle ist von Transplantationszentren hierüber nicht zu benachrichtigen. Insoweit kann die Nichtmeldung auch keine Sanktion als Ordnungswidrigkeit nach sich ziehen.

### B. Vorrang der Organspenden vor Gewebespenden

23 In § 9 Abs. 3 ist der Vorrang der Organspende vor der Entnahme von Geweben bezüglich vermittlungspflichtiger Organe i.S.v. § 1a Nr. 2 geregelt. Die Regelung wurde über vermittlungspflichtige Organe hinaus auf alle Organe erstreckt.

Nach § 9 Abs. 3 Satz 1 hat die mögliche Entnahme und Übertragung eines **Organs Vorrang** vor 24
der Entnahme von Geweben; sie darf nicht durch eine Gewebeentnahme beeinträchtigt werden.
Kommt also sowohl die Entnahme und Übertragung eines Organs in Betracht, als auch die Entnahme von Geweben, müssen die Organe einschließlich Organteile und Gewebe eines Organs, die
zum gleichen Zweck wie das ganze Organ im menschlichen Körper verwendet werden können,
vorrangig entnommen werden. Nur wenn zusätzlich die ordnungsgemäße Entnahme von Geweben
möglich ist, dürfen die Gewebe entnommen werden. Um diesen Vorrang sicherzustellen, ordnet das
Gesetz zusätzlich an, dass eine Gewebeentnahme die mögliche Entnahme und Übertragung eines
vermittlungspflichtigen Organs nicht beeinträchtigen darf. Insofern müssen die verantwortlichen
Ärzte präventiv beurteilen, ob neben einer Gewebeentnahme auch eine Entnahme von Organen in
Betracht kommt. Sie müssen die Auswirkungen der Gewebeentnahme hierauf prüfen. Steht eine
Beeinträchtigung der Entnahme im Raum, muss die Gewebeentnahme unterbleiben.

Um den Vorrang der Organspende vor der Gewebespende bei sogenannten **hirntoten verstorbenen** 25
**Spendern** zu gewährleisten, ordnet § 9 Abs. 3 Satz 2 eine Dokumentationspflicht an. Danach ist
die Entnahme von Geweben bei solchen Spendern erst dann zulässig, wenn eine von der Koordinierungsstelle beauftragte Person dokumentiert hat, dass die Entnahme oder Übertragung von vermittlungspflichtigen Organen möglich ist oder durch die Gewebeentnahme nicht beeinträchtigt wird.
Zuständig für diese Dokumentation ist also eine von der Deutsche Stiftung Organtransplantation
beauftragte Person. Dem Bundestag schwebt vor, dass die von der Koordinierungsstelle beauftragte
Person in der Regel der mit der jeweiligen Entnahme von vermittlungspflichtigen Organen befasste
Mitarbeiter der Koordinierungsstelle ist, der den ärztlichen Sachverstand der mit der Organentnahme befassten Person hinzuziehen kann (BT-Drs. 16/5443, S. 54 f.).

## § 17 Verbot des Organ- und Gewebehandels

(1) Es ist verboten, mit Organen oder Geweben, die einer Heilbehandlung eines anderen zu
dienen bestimmt sind, Handel zu treiben. Satz 1 gilt nicht für
1. die Gewährung oder Annahme eines angemessenen Entgelts für die zur Erreichung des Ziels
   der Heilbehandlung gebotenen Maßnahmen, insbesondere für die Entnahme, die Konservierung, die weitere Aufbereitung einschließlich der Maßnahmen zum Infektionsschutz, die
   Aufbewahrung und die Beförderung der Organe oder Gewebe, sowie
2. Arzneimittel, die aus oder unter Verwendung von Organen oder Geweben hergestellt sind
   und den Vorschriften über die Zulassung nach § 21 des Arzneimittelgesetzes, auch in Verbindung mit § 37 des Arzneimittelgesetzes, oder der Registrierung nach § 38 oder § 39a
   des Arzneimittelgesetzes unterliegen oder durch Rechtsverordnung nach § 36 des Arzneimittelgesetzes von der Zulassung oder nach § 39 Absatz 3 des Arzneimittelgesetzes von der
   Registrierung freigestellt sind, oder Wirkstoffe im Sinne des § 4 Absatz 19 des Arzneimittelgesetzes, die aus oder unter Verwendung von Zellen hergestellt sind.

(2) Ebenso ist verboten, Organe oder Gewebe, die nach Absatz 1 Satz 1 Gegenstand verbotenen
Handeltreibens sind, zu entnehmen, auf einen anderen Menschen zu übertragen oder sich übertragen zu lassen.

| Übersicht | Rdn. | | Rdn. |
|---|---|---|---|
| A. Verbot des Handeltreibens mit Organen und Geweben . . . . . . . . . . . . . . . . | 1 | III. Ausnahme für verkehrsfähige Arzneimittel . . . . . . . . . . . . . . . . . . . . . . . | 12 |
| I. Inhalt und Gegenstand des Verbots . . . . | 3 | IV. Ausnahme für arzneiliche Wirkstoffe aus oder unter Verwendung von Zellen . | 17 |
| II. Ausnahme für Gewährung oder Annahme angemessener Entgelte . . . . . . . . | 7 | B. Verbot der Entnahme und Übertragung solcher Organe oder Gewebe . . . . | 19 |

## § 17 TPG Verbot des Organ- und Gewebehandels

### A. Verbot des Handeltreibens mit Organen und Geweben

1 Das TPG gilt gem. § 1 Abs. 1 Satz 2 auch für das Verbot des Handels mit menschlichen Organen oder Gewebe, s. § 1 Rdn. 13–15. Dieses Verbot wird in § 17 Abs. 1 näher bestimmt. Der Gesetzgeber trennt Organe und Gewebe, wie § 1 Abs. 1 Satz 1 sowie § 1a Nr. 1 und Nr. 4 zu entnehmen ist. Da das Handelsverbot in § 17 aber auch Gewebe umfassen soll, wurde der Begriff an den wesentlichen Stellen in § 17 aufgenommen.

2 Ausgenommen vom Handelsverbot wurden durch das Gewebegesetz **autologe Transplantationen**, also Übertragungen solcher Organe oder Gewebe, die auf den Spender rückübertragen werden. Vom Handelsverbot ausgenommen wurden durch das Gewebegesetz schließlich neben den Arzneimitteln arzneiliche Wirkstoffe, die aus oder unter Verwendung von Zellen hergestellt sind.

#### I. Inhalt und Gegenstand des Verbots

3 § 17 Abs. 1 Satz 1 verbietet es, mit Organen oder Geweben, die der Heilbehandlung eines anderen zu dienen bestimmt sind, Handel zu treiben. **Gegenstand** des Handelsverbotes sind also Organe oder Gewebe i.S.v. § 1 Nr. 1 und Nr. 4. Autologe Transplantate, die nach der Entnahme auf den Spender rückübertragen werden, sind vom Verbot nicht umfasst.

4 In der Begründung zum Gesetzentwurf heißt es hierzu, in diesen Fällen seien die für den Organ- und Gewebehandel typischen Schutzgüter nicht betroffen. Honoriert werde bei solchen Eingriffen die Aufbereitung des beim Kranken entnommenen Gewebes, das nach der Aufbereitung auf den Kranken **zurückübertragen** werde (BT-Drs. 16/3146, S. 35). Angesichts der Güter, die der Bundestag mit dem Handelsverbot schützen will, ist diese Begründung plausibel. Es soll der Versuchung entgegengewirkt werden, aus eigensüchtigen wirtschaftlichen Motiven die gesundheitliche Notlage lebensgefährlich Erkrankter in besonders verwerflicher Weise auszunutzen. Außerdem sollen finanzielle Anreize an potentielle Lebendspender unterbunden werden, ihre Gesundheit um wirtschaftlicher Vorteile Willen zu beeinträchtigen (BT-Drs. 13/4355, S. 29). Wenn die Organe oder Gewebe aber nicht auf Dritte übertragen, sondern auf den Patienten rückübertragen werden, bestehen für den potentiellen Spender weder finanzielle Anreize, seine Gesundheit um wirtschaftlicher Vorteile Willen zu beeinträchtigen, noch liegt eine Versuchung nahe, aus eigensüchtigen wirtschaftlichen Motiven die gesundheitliche Notlage lebensgefährlich Erkrankter verwerflich auszunutzen.

5 Verboten ist es, mit solchen Organen oder Geweben Handel zu treiben. Was mit diesem wegen der Strafbarkeitsrisiken aus § 18 besonders wichtigen Begriff gemeint ist, definiert der Bundestag weder in § 17 noch in § 1a. Es kommt also weiterhin darauf an, was der BGH unter **Handeltreiben** nach dem Betäubungsmittelgesetz versteht (BT-Drs. 13/4155, S. 29 f., s. § 1 Rdn. 13–15).

6 Ungeachtet der Kritik, den **betäubungsmittelrechtlichen Begriff** auf das Transplantationsgesetz zu übertragen, ist Handeltreiben im Anwendungsbereich von § 17 jede eigennützige, auf Güterumsatz gerichtete Tätigkeit, auch wenn es sich nur um eine einmalige oder vermittelnde Tätigkeit handelt, die auch Tausch- und Verschenkungsgeschäfte beinhalten kann. Dabei ist weder die Zuwendung eines Geldbetrags noch der Zufluss einer Gegenleistung des Handeltreibenden erforderlich, BSG NZS 2004, 531, 533; LSG Nordrhein-Westfalen NWVBl. 2001, 401, 408; LG München I NJW 2002, 2655.

#### II. Ausnahme für Gewährung oder Annahme angemessener Entgelte

7 Vom Handelsverbot **ausgenommen** ist gem. § 17 Abs. 1 Satz 2 Nr. 1 die Gewährung oder Annahme eines angemessenen Entgelts für die zur Erreichung des Ziels der Heilbehandlung gebotenen Maßnahmen. Dies gilt insbesondere für die Entnahme, die Konservierung, die weitere Aufbereitung einschließlich der Maßnahmen zum Infektionsschutz, die Aufbewahrung sowie Beförderung der Organe oder Gewebe. Hinter dieser Ausnahme vom Handelsverbot steckt der Gedanke, dass sich derjenige nicht strafbar machen soll, der organisatorisch oder medizinisch daran mitwirkt, dass die mit der Organ- oder Gewebeübertragung verbundene Heilbehandlung gelingt und hierfür

marktüblich vergütet wird. Da unter Handeltreiben jede eigennützige, auf Güterumsatz gerichtete Tätigkeit zu verstehen ist, hätte anderenfalls die Gefahr bestanden, dass man auch solche Tätigkeiten als Handeltreiben begreift und die Betroffenen einem Strafverfolgungsrisiko unterzieht.

Aus dem Transplantationsgesetz unterfallen dieser **Ausnahme** namentlich die Vermittlungstätigkeit von Eurotransplant im Rahmen von § 12, die Aufklärung potentieller Spender, gesetzlicher Vertreter oder Schwangerer bei Entnahmen gem. §§ 8, 8a, 8b, 8c und 4a sowie die Prüfung, ob die Entnahmevoraussetzungen wie Einwilligung, Tod des Spenders etc. vorliegen und alle ärztlichen Maßnahmen bei der Organentnahme und der Transplantation (BT-Drs. 13/4355, S. 30). 8

Die **Entgelte** für solche Leistungen – Entgelte für die Spende als solche sind hiervon nicht umfasst – müssen angemessen sein, damit die Ausnahme greift. Auch wenn es in der Praxis regelmäßig um Geldzahlungen geht, sind auch andere vermögenswerte Vorteile für die Leistungen Entgelt i.S.d. Gesetzes (BT-Drs. 13/4355, S. 30). Keine Entgelte sind vermögenswerte Vorteile, die der Lebendspender erhält als Ersatz für die Aufwendungen, die unmittelbar mit der Organentnahme verbunden sind (BT-Drs. 13/4355, S. 30). 9

**Angemessen** sind die Entgelte und führen zur Ausnahme vom Handelsverbot, wenn sie in Deutschland marktüblich sind. Wegen der Schwierigkeiten, die möglicherweise bestehen, um das marktübliche Niveau solcher Entgelte verlässlich herauszufinden, sollten die Beteiligten Auskünfte von Sachverständigen oder anerkannten Institutionen einholen, um das Strafbarkeitsrisiko auszuschließen. 10

Welche Maßnahmen zur Erreichung des Zieles der Heilbehandlung geboten sind, ist eine medizinische Frage, die der Beurteilung der beteiligten Ärzte zum Zeitpunkt der Entscheidung über die Maßnahme obliegt. Durch die Wortwahl des Gesetzgebers »**gebotene Maßnahme**« wird deutlich, dass den Ärzten ein Beurteilungsspielraum verbleibt, gegen den nur verstoßen wird, wenn ein ärztlicher Gutachter feststellt, dass die eingeleitete Maßnahme ex-ante betrachtet aus der Perspektive des Arztes offensichtlich nicht notwendig war. 11

### III. Ausnahme für verkehrsfähige Arzneimittel

Vom Verbot des Handeltreibens ausgenommen sind außerdem gem. § 17 Abs. 1 Satz 2 Nr. 2 **Arzneimittel**, die aus oder unter Verwendung von Organen oder Geweben hergestellt sind und nach dem Arzneimittelgesetz der Zulassung oder Registrierung bedürfen bzw. von der Zulassung oder Registrierung freigestellt sind. 12

Der **Arzneimittelbegriff** des Arzneimittelgesetzes umfasst gem. § 2 Abs. 1 und § 3 Nr. 3 AMG Körperteile, -bestandteile und Stoffwechselprodukte des Menschen in bearbeitetem oder unbearbeitetem Zustand, die dazu bestimmt sind, durch Anwendung am oder im menschlichen Körper bestimmte Heilungserfolge zu erzielen oder Diagnosen zu ermöglichen. Darunter fallen Arzneimittel, die aus oder unter Verwendung von Organen oder Geweben hergestellt sind. Dies wird zusätzlich belegt durch die Legaldefinition von Gewebezubereitungen in § 4 Abs. 30 AMG. Danach sind Gewebezubereitungen Arzneimittel, die Gewebe i.S.v. § 1a Nr. 4 oder aus solchen Geweben hergestellt worden sind. 13

Wenn solche Arzneimittel **Fertigarzneimittel** i.S.v. § 4 Abs. 1 AMG sind (in erster Linie Arzneimittel, die im Voraus hergestellt und in eine zur Abgabe an die Verbraucher bestimmten Packung in den Verkehr gebracht werden), dürfen sie nur in den Verkehr gebracht werden, wenn sie entweder nach §§ 21 ff. AMG zugelassen oder nach §§ 38 ff. AMG registriert wurden. Die Registrierung betrifft homöopathische und pflanzliche Arzneimittel, bei denen ein aufwendiges Zulassungsverfahren nicht erforderlich ist. Die Registrierung ersetzt für diese Medikamente die Zulassung. Wenn bei diesen Fertigarzneimitteln Qualität, Wirksamkeit und Unbedenklichkeit erwiesen sind, besteht die Möglichkeit, sie durch Rechtsverordnung auf der Grundlage von § 36 oder § 39 Abs. 3 AMG von der Zulassung oder Registrierung freizustellen. Diese Freistellung bewirkt wie die Zulassung oder Registrierung die Verkehrsfähigkeit der Substanzen. 14

15 Wegen dieser staatlich geprüften **Verkehrsfähigkeit**, die auch die Erlaubnis zur entgeltlichen Abgabe mit sich bringt, wäre es systemwidrig, diese Substanzen mit einem Handelsverbot nach dem Transplantationsgesetz zu belegen (BT-Drs. 13/4355, S. 30). Die Ausnahme vom Handelsverbot für Arzneimittel, deren Qualität, Wirksamkeit und Unbedenklichkeit staatlich anerkannt wurde, ist daher folgerichtig. In der Begründung zum Gesetzentwurf werden beispielhaft Präparate aus harter Hirnhaut sowie Augenhornhaut, Oberflächenhaut, Faszien und Knochenpräparate genannt (BT-Drs. 13/4355, S. 30).

16 Organe i.S.v. § 1a Nr. 1 sind gem. § 2 Abs. 3 Nr. 8 AMG allerdings keine Arzneimittel, wenn sie zur Übertragung auf menschliche Empfänger bestimmt sind. Zu Überschneidungen mit der Ausnahme vom Handelsverbot gem. § 17 Abs. 1 Satz 2 Nr. 2 kann es jedoch nicht kommen. Die Ausnahme betrifft nur Arzneimittel, die aus oder unter Verwendung von Organen oder Geweben hergestellt sind, nicht die Organe als solche.

### IV. Ausnahme für arzneiliche Wirkstoffe aus oder unter Verwendung von Zellen

17 Ausgenommen vom Handelsverbot sind gem. § 17 Abs. 1 Satz 2 Nr. 2 seit dem Inkrafttreten des **Gewebegesetzes** schließlich Wirkstoffe i.S.v. § 4 Abs. 19 AMG, die aus oder unter Verwendung von Zellen hergestellt sind. Wirkstoffe sind nach § 4 Abs. 19 AMG Stoffe, die dazu bestimmt sind, bei der Herstellung von Arzneimitteln als arzneilich wirksame Bestandteile verwendet zu werden oder bei ihrer Verwendung in der Arzneimittelherstellung zu arzneilich wirksamen Bestandteilen der Arzneimittel zu werden. Nur wenn diese Stoffe aus oder unter Verwendung von Zellen hergestellt sind, darf mit ihnen Handel getrieben werden.

18 Diese Ausnahme vom Handelsverbot wurde erforderlich, nachdem durch das Gewebegesetz in § 1a Nr. 4 eine **Gewebedefinition** aufgenommen wurde, wonach Gewebe alle aus Zellen bestehenden Bestandteile des menschlichen Körpers einschließlich einzelner menschlicher Zellen sind. Das Handelsverbot für Gewebe, die einer Heilbehandlung eines anderen zu dienen bestimmt sind, erstreckt sich danach auch auf menschliche Zellen. Zellen werden aber beispielsweise im Rahmen von Tumoroperationen entnommen, genetisch oder chemisch von gewerblich tätigen Einrichtungen modifiziert und als Wirkstoff der Klinik für klinische Prüfungen zurückgegeben. Zellen werden außerdem zu immunologischen Zwecken entnommen und arbeitsteilig bei verschiedenen Herstellern mit einem Antigen beladen und dann als Wirkstoff zu einer applizierbaren Suspension weiterverarbeitet. In diesen Fällen wird die Aufbereitung oder Verarbeitung gewonnener Zellen vergütet, die erst danach auf andere Patienten übertragen werden. Bei diesen Maßnahmen und bei dieser Verwendung sind die für den Organ- oder Gewebehandel typischen Schutzgüter daher ebenfalls nicht betroffen (BT-Drs. 16/3146, S. 35). Für diese Wirkstoffe gilt folgerichtig das Handelsverbot nicht. Für die Entnahme oder Gewinnung der Zellen als solche greift im Übrigen das Handelsverbot mit den Ausnahmen des § 17 Abs. 1 Satz 2 Nr. 1 (BT-Drs. 16/3146, S. 35).

## B. Verbot der Entnahme und Übertragung solcher Organe oder Gewebe

19 Der Bundestag verfolgt auch das Ziel, die mittelbare Förderung des Organhandels zu unterbinden. Der Arzt, so die Begründung zum Gesetzentwurf, der ohne Eigennutz, aber in Kenntnis eines Organhandels Organe entnehme oder auf einen anderen übertrage, leiste ebenfalls einen wesentlichen Beitrag zur Kommerzialisierung der Organe Verstorbener oder Lebender. Denn ohne Entnahme oder Übertragung könne der kommerzielle Organhandel nicht verwirklicht werden (BT-Drs. 13/4355, S. 30). Um dieses Ziel zu erreichen, verbietet § 17 Abs. 2, Organe oder Gewebe, die nach Abs. 1 Satz 1 Gegenstand verbotenen Handeltreibens sind, zu entnehmen, auf einen anderen Menschen zu übertragen oder sich übertragen zu lassen. Auch ein Verstoß gegen dieses Verbot ist nach § 18 strafbewehrt. Die Übertragung wird in § 1a Nr. 7 legaldefiniert (s. § 1a Rdn. 16). Was unter Entnahme zu verstehen ist, ergibt sich aus § 1a Nr. 6 (s. § 1a Rdn. 15).

20 Das Verbot zielt zwar hinsichtlich des Entnehmens und Übertragens in erster Linie auf die **Ärzte** ab. Im Gesetzgebungsverfahren wurde auch der Organempfänger in das Verbot einbezogen. Auch

er darf sich das Organ oder Gewebe, das Gegenstand verbotenen Handeltreibens ist, nicht übertragen lassen und er kann sich bei Verstößen gegen dieses Verbot nach § 18 strafbar machen. Zur Begründung wird in der Beschlussempfehlung und im Bericht des Ausschusses für Gesundheit ausgeführt, dass auch der Empfänger zur Kommerzialisierung menschlicher Körpersubstanzen beitrage mit seiner Bereitschaft, für die Beschaffung entsprechender Transplantate möglicherweise ein hohes Entgelt zu leisten. Ein solches Verhalten sei in gleicher Weise verwerflich, wie das kommerzielle Verhalten des Spenders. Durch die Einbeziehung des Empfängers in das Verbot werde ein weiterer Beitrag geleistet, die gewinnorientierte Ausnutzung existentieller Notlagen von Menschen zu verhindern. Eine Strafbewehrung könne den Empfänger davon abhalten, mit Organhändlern zusammenzuwirken und die für Organhändler bestehende Möglichkeit, den Zugriff durch die Strafverfolgungsorgane zu erschweren, einschränken. Dadurch werde außerdem der Schutz der in wirtschaftlichen Notlagen befindlichen Spender verbessert (BT-Drs. 13/8017, S. 43 f.).

# Gesetz gegen den unlauteren Wettbewerb – UWG

In der Fassung der Bekanntmachung vom 03. März 2010 (BGBl. I S. 254),
zuletzt geändert durch Art. 1 des Gesetzes vom 26. November 2020 (BGBl. I S. 2568)

## § 3 Verbot unlauterer geschäftlicher Handlungen

(1) Unlautere geschäftliche Handlungen sind unzulässig.

(2) Geschäftliche Handlungen, die sich an Verbraucher richten oder diese erreichen, sind unlauter, wenn sie nicht der unternehmerischen Sorgfalt entsprechen und dazu geeignet sind, das wirtschaftliche Verhalten des Verbrauchers wesentlich zu beeinflussen.

(3) Die im Anhang dieses Gesetzes aufgeführten geschäftlichen Handlungen gegenüber Verbrauchern sind stets unzulässig.

(4) Bei der Beurteilung von geschäftlichen Handlungen gegenüber Verbrauchern ist auf den durchschnittlichen Verbraucher oder, wenn sich die geschäftliche Handlung an eine bestimmte Gruppe von Verbrauchern wendet, auf ein durchschnittliches Mitglied dieser Gruppe abzustellen. Geschäftliche Handlungen, die für den Unternehmer vorhersehbar das wirtschaftliche Verhalten nur einer eindeutig identifizierbaren Gruppe von Verbrauchern wesentlich beeinflussen, die auf Grund von geistigen oder körperlichen Beeinträchtigungen, Alter oder Leichtgläubigkeit im Hinblick auf diese geschäftlichen Handlungen oder die diesen zugrunde liegenden Waren oder Dienstleistungen besonders schutzbedürftig sind, sind aus der Sicht eines durchschnittlichen Mitglieds dieser Gruppe zu beurteilen.

## § 3a Rechtsbruch

Unlauter handelt, wer einer gesetzlichen Vorschrift zuwiderhandelt, die auch dazu bestimmt ist, im Interesse der Marktteilnehmer das Marktverhalten zu regeln, und der Verstoß geeignet ist, die Interessen von Verbrauchern, sonstigen Marktteilnehmern oder Mitbewerbern spürbar zu beeinträchtigen.

| Übersicht | Rdn. | | Rdn. |
|---|---|---|---|
| A. Einleitung | 1 | 1. MBO | 9 |
| B. Rechtsbruchtatbestand – § 3a UWG | 4 | 2. Kostenlose Beratung/Leistung | 10 |
| I. Transformationsnorm | 4 | VI. Bezeichnung »Zentrum« | 16 |
| II. Kein Verschulden erforderlich | 5 | C. Gesetzliche Krankenkasse: Handlung als Unternehmen gegenüber den Mitgliedern? | 19 |
| III. Gesetzliche Regelung | 6 | | |
| IV. Marktverhaltensregelung | 8 | | |
| V. Berufsordnung und HWG | 9 | | |

## A. Einleitung

Mit dem Gesetz zur zweiten Änderung des Gesetzes gegen den unlauteren Wettbewerb (UWG) – BGBl. 2015 Teil I Nr. 49, S. 2158) wurde das UWG in Teilen in der Paragrafenreihenfolge, aber auch im Wortlaut einzelner Vorschriften geändert. Wesentliche Änderungen der materiellen Rechtslage sind damit jedoch nicht verbunden, da durch den BGH das UWG nach den Vorgaben der EU-Richtlinie über unlautere Geschäftspraktiken ausgelegt wurde. Unlautere geschäftliche Handlungen sind unzulässig (Rechtsfolgenregelung). Geschäftliche Handlungen, die sich an Verbraucher richten oder diese erreichen, sind unlauter, wenn sie nicht der unternehmerischen Sorgfalt entsprechen und dazu geeignet sind, das wirtschaftliche Verhalten des Verbrauchers wesentlich zu beeinflussen. Vorausgesetzt wird also eine »geschäftliche Handlung«, die in § 2 Abs. 1 Nr. 1 legal definiert wird. Das Nichtvorliegen von wettbewerbsrechtlichen Einwendungen, wie beispielsweise die Verjährung (§ 11) oder die Verwirkung, sind weitere erforderliche Voraussetzungen.

1

## § 3a UWG  Rechtsbruch

2   Die Generalklausel des § 3 Abs. 1 enthält eine Rechtsfolgenregelung. Hinzukommen der Rechtsbruch (§ 3a, vorher § 4 Nr. 11 a.F.), der Mitbewerberschutz (§ 4 Nr. 1 bis 4), aggressive geschäftliche Handlungen gem. § 4a und die Spezialtatbestände in §§ 5 bis 6.

3   Eine geschäftliche Handlung i.S.d. § 3 Abs. 1 liegt nicht vor, wenn die Handlung sich zwar auf die geschäftliche Entscheidung von Verbrauchern und sonstigen Marktteilnehmern auswirken kann, jedoch vorrangig anderen Zielen als der Förderung des Absatzes oder des Bezugs dient. Dies ist beispielsweise im Regelfall bei der Wahrnehmung pressetypischer Berichterstattungs- und Informationsaufgaben der Fall. So dienen wissenschaftliche Leitlinien in erster Linie der Aufgabe, den angesprochenen Fachkreisen eine Orientierungshilfe zu bieten und damit der Behandlung eine möglichst effektive Therapie aufzuzeigen. Sie sind nicht auf eine Absatzförderung gerichtet (vgl. OLG Köln, Urt. v. 06.11.2012 – 15 U 221/11), sodass die Anwendung wettbewerbsrechtlicher Bestimmungen scheitert.

3a  Einer besonderen Bedeutung kommen irreführende geschäftliche Handlungen (§ 5) zu. Dabei ist eine geschäftliche Handlung irreführend, wenn sie unwahre Angaben oder sonstige zur Täuschung geeignete Angaben über die im Einzelnen in den Nr. 1 bis 7 des § 5 Abs. 1 Satz 2 aufgeführten Umstände enthält. Die Handlung muss geeignet sein, den Verbraucher oder sonstigen Marktteilnehmer zu einer geschäftlichen Entscheidung zu veranlassen, die er andernfalls nicht getroffen hätte. Die Irreführung kann auch durch Unterlassen (§ 5a) erfolgen. Nach § 5a Abs. 2 handelt unlauter, wer im konkreten Fall unter Berücksichtigung aller Umstände dem Verbraucher eine wesentliche Information vorenthält. die 1. der Verbraucher je nach den Umständen benötigt, um eine informierte geschäftliche Entscheidung zu treffen und 2. deren Vorenthalten geeignet ist, den Verbraucher zu einer geschäftlichen Entscheidung zu veranlassen, der er andernfalls nicht getroffen hätte. Offenzulegen sind Informationen, die für die geschäftliche Entscheidung des Verbrauchers erhebliches Gewicht haben und deren Angabe unter Berücksichtigung der beiderseitigen Interessen vom Unternehmer erwartet werden kann (BGH GRUR 2012, 1275 – Zweigstellenbriefbogen). Dabei haben Zertifizierungen neutraler Stellen für die Entscheidung des Verbrauchers besondere Bedeutung, sodass die Werbeaussage »TÜV-geprüft« eine Fundstellenangabe enthalten muss (OLG Düsseldorf, Urt. v. 25.11.2014 – I-20 U 208/13).

3b  Ein Klagerecht steht grundsätzlich dem Mitbewerber zu (§ 8 Abs. 3 Nr. 1). Das sozialgerichtliche Prozessrecht dient allein dem Individualschutz, sodass dem SGG eine Popularklage fremd ist. Über § 8 Abs. 3 Nr. 2 wird jedoch ein Verbandsklagerecht in wettbewerbsrechtlichen Streitigkeiten eröffnet, welches jedoch die Förderung gewerblicher oder selbstständiger beruflicher Interessen durch den Verband voraussetzt. Dabei ist nicht ausreichend, dass sich ein Verband zum Sachwalter der Interessen der Allgemeinheit oder einzelner Anderer geriert. Dies begründet keine Aktivlegitimation (SG Düsseldorf, Beschl. v. 09.01.2015 – S 2 KA 440/14 ER – Therapiefreiheit für Ärzte, bestätigt LSG NRW, Beschl. v. 30.11.2015 – L 11 KA 17/15 B ER).

3c  Neben der Frage der Aktivlegitimation ist für den Bereich der gesetzlichen Krankenversicherung § 69 Abs. 1 SGB V von besonderer Bedeutung. Danach sind die Vorschriften des UWG nicht anwendbar, soweit es um Rechtsbeziehungen im Zusammenhang mit der Erfüllung des öffentlich-rechtlichen Versorgungsauftrages geht (vgl. BGH, Beschl. v. 14.03.2000 – KZB 34/99). Im Anwendungsbereich des § 69 SGB V können wettbewerbsrechtliche Unterlassungsansprüche ausschließlich ihr Grundlage in Art. 3, 12 GG finden (BSG, Urt. v. 25.09.2001 – B 3 KR 3/01 R; BGH, Urt. v. 23.02.2006 – I ZR 164/03). Soweit es um Handlungen in Erfüllung des übertragenen öffentlich-rechtlichen Versorgungsauftrages geht, werden nach § 69 Abs. 1 Satz 4 SGB V auch die Rechtsbeziehungen der Leistungserbringer untereinander betroffen. Damit ist in Konkurrentenstreitigkeiten der Weg über Ansprüche des UWG versperrt (OLG Hamm, Urt. v. 09.06.2009 – 4 U 70/09). Im Streitfall bedarf es einer Abgrenzung, ob Kern einer Werbemaßnahme der öffentlich-rechtliche Versorgungsauftrag ist.

## B. Rechtsbruchtatbestand – § 3a UWG

### I. Transformationsnorm

Besondere Bedeutung hat der Rechtsbruchtatbestand des § 3a (§ 4 Nr. 11 a.F.), bei dem es sich um eine Transformationsnorm für außerwettbewerbliche Vorschriften handelt. § 3a bezweckt außerwettbewerbsrechtliche Marktverhaltensregelungen auch lauterkeitsrechtlich zu sanktionieren. Damit werden zahlreiche Normen beispielsweise des Berufsrechts oder des Verwaltungsrechts, soweit sie eine Regelung des Marktverhaltens bezwecken, im Rahmen des Zivilrechtsweges relevant.

### II. Kein Verschulden erforderlich

Unterlassungsansprüche nach Maßgabe des § 3a sind verschuldensunabhängig, weitergehende Ansprüche, insbesondere Auskunfts- und Schadensersatzansprüche nach Maßgabe allgemeiner wettbewerbsrechtlicher Ansprüche verschuldensabhängig. Dies bedeutet insbesondere, dass ein Rechtsirrtum bei Unterlassungsansprüchen unbeachtlich ist und sogar eine behördliche Auskunft oder die Stellungnahme eines berufs- oder Gewerbeverbandes nicht vertrauensbegründend wirkt (BGH GRUR 2006, 82; BGH GRUR 2005, 778 – Atemtest). Das OLG Hamm (Urt. v. 17.07.2012 – I-4 U 75/12) hat entschieden, dass selbst eine ärztliche Verordnung und auch eine vorherige Beauftragung durch eine Krankenkasse nicht allein maßgeblich sein kann, zumal eine gesetzliche Regelung »allein aus Gründen der Einsparung von Kosten im Gesundheitswesen« nicht unterlaufen werden kann. So wurde ein Wettbewerbsverstoß bei Fehlen einer Genehmigung für einen Krankentransport bejaht. Erforderlich ist die Genehmigung, wenn Kranke oder sonstige hilfsbedürftige Personen während der Fahrt einer medizinisch fachlichen Betreuung oder der besonderen Einrichtung eines Krankenkraftwagens bedürfen oder wenn dies zumindest aufgrund ihres Zustandes zu erwarten ist. Nicht nur im Fall dialysepflichtiger, gebrechlicher und dementer Personen ist der Nachweis des Nichtvorliegens letzterer Voraussetzung (»zu erwarten«) – und damit der Genehmigungsfreiheit – schwierig zu führen. Da auch eine ärztliche Verordnung und eine Beauftragung durch die Krankenkasse die Genehmigungspflicht nicht ersetzt ist für die Unternehmer besondere Vorsicht geboten.

### III. Gesetzliche Regelung

§ 3a setzt eine gesetzliche Vorschrift voraus. Gesetzliche Vorschrift ist jede geltende, innerstaatliche Rechtsnorm (vgl. auch Art. 2 EGBGB). Dabei handelt es sich nicht nur um die von deutschen Gesetzgebungsorganen erlassenen Normen, sondern auch um primäres und sekundäres Gemeinschaftsrecht. Neben den Gesetzen im formellen Sinne werden damit auch Rechtsverordnungen, autonome Satzungen von Gemeinden und Kammern, sowie Gewohnheitsrecht erfasst (vgl. auch: BGH, GRUR 2005, 960 – Friedhofsruhe). Verwaltungsrichtlinien haben nicht die Qualität von Rechtsnormen, sie binden nur im Innenverhältnis (BGH, GRUR 1984, 665 – Werbung in Schulen).

Entsprechend hat das OLG Saarbrücken (Urt. v. 18.09.2013 – 1 U 222/12–66) entschieden, dass weder der Krankenhausplan (§ 8 Abs. 1 Satz 1 KHG), noch der Feststellungsbescheid (vgl. § 8 Abs. 2 Satz 1 KHG in Verbindung mit den jeweiligen landesrechtlichen Regelungen) eine gesetzliche Vorschrift i.S.d. § 4 Nr. 11 a.F. ist. Dem ist zuzustimmen, da es sich bei dem Krankenhausplan um ein »bloßes« Verwaltungsinternum handelt (BVerwGE 132, 64) und der Feststellungsbescheid als Verwaltungsakt keine gesetzliche Vorschrift darstellt (vgl. auch: OLG Stuttgart WRP 2007, 1503).

### IV. Marktverhaltensregelung

Die Vorschrift muss zumindest auch dazu bestimmt sein, im Interesse der Marktteilnehmer (§ 2 Abs. 1 Nr. 2) das Marktverhalten zu regeln. Zum Marktverhalten zählen das Angebot und die Nachfrage nach Waren und Dienstleistungen, die Werbung und der Abschluss und die Durchführung von Verträgen. Marktzutrittsregeln und Vorschriften, die das Verhalten im Vorfeld des Marktgeschehens betreffen, unterfallen nicht § 3a (Regelung des Marktverhaltens, nicht des Marktzutritts).

Bei Marktzutrittsregelungen kann es sich jedoch zugleich (»auch dazu bestimmt«) um Marktverhaltensregelungen handeln (BGH GRUR 2002, 825 – Elektroarbeiten), sodass beispielsweise die Ausübung der Heilkunde ohne die erforderliche Approbation (§ 2 BÄO) auch eine unlautere geschäftliche Handlung ist. Gleiches gilt für die Ausübung der Zahnheilkunde (§ 1 ZHG), die Erlaubnis zum Betrieb einer Apotheke (§ 1 Abs. 2 ApothekenG) und die Heilpraktikererlaubnis (§ 1 Abs. 1 HPG). Bei der Erlaubnispflicht für den Betrieb von Privatkliniken (§ 30 GewO) handelt es sich auch um eine Marktverhaltensregelung (vgl. auch LG Bielefeld, Urt. v. 20.10.2006 – 17 O 100/06).

## V. Berufsordnung und HWG

### 1. MBO

9 Die Vorschriften zur Berufsausübung der Ärzte sind in den Berufsordnungen der Landesärztekammern geregelt, die sich an der Musterberufsordnung des Deutschen Ärztetages (MBO) orientieren. Die MBO weist jedoch keine Rechtsnormqualität aus. Besonderer Bedeutung in UWG-Verfahren kommt den Regelungen der Werbung (§ 27 MBO) zu. Insoweit wird auch Bezug genommen auf die Ausführungen von Mand zum Heilmittelwerbegesetz (HWG).

### 2. Kostenlose Beratung/Leistung

10 Ergänzend sei in diesem Zusammenhang erwähnt, dass eine kostenlose Beratung durch einen Arzt im Internet unzulässig ist, auch wenn der Hinweis erteilt wird, dass die mitgeteilten Informationen keine persönliche ärztliche Beratung und Behandlung ersetzen und man sich im Zweifelsfall an den behandelnden Arzt wenden möge (OLG Köln, Urt. v. 10.08.2012 – 6 U 224/11). Eine nach § 9 HWG unzulässige Fernbehandlung liegt gleichzeitig vor, wenn weder die Diagnose noch die Therapie auf eigener Wahrnehmung des Arztes beruhen (Internetbehandlung).

11 Von einer Zuwendung bzw. sonstigen Werbegabe gem. § 7 Abs. 1 Satz 1 HWG geht das OLG Celle (GRUR-RR 2012, 262) im Fall eines kostenlosen Venenkurzchecks aus. Auch das Landgericht Arnsberg (Urt. v. 06.05.2007 – 8 O 109/07) hat kostenlose individuelle Arztgespräche in einem Möbelhaus wegen Verstoß gegen die Berufsordnung als unzulässig angesehen. Dies galt auch für das den Gesundheitsaktionstag in dem Möbelhaus durchführende Krankenhaus (Störerhaftung). Eine kostenlose Vorsorgeuntersuchung hat das Landgericht Berlin (Urt. v. 07.09.2010 – 103 O 80/10) selbst im Rahmen einer europaweiten Aufklärungskampagne als unlauter angesehen. Nach der Berufsordnung bestehe die Verpflichtung, die Leistungen abzurechnen. Der Arzt verschaffe sich einen ungerechtfertigten Wettbewerbsvorsprung, da er Patienten aufgrund dieses Angebotes an sich binde. Durch den Patienten würde der Arzt nicht nach Qualitätsgesichtspunkten ausgesucht, sondern weil sie das Angebot der kostenlosen Vorsorge nutzen wollen.

12 Dass die Frage, ob es sich um eine unzulässige Zuwendung gem. § 7 Abs. 1 HWG handelt durchaus sehr unterschiedlich bewertet werden kann, zeigen die Entscheidungen des OLG Rostock (2 U 22/10 – 14.03.2012) und des OLG Düsseldorf (I – 20 46/12 – 04.12.2012). Im Verfahren des OLG Rostock war im Rahmen einer Anzeige die Ankündigung für einen kostenlosen Taxi-Service mit Hin- und Rückfahrt zum Klinikum enthalten. Im Rahmen des Verfahrens vor dem OLG Düsseldorf hatte eine Augenarztpraxis in einem Internetauftritt – in Kooperation mit einer Klinik – mit dem Angebot ambulanter Operationen einen kostenlosen Shuttle-Service von der Augenarztpraxis in die Klinik und zurück zur Wohnung des Patienten angeboten. Das OLG Rostock hatte das Verhalten als reine Unternehmenswerbung (Imagewerbung) angesehen und war davon ausgegangen, dass diese dem HWG nicht unterfällt. Von einer unsachlichen Beeinflussung des Patienten sei nicht auszugehen. Der Taxiservice führe nicht dazu, dass eine Leistung in Anspruch genommen wird, die der Patient ohne den Taxiservice nicht in Anspruch genommen hätte. Es liege weder ein konkreter Produktbezug, noch eine Gesundheitsgefährdung vor.

13 Genau dies hat das OLG Düsseldorf sicherlich auch sachverhaltsabhängig anders bewertet und die Werbung nach dem Gesamterscheinungsbild als produktbezogen angesehen. Grundsätzlich geht

das OLG Düsseldorf jedoch auch von einem anderen Ansatz aus, nachdem die Bewerbung einer ärztlichen Leistung in der Regel als produktbezogen angesehen wird. Entscheidungen für einen Arzt hängen nach Auffassung des OLG Düsseldorf von der Qualifikation und dem Ruf ab, insgesamt also von der Person des Arztes. Insoweit wolle das HWG den Patienten schützen. Auch handele es sich nicht um eine »geringwertige Kleinigkeit« (vgl. insoweit § 7 Abs. 1 Nr. 3 HWG). Handelsüblich sei in der Regel nur die Übernahme der Kosten öffentlicher Verkehrsmittel (dazu: § 7 Abs. 1 Nr. 3 HWG).

Beide Entscheidungen sind, abgesehen von unterschiedlichen Sachverhaltsgestaltungen, durch einen grundsätzlich unterschiedlichen Ansatz der Schutzbedürftigkeit des Patienten gekennzeichnet. Im Kern geht es nicht um die Frage, ob Patienten zur Inanspruchnahme zusätzlicher Leistungen durch den Shuttle-Service veranlasst werden, denn diese werden nur medizinisch notwendige Leistungen in Anspruch nehmen, sondern es geht um die Frage der Auswahl (bei welchem Leistungsanbieter). Nicht nur in Gebieten, in denen Patienten aufgrund der räumlichen Entfernung zu einem Leistungsanbieter den kostenlosen Shuttle-Service besonders begrüßen, sollte der Schutzgedanke des HWG nicht überspannt werden. Aufgrund des in § 7 Abs. 1 HWG geregelten Verbots der Wertreklame (vgl. dazu: BGH, GRUR 2012, 1279) soll zwar der abstrakten Gefahr vorgebeugt werden, die von einer Werbung mit Geschenken ausgeht. Ziel ist es jedoch einer unsachlichen Beeinflussung zu begegnen. Die Erreichbarkeit, insbesondere im Vorfeld und nach ärztlichen (ambulanten) Maßnahmen, ist jedoch kein unsachlicher Gesichtspunkt für Patienten, zu der dann auch ein Shuttle-Service gehören kann. 14

Der BGH (Urt. v. 12.02.2015 – I ZR 213/13 – Fahrdienst zur Augenklinik) hat den Anwendungsbereich des Heilmittelwerbegesetzes als eröffnet angesehen, da aus der Sicht des Publikums ein Fahrdienst in erster Linie der Förderung des Absatzes der Klinikdienstleistungen diene. Das Angebot eines kostenlosen Fahrdienstes für Patienten eines Krankenhauses begründet nach Ansicht des BGH keine abstrakte Gefahr einer unsachlichen Beeinflussung, wenn der Betroffene nicht weniger intensiv nach einer für ihn geeigneten Behandlung suchen wird. Ob eine unsachliche Beeinflussung des Empfängers vorliegt, hängt vom Verkehrswert ab, den die Werbegabe für den Durchschnittsadressaten hat. 14a

Soweit Shuttle-Service und andere Leistungen zulässigerweise im zu vergütenden Paket enthalten sind (beispielsweise bei einer nicht der Entgeltbindung [§ 17 Abs. 1 Satz 5 KHG] unterliegenden Privatklinik [§ 30 GewO], stellt sich die Frage einer Werbegabe bereits nicht. 15

## VI. Bezeichnung »Zentrum«

Der Begriff des Zentrums taucht in den medizinrechtlichen Vorschriften in unterschiedlichem Blickwinkel auf. Nach § 95 Abs. 1 Satz 2 SGB V sind Medizinische Versorgungszentren fachübergreifende ärztlich geleitete Einrichtungen, in denen Ärzte, die in das Arztregister nach Abs. 2 Satz 3 eingetragen sind, als Angestellte oder Vertragsärzte tätig sind. Auch in § 5 Abs. 3 Satz 1 KHEntgG sind »Zentren und Schwerpunkte« erwähnt, ebenso in § 2 Abs. 2 Satz 2 Nr. 4 KHEntgG. Im Sinne des Krankenhausentgeltgesetzes vertrat das OVG Münster (Urt. v. 18.04.2013 – 13 A 2140/11) die Auffassung, dass ein Krankenhaus ein Zentrum sei, wenn es krankenhausplanerisch bestandskräftig als Zentrum ausgewiesen worden ist. Zuschläge werden nach dieser Entscheidung einem Zentrum nur für besondere Aufgaben gewährt. Das setzt im Einzelnen vorausetzt, dass die Leistungen nicht in allen Krankenhäusern erbracht werden und (deshalb) von Fallpauschalen nicht erfasst werden. Des Weiteren müssten sie einen unmittelbaren Bezug zur stationären Versorgung des einzelnen Patienten aufweisen. Das BVerwG (Urt. v. 22.05.2014 – 3 C 8/13 u.a.) hat demgegenüber entschieden, dass ein bestandskräftig als Brustkrebszentrum in den Krankenhausplan des Landes aufgenommenes Krankenhaus wegen der Verknüpfung von Krankenhausplanungs- und Krankenhausentgeltrecht auch entgeltrechtlich als Zentrum anzusehen ist. 16

In wettbewerbsrechtlicher Hinsicht ist der Begriff des Zentrums insbesondere im Zusammenhang mit dem Irreführungsverbot (§ 5) aktuell. Bereits im Fall eines »Zentrum für Kleintiermedizin« 17 hatte das BVerfG (BVerfG, 3. Kammer des 1. Senats, Beschl. v. 09.02.2005 – 1 BvR 2751/04) entschieden, dass die Gefahr der Irreführung der Bevölkerung nicht bestehe, da der Begriff des Zentrums eine Bedeutungswandel erfahren hat. Im Fall eines »Zentrum für Zahnmedizin« hat das BVerfG (MedR 2012, 516) zwar ausgeführt, dass der Bezeichnung »Zentrum« durchaus ein eigenständiger Bedeutungsinhalt beigemessen werden kann, mit der Gefahr einer Irreführung. Es dürfe jedoch nicht unberücksichtigt bleiben, dass der Gesetzgeber mit dem Medizinischen Versorgungszentrum bereits bei zwei Ärzten, die unterschiedliche Facharzt- oder Schwerpunktbezeichnungen besitzen, von einem Zentrum ausgeht und eine darüber hinausgehende Größe, Bedeutung oder gar eine Mittelpunktfunktion der Einrichtung nicht erforderlich ist.

18 Demgegenüber hat jedoch der BGH (GRUR 2012, 942) bei Werbung mit dem Begriff »Neurologisch/Vaskuläres Zentrum« die Auffassung vertreten, dass die angesprochenen Verkehrskreise davon ausgehen, dass einem Zentrum eine besondere Bedeutung und eine über den Durchschnitt hinausgehende Kompetenz zukommt, auch in Bezug auf Ausstattung und Erfahrung. Auch wenn die jeweiligen Entscheidungen im Kontext bewertet werden müssen, sind doch grundsätzliche Unterschiede deutlich geworden. Auch und gerade durch die Einführung Medizinischer Versorgungszentren hat sich ein Bedeutungswandel vollzogen, der in der praktischen Nutzung des Begriffs Zentrums im allgemeinen Sprachgebrauch unterstrichen wird. Auf eine feinsinnige Differenzierung zwischen dem Begriff Zentrum und Center sollte nicht abgestellt werden. Dennoch hat das OLG Stuttgart (WRP 2013, 525) eine Werbung als irreführend untersagt, die mit der Bezeichnung »Hör- und Tinnitus-Zentrum H.« geworben hatte. In dem Fachgeschäft waren zwei Personen mit dem Verkauf von Hörgeräten beschäftigt. Nach Auffassung des OLG Stuttgart war die Werbung irreführend, da eine besondere Größe und Bedeutung verlangt wird, das Unternehmen müsse deutlich über dem Durchschnitt gleichartiger Betriebe hinausgehen. Vom Sachverhalt anders war der Fall des OLG Bremen (GRUR-RR 2012, 479) gelagert, der eine Firmenbezeichnung »Kinderhörzentrum« betraf. Auch diese Werbung wurde als irreführend untersagt, da der Verkehr jedenfalls nicht ein nur von einem Inhaber betriebenes Hörgeräteakustik-Geschäft erwartet. Auch wenn es sich um das einzige Geschäft in der Stadt handelt, welches ausschließlich Kinder im Bereich der Hörgeräteakustik betreut, reicht dies neben einer kindgerechten Geschäftseinrichtung und Ausstattung nicht aus.

18a Eine Zahnarztpraxis ohne Übernachtungsmöglichkeit kann nicht als »Praxisklinik« angesehen werden (BGH, Urt. v. 17.10.2018 – I ZR 58/18).

## C. Gesetzliche Krankenkasse: Handlung als Unternehmen gegenüber den Mitgliedern?

19 Der Europäische Gerichtshof hatte bereits im Zusammenhang mit der Anwendung der Art. 81, 82 und 86 EG (jetzt: Art. 101, 102 und 106 AEUV) entschieden, dass die deutschen Krankenkassen bei der Festsetzung der Festbeträge für Arzneimittel weder als Unternehmen noch deren Zusammenschlüsse als Unternehmensvereinigungen im Sinne der vorgenannten Vorschriften tätig werden (EuGH, Urt. v. 16.03.2004 WuW/E EU-R 801 – AOK Bundesverband u.a./Ichthyol-Gesellschaft Cordes Hermani & Co u.a.). Dies wurde damit begründet, dass die Einrichtungen zur Verwaltung gesetzlicher Kranken- und Rentenversicherungssysteme einen rein sozialen Zweck verfolgen und insoweit keine wirtschaftliche Tätigkeit ausüben, wenn sie nur Gesetze anwenden und keine Möglichkeit haben, auf die Höhe der Beiträge, die Verwendung der Mittel und die Bestimmung des Leistungsumfangs Einfluss zu nehmen. Die gesetzlichen Krankenkassen erbringen gleiche Pflichtleistungen, unabhängig von der Höhe der Beiträge und ohne eine Gewinnerzielungsabsicht. Ihre Tätigkeit beruhe auf dem Grundsatz der nationalen Solidarität.

20 Der Europäische Gerichtshof hatte es jedoch bereits auch für möglich angesehen, dass die Krankenkassen außerhalb ihrer Aufgabe rein sozialer Art im Rahmen der Verwaltung Aufgaben ausüben, die einen wirtschaftlichen Zweck haben und damit im Rahmen dieser Tätigkeiten als Unternehmen anzusehen wären. Der BGH hat mit Beschluss vom 18.01.2012 (GRUR 2012, 288) dem Europäischen Gerichtshof die Frage vorgelegt, ob Art. 3 Abs. 1 i.V.m. Art. 2 Buchst. d) der Richtlinie 2005/29/EG über unlautere Geschäftspraktiken dahin auszulegen ist, dass eine sich als Geschäftspraxis

eines Unternehmens gegenüber Verbrauchern darstellende Handlung eines Gewerbetreibenden auch darin liegen kann, dass eine gesetzliche Krankenkasse gegenüber ihren Mitgliedern (irreführende) Angaben darüber macht, welche Nachteile den Mitgliedern im Fall des Wechsels zu einer anderen gesetzlichen Krankenkasse entstehen.

Der Vorlage lag ein Sachverhalt zu Grunde, nach der eine gesetzliche Krankenkasse irreführende 21 Angaben über einen Kassenwechsel verbreitet hatte. Dies wurde zwar im Folgenden eingeräumt. Eine strafbewehrte Unterlassungserklärung wurde jedoch nicht abgegeben. LG und OLG hatten die Kasse u.a. zur Unterlassung verurteilt (GRUR-RR 2011, 111).

Der BGH hatte Zweifel, ob die bisher entwickelten Grundsätze auch auf den vorliegenden Sach- 22 verhalt übertragen können. Nachdem der Gesetzgeber mit dem GKV-Wettbewerbsstärkungsgesetz die Möglichkeit von Zusatzbeiträgen (§ 242 SGB V), von Beitragsrückerstattungen (§ 13 Abs. 2 SGB V) und besonderer Wahltarife (§ 53 SGB V) eingeführt hat (zu den Wahltarifen vgl. auch *Leber*, Das Krankenhaus, 2013, 404; LSG NRW, Urt. v. 14.06.2018 – L 16 KTR 251/14, Revision anhängig beim BSG unter B 1 KR 34/18 R) treten die Krankenkassen in einen Wettbewerb um Mitglieder und handeln insoweit jedenfalls unternehmerisch. Dem ist zuzustimmen. Aus der Sicht der Verbraucher wurde mit dem GKV- WSG ein Wettbewerb zwischen den Krankenkassen ermöglicht, dessen lauterkeitsrechtliche Überprüfung dem UWG obliegt. Gerade das Verhalten der beklagten BKK macht deutlich, dass irreführende Angaben erfolgt sind, um im Wettbewerb mit anderen gesetzlichen Krankenkassen Vorteile zu erlangen und sich damit unzulässig abzugrenzen. Dass es sich um einen öffentlich-rechtlich organisierten Träger handelt, der ansonsten soziale Zwecke verfolgt, privilegiert ihn in seinem Wettbewerbsverhalten nicht.

Mit Urteil von 03.10.2013 – Rs. C-59/12 hat der EuGH entschieden, dass das Verbot unlauterer 23 Geschäftspraktiken gegenüber Verbrauchern auch für gesetzliche Krankenkassen gilt. Krankenkassen sind als Gewerbetreibende im Sinne der Richtlinie 2005/29/EG über unlautere Geschäftspraktiken anzusehen.

# Gesetz über die Ausübung der Zahnheilkunde (Zahnheilkundegesetz – ZHG)

In der Fassung der Bekanntmachung vom 16. April 1987 (BGBl. I S. 1225),
zuletzt geändert durch Artikel 13 des Gesetzes vom 19. Mai 2020 (BGBl. I S. 1018)

Inhaltsverzeichnis (nicht amtliche Überschriften)

§ 1  Ausübung der Zahnheilkunde
§ 2  Erteilung der Approbation
§ 4  Rücknahme und Widerruf der Approbation
§ 5  Ruhen der Approbation
§ 13 Erlaubnis zur vorübergehenden Ausübung der Zahnheilkunde

## § 1 Ausübung der Zahnheilkunde

(1) Wer im Geltungsbereich dieses Gesetzes die Zahnheilkunde dauernd ausüben will, bedarf einer Approbation als Zahnarzt nach Maßgabe dieses Gesetzes. Die Approbation berechtigt zur Führung der Bezeichnung als »Zahnarzt« oder »Zahnärztin«. Die vorübergehende Ausübung der Zahnheilkunde bedarf einer jederzeit widerruflichen Erlaubnis.

(2) Zahnärzte, die Staatsangehörige eines Mitgliedstaates der Europäischen Union oder eines anderen Vertragsstaates des Abkommens über den Europäischen Wirtschaftsraum oder eines anderen Vertragsstaates sind, dem Deutschland und die Europäische Gemeinschaft oder Deutschland und die Europäische Union vertraglich einen entsprechenden Rechtsanspruch eingeräumt haben, dürfen den zahnärztlichen Beruf im Geltungsbereich dieses Gesetzes ohne Approbation als Zahnarzt oder ohne Erlaubnis zur vorübergehenden Ausübung der Zahnheilkunde ausüben, sofern sie vorübergehend und gelegentlich als Erbringer von Dienstleistungen im Sinne des Artikels 50 des EG-Vertrages im Geltungsbereich dieses Gesetzes tätig werden. Sie unterliegen jedoch der Meldepflicht nach diesem Gesetz.

(3) Ausübung der Zahnheilkunde ist die berufsmäßige auf zahnärztlich wissenschaftliche Erkenntnisse gegründete Feststellung und Behandlung von Zahn-, Mund- und Kieferkrankheiten. Als Krankheit ist jede von der Norm abweichende Erscheinung im Bereich der Zähne, des Mundes und der Kiefer anzusehen, einschließlich der Anomalien der Zahnstellung und des Fehlens von Zähnen.

(4) Die Ausübung der Zahnheilkunde ist kein Gewerbe.

(5) Approbierte Zahnärzte können insbesondere folgende Tätigkeiten an dafür qualifiziertes Prophylaxe-Personal mit abgeschlossener Ausbildung wie zahnmedizinische Fachhelferin, weitergebildete Zahnarzthelferin, Prophylaxehelferin oder Dental-Hygienikerin delegieren: Herstellung von Röntgenaufnahmen, Entfernung von weichen und harten sowie klinisch erreichbaren subgingivalen Beläge, Füllungspolituren, Legen und Entfernen provisorischer Verschlüsse, Herstellung provisorischer Kronen und Brücken, Herstellung von Situationsabdrücken, Trockenlegen des Arbeitsfeldes relativ und absolut, Erklärung der Ursache von Karies und Parodontopathien, Hinweise zu zahngesunder Ernährung, Hinweise zu häuslichen Fluoridierungsmaßnahmen, Motivation zu zweckmäßiger Mundhygiene, Demonstration und praktische Übungen zur Mundhygiene, Remotivation, Einfärben der Zähne, Erstellen von Plaque-Indizes, Erstellung von Blutungs-Indizes, Kariesrisikobestimmung, lokale Fluoridierung z. B. mit Lack oder Gel, Versiegelung von kariesfreien Fissuren.

(6) In der Kieferorthopädie können insbesondere folgende Tätigkeiten an zahnmedizinische Fachhelferinnen, weitergebildete Zahnarzthelferinnen oder Dental-Hygienikerinnen delegiert werden: Ausligieren von Bögen, Einligieren von Bögen im ausgeformten Zahnbogen, Auswahl und Anprobe von Bändern an Patienten, Entfernen von Kunststoffresten und Zahnpolitur auch mit rotierenden Instrumenten nach Bracketentfernung durch den Zahnarzt.

(7) Ausübung des zahnärztlichen Berufs ist die Ausübung der Zahnheilkunde unter der Berufsbezeichnung »Zahnarzt« oder »Zahnärztin«.

| Übersicht | Rdn. | | Rdn. |
|---|---|---|---|
| A. Einleitung | 1 | E. Ausübung des zahnärztlichen Berufs | 12 |
| B. Berufsbezeichnung »Zahnarzt« | 3 | I. Begriff der Zahnheilkunde | 12 |
| C. Approbation | 4 | II. Freier Beruf | 15 |
| D. Dienstleistungserbringung im Sinne von Art. 50 EGV | 8 | III. Delegation zahnärztlicher Tätigkeiten | 20 |

## A. Einleitung

1 Das Gesetz über die Ausübung der Zahnheilkunde, Zahnheilkundegesetz (ZHG) trat am 01.04.1952 in Kraft. Sinn und Zweck des ZHG ergaben sich aus dem »Erfordernis einer qualifizierten und im einzelnen geregelten Ausbildung und des Nachweises der erworbenen Fähigkeiten und Kenntnisse durch die Ablegung einer Prüfung als Grundlage der Befugnis zur beruflichen Ausübung der Zahnheilkunde... zum Schutz der Volksgesundheit als eines besonderes wichtigen absoluten Gemeinschaftsgutes« (vgl. BVerfGE 25, 236, 247). Gem. Art. 74 Abs. 1 Nr. 19 GG ist dem Bundesgesetzgeber u.a. die konkurrierende Gesetzgebung hinsichtlich der Zulassung zu ärztlichen und anderen Heilberufen und zum Heilgewerbe übertragen. Die Begrenzung der Gesetzgebungskompetenz auf Fragen der Zulassung ist wortgetreu auszulegen (BVerfGE 4, 83; 7, 60; 17, 292). Regelungen der Berufsausübung sind davon nicht erfasst (Maunz-Dürig, GG-Kommentar, Art. 74 Rn. 215). Das ZHG enthält die abschließenden Bestimmungen für die Frage, unter welchen Voraussetzungen, insbesondere nach welcher Ausbildung, ein Zahnarzt eigenverantwortlich und persönlich seinen Beruf aufzunehmen vermag, indem es den Berufszugang von der staatlichen Approbation oder einer Berufsausübungserlaubnis abhängig macht (zu weiteren Ausführungen der persönlichen Leistungserbringung und Therapiefreiheit vgl. Kommentierung zu § 1 Abs. 2 BÄO Rdn. 28–35). Die Zulassung zur vertragszahnärztlichen Versorgung ist damit nicht verbunden; diese bestimmt sich nach sozialrechtlichen Vorgaben, insbesondere nach dem SGB V. Abzugrenzen ist der **Berufszugang** auch vom **Berufsausübungsrecht**. Das Berufsausübungsrecht ist Landesrecht und in den Heilberufs- bzw. Kammergesetzen sowie den Berufsordnungen der Zahnärztekammern geregelt.

1a Das ZHG hatte 1952 mit der Neuordnung des zahnärztlichen Berufsrechts zwei besondere Ziele verknüpft, nämlich die Beseitigung der Kurierfreiheit auf der einen und die Überwindung des Dualismus der Zahnheilkunde auf der anderen Seite. Auf dem Boden der **Kurierfreiheit** hatte sich neben dem Stand der wissenschaftlich ausgebildeten approbierten Zahnärzte ein auf mehr technisch-manueller Grundlage ausgebildeter weiterer Berufsstand von Zahnheilkundigen, den **Dentisten**, entwickelt. Der Unterschied zwischen beiden Berufen war eher ein juristischer und standespolitischer als ein professioneller. Daher konnte durch das in Kraft treten des ZHG die »Eingliederung der Dentisten« in den Zahnärztestand vollzogen werden, ohne dadurch den durch das GG garantierten Grundsatz der freien Berufswahl zu verletzen (*Dr. Robert Venter*, Zahnärztliche Rechtskunde, S. 28).

2 Der Geltungsbereich dieses Gesetzes bezieht sich auf das Gebiet der Bundesrepublik Deutschland in seiner Gestalt seit dem 03.10.1990. Eine Approbation oder Bestallung, die vor der **Wiedervereinigung** in der DDR zur Ausübung des zahnärztlichen Berufs berechtigte, gilt als Approbation im Sinne des ZHG, s. § 20 Abs. 1 ZHG.

Das ZHG ist in den Jahren seit seinem Bestand stark verändert worden. Es besteht aktuell in 2a
der Fassung vom 19.05.2020 (BGBl. I S. 1018). Mit den beiden vorletzten Änderungen vom
02.12.2007 und 06.12.2011 wurden die Vorgaben aus der **Richtlinie 2005/36/EG** des Europäischen Parlaments und des Rates vom 07.09.2005 über die Anerkennung von Berufsqualifikationen
(»**Berufsanerkennungsrichtlinie**«) neu geordnet und diese Vorgaben zudem auf Personen aus sog.
Drittländern bzw. auf Drittlandsqualifikationen ausgeweitet. Grundlage für Letzteres ist das **Gesetz
zur Verbesserung der Feststellung und Anerkennung im Ausland erworbener Berufsqualifikationen** vom 06.11.2011 (BGBl. I S. 2515). Der Gesetzgeber verfolgte mit dieser Änderung das
Ziel, angesichts der demographischen Entwicklung und des sich abzeichnenden Fachkräftemangels
Qualifikationen und Qualifikationspotenziale in Deutschland gezielter aktivieren zu können (BT-
Drs. 17/6260 S. 1). Der entscheidende Unterschied zur bisherigen Rechtslage besteht darin, dass
es beim Verfahren der Anerkennung der ausländischen Berufsqualifikation und die Approbationserlangung nicht mehr auf die Staatsangehörigkeit ankommt, sondern darauf, in welchem Land die
Ausbildung absolviert wurde. Angehörige aus Drittstaaten haben nun ebenso einen Anspruch auf
die Approbation wie Deutsche, Staatsangehörige eines Mitgliedsstaates der EU/anderer Vertragsstaaten oder Heimatlose im Sinne des bisherigen, nun aufgehobenen § 2 Abs. 1 Nr. 1. Konsequenterweise wurden auch die Vorschriften über die Erteilung einer vorübergehenden Berufserlaubnis
gem. § 13 angepasst.

Kernbestandteil des Gesetzes zur Verbesserung der Feststellung und Anerkennung im Ausland erworbener Berufsqualifikationen, das als Artikelgesetz ausgestaltet wurde, ist das Gesetz über die 2b
Feststellung der Gleichwertigkeit von Berufsqualifikationen (**Berufsqualifikationsfeststellungsgesetz – BQFG**). Es gilt grundsätzlich für die Anerkennung sämtlicher ausländischer Berufsqualifikationen, sofern die entsprechenden berufsrechtlichen Qualifikationen nicht etwas anderes bestimmen. Ein solcher sog. **Ausbezug** ist in § 2 Abs. 7 erfolgt. Die Anerkennung ausländischer zahnärztlicher Ausbildungsnachweise geschieht deshalb ausschließlich nach den Bestimmungen des ZHG
und nicht nach dem BQFG. Mit der Richtlinie 2013/55/EU wurde die Richtlinie 2005/36/EG
über die Anerkennung von Berufsqualifikation und die Verordnung (EU) Nr. 1024/2012 über die
Verwaltungszusammenarbeit mithilfe des Binnenmarkt-Informationssystems (»IMI-Verordnung«)
erneut geändert (ABl. L 354 vom 28.12.2013, S. 132).

### B. Berufsbezeichnung »Zahnarzt«

Der in § 1 Abs. 1 genannte **Begriff des »Zahnarztes«** wird im ZHG nicht definiert. Das ZHG definiert in § 1 Abs. 3 lediglich den Begriff der »Zahnheilkunde« und knüpft deren zulässige Ausübung 3
in § 1 Abs. 1 an die Approbation bzw. an die Erlaubnis nach § 13. Zahnarzt ist demnach derjenige,
der mit Approbation oder Erlaubnis die Zahnheilkunde ausüben darf. **§ 1 Abs. 7** stellt ergänzend
klar, dass der zahnärztliche Beruf unter der Berufsbezeichnung »Zahnarzt« ausgeübt wird.

Nach § 1 Abs. 1 Satz 2 darf die Berufsbezeichnung »Zahnärztin oder Zahnarzt« führen, wer als 3a
Zahnarzt approbiert ist. Durch § 13 Abs. 5 (»Personen, denen eine Erlaubnis zur Ausübung der
Zahnheilkunde erteilt worden ist, haben im Übrigen die Rechte und Pflichten eines Zahnarztes.«)
dürfen auch Personen, denen die Erlaubnis zur Ausübung der Zahnheilkunde erteilt worden ist,
die Bezeichnung »Zahnarzt« bzw. »Zahnärztin« führen. Der Verzicht, der Widerruf oder die Rücknahme der Approbation bzw. Erlaubnis führen dazu, dass die Person die Berechtigung zum Führen
der Bezeichnung »Zahnarzt« bzw. »Zahnärztin« verliert und den zahnärztlichen Beruf nicht mehr
ausüben darf. Anders ist dies, wenn das Ruhen der Approbation angeordnet wird. In diesem Fall
darf der Betroffene gem. § 5 Abs. 3 den zahnärztlichen Beruf nicht mehr ausüben. Er bleibt jedoch
berechtigt, die Berufsbezeichnung zu führen.

### C. Approbation

Die **Approbation** ist die staatliche Erlaubnis zur Ausübung eines akademischen Heilberufs als 4
Zahnarzt. Im Gegensatz zur vorübergehenden zahnärztlichen Berufsausübung, die in § 13 geregelt
ist, wird die Approbation mit dem Ziel beantragt und erteilt, die Befugnis zur dauerhaften und

unbeschränkten Berufsausübung zu erlangen. Zahnärztliche Berufsausübung ohne Approbation oder vorläufiger Berufserlaubnis ist nur EU-Angehörigen bzw. diesen Gleichgestellten unter den Voraussetzungen des Abs. 2 als **Dienstleistungserbringer** (s.u. Rdn. 8) i.S.v. Art. 50 EGV erlaubt. Eine Beschränkung der Approbation auf Teilbereiche der Zahnmedizin, z.B. Oralchirurgie, kommt nicht in Betracht, vgl. entsprechend zur ärztlichen Approbation, Kommentierung zu § 2 BÄO Rdn. 2. Denn die Approbation darf ihrem Wesen nach nicht mit einschränkenden Nebenbestimmungen, also auch nicht mit Bedingungen, versehen werden (vgl. VG Minden, Beschl. v. 31.10.2005 – 7 L 717/05).

5 Der Beruf des Zahnarztes basiert auf der zahnärztlichen Ausbildung nach Art. 34 der Berufsanerkennungsrichtlinie und stellt einen eigenen Beruf dar, der sich von dem des Arztes und des Facharztes unterscheidet, vgl. Art. 36 Abs. 2 Satz 1 Berufsanerkennungsrichtlinie. Die Approbation als **Arzt** berechtigt nicht zur dauernden Ausübung der Zahnheilkunde. Das Gesetz gestattete vormals dem approbierten Arzt die dauernde zahnärztliche Tätigkeit, jedoch nur »nach bundesgesetzlicher Bestimmung«. Damit wurde eine solche Tätigkeit unter den Vorbehalt gestellt, dass sie durch eine speziell darauf gerichtete Norm des Bundesrechts zugelassen wird (BVerwG, 3. Senat, Beschl. v. 29.01.2004 – 3 C 39/03). Die **zahnmedizinische Promotion** ist im umgekehrten Fall auch nicht geeignet, spezifische Fachkenntnisse einer heilpraktischen Tätigkeit nachzuweisen. Daher bedürfen approbierte und promovierte Zahnärzte einer besonderen Erlaubnis, wenn sie beabsichtigen, **Heilpraktikertätigkeiten** auszuüben (vgl. OVG Niedersachsen, Beschl. v. 17.09.1998 – 8 L 3468/98; zur Berechtigung zur Ausübung der allgemeinen Heilkunde durch Zahnärzte s. unten Rdn. 13).

6 Voraussetzung für die Ausübung des Zahnarztberufs ist eine entsprechende Ausbildung, in der die erforderlichen Kenntnisse und Fähigkeiten vermittelt werden. Die Regelausbildung ist in der **Approbationsordnung für Zahnärzte** (ZApprO) vom 26.01.1955 geregelt, zuletzt geändert am 08.07.2019 durch die Verordnung zur Neuregelung der zahnärztlichen Ausbildung. Die Neuregelungen traten am 01.10.2020 in Kraft. Für Personen, die ihr Studium der Zahnmedizin vor dem 01.10.2021 begonnen haben, findet die bisherige Approbationsordnung in der Fassung vom 26.01.1955 weiterhin Anwendung (siehe BGBl. I S. 37).

Das Bundesministerium für Gesundheit regelt gem. § 3 Abs. 1 durch Rechtsverordnung mit Zustimmung des Bundesrates in einer Approbationsordnung für Zahnärzte unter Berücksichtigung von Art. 34 der Berufsanerkennungsrichtlinie die Mindestanforderungen an das Studium der Zahnmedizin, das Nähere über die staatliche zahnärztliche Prüfung und die Approbation. Gem. § 1 ZApprO hat die zahnärztliche Ausbildung zum Ziel, den Zahnarzt wissenschaftlich und praktisch in der Zahnmedizin auszubilden und zur eigenverantwortlichen und selbstständigen Ausübung der Zahnheilkunde wie auch zur Weiterbildung und zu ständiger Fortbildung zu befähigen. Das zahnmedizinische Studium ist an einer wissenschaftlichen Hochschule zu absolvieren. Der Studienumfang beträgt 5.000 Stunden mit einer Dauer von 5 Jahren, § 2 Satz 1 Nr. 1 ZApprO, s. auch Art. 34 Abs. 2 der Berufsanerkennungsrichtlinie (»Die zahnärztliche Grundausbildung umfasst mindestens fünf Jahre theoretischen und praktischen Unterricht auf Vollzeitbasis«). Durch die Novellierung der ZApprO wurde zudem noch konkretisiert, dass die zahnärztliche Ausbildung eine Ausbildung in erster Hilfe, einen Krankenpflegedienst von einem Monat, einer Famulatur von vier Wochen und natürlich die zahnärztliche Prüfung beinhaltet, s. § 2 Abs. 1 ZApprO.

7 Zur vorübergehende Ausübung der Zahnheilkunde s. Kommentierung zu § 13.

### D. Dienstleistungserbringung im Sinne von Art. 50 EGV

8 Nach § 1 Abs. 2 dürfen in Umsetzung der europarechtlich in **Art. 50 des EG-Vertrages** (EGV) normierten **Dienstleistungsfreiheit** Staatsangehörige eines Mitgliedstaates der Europäischen Union oder eines anderen Vertragsstaates des Abkommens über den Europäischen Wirtschaftsraum oder eines Vertragsstaates, dem Deutschland und die Europäische Gemeinschaft oder Deutschland und die Europäische Union vertragliche einen Rechtsanspruch eingeräumt haben, die zur Ausübung

des zahnärztlichen Berufs in einem der übrigen Mitgliedstaaten der Europäischen Union berechtigt sind, den zahnärztlichen Beruf vorübergehend in Deutschland ausüben, ohne dass es einer Approbation oder einer Erlaubnis bedarf. Denn Art. 50 Satz 3 EG-Vertrag legt nieder, dass unbeschadet des Kapitels über die Niederlassungsfreiheit der Leistende (der freiberufliche Zahnarzt, s. Art. 50 Satz 2d EGV) zwecks Erbringung seiner Leistung seine Tätigkeit vorübergehend in dem Staat ausüben kann, in dem die Leistung erbracht wird, und zwar unter den Voraussetzungen, welche dieser Staat für seine Angehörigen vorschreibt. Art. 5 Abs. 2 der Berufsanerkennungsrichtlinie gestattet Zahnärzten aus der Europäischen Union die vorübergehende und gelegentliche Ausübung ihres Berufs. Ebenso wie Art. 50 EGV setzt auch Art. 5 Abs. 3 der Berufsanerkennungsrichtlinie voraus, dass der Dienstleister den im Aufnahmemitgliedstaat geltenden berufsständischen, gesetzlichen oder verwaltungsrechtlichen Berufsregeln unterliegt. Nach Art. 5 Abs. 3 Satz 2 Berufsanerkennungsrichtlinie ist die Frage, wann ein Zahnarzt nur **vorübergehend und gelegentlich** seine Dienstleistung erbringt, im Einzelfall zu beurteilen. Indizien für die Beurteilung sind u. a. die Dauer, die Häufigkeit, die regelmäßige Wiederkehr und die Kontinuität der Dienstleistung (zur weiteren Systematik und Aufbau der Berufsanerkennungsrichtlinie und der Abgrenzung der Begriffe Niederlassung und Dienstleistung s. Kommentierung zu § 2 BÄO Rdn. 13).

Selbst die Ausstattung des Dienstleistenden mit einer bestimmten **Infrastruktur im Aufnahmemitgliedstaat** schließt den vorübergehenden Charakter der Dienstleistung nicht notwendig aus, soweit diese Infrastruktur für die Erbringung der Dienstleistung erforderlich ist (vgl. EuGH, Urt. v. 30.11.1995 – C-55/94; 1995 I, 4165 [4195] – Gebhard). 9

Dem Erwägungsgrund 7 der Berufsanerkennungsrichtlinie nach können die Aufnahmemitgliedstaaten erforderlichenfalls im Einklang mit dem Gemeinschaftsrecht **Meldevorschriften** erlassen. Diese Vorschrift sollte jedoch nicht zu einer unverhältnismäßig hohen Belastung der Dienstleister führen und die Ausübung des freien Dienstleistungsverkehrs nicht behindern oder weniger attraktiv machen. Der Gesetzgeber hat von diesem Recht in § 13a Abs. 2 Gebrauch gemacht. 10

Die Befugnis eines Staatsangehörigen eines Mitgliedstaates der Europäischen Union zur vorübergehenden Ausübung des zahnärztlichen Berufs in Deutschland wurde ursprünglich durch das Ruhen einer ihm erteilten deutschen Approbation nicht berührt (vgl. BGH, Urt. v. 13.10.2005 – 3 StR 385/04). Diese Gesetzeslücke hat der Gesetzgeber aufgegriffen und durch Einfügung des § 13a Abs. 1 Satz 3 (»Eine Berechtigung nach Satz 1 besteht nicht, wenn die Voraussetzungen einer Rücknahme, eines Widerrufs oder einer Ruhensanordnung, die sich auf die Tatbestände nach § 2 Abs. 1 S. 1 Nr. 2 oder 3 beziehen, vorliegen, eine entsprechende Maßnahme mangels deutscher Berufszulassung jedoch nicht erlassen werden kann«) geschlossen. Demnach können bei Vorliegen der Voraussetzungen einer **Unwürdigkeit oder Unzuverlässigkeit des Dienstleisters** zur Ausübung des Berufes oder dem Fehlen der gesundheitlichen Eignung hierfür die zuständigen Behörden die Dienstleistungserbringung unter den gleichen Bedingungen untersagen, wie sie für das Ruhen einer Approbation gelten. 11

### E. Ausübung des zahnärztlichen Berufs

#### I. Begriff der Zahnheilkunde

**Zahnheilkunde** ist die berufsmäßige auf zahnärztlich wissenschaftliche Erkenntnisse gegründete Feststellung und Behandlung von Zahn-, Mund- und Kieferkrankheiten, s. § 1 Abs. 3 (BVerwG, Beschl. v. 17.01.2014 – 3 B 48//13). **Berufsmäßig** bedeutet, dass die Zahnheilkunde nachhaltig und nicht bloß gelegentlich oder vorübergehend ausgeübt wird (BVerwG, 1. Senat, Beschl. v. 09.02.1977 – I B 13.77). 12

Zur **Ausübung der allgemeinen Heilkunde** sind Zahnärzte nicht befugt, vgl. § 6 Abs. 1 Heilpraktikergesetz (HeilprG). Danach fällt die Ausübung der Zahnheilkunde nicht unter das Heilpraktikergesetz. Verlässt der Zahnarzt seinen angestammten Bereich, benötigt er hierfür eine Heilpraktikererlaubnis (so OVG NRW, Urt. v. 13.08.1998 – 13 A 1781/96). Die **Abgrenzung der Zahnheilkunde von der allgemeinen Heilkunde** fällt gelegentlich schwer (vgl. zur Abgrenzung der 13

Tätigkeit eines Fachzahnarztes für Oralchirurgie zum Facharzt für Mund-, Kiefer-, Gesichtschirurgie OLG Zweibrücken, Urt. v. 21.08.1998 – 2 U 29/97). Daran ändert auch nicht de Einordnung einzelner Tätigkeiten in den Vergütungsregelungen (GOZ/GOÄ) etwas. Diese können die aus der ärztlichen oder zahnärztlichen Approbation folgenden Befugnisse nicht verändern (BVerwG, Beschl. v. 25.08.2010 – 3 B 31.10). In einem jüngeren Urteil erklärte das OVG Nordrhein-Westfalen, dass für zahnärztliche Tätigkeiten (u.a. Zahnextraktionen) die Approbation oder die Berufserlaubnis als Zahnarzt auch dann Voraussetzung ist, wenn sie durch einen Arzt erbracht werden, der die **Fachgebietsbezeichnung für Mund-, Kiefer- und Gesichtschirurgie** rechtmäßig erlangt hat, die Voraussetzungen für die Erlangung jedoch nachträglich entfallen sind (vgl. OVG NRW, Urt. v. 21.01.2010 – 13 A 2017/07; zur zurückgewiesenen Beschwerde gegen die Nichtzulassung der Revision vgl. BVerwG, Beschl. v. 25.08.2010 – 3 B 31.10). Ausübung der Zahnheilkunde ist demnach Ausübung der Heilkunde, die **final zur Behandlung von Zahn-, Mund- und Kieferkrankheiten** dient. Auch Eingriffe mit kosmetischer Zielsetzung können unter die Ausübung der (Zahn-)Heilkunde fallen (OVG NRW, Urt. v. 18.04.2013 – 13 A 1210/11). Ein nur mittelbarer Bezug zu den Körperbereichen Zähne, Mund und Kiefer genügt nicht (OVG NRW, Urt. v. 13.08.1998 – 13 A 1781/96). Die zahnärztliche Approbation berechtigt daher auch nicht zur Durchführung von kosmetischen Maßnahmen, die final eine Behandlung von Gesichtshaut und -oberfläche zum Gegenstand haben (VG Münster, Urt. v. 19.04.2011 – 7 K 338/09 – **Faltenunterspritzung**; OVG NRW, Urt. v. 18.04.2013 – 13 A 1210/11). Weder die Approbation als Zahnarzt noch das Vorhandensein entsprechender fachlicher Kompetenzen berechtigen einen Zahnarzt Faltenunterspritzungen im Hals- und somit Gesichtsbereich außerhalb des Lippenrots vorzunehmen (Faltenunterspritzung; OVG NRW, Beschl. v. 17.05.2017 – 13 A 168/16). Dass die vom Kläger praktizierte Faltenunterspritzung keine Ausübung der Zahnheilkunde ist, soweit sie nicht den geforderten Behandlungsbezug zum Bereich der Zähne, des Mundes oder der Kiefer (einschließlich der dazugehörigen Gewebe) aufweist, ist geklärt.

14  Bei der Auslegung von § 1 Abs. 3 ist Art. 36 Abs. 3 der **Berufsanerkennungsrichtlinie** zu berücksichtigen. Danach haben die Mitgliedstaaten dafür zu sorgen, dass die Zahnärzte allgemein Tätigkeiten der Verhütung, Diagnose und Behandlung von Anomalien und Krankheiten der Zähne, des Mundes und der Kiefer und des dazugehörigen Gewebes aufnehmen und ausüben dürfen. Diese Umschreibung der Zahnheilkunde erscheint im Wesentlichen deckungsgleich mit der Definition im deutschen ZHG, sodass sich aus dem Zusammenwirken beider Vorschriften eine einheitliche Begriffsbildung ergibt (vgl. OLG Zweibrücken, Urt. v. 21.08.1998 – 2 U 29/97). Sowohl das ZHG, als auch die EG-Richtlinie sind aber ihrem Wortlaut nach weiter gefasst und bezeichnen u. a. insgesamt die Kiefer als Gegenstand der Zahnheilkunde, ohne dabei Einschränkungen vorzunehmen. Keine solche Einschränkung der zahnärztlichen Tätigkeit ergibt sich insbesondere aus dem Wortlaut des § 1 Abs. 3 Satz 1, wonach die Ausübung der Zahnheilkunde »auf zahnärztlich wissenschaftliche Erkenntnis« gegründet sein soll. Diese Formulierung kann nicht dahin verstanden werden, dass bestimmte Eingriffe und Behandlungsmethoden aus der Zahnheilkunde ausgeklammert werden sollten, etwa weil sie herkömmlicherweise bestimmten Bereichen der allgemeinen Medizin – wie insbesondere der Mund, Kiefer und Gesichtschirurgie – zugeordnet wären. Eine dahingehende Auslegung verbietet sich jedenfalls aufgrund der Berufsanerkennungsrichtlinie, die den Tätigkeitsbereich der Zahnmedizin rein örtlich umschreibt. Der angeführte Gesetzeswortlaut ist daher lediglich als Hinweis darauf zu verstehen, dass die Tätigkeit überhaupt auf wissenschaftlicher Grundlage des vom Zahnarzt insoweit erreichten Ausbildungs- und Kenntnisstandes stattfinden muss. Dies führt zu der Frage der Abgrenzung von **rechtlichem Können und Dürfen**, die der rein örtlich vorzunehmenden Abgrenzung des Bereichs der Zahnheilkunde systematisch nachfolgt. Es bleibt eine Frage der zahnärztlichen Verantwortung – und eines möglichen Übernahmeverschuldens – im konkreten Einzelfall, ob ein Zahnarzt sich eine bestimmte Behandlung zutrauen darf. Diese Frage kann sich auch im unstreitigen Kernbereich der zahnärztlichen Tätigkeit nicht anders stellen.

14a Das Bewerben der selbstständigen Ausführung des Zahnreinigens und Zahnweißens (**Bleaching**) **durch Angehörige zahnärztlicher Assistenzberufe** soll nach Ansicht des LG Frankfurt,

Urt. v. 29.09.2006 – 3/12 O 205/06 zulässig sein, da beide Tätigkeiten nicht als Ausübung der Zahnheilkunde i.S.d. § 1 Abs. 3 anzusehen seien, da sie nicht die Feststellung und Behandlung von Zahn-, Mund- oder Kieferkrankheiten beträfen. Diese Auffassung des LG Frankfurts kann nicht unkritisch übernommen werden. Im Einzelfall ist eine differenzierte Betrachtung vorzunehmen. Zunächst ist davon auszugehen, dass die Belagsentfernung eine Tätigkeit ist, die von Zahnärzten, jedoch nicht ohne Weiteres von Zahnmedizinischen Fachangestellten bzw. Zahnarzthelferinnen ausgeübt werden darf. Hiervon geht ersichtlich das ZHG aus, da diese Tätigkeiten dem delegierbaren Bereich angehören, vgl. § 1 Abs. 5. Aufgrund ihrer zahnärztlichen Ausbildung sind Zahnärzte befähigt, diese Tätigkeit selbstständig auszuführen, ihre Gesundheitsgefahren abzuschätzen und im Einzelfall medizinische Notwendigkeit, Durchführbarkeit und Grenzen zu erkennen. Für zahnärztliche Assistenzberufe gilt dies nicht in jedem Fall. Beispielsweise erfordert die Tätigkeit der Zahnreinigung mit Wassersandstrahlgeräten (»Airflow«) spezielle Kenntnisse und Fertigkeiten, die nicht Gegenstand der Ausbildung zur Zahnmedizinischen Fachangestellten oder entsprechender Fortbildungen sind, oder beim sog. »Bleaching« (Zahnaufhellung) besteht bei Verwendung konzentrierten Wasserstoffperoxides eine erhebliche Verletzungsgefahr (vgl. hierzu auch OVG NRW, Urt. v. 14.08.2003 – 13 A 5022/00).

Eingehend mit dem **Schutzzweck des ZHG** befasst hat sich das AG Nürtingen (Urt. v. 17.03.2011 – 16 Cs 115 Js 93733/08) und es hat daraus richtigerweise den Schluss gezogen, dass das »Airflow«-Verfahren der Ausübung der Zahnheilkunde zu unterstellen ist.   14b

## II. Freier Beruf

Das ZHG definiert ferner, dass die Ausübung der Zahnheilkunde »**kein Gewerbe**« ist, vgl. § 1 Abs. 4 ZHG. Damit wird die Eigenschaft des Zahnarztes als »freier Beruf« manifestiert, der sein Tun primär am Gesundungsinteresse des Patienten und nicht an kommerziellem Gewinnstreben auszurichten hat (näher hierzu s. Kommentierung zu § 1 BÄO Rdn. 23). Die Gewerbeordnung findet nur insoweit Anwendung auf die Ausübung der ärztlichen und anderen Heilberufe, als sie hierzu ausdrückliche Bestimmungen enthält (vgl. § 6 Abs. 1 Satz 2 GewO).   15

Den Wesensinhalt des zahnärztlichen Berufes als »freier Beruf« definiert die **Musterberufsordnung der Bundeszahnärztekammer** (MBO-Z) in § 2 Abs. 1 Satz 2 so: »Der zahnärztliche Beruf ist seiner Natur nach ein freier Beruf, der aufgrund besonderer beruflicher Qualifikation persönlich, eigenverantwortlich und fachlich unabhängig in Diagnose- und Therapiefreiheit ausgeübt wird«.   16

Abstrakter definiert der **EuGH**, dass freie Berufe Tätigkeiten sind, die   16a
– ausgesprochen intellektuellen Charakter haben,
– eine hohe Qualifikation verlangen,
– gewöhnlich einer genauen und strengen berufsständischen Regelung unterliegen,
– bei der Ausübung einer solchen Tätigkeit das persönliche Element besondere Bedeutung hat,
– die Ausübung eine große Selbstständigkeit bei der Vornahme der beruflichen Handlungen voraussetzt.

(Urt. des EuGH v. 11.10.2001 – C-267/00 Adam./. Administration de l'enregistrement et des domaines de Luxembourg)

Im Partnerschaftsgesellschaftsgesetz (PartGG) sind freie Berufe § 1 Abs. 2 als solche definiert, die »im allgemeinem auf der Grundlage besonderer Qualifikationen oder in schöpferischer Begabung die persönliche, eigenverantwortliche und fachlich unabhängige Erbringung von Dienstleistungen höherer Art im Interesse der Auftraggeber und der Allgemeinheit zum Inhalt« haben.   16b

Die ethischen und beruflichen Verpflichtungen, die sich für Zahnärzte aus dem Status als »freier Beruf« ergeben, sind in den satzungsrechtlich ausgestalteten Berufsordnungen der **Zahnärztekammern** konkretisiert. Die **Berufsordnung** dient laut der Präambel der MBO-Z dem Ziel, die Freiberuflichkeit des Zahnarztes zu gewährleisten. Nach der MBO-Z ist der Zahnarzt zum Dienst an der Gesundheit der einzelnen Menschen und der Allgemeinheit berufen und hat insbesondere die   17

Verpflichtung, seinen Beruf gewissenhaft und nach den Geboten der ärztlichen Ethik und Menschlichkeit auszuüben, die Regeln der zahnärztlichen Wissenschaft zu beachten, den ihm im Zusammenhang mit dem Beruf entgegengebrachten Vertrauen zu entsprechen und sein Wissen und Können in den Dienste der Vorsorge, der Erhaltung und der Wiederherstellung der Gesundheit zu stellen. Besondere Vorgaben, wie z.B. die Pflicht zur Teilnahme am Notfalldienst, die Achtung der freien Arztwahl des Patienten, die Schweigepflicht, persönliche Verantwortung für erbrachte Leistungen oder Fortbildungsverpflichtungen folgen.

18 Alle diese Pflichten sind Zeugnis dafür, dass der zahnärztliche Beruf als freier Beruf einem übergeordneten öffentlichen Interesse dient. Demgegenüber hat der Staat für angemessene rechtliche Rahmenbedingungen, insbesondere auch einer Gebührenordnung, zu sorgen, damit der Zahnarzt seinen Beruf ordnungsgemäß ausüben kann, vgl. auch § 15.

19 Der freiberufliche Charakter einer zahnärztlichen Praxis wird durch die Beschäftigung von beigezogenen Hilfskräften nicht berührt. Zur Delegation zahnärztlicher Leistungen an nicht approbiertes Hilfspersonal s. § 1 Abs. 5 und Abs. 6. Auch die Unterhaltung eines Laboratoriums, in dem Prothesen für die vom Zahnarzt zu behandelnden eigenen Patienten gefertigt werden, ist eine freiberufliche Tätigkeit (BFH, Urt. v. 13.08.1953 – IV 50/53 U).

### III. Delegation zahnärztlicher Tätigkeiten

20 § 1 Abs. 5 und 6 erlauben die **Übertragung von einzelnen, nicht abschließend aufgelisteten Tätigkeiten an dafür qualifiziertes nicht approbiertes Personal mit abgeschlossener Ausbildung (sog. Delegation)**. Wegen der höchstpersönlichen Leistungspflicht des freien Berufes »Zahnarzt« können zahnärztliche Leistungen durch Einsatz nicht zahnärztlichen Personals nicht beliebig »vermehrt« werden. In fachlicher Hinsicht ist es jedoch nicht erforderlich, alle Behandlungsmaßnahmen nur von approbierten Zahnärzten durchführen zu lassen, sofern sie weisungsgebunden und unter persönlicher Verantwortung des Zahnarztes erfolgen.

21 Die delegierten zahnärztlichen Maßnahmen bleiben **zahnärztliche Leistungen**. Deshalb ist die Übertragung an nicht approbiertes Personal nur unter engen Voraussetzungen zulässig. Der Zahnarzt muss die Leistungen stets persönlich verantworten. Das heißt auch, dass sie durch ihn – nach vorheriger Diagnostik – **anzuordnen, begleitet und anschließend zu kontrollieren** sind. Mit welcher Intensität die zahnärztliche Begleitung zu erfolgen hat, ist gesetzlich nicht geregelt. Generell ist davon auszugehen, dass die Begleitung sich an der zahnmedizinischen Komplexität und Gefährlichkeit der Maßnahme im individuellen Patientenfall sowie an den jeweiligen Qualifikationen des Hilfspersonals zu orientieren hat.

22 Die Übertragung auf nicht approbierte Hilfspersonen ist nur in Bezug auf vorbereitende, unterstützende, ergänzende oder allenfalls mitwirkende Tätigkeiten zur eigentlichen ärztlichen Tätigkeit zulässig. Zum **nicht delegierbaren Kernbereich** zählen: Untersuchung, Diagnosestellung und Aufklärung, Therapieplanung, Entscheidung über sämtliche therapeutischen Maßnahmen, invasive diagnostische, und therapeutische Eingriffe, Injektionen sowie sämtliche operativen Eingriffe. Der Zahnarzt darf Praxismitarbeiter nur für Aufgaben einsetzen, für die sie ausreichend qualifiziert sind, s.a. § 19 Abs. 2 Satz 1 der MBO-Z.

23 Nach dem Gesetzeswortlaut dürfen Leistungen gem. § 1 Abs. 5 nur an dafür **qualifiziertes Prophylaxe-Personal mit abgeschlossener Ausbildung** wie zahnmedizinische Fachhelferin, weitergebildete Zahnarzthelferin, Prophylaxehelferin oder Dental-Hygienikerin delegiert werden. Die **Gesetzesbegründung** (vgl. BT-Drs. 12/3608) hierzu lautet: »Unter qualifiziertem Prophylaxepersonal im Sinne dieses Gesetzes werden Personen mit einer abgeschlossenen Ausbildung in einem zahnmedizinischen Beruf mit prophylaktischer Weiterbildung verstanden. Dies können sowohl zahnmedizinische Fachhelferinnen, Zahnarzthelferinnen, ausgebildete Prophylaxehelferinnen oder Dental-Hygienikerinnen sein. Die näheren Einzelheiten zu den Ausbildungsanforderungen für eine Qualifikation regeln die nach § 71 Abs. 6 Berufsbildungsgesetz zuständigen Zahnärztekammern im Rahmen von Fortbildungs- und Prüfungsordnungen.«

Der Vorstand der Bundeszahnärztekammer hat einen »**Delegationsrahmen der Bundeszahnärztekammer für Zahnmedizinische Fachangestellte**« beschlossen, s. https://www.bzaek.de/fileadmin/PDFs/b/Delegationsrahmen.pdf, der dem Zahnarzt als Orientierungshilfe dienen soll. 24

## § 2 Erteilung der Approbation

Die Approbation als Zahnarzt ist auf Antrag zu erteilen, wenn der Antragsteller
1. (weggefallen)
2. sich nicht eines Verhaltens schuldig gemacht hat, aus dem sich seine Unwürdigkeit oder Unzuverlässigkeit zur Ausübung des zahnärztlichen Berufs ergibt,
3. nicht in gesundheitlicher Hinsicht zur Ausübung des Berufs ungeeignet ist,
4. nach einem Studium der Zahnheilkunde an einer wissenschaftlichen Hochschule von mindestens 5.000 Stunden und einer Dauer von mindestens fünf Jahren die zahnärztliche Prüfung im Geltungsbereich dieses Gesetzes bestanden hat,
5. über die für die Ausübung der Berufstätigkeit erforderlichen Kenntnisse der deutschen Sprache verfügt.

Eine in einem der übrigen Mitgliedstaaten der Europäischen Union oder in einem anderen Vertragsstaat des Abkommens über den Europäischen Wirtschaftsraum oder eines Vertragsstaates, dem Deutschland und die Europäische Gemeinschaft oder Deutschland und die Europäische Union vertraglich einen entsprechenden Rechtsanspruch eingeräumt haben, abgeschlossene zahnärztliche Ausbildung gilt als Ausbildung im Sinne der Nummer 4, wenn sie durch Vorlage eines Europäischen Berufsausweises, eines nach dem 27. Januar 1980 ausgestellten, in der Anlage zu diesem Gesetz aufgeführten zahnärztlichen Ausbildungsnachweises eines der übrigen Mitgliedstaaten der Europäischen Union oder eines in der Anlage zu diesem Gesetz aufgeführten, nach dem 31. Dezember 1992 ausgestellten zahnärztlichen Ausbildungsnachweises eines anderen Vertragsstaates des Abkommens über den Europäischen Wirtschaftsraum oder eines nach dem hierfür maßgebenden Zeitpunkt ausgestellten Ausbildungsnachweises eines Vertragsstaates, dem Deutschland und die Europäische Gemeinschaft oder Deutschland und die Europäische Union vertraglich einen entsprechenden Rechtsanspruch eingeräumt haben, nachgewiesen wird. Bei zahnärztlichen Ausbildungsnachweisen von nach dem 20. Dezember 1976 der Europäischen Union beigetretenen Mitgliedstaaten wird auf eine Ausbildung abgestellt, die nach dem entsprechenden Datum begonnen wurde; hierfür gilt das Datum des Beitritts oder, bei abweichender Vereinbarung, das hiernach maßgebende Datum, bei zahnärztlichen Ausbildungsnachweisen eines anderen Vertragsstaates des Abkommens über den Europäischen Wirtschaftsraum oder eines Vertragsstaates, dem Deutschland und die Europäische Gemeinschaft oder Deutschland und die Europäische Union vertraglich einen entsprechenden Rechtsanspruch eingeräumt haben, mit dem eine besondere Vereinbarung zum Zeitpunkt der Geltung der Verpflichtungen aus den Richtlinien 78/686/EWG und 78/687/EWG des Rates vom 25. Juli 1978 (ABl. EG Nr. L 233 S. 1 und S. 10) getroffen worden ist, das hiernach maßgebende Datum. Das Bundesministerium für Gesundheit wird ermächtigt, durch Rechtsverordnung, die nicht der Zustimmung des Bundesrates bedarf, die Anlage zu diesem Gesetz späteren Änderungen von Anhang V Nummer 5.3.2 der Richtlinie 2005/36/EG des Europäischen Parlaments und des Rates vom 7. September 2005 über die Anerkennung von Berufsqualifikationen (ABl. EU Nr. L 255 S. 22, 2007 Nr. L 271 S. 18) anzupassen. Wurde die Ausbildung vor dem nach Satz 2 oder 3 für die Anerkennung der zahnärztlichen Ausbildungsnachweise der übrigen Mitgliedstaaten der Europäischen Union oder der anderen Vertragsstaaten des Abkommens über den Europäischen Wirtschaftsraum oder eines Vertragsstaates, dem Deutschland und die Europäische Gemeinschaft oder Deutschland und die Europäische Union vertraglich einen entsprechenden Rechtsanspruch eingeräumt haben, jeweils maßgebende Datum aufgenommen und genügt sie nicht allen Mindestanforderungen des Artikels 1 der Richtlinie 78/687/EWG, so kann die zuständige Behörde zusätzlich zu den in der Anlage zu Satz 2 aufgeführten zahnärztlichen Ausbildungsnachweisen die Vorlage einer

Bescheinigung des Herkunftsmitgliedstaats verlangen, aus der sich ergibt, dass der Antragsteller während der letzten fünf Jahre vor der Antragstellung mindestens drei Jahre den zahnärztlichen Beruf ununterbrochen und rechtmäßig ausgeübt hat. Gleichwertig den in Satz 2 genannten zahnärztlichen Ausbildungsnachweisen sind nach dem in Satz 2 oder 3 genannten Zeitpunkt von einem der übrigen Mitgliedstaaten der Europäischen Union oder einem anderen Vertragsstaat des Abkommens über den Europäischen Wirtschaftsraum oder eines Vertragsstaates, dem Deutschland und die Europäische Gemeinschaft oder Deutschland und die Europäische Union vertraglich einen entsprechenden Rechtsanspruch eingeräumt haben, ausgestellte Ausbildungsnachweise des Zahnarztes, die den in der Anlage zu Satz 2 für den betreffenden Staat aufgeführten Bezeichnungen nicht entsprechen, aber mit einer Bescheinigung der zuständigen Behörde oder Stelle dieses Staates darüber vorgelegt werden, dass sie eine Ausbildung abschließen, die den Mindestanforderungen des Artikels 34 der Richtlinie 2005/36/EG entspricht, und dass sie den für diesen Staat in der Anlage zu Satz 2 aufgeführten Nachweisen gleichstehen. Die in den Sätzen 2 und 3 genannten Ausbildungsnachweise gelten auch dann als Nachweis einer abgeschlossenen zahnärztlichen Ausbildung im Sinne des Satzes 1 Nummer 4, wenn die Ausbildung aus einer Dauer von mindestens fünf Jahren und weniger als 5.000 Stunden theoretischer und praktischer Ausbildung auf Vollzeitbasis bestand, sofern die Antragsteller diese Ausbildung spätestens am 18. Januar 2016 begonnen haben. Eine Approbation wird nicht erteilt, wenn die naturwissenschaftliche Vorprüfung, die zahnärztliche Vorprüfung oder die zahnärztliche Prüfung nach der Rechtsverordnung gemäß § 3 Abs. 1 endgültig nicht bestanden wurde. Satz 8 findet keine Anwendung, wenn der Antragsteller einen nach der Richtlinie 2005/36/EG anzuerkennenden Ausbildungsnachweis besitzt.

(1a) Die zuständigen Behörden des Landes, in dem der zahnärztliche Beruf ausgeübt wird oder zuletzt ausgeübt worden ist, unterrichten die zuständigen Behörden des Herkunftsmitgliedstaats über das Vorliegen strafrechtlicher Sanktionen, über die Rücknahme, den Widerruf und die Anordnung des Ruhens der Approbation oder Erlaubnis, über die Untersagung der Ausübung der Tätigkeit und über Tatsachen, die eine dieser Sanktionen oder Maßnahmen rechtfertigen würden; dabei sind die Vorschriften zum Schutz personenbezogener Daten einzuhalten. Erhalten die zuständigen Behörden Auskünfte der zuständigen Behörden von Aufnahmemitgliedstaaten, die sich auf die Ausübung des zahnärztlichen Berufs auswirken könnten, so prüfen sie die Richtigkeit der Sachverhalte, befinden über Art und Umfang der durchzuführenden Prüfungen und unterrichten den Aufnahmemitgliedstaat über die Konsequenzen, die sie aus den übermittelten Auskünften ziehen. Die Länder benennen die Behörden und Stellen, die für die Ausstellung oder Entgegennahme der in der Richtlinie 2005/36/EG genannten Ausbildungsnachweise und sonstigen Unterlagen oder Informationen zuständig sind, sowie die Behörden und Stellen, die die Anträge annehmen und die Entscheidungen treffen können, die im Zusammenhang mit dieser Richtlinie stehen. Sie sorgen dafür, dass das Bundesministerium für Gesundheit unverzüglich unterrichtet wird. Das Bundesministerium für Gesundheit übermittelt die Informationen unverzüglich den anderen Mitgliedstaaten und der Europäischen Kommission. Die Länder können zur Wahrnehmung der Aufgaben nach den Sätzen 1 bis 3 gemeinsame Stellen bestimmen. Das Bundesministerium für Gesundheit übermittelt nach entsprechender Mitteilung der Länder statistische Aufstellungen über die getroffenen Entscheidungen, die die Europäische Kommission für den nach Artikel 60 Abs. 1 der Richtlinie 2005/36/EG erforderlichen Bericht benötigt.

(2) Ist die Voraussetzung des Absatzes 1 Satz 1 Nummer 4 nicht erfüllt, so ist Antragstellern, die ihre Ausbildung für die Ausübung des zahnärztlichen Berufs in einem der übrigen Mitgliedstaaten der Europäischen Union oder einem anderen Vertragsstaat des Abkommens über den Europäischen Wirtschaftsraum oder der Schweiz abgeschlossen haben und nicht unter Absatz 1 oder § 20a fallen, die Approbation zu erteilen, wenn die Gleichwertigkeit des Ausbildungsstandes gegeben ist. Der Ausbildungsstand ist als gleichwertig anzusehen, wenn die Ausbildung des Antragstellers keine wesentlichen Unterschiede gegenüber der Ausbildung aufweist, die in diesem Gesetz und in der Rechtsverordnung nach § 3 Absatz 1 geregelt ist.

Wesentliche Unterschiede nach Satz 2 liegen vor, wenn
1. die Ausbildung der Antragsteller hinsichtlich der beruflichen Tätigkeit Fächer umfasst, die sich wesentlich von der deutschen Ausbildung unterscheiden, oder
2. der Beruf des Zahnarztes eine oder mehrere reglementierte Tätigkeiten umfasst, die in dem Staat, der den Ausbildungsnachweis ausgestellt hat, nicht Bestandteil des Berufs des Zahnarztes sind, und die deutsche Ausbildung Fächer umfasst, die sich wesentlich von denen unterscheiden, die von dem Ausbildungsnachweis der Antragsteller abgedeckt werden.

Fächer unterscheiden sich wesentlich, bei denen Kenntnis und Fähigkeiten eine wesentliche Voraussetzung für die Ausübung des Berufs sind und bei denen die Ausbildung der Antragsteller gegenüber der deutschen Ausbildung wesentliche Abweichungen hinsichtlich des Inhalts aufweist. Wesentliche Unterschiede können ganz oder teilweise durch Kenntnisse und Fähigkeiten ausgeglichen werden, die die Antragsteller im Rahmen ihrer zahnärztlichen Berufspraxis in Voll- oder Teilzeit oder durch lebenslanges Lernen erworben haben, sofern die durch lebenslanges Lernen erworbenen Kenntnisse und Fähigkeiten von einer dafür in dem jeweiligen Staat zuständigen Stelle formell als gültig anerkannt wurden; dabei ist nicht entscheidend, in welchem Staat diese Kenntnisse und Fähigkeiten erworben worden sind. Liegen wesentliche Unterschiede nach den Sätzen 3 bis 5 vor, müssen die Antragsteller nachweisen, dass sie über die Kenntnisse und Fähigkeiten verfügen, die zur Ausübung des Berufs des Zahnarztes erforderlich sind. Dieser Nachweis ist durch eine Eignungsprüfung zu erbringen, die sich auf die festgestellten wesentlichen Unterschiede bezieht. Über die Feststellung der wesentlichen Unterschiede, die zur Auferlegung einer Eignungsprüfung führt, ist den Antragstellern spätestens vier Monate, nachdem der zuständigen Behörde alle erforderlichen Unterlagen vorliegen, ein rechtsmittelfähiger Bescheid zu erteilen. Im Falle des § 81a des Aufenthaltsgesetzes soll der Bescheid innerhalb von zwei Monaten erteilt werden. Die Sätze 2 bis 9 gelten auch für Antragsteller, die über einen Ausbildungsnachweis als Zahnarzt verfügen, der in einem anderen als den in Satz 1 genannten Staaten (Drittland) ausgestellt ist und ein anderer der in Satz 1 genannten Staaten diesen Ausbildungsnachweis anerkannt hat.

(3) Ist die Voraussetzung des Absatzes 1 Satz 1 Nummer 4 nicht erfüllt, so ist Antragstellern, die über einen Ausbildungsnachweis für die Ausübung des zahnärztlichen Berufs verfügen, der in einem anderen als den in Absatz 2 Satz 1 genannten Staaten (Drittland) ausgestellt ist, die Approbation zu erteilen, wenn die Gleichwertigkeit des Ausbildungsstandes gegeben ist. Für die Prüfung der Gleichwertigkeit gilt Absatz 2 Satz 2 bis 6 sowie 8 und 9 entsprechend. Der Nachweis der erforderlichen Kenntnisse und Fähigkeiten wird durch das Ablegen einer Prüfung erbracht, die sich auf den Inhalt der staatlichen Abschlussprüfung bezieht. Die erforderlichen Kenntnisse und Fähigkeiten nach Satz 3 sind auch nachzuweisen, wenn die Prüfung des Antrags nur mit unangemessenem zeitlichen oder sachlichen Aufwand möglich ist, weil die erforderlichen Unterlagen und Nachweise aus Gründen, die nicht in der Person der Antragsteller liegen, von diesen nicht vorgelegt werden können.

(3a) Wird die Voraussetzung des Absatzes 1 Satz 1 Nummer 4 auf eine Ausbildung gestützt, die außerhalb des Geltungsbereiches dieses Gesetzes abgeschlossen worden ist, sollen die Voraussetzungen der Gleichwertigkeit der Berufsqualifikation nach den Absätzen 2 oder 3 vor den Voraussetzungen nach Absatz 1 Satz 1 Nummer 2, 3 und 5 geprüft werden. Auf Antrag ist dem Antragsteller ein gesonderter Bescheid über die Feststellung der Gleichwertigkeit seiner Berufsqualifikation zu erteilen.

(4) Soll die Erteilung der Approbation wegen Fehlens einer der Voraussetzungen nach Absatz 1 Satz 1 Nr. 2 und 3 abgelehnt werden, so ist der Antragsteller oder sein gesetzlicher Vertreter vorher zu hören.

(5) Ist gegen den Antragsteller wegen des Verdachts einer Straftat, aus der sich seine Unwürdigkeit oder Unzuverlässigkeit zur Ausübung des zahnärztlichen Berufs ergeben kann, ein

Strafverfahren eingeleitet, so kann die Entscheidung über den Antrag auf Erteilung der Approbation bis zur Beendigung des Verfahrens ausgesetzt werden.

(6) Wenn ein Antragsteller die Approbation auf Grund einer außerhalb des Geltungsbereichs dieses Gesetzes abgeschlossenen Ausbildung für die Ausübung des zahnärztlichen Berufs beantragt, sind folgende Unterlagen und Bescheinigungen vorzulegen:
1. ein Identitätsnachweis,
1a. eine tabellarische Aufstellung der absolvierten Ausbildungsgänge und der ausgeübten Erwerbstätigkeiten,
2. eine amtlich beglaubigte Kopie der Befähigungsnachweise oder des Ausbildungsnachweises, der zur Aufnahme des entsprechenden Berufs berechtigt, sowie gegebenenfalls eine Bescheinigung über die von der betreffenden Person erworbene Berufserfahrung,
2a. im Fall von Absatz 3 eine Bescheinigung über die Berechtigung zur Berufsausübung im Herkunftsstaat und Unterlagen, die geeignet sind darzulegen, im Inland den zahnärztlichen Beruf ausüben zu wollen,
3. die Unterlagen, die von den zuständigen Behörden des Herkunftsmitgliedstaats ausgestellt wurden und belegen, dass die Erfordernisse nach Absatz 1 Satz 1 Nr. 2 erfüllt werden oder, wenn im Herkunftsmitgliedstaat die vorgenannten Unterlagen nicht ausgestellt werden, eine eidesstattliche Erklärung oder – in den Staaten, in denen es keine eidesstattliche Erklärung gibt – eine feierliche Erklärung, die die betreffende Person vor einer zuständigen Justiz- oder Verwaltungsbehörde oder gegebenenfalls vor einem Notar oder einer entsprechend bevollmächtigten Berufsorganisation des Herkunftsmitgliedstaats, der eine diese eidesstattliche oder feierliche Erklärung bestätigende Bescheinigung ausstellt, abgegeben hat,
4. der Nachweis nach Absatz 1 Satz 1 Nr. 3, wobei ein entsprechender Nachweis, der im Herkunftsmitgliedstaat gefordert wird, anerkannt wird oder, wenn im Herkunftsmitgliedstaat kein derartiger Nachweis verlangt wird, eine von einer zuständigen Behörde des Herkunftsmitgliedstaats ausgestellte Bescheinigung,
5. eine Bescheinigung der zuständigen Behörden des Herkunftsmitgliedstaats, aus der hervorgeht, dass die Nachweise über die geforderten Ausbildungsvoraussetzungen den in der Richtlinie verlangten Nachweisen entsprechen,
6. in den Fällen des Absatzes 2 oder 3 zusätzliche Nachweise, um feststellen zu können, ob die Ausbildung wesentliche Unterschiede gegenüber der Ausbildung aufweist, die in diesem Gesetz und in der Rechtsverordnung nach § 3 Absatz 1 geregelt ist,
7. für den Fall, dass sich Ausbildungsnachweise nach Artikel 3 Abs. 1 Buchstabe c der Richtlinie 2005/36/EG, die von der zuständigen Behörde eines Mitgliedstaats oder eines anderen Vertragsstaates des Abkommens über den Europäischen Wirtschaftsraum oder eines Vertragsstaates, dem Deutschland und die Europäische Gemeinschaft oder Deutschland und die Europäische Union vertraglich einen entsprechenden Rechtsanspruch eingeräumt haben, ausgestellt wurden, auf eine Ausbildung beziehen, die ganz oder teilweise in einer rechtmäßig im Hoheitsgebiet eines anderen der oben genannten Staaten niedergelassenen Einrichtung absolviert wurde, Unterlagen darüber,
   a) ob der Ausbildungsgang in der betreffenden Einrichtung von der Ausbildungseinrichtung des Ausstellungsmitgliedstaats offiziell bescheinigt worden ist,
   b) ob der ausgestellte Ausbildungsnachweis dem entspricht, der verliehen worden wäre, wenn der Ausbildungsgang vollständig im Ausstellungsmitgliedstaat absolviert worden wäre, und
   c) ob mit dem Ausbildungsnachweis im Hoheitsgebiet des Ausstellungsmitgliedstaats dieselben beruflichen Rechte verliehen werden.

Die Nachweise nach Satz 1 Nr. 3 und 4 dürfen bei ihrer Vorlage nicht älter als drei Monate sein. Haben die zuständigen Behörden berechtigte Zweifel an der Authentizität der in dem jeweiligen Herkunftsmitgliedstaat ausgestellten Bescheinigungen und Ausbildungsnachweise, können sie von den zuständigen Behörden des Herkunftsmitgliedstaats eine Bestätigung der

Authentizität dieser Bescheinigungen und Nachweise sowie eine Bestätigung darüber verlangen, dass der Antragsteller die Mindestanforderungen der Ausbildung erfüllt, die in Artikel 34 der Richtlinie 2005/36/EG verlangt werden.

Haben die zuständigen Behörden berechtigte Zweifel an der Berechtigung des Antragstellers zur Ausübung des zahnärztlichen Berufs, können sie von den zuständigen Behörden eines Mitgliedstaates eine Bestätigung verlangen, aus der sich ergibt, dass dem Antragsteller die Ausübung des zahnärztlichen Berufs nicht aufgrund eines schwerwiegenden standeswidrigen Verhaltens oder einer Verurteilung wegen strafbarer Handlungen dauerhaft oder vorübergehend untersagt worden ist.

(7) Das Berufsqualifikationsfeststellungsgesetz findet mit Ausnahme des § 17 keine Anwendung.

(8) Die Bundesregierung überprüft die Regelungen zu den Anerkennungsverfahren nach diesem Gesetz und berichtet nach Ablauf von drei Jahren dem Deutschen Bundestag.

| Übersicht | Rdn. | | Rdn. |
|---|---|---|---|
| A. Anwendungsbereich | 1 | 2. Feststellung der Gleichwertigkeit und Eignungsprüfung in Fällen des § 2 Abs. 2 ZHG | 28 |
| B. Zuständigkeit | 4 | | |
| C. Voraussetzungen für die Approbationserteilung | 5 | VII. Voraussetzung für die Approbationserteilung bei Drittstaatenausbildung | 40 |
| I. Staatsangehörigkeit | 6 | | |
| II. Zuverlässigkeit und Würdigkeit | 7 | D. Verwaltungszusammenarbeit zur Umsetzung der Richtlinie 2005/36/EG und 2013/55/EG | 45 |
| 1. Zuverlässigkeit | 9 | | |
| 2. Unwürdigkeit | 11 | | |
| III. Gesundheitliche Eignung | 15 | I. Zuständigkeit | 46 |
| IV. Studium der Zahnmedizin | 18 | II. Informationsaustausch | 47 |
| V. Sprachkenntnisse | 21 | E. Nachweise zur Approbation bei ausländischer zahnärztlicher Ausbildung | 49 |
| VI. Zahnärztliche Ausbildung in EU-/EWR-/Vertragsstaaten – Anerkennung im europäischen Kontext | 23 | F. Bearbeitungsfristen für Approbationsanträge | 51 |
| 1. Automatische Anerkennung der zahnärztlichen Ausbildung | 23 | | |

## A. Anwendungsbereich

In § 2 sind die Voraussetzungen für einen Rechtsanspruch auf Erteilung einer zahnärztlichen Approbation geregelt. § 2 regelt somit die Einzelheiten zur Erlangung einer unbeschränkten Erlaubnis zur Berufsausübung als Zahnarzt in Deutschland (zur Erlaubnis einer vorübergehenden Ausübung der Zahnheilkunde s. § 13). Das ZHG regelt die Rechtsfolgen aus Anträgen auf der Grundlage von zahnärztlichen Ausbildungen, die im Geltungsbereich des ZHG (Inland), in der EU oder in Staaten mit vertraglichen Abkommen oder in sonstigen Staaten (Drittländer) abgeschlossen wurden. Die Staatsangehörigkeit des Antragstellers ist seit dem Gesetz zur Verbesserung der Feststellung und Anerkennung im Ausland erworbener Berufsqualifikationen vom 06.12.2011 (BGBl. I 2011 S. 2515) für die Approbation ohne Belang.

Für Ausbildungsnachweise als **Arzt** aus den Ländern Italien, Spanien, Österreich, Tschechische Republik, Slowakei und Rumänien zum Zwecke der Ausübung der Tätigkeit als Zahnarzt sowie für Ausbildungsnachweise als Zahnarzt aus Ländern der ehemaligen Sowjetunion enthält § 20a ergänzende Sonderbestimmungen.

EU-Staatsangehörige und diesen Gleichgestellte, die als Dienstleistungserbringer i.S.d. Art. 50 des EG-Vertrages in Deutschland vorübergehend und gelegentlich tätig werden möchten, benötigen hierfür weder eine Approbation noch eine Berufserlaubnis nach § 13, vgl. § 1 Abs. 2. Sie unterliegen lediglich einer Meldepflicht (s. § 1 ZHG Rdn. 8).

## B. Zuständigkeit

4 Die Zuständigkeiten in Approbations- und Berufserlaubnisfragen sind in § 16 geregelt. Grundsätzlich sind die Gesundheitsbehörden derjenigen Bundesländer, in denen die zahnärztliche Prüfung nach der ZApprO abgelegt, in anderen Fällen, in denen der Beruf ausgeübt werden soll, zuständig. Seit dem Gesetz zur Verbesserung der Feststellung und Anerkennung im Ausland erworbener Berufsqualifikationen vom 06.12.2011 können die Länder die Erfüllung ihrer Aufgabe nach § 16 Abs. 2 Satz 2 durch Vereinbarung einem anderen Bundesland oder einer anderen Einrichtung übertragen. Die Bundeszahnärztekammer hat auf ihrer Homepage eine Übersicht über die zuständigen Behörden der Länder erstellt: https://www.bzaek.de/berufsausuebung/auslaendische-zahnaerztinnen-und-zahnaerzte.html. Das Infoportal zu ausländischen Bildungsabschlüssen, s. https://anabin.kmk.org/anabin.html, stellt mit seiner Datenbank Informationen zur Bewertung ausländischer Bildungsnachweise bereit und unterstützt Behörden, Arbeitgeber und Privatpersonen ausländische Qualifikationen in das deutsche Bildungssystem einzustufen.

## C. Voraussetzungen für die Approbationserteilung

5 Die Approbation wird nach der zahnärztlichen Ausbildung nicht automatisch erteilt, sondern setzt einen Antrag voraus, s. auch § 83 ZApprO. Antragsteller haben umfangreiche Unterlagen einzureichen, s. § 84 ZAprO. So ist neben dem Zeugnis über die Zahnärztliche Prüfung im Orginal oder in beglaubigter Kopie u.a. ein amtliches Fährungszeugnis, eine Erklärung darüber, ob gegen die antragstellende Person ein gerichtliches Strafverfahren oder ein staatsanwaltliches Ermittlungsverfahren anhängig ist und weitere Formalien einzureichen. Nicht alle Unterlagen müssen beglaubigt sein, dies sieht weder das ZHG noch die ZApprO vor. Doch im Sinne einer sachgerechten Prüfung sollte dennoch auf die Vorlage beglaubigter Übersetzungen hingewirkt werden, s. in den Verwaltungsvorschriften des Landes Nordrhein-Westfalen zur »Durchführung der Bundesärzteordnung, der Bundes-Apothekerordnung, des Gesetzes über die Ausübung der Zahnheilkunde, des Gesetzes über die Berufe des Psychologischen Psychotherapeuten und der Kinder- und Jugendlichenpsychotherapeuten sowie des Gesetzes über den Beruf der Psychotherapeutin und des Psychotherapeuten – Runderlass des Ministeriums für Arbeit, Gesundheit und Soziales des Landes Nordrhein-Westfalen vom 27. Juli 2020 in der Fassung vom 23. September 2020« (https://www.mags.nrw/sites/default/files/asset/document/runderlass_zur_durchfuehrung_baeo_bapo_zhg_psychthg.pdf; (noch) nicht im Ministerialblatt NRW veröffentlicht). In einigen Ländern kann die Voraussetzung nach § 84 Abs. 2 ZApprO eine Hürde darstellen. Denn einige Unterlagen (das amtliche Führungszeugnis und die ärztliche Bescheinigung, aus der hervorgeht, dass die antragstellende Person nicht in gesundheitlicher Hinsicht zur Ausübung des Berufs ungeeignet ist) dürfen zum Zeitpunkt ihres Eingang bei der zuständigen Behöre nicht älter als einen Monat sein. Da die Erlangung von amtlichen Unterlagen zeitlich sehr unterschiedlich sein kann, führt dies im schlimmsten Fall dazu, dass Unterlagen immer wieder erneut beantragt werden müssen. Zusätzlich müssen für die Approbationserteilung die Voraussetzungen des § 2 Abs. 1 Nr. 2, 3 und 5 (Zuverlässigkeit, Würdigkeit, gesundheitliche Eignung, Sprachkenntnisse) kumulativ vorliegen. Beabsichtigt die Behörde, den Antrag wegen Unwürdigkeit/Unzuverlässigkeit oder fehlender gesundheitlicher Eignung abzulehnen, bestimmt § 2 Abs. 4 ausdrücklich, dass der Antragsteller bzw. sein gesetzlicher Vertreter **vorher zu hören** ist. Ist gegen den Antragsteller ein Strafverfahren anhängig, das dessen Unwürdigkeit/Unzuverlässigkeit indiziert, kann die Behörde die **Entscheidung** über den Approbationsantrag nach Ausübung pflichtgemäßem Ermessens **aussetzen**, vgl. § 2 Abs. 5.

### I. Staatsangehörigkeit

6 Die Staatsangehörigkeit ist für die Erlangung der Approbation seit Änderung des ZHG durch das Gesetz zur Verbesserung der Feststellung und Anerkennung im Ausland erworbener Berufsqualifikationen vom 06.11.2011 kein Kriterium mehr (erläuternd hierzu s. Kommentierung zu § 1 ZHG Rdn. 2). Drittstaatsangehörige haben seitdem einen Anspruch auf Erteilung der Approbation unter denselben Voraussetzungen, wie sie bisher Antragsteller mit deutscher oder EU-Staatsangehörigkeit

(**EU-Antragsteller**), mit der Staatsangehörigkeit eines anderen Vertragsstaates des Abkommens über den Europäischen Wirtschaftsraum hat (**EWR-Antragsteller**), oder einer Staatsangehörigkeit eines Vertragsstaates besaßen, dem Deutschland und die Europäische Gemeinschaft oder Deutschland und die Europäische Union vertraglich einen Rechtsanspruch eingeräumt haben (**Vertragsstaats-Antragsteller**).

## II. Zuverlässigkeit und Würdigkeit

Gemäß § 2 Abs. 1 Nr. 2 darf der Antragsteller sich nicht eines Verhaltens schuldig gemacht haben, aus dem sich seine **Unwürdigkeit** oder **Unzuverlässigkeit** zur Ausübung seines Berufes ergibt. Die Begriffe Unwürdigkeit und Unzuverlässigkeit sind **alternativ** und nicht kumulativ zu betrachten (vgl. OVG NRW, Urt. v. 31.08.2005 – 13 A 1190/05). Beide Tatbestandsmerkmale von Nr. 2 unterliegen einem unterschiedlichen Prüfungsansatz und erfordern eine eigenständige Wertung. Wird im Verwaltungsverfahren jedoch auf eine Gesamtwürdigung von Unzuverlässigkeit und Unwürdigkeit abgestellt, so ist eine Aufhebung der Maßnahme nur möglich, wenn sich der Rechtsbehelf auf beide Merkmale bezieht (vgl. OVG NRW, Urt. v. 02.04.2009 – 13 A 9/08).

Unzuverlässigkeit und Unwürdigkeit zur Ausübung des zahnärztlichen Berufs können zudem zur Rücknahme, zum Widerruf oder zum Ruhen der Approbation führen, s. § 4 und § 5 ZHG.

### 1. Zuverlässigkeit

Kann eine Person aufgrund ihres bisherigen Verhaltens nicht die Gewähr dafür bieten, dass sie in Zukunft den Beruf als Zahnarzt ordnungsgemäß ausüben wird, so gilt sie als **unzuverlässig**. Entscheidend ist die **charakterliche Eignung**. Daher kommt es darauf an, ob Tatsachen vorliegen, dass der Zahnarzt künftig seine berufsspezifischen Pflichten nicht beachten wird. Bei der Prognose zur Beurteilung der Zuverlässigkeit ist auf die Umstände im Zeitpunkt des Abschlusses des Verwaltungsverfahrens abzustellen (vgl. BVerwG, Beschl. v. 25.02.2008 – 3 B 85/07). Für die Prognose ist ausreichend, aber auch erforderlich, dass sich bei verständiger Würdigung aus dem bisherigen Fehlverhalten die begründete Besorgnis ableitet, der Zahnarzt werde bei seiner zukünftigen Tätigkeit nach seiner inneren Einstellung der in § 1 zum Ausdruck kommenden Pflicht, der Gesundheit des einzelnen Patienten und der gesamten Bevölkerung zu dienen, nicht gerecht (vgl. OVG Rheinland-Pfalz, Urt. v. 09.05.1989 – 6 A 124/88). Zur Unzuverlässigkeit aufgrund wiederholter Faltenunterspritzungen mit Botox und Hyaluron und der damit einhergehenden unerlaubten Ausübung der Heilkunde in 53 Fällen siehe OVG NRW, Beschl. v. 17.05.2017 – 13 A168/16. Zur ärztlichen Tätigkeit ohne vorgeschriebene Berufshaftpflichtversicherung siehe VG München, Urt. v. 11.08.2017 – M 16 K 16.398; hartnäckige Verstöße gegen infektions- und hygienerechtliche Vorschriften vgl. VG München, Beschl. v. 17.03.2016 – M 16 S 16.399.

Der Anwendungsbereich des § 2 Abs. 1 Satz 1 Nr. 2 bezieht sich nicht nur auf das Verhalten eines Zahnarztes bei der Behandlung der Patienten, also auf den Kernbereich der zahnärztlichen Tätigkeit, sondern erstreckt sich darüber hinaus auf alle berufsbezogenen, d.h. mit der eigentlichen zahnärztlichen Tätigkeit im Zusammenhang stehenden Handlungen und Unterlassungen und, abhängig von der Schwere des Delikts, auch auf Straftaten außerhalb des beruflichen Wirkungskreises (vgl. OVG NRW, Urt. v. 31.08.2006 – 13 A 1190/05). In dem vorgenannten Urteil wurde die Approbation eines Arztes wegen einer nicht berufsbezogenen Verurteilung (Steuerstraftat) widerrufen. Zahnärztliche Berufspflichten umfassen auch gesteigerte Pflichten zu korrekter Dokumentation der als Vertragszahnarzt erbrachten Leistungen sowie die ordnungs- und wahrheitsgemäße Abrechnung derselben. Der mit gesicherten Honoraransprüchen in das System der Gesundheitsversorgung der Bevölkerung eingebundene freipraktizierende Vertragszahnarzt hat die Berufspflicht zur Dämpfung der Kosten der Gesundheitsversorgung beizutragen und die finanzielle Leistungsfähigkeit der Krankenversicherungsträger zu wahren. Der Zahnarzt hat daher insbesondere die Pflicht, betrügerische Abrechnungen zu unterlassen (vgl. VG Schwerin, Beschl. v. 06.09.1999 – 8 B 971/98). Kassenärzte und damit auch Kassenzahnärzte/Vertragszahnärzte sind jedoch nach Ansicht des BGH weder Amtsträger i.S.v. § 11 Abs. 1 Nr. 2 Buchst. c StGB noch Beauftragte der gesetzlichen

Krankenkassen i.S.v. § 299 StGB (Offizialdelikt der Bestechlichkeit und Bestechung) und konnten demzufolge nicht strafrechtlich belangt werden (BGH, Beschl. v. 29.03.2012 – GSSt 2/11). Der Gesetzgeber hat diese Lücke geschlossen und die Bestechung bzw. Bestechlichkeit von und durch Angehörige Heilberufe im § 299a StGB normiert (siehe BGBl. Jg. 2016 I Nr. 25 v. 03.06.2016). In der Rechtsprechung ist geklärt, dass die in einem rechtskräftigen Strafurteil getroffenen tatsächlichen und rechtlichen Feststellungen regelmäßig zur Grundlage der behördlichen und verwaltungsgerichtlichen Beurteilung von Approbations-Widerrufen gemacht werden können, soweit sich nicht gewichtige Anhaltspunkte für die Unrichtigkeit dieser Feststellungen ergeben (vgl. BVerwG, Urt. v. 26.09.2002 – 3 C 37.01, NJW 2003, 913, 915 f.; OVG NRW, Beschl. v. 17.05.2017 – 13 A168/16).

9a  Zu der Frage, ob die Approbationsbehörde bei der Entscheidung über die Eignung eines Bewerbers als Zahn(arzt) auch strafgerichtliche Verurteilungen berücksichtigen darf, die zwar nicht mehr in ein Führungszeugnis aufzunehmen sind, aber weiterhin im Bundeszentralregister enthalten sind, erklärte das OVG Lüneburg, dass aus dem Inhalt des Führungszeugnisses nach §§ 30 ff. Bundeszentralregistergesetz (BZRG) sich weder ein allgemeines noch spezielles für das Approbationsverfahren maßgebliches Verwertungsverbot ergibt. Zwar regele das BZRG die Voraussetzungen für ein Verwertungsverbot, jedoch unterscheide das Gesetz bewusst zwischen dem Inhalt eines Führungszeugnisses nach §§ 30 ff. und den Voraussetzungen für ein Verwertungsverbot nach §§ 51 f. BZRG. Somit könne über den Wortlaut des § 51 BZRG hinaus keine weiteren ungeschriebenen Verwertungsverbote abgeleitet werden. Damit sind im Approbationserteilungsverfahren alle im Bundeszentralregister enthaltenen, noch nicht zu tilgenden Verurteilungen des Bewerbers verwertbar (vgl. OVG Lüneburg, Beschl. v. 10.12.2009 – 5 A 3940/08).

10  Die Aussetzung einer Strafe zur Bewährung ist kein entscheidendes Kriterium für die Frage der Zuverlässigkeit im verwaltungsrechtlichen Sinne. Auch ein Fehlverhalten, das strafrechtlich mit einer Bewährungsstrafe geahndet wurde, kann die Prognose rechtfertigen, der Betreffende werde seine beruflichen Pflichten künftig nicht ordnungsgemäß erfüllen (vgl. OVG Hamburg, Urt. v. 18.06.2002 – 1 A 216/01). Die an künftige Einhaltung aller Berufspflichten anknüpfende verwaltungsrechtliche Beurteilung der Zuverlässigkeit einer Person erfordert eine umfassende Würdigung des Gesamtverhaltens und der Gesamtpersönlichkeit des Betreffenden, bei der die Frage, ob mit der Begehung weiterer Straftaten gerechnet werden muss, nur einen Teilbereich ausmacht (vgl. OVG NRW, Beschl. v. 02.04.2009 – 13 A 9/08).

## 2. Unwürdigkeit

11  **Unwürdig** ist, wer durch sein Verhalten das zur Ausübung des zahnärztlichen Berufs erforderliche **Ansehen und Vertrauen bei der Bevölkerung** nicht besitzt (vgl. *Narr*/Hess/Schirmer/Nösser/Halbe/Berner/Hübner/Schröder, Ärztliches Berufsrecht, Ausbildung, Weiterbildung, Berufsausübung, Bd. I [2007], Rn. 43; BVerwG, Beschl. v. 28.01.2003 – 3 B 149/02).

12  Die prognostische Bewertung, ob ein betroffener Zahnarzt künftig seine beruflichen Pflichten erfüllen wird, ist nur von Bedeutung bei der Prüfung der Zuverlässigkeit für diesen Beruf, während die Frage der Würdigkeit sich allein daran orientiert, ob der Betreffende noch das zur Ausübung des Berufs erforderliche Ansehen und Vertrauen im Kollegenkreis und bei den Patienten besitzt. Bei diesem Kriterium ist eine Prognosenbewertung somit nicht relevant (vgl. BVerwG, Beschl. v. 02.11.1992 – 3 B 87/92).

13  Die Definition der Unwürdigkeit zur Ausübung des zahnärztlichen Berufs knüpft die Feststellung der Berufsunwürdigkeit gerade im Hinblick auf den **Grundsatz der Verhältnismäßigkeit** an hohe Anforderungen. Es verlangt ein schwerwiegendes Fehlverhalten des Zahnarztes, das bei Würdigung aller Umstände seine weitere Berufsausübung im maßgeblichen Zeitpunkt des Abschlusses des Verwaltungsverfahrens untragbar erscheinen lässt (vgl. BVerwG, Beschl. v. 14.04.1998 – 3 B 95/97). Ist diese Voraussetzung gegeben, so ist der im Entzug der Approbation liegende massive Eingriff in die Berufsfreiheit sachlich gerechtfertigt, ohne dass es noch einer zusätzlichen Auseinandersetzung

mit individuellen Umständen, wie Alter des Betroffenen und Möglichkeiten anderweitiger beruflicher Betätigung, bedarf (OVG NRW, Beschl. v. 02.04.2009 – 13 A 9/08 und OVG Bremen, Urt. v. 18.06.2002 – 1 A 216/01 – Entzug der Approbation wegen Unwürdigkeit nach sexuellem Missbrauch). In Bezug auf Steuervergehen durch den Zahnarzt kann sich eine Unwürdigkeit ergeben, wenn ein schwerwiegendes und beharrliches steuerliches Fehlverhalten vorliegt. Grundsätzlich lassen Steuervergehen weder Rückschlüsse auf die berufliche Tätigkeit des Zahnarztes noch über das Wohlergehen der dem Zahnarzt insbesondere anvertrauten Gesundheit von Menschen zu. Schwerwiegendes und beharrliches steuerliches Fehlverhalten können jedoch die Annahme zulassen, der Zahnarzt setze sich im eigenen finanziellen Interesse über die im Interesse der Allgemeinheit bestehenden gesetzlichen Bestimmungen hinweg, dass er schon aus diesem Grund als Zahnarzt/Arzt untragbar ist (vgl. OVG Lüneburg, Beschl. v. 04.12.2009 – 8 LA 197/09; Bayrischer VGH, Beschl. v. 28.11.2016 – 21 ZB 16.436).

(unbesetzt) 14

### III. Gesundheitliche Eignung

Gem. § 2 Abs. 1 Nr. 3 muss der Antragsteller zur Ausübung des Berufs **gesundheitlich geeignet** 15
sein. Antragsteller müssen eine **ärztliche Bescheinigung** vorlegen, die belegt, dass der Antragsteller nicht in gesundheitlicher Hinsicht zur Ausübung des Berufs ungeeignet ist (vgl. § 84 Abs. 1 Nr. 5 ZApprO). Dasselbe gilt gem. § 2 Abs. 6 Nr. 4 grundsätzlich auch für Antragsteller mit ausländischer Ausbildung, allerdings mit der Maßgabe, dass ein entsprechender Nachweis ausreicht, der im Herkunftsmitgliedstaat gefordert wird oder der von einer zuständigen Behörde des Herkunftsmitgliedstaates ausgestellt wurde. Der Nachweis darf bei seiner Vorlage nicht älter als 3 Monate sein, s. § 2 Abs. 6 Satz 2. Der Antragsteller ist grundsätzlich dann zur Ausübung seines Berufes gesundheitlich ungeeignet, wenn nicht nur eine vorübergehende schwere Störung vorliegt, die die zahnärztliche Tätigkeit unmöglich macht oder schwer behindert. Unter schweren Störungen werden u.a. körperliche Gebrechen, Schwächen der geistigen oder körperlichen Kräfte sowie Sucht angesehen. Maßstab für den gesundheitlichen Zustand ist der »normale Zahnarzt«, der mit allen Sinnen tätig wird, die nicht ersetzt werden können (*Narr*/Hess/Schirmer/Nösser/Halbe/Berner/Hübner/Schröder, Ärztliches Berufsrecht, Ausbildung, Weiterbildung, Berufsausübung, Bd. I [2007], Rn. 46, vgl. VG Minden, Beschl. v. 31.10.2005 – 7 L 717/05 – Ruhensanordnung der Approbation eines Zahnarztes wegen psychischer Erkrankungen m.w.N.). Die gesundheitliche Ungeeignetheit eines Zahnarztes wird sich in der Regel nur anhand eines amts- oder fachärztlichen Gutachtens zweifelsfrei feststellen lassen, siehe hierzu OVG Bremen, Beschl. v. 08.01.2021 – 2 PA 270/20.

Zwischen der gesundheitlichen Ungeeignetheit und der zahnärztlichen Tätigkeit muss ein **Kausal-** 16
**zusammenhang** bestehen (vgl. *Narr*/Hess/Schirmer/Nösser/Halbe/Berner/Hübner/Schröder, Ärztliches Berufsrecht, Ausbildung, Weiterbildung, Berufsausübung, Bd. I [2007], Rn. 50). Soll die Erteilung wegen des Fehlens der gesundheitlichen Eignung abgelehnt werden, muss der Antragsteller oder sein gesetzlicher Vertreter zwingend gem. § 2 Abs. 4 **angehört** werden.

Die gesundheitliche Ungeeignetheit kann zur Rücknahme, zum Widerruf oder zum Ruhen der Approbation führen, s. § 4 Abs. 1 Satz 2, Abs. 2 Satz 1 (s. § 4 Rdn. 11) sowie § 5 Abs. 1 Nr. 2 (s. § 5 17
Rdn. 7).

### IV. Studium der Zahnmedizin

Voraussetzung für die Erteilung der Approbation ist der erfolgreiche Abschluss einer zahnärztlichen 18
Ausbildung. Sofern der Antragsteller ein **mindestens fünfjähriges Studium der Zahnheilkunde** an einer wissenschaftlichen Hochschule von mindestens 5.000 Stunden absolviert und die **zahnärztliche Prüfung im Geltungsbereich dieses Gesetzes** bestanden hat (vgl. § 2 Abs. 1 Satz 1 Nr. 4), ist ihm die Approbation zu erteilen, wenn er kumulativ die Voraussetzungen der Nr. 2, 3 und 5 mit erfüllt (zu Abschlüssen aus EU-/EWR-/Vertrags- sowie Drittlandsabschlüssen s. Rdn. 23 ff.). Die

Einzelheiten der zahnärztlichen Prüfung i.S.d. Nr. 4 sind in der Approbationsordnung für Zahnärzte (ZApprO) geregelt. Die ZApprO wird auf Basis von § 3 Abs. 1 vom Bundesministerium für Gesundheit als Rechtsverordnung unter Berücksichtigung von Art. 34 der Richtlinie 2005/36/EG (Berufsanerkennungsrichtlinie) und der Richtlinie 2013/55 EG erlassen. Die Approbation wird gem. § 2 Abs. 1 Satz 7 nicht erteilt, wenn die naturwissenschaftliche Vorprüfung, die zahnärztliche Vorprüfung oder die zahnärztliche Prüfung i.S.d. ZApprO endgültig nicht bestanden wurde. Nach § 54 Abs. 2 ZApprO dürfen die oben genannten Prüfungen jeweils zweimal wiederholt werden.

19 Trotz endgültigen Nichtbestehens der Prüfung nach der ZApprO kann die Approbation erlangt werden, wenn der Antragsteller einen **nach der Richtlinie 2005/36/EG anzuerkennenden Ausbildungsnachweis** besitzt, § 2 Abs. 1 Satz 8. Vor der Umsetzung der Berufsanerkennungsrichtlinie galt noch, dass Antragstellern, die in Deutschland die **zahnärztliche Prüfung endgültig nicht bestanden** hatten, die Approbation nicht erteilt wurde, selbst wenn sie einen erfolgreichen Abschluss eines im Ausland absolvierten zahnmedizinischen Studiums vorzuweisen hatten. Dies hatte sich bereits mit Umsetzung der Berufsanerkennungsrichtlinie geändert, galt bis zur Änderung durch das Gesetz zur Verbesserung der Feststellung und Anerkennung im Ausland erworbener Berufsqualifikationen (s. Kommentierung zu § 1 ZHG Rdn. 2) aber nur für EU-/EWR- und Vertragsstaatsantragsteller und damit nicht für Antragsteller aus den sogenannten Drittstaaten

20 Für Antragsteller mit Ausbildungsnachweisen, die eine Eignungs- oder Kenntnisprüfung nach § 2 Abs. 2 und 3 absolvieren müssen, enthält das ZHG selbst keine **zahlenmäßige Beschränkung für Wiederholungsprüfungen**. Jedoch ist sowohl bei der Eignungs- als auch Kenntnisprüfung eine Wiederholung der jeweiligen Abschnitte (schriftlicher, mündlich und praktischer Abschnitt) nur zweimal möglich, siehe § 103 und § 113 ZApprO.

### V. Sprachkenntnisse

21 Nach Art. 53 der Berufsanerkennungsrichtlinie müssen Personen, deren Berufsqualifikationen anerkannt werden, über die Sprachkenntnisse verfügen, die für die Ausübung ihrer Berufstätigkeit im Aufnahmemitgliedstaat erforderlich sind. Der EuGH bestätigte, dass die für den Zugang zur Berufsausübung erforderlichen Sprachkenntnisse verlangt werden können (vgl. EuGH, Urt. v. 04.07.2000 – C-424/97, Rs. Haim). Diese Voraussetzung wurde in Art. 4 des Gesetzes zur Umsetzung der Richtlinie 2005/36/EG des Europäischen Parlaments und des Rates über die Anerkennung von Berufsqualifikationen der Heilberufe vom 02.12.2007 (BGBl. I S. 2686) niedergelegt. Zudem sind ausreichende Sprachkenntnisse nicht nur im Umgang mit Patienten, sondern auch im Umgang mit Kollegen und Behörden notwendig. Schließlich erfordert auch die Erfüllung der administrativen Regeln die Kenntnis der deutschen Sprache (OVG NRW, Beschl. v. 09.07.2001 – 13 B 531/01). Die Richtlinie 2013/55/EU zur Novellierung der Richtlinie 2005/36/EG stellt in Art. 53 Abs. 2 i.V.m. Abs. 3 noch einmal klar, dass Überprüfungen von Sprachkenntnissen vorgeschrieben werden können, wenn der auszuübende Beruf Auswirkungen auf die Patientensicherheit hat. Die Verfahren zur Anerkennung von Berufsqualifikationen in reglementierten Berufen innerhalb der Europäischen Union und des Europäischen Wirtschaftsraumes nach der Richtlinie 2005/36/EG des Europäischen Parlaments und des Rates vom 07.09.2005 über die Anerkennung von Berufsqualifikationen (ABl. L 255 vom 30.09.2005, S. 22; im Folgenden »Berufsanerkennungsrichtlinie«) wurden durch die Richtlinie 2013/55/EU des Europäischen Parlaments und des Rates vom 20.11.2013 zur Änderung der Richtlinie 2005/36/EG über die Anerkennung von Berufsqualifikationen und der »IMI-Verordnung« (ABl. L 354 vom 28.12.2013, S. 132) modernisiert und weiter vereinfacht. Dadurch soll die Mobilität von beruflich Qualifizierten in der Europäischen Union erhöht werden.

22 Es obliegt den jeweiligen Bundesländern, den Begriff »erforderliche Kenntnisse der deutschen Sprache« zu konkretisieren. Zum Teil wird gefordert, dass der Antragsteller sich spontan und weitgehend fließend insbesondere mit Patientinnen und Patienten angemessen verständigen können sollte sowie komplexe Texte und Fachdiskussionen zu zahnmedizinischen Themen verstehen und wiedergeben kann. In NRW müssen die Antragsteller spätestens bei Erteilung der Approbation auf der

durch Vorlage eines entsprechenden Zertifikats nachgewiesenen Grundlage des Niveaus GER B2 über Fachsprachenkenntnisse orientiert am Sprachniveau C1. verfügen, siehe Runderlass des MAGS vom 27.07.2020 in der Fassung vom 23.09.2020. Siehe auch OVG NRW, Urt. v. 05.02. 2020 – 13 A 1115/17, wonach für den Nachweis die Vorlage eines Zeugnisses über die erfolgreich absolvierte Abschlussprüfung B2 »Deutsch als Fremdsprache« nicht genügt. Nachzuweisen sind vielmehr die für die Berufsausübung erforderlichen Fachsprachenkenntnisse.. Ergibt sich etwa aufgrund eines Sprachtest, dass ein approbierter Zahnarzt nicht über die für die Berufsausübung erforderlichen Sprachkenntnisse (z.B.) auf Niveau C1 verfügt, kann die Approbation zum Ruhen gebracht. Das ist jedoch dann ermessensfehlerhaft, wenn er seit 25 Jahren in Deutschland praktiziert, ohne dass es zu entsprechenden Beschwerden gekommen wäre, vgl. OVG NRW, Beschl. v. 08.10.2018 – 13 B1234/18. Auf die Vorlage der Sprachzertifikate kann i.d.R. verzichtet werden, wenn der Antragsteller nachweislich ausreichende Kenntnisse der deutschen Sprache besitzt, weil er den Abschluss einer mindestens zehnjährigen allgemeinbildenden Schulbildung an einer deutschsprachigen Schule oder den Abschluss einer anderen mindestens dreijährigen, berufsnahen Berufsausbildung in deutscher Sprache erworben hat (siehe Runderlass des MAGS). Nach Auffassung des 13. Senats des OVG NRW gehört es zu den elementaren Grundlagen zahnärztlichen Wirkens, dass der Zahnarzt mit einem ihn aufsuchenden Patienten kommunizieren und mit dem Patienten eine an der erforderlichen Behandlung orientiertes angemessenes Gespräch führe kann; andernfalls, so der Senat, erscheint ein Erfolg versprechende Heilbehandlung nicht möglich. Die Notwendigkeit einer sprachlichen Verständigung zwischen Zahnarzt und Patient erscheint dabei nicht nur geboten für den Beginn der Behandlung, die Schilderung körperlicher Beschwerden durch die Patienten und die Erfassung derselben durch den Zahnarzt, sondern auch für erforderliche Aufklärungsgespräche bei möglichen Eingriffen in die körperliche Integrität von Patienten (vgl. OVG NRW, Beschl. v. 09.07.2001 – 13 B 531/01).

Die Sprachniveaustufe B2 bedeutet, dass der Antragsteller zur selbstständigen Sprachverwendung in der Lage ist. Der Antragsteller kann die Hauptinhalte komplexer Texte zu konkreten und abstrakten Themen verstehen und sich im eigenen Spezialgebiet auch an Fachdiskussionen beteiligen. Er kann sich so spontan und fließend verständigen, dass ein normales Gespräch mit Muttersprachlern ohne größere Anstrengung auf beiden Seiten gut möglich ist. Er kann sich zu einem breiten Themenspektrum klar und detailliert ausdrücken, einen Standpunkt zu einer aktuellen Frage erläutern und die Vor- und Nachteile verschiedener Möglichkeiten angeben. In der Praxis hat sich jedoch gezeigt, dass die insoweit von Sprachinstituten angebotenen allgemeinsprachlichen Zertifikate und Diplome für die Überprüfung der für die Berufsausübung erforderlichen Sprachkenntnisse nicht geeignet sind. In den meisten Bundesländern wurde daher in den Jahren 2014/2015 die Durchführung eines sogenannten **Fachsprachtests** auf die Landeszahnärztekammern übertragen. Der Fachsprachtest findet als Einzelüberprüfung statt und umfasst bspw. in Nordrhein-Westfalen u.a. »ein simuliertes Berufsangehöriger-Patienten-Gespräch (20 Minuten). Laut GMK Beschl. v. 26./27.06.2014 gelten »die erforderlichen deutschen Sprachkenntnisse (…) als nachgewiesen bei Antragstellern, bei denen die Genehmigungsbehörde ohne Zweifel feststellt, dass Deutsch in Wort und Schrift fließend (z.B. als Muttersprache) beherrscht wird oder der Abschluss der ärztlichen, zahnärztlichen, pharmazeutischen oder psychotherapeutischen Ausbildung (Ausbildungsnachweis) in deutscher Sprache erworben wurde. Der Nachweis der erforderlichen deutschen Sprachkenntnisse gilt in der Regel als erbracht, wenn die oder der Antragstellende
– den Abschluss einer mindestens zehnjährigen allgemeinbildenden Schulbildung an einer deutschsprachigen Schule oder
– den Abschluss einer mindestens dreijährigen Berufsausbildung in deutscher Sprache erworben hat«

(siehe TOP 7.3 Eckpunkte zur Überprüfung der für die Berufsausübung erforderlichen Deutschkenntnisse in den akademischen Heilberufen unter https://www.gmkonline.de/documents/TOP-73BerichtP_Oeffentl_Bereich.pdf).

Die derzeit heterogenen Bedingungen für die Durchführung der Fachsprachtests sind bei den jeweiligen Approbationsbehörden oder Landeszahnärztekammern in Erfahrung zu bringen. Zum Erfordernis der Fachsprachenkenntnisse, s. OVG NRW, Urt. v. 05.02.2020 – 13 A1115/17; OVG NRW, Beschl. v. 08.10.2018 – 13 B 1234/18.

### VI. Zahnärztliche Ausbildung in EU-/EWR-/Vertragsstaaten – Anerkennung im europäischen Kontext

#### 1. Automatische Anerkennung der zahnärztlichen Ausbildung

23   Der EG-Vertrag garantiert die Grundfreiheiten der **Niederlassungs- und Dienstleistungsfreiheit und Freizügigkeit.** Daher wurde die Richtlinie 2005/36/EG (Berufsanerkennungsrichtlinie) geschaffen, die gemäß ihres Abschnitts 4 auch die Zahnärzte umfasst. Die gegenseitige Anerkennung der zahnärztlichen Berufsqualifikation erfolgt aufgrund Art. 21 ff. nach dem **System der automatischen Anerkennung.**

24   Satz 2 und 3 des § 2 Abs. 1 stellen die zahnärztliche Ausbildung, die **nach** bestimmten Stichtagen in einem anderen Mitgliedstaat der Europäischen Union oder in einem anderen Vertragsstaat des Abkommens über den Europäischen Wirtschaftsraum oder eines Vertragsstaates, dem Deutschland und die Europäische Gemeinschaft/Europäische Union vertraglich einen Rechtsanspruch eingeräumt haben, absolviert wurde, einem zahnärztlichen Abschluss in Deutschland gleich (für Ausbildungen, die **vor** diesen Stichtagen **begonnen** und/oder die **vor** diesen Stichtagen **abgeschlossen** wurden, s. unten Rdn. 26). Ausbildungsnachweise, die nach den in Satz 2 und 3 genannten Stichtagen ausgestellt wurden und den Mindestanforderungen der Berufsanerkennungsrichtlinie entsprechen, aber lediglich nicht dieselbe, in der Anlage zum ZHG genannte Bezeichnung haben, sind entsprechend zu behandeln, vgl. § 2 Abs. 1 Satz 6. Jedoch müssen Antragsteller eine Bescheinigung des betreffenden Staates vorlegen, aus der sich die Richtlinienkonformität und Gleichwertigkeit ergibt. Seit 2016 soll der Ausbildungsnachweis gem. § 2 Abs. 1 Satz 2 auch durch Vorlage eines Europäischen Berufsausweises nachgewiesen werden können. Der Europäische Berufsausweis soll nach Wahl der antragstellenden Personen zukünftig das herkömmliche Anerkennungsverfahren und die Anerkennungsentscheidung ersetzen. Für die Zahnärzteschaft ist diese Änderung aber wahrscheinlich für die nächsten Jahre noch nicht relevant. Voraussetzung hierfür ist die Einführung des europäischen Berufsausweises für den jeweiligen Beruf, die durch Durchführungsrechtsakte der EU-Kommission erfolgt. Für den Bereich der Zahnärzteschaft ist dies nicht absehbar. Für die Apotheker, Gesundheits- und Krankenpfleger und Physiotherapeuten ist mit der Durchführungsverordnung (EU) 2015/983 der Kommission vom 24.06.2015 die Einführung des Europäischen Berufsausweises hingegen schon beschlossen worden. Für die Ärzteschaft hat die Europäische Kommission die Einführung des Europäischen Berufsausweises in einer der nächsten Phasen bereits angekündigt (s. BT-Drs. 18/6616 zu A. »Probleme und Ziele«).

25   Die in § 2 Abs. 1 Satz 2 und 3 genannten Ausbildungsnachweise sind in der Anlage zum ZHG aufgeführt. Das Bundesministerium für Gesundheit ist ermächtigt, die Anlage späteren Änderungen durch Rechtsverordnung anzupassen, vgl. § 2 Abs. 2 Satz 4. Ab wann die Ausbildung automatisch anerkannt wird, hängt von den in Satz 2 und Satz 3 sowie in der Anlage zu § 2 Abs. 1 Satz 4 aufgeführten **Stichtagen** ab. Der Nachweis der Ausbildung ist auch dann automatisch anerkannt, wenn die Ausbildung aus einer Dauer von mindestens 5 Jahren aber weniger als 5.000 Stunden theoretischer und praktischer Ausbildung auf Vollzeitbasis bestand. Voraussetzung hierfür ist, dass der Antragsteller die Ausbildung vor dem 18.01.2016 begonnen hat, siehe § 2 Abs. 1 Satz 7.

26   Die §§ 2 Abs. 1 Satz 5 und 6 und 20a gewährleisten unter bestimmten Voraussetzungen einen **Bestandsschutz** für Antragsteller, die die (zahn-)ärztliche Ausbildung vor dem für sie jeweils maßgeblichen Datum (Beitritt »seines Ausbildungslandes« zur EU) begonnen oder abgeschlossen haben. EU-, EWR- oder Vertragsstaatsausbildungsnachweise können auch dann **automatisch** anerkannt werden, wenn die Ausbildung vor dem für die automatische Anerkennung gültigen Stichtag begonnen wurde (s. § 2 Abs. 1 Satz 5) und selbst dann, wenn sie vor diesem Stichtag abgeschlossen

(s. § 20a Abs. 1) wurde, vorausgesetzt, sie erfüllen im Fall des § 2 Abs. 1 Satz 5 die Mindestanforderungen der Richtlinie 78/687/EWG und im Fall des § 20a Abs. 1 des Art. 34 Richtlinie 2005/36/EG. Genügen diese Ausbildungsnachweise den EU-rechtlichen Mindestanforderungen nicht, kann die zuständige Approbationsbehörde die Vorlage einer Bescheinigung des Herkunftsmitgliedsstaates verlangen, aus der sich ergibt, dass der Antragsteller während der letzten 5 Jahre vor der Antragstellung mindestens 3 Jahre rechtmäßig und ununterbrochen im zahnärztlichen Beruf tätig war (»drei-aus-fünf-Jahres-Regelung«).

Kann die Bescheinigung nicht vorgelegt werden, weil die »drei-aus-fünf-Jahres-Regelung« nicht erfüllt wird, und stellt die Approbationsbehörde wesentliche Unterschiede der Ausbildung im Herkunftsstaat gegenüber der inländischen Ausbildung fest, muss der Antragsteller die erforderlichen Kenntnisse und Fähigkeiten durch eine Eignungsprüfung nachweisen, die sich auf die festgestellten wesentlichen Unterschiede bezieht (sog. **Defizitprüfung**, s. hierzu ausführlich Rdn. 28). 27

### 2. Feststellung der Gleichwertigkeit und Eignungsprüfung in Fällen des § 2 Abs. 2 ZHG

In Fällen, in denen die automatische Anerkennung von Ausbildungen aus EU-/EWR-Staaten oder der Schweiz aufgrund europäischer Vorgaben nicht möglich ist, findet eine Überprüfung der Gleichwertigkeit des Ausbildungsstandes statt. Der Ausbildungsstand ist als gleichwertig anzusehen, wenn die Ausbildung des Antragsstellers keine wesentlichen Unterschiede gegenüber der Ausbildung aufweist, die gem. dem ZHG und der ZApprO vorgegeben ist. 28

Die Gleichwertigkeit des **Ausbildungsstandes** ist nicht gleich zu setzen mit der Gleichwertigkeit des **Kenntnisstandes**. Für den Vergleich der Ausbildungsstände ist eine wertende Betrachtung erforderlich, für die die Mindeststudiendauer ein bedeutsames Indiz darstellt. Falls der Vergleich der Studiendauer zu keiner eindeutigen Beurteilung führt, können auch Art und Weise der Vermittlung der Ausbildungsgegenstände, insbesondere die Didaktik sowie die Art der Leistungskontrolle, Bedeutung erlangen (vgl. BVerwG, Urt. v. 18.02.1993 – 3 C 64.90). 29

Die Prüfung der Gleichwertigkeit erfolgt durch die Approbationsbehörden, nötigenfalls unter Hinzuziehung von Sachverständigen. Als Vergleichsgrundlage kann der Gutachter stets nur auf eine beispielhaft ausgewählte Studienordnung einer bestimmten Universität zurückgreifen. Antragsteller können sich nicht auf verschiedene Studienordnungen und auf die jeweils für sie günstigste Stundenanzahl in den einzelnen Fächern berufen (VG Köln, Beschl. v. 31.10.2012 – 7 K 2850/12). Werden hierbei keine wesentlichen Unterschiede gegenüber der inländischen Ausbildung festgestellt, führt dies zur Feststellung der Gleichwertigkeit. Die Überprüfung der Gleichwertigkeit der Ausbildung soll vor der Überprüfung der Unwürdigkeit und Unzuverlässigkeit, der gesundheitlichen Eignung und Nachweis der Sprachkenntnis erfolgen (siehe § 2 Abs. 3a) und ist auf Antrag des Antragstellers als gesonderter Bescheid zur Feststellung der Gleichwertigkeit der Berufsqualifikation auszustellen. Das Kriterium, dass ein wesentlicher Unterschied schon immer dann gegeben ist, wenn die vom Antragsteller nachgewiesene Ausbildungsdauer mindestens 1 Jahr – unter der maßgeblichen 5 Jahren gem. § 2 Abs. 1 Nr. 4 liegt – ist mit der Richtlinie 2013/55/EG entfallen. 30

Für die Prüfung auf wesentliche Unterschiede ist ggf. ein **Gutachten** nötig, das durch die Approbationsbehörde in Auftrag gegeben wird. Dieses Gutachten dient als Grundlage für die Durchführung der ggf. notwendig werdenden sog. Defizitprüfung (Rdn. 35 ff.). Da es sich bei den Kosten des Gutachtens um Gebühren handelt, die für die Bearbeitung des Antrags notwendig sind, können sie dem Antragsteller auferlegt werden. Die Kosten sollten jedoch grundsätzlich nicht überzogen sein (vgl. Nr. 13 B. des Verhaltenskodex für die Richtlinie 2005/36/EG über die Anerkennung von Berufsqualifikationen vom 29.06.2009 unter: http://ec.europa.eu/internal_market/qualifications/docs/future/cocon_de.pdf). 30a

Unter anderem übernimmt die Gutachtenstelle für Gesundheitsberufe (GfG) bei der Zentralstelle für Ausländisches Bildungswesen (ZAB) im Sekretariat der Ständigen Konferenz der Kultusminister der Länder in der Bundesrepublik Deutschland (KMK) seit dem 01.September 2016 in Bonn die Begutachtung der Hochschulqualifikation des Antragstellers. Dies erfolgt im Auftrag der Behörde, 30b die für die Anerkennung der Qualifikation zuständig ist – Approbationsbehörde. Ergänzend kann sich der Antragsteller Hilfe und Unterstützung bei der ZSBA (Zentrale Servicestelle Berufsanerkennung), einem Informationsportal der Bundesregierung, suchen.

31 Führt die Begutachtung zur Feststellung wesentlicher Unterschiede, können diese durch Berufserfahrung noch ausgeglichen werden (s. Rdn. 34 ff.).

32 Fächer unterscheiden sich gem. § 2 Abs. 2 Satz 4 wesentlich, bei denen Kenntnis und Fähigkeiten eine wesentliche Voraussetzung für die Ausübung des Berufs sind und bei denen die Ausbildung des Antragstellers gegenüber der deutschen Ausbildung wesentliche Abweichungen hinsichtlich des Inhalts aufweist. Die Dauer der Ausbildung ist kein Kriterium. Wesentlich für die Berufsausübung ist ein Fach dann, wenn das Fehlen von Kenntnissen oder Fertigkeiten in diesem Fach ernsthafte Gefahren für die Gesundheit von Patientinnen und Patienten befürchten lässt. Die Einzelfallprüfung auf wesentliche Unterschiede erfordert u.a., dass die Landesbehörden die inhaltliche Vermittlung einzelner Fächer im Herkunftsland überprüfen müssen, wonach diese sich nicht wesentlich von der deutschen Ausbildung unterscheiden dürfen. Die Behörde soll bei der Prüfung wesentlicher Unterschiede darauf abstellen, welche Bedeutung das möglicherweise defizitäre Fach im Vergleich zu anderen Fächern in der Ausbildung für die Berufsausübung hat. Das Fach Kieferorthopädie gehört bspw. zum unerlässlichen Ausbildungsprogramm des Zahnarztes und die in der Ausbildung vermittelten Kenntnisse und Fähigkeiten sind für Zahnärzte aus Gründen des Gesundheitsschutzes unerlässlich, vgl. OVG NRW, Beschl. v. 28.12.2016 – 13 A 1087/16. Dasselbe gilt für die Zahnersatzkunde, siehe hierzu VG Köln, Urt. v. 25.10.2016 – 7 K 4027/14.

33 Die wesentlichen Unterschiede, die zur Auferlegung einer Eignungsprüfung führen, müssen nach § 2 Abs. 2 Satz 8 den Antragstellern durch einen rechtsmittelfähigen Bescheid spätestens 4 Monate, nachdem der zuständigen Behörde alle erforderlichen Unterlagen vorliegen, mitgeteilt werden. Der Bescheid muss nach § 87 ZApprO bestimmte Angaben enthalten. So muss der Bescheid u.a. das Niveau der in Deutschland verlangten Qualifikation darstellen, die Fächer benennen, bei denen wesentliche Unterschiede festgestellt worden sind, eine inhaltliche Erläuterung der wesentlichen Gründe inklusive einer Begründung, warum diese dazu führen, dass der Antragsteller nicht in ausreichender Form über die in Deutschland zur Ausübung des zahnärztlichen Berufs notwendigen Kenntnisse und Fähigkeiten verfügt und eine Begründung, warum die wesentlichen Unterschiede nicht ausgeglichen werden konnten. Zudem muss der Bescheid – im Falle der Eignungsprüfung – Angaben dazu enthalten, welche Abschnitte der Eignungsprüfung abzulegen sind und welche zahnärztlichen Leistungen im praktischen Teil der Eignungsprüfung zu erbringen sind, § 87 Abs. 2 ZApprO.

34 Der Antragsteller kann die festgestellten wesentlichen Unterschiede ganz oder teilweise durch Kenntnisse **ausgleichen**, die er im Rahmen seiner **zahnärztlichen Berufspraxis** erworben hat, vgl. § 2 Abs. 2 Satz 5. Dabei kommt es nicht darauf an, in welchem Staat der Antragsteller seine Kenntnisse im Rahmen der Berufspraxis erworben hat. Kenntnisse, die im Rahmen der Berufspraxis aufgrund einer inhaltlich beschränkten Erlaubnis erworben wurden, können bei der Prüfung der wesentlichen Unterschiede nicht zugunsten des Antragstellers berücksichtigt werden, da dieser damit nicht vollumfänglich als Zahnarzt bzw. Zahnärztin tätig geworden ist (vgl. Gesetzesbegründung zur BT-Drs. 17/1297 zu Art. 6, S. 20). § 2 Abs. 2 Satz 5 wurde durch das Gesetz zur Umsetzung der Richtlinie 2013/55/EG (BGBl. I 2016 S. 886) dahingehend konkretisiert, dass neben Berufserfahrung in Vollzeit auch Berufserfahrung, die in Teilzeit erfahren worden ist, angerechnet wird. Diese Änderungen sind auf die gesellschaftlichen Entwicklungen zurückzuführen, die in den letzten Jahren auch in nationaler Gesetzgebung u.a. durch das Vertragsarztrechtsänderungsgesetz, dem GKV-Versorgungsstrukturgesetz und GKV-Versorgungsstärkungsgesetz zu einer Flexibilisierung der Berufsausübungsmöglichkeiten (u.a. Zulassung zur vertragsärztlichen Versorgung in Teilzeit) geführt haben. Darüber hinaus wird als ein weiteres Kriterium des Ausgleichs möglicher wesentlicher Unterschiede Kenntnisse und Fähigkeiten angesehen, die durch lebenslanges Lernen erworben wurden. Voraussetzung hierfür ist, dass die durch lebenslanges Lernen erworbenen Kenntnisse und

Fähigkeiten von einer dafür in dem jeweiligen Staat zuständige Stelle formell als gültig anerkannt wurden.

Wann eine Berufserfahrung ausreicht, um wesentliche Unterschiede in der Ausbildung auszugleichen, ist im **Einzelfall** zu entscheiden. Als Indiz für einen Ausgleich wird eine dreijährige Berufserfahrung angenommen, s. auch Art. 3 Abs. 3 der Berufsanerkennungsrichtlinie. Kann der Antragsteller nicht die notwendige Berufserfahrung belegen, mit der die wesentlichen Unterschiede bei der Ausbildung ausgeglichen werden können, muss er nachweisen, dass er über die Kenntnisse und Fähigkeiten verfügt, die zur Ausübung des Berufs des Zahnarztes erforderlich sind. Dieser Nachweis ist durch eine Eignungsprüfung zu erbringen, die sich auf die **festgestellten wesentlichen Unterschiede** bezieht, § 2 Abs. 2 Satz 7 (sog. »Defizitprüfung«). Die Länder haben sicherzustellen, dass der Antragsteller die Eignungsprüfung innerhalb von sechs Monaten nach der Entscheidung über die festgestellten wesentlichen Unterschiede (Defizite) ablegen kann, § 90 Abs. 3 ZApprO. 35

Die sog. »Defizitprüfung/**Eignungsprüfung**« beschränkt die Prüfung auf diejenigen Fachbereiche, in denen die Ausbildung des Antragstellers hinter der zahnärztlichen Ausbildung in Deutschland zurückbleibt, also auf das festgestellte »Defizit«, s. § 92 ZApprO (Inhalt der Eignungsprüfung) 36

Gem. § 2 Abs. 2 Satz 9 ist das »Defizitverfahren« auch durchzuführen, wenn der Antragsteller eine Drittstaatenausbildung nachweist, die ein EU-/EWR-Staat oder die Schweiz bereits anerkannt hat. Wichtig ist, dass die Anerkennung unter Beachtung der Mindestanforderungen der Richtlinie 2005/36/EG erfolgt ist (vgl. BT-Drs. 17/6260, zu Art. 29 Nummer 1b (BÄO)). Hat eine solche Anerkennung noch nicht stattgefunden, erfolgt eine Prüfung der erforderlichen Kenntnisse und Fähigkeiten, die sich auf den Inhalt der staatlichen Abschlussprüfung bezieht (sog. **Kenntnisprüfung**, § 2 Abs. 3 Satz 3; s. auch Rdn. 42). 37

Die Eignungsprüfung kommt zudem in den Fällen des § 20a zur Anwendung, sofern die Antragsteller die dort genannten Voraussetzungen mit Ausnahme der geforderten Berufserfahrung erfüllen und die Ausbildung sich wesentlich von der inländischen Ausbildung unterscheidet. 38

Antragstellern, die die Voraussetzungen für eine »Defizitprüfung« erfüllen, darf eine vorübergehende Berufserlaubnis nur unter sehr engen Voraussetzungen erteilt werden. Dabei ist der Patientenschutz als oberstes Gebot zu beachten (s. hierzu auch die Kommentierung zu § 13 ZHG Rdn. 9). 39

### VII. Voraussetzung für die Approbationserteilung bei Drittstaatenausbildung

Antragsteller, die über eine Ausbildung in einem Drittstaat verfügen (also ihre Ausbildung außerhalb der Mitgliedstaaten der EU, eines Vertragsstaates des Abkommens über den Europäischen Wirtschaftsraum oder der Schweiz abgeschlossen haben), haben einen Anspruch auf Approbationserteilung, wenn der Ausbildungsstand mit einer inländischen Ausbildung gleichwertig ist. Geregelt ist dies nun ausdrücklich in § 2 Abs. 3. Auf die Staatsangehörigkeit kommt es nicht (mehr) an (vgl. § 1 ZHG Rdn. 2). 40

Die Prüfung der Gleichwertigkeit erfolgt nach denselben Grundsätzen, wie sie für EU-/EWR- oder schweizerische Diplome gelten (s. hierzu ausführlich oben Rdn. 28). Auch für Ausbildungen in einem Drittstaat wird künftig der Antragsteller einen Anspruch auf einen gesonderten Bescheid über die Feststellung der Gleichwertigkeit seiner Berufsqualifikation haben (s. Rdn. 30). 41

Stellt die Approbationsbehörde fest, dass der Ausbildungsstand nicht gleichwertig ist und zudem wesentliche Unterschiede im Vergleich zur inländischen Ausbildung bestehen, muss der Antragsteller eine Prüfung absolvieren, die sich auf den Inhalt der staatlichen Abschlussprüfung bezieht (sog. **Kenntnisprüfung**, s. § 2 Abs. 3 und zur Terminologie § 3 Abs. 2a). Auch hier gilt, dass die Länder sicherstellen müssen, dass die Kenntnisprüfung (voll umfängliche Prüfung) innerhalb von 6 Monaten nach der Entscheidung über die (Nicht-)Feststellung der Gleichwertigkeit der Berufsqualifikation des Antragstellers abgelegt werden kann, § 105 Abs. 3 ZApprO. Zu der Art der Kenntnisprüfung, s. § 104 ZApprO. Gem. § 2 Abs. 3 Satz 4 ist diese Prüfung auch abzulegen, wenn die Prüfung des Antrags auf Erteilung der Approbation nur mit unangemessenem zeitlichen oder sachlichen 42

Aufwand möglich ist, weil die erforderlichen Unterlagen und Nachweise aus Gründen, die nicht in der Person des Antragstellers liegen, von diesem nicht vorgelegt werden können. Danach ist eine Kenntnisprüfung nicht schon dann erforderlich, wenn der Antragsteller eine einzelne der in § 2 Abs. 6 aufgeführten Unterlagen und Bescheinigungen aus Gründen, die er nicht zu vertreten hat, nicht vorlegen kann. Hinzukommen muss vielmehr ein unangemessener Prüfungsaufwand. Verursacht das Fehlen einzelner Unterlagen hingegen keinen unzumutbaren Prüfungsmehraufwand, besteht kein Grund, dem Antragsteller zu verwehren, die erworbene Berufserfahrung auf andere Weise als durch Vorlage einer Bescheinigung nach § 2 Abs. 6 Satz 1 Nr. 2 nachzuweisen. Diese Auslegung gebieten auch die grundrechtlichen Gewährleistungen nach Art. 12 Abs. 1 GG bzw. Art. 2 Abs. 1 GG und das im Rechtsstaatsprinzip (Art. 20 Abs. 3 GG) verankerte Verhältnismäßigkeitsgebot (vgl. BVerwG, 3. Senat, Beschl. v. 06.06. 2017 – 3 B 42/16).

43   Zur Drittstaatenausbildung, die bereits durch einen EU-/EWR-Staat oder die Schweiz anerkannt wurde, s. dagegen oben Rdn. 37.

44   Vor der Teilnahme an der Kenntnisprüfung kann dem Antragsteller eine Berufserlaubnis nach § 13 Abs. 1 erteilt werden. Die Erteilung an EU-/EWR- und Vertragsstaatsangehörige ist gem. § 13 Abs. 1 Satz 2 ausgeschlossen bzw. gem. § 13 Abs. 1a nur in sehr engen Grenzen möglich.

### D. Verwaltungszusammenarbeit zur Umsetzung der Richtlinie 2005/36/EG und 2013/55/EG

45   § 2 Abs. 1a dient nach der Gesetzesbegründung zur Umsetzung des Art. 56 RL 2005/36/EG (BT-Drs. 16/5385), der die **Verwaltungszusammenarbeit** der zuständigen Behörden der Aufnahme- und Herkunftsmitgliedstaaten regelt. Die Vertraulichkeit der **ausgetauschten Informationen** und der Datenschutz sind dabei sicherzustellen.

#### I. Zuständigkeit

46   Zuständig für die Unterrichtung ist die zuständige Behörde desjenigen Bundeslandes, in dem der Beruf ausgeübt wird oder zuletzt ausgeübt wurde. Die **Zuständigkeiten** richten sich folglich nach dem Recht des jeweiligen Bundeslandes. Die Länder teilen dem Bundesgesundheitsministerium die von ihnen für die Unterrichtung und den Empfang zuständigen Stellen mit. Für Staatsangehörige eines EU-Mitgliedstaates oder diesen Gleichgestellten fungiert die Zentralstelle für ausländisches Bildungswesen (ZAB) als nationale Informationsstelle für die Zuständigkeiten in Deutschland. Einzelheiten s. www.kmk.org und www.anabin.de.

#### II. Informationsaustausch

47   § 2 Abs. 1a Satz 1 und 2 setzen die gemeinschaftsrechtliche Vorgabe um, nach der die Aufnahmemitgliedstaaten den jeweiligen Herkunftsmitgliedstaat über straf-, verwaltungs- oder berufsrechtsrelevante Sachverhalte informieren müssen. Erhalten die zuständigen Stellen in Deutschland solche berufsrelevanten Informationen von den Aufnahmemitgliedstaaten, haben sie zu prüfen, ob die unbeschränkte Berufsausübung weiterhin erlaubt bleiben kann. Wer seine Erlaubnis im Herkunftsmitgliedstaat verliert, kann auch im Aufnahmemitgliedstaat seinen Beruf nicht mehr ausüben, auch nicht als sog. Dienstleistungserbringer (vgl. Haage, § 3 in Nomos-Erläuterungen zum Deutschen Bundesrecht, § 3 Rn. 10).

48   Nach dem Gesetzeswortlaut ist über strafrechtliche Sanktion zu unterrichten, unabhängig davon, ob sie einen unmittelbaren oder mittelbaren Bezug zur Berufsausübung aufweist. Das steht im Einklang mit der Berufsanerkennungsrichtlinie, weil die zuständigen Behörden des Herkunftsmitgliedstaates über den Umgang mit den Informationen zu befinden und ihrerseits den Aufnahmestaat über die Konsequenzen zu unterrichten haben, die sie aus den übermittelten Auskünften ziehen. Informationspflichten und -rechte der Zahnärztekammern richten sich nicht nach dem ZHG, sondern sind in den jeweiligen **Heilberufe- und Kammergesetzen** geregelt. Beispiel NRW: § 5a Abs. 2 HeilbGNRW (»Die Berufszulassungsbehörde unterrichtet die Kammer auch über Auskünfte durch Aufnahmemitgliedstaaten nach Art. 56 Abs. 2 der Richtlinie 2005/36/EG«); § 3 Abs. 3

HeilbGNRW (»Im Falle einer Beschwerde über eine Dienstleistung sind die Kammern berechtigt, alle für die Durchführung des Beschwerdeverfahrens erforderlichen Informationen auch bei den zuständigen Behörden des Niederlassungsstaates einzuholen. Sie unterrichten die Empfängerin oder den Empfänger der Dienstleistung über das Ergebnis der Beschwerde. Auf Anfragen der zuständigen Behörden eines anderen europäischen Staates über eine Dienstleistungserbringung von Kammerangehörigen in diesem Staat haben die Kammern die zur Durchführung des Verfahrens erforderlichen Angaben, insbesondere über das Vorliegen berufsrechtlicher oder berufsgerichtlicher Maßnahmen zu machen.«). Mit dem Gesetz zur Umsetzung der Richtlinie 2013/55/EG (BGBl. I 2016 S. 886) wurde ein »Vorwarnmechanismus« eingeführt. Dies bedeutet, dass die zuständigen Behörden eines Mitgliedstaates die zuständigen Behörden aller anderen Mitgliedstaaten über die Zahnärzte informieren müssen, denen von nationalen Behörden oder Gerichten die Ausübung ihrer beruflichen Tätigkeiten in diesem Mitgliedstaat ganz oder teilweise, auch vorübergehend, untersagt worden ist oder diesbezügliche Beschränkungen auferlegt worden sind.

### E. Nachweise zur Approbation bei ausländischer zahnärztlicher Ausbildung

§ 2 Abs. 6 regelt, welche **Nachweise** zur Approbationserteilung gefordert werden dürfen, wenn die Ausbildung außerhalb des Geltungsbereichs des ZHG abgeschlossen wurde. Durch diese Regelung wurden die Vorgaben aus Art. 50 und Anhang VII der Berufsanerkennungsrichtlinie umgesetzt. Es dürfen von den Antragstellern nach § 2 Abs. 6 Satz 1 nur diejenigen Unterlagen verlangt werden, die nach der Berufsanerkennungsrichtlinie vorgesehen sind. Werden von Inländern davon abweichende Unterlagen verlangt, kann dieses Erfordernis nicht auf Antragsteller nach § 2 Abs. 6 Satz 1 ausgedehnt werden, was wiederum zur sog. Inländerdiskriminierung führt.

Die zuständigen Behörden können eine beglaubigte Kopie und eine Übersetzung verlangen. Die Dokumente müssen der prüfenden Stelle die Sicherheit geben, dass der Antragsteller den vorgelegten Nachweis rechtmäßig erworben hat. Andernfalls müsste im Einzelfall überprüft werden, ob der Antragsteller den als Kopie vorgelegten Berufsqualifikationsnachweis tatsächlich erlangt hat und die Kopie mit dem Original übereinstimmt, was das Anerkennungsverfahren erheblich verzögern würde. Alternativ kann der Antragsteller auch eine amtlich beglaubigte Abschrift oder das Original vorlegen (BT-Drs. 16/5385 S. 87). Durch die Novellierung der Berufsanerkennungsrichtlinie (s. Richtlinie 2013/55/EG) wurde mit § 2 Abs. 6 Satz 4 angefügt, dass die zuständigen Behörden in Zukunft bei berechtigten Zweifeln an der Berechtigung des Antragstellers eine Bestätigung verlangen können, aus der sich ergibt, dass dem Antragsteller die Ausübung des zahnärztlichen Berufs nicht aufgrund einer schwerwiegendes standeswidrigen Verhaltens oder einer Verurteilung wegen strafbarer Handlungen dauerhaft oder vorübergehend untersagt worden ist.

### F. Bearbeitungsfristen für Approbationsanträge

Nach § 86 Abs. 1 ZApprO ist über einen Approbationsantrag kurzfristig, spätestens aber 3 **Monate** nach Vorlage der vom Antragsteller nach § 84 Abs. 1 und Abs. 3 ZApprO sowie § 2 Abs. 6 vorzulegenden Unterlagen zu entscheiden. Die Frist verlängert sich um einen Monat, wenn es sich um die Fälle des § 2 Abs. 2 und 3 handelt, s. auch hierzu Rdn. 20.. Die zuständige Behörde bestätigt dem Antragsteller oder der Antragstellerin binnen eines Monats nach Eingang des Antrags den Antragseingang und den Empfang der Unterlagen und teilt ihm mit, welche Unterlagen fehlen, siehe § 85 ZApprO. Soweit es um die Anerkennung eines Diploms nach § 2 Abs. 2 oder Abs. 3 geht, gilt § 2 Abs. 2 Satz 8.

Wann die Frist für die Behörde zu laufen beginnt, ist nicht geregelt. Nach allgemeinen Verwaltungsgrundsätzen ist davon auszugehen, dass die Frist erst dann anfängt, wenn der Behörde die **vollständigen Unterlagen** vorliegen. Der Behörde liegen die Unterlagen auch dann vollständig vor, wenn sie noch nicht entscheidet, weil sie Zweifel an der Authentizität der Unterlagen hat; hier ist davon auszugehen, dass die Frist weiterläuft. § 86 Abs. 3 ZApprO stellt klar, dass die Frist dann gehemmt ist, wenn die zuständigen Behörden berechtigte Zweifel an der Berechtigung des Antragstellers haben. Sie können dann von der zuständigen Behörde des Mitgliedstaates eine Bestätigung verlangen, aus der sich ergibt, dass dem Antragsteller die Ausübung seines zahnärztlichen Berufs nicht aufgrund eines schwerwiegenden standeswidrigen Verhaltens oder einer Verurteilung wegen strafbarer Handlung dauerhaft oder vorübergehend untersagt worden ist, § 2 Abs. 6 Satz 3. Die Fristen gelten – da das ZHG keine Unterscheidung zwischen automatisch anerkannten Ausbildungsnachweisen (EU-EWR- und Vertragsstaatenausbildungen) sowie Ausbildungen aus Drittstaaten mehr macht – für sämtliche Anträge auf Erteilung einer Approbation. Hier zeigt sich folgende Problematik: für EU-Fälle mag es u.a. durch das IMI-System möglich sein, schnelle Rückfragen beim Herkunftsstaat zu stellen, diese Möglichkeit bietet sich jedoch nicht bei Ausbildungen, die in Drittstaaten erlangt worden sind. Die Richtlinie 2013/55/EG sieht jedoch unter anderem vor, dass wesentliche Unterschiede in der Ausbildung auch durch lebenslanges Lernen ausgeglichen werden können. Eine Überprüfung innerhalb von 3 Monaten kann im Einzelfall die Behörde daher vor große Herausforderung stellen (s. Rdn. 34).

## § 4 Rücknahme und Widerruf der Approbation

(1) Die Approbation ist zurückzunehmen, wenn bei ihrer Erteilung die zahnärztliche Prüfung nicht bestanden oder bei einer vor Wirksamwerden des Beitritts erteilten Approbation das an einer Ausbildungsstätte in dem in Artikel 3 des Einigungsvertrages genannten Gebiet oder das in einem Fall des § 20 Abs. 1 S. 2 oder in einem Fall des § 20 Abs. 4 S. 1 erworbene Studium der Zahnheilkunde nicht abgeschlossen war oder die Ausbildung nach § 2 Abs. 1 S. 2 oder 6 oder § 2 Abs. 2 oder 3 oder die nach § 20a nachzuweisende Ausbildung nicht abgeschlossen war. Sie kann zurückgenommen werden, wenn bei ihrer Erteilung eine der Voraussetzungen nach § 2 Abs. 1 S. 1 Nr. 2 und 3 nicht vorgelegen hat. Eine nach § 2 Abs. 2 oder 3 erteilte Approbation kann zurückgenommen werden, wenn die festgestellte Gleichwertigkeit des Ausbildungsstandes tatsächlich nicht gegeben war oder der alternativ festgestellte gleichwertige Kenntnisstand tatsächlich nicht nachgewiesen worden ist. Eine nach § 2 Abs. 2 oder 3 oder nach § 20a Abs. 5 erteilte Approbation kann zurückgenommen werden, wenn die nachzuweisende Ausbildung tatsächlich doch wesentliche Unterschiede gegenüber der in diesem Gesetz und in der Rechtsverordnung nach § 3 Abs. 1 geregelten Ausbildung aufgewiesen hat oder die zur Ausübung des zahnärztlichen Berufs im Geltungsbereich dieses Gesetzes erforderlichen Kenntnisse und Fähigkeiten in der Eignungsprüfung tatsächlich nicht nachgewiesen worden sind.

(2) Die Approbation ist zu widerrufen, wenn nachträglich die Voraussetzung nach § 2 Abs. 1 S. 1 Nr. 2 weggefallen ist. Sie kann widerrufen werden, wenn nachträglich eine der Voraussetzungen nach § 2 Abs. 1 S. 1 Nr. 3 weggefallen ist.

| Übersicht | Rdn. | | Rdn. |
|---|---|---|---|
| A. Rücknahme und Widerruf | 1 | C. Widerruf der Approbation | 7 |
| B. Rücknahme der Approbation | 2 | I. Obligatorischer Widerruf | 8 |
| I. Obligatorische Rücknahme | 2 | II. Fakultativer Widerruf | 11 |
| II. Fakultative Rücknahme | 4 | | |

### A. Rücknahme und Widerruf

1 § 4 unterscheidet zwischen Rücknahme (Abs. 1) und Widerruf (Abs. 2) der zahnärztlichen Approbation. Die Erteilung der Approbation erfolgt durch Verwaltungsakt. **Rücknahme** bedeutet die Aufhebung eines Verwaltungsaktes (Erteilung der zahnärztlichen Approbation), der gar nicht hätte ergehen dürfen, da bei seinem Erlass die Voraussetzung von Anfang an nicht vorgelegen haben. **Widerruf** hingegen bedeutet, dass der Verwaltungsakt aus Gründen, die nach dem Erlass des Verwaltungsaktes eingetreten sind, aufgehoben wird. Der Widerruf der Approbation hängt von anderen Voraussetzungen ab als die Rücknahme der Approbation, da in den Fällen, in denen die Voraussetzungen für die Erteilung der Approbation von Anfang an nicht bestanden haben, der Adressat der Approbation keinen Vertrauensschutz genießt. Lagen die Voraussetzungen zur Erteilung jedoch

vor, so kann der Adressat der erteilten Approbation grundsätzlich auf dessen Bestand vertrauen. Die Berufszulassungsbehörde ist nicht verpflichtet, das Verwaltungsverfahren zur Entziehung der Approbation bis zum Abschluss des berufsgerichtlichen Verfahrens auszusetzen. Der Approbationsentzug wird nicht durch eine disziplinarrechtliche Sanktion, zum Beispiel durch die Zahnärztekammer oder der Kassenzahnärztlichen Vereinigung, gesperrt. Denn es handelt sich hierbei um verschiedene behördliche Maßnahmen, die sich nicht gegenseitig ausschließen. Das berufsgerichtliche Verfahren einer landesrechtlichen Einrichtung ist nicht in der Lage, die durch § 4 auf der Ebene des Bundesrechts eingeräumte Behördenkompetenz zum Entzug der Approbation einzuschränken oder aufzuheben (vgl. BVerwG 3. Senat, Beschl. v. 14.04.1998 – 3 B 95/97). Die Rückgabe der Kassenzahnarztzulassung durch den Zahnarzt steht dem Widerruf der Approbation nicht entgegen (vgl. OVG Rheinland-Pfalz, Urt. v. 09.05.1989 – 6 A 124/88).

## B. Rücknahme der Approbation

### I. Obligatorische Rücknahme

Nach § 4 Abs. 1 Satz 1 ist die Approbation **zwingend** zurückzunehmen, wenn das zahnärztliche Studium oder die zahnärztliche Prüfung oder die nachzuweisende Ausbildung nicht mit Erfolg und in der vorgeschriebenen Art und Weise beendet wurde. Darunter fallen folgende Fälle:
- Die zahnärztliche Prüfung wurde nicht bestanden, s. § 2 Abs. 1 Satz 1 Nr. 4.
- Das zahnmedizinische Studium in der DDR wurde nicht abgeschlossen und die Approbation trotzdem vor der Wiedervereinigung erteilt, s. § 20 Abs. 1 Satz 2.
- Das zahnmedizinische Studium wurde vor Wiedervereinigung in der DDR begonnen, im wiedervereinten Deutschland fortgeführt, aber nicht abgeschlossen, s. § 20 Abs. 4 Satz 1 und 2.
- Die zahnmedizinische Ausbildung, welche unter die automatische Anerkennung der in der Berufsanerkennungsrichtlinie genannten Berufsausbildungen und in die Anlage fällt, wurde nicht abgeschlossen, § 2 Abs. 1 Satz 2 oder 6.
- Die zahnmedizinische Ausbildung wurde nicht abgeschlossen, obwohl die Gleichwertigkeit der Ausbildung anerkannt ist, § 2 Abs. 2 und 3.
- Die zahnmedizinische Ausbildung wurde nicht abgeschlossen, gleichwohl liegt ein Ausbildungsnachweis vor, der vor den in Satz 2 und 3 genannten und verwiesenen Stichtagsdaten ausgestellt wurde und der nach § 20a Abs. 1 Satz 1 einen Rechtsanspruch auf Erteilung der Approbation gibt.

Bei der Entscheidung nach Satz 1 handelt es sich um eine **gebundene Entscheidung**, wonach der zuständigen Behörde kein Ermessensspielraum zusteht. Die Approbationsbehörde muss nach Bekanntwerden der Ausbildungsmängel die Approbation zurücknehmen.

### II. Fakultative Rücknahme

Nach § 4 Abs. 1 Satz 2 kann die Approbation zurückgenommen werden, wenn
- der Zahnarzt sich bereits bei Erteilung der Approbation eines Verhaltens schuldig gemacht hat, das ihn in Bezug auf die Ausübung des zahnärztlichen Berufs unzuverlässig oder unwürdig erscheinen lässt (nähere Ausführungen hierzu, s. Rdn. 7 zu § 2 Abs. 1 Satz 1 Nr. 2 und Rdn. 8 zu § 4 Abs. 2 Satz 1).
- bei Erteilung der Approbation gesundheitliche Mängel in der Person des Zahnarztes vorlagen, die seiner Eignung zur Ausübung des Zahnarztberufs entgegenstehen (nähere Ausführungen hierzu, s. Rdn. 15 zu § 2 Abs. 1 Satz 1 und Rdn. 11 zu § 4 Abs. 2 Satz 2).

Bei der Entscheidung nach Satz 2 handelt es sich um eine **Ermessensentscheidung**. Die Approbationsbehörde hat hierbei sämtliche vorliegenden Gründe einzubeziehen und das Interesse des Zahnarztes an der weiteren Ausübung seiner zahnärztlichen Tätigkeit gegenüber dem Interesse der Bevölkerung an einer sicheren und zuverlässigen Gesundheitsversorgung abzuwägen.

6 Nach § 4 Abs. 1 Satz 3 kann die Approbation ebenfalls zurückgenommen werden (Ermessensentscheidung), wenn im Nachhinein festgestellt wird, dass eine **Gleichwertigkeit des Ausbildungsstandes** oder ein **gleichwertiger Kenntnisstand** nach § 2 Abs. 2 und Abs. 3 zum Zeitpunkt der Erteilung der zahnärztlichen Approbation tatsächlich nicht vorgelegen hat (Zur Kritik hinsichtlich der Ausgestaltung der Rücknahme als Ermessensentscheidung vgl. Rdn. 4–6 zu § 5 BÄO).

6a Nach § 4 Abs. 1 Satz 4 kann eine nach § 2 Abs. 2 oder 3 oder nach § 20a Abs. 5 erteilte Approbation zurückgenommen werden, wenn die nachzuweisende Ausbildung tatsächlich doch wesentliche Unterschiede gegenüber der in diesem Gesetz und in der Rechtsverordnung nach § 3 Abs. 1 geregelten Ausbildung aufgewiesen hat oder die zur Ausübung des zahnärztlichen Berufs im Geltungsbereich dieses Gesetzes erforderlichen Kenntnisse und Fähigkeiten in der Eignungsprüfung tatsächlich nicht nachgewiesen worden sind. So urteilte auch das Verwaltungsgericht Düsseldorf in einem Fall, in dem der Kläger einwandte, dass im Hinblick auf die ihm im Jahr 1984 – ohne Eignungs- und Kenntnisprüfung – erteilte Approbation Vertrauensschutz zu gewährleisten sei. Durch die Erteilung der Approbation werde auch kein Vertrauen dahingehend begründet, dass im Fall des Widerrufs der Approbation diese ungeachtet der inhaltlichen Voraussetzungen an den Ausbildungsstand wiedererteilt werde. Es bestehe weder Raum nach Anlass für ein schützenswertes Vertrauen darin, die Gleichwertigkeit des Ausbildungsstandes trotz widerrufener Approbation in alle Zukunft im Rahmen eines Wiedererteilungsverfahrens nicht mehr in Zweifel zu ziehen (vgl. VG Düsseldorf, Urt. v. 14.11.2012 – 7 K 2265/11).

## C. Widerruf der Approbation

7 § 4 Abs. 2 unterscheidet wie bei der Rücknahme der Approbation zwischen einem zwingenden Widerruf (Abs. 2 Satz 1) und einem fakultativen Widerruf (Abs. 2 Satz 2) der Approbation.

### I. Obligatorischer Widerruf

8 Der Widerruf der Approbation nach § 4 Abs. 2 Satz 1 hat zu erfolgen, wenn aufgrund eines Verhaltens des Zahnarztes nach Erteilung der Approbation sich dessen Unzuverlässigkeit oder Unwürdigkeit zur Ausübung des zahnärztlichen Berufs ergibt. Zu den Begrifflichkeiten »Unzuverlässigkeit« und »Unwürdigkeit« s. Kommentierung zu § 2 ZHG Rdn. 7. Für die im Rahmen des Widerrufs einer zahnärztlichen Approbation geforderte Prognose zur Beurteilung der Zuverlässigkeit zur Ausübung des zahnärztlichen Berufs ist auf Umstände im Zeitpunkt des Abschlusses des Verwaltungsverfahrens abzustellen. Später eintretende Umstände können im Rahmen eines Antrags auf Wiedererteilung der Approbation berücksichtigt werden (vgl. BVerwG, Beschl. v. 25.02.2008 – 3 B 85/07, OVG NRW Beschl. v. 02.04.2009 – 13 A 9/08). Im Rahmen der Prognose, ob eine Unzuverlässigkeit vorliegt, kann auch aus Umständen, die in der Vergangenheit (vor Erteilung der Approbation) vorlagen, auf das Verhalten in der Zukunft geschlossen werden. Diese Umstände können somit in den Abwägungsprozess der Behörde mit einfließen (vgl. OVG NRW, Beschl. v. 31.08.2006 – 13 A 1190/08). Strafgerichtliche Urteile entfalten für das Verwaltungsgericht keine Bindungswirkung (vgl. OVG NRW, Urt. v. 30.01.1997 – A2587/94 und OVG Sachsen-Anhalt, Urt. v. 10.07.2007 – 1 O 46/07). Die strafrechtliche Entscheidung mit ihrem – dort festgestellten – Sachverhalt kann aber Einfluss auf die Beweiswürdigung hinsichtlich des dem Widerruf zugrunde liegenden tatsächlichen Geschehens haben. Daher muss im Rahmen der nach § 94 VwGO vom Gericht zu treffenden Ermessensentscheidung die mit einer Aussetzung bis zur Rechtskraft eines Strafverfahrens etwaig verbundene gravierende Verfahrensverzögerung im Verwaltungsprozess mit dem durch ein rechtskräftiges Strafurteil voraussichtlich einhergehenden Gewinn für die Sachverhaltsfeststellung abgewogen werden. Die Aussetzung muss im Interesse einer Vermeidung widersprüchlicher Entscheidungen und gegebenenfalls aus verfahrensökonomischen Gründen auch angesichts der einer Verzögerung entgegenstehenden Interessen der Beteiligten und/oder der Allgemeinheit gerechtfertigt sein (vgl. OVG Sachsen-Anhalt, Urt. v. 10.07.2007 – 1 O 46/07). In einem behördlichen Verfahren um einen Widerruf einer

Approbation dürfen die in einem rechtskräftigen Strafurteil enthaltenen tatsächlichen Feststellungen regelmäßig zur Grundlage einer behördlichen oder gerichtlichen Beurteilung des Approbierten gemacht werden, soweit sich nicht gewichtige Anhaltspunkte für die Unrichtigkeit solcher Feststellungen ergeben. Dem liegt die Annahme zu Grunde, dass in einem Strafverfahren regelmäßig weitergehende Möglichkeiten zur Aufklärung des Sachverhalts als in einem Verwaltungsverfahren bestehen, einem rechtskräftigen Strafurteil eine materielle Richtigkeitsgewähr zukommt und die dort getroffenen Feststellungen somit für die verwaltungsbehördliche Entscheidung über den Fortbestand der Approbation grundsätzliche übernommen werden können (vgl. OVG Lüneburg, Urt. v. 13.01.2009 – 8 LA 88/08).

Die Verwaltungsbehörden und -gerichte sind somit grundsätzlich nicht gehindert, andererseits aber dazu gehalten, die in einem staatsanwaltlichen Ermittlungsverfahren oder einem strafgerichtlichen Verfahren auf der Grundlage einer Hauptverhandlung gewonnen Erkenntnisse und Beweismittel in einer eigenständigen Überprüfung im Hinblick darauf zu unterziehen, ob sich daraus hinreichende Grundlagen für den Widerruf einer zahnärztlichen Approbation ergeben (vgl. OVG NRW, Beschl. v. 17.02.2009 – 13 A 2907/08). Da es sich um eine gebundene Entscheidung handelt, dürfte davon auszugehen sein, dass bei noch anhängigen Strafverfahren ein Widerruf der Approbation zugunsten der milderen Maßnahme des Ruhens nach § 5 zurück zu bleiben hat.

Wird im Rahmen einer strafrechtlichen Sanktion gegen den Zahnarzt ein **dauerhaftes Berufsverbot nach § 70 Abs. 1 Satz 2 StGB** verhängt, ist ein Widerruf der Approbation nicht mehr notwendig, da das dauerhafte Berufsverbot die gleiche Wirkung erzielt. Für die Vollstreckung und Überwachung des Berufsverbots ist im Gegensatz zum Widerruf (Approbationsbehörde) die Staatsanwaltschaft zuständig. Aufgrund der Schwere des Eingriffs in die Berufsausübung bei Widerruf der Approbation ist die Maßnahme an den **Verhältnismäßigkeitskriterien** des Art. 12 Abs. 1 GG zu messen. Demnach muss der Widerruf der Approbation geeignet, erforderlich und verhältnismäßig im engeren Sinne sein, um die zahnärztliche Versorgung als wichtiges Gemeinschaftsgut zu schützen. Dieses Schutzgut ist dann gefährdet, wenn die Würdigkeit oder Zuverlässigkeit zur Ausübung des zahnärztlichen Berufs, die Voraussetzungen für die Erteilung der Approbation sind, weggefallen sind. Der Schutz des wichtigen Gemeinschaftsguts der Gesundheitsversorgung des einzelnen Patienten und der Bevölkerung rechtfertigt es, die Betätigung eines Zahnarztes zu unterbinden, der sich eines Verhaltens schuldig gemacht hat, aus dem sich seine Unwürdigkeit oder Unzuverlässigkeit zur Ausübung des Berufs ergibt (vgl. OVG NRW, 13. Senat, Beschl. v. 31.08.2006 – 13 A 1190/05). Nach § 7a ist die Möglichkeit vorgesehen, einen Antrag auf Wiedererteilung der Approbation zu stellen. Daraus folgt, dass dem Antragsteller mit Blick auf Art. 12. Abs. 1 GG und das Verhältnismäßigkeitsgebot die Approbation nicht länger verwehrt werden kann, als es die den Widerruf tragenden Gründe erfordern. Hat der Zahnarzt somit die Würdigkeit oder Zuverlässigkeit zur Ausübung des zahnärztlichen Berufes zweifelsfrei wiedererlangt und liegt auch sonst kein Versagungsgrund vor, hat er einen Anspruch auf erneute Erteilung der Approbation (vgl. BVerwG, 3. Senat, Beschl. v. 15.11.2012 – 3 B 36/12). Die Wiederherstellung der Würdigkeit und Zuverlässigkeit setzt voraus, dass sich die Sachlage »zum Guten geändert hat«, nämlich der Zahnarzt das erforderliche Ansehen und Vertrauen zurückerlangt hat. Das ist der Fall, wenn bei Würdigung aller Umstände nicht mehr zu besorgen ist, dass dessen selbstständige Berufstätigkeit das Vertrauen der Öffentlichkeit in den Berufsstand nachhaltig erschüttern könnte. Im Wiedererteilungsverfahren sind daher im Rahmen einer Gesamtbetrachtung Art und Schwere des Fehlverhaltens sowie der zeitliche Abstand zu den die Unwürdigkeit begründenden Verfehlungen zu berücksichtigen, des Weiteren alle Umstände, die nach Abschluss des behördlichen Widerrufsverfahrens eingetreten sind.

### II. Fakultativer Widerruf

Die Approbation kann gem. § 4 Abs. 2 Satz 2 widerrufen werden, wenn der Zahnarzt in **gesundheitlicher Hinsicht** nicht mehr zur Ausübung des Berufs geeignet ist. Abzustellen ist darauf, ob der Betroffene noch objektiv den besonderen Anforderungen des Zahnarztberufs genügt. Die fehlende gesundheitliche Eignung zur Ausübung des zahnärztlichen Berufs muss keinen Krankheitswert besitzen (vgl. OVG Niedersachsen, Beschl. v. 05.01.2007 – 8 LA 78/06). Maßstab ist die unbegrenzte zahnärztliche Tätigkeit insgesamt, denn die zahnärztliche Approbation i.S.v. § 2 ist im Gegensatz zur Berufsausübungserlaubnis nach § 13 Abs. 2 nicht teilbar (vgl. OVG Niedersachsen, Beschl. v. 05.01.2007 – 8 LA 78/06). Da der Widerruf der Approbation wegen gesundheitlicher Mängel als Ermessensentscheidung ausgestaltet ist, müssen die zuständigen Behörden alle in Betracht kommende Umstände, einerseits Eingriff in die Berufsausübung des Zahnarztes, andererseits Schutz der Patienten, in ihre Entscheidung mit einbeziehen. Zum Widerruf der Approbation wegen Erkrankung an Epilepsie und fehlender Therapieeinsicht vgl. OVG NRW, Beschl. v. 23.06.2017 – 13 A 2455/16.

## § 5 Ruhen der Approbation

(1) Das Ruhen der Approbation kann angeordnet werden, wenn
1. gegen den Zahnarzt wegen des Verdachts einer Straftat, aus der sich seine Unwürdigkeit oder Unzuverlässigkeit zur Ausübung des zahnärztlichen Berufs ergeben kann, ein Strafverfahren eingeleitet ist,
2. nachträglich die Voraussetzung nach § 2 Abs. 1 S. 1 Nr. 3 weggefallen ist,
3. Zweifel bestehen, ob die Voraussetzung des § 2 Abs. 1 S. 1 Nr. 3 noch erfüllt ist und der Zahnarzt sich weigert, sich einer von der zuständigen Behörde angeordneten amts- oder fachärztlichen Untersuchung zu unterziehen,
4. sich ergibt, dass der Zahnarzt nicht über die Kenntnisse der deutschen Sprache verfügt, die für die Ausübung der Berufstätigkeit in Deutschland erforderlich sind.

(2) Die Anordnung ist aufzuheben, wenn ihre Voraussetzungen nicht mehr vorliegen.

(3) Der Zahnarzt, dessen Approbation ruht, darf den zahnärztlichen Beruf nicht ausüben.

| Übersicht | Rdn. | | Rdn. |
|---|---|---|---|
| A. Ruhen | 1 | a) Nachträgliche gesundheitliche Mängel | 6 |
| B. Ruhensgründe | 3 | b) Zweifel an der gesundheitlichen Geeignetheit | 7 |
| I. Fakultative Anordnung des Ruhens der Approbation | 3 | 3. Sprachliche Mängel | 8 |
| 1. Verdacht einer Straftat | 3 | II. Aufhebung der Ruhensanordnung | 9 |
| 2. Gesundheitliche Mängel | 6 | C. Folgen des Ruhens | 10 |

### A. Ruhen

1 Bei der Anordnung des Ruhens der Approbation handelt es sich um eine Ermessensentscheidung, die den rechtlichen Status des Zahnarztes nicht berührt. Während des Ruhens der Approbation ist dem Zahnarzt die Ausübung seines zahnärztlichen Berufs gem. § 5 Abs. 3 jedoch nicht gestattet. Im Gegensatz zum Widerruf und Rücknahme der Approbation wird mit dem Ruhen der Approbation ein **präventiver Charakter** festgeschrieben. Es handelt sich um eine vorübergehende Maßnahme, die die Ausübung der zahnärztlichen Tätigkeit nicht auf Dauer unterbindet. Das Ruhen der Approbation stellt eine vorläufige Berufsuntersagung in unklaren oder eilbedürftigen Fällen dar (vgl. BVerfG, einstweilige Anordnung v. 04.10.2006 – 1 BvR 2403/06). Wird die Ausübung wieder erlaubt, muss der Zahnarzt nicht erneut die Approbation beantragen.

2 Auch bei der Ruhensanordnung ist der Verhältnismäßigkeitsgrundsatz zu beachten, da ebenfalls in die Grundfreiheit der Berufsausübung eingegriffen wird. Nach der Rechtsprechung des Bundesverfassungsgerichts sind solche Eingriffe nur unter strengen Voraussetzungen zum Schutze wichtiger Gemeinschaftsgüter und unter strikter Beachtung des Grundsatzes der Verhältnismäßigkeit statthaft (BVerfG, Beschl. v. 27.10.2009 – 1 BvR 1876/09).

## B. Ruhensgründe

### I. Fakultative Anordnung des Ruhens der Approbation

#### 1. Verdacht einer Straftat

Nach § 5 Abs. 1 Satz 1 Nr. 1 muss gegen den Zahnarzt ein Verdacht einer Straftat bestehen, aus der sich die **Unwürdigkeit oder Unzuverlässigkeit** zur zahnärztlichen Berufsausübung ergeben könnte. Unwürdigkeit im Sinne von § 2 Abs. 1 Nr. 2 liegt vor, wenn der Zahnarzt durch sein Verhalten nicht das Ansehen und das Vertrauen besitzt, das für die Ausübung seines Berufs unabdingbar erforderlich ist. Diese Definition knüpft die Feststellung der Berufsunwürdigkeit im Hinblick auf den Grundsatz der Verhältnismäßigkeit an hohe Voraussetzungen. Sie verlangt ein schwerwiegendes Fehlverhalten des Zahnarztes, das bei Würdigung aller Umstände seine weitere Berufsausübung im maßgeblichen Zeitpunkt untragbar erscheinen lässt. Dieser Entziehungstatbestand stellt nicht auf den zufälligen Umstand ab, inwieweit das Fehlverhalten des Zahnarztes in der Öffentlichkeit bekannt geworden ist. Entscheidend ist vielmehr, dass das Verhalten des Zahnarztes für jeden billig und gerecht Denkenden als Zerstörung der für die zahnärztliche Tätigkeit unverzichtbaren Vertrauensbasis erscheint. Eine Unzuverlässigkeit i.S.d. § 2 Abs. 1 Nr. 2 ist dann zu bejahen, wenn Tatsachen die Annahme rechtfertigen, der Zahnarzt werde in Zukunft die berufsspezifischen Vorschriften und Pflichten nicht beachten. Abzustellen ist für die somit anzustellende Prognose auf die jeweilige Situation des Zahnarztes im insoweit maßgeblichen Zeitpunkt, nämlich dem Zeitpunkt des Abschlusses des Verwaltungsverfahrens, sowie auf seinen vor allem durch die Art, Schwere und Zahl der Verstöße gegen die Berufspflichten manifest gewordenen Charakter. Ausschlaggebend für die Prognose der Zuverlässigkeit ist die Würdigung der gesamten Persönlichkeit des Zahnarztes und seiner Lebensumstände (vgl. VG Arnsberg, 7. Kammer, Beschl. v. 06.12.2012 – 7 L790/12 m.w.N.) – zu den weiteren Voraussetzungen der Unwürdigkeit und Unzuverlässigkeit s. auch § 2 Rdn. 7 zu § 2 Abs. 1 Satz 1 Nr. 2 sowie § 4 Rdn. 8 zu § 4 Abs. 2 Satz 1).

Ein Strafverfahren nach § 5 Abs. 1 Satz 1 Nr. 1 gilt spätestens mit Erhebung der Anklage als eingeleitet. Das Hauptverfahren muss noch nicht eröffnet worden sein (vgl. OVG NRW, Beschl. v. 09.12.2004 – 13 B 2200/04). Er reicht aus, dass das staatsanwaltschaftliche Ermittlungsverfahren eingeleitet worden ist. Er gilt als erster Verfahrensabschnitt als Teil des Strafverfahrens (vgl. VG Arnsberg, 7. Kammer, Beschl. v. 06.12.2012 – 7 L 790/12 m.w.N.). Allerdings werden sich vielfach erst mit der Anklageerhebung hinreichende Umstände dafür ergeben, dass die Ruhensanordnung gerechtfertigt ist. Deshalb hat die zuständige Behörde im Rahmen ihrer Ermessensentscheidung zu prüfen, ob sie das Ruhen der Approbation bereits in einem verhältnismäßig frühen Stadium des Strafverfahrens ausspricht oder ob sie zunächst weitere Ermittlungen und deren Ergebnisse und ggf. sogar die Anklageerhebung abwartet.

Wann ein »Verdacht« einer Straftat besteht, wird von der Rechtsprechung unterschiedlich beurteilt. Während das OVG Münster (vgl. Beschl. v. 24.09.1993 – 5 B 1412/93) der Ansicht ist, dass eine »erhebliche Wahrscheinlichkeit der strafrechtlichen Verurteilung« erforderlich ist, fordert das OVG Lüneburg (Beschl. v. 29.08.2002 – 8 LA 92/02), dass eine Verurteilung wegen der zur Last gelegten Straftat nur hinreichend wahrscheinlich ist. Wohingegen der VGH Baden-Württemberg (Beschl. v. 19.07.1991 – 9 S 1227/91) eine hohe Wahrscheinlichkeit voraussetzt, dass der Zahnarzt die Straftat begangen hat. Der Bayerische VGH entschied hingegen, dass ein »ernsthafter Verdacht« bestehen muss. Letztendlich ist die Frage des »Verdachts« anhand der jeweiligen Einzelumstände zu bewerten.

#### 2. Gesundheitliche Mängel

##### a) Nachträgliche gesundheitliche Mängel

Das Ruhen der Approbation kann weiterhin angeordnet werden, wenn nachträglich die Voraussetzung nach § 2 Abs. 1 Satz 1 Nr. 3 entfallen ist, d.h. der Zahnarzt in gesundheitlicher Hinsicht nicht mehr geeignet ist, seinen zahnärztlichen Beruf auszuüben. Aufgrund des präventiven Charakters der

Ruhensvorschrift, kommen hier gesundheitliche Mängel in Betracht, die nicht notwendigerweise von Dauer sind, weil die Möglichkeit besteht, dass sie behoben werden können, z.B. Suchterkrankungen.

### b) Zweifel an der gesundheitlichen Geeignetheit

7 Zudem kann das Ruhen der Approbation angeordnet werden, wenn noch nicht sicher feststeht, dass der Zahnarzt aus gesundheitlichen Gründen ungeeignet ist und der Zahnarzt sich weigert, sich einer von der zuständigen Behörde angeordneten amts- oder fachärztlichen Untersuchung zu unterziehen, § 5 Abs. 1 Satz 1 Nr. 3 (vgl. hierzu § 6 BÄO Rdn. 8).

### 3. Sprachliche Mängel

8 Schließlich kann das Ruhen der Approbation angeordnet werden, wenn sich im Nachhinein ergeben hat, dass der Zahnarzt nicht über die Kenntnisse der deutschen Sprache verfügt, die für die Ausübung der Berufstätigkeit in Deutschland erforderlich sind, § 5 Abs. 1 Satz 1 Nr. 4. Der Zahnarzt muss in der Lage sein, die vom Patienten geschilderten Symptome zu verstehen und dem Patienten seine Diagnose und Therapievorschläge klar und verständlich darlegen können (zu den Voraussetzungen an die Kenntnis der deutschen Sprache s. hierzu auch § 2 ZHG Rdn. 21).

## II. Aufhebung der Ruhensanordnung

9 Die Ruhensanordnung ist zwingend aufzuheben, wenn die Voraussetzungen, die ein Ruhen der Approbation anordnen können, nicht mehr vorliegen. Dies kann sich daraus ergeben, dass in den Fällen von Nr. 1 sich der Verdacht der Straftat als nichtig herausstellt, in den Fällen von Nr. 2 z.B. der Zahnarzt sich einer erfolgreichen Therapie unterzogen hat oder in den Fällen von Nr. 3 der Zahnarzt nachweist, dass er nun die für die Ausübung des Berufs erforderlichen Sprachkenntnisse besitzt.

## C. Folgen des Ruhens

10 Die Approbationsbehörde kann den sofortigen Vollzug des Ruhens der Approbation anordnen, d.h. Widerruf und Klage des Zahnarztes haben keine aufschiebende Wirkung. Dies ist notwendig, da zu den Gründen, weshalb eine Ruhensanordnung erfolgen kann, u.a. der Patientenschutz zählt. Eine Anhörung des Zahnarztes vor der Anordnung der sofortigen Vollziehung ist nicht erforderlich, da die Anordnung keinen Verwaltungsakt darstellt. § 80 VwGO stellt eine die verfahrensrechtlichen Erfordernisse der Vollzugsanordnung abschließende Regelung dar und sieht eine Anhörungspflicht gerade nicht vor.

11 **Voraussetzung für den sofortigen Vollzug** ist gem. § 80 Abs. 2 Nr. 4 VwGO, dass der Sofortvollzug im öffentlichen Interesse oder im überwiegenden Interesse eines Beteiligten steht. Daraus folgt, dass die Gründe, die für die Ruhensanordnung selbst entscheidend sind, nicht für den Sofortvollzug ausreichen. Solche vorläufigen Eingriffe in die durch Art. 12 Abs. 1 GG geschützte Berufsfreiheit sind nur unter strikter Beachtung des Grundsatzes der Verhältnismäßigkeit statthaft. Die hohe Wahrscheinlichkeit, dass das Hauptsacheverfahren zum Nachteil des Betroffenen ausgehen wird, reicht nicht aus (vgl. BVerfG, einstweilige Anordnung v. 23.11.2009 – 1 BvR 2709/09). Nur überwiegende öffentliche Belange können es ausnahmsweise rechtfertigen, den Rechtsschutzanspruch des Grundrechtsträgers einstweilen zurückzustellen, um unaufschiebbare Maßnahmen im Interesse des allgemeinen Wohls rechtzeitig in die Wege zu leiten. Wegen der gesteigerten Eingriffsintensität beim Sofortvollzug der Approbationsentziehung sind hierfür jedoch nur solche Gründe ausreichend, die in angemessenen Verhältnis zu der Schwere des Eingriffs stehen und ein Zuwarten bis zur Rechtskraft des Hauptverfahrens ausschließen (vgl. BVerfG, einstweilige Anordnung v. 12.03.2004 – 1 BvR 540/04). Ebenso auch der VGH Bayern, der in seiner jüngsten Entscheidung erklärte, dass vielmehr eine Gesamtwürdigung der Umstände des Einzelfalls zu erfolgen hat, die daran orientiert ist, ob eine weitere Berufstätigkeit des Zahnarztes bis zum rechtskräftigen

Abschluss des Hauptsacheverfahrens konkrete Gefahren für wichtige Gemeinschaftsgüter oder für Dritte befürchten lässt (vgl. VGH Bayern, Beschl. v. 20.01.2009 – 21 CS 08.2921). Der Rechtsschutzgarantie des Art. 19 Abs. 4 GG kommt nicht nur die Aufgabe zu, jeden Akt der Exekutive, der in Rechte des Grundrechtsträgers eingreift, vollständig der richterlichen Prüfung zu unterstellen, sondern auch irreparable Entscheidungen, wie sie durch die sofortige Vollziehung einer hoheitlichen Maßnahme eintreten können, soweit als möglich auszuschließen. So berücksichtigte das Bundesverfassungsgericht in einer Entscheidung die schwerwiegende Konsequenzen wie die sofortige Nichtausübung des Berufes und die daraus resultierende Aufgabe der Praxis wegen der bestehenden Fixkosten und die Kündigung der Angestellten (vgl. BVerfG, einstweilige Anordnung v. 23.11.2009 – 1 BvR 2709/09). Auch die Annahme der Unwürdigkeit eines Zahnarztes als Voraussetzung für den Widerruf der Approbation ersetzt nicht in verfassungsrechtlich haltbarer Weise die Feststellung einer konkreten Gefahr für wichtige Gemeinschaftsgüter durch eine weitere Berufstätigkeit bis zum rechtskräftigen Abschluss des Hauptsacheverfahrens als Voraussetzung für die Anordnung des Sofortvollzugs (vgl. BVerfG, Beschl. v. 08.04.2010 – 1 BvR 2709/09). Nach § 80 Abs. 5 VwGO kann der Zahnarzt einen Antrag auf Wiederherstellung der aufschiebenden Wirkung stellen.

## § 13 Erlaubnis zur vorübergehenden Ausübung der Zahnheilkunde

(1) Die Erlaubnis zur vorübergehenden Ausübung der Zahnheilkunde kann auf Antrag Personen erteilt werden, die eine abgeschlossene zahnärztliche Ausbildung nachweisen. Eine Erlaubnis nach Satz 1 wird Antragstellern, die über einen Ausbildungsnachweis als Zahnarzt verfügen, der in einem Mitgliedstaat der Europäischen Union, einem anderen Vertragsstaat des Abkommens über den Europäischen Wirtschaftsraum oder in der Schweiz ausgestellt wurde, nicht erteilt. Eine Erlaubnis wird auch nicht in den Fällen des § 2 Absatz 2 Satz 10 erteilt. § 7a bleibt unberührt.

(1a) Abweichend von Absatz 1 Satz 2 und 3 kann auf Antrag eine Erlaubnis zur vorübergehenden Ausübung der Zahnheilkunde erteilt werden, wenn mit dem Antrag dargelegt wird, dass im Hinblick auf die beabsichtigte Ausübung der Zahnheilkunde ein besonderes Interesse an der Erteilung der Erlaubnis besteht. Die Erlaubnis steht der Erteilung einer Approbation nicht entgegen.

(2) Die Erlaubnis kann auf bestimmte Tätigkeiten und Beschäftigungsstellen beschränkt werden. Sie darf nur widerruflich und nur bis zu einer Gesamtdauer der zahnärztlichen Tätigkeit von höchstens zwei Jahren im Geltungsbereich dieses Gesetzes erteilt oder verlängert werden.

(3) Eine Erlaubnis darf ausnahmsweise über den in Absatz 2 genannten Zeitraum hinaus im besonderen Einzelfall oder aus Gründen der zahnärztlichen Versorgung erteilt oder verlängert werden, wenn eine Approbation wegen Fehlens der Voraussetzungen nach § 2 Absatz 1 Nummer 4 nicht erteilt werden kann. Die §§ 4, 5, 7, 7a und 18 finden entsprechende Anwendung.

(3a) Erlaubnisse nach Absatz 1 Satz 1, die vor dem 1. April 2012 erteilt wurden, bleiben wirksam. Für sie ist Absatz 3 in seiner bis dahin geltenden Fassung bis zum 1. April 2014 für solche Inhaber der Erlaubnis weiter anzuwenden, die bis zum 1. Juli 2012 einen Antrag auf Erteilung der Approbation nach § 2 Absatz 1 Satz 1 gestellt haben. Satz 2 findet auf Staatsangehörige eines Mitgliedstaats der Europäischen Union, eines anderen Vertragsstaats des Abkommens über den Europäischen Wirtschaftsraum und der Schweiz, die über einen Ausbildungsnachweis nach Absatz 1 Satz 2 oder Satz 3 verfügen, sowie auf Drittstaatsangehörige, soweit sich nach dem Recht der Europäischen Gemeinschaft eine Gleichstellung ergibt, keine Anwendung.

(4) In Ausnahmefällen kann eine Erlaubnis zur vorübergehenden Ausübung der Zahnheilkunde auf Antrag auch Personen erteilt werden, die außerhalb des Geltungsbereichs dieses Gesetzes eine zahnärztliche Ausbildung erworben, diese Ausbildung aber noch nicht abgeschlossen haben, wenn

1. der Antragsteller auf Grund einer das Hochschulstudium abschließenden Prüfung außerhalb des Geltungsbereichs dieses Gesetzes die Berechtigung zur beschränkten Ausübung des zahnärztlichen Berufs erworben hat und
2. die auf Grund der Erlaubnis auszuübende Tätigkeit zum Abschluß einer zahnärztlichen Ausbildung erforderlich ist.

Die Erlaubnis ist in diesen Fällen auf bestimmte Tätigkeiten und Beschäftigungsstellen zu beschränken. Die Erlaubnis kann mit der Auflage verbunden werden, daß die vorübergehende Ausübung der Zahnheilkunde unter Aufsicht eines Zahnarztes, der die Approbation oder die Erlaubnis nach Abs. 1 besitzt, erfolgt. Sie darf nur unter dem Vorbehalt des Widerrufs und nur bis zu einer Gesamtdauer der zahnärztlichen Tätigkeit erteilt werden, deren es zum Abschluß der Ausbildung bedarf.

(5) Personen, denen eine Erlaubnis zur Ausübung der Zahnheilkunde erteilt worden ist, haben im übrigen die Rechte und Pflichten eines Zahnarztes.

| Übersicht | Rdn. | | Rdn. |
|---|---|---|---|
| A. Anwendungsbereich . . . . . . . . . . . . . . . . | 1 | E. Zeitliche Begrenzung der Erlaubnis . . . . | 12 |
| B. Die Erlaubnis zur vorübergehenden Ausübung der Zahnheilkunde . . . . . . . . | 4 | F. Erlaubnis zur vorübergehenden Ausübung der Zahnheilkunde zum Abschluss einer zahnärztlichen Ausbildung . | 17 |
| C. Abgeschlossene zahnärztliche Ausbildung . . . . . . . . . . . . . . . . . . . . . . . . . . . . . . . . . . . . . . . . . . . . . | 8 | G. Rechte und Pflichten eines approbierten Zahnarztes . . . . . . . . . . . . . . . . . . . | 19 |
| D. Besonderes Interesse an der Erteilung der Erlaubnis, § 13 Abs. 1a Satz 1 ZHG | 11 | | |

### A. Anwendungsbereich

1 § 13 regelt Fälle der vorübergehenden und eingeschränkten Erlaubnis zur Berufsausübung. Demgegenüber bedarf derjenige, der die Zahnheilkunde im Geltungsbereich des Gesetzes dauernd ausüben will, grundsätzlich der Approbation gem. § 1 Abs. 1.

2 Durch das Gesetz zur Verbesserung der Feststellung und Anerkennung im Ausland erworbener Berufsqualifikationen vom 06.11.2011 (BGBl. I S. 2515) wurde diese Vorschrift erheblich »verschlankt«. Die Aufhebung der Unterscheidung nach Staatsangehörigkeiten bei der Erteilung der Approbation führte dazu, dass der Anwendungsbereich für die Erteilung einer Erlaubnis zur vorübergehenden Ausübung der Zahnheilkunde deutlich abgenommen hat. Die bis dahin im § 13 Abs. 3 Satz 1 und 3 ZHG (a.F.) genannten Personengruppen können nun unmittelbar die (unbeschränkte und unbefristete) Approbation beantragen. Zudem darf einem Antragsteller mit EU-/EWR- oder schweizerischer Ausbildung oder mit einer bereits erfolgten Anerkennung seiner Ausbildung durch einen dieser Staaten eine Erlaubnis zur vorübergehenden Ausübung der Zahnheilkunde nur in Ausnahmefällen erteilt werden. Mit dem Antrag muss dargelegt werden, dass im Hinblick auf die beabsichtigte Ausübung der Zahnheilkunde ein besonderes Interesse an der Erteilung der Erlaubnis besteht«, vgl. § 13 Abs. 1a Satz 1.

3 Daraus folgt letztendlich, dass die vorübergehende Erlaubnis ohne ein solches Interesse im Regelfall nur noch bei einer Ausbildung im Drittland und in Fällen des § 7a (Antrag auf Wiedererteilung der Approbation nach Rücknahme, Widerruf oder Verzicht) erteilt werden kann, oder unter den Voraussetzungen des § 13 Abs. 4 ausnahmsweise, um eine im Ausland erworbene Ausbildung abzuschließen. Für vor dem 01.04.2012 erteilte Erlaubnisse zur vorübergehenden Ausübung der Zahnheilkunde s. die Übergangsvorschrift in § 13 Abs. 3a.

### B. Die Erlaubnis zur vorübergehenden Ausübung der Zahnheilkunde

4 Die Erlaubnis steht unter dem Vorbehalt des jederzeitigen Widerrufs, § 13 Abs. 2 Satz 2. Auf ihre *Erteilung* besteht kein Rechtsanspruch, sondern nur ein **Anspruch auf ermessensfehlerfreie Entscheidung**, bei der die Interessen des Antragstellers und das öffentliche Interesse an der Erteilung

abzuwägen sind. Für die Erteilung einer Erlaubnis zur vorübergehenden Ausübung der Zahnheilkunde können insbesondere ein sich abzeichnender Fachkräftemangel und generell Mangelaspekte in der Versorgung der Patienten sprechen.

Die Erlaubnis kann auf bestimmte Tätigkeiten und Beschäftigungsstellen beschränkt werden, vgl. § 13 Abs. 2 Satz 1 und unten Rdn. 9.

Seit dem Gesetz zur Verbesserung der Feststellung und Anerkennung im Ausland erworbener Berufsqualifikationen kann eine Erlaubnis zur vorübergehenden Ausübung der Zahnheilkunde **zum Zwecke einer fachzahnärztlichen Weiterbildung** nicht mehr erteilt werden. Die bis dahin existierende Regelung (§ 13 Abs. 2 Satz 3 und 4 ZHG [a.F]) wurde aufgehoben. Nachdem die Staatsangehörigkeit für die Approbationserteilung kein Kriterium mehr ist, können auch Drittlandsangehörige die Approbation erhalten und anschließend eine Weiterbildung zum Fachzahnarzt absolvieren. Mit dieser Änderung hat der Gesetzgeber zudem die europarechtliche Vorgabe erfüllt, dass die Zulassung zur fachzahnärztlichen Ausbildung eine abgeschlossene Grundausbildung voraussetzt (vgl. BT-Drs. 17/6260, zu Art. 33 Nr. 4 Buchst. a 1 – neu –, S. 97).

EU-Staatsangehörige und diesen Gleichgestellte, die als Dienstleistungserbringer i.S.d. Art. 50 des EG-Vertrages in Deutschland vorübergehend und gelegentlich tätig werden möchten, benötigen hierfür weder eine Approbation noch eine Berufserlaubnis nach § 13, vgl. § 1 Abs. 2. Sie unterliegen lediglich einer Meldepflicht. Ausführlich hierzu s. Kommentierung zu § 1 ZHG Rdn. 8.

### C. Abgeschlossene zahnärztliche Ausbildung

§ 13 Abs. 1 Satz 1 verlangt für die Erlaubnis zur vorübergehenden Ausübung der Zahnheilkunde eine abgeschlossene zahnärztliche Ausbildung. Anstelle des Abschlusszeugnisses über die zahnärztliche Prüfung nach der ZApprO tritt die in dem betreffenden Staat erhaltene Berechtigung zur uneingeschränkten Ausübung des zahnärztlichen Berufes.

Auf die **Gleichwertigkeit** der Ausbildungsstände kommt es zwar für die Erteilung der vorübergehenden Berufsausübungserlaubnis nicht an. Die Erlaubnis kann z.B. auch erteilt werden, damit der Antragsteller die Voraussetzungen zur Erteilung der Approbation herstellen kann. Mangelnde Gleichwertigkeit muss jedoch durch strenge Auflagen im Verwaltungsakt berücksichtigt werden. Das setzt voraus, dass sich die Behörde von der Gleichwertigkeit der Ausbildung vor Erteilung der Erlaubnis ein konkretes Bild macht. Denn die Entscheidung über den Antrag ist am Wohle der Patienten auszurichten, die durch die Entscheidung nicht gefährdet werden dürfen. Die Erlaubnis darf daher auch derart eingeschränkt werden, dass die Tätigkeit nur unter Aufsicht, Anleitung und Verantwortung eines approbierten Zahnarztes erfolgen darf, vgl. § 13 Abs. 2 Satz 1. Dies kann dazu führen, dass bestimmte Berufspflichten, z.B. die Vertretung oder die Teilnahme am Notfalldienst, für den Antragsteller nicht erfüllbar sind.

Informationen über die Gleichwertigkeit von ausländischen Bildungsabschlüssen hält die Zentralstelle für ausländisches Bildungswesen (ZAB) als zentrale Stelle für die Bewertung ausländischer Qualifikationen vor (https://www.kmk.org/themen/anerkennung-auslaendischer-abschluesse.html).

### D. Besonderes Interesse an der Erteilung der Erlaubnis, § 13 Abs. 1a Satz 1 ZHG

Grundsätzlich war die Erteilung einer Erlaubnis zur vorübergehenden Ausübung der Zahnheilkunde an Antragsteller mit EU-/EWR- oder schweizerischen oder von einem dieser Staaten anerkannten Ausbildungsnachweisen aus Drittländern ausgeschlossen. Mit der Aufnahme des § 13 Abs. 1a hat der Gesetzgeber hiervon wieder eine Ausnahme gemacht. In bestimmten und sehr eng begrenzten Fällen ist die Erteilung der vorübergehenden Erlaubnis wieder möglich. Dies soll auch für deutsche Staatsangehörige gelten (vgl. Begründung zur entsprechenden Vorschrift der Bundesärzteordnung [BÄO] BT-Drs. 17/6260 zu Art. 29 Nr. 4 Buchst. a 1, S. 88). An der Erlaubnis soll hiernach ein besonderes Interesse beispielsweise dann bestehen, wenn die Approbation mangels ausreichender Sprachkenntnisse oder aus gesundheitlichen Gründen nicht erteilt werden kann, der Antragsteller dennoch seine Qualifikation im Interesse der medizinischen Versorgung einbringen oder wenn er auf bestimmte (zahn-)ärztliche Tätigkeiten beschränkt werden kann. Im Zeitraum der beschränkten Erlaubnis kann er die Sprachkenntnisse erwerben und einen Approbationsantrag stellen.

### E. Zeitliche Begrenzung der Erlaubnis

12 Die Erlaubnis wird grundsätzlich zeitlich befristet bis zu höchstens 2 Jahren erteilt, § 13 Abs. 2 Satz 2. Der Gesetzgeber hat die zweijährige Begrenzung bewusst gewählt, weil er davon ausgeht, dass die Erlaubnis zur vorübergehenden Ausübung der Zahnheilkunde die Ausnahme- und die Approbation der Regelfall ist. Grundsätzlich sollte es innerhalb der 2 Jahre grundsätzlich sein, die noch fehlenden Voraussetzungen (z.B. Sprachkenntnisse) für einen Anspruch auf Approbation zu erlangen (vgl. BT-Drs. 17/6260 zu Art. 33 Nr. 4 Buchst. a 1 – neu –, S. 97). Da es sich hierbei um eine **Höchstgrenze** handelt, kann die Behörde im Rahmen ihres Ermessens auch **kürzere Fristen** bestimmen.

13 Im Fall des Abs. 4 (s. unten Rdn. 17) orientiert sich die Befristung an der Gesamtdauer der zahnärztlichen Tätigkeit, deren es zum Abschluss der Ausbildung bedarf.

14 Nur in besonderen Einzelfällen oder aus Gründen der zahnärztlichen Versorgung dürfen 2 Jahre überschritten werden, § 2 Abs. 3. Ein **besonderer Einzelfall** kann z.B. vorliegen, wenn die Gleichwertigkeitsprüfung nicht innerhalb von 2 Jahren abgeschlossen werden kann und der Antragsteller dies nicht zu vertreten hat.

15 Die Verlängerung der Berufserlaubnis **aus Gründen der zahnärztlichen Versorgung der Bevölkerung** ist möglich, wenn damit einer zahnärztlichen Unterversorgung der Bevölkerung entgegengewirkt werden kann. Wann eine derartige Mangelsituation vorliegt, ist eine Frage der einzelfallbezogenen Bewertung anhand der für die jeweilige Region zur Verfügung stehenden Informationen. Für den ambulanten Bereich dürfte eine Unterversorgung anzunehmen sein, wenn die in einem Einzugsgebiet/Planungsgebiet vorhandenen Praxisstellen in größerem Umfang längerfristig nicht besetzt werden können. In die Bewertung kann auch ein vorhandenes ausgleichendes Angebot in der Umgebung einbezogen werden. Die Behörde kann geeignete Informationsquellen ausschöpfen, falls sie aus eigener Kenntnis zur Feststellung der Unterversorgung nicht in der Lage ist. So können insbesondere die Zahnärztekammern, Kassenzahnärztlichen Vereinigungen und unteren Gesundheitsbehörden um ihre Einschätzung ersucht werden. Diese haben regelmäßig einen Überblick über die Anzahl der Praxen und der Zahnärzte, die in dem fraglichen Gebiet tätig sind. Ferner können sie ggf. etwas zur fachlichen Eignung des Antragstellers sagen, das Versorgungsdefizit auszugleichen. Die Feststellung, inwieweit die Besetzung einer Stelle in einer Zahnklinik »im Interesse der zahnärztlichen Versorgung« liegt, kann nur anhand der konkreten Stellensituation getroffen werden. Die Verlängerung einer Berufserlaubnis über die in § 13 Abs. 2 genannten Zeiträume hinaus zu Forschungszwecken oder zu dem Zweck zu erteilen, ein laufendes Promotions- oder Habilitationsverfahren abzuschließen, dient nicht dem hier gemeinten Interesse der zahnärztlichen Versorgung der Bevölkerung und ist daher nicht zu rechtfertigen.

16 Eine mehrmals hintereinander ausgestellte Erlaubnis ist nur als ein vorübergehendes Recht anzusehen (vgl. BVerwG, Urt. v. 17.01.1980 – 3 C 116/79, DVBl 1980, 748). Die Gesetzesformulierung in § 1 einerseits und in § 13 andererseits (Erlaubnis zur »vorübergehenden« Ausübung der Zahnheilkunde) sprechen eindeutig dafür, dass insoweit eine abschließende und dementsprechend einer abweichenden Interpretation nicht zugängliche Differenzierung zwischen den Berechtigungen für die Tätigkeit als Zahnarzt getroffen wurde (vgl. OVG NRW, Beschl. v. 13.03.2007 – 13 A 4202/06). Eine Verlängerung der Erlaubnis zur Ausübung des ärztlichen Berufs kann derjenige nicht erwarten, der erst nach und nach und auf mehrfache Aufforderung hin Unterlagen vorlegt, die jedoch augenscheinlich nicht vollständig sind, teils nicht von den zuständigen Behörden

des Herkunftslandes stammen und teils widersprüchlich sind (vgl. Bayerischer VGH, 21. Senat, Beschl. v. 18.09.2018 – 21 CE 18.110).

### F. Erlaubnis zur vorübergehenden Ausübung der Zahnheilkunde zum Abschluss einer zahnärztlichen Ausbildung

Nach § 13 Abs. 4 kann in Ausnahmefällen die vorläufige Berufserlaubnis erteilt werden, wenn nach Nr. 1 der Antragsteller seine Ausbildung zwar noch nicht abgeschlossen hat, jedoch trotzdem die Erlaubnis einer beschränkten Ausübung der zahnärztlichen Tätigkeit außerhalb dieses Gesetzes erhalten hat und nach Nr. 2 der Antragsteller die vorläufige Berufserlaubnis zum Abschluss dieser Ausbildung benötigt. 17

Die Erlaubnis ist auf die Tätigkeiten und Beschäftigungsstellen zu beschränken, die dafür nach der jeweiligen ausländischen Ausbildungsordnung in Betracht kommen. Sie darf nur bis zu einer Gesamtdauer der Tätigkeit erteilt werden, die für den Abschluss der ausländischen Ausbildung notwendig ist. Die Erlaubnis ist in der Regel mit der Auflage zu versehen, dass die Tätigkeit unter Aufsicht, Anleitung und Verantwortung eines Zahnarztes erfolgt, der die Approbation oder die Berufserlaubnis besitzt, s. § 13 Abs. 4 Satz 2 bis 4. 18

### G. Rechte und Pflichten eines approbierten Zahnarztes

§ 13 Abs. 5 stellt klar, dass sämtliche Rechte und Pflichten eines approbierten Zahnarztes auch für Personen mit einer Erlaubnis zur vorübergehenden Ausübung der Zahnheilkunde gelten. Hierzu zählen insbesondere auch die in den Berufsordnungen, Weiterbildungsordnungen und Meldeordnungen der Landeszahnärztekammern niedergelegten Rechte und Pflichten. 19

# Zivilprozessordnung – ZPO

In der Fassung der Bekanntmachung vom 05. Dezember 2005 (BGBl. I S. 3202, 2006 I S. 431, 2007 I S. 1781),
zuletzt geändert durch Artikel 8 des Gesetzes vom 22. Dezember 2020 (BGBl. I S. 3320)

## Inhaltsverzeichnis

| | |
|---|---|
| § 1 | Sachliche Zuständigkeit |
| § 12 | Allgemeiner Gerichtsstand; Begriff |
| § 13 | Allgemeiner Gerichtsstand des Wohnsitzes |
| § 17 | Allgemeiner Gerichtsstand juristischer Personen |
| § 29 | Besonderer Gerichtsstand des Erfüllungsorts |
| § 32 | Besonderer Gerichtsstand der unerlaubten Handlung |
| § 42 | Ablehnung eines Richters |
| § 50 | Parteifähigkeit |
| § 59 | Streitgenossenschaft bei Rechtsgemeinschaft oder Identität des Grundes |
| § 66 | Nebenintervention |
| § 78 | Anwaltsprozess |
| § 114 | Voraussetzungen |
| § 142 | Anordnung der Urkundenvorlegung |
| § 144 | Augenschein; Sachverständige |
| § 253 | Klageschrift |
| § 254 | Stufenklage |
| § 256 | Feststellungsklage |
| § 284 | Beweisaufnahme |
| § 286 | Freie Beweiswürdigung |
| § 287 | Schadensermittlung; Höhe der Forderung |
| § 348 | Originärer Einzelrichter |
| § 383 | Zeugnisverweigerung aus persönlichen Gründen |
| § 402 | Beweis durch Sachverständige |
| § 406 | Ablehnung eines Sachverständigen |
| § 485 | Selbständiges Beweisverfahren – Zulässigkeit |
| § 511 | Statthaftigkeit der Berufung |
| § 522 | Zulässigkeitsprüfung; Zurückweisungsbeschluss |
| § 531 | Zurückgewiesene und neue Angriffs- und Verteidigungsmittel |

## § 1 Sachliche Zuständigkeit

**Die sachliche Zuständigkeit der Gerichte wird durch das Gesetz über die Gerichtsverfassung bestimmt.**

| Übersicht | Rdn. | | Rdn. |
|---|---|---|---|
| A. Grundlagen des Arzthaftungsprozesses . | 1 | C. Die gerichtliche Zuständigkeit . . . . . . . . | 5 |
| B. Übersicht über die Zulässigkeit der Klage . . . . . . . . . . . . . . . . . . . . . . . . . . . . . . . | 1a | I. Aufspaltung . . . . . . . . . . . . . . . . . . . . . . . | 5 |
| I. Die Merkmale . . . . . . . . . . . . . . . . . . . | 1a | II. Sachliche Zuständigkeit . . . . . . . . . . . . . | 7 |
| II. Die Voraussetzungen an die Parteien . . . | 2 | III. Örtliche Zuständigkeit . . . . . . . . . . . . . . | 8 |
| III. Die Voraussetzungen an das Gericht . . . . | 3 | 1. Wesen und Inhalt . . . . . . . . . . . . . . . . | 8 |
| IV. Die Voraussetzungen an den Streitgegenstand . . . . . . . . . . . . . . . . . . . . . . . | 4 | 2. Gesetzliche Regelung . . . . . . . . . . . . . | 9 |
| | | 3. Bedeutung im Arzthaftungsprozess . . | 10 |
| | | IV. Funktionelle Zuständigkeit . . . . . . . . . . . | 11 |

| V. | Internationale Zuständigkeit | 12 | II. | Regelung im GVG | 14 |
| D. | **Die sachliche Zuständigkeit** | 13 | III. | Entscheidendes Kriterium | 15 |
| I. | Wesen und Inhalt | 13 | IV. | Bedeutung im Arzthaftungsprozess | 16 |

## A. Grundlagen des Arzthaftungsprozesses

1 Der zivilrechtliche Arzthaftungsprozess, also die Klage eines Patienten auf Schadensersatz (Leistungsklage) oder auf Feststellung einer auszugleichenden Schädigung (Feststellungsklage) ist an sich ein normaler Zivilprozess nach den Regeln der ZPO. Er wird heute aber gerne als ein Sonderprozess gekennzeichnet. Zentrale Abweichungen vom normalen Zivilprozess ergeben sich aus erleichterten Darlegungs- und Substantiierungslasten (s.u. § 253 Rn. 11a), aus der in weiten Teilen faktischen Amtsermittlung des Zivilrichters (s.u. § 253 Rn. 11a a.E.), aus der besonderen Bedeutung des Sachverständigenbeweises (s.u. § 402 Rn. 3) und des Urkundenbeweises (s.u. § 142 Rn. 2) sowie aus den Besonderheiten der Beweislast (s.u. § 286 Rn. 7).

## B. Übersicht über die Zulässigkeit der Klage

### I. Die Merkmale

1a Die bei einem deutschen Gericht eingereichte Klage kann nur erfolgreich sein, wenn sie zulässig und begründet ist. Während die Begründetheit die Prüfung erfordert, ob das geltend gemachte materielle Recht dem Kläger zusteht, verlangt die zuvor zu prüfende Zulässigkeit der Klage bestimmte Voraussetzungen sowohl an das Gericht als auch an die Parteien und an den Streitgegenstand (sog. Sachurteilsvoraussetzungen).

### II. Die Voraussetzungen an die Parteien

2 Aus der Sicht der Parteien ist für die Zulässigkeit einer Klage zu verlangen, dass sowohl Kläger als auch Beklagter existent sind und dass sie parteifähig sind (§ 50). Weiterhin müssen die Parteien prozessfähig sein oder es muss anderenfalls eine ordnungsgemäße gesetzliche Vertretung gegeben sein (§§ 51, 52). Schließlich ist die sogenannte Prozessführungsbefugnis erforderlich. Diese ist im Gesetz nicht geregelt und bedarf einer näheren Prüfung nur, wenn der Kläger mit seiner Klage ein fremdes Recht geltend macht.

### III. Die Voraussetzungen an das Gericht

3 Wird eine Klage bei einem Zivilgericht erhoben, so muss zunächst der richtige Rechtsweg zu den ordentlichen Gerichten gegeben sein (vgl. § 13 GVG, § 40 VwGO; bei Rechtswegproblemen sind die §§ 17 bis 17b GVG zu beachten). Weiterhin muss das jeweils angerufene Gericht sachlich, örtlich, funktionell und international zuständig sein (zu den Einzelheiten s.u. Rdn. 5 ff.).

### IV. Die Voraussetzungen an den Streitgegenstand

4 Aus der Sicht des geltend gemachten Streitgegenstands, also des prozessualen Anspruchs, muss zunächst eine ordnungsgemäße und wirksame Klageerhebung vorliegen (§ 253), es darf keine entgegenstehende Rechtshängigkeit vorliegen (§ 261 Abs. 3 Nr. 1) und es darf die Rechtssache noch nicht rechtskräftig entschieden sein (§ 322). Schließlich muss ein Rechtsschutzbedürfnis vorliegen, insbesondere bei der Feststellungsklage (§ 256 Abs. 1).

## C. Die gerichtliche Zuständigkeit

### I. Aufspaltung

5 Die gerichtliche Zuständigkeit legt fest, welches konkrete Gericht im Einzelnen zur Entscheidung eines bestimmten Rechtsstreits berufen ist. Diese gesetzlich geregelte Festlegung der Zuständigkeit ist verfassungsrechtlich geboten (sogenanntes Gebot des gesetzlichen Richters, Art. 101 Abs. 1

Satz 2 GG). Im Einzelnen sind zu trennen und zu prüfen die sachliche und die örtliche Zuständigkeit, die funktionelle Zuständigkeit sowie die internationale Zuständigkeit. Neben der gesetzlichen Festlegung können allerdings die sachliche, örtliche und internationale Zuständigkeit in vielen Fällen auch durch Parteivereinbarung festgelegt werden (§§ 38 bis 40). Soweit eine solche Parteivereinbarung ausgeschlossen ist, spricht man von ausschließlicher Zuständigkeit. Eine solche Festlegung ergibt sich aus dem Gesetzestext (vgl. z.B. § 29a, ausschließlicher Gerichtsstand bei Mietverhältnissen über Räume).

Das mit einer Klage angerufene Gericht muss seine eigene Zuständigkeit von Amts wegen prüfen. Wird das Vorliegen der Zuständigkeit vom angerufenen Gericht verneint, muss die Klage abgewiesen werden, soweit nicht auf Antrag der Partei eine Verweisung an das zuständige Gericht in Betracht kommt (§ 281). 6

## II. Sachliche Zuständigkeit

Darunter versteht man die Festlegung des richtigen Gerichts 1. Instanz. In Zivilsachen können ausschließlich AGe und LGe als erstinstanzliche Gerichte zuständig sein. Faktisch ist also die Entscheidung über die sachliche Zuständigkeit die Frage danach, ob eine Klage vor dem AG oder vor dem LG erhoben werden muss (i.E. s.u. Rdn. 13). Die Norm des § 1 ist eine reine Verweisungsnorm, die die Vorschriften über die sachliche Zuständigkeit im GVG in Bezug nimmt. Insbesondere sind §§ 23, 71 GVG zu beachten (zu den Einzelheiten s.u. Rdn. 14). Das in der Regel entscheidende Merkmal der sachlichen Zuständigkeit ist die Höhe des Streitwertes. Derzeit ist eine Klage an die AGe zu richten, wenn der Streitwert 5.000 € nicht übersteigt. Anderenfalls sind die LGe zuständig. 7

## III. Örtliche Zuständigkeit

### 1. Wesen und Inhalt

Die örtliche Zuständigkeit legt fest, das Gericht welchen Ortes zur Entscheidung des Rechtsstreits berufen ist (im Einzelnen s.u. § 12 Rdn. 1). Das Gesetz nennt die örtliche Zuständigkeit »Gerichtsstand«. Soweit im Einzelfall mehrere Gerichte örtlich zuständig sind, hat gem. § 35 der Kläger die Wahl unter diesen Gerichten. 8

### 2. Gesetzliche Regelung

Die örtliche Zuständigkeit ist in den §§ 12 bis 37 im Einzelnen geregelt. Innerhalb dieses großen Abschnitts unterscheidet man den allgemeinen Gerichtsstand (§§ 12 bis 19a) von den sogenannten besonderen Gerichtsständen (§§ 20 bis 34). 9

### 3. Bedeutung im Arzthaftungsprozess

Im Einzelnen sind im Arzthaftungsprozess insbesondere der allgemeine Gerichtsstand der natürlichen und juristischen Personen von Bedeutung (§§ 12, 13, 17). Daneben sind im Folgenden unter den besonderen Gerichtsständen der Gerichtsstand des Erfüllungsortes (§ 29) sowie der Gerichtsstand der unerlaubten Handlung (§ 32) hervorzuheben. 10

## IV. Funktionelle Zuständigkeit

Neben örtlicher und sachlicher Zuständigkeit bedarf es einer Abgrenzung der Gerichte nach der jeweiligen Funktion ihres Tätigwerdens. So ist z.B. das AG nicht nur als streitiges Zivilgericht tätig, sondern auch als Strafgericht, als Mahngericht, als Familiengericht, als Nachlassgericht, als Grundbuchamt sowie als Registergericht. Im medizinischen Bereich ist insbesondere die Frage von Bedeutung, ob beim LG die Kammer oder der Einzelrichter zuständig ist. In § 348 Abs. 1 Satz 1 hat der Gesetzgeber beim LG grundsätzlich den Einzelrichter vorgesehen. Davon macht § 348 Abs. 1 Satz 2 Nr. 2e eine Ausnahme bei Streitigkeiten über Ansprüche aus Heilbehandlungen (im Einzelnen s. dort). 11

### V. Internationale Zuständigkeit

12 Im Fall grenzüberschreitender Sachverhalte ist schließlich noch die internationale Zuständigkeit deutscher Gerichte zu prüfen. Diese grenzt die Zuständigkeit der deutschen Gerichte von der Zuständigkeit der Gerichte anderer Staaten ab. In der ZPO hat die internationale Zuständigkeit keine allgemeine Regelung gefunden. Es wird daher allgemein angenommen, dass die Normen über die örtliche Zuständigkeit doppelfunktional sind und zugleich auch die internationale Zuständigkeit festlegen. Zu näheren Einzelheiten s.u. § 32 Rdn. 4.

## D. Die sachliche Zuständigkeit

### I. Wesen und Inhalt

13 Die Frage nach der sachlichen Zuständigkeit legt das richtige Gericht erster Instanz fest. In Zivilrechtsstreitigkeiten hat der deutsche Gesetzgeber die AGe und die LGe als erstinstanzliche Gerichte in streitigen Zivilsachen vorgesehen. Er hat eine komplementäre Regelung gewählt, wonach im Grundsatz immer die LGe zuständig sind, wenn sich nicht aus dem Gesetz im Einzelnen eine Zuständigkeit der AGe ergibt.

### II. Regelung im GVG

14 Für die sachliche Zuständigkeit verweist § 1 auf die Regelungen im GVG. Dort sind in §§ 22 bis 27 die AGe organisatorisch festgelegt, in den §§ 59 bis 78 GVG die LGe. Die beiden entscheidenden Normen für die sachliche Zuständigkeit in Zivilsachen sind §§ 23, 71 GVG. Danach gilt die Zuständigkeit der LGe, soweit sich nicht aus § 23 GVG etwas Abweichendes ergibt.

### III. Entscheidendes Kriterium

15 Nach § 23 Nr. 1 GVG ist das in der Praxis und auch im Arzthaftungsprozess entscheidende Kriterium der Streitwert. Übersteigt dieser 5.000 € nicht, so ist die Angelegenheit den AGen zugewiesen. Weitere Sonderzuweisungen an die AGe nach § 23 Nr. 2 GVG sind im Bereich des Medizinrechts ohne Bedeutung. Andererseits ist die Zuständigkeit der LGe über die Grundsatznorm des § 71 Abs. 1 GVG hinaus in vielfältigen Sonderzuständigkeiten festgelegt. Dazu gehören gem. § 71 Abs. 2 GVG alle Amtshaftungsansprüche gegen den Staat und seine Gliederungen, darüber hinaus werden Streitigkeiten in wirtschaftsrechtlich relevanten Gesetzen regelmäßig ebenfalls den LGen zugewiesen.

### IV. Bedeutung im Arzthaftungsprozess

16 Soweit im Arzthaftungsprozess zahlenmäßig festgelegte Schadensersatzklagen erhoben werden, ist für die sachliche Zuständigkeit regelmäßig §§ 23 Nr. 1, 71 Abs. 1 GVG einschlägig. Aber auch in allen Fällen, in denen ein noch nicht beziffterter Schaden im Rahmen einer Feststellungsklage (§ 256 Abs. 1) geltend gemacht wird oder wo ein Schmerzensgeldanspruch, also ein Fall des immateriellen Schadensersatzes, geltend gemacht wird, sind diese Normen einschlägig, da es sich ebenfalls um vermögensrechtliche Streitigkeiten handelt. Für die Fragen der Streitwertfestsetzung sind die §§ 2 bis 9 heranzuziehen. Soweit sich der Streitwert nicht unmittelbar aus dem beziffterten Leistungsantrag des Klägers ergibt, wird letztlich der Streitwert vom angerufenen Gericht nach freiem Ermessen bestimmt (§ 3).

## § 12 Allgemeiner Gerichtsstand; Begriff

Das Gericht, bei dem eine Person ihren allgemeinen Gerichtsstand hat, ist für alle gegen sie zu erhebenden Klagen zuständig, sofern nicht für eine Klage ein ausschließlicher Gerichtsstand begründet ist.

| Übersicht | Rdn. | | Rdn. |
|---|---|---|---|
| A. Die örtliche Zuständigkeit ......... | 1 | B. Allgemeiner Gerichtsstand ......... | 2 |

## A. Die örtliche Zuständigkeit

Durch die örtliche Zuständigkeit werden die Prozesse in erster Instanz im Hinblick auf die örtlichen Beziehungen der Parteien auf bestimmte Gerichte aufgeteilt (s.o. § 1 Rdn. 5, 8 ff.). Damit ist die örtliche Zuständigkeit eine Sachurteilsvoraussetzung, also Teil der Zulässigkeit der Klage (s.o. § 1 Rdn. 1, 3 ff.). Das Gesetz nennt die örtliche Zuständigkeit regelmäßig »Gerichtsstand«. 1

## B. Allgemeiner Gerichtsstand

Durch den in § 12 festgelegten Begriff des allgemeinen Gerichtsstandes wird die örtliche Zuständigkeit desjenigen Gerichts gekennzeichnet, bei dem **alle Klagen gegen eine Partei** anhängig gemacht werden können. Die gesetzliche Regelung findet sich in §§ 12 bis 19a. Bedeutsam im vorliegenden Zusammenhang sind insbesondere der allgemeine Gerichtsstand natürlicher Personen (s. § 13) sowie juristischer Personen und ähnlicher Personenvereinigungen wie Gesellschaften, Vereine, Stiftungen und Verbände (s. § 17). Auf die jeweilige Staatsangehörigkeit kommt es bei den Parteien nicht an. Der allgemeine Gerichtsstand ist nur dort ausgeschlossen, wo ein abweichender ausschließlicher Gerichtsstand vorliegt (so insb. §§ 24, 29a, 29c, 32a). Existieren mehrere allgemeine Gerichtsstände, so hat der Kläger gem. § 35 ein Wahlrecht. 2

## § 13 Allgemeiner Gerichtsstand des Wohnsitzes

Der allgemeine Gerichtsstand einer Person wird durch den Wohnsitz bestimmt.

### Übersicht

| | Rdn. | | Rdn. |
|---|---|---|---|
| A. Der allgemeine Gerichtsstand natürlicher Personen . . . . . . . . . . . . . . . . . . . | 1 | B. Begriff des Wohnsitzes . . . . . . . . . . . . . . | 2 |

### A. Der allgemeine Gerichtsstand natürlicher Personen

Der Begriff des allgemeinen Gerichtsstands ist in § 12 definiert (s.o. § 12 Rdn. 2). Nach dem dort entwickelten Grundsatz ist entscheidend die Person des Beklagten. Für natürliche Personen sind damit die §§ 12, 13 zusammenzulesen, sodass jede natürliche Person am Wohnsitz des Beklagten zu verklagen ist. Entscheidendes Merkmal ist damit der Begriff des Wohnsitzes. 1

### B. Begriff des Wohnsitzes

Der Wohnsitz ist in der ZPO nicht geregelt. Insoweit ist auf die Regelung der §§ 7 ff. BGB zurückzugreifen. Entscheidend ist nach der gesetzlichen Regelung die tatsächliche Niederlassung einer Person und damit verbunden der Wille, sich dauerhaft niederzulassen. Die Wohnsitzbegründung ist eine geschäftsähnliche Handlung und erfordert Geschäftsfähigkeit (PWW/*Prütting* § 7 Rn. 4, 8). Daher können geschäftsunfähige oder in der Geschäftsfähigkeit beschränkte Personen für sich allein keinen wirksamen Wohnsitz begründen (§ 8 BGB). Ein Wohnsitz kann an mehreren Orten gleichzeitig bestehen, wenn dies dem Willen der Person entspricht (vgl. § 7 Abs. 2 BGB). Nicht entscheidend für den Wohnsitz ist der jeweilige Aufenthalt einer Person. Ebenfalls ohne Bedeutung für den Wohnsitz ist der Ort der beruflichen oder gewerblichen Niederlassung. Ein Arzt kann also nicht gem. §§ 12, 13 am Ort seiner Arztpraxis verklagt werden, ein Apotheker kann nicht gem. § 12, 13 am Ort der Niederlassung seiner Apotheke verklagt werden. Zu beachten sind in den Fällen der beruflichen und gewerblichen Niederlassung dagegen die §§ 29, 32. 2

## § 17 Allgemeiner Gerichtsstand juristischer Personen

(1) Der allgemeine Gerichtsstand der Gemeinden, der Korporationen sowie derjenigen Gesellschaften, Genossenschaften oder anderen Vereine und derjenigen Stiftungen, Anstalten und Vermögensmassen, die als solche verklagt werden können, wird durch ihren Sitz bestimmt. Als Sitz gilt, wenn sich nichts anderes ergibt, der Ort, wo die Verwaltung geführt wird.

(2) Gewerkschaften haben den allgemeinen Gerichtsstand bei dem Gericht, in dessen Bezirk das Bergwerk liegt, Behörden, wenn sie als solche verklagt werden können, bei dem Gericht ihres Amtssitzes.

(3) Neben dem durch die Vorschriften dieses Paragraphen bestimmten Gerichtsstand ist ein durch Statut oder in anderer Weise besonders geregelter Gerichtsstand zulässig.

### Übersicht

| | Rdn. | | Rdn. |
|---|---|---|---|
| A. Der allgemeine Gerichtsstand juristischer Personen.................... | 1 | B. Begriff des Sitzes................... | 2 |

### A. Der allgemeine Gerichtsstand juristischer Personen

1 § 17 stellt für die juristischen Personen und die sonstigen Gemeinschaften, soweit sie verklagt werden können, das Gegenstück zu § 13 dar. Auch § 17 regelt also den allgemeinen Gerichtsstand (s.o. § 12 Rdn. 2). Ebenso bezieht sich § 17 auf den Grundsatz in § 12, wonach es jeweils auf den allgemeinen Gerichtsstand des Beklagten ankommt. Wie der Gesetzestext zeigt, geht es nicht nur um die juristischen Personen, sondern um alle diejenigen Personenvereinigungen oder Vermögensmassen, die selbstständig verklagt werden können. Bedeutung hat daher § 17 etwa bei Klagen gegen einen Krankenhausträger, unabhängig davon, ob dieser Träger eine juristische Person, eine Gesamthandsgemeinschaft, ein nicht rechtsfähiger Verein oder etwas Ähnliches ist. Nimmt der Patient zunächst nur den Arzt auf Schadensersatz in Anspruch und stellt sich stattdessen ein Fehlverhalten des Krankenhauses heraus, kann das Krankenhaus nicht durch eine Gerichtsstandsbestimmung nach § 36 Abs. 1 Nr. 3 in das Verfahren gegen den Arzt hineingezogen werden (OLG Koblenz MedR 2011, 2051).

### B. Begriff des Sitzes

2 Ähnlich wie beim Wohnsitz ist auch der Sitz einer juristischen Person oder sonstigen Gemeinschaft nach materiellem Recht zu bestimmen. Allerdings gibt § 17 Abs. 1 Satz 2 insoweit eine ergänzende Regelung, als er subsidiär auf den Ort der Verwaltung abstellt. Im Einzelnen wird bei juristischen Personen des Privatrechts der Sitz jeweils durch die Satzung bestimmt. Vgl. etwa für Aktiengesellschaften § 5 AktG, für die GmbH vgl. § 3 GmbHG, für den Verein vgl. §§ 24, 57 BGB, für die Stiftung vgl. § 80 BGB. Bei Personenhandelsgesellschaften ist der Sitz jeweils dem Handelsregister zu entnehmen, da für diese eine Pflicht zur Anmeldung besteht. Soweit es eine Registerpflicht nicht gibt, wie im Fall der Gesellschaft Bürgerlichen Rechts oder des nichtrechtsfähigen Vereins, wird man den Tätigkeitsort der Geschäftsführung und ihrer berufenen Vertretungsorgane als Sitz feststellen müssen (BGHZ 97, 269, 272).

## § 29 Besonderer Gerichtsstand des Erfüllungsorts

(1) Für Streitigkeiten aus einem Vertragsverhältnis und über dessen Bestehen ist das Gericht des Ortes zuständig, an dem die streitige Verpflichtung zu erfüllen ist.

(2) Eine Vereinbarung über den Erfüllungsort begründet die Zuständigkeiten nur, wenn die Vertragsparteien Kaufleute, juristische Personen des öffentlichen Rechts oder öffentlich-rechtliche Sondervermögen sind.

### Übersicht

| | Rdn. | | Rdn. |
|---|---|---|---|
| A. Der Erfüllungsort als besonderer Gerichtsstand....................... | 1 | B. Der Begriff des Erfüllungsortes........ | 2 |
| | | C. Rechtsfolgen....................... | 4 |

### A. Der Erfüllungsort als besonderer Gerichtsstand

1 Nach dem System der ZPO sind an die Regelungen über den allgemeinen Gerichtsstand in §§ 12 bis 19a (s.o. § 12 Rdn. 2) die sogenannten besonderen Gerichtsstände unmittelbar angefügt (§§ 20

bis 34). Praktisch sind im Arzthaftungsprozess im Hinblick auf mögliche vertragliche und deliktische Anspruchsgrundladen die §§ 29, 32 von besonderem Interesse.

## B. Der Begriff des Erfüllungsortes

Während die §§ 12, 13, 17 mit ihrer Anknüpfung an den Wohnsitz oder Sitz des Beklagten einen besonderen Schutz für diesen erzielen wollen, stellt § 29 einen Sachzusammenhang zwischen dem konkreten Vertragsverhältnis und dem daraus resultierenden Rechtsstreit in den Vordergrund. Damit wird erreicht, dass dasjenige Gericht angerufen werden kann, das einen möglichst nahen sachlichen Bezug zu dem Rechtsstreit hat. Der Gedanke des Erfüllungsortes gilt für alle Personen, natürliche, juristische und sonstige rechtsfähige Gemeinschaften. Entscheidende Voraussetzung ist das Vorliegen eines schuldrechtlichen Vertrages zwischen den Prozessparteien. Anerkannt ist heute allerdings auch, dass § 29 auf vertragsähnliche Sonderbeziehungen anzuwenden ist (Prütting/Gehrlein/*Wern* § 29 Rn. 5). Nicht erfasst werden von § 29 dagegen gesetzliche Schuldverhältnisse, also insbesondere eine deliktische Rechtsbeziehung. Insoweit ist ausschließlich § 32 heranzuziehen. Die Bestimmung des Erfüllungsortes im Einzelnen richtet sich nach dem materiellen Recht. Entscheidend ist gem. § 269 BGB der Ort, an dem die vertragliche Leistung vorzunehmen bzw. zu erbringen ist. Entscheidend ist damit vorrangig der Wille der Parteien über die Leistungserbringung. Bei gegenseitigen Verträgen ist im Grundsatz der Erfüllungsort für die beiden vertraglichen Hauptpflichten gesondert zu bestimmen. Für einen Krankenhausaufnahmevertrag nimmt die Rechtsprechung und die h.M. aber einen einheitlichen Erfüllungsort am Ort der den Vertrag prägenden Leistung an (BGH NJW 2012, 860 = MedR 2014, 755 m. Anm. *Katzenmeier/Reisewitz*; OLG Karlsruhe MedR 2010, 508; OLG Celle MDR 2007, 604; dazu s.u. Rdn. 3). Zwar hat der BGH diese einheitliche Bewertung für den Anwaltsvertrag aufgegeben (BGHZ 157, 20, 25), aber für den Arztvertrag und den Krankenhausaufnahmevertrag ist an der bisherigen Rechtsprechung festzuhalten (BGH NJW 2012, 860 = MedR 2014, 755 m. Anm. *Katzenmeier/Reisewitz*; OLG Karlsruhe MedR 2010, 508; a.A. OLG Zweibrücken NJW-RR 2007, 1145; KG MedR 2011, 815). Dies gilt insbesondere auch für grenzüberschreitende Fälle (BGH NJW 2012, 860 = MedR 2014, 755 m. Anm. *Katzenmeier/Reisewitz*). Die Rechtsprechung des BGH zum Krankenhaus als Erfüllungsort wird zunehmend kritisiert und angegriffen (AG Lüdenscheid MDR 2021, 384 mit umfangreichen Nachweisen zu den kritischen Literaturstimmen). Der gegen den BGH ins Feld geführte Schuldnerschutz überzeugt freilich nicht.

Im Bereich des Medizinrechts ist bei einer ambulanten Behandlung durch einen niedergelassenen Arzt oder im Krankenhaus grundsätzlich der Ort der Arztpraxis bzw. des Krankenhauses der Erfüllungsort. Dies gilt in gleicher Weise für die zahnärztliche Behandlung (OLG Düsseldorf MedR 2005, 410). Bei stationärer Behandlung ist der Erfüllungsort zwingend der stationäre Behandlungsort (OLG Karlsruhe MedR 2010, 508). Wegen der engen Ortsbezogenheit in solchen Fällen gilt für alle stationären Leistungen insoweit ein einheitlicher Erfüllungsort am Klinikort (Prütting/Gehrlein/*Wern* § 29 Rn. 14, Stichwort »Krankenhausaufnahmevertrag«). Auch darüber hinaus nimmt die Rechtsprechung nach den einzelnen Umständen einen einheitlichen Erfüllungsort gemäß dem Schwerpunkt der charakteristischen Leistung an (OLG Celle NJW 1990, 777; OLG Celle MDR 2007, 604; a.A. LG Mainz VersR 2004, 398; AG Köln NJW-RR 1995, 185; LG Magdeburg NJW-RR 2008, 1591). Der BGH differenziert und bejaht einen einheitlichen Erfüllungsort nicht allein deshalb, weil am Ort der zu erbringenden Leistung der Schwerpunkt des Vertrages liegt (BGH NJW-RR 2007, 777; BGHZ 157, 20, 25). Vielmehr müsse ein solcher einheitlicher Erfüllungsort der Natur des Schuldverhältnisses entsprechen.

## C. Rechtsfolgen

Soweit nach den Regeln des Erfüllungsortes eine Zuständigkeit begründet werden kann, steht diese wahlweise neben dem allgemeinen Gerichtsstand. Sind insoweit unterschiedliche Gerichtsstände gegeben, hat der Kläger die Wahl zwischen diesen (§ 35). Soweit im Rahmen der medizinischen Behandlung ein grenzüberschreitender Sachverhalt vorliegt, regelt § 29 auch die internationale

Zuständigkeit. Dabei ist der Erfüllungsort nach deutschem Kollisionsrecht zu bestimmen. Zu den Einzelheiten s.u. § 32 Rdn. 4. Ein deutsches Krankenhaus kann nach der Rechtsprechung also Honorarklagen nicht nur gegen deutsche Patienten am Ort des Krankenhauses geltend machen, sondern auch gegen Patienten aus Nicht-EU-Mitgliedstaaten. Für Klagen gegen Patienten aus EU-Staaten gilt Art. 7 EuGVVO (VO-EU 1215/2012).

## § 32 Besonderer Gerichtsstand der unerlaubten Handlung

Für Klagen aus unerlaubten Handlungen ist das Gericht zuständig, in dessen Bezirk die Handlung begangen ist.

| Übersicht | Rdn. | | Rdn. |
|---|---|---|---|
| A. Der Deliktsort als besonderer Gerichtsstand | 1 | B. Der Begriff des Deliktsortes | 2 |
| | | C. Internationale Zuständigkeit | 4 |

### A. Der Deliktsort als besonderer Gerichtsstand

1 § 32 ist Teil der besonderen Gerichtsstände und steht damit wie § 29 in einem ergänzenden Verhältnis zu den allgemeinen Gerichtsständen (s.o. § 12 Rdn. 2, § 29 Rdn. 1, 2). Im Bereich des Medizinrechts hat § 32 große Bedeutung.

### B. Der Begriff des Deliktsortes

2 Die Regelung des § 32 bezieht sich auf alle unerlaubten Handlungen, wie sie in den §§ 823 ff. BGB geregelt sind, darüber hinaus aber auch auf alle anderen Anspruchsgrundlagen mit deliktischem oder deliktsähnlichem Charakter. Darunter fallen Ansprüche aus Gefährdungshaftung wie z.B. § 84 AMG, Ansprüche auf Schmerzensgeld sowie Ansprüche auf Unterlassung und Beseitigung von Eingriffsfolgen.

3 Der Begriff des Ortes, an dem eine deliktische Handlung begangen ist, wird sehr weit gefasst. Dieser Ort wird als Begehungs- oder Tatort bezeichnet und er liegt überall dort, wo ein wesentliches Tatbestandsmerkmal des jeweiligen Deliktes verwirklicht worden ist (OLG Hamm NJW-RR 2015, 1534). Im Einzelnen kommt also sowohl der Ort in Betracht, an dem eine bestimmte Verletzungshandlung begangen wurde (**Handlungsort**), als auch der Ort, an dem ein geschütztes Rechtsgut durch einen Eingriff verletzt wurde (**Erfolgsort**). Im Fall einer Gesundheitsschädigung liegt also der Deliktsort sowohl am Ort der Begehung (Ort der ärztlichen Behandlung) als auch am Ort eines späteren Schadenseintrittes (Erfolgsort). Damit kommt über § 32 ZPO nicht selten auch der Wohnsitz des geschädigten Patienten in Betracht (vgl. OLG Köln NJW-RR 2009, 569; OLG Koblenz MedR 2011, 251). Dies gilt insbesondere bei einer Medikamententherapie (BGHZ 176, 342). Treten an einem Ort dagegen nur weitere Schadensfolgen ein, so ist dies für § 32 ohne Bedeutung (OLG Köln NJW-RR 2009, 569; OLG Hamm NJW-RR 2015, 1534). Tritt dagegen das schädigende Ereignis einer in mehreren Schritten und an verschiedenen Orten erfolgten Heilbehandlung erst nach der Entlassung aus dem Krankenhaus am Wohnort des Patienten zutage, kann dort für alle Anspruchsgegner der Gerichtsstand des § 32 begründet sein (OLG Koblenz MedR 2011, 251). § 32 erfasst alle Schadensersatzklagen aufgrund fehlerhafter ärztlicher Behandlung, unabhängig davon, ob die Verletzungshandlung in einem positiven Tun oder in einem Unterlassen gebotener Handlungen liegt (OLG Düsseldorf MedR 2011, 40).

### C. Internationale Zuständigkeit

4 Im Fall eines Rechtsstreites mit grenzüberschreitendem Bezug ist auch die internationale Zuständigkeit des angerufenen deutschen Gerichtes im Rahmen der Zulässigkeit zu prüfen (s.o. § 1 Rdn. 5, 12). Diese ist allerdings im Gesetz selbst nicht näher geregelt. Vorrangig zu prüfen und anzuwenden sind insoweit internationale Verträge, die für Deutschland Geltung beanspruchen. Im europäischen Bereich ist vor allem die Verordnung (EU) Nr. 1215/2012 über die gerichtliche

Zuständigkeit und die Anerkennung und Vollstreckung von Entscheidungen in Zivil- und Handelssachen (EuGVVO) zu beachten, die seit 10.01.2015 in Kraft ist, ergänzt durch das Lugano-ÜE vom 30.10.2007 (LugÜ II), in Kraft seit 01.01.2010. Soweit solche Regelungen nicht einschlägig sind, ist auf das autonome Recht, also das deutsche Recht, zurückzugreifen. Insoweit ist anerkannt, dass die Regeln über die örtliche Zuständigkeit (§§ 12 bis 34) eine doppelfunktionale Bedeutung haben. Dies führt dazu, dass die örtliche Zuständigkeit eines deutschen Gerichts nach den deutschen Regeln zugleich die internationale Zuständigkeit automatisch mit begründet. In Betracht kommen insoweit alle Regelungen der örtlichen Zuständigkeit, also sowohl die allgemeinen wie die besonderen Gerichtsstände. In der Praxis ist hier § 32 ZPO von besonderer Bedeutung. Wird also bei einer Medikamententherapie, die in der Schweiz verordnet und über die dort angeblich fehlerhaft aufgeklärt wurde, das Medikament (wie zwischen Arzt und Patient besprochen) in Deutschland eingenommen und treten hier die unerwünschten Nebenwirkungen auf, so liegt der Erfolgsort und damit der Deliktsgerichtsstand in Deutschland (BGHZ 176, 342 = NJW 2008, 2344, 2345; dazu *Zoll*, MedR 2009, 569, 575; *Prütting*, in: Katzenmeier/Bergdolt, Das Bild des Arztes im 21. Jahrhundert, 2009, S. 157, 160).

## § 42 Ablehnung eines Richters

(1) Ein Richter kann sowohl in den Fällen, in denen er von der Ausübung des Richteramts kraft Gesetzes ausgeschlossen ist, als auch wegen Besorgnis der Befangenheit abgelehnt werden.

(2) Wegen Besorgnis der Befangenheit findet die Ablehnung statt, wenn ein Grund vorliegt, der geeignet ist, Misstrauen gegen die Unparteilichkeit eines Richters zu rechtfertigen.

(3) Das Ablehnungsrecht steht in jedem Fall beiden Parteien zu.

| Übersicht | Rdn. | | Rdn. |
|---|---|---|---|
| A. Grundlagen | 1 | D. Die Besorgnis der Befangenheit | 5 |
| B. Zulässigkeit eines Ablehnungsgesuchs | 2 | E. Einzelfälle im Arzthaftungsprozess | 7 |
| C. Begründetheit eines Ablehnungsgesuchs | 3 | | |

### A. Grundlagen

Die Ablehnung von Richtern in Arzthaftungsprozessen ist nicht selten zu beobachten. Kern eines Ablehnungsgesuchs ist in den meisten Fällen die Besorgnis der Befangenheit. Allerdings hat die Rechtsprechung eine Reihe von Einschränkungen betont, um zu verhindern, dass eine Partei die ihr ungünstigen Rechtsauffassungen des Gerichts mit einem Ablehnungsgesuch zu bekämpfen versucht. 1

### B. Zulässigkeit eines Ablehnungsgesuchs

Zulässig ist ein Ablehnungsgesuch nur im Verhältnis zur Person eines einzelnen Richters. Das Gericht insgesamt oder ein gesamter Spruchkörper kann nicht abgelehnt werden. Die Ablehnung muss von einer am Verfahren beteiligten Partei oder einem Nebenintervenienten (§ 66) ausgehen. Eine Selbstablehnung des Richters kommt gem. § 48 in Betracht. Ein Rechtsanwalt als Prozessbevollmächtigter kann für sich allein ein zulässiges Ablehnungsgesuch nicht stellen. Die Ablehnung ist nicht mehr zulässig, wenn sich eine Partei in Kenntnis eines Ablehnungsgrundes auf eine Verhandlung vor dem zuständigen Gericht eingelassen oder dort Anträge gestellt hat (§ 43). Unzulässig ist eine Ablehnung ferner im Fall eines prozessualen Missbrauchs. Dies ist zu bejahen, wenn ein Ablehnungsgrund mehrfach wortwörtlich wiederholt wird oder wenn ein einzelner Richter allein wegen seiner Zugehörigkeit zu einem bestimmten Gericht abgelehnt wird. 2

### C. Begründetheit eines Ablehnungsgesuchs

Nach dem Gesetz kommt eine Ablehnung eines Richters in zwei Fällen in Betracht. Möglich ist eine Ablehnung in den Fällen des § 41, wenn also der Richter bereits kraft Gesetzes von der Ausübung 3 des Richteramtes ausgeschlossen wäre. Ein solcher Fall ist gegeben, wenn der Richter selbst in einem Prozess Partei ist oder der Ehegatte des Richters, sein Lebenspartner oder eine Person, mit der er in gerader Linie verwandt oder verschwägert ist, als Partei beteiligt ist. Ferner ist ein solcher Ausschluss gegeben in Fällen, in denen der Richter früher als Prozessbevollmächtigter, als Zeuge oder Sachverständiger oder in einem ähnlichen Sachzusammenhang mit dem Verfahren bereits einmal befasst war.

4 Der zweite Grund für die Ablehnung eines Richters ist die Besorgnis der Befangenheit. In der Praxis wird in aller Regel dieser zweite Ablehnungsgrund herangezogen. Dazu existiert eine umfangreiche Rechtsprechung.

### D. Die Besorgnis der Befangenheit

5 Unter Befangenheit versteht das Gesetz alle diejenigen Momente, die vom Standpunkt einer Partei aus bei objektiver und vernünftiger Betrachtung ein Misstrauen gegenüber dem abgelehnten Richter rechtfertigen. Dabei meint der Begriff der Besorgnis, dass diese Befangenheit und damit das Misstrauen nicht zwingend existieren müssen, sondern dass mit der Besorgnis bereits der Anschein genügt. Vorgeworfen wird im Fall eines Ablehnungsgesuchs also dem Richter nicht tatsächliche Befangenheit, sondern ein Verhalten, aus dem ein Betrachter das Vorliegen von Befangenheit bei vernünftiger Sicht schließen kann.

6 Im Verhältnis des Richters zu den Parteien kann insbesondere ein enges privates Verhältnis die Befangenheit rechtfertigen. Ähnliches gilt im Verhältnis des Richters zum Prozessbevollmächtigten einer Partei. Darüber hinaus wird die Besorgnis der Befangenheit angenommen, wenn der Richter ein konkretes Verhalten an den Tag legt, das aus der Sicht der Partei als unsachlich und voreingenommen zu werten ist.

### E. Einzelfälle im Arzthaftungsprozess

7 Stellt der Kläger eines Arzthaftungsprozesses fest, dass der zur Entscheidung berufene Richter in derselben Abteilung des beklagten Krankenhauses Patient ist, so ist dies als Ablehnungsgrund zu werten. Dies gilt auch, wenn die Behandlung des Richters in den Händen eines anderen Arztes liegt (OLG Koblenz MedR 2012, 676 = MDR 2012, 428). Macht eine Partei im Arzthaftungsprozess dem zur Entscheidung berufenen Richter den Vorwurf, er handele nicht nach den speziellen Regeln in Haftungsprozessen, er beachte nicht die besonderen Regeln der Substantiierungslast der Parteien und er genüge nicht seiner Aufklärungspflicht, so kann dies keine Ablehnung des Richters rechtfertigen. Vielmehr muss eine Überprüfung behaupteter richterlicher Fehler im Verfahren oder im materiellen Recht durch ein Rechtsmittel erfolgen. Die Richterablehnung wegen Besorgnis der Befangenheit stellt kein Instrument der Verfahrens- oder Fehlerkontrolle dar (OLG Naumburg MedR 2012, 247; KG MDR 2005, 708; vgl. auch BGH NJW 2002, 2396). Hat das Gericht den Antrag einer Partei oder ihres Prozessbevollmächtigten auf Übergabe von Originalbehandlungsunterlagen abgelehnt und die Partei oder den Prozessbevollmächtigten auf eine Einsichtnahme der Unterlagen in der Geschäftsstelle des Gerichts verwiesen, so ist darin noch keine Besorgnis der Befangenheit zu sehen (OLG Hamm MedR 2013, 250). Dagegen rechtfertigt es die Besorgnis der Befangenheit, wenn ein Richter Hinweise erteilt, für die zu diesem Zeitpunkt keinerlei Anlass bestand (OLG München NJW-RR 2012, 309).

### § 50 Parteifähigkeit

(1) Parteifähig ist, wer rechtsfähig ist.

(2) Ein Verein, der nicht rechtsfähig ist, kann klagen und verklagt werden; in dem Rechtsstreit hat der Verein die Stellung eines rechtsfähigen Vereins.

| Übersicht | Rdn. | | Rdn. |
|---|---|---|---|
| A. Der Parteibegriff................ | 1 | C. Umfang der Parteifähigkeit........ | 4 |
| B. Begriff der Parteifähigkeit......... | 3 | D. Bedeutung im Medizinrecht........ | 5 |

## A. Der Parteibegriff

Im Zivilprozess stehen sich stets zwei Parteien gegenüber (sogenanntes Zweiparteienprinzip). Diese Parteien werden Kläger und Beklagter genannt. Dabei geht das Gesetz vom formellen Parteibegriff aus. Partei ist also, wer im eigenen Namen durch eine Klageschrift an das Gericht Rechtsschutz begehrt. Beklagter ist demnach derjenige, den der Kläger in seiner Klageschrift als denjenigen bezeichnet, gegenüber dem er Rechtsschutz begehrt. Maßgeblich ist somit ausschließlich die formelle Bezeichnung in der Klageschrift als Kläger und Beklagter, nicht die materielle Rechtsstellung. Hat daher der Kläger in seiner Klageschrift eine Person als Beklagten bezeichnet, ist aber eine andere Person in Wahrheit der vom Anspruch Betroffene (sogenannte Passivlegitimation), so ist die erhobene Klage zulässig, aber nicht begründet.

Aus dem beschriebenen formellen Parteibegriff und dem Zweiparteienprinzip ergibt sich zugleich, dass die Parteien im Rahmen der Klageschrift genau bezeichnet werden müssen (s.u. § 253 Rdn. 4).

## B. Begriff der Parteifähigkeit

Nach Abs. 1 wird die Parteifähigkeit vom Gesetzgeber mit der Rechtsfähigkeit gleich gesetzt. Gemeint ist damit, dass nur derjenige Partei eines Zivilprozesses sein kann, der im Prozess als Träger von Rechten und Pflichten auftritt und in zulässiger Weise Subjekt eines solchen Prozesses sein kann. Fehlt dem Kläger oder dem Beklagten die Parteifähigkeit, so ist die erhobene Klage als unzulässig abzuweisen.

## C. Umfang der Parteifähigkeit

Der Wortlaut des Gesetzes geht zunächst von der Rechtsfähigkeit aus und erfasst damit lediglich die (natürlichen oder juristischen) Personen. In Wahrheit ist die Parteifähigkeit aber durch spezielle gesetzliche Regelungen sowie durch Rechtsprechung deutlich weiter gefasst. Im Einzelnen sind parteifähig:

1) Alle natürlichen Personen einschließlich des Nasciturus, soweit diesem bereits vor der Geburt Rechte zustehen.
2) Alle juristischen Personen des Privatrechts sowie des Öffentlichen Rechts, also insbesondere Körperschaften, Anstalten und Stiftungen des Öffentlichen Rechts sowie eingetragene Vereine, privatrechtliche Stiftungen, Aktiengesellschaften, Genossenschaften, der Versicherungsverein auf Gegenseitigkeit und die GmbH. Parteifähig sind auch die werdenden juristischen Personen (sogenannte Vorgesellschaft).
3) Parteifähig sind die Personenhandelsgesellschaften, also die OHG und die KG (§§ 124 Abs. 1, 161 Abs. 2 HGB).
4) Parteifähig ist nach der Rechtsprechung des BGH (BGHZ 146, 341) die Gesellschaft bürgerlichen Rechts.
5) Parteifähig ist nach der ausdrücklichen Anordnung des § 50 Abs. 2 der nicht rechtsfähige Verein.
6) Parteifähig ist die Wohnungseigentümergemeinschaft gem. § 9a Abs. 1 WEG.
7) Parteifähig sind alle politischen Parteien, unabhängig von ihrem konkreten Status (§ 3 ParteiG).
8) Nicht parteifähig sind demgegenüber Tiere (§ 90a BGB), weiterhin sogenannte Innengesellschaften, die nicht am Rechtsverkehr teilnehmen, also z.B. die stille Gesellschaft. Nicht parteifähig sind ferner Bruchteilsgemeinschaften gem. § 741 BGB. Nicht parteifähig ist auch die Erbengemeinschaft sowie die Gütergemeinschaft.

## D. Bedeutung im Medizinrecht

Soweit im Zivilprozess ein Arzt oder ein Patient als natürliche Person klagen und verklagt werden, bestehen an der Parteifähigkeit keinerlei Zweifel. Gleiches gilt, soweit Kläger oder Beklagter eines Zivilprozesses ein Krankenhaus ist, dessen Rechtsträger eine juristische Person ist. In diesem Fall muss allerdings die Klage gegen den rechtsfähigen Rechtsträger gerichtet sein. Wegen der durch die

§ 59 ZPO   Streitgenossenschaft bei Rechtsgemeinschaft oder Identität des Grundes

Rechtsprechung anerkannten Parteifähigkeit der Gesellschaft bürgerlichen Rechts kann auch eine aus mehreren Ärzten bestehende Arztpraxis als Kläger oder Beklagter eines Zivilprozesses firmieren.

6   Einen Sonderfall stellt die Arbeitsgemeinschaft nach § 44b SGB II zwischen der Bundesanstalt für Arbeit und einer Kommune dar. Diese Arbeitsgemeinschaft entsteht durch einen öffentlich-rechtlichen Vertrag zwischen der jeweiligen Agentur für Arbeit und der Kommune. Sie ist nach dem Gesetz vorgesehen und hat gesetzlich festgelegte Organe. Wegen ihres öffentlich-rechtlichen Charakters ist diese Arbeitsgemeinschaft allerdings keine Gesellschaft bürgerlichen Rechts. Dennoch hat der BGH analog zu seiner Rechtsprechung über die Parteifähigkeit der Gesellschaft bürgerlichen Rechts auch diese Arbeitsgemeinschaft als parteifähig anerkannt (BGH, Urt. v. 22.10.2009 – III ZR 295/08, MDR 2010, 167). Diese Rechtsprechung ist nicht unproblematisch, weil es im Zivilrecht anerkannt ist, dass Gesamthandsgemeinschaften einem vom Gesetzgeber vorgegebenen numerus clausus unterliegen und nicht ausgedehnt werden können. Daher hatte etwa das KG Bedenken geäußert und die Frage offen gelassen (KG KGReport 2009, 261). Im Ergebnis wird man aber angesichts der Fortentwicklung der Rechts- und Parteifähigkeit durch die Rechtsprechung auch der Arbeitsgemeinschaft nach § 44b SGB II die Parteifähigkeit im Zivilprozess zusprechen müssen.

## § 59 Streitgenossenschaft bei Rechtsgemeinschaft oder Identität des Grundes

Mehrere Personen können als Streitgenossen gemeinschaftlich klagen oder verklagt werden, wenn sie hinsichtlich des Streitgegenstandes in Rechtsgemeinschaft stehen oder wenn sie aus demselben tatsächlichen und rechtlichen Grund berechtigt oder verpflichtet sind.

Übersicht

| | | Rdn. | | | Rdn. |
|---|---|---|---|---|---|
| A. | Begriff der Streitgenossenschaft ....... | 1 | C. | Voraussetzungen ................. | 3 |
| B. | Begründung der Streitgenossenschaft ... | 2 | D. | Wirkungen ..................... | 4 |

### A. Begriff der Streitgenossenschaft

1   Wenn in einem Prozess mehrere Kläger gegen einen Beklagten oder ein Kläger gegen mehrere Beklagte Klage erheben, so handelt es sich nach der Terminologie der ZPO um eine Streitgenossenschaft. Gemeint ist damit, dass mehrere Prozesse zwischen je einem Kläger und je einem Beklagten miteinander verbunden werden. In der Sache handelt es sich also bei der Streitgenossenschaft immer um eine Klagenhäufung. Die in §§ 59, 60 geregelten Fälle der Streitgenossenschaft werden auch als einfache Streitgenossenschaft bezeichnet. Davon abzutrennen ist der Sonderfall der notwendigen Streitgenossenschaft (§ 62), bei der das streitige Rechtsverhältnis allen Streitgenossen gegenüber nur einheitlich festgestellt werden kann. Dieser Fall, dem entweder eine Rechtskraftwirkung für und gegen alle Streitgenossen, eine Gestaltungswirkung für und gegen alle oder eine materiell-rechtliche Situation notwendig einheitlicher Entscheidung zugrunde liegt, dürfte im Medizinrecht kaum vorkommen. Dagegen wird es nicht selten sein, dass mehrere geschädigte Patienten gegen einen Arzt klagen oder dass ein geschädigter Kläger seine Klage gegen alle Mitglieder einer Arztpraxis oder gegen den behandelnden Arzt oder den Krankenhausträger erhebt. Alle diese Klagen sind zulässig. Wird dagegen eine Klage gegen eine Gemeinschaftspraxis als Gesellschaft bürgerlichen Rechts gerichtet, so liegt keine Streitgenossenschaft vor, weil nach der Rechtsprechung die Gesellschaft bürgerlichen Rechts als eigener Rechtsträger rechtsfähig und parteifähig ist (BGHZ 146, 341). Nach dieser Rechtsprechung können allerdings die Gemeinschaftspraxis und die einzelnen Ärzte zusammen verklagt werden.

### B. Begründung der Streitgenossenschaft

2   Eine solche Streitgenossenschaft wird i.d.R. durch eine Klageerhebung begründet, bei der der Kläger seine Klage von vornherein gegen mehrere Beklagte richtet. Umgekehrt ist eine gemeinsame Klageschrift mehrerer Kläger gegen einen (oder auch gegen mehrere) Beklagte/n möglich. Durch

eine solche gemeinsame Klageerhebung wird die Klage für und gegen alle Streitgenossen nach Zustellung rechtshängig.

## C. Voraussetzungen

§ 59 nennt als Voraussetzung eine Rechtsgemeinschaft der Streitgenossen oder als Grundlage des Streits denselben tatsächlichen oder rechtlichen Grund. Allerdings wird diese Formulierung durch § 60 ausgeweitet, wenn dort auf gleichartige und auf einem im Wesentlichen gleichartigen tatsächlichen und rechtlichen Grund beruhende Ansprüche oder Verpflichtungen abgestellt wird. Dies zeigt, dass eine einfache Streitgenossenschaft in weitem Umfange zulässig ist. Letztlich kann man sagen, dass im Fall gleichartiger Ansprüche für oder gegen mehrere sowie im Fall eines gleichartigen Tatsachenstoffes oder eines gleichartigen Rechtsgrundes in jedem Fall eine einfache Streitgenossenschaft nach Zweckmäßigkeit möglich ist.

## D. Wirkungen

Trotz der Zusammenfassung mehrerer Klagen in einem Prozess bleibt es dabei, dass sämtliche Klagen isoliert zu behandeln sind. Es muss also für jede einzelne Klage die Zulässigkeit und die Begründetheit geprüft werden. Insbesondere muss für jede Klage das Prozessgericht zuständig sein und dieselbe Prozessart gegeben sein. Ferner müssen für jeden einzelnen Streitgenossen alle allgemeinen Sachurteilsvoraussetzungen vorliegen. Wirkung der zulässigen Streitgenossenschaft ist dann die einheitliche Verhandlung, Beweisaufnahme und Entscheidung über die erhobenen Klagen. Haben im Rahmen einer Arzthaftungsklage mehrere verklagte Ärzte und Krankenhäuser bei verschiedenen Gerichten ihren allgemeinen Gerichtsstand und sollen sie als Streitgenossen in einem solchen allgemeinen Gerichtsstand verklagt werden, ohne dass ein gemeinschaftlicher besonderer Gerichtsstand begründet wäre, so muss ein Antrag auf gerichtliche Bestimmung der Zuständigkeit an das nächsthöhere gemeinschaftliche Gericht gestellt werden (§ 36 Abs. 1 Nr. 3; OLG Celle OLG-Report 2007, 212).

## § 66 Nebenintervention

(1) Wer ein rechtliches Interesse daran hat, dass in einem zwischen anderen Personen anhängigen Rechtsstreit die eine Partei obsiege, kann dieser Partei zum Zwecke ihrer Unterstützung beitreten.

(2) Die Nebenintervention kann in jeder Lage des Rechtsstreits bis zur rechtskräftigen Entscheidung, auch in Verbindung mit der Einlegung eines Rechtsmittels, erfolgen.

| Übersicht | Rdn. | | Rdn. |
|---|---|---|---|
| A. Grundlagen der Beteiligung Dritter | 1 | D. Die Zulässigkeit und der Interventionsgrund | 4 |
| B. Begriff der Nebenintervention | 2 | | |
| C. Begriff der Streitverkündung | 3 | E. Wirkungen | 5 |

### A. Grundlagen der Beteiligung Dritter

Der Zivilprozess ist ein Zweiparteienprozess (s.o. § 50 Rdn. 1). Zwar können sich auf der Kläger- oder auf der Beklagtenseite mehrere Personen befinden (Streitgenossenschaft, s. § 59), jedoch ist es nicht möglich, dass sich in einem zwischen zwei Personen geführten Prozess eine dritte Partei in den Rechtsstreit hineindrängt. Es bleibt also grundsätzlich beim sogenannten Zweiparteienprozess. Als Ausnahmen von dieser Regelung hat das Gesetz die sogenannte Hauptintervention (§§ 64 bis 65), die sogenannte Nebenintervention (§§ 66 bis 71) sowie die Streitverkündung (§§ 72 bis 77) vorgesehen. Während die Hauptintervention in der Praxis weitgehend ohne Bedeutung ist, bedürfen Nebenintervention und Streitverkündung einer näheren Prüfung. Beide Formen der Drittbeteiligung gehen davon aus, dass in einem zwischen zwei Parteien geführten Prozess eine dritte Person vom Ergebnis betroffen werden kann. Bei der Nebenintervention drängt sich die dritte Person in den für sie fremden Prozess hinein, spiegelbildlich dazu wird die dritte Person im Fall der Streitverkündung von einer Partei des Prozesses benachrichtigt und hat dann die Möglichkeit, dem Prozess ebenfalls im Wege der Nebenintervention beizutreten (vgl. § 74 Abs. 1). Zur Klage gegen eine Gemeinschaftspraxis s.o. § 59 Rdn. 1

## B. Begriff der Nebenintervention

2 Die Nebenintervention setzt zunächst einen anhängigen Prozess zwischen zwei anderen Parteien voraus. Weiterhin muss die Situation bestehen, dass der Dritte ein rechtliches Interesse am Obsiegen der Hauptpartei hat, die er unterstützen möchte. Typischerweise kann sich ein solches rechtliches Interesse darin verdeutlichen, dass im Fall des Unterliegens der Hauptpartei diese gegen den Dritten einen Regressanspruch oder einen ähnlichen Anspruch geltend macht (im Einzelnen s.u. Rdn. 4). Beim Vorliegen einer solchen Situation kann der Dritte als Nebenintervenient durch Einreichen eines Schriftsatzes beim Prozessgericht seinen Beitritt erklären (vgl. § 70). Kommt es zum Streit über die Zulässigkeit einer solchen Nebenintervention, kann das Gericht im Rahmen eines Zwischenstreites über diese Zulässigkeit gesondert entscheiden (vgl. § 71).

## C. Begriff der Streitverkündung

3 Bei der Streitverkündung wird ebenfalls das Vorliegen einer anhängigen Klage zwischen zwei Parteien vorausgesetzt. Im Rahmen dieser Klage behauptet nun eine der beiden Streitparteien, dass ihr bei ungünstigem Ausgang dieses ersten Rechtsstreits ein alternativer Anspruch gegen eine dritte Person zustehe. In diesem Fall kann die betroffene Streitpartei der dritten Person durch eine förmliche Benachrichtigung den Streit verkünden (§ 72). Dazu muss die Streitpartei beim Gericht einen Schriftsatz einreichen und diesen der dritten Person zustellen lassen (§ 73). Insgesamt ist also die Streitverkündung ein spiegelbildlicher Vorgang zur Nebenintervention.

## D. Die Zulässigkeit und der Interventionsgrund

4 Das Gesetz formuliert die Zulässigkeit von Nebenintervention und Streitverkündung in §§ 66 Abs. 1, 72 Abs. 1 unterschiedlich und sprachlich zu eng. Entscheidend ist letztlich aus der Sicht des Dritten, dass dieser zu den Hauptparteien und dem Gegenstand des Prozesses in einer Rechtsbeziehung steht, bei der die Rechtslage durch ein der Hauptpartei ungünstiges Urteil rechtlich zu seinem Nachteil beeinflusst wird (Rosenberg/Schwab/*Gottwald* Zivilprozessrecht 17. Aufl. 2010, § 50 Rn. 14). Umgekehrt ist aus der Sicht der Hauptparteien eine Streitverkündung immer dann zulässig, wenn die Möglichkeit besteht, dass für eine Partei alternative Ansprüche entweder gegen die Gegenpartei oder gegen einer dritte Person bestehen (*Häsemeyer*, ZZP 84, 179). Klagt dagegen der geschädigte Patient gegen den Arzt, kann die Krankenversicherung des Patienten nicht als Nebenintervenient diesem Prozess mit der Begründung beitreten, die Unterstützung des Patienten erleichtere ihr einen später beabsichtigten Prozess und sie könne besondere medizinische Kenntnisse in den Prozess einbringen (OLG Koblenz MDR 2009, 708 = MedR 2010, 715). Solche Zweckmäßigkeitserwägungen erfüllen nicht den Tatbestand des § 66.

## E. Wirkungen

5 Der Beitritt eines Dritten im Wege der Nebenintervention zu dem Rechtsstreit führt nicht zu einer Rechtskraftwirkung für und gegen den Dritten. Vielmehr schreibt das Gesetz in § 68 eine spezielle Interventionswirkung vor. Danach gilt der Rechtsstreit auch gegenüber dem Nebenintervenienten als richtig entschieden und dieser kann in einem zweiten Prozess nicht mehr das Gegenteil geltend machen. Eine solche strikte Interventionswirkung verhindert also faktisch regelmäßig einen zweiten Prozess.

6 Soweit im Fall einer Streitverkündung der Dritte dem Prozess beitritt, gelten ebenfalls die Grundsätze über die Nebenintervention und damit die Wirkung des § 68 (vgl. § 74 Abs. 1). Soweit allerdings der Dritte nach einer Streitverkündung dem Prozess nicht beitritt, können die Regeln der

§§ 66 ff. nicht direkt gelten. Hier sieht jedoch § 74 Abs. 3 vor, dass dennoch die Interventionswirkung des § 68 anzuwenden ist. Damit ist die Nebenintervention und Streitverkündung nicht nur nach den Voraussetzungen, sondern auch nach den Wirkungen gleichartig zu beurteilen.

## § 78 Anwaltsprozess

(1) Vor den Landgerichten und Oberlandesgerichten müssen sich die Parteien durch einen Rechtsanwalt vertreten lassen. Ist in einem Land aufgrund des § 8 des Einführungsgesetzes zum Gerichtsverfassungsgesetz ein oberstes Landesgericht errichtet, so müssen sich die Parteien vor diesem ebenfalls durch einen Rechtsanwalt vertreten lassen. Vor dem Bundesgerichtshof müssen sich die Parteien durch einen bei dem Bundesgerichtshof zugelassenen Rechtsanwalt vertreten lassen.

(2) Behörden und juristische Personen des öffentlichen Rechts einschließlich der von ihnen zur Erfüllung ihrer öffentlichen Aufgaben gebildeten Zusammenschlüsse können sich als Beteiligte für die Nichtzulassungsbeschwerde durch eigene Beschäftigte mit Befähigung zum Richteramt oder durch Beschäftigte mit Befähigung zum Richteramt anderer Behörden oder juristischer Personen des öffentlichen Rechts einschließlich der von ihnen zur Erfüllung ihrer öffentlichen Aufgaben gebildeten Zusammenschlüsse vertreten lassen.

(3) Diese Vorschriften sind auf das Verfahren vor einem beauftragten oder ersuchten Richter sowie auf Prozesshandlungen, die vor dem Urkundsbeamten der Geschäftsstelle vorgenommen werden können, nicht anzuwenden.

(4) Ein Rechtsanwalt, der nach Maßgabe der Absätze eins und zwei zur Vertretung berechtigt ist, kann sich selbst vertreten.

| Übersicht | Rdn. | | Rdn. |
|---|---|---|---|
| A. Grundlagen | 1 | C. Sozietät von Rechtsanwälten und anderen Berufsgruppen | 3 |
| B. Der Rechtsanwalt | 2 | | |

### A. Grundlagen

§ 78 legt den sogenannten Anwaltszwang fest. In einem Zivilprozess vor dem LG, dem OLG und dem BGH muss sich jede Partei durch einen zugelassenen Rechtsanwalt vertreten lassen. Dies gilt auch für Volljuristen. Ohne Rechtsanwalt kann also die Partei einen Zivilprozess nur beim AG führen (vgl. die Abgrenzung nach der sachlichen Zuständigkeit, § 1 Rdn. 13 ff.). In Familiensachen besteht selbst beim AG Anwaltszwang (vgl. § 114 FamFG). 1

### B. Der Rechtsanwalt

Rechtsanwalt nach dieser Vorschrift ist, wer gem. § 4 BRAO zur Rechtsanwaltschaft zugelassen ist. Zugelassen werden kann, wer entweder die Befähigung zum Richteramt nach deutschem Recht hat oder wer die Voraussetzungen für die Tätigkeit als europäischer Rechtsanwalt aufweist. Der Bewerber muss einen Antrag bei der zuständigen Rechtsanwaltskammer stellen. Er erhält die Zulassung, wenn nicht ein Versagungsgrund gem. § 7 BRAO vorliegt. 2

### C. Sozietät von Rechtsanwälten und anderen Berufsgruppen

Nach der strengen gesetzlichen Lage des § 59a Abs. 1 BRAO darf sich ein Rechtsanwalt zur gemeinschaftlichen Berufsausübung nur mit anderen Rechtsanwälten sowie mit Steuerberatern, Wirtschaftsprüfern und vereidigten Buchprüfern zusammenschließen. Dies bedeutet, dass nach der Gesetzeslage eine Sozietät aus Rechtsanwalt und Arzt oder Apotheker nicht zulässig ist (so zuletzt OLG Bamberg ZIP 2011, 1413). Allerdings wird seit Langem eine Auflockerung dieser engen gesetzlichen Regelung gefordert. Teilweise bestehen auch Bedenken, ob die Gesetzeslage verfassungskonform ist. Nunmehr hat in dem Fall des OLG Bamberg der BGH durch Beschl. v. 16.05.2013 – II 3

ZB 7/11 die Auffassung vertreten, dass der Ausschluss einer beruflichen Zusammenarbeit zwischen Rechtsanwalt und Arzt oder Apotheker gegen Art. 12 Abs. 1, Art. 9 Abs. 1 und Art. 3 Abs. 1 GG verstößt. Der BGH hat deshalb diese Frage dem BVerfG vorgelegt. Am 12.01.2016 hat das BVerfG die Auffassung des BGH bestätigt (1 BvL 6/13). Der mit dem gesetzlichen Verbot einer Sozietät verbundene Eingriff in die Berufsfreiheit sei unverhältnismäßig. Daher ist nunmehr die Zusammenarbeit von Rechtsanwälten mit Ärzten oder Apothekern im Rahmen einer Gesellschaft (Sozietät) zulässig.

## § 114 Voraussetzungen

(1) Eine Partei, die nach ihren persönlichen und wirtschaftlichen Verhältnissen die Kosten der Prozessführung nicht, nur zum Teil oder nur in Raten aufbringen kann, erhält auf Antrag Prozesskostenhilfe, wenn die beabsichtigte Rechtsverfolgung oder Rechtsverteidigung hinreichende Aussicht auf Erfolg bietet und nicht mutwillig erscheint. Für die grenzüberschreitende Prozesskostenhilfe innerhalb der Europäischen Union gelten ergänzend die §§ 1076–1078.

(2) Mutwillig ist die Rechtsverfolgung oder Rechtsverteidigung, wenn eine Partei, die keine Prozesskostenhilfe beansprucht, bei verständiger Würdigung aller Umstände von der Rechtsverfolgung oder Rechtsverteidigung absehen würde, obwohl eine hinreichende Aussicht auf Erfolg besteht.

| Übersicht | Rdn. | | Rdn. |
|---|---|---|---|
| A. Grundsatz | 1 | C. Erfolgsaussicht | 4 |
| B. Die wirtschaftlichen Verhältnisse | 3 | D. Fehlende Mutwilligkeit | 5 |

### A. Grundsatz

1 Der in der Verfassung verankerte Grundsatz des sozialen Rechtsstaats (Art. 20 Abs. 1 GG) erzwingt einen gleichmäßigen Zugang zum Gericht auch für eine unbemittelte Partei. Daher ist die staatliche Gewährung von Prozesskostenhilfe als eine besondere Form der Sozialhilfe im Bereich der Rechtspflege verfassungsrechtlich zwingend geboten (BVerfGE 9, 124, 130; BVerfGE 35, 348, 355; BVerfGE 78, 104; BVerfGE 81, 347).

2 Im Bereich der Arzthaftung hat die Bewilligung von Prozesskostenhilfe in der jüngeren Vergangenheit zunehmend an Bedeutung gewonnen.

### B. Die wirtschaftlichen Verhältnisse

3 Das Gesetz verlangt, dass eine Partei nach ihren persönlichen und wirtschaftlichen Verhältnissen die Kosten der Prozessführung nicht oder nur zum Teil oder nur in Raten aufbringen kann. Als Prozesskosten sind dabei sowohl die Gerichtskosten als auch die Anwaltskosten einschließlich der Kosten einer Beweisaufnahme anzusehen. Nicht bedürftig im Sinne der Norm ist diejenige Partei, die einen Anspruch auf Prozesskostenvorschuss im Rahmen der Unterhaltsregelungen durchsetzen kann (§ 1360a Abs. 4 BGB). Ebenfalls nicht bedürftig ist derjenige, der im Rahmen einer vorhandenen Rechtsschutzversicherung seinen Prozess finanzieren kann. Im Übrigen ist die genaue Abwägung dessen, was eine Partei im Rahmen ihres Einkommens einzusetzen hat, in § 115 im Einzelnen geregelt. Darüber hinaus ist in § 115 Abs. 2 tabellarisch die Ratenzahlung der bedürftigen Partei näher geregelt.

### C. Erfolgsaussicht

4 Das Gesetz verlangt zur Bewilligung der Prozesskostenhilfe das Vorliegen einer hinreichenden Aussicht auf Erfolg bei der Rechtsverfolgung. Damit kann nicht eine endgültige Prüfung in der Hauptsache gemeint sein. Vielmehr muss es ausschließlich darum gehen, ob der vorgetragene

tatsächliche und rechtliche Standpunkt vertretbar erscheint und in tatsächlicher Hinsicht die Möglichkeit einer Beweisführung rechtfertigt. Genügen muss es also insbesondere, wenn der Vortrag der bedürftigen Partei nach allgemeinen Regeln die Hinzuziehung eines Sachverständigen erfordert (OLG Oldenburg MDR 2009, 407). Soweit nämlich über das Begehren einer bedürftigen Partei Beweis zu erheben ist, ist die hinreichende Erfolgsaussicht der Klage regelmäßig zu bejahen. Im Einzelnen dürfen die Anforderungen an die Erfolgsaussicht keinesfalls überspannt werden. Vielmehr muss das Gericht zunächst von seiner materiellen Prozessleitung (§ 139) Gebrauch machen, um der bedürftigen Partei zu verdeutlichen, welche konkreten und im Einzelnen substantiierten Aspekte diese vortragen muss, um Prozesskostenhilfe zu erhalten. Sodann hat die bedürftige Partei auf Verlangen des Gerichts ihre tatsächlichen Angaben glaubhaft zu machen (§ 118 Abs. 2). Dies bedeutet, dass für die geltend gemachten Angaben eine überwiegende Wahrscheinlichkeit besteht. Nachgewiesen werden müssen die Angaben in diesem Stadium des Verfahrens noch nicht. Wird eine Haftung des die Schwangerschaft betreuenden Arztes wegen der Geburt eines behinderten Kindes geltend gemacht, so setzen die geforderten Erfolgsaussichten voraus, dass die Schwangerschaft bei zutreffender Diagnostik hätte rechtmäßig abgebrochen werden dürfen (OLG Stuttgart MedR 2011, 667).

### D. Fehlende Mutwilligkeit

Der Gesichtspunkt der Mutwilligkeit bedeutet, dass eine finanziell gut gestellte Partei ihre Rechte nicht in dieser Weise verfolgen und durchsetzen würde. Die Bejahung von Mutwilligkeit ist also ein seltener und ungewöhnlicher Vorgang. Mutwillig kann es sicherlich sein, eine Klage mehrfach zurückzunehmen und neu zu erheben (OLG Köln NJW-RR 1988, 1477). Mutwilligkeit ins insbesondere dann gegeben, wenn eine Klageerhebung nicht veranlasst ist im Sinne von § 93 ZPO. Dagegen ist es kein Fall von Mutwilligkeit, wenn die klagende Partei nicht zuvor eine Gutachterkommission oder eine Schlichtungsstelle angerufen hat (OLG Düsseldorf NJW 1989, 2955 = MedR 1998, 200). Der Versuch der Gegenmeinung, auf diesem Wege für die bedürftige Partei den freiwilligen Zugang zu außergerichtlichen Schlichtungseinrichtungen faktisch für obligatorisch zu erklären, ist strikt abzulehnen. Die Gegenmeinung ist darüber hinaus verfassungswidrig. Sie verstößt gegen den im Rechtsstaatsprinzip wurzelnden, verfassungsrechtlich garantierten freien Zugang zu Gericht sowie gegen das verfassungsrechtlich garantierte Sozialstaatsprinzip.

5

### E. Selbständiges Beweisverfahren

Prozesskostenhilfe kann nach ganz h.M. grundsätzlich auch für ein selbständiges Beweisverfahren bewilligt werden (OLG Köln MedR 2017, 719 m. Anm. *Hebecker*). Der Antragsteller muss dabei nicht darlegen, warum er nicht sogleich Klage erhebt und wann er eine Klage erheben will. Es ist auch nicht generell mutwillig, wenn ein Patient, der auf Grund seiner wirtschaftlichen Verhältnisse nicht in der Lage ist, die Prozesskosten ganz oder teilweise selbst aufzubringen, zunächst den Weg eines selbstständigen Beweisverfahrens beschreitet (OLG Köln MedR 2017, 719 m. Anm. *Hebecker*). Mutwilligkeit liegt aber dann vor, wenn eine Partei, die keine Prozesskostenhilfe erhält, bei verständiger Würdigung aller Umstände von einer Rechtsverfolgung oder Rechtsverteidigung absehen würde.

5a

## § 142 Anordnung der Urkundenvorlegung

(1) Das Gericht kann anordnen, dass eine Partei oder ein Dritter die in ihrem oder seinem Besitz befindlichen Urkunden und sonstigen Unterlagen, auf die sich eine Partei bezogen hat, vorlegt. Das Gericht kann hierfür eine Frist setzen sowie anordnen, dass die vorgelegten Unterlagen während einer von ihm zu bestimmenden Zeit auf der Geschäftsstelle verbleiben.

(2) Dritte sind zur Vorlegung nicht verpflichtet, soweit ihnen diese nicht zumutbar ist oder sie zur Zeugnisverweigerung gemäß den §§ 383 bis 385 berechtigt sind. Die §§ 386 bis 390 gelten entsprechend.

## § 142 ZPO  Anordnung der Urkundenvorlegung

(3) Das Gericht kann anordnen, dass von in fremder Sprache abgefassten Urkunden eine Übersetzung beigebracht wird, die ein Übersetzer angefertigt hat, der für Sprachübertragungen der betreffenden Art in einem Land nach den landesrechtlichen Vorschriften ermächtigt oder öffentlich bestellt wurde oder einem solchen Übersetzer jeweils gleichgestellt ist. Eine solche Übersetzung gilt als richtig und vollständig, wenn dies von dem Übersetzer bescheinigt wird. Die Bescheinigung soll auf die Übersetzung gesetzt werden, Ort und Tag der Übersetzung sowie die Stellung des Übersetzers angeben und von ihm unterschrieben werden. Der Beweis der Unrichtigkeit und der Unvollständigkeit der Übersetzung ist zulässig. Die Anordnung nach Satz 1 kann nicht gegenüber dem Dritten ergehen.

**Übersicht**

| | Rdn. | | Rdn. |
|---|---|---|---|
| A. Normzweck | 1 | C. Bezugnahme und Substantiierung | 3 |
| B. Gegenstand der Vorlage | 2 | D. Verfahren und Sanktion | 4 |

### A. Normzweck

1   Die Möglichkeit der gerichtlichen Anordnung einer Urkundenvorlage nach § 142 stellt seit dem Inkrafttreten der Neufassung am 01.01.2002 eine Besonderheit dar. Während die §§ 420 ff. voraussetzen, dass eine Partei diejenigen Urkunden vorlegt, auf die sie sich bezieht (§ 420) oder dass im Fall, in dem sich die Urkunde in den Händen des Gegners befindet, entweder ein Anspruch auf Vorlegung der Urkunde durch den Gegner nach materiellem Recht besteht (§ 422) oder der Gegner selbst sich auf diese Urkunde bezogen hat (§ 423), weicht § 142 von diesen Voraussetzungen ab. Danach genügt es, dass sich irgendeine Partei des Rechtsstreits auf die Urkunde bezogen hat. Auf materiell-rechtliche Vorlageansprüche kommt es nicht an. Damit hat § 142 neuer Fassung eine rein prozessuale Pflicht zur Urkundenvorlegung geschaffen. Durch diese Erweiterung der Vorlagepflichten soll die Norm zugleich die Aufklärungsmöglichkeiten des Gerichts erweitern. Umfang, Reichweite und Bedeutung der Norm sind daher sehr umstritten (Prütting/Gehrlein/*Prütting* § 142 Rn. 2).

### B. Gegenstand der Vorlage

2   Nach dem Gesetzestext kann das Gericht die Vorlage von Urkunden und sonstigen Unterlagen, auf die sich eine Partei bezogen hat, anordnen. Der Begriff der Urkunde ist in §§ 415 ff. geregelt. Als sonstige Unterlagen werden insbesondere rechtlich relevante Papiere bezeichnet, wie z.B. Stammbäume, Pläne, Risse und sonstige Zeichnungen. Auch Vertragsunterlagen und Briefwechsel gehören hierher. Schließlich fallen unter die Unterlagen im Sinne von § 142 auch Krankenunterlagen sowie Röntgenaufnahmen (OLG Saarbrücken MDR 2003, 1250; OLG Oldenburg NJW-RR 1997, 535).

### C. Bezugnahme und Substantiierung

3   Das Gesetz sieht vor, dass eine gerichtliche Anordnung auf Vorlage nur ergehen kann, wenn sich eine der Streitparteien auf die Urkunde bezogen hat. Ohne eine solche Bezugnahme ist eine Anordnung für das Gericht ausgeschlossen. Bezugnahme bedeutet im Einzelnen, dass die Partei in einem Schriftsatz oder in der mündlichen Verhandlung ausdrücklich auf eine Urkunde hinweist, deren Existenz sich aus ihrem Vortrag ergibt und deren Besitz bei der Gegenpartei oder bei einem Dritten sie mit guten Gründen annehmen darf. Schließlich muss verdeutlicht werden, dass der Inhalt der vorzulegenden Urkunde für den Streitgegenstand relevant ist. Damit setzt also eine Bezugnahme eine genaue Substantiierung des Tatsachenvortrages bezüglich dieser Urkunde voraus. Diese muss so deutlich und individuell sein, dass für die die Urkunde besitzende Partei eine Identifizierung der vorzulegenden Urkunde oder Unterlage leicht möglich ist. Mit dieser zwingend erforderlichen Substantiierung wird zugleich verhindert, dass § 142 zum Zwecke einer Ausforschung der Gegenseite oder Dritter benutzt wird. Diese Überlegungen zeigen, dass § 142

in seiner neuen Fassung nicht geeignet ist, ähnlich wie im amerikanischen Verfahren eine Form der **pretrial discovery** zu verlangen.

### D. Verfahren und Sanktion

Das Gericht ordnet nach seinem Ermessen die Vorlage der in Bezug genommenen Urkunde oder sonstigen Unterlage von Amts wegen an. Dabei muss das Gericht die Urkunde hinreichend genau bezeichnen und den Sachverhaltskomplex verdeutlichen, mit dem die Urkunde im Zusammenhang steht und die ihr Relevanz für den Streitgegenstand verleiht. Höchst problematisch ist die Frage, ob die gerichtliche Vorlageanordnung gegenüber der Partei unmittelbar erzwungen werden kann. Das Gesetz sieht keine Sanktion bei Nichtbefolgung der Anordnung vor. Insbesondere ist es ohne gesetzliche Regelung nicht möglich, Ordnungsgeld oder Ordnungshaft zu verhängen. Überwiegend wird daher darauf hingewiesen, die Anordnung nach § 142 sei insoweit nicht sanktionslos, als die Verweigerung der Vorlage im Wege der freien Verhandlungs- und Beweiswürdigung gem. § 286 Abs. 1 frei gewürdigt werden kann. Dabei wird allerdings regelmäßig übersehen, dass die freie Beweiswürdigung keine Sanktion darstellt. Zwar ist es zweifellos zulässig, dass das Gericht eine Nichtbeachtung der Vorlagepflicht frei würdigt, diese Nichtbeachtung kann aber nicht zu einer Beweisfiktion führen, wie sie etwa den Vorschriften der §§ 427, 444 entspricht (Prütting/Gehrlein/*Prütting* § 142 Rn. 12). Wird eine von den Parteien begehrte Anordnung einer Maßnahme gemäß § 142 vom Gericht abgelehnt, so ist diese Ablehnung unanfechtbar (OLG Köln MedR 2020, 762). 4

## § 144 Augenschein; Sachverständige

(1) Das Gericht kann die Einnahme des Augenscheins sowie die Hinzuziehung von Sachverständigen anordnen. Es kann zu diesem Zweck einer Partei oder einem Dritten die Vorlegung eines in ihrem oder seinem Besitz befindlichen Gegenstandes aufgeben und hierfür eine Frist setzen. Es kann auch die Duldung der Maßnahmen nach Satz 1 aufgeben, sofern nicht eine Wohnung betroffen ist.

(2) Dritte sind zur Vorlegung oder Duldung nicht verpflichtet, soweit ihnen diese nicht zumutbar oder sie zur Zeugnisverweigerung gemäß den §§ 383 bis 385 berechtigt sind. Die §§ 386 bis 390 gelten entsprechend.

(3) Die Vorschriften, die eine auf Antrag angeordnete Einnahme des Augenscheins oder Begutachtung durch Sachverständige zum Gegenstand haben, sind entsprechend anzuwenden.

| Übersicht | Rdn. | | Rdn. |
|---|---|---|---|
| A. Normzweck | 1 | B. Gegenstand der Anordnung | 2 |

### A. Normzweck

Die gerichtliche Möglichkeit gem. § 144, die Einnahme eines Augenscheins oder die Hinzuziehung von Sachverständigen von Amts wegen anzuordnen, ergänzt die Regelung des § 142. Es werden also alle Gegenstände, die einem Augenschein dienen können oder die zur Begutachtung durch Sachverständige erforderlich sind, den Urkunden und den sonstigen Unterlagen gem. § 142 gleichgestellt. Damit dient auch die Norm des § 144 zur besseren Aufklärung des streitigen Sachverhalts und soll dem Gericht größere Möglichkeiten geben. Die Norm ist ebenso wie § 142 in der vorliegenden Form am 01.01.2002 in Kraft getreten. Die Novellierung durch das Gesetz vom 12.12.2019 hat keine inhaltlichen Änderungen gebracht. Die Norm geht systematisch über die sonstigen Regelungen der §§ 139 ff. hinaus, als sie nicht nur die Prozessleitung betrifft, sondern in Abs. 1 Satz 1 auch eine Regelung der Beweisaufnahme enthält. Das Gericht kann nämlich von Amts wegen im Rahmen dieser Norm den Augenscheinsbeweis und die Begutachtung durch Sachverständige anordnen. 1

§ 253 ZPO  Klageschrift

### B. Gegenstand der Anordnung

2 Mit der Möglichkeit der Anordnung, dass die Parteien jeglichen relevanten beweglichen Gegenstand vorlegen, der sich in ihrem Besitz befindet und dass sie jeden Augenscheinsbeweis oder jeden Sachverständigenbeweis im Hinblick auf die Begutachtung eines Gegenstandes zu dulden haben, ergänzt die Norm den § 142 für andere bewegliche Gegenstände in einer umfassenden Weise.

### § 253 Klageschrift

(1) Die Erhebung der Klage erfolgt durch Zustellung eines Schriftsatzes (Klageschrift).

(2) Die Klageschrift muss enthalten:
1. die Bezeichnung der Parteien und des Gerichts;
2. die bestimmte Angabe des Gegenstandes und des Grundes des erhobenen Anspruchs, sowie einen bestimmten Antrag.

(3) Die Klageschrift soll ferner enthalten:
1. die Angabe, ob der Klageerhebung der Versuch einer Mediation oder eines anderen Verfahrens der außergerichtlichen Konfliktbeilegung vorausgegangen ist, sowie eine Äußerung dazu, ob einem solchen Verfahren Gründe entgegenstehen;
2. die Angabe des Wertes des Streitgegenstandes, wenn hiervon die Zuständigkeit des Gerichts abhängt und der Streitgegenstand nicht in einer bestimmten Geldsumme besteht;
3. eine Äußerung dazu, ob einer Entscheidung der Sache durch den Einzelrichter Gründe entgegenstehen.

(4) Außerdem sind die allgemeinen Vorschriften über die vorbereitenden Schriftsätze auch auf die Klageschrift anzuwenden.

(5) Die Klageschrift sowie sonstige Anträge und Erklärungen einer Partei, die zugestellt werden sollen, sind bei dem Gericht schriftlich unter Beifügung der für ihre Zustellung oder Mitteilung erforderlichen Zahl von Abschriften einzureichen. Einer Beifügung von Abschriften bedarf es nicht, soweit die Klageschrift elektronisch eingereicht wird.

| Übersicht | Rdn. | | Rdn. |
|---|---|---|---|
| A. Grundlagen | 1 | I. Mahnverfahren | 7 |
| B. Außergerichtliche Streitbeilegung | 2 | II. Adhäsionsverfahren | 8 |
| I. Formen der außergerichtlichen Streitbeilegung | 2 | III. Stufenklage | 9 |
| | | IV. Feststellungsklage | 10 |
| II. Mediation im Medizinrecht | 3 | V. Klage auf künftige Leistung | 10a |
| C. Voraussetzungen der Klageschrift | 4 | E. Der Arzthaftungsprozess | 11 |
| I. Überblick | 4 | F. Behauptung und Substantiierung im Arzthaftungsprozess | 11a |
| II. Bestimmter Klageantrag | 5 | | |
| III. Schmerzensgeldantrag | 6 | G. Klagearten | 13 |
| D. Alternativen zur Klage und besondere Verfahren | 7 | | |

### A. Grundlagen

1 Die Norm des § 253 stellt den Beginn und zugleich die zentrale Eingangsregelung für das Zivilverfahren erster Instanz dar. Mit der Erhebung der Klage, wie sie in der hier im Einzelnen geregelten Klageschrift erfolgt, wird der Beginn eines streitigen Zivilverfahrens eingeleitet. Die Zustellung einer solchen Klage an den Beklagten führt zur Rechtshängigkeit (vgl. §§ 261, 262 i.V.m. § 253 Abs. 1). Zugleich wird mit der Klage das Rechtsschutzziel des Klägers festgelegt. Im technischen Sinn stellt der Antrag und der ihm zugrundeliegende Lebenssachverhalt die Festlegung des Streitgegenstandes dar, dessen Bedeutung für die Rechtshängigkeit, für die objektive Klagenhäufung (§ 260), für die Klageänderung (§ 263) sowie für die Rechtskraft der Entscheidung von zentraler

Bedeutung sind. In dem alleinigen Bestimmungsrecht des Streitgegenstandes für den Kläger kommt zugleich die Dispositionsmaxime im Zivilprozess zum Ausdruck. Das Gericht ist an die Anträge der Parteien gebunden (vgl. § 308).

## B. Außergerichtliche Streitbeilegung

### I. Formen der außergerichtlichen Streitbeilegung

Aus vielfältigen Gründen ist es möglich und sinnvoll, vor und außerhalb eines Zivilprozesses eine außergerichtliche Streitbeilegung zu versuchen. Ein wichtiger Grund im Prozessrecht hierfür ist § 93. Wenn danach der Beklagte durch sein Verhalten keine Veranlassung zur Klage gegeben hat, kann der Kläger trotz eines vollständigen Obsiegens in der Hauptsache vom Gericht die gesamten Prozesskosten zur Last gelegt bekommen, falls der Beklagte den Anspruch nach Klageerhebung sofort anerkennt. Im Einzelnen lassen sich vier verschiedene außergerichtliche Streitbeilegungsformen unterscheiden. Ohne Beteiligung dritter Personen kommt zunächst eine **Verhandlungslösung** zwischen den Streitparteien in Betracht. Soweit eine dritte Person hinzugezogen wird, die ihrerseits die Parteien bei der Konfliktlösung unterstützt, ohne selbst autoritative Lösungen vorzugeben oder den Parteien Ergebnisse nahezulegen, wird heute von **Mediation** gesprochen (s.u. Rdn. 3). In vielfältiger Weise kommen als ein dritter Schritt der außergerichtlichen Streitbeilegung die Möglichkeiten zur **Schlichtung** in Betracht. Im Bereich der Arzthaftungssachen sind hier ganz besonders die ärztlichen Gutachterkommissionen und Schlichtungsstellen von Bedeutung, die jeweils bei den Ärztekammern angesiedelt sind. In Deutschland gibt es derzeit neun solcher Gutachterkommissionen und Schlichtungsstellen (i. E. vgl. *Meurer* Außergerichtliche Streitbeilegung in Arzthaftungssachen 2008, S. 15 ff.; *Katzenmeier*, AnwBl. 2008, 819). Wird bei einer von der Ärztekammer eingerichteten Schlichtungsstelle ein Antrag eingereicht, so wird dadurch auch die Verjährung gehemmt, selbst wenn die Gegenseite sich auf das Verfahren nicht einlässt (BGH MDR 2017, 506). Schließlich existiert als außergerichtliche Streitbeilegungsform noch die private **Schiedsgerichtsbarkeit** nach dem 10. Buch der ZPO, die allerdings im Bereich des Medizinrechts keine größere Rolle spielt. Speziell zum Schiedsverfahren nach dem KHG vgl. *Clemens*, MedR 2012, 769.

### II. Mediation im Medizinrecht

Neben der Möglichkeit der internen Verhandlungslösung und den vielfältigen und anerkannten Schlichtungsmöglichkeiten im Bereich des Gesundheitswesens hat sich in neuerer Zeit auch die Möglichkeit der Mediation als Konfliktlösungsverfahren etabliert. Durch diese Form der Streitbeilegung wird insbesondere angestrebt, den Konflikt einvernehmlich und auf einem Gleichgewicht der Parteien zu lösen, den Parteien ihre Interessenlage ergebnisoffen darzulegen und ihnen damit die Chance zu einer gewissen Gestaltungsfreiheit zu geben, die Öffentlichkeit eines staatlichen Gerichtsverfahrens zu vermeiden sowie letztlich einen dauerhaften Rechtsfrieden zwischen den Konfliktpartnern herbeizuführen. Typisch für ein Mediationsverfahren ist der Versuch des Mediators auf freiwilliger Basis in bestimmten Phasen mit den Parteien insbesondere die einzelnen Informationen und Streitthemen zu sammeln, die Interessen abzuklären, nach Lösungsoptionen in kreativer Weise zu suchen, diese Lösungsoptionen zu bewerten und nach Möglichkeit die beste Option auszuwählen, um sodann im Rahmen einer privatautonomen Vereinbarung zu einer abschließenden Streitbeilegung zu gelangen. Zur Mediation im Gesundheitswesen vgl. insbesondere *Ewig*, in: *Haft/Schlieffen* Handbuch Mediation 3. Aufl. 2016, S. 977 ff.; *Katzenmeier*, NJW 2008, 1116.

## C. Voraussetzungen der Klageschrift

### I. Überblick

Der notwendige Inhalt einer Klageschrift ist in Abs. 2 aufgeführt, der freigestellte Inhalt ist ferner in Abs. 3 geregelt. Darüber hinaus gelten gem. Abs. 4 die allgemeinen Vorschriften über die vorbereitenden Schriftsätze, also insbesondere § 130, der die einzelnen Merkmale des § 253 konkretisiert und das Erfordernis der Unterschrift dessen erwähnt, der für den Schriftsatz die Verantwortung trägt. Im Einzelnen müssen die Parteien genau bezeichnet sein und mit ihren Angaben so konkretisiert werden, dass sie zu dem Verfahren individuell geladen werden können. Ebenfalls erforderlich ist eine genaue Individualisierung des Gerichts, die sich allerdings bereits durch die Adressierung der Klageschrift an dieses Gericht ergibt. Schließlich muss der Streitgegenstand genau umrissen werden, es müssen also bestimmte Angaben zum Gegenstand des Anspruchs und zu seinem Grund gemacht werden. Diese genaue Individualisierung ist insbesondere im Hinblick auf die Rechtshängigkeit und Rechtskraft der Klage zwingend erforderlich. Darüber hinaus wird durch die Klage die Verjährung des Anspruchs für diejenigen Forderungen gehemmt, die in der Klage geltend gemacht worden sind (§ 204 Abs. 1 BGB). Zur Substantiierung des Klägervortrags im Arzthaftungsprozess s.u. Rdn. 12 ff. sowie § 286 Rdn. 12.

## II. Bestimmter Klageantrag

5 Über die Individualisierung und genaue Bestimmung des Streitgegenstandes hinaus bedarf es nach dem ausdrücklichen Hinweis von § 253 Abs. 2 Nr. 2 eines bestimmten Antrags. Durch diesen Klageantrag wird zugleich die Verpflichtung des Gerichts festgelegt, über den gesamten Antrag nach § 308 zu entscheiden. Der Klageantrag muss beziffert werden, wenn es sich um eine Zahlungsklage handelt. Handelt es sich um einen Anspruch auf Tun, Dulden oder Unterlassen, so muss die jeweils verlangte Handlung, Duldung oder Unterlassung so genau umschrieben sein, dass sie in der Zwangsvollstreckung durchgesetzt werden kann. Nur in ganz seltenen Fällen ist ein unbezifferter Klageantrag zulässig, insbesondere im Fall des Schmerzensgeldes (s.u. Rdn. 6). Einen Sonderfall bildet die Stufenklage gem. § 254. Mit der ersten Stufe können alle materiell-rechtlichen Informationsansprüche geltend gemacht werden, die letztlich zu einer genauen Bezifferung des Zahlungsanspruchs führen können. Sodann kann die als zweite Stufe erhobene Zahlungsklage im Einzelnen beziffert werden. Allerdings hat der BGH mit Recht eine Stufenklage, bei der ein Auskunftsanspruch gem. § 84a AMG mit einem Schadensersatzanspruch gem. § 84 AMG verbunden worden war, für unzulässig angesehen (BGH MedR 2011, 715 m. Anm. *Prütting*). Der BGH hat jedoch die unzulässige Stufenklage in eine zulässige kumulative Klagehäufung umgedeutet (BGH MedR 2011, 715 m. Anm. *Prütting*). Im Einzelnen s. § 254.

## III. Schmerzensgeldantrag

6 Verlangt der Kläger mit seiner Klage nach § 253 BGB wegen immateriellen Schadens eine Entschädigung in Geld (Schmerzensgeld), so lässt die Rechtsprechung ausnahmsweise einen unbestimmten Klageantrag zu. Dabei wird also die Festsetzung der Betragshöhe in das Ermessen des Gerichts gestellt. Dies erfordert freilich, dass die Grundlagen für die Festlegung des Schmerzensgeldes im Einzelnen vorgetragen werden. In der Vergangenheit hat die Rechtsprechung hier verlangt, dass der Kläger die von ihm erwartete Größenordnung des Betrags verdeutlicht (BGH NJW 1992, 311; BGH NJW 2002, 3769). Üblich ist es daher in der Praxis, etwa einen verlangten Mindestbetrag anzugeben oder durch eine bestimmte Streitwertangabe die Größenordnung zu verdeutlichen. Teilweise ist die Rechtsprechung in neuerer Zeit insoweit relativ großzügig, was allerdings zu Schwierigkeiten bei der Kostenregelung und einer möglichen Anfechtung durch Rechtsmittel führen kann. Auch künftig ist deshalb die Konkretisierung der verlangten Größenordnung zu empfehlen. Der Schmerzensgeldanspruch, den ein Patient auf verschiedene im Rahmen derselben Operation und der damit in unmittelbarem Zusammenhang stehenden Nachbehandlung unterlaufene Behandlungsfehler stützt, begründet einen einzigen umfassenden Streitgegenstand. Die Behandlungsfehler dieses einheitlichen Streitgegenstandes begründen einen einheitlichen Schmerzensgeldanspruch, dessen Höhe auf Grund einer ganzheitlichen Betrachtung der den Schadensfall prägenden Umstände zu bemessen ist. Dieser Anspruch kann nicht in Teilbeträge zum Ausgleich einzelner Behandlungsfehler aufgespalten werden (BGH MedR 2017, 799 m. Anm. *H. Prütting*).

## D. Alternativen zur Klage und besondere Verfahren

### I. Mahnverfahren

Ausschließlich im Fall, in dem der Kläger die Zahlung einer bestimmten Geldsumme verlangt, kann er statt der Klageerhebung nach § 253 auch die Einleitung eines Mahnverfahrens veranlassen (§§ 688 bis 703d). Dabei ist zwingend beim Amtsgericht ein Mahnantrag einzureichen, der zum gerichtlichen Erlass eines Mahnbescheids an den Antragsgegner führt. Auf diesem Wege kann über den Erlass eines Vollstreckungsbescheids letztlich ebenfalls ein Vollstreckungstitel erreicht werden (vgl. §§ 700 Abs. 1, 794 Abs. 1 Nr. 4).

### II. Adhäsionsverfahren

Eine weitere alternative Möglichkeit zur Durchsetzung von Geldansprüchen ist es, wenn im Rahmen eines Strafverfahrens gem. § 403 StPO der Verletzte (oder sein Erbe) gegenüber dem Beschuldigten einen aus der Straftat erwachsenen vermögensrechtlichen Anspruch geltend macht, der zur Zuständigkeit der ordentlichen Gerichte gehört. Hierbei ist gem. § 404 StPO ein Antrag im Rahmen des Strafverfahrens zu stellen, der die Wirkung einer zivilrechtlichen Klage hat (vgl. § 404 Abs. 2 StPO). In einem solchen Fall kann im Strafurteil eine zivilrechtliche Verurteilung zur Leistung von Schadensersatz ergehen (sogenanntes Adhäsionsverfahren).

### III. Stufenklage

Anstelle einer normalen Leistungsklage kann der Kläger auch eine Klage erheben, mit der er zunächst ganz bestimmte Auskünfte oder eine Rechnungslegung oder die Vorlegung eines Vermögensverzeichnisses oder eine eidesstattliche Versicherung verlangt, um seine Leistungsklage vorzubereiten. Mit einer solchen zweistufigen Klage kann also der Anspruch auf Auskunft mit dem Anspruch auf Zahlung verbunden werden (§ 254). Im Einzelnen s. dort.

### IV. Feststellungsklage

Neben einer Klage auf Leistung (also Zahlung, Tun, Dulden oder Unterlassen) ist auch eine reine Feststellungsklage gem. § 256 möglich. Im Einzelnen s. dort.

### V. Klage auf künftige Leistung

Die normale Leistungsklage setzt voraus, dass der Kläger die Behauptung geltend macht, der ihm zustehende Anspruch sei existent und fällig. Mit einer Leistungsklage werden also in aller Regel gegenwärtige Ansprüche geltend gemacht. Demgegenüber sieht in Sonderfällen die ZPO vor, dass auch eine Klage auf eine künftige Zahlung oder auf künftig wiederkehrende Leistungen erhoben werden können (vgl. i.E. §§ 257 bis 259).

## E. Der Arzthaftungsprozess

Der Arzthaftungsprozess (siehe zum Grundsatz § 1 Rdn. 1) ist durch die Einreichung einer Klage des Patienten gegenüber dem behandelnden Arzt oder Krankenhaus geprägt. Diese Klage muss beim zuständigen Gericht eingereicht werden (vgl. § 1 Rdn. 5 ff., §§ 12, 13, 17, 29, 32). Zu den Voraussetzungen einer Klageschrift vgl. oben Rdn. 4 ff. In der Praxis des Arzthaftungsprozesses ergeben sich im Wesentlichen **drei verschiedene Streitfelder**. Besonders schwierig sind im Arzthaftungsprozess die Beweisführung und die eventuell erforderliche Beweislastentscheidung (vgl. dazu §§ 284, 286). Weiterhin von ausschlaggebender Bedeutung ist die Einholung von Sachverständigengutachten und insbesondere die mögliche Ablehnung eines Sachverständigen (vgl. dazu §§ 402, 406). Schließlich ergeben sich schwierige und umkämpfte Fragen bei der Verjährung des geltend gemachten Anspruchs (s. dazu im Einzelnen oben §§ 195 ff. BGB).

## F. Behauptung und Substantiierung im Arzthaftungsprozess

11a Nach allgemein anerkannten Regeln trägt derjenige, der einen Anspruch geltend macht, für die tatsächlichen Voraussetzungen dieses Anspruchs die **Beweislast**. Im Arzthaftungsprozess trägt also der geschädigte Patient die Beweislast für seinen Schaden und dafür, dass der behandelnde Arzt einen Fehler gemacht hat, der für den Gesundheitsschaden des Patienten ursächlich ist, sowie dafür, dass der ärztliche Fehler rechtswidrig und schuldhaft (insbesondere fahrlässig) erfolgt ist. Die Beweislast hat zur Folge, dass die beweisbelastete Partei auch die sogenannte **Behauptungs- oder Darlegungslast** trägt. Der geschädigte Patient muss also seinen Schaden sowie die schädigende Handlung, die Kausalität, die Rechtswidrigkeit und das Verschulden der Gegenseite zunächst im Einzelnen darlegen. Bestreitet der beklagte Arzt diese Behauptungen näher, muss der Kläger seine Darlegungen genauer substantiieren. An diese Substantiierungslast des Patienten dürfen nach der Rechtsprechung des BGH (BGHZ 159, 252 = MedR 2005, 39; BGH MedR 2018, 239) nur mäßige Anforderungen gestellt werden. Denn eine exakte Substantiierung wird dem Kläger in aller Regel gerade im Arzthaftungsprozess kaum möglich sein. Die Rechtsprechung hat daher in diesen Fällen die Behauptungslast und die Pflicht zur Substantiierung stark vermindert (BGH VersR 2004, 1177; BGH MDR 2019, 802; BGH MDR 2020, 15). Trägt der Kläger seine Gesundheitsprobleme und den zeitlichen Zusammenhang mit den ärztlichen Bemühungen laienhaft vor, so hat dies die Rechtsprechung für ausreichend erachtet, um der Darlegungslast zu genügen und damit die Klage zunächst als schlüssig erscheinen zu lassen. Ein Mindestmaß an nachvollziehbarem Vorbringen muss man aber verlangen. Waren an einer Behandlung Ärzte unterschiedlicher Fachrichtungen beteiligt, so muss der Patient darlegen, welches konkrete Fehlverhalten er dem einzelnen Arzt zur Last legt (OLG Koblenz MedR 2015, 681). Dem beklagten Arzt wird in diesen Fällen von der Rechtsprechung sodann eine **sekundäre Darlegungslast** aufgebürdet (im Einzelnen dazu *Baumgärtel/Laumen/Prütting*, Handbuch der Beweislast, Grundlagen, 3. Aufl. 2016, S. 566 ff.; zuletzt BGH MedR 2018, 239). Das bedeutet, dass er die erheblichen Tatsachen im Einzelnen darlegen muss. Bestreitet in diesen Fällen der Arzt seine Haftung pauschal, wird dies nicht als ausreichend angesehen und führt dazu, dass die Behauptungen des Klägers gem. § 138 Abs. 3 als zugestanden anzusehen sind (BGH NJW 2005, 2614). Darüber hinaus hat der BGH die Gerichte verpflichtet, eine der Amtsermittlung nahekommende Prüfung auf weitere ärztliche Fehler vorzunehmen, wenn der Kläger gesundheitliche Probleme in laienhafter Weise angedeutet hat. Treten im Rahmen der Beweisaufnahme durch den Vortrag des Sachverständigen Umstände zutage, die dem klagenden Patienten günstig sind, so sind diese Umstände als Parteivortrag des Klägers auch dann zu berücksichtigen, wenn der Kläger keine ausdrückliche Erklärung abgibt (BGH MedR 2018, 239). Insgesamt hat der Tatrichter die uneingeschränkte Verpflichtung, den ihm zur Entscheidung unterbreiteten Sachverhalt auszuschöpfen und sämtlichen Unklarheiten, Zweifeln oder Widersprüchen von Amts wegen nachzugehen (BGH MedR 2016, 614; BGH VersR 2008, 1265; BGH VersR 2004, 790 f.). Der Kläger ist im Arzthaftungsprozess nicht verpflichtet, sich zur ordnungsgemäßen Prozessführung medizinisches Fachwissen anzueignen (BGH MDR 2020, 15).

12 Im Einzelnen geht das Gericht dabei von Voraussetzungen aus, die der Erfahrung entsprechen. So ist etwa die Einwilligungsfähigkeit bei einem Erwachsenen die Regel. Wird sie vom Patienten in Abrede gestellt, so muss er sein Vorbringen beweisen (OLG Koblenz MedR 2015, 422). Das Patientenrechtegesetz hat in § 630h BGB eine größere Zahl von Vermutungen aufgestellt, die die Beweislast zwischen den Streitparteien aufteilen und sich auch auf die Behauptungs- oder Darlegungslast auswirken.

12a Die Erleichterungen, die die Rechtsprechung dem Patienten im Arzthaftungsprozess gewährt, gelten nicht für die Klage des Patienten gegen den medizinischen Sachverständigen auf Schadensersatz im Rahmen des § 839a BGB (*Katzenmeier*, NJW 2020, 1856).

## G. Klagearten

13 Aufgrund des klägerischen Antrags unterscheidet man drei verschiedene Klagearten: die Leistungsklage, die Feststellungsklage sowie die Gestaltungsklage. Der Normalfall im Arzthaftungsprozess ist

die Leistungsklage, mit der die Durchsetzung eines materiell-rechtlichen Anspruchs erstrebt wird. Als Leistung kann dabei jedes Tun, Dulden oder Unterlassen angesehen werden. Im Arzthaftungsprozess ist also die Forderung von Schadensersatz oder von Schmerzensgeld ebenso eine Leistungsklage wie der Antrag auf Vorlage einer ordnungsgemäßen ärztlichen Dokumentation oder auf Einsicht in die den Patienten betreffenden Krankenunterlagen, unabhängig davon, ob man eine solche Einsicht als ein Tun oder als ein Dulden auffasst (vgl. dazu § 630g BGB). Zur Feststellungsklage s.u. § 256. Gestaltungsklagen sind im Bereich des Medizinrechts ohne Bedeutung.

## § 254 Stufenklage

Wird mit der Klage auf Rechnungslegung oder auf Vorlegung eines Vermögensverzeichnisses oder auf Abgabe einer eidesstattlichen Versicherung die Klage auf Herausgabe desjenigen verbunden, was der Beklagte aus dem zugrundeliegenden Rechtsverhältnis schuldet, so kann die bestimmte Angabe der Leistungen, die der Kläger beansprucht, vorbehalten werden, bis die Rechnung mitgeteilt, das Vermögensverzeichnis vorgelegt oder die eidesstattliche Versicherung abgegeben ist.

| Übersicht | Rdn. | | Rdn. |
|---|---|---|---|
| A. Grundlagen.................. | 1 | B. Der Auskunftsanspruch im Arzneimittelrecht.................. | 2 |

### A. Grundlagen

Die Stufenklage stellt eine objektive Klagehäufung dar. Mit ihr werden zwei oder mehrere Anträge gestellt. Entscheidend ist dabei, dass in der letzten Stufe eine Leistungsklage auf Zahlung oder Herausgabe erhoben wird, dieser Antrag aber zunächst unbestimmt bleibt, weil die Voraussetzungen für seine Konkretisierung in der vorherigen Stufe zu klären sind. Damit stellt die Stufenklage des § 254 eine Ausnahme von dem Grundsatz der Bestimmtheit des Antrags gem. § 253 Abs. 2 dar. Ein solcher Antrag in mehreren Stufen ist aber nur insoweit zulässig, als der Erfolg in der ersten Stufe auf Auskunftserteilung die zwingende Voraussetzung für die Konkretisierung des Anspruchs der zweiten Stufe auf Leistung darstellt. Nicht zulässig ist eine Stufenklage, wenn die verlangte Auskunft nicht dem Zweck der Bestimmung des Leistungsanspruchs dient (BGH MDR 2016, 751).  1

### B. Der Auskunftsanspruch im Arzneimittelrecht

Gemäß § 84a AMG hat ein Geschädigter einen Auskunftsanspruch gegenüber dem pharmazeutischen Unternehmer. Dieser Auskunftsanspruch soll ihn in die Lage versetzen, diejenigen Informationen zu erlangen, die er für die Darlegung und für den Beweis einer Arzneimittelhaftung gem. § 84 Abs. 1 AMG sowie für die in § 84 Abs. 2 AMG enthaltene Kausalitätsvermutung benötigt. Dies bedeutet andererseits, dass der Auskunftsanspruch des § 84a AMG keine Voraussetzung für die genaue Bestimmung der Schadenshöhe ist. Falls ein Patient daher im Wege einer Stufenklage den Auskunftsanspruch des § 84a AMG (erste Stufe) mit einem noch unbestimmten Schadensersatzanspruch aus § 84 Abs. 1 AMG geltend macht, wäre dieser unbestimmte Antrag in der zweiten Stufe unzulässig. Das Verhältnis von Auskunft und Schadensersatz kann nicht im Rahmen einer Stufenklage geltend gemacht werden (BGH MedR 2011, 715 m. Anm. *Prütting*). Der BGH hat allerdings diese unzulässige Stufenklage in eine zulässige kumulative Klagehäufung umgedeutet (BGH MedR 2011, 715 m. Anm. *Prütting*). Weiter zur Erforderlichkeit eines Auskunftsanspruchs im Rahmen einer Haftung nach § 84 AMG vgl. BGH MedR 2013, 729.  2

## § 256 Feststellungsklage

(1) Auf Feststellung des Bestehens oder Nichtbestehens eines Rechtsverhältnisses, auf Anerkennung einer Urkunde oder auf Feststellung ihrer Unechtheit kann Klage erhoben werden, wenn der Kläger ein rechtliches Interesse daran hat, dass das Rechtsverhältnis oder die Echtheit oder Unechtheit der Urkunde durch richterliche Entscheidung alsbald festgestellt werde.

## § 256 ZPO Feststellungsklage

(2) Bis zum Schluss derjenigen mündlichen Verhandlung, auf die das Urteil ergeht, kann der Kläger durch Erweiterung des Klageantrags, der Beklagte durch Erhebung einer Widerklage beantragen, dass ein im Laufe des Prozesses streitig gewordenes Rechtsverhältnis, von dessen Bestehen oder Nichtbestehen die Entscheidung des Rechtsstreits ganz oder zum Teil abhängt, durch richterliche Entscheidung festgestellt werde.

### Übersicht

| | Rdn. | | Rdn. |
|---|---|---|---|
| A. Grundlagen | 1 | C. Feststellungsinteresse | 3 |
| B. Rechtsverhältnis | 2 | | |

### A. Grundlagen

1 Die Feststellungsklage als Alternative zur Leistungsklage i.S.d. § 253 ist vor dem Hintergrund zu sehen, dass es Fälle gibt, in denen der Kläger die Höhe seiner materiellen und immateriellen Ansprüche nicht oder noch nicht beziffern kann. Um hier Rechtsnachteile aufgrund Zeitablaufs zu vermeiden (etwa den Eintritt der Verjährung), muss der Patient eine Feststellungsklage auf den Ersatz zukünftiger materieller und immaterieller Schäden erheben, soweit er zum Zeitpunkt der Klageerhebung diese Schäden noch nicht beziffern kann. Die Feststellungsklage nach § 256 Abs. 1 hilft also dem geschädigten Patienten über das Erfordernis eines bestimmten Klageantrags hinweg, wie ihn § 253 Abs. 2 Nr. 2 zwingend vorsieht. Daher ist die Feststellungsklage auch nur unter engen Voraussetzungen subsidiär zulässig. In der Praxis ist die Feststellungsklage gerade im Bereich der Arzthaftung häufig. Nicht selten wird es vorkommen, dass der geschädigte Patient eine Leistungsklage und eine Feststellungsklage nebeneinander erhebt. Dies ist zulässig, soweit vom Geschädigten im Zeitpunkt der Erhebung der Klage gewisse Schäden beziffert werden können, andere Schäden noch nicht bezifferbar sind. Soweit der Kläger im Zeitpunkt der Klageerhebung eine zulässige Feststellungsklage erheben kann und auch erhoben hat, ist eine spätere Umstellung auf eine Leistungsklage nicht erforderlich, selbst wenn sich im Laufe des Prozesses die Schadenshöhe konkretisiert (BGH VersR 1986, 163, 166; BGH NJW 1978, 210). Der für die Bestimmung der Zuständigkeit bedeutsame Streitwert einer solchen Feststellungsklage beläuft sich nach der Rechtsprechung regelmäßig auf 80 % des Wertes einer entsprechenden Leistungsklage (BGH NJW-RR 2001, 316).

### B. Rechtsverhältnis

2 Die Zulässigkeit einer Feststellungsklage setzt zunächst voraus, dass der Kläger die Feststellung eines konkreten Rechtsverhältnisses verlangt. Darunter ist zu verstehen eine bestimmte, rechtlich geregelte Beziehung einer Person zu einer anderen Person. Insbesondere gehören hierher einzelne nicht bezifferte Ansprüche. Ein typischer Fall der Feststellungsklage ist deshalb der Antrag auf Feststellung der Ersatzpflicht eines künftigen Schadens, der noch nicht oder noch nicht in vollem Umfange eingetreten ist. Für einen solchen Antrag reicht die Möglichkeit des Eintritts weiterer Verletzungsfolgen aus (BGH NJW-RR 1989, 1367). Der Kläger muss also darlegen, dass eine künftige Schadensfolge möglich ist, dass aber ihre Art und ihr Umfang sowie ihr Eintritt derzeit noch ungewiss sind. Im Fall eines Schmerzensgeldes ist die Feststellung der Ersatzpflicht künftiger immaterieller Schäden nur möglich, wenn nicht voraussehbare weitere Schadensfolgen von der bisherigen Zubilligung von Schmerzensgeld umfasst sind (BGH NJW-RR 2006, 712; Grundsatz der Einheitlichkeit des Schmerzensgeldes).

### C. Feststellungsinteresse

3 Das Gesetz verlangt, dass der Kläger ein rechtliches Interesse daran hat, dass das Rechtsverhältnis alsbald festgestellt werde. Damit wird die Subsidiarität der Feststellungsklage geregelt. Eine Feststellungsklage soll nicht zulässig sein, wenn dem Kläger ein einfacherer, schnellerer und kostengünstigerer Weg, insbesondere durch eine Leistungsklage offen steht. In diesem Zusammenhang ist auch eine Bewertung der Prozessökonomie erforderlich (BGH NJW 1996, 2725). Im Arzthaftungsprozess ist

ein Feststellungsinteresse insbesondere dann zu bejahen, wenn mit Spätfolgen zu rechnen ist (BGH VersR 1989, 1055; BGH VersR 1991, 322; OLG Koblenz MDR 2016, 619). Bei teilweiser Bezifferbarkeit eines einheitlichen Schadensersatzanspruches ist dennoch insgesamt eine einheitliche Feststellungsklage zulässig (BGH MedR 2016, 888; OLG Koblenz MedR 2010, 507). Dies gilt vor allem dann, wenn eine einheitliche Feststellungsklage als prozessökonomisch erscheint (BGH NJW 1984, 1118; BGH MedR 2016, 888). Soweit im Rahmen eines solchen Feststellungsantrags der klagende Patient den Eintritt späterer Schadensfolgen behauptet, dürfen an die Darlegung der erforderlichen Wahrscheinlichkeit des Eintritts solcher Spätfolgen nur maßvolle Anforderungen gestellt werden (BGH VersR 1991, 779; OLG Koblenz MedR 2016, 619 [Ls. 2]).

## § 284 Beweisaufnahme

Die Beweisaufnahme und die Anordnung eines besonderen Beweisaufnahmeverfahrens durch Beweisbeschluss wird durch die Vorschriften des fünften bis elften Titels bestimmt. Mit Einverständnis der Parteien kann das Gericht die Beweise in der ihm geeignet erscheinenden Art aufnehmen. Das Einverständnis kann auf einzelne Beweiserhebungen beschränkt werden. Es kann nur bei einer wesentlichen Änderung der Prozesslage vor Beginn der Beweiserhebung, auf die es sich bezieht, widerrufen werden.

| Übersicht | Rdn. | | Rdn. |
|---|---|---|---|
| A. Begriff und Ziel des Beweises . . . . . . . . | 1 | B. Beweisführung im Arzthaftungsprozess . | 2 |

### A. Begriff und Ziel des Beweises

Beweisführung soll dem Gericht die Überzeugung von der Wahrheit einer Tatsachenbehauptung 1 verschaffen (zum Beweismaß s. § 286 Rdn. 2 ff.). Beweisbedürftig sind die rechtserheblichen, streitigen Tatsachenbehauptungen, die nicht bewiesen, offenkundig (§ 291) oder Gegenstand einer Vermutung (§ 292) sind. – Zu Gegenstand und Arten des Beweises, Beweismitteln, Beweisverboten und Verfahren der Beweiserhebung s. MüKo-ZPO/*Prütting* § 284 Rn. 1 ff.

### B. Beweisführung im Arzthaftungsprozess

Die Beweisführung bildet regelmäßig das **Kernproblem** im Arzthaftpflichtprozess (*Katzenmeier*, 2 Arzthaftung, S. 416 ff.; Laufs/Katzenmeier/Lipp/*Katzenmeier* Kap. XI, Rn. 46 ff.). Der Patient hat nur begrenzten Einblick in das ärztliche Tun und kann als medizinischer Laie das Behandlungsgeschehen kaum beurteilen. Andererseits bleibt das ärztliche Erfahrungswissen begrenzt (BGH NJW 1978, 1681; Baumgärtel/Laumen/Prütting/*Katzenmeier*, Handbuch der Beweislast, § 823 Anh. II Rn. 1: spezifische Beweisnöte auf beiden Seiten eines Arzthaftungsprozesses). Der Arzt wirkt bei seinen Maßnahmen auf einen lebenden menschlichen Organismus ein. Dessen biologische und physiologische Reaktionen sind niemals in vollem Umfang berechenbar, vorhersehbar und beherrschbar. Sie entziehen sich strengen naturgesetzlichen Regeln weitgehend, können je nach der Konstitution des Patienten, dem Stadium der Krankheit und der psychischen Verfassung des Kranken sehr unterschiedlich sein. Möglich ist insbesondere auch, dass im Zusammenhang mit einem ärztlichen Eingriff Gesundheitsschäden auftreten, die bereits im menschlichen Körper angelegt und nicht aufzuhalten waren, die also nicht durch den konkreten Eingriff adäquat-kausal hervorgerufen worden sind, sondern sich schicksalhaft verwirklichten.

Aufgrund der Vielzahl von Unwägbarkeiten ist es nicht möglich, bereits von einem Misslingen 3 ärztlichen Bemühens auf einen Fehler des Arztes zu schließen, und selbst wenn der Nachweis im konkreten Einzelfall gelingt, kann nicht von der Pflichtverletzung ohne weiteres auf den Kausalzusammenhang mit dem eingetretenen Schaden geschlossen werden (*Prütting*, FS 150 Jahre LG Saarbrücken 1985, 257, 259). Die Beweisführung im Arzthaftpflichtprozess ist also besonders schwierig, da gesundheitliche Beeinträchtigungen des Patienten im Zuge einer medizinischen Behandlung ebenso wie auf Fehlern auch auf der Krankheit oder sonstigen Umständen beruhen können, deren

Auswirkungen nicht auf den Arzt abgewälzt werden dürfen, soll eine **Zufallshaftung vermieden** werden (Staudinger/*Hager* § 823 Rn. I 43). Aufgabe der Gerichte ist es, das Spannungsfeld zwischen dem Arzt, der den therapeutischen Erfolg oder glücklichen Verlauf eines Eingriffs nicht schulden kann, und dem kaum über Informationen und medizinisches Wissen verfügenden Patienten durch eine ausgewogene Verhandlungsführung (dazu *Katzenmeier*, Arzthaftung, S. 390 ff.) und **differenzierte Handhabung des Beweisrechts** auszugleichen (zum Grundsatz der »Waffengleichheit« im Arzthaftungsprozess s. *Katzenmeier*, Arzthaftung, S. 378 ff.; *Krämer*, FS Hirsch 2008, 387). Der Beweislastverteilung kommt hier mehr als in anderen Rechtsgebieten eine verfahrensentscheidende Rolle zu (*G. Müller*, NJW 1997, 3049; *Zoll*, MedR 2009, 569).

## § 286 Freie Beweiswürdigung

(1) Das Gericht hat unter Berücksichtigung des gesamten Inhalts der Verhandlungen und des Ergebnisses einer etwaigen Beweisaufnahme nach freier Überzeugung zu entscheiden, ob eine tatsächliche Behauptung für wahr oder für nicht wahr zu erachten sei. In dem Urteil sind die Gründe anzugeben, die für die richterliche Überzeugung leitend gewesen sind.

(2) An gesetzliche Beweisregeln ist das Gericht nur in den durch dieses Gesetz bezeichneten Fällen gebunden.

| Übersicht | Rdn. |
|---|---|
| A. Freie Beweiswürdigung | 1 |
| B. Beweismaß | 2 |
| I. Erfordernis der vollen richterlichen Überzeugung | 3 |
| II. Forderungen nach einer Beweismaßreduzierung | 4 |
| C. Beweislast | 7 |
| I. Grundregel | 8 |
|   1. Geltung im Arzthaftungsprozess | 9 |
|   2. Gebot effektiven Rechtsschutzes | 10 |
|     a) Einsichtsrecht in Krankenunterlagen | 11 |
|     b) Substantiierung Klägervortrag | 12 |
|     c) Sekundäre Darlegungslast | 13 |
| II. Beweiserleichterungen im Behandlungsfehlerbereich | 14 |
|   1. § 287 ZPO | 15 |
|   2. Anscheinsbeweis | 16 |
|     a) Rechtsnatur | 17 |
|     b) Kasuistik | 19 |
|   3. Grober Behandlungsfehler | 21 |
|     a) Voraussetzungen | 24 |
|       aa) Definitionsversuche | 24 |
|       bb) Rechtswidrigkeitszusammenhang | 28 |
|       cc) Reichweite | 33 |
|         aaa) Rechtsprechung | 33 |
|         bbb) Literatur | 34 |
|         ccc) Stellungnahme | 35 |
|     b) Fallgruppen | 36 |
|       aa) Diagnose | 37 |
|       bb) Befunderhebung | 39 |
|       cc) Therapie | 41 |
|       dd) Therapeutische Aufklärung/Informationspflicht | 45 |
|     c) Rechtsfolgen | 46 |
|     d) Kritik an der Beweislastsonderregel | 47 |
|   4. Verstöße gegen die Pflicht zur Dokumentation, Befunderhebung, Befundsicherung | 48 |
|     a) Dokumentationspflichtverletzung | 49 |
|     b) Befunderhebungs- oder Befundsicherungspflichtverletzung | 52 |
|       aa) Ausgangspunkt | 53 |
|       bb) Eingrenzungsbemühungen | 54 |
|     c) Beweisvereitelung | 57 |
|   5. Verwirklichung voll beherrschbarer Risiken | 60 |
|     a) Einsatz medizinisch-technischer Geräte | 62 |
|     b) Organisation und Koordination des Behandlungsgeschehens | 64 |
|     c) Mangelnde Befähigung | 67 |
|   6. Anwendbarkeit des § 280 Abs. 1 Satz 2 BGB | 70 |
|     a) Standpunkt der bisher h.M. | 72 |
|     b) Stellungnahme | 75 |
| III. Beweisfragen bei Aufklärungspflichtverletzungen | 79 |
|   1. Beweisbelastung der Behandlungsseite | 79 |
|   2. Missbräuchliche Prozessstrategien und ihre Verhinderung | 82 |
|     a) Aufklärungsformulare | 84 |
|     b) Hypothetische Einwilligung | 86 |
|     c) Hypothetische Kausalität | 89 |
|   3. Kritik | 91 |

## A. Freie Beweiswürdigung

§ 286 normiert den Grundsatz der freien richterlichen Beweiswürdigung als das zentrale Prinzip des Beweisrechts. Er bezeichnet den inneren Vorgang der Würdigung des gesamten Inhalts der mündlichen Verhandlung sowie der Ergebnisse der Beweisaufnahme, ob der von der beweisbelasteten Partei zu führende Beweis gelungen ist (vgl. im Einzelnen MüKo-ZPO/*Prütting* § 286 Rn. 1 ff.).

## B. Beweismaß

Die Schwierigkeiten der Beweisführung im Arzthaftungsprozess resultieren neben den Besonderheiten der Materie (s. § 284 Rdn. 2 f.) auch aus dem strengen Beweismaß (eingehend zum Beweisrecht Laufs/Katzenmeier/Lipp/*Katzenmeier* Kap. XI Rn. 46–166). Das Beweismaß gibt generell an, wann der Beweis gelungen ist. Es weist der richterlichen Überzeugung einen genaueren Inhalt zu und bestimmt, wovon der Richter überzeugt sein muss (MüKo-ZPO/*Prütting* § 286 Rn. 28 ff.).

### I. Erfordernis der vollen richterlichen Überzeugung

Die grundsätzliche Festlegung des Beweismaßes ergibt sich aus § 286 Abs. 1 Satz 1, wonach es für die richterliche Überzeugung darauf ankommt, »ob eine tatsächliche Behauptung für wahr oder für nicht wahr zu erachten sei«. Dieses Beweismaß gilt grundsätzlich auch im Arzthaftungsprozess (BGH NJW 2004, 777; 2008, 1381; 2008, 2846; 2014, 71 = MedR 2014, 652 m. Anm. *Prütting*). Die h.M. verlangt »einen für das praktische Leben brauchbaren Grad von **Gewissheit**, der Zweifeln Schweigen gebietet, ohne sie völlig auszuschließen« (BGH NJW 1970, 946; 2008, 2845; 2012, 392; Stein/Jonas/*Thole* § 286 Rn. 4 ff.; MüKo-ZPO/*Prütting* § 286 Rn. 32 ff.). Die Überzeugungsbildung ist ein Akt wertenden Erkennens (BGH NJW 2014, 71 = MedR 2014, 649 m. Anm. *Prütting*). Erforderlich ist kein medizinisch-naturwissenschaftlicher Nachweis und keine mathematische, jede Möglichkeit eines abweichenden Geschehensablaufs ausschließende Gewissheit. Zweifel, die sich auf lediglich theoretische Möglichkeiten gründen, für die tatsächliche Anhaltspunkte nicht bestehen, sind nicht von Bedeutung (BGH NJW 1989, 2948; 2008, 1381; *v. Pentz*, MedR 2011, 222, 223).

### II. Forderungen nach einer Beweismaßreduzierung

Dem Erfordernis voller richterlicher Überzeugung setzen verschiedene Autoren die These entgegen, eine bestimmte Tatsache sei bereits dann der Entscheidung zugrunde zu legen, wenn **eine hohe oder auch nur die überwiegende Wahrscheinlichkeit** für sie spreche, denn es sei gerechter nach dem jeweils Wahrscheinlicheren zu urteilen (*Kegel*, Festgabe Kronstein 1967, 321, 335 ff., 343 f.; *Motsch*, Vom rechtsgenügenden Beweis, S. 55). In jüngerer Zeit wird gerade auch für den Arzthaftpflichtprozess immer wieder eine **Beweismaßreduzierung** gefordert, um so die Beweisnot des Patienten zu mildern und die Zahl notwendiger Beweislastentscheidungen zu verringern (*Wagner*, Verhandlungen 66. DJT, Bd. I A 60; *Spickhoff*, Karlsruher Forum 2007, 7, 79 ff.; *E. Schmidt*, MedR 2007, 693; *Schiemann*, FS Canaris 2007, 1161; *Steiner*, VersR 2009, 437; eingehend dazu bereits *Katzenmeier*, Arzthaftung, 2002, S. 503 ff.).

Gegen eine Geltung des Überwiegensprinzips spricht bereits der **Wortlaut des § 286 Abs. 1 Satz 1**, vor allem aber die **Gesetzessystematik**. Die Unterschiede zwischen § 286 und § 287, der die freie Überzeugung ohne Bezug auf die Wahrheit verlangt, sowie § 294, wonach bloße Glaubhaftmachung genügt, bedeuten eine grundlegende gesetzgeberische Differenzierung und zeigen deutlich, dass im Regelfall der Richter seine Entscheidung noch nicht auf den Sachverhalt stützen darf, für den eine gewisse Plausibilität oder eine überwiegende Wahrscheinlichkeit spricht. Bestätigt wird dieses Ergebnis durch die große Zahl spezieller gesetzlicher Vorschriften, die Abstufungen vom Regelbeweismaß des § 286 enthalten. Viele dieser Einzelvorschriften wären funktionslos und sinnwidrig, sähe das geltende Recht die überwiegende Wahrscheinlichkeit als Regelbeweismaß vor (MüKo-ZPO/*Prütting* § 286 Rn. 36 ff.; *Mäsch*, Chance und Schaden, S. 128).

6 Auch de lege ferenda ist eine Beweismaßreduzierung nicht wünschenswert. Das Überwiegensprinzip begegnet zunächst schon gewichtigen Praktikabilitätsbedenken (*Greger*, Beweis und Wahrscheinlichkeit, S. 102 f.; *H. Weber*, Der Kausalitätsbeweis im Zivilprozess, S. 141 ff.). Sodann verkennt die Argumentation, es sei gerechter nach dem jeweils Wahrscheinlicheren zu urteilen, das Wesen von Beweislastentscheidungen grundsätzlich. **Beweislastregeln** beruhen auf sachlichen Gründen, und zwar i.d.R. materiellen Gerechtigkeitserwägungen, welche letztlich auch den auf sie gestützten Entscheidungen einen **eigenen Gerechtigkeitswert** verleihen (*Leipold*, Beweismaß und Beweislast im Zivilprozeß, S. 8; *Prütting*, Gegenwartsprobleme der Beweislast, S. 85 f.; *Katzenmeier*, ZZP 117 [2004], 187, 213 f.). Das von dem Gesetzgeber wohldurchdachte, kunstvoll angelegte und von der Rechtswissenschaft entsprechend den Verkehrsbedürfnissen fortentwickelte Beweislastsystem ist im Ergebnis besser geeignet, den widerstreitenden Interessen von Kläger und Beklagtem gerecht zu werden als Entscheidungen nach überwiegender Wahrscheinlichkeit (Prütting/Gehrlein/*Laumen*, § 286 Rn. 24; Zöller/*Greger* § 286 Rn. 18; *Spindler*, AcP 208 [2008], 283, 326 ff.).

6a Der Gesetzgeber hat bei Erlass des **Patientenrechtegesetzes** (BGBl. 2013 I, S. 277) eine Beweismaßreduktion nicht in Betracht gezogen. Auch im Rahmen der vertraglichen Haftung gem. §§ 630a, 280 Abs. 1 BGB rechnet er das Vorliegen einer Rechtsgutverletzung zu dem nach § 286 Abs. 1 Satz 1 zur vollen richterlichen Überzeugung zu beweisenden haftungsbegründenden Tatbestand (vgl. etwa BT-Drucks. 17/10488, S. 30, Begründung zu § 630h Abs. 5 Satz 1 BGB). Damit schließt sich der Gesetzgeber der höchstrichterlichen Rechtsprechung an, die von einer »Strukturgleichheit« der vertraglichen mit der deliktischen Haftung ausgeht (BGH NJW 1987, 705, 706). Der Ansicht in der Literatur, welche bei der vertraglichen Haftung nur die Pflichtverletzung (den Behandlungsfehler) zum Haftungsgrund zählt, alle weiteren Anspruchsvoraussetzungen der Haftungsausfüllung und damit dem günstigeren Beweismaß des § 287 zuweisen möchte (Nachweise in Rdn. 4 a.E.), ist damit eine Absage erteilt.

## C. Beweislast

7 Gerade in Arzthaftungsprozessen gelingt es dem erkennenden Gericht auch bei Ausschöpfung aller möglichen und prozessual zulässigen Beweismittel nicht immer, eine Überzeugung von der Wahrheit oder Unwahrheit der tatsächlichen Behauptungen (§ 286 Abs. 1 Satz 1) zu gewinnen (zum Beweismaß vgl. Rdn. 2 ff.). Da ohne einen feststehenden Sachverhalt die Subsumtion unter die Rechtsnormen nicht möglich ist, andererseits aber als Folge des Justizgewährungsanspruchs eine Sachentscheidung nicht verweigert werden darf (*Prütting*, Gegenwartsprobleme der Beweislast, S. 118 ff., 124 ff.; Rosenberg/Schwab/Gottwald/*Gottwald* Zivilprozessrecht § 115 I 1), stellt sich in besonderer Weise die Frage nach der richterlichen Sachentscheidung. Hier bieten die Regeln über die Beweislast ein methodisches Instrumentarium zur Entscheidung in der Sache trotz weiterhin bestehendem »**non liquet**« (MüKo-ZPO/*Prütting* § 286 Rn. 96). Die objektive Beweislast gibt Auskunft darüber, zulasten welcher Prozesspartei es geht, wenn eine entscheidungserhebliche Tatsache unbewiesen bleibt, welche Seite also das **Risiko der Beweislosigkeit** trägt und deshalb den Prozess verliert (Rosenberg/Schwab/Gottwald/*Gottwald* Zivilprozessrecht § 116 I 2). Beweislastnormen statuieren damit eine sekundäre Zurechnungsordnung (*Prütting*, Gegenwartsprobleme der Beweislast, S. 173).

### I. Grundregel

8 Soweit keine besondere Beweislastnorm eingreift, ist von der Geltung folgender Grundregel der Beweislast im Zivilrecht auszugehen: **Jede Partei trägt die Beweislast für die tatsächlichen Voraussetzungen der ihr günstigen Rechtsnorm**, der Anspruchsteller für die anspruchsbegründenden Tatsachen, der Anspruchsgegner für die anspruchshindernden, -vernichtenden und -hemmenden Tatsachen (BGH NJW 1983, 2944; 1988, 640; 1991, 1052; Rosenberg/Schwab/Gottwald/*Gottwald* Zivilprozessrecht § 116 II 1 u. 2).

## 1. Geltung im Arzthaftungsprozess

Diese Grundregel gilt auch im Arzthaftungsprozess. Demzufolge hat bei der **Behandlungsfehler-** 9
klage der Patient das Vorliegen eines Behandlungsfehlers, dessen Ursächlichkeit für den geltend gemachten Körper- und Gesundheitsschaden und das Verschulden des Schädigers zu beweisen (BGH NJW 1991, 1540; 1994, 1594; 1999, 860; *Katzenmeier*, Arzthaftung, S. 420 ff.). Stützt der Patient seine Klage auf eine Verletzung der Pflicht zur **Selbstbestimmungsaufklärung**, dann trägt nach der Rechtsprechung der Arzt die Beweislast dafür, dass er seiner Aufklärungspflicht genügt hat (s. Rdn. 79 f.), denn nur bei einer wirksamen Einwilligung des Patienten ist der von den Gerichten als tatbestandsmäßige Körperverletzung qualifizierte ärztliche Eingriff gerechtfertigt (krit. *Katzenmeier*, Arzthaftung, S. 112 ff., 357 ff.; Laufs/Katzenmeier/Lipp/*Katzenmeier* Kap. V Rn. 83 ff., jeweils m.w.N.), ihr Vorliegen ist somit ein dem Arzt günstiger Umstand (näher unter Rdn. 79 ff.). Bei einer Klage wegen fehlerhafter **therapeutischer Information** (§ 630c Abs. 2 Satz 1 BGB, Sicherungsaufklärung) greifen wiederum die für den Behandlungsfehler geltenden Regeln ein, d.h. den Patienten trifft die Beweislast (BGH NJW 1981, 630; 2005, 427; MüKo-BGB/*Wagner* § 630c Rn. 15). Diese Grundsätze galten bislang nach allgemeiner Ansicht für die vertraglichen und die deliktischen Schadensersatzansprüche gleichermaßen (Baumgärtel/Laumen/Prütting/*Katzenmeier* § 823 Anh. II Rn. 3 m.w.N.), auch das Patientenrechtegesetz strebt nach einem Gleichlauf (BT-Drucks. 17/10488, S. 27 f.).

## 2. Gebot effektiven Rechtsschutzes

Die allgemeine Regel, dass der Patient Behandlungsfehler, Schadenskausalität und Arztverschulden 10
beweisen muss, ist von der Rechtsprechung im Laufe der Zeit immer stärker modifiziert und die Rechtsstellung des Patienten durch immer weitergehende Beweiserleichterungen ausgebaut worden (zur Verfassungskonformität vgl. BVerfG NJW 1979, 1925). **Beweiserleichterungen und Beweislastumkehrungen** spielen in der Praxis der Arzthaftung heute eine überaus wichtige Rolle, sie prägen geradezu den Haftpflichtprozess gegen Ärzte und Krankenhausträger. Die Literatur teilt die Auffassung, dass angesichts der Multikausalität physiologischer Abläufe, der strukturellen, informationellen und kognitiven Schlechterstellung des Patienten, der Abhängigkeitssituation des Kranken u.a.m. gewisse beweisrechtliche Erleichterungen unumgänglich sind, damit der verfassungsrechtlich gebotene Grundsatz eines **fairen Verfahrens** und **effektiven Rechtsschutzes** im Arzthaftungsprozess gewährleistet ist (Laufs/Katzenmeier/Lipp/*Katzenmeier*, Kap. XI Rn. 51 ff.; Laufs/Kern/Rehborn/*Kern* § 106 Rn. 11; Soergel/*Spickhoff* § 823 Anh. I Rn. 216; MüKo/*Wagner* § 630h Rn. 3).

### a) Einsichtsrecht in Krankenunterlagen

Eine bedeutsame Hilfe stellt bereits das von der Judikatur auch vorprozessual anerkannte, nunmehr 11
in § 630g BGB gesetzlich geregelte **Einsichtsrecht** des Patienten in seine **Krankenunterlagen** dar (BGH NJW 1983, 328, 330; 1989, 764; zum Anspruch des Krankenversicherers aus übergegangenem Recht BGH MedR 2010, 851 u. 854 m. Anm. *Jaeger*; VersR 2013, 648). Darüber hinausgehende Beweisermittlungs- oder Ausforschungsanträge sind jedoch auch im Arzthaftungsprozess unzulässig (OLG Koblenz MedR 2004, 388; OLG Nürnberg MedR 2009, 155; OLG Köln MedR 2010, 197). Nichts anderes gilt für das **selbstständige Beweisverfahren** (OLG Oldenburg VersR 2009, 805: Ein selbstständiges Beweisverfahren ist unzulässig, soweit es allein der Ausforschung dient, um dadurch erst die Voraussetzungen für eine Klage zu schaffen; s.a. OLG Hamm GesR 2010, 254), dessen Zulässigkeit in Arzthaftungssachen der BGH anerkannt (NJW 2003, 1741 m. Anm. *Bockey* S. 3453) und dessen Bedeutung er in der Folge aufgewertet hat (vgl. BGH NJW 2013, 3654 = MedR 2014, 302 m. Anm. *Walter* = LMK 2014, 355655 m. Anm. *Katzenmeier*; zum Ganzen *Laumen*, MedR 2015, 12 ff.).

### b) Substantiierung Klägervortrag

Einigkeit besteht darüber, dass an die **Substantiierungspflicht** des Klägers nur **maßvolle und** 12
**verständig geringe Anforderungen** gestellt werden dürfen (BGH VersR 1981, 752; 1982, 168;

2004, 1177; NJW 2015, 1601 = MedR 2015, 724; NJW 2016, 1328 = MedR 2016, 796; NJW-RR 2019, 467 = MedR 2019, 649 m. Anm. *Lorz*; NJW-RR 2019, 1360; *Süß*, FS Bergmann, 2016, 1380, 1382). Weil dem Patienten in der Regel die genaue Kenntnis des tatsächlichen Behandlungsgeschehens und auch das erforderliche medizinische Wissen fehlt, ist er zumeist nicht in der Lage, das Klagevorbringen so zu substantiieren, dass bereits dieses den fachlichen Kernbereich des Falles erfassen und vorstrukturieren könnte. Die gebotene Genauigkeit findet ihre Grenze in der Zumutbarkeit. Oftmals wird der Kläger nicht mehr tun können, als auf den zeitlichen Zusammenhang zwischen einer ärztlichen Behandlung und einer eingetretenen Gesundheitsbeschädigung hinzuweisen, die generelle Behauptung aufzustellen, diese beiden Sachverhalte stünden in einem ursächlichen Zusammenhang und die Behandlung müsse fehlerhaft gewesen sein. Eine Klage, deren Vortrag zum Vorliegen eines Behandlungsfehlers oder zum Kausalzusammenhang und Wertung im medizinischen Bereich Lücken aufweist, darf deshalb nicht aus Gründen fehlender Schlüssigkeit abgewiesen werden. Ebenso wenig geht es an, den Vortrag des beklagten Arztes, der – zumeist unter Hinweis auf die Krankenunterlagen – sein Vorgehen als lege artis darstellt, schon dann als zugestanden und damit als unstreitig zu behandeln, wenn die Gegenseite diesen fachlich-medizinischen Darlegungen nicht wie sonst geboten im Einzelnen und konkret entgegentritt (BGH NJW 1981, 630; OLG Stuttgart VersR 1991, 229).

### c) Sekundäre Darlegungslast

13 Nach der Rechtsprechung obliegt der nicht beweisbelasteten Partei (Behandlungsseite) eine gesteigerte Substantiierungslast, wenn die an sich beweisbelastete Partei (Patient) außerhalb des für ihren Anspruch erheblichen Geschehensablaufs steht und deshalb die maßgebenden Tatsachen im Einzelnen nicht kennt, während diese der Gegenpartei bekannt sind und ihr eine Substantiierung zumutbar ist (sog. **sekundäre Darlegungslast**) (BGH VersR 2016, 1380 = MedR 2018, 239 m. Anm. *Walter*; NJW-RR 2019, 467 = MedR 2019, 649 m. Anm. *Lorz*; BGH NJW-RR 2020, 720 = MedR 2020, 924; *Katzenmeier* MedR 2020, 900 ff.). Nach neuerer BGH-Rechtsprechung wird die sekundäre Darlegungslast regelmäßig bereits dann ausgelöst, »wenn die primäre Darlegung des Konfliktstoffs durch den Patienten den insoweit geltenden maßvollen Anforderungen genügt und die Vermutung eines fehlerhaften Verhaltens der Behandlungsseite aufgrund der Folgen für ihn gestattet« (BGH NJW-RR 2019, 467, 468 = MedR 2019, 649 m. Anm. *Lorz*; BGH NJW-RR 2020, 720 = MedR 2020, 924 jeweils zu Hygienemängeln; *Katzenmeier*, MedR 2020, 900 ff.). Begnügt die Gegenpartei sich in solchen Fällen mit einfachem Bestreiten der pauschalen Behauptungen des Anspruchstellers, so greift die Geständnisfiktion des § 138 Abs. 3 ein (BGH NJW 2005, 2614 m. Anm. *Katzenmeier*, NJW 2005, 3391 – transfusionsassoziierte HIV-Infektion).

### II. Beweiserleichterungen im Behandlungsfehlerbereich

14 In kaum einem anderen Rechtsgebiet ist der Grundsatz der Beweislastverteilung zwischen Kläger und Beklagtem stärker durchbrochen als im Arzthaftpflichtprozess. Die Schwierigkeiten der Beweisführung führten dazu, dass sich die durch Judikatur und medizinrechtliches Schrifttum geprägte Rechtslage von ihrem gesetzlichen Ausgangspunkt weit entfernt hat. Die Rechtsprechung gewährt dem Patienten **Beweiserleichterungen mittels ganz unterschiedlicher Methoden**, nämlich mittels § 287, der Regeln über den Anscheinsbeweis und Beweislastumkehrungen.

14a Der Gesetzgeber hat versucht, die bisherige Rechtsprechung zur Beweislastverteilung im Arzthaftungsrecht für die vertragliche Haftung in § 630h BGB gesetzlich zu fixieren (BT-Drucks. 17/10488, S. 27). Die Kodifikation soll für mehr Transparenz und Rechtssicherheit sorgen (BT-Drucks. 17/10488, S. 9). Diese Ziele werden schwerlich erreicht, stattdessen wird durch die Festschreibung die Rechtsfortbildung, insbes. die Anerkennung neuer Beweiserleichterungen und Beweislastumkehrungen, jedenfalls für das Vertragsrecht erschwert. Langfristig drohen Friktionen mit dem Deliktrecht (vgl. *Katzenmeier*, NJW 2013, 817, 823).

§ 630h BGB enthält fünf Absätze, in denen sechs verschiedene Fallgruppen abgebildet werden. In allen Absätzen ist der Gesetzgeber bemüht, die richterrechtliche Ausformung der Beweislastverteilung im Arzthaftungsrecht nachzuvollziehen. Im letzten Absatz geht dies so weit, dass ganze Leitsätze in Paragraphen umgemünzt wurden. Auffällig ist, dass das Gesetz fünfmal eine Vermutung aufstellt, nur einmal spricht es davon, der Behandelnde habe zu beweisen. Bei den Vermutungen handelt es sich um gesetzliche Tatsachenvermutungen i.S.d. § 292, gegen die der Beweis des Gegenteils zulässig ist. Dieser Beweis des Gegenteils ist Hauptbeweis, der zur vollen Überzeugung des Gerichts geführt werden muss. Damit hat eine gesetzliche Vermutung die gleiche Wirkung wie eine Beweislastregelung (*Prütting*, FS Rüßmann 2012, 609, 616: unschädlicher Wechsel zwischen den Stichworten Beweislast und Vermutung; Jauernig/*Mansel* § 630h Rn. 10). In der Gesetzesbegründung ist die Terminologie nicht immer sauber, bisweilen ist von »Beweislasterleichterungen« die Rede (BT-Drucks. 17/10488, S. 28). Dadurch darf die unzutreffende, vom BGH inzwischen verworfene Wendung von den »Beweiserleichterungen bis hin zur Beweislastumkehr« (vormals st. Rspr. seit BGH NJW 1972, 1520; krit. *Katzenmeier*, Arzthaftung, S. 468 ff.; *Laumen*, NJW 2002, 3739, 3741; verworfen von BGH NJW 2004, 2011 = JZ 2004, 1029 m. Anm. *Katzenmeier*) keine Renaissance erleben.

### 1. § 287 ZPO

S. dort.                                                                                                              15

### 2. Anscheinsbeweis

Der Beweis des konkreten Haftungsgrundes kann dem geschädigten Patienten mithilfe der Regeln   16
über den Anscheinsbeweis (prima-facie-Beweis) erleichtert werden (ausf. *Katzenmeier*, Arzthaftung, S. 429 ff.).

#### a) Rechtsnatur

Bei dem Anscheinsbeweis handelt es sich nicht um ein besonderes Beweismittel, sondern es geht   17
um den konsequenten Einsatz von Sätzen der **allgemeinen Lebenserfahrung** bei der **Überzeugungsbildung** im Rahmen der freien Beweiswürdigung (MüKo-ZPO/*Prütting* § 286 Rn. 50; Rosenberg/Schwab/Gottwald/*Gottwald* Zivilprozessrecht § 114 III 1). Letztere erlaubt dem Richter, aus feststehenden Tatsachen unter Berücksichtigung der allgemeinen Lebenserfahrung Schlüsse auf das Vorliegen streitiger Tatsachenbehauptungen im konkreten Einzelfall zu ziehen. Voraussetzung ist, dass der Richter sich eines Ablaufs vergewissert hat, der so sehr das Gepräge des Gewöhnlichen und Üblichen trägt, dass die besonderen individuellen Umstände in ihrer Bedeutung – jedenfalls zunächst – zurücktreten (Stein/Jonas/*Thole* § 286 Rn. 214; MüKo-ZPO/*Prütting* § 286 Rn. 50), m.a.W. dass ein Ablauf nach »Muster« vorliegt (so BGH NJW 1991, 230). Ist dies der Fall, so kann nicht nur von einem feststehenden Ereignis auf den Zusammenhang mit dem eingetretenen Erfolg, sondern auch umgekehrt von einem eingetretenen Erfolg auf ein bestimmtes Ereignis als Ursache geschlossen werden (BGH NJW 1997, 528; Stein/Jonas/*Thole* § 286 Rn. 214).

Weil der prima-facie-Beweis nur bei typischen Geschehensabläufen in Betracht kommt, also in   18
Fällen, in denen das Eingreifen des Arztes einen Schaden zur Folge hat, der ganz regelmäßig auf einen Behandlungsfehler zurückgeht, Eingriffszwischenfälle in der Medizin aber selbst dann als schicksalhafte Folge eintreten können, wenn sie überwiegend verschuldet sind, bleibt sein **Raum im Arzthaftungsprozess begrenzt**. Angesichts der weitgehenden Unberechenbarkeit der Reaktionen des menschlichen Organismus und der unterschiedlichen Behandlungsbedingungen, die auch den Handlungsverlauf bestimmen, fehlt vielfach die Typizität der Befunde (*Laumen*, FS Jaeger 2014, 71, 74 ff.; Laufs/Kern/Rehborn/*Kern* § 107 Rn. 5; MüKo-BGB/*Wagner* § 630h Rn. 123; zur Arzneimittelhaftung vgl. *Vogeler*, MedR 2011, 81).

#### b) Kasuistik

So überwiegt die Zahl der Urteile deutlich, in denen ein Anscheinsbeweis **verneint** wurde (Rspr.-   19
Nachw. bei *Pauge/Offenloch* Rn. 563 ff.; *Geiß/Greiner* Rn. B 232 ff.). Der BGH stellt explizit klar,

dass es keinen allgemeinen Erfahrungssatz gibt, wonach eine seltene oder äußerst seltene Komplikation, etwa eine Nahtinsuffizienz nach einer Appendektomie, auf einen ärztlichen Fehler zurückgeht (BGH NJW 1992, 1560). Einen prima-facie-Beweis hat das Gericht weiter versagt beispielsweise in einem Fall, in dem nach einer Strumaoperation bei dem Patienten eine beiderseitige Stimmbandlähmung auftrat, weil auch dem besten Kropfoperateur das Missgeschick einer einseitigen oder doppelseitigen Recurrensschädigung passieren kann (BGH NJW 1980, 1333; zu Nervschädigungen etwa OLG Hamm MedR 2006, 649), oder im Fall der Verletzung des Bogengangapparates bei der Punktion des Trommelfells, da der durch den Eingriff bewirkte Schwindelreiz selbst bei sorgfältigster Handhabung der Punktionsnadel eintreten kann (BGH AHRS. Kza 6410/19). Eine Thrombose nach einer Herzkatheteruntersuchung begründet keinen Anschein für ein ärztliches Fehlverhalten (OLG Koblenz MedR 2008, 672). Kommt es in einer Arztpraxis nach Injektionen bei mehreren Patienten zu Infektionen, so führt auch dieser Umstand noch nicht zur Annahme eines ärztlichen Verschuldens (OLG München NJW 1985, 1403). Generell sehr zurückhaltend sind die Gerichte bei der Anwendung des Anscheinsbeweises, wenn es trotz einer Tubensterilisation zu einer Schwangerschaft kommt. Da Ursache für die ungewollte Gravidität wegen der besonderen Regenerationsfähigkeit des Tubengewebes auch eine Rekanalisation sein kann, lässt sich die erforderliche Typizität nicht feststellen (OLG Düsseldorf VersR 1987, 412; 2001, 1117; OLG Saarbrücken VersR 1988, 831).

20 **Bejaht** wurde der Anscheinsbeweis des Öfteren aber bei Gesundheitsschäden nach **Injektionen** (Nachweise bei *Jaeger*, VersR 1989, 994), wobei es auf die Umstände des Einzelfalls ankommt (verneinend etwa OLG Düsseldorf NJW-RR 1998, 170; OLG Hamm VersR 2000, 323; BGH NJW 2012, 684), insbes. der zeitliche Zusammenhang gesteigerte Aufmerksamkeit verdient. Treten nach glutaealer Injektion eines Antirheumatikums in den Gesäßmuskel sofort erhebliche Schmerzen und Lähmungen auf, so spricht der prima-facie-Beweis für eine falsche Spritztechnik (OLG Düsseldorf VersR 1988, 38), ebenso beim Eintritt einer ausgedehnten Gewebenekrose nach intraglutaealer Injektion eines gefäßtoxischen Medikaments (OLG Düsseldorf VersR 1984, 241). Relevant ist der Anscheinsbeweis auch bei **Infektionen** (OLG Oldenburg NJW-RR 1990, 1434 (Hepatitis B); OLG Koblenz NJW 1991, 1553 (Wundinfektion bei Operation); OLG Oldenburg VersR 1995, 786 (Infektion nach Gelenkpunktion); weitere Nachweise bei *Laumen*, FS Jaeger 2014, 71, 78 ff.; *Kern/Reuter*, MedR 2014, 785, 790), wobei die Gerichte Rücksicht darauf nehmen, dass in einem Krankenhaus absolute Keimfreiheit nicht erreichbar ist (OLG Köln VersR 1998, 1026; OLG Hamm MedR 2006, 288; 2008, 217). Allein auf den engen zeitlichen Zusammenhang zwischen einem Krankenhausaufenthalt (OLG München VersR 2011, 885) oder einer Injektion (BGH NJW 2012, 684) und dem Auftreten einer Hepatitis-C-Infektion vermag kein Anscheinsbeweis für einen Hygienemangel oder einen anderen Fehler gestützt werden. Wird einem Patienten, der zu keiner HIV-gefährdeten Risikogruppe gehört und auch durch die Art seiner Lebensführung keiner gesteigerten Infektionsgefahr ausgesetzt ist, HIV-verseuchtes Spenderblut übertragen und wird bei ihm später eine HIV-Infektion festgestellt, so spricht der prima-facie-Beweis dafür, dass er vor der Bluttransfusion noch nicht infiziert war und durch sie infiziert wurde (BGH NJW 1991, 1948; zur »sekundären Darlegungslast« der Behandlungsseite BGH NJW 2005, 2614 m. Anm. *Katzenmeier*, NJW 2005, 3391; zu Dokumentationspflichten *Bender*, MedR 2007, 533). Das Verschulden des behandelnden Arztes hat die Judikatur prima facie auch in bestimmten Fällen als bewiesen erachtet, in denen nach Abschluss der Behandlung ein **Gegenstand**, mit dem der Arzt gearbeitet hat, **im Körper des Patienten** entdeckt wurde, etwa eine Arterienklemme (BGHZ 4, 138; BGH LM § 286 ZPO [C] Nr. 15) oder ein Bauchtuch in der Bauchhöhle des Operierten (BGH AHRS. Kza 6410/3) oder ein Katheterstück in der Arterie zwischen Herz und Lunge (OLG Hamm VersR 1978, 332). Nach ständiger Rechtsprechung kommt es auf die besonderen Umstände des Einzelfalls an, wie beispielsweise den Operationsverlauf oder Art und Größe des vergessenen Gegenstandes.

20a Verletzt der Arzt seine Pflicht zur therapeutischen Information (§ 630c Abs. 2 Satz 1 BGB, Sicherheitsaufklärung), so kann dem Patienten der Kausalitätsnachweis durch die von der Rechtsprechung entwickelte **Vermutung aufklärungsrichtigen Verhaltens** erleichtert werden (OLG Koblenz

VersR 2010, 480; OLG Köln MedR 2011, 661). Streitig ist, ob es sich dabei um einen Unterfall des Anscheinsbeweises handelt (so Baumgärtel/Laumen/Prütting/*Repgen* § 280 Rn. 93; krit. *Hausch*, VersR 2007, 167) oder ob eine echte Beweislastumkehr anzunehmen ist (so noch BGH NJW 1984, 658). Selbst die Annahme einer vollen Umkehr der objektiven Beweislast würde dem Patienten in der Praxis freilich kaum weiterhelfen, verbliebe ihm doch weiterhin der Nachweis, dass sein hypothetisches Verhalten den Eintritt der Primärschädigung verhindert hätte.

### 3. Grober Behandlungsfehler

In der Praxis besonders bedeutsam ist die von der Rechtsprechung mit Blick auf die Beweisnöte des Patienten entwickelte und für die vertragliche Haftung in § 630h Abs. 5 BGB kodifizierte Beweislastsonderregel bei Vorliegen eines »groben« Behandlungsfehlers (ausf. *Katzenmeier*, Arzthaftung, S. 439 ff. m.w.N.). Ein Arzt, dem ein grober Behandlungsfehler unterlaufen ist, der geeignet ist, einen Schaden der eingetretenen Art herbeizuführen, muss beweisen, dass seine Pflichtverletzung den Schaden nicht verursacht hat, es dazu vielmehr auch ohne seinen Fehler gekommen wäre (**Umkehr der Beweislast hinsichtlich der haftungsbegründenden Kausalität**, BGH NJW 2004, 2011 m. Anm. *Katzenmeier*, JZ 2004, 1030 u. *Spickhoff*, NJW 2004, 2345; BGH NJW 2008, 1304; 2012, 2653). Gleiches gilt bei der Verletzung sonstiger Berufspflichten, soweit sie auf die Bewahrung anderer vor Gefahren für Körper oder Gesundheit gerichtet sind (BGH NJW 1971, 241 – Krankenpflegepersonal; BGH NJW 2000, 2737 – Hebamme; OLG Köln MedR 2014, 105 – Apotheker; BGH NJW 2016, 2502 – Veterinärmediziner, zust. *Koch*, NJW 2016, 2461; KG MedR 2017, 388 – Rettungssanitäter, krit. *Voigt*, MedR 2017, 375; BGH NJW 2017, 2108 – Hausnotrufdienst, krit. *Mäsch*, NJW 2017, 2080 = MedR 2018, 93; BGH NJW 2018, 301 – Badeaufsicht = JZ 2018, 412 krit. *Katzenmeier*; zum Ganzen *Katzenmeier*, FS Prütting 2018, 361 ff.; ablehnend aber bei grob mangelhafter Ersthilfe eines Sportlehrers im Sportunterricht BGH NJW 2019, 1809 = MedR 2019, 799). Die Beweislastsonderregel greift jedoch nicht zulasten des »zufälligen« ärztlichen Nothelfers, der weder aufgrund eines geschlossenen Behandlungsvertrages noch im Rahmen eines speziellen Notfalleinsatzes tätig wird (OLG München NJW 2006, 1883 m. Anm. *H. Roth*, NJW 2006, 2814; OLG Düsseldorf NJW-RR 2008, 1474); auch einer Anwendung im Rahmen der Arzneimittelhaftung ist der BGH entgegengetreten (BGH MedR 2011, 575 m. krit. Anm. *Ballhausen*).

Für das Vorliegen eines groben Behandlungsfehlers trägt grundsätzlich der Patient die Beweislast (BGH NJW 1987, 2291; OLG Koblenz MedR 2011, 571; MüKo-BGB/*Wagner* § 630h Rn. 104; zu § 630h Abs. 5 Satz 1 BGB s. BT-Drucks. 17/10488, S. 30), die aber gegebenenfalls durch andere Beweiserleichterungen gemildert wird. Gleiches gilt für das Verschulden des Arztes (BGH NJW 1980, 1333), im Vertragsrecht greift insoweit § 280 Abs. 1 Satz 2 BGB ein (vgl. Rdn. 72 ff.). In der Praxis bereitet der Nachweis des Verschuldens dem Patienten meist keine Schwierigkeiten, da ein grob fehlerhaft handelnder Arzt in aller Regel auch die erforderliche Sorgfalt hat vermissen lassen (auf die subjektiven Fähigkeiten kommt es nicht an, BGH NJW 2003, 2311). Einfache Fahrlässigkeit reicht aus (BGH NJW 1983, 2080; 1992, 754; näher zur Abgrenzung des groben Behandlungsfehlers von der groben Fahrlässigkeit *Hausch*, Der grobe Behandlungsfehler in der gerichtlichen Praxis, S. 243 ff.). Die Beweislastsonderregel galt schon bislang sowohl im Rahmen der vertraglichen als auch der deliktischen Haftung (BGH NJW 1971, 241; *Giesen* Rn. 406; zur Geltung für den Ausgleichsanspruchs eines Gesamtschuldners gem. § 426 Abs. 1 BGB vgl. BGH MedR 2010, 637; zum Gesamtschuldnerausgleich zwischen Arzt und Apotheker bei grob fehlerhafter Medikamentengabe s. OLG Köln MedR 2014, 105 m. Bespr. *Gothe/Koppermann*, MedR 2014, 90 ff.).

Hervorzuheben ist, dass die Beweislastumkehr nicht voraussetzt, dass der grobe Behandlungsfehler die einzige mögliche Ursache für die Körperverletzung ist. Es reicht nach ständiger Rechtsprechung vielmehr aus, wenn das ärztliche Fehlverhalten die eingetretene Schädigung nur zusammen mit einer anderen, der Behandlungsseite nicht anzulastenden Ursache herbeizuführen geeignet ist. Mitursächlichkeit genügt, um dem Schädiger den gesamten Schaden zuzurechnen, wenn nicht feststeht, dass sie nur für einen abgrenzbaren Teil des Schadens kausal war (BGH NJW 1997, 796; s.a. BGH NJW 2000, 2737; *v. Pentz*, MedR 2011, 222, 224; 2016, 16, 19).

23 Die Beweislastumkehr wird wie folgt begründet: Nachdem der Arzt durch den schwerwiegenden Verstoß gegen die Regeln der ärztlichen Kunst die Lage geschaffen habe, die nicht mehr erkennen lasse, wie der Verlauf bei ordnungsgemäßer Hilfe gewesen wäre, sei er »näher dran«, das Beweisrisiko zu tragen, als der Patient, der kaum etwas zur Klärung des Sachverhalts beibringen könne (BGH NJW 1967, 1508; zu § 630h Abs. 5 Satz 1 BGB BT-Drucks. 17/10488, S. 30). Es geht nicht um eine Sanktion für Arztverschulden, vielmehr knüpft die Beweislastumkehr daran an, dass die **Aufklärung des Behandlungsgeschehens** wegen des Gewichts des Behandlungsfehlers und seiner Bedeutung für die Behandlung **in besonderer Weise erschwert** worden ist (BGH NJW 1983, 333; 2004, 2011), sodass nach Treu und Glauben dem Patienten der Beweis nicht zugemutet werden könne (BGH NJW 1992, 754; 1997, 796; Kritik unter Rdn. 47). Die Umkehr der Beweislast soll einen Ausgleich dafür bieten, dass das Spektrum der für die Schädigung in Betracht kommenden Ursachen gerade durch den Fehler besonders verbreitert oder verschoben worden ist (BGH NJW 1983, 333; 1996, 1589; 2012, 2653; zu § 630h Abs. 5 Satz 1 BGB BT-Drucks. 17/10488, S. 31).

a) Voraussetzungen

aa) Definitionsversuche

24 Ein Behandlungsfehler ist nach einer feststehenden Wendung des BGH dann als grob zu bewerten, wenn ein medizinisches Fehlverhalten vorliegt, das »aus objektiver ärztlicher Sicht bei Anlegung des für einen Arzt geltenden Ausbildungs- und Wissensmaßstabes nicht mehr verständlich und verantwortbar erscheint, weil ein solcher Fehler dem behandelnden Arzt aus dieser Sicht ›**schlechterdings nicht unterlaufen darf**‹« (BGH NJW 1983, 2080; 2004, 2011; 2007, 2767; 2011, 3442; 2012, 227; 2016, 563; 2018, 309; zu § 630h Abs. 5 Satz 1 BGB s. BT-Drucks. 17/10488, S. 30). Dies kann etwa der Fall sein, »wenn auf eindeutige Befunde nicht nach gefestigten Regeln der ärztlichen Kunst reagiert wird, oder wenn grundlos Standardmethoden zur Bekämpfung möglicher, bekannter Risiken nicht angewandt werden, und wenn besondere Umstände fehlen, die den Vorwurf des Behandlungsfehlers mildern können«. Letztlich kommt es auf die **Umstände des jeweiligen Einzelfalls** an. Eine Rolle spielen auch der Zustand des Patienten, die Schwere der Erkrankung, die Eilbedürftigkeit der Behandlung, das Zusammentreffen mit weiteren Notfällen sowie sonstige Umstände (Staudinger/*Hager* § 823 Rn. I 60). Der BGH stellt ausdrücklich klar, »dass nicht schon ein Versagen genügt, wie es einem hinreichend befähigten und allgemein verantwortungsbewussten Arzt zwar zum Verschulden gereicht, aber doch ›passieren kann‹« (BGH NJW 1983, 2080). Gerechtfertigt ist die Feststellung grob fehlerhaften Verhaltens aber stets dann, wenn Verstöße gegen elementare medizinische Behandlungsstandards oder gegen elementare medizinische Erkenntnisse und Erfahrungen vorliegen (BGH NJW 2001, 2794; 2005, 427). Grobe Fahrlässigkeit muss nicht vorliegen, denn es kommt nicht auf eine besondere Form des Verschuldens an, vielmehr allein auf die **objektive medizinische Fehlerqualität** (BGH NJW 2011, 3442; 2012, 227). Nicht erforderlich ist, dass diese Gegenstand von Leit- oder Richtlinien oder sonstigen Handlungsanweisungen geworden sind (BGH NJW 2011, 3442 = MedR 2012, 450 m. Anm. *Hart* u. Anm. *Katzenmeier*, LMK 2012, 327738; BGH NJW 2018, 309 = MedR 2018, 880 m. Anm. *Finn*). Eine Ausnahme vom Grundsatz der Beweislastumkehr bei grobem Behandlungsfehler kommt regelmäßig nicht deshalb in Betracht, weil der eingetretene Gesundheitsschaden als mögliche Folge des groben Behandlungsfehlers zum maßgebenden Zeitpunkt noch nicht bekannt war (BGH NJW 2012, 2653).

25 Die Beurteilung hat stets das **ganze Behandlungsgeschehen** zum Gegenstand, sodass **auch mehrere Einzelfehler**, die für sich genommen nicht besonders schwer wiegen, in der Gesamtwürdigung einen groben Behandlungsfehler begründen können (BGH NJW 1983, 333; 1998, 1782; 2000, 2741; 2001, 2792; 2011, 3442; 2018, 309). Beispielsweise ist in deren Rahmen die Summierung vermeidbarer Zeitverluste bis zum Beginn der erforderlichen Operation mit einzubeziehen, wobei auch geringfügige Verzögerungen bedeutsam sein können (BGH NJW 1988, 1511;

OLG Schleswig VersR 1994, 311). Da immer das Gewicht des Gesamtgeschehens maßgebend ist, können umgekehrt konkret erschwerte Behandlungsbedingungen, etwa zwangsläufige Beschränkungen der personellen und/oder sachlichen Verhältnisse oder Entschlusszeiten, einer Bewertung des Fehlers als grob entgegenstehen (BGH NJW 1988, 1511; OLG Düsseldorf VersR 1997, 490).

Der grobe Behandlungsfehler kann sich auch **mittelbar aus einer Verletzung der Befunderhebungs- und -sicherungspflicht** (dazu Rdn. 52 ff.) ergeben. Eine solche rechtfertigt zwar zunächst nur den Schluss, dass sich bei pflichtgemäßem Vorgehen ein reaktionspflichtiger Befund ergeben hätte. Ergibt sich jedoch mit hinreichender Wahrscheinlichkeit ein so gravierender Befund, dass seine Verkennung sich als fundamental fehlerhaft darstellen müsste, so kann auch hier von der Kausalität zwischen Behandlungsfehler und Gesundheitsschaden ausgegangen werden (BGH NJW 1996, 1589; 2004, 1871; 2011, 2508; vertraglich § 630h Abs. 5 Satz 2 BGB). Ebenso verhält es sich, wenn bereits die Unterlassung der Befunderhebung einen groben ärztlichen Fehler darstellt (BGH NJW 1998, 1780; MedR 2010, 494; 2011, 3441). 26

Bei der Frage, ob ein Behandlungsfehler als grob zu qualifizieren ist, geht es um eine **juristische Wertung**, die nicht der Sachverständige, sondern **das Gericht zu treffen** hat (BGH NJW 2004, 2011; 2008, 1381; 2011, 2508; 2012, 227; 2015, 1601 = MedR 2015, 724; *G. Müller*, MedR 2001, 487, 490; *v. Pentz*, MedR 2011, 222, 224; *Frahm*, MedR 2019, 117, 120). Der BGH betont allerdings mehrfach, dass die Entscheidung des Gerichts auf tatsächlichen Anhaltspunkten beruhen muss, die sich in der Regel aus der medizinischen Bewertung des Behandlungsgeschehens durch den **Sachverständigen** ergeben, weil der Richter den berufsspezifischen Sorgfaltsmaßstab im Allgemeinen nur mit dessen Hilfe ermitteln kann (BGH NJW 2001, 2791; 2015, 1601 = MedR 2015, 724; dazu *Katzenmeier*, Arzthaftung, S. 395 ff.). Die Bewertung eines Behandlungsfehlers als grob muss daher in den Ausführungen des medizinischen Sachverständigen ihre tatsächliche Grundlage finden (BGH NJW 1996, 1589; 2015, 1601 = MedR 2015, 724). Dies bedeutet nicht, dass der Richter die Bewertung dem Sachverständigen überlassen und nur die Fälle, in denen dieser das ärztliche Verhalten ausdrücklich als nicht nachvollziehbar bezeichnet, als grob werten darf. Vielmehr hat das Gericht aufmerksam darauf zu achten, ob der Sachverständige in seiner Würdigung einen Verstoß gegen elementare medizinische Erkenntnisse oder elementare Behandlungsstandards zu erkennen gibt oder lediglich von einer Fehlentscheidung in mehr oder weniger schwieriger Lage ausgeht. Nimmt der Sachverständige – an sich in Überschreitung seiner Kompetenz, aber in der Praxis nicht selten – selbst eine Bewertung des Fehlers als grob oder nicht grob vor, so ist der Richter an diese Qualifizierung nicht gebunden (BGH NJW 1994, 801; 1996, 1589; OLG Koblenz VersR 2012, 1304), wird aber regelmäßig nachvollziehbar begründen müssen, weshalb er von der Bewertung des Sachverständigen abweicht. Unklarheiten eines Gutachtens oder Widersprüchen zwischen einzelnen Erklärungen desselben Sachverständigen oder zwischen Äußerungen verschiedener Gutachter (auch Privatgutachter) muss das Gericht nachgehen und diese auflösen, andernfalls verstößt es gegen das Recht auf rechtliches Gehör, Art. 103 Abs. 1 GG (BGH VersR 2009, 499; 2009, 1405; 2010, 72). 27

#### bb) Rechtswidrigkeitszusammenhang

Nicht jeder grobe Fehler des Arztes hat Beweiserleichterungen für den Patienten zur Folge. Nach ständiger Rechtsprechung wird die **sachliche Reichweite** der Beweislastumkehr dadurch begrenzt, dass der Behandlungsfehler geeignet gewesen sein muss, einen Gesundheitsschaden der Art herbeizuführen, wie er tatsächlich eingetreten ist. Dabei braucht der **Fehler** nur **generell als geeignete Ursache** in Betracht zu kommen, der Zusammenhang mit dem Schaden muss nur möglich, nicht aber naheliegend oder gar typisch sein (BGH NJW 2004, 2011; 2005, 427; 2008, 1304; s.a. § 630h Abs. 5 Satz 1 BGB). 28

Vereinzelt erhobenen Forderungen nach einer gewissen Wahrscheinlichkeit eines Kausalzusammenhangs als Voraussetzung für eine Beweislastumkehr (so *Musielak*, Die Grundlagen der Beweislast im Zivilprozeß, S. 145 ff.; *Wahrendorf*, Die Prinzipien der Beweislast im Haftungsrecht, S. 99 ff., 107, 110 ff.) ist der BGH entgegengetreten (BGH NJW 1983, 333) und auch der Gesetzgeber 29 nicht nachgekommen (BT-Drucks. 17/10488, S. 31). Dadurch würden an die Substantiierungspflicht des Patienten (dazu Rdn. 12) zu hohe Anforderungen gestellt, die Beweisführung würde erheblich erschwert und der angestrebte Zweck (Schutz des Patienten) konterkariert (BGH NJW 1968, 1185). Stattdessen soll die allgemeine Eignung des Fehlers zur Schadensherbeiführung ausreichen. Aus dem konkreten Geschehensablauf hergeleitete Zweifel an der Ursächlichkeit vermögen diese allgemeine Eignung nicht infrage zu stellen. Sie haben bei der Erwägung ihren Platz, ob der dem Arzt obliegende Beweis für die Nichtursächlichkeit erbracht ist. Anderenfalls führte die von der Rechtsprechung entwickelte Umkehr nur selten zu der erstrebten Verteilung der Beweislast in dem Bereich, der infolge eines schwerwiegenden Behandlungsfehlers unaufklärbar ist (RGRK/ *Nüßgens* § 823 Anh. II Rn. 300).

30   Doch auch wenn der schwere Behandlungsfehler nicht wahrscheinliche Ursache für den geltend gemachten Gesundheitsschaden des Patienten sein muss, um Beweiserleichterungen zu rechtfertigen, kann das Gewicht der Möglichkeit, dass der Fehler zum Misserfolg der Behandlung beigetragen hat, nicht schlechterdings unberücksichtigt bleiben. Auch nach Ansicht der Judikatur stellt die **konkrete Schadensneigung** des ärztlichen Fehlverhaltens ein wichtiges Kriterium dar (vgl. BGH NJW 1988, 2949; 1995, 778). In Ausnahmefällen kann deshalb trotz genereller Eignung des Fehlers für den Schaden einer Umkehr der Beweislast entgegenstehen, dass aufgrund besonderer Umstände des Einzelfalls der Kausalzusammenhang ganz unwahrscheinlich ist (BGH NJW 2004, 2011; 2005, 427; 2011, 2508; 2012, 2653; ebenso zu § 630h Abs. 5 Satz 1 BGB s. BT-Drucks. 17/10488, S. 31). Je ferner nämlich die Möglichkeit einer Ursächlichkeit liegt, desto geringer wirken sich die aus dem Behandlungsfehler resultierenden Aufklärungserschwernisse aus. Den Ausnahmefall gänzlicher Unwahrscheinlichkeit der Verursachung hat die Behandlungsseite zu beweisen (BGH NJW 1988, 2949; NJW 2008, 1304).

31   Entstand ein besonders hoher Schaden, weil das Verhalten des Arztes auf eine schlechte Konstitution des Patienten traf oder noch andere nicht genau abgrenzbare Schadensursachen vorhanden waren, so führt dies nach den Regeln über die **kumulative Kausalität** nicht nur materiell-rechtlich zur Haftung, sondern »strahlt auch auf die Regeln der Beweislast aus« (Staudinger/ *Hager* § 823 Rn. I 54). Die Rechtsprechung lastet in den Fällen, in denen mehrere mögliche Ursachen nicht abgrenzbar im Sinne einer Gesamtkausalität zusammenwirken, die durch den Behandlungsfehler mitgeschaffenen Unklarheiten bezüglich des Kausalzusammenhangs vollumfänglich den für den Behandlungsfehler verantwortlichen Personen an (BGH NJW 1997, 796; OLG Koblenz VersR 2008, 646; zu bloßer Teilkausalität vgl. OLG Hamm VersR 1996, 1371; BGH NJW 2000, 3423; BGH MedR 2015, 111 m. Anm. *Seibl*; BGH MedR 2015, 721 m. Anm. *Spickhoff*; *v. Pentz*, MedR 2016, 16, 19). Ist ein grober Fehler zur Herbeiführung eines Gesundheitsschadens geeignet, so kommt eine Einschränkung der sich hieraus ergebenden Beweislastumkehr unter dem Blickpunkt einer **Vorschädigung des Patienten** nur dann in Betracht, wenn eine solche Vorschädigung festgestellt ist und gegenüber einer durch den groben Fehler bewirkten Mehrschädigung abgegrenzt werden kann, was zur Beweislast der Behandlungsseite steht (BGH NJW 2000, 2737; OLG Stuttgart VersR 2003, 376). Erst wenn auch eine bloße Mitursächlichkeit des groben Fehlers für den eingetretenen Schaden äußerst unwahrscheinlich ist, erscheint eine Beweisbelastung der Behandlungsseite nicht mehr gerechtfertigt (BGH NJW 1997, 796; OLG Celle NJW-RR 2002, 1603; OLG Stuttgart VersR 2003, 376; OLG Koblenz MedR 2016, 893, 894 m. Anm. *Müller*; OLG Hamm MedR 2019, 220, 224 = VersR 2019, 34, 38 f. m. Anm. *Jaeger*). Neben gänzlicher Unwahrscheinlichkeit eines Kausalzusammenhangs zwischen grobem Behandlungsfehler und eingetretenem Schaden soll auch ein massives **Mitverschulden** des Patienten, oder besser gleichrangiges Mitverursachen von Unklarheiten in der Kausalitätsfrage – etwa durch Missachtung ärztlicher Anordnungen – einer Beweislastumkehr entgegenstehen (BGH NJW 2004, 2011; 2005, 427; 2009, 2820 = MedR 2010, 101 m. Anm. *Schmidt-Recla*; OLG Hamm MedR 2019, 668 f. m. Anm. *Süß*; krit. *Gerecke*, MedR 2010, 689; zu § 630h Abs. 5 Satz 1 BGB s. BT-Drucks. 17/10488, S. 31). Die Missachtung ärztlicher Anordnungen ist jedoch nur relevant, wenn der Arzt seine therapeutische Aufklärungspflicht erfüllt hat (BGH NJW 2009,

2820 = MedR 2010, 101 m. Anm. *Schmidt-Recla*; krit. *Gerecke*, MedR 2010, 689, 691 ff., 694; Staudinger/*Hager*, 2009, § 823 Rn. I 56).

Hinter den verschiedenen Eingrenzungsbemühungen steht der Gedanke, dass auch bei groben Behandlungsfehlern Beweiserleichterungen nur insoweit infrage kommen, »als sich gerade das Risiko verwirklicht hat, dessen Nichtbeachtung den Fehler als grob erscheinen lässt« (BGH NJW 1981, 2513; OLG Stuttgart VersR 1991, 821). Damit wird der allgemeine Grundsatz des Schadensrechts, dass ein Rechtswidrigkeitszusammenhang zwischen Pflichtverletzung und geltend gemachtem Schaden bestehen muss, auf das Beweisrecht übertragen (*Hanau*, Die Kausalität der Pflichtwidrigkeit, S. 68 f.; *Giesen* Rn. 418), auch hier kommen Schutzzwecküberlegungen zur Geltung. 32

cc) **Reichweite**

aaa) **Rechtsprechung**

Die Rechtsprechung kehrt die Beweislast bei Vorliegen eines groben Behandlungsfehlers grundsätzlich **nur bezüglich der haftungsbegründenden Kausalität** um, soweit also unmittelbar durch den Behandlungsfehler verursachte haftungsbegründende Gesundheitsschädigungen infrage stehen (BGH NJW 2008, 1381; 2011, 2508; 2014, 688; MedR 2014, 488 m. Anm. *Finn*). Auf die haftungsausfüllende Kausalität, d.h. den Ursachenzusammenhang zwischen der Primärschädigung und weiteren Folgeschäden des Patienten (»Sekundärschäden«), wird die Beweislastumkehr von den Gerichten grundsätzlich nicht erstreckt, hinsichtlich der Verursachung weiterer Vermögensnachteile (Erwerbsschaden, Verdienstausfall) soll sie nie Platz greifen (*Geiß/Greiner* Rn. B 262 m. Rspr.-Nachw.; zu § 630h Abs. 5 Satz 1 BGB s. BT-Drucks. 17/10488, S. 31). Der BGH begründet seinen Standpunkt damit, Beweiserleichterungen seien nur entsprechend der Reichweite der durch den groben Fehler verursachten besonderen Aufklärungserschwernisse zu gewähren, jenseits der haftungsbegründenden Kausalität ergäben sich aber grundsätzlich keine zusätzlichen Beweisschwierigkeiten, die dem Schädiger anzulasten seien (BGH NJW 1978, 1683). Eine **Ausnahme** will der BGH gelten lassen, wenn der sekundäre Gesundheitsschaden typisch mit dem Primärschaden verbunden ist und die außer Acht gelassene elementare Verhaltensregel gerade auch dem Sekundärschaden vorbeugen sollte (BGH NJW 1988, 2948; NJW 2008, 1381), außerdem dann, wenn ein grober Behandlungsfehler sich nicht schon in der Primärverletzung manifestiert, sondern sich erst später auswirkt (BGH NJW 1978, 1683) – etwa wenn eine grob fehlerhafte Injektion zu Schäden führt (sofern man bereits den Einstich der Kanüle als Primärverletzung ansieht). 33

bbb) **Literatur**

In der Lehre wird dagegen zum Teil die Ansicht vertreten, die Umkehr der Beweislast bei einem groben Behandlungsfehler sei stets auch auf die haftungsausfüllende Kausalität zu erstrecken, wenn sich ein typisches Risiko der verletzten Verhaltenspflicht verwirklicht habe (*Giesen* Rn. 408; *Schramm*, Der Schutzbereich der Norm im Arzthaftungsrecht, S. 272 ff.). Im Umfang der **Folgentypik** des Behandlungsfehlers habe der Arzt die Gefahr der Unaufklärbarkeit des tatsächlichen Geschehensablaufs und damit das Beweisrisiko des Patienten selbst geschaffen, weshalb eine Beweislastumkehr sachgerecht sei. Da die möglichen Folgen eines Behandlungsfehlers nicht nach rechtlichen Kategorien ermittelt werden, sondern hierüber der Erkenntnisstand der medizinischen Wissenschaft entscheidet, sei es nicht sachgerecht, wenn der BGH die Folgentypik mithilfe von rechtlichen Kategorien wie dem haftungsbegründenden Kausalzusammenhang begrenzen will (*Baumgärtel*, Handbuch der Beweislast im Privatrecht, 2. Aufl. 1991, § 823 Anh. C II Rn. 27). Darüber hinaus gebe es – wie etwa das Beispiel der Injektion zeige – Schwierigkeiten, die Primär- von den Sekundärschäden korrekt abzugrenzen (*Musielak/Stadler*, Grundfragen des Beweisrechts, Rn. 270; s. auch *v. Pentz* MedR 2016, 16, 18 f.). Entscheidend für die Beweislastumkehr soll der Schutzbereich der schwer verletzten Norm sein, der wertend festzulegen sei (*Schramm*, Der Schutzbereich der Norm im Arzthaftungsrecht, S. 274; *Deutsch/Spickhoff* Rn. 791). 34

### ccc) Stellungnahme

35 Die beiden Standpunkte liegen nicht so weit auseinander, wie dies zunächst den Anschein haben mag. Sie konvergieren, indem auch der BGH die Beweislastumkehr auf Sekundärschäden des Patienten erstreckt, wenn diese der (in erster Linie, nur nicht ausschließlich nach Erkenntnissen der Medizin bestimmten) Folgentypik des Behandlungsfehlers entsprechen (BGH NJW 1988, 2948; 2008, 1381; OLG Köln VersR 2013, 113), andererseits die Literatur bei ihrer Schutzbereichsbetrachtung auf Ausgrenzungen der als atypisch bewerteten Folgeschäden bedacht ist. Für die Auffassung des BGH spricht, dass auch bei sonstigen Körper- und Gesundheitsverletzungen der Geschädigte den Beweis der Verursachung weiterer Schäden (Sekundär- oder Folgeschäden) zu erbringen hat und kein Sachgrund dafür ersichtlich ist, die Frage im Bereich ärztlicher Behandlungsfehler anders zu beurteilen (RGRK/*Nüßgens* § 823 Anh. II Rn. 302). Folgt man der höchstrichterlichen Rechtsprechung, so bedeutet dies keine wesentliche Verschlechterung der Beweislage des Patienten, denn für den Beweis der **haftungsausfüllenden Kausalität** stellt die Rechtsordnung § 287 zur Verfügung, der dem Richter größere Freiheit bei der Feststellung auch der Kausalität einräumt und dem Geschädigten insoweit die Beweisführung erleichtert (vgl. § 287 Rdn. 1 ff.). Damit gelangen Rechtsprechung und Lehre trotz unterschiedlicher dogmatischer Konstruktionen zu weitgehend gleichen Ergebnissen (Staudinger/*Hager* § 823 Rn. I 57).

### b) Fallgruppen

36 Die Gerichte sind mit einer Unzahl von Fällen befasst, in denen der grobe Behandlungsfehler für die Beweislastverteilung im Arzthaftungsprozess relevant wird. Nach allgemeiner Ansicht verbietet sich eine schematische Betrachtung, vielmehr kommt es auf die **Umstände des jeweiligen Einzelfalls** an. Eine Rolle spielen der Zustand des Patienten, die Schwere der Erkrankung, die Eilbedürftigkeit der Behandlung, das Zusammentreffen mit weiteren Notfällen sowie sonstige Umstände (vgl. Staudinger/*Hager* § 823 Rn. I 60). Bei einer Fallgruppenbildung lässt sich zunächst unterteilen in: grobe Diagnosefehler i.e.S., grobe Behandlungsfehler durch Nichterhebung von Diagnose- und Kontrollbefunden, grobe konkrete Therapiefehler einschließlich schwerer Fehler in der Organisation der Krankenbehandlung und Sicherstellung des medizinischen Standards, sowie grobe Behandlungsfehler durch Unterlassen der erforderlichen therapeutischen Sicherungsaufklärung. Vornehmlich bei Diagnose- und Therapiefehlern erfolgen weitere Differenzierungen nach den verschiedenen medizinischen Fachgebieten mit der Folge einer sehr umfangreichen Kasuistik (Rspr.-Nachw. bei *Pauge/Offenloch* Rn. 582 ff.; *Geiß/Greiner* Rn. B 265 ff.).

### aa) Diagnose

37 Im reinen Diagnosebereich (Verkennung objektiver Befunde) ist die Rechtsprechung mit der Bewertung »grob fehlerhaft« zurückhaltender als im Therapiebereich. Diagnosen, nicht nur die alsbald im Blick auf ein Spezialverfahren zu stellenden vorläufigen, bleiben oft mit Unsicherheiten belastet. Deshalb muss, so der BGH, »die Schwelle, von der ab ein Diagnoseirrtum als schwerer Verstoß gegen die Regeln der ärztlichen Kunst zu beurteilen ist, der dann zu einer Belastung mit dem Risiko der Unaufklärbarkeit des weiteren Ursachenverlaufs führen kann, hoch angesetzt werden« (BGH NJW 2011, 1672 = JZ 2011, 795 m. Anm. *Katzenmeier* = MedR 2011, 645 m. Anm. *Voigt*, auch BGH VersR 1981, 1033; NJW 2003, 2827). Ein Diagnoseirrtum im Sinne einer Fehlinterpretation erhobener Befunde gilt nur dann als grober Fehler, wenn es sich um ein **fundamentales Missverständnis** handelt (BGH NJW 1996, 1589; 2008, 1381; 2011, 1672; *v. Pentz*, MedR 2011, 222, 224).

38 Ein grober Diagnosefehler wurde bejaht, wenn der Arzt trotz deutlicher Symptome eines Herzinfarktes den Betroffenen nicht in ein Krankenhaus einweist (BGH NJW 1994, 801; 1998, 814) oder den Infarkt gar nicht erkennt (BGH NJW 1996, 1589), wenn aus einem hochpathologischen Befund keine therapeutischen Konsequenzen gezogen werden (BGH NJW 1978, 2337), wenn eine bakterielle Infektion nicht zutreffend diagnostiziert (BGH VersR 1985, 886; OLG Düsseldorf VersR 1998, 55), ein Leistenbruch trotz Leistenschwellung und massenhafter Erythrozyten im Urin

verkannt (OLG Frankfurt VersR 2000, 853), ein Arterienverschluss im Darm u.a. wegen der Verabreichung massiver Schmerzmittel nicht erkannt (OLG Nürnberg VersR 1988, 1050), oder eine Venenthrombose als Muskelkater gedeutet wird (OLG Köln VersR 1993, 190), wenn ein Arzt trotz eindeutiger Symptome das Vorliegen einer Meningitis verkennt (OLG Stuttgart VersR 1994, 315; OLG Oldenburg NJW-RR 1997, 1117), sich bei einer Embolie im Unterschenkel mit der äußerst unwahrscheinlichen Diagnose Venenentzündung zufrieden gibt (OLG Hamm VersR 1989, 292), einen auf mehreren MRT- und CT-Aufnahmen erkennbaren Frakturspalt übersieht (OLG Hamm VersR 2016, 601), nach einer Ulnaschaftfraktur bei einem 7-jährigen Kind eine Radiusköpfchen-Dislokation übersieht (OLG Koblenz MedR 2016, 195), trotz eines dramatischen Blutverlustes eine Uterusruptur nicht in Erwägung zieht (OLG Düsseldorf NJW-RR 1996, 279) oder eine Schulterdystokie übersieht (OLG Oldenburg NJW-RR 2015, 863), wenn ein Arzt bei Hinweisen des Pflegepersonals, die auf einen beginnenden septischen Schock des Patienten hindeuten, nicht zumindest Anordnungen zu engmaschiger und intensiver Überwachung trifft (OLG Köln VersR 2019, 423).

### bb) Befunderhebung

Die Nichterhebung von Befunden, die zu einer falschen Diagnose führt, lässt sich eher als eine reine Fehlinterpretation als grober Verstoß gegen die ärztlichen Pflichten qualifizieren. Dies ist regelmäßig dann angezeigt, wenn es in erheblichem Ausmaß an der Erhebung einfacher, grundlegender Diagnose- und Kontrollbefunde fehlt, wenn also der Arzt selbstverständlich gebotene differentialdiagnostische Überlegungen und Untersuchungen unterließ (Laufs/Kern/Rehborn/*Kern* § 109 Rn. 20; Rspr.-Nachw. bei *Pauge/Offenloch* Rn. 600; zur Abgrenzung des Befunderhebungsfehlers vom Diagnoseirrtum s. BGH NJW 2011, 1672 = JZ 2011, 795 m. Anm. *Katzenmeier*). Das gilt erst recht, wenn er durch ungezielte Medikation das Krankheitsbild zusätzlich verschleiert hat (BGH NJW 1983, 333; 1988, 1513). Ist das Unterlassen einer Befunderhebung als grober Behandlungsfehler anzusehen, so reicht das für eine Beweislastumkehr aus, ohne dass es auf ein dadurch ausgelöstes Therapieversäumnis ankäme (BGH MedR 2010, 494). 39

Als grober Befunderhebungsfehler wurde z.B. bewertet: das Unterlassen gebotener Röntgenaufnahmen zur Kontrolle eines unklaren Befundes (BGH NJW 1989, 2332; OLG Hamm VersR 1996, 892; nach Sturz OLG Hamm VersR 2016, 601), einer manuellen Prüfung auf Gefäßverschluss bei Lähmungserscheinungen der Extremitäten (BGH VersR 1983, 983), einer Untersuchung mithilfe eines Kernspins bei einer Lähmung beider Beine (BGH NJW 1998, 1782), diagnostischer Abklärung von Infektionssymptomen nach einer Operation (BGH NJW 1988, 1513), einer Augenuntersuchung mit geweiteter Pupille trotz Anzeichen für eine Netzhautablösung (BGH NJW 1998, 1780), einer augenärztlichen Untersuchung bei plötzlich auftretender Sehverschlechterung (BGH MedR 2010, 494), der Beiziehung eines HNO-Spezialisten zur Abklärung eines Hörsturzverdachts (OLG Stuttgart VersR 1994, 106 f.), der histologischen Abklärung eines in kurzer Zeit auffällig wachsenden Tumors (OLG Jena MedR 2008, 520), der Untersuchung eines trüben Kniepunktats auf Keime (OLG Köln VersR 1992, 1003; OLG Stuttgart VersR 1998, 1550; OLG Hamm VersR 2000, 323). Neben der Inneren Medizin und der Chirurgie hat die Rechtsprechung die Nichterhebung von Diagnose- und Kontrollbefunden häufig auf dem Gebiet der Perinatologie als groben Behandlungsfehler betrachtet, so z.B. wenn CTG-Aufzeichnungen vor der Geburt unterlassen werden (OLG Oldenburg VersR 1991, 1177) oder bei der Eingangsuntersuchung einer Hochschwangeren der Blutdruck nicht gemessen wird, dessen Höhe Anlass hätte bieten können, krampfprophylaktische Maßnahmen zu ergreifen (BGH NJW 1995, 1611). Auch der Einsatz eines nur notdürftig mit einem Heftpflaster geflickten CTG-Geräts kann einen Befunderhebungsfehler begründen (BGH MedR 2020, 212 m. Anm. *Walter*). 40

### cc) Therapie

Grobe Fehler bei der Therapie kommen vor allem in Betracht, wenn der Arzt eindeutige Befunde nicht zum Anlass für sein Handeln nimmt, wenn er grundlos ein eingeführtes Verfahren zur 41

§ 286 ZPO   Freie Beweiswürdigung

Bekämpfung bekannter Risiken nicht anwendet, wenn er gebotene Kontrollen der Wirksamkeit und Verträglichkeit von Heilmaßnahmen und Heilmitteln nicht durchführt, oder wenn durch eine Fehlorganisation die Behandlung in falsche Hände gerät (Laufs/Kern/Rehborn/*Kern* § 109 Rn. 22; Rspr.-Nachw. bei *Pauge/Offenloch* Rn. 601). Daneben greift die Beweislastsonderregel bei einer groben Verletzung der Pflicht zur therapeutischen Information (Sicherungsaufklärung), wobei eine Wahrscheinlichkeit für ein Ergebnis einer Kontrolluntersuchung nicht erforderlich ist (BGH NJW 2005, 427; so auch zu § 630h Abs. 5 Satz 1 BGB BT-Drucks. 17/10488, S. 31). Schließlich ist angesichts der zunehmenden Bedeutung von Gesundheitsvorsorge, Prävention und Prophylaxe davon auszugehen, dass auch unterlassene Informationen über bestehende Vorsorgemöglichkeiten von der Rechtsprechung künftig vermehrt als grob fehlerhaft bewertet werden (so etwa OLG Hamm MedR 2014, 103 für den unterlassenen Hinweis auf die Teilnahme am Mammographie-Screening. Zu den insoweit nach wie vor weitgehend ungeklärten Rechtsfragen s. *Katzenmeier*, DÄBl 2006, A-1054 ff.).

42 Ein grober Therapiefehler wurde etwa bejaht, wenn der Arzt nach einer Operation dem Patienten ein dringend benötigtes Medikament vorenthält (BGH NJW 1991, 1539; KG VersR 1991, 928; OLG Düsseldorf VersR 1998, 55), wenn er nach der Operation eines Armbruchs Bewegungsübungen anordnet, obwohl die Gefahr besteht, dass die zur Fixierung verwendeten Drähte dadurch ihre Lage verändern (BGH NJW 1986, 1540), wenn er bei Ruhigstellung des Unterschenkels auf eine Thromboseprophylaxe verzichtet (OLG Düsseldorf VersR 2009, 403), wenn er ein MRT durchführt und dadurch die Zerstörung eines ihm bekannten implantierten Herzrhythmusregulators bewirkt (OLG Koblenz MedR 2011, 731), wenn ein in der Speiseröhre festsitzendes Fleischstück mit einem starren Endoskop in Richtung Magen verschoben und nicht oral entfernt wird (OLG Brandenburg RDG 2011, 185), wenn bei einem Säugling im Rahmen einer Leistenoperation ein Hodenhochstand nicht korrigiert wird (OLG München VersR 1997, 577), in der Operationswunde ein Fremdkörper – etwa eine Bohrerspitze – zurückbleibt (OLG Stuttgart VersR 1989, 632; verneinend aber OLG München GesR 2013, 620 für ein aufgrund eines Zählfehlers zurückgebliebenes Bauchtuch), eine Injektion im Hals-Schulter-Bereich ohne vorherige gründliche Desinfektion durchgeführt wird (OLG Naumburg VersR 2010, 216), zur Spülung einer offenen Wunde ein zum Reinigen von Böden und Möbeln vorgesehenes Flächendesinfektionsmittel benutzt wird (OLG Köln VersR 2013, 113), ein durch eine Arthrographie gereiztes Knie noch am selben Tag operiert wird (OLG Hamm VersR 1989, 293) oder ein Bruch vor Abklingen der Schwellung (OLG Düsseldorf VersR 1988, 970; anders OLG Hamm VersR 1988, 807), wenn während einer Mandeloperation keine ausreichende Sauerstoffversorgung sichergestellt wird (BGH NJW 2011, 3442), wenn der Arzt auf die Meldung »Tubus blockiert« durch das Beatmungsgerät hin nicht als erstes die Lage des Tubus kontrolliert (OLG Oldenburg VersR 2016, 664), wenn ein Patient nach einer Operation nicht hinreichend überwacht wird, obwohl angesichts der Schwere des Eingriffs mit Komplikationen zu rechnen ist (OLG Köln VersR 1997, 1404), eine Wundrevision nicht frühzeitig genug vorgenommen wird (OLG Düsseldorf NJW 1995, 1622), aseptische Vorkehrungen nicht eingehalten werden (BGH NJW 2008, 1304; OLG Karlsruhe VersR 1989, 195; OLG Stuttgart VersR 1990, 385; OLG Schleswig VersR 1990, 1121), wenn der Arzt während der wichtigen Entbindungsphase nicht anwesend ist (OLG Hamm VersR 1980, 684; 1994, 730), bei einem übergroßen Kind kein erfahrener Geburtshelfer bereitsteht (OLG Hamm VersR 1997, 1403), die Schwangere nicht in eine Klinik mit Maximalversorgung verlegt wird, obwohl mit der Geburt eines Kindes vor der 28. Schwangerschaftswoche und/oder einem Geburtsgewicht von weniger als 1.000g zu rechnen ist (OLG Oldenburg VersR 2008, 924), der bei einer Geburt eingeteilte Neonataloge ohne Grund untätig bleibt (BGH NJW 2000, 2741), trotz eindeutiger Indikation eine Vakuumextraktion zu spät angeordnet wird (OLG Oldenburg VersR 1993, 753), bei Vorliegen einer Schulterdystokie keine Maßnahmen ergriffen werden (OLG Oldenburg NJW-RR 2015, 863), bei pathologischem CTG weiterhin die Spontangeburt des Kindes betrieben wird (OLG Hamm GesR 2014, 714) oder der Entschluss zur Sectio verzögert erfolgt (OLG München VersR 1996, 63; OLG Frankfurt VersR 1996, 584; OLG Koblenz VersR 2010, 1452; OLG Hamm VersR 2017, 1019), zumal wenn das CTG hochpathologisch ist (BGH NJW 1997, 794; 1997, 796).

Die Beweiserleichterungen bei groben Behandlungsfehlern nutzen dem Patienten wenig im Fall von Nachlässigkeiten, die keiner bestimmten Person in einem Krankenhaus oder einer Arztpraxis unmittelbar zugerechnet werden können. Hier hilft der BGH mit einer Beweislastumkehr wegen **schwerer Organisationsmängel**, wenn durch den Einsatz eines unerfahrenen oder unterdurchschnittlich qualifizierten (Assistenz-) Arztes oder nicht hinreichend befähigten Pflegepersonals oder eine personell-sachliche Unterausstattung der Behandlungsstätte das Zwischenfallrisiko für den Patienten beträchtlich erhöht wurde. Krankenhausträger und leitende Ärzte müssen dann »wie bei Vorliegen eines schweren Behandlungsfehlers auch die Gefahr der Unaufklärbarkeit der Kausalität oder vorwerfbar geschaffenen Risikoerhöhung für den eingetretenen Schaden tragen« (BGH NJW 1984, 655; 1994, 1594; OLG Bremen MedR 2007, 660). 43

Besonders hinzuweisen ist darauf, dass ein Arzt, der von einer **Leitlinie abweicht** oder einer **Außenseitermethode** folgt, dadurch möglicherweise, nicht aber zwingend einen groben Behandlungsfehler mit den beweisrechtlichen Konsequenzen begeht (vgl. BGH NJW 2007, 2774; Neulandmethode: BGH NJW 2006, 2477 m. Anm. *Katzenmeier*, NJW 2006, 2738; neues Arzneimittel: BGH NJW 2007, 2767 m. Anm. *Katzenmeier*, JZ 2007, 1104). Die in der Lehre teilweise vertretene Auffassung, welche den Anwender einer besonderen Therapierichtung stets mit dem Nachweis belasten will, dieses Verfahren habe sich nicht zum Nachteil des Patienten ausgewirkt (*Schmid*, NJW 1986, 2339, 2343; *Ziegler*, VersR 2003, 545), ist abzulehnen. Damit würde die Freiheit begründeter Methodenwahl im Einzelfall, jenes »Kernstück der ärztlichen Profession«, über das Beweisrecht erheblich relativiert und weitgehend entwertet. Auch insoweit kommt es bei der Abweichung vom Standard auf die Gegebenheiten des jeweiligen Falles an (Laufs/Kern/Rehborn/*Kern/Rehborn* § 96 Rn. 52; zu Leitlinien *Stöhr*, FS Hirsch 2008, 431, 439 f.; Laufs/Katzenmeier/Lipp/*Katzenmeier* Kap. X Rn. 10 f.). 44

dd) Therapeutische Aufklärung/Informationspflicht

Für die Feststellung eines groben Behandlungsfehlers spielt es grundsätzlich keine Rolle, ob der Arzt den Patienten ordnungsgemäß aufgeklärt oder sich über dessen Entscheidungsrecht hinweggesetzt hat (BGH NJW 1986, 1541; 1987, 2291). Hat aber der Arzt den Kranken über einen bedrohlichen Befund, der Anlass zu einer umgehenden und umfassenden Behandlung gibt, nicht informiert, diesem also die erforderliche therapeutische Aufklärung versagt mit der Folge, dass die dringend notwendigen Maßnahmen unterblieben, so liegt darin ein grober Behandlungsfehler (BGH NJW 1989, 2318; 2005, 427; 2018, 3382 = MedR 2019, 66; zur Einzelfallbeurteilung bei fehlendem Hinweis auf die Dringlichkeit der Untersuchung BGH NJW 2016, 563 = MedR 2016, 431 m. Anm. *Jaeger*). 45

c) **Rechtsfolgen**

Zu den Rechtsfolgen eines schweren Behandlungsfehlers betonte der BGH jahrzehntelang, es dürfe nicht nach einer starren Regel stets eine Beweislastumkehr vorgenommen werden, geboten seien vielmehr »Beweiserleichterungen, die bis hin zur Beweislastumkehr reichen können« (BGH NJW 1978, 2337; 1983, 333; 1997, 796). Diese Formel hat das Gericht in einer Grundsatzentscheidung verworfen (BGH NJW 2004, 2011). Der VI. Zivilsenat misst Beweiserleichterungen gegenüber der Beweislastumkehr »keine eigenständige Bedeutung mehr« bei. Unmissverständlich wird ausgesprochen, dass es nicht in der Verantwortung des Tatrichters im Einzelfall liegt, über die Zubilligung von Beweiserleichterungen sowie über Umfang und Qualität der eingetretenen Beweiserleichterungen zu entscheiden, und dass ein »Ermessen« des Tatrichters bei der Anwendung von Beweislastregeln dem Gebot der Rechtssicherheit zuwiderliefe. Diese Klarstellungen sind zu begrüßen, da Beweiserleichterungen im Rahmen der Beweiswürdigung eine Rolle spielen, die von der Beweislast strikt zu trennen ist (Stein/Jonas/*Thole* § 286 Rn. 123 ff.; MüKo-ZPO/*Prütting* § 286 Rn. 6 ff. u. 96 ff.; *Laumen*, NJW 2002, 3739, 3742). Andererseits lässt die nunmehr auch in § 630h Abs. 5 Satz 1 BGB angeordnete **Beweislastumkehr** als besonders scharfe Waffe des Rechts 46

Eingrenzungsbemühungen dringlicher denn je erscheinen (vgl. Anm. zu BGH NJW 2004, 2011 von *Katzenmeier*, JZ 2004, 1030).

### d) Kritik an der Beweislastsonderregel

47 Obwohl die Beweislastsonderregel bei Vorliegen eines »groben« Behandlungsfehlers seit Jahrzehnten besteht und für die vertragliche Haftung nunmehr in § 630h Abs. 5 Satz 1 BGB normiert ist, bleibt sie **umstritten** (zusammenfassende Darstellung der Kritik bei *Katzenmeier* S. 454 ff.; *Schiemann*, FS Canaris 2007, 1161, 1166 ff.; *E. Schmidt*, MedR 2007, 693, 699 ff.; *Spindler*, AcP 208 [2008], 283, 328 f.; *Foerste*, FS Deutsch 2009, 165 ff.). Bis heute ist eine überzeugende **dogmatische Begründung** nicht gelungen. Die von der Rechtsprechung angestellten Erwägungen (vgl. Rdn. 23) sind für sich genommen zu unsicher und zu wenig aussagekräftig, als dass sie eine judizielle Beweislastsonderregel methodisch und inhaltlich hinreichend legitimieren könnten. Zusätzliche Argumente sind nötig, soll ein Abgleiten in eine konturenlose Billigkeitsrechtsprechung verhindert werden. Das im Schrifttum vereinzelt bemühte Waffengleichheitsgebot, Normzwecküberlegungen oder das Verbot des »venire contra factum proprium« eignen sich nicht als tragfähige Grundlage. Stattdessen führt die Einsicht in den starken wechselseitigen Bezug von materiellem Arzthaftungsrecht und Prozessrecht (vgl. *Katzenmeier*, Arzthaftung, S. 375 ff.; *Zoll*, MedR 2009, 569) sowie die nahe Verwandtschaft zwischen Beweiserleichterungen und Haftungsverschärfung (vgl. *Katzenmeier*, Arzthaftung, S. 172 ff., 423 f.) zu einer **Beweisrisikozuweisung entsprechend der materiellrechtlichen Pflichtenstellung**. Die Gesichtspunkte der **Gefahrerhöhung** durch den Schädiger und der **Beherrschbarkeit des Geschehensablaufs** erscheinen unverzichtbar, will man vermeiden, dass auf dem Umweg über das Beweisrecht partiell eine Einstandspflicht des Arztes für den Erfolg der Behandlung eingeführt wird. Durch Anknüpfung an die materiellrechtliche Pflichtenstellung des Arztes erfolgt ein maßgeblicher Perspektivwechsel: An die Stelle eines – hinter Begriffen wie Billigkeit, Treu und Glauben, Unzumutbarkeit etc. steckenden, sozial motivierten, an sich verständlichen, jedoch dem zivilen Haftpflichtrecht fremden – Opferschutzdenkens treten zur Begründung einer Beweislastumkehr wieder Kriterien der Schadenszurechnung und damit Aspekte, die originär zur Konkretisierung der Einstandspflicht des Schädigers bestimmt sind (*Katzenmeier*, Arzthaftung, S. 459 ff.; zust. *Taupitz*, FS Canaris 2007, 1231, 1237 f.; *Spindler*, AcP 208 [2008], 283, 328 f.).

### 4. Verstöße gegen die Pflicht zur Dokumentation, Befunderhebung, Befundsicherung

48 Eine ähnlich große Bedeutung wie die Beweislastsonderregel bei Vorliegen eines »groben« Behandlungsfehlers haben inzwischen die Beweiserleichterungen erlangt, welche die Gerichte gewähren, wenn ein Arzt oder Krankenhausträger die dem Patienten obliegende **Beweisführung** dadurch **schuldhaft erschwert** oder vereitelt, dass aufzeichnungspflichtige medizinische Maßnahmen in den Krankenunterlagen pflichtwidrig nicht dokumentiert, Befunde nicht erhoben oder nicht gesichert werden (*Bender*, VersR 1997, 918; *Hausch*, VersR 2006, 612; zum Beweiswert ärztlicher EDV-Dokumentation *Muschner*, VersR 2006, 621; bei nachträglichen Veränderungen OLG Oldenburg MedR 2011, 163 m. Anm. *Walter*). In solchen Fällen erleichtert die Rechtsprechung dem Patienten zunächst den Nachweis des Behandlungsfehlers, indem sie vom Fehlen einer aufzeichnungspflichtigen Maßnahme in den Krankenunterlagen auf deren Unterbleiben schließt (BGH NJW 1983, 333; 1987, 1482; s. Rdn. 50). Für die vertragliche Haftung ist dies in § 630h Abs. 3 BGB geregelt.

48a Darüber hinaus hat der BGH dann, wenn der wegen des Fehlens der gebotenen Aufzeichnung indizierte Behandlungsfehler als grob zu bewerten ist oder sich als Verstoß des Arztes gegen eine besondere Befunderhebungspflicht darstellt, dem Arzt die Beweislast ausnahmsweise auch für den Kausalverlauf auferlegt, wenn und soweit durch die pflichtwidrige Unterlassung von Aufzeichnungen die Aufklärung eines immerhin wahrscheinlichen Ursachenzusammenhangs zwischen dem indizierten ärztlichen Behandlungsfehler und dem Gesundheitsschaden erschwert oder vereitelt wird und die Befundsicherung gerade wegen des erhöhten Risikos des infrage stehenden Verlaufs geschuldet war (BGH NJW 1987, 1482; 1988, 2611; s. Rdn. 53 ff.). Für die vertragliche Haftung ist dies in § 630h Abs. 5 Satz 2 BGB geregelt.

## a) Dokumentationspflichtverletzung

In älteren Entscheidungen bejahte der BGH allgemein »Beweiserleichterungen bis hin zur Beweislastumkehr« (dazu Rdn. 46), wenn die gebotene **Dokumentation** (zur Dokumentationspflicht vgl. Laufs/Katzenmeier/Lipp/*Katzenmeier* Kap. IX Rn. 43 ff.) **unzulänglich** war und deswegen im Fall einer Schädigung die Aufklärung des Sachverhalts unzumutbar wurde (BGH NJW 1978, 2337; 1984, 1403). Dem Patienten sei zum Ausgleich für die durch die ärztliche Nachlässigkeit eingetretenen größeren Schwierigkeiten, einen Behandlungsfehler nachzuweisen, eine der Schwere der Dokumentationspflichtverletzung entsprechende Beweiserleichterung zuzusprechen, »um auch für die Prozeßführung eine gerechte Rollenverteilung im Arzt-Patienten-Verhältnis zu schaffen« (BGH NJW 1988, 2949; 1989, 2330). 49

In jüngerer Zeit hat die Rechtsprechung die Beweiserleichterungen auf die Feststellung des Vorliegens eines Behandlungsfehlers insofern beschränkt, als diese lediglich »die **Vermutung** begründet, daß **eine nicht dokumentierte Maßnahme vom Arzt auch nicht getroffen** worden ist« (BGH NJW 1995, 1611; 1999, 3408; 2020, 1071 = VersR 2020, 233 m. Anm. *Laumen*). Diese Rechtsfolge ist für das Vertragsrecht in **§ 630h Abs. 3 BGB** festgeschrieben. Der Arzt kann die Vermutung widerlegen, indem er den Hauptbeweis führt, die Maßnahme sei gleichwohl erfolgt (BGH NJW 1984, 1408; OLG Köln VersR 1990, 856; *Laumen*, VersR 2020, 235 f.). Steht dies fest, bleibt die mangelhafte Dokumentation beweisrechtlich unschädlich (Soergel/*Spickhoff* § 823 Anh. I Rn. 247). Die Vermutung entfällt jedoch weder deshalb, weil in der Praxis mitunter der Pflicht zur Dokumentation nicht nachgekommen wird, noch deshalb, weil die Dokumentation insgesamt lückenhaft ist (BGH NJW 2015, 411 = MedR 2015, 420). Umgekehrt gilt, dass einer formell und materiell ordnungsgemäßen ärztlichen Dokumentation bis zum Beweis des Gegenteils Glauben geschenkt werden darf (OLG Köln MDR 1995, 52; Düsseldorf GesR 2005, 464; Oldenburg VersR 2007, 1567; OLG Naumburg MedR 2012, 529 m. zust. Anm. *Gödicke*; krit. *Spickhoff*, NJW 2013, 1714, 1720; BeckOGK-BGB/*Spindler* § 823 Rn. 1098). Das galt bislang auch für die nicht gegen nachträgliche Veränderungen gesicherte elektronisch geführte Patientenakte, sofern diese medizinisch plausibel war und der Arzt nachvollziehbar darlegte, keine Änderungen vorgenommen zu haben (OLG Hamm VersR 2006, 842; OLG Oldenburg MedR 2011, 163; OLG Naumburg GesR 2012, 762). Mit Blick auf § 630f Abs. 1 Satz 3 BGB, der die Erkennbarkeit nachträglicher Änderungen bei EDV-Dokumentation ausdrücklich vorschreibt, ist der Standpunkt nicht mehr haltbar. Die Aufzeichnung entspricht dann nämlich nicht den Anforderungen des § 630f Abs. 1 BGB, sodass die Beweislastumkehr des § 630h Abs. 3 BGB greift (*Frahm/Walter* Rn. 307; *Walter*, GesR 2013, 129, 133. Zur bisher herrschenden Gegenauffassung *Muschner*, VersR 2006, 621, 627). 50

Für den weitergehenden **Beweis der Kausalität** gewährt der BGH Erleichterungen nur, wenn der so indizierte Behandlungsfehler als »grob« zu beurteilen ist oder eine besondere Befundsicherungspflicht verletzt wurde und aus diesem Grund dem Patienten Vergünstigungen beim Nachweis des Ursachenzusammenhangs zuzubilligen sind (BGH NJW 1994, 1596; 1999, 3408). Im Ergebnis ist es zu begrüßen, wenn die neuere Judikatur klarstellt, dass das Dokumentationsversäumnis als solches eine Verschiebung der Beweislast gewissermaßen als prozessuale Sanktion materiell-rechtlicher Pflichtversäumnisse noch nicht auslöst (BGH NJW 1993, 2375; 1995, 779). Die Eingrenzung trägt in der Literatur geäußerten Befürchtungen Rechnung, die Krankenpapiere könnten sich zu einem ähnlichen »Aufhänger« entwickeln, wie ihn seit geraumer Zeit die Aufklärungspflicht darstellt (*Uhlenbruck*, FS Laufs 2006, 1123, 1135 f.; Laufs/Kern/Rehborn/*Kern* § 111 Rn. 20). 51

## b) Befunderhebungs- oder Befundsicherungspflichtverletzung

Von der Dokumentationspflicht ist die zeitlich früher gelegene **Befunderhebungs- und Befundsicherungspflicht** zu unterscheiden (dazu *Steffen*, FS Brandner 1996, 327; *Hausch*, VersR 2003, 1489; *Sundmacher*, Die unterlassene Befunderhebung des Arztes). Es geht um die – regelmäßig diagnostische – Pflicht des Arztes, den Zustand des Patienten zu erkunden, um Konsequenzen für die Therapie ziehen zu können (vgl. Staudinger/*Hager* § 823 Rn. I 73, der die Befunderhebungspflicht abw. von der h.M. ganz als Unterfall der Diagnosepflicht betrachtet; zur Abgrenzung BGH 52

NJW 2011, 1672 = MedR 2011, 645 m. Anm. *Voigt* = JZ 2011, 795 m. Anm. *Katzenmeier*). Pflichtverstöße können in der Nichterhebung von Befunden liegen, aber auch darin, dass Befunde zwar erhoben wurden, jedoch aus von der Behandlungsseite zu vertretenden Gründen nicht vorgelegt werden können. Die Beweisführung wird für den Patienten in solchen Fällen regelmäßig besonders schwierig, »weil nicht feststeht, welcher Befund sich bei der gebotenen Erhebung ergeben haben würde, und deshalb offen ist, ob der Arzt den Befund richtig gedeutet haben würde, ob und welche ärztlichen Maßnahmen aufgrund des Befundes hätten eingeleitet werden müssen und ob sie sich positiv auf den Gesundheitszustand des Patienten ausgewirkt haben würden« (*G. Müller*, NJW 1997, 3049, 3053; *dies*., MedR 2001, 487, 490). Der Patient ist dann weder in der Lage, den Nachweis einer fehlerhaften Diagnose und Behandlung, noch den der Ursächlichkeit für seinen Gesundheitsschaden zu führen. Die spezifischen Beweisnöte des Geschädigten in derartigen Fällen wurden zwar schon früh erkannt, lange Zeit hat die Rechtsprechung aber kein Bedürfnis zur Entwicklung besonderer Regeln gesehen (*Nixdorf*, VersR 1996, 160, 161), sondern hat das Nichterheben von Diagnose- und Kontrollbefunden zum Behandlungsgeschehen ausschließlich unter dem Gesichtspunkt des groben Behandlungsfehlers gewürdigt (so noch BGH NJW 1983, 333).

### aa) Ausgangspunkt

53 Erstmals im Jahr 1987 gewährte der BGH dem Patienten »Beweiserleichterungen bis hin zur Beweislastumkehr« unter der selbstständigen Beweisfigur des Verstoßes gegen Befunderhebungs- und Befundsicherungspflichten (BGH NJW 1987, 1482; 1994, 1594). Deren besondere, eigenständige Bedeutung liegt darin, dass Beweiserleichterungen schon **vor Erreichen der Schwelle zum schweren Behandlungsfehler** eingreifen, d.h. auch dann, wenn das Versäumnis der Erhebung gebotener Befunde einmal nicht als »grob« qualifiziert werden kann (*Nixdorf*, VersR 1996, 160, 161; *Groß*, FS Geiß 2000, 429, 430 ff.). Nach den ersten Ansätzen der Judikatur sollten sich die Vergünstigungen auf den Kausalitätsbeweis beziehen. Es galt folgender Grundsatz: Hat der Arzt es schuldhaft unterlassen, medizinisch zweifelsfrei gebotene Befunde zu erheben und zu sichern, so können dem Patienten Beweiserleichterungen zulasten des Arztes für die Frage der Kausalität zugutekommen, wenn dadurch die Aufklärbarkeit eines immerhin wahrscheinlichen Ursachenzusammenhangs zwischen Behandlungsfehler und Gesundheitsschaden erschwert oder vereitelt wird und die Befundsicherung gerade wegen des erhöhten Risikos des infrage stehenden Verlaufs geschuldet war (BGH NJW 1987, 1482; 1994, 2419).

### bb) Eingrenzungsbemühungen

54 Wegen der drohenden **Gefahr einer Ausuferung** speziell dieser Beweisregel war die Rechtsprechung von Anbeginn an um Eingrenzungen bemüht: Stets muss es um eine Befunderhebung durch eine ärztliche Untersuchungsmaßnahme gehen, die angesichts der konkreten Symptome des Patienten zur Aufklärung und Sicherung des Krankheitsstatus medizinisch zweifelsfrei geboten war (BGH NJW 1987, 1482). Nicht maßgeblich ist, ob die Befunderhebung für die Rechtsverfolgung des Patienten nützlich gewesen wäre, sondern allein, ob sie medizinisch ohnehin angezeigt war, weil der Arzt aus den Befunden den nur so zu erlangenden Aufschluss über die Natur eines sich entwickelnden Krankheitsprozesses gewinnen und daraufhin die erforderlichen Behandlungsmaßnahmen einleiten kann. Daher greift die Beweislastumkehr nicht, wenn eine hinreichende Befunderhebung lediglich zur Feststellung einer nicht therapierbaren Erkrankung geführt hätte (OLG Köln VersR 2015, 455). Voraussetzung ist außerdem, dass zwischen dem Unterlassen der Befunderhebung und dem späteren Gesundheitsschaden des Patienten ein immerhin wahrscheinlicher Kausalzusammenhang besteht (BGH NJW 1987, 1482; 1994, 1596; 1994, 2419; 1999, 862; 2020, 1071 = VersR 2020, 233 m. Anm. *Laumen*). Allein die Wahrscheinlichkeit, dass bei Befunderhebung der Krankheitsverlauf hätte aufgeklärt und der Schadenseintritt hätte vermieden werden können, gibt dem Verstoß das für die Beweiserleichterung hinreichende Gewicht. »Hinreichende Wahrscheinlichkeit« wird in der obergerichtlichen *Rspr*. angenommen, wenn mit mehr als 50 %iger Wahrscheinlichkeit ein positiver Befund zu erwarten gewesen wäre (OLG Dresden VersR 2004, 648; Köln VersR 2004,

247; MedR 2013, 299; Koblenz GesR 2010, 546; Oldenburg VersR 2017, 1084; demgegenüber für eine Geltung des strengen Beweismaßes des § 286 *Spickhoff*, VersR 2013, 267, 280).

Die gesetzliche Vermutung des § 630h Abs. 5 Satz 2 BGB wie die des Satz 1 belässt der Behandlungsseite die Möglichkeit zur Führung des Gegenbeweises, § 292 (BGH NJW 2016, 1447 = MedR 2016, 976).

In der Folgezeit hat der BGH sein Beweiserleichterungskonzept präzisiert und dabei das Gewicht dieser selbstständigen Beweisfigur zu relativieren gesucht (BGH NJW 1996, 779; 1996, 1589; 1998, 1780). Der Patient soll durch die Beweiserleichterungen nicht besser gestellt werden als er stünde, wenn der gebotene Befund erhoben worden wäre oder er ihn zur Auswertung durch einen medizinischen Sachverständigen vorlegen könnte. Deshalb reicht die Beweiserleichterung in der Regel nur bis zur **Vermutung**, dass der Befund (hinreichende Wahrscheinlichkeit vorausgesetzt) positiv gewesen wäre, also ein **reaktionspflichtiges Ergebnis** aufgewiesen hätte. Auf den Nachweis, wie und mit welchem Erfolg auf den Befund reagiert worden wäre, erstreckt sie sich grundsätzlich nicht. Für die **Kausalitätsfrage** kann der Verstoß gegen die Befunderhebungs- und -sicherungspflicht dann beweiserleichternd Bedeutung gewinnen, wenn im Einzelfall zugleich auf einen groben Behandlungsfehler zu schließen ist; dies ist dann der Fall, wenn sich – gegebenenfalls unter Würdigung zusätzlicher medizinischer Anhaltspunkte – ein so deutlicher und gravierender Befund als hinreichend wahrscheinlich ergibt, dass eine Verkennung sich als fundamental fehlerhaft darstellen müsste (BGH NJW 1996, 1589). Gleiches gilt, wenn ein gebotener Befund gar nicht erhoben wurde, ohne dass sich dieses Versäumnis für sich genommen als grob fehlerhaft darstellt (BGH NJW 1998, 1780; 2011, 2508 = MedR 2012, 249; NJW 2011, 3441 = MedR 2012, 383; MedR 2014, 752; die Grundsätze hat OLG Hamm MedR 2014, 494 auf das Unterlassen der Hinzuziehung eines Facharztes übertragen). In solchen Fällen kann die Beweiserleichterung auch für den Ursachenzusammenhang zwischen ärztlichem Fehler und Gesundheitsschaden gelten. Inzwischen ist der so definierte Umfang der Beweiserleichterung in mehreren Entscheidungen bestätigt worden (BGH NJW 2004, 1871; 2004, 2011; 2011, 2508; 2011, 3441; 2013, 3094; 2014, 688). Nicht verkannt werden darf, dass gerade die Beweisbelastung des Arztes bereits bei einem einfachen Befunderhebungsfehler in Verbindung mit einem lediglich hypothetischen groben Fehler auch nach Eingrenzung dieser Rechtsfigur eine erhebliche Haftungsverschärfung bedeutet (vgl. nur etwa *Katzenmeier*, MedR 2011, 201, 204, Note 64; *Laumen*, VersR 2020, 235, 236; monographisch *Sundmacher*, Die unterlassene Befunderhebung des Arztes).

Für die vertragliche Haftung findet sich die beweisrechtliche Folge von Befunderhebungs- und Befundsicherungsfehlern in § 630h Abs. 5 Satz 2 BGB gesetzlich geregelt (scharfe Kritik übt *Mäsch*, NJW 2013, 1354, 1355; s.a. *Schärtl*, NJW 2014, 3601, 3604 f.). Dass dort lediglich von grob fehlerhaftem Unterlassen von Maßnahmen die Rede ist, zu denen der nicht erhobene oder nicht gesicherte Befund Anlass gegeben hätte, bedeutet ausweislich der Gesetzesbegründung keine Abweichung von der bisherigen Rechtsprechung (BT-Drucks. 17/10488, S. 31 spricht von der Fortführung der BGH-Rechtsprechung; s.a. *Martis/Winkhart-Martis*, MDR 2013, 634, 640). Vielmehr ist unter den Begriff des grob fehlerhaften Unterlassens auch die fundamentale Verkennung des Befundes i.S.e. (hypothetischen) groben Diagnosefehlers zu subsumieren, auch wenn der Fehlervorwurf dann nicht an die Nichtreaktion sondern allein an die Fehlinterpretation anknüpft.

Festzuhalten bleibt, dass Verstöße gegen die Befunderhebungs- und Befundsicherungspflicht nur dann zu Beweiserleichterungen hinsichtlich des Kausalitätsnachweises führen, wenn nach den Umständen des Falls mit hinreichender Wahrscheinlichkeit bei Vorlage des Befundes der Nachweis eines – im Nichtreagieren des Arztes auf diesen Befund liegenden – groben Behandlungsfehlers gelungen wäre. Stellt sich bereits die Verletzung der Befunderhebungs- oder -sicherungspflicht für sich als grob fehlerhaftes Vorgehen dar (so etwa das Unterlassen elementar gebotener diagnostischer Maßnahmen), so kann bereits dieser grobe Behandlungsfehler nach den dafür geltenden Regeln zur Umkehr der Beweislast in der Kausalitätsfrage führen (BGH NJW 1998, 178; MedR 2010, 494; NJW 2011, 3441; 2013, 3094; 2014, 688; für § 630h Abs. 5 BGB s. BT-Drucks. 17/10488, S. 31).

56a Im Einzelfall kann die **Abgrenzung zwischen Befunderhebungs- und Diagnosefehler** Schwierigkeiten bereiten. Ihr kommt nicht selten prozessentscheidende Bedeutung zu, da eine Beweislastumkehr nur bei fehlerhafter Befunderhebung auch ohne deren Qualifizierung als grob Platz greifen kann. Der BGH betont, ein Befunderhebungsfehler sei nur dann gegeben, wenn die Erhebung medizinisch gebotener Befunde unterlassen werde (vgl. etwa BGH MedR 2020, 212: Funktionsuntaugliches CTG-Gerät), hingegen liege lediglich ein Diagnosefehler ohne spezifische beweisrechtliche Konsequenzen vor, wenn der Arzt erhobene oder sonst vorliegende Befunde falsch interpretiert und deshalb nicht die aus berufsfachlicher Sicht seines Fachbereichs gebotenen – therapeutischen oder diagnostischen – Maßnahmen ergreift (s. dazu BGH MedR 2008, 44). Ein Diagnosefehler werde »nicht dadurch zu einem Befunderhebungsfehler, dass bei objektiv zutreffender Diagnosestellung noch weitere Befunde zu erheben gewesen wären« (BGH NJW 2011, 1672 = MedR 2011, 645 m. Anm. *Voigt* = JZ 2011, 795 m. Anm. *Katzenmeier*; s. auch BGH NJW 2016, 1447 = MedR 2016, 976). Für die Praxis ist damit allerdings nicht viel Klarheit gewonnen. Weiterhin fehlen praktisch handhabbare Kriterien, wann lediglich ein Diagnosefehler mit daraus resultierender Nichterhebung von Befunden vorliegt und wann ein vorwerfbares Versäumnis erstmaliger oder weiterer, der (Verdachts-) Diagnose entsprechender Befunderhebung (krit. *Spickhoff*, NJW 2016, 1633, 1636 f.: »gelegentlich kann man sich des Eindrucks kaum erwehren, dass die Rspr. die Art des Fehlers nach dem ins Visier gefassten gewünschten Ergebnis bestimmt«; s.a. *Voigt*, MedR 2011, 648, 650 f.; *Martis/Winkhart-Martis*, MDR 2013, 634, 636 plädieren für eine Abgrenzung nach dem Schwerpunkt vorwerfbaren Verhaltens; krit. LG Regensburg MedR 2015, 524 m. abl. Anm. *Baur*).

56b Kein Befunderhebungsfehler, sondern lediglich eine fehlerhafte therapeutische Information liegt vor, wenn der Arzt die erforderlichen Befunde erhebt, den Patienten sodann jedoch nicht auf die Dringlichkeit weitergehender Behandlung hinweist (BGH NJW 2016, 563 = MedR 2016, 431 m. Anm. *Jaeger*; VersR 2017, 888, jeweils unter Verweis auf den Schwerpunkt der Vorwerfbarkeit; im Anschluss daran, iErg aber abw. OLG Oldenburg VersR 2017, 1084: unterbliebener Hinweis auf eine erforderliche Nachkontrolle als Befunderhebungsfehler; BGH NJW 2018, 621 = MedR 2019, 217 m. Anm. *Prütting*; NJW 2020, 2467 m. Anm. *Frahm* = MedR 2021, 41 m. Anm. *Deuring*). Eine Beweislastumkehr hinsichtlich der Kausalität kann sich dann allenfalls aus § 630h Abs. 5 Satz 1 BGB wegen einer groben Verletzung der therapeutischen Informationspflicht ergeben.

### c) Beweisvereitelung

57 Beweisrechtliche Konsequenzen kann schließlich eine Beweisvereitelung nach sich ziehen (allg. *Paulus*, AcP 197 [1997], 136; *Baumgärtel*, FS Kralik 1986, 63), etwa wenn der Arzt Gegenstände, die als corpora delicti bedeutsam erscheinen, beiseiteschafft, z.B. möglicherweise schadhafte medizinische Gerätschaften nach Misslingen eines Eingriffs beseitigt (*Frahm/Walter* Rn. 353 f.; *Deutsch/Spickhoff* Rn. 775), ein in Verdacht geratenes Sterilisationsgerät zerstört (BGH VersR 1975, 952) oder den in einer Operationswunde zurückgelassenen Tupfer bei einer Nachoperation entfernt und wegwirft (BGH LM § 282 ZPO [Beweislast] Nr. 2), oder wenn er verunreinigte oder sonst fehlerhafte Medikamente und Substanzen vernichtet (OLG Düsseldorf VersR 2004, 792). Zur Lösung dieser Fälle hat die Rechtsprechung in Anlehnung an die §§ 427, 444 den allgemeinen Grundsatz entwickelt, dass eine schuldhafte Beweisvereitelung durch die nicht beweispflichtige Partei Beweiserleichterungen zur Folge hat, die bis zur Beweislastumkehr führen können (vgl. etwa BGH NJW 1978, 2337; 1987, 1482; 2009, 360; 2011, 778; näher OLG Koblenz MedR 2012, 812).

58 Ob und wann eine echte Umkehr der Beweislast in Betracht kommt oder ob es sich um eine Regel der Beweiswürdigung handelt, ist umstritten (*Baumgärtel*, FS Kralik 1986, 63, 71 ff.; MüKo-ZPO/ *Prütting* § 286 Rn. 87 ff.; *Laumen*, MDR 2009, 177, 178 ff.). Einigkeit besteht heute darüber, dass fahrlässiges Verhalten ausreicht (BGH NJW 1986, 59; 1994, 1594; Rosenberg/Schwab/Gottwald/*Gottwald* Zivilprozessrecht § 116 III 1), wobei das Verschulden nicht nur auf die Vernichtung

des Gegenstandes, sondern auch auf die Vereitelung seiner Beweisfunktion zu beziehen ist (BGH VersR 1975, 952; NJW 2011, 778; MüKo-ZPO/*Prütting* § 286 Rn. 86: »**doppelter Schuldvorwurf**«). Nur wenn bereits vor der Vernichtung des Beweismittels erkennbar ist, dass dieses später einmal Beweisfunktion haben kann, sind die besonderen Folgen der Beweisvereitelung angezeigt (BGH NJW 1994, 1594; *G. Müller*, DRiZ 2000, 259, 265).

Auch den **klagenden Patienten** können prozessual Nachteile unter dem Gesichtspunkt der Beweisvereitelung treffen, vor allem soweit er die zum Schutze seiner Persönlichkeitssphäre geschaffene ärztliche Schweigepflicht dadurch missbräuchlich allein zur Stärkung seiner prozessualen Situation ausnutzt, dass er durch Beharren auf ihr etwa die Vernehmung ärztlichen Personals als Zeugen im Rechtsstreit gegen den beklagten Arzt verhindert und dadurch die Aufklärung des Geschehensablaufs blockiert (BGH VersR 1981, 42; *Frahm/Walter* Rn. 353 f., 595 ff.). 59

**5. Verwirklichung voll beherrschbarer Risiken**

Nach ständiger Rechtsprechung, die im Schrifttum breite Zustimmung erfährt, hat sich der Arzt ausnahmsweise von einer **Fehlervermutung** zu entlasten, wenn feststeht, dass die Schädigung des Patienten aus einem Bereich stammt, dessen Gefahren ärztlicherseits voll beherrscht werden können und deshalb vermieden werden müssen: aus der Organisation und Koordination des Behandlungsgeschehens und insbesondere dem technisch-apparativen Sektor (BGH NJW 1978, 584; 2007, 1682 = MedR 2010, 30 m. Anm. *Prütting*; Laufs/Kern/Rehborn/*Kern* § 108 Rn. 7). »Materiellrechtlich entspricht die Beweislast des Arztes hier seiner Pflicht zu der ihm möglichen Gefahrausschaltung, mit der vertraglich analog § 282 BGB a.F. die deliktisch nicht anders geltende Pflicht korrespondiert, aufzuklären, wieso sich Gefahren aus dieser ›arzteigenen‹ Risikosphäre verwirklichen konnten« (*Pauge/Offenloch* Rn. 578). Für das Vertragsrecht folgt diese Beweislastverteilung aus dem Zusammenspiel von § 630h Abs. 1 BGB (Fehlervermutung bei Verwirklichung eines voll beherrschbaren Behandlungsrisikos) und § 280 Abs. 1 Satz 2 BGB (Verschuldensvermutung). Inhaltlich ergeben sich keine Unterschiede zur bisherigen Rechtsprechung (*Katzenmeier*, NJW 2013, 817, 821). Unklar bleibt, warum es sich nach dem Wortlaut des § 630h Abs. 1 BGB um ein »allgemeines« Behandlungsrisiko handeln muss. Die Formulierung könnte sich damit erklären lassen, dass es auf die konkrete Vermeidbarkeit nicht ankommt, vielmehr die Zuordnung des Risikos zu dem Herrschafts- und Organisationsbereich des Behandelnden entscheidend ist (BT-Drucks. 17/10488, S. 28). Dann aber kann für spezielle Behandlungsrisiken nichts anderes gelten, soweit sie sich vollständig beherrschen lassen (Jauernig/*Mansel* § 630h Rn. 13; *Schärtl*, NJW 2014, 3601, 3602; fragend *Deutsch*, NJW 2012, 2009, 2011; *Walter*, GesR 2013, 129, 134; zweifelnd *Spickhoff*, ZRP 2012, 65, 69). Ausweislich der Gesetzesbegründung ist eine Differenzierung nicht beabsichtigt, vielmehr sollen sämtliche von der Rechtsprechung unter dem Oberbegriff des voll beherrschbaren Risikos entwickelten Fallgruppen dem § 630h Abs. 1 BGB unterfallen (vgl. BT-Drucks. 17/10488, S. 28). 60

Überall dort, wo Erfolg oder Misserfolg medizinischer Einzelmaßnahmen nicht durch die Unwägbarkeiten des lebenden menschlichen Organismus beeinflusst sein können, unterscheidet sich die Stellung des Arztes nicht grundsätzlich von derjenigen anderer Vertragsschuldner, etwa der des Werkunternehmers beim Bauvertrag (*Frahm/Walter* Rn. 335 f.; Baumgärtel/Laumen/Prütting/*Katzenmeier* § 823 Anh. II Rn. 62). Dann aber spricht nichts dagegen, für diese Teilbereiche, wenn feststeht, dass die Schädigung des Patienten einem solchen entstammt, die dem § 280 Abs. 1 Satz 2 BGB entsprechende Verteilung der Beweislast auch auf die vertragliche Haftung des Arztes, respektive die »Gefahrenkreislehre« bei der deliktischen Haftung anzuwenden (BeckOGK/*Spindler* § 823 Rn. 1023; *Giesen* Rn. 455). Daraus folgt, dass die Behandlungsseite die Vermutung des Verschuldens oder bereits der objektiven Pflichtverletzung zu widerlegen hat. Auf Kausalitätsfragen beziehen sich die Beweiserleichterungen hingegen grundsätzlich nicht (BGH NJW 1994, 1594; OLG Hamm MedR 2011, 240; Laufs/Kern/Rehborn/*Kern* § 108 Rn. 4). Anderes gilt nur ganz ausnahmsweise, etwa bei groben Organisationspflichtverletzungen (vgl. BGH NJW 1994, 1594; OLG Naumburg VersR 2010, 216; zum Anfängereingriff vgl. Rdn. 67 ff.). Im Übrigen aber geht 61 eine Unaufklärbarkeit des Ursachenzusammenhangs zwischen Fehler und Gesundheitsschaden zulasten des Patienten. Außerdem bleibt zu beachten: Auch bei den sog. voll beherrschbaren Risiken steht der Behandlungsseite die Führung des Gegenbeweises offen. Sie kann nachweisen, dass im Einzelfall ein verschuldeter Behandlungsfehler nicht gegeben ist oder dass nicht ihrem Risikobereich zugehörige, bei der Operationsplanung nicht erkennbare Umstände vorlagen, die ebenfalls zu der Schädigung geführt haben könnten. In diesen Fällen ist eine Beweislastumkehr nicht gerechtfertigt (BGH NJW 1995, 1618; zu § 630h Abs. 1 BGB s. BT-Drucks. 17/10488, S. 28).

### a) Einsatz medizinisch-technischer Geräte

62 Ausgangspunkt der einschlägigen Rechtsprechung war zunächst der Bereich rein technischer Vorbereitungen der eigentlichen ärztlichen Tätigkeit. Je stärker mit der Technisierung der Medizin das »Strukturrisiko des Systems« (*Steffen*, Referat 52. DJT, S. I 24) in den Vordergrund tritt, umso wichtiger werden Beweiserleichterungen zugunsten des Patienten im Hinblick auf das Versagen technischer Hilfsmittel (Soergel/*Spickhoff* § 823 Anh. I Rn. 250). Das deutlich abgrenzbare Anwendungsgebiet feststellbarer Fehlfunktionen medizinischer Geräte bot hier ausreichende Gewähr für eine klare und sichere Spruchpraxis bei einer analogen Anwendung des ehemaligen § 282 BGB (*Deutsch*, JZ 1978, 277; *Nixdorf*, VersR 1996, 160, 162): Die Behandlungsseite hat die technischen Voraussetzungen für eine sachgemäße und möglichst gefahrlose Behandlung zu gewährleisten. Wird diese Pflicht objektiv verletzt, etwa durch das Bereitstellen eines funktionsuntauglichen Narkosegerätes (BGH NJW 1978, 584), die Verwendung eines verformten Tubus (BGH VersR 1975, 952) oder defekten Therapiegerätes (BGH VersR 2007, 1416), hat der auf Schadensersatz in Anspruch genommene Arzt zu beweisen, dass der ordnungswidrige Gerätezustand nicht von ihm oder einer seiner Hilfspersonen verschuldet ist. Dabei stellt die Rechtsprechung **hohe Anforderungen an Sicherheits- und Kontrollvorkehrungen** des Arztes (Staudinger/*Hager* § 823 Rn. I 36; zu den Grundpflichten des Betreibers und Anwenders nach dem MPG und der MPBetreibV vgl. *Deutsch/Lippert/Ratzel/Tag/Gassner* Kommentar zum MPG). Von ihm wird erwartet, dass er stets Apparate verwendet, die dem Erkenntnisstand der medizinischen Wissenschaft entsprechen, dass er diese regelmäßig durch das dafür zuständige Fachpersonal warten lässt, dass er sich im Umgang mit den modernen Techniken schult und fortbildet, dass er die Bedienungsanweisungen genau beachtet und befolgt und dass er das ordnungsgemäße Funktionieren der Apparate fortlaufend überwacht. Entsprechendes gilt bei Einsatz von digitalen Assistensystemen und Informationstechnologien (KI) (BeckOGK-BGB/*Spindler* § 823 Rn. 1003 ff.; *Taupitz*, AcP 211 (2011), 352, 385 ff.; zu den durch den Einsatz von Künstlicher Intelligenz (KI) und Robotik in der Medizin aufgeworfenen Rechtsfragen *Katzenmeier*, MedR 2019, 259, 268 ff.).

63 Ein immer strengeres Pflichtenprogramm gibt Anlass zu betonen, dass der Arzt **keine Garantie** für das fehlerfreie Funktionieren der von ihm eingesetzten medizinisch-technischen Apparate übernehmen kann (*Deutsch*, JZ 1978, 277; *Giesen*, JZ 1982, 345, 349: der Arzt ist kein »Techniker im Arztkittel«). Insbesondere haftet er nicht bei einem für ihn unerkennbaren **Konstruktionsfehler**. Dafür hat der **Gerätehersteller** nach deliktsrechtlichen Grundsätzen einzustehen. In besonders sensiblen Einsatzbereichen wie bei medizinischen Prozessen oder dem Einsatz von Pflegerobotern soll nach dem Vorbild der Tierhalter-, Straßenverkehrs- und Arzneimittelhaftung eine Gefährdungshaftung für digitale automatisierte Prozesse eingeführt werden (*Spindler*, CR 2015, 766, 775; ders., DB 2018, 41, 49 f.; *Bräutigam/Klindt*, NJW 2015, 1137, 1139; *Schaub*, JZ 2017, 342 ff.; *Martini*, JZ 2017, 1017, 1024; *Borges*, NJW 2018, 977 ff.; *Katzenmeier*, MedR 2019, 259, 270; *Lindenberg*, ZMGR 2020, 12, 17). Dem Arzt aber kann das Produkthaftungsrisiko nicht auferlegt werden (Baumgärtel/Laumen/Prütting/*Katzenmeier* § 823 Anh. II Rn. 64; *Brüggemeier* Deliktsrecht Rn. 665). Eine verschuldensunabhängige Haftung ist auch hinsichtlich des Einsatzes medizinisch-technischer Apparate nicht angemessen (*Katzenmeier*, Arzthaftung, S. 174 ff., 184 f.). Im Fall eines vermeidbaren Versagens der Geräte greift aber durchweg die Vermutung, dass die Pflicht zur Gewährleistung entsprechender Sicherheit nicht genügend beachtet worden ist (MüKo-BGB/*Wagner* § 630h Rn. 26).

### b) Organisation und Koordination des Behandlungsgeschehens

Die Rechtsprechung ist bei der Fallgruppe des Versagens medizinisch-technischer Geräte nicht stehengeblieben. Sie hat die genannten Grundsätze sukzessive auf all jene Bereiche im Umfeld ärztlichen Tuns ausgedehnt, die letztlich von der Person des konkreten Patienten unabhängig und von den individuellen Eigenheiten seines Organismus nicht beeinflusst sind (*Nixdorf*, VersR 1996, 160, 162; *R. Weber*, NJW 1997, 761, 764; *Wenzel*, Patientenrechtegesetz Rn. 1007 ff.: Abgrenzung zum Kernbereich ärztlicher Tätigkeit; zur jüngeren Entwicklung s. *Martis/Winkhart-Martis*, MDR 2018, 449 ff.). Beweiserleichterungen unter dem Aspekt der voll beherrschbaren Risiken werden heute hinsichtlich nahezu der gesamten Organisation und Koordination des Behandlungsgeschehens gewährt (Baumgärtel/Laumen/Prütting/*Katzenmeier* § 823 Anh. II Rn. 65 m.w.N.; zu den Organisationspflichten des Krankenhausträgers *Deutsch*, NJW 2000, 1745; *Kern*, MedR 2000, 347). Dazu zählt auch die Eignung der verwendeten Materialien, wie z.B. die Reinheit des benutzten Desinfektionsmittels (BGH NJW 1978, 1683) oder die Sterilität der verabreichten Infusionsflüssigkeit (BGH NJW 1982, 699) und die Gewährleistung der **Hygiene** (dazu *Walter*, MedR 2013, 294; *Kern/Reuter*, MedR 2014, 785, 790). Angesichts des hohen Infektionsrisikos in deutschen Krankenhäusern steht zu erwarten, dass gerade diese Fallgruppe in der Judikatur weiter an Bedeutung gewinnen wird (*Anschlag*, MedR 2009, 513; a.A. wohl *Walter*, GesR 2013, 129, 134). Da absolute Keimfreiheit bei einer Operation naturgemäß nicht erreichbar ist, kommt eine Fehlervermutung im Fall von Infektionen jedoch nur in Betracht, wenn diese typischerweise auf Hygienemängel zurückzuführen und damit generell vermeidbar sind (BGH NJW 1991, 1541; verneinend etwa OLG Zweibrücken NJW-RR 2004, 1607; OLG Hamm MedR 2006, 288; GesR 2015, 421; OLG München VersR 2011, 885; OLG Naumburg NJW-RR 2012, 1375; zur sekundären Darlegungslast s. Rn. 20). Bei Infektionen durch einen als Keimüberträger feststehenden Mitarbeiter verlagert der BGH die Darlegungs- und Beweislast auch dann auf die Behandlungsseite, wenn die Gefahr im konkreten Fall nicht erkennbar war (BGH NJW 2007, 1682).

Auch **mangelnde personelle Ausstattung** eines Operationsteams kann zu Beweiserleichterungen zugunsten des Patienten führen (OLG Köln VersR 1992, 452). Darüber hinaus lässt sich der Rechtsgedanke auf spezifische Gefahren der Abstimmung, der Kooperation und Kommunikation bei der **horizontalen Arbeitsteilung** erstrecken (BGH NJW 1999, 1779; *Katzenmeier*, MedR 2004, 34, 38 f.). Es geht um den voll beherrschbaren und verantwortbaren Teil des Zusammenwirkens von Ärzten verschiedener Fachrichtungen, also etwa des Chirurgen mit dem Anästhesisten, dem Röntgenologen und Histologen. In der vertikalen Arbeitsteilung begründet bereits § 831 BGB bei nachgewiesenen Fehlern des Gehilfen eine Vermutung eigenen Auswahl-, Anleitungs- und Überwachungsverschuldens des Geschäftsherrn.

Inzwischen ist die Judikatur mit ihren Beweiserleichterungen bis in die sensiblen Randbereiche der eigentlichen, selbst von den spezifischen Unberechenbarkeiten der Arbeit am lebenden Organismus geprägten, ärztlichen Behandlung vorgedrungen (*Nixdorf*, VersR 1996, 160, 163; Staudinger/*Hager* § 823 Rn. I 46). So wurde für den Fall eines Entblutungsschocks, verursacht durch unbeobachtete Entkoppelung eines Infusionsschlauchs von einer Verweilkanüle, ein voll beherrschbares Risiko bejaht und damit ein Behandlungsfehler vermutet, den der Arzt zu widerlegen hat (BGH NJW 1984, 1400). Letztlich kann die Beweislast für sorgfältiges Handeln den Arzt »bis auf den Operationstisch verfolgen« (*Frahm/Walter* Rn. 341). Mehrfach hatten die Gerichte über Gesundheitsschäden zu befinden, die aufgrund der Art der Lagerung des Patienten während des Eingriffs entstanden. Sie ordneten die technisch richtige **Lagerung des Patienten** auf dem Operationstisch, die Beachtung der dabei zu seinem Schutze vor etwaigen Lagerungsschäden einzuhaltenden Regeln und die Kontrolle der Lagerung durch die operierenden Ärzte ebenfalls dem voll beherrschbaren Risikobereich der Behandlungsseite zu mit der Folge, dass der Arzt sich entlasten muss (BGH NJW 1984, 1403; VersR 2018, 38 = MedR 2018, 234 m. Anm. *Jaeger*; OLG Köln VersR 1991, 695; OLG Hamm VersR 1998, 1243; einschränkend OLG Köln MedR 2014, 399; 2016, 37). Eine Beweislastumkehr sei allerdings dann nicht gerechtfertigt, wenn die Lagerungsschäden auf einer extrem seltenen körperlichen Anomalie basieren, wobei wiederum anderes gelten soll, wenn die Ärzte im konkreten Fall diese Anomalie hätten erkennen können (BGH NJW 1995, 1618; VersR 2018, 38 = MedR 2018, 234 m. Anm. *Jaeger*; OLG Jena MedR 2007, 475; s.a. OLG Köln MedR 2014, 399). War der Arzt über eine Prädisposition des Patienten für Lagerungsschäden informiert, so muss er auch beweisen, dass er diese bei der Lagerung berücksichtigt hat (OLG Koblenz NJW 2010, 1759). Die Vermeidung eines Sturzes des Patienten aus seinem Krankenhausbett ist hingegen kein voll beherrschbares Risiko (OLG Schleswig NJW-RR 2004, 237; OLG Bremen MedR 2010, 566 m. Anm. *Schmidt-Recla*; OLG Koblenz GesR 2015, 231; s. aber auch OLG Düsseldorf NJW-RR 2012, 716; VersR 2015, 1127 – Sturz während Fixierung mit einem Beckengurt). Dies gilt auch für den Sturz aus einem Stuhl im Aufenthaltsraum (OLG Hamm MedR 2015, 506).

### c) Mangelnde Befähigung

67 Im Zusammenhang mit voll beherrschbaren Risiken zu nennen und ebenfalls die Organisation des Behandlungsgeschehens betreffend ist der Einsatz unterdurchschnittlich qualifizierter Ärzte. Rechtsprechung und Literatur sind sich einig, dass die Übertragung einer Operation ohne Aufsicht und Assistenz auf einen hierfür noch nicht ausreichend qualifizierten Berufsanfänger einen Behandlungsfehler darstellt, der der ärztlichen Leitung zur Last fällt (BGH NJW 1984, 655; 1998, 2736; Staudinger/*Hager* § 823 Rn. I 33). Der BGH betont, dass die Notwendigkeit, dem in der Ausbildung stehenden Arzt Fachkenntnisse und Erfahrungen am Fall zu vermitteln, kein vom Patienten zu tragendes Risiko darstellt. Damit verbundene zusätzliche Gefahren müssen durch **besondere Vorkehrungen** neutralisiert werden (vgl. *Pauge/Offenloch* Rn. 296 ff. m.N.). Die höchstrichterliche Rechtsprechung verlangt eine vorausgehende Kontrolle des theoretischen Wissens des Auszubildenden über das Behandlungsfeld, die zu erwartenden Komplikationen und ihre Begegnung, sowie vor allem die Überwachung seiner Arbeit durch einen erfahrenen Facharzt (BGH NJW 1992, 1560; 1993, 2989; krit. *Weißauer/Opderbecke*, MedR 1993, 2 u. 447). Solange nicht feststeht, dass der Auszubildende die Operation auch praktisch beherrscht, ist prinzipiell Anwesenheit und eingriffsbereite Assistenz des aufsichtführenden Arztes nötig. Dadurch soll in jeder Phase der medizinischen Behandlung der **Facharztstandard** sichergestellt werden.

68 Erleidet ein Patient bei der Behandlung durch einen (noch) nicht hinreichend qualifizierten Arzt Gesundheitsschäden, dann kehrt sich die **Beweislast** hinsichtlich der **Kausalität** um. Für die vertragliche Haftung ist dies in **§ 630h Abs. 4 BGB** normiert. Dabei bleibt unklar, ob auch eine »mangelnde Eignung« etwa in Fällen der körperlichen und/oder geistigen Überforderung, wozu insbes. auch Übermüdung gehört, als »mangelnde Befähigung« i.S.d. Norm angesehen werden kann (*Walter*, GesR 2013, 129, 134; *Wenzel*, Patientenrechtegesetz Rn. 1068; näher *Hart*, MedR 2013, 159, 163). Regelmäßig stellt der Einsatz nicht hinreichend qualifizierten Personals zugleich einen Organisationsfehler dar. Dann ist gem. § 630h Abs. 1 BGB auf einen Behandlungsfehler zu schließen, dessen Kausalität für die Rechtsgutverletzung nach § 630h Abs. 4 BGB vermutet wird (s. dazu *Hart*, MedR 2013, 159, 163). Der Krankenhausträger, der für die Übertragung der Operation verantwortliche, möglicherweise der aufsichtführende Arzt, aber auch der behandelnde, in Ausbildung befindliche Arzt selbst, tragen im Prozess die Darlegungs- und Beweislast dafür, dass die eingetretene Primärschädigung nicht auf mangelnder Übung und Erfahrung beruht (BGH NJW 1984, 655; 1998, 2736; *Deutsch*, NJW 2000, 1745, 1748 ff.). Allerdings darf ein in Weiterbildung befindlicher Arzt vorbehaltlich besonderer Umstände darauf vertrauen, dass die für seinen Einsatz verantwortlichen Entscheidungsträger auch für den Fall einer seinen Erfahrungsstand überfordernden Situation und für Komplikationen organisatorische Vorsorge getroffen haben (BGH NJW 1994, 3008).

69 Zur Begründung der Verlagerung der Beweislast auf die Behandlungsseite weist der BGH auf die besonders verschlechterte Prozesssituation des Patienten in derartigen Fällen hin: Der Geschädigte wird den Nachweis, dass sich bei ihm gerade das spezifisch erhöhte Risiko der Anfängeroperation verwirklicht hat, kaum je führen können. Vor allem aber begründet das Gericht die Vermutung der Schadensursächlichkeit einer unzulänglichen Qualifikation des Operateurs damit, dass »das *Risiko der Anfängeroperation*, das Krankenhausträger und auszubildende Ärzte setzen und das geeignet ist, den Schaden beim Patienten zu verursachen, für sie voll beherrschbar (ist). Dann müssen

sie – ähnlich wie bei Vorliegen eines schweren Behandlungsfehlers – auch die Gefahr der Unaufklärbarkeit der Kausalität der vorwerfbar geschaffenen Risikoerhöhung für den eingetretenen Schaden tragen« (BGH NJW 1984, 655; krit. *Mäsch*, Chance und Schaden, S. 64 ff.).

### 6. Anwendbarkeit des § 280 Abs. 1 Satz 2 BGB

Anspruchsgrundlage für vertragliche Schadensersatzansprüche des Patienten ist seit der Schuldrechtsmodernisierung § 280 BGB. Gemäß § 280 Abs. 1 Satz 1 BGB kann der Gläubiger Schadensersatz verlangen, wenn der Schuldner eine Pflicht aus dem Schuldverhältnis verletzt hat. Nach § **280 Abs. 1 Satz 2 BGB** hat der Schuldner darzulegen und im Fall des Bestreitens zu beweisen, dass er die Pflichtverletzung nicht zu vertreten hat. Diese **Beweislastumkehr hinsichtlich des Verschuldens** entspricht § 282 BGB a.F., der die Unmöglichkeit einer Leistung regelte, jedoch auf die Fälle positiver Vertragsverletzung (pVV) entsprechend angewendet wurde. Anderes galt nach h.M. indes beim Arztvertrag.

§ 280 Abs. 1 Satz 2 BGB differenziert nicht nach einzelnen Vertragsarten, sondern trifft eine allgemeine Anordnung, und so hat auch der Arzt, der die ihm obliegende Pflicht zu sorgfältiger Behandlung des Patienten objektiv verletzt, eine Verschuldensvermutung zu entkräften. Der Gesetzgeber scheint die insoweit aufgeworfenen Fragen bei der Schuldrechtsmodernisierung noch schlicht übersehen zu haben, im Gesetzgebungsverfahren und in der Gesetzesbegründung findet sich kein Wort hierzu (vgl. BT-Drucks. 14/6040 S. 136; Zusammenstellung der Gesetzesmaterialien von *Canaris*, Schuldrechtsmodernisierung 2002, vgl. S. 160, 358, 442, 673, 945 ff., 1008, 1078). In der Begründung zum Patientenrechtegesetz aber hat er zugunsten einer Anwendung des § 280 Abs. 1 Satz 2 BGB Stellung bezogen (vgl. BT-Drucks. 17/10488, S. 28).

#### a) Standpunkt der bisher h.M.

Die allgemeine Verschuldensvermutung auch beim Arztvertrag bedeutet eine Abkehr von der bislang h.M. Der BGH hat eine **analoge Anwendung des § 282 BGB a.F.** auf den Arztvertrag stets **verneint** (vgl. etwa BGH NJW 1969, 553; 1991, 1541; 1999, 860). In seiner ablehnenden Haltung erfuhr er Zustimmung durch den überwiegenden Teil des Schrifttums (vgl. *Laufs* Arztrecht, 5. Aufl. 1993, Rn. 619; *Deutsch* Medizinrecht, 4. Aufl. 1999, Rn. 319; *Baumgärtel*, Handbuch der Beweislast im Privatrecht, 2. Aufl. 1991, § 282 Anh. Rn. 46 u. § 823 Anh. C II Rn. 2 u. 85). Zur Begründung wurde vorgetragen, nicht nur der Patient, auch der Arzt stehe im Haftpflichtprozess vor Beweisschwierigkeiten (BGH NJW 1978, 1681; RGRK/*Nüßgens* § 823 Anh. II Rn. 312). Da Zwischenfälle bei einer medizinischen Behandlung wegen der Unberechenbarkeiten des lebenden Organismus auch schicksalhaft eintreten können, dürfe nicht schon von einem ausbleibenden Erfolg oder einem Fehlschlag auf ein Verschulden des Arztes geschlossen werden (BGH NJW 1977, 1102; 1991, 1541; *Nixdorf*, VersR 1996, 160, 162; *G. Müller*, NJW 1997, 3049). Die für den Patienten ungünstige Beweislage rechtfertige sich aus dem Gedanken, dass das Eingriffsrisiko zunächst krankheitsbedingt sei und damit aus der Sphäre des Patienten komme (BGH NJW 1980, 1333; *R. Weber*, NJW 1997, 761, 767). Risiken, die sich medizinisch nicht ausschließen lassen, weil sie sich aus dem letztlich nicht durch die ärztliche Kunst steuerbaren menschlichen Schicksal ergeben, blieben als Anlass für Beweiserleichterungen zum Vorteil des klagenden Patienten ganz ungeeignet (Laufs/Uhlenbruck/*Laufs*, Handbuch des Arztrechts, 3. Aufl. 2002, § 109 Rn. 2).

Immer wieder wurde der Standpunkt von der Unanwendbarkeit des § 282 BGB a.F. damit begründet, dass der Arzt regelmäßig nur eine sachgerechte Behandlung des Patienten nach dem gegenwärtigen Erkenntnisstand der medizinischen Wissenschaft versprechen, nicht aber die Gewähr für den Eintritt des erwünschten Heilungserfolges übernehmen kann (vgl. BGH NJW 1977, 1102; 1991, 1540; Palandt/*Thomas*, 61. Aufl. 2002, § 823 Rn. 170a). In diesem Sinne handele es sich bei den Vertragspflichten des Arztes um verhaltensbezogene und nicht um erfolgsbezogene Leistungspflichten (*Baumgärtel*, Handbuch der Beweislast im Privatrecht, 2. Aufl. 1991, § 282 Anh. Rn. 46 und § 823 Anh. C II Rn. 2), um reine Tätigkeitspflichten, bei denen der Schuldner die üblichen

Standards einhalten muss, ohne zugleich ein bestimmtes Ergebnis seiner pflichtschuldigen Bemühungen zu garantieren (*Esser/Schmidt* Schuldrecht I/2, 7. Aufl. 1993, § 29 III 5b).

74 Es ist methodisch durchaus möglich, mit den gleichen Argumenten, mit denen bislang eine analoge Anwendung des § 282 BGB a.F. auf die vertragliche Arzthaftung abgelehnt wurde, auch die Regelung in **§ 280 Abs. 1 Satz 2 BGB teleologisch zu reduzieren** und den medizinischen Behandlungsvertrag von ihrem Anwendungsbereich auszunehmen – vornehmlich mit der Begründung, dass der Arzt den Erfolg nicht schulde (Die Neuregelung ist für nach dem 01.01.2002 geschlossene Verträge anwendbar, Art. 229 § 5 Satz 1 EGBGB; BGH VersR 2007, 1416 u. NJW 2007, 1682 ergingen noch auf Grundlage des alten Rechts, der BGH deutet darin ein Festhalten an der bisherigen Rspr. an). Indes widerspräche die Nichtanwendung des § 280 Abs. 1 Satz 2 BGB auf den Arztvertrag dem in der Begründung des PatRG zum Ausdruck gebrachten Willen des Gesetzgebers (vgl. BT-Drucks. 17/10488, S. 28).

### b) Stellungnahme

75 Die bislang **h.M. überzeugt nicht.** Sie führt Argumente gegen eine Verschuldensvermutung an, die tatsächlich gegen eine Fehler- und Kausalitätsvermutung sprechen. Nachdrücklich betont sei, dass ein Rückschluss von dem ausbleibenden Heilungserfolg oder Behandlungszwischenfall auf eine Schadensverantwortlichkeit des Arztes nicht statthaft ist, weil dies einer den Arzt über jede Gebühr belastenden Zufalls-/Erfolgshaftung gleichkäme (vgl. bereits § 284 Rdn. 3). Anknüpfungspunkt einer Verschuldensvermutung kann und soll jedoch nicht der ausbleibende Heilungserfolg, vielmehr ein **feststehender Behandlungsfehler** des Arztes sein (so auch BT-Drucks. 17/10488, S. 28). Diesen hat der Geschädigte nach allgemeinen Grundsätzen darzulegen und zu beweisen (Rdn. 8 f.). Gelingt dem Patienten der Nachweis eines objektiven Pflichtverstoßes, dann allerdings erscheint es sachgerecht, dass der Arzt die Umstände darlegen und beweisen muss, unter denen er die festgestellte objektive Pflichtverletzung nicht zu vertreten hat, mithin die **Beweislast hinsichtlich des Arztverschuldens umzukehren** (so auch etwa *Brudermüller*, FS Derleder 2005, 3, 9 f., 19 ff., 22 ff.; *Stoll*, AcP 176 [1976], 145, 155 ff.). In der Regel ist allein der behandelnde Arzt im Haftpflichtprozess zu hinreichend substantiierten Ausführungen betreffend Voraussehbarkeit und Vermeidbarkeit eines eingetretenen Medizinschadens in der Lage. Der Patient, der weder über das nötige Fachwissen noch über einen Einblick in den Bereich, aus dem die nachgewiesene Schadensursache stammt, verfügt, kann hierzu typischerweise nichts vortragen.

76 Es ist kein Grund ersichtlich, weshalb der Arzt gegenüber anderen Vertragsschuldnern, die bei einer festgestellten Pflichtverletzung ebenfalls beweisen müssen, dass sie die Pflichtverletzung nicht zu vertreten haben, zu privilegieren wäre (ebenso BeckOGK-BGB/*Spindler* § 823 Rn. 1079.1). Die Unberechenbarkeiten des menschlichen Organismus lassen sich insoweit jedenfalls nicht anführen. Dass ein Gesundheitsschaden aufgrund der Unwägbarkeiten des lebenden Körpers auch schicksalhaft eingetreten sein kann, spricht gegen eine Kausalitätsvermutung, nicht gegen die Annahme, dass der Handelnde sein objektives Fehlverhalten auch zu vertreten hat. Die haftungsbegründende Kausalität bleibt wie das Vorliegen einer Pflichtverletzung nach allgemeinen Grundsätzen vom Patienten zu beweisen. Stehen Behandlungsfehler des Arztes und dessen Ursächlichkeit für den geltend gemachten Schaden jedoch fest, dann lässt sich einer Verschuldensvermutung auch nicht mehr entgegenhalten, dass das Eingriffsrisiko ursprünglich krankheitsbedingt war und damit aus der Sphäre des Patienten kam.

77 Bei einer sorgfältigen **Differenzierung** zwischen (grundsätzlich vom Patienten darzulegender und zu beweisender) **Pflichtverletzung** einerseits und **Verschulden** andererseits (Soergel/*Spickhoff* § 823 Anh. I Rn. 38, 39; *Brudermüller*, FS Derleder 2005, 3, 22 ff.; krit. *Hart*, MedR 2003, 603, 608), ist die in § 280 Abs. 1 Satz 2 BGB angeordnete Beweislastumkehr auch im Rahmen des medizinischen Behandlungsvertrages angemessen (Stein/Jonas/*Thole* § 286 Rn. 169; MüKo-ZPO/*Prütting* § 286 Rn. 147; *Prütting*, FS Rüßmann 2012, 609, 617 f.; *Schärtl*, NJW 2014, 3601). Hinsichtlich der Deliktshaftung sind mit derselben Differenzierung gleichlaufende Ergebnisse auf der Grundlage einer Beweislastverteilung nach Gefahrenkreisen bzw. Verantwortungsbereichen zu erzielen.

Derweil befindet die Rechtsprechung, dass die »äußere Sorgfalt« verletzt ist, wenn gegen eine Ver- 78
haltensnorm, etwa gegen eine elementare Verhaltensregel der medizinischen Wissenschaft, verstoßen oder wenn das zulässige Ermessen des Arztes überschritten wurde. Und sie schließt – auf der
Grundlage des objektivierten Fahrlässigkeitsmaßstabes – gewöhnlich von der Außerachtlassung der
»äußeren« auf die Verletzung auch der »inneren« Sorgfalt (vgl. BGH NJW 1986, 2757; 1994, 2232).
Der Unterschied zu der Ansicht, die ausdrücklich eine Verschuldensvermutung bejaht, ist damit gering (*Weidinger*, VersR 2004, 35, 37). Hingewiesen sei überdies darauf, dass ausgesprochen selten
streitig ist, ob der beklagte Arzt einen Behandlungsfehler auch zu vertreten hat (nach einer statistischen Auswertung von *Stolz*, VersR 1978, 797 in weniger als 1 % der Fälle), die Parteien streiten in
aller Regel über das Vorliegen eines objektiven Fehlverhaltens und über Kausalitätsfragen.

### III. Beweisfragen bei Aufklärungspflichtverletzungen

#### 1. Beweisbelastung der Behandlungsseite

Klagt der Patient wegen eines Versäumnisses bei der Selbstbestimmungsaufklärung, so trifft 79
nach ständiger Rechtsprechung die Beweislast den Arzt (BGH NJW 1984, 1397; 2004, 3703;
2005, 1718; 2012, 850; 2014, 1527; Versäumnisse bei der therapeutischen [Sicherheits-] Aufklärung respektive Informationspflichtverletzungen sind demgegenüber als Behandlungsfehler beweisrechtlich wie diese zu beurteilen, vgl. BGH NJW 2005, 427; *Hausch*, VersR 2007, 167, er hat in
streitigen Fällen nachzuweisen, dass der Patient in die Behandlung wirksam eingewilligt hat und
dazu hinreichend aufgeklärt worden war). Die Grundlage dieser Spruchpraxis bildet die Auffassung,
dass jede medizinische Behandlung eine tatbestandsmäßige Körperverletzung darstellt, bei welcher
die Rechtswidrigkeit indiziert und regelmäßig nur bei Vorliegen einer wirksamen Patienteneinwilligung ausgeschlossen ist (vgl. § 823 BGB Rdn. 134). Die Aufklärung teilt als Voraussetzung für eine
wirksame Einwilligung deren beweisrechtliches Schicksal und wird damit zum zentralen Rechtfertigungselement gegenüber dem Vorwurf einer unerlaubten Handlung (BGH NJW 1989, 1538;
1990, 2929). Für die Verletzung der vertraglichen Aufklärungspflicht folgt diese Beweislastverteilung aus § 630h Abs. 2 Satz 1 BGB. Eine Regelung ist insoweit erforderlich, da die Einwilligung Vertragspflicht ist und ihre Nichteinholung eine Pflichtverletzung darstellt, welche nach der
Grundregel der Beweislastverteilung von dem Anspruch stellenden Patienten zu beweisen wäre
(*Katzenmeier*, NJW 2013, 817, 821; *Vogeler*, MedR 2020, 180 ff.). Der Gesetzgeber wollte aber
einen Gleichlauf mit dem Deliktsrecht erzielen (BT-Drucks. 17/10488, S. 28 f.).

Nach der strikten Rechtsprechung des BGH obliegt der Behandlungsseite der Beweis **sämtlicher** 80
**Tatsachen**, aus denen sich eine **wirksame Einwilligung** ergibt. Der Arzt hat dementsprechend alle
sachverhaltlichen Voraussetzungen einer der konkreten Behandlung entsprechenden, vollständigen und zutreffenden Aufklärung zu beweisen (*Lepa*, FS Geiß 2000, 449; *Stöhr*, PatR 2003, 65;
zu Umfang und Durchführung der Aufklärung vgl. Laufs/Katzenmeier/Lipp/*Katzenmeier* Kap. V
Rn. 14 ff.; § 823 BGB Rdn. 135). Die Beweislast erstreckt sich auch darauf, dass der Patient zu einem
Zeitpunkt aufgeklärt worden ist, zu dem seine Entscheidungsfreiheit nicht übermäßig beeinträchtigt war (BGH NJW 1992, 2351; 1994, 3009; 1998, 2734; *Kreße*, MedR 2015, 91, 92; NK-BGB/
*Voigt* § 630h Rn. 12), dass dem Kranken die Dringlichkeit des Eingriffs (BGH NJW 1990, 2928;
1997, 1637) sowie eventuelle Behandlungsalternativen (BGH NJW 2012, 850) richtig dargestellt
wurden, dass er sich trotz eindringlicher Darstellung der Risiken gegen den ärztlichen Rat entschieden hat, sodass der Arzt statt der medizinisch günstigeren die risikoreichere Behandlungsmethode wählen musste (BGH NJW 2004, 3703; 2005, 1718), ebenso auf die Behauptung, der
Patient sei durch einen anderen Arzt aufgeklärt worden (zur Arbeitsteilung bei der Aufklärung
BGH JZ 2007, 641 m. Anm. *Katzenmeier*) sowie jene, er sei infolge sonstiger Vorkenntnisse oder
aufgrund eigenen Fachwissens nicht aufklärungsbedürftig (BGH NJW 1980, 633; 1984, 1807;
OLG Frankfurt MedR 2009, 532; für die Sicherheitsaufklärung OLG Köln VersR 2001, 66).

Dem Patienten verbleibt die Beweislast für die Kausalität zwischen dem rechtswidrigen, weil nicht 81
konsentierten Behandlungseingriff und dem geltend gemachten Schaden (BGH NJW 1986, 1541;
1992, 754; 2012, 850 = MedR 2012, 456 m. Anm. *Baur*; *Katzenmeier*, Arzthaftung, S. 496; *v. Pentz*,

MedR 2016, 16, 22 f.; *Middendorf*, MedR 2019, 37 ff.). Eine Beweislastumkehr, wie sie bei Vorliegen eines groben Behandlungsfehlers vorgenommen wird, gibt es in den Fällen »grober Aufklärungsmängel« nicht (BGH NJW 1986, 1541; 1992, 754; OLG Hamburg VersR 2000, 190; s. aber auch BGH NJW 1987, 1481 f.; MedR 2010, 494; 2011, 244). Auch für die Behauptung, der Arzt habe nicht über eine bestehende Behandlungsalternative aufgeklärt, deren Anwendung zu einem günstigeren Krankheitsverlauf geführt hätte, ist der Patient beweisbelastet (BGH MedR 2012, 456 m. Anm. *Baur*; OLG Köln MedR 2013, 47). Da der Beweis des günstigeren hypothetischen Kausalverlaufs nur schwer gelingt, bleibt der Aufklärungsfehler faktisch ohne Konsequenz. Im Übrigen trägt der Anspruchsteller nur hinsichtlich weniger Gesichtspunkte die Beweislast, so hinsichtlich einer Behauptung, der Arzt habe über die Basisaufklärung hinaus auf weitere entscheidungserhebliche Fragen keine ausreichenden oder richtigen Antworten gegeben, oder eine bestehende Behandlungsalternative, über die nicht aufgeklärt wurde, hätte zu einem günstigeren Krankheitsverlauf geführt (BGH NJW 2012, 850 = MedR 2012, 456 m. Anm. *Baur*; OLG Köln MedR 2013, 47; KG MedR 2017, 46 f. m. Anm. *Finn*), sowie zu der eventuellen Behauptung, er habe die erteilte Zustimmung widerrufen (BGH NJW 1980, 1903) oder das vom ihm unterschriebene Aufklärungsformular sei nachträglich manipuliert worden (§§ 440 Abs. 2, 416; vgl. OLG Hamm MedR 2006, 649; MedR 2011, 439). Auch wenn ein erwachsener Patient sich darauf beruft, aufgrund krankheitsbedingter Schmerzen nicht einwilligungsfähig gewesen zu sein, hat er dies zu beweisen, sofern nicht die Gesamtschau der unstreitigen medizinischen Fakten die fehlende Einwilligungsfähigkeit eindeutig indiziert (OLG Koblenz NJW 2015, 79 = MedR 2015, 422; a.A. *Genske*, MedR 2016, 173).

### 2. Missbräuchliche Prozessstrategien und ihre Verhinderung

82 Die für die Behandlungsseite ungünstige Beweislage führte in der Vergangenheit dazu, dass im gewöhnlichen Arzthaftpflichtprozess immer häufiger und stärker neben den Vorwurf eines Behandlungsfehlers, der ursprünglich weit im Vordergrund stand, die Geltendmachung einer unterlassenen oder unvollständigen Information des Patienten getreten ist, dass die Aufklärungsrüge oftmals im laufenden Prozess nachgeschoben wird, wenn ein Behandlungsfehler sich nicht nachweisen lässt und sich so zu einem regelrechten **Auffangtatbestand** entwickelt hat. Nach Schuldvorwurf und Schuldgehalt sind Behandlungsfehler und ärztliche Eigenmacht jedoch nicht beliebig austauschbar (*Tempel* NJW 1980, 609, 617). Deshalb ist es nicht nur dem Gericht untersagt, bei einer auf einen Behandlungsfehler gestützten Klage von Amts wegen auf eine Aufklärungspflichtverletzung zu erkennen. Auch dem Kläger ist es nach Maßgabe der §§ 296, 525, 531 zu verwehren, während des Prozesses, insbesondere nach einer Beweisaufnahme, die für ihn negativ verlaufen ist, oder erst in der Rechtsmittelinstanz von der Behauptung eines Behandlungsfehlers auf die einer Verletzung der ärztlichen Aufklärungspflicht überzugehen (BGH MedR 2007, 722 m. Anm. *Prütting*; BGH GesR 2013, 50).

83 Der BGH betont, dass nachträgliche Aufklärungsrügen nicht zum bloßen Vorwand werden dürfen, um das Risiko unvermeidbarer Gesundheitsschäden auf den Arzt oder Krankenhausträger zu überbürden (BGH NJW 1979, 1933; 1985, 1399) und bemüht sich seit geraumer Zeit verstärkt darum, **missbräuchlichen Prozessstrategien zu begegnen**. Zu diesem Zwecke hat das Gericht Grundsätze entwickelt, nach denen der Arzt den ihm obliegenden Beweis führen kann, er habe seiner Aufklärungspflicht genügt und dabei wiederholt, der Richter dürfe an diesen Beweis »**keine unbilligen und übertriebenen Anforderungen**« stellen (BGH NJW 1984, 1403; 1985, 1399; 2014, 1527). Die Notwendigkeit der Aufklärung des Patienten im persönlichen Gespräch statt durch Formulare (§ 630e Abs. 2 Satz 1 Nr. 1 BGB; näher Laufs/Katzenmeier/Lipp/*Katzenmeier* Kap. V Rn. 57; zur telefonischen Aufklärung in einfach gelagerten Fällen BGH NJW 2010, 2430) setzt dem Nachweis ihres Inhalts im Prozess natürliche Grenzen. Mit Rücksicht auf die Beweisnöte des Arztes vertritt die höchstrichterliche Rechtsprechung den Standpunkt, dass bei entsprechender Aufklärungsübung »dem Arzt, der einigen Beweis für ein gewissenhaftes Aufklärungsgespräch gebracht hat, [...] im Zweifel geglaubt werden (sollte), daß die Aufklärung auch in der im Einzelfall gebotenen Weise geschehen ist« (»**Immer-so**«-**Rechtsprechung**, BGH NJW 1978, 1681; 1981, 2002; 1985, 1399; OLG Koblenz VersR 2010, 770; BGH NJW 2014, 1527 = LMK 2014, 360330 m. Anm. *Katzenmeier* = MedR 2015, 594 m. Anm. *Schrag-Slavu*; BGH NJW 2015, 74). Insbesondere soll der Feststellung, dass der

Arzt sich generell um eine sachgemäße Aufklärung bemüht, in Verbindung mit einer auch nur teilweisen Dokumentation (etwa einer Skizze, einer Eintragung von Aufklärungszeitpunkt, -person und -gegenstand) je nach Inhalt eine mehr oder weniger starke Indizwirkung für das in Betracht stehende konkrete Aufklärungsgespräch zukommen (BGH NJW 1985, 1399; 1994, 3010; OLG München MedR 2010, 636; OLG Hamm MedR 2011, 439; KG MedR 2018, 813 m. Anm. *Gödicke*; abl. *Giesen*, Arzthaftungsrecht, Rn. 470; *J. Prütting*, FS Dahm, 2017, 359 ff.; *J. Prütting* GesR 2017, 681, 686 ff.; aus der Rspr. krit. LG Dortmund MedR 1993, 392; OLG Brandenburg GesR 2007, 575). Ergänzend kann dann der Arzt nach § 448 vernommen werden (BGH VersR 2002, 120; OLG Koblenz VersR 2008, 690). Für die Beweisführung ist es nicht unbedingt erforderlich, dass der Arzt sich an das konkrete Gespräch erinnert (BGH NJW 2014, 1527 = LMK 2014, 360330 m. Anm. *Katzenmeier*; KG MedR 2018, 813 m. Anm. *Gödicke*). In jedem Fall trägt das erkennende Gericht eine besondere Verantwortung für eine sorgfältige Beweiserhebung und Beweiswürdigung (BGH NJW 2015, 74; *Geiß/Greiner* Rn. C 134; *Pauge/Offenloch* Rn. 480).

### a) Aufklärungsformulare

Eine vom Patienten gegebene formularmäßige Bestätigung erfolgter Aufklärung und Einwilligung ist nur von **geringem Beweiswert**. Die Vordrucke genügen in ihrer abstrakt-generalisierenden Fassung in der Regel nicht den spezifischen Informationsbedürfnissen des jeweiligen Patienten und die Unterzeichnung solcher Schriftstücke beweist nicht, dass der Patient sie auch gelesen und verstanden hat (BGH NJW 1984, 1397; 1985, 1399; VersR 1999, 190; OLG Hamm MedR 2014, 309; OLG Naumburg NJW 2015, 1969). Formulare und Merkblätter, die der Patient von dem Arzt ausgehändigt bekam, stellen allenfalls ein Indiz dafür dar, dass das erforderliche Gespräch überhaupt geführt wurde (BGH NJW 2014, 1527; OLG Oldenburg MedR 2010, 570 m. Anm. *Jaeger*; OLG Hamm MedR 2014, 309; OLG Naumburg NJW 2015, 1969, 1970; *Petig/Rensen*, MDR 2012, 877 ff.; zum Beweiswert digitaler Aufkärungsbögen bei Verwendung elektronischer Signaturen *Spickhoff/Bleckwenn*, VersR 2013, 1350 ff.), nicht aber vermögen sie für sich allein den Inhalt der Unterredung zu beweisen (OLG Koblenz VersR 2015, 757), und erst recht kann ihnen nicht entnommen werden, dass der Patient über ein nicht ausreichend erwähntes Risiko informiert wurde.

84

Das **Aufklärungsgespräch** sollte die Behandlungsseite stets sorgfältig **dokumentieren** (dokumentationspflichtig nach § 630f Abs. 2 BGB). Doch auch wenn der Arzt dies versäumt hat, ist ihm der Nachweis ordnungsgemäßer Aufklärung nicht verwehrt (BGH NJW 2014, 1527; OLG Karlsruhe VersR 1988, 93; OLG München VersR 1991, 189; OLG Koblenz VersR 2010, 770). Der BGH führt in diesem Sinne aus, schriftliche Aufzeichnungen im Krankenblatt über das Aufklärungsgespräch mit seinem wesentlichen Inhalt seien »nützlich und dringend zu empfehlen«, ihr Fehlen dürfe aber nicht dazu führen, dass der Arzt regelmäßig beweisfällig für die behauptete Aufklärung bleibt (BGH NJW 1985, 1399; 2014, 1527). Daran ändert auch das PatRG nichts. Zwar bestimmt § 630f Abs. 2 Satz 1 BGB nunmehr, dass der Behandelnde verpflichtet ist, auch »Einwilligungen und Aufklärungen« in der Patientenakte aufzuzeichnen, und § 630h Abs. 3 BGB normiert die Vermutung, dass eine nicht dokumentierte Maßnahme nicht getroffen wurde. Das gilt nach dem Wortlaut des Gesetzes aber nur, soweit es sich um »eine medizinisch gebotene wesentliche Maßnahme« handelt. Die Aufklärung des Patienten dient der Absicherung des Selbstbestimmungsrechts, ist aber nicht medizinisch geboten. Auch künftig darf daher an eine fehlende oder unzulängliche Dokumentation der Patientenaufklärung »keine allzu weitgehende Beweisskepsis geknüpft werden« (BGH NJW 2014, 1527 = LMK 2014, 360330 m. Anm. *Katzenmeier*; s. zum Ganzen auch *v. Pentz*, MedR 2016, 16, 22). Erklärt der Arzt indes, er schreibe den Hinweis auf ein bestimmtes Risiko i.d.R. in den Aufklärungsbogen, so kann das Schweigen der Urkunde indizieren, dass der Hinweis im konkreten Fall versäumt wurde (OLG Koblenz MedR 2010, 108).

85

### b) Hypothetische Einwilligung

Der wegen Aufklärungspflichtverletzung auf Schadensersatz in Anspruch genommene Arzt oder Krankenhausträger kann geltend machen, dass der Patient bei ordnungsgemäßer Aufklärung

86

gleichfalls in den Eingriff eingewilligt hätte (Berufung auf pflichtgemäßes Alternativverhalten, vgl. § 630h Abs. 2 Satz 2 BGB). Die Rechtsprechung lässt den Einwand der hypothetischen Einwilligung zu, auch um missbräuchlicher Berufung auf fehlende oder unzulängliche Aufklärung zu begegnen, achtet aber stets darauf, dass auf diese Weise das Selbstbestimmungsrecht des Patienten nicht unterlaufen wird (§ 823 BGB Rdn. 221).

87 An den Beweis hypothetischer Einwilligung stellt der BGH **strenge Anforderungen** (vgl. BGH NJW 1981, 2002; 1998, 2734). Die medizinische Indikation kann allenfalls einen Anhaltspunkt bilden, denn nicht der Standpunkt eines »vernünftigen Patienten« gibt den Ausschlag, vielmehr kommt es stets darauf an, dass **gerade der betroffene Patient** mit seinen Besonderheiten und Eigenheiten damals in der konkreten Lage eingewilligt hätte (BGH NJW 1984, 1395; 1998, 2734; 2010, 3230). Dem erkennenden Gericht ist es zwar nicht verwehrt, in seine Überzeugungsbildung mangels gegenteiliger Anhaltspunkte die Erfahrung einfließen zu lassen, dass ein Kranker normalerweise einem sinnvollen medizinischen Eingriff, der mit relativ hoher Wahrscheinlichkeit und bei relativ geringen Risiken zu einer nachhaltigen Verbesserung der Gesundheit zu führen verspricht, oder einem dringlichen Eingriff, der zur Abwendung schwerster Gefahren medizinisch zwingend erforderlich scheint und erhebliche Erfolgsaussichten hat, zuzustimmen pflegt, indes können diese abstrakten Gesichtspunkte den erforderlichen konkreten Nachweis, dass gerade der betroffene Patient zugestimmt hätte, allein nicht ersetzen (BGH NJW 1980, 1333; 1994, 799). Ein solcher Beweis lässt sich vielmehr regelmäßig nur auf Umstände stützen, die gerade die persönliche Willenslage des Patienten betreffen (s.a. BT-Drucks. 17/10488, S. 29; zum Ausschluss hypothetischer Einwilligung durch »erweiterte« Patientenverfügung *Ziegler*, VersR 2019, 1406 ff.).

88 Damit allerdings wäre es dem Patienten stets möglich, in Abrede zu stellen, dass er eingewilligt hätte. Um einen Missbrauch des Aufklärungsrechts allein für Haftungszwecke zu verhindern, haben Rechtsprechung und herrschende Lehre folgenden Kompromiss gefunden: Wäre eine Ablehnung der Behandlung **medizinisch unvernünftig** gewesen oder hätten im Fall der Nichtbehandlung gar gleichartige Risiken mit höherer Komplikationsdichte bestanden, dann muss der Patient plausible Gründe dafür darlegen, dass er sich bei erfolgter Aufklärung in einem **Entscheidungskonflikt** darüber befunden hätte, ob er den Eingriff – wie tatsächlich durchgeführt – vornehmen lassen solle (BGH NJW 1984, 1397; 1998, 2734; 2010, 3230; 2019, 3072 = MedR 2020, 125 m. Anm. *Katzenmeier*). Er braucht aber nicht darüber hinaus darzulegen, wie er sich entschieden hätte (BGH NJW 1991, 1543; 1994, 2414; 2019, 3072 = MedR 2020, 125). Regelmäßig ist eine persönliche Anhörung des Patienten geboten (BGH NJW 1994, 3009; 1998, 2734; 2007, 2771). Fehlt die erforderliche Begründung oder kommt sie verdächtig spät, dann kann das Gericht die Klage abweisen. Doch ist zu beachten, dass der Patient für seine Schilderung keinen Anlass hat, solange der Arzt sich nicht auf eine hypothetische Einwilligung beruft. Ohne den Einwand der Beklagtenseite ist es dem Gericht versagt, die Frage nach plausiblen Gründen für die Weigerung des Patienten zu stellen (BGH NJW 1994, 799; 1996, 3074). Im Übrigen darf der Richter auch hier an die Substantiierungspflicht des Patienten zur Darlegung seines persönlichen Entscheidungskonflikts keine zu hohen Anforderungen stellen. Wesen und Zweck der Aufklärung, individuelle Entscheidungsspielräume zu sichern, müssen gewahrt und der Arzt muss hinsichtlich des von ihm behaupteten hypothetischen Verlaufs beweisbelastet bleiben (BGH NJW 1991, 1543; 1992, 2351; 1994, 2414; 2007, 2771). Die dem Patienten zustehende Möglichkeit der Entkräftung des Einwandes hypothetischer Einwilligung durch plausible Darlegung eines Entscheidungskonflikts findet in § 630h Abs. 2 Satz 2 BGB zwar keine Erwähnung, ausweislich der Gesetzesbegründung ist aber keine Änderung beabsichtigt, dies soll weiterhin möglich sein (BT-Drucks. 17/10488, S. 29; BGH NJW 2019, 3072 = MedR 2020, 125 m. Anm. *Katzenmeier*).

### c) Hypothetische Kausalität

89 Von der Frage der hypothetischen Einwilligung zu unterscheiden ist die der hypothetischen Kausalität (umfassend *Gebauer*, Hypothetische Kausalität und Haftungsgrund, 2007). Der Arzt kann geltend machen, bei Unterlassen des Eingriffs, dem die informierte Einwilligung des Patienten fehlte, wäre mit Sicherheit ein gleichwertiger negativer Verlauf eingetreten (vgl. BGH NJW 1981, 628;

2005, 2072; MedR 2012, 456 m. Anm. *Baur*; OLG Köln MedR 2013, 47; *Steffen*, FS Medicus 1999, 637, 643), gleich, ob wegen Fortschreitens der Krankheit, um derentwillen der Arzt den schadensträchtigen eigenmächtigen Eingriff vorgenommen hat, oder ob aus anderen Gründen. Die Berücksichtigung dieses Umstandes als schadensmindernd liegt in der **Konsequenz der Differenzhypothese**, welche den zu ersetzenden Schaden durch einen Vergleich der Vermögensgesamtlage des Geschädigten, wie sie tatsächlich jetzt ist, mit der, wie sie ohne das die Ersatzpflicht begründende Ereignis sein würde, zu bestimmen sucht (*Larenz* SchuldR AT § 30).

Nimmt die Behandlungsseite einen hypothetischen Ursachenzusammenhang für sich in Anspruch, so trägt sie dafür die volle Beweislast gem. § 286 (BGH NJW 1989, 1538; 2005, 1718; 2016, 3522 = MedR 2016, 973). Beweisbelastet ist sie auch hinsichtlich des Einwandes, ein ohne Behandlungsfehler misslungener eigenmächtiger Eingriff wäre ebenso einem **anderen Arzt in gleicher Weise misslungen** (BGH NJW 1989, 1541; 2005, 1718; 2005, 2072). Da auch der ordnungsgemäße Heileingriff infolge der Individualität der Beteiligten, aufgrund unterschiedlicher Übung und Fähigkeiten der Ärzte, unterschiedlicher sachlicher Mittel und Disposition des Patienten im Ergebnis durchaus unterschiedlich ausfallen kann, ist dieser Beweis nur sehr schwer zu führen (BGH NJW 1996, 3074). Gelingt er aber im Einzelfall, dann beschränkt sich die Ersatzpflicht auf den Zeitraum, in dem der Schaden durch den schädigenden eigenmächtigen Eingriff früher eingetreten ist (RGRK/*Nüßgens* § 823 Anh. II Rn. 151; *Steffen*, FS Medicus 1999, 637, 643).

**3. Kritik**

Unverkennbar bedarf die ärztliche Aufklärungspflicht **haftpflichtrechtlicher Entlastung**, soll die medizinische Fürsorge im Dienste des Kranken nicht leiden (*Katzenmeier*, Arzthaftung, S. 350 ff.). Zahlreiche Bestrebungen in Rechtsprechung und Literatur zur Abmilderung der Beweislast des Arztes (Nachweise bei *Katzenmeier*, Arzthaftung, S. 499 ff.) sind ein deutlicher Beleg. Der BGH findet mit seinem Festhalten am Leitbild vom ärztlichen Heileingriff als tatbestandsmäßige Körperverletzung, welche die Rechtswidrigkeit indiziert, keine zufriedenstellende Lösung. Das Gericht räumt selbst ein, dass der Arzt mitunter »in eine fast ausweglose Beweislage geraten kann« (BGH NJW 1980, 1333). Auch die Zulassung des Einwands hypothetischer Einwilligung vermag den Missbrauch der Aufklärungsrüge in der Praxis nicht wirksam zu verhindern. Haftpflichtrechtliche Entlastung verspräche statt dessen der **Wechsel von der Körper- zur Persönlichkeitsrechtsverletzung bei der Beurteilung ärztlicher Eigenmacht** (vgl. *Katzenmeier*, Arzthaftung, S. 501 ff.), bei dem das Unterlassen der gebotenen Aufklärung zu dem vom Anspruchsteller zu beweisenden Tatbestand gehört, weil nur unter dieser Voraussetzung überhaupt die Entscheidungsfreiheit des Patienten beeinträchtigt sein kann (*Laufs*, NJW 1969, 529, 533). Schutzdefizite wären dadurch nicht zu befürchten, auch in anderen Rechtsordnungen ist die Patientenautonomie abgesichert, ohne dass die Aufklärungsfehlerrüge über eine Beweisbelastung der Behandlungsseite eine ähnlich große forensische Bedeutung wie in der Bundesrepublik erlangt hätte. Durch die gesetzliche Regelung in § 630h Abs. 2 Satz 1 BGB ist die missliche Lage freilich zumindest für die vertragliche Haftung perpetuiert.

### § 287 Schadensermittlung; Höhe der Forderung

(1) Ist unter den Parteien streitig, ob ein Schaden entstanden sei und wie hoch sich der Schaden oder ein zu ersetzendes Interesse belaufe, so entscheidet hierüber das Gericht unter Würdigung aller Umstände nach freier Überzeugung. Ob und inwieweit eine beantragte Beweisaufnahme oder von Amts wegen die Begutachtung durch Sachverständige anzuordnen sei, bleibt dem Ermessen des Gerichts überlassen. Das Gericht kann den Beweisführer über den Schaden oder das Interesse vernehmen; die Vorschriften des § 452 Abs. 1 S. 1, Abs. 2 bis 4 gelten entsprechend.

(2) Die Vorschriften des Absatzes 1 Satz 1, 2 sind bei vermögensrechtlichen Streitigkeiten auch in anderen Fällen entsprechend anzuwenden, soweit unter den Parteien die Höhe einer Forderung streitig ist und die vollständige Aufklärung aller hierfür maßgebenden Umstände mit Schwierigkeiten verbunden ist, die zu der Bedeutung des streitigen Teiles der Forderung in keinem Verhältnis stehen.

## § 348 ZPO  Originärer Einzelrichter

**Übersicht**

| | Rdn. | | Rdn. |
|---|---|---|---|
| A. Normzweck | 1 | B. Bedeutung im Arzthaftungsprozess | 2 |

### A. Normzweck

1 Die Norm steht in einem engen Kontext zu § 286. Sie will hinsichtlich des **Nachweises der Entstehung und der Höhe eines Schadens** die allgemeinen **Darlegungs- und Beweisanforderungen ermäßigen**, um zu verhindern, dass materiell berechtigte Ersatzansprüche an prozessualen Anforderungen scheitern (MüKo-ZPO/*Prütting* § 287 Rn. 1; *Katzenmeier*, Arzthaftung, S. 424 ff.). § 287 gilt für alle Fälle einer Schadensersatzklage, unabhängig davon, ob das Verlangen auf eine Vertragsverletzung oder Delikt gestützt, ob wegen eigenen oder fremden Handelns gehaftet wird (MüKo-ZPO/*Prütting* § 287 Rn. 5). Die Hauptbedeutung des § 287 liegt darin, dass das Gericht von der Entstehung eines Schadens und seiner Höhe nicht voll überzeugt sein muss, um einen Ersatzanspruch bejahen zu können. Die dem Gericht insoweit eingeräumte freiere Stellung bedeutet zugleich eine gewisse Herabsetzung der Anforderungen an das Beweismaß (MüKo-ZPO/*Prütting* § 287 Rn. 17; Stein/Jonas/*Thole* § 287 Rn. 46; zum Beweismaß vgl. § 286 Rdn. 2 ff.).

### B. Bedeutung im Arzthaftungsprozess

2 Für das Arzthaftungsrecht kommt dem § 287 keine allzu große Bedeutung zu. Der BGH hat – nach einigen zweifelhaften Judikaten in früheren Jahren (zur Rechtsprechungsentwicklung *D. Franzki*, Die Beweisregeln im Arzthaftungsprozeß, S. 108 ff.) – wiederholt klargestellt, dass bei der vertraglichen wie bei der deliktischen Haftpflicht des Arztes der sog. »**konkrete Haftungsgrund**«, welcher nach den allgemeinen Grundsätzen des § 286 zur vollen Überzeugung des Gerichts zu beweisen ist, in der **Rechtsgutsverletzung** des Patienten besteht (»Primärschaden«, BGH NJW 1987, 705; 1998, 3417; 2008, 1381; auch MedR 2009, 661 m. Anm. *Frahm/Walter*). Weder bildet bereits der Verstoß gegen eine Verhaltenspflicht einen Haftungsgrund (so aber *E. Schmidt*, MedR 2007, 693, 698; MüKo-BGB/*Wagner* 2009, § 823 Rn. 814; dagegen *Katzenmeier*, Arzthaftung, S. 427 ff.; *Spindler*, AcP 208 [2008], 283, 313), noch ist die bloße Gefährdung eines Rechtsguts der Verletzung gleichzustellen (so *Hanau*, Die Kausalität der Pflichtwidrigkeit, S. 122; s.a. *Spickhoff*, Gesetzesverstoß und Haftung, S. 315 ff., 333). Der Gesetzgeber hat dahingehenden Forderungen mit dem PatRG (BGBl. 2013 I S. 277) eine Absage erteilt (vgl. § 286 Rdn. 6a).

3 § 287 ermäßigt die allgemeinen Darlegungs- und Beweisanforderungen damit nur hinsichtlich des Nachweises der aus einer feststehenden Rechtsgutsverletzung weiter resultierenden Schäden. Da die Beweisschwierigkeiten des Patienten meist aber nicht erst im Nachweis der **haftungsausfüllenden Kausalität**, sondern im Wesentlichen bereits bei der haftungsbegründenden Kausalität liegen, lassen sie sich nicht mithilfe des § 287 lösen (*Prütting*, FS 150 Jahre LG Saarbrücken 1985, 257, 260; *G. Müller*, VersR 2005, 1461, 1468 f.; zu den stattdessen im Arzthaftungsprozess gewährten Beweiserleichterungen s. § 286 Rdn. 14 ff.).

### § 348 Originärer Einzelrichter

(1) Die Zivilkammer entscheidet durch eines ihrer Mitglieder als Einzelrichter. Dies gilt nicht, wenn
1. [...]
2. die Zuständigkeit der Kammer nach § 72a Absatz 1 und 2 des Gerichtsverfassungsgesetzes oder nach dem Geschäftsverteilungsplan des Gerichts wegen der Zuordnung des Rechtsstreits zu den nachfolgenden Sachgebieten begründet ist:
   [...]
   e. Streitigkeiten über Ansprüche aus Heilbehandlungen;
[...]

## Übersicht

| | Rdn. | | Rdn. |
|---|---|---|---|
| A. Normzweck | 1 | I. Grundsatz | 3 |
| B. Systematik | 2 | II. Sachliche Zuständigkeit | 4 |
| C. Ansprüche aus Heilbehandlung | 3 | III. Rechtsfehler | 5 |

## A. Normzweck

Das erstinstanzliche Zivilverfahren ist nach seiner Regelung auf das landgerichtliche Verfahren abgestellt. Beim LG galt in der Vergangenheit grundsätzlich das Kollegialprinzip, es entschied also stets die Kammer, die mit drei Berufsrichtern besetzt ist. Der Gesetzgeber hat allerdings mit Wirkung vom 01.01.2002 auch beim LG im Grundsatz die Zuständigkeit des Einzelrichters eingeführt und diesen zum originären Spruchkörper gemacht (§ 348 Abs. 1 Satz 1). Diese grundlegende Änderung wurde im Hinblick auf die Erwartung eingeführt, die richterliche Belastung zu vermindern. Die damit verbundenen Qualitätsprobleme wollte der Gesetzgeber dadurch auffangen, dass er in schwierigen Fällen wiederum die Kammer an die Stelle des Einzelrichters setzt. Insgesamt ist die Aufteilung zwischen Einzelrichter und Kammer im Rahmen der §§ 348 ff. ein Problem der funktionellen Zuständigkeit (s.o. § 1 Rdn. 11).

1

## B. Systematik

Die gesetzliche Regelung und Abstufung zwischen Einzelrichter und Kammern erfolgt in insgesamt fünf Schritten. In einem ersten Schritt wird in § 348 Abs. 1 Satz 1 der Einzelrichter als der zuständige Spruchkörper eingesetzt (sog. originärer Einzelrichter). In einem zweiten Schritt wird sodann in § 348 Abs. 1 Satz 2 die Kammer an die Stelle des Einzelrichters gesetzt, wenn andernfalls ein Richter auf Probe innerhalb des ersten Jahres das jeweilige Verfahren wahrzunehmen hätte (Nr. 1) oder wenn ein ganz bestimmtes Sachgebiet eröffnet ist, wie es in Abs. 1 Nr. 2 in elf verschiedenen Fällen vom Gesetzgeber aufgelistet ist. In einem dritten Schritt wird wiederum vom originären Einzelrichter, also vom ersten Fall ausgegangen und vorgeschrieben, dass der Einzelrichter den Rechtsstreit der Zivilkammer vorlegen muss, wenn es sich um einen besonders schwierigen Fall handelt oder die Parteien dies übereinstimmend beantragen (§ 348 Abs. 3). In dem vierten denkbaren Schritt ist im Hinblick auf § 348 Abs. 1 Satz 2, also im Hinblick auf den zweiten Fall zwar die Kammer zur Entscheidung berufen. Nach § 348a Abs. 1 überträgt allerdings die Zivilkammer die Sache durch Beschluss einem ihrer Mitglieder als Einzelrichter, wenn der konkrete Fall keine besonderen Schwierigkeiten aufweist und wenn nicht bereits im Haupttermin vor der Zivilkammer zur Hauptsache verhandelt worden ist. Schließlich ist in einem fünften Schritt die Situation des § 348a Abs. 2 denkbar, wonach im Hinblick auf Fall 1 oder Fall 4 an sich der Einzelrichter zur Entscheidung berufen ist. Er kann in diesem Fall den Rechtsstreit der Zivilkammer zur Entscheidung vorlegen, wenn sich durch eine wesentliche Änderung der Prozesslage besondere Schwierigkeiten ergeben oder wenn die Parteien dies übereinstimmend beantragen.

2

## C. Ansprüche aus Heilbehandlung

### I. Grundsatz

Unabhängig von der allgemeinen Systematik des Gesetzes zeigt die Regelung in § 348 Abs. 1 Nr. 2e, dass der Gesetzgeber den Fall eines Anspruchs aus Heilbehandlung als einen besonders schwierigen Rechtsfall einstuft und ihn grundsätzlich der Kammer zuweist. Der Anspruch aus Heilbehandlung ist insoweit umfassend zu verstehen. Darunter fallen sowohl vertragliche als auch gesetzliche Ansprüche gegen einen Arzt, Zahnarzt oder eine andere mit der Heilbehandlung befasste Person (Heilpraktiker, Psychologe, Psychotherapeut, Physiotherapeut). Bei den Streitigkeiten über solche Ansprüche gegen mit einer Heilbehandlung befasste Personen sind sowohl vertragliche Erfüllungsansprüche wie Schadensersatzansprüche und Ansprüche aus Nebenpflichten (Einsicht in Krankenunterlagen, Verletzung von Aufklärungspflichten) gemeint.

3

## II. Sachliche Zuständigkeit

4 Die Regelung setzt allerdings in jedem Fall voraus, dass nach der sachlichen Zuständigkeit die LGe zur Entscheidung berufen sind. Wird eine Klage mit einem Streitwert bis zu 5.000 € erhoben, so ist die Regelung unanwendbar und es entscheidet in jedem Fall der Zivilrichter am AG (s. § 1 Rdn. 13 ff.).

## III. Rechtsfehler

5 Hat am LG entgegen § 348 Abs. 1 Nr. 2e der Einzelrichter statt der Kammer in einer Arzthaftungssache entschieden, so liegt darin noch kein Verstoß gegen den verfassungsrechtlichen Grundsatz des gesetzlichen Richters (Art. 101 Abs. 1 Satz 2 GG), der in der Berufungsinstanz eine Zurückverweisung gem. § 538 Abs. 2 Nr. 1 rechtfertigen würde (BGH MDR 2013, 1063). Der BGH sieht den Verstoß gegen § 348 Abs. 1 Nr. 2e also nicht als einen wesentlichen Mangel des Verfahrens an.

## § 383 Zeugnisverweigerung aus persönlichen Gründen

(1) Zur Verweigerung des Zeugnisses sind berechtigt:

[...]

6. Personen, denen Kraft ihres Amtes, Standes oder Gewerbes, Tatsachen anvertraut sind, deren Geheimhaltung durch ihre Natur oder durch gesetzliche Vorschrift geboten ist, in Betreff der Tatsachen, auf welche die Verpflichtung zur Verschwiegenheit sich bezieht.

(2) [...]

(3) Die Vernehmung der unter Nr. 4 bis 6 bezeichneten Personen ist, auch wenn das Zeugnis nicht verweigert wird, auf Tatsachen nicht zu richten, in Ansehung welcher erhellt, dass ohne Verletzung der Verpflichtung zur Verschwiegenheit ein Zeugnis nicht abgelegt werden kann.

### Übersicht

| | Rdn. | | Rdn. |
|---|---|---|---|
| A. Normzweck | 1 | II. Helfer bei psychosozialer Notfallversorgung | 2a |
| B. Geschützte Heilberufe | 2 | | |
| I. Heilberufe im engeren Sinn | 2 | C. Geheimhaltung | 3 |

## A. Normzweck

1 Die Norm schützt berufliche Geheimnisse und gibt den Geheimnisträgern ein persönliches Zeugnisverweigerungsrecht. Durch ihre besondere Vertrauensstellung sollen sie nicht einem Zwang zur Aussage unterliegen, wie er im Grundsatz jedem Zeugen zukommt. Die Norm korrespondiert damit mit der strafrechtlichen Verschwiegenheitspflicht gem. § 203 Abs. 1 Nr. 1 StGB.

## B. Geschützte Heilberufe

### I. Heilberufe im engeren Sinn

2 Im Einzelnen werden unter dem Aspekt des Heilberufs geschützt die Ärzte, Zahnärzte, Apotheker und Hebammen, nicht dagegen Tierärzte (BVerfGE 38, 312). Ein Zeugnisverweigerungsrecht nach dieser Norm wird aber auch denjenigen Personen zuerkannt, die ohne gesetzliche Geheimhaltungspflicht einen Heilberuf ausüben, insbesondere den Heilpraktikern, den Psychologen und den Psychotherapeuten (BVerfGE 33, 367). Darüber hinaus steht nach der Rechtsprechung das Zeugnisverweigerungsrecht auch den jeweiligen Mitarbeitern und Auszubildenden dieser in einem Heilberuf Tätigen zu (BGH MDR 1985, 597).

## II. Helfer bei psychosozialer Notfallversorgung

Zeugnisverweigerungsrechte stehen weiterhin Helfern in der psychosozialen Notfallversorgung zu. Dazu gehören die psychosozialen Fachkräfte (Ärzte, Psychologen, Sozialarbeiter, Sozialpädagogen) sowie die Peers (geschulte Angehörige von Institutionen, die nach belastenden Ereignissen psychologische Erste Hilfe leisten), ferner Notfallseelsorger. Zum Ganzen näher *Drehsen*, MedR 2015, 96.  2a

## C. Geheimhaltung

Bei der Abgrenzung der geheim zuhaltenden Tatsachen ist die gesetzliche Schweigepflicht des Arztes gem. § 203 StGB zu berücksichtigen. Danach ist der Arzt bei lebenden Personen und auch nach dem Tode des Patienten zur Geheimhaltung aller Arten von untersuchten und festgestellten Krankheiten und aller Behandlungsarten verpflichtet. Der auslösende Grund der Untersuchung ist ohne Bedeutung.  3

Eine ärztliche Aussage kommt in Betracht, wenn dieser von seiner Schweigepflicht entbunden wird. Allerdings ist zur Entbindung von der Schweigepflicht nur derjenige berechtigt, in dessen Interesse die Verpflichtung zur Verschwiegenheit besteht, also insbesondere der Patient.  4

Nicht betroffen von der Schweigepflicht und damit vom Zeugnisverweigerungsrecht ist eine Offenbarung ärztlicher Geheimnisse zur Wahrnehmung berechtigter Interessen gem. § 193 StGB. Will sich also der im Rahmen eines Arzthaftungsprozesses verklagte Arzt gegen Schadensersatzansprüche wegen angeblicher Behandlungsfehler verteidigen, so unterliegt er nicht der Schweigepflicht.  5

## § 402 Beweis durch Sachverständige

Für den Beweis durch Sachverständige gelten die Vorschriften über den Beweis durch Zeugen entsprechend, insoweit nicht in den nachfolgenden Paragraphen abweichende Vorschriften enthalten sind.

### Übersicht

| | Rdn. | | Rdn. |
|---|---|---|---|
| A. Systematik des Gesetzes | 1 | E. Die Pflichten des Sachverständigen | 7 |
| B. Begriff und Aufgaben des Sachverständigen | 3 | F. Die Würdigung des Beweismittels | 10 |
| C. Auswahl und Ablehnung des Sachverständigen | 5 | G. Die Tätigkeit des ärztlichen Sachverständigen | 12 |
| D. Leitung der Tätigkeit des Sachverständigen | 6a | H. Das Gutachten der medizinischen Schlichtungsstelle | 13 |

## A. Systematik des Gesetzes

Die ZPO kennt fünf Beweismittel im Rahmen des von ihr vorgeschriebenen Strengbeweisverfahrens (Zeuge, Sachverständiger, Urkunde, Augenschein und Parteivernehmung). Alle diese Beweismittel kommen auch im Arzthaftungsprozess in Betracht. Von besonderer Bedeutung ist dabei angesichts der hohen medizinischen Schwierigkeiten des jeweiligen Sachverhalts der Sachverständigenbeweis. Dieses Beweismittel ist in den §§ 402 bis 414 geregelt, allerdings ist die Regelung sehr rudimentär. Denn § 402 verweist zunächst vollständig auf die Vorschriften über den Zeugenbeweis (§§ 373 bis 401) und gibt im Folgenden nur ergänzende Regelungen. Mit Gesetz vom 11.10.2016 (BGBl. I S. 2222) hat der Gesetzgeber das Sachverständigenrecht geändert, um die Sachverständigenauswahl und die Mitwirkungspflichten zu verbessern.  1

Eine umfassende Kommentierung aller Beweismittel würde dem Anliegen eines speziellen Kommentars zum Medizinrecht nicht gerecht. Daher wird im Folgenden nur eine Übersicht über zentrale Aspekte des Sachverständigenbeweises gegeben (grundlegend *Meller-Hannich*, ZZP 129, 2016, S. 263).  2

## B. Begriff und Aufgaben des Sachverständigen

3 Der Sachverständige vermittelt dem Richter besondere Fachkenntnisse und ist damit ein Berater des Tatrichters (BGH NJW 1998, 3355, 3356). Daher ist ein Sachverständiger durch jede andere Person mit gleichem Fachwissen ersetzbar. Im Gegensatz dazu ist der Zeuge unersetzbar. Im Einzelnen vermittelt der Sachverständige dem Richter neben fehlenden Kenntnissen von Rechtsnormen oder von Erfahrungssätzen insbesondere Fachwissen durch Feststellung von Tatsachen sowie durch Schlussfolgerungen aus festgestellten Tatsachen und Erfahrungssätzen. Die Aussage des Sachverständigen nennt das Gesetz Gutachten. Ein solches Gutachten beruht auf den allgemein zugänglichen Erfahrungen und Kenntnissen des speziellen Wissensgebiets.

4 Abzugrenzen vom Gutachten eines gerichtlich bestellten Sachverständigen ist das von einer Partei in Auftrag gegebene **Privatgutachten**, das als ein Parteivortrag zu bewerten ist (im Einzelnen dazu Prütting/Gehrlein/*Katzenmeier*, ZPO, 10. Aufl. 2018, vor § 402 Rn. 7 ff.). In Form eines Sachverständigengutachtens kann es allein mit Zustimmung beider Parteien verwendet werden (BGH NJW 1993, 2382). Zu den Einzelfragen bei Heranziehung eines Privatgutachters im Arzthaftungsprozess s. *Hattemer/Rensen*, MDR 2012, 1384. Widerspricht ein Privatgutachten einem gerichtlich bestellten Sachverständigengutachten, so hat das Gericht dem Widerspruch von Amts wegen nachzugehen (BGH MedR 2015, 420; BGH NJW-RR 2014, 760, 761). Der Richter darf nicht einem von beiden Gutachten ohne nachvollziehbare Begründung den Vorzug geben (BGH NJW 2017, 3661; BGH MedR 2016, 614 m. Anm. *Bergmann*; BGH MedR 2015, 420; BGH NJW-RR 2014, 760, 761). Zur Kostenerstattung eines Privatgutachtens siehe BGH NJW 2017, 1397.

Abzugrenzen ist ferner das von einer ärztlichen Schlichtungsstelle erstellte Gutachten, das im Prozess wie ein Privatgutachten zu bewerten ist. Es kann nur im Wege des Urkundenbeweises verwertet werden (OLG Koblenz MedR 2011, 820 m. Anm. *Achterfeld*). Auch die ärztliche Dokumentation stellt kein Sachverständigengutachten dar und kann auch nicht als ein Geständnis i.S.v. § 288 gewertet werden (OLG Koblenz MedR 2009, 659). Dagegen ist die Einholung eines gerichtlichen Gutachtens im selbstständigen Beweisverfahren nach § 485 ZPO im Grundsatz möglich (im Einzelnen s.u. § 485). Nunmehr hat § 411a mit Wirkung zum 01.09.2004 die Möglichkeit eröffnet, ein gerichtlich oder staatsanwaltlich eingeholtes Gutachten aus einem anderen Verfahren als ein echtes Sachverständigengutachten zu verwerten. Im Arzthaftungsprozess setzt dies freilich voraus, dass der Gutachter dem jeweiligen Fachkreis angehört, in dem der behandelnde Arzt tätig geworden ist (OLG Thüringen MedR 2012, 266 m. Anm. *Luckey*).

4a Zu weiteren Einzelheiten des Sachverständigenbeweises vgl. *Martis/Winkhart*, Arzthaftungsrecht, 4. Aufl. 2014, S. 1260 ff.

## C. Auswahl und Ablehnung des Sachverständigen

5 Sachverständiger kann jede dritte Person sein, die die jeweils erforderliche Sachkunde aufweist. Die Zuziehung eines Sachverständigen kann im Wege des Beweisantritts durch eine Partei erfolgen (§ 403) oder durch das Gericht von Amts wegen angeordnet werden (§ 144). Das Gericht hat bei der Auswahl und Zuziehung eines Sachverständigen ein Ermessen. Es kann nach eigener Einschätzung entscheiden, ob es seine persönliche Sachkunde für ausreichend erachtet oder einen Sachverständigen benötigt. Der Gedanke der Waffengleichheit im Zivilprozess kann den Ausgleich eines Informationsgefälles zwischen den Streitparteien durch Heranziehen eines Sachverständigen erfordern. Darüber hinaus besteht bei der Auswahl des konkreten Sachverständigen ein Ermessen. Allerdings muss eine fehlerhafte Ermessensausübung angenommen werden, wenn das Gericht einen ärztlichen Sachverständigen aus einem falschen Sachgebiet ausgewählt hat (BGH VersR 1999, 716; BGH, Urt. v. 18.11.2008 – VI ZR 198/07; *Rensen*, MDR 2012, 497). Grundsätzlich muss ein Gericht davon ausgehen, dass die Auswahl des medizinischen Sachverständigen aus demjenigen medizinischen Fachgebiet zu erfolgen hat, in das der zu begutachtende Eingriff fällt. Hierfür grenzt die *Rechtsprechung die Fachgebiete* nach den fachärztlichen Weiterbildungsordnungen ab. Soweit ein Eingriff mehrere Fachbereiche berührt, kommt es darauf an, welchem Fachbereich die konkrete

Beweisfrage zuzuordnen ist (BGH, Urt. v. 18.11.2008 – VI ZR 198/07). Insgesamt muss das Gericht alle bekannten Erkenntnisquellen ausschöpfen, um einen geeigneten Sachverständigen zu finden (BGH NJW 2017, 2354).

Ein Sachverständiger kann von den Parteien aus denselben Gründen abgelehnt werden, die auch zum Ausschluss oder zur Ablehnung eines Richters führen (§ 406 Abs. 1; s. dort). Die Anwendung der Regeln über den Ausschluss und die Ablehnung von Richtern auf den Sachverständigen zeigt, dass die Person des Sachverständigen als Richtergehilfe eine gewisse Sonderstellung aufweist. 6

### D. Leitung der Tätigkeit des Sachverständigen

Gem. § 404a hat das Gericht die Tätigkeit des Sachverständigen zu leiten und ihm Weisungen zu erteilen. Kernstück dieser Anleitung ist bereits der gerichtliche Beweisbeschluss. Er muss die Beweisfragen klar fassen (vgl. im Einzelnen *Seibel*, NJW 2014, 1628). Im Arzthaftungsprozess können sich dabei schwierige Fragen ergeben, wenn der medizinische Sachverständige eine klinische Untersuchung der Partei vorzunehmen hat. Dabei können sich Restriktionen durch das allgemeine Persönlichkeitsrecht des Untersuchten ergeben (*Bayerlein*, Praxishandbuch Sachverständigenrecht, 4. Aufl. 2008, § 15 Rn. 83 ff.). Die Anwesenheit dritter Personen bei der körperlichen Untersuchung (etwa Vertrauensperson des Untersuchten) steht im Ermessen des Sachverständigen. Aus einem Umkehrschluss zu § 404a Abs. 4 ergibt sich, dass Dritte grundsätzlich keinen Anspruch auf Anwesenheit haben (OLG Köln MedR 2010, 879). Ein Beweisbeschluss, die Ablehnung seiner Änderung sowie die Festlegung seiner Durchführung sind nicht anfechtbar (OLG Köln MedR 2020, 132 und MedR 2020, 216). 6a

### E. Die Pflichten des Sachverständigen

Der Sachverständige ist an den vom Gericht formulierten Gutachtenauftrag gebunden. Regelmäßig muss er entsprechend gerichtlicher Anordnung ein schriftliches Gutachten vorlegen. Darüber hinaus kann das Gericht das persönliche Erscheinen des Sachverständigen und eine Erläuterung seines Gutachtens in der mündlichen Verhandlung anordnen (§ 411 Abs. 3). Dem Antrag einer Partei auf Ladung des Sachverständigen zur mündlichen Erläuterung seines schriftlichen Gutachtens hat das Gericht grundsätzlich zu entsprechen, auch wenn es das Gutachten für überzeugend hält und keinen weiteren Aufklärungsbedarf sieht (§§ 402, 397 Abs. 1). Ein Verstoß gegen diese Pflicht verletzt den Anspruch der Partei auf rechtliches Gehör (Art. 103 Abs. 1 GG; BGH NJW-RR 2009, 1361). 7

Der Sachverständige ist zur Erstattung des Gutachtens verpflichtet, soweit er öffentlich bestellt ist oder soweit er seine Tätigkeit öffentlich zum Erwerb ausübt (§ 407 Abs. 1). Darüber hinaus muss der konkret berufene Sachverständige unverzüglich prüfen, ob der Gutachtenauftrag in sein Fachgebiet fällt und ohne Hinzuziehung weiterer Sachverständiger erledigt werden kann (§ 407a Abs. 1). Die Tätigkeit des Sachverständigen ist höchst persönlich. Es ist ihm nicht gestattet, den Gutachtenauftrag auf eine andere Person zu übertragen (§ 407a Abs. 2). 8

Im Fall eines fehlerhaften Gutachtens ist die Haftung des Sachverständigen gem. § 839a BGB in jedem Fall auf grob fahrlässig verursachte Schäden begrenzt. 9

### F. Die Würdigung des Beweismittels

Wie jedes andere Beweismittel ist das Gericht verpflichtet, das Sachverständigengutachten nach § 286 Abs. 1 frei zu würdigen. Eine Bindung an Sachverständigengutachten ist ausgeschlossen (BGH NJW 1984, 1408). Problematisch ist freilich die Tatsache, dass ein komplexes medizinisches Sachverständigengutachten in der Regel vom Richter schwer zu beurteilen ist. Immerhin hat er die Pflicht, die sachliche und logische Geschlossenheit des Gutachtens und die Überzeugungskraft der Darlegungen nachzuprüfen und notfalls vom Sachverständigen weitere Erläuterungen zu verlangen. Soweit das Gericht danach ein Sachverständigengutachten als nicht genügend erachtet, kann es eine neue Begutachtung durch denselben oder durch einen anderen Sachverständigen anordnen (§ 412 10

Abs. 1). Liegen sich widersprechende Gutachten vor oder leiden vorgelegte Gutachten an groben Mängeln, so kann das Gericht im Einzelfall einen Obergutachter bestellen und ihn mit dem Auftrag versehen, die sich widersprechenden Gutachten zu bewerten. Dies gilt auch, wenn ein widersprechendes Privatgutachten und ein gerichtlich bestelltes Sachverständigengutachten vorliegen. Auch hier muss das Gericht dem Widerspruch von Amts wegen nachgehen (BGH MedR 2015, 420). In jedem Fall muss das Gericht widersprüchliche Gutachten auch v.A.w. aufklären (BGH MedR 2016, 614 m. Anm. *Bergmann*; BGH NJW 2017, 3661; BGH NJW 2019, 3001 Rn. 24). Das gilt auch für das Gutachten einer medizinischen Schlichtungsstelle.

11 Soweit im Einzelfall der Sachverständige seinem Gutachten Anknüpfungstatsachen zugrunde legt, deren Berücksichtigung der Tatrichter für falsch hält, muss das Gericht dies durch Erörterung mit dem Sachverständigen oder durch Hinzuziehung weiterer Sachverständiger klären (BGH NJW 1997, 1446). Ebenso muss das Gericht die Unvollständigkeit eines Gutachtens durch Anhörung des Sachverständigen oder Einholung eines weiteren Gutachtens zu beheben suchen (BGH NJW 1997, 803). Darüber hinaus muss das Gericht auch allen anderen Aufklärungsmöglichkeiten von Amts wegen nachgehen (BGH VersR 1980, 533). Insgesamt darf das Gericht den jeweiligen Sorgfaltsmaßstab, der sich nach dem medizinischen Standard des jeweiligen Fachgebietes bestimmt, nicht ohne Sachverständigen aus eigener Beurteilung festlegen (BGH NJW 1995, 776). Ebenso wenig kann ein Richter im Regelfalle ohne Hinzuziehung eines Sachverständigen beurteilen, ob ein Krankheitsbild selbstschädigende Handlungen des Patienten befürchten lässt (BGH NJW 1994, 794). Auf die Einholung eines Sachverständigengutachtens darf das Gericht auch im Bereich der Schadensfolgen nicht verzichten, obgleich hier das Gericht gem. § 287 freier gestellt ist (BGH NJW 1995, 1619). Insgesamt muss sich das Gericht auch im Arzthaftungsprozess stets bewusst bleiben, dass es sich selbst ein Bild vom medizinischen Geschehen machen muss (BGH NJW 1980, 2751; BGH NJW 1985, 2193). Seine eigene Überzeugung muss das Gericht im Einzelnen begründen und jeweils erkennen lassen, inwiefern die gerichtliche Beurteilung nicht von einem Mangel an Sachkunde beeinflusst ist (BGH NJW 1997, 1446; BGH NJW 1994, 2419). Das Gericht darf den Streit zwischen Gutachtern nicht dadurch auflösen, dass es einem Gutachten ohne nachvollziehbare Begründung den Vorzug gibt (BGH MedR 2015, 420; BGH EWiR 2020, 637). Der Sachverständige muss auch die Leitlinien der medizinischen Fachgesellschaften beachten (BGH MedR 2016, 614).

11a Gibt ein medizinischer Sachverständiger in den mündlichen Ausführungen neue und ausführlichere Beurteilungen gegenüber dem schriftlichen Gutachten ab, so ist den Parteien Gelegenheit zur Stellungnahme zu geben (Gesichtspunkt des rechtlichen Gehörs und der prozessualen Chancengleichheit; vgl. BGH MedR 2012, 250). Auf Antrag einer Partei muss der Sachverständige zur mündlichen Erläuterung seines Gutachtens zum Termin geladen werden (§§ 397, 402; BGH MedR 2020, 284).

### G. Die Tätigkeit des ärztlichen Sachverständigen

12 Die Aufgabe des Sachverständigen, dem Gericht das fehlende Fachwissen im konkreten Einzelfall anhand der vom Gericht gestellten Beweislage zu vermitteln, führt dazu, die Tätigkeit des Sachverständigen im Arzthaftungsprozess als eine ärztliche Tätigkeit zu bewerten. Dabei spielt es keine Rolle, ob das Gutachten Tatsachen feststellt, Kenntnisse über medizinische Erfahrungssätze vermittelt oder Tatsachen beurteilt und daraus Schlussfolgerungen zieht. Auch die je nach Auftraggeber möglicherweise unterschiedliche Entschädigung des Sachverständigen (vgl. *Laufs/Kern*, Handbuch des Arztrechts, 4. Aufl. 2010, § 124) ist für die Beurteilung der sachlichen Tätigkeit ohne Bedeutung.

### H. Das Gutachten der medizinischen Schlichtungsstelle

13 Eine Möglichkeit der außergerichtlichen Schlichtung ist die Anrufung einer Gutachterkommission und Schlichtungsstelle der Ärztekammern (s.o. § 253 Rdn. 2). Die Gutachten dieser Schlichtungsstellen sind Privatgutachten, nicht gerichtliche Gutachten i.S.v. § 411. Allerdings

sind solche Gutachten vom Gericht zu beachten und unterliegen der freien richterlichen Beweiswürdigung (vgl. o. Rdn. 10). Sie können jedoch ein gerichtliches Sachverständigengutachten nicht ersetzen. § 411a ist nicht anzuwenden (BGH NJW 2019, 2399 = MedR 2019, 951 m. Anm. *Laumen*). Ein Schlichtungsgutachten stellt eine Privaturkunde gemäß § 416 dar. Die Darlegungslast des Patienten kann es nicht verändern (BGH NJW 2019, 2399 = MedR 2019, 951 m. Anm. *Laumen*).

## § 406 Ablehnung eines Sachverständigen

(1) Ein Sachverständiger kann aus denselben Gründen, die zur Ablehnung eines Richters berechtigen, abgelehnt werden. Ein Ablehnungsgrund kann jedoch nicht daraus entnommen werden, dass der Sachverständige als Zeuge vernommen worden ist.

(2) Der Ablehnungsantrag ist bei dem Gericht oder Richter, von dem der Sachverständige ernannt ist, vor seiner Vernehmung zu stellen, spätestens jedoch binnen zwei Wochen nach Verkündung oder Zustellung des Beschlusses über die Ernennung. Zu einem späteren Zeitpunkt ist die Ablehnung nur zulässig, wenn der Antragsteller glaubhaft macht, dass er ohne sein Verschulden verhindert war, den Ablehnungsgrund früher geltend zu machen. Der Antrag kann vor der Geschäftsstelle zu Protokoll erklärt werden.

(3) Der Ablehnungsgrund ist glaubhaft zu machen; zur Versicherung an Eides statt darf die Partei nicht zugelassen werden.

(4) Die Entscheidung ergeht von dem im zweiten Absatz bezeichneten Gericht oder Richter durch Beschluss.

(5) Gegen den Beschluss, durch den die Ablehnung für begründet erklärt wird, findet kein Rechtsmittel, gegen den Beschluss, durch den sie für unbegründet erklärt wird, findet sofortige Beschwerde statt.

Übersicht

| | | Rdn. | | | Rdn. |
|---|---|---|---|---|---|
| A. | Normzweck und Bedeutung | 1 | II. | Besorgnis der Befangenheit | 4 |
| B. | Abgelehnte Person | 2 | III. | Fallgruppen | 5 |
| C. | System der Ablehnungsgründe | 3 | IV. | Aktuelle Rechtsprechung | 6 |
| I. | Die Verweisung auf den Richter | 3 | D. | Verfahren | 7 |

### A. Normzweck und Bedeutung

Die Norm regelt den besonderen Fall einer Ablehnung des Sachverständigen und macht damit 1 deutlich, dass die Person des Sachverständigen für den Prozess von ähnlich grundlegender Bedeutung sein kann wie der Richter. Die Regelung lehnt sich an die Ablehnung eines Richters an. Die Ablehnung eines Sachverständigen geht von dem zentralen Gedanken aus, dass ein Sachverständiger grundsätzlich auswechselbar ist und nicht wie der Zeuge unersetzbar ist. Darüber hinaus zeigt die Anlehnung an die Regelung des Richters, dass der Sachverständige hier als Gehilfe des Richters verstanden wird.

### B. Abgelehnte Person

Die Möglichkeit der Ablehnung bezieht sich auf den nach §§ 402 ff. vom Gericht herbeigezogenen 2 Sachverständigen, unabhängig davon, ob er aufgrund eines Parteiantrags gem. § 403 oder von Amts wegen gem. § 144 beigezogen wurde. Die Ablehnung bezieht sich immer auf eine natürliche Person, die als konkreter Sachverständiger vom Gericht ernannt wurde. Nicht in Betracht kommt eine Ablehnung deshalb für alle Hilfspersonen des Sachverständigen. Nicht anwendbar ist die Regelung auch auf einen Privatgutachter, der mit seinem Gutachten letztlich nur einen ergänzenden Parteivortrag auslösen kann (s. § 402 Rdn. 4). Ebenfalls ausgeschlossen ist eine Ablehnung des sachverständigen Zeugen (§ 414), da dieser als Zeuge nicht ersetzbar ist.

## C. System der Ablehnungsgründe

### I. Die Verweisung auf den Richter

3  Bezüglich der möglichen Ablehnungsgründe verweist die Regelung des § 406 vollständig auf die Regelung beim Richter gem. §§ 41, 42. Von Bedeutung für die Ablehnung des Sachverständigen ist also sowohl der gesamte Katalog des § 41, der den Richter kraft Gesetzes von der Ausübung seines Richteramtes ausschließt (mit Ausnahme von § 41 Nr. 5, wonach der Abgelehnte vorher als Zeuge oder Sachverständige vernommen wurde). Neben diesen Ausschlussgründen des § 41, die gem. § 42 Abs. 1 zur Ablehnung führen können, ist als zweiter Ablehnungsgrund vom Gesetz die Besorgnis der Befangenheit genannt. Diese steht im Mittelpunkt der praktischen Erwägungen.

### II. Besorgnis der Befangenheit

4  Von absolut zentraler Bedeutung als Ablehnungsgrund für den Richter und den Sachverständigen nennt das Gesetz die Besorgnis der Befangenheit. Gem. § 42 Abs. 2 ist darunter ein Grund zu verstehen, der geeignet ist, Misstrauen gegen die Unparteilichkeit eines Richters bzw. eines Sachverständigen zu rechtfertigen. Als Befangenheit ist dabei jeder Grund anzunehmen, der aus der Sicht des Ablehnenden bei einer verständigen Würdigung und bei vernünftiger und besonnener Betrachtungsweise des Verhaltens des abgelehnten Sachverständigen die Befürchtung hervorrufen und stützen kann, diese Person stehe der eigenen Sache nicht unvoreingenommen gegenüber. Anerkannt ist dabei, dass nicht objektiv eine Befangenheit bestehen muss, sondern der Begriff der Besorgnis der Befangenheit führt dazu, dass eine solche Voreingenommenheit des Abgelehnten nur subjektiv von der Partei zu befürchten ist. Diese Befürchtung der Partei ist freilich nicht nach deren eigener Vorstellung und Erwartung zu bewerten, sondern in einer objektivierenden Weise danach, ob eine solche Befürchtung bei verständiger Würdigung gerechtfertigt erscheint.

### III. Fallgruppen

5  Für die Befürchtung einer Voreingenommenheit des Sachverständigen kommen zunächst enge persönliche Beziehungen des Sachverständigen zu einer Partei in Betracht. Diese persönlichen Beziehungen können sich in verwandtschaftlicher, freundschaftlicher oder feindschaftlicher Verbindung äußern. In Betracht kommen kann auch eine besonders enge berufliche, wirtschaftliche oder wissenschaftliche Verbindung oder Konkurrenz. Darüber hinaus kann ein konkretes beleidigendes Verhalten des Sachverständigen zur Ablehnung führen. In sachlicher Hinsicht einer gewissen Vorbefassung kann zur Ablehnung die Tatsache führen, dass der Sachverständige in derselben Sache bereits ein Gutachten erstattet hat, dass er eine besondere private Vergütung angenommen hat, dass er mit einer Partei oder ihrem Rechtsanwalt in mehreren anderen Fällen beruflich verbunden ist oder dass insgesamt Einzelheiten seines tatsächlichen Verhaltens auf eine grundsätzliche Voreingenommenheit schließen lassen. Zu den Fallgruppen im Einzelnen vgl. Prütting/Gehrlein/*Katzenmeier*, ZPO, 10. Aufl. 2018, § 406 Rn. 11 ff. sowie *Martis/Winkhart*, Arzthaftungsrecht, 4. Aufl. 2014, S. 1289 ff.

### IV. Aktuelle Rechtsprechung

6  Im Einzelnen kann die Besorgnis der Befangenheit dadurch begründet sein, dass ein medizinischer Sachverständiger persönlich betroffen und verbal aggressiv auf die Äußerungen einer Partei zu seinem Gutachten reagiert (OLG Hamm, Beschl. v. 20.01.2010 – 1 W 85/09, MedR 2010, 640). Ein nahes persönliches und berufliches Verhältnis des medizinischen Sachverständigen zu einer Partei kann dadurch entstehen, dass der Sachverständige über sein Studium hinaus in der Abteilung der Partei als Assistenz- und Oberarzt mitgearbeitet hat (OLG Jena, Beschl. v. 03.09.2009 – 4 W 373/09, MedR 2009, 726; so auch schon OLG Köln, Beschl. v. 13.01.1992 – 13 W 1/92, VersR 1993, 72). Dagegen reicht es für eine Besorgnis der Befangenheit nicht aus, wenn der Sachverständige und eine Partei in einer bestimmten beruflichen Beziehung zu einer dritten Person stehen, im konkreten Fall die Beziehung des Sachverständigen und einer Partei zu einem in diesem Fall nicht tangierten Klinikum (OLG Stuttgart, Beschl. v. 19.01.2010 – 1 W 5/10, MedR 2010, 510).

Ähnliches gilt für einen Gutachter, der an einem Klinikum tätig ist, das eine entfernte rechtliche Verknüpfung zu dem Krankenhaus aufweist, in dem der Kläger behandelt wurde (OLG Nürnberg MedR 2011, 665; OLG Köln MedR 2012, 266). Eine Besorgnis der Befangenheit kann sich auch daraus ergeben, dass der medizinische Sachverständige im Termin zur mündlichen Verhandlung den Sachvortrag einer Partei als »frech« bezeichnet. Ausgeschlossen ist die Ablehnung freilich dann, wenn diese Partei sich weiterhin auf die Anhörung des Sachverständigen einlässt, ohne einen Ablehnungsantrag zu stellen (OLG Köln, Beschl. v. 21.12.2008 – 5 W 58/08, MedR 2009, 735). Es gilt § 43 (s.u. Rdn. 7). Keine Ablehnung rechtfertigt die Äußerung eines Sachverständigen, kein seriöser Chirurg vertrete eine bestimmte Ansicht (OLG Saarbrücken MDR 2005, 648). Ist die Leiterin der Fachabteilung einer beklagten Klinik erst mehrere Jahre nach der streitgegenständlichen ärztlichen Behandlung in ihre Position gelangt, so rechtfertigt ihre persönliche oder fachliche Beziehung zum Sachverständigen keine Ablehnung (OLG Hamm MDR 2012, 118). Überschreitet ein Sachverständiger ersichtlich seinen Gutachtenauftrag und äußert sich zu Rechtsfragen, so begründet dies eine Ablehnung (OLG Naumburg MDR 2012, 802; OLG Koblenz MedR 2013, 379), allerdings nicht generell (OLG Oldenburg NJW 2020, 348). Ebenso begründet es eine Ablehnung, wenn das Gutachten Formulierungen enthält, die befürchten lassen, der Sachverständige sei voreingenommen (OLG Celle MDR 2012, 1309). Allerdings betont der BGH, dass es bei Überschreitung des Gutachtenauftrags sehr auf die Bewertung des jeweiligen Einzelfalles ankomme (BGH MDR 2013, 739; vgl. dazu auch OLG Bamberg MedR 2017, 714). Keine Ablehnung rechtfertigt der Internet-Auftritt eines Sachverständigen, in dem er seine langjährige Erfahrung und seine Facharztausbildung anpreist (OLG Köln MedR 2013, 663). Mängel und Unvollkommenheiten der Darstellung im Gutachten rechtfertigen eine Ablehnung, wenn sie auf eine tendenzielle Vorgehensweise oder gar eine absichtliche Verfälschung der Vorgänge schließen lassen (OLG Naumburg MedR 2015, 357). Eine jahrelange kollegiale Zusammenarbeit und ein »Duz-Verhältnis« können die Ablehnung rechtfertigen (OLG Celle MedR 2016, 628). Eine Ablehnung begründet auch die Mitwirkung des Sachverständigen, der in derselben Sache bereits vor einer Gutachter- und Schlichtungsstelle mitgewirkt hatte (BGH NJW 2017, 1247 = MedR 2017, 711 m. Anm. *Jansen*). Auch die vorherige Erstellung eines Privatgutachtens für eine dritte Person bei gleichartigem Sachverhalt kann zur Ablehnung berechtigen (BGH MDR 2017, 507). Hat der Sachverständige ein unmittelbares oder mittelbares wirtschaftliches Interesse am Ausgang des Verfahrens, so kann dies die Besorgnis der Befangenheit begründen, muss aber nach den Umständen des Einzelfalls entschieden werden (BGH NJW 2020, 691 = MedR 2020, 753).

## D. Verfahren

Einen Ablehnungsantrag muss die Partei bei demjenigen Gericht stellen, von dem der Sachverständige ernannt ist (§ 406 Abs. 2). Der Antrag muss schriftlich oder zu Protokoll der Geschäftsstelle erklärt werden (§ 406 Abs. 2 Satz 3). In dem Antrag muss der Ablehnungsgrund benannt und glaubhaft gemacht werden. In zeitlicher Hinsicht muss der Antrag entweder vor der Vernehmung des Sachverständigen oder spätestens binnen 2 Wochen nach Verkündung oder Zustellung des Beschlusses über die Ernennung des Sachverständigen erfolgen. Ein späterer Zeitpunkt für einen Ablehnungsantrag ist nur möglich, wenn der Antragsteller glaubhaft macht, dass er ohne sein Verschulden daran gehindert war, den Ablehnungsgrund früher geltend zu machen (§ 406 Abs. 2 Satz 2). Anzuwenden ist auch § 43, so dass eine Partei nach rügeloser Einlassung ihr Ablehnungsrecht verliert (OLG Bamberg MDR 2016, 789).

Gegen den Beschluss des Gerichts, durch den die Ablehnung für begründet erklärt wird, gibt es kein Rechtsmittel. Ein solcher Beschluss kann auch nicht mit der Rechtsbeschwerde angefochten werden (BGH MDR 2015, 1197). Ist dagegen der Ablehnungsantrag vom Gericht für unbegründet erklärt worden, findet dagegen die sofortige Beschwerde statt (§ 406 Abs. 5). Hat das erstinstanzliche Gericht gegen § 406 Abs. 4 verstoßen, stellt dies einen Berufungsgrund dar. Das Berufungsgericht ist befugt, über die Berechtigung des Ablehnungsgesuchs erster Instanz zu entscheiden. Eine Zurückverweisung an das erstinstanzliche Gericht kommt nur im Rahmen von § 538 Abs. 2 Nr. 1 in Betracht (BGH NJW 2019, 3003).

## § 485 Selbständiges Beweisverfahren – Zulässigkeit

**(1)** Während oder außerhalb des Streitverfahrens kann auf Antrag einer Partei die Einnahme des Augenscheins, die Vernehmung von Zeugen oder die Begutachtung durch einen Sachverständigen angeordnet werden, wenn der Gegner zustimmt oder zu besorgen ist, dass das Beweismittel verloren geht oder seine Benutzung erschwert wird.

**(2)** Ist ein Rechtsstreit noch nicht anhängig, kann eine Partei die schriftliche Begutachtung durch einen Sachverständigen beantragen, wenn sie ein rechtliches Interesse daran hat, dass
1. der Zustand einer Person oder der Zustand oder Wert einer Sache,
2. die Ursache eines Personenschadens, Sachschadens oder Sachmangels,
3. der Aufwand für die Beseitigung eines Personenschadens, Sachschadens oder Sachmangels
festgestellt wird. Ein rechtliches Interesse ist anzunehmen, wenn die Feststellung der Vermeidung eines Rechtsstreits dienen kann.

**(3)** Soweit eine Begutachtung bereits gerichtlich angeordnet worden ist, findet eine neue Begutachtung nur statt, wenn die Voraussetzungen des § 412 erfüllt sind.

### Übersicht

| | Rdn. | | Rdn. |
|---|---|---|---|
| A. Systematik des Gesetzes | 1 | E. Anfechtbarkeit | 6 |
| B. Anwendbarkeit im Arzthaftungsprozess | 2 | F. Bedeutung und Auswirkungen im nachfolgenden Haftungsprozess | 7 |
| C. Voraussetzungen | 3 | | |
| D. Verfahren | 4 | | |

### A. Systematik des Gesetzes

1 Die ZPO regelt am Ende des erstinstanzlichen Verfahrens (§§ 253 bis 510) und des Beweisrechts (§§ 284 bis 294, 355 bis 494a) einen Abschnitt über das selbstständige Beweisverfahren (§§ 485 bis 494a). Durch dieses Verfahren wird die Möglichkeit eröffnet, ohne Klageerhebung und außerhalb eines Prozesses ein gerichtliches Sachverständigengutachten zu erlangen. Dies gilt insbesondere, wenn zu befürchten ist, zu einem späteren Zeitpunkt könne ein Beweis nicht mehr in gleicher Weise geführt werden. Neben der Gefahr eines Beweisverlustes dient das selbstständige Beweisverfahren aber auch der Beschleunigung und sogar der Vermeidung eines Prozesses (vgl. § 485 Abs. 2 Satz 2). Zum selbstständigen Beweisverfahren im Arzthaftungsprozess vgl. *Laumen*, MedR 2015, 12 und MedR 2020, 922).

### B. Anwendbarkeit im Arzthaftungsprozess

2 Es ist seit Langem anerkannt, dass ein selbstständiges Beweisverfahren auch in Arzthaftungsprozessen zulässig sein kann (BGH NJW 2020, 2273; BGH NJW 2013, 3654; BGH NJW 2011, 3371; BGH NJW 2003, 1741; OLG Saarbrücken MDR 2011, 880; OLG Koblenz ArztR 2012, 134; OLG Karlsruhe MedR 2012, 157 und 261; OLG Köln MedR 2012, 125; *Spickhoff*, NJW 2013, 1714, 1718; *Luckey*, MedR 2012, 269; *Laumen*, MedR 2015, 12). Dies gilt nicht nur für den Beweis eines Behandlungsfehlers, sondern auch für den Beweis über das Vorliegen eines Aufklärungsmangels (BGH NJW 2020, 2273 = MedR 2020, 920 m. Anm. *Laumen*; *Graf/Johannes*, MedR 2020, 26). Allerdings entsteht in Randbereichen immer wieder das Problem, ob im Einzelfalle die Möglichkeit eines selbstständigen Beweisverfahrens abzulehnen ist. Hintergrund ist die Tatsache, dass der Antragsteller ein rechtliches Interesse an einem solchen selbstständigen Verfahren darlegen muss. Abgelehnt wird deshalb die Zulässigkeit eines solchen selbstständigen Beweisverfahrens, wenn bereits vor einem ausländischen Gericht ein Rechtsstreit über die Frage rechtshängig ist (OLG Köln MedR 2012, 125), wenn der Streit allein die Frage der Verletzung des ärztlichen Standards gem. § 630a Abs. 2 BGB betrifft (OLG Jena GesR 2012, 308), wenn in eindeutiger Weise ein Rechtsverhältnis oder ein Anspruch nicht ersichtlich ist (OLG Karlsruhe MedR 2011, 157) oder wenn sich das Vorliegen eines Behandlungsfehlers erst beantworten lässt, nachdem der zugrundeliegende Sachverhalt durch entsprechende Beweiserhebungen, Anhörungen und die Beiziehung von Unterlagen insgesamt geklärt ist (OLG Saarbrücken MDR 2011, 880; großzügiger OLG Naumburg MedR 2014, 903). Trotz des

Streits im Einzelnen ist festzuhalten, dass nach der Grundsatzentscheidung des BGH vom 21.01.2003 gerade auch im Arzthaftungsprozess ein selbstständiges Beweisverfahren in Betracht kommt (BGH NJW 2003, 1741). Dies hat der BGH in seiner Entscheidung vom 24.09.2013 bekräftigt (BGH NJW 2013, 3654 = MedR 2014, 302 m. Anm. *Walter*; dazu ausführlich *Laumen*, MedR 2015, 12).

### C. Voraussetzungen

Die Zulässigkeit eines selbstständigen Beweisverfahrens setzt nach § 485 Abs. 1 voraus, dass entweder der Gegner zustimmt oder dass ein Beweisverlust zu befürchten ist. Nach § 485 Abs. 2 wird für einen solchen Antrag vorausgesetzt, dass ein rechtliches Interesse an der Feststellung bestimmter Zustände von Personen oder Sachen, bestimmter Ursachen von Schäden oder eines bestimmten Aufwandes zur Beseitigung solcher Schäden besteht. Dabei beschränkt sich das rechtliche Interesse nicht auf die Feststellung, dass ein Rechtsstreit in der Hauptsache vermieden werden kann (vgl. § 485 Abs. 2 Satz 2). Vielmehr genügt es, dass ein mögliches Rechtsverhältnis und ein möglicher Anspruchsgegner erkennbar sind und dass ein einzuholendes Gutachten objektiv geeignet ist, die Chancen einer Streitbeilegung zu fördern. Dagegen muss der geltend gemachte Hauptanspruch noch nicht schlüssig dargelegt sein (BGH NJW 2004, 3488). Im Gegensatz zur Grundsatzentscheidung des BGH vom 21.01.2003 (NJW 2003, 1741) ist die Rechtsprechung der OLGe nicht einheitlich und teilweise allzu restriktiv. Der BGH hat mit der Entscheidung vom 24.09.2013 seine großzügige Linie bekräftigt (BGH NJW 2013, 3654 = MedR 2014, 302 m. Anm. *Walter*; dazu ausführlich *Laumen*, MedR 2015, 12). Das rechtliche Interesse i.S.v. § 485 Abs. 2 kann fehlen, wenn der geltend gemachte Anspruch evident nicht besteht (OLG Koblenz MedR 2017, 246 m. Anm. *Laumen*). Wird zunächst ein selbstständiges Beweisverfahren beantragt, sodann aber nach seinem Beginn eine Klage erhoben, so entfällt im Normalfall das Rechtsschutzbedürfnis für das selbstständige Beweisverfahren (*Prütting*, GesR 2020, 21). Von diesem Grundsatz hat der BGH eine Ausnahme zugelassen und eine Aussetzung gemäß § 148 erlaubt, wenn dadurch der Rechtsstreit schneller oder einvernehmlich abgeschlossen werden kann (BGH NJW-RR 2007, 307 = MDR 2007, 542; *Prütting*, GesR 2020, 21).

### D. Verfahren

Das selbstständige Beweisverfahren setzt einen **Antrag** voraus, der die Bezeichnung des Gegners, die Bezeichnung der beweiserheblichen Tatsachen sowie die Bezeichnung des konkreten Beweismittels und eine Glaubhaftmachung der Tatsachen, die die Zulässigkeit des selbstständigen Beweisverfahrens betreffen, enthält (§ 487). Dieser Antrag muss bei demjenigen Gericht eingereicht werden, das nach dem Vortrag des Antragstellers zur Entscheidung in der Hauptsache berufen wäre (§ 486 Abs. 2). Allerdings kann in Fällen dringender Gefahr ein solcher Antrag auch bei demjenigen Amtsgericht gestellt werden, an dem sich die zu begutachtende Person derzeitig aufhält. Die Beschreibung des Beweisthemas erfolgt durch den Antragsteller, nicht durch das Gericht (OLG Karlsruhe MedR 2017, 882).

Das Gericht entscheidet über den Antrag durch **Beschluss** (§ 490 Abs. 1). Mit der Zustellung des Beschlusses an den Antragsgegner ist dieser zu dem Termin der Beweisaufnahme zu laden (§ 491). Die nachfolgende Beweisaufnahme erfolgt nach den allgemeinen Regeln über den gerichtlichen Sachverständigenbeweis (§ 492 Abs. 1). Kann der Antragsteller den konkreten Gegner des Beweisverfahrens nicht benennen, ist ein Antrag auf selbstständiges Beweisverfahren nur zulässig, wenn der Antragsteller glaubhaft macht, dass er ohne sein Verschulden außerstande ist, den Gegner zu bezeichnen (§ 494 Abs. 1).

Im selbstständigen Beweisverfahren sind auch die Vorschriften über die **Nebenintervention** und die **Streitverkündung** (§§ 66 ff.) anwendbar (BGHZ 134, 190 = NJW 1997, 859). Zum Begriff des rechtlichen Interesses in diesen Fällen vgl. BGH NJW 2016, 1018 und 1026 (dazu *Schwenker*, NJW 2016, 989).

### E. Anfechtbarkeit

Wird dem Antrag auf ein selbstständiges Beweisverfahren stattgegeben, so ist dieser Beschluss nicht anfechtbar (§ 490 Abs. 2 Satz 2). Dies gilt auch, wenn ein in erster Instanz zurückgewiesener

Antrag vom Beschwerdegericht für zulässig erklärt wird. Eine in diesem Fall gegen die Entscheidung des Beschwerdegerichts gerichtete Rechtsbeschwerde zum BGH wäre ebenfalls unzulässig (BGH MDR 2011, 1313 = MedR 2014, 25). Dagegen ist ein vom angerufenen Gericht als nicht zulässig zurückgewiesener Antrag auf ein selbstständiges Beweisverfahren nach allgemeinen Regeln mit der Beschwerde anfechtbar. Erlässt ein Gericht im selbständigen Beweisverfahren einen Beweisbeschluss zur Vorlage von Behandlungsunterlagen, ist dieser Beschluss nicht anfechtbar (OLG Köln MedR 2020, 285). Ebenso wenig anfechtbar ist es, wenn das Gericht im selbständigen Beweisverfahren eine begehrte Anordnung gem. § 142 ablehnt (OLG Köln MedR 2020, 762).

### F. Bedeutung und Auswirkungen im nachfolgenden Haftungsprozess

7   In einem späteren Arzthaftungsprozess kann sich jede Partei auf die Beweisergebnisse des vorherigen selbstständigen Beweisverfahrens berufen. Diese Beweisergebnisse sind so zu behandeln, wie wenn sie in einer Beweisaufnahme vor dem Prozessgericht erfolgt wären (§ 493 Abs. 1). Solange allerdings eine Klage in der Hauptsache nicht erhoben wird, kann das Beweisergebnis eines selbstständigen Beweisverfahrens nicht als Vollstreckungstitel dienen. Das Beweisergebnis kann allenfalls Ausgangspunkt für eine gütliche Streitbeilegung sein. Daher hat der Gesetzgeber die Möglichkeit geschaffen, auf Antrag der Gegenseite durch das Gericht eine Anordnung zu treffen, dass der Antragsteller binnen einer zu bestimmenden Frist Klage erheben muss (§ 494a Abs. 1).

## § 511 Statthaftigkeit der Berufung

(1) Die Berufung findet gegen die im ersten Rechtszug erlassenen Endurteile statt.

(2) Die Berufung ist nur zulässig, wenn
1. der Wert des Beschwerdegegenstandes 600 Euro übersteigt oder
2. das Gericht des ersten Rechtszugs die Berufung im Urteil zugelassen hat.

(3) Der Berufungskläger hat den Wert nach Abs. 2 Nr. 1 glaubhaft zu machen; zur Versicherung an Eid statt darf er nicht zugelassen werden.

(4) Das Gericht des ersten Rechtszuges lässt die Berufung zu, wenn
1. die Rechtssache grundsätzliche Bedeutung hat oder die Fortbildung des Rechts oder die Sicherung einer einheitlichen Rechtsprechung eine Entscheidung des Berufungsgerichts erfordert und
2. die Partei durch das Urteil mit nicht mehr als 600 Euro beschwert ist.

Das Berufungsgericht ist an die Zulassung gebunden.

1   Ausgangspunkt der Regelung ist die sachliche Zuständigkeit im Zivilprozess. Darunter wird die Festlegung des richtigen Gerichts erster Instanz verstanden (s.o. § 1 Rn. 7). In Zivilsachen können ausschließlich AGe und LGe als erstinstanzliche Gerichte zuständig sein. Die Abgrenzung zwischen diesen Gerichten erfolgt nach den §§ 23, 71 GVG in der Weise, dass die kleineren Streitsachen bis zu einem Streitwert von 5.000 € zur Zuständigkeit der AGe gehören, alle darüber liegenden größeren Streitigkeiten gehören zur Zuständigkeit der LGe. Gegen jedes Endurteil eines Gerichts erster Instanz ist das Rechtsmittel der Berufung grundsätzlich gegeben. Ohne Bedeutung für die Einlegung einer Berufung ist es also, ob in erster Instanz das AG oder LG entschieden hat. Ausgeschlossen ist die Berufung allein in denjenigen Fällen, in denen der Wert des Beschwerdegegenstandes 600 € nicht übersteigt und auch in einem solchen Bagatellfall die Berufung im Urteil des erstinstanzlichen Gerichts nicht zugelassen wurde. Insgesamt ist also im Zivilprozess eine Berufung nahezu stets möglich.

2   Freilich setzt diese Berufung voraus, dass der Berufungskläger eine Rechtsverletzung oder eine fehlerhafte Tatsachengrundlage geltend macht (§ 513 Abs. 1). Nicht möglich ist eine Begründung der Berufung damit, dass das erstinstanzliche Gericht seine Zuständigkeit zu Unrecht angenommen hat (§ 513 Abs. 2). Der Berufungskläger muss seine Berufung innerhalb der Berufungsfrist von einem Monat ab Zustellung des vollständigen Urteils durch Einreichung einer Berufungsschrift bei dem Berufungsgericht einlegen (§ 519). Darüber hinaus muss die Berufung innerhalb einer weiteren Frist

von 2 Monaten begründet werden (§ 520). Schließlich ist Voraussetzung einer zulässigen Berufung, dass der Berufungskläger von dem angegriffenen Urteil beschwert ist. Im Ergebnis muss das angegriffene Urteil also von dem Antrag abweichen, den der Berufungskläger in erster Instanz gestellt hatte.

## § 522 Zulässigkeitsprüfung; Zurückweisungsbeschluss

(1) Das Berufungsgericht hat von Amts wegen zu prüfen, ob die Berufung an sich statthaft und ob sie in der gesetzlichen Form und Frist eingelegt und begründet ist. Mangelt es an einem dieser Erfordernisse, so ist die Berufung als unzulässig zu verwerfen. Die Entscheidung kann durch Beschluss ergehen. Gegen den Beschluss findet die Rechtsbeschwerde statt.

(2) Das Berufungsgericht soll die Berufung durch Beschluss unverzüglich zurückweisen, wenn es einstimmig davon überzeugt ist, dass
1. die Berufung offensichtlich keine Aussicht auf Erfolg hat,
2. die Rechtssache keine grundsätzliche Bedeutung hat,
3. die Fortbildung des Rechts oder die Sicherung einer einheitlichen Rechtsprechung eine Entscheidung des Berufungsgerichts nicht erfordert und
4. eine mündliche Verhandlung nicht geboten ist.

Das Berufungsgericht oder der Vorsitzende hat zuvor die Parteien auf die beabsichtigte Zurückweisung der Berufung und die Gründe hierfür hinzuweisen und dem Berufungsführer binnen einer zu bestimmenden Frist Gelegenheit zur Stellungnahme zu geben. Der Beschluss nach Satz 1 ist zu begründen, soweit die Gründe für die Zurückweisung nicht bereits in dem Hinweis nach Satz 2 enthalten sind. Ein anfechtbarer Beschluss hat darüber hinaus eine Bezugnahme auf die tatsächlichen Feststellungen im angefochtenen Urteil mit Darstellung etwaiger Änderungen oder Ergänzungen zu enthalten.

(3) Gegen den Beschluss nach Abs. 2 Satz 1 steht dem Berufungsführer das Rechtsmittel zu, das bei einer Entscheidung durch Urteil zulässig wäre.

| Übersicht | Rdn. | | Rdn. |
|---|---|---|---|
| A. Regelungsbereich | 1 | I. Verfahren | 4 |
| B. Die Entscheidung über die Zulässigkeit | 2 | II. Konsequenzen und Problematik | 5 |
| C. Der Zurückweisungsbeschluss nach Abs. 2 | 4 | III. Verfassungsmäßigkeit | 7 |
| | | IV. Überprüfung | 8 |

## A. Regelungsbereich

Die Norm regelt in Abs. 1 einerseits und in den Abs. 2 und 3 andererseits zwei gänzlich unterschiedliche Sachverhalte. In Abs. 1 geht es um die selbstverständliche Feststellung, dass auch das Berufungsgericht die einzelnen Merkmale der Zulässigkeit des Rechtsmittels von Amts wegen prüft. Soweit ein Zulässigkeitsmerkmal fehlt, wird vom Berufungsgericht die Berufung als unzulässig verworfen. Diese Entscheidung, die im Normalfall durch Urteil ergehen müsste, kann nach Abs. 1 durch Beschluss ergehen mit der Konsequenz, dass an die Stelle einer möglichen Revision die Rechtsbeschwerde tritt. Demgegenüber regeln die Abs. 2 und 3 einen Fall, in dem die Berufung in der Sache geprüft und vom Gericht einhellig für unbegründet angesehen wird. Dieses Ergebnis der gerichtlichen Prüfung führt im Normalfall zwingend zum Erlass eines Sachurteils, in dem die Berufung zurückgewiesen wird. § 522 Abs. 2, der durch das ZPO-Reformgesetz vom 27.07.2001 mit Wirkung zum 01.01.2002 in die ZPO neu eingefügt wurde, schafft hier eine in der gerichtlichen Praxis heikle Ausnahme. Er sieht die Möglichkeit vor, die Berufung durch einstimmigen Beschluss zurückzuweisen. 1

## B. Die Entscheidung über die Zulässigkeit

Nach Abs. 1 ist von Amts wegen die Zulässigkeit der Berufung zu prüfen und im Fall einer Zulässigkeitsmangels durch Beschluss die Berufung als unzulässig zu verwerfen. Im Einzelnen wird das Berufungsgericht also prüfen, ob die Berufung i.S.v. § 511 Abs. 1 statthaft ist. Weiterhin wird im Rahmen der Zulässigkeit 2 der Berufung geprüft, ob der Wert des Beschwerdegegenstandes 600 € übersteigt oder ob andernfalls das erstinstanzliche Gericht die Berufung in seinem Urteil zugelassen hat (§ 511 Abs. 2). Darüber hinaus muss eine ordnungsgemäße Einlegung und Begründung der Berufung in der gesetzlich vorgesehenen Form und Frist vorliegen. Schließlich bedarf es für die Zulässigkeit der Berufung einer Beschwer. Weiterhin müssen ähnlich wie bei der Zulässigkeit einer Klage auch für die Berufung die Zulässigkeitsmerkmale vorliegen, die die Parteien betreffen (Parteifähigkeit, Prozessfähigkeit). Schließlich muss die Berufung in Zivilsachen durch einen zugelassenen Rechtsanwalt eingelegt werden, andernfalls ist die konkrete Prozesshandlung der Rechtsmitteleinlegung nicht wirksam (sogenannte Postulationsfähigkeit gem. § 78 Abs. 1).

3   Die Entscheidung bei unzulässiger Berufung kann sowohl durch Urteil als auch durch Beschluss erfolgen. Entscheidend hierfür ist das Kriterium, ob das Gericht über die Zulässigkeit der Berufung eine mündliche Verhandlung angesetzt hat. Eine solche mündliche Verhandlung allein über die Zulässigkeit ist in der Praxis eher selten und sie liegt im Ermessen des Berufungsgerichts. Nach mündlicher Verhandlung entscheidet das Gericht durch Urteil, ohne mündliche Verhandlung entscheidet es durch Beschluss.

## C. Der Zurückweisungsbeschluss nach Abs. 2

### I. Verfahren

4   Hat der Berufungskläger eine zulässige Berufung eingelegt, kommt das angerufene Berufungsgericht jedoch zu dem Ergebnis, diese Berufung habe keine Aussicht auf Erfolg und es seien auch die weiteren Erfordernisse des § 522 Abs. 2 gegeben, so erlässt das Gericht einen Beschluss, in dem es auf die beabsichtigte Zurückweisung der Berufung gem. Abs. 2 hinweist. Dieser Hinweisbeschluss muss schriftlich erfolgen und er muss sämtliche Gründe für die Auffassung des Berufungsgerichts verdeutlichen. Insbesondere muss sich aus dem Hinweisbeschluss ergeben, dass nach einhelliger Auffassung des Spruchkörpers das Rechtsmittel keine Aussicht auf Erfolg hat und die Rechtssache auch sonst keine grundsätzliche Bedeutung aufweist. Durch diesen Hinweis soll der Berufungskläger in die Lage versetzt werden, seinen eigenen Sachvortrag zu ergänzen und die Beurteilung durch das Berufungsgericht noch einmal mit eigenen Argumenten zu diskutieren und zu überprüfen. Deshalb versieht das Berufungsgericht den Hinweisbeschluss mit einer bestimmten Frist, innerhalb der Gelegenheit zur Stellungnahme gegeben wird. Nach Eingang dieser Stellungnahme muss das Berufungsgericht endgültig darüber entscheiden, ob die Voraussetzungen für einen Zurückweisungsbeschluss vorliegen. Bejaht das Gericht dies einstimmig, so muss die Berufung durch Beschluss zurückgewiesen werden. In einem Arzthaftungsprozess ist eine mündliche Verhandlung nicht schon deshalb zwingend geboten, weil eine besonders gravierende Komplikation eingetreten ist. Bei einer Partei mit Migrationshintergrund ist eine mündliche Verhandlung auch nicht zur Erforschung des Sprachverständnisses zum Zeitpunkt des ärztlichen Aufklärungsgesprächs erforderlich (OLG Koblenz MedR 2013, 300).

### II. Konsequenzen und Problematik

5   Die Norm des § 522 Abs. 2 und 3 war die mit Abstand umstrittenste und umkämpfteste Norm des ganzen Zivilprozessrechts. Mit ihr wollte der Gesetzgeber ein möglichst effizientes Verfahren einführen und Kosten sparen. Nach den Materialien sollten vor allem substanzlose Berufungen schnell und ohne unnötigen Zeitaufwand erledigt werden. Diese Erwartung des Gesetzgebers hat sich insofern nicht verwirklicht, als § 522 Abs. 2 von deutschen Gerichten in extrem unterschiedlichem Umfang angewendet wird. Dies und manche entschiedenen Einzelfälle haben bei den unterlegenen Parteien den Eindruck hervorgerufen, mit dieser Norm würde ihnen willkürlich die nochmalige gerichtliche Überprüfung ihres Falles entzogen. Im Ergebnis haben deshalb die unterlegenen Parteien in vielen Fällen Verfassungsbeschwerde erhoben oder durch Petitionen und andere Eingaben die Norm bekämpft. Deshalb hat der Gesetzgeber mit Wirkung zum 27.10.2011 die Abs. 2 und 3 geändert und eine Anfechtung des Beschlusses nach Abs. 2 ermöglicht.

6   Als besonders unbefriedigend wurden Zurückweisungsbeschlüsse nach § 522 Abs. 2 im Fall von Arzthaftungsprozessen empfunden (vgl. aus jüngster Zeit etwa OLG Hamm MedR 2010, 711; OLG München MedR 2009, 735; OLG Koblenz MedR 2013, 300).

### III. Verfassungsmäßigkeit

Wegen der strikten Konsequenz der Norm, den weiteren Rechtsmittelzug endgültig und umfassend abzuschneiden, und ferner wegen der außerordentlich uneinheitlichen Anwendung der Norm wurde die Vorschrift in der rechtswissenschaftlichen Literatur von einer großen Zahl von Stimmen für verfassungswidrig oder jedenfalls für verfassungsrechtlich höchst zweifelhaft eingestuft (*Lindner*, ZIP 2003, 192; *Schellenberg*, MDR 2005, 610; *Barbier/Arbert*, ZRP 2007, 257; *Krüger*, NJW 2008, 945; MüKo-ZPO/*Rimmelspacher* § 522 Rn. 35). Dem ist allerdings in verschiedenen Kammerentscheidungen das BVerfG entgegengetreten und hat die Norm bisher für verfassungsgemäß angesehen (BVerfG NJW 2003, 281; NJW 2005, 659; NJW 2008, 3419; NJW 2009, 137). Angesichts der vom Gesetzgeber eingeleiteten Änderung vor allen des § 522 Abs. 3 mag diese Auffassung dahinstehen. Nicht zweifelhaft kann es jedoch sein, dass eine Entscheidung nach § 522 Abs. 2 und Abs. 3 dann verfassungsrechtlich angreifbar ist, wenn sie eine in dem Fall enthaltene grundsätzliche Bedeutung der Rechtssache in willkürlicher Weise missachtet oder in ähnlich willkürlicher Weise das Erfordernis einer Fortbildung des Rechts oder der Sicherung einer einheitlichen Rechtsprechung verneint. In solchen Fällen wäre der verfassungsrechtlich garantierte Anspruch auf effektiven Rechtsschutz berührt, der sich aus dem Rechtsstaatsprinzip ergibt (vgl. im Einzelnen hierzu die Entscheidungen BVerfG NJW 2007, 3118; NJW 2008, 1938; NJW 2009, 572). 7

### IV. Überprüfung

Nach Abs. 3 in seiner neuen Fassung ist der Beschluss dann unanfechtbar, wenn eine Beschwer bis zu 20.000 € vorliegt. In diesem Fall kann auch eine Gegenvorstellung nicht erfolgreich sein (OLG Köln MDR 2005, 1070). Im Fall einer Verletzung des rechtlichen Gehörs wäre allenfalls die Anhörungsrüge gem. § 321a möglich. Im Übrigen bleibt einem auf diesem Wege abgewiesenen Berufungskläger nur noch der Weg über eine Verfassungsbeschwerde nach Karlsruhe. Liegt dagegen die Beschwer über 20.000 €, so kommt nunmehr gegen den Beschluss die Nichtzulassungsbeschwerde nach § 544 zum BGH in Betracht. 8

## § 531 Zurückgewiesene und neue Angriffs- und Verteidigungsmittel

(1) Angriffs- und Verteidigungsmittel, die im ersten Rechtszuge zu Recht zurückgewiesen worden sind, bleiben ausgeschlossen.

(2) Neue Angriffs- und Verteidigungsmittel sind nur zuzulassen, wenn sie
1. einen Gesichtspunkt betreffen, der vom Gericht des ersten Rechtszuges erkennbar übersehen oder für unerheblich gehalten worden ist,
2. in Folge eines Verfahrensmangels im ersten Rechtszug nicht geltend gemacht wurden oder
3. im ersten Rechtszug nicht geltend gemacht worden sind, ohne dass dies auf einer Nachlässigkeit der Partei beruht.

Das Berufungsgericht kann die Glaubhaftmachung der Tatsachen verlangen, aus denen sich die Zulässigkeit der neuen Angriffs- und Verteidigungsmittel ergibt.

| Übersicht | Rdn. | | Rdn. |
|---|---|---|---|
| A. Bedeutung der Norm ............... | 1 | B. Neue Angriffs- und Verteidigungsmittel nach Abs. 2 ....................... | 3 |

### A. Bedeutung der Norm

Der Gesetzgeber des ZPO-Reformgesetzes vom 27.07.2001 hat mit Wirkung zum 01.01.2002 den Umfang und die Gestaltung der Berufungsinstanz verändert. Von einer umfassenden Wiederholung und Überprüfung aller Tatsachen- und Rechtsfragen aus erster Instanz hat der Gesetzgeber die Berufungsinstanz zu einer Rechtsfehlerkontrolle umgestaltet. Deutlich wird dies in den §§ 513, 529, 530, 531. Danach reicht es nicht aus, dass der Berufungskläger eine erneute 1

Beweisaufnahme verlangt. Vielmehr muss er gem. § 513 entweder eine Rechtsverletzung geltend machen oder darlegen, dass die in der Berufungsinstanz verwertbaren Tatsachen eine von der ersten Instanz abweichende Entscheidung rechtfertigen (§ 513 Abs. 1). Als Tatsachenstoff in der Berufungsinstanz sind zunächst ausschließlich die vom Gericht des ersten Rechtszuges festgestellten Tatsachen zugrunde zu legen. Verspätet vorgebrachte Angriffs- und Verteidigungsmittel sind auch in der Berufungsinstanz zurückzuweisen (§ 530). Schließlich bleiben alle diejenigen Angriffs- und Verteidigungsmittel, die bereits im ersten Rechtszug zu Recht zurückgewiesen worden sind, auch in der Berufung weiterhin ausgeschlossen (§ 531 Abs. 1).

2 Neben einer behaupteten Rechtsverletzung kommen also als Tatsachenangriff in der Berufungsinstanz nur neue Feststellungen in Betracht, soweit das Berufungsgericht entweder konkrete Anhaltspunkte für Zweifel an der Richtigkeit und Vollständigkeit der erstinstanzlichen Feststellungen sieht oder den Vortrag vollkommen neuer Tatsachen für zulässig hält. Solche neuen Tatsachen sind nach § 531 Abs. 2 nur zuzulassen, wenn die dort genannten einzelnen Voraussetzungen gegeben sind. § 531 Abs. 2 ist also neben § 522 eine in heutiger Zeit besonders umkämpfte Norm des Berufungsrechts.

## B. Neue Angriffs- und Verteidigungsmittel nach Abs. 2

3 Der Versuch des Gesetzgebers, den Vortrag neuer Tatsachen in der Berufungsinstanz deutlich zu beschränken, steht in einem gewissen Gegensatz zu dem vor allem in Arzthaftungsprozessen feststellbaren Bedürfnis nach einer intensiven Fehlerkontrolle gerade auch im Tatsachenbereich. Eine solche einschränkende Auslegung von Abs. 2 gebietet der Grundsatz der prozessualen Waffengleichheit als Ausdruck des Rechtsstaatsprinzips und ist auch in der höchstrichterlichen Rechtsprechung anerkannt worden (BGH NJW 2004, 2825). Kommt das Berufungsgericht also zu dem Ergebnis, dass sich konkrete Anhaltspunkte für Zweifel an der Richtigkeit oder der Vollständigkeit der entscheidungserheblichen Feststellungen ergeben, so sind die jeweils neuen Behauptungen zuzulassen. Solche Zweifel sind insbesondere auch dann zu bejahen, wenn Bedenken gegen die Vollständigkeit und die Richtigkeit eines sachverständigen Gutachtens bestehen. In einem solchen Fall muss auch eine weitere Beweisaufnahme in der Berufungsinstanz durchgeführt werden (BGH NJW 2004, 1876, 1878; BGH NJW 2004, 2152; BGH NJW 2004, 2828).

4 Wird also vom Berufungskläger im Rahmen des Berufungsverfahrens erstmals ein Verweisungsantrag gem. § 281 ZPO gestellt, so kann dieser nicht nach § 531 Abs. 2 zurückgewiesen werden (OLG Köln NJW-RR 2009, 569). Wird andererseits im Berufungsverfahren erstmals geltend gemacht, es liege eine hypothetische Einwilligung des Patienten vor, so ist dies ein neuer Sachvortrag, der nach § 531 Abs. 2 nicht zuzulassen ist (BGH MDR 2009, 281). Hat der Patient mit seiner Klage in der ersten Instanz nur einen Behandlungsfehler geltend gemacht, obgleich auch die Verletzung einer Aufklärungspflicht in Betracht gekommen wäre, so kann dieser neue Sachvortrag in der Berufungsinstanz nicht mehr zugelassen werden. Auch im umgekehrten Fall einer Stützung der Klage ausschließlich auf die Verletzung einer Aufklärungspflicht wäre es ein neues und nicht mehr zuzulassendes Vorbringen, wenn der Kläger in zweiter Instanz neben der Aufklärungspflichtverletzung einen Behandlungsfehler geltend machen würde (*Zoll*, MedR 2009, 569, 575; OLG Braunschweig MedR 2009, 733, 735). Rügt der Patient erstmals in der Berufungsinstanz eine unzureichende Risikoaufklärung, ist der neue Tatsachenvortrag ungeachtet der Voraussetzungen des § 531 Abs. 2 jedenfalls dann zuzulassen, wenn er unstreitig bleibt (OLG Naumburg MedR 2012, 195). Rügt der beklagte Arzt im Haftungsprozess erstmals in zweiter Instanz, dass ein Behandlungsvertrag zwischen ihm und dem Kläger nicht zustande gekommen sei, ist dieser Vortrag nach § 531 Abs. 2 nicht zuzulassen (OLG Brandenburg MedR 2010, 871).

# Stichwortverzeichnis

Die fetten Ziffern verweisen auf den Paragraph und mager gedruckte Ziffern auf die Randnummer der Kommentierung.

**Abänderungsklage**
- Inflationsrate BGB 253 87
- Lebenshaltungskosten BGB 253 73 f., 82
- Schmerzensgeldrente BGB 253 67, 73 ff.

**Abfindungsanspruch**
- Altersversorgung BGB 738 30
- Ärztekammermethode BGB 738 11
- Buchwertklausel BGB 738 15
- Ertragswertmethode BGB 738 10 ff.
- Fälligkeit BGB 738 9
- Goodwill BGB 738 12
- Haftung BGB 738 9
- Kündigungserschwerung BGB 738 17
- Mitnahme von Patienten BGB 738 12, 20
- Parteivereinbarung BGB 738 16 ff.
- Realteilung BGB 738 13
- schwebende Geschäfte BGB 740 1 ff.
- Sittenwidrigkeit BGB 738 17 ff.
- Substanzwertmethode BGB 738 14
- Übergewinnverrentung BGB 738 15
- Wertermittlung BGB 738 10 ff.
- Wettbewerbsverbot BGB 738 25

**Abfindungsklausel** PartGG 9 24
- Nichtigkeit BGB 738 22

**Abgabe** TFG 17 2
- Betäubungsmittel BtMG 12 1 ff.

**Abgabe auf Verschreibung** BtMG 13 56 ff.

**Abgeschlossene Ausbildung** BApO 11 4

**Ablehnung** TPG 8a 10
- Behandlung MBOÄ 7 7

**Ablehnung eines Richters** ZPO 42 1 ff.

**Ablehnungsentscheidung** SGB V 109 26

**Ablehnungsgründe** MPDG 42 2; SGB V 109 28

**Abmahnung** BGB 620 56, 66 ff.
- Form BGB 620 69
- Inhalt BGB 620 68
- Personalakte BGB 620 74
- Rechtsschutz BGB 620 73

**Abnahme** ApoG 6 16, 19

**Abrechnung**
- Fälligkeit KHEntgG 17 49
- Leistungserbringer mit Pflegekasse SGB XI 105 1

**Abrechnungsbetrug** StGB 263 1 ff.

**Abrechnungsgrundlage** KHEntgG 17 48

**Abrechnungsmodus** ApoG 20 3

**Abrechnungsprüfung** SGB XI 79 7
- Verfahren SGB V 81a 8a

**Abrechnungsunterlagen** SGB XI 105 2 ff.
- Auftragsdatenverarbeitung SGB XI 105 5
- Elektronische Verfahren SGB XI 105 4a

**Absatzförderungsabsicht** HWG 1 7

- Fachliche Informationen und Patientenmerkblätter HWG 1 19
- Geschäftsberichte HWG 1 22
- Pflichtangaben HWG 1 23
- Populärwissenschaftliche Darstellungen HWG 1 20
- Redaktionelle Werbung HWG 1 10
- Wissenschaftliche Beiträge HWG 1 20

**Abschläge**
- Mangelhafte Qualitätssicherung KHEntgG 8 26

**Abschlagszahlungen**
- Begriff BGB 614 6
- bei Lohnpfändung BGB 614 6

**Abschlussbericht**
- Klinische Prüfung MPDG 64 4 ff.

**Absenkung des Gebührenrahmens** GOÄ 4 43

**Absonderungen** IfSG 31 13 ff.
- Ausscheider IfSG 31 16
- Begriff IfSG 31 13
- Beobachtung IfSG 31 17
- Bewehrung IfSG 31 25
- Fakultative Absonderungsanordnungen IfSG 31 14
- Freiwilligkeit IfSG 31 15
- Massiver Eingriff IfSG 31 20
- Nichtstörer IfSG 31 5
- Normadressaten IfSG 31 4
- Pflichten zur Befolgung und Duldung IfSG 31 18
- Rechtsbehelfe und -mittel IfSG 31 25
- Verhältnismäßigkeitsprinzip IfSG 31 6
- Vollziehbarkeit IfSG 31 25
- Zuständige Behörden IfSG 31 7
- Zutrittsrecht IfSG 31 19
- Zwangsmaßnahmen IfSG 31 25
- Zwingende Absonderungsanordnungen IfSG 31 14

**Absprachen** ApoG 11 2
- Apotheken ApoG 11 4

**Abstimmungspflichten** KHG 6 7

**Abstoßungsreaktion**
- genetische Untersuchung GenDG 3 55

**Abtretungsverbot**
- Kosten GOÄ 4 53

**Abverkaufsfrist** AMG 31 25

**Abweichende Vereinbarung**
- formelle Voraussetzung GOÄ 2 4

**Abwesenheitspauschale** GOÄ 9 6

**Abwicklungsgesellschaft** PartGG 9 32

**Abwicklungsvertrag** BGB 620 25; BGB 623 20

**Adäquanz** BGB 249 158 f.

3341

## Stichwortverzeichnis

Adhäsionsverfahren ZPO 253 8
Adressat
– Arzneimittel ApoG 11a 11
AGnES SGB V 15 4 f.
Akkreditierungspflicht GenDG Vor §§ 7 ff. 8
Aktualisierungspflicht TFG 12a 7
Alkoholverbot BGB 611a 212
Allgemeine Krankenhausleistungen KHEntgG 7 1 ff.
Allgemeines Gleichbehandlungsgesetz BGB 611a 125
– Ausschlussfristen BGB 611a 131
– Entschädigung BGB 611a 130
– Schadensersatz BGB 611a 127 ff.
Allgemeinkrankenhäuser
– psychiatrische Abteilungen SGB V 118 4 ff.
Alternative Behandlungsmethoden BtMG 13 27
Alternative Tätigkeiten BApO 7 8; BApO 8 13
Alternativverhalten, rechtmäßiges BGB 249 109 ff.
Altverbindlichkeiten PartGG 1 5
Ambulante ärztliche Versorgung GWB 103 23
Ambulante Behandlung SGB V 115a 2 f.; SGB V 115b 3
Ambulante Pflege SGB XI 77 2
– Pflegevertrag SGB XI 120 2
Ambulantes Operieren SGB V 115b 1 ff.
Amputation BGB 249 122
Amtsarzt BÄO 1 8
– ärztliche Berufsausübung BÄO 1 2
– ärztliche Prüfung BÄO 1 8
– Assistenzarzt BÄO 1 19
– Ausübung des Arztberufs BÄO 5 14; BÄO 6 5, 15, 17
– Chefarzt BÄO 1 19
– Facharzt BÄO 1 9, 13
– Gastarzt BÄO 1 21
– Hausarzt BÄO 1 18
– Honorararzt BÄO 1 21
– Oberarzt BÄO 1 19
– Privatarzt BÄO 1 17
– Schiffsarzt BÄO 1 21
– Schularzt BÄO 1 21
Amtsärztliche Untersuchung BApO 8 8
Amtsermittlungsgrundsatz PartGG 4 9
Amtshaftungsanspruch IfSG 65 16
Amtsträger StGB 203 24
Analogabrechnung
– Begründungspflicht GOÄ 6 10 f., 15 ff.
Analogie
– Analogabrechnung GOÄ 6 12, 19
– Analogverzeichnis GOÄ 6 12 ff.
Analyse, genetische GenDG 3 11 ff.
– Genproduktanalyse GenDG 20 7 ff.; GenDG 3 18 ff.
– molekulargenetische GenDG 20 11 ff.; GenDG 3 15 ff.
– Zulässigkeit GenDG 7 17 f.
– zytogenetische GenDG 3 14
Anästhesist GOÄ 7 7

Änderungskündigung BGB 611a 193; BGB 620 5, 15, 91 ff.
– Annahme unter Vorbehalt BGB 620 95
– Reaktionsmöglichkeiten BGB 620 94 f.
– Soziale Rechtfertigung BGB 620 96 ff.
Änderungsvertrag BGB 611a 193
Änderungsvorbehalt BGB 611a 150
Anerkennung
– automatische BÄO 3 17
Anerkennung von Berufsqualifikationen
– Drittstaaten PsychThG 13 2 ff.
– EU-, EWR- und Vertragsstaaten PsychThG 13 7 ff.
Anfechtung
– Arbeitsvertrag BGB 620 27 ff.
– Aufhebungsvertrag BGB 623 25 ff.
– Form BGB 623 38
Anfechtungssituation KHG 8 33 f.
Anforderungen TFG Vor 4
Anfragen
– Beantwortung durch Ärzte MBOÄ 2 11
Angehörige
– Einbeziehung TPG 3 16
– Erreichbare – TPG 4 11
– Gleichrangige – TPG 4 10
– Nicht erreichbare – TPG 4 12
Angemessenheit TPG 17 10
– Honorarforderung MBOÄ 12 5
– Kontrolle SGB XI 84 20
Angestellte
– Kommunale Krankenhäuser StGB 203 26
Angestellte Apotheker ApoG 7 3
Angestellte Ärzte MBOÄ 19 3
– Beschäftigungsbedingungen MBOÄ 19 7 ff.
– Fachgebietsfremde – MBOÄ 19 5 f.
– Fortbildung MBOÄ 19 16
– Insolvenz InsO 11 11
– Patienteninformation MBOÄ 19 19
– Vergütung MBOÄ 19 12 ff.
– Wettbewerbsvereinbarungen MBOÄ 19 17 f.
Angestellte, leitende BGB 611a 35
Anhörungspflicht KHG 7 3
Anlageträgerschaft GenDG 3 67
Anleitungspflicht GOÄ 4 8
Annahmeverzug BGB 630b 12 ff.
– Vergütung BGB 615 4 ff.
Anpreisende Werbung MBOÄ 27 6
Anscheinsbeweis ZPO 286 16
Anschluss an die Telematikinfrastruktur KHEntgG 5 28o
Anspruch
– Begriff BGB 194 3 ff.
Anteilserwerb GWB 37 9
Anti-Aging-Medizin MBOÄ 1 5 f.
Antigen-Tests
– zur Eigenanwendung HWG 12 5a; MPDG 7 5
Antikonzeptiva SGB V 24a 2
Antiselektion GenDG 11 21; GenDG 18 5

# Stichwortverzeichnis

Antragsteller ApoG 11a 4
- Versandhandel ApoG 11a 6

Antragsunterlagen BApO 4 33

Antragsverfahren
- Berufserlaubnis BApO 11 3

Anwaltsprozess ZPO 78 1ff.

Anwendungsbereich KHG 3 1 ff.

Anwendungsbereich der GOÄ GOÄ 1 7
- gegenüber Patienten mit gewöhnlichem Aufenthalt im Ausland GOÄ 1 8

Anwendungsgebiet SGB V 31 9

Anzeige- und Nachweispflichten MBOÄ 13 4

Anzeigepflicht BtMG 4 17; MBOÄ 18 65; PartGG 4 17
- zuständige Behörde TFG 8 10

AOP-Vertrag SGB V 115b 3 ff.

Apotheke mit mehreren Inhabern
- Insolvenz InsO 11 11

Apotheken
- Regionale Modellvorhaben zu Grippeschutzimpfungen in - SGB V 132j 1 ff.

Apothekenbetrieb ApoG 1 4; BtMG 4 3
- üblicher AMG 13 13 f.

Apothekenbetriebsräume ApoG 6 12

Apothekenleitung ApoG 8 3

Apothekenpflicht SGB V 31 2

Apothekenverlegung ApoG 6 7

Apothekenverwaltung ApoG 13 3

Apotheker PartGG 1 14, 24

Apothekerassistent BApO 8 13

Apothekerberuf BApO 2 1

Apparategemeinschaft BGB 705 28

Approbation ApoG 2 5; BÄO 2 2; BÄO 3 1; GOÄ 1 2; ZHG 1 4
- Antragsteller mit Drittstaatenausbildungsnachweisen BÄO 3 46
- Antragsteller mit EU-, EWR- und Vertragsstaatenausbildungsnachweisen BÄO 3 37
- Apotheker ApoG 2 5; BApO 2 5
- Approbationsbehörde BÄO 5 3, 10, 14; BÄO 6 8, 14, 16
- Approbationsordnung BÄO 1 2
- Approbationsurkunde BÄO 6 16
- Ausbildungsnachweise aus EU-, EWR-, Vertrags- und Drittstaaten BÄO 3 54 ff.
- Bearbeitungsfristen für Approbationsanträge ZHG 2 51
- Begriff BÄO 5 1 ff., 7, 11
- Doppelapprobation BÄO 10a 1
- Nachweise bei ausländischer zahnärztlicher Ausbildung ZHG 2 49
- Rücknahme BÄO 5 2 ff.; ZHG 4 2
- Ruhen der - BÄO 6 3 ff.; ZHG 5 1
- Voraussetzungen für Erteilung BÄO 3 6
- Widerruf der - BÄO 5 7 ff.; ZHG 4 7
- Zahnarzt ZHG 2 1

Approbation, Betriebserlaubnis
- Verlust BtMG Vor §§ 29 ff. 4

Approbationsbehörden BÄO 3 5

Approbationserteilung
- Apotheker BApO 4 2

Approbationswiderrufsverfahren SGB V 81a 8g

Arbeitgeber GenDG 2 12; GenDG 22 1; GenDG 3 71, 89
- Begriff BGB 611a 42
- Gleichbehandlungspflicht BGB 611a 166
- Hauptleistungspflicht BGB 611a 153 ff.
- Informationspflichten BGB 611a 174
- Nachweispflicht BGB 611a 155
- Nebenpflichten BGB 611a 169 ff.
- Pflichten BGB 611a 153 ff.
- Rechtsnachfolge BGB 611a 44
- Vermögensfürsorge BGB 611a 173
- Wechsel BGB 611a 44

Arbeitgeberhaftung BGB 619a 30 ff.
- aus Delikt BGB 619a 34 ff.
- Eigenschäden des Arbeitnehmers BGB 619a 38
- Erfüllungsgehilfen BGB 619a 32
- Verschuldensunabhängige Haftung BGB 619a 38

Arbeitnehmer
- Anzeigepflicht BGB 611a 211
- Arbeitspflicht BGB 611a 179 ff.
- Auskunftspflicht BGB 611a 211
- Außerdienstliches Verhalten BGB 611a 210
- Begriff BGB 611a 26 ff., 41
- Betriebliche Ordnung BGB 611a 212
- Dauer der Arbeitsleistung BGB 611a 198 ff.
- Eingliederung BGB 611a 34
- Fachliche Weisungsabhängigkeit BGB 611a 32 f.
- Geheimhaltung BGB 611a 209
- Inhalt der Arbeitspflicht BGB 611a 176 ff.
- Korruptionsverbot BGB 611a 216
- Lage der Arbeitsleistung BGB 611a 198 ff.
- Loyalität BGB 611a 209
- Nebenpflichten BGB 611a 208 ff.
- Nebentätigkeiten BGB 611a 217 ff.
- Offenbarungspflichten BGB 611a 215
- Ordnungsverhalten BGB 611a 212
- Örtliche Weisungsabhängigkeit BGB 611a 31 f.
- Persönliche Abhängigkeit BGB 611a 28
- Pflichten BGB 611a 176 ff.
- Sachlich-organisatorische Weisungsabhängigkeit BGB 611a 34
- Schweigepflicht BGB 611a 214
- Veränderungen der Arbeitsleistung BGB 611a 193 ff.
- Verschwiegenheitspflichten BGB 611a 213
- Vertragstreue BGB 611a 208
- Weisungsgebundenheit BGB 611a 29
- Weisungsrecht BGB 611a 180 ff.
- Zeitliche Weisungsabhängigkeit BGB 611a 30 ff.

Arbeitnehmerähnliche Person BGB 611a 38 ff.

Arbeitnehmerauswahl BGB 611a 105

Arbeitnehmerhaftung BGB 619a 6 ff.
- betrieblich veranlasste Tätigkeit BGB 619a 12 ff.

3343

# Stichwortverzeichnis

- Dritthaftung BGB 619a 24 ff.
- Mitverschulden BGB 619a 23
- Verschulden BGB 619a 15 ff.
- Versicherungsschutz BGB 619a 21

**Arbeitnehmerüberlassung** BGB 611a 43
**Arbeitsbereitschaft** BGB 611a 203
**Arbeitsentgelt** BÄO 1 3
**Arbeitsförderungsmaßnahmen**
- Abgrenzung zum Arbeitsvertrag BGB 611a 21

**Arbeitsformen, atypische** BGB 611a 49
**Arbeitsgemeinschaften** KHG 18 6
**Arbeitsgerichtsbarkeit** BGB 611a 24 f.
- Instanzen BGB 611a 24
- Kosten BGB 611a 25
- Rechtsweg BGB 611a 24
- Zuständigkeit BGB 611a 25

**Arbeitskreis Blut** TFG 12a 8; TFG 24 1 ff.
- widersprechende Aussagen TFG 24 2

**Arbeitsleistungsanspruch** BGB 613 7
- bei Betriebsübergang BGB 613 7
- Vererblichkeit BGB 613 7

**Arbeitsleistungspflicht**
- Höchstpersönlichkeit BGB 613 2 ff.
- Rechtsfolge bei Tod des Arbeitnehmers BGB 613 4 ff.

**Arbeitsrecht**
- Arbeitsvertrag BGB 611a 1 ff.
- Rangverhältnis der Rechtsquellen BGB 611a 102
- Vertragsanbahnung BGB 611a 104 ff.

**Arbeitsrechtliches Benachteiligungsverbot** GenDG 21 1 ff.
**Arbeitsschutz** BGB 611a 171
**Arbeitsschutz, öffentlich-rechtlicher** BGB 619 6
- Doppelwirkung BGB 619 6

**Arbeitsschutzmaßnahmen**
- Ansprüche auf Schadensersatz GenDG 20 17
- Genetische Untersuchungen und Analysen GenDG 21 1 ff.
- Straf- und Bußgeldtatbestände GenDG 20 18

**Arbeitsschutzrahmengesetz** GenDG Einl. 1
**Arbeitsstätte** BGB 619 9
**Arbeitsunfall**
- Haftung BGB 619a 27 ff.

**Arbeitsverhältnis**
- fehlerhaftes BGB 611a 138

**Arbeitsvertrag** BGB 611 1; BGB 611a 94 ff.
- Abgrenzung zu anderen Dienstleistungsverträgen BGB 611a 2 ff.
- Abschluss BGB 611a 133 ff.
- Abschlussfreiheit BGB 611a 135
- AGB-Kontrolle BGB 611a 142 ff.
- Allgemeine Arbeitsbedingungen BGB 611a 95
- Angemessenheitskontrolle BGB 611a 149
- Anspruchsgrundlage BGB 619a 6
- Arbeitnehmer als Verbraucher BGB 611a 142
- Auslegung BGB 611a 145
- Ausschlussfristen BGB 611a 165
- Beendigung BGB 620 1 ff.
- Bezugnahmeklausel BGB 611a 145
- Definition BGB 611a 26 ff.
- Form BGB 611a 135
- Gefährdungshaftung BGB 619a 7
- Haftung BGB 619a 5 ff.
- Inhaltskontrolle BGB 611a 140, 147 ff.
- Mängel BGB 611a 137 ff.
- Nichtleistung BGB 619a 6
- Preisnebenabreden BGB 611a 148
- Rechtsfolgen bei Unwirksamkeit BGB 611a 152
- Schlechtleistung BGB 619a 6
- Sittenwidrigkeitskontrolle BGB 611a 141
- Transparenzgebot BGB 611a 148
- Überraschende Klauseln BGB 611a 144
- Unerlaubte Handlung BGB 619a 7
- Unklarheitenregel BGB 611a 146
- Vertragsgestaltung BGB 611a 139 ff.
- Vorrang der Individualabrede BGB 611a 143
- Wesen BGB 611a 1

**Arbeitsvölkerrecht** BGB 611a 75
**Arbeitszeit** BGB 611a 198 ff.
**Arbeitszeitformen** BGB 611a 202 ff.
**Arbeitszeitrecht** BGB 619 11
**Arbeitszeugnis** BGB 630 1 ff.
**Arznei- und Verbandmittel** SGB V 128 64
**Arzneimittel** AMG 13 1 ff.; BGB 249 41; GOÄ 10 7 ff.; SGB V 31 1
- Abfüllung AMG 21 26
- Abgrenzung AMG 2 19a
- Anerkennung als Praxisbesonderheit bei der Richtgrößenprüfung SGB V 130b 67 ff.
- Apothekenherstellung AMG 21 9 ff.
- Arzneimittel AMG 2 4
- aus Geweben und Organen TPG 17 12
- Bestimmungsgemäßer Gebrauch AMG 84 23 ff.
- Blister AMG 21 24 f.
- Defektur AMG 21 9
- Definition AMG 2 1
- Einzeleinfuhren nicht zugelassene – HWG 3a 11
- Einzelrezepturen AMG 21 21
- Fertig- AMG 4 1 ff.
- fiktive AMG 2 11 ff.
- Funktions- AMG 2 5 ff.
- gefälschte AMG 84 13 ff.
- Gefälschtes – AMG 4 26
- Herstellung AMG 4 11 ff.
- immunologische Wirkung AMG 2 9
- Importierte – SGB V 130a 40 f.
- Inverkehrbringen AMG 4 20 ff.
- Menschlicher Herkunft AMG 21 20
- metabolische Wirkung AMG 2 10
- mit dem gleichen neuen Wirkstoff SGB V 130b 77 ff.
- Neueinführung SGB V 130a 37 ff.
- ohne Zusatznutzen SGB V 130b 70 ff.
- pädiatrische AMG 25 83 ff.
- Patentfreie wirkstoffgleiche – SGB V 130a 42 ff.
- pharmakologische Wirkung AMG 2 6, 8

# Stichwortverzeichnis

- physiologische Funktion **AMG 2** 7
- Präsentations- **AMG 2** 2 ff.
- Qualität **AMG 1** 2
- Rückgabe **AMG 4** 22b
- Sicherheit **AMG 1** 1 ff.
- verlängerte Rezeptur **AMG 21** 9
- Versenden **ApoG 11a** 21
- Werbung **HWG 1** 1
- Zugelassene ~ **TFG 8** 11
- Zulassung **AMG 21** 1 ff.
- zur klinischen Prüfung **AMG 21** 32
- Zwischenprodukte **AMG 4** 5

**Arzneimittelbegriff TPG 17** 13
**Arzneimittelblister AMG 13** 23
**Arzneimittelkommission der deutschen Ärzteschaft MBOÄ 6** 3
**Arzneimittellagerung**
- Arztpraxen **ApoG 11** 4

**Arzneimittelrabattverträge**
- biologisch/biotechnologisch hergestellte Arzneimittel **GWB 103** 12
- Generische Wirkstoffe **GWB 103** 5
- Originalpräparate **GWB 103** 13

**Arzneimittelrechtliche Überwachung TPG 8d** 21
**Arzneimittelrichtlinien SGB V 31** 6
**Arzneimittelschaden**
- Auskunftsanspruch **AMG 84a** 2 ff.
- Entwicklungsfehler **AMG 84** 49
- Haftungstatbestand **AMG 84** 21 ff.
- Herstellungsfehler **AMG 84** 50
- Kausalitätsvermutung **AMG 84** 41 ff.
- Schadenersatzanspruch **AMG 84** 1 ff.

**Arzneimittelsortiment ApoG 10** 6
**Arzneimitteltransport ApoG 11a** 10
**Arzneimittelvermittlung AMG 4** 25
**Arzneimittelversorgung ApoG 1** 2; **ApoG 14** 15; **SGB V 31** 4
- im Rahmen der GKV **SGB V 31** 4
- Rahmenvertrag **SGB V 129** 1 ff.

**Arzneimittelwirkungen**
- Mitteilung **MBOÄ 6** 1

**Arzt BÄO 1** 1, 8
- Anmeldung der Partnerschaft **PartGG 4** 16 ff.
- Eintragung der Partnerschaft **PartGG 5** 16 ff.
- Fortbildung **MBOÄ 4** 1
- Freiberuflichkeit **MBOÄ 1** 8
- Gesellschaftsvertrag **PartGG 3** 16 ff.
- Gewerblichkeit **MBOÄ 1** 7
- Qualitätssicherung **MBOÄ 5** 1
- Sachkundiger ~ **TPG 8d** 4
- Unabhängiger zweiter ~ **TPG 8** 10
- Warenabgabe **MBOÄ 3** 4
- Werbung **MBOÄ 3** 3

**Arzt- bzw. Zahnarztvorbehalt SGB V 15** 1
**Arzt-/Psychotherapeutenvorbehalt KHEntgG 17** 11
**Ärzte im Beschäftigungsverhältnis MBOÄ 23** 1 ff.
**Ärztebevorzugungsverbot ApoG 11** 4

**Ärztegesellschaften MBOÄ 23a** 1 ff.
- Besondere Satzungserfordernisse **MBOÄ 23a** 12 ff.
- Gebot der aktiven Berufsausübung **MBOÄ 23a** 9 ff.
- Geschäftsführung **MBOÄ 23a** 13 f.
- Gesellschafterkreis **MBOÄ 23a** 8
- Gewinnbeteiligungsverbot **MBOÄ 23a** 17 f.
- Haftpflichtversicherung **MBOÄ 23a** 19
- Mehrheitserfordernisse **MBOÄ 23a** 15f.
- Name **MBOÄ 23a** 20 ff.
- Vertragsarztwesen **MBOÄ 23a** 24
- Zulässige Rechtsform **MBOÄ 23a** 6 f.

**Ärztekammer BÄO 1** 10, 13, 19; **BÄO 6** 15; **GWB 99** 13
- Bundesärztekammer **BÄO 1** 11, 25
- Gutachtenerstellung über Honorar **MBOÄ 12** 11
- Insolvenz **InsO 11** 11
- Vorlage ärztlicher Verträge **MBOÄ 24** 1 ff.

**Ärztepartnerschaft PartGG 2** 23
**Arztforderung**
- Berufsrechtsverstoß **GOÄ 12** 41
- Gerichtliche Geltendmachung **GOÄ 12** 16
- Mahnverfahren **GOÄ 12** 38
- Pfändbarkeit **GOÄ 12** 40
- Zahlungsklage **GOÄ 12** 39

**Arzthaftpflichtprozess**
- Anwendbarkeit des § 280 Abs. 1 S. 2 BGB **ZPO 286** 70

**Arzthaftung**
- §§ 630a–h als kodifiziertes Haftungsrecht **BGB Vor §§ 630a-h** 12 f.
- Aufklärungsrüge **BGB 630a** 59 f.
- Behandlungsfehler **BGB 630a** 50 ff.
- Darlegungs- und Beweislast **BGB 630a** 106 ff.
- Delikt **BGB Vor §§ 630a-h** 3 ff.
- Dokumentationsmängel **BGB 630a** 57 f.
- Entstehungsgeschichte **BGB Vor §§ 630a-h** 1 f.
- Fortgeltung der bisherigen Rechtsprechung **BGB Vor §§ 630a-h** 8 ff.
- Grundsatzüberlegungen **BGB 823** 1 ff.
- Haftungsschuldner **BGB 630a** 62 ff.
- Haftungsumfang **BGB 630a** 98 ff.
- Medizinischer Standard *s. dort*
- Organisationsverschulden **BGB 630a** 53 ff.
- Systematik **BGB 630a** 50 ff.
- Verhältnis zum Sozialversicherungsrecht **BGB Vor §§ 630a-h** 14 ff.
- Vertrag **BGB Vor §§ 630a-h** 3 ff.
- Wirtschaftliche Aufklärung **BGB 630a** 61
- Zurechnungszusammenhang **BGB 630a** 98 ff.

**Arzthaftungsprozess ZPO 1** 16; **ZPO 253** 11
- Ablehnung eines Richters **ZPO 42** 7
- Arzthaftungsprozess **ZPO 485** 2
- Behauptung und Substantiierung **ZPO 253** 11a
- Beweisführung **ZPO 284** 2
- Beweislastverteilung **ZPO 286** 9
- Beweismaß **ZPO 286** 2
- Schadensermittlung **ZPO 287** 1

3345

# Stichwortverzeichnis

**Ärztliche Behandlung**
- Begründetheit BtMG 13 23 ff.

**Ärztliche Ethik** MBOÄ 2 3

**Ärztliche Gutachten** MBOÄ 25 2
- Abgabe innerhalb angemessener Frist MBOÄ 25 5
- Dreimonatsfrist und unverzügliche Ausstellung MBOÄ 25 6
- notwendige Sorgfalt MBOÄ 25 4
- Übernahme der Begutachtung/Verpflichtung MBOÄ 25 3

**Ärztliche Prüfung**
- endgültiges Nichtbestehen BÄO 3 26 f.

**Ärztliche Tätigkeit**
- Ausübung eines öffentlichen Amtes BGB 630a 25

**Ärztliche Therapiefreiheit** SGB V 28 1

**Ärztliche Unabhängigkeit** MBOÄ 30 1 ff.

**Ärztliche Zwangsbehandlung** BGB 1906a 1 ff.
- Begriff BGB 1906a 5
- Bevollmächtigung BGB 1906a 19
- Genehmigung des Betreuungsgerichts BGB 1906a 16
- Stationärer Aufenthalt im Krankenhaus BGB 1906a 18
- Voraussetzungen BGB 1906a 6 ff.
- Widerruf der Einwilligung BGB 1906a 17

**Arzt-Patient-Verhältnis**
- Misstrauen im ~ BGB 630c 28 f.

**Arztuntreue** StGB 266 2

**Arztvertrag** BGB 611 2 ff.
- GKV-Patienten BGB 611 7 ff.
- Honoraranspruch BGB 611 10 f.
- Rechtsnatur BGB 611 3 ff.

**Arztvorbehalt** GenDG 7 4 ff.; GenDG Vor §§ 7 ff. 6; SGB V 15 1, 3; SGB V 28 1; TPG 3 13; TPG 8 18; TPG 8c 10
- Schadensersatz GenDG 7 18b
- Straf- und Bußgeldtatbestände GenDG 7 19

**Asyl- und Auswanderungsrecht**
- genetische Untersuchung GenDG 2 29

**Asylbewerber** KHEntgG 6 37

**Audiovisuelle Medien** HWG 4 51 ff.
- Elektronische Werbung in Datennetzwerken HWG 4 58 ff.
- Fernsehwerbung HWG 4 53 ff.
- Hörfunkwerbung HWG 4 57

**Aufbewahrung**
- Einwilligung in eine längere ~ GenDG 13 10a
- Krankenunterlagen MBOÄ 10 18
- Proben, genetische GenDG 13 4, 8
- Untersuchungsergebnis, genetisches GenDG 12 5 ff.

**Aufbewahrung von Krankenunterlagen** InsO 80 3 ff.
- Aufbewahrungspflicht InsO 80 3a
- Einstellung des Krankenhausbetriebs InsO 80 3d
- Krankenhausfortführung InsO 80 3c
- Sanktionen InsO 80 4

**Aufbewahrungsfristen**
- Rückverfolgungsdaten TFG 11 3

**Aufbewahrungspflichten** TFG 14 4

**Aufbrauchsfrist** AMG 31 25

**Aufgaben** TFG 15 8; TPG 9 20

**Aufhebungsvertrag** BGB 620 24; BGB 623 17 ff.
- Abgrenzung BGB 623 20 ff.
- Anfechtung BGB 623 25 ff.
- Arglistige Täuschung BGB 623 27
- Aufklärungspflichten BGB 623 31 ff.
- Auslegung BGB 623 36
- Inhaltskontrolle BGB 623 23 f.
- Irrtumsanfechtung BGB 623 26
- Nebenabreden BGB 623 35
- Notarielle Beurkundung BGB 623 34
- Rechtsfolge BGB 623 37
- Rücktritt BGB 623 30
- Schriftform BGB 620 24; BGB 623 33 ff.
- Widerrechtliche Drohung BGB 623 28
- Widerruf BGB 623 29
- Widerrufsrecht BGB 620 26

**Aufklärender** TPG 8 9

**Aufklärung** GenDG 9 4 ff.; TFG 8 7; TPG 3 3; TPG 8 7; TPG 8c 5, 19
- Körperlicher Eingriff TFG 6 1 ff.
- Rechtsbelehrung GenDG 9 22
- Schadensersatz GenDG 9 27
- Spender TPG 8a 9; TPG 8b 5
- Wirtschaftliche ~ BGB 630a 61; GenDG 9 23

**Aufklärungsbedarf** TFG 13 6

**Aufklärungsformulare** ZPO 286 84

**Aufklärungsgespräch** MBOÄ 8 8 ff.
- Inhalt MBOÄ 8 12a
- Zeitpunkt MBOÄ 8 12b

**Aufklärungsinhalt** TPG 8 8; TPG 8c 6

**Aufklärungspflichten** BGB 630e 1 ff.; MBOÄ 8 1 ff.; SGB V 1 6; TFG 19 5; TFG 21a 2
- Adressat BGB 630e 36 f.
- Alternativen BGB 630e 21 ff.
- Besondere Umstände BGB 630e 55a ff.
- Beweislast BGB 630e 71 ff.
- Durchführung BGB 630e 28 ff.
- Einwilligung BGB 249 101
- Einwilligungsunfähige Personen BGB 630e 58 ff.
- Entbehrlichkeit BGB 630e 51 ff.
- Entscheidungskonflikt BGB 249 116
- Form BGB 630e 28 ff.
- Gegenstand BGB 630e 5 ff.
- hypothetische Einwilligung BGB 249 115 ff.
- Inhalte BGB 630e 5 ff.
- mutmaßliche Einwilligung BGB 249 111 ff.
- Person des Aufklärenden BGB 630e 28 ff.
- Rechtsfolgen im Falle fehlerhafter ~ BGB 630e 62 ff.
- Umfang BGB 630e 5 ff.
- Unaufschiebbarkeit der Behandlung BGB 630e 52
- Verständlichkeit BGB 630e 47 ff.

3346

- Verteidigungsmittel, neues BGB 249 117
- Verzicht des Patienten BGB 630e 53 ff.
- Zeitpunkt BGB 630e 38 ff.
Aufklärungspflichtverletzungen
- Beweislastverteilung ZPO 286 79
Aufklärungsrichtiges Verhalten ZPO 286 20
Aufklärungsrüge BGB 199 28 ff.; BGB 630a 59 f.
- Organisationsverschulden BGB 199 32
- Unterbliebene Aufklärung BGB 199 29
- Unzureichende Aufklärung BGB 199 30 f.
Aufklärungsumfang TPG 8c 20
Aufklärungsverpflichtung
- Untersuchungen TFG 6 2 ff.
Aufklärungsverzicht GenDG 9 6
- konkludenter GenDG 9 6
Auflagen
- Erlaubnis BtMG 9 1 ff.
Auflösung der Gesellschaft
- Folgen PartGG 9 32
Auflösung durch Tod eines Gesellschafters
- Fortsetzungsklausel BGB 736 6
Auflösungsvertrag BGB 620 24
Aufmerksamkeit MBOÄ 7 18
Aufnahmeentscheidung KHG 8 9
Aufopferungsanspruch IfSG 65 13
Aufsichtsrechtliche Maßnahmen SGB V 69 27
Aufsuchende Versorgung
- Arzt MBOÄ 17 10
Auftauen von 2-PN-Zellen ESchG 1 16 ff.a
Auftrag
- Abgrenzung zum Arbeitsvertrag BGB 611a 16 f.
Auftragsverarbeitung
- zur Durchführung der genetischen Analyse GenDG 7 13 f.
Aufwand
- Spender TFG 10 2
Aufwandsentschädigung TFG 10 1 ff.
Aufwendungen, ersparte BGB 249 165 ff.
- Beerdigungskosten BGB 249 166
- Behandlungskosten BGB 249 165 f.
- Sonstige Kosten BGB 249 170
- Verpflegung BGB 249 167 ff.
Aufwendungsersatz GOÄ 10 4 f.
- des Arbeitnehmers BGB 619a 38 f.
Aufzeichnungspflichten TPG 4 17
- Schwangere TPG 4a 10
Augenschein ZPO 144 1 ff.
Ausbildung BÄO 1 2; BÄO 5 2; BGB 611a 53
Ausbildungsberufe KHG 2 12
Ausbildungserlaubnis BÄO 10 22
Ausbildungsinhalt BApO 4 16
Ausbildungsstätten KHG 2 9; KHG 8 73
- staatlich anerkannt KHG 2 11
Auseinandersetzungsanspruch PartGG 9 33
Ausfallhonorar GOÄ 12 34 ff.
- Stornogebühren GOÄ 12 35
Ausfuhr BtMG 29 7
Ausgenommene Zubereitungen BtMG 2 2

Ausgleichsfunktion BGB 253 24 ff., 32
- Empfindungen BGB 253 24 f.
Ausgleichsquittung BGB 623 21
Aushilfsarbeitsverhältnisse
- Kündigungsfrist BGB 622 23
Auskunftsanspruch
- Arzneimittelrecht ZPO 254 2
- Einschränkung AMG 84a 33 f.
- gegenüber dem pharmazeutischen Unternehmer AMG 84a 2 ff.
- gegenüber den Behörden AMG 84a 31 ff.
- Informationsfreiheitsgesetz AMG 84a 37
Auskunftspflicht
- Arzt MBOÄ 2 11
- bei Vertragsschluss BGB 611a 114 f.
Auslagen GOÄ 10 3 ff.
Auslagenersatz GOÄ 10 5, 21 f.; GOÄ 6a 33 ff.
- Konsiliarärztliche Leistungen GOÄ 6a 35
Ausländische Patienten KHEntgG 4 39 f.; KHEntgG 6 37
Ausländische und internationale Bedienstete StGB 335a 1 f.
Auslandsbehandlung SGB V 13 10
Auslegungsregel
- Materialien BGB 613 1
Ausnahmeerlaubnis BtMG 3 5, 8
Aussageungenauigkeit
- prognostische GenDG 4 8 ff.
- statistische GenDG 4 3 ff.
Ausscheiden
- eines Vertragsarztes PartGG 9 26
- Folgen PartGG 9 23
Ausscheidensgründe PartGG 9 3
- Austrittskündigung PartGG 9 6
- Insolvenz PartGG 9 5
- Tod PartGG 9 4
Ausscheider IfSG 2 12
Ausschließlichkeitsbindung ApoG 12a 10
Ausschließungsklage PartGG 9 19
Ausschluss Berufserlaubnis BApO 11 6
Ausschreibung
- diskriminierungsfreie BGB 611a 105 f.
- Verträge zur integrierten Versorgung GWB 103 16
Außenseitermethode BGB 249 20 ff.; BGB 630a 66 f.
Außergerichtliche Streitbeilegung ZPO 253 2 ff.
Außerordentliche Kündigung
- Anhörung BGB 626 45
- Ausbildungsverhältnis BGB 626 3
- Begründung BGB 626 46 f.
- Darlegungs- und Beweislast BGB 626 54 f.
- Dauertatbestände BGB 626 10, 38
- Druckkündigung BGB 626 31 ff.
- Einzelfälle BGB 725 18
- Erklärungsfrist BGB 626 34 ff.
- Ermittlungen BGB 626 28 f.
- Fallgruppen BGB 626 6

- Formalien **BGB 626** 45 ff.
- gesetzliche Musterbeispiele **BGB 725** 14
- Interessenabwägung **BGB 626** 11 ff.
- Kündigungsausschluss **BGB 725** 20
- Kündigungserklärungsfrist **BGB 725** 19
- Kündigungsschutzklage **BGB 626** 52 ff.
- Nachschieben von Gründen **BGB 725** 13
- Präjudizierende Wirkung des Verfahrens nach § 103 BetrVG **BGB 626** 56
- Prognoseprinzip **BGB 626** 8
- Umdeutung **BGB 626** 48 ff.
- Unfähigkeit zur Mitarbeit **BGB 725** 14
- Unschuldsvermutung **BGB 626** 25
- Unzumutbarkeit der Fortsetzung **BGB 626** 16 ff.
- Verdachtskündigung **BGB 626** 23 ff.
- Verhältnismäßigkeit **BGB 626** 18 ff.
- Verletzung einer Gesellschafterpflicht **BGB 725** 14
- Wichtiger Grund **BGB 626** 4 ff.

**Ausstattung** **ApoG** 6 17; **TPG** 9 14
**Ausstellen unrichtiger Gesundheitszeugnisse** **StGB 278** 1 ff.
**Austauschverhältnis** **SGB V 69** 9
- Verzinsungsanspruch **SGB V 69** 9
- Verzugszinsen **SGB V 69** 9

**Auswahlpflicht** **GOÄ** 4 8
**Auszahlungstermin**
- Sonderregelungen **BGB 614** 2
- Tarifvertrag **BGB 614** 2

**Aut-idem-Regelung** **ApoG** 11a 18

**Badekur** **SGB V 23** 2
- ambulante **SGB V 23** 2

**Bagatellverletzung** **BGB 253** 4 ff.
**Bandenmäßige Begehung** **StGB 263** 70
**Basislabor** **GOÄ** 4 15
**Basis-Ultraschall**
- genetische Untersuchung **GenDG** 3 7

**Beachtung maßgeblicher Vorschriften**
- Arzt **MBOÄ** 2 9

**Bearbeiten** **BtMG** 2 3
**Beatmung** **KHEntgG** 5 28p
**Beatmungsentwöhnung** **KHEntgG** 6 31b
**Beauftragte Person oder Einrichtung**
- Arztvorbehalt **GenDG** 7 12
- Aufbewahrung der Untersuchungsergebnisse **GenDG** 12 15, 17
- Einwilligung **GenDG** 8 17, 22
- Probenvernichtung **GenDG** 13 5
- Übermittlungsbefugnisse **GenDG** 11 7, 13, 18

**Bedarf** **TFG** 8 4
**Bedarfsanalyse** **KHG** 6 12
**Bedarfsgerechte Versorgung** **KHG** 1 8
**Bedarfsplanung** **BÄO** 1 17
**Bedarfsprüfung** **TFG** 4 13
**Bedenkzeit**
- nach der genetischen Beratung **GenDG** 10 10
- vor Erteilung der Einwilligung **GenDG** 8 11; **GenDG** 9 10

**Bedingungen**
- Erlaubnis **BtMG** 9 1 ff.

**Bedingungsfeindlichkeit** **BApO** 4 4; **TPG** 4 8
**Bedürfnis nach Hilfe** **SGB XI 14** 17
**Bedürfnisse**
- Abrechnung **BGB 843** 8
- ärztliche Behandlung **BGB 843** 9
- Behindertenwerkstatt **BGB 843** 10
- Besuchskosten **BGB 843** 12
- Diät **BGB 843** 13
- Eigenleistungen **BGB 843** 14
- Haushaltsführungsschaden **BGB 843** 15
- Hausumbau **BGB 843** 16 ff.
- Krankengymnastik **BGB 843** 24
- Kuren **BGB 843** 26
- Massagen **BGB 843** 24
- Mehrbedarfsschaden **BGB 843** 5 ff.
- Pflege **BGB 843** 27 ff.
- Pflege durch Angehörige **BGB 843** 31 ff.
- Pflege, Anspruchsinhaber **BGB 843** 27 ff.
- Pflegeheim **BGB 843** 37
- Privatunterricht durch den Vater **BGB 843** 39
- Privatunterricht für Kinder **BGB 843** 38
- Rehabilitation berufliche **BGB 843** 11
- Umrüstung eines Fahrzeugs **BGB 843** 41
- Umrüstung eines Motorrades **BGB 843** 43
- Umzugskosten **BGB 843** 16 ff.
- vermehrte **BGB 843** 5 ff.

**Beerdigungskosten** **BGB 249** 166; **BGB 844** 3 ff.
**Befreiung**
- Notdienst **MBOÄ 26** 6

**Befreiungstatbestände** **BtMG** 4 2 ff.
- Betrieb einer Apotheke **BtMG** 4 2 ff.
- Betrieb einer tierärztlichen Hausapotheke **BtMG** 4 9
- Einfuhr/Ausfuhr **BtMG** 4 14
- Erwerb bei klinischer Prüfung und Härtefällen **BtMG** 4 16
- Erwerb durch den Endverbraucher **BtMG** 4 10 ff.
- Gewerbsmäßige Beförderung von Betäubungsmitteln **BtMG** 4 15

**Befristetes Arbeitsverhältnis**
- Abdingbarkeit **BGB 625** 17
- Fortsetzung **BGB 625** 8 ff.
- Kenntnis des Arbeitgebers **BGB 625** 10 ff.
- Verlängerungsabrede **BGB 625** 1
- Weiterbeschäftigung **BGB 625** 6
- Widerspruchslose Fortsetzung **BGB 625** 13 ff.

**Befristung**
- Erlaubnis **BtMG** 9 1 ff.

**Befristung von Arbeitsverträgen** **BGB 611a** 50; **BGB 620** 16 ff., 107 ff.
- auflösende Bedingung **BGB 620** 23
- Befristungskontrolle **BGB 620** 17
- Entfristungsklage **BGB 620** 114

- Form **BGB 620** 109 ff.
- mit Sachgrund **BGB 620** 17
- Sachgrundbefristung s. *dort*
- Sachgrundlose **BGB 620** 18
- Schriftform **BGB 620** 19
- Verlängerung, stillschweigende **BGB 620** 112
- Zeitbefristung **BGB 620** 21
- Zweckbefristung **BGB 620** 22

**Befruchtung TPG 8b** 6
**Befugte TPG 3** 11
**Befunderhebung**
- grob fehlerhaft **ZPO 286** 39

**Befunderhebungsfehler ZPO 286** 56
**Befunderhebungsmangel**
- Abgrenzung – und diagnostischer Irrtum/Fehler **BGB 630h** 65 ff.
- Beweislast **BGB 630h** 62 ff.

**Befundsicherung ZPO 286** 48
**Befundsicherungspflichtverletzung ZPO 286** 52
**Befundübermittlung MBOÄ 7** 20 ff
**Begleitleistungen SGB V 32** 4
- bei Heilmitteln **SGB V 32** 4

**Begründeter Verdacht BApO 4** 9
**Behandelbarkeit**
- Aufklärung **GenDG 9** 13, 19 ff.
- Aussageungenauigkeit **GenDG 4** 67
- Bedenkzeit **GenDG 8** 11
- Drittberatung **GenDG 10** 12
- Erkrankungsbegriff **GenDG 3** 44
- genetische Beratung **GenDG 10** 6

**Behandlung**
- Begriff **MBOÄ 8** 3

**Behandlung im Ausland SGB V 13** 10
**Behandlungsabbruch MBOÄ 16** 8
**Behandlungsansprüche SGB V 27** 4
**Behandlungserfolg SGB V 12** 5
**Behandlungsfehler BGB 199** 8 ff.; **BGB 630a** 50 ff., 82 ff.
- Beweiserleichterungen **ZPO 286** 14
- Evidenz-Rspr. zu § 852 BGB a.F. **BGB 199** 15 ff.
- Grob fahrlässige Unkenntnis **BGB 199** 15 ff.
- Haftungsbegründende Kausalität **BGB 630a** 88 ff.
- Positive Kenntnis **BGB 199** 9 ff.
- Zurechnung von Kenntnis oder vorwerfbarer Unkenntnis **BGB 199** 21 ff.

**Behandlungskonzept SGB V 107** 18
**Behandlungskosten**
- Informationspflicht **BGB 630c** 48a

**Behandlungsniveau**
- Mindeststandard **SGB V 12** 3

**Behandlungspflicht SGB V 109** 41
- Persönliche ~ **KHEntgG 17** 19

**Behandlungsvertrag BGB 611** 1 ff., 23 f.; **KHEntgG 18** 21; **PartGG 6** 3
- Beendigung **BGB 630b** 17 ff.
- Einordnung **BGB 630a** 1 f.
- Gewährleistungsrecht **BGB 630a** 39 ff.

- Grundsätze **BGB 630a** 1 f.
- Pflichten der Behandlungsseite **BGB 630a** 30 ff.
- Pflichten und Obliegenheiten des Patienten **BGB 630a** 44 ff.
- Pflichtverletzungen der Behandlungsseite s. *dort*
- Systematik **BGB 630a** 1
- Teleologie **BGB 630a** 1
- Vertragsbeendigung **BGB 630a** 48 f.
- Vertragsgegenstand **BGB 630a** 6 ff.
- Vertragsparteien **BGB 630a** 16 ff.
- Vertragsschluss **BGB 630a** 6 ff.
- Vertragstyp **BGB 630a** 1
- Werkvertragsrecht **BGB 630a** 3 ff.

**Behindern dritter Hilfe leistender Personen StGB 323c** 2
**Behinderung GenDG 3** 45
**Behinderungsausgleich SGB V 33** 4
- bei Hilfsmittel **SGB V 33** 4

**Behördlich angeordnete Entseuchungsmaßnahmen IfSG 18** 1 ff.
- Anerkennung von Desinfektionsmitteln **IfSG 18** 7
- Bekämpfung von Gesundheitsschädlingen **IfSG 18** 2
- Bewehrung **IfSG 18** 11
- Desinfektion **IfSG 18** 2
- Hinreichende Wirksamkeit **IfSG 18** 5
- Meldeadressaten **IfSG 18** 10
- Meldepflicht **IfSG 18** 9
- RKI **IfSG 18** 7

**Beiträge BGB 707** 1 ff.
- Dienstleistung **BGB 707** 4
- Gleichbehandlungsgrundsatz **BGB 707** 2
- Leistungsstörungen **BGB 707** 5
- Nachschusspflicht **BGB 707** 7 f.
- Pflicht zur aktiven Berufsausübung **BGB 707** 6
- Sacheinlage **BGB 707** 3

**Beitragssatzstabilität KHEntgG 6** 32
**Bekanntmachungspflicht**
- Verstoß **GWB 135** 11

**Belegarzt BÄO 1** 17 ff.; **BGB 611** 31 ff.; **GOÄ 6a** 25 f., 31; **KHEntgG 18** 1
- Anerkennung **KHEntgG 18** 2
- Einrichtung einer Belegabteilung **KHEntgG 18** 8
- Haftung **BGB 715** 6, 18
- Insolvenz **InsO 11** 11
- Kostenerstattung **KHEntgG 19** 3
- Leistungen **KHEntgG 18** 15

**Belegarztanerkennung KHEntgG 18** 19
**Belegärztliche Behandlung SGB V 39** 12
**Belegarztvertrag KHEntgG 18** 11
**Belegarztwesen SGB V 121** 2 ff.
- Belegärztliche Leistungen **SGB V 121** 11
- Vergütung **SGB V 121** 11

**Beleg-Fallpauschalen KHEntgG 18** 16
**Beleg-Pflegesätze KHEntgG 18** 16
**Belehrung**
- Mitarbeiter über Schweigepflicht **MBOÄ 9** 7

# Stichwortverzeichnis

**Bemessung der Gebühren**
- Bemessungskriterien GOÄ 5 1
- Gebührenrahmen GOÄ 5 1
- Punktwert GOÄ 5 1

**Bemessungsgrundsätze** SGB XI 84 4

**Bemessungskriterien**
- Alter des Verletzten BGB 253 38 ff.
- Dauer BGB 253 12, 20
- Dauer der Schmerzen BGB 253 25
- Entstellungen BGB 253 37, 102 ff.
- Große Schmerzen BGB 253 25
- Heftigkeit der Schmerzen BGB 253 25
- Krankenhausaufenthalt BGB 253 36, 39
- Leiden BGB 253 12, 20, 36, 39
- Narben BGB 253 37, 102 ff.
- Präjudizien BGB 253 21
- Schmerzen BGB 253 12, 20, 35 ff.
- schwere Verletzungen BGB 253 12, 19
- schwerste Verletzungen *s. dort*
- Tendenz der Rechtsprechung BGB 253 22
- Verletzungen BGB 253 37
- Verschulden BGB 253 57
- Wahrnehmung BGB 253 12, 20
- wirtschaftliche Verhältnisse Arzt BGB 253 44
- wirtschaftliche Verhältnisse des Schädigers BGB 253 44
- wirtschaftliche Verhältnisse des Verletzten BGB 253 45
- Zeitablauf BGB 253 22

**Benachbarte Kreise** ApoG 12a 7

**Benachteiligung** BGB 612a 7 ff.; GenDG 4 45 f.
- mittelbar BGB 611a 122
- Schlechterstellung BGB 612a 7
- Unbeachtlichkeit des Motivs GenDG 4 50a
- unmittelbar BGB 611a 121
- Vorenthalten von Vorteilen BGB 612a 7
- Zeitpunkt BGB 612a 8

**Benachteiligungsverbot, genetisches** GenDG 21 1 ff.; GenDG 4 1
- als Typisierungsverbot GenDG 4 52 ff.
- Ansprüche auf Beseitigung, Unterlassung GenDG 21 19
- Ansprüche auf Beseitigung, Unterlassung und Schadensersatz GenDG 4 77b ff.
- Benachteiligung GenDG 21 12
- Genetische Eigenschaften GenDG 21 9
- keine Begründung von Obliegenheiten GenDG 4 76a ff.
- Nichtoffenbarung der Ergebnisse genetischer Untersuchungen GenDG 21 11
- Nichtvornahme genetischer Untersuchungen GenDG 21 10
- Rechtfertigungsanforderungen GenDG 4 56 ff.
- Rechtfertigungsanforderungen für Ungleichbehandlungen GenDG 21 13
- Rechtsfolge von Verstößen GenDG 21 17
- Schadensersatz GenDG 21 19
- Straf- und Bußgeldtatbestände GenDG 21 22; GenDG 4 78
- systematische Einordnung GenDG 4 26 ff.
- Unwirksamkeit unzulässiger Regelungen GenDG 21 18; GenDG 4 76a ff.

**Beobachtungen** IfSG 31 1 ff.
- äußerliche Untersuchungen IfSG 31 11
- Begriff IfSG 31 8
- Bewehrung IfSG 31 25
- Duldungs-, Melde- und Auskunftspflichten IfSG 31 9
- Gesundheitsdaten IfSG 31 12
- Nichtstörer IfSG 31 5
- Normadressaten IfSG 31 4
- Rechtsbehelfe und – mittel IfSG 31 25
- Verhältnismäßigkeitsprinzip IfSG 31 6
- Vollziehbarkeit IfSG 31 25
- Vorladungen IfSG 31 10
- Zuständige Behörden IfSG 31 7
- Zwangsmaßnahmen IfSG 31 25

**Beratung, genetische** GenDG 10 1 ff.
- Abgrenzung zur Aufklärung GenDG 10 3
- Arztvorbehalt GenDG 7 8
- Dokumentation GenDG 10 14
- Empfehlung der Drittberatung GenDG 10 12 f.
- Schadensersatz GenDG 10 17
- Trias Aufklärung – Test – Beratung GenDG Vor §§ 7 ff. 5

**Beratungsberuf** PartGG 1 41

**Beratungspflicht**
- Leistungserbringer SGB V 127 38 ff.

**Berechnung der Entgelte** KHEntgG 8 1 ff.

**Bereicherungsabsicht** StGB 263 61

**Bereitschaftsdienst** BGB 611a 204
- Drei-Stufen-Modell BGB 611a 205

**Bericht**
- Formalisierter – TPG 8d 26

**Berichterstattung** TPG 8 17

**Berichtspflicht** SGB V 197a 10 ff.; SGB V 81a 26 ff.

**Berufliche Kooperationen** MBOÄ 18 1

**Berufliche Leistungen** GOÄ 1 2b

**Berufsanerkennung**
- Apotheker BApO 4 1

**Berufsausübung**
- Inländergleichbehandlung BÄO 2 7
- Rechtsanwälte mit Ärzten MBOÄ 23c 3
- Unabhängigkeit PartGG 6 5
- Vergesellschaftete - PartGG 1 23
- Zugang BÄO 2 8

**Berufsausübungserlaubnis**
- Ablehnung PsychThG 4 21
- Antrag PsychThG 4 4
- Befristung PsychThG 4 21
- Bescheidungsfristen PsychThG 4 7
- Bewehrung PsychThG 6 7
- Form PsychThG 4 5
- Geltungsdauer PsychThG 4 17

# Stichwortverzeichnis

- Rücknahme **PsychThG** 6 2 ff.
- Ruhensanordnung **PsychThG** 6 2 ff.
- Sofortvollzug **PsychThG** 6 7
- Verzicht **PsychThG** 6 6
- Widerruf **PsychThG** 4 21; **PsychThG** 6 2 ff.

**Berufsausübungsfehler PartGG** 8 13

**Berufsausübungsgemeinschaft BÄO** 1 33; **BGB** 705 4 ff.; **MBOÄ** 18 6, 77; **PartGG** 1 31; **PartGG** 3 20
- Ankündigung **MBOÄ** 18a 1
- Rechtsformen **MBOÄ** 18 55
- Überörtliche - **BÄO** 1 34a

**Berufsausübungsgesellschaft PartGG** 1 7
- Anzeigepflicht **PartGG** 4 16
- Zweigniederlassung **PartGG** 5 10

**Berufsausübungsrecht**
- Informationspflicht **MBOÄ** 2 9 f.

**Berufsausübungsverbot**
- Apotheker **BApO** 2 9

**Berufsbezeichnung BÄO** 2 22; **BÄO** 2a 1

**Berufsbezeichnungsschutz**
- Apotheker **BApO** 2 10

**Berufserlaubnis BApO** 11 1; **BApO** 8 9
- Apotheker **BApO** 2 6
- Übergangsregelungen **BApO** 11 12

**Berufsfreiheit HWG Einf.** 57; **TFG** 21a 3

**Berufsgerichtliches Verfahren BÄO** 5 10; **SGB V** 81a 8f

**Berufshelfer StGB** 203 18 ff.

**Berufsname PartGG** 2 3

**Berufsordnung PartGG** 1 43
- als Rechtsquelle des Arbeitsrechts **BGB** 611a 87
- Präambel **MBOÄ** A. 1

**Berufsqualifikation BÄO** 2 8

**Berufsqualifikationsfeststellungsgesetz BApO** 4 37; **ZHG** 1 2b
- Anwendbarkeit **BÄO** 3 63

**Berufsrechtliche Leistungspflichten BGB** 611a 184 ff.

**Berufsrechtliche Pflicht**
- Verschwiegenheit **PartGG** 6 6

**Berufsrechtsvorbehalt BGB** 705 2; **PartGG** 1 21; **PartGG** 2 22; **PartGG** 6 3

**Berufstätigkeit ApoG** 2 7

**Berufsträger**
- Täterkreis nach dem Tod des - **StGB** 203 23 ff.

**Berufsunfähigkeitsversicherung GenDG** 18 21

**Berufsunwürdigkeit ApoG** 6 11

**Berufsverbot BÄO** 5 10; **BApO** 8 5

**Berufung**
- Neue Angriffs- u. Verteidigungsmittel **ZPO** 531 1 ff.
- Statthaftigkeit **ZPO** 511 1
- Zulässigkeit **ZPO** 522 2
- Zurückweisungsbeschluss **ZPO** 522 4 ff.

**Beschäftigte GenDG** 3 69 f., 87 f.; **GenDG Vor §§** 19 ff. 1 f.

**Beschäftigungspflicht BGB** 611a 170

**Beschäftigungsverhältnis**
- Ansprüche auf Beseitigung,

Unterlassung **GenDG** 19 14 ff.
- Genetische Untersuchungen und Analysen vor und nach Begründung **GenDG** 19 1 ff.
- Recht zur Lüge **GenDG** 19 13
- Schadensersatz **GenDG** 19 14 ff.
- Straf- und Bußgeldtatbestände **GenDG** 19 19
- Unwirksamkeit unzulässiger Regelungen **GenDG** 19 13
- Verbotene Handlungen **GenDG** 19 11

**Bescheinigung GOÄ** 11 11

**Beschlagnahmeschutz**
- elektronische Gesundheitsdaten **SGB V** 341 9

**Beschneidung BGB** 1631d 1
- Ärztliche Aufklärung **BGB** 1631d 10
- Einwilligungsunfähiges männliches Kind **BGB** 1631d 4 f.
- Facharztstandard **BGB** 1631d 8 f.
- Haftungsfolgen **BGB** 1631d 14
- Kindeswohlgefährdung **BGB** 1631d 13
- Medizinisch nicht indizierte - **BGB** 1631d 6
- Regeln der ärztlichen Kunst **BGB** 1631d 7
- Vetorecht des Einwilligungsunfähigen **BGB** 1631d 11 f.

**Beschränkungen**
- Berufserlaubnis **BApO** 11 7 f.
- Erlaubnis **BtMG** 9 1 ff.

**Beschwerde InsO** 6 1

**Besitz**
- Unerlaubter - **BtMG** 29 14

**Besondere Einrichtung KHEntgG** 4 52

**Besondere Maßnahmen zur Verhütung übertragbarer Krankheiten IfSG** 17 1 ff.
- Befürchtung einer Krankheitsverbreitung **IfSG** 17 6
- Behaftung von Gegenständen **IfSG** 17 5
- Bewehrung **IfSG** 17 17
- Bußgeld **IfSG** 17 18
- Desinfektions- bzw. Entwesungsmaßnahmen **IfSG** 17 9
- Eingriffsbefugnisse **IfSG** 17 8
- Eingriffszeitpunkte **IfSG** 17
- Entschädigung **IfSG** 17 17
- fachliche Kompetenz **IfSG** 17 10
- Gegenstandsbegriff **IfSG** 17 2
- Gesundheitsschädlinge **IfSG** 17 12
- Grundrechtseinschränkungen **IfSG** 17 13
- Meldepflicht **IfSG** 17 7
- präventive Anordnungen **IfSG** 17 1
- Vernichtung von Gegenständen **IfSG** 17 11
- Verordnungsermächtigungen **IfSG** 17 16
- Verwaltungszwang **IfSG** 17 17

**Besondere Versorgung SGB V** 140a 1 ff.

**Bestechlichkeit StGB** 299 1 ff.; **StGB** 332 1
- Besonders schwere Fälle **StGB** 335 1 ff.
- im geschäftlichen Verkehr **StGB** 299 3 ff.
- Täterkreis **StGB** 299b 6

**Bestechlichkeit im geschäftlichen Verkehr**
- Unrechtsvereinbarung **StGB** 299 23

3351

# Stichwortverzeichnis

Bestechlichkeit im Gesundheitswesen
  StGB 299b 1 ff.
Bestechung StGB 334 1
– aktiv StGB 299 25
– Besonders schwere Fälle StGB 335 1 ff.
Bestechung im Gesundheitswesen StGB 299b 26 ff.
– Besonders schwere Fälle StGB 300 1
Besuche
– Entschädigung für – GOÄ 8 4
Besuchskosten BGB 249 67 ff.
– Babysitter BGB 249 72
– Fahrtkosten BGB 249 70
– im Krankenhaus BGB 249 71
– Verdienstausfall BGB 249 70
Betäubungsmittel
– Abgrenzung zu Arzneimitteln und Grundstoffen BtMG 1 7 ff.
– Begriff BtMG 1 2 f.
– Erwerb zur Selbsttötung BtMG 5 9a
– Verkehrsfähigkeit BtMG 16 2
– Verordnungsermächtigung BtMG 1 10
Beteiligungen ApoG 8 4
– nachgeordneter Ärzte MBOÄ 29 6
Beteiligungsvergütung GOÄ 6a 19
Betreiberverantwortung ApoG 7 4
Betreuer TPG 8c 15
Betreuung ApoG 11a 16; TFG 3 16
– ärztliche Behandlung MBOÄ 16 11
Betreuungsgericht
– Genehmigung BGB 1904 1 ff.
Betrieb
– Begriff BGB 611a 45 f.; BGB 613a 2 ff.
– betriebsmittelbezogener Begriff BGB 613a 2
– Betriebsunterbrechung BGB 613a 11
– betriebsverfassungsrechtlicher Begriff BGB 613a 2
– Betriebszweck BGB 613a 13
– mehrere Unternehmen BGB 611a 46
– Stilllegung BGB 613a 11
– tatsächliche Fortführung BGB 613a 10 ff.
– wesentliche Betriebsmittel BGB 613a 19
– wirtschaftliche Einheit BGB 613a 2
– wirtschaftliche Einheit, Identität der BGB 613a 13
Betriebliche Übung BGB 611a 97 ff.
Betriebliches Eingliederungsmanagement BGB 620 58
Betriebsärzte SGB V 132f 1 ff.
– Arbeitssicherheitsgesetz BGB 611a 4
– Aufgaben SGB V 132f 5 ff.
– Leistungen SGB V 132f 5 ff.
– Vertragsinhalte SGB V 132f 18 ff.
– Vertragspartner SGB V 132f 13 ff.
– Vertragsschluss SGB V 132f 13 ff.
Betriebsbedingte Kündigung BGB 620 76 ff.
– Sozialauswahl BGB 620 83 ff.
– Unternehmerische Entscheidung BGB 620 77
– Weiterbeschäftigungsmöglichkeit BGB 620 79 ff.

Betriebserlaubnis ApoG 1 5; ApoG 2 1
– Approbation ApoG 6 5
– Bewehrung ApoG 1 8; ApoG 2 13
– Dritteinfluss ApoG 6 14
– Erlaubnisarten ApoG 1 7
– Erlöschen ApoG 6 2
– Nichtgebrauch ApoG 6 6
– Rücknahme/Widerruf ApoG 6 9
– Rücknahme-/Widerrufsgründe ApoG 6 10
– Tod, Todeserklärung ApoG 6 3
– Umgang ApoG 6 1
– Verzicht ApoG 6 4
Betriebsinhaber
– Begriff BGB 613a 7
– betriebliche Leitungsmacht BGB 613a 7
– Wechsel des BGB 613a 8 f.
Betriebskostenzuschüsse SGB XI 82 10
Betriebsmittel BGB 613a 2
– betriebsmittelarme Tätigkeit BGB 613a 2
– funktionelle Verknüpfung BGB 613a 10
– immaterielle BGB 613a 2
– sächliche BGB 613a 2
Betriebsnormen BGB 611a 91
Betriebsratsanhörung BGB 623 59 ff.
– Anforderungen BGB 623 61 ff.
– Reaktionsmöglichkeiten BGB 623 64 ff.
– Widerspruch BGB 623 67 f.
Betriebsräume ApoG 2 8
Betriebsrisiko
– Vergütung BGB 615 31 ff.
Betriebsteil
– Begriff BGB 613a 5
Betriebsübergang
– Anscheinsbeweis BGB 613a 105
– Anspruch auf Arbeitsleistung BGB 613a 45
– Arbeitgeberdarlehen BGB 613a 40
– Aufhebungsverträge BGB 613a 74
– betriebliche Übung BGB 613a 44
– Betriebsänderung BGB 613a 63
– Betriebszugehörigkeit BGB 613a 41
– durch Rechtsgeschäft BGB 613a 29 ff.
– eigenständiges Kündigungsverbot BGB 613a 70
– Eintritt in die Rechte und Pflichten aus dem »Arbeitsverhältnis« BGB 613a 40 ff.
– Endzeugnis BGB 613a 43
– Haftung BGB 613a 65 ff.
– Haftung Gesamtschuldner BGB 613a 65
– Haftung im Innenverhältnis BGB 613a 66
– Haftungsausschluss BGB 613a 68
– in der Insolvenz BGB 613a 33, 77
– Kontinuität des Betriebsrats BGB 613a 62
– Kündigungsverbot BGB 613a 70 ff.
– Kündigungsverbot wegen Betriebsübergang BGB 613a 71 f.
– Passivlegitimation BGB 613a 103
– Personalrabatte BGB 613a 40
– Prozessuales BGB 613a 103 ff.

- Rechtsfolgen **BGB 613a** 35 ff.
- sanierende Betriebsübernahme **BGB 613a** 76
- Sozialversicherungsbeiträge **BGB 613a** 41
- Übergang der Arbeitsverhältnisse *s. dort*
- Übergangsmandat **BGB 613a** 62
- Umgehung des Kündigungsverbots **BGB 613a** 73 ff.
- Unterrichtung der Arbeitnehmer *s. dort*
- Unterrichtungspflichten **BGB 613a** 64
- Verhältnis zu anderen Haftungsgrundlagen **BGB 613a** 69
- Versorgungsanwartschaften **BGB 613a** 42
- Weitergeltung kollektivrechtlicher Normen *s. dort*
- Werkswohnung **BGB 613a** 40
- Wettbewerbsverbot **BGB 613a** 46
- Widerspruchsrecht der Arbeitnehmer *s. dort*
- zeitanteilige Haftung **BGB 613a** 65
- Zwangsversteigerung/-verwaltung **BGB 613a** 33

**Betriebsverbot** **ApoG** 6 15
**Betriebsvereinbarung** **BGB 611a** 91
**Bevölkerung** **ApoG** 1 3
**Bevölkerungsbegriff** **TFG** 1 9
**Bevollmächtigung** **BGB 1906** 21
**Bevorzugte Berücksichtigung** **ApoG** 10 4
**Beweis**
- Begriff **ZPO 284** 1
- Beweismaß § 286 ZPO **BGB 249** 3
- Beweismaß § 287 ZPO **BGB 249** 3

**Beweislast**
- Beweisverwertungsverbot **BGB 620** 75
- im Arbeitsverhältnis **BGB 619a** 1

**Beweislast bei Haftung für Behandlungs- und Aufklärungsfehler BGB 630h** 1 ff.
- Abgrenzung Befunderhebungsmangel und diagnostischer Irrtum/Fehler **BGB 630h** 65 ff.
- Befunderhebungsmangel **BGB 630h** 62 ff.
- Dokumentation und Aufbewahrung **BGB 630h** 39 ff.
- Einwilligung und Aufklärung **BGB 630h** 18 ff.
- Fälle des rechtmäßigen Eingriffs ohne informierte Einwilligung **BGB 630h** 26 ff.
- Grober Behandlungsfehler **BGB 630h** 51 ff.
- Übernahmeverschulden **BGB 630h** 45 ff.
- voll beherrschbares Behandlungsrisiko **BGB 630h** 8 ff.

**Beweislastsonderregel** **ZPO 286** 47
**Beweislastumkehrungen** **ZPO 286** 21
**Beweismaßreduzierung** **ZPO 286** 4
**Beweisvereitelung** **ZPO 286** 57
**Beweisverwertungsverbot** **BGB 630c** 30
**Bewertungseinheit** **BtMG Vor §§ 29** ff. 2
**Bewilligungsbescheid** **KHG 8** 56
- Inhalt **KHG 8** 57
- Rechtsnatur **KHG 8** 56
- Rücknahme **KHG 8** 58
- Widerruf **KHG 8** 58

**Bezeichnungsschutz**
- Apotheker **BApO** 2 9
**Bezugnahme** **TPG 8a** 3
**Bezugnahmeklausel** **BGB 611a** 88; **BGB 613a** 64 ff.
- AGB-Kontrolle **BGB 611a** 145
**Bindungswirkung** **TFG 12a** 3; **TFG 24** 3
**Binnenmarktinformationssystem** **BÄO** 3 35
**Biomedizinische Forschung** **MBOÄ** 15 2
**Biozid-Produkt** **AMG** 2 27 ff.
**Blut** **TFG** 1 1 ff.; **TPG** 1 18
**Blut-, Plasma- oder Gewebespenden**
- Werbeverbot für finanzielle Zuwendungen **HWG** 7 98 ff.
**Blut- und Plasmaspendedienste** **TFG Vor** 2
**Blut- und Plasmaspendewesen** **TFG Vor** 2
**Blutbestandteile** **TFG** 1 3 f.; **TFG** 2 13
**Blutdepots** **TFG 11a** 1 ff.
- nicht zur Anwendung beim Menschen **TFG** 2 9
**Blutkonserven** **TFG** 1 3 f.
**Blutmenge** **TFG** 1 2
**Blutplasma**
- Zellfreies - **TFG** 1 4
**Blutprodukte** **TFG** 2 10
- nicht angewendete **TFG** 17 1
- Verwechslungen **TFG** 14 2
**Blutspende**
- Entnahme der Spende **TFG** 1 12
- Freiwillige - **TFG** 1 11
**Blutstammzellen**
- Separation **TFG** 9 1 ff.
**Blutstammzellenspende**
- Periphere - **TFG** 9 3
**Blutstammzellgewinnung** **TFG** 2 6
**Blutzellenseparation** **TFG** 9 1 ff.
**Blutzubereitungen** **TFG** 2 11
**Borderline-Störung** **BGB 249** 142
**Botendienst** **ApoG 11a** 3
**Brancheneinheitlicher Standardtarif**
- Personenkreis **GOÄ 5b** 2
**Brillengestell** **SGB V 33** 2
**Bundesärztekammer** **GOÄ** 6 11 ff.
- Gebührenordnungsausschuss **GOÄ** 6 19 f.
- Richtlinienkompetenz **TFG 12a** 1 ff.
- Zentraler Konsultationsausschuss **GOÄ** 6 18
**Bundesoberbehörde**
- Informationspflichten zwischen den Behörden **MPDG** 74 9
- Zuständigkeit bei Herstellern ohne Sitz in Deutschland **MPDG** 74 7 f.
- Zuständigkeit bei Gefahr im Verzug **MPDG** 74 7
**Bundesverfassungsgericht** **BÄO** 1 9, 11, 15, 24
**Bußgelder** **TFG** 4 14

**Cannabis**
- Versorgung mit - **SGB V 31** 14
**Chefarzt** **BGB 611a** 36
- Angestellte, leitend **BGB 611a** 37

## Stichwortverzeichnis

- Entwicklungsklausel BGB 611a 163
- Insolvenz InsO 11 11
- Liquidationsrecht BGB 611a 162
- Vergütung BGB 611a 160

**Chefarztbehandlung** BGB 611 24

**Chimärenbildung** ESchG 7 1

**Chronische Krankheiten**
- Durchführung von Programmen SGB V 137f 76 ff.
- Förderung der Integration digitaler medizinischer Anwendungen SGB V 137f 93 ff.
- Strukturierte Behandlungsprogramme SGB V 137f 28 ff.
- Verträge von Krankenkassen mit zugelassenen Krankenhäusern SGB V 137f 86 ff.

**Compassionate use** AMG 21 36 ff.

**Compliance** BGB 611a 213; BGB 630c 1 ff.

**Corona-Mehrkosten** KHEntgG 5 28v

**Corona-Pandemie** MPDG 7 7
- Abrechnungsempfehlungen GOÄ 4 4
- Abschlagsfreie Leistungen KHEntgG 4 21l
- Ansteckungsverdächtige Personen IfSG 5 13
- Antigentests zur Eigenanwendung MPDG 7 5
- Antigen-Tests zur Eigenanwendung HWG 12 5a
- Betriebsschließungen IfSG 65 5
- Corona-Virus PCR-Test-Kits HWG 12 10a
- Dringlichkeit GWB 134 5
- erhöhte Hygienemaßnahmen SGB V 127 10
- Fernbehandlung MBOÄ 7 12
- Haushalts-Hilfe SGB XI 43 4
- Hebammenhilfe-Vertrag SGB V 134a 31
- Home-Office BGB 611 31
- Impf-Nachweis BGB 611a 171
- Obergrenze für Zuschläge KHEntgG 5 31
- Pflegeentgeltwert KHEntgG 6a 15a
- RKI-Kontaktpersonen-Nachverfolgung IfSG 31 13
- Rückzahlungsverpflichtung KHEntgG 6a 3a
- SARS-CoV-2 Arzneimittelversorgungsverordnung BtMG 1 2
- Schutzimpfungen SGB V 20i 1 f.
- Sonderregelung BtMG 13 3, 5 f., 14 f., 20 f., 40 ff., 58, 43a; BtMG 29 6; BtMG 4 1a
- Sonderzulassung MPDG 7 7
- Substitution BtMG 13 43
- Substitutionsbehandlung BtMG 29 15
- Umverteilung der Behandlungskapazität BGB 611a 162
- Umverteilung von Behandlungskapazitäten BGB 615 23
- Vorzeitiges Inkrafttreten von Art. 59 der MDR MPDG 7 3
- Zahlungspflicht der Krankenkassen SGB V 20a 2

**Corona-Virus PCR-Test-Kits** HWG 12 10a

**Darlegungs- und Beweislast**
- Arzthaftung BGB 630a 106 ff.
- Außerordentliche Kündigung BGB 626 54 f.
- Dokumentation der Behandlung BGB 630f 36 ff.
- Einwilligung BGB 630d 55 ff.
- Schadensersatz bei Kündigung BGB 628 33

**Daten**
- genetische GenDG 3 11

**Datenschutz** GenDG 1 5; GenDG 2 5; TFG 14 6
- Untersuchungsergebnisse TFG 3 14

**Datenübermittlung**
- Abrechnungsstellen MBOÄ 12 10

**Datenübermittlungsbefugnis** SGB V 197a 8; SGB V 81a 13 ff.; SGB XI 47a 5 ff.

**De-facto-Vergaben** GWB 135 4

**Defekturarzneimittel** AMG 21 9 ff.

**Defekturen** ApoG 11a 2

**Deklaration von Helsinki** MBOÄ 15 8

**Deliktsort** ZPO 32 2

**Dentist** PartGG 1 14

**Depotverbot** SGB V 128 11 ff.

**Depressionen**
- Bagatelle BGB 249 122, 136

**Designer-Drogen** BtMG 1 8

**Determinismus, genetischer** GenDG 4 9, 16

**Deutsches Hämophilieregister** TFG 21 3

**Deutsches Medizinprodukteinformations- und Datenbanksystem**
- Aufbau und Betrieb durch das BfArM MPDG 86 1
- Nicht abschließende Aufzählung MPDG 86 3
- Übergangsregelung MPDG 98 1
- Volle Funktionalität bis zum 31.12.2022 MPDG 86 2

**Diagnose**
- grob fehlerhaft ZPO 286 37

**Diagnosefehler** BGB 249 151

**Diagnostische und therapeutische Leistungen** KHEntgG 17 10 ff.

**Dialyseleistungen**
- Nichtärztliche - SGB V 126 66

**Diät** SGB V 31 13

**Dienen** BÄO 1 23

**Dienste, entgangene**
- Begriff BGB 845 1
- Dienstleistungen von Kindern BGB 845 2 f.
- fiktive Abrechnung BGB 845 4

**Dienstgemeinschaft** BGB 611a 57, 61

**Dienstleistungen** BApO 11a 5

**Dienstleistungserbringer** BApO 11a 2

**Dienstleistungserbringung** BÄO 2 4
- Anspruch der EU-, EWR- und Vertragsstaat-Angehörigen BÄO 10b 2
- Ausübung BÄO 2 6
- Bedingungen BÄO 10b 11
- Bescheinigungen BÄO 10b 16
- Dienstleistungen in Deutschland PsychThG 19 9 ff.
- Formen BÄO 2 5
- Meldepflicht BÄO 10b 7

– Mitglied- und Vertragsstaaten PsychThG 19 3 ff.
– Verwaltungszusammenarbeit PsychThG 19 17
– vorübergehende und gelegentliche Tätigkeit BÄO 2 13
Dienstleistungsintensität BApO 11a 4
Dienstvereinbarung BGB 611a 92
Dienstverschaffungsvertrag
– Abgrenzung zum Arbeitsvertrag BGB 611a 18
Dienstvertrag BGB 611 3
– Behandlungsvertrag MBOÄ 12 2
Dienstvertrag, freier BGB 611 1
– Abgrenzung zum Arbeitsvertrag/Dienste höherer Art BGB 611a 2
Dienstvertragsrecht
– Abweichende Regelungen BGB 630b 37
– Abwicklung nach fristloser Kündigung BGB 630b 21 ff.
– Annahmeverzug BGB 630b 12 ff.
– Anwendbare Vorschriften BGB 630b 1 ff.
– Beendigung und Abwicklung BGB 630b 17 ff.
– Fälligkeit BGB 630b 9 ff.
– Grundsatz persönlicher Leistungserbringung BGB 630b 6 ff.
– Höhe der Vergütung BGB 630b 2 ff.
Dienstzeugnis BGB 630 1 ff.
Differenzhypothese BGB 249 14 ff.
– Vermögensminderung BGB 249 14
Digitale Gesundheitsanwendungen
– Rahmenvereinbarung SGB V 134 24 ff.
– Schiedsstelle SGB V 134 18 ff.
– Vereinbarung von Vergütungsbeträgen SGB V 134 11 ff.
Direktabrechnung GOÄ 12 37
Diskriminierung
– mittelbare GenDG 4 47 ff.
– Schutz vor – aufgrund genetischer Eigenschaften GenDG 1 3
Diskriminierungsfreie Beschäftigung BGB 611a 172
Diskriminierungsverbot MBOÄ 29 9
Disziplinarverfahren SGB V 81a 8d
Dokumentation TPG 8d 22
– Ärzte MBOÄ 10 1
– Erleichterung TPG 4a 12
– Form MBOÄ 10 9 ff.
– öffentlich zugängliche – TPG 8d 23
Dokumentation der Behandlung BGB 630f 1 ff.
– Änderungen BGB 630f 19 f.
– Berichtigungen BGB 630f 19 f.
– Besondere Vorschriften BGB 630f 9 ff.
– Darlegungs- und Beweislast BGB 630f 36 ff.
– DSGVO BGB 630f 41 ff.
– Entstehungsgeschichte BGB 630f 1 ff.
– Folgen bei Verstößen BGB 630f 31 ff.
– Formelle Anforderungen BGB 630f 9 ff.
– Frist zur Aufbewahrung BGB 630f 25 ff.
– Gegenstand BGB 630f 9 ff.

– Haftungsrechtliche Vorteile sorgfältig geführter Dokumentation BGB 630f 35
– Inhaltliche Anforderungen BGB 630f 11 ff.
– Normzweck BGB 630f 1 ff.
– Übersicht BGB 630f 6 ff.
– Umfang BGB 630f 11 ff.
– Zeitlicher Zusammenhang BGB 630f 21 ff.
Dokumentationsanforderungen TPG 8d 20
Dokumentationseinschränkungen TFG 16 6
Dokumentationsfehler TFG 14 5
Dokumentationsmängel
– Arzthaftung BGB 630a 57 f.
Dokumentationspflichten BGB 611a 191; TPG 8d 19
– Aufklärung GenDG 9 24
– Einwilligung GenDG 8 16 f.
– genetische Beratung GenDG 10 14
– Gesamtbehandlung TFG 14 1 ff.
– Risikoerfassung TFG 14 1 ff.
– Widerruf der Einwilligung GenDG 8 23
Dokumentationspflichtverletzung ZPO 286 49
Doppelapprobation BÄO 10a 1
Doppelverdienerehe
– mit geteilter Haushaltsführung BGB 844 63
Dritter Weg BGB 611a 57 ff.
Drittschutz ApoG 7 5
Drittstaaten BApO 4 26
Drogenkonsumräume BtMG 10a 1 f.
Duales Finanzierungssystem KHG 1 3; KHG 4 4
Dual-Use-Produkt AMG 2 22
Durchfuhr
– Betäubungsmittel BtMG 11 1 ff.
Durchgangsarzt BGB 630a 28

Ehegatten
– Verpachtung ApoG 9 7
Eigenbedarf TFG 5 4
Eigenblutspende TFG 13 2
Eigeneinrichtungen SGB V 140 1 ff.
– Ausnahmefall der Errichtung neuer – SGB V 140 17 f.
– Bestandsschutz SGB V 140 6 ff.
– Neue – nach Rückfall des Sicherstellungsauftrags SGB V 140 19
Eigenschaft, genetische GenDG 3 31 ff.
Eigenverantwortlichkeit BÄO 1 28, 33
Eigenverantwortung SGB V 1 4; SGB V 2 2
Eignung TPG 8 5
Eignungsprüfung BApO 4 23
Ein- und Ausfuhr
– Betäubungsmittel BtMG 11 1 ff.
Ein-Euro-Jobber BGB 611a 21
Einfachsatz der GOÄ GOÄ 11 8 ff.
Einfuhr BtMG 29 7
Eingruppierung, tarifliche BGB 611a 156 ff.
Einigung
– Bemühen um – KHG 7 12

Einigungsvertrag  BÄO 10a 3
Einmalartikel  GOÄ 10 11 ff.
Einrichtungen
– nicht förderungsfähige –  KHG 5 1 ff.
Einrichtungen der medizinischen Versorgung  TPG 8d 30
Einrichtungsliste  TPG 8d 29
Einsatz medizinisch-technischer Geräte  ZPO 286 62
Einschaltung der Krankenkasse  SGB V 13 6
Einschränkung der Verarbeitung, Sperren
– Ergebnisse genetischer Untersuchungen  GenDG 12 15 ff.
Einsichtnahme in die Patientenakte  BGB 194 6 ff.
– Abweichende Vereinbarungen  BGB 630g 40 ff.
– Anspruch auf Anfertigung und Herausgabe von Abschriften  BGB 630g 28 ff.
– Anwendungsbereich  BGB 630g 1 ff.
– Begrenzung  BGB 630g 18 ff.
– Begründung der Verweigerung  BGB 630g 26 f.
– DSGVO  BGB 630g 1 ff.
– Einsichtsberechtigter  BGB 630g 6 ff.
– Einsichtsverlangen  BGB 630g 9
– Entgegenstehende Rechte Dritter  BGB 630g 23 f.
– Entgegenstehende therapeutische Gründe  BGB 630g 19 ff.
– Normzweck  BGB 630g 1 ff.
– Ort  BGB 630g 10 f.
– Postmortales Einsichtsrecht  BGB 630g 31 ff.
– Prozessuale Geltendmachung  BGB 630g 40 ff.
– Rechtsnatur  BGB 630g 9a
– Sonstige Einsichtsrechte  BGB 630g 37 ff.
– Umfang  BGB 630g 6 ff., 12 ff.
– Verhältnis zur DSGVO  BGB 630g 12a
– Voraussetzungen  BGB 630g 6 ff.
– Zeit  BGB 630g 10 f.
Einsichtsfähigkeit
– Fehlende –  TPG 8c 21
Einsichtsrecht  TPG 4 17
– Krankenunterlagen  ZPO 286 11
– Patient in Dokumentation  MBOÄ 10 13
Einstellungszusage  BGB 611a 110
Einteilung
– Notdienst  MBOÄ 26 7
Eintragung  PartGG 5 5
– Wirkung  PartGG 5 6
Eintragungsverfahren  PartGG 5 4
Einwilligung  BÄO 1 29; BGB 630d 1 ff.; MBOÄ 8 4; StGB 228 1; TFG 8 7; TPG 8a 8
– arbeitsmedizinische Untersuchungen  GenDG 20 5
– Auftragsverarbeitung  GenDG 7 14, 19
– beschränkte legitimierende Wirkung  GenDG 11 19 ff.; GenDG 18 13
– Darlegungs- und Beweislast  BGB 630d 55 ff.
– Durchführung der genetischen Untersuchung  GenDG 8 1 ff., 10 ff.

– Einholungspflicht  BGB 630d 6 ff.
– Einwilligungsfähigkeit  GenDG 8 11a
– Freiwilligkeit  GenDG 9 20 f.
– gesetzliche Vertretung  TPG 8a 11
– Hypothetische –  StGB 228 28
– informierte  GenDG 8 10; GenDG 9 5
– längere Aufbewahrung  GenDG 12 15
– Medizinische Intervention ohne –  BGB 630d 50 ff.
– Minderjährige Patienten  BGB 630d 26 ff.
– Mitteilung des Untersuchungsergebnisses  GenDG 11 11 ff., 17 f.; GenDG 18 21 ff.; GenDG Vor §§ 7 ff. 5
– Mutmaßliche –  StGB 228 22 ff.
– Neugeborenenscreening  GenDG 2 4
– Ordnungsgemäße Aufklärung  BGB 630d 38 ff.
– Probenentnahme  GenDG 2 16
– Probenverwendung  GenDG 13 8 f.
– Recht auf Nichtwissen  GenDG 8 6
– Rechtsnatur  BGB 630d 6
– Schadensersatz  GenDG 8 25
– Schwangere  TPG 4a 6
– Schweigepflichtsentbindung beim Abschluss von Versicherungsverträgen  GenDG 18 21 ff.
– Spender  TPG 3 2 f.; TPG 8 13
– Spezialvorschriften  BGB 630d 43
– Sterbehilfe  MBOÄ 16 9
– Straf- und Bußgeldtatbestände  GenDG 8 26
– Verweigerung des Betreuers  BGB 1904 1 ff.
– Volljährige einwilligungsunfähige Patienten  BGB 630d 22 ff.
– Widerruf  AMG 40 20; GenDG 8 19 ff.
– Widerrufbarkeit  BGB 630d 44 ff.
– Wirksamkeit  TFG 6 3
Einwilligungsfähige
– Nicht –  TPG 8c 11
Einwilligungsfähigkeit  TPG 8 3; TPG 8c 2
– Spender  TPG 8b 5
Einzelfreistellung  GWB 1 56d ff.
Einzelgeschäftsführungsbefugnis  PartGG 6 8
Einzelrezepturen
– für Tiere  AMG 21 34
Einzelvertretungsmacht  PartGG 7 8
Einziehung  BtMG 33 1; HWG 16 5
Eizelle
– fremde unbefruchtete –  ESchG 1 6 ff.
– Imprägnierte –  ESchG 1 24
Eizellspende  ESchG 1 6 ff.
Ektogenese  ESchG 2 6
Elektiver Single-Embryo-Transfer  ESchG 1 18
Elektronische ärztliche Verordnung
– Ausnahmen  SGB V 360 3
– Einführung  SGB V 360 2 ff.
– Grenzüberschreitender Austausch von Daten  SGB V 360 10
– Makelverbot  SGB V 360 6
– Rechnungsdaten  SGB V 360 5
– Wahlfreiheit des Versicherten  SGB V 360 4

Elektronische Gesundheitsdaten
- Beschlagnahmeschutz SGB V 341 9
Elektronische Gesundheitskarte SGB V 15 5
- Garantiefunktion der SGB V 15 5
Elektronische Patientenakte KHEntgG 5 28q; SGB V 341 1 ff.
- Daten SGB V 341 4 ff.
- Datenschutzverantwortung der Krankenkassen SGB V 341 11
- freiwillige Nutzung SGB V 341 3
- Informelle Selbstbestimmung des Versicherten SGB V 341 2 f.
- Kürzung der Vergütung bei Nichtteilnahme SGB V 341 13
- Nutzung der Telematikinfrastruktur durch weitere Versicherte SGB V 341 12
- Unterstützung bei der – SGB V 346 1 ff.
- Vergütung SGB V 346 3 ff.
- versichertengeführte Akte SGB V 341 2
- weitere speicherbare Daten SGB V 341 8
- Zugriffsberechtigungen SGB V 341 11
- Zulassung der erforderlichen Komponenten und Dienste SGB V 341 10
Elektronische Untersuchungsausweise SGB V 341 7
Elektronische Vergabe GWB 97 31
Embryonen GenDG 2 10
- Begriff ESchG 8 3
- Entnahme bei lebenden – oder Föten TPG 8c 18
- Missbräuchliche Verwendung menschlicher – ESchG 2 1 ff.
Embryonentransfer ESchG 1 17
Embryospende ESchG 1 22
Empfänger
- Risiken für den – TFG 1 14
Empfängnisfähigkeit SGB V 27 5
Empfängnisverhütung BGB 249 85; SGB V 24a 1
Empfehlungen
- Indikationsstellung und zur Ausführung MBOÄ 13 3
- Pflicht zur Beachtung MBOÄ 13 2 ff.
Enhancement MBOÄ 1 5 f.
Entbindungspfleger PartGG 1 45
Enteignender Eingriff IfSG 65 14
Enterale Ernährung SGB V 31 13
Entgangene Dienste BGB 249 82
Entgelt
- für Zuweisung MBOÄ 31 4
Entgeltfortzahlung BGB 611a 167
- Annahmeverzug BGB 615 5 ff.
- Betriebsrisiko BGB 615 31 ff.
- Freizeit zur Stellungssuche BGB 629 6
- Krankheit BGB 611a 168
- Urlaub BGB 611a 168
Entgeltverbot SGB V 128 21 ff.
Entlastungsbetrag SGB XI 45b 2
Entnahme TPG 3 12

- bei Behandlung TPG 8b 4
- bei Einwilligungsfähigen TPG 8c 3
- im Rahmen einer medizinischen Behandlung TPG 8b 3
- mehrerer Organe TPG 4 6
- Organisierte – TPG 9 16
- Tote Embryonen TPG 4a 1
- Zustimmung nächster Angehöriger TPG 4 1
Entnahme von Organen TPG 1a 15
- bei Lebenden TPG 8 1 ff.
- einschließlich Vorbereitung TPG 1 6 ff.
- Formerfordernis TPG 8b 7
- Voraussetzung TPG 3 1 ff.
Entnahmeanforderungen TPG 8d 6
Entnahmeziel TPG 8c 4
Entschädigung IfSG 56 1 ff.
- Anordnungen IfSG 56 11 f.
- Antragsfrist IfSG 56 19
- Behördlich angeordnete Tätigkeitsverbote IfSG 56 6
- Betreuungspflichten IfSG 56 10
- Billigkeitsregelung IfSG 56 2
- Entschädigungsdauer IfSG 56 18
- für Besuche GOÄ 8 4
- Gesetzliche Tätigkeitsverbote IfSG 56 5
- Kausalität der Anordnungen IfSG 56 14
- Keine Entschädigung IfSG 56 16
- Landesrechtliche Vorschriften IfSG 56 17
- Normadressaten IfSG 56 3
- Normzweck IfSG 56 1
- präventive Selbstisolierung IfSG 56 8
- Regelungsgegenstand IfSG 56 2
- Reiseentschädigung GOÄ 7 1 ff.; GOÄ 9 2 ff.
- tatsächliche Tätigkeit IfSG 56 13
- Unmittelbare Tätigkeitsverbote IfSG 56 9
- unterschiedliche Entschädigungsansprüche IfSG 56 4
- Verdienstausfall IfSG 56 15
- Zuständige Behörden IfSG 56 20
Entschädigung bei behördlichen Maßnahmen IfSG 65 1 ff.
- Entschädigungsart, -umfang und -höhe IfSG 65 9
- Geltungsbereich IfSG 65 2
- Mitverschulden IfSG 65 7
- Normadressat IfSG 65 3
- Normzweck IfSG 65 1
- Präventive Maßnahmen IfSG 65 5
- Rechtsweg IfSG 65 11
- Rechtswidrige Eingriffe IfSG 65 6
- Subsidiaritätsklausel IfSG 65 10
- Unverhältnismäßige Eingriffe IfSG 65 6
- Verjährung IfSG 65 8
- Vermögensnachteile IfSG 65 4
- Vernichtung, Beschädigung, Wertminderung von Gegenständen IfSG 65 4
Entschädigungsbegriff GOÄ 3 1a
Entschädigungshöhe TFG 10 3

Epidemische Lage von nationaler Tragweite IfSG 5 1 ff.
- Befugnisse der Landesbehörden IfSG 5 11
- Einzelanordnungen IfSG 5 4 ff.
- Finanzhilfen IfSG 5 12 ff.
- Geltungsdauer IfSG 5 6
- Geltungsdauer von Rechtsverordnungen IfSG 5 10
- Legaldefinition IfSG 5 3
- Rechtsverordnungsermächtigungen IfSG 5 8 ff.
- Verhältnismäßigkeit IfSG 5 7

Epithetiker PartGG 1 14
Erbberechtigte Kinder
- Verpachtung ApoG 9 6
Erbfall PartGG 9 33
Erbinformation GenDG 3 33 ff.
Erbkrankheiten ESchG 3 5
Erfahrung TFG 13 5
Erforderlichkeit TPG 8c 9
Erfüllungsort
- Begriff ZPO 29 2
Ergebnisqualität TFG 15 5
Erhaltungskosten KHG 2 20, 23
Erkrankung GenDG 3 44
- monogenetisch bedingte GenDG 3 56
- multifaktoriell bedingte GenDG 3 56
- schwerwiegende GenDG 20 8
Erlass
- Arzthonorar MBOÄ 12 10a
Erlaubnis BÄO 2 3; TPG 8d 12
- Drittstaatenausbildungsnachweise BÄO 10 2
- Erweiterte - BÄO 10 15
- EU-, EWR- und Vertragsstaatenausbildungsnachweise BÄO 10 10
- Herstellung und Einfuhr ohne - AMG 96 10 f.
- Versandhandel ApoG 11a 4
- zur vorübergehenden Ausübung der Zahnheilkunde ZHG 13 1
Erlaubnis- oder Genehmigungsverfahren
- Förmliches - TFG 4 11
Erlaubniserteilung BtMG 3 9
Erlaubnisinhaber
- Aufzeichnungen BtMG 17 1
Erlaubnispflicht BtMG 3 2 ff.
Erlaubnisumfang BtMG 3 12 ff.
Erlaubnisurkunde ApoG 6 8
Erläuterungspflicht BGB 630c 6 ff.
Erlösausgleich KHEntgG 5 29 ff.
Erlösberechnung KHEntgG 8 1 ff.
Erlösbudget KHEntgG 3 1 ff.
- Ermittlung KHEntgG 4 3 ff.
- Gegenstand KHEntgG 4 2 ff.
Erlöschen
- Verwaltergenehmigung ApoG 13 5
Erlössumme KHEntgG 6 32
Ermessen BApO 8 3
Ermittlung der Entgelthöhe KHEntgG 7 8

Ernährung
- enterale SGB V 31 13
Eröffnungszeitpunkt
- Apotheke ApoG 6 18
Erprobungsrichtlinie
- Aussetzung des Bewertungsverfahrens SGB V 137e 73
- Initiativrecht der Hersteller SGB V 137e 64 ff.
- Rechtslage nach Erlass SGB V 137e 52 ff.
- Voraussetzungen für den Beschluss SGB V 137e 24 ff.
Ersatzansprüche der Krankenkassen SGB V 131a 1 ff.
- Rückruf oder bekannt gemachte Einschränkungen eines Arzneimittels SGB V 131a 6 ff.
- Vereinbarung zu näheren Einzelheiten über die Abwicklung SGB V 131a 18 ff.
Ersatzmutter ESchG 1 23a
Erste Hilfe BÄO 1 5
Erwerb BtMG 29 12
- Betäubungsmittel BtMG 12 1 ff.
Erwerb, Sichverschaffen BtMG 29 11
Erwerbsschaden BGB 842 1 ff.
- Anspruchsübergang Lohnfortzahlung BGB 842 2
- Arbeitskraft BGB 842 3
- Dauer des Anspruchs BGB 842 24 ff.
- Einkommen BGB 842 30 ff.
- Einkommen Arbeitnehmer BGB 842 30 ff.
- Einkommen Beamte BGB 842 36 ff.
- Einkommen Selbstständige BGB 842 26, 33 ff.
- Erwerbsfähigkeit BGB 842 3
- Fortkommensschaden BGB 842 1 ff.
- Lohnfortzahlung BGB 842 2
- Nettolohnmethode BGB 842 27
- Prognose BGB 842 5 ff.
- Prognose Jugendliche BGB 842 12
- Prognosesicherheit BGB 842 11
- Rente BGB 842 24
- Rente, Abänderungsklage BGB 842 24
- Schadenminderungspflicht BGB 842 16 ff.
- Schwarzarbeit BGB 842 10
- Steuern BGB 842 9
- überobligationsmäßige Leistungen BGB 842 19
- Umschulung BGB 842 16
- Vermögensschaden BGB 842 5 ff.
- Vorteilsausgleichung BGB 842 22 f.
Erwerbsunfähigkeitsversicherung GenDG 18 21
Erythrozytenkonzentrat TFG 1 3 f.
Estoppel-Prinzip HWG Einf. 31
Ethik BÄO 1 1; MBOÄ 2 2
Ethikkommission ESchG 3a 10
- Forschung MBOÄ 15 3
- Sicherstellung der Beratung MBOÄ 15 3c
- Unabhängigkeit TFG 8 9a
Ethikrichtlinien BGB 611a 213
Etikettierung und Packungsbeilage HWG 1 28

**EU-Ausländer**
- Geltung der MBOÄ MBOÄ 2 13

**EU-Datenbank** AMG Vor §§ 40 ff. 6
**EU-Portal** AMG Vor §§ 40 ff. 6
**EU-relevante Meldung** TFG 16 5
**Europäische Datenbank für Medizinprodukte**
- Einführung MPDG 97 1
- Fehlende (volle) Funktionsfähigkeit MPDG 97 1
- Freischaltung des »Actor Registration Moduls« MPDG 97 2
- Funktionsfähigkeit des Moduls »UDI/Registrierung von Produkten« MPDG 97 3
- Funktionsfähigkeit einzelner Module MPDG 97 2
- Übergangsregelung MPDG 97 3

**Europäische Menschenrechtskonvention** BGB 611a 75
**Europäische Sozialcharta** BGB 611a 75
**Europäische Union**
- Einfluss auf das Arbeitsrecht BGB 611a 77 ff.

**Eurotransplant** TPG 9 11 f.

**Facharzt** BÄO 1 9, 13
- Facharztbeschluss BÄO 1 10
- Facharztbezeichnung BÄO 1 11
- Facharztordnung BÄO 1 10

**Facharzt für Humangenetik** GenDG 7 6
**Facharzt für Transfusionsmedizin**
- Beschäftigungsverhältnis TFG 4 8

**Facharztliche Untersuchung** BApO 8 8
**Facharztstandard** BGB 630a 68 ff.
**Fachkreise** HWG 2 1
- Abgrenzung zur Publikumswerbung HWG 2 14
- Begriff HWG 2 8
- der Gesundheit von Mensch oder Tier dienende Einrichtungen HWG 2 11
- Heilberufe HWG 2 9
- Heilgewerbe HWG 2 10
- Mit Heilmitteln handelnde oder anwendende Personen HWG 2 12 f.

**Fachkreiswerbung** HWG 6 4 f.; HWG 7 89 ff.
- Arzneimittelmuster HWG 7 92
- Medizinproduktemuster HWG 7 93a
- Repräsentationsaufwand bei wissenschaftlichen Tagungen HWG 7 94
- Werbegaben für die berufliche Praxis HWG 7 90 ff.

**Fachliche Weisung** GOÄ 4 11
**Fachübergreifende Gemeinschaftspraxis** BGB 705 15
- Geschäftsführungsbefugnis BGB 712 7
- Haftung BGB 715 4, 16
- Name BGB 705 59

**Fachzahnarzt** BÄO 10a 1
- Kieferchirurgie BÄO 10a 4
- Technisch-experimentelle Richtungen BÄO 10a 5

**Fähigkeiten**
- Beeinträchtigungen SGB XI 14 14

**Fahrlässige Körperverletzung** StGB 229 1
**Fahrlässige Tötung** StGB 222 1
**Fahrlässigkeit** BGB 253 57
**Fakultative Rücknahme** BApO 7 4
**Fakultativer Widerruf** BApO 7 6
**Fälligkeit**
- Rechnungsstellung GOÄ 12 1 f., 17
- Vergütungsanspruch BGB 614 1

**Fallpauschalen** KHEntgG 7 3
- Hauptabteilungen und Belegabteilungen KHEntgG 8 20
- Höhe KHG 18 11 f.
- Vor- und nachstationäre Leistungen KHEntgG 8 23
- Zusatzentgelte, Zu- und Abschläge KHEntgG 8 22

**Fallpauschalengesetz** GOÄ 6a 16 f.
**Fallzusammenfassung** KHEntgG 8 27 ff.
**Falschabrechnung** StGB 263 23
**Familiengericht** TPG 8a 12
**Famulatur** BÄO 1 7
**Fehleroffenbarungspflicht** BGB 630c 14 ff.
- Adressat BGB 630c 17 ff.
- Inhalt BGB 630c 17 ff.
- Umfang BGB 630c 17 ff.
- Verjährung BGB 199 35

**Fehltransfusionen** TFG 14 1a
**Fehlverhalten** BApO 8 4; SGB V 81a 3 ff.
- Fälle und Sachverhalte, die darauf hindeuten SGB V 81a 3e
- Kreis von sich fehlverhaltenden Personen SGB V 81a 3d
- Nachgehen SGB V 81a 4
- rechtswidrige Nutzung von Finanzmitteln SGB V 81a 3b
- Unregelmäßigkeiten SGB V 81a 3a
- zweckwidrige Nutzung von Finanzmitteln SGB V 81a 3c

**Fehlverhalten im Gesundheitswesen**
- Stellen zur Bekämpfung SGB V 197a 1 ff.; SGB V 81a 1 ff.; SGB XI 47a 1 ff.

**Fehlvorstellung** StGB 263 30
**Feilhalten** AMG 4 22a
**Ferienarbeiter** BGB 611a 56
**Fernabsatzgeschäft** ApoG 11a 20
**Fernbehandlung**
- Corona-Pandemie MBOÄ 7 12
- Verbot MBOÄ 7 10

**Fertigarzneimittel** AMG 4 1 ff.; TPG 17 14
**Festbetrag** SGB V 12 11; SGB V 2 5; SGB V 31 12a
- als Preisobergrenze SGB V 127 37

**Feststellungsbescheid** KHG 8 6 f.
- Begründung KHG 8 18
- Bekanntmachung KHG 7 7
- Inhalt KHG 8 17
- Rechtsnatur KHG 8 6
- Teilbarkeit KHG 8 22

**Feststellungsklage** ZPO 253 10; ZPO 256 1 ff.

3359

## Stichwortverzeichnis

Festzuschuss
- bei Zahnersatz SGB V 22 3

Fibrinkleber TFG 1 3 f.

Fiktive Abrechnung
- Eigenbehandlung BGB 249 54 ff.
- kosmetische Operation BGB 249 25
- Operation BGB 249 51 ff.
- Stärkungsmittel BGB 249 59 f.
- Umbaukosten Haus BGB 249 61 ff.
- Umbaukosten Zweitwohnsitz BGB 249 61 ff.
- Zweckbindung BGB 249 46

Filialen
- Arztpraxis MBOÄ 17 8

Finanzielle Stabilität der GKV SGB V 12 2

Firmentarifvertrag BGB 611a 103

Fixkostendegressionsabschlag KHEntgG 4 21c ff.
- Abschlagsfreie Leistungen KHEntgG 4 21h
- Abschlagsmodifikationen 2020 KHEntgG 4 22a
- Gegenstand KHEntgG 4 21d
- Hälftige Abschlagshöhe KHEntgG 4 21n
- Höhe und Dauer KHEntgG 4 21f
- Leistungsrückgang während der Abschlagsdauer KHEntgG 4 22

Flächentarifvertrag BGB 611a 103

Förderung von Pflege, Familie und Beruf KHEntgG 4 72a

Forderungsübergang BGB 249 118 ff.

Formvorgaben TFG 6 7

Forschung MBOÄ 15 1 ff.
- Anwendungsbereich GenDG GenDG 2 31
- Einwilligung GenDG 13 9; GenDG 9 21

Fortbildung BApO 2 3
- Ärzte MBOÄ 4 1
- Erlaubtes Sponsoring MBOÄ 32 9

Fortbildungskosten
- Berufsbezogene - MBOÄ 32 7

Fortbildungsveranstaltungen
- Anerkennung durch Ärztekammer MBOÄ 4 2b

Fortbildungszertifikate MBOÄ 4 3

Fortpflanzungstechniken
- Missbräuchliche Anwendung ESchG 1 1

Fragerecht des Arbeitgebers BGB 611a 117; BGB 620 30

Franchise-Vertrag ApoG 1 6; ApoG 7 6
- Abgrenzung zum Arbeitsvertrag BGB 611a 20

Freiberufler BGB 611a 2
- Arzt MBOÄ 1 8

Freie Mitarbeiter ApoG 7 2

Freier Beruf BÄO 1 27 ff.
- Begriff PartGG 1 13

Freigabe TPG 8d 14

Freiheitsentziehende Maßnahmen BGB 1906 14 ff.

Freistellung GWB 3 5

Freistellungsvereinbarung PartGG 8 9

Freiwilligkeit TPG 8 14

Freiwilligkeitsvorbehalt BGB 611a 151

Freizeit zur Stellungssuche
- Aufwendungsersatz BGB 629 7
- Aushilfs- oder Probearbeitsverhältnisse BGB 629 2
- Darlegungs- und Beweislast BGB 629 8
- Entgeltfortzahlung BGB 629 6
- Freizeitverlangen BGB 629 4
- Gewährung der Freistellung BGB 629 5
- Kündigung BGB 629 3
- Probezeit BGB 629 2
- ständige Dienstleistungspflicht BGB 629 2
- teilzeitbeschäftigte Arbeitnehmer BGB 629 2

Fremdbesitz ApoG 2 12

Fremdsprachliche Personen
- Aufklärung TFG 6 4

Frischplasma TFG 1 4

Fristen
- bei Verstößen GWB 135 5

Fristenlösung
- Große - StGB 218a 39

Fristverlängerung
- Berufserlaubnis BApO 11 9

Früherkennung SGB V 25 1

Funktionsnachfolge BGB 613a 3, 27

Fürsorgepflicht, allgemeine BGB 619 1 ff.
- Grenzen BGB 619 14

Fürsorgepflichten
- des Krankenhausträgers BGB 611a 175

Fusionskontrolle
- Freiwillige Vereinigung von Krankenkassen GWB 36 12
- Krankenhausfusionen GWB 36 10

Fütterungsarzneimittel AMG 21 33

Garantenstellung StGB 263 25

Garantiefunktion der Gesundheitskarte SGB V 15 6

Gebrauchsvorteil SGB V 33 4

Gebühren
- Bemessungskriterien GOÄ 5 8
- Laborleistung GOÄ 4 14
- selbstständige ärztliche Leistungen GOÄ 4 5
- Verhältnis von Praxiskosten und - GOÄ 4 53

Gebührenansatz
- Falscher - StGB 263 7

Gebührenbegriff GOÄ 4 2

Gebührenhöhe
- abweichende GOÄ 2 2
- Ausschluss abweichender Vereinbarung GOÄ 2 9
- persönliche Absprache GOÄ 2 5

Gebührenminderung GOÄ 6a 15 ff.

Gebührenordnungsnummer GOÄ 4 3

Gebührenrahmen GOÄ 5 3
- Absenkung GOÄ 5b 6
- Bemessungskriterien GOÄ 5 3
- besondere Umstände bei der Leistungsausführung GOÄ 5 17

## Stichwortverzeichnis

- billiges Ermessen GOÄ 5 25
- Regelspanne GOÄ 5 25
- Zeitaufwand GOÄ 5 15

Gebührenrechtliche Zurechenbarkeit GOÄ 4 7

Gebührensatz
- Absenkung GOÄ 5 2
- Legaldefinition GOÄ 5 5

Gebührenspanne GOÄ 5 3
Gebührentatbestand GOÄ 4 3
Gebührenverzeichnis GOÄ 4 2
Gebundene Entscheidung BApO 7 2
Gefahr für Leben und Gesundheit BGB 619 2, 16
- Begriff BGB 619 8

Gefährliche Körperverletzung StGB 224 1
Gefahrstoffe BGB 619 9
Gegensachverständige AMG 25 56 f.
Geheimhaltung ZPO 383 3

Geheimnis
- anvertraut StGB 203 34
- Einzelangaben StGB 203 39
- fremdes StGB 203 28
- unbefugtes Offenbaren StGB 203 42 ff.

Geheimnisschutz StGB 203 1 ff.
Geldliquidation InsO 5 6

Geltungsbereich
- Konkurrenzverbot MBOÄ 29 3
- personeller GOÄ 1 1
- räumlich InsO 1 6
- sachlich InsO 1 6
- sachlicher GOÄ 1 1

Gemeinschaftskodex für Humanarzneimittel HWG Einf. 26

Gemeinschaftspraxis BGB 705 1 ff.; PartGG 1 25, 36
- Ärztliche Berufsausübung BGB 712 3 ff.
- Aufwendungsersatz Geschäftsführer BGB 713 6
- Ausscheiden eines Gesellschafters BGB 715 22
- Begriff BGB 705 4 ff.
- Beiträge s. dort
- Berufsrechtsvorbehalt BGB 705 2
- Bestimmtheitsgrundsatz BGB 705 40 ff.
- Einsichtsrecht Gesellschafter BGB 716 1 ff.
- Eintritt eines Gesellschafters BGB 715 19 ff.
- Eintritt eines Gesellschafters in eine Einzelpraxis BGB 715 29
- Eintritt Gesellschafter BGB 705 38
- Entziehung und Kündigung der Geschäftsführungsbefugnis BGB 712 15
- fachübergreifende BGB 705 15, 59; BGB 712 7; BGB 715 4, 16
- Formelle Legitimation BGB 705 40 ff.
- gemischte BGB 705 16
- Geschäftsführer BGB 713 6
- Geschäftsführer, Rechte und Pflichten BGB 713 1 ff.
- Geschäftsführungsbefugnis BGB 712 2 ff.
- Geschäftsjahr BGB 721 3
- Gesellschafter BGB 716 1 ff.
- Gesellschafterhaftung BGB 715 15 ff.
- Gesellschaftsvermögen BGB 720 1 ff.
- Gesellschaftsvertrag BGB 705 35 ff.
- Gesellschaftsvertrag, Änderungen BGB 705 38 ff.
- Gesellschaftszweck BGB 705 7 ff.
- Gewinnverteilung BGB 721 9 ff.
- Grundlagengeschäft BGB 705 39 ff.
- Haftung BGB 715 22
- Haftung Gesellschaft BGB 715 13 f.
- Haftung Gesellschafter BGB 708 1 ff.; BGB 715 15 ff.
- Haftungsausschluss oder -beschränkung BGB 715 30
- hausärztliche BGB 705 14
- Innenverhältnis BGB 705 50 ff.
- Insolvenz InsO 11 11
- Job-Sharing- BGB 705 17
- Kernbereichslehre BGB 705 42 ff.
- Kontrollrecht Gesellschafter BGB 716 1 ff.
- Materielle Legitimation BGB 705 42 ff.
- Mehrheitsentscheidungen BGB 705 39 ff.; BGB 712 6 ff.
- Missbrauch der Organisationsform BGB 705 30 ff.
- Name BGB 705 59 ff.
- Nullbeteiligungsgesellschaft BGB 712 11; BGB 720 8 ff.; BGB 722 6 ff.
- Parteifähigkeit BGB 715 34
- Pflicht zur aktiven Berufsausübung BGB 707 6
- Prozessuales BGB 715 34 ff.
- Rechte der Gesellschafter BGB 717 1 ff.
- Rechtsfähigkeit BGB 705 55
- Rechtsform Partnerschaftsgesellschaft PartGG 3 17
- Rechtsformzusatz BGB 705 62
- Rechtsscheinhaftung BGB 715 24 ff.
- Registrierung BGB 705 2
- Regress BGB 715 31 ff.
- Regressanspruch Gesellschafter BGB 715 32 ff.
- Sitz der Gesellschaft BGB 705 19
- Sonstige Geschäfte BGB 712 8
- Sternpraxis BGB 705 19
- Steuerrechtliche Grundzüge BGB 705 64 ff.
- überörtliche BGB 705 8
- Übertragung BGB 720 11 ff.
- Verlustverteilung BGB 721 13
- Vertragsarztzulassung BGB 705 3, 57; BGB 720 14 ff.
- Vertragsschluss BGB 705 2, 35 ff.
- Vertretungsmacht BGB 715 8 ff.
- Vollstreckung BGB 715 36
- Vorrang des Vertragsarztrechts BGB 705 3b
- Willensbildung BGB 712 16 ff.
- Zurückweisung eines einseitigen Rechtsgeschäfts BGB 715 12a

Gendiagnostikgesetz GenDG Einl. 2
Gendiagnostik-Kommission (GEKO) GenDG 16 36, 39 ff.

## Stichwortverzeichnis

**Gendiagnostische Indikation** GenDG 9 4
**Genehmigung** KHG 18 19
– Zuständige Behörde TFG 4 12
**Genehmigungsfiktion** MPDG 42 2
**Generalklausel**
– Berufsordnung MBOÄ 2 5
**Genetische Daten** GenDG 3 86e ff.
**Genetische Probe** GenDG 3 86a ff.
**Genetische Reihenuntersuchungen** GenDG 16 1 ff.
– Leitlinien der Fachverbände GenDG 16 44
– Schadensersatz GenDG 16 45
– Straf- und Bußgeldtatbestände GenDG 16 46
– Untergesetzliche Regelungen GenDG 16 39 ff.
– Unterrichtungspflicht der Anbieter GenDG 16 37
– Verhinderbarkeit von Erkrankungen GenDG 16 16 ff.
– Vorbehalt der Bewertung neu eingeführter ~ GenDG 16 34 ff.
– Zulässigkeit des Testangebots GenDG 16 9 ff.
– Zulässigkeit zu nicht-medizinischen Zwecken GenDG 16 15 ff.
– Zulässigkeitsvoraussetzungen für ein systematisches Testangebot GenDG 16 20 ff.
**Genetische Untersuchungen bei nicht einwilligungsfähigen Personen** GenDG 14 1 ff.
– Ansprüche auf Schadensersatz GenDG 14 110
– Begrenztes Untersuchungsrisiko GenDG 14 88 ff.
– Besondere Vorgaben für genetische Reihenuntersuchungen GenDG 14 15
– Besondere Vorgaben für vorgeburtliche ~ GenDG 14 13
– Erfasste Untersuchungen GenDG 14 20 ff.
– Fehlende Einwilligungsfähigkeit der untersuchten Person GenDG 14 72
– Geltung der allgemeinen Regelungen GenDG 14 11 f.
– Keine Ablehnung durch die nichteinwilligungsfähigen Person GenDG 14 82 ff.
– Normadressaten GenDG 14 19
– Straf- und Bußgeldtatbestände GenDG 14 111
– Technisch- organisatorische Maßnahmen GenDG 14 108 f.
– Untergesetzliche Regelungen GenDG 14 106 f.
– Wirksamkeit der Einwilligung der vertretenden Person GenDG 14 92 ff.
– Zulässiger Untersuchungszweck GenDG 14 73 ff.
– Zulässigkeitsvoraussetzungen für genetische Untersuchungen GenDG 14 97 f.
– Zweckbindung GenDG 14 99 ff.
**Genetische Untersuchungen und Analysen**
– Arbeitsschutz GenDG 20 1 ff.
**Gentechnische Herstellung** TFG 14 1b
**Genugtuungsfunktion** BGB 253 28 ff., 32
**Gerätschaften** BGB 619 9
**Gerichtsstand**
– allgemeiner ZPO 12 1

– Arzthaftungsprozess ZPO 1 10
– besonderer ~ der unerlaubten Handlung ZPO 32 1 ff.
– besonderer ~ des Erfüllungsortes ZPO 29 1 ff.
– des Wohnsitzes ZPO 13 1 ff.
– juristischer Personen ZPO 17 1
**Geringfügige Beschäftigung** BGB 611a 52
**Geringfügigkeit**
– Schenkung/Vorteile MBOÄ 32 5
**Gerinnungsfaktoren** TFG Vor 1
**Gerinnungsstörungen** TFG 1 4
**Gesamtausbildungszeit** ApoG 2 6; BApO 4 16
**Gesamtbericht**
– Anonymisierter ~ TPG 8d 27
**Gesamthandsgemeinschaft** PartGG 7 6
**Gesamthandsgesellschaft** PartGG 1 3
**Gesamtnichtigkeit** BGB 612 3
**Gesamtschuldnerregress** BGB 195 2 ff.
**Gesamtvertretungsmacht** PartGG 7 9
**Gesamtzusage** BGB 611a 97
**Geschäftlicher Betrieb** StGB 299 4
**Geschäftsbesorgungsvertrag**
– Abgrenzung zum Arbeitsvertrag BGB 611a 14 f.
**Geschäftsbriefe**
– Angaben PartGG 7 11
**Geschäftsfähigkeit**
– gesundheitliche Eignung ApoG 2 3
**Geschäftsführervertrag**
– Abgrenzung zum Arbeitsvertrag BGB 611a 12
**Geschäftsführung ohne Auftrag**
– Ärztlicher Bereich BGB 630a 15
– Herausforderung BGB 249 29 ff.
**Geschäftsführungsbefugnis**
– Verlust PartGG 6 14
**Geschäftsherr** BGB 831 6 ff.
– Chefarzt BGB 831 6 ff.
– leitender Arzt BGB 831 6
– Organisation BGB 831 6
**Geschäftsmäßige Förderung der Selbsttötung**
– BVerfG-Entscheidung StGB 217 1b
**Geschenke**
– Annahme durch Ärzte MBOÄ 32 1 ff.
**Geschlechtswahl** ESchG 3 1
**Geschwister** TPG 8a 4
**Gesellschaft**
– Auflösung durch Antrag des Partners PartGG 9 31
– Auflösungsgründe PartGG 9 28
– Eröffnung Insolvenzverfahren PartGG 9 30
– Geschäftsführung PartGG 6 8
– vertragliche Verbindlichkeiten PartGG 8 5
**Gesellschaft bürgerlichen Rechts** BGB 630 1 ff.
– Abfindungsanspruch s. dort
– Abfindungsklausel BGB 738 16 ff., 22
– Abwicklung BGB 730 11 f.
– Abwicklungsgesellschaft BGB 729 7
– Altersversorgung BGB 738 30 f.
– Anwachsung BGB 738 3 f.

## Stichwortverzeichnis

- Ärztekammermethode BGB 738 11
- Auflösung BGB 729 3
- Auflösung durch Insolvenz BGB 736 7
- Auseinandersetzung BGB 738 5 ff.
- Auseinandersetzungsrechnung BGB 730 18
- außerordentliche Kündigung s. dort
- Beendigung BGB 725 1 ff.; BGB 730 12; BGB 733 6
- Beendigung Abwicklung BGB 733 6
- befristete BGB 725 6 f.
- Begriff BGB 630 4 ff.
- Berichtigung der Gesellschaftsschulden BGB 733 3, 6
- Berichtigung der Schulden BGB 733 3 ff.
- Beschränkung der ordentlichen Kündigung BGB 738 31
- Bestreiten der Schuld BGB 733 6
- Buchwertklausel BGB 738 15
- Dienstleistung BGB 733 9 f.
- Dispositivität BGB 733 12
- Drittgläubigerforderung BGB 730 14
- Drittgläubigerverbindlichkeiten BGB 733 4
- Drittschutz BGB 733 2
- Durchführung der Abwicklung BGB 730 11
- Durchsetzungssperre BGB 730 13 ff.; BGB 733 4; BGB 738 7
- eingebrachte Gegenstände BGB 732 4
- Einlagenerstattung BGB 733 7 ff.
- Einlagenrückerstattung BGB 733 9 f.
- Ertragswertmethode BGB 738 10 ff.
- Fälligkeit der Schuld BGB 733 6
- Fiktion BGB 729 7
- Formen der Auseinandersetzung BGB 730 21
- Fortsetzung BGB 738 3 f.
- Freistellungsanspruch BGB 738 6
- Gefahrtragung BGB 732 4
- Geschäftsführungsbefugnis, Fiktion BGB 729 8
- Gesellschafter BGB 738 21
- Gesellschafter minderen Rechts BGB 738 21
- Gesellschafter, Probezeit BGB 738 21
- gesetzliches Übernahmerecht BGB 730 23
- gewillkürte Auseinandersetzung BGB 730 20 f.
- Goodwill BGB 734 4; BGB 738 12
- Guthaben Auseinandersetzungsrechnung BGB 730 19
- Guthaben Schlussabrechnung BGB 730 19
- Haftung für Fehlbetrag BGB 739 1 ff.
- Hinauskündigungsklausel BGB 737 16 ff.
- Hinauskündigungsklausel, Umdeutung BGB 737 17
- Individualschulden BGB 733 5
- Kündigung s. dort
- Mitnahme von Patienten BGB 738 20
- Nachhaftung BGB 736 13
- Nachschusspflicht BGB 735 1 ff.
- Nachvertragliches Wettbewerbsverbot BGB 738 24 ff.
- Nachwirkende Treuepflicht BGB 738 23
- Notgeschäftsführung BGB 727 4; BGB 729 6
- Patientenschutzklausel BGB 738 27
- Pfändung eines Gesellschaftsanteils BGB 725 16 f.
- Praxisgemeinschaft BGB 738 13
- Probezeit BGB 737 18; BGB 738 21, 28
- Probezeit Gesellschafter BGB 737 18
- Realteilung BGB 734 3 ff.; BGB 738 13
- Rechenschaftspflicht BGB 740 4
- Rückerstattung bei Abwicklung BGB 733 7 f.
- Rückgabe von Gegenständen BGB 732 1; BGB 738 5
- Rückgabe von Gegenständen, Fälligkeit BGB 732 2
- Rückgabepflicht BGB 732 1 ff.
- Schlussabrechnung BGB 730 17 ff.
- Schuldbefreiung BGB 738 6 f.
- schwebende Geschäfte BGB 740 1 ff.
- Schweigepflicht BGB 738 23
- Sicherheitsleistung für Verbindlichkeiten BGB 738 6
- Sittenwidrigkeit der Hinauskündigungsklausel BGB 737 16 f.
- Sozialverbindlichkeiten BGB 733 4
- Substanzwertmethode BGB 738 14
- Übergewinnverrentung BGB 738 15
- Überlassung quoad sortem BGB 732 3
- Überlassung von Rechten BGB 732 3
- Überlassung zu Eigentum BGB 732 3
- Übernahmeklausel BGB 736 10
- Übernahmerecht BGB 730 22 f.
- unbefristete BGB 725 7 f.
- Verlust BGB 735 2
- Vermögensverwertung BGB 733 11
- vertragliches Übernahmerecht BGB 730 22
- vertragsärztliche Zulassung BGB 738 28 f.
- Vertretungsmacht BGB 729 7
- Wesen BGB 630 4 ff.
- Wettbewerbsverbot BGB 738 24 ff.
- wirksame Klauseln BGB 737 18
- Zurückbehaltungsrecht BGB 732 2
- Zweckerreichung s. dort

**Gesellschaft bürgerlichen Rechts, Abwicklungsgesellschaft BGB 730 1 ff.**
- Auseinandersetzungsrechnung BGB 730 18
- Ausschluss Durchsetzungssperre BGB 730 15
- Beitragspflicht BGB 730 6
- Drittgläubigerforderung BGB 730 14
- Durchsetzungssperre BGB 730 13 ff.
- Feststellungsklage BGB 730 16
- Fortsetzung BGB 730 3
- Geschäftsführung BGB 730 7
- Gesellschaftszweck BGB 730 4
- Mitwirkungspflicht BGB 730 4 f.
- Saldierung BGB 730 17
- Schlussabrechnung BGB 730 17 ff.
- Treuepflicht BGB 730 4
- Übernahmerecht BGB 730 22 f.

## Stichwortverzeichnis

- Vergütungsvereinbarung BGB 730 9
- Vermögenszuordnung BGB 730 3
- Vertretungsmacht BGB 730 10
- Zugang zu Infrastruktur BGB 730 8

**Gesellschaft bürgerlichen Rechts, Auflösung**
- Einzelgeschäftsführungsbefugnis BGB 729 3
- Gesamtgeschäftsführungsbefugnis BGB 729 2
- Geschäftsführungsbefugnis BGB 729 2 f.

**Gesellschaft bürgerlichen Rechts, Auflösung durch Insolvenz** BGB 728 1 ff.
- Fortsetzungsklausel BGB 728 9
- Insolvenz der Gesellschaft BGB 728 3 ff.
- Insolvenz eines Gesellschafters BGB 728 6 ff.
- Persönliche Haftung der Gesellschafter BGB 728 4
- Wirksamwerden BGB 728 2

**Gesellschaft bürgerlichen Rechts, Auflösung durch Tod eines Gesellschafters** BGB 727 1 ff.
- Abfindungsanspruch bei Eintrittsklausel BGB 727 14
- Anzeigepflicht der Erben BGB 727 4
- Eintrittsklausel BGB 727 12 ff.
- erbrechtliche Nachfolgeklausel BGB 727 7 ff.
- Fortsetzungsklausel BGB 727 5 f.
- Nachfolgeklausel BGB 727 5 f., 7 ff.
- Notgeschäftsführung BGB 727 4
- qualifizierte Nachfolgeklausel BGB 727 9
- rechtsgeschäftliche Nachfolgeklausel BGB 727 11
- Rechtsstellung der Erben BGB 727 3
- Testamentsvollstreckung BGB 727 10
- Tod des Gesellschafters BGB 727 2
- Vor-/Nacherbschaft BGB 727 2

**Gesellschaft bürgerlichen Rechts, Auseinandersetzung** BGB 731 1
- Abfindungsanspruch BGB 738 7 ff.
- Ausfallhaftung BGB 735 6
- Durchsetzungssperre BGB 735 2; BGB 738 7
- Einlagenerstattung BGB 733 7 ff.
- Freistellungsanspruch BGB 738 6
- Goodwill BGB 734 4
- Mitnahme von Patienten BGB 734 4
- Nachschusspflicht BGB 735 2 ff.
- Patientenbefragung BGB 734 4
- Realteilung BGB 734 3 ff.
- Rückgabe von Gegenständen BGB 732 1 ff.
- Schuldbefreiung BGB 738 6
- Sicherheitsleistung für Verbindlichkeiten BGB 738 6
- Sozialansprüche BGB 738 7
- Teilung der Vermögensgegenstände BGB 731 2 f.
- Überlassung von Gegenständen BGB 733 8
- Überschuss BGB 734 2
- Verlust BGB 735 2
- Vermögensverwertung BGB 733 11
- Verteilung des Überschusses BGB 734 3 ff.
- Zweifelsregelung BGB 731 1

**Gesellschaft bürgerlichen Rechts, Ausschluss eines Gesellschafters** BGB 737 1 ff.
- Beschluss BGB 737 12
- Dispositivität BGB 737 15
- Fortsetzung der Störung BGB 737 9
- Fortsetzungsklausel BGB 737 1, 3
- Frist BGB 737 9
- Gesamtabwägung BGB 737 10 f.
- Grundbuchberichtigung BGB 737 19
- Hinauskündigungsklausel BGB 737 16 ff.
- Pflichtversetzung BGB 737 5
- Recht zur Stellungnahme BGB 737 13
- Rechtsfolgen BGB 737 14
- Rechtsschutz BGB 737 19
- Sanierungsunwilligkeit BGB 737 8
- Stimmrecht BGB 737 13
- Unmöglichkeit der Pflichterfüllung BGB 737 6
- Verfahren BGB 737 12 f.
- Verhältnismäßigkeit BGB 737 9 ff.
- Verlust der Berufszulassung BGB 737 6
- Verlust der Kassenarztzulassung BGB 737 6
- wichtiger Grund BGB 737 4 ff.
- Wirksamwerden BGB 737 13
- Zerrüttung der Gesellschaft BGB 737 7

**Gesellschaft bürgerlichen Rechts, außerordentliche Kündigung**
- Fortsetzungsklausel BGB 736 5

**Gesellschaft bürgerlichen Rechts, Fortdauer der Geschäftsführungsbefugnis** BGB 729 1 ff.
- Einzelgeschäftsführungsbefugnis BGB 729 3
- Fortbestehen der Gesellschaft BGB 729 8
- Gesamtgeschäftsführungsbefugnis BGB 729 2
- Gutgläubigkeit BGB 729 4
- Insolvenzverwalter BGB 729 3
- Notgeschäftsführung BGB 729 6
- Vertretungsmacht BGB 729 7

**Gesellschaft bürgerlichen Rechts, Fortsetzungsklausel** BGB 736 1 ff.
- Altersgrenze BGB 736 8
- Anwendungsbereich BGB 736 2, 8 f.
- Arbeitsunfähigkeit BGB 736 8
- Ausschuss eines Gesellschafters BGB 737 1
- Gesellschafterinsolvenz BGB 736 7
- Kündigung BGB 736 4 f.
- Liquidationsphase BGB 736 3
- Nachhaftung BGB 736 11 ff.
- Pfändung des Gesellschaftsanteils BGB 736 8
- Rechtswirkung BGB 736 3
- Tod eines Gesellschafters BGB 736 6
- Unmöglichkeit BGB 736 9
- Verlust der Berufszulassung BGB 736 8
- Zweigliedrige Gesellschaft BGB 736 10

**Gesellschaft bürgerlichen Rechts, Geschäftsführungsbefugnis**
- Auflösung der Gesellschaft BGB 729 5
- Fiktion BGB 729 5
- Geschäftsführungsbefugnis BGB 729 5

# Stichwortverzeichnis

**Gesellschaft bürgerlichen Rechts, Kündigung**
- Fortsetzungsklausel BGB 736 4 f.

**Gesellschaft bürgerlichen Rechts, Nachhaftung**
- Anwendungsbereich BGB 736 13
- Ausnahme BGB 736 12
- Fortsetzung der Gesellschaft BGB 736 11 ff.
- Fristbeginn BGB 736 11

**Gesellschaft bürgerlichen Rechts, Nachschusspflicht**
- Ausfallhaftung BGB 735 6
- Geltendmachung BGB 735 3 f.
- Voraussetzungen BGB 735 2

**Gesellschaft bürgerlichen Rechts, Realteilung**
- Ausschluss BGB 734 5
- Goodwill BGB 734 4
- Patientenakten BGB 734 3a

**Gesellschaft bürgerlichen Rechts, Verteilung des Überschusses**
- Dispositivität BGB 734 6
- Goodwill BGB 734 4
- Realteilung BGB 734 3
- Überschuss BGB 734 2
- Verteilung BGB 734 3 ff.

**Gesellschaft bürgerlichen Rechts, Zweckerreichung**
- Abdingbarkeit BGB 726 6
- Änderung des Gesellschaftszwecks BGB 726 6
- Auseinandersetzung BGB 726 2
- Unmöglichkeit der Zweckerreichung BGB 726 4 f.
- Zweckerreichung BGB 726 1 ff.

**Gesellschafter**
- Ausscheiden PartGG 8 9
- Ausscheiden vor Auflösung PartGG 9 2
- Nachhaftung PartGG 10 10
- Pflichten im Innenverhältnis PartGG 6 17
- Wettbewerbsverbot PartGG 6 20

**Gesellschafterbeschluss** PartGG 6 23; PartGG 9 28

**Gesellschafterhaftung**
- Akzessorische ~ PartGG 8 8
- Gemeinschaftspraxis BGB 708 1 ff.

**Gesellschafterversammlung**
- Verstöße gegen Form, Frist und Inhalt der Einberufung BGB 712 18a

**Gesellschafterwechsel** PartGG 2 17
- durch Tod PartGG 2 18

**Gesellschaftsanteile** ApoG 9 9
- Übertragung PartGG 9 34

**Gesellschaftsformen** ApoG 8 2

**Gesellschaftsvertrag** BGB 705 35 ff.; PartGG 3 1
- Abgrenzung zum Arbeitsvertrag BGB 611a 12
- Änderungen BGB 705 38 ff.
- Berufsordnung PartGG 3 15
- Bestimmtheitsgrundsatz BGB 705 40 ff.
- Ergänzungen PartGG 3 12
- fakultative Bestandteile PartGG 3 11
- fehlerhafte Gesellschaft BGB 705 44 ff.
- festzulegender Sitz PartGG 3 18
- Formelle Legitimation BGB 705 40 ff.
- Kernbereichslehre BGB 705 42 ff.
- Materielle Legitimation BGB 705 42 ff.

- Mehrheitsentscheidungen BGB 705 39 ff.; BGB 712 6 ff.
- Vertragsschluss BGB 705 35 ff.

**Gesetzgebungskompetenz** BÄO 1 11

**Gesetzlich Versicherte** GOÄ 6a 30

**Gesetzliche Krankenkassen**
- Insolvenz InsO 11 11
- Insolvenzfähigkeit InsO 12 3

**Gesetzliche Krankenversicherung** BÄO 1 17, 24; BÄO 6 5
- finanzielle Stabilität SGB V 12 2

**Gesetzliche Vermutung** TFG 12a 5

**Gesetzlicher Vertreter** TPG 8c 12
- Aufklärung und Einwilligung TPG 8a 7

**Gesetzliches Verbot**
- Apotheken ApoG 11 4

**Gespaltener Krankenhausvertrag** BGB 611 29 ff.

**Gestehungskosten** SGB XI 84 14

**Gestellungsvertrag**
- Abgrenzung zum Arbeitsvertrag BGB 611a 19 f.

**Gesunder Kranker** GenDG 4 11 ff.

**Gesundheit** BÄO 1 24
- Begriff MBOÄ 1 2 ff.

**Gesundheitliche Eignung** ApoG 6 13; BApO 4 13

**Gesundheitliche Mängel** BÄO 6 6

**Gesundheitliche Vorsorgeplanung**
- für die letzte Lebensphase SGB V 132g 1 ff.

**Gesundheitsbegriffe** GenDG Vor §§ 7 ff. 1a

**Gesundheitsdaten** SGB V 341 5

**Gesundheitseignung** BApO 8 7

**Gesundheitsgefahr**
- Begriff BGB 619 8

**Gesundheitsgefährdung**
- selbstverschuldete SGB V 1 5

**Gesundheitsleistungen**
- Grenzüberschreitende Inanspruchnahme von ~ SGB V 13 9

**Gesundheitsobliegenheiten** GenDG 4 77

**Gesundheitsschutz**
- ärztliche Aufgabe MBOÄ 1 12

**Gesundheitssektor**
- aufeinander abgestimmte Verhaltensweisen GWB 1 50
- Vereinbarungen, Beschlüsse GWB 1 50

**Gesundheitsstrukturgesetz** GOÄ 6a 6, 13, 18

**Gesundheitsziele** SGB V 20 2

**Gewährleistungsverpflichtungen** MBOÄ 18 68

**Gewebe**
- Rückübertragene ~ innerhalb ein und desselben chirurgischen Eingriffs TPG 1 17

**Gewebe von Organen**
- mit Funktion TPG 1a 6

**Gewebedefinition** TPG 17 18; TPG 1a 12 ff.

**Gewebeeinrichtungen**
- Anforderung an TPG 8d 2 ff.

**Gewebegesetz** TPG 17 1

**Gewebezubereitungen** AMG 21 28

**Gewerbe** BÄO 1 27 ff.

## Stichwortverzeichnis

Gewerbliche Dienstleistungen
- Ärzte MBOÄ 3 5

Gewerblichkeit
- Arzt MBOÄ 1 7

Gewerbsmäßigkeit StGB 263 69
Gewinn, entgangener BGB 249 2
Gewinnen BtMG 2 3
Gewinnung TPG 8b 2
- hygienisch einwandfrei TFG 1 6
- Sichere ~ TFG 1 5

Gewinnverteilung PartGG 6 24
Gewissenhafte Berufsausübung MBOÄ 2 5
Gewissensfreiheit
- Arzt MBOÄ 2 2

Gläubigerautonomie InsO 5 3
Gläubigeruniversalität InsO 5 5
Gleichbehandlung InsO 1 2
Gleichbehandlung im Arbeitsrecht BGB 611a 166
Gleichbehandlungsgrundsatz GWB 97 19
Gleichmäßige Gläubigerbefriedigung InsO 5 4
Gleichstellungsabrede BGB 613a 61
Gleichwertigkeit BApO 7 5
- Ausbildung BApO 4 25

Gliederung BApO 4 17
GMP-gerechtes Arbeiten TFG 4 4
GOÄ
- Geltung MBOÄ 12 4

Grenzüberschreitende Werbung HWG Einf. 22
Grenzüberschreitender Betäubungsmittelverkehr BtMG 11 1 ff.
Grippeimpfstoffe
- Bedarfsplanung und Meldungen betr. saisonale ~ SGB V 132e 34

Grippeschutzimpfungen
- Regionale Modellvorhaben zur Durchführung in Apotheken SGB V 132j 1 ff.

Grober Behandlungsfehler BGB 630h 51 ff.; ZPO 286 21
- Befunderhebungs- und -sicherungspflicht ZPO 286 26
- Definition ZPO 286 24
- Rechtswidrigkeitszusammenhang ZPO 286 28
- Reichweite ZPO 286 33

Großhandelskooperationen ApoG 11 4
Grundkündigungsfrist BGB 622 7 ff.
- Berechnung BGB 622 7

Grundrechte
- Einfluss auf das Arbeitsrecht BGB 611a 82

Grundsatz der persönlichen Leistungserbringung GOÄ 4 8
Grundstoffe BtMG 1 9
Gruppenfreistellungsverordnungen GWB 1 56b
Günstigkeitsprinzip BGB 611a 88, 102
Gutachten- und Zeugniswerbung HWG 6 9 ff.
Gutachtenerstellung
- Ärztekammer über Honorar MBOÄ 12 11

Gutachterliche Stellungnahme TPG 8 22

Haftpflichtversicherung MBOÄ 21 1
- Adressat MBOÄ 21 2
- Folgen eines Verstoßes MBOÄ 21 19
- Haftpflichtansprüche MBOÄ 21 3 f.
- Hinreichender Versicherungsschutz MBOÄ 21 7
- Im Rahmen beruflicher Tätigkeit MBOÄ 21 5 f.
- Versicherungspflicht MBOÄ 21 12

Haftung TFG 12a 6; TFG 13 7; TFG 15 8; TFG 24 4
- Altschulden PartGG 2 21
- Amtshaftung AMG 91 9
- Deliktische ~ AMG 91 5 f.
- des Arbeitgebers BGB 619a 30 ff.
- des Arbeitnehmers BGB 619a 6 ff.
- Gentechnikgesetz AMG 91 8
- Kassenvorstände SGB V 12 13
- Produkthaftungsgesetz AMG 91 7
- Vertragliche ~ AMG 91 3 f.

Haftungsbegründende Kausalität
- Behandlungsfehler BGB 630a 88 ff.

Haftungsbeschränkung
- Summenmäßige ~ PartGG 8 19
- Vertragliche ~ PartGG 8 20

Haftungsprivileg PartGG 8 14
- Arbeitnehmer BGB 619a 10 ff.

Hämophilieregister TFG 21a 1a
Hämophiliezentren
- Versorgungsverträge SGB V 132i 1 ff.

Handel treiben BtMG 29 5; TPG 17 5
- Betäubungsmittelrechtlicher Begriff TPG 17 6
- mit verschreibungspflichtigen Arzneimitteln AMG 95 9

Handelsvertreter BGB 611a 40
Härteregelung
- im Grundsicherungsrecht SGB V 24a 2

Hauptberufsträger StGB 203 8 ff.
Hauptprüfer
- Definition MPDG 30 1
- Eigenverantwortliche korrektive Maßnahmen MPDG 66 1
- Festlegung MPDG 30 2
- Meldepflichten MPDG 63 3
- Meldung unerwünschter Ereignisse MPDG 63 4
- Pflichten MPDG 62 1

Hausarzt BÄO 1 17
Hausarztzentrierte Versorgung GWB 103 20; SGB V 73b 1
- Abschluss von HZV-Verträgen SGB V 73b 43 ff.
- Bereinigung der Gesamtvergütung SGB V 73b 99
- Einhaltung der Wirtschaftlichkeitskriterien SGB V 73b 101
- Informationspflicht der Krankenkassen SGB V 73b 98
- Refinanzierung weitergehender Leistungen SGB V 73b 100
- Schiedsverfahren SGB V 73b 75 ff.
- Teilnahme der Versicherten SGB V 73b 28 ff.

- Teilnahmevoraussetzungen für Ärzte SGB V 73b 22 ff.
- Vergütung SGB V 73b 90 ff.
- Vorläufige Weitergeltung SGB V 73b 97

**Haushaltsführungsschaden** BGB 249 83
- Berechnung BGB 842 54 ff.
- Ersatzkraftberechnung BGB 842 54 ff.
- Erwerbsschaden BGB 842 44
- nichteheliche Lebensgemeinschaft BGB 842 45

**Haushaltshilfe** SGB V 132 1 ff.
- Anstellung geeigneter Personen SGB V 132 9 ff.
- Auswahl der Leistungserbringer SGB V 132 18
- Grundsätze für die Leistungserbringung SGB V 132 18
- Inanspruchnahme Dritter SGB V 132 13 ff.

**Häusliche Gemeinschaft** GOÄ 8 13
**Häusliche Krankenpflege** SGB V 132a 1 ff.
- Anstellung geeigneter Personen durch die Krankenkassen SGB V 132a 107 ff.
- Besonderheiten der intensivpflegerischen Versorgung SGB V 132a 51 ff.
- Inhalt der Rahmenempfehlungen SGB V 132a 46
- Leistung SGB V 132a 26 ff.
- Rahmenempfehlungen SGB V 132a 24 f.
- Schiedsstelle SGB V 132a 56 ff.
- Vereinbarung von Rahmenempfehlungen SGB V 132a 33 ff.
- Versorgungsverträge mit Leistungserbringern SGB V 132a 65 ff.

**Häusliche Pflege** SGB XI 36 3
**Haut**
- Menschliche - TPG 1a 4

**Hautspende** BGB 249 29
**Hebamme** BGB 831 3 ff.; PartGG 1 45
**Hebammenhilfe** SGB V 134a 1 ff.; SGB V 24f 3
- Haftpflichtversicherungsprämien SGB V 134a 48 f.
- Kosten für die Ausbildung SGB V 134a 50 ff.
- Kostensteigerungen bei der Berufsausübung SGB V 134a 33 f.
- Qualität SGB V 134a 35 ff.
- Regressbeschränkung SGB V 134a 79 ff.
- Schiedsstellenregelung SGB V 134a 73 ff.
- Sicherstellungszuschlag SGB V 134a 41 ff.
- Übergangsregelung SGB V 134a 48 f.
- Vergütung SGB V 134a 30 ff.
- Verträge über - SGB V 134a 54 ff.
- Vertragspartner SGB V 134a 14 ff.

**Hebammenstellen-Förderprogramm** KHEntgG 4 84
**Heilbehandlung** BGB 249 6, 15, 45
- Ansprüche aus - ZPO 348 3
- Nebenkosten BGB 249 75 ff.
- Zumutbarkeit ärztlicher Behandlung BGB 249 8 f.

**Heilbehandlungsanspruch** SGB V 27 1
- unmittelbar aus dem GG SGB V 27 4

**Heilberufe**
- Geschützte - ZPO 383 2

**Heilberufe-Kammergesetz** BÄO 1 14
**Heileingriff**
- Ärztlicher - StGB 223 8 ff.; StGB 227 10 ff.

**Heilkunde** BÄO 1 25; BÄO 6 15
- Ausübung BÄO 2 21

**Heilmittel** BGB 249 15; SGB V 32 1
- Arznei- und Verbandsmittel BGB 249 16
- Krankengymnastik BGB 249 16
- Massagen BGB 249 16

**Heilmittel-Richtlinien** SGB V 32 2 f.
**Heilmittelwerbung** HWG 1 2
**Heilpraktiker** BGB 249 18 f.; PartGG 1 13, 44
**Heim** GOÄ 8 12 ff.
**Heimarbeiter** BGB 611a 40
**Heimbegriff** ApoG 12a 2
**Heimentgelt** SGB XI 87a 2
- Erhöhung SGB XI 87a 10 ff.
- Zahlung SGB XI 87a 4

**Heimlagerung** ApoG 12a 5
**Heimversorgung**
- ohne Versorgungsvertrag ApoG 12a 12

**Herkunftslandprinzip** HWG Einf. 71
**Herstellen** BtMG 2 3; BtMG 29 4
**Herstellen von Arzneimitteln** AMG 13 1 ff.
- Ausnahmen Erlaubnispflicht AMG 13 12 ff.
- Heilberufsausübende AMG 13 21 ff.
- Herstellungserlaubnis AMG 13 1 ff.
- Tierärzte AMG 13 24
- Zuständigkeiten AMG 13 25

**Herstellerabgabepreis**
- Ermittlung SGB V 130d 10 ff.
- Geltung SGB V 130d 13
- Plausibilität des gemeldeten - SGB V 130d 8 f.
- Rechtsschutz SGB V 130d 13

**Herstellerkontingent** ApoG 11 7
**Herstellerkredite** ApoG 10 3
**Herstellung von Blutprodukten** TFG Vor 1
**Herstellungserlaubnis**
- Gewinnung von Stammzellen TFG 9 3

**Herzklappe**
- nicht CE-zertifizierte künstliche - MPDG 7 5

**Hilfsmittel** SGB V 12 4; SGB V 33 1
- Ahndung von Verstößen SGB V 128 31 ff.
- Begriff SGB V 126 7 ff.
- Gebrauchsvorteil bei SGB V 33 5
- Unzulässige Zusammenarbeit SGB V 128 1 ff.
- Vergütung durch Krankenkassen bei Versorgung mit - SGB V 128 38 ff.
- Versorgung durch Vertragspartner SGB V 126 1 ff.
- Vertragspartner für die Versorgung mit - SGB V 126 15 ff.

**Hilfsmittelverträge**
- Ausschreibung GWB 103 14

**Hilfsmittelverzeichnis** SGB V 139 1 ff.; SGB V 33 3 f.; SGB XI 78 5

## Stichwortverzeichnis

Hilfsperson BÄO 1 31
Hinauskündigung PartGG 9 17
Hinterbliebenengeld AMG 86 9; BGB 844 69 ff.
– Abgrenzung zum Schockschaden BGB 844 74 f.
– Delikt gegen das Leben BGB 844 72
– Geschützter Personenkreis BGB 844 70 f.
– Rechtsfolge BGB 844 76
– Schutzausweitung auf andere Rechtsgüter BGB 844 73
Hippokratischer Eid BÄO 1 23
Hirntodfeststellung TPG 3 7
Historische Prüfung GOÄ 4 51
HI-Virus
– Entdeckung TFG Vor 1
HIV-Übertragungen TFG Vor 1
HLA-Typisierung GenDG 3 49, 55
Hochschulambulanz SGB V 117 1
Hochschulkliniken SGB V 108 7
Höchstbeträge AMG 88 1 ff.
– Sonderregelung AMG 88 8
– Tötung oder Verletzung eines Menschen AMG 88 4 ff.
– Tötung oder Verletzung mehrerer Menschen AMG 88 7
Home-Office
– Corona-Pandemie BGB 611 31
Homöopathische Arzneimittel HWG 5 1 ff.
– Konkurrenzen HWG 5 14
– Registriertes – HWG 5 8 ff.
– Sanktionen HWG 5 14
– Vereinbarkeit mit dem Unionsrecht HWG 5 5 ff.
– Werbung mit Anwendungsgebiet HWG 5 11 ff.
Honorar
– Angemessenheit, Arzt MBOÄ 12 2
Honoraranspruch BGB 611 10 ff.; GOÄ 12 18 ff.
– Verjährung BGB 199 38 ff.
Honorararzt als Wahlarzt GOÄ 4 42b
Honorarforderung GOÄ 12 11
– Vorschuss GOÄ 12 36a
Honorarkräfte ApoG 7 2
Honorarminderungspflicht GOÄ 6a 6, 9, 15, 19 ff.
– Doppelbelastung GOÄ 6a 30
– Privatklinik GOÄ 6a 20
Honorarvereinbarung GOÄ 12 26
– Anforderungen GOÄ 2 3
Honorarverträge KHEntgG 18 17
Hörgerät SGB V 12 12
Hybridbildung ESchG 1 13; ESchG 7 6
Hygiene-Förderprogramm KHEntgG 4 73
Hygienemangel
– Anscheinsbeweis ZPO 286 20
– Beweislastumkehr ZPO 286 64
Hypothetische Einwilligung ZPO 286 86
Hypothetische Kausalität ZPO 286 89

Identifizierungsmuster, genetisches GenDG 2 20, 22; GenDG 3 36
– Benachteiligungsverbot GenDG 4 72 f.

– Untersuchungen im Arbeitsleben GenDG 19 10; GenDG Vor §§ 19 ff. 3
– Untersuchungen im Versicherungsbereich GenDG 18 11
– Untersuchungen zur Klärung der Abstammung GenDG 2 19
Identitätsfeststellung TFG 7 2
IGeL (individuelle Gesundheitsleistungen) SGB V 2 9
Immunglobulingewinnung TFG 8 2
Immunisierung TFG 2 6
Immunisierungsplan TFG 8 9
Immunisierungsprogramm TFG 8 5 ff.
Immunisierungsprotokoll
– Informationen TFG 8 12
Impfkommission
– ständige (StIKO) SGB V 20i 2
Impf-Nachweis BGB 611a 171
Impfstoffe
– Rabatte der pharmazeutischen Unternehmer SGB V 130a 49 ff.
Implantate BGB 249 42; SGB V 28 2, 6
Implantatebezogene Maßnahmen KHEntgG 5 28n
Implantatversorgung SGB V 12 6
Importfertigarzneimittel SGB V 31 10 f.
Impotenz BGB 253 94 ff.
Imprägnierte Eizelle ESchG 1 24
Indikation SGB V 31 9
– genetische GenDG 3 72 ff.
– von Arzneimitteln SGB V 31 8
Indikator GenDG 18 11; GenDG 19 9; GenDG 3 34 f.; GenDG 4 2 ff., 40, 52 ff.
Individualprophylaxe SGB V 22 2 f.
Individuelle Gesundheitsleistungen – IGeL SGB V 2 9
Industrie
– Zusammenarbeit mit Ärzten MBOÄ 33 1
Infektionshygienische und hygienische Überwachung IfSG 15a 1 ff.
– Aufgaben IfSG 15a 1 ff.
– Auskunftsgegenstände IfSG 15a 4
– Auskunftsverpflichtung IfSG 15a 5
– Befugnisse IfSG 15a 9 f.
– Mitwirkung an der Überwachung IfSG 15a 6
– Verhütungsmaßnahmen IfSG 15a 10
– Zuständige Behörden IfSG 15a 8
Infektionsschutz
– genetische Untersuchung GenDG 2 34
Infektionsschutzrecht IfSG 2 2
– Ansteckungsverdächtige Personen IfSG 2 13
– Ausscheider IfSG 2 12
– Fachbegriffe IfSG 2 6
– Krankheitserreger IfSG 2 7
– Krankheitsverdächtige IfSG 2 11
– Meldepflichtige Krankheiten IfSG 10 1 ff.
– Normzweck IfSG 2 1 f.
– Nosokomiale Infektionen IfSG 2 8

- Ordnungsrecht IfSG 2 5
- Regelungsgegenstand IfSG 2 1 f.
- Tatbestand IfSG 2 3
- übertragbare Krankheit *s. dort*
- Vorbeugung, Erkennung und Verhinderung IfSG 2 4
- Ziel des Gesetzes IfSG 2 1

**Infektionsstatus** TFG 19 3

**Information**
- Versicherte SGB V 127 41
- Wirtschaftliche ~ MBOÄ 12 12

**Informationsaustausch** MPDG 67 1
- zwischen Behörden der Mitgliedstaaten BÄO 10b 12

**Informationspflicht**
- allgemeine BGB 619 11
- Andere Formvorschriften BGB 630c 50 f.
- Auf Nachfrage des Patienten BGB 630c 26
- Behandlungskosten BGB 630c 48a
- Berufsausübungsrecht MBOÄ 2 9 f.
- Entbehrlichkeit BGB 630c 52
- Folgen der Nichtbeachtung BGB 630c 46 ff.
- Formerfordernis BGB 630c 46 ff.
- Verstoß des Arztes gegen ~ BGB 630c 23 ff.
- Vertragliche Abbedingung BGB 630c 59
- Vertragsschluss BGB 611a 114 f.
- Wegfall GWB 134 6
- Zur Abwendung gesundheitlicher Gefahren BGB 630c 27

**Informationssymmetrie** GenDG 11 21; GenDG 18 5

**Informationsverfahren** TFG 3 18

**Insolvenz**
- Angestellter Arzt InsO 11 11
- Apotheke ApoG 7 2b
- Apotheke mit mehreren Inhabern InsO 11 11
- Arzt InsO 35 3
- Ärztekammer InsO 11 11
- Arztpraxis InsO 35 3a
- Belegarzt InsO 11 11
- Chefarzt InsO 11 11
- Freiberufler InsO 35 3
- Gemeinschaftspraxis InsO 11 11
- Gesetzliche Krankenkassen InsO 11 11; InsO 12 3
- Kammern der Heilberufe InsO 12 8
- Krankenhaus InsO 11 11
- Krankenhausarzt InsO 11 11
- Medizinrechtliche Aspekte InsO 1 17
- Medizinisches Versorgungszentrum InsO 11 11
- Niedergelassener Arzt InsO 11 11
- Patientenkartei InsO 35 3b
- Private Krankenkassen InsO 11 11
- Selbstständiger Apotheker InsO 11 11; InsO 35 6
- Verfügungen des Arztes in der ~ InsO 35 5

**Insolvenzfähigkeit**
- Begriff InsO 11 2
- Gesellschaften InsO 11 6
- Juristische Personen des öffentlichen Rechts InsO 12 1
- medizinrechtliche Besonderheiten InsO 11 11
- Personen InsO 11 3
- Sondervermögen InsO 11 10

**Insolvenzfall** ApoG 7 2

**Insolvenzgericht**
- Mittelpunkt einer selbstständigen wirtschaftlichen Tätigkeit InsO 3 3
- örtliche Zuständigkeit InsO 3 1
- Zuständigkeit InsO 2 2

**Insolvenzmasse** InsO 35 1

**Insolvenzrecht**
- Bedeutung InsO 1 1
- Gesetzeslage InsO 1 4
- Rechtsstaatsprinzip InsO 5 9
- Verfahrensgrundsätze InsO 5 1 ff.

**Insolvenzverfahren**
- Anwendbare Vorschriften der ZPO InsO 4 1
- Dispositionsmaxime InsO 5 16
- Mündlichkeit InsO 5 18
- Öffentlichkeit InsO 5 20
- Unmittelbarkeit InsO 5 19
- Untersuchungsgrundsatz InsO 5 17

**Insolvenzverwalter**
- Wahlrecht InsO 103 1

**Insolvenzziele** InsO 1 1, 7 ff.

**Institut für das Entgeltsystem im Krankenhaus** SGB V 137i 37 ff.
- Übermittlungspflichten SGB V 137j 16 ff.
- Veröffentlichungen SGB V 137i 60 ff.
- Wahrnehmung der Aufgaben durch das ~ und Finanzierung SGB V 137j 26 ff.

**Institut für Qualität und Wirtschaftlichkeit im Gesundheitswesen** SGB V 139a 1 ff.
- Abwicklung der Aufgaben SGB V 139b 23 ff.
- Abwicklung mit dem Gemeinsamen Bundesausschuss SGB V 139b 29 ff.
- Anträge des BMG SGB V 139b 21 f.
- Arbeitsweise SGB V 139a 36 ff.
- Aufgaben SGB V 139a 32 ff.
- Aufgabendurchführung SGB V 139b 1 ff.
- Aufträge an das Institut SGB V 139b 15 ff.
- Bericht über Arbeitsprozesse und Ergebnisse SGB V 139a 41 f.
- Bestellung der Institutsleitung und Stiftung SGB V 139a 31
- Darlegung der beruflichen Einbindung SGB V 139a 29 f.
- Einbeziehung sachkundiger Stellen SGB V 139a 42
- Erfüllung der Standards der evidenzbasierten Medizin SGB V 139a 36 ff.
- Evidenzrecherchen SGB V 139b 37 ff.
- Fachliche Unabhängigkeit SGB V 139a 26 ff.
- Finanzierung SGB V 139c 1 ff.
- Gründung SGB V 139a 21 ff.
- Rechtsform SGB V 139a 25

3369

## Stichwortverzeichnis

- Vorschläge für Forschungsaufträge SGB V 139b 33 ff.
Institut für Qualitätssicherung und Transparenz im Gesundheitswesen
- Absicherung anerkannter wissenschaftlicher Standards SGB V 137a 77 ff.
- Arbeitsfelder SGB V 137a 39 f.
- Aufgabenkatalog SGB V 137a 41 ff.
- Auftrag zur Gründung SGB V 137a 30 ff.
- Aufträge des Gemeinsamen Bundesausschusses SGB V 137b 7 ff.
- Auftragsrecht an das – SGB V 137a 64 ff.
- Beteiligung des BMG SGB V 137a 37 f.
- Bewertungskriterien für die Vielfalt von Zertifikaten und Qualitätssiegeln SGB V 137a 60 f.
- Darstellung der Qualität ausgewählter Leistungen SGB V 137a 55 ff.
- Datenübermittlung an die zuständigen Landesbehörden SGB V 137a 113 ff.
- Errichtung als Stiftung des privaten Rechts SGB V 137a 34 ff.
- Finanzierung SGB V 137a 93 f.
- Information über die Qualität der Krankenhausversorgung SGB V 137a 48 ff.
- Mitwirkung weiterer Einrichtungen SGB V 137a 62 f.
- Recht zur Vergabe von Aufträgen durch das – SGB V 137a 84 ff.
- Regelung der sekundären Datennutzung SGB V 137a 101 ff.
- Sicherstellung der fachlichen Unabhängigkeit SGB V 137a 95 ff.
- Verpflichtung zur Beteiligung an der Entwicklung von Inhalten SGB V 137a 88 ff.
- Zuleitung der Arbeitsergebnisse als Empfehlungen SGB V 137b 11 ff.
Institutsambulanz SGB V 118 2
Integrierte Versorgung SGB XI 92b 2
Intensivpflege
- Versorgung mit außerklinischer – SGB V 132l 1 ff.
Internal Market Information System BÄO 3 35
Internationale Arbeitsorganisation BGB 611a 76
Internationale Werbesachverhalte HWG Einf. 64
Internationale Zuständigkeit ZPO 32 4
Internationaler Anwendungsbereich HWG Einf. 64
Interprofessionelle Berufsausübung PartGG 1 32
Interprofessionelle Zusammenarbeit MBOÄ 23c 3
Interventionsgrund ZPO 66 4
Intratubarer Gametentransfer ESchG 1 19a
Inverkehrbringen
- Arzneimittel AMG 4 20 ff.
- Bedenklicher Arzneimittel AMG 95 4
- ohne Zulassung AMG 96 12 f.
Investitionsförderung KHG 8 52 ff.
- Rechtsschutz KHG 8 60
Investitionskosten KHG 2 17
- fiktive KHG 2 24
- förderfähige KHG 2 18

- Krankenhäuser KHEntgG 19 11
- originäre KHG 2 18 ff.
Investitionsprogramme KHG 6 20 ff., 38
- Funktion KHG 6 20
- Inhalt KHG 6 26
- Rechtsnatur KHG 6 24 f.
In-vitro-Diagnostika
- Übergangsregelung MPDG 2 1
In-vivo-Diagnostika AMG 2 34a
Irreführende Werbung HWG 3 1 ff.; MBOÄ 27 7
- Arznei- und Heilmittelwerberecht HWG 3 29 ff.
- Beschaffenheitsangaben HWG 3 79 ff.
- Blickfangwerbung HWG 3 51
- Darlegungs- und Beweislast bei Wirkungsangaben über Arzneimittel HWG 3 52 ff.
- Entscheidungsrelevanz HWG 3 49 f.
- Erfolgsversprechen und Ausbleiben schädlicher Wirkungen HWG 3 69
- EU-Lauterkeitsrecht HWG 3 27 f.
- Fachkreiswerbung HWG 3 74 f.
- Gesetzliche Regelbeispiele HWG 3 61 ff.
- Getarnte Werbung HWG 3 76 ff.
- Herstellerangaben HWG 3 84 f.
- Irreführende Angaben HWG 3 26
- Konkurrenzen HWG 3 86
- Medizinprodukteregulierung der EU HWG 3 23a
- Öffentlichkeitswerbung HWG 3 70 ff.
- Rechtsfolgen HWG 3 86
- Rechtsnatur HWG 3 9 ff.
- Richtlinie 2006/114/EG HWG 3 24
- Richtlinienkonformität HWG 3 15 ff.
- Strengeprinzip HWG 3 45 ff.
- UGP-RL HWG 3 22
- Verhältnis von Art. 89, 90 GK und Art. 87 Abs. 3 GK HWG 3 13
- Verhältnis zwischen GK, UGP-RL und RL 2006/114/EG HWG 3 25
- Vollharmonisierung HWG 3 14
- Ziele HWG 3 8
Irreführungsverbote HWG Einf. 4
Irrtum BtMG 3 15; StGB 263 28
- fehlende Vorstellung StGB 263 36
- gedankliches Mitbewusstsein StGB 263 35

Jahresbericht TPG 8d 24
Jedermann-Hinweis-Recht SGB V 81a 10
Job-Sharing-Gemeinschaftspraxis BGB 705 17
Junk-DNA GenDG 3 36

Kapitalgesellschaften PartGG 1 17
Kartellbehörden SGB V 69 26
Kartellverbot
- Freistellung GWB 1 56a
Kartellvergaberecht SGB V 69 46
Kassen(zahn)ärztliche Bundesvereinigung SGB V 81a 29
- Transparenzpflicht SGB V 81a 30

**Kassenärztlicher Zulassungsausschuss** PartGG 1 36
**Kassenpatient**
– Arzneimittel BGB 249 41
– Ärztliche Behandlung BGB 249 32 ff.
– Chefarztbehandlung BGB 249 40
– Einzelzimmer BGB 249 38
– Implantate BGB 249 42 f.
– Wahlleistung im Krankenhaus BGB 249 38
– Zahnersatz BGB 249 42
**Kassenwechsel** SGB V 1 3
**Kassenzulassung** BÄO 1 17
**Katalogberufe** PartGG 1 13
**Kausalität** BGB 249 2
– alternative BGB 249 102
– Beweislast BGB 249 107
– Dazwischentreten des Verletzten BGB 249 154 f.
– Dazwischentreten Dritter BGB 249 147 ff.
– Gesamtkausalität BGB 249 99
– haftungsausfüllende BGB 249 3
– haftungsbegründende BGB 249 3; BGB 253 98
– hypothetische BGB 249 102 ff.
– konkurrierende BGB 249 101
– kumulative BGB 249 99 f.
– Reserveursache BGB 249 103 ff.
– teilweise BGB 249 108
**Keimbahnzelle**
– Begriff ESchG 5 1; ESchG 8 9
– Interventionen in menschliche ESchG 5 1 ff.
– Schutzlücken ESchG 5 5
**Kennzeichnung**
– Betäubungsmittel BtMG 14 1 ff.
**Kernbereichslehre** PartGG 3 14
**Kernleistung** GOÄ 4 40
**Kick-Back** MBOÄ 31 16
**Kieferchirurgie** BÄO 10a 4
**Kieferorthopädie** SGB V 28 4 f.
– Altersgrenze SGB V 28 6
**Kind als Schaden** BGB 249 84 ff.
– Betreuungsunterhalt BGB 249 94
– Empfängnisverhütung BGB 249 85
– Familienplanung BGB 249 85
– genetische Beratung BGB 249 88
– Leben als Schaden BGB 249 98a
– Regelunterhalt BGB 249 94
– Schadensumfang BGB 249 93 ff.
– Schmerzensgeldanspruch der Mutter BGB 249 96
– Schmerzensgeldanspruch des Kindes BGB 249 97
– Schwangerschaftsabbruch BGB 249 88 f.
– Schwangerschaftsuntersuchung BGB 249 88
– Spermiogramm BGB 249 86
– Sterilisation BGB 249 85 ff.
– Unterhalt BGB 249 85, 93
**Kinder**
– Hilfe- und Pflegebedarf SGB XI 15 9
**Kirchliches Arbeitsrecht** BGB 611a 57 ff.
– Ablehnung des Tarifvertragsrechts BGB 611a 59

– Arbeitsvertragsregelungen BGB 611a 84, 90
– Bezugnahmeklausel BGB 611a 93
– Dienstgemeinschaft BGB 611a 61
– Dritter Weg BGB 611a 60, 90
– Einstellungsverhalten BGB 611a 68 ff.
– Fragerecht BGB 611a 68
– Gleichbehandlungsgesetz BGB 611a 67
– Kirchliche Einrichtungen privaten Rechts BGB 611a 62 f.
– Koalitionsfreiheit BGB 611a 59
– Kritik BGB 611a 58
– Kündigungsschutz BGB 611a 71 ff.
– Loyalitätspflichten BGB 611a 66
– Mitarbeitervertretung BGB 611a 93
– Streikrecht BGB 611a 60
– Verfassungsrecht BGB 611a 57
– Verhaltenspflichten BGB 611a 66
– Zuordnungsfragen BGB 611a 64 f.
**Klage auf künftige Leistung** ZPO 253 10a
**Klageantrag** ZPO 253 5
**Klagearten** ZPO 253 13
**Klageschrift** ZPO 253 4
**Klageverzichtsvereinbarung** BGB 623 19
**Kleinbetrieb** BGB 622 24
**Kleine Gebührenspanne** GOÄ 5 28
**Kleinmaterialien** GOÄ 10 11 ff.
**Klinische Prüfung**
– Ablehnungsgründe MPDG 42 2
– Abschlussbericht MPDG 64 4 ff.
– Änderungen am Prüfplan nach Bewertung durch Ethik-Kommission MPDG 39 3
– Anordnung der sofortigen Unterbrechung MPDG 45 4
– Anordnungen zur weiteren Behandlung und Nachbeobachtung MPDG 45 5
– Antrag auf Genehmigung MPDG 38 1
– Anträge des koordinierten Antragsverfahrens nach Art. 78 MDR MPDG 38 3
– Art. 74 Abs. 1 MDR MPDG 64 1
– Aufforderung an den Sponsor, Aspekte zu ändern MPDG 45 4
– Aufklärung AMG 40 18
– Aufklärungsgespräch MPDG 28 2
– Befristetes Ruhen der Genehmigung MPDG 45 1 f.
– Beginn MPDG 31 1 ff.
– Begriff AMG 40 1
– bei Tieren und Rückstandsprüfung AMG 21 35
– Beratungsgespräch AMG 40 19
– Besonderer Prüfauftrag MPDG 39 4
– Bestimmung des Leiters MPDG 30 2
– Bewertung des Antrags durch die zuständige Bundesoberbehörde MPDG 39 1
– Eigenverantwortliche korrektive Maßnahmen MPDG 66 1
– Einwilligung AMG 40 15
– Einwilligung in die Teilnahme MPDG 28 1
– Einwilligung in die Verarbeitung personenbezogener Daten MPDG 29 1

- Entscheidung der Bundesoberbehörde MPDG 42 1 ff.
- Festlegung des Hauptprüfers MPDG 30 2
- Fristverlängerung bei Beratung durch Sachverständige MPDG 42 3
- Genehmigungsfiktion MPDG 42 2
- Hauptprüfer MPDG 30 1
- Information der zuständigen Ethik-Kommission MPDG 45 7
- Keine aufschiebende Wirkung von Widerspruch und Anfechtungsklage MPDG 45 6
- Korrekturmaßnahmen der Bundesoberbehörde MPDG 44 1 f.
- Leiter MPDG 30 1
- Mitteilungspflicht MPDG 42 1
- nicht einwilligungsfähige Prüfungsteilnehmer MPDG 28 3
- Nutzen-Risiko-Verhältnis AMG 40 14
- positives Nutzen- Risiko-Verhältnis MPDG 39 1
- Probandenversicherung AMG 40 17
- Prüfer MPDG 30 1
- Qualifizierter Prüfer AMG 40 16
- Rücknahme der Genehmigung MPDG 45 1 f.
- Sequenzielles Antragsverfahren MPDG 38 2
- Speicherung der Daten MPDG 29 2
- Sponsor AMG 40 13; MPDG 25 1
- Stellungnahme der Ethik-Kommission MPDG 38 2
- Straftaten im Zusammenhang mit – AMG 96 14
- Überwachung durch die zuständige Behörde MPDG 68 1 f.
- Umfang der Prüfung des Antrag MPDG 39 1 ff.
- Unterrichtung des Sponsors innerhalb von 37 Tagen über Ablehnung MPDG 42 3
- Verbot der Durchführung bei untergebrachten Personen MPDG 27 1
- Verbot der Fortsetzung MPDG 46 1
- Versagungsgründe der Genehmigung MPDG 45 1 f.
- Versicherungsschutz MPDG 26 1
- Vorgaben MPDG 24 1
- Weitere Vorgaben für Korrekturmaßnahmen der Bundesoberbehörde MPDG 45 1 ff.
- Wesentliche Änderungen MPDG 42 1
- Widerruf der Einwilligung zur Teilnahme MPDG 29 1
- Widerruf der Genehmigung MPDG 45 3
- zuständige Behörden über die angeordneten Maßnahmen MPDG 45 7
- Zustimmende Stellungnahme der Ethik-Kommission MPDG 31 4

Klinische Sektionen KHEntgG 5 28g
Klinische Studien KHEntgG 8 2
Klonen EschG 6 1
Knochenmark TPG 1 19; TPG 8a 1
Knochenmarksentnahme TPG 8 12
Knochenmarkspende TFG 9 3
Kollegiale Zusammenarbeit MBOÄ 29 1

Kollegialität
- in Gegenwart von Patienten MBOÄ 29 7
Kollegialitätsgebot MBOÄ 29 1
Kollision mit AMG TPG 17 16
Kommission
- Aufbereitungs- AMG 25 81
- für Kinder und Jugendliche AMG 25 83
- Mitglieder AMG 25 78, 80, 86
- Zulassungs- AMG 25 73 ff.
Komplexleistung GOÄ 4 48
Konflikt- oder Notlagenindikation GOÄ 5a 2
Konkurrentenklage KHG 8 38 ff.
Konkurrenzklauseln ApoG 9 12
Konkurrenzverbot
- Ärzte MBOÄ 29 2
Konnexitätsprinzip ESchG 1 1
Konsiliararzt GOÄ 6a 5; GOÄ 7 8
- konsiliarärztliche Leistung GOÄ 6a 35
Kontaktstelle MPDG 70 1
Kontrolle
- Vorgaben des Gemeinsamen Bundesausschusses SGB V 137 47 ff.
Kontrollerwerb GWB 37 7
Kontrollrecht PartGG 6 22
Konversionsneurose BGB 249 139
Konzern
- Begriff Konzernbetriebsrat BGB 611a 48
Kooperation ApoG 11 2 ff.
- zwischen staatlichen Behörden und Krankenkassen SGB V 20a 2
Kooperationsgebot MBOÄ 7 9
Kooperationsgemeinschaft BGB 705 21; MBOÄ 18 46; PartGG 2 23
- Ankündigung MBOÄ 18a 10 f.
- Haftung BGB 715 5
- Partnerschaftsgesellschaft PartGG 2 25
Koordinierungsstelle TPG 9 19
Koppelungsverbot BGB 1901a 24
Körperschaften des öffentlichen Rechts SGB V 1 3
Körperverletzung StGB 223 1
- Immaterieller Schaden AMG 87 5
- Vermögensschaden AMG 87 2 ff.
Körperverletzung mit Todesfolge StGB 227 1
Kosmetische Maßnahmen MBOÄ 1 5 f.
Kosmetische Mittel AMG 2 25 f.
Kosmetische Operation BGB 249 25 ff.
- Hodenprothese BGB 249 25
- Narben BGB 249 25
- Verbrennungen BGB 249 25
- Verhältnismäßigkeit BGB 249 25
Kosten
- Abtretungsverbot GOÄ 4 53 ff.
- Schwangerschaftsabbruch GOÄ 5a 4
Kostenerstattung GOÄ 6a 20; SGB V 13 1 f.; SGB XI 91 2 ff.
- Belegarzt KHEntgG 19 3
- Beratungspflicht der Krankenkasse SGB V 13 6
- in sonstigen Fällen KHEntgG 19 10 ff.

# Stichwortverzeichnis

- Patientenrechtegesetz SGB V 13 8a
- Wahlärztliche Leistungen KHEntgG 19 6
- Wahlrecht der Versicherten SGB V 13 2

**Kostenerstattungsprinzip** GOÄ 10 27 ff.
- Ärztemuster GOÄ 10 29
- Bonus GOÄ 10 29
- Rabatt GOÄ 10 29
- Verbot der Pauschalierung GOÄ 10 27

**Kostennachweis** GOÄ 10 28

**Kosten-Nutzen-Bewertung**
- bei Arzneimitteln SGB V 31 3

**Kostenträger** GOÄ 11 6 ff.; GOÄ 6 12
- öffentlich-rechtlicher Kostenträger GOÄ 11 6 f.
- Rechtsverhältnis zum ~ GOÄ 6 20

**Kostenvoranschlag** KHEntgG 8 36 ff.

**Krankenhaus** GWB 99 8
- als Unternehmen GWB 1 32
- Ambulante Behandlung bei Unterversorgung SGB V 116a
- Ambulante Leistungen KHG 2 6b
- Ambulante spezialfachärztliche Behandlung SGB V 116b 1
- Gestuftes System von Notfallstrukturen in ~ SGB V 136c 63 ff.
- Insolvenz InsO 11 11
- Leistungsfähigkeit KHG 1 17
- öffentliche Auftraggeber GWB 103 24
- Pflichten im ~ InsO 80 2
- Qualität KHG 1 22b
- Sozial tragbare Pflegesätze KHG 1 25
- Wirtschaftliche Sicherung KHG 1 2
- Wirtschaftlichkeit KHG 1 23
- zugelassenes SGB V 108 6; SGB V 39 13; TPG 9 4

**Krankenhausanalyse** KHG 6 18

**Krankenhausapotheke** ApoG 14 2; SGB V 129a 1 ff.

**Krankenhausarzt** BÄO 1 18
- Ambulante Behandlung SGB V 116 1
- Insolvenz InsO 11 11

**Krankenhausaufnahmevertrag** BGB 611 17 ff.; BGB 630a 25
- Arztzusatzvertrag GOÄ 6a 3
- gespaltener Krankenhausaufnahmevertrag GOÄ 6a 4
- totaler Krankenhausaufnahmevertrag GOÄ 6a 3

**Krankenhausbegriff** ApoG 14 16; KHG 2 2 f.; SGB V 107 5 ff.

**Krankenhausbehandlung** SGB V 112 1 ff.; SGB V 115a 2; SGB V 39 1, 6 ff.
- Allgemeine Bedingungen SGB V 112 5 ff.
- Dauer SGB V 112 8
- Erforderlichkeit SGB V 39 14 ff.
- Festsetzung durch die Schiedsstelle SGB V 112 9
- Überprüfung der Notwendigkeit SGB V 112 8
- Verfahren und Vergütung SGB V 39 21 ff.
- Vergütung SGB V 115a 4

**Krankenhausfusionen** GWB 36 10

**Krankenhausgesellschaft** SGB V 107 5; SGB V 108a 5

**Krankenhausindividuelle Entgelte** KHEntgG 4 25 ff.; KHEntgG 6 4 ff.
- Besondere Einrichtungen KHEntgG 6 5 ff.
- Einzelleistungen KHEntgG 6 4
- Entgeltarten KHEntgG 6 8
- Kalkulation der Entgelte KHEntgG 6 9

**Krankenhausplan** KHG 6 5 ff.
- Herausnahme aus KHG 8 23
- Inhalt KHG 6 9 ff.
- Rechtsnatur KHG 6 6

**Krankenhausplanung** KHG 5 3; KHG 6 2 ff.
- Qualitätsindikatoren SGB V 136c 20 ff.
- Rechtsschutz KHG 8 27 ff.

**Krankenhausrechnung**
- Inhalt und Gestaltung KHEntgG 8 41 f.

**Krankenhausschließung** KHEntgG 5 35 ff.

**Krankenhausstrukurfonds** KHEntgG 5 28u

**Krankenhausträger** GOÄ 6a 4 f.; KHG 2 7 f.

**Krankenhausvertrag** BGB 611 12
- Gespaltener ~ BGB 611 29 ff.
- Grundtypen BGB 611 16 ff.
- Rechtsnatur BGB 611 13 ff.

**Krankenhauszielplanung** KHG 6 11

**Krankenhauszukunftsfonds** KHG 4 9

**Krankenkasse** GWB 99 3
- als Unternehmen GWB 1 6
- Berufsrecht BÄO 1 19
- Handeln gegenüber den Versicherten GWB 1 27
- Körperschaft des öffentlichen Rechts SGB V 1 3
- Rechtsbeziehungen zu den Leistungserbringern SGB V 69 2 ff.
- Unternehmen UWG 3a 19
- Verträge mit Leistungserbringern GWB 1 23
- Wechsel SGB V 1 3
- Wettbewerb GWB 1 31

**Krankenpflegedienst** BÄO 1 6

**Krankenpfleger** BGB 831 3b

**Krankenschwester** BGB 831 3c

**Krankentransportleistungen**
- Versorgung mit ~ SGB V 133 1 ff.

**Krankenunterlagen**
- Patientenakte MBOÄ 10 1

**Krankenversicherung**
- private Zusatzversicherung in der SGB V 13 4

**Krankheit** SGB V 27 2
- Begriff MBOÄ 1 2 ff.
- Lebensbedrohende ~ TPG 8 5

**Krankheitsbegriff** GenDG Vor §§ 7 ff. 1a; SGB V 27 2

**Krankheitsinformationen** HWG 1 44

**Krebsdiagnose**
- Anwendbarkeit GenDG GenDG 11 9; GenDG 18 1, 10, 24; GenDG 3 8, 39, 53; GenDG Vor §§ 7 ff. 4
- Benachteiligung GenDG 4 15, 41, 50

**Krebsfrüherkennung** SGB V 25 2

# Stichwortverzeichnis

Krebsveranlagung, erbliche GenDG 20 8;
  GenDG 3 65
Krebsvorsorge GenDG 4 11
Kreditvergabe
– genetische Untersuchung GenDG 2 29
Kriminologische Indikation StGB 218a 32 ff.
Kühlketten TFG 11a 2
Kündigung BGB 620 4
– Abwicklung nach fristloser – BGB 630b 21 ff.
– Änderung des Feststellungsbescheides SGB V 110 14
– Änderungskündigung BGB 623 10
– Antrag auf Aufhebung SGB V 110 14
– Arbeitsverhältnis BGB 622 2
– Auflösung der Gesellschaft BGB 725 24
– Auslegung der Erklärung BGB 623 41 f.
– Ausschluss der ordentlichen BGB 725 6, 10
– außerordentliche BGB 620 5; BGB 725 11 ff.
– außerordentliche – BGB 620 10 ff.
– Beschränkung der ordentlichen BGB 725 10
– Betriebsbedingte s. dort
– Betriebsratsanhörung s. dort
– Diskriminierende BGB 620 9
– durch Privatgläubiger BGB 725 15 ff.
– Erklärung BGB 623 41 ff.; BGB 725 3 ff.
– Form BGB 725 5; SGB V 110 7
– Formale Anforderungen BGB 623 41 ff.
– Fortsetzung der Gesellschaft BGB 725 24 f.
– Freizeit zur Stellungssuche BGB 629 3
– Frist SGB V 110 8
– Genehmigung SGB V 110 18
– Inhalt BGB 623 10
– krankheitsbedingt BGB 620 58
– Kündigungserschwerung BGB 725 21 f.
– Kündigungsfrist BGB 725 21
– Kündigungsgründe SGB V 110 10
– Ordentliche BGB 620 5, 6 ff.; BGB 725 6 ff.
– personenbedingt BGB 620 55 ff.
– Privatgläubiger PartGG 9 11
– Rechtsfolge BGB 623 12 ff.
– Rechtsmissbrauch BGB 725 23
– Rechtsnatur SGB V 110 6
– Schadensersatz BGB 725 26 f.
– Schiedsperson SGB V 110 9a
– Schriftform BGB 623 2 ff.
– Schriftform, Anforderungen BGB 623 7 ff.
– Soziale Rechtfertigung BGB 620 6
– Unabdingbarkeit BGB 623 15 f.
– Ungehörige BGB 620 8
– verhaltensbedingt BGB 620 63 ff.
– Vertretung BGB 623 9
– Voll- oder Teilkündigung SGB V 110 5
– Voraussetzungen SGB V 110 3 ff.
– Vorsorge- oder Rehabilitationseinrichtungen SGB V 111 16
– wichtiger Grund BGB 725 12 ff.
– Willkürliche BGB 620 8
– Wirksamkeitsfiktion BGB 620 101 ff.

– Zugang BGB 623 11
– zur Unzeit BGB 725 26
Kündigung, außerordentliche BGB 620 5, 10 ff.; BGB 725 11 ff.
– Erklärungsfrist BGB 620 12
– Umdeutung BGB 620 13
Kündigungsbefugnis BGB 623 52 ff.
– Ermächtigung BGB 623 53 f.
– Organe BGB 623 57
– Personalleiter BGB 623 58
– Vertretung BGB 623 53 f.
– Vollmachtsvorlage BGB 623 55
– Zurückweisung BGB 623 55
Kündigungsberechtigung SGB V 110 3
Kündigungserklärung PartGG 9 8
Kündigungserschwerung BGB 622 30 ff.
– AGB-Kontrolle BGB 622 31
Kündigungsfristen BGB 622 1 ff.
– AGB-Kontrolle BGB 622 28 f.
– Aushilfsarbeitsverhältnisse BGB 622 23
– Bezugnahme auf tarifliche Regelung BGB 622 17 f.
– im öffentlichen Dienst BGB 622 21
– Kleinunternehmen BGB 622 24
– Tarifliche Regelung BGB 622 15 ff.
– Tarifliche Regelung, Grenzen BGB 622 19 f.
– Verlängerte BGB 622 9 ff.
– Verlängerung BGB 622 26 ff.
– Verträge über mehr als fünf Jahre BGB 624 1 ff.
– Vertragliche Vereinbarung BGB 622 22 ff.
Kündigungsgründe SGB V 110 10
– Absolute BGB 626 6
Kündigungsrecht
– Erweiterung PartGG 9 17
Kündigungsschutz BGB 620 38 ff.
– Anwendungsbereich BGB 620 7, 39 ff.
– Betrieblicher Anwendungsbereich BGB 620 40 ff.
– Persönlicher Anwendungsbereich BGB 620 45 ff.
– Soziale Rechtfertigung s. dort
Kündigungsschutzklage BGB 620 103
– Klagefrist BGB 620 101 ff.
– Klagefrist, Beginn BGB 620 105
– Klagefrist, Berechnung BGB 620 106
– Zuständigkeit BGB 620 104
Kündigungstermine BGB 622 8
Künstliche Befruchtung ESchG 1 12 f.
Kureinrichtungen ApoG 14 19
Kurorte
– Behandlung in – SGB V 23 2
Kurzzeitpflege SGB XI 42 1
Kurzzeitpflegeeinrichtungen
– Versorgungsverträge SGB V 132h 1 ff.

Laborgemeinschaft BGB 705 29; GOÄ 10 17
Laborleistung GOÄ 10 21
– Abrechnung GOÄ 4 29
– Basislabor GOÄ 4 14
– Gebührenspanne für – GOÄ 5 30

Laboruntersuchungen TPG 8d 11
- Spendenentnahme TFG 7 3
Lagerhaltungskosten GOÄ 10 24
Lagerung TFG 11a 2
Lagerungsschäden
- Beweislastumkehr ZPO 286 66
Länderrecht TPG 8 21
Landesbeamte
- Anwendbarkeit GenDG **GenDG 22 1; GenDG Vor §§ 19 ff.** 1
Lebendspende
- Nachrangigkeit TPG 8 16
- Voraussetzung TPG 8 4
Lebendspendekommission TPG 8 20
Lebenserhaltung
- ärztliche Aufgabe MBOÄ 1 9
Lebenserwartung BGB 249 105
Lebensgefahr TPG 8 17
Lebensmittel AMG 2 20 ff.
Lebenspartner
- Verpachtung ApoG 9 7
Lebensverkürzende Maßnahmen BtMG Vor §§ 29 ff. 3a
Lebensversicherung GenDG 18 21
Lebenswelten
- Prävention in ~ SGB V 20a 1
Legal Highs BtMG 1 8
Leichenschau GOÄ 9 9 f.
- Todesbescheinigung GOÄ 8 9 ff.
Leiharbeit BGB 611a 51
Leistung
- Schwierigkeit des Einzelfalles GOÄ 5 12
Leistungen mit geringem Versorgungsbedarf KHEntgG 5 7 ff.
Leistungen und Maßnahmen zur Krankenbehandlung
- Erprobung von ~ SGB V 139d 1 ff.
- Regelung des Verfahrens SGB V 139d 22 ff.
Leistungen zur Gesundheitsförderung SGB V 20a 1
Leistungsausschluss SGB V 2 3
- gesetzliche Krankenversicherung SGB V 1 3
Leistungsbestimmungsrecht BGB 612 16
Leistungserbringung
- persönliche BÄO 1 31; SGB V 15 3 f.
Leistungsgrundsätze SGB XI 28 1
Leistungsmodifikationen GOÄ 6 4
Leistungsträger GOÄ 11 5 ff.
Leitende Angestellte BGB 611a 35
Leitende ärztliche Person
- Sachkunde TFG 4 8
Leitender Arzt GOÄ 6a 32
Leiter
- Bestimmung des Leiters MPDG 30 2
- Definition MPDG 30 1
- Erfahrung im Bereich der klinischen Prüfungen MPDG 30 4
Leitungsverantwortung TFG 12a 4
Lese-Sprech-Geräte SGB V 12 7
Lex piercing SGB V 1 4

Lifestyle-Medizin MBOÄ 1 5 f.
Life-Style-Test GenDG 16 15
- Abgrenzung genetische Untersuchung zu medizinischen Zwecken GenDG 3 46
- Anwendbarkeit GenDG GenDG 2 14, 22
- Arbeitsleben GenDG 19 6; GenDG Vor §§ 19 ff. 3
- Arztvorbehalt GenDG 7 5; GenDG Vor §§ 7 ff. 3
- Begriffsbestimmung GenDG 3 9, 40
- Benachteiligungsverbot GenDG 4 32, 40
- Mitteilung des Untersuchungsergebnisses GenDG 11 9
- Versicherungsbereich GenDG 18 10, 22
Liquidation InsO 1 1, 11
- der Gesellschaft PartGG 10 4
- Rechtsfolgen PartGG 10 6
Liquidationserlös
- Beteiligung nachstehender Ärzte MBOÄ 29 6
Liquidationsrecht GOÄ 6a 19
Liquidator PartGG 10 4
Lohnwucher BGB 612 4
Lossagung BGB 620 34 ff.
Lossagungserklärung
- Form BGB 623 38

Mahnverfahren ZPO 253 7
Makelverbot ApoG 11 5
Mammographie SGB V 25 2
Mangelnde Befähigung ZPO 286 67
Manifestation
- Abgrenzung genetische Eigenschaften GenDG 3 34
- typisierende Feststellung GenDG 1 3
- unmittelbare Feststellung GenDG 3 34
- Vormanifestationen GenDG 4 69
Manifestationsdauer GenDG 3 66; GenDG 4 8, 65 ff.
Mankohaftung BGB 619a 8 f.
Marktabgrenzung GWB 19 7
- Krankenhaussektor GWB 36 11
Marktbeherrschende Stellung
- Missbrauch durch Krankenhäuser GWB 19 16 ff.
- Missbrauch durch Krankenkassen GWB 19 22
- Missbrauch durch Pharmaunternehmen GWB 19 23 ff.
- Missbrauch im Gesundheitssektor GWB 19 15 ff.
- Sonstige Märkte GWB 19 29
Marktbeherrschung GWB 19 5, 9
- eines Unternehmens GWB 19 10
- Marktabgrenzung GWB 19 7 ff.
- Marktbeherrschungsvermutung GWB 19 12
- Mehrere Unternehmen GWB 19 11
- Räumlich relevanter Markt GWB 19 8
- Sachlich relevanter Markt GWB 19 7
- Unternehmen GWB 19 10
- Vermutung GWB 19 12
Marktortprinzip HWG Einf. 68

3375

**Masernschutz**
– Adressaten  IfSG 20 7
– Ausnahmen  IfSG 20 8
– Ausreichender –  IfSG 20 9
– Betretungsverbote für Gemeinschaftseinrichtungen  IfSG 20 6
– Gemeinschaftseinrichtungen  IfSG 20 10
– Impfdokumentation  IfSG 20 12
– Nachweispflichten  IfSG 20 11

**Maßgeblicher Wille**  TPG 4 3

**Maßnahme**
– Gebotene –  TPG 17 11

**Maßnahmen eines anderen Mitgliedstaats**  MPDG 75 1
– Verfahren zur Erhebung von Einwänden gegen –  MPDG 76 1 ff.

**Maßnahmen zur Verhütung übertragbarer Krankheiten**  IfSG 16 1 ff.
– Adressaten  IfSG 16 12
– Auswahlermessen  IfSG 16 8
– Befugnisse  IfSG 16 10
– Bewehrung  IfSG 16 15
– Entschädigung  IfSG 16 15
– Generalklausel  IfSG 16 4
– Individuelle Gesundheit  IfSG 16 3
– Mitwirkungspflichten  IfSG 16 11
– Öffentliche Gesundheit  IfSG 16 3
– Prävention  IfSG 16 2
– Tatsachenfeststellung  IfSG 16 7
– Verhältnismäßigkeit  IfSG 16 9
– Verwaltungszwang  IfSG 16 15
– Zuständige Behörden  IfSG 16 13

**Maßregelungsverbot**
– allgemeines  BGB 612a 1
– tarifliches  BGB 612a 14

**Materialien**
– Sonstige –  GOÄ 10 7 ff.

**Mediation**  ZPO 253 3

**Medizinisch notwendige ärztliche Versorgung**  GOÄ 1 5
– Leistungen, die über das Maß einer – hinausgehen  GOÄ 1 6

**Medizinische Behandlung**  StGB 266 15; TPG 8c 7

**Medizinische Daten**
– Einrichtungsübergreifende Versorgung  SGB V 341 6
– Fachübergreifende Versorgung  SGB V 341 6
– Sektorenübergreifende Versorgung  SGB V 341 6

**Medizinische Gase**  AMG 21 30

**Medizinische Indikation**  BGB 1904 3

**Medizinische Kooperationsgemeinschaft**  MBOÄ 23b 1 ff.; PartGG 1 11
– Gesellschafterkreis  MBOÄ 23b 4 f.
– Gesellschaftsformen  MBOÄ 23b 6
– Gesellschaftsvertrag  MBOÄ 23b 7
– Gesellschaftszweck  MBOÄ 23b 3

**Medizinische Versorgung**  TPG 8d 16

**Medizinischer Standard**  GOÄ 1 4; TPG 8d 7
– Abgrenzung zu Heilversuch  BGB 630a 66 f.
– Außenseitermethode  BGB 630a 66 f.
– Begriffsklärung  BGB 630a 66 f.
– Bestimmung  BGB 630a 68 ff.
– Facharztstandard  BGB 630a 68 ff.
– Leitlinien  BGB 630a 68 ff.
– Nichtärztliche Standards von unter § 630a BGB gefassten Berufsgruppen  BGB 630a 79
– Patientenseitiger Wunsch  BGB 630a 75 f.
– Sachverständigenexpertise  BGB 630a 68 ff.
– Sozialversicherungsrechtliche Kostentragungspflicht  BGB 630a 74
– Standardbehandlung und Heilversuch  BGB 630a 77 f.
– Zeitpunkt der Beurteilung  BGB 630a 72 f.
– Zulässigkeit der Standardunterschreitung  BGB 630a 75 f.

**Medizinisches Versorgungszentrum (MVZ)**  BGB 705 34; PartGG 1 27; SGB V 15 2
– Insolvenz  InsO 11 11

**Medizinisch-soziale Indikation**  StGB 218a 23 ff.

**Medizinprodukte**  AMG 2 12 ff., 30 ff.; HWG 1 54
– auftretende Vorkommnisse  MBOÄ 6 3a
– Begriff »Produkte«  MPDG 2 2
– Betreiben und Anwenden  MPDG 1 3
– Mitteilungspflichten  MBOÄ 6 4
– Zweckentfremdeter Einsatz als –  MPDG 2 3

**Medizinproduktehersteller**
– Zusammenarbeit mit Ärzten  MBOÄ 33 1

**Medizinprodukterecht**
– Geltungsbereich  MPDG 2 1
– MPEUAnpG  MPDG Vor 1 ff.
– Umsetzung von EU- Verordnungen  MPDG 1 2
– Zweck des Gesetzes  MPDG 1 1

**Medizinstudium**  BÄO 1 3; BÄO 3 10; BÄO 5 2

**Mehrbesitz**  ApoG 2 11

**Mehrerlösausgleich**  KHEntgG 4 23

**Mehrfachmitgliedschaften**  MBOÄ 18 35, 45

**Mehrheitsklausel**  PartGG 3 13

**Mehrkosten durch GBA-Beschlüsse**  KHEntgG 5 28h
– Finanzierung von Mehrkosten  KHEntgG 5 28j
– Nichterfüllung zusätzlicher Anforderungen des GBA  KHEntgG 5 28k
– Richtlinie Früh- und Reifgeborene  KHEntgG 5 28l

**Mehrkostenregelung**  SGB V 33 5

**Mehrleistung**
– qualitative  BGB 612 7
– quantitative  BGB 612 8

**Meldepflicht**  BApO 11a 6; TFG 21 2
– Begriff »schwerwiegende Gefahr«  MPDG 81 2
– Dienstleistungserbringer  BÄO 2 18
– Importeure und Händler  MPDG 81 1
– Krankenkassen  SGB V 130d 7 f.
– Meldung »schwerwiegender Gefahren« über DMIDS  MPDG 81 5

- Meldung von Produktfälschungen an die zuständige Behörde MPDG 81 6
- Neufassung durch das MPDG-ÄndG MPDG 63 1
- Pharmazeutische Unternehmer SGB V 130d 5 ff.
- Unerwünschte Ereignisse TFG 14 2

**Meldepflichtige Krankheiten** IfSG 10 2 ff.
- Meldeadressaten IfSG 10 5
- Meldearten IfSG 10 6
- Meldefrist IfSG 10 7
- Meldepflicht IfSG 10 4

**Meldewesen**
- Verdachtsfälle TFG 14 2

**Meldungen** BtMG 18 1

**Menge**
- Geringe ~ BtMG 29a 3

**Menschenwürde**
- Wahrung MBOÄ 7 2

**Mietvertrag**
- Apotheke ApoG 9 3

**Mindererlösausgleich** KHEntgG 4 25
**Minderjährige** TPG 8a 2
**Mindestgebührensätze** GOÄ 2 2e
**Mindestmengenregelung** SGB V 136b 43 ff.
**Mindeststandard** KHG 1 19
- Behandlungsniveau SGB V 12 3

**Mindestuntersuchungen** TPG 8d 13
**Mindestvergütung**
- für stationäre Leistungen KHEntgG 8 24 f.

**Mindestvorgaben**
- Ausbildung BApO 4 18

**Mindestwahlleistungsentgelte** KHEntgG 17 51
**Mini-Job** BGB 611a 52
**Missbrauch** GWB 19 13
- Krankenhäuser GWB 19 16
- Krankenkassen GWB 19 22
- Pharmaunternehmen GWB 19 23

**Missbrauchsgefahren** TFG 3 12
**Missbrauchstatbestand** StGB 266 6
**Mitarbeiter**
- Schutz TFG 1 13

**Mitarbeitervertretungsrecht** BGB 611a 57
**Mitbestimmung**
- Kündigung BGB 623 59 ff.

**Mitbestimmungsrecht**
- Wahlordnungen BGB 611a 85

**Mitbewusstsein**
- Gedankliches ~ StGB 263 34

**Mitteilung der Ergebnisse genetischer Untersuchungen und Analysen** GenDG 11 1 ff.
- Ansprüche auf Schadensersatz GenDG 11 23 f.
- Straf- und Bußgeldtatbestände GenDG 11 25
- Technisch- organisatorische Maßnahmen GenDG 11 22
- Zulässigkeit GenDG 11 11 ff.

**Mitteilungskette** TFG 16 2
**Mitteilungspflicht** MPDG 42 1
- Ärztekammer MBOÄ 17 15

**Mittelstandskartelle** GWB 3 23
**Mittelstandsschutz** GWB 97 23
**Mittelwerttheorie** GOÄ 5 22
**Mitträgerschaft** KHG 2 14
**Mitverschulden** GenDG 4 77a
- Geschädigter AMG 85 1
- Verhalten, genkonformes GenDG 4 77a

**Mobbing** BGB 619a 35
**Monistisches Finanzierungssystem** KHG 4 3
**Mord** StGB 211, 212 1
**Mordqualifikationen** StGB 211, 212 30 ff.
**Multistate-Werbung** HWG Einf. 70
**Muskeldystrophie**
- vom Typ Duchenne ESchG 3a 6

**Musterberufsordnung** PartGG 1 25
**Mutation**
- gonosomale GenDG 3 38
- somatische GenDG 3 38

**Mutmaßlicher Wille** BGB 1901a 18 ff.; TPG 4 9
**Mutterschaft**
- Ausschluss gespaltener ~ ESchG 1 20
- Leistungen SGB V 24f 1 ff.

**Nachbetreuung** TPG 8 19
**Nachgehen**
- Hinweise aus laufenden Prüfungsverfahren SGB V 81a 6a
- Hinweise in der (Fach-) Presse SGB V 81a 6e
- Hinweise von anderen Einrichtungen SGB V 81a 6d
- Hinweise von anderen Verwaltungseinheiten der Körperschaft SGB V 81a 6b
- Hinweise von Jedermann SGB V 81a 6c

**Nachhaftung** PartGG 10 9
**Nachsorgemaßnahmen**
- Sozialmedizinische ~ SGB V 132c 1 ff.

**Nachtklinik** SGB V 107 10
**Nachtpflege** SGB XI 41 1
**Nachweisgesetz** BGB 611a 136
**Nachweispflichten**
- Krankenhausträger KHEntgG 6a 10

**Nackentransparenz**
- genetische Untersuchung GenDG 3 7, 26 f.

**Nahestehende** TPG 4 13; TPG 8 24
- Beteiligung TPG 4 14

**Nahrungsergänzungsmittel** AMG 2 21 ff.
**Namensausschließlichkeit** PartGG 2 10
**Namensfortführungsbefugnis** PartGG 2 19
**Namenswahrheit** PartGG 2 11
**Naturalrestitution** BGB 249 1, 5 ff.
**Natürliche Lebensgrundlagen**
- Erhaltung MBOÄ 1 15

**Nebenbestimmungen** KHG 1 32
**Nebenintervention** ZPO 66 1 ff.
**Nebenpflichten**
- des Arbeitgebers BGB 611a 169 ff.
- des Arbeitnehmers BGB 611a 208 ff.

**Nebentätigkeitsgenehmigung**
- Beamtenrechtliche KHEntgG 19 14

**Nebenwirkungen** AMG 4 6 ff.
- Aufklärung TFG 6 2 ff.

**Neue Betriebserlaubnis**
- Apotheke ApoG 9 11

**Neue Heilmittel** SGB V 138 1 ff.

**Neue Untersuchungs- und Behandlungsmethoden** KHEntgG 6 12 ff.; SGB V 135 39 ff.
- Information der Bundesvertragsparteien KHEntgG 6 18
- Kalkulation der Entgelte KHEntgG 6 17
- Meldung und Bewertung KHEntgG 6 22
- Schiedsstellenverfahren KHEntgG 6 23
- Vorzeitige Vereinbarung KHEntgG 6 20

**Neue-psychoaktive-Stoffe-Gesetz** BtMG 1 8

**Neugeborene** GOÄ 6a 29

**Neugeborenen-Screening**
- Arztvorbehalt GenDG 7 6
- Einwilligungsvorbehalt GenDG 2 4
- genetische Untersuchung GenDG 3 27

**Neulandmethoden** BGB 249 23 f.

**Neumutation** GenDG 3 8, 38
- beim genetischem Fingerabdruck GenDG 4 20

**Neurosen** BGB 249 133 ff.

**Neuvereinbarung (des Budgets)** KHEntgG 4 44

**Nicht existente Staaten** BApO 4 29

**Nichtärzte**
- Weisungen an Ärzte MBOÄ 2 8

**Nichtbehandlungsgesellschaft** MBOÄ 23c 1

**Nichtbehandlungspartnerschaft** PartGG 1 33

**Nicht-Direktivität** GenDG 10 4; GenDG 16 14, 29; GenDG 3 78 ff.; GenDG 8 8; GenDG 9 4

**Nichtigkeit**
- des Arbeitsvertrags BGB 620 34 ff.

**Nicht-Medizinische Disziplinen** BÄO 1 21

**Niedergelassener Arzt** GOÄ 6a 27 f.; GOÄ 8 9
- Insolvenz InsO 11 11

**Niederlassung** BApO 11a 3; MBOÄ 17 5

**Niederschrift** TPG 8 11; TPG 8b 9; TPG 8c 23

**Nierenspende** BGB 249 30

**Normalarbeitsverhältnis** BGB 611a 49

**Notarzt** BGB 630a 27

**Notdienstfonds** ApoG 18 1 ff.

**Notdienstzeit** ApoG 20 4

**Notfallbluttransport** TFG 3 9

**Notfalldienst**
- Berufspflichten MBOÄ 26 1

**Notfälle** KHEntgG 8 19
- Dringende - TFG 17 2

**Notfallorganisation** TFG 3 7

**Notfall-Verschreibung** BtMG 13 15

**Notfallversorgung**
- Helfer bei psychosozialer - ZPO 383 2a
- Nichtteilnahme an KHEntgG 4 51 ff.

**Notstand** StGB 203 58

**Nullbeteiligungsgesellschaft** PartGG 3 19

**Nutzungsentgelt** GOÄ 6a 32; KHEntgG 19 12

**Oberarzt**
- Eingruppierung BGB 611a 158
- Stufenaufstieg BGB 611a 158

**Obliegenheit**
- Mitteilungsobliegenheiten, versicherungsrechtlich GenDG 18 2
- Mitwirkungsobliegenheiten, vertraglich GenDG 9 23
- Schweigepflichtentbindung GenDG 11 20
- Untersuchungs- und Behandlungs-, sozialversicherungsrechtlich GenDG 9 23
- Untersuchungsobliegenheit, arbeitsrechtlich GenDG 21 16
- Verletzung GenDG 4 74

**Obligatorische Rücknahme** BApO 7 2

**Obligatorischer Widerruf** BApO 7 3

**Offenbarung**
- ärztliche Erkenntnisse MBOÄ 9 3

**Offenbarungspflicht** StGB 203 53

**Öffentlicher Auftrag**
- Unwirksamkeit GWB 135 2

**Öffentliches Interesse** BtMG 3 7

**Öffentlichkeitswerbung** HWG 6 6 ff.; HWG 7 15 ff.
- Analoge Anwendung der Öffnungsklausel preisgebundener Arzneimittel HWG 7 20
- Kein generelles Wertreklameverbot HWG 7 16 ff.
- Konkretisierungsbefugnis des deutschen Gesetzgebers HWG 7 19
- Nicht preisgebundene, apothekenpflichtige Arzneimittel HWG 7 24
- Preisgebundene Arzneimittel HWG 7 22 f.
- Richtlinienkonforme teleologische Reduktion HWG 7 21
- Sonstige Heilmittel HWG 7 25
- Sortimentsweite, unternehmensbezogene Wertreklame HWG 7 21a
- Vereinbarkeit mit der E-Commerce-RL und primärem Unionsrecht HWG 7 21a ff.

**Öffentlich-rechtliche Dienstverhältnisse** GenDG 22 1 ff.

**Off-Label-Use** AMG 84 22; SGB V 12 9; SGB V 31 9, 12

**Onlineregister** TPG 3 15a

**Operative plastisch-chirurgische Eingriffe** HWG 1 62

**Ordnungswidrigkeiten** ApoG 25 1 f.; BtMG 32 1 ff.; HWG 15 4

**Organ**
- Eignung der Übertragung TPG 8 15
- nicht regenerierungsfähige - TPG 8 23
- Übertragung vermittlungspflichtiger - TPG 9 6
- Vermittlungspflichtige - TPG 1a 9 ff.

**Organdefinition** TPG 1a 1 ff.

**Organentnahme**
- Ausland TPG 9 17

**Organhandel**
- Angemessene Entgelte TPG 17 9

- Ausnahmebeispiele TPG 17 8
- Ausnahmen TPG 17 7
- Gegenstand des Verbots TPG 17 3
- Mittelbarer ~ TPG 17 19
- Verbot TPG 17 1
- Vermeidung TPG 8 23

Organisation
- Notdienst MBOÄ 26 9

Organisation und Koordination ZPO 286 64
Organisationsgemeinschaften MBOÄ 18 36, 88
- Ankündigung MBOÄ 18a 12

Organisationsgesellschaften BGB 705 23 ff.; PartGG 1 11
- Apparategemeinschaft BGB 705 28
- Laborgemeinschaft BGB 705 29
- Praxisgemeinschaft BGB 705 27; BGB 715 7, 23

Organisationsverschulden BGB 199 32; TFG 16 4
- Arzthaftung BGB 630a 53 ff.

Organisatorische Hinweise
- Ankündigung MBOÄ 27 15

Organspenden
- Vorrang vor Gewebespenden TPG 9 23

Organteile
- mit Funktion TPG 1a 5

Organtransplantation BGB 249 28
- Anwendbarkeit GenDG GenDG 2 29
- Hautspende BGB 249 29
- Nierenspende BGB 249 30
- Prüfung der Organverträglichkeit GenDG 3 55
- Vermittlung, Untersuchungsobliegenheiten GenDG 4 74

Originärer Einzelrichter ZPO 348 1 ff.
Örtliche Zuständigkeit AMG 94a 1
Ortsgebundene Heilmittel AMG 21 29
OTC-Medikamente SGB V 31 6
OTC-Präparate SGB V 31 7
Outsourcing ApoG 11a 10; BGB 613a 3, 27

Pächterrechte
- Apotheke ApoG 9 10

Pächtertod ApoG 13 6
Pächterübernahme
- Verwaltung ApoG 13 3

Packungsbeilage HWG 1 28
- Sanktionen HWG 4a 10
- Werbeverbot HWG 4a 4
- Werbeverbot mit Erstattungsfähigkeit HWG 4a 8 f.

Palliativmedizin BtMG 13 50 ff.; BtMG 29 26 f.
Palliativversorgung BÄO 1 25; KHEntgG 6 31a
- Spezialisierte ambulante ~ SGB V 132d 1 ff.

Pandemiearzneimittel AMG 21 27
Parallelimport AMG 25 50; AMG 31 8
Parteifähigkeit ZPO 50 1 ff.
- Arbeitsgemeinschaft ZPO 50 6
- Medizinrecht ZPO 50 5

Partieller Zugang BÄO 2 8
Partner kraft Rechtsscheins PartGG 8 11

Partnerprogramme ApoG 10 5
Partnerschaft
- akademischer Grad PartGG 2 3
- Anmeldung PartGG 4 2
- Auflösung PartGG 9 27 ff.
- Berufsbezeichnung PartGG 2 7
- Berufsrechtliche Behandlung PartGG 1 28
- Familienname PartGG 2 13
- Gegenstand PartGG 3 8
- Haftung PartGG 8 4
- monoprofessionell PartGG 3 9
- Name PartGG 2 3
- Name und Sitz PartGG 3 6
- Namensgebung PartGG 2 12
- Phantasienamen PartGG 2 9
- Rechtsformzusatz PartGG 2 4
- Sonstige ~ PartGG 1 34

Partnerschaftsgesellschaft PartGG 1 7
- aktive berufliche Tätigkeit PartGG 1 7
- Formmangel PartGG 3 3
- Namensrecht PartGG 2 1
- Schriftformerfordernis PartGG 3 2
- stille Beteiligung PartGG 1 8
- Übertragung auf andere PartGG 2 14

Partnerschaftsgesellschaft mit beschränkter Berufshaftung BGB 705 1a; PartGG 8 19a
Partnerschaftsregister PartGG 2 1; PartGG 4 3
- anmeldepflichtige Tatsachen PartGG 5 2
- Anmeldung PartGG 4 4
- Eintragung PartGG 7 3
- Inhalt der Eintragung PartGG 5 1

Partnerschaftsvertrag PartGG 3 1
Passivrauchen BGB 619 13
Patientengerechte Versorgung KHG 1 8
Patientenkritik
- Umgang mit ~ MBOÄ 7 18

Patientenmanagement ApoG 11 5
Patientenrechtegesetz SGB V 13 8a
Patientenschutzklauseln MBOÄ 29 4
Patientensteuerung ApoG 11 5
Patientenunterlagen
- Einsichtnahme BGB 194 6 ff.

Patientenverfügung BÄO 1 25; BGB 1901a 1 ff.
- Abgrenzung BGB 1901a 4
- Beachtung MBOÄ 7 5
- Begriff BGB 1901a 3
- Einwilligung BGB 1901a 3, 6
- Reichweitenbegrenzung BGB 1901a 7
- Rolle des Betreuers BGB 1901a 9 ff.
- Schriftform BGB 1901a 2, 5
- Verbindlichkeit MBOÄ 16 10
- Verpflichtung BGB 1901a 24
- Vertragsschluss BGB 1901a 24
- Widerruf BGB 1901a 15 f.

Patientenwille MBOÄ 16 13
- Feststellung BGB 1901b 1 ff.

Paul-Ehrlich-Institut
- Zulassung durch das ~ AMG 25 94 ff.

Pauschalausgleich
- für nicht refinanzierte Tarifsteigerungen KHEntgG 8 46
Pauschalierung GOÄ 10 27
Penetranz GenDG 4 61
- genetische Untersuchung GenDG 3 65; GenDG 4 61
Personalausstattung SGB XI 84 32
Personalfragebögen BGB 611a 108
Personen
- Geeignete - TPG 8 25
- Sonstige zu unterrichtende TFG 16 3
Personenbezogene Daten TFG 6 6
- Verarbeitung und Pseudonymisierung MPDG 65 1 ff.
- Weitergabe - an Überwachungsbehörden SGB V 81a 16a
Personengesellschaft PartGG 1 4
Personengruppen
- Ausgeschlossene - TFG 12a 2a
Personenschaden BGB 249 1
Personenverschiedenheit TPG 4a 5
Persönliche Leistungserbringung SGB V 15 3
Persönliche Leitung
- Apotheke ApoG 7 2
Persönliche Verantwortung ApoG 7 1
Persönlicher Verhinderungsgrund BGB 616 5 ff.
- Arztbesuch BGB 616 6
- Persönliche Unzumutbarkeit BGB 616 5
- Pflege eines Angehörigen BGB 616 6
- Religiöse Pflichten BGB 616 8
- Staatsbürgerliche Pflichten BGB 616 7
Persönlichkeit, Zerstörung BGB 253 10, 27
- Geburtsschaden BGB 253 47, 51 ff.
- Hirnschaden BGB 253 28 f., 88 ff.
Persönlichkeitsrecht
- Beeinträchtigungen durch Prognosen mit langen Vorhersagezeiträumen GenDG 15 11 f.
Persönlichkeitssphäre TFG 4 9
Pflege
- Durch Angehörige BGB 249 63 ff.
- Zuwendung, elterliche BGB 249 65
Pflegebedürftigkeit
- Dauer SGB XI 14 19
- Definition SGB XI 14 5
- Entscheidung durch die Pflegekasse SGB XI 15 20
- Pflegegruppe 1 SGB XI 28 28
- Umfang SGB XI 14 20
- Verfahren zur Feststellung der - SGB XI 15 14 ff.
Pflegeberatung SGB XI 37 8
- Folgen nicht wahrgenommener Beratung SGB XI 37 9
Pflegebudget
- Ermittlung KHEntgG 6a 4
- Gegenstand KHEntgG 6a 1
- Instandhaltungspauschale KHEntgG 6a 19
- Sonderregelungen für 2020 und 2021 KHEntgG 6a 16 ff.
- Umsetzung KHEntgG 6a 13
Pflegedienstvergleich SGB XI 92a 7 ff.
Pflegeeinrichtungen
- Vergütung der Leistungen SGB XI 82 1
Pflegegeld
- Dauer SGB XI 37 7
- Höhe SGB XI 37 5 f.
- selbst beschaffte Pflegehilfen SGB XI 37 1
Pflegegrad SGB XI 15 2
- Bonus für niedrigeren - SGB XI 87a 15 ff.
Pflegeheim ApoG 12a 2
Pflegeheimvergleich SGB XI 92a 1
Pflegehilfsmittel SGB XI 78 2
- Anspruchsvoraussetzungen SGB XI 40 1 ff.
- Entscheidung der Pflegekasse SGB XI 40 19
- Inhalt und Umfang des Anspruchs SGB XI 40 7 ff.
Pflegekasse
- Feststellung der Anspruchsvoraussetzungen SGB XI 15 15
Pflegekosten BGB 249 74
Pflegeleistungen SGB XI 28 16 ff.
- Abgeltung der allgemeinen - SGB XI 84 29 ff.
- Ausschluss bzw. Ruhen SGB XI 28 12 ff.
- Leistungsvoraussetzungen SGB XI 28 9 ff.
Pflegepersonalquotienten
- Abwicklung der Ermittlung des Pflegeaufwandes SGB V 137j 13 ff.
- Ermittlung SGB V 137j 8 ff.
- Standort eines Krankenhauses SGB V 137j 11 f.
- Vereinbarung von Sanktionen in Form von Vergütungsabschlägen SGB V 137j 23 ff.
- Verordnungsermächtigung SGB V 137j 18 ff.
Pflegepersonaluntergrenzen
- Aufgaben und Berechtigungen des BMG SGB V 137i 31 ff.
- Auftrag zur Festlegung von verbindlichen - SGB V 137i 9 ff.
- Berichtspflicht der Vertragsparteien bis Ende 2022 SGB V 137i 71 ff.
- Nachweis des Erfüllungsgrades durch die Krankenhäuser SGB V 137i 49 ff.
- Rechtsfolgen bei Nichteinhaltung verbindlich festgelegter - SGB V 137i 66 ff.
- Verfahren zur Festlegung SGB V 137i 25 ff.
- Vermeidung von Verlagerungseffekten und Vergütungsabschläge SGB V 137i 21 ff.
- Vorgaben für die Ermittlung SGB V 137i 15 ff.
Pflegepool SGB XI 36 4
Pflegerentenversicherung GenDG 18 21
Pflegesachleistungen SGB XI 36 3
- Kombination von Leistungen SGB XI 36 12
Pflegesatz KHG 2 26 f.; SGB XI 84 2
- Genehmigung KHG 18 22
- vereinbarter KHG 18 2 f.
Pflegesatzfähige Kosten KHG 2 28
Pflegesatzkommission SGB XI 86 2
Pflegesatzrecht GOÄ 6a 35
- Bundespflegesatzverordnung GOÄ 6a 13 f.

# Stichwortverzeichnis

- Pflegesatzabschlag GOÄ 6a 10
Pflegesatzvereinbarung SGB XI 85 2
Pflegesatzverfahren KHG 18 1 ff.
- Beteiligte KHG 18 5 ff.
- Klage KHG 18 28 ff.
- Klagebefugnis KHG 18 31
- Unterlagen KHG 18 10 ff.
- Vereinbarungsprinzip KHG 18 2 f.
- Verwaltungsrechtsweg KHG 18 28 ff.
Pflegestützpunkte SGB XI 7c 1
- Errichtung SGB XI 7c 3 f.
- Finanzierung SGB XI 7c 8
- Tätigkeitsfeld SGB XI 7c 6 f.
- Träger SGB XI 7c 5
Pflegevergütung
- Kürzung SGB XI 115 17 ff.
Pflegeversicherung SGB XI 1 1 ff.
- Aufgaben SGB XI 1 1 ff.
- Beitrag SGB XI 1 20
- Finanzierung SGB XI 1 20 ff.
- Funktionen SGB XI 1 1 ff.
- Organisation SGB XI 1 6 ff.
- Private - SGB XI 1 12 ff.
- Soziale - SGB XI 1 7
- Versicherungspflicht SGB XI 1 17 ff.
Pflegevertrag SGB XI 120 2
- Vertragsinhalt SGB XI 77 10
Pflegezuschlag KHEntgG 8 43
Pflicht zur Zeugniserteilung BGB 630 1
Pflicht zur Zusammenarbeit KHG 7 2
Pflichtangaben HWG 4 1 ff.; PartGG 4 5
- Anwendungsgebiete HWG 4 20 ff.
- Arzneimittel- Bezeichnung und Wirkstoffangabe HWG 4 17 f.
- Einschränkung bei Erinnerungswerbung HWG 4 61
- Formale Ausgestaltung HWG 4 46 ff.
- Gegenanzeigen und Nebenwirkungen HWG 4 24 ff.
- Konkurrenzen HWG 4 65
- Name oder Firma und Sitz des pharmazeutischen Unternehmers HWG 4 15 f.
- Öffentlichkeitswerbung HWG 4 4 ff.
- Rechtsverfolgung HWG 4 65
- Verfassungskonformität HWG 4 14
- Verschreibungspflichtigkeit HWG 4 28
- Warnhinweise HWG 4 27
- Wartezeit bei Tierarzneimittel HWG 4 29
- zur Abgabe und Verschreibung befugte Personen HWG 4 10 ff.
- Zusammensetzung des Arznei HWG 4 19
Pflichtbestandteile
- Gesellschaftsvertrag PartGG 3 5
Pflichten
- Berufserlaubnis BApO 11 11
- Dienstleistungserbringer BApO 11a 7
Pflichtverletzungen der Behandlungsseite BGB 630a 82 ff.

- Rechtswidrigkeit BGB 630a 92 ff.
- Sonstige Konsequenzen BGB 630a 103 ff.
- Vertretenmüssen BGB 630a 95 ff.
Pflichtversicherung
- genetische Untersuchung GenDG 18 7
Phänotypuntersuchung
- Arbeitsleben GenDG 19 7
- Benachteiligungsverbot GenDG 4 34, 48 ff.
- nachgeburtliche GenDG 3 6, 21 ff.
- vorgeburtliche GenDG 3 7
Pharmaindustrie
- Zusammenarbeit mit Ärzten MBOÄ 33 1
Pharmazeutische Tätigkeiten BApO 2 2
Pharmazeutischer Unternehmer AMG 4 23 f.; AMG 84 9
- Rabatte SGB V 130a 1 ff.
Physikalisch-medizinische Leistungen GOÄ 4 46
Pick-up-Stellen ApoG 11a 3
PID EschG 3a 1
Planaufnahme
- Qualitätsinduzierte - KHG 8 26a
- Voraussetzungen KHG 8 7
Plankrankenhäuser KHG 8 4; SGB V 108 9
- Versorgungsauftrag KHG 8 4 f.
Planung TFG 3 13
Porto GOÄ 10 15 ff.
Präimplantationsdiagnostik EschG 1 15, 20; EschG 3a 1
Praktikum BGB 611a 53 f.
Praktisches Jahr BÄO 1 3, 7
Präqualifizierungsverfahren SGB V 126 28 ff.
- Umsetzung des - und Akkreditierungsverfahren SGB V 126 51 ff.
Präsenzapotheke ApoG 11a 5
Präventionsgesetz SGB V 25 1
Präventionsrecht SGB V 20 1 ff.
Praxis
- Begriff MBOÄ 17 6
Praxisbestand TFG 14 5
Praxisgemeinschaft BGB 705 27; BGB 715 7, 23
- Haftung BGB 715 23
- Vertragspartner BGB 715 7
Praxisinhaber BÄO 1 32
Praxiskliniken ApoG 14 20
Praxiskosten GOÄ 10 2
Praxislabor GOÄ 4 15
Praxisschild BGB 705 61 f.; BGB 715 25; MBOÄ 17 14
Praxisstelle GOÄ 8 3, 5, 11
Praxisveräußerung
- Schweigepflicht MBOÄ 9 9
Praxisverbund BGB 705 33; MBOÄ 18 47; MBOÄ 23d 1
- Ankündigung MBOÄ 18a 12
- Gesellschafterkreis MBOÄ 23d 5
- Gesellschaftsvertrag MBOÄ 23d 8 ff.
- Gesellschaftszweck MBOÄ 23d 3 f.
- Rechtsform MBOÄ 23d 6

Preisbindung ApoG 11a 19
Preise für Arzneimittel
– Gerinnungsstörungen bei Hämophilie SGB V 130d 1 ff.
Preiserhöhungen SGB V 130a 30 f.
Privatarzt BÄO 1 16; PartGG 1 37
Privatautonomie
– im Arbeitsrecht BGB 611a 96
Private Krankenkassen
– Insolvenz InsO 11 11
Privatgeheimnisse
– Verletzung StGB 203 1 ff.
Privatklinik GOÄ 6a 20
Privatkrankenanstalten TPG 9 9
Privatversicherte SGB V 13 3
Privatzahnärzte PartGG 1 37
Probandenversicherung AMG 40 21
– Ausnahmen AMG 40 23
– Deckungssummen AMG 40 22
Proben, genetische
– Analyse, genetische GenDG 7 12 ff.
– Anwendbarkeit GenDG GenDG Vor §§ 7 ff. 2
– Aufklärung GenDG 9 17, 21
– Einwilligung GenDG 8 5, 13
– Verwendung und Vernichtung GenDG 13 1 ff.
Probezeit BGB 620 46 f.; BGB 622 3 ff.
– Freizeit zur Stellungssuche BGB 629 2
– Kündigungsfristen BGB 622 12 ff.
Produktfälschungen
– Meldung von ~ an die zuständige Behörde MPDG 81 6
Prognose BApO 4 8
– Gewissenhaftigkeit BApO 4 7
– personenbezogen GenDG 4 7 ff.
– Vormanifestationen, Nachvollziehbarkeit GenDG 4 69
Prospektivität
– Grundsatz der KHEntgG 4 6; KHG 18 9 ff.
Prozesskostenhilfe ZPO 114 1
– Erfolgsaussicht ZPO 114 4
– fehlende Mutwilligkeit ZPO 114 5
– Selbständiges Beweisverfahren ZPO 114 5a
– wirtschaftliche Verhältnisse ZPO 114 3
Prozessqualität TFG 15 4
Prüfanforderungen GOÄ 4 51
Prüfer
– Definition MPDG 30 1
– Eigenverantwortliche korrektive Maßnahmen MPDG 66 1
– Erforderliche Sachkenntnis MPDG 30 3
– Meldepflichten MPDG 63 3
– Meldung unerwünschter Ereignisse MPDG 63 4
– Pflichten MPDG 62 1
Prüfungen BApO 4 28
Prüfungsbefugnisse
– Befragung von sich potenziell fehlverhaltenden Personen SGB V 81a 7d

– Befragung von Zeugen SGB V 81a 7c
– Übermittlung personenbezogener Daten nach Abs. 3a SGB V 81a 7e
– Zusammenarbeit mit anderen Kassen(zahn)ärztlichen Vereinigungen SGB V 81a 7b
– Zusammenarbeit mit Fachabteilungen der Körperschaft SGB V 81a 7a
Psyche
– hypothetischer Krankheitsverlauf BGB 249 132
– neurotische Fehlhaltung BGB 249 125
– Prädisposition BGB 249 127 ff.
– psychische Labilität BGB 249 122 ff.
– Schadensanfälligkeit BGB 249 130
Psychiatrische Krankenhäuser SGB V 118 2
Psychiatrische Tageskliniken KHG 2 6a
Psychologische Psychotherapeuten SGB V 28 9
Psychotherapeut PartGG 1 16, 39 ff.; PsychThG 4 1 ff.; SGB V 28 8
– Anerkennungsverfahren PsychThG 4 3
– Anmeldung der Partnerschaft PartGG 4 24
– Ärzte PsychThG 1 6
– Ausbildungsvoraussetzungen PsychThG 4 10 ff.
– Bereichsqualifikation PsychThG 4 14
– Berufsausübung PsychThG 1 8 ff.
– Berufsausübungserlaubnis s. dort
– Berufsbezeichnung PsychThG 1 3 f.
– Berufszugangsberechtigung PsychThG 4 15
– Berufszugangsvoraussetzungen PsychThG 4 2
– Besitzstandswahrungsrechte PsychThG 1 5
– Dienstleistungserbringung PsychThG 19 3 ff.
– Eintragung der Partnerschaft PartGG 5 24
– Erlaubniserteilung PsychThG 4 4 ff.
– Erlaubnisvorbehalt PsychThG 1 3
– Freier Beruf PsychThG 1 10
– Gesellschaftsvertrag PartGG 3 24
– Gesundheitliche Eignung PsychThG 4 19
– Name der Gesellschaft PartGG 2 27
– Partielle Tätigkeitsübereinstimmung PsychThG 4 16
– psychologischer SGB V 28 9
– Psychotherapeutenkammer PsychThG 1 12
– Sprachkenntnisse PsychThG 4 20
– Weiterbildungsrecht PsychThG 1 11
– Würdigkeit PsychThG 4 18
– Zuverlässigkeit PsychThG 4 18
Psychotherapie SGB V 28 9
Psychotherapie-Richtlinien SGB V 28 10
Publikationen
– Forschung MBOÄ 15 7
Publikumswerbung
– Abgabeverbot für Arzneimittelmuster, -proben oder Gutscheine HWG 11 72 ff.
– Abgabeverbot für Muster und Proben sowie von Gutscheinen HWG 11 76 f.
– an Kinder gerichtete Heilmittelwerbung HWG 11 66 ff.
– andere Mittel, Verfahren, Behandlungen oder Gegenstände HWG 12 9 ff.

# Stichwortverzeichnis

- Ausnahmen HWG 11 78
- Besonderheiten HWG 4 40 ff.
- Bezugnahme auf Arzneimittel oder Medizinprodukte HWG 12 4 ff.
- Bildliche Darstellungen mit Berufskleidung HWG 11 26c ff.
- Fachliche Empfehlung oder Empfehlung Prominenter HWG 11 15 ff.
- Feilbieten von Heilmitteln bei Werbevorträgen HWG 11 49 ff.
- fremd- und fachsprachliche Bezeichnungen HWG 11 41a ff.
- krankheits- und wirkungsillustrierende Darstellungen HWG 11 33 ff.
- Krankheitsprävention oder Gesundheitsverbesserung HWG 11 46 ff.
- Preisausschreiben, Verlosungen und zufallsabhängigen Verfahren HWG 11 69 ff.
- Sanktion HWG 12 11
- Sanktionierung von Verstößen HWG 11 7
- Unzulässigkeit HWG 11 1 ff.
- Verbot HWG 12 1
- Verbot vergleichender Arzneimittelwerbung HWG 11 83 ff.
- Verbot vergleichender Darstellung für plastisch-chirurgische Eingriffe HWG 11 80 ff.
- verfassungs- und unionsrechtskonforme Auslegung HWG 11 1
- Veröffentlichungen mit verschleiertem Werbezweck HWG 11 54 ff.
- Werbung mit Anleitungen zur Selbstdiagnose und -behandlung HWG 11 58a
- Werbung mit Äußerungen Dritter HWG 11 62 ff.
- Werbung mit Gutachten, Zeugnissen und Veröffentlichungen HWG 11 8 ff.
- Werbung mit Krankengeschichten HWG 11 22
- Punktzahl GOÄ 5 5

Qualifikation MBOÄ 2 5e
- Ankündigung MBOÄ 27 13
- zur Spendenentnahme unter Verantwortung TFG 4 10

Qualifikationsmerkmale KHG 1 6
Qualität und Innovation GWB 97 29
Qualitäts- und Sicherheitsstandards TPG 9 1
Qualitätsanforderungen
- Gestuftes System von Folgen der Nichteinhaltung SGB V 137 15 ff.

Qualitätsindikatoren
- Planungsrelevante - KHG 6 8a ff.

Qualitätskriterien
- Versorgung mit Füllungen und Zahnersatz SGB V 136a 48 ff.

Qualitätsmanagement
- Richtlinien über die Anforderungen an ein einrichtungsinternes - SGB V 136a 40 ff.

Qualitätsprüfungen SGB XI 115 1
Qualitätssicherung TFG 16 1 ff.; TPG 8d 17 f.

- Abschläge wegen mangelhafter - KHEntgG 8 26
- Ambulante und stationäre Vorsorge oder Rehabilitation SGB V 137d 1 ff.
- Anwendung neuartiger Therapien SGB V 136a 53 ff.
- Ärzte MBOÄ 5 1
- Begriff SGB V 135 30 ff.
- Berichterstattung SGB V 136b 60 ff.
- Beschlüsse des Gemeinsamen Bundesausschusses SGB V 136b 1 ff.
- Evaluation und Weiterentwicklung SGB V 136d 1 ff.
- Förderung durch die Deutsche Krankenhausgesellschaft SGB V 135c 1 ff.
- Förderung durch die Kassenärztlichen Vereinigungen SGB V 135b 1 ff.
- psychiatrische und psychosomatische Versorgung SGB V 136a 30 ff.
- Rahmenempfehlungen zur - SGB V 127 50
- Richtlinien des Gemeinsamen Bundesausschusses SGB V 136 1 ff.
- Richtlinien zur Sicherung der Hygiene und Hygienequalität SGB V 136a 16 ff.
- Übermittlung einrichtungsbezogener Auswertungsergebnisse SGB V 136c 32 ff.
- Vereinbarungen SGB V 135 91 ff.
- Verpflichtung SGB V 135 30 ff.
- Verpflichtung der Leistungserbringer SGB V 135a 1 ff.
- Versandhandel ApoG 11a 9
- von genetischen Analysen GenDG Vor §§ 7 ff. 8

Qualitätssicherungsmaßnahmen TFG 15 2
- Fehlerkultur TFG 14 3

Qualitätssicherungssystem TFG 15 1 ff.
Qualitätsverantwortung SGB XI 72 21
Qualitätszu- und -abschläge KHEntgG 5 28a ff.
- Begründete Besonderheiten KHEntgG 5 258b
- Laufzeit KHEntgG 5 28c
- Rechtschutz KHEntgG 5 28f
- Stundung KHEntgG 5 28e

Quartalsabrechnung StGB 263 22
Querschnittslähmung BGB 253 47, 49, 53

Rabatt SGB V 130 1 ff.
Rabatte der pharmazeutischen Unternehmer SGB V 130a 19 ff.
- Impfstoffe SGB V 130a 49 ff.
- Importierte Arzneimittel SGB V 130a 40 f.
- Neueinführung von Arzneimitteln SGB V 130a 37 ff.
- Patentfreie wirkstoffgleiche Arzneimittel SGB V 130a 42 ff.
- Preiserhöhungen SGB V 130a 30 f.
- Verfahren zur Durchführung der Rabattgewährung SGB V 130a 53 ff.
- Vertragliche Vereinbarungen über zusätzliche Rabatte SGB V 130a 70 ff.

Rabattverträge ApoG 10 2
Radioaktive Stoffe GOÄ 10 19
Rahmenbedingungen TPG 9 13
Rahmenempfehlungen
– Qualitätssicherung SGB V 127 50
Rahmenvereinbarung SGB XI 75 3
– Maßstäbe von Vereinbarungen nach Abs. 1 SGB V 130b 106 ff.
Rahmenvertrag
– mit pharmazeutischen Unternehmern SGB V 131 1 ff.
– Arzneimittelversorgung SGB V 129 1 ff.
Räume BGB 619 9
Räumlich relevanter Markt GWB 19 8
Rechnung GOÄ 12 1 ff.
– Diagnose GOÄ 12 18 f.
– Fälligkeit GOÄ 12 2 ff.
– Liquidation GOÄ 12 17
– Stempel und Unterschrift GOÄ 12 28 ff.
– Verjährung GOÄ 12 8 ff.
– Verwirkung GOÄ 12 16 ff.
– Zugang GOÄ 12 5 f.
Recht auf informationelle Selbstbestimmung GenDG 1 5 f.; GenDG 14 5
– der Schwangeren und des ungeborenen Kindes GenDG 15 10
Recht auf körperliche Unversehrtheit GenDG 1 8; GenDG 14 3
– der Schwangeren und des ungeborenen Kindes GenDG 15 6 f.
Recht auf Nichtwissen GenDG 14 4
– der Schwangeren und des ungeborenen Kindes GenDG 15 8 f.
Recht auf Wissen und Nichtwissen GenDG 1 7 f.
Rechte
– Berufserlaubnis BApO 11 11
– Dienstleistungserbringer BApO 11a 7
Rechte Dritter SGB V 69 14
Rechtfertigungsanforderungen
– heilmittelwerberechtliche Regeln HWG Einf. 17
Rechtsausübung, zulässige BGB 612a 10 f.
Rechtsbeschwerde InsO 7 1
Rechtsformwahl PartGG 3 3 f.
Rechtsformwechsel
– Identitätswahrender – PartGG 1 19
Rechtsgeschäfte
– Apotheken ApoG 11 4
Rechtsschutz
– Konkurrierende Krankenhausträger KHG 8 37 ff.
– Kostenträger und sonstige Beteiligte KHG 8 35 f.
Reduzierung des Gebührensatzes
– wahlärztliche Leistungen GOÄ 5 33
Regeln ärztlicher Kunst
– Begriff GOÄ 1 4
Regelungslücke GOÄ 6 4 ff.
Regelungszweck GOÄ 1 1

Registergericht PartGG 4 9, 13
– anmeldepflichtige Tatsachen PartGG 4 14
Registerpublizität PartGG 5 7
Regulierungsverhalten BGB 253 32, 93
Rehabilitation SGB V 23 1; SGB V 40 2
Rehabilitationseinrichtungen KHG 5 3a
Rehabilitationsträger
– Konkurrenz SGB V 40 7 ff.
Rehaleistungen
– stationäre SGB V 40 4 ff.
Reihenuntersuchung
– genetische GenDG 3 42, 69 ff.
Reinigen BtMG 2 3
Rekonstitution AMG 13 11
Rente BGB 843 47 ff.
– Abänderungsklage BGB 843 57
– Begehrensvorstellungen BGB 249 119, 134
– Berechnung der Abfindung BGB 843 50
– Feststellungsklage BGB 843 74
– Kapitalisierung BGB 843 48 ff., 60
– Kapitalisierungszinssatz BGB 843 51
– Klageantrag BGB 843 68 ff.
– Schadensanlage BGB 249 119
Renten- und Begehrensneurose BGB 249 134 ff.
Reserveursache BGB 249 103 ff., 119
Resistenz, genetische GenDG 3 61 f.
– Benachteiligung GenDG 4 46
– vorhersagender Charakter GenDG 4 32, 63
Restschuldbefreiung InsO 1 13; InsO 5 8
Rettungsdienst ApoG 14 18; GWB 103 30; GWB 99 16
– Fahrzeuge TFG 3 11
Rezeptsammelstelle ApoG 11 4, 4a; ApoG 11a 3
Richtlinien TPG 3 9
– Bundesärztekammer TFG 5 2
– Qualitätsanforderungen für die Anwendung TFG 13 1 ff.
– über unlautere Geschäftspraktiken HWG Einf. 51
Risiken
– voll beherrschbare ZPO 286 60
Risikoabklärung, vorgeburtliche GenDG 3 24 ff.
Risikoausschlussprognose TPG 8 6
Risikobewertung
– Abschlussbericht der zuständigen Bundesoberbehörde MPDG 71 7
– Aushändigung von im Eigentum von Patienten stehenden Produkten MPDG 72 4
– Auskünfte und Unterlagen MPDG 72 2
– Behördliche Befugnisse im Rahmen der Durchführung – MPDG 79 1
– Europäisch einheitliche Kriterien MPDG 71 5
– Maßnahmen eines anderen Mitgliedstaats MPDG 75 1
– Mitwirkungspflichten MPDG 72 1
– Möglichkeit der Überprüfung im Betrieb des Herstellers MPDG 71 4
– Prinzip der inhärenten Sicherheit MPDG 71 6

- Prüfung auf systematische Produktfehler MPDG 71 6
- Regelmäßige wissenschaftliche Aufarbeitung der durchgeführten ~ MPDG 71 8
- Sicherstellung der in Frage stehenden Produkte bis zum Abschluss MPDG 72 3
- Überlassung des in Frage stehenden Produkts MPDG 72 2
- Umfang der Bewertung MPDG 71 2 f.
- Verfahren bei zerstörenden Untersuchungen des Produkts MPDG 72 4
- Zusammenarbeit MPDG 72 1
- Zuständige Bundesoberbehörde für die zentrale ~ MPDG 71 1

Risikomeldung TFG 8 13
Rollstuhl SGB V 33 1, 4
Rücknahme BÄO 5 1; BApO 7 1
- bei rechtswidriger Erlaubnis BtMG 10 4 ff.
- fakultative BÄO 5 4 ff.
- obligatorische BÄO 5 2 ff.
- Rechtsmittel BtMG 10 7
Rückstellproben TFG 13 4
Rückübertragung TPG 17 4; TPG 8c 1
Rückverfolgungsangaben
- Spenderdaten TFG 11 2
Rufbereitschaft BGB 611a 206
Ruhen (Approbation) BÄO 6 1
Ruhensanordnung BApO 8 1

Sachgrundbefristung BGB 620 116 ff.
- Eigenart der Arbeitsleistung BGB 620 121
- Erprobung BGB 620 123
- Erreichen des Renteneintrittsalters BGB 620 124
- gerichtlicher Vergleich BGB 620 127
- Haushaltsmittel BGB 620 126
- nach Ausbildung oder Studium BGB 620 118
- Person des Arbeitnehmers BGB 620 125
- Vertretung BGB 620 119 f.
- vorübergehender Bedarf BGB 620 117
- Wissenschaft und Medizin BGB 620 128 ff.
Sachkenntnis BtMG 6 1 ff.
Sachkosten GOÄ 10 30; GOÄ 5a 5
- Dialysesachkosten GOÄ 10 25
Sachkunde TFG 13 3; TPG 8d 5
- Aufklärung TFG 6 2 ff.
Sachleistungsanspruch SGB V 12 12
Sachleistungsprinzip SGB V 12 11; SGB V 2 7 ff.
Sachlich relevanter Markt GWB 19 7
Sachliche Informationen
- Arzt MBOÄ 27 4
Sachurteilsvoraussetzungen ZPO 1 1a
Sachverständige ZPO 402 1 ff.
- Ablehnung ZPO 406 1 ff.
- Ablehnungsgründe ZPO 406 3 ff.
- Auswahl und Ablehnung ZPO 402 5
- Fristverlängerung bei Beratung durch ~ MPDG 42 3

- Leitung der Tätigkeit ZPO 402 6a
- Tätigkeit der ärztlichen ~ ZPO 402 12
Sachzusammenhang BApO 4 10
Salvatorische Klauseln
- Konkurrenzschutz MBOÄ 29 5
Samenspende ESchG 1 10
Sanierung InsO 1 1, 11; InsO 5 7
Schaden
- Entschädigung in Geld BGB 249 13 ff.
- Leben als ~ BGB 249 98a
- Primärschaden BGB 249 107
- Privatpatient BGB 249 31
- Schadensanlage BGB 249 104
- wrongful life BGB 249 98; BGB 253 48
Schadenminderungsobliegenheit BGB 249 8
- fiktive Abrechnung s. dort
Schadenminderungspflicht
- Außenseitermethode BGB 249 20
Schadensanlage BGB 249 119 ff.
Schadensausgleich, innerbetrieblicher BGB 619a 5
Schadensersatz
- bei Kündigung s. dort
- im Fall der Tötung AMG 86 1 ff.
- Kartellgeschädigte GWB 1 31
- Kassenpatient s. dort
- Tötung Unterhaltsverpflichteter AMG 86 5 ff.
- Unabdingbarkeit AMG 92 1 f.
- Verletzung von Schutzpflichten BGB 619 19 ff.
Schadensersatz bei Kündigung
- Darlegungs- und Beweislast BGB 628 33
- Entschädigung nach § 61 Abs. 2 ArbGG BGB 628 32
- Kausalität BGB 628 26
- Schadenshöhe BGB 628 27 ff.
- Tatbestand BGB 628 20 f.
- Verfrühungsschaden BGB 628 30
- Verschulden BGB 628 22 ff.
Schadensersatzanspruch SGB V 69 25
Schadensersatzverfahren SGB V 81a 8c
Schadensfreiheitsrabatt
- Verlust des ~ in der Krankenversicherung BGB 249 80
Schadensgleiche Vermögensgefährdung StGB 263 52
Schadensumfang BGB 249 93 ff.
Scheinpartner PartGG 8 11
Schiedsstelle KHG 18 13 ff.; SGB V 112 9 ff.; SGB XI 76 2
Schiedsverfahren
- Hausarztzentrierte Versorgung SGB V 73b 75 ff.
- Vereinbarung eines Erstattungsbetrags SGB V 130b 83 ff.
Schlichtungsstelle
- Gutachten der medizinischen ~ ZPO 402 13
Schlichtungsverfahren BGB 204 11
Schlossherrnfall BGB 249 36, 61
Schmerzensgeld
- Angehörige BGB 249 144; BGB 253 8

- Bemessung BGB 253 20 ff.
- Dekubitus BGB 253 105 ff.
- Freiheit BGB 253 4
- Genugtuungsfunktion BGB 253 28 ff.
- Gesundheit BGB 253 4
- Körper BGB 253 4
- Leben BGB 253 4, 7 f.
- Sterbevorgang BGB 253 7, 9
- Überlebenszeit BGB 253 11
- Übertragbarkeit BGB 253 13
- unerwünschte Schwangerschaft BGB 253 104
- Vererblichkeit BGB 253 13

**Schmerzensgeldanspruch**
- Kind BGB 249 97
- Mutter BGB 249 96

**Schmerzensgeldantrag** ZPO 253 6

**Schmerzensgeldklage**
- Ermessen, richterliches BGB 253 14 ff., 19
- Klageantrag BGB 253 14 ff.
- Mindestbetrag BGB 253 14
- Mitverschulden BGB 253 58 ff., 61
- Streitwert BGB 253 14 ff.

**Schmerzensgeldrente** BGB 253 67 ff.
- Antrag BGB 253 67 ff.
- Bagatellrenten BGB 253 70
- Dauerschaden BGB 253 67
- dynamische - BGB 253 73 ff., 86
- Kapitalisierung der Rente BGB 253 80
- Kapitalwert der Rente BGB 253 79 ff.
- Verletzungen, schwere BGB 253 71

**Schock** BGB 249 143 ff.

**Schönheitschirurgie** MBOÄ 1 5 f.

**Schriftformklauseln** BGB 611a 99

**Schutzimpfungen** IfSG 20 1 ff.; SGB V 132e 1 ff.; SGB V 20i 1
- Anspruch auf - SGB V 132e 11 ff.
- Bewehrung IfSG 20 13
- Entschädigung IfSG 20 13
- Impfberechtigung IfSG 20 5
- Impfschäden IfSG 20 14
- Inhalt von Verträgen mit Leistungserbringern SGB V 132e 22 ff.
- Kleinkinder BGB 630a 29
- Masernschutz s. dort
- Öffentliche Impfempfehlungen IfSG 20 4
- Ständige Impfkommission IfSG 20 3
- Unabhängige Schiedsperson SGB V 132e 27 ff.
- Vertragspartner für die Versorgung SGB V 132e 19 ff.

**Schutzimpfungsrichtlinie** SGB V 20i 3

**Schutzkleidung** BGB 619 11

**Schutzmaßnahmen** IfSG 28 1 ff.
- Adressaten IfSG 28 4
- Anhörungen IfSG 28 10
- Begründungen für Eingriffe IfSG 28 9
- COVID-19 IfSG 28 3
- Eingriffsdauer und - tiefe IfSG 28 8
- Eingriffsmittel IfSG 28 7
- Entschädigungen IfSG 28 14 ff.
- Feststellung IfSG 28 5
- gebundene Entscheidung IfSG 28 6
- Generalklausel für Eingriffe IfSG 28 3
- gezielte Einzelmaßnahmen IfSG 28 1
- Grundrechtseinschränkungen IfSG 28 11
- Masern IfSG 28 12
- Rechtsschutz IfSG 28 17
- Sanktionen IfSG 28 14
- Schutzgüter IfSG 28 2
- Zuständige Behörden IfSG 28 13
- Zwang IfSG 28 14

**Schutzzweck der Norm** BGB 249 154
- allgemeines Lebensrisiko BGB 249 121, 141 f.

**Schwangere**
- Eingriff durch Arzt TPG 4a 9

**Schwangerenkonfliktberatung** StGB 219 1

**Schwangerschaft**
- Leistungen SGB V 24f 1 ff.

**Schwangerschaftsabbruch** BÄO 1 26; MBOÄ 14 1 ff.

**Schwangerschaftsabbruch**
- 218a Abs. 1 StGB GOÄ 5a 2
- Absenkung des Gebührenrahmens GOÄ 5a 7
- Ärztliche Feststellung entgegen behördlicher Untersagung StGB 218b 10
- Ärztliche Pflichtverletzung StGB 218c 1
- Große Fristenlösung StGB 218a 39
- Inverkehrbringen von Mitteln zum - StGB 219b 1
- Kriminologische Indikation StGB 218a 32 ff.
- Medizinisch-soziale Indikation StGB 218a 23 ff.
- ohne ärztliche Feststellung StGB 218b 2
- Straflosigkeit StGBa 218a 1 ff.
- unrichtige ärztliche Feststellung StGB 218b 7
- Werbung StGB 219a 1
- Zwölfwochenfrist StGB 218a 17

**Schweigepflicht**
- Ärzte MBOÄ 9 1
- unter Ärzten MBOÄ 9 8

**Schweigepflicht, ärztliche**
- Auftragsverarbeitung GenDG 7 14

**Schweigepflichtentbindung** GenDG 11 20 f.; GenDG 8 14

**Schwellenwert** GOÄ 12 22 f.; GOÄ 5 3; GWB 106 3
- Begründung auf Verlangen GOÄ 12 25 f.
- Begründung bei Überschreiten GOÄ 12 22 f.
- Hinweispflicht GOÄ 12 27

**Schwere Körperverletzung** StGB 226 1

**Schwerpunkt** BÄO 1 12

**Schwerpunktbildung** TPG 9 8

**Schwerste Verletzungen**
- Begriff BGB 253 47 f.
- Entwicklung der Höhe des Schmerzensgeldes in der Rechtsprechung BGB 253 49
- Neue Höchstgrenzen BGB 253 50 ff.
- Todesangst BGB 253 56

**Schwerwiegende Gefahr**
- Begriff **MPDG 81** 2
- Meldung über DMIDS **MPDG 81** 5

**Sehhilfe SGB V 27** 3; **SGB V 33** 2

**Selbst herbeigeführte Gesundheitsgefährdungen SGB V 1** 5

**Selbständiges Beweisverfahren ZPO 485** 1 ff.
- Anfechtbarkeit **ZPO 485** 6
- Arzthaftungsprozess **ZPO 485** 2
- Auswirkungen im nachfolgenden Haftungsprozess **ZPO 485** 7
- Verfahren **ZPO 485** 4 f.
- Voraussetzungen **ZPO 485** 3

**Selbständigkeit**
- Beeinträchtigungen **SGB XI 14** 14
- Gesundheitlich bedingte Beeinträchtigungen **SGB XI 14** 7

**Selbstausschluss**
- Vertraulicher – **TFG 6** 5

**Selbstbedienung ApoG 11a** 19a

**Selbstbeschaffung SGB V 13** 7
- von Behandlungsleistungen **SGB V 13** 7

**Selbstbestimmungsaufklärung**
- Beweis **ZPO 286** 80
- missbräuchliche Prozessstrategien **ZPO 286** 82

**Selbstbestimmungsrecht BGB 1901a** 1; **MBOÄ 7** 5; **TPG 4** 15

**Selbstgefährdung BGB 1906** 10

**Selbstgefährdung/-schädigung**
- Eigenverantwortliche – **BtMG 30** 7

**Selbstständiger Apotheker**
- Insolvenz **InsO 11** 11

**Selbstständiges Beweisverfahren**
- Verjährungshemmung **BGB 204** 13

**Selbsttötung StGB 211, 212** 23 ff.
- Beihilfe **MBOÄ 16** 12, 12a
- Erwerb Betäubungsmittel zur – **BtMG 5** 9a
- Geschäftsmäßige Förderung **StGB 217** 1 ff.

**Selbstversorgung ApoG 12a** 11

**Sendungsverfolgung ApoG 11a** 14

**Separation**
- Blutstammzellen **TFG 9** 2

**Sera TFG 2** 12

**Sexualleben**
- Frauen **BGB 253** 97
- Impotenz **BGB 253** 94 ff.
- Männer **BGB 253** 94

**Sexueller Missbrauch SGB V 27** 5a

**Sicherheitsleistung BGB 843** 44

**Sicherstellung von Prüfprodukten**
- schwerwiegendes unerwünschtes Ereignis **MPDG 62** 2

**Sicherstellungsverträge SGB V 112** 3

**Sicherstellungszuschlag KHEntgG 5** 4 ff.
- Defizit des Krankenhauses **KHEntgG 5** 9 f.
- Fusion **KHEntgG 5** 17
- Konkretisierende Vorgaben **KHEntgG 5** 7 f.
- Prüfung der Landesbehörde **KHEntgG 5** 11 ff.
- Vereinbarung der Zuschlagshöhe **KHEntgG 5** 15b
- Vorgaben für die Vereinbarung **SGB V 136c** 45 ff.

**Sicherungsmaßnahmen BtMG 15** 1 ff.

**Sieben-Punkte-Katalog BGB 613a** 14 ff.

**SIEC-Test GWB 36** 11k

**Sine confectione ApoG 11** 5

**Sitz**
- Begriff **ZPO 17** 2

**Sofortige Beschwerde InsO 6** 1

**Sofortvollzug BÄO 6** 18; **BApO 7** 7; **BApO 8** 14

**Solidargemeinschaft SGB V 1** 1 f.

**Sonderrechte**
- Straßenverkehr **TFG 3** 8

**Sonderrechtsanlage TFG 3** 10

**Sonderrechtsberechtigte Fahrzeuge TFG 3** 10
- Betreiber **TFG 3** 11

**Sonderrechtstransporte TFG 3** 9
- Haftung **TFG 3** 9a

**Sonderspenden TFG 5** 4

**Sondervereinbarungen**
- Individualvereinbarungen **GOÄ 11** 4
- Kollektivvereinbarungen **GOÄ 11** 3

**Sonderzulassung MPDG 7** 1
- alternativlose Bedarfssituation **MPDG 7** 7
- Befristung **MPDG 7** 9
- Produkte für einen individuellen Patienten **MPDG 7** 5
- Produkte in der breiten Anwendung **MPDG 7** 5
- Unterrichtung der KOM **MPDG 7** 8
- Verfahren **MPDG 7** 5
- Verfahren nach Art. 59 Abs. 3 MDR **MPDG 7** 8
- Verordnungsermächtigung **MPDG 7** 9
- Voraussetzungen **MPDG 7** 4
- Vorzeitiges Inkrafttreten von Art. 59 der MDR **MPDG 7** 2
- zuständige Bundesoberbehörde **MPDG 7** 4

**Sonstige Entgelte KHEntgG 7** 6 f.; **KHEntgG 8** 6 ff.

**Sonstige klinische Prüfungen**
- § 47 Abs. 3 **MPDG 64** 7
- Anzeige bei der zuständigen Bundesoberbehörde **MPDG 53** 1 ff.
- Anzeigepflicht, sequenzielles Verfahren **MPDG 53** 1 ff.
- Ausnahmen vom Anwendungsbereich **MPDG 47** 6
- Automatisierte Information der zuständigen Behörden über Anzeigen **MPDG 53** 5
- Eigenverantwortliche korrektive Maßnahmen **MPDG 66** 1
- Korrekturmaßnahmen der Bundesoberbehörden **MPDG 69** 1
- Legaldefinition **MPDG 47** 1 ff.
- Regelungsinhalt in Ergänzung zu Art. 82 MDR **MPDG 47** 1 ff.
- Überwachung durch die zuständige Behörde **MPDG 68** 1 ff.

## Stichwortverzeichnis

– Voraussetzungen für den Beginn MPDG 47 5
Sonstiges Inverkehrbringen BtMG 29 10
Sorgfaltspflicht BÄO 1 30
Soziale Rechtfertigung BGB 620 48 ff.
– Betriebsbedingte Kündigung BGB 620 76 ff.
– Interessenabwägung BGB 620 52
– krankheitsbedingte Kündigung BGB 620 58
– Personenbedingte Kündigung BGB 620 55 ff.
– Verhaltensbedingte Kündigung BGB 620 63 ff.
– Zukunftsprognose BGB 620 51
Soziale und umweltbezogene Aspekte GWB 97 29
Sozialleistungsträger KHG 18 6
Sozialpädiatrische Zentren (SPZ) SGB V 119 1 ff.
Sozialversicherung, gesetzliche
– genetische Untersuchung GenDG 18 7
Soziotherapie SGB V 132b 1 ff.
Spende TFG 2 2
– Anforderungen zur Entnahme TFG 7 1 ff.
– Anwendung beim Menschen TFG 2 5a
– Legaldefinitionen TFG 2 1 ff.
Spende von Organen
– zur Übertragung TPG 1 3 ff.
Spendenaussonderung TFG 19 1
Spendeneinrichtungen TFG 11 3
– Anforderung TFG 4 6 ff.
– Aufgabe TFG 3 1
– Ausreichende Ausstattung TFG 4 2
– Outsourcing TFG 11 3a
– räumliche und bauliche Ausstattung TFG 4 3
Spendenentnahme TFG 2 8
– Qualifikation zur – unter Verantwortung TFG 4 10
Spendenfreigabe TFG 5 5
Spender
– Ärztliche Beurteilung lebender – TPG 8d 10
– Ärztliche Beurteilung toter – TPG 8d 9
– Auswahl TFG 1 7
– Fehlen volljähriger – TPG 8a 6
– Tauglichkeit TFG 5 1
Spenderakte TPG 8d 15
Spenderausweis TPG 3 3
– Erklärungen im – TPG 3 15
Spenderdaten
– Begriff TFG 11 2
Spenderdokumentation
– datenschutzrechtliche Bestimmungen TFG 11 1 ff.
Spendereignung
– Medizinische – TPG 8d 8
Spenderimmunisierung TFG 8 1 ff.
Spenderschutz
– Datenschutz TFG 3 14
Spenderwiderspruch TPG 3 14
Sperren, Einschränkung der Verarbeitung
– Ergebnisse genetischer Untersuchungen GenDG 12 5
Spezialisierte Leistungen KHEntgG 6 25 ff.
Speziallabor GOÄ 4 15
Sponsor MPDG 25 1
– Anzeige von Änderungen MPDG 54 1

– Eigenverantwortliche korrektive Maßnahmen MPDG 66 1
– Meldepflichten MPDG 63 5
– Meldepflichten bzgl. schwerwiegender Ereignisse und Produktmängel MPDG 64 1
– rechtlicher Vertreter MPDG 25 1
– Unterrichtung innerhalb von 37 Tagen über die Ablehnung MPDG 42 3
– Weitere Mitteilungspflichten MPDG 64 2 f.
Sprachbeherrschung BÄO 6 10
Sprachkenntnisse BÄO 3 12; BApO 11a 5a; BApO 4 15; BApO 8 10
Sprechstundenbedarf GOÄ 10 6 ff.
Spurensicherung SGB V 27 5a
– Verträge zur vertraulichen – SGB V 132k 1 ff.
Staatshaftungsansprüche
– Rechtmäßige Eingriffe IfSG 65 12 ff.
– Rechtswidrige Eingriffe IfSG 65 15 ff.
Stand der medizinischen Wissenschaft und Technik TFG 4 8; TFG 5 2
Stand medizinischer Erkenntnisse MBOÄ 2 5e
Stand von Wissenschaft und Technik TFG 12a 2
Standardtarif
– Bemessung der Gebühren GOÄ 5b 1
Standardunterschreitung
– Zulässigkeit BGB 630a 75 f.
Ständige Impfkommission SGB V 20i 2
Ständiger ärztlicher Vertreter GOÄ 4 36
Statthaltervertrag ApoG 9 2
Steigerungsfaktor GOÄ 5 9 f.
Stellen zur Bekämpfung
– Fehlverhalten bei Krankenkassen SGB V 197a 2
– Landesverbände SGB V 197a 2b
– Landesverbände und Spitzenverband Bund der Pflegekassen SGB XI 47a 2b
– Pflegekassen SGB XI 47a 2a
– Spitzenverband Bund der Krankenkassen SGB V 197a 2c
Stellungssuche BGB 629 1
– Freizeit zur BGB 629 1
Stellvertretervereinbarung GOÄ 4 40
Stellvertretung
– Verwaltung ApoG 13 3
Stempel GOÄ 12 28
Sterbebegleitung
– Grundsätze der BÄK MBOÄ 16 15
Sterbehilfe BGB 1901a 8a; BtMG Vor §§ 29 ff. 3b; StGB 211, 212 9 ff.
– Suizidbegleitung MBOÄ 16 9, 12
Sterbende
– ärztlicher Beistand MBOÄ 16 1
– Beistandsleistung MBOÄ 1 13
Sternpraxis BGB 705 19
Strafantrag StGB 205 1 ff.
Straftaten BtMG 29 1 ff.; BtMG 29a 1 ff.; BtMG 30 1 ff.; BtMG 30a 1 f.
– Besonders schwerer Fall BtMG 29 35 ff.
– Fahrlässigkeit BtMG 29 39

- Minder schwerer Fall BtMG 30 9
- Versuch BtMG 29 34

**Strafverfahren** BÄO 5 10; BÄO 6 3; SGB V 81a 8h
**Streitgenossenschaft**
- Begriff ZPO 59 1 ff.
- Begründung ZPO 59 2 ff.

**Streitverkündung** ZPO 66 3
- Verjährungshemmung BGB 204 12

**Strukturierte Behandlungsprogramme**
- Anpassung der Programme SGB V 137g 21 ff.
- Aufhebung der Zulassung SGB V 137g 25 ff.
- Chronische Krankheiten SGB V 137f 28 ff.
- Klagen gegen Gebührenbescheide SGB V 137g 20
- Kostentragung SGB V 137g 17 ff.
- Zulassung SGB V 137g 8 ff.

**Strukturqualität** TFG 15 3
**Stufenklage** ZPO 253 9; ZPO 254 1 ff.
**Stufenplan** TFG 14 2
**Substantiierungspflicht** ZPO 286 12
**Substitution**
- Aushändigung der Verschreibung BtMG 13 40
- Begriff BtMG 13 29
- Begründetheit der Substitutionsbehandlung BtMG 13 34 ff.
- Corona-Pandemie BtMG 13 43; BtMG 29 15
- Diamorphingestützte Substitution BtMG 13 46 ff.
- Indikation BtMG 13 30
- Substitutionsmittel BtMG 13 39
- Take-Home-Verschreibung BtMG 13 42 ff.
- Take-Home-Verschreibung gemäß § 5 Abs. 8 BtMVV BtMG 13 43
- Take-Home-Verschreibung gemäß § 5 Abs. 9 BtMVV BtMG 13 43a
- Verbrauchsüberlassung BtMG 13 41
- Voraussetzungen BtMG 13 31

**Suizidhilfe** MBOÄ 16 12b
**Sunset-Clause** AMG 31 2
- Besonderheiten AMG 31 7
- Fristberechnung AMG 31 7a
- Kein dauerhaftes Inverkehrbefinden AMG 31 5 f.
- Kein fristgemäßes Inverkehrbringen AMG 31 3 f.

**Suprakonstruktion** SGB V 28 7
**Suszeptibilität, genetische** GenDG 3 54 ff.

**Tagespflege** SGB XI 41 1
**Tarifdispositives Recht** BGB 611a 83
**Tarifverträge**
- Allgemeinverbindlichkeit BGB 611a 88

**Tarifwechselklausel** BGB 613a 64
**Tätigkeitsschwerpunkte**
- Ankündigung MBOÄ 27 14

**Tätigkeitsverbote** IfSG 31 21 ff.
- Auffangtatbestand IfSG 31 21
- Bewehrung IfSG 31 25
- Entschädigungsansprüche IfSG 31 24
- Nichtstörer IfSG 31 22
- Normadressaten IfSG 31 4
- Rechtsbehelfe und – mittel IfSG 31 25
- Unheilbare Infektionen IfSG 31 23
- Verhältnismäßigkeitsprinzip IfSG 31 6
- Vollziehbarkeit IfSG 31 25
- Zuständige Behörden IfSG 31 7
- Zwangsmaßnahmen IfSG 31 25

**Tauglichkeit** TFG 8 3
**Tauglichkeitsprüfung**
- Ausschluss Spendertätigkeit TFG 5 3

**Täuschen**
- ausdrückliches StGB 263 18
- durch Unterlassen StGB 263 26
- konkludentes StGB 263 19
- Tatsachen StGB 263 12 ff.

**Technischer Fortschritt** SGB V 12 4
**Teil-Berufsausübungsgemeinschaft** BGB 705 8; PartGG 1 30
**Teilgemeinschaftspraxis** PartGG 1 30
**Teilvergütung**
- bei Kündigung BGB 628 6 ff.
- Höhe BGB 628 7 ff.
- Kürzung BGB 628 10 ff.

**Telematikinfrastruktur** SGB V 360 7 ff.
**Telemedizin** MBOÄ 7 10
**Teleshopping** HWG 1 23; HWG 8 2 ff.
- Definition HWG 8 2
- Verbotsumfang HWG 8 4
- Vereinbarkeit mit dem Unionsrecht HWG 8 3

**Testangebot**
- systematisches GenDG 3 81 ff.

**Therapeutenbegriff** ApoG 11 3
**Therapeutische Aufklärung**
- grob fehlerhaft ZPO 286 45

**Therapeutische Informationspflicht** ZPO 286 56
**Therapeutische Wirksamkeit** AMG 25 15; AMG 31 21
**Therapie**
- grob fehlerhaft ZPO 286 41

**Therapieallergene** AMG 21 31
**Therapiefreiheit** BÄO 1 28
- ärztliche SGB V 28 1

**Therapierichtung** SGB V 2 6
- Besondere ~ SGB V 2 6

**Therapieunverträglichkeit**
- genetische Untersuchung GenDG 18 20

**Tierarzneimittel**
- Zusatzregelung AMG 21 40

**Tod**
- Definition TPG 3 6
- des Arbeitnehmers BGB 620 37
- eines unterhaltspflichtigen Kindes BGB 844 67 f.
- unterhaltspflichtiger Verwandter BGB 844 67 f.

**Tod des Arbeitnehmers**
- Abfindungsanspruch BGB 613 6
- Urlaubsabgeltungsanspruch BGB 613 5

**Todesangst** BGB 253 56

Todesbegriffe TPG 3 8
Todesfeststellung TPG 3 5; TPG 4 5; TPG 4a 3
Todeszeitpunkt MBOÄ 1 14
Totalreparation BGB 253 61
Tote Leibesfrucht
– missbräuchliche Verwendung MBOÄ 14 5
Totschlag StGB 211, 212 1
Tötung auf Verlangen StGB 216 1 ff.
Träger TFG 4 7
Trägervielfalt KHG 1 26 ff.
Trägerwechsel KHG 8 20
Transfusionsbeauftragte Personen TFG 15 9
Transfusionsgesetz TFG Vor 5
Transfusionskommission TFG 15 11
Transfusionsverantwortliche Personen TFG 15 7
Transparenzgebot GWB 97 10
Transplantationen
– Autologe – TPG 17 2
Transplantationszentren TPG 9 3
Transport TFG 17 2
Treuebruchtatbestand StGB 266 6
Triage StGB 211, 212 29a
Tripelfunktion BGB 253 32
TV-Ärzte BGB 611a 89
TV-L BGB 611a 89
TVöD BGB 611a 89
Typisierung
– Einstellungsuntersuchungen GenDG 21 1
– genetische GenDG 1 3 f.; GenDG 4 15 f., 38
– personenbezogene GenDG 1 4; GenDG 4 3 ff.
– Rechtfertigung GenDG 4 4, 51 ff.
Typisierungsverbot GenDG 21 14 f.; GenDG 4 6, 77

Übereinstimmungsgebot HWG 4 30 ff.
Übergang der Arbeitsverhältnisse BGB 613a 35 ff.
– Leiharbeitnehmer BGB 613a 37
– Ruhestandsverhältnisse BGB 613a 38
Übergangsbestimmungen GWB 186 1 ff.
– PartGG PartGG 11 1 ff.
Überkreuz-Lebendspende TPG 8 26
Übernachtung GOÄ 9 7
Übernahmeverschulden
– Beweislast BGB 630h 45 ff.
Überprüfungsvertrag SGB V 112 8
Überschussinformationen
– Aufklärung GenDG 9 14
Übersicht TFG Vor 3
Übertragbare Krankheit IfSG 2 9 ff.
– Bedrohlich IfSG 2 10
Übertragung
– Voraussetzung TPG 8b 1
Übertragung von Organen TPG 1 9 ff.; TPG 1a 16
Überwachungspflicht GOÄ 4 8
– Krankenkassen bzgl. Leistungserbringer SGB V 127 43 ff.
Umdeutung BApO 8 11

Umherziehen
– Ausüben der ärztlichen Tätigkeit MBOÄ 17 10
Umsatzerlöse
– Berechnung GWB 38 1 ff.
Umwandeln BtMG 2 3
Umwandlung PartGG 2 20
Umwandlungsgesetz PartGG 1 17
Unabdingbarkeit BGB 619 25
Unabhängigkeit ApoG 2 9
Unbefugtes Offenbaren
– tatbestandsausschließendes Einverständnis StGB 203 44
Unentgeltlichkeit TFG 1 10
Unerlässlichkeit
– Wettbewerbsbeschränkung GWB 3 13
Unerlaubtes Herstellen
– einer ausgenommenen Zubereitung BtMG 29 13
Unerwünschte Arzneimittelwirkungen
– Mitteilung durch Ärzte MBOÄ 6 2
Unfallverhütungsvorschriften BGB 611a 86
Unfallversicherung, gesetzliche BGB 619a 27 ff.
Unfallversicherungsträger KHG 5 5
Ungeborenes Leben
– Erhaltung MBOÄ 14 1
Universalität InsO 5 5
Universitätskliniken KHG 5 2
Unlautere geschäftliche Handlungen UWG 3a 1
Unpfändbare Gegenstände InsO 36 1 ff.
Unterbringung BGB 1906 1 ff.; KHG 2 6
– Gesonderte – KHEntgG 17 5
– Wohl des Betreuten BGB 1906 6 ff.
Unterhaltsschaden BGB 844 11 ff.
– Berechnung BGB 844 54 ff., 60 ff.
– Checkliste BGB 844 41
– Dauer des Anspruchs BGB 844 19
– Einkommen BGB 844 31 ff.
– Einkommen des Unterhaltsberechtigten BGB 844 42 ff.
– Ermittlung des Einkommens BGB 844 32 ff.
– Feststellungsklage BGB 844 21
– Fixkosten BGB 844 40 ff., 64
– Höhe des Anspruchs BGB 844 22
– Lebenspartner BGB 844 14
– Leistungsfähigkeit BGB 844 28 f.
– nasciturus BGB 844 14
– Naturalunterhalt BGB 844 23
– neuer Unterhaltsanspruch BGB 844 25, 45
– Quotierung des Einkommens BGB 844 51
– Schadenminderungspflicht BGB 844 16 ff.
– Unterhaltsbedarf BGB 844 31 ff.
– Unterhaltsbedürftigkeit BGB 844 16
– Unterhaltsberechtigte BGB 844 14 f.
– Unterhaltsverpflichtete BGB 844 14 ff., 28
– Vermögensbildung BGB 844 36 ff.
– Versicherungsleistungen BGB 844 47
– Vorteilsausgleichung BGB 844 42 ff.
– Waisen BGB 844 20
– Wiederheirat BGB 844 45

Unterkunft und Verpflegung SGB XI 87 2
Unterlassen der Diensthandlung StGB 336 1 f.
Unterlassene Hilfeleistung StGB 323c 1
Unternehmen GWB 1 3
– Begriff BGB 611a 47
Unternehmensgruppe BGB 611a 48
Unternehmensinsolvenz InsO 1 14
Unternehmensvereinigungen GWB 1 3
Unterrichtung TPG 3 17
– Adressat SGB V 81a 19d
– Form und Inhalt SGB V 81a 19e
– Nächste Angehörige TPG 4 4
Unterrichtung der Arbeitnehmer BGB 613a 78 ff.
– Folgen unterbliebener und fehlerhafter Unterrichtung BGB 613a 90
– Inhalt BGB 613a 84 ff.
– standardisierte Information BGB 613a 81
– Textform BGB 613a 80
Unterrichtungspflicht BÄpO 4 32; GOÄ 4 41, 59; SGB V 197a 9; TFG 11a 4
– Adressat SGB V 81a 19a
– Anfangsverdacht SGB V 81a 18a
– der Landesbehörde KHEntgG 17 36
– des Patienten KHEntgG 17 32
– Staatsanwaltschaft SGB V 81a 17 ff.
– strafbare Handlungen mit nicht nur geringfügiger Bedeutung für die GKV SGB V 81a 18b
Unterschreitung
– GOÄ MBOÄ 12 7
Untersuchung
– Anwesenheit Angehöriger MBOÄ 7 16
Untersuchung, genetische GenDG 3 2 ff.
– diagnostische GenDG 3 50 ff.
– im Arbeitsleben GenDG Vor §§ 19 ff. 1 ff.
– im Versicherungsbereich GenDG 18 1 ff.
– pharmakogenetische GenDG 3 57 ff.
– prädiktive GenDG 3 63 ff.
– präkonzeptionelle GenDG 2 10; GenDG 3 27, 67
– zu medizinischen Zwecken GenDG Vor §§ 7 ff. 1 ff.
– zur Klärung der Abstammung GenDG 2 2, 11, 17, 19 f.; GenDG 3 36; GenDG 4 72; GenDG Vor §§ 7 ff. 3
– zur Klärung von Haftungsverantwortlichkeiten GenDG 2 26; GenDG 3 10, 51; GenDG Vor §§ 19 ff. 3
Untersuchungs- und Behandlungsautomatismus GenDG 4 14; GenDG 8 5; GenDG 9 19 f.
Untersuchungs- und Behandlungsmethoden MBOÄ 11 1 ff.
– Anwendung von ~ SGB V 137c 61 ff.
– Beratung durch den Gemeinsamen Bundesausschuss SGB V 137h 66 ff.
– Beratung von Herstellern bzgl. Erbringung einer ~ SGB V 137e 74 ff.
– Bewertung SGB V 135 1 ff.
– Bewertung neuer ~ mit Medizinprodukten hoher Risikoklasse SGB V 137h 19 ff.

– Erprobung von ~ SGB V 137e 1 ff.
– Ersatzvornahme durch das BMG SGB V 137c 53 ff.
– Keine aufschiebende Wirkung von Klagen und ohne Vorverfahren SGB V 137h 72 ff.
– Neue – s. dort
– Prüfung der Methoden durch den Gemeinsamen Bundesausschuss SGB V 137h 44 ff.
– Prüfung und Empfehlung neuer ~ SGB V 135 25 ff.
– Qualitätssicherung SGB V 135 30 ff.
– Qualitätssicherungsvereinbarungen SGB V 135 91 ff.
– Überprüfung durch den Gemeinsamen Bundesausschuss SGB V 137c 23 ff.
Untersuchungsergebnis, genetisches
– Aufbewahrung GenDG 12 5 ff.
– Einschränkung der Verarbeitung, Sperrung GenDG 12 15
– Entgegennahme GenDG 18 19 f.; GenDG 19 11
– Genetische Beratung GenDG 10 4
– Mitteilung GenDG 11 1 ff.; GenDG 7 4; GenDG 9 13 ff., 26
– Sperrung GenDG 12 5
– Vernichtung GenDG 1 8; GenDG 12 11 ff.; GenDG 8 14
– Verwendung GenDG 18 19 f.; GenDG 19 11; GenDG 2 24 f.; GenDG 20 4; GenDG 3 10; GenDG 9 21
Untreue StGB 266 1 ff.
Unvereinbarkeiten
– Berufsausübung durch Ärzte MBOÄ 3 1
Unvereinbarkeitsklausel MBOÄ 2 4a
Unverzügliches Handeln TFG 19 4
Unwürdigkeit BÄO 5 9; BÄO 6 5; BÄpO 4 5
Unzulässige Beteiligungen ApoG 8 5
Unzulässigkeit abweichender Vereinbarungen GOÄ 2 10
Unzuverlässigkeit BÄO 5 5 ff., 10; BÄpO 4 6
Urkundenvorlegung ZPO 142 1 ff.

Verabreichung
– Unerlaubte ~ BtMG 29 15 ff.
Verabreichung, Überlassung
– zum unmittelbaren Verbrauch BtMG 13 21
Verabreichung, Verbrauchsüberlassung BtMG 29 9
Verantwortliche ärztliche Person GenDG 3 5
Verarbeiten BtMG 2 3
Veräußerung ApoG 6 20
– Abgabe BtMG 29 8
Verbandmittel GOÄ 10 7 ff.
Verbleib TFG 17 3
Verbleibsprüfung TFG 19 1
Verbot des Handels mit Organen TPG 1 13 ff.
Verbot wettbewerbsbeschränkender Vereinbarungen GWB 1 1 ff.
– 10. GWB-Novelle GWB 1 31r ff.
– 9. GWB-Novelle GWB 1 31a ff.

**Verbotsadressat** TPG 17 20
**Verbotsirrtum** StGB 203 63
**Verbraucherinsolvenz** InsO 1 14
**Verbrauchsüberlassung**
– Unerlaubte ~ **BtMG** 29 15 ff.
**Verbringung** KHEntgG 8 31 f.
**Verdacht**
– Begründeter ~ **TFG** 19 2
**Verdienstausfall** BGB 249 2
**Vereinbarung**
– im Einzelfall mit einem Leistungserbringer **SGB V** 127 32 ff.
**Vereinbarung eines Erstattungsbetrags**
– Arzneimittel mit dem gleichen neuen Wirkstoff **SGB V** 130b 77 ff.
– Arzneimittel ohne Zusatznutzen **SGB V** 130b 70 ff.
– nicht festbetragsfähige Arzneimittel mit neuen Wirkstoffen **SGB V** 130b 35 ff.
– Schiedsverfahren **SGB V** 130b 83 ff.
– Verband der privaten Krankenversicherung **SGB V** 130b 117 ff.
**Vereinbarung oder Maßnahme** BGB 612a 5 f.
– Anwesenheitsprämien BGB 612a 15
– Arbeitskampf BGB 612a 13
– Diskriminierung BGB 612a 6
– Kündigung BGB 612a 12
– Streikbruchprämien BGB 612a 13
– Unterlassen BGB 612a 6
**Vereinbarung über wahlärztliche Leistungen** GOÄ 4 33
**Vereinbarungen** TFG 3 5
– planmodifizierende und plankonkretisierende ~ **SGB V** 109 15
**Verfahren** BApO 4 12
**Verfahren zum Schutz vor Risiken** MPDG 74 1 ff.
– Aufforderung, Korrekturmaßnahmen zu ergreifen **MPDG** 74 1
**Verfahrensarten** GWB 119 1
**Vergabekammer** SGB V 69 52
**Vergaberecht**
– Reform 2016 **GWB Vor §§ 97 ff.** 7a ff.
– Verbindung zum Beihilfenrecht **GWB Vor §§ 97 ff.** 8
**Vergabeverfahren** SGB V 69 62 ff.
– Recht auf Einhaltung der Bestimmungen des ~ **GWB** 97 35
**Vergleichende Werbung** MBOÄ 27 8
**Vergütung**
– Auslagen GOÄ 3 1
– bei Annahmeverzug und bei Betriebsrisiko BGB 615 1 ff.
– Entschädigungen GOÄ 3 1
– Fehlen einer Vergütungserwartung BGB 612 6 ff.
– Fehlgeschlagene Vergütungserwartung BGB 612 5
– Fiktion einer Vergütungsregelung BGB 612 2
– Gebühren GOÄ 3 1

– Hausarztzentrierte Versorgung SGB V 73b 90 ff.
– Höhe BGB 612 1, 10; BGB 630b 2 ff.
– Krankenhausbehandlung SGB V 115a 4
– Rückzahlung BGB 628 17 f.
– taxmäßige BGB 612 12 f.
– übliche BGB 612 14 f.
– Vergütungserwartung BGB 612 6 ff.
– Vergütungsregelung BGB 612 1
**Vergütung bei Annahmeverzug**
– Angebot BGB 615 6 ff.
– Anrechnung BGB 615 25 ff.
– Ansprüche des Arbeitnehmers BGB 615 23 f.
– Beendigung des Annahmeverzugs BGB 615 20 ff.
– Nichtannahme der Arbeitsleistung BGB 615 18 ff.
– Unmöglichkeit BGB 615 4
– Unvermögen des Arbeitnehmers BGB 615 14 ff.
– Vergütungsgefahr BGB 615 1 f.
– Vorläufige Weiterbeschäftigung wegen Kündigungsprozess BGB 615 22
**Vergütung bei Annahmeverzug und bei Betriebsrisiko** BGB 615 1 ff.
**Vergütung bei Betriebsrisiko** BGB 615 31 ff.
– Arbeitskampfrisiko BGB 615 35
– Kündigung BGB 615 36
– Wegerisiko BGB 615 34
– Wirtschaftsrisiko BGB 615 32
**Vergütungsanspruch** SGB V 109 45
**Vergütungsvereinbarung**
– Bemessungsgrundsätze SGB XI 89 4
– mit Pflegebedürftigen SGB XI 91 4
– Unwirksamkeit BGB 612 4
**Verhalten, genkonformes** GenDG 4 77
**Verhältnis zum UWG** HWG 17 1 ff.
**Verhältnismäßigkeitsgrundsatz** GWB 97 17
**Verhandlungsunterlagen** KHG 18 10
**Verhinderung** BGB 616 1 ff.
– vorübergehende BGB 616 1 ff.
**Verhinderungspflege**
– Anspruchsvoraussetzungen SGB XI 39 1 ff.
– Inhalt SGB XI 39 6
– Umfang SGB XI 39 7 ff.
**Verjährung** BGB 195 1; GOÄ 12 11
– Ärztliche Honoraransprüche BGB 199 38 ff.
– Auffangregelung BGB 195 1
– Einrede BGB 195 4
– Fehleroffenbarungspflicht BGB 199 35
– Höchstfrist BGB 199 36 f.
– Honorar- und Rückforderungsansprüche BGB 199 38 ff.
– Individueller Fristablauf BGB 195 2 ff.
– Patientenseitige Rückforderungsansprüche ärztlicher Honorare BGB 199 42 ff.
– Spezialvorschriften BGB 195 5 ff.
– Verzicht und Vereinbarung BGB 195 8 ff.
**Verjährungsbeginn**
– Aufklärungsrüge BGB 199 28 ff.
– Behandlungsfehler BGB 199 8 ff.
– Person des Schuldners BGB 199 3 f.

## Stichwortverzeichnis

- Übersicht BGB 199 1
Verjährungsfrist
- Regelfrist BGB 195 1 ff.
Verjährungshemmung BGB 204 6 ff.
- Bekanntgabeveranlassung eines PKH-Antrags BGB 204 16
- Klageerhebung BGB 204 6 ff.
- Schlichtungsverfahren BGB 204 11
- Selbstständiges Beweisverfahren BGB 204 13
- Streitverkündung BGB 204 12
- Vereinbartes Begutachtungsverfahren BGB 204 14 f.
Verjährungshemmung durch Verhandlungen BGB 204 1 ff.
- Beendigung der Verhandlung BGB 204 2 ff.
- Beginn der Verhandlung BGB 204 2 ff.
- Begriff der Verhandlung BGB 204 2 ff.
- Erfasster Personenkreis BGB 204 5 ff.
- Reichweite der Hemmung BGB 204 5 ff.
- Wirkung von Verhandlungen BGB 204 1
Verjährungsrecht
- Grundsätze BGB 194 1 f.
- Schuldrechtsmodernisierung BGB 194 11
Verkaufskatalog HWG 1 39
Verkehrsfähigkeit TPG 17 15
Verkürzter Versorgungsweg MBOÄ 3 7
Verlängerungsoption BGB 622 32
Verlust der Zulassung PartGG 9 20
Vermehrte Bedürfnisse BGB 249 81
Vermittlungsentscheidungen TPG 9 15
Vermittlungsstelle TPG 9 10
Vermögensbetreuungspflicht StGB 266 7
- Verletzung StGB 266 20
Vermögenserwerb GWB 37 3
Vermögensnachteil StGB 266 22
Vermögensschaden StGB 263 49
Vermögensverfügung StGB 263 40 ff.
Vernichtung
- Betäubungsmittel BtMG 16 1 ff.
Verordnung (EU) Nr. 536/ 2014 AMG Vor §§ 40 ff. 1 ff.
Verpachtung
- Apotheke ApoG 9 1
Verpachtungsrecht ApoG 9 4
Verpachtungswirkung
- Apotheke ApoG 9 8
Verpflichtungsfehler StGB 203 59
Verpflichtungssituation KHG 8 30 f.
Verrichtungsgehilfe BGB 831 1 f., 8 ff.
- Auswahl BGB 831 6 ff.
- Entlastungsmöglichkeit BGB 831 9
- grober Behandlungsfehler BGB 831 11
- Überwachung BGB 831 5 ff., 7
- Verschulden BGB 831 8
- Verschuldensvermutung bei Auswahl BGB 831 10
- Weisungen BGB 831 2

Versagung
- Mögliche - BtMG 5 11
Versandhandel ApoG 11a 2
- ohne Erlaubnis ApoG 11a 22
Versandhandelsprodukte ApoG 11a 8
Versandkosten GOÄ 10 4, 17, 21
Verschleißtatbestand BGB 620 122
Verschreibung BtMG 13 9
- Unerlaubte - BtMG 29 15 ff.
- Vorschubleisten für missbräuchliche Verwendung MBOÄ 7 26 ff.
Verschreibungspflicht SGB V 31 3, 5 f.
Verschulden bei Vertragsabschluss BGB 611a 112 ff.
Verschwiegenheitspflicht
- Apotheker BApO 2 11
Versendungszeitpunkt ApoG 11a 13
Versetzung BGB 611a 195
Versetzungsklauseln BGB 611a 195
Versichertenkarte SGB V 15 6
Versichertenstatus GOÄ 8 14
Versicherung
- Ansprüche auf Beseitigung, Unterlassung und Herstellungsansprüche GenDG 18 29 ff.
- Anwendbarkeit GenDG GenDG 18 1 ff.
- Berufsunfähigkeitsversicherung GenDG 18 21
- Erhebung und Verarbeitung genetischer Daten GenDG 18 23
- Erwerbsunfähigkeitsversicherung GenDG 18 21
- Lebensversicherung GenDG 18 21
- Pflegerentenversicherung GenDG 18 21
- Recht zur Lüge GenDG 18 27 f.
- Schadensersatz GenDG 18 29 ff.
- Straf- und Bußgeldtatbestände GenDG 18 34
- Unwirksamkeit unzulässiger Regelungen GenDG 18 27 f.
Versicherungsschutz MPDG 26 1
Versicherungsvertrag GenDG 18 8
Versorgung
- außerhalb Deutschlands SGB V 28 3
- Gesicherte - TFG 1 8
Versorgungsauftrag KHEntgG 8 3 ff.; TFG 3 2; TPG 9 7
- Bettenzahl KHEntgG 8 10 ff.
- Fachabteilungen KHEntgG 8 6 ff.
- Plankrankenhäuser KHEntgG 8 4 f.
- Verbleibende Unklarheiten des Feststellungsbescheides KHEntgG 8 15 ff.
- Versorgungsstufe KHEntgG 8 13
- Vertragliche Vereinbarungen KHEntgG 8 14
Versorgungsberechtigte ApoG 12a 3
Versorgungseinrichtung SGB V 23 3
Versorgungsentscheidung KHG 6 19
Versorgungsvertrag ApoG 12a 5; SGB V 109 6; SGB XI 72 3
- Rechtswirkungen SGB V 109 39
Versorgungszentrum PartGG 1 27

**Verstorbene** GenDG 2 11
- Hirntote - TPG 9 25
**Verstöße** TFG 21 4
**Verstümmelung weiblicher Genitalien** StGB 226a 1
**Verträge von Krankenkassen mit pharmazeutischen Unternehmern** SGB V 130c 1 ff.
**Verträge zur Versorgung mit Hilfsmitteln** SGB V 127 1 ff.
- Pandemiebedingte Kostenanpassung SGB V 127 10
**Vertragsabschluss**
- Regionalisierung SGB V 111 5
**Vertragsärztliche Zulassung** BGB 738 28 f.
**Vertragsarztrecht** MBOÄ 19 20; MBOÄ 20 10; PartGG 5 14
**Vertragsarztwesen** PartGG 1 26
**Vertragskrankenhäuser** SGB V 108 10
- Schriftform SGB V 109 10
- Vertragsschluss SGB V 109 7
**Vertragsparteien** KHG 18 6 ff.
**Vertragsstaaten** BApO 2 7; BApO 4 18
**Vertragsverhandlungen** BGB 611a 109 ff.
**Vertragszahnärzte** PartGG 1 35
**Vertragszahnarztsitz** PartGG 5 14
**Vertretung** MBOÄ 20 1 ff.
- Praxisverweser MBOÄ 20 5 f.
- Uneinigkeit TPG 8c 14
- Vertretung in fremder Praxis MBOÄ 20 7 ff.
- Verweisung von Patienten an andere Praxis MBOÄ 20 2 ff.
**Vertriebsformbezogene Werbung** HWG 8 1 ff.
- Konkurrenzen HWG 8 11
- Übereinstimmung mit Unionsrecht HWG 8 1
**Vertriebsweg** ApoG 11a 17
**Verwaltungs- und Verfügungsrecht**
- Übergang InsO 80 1 ff.
**Verwaltungsakt** BÄO 5 1
**Verwaltungsakzessorietät** BtMG 29 2
**Verwaltungsdauer**
- Apotheke ApoG 13 3
**Verwaltungsverfahren**
- Umsetzung des Nacht- und Notdienstfonds ApoG 19 1 ff.
**Verwaltungszusammenarbeit** BÄO 3 28
**Verwandte**
- ersten Grades TPG 8a 4
- genetische Beratung GenDG 10 12
- Mitteilungsbefugnisse für genetische »Untersuchungsergebnisse« GenDG 11 16
**Verweisung** TPG 8c 13
**Verwendbarkeit**
- Spende TFG 6 4
**Verwendungszweck**
- Spende TFG 6 4
**Verzeichnis für digitale Gesundheitsanwendungen** SGB V 139e 1 ff.
- Anzeigepflichten SGB V 139e 24 ff.

- Aufnahme in das Verzeichnis zur Erprobung SGB V 139e 17
- Beantragung der Aufnahme in das - SGB V 139e 8 ff.
- Entscheidung über die Aufnahme in das - SGB V 139e 11 ff.
- Ermächtigung des BMG zum Erlass einer Rechtsverordnung SGB V 139e 35
- Erstellung und Führung SGB V 139e 6 f.
- Information der Vertragspartner SGB V 139e 22 f.
- Kosten des Verwaltungsverfahrens SGB V 139e 29 f.
- Veröffentlichung eines Leitfadens zum Antrags- und Anzeigeverfahren SGB V 139e 31 ff.
**Verzeichnisse**
- Ärzte MBOÄ 29 1 ff.
**Verzinsung von Forderungen** SGB V 69 8
**Verzinsungsanspruch** SGB V 69 9
**Verzugszinsen** SGB V 69 9
**Viagra** SGB V 31 7 f.
**Vigilanzaufgaben**
- Durchführung MPDG 71 1 ff.
**Vigilanzverfahren**
- Übergang des - auf die zuständige Landesbehörde MPDG 74 2
**Virtualität**
- genetische Untersuchung GenDG 4 9
**Volljährigkeit** TPG 8 2
**Vollstationäre Pflege** SGB XI 43 1
- Leistungszuschuss SGB XI 43 8
**Volontariat** BGB 611a 54
**Vorabinformationspflicht** GWB 134 1
**Voraus- und Abschlagszahlungen** KHEntgG 8 33 ff.
**Vorbringen**
- verspätetes BGB 195 4
**Vorerkrankung** GenDG 18 1
**Vorfelddiskriminierung** GenDG 4 43
**Vorgaben**
- Nichtbeachtung TPG 8c 16
- Notwendige - TPG 8c 17
**Vorgeburtliche genetische Analyse** GenDG 3 25 f.
**Vorgeburtliche genetische Untersuchungen** GenDG 15 1 f.; GenDG 3 25 f.
- Ansprüche auf Schadensersatz GenDG 15 89
- Besondere Vorgaben bei nicht-einwilligungsfähigen Personen GenDG 15 23
- Erfasste Untersuchungen GenDG 15 30 ff.
- Normadressaten GenDG 15 29
- Straf- und Bußgeldtatbestände GenDG 15 90
- Technisch- organisatorische Maßnahmen GenDG 15 89
- Untergesetzliche Regelungen GenDG 15 81 ff.
- Unzulässigkeit zu nichtmedizinischen Zwecken GenDG 15 37 ff.
- Verhältnis zu anderen Regelungen zur Zulässigkeit GenDG 15 16

- Verhältnis zu Regelungen zur Zulässigkeit vorgeburtlicher Maßnahmen **GenDG** 15 14 f.
- Vorgaben für vorgeburtliche genetische Reihenuntersuchungen **GenDG** 15 26
- Zulässigkeit bei einer einwilligungsfähigen Person **GenDG** 15 45 ff.
- Zulässigkeit bei einer nicht-einwilligungsfähigen Person **GenDG** 15 70 ff.

**Vorhaltung von Leistungen KHEntgG** 5 1 ff.

**Vorhersagewert, positiver**
- genetische Untersuchung **GenDG** 3 65; **GenDG** 4 61

**Vorimmunisierung TFG** 5 4
**Vorlagefrist TPG** 8d 28
**Vorlagerhythmus TPG** 8d 31
**Vorleistungspflicht**
- Arbeitnehmer **BGB** 614 1 ff.

**Vor-Partnerschaft PartGG** 7 4
**Vorrätighalten AMG** 4 22
**Vorrichtungen BGB** 619 9
**Vorsatz BGB** 253 57
- Sterilisation **BGB** 253 31

**Vorschuss**
- Abgrenzung zum Darlehen **BGB** 614 5
- Arzthonorar **MBOÄ** 12 9
- Begriff **BGB** 614 4
- bei Lohnpfändung **BGB** 614 5

**Vorsorge SGB V** 2 3
**Vorsorge- oder Rehabilitationseinrichtungen SGB V** 107 11 ff.
- Kündigung **SGB V** 111 16
- Vergütung **SGB V** 111 12 ff.
- Versorgungsverträge **SGB V** 111 1 ff.

**Vorsorgemaßnahmen**
- stationäre ~ **SGB V** 23 3

**Vorsorgeuntersuchung**
- arbeitsmedizinische **GenDG** 20 1 ff.

**Vorstellungsbild StGB** 263 15
**Vorstellungsgespräch BGB** 611a 107
- Kostenerstattung **BGB** 611a 107

**Vorteilsannahme StGB** 331 1
- durch Ärzte **MBOÄ** 32 1 ff.

**Vorteilsausgleichung BGB** 249 156 ff.; **BGB** 253 62; **BGB** 843 61 ff.
- Einkommen **BGB** 249 162 f.
- ersparte Aufwendungen **BGB** 843 65
- Leistungen Dritter **BGB** 249 164 f.; **BGB** 843 61 ff.
- Lohnfortzahlung **BGB** 249 161
- Steuern **BGB** 843 67
- Versicherungsleistungen **BGB** 249 160

**Vorteilsgewährung StGB** 333 1
**Vorteilsgewährung oder -annahme MBOÄ** 31 3 ff.
**Vorübergehende Berufsausübung BApO** 11 1
**Vorübergehende Verhinderung**
- Anrechnung **BGB** 616 12
- Berechtigter Personenkreis **BGB** 616 4
- Persönlicher Verhinderungsgrund *s. dort*
- Verschulden **BGB** 616 11
- Zeitraum **BGB** 616 9 f.

**Vorverhandlungen BGB** 611a 109
**Vorvertrag BGB** 611a 110
**Vorwarnmechanismus BApO** 4a 1 ff.
- Bewehrung **BApO** 4a 11
- Entwarnungen **BApO** 4a 8
- Gefälschte Dokumente **BApO** 4a 9
- Meldetatbestände **BApO** 4a 3 f.
- Mindestdaten **BApO** 4a 5 ff.
- Verwaltungsverfahren **BApO** 4a 10

**Wahlarzt GOÄ** 4 32
- abweichende Vereinbarung **GOÄ** 2 11
- höchstpersönlich erbrachte Leistungen **GOÄ** 4 35

**Wahlarztkette**
- Unterscheidung **GOÄ** 4 36

**Wahlärztliche Leistungen GOÄ** 4 31; **KHEntgG** 17 37
- Kostenerstattung **KHEntgG** 19 6

**Wahlarztvertrag BGB** 611 38 ff.; **GOÄ** 4 33
**Wahlfreiheit**
- Patient **MBOÄ** 7 7

**Wahlleistungen GOÄ** 2 11; **GOÄ** 4 31 ff.; **KHEntgG** 17 2
- Entgelte **KHEntgG** 17 25
- höchstpersönliche Erbringung **GOÄ** 2 11
- Unzulässige Koppelung **KHEntgG** 17 50

**Wahlleistungspatient GOÄ** 11 10; **GOÄ** 6a 10
**Wahlleistungsvereinbarung GOÄ** 4 13; **GOÄ** 6a 2 ff.; **KHEntgG** 17 34
- Honorararzt **GOÄ** 6a 5
- Konsiliararzt **GOÄ** 6a 5

**Wahlrecht SGB V** 13 2
- Insolvenzverwalter **InsO** 103 1

**Warenabgabe**
- Ärzte **MBOÄ** 3 4

**Wartefrist GWB** 134 3
**Wegegeld GOÄ** 7 2 ff.; **GOÄ** 8 3 ff.
**Wegeunfall BGB** 619a 28
**Weisungsgebundenheit BGB** 611a 29
- Fachliche ~ **BGB** 611a 32 f.
- Örtliche ~ **BGB** 611a 31 f.
- Sachlich-organisatorische ~ **BGB** 611a 34
- Zeitliche ~ **BGB** 611a 30 f.

**Weisungsrecht BGB** 611a 101, 140 ff.
**Weiterbeschäftigung**
- Vorläufige ~ wegen Kündigungsprozess **BGB** 615 22

**Weiterbeschäftigungsanspruch BGB** 620 132 ff.
- Allgemeiner **BGB** 620 136 ff.
- Betriebsverfassungsrechtlicher **BGB** 620 133 ff.

**Weiterbildung BÄO** 1 9 ff.; **BApO** 2 3
- Weiterbildungsassistent **BÄO** 10a 6
- Weiterbildungsbefugnis **BÄO** 1 12
- Weiterbildungsstätte **BÄO** 1 12

**Weiterbildungsbezeichnungen**
- Ankündigung **MBOÄ** 27 12

## Stichwortverzeichnis

Weiterbildungsverpflichtung MBOÄ 29 8
Weitergeltung kollektivrechtlicher Normen BGB 613a 50 ff.
– Ausschluss der Weitergeltung BGB 613a 57 ff.
– Bezugnahmeklauseln BGB 613a 61 ff.
– nachwirkende Tarifverträge BGB 613a 52
– statische Wirkung BGB 613a 52
– Veränderungssperre BGB 613a 54 ff.
Werbeaussagen
– Ankündigen und Anbieten HWG 1 51
Werbebegriff HWG 1 1
Werbegaben HWG 7 1 ff.
– Anbieten, Ankündigen oder Gewähren von Zuwendungen HWG 7 43 ff.
– Auskünfte oder Ratschläge HWG 7 85
– Ausnahmen vom Verbot HWG 7 57 ff.
– Durchsetzung HWG 7 103
– Fachkreiswerbung HWG 7 89 ff.
– Fehlen einer vollwertigen Gegenleistung HWG 7 46 ff.
– Geldzuwendungen HWG 7 68 ff.
– Geringwertige Reklamegegenstände und Kleinigkeiten HWG 7 58
– Handelsübliches Zubehör/handelsübliche Nebenleistungen HWG 7 84 ff.
– Konkurrenzen HWG 7 104 ff.
– Kundenzeitschriften HWG 7 86
– Naturalrabatte HWG 7 81 ff.
– Öffentlichkeitswerbung HWG 7 15 ff.
– Produktbezogene Werbung HWG 7 33 ff.
– Rabatt- und Zuwendungsbeschränkungen preisgebundener Arzneimittel HWG 7 27 f.
– Rabatte HWG 7 65 ff.
– Rückausnahme für preisgebundene Arzneimittel HWG 7 64a
– Wirtschaftliches Interesse an der Empfehlung, Verordnung oder Abgabe HWG 7 56a
– zur Abgabe und Verschreibung befugte Personen HWG 7 11 ff.
– Zuwendungsbeschränkungen in der Öffentlichkeitswerbung HWG 7 29
Werbeverbot BÄO 1 10; HWG 12 1 ff.; HWG 3a 2
– finanzielle Zuwendungen für Blut-, Plasma- oder Gewebespenden HWG 7 98 ff.
Werbeverbote für bestimmte Arzneimittel HWG 10 1 ff.
– Durchsetzung HWG 10 37
– Einschränkungsansätze Abs. 1 HWG 10 6 ff.
– Konkurrenzen HWG 10 37
– Notfallkontrazeptiva HWG 10 24a, 35a
– Produktbezogene Werbung HWG 10 26 f.
– Psychotrope Substanzen, Abhängigkeit und Indikationen HWG 10 31 ff.
– Verschreibungspflicht HWG 10 28
– Verschreibungspflichtige Arzneimittel HWG 10 11 ff.
– Werbeadressaten HWG 10 36
– Werbung außerhalb zur Abgabe und Verschreibung befugter Personen HWG 10 29

Werbung ApoG 11a 17
– Ärzte MBOÄ 27 1 ff.; MBOÄ 3 3
– Betäubungsmittel BtMG 14 1 ff.
– Produkt- und Leistungsbezug HWG 1 45
– Produktbezogene – HWG 3a 5
– übertriebene und unvernünftige – HWG Einf. 48
Werbung ausländischer Unternehmen HWG 13 1 ff.
– Rechtsfolgen HWG 13 5
– Unter das HWG fallende Werbung HWG 13 4
– Vereinbarkeit mit dem Unionsrecht HWG 13 2
– Wirksame Betrauung HWG 13 3
Werbung für Fernbehandlung HWG 9 1 ff.
– Ausnahmen HWG 9 11a
– Vereinbarkeit mit Unions- und Verfassungsrecht HWG 9 4 ff.
Werbung für nicht zugelassene Arzneimittel HWG 3a 1 ff.
– Andere Heilmittel HWG 3a 3b
– Durchsetzung HWG 3a 11 ff.
– Fehlende arzneimittelrechtliche Zulassung HWG 3a 8 f.
– Fehlende Zulassung für beworbene Indikation HWG 3a 10
– Konkurrenzen HWG 3a 11 ff.
– Persönlicher Anwendungsbereich HWG 3a 4
– Produktbezogene Werbung HWG 3a 5 ff.
– Rezeptur- und Defekturarzneimittel HWG 3a 3a
– Zulassungspflichtige Arzneimittel HWG 3a 3
Werbung, unzulässige HWG 6 1 ff.
– Abgrenzung HWG 6 22
– Konkurrenzen HWG 6 22
– Rechtsfolgen HWG 6 21
– Übernahme von Zitaten, Tabellen oder Darstellungen HWG 6 19 ff.
– Vereinbarkeit mit dem Gemeinschaftskodex HWG 6 4 ff.
Werkvertrag
– Abgrenzung zum Arbeitsvertrag BGB 611a 9 ff.
Wesentliche Unterschiede
– Ausbildung BApO 4 20
Wettbewerb
– Ausschaltung GWB 3 16
– Einschränkung oder Verfälschung GWB 1 51
– Erhebliche Behinderung GWB 36 5
Wettbewerbsaspekte TFG 3 6
Wettbewerbsgrundsatz GWB 97 4
Wettbewerbsverbot
– Patientenschutzklausel BGB 738 27
Wichtige Gründe
– Verpachtung ApoG 9 5
Widerruf BÄO 5 1; BApO 7 1; GenDG 8 19 ff.
– bei rechtmäßiger Erlaubnis BtMG 10 2 f.
– Einwilligung TPG 8b 8
– fakultativer BÄO 5 14
– obligatorischer BÄO 5 7 ff.
– Rechtsmittel BtMG 10 7

# Stichwortverzeichnis

Widerrufsrecht TPG 4a 7
Widerrufsvorbehalt BGB 611a 150
Widerspruch TPG 4 2
Widerspruchslösung TPG 3 15b
Widerspruchsrecht der Arbeitnehmer BGB 613a 91 ff.
– Annahmeverzug BGB 613a 105
– Erklärung BGB 613a 94 f.
– faktisches Arbeitsverhältnis BGB 613a 105
– Form BGB 613a 96 f.
– Inhalt BGB 613a 96 f.
– persönliche Ausübung BGB 613a 95
– Sozialauswahl BGB 613a 102
– Verwirkung BGB 613a 100
– Widerspruchsfrist BGB 613a 99 ff.
– Zugang BGB 613a 94
Wiedereingliederung
– Abgrenzung zum Arbeitsvertrag BGB 611a 22
Wirkstoff
– Gefälschter ~ AMG 4 27
Wirtschaftliche Aufklärung BGB 630c 34 ff.
– Inhaltliche Voraussetzungen BGB 630c 34
– Rechtfolge bei unterlassener oder unzureichender Information BGB 630c 43 ff.
– Umfang BGB 630c 35 ff.
Wirtschaftlichkeitsgebot GWB 97 17; SGB V 12 2, 9; SGB V 2 1 f.
Wirtschaftlichkeitsprüfung BÄO 1 24; SGB XI 79 2
Wirtschaftlichkeitsprüfungsverfahren SGB V 81a 8b
Wirtschaftskriminalität SGB V 81a 1
Wirtschaftsverbünde TFG 11a 3
Wissenschaftliche und fachliche Veröffentlichungen
– Bezugnahme auf ~ HWG 6 16 ff.
Wissenschaftliches Interesse BtMG 3 6
Wohn- und Betreuungsvertragsgesetz SGB XI 119 3
Wohngruppen
– Anschubfinanzierung bei Gründung ambulanter ~ SGB XI 28 23 ff.
Wohnort GOÄ 8 11
Wohnsitz
– Begriff ZPO 13 2
Wohnumfeldverbessernde Maßnahmen SGB XI 40 13 ff.
– Empfehlungen zu ~ SGB XI 78 6
– Entscheidung der Pflegekasse SGB XI 40 19
Wrongful life BGB 249 98; BGB 253 48
Würdigkeit BÄO 3 8; BApO 7 2

Zahlungsverweigerung GOÄ 12 19 f.
– Aufrechnung GOÄ 12 21
– Gegenforderung GOÄ 12 21
– Rückforderungsanspruch GOÄ 12 20
Zahnarzt PartGG 1 29
– Anmeldung der Partnerschaft PartGG 4 22 f.
– Begriff ZHG 1 3
– Delegation von Tätigkeiten ZHG 1 20
– Eintragung der Partnerschaft PartGG 5 22 f.
– Freier Beruf ZHG 1 15
– Gesellschaftsvertrag PartGG 3 22 f.
– Implantate BGB 249 42
– in theoretisch-experimentellen Fachrichtungen BÄO 10a 2
– Zahnextraktion BGB 253 108
Zahnärzte-Partnerschaft PartGG 2 26
Zahnarztvorbehalt SGB V 15 1
Zahnerkrankungen
– Verhütung bei Pflegebedürftigen und Menschen mit Behinderungen SGB V 22a 1 ff.
Zahnersatz SGB V 15 2; SGB V 28 2 f.
– Versorgung im Ausland SGB V 28 4
Zeitarbeit BGB 611a 51
Zeitfaktor TPG 4a 8
Zeitpunkt BApO 4 11; TPG 3 10
Zellen
– arzneimittelrechtliche Auswirkungen der Ausnahme für ~ TPG 1a 8
Zellkerntransfer ESchG 5 6
Zentrale Ethikkommission BÄO 1 26
Zentren und Schwerpunkte KHEntgG 5 19a ff.
– Besondere Aufgaben KHEntgG 5 19c
– Höhe KHEntgG 5 19g
Zeugniserteilung
– Arbeitsverhältnisse BGB 630 1
– Beendetes Dienstverhältnis BGB 630 6
– Berichtigungsanspruch BGB 630 13
– Dankes- und Wunschformel BGB 630 10a
– Dauernde Dienstverhältnisse BGB 630 1
– Klage und Zwangsvollstreckung BGB 630 16
– Pflicht zur BGB 630 1 ff.
– Schadensersatzanspruch BGB 630 14 f.
– Schadensersatzanspruch Arbeitnehmer BGB 630 14
– Schadensersatzanspruch Dritte BGB 630 15
– Schuldner BGB 630 7
– Voraussetzungen BGB 630 6 f.
– Zeitpunkt BGB 630 3
Zeugnisform BGB 630 11 f.
Zeugnisinhalt
– Einfaches Zeugnis BGB 630 8
– Grundsätze BGB 630 10
– Qualifiziertes Zeugnis BGB 630 8
– Wahlrecht BGB 630 9
Zeugnisse
– Ausstellung durch Arzt MBOÄ 25 1 ff.
Zeugnisverweigerung ZPO 383 1 ff.
Zeugnisverweigerungsrecht StGB 203 55
Zeugungs- oder Empfängnisfähigkeit SGB V 27 5
Zielleistung GOÄ 4 48
Zielleistungsprinzip GOÄ 4 48; GOÄ 6 6 f.
Zu- und Abschläge KHEntgG 3 1 ff.; KHEntgG 5 1 ff.; KHEntgG 7 5
Zubereiten BtMG 2 3
Zufallsbefund GenDG 3 5; GenDG Vor §§ 7 ff. 5
Zugang der Kündigung
– Erklärungsbote BGB 623 48

3397

## Stichwortverzeichnis

- Unter Abwesenden BGB 623 46 ff.
- Unter Anwesenden BGB 623 45
- Urlaub BGB 623 47
- Vereitelung BGB 623 49
- Zustellung BGB 623 50

Zugangstüren ApoG 11a 17
Zulassung BÄO 6 5; TPG 9 3
- Arten TPG 9 5
- Bindungswirkung AMG 2 39
- Einheitliche AMG 25 98
- Einzelzulassung AMG 25 1
- Erlöschen AMG 31 1
- Fehlende – für beworbene Indikation HWG 3a 10
- Fehlende arzneimittelrechtliche – HWG 3a 8
- Verlängerungsantrag AMG 31 9, 19
- Verlust PartGG 9 20
- Verzicht AMG 31 8
- zeitlich unbegrenzt AMG 31 16

Zulassungsentziehungsverfahren SGB V 81a 8e
Zulassungspflicht
- Entscheidung über die – AMG 21 45

Zulassungsstatus SGB V 13 8
Zulassungsverfahren
- Antragsteller AMG 21 41
- Beurteilungsbericht AMG 25 70
- Brexit AMG 21 3 ff.
- dezentral AMG 21 6 ff.
- Einzelzulassung AMG 25 1
- Haftung AMG 25 100
- Kombinationsbegründung AMG 25 24 ff.
- Mängelmitteilung AMG 25 36
- national AMG 21 1 ff.; AMG 25 45 ff.
- Nutzen-Risiko-Verhältnis AMG 25 21 ff.
- Präklusion AMG 25 43
- Teilversagung AMG 25 20
- Tierarzneimittel AMG 21 7
- Validitätsüberprüfung AMG 25 52
- Versagung AMG 25 4 ff., 41
- Verstoß AMG 21 45a
- zentral AMG 21 3 ff.
- Zulassungsentscheidung AMG 25 45

Zulassungsvertrag SGB XI 77 5
Zurechnungszusammenhang BGB 249 95, 99, 119, 149
- Zweiteingriff BGB 249 152

Zusammenarbeit TPG 9 18
- Ärzte mit Dritten MBOÄ 29a 1
- Pflicht zur – KHG 7 2
- Unzulässige – zwischen Leistungserbringern und Vertragsärzten SGB V 128 1 ff.

Zusammenarbeit mit Dritten
- Verbot MBOÄ 29a 4 ff.
- Zulässige – MBOÄ 29a 10

Zusammenarbeitsverpflichtung TFG 19 6
Zusammenschluss GWB 37 2 ff.
- Einschränkungen GWB 37 14
- Kausalität GWB 36 8

- wettbewerblich erheblicher Einfluss GWB 37 10 ff.

Zusammenschlusskontrolle GWB 35 3
- Ausschließliche Zuständigkeit der Kommission GWB 35 9

Zusatzentgelte KHEntgG 3 1 ff.; KHEntgG 7 4
Zusatzleistungen SGB XI 88 2
Zusätzliche Sicherstellungspauschale KHEntgG 5 18
Zusatzversicherung SGB V 13 4
Zusatz-Weiterbildung BÄO 1 12
Zuschlag GOÄ 6 11; GOÄ 6a 24
Zuschuss ApoG 20 2
Zuständige Behörden BApO 12 1
Zuständigkeit TPG 8d 25; TPG 9 3
- funktionelle ZPO 1 11
- gerichtliche ZPO 1 5
- internationale ZPO 1 12
- örtliche ZPO 1 8
- sachliche ZPO 1 7, 13

Zustimmung TPG 4 7
- Krankenkasse SGB V 13 11
- Pflegesatzvereinbarung KHG 18 2 ff.

Zustimmungslösung TPG 3 15b
Zuverlässigkeit ApoG 2 4; ApoG 6 11; BÄO 3 8; BApO 7 2; BtMG 5 5 f.
Zuweisung
- gegen Entgelt MBOÄ 31 1 ff.
- Ohne hinreichenden Grund MBOÄ 31 19 ff.
- Sanktionen und Rechtsfolgen MBOÄ 31 24

Zuzahlung SGB V 2 4
Zwangsbehandlung BGB 1906 2 f.; BGB 630a 26
Zweifel StGB 263 38
Zweifelsfallregelung AMG 2 35 ff.
Zweig-, Notapotheke ApoG 11a 6
Zweigleisiges Versorgungssystem SGB V 107 1 ff.
Zweigniederlassung PartGG 3 21; PartGG 5 2 f.
Zweigstellen
- Arztpraxis MBOÄ 17 8

Zweitanwenderproblematik AMG 25 47 ff.
Zweitmeinung SGB V 27b 1
- Berichterstattung und Evaluation SGB V 27b 47
- Qualifikation SGB V 27b 19
- Vergütung SGB V 27b 42

Zweitzustellung
- Arzneimittel ApoG 11a 12

Zwingende Versagung BtMG 5 3 ff.
- Andere Gründe BtMG 5 8
- Bedenken gegen die Zuverlässigkeit BtMG 5 5
- Fehlen eines Verantwortlichen BtMG 5 3
- Fehlende Mängelbeseitigung BtMG 5 10
- Fehlende Sachkenntnis BtMG 5 4
- Fehlende sachliche Mittel BtMG 5 7
- Unvereinbarkeit mit dem Gesetzeszweck BtMG 5 9

Zwischenhandel TFG 11a 2
Zytostatika ApoG 11 6; ApoG 14 9
Zytostatikazubereitungen AMG 21 22